LE
PETIT ROBERT

85-036-030-9

DE TRADUCTION, D'ADAPTATION ET D'EXÉCUTION RÉSERVÉS POUR TOUS PAYS

aire LE ROBERT - 107, av. Parmentier - PARIS (11e)

— 1977 —

DICTIONNAIRE

ALPHABÉTIQUE & ANALOGIQUE
DE LA LANGUE FRANÇAISE

par
PAUL ROBERT

rédaction dirigée par
A. REY et J. REY-DEBOVE

SOCIÉTÉ DU NOUVEAU LIT

Ne édition. ISBN 2
Tloits DE REPRODUCTION,
S.N.L. — Dictionn

PRINCIPAUX COLLABORATEURS

Henri COTTEZ
(Ancien élève ENS)

Josette REY-DEBOVE
(Docteur ès lettres, linguistique)

Alain REY
(Secrétaire général de la rédaction)

Rédaction

Première édition.

A. FERRÉ	Y. LAFITE	L. LÉOTARD
A. LUCOT	G. PENCHENAT	C. VEKEN

Secrétariat

F. BALLESTER   R. de COURVILLE

Correction

G. CHETCUTI   R. COPPEAUX

Nouvelle édition.

Rédaction

C. de BELLEFONDS	S. CHANTREAU	G. GAGNON
M.J. JUGLAR	Y. LAFITE	E. LANÇON
A. LUCOT-BOUMENDIL	Dr. L. MANUILA	G. MARIÉ
F. MOREL-TIPHINE	D. PÉCHOIN	C. PERSONNAZ
L. POLACK-LAPORTE		Ph. ROBERT

Documentation et Secrétariat

S. COMBES	N. LEFORT
S. MICOUD	H. TIA

Correction

R. COPPEAUX	J. TRINQUET
S. BRICIANER	Ch. LAGANT

DOMAINES SPECIFIQUES

La phonétique a été traitée par Aliette Lucot-Boumendil. Les mathématiques et les sciences exactes, ainsi que l'informatique, ont été revues et augmentées par Philippe Robert, ancien élève de l'Ecole polytechnique; la chimie par Paul Laffitte, membre de l'Institut; les sciences de la vie, biologie, médecine, chirurgie par le Dr. Ludmila Manuila; les sciences humaines par Alain Rey et Josette Rey-Debove; le droit par Christian Personnaz, docteur en droit.

Les canadianismes ont été sélectionnés et rédigés par Gilberte Gagnon, docteur en linguistique; les belgicismes ont été revus par le professeur Emile Seutin.

PRÉFACE DE L'ÉDITION 1977

par

Paul ROBERT

Dix ans ont passé depuis la première édition du *Petit* ROBERT, dix ans au cours desquels une grande quantité de mots nouveaux — tels *écologiste, fiabilité*, etc. — ou d'acceptions nouvelles — telles *protection de l'environnement, lutte contre les nuisances*, etc. — ont fait leur apparition dans la langue courante aussi bien que dans les vocabulaires scientifiques et techniques.

Certes, des retouches ont été apportées de tirage en tirage, mais il était temps, avec le recul indispensable, de procéder à une mise à jour générale qui se traduit, dans la présente édition, par un enrichissement de deux cents pages supplémentaires.

Les principes qui m'ont guidé dans la conception et l'élaboration du *Grand* et du *Petit* ROBERT sont demeurés intangibles dans la rédaction des nouveaux articles. Ainsi la méthode analogique nous a conduits à relier *écosystème* à *écologique*, de même qu'*environnement* suggère, entre autres termes, ceux de *milieu*, de *pollution* et de *nuisance*.

L'harmonie de l'ensemble reflète la cohésion d'une équipe rédactionnelle solide et particulièrement fidèle. Un quart de siècle de collaboration efficace et d'amitié confiante me lie à son principal animateur, Alain Rey, secrétaire général de la rédaction, auquel j'associe Josette Rey-Debove, autre lexicologue bien connue. En dix ans, la liste de nos collaborateurs, réguliers et temporaires, s'est naturellement modifiée. La mort — hélas! —, la retraite, les vicissitudes ou les exigences de la vie sont la cause des changements intervenus. Une gratitude égale m'attache à tous ceux, anciens et nouveaux, qui ont participé de près ou de loin, avec compétence et dévouement, à l'œuvre que nous avons réalisée.

Je n'aurais garde d'oublier le concours éminent que nous ont prêté, chacun dans son domaine, nos collaborateurs extérieurs, notamment le docteur Ludmila Manuila, coauteur du *Dictionnaire français de médecine et de biologie*, M. le professeur Paul Laffitte de l'Académie des Sciences, M. le général Albert Bonhoure, M. Christian Personnaz et M. Philippe Robert, ancien élève de l'École polytechnique.

Mars 1977, Paul ROBERT

PRÉFACE

par

PAUL ROBERT

L'espoir, puis la conviction de rendre service à mes contemporains m'ont permis d'aboutir à la publication du *Dictionnaire alphabétique et analogique de la langue française*, au terme d'un effort soutenu pendant près de vingt ans. Sans manquer à la modestie, je puis répéter, un siècle après Littré, que l'accueil du public a dépassé mes plus vives espérances et qu'il justifierait, à lui seul, l'idée de préparer un abrégé de mon ouvrage. L'usage d'un petit dictionnaire, pratique et maniable, est, en effet, plus commode pour le possesseur de six gros volumes, quand il s'agit de vérifier rapidement l'orthographe, la prononciation ou le sens courant d'un mot

Mais la nécessité d'un nouveau dictionnaire n'apparaîtrait pas évidente s'il ne devait innover sur ceux qui existent déjà. Or, l'innovation du ROBERT — si j'ose me servir moi-même de cette appellation — réside principalement dans l'enrichissement du cadre alphabétique par le jeu des associations d'idées. Cette conception, qui a fait le succès du grand dictionnaire, s'imposait dans l'élaboration du petit. On y retrouvera donc, à chaque article, un inventaire aussi complet que possible des rapports analogiques de toute sorte, que la source découle des étymologies, des termes des définitions, des enchaînements syntaxiques, des liens de synonymie et d'antonymie ou des fils multiples que la simple logique tresse entre les mots.

L'évolution du langage au cours de ces vingt dernières années nous a conduits à faire entrer dans la nomenclature du *Petit* ROBERT un certain nombre de mots qui ne figurent pas dans le grand. En revanche, les dimensions du nouvel ouvrage nous ont contraints à des suppressions inévitables.

Ce dictionnaire, minutieusement préparé et tenu à jour des plus récents travaux scientifiques — notamment dans le domaine linguistique (phonétique, étymologie, datations, etc.) —, est destiné à un très vaste public, mais d'abord aux maîtres et aux élèves de tous les degrés de l'Enseignement, en France et dans les pays d'expression française. Je suis convaincu qu'il contribuera également à l'expansion de notre langue au delà des frontières linguistiques, en aidant l'étranger à l'apprendre et à s'en servir correctement.

La réduction a nécessairement porté sur une part du vocabulaire mais, en outre, sur la masse d'exemples qui illustrent l'emploi des mots. On s'est efforcé de ne rien négliger d'essentiel, mais le lecteur doit être averti qu'il ne saurait trouver dans les deux mille pages d'un volume de format réduit l'équivalent des cinq mille six cents pages distribuées dans les six gros volumes du ROBERT.

Quinze ans après la formation de mon groupe de collaborateurs permanents, j'ai la fierté de retrouver à mes côtés ceux qui en composaient le noyau initial. C'est au plus ancien de mes rédacteurs, M. Alain Rey, que j'avais confié, dès 1959, le soin de remplir, auprès de moi, les fonctions de secrétaire général de la rédaction du Dictionnaire, fonctions entre toutes difficiles, qu'il a assumées avec une compétence telle qu'il devait, tout naturellement, affronter des responsabilités accrues dans l'élaboration du *Petit* ROBERT. Quelle gratitude le « maître de l'œuvre » ne doit-il pas, du fond de son cœur, à tous ceux qui y ont participé, du principal second au plus modeste de nos auxiliaires! Aux noms de MM. Robert Le Bidois, docteur ès lettres, Jean Lecomte, membre de l'Institut, et Paul Laffitte, professeur de chimie à la Sorbonne, qui nous ont apporté leur éminent concours dans la révision du *Grand* ROBERT, j'ai le devoir d'associer dans ma reconnaissance profonde celui du regretté M. André Ferré, inspecteur honoraire de l'Enseignement.

LE
PETIT ROBERT

DICTIONNAIRE

ALPHABÉTIQUE & ANALOGIQUE
DE LA LANGUE FRANÇAISE

par
PAUL ROBERT

rédaction dirigée par
A. REY et J. REY-DEBOVE

SOCIÉTÉ DU NOUVEAU LITTRÉ

Nouvelle édition. ISBN 2-85-036-030-9

— 1977 —

PRÉSENTATION DU DICTIONNAIRE

par

Alain REY

I. OBJET ET CONTENU DU PETIT ROBERT

Ce dictionnaire s'adresse à tous ceux à qui la langue française importe : à ceux qui désirent la connaître mieux, qu'elle soit ou non leur langue maternelle; à ceux qui doivent s'exprimer en l'utilisant.

Quelle que soit la nature de leurs études, les *élèves* et *étudiants* qui apprennent en langue française ont besoin d'un ouvrage de base contenant une vaste nomenclature, de nombreux exemples d'emploi des mots, et toutes les informations nécessaires à la maîtrise du lexique. Il en est de même pour les utilisateurs professionnels, dactylos, secrétaires, rédacteurs et rédactrices, instituteurs et professeurs. Enfin, le grand public francophone trouvera dans cet ouvrage un reflet moderne et vivant de la langue française et, par delà ce reflet, une image actuelle de l'univers intellectuel vu en français.

À la différence des dictionnaires du type encyclopédique qui utilisent le contenu d'autres ouvrages et où l'on cherche des renseignements sur les choses, un **dictionnaire de langue** comme celui-ci ne reprend aucunement ce qu'on peut trouver ailleurs : grâce à un choix d'exemples, il essaie de décrire le phénomène complexe qu'est la vie du **langage.** Il montre comment s'emploient les termes dont nous disposons et dont nous avons un besoin absolu pour exprimer notre pensée; il analyse leur sens et caractérise leurs emplois dans les phrases, aussi bien pour permettre à ceux qui le consultent de **comprendre** pleinement ce qu'ils entendent et ce qu'ils lisent, que pour les aider à **s'exprimer** avec exactitude et précision.

Enfin, ce dictionnaire est d'un type particulier : à la fois **descriptif, historique** et **analogique. Descriptif,** car il donne un tableau assez riche du français contemporain; **historique,** puisqu'il contient des renseignements sur l'ancienne langue, objet de culture en soi et instrument de connaissance pour celle d'aujourd'hui; **analogique,** parce qu'il permet de regrouper les mots par le sens et de découvrir le mot inconnu.

Un petit Robert.

C'était déjà, réalisé à une plus grande échelle, le programme du ROBERT. Utilisant l'immense somme de travail accumulée, sans rien perdre des principes qui ont guidé son auteur, le *Petit* ROBERT est moins l'abrégé d'un grand dictionnaire que le prolongement de l'œuvre d'un grand lexicographe. Le ROBERT fut le premier dictionnaire depuis le Littré à appuyer la description du français sur des centaines de milliers de citations d'auteurs; et l'exemple a été largement suivi. Surtout, il inaugure une méthode de description du lexique en profondeur, en croisant la trame du discours, que représentent des millions d'exemples, à la chaîne des richesses du vocabulaire évoquées par l'*analogie,* qui groupe les mots par notions.

Il ne pouvait être question, dans l'élaboration du *Petit* ROBERT, de renoncer à ces avantages, mais il fallait aussi suivre l'évolution rapide de la langue et inclure les mots et les expressions qui se sont répandus récemment. Une simplification sans appauvrissement, tel a été notre objet. Une présentation matérielle très dense, un texte concis, et le choix méthodique des formes linguistiques décrites : tels sont nos moyens.

La présentation matérielle.

Nous nous sommes fixé la limite d'un volume unique et maniable, que l'on puisse consulter facilement et garder à portée de main. Environ deux mille pages sur deux colonnes, imprimées dans un caractère fin et lisible, correspondent en fait au texte de deux gros volumes. La variété typographique et la richesse en signes et en abréviations ont permis d'économiser la place sans nuire à la clarté. La **concision** du texte est renforcée par des conventions simples qui, une fois connues, donnent un grand nombre de renseignements tant sur la morphologie que sur l'histoire, tant sur le fonctionnement réel des mots que sur leurs relations.

La nomenclature.

Le choix des faits de langue décrits [1]. On trouvera ici tous **les termes courants** du français contemporain et les très nombreux mots **techniques, scientifiques** ou **spéciaux** indispensables à l'expression de la pensée moderne. En outre, le dictionnaire contient les mots **vieillis** que la littérature a perpétués, choisis pour permettre la compréhension des grands classiques et les **termes régionaux** qui ont pénétré dans la langue courante (ex. : *ducasse, mas, pissaladière*).

Les termes et emplois techniques ou scientifiques, ont pris une importance nouvelle du fait de la diffusion sociale des connaissances. En outre, les métaphores techniques, de plus en plus nombreuses, colorent notre langue quotidienne.

Nous avons tenté d'être complet dans la description des **néologismes** courants. Certaines de ces nouveautés du vocabulaire, en provenance directe de l'étranger, sont bien reçues par le grand public qui les utilise sans remords, mais très critiquées par les puristes. **Les anglicismes** récents et controversés ont été présentés sous la désignation d'*anglicisme* ou d'*américanisme*, remarque qui, selon les lecteurs, pourra apparaître comme l'indication objective d'une source d'emprunt récent ou comme une condamnation. Cependant, les emprunts bien établis dans notre langue *(club, bifteck...)* sont traités sans commentaire.

Pour les mots comme pour les expressions, nous avons établi une sorte d'échelle de valeurs en considérant, d'une part, la **fréquence**, le caractère courant ou le besoin de **désigner une réalité** donnée, et de l'autre, la **modernité** de l'expression ou de l'emploi. Les noms commerciaux et marques déposées, le plus souvent sujets aux vicissitudes de la mode, ont été laissés de côté à l'exception de termes très courants depuis au moins dix ans (ex. : *gauloise, dictaphone, mobylette, ronéo*). Enfin, les dérivés des noms propres de lieux ou de personnes n'ont été retenus que si leur importance ou leur sens les classait à part [2] (*américain, allemand; ouzbek* : noms de langues; *kafkaïen, ubuesque* : sens particulier).

Chaque mot donne matière à un article, et chaque sens à une division (un numéro) de cet article. On se préoccupe parfois exclusivement de savoir combien de « mots » traite un dictionnaire, en oubliant l'essentiel, c'est-à-dire le contenu de ces articles, tel qu'il est constitué par les explications et par les exemples. Ces derniers sont la matière même du dictionnaire, la chair sans laquelle ce genre d'ouvrage, pour reprendre le mot de Voltaire, est un « squelette ». En effet, ces lambeaux du discours, qu'ils soient de pourpre ou du banal tissu du langage quotidien, représentent dans un dictionnaire la réalité du langage. C'est pourquoi on trouvera ici un grand nombre d'exemples courts où les mots se trouvent dans un contexte naturel.

II. LE BON USAGE DU DICTIONNAIRE

Où et comment trouver un mot ?

Tout dictionnaire est une liste de mots, disposés dans un certain **ordre** : cet ordre, **l'alphabet,** est adopté par la plupart des ouvrages de consultation. Il est connu de tous ceux qui ne sont pas *analphabètes*, mais il est arbitraire et ne tient aucun compte de la réalité du langage parlé. Par exemple, les mots synonymes et les mots de la même famille sont séparés dans l'ordre alphabétique par des « intrus ». Non seulement *façon* est très loin de *manière*, de *mode*, mais il est séparé de *façonner* par *faconde*, qui n'a aucun rapport avec lui. Ces inconvénients sont neutralisés dans le *Petit* ROBERT par la méthode analogique qui regroupe les mots selon leurs rapports de sens et de forme.

Les mots du dictionnaire sont donc rangés dans l'ordre alphabétique. Mais qu'est-ce qu'un **mot** ? Question simple en apparence, sauf pour les linguistes. Un seul exemple, très élémentaire, posera le problème : dans une phrase comme *nous avons mangé hier des pommes de terre*, le typographe compte huit mots, mais le linguiste n'en peut voir que cinq. Remplaçons en effet le passé par le présent et un nom de légume par un autre : *nous mangeons aujourd'hui des carottes* compte cinq mots. Or, les deux énoncés ont exactement la même structure. En effet, on trouvera dans un dictionnaire *nous avons mangé* aussi bien que *nous mangerons, il aurait mangé*, etc., parmi les exemples de l'article *manger*. Cependant, chose étrange, *pomme de terre* ne figure pas toujours à sa place; la plupart du temps ce mot est perdu dans les nombreux exemples du mot *pomme*. Il nous a paru plus raisonnable de donner à l'ordre alphabétique ces vrais composés que sont *pomme de terre, chemin de fer* ou *point de vue*. De tels procédés ne peuvent pas être appliqués systématiquement dans un dictionnaire, sous peine d'augmenter excessivement le nombre des « mots » traités et le volume de l'ouvrage. Cependant, quand certaines expressions ou formes verbales, moins importantes, constituaient de véritables mots (on dit alors qu'elles sont lexicalisées), elles ont été présentées en capitales dans les articles où elles sont incluses, pour attirer l'attention sur leur autonomie. Ainsi, EXCÈS DE POUVOIR (à l'article *excès*), la locution À L'EXCEPTION DE (sous *exception*), la locution COMME IL FAUT, qui s'emploie comme un adverbe ou comme un adjectif (à *falloir*).

---

1. Voir ci-dessous, la présentation de la présente édition.
2. Les autres, qui ne présentent qu'un intérêt morphologique ou pratique, font l'objet d'une liste à la fin du dictionnaire.

La grammaire dans le dictionnaire.

Morphologie. Parmi les mots français, quelques-uns se présentent toujours sous la même forme, les conjonctions, les prépositions, les adverbes, les noms et adjectifs invariables, par exemple. Les autres mots sont donnés, comme il est de tradition, sous une forme choisie comme étant la plus caractéristique, les noms et adjectifs au *masculin singulier (lion, épicier, grand)*, les verbes à l'*infinitif (chanter, avoir,* etc.). Voici quelques **conventions** qui ont été adoptées selon les catégories grammaticales :

Noms et adjectifs : Nous nous sommes efforcés de donner, en tête d'article et immédiatement après le mot, la forme féminine et celle du pluriel (sauf le *s* régulier), chaque fois qu'elle existait. Seul l'élément variable de cette forme est alors mentionné (ex. : ÉPICIER, IÈRE). Pour les mots courts (monosyllabiques) on a redonné la forme féminine en entier (ex. : FAUX, FAUSSE).

Verbes : Diverses formes apparaissent dans les exemples. Les verbes réguliers en -*er* (type *couper*) et en -*ir* (type *finir*), dont la conjugaison est supposée connue de tous les lecteurs, sont conjugués dans un tableau final. Pour les autres verbes, le dictionnaire renvoie à des types conjugués à la nomenclature, ainsi : PRODUIRE, conjug. *conduire* (se conjugue comme *conduire*). De même, les petites irrégularités des verbes en -*er* (type *bouger :* nous bougeons; *céder :* il cède; *placer :* nous plaçons...) sont mentionnées. Les transcriptions phonétiques jointes au tableau des conjugaisons permettent enfin de décrire les variations que l'écriture ne laisse pas percevoir (par exemple, dans le verbe *aimer*).

Formes pronominales : Les verbes qui n'existent qu'à la forme pronominale, signalés par l'abréviation *v. pron.*, sont suivis du pronom SE ou S', entre parenthèses.

Pour les autres verbes, le traitement des formes pronominales et participiales ne pouvait faire l'objet d'une présentation rigide. Tout verbe transitif courant peut en effet s'employer pronominalement avec une valeur réfléchie et, souvent, avec une valeur réciproque ou passive. Si l'emploi pronominal a une importance particulière, il est signalé à part, généralement en petites capitales : S'EXTÉNUER : *v. pron.;* SE FAIRE (VII du verbe FAIRE). Au contraire, si l'emploi pronominal est accidentel et n'apporte aucune nuance particulière, ou bien s'il est limité à un emploi, il pourra être signalé par l'abréviation *pronom.* (pronominalement) et imprimé en simples italiques *(ex. :* dans le verbe *extraire*, l'emploi familier *s'extraire de sa voiture).* Il convient de remarquer que les « faux pronominaux », les emplois de *se* au sens de « à soi, de soi, pour soi », lorsque le verbe a un objet direct, n'ont pas été séparés des emplois transitifs (ex. : « *L'homme se fabriqua des autels* » [Renan], à *fabriquer*). Enfin les pronominaux employés sans pronom (ex. : *faites-le asseoir* pour : *s'asseoir)* ont été traités dans les emplois pronominaux.

Participes passés : Ceux-ci, selon les dictionnaires, sont présentés soit avec les verbes, soit à part. Nous avons distingué : 1° Les formes verbales comprenant un participe passé morphologique, qui doivent rester dans le verbe. Un exemple comme « plus la sensibilité est *exercée*, plus elle est vive » (Stendhal) équivaut à « plus on exerce la sensibilité... » et a sa place au verbe *exercer*. Au contraire, « l'œil *exercé* d'un observateur » correspond à un véritable adjectif. 2° Les formes à valeur d'adjectifs, théoriquement possibles pour tout verbe transitif, ont été signalées chaque fois qu'elles étaient courantes. On a le plus souvent précisé leur nature par *p. p.* ou *au p. p.* (au participe passé). 3° Si le participe passé est d'une grande fréquence, et surtout si sa définition apporte des éléments nouveaux par rapport au verbe, le participe a été considéré comme un mot séparé et traité comme un adjectif (ex. : ÉVOLUÉ, ÉE).

Éléments de formation.

Ils sont suivis ou précédés d'un tiret (ex. : MORPH[O]-; -MORPHE). Les éléments initiaux sont généralement donnés sans exemple, les mots composés étant faciles à trouver à la suite alphabétique; les éléments finals comportent quelques exemples.

Syntaxe.

On trouvera ici, très simplifié et abrégé, l'essentiel des analyses grammaticales du *Grand* ROBERT. À propos de ces analyses, citons l'opinion du regretté R. Le Bidois (Le Monde, 13 janvier 1965) :
« L'équipe du Robert s'est particulièrement intéressée à ces mots dont l'analyse est si délicate et dont le maniement présente les plus grandes difficultés pour l'usager de la langue. Car s'il est facile, une fois son sens connu, d'employer le mot *thermostat* ou *zygomatique*, il n'en est plus de même de ces petits mots essentiels comme *je, le, me, ne, ni, par, pour, qui, que, se, tout, un*, qui sont souvent négligés ou sacrifiés dans les dictionnaires. Chacun de ces mots est longuement et minutieusement étudié dans le **Robert** et les articles qui leur sont consacrés constituent de précieuses monographies dont le regroupement pourrait former une véritable grammaire. »
Nous avons voulu, dans la mesure du possible, remplacer les longues remarques par un choix d'exemples caractéristiques du bon usage. Les variantes individuelles, stylistiques, les emplois rares ou archaïques ont été le plus souvent supprimés. Mais les principales difficultés grammaticales sont présentées et, nous l'espérons, élucidées par l'exemple.

III. PRONONCIATION ET TRANSCRIPTION PHONÉTIQUE

Notation de la prononciation.

Tous les mots traités sont transcrits phonétiquement; cette transcription, entre crochets, suit immédiatement la tête d'article. Seuls les éléments de composition, qui ne se rencontrent jamais seuls, échappent à cette règle générale. La nécessité de cette transcription apparaîtra évidente aux étrangers. Quant aux lecteurs français, ils constateront sans doute que les mots qui posent un **problème de prononciation** sont bien plus nombreux qu'ils ne le pensaient. Les variations individuelles et l'appauvrissement du système phonétique (*e* ouvert et *e* fermé; *o* ouvert et *o* fermé; *a* postérieur et *a* antérieur, etc.) font qu'il est toujours utile de donner une norme.

Nous avons choisi la notation de l'Association phonétique internationale qui, seule, permet d'indiquer avec précision le timbre des voyelles et l'articulation des consonnes. La lecture n'en est pas difficile; tous les élèves qui étudient les langues étrangères doivent d'ailleurs savoir déchiffrer cette notation, et il suffira aux autres de se familiariser avec les tables de correspondance données pour comprendre la transcription.

On trouvera plus loin, après l'alphabet phonétique, un exposé des principes qui ont guidé cette transcription.

IV. PARTIE HISTORIQUE : ÉTYMOLOGIES ET DATATIONS

À côté de la description du français moderne qui constitue l'essentiel du dictionnaire, les données historiques indispensables à la connaissance du français ont été exposées. Ainsi, un **dictionnaire historique** est inclus dans cet ouvrage, non pas séparé de la description « synchronique », mais soigneusement distingué d'elle, bien qu'il soit intégré à chaque article. Cette partie historique fournit l'arrière-plan et donne en quelque sorte la profondeur de chaque élément du lexique. De plus, elle présente les formes, les emplois et les sens les plus fréquents de la langue classique.

Étymologies.

On y trouvera, pour chaque mot, l'essentiel des connaissances acquises dans ce domaine. Sauf exception, les étymologies retenues sont celles qu'ont admises les spécialistes depuis les travaux magistraux de Walther von Wartburg, continuant ceux de Gammilscheg, Meyer-Lübke, Oscar Bloch, A. Dauzat et d'autres plus anciens. Des éléments récents y ont été ajoutés, mais, en cas de doute, on a généralement adopté les solutions du *Französisches Etymologisches Wörterbuch* de Wartburg, présentées d'une manière brève.

Précisons quelques points. La forme d'où procède le mot français (l'« étymon ») est précédée d'une abréviation qui désigne sa langue (ex. : *lat.* latin; *frq.* francique; *angl.* anglais, etc.); on n'a pas indiqué s'il s'agissait d'un « emprunt » ou d'un mot appartenant au « fonds commun » roman et germanique. Ce dernier est suffisamment aisé à distinguer si l'on tient compte de la date donnée à côté (tout mot postérieur au XIIIᵉ siècle ne peut être qu'un dérivé ou un emprunt) et du traitement phonétique. Les dérivés ont été présentés par la formule : *de* (tel mot), qui signifie « dérivé de ». Les formes attestées ont été distinguées des formes reconstituées qui sont précédées du signe º [1].

Les origines incertaines ou inconnues sont signalées par l'abréviation : o. i. Enfin, le sens de la source étymologique est donné entre guillemets quand il n'est pas identique à celui du mot français (ex. : *Hermine*, du lat. *armenius* [*mus*] « rat d'Arménie »).

L'apparition des mots dans la langue : formation du lexique français.

Datations : L'utilisateur de ce dictionnaire sera frappé par l'abondance des dates qui précèdent tous les mots et la plupart des sens. Ces dates correspondent aux **premiers emplois connus** du mot. Voici la raison de cette information chronologique, inaugurée par les dictionnaires ROBERT qui ont fait école dans ce domaine. S'il est passionnant de connaître l'origine des mots qui nous conduit hors de la langue française, il est encore plus important de pouvoir montrer, ne fût-ce qu'approximativement, l'entrée de chaque unité du lexique dans notre vocabulaire. L'ensemble de ces datations donne, et peut seul donner, une image assez fidèle des différentes couches formatrices de notre vocabulaire actuel. Par l'intermédiaire des renvois qui sont la grande nouveauté des dictionnaires ROBERT, on pourra ainsi distinguer les apports des grandes époques de l'histoire de notre langue dans un domaine déterminé : vocabulaire d'une science ou d'une technique, série de synonymes, famille morphologique, etc. L'intérêt de ces comparaisons nous a paru suffisant pour entreprendre de nombreuses recherches personnelles et enrichir les travaux déjà existants [2].

---

1. Ainsi l'étymologie de MODÈLE (it. *modello*, lat. pop. º*modellus*, de *modulus*), se lit : mot emprunté à l'italien *modello* qui vient lui-même du latin populaire non attesté *modellus*, du latin classique *modulus*.
2. C'est avec plaisir et reconnaissance que nous mentionnerons le FEW de Wartburg, le dictionnaire récent de G. Esnault pour les argots, les travaux de B. Quemada *(Datations et Documents lexicographiques)*, ceux de H. Mitterand et J. Dubois, de P. Wexler, de R. Arveiller. En outre, continuant et complétant les recherches faites pour le *Grand Robert*, on a eu recours aux dictionnaires de Godefroy (ancien français), Huguet (XVIᵉ siècle) et à une cinquantaine de dictionnaires français, de Robert Estienne aux plus récentes encyclopédies.

Valeur des datations.

Il faut se garder de croire que la date donnée est celle du premier emploi réel du mot en français. Il n'existe aucun greffe, aucun bureau d'enregistrement pour les termes nouveaux. On se doute que pour l'ancien français, le hasard des textes connus, dépouillés et étudiés, préside plus à nos connaissances que la réalité de la langue du XIIe ou du XIIIe siècle. Celle-ci reste, en partie, un mystère. La date que nous présentons est donc une première attestation connue, soumise aux incertitudes de notre connaissance des textes et de leur datation, au moins pour les plus anciens. Faute de place, la référence de cette première attestation n'a pas été donnée, mais un tableau des dates les plus fréquentes (grands textes médiévaux, principaux dictionnaires utilisés) aidera le lecteur à trouver des repères. On a préféré, en règle générale, la date précise au siècle; parfois cette date est précédée de *v.* (*vers...*) qui signifie que le texte où le mot a été trouvé n'est pas de date sûre. D'autres fois, on a situé une époque (déb. XIIe siècle, fin XIIIe, etc.) pour éviter à la fois de fausses précisions et un vague excessif. Les mots considérés comme de date inconnue (d. i.) sont très rares.

Les mots signalés avec plusieurs variantes comprennent une date par variante, dans l'ordre de présentation (ex. FAISANDEAU OU FAISANNEAU : 1393,-1564). Quand le mot apparaît avec une forme ou un sens nettement différent de sa forme ou de son sens actuel, ce sens, cette forme, ont été signalés. Par exemple, FÉLICITER : 1468 « rendre heureux », le premier sens moderne étant daté du XVIIe siècle; ou bien FEU : XIIe (forme actuelle), *fou* X^e. Lorsqu'un mot a plusieurs sens, la date donnée dans la parenthèse étymologique s'applique en général au premier sens. Enfin, quand un terme a été repris après une période d'abandon, ou s'est répandu longtemps après être apparu (comme mot savant, ou senti comme étranger), ce fait a été précisé.

Quant au mot *hapax (h.)*, il signifie qu'il s'agit d'une attestation isolée; cette date est le plus souvent suivie d'une autre date qui est la première d'une série continue d'emplois.

Les sens des mots ont eux-mêmes été datés chaque fois qu'on a pu retrouver la trace de leur apparition. Ainsi l'histoire du lexique s'augmente-t-elle d'une passionnante histoire des mots qui le composent.

V. ANALYSE DES MOTS : Sens et emplois

Le rôle essentiel d'un dictionnaire de langue consiste, pour chaque mot, ou plus exactement pour chaque **signifiant,** à répartir, de manière pertinente et claire, les différents aspects du signifié, les **sens.** Les emplois du mot dans les exemples doivent être classés selon ce plan. Certains dictionnaires prétendent présenter les acceptions d'après leur importance, du plus au moins fréquent. C'est, en fait, une tâche impossible, faute de données précises sur la fréquence respective des emplois, la fréquence n'ayant d'ailleurs de valeur que dans un « univers de discours » donné.

Plan des articles.

Il reste deux possibilités de classement; le **plan « logique »,** qui va d'un sens supposé initial au sens le plus éloigné de celui-ci, ou un **plan historique** qui présente les acceptions dans l'ordre de leur apparition. Si l'on veut éviter les fausses reconstitutions, il est préférable de s'en tenir à l'historique. En effet, les sens figurés, abstraits, sont souvent plus anciens que les sens concrets, de même que les sens étymologiques (ceux du mot latin, grec, etc., d'où vient le français) succèdent parfois à des acceptions différentes. Un exemple suffira à le montrer. Le mot *hostia* signifie « victime » en latin; il a donné le français *hostie* qui a existé en effet dans cette acception. C'est par ce sens archaïque que commencent donc les articles *hostie* dans nos grands dictionnaires (Littré, Hatzfeld). Or, le sens premier du mot en français est le sens religieux et courant qu'avait pris le latin *hostia* au moyen âge. Le pseudo-sens étymologique de « victime » est, en réalité, un emprunt savant de la Renaissance au latin classique. Cet exemple est loin de représenter une exception. Dût la logique en pâtir, on a préféré s'en tenir aux faits.

D'une manière générale, le *Petit* ROBERT présente donc des **plans historiques.** Cependant, lorsque les principaux emplois sont à peu près aussi anciens les uns que les autres, la logique peut reprendre sans inconvénient ses droits.

Le *Petit* ROBERT présente, dans ce plan historique, des acceptions archaïques qui explicitent l'évolution du sens d'un mot; néanmoins le dictionnaire montre clairement, grâce aux indications *Vx,* *vieilli,* ce qui appartient ou n'appartient plus à la langue actuelle, de telle sorte qu'il présente à la fois les avantages du dictionnaire historique et ceux du dictionnaire synchronique fonctionnel. C'est pourquoi nous n'avons pas eu recours aux « dégroupements » pratiqués dans les dictionnaires plus élémentaires où la dimension historique est écartée (*Micro* ROBERT).

Un bon article de dictionnaire doit donner aussi un **classement des emplois formels.** Ainsi, pour les verbes, les emplois transitifs sont séparés des emplois intransitifs.

Pour rendre sensibles toutes ces distinctions, les **plans** comprennent, lorsque c'est nécessaire, de grands paragraphes (I, II, III) subdivisés en numéros. Ces divisions correspondent soit à des **sens,** désignés par des définitions différentes, soit à des **types d'emplois** (surtout dans les verbes et les mots grammaticaux), soit encore à des **groupes de mots** ou syntagmes ayant une valeur particulière (locutions, expressions). Le plus souvent d'ailleurs, à un type d'emploi ou à un groupe de mots correspond un sens : sans cela, notre discours serait perpétuellement ambigu. Par exemple, le plan du verbe *faire*, un des mots les plus riches de notre langue, comprend huit grands numéros. Les trois premiers correspondent chacun à une notion différente; les suivants présentent des formes particulières (*ex.* : IV : *faire* suivi d'un verbe à l'infinitif; V : *il fait...*, impersonnel; VII : *se faire*). Ces emplois particuliers correspondent en même temps à des valeurs qu'analysent les diverses définitions.

VI. LES DÉFINITIONS

S'il est vrai que les « définitions » de dictionnaire n'ont pas le caractère scientifique des définitions mathématiques, ce ne sont pas non plus des périphrases quelconques comme les « définitions » des mots croisés.

Nature de la définition.

La **définition** est une courte formule destinée à recouvrir exactement et à suggérer ce qu'on appelle le *sens*, c'est-à-dire l'ensemble des valeurs d'emploi d'une suite de sons, de lettres, qu'il s'agisse d'un « mot » ou d'une expression. Cette formule (dont la nature est identique à celle du défini : syntagme nominal pour les noms, syntagme verbal pour les verbes, etc.) est constituée par un mot central, désignant une notion qui englobe celle du défini (c'est le « genre prochain » des logiciens) et qui est qualifié par d'autres mots, dont le rôle est de distinguer le sens à définir de tous les autres du même genre (les élèves de philosophie auront reconnu la « différence spécifique »). Ainsi la *fonte* (1, II) est un « alliage [*genre*] de fer et de carbone... [*différence spécifique* avec les autres alliages] ».

Une bonne définition doit correspondre, selon la formule consacrée, à *tout ce qu'on appelle fonte* est un « alliage de fer et de carbone »), *et seulement au défini* (tous les « alliages de fer et de carbone obtenus de telle et telle façon » sont appelés *fonte*). La rigueur de la définition a été un de nos objectifs principaux. Nos définitions classent *(tout le défini)* ET distinguent *(seulement le défini)* et nous avons refusé la facilité de la définition-classement.

Non seulement une définition doit être correcte et exacte, mais elle a pour fonction d'éclairer le défini : la notion que recouvre un mot inconnu du lecteur doit être, si possible révélée par les termes mêmes de sa définition. C'est aussi parce que la définition est explicative qu'elle est rédigée en langage clair et si possible élégant. Mais ces qualités de clarté et d'élégance doivent passer après l'exigence d'exactitude dans l'analyse.

Remarque sur la forme de la définition.

Elle précède les exemples d'emplois et suit immédiatement le numéro du sens (*ex.* : FILET... 1º Réseau à larges mailles servant à capturer les animaux. 2º Réseau de mailles pour envelopper, tenir, retenir...). Quand elle analyse et explique un groupe de mots, elle le suit, soit qu'elle définisse l'expression (ex. : *Un filet de voix :* une voix très faible qui se fait à peine entendre), soit qu'elle ne reprenne que l'élément ajouté au mot déjà défini (ex. : *Filet à cheveux :* pour maintenir une mise en plis, un chignon, etc.). Il s'agit alors d'un commentaire explicatif analysant un contenu de sens ajouté à ce qui vient d'être défini. Il en est de même de formules liminaires qui précèdent les définitions de sens et qui donnent une valeur générale, commune à plusieurs sens. Elles ne correspondent pas forcément à un emploi réel, ce qui ressort du fait qu'elles ne sont jamais suivies directement d'un exemple. On les a parfois mises entre parenthèses, pour éviter toute confusion. Ainsi le verbe *Filer*, intransitif, 1º, est présenté par la phrase : « (Prendre la forme d'un fil) ». Cette phrase dégage un élément de sens qui explique la forme même du verbe (dérivé de *fil*) dans plusieurs acceptions que l'on **définit** ensuite.

Les **parenthèses** qui se rencontrent à l'intérieur des définitions ont une valeur précise. Tout d'abord, elles isolent les éléments qui correspondent non pas au mot lui-même, mais aux mots avec lesquels il est normalement employé. Par exemple, le même verbe *filer* reçoit, parmi d'autres, cette définition : « Former des fils (matières visqueuses) », ce qui signifie que le sujet du verbe, dans cet emploi, désigne toujours une matière visqueuse. De même, *Flatter* est défini : « Louer excessivement ou faussement (qqn), pour plaire, séduire », et plus loin « caresser (un animal) avec la main ». Ici « qqn » (quelqu'un) ou « un animal » désigne le complément du verbe qui doit être un mot désignant une personne ou un animal. De même, les définitions d'adjectifs sont souvent précédées de « (Choses) » ou « (Personnes) », note qui concerne la nature du nom avec lequel est employé l'adjectif. De cette manière, la définition couvre aussi les éléments les plus proches du mot traité qui influent sur sa valeur de sens. Une autre fonction des parenthèses est d'enfermer des éléments facultatifs ou explicatifs qui ajoutent à la définition un éclaircissement, un exemple (exemple de chose) mais ne font pas partie des constituants du sens. C'est le cas lorsque le mot *Ferrure*, dans un de ses emplois, est défini par « Pièce d'assemblage métallique (charnières, etc.) ».

VII. LES EXEMPLES

Il n'y a pas de véritable dictionnaire sans exemples. Certes, une bonne description du français dépend des connaissances et des méthodes du lexicographe, mais elle dépend bien plus encore de la réalité décrite, c'est-à-dire d'un ensemble d'usages. Ces usages, nous les connaissons par ce que nous entendons autour de nous si nous nous trouvons dans un pays francophone, et par les textes. La valeur de ces innombrables énoncés est très diverse : les uns sont à peine du français, les autres servent de modèles appréciés et reconnus par la société (ce sont, par exemple, les textes des écrivains renommés). Un dictionnaire n'est pas un magnétophone qui se contente d'enregistrer. Son rôle est double; il consiste à retenir et à classer les emplois les plus fréquents, sans la connaissance desquels il serait impossible de comprendre et de se faire comprendre, et à présenter parmi ceux-ci des exemples qui puissent servir de *modèles* (ce que dit le mot « exemple »). C'est pourquoi le dictionnaire n'est pas le reflet fidèle du *français parlé* (dans la rue) et *écrit* (dans les bureaux ou dans les correspondances). En revanche, il ne doit pas se borner à des emplois parfaits et fictifs, généralement marqués par le temps, ou enrichis, donc déformés, par le souci de style. Un étranger qui, possédant par cœur son Littré ou son Dictionnaire de l'Académie, voudrait s'en tenir à ce « pur français », s'exposerait à d'étranges mésaventures.

Les exemples.

Cette doctrine avait présidé au choix très large des exemples et citations du ROBERT. On comprendra sans peine que le *Petit* ROBERT ne pouvait le disputer à son aîné dans ce domaine. Faute de place, ce dictionnaire comprend une proportion importante d'exemples forgés. Seuls des groupes de mots brefs, illustrant sans perte de place les principaux emplois d'un terme, permettaient de ne rien omettre d'essentiel sans dépasser la limite d'un volume. On trouvera ainsi dans le *Petit* ROBERT, comme dans un grand dictionnaire, les principaux adjectifs employés avec un nom, les compléments les plus usuels d'un verbe, les tournures les plus courantes, sans parler des expressions, locutions, gallicismes, exemples des difficultés syntaxiques. Certes, ces exemples sont le plus souvent brefs, parfois simplifiés : groupes adjectif-substantif sans article, exemples verbaux à l'infinitif (le soin de les conjuguer étant laissé au lecteur), mais ils ne peuvent encourir le reproche d'être fabriqués artificiellement ou abusivement tronçonnés.

Les citations.

Cependant, nous n'avons aucunement renoncé aux exemples signés, et chaque page du *Petit* ROBERT contient de 10 à 50 exemples entre guillemets suivis d'un nom d'auteur ou d'une référence à un périodique.

Ces citations illustrent un emploi du mot; elles apportent parfois aux articles l'agrément du style et l'intérêt d'une pensée. Mais ceci est accessoire. Les exemples entre guillemets ne doivent pas toujours être mis au compte de l'auteur; c'est bien souvent une autre personne (personnage du récit, etc.) dont les paroles sont rapportées. D'autre part, elles sont choisies pour illustrer l'usage normal de la langue : c'est pourquoi des phrases volontairement banales, très courtes, ont souvent été retenues. Ce que ne révèle généralement pas la brièveté du contexte.

Les syntagmes.

Note sur les groupes de mots (locutions, proverbes, etc.). On comprendra sans peine qu'il faut distinguer entre les exemples d'auteurs ou les phrases anonymes qui procèdent d'un choix nécessairement arbitraire, et les groupes de mots qui ne laissent aucun choix, aucune liberté au parleur ou à l'écrivain. Si à l'article *fièvre* nous donnons l'exemple : *avoir de la fièvre*, c'est qu'il s'agit d'un des emplois les plus courants du mot, formant une véritable locution verbale; on peut dire aussi *avoir la fièvre*, ce que montre le deuxième exemple (de V. Hugo). Mais ces emplois ne sont pas contraignants; témoin les variantes : *je sens la fièvre, de la fièvre*, ou les modifications de la phrase : *il a encore un peu de fièvre, il a une grosse fièvre*. Cette liberté dans l'énoncé est rarement complète; souvent même elle disparaît. Le troisième exemple de *fièvre* est *fièvre de cheval* (= forte fièvre). Ici, le français courant n'a plus le choix : il est impossible de parler d'une « fièvre de vache » ou « de poney »; impossible même de dire : « il a une fièvre de petit cheval » ou « de cheval de labour », sauf en vue d'un effet de style.

Cet exemple aidera à comprendre la différence qui existe entre une *suite de mots* fréquente mais *modifiable* (exemple ou citation), et une *suite de mots intangible* (expression, locution, gallicisme, proverbe) aussi indispensable à connaître que le mot lui-même.

Il n'y a évidemment pas de limite précise entre l'un et l'autre cas. Cependant on reconnaîtra dans le dictionnaire les expressions stables ou figées à ce qu'elles sont souvent suivies d'une explication quand leur caractère traditionnel les rend obscures, à ce qu'elles sont précédées d'une mention particulière : *loc.*, PROV. (voir le tableau des abréviations). Pour la commodité du lecteur, il faut préciser que ces groupes de mots se trouvent le plus souvent mentionnés sous leur principal élément : *faire fête*, à *fête; feu de joie* et *coup de feu*, à *feu*. Quand le groupe aurait pu être classé à deux ou même à trois endroits, le mot où le groupe est traité a été signalé par un astérisque. Ainsi, *mettre le feu aux poudres*; feu follet**, dans l'article *feu*, signifient que les explications et, éventuellement, les exemples se trouvent à *poudre* et à *follet*.

VIII. LES MOTS ET LEURS RELATIONS : L'ANALOGIE

En général, les petits dictionnaires ont le tort de présenter les « mots » comme des entités indépendantes les unes des autres. Or, seul l'emploi réel du mot importe, et donc ses rapports avec les autres mots. En outre, le mot ne constitue pas une véritable unité, comme on le voit en examinant n'importe quelle phrase courte et banale. Dans *j'aime les petits pois*, l'analyse en mots découpe maladroitement le sens : *les petits pois* ne se résout pas en *les + petits + pois*, mais bien en *le* « article défini qui qualifie un nom » + *petit pois* « légume » + *s* (de *petits* et de *les*) « signe du pluriel », qui, dans cet exemple, est obligatoire. Ces divers éléments de sens ne sont pas des mots, et sont si bien dépendants les uns des autres qu'on ne peut pas dire en français *j'aime un petit pois*, ni *j'aime les grands pois*, ni *j'aime les très petits pois;* par contre *j'aime mieux les petits pois extra-fins* est une phrase française. Cet exemple montre les relations subtiles qui unissent les « mots » dans la phrase. Ces relations sont décrites dans le dictionnaire au moyen des exemples et des citations. Mais ce n'est pas tout. La petite phrase ci-dessus, qu'il est impossible de modifier librement, on vient de le voir, a des rapports étroits de construction et de sens avec les phrases : *j'adore les petits pois* (nuance de sens), *je déteste les petits pois* (opposition), *j'aime les lentilles* (différence quant à l'objet). Ces rapports révèlent des relations entre les éléments qui ont changé : *aime* (aimer) — *adore* (adorer) — *déteste* (détester); *petits pois* — *lentilles*. La prise de conscience de telles relations entre les mots de la langue a bouleversé la linguistique moderne qui parle volontiers de « structures ».

La méthode analogique.

Grâce à Paul Robert, le dictionnaire de langue a profité d'une nouvelle méthode, essentiellement pratique et pédagogique, fondée sur une vue du lexique comme ensemble structuré. Du mot au mot par les rapports d'idées, de l'idée à l'idée par les mots, tel est le chemin que les analogies du ROBERT invitent à suivre. Elles sont si riches et si nombreuses qu'un ouvrage en un volume ne pouvait espérer les inclure toutes. Les immenses listes de noms de métier, de verbes de mouvement, les entrecroisements innombrables de notions et de rapports logiques resteront le propre du *Grand* ROBERT, tout comme les centaines de milliers d'exemples.

Un principe de choix est venu nous aider : accorder aux **relations entre les mots** la prééminence sur les rapports entre les idées. C'est pourquoi les renvois analogiques, présentés en caractères gras et précédés du signe V. *(voir)* [1], sont surtout des mots de même catégorie grammaticale, susceptibles d'être remplacés l'un par l'autre dans des phrases de sens voisin ou analogue. Enrichissement des moyens d'expression, d'apprentissage du vocabulaire, ces traits essentiels du système analogique ne sont pas les seuls. **Le dictionnaire analogique est aussi le seul où l'on puisse trouver un mot que l'on ne connaît pas au préalable.** Comme nul ne saurait disposer des centaines de milliers de mots et d'expressions contenus dans cet ouvrage, cet avantage, très utile aux Français cultivés, est essentiel pour les élèves, les étrangers et, en général, les « apprentis » de la langue française. Ainsi l'adjectif *facile*, qui appartient au français fondamental et que connaît toute personne ayant des notions de français, renvoie à *aisé, commode, élémentaire, enfantin, simple, faisable, possible;* à *coulant, courant;* à *habile, accommodant, arrangeant, conciliant, doux, malléable, tolérant*, etc., sans parler des expressions : *c'est un jeu d'enfant, cela va tout seul* (= c'est facile), *c'est un jeu pour lui* (= la chose lui est facile) et familièrement : *c'est du billard, ça marche comme sur des roulettes* (Ces expressions sont présentées par Cf. *confer, comparez*). À cet éventail de mots synonymes dans un ou plusieurs emplois, ou de sens *voisins*, s'ajoutent les principaux *opposés* ou *antonymes*. Pour *facile* : *difficile, incommode; maladroit; profond, recherché; emprunté, inhabile*, etc., classés dans l'ordre de présentation des sens. Enfin, certains mots-centres, autour desquels s'organise tout un vocabulaire, renvoient à l'essentiel d'un « champ sémantique » (ex. : *Cheval*).

Ce procédé permet, de proche en proche et d'un terme à l'autre, de couvrir tout le champ des possibilités d'expression d'un domaine en s'élevant d'un vocabulaire élémentaire à une grande richesse lexicale.

IX. LA LANGUE, LES STYLES ET LES USAGES

Tous les mots, tous les exemples qu'on trouvera dans ce dictionnaire sont sans aucun doute du français. Grâce à eux, on comprendra un énoncé ou un texte. Mais pour former soi-même des phrases, il est nécessaire de connaître les conditions normales d'emploi d'un élément du langage dans la société.

---

1. *Voir* (tel mot) ne signifie pas forcément qu'on trouvera à ce mot un supplément d'information concernant celui qui y renvoie. Cela signifie : consultez le mot en gras pour comparer son sens, ses emplois, à ceux du premier mot.

Sur cet emploi, l'aspect du mot et son sens même ne nous donnent pas assez de renseignements : *électronique* ou *transistor* sont des mots bien savants d'apparence; leur signification exacte demande des connaissances scientifiques pour être comprise, et cependant ils sont connus et employés par un très large public : ce sont des mots du langage courant. Au contraire, si le mot *forme* est usuel, il faut avoir des connaissances philosophiques précises pour connaître et utiliser l'expression *les formes de l'entendement*. Ces remarques ne sont pas seulement importantes pour le linguiste ou le sociologue, elles sont essentielles pour celui qui veut **apprendre** ou **connaître une langue.** On ne dira pas : *je me barre, je me taille,* ou *je mets les bouts* dans une réunion mondaine ou une séance de l'Académie française; on ne dira pas plus *permettez que je me retire,* en sortant d'un magasin d'alimentation; mais *je m'en vais, je dois m'en aller* seront possibles dans les deux cas. Or, ces diverses expressions, d'après leurs définitions, risquent d'être considérées comme équivalentes par un étranger.

Les « marques d'usage » dans le dictionnaire.

Voilà pourquoi on trouve dans le *Petit* ROBERT, avant la définition de très nombreux mots, sens ou expressions, une « marque d'usage » qui précise la valeur de l'emploi, soit dans le temps *(vx. : vieux; vieilli),* soit dans l'espace *(région. : régional),* soit dans la société *(fam. : familier,* c'est-à-dire courant dans la langue parlée ordinaire et dans la langue écrite un peu libre; *pop. : populaire,* c'est-à-dire courant dans les milieux populaires des villes, mais réprouvé ou évité par l'ensemble de la bourgeoisie cultivée), soit dans la fréquence *(rare : peu employé dans l'ensemble des usages, sans qu'on puisse parler d'abandon comme pour un mot* vieux). Quant aux conditions d'emploi selon les situations, nous avons tenté de signaler ce qui n'était pas connu, employé ou compris par l'ensemble des usagers cultivés, sauf quand la notion même et sa définition montraient qu'il s'agissait d'un mot spécialisé *(ex. : noms de familles de plantes ou d'animaux, noms de sciences, mots définis par :* « nom savant de... »). Dans la majorité des cas, la nature de l'emploi du mot est donnée. Ainsi *didact.* (didactique) signifie que l'emploi du mot, normal dans un traité, un cours, ne le serait pas dans la conversation courante; *sc.* (sciences) ou les abréviations des divers noms de sciences *(physiol., méd., chim., bot.,* etc.) ont la même valeur, mais restreignent l'usage normal du mot à un domaine précis. Il ne faut jamais oublier que **ces abréviations ne concernent que l'usage linguistique,** et qu'elles ne doivent pas figurer devant un mot courant, même si ce mot désigne un objet scientifique : *cyclotron, transistor, électronique* appartiennent, bien ou mal compris, au français de monsieur tout-le-monde.

D'une manière générale, l'absence de ces abréviations devant un mot ou un sens signifie que ce mot, ce sens, sont d'emploi normal pour une personne cultivée non spécialiste, même s'ils appartiennent à un domaine spécialisé. Parfois, on a précisé *cour.* (courant) ou *mod.* (moderne), soit pour écarter un doute possible, soit pour opposer un emploi normal de nos jours à un emploi spécial ou vieux.

Il va de soi que cette notation généralisée des valeurs d'emploi est délicate et sujette à contestations : certains pourront trouver courants des termes que nous aurons considérés comme techniques ou scientifiques, d'autres emploieront encore (ou auront l'impression d'employer) des mots notés comme vieillis. Dans d'autres cas, il est impossible de décider si un nom d'animal ou de plante est savant ou courant : cela dépend des régions, du caractère familier de la chose et non plus du mot. Suivant le même raisonnement, les mots *carrosse* ou *montgolfière* ne sont nullement *vieux :* ce sont les choses désignées qui n'existent plus; on les a donc présentés sous la rubrique *ancien.* (anciennement) qui signifie que le mot désigne encore de nos jours une réalité du passé.

En somme, c'est le mot, la forme linguistique, et non pas la notion ou la chose qui est qualifié. La distinction sera très vite comprise et utilisée avec profit par les étrangers. Quels que soient les problèmes posés par tel ou tel choix particulier, nous avons la conviction que cette méthode apporte à l'usager, surtout étranger, des renseignements aussi précieux que le sens ou les constructions d'un mot.

X. PRÉSENTATION DE L'ÉDITION DE 1977

La notion d' « honnête homme », aujourd'hui, ne doit plus coïncider avec celle d' « élite ». Certes la recherche d'une familiarité avec la culture générale par la maîtrise des moyens d'expression reste actuelle, mais elle s'est modifiée doublement. L'humanisme universaliste a fait place à une spécialisation où la pratique sociale est essentielle. La sélection par la naissance — et l'on songe plus à l'appartenance bourgeoise qu'à une aristocratie — est combattue par la mobilité des fonctions et des rôles.

Pour un ouvrage de référence, tel que le *Petit* ROBERT, il s'agit de fournir à tout lecteur les instruments de pensée et d'expression les plus élaborés : l'agriculteur, le travailleur manuel, la ménagère ou le syndicaliste ont évidemment droit aux mêmes instruments culturels que l'avocat et le médecin. Utopie démagogique? Que la première édition de cet ouvrage soit déjà répandue à un million et demi d'exemplaires montre qu'il n'en est rien.

La deuxième édition du *Petit* ROBERT, sans toucher aux principes de la description et à la présentation typographique (voir ci-dessus) apporte de nombreuses informations nouvelles.

La nomenclature. Autour des quelques milliers de mots des vocabulaires de base (1 063 sont listés dans le *Français fondamental,* 3 000 sont définis dans le *Dictionnaire élémentaire* de G. Gougenheim), et des termes entérinés par l'*Académie française*[1], plus de 30 000 mots moins fréquents amenaient la première édition de ce dictionnaire à dépasser les 50 000 entrées. Plusieurs milliers de néologismes ou de termes spéciaux récemment diffusés s'y ajoutent dans la présente édition, ainsi que des acceptions et des expressions nouvelles. Le nouveau *Petit* ROBERT y a gagné plus de 200 pages.

Les ajouts vont du familier et populaire *(déprime, flouse, fonceur, macho)* au langage courant dans tous les domaines *(débroussaillant, euphoriser, fascinant, fragiliser, gourou, sonothèque, stérilet)*. Ce sont les vocabulaires scientifiques et techniques qui se taillent la part du lion. Non seulement ils ont été enrichis et modernisés, mais, dans un souci de cohérence interne, on a revu la totalité des termes d'informatique et d'automatique, de physique et de chimie, de biologie et de médecine, de logique et de sciences humaines, pour assurer à la description un niveau égal, et moderniser toutes les définitions.

La documentation a porté sur plus de 30 000 mots et expressions choisis dans les sources les plus variées : littérature récente, revues, journaux...

La *variété des ajouts* ressort de l'examen rapide d'une tranche alphabétique quelconque. Ainsi, dans la lettre E, on trouve parmi de nombreux mots et sens nouveaux :

— des termes techniques, anciens *(ébiseler, écailleur)* ou modernes *(éclaté,* n. m., *enduction, épidiascope, épiscope...)* ;
— des dérivés morphologiques *(ébouillantage, ébouriffage, éducationnel, électoraliste, élitaire...)* ;
— des séries de termes didactiques récents *(écocide, écographie, écologie, écologiste, écosystème, écotype,* liés au succès du concept d'écologie) ;
— des termes scientifiques *(embryopathie, énantiomorphe, endoréisme, énergisant...)* ;
— des mots familiers *(emmouscailler, enfoiré,* pour s'en tenir aux plus décents) ;
— des anglicismes avec leur équivalent français *(engineering,* renvoyant à *ingénierie)* ;
— des mots employés hors de France *(échevin, échevinal, entièreté :* Belgique ; *épinette* « épicéa », *épluchette, érablière :* Canada).

Plusieurs points sont à expliciter.

1. Quant aux **mots tabous,** argotiques ou malsonnants, il nous a semblé que l'évolution des mœurs devait être reflétée, ne serait-ce que pour répondre aux besoins de compréhension les plus évidents. Sans prétendre fournir aux *caves* les moyens d'une lecture exhaustive de Simonin et de Boudard, et en attendant qu'un dictionnaire décrive plus scientifiquement certains vocabulaires argotiques ou incongrus, le *Petit* ROBERT s'est donné comme objectif de combler les lacunes les plus criantes de l'éducation officielle.

2. L'évolution des coutumes ouvre, dans le lexique, de **nouveaux domaines** que des mots déjà existants prennent en charge. Ici, ce n'étaient pas seulement des ajouts de nomenclature qu'il fallait envisager, mais des néologismes de sens *(environnement* a changé de visage entre 1950 et 1970 et des termes dérivés : *environnemental, environnementaliste,* sont apparus). L'excellent *Dictionnaire des mots nouveaux* de Pierre Gilbert, qui les décrit et les illustre, nous a été d'un grand secours, à côté de nos très nombreux documents propres.

3. Les **vocabulaires scientifiques,** on l'a vu, ont été revus systématiquement, et cette révision a permis de nombreux ajouts, portant soit sur des termes déjà anciens, dans la spécialité, mais dont l'emploi s'est précisé ou est devenu plus fréquent, soit sur des termes apparus depuis une dizaine d'années.

Deux exemples frappants : l'informatique et l'automatique ; et l'ensemble des sciences biologiques et de leurs applications. Leur description systématique par des spécialistes confirmés et éminents a permis d'éliminer certaines faiblesses terminologiques, communes dans les dictionnaires de langue les plus renommés.

— Pour les **techniques,** les ajouts sont fonction de l'importance relative des domaines. La richesse des terminologies ne peut être reflétée que dans la mesure où la diffusion des termes est socialement importante. S'agissant d'un dictionnaire *général,* l'impact des spécialités sur la langue commune est le critère majeur. Les « techniques de pointe » ont donc été favorisées, mais nous avons tenu à ne rien supprimer des vocabulaires traditionnels (artisanats, etc.) qui constituent une richesse lexicale précieuse.

4. Parmi ces termes ajoutés, une forte proportion provient soit d'emprunts, soit de formations gréco-latines. Les premiers — notamment les **anglicismes** — sont une menace pour la cohérence du lexique. Il ne s'agit pas de proscrire ceux qui sont bien acclimatés, mais de souhaiter la renaissance d'une créativité propre au français, pour répondre aux besoins de désignation des choses nouvelles. Aussi bien, une politique de stimulation de la néologie française est-elle menée dans plusieurs régions de la francophonie, notamment au Québec et en France, où des listes de termes officiellement recommandés pour remplacer des emprunts ont été publiées. Le *Petit* ROBERT signale les « recommandations officielles » françaises *(recomm. offic.),* soit sous l'emprunt, soit lorsqu'elles semblent effectivement en usage, à l'ordre alphabétique. *Bulldozer* malgré l'existence d'un remplaçant officiel *bouteur,* demeure

---

[1]. Cet ensemble, enrichi d'une masse égale de termes utiles à la pédagogie ou plus familiers, correspond à la nomenclature du *Micro-Robert.*

dans l'usage; *matériel* et *logiciel* concurrencent heureusement *hardware* et *software*, que la description ne peut, par ailleurs, négliger. Les termes approuvés par arrêtés ministériels — notamment par les arrêtés du 12 janvier 1973 — ont été mentionnés dans le dictionnaire dans la mesure où ils remplaçaient un anglicisme figurant à la nomenclature, et quand leur emploi était effectif, ou probable dans les années à venir. La publication exhaustive et commentée des termes officiellement approuvés relèverait d'une autre perspective, ouvertement normative, que nous n'avons jamais adoptée.

Les **formations gréco-latines**, critiquées par certains (comme Étiemble) pour leur caractère pédant et leur lourdeur présentent cependant l'immense avantage d'être morphologiquement motivées (on les comprend par leurs éléments) et d'être communes à de nombreuses langues, facilitant ainsi les échanges internationaux. Les sciences en font une énorme consommation; ces composés simplifient la tâche des traducteurs et ont le mérite de s'insérer dans des séries relativement cohérentes.

5. La description du **français hors de France** dépasse de loin les objectifs et les possibilités d'un ouvrage réalisé à Paris. La normalisation du français, langue maternelle, parlé au Québec, en Belgique ou en Suisse, celle du français, langue officielle ou véhiculaire utilisée au Maghreb, en Afrique noire, etc. relève à l'évidence des instances souveraines des divers États.

Cependant, il est paradoxal que des dictionnaires consacrés au français moderne négligent totalement la réalité langagière de communautés francophones importantes et influentes.

Les choix des canadianismes et des belgicismes posait de redoutables problèmes. Il a été conçu et supervisé par des ressortissants du Québec et de la Belgique. Pour le Canada francophone, par exemple, il s'agissait essentiellement de décrire les termes désignant des réalités propres, institutions, coutumes, particularités géographiques, et d'expliquer au lecteur non québécois la valeur de termes qui pourraient être mal compris (*bleuet* au sens d' « airelle », *habitant* « cultivateur »...).

Entre l'attitude normative de certains Québécois qui veulent que l'on parle à Montréal le français de Paris, sans autoriser aucun écart, et l'agressivité nationaliste des partisans du *joual*, qui tendent à mettre en cause l'unité internationale du « français », la description offrait des possibilités diverses. Notre position, résultant de nombreux contacts avec la *Régie de la langue française* du Québec, seul organisme officiel habilité à y définir une norme du français, a consisté à donner une liste minimale de canadianismes « de bon aloi » (selon les critères québécois officiels) et de termes nécessaires à la description de réalités profondément différentes de celles de la France.

Ces termes sont, pour le linguiste, des « régionalismes », c'est-à-dire des mots qui ne sont pas connus sur l'ensemble des territoires où l'on parle français, tout comme *ducasse*, propre au Nord de la France, ou *pissaladière*, caractéristique du français de Nice. Cependant, certains mots d'un usage restreint en France et plus fréquents au Canada francophone, appartiennent au français général (ex. : *orignal*). D'autres sont inconnus en Europe et fort discutés au Québec même où leur emploi tend à reculer devant la norme internationale du français (ex. : *blé d'Inde* : maïs).

Le bilinguisme canadien donne à l'anglicisme une place particulièrement notable : nous n'avons pas signalé les emprunts contre lesquels une partie des Québécois responsables des questions linguistiques combattent. Au contraire, les équivalents français des anglicismes utilisés en France ont paru intéressants : *magasinage* (pour *shopping*), *traversier* (pour *ferry-boat*), etc. même si ces mots sont contestés, au Québec, par les partisans d'une norme « à la française ».

Les belgicismes posent des problèmes analogues : *aubette* est un joli mot qui mériterait de détrôner *abribus; parastatal* n'est pas moins bien formé que *semi-public*.

Pour les helvétismes, la variété des usages cantonaux et — il faut l'avouer — le manque de sources récentes (alors que les patois de Suisse romande sont admirablement étudiés) nous a contraints à la discrétion.

Quant aux pays où le français n'est pas langue maternelle, la question reste ouverte; mais des valeurs propres aux cultures africaines, exprimées en français, ont été retenues (ex. : *appuie-tête*, courant dans les arts africains).

6. Parmi les informations ajoutées ou améliorées dans cette nouvelle édition, il faut au moins citer les **datations,** pour lesquelles de nombreux travaux récents ont été répertoriés et des recherches spécifiques effectuées, et les **exemples,** qui utilisent de nouvelles références. À côté d'auteurs récents, qui font la littérature française vivante (Butor, Le Clézio, etc.) et de grands spécialistes en sciences humaines (Lévi-Strauss, Piaget, etc.), on a utilisé des textes de nature didactique et même journalistique. La presse est en effet un témoin linguistique essentiel, qui atteste certaines nouveautés lexicales. Nos documentalistes ont dépouillé des journaux *(Le Monde, Le Figaro...)*, des hebdomadaires *(Le Nouvel Observateur, l'Express, Paris-Match...)*, des revues politiques, scientifiques *(La Recherche)* ou de vulgarisation. Enfin des auteurs francophones (notamment québécois) illustrent certains faits de langue avec talent et naturel (J. Godbout, A. Hébert, M.-C. Blais, R. Ducharme, J. Ferron, G. Guèvremont, etc.).

L'ensemble de ces données nouvelles fait du Petit ROBERT 1977 le dictionnaire de langue le plus à jour. En outre, on l'a vu, cette édition n'est pas seulement « revue et augmentée », selon la formule reçue. Elle est aussi rendue plus homogène sur le plan de la description des termes scientifiques; en ceci, l'opposition trop tranchée entre langue commune et terminologies est dépassée et le modèle d'utilisation du dictionnaire s'élargit.

Alain REY.

PRINCIPES DE LA TRANSCRIPTION PHONÉTIQUE

Alphabet phonétique et valeur des signes

VOYELLES

[i] il, vie, lyre

[e] blé, jouer

[ɛ] lait, jouet, merci

[a] plat, patte

[ɑ] bas, pâte

[ɔ] mort, donner

[o] mot, dôme, eau, gauche

[u] genou, roue

[y] rue, vêtu

[ø] peu, deux

[œ] peur, meuble

[ə] le, premier

[ɛ̃] matin, plein

[ɑ̃] sans, vent

[ɔ̃] bon, ombre

[œ̃] lundi, brun

SEMI-CONSONNES

[j] yeux, paille, pied

[w] oui, nouer

[ɥ] huile, lui

CONSONNES

[p] père, soupe

[t] terre, vite

[k] cou, qui, sac, képi

[b] bon, robe

[d] dans, aide

[g] gare, bague

[f] feu, neuf, photo

[s] sale, celui, ça, dessous, tasse, nation

[ʃ] chat, tache

[v] vous, rêve

[z] zéro, maison, rose

[ʒ] je, gilet, geôle

[l] lent, sol

[ʀ] rue, venir

[m] main, femme

[n] nous, tonne, animal

[ɲ] agneau, vigne

[h] hop! (exclamatif)

['] haricot (pas de liaison)

[ŋ] mots empr. anglais, camping

[x] mots empr. espagnol, jota; arabe, khamsin, etc.

PRINCIPES GÉNÉRAUX DE LA TRANSCRIPTION PHONÉTIQUE

La **notation** adoptée est celle de l'**Association Phonétique internationale**; tous les mots traités dans le dictionnaire sont transcrits. Quand un mot peut se rencontrer sous différentes formes, une transcription suit chacune de ses formes. Les **variations morphologiques** du nom et de l'adjectif sont présentées sans reprise de la racine (ex. : *Journ-al, -aux :* [ʒuʀnal, o]). Le pronom des verbes pronominaux, qui varie selon les personnes, n'est pas transcrit. Enfin, nous nous sommes efforcés de noter les variations importantes de la prononciation d'un mot dans certains syntagmes (ex. : *huit*).

Syllabation

La division des mots en syllabes n'offre pas d'intérêt majeur; comme elle alourdit et complique la transcription phonétique, nous ne l'avons pas indiquée. Il suffira de noter ici que deux consonnes différentes se séparent (*acteur* [ak-tœʀ]; *exemple* [ɛg-zãpl]), mais que deux consonnes dont la deuxième est une liquide [l, ʀ] forment un groupe explosif avant lequel se fait la division (*après* [a-pʀɛ]).

Accent

Nous n'avons pas noté l'accent tonique qui, dans le mot isolé, est fixé régulièrement sur la dernière voyelle « ferme » (un e muet final, même prononcé, n'est jamais accentué). Dans la chaîne parlée, le mot peut perdre son accent; par exemple, dans « Il est *grand* », *grand* est accentué, mais dans « C'est un *grand* enfant », *grand* est inaccentué. L'accent porte sur la dernière syllabe du groupe rythmique.

Longueur des voyelles

La longueur des voyelles en français ne sert pas à distinguer des mots : sauf pour [ɛ] dans quelques cas (ex. : *mètre* [ɛ], et *maître* [ɛ:]); encore cette distinction n'est-elle pas toujours pratiquée. C'est pourquoi nous n'avons pas noté la longueur des voyelles. Il suffira de signaler qu'en français contemporain, les voyelles s'allongent dans certaines positions et selon des lois précises. Tout d'abord, seules les voyelles accentuées peuvent être longues. Parmi ces voyelles, seules s'allongent : 1° les voyelles nasales [ã, ɔ̃, ɛ̃, œ̃] et les voyelles [ɑ, o, ø] suivies d'une consonne prononcée (ex. : *chance* [ʃã:s]; *émeute* [emø:t]); 2° les voyelles accentuées suivies des consonnes [ʀ, z, v, ʒ], et du groupe consonantique [vʀ] (ex. : *chèvre* [ʃɛ:vʀ]; *bonheur* [bɔnœ:ʀ]). L'allongement de la voyelle dépendant de son accentuation, la dernière syllabe d'un mot pourra être allongée ou non suivant la position du mot (ex. : il parle *fort* [fɔ:ʀ], mais : il est *fort beau* [fɔʀbo]).

REMARQUES SUR LES PROBLÈMES PARTICULIERS DE PRONONCIATION

D'une manière générale, nous n'avons noté pour chaque forme écrite qu'une seule prononciation. Nous avons pris comme norme la conversation soignée du Parisien cultivé.

Cependant, de nombreux mots sont soumis à des variations de prononciation, suivant le milieu ou l'âge du locuteur et suivant le style d'élocution.

1° **Distinctions entre certaines voyelles.** La tendance générale du français est de supprimer certaines distinctions. Ainsi [ɛ̃] et [œ̃] tendent à se confondre : *brun* [bʀœ̃] tend à se prononcer comme *brin* [bʀɛ̃]. On observe de même une régression de la distinction entre [a] et [ɑ] : *pâte* [pɑt] tend à se rapprocher de *patte* [pat].

Pour beaucoup de mots, il y a donc hésitation entre deux prononciations. On entend dire *barre* : [baʀ] ou [bɑʀ], *saison* : [sɛzɔ̃] ou [sezɔ̃], *automne* : [otɔn] ou [ɔtɔn], *peureux* : [pøʀø] ou [pœʀø].

D'une manière générale, la prononciation considérée comme la plus correcte et la plus soignée a été retenue. Lorsque deux prononciations d'un mot sont également correctes selon ce critère, nous avons mis entre parenthèses la moins fréquente (ex. : [ɔ] et [o] dans *cautère* [kɔ(o)tɛʀ] qui doit se lire : [kɔtɛʀ] ou moins souvent [kotɛʀ]).

La fermeture du [ɛ]. Sous l'influence de la voyelle accentuée [y], [i], ou [e], tout [ɛ] en syllabe ouverte tend à se fermer en [e], même dans la conversation soignée (c'est le phénomène de l'harmonisation vocalique). Faute de pouvoir noter les flottements de l'usage, nous avons systématiquement transcrit dans ce cas-là un [e] (ex. : *bêtise* [betiz]; *aimer* [eme]; alors que *bête, aimant* se prononcent [bɛt], [emã]). La prononciation avec un [ɛ] est cependant correcte quoique rare. — **L'ouverture du [e].** Par suite de la chute d'un [ə] à l'intérieur d'un mot, un [e] peut se trouver en syllabe fermée. Il tend alors à s'ouvrir; on l'a noté ici ouvert (ex. : médecin [mɛdsɛ̃]: élevage [ɛlvaʒ]).

2° **Les consonnes.** *a)* **Les consonnes doubles ou géminées.** Les consonnes géminées peuvent ou non être prononcées, selon les cas. Elles se prononcent presque toujours dans certains mots savants ou étrangers, et à l'articulation d'un préfixe avec un radical *(illégal)*. Mais, dans de nombreux mots courants, la géminée ne se fait pas sentir : *accolade, accueil, appétit, cannibale, effet, collage, collant, colline,* etc. *b)* **L'assimilation.** À l'intérieur d'un mot, une consonne sourde se sonorise devant une consonne sonore, une consonne sonore s'assourdit devant une consonne sourde. Parfois l'assimilation est incomplète. Dans le mot *médecin :* d est assourdi mais reste une consonne douce [mɛdsɛ̃]. Parfois, il y a assimilation de surdité et de force. On peut alors transcrire un [p] (qui correspond au *b)* et un [t] (ex. : *adsorption* [atsɔʀpsjɔ̃]).

3° **Le e muet** (ou « caduc ») [ə]. À l'intérieur des mots, le *e* muet précédé d'une seule consonne prononcée tombe toujours (ex. : émeraude [ɛmʀod]; follement [fɔlmã]). Nous avons noté uniquement cette prononciation. Cependant, en versification régulière, le *e* muet se conserve pour des raisons d'euphonie. Ainsi : « J'ai plus de souvenirs [suvəniʀ] que si j'avais mille ans » [Baudelaire]. — (Ces remarques concernent le mot isolé; pour les variations de prononciation du *e* muet dans la phrase, voir plus loin.)

4° **Les semi-voyelles.** Les voyelles *i, u, ou,* suivies d'une voyelle se prononcent [j], [ɥ], [w] (ex. : *pied* [pje]) sauf quand elles sont précédées d'un groupe liquide (consonne + [ʀ] ou [l]). Mais en poésie, on peut toujours faire la diérèse (ex. : « Les *violons* [vijɔlɔ̃] mêlaient leur rire au chant des flûtes » [Verlaine]).

5° **Le h « aspiré ».** Le *h* à l'initiale d'un mot ne correspond pas à un souffle, sauf dans certaines interjections. Mais quand il est dit « aspiré », il empêche la liaison et l'élision. Nous avons noté ce fait par une apostrophe ['] devant la transcription. Si les mots commençant par *h* « aspiré » sont détachés de la chaîne parlée, ils peuvent être homonymes d'autres mots ne commençant pas par *h,* quoique dans la chaîne parlée on ne puisse les confondre (ex. : haut ['o] et eau [o] qui deviennent *le haut* et *l'eau :* [ləo] et [lo]).

Les mots étrangers

Les mots étrangers ont parfois deux prononciations différentes, l'une où la graphie du mot est interprétée selon les habitudes françaises, et l'autre où la prononciation est simplement adaptée au système phonétique français en restant le plus près possible du modèle étranger. Dans ces cas-là, nous avons mis les deux transcriptions (ex. : *gas-oil* [gazɔjl; gazwal]). La terminaison anglaise *-ing* a été transcrite [iŋ], le signe [ŋ] représentant un [g] nasalisé. Il est cependant fréquent d'entendre [iɲ], comme dans *ligne* (nasale palatale).

La prononciation dans la phrase

Nous avons transcrit chaque mot tel qu'il se prononce isolé (sauf dans la transcription de syntagmes, à l'intérieur des articles). Toutefois, nous avons tenu compte des modifications de **e muet** [ə] qui peuvent se produire dans la « chaîne parlée ». Selon la position d'un mot dans la phrase, le *e* muet [ə] se prononce ou tombe. a) *À la fin d'un mot :* précédé d'une seule consonne, [ə] tombe toujours; précédé de deux consonnes, il tombe à la pause ou devant une voyelle (ex. : *à table!* [atabl]; *la table à repasser* [tablaʀpɑse]). Par contre, il se prononce dans un groupe rythmique, devant consonne (ex. : *table ronde* [tabləʀɔ̃d]). b) *Au début du mot :* dans un mot commençant par deux consonnes, [ə] se conserve; dans un mot commençant par une seule consonne, [ə] tombe après une seule consonne et se conserve après deux consonnes (ex. : *la fenêtre* [lafnɛtʀ]; *une fenêtre* [ynfənɛtʀ]). c) *Dans les monosyllabes :* on a tendance à prononcer les [ə] dans la lecture. Dans la conversation, à l'intérieur du groupe rythmique, [ə] tombe après une seule consonne prononcée. — Chaque fois que [ə] peut se prononcer ou tomber selon les cas, nous l'avons mis entre parenthèses (ex. : *table* [tabl(ə)]; *fenêtre* [f(ə)nɛtʀ(ə)]; *me* [m(ə)]).

La liaison

Devant un mot commençant par une voyelle ou un *h* « muet », la consonne finale et normalement muette du mot précédent peut se prononcer. Ce phénomène de la liaison entraîne alors la modification de quelques consonnes finales (*s — x* se prononcent [z], *d* se prononce [t]); il provoque aussi la dénasalisation de certaines voyelles nasales (elle est rare après *mon, ton, son,* fréquente après *bon,* obligatoire après tous les adjectifs en [ɛ̃] qui se dénasalisent en [ɛ]). Mais le problème de la liaison ne saurait être traité ici. Pour cette question, comme pour toutes celles de la prononciation dans la phrase, nous renvoyons au *Traité de phonétique* de P. Fouché[1].

A. Lucot et J. Rey-Debove.

1. Outre le *Traité* de P. Fouché, nous avons largement utilisé les *Dictionnaires de prononciation* française de Barbeau-Rhode et de Warnant, ainsi que les transcriptions de dictionnaires français-japonais *(Standard Dictionary)* et du *Harrap* français-anglais. ◇ Nous tenons à remercier M. J. Perrot, professeur à la Sorbonne, pour avoir relu ce texte en épreuves et nous avoir suggéré de notables modifications.

TABLEAU DES SIGNES CONVENTIONNELS ET ABRÉVIATIONS
DU DICTIONNAIRE

I, II...	numéros généraux correspondant à un regroupement de sens apparentés ou de formes semblables.
Ⓐ, Ⓑ...	même valeur que I, II, qu'ils subdivisent.
♦ 1°, ♦ 2°....	numéros correspondant à un sens, et éventuellement à un emploi ou un type d'emploi (parfois regroupés sous I, II).
◇	signe de subdivision qui sépare les nuances de sens ou d'emploi à l'intérieur d'un sens (♦ 1°, ♦ 2°, etc.), suivi ou non d'une nouvelle définition.
—	sépare les nuances déterminées par le contexte; les emplois ou expressions à l'intérieur d'un même sens.
*	placé après un mot, signifie qu'on y trouvera une explication.
°	placé avant un mot, dans une étymologie, signifie qu'il s'agit d'une forme non attestée reconstituée selon les lois phonétiques.
[ ]	après chaque mot, contient la prononciation en alphabet phonétique (voir p. XXIII).
a	ancien, devant un nom de langue. Ex. : *a. fr.* : ancien français.
ab. (d')	voir *d'ab.*
abrév.	*abréviation.*
absolt.	*absolument* (en construction absolue : sans le complément attendu).
abstrait	qualifie un sens (s'oppose à *concret*).
abusiv.	*abusivement* (emploi très critiquable, parfois faux sens ou solécisme).
accus.	*accusatif* latin.
adapt.	*adapté, adaptation* (d'une forme étrangère adaptée en français).
adj.	1° *adjectif* : 2° *adjectivement* (emploi adjectif d'un mot qui ne l'est pas normalement).
admin.	dans la langue écrite de l'*administration* seulement.
adv.	1° *adverbe;* 2° *adverbial* (dans *loc. adv.* Voir *loc.*); 3° *adverbialement* (emploi comme adverbe d'un mot qui ne l'est pas normalement).
AFNOR	*Association française de normalisation.*
agric.	terme technique du langage de l'*agriculture.*
alch.	terme du langage des *alchimistes* (mot vieux ou encore utilisé en histoire des sciences).
alg.	terme didactique d'*algèbre.*
algér.	mot d'*arabe algérien.*
algonquin	(langue indienne d'Amérique du Nord.)
all.	*allemand* (langue).
allus.	*allusion* (*par allus.* : par allusion à...).
alphab.	*alphabétique.*
alpin.	*alpinisme.*
altér.	*altération* (modification anormale d'une forme ancienne ou étrangère).
amér.	*américain* (variété d'anglais parlé et écrit en Amérique du Nord, spécialt. aux États-Unis).
Américanisme	mot américain employé en français et critiqué comme emprunt abusif ou inutile.
anal.	*analogie* (*par anal.* : par analogie) : correspondance de sens. Désigne un sens issu du précédent, dans un même mot, par une comparaison implicite (ex. : analogie de forme, de couleur, ou plus généralement sentiment d'un rapport).
anat.	terme du langage technique de l'*anatomie.*
anc.	*ancien.*
ancienn.	*anciennement* (présente un mot ou un sens courant qui désigne une chose du passé disparue) [Ne pas confondre avec *vieux*, avec *hist.*].
angl.	*anglais* (langue).
Anglicisme	mot anglais employé en français et critiqué comme emprunt abusif ou inutile (les mots anglais employés depuis longtemps et normalement, en français, ne sont pas précédés de cette rubrique).
ANT.	*antonyme* (mot dont le sens est opposé, contraire).
anthrop.	terme du langage didactique de l'*anthropologie.*
antiphrase (par)	en exprimant par ironie l'opposé de ce qu'on veut dire.
antiq.	terme technique concernant l'*antiquité;* mot didactique employé en histoire antique. Voir *Hist.*
apic.	terme technique d'*apiculture* (élevage des abeilles).
appel.	*appellation.*
appos.	*apposition* (*par appos.* : par apposition). Se dit d'un nom qui en suit un autre et le détermine, sans mot grammatical entre eux.
apr. (d')	voir *d'apr.*
arbor.	terme technique d'*arboriculture.* Voir *Sylvic.*
archéol.	terme technique d'*archéologie,* d'antiquité. (Voir *antiq.*), d'art ou d'histoire (Voir *hist.*) concernant des objets matériels.
archit.	terme technique d'*architecture.*
arg.	mot d'*argot,* emploi *argotique* limité à un milieu particulier, surtout professionnel (*arg. scol.* : argot scolaire), mais inconnu du grand public. Pour les mots d'argot passés dans le langage courant, voir *pop.*
arithm.	terme didactique d'*arithmétique.*
artill.	terme technique d'*artillerie.*
arts (ou en art)	mot spécial au langage des *arts* (technique, critique, histoire...).
astrol.	terme didactique d'*astrologie.*
astronaut.	terme technique d'*astronautique.*

astron.	terme didactique d'*astronomie*.
at.	*atomique* (dans *p. at.*, *n° at.* : poids, numéro atomique).
auto.	terme ou emploi technique du langage de l'*automobile*.
aux.	*auxiliaire*.
av.	1° *avant* (av. 1655 : au plus tard en 1655, souvent date de mort d'un auteur dont on ne peut dater certaines œuvres). 2° *avec*.
aviat.	terme ou sens technique du langage de l'*aviation*.
bactér.	terme didactique de *bactériologie*.
balist.	terme technique de *balistique*.
bas lat.	*bas latin* (mot latin ancien mais tardif, qui n'existait pas en latin classique).
bible, biblique	terme employé en critique biblique ou employé dans le langage général par allusion à la *bible*. Terme, expression tirés et traduits de la *Bible*.
bijout.	terme technique de *bijouterie*.
biochim.	terme didactique de *biochimie*.
biogéogr.	terme didactique de *biogéographie*.
biol.	terme didactique de *biologie*.
blas.	terme technique de *blason*.
bot.	terme didactique de *botanique*.
bouch.	terme technique de *boucherie*.
bret.	*breton* (langue).
bx-arts	*beaux-arts* (voir *arts*).
byzant.	*byzantin* (dans *gr. byzant.* : grec tardif parlé à Byzance).
c.-à-d.	*c'est-à-dire*.
caractérol.	terme didactique de *caractérologie*.
card.	*cardinal* (*adj. numér. card.* : adjectif numéral cardinal).
cartes	terme spécial aux jeux de *cartes*.
cathol.	1° *catholique* (*liturg. cathol.* : terme spécial à la liturgie catholique); 2° *catholicisme*.
celt.	*celtique* (langue).
Cf.	*conférer.* : comparez (sert à présenter un mot de sens différent, mais comparable; une expression, un terme de formation semblable, dans les étymologies, etc.).
charcut.	terme technique de *charcuterie*.
charpent.	terme technique de *charpenterie*.
chasse	terme technique de *chasse* (surtout chasse au fusil). Voir *vén*.
ch. de fer	terme technique des *chemins de fer*.
chim.	terme didactique du langage de la *chimie*.
chim. organ.	*chimie organique*.
chir.	terme technique du langage de la *chirurgie*.
chir. dent.	*chirurgie dentaire*.
chorégr.	terme technique du langage de la *chorégraphie* (danse classique).
(choses)	présente un sens, un emploi où le mot (adjectif, verbe) ne peut s'employer qu'avec des noms de *choses* (s'oppose à *êtres vivants* ou *personnes*).
chrét.	*chrétien* (*liturg. chrét.* : terme de la liturgie chrétienne; *lat. chrét.* : latin chrétien).
cin.	terme technique du langage du *cinéma*.
civ.	*civil* (*dr. civ.* : droit civil).
class.	*classique* (*lat. class.* : latin classique, de l'époque de Cicéron).
collectif	mot employé au singulier pour désigner un ensemble, une pluralité.
comm.	terme de la langue *commerciale* ou terme technique concernant les activités commerciales.
comp.	*composé*.
compar. (par)	*par comparaison* avec ce qui précède, lorsque cette comparaison est explicite : emploi de *comme*, *tel*.
compl.	*complément*.
compt.	terme technique de *comptabilité*.
concret	qualifie un sens (s'oppose à *abstrait*).
condit.	*conditionnel*.
confus. (par)	*par confusion* (avec).
conj.	1° *conjonction*. 2° *conjonctif* (dans *loc. conj.* Voir *loc.*).
conjug.	*conjugaison*. Ex. *Conjug.* Placer : se conjugue comme placer (où les irrégularités sont données).
cour.	*courant* (insiste sur le fait qu'un sens, un emploi est connu et employé de tous, quand le mot est d'apparence savante ou quand les autres sens sont techniques, savants, etc.). *Plus cour.* : plus courant que d'autres sens eux-mêmes courants; ou relativement plus courant que les autres sens (sans être très courants dans l'absolu).
cout.	terme technique de *couture*.
cristall.	terme didactique de *cristallographie*.
cuis.	terme technique de *cuisine*, excluant le plus souvent les termes propres à la pâtisserie : Voir *pâtiss.*
cybern.	terme didactique de *cybernétique*.
d'ab.	*d'abord* (désigne un sens, un emploi premier, plus ancien, dans une étymologie).
danse	terme technique de *danse*. Voir *chorégr.*
d'apr.	*d'après* (tel mot) : en imitant la forme de ce mot, par son influence.
déb.	*début* (ex. *déb.* XVᵉ : au début du xvᵉ siècle).
dém.	*démonstratif*.
démogr.	terme didactique de *démographie*.
dénigr. (par)	*par dénigrement* (présente un mot ou un emploi péjoratif, injurieux). Voir *péj*.
dens.	*densité*.
dér.	*dérivé* (*dér. sav.* : dérivé savant).
d. i.	*date inconnue* ou *incertaine*.
dial. (ou *dialect.*)	*dialectal* : mot ou emploi provenant d'un dialecte, d'un patois, et qui n'est pas employé comme un mot français normal (Voir *région.*).
didact.	*didactique* : mot ou emploi qui n'existe que dans la langue savante (livres d'étude, etc.) et non dans la langue parlée ordinaire. — Les mots didactiques sont présentés par *didact.*, *sc.* (sciences) ou une abréviation d'un nom de science (*démogr.*, *méd.*, *opt...*), *dr.* (droit), etc.
dimin.	*diminutif*.
dir.	*direct* (ex. *tr. dir.* : transitif direct).
div.	*divers*.
doc.	terme technique de *documentation*.
dr.	terme de la langue du *droit* : *dr. can.* (canon), *dr. civ.* (droit civil), *dr. comm.* (droit commercial), *dr. cr.* (droit criminel), *dr. fisc.* (droit fiscal), *dr. trav.* (droit du travail).

du . . . . dans une étymologie, signifie « *dérivé du...* ».
eaux et for. . . . . terme technique des *eaux et forêts*.
ecclés. . . . . *ecclésiastique* (ex. *lat. ecclés.* : latin ecclésiastique).
écol. . . . . terme didactique d'*écologie*.
écon., écon. polit. . . . . . . terme didactique d'*économie politique*.
égypt. . . . . *égyptien* ancien (langue).
électr. . . . . terme technique d'*électricité*.
ellipt. . . . . *elliptiquement* : présente une expression ou un terme attendu n'est pas exprimé.
embryol. . . . . terme didactique d'*embryologie*.
empr. . . . . *emprunté* à (telle langue).
enfant. (ou *enfants*) . . . . . *enfantin* (*lang. enfant.* : mot, expression du langage des jeunes enfants, mais que les adultes peuvent employer aussi, en leur parlant).
env. . . . . *environ*.
épistém. . . . . terme didactique d'*épistémologie*.
équit. . . . . terme technique d'*équitation*. Voir *hippol*.
équiv. . . . . *équivalent*.
esp. . . . . *espagnol* (langue).
ethnogr. . . . . terme didactique d'*ethnographie*.
ethnol. . . . . terme didactique d'*ethnologie*.
étym. . . . . *étymologie*. Ex. V. Vérité (étym.) : Voir l'étymologie du mot vérité.
ex. . . . . *exemple* (*par ex.* : par exemple).
exagér. . . . . *exagération* (*par exagér.* : par exagération, présente un sens, une expression emphatique).
exclam. . . . . *exclamation* ou *exclamatif*.
express. . . . . *expression* (*dans quelques express.* : sens qui n'existe que dans quelques expressions).
ext. (*par*) . . . . *par extension* : présente une acception ou une valeur nouvelle, plus large, plus ét endue (s'oppose à *spécialt*.).
f. . . . . 1° *forme;*
                             2° *féminin* (*n. f.* : nom féminin).
fam. . . . . *familier* (usage parlé et même écrit de la langue quotidienne : conversation, etc.; mais ne s'emploierait pas dans les circonstances solennelles).
faucon. . . . . terme technique de *fauconnerie*.
fém. . . . . *féminin*.
féod. . . . . terme spécial concernant la *féodalité*, utilisé par les historiens, les juristes, etc.
fig. . . . . *figuré* : sens issu d'une image (valeur abstraite correspondant à un sens concret).
fin. . . . . terme technique de *finances; financier* (*dr. fin.*).
flam. . . . . *flamand* (langue).
fortif. . . . . terme technique de *fortifications*.
fr. . . . . *français* (*a. fr.* : ancien français; *fr. mod.* : français moderne).
francis. . . . . *francisation*.
frq. . . . . *francique* (langue).
fut. . . . . *futur*.
gasc. . . . . *gascon* (langue).
gaul. . . . . *gaulois* (langue).
génér. . . . . *général*.
généralt. . . . . *généralement*, le plus souvent.
géod. . . . . terme didactique de *géodésie*.
géogr. . . . . terme didactique de *géographie*.
géol. . . . . terme didactique de *géologie*.
géom. . . . . terme didactique de *géométrie*.
géophys. . . . . terme didactique de *géophysique*.
germ. . . . . *germanique* (langue).
got. . . . . *gotique* (langue).
gr. . . . . *grec* (employé seul : grec ancien; *gr. byz.* : grec byzantin; *gr. mod.* : grec moderne). — *antiq.*
                             gr., hist. gr. : antiquité, histoire grecque.
gram. . . . . terme didactique de *grammaire*.
h. . . . . *hapax* : apparition, attestation isolée d'un mot (suivi de la date de cette attestation et géné-ralement, après un point-virgule, de la date d'emploi normal et continu).
hébr. . . . . *hébreu* (langue).
hippol. . . . . terme technique ou didactique d'*hippologie* (cheval).
hist. . . . . terme didactique d'*histoire* (*hist. ant.* : histoire antique (Voir *antiq.*); *hist. mod.* : histoire moderne; *hist. sc.* : histoire des sciences; *hist. relig.* : histoire des religions, etc.). — *Hist. litt.* : terme didactique d'histoire littéraire [ne pas confondre avec *Littér.*].
histol. . . . . terme didactique d'*histologie*.
holl. . . . . *hollandais* (langue). Voir *néerl*.
HOM. . . . . *homonyme* (mot ayant la même prononciation que le mot traité).
hongr. . . . . *hongrois* (langue).
hortic. . . . . terme technique d'*horticulture*. Voir *jardin*.
hydrogr. . . . . terme didactique d'*hydrographie*.
hyperb. . . . . *hyperbole* (*par hyper.* : par hyperbole).
i. . . . . *inconnu* ou très *incertain* (Voir *o. i.*).
ibid. . . . . *ibidem* (dans le même livre).
id. . . . . *idem* (la même chose).
imp. . . . . *imparfait* (temps du verbe).
imp. (*lat.*) . . . . *latin impérial* (de l'époque de l'Empire).
impér. . . . . *impératif* (mode du verbe).
impers. . . . . 1° *v. impers.* : verbe impersonnel;
                             2° *impersonnellement* (emploi impersonnel d'un verbe personnel).
imprim. . . . . terme technique d'*imprimerie*. Voir *typogr*.
impr. . . . . *impropre* ou *improprement* (emploi critiquable).
ind. . . . . 1° *indicatif* (mode du verbe).
                             2° *indirect* (*V. tr. ind.* : verbe transitif indirect, dont l'objet est introduit par une préposition; *compl. ind.* : complément indirect, introduit par une préposition).
indéf. . . . . *indéfini*.
indus. . . . . *industrie* ou *industriel* (sens applicable à un secteur du domaine industriel).
inf. . . . . *infinitif*.
infl. . . . . *influence* (d'une forme ou d'un sens).
inform. . . . . terme technique d'*informatique*.
interj. . . . . *interjection*.
interm. . . . . *intermédiaire* (*par l'interm.* : par l'intermédiaire [d'une langue qui a véhiculé le mot]).
intern., internat. . . . . . . *international* (ex. *dr. internat.*).

intr. . . . . *intransitif* (*v. intr.* : qui n'a jamais de complément d'objet dans le sens envisagé [ne pas confondre avec *absolt.*]).

intrans. . . . . *intransitivement* (passage d'un transitif à un emploi intransitif).

introd. . . . . *introduisant* (telle forme, tel mot).

inus. . . . . *inusité* : emploi qui est, ou extrêmement rare, ou non attesté hors des dictionnaires.

invar. . . . . *invariable.*

iron. . . . . *ironique, ironiquement,* pour se moquer (souvent par *antiphrase*).

irrég. . . . . *irrégulier.*

it. . . . . *italien* (langue).

jard. . . . . terme technique de *jardinage.* Voir *hortic.*

jeux. . . . . terme spécial à un *jeu* (peu connu dans l'usage général).

journal. . . . . terme particulier au milieu de la presse, du *journalisme.*

jud. . . . . *judaïque* (*antiq. jud.*, *relig. jud.* : terme didactique concernant l'antiquité judaïque, la religion judaïque).

jur., jurid. . . . . *juridique.*

lang. . . . . *langage.*

langued. . . . . *languedocien* (langue).

lat. . . . . *latin* (langue); *lat. class.* : latin classique (Voir *class.*); *lat. imp.* : latin impérial (Voir *imp.*); *lat. médiév.* : latin médiéval; *lat. pop.* : latin populaire; *lat. sav.* : latin savant, forgé par les savants avec les racines du lat. class., et servant de langue scientifique universelle; *bas lat.* : bas latin (Voir *bas*); *lat. ecclés.* : latin ecclésiastique.

ling.. . . . . terme didactique de *linguistique.*

litt. . . . . terme didactique des *études littéraires.* Voir *hist. (litt.).*

littér. . . . . *littéraire* : désigne un mot qui n'est pas d'usage familier, qui s'emploie surtout dans la langue écrite élégante. Ce mot a généralement des synonymes d'emploi plus courant.

littéralt. . . . . *littéralement,* mot pour mot.

liturg. . . . . terme technique de *liturgie* (*liturg. cathol.*, *chrét.*, *jud.*, etc.).

loc. . . . . *locution* (groupe de mots formant une unité et ne pouvant pas être modifié à volonté; certaines ont la valeur d'un mot grammatical). [*loc. adv.* : locution adverbiale, à valeur d'adverbe; *loc. conj.* : locution conjonctive, à valeur de conjonction; *loc. prép.* : locution prépositive, à valeur de préposition; *loc. adj.* : locution adjective, à valeur d'adjectif]. — *loc. fig.* : locution(s) figurée(s); *loc. métaph.* : locution(s) métaphorique(s); *loc. div.* : locutions diverses.

log. . . . . terme didactique de *logique.*

m. . . . . *masculin* (*n. m.* : nom masculin; *adj. m.* : adjectif masculin). Le nom masculin s'emploie aussi à propos d'une femme si le mot est défini par *Personne qui...* Autrement, le mot est défini par *Celui qui...*

maçonn. . . . . terme technique de *maçonnerie.*

mar. . . . . 1° terme technique ou didactique de *marine* concernant les navires, la navigation et utilisé par les marins, les spécialistes seulement; 2° *maritime,* des marins (*arg. mar.* : argot des marins).

masc. . . . . *masculin* (*au masc.* : au masculin).

math. . . . . terme didactique de *mathématiques.*

mécan. . . . . terme didactique de *mécanique.*

mécanogr. . . . . terme technique de *mécanographie.*

méd. . . . . 1° terme didactique de *médecine* (Voir *biol., pathol.*); 2° *médical* (*lat. méd.*, *lang. méd.*).

médiév. . . . . *médiéval* (ex. *lat. médiév.*, *hist. médiév.*).

menuis. . . . . terme technique de *menuiserie.*

mérid. . . . . *méridional,* du midi de la France.

métall. . . . . terme technique de *métallurgie.*

métaph. . . . . *métaphore* (*par métaph.* : comparaison implicite intermédiaire entre le propre et le figuré).

méton. . . . . *métonymie* (Voir ce mot dans le dictionnaire).

métr., métrol.. . . . . . terme technique de *métrologie* (mesures).

microbiol. . . . . terme didactique de *microbiologie.*

mil. . . . . *milieu* (devant un siècle : *mil. XXe* : mot apparu en français au milieu du XXe siècle, vers 1950).

milit. . . . . terme technique du langage *militaire.*

minér. . . . . terme didactique de *minéralogie.*

mod. . . . . *moderne* (insiste sur le fait qu'un sens, un emploi est d'usage actuel, quand le sens précédent ou les emplois voisins sont vieux, abandonnés). *Mod. et littér.* : moderne et littéraire; *mod. et cour.* : moderne et courant.

modes . . . . terme technique des arts et du commerce de la *mode.* Voir *cout.*

moy. . . . . *moyen* (*moy. fr.* : moyen français, XIVe et XVe s.).

mus. . . . . terme technique de *musique; hist. mus.* : terme de l'histoire de la musique.

myth., mythol. . . . . . terme didactique de *mythologie.*

n. . . . . *nom,* substantif (*n. m.* : nom masculin; *n. f.* : nom féminin; *n. m. pl.* : nom masculin pluriel; *n. pr.* : nom propre...).

néerl. . . . . *néerlandais* (langue). Voir *holl.*

néol. . . . . *néologisme* (mot nouveau, relevé ou entendu peu de temps avant la parution du dictionnaire: entre 1950 et 1965. Voir *mil. XXe* : milieu du XXe siècle).

n° at. . . . . *numéro atomique.*

nom déposé. . . . . . . nom appartenant à une firme commerciale, mais utilisé comme nom commun.

norm. . . . . *normand* (langue).

norv. . . . . *norvégien* (langue).

nucl. . . . . terme spécial au domaine *nucléaire* (par ex. : *phys. nucl.* physique nucléaire).

numér. . . . . *numéral.*

numism. . . . . terme didactique de *numismatique* (médailles et pièces anciennes). Voir *archéol.*

o. . . . . *origine* ou étymologie (*d'o. gr.* : d'origine grecque).

o. i. . . . . *origine inconnue* ou très *incertaine.*

onomat. . . . . *onomatopée* ou formation expressive.

opposé à . . . . introduit le mot de sens *opposé* (Voir ANT.) en opposition permanente, qui sert à éclairer le sens du mot défini.

opt. . . . . terme didactique ou technique d'*optique.*

orig. . . . . *origine* (Voir *o.*).

p.. . . . . 1° *participe* (*p. prés.* : participe présent). Voir *p. p.*; 2° *poids* (ex. *p. at.* : poids atomique).

paléont. . . . . terme didactique de *paléontologie.*

particip. . . . . *participial* (*subst. particip.* : nom issu d'un participe).

particult. . . . . *particulièrement* : concernant telle situation, tel objet particuliers.

pass. . . . . forme *passive* (d'un verbe).

pathol. . . . . terme didactique de *pathologie.* Voir *physiol.* et *méd.*

pâtiss. . . . . terme technique de *pâtisserie*. Voir *cuis*.
p.-ê. . . . . *peut-être*.
pêche . . . . terme technique de *pêche* (Voir *mar*.).
pédol. . . . . terme didactique de *pédologie*.
peint. . . . . terme technique ou didactique de *peinture*.
péj. . . . . *péjoratif; péjorativement* (avec mépris, en mauvaise part).
pén. . . . . *pénal* (*dr. pén.* : droit pénal).
pers. . . . . 1° *personne* (1ʳᵉ *pers.* du prés...);
      2° *personnel* (*pron. pers.* : pronom personnel);
      3° *persan* (langue).
personnes . . . . présente un sens, un emploi où le mot (adjectif, verbe) ne peut s'employer qu'avec des noms de personnes (s'oppose à *choses*).
pharm. . . . . terme technique ou didactique de *pharmacie*.
philo. . . . . terme didactique de *philosophie;*
phonét. . . . . 1° terme didactique de *phonétique;*
      2° *phonétiquement*, dans la prononciation.
phot. . . . . terme technique de *photographie*.
phys. . . . . terme didactique ou technique de *physique*.
physiol. . . . . terme didactique de *physiologie*. Voir *pathol., méd.*
pl. ou *plur.* . . . . *pluriel* (ex. *n. m. pl.*).
plais., plaisant. . . . . . . *plaisanterie* (*par plaisant.* : emploi qui vise à être drôle, à amuser).
poét. . . . . mot de la langue littéraire (Voir *littér.*) utilisé seulement en *poésie*.
polit. . . . . terme didactique ou spécial de *politique*.
pop. . . . . *populaire* : qualifie un mot ou un sens courant dans la langue parlée des milieux populaires (souvent argot ancien répandu), qui ne s'emploierait pas dans un milieu social élevé.
port. . . . . *portugais* (langue).
poss. . . . . *possessif* (*adj. poss.* : adjectif possessif).
p. p. . . . . *participe passé.* — REM. Les participes passés adjectifs importants sont traités à l'ordre alphabétique. Les autres sont mentionnés au verbe. — *p. p. adj.* : participe passé adjectif; *p.p.* ou *au p. p.* : participe passé (certains sont donnés en exemple sans mention particulière ,après un —).
pr. (au) . . . . *au sens propre* (opposé à : *au figuré*).
pr. . . . . *propre* (*n. pr.* : nom propre).
précéd. . . . . *précédent* (surtout : mot précédent, dans l'ordre alphabétique).
préf. . . . . *préfixe*.
prép. . . . . *préposition* (*loc. prép.* : locution prépositive).
prés. . . . . *présent* (temps du verbe).
probabl. . . . . *probablement*.
procéd. . . . . terme didactique de *procédure*. Voir *dr.*
pron. . . . . 1° *pronom* (ex. *pron. pers.* : pronom personnel; *pron. dém.* : démonstratif, *indéf.* : indéfini, *poss.* : possessif, *rel.* : relatif);
      2° *pronominal* (*v. pron.* : verbe pronominal).
pronom. . . . . *pronominalement* (emploi pronominal isolé d'un verbe).
prononc. . . . . *prononciation*.
propre (au) . . . . voir *pr.*
proprem. . . . . *proprement* : désigne le sens premier d'un mot d'où est issu un mot français, quand c'est dans un autre sens qu'il a été pris.
prov. . . . . *provençal* (langue).
PROV. . . . . *proverbe*.
psychan. . . . . terme didactique de *psychanalyse*.
psychiatr. . . . . terme didactique de *psychiatrie*.
psycho. . . . . terme didactique de *psychologie*.
pub. ou *publ.* . . . . . . *public* (*dr. pub.* : droit public).
public. . . . . terme technique de *publicité*.
qqch. . . . . *quelque chose*.
qqf. . . . . *quelquefois*.
qqn . . . . *quelqu'un*.
rac. . . . . *racine*.
rad. . . . . *radical*.
rare . . . . mot qui, dans son usage particulier (il peut être didactique, technique, etc.), n'est employé qu'exceptionnellement.
récipr. . . . . *réciproque* (*v. pron. récipr.* : verbe pronominal réciproque).
recomm. offic. . . . . . . *recommandation officielle* : termes et expressions approuvés ou recommandés par arrêté ministériel, en application du décret du 7 janv. 1972 relatif à l'enrichissement de la langue française.
réfect. . . . . *réfection* (modification d'une forme plus ancienne, sous l'influence d'une forme du latin classique, etc.).
réfl. . . . . *réfléchi* (*v. pron. réfl.* : verbe pronominal réfléchi).
région. . . . . *régional* (mot ou emploi particulier au français parlé dans une ou plusieurs régions, mais qui n'est pas d'usage général ou qui est senti comme propre à une région).
relig. . . . . terme didactique de *religion*. Voir aussi *liturg., théol.*
REM. . . . . *remarque*.
rhét. . . . . terme didactique de *rhétorique*.
rom. . . . . *romain* (*antiq. rom.* : antiquité romaine).
roum. . . . . *roumain* (langue).
s. . . . . *siècle* (dans les étymologies, siècle n'est pas mentionné : XVIᵉ = XVIᵉ siècle).
sanscr. . . . . *sanscrit* (langue).
sc. . . . . 1° terme didactique du langage scientifique et appartenant au domaine de plusieurs *sciences;*
      2° *scientifique* (*lat. sc.* : latin scientifique).
scand. . . . . *scandinave* (langue).
scol. . . . . *scolaire* (*arg. scol.* : argot scolaire).
s.-ent. . . . . *sous-entendu*.
séc. soc. . . . . *Sécurité sociale*.
sémiol. . . . . terme didactique de *sémiologie*.
sing. . . . . *singulier*.
socio. . . . . terme didactique de *sociologie*.
spécialis. . . . . *spécialisation* (de sens, d'emploi).
spécialt. . . . . *spécialement* (dans un sens plus étroit, moins étendu; s'oppose à *par ext.*).
sports . . . . terme du langage des *sports*, peu connu du grand public (certains sont présentés par le nom du sport où ils sont employés : *aviron, football, tennis*, etc.).

statist.	terme didactique de *statistique.*
sténo.	terme technique de *sténographie.*
subj.	*subjonctif* (mode du verbe).
subst.	*substantif, substantivement* (emploi comme nom d'un adjectif, d'un participe).
substit.	*substitution.*
suéd.	*suédois* (langue).
suff.	*suffixe.*
suiv.	*suivant* (surtout : le mot suivant, dans l'ordre alphabétique).
sylvic.	terme technique de *sylviculture.* Voir *arbor.; eaux et for.*
symb.	*symbole* (d'une unité de mesure, etc.).
syn.	*synonyme* considéré comme parfait.
T.	1° *terme (en t. de... :* en termes de..., dans le langage spécial de telle technique ou activité); 2° *tome.*
taurom.	terme technique de *tauromachie.*
techn.	*technique* (mot appartenant au langage technique, et peu ou mal connu de l'ensemble du public; quand il s'agit d'une technique particulière et très importante, *techn.* est remplacé par le nom de cette technique *(aviat., auto., électr., phot.).*
télév.	terme technique de *télévision.*
théol.	terme didactique de *théologie.*
tissage	terme technique de *tissage.*
tr.	*transitif* (*v. tr. :* verbe transitif, qui a un complément d'objet [exprimé ou non]; *tr. dir. :* transitif direct [Voir *dir.*]; *tr. indir. :* transitif indirect [Voir *ind.*]).
trad.	*traduction* (de telle langue).
trans.	*transitivement* (présente un emploi exceptionnellement transitif d'un verbe intransitif).
transform.	*transformation.*
tr. pub.	terme technique de *travaux publics.*
turf	terme spécial au milieu du *turf,* des courses de chevaux.
typogr.	terme technique de *typographie.* Voir *imprim.*
v.	1° *verbe (v. intr.; v. tr.; v. pron.; v. impers.);* 2° *vers* (devant une date).
V.	*voir* (présente un mot qui a un grand rapport de sens : 1° avec le mot traité [synonyme, mot de sens voisin ou constituant une espèce par rapport au genre que désigne le mot]; 2° avec l'expression ou l'exemple qui précède). V. signale dans le premier cas un simple rapport de sens, et le mot qui suit ne donne pas forcément des informations sur celui où il est signalé.
var.	*variante.*
vétér.	mot technique de l'*art vétérinaire;* quand il s'agit du cheval, Voir *hippol.*
vieilli	mot, sens ou expression encore compréhensible de nos jours, mais qui ne s'emploie plus naturellement dans la langue parlée courante.
vén.	terme technique de *vénerie* (chasse à courre).
vulg.	*vulgaire :* mot, sens ou emploi choquant (souvent familier (fam.) ou populaire (pop.), qu'on ne peut employer entre personnes bien élevées, quelle que soit leur classe sociale).
vx	*vieux* (mot, sens ou emploi de l'ancienne langue, incompréhensible ou peu compréhensible de nos jours et jamais employé, sauf par effet de style : archaïsme).
zool.	1° terme didactique de *zoologie;* 2° *zoologique (lat. zool.).*

PRINCIPAUX AUTEURS ET TEXTES CITÉS

La liste complète et la bibliographie des éditions utilisées se trouvent en appendice du Grand ROBERT et de son Supplément.)

ACAD., Dictionnaire de l'Académie française, 8e édition.
AFNOR, Association française de normalisation.
ALAIN.
ALAIN-FOURNIER.
D'ALEMB., D'Alembert.
ALLAIS (Alphonse).
ANOUILH.
APOLLINAIRE.
ARAGON.
ARTAUD (Antonin).
AUBIGNÉ (Agrippa d').
AYMÉ (Marcel).
BACHELARD.
BAINVILLE.
BALZ., Balzac.
BANVILLE.
BARBEY, Barbey d'Aurevilly.
BARBUSSE.
BARRÈS.
BARTHES (Roland).
BARTHOU (Louis).
BAUDEL., Baudelaire.
BAZIN (Hervé).
BEAUMARCH., Beaumarchais.
BEAUVOIR (Simone de).
BECQUE (Henri).
BÉDIER (Joseph).
BENDA (Julien).
P. BENOIT (Pierre).
BERGSON.
BERNANOS.
Cl. BERNARD (Claude).
BERNARD. de St-P., Bernardin de Saint-Pierre.
A. BERTRAND (Aloysius).
L. BERTRAND (Louis).
BIBLE.
BILLY (André).
BLAIS (Marie-Claire).
BLANCHOT (Maurice).
J.-R. BLOCH (Jean-Richard).
BLOY (Léon).
BLUM (Léon).
BOIL., Boileau.
BORDEAUX (Henri).
BOSCO.
BOSS., Bossuet.
BOURDALOUE.
BOURGET (Paul).
BRETON (André).
BRILLAT-SAV., Brillat-Savarin.
L. de BROGLIE (Louis).
BRUNOT (Ferdinand).
BUFF., Buffon.
BUTOR.
CAILLOIS (Roger).
CAMUS.
CAPITANT, Vocabulaire juridique de Capitant.
CARCO.

CARREL (Alexis).
CAU (Jean).
CAYROL (Jean).
CÉLINE.
CENDRARS.
CÉSAIRE (Aymé).
CHAMFORT.
CHARDONNE.
CHATEAUB., Chateaubriand.
CHÉNIER (André).
M.-J. CHÉNIER (Marie-Joseph).
CLAUDEL.
COCTEAU.
COLETTE.
B. CONSTANT (Benjamin).
CORN., Corneille.
COURCHAY (Claude).
P.-L. COUR., Paul-Louis Courier.
COURTELINE.
CYR. de BERGERAC, Cyrano.
DANIEL-ROPS.
DANINOS.
DAUD., Alphonse Daudet.
L. DAUD., Léon Daudet.
DAUZAT.
DÉCLAR. DR. HOM., Déclaration des droits de l'homme.
DESCARTES.
DIDER., Diderot.
DORGELÈS.
DRUON (Maurice).
DUCHARME (Réjean).
DUHAM., Duhamel.
DUMAS (Alexandre).
DUTOURD (Jean).
ÉLUARD.
ESNAULT (Gaston), Dictionnaire historique des argots français.
FAGUET.
FALLET (René).
FARGUE.
FÉN. Fénelon.
FERRON (Jean).
FLAUB., Flaubert.
FLÉCH., Fléchier.
FLORIAN.
FONTENELLE.
FOUCAULT (Michel).
FRANCE (Anatole).
FRISON-ROCHE (Roger).
FROMENTIN.
FURET., Furetière.
FUSTEL, Fustel de Coulanges.
GAMBETTA.
GAUTIER (Théophile).
GENET (Jean).
GENEVOIX.
GIDE (André).
Ch. GIDE (Charles).
GILBERT (Pierre), Dictionnaire des mots nouveaux.
GIONO.

GIRAUDOUX.
GOBINEAU.
GODARD (Jean-Luc).
GODBOUT (Jacques).
GONCOURT, Les frères Goncourt.
GREEN (Julien).
GUÈVREMONT (Germaine).
GUTH (Paul).
HÉBERT (Anne).
HÉMON (Louis).
HENRIOT.
HEREDIA.
HÉRIAT (Philippe).
HERRIOT (Édouard).
HUGO.
HUYSMANS.
IKOR (Roger).
IONESCO.
JACOB (Max).
JALOUX.
JAMMES.
JARRY (Alfred).
JAURÈS (Jean).
JOUHANDEAU.
JOURDAIN (Francis).
JOUVET (Louis).
KARR (Alphonse).
KESSEL (Joseph).
LABICHE.
LA BRUY., La Bruyère.
LACAN.
LACLOS, Choderlos de Laclos.
LACORDAIRE.
LA FAYETTE (Madame de).
LA FONT., La Fontaine.
LALANDE, Vocabulaire de la philosophie de L. Lalande.
LAMART., Lamartine.
LAMENNAIS.
LANOUX (Armand).
LAPLANCHE (Jean) et PONTALIS (J.-B.), Vocabulaire de la psychanalyse.
LARBAUD (Valery).
LA ROCHEF., La Rochefoucauld.
LAUTRÉAMONT.
LÉAUTAUD.
LE BRETON (Auguste), Langue verte et noirs desseins.
LE CLÉZIO.
LECOMTE (Georges).
LEC. DE LISLE, Leconte de Lisle.
LEIRIS (Michel).
LEMAITRE (Jules).
LESAGE.
LÉVI-STRAUSS (Claude).
LOTI.
LOUŸS (Pierre).
MAC ORLAN.
MADELIN.
MAETERLINCK.
MALHERBE.

MALLARMÉ.
MALLET-JORIS (Françoise).
MALRAUX.
MARIVAUX.
MARMONTEL.
MAROT.
MART. du G., Roger Martin du Gard.
MARTONNE.
MASSILLON.
MAUPASS., Maupassant.
MAURIAC (François).
MAURIAC (Claude).
MAUROIS.
MÉRIMÉE.
MICHAUX (Henri).
MICHELET.
MIRABEAU.
MIRBEAU.
MOL. Molière.
MONDOR.
MONTAIGNE.
MONTESQ., Montesquieu.
MONTHERLANT.
MORAND.
MOUNIER (Emmanuel).
MUSS., Musset.
NAVEL.
NERVAL.
NIZAN.
NOAILLES (Comtesse de).
NODIER.
OUOLOGUEM (Yambo).
PAGNOL (Marcel).
Br. PARAIN (Brice).
PASC., Pascal.
PASTEUR.
PAULHAN (Jean).
PÉGUY.
PERGAUD (Louis).
PERRAULT.
PEYRÉ (Joseph).

PIAGET (Jean).
POINCARÉ (Henri).
POURRAT (Henri).
PRÉVERT (Jacques).
Abbé PRÉVOST.
J. PRÉVOST (Jean).
M. PRÉVOST (Marcel).
PROUDHON.
PROUST.
QUEMADA (Bernard), Datations et documents lexicographiques.
QUENEAU (Raymond).
RABELAIS.
RAC., Racine.
RADIGUET (Raymond).
RAMUZ.
RÉGNIER (Mathurin).
RENAN.
RENARD (Jules).
RIBOT.
RICŒUR (Paul).
RIMBAUD.
RIVAROL.
ROBBE-GRILLET (Alain).
ROBESPIERRE.
ROCHEFORT (Christiane).
R. ROLLAND (Romain).
ROMAINS (Jules).
RONSARD.
ROSTAND (Edmond).
J. ROSTAND (Jean).
ROUSS., J.-J. Rousseau.
D. ROUSSET (David).
SAGAN (Françoise).
STE-BEUVE, Sainte-Beuve.
ST-EXUP., Saint-Exupéry.
ST-JOHN PERSE, Saint-John Perse.
ST-SIM., Saint-Simon.
SAN ANTONIO.
SAND.
SARRAUTE (Nathalie).
SARRAZIN (Albertine).

SARTRE.
SAUSSURE.
SAUVY (Alfred).
SCARRON.
SCRIBE.
SEIGNOBOS.
SENANCOUR.
SENGHOR.
SÉV., Madame de Sévigné.
SIEGFRIED (André).
SIMON (Claude).
SIMONIN (Albert).
STAËL (Madame de).
STENDHAL.
SUARÈS.
TAINE.
TAZIEFF (Haroun).
THARAUD (Jérôme et Jean).
THIBAUDET.
TOULET.
TRIOLET (Elsa).
TROYAT (Henri).
VAILLAND (Roger).
VALÉRY.
VALLÈS (Jules).
VAUVEN., Vauvenargues.
VERCEL (Roger).
VERHAEREN.
VERLAINE.
VIAN (Boris).
VIGNY.
VILLIERS, Villiers de l'Isle-Adam.
VILLON.
VOLT., Voltaire.
ZOLA.
PRINCIPAUX JOURNAUX ET REVUES CITÉS : *Le Monde, L'Aurore, L'Humanité, L'Express, Le Nouvel Observateur, Journal officiel, Paris-Match, Entreprise, Science et Vie, La Recherche, Union.*

A

A [a]. *n. m.* Première lettre et voyelle de l'alphabet. A majuscule, a minuscule, à *(a accent circonflexe)*. Phonét. A *antérieur* [a], A *postérieur* [ɑ], a *nasalisé* [ɑ̃]. — Loc. *Depuis a jusqu'à z*, du commencement à la fin. *Ne savoir ni a ni b*, ne pas savoir lire. *Prouver par a + b*, avec une rigueur mathématique. — A, en musique, la note *la. Phys.* Symbole représentant le nombre de masse atomique, exprimée en grammes. Symbole de l'*ampère.* — *a*, symbole de l'are.

1. **A-**. Élément, du lat. *ad*, marquant la direction, le but à atteindre (var. *ad-, ac-, af-, al-, am-, ar-, as-, at-*). V. **À**. Ex. : *abaisser, attendrir*.

2. **A-, AN-**. Élément tiré du gr. exprimant la négation (pas), ou la privation (sans), et dit *a privatif*. Ex. : *anormal, apolitique, acaule*.

À [a]. *prép.* (xᵉ ; lat. *ad*. V. A-1). Contraction de *(à le)* en AU [o], de *(à les)* en AUX [o] ; — Cf. *aussi* pron. possessifs et personnels (ex. : *À moi*. V. **Mien** ; me).

I. Vide de sens, introduisant un objet dit indirect. ♦ 1° Devant l'objet des verbes transitifs indirects. *Nuire à sa santé*. — Devant l'objet des noms issus de ces verbes. *Le recours à la force*. — Devant l'objet de certains adjectifs. *Fidèle à sa parole*. ♦ 2° Devant l'infinitif compl. d'objet de certains verbes. « *Je me résolus à tenter l'aventure* » (DUHAM.). *J'aime à lire, j'aime lire, j'aime de lire*. V. **Aimer**. ♦ 3° *Par ext.* À CE QUE, pour QUE, suivi du subjonctif. *Je consens à ce que vous partiez*, ou *que vous partiez*.

II. Marquant des rapports de direction. ♦ 1° Lieu de destination. *Aller à Paris ; je pense y aller*. V. **Y**. *Droit au but ! À la porte ! Je viens à vous*. V. **Vers**. — Vx ou pop. *Aller au notaire*. V. **Chez**. DE… À… *Du Nord au Sud*. — (Introd. le compl. d'un nom) *Son voyage à Paris*. ♦ 2° *Fig.* Progression dans une série *Du premier au dernier*. — (Temps) *Recevoir de 4 à 6 heures*. — (Entre deux numéraux, marque l'approximation) V. **Environ**. « *Des groupes de quatre à dix hommes* » (MAUROIS). *De quatre à cinq hommes* (on dit mieux *de quatre ou cinq hommes*). V. **Ou**. « *L'enfant avait douze à treize ans* » (R. ROLLAND). ♦ 3° Aboutissement à un point extrême. V. **Jusqu'(à)**, point (au point de). *J'en arrive, j'en viens à penser qu'il a raison. De là à le condamner il n'y a qu'un pas*. — (Conséquence) *Il court à perdre haleine*. — (Introd. le compl. d'un adj.) *Fou à lier*. ♦ 4° Destination de choses, but. V. **Pour**. *Donner une lettre à poster. C'est à prendre ou à laisser*. — (Obligation) *C'est à voir*, il faut voir. — Devant un infinitif, À, pour QQCH. À… *Nous avons à manger*. V. **Quoi** (de quoi). *Ce travail laisse à désirer*. — (Introd. le compl. d'un nom) *Un verre à liqueur*. *Un tissu à marier*. — (Obligation) *Un homme à ménager*. — (Introd. le compl. d'un adj.) *N'être bon à rien*. *C'est plus facile à dire qu'à faire*. ♦ 5° Destination de personnes, attribution. *Donner de l'argent aux pauvres*. Ellipt. *Salut à tous !* — (En dédicace) *À ma femme bien-aimée*. — (Introd. le compl. d'un nom) *Hymne au soleil*. ♦ 6° Rapprochement (Introd. un compl. d'adj. ou d'adv.) *Semblable, pareil à. Conformément, relativement à*.

III. Marquant des rapports de position. ♦ 1° Position dans un lieu. V. **Dans, en**. *Il vit à Paris. En France comme à l'étranger*. — AUX, pour (EN LES). *S'installer aux Indes*. — (Introd. le compl. d'un nom) *Un séjour à la mer*. ♦ 2° *Fig.* Position dans une situation. *Se mettre au travail. Être* à *travailler*. — (Introd. le compl.) *Être* à *ce qu'on fait*. — (Avec un indéfini ou un numéral, et suivi de l'infinitif) *Être le premier à faire qqch.*, le premier qui fait qqch. V. **Qui**. « *Nous étions plusieurs à guetter la venue des gens de la campagne* » (ALAIN-FOURNIER). ◇ À, suivi de l'infinitif, avec la valeur d'un gérondif* (hypothèse, cause) *À vous priver ainsi vous tomberez malade*, en vous privant ainsi. *À tout prendre. À dire vrai*. ♦ 3° Position dans le temps. *Partir à cinq heures. Remettre à huitaine. Par ext.* (simultanéité, cause) *À ces mots, il se fâcha*. — (Introd. le compl. de durée d'un nom) *Juge à vie*. ♦ 4° Appartenance. *Ceci est à moi. À qui sont ces gants ?* — Ellipt. *À nous la liberté ! Bien à vous, bien vôtre*. — C'EST À… DE, suivi de l'infinitif : il appartient à… de. *C'est à moi de l'aider*,

c'est mon devoir, ou c'est mon tour de l'aider. Ellipt. *À vous de jouer !* ◇ (Objet secondaire d'attribution par jugement) *Le manteau que je vois à votre amie :* que je lui vois. ◇ C'EST (adj.) À… *C'est gentil à vous d'accepter*, vous êtes gentil d'accepter. — (Introd. le compl. d'un nom) Vx ou pop. *La fille à ma tante*. V. **De**. Mod. *Bête à bon Dieu. Fils à papa*. — (Avec un pron. pers. pour mettre la possession en relief) *Un cousin à moi*, un de mes cousins. *Il a un style à lui, son style à lui*.

IV. Marquant la manière d'être ou d'agir. ♦ 1° Moyen, instrument. V. **Avec, par**. *Aller à pied. Se chauffer au mazout*. ◇ (Introd. le compl. d'un nom) *Bateau à vapeur*. ♦ 2° Manière. *Il vit à l'aise. Acheter à crédit. À bride abattue*. — (Introd. le compl. d'un nom) *Tissu à rayures*. ◇ À LA… suivi d'un adj., d'un nom, d'une locution. *Parler à la légère*. *Vendre à la sauvette. Victoire* à la Pyrrhus. *Bœuf à la croque au sel*. ♦ 3° Prix. *Je vous le fais à dix francs. J'ai mieux à moins cher*. V. **Pour**. — (Introd. le compl. d'un nom) *Un cigare à deux francs*. V. **De** (à indique plutôt un prix dans une échelle de prix, *de* une valeur). ♦ 4° Caractérisation par accompagnement. V. **Avec**. — (Introd. le compl. d'un nom) *Un pain aux raisins. L'homme au chapeau rond*. ♦ 5° Association numérique (avec un numéral ou un indéfini) *Ils sont venus à dix, à plusieurs :* en étant dix, plusieurs à la fois. — *Deux à deux*, deux à la fois. V. **Par**.

ABACA [abaka]. *n. m.* (1664 ; esp. *abacá*, mot des Philippines). Matière textile appelée aussi *chanvre de Manille*, tirée des pétioles des feuilles d'un bananier.

ABACULE [abakyl]. *n. m.* (1933 ; lat. *abaculus*). Didact. Petit cube constituant l'élément d'une mosaïque.

ABAISSABLE [abɛsabl(ə)]. *adj.* (1866 ; de *abaisser*). Qu'on peut abaisser.

ABAISSANT, ANTE [abɛsɑ̃, ɑ̃t]. *adj.* (1846 ; de *abaisser*). Qui abaisse moralement. V. **Dégradant, humiliant**.

ABAISSE [abɛs]. *n. f.* (1390 ; de *abaisser*). Pâtiss. Pâte amincie sous le rouleau. ◇ HOM. **Abbesse**.

ABAISSE-LANGUE [abɛslɑ̃g]. *n. m. invar.* (1841 ; de *abaisser*, et *langue*). Méd. Instrument en forme de palette servant à abaisser la langue pour examiner la gorge.

ABAISSEMENT [abɛsmɑ̃]. *n. m.* (1170 ; de *abaisser*). Action d'abaisser, de s'abaisser. ♦ 1° Action de faire descendre ; état de ce qui est descendu (V. **Baisse**). *L'abaissement d'un store, des paupières*. Géom. *Abaissement d'une perpendiculaire. Abaissement du niveau d'un liquide*. ♦ 2° Action de diminuer (une valeur), de la rendre plus basse. V. **Diminution**. *Abaissement de la température ; d'un chiffre, d'un taux ; de la valeur d'une monnaie*. ♦ 3° *Vieilli*. Action de rendre moins puissant. « *Après l'abaissement des Carthaginois* » (MONTESQ.). V. **Affaiblissement, anéantissement**. ♦ 4° Vx. État de ce qui a une valeur moindre. V. **Décadence, déclin**. ♦ 5° *Vieilli*. État de celui qui a perdu toute indépendance et tout orgueil. V. **Avilissement, déchéance, dégradation, humiliation**. Relig. *Abaissement volontaire*. ◇ ANT. Élévation, relèvement. Amélioration, progrès. Gloire.

ABAISSER [abɛse]. *v. tr.* (xIIᵉ ; de *a-1*, et *baisser*). **I.** ♦ 1° Faire descendre à un niveau plus bas. V. **Baisser**. *Abaisser une vitre*. (On ne dit pas *abaisser*, mais *amener** les voiles.) Géom. *Abaisser une perpendiculaire*, mener d'un point une perpendiculaire à une ligne, un plan. Arithm. *Abaisser un chiffre*, dans une division, écrire un chiffre du dividende à la suite du reste obtenu. ♦ 2° Rare. Diminuer la hauteur. *Abaisser la pâte au rouleau à pâtisserie*. ♦ 3° Diminuer la quantité, faire baisser. *Abaisser un chiffre ; un taux*. V. **Diminuer**. ♦ 4° *Fig.* Faire descendre à un niveau inférieur. « *S'il se vante, je l'abaisse* » (PASC.). *Abaisser une puissance*. V. **Abattre, affaiblir, écraser**. « *La douleur abaisse, humilie, porte à blasphémer* » (RENAN). V. **Humilier, mortifier, ravaler**.

II. S'ABAISSER. *v. pron.* ♦ 1° Descendre à un niveau plus bas. *Le terrain s'abaisse vers la rivière*. V. **Descendre**. Pouvoir être descendu, abaissé. *Vitre qui s'abaisse*. ♦ 2° Se mettre dans une position inférieure. « *Quiconque s'abaissera sera élevé* » (BIBLE). V. **Humilier** (s'). « *La bonté qu'il a de s'abaisser à s'entretenir avec vous » (RAC.). V. **Condescendre, daigner**. *S'abaisser à des compromissions*. V. **Avilir** (s'), **compromettre** (se).

◇ ANT. *Élever, hausser, relever; exalter, glorifier. Monter; hausser* (se).

ABAISSEUR [abɛsœʀ]. *adj. et n. m.* (1564; de *abaisser*). *Anat.* Se dit d'un muscle servant à abaisser une partie du corps. Subst. *L'abaisseur du sourcil.*

ABAJOUE [abaʒu]. *n. f.* (1766; pour *la bajoue*. V. **Bajoue**). Poche entre la joue et la mâchoire, chez certains animaux (singes, rongeurs), servant de réserve à aliments.

ABANDON [abɑ̃dɔ̃]. *n. m.* (XIIᵉ; de l'a. fr. *à bandon* « au pouvoir de »). ♦ 1° Action de renoncer (à une chose), de laisser à discrétion de qqn. *Politique d'abandon.* V. **Abdication, concession**. *Dr.* Acte par lequel on renonce à un bien, à un droit, à une prétention juridique. *Abandon d'un fonds improductif au profit de la commune.* V. **Cession, don**. *Abandon de mitoyenneté. Abandon d'une accusation.* V. **Renonciation**. ♦ 2° *Dr.* Action de quitter (un lieu dans lequel on est tenu de séjourner). *Abandon du domicile conjugal. Abandon des lieux, de navire.* Par ext. *Abandon de poste, de service.* ♦ 3° Action de renoncer à utiliser (qqch.). *Abandon d'une hypothèse de travail, d'un projet.* V. **Rejet**. *Abandon d'un type ancien de machine.* ♦ 4° Action d'abandonner* (4°); *spécialt. sports* (1936). Action de renoncer à poursuivre une épreuve sportive, une compétition. *Les abandons ont été nombreux pendant la dernière étape.* ♦ 5° Action de délaisser (qqn, qqch.), de ne plus s'en occuper. *Dr. Abandon de famille, d'infirme; d'enfant.* V. **Exposition**. — *Abandon d'une maîtresse.* V. *(fam.)* **Lâchage, plaquage**. « *Mon cœur brisé par un abandon si cruel, une trahison si basse* » (MUSS.). ◇ État de ce qui est délaissé. « *La pièce du bas avait le même air de misère et d'abandon* » (DAUD.). — *Loc. adv.* À L'ABANDON, dans un état d'abandon. « *Julien descendit au parc, il était à l'abandon* » (DUHAM.). ♦ 6° Action de se laisser aller, de se détendre; effet agréable qui en résulte. *Renversée dans son fauteuil, avec abandon.* V. **Détente, naturel, nonchalance**. « *L'abandon enchanté de son sommeil* » (MAURIAC). — Calme confiant. *S'épancher avec abandon.* V. **Confiance**. « *Une expression d'abandon, de sécurité totale* » (MART. du G.). ◇ ANT. Acquisition, adoption; conservation, maintien. Raideur, tension; méfiance.

ABANDONNATAIRE [abɑ̃dɔnatɛʀ]. *n.* (1846; de *abandon*). *Dr.* Personne à qui est fait un abandon de biens.

ABANDONNÉ, ÉE [abɑ̃dɔne]. *adj.* (V. **Abandonner**). ♦ 1° Qu'on a abandonné, délaissé. *Enfants abandonnés. Séduite et abandonnée* (de son amant). « *Une femme abandonnée de tous les médecins* » (FÉN.), pour qui les médecins ne peuvent plus rien. — Sans maître. *Biens abandonnés.* ♦ 2° Que ses habitants ont abandonné. *Maison abandonnée. Village abandonné.* V. **Dépeuplé, déserté, inhabité**. ♦ 3° Qui n'est plus utilisé. « *L'autre route est abandonnée* » (GIDE). *Modèle abandonné.* ♦ 4° Qui a de l'abandon (5°). *Position abandonnée.* ◇ ANT. Recherché. Tendu.

ABANDONNER [abɑ̃dɔne]. *v. tr.* (1080; de *abandon*). I. ♦ 1° Ne plus vouloir (d'un bien, d'un droit). V. **Renoncer** (à). *Abandonner ses biens. Abandonner le pouvoir, une charge.* V. **Démettre** (se), **désister** (se). ◇ Laisser (un bien, un droit) à qqn. *Abandonner sa fortune à qqn.* V. **Donner, léguer.** Par ext. Laisser, confier. *Abandonner à qqn le soin de faire qqch.* ◇ Laisser au pouvoir (de qqch.). *Abandonner une ville au pillage. Vous m'abandonnez à mon triste sort.* ♦ 2° Quitter, laisser définitivement (qqn dont on doit s'occuper, envers qui on est lié). *Abandonner ses enfants.* « *Dès qu'il ne voit plus les gens, il les oublie, il les abandonne* » (DUHAM.). V. **Délaisser, lâcher, tomber** (laisser tomber); **plaquer**. ◇ Cesser d'aider, de soutenir. *Ses alliés, ses complices l'abandonnent.* — Faire défaut. « *Ses forces subitement l'abandonnèrent* » (FLAUB.). ♦ 3° Quitter définitivement un lieu. « *Le harcèlement constant des moustiques nous fait abandonner Liranga sans regrets* » (GIDE). V. **Déserter, laisser**. ♦ 4° Renoncer à (une action difficile, pénible). *Abandonner la lutte, la partie.* V. **Capituler, céder, flancher, lâcher** (pied, prise). *Abandonner les recherches.* V. **Cesser**. *Abandonner. J'abandonne!* V. **Démissionner**. *Sports. Athlète qui abandonne* (en cours d'épreuve, de compétition). ♦ 5° Cesser d'employer, ne plus considérer comme utile, bon. *Abandonner une hypothèse* (V. **Rejeter**), *un procédé.*

II. **S'ABANDONNER**. *v. pron.* ♦ 1° S'abandonner à, se laisser aller (à un état, à un sentiment). *S'abandonner au désespoir.* V. **Livrer** (se), **succomber**. — ♦ 2° *Absolt. Vieilli.* Accorder les dernières faveurs à un homme. « *Se cachant la figure, elle s'abandonna* » (FLAUB.). ♦ 3° Se détendre, se laisser aller physiquement. ♦ 4° Se livrer en toute confiance. V. **Épancher** (s'), **fier** (se). « *Elle céda au plaisir de s'abandonner, de se confier* » (MAURIAC).

◇ ANT. *Rechercher. Soigner, soutenir. Continuer. Garder, maintenir.* — *Résister. Raidir* (se). *Méfier* (se), *observer* (s').

ABANDONNIQUE [abɑ̃dɔnik]. *adj.* (1950, G. GUEX;

de *abandon*). *Psycho.* Se dit d'un individu (surtout d'un enfant), dont la vie affective est dominée par la crainte d'être abandonné, sans qu'il existe nécessairement des raisons objectives justifiant cette crainte.

ABAQUE [abak]. *n. m.* (XIIᵉ; lat. *abacus*). ♦ 1° Tablette à calculer de l'antiquité, devenue au Xᵉ s. un tableau à colonnes (unités, dizaines, centaines) utilisant les chiffres arabes. ◇ *Mod.* Boulier-compteur. — Tableau graphique permettant de faciliter de nombreux calculs (V. **Nomographie**). ♦ 2° Partie supérieure du chapiteau d'une colonne en forme de tablette. *Syn.* TAILLOIR.

ABASIE [abazi]. *n. f.* (1897; de *a-* 2, et gr. *basis* « action de marcher »). *Méd.* Impossibilité de marcher résultant d'un manque de coordination des mouvements.

ABASOURDI, IE [abazuʀdi]. *adj.* (V. **Abasourdir**). ♦ 1° Étourdi par un grand bruit. ♦ 2° *Par ext.* Étourdi par ce qui surprend. V. **Hébété**. « *Hochant la tête d'un air abasourdi* » (DUHAM.).

ABASOURDIR [abazuʀdiʀ]. *v. tr.* (1721; « tuer », déb. XVIIᵉ; de l'arg. *basourdir*, 1628, « tuer », avec infl. de *assourdir*). ♦ 1° Assourdir, étourdir par un grand bruit. ♦ 2° *Par ext.* Étourdir de surprise. V. **Hébéter, sidérer, stupéfier**. *Cette nouvelle m'a abasourdi.*

ABASOURDISSANT, ANTE [abazuʀdisɑ̃, ɑ̃t]. *adj.* (1866; de *abasourdir*). Qui abasourdit. ♦ 1° *(Rare)*. Assourdissant, abrutissant. ♦ 2° Stupéfiant. *Nouvelle abasourdissante.*

ABASOURDISSEMENT [abazuʀdismɑ̃]. *n. m.* (1845; de *abasourdir*). État d'une personne abasourdie.

ABAT [aba]. *n. m.* (1524, « ce qui est abattu »; 1468, « ce qui abat »; de *abattre*). I. *Vx.* ♦ 1° Action d'abattre. *Abat d'arbres.* ♦ 2° Action de s'abattre. *Pluie d'abat,* averse. « *Une de ces pluies d'abat sans trêve, sans merci* » (LOTI).

II. *N. m. pl.* Parties accessoires d'animaux tués pour la consommation. *Abats de poulet.* V. **Abattis**. *Abats d'animaux de boucherie* (cœur, foie, mamelle, mou, rate, rognons, tripes, langue, mufle, pieds, ris) *vendus chez le tripier.*

ABÂTARDIR [abɑtaʀdiʀ]. *v. tr.* (XIIᵉ; de *bâtard*). ♦ 1° Altérer en faisant perdre les qualités de la race. *Pronom. Race qui s'est abâtardie.* V. **Dégénérer**. ♦ 2° *Fig.* Faire perdre ses qualités. V. **Avilir, dégrader**. « *Il est des victoires qui exaltent, d'autres qui abâtardissent* » (ST-EXUP.). *Pronom.* S'altérer, dégénérer. ◇ ANT. Améliorer.

ABÂTARDISSEMENT [abɑtaʀdismɑ̃]. *n. m.* (1495; de *abâtardir*). État de ce qui est abâtardi. V. **Altération, dégénérescence**. ◇ ANT. Amélioration.

ABAT-JOUR [abaʒuʀ]. *n. m. invar.* (1670; de *abattre* (I, 3°), et *jour* « clarté »)]. ♦ 1° *Archit.* Ouverture percée obliquement dans un mur pour éclairer l'intérieur. ♦ 2° (1749). Réflecteur qui rabat la lumière d'une lampe. *Abat-jour hémisphérique, tronconique; de métal, de tissu, de papier.* « *Une petite lampe électrique dans un abat-jour de soie* » (DUHAM.). Par anal. « *Elle fit un abat-jour de sa main* » (MAUPASS.), une visière.

ABAT-SON [abasɔ̃]. *n. m. invar.* (1833; de *abattre* (I, 3°), et *son*). Ensemble de lames inclinées dont on garnit les baies des clochers pour renvoyer vers le sol le son des cloches.

ABATTAGE ou *vx* **ABATAGE** [abataʒ]. *n. m.* (1265; de *abattre*). I. Action d'abattre, de faire tomber. ♦ 1° Action d'abattre des arbres. *L'abattage d'un sapin à la scie, à la cognée.* ♦ 2° Action de détacher (le minerai) de la paroi d'une mine. *Abattage au marteau-piqueur.* ♦ 3° Action d'abattre, de tuer (un animal de boucherie). *Abattage d'un bœuf au merlin.* ♦ 4° *Fig.* AVOIR DE L'ABATTAGE. *Arg.* et *vx* (1866) Avoir une haute stature, une grande vigueur. *Mod.* (1908) Avoir du brio, de l'entrain, tenir son public en haleine. *Actrice, animateur qui a de l'abattage.*

II. Action de coucher ce qui est debout. *Abattage d'un cheval,* pour le soigner. *Mar. Abattage d'un navire en carène,* pour le réparer.

III. *Comm. Vente à l'abattage,* vente à vil prix et par grandes quantités d'une marchandise de qualité médiocre. *Arg.* « *Commerce galant rapide à prix fixe et de tarif modeste* » (SIMONIN). *Maison d'abattage. Travailler à l'abattage.*

ABATTANT ou *vx* **ABATANT** [abatɑ̃]. *n. m.* (1680; de *abattre*). Pièce d'un meuble, d'un siège que l'on peut lever ou abaisser à volonté. *L'abattant d'un secrétaire, d'un comptoir.*

ABATTÉE ou *vx* **ABATÉE** [abate]. *n. f.* (1687; de *abattre*). ♦ 1° *Mar.* Mouvement d'un navire dont l'axe s'éloigne du lit du vent. ♦ 2° (XXᵉ). *Aviat.* Chute en piqué à la suite d'une perte de vitesse.

ABATTEMENT [abatmɑ̃]. *n. m.* (XIIIᵉ; de *abattre*). I. Action d'abattre. ♦ 1° *Vx.* Au propre. V. **Abat, abattage**. ♦ 2° *Fig.* (1259). Retranchement; *spécialt.* Rabais sur une somme à payer. V. **Déduction**. — *Dr. fisc.* (1932)

Fraction de la matière imposable exemptée de l'impôt. *Abattement à la base.*
II. État d'une personne abattue. ♦ 1° Grande diminution des forces physiques. V. **Affaiblissement, épuisement, faiblesse, fatigue, lassitude, prostration, torpeur.** « *L'abattement amortit la douleur physique et morale* » (B. CONSTANT). ♦ 2° Dépression morale, désespoir calme. V. **Accablement, affliction, consternation, découragement, dépression, désespoir, écœurement, effondrement, neurasthénie.** — (ANT. *Énergie, excitation. Exaltation, joie.*)

ABATTEUR [abatœʀ]. *n. m.* (XIIᵉ; de *abattre*). ♦ 1° Celui qui abat. Vx. *Abatteur d'arbres.* Fig. (Vieilli) *Un abatteur de quilles,* celui qui se vante de prouesses (notamment amoureuses). ♦ 2° Mod. (1803). *Un grand abatteur de besogne, de travail,* celui qui abat de la besogne, travaille beaucoup et efficacement.

ABATTIS [abati]. *n. m.* (XIIᵉ; de *abattre*). ♦ 1° Amas de bois abattu. Par ext. *Milit.* Obstacle artificiel formé d'arbres abattus, de branchages. ◊ ABATTIS ou ABATIS (1674). *Région.* (Canada). Terrain (entièrement ou partiellement) déboisé, qui n'est pas encore essouché « *On traversa l'abatis du Colombier piqueté de souches, de recrus de plaines et de fougères brunes* » (F. A. SAVARD). — *Faire un abattis.* V. **Déboiser.** ♦ 2° (Au plur.). Les *abattis,* abats de volaille (tête, cou, ailerons, pattes, foie, gésier). ◊ *Fig. et pop.* Bras et jambes. *Numéroter ses abattis,* vérifier que l'on est indemne avant une lutte, un accident.

ABATTOIR [abatwaʀ]. *n. m.* (1806; de *abattre*). Lieu destiné à l'abattage des animaux de boucherie. *Abattoirs d'un abattoir.* « *La fauve et fade odeur de l'abattoir* » (DUHAM.). — *Fig. Envoyer des soldats à l'abattoir,* au massacre.

ABATTRE [abatʀ(ə)]. *v. tr.;* conjug. *battre* (VIIIᵉ; lat. pop. *abattere*).
I. Faire tomber. ♦ 1° Jeter à bas ce qui est vertical. *Abattre les quilles avec une boule.* V. **Renverser.** Vx ou Sports. *Abattre l'adversaire,* le jeter à terre. V. **Tomber** *(tr.).* *Abattre un arbre,* en le sciant, le coupant à la base. *Abattre un mur* (V. **Démolir**)*, une maison, une forteresse.* V. **Démanteler, raser.** *Par ext. Abattre du minerai,* le détacher de la paroi pour le faire choir. ♦ 2° Faire tomber en donnant un coup mortel. V. **Tuer.** *Abattre un cheval blessé. Chasseur qui abat un oiseau.* Par anal. *Abattre un avion. Abattre qqn,* l'assassiner avec une arme à feu. V. **Descendre** *(pop.).* « *Ils l'ont conduit au cimetière, abattu d'une balle dans le ventre* » (BERNANOS). *Un homme à abattre* (au *fig.* à vaincre). ♦ 3° Rabattre au sol. *La pluie abat la poussière. Petite pluie abat grand vent,* et *fig.* une petite chose peut faire tomber une grande colère. ♦ 4° (XIXᵉ; *fig. d'abattre des arbres*). *Abattre de la besogne,* en faire beaucoup; travailler beaucoup et efficacement. « *Il abattait à lui seul le travail de dix journaliers* » (DAUD.). ♦ 5° *Fig.* Rendre faible, ôter les forces. *Cette grosse fièvre l'a abattu.* V. **Épuiser, fatiguer.** ◊ Ôter l'énergie, l'espoir, la joie. V. **Accabler, consterner, décourager, démonter, démoraliser, déprimer, désespérer.** *Se laisser abattre.* « *La mauvaise fortune, au lieu de l'abattre, l'exaspéra* » (DAUD.). ♦ 6° *Fig.* (de la forteresse qu'on démolit). Vx ou littér. *Abattre l'orgueil, le courage.* V. **Détruire.** « *Ses malheurs n'avaient point abattu sa fierté* » (RAC.).
II. Par ext. Coucher ce qui est debout. *Abattre un cheval* pour le soigner. — *Abattre un navire en carène,* pour réparer la carène. — (Cartes) *Abattre son jeu,* déposer ses cartes avant la fin du jeu (dans la certitude d'avoir gagné). V. **Étaler.** *Fig.* Dévoiler ses desseins et passer à l'action.
III. V. intr. *Mar.* Gouverner de façon à éloigner l'axe d'un bateau du lit du vent. V. **Arriver, porter** (laisser porter); **lofer.**
IV. S'ABATTRE (SUR). *v. pron.* ♦ 1° Tomber tout d'un coup. V. **Affaisser** (s'), **écrouler** (s'), **effondrer** (s'). *Le grand mât s'abattit.* ◊ Se laisser tomber (sur). « *Elle ferma les yeux et s'abattit sur sa poitrine* » (MART. du G.). ♦ 2° Tomber brutalement, être jeté (sur). « *Une grosse pluie s'abattit sur le jardin* » (DUHAM.). ♦ 3° Se laisser tomber (sur) en volant (spécialt. pour manger). « *Des volées de petits moineaux s'abattaient sur cette moisson* » (DAUD.). *Aigle qui s'abat sur sa proie.* V. **Fondre.** — *Fig.* Se jeter sur (pour piller). « *On verra des nuées de concussionnaires s'abattre sur le trésor public* » (FRANCE).
◊ ANT. *Relever, remonter.*

ABATTU, UE [abaty]. *adj.* et *n.* (V. **Abattre**). ♦ 1° Qui n'a plus de force, est très fatigué (en parlant d'un malade). V. **Faible, las.** *Le convalescent est encore très abattu.* ♦ 2° Triste et découragé. V. **Affligé, découragé, dégoûté, prostré.** ♦ 3° Détruit en vol, en parlant d'un avion. ♦ 4° Abaissé. *À bride abattue.* V. **Bride.** — *N. m.* Position du chien d'un fusil désarmé. *Cran de l'abattu.*

ABAT-VENT [abavɑ̃]. *n. m. invar.* (1210; de *abattre* (I, 3°), et *vent*). *Techn.* Lame inclinée adaptée à une fenêtre, une ouverture, une cheminée pour les protéger du vent, de la pluie (V. *aussi* **Mitre**).

ABAT-VOIX [abavwa]. *n. m. invar.* (1808; de *abattre* (I, 3°), et *voix*). Dais au-dessus d'une chaire, pour rabattre la voix du prédicateur vers l'auditoire.

ABBATIAL, ALE, AUX [abasjal, o]. *adj.* (*Abbacial,* 1404; du lat. *abbacia*). Qui appartient à l'abbaye, ou à l'abbé, l'abbesse. *Église abbatiale,* et subst. *Une abbatiale.*

ABBAYE [abei]. *n. f.* (1175; *abadie,* XIᵉ; lat. *abbatia*). ♦ 1° Monastère dirigé par un abbé ou une abbesse. ♦ 2° Bâtiments de ce monastère. *Abbaye gothique.*

ABBÉ [abe]. *n. m. (Abed,* XIᵉ; lat. *abbas).* ♦ 1° Dans l'Église catholique et orthodoxe, Supérieur d'un monastère d'hommes érigé en abbaye. *Abbé régulier, religieux. Abbé commendataire,* séculier. *Abbé crossé et mitré.* ♦ 2° Au moyen âge, Chef d'une confrérie de jeunes gens. ♦ 3° Titre donné à un prêtre séculier. *Monsieur l'abbé.* « *Le bon abbé Blanès,* curé de Grianta » (STENDHAL). ♦ 4° Dans le clergé français, Prêtre qui n'est pas détenteur d'un bénéfice (à la différence du curé*). ◊ HOM. *Abée.*

ABBESSE [abɛs]. *n. f.* (XIIᵉ; lat. *abbatissa*). Supérieure d'un couvent de religieuses érigé en abbaye.

ABBEVILLIEN, IENNE [abviljɛ̃, jɛn]. *adj.* et *n. m.* (XXᵉ; de *Abbeville,* dans la Somme). Géol., paléont. Se dit d'un type d'industrie du paléolithique ancien, caractérisé par des silex grossièrement taillés sur deux faces, en forme d'amande. V. **Biface, coup-de-poing.** — *N. m.* Période de cette industrie. *Syn.* CHELLÉEN.

A B C [abese]. *n. m. (Abécé,* 1119; des trois premières lettres de l'alphabet). ♦ 1° Petit livre pour apprendre l'alphabet. V. **Abécédaire.** ♦ 2° *Fig.* Rudiment, principe d'une connaissance, d'un art. *L'a b c du métier.*

ABCÉDER [apsede]. *v. intr.;* conjug. *céder.* (1539; lat. *abscedere*). *Méd.* Se transformer en abcès, suppurer. *Tumeur qui abcède.*

ABCÈS [apsɛ]. *n. m.* (1537; lat. *abscessus*). ♦ 1° Amas de pus formant une poche au sein d'un tissu ou d'un organe. (V. *aussi* **Anthrax, bubon, phlegmon.**) *Abcès chaud,* accompagné d'inflammation aiguë : chaleur, rougeur, gonflement, douleur. *Abcès froid,* qui évolue « à bas bruit », sans signes d'inflammation aiguë, comme dans la tuberculose. V. **Écrouelles.** *Abcès qui mûrit, crève. Ouvrir, percer, vider un abcès. Abcès artificiel ou de fixation,* provoqué par une injection d'essence térébenthine pour localiser une infection générale. ♦ 2° *Fig. Crever, vider l'abcès,* extirper un mal, un abus, une cause de discorde. ◊ *Abcès de fixation,* événement ou phénomène qui canalise et empêche un principe jugé dangereux de se propager. « *L'Action française aura été un abcès de fixation nécessaire* » (MAURIAC).

ABDICATAIRE [abdikatɛʀ]. *adj.* et *n.* (1848; lat. *abdicare*). Qui a abdiqué.

ABDICATION [abdikasjɔ̃]. *n. f.* (1406; lat. *abdicatio*). ♦ 1° Action d'abdiquer, de renoncer à qqch. V. **Abandon, renonciation.** « *Tout plutôt que l'abdication de la raison, de la justice devant la force brutale* » (MART. du G.). ♦ 2° Spécialt. Action de renoncer au pouvoir suprême, à la couronne.

ABDIQUER [abdike]. *v. tr.* (1402; lat. *abdicare*). ♦ 1° Renoncer à (une chose). *Abdiquer son autorité.* ◊ Absolt. Renoncer à agir, se déclarer vaincu. V. **Abandonner, céder, démissionner.** « *Tous ces héros abdiquent, succombent au dégoût* » (R. ROLLAND). ♦ 2° Renoncer (au pouvoir suprême). *Abdiquer la couronne.* ◊ Absolt. « *La reine Christine fut obligée d'abdiquer* » (ST-SIM.).

ABDOMEN [abdɔmɛn]. *n. m.* (1537; lat. *abdomen*). ♦ 1° *Anat.* Cavité viscérale de la partie inférieure du tronc, limitée en haut par le diaphragme, contenant la plus grande partie de l'appareil digestif, l'appareil urinaire et l'appareil reproducteur. V. **Ventre.** *Régions de l'abdomen.* V. **Épigastre, hypogastre.** ♦ 2° Partie postérieure du corps des arthropodes. *Abdomen d'insecte.*

ABDOMINAL, ALE, AUX [abdɔminal, o]. *adj.* (1611; de *abdomen*). *Anat.* Qui appartient à l'abdomen. *Muscles abdominaux.* Subst. *Développer ses abdominaux par l'exercice.*

ABDUCTEUR [abdyktœʀ]. *adj.* et *n. m.* (1565; lat. *abductor*). ♦ 1° *Anat.* Qui produit l'abduction. *Muscle abducteur.* — N. m. *L'abducteur du gros orteil.* ♦ 2° *Techn. Tube abducteur,* qui recueille les gaz provenant d'une réaction chimique. ◊ ANT. *Adducteur.*

ABDUCTION [abdyksjɔ̃]. *n. f.* (1541; lat. *abductio*). *Physiol.* Mouvement qui écarte un membre ou une partie quelconque du plan médian du corps. ◊ ANT. *Adduction.*

ABÉCÉDAIRE [abesedɛʀ]. *adj.* et *n. m.* (1529; lat. *abecedarius;* de ABCD). ♦ 1° Adj. Vx. Alphabétique. ♦ 2° Livre pour apprendre l'alphabet. V. **A B C.**

ABÉE [abe]. *n. f. (Ébée,* 1444; pour la *bée,* 1119; de *béer).* Ouverture donnant passage à l'eau qui tombe sur la roue d'un moulin. ◊ HOM. *Abbé.*

ABEILLE [abɛj]. *n. f.* (XIIIᵉ; prov. *abelha;* lat. *apicula*). ♦ 1° Insecte social hyménoptère *(Apidés)* dit *mouche à miel* vivant en colonie (V. **Essaim**) et produisant la cire et le miel. *Abeille femelle stérile, travailleuse* (V. **Ouvrière**)*, reproduc-*

trice (V. **Reine**); abeille mâle. V. **Bourdon** (faux). Œufs d'abeille. V. **Couvain**. Élevage d'abeilles. V. **Apiculture**, **ruche**. Piqûre d'abeille (d'ouvrière), avec un aiguillon à venin. — Léger, actif comme une abeille. « Je ne suis pas comme l'abeille butineuse qui s'en va sucer le miel d'une fleur, puis d'une autre fleur » (MART. du G.). ♦ 2° NID D'ABEILLE. V. **Nid**. ♦ 3° Insigne d'armoirie représentant cet insecte. Les abeilles impériales. « Filles de la lumière, abeilles Envolez-vous de ce manteau » (HUGO).

ABÉLIEN, IENNE [abeljɛ̃, jɛn]. adj. (1853; de Abel, mathématicien norvég.). Math. Fonctions abéliennes, introduites par Abel en analyse. Équation abélienne, telle que chaque racine peut s'exprimer rationnellement en fonction de l'une quelconque des autres. Intégrale abélienne, généralisation des intégrales elliptiques due à Abel. — Groupe abélien, groupe dont la loi de composition interne est commutative. Anneau* abélien, anneau dont la loi de composition interne multiplicative est commutative*.

ABER [abɛʀ]. n. m. (1828; mot breton). Profond estuaire de rivière en Bretagne. La région des abers.

ABERRANCE [abeʀɑ̃s]. n. f. (Néol.; de aberrant). Sc. Dans un ensemble d'observations, Caractère d'une grandeur qui s'écarte beaucoup de la valeur moyenne.

ABERRANT, ANTE [abeʀɑ̃, ɑ̃t]. adj. (1842; de aberrer). Qui s'écarte du type normal. ♦ 1° Qui s'écarte de la règle, se fourvoie, est contraire à la raison. S'abîmer, une conduite aberrante. V. **Absurde**, **insensé**. ♦ 2° Biol. Espèce aberrante, qui présente des variations rares, notamment par mutation. « Des procédés de culture immémoriaux qui ont réalisé des variétés qu'on peut dire aberrantes » (VALÉRY). ♦ 3° Ling. Se dit d'une forme irrégulière et singulière. ⊗ ANT. Normal, régulier.

ABERRATION [abeʀasjɔ̃]. n. f. (1753; « éloignement », 1633; lat. aberratio, par l'angl.). ♦ 1° État d'une image qui s'écarte de la réalité. Astron. Effet d'optique par lequel on voit un astre dans une position un peu différente de sa position actuelle, à cause du temps que sa lumière met à nous parvenir, et de la rotation de la Terre. — Opt. Tout défaut de l'image donnée par un instrument d'optique (lentille, miroir grossissant), ou par l'œil, en rapport avec une irrégularité de forme (aberration géométrique, aberration de sphéricité), ou à une inégalité de réfraction des différentes couleurs (aberration chromatique). V. **Astigmatisme**, **irisation**. — Biol. Écart par rapport à l'espèce type. Aberration chromosomique, anomalie dans la formule chromosomique, à l'origine de diverses manifestations pathologiques (notamment mongolisme). ♦ 2° (Fin XVIIIᵉ). Déviation du jugement, du bon sens. V. **Égarement**, **folie**. Dans un moment d'aberration, il lui reprocha sa gentillesse. Par quelle aberration a-t-il agi ainsi? — Par ext. Idée, conduite aberrante.

ABÊTIR [abetiʀ]. v. tr. (v. 1360; de a-1, et bête). Rendre bête, stupide. V. **Abrutir**. « Le fatras qu'on impose aux écoliers pour les abêtir et les étioler » (LOTI). Pronom. Il s'abêtit dans ce milieu. ⊗ ANT. Éveiller.

ABÊTISSANT, ANTE [abetisɑ̃, ɑ̃t]. adj. (1846; de abêtir). Qui abêtit, rend stupide, est propre à le faire. V. **Abrutissant**, **crétinisant**. « Des travaux abêtissants » (HUYSMANS). Spectacle, journal abêtissant.

ABÊTISSEMENT [abetismɑ̃]. n. m. (h. 1552; 1859; de abêtir). ♦ 1° Action d'abêtir. V. **Abrutissement**, **crétinisation**. ♦ 2° État de celui qui est abêti. V. **Crétinisme**. « La renaissance de la superstition lui semblait le signe d'un complet abêtissement » (RENAN).

ABHORRER [abɔʀe]. v. tr. (1495; avorrir, XIIIᵉ; lat. abhorrere). Littér. Avoir en horreur, détester au plus haut point. V. **Détester**, **exécrer**, **haïr**. « Cet homme dont j'admire le génie et dont j'abhorre le despotisme » (CHATEAUB.). Abhorré de tous. Une justice abhorrée. ⊗ ANT. Adorer.

ABIÉTIN, INE [abjetɛ̃, in]. adj. (1866; du lat. abies « sapin »). Bot. Qui se rapporte au sapin.

ABIÉTINÉES [abjetine]. n. f. pl. (1846; de abies, nom lat. du sapin). Tribu de conifères résineux comprenant le pin, le sapin, le mélèze. — On emploie plutôt en bot. la forme ABIÉTACÉES [abjetase] n. f. pl. (1858).

ABÎME [abim]. n. m. (1170; lat. chrét. abyssus, altéré en abismus). Gouffre dont la profondeur est insondable. ♦ 1° Littér. Se dit de lieux très profonds, de grandes profondeurs. « On apercevait bâtie en porte-à-faux au-dessus d'un abime, quelque vieille petite pagode » (LOTI). V. **Précipice**. — Relig. Les abîmes de l'enfer. ♦ 2° Cour. Par métaph. ABÎME ENTRE..., se dit d'une grande séparation, d'une grande différence. « Ce n'est pas un fossé qui se creuse entre nous, c'est un abime » (DUHAM.). « Entre un croyant et un athée, il y a un abime » (MART. du G.). ♦ 3° Littér. Se dit d'une chose insondable, notamment des infinis, du temps. « Éternité, néant, passé, sombres abimes » (LAMART.). « Se perdre dans l'abime des temps » (LA BRUY.). V. **Nuit**. ♦ 4° Se dit d'une situation morale ou matérielle très mauvaise, dangereuse. V. **Perte**, **ruine**. Être au bord de l'abime, toucher le fond de l'abime. « L'abime où elle se précipitait » (FLAUB.). ♦ 5° ABÎME DE... s'emploie pour désigner ce qui est très grand, insondable (généralt. pénible). « Un abime d'ennuis » (CORN.). « Il était plongé dans un abime d'irrésolution » (FRANCE).

ABÎMÉ, ÉE [abime]. adj. (V. Abîmer). ♦ 1° Vx. Ruiné. « Des sujets abimés » (MONTESQ.). ♦ 2° V. Endommagé; détérioré. Objets abimés, en solde. Peinture abimée. ♦ 3° Pop. Blessé, défiguré, enlaidi. V. **Amoché**, **arrangé**.

ABÎMER [abime]. v. tr. (XIVᵉ; de abime). I. ♦ 1° Vx. Précipiter dans un abîme. V. **Engloutir**. Fig. Plonger dans (un état). ♦ 2° Vx. Mettre en mauvaise situation. V. **Ruiner**. « De si grands maux sont capables d'abimer l'État » (BOSS.). — Vx. Ravaler, critiquer. « Critiques et louanges m'abiment et me louent sans comprendre un mot de mon talent » (GAUTIER). ♦ 3° Par ext. (1567). Mod. Mettre hors de service, endommager. V. **Casser**, **détériorer**, **gâter**, **saccager**, **salir**, **tacher**; **bousiller**, **massacrer**. Abimer un meuble, un livre, un vêtement. « Il achevait de s'abimer la vue en collationnant des textes » (MART. du G.). ◇ Par ext. Pop. Abimer qqn, le meurtrir, le blesser par des coups. V. **Amocher**, **arranger**. Un boxeur qui abime son adversaire. — S'abimer le portrait.
II. S'ABÎMER. v. pron. ♦ 1° Littér. Se plonger (dans qqch.) comme dans un abîme. V. **Plonger** (se). « Bienheureux celui qui s'abime dans la contemplation de la beauté » (FRANCE). Abîmé dans ses réflexions. ♦ 2° Se détériorer, se gâter. « Relevant sa belle robe du dimanche qui aurait pu s'abimer » (DAUD.).

AB INTESTAT [abɛ̃tɛsta]. Loc. adv. et adj. (lat. ab « de », et intestatus « qui n'a pas testé »). Dr. civ. Sans testament. Hériter ab intestat; succession ab intestat. Défunt ab intestat. (V. **Héritier**; **succession**.)

ABIOTIQUE [abjɔtik]. adj. (1877; gr. abiotikos, de bios « vie »). Biol. Où la vie est impossible. Milieu abiotique.

AB IRATO [abiʀato]. loc. adv. et adj. (1652; lat. jur. [testamentum] ab irato [factum] « [testament fait] par qqn que la colère anime », IIIᵉ s.). Dr. civ. Adv. Sous l'empire de la colère. « Il semble que le testament politique du cardinal Albéroni ait été fait ab irato » (VOLTAIRE). — Adj. Acte, testament fait ab irato.

ABJECT, ECTE [abʒɛkt]. adj. (1470; lat. abjectus). Digne du plus grand mépris, qui inspire une violente répulsion. V. **Abominable**, **dégoûtant**, **ignoble**, **infâme**, **infect**, **méprisable**, **répugnant**, **vil**. Un procédé, un chantage abject. Il a été abject envers elle.

ABJECTEMENT [abʒɛktəmɑ̃]. adv. (1470; repris 1845; de abject). Littér. D'une manière abjecte. Il nous a abjectement trompés.

ABJECTION [abʒɛksjɔ̃]. n. f. (1372; lat. abjectio) Extrême degré d'abaissement, d'avilissement. V. **Avilissement**, **indignité**, **infamie**. Vivre dans l'abjection.

ABJURATION [abʒyʀasjɔ̃]. n. f. (1492; lat. abjuratio). Action d'abjurer. V. **Apostasie**. L'abjuration d'Henri IV.

ABJURER [abʒyʀe]. v. tr. (1495; lat. abjuratio). Relig. Abandonner solennellement (une opinion religieuse). V. **Renier**. Abjurer l'hérésie. — Absolt. Renoncer solennellement à la religion qu'on professait. « Le 25 juillet 1593, Henri IV abjura en l'église Saint-Denis » (BAINVILLE).

ABLATER [ablate]. v. tr. (1923 en géol., généralisé mil. XXᵉ; repris à l'angl. to ablate, du moy. fr. ablater « enlever »). Sc., techn. Produire une ablation (2°, 3°). — Pronom. S'ablater, subir une ablation. — (Recomm. offic. : ablatir, s'ablatir).

ABLATIF [ablatif]. n. m. et adj. (XIVᵉ; au XIIIᵉ, « qui enlève »; du lat. ablativus). ♦ 1° N. m. Ling. Cas de la déclinaison latine, indiquant qu'un substantif sert de point de départ ou d'instrument à l'action. Mettre un mot à l'ablatif. ♦ 2° Adj. (1970; repris à l'angl. ablative, de to ablate). Propre à l'ablation*.

ABLATION [ablasjɔ̃]. n. f. (XIIIᵉ; lat. ablatio). ♦ 1° Chir. Action d'enlever. Pratiquer l'ablation d'un rein. ♦ 2° Géol. (1885; probabl. repris à l'angl. ablation, 1860 en ce sens). Perte de substance subie par un relief. L'érosion est une ablation. — Perte de glace subie par un glacier. ♦ 3° Sc., techn. (1970). Destruction progressive et superficielle d'un matériau par décomposition, fusion, érosion, sublimation, vaporisation. Vitesse d'ablation. L'ablation de matériaux appropriés limite l'échauffement cinétique des cônes de fusées.

-ABLE. Élément, du lat. -abilis, signifiant « qui peut être » (ex. : récupérable, ministrable) ou moins souvent « qui donne » « enclin à » (ex. : secourable, pitoyable). V. **-Ible**.

ABLÉGAT [ablega]. n. m. (1752; lat. ablegatus « envoyé »). Commissaire chargé d'une mission par le pape.

ABLERET [ablʀɛ] ou **ABLIER** [ablije]. n. m. (Ablère, XIVᵉ; de able. V. Ablette). Filet de pêche carré. V. **Carrelet**.

ABLETTE [ablɛt]. n. f. (1317; dimin. de able même sens, lat. albulum « blanchâtre »). Petit poisson téléostéen, à écailles argentées (Cyprinidés), qui vit en troupe dans les eaux douces. *L'ablette est comestible; on utilise ses écailles dans la fabrication des fausses perles.*

ABLUTION [ablysjɔ̃]. *n. f.* (XIIIe; lat. ecclés. *ablutio).* ♦ 1° *Liturg. rom.* Action de verser sur les doigts du prêtre du vin et de l'eau après la communion. Par ext. *(au plur.)* L'eau et le vin ainsi versés. *Les ablutions de la messe.* ♦ 2° *Relig.* Lavage du corps, d'une partie du corps comme purification religieuse. *Les ablutions des Musulmans, des Hindous.* ♦ 3° *Fam.* Action de se laver. *Faire ses ablutions.* « *Il s'offrit une longue ablution* » (DUHAM.).

ABNÉGATION [abnegɑsjɔ̃]. *n. f.* (1488; « abjuration », 1377; lat. *abnegatio* « refus »). Sacrifice volontaire de soi-même, de son intérêt. V. **Désintéressement, dévouement, sacrifice** *Un acte d'abnégation.* ◊ ANT. **Égoïsme.**

ABOI [abwa]. *n. m.* (XIIe; de *aboyer).* ♦ 1° *Vx* ou *littér.* Aboiement « *Le soir était tout vibrant d'abois de chiens* » (MAURIAC). ♦ 2° *Au plur.* (Chasse). *Les abois,* cris de la meute au moment où elle entoure la bête; *par ext.* Situation de la bête ainsi entourée. « *Les pleurs de la biche aux abois* » (VIGNY). ◊ *Fig. Aux abois,* dans une situation désespérée. « *Un politicien aux abois* » (BARRÈS).

ABOIEMENT [abwamɑ̃]. *n. m. (Abaement,* XIIIe; de *aboyer).* ♦ 1° Action d'aboyer, cri du chien. ♦ 2° *Par anal.* Cri rappelant celui du chien. « *Les aboiements des crieurs de journaux* » (MART. du G.). ♦ 3° *Fig.* et *péj.* Paroles violentes. « *Aboiements patriotiques* » (GIDE). « *Les aboiements de la critique* » (BUFF.).

ABOLIR [abɔliʀ]. *v. tr.* (1417, « détruire »; lat. *abolere).* Réduire à néant, supprimer. V. **Anéantir, détruire, supprimer.** « *Une mode est abolie par une plus nouvelle* » (LA BRUY.). « *Comme si les années de guerre avaient aboli d'anciennes distances* » (MART. du G.). V. **Effacer,** Dr. *Abolir une loi* (V. **Abroger),** *une peine* (V. **Annuler).** « *Si l'on veut abolir la peine de mort, en ce cas que messieurs les assassins commencent* » (A. KARR). ◊ ANT. **Établir, fonder.**

ABOLITION [abɔlisjɔ̃]. *n. f. (Abolucion,* 1316; lat. *abolitio).* Action d'abolir. V. **Suppression.** *L'abolition des privilèges* (pendant la Révolution). *Abolition de l'esclavage; de la peine de mort. Abolition d'une loi, d'une peine.* V. **Abrogation, annulation.**

ABOLITIONNISME [abɔlisjɔnism(ə)]. *n. m.* (1836; angl. *abolitionism).* Doctrine des partisans de l'abolition de l'esclavage.

ABOLITIONNISTE [abɔlisjɔnist(ə)]. *n.* et *adj.* (1835; angl. *abolitionist).* ♦ 1° Partisan de l'abolition de l'esclavage. ♦ 2° *Adj.* Relatif à l'abolitionnisme.

ABOMINABLE [abɔminabl(ə)]. *adj.* (XIIe; lat. *abominabilis).* ♦ 1° Qui inspire de l'horreur. V. **Affreux, atroce, horrible, monstrueux.** « *Ses crimes sont abominables* » (FRANCE). ♦ 2° *Par ext.* Très mauvais. V. **Détestable, exécrable.** *Un temps abominable.*

ABOMINABLEMENT [abɔminabləmɑ̃]. *adv.* (XIVe; de *abominable).* D'une manière abominable. *Abominablement laid.*

ABOMINATION [abɔminɑsjɔ̃]. *n. f.* (XIIe; lat. ecclés. *abominatio).* ♦ 1° Horreur inspirée par ce qui est impie. « *Cette ville profane est en abomination à notre saint prophète* » (MONTESQ.). Horreur inspirée par qqch. *J'ai le mensonge en abomination.* ♦ 2° Chose impie inspirant l'horreur. « *L'abomination de la désolation* » (BIBLE), le sacrilège s'ajoutant à la dévastation. *Fig.* Le comble d'un mal. — Ce qui inspire de l'horreur. *Ce chantage est une abomination.*

ABOMINER [abɔmine]. *v. tr.* (XIIe; lat. *abominare).* *Littér.* Avoir en abomination. V. **Abhorrer, exécrer, détester.**

ABONDAMMENT [abɔ̃damɑ̃]. *adv. (Hebondamment,* 1190; de *abondant).* D'une manière abondante, en grande quantité. « *La pluie tomba toute la nuit, abondamment* » (FLAUB.). *Saler abondamment.* V. **Beaucoup.** *Servez-vous abondamment.* V. **Copieusement, largement, volonté (à).** ◊ ANT. **Peu.**

ABONDANCE [abɔ̃dɑ̃s]. *n. f.* (1119; lat. *abundantia,* de *unda* « flot »). ♦ 1° Grande quantité, quantité supérieure aux besoins. V. **Profusion.** *L'abondance des légumes sur le marché.* PROV. *Abondance de biens ne nuit pas. L'abondance des textes cités* (V. **Multiplicité),** *de la documentation* (V. **Richesse).** Ellipt. *Année d'abondance. Corne d'abondance,* d'où s'échappent des fruits, des fleurs, emblème de l'abondance. — *Loc. adv.* EN ABONDANCE, abondamment. V. **Foison, profusion** (à). « *Vos pleurs compatissants coulent en abondance* » (M.-J. CHÉNIER). ♦ 2° *Absolt.* Ressources supérieures aux besoins. *Vivre dans l'abondance.* V. **Aisance, fortune, luxe, opulence, prospérité** — État de l'économie d'un pays lorsque l'offre est supérieure à la demande. *Doctrine de l'abondance,* théorie préconisant l'abandon du malthusianisme économique, et l'instauration d'une économie distributive, dans laquelle la production serait soutenue par le débouché. ♦ 3° *Fig.* Richesse d'expression, d'élocution. *Parler avec abondance. Parler d'abondance,* improviser. ♦ 4° *D'abondance de cœur* (express. tirée de la Bible), en s'épanchant

avec confiance. ◊ ANT. **Rareté. Disette, pénurie. Dénuement, indigence, pauvreté.**

ABONDANCISTE [abɔ̃dɑ̃sist(ə)]. *n.* (v. 1945; de *abondance).* *Écon. polit.* Partisan des doctrines de l'abondance.

ABONDANT, ANTE [abɔ̃dɑ̃, ɑ̃t]. *adj.* (1190; lat. *abundans).* ♦ 1° Qui abonde, est en grande quantité. *Récolte abondante. Abondante nourriture.* V. **Copieux, plantureux.** « *Une abondante chevelure* » (BARRÈS). V. **Épais.** ◊ *Abondantes lectures* » (FRANCE). V. **Nombreux.** ♦ 2° Qui possède (qqch.) en abondance. *Vx* ou *littér. Pays abondant en vin.* V. **Riche.** ♦ 3° *Style abondant,* où l'expression, le développement de l'idée sont aisés, riches. — *(Écrivains, orateurs)* Qui développe sa pensée avec aisance, facilité. « *Je me sens expansif, fluide, abondant et débordant dans les douleurs fictives* » (FLAUB.). ◊ ANT. **Rare; maigre; insuffisant. Pauvre.**

ABONDER [abɔ̃de]. *v. intr.* (1120; lat. *abundare* « regorger »). ♦ 1° Être en abondance, en grande quantité. *Les marchandises, les richesses abondent. Les fautes abondent dans ce texte.* V. **Foisonner.** Loc. jur. *Ce qui abonde ne vicie pas,* un moyen de plus ne peut que rendre la cause meilleure. ♦ 2° ABONDER DE *(vx),* EN, avoir ou produire (qqch.) en abondance. *Vx. Pays qui abonde en vigne.* V. **Regorger.** Mod. *Abonder en paroles;* « *en saillies charmantes* » (ROUSS.). ♦ 3° *Absolt. Abonder dans le sens de qqn,* donner avec excès dans sa manière de voir, être tout à fait de son avis.

ABONNÉ, ÉE [abɔne]. *adj.* et *n.* (1798; V. **Abonner).** ♦ 1° Qui a pris un abonnement; personne abonnée. *Lecteurs abonnés. Liste des abonnés du téléphone.* V. **Annuaire.** ♦ 2° *Fig.* et *fam. Être abonné à,* être coutumier de. *Il a subi de nouveaux échecs; il y est abonné!*

ABONNEMENT [abɔnmɑ̃]. *n. m.* (1275; de *abonner).* Convention à prix limité global, entre un fournisseur et un client, pour la livraison régulière de produits ou l'usage habituel d'un service. V. **Forfait, souscription.** *Prendre, souscrire un abonnement à un journal. Abonnement de chemin de fer. Tarif, carte d'abonnement.* — Dr. *Contrat d'abonnement.*

ABONNER [abɔne]. *v. tr.* (XVIIIe; « limiter », v. 1260, « fixer une redevance régulière », 1306; de *bonne,* anc. forme de *borne).* Prendre un abonnement pour (qqn). *Abonner un ami à un journal.* Pronom. *S'abonner à un théâtre.* ◊ ANT. **Désabonner.**

ABONNIR [abɔniʀ]. *v. tr.* (XIIe; de *bon).* Rare. Amender, bonifier. *Abonnir une terre. Les caves fraîches abonnissent le vin.* — S'ABONNIR. *v. pron.* Devenir bon. *Le vin s'abonnit en vieillissant.*

ABONNISSEMENT [abɔnismɑ̃]. *n. m.* (1653; de *abonnir).* Rare. Le fait d'abonnir, de s'abonnir. *L'abonnissement du vin.*

ABORD [abɔʀ]. *n. m.* (1468; de *aborder).* I. ♦ 1° *Vx.* Action d'aborder un rivage; *par ext.* d'arriver dans un lieu. V. **Accès.** ♦ 2° *Par ext.* (au plur.). *Les abords d'un lieu,* ce qui y donne accès, l'entoure immédiatement. V. **Alentours, environs.** « *Les abords du village et aux abords* » (LOTI). *Les abords de la cathédrale sont bien laids.* ♦ 3° *Mar. Loc. adv.* EN ABORD : le long du bord, à l'intérieur du pavois* ou des filières*. *Espar arrimé en abord.*

II. ♦ 1° Action d'aborder qqn, de venir le trouver, de s'adresser à lui. — (Vieilli) « *Les abords furent silencieux, les compliments brefs* » (MARIVAUX). — Mod. (dans quelques expressions) *Être d'un abord facile.* V. **Accessible.** À L'ABORD *(Littér.),* DÈS L'ABORD *(Littér.),* AU PREMIER ABORD, AU PRIME ABORD : dès la première rencontre; *par ext.* À première vue, tout de suite. « *Monseigneur surprenait à l'abord par les grands traits pâles de son visage* » (FRANCE). « *Cet homme, au premier abord un peu fermé* » (GONCOURT). « *Elle avait prévu dès l'abord qu'ils avaient en commun bien des rancunes* » (GREEN). ♦ 2° *Loc. adv.* D'ABORD. ◊ *(Littér.)* Dès le premier contact. « *L'art suprême est celui qui ne se laisse pas d'abord reconnaître* » (GIDE). ◊ En premier lieu. — (Dans le temps) *Demandons-lui d'abord son avis, nous déciderons ensuite. Tout d'abord, avant toute chose.* — *(Dans le raisonnement)* Premièrement. « *D'abord, le pouvoir dépendait de tous* » (FLAUB.). — *(Pour l'importance)* Avant toute chose. « *L'homme est né d'abord orgueilleux* » (BERNANOS). — (ANT. **Après, ensuite).**

ABORDABLE [abɔʀdabl(ə)]. *adj.* (1542; de *aborder).* ♦ 1° Rare. Où l'on peut aborder. *Côte abordable.* ♦ 2° (1690). Qu'on peut aborder en étant bien accueilli, d'un abord facile. « *Il n'est pas abordable depuis quelques jours* » (SCRIBE). ♦ 3° (1864). Accessible, en parlant d'un prix. — *D'un prix raisonnable.* ◊ ANT. **Inabordable, inaccessible. Cher.**

ABORDAGE [abɔʀdaʒ]. *n. m.* (1634, mar.; 1553, sens génér.; de *aborder).* ♦ 1° *Mar.* Opération ou manœuvre destinée à amener deux navires flanc contre flanc et à les arrimer pour pouvoir lancer l'équipage à l'assaut du bâtiment adverse. ◊ Manœuvre visant à éperonner le bâtiment adverse (éperon contre flanc). *A l'abordage !* (Commandement). ♦ 2° Collision de deux navires.

ABORDER [abɔʀde]. *v.*
I. (Fin XIIIᵉ ; de *à*, et *bord* « bordage »). *V. tr.* ♦ 1° *Mar.* Se mettre bord à bord avec (un navire) ; éperonner* (un navire). V. **Abordage.** — *Par ext.* V. **Accoster.** ♦ 2° Heurter accidentellement (un vaisseau).
II. (XIVᵉ ; de *à*, et *bord* « rivage »). ♦ 1° *V. intr.* Arriver au rivage, sur le bord. *Aborder dans une île ; au port.* ♦ 2° *V. tr.* Atteindre, toucher (le rivage). — *Par ext.* Arriver à (un lieu inconnu ou qui présente des difficultés). « *L'abrupt rocher de la Sainte-Victoire, quand on l'aborde par le vallon* » (BARRÈS). *Aborder un virage.* « *Il aborde avec prudence les carrefours dangereux* » (ROMAINS). ◊ Fig. *Aborder qqn,* aller à qqn (qu'on ne connaît pas, ou avec qui l'on n'est pas familier) pour lui adresser la parole. V. **Accoster.** *Il fut abordé par un inconnu.* Pronom. « *Tout le monde s'abordait, s'interrogeait sans se connaître* » (VOLT.). ◊ Fig. Arriver au bord (d'une situation, d'un état dans lequel on veut entrer). « *On n'aborde pas la solitude sans provisions morales* » (BALZ.). « *Après avoir à ses débuts abordé le théâtre* » (FROMENTIN). ◊ En venir à..., pour en parler, en débattre. V. **Entamer.** *Aborder un sujet, une question.* « *Aborder sereinement les grands problèmes moraux* » (DUHAM.).
◊ ANT. **Appareiller. Quitter.**

ABORIGÈNE [abɔʀiʒɛn]. *n. m.* et *adj.* (1488 ; lat. *aborigenes*, rac. *origo, originis* « origine » ; accent analogique de celui d'*indigène*). Personne originaire du pays où elle vit. V. **Indigène, naturel ; natif.** — *Adj. Population aborigène. Plante, animal aborigène.*

ABORTIF, IVE [abɔʀtif, iv]. *adj.* (h. *XVIᵉ* ; 1752 ; depuis le XIVᵉ *(vx)* « avorté » ; lat. *abortivus* « qui fait avorter »). *Didact.* ♦ 1° Qui fait avorter. *Remède abortif.* — Subst. *Un abortif.* ♦ 2° Se dit d'une maladie, d'un symptôme qui cesse sans avoir accompli son évolution normale. *Fièvre abortive. Fœtus abortif,* qui ne parvient pas au terme de son développement.

ABOT [abo]. *n. m.* (1819 ; forme dial. de *about*, de *abouter* « fixer à »). Entrave qu'on attache aux pieds d'un cheval pour le retenir.

ABOUCHEMENT [abuʃmɑ̃]. *n. m.* (XVIᵉ ; de *aboucher*). ♦ 1° *Vx* ou *littér.* V. **Entretien, entrevue.** *Des tentatives d'abouchement qui n'ont pas réussi* » (GONCOURT). ♦ 2° Application de l'ouverture (d'un conduit) à celle d'un autre afin qu'ils communiquent ; état de ces conduits. Anat. *Abouchement de vaisseaux.* V. **Anastomose.**

ABOUCHER [abuʃe]. *v. tr.* (XVIᵉ ; faire tomber en avant (sur la bouche), XIVᵉ ; de *à*, et *bouche*). ♦ 1° Mettre en rapport, provoquer une entrevue. « *Il m'a aussi abouché avec M. d'Espagne* » (RAC.). *S'aboucher avec qqn.* ♦ 2° Mettre l'ouverture (d'un conduit) contre celle d'un autre afin qu'ils communiquent.

ABOULER [abule]. *v.* (1790 ; de *à*, et *bouler*). ♦ 1° *V. intr. ou pron. Arg.* (Vx). *Abouler ou s'abouler,* arriver. ♦ 2° *V. tr. Arg.* Donner. *Aboule le fric !*

ABOULIE [abuli]. *n. f.* (1883 ; gr. *aboulia* « irréflexion », sens modifié d'après *boulesthai* « vouloir »). Trouble mental caractérisé par une diminution considérable ou une disparition de la volonté. V. **Apathie.**

ABOULIQUE [abulik]. *adj.* (1887 ; de *aboulie*). Qui manifeste de l'aboulie. Subst. *Une, un aboulique.*

ABOUT [abu]. *n. m.* (1213 ; de *abouter*). Extrémité d'une pièce de bois, de métal, préparée pour se joindre à une autre. — Pièce métallique que l'on fixe à une seringue pour y adapter l'aiguille.

ABOUTEMENT [abutmɑ̃]. *n. m.* (1329 ; de *abouter*). Action d'abouter. État de deux choses aboutées.

ABOUTER [abute]. *v. tr.* (1247 ; de *à*, et *bout*). Mettre bout à bout, joindre par le bout. V. **About.**

ABOUTIR [abutiʀ]. *v.* (1319 ; de *à*, et *bout*).
I. *V. tr. ind.* ♦ 1° Arriver par un bout ; se terminer, tomber dans. « *Un chemin de traverse qui aboutissait à un bouquet d'arbres* » (JALOUX). *Couloir qui aboutit dans une chambre.* ♦ 2° *Fig.* Conduire à..., en s'achevant dans. V. **Conduire, mener** (à). « *Ces mesures ne doivent pas aboutir à grand-chose* » (DUHAM.). « *Une idée fixe aboutit à la folie ou à l'héroïsme* » (HUGO).
II. *V. intr.* Avoir finalement un résultat. V. **Réussir.** *Les recherches, l'enquête ont abouti.* — *Méd.* Se dit d'un abcès qui suppure.
◊ ANT. **Commencer, partir** (de). **Échouer, rater.**

ABOUTISSANT [abutisɑ̃]. *n. m.* (XVIᵉ ; p. prés. de *aboutir*). ♦ 1° *Les tenants et les aboutissants d'une affaire,* tout ce à quoi elle tient et se rapporte. *Il connaît les tenants et les aboutissants de ce scandale.* ♦ 2° (1866). *Littér.* Ce à quoi quelque chose aboutit (*fig.*). V. **Aboutissement, résultat.** « *Tout ce que nous sommes est l'aboutissant d'un travail séculaire* » (RENAN).

ABOUTISSEMENT [abutismɑ̃]. *n. m.* (1488 ; de *aboutir*).

♦ 1° Le fait d'aboutir (II), d'avoir un résultat. *L'aboutissement de ses efforts, de l'enquête.* ♦ 2° Ce à quoi une chose aboutit. V. **Résultat.** « *Aucune action humaine n'a de source unique, elle est l'aboutissement de causes dissemblables et multiples* » (JALOUX).

ABOYER [abwaje]. *v. intr.* ; conjug. *noyer* (*Abaier,* XIIᵉ ; lat. pop. °*abbaudiare,* de *baudari*). ♦ 1° Donner de la voix, en parlant du chien. PROV. *Tous les chiens qui aboient ne mordent pas. Les chiens aboient, la caravane* passe. ♦ 2° *Par anal.* Faire un bruit semblable à un aboiement. « *Les canons continuaient à aboyer sourdement* » (MART. du G.). ♦ 3° *Fig.* et *littér.* Crier (contre qqn), invectiver. V. **Clabauder.** *Aboyer contre, après qqn.*

ABOYEUR, EUSE [abwajœʀ, øz]. *n. m.* et *f.* (*Abayeur,* 1387 ; fém., 1843 ; de *aboyer*). ♦ 1° Chien qui aboie. — Spécialt. (*Chasse*) Chien qui aboie sans attaquer le gibier. ♦ 2° *Ancienn.* (XVIIIᵉ). Crieur à la porte d'un théâtre. V. **Annonceur.** — Camelot, bonimenteur. ♦ 3° *N. m.* et *f.* Personne qui aboie (*fig.*) contre qqn. V. **Clabaudeur.**

ABRACADABRANT, ANTE [abʀakadabʀɑ̃, ɑ̃t]. *adj.* (1834 ; de *abracadabra* (1560), lat. *abracadabra*, du gr. des gnostiques, formule magique). Extraordinaire et incohérent. *Une histoire invraisemblable, abracadabrante.*

ABRASER [abʀaze]. *v. tr.* (XXᵉ ; déverbal de *abrasion*). *Techn.* User (une matière, un objet) par abrasion, par frottement.

ABRASIF, IVE [abʀazif, iv]. *n. m.* et *adj.* (1907, n. m. ; d'après *abrasion*). *Techn.* Toute matière usante, capable d'user, de nettoyer, de polir. *L'émeri, les poudres à récurer sont des abrasifs.* Adj. *Poudre abrasive.*

ABRASION [abʀazjɔ̃]. *n. f.* (1611 ; lat. *abrasio,* de *abradere* « enlever en grattant »). *Techn.* Action d'user par frottement, grattement. *Surface d'abrasion des dents* (où les dents s'usent sur leurs antagonistes). *Géol.* Usure mécanique d'une roche par l'eau chargée de débris. *Méd.* Enlèvement par raclage superficiel de certains tissus.

ABRÉACTION [abʀeaksjɔ̃]. *n. f.* (1951 ; de *ab* « hors », et *réaction*). *Psychan.* Réaction d'extériorisation par laquelle un sujet se libère d'un refoulement affectif.

ABRÉGÉ [abʀeʒe]. *n. m.* (1305 ; de *abréger*). ♦ 1° *Littér.* Représentation en petit. V. **Raccourci, réduction.** « *La naine, un abrégé des merveilles des cieux* » (MOL.). ♦ 2° *Spécialt.* Discours ou écrit réduit aux points essentiels. V. **Résumé.** *L'abrégé d'une conférence, d'un livre.* — *Par ext.* Petit ouvrage présentant le résumé d'une connaissance, d'une technique. V. **Précis.** ♦ 3° *Loc. adv.* EN ABRÉGÉ. ◊ En raccourci. « *Les îles sont de petits continents en abrégé* » (BERNARD. DE ST-P.). ◊ Avec très peu de signes, de mots. *Mot en abrégé* (V. **Abréviation**). *Phrase en abrégé* (Cf. aussi Style télégraphique). *Écrire en abrégé.* ◊ En résumé, en passant sur les détails.
◊ ANT. **Amplification. Grand** (en) ; **détail** (en).

ABRÉGEMENT [abʀeʒmɑ̃]. *n. m.* (1304 ; « diminution de la valeur », 1283 ; de *abréger*). Action d'abréger. V. **Raccourcissement.** *L'abrégement d'un texte. L'abrégement du délai imparti.* ◊ ANT. **Allongement.**

ABRÉGER [abʀeʒe]. *v. tr.* ; conjug. *céder* et *bouger* (XIIᵉ ; bas lat. *abbreviare,* de *brevis* « bref »). Rendre bref. ♦ 1° Diminuer la durée de. « *Son but était d'abréger mes années de collège, en me préparant le plus vite possible aux hautes classes* » (FROMENTIN). *Abréger sa vie, ses jours* (par la fatigue, les excès, le souci). ♦ 2° Diminuer la matière d'un discours, d'un récit, d'un écrit. *Abréger un texte, le récit d'une histoire.* V. **Écourter, raccourcir, résumer, tronquer.** Absolt. « *La tâche de l'historien consiste essentiellement à abréger* » (BAINVILLE). *Abrégeons ! au fait !* ♦ 3° *Abréger un mot,* supprimer une partie des lettres (les moins essentielles et souvent les dernières). V. **Abréviation.** ◊ ANT. **Allonger.**

ABREUVEMENT [abʀœvmɑ̃]. *n. m.* (*Abevrement,* XIIIᵉ ; de *abreuver*). Action d'abreuver les animaux.

ABREUVER [abʀœve]. *v. tr.* (XIIIᵉ ; *abevrer,* XIIᵉ ; lat. pop. °*abbiberare,* de *bibere* « boire »).
I. ♦ 1° Faire boire abondamment (un animal, et *spécialt.* un cheval). *Abreuver un troupeau.* Pronom. « *Par instants ce rideau s'interrompt et permet accès au bétail qui vient s'abreuver* » (GIDE). *Par ext.* Fam. *S'abreuver,* boire abondamment (personnes). ♦ 2° *Fig.* Remplir abondamment, donner abondamment à. *Abreuver qqn de caresses, de compliments.* V. **Combler, couvrir.** *Il l'a abreuvé d'injures.* V. **Accabler.** — *Être abreuvé de quelque chose,* nourri de ; *par ext.* Fatigué, saturé de.
II. *Techn.* Imbiber abondamment. Mettre une première couche d'enduit, de peinture sur une surface pour en boucher les pores.
◊ ANT. **Assoiffer, priver.**

ABREUVOIR [abʀœvwaʀ]. *n. m.* (XIIIᵉ ; de *abreuver*). Lieu aménagé pour faire boire les animaux. *Mener les bêtes à l'abreuvoir.*

ABRÉVIATIF, IVE [abʀevjatif, iv]. *adj.* (1442 ; du lat. *abbreviare.* V. **Abréger**). Qui sert à abréger. *Signes abréviatifs.*

ABRÉVIATION [abʀevjɑsjɔ̃]. *n. f.* (1375; bas lat. *abbreviatio*). ♦ 1° *Vx*. Abrégement (de temps). ♦ 2° Retranchement de lettres dans un mot, de mots dans une phrase pour écrire plus vite ou prendre moins de place. *Abréviation de vieux en* vx, *de kilomètre en* km, *de* c'est-à-dire *en* c.-à-d. ♦ 3° *Par ext.* Mot abrégé. *Liste des abréviations employées dans un ouvrage.*

ABRI [abʀi]. *n. m.* (fin XIIᵉ; de l'a. fr. *abrier* « mettre à couvert », lat. *apricari* « se chauffer au soleil »). ♦ 1° Lieu où l'on est à couvert des intempéries ou du danger. *Chercher un abri sous un arbre. Un abri contre la pluie, les regards indiscrets.* V. **Baraquement, cabane, hutte, tente.** « *Quelques cases, qui semblent plutôt des abris provisoires* » (GIDE). ♦ 3° Toit supporté par des montants ou construction rudimentaire destiné à protéger le voyageur (à la campagne, en montagne, aux arrêts de train, d'autobus). V. **Refuge.** ♦ 4° *Milit.* Installation, au sol ou en sous-sol, destinée à protéger du feu ennemi. V. **Boyau, tranchée; cagna.** *Abri souterrain. Tranchée-abri,* tranchée couverte. *Abris fortifiés.* V. **Fortification; blockhaus, casemate, fortin.** — Tout lieu souterrain qui, dans une agglomération, est susceptible de protéger contre les bombardements. *L'alerte invite les civils à descendre à l'abri. Chef d'abri.* ♦ 5° *Fig.* V. **Protection, refuge.** *Il chercha auprès d'elle un abri contre l'hostilité générale.* ♦ 6° *Loc. adv.* À L'ABRI, à couvert des intempéries, des dangers. *Se mettre à l'abri.* V. **Abriter** (s'), **planquer** (se). *Les papiers sont à l'abri,* en lieu sûr*. ♦ 7° *Loc. prép.* À L'ABRI DE : à couvert contre (qqch.) *Se mettre à l'abri du vent, du soleil.* Fig. *Être à l'abri du besoin. Il est à l'abri de tout soupçon.* ◇ Protégé par (qqch.) *Se mettre à l'abri du feuillage.* Fig. « *À l'abri de ce badinage je dis des vérités* » (VOLT.). ◇ ANT. Découvert (à).

ABRIBUS [abʀibys]. *n. m.* (1972; de *abri,* et de *bus*). Arrêt d'autobus équipé d'un abri pour les voyageurs. « *Déjà 450 villes françaises comptent 10 000 abribus* » (*L'Express,* 8-1-1973). Recomm. offic. *Aubette.*

ABRICOT [abʀiko]. *n. m.* (*Aubercot,* 1512; catalan *abercoc,* de l'arabe *al-barquq,* d'orig. gr.). ♦ 1° Fruit de l'abricotier, à noyau, à chair et peau jaune orangé. *Abricots frais, secs. Compote d'abricots.* — *Pêche*-abricot.* ♦ 2° Couleur jaune orangé très doux. *Teint abricot. Des bas abricot.*

ABRICOTÉ, ÉE [abʀikɔte]. *adj.* (1690; *n. m.,* « abricot confit »; de *abricot*). *Mod.* (1845). Qui tient de l'abricot. *Pêche abricotée.* — Aux abricots. *Gâteau abricoté.*

ABRICOTIER [abʀikɔtje]. *n. m.* (1526; de *abricot*). Arbre fruitier (*Rosacées*), à fleurs blanches paraissant avant les feuilles, qui produit l'abricot.

ABRI-SOUS-ROCHE [abʀisuʀɔʃ]. *n. m.* (1868; de *abri, sous,* et *roche*). *Géol., paléont.* Cavité peu profonde au pied d'une paroi rocheuse en surplomb, ayant servi d'habitation préhistorique. *Des abris-sous-roche.* — On écrit parfois *abri sous roche.*

ABRITÉ, ÉE [abʀite]. *adj.* (V. **Abriter**). Se dit d'un lieu qui est à l'abri du vent. *Une terrasse bien abritée.*

ABRITER [abʀite]. *v. tr.* (1489; de *abri*).
I. ♦ 1° Mettre à l'abri. *Abriter qqn sous son parapluie.* ♦ 2° Protéger, en parlant d'un abri. *Un grand parasol qui abrite du soleil.* — Recevoir (des occupants), en parlant d'une maison. V. **Loger, héberger.** *Hôtel qui peut abriter deux cents personnes.*
II. S'ABRITER. *v. pron.* ♦ 1° Se mettre à l'abri (des intempéries, du danger). « *Elle avait une main sur les yeux pour s'abriter du soleil* » (L. DAUD.). V. **Garantir, préserver** (se). — Absolt. *S'abriter sous un arbre, derrière un arbre.* V. **Cacher.** ♦ 2° Fig. *S'abriter derrière* (qqn), faire assumer par une personne plus puissante une responsabilité, une initiative qu'elle a partagée. *S'abriter derrière la loi,* être couvert par elle.
◇ ANT. Découvrir, exposer.

ABRIVENT [abʀivɑ̃]. *n. m.* (1771; de *abri,* et *vent*). Paillasson vertical pour protéger les cultures du vent.

ABROGATIF, IVE [abʀɔgatif, iv] ou **ABROGATOIRE** [abʀɔgatwaʀ]. *adj.* (1853; de *abroger*). Qui a pour objet d'abroger. *Loi abrogative.*

ABROGATION [abʀɔgɑsjɔ̃]. *n. f.* (1510; lat. *abrogatio*). Action d'abroger. V. **Annulation, retrait.** *Abrogation d'un acte réglementaire. Abrogation tacite. Abrogation expresse.*

ABROGEABLE [abʀɔʒabl(ə)]. *adj.* (1843; de *abroger*). Qui peut être abrogé.

ABROGER [abʀɔʒe]. *v. tr.*; conjug. *bouger* (1398; lat. *abrogare*). Déclarer nul (ce qui avait été établi, institué). V. **Annuler, casser, révoquer, supprimer.** *Abroger une loi, un règlement, une disposition.* ◇ ANT. Établir, instituer, promulguer.

ABRUPT, E [abʀypt, pt(ə)]. *adj. et n. m.* (1512; lat. *abruptus,* de *rumpere,* « rompre »). ♦ 1° Dont la pente est si raide, verticale (comme rompue). V. **Escarpé, pic** (à pic). « *L'abrupt rocher de la Sainte-Victoire* » (BARRÈS). *Versant abrupt d'une montagne. Sentier abrupt.* V. **Raide.** ◇ N. m. *Un abrupt, une pente abrupte.* ♦ 2° *Fig.* Se dit d'une personne trop

directe, qui ne prend pas de ménagements; d'un style d'allure heurtée et inégale. ◇ ANT. *Doux. Affable, courtois.*

ABRUPTEMENT [abʀyptəmɑ̃]. *adv.* (1495; de *abrupt*). D'une manière abrupte (2°), directe, brutale, inopinée. V. **Ex abrupto.** *La question lui fut posée abruptement.*

ABRUTI, IE [abʀyti]. *adj. et n.* (V. **Abrutir**.) ♦ 1° Dont les facultés intellectuelles sont temporairement amoindries par un agent extérieur, la fatigue, etc. *Être abruti de soleil, de vin, de travail. Cessez ce bruit, je suis abruti!* V. **Étourdi.** ♦ 2° *Fam.* Sans intelligence. *Cet enfant est complètement abruti.* V. **Idiot, stupide.** *Un air abruti.* V. **Ahuri, hébété.** *Subst.* Personne stupide (surtout employé en injure). *Espèce d'abruti!* ◇ ANT. *Dispos. Éveillé, intelligent.*

ABRUTIR [abʀytiʀ]. *v. tr.* (1541; de *à,* et *brute*). ♦ 1° *Vx* ou *littér.* Rendre semblable à la brute, dégrader l'être pensant. « *La débauche avait abruti son esprit* » (ROUSS.). V. **Altérer, dégrader.** ♦ 2° Rendre stupide. V. **Abêtir.** *Une propagande qui abrutit les masses.* ♦ 3° Fatiguer l'esprit, lui faire perdre son acuité. *Abrutir un enfant de travail* (V. **Surmener**). *Ce vacarme nous abrutit.* V. **Assourdir, étourdir.** Pronom. *S'abrutir de travail.* ◇ ANT. Élever, éveiller.

ABRUTISSANT, ANTE [abʀytisɑ̃, ɑ̃t]. *adj.* (XVIIᵉ; de *abrutir*). ♦ 1° *Vx* ou *littér.* Qui abrutit (1°), dégrade l'être pensant. V. **Dégradant.** « *Les plaisirs abrutissants de la table* » (MASS.). ♦ 2° Qui abrutit (3°). *Un vacarme, un travail abrutissant.* V. **Fatigant.**

ABRUTISSEMENT [abʀytismɑ̃]. *n. m.* (1586; de *abrutir*). ♦ 1° *Vieilli.* État d'une personne qui vit comme une brute, une bête. « *L'abrutissement ignoble des Calédoniens et des Papous* » (TAINE). ♦ 2° Action d'abrutir, de rendre stupide. « *La presse est une école d'abrutissement* » (FLAUB.). V. **Abêtissement.** ◇ ANT. Civilisation, évolution. Éducation, élévation.

ABSCISSE [apsis]. *n. f.* (1693; lat. *abscissa (linea)* « ligne coupée »). *Math.* Coordonnée* horizontale qui sert, avec la coordonnée verticale (V. **Ordonnée**), à définir la position d'un point dans un plan.

ABSCONS, ONSE [apskɔ̃, ɔ̃s]. *adj.* (1509; lat. *absconsus* « caché »). *Didact.* Difficile à comprendre. V. **Abstrus.** « *Un article où je suis pris à partie comme exemple de ces écrivains « abscons » dont la France ne veut « à aucun prix »* » (GIDE). ◇ ANT. Clair, facile.

ABSENCE [apsɑ̃s]. *n. f.* (XIIIᵉ; lat. *absentia*). ♦ 1° Le fait de n'être pas dans un lieu où l'on pourrait, où l'on devrait être. *On a remarqué l'absence de Monsieur X dans cette réunion. Nous avons regretté votre absence.* ◇ *Dr.* Situation légale d'une personne qui a cessé de paraître au lieu de son domicile et dont on n'a pas de nouvelles depuis au moins quatre ans. ♦ 2° Le fait d'avoir quitté la compagnie de qqn. V. **Éloignement, séparation.** « *Et l'absence de ce qu'on aime a toujours trop duré* » (MOL.). — Absolt. « *L'absence diminue les médiocres passions et augmente les grandes* » (LA ROCHEF.). ♦ 3° *Par ext.* Le fait de manquer à une séance, un cours. *Les absences de cet élève sont trop nombreuses.* ♦ 4° Le fait pour une chose de ne pas se trouver (là où on s'attend à la trouver). V. **Manque.** *L'absence de feuilles aux arbres, de rideaux aux fenêtres.* ♦ 5° *Par ext.* Le fait de ne pas exister. V. **Défaut, manque;** et *aussi* préf. A- ana-, dés-, in-, non, sans. *L'absence de père est néfaste à un enfant.* « *Le protestant ne voyait dans le mal que l'absence du bien* » (GIDE). Flaubert *se plaint de l'absence de dictionnaire* » (GONCOURT). ♦ 6° *Absence (de mémoire) :* défaillance de mémoire ou moment de distraction. ♦ 7° *Méd. Absence (épileptique),* arrêt soudain, de courte durée, de la conscience, sans défaillance des fonctions végétatives, caractéristique de la forme mineure de l'épilepsie (*petit mal*). ♦ 8° EN L'ABSENCE DE : lorsque (qqn) est absent. *Il est plus expansif en l'absence de ses parents.* À défaut de (qqn qui est absent). *En l'absence du directeur, voyez son adjoint.* ◇ ANT. Présence.

ABSENT, ENTE [apsɑ̃, ɑ̃t]. *adj.* (*Ausent,* XIIᵉ; lat. *absens, absentis*). ♦ 1° Qui n'est pas (dans le lieu où il pourrait, devrait être), qui est éloigné de (ce lieu). *Il est absent de son bureau, de Paris.* ♦ 2° *Vx.* Qui est séparé (de qqn). « *Quel chagrin lorsqu'il est absent de la personne aimée* » (FLÉCH.). ♦ 3° *Absolt.* Qui n'est pas là où on s'attendrait à le trouver (lieu ou compagnie). « *Comme le maître était absent, ils buvaient en pleine liberté* » (FLAUB.). *Être porté absent.* V. **Manquer.** *Dr.* Qui est dans la situation juridique de l'absence* ◇ Subst. *Dire du mal des absents.* PROV. *Les absents ont toujours tort* (car ils ne sont pas là pour se défendre). ♦ 4° (Choses). *Être absent quelque part, dans un endroit, de qqch.* V. **Manquer.** *Un texte où la ponctuation est absente.* ♦ 5° *Fig.* Qui n'est pas à ce qu'il devrait faire. V. **Distrait.** Un air absent. V. **Rêveur.** ◇ ANT. Présent; attentif.

ABSENTÉISME [apsɑ̃teism(ə)]. *n. m.* (1828; angl. *absenteeism,* de *absentee* « absent »). ♦ 1° Habitude prise par les propriétaires fonciers de résider hors de leurs terres. ♦ 2° (1945). Absence d'un salarié de son lieu de travail, non justifiée par un motif légal; comportement de celui qui est souvent absent. *On reproche aux travailleuses leur absentéisme. Absentéisme scolaire.*

ABSENTÉISTE [apsɑ̃teist(ə)]. *adj.* (1853 ; de *absen-téisme*). ♦ 1° Qui est partisan de l'absentéisme (1°). ♦ 2° (1960). Qui pratique l'absentéisme (2°). — *Subst. Les absentéistes.*

ABSENTER (S') [apsɑ̃te]. *v. pron.* (1322, *absenter* « éloigner » ; pron., XIVᵉ ; bas lat. *absentare*). S'éloigner momentanément (du lieu où l'on doit être, où les autres pensent vous trouver). *S'absenter de son domicile, de son poste.* V. **Quitter.** — *Absolt. Demander la permission de s'absenter. Il s'est absenté quelques instants.* V. **Éclipser (s'), sortir.** ◇ ANT. **Demeurer.**

ABSIDAL [apsidal] *(vx)*, ou **ABSIDIAL, IALE, IAUX** [apsidjal, jo]. *adj.* (1866, -1908 ; d'*abside*). De l'abside. « *Ce fond semi-circulaire, cette conque absidiale, avec ses chapelles nimbant le chœur* » (HUYSMANS).

ABSIDE [apsid]. *n. f.* (1566 ; bas lat. *absida*, gr. *hapsis* « voûte »). Extrémité d'une église derrière le chœur (V. **Chevet**), lorsqu'elle est arrondie en hémicycle. ◇ HOM. *Apside.*

ABSIDIOLE [apsidjɔl]. *n. f.* (1866 ; dimin. d'*abside*). Petite chapelle en demi-cercle d'une abside.

ABSINTHE [apsɛ̃t]. *n. f.* (*Absince*, 1190 ; lat. *absintium*, du gr. *apsinthion*). ♦ 1° Variété d'armoise, plante amère et aromatique. ♦ 2° Liqueur alcoolique verte, extraite de cette plante, nocive, très en vogue à la fin du XIXᵉ s.

ABSINTHISME [apsɛ̃tism(ə)]. *n. m.* (1872 ; de *absinthe*). Intoxication par l'absinthe.

ABSOLU, UE [apsɔly]. *adj. et n.* (*Asolue*, 1080 ; lat. *absolutus*).
I. *Adj.* ♦ 1° Qui ne comporte aucune restriction ni réserve. V. **Achevé, intégral, total.** « *Une confiance absolue dans le bon sens* » (RENAN). *C'est une nécessité, une impossibilité absolue. Silence absolu.* ◇ *Spécialt. Pouvoir absolu.* V. **Despotique, dictatorial, totalitaire, tyrannique.** Par ext. *Monarchie absolue, roi absolu,* qui a le pouvoir absolu. ◇ *Alcool absolu,* pur. ♦ 2° *Par ext.* Parfait ; aussi parfait qu'on peut l'imaginer. V. **Idéal.** « *L'amour absolu n'existe pas plus que le parfait gouvernement* » (MAUROIS). ♦ 3° *Par ext.* Qui ne fait aucune concession, ne supporte ni la critique ni la contradiction. V. **Autoritaire, despotique, entier, intransigeant.** « *Les natures absolues ont besoin de ces partis tranchés* » (RENAN). « *À votre âge on a des jugements absolus* » (BERNANOS). *Ton absolu.* V. **Cassant, tranchant.** ♦ 4° (*Opposé à Relatif*). Qui est tel en lui-même, considéré en lui-même et non par rapport à autre chose. V. **Soi** (en soi). *Majorité* absolue. Augmentation en valeur absolue. Diminution absolue de la population rurale.* « *Toujours les hommes ont poursuivi la vérité absolue* » (MAUROIS). « *Les mots d'une phrase n'ont pas un sens absolu* » (BERGSON). ◇ *Sc.* Indépendant de tout repère ou de tout paramètre arbitraire. *Mouvement absolu. Température absolue. Zéro* absolu.* — *Valeur* absolue.* ◇ *Gram. Ablatif*, génitif* absolu. Emploi absolu d'un verbe transitif,* sans complément d'objet.
II. *N. m.* ♦ 1° *Philo.* Ce qui existe indépendamment de toute condition ou de tout rapport avec autre chose. « *L'absolu, s'il existe, n'est pas du ressort de nos connaissances* » (BUFF.). ♦ 2° *Cour. Dans l'absolu,* sans comparer, sans tenir compte des conditions, des circonstances. *On ne peut juger de cela dans l'absolu.* ◇ ANT. **Limité, partiel. Imparfait. Conciliant, libéral. Relatif.** — **Contingent.**

ABSOLUITÉ [apsɔlyite]. *n. f.* (1866 ; de *absolu*). *Didact.* Qualité de ce qui est absolu.

ABSOLUMENT [apsɔlymɑ̃]. *adv.* (1225 ; de *absolu*). ♦ 1° D'une manière absolue, qui ne souffre aucune réserve. *Il refuse absolument votre offre ; d'obéir. Il veut absolument vous voir.* V. **Prix** (à tout prix). *Il faut absolument le prévenir.* ♦ 2° *(Avec un adj.)*. Tout à fait. V. **Complètement, entièrement, foncièrement, totalement.** *C'est absolument faux.* « *Nous avons beau faire, nous ne pouvons pas être absolument naturels* » (LARBAUD). — (Pour acquiescer) « *C'est mieux ainsi.* » — « *Absolument.* » V. **Oui.** ♦ 3° *Gram. Verbe employé absolument,* verbe transitif employé sans complément d'objet (ex. : un oiseau chante, j'ai avoué).

ABSOLUTION [apsɔlysjɔ̃]. *n. f.* (XIIᵉ ; lat. *absolutio*). Action d'absoudre. ♦ 1° Effacement d'une faute par le pardon. — *Cathol.* Rémission des péchés accordée par le prêtre après la confession. *Donner l'absolution à un pécheur.* ♦ 2° *Dr.* Jugement qui, tout en déclarant coupable un inculpé, le renvoie de l'accusation, sa faute ne donnant lieu à l'application d'aucune sanction. *Prononcer l'absolution de l'accusé.* ◇ ANT. **Condamnation.**

ABSOLUTISME [apsɔlytism(ə)]. *n. m.* (1796 ; de *absolu*). Système de gouvernement où le pouvoir du souverain est absolu, n'est soumis à aucun contrôle. V. **Autocratie, césarisme, despotisme, dictature, tyrannie.**

ABSOLUTISTE [apsɔlytist(ə)]. *adj.* (1823 ; d'apr. *absolutisme*). Conforme à l'absolutisme. *Subst.* Partisan de l'absolutisme.

ABSOLUTOIRE [apsɔlytwaʀ]. *adj.* (1321 ; lat. *absolutorius*). *Relig., Dr.* Qui absout. *Sentence absolutoire.*

ABSORBABLE [apsɔʀbabl(ə)]. *adj.* (1839 ; de *absorber*). Qui peut être absorbé.

ABSORBANT, ANTE [apsɔʀbɑ̃, ɑ̃t]. *adj.* (1740 ; de *absorber*). ♦ 1° Qui absorbe les liquides, les gaz. *Bot. Poils* absorbants des racines.* — *La gaze, tissu absorbant* employé en pansements. *Subst. Un absorbant.* ♦ 2° *Pouvoir absorbant,* d'absorber les liquides, les gaz, les radiations (infrarouges, ultraviolettes). ♦ 3° *Fig.* Qui absorbe, occupe qqn tout entier. *Un travail absorbant.* ◇ ANT. **Hydrofuge, imperméable.**

ABSORBÉ, ÉE [apsɔʀbe]. *adj.* (V. **Absorber**). Dont l'esprit est tout entier occupé à qqch. *Être absorbé. Un air absorbé.*

ABSORBER [apsɔʀbe]. *v. tr.* (*Assorber*, 1175 ; lat. *absorbere*).
I. ♦ 1° Laisser pénétrer et retenir (un liquide, un gaz) dans sa substance. *Le sable absorbe l'eau.* V. **Imbiber, imprégner (s').** *Buvard qui absorbe l'encre.* V. **Boire.** — (*Êtres vivants*). Faire pénétrer en soi pour assimiler. *Les racines absorbent les éléments nutritifs de la terre.* V. **Pomper.** ♦ 2° Boire, manger. *Il n'a rien absorbé depuis hier.* V. **Prendre.** « *Absorbant tous les quarts d'heure de grands verres de whisky* » (DUHAM.). V. **Ingurgiter.** ♦ 3° *Fig.* Faire disparaître en soi, consumer. *Toutes mes économies sont absorbées par cette dépense.* V. **Dévorer, engloutir.** « *L'Église a deux manières de réagir en présence de l'hérésie : repousser, absorber* » (GIDE). V. **Annexer, assimiler, résorber.** *Entreprise qui en absorbe une autre* (V. **Absorption**). ♦ 4° Occuper tout entier. *Ce travail l'absorbe beaucoup.*
II. S'ABSORBER. *v. pron.* ♦ 1° Disparaître, se fondre, se perdre dans. « *Le tapage s'absorbait dans le bruissement de la vapeur* » (FLAUB.). ♦ 2° Occuper son esprit tout entier (à qqch.). *S'absorber dans son travail. Être absorbé dans sa lecture.* V. **Plonger.**
◇ ANT. **Dégorger, rejeter.**

ABSORBEUR [apsɔʀbœʀ]. *n. m.* (1948 ; de *absorber*). Appareil qui absorbe. ♦ 1° Élément d'une installation frigorifique à absorption. ♦ 2° Appareil de raffinage utilisé pour l'absorption des gaz (industrie du pétrole).

ABSORPTION [apsɔʀpsjɔ̃]. *n. f.* (1586 ; lat. *absorptio*). ♦ 1° Action d'absorber. *L'absorption de l'eau par les terrains perméables ; d'une crème par la peau.* — *Physiol. Absorption digestive,* passage des produits de la digestion dans le sang et la lymphe, au niveau des villosités intestinales. — *Techn. Réfrigération par absorption* (du fluide frigorigène par une autre substance). ♦ 2° Action de boire, de manger, d'avaler, de respirer (qqch., *spécialt.* qqch. d'inhabituel ou de nuisible). *Suicide par absorption d'un poison.* V. **Ingestion.** *Absorption de gaz toxiques.* ♦ 3° *Fig.* Action de faire disparaître en s'annexant (qqch.). *Absorption de l'individu dans le groupe. Fin.* Fusion de sociétés, d'entreprises au bénéfice d'une seule. ♦ 4° *Rare. Absorption dans l'absorbée.* « *L'absorption fixe du fou* » (BARBEY). ◇ ANT. **Élimination, rejet.**

ABSORPTIVITÉ [apsɔʀptivite]. *n. f.* (1839 ; de *absorptif* « absorbant », d'apr. *absorptio*). *Phys.* et *Chim.* Propriété d'absorber les liquides ou les gaz.

ABSOUDRE [apsudʀ(ə)]. *v. tr.* : *j'absous, tu absous, il absout, nous absolvons, vous absolvez, ils absolvent ; j'absolvais ; j'absolus* (rare) ; *j'absoudrai ; j'absoudrais ; que j'absolve ; que j'absolusse* (rare) ; *absolvant, absous, absoute* (*Absols,* Xᵉ ; lat. ecclés. *absolvere*). ♦ 1° *Cathol.* Remettre les péchés de (qqn), donner l'absolution à (qqn). *Absoudre un pénitent.* ♦ 2° Pardonner à (qqn), excuser. *Absolt.* « *Pendant que la bouche accuse, le cœur absout* » (MUSS.). ♦ 3° *Dr.* Renvoyer de l'accusation (un coupable dont la faute n'est pas punie par la loi). ◇ ANT. **Condamner.**

ABSOUTE [apsut]. *n. f.* (*Absolte,* 1340 ; de *absoudre*). *Liturg. cathol.* ♦ 1° Prières prononcées autour du cercueil, après l'office des morts. — *Absolution publique,* le jeudi saint.

ABSTÈME [apstɛm]. *adj. et n.* (1596 ; lat. *abstemius*). *Dr. can.* Qui, par répugnance naturelle, ne peut communier au vin. Par ext. Qui s'abstient de boire de l'alcool. *Les abstèmes mahométans.*

ABSTENIR (S') [apstəniʀ]. *v. pron.* ; conjug. *tenir* (*Astenir,* 1050 ; pron., XIᵉ ; lat. *abstinere* « tenir éloigné », refait d'apr. *tenir*). ♦ 1° S'abstenir de faire, ne pas faire, volontairement. V. **Empêcher (s'), éviter, garder (se), interdire (s').** « *Il s'était toujours abstenu de questionner* » (GIDE). V. **Refuser (se).** *S'abstenir de manger.* V. **Abstinence.** ♦ 2° *Absolt. S'abstenir,* ne pas agir, ne rien faire. « *Il est vain d'agir ou de s'abstenir* » (FRANCE). PROV. *Dans le doute abstiens-toi.* ◇ *Spécialt.* Ne pas voter. *De nombreux électeurs se sont abstenus* (V. **Abstention**). ♦ 3° S'abstenir d'une chose, s'en passer volontairement ou s'abstenir de la faire. *S'abstenir de vin.* V. **Priver (se), renoncer (à).** « *La plupart des journaux s'abstenaient de tout commentaire* » (MART. du G.). ◇ ANT. **Intervenir, prendre (part).**

ABSTENTION [apstãsjɔ̃]. *n. f.* (v. 1840; *astension* « abstinence », 1160). Action de s'abstenir de faire qqch. « *L'abstention de l'État en tout ce qui n'est pas intérêt social immédiat* » (RENAN). V. **Neutralité, non-intervention.** — *Spécialt.* Le fait de ne pas se prononcer, de ne pas voter. V. **Abstentionnisme.** *Par ext.* Absence de vote d'un électeur. *La motion a été adoptée par vingt voix et deux abstentions.* ◇ ANT. *Action, intervention.*

ABSTENTIONNISME [apstãsjɔnism(ə)]. *n. m.* (1870; de *abstention*). Attitude de ceux qui refusent de voter, ou simplement qui ne votent pas. *Lutte de l'État contre l'abstentionnisme. Abstentionnisme électoral.*

ABSTENTIONNISTE [apstãsjɔnist(ə)]. *n. m.* (1853; de *abstention*). Partisan de l'abstention dans un vote, ou personne qui ne vote pas. Adj. *Électeur abstentionniste.* ◇ ANT. *Votant.*

ABSTINENCE [apstinãs]. *n. f.* (*Austinance*, 1050; lat. *abstinentia*). ♦ 1° Privation volontaire de certains aliments (*par ex.*, viande) ou boissons (alcool), pour une raison religieuse ou médicale. *Faire abstinence le vendredi.* V. **Maigre.** ♦ 2° V. **Sobriété** (1°), **tempérance.** ♦ 3° *Euphém.* Continence.

ABSTINENT, ENTE [apstinã, ãt]. *adj.* (1170; lat. *abstinens*). ♦ 1° Qui observe les abstinences de sa religion. ♦ 2° Qui boit et mange avec modération. ♦ 3° *Euphém.* Continent.

ABSTRACTEUR [apstraktœr]. *n. m.* (1532; bas lat. *abstractor* « qui sépare »). *Abstracteur de quintessence,* alchimiste qui extrayait la partie la plus subtile d'un corps. — *Fig.* Celui qui subtilise à l'excès. « *Les philosophes eux-mêmes, les abstracteurs de quintessence* » (MICHELET).

ABSTRACTIF, IVE [apstraktif, iv]. *adj.* (1747; « abstrait », 1510; lat. *abstractivus*). Qui abstrait, sert à former des idées abstraites.

ABSTRACTION [apstraksjɔ̃]. *n. f.* (1361, « séparation, isolement »; bas lat. *abstractio*). ♦ 1° *Vx.* Action de séparer, d'isoler. — *Mod. Faire abstraction de,* écarter par la pensée, ne pas tenir compte de. V. **Écarter, négliger.** « *Le principe essentiel de la science, c'est de faire abstraction du surnaturel* » (RENAN). *Abstraction faite de son âge,* compte non tenu de. ♦ 2° *Philo.* Fait de considérer à part un élément (qualité ou relation) d'une représentation ou d'une notion, en portant spécialement l'attention sur lui et en négligeant les autres. *L'homme est capable d'abstraction et de généralisation.* ♦ Résultat de cette opération, qualité ou relation isolée par l'esprit. V. *aussi* **Notion.** *La couleur, la forme sont des abstractions.* ♦ 3° *Cour.* Idée abstraite (*opposé à* représentation concrète, *à* réalité vécue). « *La guerre, cessant pour elle d'être une abstraction* » (MART. DU G.). V. **Concept.** « *L'homme a une telle facilité à s'évader dans des abstractions nobles et fausses* » (MAUROIS). V. **Chimère, entité.** ◇ ANT. *Réalité.*

ABSTRAIRE [apstrɛr]. *v. tr.;* conjug. *traire,* inus. au passé simple et à l'imp. du subj. (XIVᵉ, « enlever »; lat. *abstrahere*). ♦ 1° Isoler par la pensée (un objet, une personne). V. **Abstraction.** Pronom. *S'abstraire,* s'isoler mentalement du milieu extérieur pour mieux réfléchir. *Il arrive à s'abstraire complètement au milieu de cette agitation.* ♦ 2° Considérer par abstraction (une qualité, une relation). Absolt. *Il faut abstraire pour généraliser.*

ABSTRAIT, AITE [apstrɛ, ɛt]. *adj. et n. m.* (*Abstract,* 1372; lat. *abstractus*). ♦ 1° Se dit d'une notion de qualité ou de relation considérée par abstraction. *La blancheur est une idée abstraite.* Math. *Nombre abstrait,* dont on ne considère pas l'espèce d'unité qu'il représente. ♦ 2° Qui use d'abstractions, opère sur des qualités et des relations et non sur la réalité. *Pensée abstraite. Sciences abstraites* (mathématiques, logique, métaphysique, etc.). V. **Pur.** ♦ 3° *Par ext.* Qui est difficile à comprendre, à cause des abstractions, par le manque de représentations du monde sensible. *Un texte, par ext. Un auteur trop abstrait.* ♦ 4° *Bx-arts* (1935). Qui ne représente pas le monde sensible (réel ou imaginaire); qui utilise la matière, la ligne et la couleur pour elles-mêmes. *Art abstrait. Peinture, toile abstraite. Peintre abstrait.* V. **Non-figuratif.** ♦ 5° *N. m.* Ce qui est abstrait. ◇ **Abstraction.** « *Le langage humain tend à l'abstrait* » (MAUROIS). ◇ *Dans l'abstrait,* sans référence à la réalité concrète. V. **Abstraitement.** *Tout cela est bien joli dans l'abstrait!* ◇ *Art abstrait. Aimer l'abstrait.* — Peintre abstrait. *Les abstraits et les surréalistes.* ◇ ANT. *Concret, positif. Figuratif.*

ABSTRAITEMENT [apstrɛtmã]. *adv.* (*Abstractement,* 1579; de *abstrait.*) ♦ 1° D'une manière abstraite. *S'exprimer trop abstraitement.* ♦ 2° Dans l'abstrait. ◇ ANT. *Concrètement.*

ABSTRUS, USE [apstry, yz]. *adj.* (1495; lat. *abstrusus,* de *abstrudere* « repousser »). *Didact.* Dont la difficulté rebute l'esprit. V. **Abscons, obscur.** « *Que de révélations abstruses* » (HUGO). ◇ ANT. *Clair.*

ABSURDE [apsyrd(ə)]. *adj. et n. m.* (*Absorde,* XIIᵉ; lat. *absurdus* « discordant », de *surdus* « sourd »). ♦ 1° Contraire à la raison, au sens commun. V. **Déraisonnable, extravagant,**

inepte, insensé, saugrenu, stupide. « *Il est dans la nature humaine de penser sagement et d'agir d'une façon absurde* » (FRANCE). — *Par ext.* Inopiné et qui contrarie les intentions de qqn. « *Un absurde contretemps* » (GIDE). V. **Ridicule.** — (Personnes) *Vous êtes absurde !* vous dites des absurdités. V. **Déraisonnable, fou.** ♦ 2° *Log.* Qui viole les règles de la logique. « *Un raisonnement absurde est un raisonnement formellement faux* » (LALANDE). ♦ 3° *N. m.* Ce qui est absurde. V. **Absurdité.** *Raisonnement, démonstration par l'absurde,* en prouvant que si on n'admet pas la proposition à démontrer on aboutit à des conséquences absurdes. — *Philo.* (XXᵉ) *L'absurde,* l'absurdité de la condition et de l'existence humaine. *Philosophies de l'absurde.* « *L'unique donnée est pour moi l'absurde. Le problème est de savoir comment en sortir et si le suicide doit se déduire de cet absurde* » (CAMUS). ◇ ANT. *Fondé, raisonnable, sage, sensé. Logique.*

ABSURDEMENT [apsyrdəmã]. *adv.* (1549; de *absurde*). D'une manière absurde. *Il s'est absurdement conduit.*

ABSURDITÉ [apsyrdite]. *n. f.* (1375; bas lat. *absurditas*). ♦ 1° Caractère absurde. *L'absurdité de sa conduite.* « *Il est facile de prouver l'absurdité de tous ces ragots* » (MAUROIS). Philo. *L'absurdité de l'existence.* ♦ 2° Chose absurde. V. **Ineptie, sottise, stupidité.** *Ce refus est une absurdité. Dire des absurdités.* ◇ ANT. *Bien-fondé, sagesse. Sens.*

ABUS [aby]. *n. m.* (1361; lat. *abusus* « mauvais usage »). ♦ 1° Action d'abuser d'une chose; usage mauvais, excessif ou injuste. *L'abus des alcools, des plaisirs.* V. **Excès.** *Chose nuisible par l'abus qu'on en fait.* Dr. *Abus d'autorité,* des fonctionnaires publics contre les particuliers ou la chose publique. — *Abus de pouvoir,* acte d'un fonctionnaire qui outrepasse le pouvoir qui lui a été confié. *Abus de droit,* usage abusif d'un droit. *Abus de confiance,* délit par lequel on abuse de la confiance de qqn. *Abus de biens sociaux.* ◇ *Fam. Il y a de l'abus,* de l'exagération; les choses vont trop loin. ♦ 2° *Absolt.* Cet usage, lorsqu'il s'est établi dans une société; coutume mauvaise. *Tolérer un abus. Réformer un abus. Les abus d'un régime.* V. **Injustice.**

ABUSER [abyze]. *v. tr.* (1312; de *abus*). **I.** *V. tr. ind.* User mal, avec excès. *User d'une chose sans en abuser* (Cf. Dépasser la mesure). *Abuser de ses forces. Abuser de son autorité, de son pouvoir.* V. **Outrepasser.** « *Restez encore.* » — « *Je crains d'abuser* » (de votre permission, de votre bonté). *Le droit d'user et d'abuser de qqch.,* d'en jouir et de le dénaturer, de le détruire. ◇ *Abuser d'une femme,* la posséder quand elle n'est pas en situation de refuser; *par euphém.,* la violer. « *Alexandre VI était accusé d'abuser de sa propre fille Lucrèce* » (VOLT.). **II.** *Par ext. V. tr. dir.* Tromper (qqn) en abusant de sa crédulité. V. **Duper, égarer, enjôler, jouer, leurrer, mystifier.** *Chercher à abuser qqn. La ressemblance vous abuse. Se laisser abuser.* ◇ *S'ABUSER. v. pron.* Se tromper, se méprendre. « *Je commençais à croire que je m'étais abusé* » (STE-BEUVE). *Si je m'abuse, sauf erreur.* — (ANT. Détromper, ouvrir' [les yeux]).

ABUSIF, IVE [abyzif, iv]. *adj.* (1361; bas lat. *abusivus*). Qui constitue un abus. *L'usage abusif d'un médicament.* V. **Excessif, immodéré, mauvais.** *Emploi abusif d'un mot,* emploi d'un mot dans un sens qu'il n'a pas. Qui abuse de son pouvoir. *Mère abusive,* qui maintient son enfant dans une trop grande dépendance affective. *Veuve abusive,* qui exploite la notoriété du défunt à son profit.

ABUSIVEMENT [abyzivmã]. *adv.* (1495; de *abusif*). D'une manière abusive. *Mot employé abusivement.*

ABYSSAL, ALE, AUX [abisal, o]. *adj.* (1890; « des abîmes », 1597; lat. *abyssus* « abîme »). *Géogr.* Des grandes profondeurs, qui a rapport aux abysses. *Fosses abyssales. Faune abyssale.* V. **Pélagique.**

ABYSSE [abis]. *n. m.* (1890; lat. *abyssus* « abîme », d'apr. *abyssal*). *Géogr.* Grande profondeur du relief sous-marin, fosse sous-marine. *Un abysse de 5 000 m.* — *Fig.* Abîme.

ABYSSINIEN, IENNE [abisinjɛ̃, jɛn] ou **ABYSSIN, INE** [abisɛ̃, in]. *adj. et n.* De l'Abyssinie (Le *fém. abyssine* est rare).

ACABIT [akabi]. *n. m.* (XVᵉ, « débit, achat »; p.-ê. prov. *acabir* « obtenir »). ♦ 1° *Vx.* Manière d'être (dans des loc. : *de quel acabit, de bon acabit*). ♦ 2° *Mod. De cet acabit, de, du même acabit :* de cette, de même nature *(péj.).* V. **Farine.** « *Un poulet de cet acabit* » (MONTHERLANT).

ACACIA [akasja]. *n. m.* (1553; *acacie,* XIVᵉ; lat. *acacia,* du gr.). ♦ 1° *Bot.* Arbre à feuilles divisées en folioles, à fleurs jaunes, dont certaines espèces produisent la gomme arabique. *Le mimosa* est un acacia. ♦ 2° *Cour.* Arbres à feuilles composées, à fleurs blanches ou jaunes en grappes *(Papilionacées :* nom bot. Robinier* ou *faux acacia).*

ACADÉMICIEN, IENNE [akademisjɛ̃, jɛn]. *n.* (1555; *fém.,* 1648; du lat. *academicus*). V. **Académie.** ♦ 1° *Antiq.* Disciple de Platon. V. **Platonicien.** ♦ 2° Membre d'une Académie (*spécialt.* de l'Académie française). *Épée, habit vert d'académicien.* « *Nu comme le discours d'un académicien* »

(MUSS.). *Colette était académicienne à l'Académie royale de Belgique.*

ACADÉMIE [akademi]. *n. f.* (1508; it. *accademia*, du lat., mot gr. *akadêmia* « jardin d'Akadêmos » où Platon enseignait).

I. ♦ 1° Société de gens de lettres, savants, artistes. *Académie de musique, de médecine. L'Académie des sciences de Berlin.* ◇ L'ACADÉMIE : *l'Académie française* (1635), fondée par Richelieu. *Les membres de l'Académie* (les quarante). V. **Académicien, immortel.** *Siège à l'Académie.* V. **Fauteuil.** *Être reçu à l'Académie.* V. **Coupole** (sous la). *Le secrétaire perpétuel de l'Académie. Dictionnaire de l'Académie. Avec les Académies des Beaux-Arts, des Inscriptions et Belles-Lettres, des Sciences, des Sciences morales et politiques, l'Académie française forme l'Institut* de France.* ♦ 2° (XVIᵉ). *École supérieure. Les académies d'équitation.* — Mod. *Académie de billard, de danse.* ♦ 3° (1808). *Circonscription universitaire. Les Facultés de l'Académie de Paris, de Strasbourg. Le Recteur de l'Académie de Nancy. Officier d'académie : décoré des palmes académiques.*

II. (De I, 2° : *académie de dessin, de peinture*). *Exercice de peinture, de dessin où l'on travaille d'après le modèle nu; ce modèle.* V. **Nu.** *Les « meilleurs morceaux d'académie que Rubens a peints »* (FROMENTIN). — *Fam.* Aspect du corps nu. *Elle a une belle, une superbe académie.*

ACADÉMIQUE [akademik]. *adj.* (XVIᵉ; titre en 1361; lat. *academicus, de academia*). ♦ 1° *Antiq.* De l'école platonicienne. V. **Académicien** (1°). ♦ 2° D'une Académie (1°); *spécialt.* de l'Académie française. *Fauteuil, réception, discours académique.* ♦ 3° (1839). Qui suit étroitement les règles conventionnelles, avec froideur ou prétention. V. **Compassé, conventionnel.** *« On s'était fait une langue de convention, un style académique »* (TAINE). — *En art.* V. **Académisme.** ♦ 4° D'une Académie (I, 3°). *Inspection académique. Palmes académiques.* ◇ *Région.* (Belgique, Canada). *Année académique,* année universitaire; année scolaire. ◇ ANT. **Naturel, spontané.**

ACADÉMIQUEMENT [akademikmã]. *adv.* (1570; de *académique*). D'une manière académique (3°), froide et conventionnelle.

ACADÉMISME [akademism(ə)]. *n. m.* (1876; de *académique*). Observation étroite des traditions académiques; classicisme étroit. *On a parfois accusé Ingres d'académisme, sans comprendre son originalité profonde.*

ACADIEN, IENNE [akadjɛ̃, jɛn]. *adj.* et *n.* (de *Acadie*, région orientale du Canada français). ♦ 1° (1842). D'Acadie, qui concerne l'Acadie. — *N.* Habitant, originaire de l'Acadie. ♦ 2° (1960). *Géol.* Relatif à la période de l'ère primaire correspondant au cambrien moyen. — *N. m.* Cette période elle-même. ◇ HOM. **Akkadien.**

ACAJOU [akaʒu]. *n. m.* (*Acaïou,* 1558; mot tupi du Brésil « anacardier », confondu en français avec *l'acajatinga* (*acajoucantin,* 1645). ♦ 1° Anacardier *(acajou à pommes). Noix d'acajou.* V. **Cajou.** ♦ 2° Arbre d'Amérique à bois rougeâtre, très dur, facile à polir; ce bois. *« Huit chaises d'acajou »* (FLAUB.). — *Adj.* D'une couleur brun rougeâtre. *Des cheveux acajou.*

ACALÈPHES [akalɛf]. *n. m. pl.* (1839; gr. *akalêphê* « ortie »). Classe d'invertébrés marins (*Cœlentérés*), comprenant de grandes méduses (*Scyphozoaires, scyphoméduses*). *« Ce monde des polypes et des acalèphes »* (RENAN). *Sing. Un acalèphe.*

ACANTHACÉES [akãtase]. *n. f. pl.* (1751, adj.; de *acanthe*). Famille de plantes dicotylédones gamopétales, dont le type est l'*acanthe. Sing. Une acanthacée.*

ACANTHE [akãt]. *n. f.* (*Achante,* 1509; lat. *acanthus,* gr. *akantha* « épine »). ♦ 1° Plante à longues feuilles très découpées, dont une espèce est ornementale. ♦ 2° (XVIᵉ). *Acanthe ou feuille d'acanthe :* ornement d'architecture. *Les feuilles d'acanthe des chapiteaux corinthiens. « Une guirlande de feuilles d'acanthe précieusement dorées »* (LOTI).

ACANTHOCÉPHALE [akãtosefal]. *n. m.* (1839; du gr. *akantha,* et *-céphale*). *Zool.* Ver nématode, parasite des insectes, des crustacés et des petits mammifères lorsqu'il est à l'état larvaire, des crustacés et du tube digestif des animaux (surtout porc) et de l'homme, lorsqu'il est à l'état adulte.

ACANTHOPTÉRYGIENS [akãtɔpteriʒjɛ̃]. *n. m. pl.* (1808; gr. *akantha,* et *pterux* « aile, nageoire »). Ordre de poissons osseux, à nageoire dorsale épineuse, comprenant des milliers d'espèces (*Téléostéens*).

A CAPPELLA [akapella]. *loc. adj.* ou *adv.* (1863; it. « à chapelle »). *Mus.* Sans accompagnement d'instruments. *Chœur a cappella. Chanter a cappella.*

ACARIÂTRE [akarjɑtr(ə)]. *adj.* (1523; *aquariastre* « possédé », XVᵉ; de *Achorius,* évêque de Noyon (VIIᵉ s.), qui guérissait la folie; avec infl. du lat. *acer* « aigre »). D'un caractère désagréable, difficile. V. **Acrimonieux, aigre, atrabilaire, bougon, grincheux, hargneux, insociable, intraitable, querelleur, quinteux.** — (*Vieilli,* sauf en parlant d'une femme).

« Une femme bruyante et acariâtre, qui le traitait de fainéant ou de fou » (R. ROLLAND). V. **Chipie, furie, mégère, pie** (grièche). — *Humeur acariâtre.*

ACARIENS [akarjɛ̃]. *n. m. pl.* (1842; *acaride, -idie,* 1839; de *acarus*). Ordre de très petits arachnides, souvent parasites et pathogènes. V. **Acarus, aoûtat, sarcopte, trombidion.** *Sing. Un acarien.*

ACARUS [akaRys]. *n. m.* (1808; *acare,* 1752; lat. zool., du gr. *akari* « citron »). *Zool.* Sarcopte de la gale. *Par ext.* Tout acarien.

ACAULE [akol]. *adj.* (1808; gr. *akoulos* « sans tige », (*koulos*). *Bot.* Sans tige apparente. *Plantes acaules.*

ACCABLANT, ANTE [akablã, ãt]. *adj.* (fin XVIIᵉ; de *accabler*). Qui accable. *Charge, chaleur accablante.* V. **Écrasant, lourd; étouffant, suffocant.** — *Témoignage accablant.* V. **Accusateur.** — *Douleur, peine accablante.* V. **Intolérable.** *« Tout événement a deux aspects, toujours accablant si l'on veut, toujours réconfortant et consolant si l'on veut »* (ALAIN). ◇ ANT. **Doux, léger; consolant.**

ACCABLEMENT [akabləmã]. *n. m.* (1556, « écrasement »; de *accabler*). ♦ 1° Action d'accabler. *Vx.* Charge excessive. *Fig. Littér. « L'Écriture fournit Bossuet de textes impitoyables pour l'accablement des pécheurs »* (MAURIAC). ♦ 2° (1636). État d'une personne qui supporte une situation très pénible. V. **Abattement.** *L'accablement du désespoir.*

ACCABLER [akable]. *v. tr.* (1423; a *achablé,* 1329; de *a-* 1, et *chabler, chable* ou *caable; lat. pop. °catabola;* gr. *katabolê* « lancement »). ♦ 1° *Vx* ou *littér.* Écraser ou faire plier sous un poids. V. **Terrasser.** *Être accablé sous une charge.* ♦ 2° *Vx.* Abattre, achever (un adversaire). *Accabler l'ennemi sous le nombre.* ♦ 3° (1564). Attaquer par la parole. *Accabler d'injures, de reproches.* V. **Abreuver.** — Faire subir à (qqn) un sentiment humiliant. V. **Humilier.** *« Il les accabla de sa colère et de son mépris »* (FRANCE). ♦ 4° Faire supporter une chose pénible, dangereuse. *Accabler le peuple d'impôts, d'exactions.* V. **Écraser, opprimer** (sous). *Il nous accable de travail.* V. **Surcharger.** *La fatigue qui l'accable. Accablé de fatigue.* — (*Abstrait*) *« La plupart des maux dont nous sommes accablés »* (MAURIAC). *« Cette horrible peur l'obsédait, l'accablait, la talonnait »* (R. ROLLAND). ♦ 5° (1640). Combler. *Accabler de bienfaits, de cadeaux. Iron. Il nous accable de ses prévenances, de ses conseils.* V. **Bombarder, excéder, fatiguer.** ◇ ANT. **Soulager;** décharger, libérer, réconforter.

ACCALMIE [akalmi]. *n. f.* (1783; de l'a. fr. *accalmir;* de *calme*). ♦ 1° *Mar.* Calme passager de la mer; arrêt du vent. V. **Bonace, embellie.** ♦ 2° (1866). Calme, repos qui survient après l'agitation. V. **Apaisement, paix, tranquillité.** *Période, moment d'accalmie. « Rien ne m'effraye plus que la fausse accalmie d'un visage qui dort »* (COCTEAU). ◇ ANT. **Agitation, crise, reprise; tempête.**

ACCAPAREMENT [akaparmã]. *n. m.* (1751, écon.; de *accaparer*). ♦ 1° Le fait d'accaparer (1°). V. **Monopolisation.** ♦ 2° Le fait de prendre pour soi seul. *« Cette répugnance à toute possession particulière, à tout accaparement »* (GIDE).

ACCAPARER [akapaRe]. *v. tr.* (1562, « acheter en donnant des arrhes »; it. *accaparrare, de caparra* « arrhes »). ♦ 1° *Écon.* (1715). Acheter ou retenir (une valeur, une marchandise) afin de la rendre rare et d'en faire monter le prix. V. **Emparer** (s'), **monopoliser, truster; spéculer.** *Les trusts ont accaparé la production.* ♦ 2° Prendre, retenir en entier. *Accaparer le pouvoir, les charges, les honneurs.* — *Le travail l'accapare tout entier.* V. **Occuper.** ♦ 3° *Accaparer qqn :* le retenir. *Cet invité a accaparé la maîtresse de maison.* ◇ ANT. **Distribuer, partager.**

ACCAPAREUR, EUSE [akaparœr, øz]. *n.* (XVIIIᵉ; de *accaparer*). ♦ 1° Personne qui accapare. V. **Monopolisateur.** ♦ 2° *Fig.* et *adj.* Qui cherche à retenir (qqn). *« Son insistance accapareuse »* (Cl. SIMON).

ACCASTILLAGE [akastijaʒ]. *n. m.* (1678; de *accastiller,* esp. *accastillar, de castillo* « château »). *Mar.* ♦ 1° *Vx.* Partie du navire qui reste hors de l'eau (d'abord : châteaux d'avant et d'arrière). ♦ 2° *Mod.* Ensemble des aménagements et appareils installés sur les superstructures des bateaux; quincaillerie marine.

ACCASTILLER [akastije]. *v. tr.* (1678; esp. *accastillar,* de *castillo* « château »). *Mar.* Mettre en place l'accastillage (de un navire), sur le pont supérieur.

ACCÉDER [aksede]. *v. tr. ind.;* conjug. *céder* (XIIIᵉ; lat. *accedere*). ♦ 1° Avoir accès* à. *« Le perron par où on accédait au corps principal de l'école »* (MAURIAC). — *Fig.* V. **Arriver, atteindre, parvenir.** *« Connaître c'est accéder à la vision »* (ST-EXUP.). ♦ 2° (XVIIIᵉ). *Vx.* Se joindre à (qqn), dans un engagement. *Accéder à un traité.* — *Mod.* **Accepter.** V. **Acquiescer, consentir, souscrire.** *Accéder aux prières, aux vœux, aux désirs de qqn.* V. **Rendre** (se).

ACCELERANDO [akseleRãdo]. *adv.* (1907; mot it.). *Mus.* En pressant le mouvement.

ACCÉLÉRATEUR, TRICE [akseleratœr, tris]. *adj.*
et *n. m. (Muscle accélérateur,* 1611; de *accélérer).*
I. *Adj.* Qui accélère. *Force accélératrice.* V. **Accélération.**
II. *N. m.* ♦ 1° Organe qui commande l'admission du
mélange gazeux au moteur (l'admission accrue augmente
la vitesse). *Appuyer sur l'accélérateur :* sur la pédale d'accélérateur. V. **Champignon.** *Lâcher l'accélérateur.* ♦ 2° *Phot.*
Substance qui accélère une réaction. ♦ 3° *Sc.* Appareil qui
communique à des particules élémentaires (électrons, protons,
neutrons) des vitesses très élevées. *Accélérateurs de particules.*
Accélérateurs linéaires, circulaires. V. **Bétatron, cyclotron,
synchrotron.**

ACCÉLÉRATION [akselerasjɔ̃]. *n. f.* (1349; lat. *accele-
ratio,* de *accelerare).* ♦ 1° *Cour.* Augmentation de vitesse.
*L'accélération d'un mouvement, d'un véhicule. Cette voiture
a des accélérations foudroyantes. — Fig.* Le fait d'aller plus
vite. *L'accélération du pouls, de la respiration. L'accélération
des travaux. L'accélération de l'histoire :* événements et
transformations qui se succèdent de plus en plus vite. ♦
2° *Mécan.* Variation de la vitesse par unité de temps. *Vecteur
accélération,* vecteur dérivé, par rapport au temps, du vecteur
vitesse d'un point sur une trajectoire (dans un repère galiléen
ou non galiléen). *Accélération tangentielle, d'entraînement,
complémentaire (ou de Coriolis); accélération de la pesanteur.
Accélération négative.* V. **Décélération.** ◇ *Écon. Principe
d'accélération,* rapport quantitatif entre la production des
articles finis et celle des moyens de production nécessaires
correspondants. ◈ ANT. *Ralentissement.*

ACCÉLÉRÉ [akselere]. *n. m.* (1921; de *accélérer).
Cin.* Procédé qui simule, à la projection, des mouvements
accélérés. *« Le film passe... en accéléré »* (Cl. MAURIAC).
◈ ANT. *Ralenti.*

ACCÉLÉRER [akselere]. *v. tr.;* conjug. *céder* (xvᵉ, p. p.;
lat. *accelerare,* de *celer* « rapide ». V. **Célérité.** ♦ 1° *Cour.*
Rendre plus rapide. *Accélérer l'allure, le mouvement, le train.*
V. **Hâter, presser.** *« Les battements du cœur s'accéléraient l'un
après l'autre »* (FLAUB.). *Service accéléré* (transports).
♦ 2° *Sc. Mouvement uniformément accéléré :* mouvement
rectiligne dont la vitesse augmente d'une quantité égale
en des temps égaux. V. **Accélération.** ♦ 3° *Fig.* Rendre
plus prompt. V. **Activer, avancer, presser.** *Il faut accélérer
les travaux, l'exécution.* ♦ 4° *Intrans.* Augmenter la vitesse
d'une voiture; la vitesse du moteur (même à l'arrêt). V.
Accélérateur. *Accélérez, changez de vitesse.* ◈ ANT. *Modérer,
ralentir, retarder; freiner.*

ACCÉLÉROGRAPHE [akselerɔgraf]. *n. m.* (1873; de
accélér[er], et *-graphe).* Appareil permettant d'enregistrer et
d'étudier par un graphique l'accélération d'un mouvement.

ACCÉLÉROMÈTRE [akselerɔmɛtr(ə)]. *n. m.* (1890;
de *accélérer,* et *-mètre).* *Techn.* Appareil permettant la
mesure d'une accélération.

ACCENT [aksɑ̃]. *n. m.* (1265; lat. *accentus).*
I. ♦ 1° Augmentation d'intensité de la voix sur un son,
dans la parole *(accent d'intensité* dit à tort *accent tonique,*
les deux accents étant difficiles à distinguer en latin). — *Mus.*
Augmentation d'intensité sonore sur un temps. ♦ 2° Élévation de la voix sur un son *(accent de hauteur; accent musical).* V. **Ton.** *L'accent d'intensité et l'accent de hauteur portent souvent sur la même syllabe.* ♦ 3° Signe graphique
qui note un accent (langues anciennes; espagnol, russe, etc.).
— *Français.* Signe qui, placé sur une voyelle, la définit.
E accent aigu (é : fermé); *grave (è :* ouvert), *circonflexe (ê :*
ouvert; plus long à l'origine). — Signe diacritique analogue
(à; où).
II. ♦ 1° Inflexions de la voix (timbre, intensité) exprimant un sentiment. V. **Inflexion, intonation.** *« L'accent est
l'âme du discours »* (ROUSS.). *Un accent amer, douloureux,
plaintif. Un accent de sincérité, d'authenticité (au fig.* dans une
œuvre). *« On ne disait pas encore « les affaires » avec l'accent
spécial qu'on y met aujourd'hui »* (DUHAM.). Ling. *Accent de
phrase.* ♦ 2° *Littér.* Les ACCENTS : sons expressifs. — De
la parole, du chant. *« Ces accents pleins d'amour, de charme
et de terreur »* (MUSS.). *Les accents de sa voix.* — D'un instrument. *Les accents guerriers du clairon.* V. **Voix.** ♦ 3° *Fig.*
Caractère personnel (du style). V. **Manière, note.** ♦ 4° *Par
anal.* UN ACCENT : intensité plus forte d'une couleur, d'un
trait. *Donner de l'accent.* ♦ 5° *Fig.* Loc. *Mettre l'accent sur.*
V. **Insister.** *Il a mis l'accent sur les problèmes sociaux. « J'ai
toujours cherché à mettre l'accent sur ce qui me rapproche de
mes semblables »* (MONTHERLANT).
III. Ensemble des caractères phonétiques distinctifs d'une
communauté linguistique considérés comme un écart par
rapport à la norme (dans une langue donnée). *L'accent
lorrain, marseillais, normand* (en français). *Avoir l'accent
italien, anglais* (en français); *l'accent français* (en espagnol).
« La voix a le vieil accent parisien » (ROMAINS). — *Absolt.*
Prononciation qui diffère de la norme et qui est rattachée à
un fait géographique. *Avoir un accent.*

ACCENTUATION [aksɑ̃tɥasjɔ̃]. *n. f.* (1521; lat. *accen-

tuatio). Le fait, la manière d'accentuer. ♦ 1° De mettre
l'accent (I). *Les règles de l'accentuation grecque, russe.* —
De placer les signes appelés accents. *Fautes d'accentuation.*
♦ 2° Le fait ou la manière de prononcer avec force ou
expression. ♦ 3° *Fig.* Le fait d'être accentué. *« Un visage
qui semble mou, malgré l'accentuation de certains traits »*
(ROMAINS).

ACCENTUÉ, ÉE [aksɑ̃tɥe]. *p. p.* (V. **Accentuer).** Qui
porte un accent (I), des accents (II). — *Fig.* Fort, marqué.
« Un léger bafouillage, bien entendu pas trop accentué »
(G. LECOMTE). ◇ ANT. *Atone.*

ACCENTUEL, ELLE [aksɑ̃tɥɛl]. *adj.* (1967; de *accent).
Ling.* Qui porte, conserve l'accent.

ACCENTUER [aksɑ̃tɥe]. *v. tr.* (1511, « déclamer »;
lat. *accentuare,* de *accentus).*
I. ♦ 1° Élever ou intensifier la voix sur (tel son, dans la
parole). *Accentuer la voyelle finale, en français.* ♦ 2° Tracer
un accent sur (une lettre). *Accentuer un a.* Absolt. *Il ne sait
pas accentuer correctement.*
II. ♦ 1° *Vieilli.* Prononcer avec expression, avec des
accents *« Accentuer avec justesse et sobriété »* (MARMONTEL).
♦ 2° *Mod.* Donner de l'intensité, de l'expression à; faire
ressortir, souligner. *« Son geste* (de Danton) *accentuait la
puissance de sa voix »* (BARTHOU). — (xxᵉ). V. **Augmenter,
intensifier.** *Accentuer son effort, son action.* V. *« Le halètement
s'accentuait et devenait pénible à entendre »* (MART. du G.).
◇ ANT. *Atténuer, modérer, réduire.*

ACCEPTABILITÉ [akseptabilite]. *n. f.* (v. 1960; de
acceptable). *Ling.* Caractère d'une phrase acceptable pour
la syntaxe et pour le sens (correcte et signifiante). *L'acceptabilité d'une phrase exige qu'elle ne soit ni agrammaticale*
ni asémantique*.* V. **Grammaticalité, signifiance.**

ACCEPTABLE [akseptabl(ə)]. *adj.* (1468; « agréable »;
de *accepter).* ♦ 1° Qui mérite d'être accepté. V. **Recevable.**
Une paix acceptable. Offres acceptables. ♦ 2° Assez bon,
admissible. V. **Passable, satisfaisant.** *Elle « s'engageait à
fournir un alibi très acceptable »* (LOTI). ◇ ANT. *Inacceptable.*

ACCEPTANT, ANTE [aksɛptɑ̃, ɑ̃t]. *adj.* et *n.* (1464;
de *accepter).* *Dr.* Qui accepte, donne son consentement à une
convention.

ACCEPTATION [akseptasjɔ̃]. *n. f.* (1262; lat. *accep-
tatio).* ♦ 1° Le fait d'accepter. *L'acceptation d'un don,
d'un cadeau* (rare). *Il faut l'acceptation du conjoint.* V. **Accord,
consentement.** *Donner son acceptation.* V. *« L'acceptation,
par les hommes, de conventions communes »* (MAUROIS).
*« La guerre, ce n'est pas l'acceptation du risque, c'est l'accep-
tation pure et simple de la mort »* (ST-EXUP.). *Absolt. « Le
devoir est une série d'acceptations ce »* (HUGO). ♦ 2° *Dr.* Acte
par lequel une partie accepte ce qu'une autre lui offre; *consentement formel. « L'acceptation du divorce »* (MONTHERLANT).
Acceptation d'une traite : promesse de payer. ◇ ANT.
Refus; protestation.

ACCEPTER [aksɛpte]. *v. tr.* (1317; lat. *acceptare,* de
accipere « recevoir, accueillir ».
I. ACCEPTER (qqn, qqch.). ♦ 1° Recevoir, prendre volontiers (ce qui est offert, proposé). *Accepter un don, un cadeau,
une invitation. Je ne peux accepter votre proposition. Absolt.
J'accepte volontiers, de grand cœur.* ♦ 2° *Dr.* Donner son
accord à. *« Ce sont des contrats qu'ils ont librement acceptés »*
(MART. du G.). *Accepter une succession. Spécialt. Accepter
une lettre de change :* promettre de la payer à échéance.
♦ 3° *Accepter qqn :* l'admettre auprès de soi ou dans tel
rôle. *Accepter pour époux.* ♦ 4° *(Abstrait).* Considérer
comme vrai. V. **Croire.** *Elle « accepte aveuglément les prédictions des somnambules et du marc de café »* (DAUD.). V.
fam. **Avaler.** *Accepter une thèse, une théorie.* V. **Adhérer** (à),
embrasser. *J'en accepte l'augure*.* ♦ 5° Se soumettre à une
épreuve; ne pas refuser. V. **Résigner** (se), **souffrir, subir,
supporter.** *Accepter le danger, le risque, la mort.* V. *« Louise,
passive, résignée, a accepté ce malheur comme elle accepte
tout »* (R. ROLLAND). *Il ne peut pas accepter son échec.* ♦
6° Consentir à (un acte proposé). *Accepter le combat, la
lutte :* se montrer prêt à se battre. *Accepter la discussion,
le débat.*
II. ♦ 1° *Trans. ind.* ACCEPTER DE... et l'infinitif. Bien
vouloir. V. **Consentir** (à). *Il a accepté de venir, de nous aider.*
♦ 2° ACCEPTER QUE..., supporter. *« Cette petite incrédule
d'hier, qui acceptait qu'on lui mît des amulettes »* (LOTI).
*« Ceux qui n'acceptent pas que la vie soit une partie qu'il faut
toujours perdre »* (MAURIAC).
◇ ANT. *Décliner, récuser, refuser, rejeter, repousser.*

ACCEPTEUR [aksɛptœr]. *n. et adj. m.* (1509; lat.
acceptor). ♦ 1° (1751). Celui qui accepte une traite. V.
Tiré. ♦ 2° *Sc. Adj.* et *n. m.* Capable de se combiner à. *Corps
accepteur d'oxygène, d'hydrogène. Atome accepteur,* qui
reçoit des électrons.

ACCEPTION [aksɛpsjɔ̃]. *n. f.* (déb. XIIIᵉ; lat. *acceptio).*
♦ 1° *Vx.* Acception. ♦ 2° *Sans acception de :* sans faire
entrer en ligne de compte. *Sans acception de personne, de
fortune.* ♦ 3° (XVIIᵉ). Sens particulier d'un mot, admis et

reconnu par l'usage. V. **Signification**. *Acception propre, figurée. Mot à nombreuses acceptions (polysémique). C'est la première acception dans Littré.*
ACCÈS [aksɛ]. *n. m.* (*Donner accès*, déb. XIIIᵉ; lat. *accessus*, p. p. de *accedere*. V. **Accéder**).
I. ◆ 1° Possibilité d'aller dans (un lieu); voie qui permet d'entrer. V. **Abord, approche, entrée, ouverture**. *Donner accès.* V. **Conduire, introduire**. *L'accès de ce parc est interdit; une grille en interdit l'accès. Port d'accès facile aux paquebots.* ◆ 2° Possibilité d'approcher (qqn). *Avoir accès auprès de qqn. Il est d'un accès difficile.* ◆ 3° *Fig.* V. **Chemin, voie**. « *L'accès aux plaisirs défendus* » (FLAUB.). ◆ 4° *Inform.* Recherche et obtention des informations consécutivement à un traitement. *Accès direct, sélectif, séquentiel aux mémoires d'un ordinateur. Temps d'accès.*
II. (1372). ◆ 1° Arrivée ou retour d'un phénomène pathologique. *Accès de fièvre.* V. **Poussée**. *Accès de toux* (quinte). *Un subit accès de folie.* V. **Crise**. ◆ 2° Brusque phénomène psychologique; sentiment, émotion vive et passagère. *Des accès de colère, de fureur, de tristesse. Être joyeux par accès.* V. **Crise**.
ACCESSIBILITÉ [aksesibilite]. *n. f.* (1630; de *accessible*). Possibilité d'accéder, d'arriver à. *L'accessibilité à un lieu* (fig.), *à un emploi.*
ACCESSIBLE [aksesibl(ə)]. *adj.* (1355; de *accéder*). ◆ 1° Où l'on peut accéder, arriver, entrer. *Cette région est difficilement accessible. Ce lieu n'est accessible que par avion. Parc accessible à tous, aux visiteurs.* ◇ *Fig.* Qui ne présente pas d'obstacles. *Prix accessible. Lecture accessible au profane.* ◆ 2° (*Personnes*). Que l'on peut approcher, voir, rencontrer. *Il est peu accessible.* ◆ 3° *Fig.* Ouvert, sensible à. « *On est accessible à la flatterie dans la mesure où soi-même on se flatte* » (VALÉRY). ◇ ANT. *Inaccessible; impénétrable, inabordable; insensible; ardu, difficile, secret.*
ACCESSION [aksɛsjɔ̃]. *n. f.* (XIIᵉ; lat. *accessio*).
I. Le fait d'accéder. ◆ 1° *Vx* Arrivée. ◆ 2° (XVIIIᵉ; empr. angl.). *Accession au trône* : le fait d'y monter. ◆ 3° *Fig.* et mod. *Accession d'un État à l'indépendance. Accession* (des locataires) *à la propriété.*
II. ◆ 1° *Dr.* ou *vx*. Le fait d'ajouter; addition, supplément. « *La propriété s'acquiert aussi par accession ou incorporation* » (CODE CIV.). V. **Accroissement, adjonction, atterrissement**. ◆ 2° Adhésion. *L'accession d'un État à un traité.*
ACCESSIT [aksesit]. *n. m.* (1680; mot lat. « il s'est approché »). Distinction, récompense accordée à ceux qui, sans avoir obtenu de prix, en sont approchés. « *Il gagna un premier accessit d'histoire naturelle* » (FLAUB.). *Des accessits.*
ACCESSOIRE [aksesWAR]. *adj.* et *n.* (1296; lat. médiév. *accessorius*, de *accedere* « joindre ». V. **Accéder**).
I. *Adj.* ◆ 1° Qui vient ou se rapporte à qqch. d'autre plus principal, essentiel. *Vx.* « *Un grand État devenu accessoire d'un autre* » (MONTESQ.). V. **Dépendant**. — *Mod.* (Dr. ou abstrait) *Une action accessoire; idée accessoire.* V. **Annexe, complémentaire, incident, secondaire, subsidiaire**. *Par ext. C'est tout à fait accessoire.* V. **Insignifiant, négligeable**. ◆ 2° *Subst.* Ce qui est accessoire.
II. *N. m.* Chose accessoire. ◆ 1° *Vx.* Partie secondaire d'un tableau. ◆ 2° *Mod.* Petit objet nécessaire à une représentation théâtrale, un déguisement. *Décors, costumes et accessoires. S'occuper des accessoires, au cinéma.* V. **Accessoiriste**. — *Accessoires de toilette.* ◆ 3° *Mécan.* Pièce non indispensable. *Pièces et accessoires d'automobile.*
◇ ANT. (du I) : *Essentiel, principal.*
ACCESSOIREMENT [aksesWARmã]. *adv.* (1326; de *accessoire*). D'une manière accessoire; en plus d'un motif principal.
ACCESSOIRISTE [aksesWARist(ə)]. *n.* (1908; de *accessoire*). Personne qui dispose les accessoires (éléments mobiles de décor, objets) au théâtre, au cinéma, à la télévision. « *L'équipe des machinistes, des électriciens, des accessoiristes* » (CLAUDEL).
ACCIDENT [aksidã]. *n. m.* (1175; lat. *accidens*, de *accedere* « survenir »). ◆ 1° Événement fortuit, imprévisible. *Vx. Un accident heureux, malheureux.* — *Mod.* Épisode non essentiel. « *La poésie n'était pas mon métier; c'était un accident, une aventure heureuse* » (LAMART.). *Accident de parcours* (1968, d'abord en politique). « *Événement imprévu ou perturbé l'évolution normale d'un phénomène économique, social ou politique* » (P. GILBERT). — *Littér. Par accident,* par hasard. ◆ 2° *Philo.* Ce qui « s'ajoute » à l'essence, peut être modifié ou supprimé sans altérer la nature. V. **Attribut, phénomène**. *Dieu, « Substance qui jamais ne reçoit d'accident* » (CORN.). *Par ext.* Fait accessoire, secondaire. *Je ressentis ces événements, « non comme des accidents ou des phénomènes limités, mais comme des faits significatifs* » (VALÉRY). ◆ 3° (Fin XVᵉ). Événement fâcheux, malheureux. V. **Aventure, calamité, contretemps, coup, ennui, malheur, mésaventure, revers**. « *Je crains cent accidents qui peuvent arriver* » (MOL.). *Il a cassé un verre : c'est un petit accident. Cour.* (XVIIIᵉ) Événement imprévu et soudain qui entraîne des dégâts, des dan-

gers (blessure, mort). V. **Choc, chute, collision, explosion**. *Accident de voiture, de train, d'avion. Il a eu un accident, sa voiture est en miettes. Accident de personnes. Accidents du travail, accident de trajet* (dr. trav.). ◆ 4° *Méd.* Phénomène imprévu au cours d'une maladie. *Accident primitif, secondaire, tertiaire* (de la syphilis). V. **Complication, lésion**. ◆ 5° Ce qui rompt l'uniformité. *Accidents de terrain.* V. **Aspérité, mouvement**. — *Mus.* Altération qui n'est pas à la clé; signe qui l'indique (dièse, bémol, bécarre).
ACCIDENTÉ, ÉE [aksidãte]. *adj.* (1662; repris 1824; de *accident*). ◆ 1° Qui présente des accidents (5°), des inégalités. V. **Inégal, mouvement**. *Terrain accidenté. Région accidentée, montagneuse.* « *La campagne bleuâtre, délicatement accidentée* » (BOSCO). — ◆ 2° *Rare.* Mouvementé. *Vie accidentée.* ◆ 3° *Fam.* (1909). Qui a subi un accident. *Voiture accidentée.* — *Subst.* (Personnes). *Les « accidentés de la rue* » (M. LEIRIS). ◇ ANT. *Égal, plat, uni.*
ACCIDENTEL, ELLE [aksidãtɛl]. *adj.* (XIIIᵉ; de *accident*). ◆ 1° Qui constitue une modification passagère; qui est produit par une circonstance occasionnelle. V. **Contingent, fortuit, imprévu, occasionnel**. « *Ils avaient fait connaissance dans des conditions si accidentelles* » (BOURGET). — Spécialt. *Mort accidentelle* : du fait d'un accident (3°). ◆ 2° *Philo.* De l'accident (2°). V. **Accessoire, extrinsèque** (*opposé* à absolu, substantiel et nécessaire). ◆ 3° *Mus. Signes accidentels* : accidents (5°). ◇ ANT. *Certain, constant, fatal, intentionnel, normal, régulier.*
ACCIDENTELLEMENT [aksidãtɛlmã]. *adv.* (XVᵉ; de *accidentel*). D'une manière fortuite, imprévue; par hasard. ◇ ANT. *Constamment, fatalement, normalement.*
ACCLAMATEUR [aklamatœR]. *n. m.* (XVIᵉ; de *acclamer*). *Rare.* Personne qui acclame.
ACCLAMATION [aklamasjɔ̃]. *n. f.* (1504; lat. *acclamatio*, de *acclamare*). ◆ 1° Cri collectif d'enthousiasme pour saluer qqn ou approuver qqch. « *La salle tremblait encore d'acclamations* » (HUGO). V. **Applaudissement, hourra, ovation, vivat**. ◆ 2° *Par acclamation.* loc. adv. *Élire, nommer par acclamation* : tout d'une voix et d'enthousiasme.
ACCLAMER [aklame] *v. tr.* (1504; lat. *acclamare*). Saluer par des cris de joie, des manifestations publiques d'enthousiasme. V. **Applaudir; acclamation**. « *Ils se sont fait acclamer en jetant l'anathème sur les gouvernements* » (MART. du G.). ◇ ANT. *Conspuer, huer, siffler.*
ACCLIMATABLE [aklimatabl(ə)]. *adj.* (1845; de *acclimater*). Qui peut être acclimaté. *Cette plante n'est pas acclimatable en France.*
ACCLIMATATION [aklimatasjɔ̃]. *n. f.* (1832; de *acclimater*). ◆ 1° Le fait d'acclimater des animaux, des plantes; le fait de s'acclimater. *Acclimatation des végétaux à un milieu.* ◆ 2° *Jardin d'acclimatation* : jardin zoologique (V. **Zoo**) où vivent des espèces exotiques. « *La foule, au jardin d'acclimatation, se presse pour assister au repas des otaries* » (GIDE).
ACCLIMATEMENT [aklimatmã]. *n. m.* (1801; de *acclimater*). ◆ 1° Le fait, pour un organisme, de vivre et se reproduire dans un milieu différent de son milieu d'origine. ◆ 2° (*Personnes*). Le fait de s'habituer à un autre milieu.
ACCLIMATER [aklimate]. *v. tr.* (1775; de *climat*). ◆ 1° Habituer à un nouveau climat, à un milieu géographique différent. *Acclimater une plante tropicale en pays tempéré.* ◆ 2° (*Personnes*). *S'acclimater* : s'habituer à un nouveau pays. « *Si le désir de m'acclimater m'était venu* » (FROMENTIN). ◆ 3° *Fig.* V. **Importer, introduire**. *Acclimater chez soi une idée, une habitude, un usage étranger.*
ACCOINTANCE [akwɛ̃tãs]. *n. f.* (1170; a. fr. *accointer*; lat. pop. °*accognitare,* de *cognitus* « connu »). ◆ 1° *Vieilli.* Liaison familière. V. **Fréquentation, lien**. ◆ 2° *Mod.* Avoir des accointances. V. **Connaissance, relation**. « *Il avait des accointances parmi les hommes du pouvoir, et jusque dans la police du monde* » (R. ROLLAND).
ACCOLADE [akɔlad]. *n. f.* (déb. XVIᵉ; de *accoler*, ou prov. *accolada*).
I. ◆ 1° Le fait de mettre les bras autour du cou. V. **Embrassade**. *Donner, recevoir l'accolade.* ◆ 2° *Hist.* Coup donné avec le plat de l'épée sur l'épaule, accompagné d'un « léger embrassement » (ROUSS.), qui accompagne la cérémonie par laquelle qqn est armé chevalier. ◇ *Mod.* Geste qui accompagne la remise officielle d'une décoration (autref., coup du plat de l'épée ou du sabre sur l'épaule, suivi d'une accolade). *Nous lui avons remis les insignes de son grade et donné l'accolade* (formule traditionnelle).
II. ◆ 1° (1740). Signe à double courbure (}), qui sert à réunir plusieurs lignes (*accolade verticale*) ou colonnes (*accolade horizontale*); plusieurs portées (mus.). ◆ 2° (1863). *Archit.* Arc surbaissé à courbes et contre-courbes qui ressemble à une accolade horizontale (gothique flamboyant).
ACCOLAGE [akɔlaʒ]. *n. m.* (1732; de *accoler*). Fixation des jeunes pousses (de vigne, d'arbres) sur un support (espalier, échalas).

ACCOLER [akɔle]. *v. tr.* (fin XIe; de *col* « cou », p.-ê. lat. pop. °*accollare*).
I. *Vx.* Embrasser en jetant les bras autour du cou. V. **Accolade.** — Fig. et littér. « *Deux noirs papillons qui s'accolent* » (COLETTE).
II. *Mod.* ◆ 1° Joindre ou fixer de manière à faire toucher, à mettre contre. « *Les bateaux étaient accolés bord à bord* » (GAUTIER). Spécialt. *Accoler la vigne.* V. **Accolage.** ◆ 2° Réunir, mettre à côté. *Accoler deux noms sur une liste.* Pronom. « *Des bâtiments disparates étaient venus s'accoler au logis central* » (MART. du G.). ◆ 3° (1690). Réunir par une accolade (II).
ACCOMMODANT, ANTE [akɔmɔdã, ãt]. *adj*, (v. 1600, « utile » (remède); de *accommoder*). *Mod.* (1671). Qui est facile à contenter, à satisfaire; qui s'accommode facilement des personnes, des circonstances. V. **Arrangeant, complaisant, conciliant, débonnaire, facile, sociable, traitable.** *Il est très accommodant, d'une humeur accommodante. Ce commerçant est accommodant en affaires.* — *Vx. Accommodant à* : qui supporte, admet facilement.
ACCOMMODAT [akɔmɔda]. *n. m.* (v. 1965; de *accommoder*). *Biol.* Modification morphologique ou physiologique, non transmise aux descendants, qui permet à un être vivant de s'adapter à un nouveau milieu.
ACCOMMODATEUR, TRICE [akɔmɔdatœr, tris]. *adj.* (1578; de *accommoder*). Qui permet l'accommodation. *Muscles accommodateurs.*
ACCOMMODATION [akɔmɔdɑsjɔ̃]. *n. f.* (XIVe, « prêt gratuit » (Cf. Accommodement); de *accommoder*). ◆ 1° (1566). Action d'accommoder, d'approprier. ◆ 2° *Physiol.* Aptitude de l'œil à subir des changements, pour assurer une bonne vision *(pouvoir d'accommodation)*; ces changements. V. **Adaptation.** ◆ 3° *Psycho.* Modification des activités mentales (surtout chez l'enfant), en vue de s'adapter au milieu, à des situations nouvelles.
ACCOMMODEMENT [akɔmɔdmã]. *n. m.* (1585; de *accommoder*). ◆ 1° *Vx.* Arrangement convenable. ◆ 2° *Mod.* Accord ou compromis à l'amiable. V. **Conciliation.** « *On a parlé de paix et d'accommodement* » (BOIL.). — *Fig.* Expédient pour concilier, faire taire les scrupules, etc. *Trouver des accommodements avec le ciel.*
ACCOMMODER [akɔmɔde]. *v. tr.* (1336, « arranger, ajuster »; de *a-* 1, et *commode*).
I. *Vx.* ◆ 1° ACCOMMODER à : disposer ou modifier de manière à faire convenir à. V. **Adapter, ajuster, approprier.** *Accommoder qqch. aux circonstances.* ◆ 2° *Vx.* ACCOMMODER AVEC : faire s'accorder, concorder. V. **Allier, concilier.** « *Ils accommodent la religion avec les plaisirs* » (FLÉCH.). *S'accommoder avec qqn* : s'arranger. ◆ 3° ACCOMMODER (qqn) DE : le pourvoir (Cf. *ci-dessous* IV).
II. Rendre commode à. V. **Adapter, agencer, apprêter, arranger, disposer, installer, préparer.** *Spécialt.* ◆ 1° *Vx.* Habiller; disposer (le vêtement, etc.). — Mettre en bon état. « *En voyant accommoder les fontaines* » (SÉV.). — Bien installer (qqn). « *Que je t'accommode dans sa chaise* » (MOL.). ◆ 2° *Fig.* et vieilli. *Accommoder qqn* : le ridiculiser (Cf. Arranger). ◆ 3° *Mod.* Préparer (des aliments) pour la consommation. V. **Apprêter, assaisonner, cuisiner.** *Accommoder du poisson avec une sauce, à telle sauce. L'art d'accommoder les restes.*
III. *Mod.* Mettre au point (un système optique, l'œil). « *Le regard accommodé sur quelque objet lointain* » (DUHAM.). Absolt. *Accommoder sur l'infini, à l'infini.*
IV. S'ACCOMMODER (emplois mod.). ◆ 1° *S'accommoder à*, s'adapter ou s'accorder avec (choses abstraites; personnes). « *Cherchons à nous accommoder à cette vie* » (MONTESQ.). « *La science doit s'accommoder à la nature* » (BRUNOT). ◆ 2° *S'accommoder de*, accepter comme pouvant convenir. V. **Accepter, supporter** (Cf. Prendre les choses comme elles viennent, les gens comme ils sont). *Il s'accommode de tout.* V. **Accommodant** « *Il dut s'accommoder d'une mauvaise chambre d'auberge* » (BARRÈS). V. **Contenter** (se).
⊗ ANT. **Déranger, opposer, séparer. Refuser.**
ACCOMPAGNATEUR, TRICE [akɔpaɲatœr, tris]. *n.* (v. 1670; de *accompagner*). ◆ 1° *Mus.* Personne qui accompagne la partie principale. *Cette pianiste est l'accompagnatrice d'un violoniste, d'un chanteur.* ◆ 2° (XXe). Personne qui accompagne et guide un groupe. V. **Guide.**
ACCOMPAGNEMENT [akɔpaɲmã]. *n. m.* (XIIe; de *accompagner*). Action ou façon d'accompagner. ◆ 1° *Rare.* Action d'accompagner; personne(s) qui accompagne(nt). V. **Cortège, équipage, escorte.** ◆ 2° *Fig.* Ce qui accompagne, vient s'ajouter. « *Les levers de soleil sont un accompagnement des longs voyages en chemin de fer* » (PROUST). V. **Accompagnement nécessaire, inévitable d'un événement.** V. **Conséquence, résultat, suite.** — Cuis. *L'accompagnement d'un plat.* V. **Garniture.** ◆ 3° *Mus.* (1690). Action de jouer une partie de soutien à la partie principale; cette partie. *Accompagnement de piano. Chanter sans accompagnement :* a cappella. ◆ 4° *Milit.* Action de soutien. *Tir d'accompagnement.*

ACCOMPAGNER [akɔpaɲe]. *v. tr.* (XIIe; de *a-* 1, et a. fr. *compain.* V. **Compagnon, copain**).
I. (Idée de mouvement). Se joindre à (qqn) pour aller où il va en même temps que lui, aller de compagnie avec. V. **Conduire, escorter, guider.** « *Comme il veut qu'elle l'accompagne partout, il n'ose plus aller nulle part* » (GIDE). *Accompagner une jeune fille au bal.* V. **Chaperonner.** Par ext. *Tous nos vœux l'accompagnent.*
II. ◆ 1° S'ajouter à, se joindre à (autre chose), *L'adjectif qui accompagne le nom.* « *Le bruit de ses éperons accompagnait les éclats de sa voix* » (FRANCE). — *Accompagner une viande* (la garnir) *de légumes.* ◆ 2° (1690). Ajouter (qqch.) à (qqch.). *Il accompagne ses paroles d'un geste menaçant.* ◆ 3° Jouer avec (qqn) la partie qui soutient sa mélodie. *Accompagner un violoniste au piano.* Absolt. *Il accompagne à merveille.* Pronom. *S'accompagner à la guitare.* ◆ 4° Survenir en même temps, avoir pour effet simultané. *L'angoisse qui accompagne la nécessité de choisir.* Passivt. Être suivi de. *Il est accompagné de (par) sa sœur.*
⊗ ANT. **Quitter; précéder, suivre.**
ACCOMPLI, IE [akɔpli]. *adj.* (fin XIIe; V. **Accomplir**). ◆ 1° *(Après le nom).* Qui est parfait en son genre. V. **Consommé, idéal, incomparable, parfait.** « *Pour être du malheur un modèle accompli* » (RAC.). *Un homme du monde accompli.* ◆ 2° Terminé. *Les temps sont accomplis, venus.* « *Vingt années accomplies* » (LA BRUY.). — (XIXe) *Le fait accompli* : ce qui est fait, terminé, sur quoi on ne peut revenir. *Il a dû s'incliner, céder devant le fait accompli.*
ACCOMPLIR [akɔpliʀ]. *v. tr.* (980; de *a-* 1, et a. fr. *complir* « achever », lat. *complere* « remplir »). Faire complètement. V. **Achever, terminer.** ◆ 1° Faire (qqch.) jusqu'au bout, mener à son terme. « *L'acte décisif, froidement accompli par lui la veille* » (MART. du G.). *Accomplir une mauvaise action.* V. **Commettre, perpétrer.** *Accomplir un geste.* V. **Faire.** *Accomplir son temps de travail.* « *Je n'avais pas encore accompli mes quatre ans* » (FRANCE). ◆ 2° Faire en effet ce qui était préparé, projeté. V. **Effectuer, exécuter, réaliser.** « *Aucune force au monde ne l'empêcherait d'accomplir ce qu'il avait une fois résolu* » (MAURIAC). ◆ 3° Faire (ce qui est demandé, ordonné, proposé); obéir à (une volonté, un ordre) en exécutant qqch. V. **Remplir, satisfaire** (à). *Accomplir un vœu, un souhait. Accomplir la volonté de Dieu.* V. **Obéir.** *Accomplir son devoir, sa tâche.* V. **Acquitter** (s'). *Accomplir un ordre, un commandement.* V. **Observer, suivre.** ◆ 4° *S'accomplir* : se réaliser, avoir lieu. V. **Arriver.** *Son souhait s'est accompli.*
⊗ ANT. **Commencer, ébaucher, esquisser ; échouer ; désobéir, refuser.**
ACCOMPLISSEMENT [akɔplismã]. *n. m.* (XIIIe; de *accomplir*). ◆ 1° Le fait d'accomplir. V. **Exécution.** « *L'hésitation suprême et puis l'accomplissement de l'acte irrévocable* » (LOTI). ◆ 2° État de ce qui est accompli, réalisé. V. **Réalisation.** *L'accomplissement de ses désirs, de son rêve.* ⊗ ANT. **Ébauche, esquisse, préparation; échec.**
ACCORD [akɔʀ]. *n. m.* (*Acorde*, v. 1080; *acort*, XIIe; de *accorder*).
I. (*Personnes*). ◆ 1° État qui résulte d'une communauté ou d'une conformité de pensées, de sentiments. V. **Communion, concert, concorde, entente, fraternité, harmonie, intelligence, paix, sympathie, union.** « *Le bon accord qui règne entre nous* » (LOTI). *L'accord est unanime, parfait, général.* — *L'accord entre des conjurés.* V. **Alliance, collusion, complicité, connivence.** — (*Dr. int. pub.*). *Accord de coopération entre deux États.* ◆ 2° EN ACCORD : s'entendant bien. *Vivre en accord, en parfait accord.* ◆ 3° D'ACCORD. *Être d'accord :* avoir la même opinion, le même avis ou la même intention (Cf. Agir dans le même sens, faire cause commune, se donner la main, marcher la main dans la main, comme un seul homme, être unis). V. **Entendre** (s'); **concerter** (se). *Les deux comploteurs sont toujours d'accord pour faire un mauvais coup* (Cf. Être de mèche). *Ils se sont mis d'accord. Ils sont tombés d'accord que :* unanimement. — *Demeurer d'accord d'une chose, en demeurer d'accord :* l'admettre. — *Être d'accord avec qqn,* être du même avis, partager son opinion (Cf. Abonder dans son sens). Absolt. *J'en demeure d'accord.* V. **Convenir** (en). *Je ne suis pas d'accord.* — Ellipt. *D'accord :* j'y consens. *Viendrez-vous demain ? D'accord.* V. **Oui.** Fam. *Pas d'accord.* Pop. *D'acc. « Quarante francs la paye ? — D'acc. »* (QUENEAU). ◆ 4° *Un accord :* arrangement entre ceux qui se mettent d'accord. V. **Arrangement, convention, pacte, traité.** *Négocier, conclure un accord. Après plusieurs heures de discussions, nous sommes arrivés à un accord.* V. **Accommodement, compromis, transaction.** *Accord à l'amiable, de gré à gré. Les accords sont signés. Vx. Accords* (du mariage) : fiançailles. ◆ 5° *Donner son accord :* accepter, autoriser, permettre. V. **Acceptation, autorisation, permission.**
II. (*Choses*). ◆ 1° *Vx* ou didact. État qui résulte de la présence simultanée de choses qui ont des rapports, forment un ensemble. V. **Affinité, analogie, cohérence, compatibilité, concordance, conformité, correspondance, équilibre, harmonie, proportion, symétrie.** *L'accord qui règne entre les parties d'une œuvre, entre le geste et la parole.* « *L'accord des cou-*

leurs » (VOLT.). ♦ 2° *Choses qui sont d'accord* (vx), *en accord :* être adapté, adéquat, approprié. V. **Aller** (bien), **cadrer**. « *Pourquoi, dans ton œuvre céleste, Tant d'éléments si peu d'accord* » (MUSS.). *Mettre en accord.* V. **Accorder**.
III. *Spécialt.* ♦ 1° *Mus.* (XVIᵉ). Association de plusieurs sons (au moins trois) simultanés ayant des rapports de fréquence (codifiés par les lois de l'harmonie*). *Accords consonants* (V. **Consonance**), *dissonants* (V. **Dissonance**). *Accords naturels, renversés* (V. **Renversement**), *altérés. Intervalles* d'un accord. Accord parfait* (tonique, médiante, dominante); *de tierce, de quarte, de quinte.* ◊ Émission de tels sons. *Accord parfait. Frapper, plaquer un accord* (piano). *Accords arpégés.* V. **Arpège**. « *Aux premiers accords plaqués sur l'orgue* » (HUYSMANS). ◊ Action d'accorder un instrument; manière d'être accordé. Spécialt. *Ce piano ne tient pas l'accord : ne reste pas bien accordé.* ◊ Le fait qu'un récepteur soit accordé (sur une fréquence d'émission). ♦ 2° *Gram.* Correspondance entre les formes (V. **Morphologie**) dont l'une est subordonnée à l'autre. *Accord de l'adjectif et du substantif, du verbe et de son sujet. Accord des participes*. Faute d'accord.* ◈ ANT. *Désaccord ; brouille, conflit, discorde, discussion, mésentente, rupture ; contraste, disparité, incompatibilité, opposition.* — HOM. Accore, accort, acore.

ACCORDAILLES [akɔʀdɑj]. *n. f. pl.* (1539 ; de *accorder*). *Vx.* Fiançailles.

ACCORDÉ, ÉE [akɔʀde]. *adj.* (1539 ; V. **Accorder**). *Vx.* Fiancé(e). Subst. *L'accordée de village,* tableau de Greuze.

ACCORDÉON [akɔʀdeɔ̃]. *n. m.* (1833 ; all. *Akkordion* (1829), *-éon* par infl. d'*orphéon*). ♦ 1° Instrument de musique à soufflet et à anches métalliques. *Accordéon à clavier, à touches, à boutons. Jouer de l'accordéon dans un bal musette.* ♦ 2° *En accordéon :* qui forme des plis parallèles. *Chaussettes en accordéon.* — Cout. *Plissé, plissage accordéon.* (ANT. Plat).

ACCORDÉONISTE [akɔʀdeɔnist(ə)]. *n.* (1866 ; de *accordéon*). Personne qui joue de l'accordéon.

ACCORDER [akɔʀde]. *v. tr.* (fin XIIᵉ, mus. ; lat. pop. *accordare,* pour *concordare,* de *ad,* et *cor, cordis* « cœur », av. infl. de *chorda* « corde », en mus.).
I. Mettre d'accord ou en accord. ♦ 1° *Rare.* Mettre (des personnes) en communauté d'idées, de sentiments. V. **Allier, associer, lier, unir**. « *Soyez joints, mes enfants, que l'amour vous accorde* » (LA FONT.). Spécialt. *Vx* ou *région.* Fiancer. V. **Accordé(e)**. ♦ 2° *Vx.* Apaiser (un différend), régler (une affaire) en réconciliant. V. **Arranger, régler**. *Accorder une querelle* (La Fontaine, Corneille). ♦ 3° (*Choses abstraites*). Mettre en harmonie, en établissant un accord (II). V. **Adapter, agencer, allier, apparier, approprier, assembler, associer, assortir**. « *Celui qui accorde sa raison particulière avec la raison universelle* » (FRANCE). *Il avait su* « *accorder admirablement une demi-intelligence et une demi-ambition* » (GIRAUDOUX). — (*Concret*) *Vx.* « *Accorder les horloges de la Capitale* » (DIDER.). ♦ 4° *Mus.* (Premier emploi). *Vx.* Faire aller des sons ensemble de manière à produire de la musique ; jouer. — Mod. Mettre (un ou plusieurs instruments) au même diapason. *Accorder un piano, un violon.* V. **Accord, accordeur**. « *Il grince des dents aux instruments mal accordés* » (R. ROLLAND). Loc. fig. *Accordez vos flûtes, vos violons :* mettez-vous d'accord. ◊ *Radio.* Régler un récepteur sur une fréquence. — *Gram.* Donner à (un élément linguistique) un aspect formel en rapport avec sa fonction ou avec la forme d'un élément dominant. *Accorder le verbe avec le sujet de la phrase.* ♦ 5° S'ACCORDER : se mettre, être d'accord. — (Personnes) *Ils ne peuvent s'accorder ; leurs natures, leurs caractères s'accordent mal. S'accorder pour dire, pour décider.* — (Choses) Se concilier. « *Nul ne veut le bien public que quand il s'accorde avec le sien* » (ROUSS.). — Spécialt. *Le verbe s'accorde avec son sujet.*
II. (1293). Consentir. ♦ 1° Consentir à admettre, à reconnaître, à tenir pour vrai. V. **Concéder, convenir, reconnaître**. *Je vous accorde que j'ai eu tort.* V. **Admettre, avouer, confesser**. « *Je vous accorde qu'il vaut mieux être bête comme tout le monde que d'avoir de l'esprit comme personne* » (FRANCE). ♦ 2° Consentir à donner, à laisser ou à permettre ; donner son accord à. *Accorder un crédit, un délai, une faveur.* V. **Adjuger, allouer, impartir**. *Il lui a accordé la main de sa fille.* ◊ *Vieilli.* « *Tous vos désirs, Esther, vous seront accordés* » (RAC.). V. **Exaucer, satisfaire**. ♦ 3° Attribuer. *Accorder de l'importance, de la valeur.* V. **Attacher**. ♦ 4° S'ACCORDER : se donner. *Il ne s'accorde jamais de répit.* ◈ ANT. *Désaccorder; brouiller, diviser, opposer; nier, refuser, rejeter, repousser. Contraster, détonner, jurer.*

ACCORDEUR [akɔʀdœʀ]. *n. m.* (1325 ; de *accorder*).
I. *Vx.* Celui qui concilie, réconcilie.
II. *Mod.* (1768). Professionnel qui accorde les instruments à cordes frappées (pianos), les orgues, etc.

ACCORDOIR [akɔʀdwaʀ]. *n. m.* (1690 ; de *accorder*). Instrument d'accordeur de piano, d'orgues).

ACCORE [akɔʀ]. *n.* et *adj.* (1671 ; *escore,* 1382 ; moy. néerl, *schore* « écueil »). ♦ 1° N. *Vx.* Contour d'un écueil. — Étai de soutien. *Les accores d'étrave, d'étambot.* ♦ 2° *Adj.* (1773). *Mar.* En parlant d'une côte, d'un écueil, qui plonge verticalement dans une mer subitement profonde. « *Le rocher qui prolonge la pointe est accore, il n'a pas d'estran* » (COURS NAVIG.). ◈ HOM. Accord, accort.

ACCORT, ORTE [akɔʀ, ɔʀt(ə)]. *adj.* (1444, « avisé » ; it. *accorto*). ♦ 1° *Vx.* Habile. « *Cette accorte feinte* » (CORN.). ♦ 2° *Vx* ou *littér.* Gracieux et vif. « *Apte à l'amour, accort pendant l'amour* » (COLETTE). — *Fém.* Plaisant. *Une accorte servante.* V. **Agréable, aimable, avenant.** ◈ ANT. *Disgracieux* — HOM. Accord, accore, acore.

ACCOSTABLE [akɔstabl(ə)]. *adj.* (1554 ; de *accoster*). Qui peut être accosté. *Femme accostable* (vx ou pop.). — *Quai, rivage accostable.*

ACCOSTAGE [akɔstaʒ]. *n. m.* (1872 ; de *accoster*). ♦ 1° *Mar.* et *cour.* Manœuvre pour accoster ; le fait d'accoster. « *Un bonhomme dirigeant l'accostage des rares caïques* » (LOTI). ◊ *Astronaut.* Opération précédant l'amarrage de deux engins lors d'un rendez-vous spatial. ♦ 2° *Fam.* Action d'accoster quelqu'un.

ACCOSTER [akɔste]. *v. tr.* (av. 1555 ; it. *accostare* ; « mettre côte à côte », XIIᵉ ; de *coste*. V. **Côté**). ♦ 1° Aller près de (qqn) pour lui parler, et *Mod.* aborder* de façon cavalière. *Être accosté par un inconnu.* Spécialt. *Il accoste les jolies filles.* V. **Draguer**. ♦ 2° *Mar.,* astronaut. (XVIIIᵉ ; pour *accoter*. V. **Côte**). S'approcher contre, se mettre bord à bord avec. V. **Aborder**. *Accoster le quai.* — Absolt. « *Chaque fois que le navire accoste, quatre énormes nègres plongent pour fixer les amarres* » (GIDE).

ACCOT [ako]. *n. m.* (1866 ; de *accoter*). Hortic. Écran de paille, de feuilles, voire de fumier froid, destiné à protéger des semis ou des jeunes plantes contre le gel.

ACCOTEMENT [akɔtmɑ̃]. *n. m.* (1611 ; de *accoter*). Ce qui accote. — *Techn.* (1755). ♦ 1° Espace aménagé entre la chaussée et le fossé, entre un mur et un ruisseau. *Accotements stabilisés. Stationner sur l'accotement.* V. **Bas-côté**. ♦ 2° Ballast latéral (ch. de fer).

ACCOTER [akɔte]. *v. tr.* (confus. entre *accoster,* de *coste.* V. **Côte** (1190), et *accoter* (1160), bas lat. *accubitare,* de *cubitus* « coude ». V. **Accouder**). ♦ 1° *Vx.* Soutenir en appuyant. — Étayer. ♦ 2° *Mod.* Appuyer d'un côté. « *Accotant sa tête sur son fauteuil* » (FURET.). — S'ACCOTER. « *Un homme debout, qui s'accotait au comptoir* » (DAUD.). « *Seul, accoté à la porte d'entrée* » (MART. du G.).

ACCOTOIR [akɔtwaʀ]. *n. m.* (-*touer,* XVIᵉ ; de *accoter*). Appui qui sert à s'accoter (accoudoir, dossier) ; spécialt. Saillie d'un dossier où l'on peut appuyer sa tête.

ACCOUCHÉE [akuʃe]. *n. f.* (1321 ; de *accoucher*). Femme qui vient d'accoucher. V. **Mère**.

ACCOUCHEMENT [akuʃmɑ̃]. *n. m.* (XIIᵉ ; de *accoucher*).
I. ♦ 1° Le fait d'accoucher ; sortie de l'enfant hors du corps de sa mère. V. **Couches, délivrance, enfantement, gésine** (*vx*)**, parturition, naissance ; maternité**. *Accouchement naturel ; à terme ; prématuré ; avant le 270ᵉ jour de la grossesse ; spécialt. avant le 180ᵉ jour.* V. **Avortement, couche** (fausse). *Douleurs de l'accouchement.* V. **Douleur, travail, tranchées**. *Épisodes de l'accouchement :* présentation, expulsion du fœtus, de l'arrière-faix (délivre). ♦ 2° (1835). Opération médicale par laquelle on assiste la femme qui accouche (V. **Obstétrique**). *Ce médecin a fait des centaines d'accouchements.* V. **Accoucheur, sage-femme**. *Accouchements aux fers, au forceps.* — (V. **Césarienne**). ♦ 3° Méthode d'accouchement. *Accouchement sans douleur :* entraînement psychosomatique pour supprimer la peur et diminuer les douleurs.
II. *Fig.* Élaboration pénible, difficile. V. **Maïeutique**.

ACCOUCHER [akuʃe]. *v. tr.* (XIIIᵉ ; « se coucher », fin XIIᵉ ; de *a-1,* et *coucher*).
I. ♦ 1° *Trans. ind.* ACCOUCHER DE : donner naissance à (un enfant). ◊ *Accouchement :* enfanter, engendrer. « *Elle vient d'accoucher d'un garçon* » (SÉV.). *Elle est accouchée d'un garçon* (vieilli ; littér.); *elle a accouché d'un garçon* (mod.). — Absolt. *Elle accouchera dans un mois. Accoucher avant terme.* V. **Avorter**. ♦ 2° *Trans. dir.* (1671). Aider (une femme) à mettre un enfant au monde. *La sage-femme qui l'a accouchée.*
II. *Fig.* (1654). ♦ 1° *Trans. ind.* Élaborer péniblement. V. **Créer, produire**. *Il a fini par accoucher d'un mauvais roman.* ♦ 2° *Pop.* Absolt. S'expliquer, parler. *Alors, tu accouches ?* (Cf. Ça sort, ça vient).

ACCOUCHEUR, EUSE [akuʃœʀ, øz]. *n.* (1671, *-euse* « sage-femme » ; masc., 1677 ; de *accoucher*). Personne qui fait des accouchements, aide les femmes à accoucher. V. **Médecin, sage-femme**. Appos. *Médecin accoucheur.* V. **Gynécologue, obstétricien**.

ACCOUDEMENT [akudmɑ̃]. *n. m.* (1412 ; de *accouder*).

Le fait de s'appuyer sur le coude; position d'une personne accoudée.

ACCOUDER (S') [akude]. *v. pron.* (1680; de *acoter*, 1160 bas lat. *accubitare*. V. **Accoter**); d'apr. *coude*). S'appuyer sur le(s) coude(s). *S'accouder à, sur une table.* — P. p. « *Elle se mettait à la fenêtre, et elle restait accoudée sur le bord* » (FLAUB.).

ACCOUDOIR [akudwaʀ]. *n. m.* (XIVᵉ; de *accouder*). Appui pour s'accouder. *L'accoudoir d'une portière d'automobile, d'un prie-Dieu, d'un fauteuil* (V. **Bras**). *Accoudoir pliant* (d'une banquette).

ACCOUER [akwe]. *v. tr.* (fin XVIᵉ; « suivre le cerf », 1387; de *couer*, de *coe*. V. **Queue**). Attacher (des chevaux) l'un à la queue de l'autre (par le licol), pour qu'ils se suivent.

ACCOUPLE [akupl(ə)]. *n. f.* (1360, « lien »; de *accoupler*). Lien pour attacher des chiens de chasse (V. **Couple**).

ACCOUPLÉ, ÉE [akuple]. *adj.* (V. **Accoupler**). ♦ 1º Uni, joint à un autre pour former un couple; uni sexuellement. ♦ 2º Techn. *Roues, piles électriques accouplées. Colonnes accouplées.*

ACCOUPLEMENT [akupləmã]. *n. m.* (XIIIᵉ, fig.; de *accoupler*). ♦ 1º Vx. Le fait de réunir, de mettre ensemble (par couples). — Mod. Techn. Le fait d'accoupler. *Barre, bielle d'accouplement. Accouplement rigide, élastique.* — Fig. *Un étrange accouplement de mots.* V. **Assemblage, réunion.** ♦ 2º Cour. (XVIᵉ). Union sexuelle. V. **Coït, copulation.** Vx. *Mariage.* — Mod. Conjonction du mâle et de la femelle d'une espèce animale. V. **Appareillade, monte, remonte, saillie; croisement, reproduction, sélection.** « *Les bêtes fauves qui se cachent dans leurs accouplements* » (FLAUB.).

ACCOUPLER [akuple]. *v. tr.* (v. 1180; de *a*-1, et *couple*). ♦ 1º Joindre, réunir par deux. *Accoupler des bœufs à la charrue.* — Techn. *Accoupler deux roues par une bielle. Accoupler des générateurs électriques.* ♦ 2º Fig. Réunir (deux choses qui jurent entre elles). *Accoupler deux mots, deux idées disparates.* ♦ 3º Spécialt. Procéder à l'accouplement d'animaux. *Accoupler une vache flamande et (à) un taureau anglais. Accoupler un chien-loup et une chienne.* V. **Mâtiner.** — S'accoupler (XVIᵉ) : s'unir sexuellement. V. **Côcher, couvrir, frayer, saillir.**

ACCOURCIR [akuʀsiʀ]. *v.* (*Accorcir*, XIIᵉ; de *a*-1, et *court*). ♦ 1º V. tr. Vx. Rendre plus court (mod. Raccourcir). ♦ 2º V. intr. Littér. *Les jours accourcissent.* ◊ ANT. Allonger.

ACCOURCISSEMENT [akuʀsismã]. *n. m.* (1503; de *accourcir*). ♦ 1º Vx. Action de rendre plus court. ♦ 2º Littér. Le fait de devenir plus court (durée). « *L'accourcissement des jours* » (LOTI). ◊ ANT. Allongement.

ACCOURIR [akuʀiʀ]. *v. intr.*; conjug. *courir* (fin XIᵉ; lat. *accurere*. V. **Courir**). Venir en courant, en se pressant. « *Je suis vite accouru* » (LA FONT.); *j'ai vite accouru.* « *Accourir vers un ami* » (MART. du G.). *Nous avons accouru l'aider,* pour l'aider. ◊ ANT. Arrêter (s'), traîner: fuir.

ACCOUTREMENT [akutʀəmã]. *n. m.* (var. de *accoutrer*). ♦ 1º Vx. Vêtements. ♦ 2º Mod. Habillement étrange, ridicule. V. **Affublement, atours, défroque, équipage, fagotage.** « *Que signifie cet accoutrement?* » (MUSS.). « *Des jeunes gens posaient, en leur accoutrement de gravure de modes* » (MAUPASS.). V. **Déguisement, tenue.**

ACCOUTRER [akutʀe]. *v. tr.* (fin XIIIᵉ, var. *acostrer* « arranger »; lat. pop. °*acconsuturare*, de °*cosutura* « couture »). ♦ 1º Vx. Vêtir, habiller. ♦ 2º Péj. Mod. (XVIIᵉ). Habiller (ridiculement). V. **Affubler, déguiser, fagoter.** *Il s'accoutre d'une manière ridicule. Bizarrement accoutré.*

ACCOUTUMANCE [akutymãs]. *n. f.* (XIIIᵉ, repris XVIIᵉ; de *accoutumer*). ♦ 1º Le fait de s'habituer, de se familiariser. « *Il y a certainement une accoutumance au malheur* » (GIDE). V. **Acclimatement, adaptation.** « *Dans mon accoutumance à la voir malade* » (PROUST). V. **Habitude.** ♦ 2º Méd. Processus par lequel un organisme tolère de mieux en mieux un agent extérieur (V. **Immunisation, insensibilisation**); son résultat (V. **Immunité**). *Accoutumance à un poison.* V. **Mithridatisme.** État dû à l'usage prolongé d'une drogue (désir de continuer, effets nuisibles, etc.). V. **Dépendance, toxicomanie.**

ACCOUTUMÉ, ÉE [akutyme]. *adj.* (V. **Accoutumer,** I). ♦ 1º Ordinaire, habituel. « *Il faisait sa promenade accoutumée* » (FRANCE). *À l'heure accoutumée.* ♦ 2º Loc. adv. *À l'accoutumée,* à l'ordinaire. *Il est passé à 8 heures, comme à l'accoutumée.*

ACCOUTUMER [akutyme]. *v. tr.* (*Acustumer,* fin XIIᵉ; de *a*-1, et *coutume*). I. Vx. *Avoir accoutumé une chose* : l'avoir prise comme habitude. V. **Accoutumé.** — Littér. *Avoir accoutumé de faire qqch.* : en avoir l'habitude. « *À la Bastille, où il avait accoutumé de vivre* » (FRANCE). II. ♦ 1º Faire prendre l'habitude de. V. **Familiariser, habituer.** *Accoutumer à une règle.* V. **Plier.** *On ne l'a pas accoutumé à travailler.* ♦ 2º *Être accoutumé à* : avoir pris l'habitude

de. « *J'étais accoutumé à ne plus la voir* » (FRANCE). ♦ 3º *S'accoutumer à,* s'habituer à. « *On s'y fait. On s'accoutume à se passer de Paris* » (FLAUB.). ◊ ANT. Désaccoutumer, déshabituer.

ACCOUVAGE [akuvaʒ]. *n. m.* (1907; de *couver*). Technique qui consiste à provoquer et contrôler l'éclosion des œufs, en couveuses artificielles (industrie des œufs).

ACCRÉDITER [akʀedite]. *v. tr.* (1553; de *à*, et *crédit*). ♦ 1º Vx. *Accréditer qqn* : le mettre en crédit. — Mod. Donner l'autorité nécessaire pour agir en qualité de. *Accréditer un ambassadeur auprès d'un Chef d'État* (par des lettres de créance). — *Être accrédité auprès d'un banquier* : avoir un crédit, du crédit chez lui. ♦ 2º (1671). *Accréditer qqch.* : rendre croyable, plausible. V. **Autoriser, propager.** « *Ces rudes propos des soldats français contre les « calotins » avaient accrédité la légende d'une France athée* » (MADELIN). — *S'accréditer* : se propager, se répandre (en parlant d'un bruit, d'une rumeur). ◊ ANT. Discréditer.

ACCRÉDITEUR [akʀeditœʀ]. *n. m.* (1845; de *accréditer*). Personne qui donne sa garantie en faveur d'un tiers.

ACCRÉDITIF, IVE [akʀeditif, iv]. *n. et adj.* (1928; de *accréditer*). ♦ 1º Adj. Qui accrédite* (1º). ♦ 2º N. m. Lettre par laquelle une banque ouvre au client un crédit auprès d'un correspondant (succursale, banque étrangère, etc.). *L'accréditif d'une société.* ◊ Ce crédit lui-même.

ACCRESCENT, ENTE [akʀɛsã, ãt]. *adj.* (1846; lat. *accrescens,* de *accrescere* « s'accroître »). Bot. *Organes accrescents, parties accrescentes,* qui continuent de s'accroître après la fécondation.

ACCRÉTION [akʀesjɔ̃]. *n. f.* (1751; lat. *accretio*). Sc. Processus d'agglomération d'éléments matériels quelconques. *Accrétion de nuages; de planètes.*

ACCROC [akʀo]. *n. m.* (déb. XVIᵉ, « croc »; « action d'accrocher », 1632; de *accrocher*). ♦ 1º (1680). Déchirure faite par ce qui accroche. *Faire un accroc à son pantalon.* — (Au billard) « *Le premier accroc coûte deux cents francs* », roman d'Elsa Triolet. Fig. *Un accroc à la réputation* (V. **Tache**), *à la règle* (V. **Infraction**). ♦ 2º Fig. Difficulté qui arrête. V. **Anicroche, complication, contretemps, embarras, empêchement, obstacle.** « *Aucun accroc sérieux, durant ces cinq jours de marche* » (GIDE).

ACCROCHAGE [akʀɔʃaʒ]. *n. m.* (XVIᵉ; de *accrocher*). I. ♦ 1º Action d'accrocher. *L'accrochage d'un tableau, de deux wagons.* Bot. *Organes d'accrochage.* V. **Crochet.** ♦ 2º Min. (1784). Débouché d'une galerie dans un puits. ♦ 3º Fam. Le fait d'entrer en relation, en communication avec (qqn, un émetteur). *L'accrochage d'une station.* ♦ 4º Pub. Élément destiné à retenir l'attention. V. **Accroche.** II. ♦ 1º Le fait de s'accrocher; léger choc entre deux voitures (V. **Accident**). ♦ 2º Milit. Bref engagement. *Accrochage entre deux patrouilles.* — Fam. Dispute. ♦ 3º Le fait d'accrocher (III). ◊ ANT. Décrochage.

ACCROCHE [akʀɔʃ]. *n. f.* (XXᵉ; déverbal de *accrocher*). Pub. Dessin, slogan destiné à accrocher l'attention. *Trouver une bonne accroche.*

ACCROCHE-CŒUR [akʀɔʃkœʀ]. *n. m.* (1837; de *accrocher,* et *cœur*). Mèche de cheveux en croc, collée sur la tempe. *Des accroche-cœurs.* V. **Frisette.**

ACCROCHE-PLAT [akʀɔʃpla]. *n. m.* (1877; de *plat*). Support, agrafe pour accrocher des porcelaines, des faïences au mur.

ACCROCHER [akʀɔʃe]. *v. tr.* (*Accrochier,* XIIᵉ; de *a*-1, et *croc*). I. ♦ 1º Retenir, arrêter par un crochet, une pointe. *Être accroché par un buisson épineux. Accrocher un bas. Sa voiture a accroché mon pare-choc. Accrocher une embarcation au passage avec une gaffe.* V. **Aborder, crocher.** — Par ext. Heurter (un véhicule). ♦ 2º (XVIᵉ). Suspendre à un crochet. *Accrocher son manteau, son chapeau.* Fig. « *La tête solide, le cœur bien accroché* » (DUHAM.). ♦ 3º Fig. V. **Aborder, cramponner, retenir** (qqn). Milit. *Accrocher l'ennemi* : le retenir par son action. V. **Immobiliser.** ♦ 4º Attirer à soi. V. **Attraper, gagner, saisir.** *Accrocher une bonne place.* ♦ 5º Retenir l'attention de. *Accrocher qqn.* — *Accrocher l'intérêt, l'attention du client,* en publicité (V. **Accrochage. accroche**). ♦ 6º Accrocher une station : attraper, capter. II. S'ACCROCHER. *v. pron.* ♦ 1º Être retenu ou suspendu à un crochet. « *Les idées ne s'accrochent pas au clou comme les épées* » (HUGO). *Une maison s'accrochait au flanc de la colline.* ♦ 2º Se tenir avec force. V. **Cramponner** (se). *Accrochez-vous à la rampe.* — Fig. *S'accrocher à son passé, à ses illusions.* « *Impossible de s'accrocher à rien; tout a chaviré* » (MART. du G.). *S'accrocher* : ne pas céder. V. **Tenir.** *Ils s'accrochaient avec l'énergie du désespoir.* — Fam. *S'accrocher à qqn* : l'importuner. ♦ 3º Pop. *Se l'accrocher* : accrocher, serrer sa ceinture; se priver. III. *Intrans.* Présenter des difficultés de fonctionnement,

des accrocs*. *La conférence a accroché sur un point délicat.*
◇ ANT. Décrocher.

ACCROCHEUR, EUSE [akʀɔʃœʀ, øz]. *adj.* et *n.* (1635, fig.; de *accrocher*). ♦ 1° Qui accroche, retient. V. **Tenace.** *C'est un bon vendeur, très accrocheur; c'est un accrocheur.* ♦ 2° Qui retient l'attention (d'une manière grossière). *Une publicité accrocheuse.* « *Le son de sa voix accrocheuse lui donnait sur les nerfs* » (AYMÉ).

ACCROIRE (FAIRE, LAISSER) [akʀwaʀ]. *v. tr.;* conjug. seulement infinitif (XIIIᵉ; de *à*, et *croire* : *faire à croire*). ♦ 1° Faire, laisser accroire qqch. : faire, laisser croire une chose fausse. *Il veut nous faire accroire que.* ♦ 2° En faire accroire : tromper. « *Je ne redoute rien tant que de m'en laisser accroire* » (GIDE).

ACCROISSEMENT [akʀwasmɑ̃]. *n. m.* (XIIᵉ; de *accroître*). ♦ 1° Le fait de croître, d'augmenter. V. **Augmentation, grossissement, progression.** « *L'accroissement que la victoire donnera à leurs affaires* » (FRANCE). *Accroissement des richesses.* V. **Accumulation, multiplication.** *Accroissement de la douleur* (aggravation, recrudescence). ♦ 2° *Dr.* Droit par lequel une chose revient (en plus) à une personne, un fonds. *Accroissement au profit des légataires.* ♦ 3° *Vieilli.* Le fait de se développer (plantes, animaux). V. **Croissance.** ♦ 4° *Math.* Mesure algébrique de la variation d'une variable. *Accroissement d'une fonction.* V. **Différentielle** (*n. f.*). ◇ ANT. Diminution, perte.

ACCROÎTRE [akʀwatʀ(ə)]. *v. tr.;* conjug. *croître, croître,* sauf *accru* (*Acreiste* « croître », XIIᵉ; lat. *accrescere,* de *crescere* « croître »). ♦ 1° (Fin XVIᵉ). Rendre plus grand, plus important. V. **Agrandir, amplifier, augmenter, développer, élargir, étendre.** *Accroître ses biens, son patrimoine* (V. **Accumuler, arrondir**), *sa production, ses forces* (V. **Fortifier, grossir**). — *S'accroître.* V. **Grandir, grossir; croître.** « *Mon irritation s'accrut avec le temps* » (BALZ.). — P. p. *Accru,* « *Une sympathie un peu accrue* » (MONTHERLANT). ♦ 2° *Trans. ind. Dr.* Revenir à qqn; à son profit. *La part de leur cousin est accrue aux cohéritiers.* V. **Bénéficier, échoir.** ◇ ANT. Amoindrir, diminuer, réduire, restreindre.

ACCROUPIR (S') [akʀupiʀ]. *v. pron.* (XIIIᵉ; de *à*, et *croupe*). S'asseoir les jambes repliées, sur ses talons. « *Ils s'accroupissent, adossés les uns aux autres* » (HUGO). *Accroupi à la turque.* V. **Croupetons** (à). *La Vénus accroupie.*

ACCROUPISSEMENT [akʀupismɑ̃]. *n. m.* (1611; fig., 1555; de *accroupir*). Position d'une personne accroupie. Action de s'accroupir.

ACCRU [akʀy]. *n. m.* (1829; de *accroître*). *Hortic.* Rejeton produit par la racine.

ACCRUE [akʀy]. *n. f.* (1246; de *accroître*). ♦ 1° Augmentation de surface par le retrait des eaux. V. **Accession, accroissement, atterrissement, laisse.** ♦ 2° Extension d'un bois par rejets naturels.

ACCU [aky]. *n. m.* V. **ACCUMULATEUR.** ◇ HOM. Acul.

ACCUEIL [akœj]. *n. m.* (XIIᵉ, sens mod. et « réunion »; de *accueillir*). ♦ 1° Manière de recevoir qqn, se comporter avec lui quand on le reçoit ou quand il arrive. V. **Abord, traitement.** *Accueil aimable, chaleureux; froid. Faire bon, mauvais accueil à qqn* (et fig. à une idée, etc.). *Paroles d'accueil* : pour accueillir. « *Un petit brouhaha d'accueil dans la salle* » (COLETTE). *Par ext. Le public a fait un accueil enthousiaste à cette pièce, ce film.* — Vx. *Faire accueil* : bon accueil. ♦ 2° (XXᵉ). Centre, organisation d'accueil : chargé de recevoir des voyageurs, des réfugiés, etc.

ACCUEILLANT, ANTE [akœjɑ̃, ɑ̃t]. *adj.* (XIIIᵉ; de *accueillir*). ♦ 1° Qui fait bon accueil. V. **Accessible, aimable, cordial, hospitalier.** *Un hôte accueillant et généreux.* — Par ext. « *Trouverait-il oreille plus accueillante* » (DUHAM.). V. **Propice.** ♦ 2° (Choses). D'un abord agréable; où l'on est bien accueilli. *Auberge, maison accueillante.*

ACCUEILLIR [akœjiʀ]. *v. tr.;* conjug. *cueillir* (1080; var. *acoillir* « réunir, associer, adjoindre »; lat. pop. °*accolligere,* de *colligere* « cueillir »). ♦ 1° (1292, « recevoir, admettre »; répandu XVIIᵉ). Se comporter d'une certaine manière avec (une personne qui se présente). *Accueillir un ami chaleureusement* (Cf. Faire fête; ouvrir, tendre les bras). *Accueillir aimablement* (faire bonne mine), *froidement.* — *Absolt.* Bien accueillir, donner l'hospitalité à. *Il nous a accueillis chez lui. Hospice qui accueille les indigents.* (V. **Abattée, acculée**). ♦ 2° Prendre, recevoir favorablement (une personne, des paroles, idées, sentiments). « *L'esprit n'accueille une idée qu'en lui donnant un corps* » (J. RENARD). ♦ 3° (D'un sens ancien « assaillir »; fig. du 1°). Accompagner l'arrivée de qqn, survenir d'une manière brutale. V. **Saluer.** *Ils furent accueillis par des coups de fusil.* « *Leur apparition avait été accueillie par une bourrasque d'injures* » (MAUROIS).

ACCULÉE [akyle]. *n. f.* (1848; de *a-,* et *culer*). *Mar.* Embardée vers l'arrière d'un bateau qui cule*. *Coup d'acculée dans une lame déferlante.* (V. **Abattée, acculée**).

ACCULER [akyle]. *v. tr.* (XIIᵉ; de *à,* et *cul*). ♦ 1° Pousser dans un endroit où tout recul est impossible. *Acculer l'ennemi à la mer, au fleuve.* « *Le taureau avait acculé Félicité contre une claire-voie* » (FLAUB.). ♦ 2° *Fig.* et *vx* (XIIIᵉ). Ne laisser aucune échappatoire; mettre dans l'impossibilité de répondre, de réagir. — Mod. *Acculer à.* V. **Contraindre, forcer.** « *Je les ai vite acculés à des demi-aveux* » (MART. du G.). *Être acculé à la faillite.*

ACCULTURATION [akyltyʀasjɔ̃]. *n. f.* (1911; mot angl., 1880; de *culture*). *Didact.* ♦ 1° Processus par lequel un groupe humain assimile tout ou partie des valeurs culturelles d'un autre groupe humain. *L'acculturation des Amérindiens.* ♦ 2° Adaptation d'un individu à une culture étrangère avec laquelle il est en contact. *L'acculturation d'un immigré.*

ACCUMULATEUR [akymylatœʀ]. *n.* (1860; « personne qui accumule », 1564; de *accumuler*). Appareil qui emmagasine l'énergie électrique fournie par une réaction chimique et la restitue sous forme de courant. *Charge, décharge d'une batterie d'accumulateurs.* « *Débranche les accumulateurs* » (ST-EXUP.) *Accumulateurs au plomb, au cadmium-nickel. Fam. Les accus.*

ACCUMULATION [akymylasjɔ̃]. *n. f.* (1336; de *accumuler*). ♦ 1° Action d'accumuler; le fait d'être accumulé. V. **Addition, agglomération, amoncellement, entassement; amas, quantité, tas.** « *L'accumulation des stocks* » (MAUROIS). *Une accumulation de preuves accablantes. Ils s'entassent* « *au-dessus de l'accumulation des bagages, dans le camion* » (GIDE). — *Géogr.* Entassement de matériaux d'érosion. ♦ 2° Emmagasinage d'énergie électrique. *Chauffage par accumulation. Poêle à accumulation.* ♦ 3° *Math.* Point d'accumulation, point dont tous les voisinages contiennent au moins un autre point. ◇ ANT. Dispersion, éparpillement.

ACCUMULER [akymyle]. *v. tr.* (déb. XIVᵉ; lat. *accumulare*). ♦ 1° Mettre ensemble en grand nombre. V. **Amasser, amonceler, grouper, empiler, entasser.** « *Les puissants du moment accumulent les richesses* » (DUHAM.). *Des* « *rapports administratifs accumulés les uns sur les autres* » (COURTELINE). ♦ 2° (Abstrait). *Accumuler des preuves.* V. **Réunir.** « *Les mauvais présages s'accumulaient* » (MART. du G.). ♦ 3° *Absolt.* Amasser des richesses (concrètes ou abstraites) « *On entasse, on accumule* » (MICHELET). ◇ ANT. Disperser, gaspiller, répandre.

ACCUSATEUR, TRICE [akyzatœʀ, tʀis]. *n.* et *adj.* (1351; lat. *accusator*). ♦ 1° *N.* Personne qui accuse. V. **Délateur, dénonciateur; calomniateur.** — *Hist. Accusateur public* : magistrat chargé du ministère public (pendant la Révolution). ♦ 2° *Adj.* Qui constitue ou dénote une accusation. *Documents accusateurs. Un regard, un doigt accusateur.*

ACCUSATIF [akyzatif]. *n. m.* (XIIᵉ; lat. *accusativus*). *Ling.* Cas qui indique que l'élément qui le porte est celui qui subit l'action (complément d'objet; régime direct).

ACCUSATION [akyzasjɔ̃]. *n. f.* (1277; lat. *accusatio*). ♦ 1° Action de signaler comme coupable (personne) ou comme répréhensible (chose). *Accusations malveillantes, fausses.* V. **Calomnie, dénigrement, diffamation, médisance.** *Faire une accusation.* « *C'est lui qui a porté l'accusation, c'est lui qui doit la retirer* » (BOURGET). « *On souffre davantage des accusations justifiées que de celles qu'on ne méritait point* » (GIDE). ♦ 2° *Dr.* Action en justice par laquelle on désigne comme coupable, devant un tribunal. V. **Plainte, poursuite.** *Les principaux chefs (sujets) d'accusation. Abandon de l'accusation* : désistement. — *Acte d'accusation* : en cour d'assises, document qui expose les faits délictueux imputés à l'accusé, leur nature juridique et les circonstances pouvant aggraver ou diminuer la peine. *Chambre d'accusation* (de la cour d'appel), chargée de l'instruction des affaires criminelles.

ACCUSATOIRE [akyzatwaʀ]. *adj.* (v. 1355; lat. *accusatorius*). *Dr.* Relatif à l'accusation, qui la motive.

ACCUSÉ, ÉE [akyze]. *n.* (XIIIᵉ; de *accuser*). ♦ 1° Personne à qui on impute un crime, et traduite devant la Cour d'assises. « *L'accusé s'en tire avec un an de prison* » (GIDE). *Dr.* Inculpé qu'un arrêt de la Chambre d'accusation a renvoyé en Cour d'assises. V. **Inculpé, prévenu.** « *L'accusée ne voulut pas choisir d'avocat* » (MAURIAC). *Le banc des accusés. Accusé, levez-vous! L'accusé est jugé; acquitté, condamné.* ♦ 2° *Loc. nom. Accusé de réception* : avis informant qu'une chose a été reçue.

ACCUSER [akyze]. *v. tr.* (980; lat. *accusare*). ♦ 1° Signaler ou présenter (qqn) comme coupable. V. **Attaquer, charger, dénoncer, dénigrer, diffamer, incriminer, vilipender.** « *Je n'accuse personne et vous tiens innocente* » (CORN.). « *Incapable d'accuser quelqu'un sans preuves* » (BOURGET). — *Accuser* (qqn) *de...* : lui faire grief de. V. **Taxer.** *On l'accuse des pires méfaits, d'un crime, d'avoir tué, empoisonné sa femme. Par ext.* « *Qui veut noyer son chien l'accuse de la rage* » (LA FONT.). — *Pronom. S'accuser* : s'avouer coupable. « *Qui s'excuse s'accuse* » (STENDHAL). *Fig. Accuser le sort, les événements* : les rendre responsables (d'un mal). ♦ 2° *Dr.* Déférer un individu coupable d'une infraction devant un tribunal répressif, et plus spécialement, un criminel devant la cour d'assises. V. **Accusation, accusé; impliquer, inculper; citer, poursuivre.** ♦ 3° Signaler (qqch.) comme répréhensible.

Accuser une habitude, une pratique. Accuser ses péchés.
V. Confesser. ♦ 4° (XIIIe). *Accuser* (signaler) *réception :* donner avis qu'on a reçu. ♦ 5° Rendre manifeste ; constituer la preuve, le signe de. **V. Indiquer, montrer, révéler.** *Son visage accuse de la fatigue,* « *accusait la cinquantaine* » (MART. du G.). Fam. *Accuser le coup,* absolt. *Accuser* (1934), montrer par ses réactions qu'on est affecté, physiquement ou moralement. ♦ 6° (XVIIe). Faire ressortir, faire sentir avec force. **V. Accentuer, dessiner, marquer.** *Une lumière qui accuse les contours, les reliefs. Des traits accusés.*

-ACÉ (E)S. Élément (lat. *-accus*) utilisé pour former les noms de familles *(Zool., Bot.).*

ACÉPHALE [asefal]. *adj.* et *n.* (XIVe ; lat. *acephalus,* du gr. V. -Céphale). ♦ 1° Hist. Sans chef, sans tête. ♦ 2° Sans tête. *Monstre acéphale.* ♦ 3° (XVIIIe). *Hist. nat.* Qui, parmi les artizoaires, n'a pas de tête. *Les acéphales :* les lamellibranches (moules, etc.).

ACERBE [asɛʀb(ə)]. *adj.* (1195 ; « triste, pénible » jusqu'au XVIe ; lat. *acerbus).* ♦ 1° Didact. Aigre et âpre. *Goût acerbe.* ♦ 2° Qui cherche à blesser ; qui critique avec méchanceté. **V. Acrimonieux, agressif, caustique, sarcastique, virulent.** *Répondre d'une manière acerbe. Critiques acerbes.* « *La gouaille était moins acerbe* » (LECOMTE).

ACERBITÉ [asɛʀbite]. *n. f.* (mil. XIVe ; lat. *acerbitas).* Rare. Caractère de ce qui est acerbe.

ACÉRÉ, ÉE [aseʀe]. *adj.* (XIIe ; de *acier* « garni d'acier »). ♦ 1° Dur et tranchant, et pointu. *Lames, griffes acérées.* ♦ 2° Fig. (XVIe). Intentionnellement blessant, mordant. « *Julie Talma se distinguait par ses railleries acérées* » (MADELIN).

ACÉRER [aseʀe]. *v. tr.;* conjug. céder (1348 ; de *acier,* proprem. « garnir d'acier ». V. Aciérer). Rare. Aiguiser.

ACESCENCE [asesɑ̃s]. *n. f.* (1735 ; de *acescent).* Didact. Propriété, état d'un liquide acescent. *Acescence des vins,* maladie des vins piqués, due à des bactéries acétiques.

ACESCENT, ENTE [asesɑ̃, ɑ̃t]. *adj.* (1735 ; du lat. *acescere* « aigrir »). Didact. Qui s'aigrit, devient acide. *Bière acescente.*

ACÉTAMIDE [asetamid]. *n. m.* (1847 ; de *acét[ique],* et *amide).* Chim. Amide de l'acide acétique (CH₃ CONH₂).

ACÉTATE [asetat]. *n. m.* (1787 ; du lat. *acetum* « vinaigre »). Sel ou ester de l'acide acétique. *Acétate cuivrique* (verdet). *Acétate d'aluminium,* employé comme mordant. *Acétate de cellulose,* employé à la fabrication des matières plastiques.

ACÉTIFICATION [asetifikasjɔ̃]. *n. f.* (1845 ; de *acétifier).* Action de convertir en vinaigre, en acide acétique. *Vinaigre préparé par l'acétification du vin, de l'alcool.*

ACÉTIFIER [asetifje]. *v. tr.* (1843 ; du lat. *acetum* « vinaigre », et *-fier).* Effectuer l'acétification de (qqch.).

ACÉTIMÈTRE [asetimɛtʀ(ə)] ou **ACÉTOMÈTRE** [asetɔmɛtʀ(ə)]. *n. m.* (1834, -1853 ; lat. *acetum,* et *-mètre).* Acidimètre servant à évaluer la concentration d'un vinaigre.

ACÉTIQUE [asetik]. *adj.* (1787 ; du lat. *acetum* « vinaigre »). ♦ 1° *Acide acétique,* acide du vinaigre (CH₃CO₂H), liquide corrosif, incolore, d'odeur suffocante, provenant de l'oxydation de l'alcool éthylique (autrefois, *acide éthanoïque).* ♦ 2° (1866). Qui a rapport au vinaigre, à l'acide acétique. *Fermentation acétique,* qui donne naissance au vinaigre. *Odeur acétique.* ◇ HOM. Ascétique.

ACÉTOBACTER [asetɔbaktɛʀ]. *n. m. invar.* (v. 1950 ; du lat. *acetum* « vinaigre », et *-bacter[ie]).* Chim. Bactérie qui provoque la transformation de l'alcool en acide acétique.

ACÉTOCELLULOSE [asetɔselyloz]. *n. f.* (1953 ; de *acét(ate),* et *cellulose).* Acétate* de cellulose.

ACÉTONE [asetɔn]. *n. f.* (1853 ; du lat. *acetum* « vinaigre »). Corps le plus simple du groupe des cétones (CH₃COCH₃), liquide incolore, inflammable, d'odeur agréable, utilisé comme solvant.

ACÉTONÉMIE [asetɔnemi]. *n. f.* (1885 ; de *acétone,* et *-émie).* Présence anormale dans le sang d'acétone ou de cétones voisines (ex. : dans le diabète). *Vomissements dus à l'acétonémie infantile* (Adj. : *acétonémique).*

ACÉTONURIE [asetɔnyʀi]. *n. f.* (1885 ; de *acétone,* et *-urie).* Présence d'acétone dans les urines (chez les diabétiques, les jeûneurs).

ACÉTYLCHOLINE [asetilkɔlin]. *n. f.* (1953 ; de *acétyle,* et *choline).* Dérivé de la choline, substance organique intervenant comme médiateur chimique dans la transmission de l'influx nerveux (système para-sympathique).

ACÉTYLE [asetil]. *n. m.* (1853 ; de *acét(ique),* et *-yl-,* du gr. *hulê* « matière », marquant en chim. un radical). Radical univalent de formule CH₃CO.

ACÉTYLÈNE [asetilɛn]. *n. m.* (1862 ; de *acétyle).* Hydrocarbure non saturé (C₂H₂), gaz incolore, inflammable et toxique, produit par action de l'eau sur le carbure de calcium, utilisé dans les *lampes* et *chalumeaux à acétylène* et surtout comme produit de départ pour de très nombreuses synthèses organiques.

ACÉTYLÉNIQUE [asetilenik]. *adj.* (1890 ; de *acétylène).* Dérivant de l'acétylène. *Carbures acétyléniques.*

ACÉTYLSALICYLIQUE [asetilsalisilik]. *adj.* (fin XIXe ; de *acétyl[e]-, salicylique).* Chim. et pharm. *Acide acétylsalicylique,* nom didactique de l'aspirine.

ACHALANDAGE [aʃalɑ̃daʒ]. *n. m.* (1820 ; de *achalander).* Dr. com. Clientèle attirée par l'emplacement d'un fonds de commerce.

ACHALANDER [aʃalɑ̃de]. *v. tr.* (1383 ; de *a-1,* et *chaland).* ♦ 1° Rare. Procurer des clients à. « *Un cinéma en plein air, chargé d'achalander les cafés* » (GIDE). ♦ 2° Cour. *Boutique bien achalandée,* qui a de nombreux clients ; par confus. (de l'effet avec la cause), bien approvisionnée.

ACHARDS [aʃaʀ]. *n. m. pl.* (1697 ; anglo-indien, d'origine persane). Condiment composé de petits légumes, de fruits et de graines aromatiques, macérés dans du vinaigre.

ACHARNÉ, ÉE [aʃaʀne]. *adj.* (V. Acharner). ♦ 1° Qui fait preuve d'acharnement. **V. Enragé.** *Un adversaire, un joueur acharné. Acharné à,* qui s'attache avec acharnement à. *Des ennemis acharnés à se détruire.* ♦ 2° Où il entre de l'acharnement. **V. Furieux, opiniâtre.** « *Les combats seront furieux, implacablement acharnés* » (MICHELET).

ACHARNEMENT [aʃaʀnəmɑ̃]. *n. m.* (1611 ; de *acharner).* Ardeur furieuse et opiniâtre dans la lutte, la poursuite, l'effort. **V. Furie, opiniâtreté.** *L'ennemi résistait avec acharnement.* « *Il faut travailler avec acharnement, sans que rien vous distraie* » (GIDE). ◇ ANT. Mollesse.

ACHARNER [aʃaʀne]. *v.* (XIIe ; de *a-1,* et *charn,* var. anc. de *chair).* ♦ 1° V. tr. (Chasse). Vx. Donner le goût de la chair à (un chien, un faucon). — Fig. (XIVe). Vieilli. Rendre acharné. « *Des soldats qu'une férocité naturelle acharnait sur les vaincus* » (FLÉCH.). ♦ 2° V. pron. S'ACHARNER SUR, APRÈS, CONTRE...,attaquer, poursuivre, combattre avec acharnement. « *Le vautour s'acharnait sur le ver de terre* » (HUGO). « *Le vent s'était acharné après nous* » (DAUD.). « *La Providence s'acharnait à la poursuivre* » (FLAUB.), mettait de l'acharnement à la poursuivre. Absolt. *Il s'acharne,* il continue, il persévère avec acharnement.

ACHAT [aʃa]. *n. m.* (XIIIe ; *acat,* fin XIIe ; de *achater,* var. anc. de *acheter).* ♦ 1° Action d'acheter. **V. Acquisition.** *Faire l'achat de,* acheter. *Achat au comptant, à crédit. Prix d'achat. Donner un ordre d'achat. Groupement d'achat. Centrale d'achat :* organisme commun à plusieurs entreprises, dont il centralise les achats. Écon. *Pouvoir* d'achat.* ♦ 2° Ce qu'on a acheté. *Faire des achats. Montrez-moi un peu vos achats.*

ACHE [aʃ]. *n. f.* (XIIe ; lat. *apia,* fém. en lat. pop. ; plur. de *apium).* Plante ombellifère, herbacée, dont deux espèces sont cultivées comme alimentaires, le céleri à côtes et le céleri-rave.

ACHEMINEMENT [aʃminmɑ̃]. *n. m.* (1555 ; de *acheminer).* ♦ 1° Action, manière de progresser vers un but ; étape sur la voie qui mène à un but. « *L'acheminement vers le bonheur* » (GIDE). ♦ 2° (Fin XIXe). Action d'acheminer en vue d'un transport déterminé. *L'acheminement du courrier, des colis.*

ACHEMINER [aʃmine]. *v. tr.* (1080 ; de *a-1,* et *chemin).* ♦ 1° Mettre dans le chemin, diriger vers un lieu déterminé. *Acheminer la correspondance.* Pronom. Se diriger, avancer. « *Nous nous acheminons par des sentiers creux* » (LOTI). ♦ 2° Fig. Mettre dans la voie qui mène à un but. « *La réforme de 1860 acheminait au régime parlementaire* » (BAINVILLE). Pronom. Avancer par étapes vers un but. « *L'homme s'achemine à de sublimes destinées* » (BALZ.).

ACHETABLE [aʃtabl]. *adj.* (1519 ; de *acheter).* Qu'on peut acheter ; qui peut être acheté, acquis pour de l'argent.

ACHETER [aʃte]. *v. tr. :* j'achète, nous achetons, ils achètent ; j'achetais ; j'achetai ; j'acheterai ; j'achèterais ; achète, achetons ; que j'achète, que nous achetions ; que j'achetasse ; achetant ; acheté (Acheder, Xe ; achater, XIIe ; lat. pop. *accaptare,* de *captare* « chercher à prendre »). ♦ 1° Acquérir (un bien, un droit) contre paiement. « *Le plaisir d'acheter des curiosités* » (BALZ.). « *On paye chaque plat au moyen de jetons préalablement achetés à la caisse* » (DUHAM.). *Acheter des marchandises au comptant, à crédit, en gros. C'est un livre que j'ai acheté d'occasion, très bon marché. Un bout de terrain que j'ai acheté à mon voisin, qu'il m'a vendu. Un jouet que j'ai acheté à mon petit-fils, que j'ai acheté pour lui.* Absolt. « *Les imbéciles vendent quand tout baisse, achètent quand tout hausse* » (MAUROIS). ♦ 2° Par ext. Obtenir à prix d'argent (qqch. qui n'est pas proprement vénal). *Acheter le suffrage, la complicité de qqn.* « *Avec de l'argent, tout devenait possible, même d'acheter l'intelligence, le dévouement de quelques jeunes médecins* » (MART. du G.). Pronom. (Sens passif) *Ce ne sont pas des choses qui s'achètent.* ◇ Corrompre (qqn) « *Consuls, préteurs furent achetés au prix qu'ils mirent eux-mêmes* » (MONTESQ.). *Il s'est laissé acheter.* ♦ 3° Fig. Obtenir (un avantage) au prix d'un sacrifice. « *C'est acheter la paix du* *sang d'un malheureux* » (RAC.). *Vous achetez bien cher votre tranquillité.* V. **Payer.** ◇ ANT. *Vendre.*

ACHETEUR, EUSE [aʃtœʀ, øz]. *n.* (*Achateor*, XIIᵉ; var. div. jusqu'au XVIᵉ; de *acheter*). ♦ 1° Personne qui achète. V. **Acquéreur, client.** « *Un lot de produits avariés qui n'a pu trouver acheteur* » (GIDE). V. **Preneur.** *Je ne suis pas acheteur, je ne me propose pas d'acheter* (la chose en question). ♦ 2° (1866). Agent chargé d'effectuer les achats pour le compte d'un employeur. *Les acheteurs d'un grand magasin.* ◇ ANT. *Vendeur.*

ACHEULÉEN, ÉENNE [aʃøleɛ̃, ɛɛn]. *adj.* (1890; de *Saint-Acheul*, localité de la Somme). Se dit d'un stade du paléolithique ancien et de ce qui s'y rapporte. *L'outillage acheuléen.*

ACHEVÉ, ÉE [aʃve]. *adj.* (1538; V. **Achever**). *Littér.* Parfait en son genre. V. **Accompli.** *Un modèle achevé.* Péj. (*Vx*) Qui est totalement ce qu'il est. « *Un fou achevé* » (FURET.). ◇ ANT. *Imparfait.*

ACHÈVEMENT [aʃɛvmɑ̃]. *n. m.* (XIIIᵉ; de *achever*). ♦ 1° Action d'achever (un ouvrage); fin. *La station sera fermée jusqu'à l'achèvement des travaux.* ♦ 2° Perfection « *L'œuvre racinienne atteint dans* Phèdre *son achèvement* » (MAURIAC). ◇ ANT. *Commencement. Ébauche.*

ACHEVER [aʃve]. *v. tr.*; conjug. *lever* (1080; de *chef** au sens anc. de « bout, fin »). ♦ 1° Finir (généralement d'une façon satisfaisante, en menant à bonne fin). V. **Terminer.** *Il est mort sans avoir achevé son roman.* « *C'est à l'intelligence d'achever l'œuvre de l'intuition* » (R. ROLLAND). *Achever ses jours, sa vie dans la retraite.* Pronom. « *Sur la terre aujourd'hui notre destin s'achève* » (V. HUGO), prend fin. ◇ Dire pour finir. *En achevant ces mots, il se leva.* Ellipt. « *Il eut à peine achevé que chacun applaudit* » (LA FONT.). ◇ *Achever de* (et infinitif), achever l'action de. *J'ai « achevé de ranger mes papiers* » (GIDE). ◇ (*Sujet de chose*) Apporter le dernier élément nécessaire pour que se réalise pleinement un état, un fait. « *Ses réprimandes achevèrent d'indisposer contre lui ses élèves* » (GIDE). « *Les chantiers du métro achevaient de bloquer les carrefours* » (ROMAINS). ♦ 2° (XVIᵉ). Porter le coup de grâce à (qqn). « *Ils achèveront le grand blessé, s'il alourdit l'avance d'une armée* » (ST-EXUP.). ◇ Ruiner définitivement la santé ou la fortune de (qqn). *Ce deuil l'a achevé, il ne s'en relèvera pas.* — Fam. Agiter, troubler, faire perdre la tête définitivement. ◇ ANT. *Commencer. Épargner.*

ACHIGAN [aʃigɑ̃]. *n. m.* (1683; mot algonquin « celui qui se débat »). Au Canada, désigne deux espèces de poissons originaires de l'Amérique du Nord, dont l'une est la *perche noire* ou *truitée*, appelée en angl. *black-bass*. *Achigan à grande bouche, à petite bouche. Achigan de roche.* « *Joseph dit qu'il a péché un achigan de deux livres et qu'il va le faire cuire pour moi* » (A. HÉBERT).

ACHILLÉE [akile]. *n. f.* (1572; lat. zo-sc. *achillea*). Plante à feuilles découpées (*Composées, radiées*), aux nombreuses espèces, dont la plus connue est la mille-feuille.

ACHOLIE [akɔli]. *n. f.* (1866; gr. *akholia*, de *kholé* « bile »). *Pathol.* Suppression ou diminution notable de la sécrétion biliaire. *Acholie pigmentaire,* absence de sécrétion des pigments biliaires.

ACHONDROPLASIE [akɔ̃dʀɔplazi]. *n. f.* (1876; gr. *akhondros* « sans cartilage », et -*plasie*, pour -*plastie*). *Didact.* Affection héréditaire et congénitale caractérisée par un arrêt de la croissance des os en longueur, et se manifestant par un nanisme dysharmonieux (grosse tête, cyphose de la colonne vertébrale, membres courts).

ACHOPPEMENT [aʃɔpmɑ̃]. *n. m.* (XIVᵉ; de *achopper*). *Vx* ou *littér.* Obstacle contre lequel on bute, difficulté qu'on rencontre. « *Il y a là un grand achoppement pour l'esprit* » (GIDE). — Mod. *Pierre d'achoppement,* obstacle, écueil.

ACHOPPER (*v. intr.*) ou **ACHOPPER (S')** [aʃɔpe]. *v. pron.* (XIIᵉ; de *chopper*). *Vx* ou *littér.* Buter du pied contre un obstacle, trébucher. *Fig.* Se heurter. « *S'achopper à une situation sans issue* » (MART. du G.).

ACHROMAT [akʀɔmat]. *n. m.* (1960; de *achroma[tique]*). *Opt.* Objectif rendu achromatique par l'association de deux lentilles.

ACHROMATIQUE [akʀɔmatik]. *adj.* (1764; du gr. *akhrômatos* « sans couleur »). ♦ 1° (*Système optique*). Qui fait voir les images des objets sans franges irisées. *Lunettes achromatiques. Objectif photographique achromatique* (abrév. : *achromat*). ♦ 2° *Biol.* (1899). Qui se colore mal par les colorants usuels. *Fuseau* achromatique.*

ACHROMATISER [akʀɔmatize]. *v. tr.* (1845; de *achromatique*). Rendre achromatique (un système optique).

ACHROMATISME [akʀɔmatism(ə)]. *n. m.* (1829; 1825, *acromatisme;* de *achromatique*). *Phys.* Absence d'irisation (en parlant de l'image donnée par une lentille ou un système optique) obtenue dans la pratique courante, en juxtaposant une lentille convergente, le *crown-glass,* à une lentille divergente, le *flint-glass.*

ACHROMATOPSIE [akʀɔmatɔpsi]. *n. f.* (1853; gr. *akhrômatos* « sans couleur », et -*opsie*). *Didact.* Absence

congénitale ou acquise de la perception des couleurs. V. **Daltonisme, dyschromatopsie.**

ACHROME [akʀom]. *adj.* (1965; de *achromatique*). *Opt.* Se dit d'une image présentant un échelonnement de valeurs neutres. ◇ SYN. *Monochrome.*

ACHROMIE [akʀɔmi]. *n. f.* (1885; de *a-2*, et gr. *khrôma* « couleur »). *Méd.* Absence de coloration normale, surtout de pigmentation de la peau. V. **Albinisme, dyschromie, vitiligo.** — *Adj.* **ACHROMIQUE** [akʀomik].

ACHYLIE [aʃili]. *n. f.* (fin XIXᵉ; de *a-2*, et rad. de *chyle*). *Méd.* Absence de sécrétion d'un suc digestif (*achylie gastrique, pancréatique*), ou du chyle.

ACICULAIRE [asikylɛʀ]. *adj.* (1801; du lat. *acicula* « petite aiguille »). ♦ 1° *Minér.* En aiguilles ou en baguettes. *Le faciès aciculaire de certains silicates.* ♦ 2° *Bot.* (1845). *Feuilles aciculaires,* linéaires, rigides et pointues en forme d'aiguilles.

ACIDALIE [asidali]. *n. f.* (1845; lat. zool. *acidalia,* appell. myth., surnom de Vénus). Petit papillon nocturne (*Géométridés*), aux ailes peu colorées, commun en France.

ACIDE [asid]. *adj.* et *n. m.* (1545; lat. *acidus*).
I. *Adj.* ♦ 1° Qui est piquant au goût. V. **Aigre.** *L'oseille est acide. Fruit encore vert et acide.* ◇ *Fig.* Acerbe, désagréable. *Des propos, des réflexions acides.* — Piquant. *Grâce, charme acide.* ♦ 2° (XVIIᵉ). Qui possède les propriétés des acides, est propre aux acides. *Solution acide. Fermentation acide. La fonction acide. Réactions en milieu acide* (opposé à *basique*). ◇ (1847) *Roches acides,* abondantes en silice (plus de 65%).
II. *N. m.* ♦ 1° (XVIIᵉ; lat. sc. *acidum*). Ancienn. Constituant chimique universel, antagoniste de l'alcali; selon Lavoisier, Corps oxygéné rougissant le papier de tournesol. ♦ 2° Mod. (*Chim. génér.*). Tout corps capable de libérer des ions hydrogène (H^+), qui donne un sel avec une *base** et, en solution aqueuse, colore en rouge le papier de tournesol (pH^* inférieur à 7). *Acides forts (acide chlorhydrique, nitrique), acides faibles (acide acétique, borique),* selon leur degré de dissociation dans l'eau. *Acides ne renfermant pas d'oxygène* ou *hydracides (acide chlorhydrique, bromhydrique). Acides dont l'hydrogène est lié à un atome d'oxygène* ou *oxacides (acide acétique, phosphorique),* classés en *monoacides, diacides,* etc., selon le nombre d'ions hydrogène qu'ils contiennent. *Acides organiques,* qui possèdent dans leur molécule un ou plusieurs groupements carboxyle (COOH). *Acides gras,* acides organiques qui entrent dans la composition des graisses naturelles (V. **Lipide**). *Acides aminés,* qui renferment une fonction acide et une fonction amine, constituants importants des protéines. *Acides nucléiques,* acides organiques constituant les noyaux cellulaires dont dépendent les caractères géniques des chromosomes (V. **ADN, ARN**). *Classification des acides en hydracides et oxacides,* ou *d'après le nombre d'hydrogènes acides de leur formule* (monoacides, diacides, etc.). *Chim. organ.* Corps possédant dans sa molécule le radical univalent carboxyle COOH. *Acides gras,* monoacides organiques (présents chez les êtres vivants sous forme de glycérides). *Acides aromatiques, éthyléniques*.* — *Biol. Acides nucléiques*.* ◇ (1966). *Acide lysergique diéthylamide,* drogue hallucinogène. V. **L.S.D.**

ACIDIFIABLE [asidifjabl(ə)]. *adj.* (1786; de *acidifier*). Qui peut être acidifié.

ACIDIFIANT, ANTE [asidifjɑ̃, ɑ̃t]. *adj.* (1808; de *acidifier*). Qui a la propriété d'acidifier.

ACIDIFICATION [asidifikasjɔ̃]. *n. f.* (1786; de *acidifier*). ♦ 1° *Chim.* Transformation en acide. ♦ 2° *Géol.* Action d'injecter de l'acide chlorhydrique dans une couche calcaire pour faciliter un forage.

ACIDIFIER [asidifje]. *v. tr.* (1786; de *acide*, et *-fier*). Rendre acide, transformer en acide. Pronom. *Matière qui s'acidifie,* devient acide.

ACIDIMÈTRE [asidimɛtʀ(ə)]. *n. m.* (1908; de *acide,* et *-mètre*). Instrument servant à l'acidimétrie.

ACIDIMÉTRIE [asidimetʀi]. *n. f.* (1841; de *acide,* et *-métrie*). Détermination du titre d'une solution acide.

ACIDITÉ [asidite]. *n. f.* (1545; bas lat. *aciditas*). ♦ 1° Saveur acide. *L'acidité du citron.* ◇ *Fig.* Caractère mordant, causticité. *L'acidité de sa remarque.* — Caractère piquant. « *Cette acidité virginale* » (THARAUD). ♦ 2° Qualité acide d'une substance. *L'acidité d'une solution aqueuse correspond à sa concentration ou à son activité en ions hydrogène* (pH). — *Acidité gastrique,* proportion d'acide chlorhydrique dans le suc gastrique. ◇ ANT. *Alcalinité.*

ACIDOPHILE [asidɔfil]. *adj.* (1897; de *acide,* et *-phile*). *Biol.* Qui fixe les colorants acides, comme l'éosine. (Syn. ÉOSINOPHILE). *Cellules acidophiles et cellules basophiles.*

ACIDOSE [asidoz]. *n. f.* (1922; de *acide*). *Méd.* Trouble de l'équilibre entre les acides et les bases de l'organisme (sang), caractérisé par une prédominance de l'acidité, et dû à une production excessive d'acide (comme dans le diabète), à une élimination insuffisante des acides, par le rein (*acidose* *rénale*) ou par le poumon *(acidose respiratoire* ou *gazeuse*), ou encore par une perte excessive des bases (diarrhées, certaines maladies du rein). V. **Alcalose.**

ACIDULÉ, ÉE [asidyle]. *adj.* (1898; *acidule*, 1751; lat. *acidulus*). ♦ 1° Légèrement acide. V. **Aigrelet.** « *Un arôme acidulé de citronnelle* » (MART. du G.). ♦ 2° Qu'on a acidulé. *Bonbons acidulés.*

ACIDULER [asidyle]. *v. tr.* (1723; du lat. *acidulus.* V. **Acidulé**). Rendre légèrement acide par addition d'une substance acide.

ACIER [asje]. *n. m.* (XIIᵉ; *acer*, 1080; bas lat. *°aciarium*, de *acies* « pointe, tranchant »). ♦ 1° Alliage de fer et de carbone (moins de 1,5 %), auquel on donne, par traitement mécanique ou thermique, des propriétés variées (malléabilité, résistance). *Acier doux* (jusqu'à 0,25 % de carbone), *dur* (de 0,60 à 0,70 %). *Acier Bessmer* (élaboré au convertisseur Bessmer), *Thomas* (au convertisseur Thomas), *Martin* (au four Martin). *Acier fretté, indéformable. Acier inoxydable*, renfermant du chrome et du nickel. *Acier cémenté, forgé, fritté; acier au creuset. Aciers spéciaux. Foret en acier rapide. Fabrication, affinage de l'acier* (par décarburation de la fonte). V. **Métallurgie, sidérurgie.** ♦ 2° *Poét.* Arme d'acier. ♦ 3° Par compar. *Gris acier.* ♦ 4° *Fig. D'acier*, dur comme l'acier. *Des muscles d'acier.* « *Une voix coupante comme une voix d'acier* » (GONCOURT). — *Vieilli.* Dur, insensible. « *Ces cœurs d'acier* » (CORN.).

ACIÉRAGE [asjeraʒ]. *n. m.* (1753; de *aciérer*). ♦ 1° *Vx.* Transformation (du fer) en acier (on a dit *aciération*). ♦ 2° (1864). Opération consistant à recouvrir d'une couche d'acier la surface d'une plaque métallique (Galvanoplastie), ou à donner à certains métaux la dureté de l'acier. *Aciérage de l'aluminium.*

ACIÉRER [asjeRe]. *v. tr.; conjug. céder* (1470; var. anc. *acérer; de acier*). ♦ 1° *Vx.* Garnir d'acier par soudure (une arme, un outil de fer). ♦ 2° *Vx* (1834). Convertir (le fer) en acier. ♦ 3° (1864). Procéder à l'aciérage de. *Fonte aciérée.*

ACIÉRIE [asjeRi]. *n. f.* (1751; de *acier*). Usine où l'on fabrique l'acier.

ACINÉSIE. V. **Akinésie.**

ACINUS [asinys]. *n. m.* (1866; lat. sc., 1689; mot lat., « grain de raisin, baie »). *Anat.* Petite cavité glandulaire en cul de sac et arrondie, se déversant dans un canal excréteur. *Glandes à acini* (ou *acineuses*).

ACLINIQUE (aklinik]. *adj.* (1898; du gr. *aklinés* « qui ne penche pas »). *Lieu, point aclinique*, où l'inclinaison du champ magnétique terrestre est nulle. *Ligne aclinique*, reliant les points acliniques de la surface terrestre.

ACMÉ [akme]. *n. f.* (1751; gr. *akmé*). *Didact.* ♦ 1° Phase de la maladie où les symptômes morbides sont au plus haut degré d'intensité. ♦ 2° *Néol.* Apogée, moment du plus grand développement.

ACNÉ [akne]. *n. f.* (1816 ; pour *achné*, gr. *akhné* « efflorescence »). Toute lésion de la peau au niveau des follicules pilo-sébacés. *Acné juvénile* (ou *acné vulgaire*), comédons enflammés apparaissant à la puberté. *Acné rosacée,* V. **Couperose.** ◇ HOM. **Haquenée.**

ACNÉIQUE [akneik]. *adj.* (1858; de *acné*). *Méd.* Relatif à l'acné, atteint d'acné. *Peau acnéique.*

ACOLYTAT [akɔlita]. *n. m.* (1721; lat. médiév. *acolytatus.* V. **Acolyte**). *Relig. cathol.* Le plus élevé des ordres mineurs.

ACOLYTE [akɔlit]. *n. m.* (XIIᵉ; lat. ecclés. *acolythus*, gr. *akolouthos*, « suivant, serviteur »). ♦ 1° Clerc élevé à l'acolytat dont l'office est de servir à l'autel. V. **Servant.** ♦ 2° *Fig.* (XVIIᵉ). *Surtout péj.* Compagnon, complice qu'une personne traîne toujours à sa suite. *Flanqué de ses deux acolytes.*

ACOMPTE [akɔ̃t]. *n. m.* (1771; *à compte*, 1740; de *compte*). Paiement partiel à valoir sur le montant d'une somme due. V. **Arrhes, avance, provision.** ♦ *Fig. (Fam.)* Petit avantage, petit plaisir qu'on reçoit ou prend en attendant mieux.

AC(C)ON [akɔ̃]. *n. m.* (1650; mot poitevin, p.-ê. de l'anglo-saxon *naca* « barque »). *Mar.* Embarcation à fond plat servant au chargement et au déchargement des navires. V. **Allège.**

AC(C)ONIER [akɔnje]. *n. m.* (1866; de *acon*). *Mar.* Patron d'un acon*. Celui dont le métier est d'assurer l'embarquement ou le débarquement des marchandises, de les arrimer à bord d'un navire ou de les mettre en entrepôt.

ACONIT [akɔnit]. *n. m.* (XVIᵉ; *aconita*, XIIᵉ, puis *aconite*; lat. d'o. gr. *aconitum*). Plante vénéneuse *(Renonculacées)*, dont les fleurs ont le pétale supérieur en forme de casque.

ACONITINE [akɔnitin]. *n. f.* (1843; de *aconit*). Alcaloïde contenu dans la racine de l'aconit napel, utilisé comme analgésique.

AC(C)ONNAGE [akɔnaʒ]. *n. m.* (1952; de *acon*). *Mar.* Opération de chargement ou de déchargement d'un navire au moyen d'acons.

A CONTRARIO [akɔ̃tRaRjo]. *loc. adv.* (1926; loc. du lat. scolast. et jur. traduite « par la raison des contraires » aux

siècles classiques). Se dit d'un raisonnement qui conclut d'une opposition dans les hypothèses à une opposition dans les conséquences.

ACOQUINEMENT [akɔkinmã]. *n. m.* (1858; de *acoquiner*). Liaison peu honorable. « *Se priver si longtemps de ce bonheur dans la crainte d'un acoquinement* » (DAUD.).

ACOQUINER (S') [akɔkine], *v. pron.* (1530; de *coquin*). Se lier (à une personne peu recommandable). « *Vous vous acoquinez à ce premier venu* » (TROYAT).

ACORE [akɔR]. *n. m.* (XVIᵉ; lat. d'o. gr. *acorum*). Plante aquatique *(Aracées)*, à spadice vert entièrement couvert par la fleur. — ◇ HOM. **Accord, accore, accort.**

À-CÔTÉ [akote]. *n. m.* (1933; subst. de la loc. adv. *à côté*). Point, problème accessoire. *Ce n'est qu'un à-côté de la question.* ◇ Gain d'appoint. *Il gagne tant, sans compter les à-côtés.*

ACOTYLÉDONE [akɔtiledɔn]. *adj.* (1777; de *a-*2, et *cotylédon*). *Bot.* ♦ 1° *Vx.* Cryptogame. ♦ 2° *Mod.* Dont les cotylédons sont peu visibles.

ACOUMÈTRE [akumɛtʀ(ə)]. *n. m.* Syn. **Audiomètre.**

ACOUMÉTRIE [akumetʀi]. *n. f.* (1902; du gr. *akouein* « entendre », et suff. *-métrie*). *Méd.* Ensemble des méthodes servant à évaluer l'acuité auditive.

À-COUP [aku] *n. m.* (1835; de *à*, et *coup*). Discontinuité de mouvement provoquant des secousses. V. **Saccade.** « *Cet équipage difficile à mener s'avance avec des à-coups, des arrêts* » (LOTI). *Il y a des à-coups dans le moteur. Par à-coups,* de façon irrégulière, intermittente. V. **Accès** (par). *Travailler par à-coups.* « *Les choses éclatantes, on ne les fait que par à-coups* » (PROUST).

ACOUSTICIEN, IENNE [akustisjɛ̃, jɛn]. *n.* (1876; de *acoustique*). Spécialiste de l'acoustique. « *L'insonorisation des locaux... destinés à l'enregistrement a toujours posé de graves problèmes aux acousticiens* » (Revue du Son, 9-1966).

ACOUSTIQUE [akustik]. *adj. et n. f.* (1701; gr. *akoustikos* « qui concerne l'ouïe »).
I. *Adj.* ♦ 1° Qui appartient à l'ouïe, sert à la perception des sons. *Nerf acoustique*, auditif. *Cornet* acoustique.* ♦ 2° (1866). Relatif au son, du domaine de l'acoustique. V. **Sonore.** *Les phénomènes acoustiques.*
II. *N. f.* (1701). ♦ 1° Partie de la physique (en relation avec la physiologie, la psychologie et la musique) qui traite des sons et ondes sonores (nature, production, propagation et réception du son). ◇ *Acoustique architecturale*, ensemble des techniques assurant une bonne propagation du son ainsi que l'isolation acoustique dans les constructions. ♦ 2° (1898). Qualité d'un local (théâtre, salle de concert) au point de vue de la propagation du son. *Bonne, mauvaise acoustique d'une salle.*

ACQUÉREUR [akerœR]. *n. m.* (1385; de *acquérir*) Celui qui acquiert (un bien). V. **Acheteur.** *Ce tableau n'a pas trouvé acquéreur.* « *Il se porte acquéreur de la totalité de la récolte* » (GIDE). Le fém. *acquéresse*, rare, appartient à la langue juridique. *Il exposa qu'elles « étaient légitimes propriétaires du couvent; qu'elles le tenaient de l'acquéresse* » (BARRÈS).

ACQUÉRIR [akeRiR]. *v. tr. : j'acquiers, il acquiert, nous acquérons, ils acquièrent; j'acquérais; j'acquis; j'acquerrai; j'acquerrais; acquiers, acquérons; que j'acquière, que nous acquérions, qu'ils acquièrent; que j'acquisse; acquérant; acquis** (XIIIᵉ; a remplacé *acquerre*, XIIᵉ; lat. pop. *°acquærere*, class. *acquirere*). ♦ 1° Devenir propriétaire (d'un bien, un droit), par achat, échange, succession. V. **Acquisition.** « *Les manuscrits que le vieux savant acquit au prix d'un modeste pécule* » (FRANCE). PROV. *Bien mal acquis ne profite jamais.* Absolt. « *Le plaisir d'avoir ne vaut pas la peine d'acquérir* » (ROUSS.). ♦ 2° Arriver à posséder (généralement un avantage). V. **Gagner, obtenir.** « *On veut acquérir de la gloire* » (LA ROCHEF.). « *L'expérience acquise au long de la carrière* » (DUHAM.). « *Dès lors que j'acquis cette certitude* » (GIDE). Pronom. (Sens passif) *Une habitude qui s'acquiert difficilement.* ◇ (Sujet de chose) Arriver à avoir (une qualité). V. **Prendre.** *Ces tableaux ont acquis beaucoup de valeur.* ♦ 3° (Sujet de chose). Procurer la possession, la disposition de.. V. **Valoir.** « *Trois amants que ses charmes lui acquirent successivement* » (LA BRUY.). *L'aisance que ses efforts lui ont acquise.* ◇ Pronom. (Réfl. ind.) Obtenir pour soi, s'attirer, se concilier. *Il s'est acquis l'estime de ses chefs.* ◇ ANT. Céder, vendre. Perdre.

ACQUÊT [akɛ]. *n. m.* (XIIᵉ; lat. pop. *°acquæsitum*, de *°acquærere.* V. **Acquérir**). *Dr.* Bien acquis par un des époux au cours de l'association conjugale, et qui fait partie de la masse commune (opposé au *propre*). *Communauté réduite aux acquêts*, régime matrimonial légal.

ACQUIESCEMENT [akjɛsmã], *n. m.* (1527; de *acquiescer*). ♦ 1° *Dr.* Adhésion d'une personne à un acte fait, une demande formée, un jugement rendu contre elle. *Acquiescement pur et simple, exprès, tacite, implicite, conditionnel.* ♦ 2° (XVIIᵉ). *Cour.* Consentement, acceptation. « *Elle prit* *notre silence pour un acquiescement* » (MAURIAC). ◇ ANT. *Opposition, refus.*

ACQUIESCER [akjese]. *v. tr. indir.; conjug. placer* (XIVᵉ; lat. *acquiescere*, au sens du fr. en lat. jur. et ecclés.). ♦ 1° *Dr.* Donner son acquiescement à. ♦ 2° (XVIᵉ). *Cour.* Donner son entier consentement à. V. **Accepter, approuver** consentir, déférer. « *Nous acquiesçons à cette courtoise prière* » (DUHAM.). Absolt. « *Elle acquiesce d'un signe de tête* » (MART. du G.). ◇ ANT. **Opposer (s'), refuser.**

ACQUIS [aki]. *n. m.* (1595; subst. du suivant). Savoir acquis, expérience acquise, constituant une sorte de capital. *Avoir de l'acquis.*

ACQUIS, ISE [aki, iz]. *adj.* (V. **Acquérir**). ♦ 1° Qui a été acquis par l'individu (*opposé* à ce qui lui est naturel ou lui a été transmis). « *Ses qualités tant acquises que naturelles* » (VOLT.). « *Les hommes qui possèdent une fortune acquise et non transmise* » (BALZ.). Biol. *Caractères acquis*, qui n'appartiennent pas au patrimoine chromosomique de l'individu et apparaissent par adaptation au milieu. ◇ *Par ext.* Phys. *Vitesse* acquise.* ♦ 2° *Acquis à* (qqn.), qui est reconnu comme lui appartenant, dont il peut disposer de façon définitive et sûre. *Ce droit lui est acquis.* « *Il répondit que sa bienveillance m'était acquise* » (DAUD.). — (Personnes) *Je vous suis tout acquis*, entièrement dévoué. ◇ Absolt. Reconnu sans contestation. *Nous pouvons considérer comme acquis ce premier point.* ♦ 3° *Acquis à* (une idée, un parti), définitivement gagné à, partisan de. *Il est maintenant acquis à notre projet.* ◇ ANT. **Héréditaire, inné, naturel.** *Contesté, discuté. Hostile.* — HOM. *Acquis* (n'), *acquit.*

ACQUISITIF, IVE [akizitif, iv]. *adj.* (XVᵉ; bas lat. *acquisitivus*). *Dr.* Qui appartient, équivaut à l'acquisition. *Prescription* acquisitive.*

ACQUISITION [akizisjɔ̃]. *n. f.* (1283; lat. *acquisitio*). ♦ 1° Action d'acquérir. *Faire l'acquisition d'un terrain.* V. **Achat.** Dr. *Acquisition à titre onéreux, à titre gratuit. Modes d'acquisition de la propriété* (succession, donation, contrat de vente ou d'échange, accession, prescription). ◇ Bien acquis. *Voici ma dernière acquisition.* ♦ 2° Fait d'arriver à posséder. « *L'acquisition des membres, chez les Batraciens* » (J. ROSTAND). ◇ *Inform.* Prélèvement de données destinées au traitement par ordinateur. *Temps d'acquisition.* ◇ Qualité, caractère acquis. « *La croyance à la transmission des acquisitions psychiques* » (J. ROSTAND). ◇ ANT. **Cession. Perte.**

ACQUIT [aki]. *n. m.* (XIIIᵉ; de *acquitter*). Reconnaissance écrite d'un paiement. V. **Décharge, quittance** (donnée par l'inscription de la mention *pour acquit*, avec date et signature). ◇ *Fig. Par acquit de conscience*, pour décharger entièrement sa conscience, pour se garantir de tout risque d'avoir qqch. à se reprocher. — *Par manière d'acquit*, négligemment. — HOM. *Acquis.*

ACQUIT-À-CAUTION [akitakosjɔ̃]. *n. m.* (1723 de *acquit*, et *caution*). Titre délivré par une administration financière, qui permet à des marchandises soumises à des droits de circuler en franchise (caution étant donnée que les droits seront acquittés au lieu de destination).

ACQUITTEMENT [akitmɑ̃]. *n. m.* (XIIIᵉ; de *acquitter*). ♦ 1° Action d'acquitter (une dette), d'exécuter (une obligation). ◇ Action d'acquitter (un droit). ♦ 2° (*h.* 1725; déb. XIXᵉ). Action d'acquitter (un accusé). V. **Absolution.** *Ordonnance d'acquittement.*

ACQUITTER [akite]. *v. tr.* (1080; de *a-*1, et *quitte*). ♦ 1° Rendre quitte, libérer (d'une obligation, d'une dette). *Ce dernier versement m'acquitte envers vous.* ◇ (Déb. XIXᵉ) Déclarer par jugement (un accusé) non coupable. V. **Absoudre, relaxer.** « *La mise en liberté du prévenu acquitté* » (CODE PÉN.). ♦ 2° (XIIᵉ). Payer (ce qu'on doit). V. **Régler.** *Acquitter des droits, ses impôts.* ◇ Revêtir de la mention « pour acquit » et de sa signature. *N'oubliez pas d'acquitter la facture.* ♦ 3° Pronom. Se libérer (d'une obligation juridique ou morale). *S'acquitter d'une dette. S'acquitter d'un devoir, d'une commission, de ses fonctions.* V. **Remplir.** *Absolt.* Payer sa dette. *Un créancier envers lequel il n'a pu s'acquitter.* — (Dette morale) « *L'ingratitude vient peut-être de l'impossibilité où l'on est de s'acquitter* » (BALZ.). ◇ ANT. **Condamner.** *Manquer* (à).

ACRE [akʀ(ə)]. *n. f.* (1059; mot angl., rad. lat. *ager* « champ »). ♦ 1° Ancienne mesure agraire qui valait en moyenne 52 ares. ♦ 2° Mesure agraire, dans les pays anglosaxons, de 40,47 ares ou 4 046,86 mètres carrés. — Au Canada, un acre vaut 4 840 verges* carrées.

ÂCRE [akʀ(ə)]. *adj.* (XIVᵉ; lat. *acer*). ♦ 1° Qui est très irritant au goût ou à l'odorat, qui est près de brûler, de prendre à la gorge. « *Une saveur âcre qu'elle sentait dans sa bouche la réveilla* » (FLAUB.). ♦ 2° *Fig.* Où se mêle qqch. de cuisant et de douloureux. « *L'âcre frisson de l'amour-propre blessé* » (FROMENTIN). « *L'âcre amour m'a gonflé de torpeurs enivrantes* » (RIMBAUD). ◇ ANT. **Doux, suave.**

ÂCRETÉ [akʀəte]. *n. f.* (XVIᵉ; de *âcre*). Qualité de ce qui est âcre. ◇ *Fig.* « *L'ironie, chez Lesage, n'a aucune âcreté* » (STE-BEUVE). V. **Acrimonie, amertume.**

ACRIDIENS [akʀidjɛ̃]. *n. m. pl.* (1834; du gr. *akris, akridos* « sauterelle »). Famille d'insectes orthoptères sauteurs (criquets). *Lutte contre les acridiens* (antiacridienne). — Adj. *Invasion acridienne*, d'acridiens.

ACRIMONIE [akʀimɔni]. *n. f.* (1801; « âcreté », 1539; lat. *acrimonia*). Mauvaise humeur qui s'exprime par des propos acerbes ou hargneux. V. **Aigreur, hargne.** *Il répondit sans acrimonie à ses adversaires.* ◇ ANT. **Douceur.**

ACRIMONIEUX, EUSE [akʀimɔnjø, øz]. *adj.* (1801; « âcre », 1605; de *acrimonie*). *Littér.* Qui manifeste de l'acrimonie. V. **Acerbe, agressif, aigre, hargneux.** *Ton acrimonieux.*

ACRO-. Élément du gr. *akron.* « extrémité » qui sert à former des mots savants.

ACROBATE [akʀɔbat]. *n.* (1751, « danseur de corde »; gr. *akrobatos* « qui marche » *(bainein)* « sur les extrémités » *(akron).* ♦ 1° Artiste de cirque, de music-hall, exécutant des exercices d'équilibre et de gymnastique, plus ou moins périlleux. V. **Équilibriste, funambule, trapéziste.** « *Ce rendezvous de tous les acrobates, gymnastes, trapézistes, clowns, jongleurs, danseurs de corde, équilibristes* » (GONCOURT). ◇ *Fig.* (*Péj.*) Spécialiste extrêmement adroit, virtuose. « *C'est un acrobate de la récitation* » (ROMAINS). ♦ 2° (1820). Petit mammifère australien de l'ordre des marsupiaux, pourvu d'une membrane parachute qui l'aide à sauter de branche en branche.

ACROBATIE [akʀɔbasi]. *n. f.* (1853; de *acrobate*). Art de l'acrobate (exercice, tour d'acrobate (saut périlleux, voltige, etc.). *Faire des acrobaties.* — *Acrobatie aérienne*, manœuvres d'adresse exécutées en avion (looping, retournement, renversement, tonneau, vrille). ◇ *Fig.* Virtuosité qui se déploie dans la difficulté. *Ce n'est plus du piano, c'est de l'acrobatie.* « *Il considère ce jeu des idées comme une acrobatie spirituelle* » (MAUROIS).

ACROBATIQUE [akʀɔbatik]. *adj.* (1842; de *acrobate*). Qui appartient à l'acrobatie, tient de l'acrobatie. *Exercice acrobatique. Le gardien de but a fait un arrêt acrobatique.* ◇ *Fig. La versification acrobatique des Grands Rhétoriqueurs.*

ACROCÉPHALE [akʀɔsefal]. *adj.* (1890; du gr. *akron* « sommet, hauteur », et *kephalê* « tête »). *Méd.* Atteint d'acrocéphalie.

ACROCÉPHALIE [akʀɔsefali]. *n. f.* (1890; de *acrocéphale*). *Méd.* Malformation crânienne donnant à la tête une forme en pain de sucre.

ACROCYANOSE [akʀɔsjanoz]. *n. f.* (1896; du gr. *akron* « extrémité », et *cyanose*). *Méd.* Cyanose des extrémités (mains, pieds), occasionnelle (froid), ou chronique (troubles circulatoires).

ACROLÉINE [akʀɔlein]. *n. f.* (1866; du lat. *acer, acris* « aigre, âcre », et *olere* « sentir », et suff. de *glycérine*). Aldéhyde éthylénique obtenu par déshydratation de la glycérine, liquide volatil et suffocant.

ACROMÉGALIE [akʀɔmegali]. *n. f.* (1885; du gr. *akron* « extrémité », et *megas, megalos* « grand »). Affection caractérisée par la hypertrophie non congénitale des extrémités et de la tête. V. **Gigantisme**

ACROMION [akʀɔmjɔ̃]. *n. m.* (1532; gr. *akrômion* « pointe de l'épaule »). *Anat.* Forte apophyse prolongeant l'épine de l'omoplate. — Adj. **ACROMIAL, ALE, AUX** [akʀɔmjal, o].

ACRONYME [akʀɔnim]. *n. m.* (1970; angl. *acronym*, de *acr-* « début », et *-onym*). *Ling.* Sigle prononçable comme un mot ordinaire (ex. *Afat* [afat] « Auxiliaire féminine de l'armée de terre*). Acronymes anglais utilisés en français (ex. ALGOL [ALGOrithmic Language]).

ACROPHOBIE [akʀɔfɔbi]. *n. f.* (1899; de *acro-*, et *phobie*). *Psycho., méd.* Phobie des lieux élevés, souvent accompagnée de vertige.

ACROPOLE [akʀɔpɔl]. *n. f.* (1751; *acropolis*, 1552; gr. *akropolis* « ville haute »). Ville haute des anciennes cités grecques, comportant des fortifications et des sanctuaires. Absolt. *L'Acropole*, l'acropole d'Athènes, citadelle ornée au Vᵉ siècle de temples illustres.

ACROSTICHE [akʀɔsti∫]. *n. m.* (1582; gr. *akrostikhis*, de *akros* « extrême », et *stikhos* « vers »). Poème ou strophe où les initiales de chaque vers, lues dans le sens vertical, composent un nom (auteur, dédicataire) ou un mot-clef. *Les envois de plusieurs ballades de Villon sont des acrostiches.*

ACROTÈRE [akʀɔtɛʀ]. *n. m.* (1547; lat. plur. *acroteria*, gr. *akrôtérion*). Socle placé aux extrémités ou au sommet d'un fronton, pour servir de support à des statues et autres ornements; cet ensemble ornemental.

ACRYLIQUE [akʀilik]. *adj. et n. m.* (1865; de *acryl-*, lat. *acer, acris* « acide », *-yle*, du *yle* « bois », et suff. *-ique*). ♦ 1° *Acide acrylique* (ou *propénoïque*), acide gras éthylénique, liquide, incolore, d'odeur âcre, dont les esters donnent le « verre organique ». — Se dit des composés qui en dérivent. *Polymères esters acryliques.* ♦ 2° *Fibre acrylique*, fibre textile synthétique obtenue par polymérisation du nitrile acrylique. — N. m. *Fourrure en acrylique.*

1. ACTE [akt(ə)]. *n. m.* (1338 ; lat. *actum*, subst. du p. p. de *agere* « faire »).
I. ♦ 1° *Dr.* Toute manifestation d'une ou plusieurs volontés ayant pour but de produire un effet de droit. *Acte juridique*, opposé à *Fait juridique.* ♦ 2° (Acte dit *instrumentaire*). Pièce écrite qui constate un fait, une convention, une obligation. *Acte de vente. Actes de l'état civil (de naissance, de mariage, de décès). Acte sous seing privé, notarié, authentique. Dresser, établir, signer un acte. Acte d'accusation*. — Demander, donner acte de,* demander, accorder la constatation par écrit de. *Prendre acte d'une chose,* la faire constater légalement, et *par ext.* en prendre bonne note (en vue d'une utilisation ultérieure). *Dont acte,* formule finale d'un acte ; *par ext.* Bonne note est prise de la chose. — *Acte diplomatique.* ♦ 3° (Au plur. ; lat. *acta*). Recueil de procès-verbaux. *Actes des conciles, des martyrs. Actes des saints,* récits hagiographiques. *Actes des apôtres,* livre du Nouveau Testament où sont consignées les activités de saint Paul et de l'Église primitive. ◊ Mémoires, communications (d'une société savante). *Les actes d'un congrès de sociologie.*
II. (1504). ♦ 1° Action humaine considérée dans son aspect objectif plutôt que subjectif. « *Nos actes les plus sincères sont aussi les moins calculés* » (GIDE). « *Ce jour-là, les paroles étaient des actes* » (MICHELET). « *Nos actes nous suivent* » (BOURGET). *Acte de,* acte inspiré par. *Un acte de courage, de bonté, de foi, de folie. Acte d'hostilité, d'autorité (de* la part d'un gouvernement). *Passer aux actes :* de la conception d'un projet à son exécution. *Acte médical,* intervention médicale ou chirurgicale. ◊ *Biol.* Mouvement d'ensemble adapté à une fin, chez l'être vivant. *Actes réflexes, instinctifs, volontaires, involontaires.* ◊ *Passage à l'acte,* en psychiatrie, conduite impulsive, le plus souvent violente, par laquelle le sujet passe de la tendance, l'intention, à sa réalisation. *Psychan.* (trad. de l'angl. *acting out,* équivalent de l'all. *agieren*) : conduite impulsive dont les motivations restent inconscientes et qui marque l'émergence au plan de l'action d'un contenu refoulé. *Le passage à l'acte implique souvent une tentative de méconnaître le transfert*.* ◊ *Philo. En acte,* opposé à *en puissance.* « *Le jugement est la connaissance en acte* » (LAGNEAU). ◊ *Relig.* Mouvement spirituel. *Acte de foi, de charité.* ◊ *Formule,* prière exprimant ce mouvement. *Récitez votre acte de contrition.* ♦ 3° *Dr.* (Acte dit *juridique*). Manifestation de volonté qui produit des effets de droit. *Acte à titre onéreux, gratuit. Acte conservatoire, exécutoire. Acte d'administration, de commerce. Acte administratif, législatif,* décision de l'autorité. — *Faire acte d'héritier,* exercer sa qualité d'héritier. Par ext. *Faire acte de,* manifester, donner une preuve de. *Faire acte d'autorité, de bonne volonté. Faire acte de présence*.*
2. ACTE [akt(ə)]. *n. m.* (1553 ; lat. *actus*). ♦ 1° Chacune des grandes divisions d'une pièce de théâtre (subdivisées en scènes). *Les tragédies classiques en cinq actes. Tartufe fait son entrée au troisième acte.* « *Une ample comédie à cent actes divers* » (LA FONT.). ♦ 2° *Fig.* Phase d'une action à péripéties. *Le dernier acte de l'affaire X.*

ACTÉE [akte]. *n. f.* (1808 ; *actéa,* 1751 ; lat. *actœa*). Plante vivace des bois (*Renonculacées*), à follicules ou à baies (vénéneuses), chez l'*actée en épi* ou *herbe de Saint-Christophe.*

ACTEUR, TRICE [aktœr, tris]. *n.* (1663 ; « auteur », agent », XIVᵉ ; « personnage d'une pièce », déb. XVIIᵉ ; lat. *actor*). ♦ 1° Artiste dont la profession est de jouer un rôle à la scène ou à l'écran. V. *Artiste* (*pop.*), *comédien,* interprète (et *péj.* cabot, histrion). *Acteur, actrice célèbre.* Étoile, star, vedette. *Acteurs modestes.* V. *Doublure,* figurant. « *Les acteurs sont dispensés de la fatigue de ces répétitions multipliées* » (DIDER.). ♦ 2° *Fig.* Personne qui prend une part active, joue un rôle important. V. *Protagoniste.* « *Acteur ou simplement complice* » (DAUD.). *Les acteurs et les témoins de ce drame.*

ACTIF, IVE [aktif, iv]. *adj.* et *n. m.* (1160 ; lat. *activus*). ♦ 1° Qui agit (personne), implique une activité (chose). « *La foule désœuvrée, plus nombreuse que la foule active* » (LOTI). *Milit.* Armée active (opposée à la réserve). Ellipt. *Officier d'active. Service actif.* — Ancienn. *Citoyen actif,* ayant le droit de vote. Relig. *Vie active* (opposée à *contemplative*). *Pédag. Méthode active,* méthode d'enseignement faisant appel à l'activité et à l'initiative de l'élève. ◊ Qui a la capacité d'agir. Démogr. *Population active,* partie de la population d'un pays qui est capable d'activité. *Vie active,* fraction de la vie où l'individu peut exercer une activité productive. — *Un remède, un poison particulièrement actif,* énergique, violent. Phys. *Charbon actif,* activé. *Dépôt* actif. Métal actif,* qui se trouve sous une forme particulièrement apte aux opérations de catalyse. ♦ 2° (XVᵉ). *Gram.* Propre à exprimer que le sujet est considéré comme agissant. *Voix, forme verbale active.* Subst. *L'actif,* la voix active. ♦ 3° (XVIᵉ). ◊ Subst. (1762) L'ACTIF, l'ensemble des biens ou droits constituant un patrimoine ou une universalité juridique. *L'actif d'une*

succession, de la communauté. Emploi des ressources (figurant au passif*). *Sommes portées à l'actif d'un bilan*. Excédent de l'actif sur le passif.* Fig. *Avoir à son actif,* compter au nombre des choses qu'on a réalisées avec succès. Par plaisant. *Un individu qui a plusieurs vols à son actif.* ♦ 4° (XVIIᵉ). Qui aime à agir, à se dépenser en travaux, en entreprises. V. **Dynamique, entreprenant, remuant, travailleur, vif.** *Un secrétaire actif et dévoué.* « *L'esprit actif d'Antoine se livrait à une incessante gymnastique intellectuelle* » (MART. du G.). — Subst. Personne qui aime à agir. « *Ah! les hommes d'action! Les actifs!* » (FLAUBERT). ◊ *Caractérol.* Chez qui dominent les tendances, les dispositions à agir. ◊ ANT. *Inactif, passif. Paresseux.*

ACTIN(O)-. Élément tiré du rad. gr. *aktis, aktinos* « rayon », qui sert à former des mots savants.

ACTINIE [aktini]. *n. f.* (1792 ; du gr. *aktis, aktinos* « rayon »). Animal marin de belle couleur (*Cœlentérés*), polype à nombreux tentacules, communément appelé anémone de mer.

ACTINIQUE [aktinik]. *adj.* (1866 ; du gr. *aktis, aktinos* « rayon »). *Didact.* ♦ 1° Se dit de radiations ayant la propriété (*actinisme*) d'exercer une action chimique sur certaines substances. *Les rayons ultra-violets sont actiniques.* ♦ 2° Par *ext.* Qui se rapporte ou est dû à la lumière. *Dermatite actinique,* coup de soleil.

ACTINISME [aktinism]. *n. m.* (1877 ; du gr. *aktis, aktinos* « rayon », et suff. *-isme*). *Phys.* Propriété qu'ont certaines substances d'être chimiquement détruites ou modifiées par des rayonnements, communément ultra-violets.

ACTINITE [aktinit]. *n. f.* (1970 ; du gr. *aktis, aktinos* « rayon »). *Méd.* Inflammation de la peau provoquée par les rayons solaires.

ACTINIUM [aktinjɔm]. *n. m.* (1881 ; du gr. *aktis, aktinos* « rayon »). Élément radio-actif (Ac), n° at. 89.

ACTINOLOGIE [aktinɔlɔʒi]. *n. f.* (1946 ; 1866, « histoire des animaux rayonnés » ; de *actino-,* et *-logie*). *Didact.* Science qui étudie les propriétés curatives des divers rayons (ultra-violets, infrarouges, etc.) et leur action biologique.

ACTINOMÈTRE [aktinɔmɛtr(ə)]. *n. m.* (1853 ; du gr. *aktis, aktinos* « rayon », et *-mètre*). *Phys.* Instrument pour la mesure de l'intensité d'un rayonnement actinique (et *spécial* de la lumière).

ACTINOMÉTRIE [aktinɔmetri]. *n. f.* (1877 ; Cf. le précéd.). Mesure de l'intensité du rayonnement. *Actinométrie solaire.*

ACTINOMYCÈTE [aktinɔmisɛt]. *n. m.* (1922 ; du gr. *aktis, aktinos* « rayon », et *-mycète*). *Biol.* Bactérie filamenteuse, ramifiée, ressemblant aux champignons microscopiques.

ACTINOMYCOSE [aktinɔmikoz]. *n. f.* (1885 ; en all. 1877 ; de *actinomyces* « champignon radié » ; Cf. *-Mycète*). *Méd.* Infection chronique causée par des bactéries appartenant au genre *Actinomyces,* qui atteint l'homme et les animaux (bovidés) et caractérisée par des lésions d'aspect tumoral, avec formation d'abcès de la peau et, plus rarement, des organes internes (poumon, tube digestif).

ACTINOTE [aktinɔt]. *n. f.* (1801 ; du gr. *aktinôtos* « radié »). Variété d'amphibole non alumineuse, de couleur verte.

ACTINOTHÉRAPIE [aktinɔterapi]. *n. f.* (1933 ; de *actinique,* et *-thérapie*). *Méd.* Traitement par des rayons lumineux produits artificiellement.

1. ACTION [aksjɔ̃]. *n. f.* (déb. XIIᵉ, *accium de grâce* ; lat. *actio*).
I. ♦ 1° Ce que fait qqn et par quoi il réalise une intention ou une impulsion. V. **Acte, fait.** « *Les actions les plus décisives de notre vie sont le plus souvent des actions inconsidérées* » (GIDE). « *La plupart des hommes sont plus capables de grandes actions que de bonnes* » (MONTESQ.). *Commettre une mauvaise action. Action d'éclat,* exploit. *Action de grâce(s)*. L'action de transporter,* l'action qui consiste à transporter. V. **Opération.** *Verbe d'action* (opposé à *verbe d'état*). ♦ 2° Fait de produire un effet, manière d'agir sur qqn ou qqch. « *L'action est le déploiement de la cause et la réalisation de l'effet* » (HAMELIN). *Changement politique dû à l'action personnelle d'un ministre.* V. **Influence.** *Chercher des moyens d'action, un champ d'action. L'action du remède se fait sentir. Le mur s'est détérioré sous l'action de l'humidité. En action,* en train d'agir, de produire son effet. ◊ *Action psychologique* (av. 1960). Propagande insidieuse, tendant à accréditer dans une population certaines idées politiques. « *Dans la guerre révolutionnaire, l'action militaire cède le pas à l'action psychologique* » (Y. COURRIÈRE). ◊ *Mécan.* (D'abord, *quantité d'action*) Double du produit de l'énergie cinétique $(1/2 \, mv^2)$ du mobile par la durée (*t*) du trajet. *Principe de moindre action* (principe d'optique, chez Fermat ; de mécanique, chez Maupertuis), d'après lequel le mouvement de la matière se fait toujours de façon que l'action afférente au trajet soit minima. *Principe de l'opposition de l'action et de la réaction, de Newton.* ♦ 3° *Absolt.* Exercice de la faculté d'agir (opposé à la pensée, *aux paroles*), déploiement d'éner-

gie en vue d'une fin. V. **Activité, effort, travail.** « *La femme vit par le sentiment, là où l'homme vit par l'action* » (BALZ.). « *La spéculation est un luxe, tandis que l'action est une nécessité* » (BERGSON). « *Ils se jettent dans l'action* » (DUHAM.). *Il est temps de passer à l'action. Un homme d'action. — Liberté d'action.* ◊ *Spécialt.* Combat, lutte. *Engager l'action. Dans le feu de l'action. L'action politique, revendicative. L'action directe* (grèves, manifestations). *Milit. Une action :* une opération précise, un coup de main. ◊ *Par ext. Action catholique, laïque,* organisations de propagande catholique, laïque.

II. (XIIIᵉ). Exercice d'un droit en justice. V. **Demande, poursuite, recours.** *Action personnelle, réelle,* par laquelle on demande la reconnaissance ou la protection d'un droit personnel, réel. *Action mobilière, immobilière,* par laquelle s'exerce un droit portant sur un meuble, un immeuble. *Action paulienne*, *indirecte*, *oblique. Intenter une action en diffamation, en recherche de paternité. Action civile,* intentée par la personne lésée par une infraction à la loi pénale ; *action publique,* intentée, au nom de la société, par le ministère public.

III. (XVIᵉ ; trad. du gr. *praxis*). Suite de faits et d'actes constituant le sujet d'une œuvre dramatique ou narrative. V. **Intrigue.** *Exposition, nœud, péripéties, épisodes, dénouement d'une action tragique. Unité* d'action. « *Une action simple, chargée de peu de matière* » (RAC.). *L'action du film se passe en Italie.* ◊ *Animation tenant aux faits et aux actes représentés ou racontés. Cela manque d'action. Film d'action.*

◊ ANT. *Inaction.*

2. ACTION [aksjɔ̃]. *n. f.* (1669 ; probabl. de *action*, XVIIᵉ, « dette active », par le holl. *actie*). Titre cessible et négociable représentant une fraction du capital social (dans une société anonyme en commandite par actions). V. **Obligation, part, valeur.** *Action nominative, au porteur. Action de capital. Action de jouissance,* que les actionnaires remboursés par l'amortissement de l'action de capital, reçoivent de la société. *Action d'apport* ou *de fondation,* donnée aux fondateurs. *Cote des actions en bourse. Hausse, baisse d'une action. Fig.* (*Fam.*) *Ses actions montent, baissent,* il a plus, moins de crédit, de chances de réussir.

ACTIONNAIRE [aksjɔnɛʀ]. *n.* (1675 ; de *action*). Propriétaire d'une ou plusieurs actions. *L'assemblée des actionnaires. Actionnaire qui touche un dividende, un coupon.*

ACTIONNARIAT [aksjɔnaʀja]. *n. m.* (1912 ; de *actionnaire*). *Actionnariat ouvrier,* système de participation ouvrière aux bénéfices (ou même à la gestion), par répartition de l'actif de la société en actions dont certaines représentent le travail.

ACTIONNEMENT [aksjɔnmɑ̃]. *n. m.* (1933 ; de *actionner*). Action d'actionner, mise en marche. *L'actionnement à distance d'une machine.*

ACTIONNER [aksjɔne]. *v. tr.* (1312 ; de *action*). ♦ 1º *Dr.* Poursuivre en justice. ♦ 2º (XVIᵉ). *Cour.* Mettre en mouvement, faire fonctionner (un mécanisme). *Actionner le dispositif de départ d'un moteur.* ◊ *Fig.* (*Fam.*) « *Je vais actionner tout de suite le ministre* » (AYMÉ).

ACTIVATEUR, TRICE [aktivatœʀ, tʀis]. *n. m.* et *adj.* (1910, de *activer*). *Chim.* Substance qui, mélangée dans une proportion infime à un corps photoconducteur, augmente son activité et, souvent, modifie ses caractéristiques spectrales.

ACTIVATION [aktivasjɔ̃]. *n. f.* (1910 ; de *activer*). ♦ 1º Opération consistant à augmenter les propriétés physiques ou chimiques d'une substance (généralement en la soumettant à des radiations). *Activation de l'ergostérol, du charbon.* ♦ 2º *Biol.* Première phase de la fécondation, où la gamète femelle sort de son état d'inertie physiologique. ♦ 3º *Cour.* Fait de rendre actif, plus intense. *L'activation des mouvements sociaux entraînée par la hausse du coût de la vie.*

ACTIVEMENT [aktivmɑ̃]. *adv.* (XIVᵉ ; de *actif*). En déployant une grande activité, avec beaucoup d'ardeur. *Il s'en occupe activement.* ◊ ANT. *Mollement.*

ACTIVER [aktive]. *v. tr.* (XVᵉ ; repris fin XVIIIᵉ ; de *actif*). ♦ 1º Rendre plus prompt (en augmentant l'activité). V. **Accélérer, hâter.** « *Activer le recouvrement d'un impôt* » (ACAD.). *Activer les travaux. Absolt.* (*Fam.*) *Allons, activons ! pressons !* ♦ 2º Rendre plus vif, plus agissant. V. **Aviver, stimuler.** *Le vent activait l'incendie.* ◊ *Chim.* Procéder à l'activation de. *Charbon activé.* ♦ 3º *Pronom.* (1927). Déployer une grande activité, s'affairer. « *Des indigènes reçoivent les caisses et s'activent avec de grands cris* » (GIDE). ◊ ANT. *Ralentir.*

ACTIVEUR [aktivœʀ]. *n. m.* (1959 ; de *activer*). *Chim.* Substance qui, ajoutée en faible quantité à un catalyseur, en augmente beaucoup l'activité. V. **Promoteur** (2º).

ACTIVISME [aktivism(ə)]. *n. m.* (1911 ; de *actif*). ♦ 1º *Philo.* Attitude morale consistant à rechercher l'efficacité, les réalisations ; forme du pragmatisme. ♦ 2º *Polit.* (1916-1918). Mouvement des Flamingants partisans de l'action en faveur de la langue flamande que soutenait

l'occupant allemand (alors que les « passivistes » refusaient cette aide). ◊ Doctrine qui préconise l'action violente (en politique). V. **Extrémisme.**

ACTIVISTE [aktivist(ə)]. *n.* (1916-1918 ; de *activisme*). *Polit.* Partisan de l'activisme. *L'opposition des activistes à l'indépendance de l'Algérie.*

ACTIVITÉ [aktivite]. *n. f.* (1425 ; bas lat. *activitas*). ♦ 1º *Vieilli.* Chez un agent. Faculté d'agir, de produire un effet. « *L'activité d'un acide, d'un poison* » (D'ALEMB.). *Sphère* d'activité. *Mod. Activité optique,* propriété que possèdent certains corps de faire tourner le plan de polarisation de la lumière. ♦ 2º (XVIᵉ ; var. *activeté*). Qualité d'une personne active. V. **Dynamisme, énergie, vitalité, vivacité.** « *Les Chinois ont une activité prodigieuse* » (MONTESQ.). « *Les couples qui visitent Venise avec une activité d'insectes* » (COCTEAU). ♦ 3º (XIXᵉ). Ensemble des actes coordonnés et des travaux de l'être humain ; fraction spéciale de cet ensemble. *Les produits de l'activité humaine. Activité économique,* portion de l'activité humaine employée à la production des biens et des services. *Les activités industrielles, commerciales. J'ignore tout de ses activités.* V. **Occupation.** ◊ *Psycho.* et *Biol.* Ensemble des phénomènes psychiques et physiologiques correspondant aux actes de l'être vivant, relevant de la volonté, des tendances, de l'habitude, de l'instinct, etc. ; série de phénomènes de cet ordre. *L'activité volontaire, réflexe, chez l'homme. Activité nerveuse supérieure.* ◊ *Par ext.* (dans le monde inorganique) *Volcan en activité. Activité solaire.* ♦ 4º Situation d'une personne (spécialt. d'un militaire) qui exerce son emploi. « *Le passage de l'activité à la retraite est le temps critique de l'employé* » (BALZ.). *Officier de réserve placé en situation d'activité* (quand des nécessités militaires exigent un renforcement des cadres). — *Par anal. Industrie, affaires en pleine activité* (opposées à *en sommeil*). ◊ ANT. *Inactivité, inertie, paresse. Non-activité.*

ACTUAIRE [aktɥɛʀ]. *n.* (1872 ; angl. *actuary,* lat. *actuarius* « sténographe, scribe chargé des procès-verbaux », *acta*). Spécialiste de la statistique et du calcul des probabilités appliqués aux problèmes d'assurances, de prévoyance, d'amortissement.

ACTUALISATION [aktɥalizasjɔ̃]. *n. f.* (1834 ; de *actualiser*). ♦ 1º *Philo.* Passage de la puissance à l'acte (on dit aussi *actuation*). ♦ 2º Passage de l'état virtuel à l'état réel. *L'actualisation des souvenirs.* ♦ 3º *Écon.* Valorisation (d'un bien, d'un revenu) à l'époque actuelle. *Taux d'actualisation,* permettant la comparaison d'un revenu futur et d'un revenu actuel.

ACTUALISER [aktɥalize]. *v. tr.* (1834 ; chim. ; « réaliser », 1641 ; de *actuel*). ♦ 1º *Philo.* Opérer l'actualisation de. ♦ 2º Donner un caractère d'actualité à (une chose ancienne), moderniser. *Actualiser ses méthodes de travail.* — *Pronom.* (1964). *Il y avait à la radio française une chaîne* « *qui avait réussi à s'actualiser* » (*Le Monde,* 25-6-1964). ♦ 3º *Écon.* Transformer en valeur actuelle (un patrimoine ancien, des revenus futurs). *Le bénéfice actualisé d'une entreprise.*

ACTUALITÉ [aktɥalite]. *n. f.* (XIVᵉ ; de *actuel*). ♦ 1º *Philo.* Caractère de ce qui est actuel (en acte). ♦ 2º *Cour.* (1823). Caractère de ce qui est actuel, relatif aux choses qui intéressent l'époque actuelle. *Souligner l'actualité d'un problème. Ce livre n'est plus d'actualité.* ♦ 3º Ensemble des événements actuels, des faits tout récents. *S'intéresser à l'actualité politique, sportive.* ◊ *Au plur.* Informations, nouvelles du moment (dans la presse et surtout en images). *Actualités télévisées.* ◊ ANT. *Passé.*

ACTUARIAT [aktɥaʀja]. *n. m.* (1948 ; de *actuaire*). Fonction d'actuaire.

ACTUARIEL, IELLE [aktɥaʀjɛl]. *adj.* (1908 ; de *actuaire*). *Écon.* Relatif aux méthodes mathématiques des actuaires*. *Taux de rendement actuariel.* ◊ *Techn.* Qui tient compte de la fiabilité d'un matériau ou des composants d'un système par tranches d'âge suivant les méthodes de l'analyse mathématique. V. **Fiable ; catalytique.** *Analyse actuarielle.*

ACTUEL, ELLE [aktɥɛl]. *adj.* (XIIIᵉ ; bas lat. *actualis* « agissant », spécialisé en lat. scolast.). ♦ 1º *Philo.* Qui est en acte (et non en puissance, virtuel). V. **Effectif.** ◊ *Par anal.* (XIXᵉ) *Énergie* actuelle, ou *cinétique* (opposée à *potentielle*). ♦ 2º *Théol. Péché actuel,* consistant en un acte personnel (opposé à *péché originel*). *Grâce actuelle,* qui intervient dans un acte particulier (opposée à *grâce habituelle*). ♦ 3º *Cour.* (1750 ; du sens méd. « qui produit son effet en un moment », XVIᵉ). Qui existe, se passe au moment où l'on parle. V. **Présent.** *À l'époque, à l'heure actuelle.* « *Regards sur le monde actuel* » (VALÉRY). V. **Contemporain.** ◊ Qui intéresse notre époque, se trouve au goût du jour. *Une grande œuvre toujours actuelle.* ◊ ANT. *Potentiel, virtuel. Ancien, passé ; démodé.*

ACTUELLEMENT [aktɥɛlmɑ̃]. *adv.* (XIVᵉ ; de *actuel*). ♦ 1º *Philo.* En acte, effectivement. ♦ 2º *Cour.* Dans les circonstances actuelles, à l'heure actuelle. V. **Aujourd'hui, présent** (à). ◊ ANT. *Virtuellement. Autrefois.*

ACUITÉ [akɥite]. *n. f.* (*Accuyté*, 1398; du lat. *acutus* « aigu »). ◆ 1° Caractère aigu, intense. V. **Intensité.** « *Les douleurs viscérales avaient dû retrouver toute leur acuité* » (MART. du G.). ◆ 2° Degré de sensibilité (d'un sens); finesse de sensibilité discriminative. *Mesure de l'acuité visuelle* (d'après des *échelles d'acuité*).

ACUL [aky]. *n. m.* (1819; « fond d'un terrier, endroit où on accule le gibier », xvie; de *acculer*). Fond d'un parc à huîtres, du côté de la mer. ◈ HOM. *Accu.*

ACULÉATES [akyleat]. *n. m. pl.* (1933; lat. *aculeatus*). Hyménoptères porte-aiguillons.

ACUMINÉ, ÉE [akymine]. *adj.* (1808; lat. *acuminatus*). *Bot.* Dont l'extrémité se termine en pointe fine et allongée.

ACUPUNCTEUR ou **ACUPONCTEUR** [akypɔ̃ktœʀ]. *n. m.* (1829; *de acupuncture*). Spécialiste de l'acupuncture.

ACUPUNCTURE ou **ACUPONCTURE** [akypɔ̃ktyʀ]. *n. f.* (1684; du lat. *acus* « aiguille », et *punctura* « piqûre »). Thérapeutique consistant dans l'introduction d'aiguilles très fines en des points précis des tissus ou des organes où elles demeurent pendant un temps variable. *L'acupuncture chinoise.*

ACUTANGLE [akytãgl(ə)]. *adj.* (1671; bas lat. *acutiangulum* « angle aigu »; *acut. rectangle*). *Triangle acutangle*, dont les trois angles sont aigus.

ACYCLIQUE [asiklik]. *adj.* (1933; *a* priv., et *cyclique*). ◆ 1° *Géol.* Qui ne présente pas un caractère cyclique. ◆ 2° *Chim. organ.* À chaîne* ouverte. ◆ 3° *Math.* Apériodique. ◈ ANT. *Cyclique, périodique, récurrent.*

ADAGE [adaʒ]. *n. m.* (1529; lat. *adagium*). Maxime pratique ou juridique, ancienne et populaire. « *Ce vieil adage reçut une nouvelle confirmation* » (NERVAL).

ADAGIO [adadʒjo; adaʒjo]. *adv.* (1726; mot it. « à son aise, doucement »). *Mus.* Indication de mouvement lent. *Subst.* *Un adagio,* morceau ou pièce musicale à exécuter dans ce tempo. « *Dans l'*adagio *en si mineur de Mozart, l'âme soupire* » (R. ROLLAND).

ADAMANTIN, INE [adamãtɛ̃, in]. *adj.* (1509; lat. *adamantinus,* de *adama(n)s* « acier, diamant »). *Littér.* Qui a la dureté, l'éclat du diamant. ◇ (1866) Constituant l'émail des dents.

ADAMIQUE [adamik]. *adj.* (xixe; alchim., 1654; lat. alchim. *adamicus,* de *Adam*). D'Adam, propre à Adam. *Innocence adamique.*

ADAMISME [adamism(ə)]. *n. m.* (1866; de *Adamites, Adamiens,* de *Adam*). Hérésie des Adamiens ou Adamites, hérétiques nudistes du iie s., adversaires du mariage (mouvement repris en Bohême au xve s.).

ADAPTABILITÉ [adaptabilite]. *n. f.* (1932; de *adaptable*). État de ce qui est adaptable. *Adaptabilité d'une espèce au milieu. Adaptabilité d'un matériau à des usages variés.*

ADAPTABLE [adaptabl(ə)]. *adj.* (1775; de *adapter*). Qui peut s'adapter, qu'on peut adapter. « *Le 'chalet poly-valent ', la demeure souple, extensible, adaptable à toutes les familles! Sous tous les climats!* » (CÉLINE).

ADAPTATEUR, TRICE [adaptatœʀ, tʀis]. *n.* (1890; de *adapt(ation)*). ◆ 1° Auteur d'une adaptation (au théâtre, au cinéma). ◆ 2° *N m.* (1948). Dispositif ou pièce mécanique, électrique, permettant d'adapter un appareil ou un mécanisme à un autre usage que celui qui était prévu initialement. *Le transformateur électrique est un adaptateur d'impédance.* — On dit aussi *adapteur* (angl. *adapter*). *Adapteur de phase.*

ADAPTATIF, IVE [adaptatif, iv]. *adj.* (1898; de *adaptation*). *Didact.* Qui produit ou facilite une adaptation. *Valeur adaptative d'un mécanisme psychologique.* « *Les mécanismes adaptatifs qui nous protègent contre les microbes et les virus* » (A. CARREL).

ADAPTATION [adaptasjɔ̃]. *n. f.* (1539; lat. médiév. *adaptatio.* V. **Adapter**). ◆ 1° Action d'adapter ou de s'adapter, modification qui en résulte. *Adaptation d'un enseignement à l'âge des élèves.* « *La plus légère idée nouvelle nécessite de lui un effort d'adaptation* » (GIDE). ◆ 2° *Biol.* (1866; angl. *adaptation*). Appropriation d'un organisme aux conditions internes et externes de l'existence, permettant à cet organisme de durer et de se reproduire. V. **Acclimatation, mimétisme, transformation.** « *Le problème de la transformation des espèces se confond pour Lamarck avec celui de l'adaptation* » (J. ROSTAND). *Adaptations* « *individuatives* » (réalisées dans l'individu sans participation volontaire), « *éthologiques* » (propres à un mode de vie donné). ◆ 3° Accoutumance de l'œil aux conditions d'éclairage. *Adaptation à la lumière, adaptation à l'obscurité.* V. **Accommodation.** ◆ 4° (1885). Traduction très libre d'une pièce de théâtre, comportant des modifications nombreuses qui la mettent au goût du jour ou la rajeunissent. *Les adaptations de Shakespeare par Ducis.* ◇ Transposition à la scène ou à l'écran d'une œuvre d'un genre littéraire différent (surtout romanesque). « *Les Possédés* », *roman de Dostoïevski, adaptation de A. Camus.* ◇ *Mus.* Arrangement ou transcription. ◈ ANT. *Inadaptation. Immutabilité.*

ADAPTER [adapte]. *v. tr.* (1270; lat. *adaptare*. V. **Apte**). ◆ 1° Réunir, appliquer après ajustement. « *Ce serait une barbarie d'adapter cette espèce de muselière à une bouche si fraîche* » (GAUTIER). ◆ 2° *Fig.* Approprier, mettre en harmonie avec. « *Leurs arts sont adaptés à leur manière de vivre* » (MONTESQ.). V. **Convenir.** « *Faute de pouvoir adapter leur sagesse aux folies de l'Europe* » (SARTRE). ◇ *Pronom.* Se mettre en harmonie avec (les circonstances, le milieu), réaliser son adaptation biologique. V. **Acclimater (s'), habituer (s').** « *L'art se métamorphose, s'adapte aux circonstances* » (R. ROLLAND). « *L'organisme s'adapte aux bactéries et aux virus* » (CARREL). Absolt. *Il faut savoir s'adapter,* être souple, capable d'évoluer. ◆ 3° (1885). Faire l'adaptation de. *Adapter un roman pour le théâtre, la télévision.* ◈ ANT. *Séparer. Opposer.*

ADDENDA [adɛ̃da]. *n. m. invar.* (1736; mot lat. « choses à ajouter », de *addere*). Notes additionnelles à la fin d'un ouvrage.

ADDITIF, IVE [aditif, iv]. *adj.* et *n.* (1843; bas lat. *additivus*). ◆ 1° *Alg. Terme additif,* précédé du signe +. ◇ *Géom. Segments additifs,* dont la somme arithmétique est égale à une ligne de longueur finie. *Loi additive,* loi de composition interne dont l'opérateur a pour symbole +. ◆ 2° *N. m.* (1946). Supplément, article additionnel. *Un additif au budget.* ◇ Produit incorporé à une essence, une huile, pour l'améliorer. ◇ *Additif alimentaire,* substance ajoutée à une denrée alimentaire pour des raisons de fabrication, de présentation ou de conservation.

ADDITION [adisjɔ̃]. *n. f.* (xiiie; lat. *additio*). ◆ 1° Action d'ajouter en incorporant. V. **Adjonction.** *Liqueur composée par addition d'un sirop à une eau-de-vie.* *Chim. Composé d'addition,* formé par l'union de plusieurs molécules. ◇ Chose ajoutée, élément incorporé. V. **Addenda, annexe, complément, supplément.** *Notes et additions.* ◆ 2° (xve). Opération consistant à réunir en un seul nombre toutes les unités ou fractions d'unités contenues dans plusieurs autres. *Additions arithmétiques, algébriques, logiques.* V. **Somme.** *L'addition est une opération commutative et associative.* ◇ *Psycho.* Sommation. ◆ 3° (1866). Note présentant le total des dépenses effectuées au restaurant (parfois au café). V. **Note.** *Garçon, l'addition! Régler l'addition.* ◈ Déduction, *soustraction.*

ADDITIONNEL, ELLE [adisjɔnɛl]. *adj.* (1738; de *addition*). Qui s'ajoute ou doit s'ajouter. *L'acte additionnel* (à la constitution de l'Empire). *Un article additionnel. Centimes* additionnels.

ADDITIONNER [adisjɔne]. *v. tr.* (1549; lat. médiév. *additionnare*). ◆ 1° *Vx.* Augmenter d'additions. V. **Ajouter** (à). ◇ *Mod.* Modifier, enrichir par addition d'un élément. *Les anciens additionnaient toujours d'eau le vin. Jus de fruit additionné de sucre.* ◆ 2° (1680). Faire l'addition de (plusieurs nombres ou quantités). V. **Sommer, totaliser.** *Fig.* « *Le désespoir est un compteur, il additionne tout* » (HUGO). ◈ ANT. *Soustraire.*

ADDUCTEUR [adyktœʀ]. *adj. m.* (1690; bas lat. *adductor,* de *adducere* « amener »). ◆ 1° *Anat.* (*Muscle*). Qui produit un mouvement d'adduction. *Subst. L'adducteur du gros orteil.* ◆ 2° (1898). *Canal adducteur,* ou subst. *Un adducteur,* un canal d'adduction des eaux. ◈ ANT. *Abducteur.*

ADDUCTION [adyksjɔ̃]. *n. f.* (1541; lat. *adductio*). *Didact.* ◆ 1° Mouvement qui rapproche un membre du plan sagittal du corps. *Adduction de l'œil,* mouvement horizontal de l'œil vers le nez. ◆ 2° (1890). Action de dériver les eaux d'un lieu pour les amener dans un autre. *Travaux d'adduction d'eau entrepris par les communes rurales.*

ADÉNINE [adenin]. *n. f.* (av. 1887, Kossel; du gr. *adên* « glande »). *Chim., biol.* Base azotée représentant l'un des composants essentiels des nucléoprotéines animales et végétales.

ADÉNITE [adenit]. *n. f.* (1836; gr. *adên* « glande »). Inflammation des ganglions lymphatiques.

ADÉNOCARCINOME [adenokaʀsinɔm]. *n. m.* (av. 1929; gr. *adên* « glande », et *carcinome*). *Pathol.* Épithélioma dont la structure ressemble à celle d'une glande ou qui provient de la transformation cancéreuse d'une structure cancéreuse.

ADÉNOÏDE [adenɔid]. *adj.* (1541; gr. *adenoeidês,* de *adên*). Qui a rapport au tissu ganglionnaire et à ses affections. V. **Lymphoïde.** *Végétations adénoïdes,* tissu lymphoïde constituant l'amygdale pharyngienne, souvent hypertrophié chez l'enfant, ce qui nécessite une opération (*adénoïdectomie*). V. **Amygdale**).

ADÉNOME [adenɔm]. *n. m.* (1858; gr. *adên* « glande », et *-ome*). Tumeur qui se développe aux dépens d'une glande.

ADÉNOPATHIE [adenɔpati]. *n. f.* (1855; gr. *adên* « glande », et *-pathie*). *Méd.* Nom générique des diverses affections des ganglions lymphatiques.

ADÉNOSINE [adenozin]. *n. f.* (v. 1960; de *adén* [ine]). *Chim., biol.* Constituant important des noyaux cellulaires résultant de la combinaison de l'adénine avec un pentose (ribose).

ADENT [adã]. *n. m.* (1606 ; de l'a. v. *adenter*, XIIIᵉ, au sens de « mordre »). Assemblage à l'aide d'entailles sur les faces opposées de deux pièces de bois.

ADEPTE [adɛpt(ə)]. *n.* (1630 ; lat. *adeptus* « ayant atteint », substantive dans le lat. alchim.). ◆ 1° Alchimiste parvenu au grand œuvre. ◇ (1723) Personne initiée à une doctrine ésotérique, aux secrets d'un art. ◆ 2° (XIXᵉ). Fidèle (d'une religion), partisan (d'une doctrine). « *Les rares adeptes de l'Église jacobine* » (RENAN).

ADÉQUAT, ATE [adekwa, at]. *adj.* (XIVᵉ, repris 1736 ; lat. *adæquatus* « rendu égal »). *Didact.* ou *plais.* Exactement proportionné à son objet, ajusté à son but. V. **Approprié, convenable, juste.** *C'est l'expression adéquate, la réponse adéquate. Nous avons trouvé l'endroit adéquat. Psycho. Excitant adéquat*, accordé à l'organe sensoriel. ◈ ANT. *Inadéquat.*

ADÉQUATEMENT [adekwatmã]. *adv.* (1889 ; de *adéquat*). *Littér.* D'une manière adéquate. V. **Convenablement, exactement, justement.**

ADÉQUATION [adekwasjɔ̃]. *n. f.* (1866 ; bas lat. *adæquatio*). *Didact.* Rapport de convenance parfaite, équivalence.

ADEXTRÉ, ÉE [adɛkstʀe]. *adj.* (1690 ; de l'a. v. *adextrer*, 1080, « conduire en donnant la main droite »). V. **Dextre**). *Blas. (Pièce).* Accompagné à droite d'un ou plusieurs meubles* secondaires.

ADHÉRENCE [adeʀãs]. *n. f.* (XIVᵉ ; bas lat. *adhærentia*). ◆ 1° État d'une chose qui adhère, tient fortement à une autre. *L'adhérence des pneus au sol. Coefficient d'adhérence des roues. Méd.* Union vicieuse ou accidentelle de surfaces contiguës. *Adhérence pleurale.* — *Bot.* Soudure d'organes appartenant à des verticilles différents. ◆ 2° *Fig.* (XVᵉ-XVIIᵉ, « adhésion »). *Rare.* Attache. « *Deux âmes déliées de toute adhérence humaine* » (MART. du G.). ◆ 3° *Math. Adhérence d'un ensemble* A (notée Ā), le plus petit ensemble fermé contenant A (*Syn.* FERMETURE).

ADHÉRENT, ENTE [adeʀã, ãt]. *adj.* et *n.* (1331 ; lat. *adhærens.* V. **Adhérer**). ◆ 1° Qui adhère, tient fortement à autre chose. *Matière adhérente à la peau. Bot. Ovaire adhérent*, soudé au calice. ◇ *Fig.* « *Son regard se collait sur la passante, si adhérent, si corrosif* » (PROUST). ◆ 2° *N.* (XIVᵉ, « partisan »). Personne qui adhère (à un parti, une association). V. **Membre.** *Carte d'adhérent.* ◆ 3° *Math. Adj.* Relatif à l'adhérence* (3°). *Point adhérent. Syn.* FERMÉ.

ADHÉRER [adeʀe]. *v. tr. ind.; conjug.* céder (XIVᵉ ; lat. *adhærere*, de *hærere* « être fixé »). ◆ 1° Tenir fortement par un contact étroit de la totalité ou la plus grande partie de la surface. V. **Coller.** « *Au squelette adhéraient des lambeaux de faux cuir* » (DUHAM.). ◆ 2° *Fig.* Se déclarer d'accord avec, partisan de. « *Cet idéal internationaliste auquel on adhère théoriquement* » (MART. du G.). *Dr. internat.* Donner son adhésion à. ◇ S'inscrire à (une association, un parti dont on partage les vues). V. **Adhérent** (2°). ◈ ANT. *Détacher (se); rejeter; démissionner.*

ADHÉSIF, IVE [adezif, iv]. *adj.* (1478 ; repris XIXᵉ ; du rad. de *adhésion*). Qui reste adhérent, collé après application. V. **Collant.** *Sparadrap, ruban adhésif*, enduit d'un produit qui le fait adhérer sans mouillage. *Subst. Un adhésif*, un tissu, un papier adhésif ; une substance permettant de coller des surfaces.

ADHÉSION [adezjɔ̃]. *n. f.* (1372 ; lat. *adhæsio*). ◆ 1° *Vx.* Adhérence. *Mod. (Phys.)* Force qui s'oppose à la séparation de deux corps mis en contact (attraction intermoléculaire). ◆ 2° *Fig.* Approbation réfléchie. V. **Accord, assentiment.** « *J'ai répondu à Copeau, lui apportant mon adhésion complète* » (GIDE). ◇ *Dr. intern.* Acceptation par un État des obligations que comporte un traité déjà conclu entre d'autres États. *L'adhésion d'un nouveau pays à ce pacte.* ◇ Action d'adhérer, de s'inscrire (une association, un parti). *Le parti a enregistré des adhésions massives.* ◈ ANT. *Opposition, refus; démission.*

AD HOC [adɔk]. *loc. adj.* (1765, jur. ; loc. lat. « à cet effet »). Parfaitement qualifié, expert en la matière. (*Souv. iron.*) *C'est l'homme ad hoc. Dr. Tuteur*, *curateur* ad hoc. *Juge ad hoc*, nommé spécialement pour son affaire. ◇ *Destiné* expressément à cet usage. « *Cela est contre les règlements, il faut un ordre ad hoc* » (STENDHAL).

AD HOMINEM [adɔminɛm]. *loc. adj.* (1623 ; express. lat. « vers l'homme »). *Argument ad hominem*, qui est dirigé contre la personne de l'adversaire et a une valeur toute particulière dans son cas (en lui opposant notamment ses actes ou ses déclarations). « *Toutes les billevesées de la métaphysique ne valent pas un argument ad hominem* » (DIDER.).

ADIABATIQUE [adjabatik]. *adj.* (1868 ; en all. v. 1850 ; du gr. *adiabatos* « qu'on ne peut traverser »). *Phys.* et *Météo.* Se dit des transformations qui s'effectuent sans échange de chaleur avec l'extérieur. *Détente adiabatique.* ◇ Relatif à une telle transformation. *Ligne adiabatique*, ligne conventionnelle représentant une telle transformation.

ADIABATISME [adjabatism(ə)]. *n. m.* (1877 ; de *adiabatique*). État d'un système qui ne transmet ni ne reçoit aucune quantité de chaleur.

ADIANTE [adjãt]. *n. m.* (1549 ; lat. d'o. gr. *adiantum*). Fougère dont de nombreuses variétés ornementales sont connues sous le nom de capillaires.

ADIAPHORÈSE [adjafɔʀɛz]. *n. f.* (1846 ; de *a-* 2 et du gr. *diaphorêsis* « transpiration »). *Pathol.* Diminution ou absence de transpiration. — *Dér.* ADIAPHORÉTIQUE [adjafɔʀetik] *adj.* et *n. m. Un adiaphorétique.*

ADIEU [adjø]. *interj.* et *n. m.* (XIIᵉ ; pour *à Dieu*). ◆ 1° *Interj.* Formule dont on se sert en prenant congé de qqn qu'on ne doit pas revoir de quelque temps (opposée à *au revoir*) ou même qu'on ne doit plus revoir (REM. Dans le Midi, se dit souvent pour *Bonjour* et *au revoir*). « *Adieu! je crois qu'en cette vie Je ne te reverrai jamais* » (MUSS.). *Dire adieu à qqn*, prendre congé de lui. ◇ Formule par laquelle on marque qu'une chose est perdue pour soi. « *Adieu veau, vache, cochon, couvée* » (LA FONT.). *Dire adieu à*, renoncer à, considérer comme perdu. ◆ 2° *N. m.* (1588). Fait de prendre congé, de se séparer de qqn. « *Elles échangèrent un adieu aimablement banal* » (R. ROLLAND). *Faire ses adieux à qqn. Un éternel adieu*, marquant une séparation définitive. ◇ *Fig.* « *C'est l'adieu brûlant de l'été, qui finit avec septembre* » (FROMENTIN).

À-DIEU-VA(T) ! [adjøva ; vat]. *loc. interj.* (1690 ; de *à, Dieu*, et impér. de *aller*). ◆ 1° *Vx (Mar.).* Commandement de virement de bord vent devant (manœuvre dangereuse qui justifiait cette formule solennelle), aujourd'hui remplacé par « *Envoyez !* ». ◆ 2° *Mod.* À la grâce de Dieu! Advienne que pourra!

ADIPEUX, EUSE [adipø, øz]. *adj.* (1503 ; du lat. *adeps, adipis* « graisse »). *Anat.* De nature graisseuse. *Cellule adipeuse*, formée par une mince membrane protoplasmique remplie d'une matière grasse. *Tissu adipeux*, tissu conjonctif où prédominent les cellules adipeuses. ◇ *Cour.* Gras. « *Son visage adipeux et plat* » (MART. du G.).

ADIPIQUE [adipik]. *adj.* (1865 ; d'apr. *adip[eux]*). *Chim.* Acide obtenu en traitant l'huile de ricin par l'acide azotique, et qui présente à un très haut degré le phénomène de sursaturation en solution aqueuse.

ADIPOLYSE [adipɔliz]. *n. f.* (1960 ; de *adipeux*, et -*lyse*). *Didact.* Dissolution des graisses par hydrolyse.

ADIPOPEXIE [adipɔpɛksi]. *n. f.* (déb. XXᵉ ; de *adipo-* « graisse », et gr. *pêxis* « fixation »). *Physiol.* Fixation des graisses dans les tissus adipeux.

ADIPOSE [adipoz]. *n. f.* (1878 ; de *adipeux*). *Pathol.* État morbide caractérisé par la surcharge graisseuse du tissu cellulaire. V. **Obésité.**

ADIPOSITÉ [adipozite]. *n. f.* (1869 ; de *adipeux*). Accumulation de graisse dans le tissu cellulaire sous-cutané, surtout lorsqu'elle est localisée à une certaine région (hanches, fesses, etc.). V. **Corpulence, embonpoint, lipome, obésité.**

ADIPSIE [adipsi]. *n. f.* (1834 ; du gr. *dupsa* « soif »). *Méd.* Diminution ou perte complète de la soif.

ADIRÉ, ÉE [adiʀe]. *adj.* (XVIIᵉ, dr.; de l'a. v. *adirer* « perdre » ; XIIᵉ, de la loc. *à dire* « qui manque »). *Dr. (Vieilli).* Perdu, égaré. *Un titre adiré.*

ADJACENT, ENTE [adʒasã, ãt]. *adj.* (1314 ; lat. *adjacens*, de *adjacere* « être situé auprès »). ◆ 1° Contigu, voisin. V. **Attenant, proche.** « *Qui sortant des maisons, qui des petites rues adjacentes* » (HUGO). ◆ 2° *Géom.* (1751) *Angles adjacents*, qui ont même sommet, un côté commun et sont situés de part et d'autre de ce côté.

ADJECTIF, IVE [adʒɛktif, iv]. *n. m.* et *adj.* (XIVᵉ ; lat. gram. *adjectivum*, trad. gr. *epithêton.* V. **Épithète**). I. *N. m.* Mot susceptible d'être adjoint directement (*épithète*) ou indirectement (*attribut*) au substantif avec lequel il s'accorde, pour exprimer une qualité (*qualificatif*) ou un rapport (*déterminatif*). *Degrés de comparaison et d'intensité de l'adjectif qualificatif.* V. **Comparatif, superlatif.** *Adjectifs-pronoms*, susceptibles d'être employés comme adjectifs et comme pronoms (possessifs, démonstratifs, interrogatifs, relatifs, indéfinis, numéraux). *Adjectif substantivé*, employé adverbialement. *Adjectif verbal*, participe présent adjectivé. II. *Adj.* (1853 ; *nom adjectif*, XIVᵉ). De la nature de l'adjectif, qui a une valeur d'adjectif. *Locution adjective.*

ADJECTIVAL, ALE, AUX [adʒɛktival, o]. V. **ADJECTIF, IVE.**

ADJECTIVEMENT [adʒɛktivmã]. *adv.* (XVᵉ ; de *adjectif*). Dans un emploi d'adjectif. *Substantif pris adjectivement.*

ADJECTIVER [adʒɛktive]. *v. tr.* (1843 ; de *adjectif*). Employer comme adjectif. *Participe présent adjectivé.*

ADJOINDRE [adʒwɛ̃dʀ(ə)]. *v. tr.; conjug.* joindre (XIIᵉ ; *adjungeat*, VIIIᵉ ; lat. *adjungere*). ◆ 1° Associer (une personne) pour aider, contrôler. « *Il leur a adjoint un bataillon de garde soldée* » (MICHELET). *Pronom.* (Réfl. indir.) *Il a dû s'adjoindre deux collaborateurs.* ◆ 2° (XIXᵉ ; repris de la fr.). Joindre, ajouter (une chose) à une autre. *Les anciens adjoignaient souvent un surnom à leur nom patronymique.*

ADJOINT, OINTE [adʒwɛ̃, wɛ̃t]. n. (1337; subst. du p. p. de *adjoindre*). Personne associée à une autre pour l'aider dans ses fonctions. V. **Aide, assistant, collaborateur.** Spécialt. *Adjoints au maire*, conseillers municipaux élus par leurs collègues pour assister le maire dans ses fonctions et au besoin le suppléer. Milit. *Adjoints de chancellerie.* — *Adjoints administratifs, techniques. Adjoint d'enseignement*, fonctionnaire chargé d'un service mixte de surveillance et d'enseignement. ◇ *Appos. Capitaine adjoint. Directeur adjoint.*

ADJONCTION [adʒɔ̃ksjɔ̃]. n. f. (XIVe; lat. *adjunctio*). Action d'adjoindre (une personne, une chose). V. **Accession, admission, association.** *Le parti a décidé l'adjonction de deux nouveaux membres au comité directeur.* ◇ *Chose adjointe*, addition.

ADJUDANT [adʒydɑ̃]. n. m. (1776; « aide de camp espagnol », 1671; esp. *ayudante*, de *ayudar* « aider »). Sous-officier qui, dans la hiérarchie des grades, vient au-dessus du sergent-major, et sert d'auxiliaire immédiat à l'officier responsable. V. **Juteux** *(pop.). Adjudant-chef* (1912), au-dessus de l'adjudant et en dessous de l'aspirant. — *Péj. Un adjudant*, un chef tatillon, autoritaire et borné. ◇ *Adjudant-major* (1883), officier du grade de capitaine chargé d'assister ou suppléer un officier supérieur.

ADJUDICATAIRE [adʒydikatɛʀ]. n. (1430; du rad. de *adjudication*). Bénéficiaire d'une adjudication. V. **Acquéreur.**

ADJUDICATEUR, TRICE [adʒydikatœʀ, tʀis]. n. (1823; du rad. de *adjudication*). Personne qui met en adjudication.

ADJUDICATIF, IVE [adʒydikatif, iv]. adj. (1534; de *adjudication*). Qui adjuge; relatif à l'adjudication. *Sentence adjudicative.*

ADJUDICATION [adʒydikasjɔ̃]. n. f. (1330; lat. jur. *adjudicatio*). ♦ 1° *Dr. civ.* Déclaration par laquelle le juge ou un officier public attribue au plus offrant un bien mis aux enchères; vente aux enchères. *Adjudication volontaire, judiciaire, forcée.* ♦ 2° *Adjudication administrative*, marché entre l'Administration et un particulier dans des conditions de publicité et de concurrence (l'Administration au plus offrant, ou achète à celui qui fait le rabais le plus intéressant en respectant le cahier des charges). *Adjudication de fournitures, de travaux publics.*

ADJUGER [adʒyʒe]. v. tr.; conjug. *bouger*. (*Ajuger*, XIIe; lat. *adjudicare*). ♦ 1° Attribuer par un jugement en faveur d'une partie. *Adjuger au demandeur ses conclusions*, rendre un jugement conforme à ses conclusions. ◇ *Par ext.* (1659) Décerner. *Adjuger un prix, une récompense.* — *Fam.* Donner. ◇ *Pronom. (Réfl. indir.)* S'attribuer, s'emparer de. *Comme toujours, il s'est adjugé la meilleure part.* ♦ 2° (XVIIe). Attribuer par adjudication (à l'enchérisseur, au soumissionnaire). *Ellipt.* (en vente publique) *Une fois, deux fois, trois fois, adjugé! vendu!*

ADJURATION [adʒyʀasjɔ̃]. n. f. (1488; lat. ecclés. *adjuratio*). ♦ 1° *Théol.* Commandement au nom de Dieu. *L'exorcisme est une des formes de l'adjuration.* ♦ 2° Demande au nom de Dieu, par un appel aux sentiments religieux. ◇ *Par ext.* Prière instante, supplication. *Il s'entêtait, malgré les adjurations de sa famille.*

ADJURER [adʒyʀe]. v. tr. (*Ajurer*, XIIIe; lat. *adjurare*). Commander ou demander à (qqn) en adressant une adjuration. « *J'adjure tout homme sincère de dire...* » (ROUSS.). V. **Supplier.**

ADJUVANT [adʒyvɑ̃]. n. m. (1834; adj. « qui aide », auxiliaire », XVIe; lat. *adjuvans*, p. prés. de *adjuvare* « aider »). ♦ 1° Médicament, traitement auxiliaire, destiné à renforcer ou compléter la médication principale. ◇ *Par anal.* Produit que l'on ajoute à un matériau pour l'améliorer. V. **Additif.** *Les adjuvants du béton.* ♦ 2° *Fig.* (Fin XIXe). Auxiliaire, stimulant. « *L'exemple personnel n'est pas un adjuvant nécessaire à l'influence de leurs idées* » (LOUYS).

ADJUVAT [adʒyva]. n. m. (1875; du lat. *adjuvare* « aider »). *Méd.* Fonction d'aide d'anatomie ou de chirurgie.

AD LIBITUM [adlibitɔm]. loc. adv. (1835; mots lat.). À volonté, au choix. *Mus.* (abrév. *ad lib.*) Au gré de l'exécutant.

AD LITEM [adlitɛm]. loc. adj. (1866; mots lat.). En vue d'un procès. *Mandat, provision ad litem.*

ADMETTRE [admɛtʀ(ə)]. v. tr.; conjug. *mettre* (XVe; *amettre*, XIIIe, sens inv. en a. fr.; lat. *admittere*). ♦ 1° Accepter de recevoir (qqn). V. **Accueillir, agréer.** *Admettre qqn à sa table.* « *Jusqu'à ce qu'il eût été admis à l'Académie* » (STE-BEUVE). — *Admettre qqn à siéger*, lui en reconnaître le droit. V. **Autoriser.** *Admis à faire valoir ses droits à la retraite.* ♦ 2° Considérer comme acceptable par l'esprit (par un jugement de réalité ou de valeur) « *Il admettra ou rejettera certains faits* » (VALÉRY). *Je n'admets pas vos raisons. C'est une chose communément admise.* « *Tous les peuples primitifs ont admis que le fou est habité par un démon* » (MAUROIS). ◇ Accepter à titre de simple hypothèse qu'on retient provisoirement. V. **Supposer.** « *En admettant que cela soit vrai en gros* » (MAUROIS). ♦ 3° *(Surtout en phrase négative).*

Accepter, permettre. *Il n'admet pas la discussion.* « *Il n'admettait point qu'elle osât le soupçonner* » (MAUPASS.). ◇ (Sujet de chose) Autoriser, permettre. V. **Souffrir.** *D'un ton qui n'admettait pas de réplique. Cette règle n'admet aucune exception-*V. **Comporter.** ♦ 4° Déclarer recevable en justice. *La chambre a admis le pourvoi.* ♦ 5° (XIXe). Laisser entrer. « *D'inextricables ruelles qui ne peuvent admettre de voitures* » (GAUTIER). *Les gaz sont admis dans le cylindre.* ◇ ANT. **Exclure, rejeter.**

ADMINICULE [adminikyl]. n. m. (1588; lat. *adminiculum*). ♦ 1° *Vx.* Appui, moyen auxiliaire. ◇ *Dr.* Élément, commencement de preuve. V. **Indice.** ♦ 2° (1740). Attribut, ornement d'une figure de médaille.

ADMINISTRATEUR, TRICE [administʀatœʀ, tʀis]. n. (XIIe; lat. *administrator*). ♦ 1° Personne chargée de l'administration d'un bien, d'un patrimoine. *Administrateur judiciaire*, désigné par la justice. V. **Liquidateur.** *Administrateur légal*, désigné par la loi. V. **Curateur, tuteur.** *Administrateur de société*, chargé de gérer les affaires sociales, dans une société anonyme. *Administrateur de la Comédie-Française*, qui préside le comité d'administration de la Comédie-Française. ◇ *Absolt.* Qui a les qualités requises par les tâches d'administration. *Un bon, un médiocre administrateur.* ♦ 2° Titre de certains fonctionnaires. ♦ Membre d'un conseil d'administration.

ADMINISTRATIF, IVE [administʀatif, iv]. adj. (1789; de *administration*). ♦ 1° Relatif, propre à l'Administration. *Les autorités administratives. Acte administratif*, émanant de ces autorités. *Droit* administratif. La fonction* administrative. La division administrative de la France* (départements, arrondissements, cantons, communes). ♦ 2° Chargé de tâches d'administration. *Directeur administratif.*

ADMINISTRATION [administʀasjɔ̃]. n. f. (XIVe; a(m)ministracion, v. 1200; lat. *administratio*). ♦ 1° *Dr. civ.* Action de gérer un bien, un ensemble de biens. *L'administration de la communauté. Administration légale* (des biens des mineurs ou incapables). *Administration d'une Société* (par un *conseil d'administration*). ◇ *Cour.* Action ou manière de gérer (des affaires privées ou publiques) « *Une administration intelligente et suivie* » (GIDE). ♦ 2° *(Sens précisé fin XVIIIe).* Fonction consistant à assurer l'application des lois et la marche des services publics conformément aux directives gouvernementales; ensemble des services et agents chargés de cette fonction (*l'Administration*). *L'administration du pays* (centrale, départementale, etc.). *L'administration des départements est confiée aux préfets. Entrer dans l'Administration.* V. **Fonction** (publique), **services** (publics), **agent.** *École Nationale d'Administration* (E.N.A.), formant depuis 1945 les fonctionnaires administratifs supérieurs. ◇ (1793) Service public, ensemble des fonctionnaires qui en sont chargés. *L'administration de l'Enregistrement, des Eaux et forêts, des Douanes.* ♦ 3° (XVIIe). Action de conférer (un sacrement), d'administrer (un remède). « *On ne lui permit de s'arrêter que le temps nécessaire à l'administration du dernier sacrement* » (CHATEAUB.).

ADMINISTRATIVEMENT [administʀativmɑ̃]. adv. (1838; de *administratif*). D'un point de vue administratif, par la voie administrative.

ADMINISTRÉ, ÉE [administʀe]. n. (1796; de *administrer*). Personne soumise à une autorité administrative. « *Messieurs et chers administrés* » (DAUD.): phrase de discours.

ADMINISTRER [administʀe]. v. tr. (*Aministrer*, XIIe; var. *amenistrer*, a. fr.; lat. *aministrare*). ♦ 1° Gérer en faisant valoir, en défendant les intérêts. V. **Le mari administre seul le biens de la communauté** » (CODE NAP.). ♦ 2° Assurer l'administration (d'un pays, une circonscription) en exerçant des fonctions de direction et de contrôle (qui ne sont pas d'ordre législatif ni gouvernemental). *Le maire administre la commune.* V. **Diriger.** ♦ 3° Conférer (un sacrement). « *Le prêtre qui administrait à Clovis le baptême* » (CHATEAUB.). *Par ext.* Administrer l'extrême-onction à. *Administrer un malade.* ◇ Faire prendre (un remède). « *Il s'agit d'administrer quelque puissant antidote* » (FLAUB.). ◇ Produire (une preuve) en justice. ◇ *Fam.* (XIXe) Donner, flanquer (des coups). « *Administrer une pile à n'importe qui* » (FLAUB).

ADMIRABLE [admiʀabl(ə)]. adj. (XIIe; lat. *admirabilis*). ♦ 1° *Vx* ou *litt.* Étonnant. « *C'est une chose admirable, que tous les grands hommes ont quelque petit grain de folie* » (MOL.). *Subst.* (neutre) « *L'admirable, c'est qu'autour de lui on faisait cercle* » (GIDE). ♦ 2° D'une beauté, d'une qualité digne d'admiration. V. **Beau, merveilleux.** « *Le visage est laid, mais le torse admirable* » (GIDE). *Un portrait admirable de vérité.* Iron. « *Admirable résultat du racisme* » (DUHAM.). ◇ ANT. **Horrible, laid.**

ADMIRABLEMENT [admiʀabləmɑ̃]. adv. (XVe; de *admirable*). D'une manière admirable, merveilleuse. V. **Merveilleusement, parfaitement.** « *Comment Wagner ne comprendrait-il pas admirablement le caractère sacré du mythe?* » (BAUDEL.). « *Une rivière aux eaux admirablement claires* » (GIDE).

ADMIRATEUR, TRICE [admiʀatœʀ, tʀis]. *n.* (1537; lat. *admirator*). Personne qui admire (un être, une œuvre). « *Cet admirateur à la fois passionné, lucide, dont nul écrivain ne se passe sans dommage* » (MAURIAC). *C'est encore une de vos admiratrices.* ◇ ANT. *Contempteur.*

ADMIRATIF, IVE [admiʀatif, iv]. *adj.* (1370; bas lat. *admirativus*). ♦ 1° Qui est en admiration (devant qqn, un spectacle). *Les touristes s'arrêtaient, admiratifs.* ♦ 2° Qui marque l'admiration. V. **Émerveillé**. *Regard admiratif.* ◇ ANT. *Méprisant.*

ADMIRATION [admiʀɑsjɔ̃]. *n. f.* (XIIe; lat. *admiratio*). ♦ 1° Étonnement devant qqch. d'extraordinaire ou d'imprévu. ♦ 2° Sentiment de joie et d'épanouissement devant ce qu'on juge supérieurement beau ou grand. V. **Émerveillement, enthousiasme, ravissement**. « *Il y a dans l'admiration on ne sait quoi de fortifiant* » (HUGO). *Être saisi, transporté d'admiration.* « *Avec curiosité et intérêt, et bientôt avec admiration* » (STE-BEUVE). *Exciter, soulever l'admiration. Son courage fait l'admiration de tout le monde. Il était en admiration devant ce tableau.* Fam. *Elle est en admiration devant son gosse.* ◇ Vx. Objet de ce sentiment. « *Il devient l'admiration de la superbe Ninive* » (MASSILLON).

ADMIRATIVEMENT [admiʀativmɑ̃]. *adv.* (1866; *admiratif*). Avec admiration, un air admiratif.

ADMIRER [admiʀe]. *v. tr.* (*Amirer*, XIVe; lat. *admirari*). ♦ 1° Vx. Considérer avec étonnement. ♦ 2° Contempler avec admiration, avoir de l'admiration pour (ce qui est beau, grand). V. **Extasier** (s'), **enthousiasmer** (s'), **goûter**. « *Nous aimons toujours ceux qui nous admirent* » (LA ROCHEF.). « *Admirons les grands maîtres, ne les imitons pas* » (HUGO). « *On les admire d'y voir si clair* » (BILLY). Pronom. « *Les portraits de Saint-Simon écrits par lui sans qu'il s'admire* » (PROUST). ◇ Iron. *J'admire votre confiance.* ◇ ANT. *Dédaigner, mépriser.*

ADMISSIBILITÉ [admisibilite]. *n. f.* (1789; de *admissible*). Fait d'être admissible. *L'admissibilité aux emplois, à la fonction publique.* ◇ (Scol.; fin XIXe) *Liste d'admissibilité. Dans les concours, l'admissibilité n'est pas acquise.*

ADMISSIBLE [admisibl(ə)]. *adj.* (1453; lat. médiév. *admissibilis*). ♦ 1° Vieilli. Que l'esprit peut admettre, qui est recevable. ◇ Mod. (surtout négatif) Tolérable, supportable. *Cela n'est pas admissible.* V. **Inadmissible**. ♦ 2° Qui peut être admis (à un emploi). « *Tous les citoyens sont également admissibles à toutes dignités, places et emplois publics* » (DÉCLAR. DR. HOM.). Spécialt. (1885) Admis (après correction des premières épreuves, de l'écrit) à subir les épreuves définitives, l'oral d'un examen. *Candidat déclaré admissible.* Subst. *Liste des admissibles.* ◇ ANT. *Inadmissible, irrecevable; ajourné, refusé.*

ADMISSION [admisjɔ̃]. *n. f.* (1539; lat. *admissio*). ♦ 1° Action d'admettre (qqn), fait d'être admis. *J'ai envoyé au président du club ma demande d'admission.* « *L'admission dans les écoles spéciales* » (RENAN). ♦ 2° (XVIIIe). Action d'admettre en justice. *Admission, arrêt d'admission de pourvoi.* ◇ (Douanes) Action de laisser entrer certaines marchandises. *Admission en franchise, temporaire.* ♦ 3° (Mil. XIXe). Fait de laisser entrer (un gaz). *Régler l'admission de la vapeur.* Spécialt. Entrée des gaz dans le cylindre, constituant le premier temps du cycle d'un moteur à explosion.

ADMITTANCE [admitɑ̃s]. *n. f.* (1933; mot angl., du lat. *admittere* « admettre »). Grandeur inverse de l'impédance totale d'un circuit électrique ou de l'impédance équivalente d'un conducteur inséré dans un circuit de courant alternatif. *L'unité d'admittance est le siemens.*

ADMIXTION [admikstjɔ̃]. *n. f.* (XVIe; lat. *admixtio*). Didact. Addition avec mélange.

ADMONESTATION [admɔnɛstasjɔ̃]. *n. f.* (*Amonestation* XIIIe; repris XIXe). Action d'admonester, avertissement sévère. V. **Réprimande, remontrance, semonce**. « *Ses admonestations, ses menaces, ses réprimandes* » (GIDE).

ADMONESTER [admɔnɛste]. *v. tr.* (*Amonester*, XIIe; également *monester*, a. fr.; lat. pop. °*admonestare*, du lat. *monere* « avertir »). Réprimander sévèrement (sans condamner, mais en avertissant de ne pas recommencer). *Le juge s'est contenté d'admonester le prévenu.*

ADMONITION [admɔnisjɔ̃]. *n. f.* (*Amonition*, XIIe; lat. *admonitio*). Admonestation (de l'autorité judiciaire ou ecclésiastique). ◇ Littér. Réprimande, avertissement sévère. « *Enclin à regimber contre les admonitions maternelles* » (GIDE).

A.D.N. [adeɛn]. *n. m.* (v. 1960). Abrév. de Acide désoxyribonucléique* (D.N.A. dans la terminologie anglo-saxonne).

ADNÉ, ÉE [adne]. *adj.* (1801; lat. *adnatus* « qui est né, a poussé sur »). Bot. Qui est soudé, adhère à une autre partie, un autre organe).

ADOLESCENCE [adɔlesɑ̃s]. *n. f.* (XIIIe; lat. *adolescentia*). Âge qui succède à l'enfance (environ de 12 à 18 ans chez les filles, 14 à 20 ans chez les garçons), immédiatement après la crise de la puberté. « *La plus délicate des transitions,*

l'adolescence, le commencement d'une femme dans la fin d'un enfant » (HUGO).

ADOLESCENT, ENTE [adɔlesɑ̃, ɑ̃t]. *n.* (XIVe; lat. *adolescens*). Jeune garçon, jeune fille à l'âge de l'adolescence. V. **Éphèbe, jouvenceau**. « *Les adolescents écartelés entre l'appel de la Chair et la terreur du Péché* » (MAUROIS).

1. **ADONIS** [adɔnis]. *n. m.* (XVIIIe; de *Adonis*, héros mythologique célèbre par sa beauté). ♦ 1° Jeune homme d'une grande beauté. « *Il faut être un Adonis pour se faire peindre* » (FRÉDÉRIC II). ♦ 2° (1839). Beau papillon diurne, du genre lycène.

2. **ADONIS** [adɔnis]. *n. f.* (1615; de *Adonis*, dont le sang, quand il fut tué à la chasse, aurait teinté cette fleur). Plante herbacée (*Renonculacées*), aux fleurs d'un rouge éclatant.

ADONNER [adɔne]. *v. intr.* Mar. En parlant du vent, Tourner en permettant au bateau d'adopter une allure plus arrivée* sans changer de cap. V. **Refuser**.

ADONNER (S') [adɔne]. *v. pron.* (XIIe; lat. pop. °*addonare*, de *donare*. V. **Donner**). S'appliquer avec constance à (une activité, une pratique). « *Elle s'était adonnée passionnément à l'étude* » (LOTI). *Un individu adonné à la boisson.* ◇ ANT. *Abandonner, détourner (se).*

ADOPTANT, ANTE [adɔptɑ̃, ɑ̃t]. *adj. et n.* (1728; de *adopter*). Qui adopte légalement quelqu'un.

ADOPTER [adɔpte]. *v. tr.* (XIVe; lat. *adoptare*). ♦ 1° Prendre légalement (Cf. Adoption) pour fils ou pour fille. *C'est un enfant qu'ils ont adopté.* ◇ Par ext. (XVIIe) Traiter comme son propre enfant, reconnaître comme apparenté d'esprit, de goût. « *Elle avait été très vite adoptée par ce monde de savants* » (MAUROIS). ♦ 2° Fig. (déb. XVIIIe). Faire sien en choisissant, en décidant de suivre. V. **Approuver, choisir, embrasser, suivre**. « *L'âpreté avec laquelle il soutenait les opinions qu'il avait une fois adoptées* » (BARRÈS). « *Adopter le langage et les coutumes de la Turquie* » (LOTI). Spécialt. Approuver par un vote. *L'Assemblée a adopté le projet de loi.* ◇ ANT. *Abandonner, rejeter.*

ADOPTIF, IVE [adɔptif, iv]. *adj.* (XIIe; lat. *adoptivus*). Qui est par adoption, résulte d'une adoption. *Père, fils adoptif. Filiation, famille adoptive. Légitimation* adoptive. ◇ Par ext. D'adoption. *C'est sa patrie adoptive.*

ADOPTION [adɔpsjɔ̃]. *n. f.* (XIIIe; lat. *adoptio*). ♦ 1° Action d'adopter (qqn), acte juridique établissant entre deux personnes (l'*adoptant* et l'*adopté*) des relations de droit analogues à celles qui résultent de la paternité et de la filiation. *Adoption plénière* (rupture des liens avec la famille d'origine) et *adoption simple* (laissant subsister des liens avec la famille d'origine). V. **Légitimation**. ◇ (1681) *D'adoption :* qu'on a adopté, qu'on reconnaît pour sien. *La France est devenue sa patrie d'adoption.* ♦ 2° (1798). Action d'adopter (qqch. qu'on approuve, qu'on choisit de suivre). *L'Angleterre s'est prononcée pour l'adoption du système métrique. Adoption d'un projet de loi.*

ADORABLE [adɔʀabl(ə)]. *adj.* (XIVe; bas lat. *adorabilis*). ♦ 1° Digne d'être adoré. « *Péché contre l'adorable bonté divine* » (SARTRE). ♦ 2° (XVIIe; mot précieux). Digne d'être aimé passionnément. « *Mais j'aime tout de bon l'adorable Henriette* » (MOL.). Par exagér. Extrêmement aimable et gracieux. V. **Charmant, exquis**. « *Il vit une adorable petite femme brune* » (ZOLA). « *D'adorables senteurs d'orangers* » (DAUD.). *Un adorable petit chien.*

ADORABLEMENT [adɔʀabləmɑ̃]. *adv.* (v. 1830; de *adorable*). D'une manière adorable, exquise. « *Vous êtes adorablement bien mise* » (BALZ.).

ADORATEUR, TRICE [adɔʀatœʀ, tʀis]. *n.* (XVe; lat. ecclés. *adorator*). ♦ 1° Personne qui adore, rend un culte à (une divinité). *Les Incas étaient des adorateurs du Soleil.* ♦ 2° Amoureux empressé. « *Volage adorateur de mille objets divers* » (RAC.).

ADORATION [adɔʀɑsjɔ̃]. *n. f.* (XIVe; lat. *adoratio*). ♦ 1° Relig. Action d'adorer. V. **Culte, latrie**. « *Les Bénédictines de l'adoration perpétuelle du Saint-Sacrement* » (HUGO). ♦ 2° Amour fervent, culte passionné. « *Son respect pour elle allait jusqu'à l'adoration* » (BALZ.). *Il est en adoration devant elle, lui voue une véritable adoration.* ◇ ANT. *Haine, mépris.*

ADORER [adɔʀe]. *v. tr.* (XIIe; lat. *adorare*). ♦ 1° Rendre un culte (Théol., un culte de latrie) à (Dieu, une divinité, un symbole divin). « *Zeus a commencé par être celui qu'on adore au sommet des montagnes* » (BERGSON). *Adorer le veau* d'or. Brûler ce qu'on a adoré.* ♦ 2° Aimer d'un amour ou d'une affection passionnée. V. **Idolâtrer**. « *C'est peu de dire aimer, Elvire, je l'adore* » (CORN.). « *Sa fille qu'il adorait* » (R. ROLLAND). *Elle est adorée de ses enfants.* ◇ Fam. Avoir un goût très vif pour (qqch.), d'une manière vive. « *Comment peut-on ne pas adorer les cloîtres?* » (MAUPASS.). *Des fraises à la crème! j'adore ça.* ◇ ANT. *Détester.*

ADOS [ado]. *n. m.* (XVIIe; a. fr. « soutien, appui ». V. *adosser*). Talus de terre rapportée, destiné à protéger les cultures (notamment les primeurs) contre les intempéries.

ADOSSEMENT [adosmɑ̃]. *n. m.* (1432; de *adosser*). État de ce qui est adossé.

ADOSSER [adose]. *v. tr.* (XIIᵉ; de *a*-1, et *dos*). Appuyer en mettant le dos, la face postérieure contre. *Un petit bâtiment qu'on adossera au mur.* « *Le théâtre était adossé à la citadelle* » (CHATEAUB.). *Pronom.* S'appuyer en mettant le dos contre. *Il s'assied par terre et s'adosse à la barrière.* — Être appuyé contre. « *Mon berceau s'adossait à la bibliothèque* » (BAUDEL.).

ADOUBEMENT [adubmã]. *n. m.* (XIIᵉ; de *adouber*). Au moyen âge, Cérémonie au cours de laquelle le jeune noble était fait chevalier, recevait des armes et un équipement (nommé aussi *adoubement*, plus tard remplacé par l'armure).

ADOUBER [adube]. *v. tr.* (1080; frq. °*dubban* « frapper », parce que le futur chevalier recevait de son parrain un coup sur la nuque). ♦ 1° Armer chevalier par la cérémonie de l'adoubement. ♦ 2° *Par ext.* (1752; du sens de « équiper, arranger », en a. fr.). Aux échecs, remettre en place une pièce déplacée par accident, ou déplacer provisoirement une pièce, sans jouer le coup. *J'adoube*, formule employée pour avertir le partenaire que le coup n'est pas joué.

ADOUCIR [adusiʀ]. *v. tr.* (XIIᵉ; de *a*-1, et *doux*). ♦ 1° Rendre plus doux, plus agréable aux sens. *Mettez un peu de lait dans la sauce.* « *Un épais brouillard adoucissait les tons des verdures* » (GIDE). V. **Atténuer**, **édulcorer**. « *Une voix suraiguë qu'elle cherchait vainement à adoucir* » (ALAIN-FOURNIER). *Produits pour adoucir la peau.* *Pronom.* « *Les vins s'adoucissent avec le temps* » (FRANCE). — *Spécialt.* Opérer l'adoucissage, l'adoucissement de. *Adoucir l'eau.* ♦ 2° *Fig.* Rendre moins rude, moins violent. V. **Corriger**, **modérer**. *La musique adoucit les mœurs.* « *Elle désarmait les colères, adoucissait les aspérités* » (STE-BEUVE). « *En adoucissant ce que son visage avait d'un peu fier* » (DAUD.). ◈ ANT. **Aggraver**, **irriter**.

ADOUCISSAGE [adusisaʒ]. *n. m.* (1723; de *adoucir*). ♦ 1° Opération consistant à polir (une glace, une pierre taillée, un marbre) de façon à réaliser une surface unie. ♦ 2° (1752). *Text.* Traitement destiné à éclaircir les couleurs.

ADOUCISSANT, ANTE [adusisã, ãt]. *adj.* (1698; de *adoucir*). *Pharm.* Qui calme les irritations superficielles. V. **Lénitif**. *Huile adoucissante.* ◈ ANT. **Irritant**.

ADOUCISSEMENT [adusismã]. *n. m.* (XVᵉ; de *adoucir*). ♦ 1° Action d'adoucir, fait de s'adoucir. *On s'attend à un adoucissement de la température.* *Spécialt. Adoucissement de l'eau*, élimination des sels (de calcium, fer, etc.) qui la rendent dure. *Adoucissement de l'essence, des lampants*, procédé de raffinage destiné à éliminer les mercaptans. ♦ 2° *Fig.* Soulagement, atténuation. « *Apporter de l'adoucissement à mes peines* » (CHATEAUB.). ◈ ANT. **Aggravation**.

ADOUCISSEUR [adusisœʀ]. *n. m.* (1797; de *adoucir*). ♦ 1° Ouvrier spécialisé dans l'adoucissage. *Adoucisseur de pièces d'horlogerie.* ♦ 2° *Néol.* Appareil servant à adoucir l'eau.

AD PATRES [adpatʀɛs]. *loc. adv.* (XVIᵉ; mots lat. « vers les pères, les ancêtres »). *Fam. Envoyer ad patres*, envoyer dans l'autre monde, tuer.

ADRAGANTE [adʀagãt]. *n. f.* (XVIᵉ; altér. de *tragacanthe*, lat. d'o. gr. *tragacantha*, désignant l'arbrisseau épineux (Cf. **Acanthe**), d'où découle cette gomme). Gomme qui exsude d'arbrisseaux du genre astragale, utilisée en pharmacie, pour l'apprêt des tissus. REM. On dit aussi *gomme adragante*, ou *gomme d'adragant*.

ADRÉNALINE [adʀenalin]. *n. f.* (1902; en angl. 1901; de *ad*- (V. *a*-1), et *rénal*). Hormone sécrétée essentiellement par la glande médullo-surrénale, qui agit comme vasoconstricteur sur la circulation périphérique, comme régulateur de la musculature lisse (action comparable à celle de l'excitation du système orthosympathique) et comme « hormone d'urgence » dans diverses agressions (V. **Stress**).

ADRESSAGE [adʀesaʒ]. *n. m.* (1968; de *adresser*). *Inform.* Procédé par lequel est définie l'adresse* (3°) d'une donnée sur un support. — Création ou exploitation d'une adresse.

1. ADRESSE [adʀɛs]. *n. f.* (1547; *adrece* « droit chemin, direction », XIIIᵉ; d'où « voie, moyen » et « indication, renseignement », XVᵉ; de *adresser*). ♦ 1° Indication du nom et du domicile d'une personne. *Écrivez lisiblement votre adresse. J'ai oublié de mettre l'adresse sur l'enveloppe.* V. **Suscription**. *Un carnet d'adresses. Il m'a donné une bonne adresse*, l'adresse d'un bon restaurant, d'un bon fournisseur. « *La dame est partie, en me laissant d'adresse* » (DUHAM.). ◇ *À l'adresse de*, à l'endroit de, à l'intention de. « *Tous les mensonges qu'un monde indulgent multiplie à mon adresse* » (ZOLA). ♦ 2° (1798; « requête au roi d'Angleterre », 1687; angl. *address*, du fr.). Expression des vœux et des sentiments d'une assemblée politique, adressée au souverain. *L'adresse des 221 en réponse au discours du trône de Charles X.* ♦ 3° Signe (mot, formule) sous lequel est classée une information. *Les mots de la nomenclature d'un dictionnaire sont des adresses.* V. **Entrée**. ◇ *Inform.* Expression numérique ou littérale représentant un emplacement de mémoire dans un ordinateur et permettant d'y retrouver une information. *Relations entre adresses.* V. **Instruction**.

2. ADRESSE [adʀɛs]. *n. f.* (1547; de l'a. fr. *adrece* « bonne direction » (V. **Adresse** 1), et avec infl. de *adroit*). ♦ 1° Qualité physique d'une personne qui fait les mouvements les mieux adaptés à la réussite de l'opération (jeu, travail, exercice). V. **Dextérité**, **habileté**. *L'adresse d'un jongleur, d'un joueur de basket.* « *Une adresse de singe à se rattraper des mains, des pieds* » (ZOLA). *Jeux d'adresse. Tours d'adresse.* V. **Escamotage**, **jonglerie**, **prestidigitation**. ♦ 2° Qualité d'une personne qui sait s'y prendre, manœuvrer comme il faut pour obtenir un résultat. V. **Art**, **diplomatie**, **doigté**, **finesse**, **habileté**, **ruse**. « *Elle est d'une adresse à désespérer un diplomate* » (BALZ.). ◈ ANT. **Gaucherie**, **maladresse**.

ADRESSER [adʀese]. *v. tr.* (déb. XVᵉ; *adrecier*, XIIᵉ; « dresser, redresser, diriger » en a. fr. et jusqu'au XVIIᵉ; de *a*-1, et *dresser*). ♦ 1° Émettre (des paroles) en direction de qqn. « *La question que lui adressait la cantinière* » (STENDHAL). « *Jamais ils ne m'ont adressé la parole* » (BOSCO). « *Le reproche qu'on m'adresse* » (RENAN). *Adresser un compliment, une critique à qqn.* ♦ 2° (XVIᵉ). Envoyer en direction de qqn. *Il a paré le coup que son adversaire lui adressait.* ◇ Faire parvenir à l'adresse de qqn. *La dernière lettre que vous m'avez adressée. Spécialt.* Envoyer en dédiant (un ouvrage). ♦ 3° Diriger (qqn) vers la personne qui convient. *Le médecin m'a adressé à un spécialiste.* ♦ 4° V. **pron.** S'ADRESSER À (qqn) : lui parler; aller le trouver, avoir recours à lui. « *Tu peux appeler le type à qui tu t'adresses : Monsieur le Président* » (DUHAM.). *Je ne peux pas vous renseigner, adressez-vous à la concierge. Fig. « Lamennais s'adresse au cœur* » (HUGO), fait appel au cœur, cherche à le toucher. ◇ *(Sujet de chose)* Être adressé. « *C'est à vous, s'il vous plaît, que ce discours s'adresse* » (MOL.). *Le public auquel ce livre, ce film s'adresse*, qu'il veut toucher.

ADRET [adʀɛ]. *n. m.* (1927, géogr.; vx mot dial. du Sud-Est, a. prov. *adrech*, var. de *adroit* (n. m.) « endroit, bon côté »; de *droit*). Versant exposé au soleil, en pays montagneux. ◈ ANT. **Ubac**.

ADROIT, OITE [adʀwa, wat]. *adj.* (XIIᵉ; de *a*-1, et *droit*). ♦ 1° Qui a de l'adresse dans ses activités physiques. *Tireur, ouvrier adroit. Un enfant très adroit de ses mains.* ♦ 2° Qui se conduit, manœuvre avec adresse. V. **Habile**, **ingénieux**, **rusé**. *Un négociateur adroit.* ◇ Qui marque de l'adresse. « *Répondre avec d'adroits ménagements* » (MICHELET). ◈ ANT. **Gauche**, **maladroit**.

ADROITEMENT [adʀwatmã]. *adv.* (XIIᵉ; de *adroit*). Avec adresse. « *Des insectes rares qu'il préparait adroitement avant de les fixer* » (MAC ORLAN). ◇ Habilement, astucieusement. *Présenter adroitement sa défense.*

ADSORBANT [atsɔʀbã]. *n. m.* (1928; de *adsorber*). *Sc.* Corps pouvant réaliser l'adsorption.

ADSORBER [atsɔʀbe]. *v. tr.* (1907; lat. *ad* « sur », et rad. de *absorber*). *Sc.* Retenir, fixer par adsorption.

ADSORPTION [atsɔʀpsjɔ̃]. *n. f.* (1907; lat. *ad* « sur »; et rad. de *absorption*). *Sc.* Rétention à la surface d'un solide (dit *adsorbant*) des molécules d'un gaz ou d'une substance en solution ou en suspension.

ADSTRAT [adstʀa]. *n. m.* (mil. XXᵉ; du lat. *ad*-, et rad. de *substrat*). *Ling.* Ensemble de faits linguistiques concordants qui apparaissent sur un territoire dans plusieurs systèmes linguistiques, et qui correspondent à des échanges d'influences.

ADULATEUR, TRICE [adylatœʀ, tʀis]. *n.* (1370; lat. *adulator*). *Littér.* Personne qui flatte bassement, courtisan servile. V. **Flagorneur**, **flatteur**. *Adj.* (Rare) « *Des dédicaces adulatrices* » (LAMART.).

ADULATION [adylasjɔ̃]. *n. f.* (XIIᵉ; lat. *adulatio*). *Vieilli.* Flatterie servile. V. **Flagornerie**. ◇ Louange, admiration excessive. « *Un besoin d'adulation* » (N. SARRAUTE).

ADULER [adyle]. *v. tr.* (fin XIVᵉ; lat. *adulari*). ♦ 1° *Vieilli.* Flatter bassement, en courtisan servile. V. **Encenser**, **flagorner**. « *Vous adulez bassement le souverain pendant sa vie* » (DIDER.). ♦ 2° *Par ext.* (mil. XIXᵉ). Combler de louanges, de témoignages d'admiration. V. **Choyer**, **fêter**. « *Recherché, adulé par la société la plus choisie* » (PROUST). ◈ ANT. **Critiquer**, **honnir**.

ADULTE [adylt(ə)]. *adj.* (1394; lat. *adultus*, p. p. de *adolescere* « grandir »). Se dit d'un être vivant qui est parvenu au terme de sa croissance. *Animal, plante adulte. Âge adulte*, chez l'homme, de la fin de l'adolescence au commencement de la vieillesse. V. **Mûr**. *Fig.* « *Les ressources du cinéma arrivé à l'âge adulte* » (ROMAINS). ◇ *Subst.* Homme, femme adulte. « *L'indifférence des enfants à l'égard des adultes* » (MAURIAC). *Cours d'adultes*, pour les personnes qui ont dépassé l'âge scolaire.

ADULTÉRATION [adylteʀasjɔ̃]. *n. f.* (1374; lat. *adulteratio*). *Vx.* Altération, falsification.

1. ADULTÈRE [adylteʀ]. *adj.* (XIIᵉ; lat. *adulter*). Coupable d'adultère. V. **Infidèle**. *La femme adultère de l'Évangile.* *Subst.* « *La future adultère va demander secours à l'Église* »

(BAUDEL.). ◊ Par ext. *Un amour adultère*. « *Des désirs adultères* » (FLAUB.).

2. ADULTÈRE [adyltɛʀ]. *n. m.* (XIIᵉ; lat. *adulterium*). Fait d'avoir volontairement des rapports sexuels en dehors des liens du mariage. V. **Infidélité**. « *La femme pourra demander le divorce pour cause d'adultère de son mari* » (CODE CIV.).

ADULTÉRER [adyltere]. *v. tr.; conjug. céder*. (XVIᵉ; « commettre un adultère », XIVᵉ; lat. *adulterare*). *Vx.* Altérer, falsifier. « *Beauté de ce tissage que rien ne vient adultérer* » (GIDE).

ADULTÉRIN, INE [adyltereῖ, in]. *adj.* (XIVᵉ; lat. *adulterinus*). *Dr.* Né d'un adultère. *Enfants adultérins*.

ADULTISME [adyltism(ə)]. *n. m.* (1960; de *adulte*, et suff. *-isme*). *Psycho.* Caractère du comportement adulte. ◊ ANT. *Infantilisme*.

AD USUM DELPHINI [adyzɔmdɛlfini]. *loc. adj.* (1866; mots lat. « à l'usage du Dauphin »). Se dit des éditions expurgées des classiques latins que Louis XIV fit imprimer à l'usage du Dauphin. — Par ext. *Iron.* Se dit d'un texte expurgé.

AD VALOREM [advalɔʀɛm]. *loc. adj.* (1866; mots lat. « suivant la valeur »). *Douanes.* Se dit de droits proportionnels à la valeur d'une marchandise. ◊ ANT. *Spécifique.*

ADVECTION [advɛksjɔ̃]. *n. m.* (mil. XXᵉ; lat. *advectio* « transport »). *Didact.* ◆ 1° Déplacement d'une masse d'air dans le sens horizontal. V. **Convection**. ◆ 2° Processus de transport des propriétés d'une eau, résultant de son mouvement moyen, horizontal ou vertical.

ADVENIR [advəniʀ]. *v. intr.; conjug. venir,* infin. et 3ᵉ pers. seulement (1209; réfect. a. fr. *avenir;* lat. *advenire*). *Mod.* (impersonnel). Arriver, survenir. « *Quoi qu'il advint, elle partirait* » (MART. du G.). « *Il advient le plus souvent que...* » (GIDE). Loc prov. *Advienne que pourra,* qu'il en résulte ceci ou cela (j'en accepte toutes les conséquences).

ADVENTICE [advãtis]. *adj.* et *n. f.* (1767; « adventif », dr., 1751; *a(d)ventis,* XIIᵉ; lat. *adventicius*). I. *Adj.* ◆ 1° *Philo.* (Idée). Qui n'est pas inné, qui vient des sens. ◆ 2° *Bot.* Qui n'a pas été semé. *Plantes adventices,* mauvaises herbes. ◊ Qui est étranger et introduit dans une nouvelle contrée. ◆ 3° *Fig.* (XIXᵉ). Qui ne fait pas naturellement partie de la chose, qui s'ajoute accessoirement. « *Elle avait encombré sa vie de maintes préoccupations adventices* » (GIDE). II. N. f. *Anat.* Tunique externe d'un vaisseau ou d'un conduit.

ADVENTIF, IVE [advãtif, iv]. *adj.* (XVIᵉ; *aventif,* XIIᵉ; lat. *adventicius,* avec substit. de suff.). ◆ 1° *Vx (Dr.).* Qui ne vient pas par succession directe. ◆ 2° (1853). *Bot.* Qui pousse sur un point où on ne trouve pas d'organe de même nature. *Racines, bourgeons adventifs.* ◆ 3° *Géol.* Cône *adventif* : cône volcanique annexe qui s'édifie sur la pente d'un volcan à partir d'un centre d'éruption secondaire.

ADVENTISTE [advãtist(ə)]. *n.* (fin XIXᵉ; anglo-amér. *adventist,* de *advent* « avènement », lat. *adventus*). Membre d'un mouvement religieux évangélique, né aux États-Unis, qui attend un second avènement du Messie. — Adj. *L'Église adventiste du septième jour.*

ADVERBE [advɛʀb(ə)]. *n. m.* (XVᵉ; *averbe,* XIIIᵉ; lat. *adverbium*). Mot invariable ajoutant une détermination à un verbe, un adjectif, un adverbe, ou une phrase. *Adverbes de lieu, de temps, de quantité, de manière, d'affirmation, de négation, d'interrogation.*

ADVERBIAL, ALE, AUX [advɛʀbjal, o]. *adj.* (1550; bas lat. *adverbialis*). Qui a le caractère de l'adverbe. *Emploi adverbial d'un adjectif. Locution adverbiale.*

ADVERBIALEMENT [advɛʀbjalmã]. *adv.* (1647; de *adverbial*). De façon adverbiale. *Adjectif pris adverbialement.*

ADVERSAIRE [advɛʀsɛʀ]. *n.* (XIIᵉ; fém., XIXᵉ; lat. *adversarius*). Personne qui est opposée à une autre dans un combat, un conflit, une compétition, un litige, un procès. V. **Antagoniste, concurrent, contradicteur, ennemi, rival.** « *Un adversaire à sa mesure* » (DUHAM.). « *Ne cherchant pas à convaincre l'adversaire* » (GIDE). ◊ Personne hostile à (une doctrine, une pratique). « *Les adversaires du matérialisme* » (BERGSON). ◊ ANT. *Allié, ami, partenaire; partisan.*

ADVERSATIF, IVE [advɛʀsatif, iv]. *adj.* (*Aversatif,* 1550; bas lat. *adversativus*). *Ling.* Qui marque une opposition. *Conjonction adversative.*

ADVERSE [advɛʀs(ə)]. *adj.* (XVᵉ; *averse,* 1080; lat. *adversus*). *Littér.* Opposé, contraire. « *La France est divisée en deux blocs adverses* » (DUHAM.). *Cour.* (Dr.) *Partie adverse,* contre laquelle on plaide. ◊ ANT. *Allié, ami.*

ADVERSITÉ [advɛʀsite]. *n. f.* (XIIᵉ; lat. ecclés. *adversitas*). *Littér.* Sort contraire. V. **Fatalité**. « *Il s'était roidi contre l'adversité* » (HUGO). ◊ Situation malheureuse de celui qui a éprouvé des revers. V. **Malheur, malchance.** « *Il est possible d'être homme même dans l'adversité* » (SARTRE). ◊ ANT. *Bonheur, chance, prospérité.*

AD VITAM ÆTERNAM [advitametɛʀnam]. *loc. adv.*

(1866; mots lat. « pour la vie éternelle »). *Fam.* Pour toujours, à perpétuité. *On ne va pas rester ici ad vitam æternam!*

ADYNAMIE [adinami]. *n. f.* (1808; gr. *adunamia*). *Méd.* Extrême faiblesse musculaire qui accompagne certaines maladies. V. **Asthénie**.

AÈDE [aɛd]. *n. m.* (1841; gr. *aoidos* « chanteur »). Poète épique et récitant, dans la Grèce primitive. *Homère a été le plus grand et le dernier des aèdes.*

ÆGAGROPILE ou **ÉGAGROPILE** [egagʀɔpil]. *n. m.* (1762, *égagropile;* du gr. *aigagros* « chèvre sauvage », et *pilos* « balle de laine foulée »). *Didact.* Bézoard* formé de poils.

ÆGOSOME [egozom]. *n. m.* (1845; lat. zool. *ægosoma,* du gr. *aix, aigos* « chèvre », et *sôma* « corps »). Insecte coléoptère à antennes rugueuses dont la larve vit dans le bois des arbres non résineux.

ÆPYORNIS [epjɔʀnis]. *n. m.* (1851; mot du lat. zool., du gr. *aipus* « escarpé, haut », et *ornis* « oiseau »). Oiseau fossile de très grande taille *(Coureurs),* découvert à Madagascar.

AÉRAGE [aeʀaʒ]. *n. m.* (*Airage,* 1758; de *aérer*). Circulation de l'air, renouvelé et réfrigéré, dans les galeries souterraines. V. **Ventilation.** « *L'aérage ne se faisait pas au fond de cette voie* » (ZOLA).

AÉRATEUR [aeʀatœʀ]. *n. m.* (1866; adj.; du rad. de *aération*). Appareil servant à l'aération. V. **Ventilateur.**

AÉRATION [aeʀasjɔ̃]. *n. f.* (1836; de *aérer*). Action d'aérer (une pièce); son résultat. *Conduit d'aération.*

AÉRAULIQUE [aeʀolik]. *n. f.* (mil. XXᵉ; du lat. *aer* « air », et du gr. *aulos* « flûte, tuyau »). *Phys.* Étude de l'écoulement des gaz dans les conduits.

AÉRÉ, ÉE [aeʀe]. *adj.* (V. *Aérer*). Où l'air circule. « *On étouffe; la salle à manger est heureusement très aérée* » (GIDE).

AÉRER [aeʀe]. *v. tr.; conjug. céder* (1398; *air(i)er,* en a. fr.; du lat. *aer* « air »). ◆ 1° Faire entrer de l'air dans (un lieu clos), renouveler l'air. V. **Ventiler.** *Aérez la chambre, ça sent le renfermé.* ◊ Exposer à l'air. *Aérer la literie.* Pronom. Prendre l'air. *Il faut vous aérer un peu.* ◆ 2° Par ext. (XIXᵉ). Rendre moins touffu, moins dense. « *Les bois, aérés de larges clairières* » (ZOLA). ◊ *Fig. Vous auriez dû aérer un peu votre exposé.*

AÉRICOLE [aeʀikɔl]. *adj.* (1853; du lat. *aer* « air », et *-cole*). *Bot.* Se dit (opposé à *terricole*) de certaines plantes épiphytes.

AÉRIEN, IENNE [aeʀjɛ̃, jɛn]. *adj.* (XIIᵉ; du lat. *aer* « air »). ◆ 1° *Vx.* Fait d'air, gazeux. « *Les Anges prennent un corps aérien* » (FURET.). *Esprits aériens.* ◊ *Peint.* (XVIIᵉ) *Perspective* aérienne. ◊ *Fig.* Léger comme l'air. V. **Immatériel.** « *Sa forme déliée et aérienne* » (STE-BEUVE). *Une musique d'une grâce aérienne.* ◆ 2° (XVIᵉ) Qui vit, se développe dans l'air. *Poét. Le peuple aérien,* les oiseaux. *Bot.* « *Un îlot de pandanus aux racines aériennes* » (GIDE). ◆ 3° (XIXᵉ). De l'air de l'atmosphère. *Les mouvements aériens.* ◊ Qui se produit, se fait dans l'air, par air. « *L'intérêt du public relativement à la navigation aérienne* » (BAUDEL.). ◊ *Télécom. Télégraphe* aérien. *Circuit aérien,* circuit téléphonique ou télégraphique sur poteaux. — N. m. (Néol.) *Radio.* Antenne. ◆ 4° (XXᵉ) Relatif, propre à l'aviation, assuré par l'aviation. *Transports aériens. Lignes aériennes. Le droit aérien règle l'usage de l'espace aérien.* *Milit. Forces aériennes,* aviation militaire. *Région, unité aérienne. Base aérienne. Défense aérienne du territoire* (D.A.T.). *Attaque aérienne.* « *Des idées de guerre, de bombardement aérien* » (MAUROIS).

AÉRIFÈRE [aeʀifɛʀ]. *adj.* (1808; du lat. *aer, aeris* « air », et *-fère*). *Physiol.* Qui conduit, distribue l'air. *Les conduits aérifères* (bouche, fosses nasales, etc.)

AÉRIUM [aeʀjɔm]. *n. m.* (1948; du lat. *aerius* « de l'air, aérien », d'apr. *sanatorium*). Établissement de repos, de vie au bon air, pour les convalescents, les enfants menacés de tuberculose. V. **Préventorium.**

AÉRO-. Élément, tiré du gr. *aero-,* de *aèr, aeros* « air », désignant soit l'atmosphère, soit la navigation aérienne, l'aviation.

AÉROBIE [aeʀɔbi]. *adj.* et *n. m.* (1875; de *aéro-,* et *-bie*). ◆ 1° *Adj.* Se dit de micro-organismes qui ne peuvent se développer qu'en présence d'air ou d'oxygène libre. ◊ Se dit des propulseurs qui ont besoin de l'oxygène de l'air pour fonctionner. ◆ 2° N. m. *Biol.* Individu ayant besoin d'air ou d'oxygène pour se développer. *Le bacille du charbon est un aérobie.* ◊ ANT. *Anaérobie.*

AÉROBIOSE [aeʀɔbjoz]. *n. f.* (1920; de *aéro-,* et gr. *bios* « vie »). *Didact.* Vie dans un milieu contenant de l'air ou de l'oxygène. ◊ ANT. *Anaérobiose.*

AÉRO-CLUB [aeʀɔklœb]. *n. m.* (1898; de *club*). Société réunissant les amateurs pratiquant les sports aériens (pilotage d'avions légers, vol à voile, aéromodélisme).

AÉROCOLIE [aeʀɔkɔli]. *n. f.* (1926; de *côlon*). *Méd.* Accumulation d'air dans le côlon.

AÉRODROME [aeʀɔdʀom]. *n. m.* (1896; de *-drome*).

Terrain aménagé pour le décollage et l'atterrissage des avions et pourvu de l'infrastructure nécessaire.

AÉRODYNAMIQUE [aeʀɔdinamik]. *n. f.* et *adj.* (1842; de *dynamique*). ♦ 1° *N. f.* Partie de la physique qui étudie les phénomènes accompagnant tout mouvement relatif entre un corps et l'air où il baigne. *Aérodynamique théorique, expérimentale.* ♦ 2° *Adj.* (1912). Relatif à l'aérodynamique et à ses études. *Laboratoire, soufflerie aérodynamique.* ◇ Conforme aux lois de l'aérodynamique. *Profil aérodynamique,* conçu pour réduire le plus possible la résistance de l'air. *Frein aérodynamique* (ou *aérofrein*). Auto. *Lignes, carrosseries aérodynamiques,* profilées.

AÉRODYNE [aeʀɔdin]. *n. m.* (1928; de *aéro-*, et *dyne*). *Didact.* Terme générique désignant tout appareil volant plus lourd que l'air. (V. *Aéronef*).

AÉROFREIN [aeʀɔfʀɛ̃]. *n. m.* (mil. xxᵉ; de *aéro-*, et *frein*). Frein aérodynamique. *Décélération d'un avion qui va atterrir, due à l'action des aérofreins.* V. **Volet.** — *Par anal.* Tout dispositif de freinage (parachute, etc.).

AÉROGARE [aeʀɔɡaʀ]. *n. f.* (1933; de *gare*). Ensemble des bâtiments d'un aéroport réservés aux voyageurs et aux marchandises. ◇ Dans une grande ville, Gare desservant un aéroport. *L'aérogare des Invalides.*

AÉROGASTRIE [aeʀɔɡastʀi]. *n. f.* (1866; de *-gastre*). *Méd.* Présence d'air dans l'estomac.

AÉROGLISSEUR [aeʀɔɡlisœʀ]. *n. m.* (1964; de *aéro-*, et *glisser*). Véhicule se déplaçant sans frottement, grâce à un volume d'air en surpression par rapport à l'atmosphère enfermée entre le fond du véhicule et le sol (coussin* d'air). *La sustentation des aéroglisseurs est obtenue par l'application du phénomène d'effet* de sol* (V. **Coléfaction**). *Aéroglisseurs terrestres* (V. **Aérotrain, terraplane**). *Aéroglisseurs marins* (V. **Hovercraft, naviplane**).

AÉROGRAMME [aeʀɔɡʀam]. *n. m.* (1960; de *aéro-*, et *-gramme*). Lettre acheminée par avion, affranchie à un tarif forfaitaire pour n'importe quelle partie du monde.

AÉROGRAPHE [aeʀɔɡʀaf]. *n. m.* (1923; de *aéro-*, et *-graphe*). Pulvérisateur à air comprimé dont on se sert pour projeter de la couleur ou de l'encre. ◈ SYN. *Pistolet.*

AÉROLIT(H)E [aeʀɔlit]. *n. m.* (1830; de *-lithe*). Météorite pierreux.

AÉROLOGIE [aeʀɔlɔʒi]. *n. f.* (1696; de *-logie*). Étude scientifique de l'atmosphère terrestre (notamment par les sondages dits *aérologiques*).

AÉROMOBILE [aeʀɔmɔbil]. *adj.* (1969; de *aéro-*, et *-mobile*). *Milit.* Qui est apte à se libérer des servitudes du terrain par l'utilisation du transport aérien. *Division aéromobile.*

AÉROMODÉLISME [aeʀɔmɔdelism(ə)]. *n. m.* (1952; de *modèle*). Technique de la construction et du vol des modèles réduits d'avion.

AÉROMOTEUR [aeʀɔmɔtœʀ]. *n. m.* (1853; de *moteur*). Moteur à vent. V. **Éolienne.**

AÉRONAUTE [aeʀɔnot]. *n.* (1784; du gr. *nautès* « navigateur »). Pilote, membre de l'équipage d'un aérostat.

AÉRONAUTIQUE [aeʀɔnotik]. *adj.* et *n. f.* (1784; de *nautique*). ♦ 1° *Adj.* Relatif à la navigation aérienne. *Constructions aéronautiques.* ♦ 2° *N. f.* (1835). Science de la navigation aérienne, technique de la construction des appareils de locomotion aérienne. V. **Aviation.** *École nationale supérieure de l'Aéronautique.*

AÉRONAVAL, ALE, ALS [aeʀɔnaval]. *adj.* et *n. f.* (1946; « aéronautique », 1874; de *naval*). *Adj.* Qui appartient à la fois à l'aviation et à la marine. *Forces aéronavales.* ◇ *N. f.* Ensemble des formations et installations aériennes de la marine militaire française.

AÉRONEF [aeʀɔnɛf]. *n. m.* (1844, de *nef*). ♦ 1° *Vx.* Machine volante plus lourde que l'air, propulsée par des ailes battantes ou tournantes (opposé à *aérostat*). ♦ 2° (déb. xxᵉ). *Didact.* Tout appareil capable de se déplacer dans les airs. (V. **Aérodyne, aérostat**).

AÉRONOMIE [aeʀɔnɔmi]. *n. f.* (1954; de *aéro-*, et *-nomie*). Étude des propriétés physiques et chimiques des couches supérieures de l'atmosphère.

AÉROPATHIE [aeʀɔpati]. *n. f.* (1970; de *aéro-*, et *-pathie*). *Pathol.* Toute affection provoquée par des changements de pression atmosphérique (*par ex.* mal de l'air, maladie des caissons*).

AÉROPHAGIE [aeʀɔfaʒi]. *n. f.* (1891; de *-phagie*). Déglutition d'une certaine quantité d'air qui pénètre dans l'œsophage et l'estomac.

AÉROPHOBIE [aeʀɔfɔbi]. *n. f.* (1751; de *aéro-*, et *-phobie*). *Pathol.* Peur maladive des courants d'air.

AÉROPLANE [aeʀɔplan]. *n. m.* (1850; rép. vers 1885; de *planer*). *Vx.* Avion. « *Un aéroplane monté par des hommes qui veillaient sur Paris* » (PROUST).

AÉROPORT [aeʀɔpɔʀ]. *n. m.* (1928; de *port*). Ensemble d'installations (aérodrome, aérogare, ateliers) nécessaires au trafic aérien intéressant une ville ou une région.

AÉROPORTÉ, ÉE [aeʀɔpɔʀte]. *adj.* (1933; de *porté*). *Milit.* Transporté par voie aérienne (avion, planeur, hélicoptère. V. **Héliporté**). *Troupes, divisions aéroportées.*

AÉROPORTUAIRE [aeʀɔpɔʀtɥɛʀ]. *adj.* (*Néol.*; de *aéroport*, d'après *portuaire*). Qui concerne un aéroport, appartient à un aéroport. *Capacité aéroportuaire.* ◇ Relatif aux aéroports. *L'équipement aéroportuaire de la capitale.*

AÉROPOSTAL, ALE, AUX [aeʀɔpɔstal, o]. *adj.* (1927; de *postal*). Relatif à la poste aérienne. *Compagnie générale aéropostale* (1927-1933).

AÉROSCOPE [aeʀɔskɔp]. *n. m.* (mil. xxᵉ; de *aéro-*, et *-scope*). *Phys.* Appareil servant à mesurer la quantité de poussières contenue dans l'air.

AÉROSOL [aeʀɔsɔl]. *n. m.* et *adj.* (1928; de *aéro-*, et *sol* 3). ♦ 1° *N. m. Phys.* Suspension, dans un milieu gazeux, de particules solides ou liquides pouvant avoir une vitesse de chute négligeable. V. **Brouillard.** ◇ *Cour.* Système ou appareil réalisant la dispersion de ces particules. *Les aérosols sont employés comme véhicules de certains agents médicamenteux* (aérosolthérapie). V. **Atomiseur, nébuliseur.** ♦ 2° *Adj. invar.* Qui vaporise en fines particules. *Bombes aérosol.*

AÉROSONDAGE [aeʀɔsɔ̃daʒ]. *n. m.* (1953; de *sondage*). Sondage par ballon des hautes régions de l'atmosphère.

AÉROSPATIAL, ALE, AUX [aeʀɔspasjal, o]. *adj.* et *n. f.* (v. 1960; de *aéro-*, et *spatial*). Qui appartient à la fois aux domaines aéronautique et spatial. *Engin aérospatial. Techniques aérospatiales.* — *N. f.* L'industrie aérospatiale. *Ingénieur de l'aérospatiale.*

AÉROSTAT [aeʀɔsta]. *n. m.* (1783; du gr. *statos* « qui se tient »). Appareil dont la sustentation dans l'air est due à l'emploi d'un gaz plus léger que l'air. V. **Ballon, dirigeable, montgolfière.** « *Il faut alors jeter du lest, sinon l'aérostat descendra* » (BAUDEL.).

AÉROSTATION [aeʀɔstasjɔ̃]. *n. f.* (1784; de *aérostat*). *Vx.* Étude, technique et manœuvre des aérostats. « *L'introduction de ce gaz dans les procédés usuels de l'aérostation* » (BAUDEL.).

AÉROSTATIQUE [aeʀɔstatik]. *adj.* et *n. f.* (1783; de *aérostat*). *Adj.* Relatif aux aérostats, à l'aérostation. ◇ *N. f.* Théorie de l'équilibre de l'air et des gaz à l'état de repos.

AÉROSTIER [aeʀɔstje]. *n. m.* (1794; pour *aérostatier*, de *aérostat*). *Hist. milit.* Observateur à bord d'un aérostat. ◇ Pilote d'un aérostat.

AÉROTECHNIQUE [aeʀɔteknik]. *n. f.* et *adj.* (1960; de *aéro-*, et *technique*). *Aviat.* Technique ayant pour objet l'application des lois de l'aérodynamique à la conception et à la construction d'engins destinés à la navigation aérienne. — *Adj.* Relatif à cette technique.

AÉROTERRESTRE [aeʀɔteʀɛstʀ(ə)]. *adj.* (1957; de *aéro-*, et *terrestre*). Se dit d'une formation militaire composée d'éléments des armées de terre et de l'air opérant conjointement, et placée sous un commandement unique.

AÉROTHÉRAPIE [aeʀɔteʀapi]. *n. f.* (1865; de *aéro-*, et *-thérapie*). *Méd.* Traitement de diverses maladies (*spécialt.* du poumon) par des cures au grand air, à la montagne ou au bord de la mer.

AÉROTHERMIQUE [aeʀɔteʀmik]. *adj.* (1907; de *thermique*). Qui a rapport à la fois à l'aéronautique et à la thermodynamique.

AÉROTRAIN [aeʀɔtʀɛ̃]. *n. m.* (1966; de *aéro-*, et *train*, marque déposée). Véhicule aéroglisseur* circulant sur une voie monorail. *Un aérotrain peut être propulsé par un moteur électrique (avec un turbopropulseur* ou un turboréacteur*).*

ÆSCHNE [ɛskn(ə)]. *n. f.* (1885; lat. zool. *œschna*; o. i.). Grande libellule à abdomen cylindrique, brun ou bleu.

ÆTHUSE [etyz]. *n. f.* (1834; *éthuse*, 1821; lat. bot. *œthusa*, gr. *aithousa* « ardente »). Plante âpre et toxique (*Ombellifèracées*), appelée aussi *petite ciguë*.

AÉTITE [aetit]. *n. f.* (1587; *échites*, xiiᵉ; lat. *aetites*, mot gr. « (pierre) d'aigle », qu'on prétendait se trouver dans les aires). Variété d'oxyde de fer hydraté.

A.F.A.T. [afat]. *n. f.* (v. 1945; initiales de *Auxiliaire Féminin de l'Armée de Terre*). Femme servant dans l'armée de terre. *Une A.F.A.T., une afat, des afats.*

AFFABILITÉ [afabilite]. *n. f.* (xiiiᵉ; lat. *affabilitas*). Caractère, manières d'une personne affable. V. **Amabilité, bienveillance, grâce** (bonne), **politesse.** « *L'affabilité de son accueil* » (ROUSS.). ◈ ANT. *Brusquerie, hauteur.*

AFFABLE [afabl(ə)]. *adj.* (1367; lat. *affabilis* « à qui on peut parler », *adfari*). Qui accueille et écoute de bonne grâce ceux qui s'adressent à lui. V. **Accueillant, aimable, bienveillant, gracieux, poli.** *Le ministre a été très affable avec nous au cours de l'audience.* ◈ ANT. *Brusque, désagréable.*

AFFABLEMENT [afabləmɑ̃]. *adv.* (1532; de *affable*).

Avec affabilité. « *Parrottin me souriait affablement* » (SAR-TRE).

AFFABULATION [afabylɑsjɔ̃]. *n. f.* (1798 ; bas lat. *affabulatio*). ♦ 1° *Vx.* Moralité d'une fable. ♦ 2° (1898). Arrangement de faits constituant la trame d'un roman, d'une œuvre d'imagination. ♦ 3° *Psychan.*, *psychol.* V. **Fabulation** (2°).

AFFABULER [afabyle]. *v.* (1926 ; déverbal de *affabulation*). ♦ 1° *V. tr.* Composer les épisodes d'une œuvre de fiction. « *Affabuler une intrigue* » (GIDE). ♦ 2° *V. intr.* Fabuler.

AFFACTURAGE [afaktyraʒ]. *n. m.* (1973 ; de *facture*). Gestion des créances d'une entreprise par un organisme de contentieux extérieur à elle. — Recomm. offic. pour traduire « *factoring* ».

AFFADIR [afadiʀ]. *v. tr.* (1226 ; de *fade*). ♦ 1° *Vx.* Faire défaillir, écœurer. « *Un été orageux sévit, affadissant toutes les volontés* » (HUYSMANS). ♦ 2° (XVIe). Rendre fade, priver de saveur, de force (en art). *La sensiblerie des personnages affadit le sujet.* Pronom. « *De Molière oublié le sel s'est affadi* » (VOLT.). ◊ ANT. Affermir. Pimenter, relever.

AFFADISSANT, ANTE [afadisɑ̃, ɑ̃t]. *adj.* (1611 ; de *affadir*). *Rare.* Qui ôte la saveur, la force. « *Après des siècles de sensations affadissantes* » (STENDHAL).

AFFADISSEMENT [afadismɑ̃]. *n. m.* (XVIe ; de *affadir*). ♦ 1° *Vx.* Écœurement. « *D'autres bouffées d'affadissement* » (FLAUB.). ♦ 2° Perte de saveur, de force (notamment en art). *L'affadissement de la tragédie classique au XVIIIe s.*

AFFAIBLIR [afebliʀ]. *v. tr.* (déb. XIIe ; de *faible*). ♦ 1° Rendre physiquement faible, moins fort. V. **Abattre, débiliter, miner.** « *Moins affaibli par l'âge que par la maladie* » (LA BRUY.). « *Les mariages entre parents, qui peuvent affaiblir les faibles, fortifient les forts* » (MICHELET). Pronom. (Sens passif) « *Il s'affaiblissait, il se courbait davantage* » (ZOLA). V. **Baisser, décliner, dépérir.** — *Par anal.* (Polit. et Milit.) « *Nous laisser seuls et affaiblis devant l'Allemagne* » (BAIN-VILLE). ♦ 2° Priver moralement d'une partie de sa force, de son intensité. V. **Diminuer.** « *Si la civilisation n'affaiblit pas le courage* » (FRANCE). ♦ 3° (*Art*). Priver d'une partie de son énergie, de sa valeur expressive. V. **Adoucir, atténuer, édulcorer.** *Il a dû affaiblir certains traits, ses couleurs.* Pronom. *Le sens de cette expression s'est affaibli.* ◊ ANT. **Fortifier.** Renforcer. Exagérer, grossir.

AFFAIBLISSANT, ANTE [afeblisɑ̃, ɑ̃t]. *adj.* (1690 ; de *affaiblir*). Qui affaiblit (1°). V. **Débilitant, déprimant.** *Un régime affaiblissant.*

AFFAIBLISSEMENT [afeblismɑ̃]. *n. m.* (1290 ; de *affaiblir*). Perte de force, d'intensité. *Il s'inquiète de l'affaiblissement de sa vue.* V. **Baisse, diminution, faiblesse, fatigue.** « *Satisfait de l'affaiblissement de la Russie* » (BAINVILLE). V. **Abattement.** *Affaiblissement intellectuel.* « *L'affaiblissement de l'esprit politique chez une nation* » (RENAN). V. **Décadence, déclin, dépérissement.** *Ce mot a subi un affaiblissement de sens.*

AFFAIRE [afɛʀ]. *n. f.* (XIIe ; n. m. ; XVe, n. f. ; de *à*, et *faire*).

I. ♦ 1° Ce que qqn a à faire, ce qui l'occupe ou le concerne. *C'est mon affaire, et non la vôtre. Occupez-vous de vos affaires.* « *Il aimait à se mêler des affaires d'autrui* » (ROMAINS). *Toutes affaires cessantes*. J'en fais mon affaire,* je m'en charge. ◊ *Ce qui intéresse particulièrement qqn. lui convient. J'ai là votre affaire, vous en serez satisfait. Les cartes en main, il est à son affaire.* Iron. *Je lui ferai son affaire,* je lui réserve le traitement qui lui convient (*c.-à-d.* Je le corrigerai, et *pop.* je le tuerai). V. **Compte** (régler son). *Cela doit faire l'affaire,* cela doit convenir, aller. ♦ 2° *Affaire de..., affaire où* (qqch.) est en jeu. V. **Question.** *Une affaire d'honneur, de conscience, de cœur, de gros sous. C'est (une) affaire de goût,* qui ne relève que du goût de chacun. — Absolt. *L'affaire,* la chose en question. « *Le temps ne fait rien à l'affaire* » (MOL.). *C'est une autre affaire,* c'est un problème tout différent, où d'autres facteurs interviennent. ♦ 3° Ce qui occupe de façon embarrassante. *C'est toute une affaire,* c'est très difficile et compliqué. *Ce n'est pas une affaire. C'est l'affaire d'une seconde,* cela peut s'arranger très vite. Iron. *La belle affaire! Une fâcheuse, une sale affaire,* un embêtement, un gros ennui. ◊ Danger. *Se tirer d'affaire. Il est maintenant hors d'affaire.* ♦ 4° Ensemble de faits créant une situation compliquée, où diverses personnes, divers intérêts sont aux prises. *C'est une affaire délicate, épineuse. Je ne veux pas intervenir dans cette affaire. Il faut tirer cette affaire au clair. On a voulu étouffer l'affaire.* V. **Scandale.** *Quelle affaire!* V. **Histoire.** ◊ Événement, crime posant une énigme policière. *L'affaire de la rue X.* ♦ 5° Procès, objet d'un débat judiciaire. *Saisir le tribunal d'une affaire. Instruire, juger, plaider une affaire civile, correctionnelle. L'affaire Dreyfus.* ◊ Querelle entraînant un duel. *Les témoins ont essayé d'arranger l'affaire.* ♦ 6° Combat, conflit militaire ou diplomatique. « *Et maintenant buvons, car l'affaire était chaude* » (HUGO). *L'affaire d'Algérie.*

♦ 7° Marché conclu ou à conclure avec qqn. « *L'affaire qu'on me propose est mauvaise* » (MAUROIS). *Vous avez fait une bonne affaire, une affaire d'or,* et absolt. *une affaire. Faire affaire avec qqn.* V. **Traiter.** « *Ils se tapèrent dans la main pour indiquer que l'affaire était faite* » (MAUPASS.). *Faire beaucoup d'affaires. Chiffre* d'affaires.* ♦ 8° Entreprise commerciale ou industrielle. *Être à la tête d'une grosse affaire. Lancer, gérer une affaire. Il est intéressé dans l'affaire.* ◊ Plur. LES AFFAIRES, les activités économiques (notamment dans leurs conséquences commerciales et financières). *Les affaires sont calmes, reprennent. Il est dans les affaires, c'est un homme d'affaires. Il est dur en affaires.* « *Les affaires sont les affaires* » (MIRBEAU), il ne faut pas en affaires s'embarrasser de sentiments, de scrupules. *Lettre d'affaires. Agents, cabinets d'affaires,* qui se chargent de conseiller les placements ou gérer les biens de leurs clients. ♦ 9° AVOIR AFFAIRE. *Vx. Avoir affaire, de besoin de.* « *Qu'un lion d'un rat eût affaire* » (LA FONT.). « *Qu'ai-je affaire d'aller me tuer pour des gens?* » (MONTESQ.). — Mod. *J'ai eu affaire à lui,* j'ai eu à traiter, à discuter avec lui, j'ai été en contact avec lui. *Avoir affaire à forte partie*.* « *J'ai affaire en vous à un galant homme* » (LOTI). *Vous aurez affaire à moi!* formule de menace (Cf. Vous aurez de mes nouvelles).

II. (*Au plur.* seulement). ♦ 1° Ensemble des occupations et activités d'intérêt public. *Les affaires publiques.* « *Les affaires d'un État sont d'une étendue que l'esprit d'un homme n'embrasse point* » (FRANCE). *Ministère des Affaires étrangères. Chargé* d'affaires. Service des affaires indigènes*. S'occuper des affaires communales. Expédier les affaires courantes*.* ♦ 2° Situation matérielle d'un particulier. *Mettre de l'ordre dans ses affaires. Être bien, mal dans ses affaires,* dans une bonne, une mauvaise situation. ◊ *Fam.* État dans le développement d'une intrigue, d'une aventure amoureuse. *Où en sont tes affaires? Cela fera avancer mes affaires.* ♦ 3° *Écon.* (Cf. ci-dessus, I, 8°). ♦ 4° Objets ou effets personnels. *Cet enfant ne range jamais ses affaires.* « *Il considérait avidement toutes ces affaires de femmes* » (FLAUB.). *Il a soin de ses affaires.*

AFFAIRÉ, ÉE [afeʀe]. *adj.* (1666 ; « qui a des embarras d'argent », fin XVIe ; de *affaire*). Qui est ou paraît surchargé d'affaires, très occupé. ◊ *Fig. et sans aucune affaire, est toujours affairé* » (MOL.). « *La maîtresse de cette auberge était fort affairée* » (FLAUB.). — Qui s'affaire. « *Je suis affairé à achever un second volume* » (FLAUB.). ◊ ANT. **Oisif.**

AFFAIREMENT [afɛʀmɑ̃]. *n. m.* (1865, de *affairé; affairement* « affaire », 1160 ; de *affaire*). État, comportement d'une personne affairée, qui s'agite beaucoup. « *Je ne puis appeler travail cet affairement* » (GIDE). ◊ ANT. **Oisiveté.**

AFFAIRER (S') [afeʀe]. *v. pron.* (1933 ; de *affairé*). Se montrer actif, empressé, s'occuper activement. V. **Agiter** (s'). *Le portier s'affairait autour des clients qui descendaient de voiture. Elle s'affaire à préparer son dîner.*

AFFAIRISME [afeʀism(ə)]. *n. m.* (1928 ; de *affaire*). Tendance à ne s'occuper que d'affaires particulièrement lucratives à base de spéculation ; activités des affairistes.

AFFAIRISTE [afeʀist(ə)]. *n.* (1928 ; de *affaire*). Homme d'affaires peu scrupuleux, avant tout préoccupé du profit. V. **Spéculateur.**

AFFAISSEMENT [afesmɑ̃]. *n. m.* (1538 ; de *affaisser*). ♦ 1° Fait de s'affaisser, état de ce qui est affaissé. V. **Dépression, tassement.** *Affaissement de terrain, d'une voie ferrée.* — « *Ces affaissements qu'apporte au corps le sommeil* » (GIRAUDOUX). ♦ 2° *Fig.* Abattement, effondrement moral. « *Nouvel affaissement de la volonté* » (GIDE).

AFFAISSER [afese]. *v. tr.* (1529 ; *afaicher*, 1250 ; de *faix*). ♦ 1° *Rare.* Faire plier, baisser de niveau sous le poids. V. **Tasser.** ♦ 2° S'AFFAISSER. *v. pron.* Plier, baisser de niveau sous un poids ou une pression. *Le sol s'est affaissé par endroits.* V. **Effondrer** (s'). « *Le délabrement des façades affaissées sur elles-mêmes* » (BOURGET). ◊ Tomber en pliant sur les jambes. « *Elle perdit connaissance et s'affaissa* » (LOTI). V. **Abattre** (s'), **écrouler** (s'). ◊ *Fig.* S'affaiblir, décliner. « *Mon âme s'affaisse de jour en jour* » (ROUSS.). ◊ ANT. **Relever. Redresser (se).**

AFFAITAGE [afetaʒ] ou **AFFAITEMENT** [afetmɑ̃]. *n. m.* (XIIe ; de l'a. v. *afaiter*, a. fr. *afaitier*, « arranger, disposer », lat. pop. *°affactare*, rad. *facere* « faire »). *Ancienn.* Dressage (des faucons) pour la chasse.

AFFALER [afale]. *v. tr.* (1610 ; néerl. *afhalen*. V. **Haler**). ♦ 1° *Mar.* Faire descendre en tirant. *Affaler un cordage, un chalut.* ◊ Pousser vers la côte, faire échouer. ♦ 2° S'AFFALER. *v. pron. Mar.* Être porté vers la côte, s'échouer. ◊ Se laisser descendre, glisser (le long d'un cordage). — *Par ext.* (1879) Se laisser tomber. *Il s'affale sur le divan.* « *Il était assis ou plutôt affalé dans un fauteuil* » (DUHAM.).

AFFAMÉ, ÉE [afame]. *adj.* (V. **Affamer**). ♦ 1° Qui souffre de la faim. PROV. « *Ventre affamé n'a point d'oreilles* » (LA FONT.). ◊ Subst. *L'effroyable misère des campagnes avait rabattu sur Paris des troupeaux d'affamés* » (MICHELET). ♦ 2° *Fig.* (1579). Avide, passionné (de). V. **Altéré, assoiffé.**

Affamé de gloire. « *Continuellement affamé d'un idéal qu'il n'atteint jamais* » (FLAUB.).

AFFAMER [afame]. *v. tr.* (XIIᵉ; lat. pop. *°affamare*, de *fames* « faim »). Faire souffrir de la faim en privant de vivres. *Les assiégeants pensaient affamer la population.*

AFFAMEUR [afamœʀ]. *n. m.* (1791; de *affamer*). Celui qui affame le peuple, organise la famine, la disette.

AFFECT [afɛkt]. *n. m.* (1951; all. *Affekt*; a. fr. et XVIᵉ, « état, disposition »; du lat. *affectus*, comme l'all.). *Psycho.* État affectif élémentaire.

1. AFFECTATION [afɛktasjɔ̃]. *n. f.* (1413; du lat. médiév. *affectatus* « destiné, affecté ». V. **Affecter** 2). ♦ 1° Destination à un usage déterminé. *Disposer d'une somme dont il reste à décider l'affectation. Décréter l'affectation d'un immeuble à un service public.* ♦ 2° (1928; d'abord *Milit.*). Désignation à une unité militaire, à un poste, à une fonction. *Affectation spéciale,* mobilisation d'un réserviste dans une activité d'ordre économique ou administratif. *Affectation de défense :* affectation dans un emploi civil d'un citoyen assujetti au service national, mais non soumis aux obligations du service militaire. — Par ext. *Rejoindre son affectation,* le poste auquel on a été affecté. ♦ 3° *Math.* Action d'affecter* (3), de donner à une variable une valeur, un indice. ◇ ANT. *Désaffectation.*

2. AFFECTATION [afɛktasjɔ̃]. *n. f.* (1541; lat. *affectatio* « recherche, poursuite de »). ♦ 1° *Vx.* Vif désir; fait de rechercher par-dessus tout. « *Cette affectation que quelques-uns ont de plaire à tout le monde* » (LA BRUY.). ♦ 2° (*Mil. XVIIᵉ*). Action d'adopter (une manière d'être ou d'agir) de façon ostentatoire, mais seulement en apparence. V. **Comédie, étalage, exagération, hypocrisie, imitation, simulation.** *Affectation de vertu,* pruderie. *Affectation de piété,* pharisaïsme, tartuferie. « *Par affectation de bon sens* » (FLAUB.). « *On n'échappe pas au ridicule par une affectation de gravité* » (BERNANOS). ♦ 3° *Absolt.* Manque de sincérité et de naturel. V. **Apprêt, pose, recherche.** « *L'affectation dans le geste, dans le parler et dans les manières* » (LA BRUY.). *Un style plein d'affectation.* V. **Préciosité.** ◇ ANT. *Naturel, simplicité.*

AFFECTÉ, ÉE [afɛkte]. *adj.* (1493; lat. *affectatus.* V. **Affecter** 1). Qui manque de sincérité ou de naturel. « *Sa bizarrerie avait l'avantage de n'être pas affectée* » (GAUTIER). V. **Étudié, feint, forcé, hypocrite.** « *Aucune charlatanerie dans le regard, rien de théâtral et d'affecté* » (CHATEAUB.). *Style affecté.* V. **Contourné, entortillé, maniéré, précieux.** *Manières, attitudes affectées.* V. **Apprêté, compassé, contraint, forcé, guindé, raide.** ◇ ANT. *Naturel, simple.*

1. AFFECTER [afɛkte]. *v. tr.* (XIVᵉ; lat. *affectare* « rechercher, poursuivre »). ♦ 1° Prendre, adopter (une manière d'être, un comportement) de façon ostentatoire, sans que l'intérieur ne corresponde à l'extérieur. V. **Afficher, étaler, feindre, simuler.** « *Quoique très ému, il affecta la plus grande gaieté* » (DAUD.). « *Il affectait de garder une attitude insouciante* » (BARRÈS). ♦ 2° (XVᵉ). *Vx.* Rechercher, ambitionner plus que tout. « *Soupçonné par le peuple d'affecter la tyrannie* » (BOSS.). ◇ *Vx.* Aimer, employer avec prédilection. « *Ceux qui affectent ce langage* » (MOL.). *Affecter de,* chercher à. ♦ 3° (XVIIIᵉ). Par ext. (*Choses*). Revêtir volontiers, habituellement (une forme). « *Les agates n'affectent pas autant que les cailloux la forme globuleuse* » (BUFF.). *Fièvre affectant le type intermittent.*

2. AFFECTER [afɛkte]. *v. tr.* (1551; du lat. médiév. *affectatus* (V. **Affectation** 1), latinis. prob. de l'a. fr. *afaitier.* V. **Affaitage**). ♦ 1° Destiner, réserver à un usage ou à un usager déterminé. *Les crédits que le budget a affectés à la Reconstruction, à l'Éducation nationale.* ♦ 2° (1928; Cf. Affectation 1). Procéder à l'affectation de (qqn). V. **Désigner, nommer.** « *Il s'est fait affecter à la météo* » (MART. du G.). ◇ ANT. *Désaffecter.*

3. AFFECTER [afɛkte]. *v. tr.* (XVᵉ; du lat. *affectus.* V. **Affect**). ♦ 1° Toucher (qqn) par une impression, une action sur l'organisme ou le psychisme. *Tout ce qui affecte notre sensibilité.* ◇ Toucher en faisant une impression pénible. V. **Émouvoir, frapper.** *Son écho l'a beaucoup affecté.* — Pronom. S'affliger, souffrir. « *Il s'affecterait de mon inconstance* » (ROUSS.). ♦ 2° *Math.* (XVIIIᵉ). Modifier une quantité en la dotant d'un signe, d'un coefficient. *Un nombre négatif est un nombre affecté du signe —.*

AFFECTIF, IVE [afɛktif, iv]. *adj.* (1452, l'*affective* « la faculté d'affection, le cœur »; lat. *affectivus*). ♦ 1° *Vx.* Affectueux, sensible; touchant. ♦ 2° (1762). *Psycho.* Qui concerne les états de plaisirs ou de douleurs (simples : affects, sensations; ou complexes : émotions, passions, sentiments). *États affectifs. Conscience affective.* — Cour. *La vie affective,* les sentiments, les plaisirs et douleurs d'ordre moral.

AFFECTION [afɛksjɔ̃]. *n. f.* (1190; lat. *affectio*). ♦ 1° *Psycho.* État affectif, état psychique accompagné de plaisir ou de douleur. V. **Affect, émotion, passion, sentiment.** « *Je nommerai affection tout ce qui nous intéresse par quelque degré de plaisir ou de peine* » (ALAIN). ♦ 2° (1539). *Vx.* Pro-

cessus morbide considéré dans ses manifestations actuelles plutôt que dans ses causes. — *Mod.* Tout processus morbide organique ou fonctionnel. V. **Anomalie, dysfonctionnement, lésion, maladie, syndrome.** *Affection aiguë, chronique.* ♦ 3° (1609). Sentiment tendre qui s'attache à qqn. V. **Amitié, attachement, tendresse.** *Affection maternelle, filiale.* V. **Amour, piété.** « *L'un me prit en affection* » (ROUSS.), se prit d'affection pour moi. « *Il y a place pour toutes les affections dans le cœur* » (HUGO). *Le langage de l'affection, les termes d'affection.* V. **Hypocoristique.** ◇ ANT. *Aversion, désaffection, hostilité indifférence, inimitié.*

AFFECTIONNÉ, ÉE [afɛksjɔne]. *adj.* (V. **Affectionner**). Dans les formules de fin de lettre, au sens de « attaché par l'affection, dévoué ». *Vx. Votre affectionné serviteur.* Mod. *Votre affectionnée, votre fille affectionnée.*

AFFECTIONNER [afɛksjɔne]. *v. tr.* (XIVᵉ; de *affection*). ♦ 1° *Vx.* Attacher, intéresser (à qqn ou qqch.). Pronom. « *Nous nous affectionnons aux gens qui nous consolent* » (MARIVAUX). ♦ 2° Être attaché à, aimer, chérir. « *Il affectionne beaucoup cette vieille grand-mère* » (LOTI). ◇ Avoir une prédilection pour. *Le genre de robe qu'elle affectionne.* ◇ ANT. *Détacher (se); détester.*

AFFECTIVITÉ [afɛktivite]. *n. f.* (1866; de *affectif*). ♦ 1° Aptitude à être affecté de plaisir ou de douleur. ♦ 2° Ensemble des phénomènes de la vie affective. V. **Sensibilité.**

AFFECTUEUSEMENT [afɛktɥøzmɑ̃]. *adv.* (fin XIIIᵉ; de *affectueux*). D'une manière affectueuse. V. **Tendrement.** ◇ ANT. *Durement, froidement.*

AFFECTUEUX, EUSE [afɛktɥø, øz]. *adj.* (1347; bas lat. *affectuosus*). Qui montre de l'affection. V. **Tendre.** *Un enfant très affectueux.* « *Ceux auxquels les sourires affectueux ont manqué* » (GIDE). *Paroles, pensées affectueuses.* ◇ ANT. *Dur, froid, malveillant.*

AFFENAGE [afnaʒ]. *n. m.* (1845; du v. anc. ou dial. *afféner,* du lat. *fenum* « foin »). Alimentation (du bétail) en fourrage.

1. AFFÉRENT, ENTE [aferɑ̃, ɑ̃t]. *adj.* (XVIIᵉ; modif. orthogr. de l'a fr. *a(u)férant,* XIIᵉ, de *aférir,* impers. *il afiert* « il convient », lat. *affert* « cela apporte, contribue », de *afferre*) ♦ 1° *Vieilli.* Qui se rapporte à. *Renseignements afférents à une affaire* (ACAD.). ♦ 2° *Dr.* Qui revient à. *La part afférente à cet héritier.*

2. AFFÉRENT, ENTE [aferɑ̃, ɑ̃t]. *adj.* (1845; lat. *afferens,* p. prés. de *afferre* « apporter »). *Anat. et physiol.* Qui va, qui amène de la périphérie vers le centre; qui amène vers un organe. *Vaisseau afférent, nerf afférent* (nerf sensitif). ◇ ANT. *Efférent.*

AFFERMAGE [afɛʀmaʒ]. *n. m.* (1843; « engagement d'un serviteur », 1489; de *affermer*). ♦ 1° Location d'un bien rural moyennant paiement d'un fermage. ♦ 2° Location (d'emplacements, de pages de journaux) en vue d'affichages publicitaires. ◇ *Ancienn.* Concession de taxes ou impôts moyennant redevance forfaitaire.

AFFERMER [afɛʀme]. *v. tr.* (XIIᵉ; de *à,* et *ferme* 2). Louer, céder par affermage.

AFFERMIR [afɛʀmiʀ]. *v. tr.* (1372; de *à,* et *ferme* 1). ♦ 1° *Rare.* Rendre ferme, plus stable, plus solide. V. **Consolider.** « *Il affermit sa casquette* » (DUHAM.). Pronom. « *Le mouvement du cavalier qui s'affermit en selle* » (COLETTE). ♦ 2° Raffermir. *Un traitement qui affermit les chairs, les tissus.* ♦ 3° *Fig.* Rendre plus assuré, plus fort. V. **Assurer, consolider, fortifier, renforcer.** *Affermir son pouvoir, son autorité.* « *Affermir une position qu'elle jugeait inébranlable* » (PROUST). *Cela n'a fait que l'affermir dans sa résolution.* ◇ ANT. *Ébranler. Amollir. Affaiblir.*

AFFERMISSEMENT [afɛʀmismɑ̃]. *n. m.* (1551; de *affermir*). Action d'affermir; fait de s'affermir (surtout au fig.). *L'affermissement de l'État.* « *L'affermissement des caractères* » (RENAN).

AFFÉTÉ, ÉE [afete]. *adj.* (XVᵉ; p. p. de l'a. v. *afaiter* (Cf. **Affaitage**), repris sous l'infl. de l'it. *affetato*). *Vx.* Plein d'afféterie. V. **Affecté, maniéré.** « *Je laisse aux doucereux ce langage affété* » (BOIL.). ◇ ANT. *Simple.*

AFFÉTERIE [afetʀi]. *n. f.* (v. 1500; de *affété*). *Littér.* Abus du gracieux, du maniéré dans l'attitude ou le langage. V. **Affectation, mièvrerie, minauderie, préciosité.** ◇ ANT. *Naturel, simplicité.*

AFFICHAGE [afiʃaʒ]. *n. m.* (1792; de *afficher*). Action d'afficher, de poser des affiches. *L'Assemblée a voté l'affichage de ce discours. Panneaux d'affichage. Affichage interdit. Affichage électoral.* — *Tableau d'affichage* (sur un hippodrome, un stade) où s'inscrivent les résultats. ◇ *Inform.* Présentation de données, de résultats.

AFFICHE [afiʃ]. *n. f.* (1427; « agrafe, épingle », XIIᵉ; de *afficher*). Feuille imprimée destinée à porter qqch. à la connaissance du public, et placardée sur les murs ou des emplacements réservés. V. **Annonce, avis, placard, proclamation.** *Affiches judiciaires* (apposées en vertu de jugements), *légales* (électorales, de recrutement, etc.), *publicitaires* (illustrées).

Affiche de théâtre. Mettre une pièce à l'affiche, l'annoncer. *Spectacle qui reste à l'affiche*, qu'on continue de jouer. *L'art de l'affiche. Les affiches de Toulouse-Lautrec, de Chéret.*
AFFICHER [afiʃe]. *v. tr.* (xvie; « fixer, planter », 1080; de *à*, et *ficher*). ♦ 1° Annoncer, faire connaître par voie d'affiches (ou par le tableau d'affichage). V. **Placarder.** *Afficher une vente aux enchères. Afficher les résultats, les rapports d'une course.* ◇ *Absolt.* Poser des affiches. *Défense d'afficher.* ♦ 2° *Fig.* (1690). *Vx.* Dire, publier partout. ◇ (xviiie) Montrer publiquement et avec ostentation, faire étalage de. « *Il affiche envers tous les hommes le mépris* » (BARRÈS). Pronom. « *Cette débauche, loin de se cacher, s'affiche et s'étale* » (MADELIN). ◇ Montrer en public (qqn avec qui on est lié). « *Les femmes les plus brillantes affichaient des amants moins respectables* » (PROUST). Pronom. *Il s'affiche avec sa maîtresse.* ◇ ANT. *Cacher.*
AFFICHETTE [afiʃet]. *n. f.* (1867; « affiquet », xiie; de *affiche*). Petite affiche.
AFFICHEUR [afiʃœr]. *n. m.* (1680; de *afficher*). Professionnel chargé de la pose et de la conservation des affiches sur les emplacements réservés.
AFFICHISTE [afiʃist(ə)]. *n.* (1948; « publiciste », 1789; *affichier*, 1866; de *affiche*). Dessinateur publicitaire spécialisé dans la création des affiches.
AFFICIONADO. V. **AFICIONADO.**
AFFIDAVIT [afidavit]. *n. m.* (1773; mot. angl., lat. médiév. *affidare* « il a fait foi, il a attesté »). Déclaration faite par le porteur étranger de certaines valeurs mobilières, qui lui permet d'être affranchi, dans le pays qui reçoit cette déclaration, des impôts dont ces valeurs sont déjà frappées dans son pays d'origine.
AFFIDÉ, ÉE [afide]. *adj.* (1567; it. *affidato*, lat. médiév. *affidare*, rad. *fides* « foi »). ♦ 1° *Vx.* À qui on peut se fier, se confier. *Subst.* Confident. ♦ 2° (1748). *Péj.* Qui se prête en agent sûr à tous les mauvais coups. Subst. *Un de ses affidés*, de ses agents ou complices prêts à tout.
AFFILAGE [afilaʒ]. *n. m.* (1846; de *affiler*). Opération consistant à affiler (un instrument tranchant).
AFFILÉE (D') [dafile]. *loc. adv.* (1853; de *affiler* « planter en file, aligner », 1671; de *file*). À la file, sans interruption. V. **Suite** (de). « *L'alouette chante une heure d'affilée* » (MICHELET). *Il a débité plusieurs histoires d'affilée.*
AFFILER [afile]. *v. tr.* (xiie; lat. pop. °*affilare*, de *filum* « fil [de l'épée] »). ♦ 1° Donner le fil à (un instrument tranchant) en émorfilant; rendre à nouveau parfaitement tranchant (un instrument ébréché, émoussé). V. **Aiguiser, émoudre.** ♦ 3° *Fig.* (xiiie). *Vx. Avoir la langue bien affilée*, être très bavard, et *spécialt.* très médisant.
AFFILIATION [afiljasjɔ̃]. *n. f.* (1762; « adoption », 1560; lat. médiév. *affiliatio*. V. **Affilier**). Action d'affilier, fait d'être affilié* (1° et 2°). *Le club local a demandé son affiliation à la Fédération.* V. **Rattachement.** *Depuis mon affiliation à la Société.* V. **Admission, entrée.**
AFFILIER [afilje]. *v. tr.* (1732; « adopter » (xive), sens du lat. médiév. *affiliare*, de *filius* « fils »). ♦ 1° Faire entrer (un groupement) dans une association, rattacher à une société mère. « *La société des Amis de l'ABC, affiliée aux mutuellistes d'Angers* » (HUGO). ♦ 2° (1803). Pronom. et *passif.* Admettre (qqn) dans une association. *S'affilier*, adhérer, s'inscrire. « *À quel parti est-il affilié?* » (MAUROIS). Subst. *Les affiliés*, les adhérents, les membres.
AFFILOIR [afilwar]. *n. m.* (*Affiloire*, xvie; de *affiler*). Pierre, instrument servant à affiler.
AFFIN, INE [afɛ̃, in]. *adj.* (xiie-xvie « voisin, pareil, parent »; repris mil. xixe; lat. *affinis*). ♦ 1° *Didact.* Qui présente une affinité. Ling. *Langues affines.* Biol. *Formes affines.* ♦ 2° *Math.* (*affine* s'est récemment généralisé au masc.) Qui conserve invariantes, par les correspondances linéaires, les transformations dans le plan ou dans l'espace. *Propriétés affines, transformations affines.* V. **Linéaire.** *Géométrie affine*, qui étudie les propriétés affines. *Espace affine.*
AFFINAGE [afinaʒ]. *n. m.* (1390; de *affiner*). ♦ 1° Purification, raffinage*. *Affinage des métaux. Affinage du verre*, par élimination des bulles. ♦ 2° (xviiie). Dernière façon, finissage. *Spécialt.* Achèvement de la maturation des fromages.
AFFINEMENT [afinmɑ̃]. *n. m.* (1580; de *affiner*). Fait de s'affiner* (*fig.*). *Tout ce qui contribue à l'affinement du goût.*
AFFINER [afine]. *v. tr.* (xiiie; de *à*, et *fin*). ♦ 1° Purifier, procéder à l'affinage de (un métal, le verre). ♦ 2° (1752). Opérer le finissage de. *Spécialt. Affiner les fromages*, en achever la maturation. ♦ 3° *Vx.* (xvie). Tromper par ruse. ♦ 4° *Fig.* (xvie). Rendre plus fin, plus délicat. *La lecture a affiné son jugement.* Pronom. *Son visage s'est affiné avec l'âge.* « *Le goût s'affine dans la souffrance* » (FRANCE). ◇ ANT. *Alourdir, épaissir.*
AFFINEUR, EUSE [afinœr, øz]. *n.* (xive; de *affiner*). Professionnel chargé de l'affinage (des métaux, du verre, des fromages).

AFFINITÉ [afinite]. *n. f.* (fin xiiie; « voisinage », xiie; lat. *affinitas*). ♦ 1° *Dr.* Parenté par alliance. — Fig. « *Une affinité de doctrines avec moi* » (CHATEAUB.). V. **Parenté.** ♦ 2° (xive). *Mod.* Rapport de conformité, de ressemblance; liaison plus ou moins sensible. V. **Accord, sympathie.** « *Les affinités mystérieuses qui m'unissent avec tout ce qui est beau* » (LOTI). « *Certains rêves de tendresse partagée s'allient, par une sorte d'affinité, au souvenir d'une femme* » (PROUST). ♦ 3° (xviie). *Chim.* (lat. alchim. *affinitas*, xiiie). *Vx.* Propriété de deux corps de s'unir entre eux par l'intermédiaire de leurs particules semblables. *Mod.* (xviiie). Action physique responsable de la combinaison des corps entre eux. Fig. (métaph. empr. à la chim.), *Les affinités électives*, roman de Gœthe. ◇ Force mesurable, qui, dans un composé, maintient les atomes en liaison. ♦ 4° (xixe). *Biol.* (lat. sc. *affinitas*). Ressemblance entre individus, entre espèces, servant de base aux classifications. — *Ling.* Phénomène marquant une parenté entre diverses langues. — *Math.* (1885) Correspondance entre les points de deux plans qui transforme les droites parallèles de l'un en droites parallèles de l'autre. Application d'un coefficient multiplicateur à l'ordonnée de tous les points d'un plan. *Affinité orthogonale.* ◇ ANT. *Antipathie. Opposition.*
AFFIQUET [afike]. *n. m.* (xiiie; dimin. de *affique*, var. de *affiche*. V. **Ficher.**) ♦ 1° *Fam.* (Surtout *plur.*). Petit bijou ou objet de parure agrafé aux vêtements. ♦ 2° Petit instrument servant à empêcher les mailles d'un tricot interrompu de glisser des aiguilles.
AFFIRMATIF, IVE [afirmatif, iv]. *adj.* et *adv.* (xiiie; bas lat. *affirmativus*). I. *Adj.* ♦ 1° Qui constitue, exprime une affirmation* (1°). *Parler d'un ton affirmatif* ◇ (*Personnes*) Qui affirme, est porté à affirmer avec force. « *Je les trouvai affirmatifs, dogmatiques même dans leur scepticisme* » (ROUSS.). Il a été *très affirmatif, elle ne viendra pas.* ♦ 2° Qui constitue, exprime une affirmation (2°) dans la forme. *Proposition affirmative* (ni négative, ni interrogative). « *De toutes les réponses affirmatives la plus simple est oui* » (BRUNOT). Subst. (xvie) *Répondre par l'affirmative*, répondre oui. II. *Adv.* (xxe). T. de Transmissions. Oui. *M'entendez-vous, m'entendez-vous?* — *Affirmatif!* « *Le ' oui ' des pilotes et des militaires qui, d'être exprimé par ' affirmatif ', garde on ne sait quoi de viril et d'efficace* » (Nouvel Obs., 30-10-1972). ◇ ANT. *Négatif.*
AFFIRMATION [afirmasjɔ̃]. *n. f.* (1313; *afermation*, xiie; lat. *affirmatio*). ♦ 1° Action d'affirmer, de donner pour vrai un jugement (qu'il soit, dans la forme, affirmatif ou négatif); le jugement ainsi énoncé. V. **Assertion, proposition.** « *Certaines affirmations positives ou négatives* » (BRUNOT). *En dépit de vos affirmations, je n'en crois rien.* ◇ *Dr. Affirmation de compte, de créance*, déclaration par laquelle on certifie l'exactitude, la réalité d'un compte, d'une créance. ♦ 2° Caractère d'une proposition dans laquelle la relation énoncée par la copule est donnée comme réelle et positive; cette proposition. *Adverbes d'affirmation.* ♦ 3° Action, manière d'affirmer, de manifester de façon indiscutable (une qualité). V. **Expression, manifestation.** *Avec ce nouveau livre, on assiste à l'affirmation de sa personnalité.* ◇ ANT. *Doute, question; démenti, négation.*
AFFIRMATIVEMENT [afirmativmɑ̃]. *adv.* (xive; de *affirmatif*). ♦ 1° *Vieilli.* D'une manière affirmative, dogmatique, avec assurance. « *J'ai parlé trop affirmativement* » (VOLT.). ♦ 2° Par l'affirmative, en disant oui. *Il a répondu affirmativement.* ◇ ANT. *Négativement.*
AFFIRMER [afirme]. *v. tr.* (xiiie; lat. *affirmare*). ♦ 1° Donner une chose pour vraie, énoncer un jugement comme vrai. V. **Assurer, avancer, certifier, déclarer, garantir, prétendre, soutenir.** « *Tant qu'on n'a pas vu de ses yeux, on n'a le droit de rien affirmer* » (MAURIAC). *Je l'affirme sur l'honneur.* V. **Jurer.** *J'affirme que les choses se sont passées ainsi. J'affirme que non. J'affirme l'avoir rencontré ce jour-là.* Absolt. « *On ne peut affirmer. On peut tout supposer* ». (ROMAINS). ♦ 2° Énoncer avec affirmation* (2°). « *L'Église affirme, la raison nie* » (HUGO). ♦ 3° (Mil. xixe, pronom.). Manifester de façon incontestable. « *Le besoin d'affirmer leur amitié par mille témoignages* » (LOTI). « *Le droit d'affirmer son originalité* » (HERRIOT). Pronom. « *La personnalité ne s'affirme jamais plus qu'en se renonçant* » (GIDE). *Son talent s'affirme.* V. **Poser** (se). ◇ ANT. *Contester, démentir, nier. Cacher.*
AFFIXAL, ALE, AUX [afiksal, o]. *adj.* (fin xixe; de *affixe*). *Didact.* Relatif aux affixes. *Éléments affixaux* : préfixaux et suffixaux.
1. **AFFIXE** [afiks(ə)]. *n. m.* (1575; lat. *affixus*, de *affigere* « attacher »). Élément susceptible d'être incorporé à un mot, avant, dans ou après le radical (préfixe, infixe, suffixe) pour en modifier le sens ou la fonction.
2. **AFFIXE** [afiks(ə)]. *n. f.* (1885; lat. *affixus*; Cf. le précéd.). *Math.* Nombre complexe représentant un point du plan.

AFFLEUREMENT [aflœʀmɑ̃]. *n. m.* (1593; de *affleurer*). ♦ 1° Action de mettre de niveau. ♦ 2° (1776). Fait d'affleurer, d'apparaître à la surface du sol. *Affleurement d'un filon, d'une couche géologique.* — Fig. « *Un affleurement continu d'une sagesse souriante* » (GIDE).

AFFLEURER [aflœʀe]. *v.* (1397; de *fleur*, dans l'express. *à fleur de*). ♦ 1° V. tr. *Techn.* Mettre au même niveau (deux pièces contiguës). *Affleurer au grattoir les joints d'un parquet.* ♦ 2° *V. intr.* (XVIᵉ). *Vx.* Être de niveau. — *Mod.* (1845) Apparaître à la surface du sol. *Couche, roc qui affleure.* Fig. « *Une sensualité sous-jacente qui, de temps à autre, affleure* » (MAUROIS). V. **Émerger.** ◇ ANT. Enfoncer (s').

AFFLICTIF, IVE [afliktif, iv]. *adj.* (1667; « affligeant ». 1374; du lat. *afflictum*, supin de *affligere* « frapper »). *Dr.* Qui frappe le criminel dans son corps, sa vie. *Peines afflictives ou infamantes.*

AFFLICTION [afliksjɔ̃]. *n. f.* (1050; bas lat. *afflictio*. V. Affliger). *Littér.* Peine profonde abattement à la suite d'un coup du sort, d'un grave revers. V. **Détresse, tristesse.** « *De l'accablement on monte à l'abattement, de l'abattement à l'affliction* » (HUGO). ◇ ANT. Allégresse, joie.

AFFLIGEANT, ANTE [afliʒɑ̃, ɑ̃t]. *adj.* (1578; de *affliger*). Qui afflige, frappe douloureusement. V. **Attristant, désolant.** *funeste. Il est dans une situation affligeante.* ◇ Pénible, difficilement supportable en raison de sa faible valeur. V. **Lamentable.** *Un film, un spectacle affligeant.* ◇ ANT. Gai.

AFFLIGER [afliʒe]. *v. tr.; conjug. bouger* (1120; lat. *affligere* « frapper, abattre »). ♦ 1° *Littér.* Frapper durement, accabler (d'un mal, d'un malheur). « *Les maux qui affligent la terre* » (LAMENNAIS). — (Plaisant.) « *La nature l'avait affligé d'une croupe de houri* » (MART. du G.). ◇ *Vx.* Mortifier. « *Elle affligeait son corps par des austérités continuelles* » (RAC.). ♦ 2° Attrister profondément. V. **Chagriner, peiner.** « *Vous souffrez, il est arrivé quelque chose qui vous afflige* » (DUHAM.). « *Charles la supposait affligée* » (FLAUB.). V. **Triste.** Subst. *Consoler les affligés.* — Pronom. « *Nous ne savons quand nous devons nous affliger ou nous réjouir* » (MONTESQ.). ◇ ANT. Consoler, réconforter. réjouir.

AFFLOUER [aflue]. *v. tr.* (1863; de *flouée*, mot normand, a. fr. *flot* « marée », a. scandin. *flôd*). Renflouer (un bateau).

AFFLUENCE [aflyɑ̃s]. *n. f.* (1393; lat. *affluentia*). ♦ 1° *Vx.* Abondance. ♦ 2° *Mod.* Réunion d'une foule de personnes qui se portent au même endroit. V. **Concours,** *presse. L'affluence des clients était telle que les employés étaient débordés. Évitez de prendre le métro aux heures d'affluence.*

AFFLUENT [aflyɑ̃]. *n. m.* (1835; « confluent », 1751; rivières *uffluentes*, 1690; « qui abonde, qui coule », XVIᵉ; lat. *affluens.* V. Affluer.). Cours d'eau qui se jette dans un autre. *Les affluents de la Seine.*

AFFLUER [aflye]. *v. intr.* (XIVᵉ; lat. *affluere*, de *fluere* « couler »). ♦ 1° (*Liquide organique*). Couler en abondance. *La colère fait affluer le sang au visage.* ♦ 2° Se porter en foule vers, arriver en grand nombre. « *Toutes sortes d'intrépides affluèrent sous son drapeau* » (FLAUB.).

AFFLUX [afly]. *n. m.* (1611; de *affluer*, d'après *flux*). ♦ 1° Fait d'affluer (1°). *Afflux de sang à la face.* ◇ Mouvement des charges électriques vers un point. ♦ 2° Arrivée massive. V. **Affluence.** *Il y a eu un afflux de visiteurs.*

AFFOLANT, ANTE [afɔlɑ̃, ɑ̃t]. *adj.* (fin XVIIᵉ; de *affoler*). ♦ 1° Qui affole, trouble au plus haut point. V. **Bouleversant, troublant.** « *La femme qui cache et montre l'affolant mystère de la vie* » (MAUPASS.). ♦ 2° *Fam.* Très inquiétant, effrayant. *La vie augmente tous les jours, c'est affolant.* ◇ ANT. Rassurant.

AFFOLÉ, ÉE [afɔle]. *adj.* (1501; V. Affoler). ♦ 1° Rendu comme fou sous l'effet d'une émotion violente (peur, sentiment d'être débordé, dépassé). V. **Effaré, épouvanté.** « *Allez donc faire entendre raison à des gens affolés* » (MAUPASS.). ♦ 2° (1690). Boussole, aiguille *affolée,* qui subit des déviations subites et irrégulières (variations brusques du champ magnétique). ◇ ANT. Calme.

AFFOLEMENT [afɔlmɑ̃]. *n. m.* (XIIIᵉ; de *affoler*). ♦ 1° État d'une personne affolée. V. **Agitation, désarroi, inquiétude, peur.** « *L'affolement du joueur qui perd chaque partie et vit avec effroi arriver l'heure de la dernière* » (JALOUX). *Surtout, pas d'affolement!* ♦ 2° Variations de la boussole affolée. ◇ ANT. Calme.

AFFOLER [afɔle]. *v. tr.* (XIIᵉ; de *fol.* V. Fou). ♦ 1° Rendre comme fou, sous l'effet d'une émotion violente. V. **Bouleverser.** « *Je fus coquette, caressante et perfide, j'affolai cet enfant* » (MAUPASS.). ♦ 2° Rendre fou d'inquiétude, plonger dans l'affolement. V. **Effrayer.** « *Les propriétaires paysans affolés par le spectre rouge* » (FRANCE). Pronom. Perdre la tête par affolement. *Il s'est affolé et a pris une décision stupide. Ne vous affolez pas.* ◇ ANT. Calmer, rassurer.

AFFOUAGE [afwaʒ]. *n. m.* (1256; de l'a. v. *affouer* « faire du feu, fournir de chauffage », du lat. *focus* « foyer, feu »). Droit de prendre du bois de chauffage dans une forêt commu-nale; part de bois qui revient à chacun des bénéficiaires (ou *affouagistes*).

AFFOUILLEMENT [afujmɑ̃]. *n. m.* (1835; de *affouiller*). Action de creusement des eaux, due à la butée des courants sur une rive, aux remous et tourbillons sur les piles de pont, les jetées, etc.; dégradation ainsi produite. « *L'affouillement profond de la côte* » (HUGO).

AFFOUILLER [afuje]. *v. tr.* (1835; de *fouiller*). Provoquer l'affouillement de. V. **Creuser, excaver.**

AFFOURAGEMENT [afuʀaʒmɑ̃]. *n. m.* (1627; de *affourager*). Approvisionnement, globalement calculé, des animaux d'une ferme en fourrages.

AFFOURAGER [afuʀaʒe]. *v. tr.* (XIVᵉ; de *fourrage*). Approvisionner en fourrages.

AFFOURCHER [afuʀʃe]. *v. tr.* (1670; « disposer en fourche », XIIᵉ; de *fourche*). *Mar.* Mouiller sur deux ancres, dont les lignes de mouillage sont disposées en V.

AFFRANCHI, IE [afʀɑ̃ʃi]. *adj.* (V. Affranchir). ♦ 1° Qui a été affranchi. *Esclave, serf affranchi. Subst.* (1640) À Rome, Esclave affranchi (*libertinus*). ♦ 2° Qui s'est intellectuellement libéré des préjugés, des traditions. « *Le plus ferme et le plus affranchi des esprits* » (STE-BEUVE). *Subst.* (arg., 1821) Celui qui vit en marge des lois, homme du milieu. — Pop. *Un, une affranchi(e),* une personne qui mène une vie libre, hors de la morale courante. « *Il jouait aux affranchis* » (SARTRE).

AFFRANCHIR [afʀɑ̃ʃiʀ]. *v. tr.* (XIIIᵉ; de *franc*). I. ♦ 1° Rendre civilement libre, de condition libre (un esclave, un serf). ◇ Rendre politiquement indépendant. « *La guerre contre l'Autriche pour affranchir la nationalité italienne* » (BAINVILLE). ♦ 2° *Fig* (XVIᵉ). Délivrer (de tout ce qui gêne). « *Épicure affranchit les âmes des vaines terreurs* » (FRANCE). Pronom. « *C'est le plus petit nombre qui s'est affranchi des traditions* » (LOTI). V. **Émanciper** (s'), **libérer** (se). ♦ 3° (1837). *Arg.* Initier au métier de voler, apprendre à vivre en marge des lois. — *Pop.* (1900) Éclairer, mettre au courant (en fournissant des renseignements). II. ♦ 1° (Fin XIIIᵉ). *Vx.* Exempter (d'une taxe). ◇ (1802) Rendre (une lettre, un envoi postal) exempt de taxe pour le destinataire (en payant soi-même le timbre). *Lettre insuffisamment affranchie.* ♦ 2° (1877). Rendre (une carte) maîtresse en faisant tomber les cartes supérieures. ◇ ANT. Asservir, soumettre; assujettir, astreindre.

AFFRANCHISSEMENT [afʀɑ̃ʃismɑ̃]. *n. m.* (1322; de *affranchir*). ♦ 1° Action d'affranchir (un esclave, un serf). V. **Manumission.** ◇ Action de rendre politiquement indépendant. V. **Émancipation.** « *Si le Divan voulait traiter pour l'affranchissement de la Grèce* » (CHATEAUB.). ♦ 2° *Fig.* Délivrance, libération. « *L'affranchissement et le progrès de l'esprit humain* » (RENAN). ♦ 3° *Vx.* Action de rendre franc (de taxes, servitudes). — *Spécialt.* (1845) Acquittement préalable des frais de port (par apposition d'un timbre). *Tarifs d'affranchissement pour la France, pour l'étranger.* ◇ ANT. Assujettissement.

AFFRES [afʀ(ə)]. *n. f. pl.* (XVᵉ; probabl. a. prov. *afre* « horreur », rad. germ. *aifr-* « horrible, terrible » XIᵉ). *Littér.* Tourment, torture. *Les affres de la mort.* « *Les affres de l'humiliation* » (BERNANOS).

AFFRÈTEMENT [afʀetmɑ̃]. *n. m.* (1584; « équipement », 1366; de *affréter*). Contrat par lequel un fréteur s'engage, moyennant rémunération, à mettre son navire ou son matériel à la disposition d'un affréteur, pour le transport de marchandises ou de personnes. *Affrètement à temps, au voyage.*

AFFRÉTER [afʀete]. *v. tr.; conjug. céder* (1639; « équiper », 1322; de *fret*). Prendre (un navire, un avion) en location.

AFFRÉTEUR [afʀetœʀ]. *n. m.* (1678; de *affréter*). Celui qui affrète (un navire, un avion).

AFFREUSEMENT [afʀøzmɑ̃]. *adv.* (1539; de *affreux*). ♦ 1° D'une manière affreuse, particulièrement effrayante ou révoltante. V. **Horriblement.** *Il a été affreusement torturé.* ♦ 2° (Mil. XIXᵉ). Extrêmement, terriblement. « *Il est affreusement ivre* » (GIDE). *Un plat affreusement salé. Je suis affreusement en retard.*

AFFREUX, EUSE [afʀø, øz]. *adj.* (v. 1500; de *affres*). ♦ 1° Qui provoque une réaction d'effroi et de dégoût V. **Abominable, atroce, effrayant, horrible, monstrueux.** « *Hélas! du crime affreux dont la honte me suit...* » (RAC.). « *Délivrés du plus affreux cauchemar* » (LOTI). — (Personnes) *Un affreux bonhomme.* V. **Méchant, vilain.** *Subst.* (Fam.) *Un affreux.* ◇ (v. 1960). Mercenaire blanc au service d'une armée africaine. ♦ 2° Qui est extrêmement laid. V. **Hideux, repoussant.** « *Son chien Dick, affreux bâtard de caniche et de barbet* » (MAUROIS). Par exagér. *Elle est affreuse avec ce chapeau.* ♦ 3° Tout à fait désagréable. V. **Détestable.** *Il fait un temps affreux. Nous avons fait un voyage affreux. Subst.* « *L'affreux de la vie à la campagne* » (MAURIAC). ◇ ANT. Beau, bon.

AFFRIANDER [afʀijɑ̃de]. *v. tr.* (XIVᵉ; de *friand*). *Littér.*

Mettre en goût; allécher, attirer. « *Mais Alençon n'est pas une ville qui affriande l'étranger* » (BALZ.).

AFFRIOLANT, ANTE [afʀijɔlɑ̃, ɑ̃t]. *adj.* (1808; de *affrioler*) Excitant, séduisant. *Un déshabillé affriolant. Un programme qui n'a rien d'affriolant.*

AFFRIOLER [afʀijɔle]. *v. tr.* (1530; de l'a. v. *frioler* (XIVᵉ), « frire, griller d'envie », var. mérid. de *frire*), Rare. Attirer, allécher, « *Aux douceurs de ce bon farniente qui nous affriole à tout âge* » (BALZ.).

AFFRIQUÉE [afʀike]. *adj. f.* (fin XIXᵉ; lat. *affricare* « frotter contre »). Se dit de consonnes constituant un phonème double, occlusives au début de l'émission et constrictives à la fin (ex. : *ts* ou *dz*, ou a. fr.).

AFFRONT [afʀɔ̃]. *n. m.* (v. 1560; de *affronter* « couvrir de honte », en a. fr.). Offense faite publiquement avec la volonté de marquer son mépris et de déshonorer ou humilier. V. **Avanie, humiliation, outrage.** « *Achève, et prends ma vie après un tel affront* » (CORN.). *Faire un affront à qqn.* ◇. ANT. *Louange.*

AFFRONTEMENT [afʀɔ̃tmɑ̃]. *n. m.* (1547; de *affronter*). ♦ 1° Action d'affronter, fait de s'affronter. « *Le personnel affrontement d'un fréquent péril* » (GIDE). *L'affrontement des deux grandes puissances.* Affrontement entre policiers et manifestants. ♦ 2° (1846). Action de mettre de niveau, de front. *L'affrontement des lèvres d'une plaie.*

AFFRONTER [afʀɔ̃te]. *v. tr.* (1155; de *front*). ♦ 1° Aller hardiment au-devant de (un adversaire, un danger). V. **Braver, exposer (s'), face** (faire), **front** (faire). « *La croyance qu'on pourra revenir vivant du combat aide à affronter la mort* » (PROUST). ◇ *Pronom.* Se heurter dans un combat. « *Voilà que s'affrontent deux puissances* » (BARRÈS). Fig. « *Deux thèses s'affrontaient* » (MART. du G.). ♦ 2° (XVIᵉ). Opposer front à front. Blas. *Animaux affrontés*, figurés front contre front. ◇ (1835). Mettre de front, de niveau. *Affronter les lèvres d'une plaie, deux pièces de bois.*

AFFUBLEMENT [afyblǝmɑ̃]. *n. m.* (XIIIᵉ; de *affubler*). Rare. Accoutrement.

AFFUBLER [afyble]. *v. tr.* (XIIᵉ, « vêtir », « agrafer », 1080; sens péj. déb. XIXᵉ; lat. pop. *°affibulare*, de *fibula* « agrafe »). Habiller bizarrement, ridiculement comme si on déguisait. V. **Accoutrer.** « *On m'avait affublé d'un chapeau haut de forme* » (VALLÈS). « *Ces singes que l'on affuble d'une robe* » (JALOUX). Pronom. « *Elle s'affubla de la robe du prêtre* » (VOLT.).

AFFUSION [afyzjɔ̃]. *n. f.* (XVIᵉ; bas lat. *affusio*). Procédé thérapeutique consistant à verser de l'eau froide ou chaude sur une partie du corps.

AFFÛT [afy]. *n. m.* (1437; de *affûter*). ♦ 1° Bâti servant à supporter, pointer et déplacer un canon. ♦ 2° (1671). Endroit où l'on s'embusque pour attendre le gibier ; l'attente elle-même. « *À l'heure de l'affût* » (LA FONT.). *Être, se mettre à l'affût.* Par anal. « *Une araignée à l'affût* » (MART. du G.). ◇ Fig. *Être à l'affût*, guetter l'occasion de saisir ou de faire. V. **Aguets** (être aux), **épier.** « *À l'affût de tous les vents de la mode* » (RENAN).

AFFÛTAGE [afytaʒ]. *n. m.* (1680; « affût de canon », 1421; de *affûter*). ♦ 1° Assortiment d'outils nécessaires à un ouvrier. ♦ 2° Opération consistant à affûter (un outil).

AFFÛTER [afyte]. *v. tr.* (1680; « poster, disposer, mettre en état », XIIᵉ; de *fût*). ♦ 1° Aiguiser (un outil tranchant) en reconstituant le profil de coupe. *Affûter des couteaux, des scies.* ♦ 2° Sports. Préparer soigneusement (un cheval) afin qu'il soit en pleine forme pour une course. ◇ ANT. *Émousser.*

AFFÛTEUR, EUSE [afytœʀ, øz]. *n. m.* et *f.* (1866; « celui qui pointe un canon », 1506; de *affûter*). Ouvrier spécialisé dans l'affûtage des outils. V. **Aiguiseur.** *Affûteur-outilleur.* — N. f. *Affûteuse*, machine à affûter les outils.

AFFÛTIAUX [afytjo]. *n. m. pl.* (1697; de *affûter*). Fam. Objets de parure sans valeur. — Pop. Outils.

AFGHAN, ANE [afgɑ̃, an]. *adj.* 1830; mot pers.).♦ 1° De l'Afghanistan. Subst. *Les Afghans. L'afghan*, la langue afghane (*pachto*), du groupe iranien oriental. ♦ 2° (v. 1968). N. m. Veste en peau de chèvre, de mouton, souvent brodée, qui se porte avec le poil à l'intérieur, importée d'Afghanistan ou s'inspirant des vestes de ce pays.

AFICIONADO ou **AFFICIONADO, OS** [afisjɔnado, os]. *n. m.* (1840; mot esp., p. p. de *aficionar*, de *aficion* « goût, passion »). Amateur de courses de taureaux. ♦ (fin XIXᵉ, répandu mil. XXᵉ). Amateur fervent d'un auteur, d'un spectacle. *Les 'aficionados' de Lope de Vega* » (MÉRIMÉE). *Les aficionados du football.*

AFIN DE [afɛ̃d(ǝ)]. *loc. prép.*, **AFIN QUE** [afɛ̃k(ǝ)]. *loc. conj.* (XIVᵉ; pour *à fin de, que*). Marquent l'intention, le but. V. **Pour.** *Afin de*, avec l'infinitif. *Afin que*, avec le subjonctif. « *Donnez! afin qu'un blé plus mûr fasse plier vos granges; afin d'être meilleurs* » (HUGO).

AFOCAL, E, AUX [afɔkal, o]. *adj.* (mil. XXᵉ; de *a-2*, et *focal*). Opt. Relatif, ive à une lentille ou à un système optique centré dont les foyers sont rejetés à l'infini.

A FORTIORI [afɔʀsjɔʀi]. *loc. adv.* (1834; lat. scolast. *a fortiori (causa)* « par une raison plus forte »). En concluant de la vérité d'une proposition à la vérité d'une autre pour laquelle la raison invoquée s'applique encore mieux. *Je peux donc en conclure a fortiori que...* V. **Raison** (à plus forte).

AFRICAIN, AINE [afʀikɛ̃, ɛn]. *adj.* (XVIᵉ; *african*, 1080; lat. *africanus*). De l'Afrique, et *spécialt.* de l'Afrique Noire. *Le continent africain. Langues africaines* (ou *négro-africaines*). Subst. *Les Africains*, les noirs d'Afrique.

AFRICANISATION [afʀikanizɑsjɔ̃]. *n. f.* (1970; de *africain*). ♦ 1° Le fait d'africaniser* (1°). ♦ 2° Fait de prendre un caractère africain.

AFRICANISER [afʀikanize]. *v. tr.* (v. 1965; de *africain*). ♦ 1° Rendre africain, remplacer les fonctionnaires et les cadres européens par des Africains, dans les pays d'Afrique noire devenus indépendants. ♦ 2° Pron. S'AFRICANISER. Prendre un caractère africain.

AFRICANISTE [afʀikanist(e)]. *n.* (1908; de *africain*). Spécialiste des langues et civilisations africaines.

AFRIKANER [afʀikanɛʀ] ou **AFRIKANDER** [afʀikɑ̃dɛʀ]. *n.* (fin XIXᵉ; holl. du Cap *Afrikaander*, de *Afrikaansch* « Africain »). Individu de race blanche, d'origine néerlandaise, citoyen de l'Union sud-africaine. *Adj.* Relatif à la souche néerlandaise des citoyens de l'Union sud-africaine. *La culture afrikaner.*

AFRIKA(A)NS [afʀikɑ̃]. *adj.* et *n. m.* (1952; mot néerlandais). Parler néerlandais d'Afrique du Sud (langue officielle de ce pays, avec l'anglais).

AFRO-. Élément, du lat. *afer, afri* « africain », indiquant l'origine africaine, et qui s'emploie pour former des adjectifs et des substantifs.

AFRO [afro]. *adj. invar.* (1972; angl. *afro-american*). Se dit d'une coupe de cheveux crépus ou frisés formant une boule volumineuse autour du visage. « *Une coiffure hippy vaguement afro* » (*Nouvel Obs.*, 11-9-1972). — On dit aussi à *l'afro. Loc. adj. Des « cheveux crépus coiffés à l'afro* » (*L'Express*, 18-9-1972).

AFRO-AMÉRICAIN, AINE [afʀoamerikɛ̃, ɛn]. *adj.* (1933; de *afro-*, et *américain*). Qui est d'origine africaine, aux États-Unis. *La musique afro-américaine.* — N. « *Le mouvement révolutionnaire des Afro-américains* » (*Nouvel Obs.*, 21-08-1972).

AFRO-ASIATIQUE [afroazjatik]. *adj.* (1950; de *afro-*, et *asiatique*). Commun à l'Afrique et à l'Asie, du point de vue politique. *Le groupe afro-asiatique à l'O.N.U.*

AFRO-BRÉSILIEN, IENNE [afʀobʀeziljɛ̃, jɛn]. *adj.* et *n.* (mil. XXᵉ; de *afro-*, et *brésilien*). Qui est d'origine africaine, au Brésil.

AFRO-CUBAIN, AINE [afʀokybɛ̃, ɛn]. *adj.* et *n.* (mil. XXᵉ; de *afro-*, et *cubain*, d'après l'angl.). Qui est d'origine africaine, à Cuba. *Les rythmes afro-cubains.*

AFTER-SHAVE [aftœʀʃev]. *adj.* et *n. m.* (v. 1962; mot angl.). Se dit de produits que les hommes appliquent sur leur visage après s'être rasés. *Lotion after-shave.* — N. m. « *Se coller de l'after-shave sur la peau* » (BEAUVOIR). — On dit maintenant : *Lotion après-rasage.*

Ag Symbole chimique de l'argent.

AGAÇANT, ANTE [agasɑ̃, ɑ̃t]. *adj.* (1724; de *agacer*). ♦ 1° Vieilli. Aguichant, provocant. « *Lancer des œillades agaçantes sur quelque jeune cavalier* » (LESAGE). ♦ 2° Qui agace, énerve, contrarie. V. **Énervant, irritant.** ◇ ANT. *Agréable.*

AGACE ou **AGASSE** [agas]. *n. f.* (déb. XVIᵉ; *agache*, XIIIᵉ; anc. haut all. *agaza*). Dial. Pie.

AGACEMENT [agasmɑ̃]. *n. m.* (mil. XIXᵉ; *agacement des dents*, 1539; de *agacer*). Énervement fait d'impatience et de mécontentement. V. **Irritation.** « *Quand il n'avait personne d'autre à qui témoigner son agacement* » (PROUST).

AGACER [agase]. *v. tr.*; conjug. *placer* (1530; crois. de *agasser, agacier* « crier » en parlant de la pie (XIIIᵉ), et l'a. fr. *aacier* « agacer », probabl. lat. pop. *°adaciare*, rad. *acies* « pointe »; Cf. Acidus « acide »). ♦ 1° *Vx.* Harceler. ◇ *Mod.* (XVIIᵉ) Provoquer par des taquineries, des agaceries. ♦ 2° (XVIᵉ). Affecter d'une sensation d'irritation. *Les acides agacent les dents.* ◇ *Par ext.* (XVIIᵉ). Mettre dans un état d'agacement. V. **Énerver, irriter.** « *Ce débat futile m'agaçait* » (MAUROIS). « *Agacé de l'entendre soutenir une erreur* » (PROUST). ◇ ANT. *Calmer.*

AGACERIE [agasʀi]. *n. f.* (1671; de *agacer*). (Surtout plur.). Mines ou paroles inspirées par une coquetterie légèrement provocante. V. **Avance, coquetterie, minauderie.** « *Les refus de simagrée et d'agacerie* » (ROUSS.). « *Elles attiraient mon attention par quelques agaceries* » (FRANCE).

AGALACTIE [agalakti]. *n. f.* (1808; du gr. *agalaktos* « qui n'a pas de lait », *gala*). Méd. Absence de la sécrétion lactée après l'accouchement.

AGAMÈTE [agamɛt]. *n. f.* (1970; de *a-2*, et *gamète*). *Biol.* Cellule reproductrice asexuée (*opposée à* gamète*).

AGAMI [agami]. *n. m.* (1664; mot caraïbe). Oiseau échassier d'Amérique du Sud, au plumage noir et roux, appelé oiseau-trompette à cause du cri particulier du mâle.

AGAMIE [agami]. *n. f.* (1970; de *a-2*, et *-gamie*). *Biol.* Reproduction asexuée (par bourgeonnement, scissiparité ou formation de spores).

AGAPE [agap]. *n. f.* (1574; mot du lat. ecclés., gr. *agapê* « amour »). ♦ 1° *Hist. ecclés.* Repas en commun des premiers chrétiens. ♦ 2° *Par ext.* (1847). *Vx.* Repas entre convives unis par un sentiment de fraternité. *Mod.* (au plur.) *Plaisant.* Festin.

AGAR-AGAR [agaragar]. *n. m.* (1866; mot malais). Gélose.

AGARIC [agaRik]. *n. m.* (1256; lat. *agaricum*, gr. *agarikon*). Nom collectif des champignons à chapeau et à lamelles. *Spécialt. Agaric champêtre*, psalliote ou champignon de couche.

AGARICACÉES [agaRikase]. *n. f. pl.* (1931; de *agaricinées*, 1846; de *agaric*). Famille de champignons basidiomycètes, pour la plupart comestibles (*psalliote*), certains vénéneux (*amanite*).

AGATE [agat]. *n. f.* (XIIIᵉ; *acate*, XIIᵉ; lat. *achates*, gr. *akhatēs*). ♦ 1° Variété de calcédoine, finement zonée, aux teintes nuancées et contrastées, utilisée comme pierre précieuse (camées, coupes, etc.). ◇ Objet d'art en agate. *Les agates antiques*. — Bille d'agate. ♦ 2° Verre marbré imitant cette pierre.

AGATISÉ, ÉE [agatize]. *adj.* (1795; de *agate*). Qui a le poli, le nuancé de l'agate.

AGAVÉ [agave] ou **AGAVE** [agav]. *n. m.* (1783,-1808; lat. sc. *agave*, de *Agave*, nom mythol., gr. *agauê* « l'admirable »). Plante d'origine mexicaine, très décorative (*Amaryllidacées*), aux feuilles vastes et charnues, dont le suc donne une boisson fermentée (*pulque*, et, distillée, *mescal*), et les feuilles des fibres textiles (*sisal, tampico*).

AGE [aʒ]. *n. m.* (1801; var. dial. — Poitou, Berry — de *haie*, XIIIᵉ, en ce sens). Longue pièce horizontale à laquelle s'ajustent le soc et toutes les autres pièces de la charrue.

ÂGE [aʒ]. *n. m.* (XVIIᵉ; *eage*, 1080; *aage* jusqu'au XVIᵉ; lat. pop. *ᵉætaticum*, class. *ætas, ætatis*). ♦ 1° *Vx* (Sauf dans certaines expressions). Vie humaine considérée dans sa durée. *A la fleur* de l'âge. *Il est dans la force* de l'âge. *Retour* d'âge. ♦ 2° Temps écoulé depuis qu'un homme est en vie. « *Celui qui continue de cacher son âge* » (LA BRUY.). « *Une autre femme du même âge qu'elle* » (STENDHAL). « *Charles VI mourut à l'âge de cinquante-quatre ans* » (VOLT.). « *Une femme n'a que l'âge qu'elle paraît avoir* » (BALZ.). *Il ne paraît, il ne porte pas son âge, on ne lui donnerait pas son âge, il fait plus jeune que son âge*, à le voir, on ne croirait pas qu'il a déjà cet âge. *Un homme qui n'a pas d'âge*, dont on ne peut, en le voyant, dire l'âge qu'il a. *Un homme d'un certain âge, d'un âge avancé*. En raison de son grand âge. *Doyen, président d'âge*. Bénéfice de l'âge, avantage accordé à l'âge, au plus âgé. *Dispense*, limite* d'âge. *Âge mental*. *Âge légal*, prescrit par la loi, pour avoir certaine capacité. *Âge scolaire*. *Âge de raison*. *Âge canonique*. « *Les hommes en âge de combattre* » (FÉN.), qui ont l'âge requis pour combattre. *J'ai passé l'âge de m'occuper de cela*, je ne suis plus à l'âge où on s'en occupe. « *Misanthrope avant l'âge* » (STENDHAL), avant l'âge où il est normal de l'être. *Démogr. Pyramide* des âges. *Groupe d'âge*, ensemble des individus dont l'âge est compris entre deux limites. ◇ (Êtres vivants, etc.) *Course pour chevaux de tout âge. Reconnaître l'âge d'un arbre, d'un vin*. — Par anal. *Détermination de l'âge des roches. Problèmes de l'âge de la Terre*. ♦ 3° Période de la vie allant approximativement de tel âge (1°) à tel autre. « *Chaque âge a ses plaisirs, son esprit et ses mœurs* » (BOIL.). *Le premier âge*, l'enfance. *Un enfant encore en bas âge*, un bébé. *Âge tendre*, enfance et adolescence. « *Cosette était dans l'âge ingrat* » (HUGO), l'époque de la puberté. *Le jeune, le bel âge*, la jeunesse. *L'âge adulte*, de l'homme fait. *L'âge mûr*, la maturité. *Le troisième âge*, l'âge de la retraite (euphém. pour *vieillesse*). *Le troisième âge commence à 60 ans*. « *Une autre génération me poussait vers le troisième âge* » (H. BAZIN). *Le quatrième âge*, la vieillesse au-delà de 75 ans. *Femme de l'âge critique*, de la ménopause. « *C'était un homme entre deux âges* » (ROUSS.), entre la maturité et la vieillesse, ni jeune ni vieux. ◇ *Absolt*. La vieillesse. « *Les glaces de l'âge* » (ROUSS.). « *Quand l'âge est venu, sans refroidir la jeunesse du cœur* » (R. ROLLAND). *Homme d'âge*, âgé. ♦ 4° Grande période de l'histoire. *Myth. L'âge d'or, d'argent, d'airain, de fer. L'âge. Âge d'or*, époque prospère, favorable. « *Vertus des vieux âges* » (MOL.), d'autrefois. *L'âge actuel, notre âge*, l'époque contemporaine. *Il faut être de son âge*, de son temps. *D'âge en âge*, de siècle en siècle, dans tout le cours de l'histoire. V. **Moyen âge**. — Grande division de la préhistoire. *Âge de la pierre*. V. **Paléolithique, mésolithique, néolithique**. *L'âge du bronze. L'âge du renne*.

ÂGÉ, ÉE [aʒe]. *adj.* (XVIIᵉ; *aagé*, XIVᵉ; « majeur », 1283; de *âge*). ♦ 1° Qui est d'un âge avancé. V. **Vieux**. *Les personnes âgées*, les vieillards. *Il est très âgé*. ♦ 2° Qui a tel ou tel âge. *Le plus âgé, le moins âgé des deux enfants*. V. **Aîné, cadet**. *Âgé de trente ans*, qui a trente ans. ◇ ANT. **jeune**.

AGENCE [aʒɑ̃s]. *n. f.* (1653; it. *agenzia*, de *agente*. V. **Agent** 2). ♦ 1° *Vx*. Emploi d'agent (1°). « *L'agence générale du Clergé est fort recherchée* » (FURET.). ♦ 2° (1835). *Vx*. Administration confiée à un ou plusieurs agents. « *L'agence du trésor public* » (ACAD. 1835). ♦ 3° (v. 1840, *agence Havas*). Établissement commercial servant essentiellement d'intermédiaire. *Agence de presse. Agence de placement. L'Agence National pour l'Emploi* (A.N.E.). V. **Bureau**. *Agence matrimoniale. Agence théâtrale, de voyages, immobilière, de publicité*. « *Le but de l'Agence n'est pas de multiplier les commissions, c'est de mériter la confiance de la clientèle* » (ROMAINS). ◇ Locaux d'un établissement de ce genre. ♦ 4° *Succursale bancaire*.

AGENCEMENT [aʒɑ̃smɑ̃]. *n. m.* (XIIᵉ; de *agencer*). Action, manière d'agencer; arrangement résultant d'une combinaison. V. **Aménagement, disposition, ordonnance, organisation**. *L'agencement de cet appartement est remarquable*. « *La sensation d'un agencement mécanique* » (BERGSON). « *L'agencement du récit* » (RENAN). ◇ ANT. **Désordre**.

AGENCER [aʒɑ̃se]. *v. tr.*; conjug. *placer* (XIIᵉ; de l'anc. adj. *gent, gente* « noble, beau », lat. *genitus* « né », d'où « bien né » en lat. médiév.). ♦ 1° *Vx*. Parer, embellir. ♦ 2° Disposer en combinant (des éléments), organiser (un ensemble) par une combinaison d'éléments. V. **Ajuster, arranger, ordonner**. *L'art d'agencer les scènes d'une pièce.* Pronom. « *Des mots qui s'agencent en phrases* » (DAUZAT). *Un vaudeville bien agencé*.

AGENDA [aʒɛ̃da]. *n. m.* (1535; mot lat., « choses à faire », spécialt. « office », en lat. médiév., d'où *agende*, fin XIIIᵉ, en ce sens). Carnet contenant une page pour chaque jour, où l'on inscrit ce qu'on doit faire, les rendez-vous, les dépenses, etc. *Agendas de poche, de bureau, publicitaires*.

AGÉNÉSIE [aʒenezi]. *n. f.* (1821; de *a-2*, et *-genès[i]e*). ♦ 1° Arrêt partiel de développement de l'embryon, provoquant certaines atrophies tératologiques. ♦ 2° (*Mil. XIXᵉ*). Infécondité des produits des croisements (entre eux et avec des individus de l'une ou l'autre race mère). ♦ 3° Absence congénitale d'un organe. *Agénésie ovarienne*.

AGENOUILLEMENT [aʒnujmɑ̃]. *n. m.* (XIVᵉ; de *s'agenouiller*). Action de s'agenouiller, position d'une personne à genoux. V. **Génuflexion**. « *La piété fut en lui le fruit de l'agenouillement* » (MAURIAC).

AGENOUILLER (S') [aʒnuje]. *v. pron.* (XIᵉ; de *genou*). ♦ 1° Se mettre à genoux dans une attitude de prière ou de soumission. « *L'homme, face à face avec la nuit, s'agenouille, se prosterne* » (HUGO). « *Nous restâmes un moment agenouillés, le patron priait à haute voix* » (DAUD.). — Fig. *S'agenouiller devant le pouvoir*, se soumettre, s'humilier. ♦ 2° Se mettre à genoux. « *Il l'aida à fermer une valise trop pleine et dut s'agenouiller dessus* » (MART. du G.).

AGENOUILLOIR [aʒnujwaR]. *n. m.* (1552; de *s'agenouiller*). Petit prie-Dieu; planche servant d'appui aux genoux dans un banc d'église.

1. AGENT [aʒɑ̃]. *n. m.* (1337; lat. scolast. *agens*, subst. du p. prés. de *agere* « agir, faire »). ♦ 1° Celui qui agit (opposé au *patient*, qui subit l'action). *Gram. Complément d'agent*, complément d'un verbe passif, introduit en français par *par* ou *de*, désignant l'auteur de l'action. ♦ 2° Ce qui agit, opère; force, corps, substance intervenant dans la production de certains phénomènes. V. **Cause, facteur, principe**. *Agents naturels, atmosphériques. Agent thérapeutique, pathogène. Agents physiques, chimiques qui sont à l'origine de certaines maladies*.

2. AGENT [aʒɑ̃]. *n. m.* (1578; repris, par l'it. *agente*, au lat. jur. et médiév. *agens* « celui qui fait, qui s'occupe de », de *agere*. V. **Agent 1**). ♦ 1° (Surtout péj.). Personne chargée des affaires et des intérêts d'un individu, d'un groupe ou d'un pays, pour le compte desquels elle agit. V. **Émissaire, intendant, représentant**. Ancien. *Agent général du Clergé*. — « *Ils m'ont dénoncé comme un agent de l'Allemagne* » (JAURÈS). ♦ 2° (XVIᵉ, *agent de change*). Appellation de très nombreux employés de services publics ou d'entreprises privées, généralement appelés à servir d'intermédiaires entre la direction et les usagers. V. **Commis, courtier, employé, gérant, mandataire**. *Agents de change, d'assurances, d'affaires, de publicité, commerciaux, financiers, immobiliers. Agent public, administratif*, fonctionnaire. *Agent comptable, technique, de maîtrise. Agent en douane, maritime. Agents diplomatiques, consulaires*. *Milit. Agent de liaison, de transmission*. ◇ *Spécialt.* (Police ou activités analogues) *Agent de police*. V. **Gardien** (de la paix). — *Absolt. Un agent*. V. *pop.* **Cogne, flic, poulet**. « *Un quadruple cordon d'agents* » (MART. du G.). *Agent cycliste*. — *Agent de la police judi-*

ciaire, de la sûreté. V. **Inspecteur** (de police). *Agents du service des mœurs. Agents provocateurs*. Agent de la police privée. Agents de renseignements, agents secrets* (des services d'espionnage).

AGÉRATE [aʒeʀat] ou **AGERATUM** [aʒeʀatɔm]. *n. m.* (1751; lat. d'orig. gr. *ageraton*). Plante buissonnante *(Composacées)*, à fleurs bleues, cultivée comme ornementale.

AGGIORNAMENTO [a(d)ʒjɔʀnamɛnto]. *n. m.* (v. 1962; mot it.). Adaptation de la tradition de l'Église à la réalité contemporaine. — *Par ext.* Toute adaptation à l'évolution du monde actuel.

AGGLOMÉRAT [aglɔmeʀa]. *n. m.* (1827; de *agglomérer*). Ensemble naturel d'éléments minéraux agglomérés. V. **Agrégat, conglomérat.** *Les agglomérats volcaniques.*

AGGLOMÉRATION [aglɔmeʀasjɔ̃]. *n. f.* (1762; du lat. *agglomerare*. V. **Agglomérer**). ♦ 1° *Vx.* Fait de s'agglomérer naturellement. « *L'agglomération des sables* » (ACAD. 1795). ◇ *Mod.* Action d'agglomérer (diverses matières) à l'aide d'un liant. *Agglomération à chaud, sous pression.* ♦ 2° *Fig.* (Déb. XIXᵉ). Union, association intime. « *La nation française une agglomération internationale de peuples* » (SEIGNOBOS). ♦ 3° (1897, *agglomération urbaine*). Concentration d'habitations, ville ou village. *Ralentir en abordant une agglomération.* « *Un de ces enclos, minuscule agglomération de quatre à six huttes* » (GIDE). ◇ Ensemble constitué par une ville et ses faubourgs ou sa banlieue. *L'agglomération parisienne.*

AGGLOMÉRÉ [aglɔmeʀe]. *n. m.* (1866; de *agglomérer*). ♦ 1° Boulet ou briquette de poussier aggloméré à l'aide d'un liant (brai de houille ou de pétrole). ♦ 2° (1899). Matériau de construction et de travaux publics de forme régulière, obtenu par un mélange de matières diverses (sables, cailloux, scories, déchets végétaux, bois, liège, paille, etc.) agrégées avec un liant et comprimées. « *La petite maison aux frêles murailles d'aggloméré* » (AYMÉ). *Aggloméré de liège. Panneau d'aggloméré. Piste en aggloméré.* (V. **Revêtement**).

AGGLOMÉRER [aglɔmeʀe]. *v. tr.;* conjug. *céder.* (1795; lat. *agglomerare*, de *glomus, glomeris* « pelote »). ♦ 1° *Rare.* Unir en masse compacte. V. **Agglutiner, agréger, assembler, entasser.** *Population agglomérée.* ♦ 2° *Techn.* Unir en un bloc cohérent (diverses matières à l'état de fragments ou de poudre), en utilisant un liant. ◇ ANT. **Désagréger, disperser, séparer.**

AGGLUTINANT, ANTE [aglytinɑ̃, ɑ̃t]. *adj.* (XVIᵉ; de *agglutiner*). ♦ 1° Propre à agglutiner, à recoller. *Substances agglutinantes.* V. **Adhésif.** Subst. *Un agglutinant*, un liant, un emplâtre. ◇ *Biol.* Qui provoque l'agglutination des germes, des bactéries. *Sérum agglutinant.* ♦ 2° (1863). *Ling.* Pour l'agglutination. *Langues agglutinantes* (ex. : finno-ougrien).

AGGLUTINATION [aglytinasjɔ̃]. *n. f.* (1537; bas lat. *agglutinatio*). Action d'agglutiner, fait de s'agglutiner. *Biol.* Immobilisation, réunion et sédimentation des germes, d'un bouillon de culture en présence d'agglutinines. — Phénomène analogue observé sur les hématies. ◇ *Ling.* Addition d'affixes aux mots-bases (ou thèmes), exprimant des rapports grammaticaux. ◇ Réunion d'éléments phonétiques appartenant à des morphèmes différents en un seul élément morphologique (ex. : *l'ierre*, devenu *lierre*). V. **Déglutination.**

AGGLUTINER [aglytine]. *v. tr.* (XVIᵉ; « réunir », XIVᵉ; lat. *agglutinare*, de *glutinum* « colle, glu »). Coller ensemble, réunir de manière à former une masse compacte. V. **Agglomérer.** *Sérum qui agglutine les germes.* Pronom. *Les passants s'agglutinaient devant la vitrine.* « *C'est autour de cela que s'agglutine le souvenir* » (GIDE).

AGGLUTININE [aglytinin]. *n. f.* (1907; de *agglutiner*). Substance spécifique *(anticorps)* qui apparaît dans certains sérums, et provoque l'agglutination soit de certains microbes, soit des globules rouges, qui renferment l'agglutinogène correspondant (Groupes sanguins).

AGGLUTINOGÈNE [aglytinɔʒɛn]. *n. m.* (1953; du rad. de *agglutiner*, et *-gène*). *Physiol.* Substance (antigène) située à la surface des globules rouges, et qui provoque leur agglutination en présence de sérum contenant l'anticorps (agglutinine) correspondant (cette réaction sert à déterminer les groupes sanguins). *Il n'y a pas d'agglutinogène dans les hématies des donneurs de sang universels.*

AGGRAVANT, ANTE [agʀavɑ̃, ɑ̃t]. *adj. (Excommunication aggravante*, 1690; « qui alourdit », XVIᵉ; de *aggraver*). Qui rend le cas plus grave, ajoute à la gravité de la faute. *Circonstance aggravante.* ◇ ANT. **Atténuant.**

AGGRAVATION [agʀavasjɔ̃]. *n. f.* (XIVᵉ; bas lat. *aggravatio*, spécialisé en lat. ecclés.). ♦ 1° *Ancien.* Second avertissement d'excommunication. ♦ 2° (1835, *aggravation de peine*). Augmentation (de la peine): particularité qui aggrave (le délit, le crime). ♦ 3° (1845). Fait de s'aggraver, d'empirer. *L'aggravation du mal.* V. **Recrudescence, redou-**

blement. Aggravation de l'état du malade, de la situation financière. V. **Complication.** ◇ ANT. **Atténuation, réduction. Amélioration.**

AGGRAVÉE [agʀave]. *n. f.* (1853; de l'anc. adj. *agravé* (XVᵉ), « endolori par le gravier », du rad. de *gravier*). Inflammation du pied chez les animaux (surtout les chiens) qui ont trop marché sur un sol caillouteux.

AGGRAVER [agʀave]. *v. tr.* (XIVᵉ; « alourdir, fatiguer, surcharger », XIᵉ à XVIIᵉ; lat. *aggravare*, de *gravis*. V. **Grave**). ♦ 1° Rendre plus grave, plus condamnable. *Il a aggravé son cas.* « *A quoi bon aggraver notre tort par la haine?* » (HUGO). ♦ 2° Rendre plus lourd, plus pénible à supporter. « *Ils n'ont abouti qu'à alourdir la dette et aggraver l'impôt* » (MADELIN). ♦ 3° Rendre plus grave, plus dangereux. V. **Envenimer.** *Cette imprudence a contribué à aggraver le mal.* Pronom. V. **Empirer.** *L'état du malade s'est aggravé dans la nuit.* ♦ 4° Rendre plus violent, plus profond. V. **Aigrir, exaspérer, redoubler.** *Les mesures ont aggravé le mécontentement.* « *Le vide mortel de ces heures aggravait sa détresse* » (MART. du G.). ◇ ANT. **Atténuer. Alléger, diminuer. Améliorer. Calmer.**

AG(H)A [aga]. *n. m.* (1535; mot turc « chef »). Officier de la cour du sultan, dans l'ancienne Turquie. ◇ En Algérie, Chef au-dessus du caïd.

AGILE [aʒil]. *adj.* (XIVᵉ; lat. *agilis*). ♦ 1° Qui a de la facilité et de la rapidité dans l'exécution de ses mouvements. V. **Leste, souple, vif.** « *La bohémienne dansait, agile, légère* » (HUGO). « *Le clown agile* » (VERLAINE). *Les doigts agiles du pianiste.* ♦ 2° *Fig.* Prompt dans les opérations intellectuelles. *Un esprit agile.* « *Cette plume agile et débridée* » (FAGUET). ◇ ANT. **Gauche, lent, lourd.**

AGILEMENT [aʒilmɑ̃]. *adv.* (XVᵉ; de *agile*). Avec agilité.

AGILITÉ [aʒilite]. *n. f.* (XIVᵉ; lat. *agilitas*). Qualité de ce qui est agile. V. **Aisance, légèreté, rapidité, souplesse, vivacité.** « *Ils se hissaient le long des murs avec une agilité et une malice toutes simiesques* » (BARRÈS). Fig. « *La logique a assoupli les esprits, leur a donné une agilité qu'ils n'avaient pas* » (MAUROIS). ◇ ANT. **Gaucherie, lenteur, lourdeur.**

AGIO [aʒjo]. *n. m.* (1679; it. *aggio*). ♦ 1° *Vx.* Différence entre la valeur nominale et la valeur réelle des monnaies; bénéfice que cette différence permettait de réaliser à l'agioteur. ♦ 2° *Mod.* Condition d'escompte (intérêt, commissions et change). *Vous paierez tant, sans les agios.*

A GIORNO. V. **GIORNO (À).**

AGIOTAGE [aʒjɔtaʒ]. *n. m.* (déb. XVIIIᵉ; de *agioter*). *Hist.* « *L'étude et l'emploi de manœuvres les moins délicates pour produire des variations inattendues dans le prix des effets publics et tourner à son profit les dépouilles de ceux qu'on a trompés* » (MIRABEAU). V. **Spéculation.**

AGIOTEUR [aʒjɔtœʀ]. *n. m.* (déb. XVIIIᵉ; de *agioter*, de *agio*). Personne qui se livrait à l'agiotage, qui « agiotait ». V. **Spéculateur.**

AGIR [aʒiʀ]. *v.* (1459; lat. *agere*).
I. *V. intr.* ♦ 1° Poursuivre (en justice). *Agir par voie de requête, d'assignation.* ♦ 2° (XVIᵉ). Faire qqch., avoir une activité qui transforme plus ou moins ce qui est. « *Nous sommes nés pour agir* » (MONTAIGNE). « *Ce n'est pas être, pour un homme, que de ne pas agir* » (CLAUDEL). — *Spécialt.* (opposé à *penser* ou à *discourir*) S'exprimer par des actes, intervenir en passant à l'action. *Le moment est venu d'agir.* « *C'est la foi qui donne à l'homme l'élan qu'il faut pour agir* » (MART. du G.). ♦ 3° Se comporter dans l'action de telle ou telle manière. *Manière d'agir*, comportement, conduite. *Vous avez agi à la légère. Il a agi par calcul.* « *Ce ne sont pas les plus bêtes qui agissent le plus bêtement* » (FRANCE). *C'est agir en honnête homme.* « *Quiconque est loup, agisse en loup* » (LA FONT.). *Il a bien, mal agi envers eux.* V. **User** (en). ◇ Intervenir, s'employer. *Agir au nom de l'État, d'un parti. Essayez d'agir en sa faveur auprès du ministre.* — *C'est l'intérêt qui le fait agir, qui le pousse.* V. **Animer, mener.** *Faites agir vos amis*, faites-les intervenir. ♦ 4° Produire un effet sensible, exercer une action, une influence réelle. V. **Influer, opérer.** « *La foi a ceci de particulier que, disparue, elle agit encore* » (RENAN). *Le remède n'agit plus.* « *Ces empoisonnements qui n'agissent qu'au bout d'un certain temps* » (PROUST). « *Sa volonté n'avait pas cessé d'agir sur son destin* » (MART. du G.).
II. *Trans.*, rare et littér. Faire agir. *Ce qui agit un être.* « *En vérité je suis agi* » (G. BATAILLE).
III. Pronom. impers. (XVIᵉ; calqué sur le lat. *agitur de*). IL S'AGIT DE; *il s'est agi de.* ♦ 1° Marquant ce qui est en question, en cause, abordé ou intéressé dans l'occurrence. V. **Question** (il est). *Il s'agit dans ce livre des origines de la Révolution. C'est de vous, de votre situation qu'il s'agit dans sa lettre. De quoi s'agit-il?* « *Il ne peut s'agir d'autre chose* » (MART. du G.). *Il ne s'agit pas de ça*, ce n'est pas là notre sujet. *Quand il s'agit de se mettre à table, il est toujours le premier.* ♦ 2° Marquant ce qui est désormais le point important, le devoir à suivre. V. **Importe** (il). *Il s'agit maintenant*

d'être sérieux. « *Trouver une bonne formule ne suffit pas, il s'agit de n'en plus sortir* » (GIDE). *Il ne s'agit plus de discourir, il faut agir.* Fam. *Il s'agit que vous le retrouviez, et rapidement!* il faut que. ♦ 3° Vx. *S'agissant de*, quand il s'agit de, puisqu'il s'agit de.

AGISSANT, ANTE [aȝisɑ̃, ɑ̃t]. adj. (1584; de *agir*). Qui agit effectivement, se manifeste par des effets tangibles. V. **Actif, effectif, efficace.** « *Une foi vive et agissante* » (BOURDALOUE). « *Une ardente et agissante pitié* » (JAURÈS). ◇ ANT. **Inactif, inefficace.**

AGISSEMENTS [aȝismɑ̃]. n. m. pl. (1794; de *agir*). Suite de procédés et de manœuvres condamnables. V. **Intrigue, machination, manigance, menées.**

AGITATEUR, TRICE [aȝitatœʀ, tʀis]. n. (1792; « cocher » (1520), sens du lat. *agitator;* « représentant de l'armée parlementaire anglaise », 1687; de *agiter*). ♦ 1° Personne qui crée ou entretient l'agitation politique ou sociale. V. **Factieux, meneur.** *Les agitateurs royalistes de la Vendée.* « *De dangereux agitateurs, tel Oulianov, le futur Lénine* » (BAINVILLE). ♦ 2° (1863). Instrument, dispositif servant à agiter les liquides, brasser des mélanges.

AGITATION [aȝitasjɔ̃]. n. f. (1355; lat. *agitatio*). ♦ 1° État de ce qui est agité, parcouru de mouvements irréguliers en divers sens. V. **Trouble, turbulence.** « *L'agitation de l'eau* » (ROUSS.). « *Les habitants avaient l'agitation d'une ruche inquiétée* » (HUGO). « *Cette agitation qui secoue les boulevards à la sortie des théâtres* » (MAUPASS.). V. **Animation, grouillement, remue-ménage.** — Spécialt. *Agitation magnétique,* variations irrégulières du champ magnétique terrestre. ♦ 2° État d'une personne en proie à des émotions et à des impulsions diverses et qui ne peut rester en repos. V. **Fièvre, nervosité.** « *À mes jours d'agitation succédaient des jours de torpeur* » (FRANCE). « *J'augmentais mon agitation en me prêchant le calme* » (PROUST). ◇ Psychiatr. *Manifestation extérieure, physique et motrice, d'un état d'excitation.* ♦ 3° Mécontentement d'ordre politique ou social se traduisant par des manifestations, des revendications, des troubles. V. **Effervescence, fermentation, remous.** « *L'agitation ouvrière avait été enrayée* » (MART. du G.). ◇ ANT. **Calme, paix, repos.**

AGITATO [aȝitato]. adv. (1791; mot it. « agité »). Indication musicale : de caractère passionné, tourmenté.

AGITÉ, ÉE [aȝite]. adj. (V. **Agiter**). En proie à une agitation quelconque. *Une mer agitée.* V. **Houleux.** *Son sommeil est agité.* V. **Inquiet.** « *Au terme d'une vie agitée et pleine de traverses* » (FRANCE). V. **Fiévreux, mouvementé, tourmenté.** — *Un enfant continuellement agité.* V. **Nerveux.** *Le malade est très agité.* — Subst. *Le pavillon des agités dans une asile psychiatrique.* — *Les esprits étaient agités,* en effervescence. ◇ ANT. **Calme, paisible.**

AGITER [aȝite]. v. tr. (XIIIe; lat. *agitare*). ♦ 1° Remuer vivement en divers sens, en déterminant des mouvements irréguliers. « *Pas un souffle de vent n'agitait les arbres* » (MUSS.). *Barque agitée par les vagues.* V. **Ballotter.** « *Un long soubresaut agita son pauvre corps* » (DAUD.). V. **Secouer.** ◇ Remuer pour brasser, pour mélanger un liquide. *Agiter avant de s'en servir* (indication sur un flacon, etc.). ♦ 2° Troubler (qqn) en déterminant un état d'agitation. V. **Émouvoir, exciter, inquiéter, tourmenter.** « *La vanité nous agite toujours* » (LA ROCHEF.). « *Mes sensations me tourmentent, m'agitent sans cesse* » (HUGO). « *Je fus agité tout entier par la curiosité* » (PROUST). ♦ 3° (XVIIe). Examiner et débattre (à plusieurs). *Nous avons longuement agité la question.* V. **Discuter, traiter.** ♦ 4° S'**AGITER,** se mouvoir, aller et venir en tous sens. V. **Bouger, démener** (se). *Ne t'agite pas comme ça.* V. **Exciter** (s'). *Le restaurant était plein, les garçons s'agitaient.* V. **Affairer** (s'). « *On s'agite, on lutte* » (LOUYS). ◇ ANT. **Calmer.**

AGIT-PROP [aȝitpʀɔp]. n. f. (XXe; calque du russe). Agitation et propagande politique.

AGLYPHE [aglif]. adj. et n. m. (1897; de *a-2,* et *gluphê* « sillon »). Zool. Se dit de reptiles dont les glandes venimeuses ne débouchent pas au niveau des dents. *La couleuvre, le boa, le python sont des serpents aglyphes.*

AGNAT [agna]. n. m. (1697; lat. *agnatus*). Dr. rom. et anc. Parent par *agnation* (parenté par les mâles), descendant d'une même souche masculine (opposé à *cognat*).

AGNATHE [agnat]. adj. et n. (1805; de *a-2,* et *-gnathe*). Didact. Qui n'a pas de mâchoire, de mandibule.

AGNEAU [aɲo], **AGNELLE** [aɲɛl]. n. (*Agnel,* XIIe; bas lat. *agnellus, agnella,* dimin. de *agnus*). ♦ 1° Petit de la brebis. *Agneau de lait, de boucherie.* — Hist. juive. *Agneau pascal,* immolé par les Israélites tous les ans, à la pâque*. ◇ Par compar. *Il est doux comme un agneau,* c'est un agneau, c'est un homme d'un caractère très doux, très pacifique. ◇ Relig. *L'Agneau de Dieu, l'Agneau mystique,* Jésus-Christ (en tant que victime sans tache). ♦ 2° Viande d'agneau. *Épaule, côtelettes d'agneau.* ◇ Fourrure d'agneau *(agneau des Indes, de Toscane, rasé).* V. aussi **Astrakan.** *Manteau d'agneau.*

AGNELAGE [aɲlaȝ]. n. m. (1843; de *agneler*). Mise bas,

chez la brebis; époque où la brebis met bas. *Agnelage de printemps, d'automne.*

AGNELER [aɲle]. v. intr.; conjug. *geler* (XIIe; de *agnel, agneau*). (Brebis). Mettre bas.

AGNELET [aɲlɛ]. n. m. (XIIe; de *agnel, agneau*). Petit agneau.

AGNELIN [aɲlɛ̃]. n. m. (XIIIe; de *agnel, agneau*). Peau d'agneau mégissée avec sa laine.

AGNELINE [aɲlin]. n. f. (1771; de *agnel, agneau*). Laine d'agneau, soyeuse et frisée, provenant de la première tonte.

AGNOSIE [agnozi]. n. f. (1891); « ignorance »; 1845; gr. *agnôsia*). Psycho. Incapacité de reconnaître ce qui est perçu (alors que les organes sensoriels restent intacts). *Agnosies visuelles, auditives.*

AGNOSTICISME [agnɔstisism(ə)]. n. m. (1884; angl. *agnosticism.* V. **Agnostique**). Doctrine d'après laquelle tout ce qui est au delà du donné expérimental (tout ce qui est métaphysique) est inconnaissable.

AGNOSTIQUE [agnɔstik]. adj. (1884; angl. *agnostic* [1869], du gr. *agnôstos* « inconnu, inconnaissable »). Propre, relatif à l'agnosticisme. *Subst.* Personne qui professe l'agnosticisme.

AGNUS-CASTUS [agnyskastys]. n. m. (1486; faux latin, du lat. *agnos,* mot gr. désignant cette plante, et *castus* « chaste », trad. du gr. *hagnos*). Plante du genre vitex *(Verbénacées),* arbrisseau tomenteux des régions méditerranéennes auquel on attribuait des vertus calmantes. V. **Gattilier.**

AGNUS-DEI [agnysdei]. n. m. invar. (XIVe; mots lat. « agneau de Dieu »). ♦ 1° Médaillon bénit portant en effigie l'Agneau mystique. ♦ 2° (1740). Prière de la Messe, commençant par ces mots répétés trois fois, après le mélange des saintes espèces; moment où l'officiant récite cette prière.

-AGOGUE, -AGOGIE. Éléments savants du gr. *-agôgos, -agôgia,* rad. *agôgê* « action de transporter, de conduire ».

AGONIE [agɔni]. n. f. (1580; « angoisse », XIVe; lat. ecclés. *agonia,* gr. *agônia* « lutte, angoisse »). ♦ 1° Moments, heures précédant immédiatement la mort. — (Méd.) *L'agonie est caractérisée par un affaiblissement de la circulation et une irrigation cérébrale insuffisante.* — *Entrer en agonie, être à l'agonie.* « *Sa main toute moite des sueurs de l'agonie* » (DAUD.). ♦ 2° Fig. Déclin précédant la fin. *L'agonie d'un règne.*

AGONIR [agɔniʀ]. v. tr.; conjug. *finir* (1756; altér. prob. d'apr. *agonie,* de l'a. fr. *ahon(n) ir,* XIIe, « déshonorer, insulter ». V. **Honnir**). Rare. Injurier, insulter. *Il s'est fait agonir.* — *Par renforcement.* Cour. « *Elle m'a presque agonie de sottises* » (BALZ.). V. **Accabler.** « *La mère Tuvache les agonisait d'ignominies* » (MAUPASS.) : pour *agonisait.*

AGONISANT, ANTE [agɔnizɑ̃, ɑ̃t]. adj. (fin XVIe; de *agoniser*). Qui agonise. Subst. **Moribond.** « *Le prêtre commence la prière des agonisants* » (DAUD.). ◇ Fig. Qui s'éteint, qui meurt. « *Ces jets de clarté qu'exhalent par instant les foyers agonisants* » (HUGO).

AGONISER [agɔnize]. v. intr. (fin XVIe; « combattre », XIVe; lat. ecclés. *agonizari,* gr. *agônizesthai* « lutter, faire effort »). ♦ 1° Être à l'agonie. V. **Éteindre** (s'). « *Devant un soldat qui agonise sous vos yeux* » (MONTHERLANT). ♦ 2° Être près de sa fin. V. **Décliner, effondrer** (s'). « *L'empire romain agonisait* » (BAINVILLE).

AGORA [agɔʀa]. n. f. (1863; mot gr.). Antiq. gr. Grande place, avec boutiques, tribunaux, etc., où siégeait l'assemblée du peuple.

AGORAPHOBIE [agɔʀafɔbi]. n. f. (1873; all. [1871]; du gr. *agora* « place », et *-phobie*). Phobie des espaces libres et des lieux publics. « *Franchir sans agoraphobie l'espace creusé d'abîmes qui va de l'antichambre au petit salon* » (PROUST).

AGOUTI [aguti]. n. m. (1758; *agoutin,* 1556; var. *acouti, acouty,* XVIIe; tupi-guarani *acouti*). Petit mammifère rongeur des Antilles et de l'Amérique du Sud, de la taille d'un lièvre.

AGRAFAGE [agʀafaȝ]. n. m. (1866; de *agrafer*). Action d'agrafer, de poser des agrafes. *Agrafage des bouchons de champagne.* Chir. Ostéosynthèse à l'aide d'agrafes. — Techn. Assemblage des tôles à l'aide de replis façonnés sur les bords.

AGRAFE [agʀaf]. n. f. (1421; de l'a. fr. *graf(f)e,* du germ. *°krappa* « crochet »). ♦ 1° Attache formée d'un crochet qu'on passe dans un anneau, une boucle, une bride; bijou servant d'agrafe, broche. « *Les deux agrafes de sa tunique* » (FLAUB.). ◇ Fil ou lamelle métallique recourbé(e) servant à assembler des emballages, des papiers; à retenir des bouchons, etc. *Agrafes de bureau, de bouteilles.* — Chir. Petit crochet ou petite lame en métal recourbée aux deux bouts, servant à fermer une plaie ou une incision, ou destinée à réunir deux parties d'un os fracturé. *Pince à agrafe.* ♦ 2° Crampon de métal servant à relier des pierres ou assises de pierre, les claveaux d'un arc, etc., pour empêcher tout écartement. ◇ Ornement sculpté, en forme de console ou de mascaron, qui semble unir la clef d'un arc aux moulures de l'archivolte.

AGRAFER [agʀafe]. v. tr. (1546; de *agrafe*). ♦ 1° Attacher avec des agrafes ; assembler, fixer en posant des agrafes. *Elle n'arrive pas à agrafer son soutien-gorge.* ♦ .2° *Pop.* (1833). Prendre au collet, arrêter. *Il s'est fait agrafer par les flics.* ◇ ANT. Dégrafer.

AGRAFEUSE [agʁaføz]. *n. f.* (1912 ; de *agrafer*). Nom de diverses machines servant à l'agrafage des bouchons, des emballages, des feuilles de papier.

AGRAIRE [agʁɛʁ]. *adj.* (1355 ; lat. *agrarius*, de *ager*, *agri* « champ »). ♦ 1° Qui concerne le partage, la propriété des terres. *Les lois agraires, la question agraire à Rome. Réforme agraire*, nouvelle répartition des terres avec dépossession des grands propriétaires (en pays socialistes, décolonisés). ♦ 2° (1863). Qui concerne la surface des terres. *Les mesures, les unités agraires.*

AGRAMMATICAL, ALE, AUX [agʁam(m)atikal, o]. *adj.* (v. 1960 ; de *a-2*, et *grammatical*). *Ling.* Qui n'est pas grammatical, conforme aux règles de la grammaire. *Phrase agrammaticale* (*ex.* Toi venir bientôt).

AGRAMMATISME [agʁamatism(ə)]. *n. m.* (1898 ; du gr. *agrammatos* « illettré »). *Pathol.* Forme d'aphasie, trouble de l'agencement syntactique des mots.

AGRANDIR [agʁɑ̃diʁ]. *v. tr.* (1265 ; de *grand*). ♦ 1° Rendre plus grand, plus spacieux en augmentant les dimensions. V. Allonger, élargir, étendre, grossir. *Agrandir une ouverture. Il cherche à agrandir son domaine.* « *Elle regardait le vieillard d'un œil agrandi* » (MART. du G.). Spécialt. *Agrandir une photographie.* — Pronom. *La ville s'est agrandie depuis la guerre. Le propriétaire veut s'agrandir,* agrandir son domaine, sa maison. Fam. *Nous voudrions nous agrandir* (en changeant d'appartement). ◇ Faire paraître plus grand. *Cette glace agrandit la pièce.* ♦ 2° Rendre plus important, plus considérable. V. Développer. *Agrandir son entreprise.* ◇ Ennoblir, grandir. « *La lecture agrandit l'âme* » (VOLT.). « *Le mensonge a pour objet de nous agrandir* » (MAUROIS). ◇ ANT. Rapetisser, réduire.

AGRANDISSEMENT [agʁɑ̃dismɑ̃]. *n. m.* (1502 ; de *agrandir*). ♦ 1° Action d'agrandir, fait de s'agrandir. V. Élargissement, extension. *Restaurant fermé pour cause d'agrandissement. L'agrandissement continuel de Paris.* — Spécialt. Opération photographique consistant à tirer d'un cliché une épreuve agrandie. ♦ 2° Accroissement en puissance, en importance. V. Développement. « *La maladie de l'ambition et la fièvre de l'agrandissement* » (FUSTEL de COUL.). ◇ ANT. Réduction.

AGRANDISSEUR [agʁɑ̃disœʁ]. *n. m.* (1901 ; de *agrandir*). Appareil servant aux agrandissements photographiques.

AGRANULOCYTOSE [agʁanylositoz]. *n. f.* (1922 ; de *a-2*, lat. *granulum* « petit grain », et *-cyte*). *Pathol.* Disparition ou diminution importante du nombre des globules blancs polynucléaires du sang due le plus souvent soit à une intoxication ou allergie médicamenteuse, soit aux radiations ionisantes.

AGRAPHIE [agʁafi]. *n. f.* (1867 ; de *a-2*, et *graphie*). *Didact.* Perte graphologique de la capacité d'écrire, par lésion des centres nerveux de l'écriture, généralement associée à d'autres troubles aphasiques.

AGRARIEN, IENNE [agʁaʁjɛ̃, jɛn]. *n. et adj.* (1796 ; *agrairien*, 1790 ; de *agraire*). ♦ 1° *Hist. écon.* Partisan des lois agraires ; du partage des terres entre ceux qui les cultivent. *Babeuf et les agrariens.* ♦ 2° (1885 ; all. *Agrarier*). Appellation politique de partis qui se proposent de défendre les intérêts des propriétaires fonciers. *L'ancien parti agrarien allemand.*

AGRÉABLE [agʁeabl(ə)]. *adj.* (XIIᵉ ; de *agréer*). ♦ 1° Qui agrée, fait plaisir (à qqn). « *Une œuvre agréable à tout l'univers* » (LA FONT.). *Si cela peut vous être agréable. Il me serait agréable de vous rencontrer.* Vieilli. *Avoir pour agréable,* juger bon. — *Sons agréables à l'oreille.* ♦ 2° Qui plaît aux sens, qu'on voit, entend, sent avec plaisir. V. Plaisant. « *Un garçon bien fait, agréable de sa personne* » (MOL.). V. Beau, charmant, séduisant. *Une musique agréable. Ce petit vin est très agréable. Il a une maison bien agréable. D'agréables lectures. Il mène une vie très agréable.* V. Doux, heureux. « *Des rêves agréables et flatteurs* » (R. ROLLAND). — *Ce sont des gens agréables.* V. Charmant, gentil, sympathique. — (Avec une précision) *Agréable à voir, à entendre, à toucher.* ◇ Subst. (neutre) *Joindre l'utile à l'agréable.* ◇ ANT. Déplaisant, désagréable, pénible.

AGRÉABLEMENT [agʁeabləmɑ̃]. *adv.* (XIVᵉ ; « volontiers », 1270 ; de *agréable*). D'une manière agréable. *Jouer agréablement du violon. J'en ai été agréablement surpris.* ◇ ANT. Désagréablement.

AGRÉÉ [agʁee]. *n. m.* (1829 ; de *agréer*). Mandataire représentant les parties au tribunal de commerce.

AGRÉER [agʁee]. *v.* (1138 ; de *a-2*, et *gré*). ♦ 1° *V. tr. indir.* (Littér.). Être au gré de. V. Convenir, plaire. *Si cela vous agrée.* ♦ 2° *V. tr. dir.* (1172). Trouver à son gré, accueillir avec faveur. « *Il se chargea de faire agréer la demande du jeune Orsini* » (MUSS.). Spécialt. (formules de politesse) *Veuillez*

agréer mes salutations distinguées, l'expression de mes sentiments respectueux. ♦ 3° *Dr.* Admettre (qqn) en donnant son agrément. *Fournisseur agréé.*

AGRÉGAT [agʁega]. *n. m.* (1745 ; « subtilité », 1556 ; du rad. lat. de *agréger*). ♦ 1° Assemblage hétérogène de substances ou éléments qui adhèrent solidement entre eux. V. Agglomérat. *Les roches sont des agrégats composés de minéraux.* ◇ *Abusiv.* Nom officiel des divers matériaux (gravier, pierrailles, sable, etc.) destinés à la confection des mortiers et bétons. ◇ Fig. « *Un agrégat de raisonnements* » (PROUST). ♦ 2° (1965 ; « somme », 1751). Total, grandeur caractéristique qu'on établit à partir des données fournies par les comptes de la nation (*ex. :* produit national, revenu national ; dépense nationale).

AGRÉGATIF, IVE [agʁegatif, iv]. *n.* (v. 1930 ; de *agrégation*). Étudiant préparant l'agrégation.

AGRÉGATION [agʁegasjɔ̃]. *n. f.* (1375 ; bas lat. *aggregatio*). ♦ 1° Assemblage en un tout adhérent (de particules solides). *Force d'agrégation.* ♦ 2° (XVIIᵉ). *Vx.* Admission à une famille noble, à une compagnie ; *spécialt.* Rattachement de professeurs à la Faculté de droit. ◇ (1800) Admission à titre de professeur suppléant. — *Mod.* (1821) Admission sur concours au titre d'agrégé ; ce concours, ce titre lui-même (fam. : *agrég* [agʁɛg]). *Se présenter, réussir à l'agrégation des Lettres, de Sciences naturelles. L'agrég de philo.* ◇ ANT. Désagrégation.

AGRÉGÉ, ÉE. *n.* (1751 ; de *agrégé*). ♦ 1° *Vx.* Docteur en droit attaché après concours à la Faculté, et chargé de préparer les étudiants (sans être professeur). — (1808) Professeur suppléant. ♦ 2° *Mod.* (1821). Personne déclarée apte, après avoir passé le concours de l'agrégation, à être titulaire d'un poste de professeur de lycée ou de certaines Facultés (droit, sciences économiques, médecine, pharmacie).

AGRÉGER [agʁeʒe]. *v. tr. ;* conjug. *céder* et *bouger* (fin XVᵉ ; lat. *aggregare*, de *grex, gregis* « troupeau, troupe »). ♦ 1° (Surtout *au pronom.* et *au p. p.*). Unir en un tout (des particules solides). *Des cristaux de quartz, de feldspath se sont agrégés dans les granites.* ♦ 2° Adjoindre, rattacher (à une compagnie, une société). V. Admettre, associer, incorporer. « *Dans l'espoir de débaucher quelques éléments du petit clan et de les agréger à son salon* » (PROUST). Pronom. « *S'agréger, être un rouage parmi d'autres rouages* » (MART. du G.). — V. *aussi* Agrégé. ◇ ANT. Désagréger.

AGRÉMENT [agʁemɑ̃]. *n. m.* (1465 ; de *agréer*). ♦ 1° Permission, approbation émanant d'une autorité. V. Consentement. *Il voulait avoir l'agrément du ministre, soumettre la chose à son agrément.* — *Dr.* Adhésion expresse ou tacite donnée par un tiers à un acte juridique et donnant effet à celui-ci. *Sous-louer avec l'agrément du propriétaire.* ♦ 2° Qualité d'une chose, d'un être, qui les rend agréables. V. Attrait, charme, grâce. « *L'agrément est arbitraire, la beauté est quelque chose de plus réel* » (LA BRUY.). « *Ces tristes provinces sans animation, ni caractère, ni agrément* » (GIDE). *Les agréments de la vie,* ce qui la rend agréable, facile. ◇ *Mus.* Ornement. ♦ 3° Plaisir (dans certaines expressions). Vieilli. *Arts d'agrément,* arts mineurs cultivés (surtout par les femmes) pour le simple plaisir, pratiqués en amateur (dessin, musique, broderie). *Propriété d'agrément* (opposé à : de rapport), *jardin d'agrément* (opposé à : potager), *voyage d'agrément* (opposé à : d'affaires). ◇ ANT. Désapprobation : *défaut, désagrément.*

AGRÉMENTER [agʁemɑ̃te]. *v. tr.* (1801 ; de *agrément*). Rendre agréable, moins monotone par l'addition d'ornements ou d'éléments de variété. V. Orner, relever. « *En habits agrémentés de broderies* » (TAINE). *Il a agrémenté d'anecdotes son exposé.* Iron. *Une dispute agrémentée de coups de poing.* ◇ ANT. Déparer, enlaidir.

AGRÈS [agʁɛ]. *n. m. pl.* (1491 ; « équipement », XIIᵉ ; de l'a. v. *agre(i)er,* XIIᵉ, a. scandin. *greida* « équiper »). V. Gréer. ♦ 1° *Mar.* (Vieilli). Gréement. ◇ *Par anal.* Matériel de manœuvre d'un aérostat. — Accessoires de manœuvre, de levage, d'arrimage. ♦ 2° (*Fin XIXᵉ*). Appareils utilisés pour divers exercices de gymnastique (barre fixe, barres parallèles, anneaux, corde, poutre, etc.). *Les agrès d'un portique, d'un gymnase. Exercices aux agrès, au sol.*

AGRESSER [agʁese]. *v. tr.* (XIVᵉ et XVᵉ ; repris 1892 ; du rad. lat. de *agresseur, agression*). Commettre une agression sur. V. Assaillir. *Deux individus l'ont agressé la nuit dernière.* ◇ *Psycho.* Être, se sentir agressé, du fait de la confrontation réelle ou supposée avec une personne, une situation, etc., ressentie psychologiquement comme une menace.

AGRESSEUR [agʁesœʁ]. *n. m.* (1404 ; bas lat. *aggressor*). ♦ 1° Celui qui attaque le premier. *Dr. intern.* État qui commet une agression. *La définition de l'agresseur a fait l'objet de nombreuses discussions.* ♦ 2° Individu qui commet une agression sur qqn. *Elle a pu reconnaître son agresseur.*

AGRESSIF, IVE [agʁesif, iv]. *adj.* (v. 1793 ; du rad. lat. de *agression*). ♦ 1° Qui a un caractère d'agression, qui marque la volonté d'attaquer sans ménagement. V. **Menaçant, violent.** *Il a prononcé un discours agressif. Un ton particulièrement agressif.* ◇ Provocant. « *D'une coquetterie agressive* » (MAUPASS.).♦ 2° Qui a tendance à attaquer, à rechercher la lutte. V. **Batailleur.** « *Une Allemagne agressive* » (SIEGFRIED). ◇ *Psycho.* Propre à l'instinct d'agression, qui manifeste l'agressivité. *Impulsions agressives. Tempérament agressif.* ⊗ ANT. **Doux, inoffensif.**

AGRESSION [agʀɛsjɔ̃]. *n. f.* (1468; lat. *aggressio*). ♦ 1° *Dr. pén.* Attaque contre les personnes ou les biens protégés par la loi pénale. *Dr. intern.* Attaque armée d'un État contre un autre, non justifiée par la légitime défense. *L'agression hitlérienne contre la Pologne. Condamnation des guerres d'agression.* ♦ 2° Attaque violente contre une personne. *Agression nocturne. Passant victime d'une agression.* ♦ 3° *Psycho.* Instinct d'agression, instinct fondamental de l'être vivant, lié selon les uns à la destruction, selon les autres à l'affirmation de soi.

AGRESSIVEMENT [agʀɛsivmɑ̃]. *adv.* (1845; de *agressif*). De manière agressive.

AGRESSIVITÉ [agʀe(ə)sivite]. *n. f.* (1875; de *agressif*). Caractère agressif. V. **Violence.** « *Une méfiance, une aggressivité de plébéien en transfert de classe* » (MAUROIS). ◇ *Psycho.* Manifestations de l'instinct d'agression. *Agressivité de l'enfant* (réactions d'opposition à l'entourage). *Agressivité constitutionnelle ou accidentelle chez l'adulte.* ⊗ ANT. **Douceur.**

AGRESTE [agʀɛst(ə)]. *adj.*(XIIIe; lat. *agrestis*). *Vx* ou *littér.* Champêtre, rustique.

AGRICOLE [agʀikɔl]. *adj.* (1765; n. m., « agriculteur », XIVe; lat. *agricola*). ♦ 1° (*Pays, peuple*). Qui se livre à l'agriculture. « *La France est un pays agricole* » (ENCYCL.). ♦ 2° (1834). Relatif, propre à l'agriculture. V. **Rural.** *Ressources, produits agricoles. Coopérative, syndicat agricole. Crédit agricole. Enseignement agricole. Ouvrier agricole. Ingénieur agricole :* agronome. *Industries agricoles :* alimentaires, textiles. *Outillage, matériel agricole :* aplatisseur, arracheuse, arrosoir, bâche, baratte, batteuse, bêche, bident, binette, botteleuse, brise-mottes, brouette, broyeur, charrette, charrue, cisailles, cognée, concasseur, coupe-racines, crible, croissant, croskill, cultivateur, défonceuse, déchaumeuse, déchausseuse, déchaussoir, décolleteuse, déplantoir, ébranchoir, échenilloir, écroûteuse, égrappoir, égreneuse, extirpateur, faneuse, faucard, faucheuse, faux, fléau, fourche, hache-paille, herse, houe, hotte, hoyau, lieuse, malaxeur, moissonneuse, moulin, pal, pelle, pic, pioche, plantoir, pompe, poudreuse, pressoir, pulvérisateur, pulvériseur, râteau, rouleau, sarcloir, scarificateur, sécateur, semoir, serfouette, serpe, soufreuse, tarare, tombereau, tonneau, tracteur, trident, trieuse. *Travaux agricoles :* amendement, ameublissement, arrachage, arrosage, battage, bêchage, binage, bottelage, buttage, chaulage, colmatage, cueillette, culture, curage, débroussaillement, déchaumage, défoncement, défrichement, dépiquage, dessèchement, écimage, éclaircissage, égrenage, emblavage, émottage, enfouissement, ensachage, ensemencement, ensilage, épandage, épierrement, fanage, fauchage, fenaison, fertilisation, forçage, fumure, hersage, irrigation, jardinage, javelage, labourage, marcottage, marnage, moisson, plâtrage, pralinage, raclage, râtelage, récolte, repiquage, roulage, sarclage, scarifiage, séchage, semailles, semis, serfouissage, soufrage, sulfatage, vannage. V. *aussi* **Arboriculture, élevage, horticulture, sylviculture, viticulture.**

AGRICULTEUR [agʀikyltœʀ]. *n. m.* (XVe; lat. *agricultor*). Personne exerçant une des activités de l'agriculture. V. **Cultivateur***; colon, éleveur, fermier, paysan, planteur. V. *aussi* Apiculteur, arboriculteur, aviculteur, horticulteur, maraîcher, pisciculteur, sériciculteur, sylviculteur, viticulteur.

AGRICULTURE [agʀikyltyʀ]. *n. f.* (1343; lat. *agricultura*). Culture du sol et, d'une manière générale, ensemble des travaux transformant le milieu naturel pour la production des végétaux et des animaux utiles à l'homme. V. **Culture, élevage.** *Académie, sociétés, chambres d'agriculture. Ministère de l'Agriculture. Écoles nationales, régionales d'agriculture.* V. **Agronomie.**

AGRIFFER (S') [agʀife]. *v. pron.* (1671; *agriffer* « saisir, griffer », XVe; de *griffe*). *Rare.* S'accrocher avec les griffes, avec les ongles.

AGRILE [agʀil]. *n. m.* (1853; lat. zool. *agrilus*, de *ager*, *agri* « champ »). Insecte coléoptère (*Buprestidés*) de petite taille, d'un vert métallique, dont les larves causent d'importants dégâts aux arbres et plantes ligneuses.

AGRION [agʀijɔ̃]. *n. m.* (1808; lat. zool. *agrion*, gr. *agrios* « des champs, sauvage »). Petite libellule au corps fin et coloré.

AGRIOTE [agʀijɔt]. *n. m.* (1845; lat. zool. *agriotes*, du gr. *agrios*. V. **Agrion**). Petit insecte coléoptère (*Élatéridés*) dont la larve (taupin des moissons, ver fil de fer) s'attaque aux céréales.

AGRIPAUME [agʀipom]. *n. f.* (1539; lat. médiév. *agri-*

palma). Plante dicotylédone (*Labiacées*), à haute tige, à fleurs roses.

AGRIPPER [agʀipe]. *v. tr.* (XVe; « arracher », v. 1200; du rad. de *gripper*). Saisir en serrant (pour s'accrocher). « *Il agrippait Laurent par un des boutons de sa blouse* » (DUHAM.). *Pronom.* S'accrocher en serrant les doigts. « *Il s'agrippe d'une main au bord de la carlingue* » (MART. du G.). ⊗ ANT. **Lâcher.**

AGRO-. Élément, du gr. *agros* « champ », utilisé pour l'agriculture.

AGROCHIMIE [agʀɔʃimi]. *n.f.* (1960; de *agro-*, et *chimie*). Chimie agronomique.

AGROLOGIE [agʀɔlɔʒi]. *n. f.* (1843; de *agro*, et *-logie*). Étude scientifique des terres en tant que cultivables (adj. *Agrologique*).

AGRONOME [agʀɔnɔm]. *n. m.* (1361; gr. *agronomos*). Spécialiste en agronomie. *Ingénieur agronome, diplômé de* l'Institut national agronomique.

AGRONOMIE [agʀɔnɔmi]. *n. f.* (1361; de *agronome*). Étude scientifique des problèmes (physiques, chimiques, biologiques) que pose la pratique de l'agriculture.

AGRONOMIQUE [agʀɔnɔmik]. *adj.* (fin XVIIIe; de *agronomie*). Relatif à l'agronomie. *Institut national agronomique*

AGRO-PASTORAL, ALE [agʀɔpastɔʀal]. *adj.* (v. 1965; de *agro-*, et *pastoral*). Qui se livre à l'agriculture et à l'élevage. *Les sociétés agro-pastorales.*

AGROSTIDE ou **AGROSTIS** [agʀɔstid; tis]. *n. f.* (1834; lat. *agrostis*, gr. *agróstis*). Plante monocotylédone (*Graminacées*), annuelle ou vivace, abondante dans les prairies.

AGROTIS [agʀɔtis]. *n. m.* (*Agrotide*, 1845; lat. zool. *agrotis*, du gr. *agrotés* « campagnard »). Noctuelle à ailes brunâtres, dont la chenille (ver gris) s'attaque aux céréales

AGRUMES [agʀym]. *n. m. pl.* (1922; it. *agrumi*; Cf. l. fr. *Aigruns* « légumes ou fruits à saveur acide », du rad. de *aigre*). Nom collectif désignant les oranges, citrons, mandarines et autres fruits du genre citrus. *Culture des agrumes* ou *agrumiculture* (n. f.).

AGUARDIENTE [agwaʀdjɑ̃t]. *n. f.* (mot esp., de *agua* « eau », et *ardiente* « ardente »). Eau-de-vie en usage en Amérique centrale et du Sud.

AGUERRIR [ageʀiʀ]. *v. tr.* (1535; de *guerre*). ♦ 1° Habituer aux dangers de la guerre. *Il disposait de troupes aguerries.* V. **Entraîner.** ♦ 2° (1665). Habituer à des choses pénibles, difficiles. *Pronom.* S'endurcir. ⊗ ANT. **Amollir.**

AGUETS (AUX) [ozagɛ]. *loc. adv.* (XVIIe; de l'a. fr. *agait* « guet, embuscade ». V. **Guetter**). En position de guetteur, d'observateur en éveil et sur ses gardes. V. **Affût** (à l'), **écoutes** (aux). « *Chacun semble aux aguets comme un faucon dans son nid* » (MÉRIMÉE).

AGUEUSIE [agøzi]. *n. f.* (1836; de *a-2*, et gr. *gueusis* « goût »). *Didact.* Absence de sensibilité gustative (congénitale ou acquise).

AGUI [agi]. *n. m.* (1776; o. i.). *Mar.* Cordage terminé par un nœud *d'agui* (ou nœud de chaise), employé pour hisser un charpentier, un calfat.

AGUICHANT, ANTE [agiʃɑ̃, ɑ̃t]. *adj.* (v. 1860; de *aguicher*). Qui aguiche, est propre à aguicher. V. **Provocant.**

AGUICHER [agiʃe]. *v. tr.* (1881; arg.; « exciter contre, agacer », 1842; de *guiche*; Cf. dial. *Agucher* « aiguiser, exciter »). Exciter, attirer par diverses agaceries et manières provocantes.

AGUICHEUR, EUSE [agiʃœʀ, øz]. *adj.* et *n.* (1900; de *aguicher*). Aguichant. *Une petite aguicheuse.*

AH! [ɑ]. *interj.* (XVIe; a, 1050; lat. *a(h)*, onomat.). ♦ 1° Interjection expressive, marquant un sentiment vif (plaisir, douleur, admiration, impatience, etc.). « *Ah! que j'en ai suivi de ces petites vieilles!* » (BAUDEL.). *Ah! j'y pense, pouvez-vous venir demain?* ♦ 3° (Redoublé). Marque la surprise, la perplexité. *Ah! ah! c'est ennuyeux.* ♦ 4° Sert à transcrire le rire. *Ah! ah! Elle est bien bonne!* ♦ 5° (En loc. exclamat.) *Ah ça! Ah mais! Ah bien oui! Ah bon!*

AHAN [aɑ̃]. *n. m.* (XVe; dér. prob., comme l'a. prov. *afan*, et l'it. *affanno* « peine, souci », du lat. pop. °*afannare* « se donner de la peine », de *afanna* « sottises, choses embrouillées »). ♦ 1° *Vx* ou *Littér.* Effort pénible. « *Ce que j'écris sans plus d'ahan* » (GIDE). « *D'ahan* » (APOLLINAIRE), avec peine. ♦ 2° *Littér.* (1798) Respiration bruyante accompagnant cet effort. « *Il était si fatigué que, chaque fois qu'il montait sur un trottoir, il avait une sorte d'ahan* » (MONTHERLANT).

AHANER [aane]. *v. intr.* (XIIe; de *ahan*). ♦ 1° *Vx.* Faire de grands efforts, peiner. ♦ 2° *Littér.* (1798) Respirer bruyamment sous l'effort. « *Le cheval maigre ahanne et souffle devant lui, par ses naseaux, un double brouillard conique et blanc* » (P. VIALAR).

AHURI, IE [ayʀi]. *adj.* (V. **Ahurir**). Surpris et déconcerté au point de paraître stupide. « *Il y avait des gens ahuris qui erraient dans la bagarre, éperdus* » (HUGO). *Subst. Une espèce d'ahuri que j'ai failli écraser.*

AHURIR [ayʀiʀ]. *v. tr.* (XVᵉ; « hérisser », 1270; de *hure*). Déconcerter complètement en étonnant ou en faisant perdre la tête. V. **Étonner**, **troubler**. « *Le destin nous ahurit par une prolixité de souffrances insupportables* » (HUGO).

AHURISSANT, ANTE [ayʀisɑ̃, ɑ̃t]. *adj.* (fin XIXᵉ; de *ahurir*). Qui ahurit. V. **Étonnant**, **stupéfiant**. *Une nouvelle ahurissante.* « *Devant le gîte d'étape de Moussaren, ahurissant tam-tam* » (GIDE). — *Par ext.* Scandaleux, excessif. *Il a un culot ahurissant.*

AHURISSEMENT [ayʀismɑ̃]. *n. m.* (1853; de *ahurir*). État d'une personne ahurie. V. **Étonnement**, **stupéfaction**. « *L'ahurissement à demi-somnambulique* » (BOURGET).

AÏ [ai]. *n. m.* (1558; mot tupi-guarani). Petit mammifère de la forêt brésilienne, aux mouvements lents, communément appelé *paresseux*.

AICHE. V. **Êche**.

1. **AIDE** [ɛd]. *n. f.* (1268; *aiudha*, 842; de *aider*). I. Action d'aider. ♦ 1° Action d'intervenir en faveur d'une personne en joignant ses efforts aux siens. V. **Appui**, **assistance**, **collaboration**, **concours**, **coopération**, **secours**, **soutien**. *J'ai besoin de votre aide. Apporter son aide à qqn.* *Demander, recevoir de l'aide. Appeler qqn à son aide.* « *Un artiste ne peut attendre aucune aide de ses pairs* » (COCTEAU). *Avec l'aide de Dieu.* « *Une procuration que je lui avais extorquée avec l'aide d'un notaire.* (MART. du G.). — Exclam. *À l'aide ! au secours !* ◇ *Loc. prép. À l'aide de*, en se servant de, au moyen de. V. **Avec**, **grâce** (à). « *À l'aide de leur dard* » (MAETERLINCK). ♦ 2° *Spécialt.* Secours financier, économique (à des personnes sans ressources, âgées, infirmes). *Venir en aide aux malheureux. Aide sociale* (1953; ancien. *assistance*), réglementée par l'État dans le cadre départemental. *Admission à l'aide sociale, médicale.* II. *(Au plur.)*. Choses qui aident. ♦ 1° (XIIIᵉ). *Ancien.* Prestations pécuniaires dues au suzerain; impôts indirects, sous l'ancienne monarchie. *Cour des aides*, tranchant le contentieux en matière d'aides. ♦ 2° *Équit.* Moyens par lesquels le cavalier agit sur son cheval. *Aides supérieures* (mains, rênes, mors), *inférieures* (jambes, éperons), *accessoires* (voix, cravache). ◇ ANT. **Empêchement**, **gêne**.

2. **AIDE** [ɛd]. *n.* (XIIIᵉ, n. f.; XVIᵉ, n. m. et f.; de *aider*). ♦ 1° Personne qui en aide une autre dans une opération et travaille sous ses ordres. V. **Adjoint**, **assistant**, **auxiliaire**, **second** (REM. Se joint souvent par un trait d'union au nom du professionnel qui emploie une aide : *aide-chimiste*, *aide-comptable*, *aide-maçon*). *Aide de laboratoire, de bureau. Aide familiale* ou *maternelle*, femme s'occupant des enfants et du ménage en cas d'empêchement de la mère. *Aide soignante*, remplissant le rôle de l'aide infirmier. ♦ 2° *Milit. Aide de camp*, ancien. Officier d'ordonnance d'un chef militaire.

AIDE-MÉMOIRE [ɛdmemwaʀ]. *n. m. invar.* (1853; de *aider*, et *mémoire*). Abrégé destiné à soulager la mémoire de l'étudiant en ne lui présentant que l'essentiel des connaissances à assimiler.

AIDER [ede]. *v. tr.* (*Aidier*, Xᵉ; lat. *adjutare*). I. *Trans. dir.* appuyer (qqn) en apportant son aide. V. **Assister**, **épauler**, **patronner**, **protéger**, **seconder**, **secourir**, **soulager**, **soutenir**. *Sa femme l'a aidé dans ses travaux. Aidé de ses collaborateurs.* « *Il m'aiderait volontiers de ses conseils* » (DAUD.). « *Je lui tendis la main pour l'aider à se relever* » (GIRAUDOUX). *Que Dieu vous aide!* ◇ (Sujet de chose) *Cela m'a beaucoup aidé.* V. **Servir**. — « *La fatigue aidant, je ne pus dormir* » (FRANCE), la fatigue y concourant aussi. II. *Trans. indir.* ♦ 1° *Vx* (*Compl. de personne*). Aider (I). « *Pendant que le chirurgien lui aidait à se rhabiller* » (MARIVAUX). ♦ 2ᵇ (*Compl. de chose*). Faciliter, contribuer à. *Ces mesures pourront aider au rétablissement de l'économie.* III. *Pronom.* ♦ 1° Se servir de (qqch. qui n'est pas à proprement parler un instrument). *Tu as dû m'aider deux ou trois fois du dictionnaire pour traduire ce texte.* ♦ 2° *Absolt.* « *Aide-toi, le Ciel t'aidera* » (LA FONT.), travaille, efforce-toi d'abord toi-même, le Ciel t'aidera ensuite. ♦ 3° (*Récipr.*). S'entraider. ◇ ANT. **Abandonner**, **contrarier**, **desservir**, **gêner**, **nuire**.

AÏE [aj]. *interj.* (1473; onomat.). Interjection exprimant la douleur, et *par ext.* une surprise désagréable, un ennui. ◇ HOM. **Ail**.

AÏEUL, EULE [ajœl]. *n.* (XIIᵉ; lat. pop. °*aviolus*, *aviola*, class. *avus*, *avia*). ♦ 1° (Plur. *aïeuls*, *aïeules*). *Vx.* Grand-père, grand-mère. ♦ 2° (Plur. *aïeux* [ajø]). *Littér.* Ancêtres. « *Qui sert bien son pays n'a pas besoin d'aïeux* » (VOLT.). ◇ *Fam.* (Exclam.) *Mes aïeux!* s'emploie comme si on prenait ses ancêtres à témoin d'une chose remarquable. « *Celui-là, mes aïeux, il n'y a pas moyen de s'en débarrasser* » (QUENEAU). ◇ ANT. **Petit-fils**, **petite-fille**. **Descendant(s)**.

AIGLE [ɛgl(ə)]. *n.* (XIIᵉ; lat. *aquila*, probabl. par l'a. prov. *aigla*). I. *N. m.* ♦ 1° Grand oiseau de proie diurne (*Aquilidés*), au bec crochu, aux serres puissantes, qui construit son nid

(aire) sur les hautes montagnes. *Aigle royal, impérial. Aigle jean-le-blanc.* V. **Circaète**. *Aigle de mer.* V. **Pygargue**. *Aigle pêcheur.* V. **Balbuzard**. ◇ *Par compar. Des yeux d'aigle*, particulièrement perçants. *Fig. Coup d'œil, regard d'aigle*, vue pénétrante, profonde. « *La pensée s'élance du vol de l'aigle* » (FRANCE). ♦ 2° *Fam. Ce n'est pas un aigle*, il n'a rien d'un esprit supérieur, il n'est pas très intelligent. ♦ 3° *Par ext.* Figure représentant un aigle. *L'aigle noir de Prusse*, décoration. ◇ Lutrin surmonté d'un aigle sculpté. ◇ Grand, petit aigle, dénomination de formats de papier. II. *N. f.* ♦ 1° Femelle de l'aigle. *Une aigle et ses aiglons.* ♦ 2° *Par ext.* Figure héraldique représentant un aigle. *Aigle éployée, essorée.* ◇ Enseigne militaire en forme d'aigle. *Les aigles romaines. L'aigle impériale* (des armées napoléoniennes).

AIGLEFIN. V. **ÉGLEFIN**.

AIGLETTE [ɛglɛt]. *n. f.* (XIVᵉ; de *aigle*). *Blas.* V. **Alérion**.

AIGLON, ONNE [ɛglɔ̃, ɔn]. *n.* (1546; de *aigle*). Petit de l'aigle. ◇ *Fig.* Nom donné à Napoléon II (fils de l'Aigle, Napoléon Iᵉʳ).

AIGRE [ɛgʀ(ə)]. *adj.* (XIIᵉ; bas lat. *acrus*, class. *acer*). ♦ 1° Qui est d'une acidité désagréable au goût ou à l'odorat. *Saveur, odeur aigre. Cerises aigres, griottes.* ◇ *Devenu acide* en se corrompant. *Lait, vin aigre. Subst.* Saveur, odeur aigre. *Le vin sent l'aigre. Le lait tourne à l'aigre.* ♦ 2° *Par anal.* Aigu, criard, perçant. « *La voix aigre des cornemuses* » (LOTI). ◇ Vif, froid au point de saisir, de piquer. « *L'aigre vent du Nord-Ouest* » (HUGO). « *Une bise aigre sifflait* » (GAUTIER). ♦ 3° *Fig. Vx.* Violent. *Mod.* Plein d'aigreur. V. **Acerbe**, **acrimonieux**, **amer**, **mordant**, **piquant**. « *Cet ergotage aigre et puéril* » (R. ROLLAND). *Subst.* (Vieilli) *Entre l'aigre et le doux*, d'un ton mi-acerbe, mi-bienveillant. V. **Aigre-doux**. *Mod. La discussion tourne à l'aigre*, s'envenime, dégénère en propos blessants. ◇ ANT. **Doux**. **Agréable**.

AIGRE-DOUX, -DOUCE [ɛgʀədu, dus]. *adj.* (1541; de *aigre*, et *doux*). ♦ 1° Dont la saveur est à la fois aigre et douce. *Oranges aigres-douces.* ♦ 2° *Fig.* Où l'aigreur perce sous la douceur. *Un échange de propos aigres-doux.*

AIGREFIN [ɛgʀəfɛ̃]. *n. m.* (1672; probabl. emploi fig. de *aigrefin*, var. d'*églefin*, avec infl. de l'a. v. *agriffer* « saisir, voler »). Homme qui vit d'escroqueries, de procédés indélicats; chevalier d'industrie. V. **Escroc**, **filou**. « *Dans les filets de quelque aigrefin qui vous grugerait* » (MART. du G.).

AIGRELET, ETTE [ɛgʀəlɛ, ɛt]. *adj.* (1554; de *aigre*). Légèrement aigre. *Un petit vin blanc aigrelet.* — *Une voix aigrelette.*

AIGREMENT [ɛgʀəmɑ̃]. *adv.* (XIIᵉ; de *aigre*). Avec aigreur. *Il leur reprochait aigrement leur négligence.* ◇ *Rare.* Avec un son aigre. « *La girouette grince aigrement au vent* » (FRANCE).

AIGREMOINE [ɛgʀəmwan]. *n. f.* (XIIIᵉ; lat. *agrimonia*, altér. du gr. *agremônê*). Plante herbacée (*Rosacées*) des prés et des bois, à fleurs jaunes.

AIGRETTE [ɛgʀɛt]. *n. f.* (1466; *égreste*, 1375; prov. *aigreta*, de *aigron*, forme dial. de *héron*). I. Sorte de héron blanc (*Ardéidés*), remarquable par ses plumes effilées aux barbes espacées. II. *Par ext.* ♦ 1° (1553). Faisceau de plumes surmontant la tête de certains oiseaux. *L'aigrette du paon.* ♦ 2° Ornement fait d'un bouquet de plumes, ou d'un faisceau similaire. V. **Panache**, **plumet**. « *Turban à aigrette* » (VOLT.). *Casque à aigrette. Aigrette de diamants, de perles, de mercuré filé.* ◇ *Bot.* (1694) Faisceau de poils ou de soies dont sont munis certains akènes ou graines, permettant leur transport par le vent. ◇ *Phys.* (1755) Phénomène lumineux, accompagné d'un bruissement caractéristique, qui se produit à la surface d'un corps porté à un potentiel électrique élevé, dans un milieu gazeux. V. **Étincelle**.

AIGRETTÉ, ÉE [ɛgʀete]. *adj.* (1694; de *aigrette*). *Bot.* Muni d'une aigrette.

AIGREUR [ɛgʀœʀ]. *n. f.* (XIVᵉ; de *aigre*). ♦ 1° Saveur aigre. V. **Acidité**. *L'aigreur du lait qui a tourné.* ◇ (*Au plur.*) Sensation d'acidité dans la région épigastrique accompagnant une régurgitation, une éructation. *Avoir des aigreurs* (*d'estomac*). ♦ 2° *Fig.* (XVIᵉ). Mauvaise humeur se traduisant par des remarques désobligeantes ou fielleuses. V. **Acrimonie**, **amertume**, **animosité**. *Répliquer avec aigreur, non sans aigreur.* ◇ ANT. **Douceur**. **Aménité**, **sérénité**.

AIGRI, IE [ɛgʀi]. *adj.* (V. **Aigrir**). Que les déceptions ont rendu irritable, agressif. V. **Amer**. « *J'étais aigri, je ne pouvais plus rien supporter* » (DAUD.).

AIGRIR [egʀiʀ]. *v.* (XIIᵉ; de *aigre*). I. *V. tr.* ♦ 1° Rendre aigre. V. **Altérer**, **corrompre**. *Le temps orageux a aigri le lait*, l'a fait tourner. — *Pronom. Le vin s'aigrit*, devient aigre. ♦ 2° *Fig.* Remplir d'aigreur, rendre aigri. V. **Indisposer**, **irriter**. « *Tout ce qui lui rappelait la fête du jour l'aigrissait* » (HUGO). — *Pronom. Son caractère s'est aigri.* II. *V. intr.* Devenir aigre. *Le vin commence à aigrir.* ◇ ANT. **Adoucir**, **consoler**.

AIGU, UË [egy]. *adj.* (XIIIe; *agu(d)*, 1080; lat. *acutus*). ♦ 1° Terminé en pointe ou en tranchant. V. **Acéré, coupant, pointu**. *Une flèche aiguë. Oiseau au bec aigu.* — *Angle aigu*, plus petit que l'angle droit (*opposé à* obtus). ◇ Très fin ou effilé. *Pointe aiguë.* ♦ 2° *(Son)*. D'une fréquence élevée, en haut de l'échelle des sons. « *Sa voix psalmodiait, sur une seule note aiguë* » (MART. du G.). « *Des voix aiguës ou graves* » (MAUPASS.). V. **Aigre, criard, perçant, strident.** — *Subst.* *L'aigu*, le registre supérieur d'un instrument ou d'une voix. « *Le rossignol saute du grave à l'aigu* » (CHATEAUB.). — *Accent aigu*. ♦ 3° *(Douleur)*. Intense et pénétrant. V. **Vif, violent.** « *La douleur était si aiguë qu'elle disloqua tous les traits de son visage* » (MART. du G.). ◇ *(Maladie)* À apparition brusque et évolution rapide (*opposé à* chronique) *Phases, crises aiguës.* Par anal. *Conflit aigu entre deux États.* ♦ 4° *Fig.* Particulièrement vif et pénétrant dans le domaine de l'esprit. V. **Incisif, perçant, subtil.** « *L'intelligence parisienne, aiguë, toujours en mouvement* » (R. ROLLAND). *Il a un sens aigu des réalités.* ◇ ANT. Émoussé; grave, sourd.

AIGUADE [egad]. *n. f.* (1552; prov. *aigada*, de *aiga*, lat. *aqua* « eau »). Lieu où un navire s'approvisionne en eau douce.

AIGUAIL [ɛgaj]. *n. m.* (1540; de aigailler, var. de égailler). *Dial.* Rosée.

AIGUE-MARINE [ɛgmaRin]. *n. f.* (1578; prov. °*aiga marina* « eau de mer »). Variété de béryl d'un bleu vert.

AIGUIÈRE [ɛgjɛR]. *n. f.* (XIVe; prov. *aigꞔiera*, lat. pop. °*aquaria*). Ancien vase à eau, muni d'une anse et d'un bec. « *Une esclave verse de l'eau d'une aiguière d'or sur un bassin d'argent* » (FÉN.).

AIGUILLAGE [egɥijaʒ]. *n. m.* (1877; de aiguiller). ♦ 1° Manœuvre des aiguilles (I, 4°) des voies ferrées. *Poste, cabine d'aiguillage. Erreur d'aiguillage.* ◇ Fig. *Mauvais aiguillage*, mauvaise orientation. ♦ 2° (1931). Appareil (dit aussi *aiguille*) permettant les changements de voie. *Aiguillage de bifurcation, de dédoublement. Aiguillage à deux, trois voies.*

AIGUILLAT [egɥija]. *n. m.* (1558; prov. *agulhat*, lat. *aculeatus* « qui a des piquants »). Petit requin.

AIGUILLE [egɥij]. *n. f.* (XVe; aiguille, XIIe; bas lat. *acucula*, dimin. de *acus* « aiguille »). I. ♦ 1° Fine tige d'acier pointue à une extrémité et percée à l'autre d'un chas où passe le fil. *Aiguille à coudre, à repriser. Aiguilles de machine à coudre.* « *Suzanne mouilla le fil entre ses lèvres, prit l'aiguille et l'enfila* » (DUHAM.). *Pousser, tirer l'aiguille. Travail, point, dentelle à l'aiguille.* ◇ *Loc. fig. De fil* en aiguille. *Discuter sur la pointe d'une aiguille* (vx), *sur des pointes d'aiguille*, sur des détails sans importance et avec une subtilité excessive. *Chercher une aiguille dans une botte de foin*, chercher une chose impossible à trouver. ♦ 2° Par ext. *Aiguille à tricoter*, tige de métal ou de matière plastique, soit empointée aux deux extrémités, soit à pointe et à tête. — *Chir.* Tige métallique effilée, creuse ou pleine, droite ou courbe, servant aux injections, aux sutures. *Aiguille hypodermique. Aiguilles d'acupuncteur.* ♦ 3° Tige ou lame métallique terminée en pointe. *Les aiguilles d'une pendule, d'une montre*, qui tournent sur le cadran (*petite aiguille, grande aiguille*, et trotteuse). *Aiguille de cadran solaire.* V. **Style.** *Aiguille d'un appareil enregistreur, d'une balance.* V. **Index.** *L'aiguille aimantée d'une boussole.* Ancien. *Aiguille de phonographe* (remplacée par le saphir), *de fusil* (remplacée par le percuteur). ♦ 4° (1819). Portion de rail mobile servant à opérer les changements de voie; dispositif d'aiguillage. II. Par anal. ♦ 1° Flèche d'un clocher. « *Médine aux mille tours, d'aiguilles hérissée* » (HUGO). ◇ Obélisque. ♦ 2° Sommet effilé d'une montagne. V. **Dent, pic.** *L'aiguille Verte du massif du Mont-Blanc.* ◇ Pointe rocheuse. « *Des aiguilles et des escarpements* » (GIDE). ♦ 3° Nom usuel de plusieurs coquilles pointues (turritelle, cérite, etc.), et de plusieurs poissons allongés (orphie, syngnathe, etc.). ♦ 4° Feuille aciculaire des conifères. « *Des sentiers tout glissants d'aiguilles sèches* » (DAUD.). *Aiguilles de pin.*

AIGUILLÉE [egɥije]. *n. f.* (1265; de aiguille). Longueur de fil nécessaire pour coudre.

AIGUILLER [egɥije]. *v. tr.* (1853; « coudre », XIIIe; de aiguille). ♦ 1° Diriger (un train) d'une voie sur une autre par un système d'aiguillage. ♦ 2° Fig. (1922). Diriger, orienter. « *Ses parents eurent grand souci de l'aiguiller sur un chemin normal* » (BEAUVOIR). ◇ HOM. **Aiguillier.**

AIGUILLETER [egɥijte]. *v. tr.*; conjug. *jeter* (1549; de aiguillette). ♦ 1° *Mar.* Amarrer. ♦ 2° Fabriquer (du feutre) en fixant à l'aide d'aiguilles à crochet les touffes de matière textile dans un soubassement de tissu grossier. *Feutres aiguilletés* opposés aux *feutres foulés.*

AIGUILLETTE [egɥijɛt]. *n. f.* (XIIIe; de aiguille). ♦ 1° Ancienn. Petit cordon ou ruban ferré aux deux extrémités, servant à fermer ou garnir un vêtement. Loc. *Nouer l'aiguillette* (qui attachait les chausses au pourpoint), rendre impuissant par maléfice. ◇ Ornement militaire fait de cordons tressés. ◇ *Mar.* Amarre. ♦ 2° (XVIe). Tranche mince de filet de canard. ◇ Partie du romsteck.

AIGUILLEUR [egɥijœr]. *n. m.* (1845; de aiguiller). Agent chargé du service et de l'entretien d'un poste d'aiguillage. *Aiguilleur du ciel* (v. 1964), contrôleur* de la navigation aérienne.

AIGUILLIER [egɥije]. *n. m.* (XIIIe; de aiguille). Étui à aiguilles. ◇ HOM. **Aiguillée, aiguiller.**

AIGUILLON [egɥijɔ̃]. *n. m.* (XIIIe; aguillon, XIIe; lat. médiév. *aculeo, -onis*, class. *aculeus*). ♦ 1° Long bâton muni d'une pointe de fer servant à piquer les bœufs. ♦ 2° Dard effilé et rétractile, portant généralement un venin à l'extrémité de l'abdomen de certains hyménoptères (guêpes, abeilles). ◇ *Bot.* Épine. ♦ 3° *Fig.* (du 1°). Stimulant. « *L'amour, l'aiguillon tout-puissant de nos activités* » (MICHELET). ◇ (Du 2°) *Vieilli.* Ce qui pique, tourmente de façon cuisante. « *Percés des aiguillons du désir charnel* » (FRANCE).

AIGUILLONNER [egɥijɔne]. *v. tr.* (XIIIe, aguillonner; de aiguillon). ♦ 1° Piquer, exciter (un bœuf) avec l'aiguillon. ♦ 2° Fig. Animer, stimuler. « *Le désir physique, cette belle fatalité qui aiguillonne le monde* » (MICHELET). ◇ ANT. Calmer, refréner.

AIGUILLOT [egɥijo]. *n. m.* (1556; de aiguille). *Mar.* Chacun des deux tourillons sur lesquels pivote le gouvernail.

AIGUISAGE [eg(ɥ)izaʒ] ou vx **AIGUISEMENT** [eg(ɥ)izmã]. *n. m.* (1833; — XIIe; de aiguiser). Action, manière d'aiguiser. *L'aiguisage d'un rasoir.*

AIGUISER [eg(ɥ)ize]. *v. tr.* (XIIIe; aguiser, XIIe; de aigu). ♦ 1° Rendre tranchant ou pointu. V. **Affiler, affûter, émoudre, repasser.** *Aiguiser un rasoir, une faux, un couteau à découper. Pierre, meule à aiguiser.* « *Ils aiguisaient leurs yatagans sur des pierres* » (LOTI). *L'oiseau aiguisait son bec sur un os de seiche.* ♦ 2° Rendre plus vif, plus pénétrant. « *Leur beauté aiguisait l'appétit* » (LA FONT.). « *Avec une finesse d'ouïe que l'inquiétude avait aiguisée* » (FRANCE). ◇ Affiner, polir. « *Le cabinet de travail où il aiguisait ses fines pensées d'humanité* » (FRANCE). *Aiguiser une épigramme*, la faire particulièrement piquante, mordante. ◇ ANT. **Émousser.**

AIGUISEUR [eg(ɥ)izœR]. *n. m.* (XIVe; de aiguiser). Ouvrier procédant à l'aiguisage (des couteaux, etc.). V. **Affileur, affûteur, rémouleur, repasseur.**

AIGUISOIR [eg(ɥ)izwaR]. *n. m.* (1468; de aiguiser). Outil à aiguiser.

AÏKIDO [ajkido]. *n. m.* (v. 1965; mot jap. « La voie de la paix »). Art martial d'origine japonaise, fondé sur la neutralisation de la force antagoniste par des mouvements de rotation du corps, et l'utilisation de clés aux articulations.

AIL [aj]. *n. m.* (XIIe; lat. *al(l)ium*). Plante monocotylédone (*Liliacées*) dont le bulbe (*tête d'ail*) est composé de caïeux (*gousses d'ail*) à odeur forte et saveur piquante utilisés comme condiment. *Mayonnaise à l'ail.* V. **Aillade, ailloli.** *Gigot à l'ail. Ail frotté sur des croûtons.* Plur. *Des* AULX [o] (vieilli), *des ails.* ◇ Genre de plantes comprenant l'ail proprement dit; le poireau, l'oignon, l'échalote, la ciboule. V. **Alliacé.** ◇ HOM. **Aïe.**

AILANTE [elɑ̃t]. *n. m.* (1845; lat. bot. *ailantus*, d'un mot malais). Arbre ornemental (*Simarubacées*), originaire de Chine, à grandes feuilles.

AILE [ɛl]. *n. f.* (XVe; *ele*, XIIe; lat. *ala*). I. ♦ 1° Chacun des organes du vol chez les oiseaux (une paire), les chauves-souris (une paire), les insectes (généralement deux paires : Balanciers, élytres). *Plumes des ailes de l'oiseau. Coup, battement d'aile. Ailes déployées.* V. **Envergure.** « *Un ébrouement d'ailes dans les arbres chargés d'oiseaux* » (MAURIAC). *Ailes des papillons.* « *D'innombrables libellules aux ailes nacrées et frémissantes* » (MAUPASS.). ◇ *Loc. div. et fig. Battre d'une aile, ne plus battre que d'une aile*, se dit d'un oiseau blessé. Fig. Être mal en point. « *La fabrique ne battit plus que d'une aile* » (DAUD.). *Avoir du plomb dans l'aile*, se dit de l'oiseau touché par le chasseur. Fig. « *L'idéal démocratique a du plomb dans l'aile* » (MART. du G.), est compromis. *En avoir un coup dans l'aile*, être en mauvaise posture, perdre de sa force. — « *Il court, il semble avoir des ailes* » (LA FONT.), tant il va vite. *La peur donne des ailes. Voler de ses propres ailes*, être indépendant, se passer de l'aide d'autrui. — *Rogner les ailes d'un canard.* Fig. (Vieilli) *Il faut lui rogner les ailes*, lui ôter son autorité, ses moyens d'action. — *La poule abrite ses poussins sous son aile.* Fig. *Sous l'aile de*, sous la protection de. — (Vieilli) *Se brûler les ailes* (comme le papillon à la flamme), se compromettre, perdre de sa réputation. ◇ Poét. et allégor. « *Sur les ailes du temps la tristesse s'envole* » (LA FONT.). « *Les vastes ailes de la paix* » (HUGO). « *La nuit vous frôle en passant de son aile noire* » (DAUD.). ♦ 2° *Cuis.* Partie charnue d'une volaille comprenant tout le membre qui porte l'aile. « *Une aile de poulet aspergée de Saint-Émilion* » (DAUD.).
II. Par anal. ♦ 1° Chacun des châssis garnis de toile d'un moulin à vent. ♦ 2° Chacun des plans de sustentation

d'un avion. V. **Extrados, intrados.** *Étude des profils des ailes. Aile en flèche, en delta, soufflée. Longerons, nervures, revêtement d'une aile.* **III.** *Par ext.* Chacune des deux parties latérales, des deux éléments latéraux de diverses choses. ♦ 1° (XVIᵉ). Partie latérale d'une armée en ordre de bataille. V. **Flanc.** *Aile gauche, droite.* ◇ *Aile marchante,* dans le mouvement de conversion d'une troupe. Partie la plus éloignée du pivot. Par ext. Minorité active et progressiste. *L'aile marchante de l'Église.* ◇ *Sport.* Gauche et droite de l'attaque d'une équipe (*opposé au centre*). *Appos.* (Rugby) *Trois-quarts aile,* placé à une des ailes. *Changement d'aile,* par déplacement rapide du ballon d'une aile à l'autre. ♦ 2° (XIVᵉ, « côté d'un entrepont »). Partie latérale d'une construction (*opposé au corps de logis*). *Ailes d'un pont,* murs soutenant les berges, pour protéger les culées. ◇ Partie de la carrosserie enveloppant les roues d'une automobile. *Il a embouti son aile avant droite.* ♦ 3° *Bot.* Chacun des deux petits pétales latéraux de la corolle des papilionacées. ◇ Expansion membraneuse des samares, des diakènes, permettant leur transport par le vent. ◇ Branches des arbres en espalier situées de part et d'autre des mères branches. ♦ 4° *Anat.* Ailes du nez, moitiés inférieures des faces latérales du nez. « *Les ailes de son nez nervurées de fibrilles rouges* » (PROUST). — Partie latérale de diverses régions du cerveau. ◇ HOM. Ale, elle.

AILÉ, ÉE [ele]. *adj.* (XVᵉ; *alé,* XIIᵉ; lat. *alatus*). ♦ 1° Pourvu d'ailes. *Les fourmis mâles sont généralement ailées. Le cheval ailé, Pégase.* ◇ *Bot. Les diakènes ailés de quelques ombellifères.* ♦ 2° *Fig.* Qui semble avoir des ailes, par son caractère aérien ou immatériel. « *Le rêve ailé et magnifique* » (MAUPASS.). ◇ HOM. Héler.

AILERON [ɛlʀɔ̃]. *n. m.* (XVIᵉ; *aleron,* XIIᵉ; de *aile*). ♦ 1° Extrémité de l'aile d'un oiseau. — *Cuis. Aileron de dinde.* ◇ Nageoire de certains poissons (requins). ♦ 2° *Mar.* (*vx*) Panneau amovible servant à augmenter la surface d'un gouvernail. — Pièce prolongeant la quille et formant plan de dérive. ◇ Volet articulé placé à l'arrière de l'aile d'un avion, commandé par le manche à balai, servant à virer. ♦ 3° Contrefort caractéristique du style baroque, en forme de console renversée. ♦ 4° *Anat.* Nom de certaines lames fibreuses. *Ailerons de la rotule.* ♦ 5° Manche très courte sur le dessus de l'épaule.

AILETTE [ɛlɛt]. *n. f.* (*Elette,* XIIᵉ; divers sens avant le sens mod.; de *aile*). ♦ 1° (1866). Chacune des lames métalliques fixées à un projectile pour l'équilibrer, constituant son empennage. *Obus de mortier à ailettes.* ◇ *Vis à ailettes,* papillon. ♦ 2° Lame saillante destinée à augmenter la surface de transmission de chaleur d'un tuyau, d'un tube. *Radiateur à ailettes.* ◇ Chacune des pièces métalliques incurvées disposées sur les stators et rotors des compresseurs et des turbines, servant à modifier le sens de l'écoulement de l'air pendant la rotation. V. **Aube.**

AILIER [elje]. *n. m.* (1925; de *aile*). Football. Chacun des deux avants situés à l'extrême droite et à l'extrême gauche. *Ailier droit, gauche. L'ailier se rabat, centre.*

AILLADE [ajad]. *n. f.* (1532; prov. *alhada,* de *alh,* lat. *al(l)ium* « ail »). ♦ 1° Sauce vinaigrette à l'ail. ♦ 2° Croûton de pain grillé, frotté d'ail et arrosé d'huile d'olive.

-AILLE. Élément de substantifs, collectif à valeur péjorative (*mangeaille, marmaille*).

-AILLER. Élément de verbes, fréquentatif et péjoratif (*disputailler, criailler,* etc.).

AILLER [aje]. *v. tr.* (1908; de *ail*). Piquer d'ail (un gigot), frotter d'ail (du pain). *Croûton aillé.*

AILLEURS [ajœʀ]. *adv.* (XIIIᵉ; *ailurs,* 1050; probabl. lat. pop. °*aliore* (*loco*), compar. du class. *alio,* avec *s* adverbial). ♦ 1° Dans un autre lieu (que celui où l'on est ou dont on parle). *Allons ailleurs, nous sommes mal ici.* « *Pourquoi chercher ailleurs ce que l'on a chez soi?* » (BOURSAULT). *Vous ne trouverez cette marque nulle part ailleurs,* en aucun autre endroit. *Partout ailleurs,* en tout autre endroit. « *Ne souhaite pas trouver Dieu ailleurs que partout* » (GIDE). — Fig. *Il est ailleurs,* son esprit est ailleurs, il rêve, il est distrait. V. **Absent.** Vx. « *J'aime ailleurs* » (CORN.), j'en aime une autre. ♦ 2° (Précédé d'une prép.). *Des émigrants venus d'ailleurs,* d'un autre pays. Rare. « *Le conduire par ailleurs* » (ST-SIM.), par un autre chemin. *Ce n'est pas pour ici, c'est pour ailleurs.* — Subst. Lieux situés ailleurs, pays étrangers ou lointains. « *La puissante odeur de kérosène qui devient aujourd'hui le parfum des ailleurs* » (H. BAZIN). ◇ Fig. Loc. adv. *D'ailleurs,* marquant que l'esprit envisage un autre aspect des choses, introduisant donc une restriction ou une nuance nouvelle. V. **Part** (d'autre), **reste** (du). « *Racine éprouva les mêmes dégoûts, sans faire d'ailleurs la même résistance* » (HUGO). — *Par ailleurs,* d'un autre côté, à un autre point de vue. *Je la trouve jolie; elle m'est par ailleurs indifférente.*

AILLOLI [ajɔli]. *n. m.* (1744; prov. *aioli,* de *ai* « ail », et *oli* « huile »). Mayonnaise à l'ail.

AIMABLE [ɛmabl(ə)]. *adj.* (XIVᵉ; *amable,* XIIᵉ; lat. *amabilis*). ♦ 1° *Vx.* Qui mérite d'être aimé. « *Rien ne rend si aimable que de se croire aimé* » (MARIVAUX). « *Le vrai seul est aimable* » (BOIL.). ◇ Vieilli. Agréable, qui plaît. « *Il y a des heures aimables et des moments exquis* » (FRANCE). ♦ 2° Qui cherche à faire plaisir. V. **Affable, attentionné, gentil, sociable.** *Il est aimable avec tout le monde. Je vous remercie, vous êtes très aimable.* V. **Complaisant.** *Jamais un mot aimable, quel ours! C'est bien aimable à vous d'être venue.* Subst. *Faire l'aimable,* affecter l'amabilité. ◇ ANT. Haïssable. Désagréable, insupportable.

AIMABLEMENT [ɛmabləmɑ̃]. *adv.* (1322; de *aimable*). Avec amabilité. « *Il en met aimablement deux autres à notre disposition* » (GIDE).

1. AIMANT [ɛmɑ̃]. *n. m.* (XVIᵉ; *aiemant,* XIIᵉ; aussi « diamant, acier », a. fr. et XVIᵉ; lat. pop. °*adimas,* class. *adamas, adamantis,* mot gr. « fer, diamant », pris par les lapidaires médiévaux au sens de *magnes* « aimant »). ♦ 1° (Vieilli). *Aimant naturel, pierre d'aimant,* magnétite. ♦ 2° (1751). *Aimant artificiel,* ou *aimant,* corps ou substance qui a reçu la propriété d'attirer le fer. V. **Aimanter.** *Les deux pôles d'un aimant. Masse, champ, moment magnétique* *d'un aimant.* ♦ 3° *Fig.* Force d'attraction. « *Comme liés ensemble par quelque invisible aimant* » (LOTI).

2. AIMANT, ANTE [ɛmɑ̃, ɑ̃t]. *adj.* (fin XVIIᵉ; de *aimer*). Naturellement porté à aimer. V. **Affectueux, tendre.** « *Trop sensible, trop aimante* » (FRANCE). ◇ ANT. Froid.

AIMANTATION [ɛmɑ̃tɑsjɔ̃]. *n. f.* (1788; de *aimanter*). Action d'aimanter, état de ce qui est aimanté. *Aimantation dans un champ magnétique. Aimantation temporaire, rémanente, permanente. Intensité d'aimantation,* quotient du moment magnétique d'un aimant par son volume. ◇ ANT. Désaimantation.

AIMANTER [ɛmɑ̃te]. *v. tr.* (1386; de *aimant*). Douer (un métal) de la propriété de l'aimant. *Aimanter un barreau de fer. Aiguille aimantée de la boussole,* dont une des pointes, par suite de son aimantation, s'oriente vers le nord. — *Substances qui s'aimantent.* V. **Diamagnétique, ferromagnétique, paramagnétique.** ◇ ANT. Désaimanter.

AIMER [eme]. *v. tr.* (Xᵉ; inf. *amer* jusqu'au XVᵉ; lat. *amare*). **I.** ♦ 1° Éprouver de l'affection, de l'amitié, de la tendresse, de la sympathie pour (qqn). V. **Chérir.** *Aimer sa mère, ses enfants.* « *J'aimais un fils plus que ma vie* » (LA FONT.). *Un vieil ami que j'aime beaucoup.* « *Il aimait ses semblables* » (FRANCE). « *Tu aimeras ton prochain comme toi-même* » (BIBLE). « *N'aimer que soi, c'est haïr les autres* » (LAMENNAIS). PROV. *Qui aime bien châtie* bien. *Qui m'aime me suive* *! ♦ 2° Éprouver de l'amour, de la passion pour (qqn). V. **Adorer, idolâtrer.** « *Je t'aimais inconstant, qu'aurais-je fait fidèle?* » (RAC.). « *Un homme passionné voit toutes les perfections dans ce qu'il aime* » (STENDHAL), dans l'être aimé. « *L'art de se faire aimer de sa femme* » (LA BRUY.). Absolt. Être amoureux. « *Et vivre sans aimer n'est pas proprement vivre* » (MOL.). « *Plus on juge, moins on aime* » (BALZ.).

II. ♦ 1° Avoir du goût pour (qqch.). V. **Affectionner, goûter, s'intéresser (à), se plaire (à).** *Aimer la musique, le sport.* « *J'aime la vie hasardeuse* » (GIDE). ◇ Trouver bon au goût. *Il aime beaucoup les fruits de mer.* ♦ 2° (Suivi de l'infinitif). Trouver agréable, être content de, se plaire à. « *J'aimais sortir avec mon père* » (GIDE). AIMER À (Littér.). « *Il y a des lieux où l'on aimerait à vivre* » (LA BRUY.). *J'aime à croire que,* je veux croire, espérer que. ◇ (Suivi du subjonctif) « *J'aime que les choses soient à leur place* » (ZOLA). *J'aimerais bien que vous me jouiez quelque chose,* je désire, je souhaite que. ♦ 3° *Aimer mieux,* préférer (d'une préférence affective plus que rationnelle). *J'aimerais mieux son premier livre. J'aimerais mieux la mort, j'aimerais mieux mourir! J'aime mieux son théâtre que ses romans. Il aime mieux jouer que travailler.* — Littér. « *J'aimerais mieux, plutôt qu'être à ce point infâme, qu'un chien rongeât mon crâne* » (HUGO). « *J'aime mieux qu'Acante soit infâme que si je l'étais* » (FÉN.). ◇ (Dans le même sens) *J'aime autant ça.* « *J'aime autant qu'il fasse la commande lui-même* » (ROMAINS).

III. Pronom. ♦ 1° (Réfl.). Être attaché à soi, amoureux de soi. « *Narcisse s'aima* » (COCTEAU). Se plaire, se trouver bien. *Je ne m'aime pas dans cette robe.* ♦ 2° (Récipr.). Être mutuellement attachés par l'affection, l'amour. *Nous nous aimons beaucoup, ma sœur et moi.* « *Deux pigeons s'aimaient d'amour tendre* » (LA FONT.). « *On s'aime à mesure qu'on se connaît mieux* » (MICHELET). — Par euphém. Faire l'amour.

◇ ANT. Détester, haïr.

AINE [ɛn]. *n. f.* (XIIᵉ; lat. *inguinem,* accus. pop. du class. *inguen,* neutre). Partie du corps entre le haut de la cuisse et le bas-ventre. *Pli de l'aine,* correspondant en profondeur à l'arcade crurale. *Hernie de l'aine,* inguinale. ◇ Par ext. Pli de l'aine. ◇ HOM. Haine.

AÎNÉ, ÉE [ene]. adj. (XIIIe; ainz né, XIIe; de l'a. fr. ainz « avant », lat. pop. *antius, compar. de ante, et né). ♦ 1o Qui est né le premier (par rapport aux enfants, aux frères et sœurs). Leur fils aîné est mort. Fig. (Ancienn.) La fille aînée de l'Église, la France. Subst. V. Premier-né. « Abel était l'aîné, j'étais le plus petit » (HUGO). « Ce fils, cet aîné qui avait presque rang de chef de famille » (LOTI). ◇ Descendant de l'aîné. La branche aînée de la famille. ♦ 2o (Subst.). Frère ou sœur plus âgé qu'un autre enfant. Elle est mon aînée, mon aînée de deux ans. ◇ Personne plus âgée que telle autre. Il doit être mon aîné d'un ou deux ans. Par ext. (Littér.) Nos aînés, nos ancêtres, nos devanciers.

AÎNESSE [enɛs]. n. f. (XIIIe; de aîné). Hist. Droit d'aînesse, droit de primogéniture, avantageait considérablement l'aîné dans une succession.

AINSI [ɛ̃si]. adv. (XIIIe; einsi, 1080; comp. de si, lat. sic, et d'un premier élém. obscur) ♦ 1o Adv. de manière. De cette façon (comme il a été dit ou comme on va dire). Vous auriez tort d'agir ainsi. C'est ainsi et pas autrement (Cf. Comme ça). Il en est ainsi. Ainsi soit-il, formule optative terminant une prière. S'il en est ainsi, si les choses sont comme cela. « Ainsi dit, ainsi fait » (LA FONT.), il fut fait comme il avait été dit. Ainsi ferons-nous. Pour ainsi dire, formule servant à préparer, à atténuer l'expression qu'on va employer. ◇ C'est ainsi que, voilà comment (renvoie toujours à ce qui a été dit). « Est-ce ainsi que l'on traite Les gens faits comme moi ? » (LA FONT.). ◇ (Introduisant une conclusion) Comme vous venez de le voir, cela étant, par conséquent. « Ainsi tout est vain en l'homme » (BOSS.). Renforcé. Ainsi donc. ♦ 2o Adv. de comparaison. De même. « De même qu'un voyageur éprouve une lassitude sans bornes : ainsi la France sentit tout à coup sa blessure » (MUSS.). ◇ Ainsi que, loc. conj. de subordin. V. Comme. « Les vertus devraient être sœurs Ainsi que les vices sont frères » (LA FONT.). Ainsi qu'il a été dit plus haut. — (Affaibli en conj. de coordin.) Et, tout comme. « La vérité ainsi que la reconnaissance m'obligent à dire... » (BERNARD. de ST-P.).

1. AIR [ɛr]. n. m. (1160; lat. aer. V. Aéro-.) ♦ 1o Cour. Fluide gazeux constituant l'atmosphère, que respirent les êtres vivants. « Respirant à pleine poitrine le bon air vif et piquant » (LOTI). L'air de la mer, de la campagne. « Se griser d'air pur » (RENARD). Un bol* d'air. Air conditionné*. « L'air vicié de la chambre » (MART. du G.). On manque d'air ici. Donner de l'air, aérer. J'ai besoin de prendre l'air, de sortir de chez moi, d'aller me promener. Le médecin lui a recommandé de changer d'air. V. Climat. Loc. Vivre de l'air du temps, être sans ressources. — (Considéré dans ses mouvements) Pas un souffle d'air. « Une bouffée d'air brûlant s'échappa de l'ouverture » (GAUTIER). « Un courant d'air traversa la sulle » (MART. du G.). Déplacement d'air, de masses d'air. ◇ Phys. et Chim. Mélange gazeux de composition constante à l'état pur (en volume, 21 % d'oxygène, 78 % d'azote, 1 % d'argon et autres gaz rares), souvent chargé d'impuretés (vapeur d'eau, gaz carbonique, ozone, etc.), inodore, incolore et transparent sous une faible épaisseur. Analyse volumétrique de l'air (par l'eudiomètre, le phosphore à froid). État hygrométrique de l'air. Pesanteur de l'air. V. Pression (atmosphérique). Air comprimé*. Air liquide*. V. Liquéfaction. Techn. Coussin d'air, couche d'air insufflée à la base d'un véhicule terrestre (V. Aérotrain) ou marin (V. Aéroglisseur), et qui lui permet de se maintenir au-dessus du sol ou de l'eau. ♦ 2o Ce fluide en mouvement. V. Vent. Il y a, il fait de l'air aujourd'hui. En plein air, dans le vent, au-dehors. Fig. Être libre comme l'air, libre de ses mouvements, sans aucune sujétion. ♦ 3o Espace rempli par ce fluide au-dessus de la terre. V. Ciel. S'élever dans l'air, dans les airs. Descendre du haut des airs. Tirer, regarder en l'air. V. Haut (en). Poét. Les habitants de l'air, les oiseaux. Génies de l'air, elfes, sylphes, etc. Pop. (1857; d'une opérette où une sylphide s'évapore) Jouer la fille de l'air, s'enfuir. ◇ (Aviation) La conquête de l'air. L'avion a pris l'air, a décollé. Transports par air, par voie aérienne. Armée de l'air, ensemble des forces aériennes militaires. — Par ext. Aviation, transports aériens. Ministère de l'Air. École de l'air. Hôtesse de l'air, Mal de l'air, Médecine de l'air. ◇ Loc. adv. (Fig.) En l'air, sans appui sur terre, sans fondement. « Des contes en l'air » (MOL.). Parler en l'air, de façon peu réaliste. Paroles, promesses en l'air, pas sérieuses. Une tête en l'air, un étourdi. V. Nuages (dans les). — Loin de soi. Je vais envoyer, flanquer tout ça en l'air, jeter tout ça, m'en débarrasser. À envie de tout fiche en l'air, de changer de métier. — En désordre, sens dessus dessous. Il a mis toute la pièce en l'air en cherchant ce papier. ◇ Loc. verb. S'envoyer* en l'air. ♦ 4o Fig. Atmosphère, ambiance. Prendre l'air du bureau, s'informer de ce qui s'y passe, de l'état d'esprit qui y règne. « Ces idées étaient dans l'air » (RENAN), appartenaient à l'atmosphère intellectuelle de l'époque, du milieu. « Il y avait de la bagarre dans l'air » (MART. du G.). Il y a de l'orage dans l'air, l'atmosphère est menaçante, les esprits sont excités. ◇ Champ, espace libre, Se donner de l'air, se libérer de certaines contraintes. Il fau-

drait mettre un peu d'air dans ce tableau, un peu d'espace entre les objets, les dégager, distinguer les plans. ◇ HOM. Air (2 et 3), aire, ère; erre (forme du v. Errer), ers, haire, hère (1 et 2), R.

2. AIR [ɛr]. n. m. (1580; ext. de l'emploi fig. « atmosphère, ambiance » du précéd.). ♦ 1o Apparence générale habituelle à une personne. V. Allure, façon, genre. « La duchesse de Bourgogne avait un grand air » (VOLT.), de la distinction, de la noblesse. Prendre de grands airs, faire l'important, le grand seigneur. Le bel air, les manières du beau monde. Avoir bon air, l'air comme il faut. Il a un drôle d'air. Il y a entre eux un air de famille. Un faux air de, une ressemblance illusoire avec. ♦ 2o Apparence expressive plus ou moins durable, manifestée par le visage, la voix, les gestes, etc. V. Expression, mine. « Cet air pincé de la bouche lui donne un petit air sucré » (DIDER.). « Des clignements d'yeux, des airs entendus » (DAUD.). Prendre des airs penchés*. « Un petit air de doute et de mélancolie » (MUSS.). « Une façon de se tenir penchée qui lui donnait l'air d'accourir » (MART. du G.). ♦ 3o AVOIR L'AIR, présenter cet aspect. « Vraiment on a l'air d'un laquais et non pas d'un amant » (BANVILLE). « Elle avait l'air hardi et content d'elle-même » (SAND). « Tous ont l'air triste » (FLAUB.). ◇ Loc. verb. (entraînant l'accord de l'attribut). V. Paraître. « La lumière a l'air noire et la salle a l'air morte » (HUGO). « Tu as l'air bien sérieuse » (COLETTE). « Ils m'avaient l'air terriblement hardis » (FRANCE). « Leur vitesse n'avait pas l'air excessive » (FLAUB.). — (Avec de et l'infinitif). V. Sembler. Tu as l'air de me le reprocher. « Les minarets qui ont l'air de pointer vers les étoiles » (LOTI). ◇ N'avoir l'air de rien, avoir l'air insignifiant, sans valeur, facile (mais être réellement tout autre chose). « Du dehors, la maison n'avait l'air de rien » (DAUD.). C'est un travail qui n'a l'air de rien. — (Personnes) Sans avoir l'air de rien, sans avoir l'air d'y toucher. V. Mine (mine de rien). ◇ HOM. V. Air (1).

3. AIR [ɛr]. n. m. (1608; it. aria, ext. du sens de « manière »; Cf. all. Weise). ♦ 1o Morceau de musique écrit pour une seule voix, accompagnant des paroles. « Il faut que l'air soit accommodé aux paroles » (MOL.). Fredonner, siffler l'air d'une chanson à la mode. Un air d'opéra. Le grand air de la Tosca. Loc. prov. C'est l'air qui fait la chanson, c'est le ton qui donne un sens aux paroles. Vieilli. En avoir l'air et la chanson, être réellement aussi bien que paraître (tel ou tel). ◇ Chant, chanson (musique et paroles à la fois) Des airs à boire, bachiques. Airs d'autrefois, vieux airs des provinces françaises. ♦ 2o Mélodie. Air de danse. Air avec variations. ◇ HOM. V. Air (1).

AIRAIN [erɛ̃]. n. m. (XVIe; arain, XIIe; bas lat. æramen, du class. æs, æris). Vx ou littér. Bronze. « C'est l'angélus qui sonne, l'air s'emplit de vibrations d'airain » (LOTI). — Fig. D'airain, dur, implacable. La loi d'airain, nom donné par Lassalle à la loi qui réduit, en régime capitaliste, le salaire de l'ouvrier au minimum vital. L'âge d'airain.

AIRBUS [erbys]. n. m. (1966; de air, et [auto]bus). Grand avion de transport pour passagers. — On écrit parfois air-bus.

AIRE [ɛr]. n. f. (1080; lat. area). ♦ 1o Toute surface plane. ◇ Ancienn. Terrain aplani où l'on battait le grain. ◇ Constr. Espace plat où nichent les oiseaux de proie. ◇ Constr. Aire d'un plancher, d'un bassin, leur soubassement, leur fond, faits de divers matériaux. Géol. Aires continentales, anciennes plates-formes stables sur lesquelles se sont déposées les roches sédimentaires. ◇ Aviat. Aire d'atterrissage, de manœuvre, de stationnement. Astronaut. Aire de lancement, plate-forme où sont réunis les équipements qui assurent la construction et le lancement d'un engin spatial. ♦ 2o Géom. (XIIIe). Portion limitée de surface, nombre qui la mesure. V. Superficie. Astron. Loi des aires, selon laquelle le rayon vecteur qui joint le Soleil à une planète balaie des aires égales en des temps égaux. Méthode des aires, procédé astrogéodésique (opposée à la méthode des arcs de méridien). ◇ Mar. Aire de vent, trente-deuxième partie de l'horizon. V. Rhumb. ♦ 3o Région plus ou moins étendue occupée par certains êtres, lieu de certaines activités, certains phénomènes. V. Champ, domaine, zone. Aire linguistique, propre à un fait ou ensemble de faits linguistiques. Sc. nat. Aire de répartition de la vigne, des forêts. Aire de répartition d'une espèce animale (aire spécifique) ◇ Région anatomique. V. Zone. Aire striée, champ strié*. Aire germinative, embryogène, portion du germe où l'ectoderme épaissi marque l'emplacement du futur embryon. ◇ HOM. V. Air (1).

AIREDALE [erdel]. n. m. (1919; mot angl., abrév. de Airedale terrier, 1880, nom de la vallée [dale] de l'Aire). Race de chiens terriers à poils durs, à corps court et musclé.

AIRELLE [erel]. n. f. (1592; cévenol airelo, du prov. aire, lat. atra, fém. de ater « noir »). ♦ 1o Arbrisseau porteur de baies comestibles, à la saveur légèrement acide, dont il existe plusieurs espèces. L'airelle myrtille. L'airelle à fruits rouges. L'airelle des terrains bourbeux. ♦ 2o Baie de cet arbrisseau. Tarte aux airelles.

AIRER [ɛʀe]. *v. intr.* (XIIIᵉ; de *aire*). Faire son nid, nicher (oiseaux de proie). ◇ HOM. *Errer*.

AIS [ɛ]. *n. m.* (XIIᵉ; lat. *axis*). *Vx.* Planche. *Mod.* Planchette de bois (recouverte d'étoffe, de peau), utilisée pour les plats des reliures médiévales.

AISANCE [ɛzɑ̃s]. *n. f.* (XIIIᵉ; lat. *adjacentia* « régions adjacentes, environs », d'où en lat. médiév. « dépendances territoriales, commodités »). ♦ 1° *Au plur.* (*Vx* sauf dans certaines express.). Commodités. Dr. *Aisances de voirie*, droits des riverains sur la voie publique (droits d'accès, de vue, de jour, etc.). — *Cabinets, lieux d'aisances*, cabinets, commodités. *Fosse* d'aisances.* ♦ 2° (XVᵉ). Situation de fortune qui assure une vie facile. *Vivre dans l'aisance sans être vraiment riche.* ♦ 3° (XVIIᵉ). Facilité naturelle qui ne donne aucune impression de malaise. V. Grâce, naturel. « *Un gentilhomme avait, pour saluer, prendre du tabac, l'aisance et la grâce* » (TAINE). « *L'aisance rythmée de son pas* » (MART. du G.). « *Leur aisance à s'exprimer en français* » (LOTI). *Avec aisance, avec une parfaite aisance.* ◇ ANT. Gêne. Difficulté, embarras.

AISE [ɛz]. *n. f.* (XIIᵉ; « espace vide à côté de qqn », XIᵉ; lat pop. °*adjaces*, subst. du p. prés. class. de *adjacere* « être adjacent, voisin »). ♦ 1° État d'une personne que rien ne gêne. « *L'aise en voyage, c'est tout* » (FLAUB.). *Je suis à* L'AISE, *à mon aise, dans ce costume.* « *Croyez-vous donc qu'on soit à l'aise dans cette armoire?* » (HUGO). *Mettez-vous à l'aise*, débarrassez-vous des vêtements, des objets qui vous gênent. — (Au plur.) *Aimer ses aises*, son confort, son bien-être. *Prendre ses aises*, s'installer, s'étaler de façon peu discrète. ◇ *Il est à son aise*, il vit dans une honnête aisance. ♦ 2° *Fig.* (en loc. adv. seulement). « *Si parfaitement à l'aise en toute circonstance* » (DUHAM.), n'éprouvant aucun sentiment de gêne, aucun embarras. « *Mal à son aise dans cette atmosphère lugubre* » (FLAUB.), dans un état de malaise. *Mettre qqn à l'aise*, à son aise, lui donner toute facilité de s'exprimer, d'agir, lui épargner toute gêne, toute timidité. *Vous en prenez à votre aise avec les règlements*, vous ne vous gênez pas avec les règlements. *Vous en parlez à votre aise*, sans connaître les difficultés que d'autres éprouvent. « *Vous jouirez à votre aise du plaisir de sa vue* » (MOL.), autant qu'il vous plaira, en toute liberté. *À votre aise !* comme vous voudrez. ♦ 3° *Littér.* Contentement, joie. « *Tant ils avaient d'aise d'être ensemble* » (SAND). « *Avec des tressaillements d'aise* » (MAUPASS.).

AISE [ɛz]. *adj.* (XIIᵉ; du précéd.). *Littér.* (Aujourd'hui toujours précédé d'un intensif). Content. « *Il fut tout heureux et tout aise De rencontrer un limaçon* » (LA FONT.). « *On est bien aise de le lui dire* » (MUSS.). « *Je serais assez aise d'avoir le droit de vie et de mort* » (RENAN). ◇ ANT. Mécontent.

AISÉ, ÉE [ɛze]. *adj.* (XIIIᵉ; de l'a. v. *aisier*, de *aise*). ♦ 1° Qui a de l'aisance, où l'on ne sent aucune gêne. V. Naturel, souple. « *J'admirais leur air libre et aisé* » (LESAGE). « *Il prêtait à ses connaissances un tour aisé, clair* » (MAUPASS.). ◇ Qui vit dans l'aisance. *Une famille aisée.* ♦ 2° *Littér.* Qui se fait sans peine. V. Facile. « *La critique est aisée, et l'art est difficile* » (DESTOUCHES). — *Impers.* « *Il n'est pas si aisé de se faire un nom* » (LA BRUY.). ◇ ANT. Embarrassé, gêné. Difficile, malaisé.

AISÉMENT [ɛzemɑ̃]. *adv.* (XIIIᵉ; de *aisé*). *Littér.* Sans difficulté, sans peine. V. Facilement. « *Je pardonne aisément* » (MONTESQ.). « *La pensée ne peut pas se dégager aisément des liens que lui a faits l'habitude* » (FUSTEL de COUL.). ◇ ANT. Malaisément.

AISSEAU [ɛso]. *n. m.* (XIVᵉ; dimin. de *ais*). Bardeau.

AISSELLE [ɛsɛl]. *n. f.* (1175; lat. pop. °*axella*, class. *axilla*). ♦ 1° Dépression située entre l'extrémité supérieure du bras et la paroi latérale du thorax. V. Axillaire (région). « *Lorsque Nana levait les bras, on apercevait les poils d'or de ses aisselles* » (ZOLA). ♦ 2° (XVIIᵉ). Angle aigu que forme une feuille avec la partie terminale de la tige.

AJOINTER [aʒwɛ̃te]. *v. tr.* (1838; de *joint*). Joindre bout à bout. V. Abouter.

AJONC [aʒɔ̃]. *n. m.* (XVIIᵉ; par attrac. de *jonc, ajo(u)*, XIIIᵉ; mot berrichon d'o. probabl. prélatine). Arbrisseau épineux des landes atlantiques (*Papilionacées*), à fleurs jaunes, dont les cendres sont utilisées comme engrais en Bretagne.

AJOUR [aʒuʀ]. *n. m.* (1866; de *ajouré*). ♦ 1° Petite ouverture laissant passer le jour; motif d'ornementation percé à jour. ♦ *Broderie.* Jour.

AJOURÉ, ÉE [aʒuʀe]. *adj.* (1644; de *jour*). ♦ 1° *Blas.* Dont l'ouverture laisse voir l'émail du champ. ♦ 2° (*Fin* XIXᵉ). Percé, orné de jours. « *Des boiseries ajourées avec une capricieuse mignardise* » (LOTI). — (Broderie) *Fonds, grilles, points ajourés.* ♦ *Peint.* Plein.

AJOURER [aʒuʀe]. *v. tr.* (1906; de *ajouré*). Percer, orner de jours. *Ajourer un napperon.*

AJOURNEMENT [aʒuʀnəmɑ̃]. *n. m.* (fin XIIIᵉ; « lever du jour », 1213; de *ajourner*). ♦ 1° Assignation à comparaître à jour fixe devant un tribunal. *Exploit d'ajournement.* ♦

2° (1751). Renvoi à une date ultérieure ou indéterminée. V. Remise. *Le ministre a demandé l'ajournement du débat. Ajournement d'un procès. Ajournement des Chambres*, suspension de la session des Chambres par le gouvernement pour un temps indéterminé. ◇ Renvoi d'un conscrit *(ajournement d'incorporation)*, d'un candidat à une nouvelle séance du conseil, une nouvelle session d'examen. ♦ 3° Fait de remettre à plus tard les décisions, d'atermoyer. V. Atermoiement, retard. « *Cette habitude de l'ajournement perpétuel* » (PROUST).

AJOURNER [aʒuʀne]. *v. tr.* (XIIIᵉ; « faire jour », 1080; de *jour*). ♦ 1° Assigner par exploit d'ajournement. ♦ 2° (1775). Renvoyer à un autre jour ou à une date indéterminée. *Ajourner un débat, un procès.* « *On prit le parti d'ajourner les élections* » (BAINVILLE). ◇ (Compl. de personnes) Renvoyer (un conscrit, un candidat) à une séance ultérieure du conseil de révision, à une session d'examen ultérieure. V. Refuser. *Candidat ajourné à un an.* Subst. *Les ajournés*, les conscrits, les candidats ajournés. ♦ 3° Remettre, retarder. « *Il en ajournait seulement la réalisation* » (MADELIN).

AJOUT [aʒu]. *n. m.* (1895; de *ajouter*). Élément ajouté à l'original, au plan primitif. V. Addition. *Manuscrits, épreuves surchargés d'ajouts* (ou *d'ajoutés*). *Édifice gâté par des ajouts.*

AJOUTER [aʒute]. *v.* (XIIᵉ; « mettre auprès, réunir », 1080; d'abord *ajouster, ajuster*; de l'a. fr. *joste* « auprès », lat. *juxta.* V. Jouter).

I. *V. tr.* ♦ 1° Mettre en plus ou à côté. V. Joindre (par addition ou jonction). « *Souffrez qu'à mon logis j'ajoute encore une aile* » (LA FONT.). Cuis. *Ajoutez quelques petits oignons. Il a ajouté un chapitre au texte original. Sans rien ajouter ni retrancher. C'est ce qu'il raconte, mais il y ajoute du sien*, il amplifie, il grossit l'histoire. ◇ Dire en plus. *Permettez-moi d'ajouter un mot.* « *Puis, après une pause, il ajouta : ...* » (MART. du G.). « *Eh bien! ajouta-t-il* » (LA FONT.). *J'ajoute que c'est bien naturel.* ◇ Considérer en outre. *Ajoutez à cela son mauvais caractère.* ♦ 2° (XIIᵉ). *Ajouter foi à*, accorder créance à. V. Croire. « *Les vérités qu'on vante, sans y ajouter foi* » (BEAUMARCH.). « *Elle n'ajoutait aucune foi à ces abominations* » (MAURIAC).

II. *V. tr. indir.* Augmenter, accroître. « *La crainte ajoute à nos peines, comme les désirs ajoutent à nos plaisirs* » (MONTESQ.). *En intervenant, il ne fait qu'ajouter à la pagaille.*

III. *Pronom.* Se joindre, en grossissant, en aggravant, en renforçant. *Au salaire s'ajoutent, viennent s'ajouter diverses primes.*

◇ ANT. Déduire, enlever, ôter, retrancher, soustraire.

AJUSTAGE [aʒystaʒ]. *n. m.* (1350; de *ajuster*). Opération destinée à donner à une pièce la dimension exacte que requiert son ajustement à une autre. ◇ Joint.

AJUSTEMENT [aʒystəmɑ̃]. *n. m.* (1328; de *ajuster*). ♦ 1° Action d'ajuster; fait d'être ajusté, degré de serrage ou de jeu entre deux pièces assemblées (mâle et femelle). *Ajustement libre, bloqué, serré, tournant, glissant.* ♦ 2° *Fig.* Adaptation, mise en rapport. « *Le choix et l'ajustement des termes* » (DUHAM.). ◇ *Vx.* Arrangement de la toilette. V. Mise; habillement. « *Théognis est recherché dans son ajustement* » (LA BRUY.). ♦ 3° *Statist.* Élimination des irrégularités constatées dans des tracés ou des indices, pour faire apparaître plus clairement la tendance générale. *Ajustement de séries statistiques à une loi de probabilité.*

AJUSTER [aʒyste]. *v. tr.* (XIIIᵉ; de *juste*). ♦ 1° Mettre aux dimensions convenables, rendre conforme à un étalon. V. Régler. *Ajuster les rênes, les étriers. Ajuster une pièce mécanique, les flans des monnaies. Ajuster un tir, un coup de fusil.* Par ext. « *Le chasseur ajuste les grives* » (RENARD), les vise. Fig. *Ajuster son coup*, bien combiner son coup. ◇ (Vieilli) Arranger, disposer de façon appropriée. *Ajuster sa toilette, sa coiffure.* Pronom. « *Il s'ajusta mieux, avec une certaine coquetterie* » (LOTI). V. Habiller (s'), parer (se). ♦ 2° Mettre en état d'être joint à (par adaptation, par ajustage). *Ajuster un tuyau à un robinet, un manche à un outil.* On a fait ajuster à sa taille le costume de son frère aîné. *Vêtement ajusté*, qui dessine la taille, les formes (opposé à *ample*). Pronom. *Couvercle faussé qui s'ajuste mal au récipient.* ◇ *Fig.* Mettre en conformité, adapter. « *L'expression admirablement ajustée à la pensée* » (FAGUET). *Il veut ajuster les faits à sa théorie.* ♦ 3° (Vieilli). Assembler (plusieurs choses), mettre d'accord pour un but déterminé. *Ajuster les différentes pièces d'une machine.* V. Monter. *Ajustez vos flûtes.* V. Accorder. ◇ ANT. Déranger.

AJUSTEUR [aʒystœr]. *n. m.* (XVIᵉ, « ajusteur de monnaies »; de *ajuster*). Ouvrier capable de tracer et de façonner des métaux d'après un plan, de dresser des pièces mécaniques. *Ajusteur de précision. Ajusteur-mécanicien, ajusteur-monteur, ajusteur-outilleur.*

AJUTAGE [aʒytaʒ]. *n. m.* (1676; var. de *ajustage*). Dispositif à un ou plusieurs trous, s'adaptant à l'orifice d'une canalisation, permettant de modifier l'écoulement d'un fluide. *Ajutage cylindrique. Ajutage d'un tuyau d'arrosage.*

AKÈNE [akɛn]. *n. m.* (1843; de *a*-2, et gr. *khainein* « s'ouvrir »). Fruit sec, indéhiscent, formé d'un carpelle qui ne contient qu'une graine et ne s'ouvre pas à maturité. *Akènes de la renoncule, du rosier* (On écrit aussi *Achaine*).

AKINÉSIE [akinezi]. *n. f.* (1877; gr. *akinêsia* « immobilité »). Impossibilité pathologique de faire certains mouvements (sans que la force musculaire soit diminuée). (On trouve aussi ACINÉSIE [asinezi].)

AKKADIEN, IENNE [akadjɛ̃, jɛn]. *adj.* et *n. m.* (*Accadien*, 1878; de *Akkad*, nom hébreu d'une ville de Mésopotamie). *Hist.* Du pays d'Akkad, région de la Mésopotamie centrale (au nord de Sumer). *L'art akkadien.* — N. m. *L'akkadien,* la plus ancienne des langues sémitiques (sémitique oriental). ◇ HOM. *Acadien.*

AKVAVIT, AKUAVIT ou **AQUAVIT** [akwavit]. *n. m.* (1923; mot suédois « eau-de-vie »). Eau-de-vie scandinave, le plus souvent parfumée. *Un verre d'aquavit avec les hors-d'œuvre.*

Al Symbole chimique de l'aluminium*.

ALABANDINE [alabɑ̃din]. *n. f.* (1824; « almandin », 1690; de *Alabanda,* anc. ville d'Asie Mineure). Sulfure de manganèse naturel, de couleur noire.

ALABASTRITE [alabastʀit]. *n. f.* (1771; lat. *alabastrites.* V. Albâtre). Albâtre gypseux.

ALACRITÉ [alakʀite]. *n. f.* (XIVᵉ; lat. *alacritas*). *Rare.* Enjouement, entrain.

ALAIRE [alɛʀ]. *adj.* (1827; lat. *alarius*). Qui appartient, est relatif à l'aile (d'un animal, de l'avion). *Plumes alaires. Membrane alaire des chauves-souris.* — *Surface, charge alaire d'un avion.*

ALAISE ou **ALÈSE** [alɛz]. *n. f.* (*Aleize,* 1419; *l'alaize,* coupure fautive de *la laize.* V. Laize, lé). ♦ 1° Drap plié (souvent imperméable) dont on se sert pour protéger le drap de dessous du lit d'un enfant, d'un malade. ♦ 2° Planche qu'on ajoute à une autre pour élargir un panneau.

ALAMBIC [alɑ̃bik]. *n. m.* (1265; esp. *alambique,* arabe *al ambîq,* gr. *ambix*). Appareil servant à la distillation. *Cucurbite, chapiteau, réfrigérant, serpentin d'un alambic.* ◇ *Fig.* (Vx) *Tiré à l'alambic, passé par l'alambic,* alambiqué.

ALAMBIQUÉ, ÉE [alɑ̃bike]. *adj.* (XVIIᵉ; p. p. de l'a. v. *alambiquer,* 1552; de *alambic*). Exagérément compliqué et contourné. V. **Quintessencié, subtil.** « *Les pages alambiquées du roman panthéiste de Lamartine* » (STE-BEUVE). « *Un esprit des plus confus, alambiqué* » (PROUST).

ALANDIER [alɑ̃dje]. *n. m.* (1845; de *landier*). Foyer placé à la base d'un four.

ALANGUIR [alɑ̃giʀ]. *v. tr.* (1539; de *languir*). Rendre languissant. V. **Abattre, affaiblir.** « *Cette sorte de paresse qui souvent l'alanguissait* » (JALOUX). *Pronom.* Tomber dans un état de langueur. « *Quand elle lui prenait le bras, elle se laissait aller à s'alanguir* » (DUHAM.). *Alangui, languissant, langoureux. Un air alangui.* V. **Nonchalant.** « *Une sorte de marche funèbre alanguie* » (R. ROLLAND). ◈ ANT. Exciter, stimuler.

ALANGUISSEMENT [alɑ̃gismɑ̃]. *n. m.* (1552; de *alanguir*). État d'une personne qui s'alanguit. V. **Langueur.** « *Cet alanguissement de la chair* » (MAUPASS.).

ALANINE [alanin]. *n. f.* (1864; de al[déhyde]). *Chim., biol.* Acide aminé naturel, présent dans la plupart des matières protéiques.

ALARMANT, ANTE [alaʀmɑ̃, ɑ̃t]. *adj.* (1766; de *alarmer*). Qui alarme, est de nature à alarmer. V. **Inquiétant.** « *Ses conversations plus alarmantes que rassurantes* » (ROUSS.). « *D'autres bruits particulièrement alarmants* » (MÉRIMÉE). *Symptôme, état alarmant.* ◈ ANT. Rassurant.

ALARME [alaʀm(ə)]. *n. f.* (XIVᵉ; it. *all'arme* « aux armes ! »). ♦ 1° Signal pour appeler aux armes, annoncer l'approche de l'ennemi. V. **Alerte.** *Le guetteur a donné l'alarme. Sonner l'alarme.* ◇ *Signal avertissant d'un danger. Sirène, sonnette d'alarme. Signal d'alarme,* que les voyageurs peuvent actionner en cas de danger, et qui provoque l'arrêt du train. ◇ *Fig. Donner, sonner l'alarme,* lancer des avertissements quant à des dangers menaçants. ♦ 2° Trouble, agitation d'une troupe, d'un camp à ce signal. ◇ *Vive inquiétude en présence d'une chose alarmante. À la première alarme, le voilà affolé. Ce n'était qu'une fausse alarme,* nous nous sommes inquiétés sans raison. « *Un sommeil sans alarmes* » (HUGO). ◈ ANT. Tranquillité.

ALARMER [alaʀme]. *v. tr.* (1643; « donner l'alarme », 1578; de *alarme*). Inquiéter en faisant pressentir un danger. *Il a eu une rechute qui a alarmé son entourage.* « *Le peuple était très justement alarmé d'une fuite possible du Roi* » (MICHELET). — (Vieilli) *Alarmer la pudeur,* l'effaroucher. ◇ *Pronom.* S'inquiéter vivement. *C'est une mère poule, elle s'alarme pour un rien.* ◈ ANT. Rassurer, tranquilliser.

ALARMISTE [alaʀmist(ə)]. *n.* (1792; de *alarme*). Personne qui répand intentionnellement des bruits alarmants. V. **Défaitiste, pessimiste.** Adj. *Article, communiqué alarmiste.*

ALASTRIM [alastʀim]. *n. m.* (1960; du port. *alastrar* « se répandre »). *Pathol.* Forme mineure de la variole, observée surtout en Amérique et en Afrique.

ALATERNE [alatɛʀn(ə)]. *n. m.* (1551; lat. *alaternus*). Nerprun à feuilles persistantes.

ALBANAIS, AISE [albanɛ, ɛz]. *adj.* et *n.* (1512; de *Albania* « Albanie », nom donné en lat. médiév. à l'ancienne Épire). De l'Albanie. N. m. *L'albanais,* langue indo-européenne parlée en Albanie, rameau isolé descendant peut-être de l'ancien illyrien.

ALBÂTRE [albɑtʀ(ə)]. *n. m.* (1160; lat. d'o. gr. *alabastrum*). Nom donné à deux espèces minérales différentes, *l'albâtre calcaire,* variété de calcite aux colorations différentes (surtout *l'albâtre oriental*), la seconde, *l'albâtre gypseux,* variété de gypse, très blanche. « *Quatre vases d'albâtre oriental* » (GAUTIER). — *Poét. D'albâtre, d'une blancheur éclatante.* « *Déesse aux yeux d'azur, aux épaules d'albâtre* » (MUSS.). ◇ *Objet d'art (coupe, statuette) en albâtre. Les albâtres anglais.*

ALBATROS [albatʀos]. *n. m.* (1748; angl. *albatross,* altér. du port. *alcatraz* « pélican, albatros », probabl. d'une langue indigène d'Amérique; 1575, *alcatraz,* en fr.). Le plus grand des oiseaux de mer, palmipède au plumage blanc et gris, au bec crochu, vivant souvent en vastes colonies. « *Les gros albatros lourds, d'une teinte sale, avec leur air bête de mouton* » (LOTI). *L'albatros,* poème de Baudelaire.

ALBÉDO [albedo]. *n. m.* (1906; d'abord en angl., 1859; bas lat. *albedo* « blancheur »). Fraction diffusée ou réfléchie par un corps de l'énergie de rayonnement incidente. *Un corps noir possède un albédo nul. Mesure des albédos des planètes.*

ALBERGE [albɛʀ3(ə)]. *n. f.* (1546; esp. *alberchiga,* mot mozarabe, du lat. *persica* « pêche »). Fruit de l'albergier, petit abricot moucheté de brun.

ALBERGIER [albɛʀ3je]. *n. m.* (1546; de *alberge*). Variété d'abricotier.

ALBIGEOIS, OISE [albi3wa, waz]. *adj.* et *n.* (XIIIᵉ; *Albiga,* nom lat. d'Albi). D'Albi. *Hist. relig. Les albigeois,* fraction de la secte des Cathares, contre lesquels le pape Innocent III fit prêcher la croisade au XIIIᵉ s.

ALBINISME [albinism(ə)]. *n. m.* (1822; de *albinos*). Absence congénitale totale de pigment dans la peau, le système pileux et les yeux (iris). — (Emplois critiques). *Albinisme partiel,* caractérisé par la présence de taches blanches cutanées, de mèches de cheveux blancs; *albinisme acquis* (V. Vitiligo).

ALBINOS [albinos]. *n.* (1822; « qui voit la nuit », 1665; « nègre blanc d'Afrique occidentale », 1763; port. *albino,* du lat. *albus* « blanc »). Individu atteint d'albinisme.

ALBITE [albit]. *n. f.* (1845; du lat. *albus* « blanc »). Feldspath de teinte pâle, aux macles fines non croisées.

ALBUGINÉ, ÉE [albyзine]. *adj.* et *n. f.* (XIVᵉ; du lat. *albugo, albuginis* « taie », de *albus* « blanc »). *Histol.* De couleur blanchâtre. *N. f.* ALBUGINÉE, membrane fibreuse qui enveloppe le testicule.

ALBUGO [albygo]. *n. m.* (1609; *albugine,* XIVᵉ; mot lat. V. Albuginé). Tache blanche de la cornée. ◇ Tache blanche des ongles.

ALBUM [albɔm]. *n. m.* (fin XVIIᵉ, *album amicorum,* express. lat. « liste d'amis », employée en Allemagne, carnet où l'on recueille des autographes d'amis ou gens connus; mil. XVIIIᵉ, *album* « carnet de notes de voyage »; lat. *album* « tableau blanc, liste »). ♦ 1° Cahier ou classeur personnel destiné à recevoir des dessins, des photos, des autographes, des collections diverses. *Se constituer un album de cartes postales, de timbres.* ♦ 2° Recueil imprimé d'illustrations, de documents iconographiques. « *Un album lithographié qui représentait plusieurs vues de Suisse* » (MUSS.).

ALBUMEN [albymɛn]. *n. m.* (1803; mot bas lat.). ♦ 1° Blanc de l'œuf (solution aqueuse d'albumine), contribuant à la nutrition de l'embryon de l'oiseau. ♦ 2° *Bot.* Partie de la graine des angiospermes entourant l'embryon.

ALBUMINE [albymin]. *n. f.* (1792; bas lat. *albumen* « blanc d'œuf »). Nom générique des substances complexes, composées de carbone, azote, oxygène et hydrogène, appartenant au groupe des protéines. *L'albumine est présente dans les organismes animaux* (sérum sanguin, lait, œuf, muscles, etc.) *et dans certains végétaux* (pois, haricots, blé). — *Fam. Avoir de l'albumine,* présenter de l'albuminurie.

ALBUMINÉ, ÉE [albymine]. *adj.* (1834; de *albumen*). *Bot.* (*Graine*). *Pourvu d'albumen.*

ALBUMINEUX, EUSE [albyminø, øz]. *adj.* (1845; « qui ressemble au blanc d'œuf », 1666; bas lat. *albumen.* V. Albumine). Qui contient de l'albumine.

ALBUMINOÏDE [albyminɔid]. *adj.* et *n. m.* (1853; de *albumine*). De la nature de l'albumine. — N. m. Protéide.

ALBUMINURIE [albyminyʀi]. *n. f.* (1838; de *albumine,* et *-urie*). *Pathol.* Présence d'albumine dans les urines.

ALBUMINURIQUE [albyminyʀik]. *adj.* (1857; de *albu-*

minurie). *Méd.* Relatif à l'albuminurie. ◊ Atteint d'albuminurie.

ALBUMOSE [albymoz]. *n. f.* (1898 ; du rad. de *albumine*). Polypeptide produit par l'hydrolyse incomplète d'une protéine.

ALCADE [alkad]. *n. m.* (1576 ; *arcade*, 1323 ; esp. *alcalde*, arabe *al-qâdi*. V. **Cadi**). *Vx.* Juge de paix espagnol. *Mod.* Maire espagnol.

ALCAÏQUE [alkaik]. *adj.* (1577 ; bas lat. d'o. gr. *alcaicus*, de *Alcæus*, Alcée, poète grec). *Métr. anc. Vers alcaïque*, type de vers grec dont le rythme a été repris par les lyriques latins. *Strophe alcaïque*, caractérisée par ce type de vers.

ALCALESCENCE [alkalesɑ̃s]. *n. f.* (1771 ; de *alcalescent*). État, propriété des substances alcalescentes.

ALCALESCENT, ENTE [alkalesɑ̃, ɑ̃t]. *adj.* (1735 ; du rad. de *alcalin*). Qui a ou prend des propriétés alcalines.

ALCALI [alkali]. *n. m.* (1509 ; arabe *al-qâly* « soude »). ♦ 1° *Chim.* Nom générique des bases et, plus spécialement, des sels basiques que donnent avec l'oxygène des métaux dits alcalins. *Vx. Alcalis fixes* (potasse et soude), *alcali volatil* (ammoniaque), *végétal* (potasse), *minéral* (soude). *Alcalis caustiques.* ♦ 2° *Comm.* Ammoniaque (solution) ; *par ext.*, se dit de certains des sels d'ammonium à propriétés basiques (hydroxyde, carbonate).

ALCALIFIANT, ANTE [alkalimɛta(ə)]. *adj.* (1834 ; de *alcali*, sur le modèle des adj. verbaux tirés des v. en *-fier*). Qui a la propriété d'alcaliniser.

ALCALIMÈTRE [alkalimɛtʀ(ə)]. *n. m.* (1834 ; de *alcali*, et *-mètre*). *Didact.* Instrument servant à déterminer le degré de pureté d'un alcali.

ALCALIMÉTRIE [alkalimetʀi]. *n. f.* (1853 ; de *alcali*, et *-métrie*). Détermination du titre d'une solution alcaline.

ALCALIN, INE [alkalɛ̃, in]. *adj.* (1691 ; de *alcali*). Qui appartient, a rapport aux alcalis et *par ext.* qui a les propriétés d'une base (V. **Basique**). *Solution alcaline. Métaux alcalins*, qui, combinés avec l'oxygène, produisent des alcalis. V. **Cæsium, francium, lithium, potassium, rubidium, sodium.** *Terres alcalines*, oxydes des métaux alcalino-terreux. *Roches alcalines*, contenant plus de 10 % de potasse et de soude. — *Médicament alcalin*, ou ellipt. *un alcalin*, antiacide (*ex. :* bicarbonate de soude).

ALCALINISER [alkalinize]. *v. tr.* (1890 ; *alcaliser*, 1610 ; de *alcalin*). Rendre alcalin, douer de propriétés alcalines.

ALCALINITÉ [alkalinite]. *n. f.* (1834 ; de *alcalin*). État alcalin, propriété alcaline.

ALCALINO-TERREUX, EUSE [alkalinɔtɛʀø, øz]. *adj.* (1845 ; de *terres alcalines*). *Métaux alcalino-terreux*, métaux fortement basiques qui comprennent le calcium, le baryum, le strontium et le radium.

ALCALOÏDE [alkalɔïd]. *n. m.* (1827 ; de *alcali*, et *-oïde*). Substance organique basique d'origine végétale, contenant au moins un atome d'azote dans la molécule. *Les alcaloïdes ont une puissante action physiologique* (toxique ou thérapeutique : morphine, strychnine, etc.).

ALCALOSE [alkaloz]. *n. f.* (1953 ; de *alcali*). *Pathol.* Trouble de l'équilibre entre les acides et les bases de l'organisme (sang), avec prédominance de l'alcalinité, consécutif à une perte excessive d'acides ou à la rétention de bases à la suite d'un apport excessif (*alcalose métabolique* ou *non gazeuse*), ou encore à l'élimination excessive d'acides. V. **Acidose.**

ALCANE [alkan]. *n. m.* (1960 ; de *alc[ool]*, et du suff. *-ane*). *Chim.* Terme générique des hydrocarbures aliphatiques saturés (C_nH_{2n+2}) autrefois appelés *paraffines**, rattachés formellement au méthane et comprenant, outre ce dernier, l'éthane, le propane, le butane, etc.

ALCARAZAS [alkarazas]. *n. m.* (1798 ; esp. *alcarraza*, arabe *al-karaz*). Vase de terre poreuse où l'on met l'eau à rafraîchir (par évaporation). « *L'alcarazas blanc qui sue sur la table* » (COLETTE).

ALCÈNE [alsɛn]. *n. m.* (1960 ; de *alc[ool]*, et du suff. *-ène*). *Chim.* Type d'hydrocarbure généralement acyclique de formule C_nH_{2n}, encore appelé *carbure éthylénique* ou *oléfine*, et qui possède la double liaison, dite *éthylénique*. *L'éthylène est un alcène.*

ALCHÉMILLE [alkemij]. *n. f.* (1611 ; lat. médiév. *alchemilla*, du rad. de *alchimie*, à cause des vertus attribuées par les alchimistes à cette plante). Plante herbacée (*Rosacées*) à fleurs apétales.

ALCHIMIE [alʃimi]. *n. f.* (1418 ; *alquemie*, 1265 ; lat. médiév. *alchemia*, arabe *al-kîmiyâ*, probabl. d'o. gréco-égypt.). Science occulte, née de la fusion de techniques chimiques gardées secrètes et de spéculations mystiques, tendant à la réalisation du grand œuvre. V. **Hermétisme.** ◊ *Fig.* « *L'alchimie du verbe* », de Rimbaud.

ALCHIMIQUE [alʃimik]. *adj.* (1547 ; de *alchimie*). Propre à l'alchimie. *La littérature alchimique.*

ALCHIMISTE [alʃimist(ə)]. *n. m.* (1532 ; *archemiste*, xvᵉ ; de *alchimie*). Praticien de l'alchimie. *Les alchimistes du moyen âge.*

ALCOOL [alkɔl]. *n. m.* (*Alcohol*, 1586 ; lat. alch. *alko(ho)l* « tout produit — poudre, liquide — d'une purification ou d'une distillation maxima » ; arabe *al-kohl* « antimoine pulvérisé ». V. **Khôl**). ♦ 1° Liquide obtenu par la distillation du vin (esprit-de-vin), et *par ext.* des boissons et jus fermentés (appell. chim. : *alcool éthylique* ou *éthanol*). *Alcool absolu*, anhydre. *Alcool à 60, à 95 degrés**. Teneur en alcool d'un vin, d'une liqueur. Alcool naturel*, eau-de-vie. *Alcool industriel*, tiré surtout de la betterave, propre à la consommation à condition d'être rectifié (*alcool bon goût*). *Alcool à 90° employé comme antiseptique, pour les frictions. Alcool servant de solvant.* — *Effets physiologiques de l'alcool* (contenu dans le vin et les boissons alcooliques). *Abus de l'alcool.* V. **Alcoolisme.** « *L'alcool tue* ». ◊ *Par ext.* (*Fam.*) Eau-de-vie, spiritueux. *Prendre un petit verre d'alcool, un petit alcool. Alcool de menthe*, alcoolat de menthe. ♦ 2° *Cour.* Alcool méthylique utilisé comme combustible. *Lampe, réchaud à alcool. Alcool à brûler.* ♦ 3° *Par anal.* (1835, dit d'abord de l' « esprit-de-bois », alcool méthylique). Nom générique (suff. *-ol*) des corps organiques qui possèdent le groupement hydroxyle (OH) non lié directement à un noyau aromatique (par opposition à *phénol*) et qui peuvent être considérés comme des dérivés d'hydrocarbures. *Les alcools sont classés en quatre groupes :* méthanol (seul représentant du groupe), *alcools primaires, secondaires, tertiaires.* V. *aussi* **Polyalcool**; **aldol.**

ALCOOLAT [alkɔ(ɔ)la]. *n. m.* (1826 ; de *alcool*). Médicament obtenu par distillation de l'alcool sur des substances aromatiques. *Alcoolat de mélisse, de menthe.*

ALCOOLATURE [alkɔ(ɔ)latyʀ]. *n. f.* (1845 ; de *alcool*). Médicament obtenu en faisant macérer de l'alcool et des plantes fraîches en parties égales.

ALCOOLÉ [alkɔ(ɔ)le]. *n. m.* (1845 ; de *alcool*). Médicament dont l'alcool est l'excipient. V. **Teinture.**

ALCOOLÉMIE [alkɔ(ɔ)lemi]. *n. f.* (v. 1960 ; *alcool*, et *-émie*). *Méd.* Taux d'alcool dans le sang.

ALCOOLIFICATION [alkɔ(ɔ)lifikasjɔ̃]. *n. f.* (1845 ; de *alcool*, sur le modèle des dér. des v. en *-fier*). Fermentation alcoolique.

ALCOOLIQUE [alkɔ(ɔ)lik]. *adj.* (1789 ; de *alcool*). ♦ 1° *Vieilli.* Qui contient de l'alcool. *Les boissons alcooliques* (V. **Alcooliser**). ◊ Relatif à l'alcool. *Fermentation alcoolique*, par laquelle le glucose se dédouble en anhydride carbonique et en alcool. ♦ 2° (1859). Propre à l'alcoolisme. *Délire alcoolique.* ♦ 3° (1868) Qui boit trop d'alcool. *Il est alcoolique.* — *Subst.* (1885) Personne atteinte d'alcoolisme chronique. ◊ ANT. **Sobre.**

ALCOOLISABLE [alkɔ(ɔ)lizabl(ə)]. *adj.* (1866 ; de *alcooliser*). Qui peut être converti en alcool.

ALCOOLISATION [alkɔ(ɔ)lizasjɔ̃]. *n. f.* (1834 ; « pulvérisation », 1706 ; de *alcooliser*). ♦ 1° Transformation en alcool. ♦ 2° Action de mêler de l'alcool à une boisson. ♦ 3° Imprégnation de l'organisme en alcool. — *Méd. Alcoolisation d'un nerf*, injection d'alcool dans un nerf (comme traitement d'une névralgie).

ALCOOLISER [alkɔ(ɔ)lize]. *v. tr.* (1620 ; de *alcool*). ♦ 1° Convertir en alcool. ♦ 2° Additionner d'alcool. *Alcooliser un vin.* V. **Viner.** ◊ *Boisson alcoolisée*, qui contient de l'alcool. V. **Alcoolique.** ♦ 3° Pronom. (*Fam.*). Abuser des boissons alcooliques, s'enivrer.

ALCOOLISME [alkɔlism(ə)]. *n. m.* (1858 ; de *alcool*). Abus des boissons alcooliques, déterminant un ensemble de troubles morbides ; ces troubles eux-mêmes. *Alcoolisme aigu*, ivresse. *Alcoolisme chronique*, ou (cour.) *alcoolisme*, résultant de la consommation habituelle d'alcool. V. **Éthylisme, œnilisme.**

ALCOOLTEST [alkɔltɛst] ou **ALCOOTEST** [alkɔtɛst]. *n. m.* (1965 ; de *alcool* et *test*). Appareil qui sert à mesurer l'alcoolémie*. « *Il faut acheter les appareils, les alcootests nécessaires pour dépister les automobilistes en état d'imprégnation alcoolique* » (*Le Monde*, 2-11-1969). — La forme *alcootest* est devenue plus usuelle.

ALCOOMÈTRE [alkɔ(ɔ)mɛtʀ(ə)]. *n. m.* (1809 ; pour *alcoolomètre*, de *alcool*, et *-mètre*). Densimètre destiné à mesurer la teneur des liquides en alcool *(alcoométrie)*.

ALCORAN [alkɔʀɑ̃]. V. **Coran.**

ALCÔVE [alkov]. *n. f.* (1646 ; esp. *alcoba*, arabe *al-qubba* « petite chambre »). Enfoncement ménagé dans une chambre pour un ou plusieurs lits, qu'on peut fermer dans la journée. *Spécialt.* Lieu des rapports amoureux. *Les secrets de l'alcôve. Des histoires d'alcôves.* « *Britannicus est une comédie d'alcôve se terminant en drame* » (FAGUET).

ALCOYLE [alkɔil]. *n. m.* (1959 ; de *alco[ol]*, et *-yl[e]* « radical univalent »). *Chim.* Terme générique des radicaux univalents d'hydrocarbures aliphatiques saturés auxquels on a soustrait un atome d'hydrogène. V. **Alcane.**

ALCYNE [alsin]. *n. m.* (1960 ; de *alc[ool]*, et de *-yn[e]*). *Chim.* Type d'hydrocarbure, généralement aliphatique, de formule C_nH_{2n-2} et qui possède la liaison triple, ou acétylénique.

ALCYON [alsjɔ̃]. *n. m.* (1265; mot lat. d'o. gr.). ♦ 1° *Myth.* Oiseau marin fabuleux, dont la rencontre était un présage de calme et de paix. ♦ 2° (1711; *alcyonium*, 1690; mot lat. « écume de mer »). Cœlentéré formant des colonies massives de petits polypes.

ALCYONAIRES [alsjɔnɛʀ]. *n. m. pl.* (1845; de *alcyon*). Ordre de cœlentérés *(Octocoralliaires)* à huit tentacules, comprenant notamment l'alcyon et le corail.

ALDÉHYDE [aldeid]. *n. m.* (1845; all. *Aldehyd*, 1835, abrév. de alcool dehydrogenatum « alcool déshydrogéné »). ♦ 1° *Chim.* Nom générique (suff. *-al*) des composés organiques renfermant un groupement -CHO, obtenus par oxydation (ou élimination d'hydrogène) d'un alcool primaire. *Aldéhyde formique* (V. **Formol**), *aldéhyde benzoïque* (ou essence artificielle d'amandes amères). ♦ 2° *L'aldéhyde acétique* (ou *éthanal*), liquide volatil, d'odeur vive, provenant de l'alcool (éthylique) par enlèvement d'hydrogène.

ALDÉHYDIQUE [aldeidik]. *adj.* (1846; de *aldéhyde*, et *-ique*). *Chim.* Relatif au genre aldéhyde. *Fonction aldéhydique*.

ALDIN, INE [aldɛ̃, in]. *adj.* (1725; lat. érudit *aldinus*, de *Aldus (Manucius)*, nom latinisé de *Aldo (Manuzio)*, Alde Manuce, ancêtre de la célèbre famille des Aldes, imprimeurs vénitiens des xve et xvie s.). Des Aldes, relatifs aux Aldes. *Caractères aldins*, dont le plus remarquable est l'italique. *Les éditions aldines*.

ALDOL [aldɔl]. *n. m.* (1873; de *ald*éhyde, et alco*ol*). Aldéhyde-alcool obtenu par polymérisation d'un aldéhyde.

ALDOSTÉRONE [aldɔstɛʀɔn]. *n. f.* (apr. 1953; de *aldé*hyde). *Chim., biol.* L'une des hormones sécrétées par la cortico-surrénale, qui exerce son action sur le métabolisme minéral (rétention du sodium et élimination du potassium).

ALE [ɛl]. *n. f.* (1280; mot du moy. néerl.; repris à l'angl. au xviie). Bière anglaise très houblonnée. V. **Pale-ale**. ◊ HOM. *Aile*, *elle*.

ALÉA [alea]. *n. m.* (1867; mot lat. « jeu de dés, hasard »). Événement imprévisible, tour imprévisible que peuvent prendre les événements. V. **Hasard**. *Il faut compter avec les aléas de l'examen*.

ALÉATOIRE [aleatwaʀ]. *adj.* (1596; lat. *aleatorius*, de *alea*). ♦ 1° *Dr.* Contrat aléatoire, où les parties stipulent une chance de gain ou se garantissent contre une chance de perte en prévision d'un événement incertain (pari, loterie). ♦ 2° (1845). Que rend incertain, dans l'avenir, l'intervention du hasard. V. **Problématique**. *Son succès est bien aléatoire*. Subst. « *Dans toute aventure de ce genre on se lance dans l'aléatoire* » (GIDE) ◊ Log. Math. *Grandeur aléatoire*, qui peut prendre un certain nombre de valeurs, selon une loi de probabilité. — *Fonction, variable aléatoire*, se comportant au cours du temps comme une grandeur aléatoire. V. **Stochastique**. ◊ ANT. *Certain*.

ALÉMANIQUE [alemanik]. *adj. et n. m.* (1845, sens mod.; bas lat. *aleman(n)icus*, de *Aleman(n)i*, les *Alamans*, tribu germ. installée en Souabe et en Suisse. V. **Allemand**). Propre à la Suisse de langue allemande (dite *Suisse alémanique*). N. m. *L'alémanique*, parler du haut allemand.

ALÈNE [alɛn]. *n. f.* (1209; germ. °*alisna*, anc. haut all. *alunsa*; Cf. all. *Ahle*). Poinçon effilé servant à percer les cuirs. ◊ HOM. *Allène*, *haleine*.

ALÉNOIS [alenwa]. *adj. m.* (1546; altér. de *orlénois* « d'Orléans », xiiie; bas lat. *Aurelianensis (urbs)*. *Cresson* alénois*.

ALENTOUR [alɑ̃tuʀ]. *adv.* (xvie; pour *à l'entour*, 1424; de *entour*). Dans l'espace environnant, tout autour. « *Aucune branche de verdure au-dessus de leur tête ni alentour* » (LOTI). — (Graphie archaïque) « *Ils promenaient à l'entour leurs yeux ivres* » (FLAUB.). *D'alentour*, des environs. — *Loc. prép.* (Vx ou littér.) *Alentour de*, autour de. « *Alentour de ses yeux* » (MONTHERLANT).

ALENTOURS [alɑ̃tuʀ]. *n. m. pl.* (1766; subst. du précéd.). ♦ 1° Lieux circonvoisins, environs. *Les alentours de la ville*. « *Personne aux alentours* » (MART. du G.). ◊ Bordures de tapisserie encadrant le sujet central. ♦ 2° Fig. *(Vx.)*. Entourage de qqn. ◊ Ce qui touche à un sujet. *Les alentours du problème*.

ALEPH [alef]. *n. m.* (1751; mot hébr.). ♦ 1° *Ling.* Première lettre de l'alphabet hébraïque. ♦ 2° *Math.* Nombre cardinal caractérisant la puissance d'un ensemble infini. V. **Puissance**, **transfini**.

ALÉPINE [alepin]. *n. f.* (1819; de *Alep*, ville de Syrie). Tissu de soie et de laine.

ALÉRION [aleʀjɔ̃]. *n. m.* (xviie; « grand aigle », fin xiie; frq. °*adalaro*; Cf. all. *Adler*). *Blas.* Petite aigle sans bec ni pattes.

1. ALERTE [alɛʀt(ə)]. *adj.* (xvie; de *à l'(h)erte*, loc. adv. « sur ses gardes », 1540; it. *all'erta* « sur la hauteur », cri milit. pour appeler à prendre garde, de *erto* « escarpé », du lat. *erigere* « dresser »). ♦ 1° *Vx.* Vigilant. ♦ 2° *(Fin xviie)*. Vif et leste (malgré l'âge, l'embonpoint, etc.). « *Un petit vieux, frétillant, sec, alerte et gai* » (DAUD.). ◊ ANT. *Inerte, lourd*.

2. ALERTE [alɛʀt(ə)]. *n. f.* (1753; subst. de *a l'erte*; Cf. le précéd.). ♦ 1° Signal prévenant d'un danger et appelant à prendre toutes mesures de sécurité utiles. *Donner l'alerte. À la première alerte, en cas d'alerte. Ce n'était qu'une fausse alerte. Systèmes d'alerte. Alerte aérienne*, avertissant la population d'un bombardement imminent. — *Troupes en état d'alerte*, prêtes à intervenir. Loc. fig. *Cote* d'alerte*. ♦ 2° Situation grave et inquiétante. « *L'alerte sera peut-être chaude* ». (MART. du G.).

ALERTER [alɛʀte]. *v. tr.* (1918; de *alerte* 2). Avertir en cas de danger (et *par ext.* dans le cas d'une difficulté quelconque) pour que des mesures soient prises. « *L'administrateur, que nous avons alerté, va procéder à une enquête* » (GIDE).

ALÉSAGE [alezaʒ]. *n. m.* (1813; de *aléser*). Opération consistant à parachever, en calibrant exactement les dimensions, les trous qui traversent une pièce mécanique. ◊ *Auto.* Usinage des cylindres; *par ext.* Diamètre d'un cylindre.

ALÈSE. V. **ALAISE**.

ALÉSÉ, ÉE [aleze]. *adj.* (1671; *aleessé*, 1559; var. *alisé*; de l'a. fr. *alaisier*. V. **Aléser**). *Blas.* (Pièce honorable). Diminué de longueur (ne touchant pas les bords de l'écu).

ALÉSER [aleze]. *v. tr.*; conjug. *céder* (1671, spécialis. de l'a. fr. *alaisier* « élargir », lat. pop. °*allatiare*, de *latus* « large »). Procéder à l'alésage d'une pièce métallique généralement cylindrique. *Aléser le tube d'un canon*. V. **Calibrer**, **fraiser**, **percer**, **rectifier**, **tourner**.

ALÉSEUR [alezœʀ]. *n. m.* (xxe; de *aléser*). Ouvrier spécialiste de l'alésage.

ALÉSEUSE [alezøz]. *n. f.* (1924; de *aléser*). Machine-outil servant à l'alésage.

ALÉSOIR [alezwaʀ]. *n. m.* (1671; de *aléser*). Outil à aléser.

ALEURITE [alœʀit]. *n. f.* (1845; lat. bot. *aleurites*, gr. *aleuron* « farine »). Plante oléagineuse *(Euphorbiacées)* d'Extrême-Orient, dont une espèce est le bancoulier, l'autre l'arbre à huile (ou *abrasin*).

ALEURODE [alœʀod]. *n. m.* (1898; gr. *aleurôdês* « qui ressemble à de la farine »). Puceron sauteur dont certaines espèces vivent sur la chélidoine et le chou.

ALEURONE [alœʀɔn]. *n. f.* (1865; gr. *aleuron* « farine »). *Bot.* Réserve azotée des graines, assise protéique de l'albumen.

ALEVIN [alvɛ̃]. *n. m.* (xiie; lat. pop. °*allevamen*, de *allevare* « alléger, soulager », pris en lat. pop. au sens de « élever, nourrir »; Cf. it. *Allevare*). Jeune poisson destiné au peuplement des rivières et des étangs. V. **Nourrain**.

ALEVINAGE [alvinaʒ]. *n. m.* (1690; de *aleviner*). Peuplement (des eaux); pisciculture.

ALEVINER [alvine]. *v. tr.* (1308; de *alevin*). Peupler d'alevins. V. **Empoissonner**.

ALEVINIER [alvinje]. *n. m.* ou **ALEVINIÈRE** [alvinjɛʀ]. *n. f.* (1721,-1700; de *alevin*). Étang, vivier où l'on élève des alevins.

ALEXANDRA [alɛksɑ̃dʀa]. *n. m.* (xxe; non propre). Cocktail fait de lait chocolaté et d'alcool. « *Nous buvions... des alexandra, des martini* » (BEAUVOIR).

ALEXANDRIN, INE [alɛksɑ̃dʀɛ̃, in]. *adj. et n. m.* (1080; lat. *alexandrinus*). ♦ 1° D'Alexandrie et de la civilisation hellénistique dont cette ville fut le centre. *Poètes alexandrins* (Callimaque, Hérondas, Théocrite), érudits et raffinés. *Art alexandrin*, généralement expressionniste (Bas-reliefs, mosaïques). ◊ *Par ext.* D'une subtilité excessive. « *Les discussions alexandrines* » (SARTRE). ♦ 2° (1432; de *li romans d'Alexandre*, poème fr. du xiie, en vers de 12 syllabes). *Vers alexandrin*, ou n. m. *Alexandrin*, vers français de douze syllabes (dont l'histoire, du xvie au xixe s., se confond presque avec celle de la poésie française).

ALEXIE [alɛksi]. *n. f.* (1882; de *a-2*, et gr. *legein*, au sens de « lire »). *Pathol.* Autre nom de la cécité verbale.

ALEXINE [alɛksin]. *n. f.* (1907; all. *Alexin*, 1889; du gr. *alexein* « repousser »). *Biol.* Syn. COMPLÉMENT. V. **Complément**.

ALEZAN, ANE [alzɑ̃, an]. *adj.* (1534; esp. *alazan*, arabe *al-hisan*). Dont la robe (cheval, mulet) est brun rougeâtre. Subst. *Un alezan*.

ALFA [alfa]. *n. m.* (1848; arabe *halfâ*). Plante herbacée *(Graminées)* d'Afrique du Nord et d'Espagne, dont les feuilles servent de matière première à la fabrication de la sparterie et de certains papiers. ◊ *Papier d'alfa. Exemplaire numéroté sur alfa*. ◊ HOM. *Alpha*.

ALFANGE [alfɑ̃ʒ]. *n. f.* (1664; esp. *alfange*, arabe *al-khandjar*). Vx. Cimeterre.

ALFATIER, IÈRE [alfatje, jɛʀ]. *n.* (1884; de *alfa*). Ouvrier qui récolte l'alfa. *Adj.* (1908). Relatif à l'alfa. *Industrie alfatière*.

ALFÉNIDE [alfenid]. *n. m.* (1853; du nom de l'inventeur *Alphen*). Maillechort argenté, servant à la fabrication des couverts.

ALGARADE [algaʀad]. *n. f.* (1549; esp. *algarada*, arabe *al-ghâra*). ♦ 1° *Vx.* Attaque brusquée, incursion militaire. ♦ 2° *Mod.* (XVIᵉ). Sortie inattendue contre qqn. « *Aux fureurs de mon père, à ses tonnantes algarades* » (DUHAM.). *Avoir une algarade avec qqn* (Cf. Faire une scène* à qqn).

ALGAZELLE [algazɛl]. *n. f.* (1782; *algazel*, 1764; arabe *al-ghazâl*; Cf. Gazelle). Grande antilope blanche d'Afrique.

ALGÈBRE [alʒɛbʀ(ə)]. *n. f.* (fin XIVᵉ; lat. médiév. *algebra*, arabe *al-jabr* « contrainte, réduction », dans le titre d'un ouvrage de Al-Khawarizmi, IXᵉ). ♦ 1° Théorie des opérations portant sur des nombres réels (positifs, négatifs) ou complexes, et résolution des équations, avec substitution de lettres aux valeurs numériques et de la formule générale au calcul numérique particulier (V. **Analyse**); *par ext.* (Mod.). Partie de la mathématique ayant pour objet, à partir d'axiomes, l'étude des lois de composition et des relations définies sur un ou plusieurs ensembles* et qui déterminent ainsi une structure* (V. **Axiomatique; groupe; anneau, corps, espace**). *Algèbre linéaire, multilinéaire*, qui est à l'origine de la théorie des matrices* et des tenseurs*. *Algèbre des polynômes*. *Algèbre de Boole*, type d'algèbre possédant les opérations de réunion, intersection et complémentation qui établit des relations logiques binaires utilisées dans le calcul automatique (V. **Informatique**). *Algèbre logique*, algèbre de Boole appliquée à l'étude des propositions (V. **Logistique**). « *L'algèbre est une langue bien faite et c'est la seule* » (CONDILLAC). ◇ Ouvrage traitant de cette science. ♦ 2° *Fig.* Chose difficile à comprendre, domaine inaccessible à l'esprit. *C'est de l'algèbre pour moi* (V. **Chinois, hébreu**). ◇ (XIXᵉ) Analyse rationnelle, esprit d'abstraction et de généralisation. « *Cette algèbre rapide qu'on appelle l'esprit du jeu* » (STE-BEUVE). *Une « algèbre des valeurs morales »* (JOUHANDEAU).

ALGÉBRIQUE [alʒebʀik]. *adj.* (XVIIIᵉ; *algébraïque*, 1585; de *algèbre*). Qui appartient à l'algèbre. *Calcul numérique et calcul algébrique. — Affecté d'un signe* (plus ou moins). *Mesure, quantité algébrique. Courbe, équation*, fonction* algébrique. Nombre* algébrique.*

ALGÉBRIQUEMENT [alʒebʀikmã]. *adv.* (1843; de *algébrique*). Par les méthodes de l'algèbre.

ALGÉBRISTE [alʒebʀist(ə)]. *n.* (fin XVIᵉ; de *algèbre*). Mathématicien qui se consacre spécialement à l'algèbre. *Les algébristes modernes.*

ALGÉRIEN, IENNE [alʒeʀjɛ̃, jɛn]. *adj.* (1613; de *Alger*, autrefois nom de la ville et du pays, arabe *Al-Djazaïr*). De l'Algérie. *L'Atlas, le Sahara algérien. Populations algériennes* (arabe, berbère, kabyle). *La révolution algérienne.* Subst. *Les Algériens. L'Algérien*, dialecte arabe d'Algérie.

ALGÉROIS, OISE [alʒeʀwa(ɑ), wa(ɑ)z]. *adj.* (1898; de *Alger*). De la ville d'Alger. *L'agglomération algéroise.* Subst. *Les Algérois*, habitants d'Alger. *L'Algérois*, la région d'Alger.

ALGIDE [alʒid]. *adj.* (1812; lat. *algidus* « froid »). Accompagné d'algidité.

ALGIDITÉ [alʒidite]. *n. f.* (1836; de *algide*). Pathol. Refroidissement avec sensation de froid et tendance au collapsus.

ALGIE [alʒi]. *n. f.* (1948; V. **-Algie**). *Méd.* Douleur le plus souvent diffuse, sans relation bien définie avec une cause organique.

-ALGIE. Élément final de composition, du gr. *-algia*, rad. *algos* « douleur ».

ALGINATE [alʒinat]. *n. m.* (XXᵉ; de *algine*, et -*ate*). *Chim.* Sel de l'acide alginique, utilisé notamment dans l'industrie textile. *Des laines à l'alginate.*

ALGINE [alʒin]. *n. f.* (1887; de *alg(ue)*, et -*ine*). *Chim. hist. nat.* Substance azotée visqueuse que l'on trouve dans les algues, les plantes marines.

ALGIQUE [alʒik]. *adj.* (XXᵉ; de *algie*). *Didact.* Relatif à la douleur physique. *Fièvre algique*, résultant d'une excitation douloureuse.

ALGOL [algɔl]. *n. m.* (1957; acronyme, de l'angl. *algorithmic language* « langage algorithmique »). *Inform.* Langage international de programmation destiné à l'écriture des algorithmes (calcul numérique) indépendamment de tout contexte concret (V. **Cobol, fortran**).

ALGORITHME [algɔʀitm(ə)]. *n. m.* (1554; lat. médiév. *Algorithmus*, nom propre latinisé de l'arabe *Al-Khawarizmi* (Cf. Algèbre), pris pour nom commun, également sous la forme *algorismus*). *Vx.* Système de numération décimale emprunté aux Arabes. ◇ *Mod.* Ensemble des règles opératoires propres à un calcul. — Calcul, enchaînement des actions nécessaires à l'accomplissement d'une tâche. V. **Automate**.

ALGORITHMIQUE [algɔʀitmik]. *adj.* (1845; de *algorithme*). *Hist. math.* Relatif au système de numération dit *algorithme*.

ALGUE [alg(ə)]. *n. f.* (1551; lat. *alga*). Thallophyte pourvu de chlorophylle, plante aquatique des eaux douces ou salées. *Algues unicellulaires. Algues pluricellulaires*, au thalle filamenteux, membraneux, massif ou rameux. *Algues vertes, brunes* (V. **Varech**), *rouges. Études des algues* (phycologie).

ALIAS [aljɑs]. *adv.* (XVᵉ; mot lat. « une autre fois, autrement »). Autrement appelé (de tel ou tel nom). *Jacques Collin, alias Vautrin, alias Carlos Herrera.*

ALIBI [alibi]. *n. m.* (1394; mot. lat. « ailleurs »). ♦ 1° *Dr.* Moyen de défense tiré du fait qu'on se trouvait, au moment de l'infraction, dans un lieu autre que celui où elle a été commise. *Invoquer un alibi. « Fournir un alibi très acceptable »* (LOTI). ♦ 2° *Fig.* (XVᵉ-XVIᵉ, « diversion, ruse »; repris XIXᵉ). Circonstance, activité permettant de se disculper, de faire diversion. *Ses contacts avec ce parti ne sont qu'un alibi.*

ALIBOUFIER [alibufje]. *n. m.* (1783; mot prov.; o. i.). Styrax officinal.

ALIDADE [alidad]. *n. f.* (1415; lat. médiév. *alidada*, arabe *al-idhâda*). Règle de topographe, mobile autour d'un point fixe, portant un instrument de visée (pinnules ou lunette), qui sert à déterminer une direction ou mesurer un angle. ◇ Partie mobile d'un théodolite.

ALIÉNABILITÉ [aljenabilite]. *n. f.* (1845; de *aliénable*). Qualité juridique d'un bien aliénable. ◈ ANT. *Inaliénabilité.*

ALIÉNABLE [aljenabl(ə)]. *adj.* (1523; de *aliéner*). *Dr.* Qui peut être aliéné. ◈ ANT. *Inaliénable.*

ALIÉNANT, ANTE [aljenã, ãt]. *adj.* (1943; de *aliéner*). Qui aliène, retire à l'individu la libre disposition de lui-même. « *Les incertitudes nées de l'utilisation aliénante... des sciences et des techniques* » (*L'Express*, 12-8-1968).

ALIÉNATAIRE [aljenatɛʀ]. *n.* (XVIᵉ; du rad. de *aliénation*). *Dr.* Personne en faveur de qui se fait une aliénation.

ALIÉNATEUR, TRICE [aljenatœʀ, tʀis]. *n.* (1596; lat. jurid. *alienator*). *Dr.* Personne qui transmet un bien par aliénation.

ALIÉNATION [aljenasjɔ̃]. *n. f.* (XIIIᵉ; lat. *alienatio*. V. **Aliéner**). ♦ 1° *Dr. civ.* Transmission qu'une personne (*aliénateur*) fait d'une propriété ou d'un droit, à titre gratuit (donation, legs) ou onéreux (vente, cession). *Dr. intern. Aliénation de territoire*, en cas d'annexion. ♦ 2° (XIVᵉ; *aliénation d'esprit*; 1801, *aliénation mentale*). Trouble mental, passager ou permanent, qui rend l'individu comme étranger à lui-même et à la société où il est incapable de se conduire normalement. V. **Démence, folie**. *L'aliénation entraîne une mesure d'internement ou de protection.* ♦ 3° (XVIᵉ). Aversion, hostilité collective envers qqn. *Aliénation des esprits*, opinion hostile. ♦ 4° *Fig.* (XVIIIᵉ). Fait de céder ou de perdre (un droit, un bien naturel). *Ce serait une aliénation de ma liberté.* ◇ *Philo.* (trad. de l'all. *Entfremdung*, Hegel et Marx) État de l'individu qui, par suite des conditions extérieures (économiques, politiques, religieuses), cesse de s'appartenir, est traité comme une chose, devient esclave des choses et des conquêtes même de l'humanité qui se retournent contre lui.

ALIÉNÉ, ÉE [aljene]. *n.* (XVIᵉ; lat. *alienatus*. V. **Aliéner**). Personne atteinte d'aliénation mentale, dont l'état nécessite l'internement dans un hôpital psychiatrique.

ALIÉNER [aljene]. *v. tr.; conjug. céder* (XIIIᵉ; lat. *alienare*, de *alienus* « qui appartient à un autre », *alius*). ♦ 1° Céder par aliénation. *Aliéner un bien à fonds perdu*, à titre universel, moyennant une rente viagère. ◇ *Fig. et littér.* « *Par le mariage, j'aliénais volontairement une liberté que mon livre revendiquait* » (GIDE). ♦ 2° (XIVᵉ). *Vx. Aliéner l'esprit*, rendre fou. V. **Aliéné**. ♦ 3° (XVIᵉ). Éloigner, rendre hostile. Vieilli. « *Toutes réflexions aliénèrent enfin mon cœur de cette femme* » (ROUSS.). *Pronom. (Réfl. indir.) Mod. S'aliéner les esprits, la sympathie de la population.* ◇ *Philo.* Entraîner l'aliénation de.

ALIÉNISTE [aljenist(ə)]. *n.* (1846; de *aliéné*). Médecin spécialisé dans le traitement des aliénés. V. **Psychiatre**.

ALIFÈRE [alifɛʀ]. *adj.* (1845; lat. *alifer*). Se dit des insectes pourvus d'ailes.

ALIFORME [alifɔʀm(ə)]. *adj.* (1845; lat. *ala* « aile », et -*forme*). *Zool.* En forme d'aile.

ALIGNEMENT [aliɲmɑ̃]. *n. m.* (1387; de *aligner*). ♦ 1° Fait d'aligner, d'être aligné au moyen de repères, selon un tracé. « *Il se dirigeait au moyen d'alignements pris par lui pour retrouver la demeure* » (LOTI). *Soldat qui se met à l'alignement, sort de l'alignement. À droite, alignement!* ◇ Fixation, par l'administration, des limites des voies publiques; ligne ainsi fixée. *Maisons à l'alignement*, frappées d'alignement. Fig. « *Paris nous met, comme ses maisons, à l'alignement* » (MAURIAC). ◇ Fait de s'aligner *(fig.). L'alignement d'un parti sur la politique d'un État.* ♦ 2° Rangée de choses alignées. Spécialt. *Les alignements de Carnac*, rangées de menhirs sur les lignes parallèles. — *Mar.* Demi-droite passant par deux amers*. ♦ 3° *Fig.* (Néol.). *Alignement monétaire*, fixation d'un nouveau cours des changes en fonction du pouvoir d'achat relatif de deux ou plusieurs monnaies. V. **Dévaluation**. ◈ ANT. *Avancée, saillie.*

ALIGNER [aliɲe]. *v. tr.* (XIIᵉ; de *ligne*). ♦ 1° Ranger sur une ligne droite. *Aligner des plants.* « *Les maisons, au lieu d'être alignées, sont dispersées* » (ROUSS.). Fig. *Aligner une monnaie sur une autre*, en réaliser l'alignement. ◇ Pronom. (*Sens réfl.*) Se mettre sur la même ligne. *Alignez-vous !* Fig. Se conformer fidèlement (à la « ligne » politique d'un autre). — *Spécialt.* Se disposer à se battre en duel, à combattre. Pop. *Tu peux toujours t'aligner*, tu n'es pas de taille, tu seras battu. ◇ (*Sens pass.*) « *Contre le lambris s'alignaient huit chaises* » (FLAUB.). ♦ 2° Inscrire ou prononcer à la suite. « *Les arguments qu'il aligne en bon ordre* » (MAUPASS.). *Aligner des chiffres, des phrases.* ◇ Pop. *Les aligner*, donner des billets l'un après l'autre, payer.

ALIGOTÉ [aligɔte]. *n. m.* (1907; *alligotet*, 1866; anc. fr. *harigoter* « déchirer », du germ. *°harion*, même sens). Cépage blanc de Bourgogne. — Vin produit par ce cépage. *Bourgogne aligoté.*

ALIMENT [alimã]. *n. m.* (1120; lat. *alimentum*). ♦ 1° Toute substance susceptible d'être digérée, de servir à la nutrition de l'être vivant. V. **Comestible, denrée, nourriture, pâture, vivres.** *Aliments naturels*, composés d'*aliments simples* (minéraux ou organiques). *Aliment complet*, qui contient tous les éléments nécessaires à l'organisme (*ex. :* le lait). « *C'est un aliment beaucoup plus riche* » (DUHAM.). ◇ Dr. (*au plur.*) Moyens d'existence nécessaires à une personne dans le besoin et exigibles par elle, de certains tiers. V. **Alimentaire** (obligation, pension). ♦ 2° *Fig.* (XVIᵉ). Ce qui nourrit, entretient. « *Fournir un aliment à des curiosités encore indistinctes* » (GIDE).

ALIMENTAIRE [alimãtɛʀ]. *adj.* (XVIᵉ; lat. *alimentarius*). ♦ 1° Qui peut servir d'aliment. *Denrées, produits alimentaires.* Spécialt. *Pâtes* alimentaires.* ◇ Relatif à l'alimentation. *Ration, régime alimentaire. Bol* alimentaire.* ♦ 2° Dr. Qui a rapport aux aliments. *Obligation alimentaire*, de fournir les aliments. *Pension alimentaire*, servie à une personne qui en a besoin, en vertu d'un accord amiable ou d'un jugement (lequel peut accorder, en attendant, une *provision alimentaire*). ♦ 3° Qui n'a d'autre objet que de fournir de quoi vivre. *Une besogne alimentaire.*

ALIMENTATION [alimãtasjɔ̃]. *n. f.* (1412; repris déb. XIXᵉ; lat. médiév. *alimentatio*). ♦ 1° Action ou manière d'alimenter, de s'alimenter. V. **Diète, régime.** *Alimentation des troupes.* V. **Ravitaillement.** *Les éléments de base de l'alimentation humaine. Une alimentation équilibrée.* ◇ *Commerce des denrées alimentaires. Magasin d'alimentation.* ♦ 2° *Par ext.* (1845). Action d'approvisionner (en fournitures nécessaires au fonctionnement). *Alimentation d'une chaudière* (en eau), *d'un moteur* (en combustible), *d'un circuit* (en courant), *d'une armée* (en munitions). *Mécanisme d'alimentation d'une arme à répétition.* V. **Approvisionnement.**

ALIMENTER [alimãte]. *v. tr.* (XIVᵉ; lat. médiév. *alimentare*). ♦ 1° *Physiol.* Fournir une certaine alimentation à. V. **Nourrir.** *Vous pouvez alimenter légèrement le malade.* Pronom. *Il recommence à s'alimenter.* ♦ 2° *Par ext.* (XIXᵉ). Approvisionner. *Alimenter une chaudière.* « *Le Jourdain alimente ce réservoir* » (LOTI). ◇ *Fig.* Entretenir, nourrir. *Cela suffit à alimenter la conversation.* « *Son éloquence alimentée de faits* » (PÉGUY).

ALINÉA [alinea]. *n. m.* (XVIIᵉ; de *a linea*, mots lat. « (en s'éloignant) de la ligne »). Renforcement de la première ligne du texte, d'un paragraphe. ◇ Passage compris entre deux de ces lignes en retrait. V. **Paragraphe.**

ALIOS [aljos]. *n. m.* (1843; mot gascon, du rad. de *lie, liais*). Grès organique et ferrugineux constituant un des horizons du podzol des Landes.

ALIPHATIQUE [alifatik]. *adj.* (1948; du gr. *aleiphar*, *-atos*, « graisse »). Chim. Se dit de corps chimiques de la série grasse, à chaîne carbonée linéaire ou ramifiée ouverte (opposé à *aromatique*). ◇ SYN. Acyclique.

ALIQUANTE [alikãt]. *adj. f.* (1653; fém., du lat. *aliquantus* « d'une certaine grandeur »). Math. *Partie aliquante*, qui n'est pas contenue un nombre exact de fois dans un tout. ◇ ANT. Aliquote.

ALIQUOTE [alikɔt]. *adj. f.* (1484; du lat. *aliquot* « un certain nombre de »). Math. *Partie aliquote*, qui est contenue un nombre exact de fois dans un tout. ◇ ANT. Aliquante.

ALISE ou **ALIZE** [aliz]. *n. f.* (XIIᵉ; probabl. gaul. *°alisia*). Fruit de l'alizier, d'un goût légèrement acidulé. *Eau-de-vie d'alizes.*

ALISIER ou **ALIZIER** [alizje]. *n. m.* (XIIIᵉ; de *alise*). Variété de sorbier, produisant les alises.

ALISMACÉES [alismase]. *n. f. pl.* (1845; de *alisme*). Bot. La plus importante famille de l'ordre des fluviales (plantain, etc.).

ALISME [alism(ə)]. *n. m.* (1808; lat. *alisma*, mot gr.). Nom scientifique du plantain d'eau, type des alismacées.

ALITEMENT [alitmã]. *n. m.* (1549; de *aliter*). Séjour forcé d'un malade au lit.

ALITER [alite]. *v. tr.* (fin XIIᵉ; de *lit*). Faire prendre le lit à (un malade). *Pronom.* V. **Coucher** (se). *Il a dû s'aliter hier. Un infirme alité depuis des années.*

ALIZARI [alizari]. *n. m.* (1827; mot gréco-turc, probabl. arabe *al-usára* « jus, extrait »). Racine de la garance.

ALIZARINE [alizarin]. *n. f.* (1839; de *alizari*). Matière colorante d'un beau rouge, extraite autrefois des racines de garance, aujourd'hui obtenue par synthèse.

ALIZÉ [alize]. *adj.* et *n. m.* (1643; a. fr. *alis*, var. de *lisse*). *Vent alizé*, ou subst. *alizé*, vent régulier soufflant toute l'année de l'Est, sur la partie orientale du Pacifique et de l'Atlantique comprise entre les parallèles 30°N. et 30°S. « *L'alizé austral soufflait avec la plus exquise douceur* » (LOTI).

ALKÉKENGE [alkekɑ̃ʒ]. *n. m.* (1562, *alquequange; alkacange*, XVᵉ; de l'arabe *al-kâkang*). Bot. Plante vivace (Solanacées) du genre *physalis**, communément appelée *amour en cage, coqueret*, à baies rouges comestibles.

ALKERMÈS [alkɛʀmɛs]. *n. m.* (1690; « kermès », 1546; esp. *alkermes*, arabe *al-qirmiz*). Liqueur à base de cannelle et de girofle, avec addition d'aromates divers, colorée en rouge au kermès animal *(ancienn.).*

ALLAITEMENT [alɛtmã]. *n. m.* (1375; de *allaiter*). Action d'allaiter, alimentation en lait du nourrisson jusqu'au sevrage. *Allaitement maternel, artificiel.* V. **Tétée.** *Allaitement mixte*, au sein et au biberon.

ALLAITER [alete]. *v. tr.* (*Alaitier*, XIIᵉ; bas lat. *allactare*). Nourrir de son lait (un nourrisson, un petit); donner le sein à. Absolt. « *Nombre d'entre elles allaitaient tout en travaillant* » (GIDE).

ALLANT, ANTE [alã, ãt]. *n.* et *adj.* (XIIᵉ; de *aller*). ♦ 1° N. m. pl. *Allants et venants*, personnes qui vont et viennent. « *Des allants et venants, un vacarme d'enfer* » (COURIER). ♦ 2° *Adj.* (XVIᵉ). Littér. Qui marche facilement ou avec plaisir, fait preuve d'activité. V. **Actif, vif.** « *Tu es plus allante que moi* » (R. BAZIN). ♦ 3° *N. m.* (1938). Ardeur de celui qui va de l'avant, ose entreprendre. V. **Entrain.** « *Soldat plein d'initiative et d'allant* » (MADELIN).

ALLANTOÏDE [alãtɔid]. *n. f.* (1541; gr. *allantœidês* « en forme de boyau »). Embryol. Membrane qui enveloppe l'embryon des vertébrés, constituée par un diverticule du tube intestinal primitif, qui remplit la fonction de respiration et qui, chez certains mammifères (Équidés), constitue un réservoir d'urine.

ALLÉCHANT, ANTE [a(l)leʃã, ãt]. *adj.* (XIVᵉ; de *allécher*). Qui allèche, fait espérer quelque plaisir. *Une odeur alléchante.* V. **Appétissant.** Fig. *Une proposition alléchante*, séduisante, tentante. ◇ ANT. Repoussant.

ALLÈCHEMENT [a(l)lɛʃmã]. *n. m.* (1295; de *allécher*). Rare. Charme, attrait.

ALLÉCHER [a(l)leʃe]. *v. tr.;* conjug. *céder* (XIIᵉ; lat. pop. *°allecticare*, class. *allectare*). Attirer en flattant les sens, par la promesse de quelque plaisir. V. **Appâter.** « *Maître Renard, par l'odeur alléché* » (LA FONT.). ◇ Fig. Attirer, tenter. « *Afin d'allécher les lecteurs* » (GIDE). ◇ ANT. Repousser.

ALLÉE [ale]. *n. f.* (1160; de *aller*). ♦ 1° *Allée et venue*, mouvement de gens qui vont et viennent. *C'était une allée et venue continuelle.* Au plur. Démarches et déplacements divers. V. **Course.** *Perdre son temps en allées et venues.* ♦ 2° (XIIIᵉ). Chemin bordé d'arbres, de massifs, de verdure. « *Une allée sablée circulant parmi des bosquets et des tapis de gazon* » (CHATEAUB.). « *Plantée pour elles d'arbres d'une seule essence, l'allée des Acacias était fréquentée par les Beautés célèbres* » (PROUST). — *Dans une ville*, Nom de certaines promenades plantées d'arbres. V. **Avenue, cours, mail.** ♦ 3° *Vieilli.* (Dans un lieu couvert). Couloir, passage. *Allées d'une église*, nef et bas-côtés. ◇ Archéol. *Allée couverte*, dolmens rangés en couloir. ◇ HOM. Aller, haler (2).

ALLÉGATION [a(l)legasjɔ̃]. *n. f.* (XIIIᵉ; lat. jurid. *allegatio*). Citation qu'on fait de quelque texte autorisé pour s'en prévaloir, affirmation étayée sur cette citation. « *La première audience fut levée sur cette adjudication mystérieuse* » (BALZ.). — Affirmation quelconque. *Il faudra prouver vos allégations.*

ALLÈGE [a(l)lɛʒ]. *n. f.* (XVIIᵉ; au sens d' « allégement », XIIᵉ; de *alléger*). ♦ 1° Embarcation servant au chargement ou au déchargement des navires. ♦ 2° Mur d'appui à la partie inférieure d'une fenêtre.

1. ALLÉGEANCE [a(l)leʒãs]. *n. f.* (XIIᵉ; de *alléger*). Vx. Soulagement. « *Elle goûte, ce soir, la même allégeance qu'à ses réveils d'alors* » (MAURIAC).

2. ALLÉGEANCE [a(l)leʒãs]. *n. f.* (1669; angl. *allegiance*, de l'a. fr. *li(e)jance*, de *lige*). ♦ 1° Hist. Fidélité, vassalité de l'homme lige. *Serment d'allégeance.* ♦ 2° Obligation de fidélité et d'obéissance à une nation; nationalité. *Allégeance perpétuelle. Double allégeance.*

ALLÉGEMENT [a(l)leʒmã]. *n. m.* (XIIᵉ; de *alléger*). Fait ou moyen d'alléger (ce qui constitue une charge trop lourde à supporter). *Demander un allégement des programmes scolaires.* « *Ce poids est donc resté sans allégement sur ma* conscience » (ROUSS.). « *La vie n'est pas supportable sans de grands allégements* » (FLAUB.). ◇ ANT. *Alourdissement.*

ALLÉGER [a(l)leʒe]. *v. tr.; conjug. céder* (XIᵉ; bas lat. *alleviare,* de *levis* « léger »). ♦ 1° Rendre moins pesant, moins pénible ; soulager d'une partie d'une charge. *Alléger les charges publiques.* « *Ses pas allégés par un peu de joie* » (FRANCE). ♦ 2° Rendre moins lourd ; débarrasser d'une partie du poids. *Alléger un fardeau.* « *Il ôta sa buffleterie, quitta son habit; ainsi allégé de l'inutile...* » (HUGO). ◇ ANT. *Alourdir.*

ALLÉGORIE [a(l)legɔri]. *n. f.* (1118; lat. d'o. gr. *allegoria*). Suite d'éléments descriptifs ou narratifs dont chacun correspond aux divers détails de l'idée qu'ils prétendent exprimer. V. **Métaphore, symbole.** « *De l'allégorie au symbole, il y a la différence du mécanisme au vivant, et de la symétrie à la souplesse* » (THIBAUDET). *Les allégories du Roman de la Rose.* ◇ Peinture dont chaque élément évoque minutieusement les aspects d'une idée. *Peindre des allégories.*

ALLÉGORIQUE [a(l)legɔrik]. *adj.* (XIVᵉ; bas lat. *allegoricus*). Qui appartient à l'allégorie, repose sur des allégories. V. **Métaphorique, symbolique.** *Roman, peinture allégorique.* « *Une interprétation allégorique des mystères les plus solides de la foi* » (FRANCE). *Donner un sens allégorique* (allégoriser). ◇ ANT. *Littéral, réaliste.*

ALLÉGORIQUEMENT [a(l)legɔrikmã]. *adv.* (fin XVᵉ; de *allégorique*). D'une manière allégorique, dans un sens allégorique. ◇ ANT. *Littéralement.*

ALLÈGRE [a(l)legʀ(ə)]. *adj.* (XVᵉ; *(h)aliegre,* XIIᵉ; lat. *alacer,* par l'interm. de formes pop.). Plein d'entrain, vif. « *Le paysan est vieux, l'attelage exténué; un seul être est allègre et ingambe* » (SAND). *Marcher d'un pas allègre.*

ALLÉGREMENT ou **ALLÈGREMENT** [a(l)legʀəmã]. *adv.* (XIIIᵉ; de *allègre*). D'une manière allègre, avec entrain. V. **Vivement.** « *Nous continuâmes notre voyage aussi allégrement que nous l'avions commencé* » (ROUSS.). « *Mes idées circulaient allégrement dans ma tête* » (GIDE). ◇ Péj. Avec un entrain qui suppose une certaine légèreté ou inconscience. *Il nous a allégrement ruinés.*

ALLÉGRESSE [a(l)legʀɛs]. *n. f.* (XIIIᵉ; de *allègre*). Joie très vive qui d'ordinaire se manifeste publiquement. « *Son allégresse s'épandra dans des balbutiements* » (COURTELINE). *Au milieu de l'allégresse générale.* ◇ ANT. *Consternation, tristesse.*

ALLEGRETTO [a(l)legʀe(ɛt)to]. *adv.* et *n. m.* (1751; mot it., dimin. de *allegro*). *Adv.* Indication de mouvement musical, un peu plus lent que allegro. ◇ N. m. *Allegretto* ou *allégretto,* morceau exécuté dans ce tempo.

ALLEGRO [a(l)legʀo]. *adv.* et *n. m.* (1726; mot it. « vif »). *Adv.* Indication de mouvement musical, assez rapide (mais moins que presto). ◇ N. m. *Allegro* ou *allégro,* morceau exécuté dans ce tempo. *Spécialt.* Premier mouvement d'une sonate, d'une œuvre de la forme sonate. *Deux allégros de Mozart.*

ALLÉGUER [a(l)lege]. *v. tr.; conjug. céder* (1278; lat. *allegare,* spécialisé en lat. jurid.). ♦ 1° Citer comme autorité, pour sa justification. *Alléguer un texte de loi, un auteur.* ♦ 2° (XVIIᵉ). Mettre en avant, invoquer (pour se justifier, s'excuser). « *Alléguant quelque excuse de santé* » (HUGO). « *Alléguant alors la liberté excessive se détruit enfin elle-même* » (BOSS.).

ALLÈLE [al(l)ɛl]. *n. m.* (1960; abrév. de *allélomorphe*). Gène allélomorphe.

ALLÉLOMORPHE [a(l)lelɔmɔʀf(ə)]. *adj.* (1953; gr. *allélo-,* marquant la réciprocité, et *-morphe*). Biol. Se dit de caractères opposés qui se substituent alternativement les uns aux autres dans l'hérédité, du fait de l'alternance d'action de leurs gènes déterminants, qui sont situés dans des points correspondants de chromosomes homologues *(gènes allélomorphes).*

ALLÉLUIA [a(l)leluja]. *n. m.* (XIIᵉ; mot lat., adapt. de l'hébr. « louez Yahweh »). ♦ 1° Cri de louange et d'allégresse fréquent dans les psaumes, adopté par l'Église dans sa liturgie, surtout au temps pascal; *spécialt.* Court verset précédé et suivi de ce mot, chanté à la suite du graduel. ◇ *Poét.* Chant de joie. ♦ 2° (1549). Nom usuel de l'oxalide (qui fleurit vers Pâques).

ALLEMAND, ANDE [almã, ãd]. *adj.* et *n.* (*Aleman,* 1080; du lat. *Alama(n)ni, Alema(n)ni,* les *Alamans,* confédération de peuples germaniques). De l'Allemagne. V. **Germanique, tudesque.** *Le peuple allemand.* Subst. *Les Allemands.* V. **Germain, teuton** (Cf. Boche, chleu, fritz; frisé, fridolin, etc.). *Querelle* d'Allemand. — La langue allemande ou subst. *l'allemand,* langue du groupe germanique occidental, comprenant le *haut allemand* (devenu, depuis Luther, l'allemand classique) et le *bas allemand* (représenté aujourd'hui par divers parlers de la plaine de l'Allemagne du Nord). ◇ N f. (XVIᵉ) Danse d'origine allemande, en honneur à la cour de Louis XIV. — *Mus.* Première pièce de la suite* instrumentale.

ALLÈNE [alɛn]. *n. m.* (1890; pour *allylène.* V. Allyle). Hydrocarbure gazeux de formule C_3H_4. ◇ HOM. *Alêne, haleine.*

1. ALLER [ale]. *v.* : *je vais, tu vas, il va, nous allons, vous allez, ils vont; j'allais; j'allai; je suis allé; j'irai; j'irais; va, allons, allez; que j'aille, que nous allions, qu'ils aillent; que j'allasse; allant; allé (Aler,* XIᵉ; *alare,* VIIIᵉ; réduction mal expliquée du lat. *ambulare,* syn. de *ire* « aller » dans la langue fam.; futur et condit., du lat. *ire: vais, vas, va, vont,* du lat. *vadere).*

I. *V. intr.* Ⓐ Marquant le mouvement, la locomotion. ♦ 1° Se déplacer. *Allons à pied.* V. **Marcher.** *Il sait maintenant aller à bicyclette. À cette heure-ci, on va plus vite en métro qu'en voiture.* « *Elle allait à grands pas* » (LA FONT.). *Vous allez comme le vent !* V. **Courir, filer, gazer.** « *Il se mit à aller et à venir par la chambre* » (MART. du G.), « à faire les cent pas, à marcher de long en large. Loc. *Aller son (son petit bonhomme de) chemin*.* ♦ 2° (Avec un complément de destination). V. **Rendre** (se). *Je pense aller à Paris la semaine prochaine. Irez-vous à la mer ou à la campagne? Nous allons souvent au cinéma. Il faut que j'aille chez le coiffeur. J'irai jusqu'au ministre s'il le faut, je m'adresserai au ministre. Il faut tant d'heures pour aller de Paris à Bordeaux. Les forains vont de ville en ville. Allez devant, je vous rejoindrai. J'irai à sa rencontre.* « *Il allait devant lui comme un conquérant* » (MART. du G.). *Il faut aller loin pour trouver la vraie campagne. Fig. Vous allez trop loin*. Il est allé jusqu'à* lui dire...* ◇ (Complément de but) *Je vais à mon travail, à la chasse, aux nouvelles. J'ai dû y aller de toutes mes économies,* engager, risquer mes économies. Fam. *Il y est allé de sa chanson,* il a apporté sa chanson à titre de contribution (à la fête). *Vas-y allons-y, allez-y !* exhortation à avancer, à s'engager dans l'action. Loc. *Il n'y va pas de main* morte, par quatre chemins*. Vous y allez un peu fort*.* « *Comme vous y allez !* » (MOL.). « *Vas-y mou** » (SARTRE). ♦ 3° (Avec un sujet de chose, dans le même sens). *Une voiture qui va vite.* V. **Rouler.** *L'autobus va jusqu'à la Porte Champerret. Loc. fig. La pièce est allée aux nues*. Votre lettre m'est allée au cœur,* m'a touché. ♦ 4° (Suivi d'un infinitif de but). *Je suis allé me promener.* « *Va trouver de ma part l'ambassadeur romain* » (CORN.). ◇ (En tour négatif, pour déconseiller vivement) « *Par de nouveaux refus n'allez point l'irriter* » (RAC.). *N'allez pas vous imaginer, n'allez surtout pas croire...* ♦ 5° (En fonction d'auxiliaire de temps, marquant un futur prochain, suivi de l'infinitif). Être sur le point de (Au présent) : *Il va arriver d'un moment à l'autre.* — (À l'imparfait) : « *Va vite à ta place, nous allions commencer sans toi* » (DAUD.). ◇ (Marquant une éventualité, avec une valeur affective) « *Si elle allait ne pas venir !* » (MUSS.). ♦ 6° (À l'impératif). *Va! allons! allez!* interjections à valeurs diverses. *Il n'en saura rien, va! Allons, du calme! Allons, allons, ce n'est rien.* « *Allez, vous vous moquez des gens* » (MOL.). *Allons donc!* sert à nier, à contredire. *Et allez donc!* formule d'encouragement ironique. Ⓑ Marquant une évolution ou un fonctionnement. ♦ 1° Être dans tel ou tel état de santé. V. **Porter** (se). *Comment allez-vous? Je vais bien, mieux, de mieux en mieux.* Fam. *Ça va pas (la tête)?* vous êtes fou? ♦ 2° *(Choses).* Se trouver amené à tel ou tel état d'une évolution. *Les affaires vont bien. Tout va mal, de mal en pis. Sa passion allait jusqu'à la folie.* — *Cela va de soi, cela en découle nécessairement, c'est évident. Cela va sans dire*. Cela ira tout seul,* évoluera, marchera bien, sans qu'on s'en occupe. ◇ (En tour impersonnel) *Il n'en va pas de même,* les choses ne se passent pas de la même façon, le cas n'est pas le même. *Il n'en va pas de même de,* il en va tout autrement de..., dans le cas de... — *Il y va de notre vie,* ce qui est en jeu c'est notre vie. ◇ *Laisser aller,* les négliger. Par anal. *Se laisser aller,* renoncer à diriger sa vie, s'abandonner, se décourager. ◇ En fonction d'auxiliaire d'aspect, marquant la progression, suivi d'un p. prés. (gérondif). *L'inquiétude allait croissant.* « *Les mœurs vont se dépravant de jour en jour* » (HUGO). *Son mal va en empirant.* ♦ 3° Fonctionner. V. **Marcher.** *Sept heures ! vous croyez que votre montre va bien? Le courant fait aller la roue du moulin.* ♦ 4° Par ext. Être adapté, convenir de telle ou telle façon. *Ce n'est pas la clé qui va à cette serrure. Ce costume lui va bien. Une couleur qui ne va pas à son teint, avec son teint.* Fig. « *Deux entités qui ne vont guère ensemble* » (RENAN), qui s'accordent guère. ♦ 5° *Ça me va,* ça me convient, ça me plaît. Absolt. *Est-ce que ça va?* est-ce satisfaisant? Fam. *Ça va, ça va comme ça,* marque la limite de l'acceptation. V. **Bon** (c'est).

II. *V. pron.* (XIIᵉ). **S'EN ALLER.** ♦ 1° Partir du lieu où l'on est. « *Va-t'en, chétif insecte* » (LA FONT.). « *Il s'en allait et moi je restais* » (MARIVAUX). « *Ma bonne aventurière s'en était allée* » (CHATEAUBR.). — (Avec un compl. de destination) *Je m'en vais au marché, à la pêche.* ◇ *Par euphém.*

Quitter ce monde, mourir. « *Considérez que c'est une chose bien triste De le voir qui s'en va* » (HUGO). « *Il s'est en allé avec une ère entière du monde* » (CHATEAUB.). ♦ 2° Quitter, partir de (un lieu). *Va-t'en d'ici. Je m'en irai de la maison vers huit heures.* ♦ 3° *(Choses).* Disparaître. « *Tous ses projets s'en étaient allés en fumée* » (LOTI). *Les taches d'encre s'en vont avec ce produit.* « *C'était pitié de voir la vie s'en aller de notre maison* » (DAUD.). Au p. p. « *Une âme en allée Vers d'autres cieux à d'autres amours* » (VERLAINE). « *Je me souviens des heures en allées* » (GIDE). ♦ 4° *(Suivi de l'infinitif).* Aller (en partant) « *Va-t'en voir un peu ce que fait ma fille* » (MOL.). ◇ (En fonction d'auxiliaire de temps, au sens de *aller*, mais, aujourd'hui seulement, à la 1re pers. du prés.) « *Une vieille chanson que je m'en vais vous dire* » (MOL.). ♦ 5° (En fonction d'auxiliaire d'aspect, suivi du gérondif, au sens de *aller*). « *Cette musique mystérieuse et qui s'en va déclinant* » (BARRÈS). ◇ ANT. Rester. Revenir. — HOM. Allée, haler (2).

2. **ALLER** [ale]. *n. m.* (XIIe ; subst. du précéd.). ♦ 1° Fait d'aller, trajet fait en allant à un endroit déterminé (*opposé à* retour). *L'aller a été plus facile que le retour. J'ai pris à l'aller le matin.* — *Spécialt.* Billet de chemin de fer valable pour l'aller. *Un aller, un aller simple pour Marseille. Un aller (et) retour,* billet double comportant un coupon de retour. ♦ 2° *Fam. Aller et retour,* paire de gifles. *Il lui a flanqué un de ces allers et retours* ♦ 3° Évolution des choses, dans l'express. *pis* aller.* ◇ ANT. Retour.

ALLERGÈNE [alɛʀʒɛn]. *n. m.* (1953 ; de *allergie,* et *-gène*). Substance qui détermine l'allergie et les troubles qui y sont associés.

ALLERGIE [alɛʀʒi]. *n. f.* (1920 ; de *allergique*). Modification des réactions d'un organisme à un agent pathogène lorsque cet organisme a été l'objet d'une atteinte antérieure par le même agent. *La notion d'allergie réunit immunité et anaphylaxie. Allergie respiratoire, cutanée. Allergie aux pollens,* provoquée par les pollens.

ALLERGIQUE [alɛʀʒik]. *adj.* (1920 ; all. *allergisch,* 1906 ; du gr. *allos* « autre », et *ergon* « action »). Propre à l'allergie. *Phénomènes allergiques.* ◇ Qui réagit en manifestant une allergie à (une substance). ◇ *Allergique au blanc d'œuf. Fig.* (Fam.) *Il est allergique à la grande musique,* il ne peut la supporter.

ALLERGOLOGIE [a(l)lɛʀgɔlɔʒi]. *n. f.* (mil. XXe ; de *allergie* et *-logie*). *Méd.* Étude et thérapeutique des allergies.

ALLERGOLOGISTE [alɛʀgɔlɔʒist(ə)] ou **ALLERGOLOGUE** [alɛʀgɔlɔg]. *n.* (v. 1965 ; de *allergologie*). *Méd.* Spécialiste de l'allergologie.

ALLEU [aløø]. V. FRANC-ALLEU.

ALLIACÉ, ÉE [aljase]. *adj.* (1802 ; du lat. *a(l)llium* « ail »). Propre à l'ail. *Odeur alliacée. Plantes alliacées.*

ALLIAGE [aljaʒ]. *n. m.* (1515 ; de *allier*). ♦ 1° Produit métallique obtenu en incorporant à un métal un ou plusieurs éléments. *Alliages ferreux, cuivreux, légers* (à base d'aluminium), *de nickel, de métaux précieux. Alliage par fusion, cémentation, frittage, dépôt électrolytique. Alliages réfractaires, de frottement, de décolletage. Alliage fusible,* à bas point de fusion. ◇ *Fig.* Mélange peu harmonieux. ♦ 2° *Vx.* Métal ou élément combiné avec le métal de base. ◇ *Fig.* Élément ajouté, apport. « *Un créole, sans le moindre alliage de sang coloré* » (DUHAM.).

ALLIANCE [aljɑ̃s]. *n. f.* (XIIe ; de *allier*). ♦ 1° Union contractée par engagement mutuel. *Dr. intern.* Union de deux puissances qui s'engagent par un traité *(traité d'alliance),* à se porter mutuellement secours en cas de guerre. V. Coalition, entente, ligue, pacte. *Alliance défensive et offensive. Conclure, contracter, rompre une alliance. Le renversement* des alliances. La Sainte*-Alliance. La Triple-Alliance* (ou Triplice). Par anal. *Alliance entre deux partis politiques.* — Appellation de diverses associations. *L'alliance française.* ◇ *Théol.* Pacte entre les Hébreux et Yahweh *(ancienne alliance),* fondement de la religion juive ; pacte entre Dieu et tous ceux qui reconnaissent le sacrifice du Christ *(nouvelle alliance),* fondement du christianisme. *L'arche* d'alliance.* ♦ 2° (XIIIe). Lien juridique existant entre un époux et la parent de son conjoint (et *par ext.* entre les familles de l'un et de l'autre). V. Parenté. *Neveu par alliance.* « *Jamais une famille comme la mienne ne voudrait faire alliance avec la famille Fadet* » (SAND). ◇ *Anneau d'alliance,* ou *ellipt.* (1611) *Alliance,* anneau nuptial, symbole de l'union. ♦ 3° Union, accord. « *L'alliance qui s'établit entre l'artiste et ses contemporains* » (TAINE). ◇ Combinaison d'éléments divers. « *Il était homme du monde et homme de lettres, alliance rare* » (VIGNY). *Alliance de mots,* rapprochement audacieux de mots qui semblent d'abord incompatibles. ◇ ANT. Désunion, divorce.

ALLIÉ, ÉE [alje]. *adj.* (1356 ; de *allier*). ♦ 1° Uni par un traité d'alliance. *Les pays alliés.* Subst. *Soutenir ses alliés.* « *L'Allemagne était indirectement lésée dans la personne de son alliée l'Autriche* » (BAINVILLE). *Spécialt. Les Alliés,* les

pays alliés contre l'Allemagne au cours des guerres mondiales du XXe s. ◇ *Par anal.* Personne qui apporte à une autre son appui, prend son parti. V. **Ami.** *J'ai trouvé en lui un allié.* ♦ 2° *Dr.* (1539). Uni par alliance. *Une famille alliée aux Bourbons.* Subst. *Les alliés,* les personnes unies par alliance. *Les parents et alliés.* ◇ ANT. Ennemi, opposé.

ALLIER [alje]. *v. tr.* (1080 ; lat. *alligare*). ♦ 1° *(Surtout pronom.).* Unir par une alliance. « *Napoléon III refusa : s'allier à l'Autriche, c'était renoncer à sauver l'Italie* » (BAINVILLE). ◇ *Dr.* « *S'allier à la maison d'un gentilhomme* » (MOL.). ♦ 2° (XIIe). Combiner dans un alliage. *Allier l'or et l'argent, avec l'argent.* ◇ *Fig.* Associer (des éléments dissemblables). « *Allier une avarice presque sordide avec le plus grand mépris pour l'argent* » (ROUSS.). Pronom. S'associer, se combiner. « *Certains rêves de tendresse partagée s'allient volontiers au souvenir d'une jeunesse* » (PROUST). ◇ ANT. Désunir, opposer.

ALLIGATOR [a(l)ligatɔʀ]. *n. m.* (1663 ; angl. *alligator,* altér. esp. *el lagarto* « le lézard »). Reptile crocodilien de l'Amérique, pouvant atteindre cinq mètres de long, au museau large et court. V. **Caïman, crocodile.**

ALLITÉRATION [a(l)liteʀɑsjɔ̃]. *n. f.* (1751 ; angl. *alliteration,* du lat. *littera* « lettre »). Répétition des consonnes initiales (et *par ext.* des consonnes intérieures) dans une suite de mots rapprochés. *L'allitération peut être un procédé de style.*

ALLÔ ! [alo]. *interj.* (1880 ; anglo-amér. *hallo, hello,* onomat.). Interjection servant d'appel dans les communications téléphoniques. ◇ HOM. Halo.

ALLO-. Élément initial de composition, gr. *allo-,* de *allos* « autre ».

ALLOCATAIRE [a(l)lɔkatɛʀ]. *n.* (1917 ; du rad. de *allocation*). Bénéficiaire d'une allocation.

ALLOCATION [a(l)lɔkasjɔ̃]. *n. f.* (1835 ; « approbation d'un compte, fait de passer en compte », 1478 ; lat. médiév. *allocatio.* V. Allouer). Fait d'allouer ; somme allouée, prestation en argent. *Voyageur qui demande une allocation de devises. Séc. soc.* Prestation en argent attribuée à une personne pour faire face à un besoin. *Allocations familiales.* V. **Prestation.** *Allocations de maternité, de logement. Allocation de chômage, allocation d'Aide publique* (versée par l'État aux chômeurs). V. **Prestation.**

ALLOCUTAIRE [a(l)lɔkytɛʀ]. *n.* (néol. ; du rad. de *allocution* et suff. *-aire*). *Ling.* Personne qui reçoit le message du locuteur.

ALLOCUTION [a(l)lɔkysjɔ̃]. *n. f.* (1845 ; h. XIIe ; « harangue militaire », 1705 ; lat. *allocutio*). Discours familier et bref adressé par une personnalité, dans une circonstance particulière et à un public précis. *Une allocution radiophonique, radiotélévisée du chef de l'État.*

ALLODIAL, ALE, AUX [a(l)lɔdjal, o]. *adj.* (1463 ; lat. médiév. *allodialis.* V. **Franc-alleu**). *Dr. féod.* Qui appartient à un franc-alleu. *Biens allodiaux.*

ALLOGAMIE [al(l)ɔgami]. *n. f.* (1951 ; de *allo-,* et *-gamie*). *Biol.* Mode de reproduction sexuée par des gamètes provenant d'individus différents (ou de fleurs différentes d'une même plante). V. **Autogamie, endogamie, exogamie.** — *Adj.* ALLOGAME [al(l)ɔgam].

ALLOGÈNE [a(l)lɔʒɛn]. *adj.* (1890 ; gr. *allogenēs ;* de *allo-,* et *-gène*). D'une origine différente de celle de la population autochtone, et installé tardivement dans le pays. *Éléments allogènes.* ◇ ANT. Autochtone, indigène. — HOM. Halogène.

ALLONGE [alɔ̃ʒ]. *n. f.* (XIIIe ; de *allonger*). ♦ 1° Nom technique de diverses pièces servant à allonger. V. **Rallonge.** ◇ Crochet de boucherie. ♦ 2° (XXe). Longueur des bras d'un boxeur. « *Il avait une allonge supérieure et n'eut pas de mal à placer quelques directs* » (QUENEAU).

ALLONGÉ, ÉE [alɔ̃ʒe]. *adj.* (1539 ; de *allonger*). Étendu en longueur de façon caractéristique. *Ellipsoïde allongé* (ANT. Aplati). *Un crâne allongé.* « *Chez les artistes florentins, le type est allongé, élancé* » (TAINE). ◇ *Fig.* Mine allongée, longue. ◇ ANT. Raccourci.

ALLONGEMENT [alɔ̃ʒmɑ̃]. *n. m.* (1224 ; de *allonger*). ♦ 1° Fait de s'allonger. *L'allongement de la tige d'une plante. Spécialt.* Propriété qu'ont les métaux de s'allonger quand ils sont soumis à une traction. ♦ 2° Forme allongée. *L'allongement de l'aile d'un avion, son effilement dans le sens de l'envergure.* ♦ 3° Accroissement de durée d'un phonème (réalisé). ◇ ANT. Raccourcissement.

ALLONGER [alɔ̃ʒe]. *v.* ; conjug. *bouger* (XIIe ; de *long*). I. *V. tr.* ♦ 1° Rendre plus long, augmenter la longueur de. *Allonger une jupe de quelques centimètres.* Par anal. *Allonger une sauce,* augmenter le volume par addition d'eau, de bouillon (ANT. Réduire). Fig. *Allonger la sauce,* délayer ce qu'on dit, ce qu'on écrit. ◇ Faire paraître allongé. « *Son visage qu'allongeait un masse de cheveux dressés en brosse* » (MART. du G.). Fig. « *La vie est courte, mais l'ennui l'allonge* » (RENARD). ♦ 2° Étendre (un membre), déployer

Allonger le bras. « *Une jambe allongée au bord du lit* » (FRANCE). — *Allonger le pas*, presser la marche en faisant des pas plus longs. ◊ Par ext. *Fam.* Donner (un coup) en étendant la main, la jambe. *Je vais t'allonger une gifle.* ◊ *Pop.* Étendre à terre (un adversaire). *Il l'a allongé au tapis.* — Tendre, verser (de l'argent). « *Vous pensez que je vais allonger cinquante mille balles à ce vieux grigou?* » (ROMAINS). **II.** *V. intr.* Devenir plus long (dans le temps). *Les jours commencent à allonger.* **III.** S'ALLONGER. *v. pron.* ♦ **1°** *(Sens pass.).* Devenir ou paraître plus long (dans l'espace ou dans le temps). « *Il maigrit, sa taille s'allongea* » (FLAUB). « *Leurs entretiens s'allongeaient comme les crépuscules* » (LOTI). ♦ **2°** *(Sens réfl.).* S'étendre de tout son long. *Je vais m'allonger un peu* (sur le lit). V. **Coucher** (se). *Restez allongé.* Subst. *Les allongés*, les malades qui doivent rester allongés. *Pop.* (1928). *Le boulevard des allongés*, le cimetière. ◊ *Fam.* S'étaler par terre. ◊ ANT. Raccourcir. Replier.

ALLOPATHE [a(l)lɔpat]. *adj.* (1836 ; de *allopathie*). *Méd.* Qui traite par l'allopathie. *Médecin allopathe. Méthode allopathe* (ou *allopathique*). ◊ ANT. Homéopathe.

ALLOPATHIE [a(l)lɔpati]. *n. f.* (avant 1933 ; all. *allopathie*, déb. XIXᵉ, d'apr. *homéo-* et *-pathie*). Nom donné par les homéopathes à la médecine classique. ◊ ANT. Homéopathie.

ALLOPATHIQUE [a(l)lɔpatik]. *adj.* (1833 ; de *allopathie*). *Méd.* Relatif à l'allopathie. ◊ ANT. Homéopathique.

ALLOTROPIE [a(l)lɔtrɔpi]. *n. f.* (1855 ; mot créé par Berzelius, en suéd., v. 1830 ; de *allo-*, et *-tropie*). Phénomène de structure en vertu duquel un corps simple ou composé peut se présenter sous plusieurs formes qui diffèrent par leurs propriétés physiques (systèmes cristallins, densité) tout en gardant des propriétés chimiques identiques.

ALLOTROPIQUE [a(l)lɔtrɔpik]. *adj.* (1860 ; de *allotropie*). Qui appartient à l'allotropie. *Variétés, états allotropiques d'un corps simple ou composé.*

ALLOUER [alwe]. *v. tr.* (*Allouer en compte* « mettre au compte de qqn », XIVᵉ ; de *aloer* (XIᵉ), « placer, mettre », lat. pop. *°allocare*, de *locus* « place »). V. **Louer**.) Attribuer (une somme d'argent, une indemnité). « *Vous reprochez à un savant de ne pas gagner la faible somme que l'État lui alloue* » (RENAN). ◊ Accorder (un temps déterminé pour un travail).

ALLUCHON [a(l)lyʃ5]. *n. m.* (1425 ; dimin. dial. de *aile* ; Cf. Aleron « aileron »). Dent d'engrenage adaptable à une roue.

ALLUMAGE [alyma3]. *n. m.* (1845 ; de *allumer*) ♦ **1°** Action d'allumer (un foyer), d'enflammer. *Le concierge était chargé de l'allumage des poêles.* ◊ *Autom.* (1879) Inflammation du mélange gazeux provenant du carburateur. *Allumage par batterie d'accumulateurs. Bougies d'allumage. Allumage par magnéto. Allumage électronique. Panne d'allumage. Avance, retard à l'allumage*, dispositif permettant au gaz de s'enflammer au moment le plus favorable. Fig. et fam. *Avoir du retard à l'allumage*, apprendre ou comprendre trop tard. — Ensemble des organes assurant l'allumage (batterie, bobine transformatrice, allumeur et bougies). ♦ **2°** Action d'allumer (une source lumineuse). *L'allumage des feux de position est obligatoire par temps de brouillard.* ◊ ANT. Extinction.

ALLUMÉ, ÉE [alyme]. *adj.* (V. Allumer). ♦ **1°** *Blas.* D'un émail différent du reste, ou particulier. ♦ **2°** Rouge et luisant. *Un teint allumé.*

ALLUME-CIGARE(S) [alymsigar]. *n. m.* (1955 ; de *allumer* et *cigare*). Briquet à incandescence, dont est souvent muni le tableau de bord des véhicules modernes, et qui sert à allumer les cigarettes, les cigares. *Des allume-cigare(s).*

ALLUME-FEU [alymfø]. *n. m. invar.* (fin XIXᵉ ; de *allumer*, et *feu*). Petite bûche enduite de résine. V. Ligot.

ALLUME-GAZ [alymgɑz]. *n. m. invar.* (1948 ; de *allumer*, et *gaz*). Briquet servant à allumer le gaz (aux brûleurs d'un réchaud, d'une cuisinière).

ALLUMER [alyme]. *v. tr.* (1080 ; lat. pop. *°alluminare*). ♦ **1°** Enflammer ; mettre le feu à. *Allumer le gaz.* « *Il prit la cigarette, l'alluma au briquet* » (GENEVOIX). Par méton. *Allumer le poêle, une pipe.* Par ext. *Allumer le feu.* Pronom. *L'incendie s'alluma rapidement.* ◊ *Fig.* Exciter, éveiller de façon soudaine. « *Elle avait allumé le désir dans ses veines* » (FRANCE). « *Un petit héritage allume les espoirs* » (MAUROIS). *Fam.* Enflammer de désir (un homme). Pronom. « *L'amour s'allumant et s'éteignant tour à tour* » (RIVAROL). ♦ **2°** Rendre lumineux en enflammant (ou par tout autre moyen). V. **Éclairer**. *Allumer les bougies.* « *On alluma la lampe et la veillée commença* » (DAUD.). *Allumer un lampadaire.* Par ext. « *Dans ma chambre d'hôtel j'allumais toutes les lumières* » (DUHAM.). *Fam. Allumer l'électricité.* ◊ Faire briller. « *La nuit allumait ses premières étoiles* » (FRANCE). ◊ Pronom. Devenir lumineux, briller. *Les fenêtres s'allumaient.* « *Son cœur bondit, ses yeux s'allument* » (DAUD.). « *Une sorte de sourire s'allumait dans les yeux* » (DUHAM.). ◊ ANT. Éteindre.

ALLUMETTE [alymɛt]. *n. f.* (1213 ; de *allumer*). ♦

1° *Ancienn.* Petite bûchette servant à recueillir et transmettre la flamme ; *au* XIXᵉ, Brin de bois, de carton imprégné à une extrémité d'un produit susceptible de s'enflammer par friction. *Allumettes de cuisine. Allumettes de sûreté* (dites d'abord *suédoises*), nécessitant un frottoir spécial. *Boîte d'allumettes.* « *Nous grattons une allumette* » (GIDE). — *Fam. Une fillette qui a des jambes comme des allumettes*, longues et maigres. ♦ **2°** (1739). Gâteau sec allongé, en pâte feuilletée, généralement recouvert d'un glaçage au sucre. — *Allumette au fromage*, petit rectangle de pâte feuilletée imprégnée de fromage.

ALLUMETTIER, IÈRE [alymetje, ɛtjɛʀ]. *n.* (1532 ; de *allumette*). Fabricant d'allumettes ; personne employée à la fabrication des allumettes.

ALLUMEUR, EUSE [alymœʀ, øz]. *n.* (1540 ; de *allumer*). ♦ **1°** *Ancienn.* Personne chargée de l'allumage et de l'extinction des appareils d'éclairage public. *L'allumeur de réverbères.* « *Une petite armoire de fer dont l'allumeur avait la clé* » (HUGO). ♦ **2°** *Fig.* (Fam.). *N. f.* Femme aguichante, qui cherche à exciter les hommes. ♦ **3°** *N. m.* (1894). Partie de l'allumage, rassemblant dans un boîtier les dispositifs d'avance à l'allumage, de rupture et de distribution du courant aux bougies. — Nom de divers dispositifs automatiques d'inflammation ou de mise à feu.

ALLURE [alyʀ]. *n. f.* (1138 ; de *aller*). ♦ **1°** Vitesse de déplacement. « *Sa fébrilité lui avait fait accélérer l'allure* » (MART. du G.). « *Cars et camions roulent à grande allure* » (DUHAM.). ◊ Manière d'aller, de se déplacer. V. **Démarche, marche, pas.** « *L'allure noble qu'on appelle un pas d'ambassadeur* » (BALZ). Spécialt. *Les allures du cheval, naturelles* (pas, trot, galop), *défectueuses* (amble, aubin, traquenard), *acquises* (par le dressage : *pas d'école, passage*, etc.). ◊ *Par anal.* Direction que suit un navire par rapport à celle du vent. *Allures de près, de largue, de vent arrière. Allures de sauvegarde.* V. **Cape, fuite.** ♦ **2°** *Par ext.* Manière de se tenir. V. **Maintien.** « *La distinction de son allure* » (GIDE). Absolt. *Avoir de l'allure*, de la distinction, de la noblesse dans le maintien. ◊ *Fig.* (Surtout *au plur.*) Manière de se comporter. V. **Comportement, conduite, façon.** « *Son brûlant esprit d'apostolat s'indignait de mes paisibles allures* » (RENAN). *Liberté d'allures.* ♦ **3°** *Fam.* Apparence générale d'une chose. *Elle a une drôle d'allure, cette maison.*

ALLURÉ, ÉE [alyʀe]. *adj.* (XXᵉ ; de *allure*). *Fam.* (Personne ou chose). Qui a de l'allure, du chic. V. **Chic** (adj.). *Une robe très allurée.*

ALLUSIF, IVE [a(l)lyzif, iv]. *adj.* (1770 ; du rad. de *allusion*). ♦ **1°** Qui contient une allusion. ♦ **2°** (Personnes). Qui parle par allusions. *Vous êtes trop allusif.*

ALLUSION [a(l)lyzj5]. *n. f.* (1558 ; « jeu de mots », 1674 ; bas lat. *allusio*). Manière d'éveiller l'idée d'une personne ou d'une chose sans en faire expressément mention. V. **Sous-entendu.** « *Dieu par ces paroles fait allusion aux juifs* » (BOSS.). *Une allusion claire, transparente.* « *Non sans réticences et allusions mystérieuses* » (DUHAM.). « *Les allusions personnelles sont interdites* » (MAUROIS), les allusions qui ont trait à la personne des gens. *L'allusion m'échappe.*

ALLUVIAL, ALE, AUX [a(l)lyvjal, o]. *adj.* (1830 ; du rad. de *alluvion*). Produit ou constitué par des alluvions. *Plaine alluviale. Terrains alluviaux.*

ALLUVION [a(l)lyvj5]. *n. f.* (1690 ; « inondation », 1527 ; lat. *alluvio*). ♦ **1°** *Vieilli.* Alluvionnement. « *Dr.* Accroissement de terrain par alluvionnement. « *L'alluvion profite au propriétaire riverain* » (CODE CIV.). ♦ **2°** (1815). *Au plur.* Dépôts (cailloux, graviers, sables, boues) provenant d'un transport par les eaux courantes (colluvions, formations fluviatiles, sédiments). *Alluvions anciennes, récentes. Delta formé par les alluvions d'un fleuve.* Par anal. *Alluvions glaciaires, éoliennes*, formations glaciaires, éoliennes.

ALLUVIONNAIRE [a(l)lyvjɔnɛʀ]. *adj.* (1853 ; de *alluvion*). Relatif aux alluvions ; contenu dans les alluvions. *Pépites alluvionnaires.*

ALLUVIONNEMENT [a(l)lyvjɔnmɑ̃]. *n. m.* (1878 ; de *alluvion*). Formation d'alluvions (résultant de la diminution de la pente et de la vitesse du cours d'eau). *Zones d'alluvionnement.*

ALLUVIONNER [a(l)lyvjɔne]. *v. intr.* (mil. XXᵉ ; de *alluvion*). En parlant d'un cours d'eau. Déposer des alluvions.

ALLYLE [alil]. *n. m.* (1866 ; du lat. *al(l)ium* « ail », suff. chim. *-yle*, gr. *hulê* « substance »). Radical non saturé univalent de nombreux esters (découvert d'abord dans les *sulfures d'allyle* de l'essence d'ail).

ALLYLIQUE [alilik]. *adj.* (1866 ; de *allyle*). Qui renferme le radical allyle. *Alcools allyliques* (ou *propénols*), obtenus par hydrolyse du chlorure d'allyle.

ALMA MATER [almamatɛʀ]. *n. f.* (1898 ; mots lat. « mère nourricière »). Expression latine par laquelle on désigne parfois l'Université.

ALMANACH [almana]. *n. m.* (1391 ; lat. médiév. *almanachus*, arabe *al-manakh*, probabl. du syriaque, rad. *ma-* « lune, mois »). ♦ **1°** Calendrier accompagné d'observations astronomiques, prévisions météorologiques, conseils pratiques relatifs aux travaux à faire selon la saison, etc. V. **Agenda**. *Les anciens almanachs illustrés. L'Almanach des Muses,* ancien almanach qui contenait des poésies. ♦ 2° Nom de divers annuaires ou publications ayant vaguement pour base le calendrier. *L'almanach de Gotha,* annuaire généalogique et diplomatique. *L'almanach Vermot,* célèbre pour ses plaisanteries.

ALMANDIN [almãdɛ̃]. *n. m.* (1898; *almandine,* XVII°; var. de *alabandine*). Variété de grenat alumino-ferreux.

ALMASILIUM [almasiljɔm]. *n. m.* (1948; abrév. de *aluminium, magnésium, silicium*). Alliage léger d'aluminium, magnésium et silicium. *Une variété d'almasilium est employée pour la confection des câbles électriques sous le nom d'*alméelec.

ALMÉE [alme]. *n. f.* (1785; arabe *aluma* « savante »). Danseuse égyptienne. « *Il y avait quatre femmes danseuses et chanteuses, almées — le mot almée veut dire savante, basbleu —* » (FLAUB.).

ALOÈS [alɔɛs]. *n. m.* (1512; *aloé,* XII°; lat. *aloe,* mot. gr.). Plante des régions chaudes désertiques *(Liliacées),* cultivée comme plante grasse, aux feuilles charnues, contenant un suc amer. ◊ *Aloès médicinal,* suc concentré de l'aloès, purgatif très amer. V. **Chicotin**. *Pilules d'aloès* (ou *aloétiques*).

ALOGIE [alɔʒi]. *n. f.* (1868, Broca; de *a-2,* et *-logie*). *Psychiatr.* Incapacité de s'exprimer par la parole due à une déficience mentale ou un état de confusion.

ALOGIQUE [alɔʒik]. *adj.* (1611, « déraisonnable »; de *a-2,* et *logique*). *Philo.* (1902; all. *allogisch*). Étranger aux déterminations de la logique.

ALOI [alwa]. *n. m.* (1268; de l'a. fr. *aloier,* var. de *allier*). ♦ 1° *Vx.* Alliage. *Spécialt.* Titre légal (d'une monnaie, d'un article d'orfèvrerie). ♦ 2° *Mod.* (Fig.). *De bon, de mauvais aloi,* de bonne, de mauvaise qualité, qui mérite, ne mérite pas l'estime. *Un succès de bon aloi.*

ALOPÉCIE [alɔpesi]. *n. f.* (1538; *alopicie, alopice,* XIV°; lat. *alopecia;* gr. *alôpekia,* de *alôpêx* « renard », à cause de la chute annuelle des poils de cet animal). *Méd.* Chute temporaire des cheveux ou des poils, partielle ou totale. V. **Calvitie, pelade, teigne.**

ALORS [alɔʀ]. *adv.* (1250; de *à,* et *lors*). ♦ 1° À ce moment-là, à cette époque-là. « *Alors seulement, un peu remis de ma frayeur, je remarquai...* » (DAUD.). *La France était alors en guerre contre l'Angleterre. Les hommes d'alors, de ce temps. Jusqu'alors,* jusqu'à cette époque. ♦ 2° Dans ce cas. *Alors, j'abandonne. Alors, n'en parlons plus. Oh! alors, je ne dis plus rien. — Alors?* s'emploie pour demander ce qu'il faut faire, ce qui va arriver dans le cas présent. *Et alors?* s'emploie aussi pour refuser une objection. *Fam. Non, mais alors?* exprime l'indignation.

ALORS QUE [alɔʀk(ə)]. *loc. conj.* (XIII°; de *alors,* et *que*). ♦ 1° (Temporel). *Vieilli.* Lorsque. « *Belle Philis, on désespère Alors qu'on espère toujours* » (MOL.). ♦ 2° (Adversatif; XVII°). À un moment où au contraire..., tandis que, au lieu que. « *Cependant on vous voit une morne tristesse Alors que dans vos yeux doit briller l'allégresse* » (MOL.). *Il fait bon chez vous, alors que chez moi on gèle. On fait les jupes courtes, alors qu'on les faisait longues l'an dernier.*

ALOSE [aloz]. *n. f.* (XII°; lat. *alausa,* d'o. gaul.). Poisson marin *(Clupéidés),* voisin du hareng, migrateur, qui remonte nos rivières au printemps pour frayer. *Grande alose,* ou *alose commune. Petite alose,* ou *alose f(e)inte. Alose grillée, au four.*

ALOUATE [alwat]. *n. m.* (1741; d'un mot indigène de la Guyane). Singe hurleur de l'Amérique centrale, au pelage roux.

ALOUETTE [alwɛt]. *n. f.* (XII°; dimin. de l'a. fr. *aloe,* lat. *alauda,* d'o. gaul.). Petit passereau des champs, au plumage grisâtre ou brunâtre. V. **Calandre, cochevis, mauviette.** *Chasse aux alouettes. Miroir* * *aux alouettes. — Pâté d'alouettes.* PROV. *Il attend que les alouettes lui tombent toutes rôties,* il ne veut pas se donner la moindre peine. ◊ *Par anal.* (Cuis.) *Alouette sans tête,* paupiette.

ALOURDIR [aluʀdiʀ]. *v. tr.* (XII°; de *lourd*). ♦ 1° Rendre lourd, plus lourd. V. **Charger, surcharger.** « *Ces grosses poulies alourdissaient beaucoup le gréement* » (LOTI). ◊ Appesantir. « *Sa tête alourdie de sommeil* » (DAUD.). ◊ « *L'âge commençait de l'alourdir* » (DUHAM.). Pronom. *Sa démarche s'est alourdie.* ♦ 2° Fig. Donner un caractère pesant, embarrassé. *Cette tournure alourdit la phrase.* ◊ ANT. **Alléger.**

ALOURDISSEMENT [aluʀdismã]. *n. m.* (v. 1400; de *alourdir*). Fait de s'alourdir, état de ce qui est alourdi. V. **Appesantissement, lourdeur.** *Éprouver une sensation d'alourdissement.* ◊ ANT. **Allégement, légèreté.**

ALOYAU [alwajo]. *n. m.* (*Allouyaux,* 1393; probabl. du rad. de *alouette,* parce qu'on en rôtissait des morceaux à la broche comme des alouettes). *Bouch.* Région lombaire du bœuf, s'étendant de l'avant-dernière côte à la partie antérieure du bassin, renfermant le filet, le romsteck et le contrefilet. *Un morceau dans l'aloyau, d'aloyau.*

ALPAGA [alpaga]. *n. m.* (1834; *alpaca,* 1739; *alpace,*

1579; esp. *alpaca,* mot quichua). ♦ 1° Mammifère ruminant, voisin du lama, domestiqué en Amérique du Sud, remarquable par la laine fine et longue de sa toison. ♦ 2° (1808). Tissu mixte, autrefois à base de laine d'alpaga, aujourd'hui de soie et de laine en torsion grenadine. *Veste d'alpaga, en alpaga.*

ALPAGE [alpaʒ]. *n. m.* (1611; mot du Dauphiné; de *Alpes*). Pâturage de haute montagne; saison passée par un troupeau dans ce pâturage.

ALPAGUER [alpage]. *v. tr.* (1935; de *alpag,* 1869, apocope de *alpaga* « manteau »). *Arg.* Appréhender, arrêter. V. **Épingler** (pop.). *— Par ext.* Mettre la main sur, s'emparer de, saisir (qqn). « *Il me fallait les alpaguer... pour qu'ils me crachent ce qu'ils savaient sur notre compte* » (SIMONIN).

ALPAX [alpaks]. *n. m. invar.* (1920; de al[*uminium*], et *pax* « paix », jeu de mots sur l'inventeur Aladar Pacz). *Techn.* Alliage de fonderie composé d'aluminium et de silicium affiné.

ALPE [alp(ə)]. *n. f.* (1922; déb. XIX°, « montagne »; de *Alpes,* lat. *Alpes,* nom d'o. celt.). Pâturage des Alpes. V. **Alpage.** *Les troupeaux sont dans l'alpe.*

ALPENSTOCK [alpenstɔk]. *n. m.* (1866; mot all. « bâton des Alpes »). *Vieilli.* Bâton ferré utilisé autrefois pour les excursions en montagne.

ALPESTRE [alpɛstʀ(ə)]. *adj.* (1555; it. *alpestre*). Propre aux Alpes. *Les paysages alpestres.* ◊ *Bot.* (1834). *Plantes alpestres,* qui vivent normalement dans les régions moyennes des montagnes (autour de 1 000 mètres).

ALPHA [alfa]. *n. m.* (XII°; mot gr.). ♦ 1° Nom de la première lettre (α) de l'alphabet grec. *Alpha privatif,* qui donne, dans les composés grecs, une valeur négative. ◊ Fig. (Express. de l'Apocalypse, en parlant de Dieu) *L'alpha et l'oméga,* le commencement et la fin. « *Le premier et le dernier mot, l'alpha et l'oméga d'un catéchisme* » (FROMENTIN). ♦ 2° *Phys.* (En appos.). *Particule α, alpha,* hélion. *Rayonnement α, alpha,* flux de particules α. ◊ HOM. **Alfa.**

ALPHABET [alfabɛ]. *n. m.* (XV°; bas lat. *alphabetum,* du gr. *alpha,* et *béta,* nom des deux premières lettres gr.). ♦ 1° Système de signes graphiques (lettres) servant à la transcription des sons (consonnes, voyelles) d'une langue; série des lettres, rangées dans un ordre traditionnel. V. **Syllabaire.** *Les Phéniciens ont établi le premier modèle d'alphabet. Alphabet phonétique,* système de signes conventionnels servant à noter d'une manière uniforme les phonèmes des diverses langues. Par ext. *Alphabet braille* *, *morse* *.* ♦ 2° Livre à l'usage des enfants contenant les premiers éléments de la lecture (lettres, syllabes, mots). V. **ABC, abécédaire.**

ALPHABÉTIQUE [alfabetik]. *adj.* (XV°; de *alphabet*). ♦ 1° Qui repose sur l'alphabet, est propre à l'alphabet. *Écriture* * *alphabétique. Ordre alphabétique.* ♦ 2° Qui est dans l'ordre alphabétique. *Dictionnaire, index alphabétique. Table alphabétique des matières.*

ALPHABÉTIQUEMENT [alfabetikmã]. *adv.* (1655; de *alphabétique*). Dans l'ordre alphabétique.

ALPHABÉTISATION [alfabetizasjɔ̃]. *n. f.* (*Néol.;* de *alphabet*). Enseignement de l'écriture et de la lecture aux éléments analphabètes d'une population.

ALPHABÉTISER [alfabetize]. *v. tr.* (mil. XX°; 1853, « classer par ordre alphabétique »; de *alphabet*). Apprendre à lire et à écrire à (un groupe social partiellement analphabète).

ALPHABÉTISME [alfabetism(ə)]. *n. m.* (1878; de *alphabet*). Système d'écritures reposant sur un alphabet (*opposé* à écriture idéographique, syllabique).

ALPHANUMÉRIQUE [alfanymeʀik]. *adj.* (1960; de *alpha*[bet], et *numérique*). *Didact.* Relatif à un classement établi à la fois sur les lettres d'un alphabet et sur les chiffres. *Affichage alphanumérique.*

ALPIN, INE [alpɛ̃, in]. *adj.* (mil. XVI°; repris 1796; lat. *alpinus*). ♦ 1° Des Alpes. *La chaîne alpine.* ◊ *Troupes alpines, chasseurs alpins,* unités militaires chargées de la défense des Alpes, spécialisées dans la guerre de montagnes. — *Chèvre alpine,* race de chèvre originaire des Alpes. — Anthropol. *Race alpine,* race blanche, installée en Europe à l'âge de la pierre polie, brachycéphale et de petite taille. ♦ 2° Bot. *Plantes alpines,* qui vivent normalement en haute montagne (plus haut que les plantes alpestres). ♦ 3° (1874). D'alpinisme. *Club alpin.*

ALPINISME [alpinism(ə)]. *n. m.* (1880; de *alpin*). Sport des ascensions en montagne. V. **Escalade, montagne.**

ALPINISTE [alpinist(ə)]. *n.* (1880; de *alpinisme*). Personne qui pratique l'alpinisme. *Cordée d'alpinistes.*

ALPISTE [alpist(ə)]. *n. m.* (1617; esp. *alpista,* mot des Canaries). Graminée dont l'espèce la plus connue, *l'alpiste des Canaries,* est cultivée pour ses graines qui servent à la nourriture des oiseaux.

ALQUIFOUX [alkifu]. *n. m.* (1697; esp. *alquifol* « sulfure d'antimoine », var. de l'ar. *al-kohol* « alcool ». V. **Khôl.** *Chim.* Sulfure de plomb pulvérulent (ou galène) obtenu par broyage de sable quartzeux et d'argile, et utilisé notamment pour vernir et imperméabiliser les céramiques.

ALSACIEN, IENNE [alzasjɛ̃, jɛn]. *adj.* (XVIIIe; du lat. *Alsacia* (VIIIe), l'Alsace, all. *Elsass*). De l'Alsace. *La plaine alsacienne. Brasserie alsacienne.* Subst. *Les Alsaciens. Costume régional d'Alsacienne.* — *L'alsacien,* ensemble des parlers germaniques d'Alsace.

ALTÉRABILITÉ [alteʀabilite]. *n. f.* (1845; de *altérable*). *Didact.* Caractère de ce qui est susceptible d'altération. ◇ ANT. *Inaltérabilité.*

ALTÉRABLE [alteʀabl(ə)]. *adj.* (1361; de *altérer*). Qui peut s'altérer. V. **Corruptible, fragile.** ◇ ANT. *Inaltérable.*

ALTÉRAGÈNE [alteʀaʒɛn]. *adj. (Néol.;* de *altérer,* et *-gène). Didact.* Substance ou facteur qui provoque une altération de l'environnement.

ALTÉRANT, ANTE [alteʀɑ̃, ɑ̃t]. *adj.* (XVIe; de *altérer*). ♦ 1° Qui donne soif. ♦ 2° (1700). Qui provoque une altération.

ALTÉRATION [alteʀasjɔ̃]. *n. f.* (v. 1260; bas lat. *alteratio.* V. **Altérer**). ♦ 1° *Rare* (Sauf emplois spéciaux). Changement, modification. « *Ces altérations de sens des mots* » (PROUST). *Mus.* Signe modifiant la hauteur de la note devant laquelle il est placé. V. **Bécarre, bémol, dièse.** — *Géol.* Transformation des roches, due à des facteurs chimiques et biologiques, responsable, avec la désagrégation, de la formation des sols. ♦ 2° (XVIe). Changement en mal par rapport à l'état normal. V. **Dégradation, détérioration.** « *L'altération que le climat d'Édimbourg a faite à votre santé* » (ROUSS.). « *Je fus frappé de l'altération de son visage* » (CHATEAUB.). *Ce texte ancien a subi de nombreuses altérations.* ♦ 3° *Dr.* Modification qui a pour objet de fausser le sens, la destination ou la valeur d'une chose et d'où résulte un préjudice. V. **Falsification.** *La contrefaçon* (imitation frauduleuse) *et l'altération* (modification mécanique ou chimique) *des monnaies* (CODE PÉN.). *Altération de la vérité dans un écrit,* faux en écriture. *Altération de liquides ou marchandises.*

ALTERCATION [alteʀkasjɔ̃]. *n. f.* (XVIe; « débat, désaccord », 1289; lat. *altercatio*). Échange bref et brutal de propos vifs, de répliques désobligeantes. V. **Dispute, empoignade, prise** (de bec). « *Les conférences diplomatiques n'avaient conduit qu'à des altercations violentes* » (MÉRIMÉE).

ALTER EGO [alteʀego]. *n. m.* (1844; mots lat. « un second moi-même »). Personne de confiance qu'on peut charger de tout faire à sa place. V. **Bras** (droit). « *Dumay, devenu l'alter ego de l'armateur* » (BALZ.). *Fam. Mon alter ego,* un autre moi-même, un ami inséparable.

ALTÉRER [alteʀe]. *v. tr.; conjug. céder* (1361; lat. *alterare* « rendre autre », de *alter*).
I. ♦ 1° Provoquer l'altération (1°) de. V. **Modifier, transformer.** Pronom. *Les minéraux riches en fer s'altèrent rapidement.* ♦ 2° Changer en mal. V. **Corrompre, détériorer, gâter.** *La chaleur altère les denrées périssables.* ◇ Fig. *L'émotion altérait ses traits.* « *Elle m'a dit d'une voix altérée* » (CHATEAUB.). « *Avant que les préjugés aient altéré nos penchants naturels* » (ROUSS.). Pronom. *Les couleurs de cette toile se sont altérées.* « *L'amour humain s'altère, se corrompt et meurt* » (MAURIAC). ♦ 3° Falsifier, fausser. V. **Altération** (3°). *Altérer des monnaies. Altérer un texte, un auteur. Altérer la vérité,* mentir, chercher à tromper.
II. *Par ext.* (XVIe; « troubler, mettre hors de soi », XIVe). Exciter la soif de. V. **Soif** (donner). *La promenade, l'émotion m'a altéré.* ◇ Fig. *Altéré de,* avide de. V. **Assoiffé.** « *Altérée de gloire* » (MAUROIS). ◇ ANT. *Désaltérer.*

ALTÉRITÉ [alteʀite]. *n. f.* (1697; « changement », XIVe; bas lat. *alteritas*). *Philo.* Fait d'être un autre, caractère de ce qui est autre. « *L'âme ne connaît pas elle-même sa distinction, ou, comme parle cet auteur* (Ruysbroek) *son altérité* » (BOSS.). « *L'amour ne détruit pas l'altérité* » (MADINIER). ◇ ANT. *Identité.*

ALTERNANCE [alteʀnɑ̃s]. *n. f.* (1830; de *alternant*). ♦ 1° Succession répétée, dans l'espace ou dans le temps, qui fait réapparaître tour à tour, dans un ordre régulier, les éléments d'une série. *Alternance de bancs de sable et d'argile. La racine présente des faisceaux ligneux en alternance avec des faisceaux libériens.* V. **Alterne** (structure). *L'alternance des saisons.* « *L'alternance d'un soleil toujours chaud avec des nuits toujours pures* » (LOTI). *Alternance des cultures.* V. **Alternat, rotation.** *Biol. Alternance des générations,* d'une génération asexuée et d'une génération sexuée. ♦ 2° *Ling.* Variation subie par un phonème ou un groupe de phonèmes dans un système morphologique donné. *Alternance vocalique* (ex. : en angl. *to begin - I began*). ♦ 3° *Phys.* Demi-période d'un phénomène sinusoïdal.

ALTERNANT, ANTE [alteʀnɑ̃, ɑ̃t]. *adj.* (1519; lat. *alternans,* de *alternare.* V. **Alterner**). Qui alterne. *Cultures alternantes. Pouls alternant,* arythmie caractérisée par la succession régulière d'une pulsation normale et d'une pulsation faible. ◇ ANT. *Continu.*

ALTERNAT [alteʀna]. *n. m.* (1797; de *alterner*). Droit

d'occuper tour à tour le premier rang (pour des États, des villes). ◇ Rotation (des cultures).

ALTERNATEUR [alteʀnatœʀ] *n. m.* (1892; de *alternatif*). Génératrice de courants alternatifs.

ALTERNATIF, IVE [alteʀnatif, iv]. *adj.* (fin XIIIe; lat. *alternatum,* supin de *alternare.* V. **Alterner**). ♦ 1° Qui présente une alternance. V. **Périodique, successif.** « *Le choc alternatif des rames* » (HUGO). ◇ (XVIIIe) *Mouvement alternatif,* mouvement régulier qui a lieu dans un sens puis dans l'autre (piston, pendule, etc.). *Électr.* (Fin XIXe) *Courant alternatif,* dont l'intensité varie selon une sinusoïde (*opposé à continu*). *Cycles, fréquence d'un courant alternatif.* ♦ 2° *Log.* Qui énonce deux assertions dont une seule est vraie. *Proposition alternative.* V. **Alternative.** ◇ *Dr. Obligation alternative,* offrant le choix entre deux prestations.

1. **ALTERNATIVE** [alteʀnativ]. *n. f.* (1401; de *alternatif*). ♦ 1° *Vx* (au sing.). Alternance. ◇ *Mod.* (au plur.) Phénomènes ou états opposés se succédant régulièrement. « *Des alternatives d'exaltation et d'abattement* » (FLAUB.). ♦ 2° (XVIIe). Obligation alternative; situation dans laquelle il n'est que deux partis possibles. « *La conversation de Valéry me met dans cette affreuse alternative : ou bien trouver absurde ce qu'il dit, ou bien trouver absurde ce que je fais* » (GIDE). ◇ *Log.* Système de deux propositions dont l'une est vraie, l'autre fausse, nécessairement. ♦ 3° *Néol.* Faute (angl. *alternative*). Solution unique de remplacement.

2. **ALTERNATIVE** [alteʀnativ]. *n. f.* (1922; esp. *alternativa,* même orig. que le précéd.). *Taurom.* Cérémonie donnant au jeune novillero le droit d'alterner dans les courses avec les matadors.

ALTERNATIVEMENT [alteʀnativmɑ̃]. *adv.* (1355; de *alternatif*). En alternant tour à tour. V. **Successivement.** « *Il passe alternativement par des crises de prières et de négation* » (R. ROLLAND).

ALTERNE [alteʀn(ə)]. *adj.* (1509; lat. *alternus*). *Sc.* Qui présente une alternance d'ordre spatial (seulement en emplois spéciaux). *Bot. Disposition alterne,* des feuilles ou des rameaux de chaque côté de la tige à des hauteurs différentes. *Structure alterne,* de la racine (faisceaux ligneux et libériens). ◇ *Géom. Angles alternes,* formés par deux droites avec les côtés opposés de la sécante (*internes,* pour ceux qui sont entre les deux droites; *externes,* pour ceux qui sont en dehors).

ALTERNÉ, ÉE [alteʀne]. *adj.* (1544; de *alterner*). En alternance. *Vers alternés,* distiques. *Rimes alternées,* croisées. ◇ *Math. Série alternée,* dont les termes, à partir d'un certain rang, sont alternativement positifs et négatifs.

ALTERNER [alteʀne]. *v.* (1710, « exercer une fonction, tour à tour »; *alternare* « changée », XIIIe, par confusion avec *altérée;* lat. *alternare,* de *alternus*). ♦ 1° *V. intr.* Se succéder en alternance. « *Un plateau où alternaient des pâturages et des champs en labour* » (FLAUB.). « *Les vents violents alternaient avec des calmes plats* » (FROMENTIN). ♦ 2° *V. tr.* (1776). Faire succéder alternativement (les cultures) par rotation. V. **Assolement.**

ALTESSE [altɛs]. *n. f.* (1560; it. *altezza,* de *alto* « haut »; lat. *altus*). Titre d'honneur donné aux princes et princesses du sang. *Son Altesse Royale le prince de... Altesse sérénissime*.* ◇ Personne portant ce titre. « *Entre deux Altesses sans beauté et l'ambassadrice d'Espagne* » (PROUST).

ALTHÆA [altea]. *n. f.* (XVIe; mot lat.). Nom scientifique de certaines guimauves et de la rose trémière.

ALTIER, IÈRE [altje, jɛʀ]. *adj.* (1578; it. *altiero,* de *alto* « haut »; lat. *altus*). *Vx.* Haut, élevé. *Mod.* (XVIIe) Qui a ou marque la hauteur, l'orgueil du noble. V. **Hautain.** « *La race altière des Guermantes* » (PROUST).

ALTIMÈTRE [altimɛtʀ(ə)]. *n. m.* (1808; *échelle altimètre,* 1562; lat. médiév. *altimeter,* de *altus* « haut »). *Vx.* Ancien instrument d'altimétrie. ◇ *Mod.* (1922) Appareil indiquant l'altitude du lieu où l'on se trouve. *L'altimètre d'un avion.*

ALTIMÉTRIE [altimetʀi]. *n. f.* (1734; de *altimètre*). Méthode géométrique de mesure de la hauteur d'un objet (montagne, tour, etc.). ◇ Signes qui, sur une carte, représentent le relief.

ALTIPORT [altipɔʀ]. *n. m.* (v. 1960; de *alti*[tude] et [aéro]port). Petit terrain d'atterrissage en haute montagne. *Les altiports des grandes stations de sports d'hiver.*

ALTISE [altiz]. *n. f.* (1808; lat. zool. *haltica,* du gr. *haltikos* « bon sauteur »). Insecte coléoptère (*Chrysomélidés*) sauteur, qui cause des dégâts dans les vignes et les potagers.

ALTISTE [altist(ə)]. *n.* (XXe; « choriste contralto », 1866; de *alto*). Joueur d'alto. V. **Violoniste.**

ALTITUDE [altityd]. *n. f.* (1485; lat. *altitudo*). ♦ 1° *Vx.* Hauteur. ♦ 2° (1845). Élévation verticale d'un point par rapport au niveau de la mer. *Altitude relative,* élévation d'un point par rapport à un autre. *Mesure des altitudes* (opérations de nivellement). ◇ *Spécialt.* Grande altitude. *Mal d'altitude,* troubles ressentis en haute montagne, en avion. *En altitude :* à une altitude élevée.

ALTO, [alto]. *n.* (1771; mot it. « haut »). ♦ 1° *N. f.* Contralto. ♦ 2° *N. m.* (1808; d'abord appelé *quinte* ou *haute-contre de violon*). Instrument de la famille des violons, d'une quinte plus grave et un peu plus grand.

ALTOCUMULUS [altokymylys]. *n. m.* (1889; du lat. *altus* « haut », et *cumulus*). Nuage moyen (2 000-6 000 m), formant une couche de lamelles ou de flocons assez réguliers disposés en files ou en groupes.

ALTOSTRATUS [altɔstratys]. *n. m.* (1891; du lat. *altus* « haut », et *stratus*). Nuage moyen (2 000-6 000 m), ressemblant au cirro-stratus, mais formant un voile plus épais et plus sombre.

ALTRUISME [altryism(ə)]. *n. m.* (1830; de *autrui*, d'apr. lat. *alter* « autre »). Disposition à s'intéresser et à se dévouer à autrui. « *Cette charité froide qu'on nomme l'altruisme* » (FRANCE). ◇ *Philo.* Doctrine considérant le dévouement à autrui comme la règle idéale de la moralité. ⟡ ANT. *Égoïsme.*

ALTRUISTE [altryist(ə)]. *adj.* (1863; de *altruisme*). Empreint d'altruisme, propre à l'altruisme. *Des sentiments altruistes.* Subst. *C'est un altruiste.* ⟡ ANT. *Égoïste.*

ALTUGLAS [altyglas]. *n. m.* (1958; marque déposée de *Altu*[*lor*] de la société *Alsthom Ugilor* et de l'all. *Glass* « verre »). Matière synthétique (polyméthacrylate de méthyle) translucide ou teintée, très résistante (abusivt. écrit *altuglass*) V. **Plexiglas.** *Table, porte en altuglas.* « *Elle a inventé une intéressante technique de peinture sur altuglass et polyester* » (BEAUVOIR).

ALUCITE [alysit]. *n. f.* (1777; lat. zool. *alucita*, bas lat. *alucita* « moucheron »). Petit papillon aux ailes fendues et plumeuses. ◇ *Alucite des céréales,* teigne des blés.

ALUMINAGE [alymina3]. *n. m.* (1890; de *aluminer*). Mordançage par dépôt d'alumine.

ALUMINATE [alyminat]. *n. m.* (1845; de *alumine*). Sel où l'alumine joue le rôle d'anhydride d'acide. *Aluminates colorés,* utilisés comme pigments des couleurs céramiques. *Aluminate de calcium.*

ALUMINE [alymin]. *n. f.* (1782; lat. *alumen, aluminis* « alun »). Oxyde (*alumine anhydre* Al_2O_3) ou hydroxyde $Al(OH)_3$ d'aluminium. *L'alumine anhydre, colorée ou non par des oxydes métalliques, constitue plusieurs pierres précieuses.* V. **Améthyste, rubis, saphir, topaze.** *Alumine cristallisée.* V. **Corindon.** *Alumine hydratée,* présente dans la bauxite, d'où on l'extrait industriellement.

ALUMINER [alymine]. *v. tr.* (1845; de *alumine*). ♦ 1° Combiner avec l'alumine. ♦ 2° (1959) Recouvrir d'aluminium.

ALUMINEUX, EUSE [alyminø, øz]. *adj.* (1490; lat. *aluminosus*). *Vx.* Mêlé d'alun. *Mod.* (1845) Qui contient de l'alumine ou un autre composé de l'aluminium. *Minéraux, ciments alumineux.*

ALUMINIAGE [alyminja3]. *n. m.* (1948; de *aluminium*). Procédé de protection du fer par une couche d'aluminium.

ALUMINIUM [alyminjɔm]. *n. m.* (1819; en angl., 1812; de *alumine*). Métal blanc, léger, malléable, bon conducteur de l'électricité, très abondant dans la nature sous forme oxydée, et généralement tiré de la bauxite [environ 8 % de la lithosphère]. (*Al;* n° at. 13, masse at. 26,98, dens. 2,7). *L'aluminium est, après le fer, le métal le plus employé dans l'industrie, sous forme d'alliages légers* (alpax, duralumin, etc.). — *Abrév. cour.* ALU, *n. m.*

ALUMINOTHERMIE [alyminɔtɛrmi]. *n. f.* (1900; de *aluminium,* et -*thermie*). Production de hautes températures basée sur la réaction de l'aluminium en poudre sur divers oxydes métalliques. V. **Thermite.**

ALUN [alœ̃]. *n. m.* (XII°; lat. *alumen*). ♦ 1° Sulfate double de potassium et d'aluminium hydraté, utilisé en teinture, mégisserie, médecine (astringent et caustique). ♦ 2° *Chim.* Nom générique de certains sulfates doubles.

ALUNAGE [alyna3]. *n. m.* (1827; de *alun*). Aluminage.

ALUNER [alyne]. *v. tr.* (1534; de *alun*). Aluminer.

ALUNIR [alynir]. *v. intr.* (1921; de *lune*). Aborder sur la Lune, prendre contact avec la Lune. « *Un parachute qu'on avait imaginé pour permettre, lors d'un futur voyage interplanétaire, d'alunir* » (P. REBOUX). [*Recomm. offic.* : atterrir].

ALUNISSAGE [alynisa3]. *n. m.* (1959; de *alunir*). Fait d'alunir. (*Recomm. offic.* : atterrissage.)

ALUNITE [alynit]. *n. f.* (1824; de *alun*). Sulfate basique double hydraté d'aluminium et de potassium que l'on trouve dans la nature.

ALVÉOLAIRE [alveɔlɛr]. *adj.* (1751; de *alvéole*). Qui appartient aux alvéoles dentaires. *Arcade alvéolaire.* — *Phonét.* Articulé au niveau des alvéoles. ◇ Qui appartient aux alvéoles pulmonaires. *Air alvéolaire.*

ALVÉOLE [alveɔl]. *n. m.* (vx) ou *f.* (1519, masc.; XVII°; lat. *alveolus,* dimin. d'*alveus* « cavité »). ♦ 1° Cellule de cire que fait l'abeille. « *Chacun de ces alvéoles est un hexagone* » (MAETERLINCK). Fig. « *Ce cabinet de travail qui était comme une alvéole vide* » (MART. du G.). ♦ 2° *Anat.* (Fin XVI°). *Alvéoles dentaires,* cavités au bord des maxillaires où

sont implantées les racines des dents. ◇ (1885) *Alvéoles pulmonaires,* culs-de-sac terminaux des subdivisions bronchiques. ♦ 3° (Fin XIX°). Cavité ou dépression d'une roche. « *Les alvéoles observées sur les grès de l'Arizona* » (HAUG).

ALVÉOLÉ, ÉE [alveɔle]. *adj.* (1834; de *alvéole*). Qui présente des alvéoles, des creux réguliers. *Matelas, coussins en caoutchouc alvéolé. Carton alvéolé* (Cf. Gaufré). *Métal alvéolé,* utilisé en construction aéronautique.

ALVÉOLITE [alveɔlit]. *n. f.* (1896; de *alvéole*). *Méd.* Inflammation des alvéoles pulmonaires ou des alvéoles dentaires.

ALVIN, INE [alvɛ̃, in]. *adj.* (1834; lat. *alvinus,* de *alvus* « intestin »). *Méd.* (Rare). Qui se rapporte au ventre, aux intestins; qui en provient. *Évacuations alvines.*

ALYTE [alit]. *n. m.* (1845; lat. zool. *alytes,* du gr. *alutos* « qu'on ne peut dénouer »). Batracien terrestre, communément appelé *crapaud accoucheur,* qui porte enroulés autour de ses pattes les chapelets d'œufs pondus par la femelle.

A. M. [aɛm]. Abrév. de la locution latine *ante meridiem* « avant midi », opposé à P. M. *post meridiem* (employé dans les pays où les heures sont comptées jusqu'à douze). *L'avion part à 8 heures A. M.,* à 8 heures du matin.

AMABILITÉ [amabilite]. *n. f.* (1676; *amiableté,* XIII°; lat. *amabilitas*). Qualité d'une personne aimable, manifestation de cette qualité. V. **Affabilité, gentillesse, obligeance, politesse.** *Veuillez avoir l'amabilité de le prévenir de ma part.* « *L'exacte valeur du langage de l'amabilité aristocratique* » (PROUST). ⟡ ANT. *Grossièreté.*

AMADOU [amadu]. *n. m.* (1723; *amadoue* « onguent jaune », 1628; mot prov. « amoureux »). Substance spongieuse provenant de l'amadouvier, préparée pour être inflammable. *Mèche d'amadou des anciens briquets.*

AMADOUER [amadwe]. *v. tr.* (1538; probabl. du même rad. que *amadou*). Amener à ses fins ou apaiser (qqn qui était hostile ou méfiant) par des petites flatteries, des attentions adroites. V. **Gagner.** « *Des paroles aimables comme en ont au régiment les anciens pour un bleu qu'on veut amadouer* » (PROUST).

AMADOUVIER [amaduvje]. *n. m.* (1775; de *amadou*). Champignon (*Polyporacées*) des arbres feuillus (hêtre, chêne), dont on tire l'amadou.

AMAIGRIR [amegrir]. *v. tr.* (XII°; de *maigre*). ♦ 1° Rendre maigre. *Des figures amaigries par la faim* » (FLAUB.). V. **Émacié.** *Pronom.* Maigrir. ♦ 2° *Techn. Amaigrir une poutre,* en diminuer l'épaisseur. ⟡ ANT. *Engraisser, grossir.*

AMAIGRISSANT, ANTE [amegrisɑ̃, ɑ̃t]. *adj.* (1542; de *amaigrir*). Qui fait maigrir. *Elle suit un régime amaigrissant.*

AMAIGRISSEMENT [amegrismɑ̃]. *n. m.* (v. 1300; de *amaigrir*). Fait de maigrir, d'avoir maigri. V. **Émaciation.** « *L'amaigrissement, la mauvaise mine d'Antoine le frappèrent* » (MART. du G.).

AMALGAMATION [amalgamasjɔ̃]. *n. f.* (1578; de *amalgamer*). Opération métallurgique consistant à combiner le mercure avec un autre métal, ou à extraire l'or et l'argent de certains minerais au moyen du mercure.

AMALGAME [amalgam]. *n. m.* (XV°; lat. alchim. *amalgama,* probabl. d'o. arabe). ♦ 1° Alliage du mercure et d'un autre métal. *Amalgame d'argent-étain utilisé pour les obturations dentaires* (absolt. de l'*amalgame*). *Minér.* Combinaison du mercure. ♦ 2° *Fig.* Mélange d'éléments différents qui ne s'accordent guère. « *L'amalgame et la superposition de toutes ces extravagances* » (HUGO). ♦ 3° Fusion d'unités militaires de provenance et de formation différentes. ♦ 4° *Polit.* Méthode consistant à englober artificiellement, en exploitant un point commun, diverses formations ou attitudes politiques.

AMALGAMER [amalgame]. *v. tr.* (XIV°; de *amalgame*). Combiner par un amalgame. *Fig.* V. **Allier, fondre, réunir.** « *Mirabeau amalgamait dans sa parole sa passion personnelle et la passion de tous* » (HUGO).

AMAN [amɑ̃]. *n. m.* (1731; mot arabe). En pays musulman, Octroi de la vie sauve à un ennemi ou un rebelle vaincu. *Demander l'aman,* faire sa soumission. ⟡ HOM. *Amant.*

AMANDAIE [amɑ̃dɛ]. *n. f.* (XVI°; pour *amanderaie,* de *amandier*). Plantation d'amandiers.

AMANDE [amɑ̃d]. *n. f.* (XIII°; lat. pop. *°amandula,* class. *amygdala;* Cf. Amygdale). ♦ 1° Drupe oblongue de l'amandier, dont la graine comestible est riche en huile. *Amandes douces, amères. Amandes fraîches, sèches. Pâte, gâteaux d'amandes* (frangipane, massepain, nougat, touron). *Amandes lissées, pralinées.* V. **Dragée, praline.** *Amandes salées,* pour l'apéritif. *Lait d'amandes,* pour la toilette. ◇ *En amande,* en forme d'amande, oblong. « *Les yeux grands et coupés en amande* » (CHATEAUB.). ♦ 2° *Par anal.* (XVII°). Graine d'un fruit à noyau. *L'amande de la cerise, de l'abricot.* ◇ *Amande de terre,* fruit du souchet. ♦ 3° *Archit.* (1866). Encadrement elliptique autour de la représentation du Christ, notamment sur le tympan des églises romanes. ⟡ HOM. *Amende.*

AMANDIER [amɑ̃dje]. *n. m.* (1372; de *amande*). Arbre originaire d'Asie *(Rosacées)* dont le fruit est l'amande.

AMANDINE [amɑ̃din]. *n. f.* (1853; de *amande*). Gelée faite d'huile d'amande douce et de sucre. — *Cour.* Petit gâteau frais aux amandes.

AMANITE [amanit]. *n. f.* (1808; gr. *amanitês*). Champignon à lames *(Agaricinées)*, très commun dans nos forêts, comportant plusieurs espèces, certaines comestibles (oronge), d'autres vénéneuses (fausse oronge) ou même mortelles (*amanite phalloïde*).

AMANT, ANTE [amɑ̃, ɑ̃t]. *n.* (XIIᵉ; lat. *amans*, de *amare* « aimer »). ♦ 1° Vx *(N. m.* et *f.).* Personne qui aime d'amour et qui est aimée. V. **Amoureux, soupirant.** « *Un amant fait sa cour où s'attache son cœur* » (MOL.). ♦ 2° Mod. *N. m.* (XVIIᵉ). Homme qui a des relations sexuelles avec une femme à laquelle il n'est pas marié. *Elle a pris un amant.* « *Il est plus facile d'être amant que mari* » (BALZ.). Au plur. *Les amants,* l'amant et sa maîtresse. ♦ 3° *Littér.* Personne éprise de qqch. « *L'amant de la gloire* » (HUGO). « *Les amants de la nuit, des lacs, des cascatelles* » (MUSS.). ◊ HOM. **Aman.**

AMARANTACÉES [amarɑ̃tase]. *n. f. pl.* (1808; de *amarante*). Famille de plantes dicotylédones apétales, dont le type est l'amarante.

AMARANTE [amarɑ̃t]. *n. f.* (1544; lat. d'o. gr. *amarantus*). Plante ornementale, aux nombreuses fleurs rouges en grappes; fleur de cette plante. ◊ *Adj. invar.* (XVIIᵉ) De la couleur rouge pourpre de ces fleurs.

AMAREYEUR [amarɛjœr]. *n. m.* (*Amareilleur*, 1838; de *marée*). Ouvrier qui travaille dans les parcs à huîtres.

AMARIL, ILE [amaril]. *adj.* (1841; esp. *(febre) amarilla* « fièvre jaune »). *Méd.* Qui appartient à la fièvre jaune (ou *typhus amaril*). *Virus amaril.*

AMARINER [amarine]. *v. tr.* (1246; de *marin*). ♦ 1° Vx. Équiper (un navire) de matelots. ◊ Mod. Faire occuper par un équipage (un navire pris à l'ennemi). ♦ 2° Habituer à la mer, aux manœuvres sur mer ou à la vie à bord.

AMARRAGE [amaraʒ]. *n. m.* (1573; de *amarrer*). ♦ 1° Action, manière d'amarrer un bâtiment, dans un port, une rade. ◊ Bout de lusin, merlin servant à relier deux objets. ♦ 2° Action de maintenir un dirigeable à une certaine distance du sol, en l'attachant à un mât.

AMARRE [amar]. *n. f.* (XIIIᵉ; de *amarrer*). Câble, cordage servant à retenir un navire, un ballon en l'attachant à un point fixe. *Larguer les amarres.*

AMARRER [amare]. *v. tr.* (XIIIᵉ; du néerl. *aanmar(r)en*). Maintenir, retenir avec des amarres. « *Une barque amarrée près de la berge* » (LOTI). ◊ Fixer, attacher (un cordage, une chaîne). ◊ ANT. **Démarrer.**

AMARYLLIDACÉES [amaril(l)idase]. *n. f. pl.* (1845; de *amaryllis*). Famille de plantes *(Monocotylédones)* à ovaire infère (amaryllis, narcisse, agave, perce-neige).

AMARYLLIS [amaril(l)is]. *n. f.* (1808; lat. bot., du gr. *Amarullis,* n. pr.). Genre de plantes bulbeuses ornementales, aux nombreuses espèces, aux fleurs éclatantes et odorantes.

AMAS [amɑ]. *n. m.* (fin XIVᵉ; de *amasser*). ♦ 1° Réunion d'objets venus de divers côtés, généralement par apports successifs. ◊ Accumulation, amoncellement, entassement, masse, monceau, tas. « *Sous cet amas de décombres fumants* » (R. ROLLAND). « *Un amas de paperasses encombrait la table* » (MART. du G.). ◊ Fig. « *L'amas des souvenirs se disperse à tout vent* » (HUGO). ♦ 2° *Astron.* Groupe stable d'étoiles liées physiquement, nébulosité apparente qu'un instrument puissant permet de résoudre en des milliers d'étoiles, avec une partie centrale condensée. *Amas globulaire,* amas de forte densité de forme approximativement sphérique. *Amas ouvert,* de faible densité relative. ♦ 3° Gisement minier étendu dans les trois dimensions.

AMASSER [amase]. *v. tr.* (XIIᵉ; de *masse* 1). ♦ 1° Réunir en quantité considérable, par additions successives. V. **Accumuler, amonceler, entasser.** « *Toutes les provisions amassées par l'ennemi pour la campagne* » (VOLT.). *Amasser des richesses, de l'argent,* ou absolt. *amasser.* V. **Capitaliser, thésauriser.** « *Les richesses ne sont belles à amasser que pour les dépenser* » (GIDE). ◊ Pronom. S'entasser, se rassembler en grand nombre. « *L'attroupement qui s'était amassé devant l'immeuble* » (LOTI). ♦ 2° Rassembler, recueillir (en grande quantité). *Amasser les documents, les preuves.* « *Il faut amasser du courage pour les défaillances futures* » (FLAUB.). ◊ ANT. **Disperser,** éparpiller; dépenser, dissiper.

AMATEUR [amatœr]. *n. m.* (XVᵉ; lat. *amator*). ♦ 1° Personne qui aime, cultive, recherche (certaines choses). *Un amateur de musique.* « *Un amateur de nouveauté* » (DUHAM.). « *Les ruines d'Athènes ne sont plus connues que des amateurs des arts* » (CHATEAUB.). *Amateur d'art,* collectionneur averti d'objets d'art. Absolt. *La collection d'un amateur* (d'objets d'art, de livres rares, etc.). ◊ *Fam. Je ne suis pas amateur,* je ne suis pas acheteur. *Cette belle pièce n'a pas trouvé d'amateur.* ♦ 2° (1680). Personne qui cultive un art, une science, pour son seul plaisir (et non par profession). *Un talent d'amateur.* « *Un amateur qui barbouille des toiles le dimanche* »

(SARTRE). *Sport.* Athlète, joueur qui pratique un sport sans recevoir de rémunération directe (*opposé à* professionnel). ◊ *Péj.* Personne qui exerce une activité de façon négligente ou fantaisiste. V. **Dilettante.** *Travailler en amateur.*

AMATEURISME [amatœrism(ə)]. *n. m.* (1892; de *amateur*). *Sport.* Condition de l'amateur (définie par un statut). ◊ *Péj.* Caractère d'un travail d'amateur (négligé, non fini, incomplet, etc.).

AMATIR [amatir]. *v. tr.* (1690, « abattre, affaiblir, flétrir, », XIIᵉ; de *mat, matir*). Rendre mat (l'or, l'argent), en ôtant le poli.

AMAUROSE [amoroz]. *n. f.* (XVIIᵉ; *amaphrose,* XVIᵉ; gr. *amaurôsis* « obscurcissement »). *Méd.* Perte totale, généralement soudaine, de la vue, sans lésions décelables de l'œil même, ni troubles fonctionnels de son système optique. (V, **Amblyopie, cécité**). *L'amaurose peut être d'origine toxique, nerveuse ou congénitale.*

AMAZONE [amazon]. *n. f.* (1564; XIIIᵉ, n. pr.; lat. d'o. gr. *Amazon,* plur. *Amazones,* femmes guerrières d'Asie Mineure). ♦ 1° Femme qui monte à cheval. *Elle monte en amazone,* les deux jambes du même côté de la selle. *Habit, tenue d'amazone,* ensemble porté par une cavalière montant en amazone. ♦ 2° Jupe longue et ample d'amazone.

AMBAGES [ɑ̃baʒ]. *n. f. pl.* (XIVᵉ; lat. *ambages*). *Sans ambages,* sans détours, sans s'embarrasser de circonlocutions. « *Laissez-moi vous parler sans ambages* » (MART. du G.).

AMBASSADE [ɑ̃basad]. *n. f.* (1387; it. *ambasciata,* prov. *ambaissada,* lat. médiév. *ambactia* « service », du c. celt.). ♦ 1° Députation auprès d'un souverain ou d'un gouvernement étranger. *Envoyer une ambassade extraordinaire.* ◊ Représentation permanente d'un État auprès d'un État étranger; fonction d'ambassadeur. *Attaché, secrétaire d'ambassade* (V. **Diplomate).** — *Par ext.* Ensemble du personnel assurant cette mission; résidence de l'ambassadeur et de ses services. *S'adresser, aller à l'ambassade.* ♦ 2° Mission délicate auprès d'un particulier. *Ils sont allés en ambassade chez le directeur.*

AMBASSADEUR [ɑ̃basadœr]. *n. m.* (1327; it. *ambasciatore.* V. **Ambassade**). ♦ 1° Envoyé d'un État auprès d'un État étranger. *Ambassadeur extraordinaire.* ◊ Représentant permanent d'un État auprès d'un État étranger, le plus élevé dans la hiérarchie diplomatique. *Nommer, accréditer un ambassadeur. L'ambassadeur d'Italie a présenté ses lettres de créance à l'Élysée.* ♦ 2° Celui qui est chargé d'une mission. « *Un ambassadeur de la pensée française* » (SARTRE).

AMBASSADRICE [ɑ̃basadris]. *n. f.* (1631; de *ambassadeur*). ♦ 1° Femme ayant rang d'ambassadeur. *L'ambassadrice d'Israël en France.* ♦ 2° Épouse d'un ambassadeur. ♦ 3° Femme chargée d'une mission. *Soyez mon ambassadrice auprès de lui. Les ambassadrices de la mode française.*

AMBI-. Élément, du lat. *ambo* « tous les deux ».

AMBIANCE [ɑ̃bjɑ̃s]. *n. f.* (1889; de *ambiant*). Atmosphère matérielle ou morale qui environne une personne, une réunion de personnes. V. **Climat, milieu.** *Il avait l'impression d'une ambiance hostile.* « *Il ne pouvait s'abstraire des réalités, de l'ambiance* » (BARRÈS). ◊ *Fam. Il y a de l'ambiance ici,* une atmosphère gaie, pleine d'entrain. ◊ *Cin.,* télév. *Lumière d'ambiance,* éclairage général diffus d'un champ de prise de vues, évitant toute ombre forte.

AMBIANT, ANTE [ɑ̃bjɑ̃, ɑ̃t]. *adj.* (1538; lat. *ambiens,* de *ambire* « entourer »). Qui entoure de tous côtés, constitue le milieu où on se trouve. *L'air ambiant. La température ambiante.* Fig. « *Soulevé par cet enthousiasme ambiant* » (DAUD.).

AMBIDEXTRE [ɑ̃bidɛkstr(ə)]. *adj.* (1547; bas lat. *ambidexter,* de *ambo* « tous les deux », et *dextra* « main droite »). Qui se sert également bien des deux mains.

AMBIGU, UË [ɑ̃bigy]. *adj.* (XVᵉ; lat. *ambiguus*). ♦ 1° Qui présente deux ou plusieurs sens possibles, dont l'interprétation est incertaine. V. **Double, équivoque, incertain, obscur.** *Il s'est contenté d'une réponse ambiguë. Le terme est ambigu.* ♦ 2° *Philo.* Mal déterminé, qui semble participer à des natures contraires et appeler des jugements contradictoires. V. **Ambivalent.** « *Dire que l'existence est ambiguë, c'est poser que le sens n'en est jamais fixé* » (BEAUVOIR). ♦ 3° *Subst.* (Vx). *Un ambigu,* un mélange de choses de nature différente. « *Un ambigu précieux des choses de l'art et du monde* » (PROUST). Ancien. *Ambigu comique,* pièce de théâtre mêlant plusieurs genres dramatiques. *Le théâtre de l'Ambigu,* à Paris. ◊ ANT. **Clair, précis.**

AMBIGUÏTÉ [ɑ̃biguite]. *n. f.* (XIIIᵉ; lat. *ambiguitas*). ♦ 1° Caractère de ce qui est ambigu dans le langage. V. **Amphibologie, équivoque, obscurité.** « *L'heureuse ambiguïté du mot cœur* » (A. COMTE). ◊ Expression ambiguë. « *Quantité d'incorrections, d'ambiguïtés* » (GIDE). ♦ 2° *Philo.* Caractère de ce qui est philosophiquement ambigu. V. **Ambivalence, qualité.** « *Il ne faut pas confondre la notion d'ambiguïté et celle d'absurdité* » (BEAUVOIR). ◊ ANT. **Clarté, précision.**

AMBIGUMENT [ãbigymã]. *adv.* (1538; de *ambigu*). *Didact.* De façon ambiguë. ◇ ANT. *Clairement.*

AMBISEXUÉ, ÉE [ãbisɛksɥe]. *adj.* (1970; de *ambi-*, et *sexué*). ♦ 1° *Biol.* V. Bisexué. ♦ 2° *Psycho*. Se dit d'un individu dont le comportement reflète à la fois des tendances de type masculin et de type féminin.

AMBITIEUSEMENT [ãbisjøzmã]. *adv.* (XIVᵉ; de *ambitieux*). D'une manière qui annonce de l'ambition, de la prétention. *Il en conclut bien ambitieusement qu'il était déjà célèbre.*

AMBITIEUX, EUSE [ãbisjø, øz]. *adj.* (XIIIᵉ; lat. *ambitiosus*). ♦ 1° Qui a de l'ambition, désire passionnément réussir. *Une femme ambitieuse.* Subst. « *L'ambitieux court toujours après quelque chose* » (ALAIN). ◇ (Vieilli) *Ambitieux de*, qui a un grand désir de. *Ambitieux de paraître, de se distinguer.* ◇ (HUGO). ◇ 2° Qui marque de l'ambition. *Une politique ambitieuse.* ◇ *Péj.* Qui marque trop d'ambition. V. Présomptueux, prétentieux. *Il faut renoncer à cet ambitieux projet. Si le mot n'est pas trop ambitieux.*

AMBITION [ãbisjɔ̃]. *n. f.* (XIIIᵉ; lat. *ambitio*). ♦ 1° Désir ardent d'obtenir ce biens qui peuvent flatter l'amour-propre, pouvoir, honneurs, réussite sociale. « *Les hommes commencent par l'amour, finissent par l'ambition* » (LA BRUY.). *Il manque d'ambition.* ♦ 2° Désir ardent de quelque réussite d'ordre supérieur. « *L'ambition littéraire est la plus répandue* » (DUHAM.). « *Les magnifiques ambitions font faire les grandes choses* » (HUGO). ◇ *Désir*, souhait quant à l'avenir personnel. « *Toute mon ambition est maintenant de fuir les embêtements* » (FLAUB.).

AMBITIONNER [ãbisjɔne]. *v. tr.* (fin XVIᵉ; de *ambition*). Rechercher par ambition. « *Le titre de roi qu'il ambitionnait* » (FLAUB.). V. Briguer. ◇ *Désirer*, souhaiter vivement de. « *La duchesse à qui on ambitionnait de plaire* » (VOLT.). ◇ ANT. *Dédaigner*.

AMBIVALENCE [ãbivalãs]. *n. f.* (1924; en all., 1911; du lat. *ambo* « tous les deux », et *valence*). ♦ 1° *Psycho*. Caractère de ce qui comporte deux composantes de sens contraire. *Ambivalence affective*, état de conscience comportant des dispositions affectives contraires. « *Le sentiment du chez soi garde une ambivalence profonde* » (MOUNIER). ♦ 2° Caractère de ce qui se présente sous deux aspects, sans qu'il y ait nécessairement opposition ou ambiguïté. « *L'ambivalence de l'histoire* » (MARITAIN).

AMBIVALENT, ENTE [ãbivalã, ãt]. *adj.* (1924; de *ambivalence*). *Psycho*. Qui présente une ambivalence.

AMBLE [ãbl(ə)]. *n. m.* (fin XIIIᵉ; de *ambler*). Allure d'un quadrupède (chameau, girafe, etc.) qui se déplace en levant en même temps les deux jambes du même côté. « *Sa mule prenait un petit amble sautillant* » (DAUD.).

AMBLER [ãble]. *v. intr.* (XIIᵉ; lat. *ambulare*, spécialisé en ce sens en bas lat.; Cf. *Ambulatura* « amble »). *Équit.* Aller l'amble. *Trotteur distancé pour avoir amblé.*

AMBLEUR, EUSE [ãblœr, øz]. *adj.* (XIIᵉ; de *ambler*). *Équit.* Qui va l'amble. *Cheval ambleur.*

AMBLYOPE [ãbljɔp]. *n. et adj.* (1838; du gr. *amblôpos*, avec *ôps* « œil », et *amblyopie*). ♦ 1° *N.* Personne atteinte d'amblyopie. ♦ 2° *Adj.* Atteint d'amblyopie.

AMBLYOPIE [ãbljɔpi]. *n. f.* (1611; gr. *ambluôpia*). *Didact.* Affaiblissement de la vue, sans lésion organique apparente (intoxications, état psychopathique, certains strabismes). V. Amaurose, cécité.

AMBLYOSCOPE [ãbljɔskɔp]. *n. m.* (1970; gr. *amblus* « émoussé », et suff. *-scope*). *Opt.* Appareil servant à l'examen complet de la vision binoculaire et à l'évaluation d'une amblyopie.

AMBLYSTOME [ãblistɔm]. *n. m.* (1871; du gr. *amblus* « émoussé », et *stoma* « bouche »). Amphibien urodèle du Mexique, sorte de salamandre appelée *axolotl* à l'état larvaire.

AMBON [ãbɔ̃]. *n. m.* (1740; gr. *ambôn*). Tribune surélevée à l'entrée du chœur de certaines basiliques et églises anciennes.

AMBRE [ãbr(ə)]. *n. m.* (XIIIᵉ; lat. médiév. *ambar, ambra*, arabe *anbar* « ambre gris »). ♦ 1° *Ambre gris*, substance parfumée provenant des concrétions intestinales des cachalots qui, rejetées, flottent à la surface de la mer; parfum très précieux extrait de cette substance. ◇ Vx. *Un homme fin comme l'ambre*, subtil, pénétrant. ♦ 2° *Ambre jaune*, résine fossilisée, dure, transparente qui a la propriété de s'électriser par frottement. V. Succin. *Collier d'ambre. Fume-cigarette à bout d'ambre. Couleur d'ambre*, de la couleur jaune doré de l'ambre. ◇ Résine synthétique imitant l'ambre naturel.

AMBRÉ, ÉE [ãbre]. *adj.* (1690; de *ambre*). ♦ 1° Parfumé à l'ambre. *Eau de Cologne ambrée.* ♦ 2° (Fin XVIIIᵉ). De la couleur de l'ambre. « *La transparence ambrée du vin* » (MART. du G.).

AMBRÉINE [ãbrein]. *n. f.* (1839; de *ambre*). Alcool de la série terpénique, constituant principal de l'ambre gris.

AMBRETTE [ãbrɛt]. *n. f.* (XIIIᵉ; de *ambre*). Graine d'une espèce d'hibiscus, exhalant une forte odeur d'ambre.

AMBROISIE [ãbrwazi]. *n. f.* (XVIIᵉ; *ambroise*, XVᵉ; lat. *ambrosia*, mot gr.). *Mythol.* Nourriture des dieux de l'Olympe, source d'immortalité. V. Nectar.

AMBROSIEN, IENNE [ãbrozjɛ̃, jɛn]. *adj.* (1740; lat. ecclés. *ambrosianus*, de *Ambrosius*, saint Ambroise). *Liturg.* Propre à saint Ambroise, dont l'origine remonte à saint Ambroise. *Rite, chant ambrosien* (ou *milanais*).

AMBULACRE [ãbylakr(ə)]. *n. m.* (1808; lat. *ambulacrum* « promenade, avenue »). Chacune des ventouses des échinodermes qui leur permettent d'adhérer aux supports rocheux. *Les ambulacres, rétractiles, sortent des trous ambulacraires disposés sur cinq aires ambulacraires.*

AMBULANCE [ãbylãs]. *n. f.* (1795; de *ambulant*). ♦ 1° *Ancienn.* (jusqu'en 1940). Hôpital militaire ambulant, formation sanitaire équipée de voitures légères, chargée des premiers soins aux blessés. « *Des ambulances qui étaient dirigées par des médecins militaires de vingt-huit ans !* » (MART. du G.). *Voiture d'ambulance.* ♦ 2° (1891, *ambulance hippomobile*). Véhicule (*auj.* automobile) aménagé pour le transport des malades ou des blessés dans les hôpitaux. *Appelez l'ambulance !*

AMBULANCIER, IÈRE [ãbylãsje, jɛr]. *n.* (1870; de *ambulance*). *Ancienn.* Infirmier d'une voiture d'ambulance. *Mod.* Conducteur d'une ambulance.

AMBULANT, ANTE [ãbylã, ãt]. *adj.* (1558; lat. *ambulans*, de *ambulare* « marcher, se promener »). Qui se déplace pour exercer à divers endroits son activité professionnelle. *Comédiens, musiciens ambulants. Marchand* ambulant. Courrier ambulant*, employé des postes chargé d'effectuer le tri dans les wagons postaux. Fam. *Un cadavre* ambulant.* ◇ *Méd.* Érésipèle ambulant, qui s'étend par plaques successives. ◇ ANT. *Fixe, sédentaire, stable.*

AMBULATOIRE [ãbylatwar]. *adj.* (1497; lat. *ambulatorius*). ♦ 1° *Dr.* *(Vx.)* Qui n'a pas de règle fixe. *Fig. (Vx)* Variable, changeant. ♦ 2° *Méd.* Qui peut s'accompagner de déambulation. — Capable de se déplacer. *Malade ambulatoire.* — Qui laisse au malade la possibilité de se déplacer, de mener une vie active. *Traitement ambulatoire.* ♦ 3° *Rare.* Propre à la marche. « *Faire encore quelques kilomètres, emporté par une sorte de lyrisme ambulatoire* » (GIDE).

ÂME [am]. *n. f.* (XIIIᵉ; *an(e)me*, XIᵉ; lat. *anima*). I. ♦ 1° *Relig.* Principe spirituel de l'homme, conçu comme séparable du corps, immortel et jugé par Dieu. *Sauver, perdre son âme. Âme damnée*. Âme en peine*. Prier pour l'âme, le repos de l'âme de qqn. Dieu ait son âme ! Vendre son âme au diable.* ♦ 2° *Philo.* et *cour.* Un des deux principes composant l'homme, principe de la sensibilité et de la pensée. « *Nous sommes composés de deux natures opposées, d'âme et de corps* » (PASC.). « *Le corps humain cache notre réalité, la réalité c'est l'âme* » (HUGO). — « *Aimer, c'est se donner corps et âme* » (MUSS.), tout entier. *De toute son âme.* V. Cœur. ♦ 3° Principe de la vie morale, conscience morale. *En mon âme et conscience. La paix de l'âme. Force, grandeur d'âme.* « *Le peuple n'a guère d'âme et les grands n'ont point d'âme* » (LA BRUY.). « *J'ai l'habit d'un laquais et vous en avez l'âme* » (HUGO). *Iron. Les bonnes âmes.* ♦ 4° Ensemble des fonctions psychiques et des états de conscience. V. Conscience, esprit (le mot ÂME est *vx* en *psycho.*). *État d'âme.* « *Pénétrer le mystère de son âme* » (LOTI). « *De telles passions dévastent l'âme* » (R. ROLLAND). *Vague* à l'âme.* ♦ 5° Principe de la vie végétative et sensitive. « *Imaginer que l'âme des bêtes soit de même nature que la nôtre* » (DESCARTES). *Rendre l'âme*, mourir. *Avoir l'âme chevillée* au corps.* ◇ *Laudatif.* Sentiment, vie. *Chanter avec âme.* ♦ 6° Être vivant, personne. *Je n'ai pas rencontré âme qui vive. Avoir charge d'âme. Une ville de plus de dix mille âmes. Les âmes mortes*, ceux dont l'âme (3°, 4°) est comme morte (de Gogol). ◇ *Terme d'affection. Mon âme, ma chère âme.*

II. ♦ 1° Ensemble des états de conscience communs aux membres d'un groupe. *L'âme d'un peuple.* « *Une nation est une âme* » (RENAN). ♦ 2° Personne qui anime une entreprise collective. *Il était l'âme de la conjuration.* ♦ 3° *Psychisme* que, par une sorte d'animisme, nous prêtons aux choses inanimées. « *Objets inanimés, avez-vous donc une âme?* » (LAMART.). « *Tout vit, tout est plein d'âmes* » (HUGO).

III. *(Concret).* Partie essentielle, vitale (d'une chose). *Mus.* Petit cylindre de bois calé sous le chevalet entre les deux tables du violon. ◇ Noyau d'une statue. ◇ Évidement intérieur d'une bouche à feu. *L'âme d'un canon.* ◇ *Techn.* Partie médiane ou principale. V. Centre, noyau. *L'âme d'une poutre, d'un rail, d'un conducteur électrique, d'une molécule.*

◇ ANT. *Corps.*

AMÉLIORABLE [ameljɔrabl(ə)]. *adj.* (1853; de *améliorer*). Susceptible d'être amélioré. V. Perfectible.

AMÉLIORANT, ANTE [ameljɔrã, ãt]. *adj.* (1843; de *améliorer*). Qui améliore le sol, en lui rendant sa fertilité ou en augmentant son rendement, notamment par un apport d'azote. *Plantes, cultures améliorantes.*

AMÉLIORATION [ameljɔRasj5]. *n. f.* (1421, rare av. XVIIᵉ; de *améliorer*, d'apr. lat. jur. *melioratio*). ♦ 1° *Dr.* (au plur.). Ensemble de travaux ou dépenses faites sur un bien et lui procurant une plus-value. V. **Impenses**. *Améliorations nécessaires, utiles, voluptuaires. Faire des améliorations dans une maison.* V. **Embellissement, réparation.** ♦ 2° *Agric.* (XVIIIᵉ). Action d'améliorer (un sol). V. **Améliorant.** ♦ 3° (Déb. XIXᵉ). Action de rendre meilleur, de changer en mieux; fait de devenir meilleur, plus satisfaisant. V. **Progrès.** « *Les inventions humaines qui tendent à l'amélioration de la vie* » (DUHAM.). *L'amélioration de sa situation, de son sort, de son état de santé.* V. **Mieux.** *Aucune amélioration du temps en perspective. Il s'est produit une amélioration dans les relations de ces deux pays.* ◇ ANT. *Aggravation, détérioration.*

AMÉLIORER [ameljɔRe]. *v. tr.* (1677; *ameillorer*, XIIᵉ; de *meilleur*, d'apr. lat. jur. *meliorare*). ♦ 1° Apporter des améliorations à un lieu, une maison. (V. **Embellir, réparer, restaurer**) ou un sol. (V. **Amender, fertiliser**). ♦ 2° (Déb. XIXᵉ). Rendre meilleur, plus satisfaisant, changer en mieux. V. **Perfectionner.** « *Les hommes ont toujours cherché à améliorer leur état* » (FRANCE). *Améliorer un texte, une traduction.* V. **Corriger, réviser.** — *Pronom.* Devenir meilleur. « *À mesure que leur sort s'améliorait* » (FUSTEL de COUL.). *Ce vin s'améliore avec l'âge.* V. **Bonifier** (se). ◇ ANT. *Détériorer.*

AMEN [amɛn]. *adv.* (XIIᵉ; lat. ecclés., hébreu *amen* « oui, ainsi soit-il »)). Mot par lequel se terminent les prières. « *L'assistant répond amen* » (CHATEAUB.). ◇ *Fig. Il dit amen à tout ce que dit, ce que fait qqn, il l'approuve religieusement, sans réserve.* Subst. invar. *Un (des) amen.* ◇ HOM. *Amène.*

AMÉNAGEABLE [amenaʒabl(ə)]. *adj.* (1960; de *aménager*). Qui peut être aménagé.

AMÉNAGEMENT [amenaʒmã]. *n. m.* (1771; « approvisionnement », XVᵉ; de *aménager*). ♦ 1° *Sylvic.* Réglementation des coupes, de l'exploitation des forêts. ♦ 2° *Cour.* (1866; d'abord en parlant de bateau). Action, manière d'aménager, de disposer. V. **Agencement, arrangement, disposition, distribution, organisation.** *L'aménagement d'un paquebot, d'une usine.* ♦ 3° *Admin., écon.* Organisation globale de l'espace, destinée à satisfaire les besoins des populations intéressées en mettant en place les équipements nécessaires et en valorisant les ressources naturelles. *Aménagement du territoire. Aménagement régional, rural, urbain.* ♦ 4° Dispositions particulières, réserves ou modifications dans un texte (V. **Amendement**).

AMÉNAGER [amenaʒe]. *v. tr.*; conjug. *bouger* (1771; « approvisionner », XIVᵉ; de *ménage*). ♦ 1° *Sylvic.* Régler l'aménagement d'une forêt). ♦ 2° (v. 1830). Disposer et préparer méthodiquement en vue d'un usage déterminé. V. **Agencer, arranger.** « *Le rez-de-chaussée avait été aménagé en laboratoires* » (MART. du G.).

AMÉNAGEUR, EUSE [amenaʒœʀ, øz]. *n.* (1906; de *aménager*). ♦ 1° Celui ou celle qui aménage. « *L'habitude! aménageuse habile mais bien lente* » (PROUST). ♦ 2° Spécialiste de l'aménagement (V. **Aménagement**, 3°).

AMENDABLE [amãdabl(ə)]. *adj.* (1690; « passible d'amende », XIVᵉ; de *amender*). Qui peut être amendé.

AMENDE [amãd]. *n. f.* (1390; *emmende*, XIIᵉ; de *amender*). ♦ 1° Peine pécuniaire prononcée en matière civile, pénale ou fiscale, consistant dans le paiement d'une somme d'argent au trésor public. V. **Contravention.** *Condamner à une amende. Obligé sous peine d'amende.* ◇ Sanction pécuniaire infligée par un employeur. *Fam. Vous serez mis à l'amende,* se dit pour menacer de quelque punition légère ou fictive. ♦ 2° *Ancienn. Amende honorable,* peine infamante consistant dans l'aveu public de la faute. *Mod.* (Fig.) *Faire amende honorable,* reconnaître ses torts, demander pardon. « *Elle s'abaissa jusqu'à lui faire, en ma présence, amende honorable* » (MAURIAC). ◇ HOM. *Amande.*

AMENDEMENT [amãdmã]. *n. m.* (XIIᵉ; de *amender*). ♦ 1° *Vx.* Réparation, amélioration, correction. ◇ *Agric.* (XIIIᵉ). Opération visant à améliorer les propriétés physiques d'un sol; toute substance incorporée au sol à cet effet. V. **Amélioration, ameublissement, chaulage, fertilisation, marnage, plâtrage.** *Les matières organiques sont à la fois des amendements et des engrais.* ♦ 2° *Polit.* (1778; angl. *amendment*, du fr.). Modification proposée au texte soumis à une assemblée délibérante. « *Le 30 janvier 1875, l'amendement Wallon qui prononçait le mot de République était adopté* » (BAINVILLE). *Droit d'amendement,* droit de proposer des amendements, reconnu aux membres d'une assemblée.

AMENDER [amãde]. *v. tr.* (fin XIᵉ; lat. *emendare*). ♦ 1° Améliorer, corriger. « *Mauvais sujets que rien n'amende* » (GIDE). *Pronom.* « *Elle se rangera et s'amendera comme les autres* » (SAND). ♦ 2° *Agric.* (déb.). Améliorer par des amendements. ♦ 3° *Polit.* (1784; angl. *to amend*, du fr.). Modifier par amendement. *Amender un projet.* ◇ ANT. *Détériorer, gâter.*

AMÈNE [amɛn]. *adj.* (XIIIᵉ-XVIᵉ, « agréable »); repris 1839; lat. *amœnus*). *Littér.* Plein d'aménité. V. **Aimable, courtois.** « *Toujours amène et bienveillant envers les hommes de la plus humble condition* » (FRANCE). *Un ton, des propos amènes.* ◇ ANT. *Acerbe, désagréable.* — HOM. *Amen.*

AMENÉE [amne]. *n. f.* (XIVᵉ, repris 1866; de *amener*). Action d'amener l'eau (surtout dans *Canal, tuyaux d'amenée*).

AMENER [amne]. *v. tr.*; conjug. *mener* (1080; de *mener*). I. ♦ 1° Mener (qqn) à un endroit ou auprès d'une personne. *Amener qqn à, chez qqn* (V. *aussi* **Emmener, ramener**). « *Son impuissance à sauver tous les pauvres bougres qu'on lui amenait* » (ZOLA). *Quel bon vent vous amène? Absolt. Mandat* d'amener.* — *Fig.* Conduire, entraîner petit à petit (à quelque acte ou état). *Amener qqn à résipiscence.* « *Sans vouloir amener les autres à nos sentiments* » (LA BRUY.). « *Amener autrui à partager notre conviction* » (GIDE). ♦ 2° Faire venir (une chose) à une destination. V. **Apporter; acheminer, conduire.** « *Cette rivière que les Romains avaient captée et amenée jusqu'à Nîmes par l'aqueduc* » (GIDE). ◇ *Fig.* Diriger, conduire. *N'amenons pas la conversation sur ce sujet.* — *Savoir amener un dénouement, une comparaison.* V. **Ménager, préparer.** ♦ 3° *(Sujet de chose).* Avoir pour suite assez proche (sans qu'il s'agisse d'une conséquence nécessaire). V. **Occasionner.** « *Cette influence qui amena dans mon être une complète transformation* » (RENAN). « *Il pourrait t'amener du désagrément* » (SAND). ♦ 4° *Pronom.* (Fin XIXᵉ). *Pop.* Venir, arriver. *Amène-toi ici!* « *Du rivage s'amènent deux grandes barques* » (GIDE). II. Tirer à soi. *Pêcheur qui amène son filet. Laisser un brochet s'épuiser pour l'amener plus facilement.* ♦ *Mar.* Abaisser. *Amener les voiles. Amener pavillon*, les couleurs*.* ◇ *Par ext.* Faire sortir (tel point) d'un coup de dés. *Amener une paire.*

AMÉNITÉ [amenite]. *n. f.* (XIVᵉ; lat. *amœnitas*). ♦ 1° *Vx.* Agrément (d'un lieu). « *L'aménité des rivages, la douceur de l'air* » (CHATEAUB.). ◇ Amabilité pleine de charme. « *Sa supériorité, que sait tempérer l'aménité la plus exquise* » (GIDE). *Traiter qqn sans aménité,* durement. ◇ *Iron.* (1866) *Au plur.* Paroles blessantes ou injurieuses.

AMÉNORRHÉE [amenɔRe]. *n. f.* (1795; de *a-* 2, et *ménorrhée*). Absence du flux menstruel chez une femme en âge d'être réglée.

AMENTIFÈRE [amãtifɛR], *adj. et n.* (1863; du lat. *am(m)entum* « courroie, cordon », et *-fère*). Se dit des plantes à inflorescences en cordons ou chatons (fagacées, juglandacées, salicacées). N. *Les amentifères.*

AMENUISEMENT [amənɥizmã]. *n. m.* (XIIIᵉ; de *amenuiser*). Action d'amenuiser, fait de s'amenuiser. V. **Amincissement, diminution.** ◇ ANT. *Épaississement.*

AMENUISER [amənɥize]. *v. tr.* (XIIᵉ; de *menuiser*. V. **Menu.**). ♦ 1° Rendre plus mince. V. **Amincir.** — *Pronom.* Devenir plus petit. V. **Diminuer.** ♦ 2° *Fig.* « *Sans un apport de l'extérieur, il risquerait d'amenuiser mortellement sa substance* » (GIDE). « *La valeur des immeubles s'amenuisera* » (ROMAINS). ◇ ANT. *Épaissir, grossir.*

1. AMER, ÈRE [amɛR]. *adj.* (XIᵉ; lat. *amarus*). ♦ 1° Qui produit au goût une sensation *sui generis* le plus souvent désagréable (ex. : la bile, l'écorce de citron, les endives, etc.). *C'est amer comme la suie, comme chicotin. Confitures d'oranges amères. J'ai la bouche amère,* un goût d'amertume dans la bouche. *Poét. L'onde amère, les flots amers,* la mer. ◇ Subst. *Vx* (XIVᵉ) Fiel de certains animaux. — (XVIIIᵉ) *Mod.* Liqueur obtenue par infusion d'herbes ou écorces amères, tonique et apéritive (gentiane, quinquina, noix vomique). ♦ 2° *Fig.* Qui engendre l'amertume. V. **Douloureux, pénible, triste.** *Des regrets amers.* « *La plus amère des déceptions* » (COLETTE). « *Mais tout aujourd'hui m'est amer* » (BAUDEL.). ◇ Qui exprime, marque l'amertume. V. **Blessant, dur, mordant.** *Il m'a fait d'amers reproches. Une raillerie, une ironie amère.* « *Il rit d'un rire amer* » (HUGO). *Fam. Il est très amer,* ses paroles sont amères. ◇ ANT. *Doux; agréable; affectueux, aimable.*

2. AMER [amɛR]. *n. m.* (1683; norm. *mer(c)*, scandin. *merki*. V. **Marque**). *Mar.* Objet fixe et visible servant de point de repère sur une côte.

AMÈREMENT [amɛRmã]. *adv.* (XIIᵉ; *amarament*, Xᵉ; de *amer* 1). Avec amertume. *Il se plaint amèrement de votre silence.* « *Il regrettait amèrement de n'y être pas allé* » (SARTRE).

AMÉRICAIN, AINE [ameRikẽ, ɛn]. *adj.* (1556; de *Amérique,* lat. géogr. *America* (1507), du nom de *Amerigo* Vespucci). ♦ 1° De l'Amérique. *Le continent américain. Les langues américaines* (de l'Amérique du Nord, du Mexique et de l'Amérique centrale et de l'Amérique du Sud). — Subst. *Les Américains du Nord, du Sud.* V. **Nord-américain, sud-américain.** ♦ 2° (XIXᵉ). Des États-Unis d'Amérique. *La politique américaine. Voitures, cigarettes américaines* (substant., *une américaine*). Subst. *Les Américains.* V. **Yankee.** (Cf.

pop. Amerlot, Ricain). *L'américain,* le parler anglo-américain.
◊ (Dans certaines expressions) *À l'américaine,* à la manière américaine. *Vol à l'américaine* (1841), vol faisant intervenir un compère donné comme un riche Américain. — *Cuis. Homard à l'américaine,* cuit dans une sauteuse avec tomates, échalotes, oignons, vin blanc, etc. — *Sport. Course à l'américaine,* ou ellipt. *américaine,* course cycliste sur piste opposant des équipes de plusieurs coureurs qui se relaient.

AMÉRICANISATION [ameʀikanizɑsjɔ̃]. *n. f.* (1902 ; de *américaniser*). Action d'américaniser, fait de s'américaniser.

AMÉRICANISER [ameʀikanize]. *v. tr.* (1851 ; de *américain*). Revêtir, marquer d'un caractère américain (2°). « *La mécanique nous aura tellement américanisés* » (BAUDEL.). Pronom. « *Un monde qui s'américanise* » (SIEGFRIED).

AMÉRICANISME [ameʀikanism(ə)]. *n. m.* (1853 ; de *américain*). ♦ 1° *Vieilli.* Admiration, imitation du mode de vie, de la civilisation des États-Unis. « *Le monde marche vers une sorte d'américanisme* » (RENAN). ◊ (1866) Idiotisme américain (par rapport à l'anglais). ♦ 2° (1875). Ensemble des études ethnographiques, archéologiques, linguistiques, etc., consacrées au continent américain, à ses civilisations autochtones : précolombiennes, indiennes.

AMÉRICANISTE [ameʀikanist]. *adj. et n.* (1875 ; « américanophile », 1853 ; de *américain*). *Didact.* Qui concerne l'américanisme. *La « recherche américaniste* » (LÉVI-STRAUSS). — *Subst.* Spécialiste (ethnologue, archéologue, linguiste) du continent américain, de ses civilisations autochtones. *Un célèbre américaniste.*

AMÉRICIUM [ameʀisjɔm]. *n. m.* (1948 ; angl. *America*). *Chim.* Élément transuranien artificiel (symb. Am ; n° at. 95 ; dens. 13,67) obtenu depuis 1944 dans des réacteurs nucléaires.

AMÉRINDIEN, IENNE [ameʀɛ̃djɛ̃, jɛn]. *adj.* (1946 ; du rad. de *Amérique,* et *indien*). Se dit des Indiens d'Amérique et de ce qui est relatif à ces peuples. *Langues amérindiennes.*

AMERLO(T) ou **AMERLOQUE** [ameʀlo ; ameʀlɔk]. *n.* (v. 1940 ; déform. arg. de *Américain*). *Pop.* Américain.

AMERRIR [ameʀiʀ]. *v. intr.* (1912 ; de *mer,* d'apr. *atterrir*). Se poser à la surface de l'eau (hydravion, cabine spatiale).

AMERRISSAGE [ameʀisaʒ]. *n. m.* (1912 ; de *amerrir*). Action d'amerrir.

AMERTUME [ameʀtym]. *n. f.* (XIIᵉ ; lat. *amaritudo, -inis*). ♦ 1° Saveur amère. *La légère amertume des scaroles.* ◊ Maladie des vins, qui les rend amers. ♦ 2° Sentiment durable de tristesse mêlée de rancœur, lié à une humiliation, une déception, une injustice du sort. V. **Découragement,** dégoût, mélancolie. « *Je pensais, plein d'amertume : pourquoi suis-je sur la terre !* » (DAUD.). — Caractère de ce qui engendre un tel sentiment. « *Toute l'amertume de l'existence* » (FLAUB.). — *Au plur.* Littér. « *Vous insultez le juste abreuvé d'amertumes* » (HUGO). ◊ ANT. Douceur ; joie, plaisir.

AMÉTHYSTE [ametist(ə)]. *n. f.* (1080 ; lat. d'o. gr. *amethystus*). Pierre précieuse violette, variété de quartz. « *Et, montant l'anneau d'évêque : c'est une améthyste de Hongrie* » (FRANCE).

AMÉTROPE [ametʀɔp]. *adj.* (1877 ; de *amétropie*). Atteint d'amétropie. ◊ ANT. Emmétrope.

AMÉTROPIE [ametʀɔpi]. *n. f.* (1877 ; du gr. *ametros* « non conforme à la mesure », et *-opie*). Défaut dans la constitution optique de l'œil ayant pour conséquence l'astigmatisme, la myopie ou l'hypermétropie. ◊ ANT. Emmétropie.

AMEUBLEMENT [amœbləmɑ̃]. *n. m.* (1598 ; de l'a. v. *ameubler,* de *meuble*). Ensemble des meubles d'un logement, considéré dans son agencement. V. **Décoration,** mobilier. « *Un divan et des coussins qui traînaient à terre composaient tout l'ameublement de cette chambre* » (LOTI). *Tissus d'ameublement.*

AMEUBLIR [amœbliʀ]. *v. tr.* (XIVᵉ ; de *meuble*). ♦ 1° *Dr.* Faire entrer dans la communauté des immeubles propres à un des époux (ce qui conduit à traiter ces immeubles comme des meubles). ♦ 2° *Agric.* (XVIᵉ). Rendre meuble (le sol).

AMEUBLISSEMENT [amœblismɑ̃]. *n. m.* (1603 ; de *ameublir*). ♦ 1° Convention matrimoniale consistant à ameublir des immeubles. ♦ 2° (1839). Opération consistant à ameublir les terres, pour faciliter la germination et la croissance. V. **Hersage,** labour.

AMEUTER [amøte]. *v. tr.* (XVIᵉ ; de *meute*). ♦ 1° *Vén.* Assembler en meute pour la chasse, rallier (les chiens). ♦ 2° *Cour.* (Fin XVIᵉ). Attrouper dans une intention de soulèvement ou de manifestation hostile. « *Se laissant ameuter par des ligueurs* » (ROUSS.). « *On ameute la foule* » (HUGO). — Pronom. S'attrouper dans une intention hostile. ◊ ANT. Calmer, disperser.

AMHARIQUE [amaʀik]. *n. m.* (1763 ; lat. sav. *amharicus* (1698), de *Amhara,* province centrale de l'Éthiopie). Langue sémitique du groupe éthiopien parlée dans la majeure partie du haut plateau abyssin.

AMI, IE [ami]. *n. et adj.* (Xᵉ ; lat. *amicus, amica*). I. N. ♦ 1° Personne avec laquelle on est lié d'amitié.

« *Qu'un ami véritable est une douce chose !* » (LA FONT.). *Un de mes bons, de mes vieux amis. Mon meilleur ami. Nous étions entre amis.* « *Il avait été recommandé par des amis communs* » (LOTI). *Un ami d'enfance, une amie de pension. L'ami de la maison,* reçu dans l'intimité de la maison. ◊ *Par euphém.* Amant, maîtresse. — (Provincial.) *C'est sa bonne amie,* une fille avec laquelle il est très lié, qu'il courtise. ◊ *Mes chers amis,* s'emploie souvent en s'adressant à de simples camarades. *Mon petit ami, mon jeune ami,* appellation condescendante. Vieilli. *Eh! l'ami!* interpellation familière à un inconnu supposé de condition modeste. ♦ 2° Personne qui est bien disposée, a de la sympathie envers une autre ou une collectivité. *Je viens en ami, et non en ennemi. Ce sont des amis de la France,* des francophiles. *Nos amis et alliés. L'ami du peuple,* surnom de Marat. ◊ *Fig.* Partisan, défenseur très attaché à une cause. *La société des amis de la Constitution,* les Jacobins. *Les amis du livre,* les bibliophiles. II. Adj. D'un ami, d'amis. V. **Amical.** *Une main amie.* « *Il rencontrait Adèle dans une maison amie* » (COURTELINE). Par ext. « *Les destins amis* » (CORN.), favorables. « *Une façade amie, celle d'un café* » (BOSCO), accueillante. ◊ Allié. *Les troupes amies.*

◊ ANT. Ennemi, hostile. — HOM. Amict.

AMIABLE [amjabl(ə)]. *adj.* (1402 ; « aimable », XIIᵉ ; bas lat. *amicabilis*). ♦ 1° *Dr.* Qui a lieu ou agit par la voie de la conciliation. *Un partage amiable.* « *Médiateur amiable* » (FÉN.). — Proc. civ. *Amiable compositeur* : arbitre chargé de régler à l'amiable un différend entre deux personnes. ◊ *Loc. adv.* (1579) Cour. *À l'amiable,* par voie de conciliation (et non contentieuse), de gré à gré. *Un arrangement à l'amiable serait préférable.* ♦ 2° *Math.* (1751). *Nombres amiables,* paire de nombres tels que chacun d'eux est égal à la somme des parties aliquotes de l'autre (*ex.* : 220 et 284).

AMIANTE [amjɑ̃t]. *n. m.* (XIVᵉ ; lat. d'o. gr. *amiantus*). Variété fibreuse d'amphibole ; fibres extraites de ce minéral, insensibles à l'action d'un foyer ordinaire, ne fondant qu'au chalumeau. V. **Asbeste.** *Fils, plaque d'amiante. Amiante-ciment,* ciment auquel on a incorporé des fibres d'amiante.

AMIBE [amib]. *n. f.* (1845 ; lat. zool. *amiba,* 1824, ou *amœba,* du gr. *ameibein* « changer, alterner »). Protozoaire des eaux douces et salées, qui se déplace à l'aide de pseudopodes, pourvu d'un noyau et se reproduisant par division indirecte. *Il existe de nombreuses espèces d'amibes, dont certaines vivent en parasites de l'homme.* ◊ Cour. *Il a des amibes* : de l'amibiase.

AMIBIASE [amibjaz]. *n. f.* (1922 ; de *amibien*). Maladie parasitaire due à des amibes, caractérisée surtout par la dysenterie, et compliquée souvent d'abcès (foie, poumons, reins).

AMIBIEN, IENNE [amibjɛ̃, jɛn]. *n. et adj.* (1853 ; de *amibe*). *Didact.* ♦ 1° *N. m. pl.* Sous-classe des rhizopodes, comprenant les amibes proprement dites (nues) et les amibes dites à coquille. ♦ 2° *Adj.* (1878). Causée par les amibes. *Dysenterie amibienne.*

AMIBOÏDE [amiboid]. *adj.* (1874 ; de *amibe,* et *-oïde*). *Mouvements amiboïdes,* semblables à ceux des amibes qui se déplacent par émission de pseudopodes.

AMICAL, ALE, AUX [amikal, o]. *adj. et n. f.* (1735 ; *amial,* XIIᵉ ; bas lat. *amicalis*). Empreint d'amitié, qui marque de l'amitié. « *Cette demoiselle se tournait souvent de mon côté d'un air amical et familier* » (MARIVAUX). *Nos relations sont amicales.* ◊ *Association amicale,* ou ellipt. **AMICALE** (n. f.), association de personnes ayant une même profession, une même activité. *Amicale des anciens élèves de l'École de...* ◊ Qui parle, se comporte avec amitié, avec sympathie. « *Il a été aussi amical et ouvert avec moi* » (STENDHAL). ◊ ANT. Hostile, inamical, malveillant.

AMICALEMENT [amikalmɑ̃]. *adv.* (1735 ; de *amical*). D'une façon amicale. *Nous avons causé amicalement.*

AMICT [ami]. *n. m.* (*Emit, amit,* XIIᵉ ; lat. *amictus*). Rectangle de toile fine que le prêtre passe autour du cou avant de revêtir l'aube. ◊ HOM. Ami.

AMIDE [amid]. *n. m.* (1845 ; du rad. de *ammoniac*). Nom générique de composés organiques dérivant de l'ammoniac ou d'une amine par substitution de radicaux acides à l'hydrogène.

AMIDON [amidɔ̃]. *n. m.* (1302 ; lat. médiév. *amidum,* altér. du lat. d'o. gr. *amilum*). Glucide de poids moléculaire élevé (constitué par l'union de nombreuses molécules de glucose), emmagasiné par les organes de réserve des végétaux (blé, maïs, pomme de terre, riz) sous forme de granules qui, broyés avec de l'eau chaude, fournissent un empois. V. **Fécule.** *Amidon en grains, en poudre. Empeser à l'amidon.* V. **Amidonner.**

AMIDONNAGE [amidɔnaʒ]. *n. m.* (1877 ; de *amidonner*). Action d'amidonner. V. **Empesage.**

AMIDONNER [amidɔne]. *v. tr.* (1581 ; de *amidon*). Enduire d'amidon. V. **Empeser.**

AMIDONNERIE [amidɔnʀi]. *n. f.* (1789 ; de *amidonnier*). Usine pour la fabrication de l'amidon.

AMIDONNIER [amidɔnje]. *n. m.* (1680; de *amidon*). Ouvrier procédant aux différentes opérations de la fabrication de l'amidon.

AMIDOPYRINE [amidɔpiʀin]. *n. f.* (1960; de *amide*, *pyro-* et suff. *-ine*). Médicament, fébrifuge et analgésique puissant.

AMINCIR [amɛ̃siʀ]. *v. tr.* (XIIIᵉ, repris XVIIIᵉ; de *mince*). ♦ 1° Rendre plus mince. *Amincir une poutre.* V. **Amaigrir.** ◇ *Pronom.* Devenir plus mince. « *Peu à peu les brumes s'amincissent* » (MAUPASS.). *Fam.* et *intrans.* V. **Mincir.** *Elle a aminci.* ♦ 2° Faire paraître plus mince. « *Sa robe noire l'amincissait* » (FLAUB.). ◇ ANT. Élargir, épaissir.

AMINCISSEMENT [amɛ̃sismã]. *n. m.* (XVIIIᵉ; de *amincir*). Action d'amincir, fait de s'amincir.

AMINE [amin]. *n. f.* (1874; du rad. de *ammoniac*). Nom générique des composés obtenus par substitution de radicaux hydrocarbonés univalents à l'hydrogène de l'ammoniac. Thérap. *Amines de réveil*, amphétamines.

AMINÉ, ÉE [amine]. *adj.* (XXᵉ; de *amine*). *Acide aminé* : corps possédant les deux fonctions amine et acide, constituant essentiel de la matière vivante (On dit aussi *Amino-acide*).

AMINOPLASTE [aminɔplast(ə)]. *n. m.* (1949; de *amine*, et *plastique*). Nom générique de matières plastiques (résines synthétiques) obtenues par réaction de condensation entre l'urée et le formol.

AMIRAL, AUX [amiʀal, o]. *n. m.* (XIIIᵉ; « émir », 1080; arabe, *âmir* « chef »). *Ancien.* Commandant d'une force navale; dignité équivalente à celle de maréchal. *Mod.* Officier du grade le plus élevé dans la marine. V. **Contre-amiral, vice-amiral.** *Au fém.* Fam. *Madame l'amirale X*, la femme de l'amiral X. ◇ *Adj.* (XVIIᵉ) *Vaisseau amiral*, ayant à son bord un amiral, le chef d'une formation navale. « *La frégate amirale* » (HUGO).

AMIRAUTÉ [amiʀote]. *n. f.* (XIVᵉ; de la var. anc. *amiraut*, de *amiral*). *Ancienn.* Dignité d'amiral de France. ◇ *Mod.* Corps des amiraux, haut commandement de la marine; siège de ce commandement. *Premier lord de l'Amirauté*, ministre de la marine britannique.

AMITIÉ [amitje]. *n. f.* (*Amistié*, 1080; lat. pop. °*amicitatem*, accus. de °*amicitas*, class. *amicitia*). ♦ 1° Sentiment réciproque d'affection ou de sympathie qui ne se fonde ni sur les liens du sang, ni sur l'attrait sexuel. « *La camaraderie mène à l'amitié* » (MAURIAC). « *L'amitié entre homme et femme est délicate, c'est encore une manière d'amour* » (COCTEAU). *Une solide, une ancienne amitié. Se lier d'amitié avec qqn. — Amitié particulière*, liaison de caractère passionnel entre garçons ou entre filles. ◇ *Par anal.* Rapports amicaux. V. **Entente.** *L'amitié entre nos deux pays.* ♦ 2° Marque d'affection, témoignage de bienveillance. *J'espère que vous nous ferez l'amitié de venir. Faites-lui toutes mes amitiés, dites-lui de ma part bien des choses affectueuses.* ◇ ANT. Antipathie, inimitié.

AMITOSE [amitoz]. *n. f.* (1899; *a-* 2, et *mitose*). *Biol.* Division du noyau d'une cellule par simple clivage, sans répartition manifeste des chromosomes et, souvent, sans division de la cellule. V. **Mitose.**

AMMONIAC, AQUE [amɔnjak]. *adj.* et *n.* (*Armoniac*, 1256; lat. *ammoniacum* « de la région du temple d'Ammon », en Libye). ♦ 1° *Gomme ammoniaque*, gomme-résine d'une plante d'Afrique. *Sel ammoniac*, ancien nom du chlorure d'ammonium. ♦ 2° (1787). *Gaz ammoniac*, ou ellipt. *Ammoniac*, combinaison gazeuse d'azote et d'hydrogène (NH₃), gaz à odeur piquante, issu de l'état naturel de la décomposition des matières organiques azotées, préparé industriellement par synthèse, utilisé en particulier pour la préparation des sels ammoniacaux (engrais) et de l'ammoniaque. ♦ 3° *N. f.* (1845). AMMONIAQUE, solution aqueuse du gaz ammoniac employée notamment pour le dégraissage des étoffes. V. **Alcali** (volatil).

AMMONIACAL, ALE, AUX [amɔnjakal, o]. *adj.* (1748; de *sel ammoniac*). Relatif à l'ammoniac, contenant de l'ammoniac. *Odeur ammoniacale. Sels ammoniacaux.*

AMMONISATION [amɔnizasjɔ̃]. *n. f.* (1948; du rad. de *ammoniac*). Transformation de la matière organique azotée en composé ammoniacal, sous l'influence de micro-organismes. V. **Nitrification.**

AMMONITE [amɔnit]. *n. f.* (1791; en lat. zool., 1732; du lat. *Ammonis cornu* « corne d'*Am(m)on* », dieu égyptien représenté sous la forme d'un bélier). Mollusque céphalopode fossile à coquille enroulée, très abondant dans les terrains secondaires.

AMMONIUM [amɔnjɔm]. *n. m.* (1843; de *ammoniac*). Radical univalent NH₄ jouant le rôle de métal alcalin dans les sels ammoniacaux.

AMMOPHILE [amɔfil]. *n. f.* et *adj.* (1834; lat. zool. *ammophila*, du gr. *ammos* « sable », et *-phile*). *Zool.* ♦ 1° *N. f.* Insecte hyménoptère. arénicole, chasseur de chenilles. ♦ 2° *Adj.* Se dit d'un animal ou d'un végétal qui vit de préférence dans le sable.

AMNÉSIE [amnezi]. *n. f.* (1803; gr. ecclés. *amnêsia* « oubli »). Perte totale ou partielle de la mémoire. *Amnésie de fixation* (ou *antérograde*), *de conservation* (ou *rétrograde*), *hystérique* (à causes affectives). *Amnésies neurologiques*, aphasies, apraxies et agnosies.

AMNÉSIQUE [amnezik]. *adj.* (1874; de *amnésie*). Atteint d'amnésie. *Subst. Un amnésique.*

AMNIOS [amnjos]. *n. m.* (1541; gr. *amnion*). Annexe embryonnaire enveloppant l'embryon des vertébrés dits « amniotes » (mammifères, oiseaux, reptiles).

AMNIOTIQUE [amnjɔtik]. *adj.* (1843; de *amnios*). Qui appartient à l'amnios. *La cavité amniotique est remplie de liquide amniotique* (liquide séreux, exsudé de ses parois, où baigne le fœtus).

AMNISTIABLE [amnistjabl(ə)]. *adj.* (1866; de *amnistier*). *Qu'on peut amnistier. Crime amnistiable.*

AMNISTIANT, ANTE [amnistjã, ãt]. *adj.* (1879; de *amnistier*). *Grâce amnistiante*, grâce accordée par le chef de l'État dans les conditions spéciales prévues par une loi d'amnistie et ayant par là les effets de l'amnistie.

AMNISTIE [amnisti]. *n. f.* (*Amnestie*, 1546; gr. *amnêstia*, de *amnêstos* « oublié »). Acte du pouvoir législatif prescrivant l'oubli officiel ou plusieurs catégories d'infractions et annulant leurs conséquences pénales. V. **Grâce.** « *La guerre civile est une faute. Sur une vaste faute il faut un vaste oubli, l'amnistie* » (HUGO). ◇ *Littér.* Pardon total.

AMNISTIER [amnistje]. *v. tr.* (1795; de *amnistie*). Faire bénéficier d'une amnistie (des délinquants ou des délits). ◇ *Littér.* Pardonner, excuser.

AMOCHER [amɔʃe]. *v. tr.* (1867; de *moche*). *Pop.* Abîmer, blesser. *Pronom. Il s'est bien amoché.*

AMODIATION [amɔdjasjɔ̃]. *n. f.* (1419; lat. médiév. *admodiatio*. V. **Amodier**). Location d'une terre moyennant une prestation périodique, en nature ou en argent (versée par l'*amodiataire* ou l'*amodiateur*). ◇ Convention par laquelle le concessionnaire d'une mine en remet l'exploitation à un tiers moyennant redevance.

AMODIER [amɔdje]. *v. tr.* (1283; lat. médiév. *admodiare*, de *modius* « boisseau »). Louer (une terre, une mine) par un contrat d'amodiation.

AMOINDRIR [amwɛ̃dʀiʀ]. *v. tr.* (XIVᵉ; *amanrir*, XIIᵉ; de *moindre*). Diminuer (la force, la valeur, l'importance). V. **Réduire.** « *Amoindrir la haute valeur de l'enseignement historique* » (HUGO). *Ces* « *impressions ne sont pas amoindries par le contact de la réalité* » (R. ROLLAND). *Pronom.* Décroître, diminuer. ◇ ANT. Accroître, augmenter.

AMOINDRISSEMENT [amwɛ̃dʀismã]. *n. m.* (XVᵉ; *amaurissement*, XIIᵉ; de *amoindrir*). Diminution, réduction. « *L'amoindrissement de territoire et de puissance que nous devons à Bonaparte* » (CHATEAUB.). ◇ ANT. Accroissement, augmentation.

AMOK [amɔk]. *n. m.* (1832; mot malais). Forme de folie homicide observée chez les Malais; individu qui en est atteint. « *L'amok, dès qu'il a vu le sang couler, n'épargnera personne* » (FAUCONNIER).

AMOLLIR [amɔliʀ]. *v. tr.* (XIIᵉ; de *mol*, *mou*). ♦ 1° Rendre mou, moins ferme. *L'asphalte était amollie par la chaleur.* V. **Ramollir.** « *L'émotion amollit les jambes* » (MART. du G.). ♦ 2° *Fig.* (*Vieilli*). Diminuer dans son énergie, dans sa résistance. V. **Affaiblir, alanguir, efféminer, énerver** (*vx*). « *Voulez-vous gouverner les hommes, amollissez-les par la volupté* » (LAMENNAIS). *Pronom.* V. **Faiblir, fléchir.** « *En est-il entre vous dont le courage s'amollisse?* » (MADELIN). ◇ ANT. Affermir, durcir, endurcir.

AMOLLISSANT, ANTE [amɔlisã, ãt]. *adj.* (1425; de *amollir*). Qui amollit, ôte l'énergie. V. **Affaiblissant.** « *Sur cette terre amollissante et tiède* » (MAUPASS.).

AMOLLISSEMENT [amɔlismã]. *n. m.* (1539; de *amollir*). Action d'amollir, état de ce qui est amolli (surtout au *fig.*). V. **Affaiblissement, relâchement.** « *L'amollissement général, qui est le produit du progrès des jouissances* » (DELACROIX). ◇ ANT. Endurcissement; dureté.

AMOME [amɔm]. *n. m.* (1213; lat. d'o. gr. *amomum*). Cardamome.

AMONCELER [amɔ̃sle]. *v. tr.*; conjug. *appeler* (XIIᵉ; de *moncel*, *monceau*). Réunir en monceau. V. **Entasser.** « *Elles amoncellent les colonnes en piliers monstrueux* » (TAINE). Pronom. « *Les nuages s'amoncelaient au couchant* » (FLAUB.). V. **Amasser.** ◇ *Fig.* Accumuler. « *Amonceler des évidences* » (HUGO).

AMONCELLEMENT [amɔ̃sɛlmã]. *n. m.* (XIIᵉ; de *amonceler*). Entassement, accumulation. « *L'amoncellement étincelant des coquillages* » (HUGO). « *Le déblayage d'un amoncellement de correspondance* » (GIDE).

AMONT [amɔ̃]. *n. m.*; *adv.* « vers le haut », 1080; pour *à mont* « *vers la montagne* »). ♦ 1° Partie d'un cours d'eau comprise entre un point considéré et la source. *En allant vers l'amont. Le pays d'amont.* ◇ *Ski.* Partie plus élevée, sur une pente. — *Adj.* Par oppos. *Le ski amont.* — *Loc. prép. En amont de*, au-dessus de (tel point d'un cours d'eau). ◇ *Par ext. Vent d'amont*, sur certaines côtes, vent venant de l'intérieur des terres. 2° *Fig.* Ce qui vient avant le point considéré, dans un processus technique ou économique. *Les produits d'amont.* ◇ ANT. *Aval.*

AMORAL, ALE, AUX [amɔʀal, o]. *adj.* (1885; de *a-* 2, et *moral*). Qui est moralement neutre, étranger au domaine de la moralité. « *Les lois de la nature sont a-morales* » (GUYAU). ◇ Qui est immoral par défaut ou sens moral. ◇ ANT. *Moral.*

AMORALISME [amɔʀalism(ə)]. *n. m.* (1905; de *amoral*). Conception philosophique de la vie étrangère à toute considération de valeur morale. Attitude d'un être amoral. ◇ ANT. *Moralisme.*

AMORÇAGE [amɔʀsaʒ]. *n. m.* (1838; de *amorcer*). *Techn.* Action ou manière d'amorcer. *Amorçage d'une cartouche, d'un obus,* dispositif d'inflammation ou de détonation. *Amorçage d'une pompe.* — *Électr.* Génération du régime variable précédant l'établissement en régime permanent.

AMORCE [amɔʀs]. *n. f.* (XIIIᵉ; *amorse,* subst. fém. de *amors,* p. p. de l'a. fr. *amordre,* de *mordre*).
I. ♦ 1° (Pêche). *Vx.* Appât. ◇ *Mod.* Produit jeté dans l'eau pour amorcer le poisson (et *par ext.* disséminé pour attirer le gibier dans le piège). *Le blé, le pain, le sang, les vers blancs servent d'amorces.* ♦ 2° Fig. (Vx). Ce qui attire, séduit. V. **Appât.** « *Les trompeuses amorces* » (BOIL.).
II. *Par ext.* ♦ 1° (XVIᵉ). Petite masse de matière détonante servant à provoquer l'explosion d'une charge de poudre ou d'explosif; dispositif de mise à feu. V. **Détonateur.** *Loc. Sans brûler une amorce,* sans tirer un seul coup de feu. ♦ 2° (1866). Premier tronçon d'une route, d'une voie ferrée (servant d'indication pour les travaux à venir). ◇ (1945) Ruban coloré qu'on colle à l'extrémité d'un film ou d'une bande magnétique pour protéger le pourtour extérieur du rouleau (on dit aussi *bande-amorce*). ♦ 3° *Fig.* (1948) Manière d'entamer, de commencer. V. **Commencement, début, ébauche.** *Cette rencontre pourrait être l'amorce d'une négociation véritable.*

AMORCER [amɔʀse]. *v. tr.*; conjug. *placer (Amorser,* XIVᵉ; de *amorce*). ♦ 1° (*Pêche*). Garnir d'un appât. *Amorcer l'hameçon, la ligne.* ◇ Attirer (le poisson, le gibier) en répandant des amorces. Absolt. *Amorcer avec du blé.* ◇ Fig. (Vx) Attirer, séduire. ♦ 2° (XVIᵉ). Garnir d'une amorce (une charge explosive). ◇ Par anal. *Amorcer une pompe,* la mettre en état de fonctionner, en remplissant d'eau le corps. *Amorcer un siphon.* ♦ 3° (XVIIIᵉ) Commencer à percer (un trou, une ouverture). ◇ Commencer à percer (une voie), exécuter l'amorce de (une route, etc.). ♦ 4° *Fig.* Entamer, ébaucher (un mouvement). « *Si j'amorce une vrille* » (ST-EXUP.). ◇ Ouvrir la voie à, mettre en train. V. **Commencer.** « *Impossible d'amorcer aucune conversation* » (MART. du G.). « *Amorcer des négociations, ébaucher des projets* » (MADELIN). — Pron. S'AMORCER, commencer, débuter. *Une baisse des cours s'amorce. Un dialogue s'était amorcé* (Le Monde, 1-2-1964).

AMORÇOIR [amɔʀswaʀ]. *n. m.* (1584; de *amorcer*). ♦ 1° *Vx.* Dispositif pour amorcer une arme à feu. ◇ (1680) *Vx.* Ébauchoir. ♦ 2° (1922). *Pêche.* Boîte permettant de déposer l'amorce au fond de l'eau.

AMOROSO [amɔʀozo]. *adv.* (1819; mot it. « amoureusement »). Indication musicale de nuance : avec tendresse.

AMORPHE [amɔʀf(ə)]. *adj.* (1801; gr. *amorphos*). ♦ 1° *Minér.* Qui n'a pas de forme cristalline propre. *État amorphe,* désorganisé (*opposé à* cristallin). *Les roches volcaniques dites vitreuses sont amorphes.* ♦ 2° Fig. (1896). *Caractérol.* Dont la personnalité est inconsistante. « *Les amorphes ne sont pas une voix, mais un écho* » (RIBOT). Cour. Sans personnalité, sans énergie. V. **Inconsistant, mou.** « *On les voit se débiliter, devenir de plus en plus amorphes, inexistants* » (MART. du G.). ♦ *Énergique.*

AMORTI [amɔʀti]. *n. m.* (1960; de *amortir*). *Sport.* Manière de frapper le ballon, la balle en amortissant le coup; coup ainsi exécuté.

AMORTIR [amɔʀtiʀ]. *v. tr.* (fin XIIᵉ; lat. pop. °*admortire,* de °*mortus.* V. *Mort*). ♦ 1° Rendre moins violent, atténuer l'effet de. V. **Affaiblir, diminuer, réduire.** *Tampons destinés à amortir un choc. Il est tombé sur un massif qui a amorti sa chute.* « *Les bruits me parvenaient amortis par l'humidité* » (PROUST). Pronom. « *Le bruit des roues ferrées qui s'amortissait sur la terre* » (FLAUB.). *Couleurs amorties,* dont on a affaibli l'intensité. *Ondes* amorties. ◇ Fig. Rendre moins vif. V. **Calmer, émousser.** « *La sensibilité n'étant plus amortie par l'habitude* » (PROUST). *P. p. subst.* Pop. Homme au terme d'âge mûr. *Les amortis et les croulants.* ♦ 2° (XVᵉ). Éteindre (une dette) par amortissement (financier). « *Il était loin de pouvoir amortir ses anciennes dettes* » (FLAUB.). Reconstituer par voie d'amortissement (le capital d'un bien investi). Surtout au passif et p. p. *Immeuble complètement amorti.* — *Amortir une action,* en rembourser le capital nominal à l'actionnaire et remplacer cette action par une action de jouissance. ◇ (Mil. XIXᵉ) Maintenir en état (un capital quelconque) par des mesures d'amortissement (industriel).

« *Prévoir la détérioration de l'outillage, afin de le renouveler en l'amortissant* » (SIEGFRIED).

AMORTISSABLE [amɔʀtisabl(ə)]. *adj.* (1465; de *amortir*). Qui peut être amorti (2°). *Emprunt amortissable.*

AMORTISSEMENT [amɔʀtismɑ̃]. *n. m.* (XVᵉ; « conversion en bien de mainmorte », XIIIᵉ; de *amortir*). ♦ 1° *Fin. Amortissement financier,* extinction graduelle d'une dette. *Amortissement d'un emprunt. Caisse d'amortissement,* destinée à l'amortissement de la dette publique. — *Amortissement des actions d'une société,* fait de les amortir. ◇ *Industr.* (Mil. XIXᵉ) Imputation en comptabilité des sommes nécessaires au maintien en état du capital (capital-espèces, du capital-outil, capital-mobilier, etc.) dont on constate qu'il est déprécié, usé, périmé. Cour. *L'amortissement d'une voiture, d'un frigidaire.* ♦ 2° (XVᵉ). *Archit.* Couronnement d'un édifice, d'un ouvrage, qui va en se réduisant progressivement. *Le pinacle sert d'amortissement à un contrefort.* ♦ 3° (XXᵉ; du sens ancien d' « affaiblissement »). Action, manière d'amortir, de réduire l'effet. *Amortissement d'un choc. Phys.* Diminution progressive d'amplitude (dans un mouvement oscillatoire).

AMORTISSEUR [amɔʀtisœʀ]. *n. m.* (1907; de *amortir*). Dispositif destiné à amortir la violence d'un choc, la trépidation d'une machine, l'intensité d'un son. *Amortisseurs de suspension d'une automobile. Amortisseurs d'avion,* atténuant les chocs à l'atterrissage. *Amortisseur de parachute.*

AMOUR [amuʀ]. *n. m.* (*Amur,* 842; *amour,* XIIᵉ, sous l'infl. du prov.; lat. *amor*). Disposition favorable de l'affectivité et de la volonté à l'égard de ce qui est senti ou reconnu comme bon, diversifiée selon l'objet qui l'inspire. V. **Affection, attachement, inclination, tendresse.**
I. ♦ 1° Disposition à vouloir le bien d'un autre que soi (Dieu, le prochain, l'humanité, la patrie) et à se dévouer à lui. *L'amour de l'homme pour Dieu* (répondant, dans la mystique chrétienne, à *l'amour de Dieu pour les hommes*). V. **Adoration, charité, dévotion, piété.** *Pour l'amour de Dieu,* par amour pour Dieu, sans motif intéressé. *Laissez-moi, pour l'amour de Dieu!* je vous en supplie. *L'amour du prochain, d'autrui.* V. **Altruisme, dévouement, fraternité, philanthropie.** « *Je te le donne pour l'amour de l'humanité* » (MOL.). « *Amour sacré de la patrie* » (ROUGET DE LISLE). V. **Patriotisme.** ♦ 2° Affection entre les membres d'une famille. *L'amour maternel, paternel, filial, fraternel,* de la mère, du père (envers les enfants), des enfants (envers les parents), des frères (envers les frères et sœurs). « *Oh! l'amour d'une mère! amour que nul n'oublie* » (HUGO). ♦ 3° (Généralement en ce sens, quand le mot est employé absolt.). Inclination envers une personne, le plus souvent à caractère passionnel, fondée sur l'instinct sexuel mais entraînant des comportements variés. *L'amour qu'il a, qu'il éprouve pour elle. Fou d'amour.* « *Chagrin d'amour dure toute la vie* » (FLORIAN). *Un mariage d'amour.* « *Nous parlions d'amour de peur de nous parler d'autre chose* » (CONSTANT). *Filer* le parfait amour. *Amour courtois, platonique.* V. **Foudre** (coup de). *Amour subit.* V. **Amourette** (1), *caprice, passade. Lettre, roman d'amour.* — Absolt. « *L'amour n'est que l'échange de deux fantaisies et le contact de deux épidermes* » (CHAMFORT). « *On ne badine pas avec l'amour* » (MUSS.). ◇ *Au plur.* Liaison, aventure amoureuse. *Comment vont tes amours? À vos amours!* (formule de souhait). — *Poét.* (au fém.) « *Mais le vert paradis des amours enfantines* » (BAUDEL.). ◇ Équivalent de ce sentiment dans le cas d'homosexualité. « *Qui donc devant l'amour ose parler d'enfer!* » (BAUDEL.). ♦ 4° Par euphém. (ou dans l'express. *amour physique*). Relations sexuelles. *Faire l'amour* (ancien. au sens de « faire sa cour »). V. **Baiser.** Vieilli. *L'acte d'amour.* ♦ 5° Personne aimée. *Tu es mon amour. Mon amour,* se dit en s'adressant à l'être aimé. — *Par ext.* (Fam.) *Vous seriez un amour si,* vous seriez très gentil de. ♦ 6° Personnification mythologique de l'amour (3°). V. **Cupidon.** *L'Amour avec son arc et son carquois. Peindre des Amours, des petits Amours.* Par compar. *Elle est jolie comme un amour, c'est un amour. Un amour d'enfant.* Fam. (Fam.) *Un amour de petit chapeau,* un très joli petit chapeau.
II. ♦ 1° Attachement désintéressé et profond à quelque valeur. *L'amour du bien, de la justice, de la vérité. Avoir l'amour de son métier. Faire une chose avec amour,* avec le soin, le souci de perfection de celui qui aime son travail. ♦ 2° Goût très vif pour une chose, une activité qui procure du plaisir. V. **Passion.** *L'amour de la nature, de la campagne. L'amour du gain, des voyages, du sport.*
III. ♦ *Amour en cage.* V. **Alkékenge.**
◇ ANT. *Antipathie, haine; aversion.*

AMOURACHER (S') [amuʀaʃe]. *v. pron.* (1559; *amourescher,* 1530; it. (*inn*)*amoracciarsi,* de *amoraccio,* péj. de *amore* « amour »). *Péj.* Tomber amoureux. V. **Toquer** (se). *Il s'est amouraché d'une petite actrice.*

1. **AMOURETTE** [amuʀɛt]. *n. f.* (*Amorete,* XIIᵉ; de *amour*). Amour peu sérieux, passager, sans conséquence.

V. **Béguin, caprice, flirt.** « *Une jeune fille qui n'ait pas eu déjà une amourette quelconque, en tout bien tout honneur* » (ROMAINS).

2. **AMOURETTE** [amurɛt]. *n. f.* (1531; altér. sous l'infl. de *amour*, de l'a. fr. *amarouste*, lat. pop. °*amarusta*, bas lat. *amalusta* « camomille »). ♦ 1° Nom courant ou dialectal de diverses plantes des champs (muguet, brize, etc.). ♦ 2° (1808; o.i.). *Bois d'amourette*, bois d'un acacia d'origine exotique utilisé en marqueterie.

3. **AMOURETTES** [amurɛt]. *n. f. pl.* (1771; a. prov. *amoretas* « testicules du coq », de *amor* « amour »). *Cuis.* Morceaux de moelle épinière de veau (de bœuf, de mouton) servis comme garnitures.

AMOUREUSEMENT [amurøzmɑ̃]. *adv.* (XIIIᵉ; de *amoureux*). Avec amour, tendrement. « *Léon la regardait si amoureusement* » (FLAUB.). ♦ Avec amour, avec un soin tout particulier. *Les objets d'art qu'il avait amoureusement rangés dans ses vitrines.* ◇ ANT. Froidement, négligemment.

AMOUREUX, EUSE [amurø, øz]. *adj.* (1220; de *amour*). ♦ 1° Qui éprouve de l'amour, qui aime. « *Un jeune homme est éperdument amoureux de vous* » (MUSS.). V. **Épris.** *Amoureux des onze, des cent mille vierges.* Subst. « *Il n'est ni mon amant, ni mon flirt, c'est mon amoureux* » (COLETTE). V. **Adorateur, soupirant.** *Un amoureux transi. Une amoureuse passionnée. Les deux amoureux se prenaient par la main.* V. **Tourtereau.** — (Théât.). *Elle joue les amoureuses.* ◇ Porté à l'amour (physique surtout). *Un tempérament amoureux. Elle est amoureuse comme une chatte.* V. **Ardent, lascif, voluptueux.** ◇ Propre à l'amour, qui marque de l'amour. *La vie amoureuse de X. Des regards amoureux.* ♦ 2° Qui a un goût très vif pour (qqch.). V. **Amateur, fanatique, féru, fervent, fou, passionné.** *Amoureux de la gloire.* « *Tu deviens de plus en plus amoureux de la nature* » (FLAUB.). ◇ ANT. *Froid, indifférent; ennemi.*

AMOUR-PROPRE [amurprɔpr(ə)]. *n. m.* (1608; de *amour*, et *propre*). ♦ 1° *Vx.* Attachement exclusif à sa propre personne, à sa conservation et son développement. V. **Égoïsme.** ♦ 2° Sentiment vif de la dignité et de la valeur personnelle, qui fait qu'un être souffre d'être mésestimé et désire s'imposer à l'estime d'autrui. V. **Fierté.** *Des blessures, des satisfactions d'amour-propre.* V. **Susceptible.** « *Dénué d'amour-propre à un degré qui ferait aisément manquer de dignité* » (PROUST). « *Je n'ai pas l'amour-propre si chatouilleux* » (ROMAINS).

AMOVIBILITÉ [amɔvibilite]. *n. f.* (1748; de *amovible*, sur le lat. médiév. *amovibilis*). *Dr.* Caractère d'une fonction ou d'un fonctionnaire amovible. ◇ ANT. *Inamovibilité.*

AMOVIBLE [amɔvibl(ə)]. *adj.* (1681; lat. médiév. *amovibilis*, du lat. *amovere* « écarter »). ♦ 1° *Dr.* (Fonctionnaire, magistrat). Qui peut être déplacé, changé d'emploi, révoqué. *Fonction amovible, qui peut être retirée pour être attribuée à d'autres.* ♦ 2° (1898). Qu'on peut enlever ou remettre à volonté. *Imperméable à doublure amovible. Housses amovibles pour automobiles.* ◇ ANT. *Inamovible.*

AMPÉLIDACÉES [ɑ̃pelidase]. *n. f. pl.* (1885; *ampélidées*, 1845; lat. bot. *ampelidaceæ*, gr. *ampelos* « vigne »). *Bot.* Famille dont la vigne est le type.

AMPÉLOGRAPHIE [ɑ̃pelɔgrafi]. *n. f.* (1845; du gr. *ampelos* « vigne », et -*graphie*). Étude scientifique de la vigne.

AMPÉLOPSIS [ɑ̃pelɔpsis]. *n. m.* (1845; lat. bot. 1803; du gr. *ampelos* « vigne », et *opsis* « apparence »). Nom scientifique des vignes vierges.

AMPÈRE [ɑ̃pɛr]. *n. m.* (1881; de *Ampère*, physicien). Unité d'intensité des courants électriques (symb. *A*).

AMPÈRE-HEURE [ɑ̃pɛrœr]. *n. m.* (1890; de *ampère*, et *heure*). Unité de quantité d'électricité, celle qui traverse en une heure un conducteur quand l'intensité du courant est de 1 ampère (symb. *Ah*).

AMPÈREMÈTRE [ɑ̃pɛrmɛtr(ə)]. *n. m.* (1883; de *ampère*, et -*mètre*). Instrument destiné à mesurer l'intensité d'un courant électrique.

AMPHÉTAMINE [ɑ̃fetamin]. *n. f.* (1959; pour *amphéthylamine*, de *amph*-, chim., *éthyle*, et *amine*). Médicament employé comme excitant du système nerveux central.

AMPH(I)-. Élément initial de composition, empr. gr. où il a le sens de « des deux côtés », en double » ou de « autour ». ◇ Préfixe de chimie organique indiquant la position 2-6.

AMPHIARTHROSE [ɑ̃fiartroz]. *n. f.* (1690; de *amphi*-, sur le mod. de *diarthrose*). *Anat.* Symphyse.

AMPHIBIE [ɑ̃fibi]. *adj.* (XVIᵉ; gr. *amphibios*; Cf. Amph(i)-, et -bie). ♦ 1° Capable de vivre à l'air ou dans l'eau, entièrement émergé ou immergé. *La grenouille est amphibie. Certaines polygonacées sont amphibies.* — *Par ext.* Qui vit ordinairement à la surface de l'eau (*ex.* : phoque), ou dans l'eau à l'état larvaire et hors de l'eau à l'état adulte (*ex.* : crapaud). Subst. *Un amphibie.* ◇ *Par anal.* (XXᵉ) Qui peut être utilisé sur terre ou dans l'eau. *Voiture, char amphibie. Par ext.* (Milit.) *Opérations amphibies, menées conjointe-*

ment par les armées de terre et de mer (*ex.* : débarquement). ♦ 2° *Fig.* (XVIIᵉ). *Rare.* Ambigu, de nature double. « *Ce costume amphibie symbolisait ses fonctions à moitié civiles, à moitié militaires* » (MART. du G.).

AMPHIBIENS [ɑ̃fibjɛ̃]. *n. m. pl.* (1826; de *amphibie*). Autre nom des batraciens.

1. **AMPHIBOLE** [ɑ̃fibɔl]. *n. f.* (1787; gr. *amphibolos* « à double pointe »). *Minér.* Nom d'un groupe de silicates (inosilicates) à deux clivages faciles et parfaits. *Amphiboles alumineuses* (*ex.* : hornblende), *non alumineuses* (*ex.* : actinote). *Roche amphibolique, qui contient de l'amphibole.*

2. **AMPHIBOLE** [ɑ̃fibɔl]. *adj.* (1906; gr. *amphibolos* « ambigu »). *Pathol.* Incertain, qui n'a pas de caractères bien définis. *Stade amphibole (d'une fièvre),* qui présente des variations importantes de température.

AMPHIBOLOGIE [ɑ̃fibɔlɔʒi]. *n. f.* (1546; *amphibolie*, XIIIᵉ; bas lat. *amphibologia*, class. *amphibolia*, mot gr.). Double sens présenté par une proposition. V. **Ambiguïté, équivoque.**

AMPHIBOLOGIQUE [ɑ̃fibɔlɔʒik]. *adj.* (XVIᵉ; *amphibolique*, XIVᵉ; de *amphibologie*). Qui présente une amphibologie. V. **Ambigu, équivoque.**

AMPHICTYON [ɑ̃fiktjɔ̃]. *n. m.* (1556; mot lat., gr. *amphiktuón*). *Hist. gr.* Député à une amphictyonie.

AMPHICTYONIE [ɑ̃fiktjɔni]. *n. f.* (1762; gr. *amphiktuonia*). *Hist. gr.* Association de cités grecques à caractère religieux, placée sous le patronage d'un dieu.

AMPHIGOURI [ɑ̃figuri]. *n. m.* (1738; o. i.). *Littér.* Écrit ou discours burlesque rempli de galimatias.

AMPHIGOURIQUE [ɑ̃figurik]. *adj.* (1748; de *amphigouri*). Qui tient de l'amphigouri. V. **Embrouillé, incompréhensible.** *La plaidoirie amphigourique de Petit-Jean dans les « Plaideurs ».*

AMPHIMIXIE [ɑ̃fimiksi]. *n. f.* (1905; gr. *amphi*- « des deux côtés », et *mixis* « mélange »). *Biol.* Fusion des deux noyaux mâle et femelle de l'œuf fécondé avant sa segmentation et, *par ext.* le phénomène de fécondation.

AMPHINEURES [ɑ̃finœr]. *n. m. pl.* (1898; *amphineura*, 1885; de *amphi*-, et gr. *neura* « nerf, corde »). Classe de mollusques primitifs, comprenant notamment les chitons.

AMPHIOXUS [ɑ̃fjɔksys]. *n. m.* (1845; de *amphi*-, et gr. *oxus* « pointu »). Petit animal marin (Procordés), pisciforme, vivant sur les côtes sablonneuses, remarquable en ce qu'on trouve chez lui, présente de façon typique, l'embryogénie des vertébrés.

AMPHIPODES [ɑ̃fipɔd]. *n. m. pl.* (1845; lat. zool. *amphipoda*, 1809; Cf. Amph(i)-, et -pode). Ordre de crustacés à corps comprimé latéralement, carnassiers, vivant dans les eaux salées (talitre), ou douces (gammare).

AMPHISBÈNE [ɑ̃fisbɛn]. *n. m.* (XIIᵉ; lat. *amphisbæna*, gr. *amphisbaina*, de *amphis* « des deux côtés », et *bainein* « aller »). ♦ 1° *Vx.* Serpent fabuleux à deux têtes. ♦ 2° (XVIIIᵉ). Reptile lacertilien (Sauriens) sans pattes, dont les deux extrémités sont très ressemblantes, se déplaçant dans un sens ou dans l'autre.

AMPHITHÉÂTRE [ɑ̃fiteɑtr(ə)]. *n. m.* (1213; lat. d'o. gr. *amphitheatrum*). ♦ 1° *Hist. rom.* Vaste édifice circulaire à gradins étagés, occupé au centre par une arène, destiné d'abord et essentiellement aux combats de gladiateurs (plus tard, à divers spectacles, même à des naumachies). *L'amphithéâtre Flavien* (ou *Colisée*). — *Par compar.* *S'élever en amphithéâtre, former un amphithéâtre.* — *Par ext.* ce qui s'étage sur une pente. « *Que la ville étagée en long amphithéâtre* » (HUGO). ◇ *Géol.* (1927) *Amphithéâtre morainique,* suite de moraines terminales en arc de cercle autour de l'extrémité d'une langue glaciaire. ♦ 2° (XVIIᵉ). Nom donné, dans certains théâtres, à l'étage supérieur où les spectateurs sont placés sur des gradins superposés. V. **Poulailler.** ♦ 3° (1751). Local garni de gradins réservé aux cours et travaux pratiques d'anatomie et de chirurgie; *par ext.* (XIXᵉ) Salle similaire où les professeurs d'université font leurs cours (Abrév. fam. *amphi*). *Arg. Suivre un amphi* : un cours.

AMPHITRYON [ɑ̃fitrijɔ̃]. *n. m.* (1752; des vers de Molière « *Le véritable Amphitryon Est l'Amphitryon où l'on dîne* » dans la comédie de ce nom, du gr. *Amphitruôn,* chef thébain). Hôte qui offre à dîner. « *Un amphitryon avait fait servir sur sa table un saucisson d'Arles de taille héroïque* » (BRILLAT-SAV.).

AMPHOLYTE [ɑ̃fɔlit]. *n. m.* (mil. XXᵉ; gr. *ampho* « tous les deux », et *lutos* « qui peut être libéré ou dissous »). *Chim.* Substance (protidique) qui agit dans certains cas comme acide et dans d'autres comme base.

AMPHORE [ɑ̃fɔr]. *n. f.* (1518; lat. d'o. gr. *amphora*). Vase antique à deux anses, à pied étroit. « *L'amphore admirablement évasée de son corps* » (FRANCE).

AMPHOTÈRE [ɑ̃fɔtɛr]. *adj.* (1866; du gr. *amphoteros* « l'un et l'autre »). Capable de se combiner aux acides comme aux bases. *L'alumine est un oxyde amphotère.*

AMPLE [ɑ̃pl(ə)]. *adj.* (XIIᵉ; lat. *amplus*). ♦ 1° Qui a de l'ampleur. V. **Large**. *Manteau ample (opposé à* cintré, ajusté). ◇ D'une amplitude considérable. « *Une oscillation ample et vague secouait la foule* » (SARTRE). ♦ 2° *Fig.* Abondant, qui se développe largement. « *Une ample comédie à cent actes divers* » (LA FONT.). « *L'édition plus ample que je prépare* » (BÉDIER). *C'est un sujet, une matière très ample. Jusqu'à plus ample informé**. ◇ ANT. **Étroit, restreint.**

AMPLECTIF, IVE [ɑ̃plɛktif, iv]. *adj.* (1845; du lat. *amplecti* « entourer »). *Bot.* Qui enveloppe complètement (un autre organe).

AMPLEMENT [ɑ̃pləmɑ̃]. *adv.* (XIIᵉ; de *ample*). Avec ampleur, d'une manière développée. V. **Abondamment.** *Il m'a amplement exposé toute l'affaire.* ◇ D'une manière large, plus que suffisante. V. **Largement.** « *Ce que j'ai retiré à sa vieillesse, je l'ai rendu amplement à sa jeunesse* » (STE-BEUVE). ◇ ANT. **Étroitement, peu.**

AMPLEUR [ɑ̃plœR]. *n. f.* (1718; *ampleté, amplesse*, a. fr.; de *ample*). ♦ 1° Largeur étendue au-delà du nécessaire. *Donner plus ou moins d'ampleur à une jupe. Spécialt.* Surplus de tissu nécessaire à la confection d'un vêtement, réparti en plis, fronces, etc. *Réserver de l'ampleur. — Ampleur de la voix*, son étendue. ◇ Amplitude. « *L'ampleur lente de ses mouvements* » (LOTI). ♦ 2° Caractère de ce qui est abondant, a une grande extension ou importance. V. **Abondance, développement.** « *L'ampleur croissante des échanges* » (JAURÈS). *Le mouvement, la manifestation a pris de l'ampleur. Devant l'ampleur du désastre.* ◇ ANT. **Étroitesse, petitesse.**

AMPLI [ɑ̃pli]. *n. m.* (1936). Abrév. fam. de *amplificateur* (2°).

AMPLIATIF, IVE [ɑ̃plijatif, iv]. *adj.* (1719; « qui agrandit », XVᵉ; du rad. de *ampliation*). *Dr.* Qui développe et complète ce qui a été dit dans un acte précédent. *Mémoire ampliatif.* ◇ Constituant une ampliation. *Acte ampliatif.*

AMPLIATION [ɑ̃plijasjɔ̃]. *n. f.* (1552; « agrandissement », 1339; lat. *ampliatio*, de *ampliare*, de *amplus* « ample »). ♦ 1° *Dr. (Vx.)*. Action de compléter ou de développer (un acte, une requête). ♦ 2° *Par ext.* (1690). Duplicata authentifié d'un acte notarié ou administratif. *Pour ampliation*, formule au bas d'un acte ampliatif. ♦ 3° *Physiol.* Augmentation du volume de la cage thoracique lors de l'inspiration.

AMPLIFIANT, ANTE [ɑ̃plifjɑ̃, ɑ̃t]. *adj.* (déb. XXᵉ; « grossissant », 1866; de *amplifier*). *Rare.* Qui amplifie. *Induction amplifiante.*

AMPLIFICATEUR, TRICE [ɑ̃plifikatœR, tRis]. *n.* (1532; lat. *amplificator*). ♦ 1° *Vx.* Personne qui augmente, agrandit (une chose, un domaine). ♦ 2° (1898). Type d'agrandisseur photographique. ◇ Appareil destiné à augmenter l'amplitude d'un phénomène (oscillations électriques en particulier) et qui fournit une puissance utile de sortie supérieure à la puissance d'entrée. *Un amplificateur basse fréquence (BF), amplificateur haute fréquence (HF). Spécialt.* Élément d'une chaîne acoustique qui précède les haut-parleurs. V. **Ampli.** *Phys.* Dispositif, mécanique ou électronique, qui amplifie un phénomène physique. V. **Capteur.** ♦ 3° *Fig.* « *Le regret est un amplificateur du désir* » (PROUST).

AMPLIFICATION [ɑ̃plifikasjɔ̃]. *n. f.* (XIVᵉ; lat. *amplificatio*). ♦ 1° *Vx.* Agrandissement, accroissement. ◇ *Opt.* (1801) Grossissement. — Opération consistant à accroître l'amplitude à l'aide d'un amplificateur. ♦ 2° (XVIᵉ). Développement ou gradation par addition de détails ou d'images (notamment dans la description). *Péj.* Développement verbeux, exagération oratoire. V. **Exagération.**

AMPLIFIER [ɑ̃plifje]. *v. tr.* (XVᵉ; *amplier*, XIIIᵉ; lat. *amplificare*). ♦ 1° Agrandir, augmenter les dimensions, l'intensité de (*spécialt.* à l'aide d'amplificateurs). *Amplifier une image, un courant.* — *Pronom.* Prendre plus d'amplitude, d'ampleur. « *Les oscillations s'amplifièrent* » (MART. du G.). *Fig.* « *La moindre pensée s'amplifie de tous les échos qu'elle éveille* » (GIDE). ♦ 2° (XVIᵉ). Développer par amplification. *Péj.* Embellir, exagérer. ◇ ANT. **Diminuer.**

AMPLITUDE [ɑ̃plityd]. *n. f.* (XVᵉ; lat. *amplitudo*). ♦ 1° *Vx.* Grandeur, étendue. « *Dans l'amplitude et immensité de la nature* » (PASC.). ♦ 2° *Astron.* (1690). Arc de l'horizon compris entre le point où un astre se lève (*amplitude ortive*) ou se couche (*amplitude occase*) et les directions de l'Est ou de l'Ouest géographiques. — *Géom.* (XVIIIᵉ) Distance entre les points extrêmes d'un arc, d'une courbe. ♦ 3° *Par ext.* (de l'amplitude de l'arc du pendule). *Phys.* Éloignement maximum, par rapport à sa valeur d'équilibre, d'une quantité qui varie de façon oscillatoire autour de cette valeur (mouvement pendulaire, ondulatoire, etc.). *Amplitude d'une onde, d'une vague.* ♦ 4° Écart entre deux valeurs extrêmes de la température (jour, mois, année). *Amplitude diurne. Amplitude moyenne annuelle*, écart entre la moyenne du mois le plus chaud et celle du mois le plus froid.

AMPOULE [ɑ̃pul]. *n. f.* (XIIᵉ; lat. *ampulla*). ♦ 1° Petite fiole à col long et à ventre renflé. *La sainte ampoule*, qui contenait l'huile consacrée servant à l'onction des rois de France. *Ampoules de laboratoire.* ♦ 2° Tube de verre effilé et fermé destiné à la conservation d'une dose déterminée de médicament liquide; son contenu. *Prendre une ampoule matin et soir.* ♦ 3° Globe de verre vide d'air (ou rempli d'un gaz sous faible pression) contenant le filament des lampes à incandescence, les électrodes des tubes électroniques. *Ampoule électrique. L'ampoule est grillée, il faut la changer.* ♦ 4° (XIIIᵉ). *Cour.* Cloque de la peau formée par une accumulation de sérosité. V. **Bulle, phlyctène, vésicule.** *Avoir des ampoules aux mains, aux pieds.* ♦ 5° (XIXᵉ). *Sc. nat.* Nom donné à certaines vésicules ou vacuoles. — *Anat.* Renflement de certains organes. *Ampoule rectale.*

AMPOULÉ, ÉE [ɑ̃pule]. *adj.* (1565; de *ampouler* « gonfler », XVIᵉ; de *ampoule*). Emphatique, boursouflé (style, expression). ◇ ANT. *Simple.*

AMPUTATION [ɑ̃pytasjɔ̃]. *n. f.* (1503; lat. *amputatio*). ♦ 1° Opération chirurgicale consistant à couper un membre, un segment de membre, une partie saillante; *par ext.* Ablation d'un organe (V. **-Tomie**). ♦ 2° Retranchement, perte d'une certaine importance. V. **Couper, enlever.** — *Par ext. Amputer qqn*, lui enlever un membre. « *On ne peut rien faire de ce bras; laissez-vous amputer* » (DUHAM.). — *Subst. Un amputé*, une personne qui a subi une amputation. ♦ 2° Couper, retrancher; priver par suppression, retranchement. V. **Diminuer, mutiler.** *La pièce a été amputée de plusieurs scènes.* « *Amputé du plaisir de brailler* » (COURTELINE).

AMPUTER [ɑ̃pyte]. *v. tr.* (XVᵉ; lat. *amputare* « élaguer, tailler »). ♦ 1° Faire l'amputation de (un membre, etc.). V. **Couper, enlever.**

AMUÏR (S') [amyiR]. *v. pron.* (fin XIXᵉ; repris de l'a. fr. *amuir* « rendre muet », XIIIᵉ; lat. pop. °*admutire*, de *mutus* « muet »). *Phonét.* Devenir muet, ne plus se prononcer.

AMUÏSSEMENT [amyismɑ̃]. *n. m.* (fin XIXᵉ; de *amuïr*). *Phonét.* Fait de s'amuïr. *L'amuïssement du e, du s en français.*

AMULETTE [amylɛt]. *n. f.* (1558; lat. *amuletum*). Petit objet qu'on porte sur soi dans l'idée superstitieuse qu'il préserve des maladies, dangers, maléfices, etc. V. **Fétiche, gri-gri, mascotte, porte-bonheur, talisman.** « *Il porte en breloque une amulette arabe* » (DUHAM.).

AMURE [amyR]. *n. f.* (1552; prov. *amura*, de *amurar* « fixer au mur, à la muraille du navire »). Manœuvre retenant le point inférieur d'une voile du côté où vient le vent. — REM. Le terme est vieilli, sauf dans les emplois suivants : *bâbord amures, tribord amures* (loc. adv.), en recevant le vent par bâbord, par tribord. — *Point d'amure*, le point de fixation d'une voile le plus bas et le plus au vent (V. **Amurer**).

AMURER [amyRe]. *v. tr.* (1540; prov. *amurar*; Cf. Amure). Fixer une voile par son point d'amure. *Foc amuré sur un bout-dehors.*

AMUSANT, ANTE [amyzɑ̃, ɑ̃t]. *adj.* (1694; de *amuser*) Qui amuse, est propre à amuser. V. **Comique, divertissant, drôle, plaisant, réjouissant**, et *fam.* **Marrant, rigolo.** *Jeu amusant.* « *Les principes, toujours les principes. L'homme n'était pas amusant* » (MICHELET). « *La marquise bavarde, les mots amusants pétillent* » (FAGUET). *Subst.* (neutre) « *La majorité cherche dans les arts l'amusant et jamais le beau* » (VIGNY). *L'amusant de l'histoire, de l'affaire.* ◇ ANT. **Assommant, ennuyeux, rasoir, triste.**

AMUSE-GUEULE [amyzgœl]. *n. m. invar.* (1956; de *amuser*, et *gueule*). *Fam.* Petit sandwich, biscuit salé, etc., servi avec l'apéritif.

AMUSEMENT [amyzmɑ̃]. *n. m.* (1500; de *amuser*). ♦ 1° *Vx.* Perte de temps; manière d'amuser, de tromper. V. **Diversion, leurre, tromperie.** « *L'existence n'est qu'un amusement inutile* » (BOSS.). ♦ 2° (XVIIᵉ). Distraction agréable, divertissement. « *Le sport n'est plus un harmonieux amusement* » (DUHAM.).

AMUSER [amyze]. *v. tr.* (XIIᵉ; de *muser*). I. ♦ 1° *Vx.* Occuper en faisant perdre le temps. — *Mod. Amuser le tapis*, jouer petit jeu en attendant la partie sérieuse. ◇ *Vieilli* ou *littér.* Retenir en trompant par des manœuvres de diversion ou de faux espoirs. « *Les promesses trompeuses dont le faux prophète amusait le peuple* » (BOSS.). *Mod.* Retenir l'attention pour empêcher de surveiller. *Tu amuseras le caissier pendant qu'on ouvrira le coffre.* ♦ 2° (XVIIᵉ). Distraire agréablement. V. **Divertir.** « *Un rien les abat comme peu de chose les amuse* » (FLAUB.). ◇ Égayer, exciter le rire. « *Cela l'amusait beaucoup, il était pris de fou rire* » (LOTI). II. S'AMUSER. *v. pron.* ♦ 1° Perdre son temps à des riens. V. **Lambiner.** *L'étape est longue, il ne faudra pas s'amuser en route.* ♦ 2° Se distraire agréablement. V. **Divertir** (se), **jouer.** « *Travailler est moins ennuyeux que s'amuser* » (BAUDEL.). « *Les enfants s'amusaient à le mettre en colère* » (BARRÈS). « *Il s'amuse avec nous, comme le chat avec la souris* » (GIDE). ♦ 3° *Péj.* Mener une vie de plaisirs, faire la noce. ◇ ANT. **Ennuyer.**

AMUSETTE [amyzɛt]. *n. f.* (1653; de *amuser*). ♦ 1° Distraction sans importance, passe-temps qu'on ne prend pas au sérieux. ♦ 2° *Région.* (Belgique). *Fam.* Personne frivole.

AMUSEUR [amyzœʀ]. *n.* (1545; de *amuser*). *Vx.* Personne qui amuse, trompe (qqn d'autre). ◇ *Mod.* Personne qui amuse, distrait (une société, un public).

AMUSIE [amyzi]. *n. f.* (1892; gr. *amousia* « manque d'harmonie, dissonance »). *Méd.* Perte de la capacité de chanter ou de reconnaître une musique. — *Par ext.* Absence de sens musical.

AMYGDALE [ami(g)dal]. *n. f.* (1503; lat. *amygdala* « amande », d'o. gr.). *Anat.* Toute structure en forme d'amande. Spécialt. *Amygdale palatine* : chacun des deux organes lymphoïdes situés sur la paroi latérale du larynx, entre les piliers du voile du palais. ◇ *Amygdale pharyngienne*, amas de follicules clos occupant la région médiane de la voûte du pharynx. V. **Adénoïde** *(végétations adénoïdes).* Absolt., cour. *Être opéré des amygdales.*

AMYGDALECTOMIE [ami(g)dalɛktɔmi]. *n. f.* (1946; de *amygdale*, et *-ectomie*). Ablation chirurgicale des amygdales.

AMYGDALITE [ami(g)dalit]. *n. f.* (1775; de *amygdale*). Inflammation des amygdales. V. **Angine**.

AMYLACÉ, ÉE [amilase]. *adj.* (1776; du lat. *amylum*. V. **Amidon**). De la nature de l'amidon; qui contient de l'amidon. *Les matières amylacées.*

AMYLASE [amilaz]. *n. f.* (1875; du lat. *amylum*, et *-ase*). *Chim., biol.* Enzyme provoquant l'hydrolyse de l'amidon en maltose et dextrine, très répandu dans tous les organismes vivants, végétaux (graines de céréales) et animaux, chez l'homme dans la salive (V. **Ptyaline**), dans le suc pancréatique, dans le sang.

AMYLE [amil]. *n. m.* (1858; lat. *amylum*. V. **Amidon**). Radical hydrocarboné univalent C_5H_{11}. *Nitrite, acétate d'amyle.*

AMYLÈNE [amilɛn]. *n. m.* (1844; du lat. *amylum*, et *-ène*). Hydrocarbure obtenu par déshydratation de l'alcool amylique.

AMYLIQUE [amilik]. *adj.* (1858; de *amyle*). Appellation de divers alcools de formule $C_5H_{11}OH$. *Alcool amylique du commerce*, alcool iso-amylique extrait de l'huile de fusel.

AMYLOBACTER [amilɔbaktɛʀ]. *n. m.* (1885; du lat. *amylum*, et rad. de *bactérie*). Bactérie anaérobie, agent de la fermentation butyrique.

AMYOTROPHIE [amjɔtʀɔfi]. *n. f.* (1877; de *a-2*, *myo-*, et *-trophie*), *Pathol.* Atrophie musculaire.

AN-. V. A-2.

AN [ã]. *n. m.* (1080; lat. *annus*). Année en tant qu'espace de temps abstrait. V. **Année**. *Vingt ans après. Il gagne tant par an.* V. **Annuellement**. *Elle a quarante ans*, elle est âgée de quarante ans. *Attendre cent* sept ans.* — *Poét. Les ans*, le temps qui passe pour l'homme. — *Loc. Bon an, mal an*, en faisant la moyenne entre les bonnes et les mauvaises années. ◇ Année en tant que point du temps. *L'an dernier, l'an prochain. Le jour, le premier de l'an, le nouvel an*, le premier janvier. *L'an 250 avant Jésus-Christ. L'an 1000. En l'an de grâce*... « *Ô soldat de l'an Deux* » (HUGO), de l'an II du calendrier républicain. *Je m'en moque comme de l'an quarante*.* ◇ HOM. **En**.

ANA-. Élément empr. gr., où il signifie de bas en haut » *(anaglyphe)*, ou « en arrière » *(anachorète)*, ou « à rebours » *(anaphylaxie)*, ou « de nouveau » *(anabaptiste)*.

ANA [ana]. *n.* (XVIIe; de la terminaison du titre lat. de recueils : *Scaligeriana, Menagiana*, plur. neutre d'adj. en *-anus*). Recueil de pensées, de bons mots d'un auteur, d'une personnalité, d'anecdotes relatives à sa vie, etc.

ANABAPTISME [anabatism(ə)]. *n. m.* (1564; de *anabaptiste*). Doctrine des anabaptistes.

ANABAPTISTE [anabatist(ə)]. *n.* (1525; du gr. ecclés. *anabaptizein* « baptiser à nouveau »). Membre d'une secte protestante qui n'admet pas la validité du baptême des enfants et soumet ses adeptes à un second baptême à l'âge de raison.

ANABOLISANT [anabɔlizã]. *n. m.* (1969; de *anabolisme*). *Méd.* Substance stimulant l'anabolisme, et entraînant notamment un accroissement du système musculaire. Adj. *Substances anabolisantes.*

ANABOLISME [anabɔlism(ə)]. *n. m.* (1907; gr. *anabolê* « hauteur, ascension », d'apr. *métabolisme*). *Physiol.* Phase du métabolisme comprenant les phénomènes d'assimilation. — *Adj.* **ANABOLIQUE** [anabɔlik]. ◇ ANT. *Catabolisme.*

ANABOLITE [anabɔlit]. *n. m.* (1970; de *anabolisme*). *Physiol.* Substance produite lors de l'anabolisme*. V. **Catabolite**.

ANACARDIER [anakaʀdje]. *n. m.* (1792; de *anacarde* « fruit de l'anacardier »; *anacar*, XIIIe; *anacardi*, XIVe; de *ana-*, et gr. *kardia* « cœur »). Arbre qui produit la noix de cajou*.

ANACHORÈTE [anakɔʀɛt]. *n. m.* (1598; *anacorite*, XIIe; lat. ecclés. *anachoreta*, gr. *anachôrêtês* « qui se retire »). Religieux contemplatif qui se retire dans la solitude. *Les anachorètes de la Thébaïde (opposé au cénobite).* Par compar. *Mener une vie d'anachorète*, vivre en solitaire.

ANACHORÉTIQUE [anakɔʀetik]. *adj.* (1853; lat. ecclés. *anachoreticus*, d'o. gr.). Propre aux anachorètes. *La vie anachorétique* (ou *anachorétisme*).

ANACHRONIQUE [anakʀɔnik]. *adj.* (1866; de *anachronisme*). ◆ 1° Entaché d'anachronisme. ◆ 2° *Par ext.* Qui est déplacé à son époque, qui est d'un autre âge. « *L'individualisme de l'artisan ou du paysan apparaît de plus en plus anachronique* » (SIEGFRIED). V. **Désuet**, *périmé.*

ANACHRONISME [anakʀɔnism(ə)]. *n. m.* (1625; de *ana-*, et gr. *khronos* « temps »). ◆ 1° Confusion de dates, entre ce qui appartient à une époque et ce qui appartient à une autre. *En faisant dire à Charlemagne « Tu rêves comme un clerc en Sorbonne », Hugo a commis un anachronisme. Anachronismes dans le décor et les costumes de théâtre.* ◆ 3° *Par ext.* Caractère de ce qui est anachronique; chose, usage, imitation anachronique. V. **Survivance**.

ANACOLUTHE [anakɔlyt]. *n. f.* (1751; bas lat. gram. d'o. gr. *anacoluthon* « absence de suite »). Rupture ou discontinuité dans la construction d'une phrase (ex. : « *Et pleurés du vieillard, il grava sur leur marbre* » (LA FONT.).

ANACONDA [anakɔda]. *n. m.* (*Anacondo*, 1845; probabl. mot d'o. cingalaise). Grand serpent d'Amérique du Sud (syn. *Eunecte*).

ANACRÉONTIQUE [anakʀeɔtik]. *adj.* (1555; bas lat. *anacreonticus*, du gr. *Anakreôn, -ontos* « Anacréon »). Qui est dans le genre de poésie légère cultivé par Anacréon et ses imitateurs.

ANACROUSE [anakʀuz]. *n. f.* (1884; *anacrousis*, 1866; mot gr.). *Poés. anc.* Demi-pied faible précédant le premier temps marqué. ◇ *Mus.* Mesure incomplète par laquelle débute parfois un morceau.

ANAÉROBIE [anaeʀɔbi]. *adj.* et *n. m.* (1863; *a(n)- 2*, *-aérobie*). Se dit des micro-organismes qui se développent normalement dans un milieu dépourvu d'air ou d'oxygène. ◇ *Par anal.* (1960) Se dit d'un propulseur capable de fonctionner sans air (hors des limites de l'atmosphère). *Fusée anaérobie.* ◆ ANT. **Aérobie**.

ANAÉROBIOSE [anaeʀɔbjoz]. *n. f.* (1890; de *anaérobie*). Vie des organismes anaérobies.

ANAGLYPHE [anaglif]. *n. m.* (*Anaglife*, XVe; repris XVIIIe; bas lat. d'o. gr. *anaglyphus*). ◆ 1° Ouvrage (*spécialt.* inscription ornementale) sculpté ou ciselé en bas-relief. *Les anaglyphes égyptiens.* ◆ 2° (1894). Couple de photographies stéréoscopiques en deux couleurs complémentaires.

ANAGLYPTIQUE [anagliptik]. *adj.* (1908; bas lat. d'o. gr. *anaglypticus* « ciselé en relief »). Se dit d'une écriture ou d'une impression en relief à l'usage des aveugles.

ANAGNOSTE [anagnost(ə)]. *n. m.* (1552; du lat. *anagnostes*, mot grec). *Antiq.* Esclave ou affranchi chargé de faire la lecture à haute voix. *Par ext.* Lecteur d'une assemblée ou d'une communauté religieuse.

ANAGOGIE [anagɔʒi]. *n. f.* (1560; *anagoge*, XVe; lat. ecclés. *anagoge*, gr. *anagôgê*). Interprétation par le sens anagogique.

ANAGOGIQUE [anagɔʒik]. *adj.* (1470; lat. ecclés. d'o. gr. *anagogicus*). Se dit d'un sens spirituel de l'Écriture fondé sur un type ou un objet figuratif du ciel et de la vie éternelle.

ANAGRAMMATIQUE [anagra(m)matik]. *adj.* (1846; de *anagramme*). *Didact.* Relatif à l'anagramme, qui constitue un anagramme.

ANAGRAMME [anagram]. *n. f.* (1571; gr. *anagrammatismos*, d'apr. *monogramme*). Mot obtenu par transposition des lettres d'un autre mot (ex. : *Marie — aimer*).

ANAL, ALE, AUX [anal, o]. *adj.* (1842; de *anus*). Qui appartient, est relatif à l'anus. *Sphincter anal.* ◇ *Psychan. Stade anal*, stade de la libido antérieur au stade génital, selon Freud. ◇ HOM. **Annales**.

ANALECTA [analɛkta] ou *vx* **ANALECTES** [analɛkt(ə)]. *n. m. pl.* (XIXe; — 1721; les érudits *analecta*, 1675, plur. neutre du gr. *analektos* « recueilli »). Nom de certaines anthologies savantes.

ANALEPTIQUE [analɛptik]. *adj.* (1555; bas lat. *analepticus*, d'o. gr.). *Méd.* Qui rétablit les forces, stimule les fonctions de l'organisme. V. **Fortifiant**, reconstituant, stimulant.

ANALGÉSIE [analʒezi]. *n. f.* (1843; gr. *analgêsia*). Abolition de la sensibilité à la douleur, pathologique ou provoquée. V. **Anesthésie**.

ANALGÉSIQUE [analʒezik]. *adj.* (1866; de *analgésie*). Qui supprime ou atténue la sensibilité à la douleur. Subst. *Les analgésiques (ex. : la morphine).*

ANALLERGIQUE [ana(l)lɛʀʒik]. *adj.* (1967; de *a-2*, et *allergie*). Qui ne provoque pas d'allergie. *Crème de beauté anallergique.*

ANALOGIE [analɔʒi]. *n. f.* (XVe; trad. de l'ouvrage de César « *De analogia* », 1213; lat. *analogia*, mot gr.). ◆ 1° *Cour.* Ressemblance établie par l'imagination (souvent consacrée dans le langage par les diverses acceptions d'un même mot) entre deux ou plusieurs objets de pensée essentiellement différents. V. **Association, correspondance, lien, parenté,**

rapport, relation. « *L'analogie lui semblait frappante* » (MART. du G.). « *Le poète recherche les analogies inspiratrices* » (PROUST). — *Raisonnement par analogie*, qui conclut d'une ressemblance à une autre ressemblance. V. **Induction.** « *Il y a un vif plaisir d'intelligence à entrevoir, dans une analogie, l'amorce d'une loi* » (MAUROIS). ♦ 2° *Math.* (XVII°). Proportionnalité. ◇ *Ling.* Action assimilatrice qui fait que certaines formes changent sous l'influence d'autres formes auxquelles elles sont associées dans l'esprit et qui déterminent des créations conformes à des modèles préexistants. « *Les conjugaisons sont perpétuellement troublées par l'analogie* » (BRUNOT). ◇ *Biol.* Ressemblance fonctionnelle extérieure entre des organes ou des formations d'origine totalement différente. ◊ ANT. *Opposition ; différence.*

ANALOGIQUE [analɔʒik]. *adj.* (1547 ; bas lat. *analogicus*, d'o. gr.). ♦ 1° Fondé sur l'analogie. « *La conception nouvelle d'un dictionnaire à la fois alphabétique et analogique* » (P. ROBERT). ♦ 2° *Log.* Qui se fonde sur des rapports de similitude entre des objets différents. *Raisonnement analogique.* ♦ 3° *Ling.* Qui vient de l'analogie. « *Vous disez* » (incorrect) *est analogique de « vous lisez »*. ♦ 4° *Sc.* Qui est relatif à une méthode de calcul employant pour la résolution d'un problème son analogie à des mesures continues de phénomènes physiquement différents. *Un voltmètre à cadran est un appareil analogique. Calculateur analogique* (V. **Numérique**) opposé à *digital*, dans lequel un phénomène physique est représenté par un signal électrique.

ANALOGON [analɔgɔ̃]. *n. m.* (XX° ; mot gr. « chose analogue, analogie »). *Didact.* Élément d'une analogie. V. **Analogue.** « *Montrer la réalité à travers un analogon matériel* [...] » (BEAUVOIR).

ANALOGUE [analɔg]. *adj.* (1503 ; lat. *analogus*, gr. *analogos*). Qui présente une analogie (au sens courant ou didactique). V. **Comparable, parent, semblable, voisin.** « *La vraie musique suggère des idées analogues dans des cerveaux différents* » (BAUDEL.). « *Une mélancolie analogue au remords* » (BARRÈS). ♦ *Subst. m.* (XIX°) Être ou objet analogue à un autre. V. **Correspondant, équivalent.** *Ce terme n'a point d'analogue en français.* « *Un exemplaire sans analogue* » (BOURGET). ◊ ANT. *Différent, opposé.*

ANALPHABÈTE [analfabɛt]. *adj.* (1580 ; repris fin XIX° ; it. *analfabeto*, gr. *analphabêtos*). Qui ne sait ni lire ni écrire. V. **Illettré.** Subst. *Un analphabète.*

ANALPHABÉTISME [analfabetism(ə)]. *n. m.* (1922 ; de *analphabète*). État de l'analphabète, ensemble des analphabètes d'un pays. *Taux d'analphabétisme*, pourcentage d'analphabètes par rapport à la population totale.

ANALYCITÉ [analisite]. *n. f.* (v. 1965 ; de *analytique*, ou angl. *analycity*). *Log.* Caractère d'un jugement analytique* (II, 1°).

ANALYSABLE [analizabl(ə)]. *adj.* (1849 ; de *analyser*). Qui peut être analysé. « *Cette sensation était trop vive pour être analysable même par la réflexion* » (LAMART.).

ANALYSE [analiz]. *n. f.* (fin XVI° ; gr. *analusis* « décomposition, résolution »).

I. (Idée de « décomposition »). ♦ 1° *Didact.* Opération intellectuelle consistant à décomposer une œuvre, un texte en ses éléments essentiels, afin d'en saisir les rapports et de donner un schéma de l'ensemble. V. **Abrégé, sommaire.** « *Je propose cette analyse des dix livres de ce Traité, afin que les lecteurs entendent toutes les démarches qu'on leur fera faire* » (BOSS.). ◇ *Ling.* Action de décomposer en éléments, notamment : une phrase en propositions *(analyse logique)*, en groupes binaires *(analyse en constituants* immédiats*)*, en mots *(analyse grammaticale)* ; un énoncé en mots pour étudier la distribution de l'un d'eux *(analyse distributionnelle)*, le contenu d'un mot en éléments de sens *(analyse sémique, componentielle)*. ♦ 2° *Sc.* (XVII°). *Chim.* Action de décomposer un mélange dont on sépare les constituants *(analyse immédiate)* ou une combinaison dont on recherche ou dose les éléments *(analyse élémentaire)*. *Analyse qualitative, quantitative*, déterminant la nature, les proportions des constituants. *Analyse minérale, organique.* — *Méd.* et cour. *Analyse du sang, des urines. Laboratoire d'analyses.* ◇ *Télév.* Décomposition d'une image à transmettre en éléments séparés. *Phys. Analyse spectrale*. *Écon. Analyse du travail, des tâches*, ordonnancement et classement des méthodes de travail. V. **Ergonomie.** — *Analyse économique.* V. **Économétrie.** ◇ *Inform.* Décomposition d'un problème posé pour en déceler les éléments constituants et les liens qui les unissent en vue du traitement sur machine. (V. **Analyste**). *Analyse factorielle* où le nombre des facteurs est minimisé. *Analyse fonctionnelle* où le problème est décomposé en fonctions simples. ♦ 3° *Cour.* (XVIII°). Méthode ou étude comportant un examen discursif en vue de discerner les éléments. « *Lorsqu'ils sauront faire l'analyse de leurs pensées, c'est-à-dire des idées, des craintes, des jugements, des raisonnements* » (CONDILLAC). *Analyse des passions, des sentiments.* V. **Observation, psychologie.** *Roman d'analyse.* *Loc. En dernière analyse*, au terme de l'analyse, au fond. — *Psycho. Analyse réflexive*. ♦ 4° Traitement psychanalytique. V. **Psychanalyse.** *Être en cours d'analyse.*

II. (Idée de « résolution »). ♦ 1° *Math.* (1637). *Ancienn.* Méthode de démonstration consistant à déduire de la proposition à démontrer d'autres propositions *(analyse des anciens)* ou à la déduire d'autres propositions *(analyse des modernes)* jusqu'à ce qu'on parvienne à une proposition reconnue comme vraie. — Syn. *d'algèbre.* ◇ *Mod.* (1695, *analyse des infiniment petits*). Partie de la mathématique dans laquelle interviennent plus spécialement les notions de limite, de continuité, de convergence et d'infini (V. **Topologie**). *Le calcul infinitésimal* est la branche la plus connue de l'analyse mathématique. Par ext. *Analyse vectorielle, tensorielle*, théorie et opérations relatives aux vecteurs*, aux tenseurs*. *Analyse harmonique*, étude des fonctions périodiques représentées par des séries trigonométriques. ◇ *Analyse corrélative*, recherche d'une relation susceptible d'exister entre deux variables. *Analyse combinatoire.* V. **Combinatoire.** ◇ *Analyse factorielle* (statistiques). ♦ 2° *Log.* Opération intellectuelle consistant à remonter d'une proposition à d'autres propositions reconnues pour vraies d'où on puisse ensuite la déduire. *L'analyse est une régression* (de la conséquence au principe). V. **Analytique** (méthode, raisonnement). ◊ ANT. *Synthèse.*

ANALYSER [analize]. *v. tr.* (1698 ; de *analyse*). Faire l'analyse (I) de. V. **Décomposer.** *Il est difficile d'analyser un tel roman.* V. **Compte** (rendre), **résumer.** *Analyser l'eau d'une source.* « *Il analyse tout ce qu'il éprouve* » (STENDHAL). V. **Disséquer, étudier, examiner.** Absolt. « *Un impitoyable besoin d'analyser, de critiquer* » (R. ROLLAND). Pronom. *Il s'analyse trop.*

ANALYSEUR [analizœr]. *n. m.* (fin XVIII° ; de *analyser*). ♦ 1° *Vx.* Analyste, psychologue. ♦ 2° (1853). Système optique permettant de déterminer l'état de polarisation d'une lumière. ◇ Appareil permettant de déterminer la structure spectrale d'un son, d'une vibration. ♦ 3° *Psycho.* Tout appareil nerveux fournissant des renseignements analytiques sur les éléments du monde extérieur perçu.

ANALYSTE [analist(ə)]. *n.* (1638 ; de *analyse*). ♦ 1° Spécialiste d'un type d'analyse. ◇ *Mathématicien analyste, chimiste analyste. Analyste financier. Informaticien-analyste*, ingénieur ou technicien compétent pour l'analyse d'un programme. Cour. *Analyste-programmeur.* ♦ 2° (1780). Personne habile en matière d'analyse psychologique. V. **Psychologue.** « *Les enfants sont déterminés par leurs besoins à être observateurs et analystes* » (CONDILLAC). « *En exact analyste, j'avais cru bien connaître le fond de mon cœur* » (PROUST). ♦ 3° *Psychanalyste.* « *Pour devenir analyste, j'ai dû me faire analyser* » (BEAUVOIR).

ANALYTIQUE [analitik]. *n. f.* et *adj.* (1579 ; bas lat. *analyticus*, d'o. gr.).

I. N. f. *Philo.* Chez Aristote, Partie de la logique qui traite de la démonstration. ◇ Chez Kant, Partie de la critique qui a pour objet la recherche des formes de l'entendement.

II. *Adj.* (1647). ♦ 1° *Log.* Vx. Qui procède par analyse, (II, 2°) dans la démonstration. « *J'ai suivi la voie analytique dans mes « Méditations » parce qu'elle me semble être la plus propre pour enseigner* » (DESCARTES). — *Jugement analytique*, qui est vrai par sa seule signification et indépendamment des faits (*ex.* : les célibataires ne sont pas mariés). V. **Analycité, tautologie.** Subst. masc. *L'analytique et le synthétique.* ♦ 2° *Math.* Qui appartient à l'analyse. *Géométrie analytique*, application de l'algèbre à la géométrie. *Fonction analytique.* ♦ 3° Qui procède par analyse* (I). *Esprit analytique*, qui considère les choses dans leurs éléments plutôt que dans leur ensemble. — *Langues analytiques*, qui tendent à séparer l'idée principale de ses relations en exprimant chacune d'elles par un mot distinct et en ordonnant logiquement les mots (*ex.* : le français). ♦ 4° Qui constitue une analyse, un sommaire. *Compte rendu, table analytique.* ♦ 5° *Psychanalytique.* ◊ ANT. *Synthétique.*

ANALYTIQUEMENT [analitikmã]. *adv.* (1668 ; de *analytique*). Par la méthode analytique, d'une manière analytique.

ANAMNÈSE [anamnɛz]. *n. f.* (1908 ; « rétablissement de la mémoire », 1831 ; aussi *anamnésie*, 1843 ; gr. *anamnêsis*). ♦ 1° *Psycho.* Évocation volontaire du passé ; *spécialt.* Renseignements fournis par le sujet interrogé sur son passé et sur l'histoire de sa maladie. — *Adj.* ANAMNESTIQUE [anamnestik]. *Données, signes anamnestiques.* ♦ 2° *Liturg.* (1912). Partie du canon qui suit la consécration, constituée par des prières à la mémoire de la Passion, de la Résurrection et de l'Ascension.

ANAMORPHOSE [anamɔrfoz]. *n. f.* (1751 ; du gr. *anamorphoun* « transformer »). ♦ 1° Image déformée et grotesque donnée par un miroir courbe. ◇ (1885) Phénomène optique qui se produit quand la grandeur apparente de l'image n'est pas la même horizontalement et verticalement. ◇ *Math.* Dans une abaque, transformation d'une figure donnée en une figure géométriquement différente, obtenue par un changement des échelles entre les abscisses et les ordonnées. ♦ 2° *Zool.* Type de métamorphose où la larve naît avec un nombre de segments différents de celui de l'adulte, qu'elle acquiert ultérieurement.

ANAMORPHOSEUR [anamɔrfozœr]. *adj.* (v. 1960; de *anamorphose*). *Opt.* Qui produit une anamorphose. *Objectif anamorphoseur.*

ANANAS [anana(s)]. *n. m.* (1578; *nana*, 1554; mot tupi-guarani). ♦ 1° Gros fruit oblong, écailleux, brun rouge, qui porte une touffe de feuilles à son sommet, et dont la pulpe est sucrée et très parfumée. *Ananas frais, en conserve. Jus d'ananas.* ♦ 2° Plante basse (*Broméliacées*) de l'Amérique tropicale, qui produit ce fruit.

ANAPESTE [anapɛst(ə)]. *n. m.* (XVIe; lat. *anapæstus*, gr. *anapaistos* « frappé à rebours »). *Poés. anc.* Pied composé de deux brèves et une longue. *Vers* anapestique, *comportant un anapeste.*

ANAPHASE [anafaz]. *n. f.* (1897; de *ana-*, et *phase*). Troisième phase de la mitose, caractérisée par l'ascension vers les pôles des deux chromatines de chaque chromosome.

ANAPHORE [anafɔr]. *n. f.* (1557; lat. gram. *anaphora*, mot gr.). Répétition d'un mot en tête de plusieurs membres de phrase, pour obtenir un effet de renforcement ou de symétrie.

ANAPHORÈSE [anafɔrɛz]. *n. f.* (1928; de *ana-*, et gr. *phorêsis* « action de porter »). *Phys.* Déplacement des particules vers l'anode au cours de l'électrophorèse.

ANAPHRODISIAQUE [anafrɔdizjak]. *adj.* (1853; de *anaphrodisie*, d'après *aphrodisiaque*). *Didact.* Relatif à l'anaphrodisie; qui diminue le désir sexuel. *Substances anaphrodisiaques.* — Subst. *Les anaphrodisiaques.*

ANAPHRODISIE [anafrɔdizi]. *n. f.* (1803; gr. *anaphrodisia*). Absence ou diminution du désir ou du plaisir sexuel.

ANAPHYLACTIQUE [anafilaktik]. *adj.* (1907; de *anaphylaxie*, d'apr. *prophylactique*). Relatif, propre à l'anaphylaxie. *État anaphylactique*, état de sensibilisation permettant le *choc anaphylactique.*

ANAPHYLAXIE [anafilaksi]. *n. f.* (1902; de *ana-*, et gr. *phulaxis* « protection »). *Méd.* Hypersensibilité à une substance, dont l'introduction dans l'organisme entraîne une réaction violente. On dit maintenant : *Allergie.*

ANAPLASTIE [anaplasti]. *n. f.* (1853; *anaplase*, 1843; du gr. *anaplastos*). *Chir.* Réparation d'une partie mutilée, le plus souvent par autogreffe.

ANAR [anar]. *n.* (1901). Abrév. de *anarchiste.*

ANARCHIE [anarʃi]. *n. f.* (XIVe; gr. *anarkhia*). ♦ 1° *Polit.* Désordre résultant d'une absence ou d'une carence d'autorité. « *L'anarchie déchaîne les masses* » (CHATEAUB.). « *L'anarchie engendre des Césars* » (BAINVILLE). ◊ *Par ext.* Confusion due à l'absence de règles ou d'ordres précis. « *Une sorte d'anarchie douce et paisible en fait d'opinion littéraire* » (STAËL). ♦ 2° (1840). Anarchisme. ♦ ANT. Despotisme, ordre.

ANARCHIQUE [anarʃik]. *adj.* (1594; de *anarchie*). Caractérisé par l'anarchie, le désordre. ◊ Propre à l'anarchisme. ♦ ANT. Despotisme, ordonné.

ANARCHIQUEMENT [anarʃikmɑ̃]. *adv.* (1843; de *anarchique*). D'une façon anarchique, désordonnée.

ANARCHISANT, ANTE [anarʃizɑ̃, ɑ̃t]. *adj.* (av. 1949; de *anarchie*). Qui tend à l'anarchisme, a des sympathies pour l'anarchisme.

ANARCHISME [anarʃism(ə)]. *n. m.* (1839; de *anarchiste*). Conception politique qui tend à supprimer l'État, à éliminer de la société tout pouvoir disposant d'un droit de contrainte sur l'individu. *L'anarchisme de Proudhon, de Bakounine.*

ANARCHISTE [anarʃist(ə)]. *n.* (1791; de *anarchie*). Partisan de l'anarchisme; membre d'un parti se réclamant de cette doctrine (*abrév. pop.* Anar). V. **Libertaire.** *Les attentats des anarchistes en 1892-94.* « *Le Christ? C'est un anarchiste qui a réussi. C'est le seul* » (MALRAUX). ◊ *Par ext.* Personne qui rejette toute autorité, toute règle. — Adj. *Parti anarchiste. Fédération anarchiste internationale.*

ANARCHO-SYNDICALISME [anarʃosɛ̃dikalism(ə)]. *n. m.* (fin XIXe; du rad. de *anarchisme*, et *syndicalisme*). Syndicalisme révolutionnaire et anti-étatiste, né de l'entrée massive des anarchistes dans le mouvement syndical. « *Dans anarcho-syndicalisme, il y avait anarcho et syndicalisme : l'expérience syndicaliste des anarchistes était leur élément positif, l'idéologie leur élément négatif* » (MALRAUX).

ANARTHRIE [anartri]. *n. f.* (1897; *anarthros* « inarticulé »). *Pathol.* Tout trouble de l'articulation des sons, par lésion des centres moteurs du langage au niveau du cortex cérébral. V. **Dysarthrie.**

ANASARQUE [anazark(ə)]. *n. f.* (1636; *anasarca*, 1372; lat. méd. de *ana-*, et gr. *sarx, sarcos* « chair »). Hydropisie du tissu cellulaire provoquant un œdème généralisé.

ANASTIGMATE ou **ANASTIGMAT** [anastigmat]. *adj. m.* (1898; de *a(n)-2*, et *astigmatisme*). *Opt.* Se dit d'un objectif dépourvu d'astigmatisme.

ANASTOMOSE [anastɔmoz]. *n. f.* (XVIe; gr. *anastomôsis*

« embouchure »). *Anat.* Communication entre deux vaisseaux, deux conduits de même nature ou deux nerfs. ◊ *Chir.* Abouchement de deux conduits organiques.

ANASTOMOSER [anastɔmoze]. *v. tr.* (1717, pronom.; de *anastomose*). Réunir par anastomose. *Pronom.* Former une anastomose.

ANASTROPHE [anastrɔf]. *n. f.* (1718; gr. *anastrophê*). Renversement de l'ordre habituel des termes d'un groupe.

ANATHÉMATISER [anatematize]. *v. tr.* (XIVe; lat. ecclés. *anathematizare*, d'o. gr.). Frapper d'anathème. V. **Excommunier.** ◊ *Fig.* Condamner avec force, maudire.

ANATHÈME [anatɛm]. *n. m.* (XIIe; lat. ecclés. *anathema*, mot gr.). ♦ 1° Excommunication majeure prononcée contre les hérétiques ou les ennemis de la foi catholique. ◊ *Fig.* Condamnation totale. « *Ils se sont fait acclamer en jetant l'anathème sur les gouvernements* » (MART. du G.). ♦ 2° Personne frappée de cette excommunication.

ANATIDÉS [anatide]. *n. m. pl.* (1845; du lat. *anas, anatis* « canard »). Famille d'oiseaux palmipèdes dont le canard est le type.

ANATIFE [anatif]. *n. m.* (1808; abrév. de *anatifère*, 1754; lat. zool. *anatifer*, du lat. *anas, anatis* « canard », et *-fère*, d'apr. la légende pop. d'après laquelle les canards sauvages pondraient leurs œufs dans ce coquillage). Crustacé (*Cirripèdes*) qui se fixe aux objets flottant en mer.

ANATOCISME [anatɔsism(ə)]. *n. m.* (1603; lat. *anatocismus*, d'o. gr., de *tokos* « intérêt »). Capitalisation des intérêts échus d'une dette.

ANATOMIE [anatɔmi]. *n. f.* (XIVe; bas lat. *anatomia*, d'o. gr.; Cf. -Tomie). ♦ 1° Étude scientifique, par la dissection ou d'autres méthodes (radiologie, etc.), de la structure et de la forme des êtres organisés ainsi que des rapports entre leurs différents organes. V. **Morphologie.** *Anatomie humaine, animale, végétale, comparée. Anatomie descriptive.* V. **Angiologie, myologie, neurologie, ostéologie, splanchnologie.** *Anatomie macroscopique, microscopique (histologie). Anatomie pathologique*, étude des altérations des organes et des tissus. *Anatomie artistique*, étude des formes extérieures en vue de la représentation par l'art. ◊ *Par ext.* Structure de l'organisme ainsi étudié. *Caractères généraux de l'anatomie d'un crustacé.* — Fam. Les formes extérieures (étudiées par l'anatomie artistique). *Une belle anatomie.* ♦ 2° (XVIe). Dissection. *Pièce d'anatomie. Amphithéâtre d'anatomie.* ◊ *Par ext.* Corps (ou partie du corps) disséqué et préparé en vue de sa conservation; imitation d'un corps disséqué. « *Les anatomies en cire colorée* » (VOLT.). ◊ *Fig.* (1558) *Vieilli.* Étude, analyse minutieuse.

ANATOMIQUE [anatɔmik]. *adj.* (1503; bas lat. *anatomicus*, d'or. gr.). Relatif à l'anatomie. *Caractères anatomiques des insectes. Planche anatomique du cœur.*

ANATOMIQUEMENT [anatɔmikmɑ̃]. *adv.* (1651; de *anatomique*). En anatomiste; du point de vue de l'anatomie.

ANATOMISER [anatɔmize]. *v. tr.* (1503; de *anatomie*). *Vx.* Disséquer. ◊ *Fig. (Vx)* Analyser minutieusement.

ANATOMISTE [anatɔmist(ə)]. *n.* (1503; de *anatomie*). Spécialiste de l'anatomie. ◊ *Fig. (Vx)* Analyste minutieux.

ANATOMO-. Élément tiré de *anatomie*, servant à former des mots savants.

ANATOMOPATHOLOGIE [anatɔmopatɔlɔʒi]. *n. f.* (1874; de *anatomo-*, et *pathologie*). *Didact.* Science qui a pour objet l'étude des lésions anatomiques.

ANATOXINE [anatɔksin]. *n. f.* (1923; de *ana-*, et *toxine*). *Biol.* Toxine bactérienne soumise à un traitement qui lui fait perdre ses propriétés toxiques tout en lui conservant ses propriétés immunisantes. *Anatoxine diphtérique.*

ANAVENIN [anavənɛ̃]. *n. m.* (1970; de *ana-*, et *venin*). *Méd.* Vaccin contre le venin de serpents.

ANCESTRAL, ALE, AUX [ɑ̃sɛstral, o]. *adj.* (1853; de *ancestre, ancêtre*). Qui a appartenu aux ancêtres, qu'on tient des ancêtres. « *Son puritanisme ancestral de Quesnay* » (MAUROIS).

ANCÊTRE [ɑ̃sɛtr(ə)]. *n. m.* (*Ancestre*, XIIe; lat. *antecessor*). ♦ 1° Personne qui est à l'origine d'une famille, dont on descend. « *La gens adorait en commun un ancêtre* » (FUSTEL de COUL.). *Les ancêtres*, les ascendants au delà du grand-père. « *J'interroge les mânes de mes ancêtres* » (DUHAM.). ♦ 2° *Fig.* Initiateur lointain, devancier. *Considérer Lautréamont comme un ancêtre du surréalisme.* ♦ 3° *(Au plur.)* Ceux qui ont vécu avant nous, les hommes des siècles passés. ♦ 4° *Fam.* Vieillard.

ANCHE [ɑ̃ʃ]. *n. f.* (XVIIe; « embouchure », 1560; mot dial. de l'Ouest, du germ. *°ankja*). Languette mobile dont les vibrations produisent le son dans les instruments dits *à anche* (clarinette, saxophone, etc.) ou les tuyaux d'orgue. ◊ HOM. Hanche.

ANCHOIS [ɑ̃ʃwa]. *n. m.* (1546; esp. *anchoa*, d'une forme pop. du lat. *apua*, gr. *aphuê*). Petit poisson de mer (*Clupéidés*), commun en Méditerranée, qu'on consomme surtout mariné et salé. *Filets d'anchois à l'huile. Beurre d'anchois*, beurre mêlé de filets d'anchois écrasés. — Par ext. *Anchois de Norvège*, sprat.

ANCIEN, IENNE [ãsjɛ̃, jɛn]. *adj.* (fin XIᵉ; lat. tardif *anteanus* (VIIIᵉ), de *ante* « avant »). ♦ 1º Qui existe depuis longtemps, qui date d'une époque bien antérieure. V. **Vieux**. « *Une de ces tombes si anciennes qu'il n'y a plus rien, en dedans, que poussière* » (LOTI). *Acheter un meuble ancien chez un antiquaire.* Subst. *Aimer l'ancien, les meubles, les objets d'art anciens.* — *Livres anciens, reliures anciennes.* Par ext. *Librairie ancienne,* où l'on vend les livres anciens. — *Une coutume très ancienne.* V. **Séculaire.** *L'Ancien et le Nouveau Testament.* — (Au comparatif) *Cette partie de l'église est plus ancienne que le reste, remonte à une époque antérieure.* ◇ *(Personnes)* Qui a un certain âge ou de l'ancienneté (2º). *Il est plus ancien que moi dans le métier.* Subst. *Il est mon ancien.* V. **Aîné, doyen.** *Les anciens du village, du régiment. Le Conseil des Anciens* (an III), *le sénat.* ♦ 2º (Devant le nom). Qui a été autrefois tel et ne l'est plus. V. Ex. *L'ancien préfet de la Seine. L'association des anciens élèves de l'École. Une ancienne maîtresse* (fam. *Une ancienne*). ♦ 3º Qui a existé il y a longtemps et n'existe plus. V. **Antique, passé.** « *Nous devons l'apologue à l'ancienne Grèce* » (LA FONT.). « *Et ceci se passait en des temps très anciens* » (HUGO). V. **Reculé.** *Les peuples anciens, de l'antiquité.* Par ext. *L'histoire ancienne,* l'histoire de ces peuples. ◇ Subst. *Les anciens, les peuples anciens, les auteurs anciens.* « *Les anciens ont peu connu cette inquiétude secrète* » (CHATEAUB.). Hist. littér. *Partisans des anciens et partisans des modernes* (dans la querelle dite *des anciens et des modernes*). ◇ ANT. **Jeune, nouveau, récent; actuel, moderne.**

ANCIENNEMENT [ãsjɛnmã]. *adv.* (XIIᵉ; de *ancien*). Dans les temps anciens, autrefois. *Le mot salle désignait anciennement une grande pièce de réception.* Abrév. *Ancien.* ◇ ANT. **Récemment.**

ANCIENNETÉ [ãsjɛnte]. *n. f.* (XIIᵉ; de *ancien*). ♦ 1º Caractère de ce qui existe depuis longtemps. *Discuter de l'ancienneté d'un titre nobiliaire.* « *La ferme avait un caractère d'ancienneté* » (FLAUB.). — Loc. *De toute ancienneté,* depuis un temps immémorial. ♦ 2º Temps passé dans une fonction ou un grade, à compter de la date de la nomination. *Avancement à l'ancienneté ou au choix.* ◇ ANT. **Nouveauté.**

ANCILLAIRE [ãsil(l)ɛʀ]. *adj.* (XVIIᵉ; repris 1827; lat. *ancillaris*, de *ancilla* « servante »). Se dit d'amours, de liaisons avec des servantes. « *Guillaume Colletet, singulièrement enclin, selon l'expression de Ménage, aux amours* ancillaires, *avait épousé, l'une après l'autre, trois de ses servantes* » (STE-BEUVE).

ANCOLIE [ãkɔli]. *n. f.* (1327; corrupt. du lat. médiév. *aquilegia,* de *aquilegus* « qui recueille l'eau »). Plante herbacée *(Renonculacées),* dont certaines espèces, ornementales, possèdent des fleurs bleues, blanches ou roses aux pétales terminés en éperon.

ANCRAGE [ãkʀaʒ]. *n. m.* (XVᵉ; de *ancrer*). ♦ 1º *Mar., vx.* Mouillage. — Mod. Dispositif de mouillage à poste fixe. *L'ancrage d'une bouée, d'un coffre.* ♦ 2º (Fin XIXᵉ). Action, manière d'ancrer, d'attacher à un point fixe. V. **Blocage, fixation.** *Ancrage des câbles d'un pont suspendu* (dans un *massif d'ancrage*). Fig. (v. 1967) Implantation. *L'ancrage d'un parti dans la société politique d'un pays.* — *Point d'ancrage,* lieu (abstrait) de fixation.

ANCRE [ãkʀ(ə)]. *n. f.* (XIIᵉ; lat. *ancora*). ♦ 1º Fort croc de métal, de bois ou de pierre, qui immobilise le navire, auquel il est relié par une ligne de mouillage, en se fixant sur le fond. (V. **Mouiller, draper**). « *Les matelots mouillaient une nouvelle ancre* » (MAUROIS). *Navire qui chasse* sur son ancre.* ◇ Loc., litt. *Jeter l'ancre,* mouiller. — Vx. *Lever l'ancre,* la draper. Fig. et fam. S'en aller. — On s'embête ici, on lève l'ancre? (Cf. **Mettre les voiles**). ◇ *Manœuvres d'ancre.* (Cf. **Affourcher, empenneler, enjaler, oringuer, surjaler, surpatter**). *Ancre à jas,* en acier forgé, composée d'une *verge* ayant à une extrémité un *organeau,* à l'autre deux *bras* armés de *pattes,* sur laquelle s'articule perpendiculairement un *jas* mobile ou fixe. *Ancre à bascule, soc de charrue. Ancre de bossoir, de touée. Ancre à jet* (1842), pour les mouillages temporaires. — Vx. *Ancre de miséricorde*.* Fig. *Ancre de salut*.* ♦ 2º Motif décoratif qui figure une ancre à jas. *Une casquette ornée d'une ancre.* ♦ 3º Par anal. (1561). Barre de fer, en forme de T, de X, etc., destinée à empêcher l'écartement d'un mur, à s'opposer à la poussée d'une voûte. ◇ (1720) Pièce oscillante, en forme d'ancre, qui règle l'échappement* (dit à *ancre*) d'une horloge. ◇ HOM. **Encre.**

ANCRER [ãkʀe]. *v. tr.* (XIIᵉ; de *ancre*). ♦ 1º Vx. Retenir (un navire) en jetant l'ancre. Pronom. *Mouiller.* ♦ 2º Fig. (XVᵉ). Fixer solidement. V. **Enraciner.** « *La vanité s'est ancrée dans le cœur de l'homme* » (PASC.). Pronom. « *Laisser s'ancrer dans l'opinion l'idée qu'une guerre nous menace* » (MART. du G.). ♦ 3º *Techn.* (fin XVIIIᵉ). Fixer avec une ancre, par un procédé d'ancrage. *Ancrer un câble.* ◇ ANT. **Désancrer, détacher.**

ANDAIN [ãdɛ̃]. *n. m.* (XIVᵉ; « enjambée », XIIIᵉ; probabl. d'un dér. pop. du lat. *ambitus* « circuit, pourtour »). Ligne régulière formée par les herbes que le faucheur coupe et rejette sur sa gauche.

ANDALOU, OUSE [ãdalu, uz]. *adj.* (1701; esp. *andaluz,* de *Andalucia* « Andalousie », nom donné par les envahisseurs Vandales à cette province). D'Andalousie. *Musique andalouse.* V. **Flamenco.** Subst. *Un Andalou.*

ANDANTE [ãdãt; andante]. *adv.* et *n. m.* (1751; mot it. « allant », de *andare*). Adv. Mus. Sert à indiquer un mouvement modéré. ◇ *N. m.* Second mouvement d'une sonate, d'une symphonie.

ANDANTINO [ãdãtino; andantino]. *adv.* et *n. m.* (1751; mot it., dimin. de *andante*). Adv. Sert à indiquer un mouvement moins modéré qu'andante. ◇ *N. m.* Morceau exécuté dans ce temps.

ANDÉSITE [ãdezit]. *n. f.* (1866; d'abord en all., pour désigner une lave des *Andes*). Lave de la famille des diorites *(andésite grise),* ou des gabbros *(andésite noire).*

ANDIN, INE [ãdɛ̃, in]. *adj.* et *n.* (1846; de *Andes*). Des Andes. *Les plateaux andins. Les populations andines.* Subst. *Les Andins.*

ANDOUILLE [ãduj]. *n. f.* (XIIᵉ; lat. pop. °*inductile,* de *inducere* « introduire »). ♦ 1º Charcuterie à base de boyaux de porc ou de veau, coupés en lanières et enserrés dans une partie du gros intestin. *Andouilles de Vire, de Bretagne.* — Loc. pop. (Vieilli) *Un grand dépendeur d'andouilles,* un homme très grand et très bête. ♦ 2º Pop. (1866). Niais, imbécile. « *Il ronchonna : Sacrée andouille! Pas fichu seulement de fabriquer une verte!* » (COURTELINE).

ANDOUILLER [ãduje]. *n. m.* (XIVᵉ; altér. de *antoillier,* probabl. lat. pop. °*ante-oculare* « qui est devant les yeux »). Ramification du merrain des bois des cervidés (permettant de déterminer l'âge de l'animal).

ANDOUILLETTE [ãdujɛt]. *n. f.* (1451; de *andouille*). Petite andouille.

-ANDRE, -ANDRIE. Éléments finals du gr. *-andros, -andria.* V. **Andro-.**

ANDRÈNE [ãdʀɛn]. *n. m.* (1808; lat. zool. *andrena,* gr. *anthrênê* « frelon »). Abeille solitaire, qui creuse son nid dans la terre.

ANDRINOPLE [ãdʀinɔpl(ə)]. *n. f.* (1825; du nom de la ville de Turquie). Tissu d'ameublement, en coton armure satin, teint en rouge *(rouge d'Andrinople).*

ANDRO-. Élément initial du gr. *anêr, andros* « homme, mâle ».

ANDROCÉE [ãdʀɔse]. *n. m.* (1845; de *andro-,* sur le modèle de *gynécée*). Ensemble des étamines de la fleur.

ANDROCÉPHALE [ãdʀɔsefal]. *adj.* (1919; de *andro-,* et *-céphale*). Didact. À tête humaine. *Un « taureau androcéphale »* (PROUST).

ANDROGÈNE [ãdʀɔʒɛn]. *adj.* (1953; de *andro-,* et *-gène*). Qui provoque l'apparition des caractères sexuels masculins. *Hormones androgènes* (ou *mâles*). Subst. *Un androgène,* une substance hormonale mâle.

ANDROGENÈSE [ãdʀɔʒənɛz]. *n. f.* (mil. XXᵉ; de *andro-,* et *genèse*). ♦ 1º Biol. Développement d'un gamète mâle sans fécondation, par parthénogenèse. ♦ 2º *Chim., biol.* Production dans l'organisme d'hormones mâles (androgènes).

ANDROGÉNIE [ãdʀɔʒeni]. *n. f.* (1866; de *andro-,* et *-génie*). Biol. Production de mâles ou de caractères masculins.

ANDROGYNE [ãdʀɔʒin]. *adj.* et *n.* (XIVᵉ; lat. d'o. gr. *androgynus,* de *andro-,* et *-gyne*). Individu qui présente certains caractères sexuels du sexe opposé. *Femme androgyne,* dont la morphologie ressemble à celle d'un homme. *Homme androgyne,* à caractères extérieurs féminins. V. **Hermaphrodite.**

ANDROÏDE [ãdʀɔid]. *n. m.* (XVIIᵉ; de *andro-,* et *-oïde*). Didact. Automate à forme humaine.

ANDROPAUSE [ãdʀɔpoz]. *n. f.* (1952; de *andro-,* et [*méno*]*pause**). Didact. Cessation naturelle de la fonction sexuelle chez l'homme âgé. *L'andropause ou « retour d'âge masculin ».*

ANDROSTÉRONE [ãdʀo(ɔ)steʀɔn]. *n. f.* (1931; de *andro-,* et *stérone*). Chim., biol. Hormone sexuelle mâle d'activité faible, isolée de l'urine.

ÂNE [ɑn]. *n. m.* (*Asne,* Xᵉ; lat. *asinus*). ♦ 1º Mammifère domestique *(Équidés),* plus petit que le cheval, à grosse tête et longues oreilles, à robe généralement grise. V. **Ânesse, ânon, baudet, bourricot, bourrique, grison;** et *aussi* **Bardot, mulet.** *L'âne brait.* « *Des ribambelles de petits ânes chargés de sacs* » (DAUD.). Loc. fig. *Têtu comme un âne. Le coup de pied de l'âne* (donné par l'âne au lion devenu vieux, dans les fables) : dernière attaque ou insulte que le faible lance lâchement contre un adversaire accablé. *Être comme l'âne de Buridan* (qui meurt sans se décider pour un seau d'eau et une botte de foin) : hésiter entre deux partis à prendre. ◇ *Dos d'âne,* élévation ou bosse présentant deux versants opposés. *Tête d'âne,* chabot (Cf. aussi *Pas-d'âne*). ♦ 2º Fig. Individu à l'esprit borné, incapable de rien comprendre.

V. Bête, idiot, ignorant, imbécile, sot. « *Je commençais à passer pour un vaurien, un paresseux, un âne enfin* » (CHATEAUB.). *Un âne bâté**. *Bonnet d'âne*, bonnet de papier figurant une tête d'âne dont on affublait les cancres pour les humilier. *C'est le pont aux ânes*, une difficulté qui ne peut arrêter que les ignorants (Cf. aussi *Guide-âne*). *Faire l'âne pour avoir du son*, faire l'imbécile pour obtenir une information utile. ♦ 3° Par ext. *Âne sauvage :* nom donné parfois à l'hémione ou à l'onagre.

ANÉANTIR [aneãtiʀ]. *v. tr. (Aniantir,* XIIᵉ; de *néant).* ♦ 1° Détruire au point qu'il ne reste rien. V. **Annihiler, exterminer, ruiner.** « *Anéantir la marine germanique* » (MART. du G.). « *Le temps anéantit l'amour* » (FRANCE). ♦ 2° Plonger dans un abattement total. V. **Abattre, briser, exténuer.** « *Le coup est si imprévu qu'il m'a d'abord anéantie* » (MUSS.). ◇ Par exagér. *Je suis anéanti*, à la fois stupéfait et consterné. ♦ 3° Pronom. Disparaître complètement. V. **Écrouler** (s'), **sombrer.** « *Beaucoup de vies qui stagnent avant de s'anéantir dans l'oubli* » (MAURIAC). ◇ *Relig.* S'humilier devant Dieu. ◇ ANT. Créer, fortifier, maintenir.

ANÉANTISSEMENT [aneãtismã]. *n. m.* (1309; de *anéantir*). Destruction complète. V. **Disparition, effondrement, mort, ruine.** « *L'effacement, l'anéantissement de l'individu* » (DUHAM.). ◇ Abattement total. V. **Accablement, prostration.** « *Cet état d'anéantissement subit qui s'observe au cours de certaines catastrophes* » (BOURGET). ◇ ANT. *Création, maintien.*

ANECDOTE [anɛkdɔt]. *n. f.* (1751; titre de recueil, fin XVIIᵉ; lat. *anecdota* (surtout plur.); gr. *anekdota* « choses inédites », titre d'un ouvrage de Procope). *Littér.* Particularité historique, petit fait curieux dont le récit peut éclairer le dessous des choses, la psychologie des hommes. « *Les anecdotes sont de petits détails longtemps cachés* » (VOLT.). — Cour. Historiette. « *L'un d'eux avait une anecdote à raconter* » (MAUROIS). ◇ Absol. *L'anecdote*, le détail ou l'aspect secondaire, sans généralisation et sans portée. *Ce peintre ne s'élève pas au-dessus de l'anecdote.*

ANECDOTIER, IÈRE [anɛkdɔtje, jɛʀ]. *n. m.* (1736; de *anecdote*). Conteur (-euse) d'anecdotes; historien qui aime les anecdotes. « *Pauvres anecdotiers de la Révolution* » (JAURÈS).

ANECDOTIQUE [anɛkdɔtik]. *adj.* (1781; de *anecdote*). Qui s'attache aux anecdotes, contient des anecdotes. *L'histoire anecdotique.* ◇ Qui s'en tient à l'anecdote. *Peinture anecdotique.*

ANÉMIE [anemi]. *n. f.* (1722; lat. sc. *anæmia*, gr. *anaimia* « manque de sang »; Cf. -Émie, hémato-). ♦ 1° Diminution du nombre des globules rouges du sang et de leur teneur en hémoglobine, dont les principaux symptômes généraux sont : la pâleur, la fatigue, l'essoufflement et l'accélération du pouls, les syncopes, des vertiges, des troubles digestifs. *L'anémie peut avoir pour cause l'hémorragie, la destruction excessive des globules rouges* (V. **Hémolyse**), *un trouble de la formation des globules* (infections, intoxications). *Anémie pernicieuse*, forme grave d'anémie, accompagnée d'une atrophie de la muqueuse gastrique et de lésions nerveuses. V. **Chlorose.** ♦ 2° *Fig.* Dépérissement, crise. *L'anémie de la production.* ◇ ANT. Force, santé.

ANÉMIER [anemje]. *v. tr.* (1877; *anémié*, 1866; de *anémie*). Rendre anémique. V. **Affaiblir. épuiser.** *Ce régime l'a beaucoup anémié.* ◇ *Fig.* « *Une France anémiée par le ralentissement de l'activité économique* » (JAURÈS).

ANÉMIQUE [anemik]. *adj.* (1833; de *anémie*). ♦ 1° Atteint d'anémie. V. **Faible.** « *Elle était pâle, anémique, étiolée* » (R. ROLLAND). — Fig. Dépourvu de fermeté, de force. *État anémique.* ♦ 2° Qui a rapport à l'anémie. ◇ ANT. Fort.

ANÉMO-. Élément initial de composition, du gr. *anemos* « vent ».

ANÉMOGRAPHE [anemɔgraf]. *n. m.* (1877; de *anémo-*, et *-graphe*). Anémomètre enregistreur.

ANÉMOMÈTRE [anemɔmɛtʀ(ə)]. *n. m.* (déb. XVIIIᵉ; de *anémo-*, et *-mètre*). Appareil servant à mesurer la vitesse du vent et, en général, la vitesse d'écoulement d'un fluide gazeux. *Anémomètres à fil chaud, à rotation.*

ANÉMONE [anemɔn]. *n. f.* (1544; *anemoine,* XIVᵉ; mot lat., gr. *anemônê).* ♦ 1° Plante herbacée *(Renonculacées),* à fleurs sans corolle, de diverses couleurs. *Anémone des jardins, des bois, des fleuristes.* — Fleur de cette plante. ♦ 2° (1808). *Anémone de mer,* actinie.

ANÉMOPHILE [anemɔfil]. *adj.* (1893; de *anémo-*, et *-phile*). Se dit des plantes dont les fleurs se prêtent à l'entraînement du pollen par le vent (mode de pollinisation dit *anémophile*).

ANENCÉPHALE [anãsefal]. *adj.* (1822; gr. *anegkephalos*). Privé d'encéphale. Subst. *Un anencéphale.*

ANENCÉPHALIE [anãsefali]. *n. f.* (1822; de *anencéphale*). Monstruosité caractérisée par l'absence d'encéphale.

ANERGIE [anɛʀʒi]. *n. f.* (1922; de *a- 2*, et rad. de *allergie*). *Méd.* Disparition de l'allergie (par exemple, chez un tuberculeux atteint de rougeole).

ÂNERIE [anʀi]. *n. f.* (XIVᵉ; de *âne*). Stupidité, ignorance grossière. *Il est d'une ânerie !* ◇ Propos ou acte stupide. V. **Bêtise, sottise.**

ANÉROÏDE [anerɔid]. *adj. m.* (1844, pour *anaéroïde*, de *a- 2*, et gr. *aeroeidés* « aérien »). *Baromètre anéroïde*, baromètre composé essentiellement d'une boîte métallique où l'on a fait le vide.

ÂNESSE [anɛs]. *n. f. (Asnesse,* XIIᵉ; de *âne).* Femelle de l'âne. *Lait d'ânesse.*

ANESTHÉSIANT, ANTE [anɛstezjã, ãt]. *adj.* (1913; subst. 1818; de *anesthésie*). Syn. **ANESTHÉSIQUE.** — Qui anesthésie*, *fig.*

ANESTHÉSIE [anɛstezi]. *n. f.* (1753; gr. *anaisthêsia*). ♦ 1° Perte d'un des modes de la sensibilité, ou de la sensibilité d'un organe, ou de la sensibilité générale. *Anesthésie visuelle, auditive, thermique, algique.* ♦ 2° (1847). Suppression de la sensibilité, et *spécialt.* de la sensibilité à la douleur, obtenue par l'emploi des anesthésiques. V. **Insensibilisation, narcose.** *Anesthésie générale, locale.* ♦ 3° *Fig.* Insensibilité. « *La miséricordieuse anesthésie que dispense l'amour* » (COLETTE). ◇ ANT. Hyperesthésie.

ANESTHÉSIER [anɛstezje]. *v. tr.* (1853; de *anesthésie*). Provoquer l'anesthésie de (un organisme, un organe), en soumettant à l'action d'un anesthésique. V. **Endormir, insensibiliser.** ◇ *Fig. Littér.* Apaiser, endormir.

ANESTHÉSIOLOGIE [anɛstezjɔlɔʒi]. *n. f.* (1953; de *anesthésie*, et *-logie*). *Méd.* Branche de la médecine qui traite de l'anesthésie (en vue d'interventions chirurgicales) et de la réanimation.

ANESTHÉSIOLOGISTE [anɛstezjɔlɔʒist]. *n.* (1973; de *anesthésiologie*). Spécialiste de l'anesthésiologie*.

ANESTHÉSIQUE [anɛstezik]. *adj.* (1847; de *anesthésie*). Se dit d'une substance médicamenteuse employée pour obtenir une anesthésie générale ou locale. — Subst. *Un anesthésique* (cocaïne, éther, protoxyde d'azote, etc.). ◇ ANT. Excitant.

ANESTHÉSISTE [anɛstezist(ə)]. *n.* (1949; de *anesthésie*). Médecin ou infirmier qui pratique l'anesthésie.

ANETH [anɛt]. *n. m.* (XIIIᵉ; lat. d'o. gr. *anethum*). Fenouil.

ANÉVRISMAL, ALE, AUX [anəvrismal, o]. *adj.* (1503; de *anévrisme*). Relatif ou propre à l'anévrisme. *Sac anévrismal.*

ANÉVRISME ou **ANÉVRYSME** (préféré par l'Académie nationale de médecine) [anevrism(ə)]. *n. m.* (1534; gr. *aneurusma*). Poche communiquant avec un vaisseau ou une cavité cardiaque et résultant de l'altération de leurs parois. *Rupture d'un anévrisme.*

ANFRACTUOSITÉ [ãfraktɥozite]. *n. f.* (1503; du bas lat. *anfractuosus* « tortueux »). Surtout *plur.* Cavités profondes et irrégulières. V. **Creux, enfoncement.** « *La mer y entre par une infinité d'anfractuosités, de creux, de dentelures* » (TAINE). — *Dans une anfractuosité.*

ANGARIE [ãgari]. *n. f.* (1808; « imposition, corvée », XVIᵉ; lat. jur. *angaria* « corvée de charroi », gr. *aggareia*). *Dr. intern.* Droit, pour un État belligérant, de recueillir des navires neutres se trouvant dans ses eaux territoriales.

ANGE [ãʒ]. *n. m.* (XVIᵉ; *angele,* XIᵉ, puis *angle, angre;* lat. ecclés. *angelus;* gr. *aggelos* « messager »). ♦ 1° *Théol.* Être spirituel, intermédiaire entre Dieu et l'homme, ministre des volontés divines. « *L'homme n'est ni ange ni bête, et le malheur veut que qui veut faire l'ange fait la bête* » (PASC.). *Bons anges,* fidèles à Dieu. *Mauvais anges, anges déchus,* au service du démon. — *Anges gardiens,* appelés à protéger chacun des hommes. Par ext. *C'est son ange gardien,* la personne qui veille sur lui, le guide et le protège en tout *(iron.* garde du corps). — *Le bon, le mauvais ange de qqn,* la personne qui exerce une bonne, une mauvaise influence sur qqn. ◇ Loc. *Discuter sur le sexe des anges,* se livrer à des discussions byzantines. *Une patience d'ange,* exemplaire, infinie. *Beau comme un ange. Il travaille comme un ange,* parfaitement. *Être aux anges,* dans le ravissement. *Bébé qui rit aux anges,* qui en dormant a l'air de rire, un air béat. *Un ange passe,* se dit quand il se produit dans une conversation un silence gêné et prolongé. *Saut* de l'ange. Cheveux* d'ange. Lit* d'ange.* Fam. *Faiseuse d'anges,* avorteuse. ♦ 2° Personne parfaite. *Sa femme est un ange.* Fam. *Vous seriez un ange si vous vouliez bien me rendre ce service. C'est un ange de douceur, de pureté. Mon ange,* s'emploie comme terme d'affection. ♦ 3° (1552). Grand poisson de mer *(Squatinidés),* d'une forme intermédiaire entre la raie et le requin, dont la peau est employée en maroquinerie (Galuchat).

ANGÉITE [ãʒeit] ou **ANGIITE** [ãʒiit]. *n. f.* (1855; gr. *aggeion* « vaisseau », et *-ite*). *Pathol.* Inflammation des vaisseaux sanguins (surtout artères) ou lymphatiques. V. **Artérite, lymphangite, phlébite.**

1. ANGÉLIQUE [ãʒelik]. *adj.* (XIIIᵉ; lat. ecclés. *angelicus*). ♦ 1° Qui appartient à l'ange, est propre aux anges. *Hiérarchie, chœur angélique. Salutation angélique*, adressée par l'ange Gabriel à la Vierge. V. Ave Maria. ♦ 2° Digne d'un ange, qui évoque la perfection, l'innocence de l'ange. V. Céleste, parfait, séraphique. *Une douceur angélique.* « *Un charme de pudeur angélique* » (MAUPASS.). *Un sourire angélique.* ◇ ANT. Diabolique.

2. ANGÉLIQUE [ãʒelik]. *n. f.* (XVIᵉ; du précéd., à cause de ses vertus médicinales). ♦ 1° Grande ombellifère aromatique dont la tige et les pétioles sont utilisés en confiserie. ♦ 2° Tige confite de cette plante. *Gâteau décoré d'angélique.*

ANGÉLISME [ãʒelism(ə)]. *n. m.* (1957; de *angélique*). Disposition à se croire désincarné, à se comporter en pur esprit.

ANGELOT [ãʒlo]. *n. m.* (XIIIᵉ; de *ange*). Petit ange représenté dans l'art religieux.

ANGÉLUS [ãʒelys]. *n. m.* (1690; lat. *angelus* « ange », mot inclus de cette prière). *Liturg.* Prière de dévotion mariale qui se dit le matin, à midi et le soir; son de la cloche qui l'annonce aux fidèles. « *Les sonneries pieuses de l'angélus du soir, se répondant de paroisse en paroisse* » (RENAN).

ANGEVIN, INE [ãʒvɛ̃, in]. *adj.* (1080; bas lat. *Andegavinus*, de *Andegavi* « les Andégaves », peuple de la Gaule romaine). D'Angers, de l'Anjou. « *La douceur angevine* » (DU BELLAY).

ANGIECTASIE [ãʒjɛktazi]. *n. f.* (1846; de *angi-*, et *-ectasie*). *Pathol.* Dilatation permanente d'un vaisseau. V. Anévrisme, angiome.

ANGINE [ãʒin]. *n. f.* (1538; lat. *angina*). ♦ 1° Inflammation de l'isthme du gosier et du pharynx. V. Gorge (mal de). *Angine rouge* (souvent compliquée d'amygdalite), *blanche* (herpétique, diphtérique). *Angine couenneuse**. ♦ 2° (1768). *Angine de poitrine*, syndrome caractérisé par des douleurs constrictives dans la région précordiale, accompagnées d'angoisse.

ANGI(O)-. Élément, du gr. *aggeion* « capsule; vaisseau ».

ANGINEUX, EUSE [ãʒinø, øz]. *adj.* (1615; de *angine*). *Méd.* Qui appartient à l'angine, ou à l'angine de poitrine. ◇ Qui souffre d'angine de poitrine. — Subst. *Un angineux.*

ANGIOCARDIOGRAPHIE [ãʒjɔkardjɔgrafi]. *n. f.* (apr. 1937; de *angi-*, *cardio-*, et *-graphie*). *Méd.* Examen radiologique du cœur et des gros vaisseaux qui s'y abouchent (aorte, artère pulmonaire).

ANGIOCHOLITE [ãʒjɔkɔlit]. *n. f.* (1928; de *angi-*, gr. *kholê* « bile », et *-ite*). *Pathol.* Inflammation des canaux biliaires du foie (le plus souvent à la suite d'une obstruction par des calculs).

ANGIOGRAPHIE [ãʒjɔgrafi]. *n. f.* (1808; de *angio-*, et *-graphie*). ♦ 1° Vx. Description des vaisseaux du corps humain. ♦ 2° Mod. (1952). Radiographie des vaisseaux après injection d'un liquide opaque aux rayons X.

ANGIOLOGIE [ãʒjɔlɔʒi]. *n. f.* (1692; gr. *aggeiologia*). *Méd.* Partie de l'anatomie qui étudie les artères, les veines et les lymphatiques. — On trouve aussi ANGÉIOLOGIE [ãʒejɔlɔʒi].

ANGIOME [ãʒjom]. *n. m.* (1869; de *angi-*, et *-ome*). *Méd.* Agglomération de vaisseaux sanguins ou lymphatiques réalisant une tuméfaction.

ANGIOSPERMES [ãʒjɔspɛrm(ə)]. *n. f. pl.* (1762; du lat. bot. *angiospermia*, du gr. *aggeion* « récipient, enveloppe », et *sperma* « semence »). Sous-embranchement des spermatophytes, comprenant les plantes à ovules enclos et à graines enfermées dans les fruits. — Sing. *Une angiosperme.*

ANGLAIS, AISE [ãglɛ, ɛz]. *adj. et n.* (*Engleis*, XIIᵉ; du bas lat. *Angli* « Angles établis en Grande-Bretagne », lat. *Angli* « les Angles », peuple germanique). ♦ 1° De l'Angleterre (au sens étendu de Grande-Bretagne). V. Britannique. *Le peuple anglais. La monarchie, la marine anglaise. Pur-sang anglais. Cigarette anglaise. — Semaine* anglaise.* ◇ *La langue anglaise*, ou subst. *l'anglais*, langue du groupe germanique, parlée principalement en Grande-Bretagne, aux États-Unis et dans tout l'ancien empire anglais. Subst. *Un Anglais, une Anglaise.* ♦ 2° Loc. adv. *À l'anglaise*, à la manière, à la mode anglaise. *Pommes de terre à l'anglaise*, à la vapeur. *S'en aller, filer à l'anglaise*, sans prendre congé sans être aperçu (Cf. En douce). « *En tout cas, moi, j'ai filé à l'anglaise* » (CL. MAURIAC). ♦ 3° N. f. ANGLAISE (1788) : écriture cursive, penchée à droite. — *Anglaises* (1829), longues boucles de cheveux verticales roulées en spirale. ◇ HOM. Anglet.

ANGLAISER [ãgleze]. *v. tr.* (1803; de *anglais*, c.-à-d. « à la mode anglaise »). *Anglaiser un cheval*, lui couper les muscles abaisseurs de la queue afin qu'elle se tienne horizontale.

ANGLE [ãgl(ə)]. *n. m.* (XIIᵉ; lat. *angulus*). ♦ 1° Saillant ou rentrant formé par deux lignes ou deux surfaces qui se coupent. V. Arête, coin, encoignure, renfoncement. « *Ils se retirent dans un angle obscur de la mosquée* » (LOTI). *À l'angle de la maison, de la rue. Former un angle, être en angle. La maison qui fait l'angle*, qui est à l'angle de deux rues. *Les*

angles des lèvres, de l'œil. ◇ Fig. Aspérité. « *Son caractère ombrageux prenait de jour en jour des angles plus vifs* » (FROMENTIN). *Arrondir* les angles.* ♦ 2° *Géom.* Figure formée par deux lignes ou deux surfaces qui se coupent, mesurée en degrés (V. Goniométrie; *-gone*). *Le sommet et les côtés d'un angle rectiligne. Angle droit, aigu, obtus. Angle intérieur, extérieur à un cercle. Angle inscrit à un cercle. Angle intérieur, extérieur d'un polygone. Angles adjacents, alternes, complémentaires, correspondants, supplémentaires, opposés par le sommet. — Arête et pans d'un angle dièdre. Angle solide ou polyèdre.* — Opt. *Angle d'incidence, de réflexion, de réfraction. Angle optique, visuel.* Fig. et cour. *Voir les choses sous un certain angle, d'un certain point de vue.* V. Aspect. « *Si l'on étudie l'histoire sous cet angle* » (ROMAINS). — Balist. *Angle de hausse, de site, de tir. Angle mort.* — Milit. *Angle de marche, de route*, angle formé par une direction de marche avec le nord magnétique. — Anat. *Angle facial.*

ANGLEDOZER [ãgləd̩ozœʀ]. *n. m.* (mil. XXᵉ; mot angl. [V. Bulldozer]). *Techn.* Engin de travaux publics qui creuse le sol en l'attaquant obliquement et en rejetant les déblais sur le côté. Recomm. offic. : *Bouteur biais.*

ANGLET [ãglɛ]. *n. m.* (1740; de *angle*). *Techn.* Cavité (entaille, moulure) à angle droit qui sépare des bossages. ◇ HOM. Anglais.

ANGLICAN, ANE [ãglikã, an]. *adj.* (1554; lat. médiév. *anglicanus*). Qui appartient à l'anglicanisme. *Église anglicane. Évêque anglican.* Subst. *Un anglican*, un adepte de l'anglicanisme.

ANGLICANISME [ãglikanism(ə)]. *n. m.* (1801; de *anglican*). Religion officielle de l'Angleterre, établie à la suite de la rupture de Henri VIII avec Rome au XVIᵉ s., sorte de compromis entre le catholicisme et le calvinisme.

ANGLICISER [ãglisize]. *v. tr.* (1853; du lat. médiév. *anglicus*). Rendre anglais d'aspect. « *Le nom a souvent été anglicisé* » (SIEGFRIED). — *Pronom.* Prendre un air, un caractère anglais.

ANGLICISME [ãglisism(ə)]. *n. m.* (1652; du lat. médiév. *anglicus*). Locution propre à la langue anglaise. ◇ Emprunt à la langue anglaise (*par ext.* à l'anglais d'Amérique).

ANGLICISTE [ãglisist(ə)]. *n.* (1939; du lat. médiév. *anglicus*). Spécialiste de la langue, la littérature et la civilisation anglaises.

ANGLO-. Élément initial de composition, tiré du rad. de *anglais*.

ANGLO-ARABE [ãglɔaʀab]. *adj.* (1838; de *anglo-*, et *arabe*). Se dit des chevaux qui proviennent d'un croisement de pur-sang anglais et arabe. Subst. *Un anglo-arabe.*

ANGLOMANE [ãglɔman]. *n.* (1765; de *anglo-*, et *-mane*). Personne qui imite et admire sans discernement les Anglais et leurs usages.

ANGLOMANIE [ãglɔmani]. *n. f.* (1754; de *anglo-*, et *-manie*). Manie, travers des anglomanes.

ANGLO-NORMAND, ANDE [ãglɔnɔʀmã, ãd]. *adj.* (1866; de *anglo-*, et *normand*). Qui réunit des éléments anglais et normands. *Les îles anglo-normandes*, l'archipel britannique de la Manche. *Cheval anglo-normand*, croisement de la race anglaise et normande. ◇ *Le dialecte anglo-normand*, ou subst. *l'anglo-normand*, dialecte français (langue d'oïl) qui était parlé des deux côtés de la Manche. *Les œuvres de Wace sont écrites en anglo-normand.*

ANGLOPHILE [ãglɔfil]. *adj.* (1823; de *anglo-*, et *-phile*). Qui a ou marque de la sympathie pour les Anglais (*spécialt.* en politique). ◇ ANT. Anglophobe.

ANGLOPHILIE [ãglɔfili]. *n. f.* (1866; de *anglo-*, et *-philie*). Dispositions anglophiles. ◇ ANT. Anglophobie.

ANGLOPHOBE [ãglɔfɔb]. *adj.* (1842; de *anglo-* et *-phobe*). Qui déteste les Anglais. ◇ ANT. Anglophile.

ANGLOPHOBIE [ãglɔfɔbi]. *n. f.* (1823; de *anglo-*, et *-phobie*). Aversion pour les Anglais et ce qui est anglais ◇ ANT. Anglophilie.

ANGLOPHONE [ãglɔfɔn]. *adj. et n.* (v. 1950; de *anglo-*, et *-phone*). Qui est de langue anglaise. *Pays anglophones. Canadien anglophone.* Subst. *Un anglophone.*

ANGLO-SAXON, ONNE [ãglɔsaks5, ɔn]. *adj.* (1740; de *anglo-*, et *saxon*). ♦ 1° Hist. Relatif aux envahisseurs germaniques (Angles, Saxons, Jutes) de la Grande-Bretagne. Subst. *Les Anglo-Saxons*, ces envahisseurs et leurs successeurs. *L'anglo-saxon*, leur langue, le vieil anglais. ♦ 2° (XIXᵉ). Relatif aux peuples de civilisation britannique. « *La notion anglo-saxonne de l'État* » (SIEGFRIED). Subst. *Les Anglo-Saxons*, ces peuples.

ANGOISSANT, ANTE [ãgwasã, ãt]. *adj.* (1306; repris XXᵉ; de *angoisser*). Qui cause de l'angoisse, est extrêmement inquiétant. *La situation est angoissante.* ◇ ANT. Apaisant, calmant.

ANGOISSE [ãgwas]. *n. f.* (XIᵉ; lat. *angustia*, usité surtout au plur., « étroitesse, lieu resserré » (encore en a. fr.; Cf. Poire* d'angoisse), « gêne, angoisse », en lat. ecclés.). ♦ 1° Malaise psychique et physique, né du sentiment de l'imminence d'un danger, caractérisé par une crainte diffuse pouvant aller de l'inquiétude à la panique et par des sensations pénibles de constriction épigastrique ou laryngée (gorge serrée). V. **Anxiété, inquiétude, peur.** « *Étrange sensation que l'angoisse, on sent au rythme de son cœur qu'on respire mal* » (MALRAUX). « *Cette angoisse de la mort tortura son enfance* » (R. ROLLAND). ♦ **2°** (Depuis Kierkegaard et l'existentialisme). Inquiétude métaphysique née de la réflexion sur l'existence. « *On a pu considérer l'angoisse comme révélatrice de l'existence elle-même* » (LAVELLE). ◇ ANT. **Placidité, sérénité, tranquillité.**

ANGOISSER [ãgwase]. *v. tr.* (1080; lat. ecclés. *angustiare.* V. **Angoisse**). *Rare.* Inquiéter au point de faire naître l'angoisse. V. **Oppresser, tourmenter ; angoissant.** ◇ Cour. *Angoissé,* qui éprouve ou exprime l'angoisse. « *Le regard angoissé de quelqu'un qui se noie* » (GIDE). ◇ ANT. **Apaiser, calmer, tranquilliser.**

ANGON [ãgɔ̃]. *n. m.* (xvᵉ; mot du lat. médiév., transcription d'un mot frq.). Ancienne arme franque, sorte de javelot à pointe barbelée.

ANGOR [ãgɔʀ]. *n. m.* (1846; mot lat. « serrement, oppression »). *Méd.* Toute douleur brutale, angoissante, en particulier l'angine de poitrine. V. **Angine.**

ANGORA [ãgɔʀa]. *adj.* (1803; pour *d'Angora,* ville de Turquie, *Ankara*). ♦ **1°** Se dit de races d'animaux (chèvres, chats, lapins) aux poils longs et soyeux. Subst. *Un angora,* un chat, un lapin angora. ♦ **2°** *Laine angora* ou *angora,* textile fait de ces poils. *Pull-over en angora.*

ANGSTRŒM ou **ANGSTRÖM** [ãŋstrœm]. *n. m.* (v. 1920; nom d'un physicien suédois). Unité de longueur employée en microphysique, valant un dix-millième de micron. Symb. Å.

ANGUIFORME [ãgifɔʀm(ə)]. *adj.* (1845; du lat. *anguis* « serpent », et *-forme*). Qui a la forme d'un serpent.

ANGUILLE [ãgij]. *n. f.* (xiiᵉ; lat. *anguilla*). Poisson d'eau douce (mais qui se reproduit dans la mer des Sargasses), anguiforme, à peau visqueuse et glissante. V. **Pibale; leptocéphale.** Cuis. *Matelote d'anguille.* — Par anal. *Anguille de mer,* congre. — Loc. *Il glisse, échappe comme une anguille,* sans qu'on puisse le retenir, sans qu'on puisse faire fond sur lui. *Il y a anguille sous roche,* il y a une chose qu'on nous cache, et qu'on soupçonne.

ANGUILLÈRE [ãgijɛʀ]. *n. f.* (xviᵉ; de *anguille*). *Rare.* Vivier ou pêcherie à anguilles.

ANGUILLIDÉS [ãgijide]. *n. m. pl.* (1885; de *anguille*). *Zool.* Famille de poissons apodes dont le type est l'anguille.

ANGUILLULE [ãgijyl]. *n. f.* (1845; de *anguille,* d'apr. les dimin. lat.). Nématode vivant dans les matières fermentescibles, les sols humides, en parasite des plantes. *Anguillule du vinaigre, du blé.*

ANGULAIRE [ãgylɛʀ]. *adj.* (1377; lat. *angularis*). ♦ **1°** Qui forme un angle. *Pierre angulaire,* pierre formant l'angle extérieur d'un bâtiment. Fig. « *La pierre angulaire de la Société* » (FRANCE), l'élément fondamental. Opt. *Distance angulaire de deux points,* angle formé par les rayons visuels joignant l'œil de l'observateur à ces points. ◇ Par ext. *Vitesse* angulaire.* ♦ **2°** *Anat.* De l'angle de l'œil. *Artère angulaire.*

ANGULEUX, EUSE [ãgylø, øz]. *adj.* (1539; lat. *angulosus*). ♦ **1°** Qui présente des angles, des arêtes vives. « *Sa face anguleuse au nez droit* » (ALAIN-FOURNIER). ♦ **2°** *Fig.* Plein d'aspérités, difficile. « *Cet esprit rétif et anguleux* » (SARTRE). ◇ ANT. **Rond; facile.**

ANGUSTICLAVE [ãgystiklav]. *n. m.* (fin xviiᵉ; du lat. *angustus* « étroit », et *clavus* « bande de pourpre », d'apr. *laticlave*). *Antiq. rom.* Bande de pourpre étroite bordant la toge des chevaliers; cette toge elle-même.

ANGUSTURE ou **ANGUSTURA** [ãgystyʀ(a)]. *n. f.* (1808; de *Angostura,* anc. nom de Ciudad Bolivar, ville du Venezuela). Écorce de certaines rubiacées d'Amérique du Sud, employée comme fébrifuge ou tonique.

ANHARMONIQUE [ãnaʀmɔnik]. *adj.* (1852; de *a-* 2, et *harmonique*). *Rapport anharmonique* de quatre points A B C D pris sur un axe orienté, quotient du rapport des mesures des deux vecteurs ayant pour origine C et pour extrémités A et B, par le rapport des mesures des deux vecteurs d'origine D et d'extrémités A et B.

ANHÉLATION [anelasjɔ̃]. *n. f.* (xviᵉ; lat. *anhelatio*). *Méd.* Respiration courte et fréquente. V. **Essoufflement.**

ANHÉLER [anele]. *v. intr.* conjug. *céder* (xvᵉ; lat. *anhelare*). *Rare.* Respirer péniblement, haleter.

ANHIDROSE ou **ANIDROSE** [anidʀoz]. *n. f.* (1843; de *a-*2, et gr. *hidrôs* « sueur »). *Méd.* Absence ou diminution importante de la transpiration.

ANHYDRE [anidʀ(ə)]. *adj.* (1838; gr. *anudros*). *Chim.* Qui ne contient pas d'eau. ◇ ANT. **Aqueux.**

ANHYDRIDE [anidʀid]. *n. m.* (1866; de *anhydre,* et suff. de *acide*). *Chim.* Composé obtenu par déshydratation totale d'un acide; *Spécialt.,* composé organique de formule générale R-CO-O-CO-R'.

ANHYDRITE [anidʀit]. *n. f.* (1845; de *anhydre*). Sulfate naturel anhydre de calcium, présent dans les dépôts d'évaporation des eaux marines.

ANICROCHE [anikʀɔʃ]. *n. f.* (1584; « sorte d'arme » (1546), probabl. recourbée — croche — en bec de cane — a. fr. *ane*). Petite difficulté qui accroche, petit obstacle qui arrête. *Tout s'est bien passé, à part quelques petites anicroches.*

ÂNIER, IÈRE [anje, jɛʀ]. *n.* (xiiᵉ; lat. *asinarius*). Conducteur d'ânes.

ANILINE [anilin]. *n. f.* (1855; all. *Anilin,* 1841; du port. *anil* « indigo », d'o. arabe et pers.). Amine isolée d'abord des produits de la distillation de l'indigo, obtenue aujourd'hui par la réduction du nitrobenzène, liquide huileux, incolore, toxique, employé notamment dans la fabrication des colorants.

ANILISME [anilism(ə)]. *n. m.* (1878; de *aniline*). *Méd.* Intoxication par l'aniline.

ANIMADVERSION [animadvɛʀsjɔ̃]. *n. f.* (xviᵉ; « attention », xiiᵉ; lat. *animadversio*). *Vx.* Blâme d'une autorité publique. ◇ Mod. et littér. Blâme, antipathie, réprobation. « *De petits journaux me signalaient à l'animadversion des écoles* » (STE-BEUVE). ◇ ANT. **Approbation, louange.**

ANIMAL, AUX [animal, o]. *n. m.* (xiiᵉ; mot lat., de *anima* « souffle, vie »). ♦ **1°** Être vivant organisé, doué de sensibilité et de motilité, hétérotrophe (difficile à distinguer du végétal à l'état unicellulaire). *Cour.* Cet être vivant, opposé aux végétaux (comme capable de bouger, etc.). V. **Bête; insecte, mammifère, mollusque, oiseau, poisson, reptile, ver,** etc. *Classification des animaux.* V. **Zoologie.** *Animaux actuels, fossiles, disparus* (V. **Faune**). *Animaux sauvages, domestiques. Animaux fabuleux, symboliques.* « *L'homme est un animal sociable* » (MONTESQ.). — *L'homme et l'animal.* V. **Bête, brute.** *L'animal-machine,* l'animal selon la conception mécaniste de Descartes (*opposé à* l'homme, qui raisonne). « *L'animal primitif qui subsiste indéfiniment dans l'homme* » (TAINE). ♦ **2°** (*T. d'injure*). Personne grossière, stupide, brutale. *Rien à faire avec cet animal-là !*

ANIMAL, ALE, AUX [animal, o]. *adj.* (xiiiᵉ; lat. *animalis*). ♦ **1°** Qui a rapport à l'animal (*opposé au* végétal). *Règne animal. Fonctions animales,* de relation. *Chaleur animale.* Vx. *Esprits* animaux.* ◇ Qui en l'homme est propre à l'animal. V. **Bestial, brutal, charnel, physique, sensuel.** « *L'instinct maternel est divinement animal* » (HUGO). *Une confiance animale,* instinctive. ♦ **2°** Qui est propre à l'animal (à l'exclusion de l'homme). *Anatomie animale. Matière animale :* qui provient des bêtes. *Charbon, noir animal.* ◇ ANT. **Végétal. Spirituel.**

ANIMALCULE [animalkyl]. *n. m.* (1564; de *animal,* d'après *homoncule*). Animal microscopique.

ANIMALIER [animalje]. *n. m.* (fin xviiiᵉ; de *animal*). ♦ Peintre, sculpteur d'animaux. En appos. *Un peintre animalier.* ♦ **2°** (v. 1960). Personne chargée de l'entretien des animaux, dans un laboratoire.

ANIMALISER [animalize]. *v. tr.* (1808; « assimiler », 1742; de *animal*). *Rare.* Ravaler au rang de la bête, réduire aux instincts de l'animal. V. **Abrutir.**

ANIMALITÉ [animalite]. *n. f.* (xiiᵉ; de *animal*). ♦ **1°** Ensemble des caractères propres à l'animal; le règne animal. ♦ **2°** La partie animale de l'homme. V. **Bestialité.** « *L'ascendant croissant de notre humanité sur notre animalité* » (A. COMTE). ◇ ANT. **Humanité, spiritualité.**

ANIMATEUR, TRICE [animatœʀ, tʀis]. *adj.* et *n.* (1801; bas lat. *animator*). I. ♦ **1°** *Adj.* Qui anime, insuffle la vie. V. **Créateur, vivifiant.** ♦ **2°** *N.* Personne qui anime une collectivité par son ardeur et son allant. II. *N.* ♦ **1°** Personne qui présente et commente un spectacle (music-hall) ou une émission (radio, télévision). ♦ **2°** *Cinéma.* (1929). Auteur de dessins animés, technicien responsable de l'animation. ♦ **3°** (v. 1960). Spécialiste de l'animation des groupes humains (V. **Animation,** 3°). *Animateur socioculturel.*

ANIMATION [animasjɔ̃]. *n. f.* (xivᵉ; lat. *animatio*). ♦ **1°** *Rare.* Action, manière d'animer, de donner la vie, le mouvement. *Cinéma.* (1923). Méthode permettant de donner, par une suite d'images (dessins, photographies, de poupées, etc., prises image par image), l'impression du mouvement. *Cinéma d'animation.* ♦ **2°** *Cour.* Caractère de ce qui est animé. *L'animation du regard, du visage.* V. **Ardeur, éclat.** Discuter avec animation. V. **Chaleur, flamme, passion, vivacité.** *Il y a beaucoup d'animation dans ce quartier.* V. **Activité, mouvement.** *Mettre de l'animation dans une réunion.* V. **Entrain.** ♦ **3°** (1972). Méthodes de conduite d'un groupe qui favorisent l'intégration et la participation de ses membres à la vie collective. (Cf. **Dynamique* de groupe**). *L'animation d'une maison de la culture.* ◇ ANT. **Calme, froideur, repos, torpeur.**

ANIMATO [animato]. *adv.* (1866; mot it. « animé »). *Mus.* Indication de nuance de mouvement : avec chaleur.

ANIMÉ, ÉE [anime]. *adj.* (V. **Animer**). ♦ **1°** Doué de vie. V. **Vivant**. *Les êtres animés.* ◇ Qui donne l'impression de la vie, est plein de mouvement. V. **Agité**. *Des rues très animées.* ◇ Doté de mouvement. *Dessins* animés.* V. **Animation**. ♦ 2° Qui est plein de vivacité, d'éclat. « *Sa physionomie ouverte et animée* » (MUSS.). *Une conversation animée.* V. **Vif**. ◈ ANT. *Inanimé ; froid.*

ANIMER [anime]. *v. tr.* (XIVe ; lat. *animare*). ♦ 1° Douer de vie. « *Une volonté meut l'univers et anime la nature* » (ROUSS.). Par exagér. *L'artiste anime le marbre, ses personnages.* ◇ Douer de mouvement. *Les nouveaux arrivants ont animé le vieux quartier.* ◇ Fig. *Animer la conversation, la soirée.* V. **Égayer**. ♦ 2° Communiquer son ardeur, son enthousiasme à (qqn). V. **Aiguillonner, électriser, enflammer, stimuler**. « *Il animait les six chanteurs de la voix et du geste* » (HUGO). ◇ Spécial. *(Vieilli)* Exciter (contre qqn). « *Animant le peuple contre la noblesse* » (BOSS.). ◇ Donner l'impulsion à (une entreprise), être à l'origine de l'activité. V. **Diriger, marcher** (faire). *Animer une entreprise, un spectacle. En menant, il a animé la course.* ♦ 3° *(Sujet de chose).* Donner de l'éclat, de la vivacité. V. **Aviver, enflammer**. « *Un doigt de vin anima les regards* » (FRANCE). « *Animés par la bonne chère* » (GAUTIER). ◇ *(Sentiments)* Inspirer, mener. « *La brûlante espérance qui l'anime* » (R. ROLLAND). *Animé des meilleures intentions.* ♦ 4° Pronom. Naître à la vie, au mouvement. *Dans son rêve, la statue s'animait.* V. **Ébranler** (s'), **mouvoir** (se). *La rue s'anime le soir.* ◇ Prendre de la vivacité, de l'éclat. *La conversation s'animait.* « *Tout à coup ses traits s'animèrent* » (GIDE). ◈ ANT. *Arrêter, paralyser, retenir.*

ANIMISME [animism(ə)]. *n. m.* (1781 ; de *animiste*). ♦ 1° *Ancienn.* Doctrine physiologico-médicale de Stahl, expliquant les faits vitaux par l'intervention de l'âme. V. **Vitalisme**. ♦ 2° *Sociol.* (1880). Attitude consistant à attribuer aux choses une âme analogue à l'âme humaine. *L'animisme du primitif, de l'enfant.*

ANIMISTE [animist(ə)]. *n. et adj.* (1765 ; du lat. *anima* « âme »). Qui professe l'animisme, est marqué par l'animisme (aux deux sens du mot).

ANIMOSITÉ [animozite]. *n. f.* (XVIe ; « courage », XVe ; bas lat. *animositas*). Sentiment persistant de malveillance qui porte à nuire à qqn. V. **Antipathie, haine, inimitié, rancune**. « *Sans y mettre ni animosité, ni rancune, ni envie* » (FUSTEL de COUL.). ◇ Emportement, violence dans une discussion. V. **Âpreté, véhémence**. *Il y avait trop d'animosité, de part et d'autre, dans ce débat.* ◈ ANT. *Bienveillance, cordialité.*

ANION [anjɔ̃]. *n. m.* (1838 ; de l'angl. *anion*, 1834, d'apr. le gr. *anion* « chose qui monte »). Ion à charge négative qui, dans une électrolyse, se dirige vers l'anode. (V. **Cation**).

ANIS [ani(s)]. *n. m.* (XIIIe ; lat. d'o. gr. *anisum*). Plante dicotylédone *(Ombellifères)*, cultivée pour ses propriétés aromatiques et médicinales. *Liqueur d'anis.* V. **Anisette**. *Bonbons à l'anis*, ou ellipt. *Anis.* ◇ *Faux anis.* V. **Cumin**. *Anis étoilé.* V. **Badiane**.

ANISER [anize]. *v. tr.* (1611 ; de *anis*). Parfumer à l'anis. *Liqueur anisée.*

ANISETTE [anizɛt]. *n. f.* (1771 ; de *anis*). Liqueur préparée avec des graines d'anis.

ANISOGAMIE [anizɔgami]. *n. f.* (1960 ; de *an-*, et *isogamie*). Biol. Syn. HÉTÉROGAMIE. ◈ ANT. *Isogamie.*

ANISOTROPE [anizɔtrɔp]. *adj.* (1898 ; de *a-* 2, et *isotrope*). Se dit d'une substance, d'un corps dont les propriétés varient selon la direction considérée (phénomène dit *anisotropie*).

ANKYLOSE [ãkiloz]. *n. f.* (1721 ; *ancylosis*, XVIe ; gr. *agkulôsis*). Diminution ou impossibilité absolue des mouvements d'une articulation naturellement mobile. V. **Paralysie**. ◈ ANT. *Souplesse.*

ANKYLOSER [ãkiloze]. *v. tr.* (*Ankylosé*, 1749 ; de *ankylose*). Paralyser par ankylose. *Une arthrite lui a ankylosé le genou.* « *Afin de rétablir la circulation dans sa jambe ankylosée* » (MART. du G.). Pronom. Être atteint d'ankylose ; par ext. Perdre de sa rapidité de réaction, de mouvement, par suite d'une immobilité, d'une inaction prolongée. V. **Rouiller** (se).

ANKYLOSTOME [ãkilɔstɔm]. *n. m.* (1881 ; gr. *agkulos* « recourbé, crochu », et *stoma* « bouche »). Nématode parasite de l'intestin grêle, provoquant une anémie pernicieuse dite *ankylostomiase*.

ANNAL, ALE, AUX [an(n)al, o]. *adj.* (déb. XIIe ; empr. au lat. *annalis*). Dr. Qui ne dure qu'un an. (V. *aussi* **Annuel**). *Droit annal, qui produit ses effets au bout d'un an. Prescription annale.* ◈ HOM. *Anal.*

ANNALES [anal]. *n. f. pl.* (1447 ; lat. *annales*, plur. d'*annalis* « de l'an »). ♦ 1° Ouvrage rapportant les événements dans l'ordre chronologique, année par année. V. **Chronique**. « *Les Orientaux écrivent des annales plutôt que de l'histoire* » (BARRÈS). ◇ Par ext. Histoire. *Célèbre dans les annales du crime.* ♦ 2° Titre de revues, de recueils périodiques de faits

relatifs à la vie religieuse, scientifique, etc. *Annales politiques et littéraires. Annales de géographie.* ◈ HOM. *Anal.*

ANNALISTE [analist(ə)]. *n. m.* (1560 ; de *annales*). Auteur d'annales ; historien. V. **Mémorialiste**. « *Un écrivain touche à bien des plaies en se faisant l'annaliste de son temps* » (BALZ.). ◈ HOM. *Analyste.*

ANNALITÉ [an(n)alite]. *n. f.* (1876 ; de *annal*). Dr. Caractère de ce qui est annal. *Annalité d'une possession.* ◈ HOM. *Analité.*

ANNAMITE [anamit]. *adj. et n. m.* (1862 ; de *Annam*). Relatif à l'Annam ou à ses habitants. V. **Vietnamien**. Subst. *Les Annamites.* N. m. *L'annamite*, langue du groupe thaï (Indochine et Chine du Sud).

ANNEAU [ano]. *n. m.* (XIVe ; *anel*, XIe ; lat. *an(n)ellus*). ♦ 1° Cercle de matière dure qui sert à attacher ou retenir. V. **Boucle, coulant**. *Anneaux de rideau. Passer une agrafe dans un anneau. L'anneau d'une ancre* (V. **Organeau**), *d'un piton, d'un porte-clefs* (V. **Clavier**), *Anneaux réunissant deux objets.* V. **Bride, collier, manchon, virole**. *Anneau de renfort.* V. **Frette**. *Anneau de suspension.* V. **Bélière, tire-fond**. Gym. *Anneaux*, cercles métalliques fixés à l'extrémité de deux cordes suspendues au portique. V. **Agrès**. *Mouvements, exercices aux anneaux.* Mar. *Anneau de cordage.* V. **Erse**. — *Les anneaux d'une chaîne.* V. **Chaînon, maillon**. — Fig. « *Remontant depuis le dernier anneau de la chaîne des êtres jusqu'à l'homme* » (CHATEAUB.). ◇ *Bijout.* Petit cercle d'or, d'argent, de platine qu'on met au doigt. V. **Bague**. *Anneau nuptial, de mariage.* V. **Alliance**. *Anneau pastoral, épiscopal. Anneau sigillaire.* ♦ 2° Ce qui a la forme d'un anneau. *Cheveux retombant en anneaux.* V. **Boucle**. — Rocade interne la plus proche du centre d'une ville. — Archit. Ceinture de faible saillie décorant les colonnes annelées. — Zool. Métamère, segment. Bot. Collerette membraneuse à la partie supérieure du pied d'un champignon. — Astron. *Anneau de Saturne*, ceinture lumineuse, composée de fragments solides, qui entoure cette planète. — Géom. Surface comprise entre deux cercles concentriques. *Anneau sphérique*, volume engendré par la rotation d'un segment de cercle autour d'un diamètre de ce cercle. — Opt. *Anneau oculaire*, image réelle de l'objectif fournie par l'oculaire. *Anneaux colorés de Newton*, qui se produisent concentriquement autour du point de contact d'une lentille convexe et d'une surface plane réfléchissante. ◇ Alg. Système formé d'un ensemble et de deux lois de composition sur cet ensemble ; la première loi additive lui confère la structure de groupe abélien*, la seconde, multiplicative et associative, avec un élément neutre, étant distributive par rapport à la première. *Les entiers rationnels (munis de l'addition et de la multiplication) forment un anneau. Anneau de polynômes, de matrices.*

ANNÉE [ane]. *n. f.* (1170 ; lat. pop. °*annata*, de *annus*, V. **An**). ♦ 1° Astron. Temps d'une révolution de la Terre autour du Soleil. *Année tropique*, temps qui s'écoule entre deux passages successifs du Soleil au point vernal (365 jours, 242198..., *pour l'année tropique moyenne*). *Année astronomique*, d'une durée égale à l'année tropique moyenne, commençant à un instant où la longitude moyenne du Soleil atteint une valeur déterminée (moment qu'on maintient, grâce à la correction des années bissextiles*, à la même date, le 1er janvier). V. **Calendrier**. *Année civile*, commençant le 1er janvier à 0 h pour un pays appartenant à un fuseau horaire donné. *Année ecclésiastique*, commençant le 1er dimanche de l'avent. *Année sidérale*, lunaire*.* ◇ *Cour.* Période de douze mois commençant le 1er janvier et finissant le 31 décembre. *Les saisons de l'année. Souhaiter à qqn la bonne année*, au Nouvel An*. *En fin d'année.* — Chacun de ces espaces de temps rangés dans l'ordre chronologique et datés. *L'année 1900. En quelle année ? L'année dernière, prochaine. C'est une bonne année pour le bourgogne.* V. **Millésime**. *L'année sainte*, climatérique*.* ♦ 2° Période égale, considérée dans sa durée seulement et commençant à telle ou telle date. V. **An**. *Il y a bien deux années que je ne l'ai pas rencontré. Il doit une année de loyer.* ◇ Cette période, à dater du jour de la naissance. V. **Âge**. *Il est dans sa dix-huitième année.* « *Courbé comme un vieillard sous le poids des années* » (HUGO). ♦ 3° Période d'activité, d'une durée inférieure à une année, mais considérée d'année en année. *Année scolaire, théâtrale.*

ANNÉE-LUMIÈRE [anelymjɛʀ]. *n. f.* (1946 ; de *année*, et *lumière*). Unité astronomique de distance, distance parcourue par la lumière en une année (env. 9 461 000 000 000 de km). On écrit parfois *année de lumière*. V. **Astronomique** *(unité)*, parsec.

ANNELÉ, ÉE [anle]. *adj.* (1572 ; de *anel*. V. **Anneau**). Disposé en anneaux. Bot. *Vaisseaux annelés.* Zool. *Vers annelés*, annélides. ◇ *Colonne annelée*, ceinturée d'anneaux.

ANNELER [anle]. *v. tr.* ; conjug. *appeler* (1584 ; de *anel*. V. **Anneau**). Rare. Boucler.

ANNÉLIDES [anelid]. *n. m. pl.* (1802 ; de *annelé*). Embranchement du règne animal, animaux caractérisés par un corps segmenté en métamères, comprenant les oligochètes, les polychètes et les sangsues. Sing. *Un annélide.*

ANNEXE [anɛks(ə)]. *adj.* (XIIIe; lat. *annexus,* p. p. de *annectere* « attacher à »). Qui est rattaché à qqch. de plus important, à l'objet principal. V. **Accessoire, secondaire.** *Bâtiment annexe. Les pièces annexes d'un dossier. École annexe,* école primaire attachée à une école normale, où les futurs maîtres font des stages. ◇ ANT. *Principal.*

ANNEXE [anɛks(ə)]. *n. f.* (XVIe; « union », 1495; lat. *annexus* « association »). ♦ 1° Chapelle dépendant de l'église paroissiale (V. **Succursale**); terre dépendant d'un domaine principal. ♦ 2° *Par ext.* Bâtiment, pièce, organe annexe. *Loger à l'annexe de l'hôtel. Les annexes d'un dossier, d'un traité,* les pièces, les dispositions additives et complémentaires. ◇ *Mar.* Embarcation auxiliaire. *Une annexe pneumatique.* ♦ 3° *Anat. Les annexes de l'œil, de l'utérus. Biol. Annexes embryonnaires,* organes temporaires situés en dehors du corps proprement dit de l'embryon (amnios, placenta). ♦ 4° *Dr. civ. Annexes de propres :* clause d'un régime matrimonial.

ANNEXER [anɛkse]. *v. tr.* (1269; de *annexe*). Joindre à un objet principal une chose qui en devient la dépendance. V. **Incorporer, rattacher, réunir.** *Annexer des pièces à un dossier. Les documents ci-annexés,* ci-joints. — *Spécialt.* Faire passer sous sa souveraineté tout ou partie d'un État. « *Le camouflet que leur a infligé l'Autriche en annexant la Bosnie-Herzégovine* » (MART. du G.). — *Pronom. (Fam.)* S'attribuer. *S'annexer le meilleur morceau.* ◇ ANT. *Détacher, séparer; céder.*

ANNEXION [anɛksjɔ̃]. *n. f.* (1660, repris mil. XIXe; bas lat. *annexio*). *Polit.* Action d'annexer. *L'annexion de la Savoie à la France.* V. **Incorporation, rattachement.** ◇ ANT. *Cession, séparation.*

ANNEXIONNISTE [anɛksjɔnist(ə)]. *adj.* (1853; de *annexion*). Qui a pour objet l'annexion d'un pays à un autre. *Politique annexionniste. Subst.* Partisan d'une politique d'annexion (ou *annexionnisme*).

ANNIHILATION [aniilasjɔ̃]. *n. f.* (XVIe; *anichilation,* XIVe; lat. ecclés. *annihilatio*). V. **Annihiler.** *Vx.* Anéantissement, annulation. ◇ *Mod. (Phys. at.)* Désintégration totale, la masse se transformant entièrement en énergie.

ANNIHILER [aniile]. *v. tr.* (1484; *anichiler,* XIVe; lat. ecclés. *annihilare,* de *nihil* « rien »). Réduire à rien, rendre de nul effet. V. **Anéantir, annuler, détruire.** *Le destin a annihilé ses efforts. Pronom.* « *L'être individuel s'annihile* » (LOTI). ◇ Briser, paralyser la volonté de (qqn). « *L'émotion l'annihile* » (MONTHERLANT). ◇ ANT. *Consolider, créer, maintenir.*

ANNIVERSAIRE [anivɛrsɛr]. *adj.* et *n. m.* (XIIe; lat. *anniversarius*). ♦ 1° *Adj.* Qui ramène le souvenir d'un événement arrivé à pareil jour une ou plusieurs années auparavant. *Jour, service anniversaire.* V. **Commémoratif.** ♦ 2° *N. m.* Jour anniversaire (donnant lieu généralement à une fête). *Pour l'anniversaire de ma naissance, pour mon anniversaire. Le cinquantième anniversaire de leur mariage.* V. **Noces** (d'or). *Célébrer le centième anniversaire d'un événement, d'une œuvre.* V. **Centenaire, commémoration.**

ANNONCE [anɔ̃s]. *n. f.* (*Annunce,* 1440; de *annoncer*). ♦ 1° Avis par lequel on fait savoir qqch. au public, verbalement ou par écrit. V. **Communication, communiqué, déclaration, notification, nouvelle, publication.** « *L'annonce de sa mort prochaine n'étonnait personne* » (MART. du G.). « *Un acteur qui va faire ce qu'on appelle au théâtre une annonce* » (DUHAM.). — *Spécialt. Annonces publicitaires, par affiches, prospectus.* V. **Réclame.** *Les petites annonces d'un jour. Insérer une annonce* (offre ou demande d'emploi, d'appartement). *Annonces judiciaires, légales,* dont la loi exige l'insertion dans les journaux. ◇ *Cartes* (Bridge, etc.) Déclaration, par chaque joueur, de ses cartes marquantes ou du contrat qu'il se propose de remplir. V. **Enchère.** ♦ 2° *Fig.* Ce qui annonce une chose. V. **Indice, présage, signe.** « *Cette apparente stupidité qui est l'annonce des âmes fortes* » (ROUSS.). « *Les premières annonces d'un destin* » (SARTRE).

ANNONCER [anɔ̃se]. *v. tr.* (XIIe; lat. *annuntiare*). ♦ 1° Faire savoir, porter à la connaissance. V. **Apprendre, communiquer, dire, publier, signaler.** *Annoncer une bonne, une mauvaise nouvelle. Annoncer qqch. dans les formes légales.* V. **Notifier.** *Aux cartes. Annoncer une tierce, deux sans atout,* en faire l'annonce. *Annoncer une couleur.* V. **Couleur.** — « *Il lui annonça que Jacques avait eu à Paris une mauvaise aventure* » (GIRAUDOUX). ◇ *Publier par un avis verbal ou écrit. Les journaux ont annoncé son mariage.* ♦ Signaler (qqn) comme arrivant, se présentant. *Veuillez m'annoncer à Madame. Se faire annoncer* (par un domestique). ♦ 2° *Prédire. Les prophètes annonçaient la venue du Messie.* ♦ 3° *(Sujet de chose).* Être l'indice, le signe de. V. **Indiquer, marquer, signaler.** « *Une figure agréable, très douce, annonçant une sorte de candeur* » (CHATEAUB.). « *Ce ton menaçant annonçait qu'on se croyait fort* » (MICHELET). ◇ Indiquer comme devant prochainement arriver ou se produire. « *Le nasillement d'un timbre électrique annonça l'express* » (MART. du G.).

« *Cette petite fleur qui annonce le printemps* » (HUGO). ♦ 4° *Pronom.* Apparaître comme devant prochainement se produire. « *La décadence s'annonce de toutes parts* » (VOLT.). ◇ Se présenter comme un bon ou mauvais début. *Ça s'annonce plutôt mal!* ◇ ANT. *Cacher, taire.*

ANNONCEUR [anɔ̃sœr]. *n.-m.* (1771; « héraut », XIIe; de *annoncer*). ♦ 1° *Vx.* Comédien qui annonçait le prochain spectacle. ♦ 2° *Mod.* Personne qui paie l'insertion d'une annonce dans un journal, ou fait faire une émission publicitaire. ♦ 3° Nom proposé pour remplacer *speaker.*

ANNONCIATEUR, TRICE [anɔ̃sjatœr, tris]. *n.* (XVIe; lat. ecclés. *annuntiator*). *Rare.* Personne qui annonce, prédit. *Adj.* Qui présage, avant-coureur. « *Un calme profond qu'il jugea annonciateur de tourments* » (DUHAM.).

ANNONCIATION [anɔ̃sjasjɔ̃]. *n. f.* (XIIe; lat. ecclés. *annuntiatio*). Message de l'ange Gabriel à la Vierge pour lui annoncer sa conception miraculeuse; fête commémorant ce message (25 mars).

ANNONCIER, IÈRE [anɔ̃sje, jɛr]. *n.* (1847; de *annonce*). Personne qui est chargée de la composition et de l'insertion des annonces dans un journal.

ANNONE [anɔn]. *n. f.* (XIIe; lat. *annona*). *Antiq. rom.* Récolte de l'année, ravitaillement du peuple en blé; impôt en nature pour assurer ce ravitaillement. ◇ HOM. *Anone.*

ANNOTATEUR, TRICE [anɔtatœr, tris]. *n.* (1552; lat. *annotator*). Personne qui annote (un texte). V. **Commentateur.**

ANNOTATION [anɔtasjɔ̃]. *n. f.* (XVIe; lat. *annotatio*). Note critique ou explicative qui accompagne un texte. — Note de lecture qu'on inscrit sur un livre.

ANNOTER [anɔte]. *v. tr.* (1706; « inventorier », 1418; lat. *annotare*). Accompagner (un texte) d'annotations critiques; mettre sur (un livre) des notes personnelles. *Exemplaire annoté par l'auteur.*

ANNUAIRE [anɥɛr]. *n. m.* (1791; du lat. *annuus* « annuel »). Recueil publié annuellement qui contient des renseignements variables d'une année à l'autre. *L'annuaire des Téléphones. L'annuaire du Bureau des Longitudes.*

ANNUALITÉ [anɥalite]. *n. f.* (1789; de *annuel,* d'après le lat. *annualis*). Qualité de ce qui est annuel, valable pour une seule année. *Le principe de l'annualité du budget, de l'impôt.*

ANNUEL, ELLE [anɥɛl]. *adj.* (XIIIe; *anoel,* 1080; lat. plur. *annualis*). ♦ 1° Qui a lieu, revient chaque année. *Banquet annuel. Rente annuelle,* perçue chaque année. ♦ 2° Qui dure un an seulement. *Plantes annuelles* (opposé à *plantes vivaces*). *Magistrature annuelle.*

ANNUELLEMENT [anɥɛlmã]. *adv.* (XIIIe; de *annuel*). Par an, chaque année.

ANNUITÉ [anɥite]. *n. f.* (1395; lat. médiév. *annuitas*). Paiement fait chaque année, comprenant à la fois le remboursement d'un capital emprunté (amortissement) et le paiement des intérêts. ◇ Dans le décompte des pensions, équivalent d'une année de service.

ANNULABLE [anɥlabl(ə)]. *adj.* (1823; de *annuler*). Qui peut être annulé. V. **Attaquable, résiliable.**

1. **ANNULAIRE** [anɥlɛr]. *n. m.* (1755; pour *doigt annulaire,* 1539; bas lat. *(digitus) anularis* « (doigt) propre à l'anneau »). Doigt auquel on met l'anneau, le quatrième à partir du pouce.

2. **ANNULAIRE** [anɥlɛr]. *adj.* (1576; lat. *anularius*). En forme d'anneau. *Anat. Protubérance, ligament annulaire. Astron. Éclipse annulaire.*

ANNULATION [anɥlasjɔ̃]. *n. f.* (1320; repris fin XVIIIe; lat. ecclés. *annulatio*). *Dr.* Décision par laquelle une autorité juridictionnelle ou administrative annule un acte comme entaché de nullité ou inopportun. V. **Abrogation, cassation, infirmation, invalidation, résolution, révocation.** — *Cour. L'annulation d'une commande.* ◇ ANT. *Confirmation, ratification, validation.*

ANNULER [anɥle]. *v. tr.* (1289; lat. ecclés. *annullare,* de *nullus* « nul »). ♦ 1° *Dr.* Déclarer ou rendre nul, sans effet, frapper de nullité. V. **Abroger, casser, dissoudre, infirmer, invalider, réformer, résoudre, révoquer.** *Son mariage a été annulé. La Cour a annulé le premier jugement.* — *Cour.* Supprimer, rendre nul. *Annuler une commande, un rendez-vous. Mon dernier versement annule ma dette.* V. **Éteindre.** *J'ai dû annuler mes engagements.* V. **Dénoncer, reprendre.** ♦ 2° *S'ANNULER. v. pron. (Récipr.)* Produire un résultat nul en s'opposant (comme un positif et un négatif). « *Les sentiments se superposent quelquefois sans s'annuler* » (MAUROIS). *Ces deux forces s'annulent.* V. **Neutraliser** (se). ◇ ANT. *Confirmer, ratifier, valider.*

ANOBLIR [anɔbliʀ]. *v. tr.* (1326; de *noble*). ♦ 1° Faire noble, en conférant une titre de noblesse. « *Le roi Jean anoblit son chancelier* » (VOLT.). ♦ 2° *Fig. (Vx).* Ennoblir.

ANOBLISSEMENT [anɔblismã]. *n. m.* (1345; de *anoblir*). Action d'anoblir. *Lettres d'anoblissement,* octroyées par le roi.

ANODE [anɔd]. *n. f.* (1838; du gr. *anodos* « chemin vers le haut »). Électrode positive (*opposé à* cathode).

ANODIN, INE [anɔdɛ̃, in]. *adj.* (1503; bas lat. *anodynos*, gr. *anôdunos*, de *a-* 2, et *oduné* « douleur »). ♦ 1° Méd. *(Vx).* Qui calme la douleur (sans guérir). Fig. *Des remèdes anodins*, des moyens peu efficaces, des palliatifs. ♦ 2° (XVIIᵉ). Inoffensif, sans danger. *Une blessure tout à fait anodine.* ◇ Sans importance, insignifiant. *Un personnage bien anodin.* ◈ ANT. *Dangereux, important.*

ANODIQUE [anɔdik]. *adj.* (1937; de *anode*). *Phys.* Qui est relatif à l'anode. *Courant anodique. — Oxydation anodique*, produite par un tel courant.

ANODISATION [anɔdizasjɔ̃]. *n. f.* (1969; de *anodiser*). *Techn.* Oxydation superficielle d'un métal par le passage d'un courant anodique. V. **Carburation, cémentation**; **galvanisation**.

ANODISER [anɔdize]. *v. tr.* (1969; de *anode*, et suff. *-iser*). *Techn.* Faire subir une oxydation anodique à un métal pour en améliorer les propriétés superficielles. *Aluminium anodisé.*

ANODONTE [anɔdɔ̃t]. *adj. et n. m.* (1808; du gr. *anodous*, *anodontos* « édenté »). *Didact.* ♦ 1° *Adj.* Qui ne possède pas de dents. ♦ 2° *N. m.* Mollusque bivalve d'eau douce *(Lamellibranches)*, à coquille mince dont la charnière est dépourvue de dents.

ANOMAL, ALE, AUX [anɔmal, o]. *adj.* (1190; bas lat. d'o. gr. *anomalus*, du gr. *omalos* « pareil »). *Gram.* Se dit d'une forme ou d'une construction qui présente un caractère aberrant par rapport à un type ou une règle (sans être incorrecte ou anormale*). V. **Irrégulier**. ◈ ANT. *Régulier.* — HOM. *Anomale.*

ANOMALA ou **ANOMALE** [anɔmal(a)]. *n. m.* (1853; bas lat. *anomalus*. V. **Anomal**). Insecte coléoptère *(Scarabéidés)* dont une espèce est nuisible à la vigne. ◈ HOM. *Anomal.*

ANOMALIE [anɔmali]. *n. f.* (1570; lat. d'o. gr. *anomalia*). ♦ 1° *Gram.* Forme, construction anomale. V. **Irrégularité**. ♦ 2° *Astron.* (XVIIᵉ; de *anomalia* « irrégularité » du mouvement des planètes, Kepler). Angle formé dans le plan de son orbite par la direction d'une planète et celle du périhélie. ♦ 3° *Biol.* (1808; comme subst. de *anormal*). Déviation du type normal. V. **Difformité, monstruosité**. — *Sc.* Tout écart par rapport à la normale ou à la valeur théorique. — *Cour.* Bizarrerie, singularité; exception à la règle. « *Cette anomalie, comme beaucoup d'apparentes singularités sentimentales* » (BOURGET). ◈ ANT. *Régularisme.*

ANOMIE [anɔmi]. *n. f.* (1884; gr. *anomia*). *Didact.* Absence d'organisation naturelle ou légale.

ÂNON [ɑnɔ̃]. *n. m.* (XIIᵉ; dimin. de *âne*). Petit de l'âne, petit âne.

ANONE [anɔn]. *n. f.* (1740; *anon*, forme esp. de même o. que *ananas*). Fruit d'un arbre de l'Amérique du Sud; cet arbre lui-même (type de la famille des *anonacées*). V. **Annone**.

ÂNONNEMENT [ɑnɔnmɑ̃]. *n. m.* (1776; de *ânonner*). Action d'ânonner; paroles ânonnées.

ÂNONNER [ɑnɔne]. *v. intr.* (1606; de *ânon*). Lire, parler, réciter d'une manière pénible et hésitante. V. **Bredouiller**. « *Qu'il bredouille, qu'il ânonne, qu'il cherche ses mots* » (CHATEAUB.). *Trans.* « *Dans ces fables qu'on nous fait ânonner* » (LACRETELLE).

ANONYMAT [anɔnima]. *n. m.* (1864; de *anonyme*). État de la personne ou de la chose qui est anonyme. *Le généreux donateur a voulu garder l'anonymat. Sous le couvert de l'anonymat* (Cf. **Incognito**).

ANONYME [anɔnim]. *adj.* (1557; bas lat. d'o. gr. *anonymus*, du gr. *onoma* « nom »). ♦ 1° Qui ignore le nom, ou qui ne fait pas connaître son nom. *L'auteur anonyme de cette chanson de geste. Le maître anonyme qui a peint ce retable. Un pamphlétaire anonyme.* — *Une foule anonyme*, composée d'inconnus. ♦ 2° Dont l'auteur n'a pas laissé son nom ou l'a caché. « *Il est toujours désagréable de recevoir des lettres anonymes* » (DUHAM.). *Un don anonyme*. « *Les pyramides d'Égypte sont anonymes* » (HUGO). ◇ (1807) *Société anonyme*, société par actions qui n'est désignée par le nom d'aucun des associés. ♦ 3° *Fig.* Impersonnel, neutre. « *Ses vêtements anonymes s'adaptaient à tous les décors* » (ST-EXUP.). ◈ ANT. *Connu; signé.*

ANONYMEMENT [anɔnimmɑ̃]. *adv.* (1776; de *anonyme*). En gardant l'anonymat.

ANOPHÈLE [anɔfɛl]. *n. m.* (1845; du gr. *anôphelês* « nuisible »). Moustique qui est l'agent de transmission du paludisme.

ANORAK [anɔrak]. *n. m.* (1945; mot esquimau). Veste courte à capuchon, imperméable, portée notamment par les skieurs.

ANORDIR [anɔrdir]. *v. intr.* (1783; de *nord*). *Mar.* Tourner au nord (vent). V. **Nordir**.

ANOREXIE [anɔrɛksi]. *n. f.* (1584; gr. *anorexia*). *Méd.* Perte ou diminution de l'appétit.

ANOREXIGÈNE [anɔrɛksiʒɛn]. *adj. et n. m.* (1967; de *anorexie*, et *-gène*). *Méd.* Médicament ou aliment propre à supprimer la faim, à provoquer une anorexie momentanée.

ANORGANIQUE [anɔrganik]. *adj.* (1846; de *a-2*, et *organique*). *Méd.* Se dit d'un trouble qui n'est pas dû à une lésion organique.

ANORMAL, ALE, AUX [anɔrmal, o]. *adj.* (XIIIᵉ; lat. médiév. *anormalis*. V. **Normal**). ♦ 1° Qui n'est pas normal, conforme aux règles ou aux lois reconnues. V. **Irrégulier**; bizarre, étonnant, extraordinaire, singulier. *L'évolution de la maladie est anormale. Chose anormale*. V. **Anomalie**. « *La pâleur anormale de son visage* » (JALOUX). « *L'horreur du morbide, de l'anormal* » (GIDE), de ce qui est anormal. *Enfants anormaux* (arriérés, caractériels, névrosés, déficients). *Subst.* (Fam.) *Un anormal*, un déséquilibré. ◇ *(Moralement)* Injuste, scandaleux. *Vous payez moins d'impôts que moi, je trouve ça anormal.* ♦ 2° *(Sans jugement de valeur).* Qui n'est pas normal, conforme à la moyenne, à ce qui se fait ou se produit habituellement. V. **Exceptionnel, inhabituel, insolite**. *Il fait une chaleur anormale.* ◈ ANT. *Normal.*

ANORMALEMENT [anɔrmalmɑ̃]. *adv.* (1875; de *anormal*). D'une manière anormale. *Un enfant anormalement constitué. Il est anormalement gai, aujourd'hui.* ◈ ANT. *Normalement.*

ANORMALITÉ [anɔrmalite]. *n. f.* (1845, « anomalie »; de *anormal*). *Didact.* Caractère de ce qui est anormal, « *L'anormalité est aussi légitime que la règle* » (FLAUBERT).

ANOSMIE [anɔsmi]. *n. f.* (1808; du gr. *anosmos* « inodore »). *Méd.* Diminution ou perte complète de l'odorat.

ANOURE [anur]. *adj. et n. m. pl.* (1819; de *a-2*, et *-oure*). *Zool.* Qui n'a pas de queue. — *N. m. pl.* Ordre d'amphibiens (crapauds, grenouilles) qui sont dépourvus de queue à l'état adulte et pourvus de membres postérieurs allongés adaptés au saut.

ANOVULATOIRE [anɔvylatwar]. *adj.* (1960; de *a[n]-*, et du rad. de *ovulation*). *Méd.* Qui ne présente pas d'ovulation. *Cycle anovulatoire.*

ANOXÉMIE [anɔksemi]. *n. f.* (1861; de *a-* 2, *ox*(ygène) et *-émie*). *Méd.* Diminution de la quantité d'oxygène contenue dans le sang (entraînant l'*anoxie*, diminution de la quantité d'oxygène que le sang distribue aux tissus).

ANSE [ɑ̃s]. *n. f.* (XIIIᵉ; lat. *ansa* « anse, poignée »). ♦ 1° Partie recourbée et saillante de certains ustensiles, permettant de les saisir, de les porter (Cf. **Anneau, poignée**). *Anse d'une cruche, d'un panier, d'une tasse. Les deux anses de l'amphore.* — *Fig. Faire danser du panier*, se dit d'un domestique qui majore le prix des achats faits pour ses patrons. ♦ 2° (Par anal. de forme). *Mar.* (1484). Petite baie peu profonde. ♦ 3° *Archit.* (1561). *Anse (de panier)*, arc dont la courbe surbaissée a la forme d'une demi-ellipse. *Math.* Courbe figurant un nombre impair d'arcs de circonférence. ♦ 4° *Anat.* (XIXᵉ). Portion d'organe en forme d'arc. *Anse intestinale.* — HOM. *Hanse.*

ANSÉ, ÉE [ɑ̃se]. *adj.* (1606; de *anse*). Qui porte une anse. *Croix ansée* : croix en forme de T surmontée d'une anse (symbole de vie).

ANSÉRIFORMES [ɑ̃serifɔrm(ə)]. *n. m. pl.* (1907; du lat. *anser* « oie », et *-forme*). Ordre d'oiseaux palmipèdes et lamellirostres, comprenant les flamants et les anatidés.

ANSÉRINE [ɑ̃serin]. *n. f.* (1808; lat. *anserinus* d'oie », c.-à-d. d'« herbe aux oies »). Nom de certains chénopodes et de certaines potentilles.

ANSPECT [ɑ̃spɛk]. *n. m.* (1687; *handspeek*, XVIᵉ; mot néerl.). Grand levier, employé autrefois à manœuvrer des pièces d'artillerie, aujourd'hui à remuer de lourdes charges (wagons, etc.).

ANTAGONIQUE [ɑ̃tagɔnik]. *adj.* (mil. XIXᵉ; de *antagonisme*). Qui est en antagonisme, en opposition. V. **Opposé**; concurrent. *Intérêts antagoniques.* ◈ ANT. *Allié.*

ANTAGONISME [ɑ̃tagɔnism(ə)]. *n. m.* (1751; gr. *antagônisma*). ♦ 1° Opposition fonctionnelle de deux muscles, de deux systèmes. ♦ 2° (1826). État d'opposition de deux forces, de deux principes. V. **Conflit, opposition, rivalité**. « *Il n'y a pas d'antagonismes qui ne puissent être résolus par des arrangements diplomatiques* » (MART. du G.). ◈ ANT. *Accord, concordance, harmonie.*

ANTAGONISTE [ɑ̃tagɔnist(ə)]. *adj.* (XVIᵉ; gr. *antagônistês*). ♦ 1° *Physiol.* Qui est en antagonisme. *Muscles, substances antagonistes.* ♦ 2° (XVIIᵉ). Opposé, rival. « *Les propositions les plus antagonistes de ma nature* » (GIDE). ◇ *Subst.* Adversaire, concurrent. ◈ ANT. *Ami; allié.*

ANTALGIQUE [ɑ̃talʒik]. *adj.* (1808; de *ant(i)-*, et *-algie*). *Méd.* Qui calme la douleur. V. **Analgésique, calmant**.

ANTAN (D') [dɑ̃tɑ̃]. *loc. adj.* (XIIᵉ; lat pop. °*anteannum* « l'an passé »). *Littér.* D'autrefois, du temps passé.

ANTARCTIQUE [ɑ̃tarktik]. *adj.* (1338; lat. d'o. gr. *antarcticus*). Se dit du pôle Sud et des régions qui l'environnent. *Subst. L'Antarctique*, le continent antarctique. ◇ Propre à ce continent. *Faune antarctique.* ◈ ANT. *Arctique.*

ANTE [ãt]. *n. f.* (1683; lat. plur. *antæ*). Chacun des pilastres carrés accompagnant les jambages des portes ou formant les angles d'un édifice (temples grecs et romains). — Pilier d'encoignure. ◇ HOM. *Ente.*

ANTÉ-. Élément, du lat. *ante* « avant », indiquant l'antériorité.

ANTÉCAMBRIEN, IENNE [ãtekãbʀijɛ̃, ijɛn]. *adj.* (1959; de *anté-*, et *cambrien*). *Syn.* PRÉCAMBRIEN, IENNE.

ANTÉCÉDENCE [ãtesedãs]. *n. f.* (XVIᵉ; de *antécédent*). *Rare.* Antériorité. ◇ *Géol.* Phénomène caractérisant un cours d'eau dont le tracé est antérieur aux déformations tectoniques.

ANTÉCÉDENT, ENTE [ãtesedã, ãt]. *adj. et n. m.* (1361; lat. *antecedens,* rad. *cedere* « aller »). ♦ 1º Adj. *(Rare).* Antérieur. — *Géogr.* Qui présente un phénomène d'antécédence. ♦ 2º *N. m.* (XIVᵉ). *Log.* Proposition d'où résulte la conclusion, ou qui énonce la condition. V. **Implication.** — *Math.* Numérateur de chacun des rapports d'une proportion. — *Antécédent d'un élément,* élément qui, dans une relation, admet celui-ci pour image. — *Gram.* (1751) Mot représenté par le pronom qui le reprend. *Antécédent du relatif,* auquel se rapporte le relatif. — *Sc. exp.* Phénomène qui précède invariablement un autre phénomène. *Relation d'antécédent à conséquent.* — *Méd.* (XIXᵉ) Les faits antérieurs à une maladie, concernant la santé du sujet examiné, de sa famille ou de ses ascendants. ◇ *Cour.* Chacun des actes, des faits appartenant au passé de qqn, en relation avec un aspect de sa vie actuelle. *Les mauvais antécédents de l'accusé.* ◇ ANT. *Conséquent.*

ANTÉCHRIST [ãtekʀist]. *n. m.* (XIIᵉ; altér. du lat. ecclés. *antichristus*). *Théol.* Ennemi du Christ qui, selon l'Apocalypse, viendra prêcher une religion hostile à la sienne un peu avant la fin du monde.

ANTÉDILUVIEN, IENNE [ãtedilyvjɛ̃, jɛn]. *adj.* (1750; de *anté-*, et lat. *diluvium* « déluge »). Antérieur au déluge. *Fig. (Fam.)* Très ancien, tout à fait suranné. « *Figurez-vous une voiture antédiluvienne* » (GAUTIER).

ANTÉFIXE [ãtefiks(ə)]. *n. f.* (1845; lat. plur. *antefixa*). *Antiq.* Ornement de sculpture qui décorait le bord des toits tout en masquant les vides des tuiles creuses.

ANTENAIS, AISE [ãtnɛ, ɛz]. *adj.* (XIVᵉ; de *antan*). Se dit des ovins de dix à dix-huit mois. *Agneau antenais.*

ANTENNE [ãtɛn]. *n. f.* (*Antaine,* XIIIᵉ; lat. *antenna*). ♦ 1º *Mar.* Vergue longue et mince des voiles latines. ♦ 2º (1712). Appendice sensoriel à l'avant de la tête de certains arthropodes dits *Antennifères.* Fig. *Avoir des antennes,* une sensibilité très aiguë, de l'intuition. ♦ 3º *Par anal.* Conducteur (ou ensemble de conducteurs) aérien destiné à rayonner ou à capter les ondes électromagnétiques. V. **Aérien.** *Antenne de télévision.* ◇ *Fig.* Radio, télév. (dans quelques expressions). *Nous gardons l'antenne pour annoncer une nouvelle de dernière heure. Passer à l'antenne à quelqu'un. Être sur l'antenne. Sur les antennes de tel poste de radio.* ♦ 4º *Par ext. Antenne chirurgicale,* unité avancée du service de santé militaire. Tout poste avancé en liaison avec un centre.

ANTÉPÉNULTIÈME [ãtepenyltjɛm]. *adj. et n. f.* (XIIIᵉ; lat. gram. *antepænultimus*). *Didact.* Qui précède la pénultième. N. f. *L'antépénultième,* la syllabe antépénultième.

ANTÉPOSER [ãtepoze]. *v. tr.* (XXᵉ; « préférer », XVIᵉ; de *anté-*, et *poser*). *Ling.* Poser devant, à gauche de (un autre élément de la phrase). *Antéposer l'épithète.* — Au p. p. Adjectif antéposé. ◇ ANT. *Postposer.*

ANTÉRIEUR, EURE [ãteʀjœʀ]. *adj.* (1488; lat. *anterior*). ♦ 1º Qui est avant, qui précède dans le temps. V. **Précédent.** *Rétablir l'état de chose antérieur. La vie antérieure,* vie qu'on aurait menée avant la vie présente. « *Passion primitive, antérieure à toute autre* » (ROUSS.). ◇ *Gram.* Marquant l'antériorité. *Passé, futur antérieur.* ♦ 2º Qui est placé en avant, devant (opposé à *postérieur,* ou en corrélation avec *inférieur* et *supérieur*). *La face antérieure de l'omoplate. Les membres antérieurs,* ou ellipt. *Les antérieurs du cheval.* ♦ 3º *Phonét.* Dont le point d'articulation se situe dans la partie antérieure de la cavité buccale. ◇ ANT. *Postérieur, ultérieur.*

ANTÉRIEUREMENT [ãteʀjœʀmã]. *adv.* (1611; de *antérieur*). À une époque antérieure. V. **Auparavant, précédemment.** — *Antérieurement à,* avant. « *S'il a présenté des symptômes antérieurement à l'absorption du gaz* » (MART. du G.). ◇ ANT. *Postérieurement; après, ultérieurement.*

ANTÉRIORITÉ [ãteʀjɔʀite]. *n. f.* (mil. XVIᵉ; de *antérieur*). Caractère de ce qui est antérieur (dans le temps). V. **Priorité.** *Antériorité d'un droit.* — *Gram.* Relation liant ce qui est avant à ce qui est après. *L'expression de l'antériorité.* V. **Temps.** ◇ ANT. *Postériorité.*

ANTÉROGRADE [ãteʀɔgʀad]. *adj.* (fin XIXᵉ; du rad. de *antér*(ieur), et *-grade,* d'après *rétrograde*). *Méd.* Amnésie antérograde, perte de la mémoire concernant des faits postérieurs à l'accident ou à la maladie qui en sont responsables.

ANTÉVERSION [ãtevɛʀsjɔ̃]. *n. f.* (1833; de *anté-*, et lat.

vertere « tourner »). *Anat. Antéversion de l'utérus* : déviation de l'utérus dont le fond se trouve porté en avant tandis que le col remonte en arrière, appuyant sur le rectum. — *Antéversion dentaire* : déviation d'une dent de sa position normale, vers l'avant. ◇ ANT. *Rétroversion.*

-ANTHE. Élément final de composition, du gr. *anthos* « fleur ».

ANTHÉMIS [ãtemis]. *n. f.* (1615; mot lat. et gr.). Nom savant de plusieurs espèces de camomille.

ANTHÈRE [ãtɛʀ]. *n. f.* (1611; du gr. *anthêros* « fleuri »). Partie supérieure de l'étamine*, renflée, contenant ordinairement deux loges polliniques.

ANTHÉRIDIE [ãteʀidi]. *n. f.* (1845; de *anthère*). *Bot.* Organe mâle contenant les anthérozoïdes.

ANTHÉROZOÏDE [ãteʀɔzɔid]. *n. m.* (1866; de *anthère,* d'apr. *spermatozoïde*). *Bot.* Gamète mâle.

ANTHÈSE [ãtɛz]. *n. f.* (1801; du gr. *anthêsis* « floraison »). *Bot.* Épanouissement de la fleur.

ANTHOLOGIE [ãtɔlɔʒi]. *n. f.* (1574; gr. *anthologia*). Recueil de pièces de vers choisies, de morceaux choisis en prose ou en vers. *Morceau d'anthologie,* page brillante digne de figurer dans une anthologie. V. **Florilège.**

ANTHONOME [ãtɔnɔm]. *n. m.* (1845; gr. *anthonomos* « qui se nourrit de fleurs »). *Zool.* Petit charançon dont la femelle dépose ses œufs dans les bourgeons à fleurs des arbres fruitiers.

ANTHOZOAIRES [ãtɔzɔɛʀ]. *n. m. pl.* (1845; du gr. *anthos* « fleur », et *-zoaire*). *Zool.* Une des classes de l'embranchement des cnidaires, animaux marins à formes de polypes, comprenant les tétracoralliaires, les hexacoralliaires et les octocoralliaires.

ANTHRACÈNE [ãtʀasɛn]. *n. m.* (1866; 1858, *anthracine;* du rad. de *anthracite*). Hydrocarbure ($C_{14}H_{10}$), extrait du goudron de houille.

ANTHRACITE [ãtʀasit]. *n. m.* (1803; a désigné depuis le XVIᵉ diverses roches; du gr. *anthrax-, -akos* « charbon »). Charbon (houille) à combustion lente qui dégage beaucoup de chaleur. — Adj. *(invar.)* De la couleur gris foncé de l'anthracite. *Des vestes anthracite* (ou *gris anthracite*).

ANTHRACITEUX, EUSE [ãtʀasitø, øz]. *adj.* (1846; de *anthracite*). Qui contient ou qui ressemble à l'anthracite.

ANTHRACNOSE [ãtʀaknoz]. *n. f.* (1853; du gr. *anthrax, -akos* « charbon », et *nosos* « maladie »). *Bot.* Maladie de la vigne, dite *charbon, rouille noire,* qui est due à certaines espèces de champignons microscopiques.

ANTHRACOSE [ãtʀakoz]. *n. f.* (*Anthracosis,* 1863; du gr. *anthrax, -akos* « charbon »). *Méd.* Maladie professionnelle due à l'inhalation des poussières de charbon qui s'infiltrent dans les poumons (Cf. Silicose).

ANTHRAQUINONE [ãtʀakinɔn]. *n. f.* (1878; du rad. de *anthracène,* et *quinone*). Produit de l'oxydation de l'anthracène, employé à la fabrication de colorants.

ANTHRAX [ãtʀaks]. *n. m.* (1503; mot lat. et gr.). Amas de plusieurs furoncles, avec nécrose de la partie centrale. *Des anthrax.*

ANTHRÈNE [ãtʀɛn]. *n. m.* (1789; gr. *anthrênê* « frelon »). Insecte dont la larve détériore les fourrures.

-ANTHROPE, -IE, -IQUE. Éléments de composition, du gr. *anthrôpos* « homme ».

ANTHROPO-. Élément initial de composition, du gr. *anthrôpos* « homme ».

ANTHROPOCENTRIQUE [ãtʀɔpɔsãtʀik]. *adj.* (1876; de *anthropo-*, et *centre*). Qui fait de l'homme le centre du monde, et du bien de l'humanité la cause finale de toutes choses. *Théorie anthropocentrique.*

ANTHROPOCENTRISME [ãtʀɔpɔsãtʀism(ə)]. *n. m.* (1907; de *anthropocentrique*). Philosophie, vue anthropocentrique.

ANTHROPOÏDE [ãtʀɔpɔid]. *adj. et n.* (1864; gr. *anthrôpoeidês*). *Zool.* Qui ressemble à l'homme. *Singe anthropoïde.* ◇ *Subst.* UN ANTHROPOÏDE. *n. m.* Singe de grande taille, dépourvu de queue, possédant un encéphale volumineux et s'appuyant pour marcher sur le dos des phalanges des mains et sur la plante des pieds. V. **Orang-outan; chimpanzé, gibbon, gorille.** *Les anthropoïdes.*

ANTHROPOLOGIE [ãtʀɔpɔlɔʒi]. *n. f.* (1832; empr. all., « science ou description de l'homme », 1516; de *anthropo-*, et *-logie*). ♦ 1º Branche de l'ethnologie qui étudie les caractères anatomiques et biologiques de l'homme considéré dans la série animale. ♦ 2º Ensemble des sciences qui étudient l'homme. *Anthropologie sociale, culturelle* : branches de l'anthropologie qui étudient les institutions et les techniques dans les diverses sociétés.

ANTHROPOLOGIQUE [ãtʀɔpɔlɔʒik]. *adj.* (1832; de *anthropologie*). Relatif, propre à l'anthropologie.

ANTHROPOLOGISTE [ãtʀɔpɔlɔʒist(ə)] ou **ANTHROPOLOGUE** [ãtʀɔpɔlɔg]. *n. m.* (1853; de *anthropologie*). Savant qui s'occupe d'anthropologie.

ANTHROPOMÉTRIE [ɑ̃tʀɔpɔmetʀi]. *n. f.* (1750; de *anthropo-*, et *-métrie*). ♦ 1° *Vx.* Étude des proportions du corps humain. **V. Anatomie** (artistique). ♦ 2° (1871). Technique de mensuration du corps humain et de ses diverses parties. *Anthropométrie judiciaire*, méthode d'identification des criminels par ces mensurations.

ANTHROPOMÉTRIQUE [ɑ̃tʀɔpɔmetʀik]. *adj.* (1843; de *anthropométrie*). Qui a rapport à l'anthropométrie. *Fiche, signalement anthropométrique.*

ANTHROPOMORPHE [ɑ̃tʀɔpɔmɔʀf(ə)]. *adj.* (1811; gr. *anthrôpomorphos*; Cf. Anthropo-, et *-morphe*). Qui a la forme, l'apparence d'un homme. *Lettre anthropomorphe*, lettrine représentant une figure humaine. Zool. *(Vieilli)* Anthropoïde.

ANTHROPOMORPHIQUE [ɑ̃tʀɔpɔmɔʀfik]. *adj.* (1866; de *anthropomorphe*). Qui a rapport à l'anthropomorphisme. *Une description anthropomorphique du monde animal.*

ANTHROPOMORPHISME [ɑ̃tʀɔpɔmɔʀfism(ə)]. *n. m.* (1770; de l'anc. n. *anthropomorphite*, lat. ecclés. *anthropomorphita*«hérétique qui attribuait à Dieu la forme humaine»). Tendance à concevoir la divinité à l'image de l'homme, et *par ext.* à attribuer aux êtres et aux choses des réactions humaines.

ANTHROPONYMIE [ɑ̃tʀɔpɔnimi]. *n. f.* (1938; de *anthropo-*, et *-onymie*). Partie de l'onomastique qui étudie les noms de personnes.

ANTHROPOPHAGE [ɑ̃tʀɔpɔfaʒ]. *adj. et n. m.* (XIVᵉ; lat. d'o. gr. *anthropophagus*). Qui mange de la chair humaine. *Tribu anthropophage.* — N. m. *Un anthropophage.* **V. Cannibale.**

ANTHROPOPHAGIE [ɑ̃tʀɔpɔfaʒi]. *n.f.* (XVIᵉ; gr. *anthrôpophagia*). Pratique des anthropophages. **V. Cannibalisme.**

ANTHROPOPHILE [ɑ̃tʀɔpɔfil]. *adj.* (v. 1960; de *anthropo(-)*, et *-phile*). *Didact.* Se dit des organismes (végétaux ou animaux) qui vivent au contact de l'homme ou dans des lieux qu'il fréquente. *Le rat est un animal anthropophile.*

ANTHROPOPITHÈQUE [ɑ̃tʀɔpɔpitɛk]. *n. m.* (1884; de *anthropo-*, et *-pithèque*). Zool. Genre hypothétique d'animaux fossiles intermédiaires entre le singe et l'homme; animal de ce genre.

ANTHROPOZOÏQUE [ɑ̃tʀɔpɔzɔik]. *adj.* (1957; de *anthropo-*, et *-zoïque*). *Didact.* Se dit de l'ère quaternaire, caractérisée par l'apparition de l'homme.

ANTHYLLIS [ɑ̃ti(l)lis] ou **ANTHYLLIDE** [ɑ̃ti(l)lid]. *n. f.* (1556, -1808; lat. *anthyllis*, mot gr.). Plante herbacée *(Papilionacées)* dont une espèce, la vulnéraire, est cultivée comme plante fourragère.

1. ANTI-. Élément, du gr. *anti* « contre » exprimant l'opposition ou la protection contre. *Anti-* entre en composition ♦ 1° pour former des noms avec des noms : *anticonformisme, antienzyme, anti-hasard, anti-impérialisme, antimatérialisme*, etc. ♦ 2° pour former des adjectifs ◊ avec des noms : *anti-dumping, anti-dumping, antiengin, antigang, antigrippe, antikomintern, antimissile, anti-nuisances, antiparti*, etc.; ◊ avec des adjectifs : *antibactérien, anti-évolutionniste, antigivrant, anti-impérialiste, anti-inflationniste, antilibéral, antimagique, anti-natal, anti-nataliste, antipelliculaire, antipopulaire, antiprurigineux, antirépublicain, antiterroriste, antithermique, antitumoral, antivenimeux, antiviral*, etc.

2. ANTI-. Élément, du lat. *anti-*, en composition pour *ante* « avant ».

ANTIAÉRIEN, IENNE [ɑ̃tiaeʀjɛ̃, jɛn]. *adj.* (1918; de *anti-*, et *aérien*). Qui s'oppose aux attaques aériennes. *Artillerie, défense antiaérienne* (Cf. D.C.A. : défense contre avions). *Canons, projectiles antiaériens.*

ANTIALCOOLIQUE [ɑ̃tialkɔlik]. *adj.* (1890; de *anti-*, et *alcoolique*). Qui combat l'alcoolisme. *Ligue antialcoolique.*

ANTIALLERGIQUE. *adj.* V. **ANALLERGIQUE.**

ANTIAMARIL, ILE [ɑ̃tiamaʀil]. *adj.* (mil. XXᵉ; de *anti-*, et *amaril*). *Méd.* Propre à combattre la fièvre jaune. *Vaccination antiamarile.*

ANTI-AMÉRICANISME [ɑ̃tiameʀikanism(ə)]. *n. m.* (1968; de *anti-*, et *américanisme*). Attitude hostile à l'égard des États-Unis.

ANTIATOME [ɑ̃tiatɔm]. *n. m.* (mil. XXᵉ; de *anti-*, et *atome*). *Phys.* Antiparticule de l'atome.

ANTIATOMIQUE [ɑ̃tiatɔmik]. *adj.* (1960; de *anti-*, et *atomique*). Qui s'oppose aux effets nocifs des radiations atomiques (*spécialt.* en cas de bombardement atomique). *Abri antiatomique.*

ANTIBIOTIQUE [ɑ̃tibjɔtik]. *adj. et n.* (1878; angl. *antibiotic*, du gr. *anti* « contre », et *biôtikos* « qui concerne la vie »). Se dit de toute substance chimique produite par des micro-organismes (surtout champignons inférieurs), et qui est capable de détruire ou d'entraver la croissance d'autres micro-organismes. — N. m. *(Cour.).* Toute substance chimique capable d'empêcher le développement des micro-organismes, quelle que soit son origine (*antibiotiques de synthèse*, sulfamides). **V. Bactéricide, bactériostatique.**

ANTIBOIS [ɑ̃tibwa(ɑ)]. *n. m.* (1845; altér. de *atibois*, 1541; var. *artebois*, 1582; o.i.). Baguette posée sur le plancher à une certaine distance des murs, pour les préserver du contact des meubles.

ANTI(-)BOURGEOIS, OISE [ɑ̃tibuʀʒwa, waz]. *adj.* (1869; de *anti-*, et *bourgeois*). Qui s'oppose à la bourgeoisie, aux modes de vie et de pensée bourgeois. « *Une recherche d'idées paradoxales anti-bourgeoises* » (GONCOURT).

ANTIBROUILLAGE [ɑ̃tibʀujaʒ]. *n. m.* (mil. XXᵉ; de *anti-* 1, et *brouillage*). *Radio.* Dispositif ou procédé tendant à atténuer le brouillage d'une émission.

ANTIBROUILLARD [ɑ̃tibʀujaʀ]. *adj.* (v. 1950; de *anti-* et *brouillard*). *Phares antibrouillards*, qui éclairent par temps de brouillard, qui percent le brouillard. Subst. *Des antibrouillards.*

ANTIBROUILLÉ, ÉE [ɑ̃tibʀuje]. *adj.* (mil. XXᵉ; de *anti-* 1, et *brouillé*). *Radio.* Se dit d'un dispositif protégé contre une certaine forme de brouillage. *Récepteur de radar antibrouillé.* V. **Antiparasite.**

ANTIBRUIT [ɑ̃tibʀɥi]. *adj. invar.* (1972; de *anti-*, et *bruit*). Destiné à protéger du bruit. *Mur antibruit le long d'une autoroute.* — Qui contribue à la lutte contre le bruit. *Ligue antibruit.*

ANTICANCÉREUX, EUSE [ɑ̃tikɑ̃seʀø, øz]. *adj.* (1845; de *anti-*, et *cancéreux*). Qui combat le cancer. *Centres anticancéreux*, centres médicaux spécialisés dans la lutte contre le cancer. ◊ ANT. *Cancérigène.*

ANTICAPITALISTE [ɑ̃tikapitalist(ə)]. *adj.* (mil. XXᵉ; de *anti-*, et *capitaliste*). Qui s'oppose au capitalisme. « ... *le gaullisme peut être un régime anticapitaliste si des hommes de gauche en prennent les commandes* » (BEAUVOIR).

ANTICASSEURS(S) [ɑ̃tikasœʀ]. *adj.* (1970; de *anti-*, et *casseur*). *Loi anticasseur* ou *anticasseurs* : loi visant à réprimer les délits commis à l'occasion de manifestations considérées comme portant atteinte à l'ordre public et à l'intégrité des biens.

ANTICATHODE [ɑ̃tikatɔd]. *n. f.* (1907; de *anti-* 1, et *cathode*). *Phys.* Petite lame de métal (tungstène, cuivre, molybdène), qui, placée à l'intérieur d'un tube électronique, reçoit les rayons cathodiques et émet des rayons X.

ANTICHAMBRE [ɑ̃tiʃɑ̃bʀ(ə)]. *n. f.* (1529; it. *anticameṛa* « chambre de devant ». V. **Anti-** 2). Pièce d'attente placée à l'entrée d'un grand appartement, d'un salon de réception, d'un bureau ministériel. V. **Hall, vestibule.** « *L'huissier le fit attendre dans l'antichambre* » (LARBAUD). *Faire antichambre* : attendre dans une antichambre le moment d'être introduit. *Courir les antichambres* : solliciter tantôt chez l'un, tantôt chez l'autre.

ANTICHAR [ɑ̃tiʃaʀ]. *adj.* (1928; de *anti-*, et *char*). Qui s'oppose à l'action des blindés. *Mines, canons, grenades antichars.*

ANTICHRÈSE [ɑ̃tikʀɛz]. *n. f.* (1603; lat. jur. d'o. gr. *antichresis*). *Dr. civ.* Contrat par lequel un débiteur transfère à son créancier la possession de son immeuble, pour en percevoir fruits et revenus jusqu'au remboursement de sa dette.

ANTICIPATION [ɑ̃tisipasjɔ̃]. *n. f.* (XVIᵉ; « usurpation », 1437; lat. *anticipatio*. V. **Anticiper**). ♦ 1° Exécution anticipée d'un acte. *Régler une dette par anticipation.* V. **Avance** (d'). ◊ *Mus.* Notes faisant prévoir l'entrée d'un accord. ◊ *Rhét.* Prolepse. ♦ 2° Mouvement de la pensée qui imagine ou vit d'avance un événement. V. **Prévision.** *Littérature d'anticipation*, dont le fantastique est emprunté aux réalités supposées de l'avenir. V. **Science-fiction.** ◊ *Écon.* Hypothèse subjective plus ou moins optimiste ou pessimiste quant à l'avenir, intervenant comme facteur dans les fluctuations économiques.

ANTICIPÉ, ÉE [ɑ̃tisipe]. *adj.* (XVIᵉ; V. **Anticiper**). Qui se fait par anticipation, avant la date prévue ou sans attendre l'événement. *Remboursement anticipé. Avec mes remerciements anticipés.* ◊ ANT. *Retardé.*

ANTICIPER [ɑ̃tisipe]. *v.* (XIVᵉ; lat. *anticipare*). ♦ 1° *V. tr.* Exécuter avant le temps déterminé. *Anticiper un paiement.* ◊ Imaginer et éprouver à l'avance. « *Le cœur anticipe les maux qui le menacent* » (CHATEAUB.). ♦ 2° *V. intr. Anticiper sur*, empiéter sur, en entamant à l'avance. « *Je me retiens d'anticiper sur le récit que j'écrirai plus tard* » (MAURIAC). *Absolt. N'anticipons pas*, ne devançons pas l'événement, respectons l'ordre de succession des faits. — *Sport.* Prévoir la réaction de l'adversaire et se disposer à y répondre. ◊ ANT. *Différer; revenir* (sur).

ANTICLÉRICAL, ALE, AUX [ɑ̃tikleʀikal, o]. *adj.* (1866; de *anti-*, et *clérical*). Opposé à l'influence et à l'intervention du clergé dans la vie publique. Subst. *C'est un anticlérical farouche.* ◊ ANT. *Clérical.*

ANTICLÉRICALISME [ɑ̃tikleʀikalism(ə)]. *n. m.* (1903; de *anticlérical*). Attitude, politique anticléricale. ◊ ANT. *Cléricalisme.*

ANTICLINAL, ALE, AUX [ɑ̃tiklinal, o]. *adj.* (1845; angl. *anticlinal*, du gr. *antiklinein* « pencher en sens contraire »). *Géol.* Se dit d'un pli convexe. Subst. *Axe, charnière, flancs d'un anticlinal. Les anticlinaux.* ◊ ANT. Synclinal

ANTICOAGULANT, ANTE [ãtikɔagylã, ãt]. *adj.* et *n. m.* (1897; de *anti-* 1, et *coagulant*). *Méd.* ♦ 1° *N. m.* Substance qui empêche ou retarde la coagulation. *L'héparine est un anticoagulant.* ♦ 2° *Adj.* Qui est relatif à cette substance.

ANTICOLONIALISME [ãtikɔlɔnjalism(ə)]. *n. m.* (1903; de *anti-*, et *colonialisme*). Opposition au colonialisme, à toute exploitation de type colonial. Adj. *Anticolonialiste.* ◊ ANT. Colonialisme.

ANTICOMMUNISME [ãtikɔmynism(ə)]. *n. m.* (1946; *anti-communisme*, 1941; de *anti-*, et *communisme*). Hostilité systématique au communisme. ◊ ANT. Communisme.

ANTICOMMUNISTE [ãtikɔmynist(ə)]. *adj.* (1842; de *anti-*, et *communiste*). Animé, marqué par l'anticommunisme. ◊ ANT. Communiste.

ANTICOMMUTATIF, IVE [ãtikɔmytatif, iv]. *adj.* (mil. XXᵉ; de *anti-* 1, et *commutatif*). *Math.* Se dit d'une opération telle que, dans une permutation des éléments, les membres sont opposés de signe ou de sens. *La soustraction des nombres réels, le produit vectoriel sont des opérations anticommutatives.*

ANTICONCEPTIONNEL, ELLE [ãtikɔsepsjɔnɛl]. *adj.* (1920; de *anti-*, et *conception*). Qui révèle des moyens propres à prévenir la grossesse. *Propagande anticonceptionnelle.* ◊ Contraceptif.

ANTICONFORMISTE [ãtikɔfɔrmist(ə)]. *adj.* (1953; de *anti-*, et *conformiste*). Qui s'oppose au conformisme. V. Non-conformiste. *Attitude anticonformiste (anticonformisme).* ◊ ANT. Conformiste.

ANTICONJONCTUREL, ELLE [ãtikɔ̃ʒɔktyrɛl]. *adj.* (*Néol.*; de *anti-* 1, et *conjoncturel*). *Écon. polit.* Qui est destiné à redresser une mauvaise conjoncture économique.

ANTICONSTITUTIONNEL, ELLE [ãtikɔ̃stitysjɔnɛl]. *adj.* (1769; de *anti-*, et *constitutionnel*). Contraire à la constitution. *Mesure anticonstitutionnelle.* ◊ ANT. Constitutionnel.

ANTICONSTITUTIONNELLEMENT [ãtikɔ̃stitysjɔnɛlmã]. *adv.* (1803; de *anticonstitutionnel*). D'une manière anticonstitutionnelle. ◊ ANT. Constitutionnellement.

ANTICORPS [ãtikɔr]. *n. m.* (1902; de *anti-*, et *corps*). Substance spécifique et défensive, de nature protéique, engendrée dans l'organisme par l'introduction d'un antigène*, avec lequel elle se combine pour en neutraliser l'effet toxique. V. **Antitoxine.**

ANTICORPUSCULE [ãtikɔrpyskyl]. *n. m.* (v. 1960; de *anti-* 1, et *corpuscule* [3°]). *Phys. Syn.* ANTIPARTICULE.

ANTICRYPTOGAMIQUE [ãtikriptɔgamik]. *adj.* (1922; de *anti-*, et *cryptogamique*). *Bouillie anticryptogamique*, utilisée pour préserver les végétaux des maladies cryptogamiques.

ANTICYCLIQUE [ãtisiklik]. *adj.* (1960; de *anti-* 1, et *cyclique* [2°]). *Écon. polit.* Se dit d'une politique économique ou financière qui tente de remédier aux crises cycliques prévisibles. *Une politique budgétaire anticyclique.*

ANTICYCLONAL, ALE, AUX [ãtisiklɔnal, o] ou **ANTICYCLONIQUE** [ãtisiklɔnik]. *adj.* (1897; de *anti-* 1, et *cyclone, cyclonique*). *Météo.* Relatif à un anticyclone.

ANTICYCLONE [ãtisiklon]. *n. m.* (1874; de *anti-*, et *cyclone*). Centre de hautes pressions atmosphériques (*opposé à cyclone*). V. **Dépression.**

ANTIDATE [ãtidat]. *n. f.* (1413; de *anti-* 2, et *date*). Date inscrite sur un document comme la vraie alors qu'elle est antérieure à celle-ci. ◊ ANT. Postdate.

ANTIDATER [ãtidate]. *v. tr.* (1462; de *antidate*). Marquer d'une antidate. *Antidater une lettre, un contrat.* ◊ ANT. Postdater.

ANTIDÉFLAGRANT, ANTE [ãtideflagrã, ãt]. *adj.* et *n. m.* (v. 1960; de *anti-* 1, *déflagr[ation]*, et *-ant*). *Techn.* Qui peut fonctionner dans une atmosphère inflammable sans provoquer d'explosion. *Matériel électrique antidéflagrant.*

ANTIDÉMOCRATIQUE [ãtidemɔkratik]. *adj.* (1794; de *anti-*, et *démocratique*). Opposé à la démocratie ou à l'esprit démocratique. *Mesures, lois antidémocratiques.* ◊ ANT. Démocratique.

ANTIDÉPLACEMENT [ãtideplasmã]. *n. m.* (mil. XXᵉ; de *anti-* 1, et *déplacement*). *Math.* Transformation ponctuelle qui est le produit d'un déplacement par une symétrie relative à un axe (dans le plan) ou à un plan (dans l'espace). ◊ SYN. Isométrie (négative).

ANTIDÉPRESSEUR [ãtidepresœr]. *adj.* et *n. m.* (*Néol.*; de *anti-* 1, et *dépress[ion]*). *Méd.* Qui combat les états dépressifs. *Médicament antidépresseur.* — N. m. *Un antidépresseur.* (V. **Tranquillisant**). — On dit aussi ANTIDÉPRESSIF, *adj.* et *n. m.*

ANTIDÉRAPANT, ANTE [ãtiderapã, ãt]. *adj.* (1898; de *anti-*, et *déraper*). Propre à empêcher le dérapage des véhicules. *Pneus antidérapants.*

ANTIDÉTONANT, ANTE [ãtidetɔnã, ãt]. *adj.* et *n. m.* (1937; de *anti-*, et *détonant*). Qui résiste à la détonation. *Pouvoir, produit antidétonant.* — N. m. Additif antidétonant qui augmente l'indice d'octane d'un carburant.

ANTIDIPHTÉRIQUE [ãtidifterik]. *adj.* (1877; de *anti-*, et *diphtérique*). *Méd.* Propre à combattre la diphtérie. *Sérum antidiphtérique.*

ANTIDIURÉTIQUE [ãtidjyretik]. *adj.* et *n. m.* (1959; de *anti-*, et *diurétique*). Qui diminue la sécrétion d'urine. — Subst. *Un antidiurétique.*

ANTIDOPAGE [ãtidɔpaʒ]. *adj.* (1970; de *anti-*, et *dopage*). Qui s'oppose au dopage, s'exerce contre le dopage. *Lutte, contrôle antidopage.* — On dit aussi *Antidoping.*

ANTIDOTE [ãtidɔt]. *n. m.* (XIIᵉ; lat. d'o. gr. *antidotum*). ♦ 1° Contrepoison. ♦ 2° *Fig.* Remède contre un mal moral. « *D'excellents antidotes contre la mélancolie* » (MONTESQ.).

ANTIÉCONOMIQUE [ãtiekɔnɔmik]. *adj.* (1860; de *anti-*, et *économique*). Qui est contraire aux principes d'une bonne économie. *Des mesures antiéconomiques.*

ANTIÉMÉTIQUE [ãtiemetik]. *adj.* et *n. m.* (1898; de *anti-*, et *émétique*). *Méd.* Propre à arrêter les vomissements. *Un antiémétique.*

ANTIENGIN [ãtiãʒɛ̃]. *adj.* (*Néol.*; de *anti-* 1, et *engin*). *Milit.* Se dit des armes ou des dispositifs destinés à s'opposer et à détruire les engins spéciaux adverses. *Fusée antiengin.* ◊ SYN. Antimissile.

ANTIENNE [ãtjɛn]. *n. f.* (XVIᵉ; *antievne*, fin XIIIᵉ; lat. médiév. *antefana*, altér. du lat. ecclés. d'o. gr. *antiphona*). *Liturg.* Refrain repris par le chœur entre chaque verset d'un psaume (dit *antiphoné*), ou chanté seulement avant et après le psaume (dit *alterné*). *Recueil d'antiennes.* V. **Antiphonaire.** ◊ *Fig.* Chose que l'on répète, qu'on ressasse sans cesse. V. **Refrain.** « *Reprenant son antienne de trahison* » (JAURÈS).

ANTIENZYME [ãtiãzim]. *n. m.* (v. 1960; de *anti-*, et *enzyme*). *Biol.* Substance qui neutralise un enzyme, anticorps obtenu après une injection d'enzyme capable de le précipiter. ◊ SYN. Antiferment (vieilli).

ANTIESCLAVAGISTE [ãtiesklavaʒist(ə)]. *adj.* (1866; de *anti-*, et *esclavage*). Opposé à l'esclavage, aux esclavagistes. ◊ ANT. Esclavagiste.

ANTIFADING [ãtifadiŋ]. *n. m.* (1929; de *anti-* 1, et *fading*). *Techn.* Dispositif électronique (à tubes ou à transistors) qui permet d'obtenir une bonne écoute, indépendamment des variations dues au fading.

ANTIFASCISTE [ãtifaʃist(ə)]. *adj.* (1933; de *anti-*, et *fasciste*). Opposé au fascisme. « *Le mouvement antifasciste français* » (BEAUVOIR). ◊ ANT. Fasciste.

ANTIFERMENT [ãtifɛrmã]. *n. m.* (1922; de *anti-*, et *ferment*). *Biol.* (Vieilli). Antienzyme*.

ANTIFONGIQUE ou **ANTIFUNGIQUE** [ãtifɔ̃ʒik]. *adj.* et *n. m.* (mil. XXᵉ; de *anti-* 1, et lat. *fongus* « champignon »). Qui détruit les champignons ou empêche leur développement. *Le griséofulvine est un antifongique.* (On dit aussi ANTIMYCOSIQUE [ãtimikɔsik] ou ANTIMYCOTIQUE [ãtimikɔtik].)

ANTIFRICTION [ãtifriksjɔ̃]. *n. m.* (1877; de *anti-*, et *friction*). Alliage réduisant le frottement, utilisé dans la fabrication de certains organes de machine. Appos. *Métal antifriction.*

ANTIFUMÉE [ãtifyme]. *n. m. invar.* (v. 1970; de *anti-*, et *fumée*). *Techn.* Substance incorporée à un produit pétrolier destinée à diminuer les fumées par une combustion plus complète. — Adj. *Produit antifumée.*

ANTI-g [ãtiʒe]. *adj. invar.* (1956; de *anti-* 1, et g[*ravitation*]). Abrév. de antigravitationnel, elle. *Combinaison spatiale anti-g.*

ANTIGEL [ãtiʒel]. *n. m.* (1948; de *anti-*, et *gel*). Produit qui abaisse le point de congélation de l'eau. *Antigel pour radiateurs d'automobiles.*

ANTIGÈNE [ãtiʒɛn]. *n. m.* (1910; de *anti-* 1, et *gène*). Toute substance qui peut engendrer des anticorps. *Antigènes microbiens.*

ANTIGLISSE [ãtiglis]. *adj. invar.* (v. 1970; de *anti-*, et *glisse[r]*). *Vêtements antiglisse*, conçus pour accrocher la neige et éviter au skieur de glisser sur la pente en cas de chute.

ANTIGOUVERNEMENTAL, ALE, AUX [ãtiguvɛrnəmãtal, o]. *adj.* (1832; de *anti-*, et *gouvernemental*). Qui est contre le gouvernement, dans l'opposition. ◊ ANT. Gouvernemental.

ANTIGRAVITATION [ãtigravitasjɔ̃]. *n. f.* (mil. XXᵉ; de *anti-* 1, et *gravitation*). *Sc.* Force physique hypothétique, de même nature que la gravitation, qui lui serait symétrique et de sens contraire.

ANTIGRAVITATIONNEL, ELLE [ãtigravitasjɔnɛl]. *adj.* (mil. XXᵉ; de *anti-* 1, et *gravitationnel*). Relatif, ive à l'antigravitation. On dit aussi *antigravifique.*

ANTIGRÈVE [ãtigrɛv]. *adj.* (1948; de *anti-*, et *grève*). Qui s'oppose à une grève. *Des lois antigrève(s).*

ANTIHALO [ãtialo]. *adj.* (1907; de *anti-*, et *halo*). *Phot.* Qui supprime ou atténue l'effet de halo. Subst. *Un antihalo*, un enduit antihalo.

ANTIHAUSSE [ãtios]. *adj. invar.* (1955; de *anti-*, et

hausse). Qui lutte contre la hausse des prix. *Une politique antihausse.*

ANTIHÉROS [ãtiero]. *n. m.* (1966; de *anti-*, et *héros*). Personnage n'ayant aucune des caractéristiques du héros traditionnel ; héros* (4°) qui n'est pas un héros (2° et 3°).

ANTIHISTAMINIQUE [ãtiistaminik]. *adj.* (1954; de *anti-*, et *histaminique*). *Biol.* Qui combat les effets de l'histamine. — *Subst. Les antihistaminiques de synthèse.*

ANTIHYGIÉNIQUE [ãtiiჳjenik]. *adj.* (1850; de *anti-*, et *hygiénique*). *Didact.* Contraire à l'hygiène. ◊ ANT. *Hygiénique.*

ANTI-INFLATIONNISTE [ãtiɛ̃flasjɔnist(ə)]. *adj.* (1959; de *anti-*, et *inflationniste*). Qui s'oppose à l'inflation. *Une politique anti-inflationniste.*

ANTILITHIQUE [ãtilitik]. *adj.* (1971; de *anti-*, et *-lithique*). *Méd.* Qui prévient la formation des calculs. — *Subst. Un antilithique.*

ANTILLAIS, AISE [ãtijɛ, ɛz]. *adj. et n.* (1826; *antillien*, 1866; de *Antilles*). Des Antilles, archipel d'Amérique Centrale. *Rhum antillais. Créole antillais. Les Antillais.*

ANTILOGARITHME [ãtilɔgaritm(ə)]. *n. m.* (1740; de *anti-* 1, et *logarithme*). *Math.* Fonction inverse de la fonction logarithme. ◊ Nombre correspondant à un logarithme donné. (V. **Exponentielle.**)

ANTILOPE [ãtilɔp]. *n. f.* (1622; angl. *antelope*, lat. médiév. *ant(h)alopus; antelop* « animal fabuleux », XIIIe). Mammifère ruminant *(Antilopidés)* au corps svelte, aux hautes pattes grêles, à cornes spiralées (chez le mâle). V. *aussi* **Bubale, gnou, nilgant, saïga.**

ANTIMATIÈRE [ãtimatjɛR]. *n. f.* (1958; de *anti-*, et *matière*). Matière supposée constituée d'antiparticules.

ANTIMILITARISME [ãtimilitaRism(ə)]. *n. m.* (1903; de *anti-*, et *militarisme*). Opposition au militarisme. ◊ ANT. *Militarisme.*

ANTIMILITARISTE [ãtimilitaRist(ə)]. *adj. et n. m.* (fin XIXe; de *anti-*, et *militarisme*). *Propagande antimilitariste.* — N. m. *Un antimilitariste.* ◊ ANT. *Militariste.*

ANTIMISSILE [ãtimisil]. *adj.* (1967; de *anti-* 1, et *missile*). Relatif à la défense et à la riposte contre des missiles. *Fusée antimissile. Missile antimissile.* ◊ SYN. *Antiengin.*

ANTIMITE(S) [ãtimit]. *adj.* (1935; de *anti-*, et *mite*). Qui protège (les lainages, les fourrures) contre les mites. Subst. *Un antimite, un produit antimite.*

ANTIMITOTIQUE [ãtimitɔtik]. *adj. et n. m.* (v. 1960; de *anti-*, et *mitose*). *Méd.* Se dit d'un agent (surtout une substance chimique) qui inhibe certaines phases de la mitose, empêchant ainsi la multiplication des cellules. *Les antimitotiques sont utilisés dans le traitement des cancers.*

ANTIMOINE [ãtimwan]. *n. m.* (XIIIe; lat. médiév. *antimonium*, probabl. de l'arabe *'Ithmid*, gr. *stimmi* ou *stibi* « noir d'antimoine »). Corps simple (n° at. 51 ; m. at. 121,76; symb. Sb), intermédiaire entre les métaux et les métalloïdes, cassant, argenté, dont le principal minerai est la *stibine* et qui augmente la dureté des métaux auxquels on l'associe. V. **Régule.** *Oxydes, sulfures; chlorures d'antimoine.* V. **Kermès, khôl, valentinite.** *L'antimoine augmente la dureté des métaux auxquels on l'allie.*

ANTIMONARCHIQUE [ãtimɔnaRʃik]. *adj.* (1714; de *anti-*, et *monarchique*). Opposé au gouvernement monarchique.

ANTIMONARCHISTE [ãtimɔnaRʃist(ə)]. *n.* (1845; de *anti-*, et *monarchiste*). Adversaire du régime monarchique. ◊ ANT. *Monarchiste, royaliste.*

ANTIMONIATE [ãtimɔnjat]. *n. m.* (1801; du rad. lat. de *antimoine*). Sel d'un acide oxygéné dérivé de l'antimoine.

ANTIMONIÉ, ÉE [ãtimɔnje]. *adj.* (1808; du rad. lat. de *antimoine*). Qui contient de l'antimoine, se combine avec l'antimoine. *Hydrogène antimonié*, antimoniure d'hydrogène.

ANTIMONIURE [ãtimɔnjyR]. *n. m.* (1845; du rad. lat. de *antimoine*). Combinaison de l'antimoine avec un autre corps simple.

ANTIMYCOSIQUE ou **ANTIMYCOTIQUE.** V. ANTIFONGIQUE.

ANTINATIONAL, ALE, AUX [ãtinasjɔnal, o]. *adj.* (1743; de *anti-*, et *national*). Qui est contraire à la nation, à l'intérêt national.

ANTINAZI, IE [ãtinazi]. *adj.* (v. 1940; de *anti-*, et *nazi*). Hostile au nazisme. V. **Antifasciste.** Subst. « *Les antinazis allemands continuaient à prédire le proche effondrement d'Hitler* » (BEAUVOIR).

ANTINEUTRINO [ãtinøtrino]. *n. m.* (1958; de *anti-* 1, et *neutrino*). *Phys.* Antiparticule du neutrino.

ANTINEUTRON [ãtinøtRɔ̃]. *n. m.* (1958; de *anti-*, et *neutron*). Antiparticule du neutron.

ANTINÉVRALGIQUE [ãtinevralჳik]. *adj.* (1853; de *anti-*, et *névralgique*). Propre à combattre la névralgie. Subst. *Un antinévralgique.*

ANTINOMIE [ãtinɔmi]. *n. f.* (1546; lat. *antinomia*, mot gr.). ◊ 1° Contradiction. « *De même devons-nous protéger en nous toutes les antinomies naturelles* » (GIDE). ◊ 2° *Philo.* (1801). Chez Kant, Conflit entre les lois de la raison pure. — Conflit dialectique. « *Proudhon aurait pu se passer du terme hégélien antinomie* » (STE-BEUVE). ◊ 3° *Log.* V. **Paradoxe** (3°). ◊ ANT. *Accord.*

ANTINOMIQUE [ãtinɔmik]. *adj.* (1853; de *antinomie*). Se dit de deux lois, de deux principes qui forment une antinomie. V. **Contradictoire.** ◊ ANT. *Concordant.*

ANTIPALUDIQUE [ãtipalydik]. *adj. et n. m.* (1968; de *anti-*, et *paludisme*). *Méd.* Se dit d'un médicament qui agit sur le paludisme ou qui protège contre lui. *La quinine est un antipaludique.*

ANTIPAPE [ãtipap]. *n. m.* (1390; lat. médiév. *antipapa*). *Hist. cathol.* Pape considéré par l'Église comme irrégulièrement élu, et non reconnu par elle.

ANTIPARALLÈLE [ãtipaRalɛl]. *adj.* (1771; de *anti-*, et *parallèle*). *Droites antiparallèles* : droites qui, sans être parallèles, forment avec une troisième des angles égaux.

ANTIPARASITE [ãtipaRazit]. *adj.* (1928; de *anti-*, et *parasite*). *Radio.* Qui s'oppose à la production et la propagation des parasites. *Munir une automobile d'un dispositif antiparasite* (l'*antiparasiter*).

ANTIPARLEMENTAIRE [ãtipaRləmãtɛR]. *adj.* (1853; de *anti-*, et *parlementaire*). Hostile au parlementarisme, au parlement. « *Je ne suis* [...] *ni royaliste* [...] *ni antiparlementaire* » (MAURIAC).

ANTIPARLEMENTARISME [ãtipaRləmãtarism(ə)]. *n. m.* (1956; de *antiparlementaire*, 1853; de *anti-*, et *parlementaire*). Opposition au régime parlementaire.

ANTIPARTICULE [ãtipaRtikyl]. *n. f.* (1958; de *anti-*, et *particule*). *Phys. nucl.* Particule symétrique d'une particule élémentaire, reconnue capable de s'annihiler avec cette dernière, en libérant de l'énergie sous forme de photons. V. **Antineutron, antiproton.**

ANTIPATHIE [ãtipati]. *n. f.* (1542; lat. d'o. gr. *antipathia*). ◊ 1° *Vx.* Défaut d'affinité entre deux substances. ◊ 2° *Mod.* (XVIIe). Aversion instinctive, irraisonnée. V. **Éloignement, prévention, répugnance.** « *Il n'y a rien de si rapide qu'un sentiment d'antipathie* » (MUSS.). « *C'est du choc des caractères et non de la lutte des idées que naissent les antipathies* » (BALZ.). ◊ ANT. *Affinité; sympathie.*

ANTIPATHIQUE [ãtipatik]. *adj.* (1586; de *antipathie*). ◊ 1° *Vx.* (*Antipathique à qqch.*). Sans affinité, contraire. V. **Incompatible.** « *La position défensive est antipathique au caractère français* » (CHATEAUB.). ◊ 2° *Mod.* (XIXe). Qui inspire de l'antipathie. V. **Désagréable, déplaisant.** « *Cet ennemi ne lui est nullement antipathique* » (GIDE). « *Cette lourdeur brutale qu'elle trouvait si antipathique* » (MART. du G.). ◊ ANT. *Compatible, convenable; sympathique.*

ANTIPATRIOTIQUE [ãtipatRijɔtik]. *adj.* (1767; de *anti-*, et *patriotique*). Contraire au patriotisme, aux intérêts de la patrie. ◊ ANT. *Patriotique.*

ANTIPATRIOTISME [ãtipatRijɔtism(ə)]. *n. m.* (1853; de *anti-*, et *patriotisme*). Conception, attitude antipatriotique. ◊ ANT. *Patriotisme.*

ANTIPÉRISTALTIQUE [ãtipeRistaltik]. *adj.* (1680; de *anti-*, et *péristaltique*). *Méd.* Se dit des contractions qui se font en sens inverse des contractions péristaltiques, et font remonter les aliments.

ANTIPERNICIEUX, EUSE [ãtipɛRnisjø, øz]. *adj.* (v. 1960; de *anti-*, et *pernicieux*). *Méd.* Qui combat l'anémie pernicieuse.

ANTIPERSONNEL [ãtipɛRsɔnɛl]. *adj. invar.* (v. 1950; de *anti-*, et *personnel*, n. m.). *Milit.* Se dit des armes et engins destinés à mettre hors de combat le personnel. *Mines antipersonnel et mines antichars.*

ANTIPHLOGISTIQUE [ãtiflɔჳistik]. *adj.* (1795; de *anti-*, et gr. *phlogistos* « inflammable »). *Méd.* Qui combat les inflammations.

ANTIPHONAIRE [ãtifɔnɛR]. *n. m.* (*Antiphonar*, 1302; *antefinier*, XIIe; lat. médiév. *antiphonarium*, de *antiphona*). V. **Antienne.** *Ancienn.* Tout recueil de chants liturgiques, recueil des antiennes de la messe. *Mod.* Recueil des chants de l'office, et *spécial.* des Heures diurnes.

ANTIPHRASE [ãtifRaz]. *n. f.* (1534; *antifrasie*, XIVe; lat. gram. *antiphrasis*, mot gr.). Manière d'employer un mot, une locution dans un sens contraire au sens véritable, par ironie ou euphémisme.

ANTIPODAL, ALE, AUX [ãtipɔdal, o]. *adj.* (1752; de *antipode*). *Didact.* Qui est situé aux antipodes. *Point antipodal.*

ANTIPODE [ãtipɔd]. *n. m.* (1537; « homme situé aux antipodes », 1372; lat. d'o. gr. *antipodes*). ◊ 1° Lieu de la terre diamétralement opposé à un autre. *La Nouvelle-Zélande est l'antipode de la France, ceux-ci sont aux antipodes de la France.* — *Loc. Aux antipodes*, très loin. ◊ 2° *Fig.* Chose exactement opposée. « *On situera la doctrine en évoquant son antipode* » (BENDA). *À l'antipode, aux antipodes de*, à l'opposé de.

ANTIPODISME [ɑ̃tipɔdism(ə)]. *n. m.* (mil. XXᵉ; de *anti-pode*). Exercice acrobatique exécuté avec les pieds en étant couché sur le dos *(antipodiste)*.

ANTIPOÉTIQUE [ɑ̃tipɔetik]. *adj.* (1766; de *anti-*, et *poétique*). Contraire à la poésie, à l'esprit de la poésie.

ANTIPOLIOMYÉLITIQUE [ɑ̃tipɔljɔmjelitik]. *adj.* (mil. XXᵉ; de *anti-*, et *poliomyélitique*). *Méd.* Qui combat la poliomyélite. *Vaccin antipoliomyélitique.* Cour. *Antipolio* (invar.).

ANTIPOLLUTION [ɑ̃tipɔlysjɔ̃]. *adj. invar.* (1971; de *anti-*, et *pollution*). Propre à combattre la pollution. *Les « équipements antipollution »* (*L'Express*, 9-10-1972). — Qui contribue à la lutte contre la pollution. *Ligue antipollution.*

ANTIPROTECTIONNISTE [ɑ̃tiprɔteksjɔnist(ə)]. *adj.* (1866; de *anti-*, et *protectionniste*). Opposé au protectionnisme. V. **Libéral.** ◇ ANT. *Protectionniste.*

ANTIPROTON [ɑ̃tiprɔtɔ̃]. *n. m.* (1956; de *anti-*, et *proton*). Antiparticule du proton.

ANTIPSYCHIATRE [ɑ̃tipsikjatʀ(ə)]. *n. m.* (1972; de *anti-*, et *psychiatre*). Psychiatre partisan de l'antipsychiatrie. *« Je suis [...] les efforts des 'antipsychiatres' pour briser le cercle du 'grand renfermement' »* (BEAUVOIR).

ANTIPSYCHIATRIE [ɑ̃tipsikjatʀi]. *n. f.* (1972; de *anti-*, et *psychiatrie*). Ensemble des théories du psychiatre Ronald Laing et de ses disciples, intégrant les signes cliniques de la maladie mentale à une vaste symptomatologie sociale; pratique thérapeutique conforme à ces théories, et rompant avec les procédés de la psychiatrie classique. (*Dér.* ANTIPSYCHIATRIQUE, *adj.*)

ANTIPUTRIDE [ɑ̃tipytʀid]. *adj.* (1763; de *anti-* 1, et *putride*). *Didact.* Qui empêche la putréfaction. — N. m. *Le phénol est un antiputride.*

ANTIPYRÉTIQUE [ɑ̃tipiʀetik]. *adj.* (1771; de *anti-*, et *pyrétique*). *Méd.* Qui combat la fièvre V. **Fébrifuge.**

ANTIPYRINE [ɑ̃tipiʀin]. *n. f.* (1885; du rad. de *antipyrétique*). Médicament à noyau benzénique, antipyrétique et analgésique (On dit aussi *Analgésine*).

ANTIQUAILLE [ɑ̃tikaj]. *n. f.* (1507; it. *anticaglia*, de *antico* « antique »). ♦ 1° *Vx.* Antiquité. ♦ 2° *Péj.* et *mod.* (XVIIᵉ). Antiquité ou objet ancien sans valeur. V. **Vieillerie.**

ANTIQUAIRE [ɑ̃tikɛʀ]. *n.* (1568; lat. *antiquarius* « relatif à l'antiquité »). ♦ 1° *Vx.* Archéologue. ♦ 2° (1845; all. *Antiquar*). Marchand d'objets d'art, d'ameublement et de décoration anciens.

ANTIQUE [ɑ̃tik]. *adj.* (XIIIᵉ; *anti(f)*, a. fr.; lat. *antiquus*). ♦ 1° Qui appartient à une époque reculée, à un lointain passé. V. **Ancien.** *« Je viens, selon l'usage antique et solennel »* (RAC.). *« Chante la berceuse antique »* (LOTI). ◇ Très vieux. *« Une Bible en images, très antique, toute dépenaillée »* (FRANCE). — Qui n'est plus à la mode. V. **Démodé, suranné.** *Une antique guimbarde.* — Loc. adv. *À l'antique*, à l'ancienne mode. ♦ 2° (XVIᵉ). Qui appartient à l'Antiquité. *Les civilisations antiques. La Grèce, l'Italie antique. Monuments, vases antiques.* — Subst. m. *L'antique*, l'art, les œuvres d'art antiques. *Imiter l'antique.* — Subst. f. (*Vx*) Œuvre d'art antique. *Cabinet des antiques, collection d'antiques.* Par plaisant. *« Les exclus avaient donné le sobriquet de Cabinet des Antiques au salon du marquis »* (BALZ.). ◇ ANT. *Moderne.*

ANTIQUITÉ [ɑ̃tikite]. *n. f.* (1080; lat. *antiquitas*). ♦ 1° Caractère de ce qui est très ancien. V. **Ancienneté.** *L'antiquité d'un monument. « Ces traditions prouvent au moins l'antiquité des peuples de l'Égypte »* (CONDILLAC). ♦ 2° Temps très ancien, très reculé. *Cela remonte à la plus haute antiquité. « Le cens avait de toute antiquité appartenu au roi »* (MONTESQ.), de tout temps. ♦ 3° (XVIᵉ). *L'Antiquité*, les plus anciennes civilisations. *« L'antiquité grecque et romaine »* (HUGO), ou classique. *L'Antiquité orientale. Spécialt.* L'antiquité gréco-romaine. *Les écrivains du XVIIᵉ s. s'inspirent de l'antiquité.* ♦ 4° Plur. *Les antiquités :* les monuments, les œuvres d'art qui nous restent de l'antiquité. *Les départements des antiquités orientales, égyptiennes, grecques et romaines, chrétiennes, au musée du Louvre. Musée des antiquités nationales.* ◇ Objets d'art, meubles anciens. *Marchand d'antiquités.* ◇ ANT. *Nouveauté.*

ANTIRABIQUE [ɑ̃tiʀabik]. *adj.* (1860; de *anti-*, et *rabique*). *Méd.* Employé contre la rage. *Vaccination antirabique.*

ANTIRACHITIQUE [ɑ̃tiʀaʃitik]. *adj.* (1765; de *anti-*, et *rachitique*). *Méd.* Qui combat ou prévient le rachitisme.

ANTIRACISME [ɑ̃tiʀasism(ə)]. *n. m.* (mil. XXᵉ; de *anti-*, et *racisme*). Opposition aux doctrines racistes, aux attitudes et aux réactions racistes.

ANTIRACISTE [ɑ̃tiʀasist(ə)]. *adj.* (1948; de *anti-*, et *raciste*). Opposé au racisme. ◇ ANT. *Raciste.*

ANTIRADAR [ɑ̃tiʀadaʀ]. *adj. invar.* (mil. XXᵉ; de *anti-* 1, et *radar*). *Milit.* Qui sert à empêcher la détection par radar. *Dispositifs antiradar.*

ANTIRADIATION [ɑ̃tiʀadjasjɔ̃]. *adj. invar.* (v. 1960; de *anti-* 1, et *radiation* [2°]). Qui protège de certains types de radiations, notamment de la radioactivité. (V. **Antiatomique**).

ANTIRELIGIEUX, EUSE [ɑ̃tiʀliʒjø, øz]. *adj.* (fin XVIIIᵉ; de *anti-*, et *religieux*). Opposé à la religion. *La polémique antireligieuse de Voltaire.*

ANTIRIDES [ɑ̃tiʀid]. *adj. invar.* (1917; de *anti-*, et *ride*). Qui prévient ou combat les rides. *Crème antirides.*

ANTIROUILLE [ɑ̃tiʀuj]. *adj. invar.* (1906; de *anti-*, et *rouille*). Qui protège contre la rouille (1°), ôte les taches de rouille. *Peinture antirouille.* V. **Minium.** *Pâte antirouille.*

ANTI-SCIENTIFIQUE [ɑ̃tisjɑ̃tifik]. *adj.* (1865; de *anti-*, et *scientifique*). Contraire à l'esprit scientifique.

ANTISCORBUTIQUE [ɑ̃tiskɔʀbytik]. *adj.* (1671; de *anti-*, et *scorbutique*). *Méd.* Propre à combattre ou à guérir le scorbut. *Plantes antiscorbutiques* (cochléaria, etc.).

ANTISÉGRÉGATIONNISTE [ɑ̃tisegʀegasjɔnist(ə)]. *adj.* (mil. XXᵉ; de *anti-*, et *ségrégation*). Qui s'oppose à la ségrégation raciale.

ANTISÉMITE [ɑ̃tisemit]. *n.* (1889; de *anti-*, et *sémite*). Raciste animé par l'antisémitisme. Adj. *Propagande antisémite* (ou *antisémitique*).

ANTISÉMITISME [ɑ̃tisemitism(ə)]. *n. m.* (1886; de *antisémite*). Racisme dirigé contre les juifs.

ANTISEPSIE [ɑ̃tisɛpsi]. *n. f.* (1890; de *antiseptique*, d'apr. le gr. *sêpsis* « putréfaction »). Ensemble des méthodes destinées à prévenir ou combattre l'infection en détruisant des microbes qui existent à la surface ou à l'intérieur des organismes vivants. *Antisepsie* et *asepsie.*

ANTISEPTIQUE [ɑ̃tisɛptik]. *adj.* (1763; de *anti-*, et *septique*). Propre à l'antisepsie, qui emploie l'antisepsie. *Remède, pansement antiseptique.* — Subst. m. *Les antiseptiques* (eau oxygénée, formol, permanganate, salol, phénols, hypochlorites, etc.). ◇ ANT. *Septique.*

ANTISOCIAL, ALE, AUX [ɑ̃tisɔsjal, o]. *adj.* (1784; de *anti-*, et *social*). Contraire à la société, à l'ordre social. *Principes antisociaux.* ◇ 1832. Qui n'est pas social, va contre les intérêts des travailleurs. *Mesure antisociale.* ◇ ANT. *Social.*

ANTI-SOUS-MARIN, INE [ɑ̃tisumaʀɛ̃, in]. *adj.* (1948; de *anti-*, et *sous-marin*). *Milit.* Qui sert à combattre les sous-marins. *Grenades anti-sous-marines.*

ANTISPASMODIQUE [ɑ̃tispasmɔdik]. *adj.* (1740; de *anti-*, et *spasmodique*). *Méd.* Qui combat les spasmes, les convulsions. *Remède antispasmodique.* — Subst. *Les antispasmodiques* (belladone, bromure, valériane, etc.).

ANTISPORTIF, IVE [ɑ̃tispɔʀtif, iv]. *adj.* (1892; de *anti-*, et *sportif*). Hostile au sport; contraire à l'esprit du sport.

ANTISTROPHE [ɑ̃tistʀɔf]. *n. f.* (1550; lat. *antistrophe*, mot gr.). *Métr. anc.* Strophe lyrique du même schéma que la première (dans la triade *strophe*, *antistrophe*, *épode*).

ANTISUDORAL, ALE, AUX [ɑ̃tisydɔʀal, o]. *adj.* et *n. m.* (1853; de *anti-*, et *sudoral*). *Physiol.* Qui diminue la transpiration. *Un antisudoral.*

ANTISYMÉTRIQUE [ɑ̃tisimetʀik]. *adj.* (1947; de *anti-* 1, et *symétrique* [4°]). *Math.* et *log.* Se dit d'une relation binaire entre des éléments d'un ensemble telle que si elle se vérifie pour (a, b) et (b, a), les éléments du couple sont identiques.

ANTISYPHILITIQUE [ɑ̃tisifilitik]. *adj.* (1774; de *anti-*, et *syphilitique*). *Méd.* Qui combat la syphilis.

ANTITÉTANIQUE [ɑ̃titetanik]. *adj.* (1819; de *anti-*, et *tétanique*). *Méd.* Qui agit contre le tétanos. *Sérum antitétanique.*

ANTITHERMIQUE [ɑ̃titɛʀmik]. *adj.* (1890; de *anti-*, et *thermique*). *Méd.* Qui abaisse la température. V. **Antipyrétique.**

ANTITHÈSE [ɑ̃titɛz]. *n. f.* (v. 1550; gr. *antithesis*). ♦ 1° Opposition de deux pensées, de deux expressions que l'on rapproche dans le discours pour en faire mieux ressortir le contraste. *« Il y a antithèse lorsqu'on choisit les tours qui mettent l'opposition plus sensible »* (CONDILLAC). ◇ *Philo.* Chez Kant, Proposition opposée à la thèse et constituant avec elle une antinomie; dans la dialectique hégélienne, Seconde démarche de l'esprit, niant ce qu'il avait affirmé dans la thèse (avant de passer à la synthèse). ♦ 2° *Fig.* (XIXᵉ). Chose ou personne entièrement opposée à une autre; contraste entre deux aspects. *« L'antithèse universelle »* (HUGO). ◇ ANT. *Thèse.*

ANTITHÉTIQUE [ɑ̃titetik]. *adj.* (v. 1680; bas lat. d'o. gr. *antitheticus*). Qui emploie l'antithèse, forme antithèse. *Style volontiers antithétique. Propositions antithétiques.*

ANTITHYROÏDIEN, IENNE [ɑ̃tiʀɔidjɛ̃, jɛn]. *adj.* (v. 1960; de *anti-*, et *thyroïdien*). *Méd.* Qui diminue la sécrétion de l'hormone thyroïdienne, qui combat l'hyperthyroïdie. — Subst. *Le traitement du goitre exophtalmique par les antithyroïdiens.*

ANTITOXINE [ɑ̃titɔksin]. *n. f.* (1892; de *anti-*, et *toxine*). *Méd.* Anticorps élaboré par l'organisme qui réagit contre les toxines.

ANTITOXIQUE [ɑ̃titɔksik]. *adj.* (1853; de *anti-*, et

toxique). *Vx.* Qui agit comme contrepoison. ◊ *Mod.* (1908) Qui agit contre une toxine.

ANTITRUST [ãtitʀœst]. *adj. invar.* (mil. XXᵉ; angl. *Anti-Trust Act*, 1890). Qui s'oppose à l'action des trusts. « *Toute l'économie américaine est dominée par la loi antitrust* » (*L'Express*, 24-7-1967).

ANTITUBERCULEUX, EUSE [ãtitybɛʀkylø, øz]. *adj.* (1866; de *anti-*, et *tuberculeux*). Propre à combattre la tuberculose. *Vaccin antituberculeux.* — Qui contribue à la lutte contre la tuberculose. *Timbres antituberculeux.*

ANTITUSSIF, IVE [ãtitysif, iv]. *adj.* et *n. m.* (1970; de *anti-*, et lat. *tussis* « toux »). *Méd.* Qui combat, calme la toux. *La codéine est un antitussif.*

ANTIVARIOLIQUE [ãtivaʀjɔlik]. *adj.* (1903; de *anti-*, et *variolique*). *Méd.* Qui prévient ou combat la variole. *Vaccin antivariolique.*

ANTIVÉNÉRIEN, IENNE [ãtivenɛʀjɛ̃, jɛn]. *adj.* (1747; de *anti-*, et *vénérien*). *Méd.* Propre à combattre les maladies vénériennes.

ANTIVOL [ãtivɔl]. *n. m.* (1948; de *anti-*, et *vol*). Dispositif de sécurité destiné à empêcher le vol des véhicules. « *Il plaça l'antivol sur la roue avant, laissa la bicyclette contre le mur* » (Le Clézio).

ANTONOMASE [ãtɔnɔmaz]. *n. f.* (1683; *antonomasie*, XIVᵉ; lat. *antonomasia*, mot gr.). Figure consistant à remplacer un nom par l'énoncé d'une qualité propre à l'objet ou à l'être qu'il désigne.

ANTONYME [ãtɔnim]. *n. m.* (1866; de *antonymie*, d'apr. *synonyme*). Mot qui, par le sens, s'oppose directement à un autre. V. **Contraire**. Abrév. : *ant.* Chaud *et* froid *sont des antonymes.* ◊ ANT. Synonyme.

ANTONYMIE [ãtɔnimi]. *n. f.* (1831; « juxtaposition de mots inconciliables », 1823; de *ant[i]-*, et *-onymie*). Opposition entre antonymes.

ANTRE [ãtʀ(ə)]. *n. m.* (XVᵉ; lat. d'o. gr. *antrum*). ♦ 1° *Littér.* Caverne, grotte (*spécialt.* servant de repaire à une bête fauve). *Loc. C'est l'antre du lion* (allusion à La Fontaine), un lieu d'où on ne peut guère espérer sortir une fois qu'on y est entré. ◊ *Fig.* Lieu inquiétant et mystérieux. « *Une âme perdue dans les antres de la cabale* » (Hugo). *L'antre de la chicane, le palais de Justice.* ♦ 2° *Anat.* (1751). Nom donné à certaines cavités naturelles. *Antre mastoïdien.* ◊ HOM. Entre (prép.), entre (du v. entrer).

ANTROPOGENÈSE [ãtʀɔpɔʒənɛz] ou **ANTROPO-GÉNIE** [ãtʀɔpɔʒeni]. *n. f.* (1808-1928; de *anthropo-*, et *-genèse* ou *-génie*). *Didact.* Étude de l'origine et du développement de l'homme, de l'espèce humaine.

ANTRUSTION [ãtʀystjɔ̃]. *n. m.* (1748; lat. médiév. *antrustio*, de *trustis*, latinis. de l'a. haut all. *Trost* « fidélité »). *Hist.* Leude faisant partie de la suite du roi.

ANURIE [anyʀi]. *n. f.* (1863; de *a-* 2, et *-urie*). *Méd.* Absence d'urine dans la vessie due à l'arrêt de la sécrétion rénale *(anurie sécrétoire)* ou à un obstacle au cours de l'urine entre le rein et la vessie *(anurie excrétoire)*.

ANUS [anys]. *n. m.* (1314; mot lat.). Orifice du rectum qui donne passage aux matières fécales. V. **Fondement**; et **Procto-**. *Sphincters de l'anus. Tumeurs à l'anus* ◊ *Chir. Anus artificiel*, orifice pratiqué sur l'intestin et abouché à la peau de l'abdomen, pour l'évacuation des matières en cas d'obstruction intestinale située en aval.

ANXIÉTÉ [ãksjete]. *n. f.* (XIIᵉ, repris 1564; lat. *anxietas*). État d'angoisse (considéré surtout dans son aspect psychique). « *En proie à une vive anxiété* » (Sand). « *Il attendait dans une anxiété visible une réponse à son envoi* » (Fromentin). ◊ ANT. Calme, confiance, sérénité.

ANXIEUSEMENT [ãksjøzmã]. *adv.* (1823; de *anxieux*). Avec anxiété. ◊ ANT. Calmement.

ANXIEUX, EUSE [ãksjø, øz]. *adj.* (XIVᵉ, repris XIXᵉ; bas lat. *anxiosus*, class. *anxius*). ♦ 1° Qui s'accompagne d'anxiété, marque de l'anxiété. *États anxieux, crises anxieuses. Une attente anxieuse. Regard anxieux.* ♦ 2° Qui éprouve de l'anxiété. V. **Angoissé, inquiet, tourmenté**. « *Ému, agité, anxieux* » (Maupass.). *Subst. C'est un anxieux*, un homme à qui l'anxiété est habituelle. ◊ ANXIEUX DE. « *Tous anxieux de voir surgir...* » (Heredia), attendant dans l'anxiété le moment où ils verront surgir... *Par ext.* Impatient de. « *Anxieux et désireux d'acquérir certaines qualités* » (Gide). ◊ ANT. Calme, confiant, serein.

ANXIOGÈNE [ãksjɔʒɛn]. *adj.* (1968; du rad. de *anxieux*, et *-gène*). *Didact.* Qui suscite l'anxiété, l'angoisse. *Un climat anxiogène.*

ANXIOLYTIQUE [ãksjɔlitik]. *adj.* et *n. m.* (1970; du rad. de *anxieux*, et gr. *lutos* « apte à dissoudre »). *Méd.* Propre à combattre l'état d'angoisse, l'anxiété. *Les anxiolytiques sont prescrits dans certaines névroses et psychoses.*

AORISTE [aɔʀist(ə)]. *n. m.* (1548; bas lat. *aoristus*, gr. *aoristos*, proprem. « indéfini »). *Gram.* Temps de la conjugaison grecque à valeur de passé, mais n'indiquant pas une datation précise (notamment dans le cas de l'aoriste dit *gnomique*). *Aoriste premier, second.*

AORTE [aɔʀt(ə)]. *n. f.* (1546; gr. *aortê*). Artère qui prend naissance à la base du ventricule gauche du cœur, tronc d'origine de tout le système artériel, comprenant trois parties : *la crosse de l'aorte, l'aorte thoracique* et *l'aorte abdominale.*

AORTIQUE [aɔʀtik]. *adj.* (1834; de *aorte*). *Méd.* Qui appartient à l'aorte. *Crosse aortique.*

AORTITE [aɔʀtit]. *n. f.* (1845; de *aorte*). *Méd.* Inflammation de l'aorte.

AOÛT [u]. *n. m.* (*Aost*, XIIᵉ; lat. pop. °*augustus*, class. *augustus*, proprem. « mois d'Auguste »). ♦ 1° Le huitième mois de l'année. *En août. Au commencement d'août. Fin août.* — *La mi-août*, le quinze du mois d'août. *Le Quinze-Août*. V. **Assomption**. ♦ 2° *Vx.* Moisson. ◊ HOM. V. Ou.

AOÛTAT [auta]. *n. m.* (fin XIXᵉ; de *août*). *Dial.* Larve d'une espèce de trombidion (appelée aussi *rouget*), dont les piqûres s'accompagnent de fortes démangeaisons et d'irritation de la peau.

AOÛTÉ, ÉE [(a)ute]. *adj.* (XVIᵉ; de *aoûter* (XIIᵉ), « moissonner, mûrir »; de *août*). Mûri par la chaleur. *Fruits aoûtés.* ◊ Où s'est produit l'aoûtement. *Rameau aoûté.*

AOÛTEMENT [(a)utmã]. *n. m.* (1845; de *aoûté*). Lignification des tissus des jeunes rameaux vers la fin de l'été.

AOÛTIEN, IENNE [ausjɛ̃, jɛn]. *n.* (v. 1965; de *août*). ♦ 1° Personne qui prend ses vacances en août. ♦ 2° Personne qui reste à Paris, dans une grande ville, en août.

APACHE [apaʃ]. *n. m.* (1902; de *Apaches*, Indiens du Texas, réputés féroces). *Vieilli.* Malfaiteur, voyou de grande ville prêt à tous les mauvais coups.

APAGOGIE [apagɔʒi]. *n. f.* (1863; du gr. *apagôgê* « action d'emmener »). *Log.* Raisonnement par l'absurde.

APAISANT, ANTE [apɛzã, ãt]. *adj.* (1886; de *apaiser*). Qui apporte l'apaisement, donne des apaisements. « *Le calme de ses mouvements, la beauté apaisante de sa voix* » (Maurois). *Prononcer des paroles apaisantes.* V. **Lénifiant**. ◊ ANT. Excitant, provocant.

APAISEMENT [apɛzmã]. *n. m.* (XIIᵉ; de *apaiser*). ♦ 1° Fait d'être apaisé; retour à la paix, au calme. V. **Assoupissement, rémission**. « *L'apaisement de mes souffrances et de ma jalousie* » (Proust). « *Il me fallait de la joie et surtout de l'apaisement* » (Duham.). ♦ 2° (v. 1925). Déclaration ou promesse destinée à rassurer. *Donner des apaisements, tous apaisements.* ◊ ANT. Déchaînement, excitation, provocation.

APAISER [apeze]. *v. tr.* (XIIᵉ; de *paix*). ♦ 1° Amener (qqn) à des dispositions plus paisibles, plus favorables. V. **Calmer**. « *Des maîtres cruels, que l'on apaisait avec des supplications* » (Flaub.). *Pronom.* « *Le public ne s'apaisera pas* » (Rouss.). « *Les religions s'apaisent en vieillissant* » (France). ♦ 2° Rendre (qqch.) moins violent. V. **Adoucir, assoupir, endormir**. « *Apaiser le plus lancinant des soucis* » (Mauriac). *Apaiser sa faim.* V. **Assouvir**. ◊ Rendre moins agité, ramener au calme. « *Son vol éblouissant apaisait la tempête* » (Hugo). *Pronom.* « *Comme des vagues qui s'apaisent* » (Flaub.). ◊ *Au p. p.* Devenu calme. « *Cette atmosphère apaisée où baignait maintenant son chagrin* » (Mart. du G.). ◊ ANT. Agacer, énerver, exciter; allumer, déchaîner, envenimer, raviver.

APANAGE [apanaʒ]. *n. m.* (*Apenaige*, 1297; de l'a. fr. *apaner* « nourrir (de pain), doter », lat. médiév. *apanare*, de *panis* « pain »). ♦ 1° Portion du domaine royal accordée aux cadets de la Maison de France en compensation de leur exclusion de la couronne. ♦ 2° *Fig.* (1546). Ce qui est le propre de qqn ou de qqch.; bien exclusif, privilège. V. **Lot, propre**. « *L'art ne doit plus être l'apanage d'une élite, il est le bien de tous* » (R. Rolland). « *Cette maternité délicate dans le geste, — apanage des femmes* » (Colette).

A PARI [apaʀi]. *loc. adv.* et *adj.* (1866; mots lat. « par (une raison) égale »). *Log.* Se dit d'un argument, d'un raisonnement qui se fonde sur un rapport de parité, en concluant d'un cas à un autre considéré comme semblable.

APARTÉ [aparte]. *n. m.* (1640; it. *a parte* « à part, à l'écart »). ♦ 1° Mot ou parole que l'acteur dit à part soi (et que le spectateur seul est censé entendre). *Les apartés sont fréquents dans la comédie. Cela doit être en aparté, tout bas.* ♦ 2° (XIXᵉ). Entretien particulier, dans une réunion. « *Il y avait, entre le missionnaire et moi, des apartés en langue polynésienne* » (Loti).

APARTHEID [apartɛd]. *n. m.* (1957; mot du néerl. d'Afrique du Sud, littéralt. « séparation »). Ségrégation des populations de race différente en Afrique du Sud.

APATHIE [apati]. *n. f.* (XIVᵉ; lat. *apathia*, gr. *apatheia*; Cf. **-Pathie**). ♦ 1° *Philo. anc.* Insensibilité voulue comme conforme à l'idéal humain. V. **Ataraxie, impassibilité, imperturbabilité**. ♦ 2° (1694). Incapacité d'être ému ou de réagir (par mollesse, indifférence, état dépressif, etc.). V. **Engourdissement, indolence, inertie, paresse, résignation**. *Secouer* *son apathie.* « *Quarante années de tempête ont brisé les plus fortes âmes; l'apathie est grande* » (CHATEAUB.). « *Nous avons à lutter contre l'incroyable apathie des classes moyennes*» (MART. du G.). ◇ ANT. *Sensibilité; activité, énergie, enthousiasme.*

APATHIQUE [apatik]. *adj.* (1643; de *apathie*). ♦ 1° *Philo. anc.* Parvenu à l'apathie. ♦ 2° (Déb. XIXᵉ). Caractérisé par l'apathie; sans ressort, sans activité. V. **Indifférent, indolent, inerte, mou.** « *Éteint, soumis, apathique, brisé* » (MAUROIS). — *Caractérol.* Qui se distingue par une activité et une affectivité anormalement faibles (tout en résistant à ceux qui veulent agir sur lui). V. **Amorphe.** ◇ ANT. *Actif, énergique, vif.*

APATITE [apatit]. *n. f.* (1803; d'abord en all.; du gr. *apatân* « tromper », c.-à-d. pierre trompeuse, pseudo-précieuse). Phosphate de calcium naturel, contenant du fluor *(fluorapatite)* ou du chlore *(chlorapatite)*, répandu notamment dans les roches éruptives en inclusions microscopiques.

APATRIDE [apatrid]. *n.* (v. 1920; de *a-* 2, et gr. *patris, idos* « patrie »). Personne dépourvue de nationalité légale, qu'aucun État ne considère comme son ressortissant. V. **Heimatlos.** *L'office de protection des réfugiés et apatrides.*

APATRIDIE [apatridi]. *n. f.* (1930; de *apatride*). *Didact.* Situation d'une personne apatride.

APAX. V. **HAPAX.**

APEPSIE [apɛpsi]. *n. f.* (1550; gr. *apepsia* « indigestion »). *Méd.* Ralentissement important de la digestion par défaut des sécrétions digestives. V. **Dyspepsie.**

APERCEPTION [apɛʀsɛpsjɔ̃]. *n. f.* (1718; de *apercevoir*, d'apr. *perception*). *Philo.* Acte d'apercevoir, prise de conscience réfléchie de l'objet de la perception. V. **Appréhension.**

APERCEVOIR [apɛʀsɔvwaʀ]. *v.*; conjug. *recevoir* (1080, pron.; XIIᵉ, trans.; de *percevoir*).
I. *V. tr.* ♦ 1° Voir, en un acte de vision généralement bref (qqch. qui apparaît), qu'il y ait ou attention ou non. V. **Découvrir, remarquer, repérer.** *De* « *petits animaux dont le microscope nous fait apercevoir la figure* » (LA BRUY.). V. **Discerner, distinguer.** « *On apercevait au loin l'incendie d'un village* » (CHATEAUB.). *Je n'ai fait que l'apercevoir.* V. **Entrevoir.** ♦ 2° Saisir (qqch.) par une perception distincte. V. **Percevoir.** « *Nos sens n'aperçoivent rien d'extrême* » (PASC.). ◇ Avoir conscience, se rendre compte de. V. **Comprendre, constater, deviner, sentir, voir.** « *Pascal voit la faiblesse des hommes, mais, derrière elle, il aperçoit leur incurable blessure* » (FAGUET). — *Laisser, faire apercevoir.* V. **Montrer.** « *Se garder de laisser apercevoir sa méfiance* » (STENDHAL).
II. *V. pron.* ♦ 1° Prendre conscience, se rendre compte (d'un état ou d'un processus complexe). V. **Remarquer.** *Je m'apercevais bien de leur manège.* « *Leur rendre des soins dont elles feignaient de ne pas s'apercevoir* » (FRANCE). *Je ne m'en suis pas aperçu.* « *Il s'aperçut qu'il y avait autre chose dans le monde que les spéculations de la Sorbonne* » (HUGO). ♦ 2° *(Réfl.)* Apercevoir son image (dans une glace). — *(Récipr.)* Se voir mutuellement. — *(Passif)* Être aperçu, pouvoir être aperçu. *Un détail qui s'aperçoit à peine.* ◇ ANT. *Perdre (de vue).*

APERÇU [apɛʀsy]. *n. m.* (1760; p. p. subst. de *apercevoir*). ♦ 1° Première idée que l'on peut avoir d'une chose vue rapidement. V. **Coup** (d'œil*), **estimation, vue.** *Par ce tour d'horizon, vous aurez un aperçu de la question. Donner un aperçu de la situation,* en faire un exposé sommaire. ♦ 2° Remarque, observation non développée mais qui jette un jour nouveau. « *Des remarques et des aperçus d'une sagacité merveilleuse* » (GIDE).

APÉRIODIQUE [apeʀjɔdik]. *adj.* (1898; de *a-* 2, et *périodique*). ♦ 1° *Phys.* Qui tend sans oscillation vers un régime stable. ♦ 2° *Math.* Dépourvu de période. *Fonction apériodique.* V. **Acyclique.**

APÉRITEUR [apeʀitœʀ]. *n. m.* (1911; bas lat. *aper(i)tor* « inaugurateur »). *Dr.* Premier assureur, qui dirige le risque dans le cas d'une même police collective.

APÉRITIF, IVE [apeʀitif, iv]. *adj.* et *n. m.* (1750; « qui ouvre les pores, les canaux, les vaisseaux », XIVᵉ; bas lat. *aper(i)tivus*). ♦ 1° Adj. *Littér.* Qui ouvre, stimule l'appétit. *Boisson apéritive.* « *L'air de cette caverne était on ne peut plus apéritif* » (DUMAS). ♦ 2° n. m. *Cour.* (1890). Boisson à base de vin (quinquina, vermouth) ou d'alcool (amer, gentiane, anis), supposée apéritive, que l'on prend avant le repas. *Servir des apéritifs. Offrir, prendre l'apéritif* (pop. *Apéro). Apéro).*

APERTURE [apɛʀtyʀ]. *n. f.* (1916; « ouverture », archit., XVIᵉ; lat. *apertura*). *Phonét.* Écartement des organes au point d'articulation d'un phonème pendant la tenue. *Degrés d'aperture.*

APESANTEUR [apəzɑ̃tœʀ]. *n. f.* (v. 1960; de *a-* 2, et *pesanteur*). *Astronaut., phys.* Absence de pesanteur due à l'annulation ou à un extrême affaiblissement du champ de gravitation. *Des cosmonautes en état d'apesanteur.*

APÉTALE [apetal]. *adj.* (1771; de *a-* 2, et *pétale*). *Bot.* Se dit d'une fleur qui n'a pas de corolle. *La fleur du houblon, du chanvre est apétale.* — Subst. fém. *Les apétales* : groupe de plantes à fleurs apétales.

À-PEU-PRÈS ou **À PEU PRÈS** [apøpʀɛ]. *n. m.* (1688; subst. de la loc. adv. *à peu près*). ♦ 1° Approximation grossière. « *Les calculs astronomiques qui ne roulent que sur des à peu près* » (FONTENELLE). ♦ 2° Chose imprécise, imparfaite. « *Toute la vie est faite d'à peu près* » (MAUPASS.). ♦ 3° *Vieilli.* Calembour.

APEURÉ, ÉE [apœʀe]. *adj.* (1885; V. **Apeurer**). En proie à la peur. V. **Craintif, effarouché.** *Un animal apeuré. Regards apeurés.* « *Leur audace apeurée* » (LOTI).

APEURER [apœʀe]. *v. tr.* (1848; *apo(e)rir,* en a. fr. *(h. XIIIᵉ)*; de *peur*). Effrayer. « *Quand il les aurait bien apeurés* » (SAND). « *Apeuré déjà par ce soupçon qui pesait sur lui* » (MAUPASS.).

APEX [apɛks]. *n. m.* (1863; mot lat.). ♦ 1° *Sc. nat.* Nom donné à divers sommets ou pointes. ♦ 2° Dans les inscriptions latines, Sorte d'accent aigu marquant la quantité longue d'une voyelle. ♦ 3° (1894). Point du ciel, situé dans la constellation d'Hercule, vers lequel semble se diriger le système solaire.

APHASIE [afazi]. *n. f.* (1826; gr. *aphasia*). *Méd. et cour.* Trouble ou perte de la capacité de parler ou de comprendre le langage parlé *(surdité verbale)* ou écrit *(cécité verbale* ou *alexie)*, par lésion des centres nerveux cérébraux correspondants.

APHASIQUE [afazik]. *adj.* (1865; « qui ne se prononce pas », 1643; de *aphasie*). Atteint d'aphasie. *Un vieillard aphasique.* Subst. *Un, une aphasique.*

APHÉLIE [afeli]. *n. m.* (1690; lat. sc. *aphelium,* 1596 (Kepler), d'apr. *apogæum* « apogée », du gr. *hélios* « Soleil »). Point de l'orbite d'une planète ou d'une comète qui est le plus éloigné du Soleil *(opposé à* périhélie).

APHÉRÈSE [afeʀɛz]. *n. f.* (1586; *aph(a)eresis,* 1521; lat. gram. d'o. gr. *aphæresis*). *Phonét.* Chute d'un phonème ou d'un groupe de phonèmes au début d'un mot *(opposé à* apocope). Pitaine *(fam.)* se dit pour capitaine par aphérèse.

APHIDIENS [afidjɛ̃] ou **APHIDÉS** [afide]. *n. m. pl.* (1839,-1886; du lat. sc. *aphis* (Linné), désignant le type de cette famille; o. i.). Nom scientifique des pucerons vrais.

APHONE [afɔn]. *adj.* (1836; gr. *aphônos*). Qui n'a plus de voix. *Un homme* « *presque aphone et qui pourtant faisait de son mieux pour chanter* » (GIDE). *L'orateur, enrhumé, était à moitié aphone.*

APHONIE [afɔni]. *n. f.* (1617; gr. *aphônia*). *Didact.* Extinction de voix.

APHORISME [afɔʀism(ə)]. *n. m.* (1490; *auforisme, afforime,* XIIIᵉ et XIVᵉ; bas lat. *aphorismus,* gr. *aphorismos* « définition »). Formule ou prescription résumant un point de science, de morale. V. **Adage, formule, maxime, pensée, précepte, sentence.** *Les aphorismes d'Hippocrate.* — *Péj.* Sentence prétentieuse et banale.

APHRODISIAQUE [afʀɔdizjak]. *adj.* (1763; gr. *aphrodisiakos,* de *Aphroditê* « Aphrodite »). ♦ 1° Propre (ou supposé tel) à exciter le désir sexuel, à faciliter l'acte sexuel. Subst. *Un aphrodisiaque,* une substance aphrodisiaque. ♦ 2° *Antiq.* (XIXᵉ). En l'honneur d'Aphrodite. *Le culte aphrodisiaque.*

APHTE [aft(ə)]. *n. m.* (1545; lat. plur. d'o. gr. *aphtæ*). *Méd.* Petite ulcération douloureuse, d'origine virale, siégeant sur la muqueuse de la bouche, du pharynx ou des parties génitales.

APHTEUX, EUSE [aftø, øz]. *adj.* (1768; de *aphte*). *Méd.* Caractérisé par la présence d'aphtes. Spécialt. *Fièvre aphteuse,* maladie éruptive épidémique et contagieuse, due à un ultra-virus, atteignant surtout les bovidés. V. **Épizootie.**

APHYLLE [afil]. *adj.* (1808; gr. *aphullos*). *Bot.* Dont la tige est dépourvue de feuilles.

API (D') [dapi]. *loc. adj.* (*Pomme d'api,* 1653; *pomme apie,* 1571; lat. *appiana (mala)* « pommes appiennes », c.-à-d. d'Appius, qui les aurait introduites à Rome). *Pomme* *d'api.*

À-PIC [apik]. *n. m. invar.* (1941; de *à pic*, loc. adv.). Dénivellement naturel important du sol, présentant une paroi verticale. *L'à-pic d'une falaise. Des à-pics de 200 mètres.*

APICAL, ALE, AUX [apikal, o]. *adj.* (1845; du lat. *apex, apicis* « sommet »). ♦ 1° *Sc. nat.* Qui appartient au sommet (V. **Apex**), à la pointe. ♦ 2° *Phonét.* Dont l'articulation est caractérisée par l'application de la pointe de la langue contre les dents, ou les alvéoles, ou la voûte du palais.

APICOLE [apikɔl]. *adj.* (1866; « apiculteur », 1845; du lat. *apis* « abeille », et -*cole*). Qui a rapport à l'apiculture. *Matériel apicole.*

APICULTEUR [apikyltœʀ]. *n. m.* (1845; du lat. *apis* « abeille », d'apr. *agriculteur*). Éleveur d'abeilles.

APICULTURE [apikyltyʀ]. *n. f.* (1845; du lat. *apis* « abeille », et *culture*). Art d'élever et de soigner les abeilles en vue d'obtenir, de leur travail dirigé, le miel et la cire.

APIDÉS [apide]. *n. m. pl.* (*Apides*, 1845; du lat. *apis* « abeille »). *Zool.* Famille d'insectes hyménoptères comprenant les abeilles domestiques et sauvages. V. **Abeille.**

APIÉCEUR, EUSE [apjesœʀ, øz]. *n.* (1836; de *apiécer* « rapiécer », XVIᵉ). *Techn.* Artisan travaillant pour le maître tailleur.

APIOL [apjɔl]. *n. m.* (1856; du lat. *apium* « persil »). *Pharm.* Principe actif, extrait des graines de persil, employé comme emménagogue et fébrifuge.

APION [apjɔ̃]. *n. m.* (1834; lat. zool., 1797; du gr. *apios* « poire »). Petit charançon phytophage, qui s'attaque notamment aux fruits.

APIQUAGE [apikaʒ]. *n. m.* (1803; de *apiquer*). *Mar.* Action d'apiquer.

APIQUER [apike]. *v. tr.* (1736; de *à pic*). *Mar.* Hisser (l'extrémité d'un gui, d'une vergue) de façon à mettre au-dessus du niveau de l'autre extrémité.

APITOIEMENT [apitwamɑ̃]. *n. m.* (1842; de *apitoyer*). Fait de s'apitoyer. V. **Pitié.** ◊ ANT. Indifférence.

APITOYER [apitwaje]. *v. tr.*; conjug. *noyer* (fin XIIIᵉ; de *pitié*). Toucher de pitié. V. **Attendrir.** « *Au lieu d'être apitoyée par tant de soumission* » (SAND). *Pronom.* Être touché de pitié. V. **Compatir.** « *Elles s'apitoyaient sur les drames du cœur et ne s'en indignaient jamais* » (MAUPASS.).

APLANÉTIQUE [aplanetik]. *adj.* (1876; de *aplanétisme*, 1794; du gr. *aplanêtos* « qui ne dévie pas »). *Opt.* Qui ne présente pas d'aberration géométrique. *Objectif aplanétique* (ou *aplanat* [aplana]).

APLANIR [aplaniʀ]. *v. tr.* (XIᵉ; de *a-* 1, et *plain, plan*). ♦ 1° Rendre plan ou uni (en faisant disparaître les inégalités, les aspérités). V. **Égaliser, niveler.** *Aplanir un chemin, un terrain.* ♦ 2° *Fig.* (XVIIᵉ). Faciliter (un chemin), lever (une difficulté). « *La Providence qui sait toujours aplanir les voies au génie* » (BALZ.). *Les difficultés, les obstacles sont maintenant aplanis.* ◊ ANT. Compliquer, soulever.

APLANISSEMENT [aplanismɑ̃]. *n. m.* (1539; de *aplanir*). *Rare.* Action d'aplanir, fait d'être aplani.

APLASIE [aplazi]. *n. f.* (1887; de *a-* 2, et gr. *plasis* « façon, modelage »). *Pathol.* Arrêt ou insuffisance du développement d'un tissu ou d'un organe. V. **Atrophie, hyperplasie.** — Adj. *aplasique.*

APLAT [apla]. *n. m.* (1877; de *à plat*). *Grav.* et *Peint.* Teinte plate appliquée de façon uniforme. *Des aplats* (ou *des a-plats*). ◊ *Imprim.* Surface unie donnant à l'impression une teinte uniforme.

APLATI, IE [aplati]. *adj.* (XVIIᵉ; V. **Aplatir**). Dont la courbure ou la saillie est moins accentuée que dans l'état premier ou habituel. *La Terre est aplatie aux pôles.* « *Les maisons basses, aplaties* » (GIDE). *Nez aplati.* V. **Camus, écrasé.**

APLATIR [aplatiʀ]. *v. tr.* (XIVᵉ; de *a-* 1, et *plat*). Rendre plat. V. **Écraser.** *Aplatir à coups de marteau, au laminoir. Aplatir une couture au fer. Aplatir un pli.* V. **Rabattre.** *Aplatir ses cheveux,* les plaquer, les lisser. ◊ *Pronom.* Se courber, se faire plus petit. « *Ils fuyaient, tout courbés, rasant le sol, s'aplatissant* » (LOTI). *Fig. S'aplatir devant le pouvoir,* s'humilier, ramper. — *S'écraser.* « *Son corps est projeté dans l'espace et lui semble s'aplatir contre un mur* » (MART. du G.). *Fam.* Tomber à plat ventre. V. **Étaler** (s'). ◊ ANT. Gonfler, redresser.

APLATISSAGE [aplatisaʒ]. *n. m.* (1845; de *aplatir*). *Techn.* Action d'aplatir (des feuilles métalliques, des grains). V. **Compression, laminage.**

APLATISSEMENT [aplatismɑ̃]. *n. m.* (fin XVIᵉ; de *aplatir*). État de ce qui est aplati. *L'aplatissement de la Terre, des planètes, d'une ellipsoïde.* ◊ *Fig.* Écrasement; abaissement, platitude.

APLATISSEUR [aplatisœʀ]. *n. m.* (1819; de *aplatir*). *Techn.* Ouvrier lamineur. ◊ Machine servant à écraser les grains.

APLATISSOIR *n. m.* ou **APLATISSOIRE** [aplatiswaʀ]. *n. f.* (1765; de *aplatir*). *Techn.* Marteau, laminoir à aplatir les métaux.

APLOMB [aplɔ̃]. *n. m.* (1547; de *à plomb*). ♦ 1° Verticalité d'une ligne, telle qu'elle est indiquée par le fil à plomb; équilibre d'un corps en position verticale. *Le mur a gardé, perdu son aplomb.* ◊ État d'équilibre du corps reposant sur les membres. — *Spécialt.* (au plur.) *Aplombs du cheval,* direction de ses membres par rapport au sol. ♦ 2° *Fig.* (1798). Assurance d'une personne que rien ne déconcerte. V. **Assurance.** *Un aplomb imperturbable.* « *L'aplomb de ces braves gens-là, leur sécurité dans la bêtise* » (FLAUB.). « *L'aplomb de ce petit me démontait* » (GIDE). — *Péj.* Audace effrontée. V. **Culot, toupet.** *Vous en avez de l'aplomb! « On t'offre une prime et tu as l'aplomb de refuser* » (DAUD.). ♦ 3° *Loc. adv.* D'APLOMB, suivant la verticale. « *Les pleins midis tombant d'aplomb sur la rivière* » (DAUD.). — *Par ext.* En équilibre stable. « *Le corps tassé, bien d'aplomb sur ses jambes, s'immobilisa* » (MART. du G.). ◊ *Fig.* En bon état physique et moral. « *Ce mois de solitude me remit d'aplomb* » (GIDE). ◊ ANT. Obliquité. Déséquilibre. Timidité.

APNÉE [apne]. *n. f.* (*Apné*, 1611; lat. sc. *apnœa*; gr. *apnoia*). *Méd.* Suspension plus ou moins prolongée de la respiration.

APOASTRE [apoastʀ(ə)]. *n. m.* (1962; du gr. *apo-* « loin de », et *astre*). *Astron.* Point de l'orbite d'un satellite ou d'une planète secondaire situé au maximum de distance du centre de gravité de l'astre principal. V. **Aphélie, apogée.**

APOCALYPSE [apɔkalips(ə)]. *n. f.* (XIIᵉ; lat. ecclés. d'o. gr. *apocalypsis* « révélation »). ♦ 1° *L'Apocalypse,* dernier livre du Nouveau Testament, attribué par l'Église à saint Jean l'Évangéliste, riche en visions prophétiques et eschatologiques. *La Bête, les Quatre cavaliers de l'Apocalypse.* ◊ *Par anal.* Ouvrage eschatologique. *Les apocalypses juives.* ♦ 2° *Par ext.* (1886). Fin du monde. « *Comme un prélude d'apocalypse jetant l'effroi des fins de monde* » (LOTI). *Après la catastrophe, le pays offre une vision d'apocalypse.*

APOCALYPTIQUE [apɔkaliptik]. *adj.* (1552, repris XVIIIᵉ; gr. *apokaluptikos*). ♦ 1° Relatif, propre à l'Apocalypse, à une apocalypse. V. **Eschatologique, prophétique.** *Visions, symboles apocalyptiques. Genre, littérature apocalyptique.* — *Style apocalyptique,* obscur et symbolique. ♦ 2° Qui évoque la fin du monde, de terribles catastrophes. *Un paysage apocalyptique.*

APOCOPE [apɔkɔp]. *n. f.* (1521; lat. gram. d'o. gr. *apocopa*). *Phonét.* Chute d'un phonème ou d'une syllabe à la fin d'un mot (*opposé à* aphérèse). *On dit Télé pour télévision par apocope.*

APOCOPÉ, ÉE [apɔkɔpe]. *adj.* (1578; de *apocope*). *Phonét.* Qui a subi une apocope.

APOCRYPHE [apɔkʀif]. *adj.* (1220; lat. ecclés. d'o. gr. *apocryphus*). ♦ 1° Que l'Église ne reconnaît pas, n'admet pas dans le canon biblique. *Évangiles apocryphes.* — Subst. m. *Les apocryphes de la Bible.* ♦ 2° (XVIIᵉ). Dont l'authenticité est au moins douteuse. V. **Controuvé, faux, inauthentique.** « *Sa vie aventureuse a prêté à des mémoires apocryphes fabriqués de son vivant* » (STE-BEUVE). ◊ ANT. Authentique, canonique. Reconnu.

APOCYNACÉES [apɔsinase]. *n. f. pl.* (*Apocinées*, 1789; du lat. d'o. gr. *apocynon* « plante fatale aux chiens »). Famille de plantes (ordre des *Gentianales*), arbrisseaux ou herbes à suc laiteux, comprenant notamment le laurier-rose et la pervenche.

APODE [apɔd]. *adj.* et *n. m.* (1765; n. m., « martinet », 1542; lat. d'o. gr. *apus, apodis*; Cf. A- 2, *-pode*). Dépourvu de pieds, de pattes, de nageoires. — *N. m.* Nom donné à divers animaux caractérisés par l'absence de pattes et leur forme allongée (holothuries, poisson osseux, amphibiens sans membres, etc.).

APODICTIQUE [apɔdiktik]. *adj.* (1598; lat. d'o. gr. *apodicticus*). *Log.* Qui a une évidence de droit et non pas seulement de fait. V. **Nécessaire.**

APOGAMIE [apɔgami]. *n. f.* (1890; du gr. *apo-* marquant l'éloignement, et *-gamie*). *Bot.* Développement d'un embryon à partir d'une cellule végétative généralement diploïde.

APOGÉE [apɔʒe]. *n. m.* (1562; lat. sc. *apogœum,* gr. *apogaion* « point éloigné de la terre »). ♦ 1° Point de l'orbite d'un astre effectuant autour de la Terre une révolution réelle (Lune) ou apparente (Soleil), où cet astre se trouve à la plus grande distance de la Terre. *Apoastre.* ♦ 2° *Fig.* (XVIIᵉ). Le point le plus élevé, le plus haut degré. V. **Comble, faîte, sommet, zénith.** « *Après Tilsitt, il était à l'apogée de sa grandeur* » (STE-BEUVE). « *Ma ferveur me fit que croître et pour atteindre son apogée l'an suivant* » (GIDE). ◊ ANT. Périgée.

APOLITIQUE [apɔlitik]. *adj.* (1949; de *a-* 2, et *politique*). Qui n'affiche aucune opinion politique, se tient en dehors de la lutte politique. *Le syndicat, la municipalité se déclare apolitique.* ◊ ANT. Politisé.

APOLITISME [apɔlitism(ə)]. *n. m.* (1949; de *apolitique*). Caractère, attitude apolitique. *Partisans de l'apolitisme syndical.*

APOLLINIEN, IENNE [apɔlinjɛ̃, jɛn]. *adj.* (1898; all. *apollinisch,* du lat. *Apollo, -inis* « Apollon »). Selon Nietzsche, Propre à Apollon, c.-à-d. caractérisé par l'ordre, la mesure, la sérénité, la maîtrise de soi (*opposé à* dionysiaque).

APOLLON [apɔlɔ̃]. *n. m.* (1808; de *Apollon,* lat. *Apollo,* dieu païen). ♦ 1° *Zool.* (lat. sc. *apollo,* Linné). Beau papillon diurne, du genre *parnassien.* ♦ 2° (1845; ce dieu étant toujours représenté d'une beauté parfaite). *Fam.* Homme d'une grande beauté. V. **Adonis, éphèbe.**

APOLOGÉTIQUE [apɔlɔʒetik]. *adj.* et *n.* (XVᵉ; gr. *apologêtikos*). ♦ 1° *Adj.* Qui contient une apologie, a un caractère d'apologie (on dit aussi *Apologique*). ◊ Qui concerne la défense de la religion. ♦ 2° *N. m.* (1636; lat. ecclés. *Apologeticum*). Titre d'un ouvrage de Tertullien. ◊ *N. f.* (1853) Discipline ayant pour but de défendre la religion contre les attaques dont elle est l'objet (*apologétique destructive*); partie de la théologie ayant pour objet d'établir, par des arguments historiques et rationnels, le fait de la révélation chrétienne dont l'Église est l'organe *(apologétique constructive)*. ◇ ANT. *Critique.*

APOLOGIE [apɔlɔʒi]. *n. f.* (XVe ; lat. ecclés. *apologia*, mot gr.). Discours écrit visant à défendre, à justifier une personne, une doctrine. *Il a fait, présenté son apologie. L'Apologie de Socrate*, ouvrage de Platon. « *Si un livre est bon, la critique tombe ; s'il est mauvais, l'apologie ne le justifie pas* » (CHATEAUB.). — Dr. *Faire l'apologie d'un crime* : prétendre justifier un des crimes prévus par le code pénal ◇ ANT. *Condamnation, critique.*

APOLOGISTE [apɔlɔʒist(ə)]. *n.* (1623 ; de *apologie*). Auteur, personne qui fait l'apologie de qqn, d'une doctrine, d'un acte. V. **Défenseur.** — *Spécialt.* (de la religion chrétienne) « *L'Église, dans toute sa force, n'eut plus besoin d'apologistes* » (CHATEAUB.). ◇ ANT. *Critique, censeur.*

APOLOGUE [apɔlɔg]. *n. m.* (1490 ; lat. d'o. gr. *apologus*). Petite fable visant essentiellement à illustrer une leçon morale. « *L'apologue est la démonstration d'une maxime par un exemple* » (FAGUET).

APOMORPHINE [apɔmɔrfin]. *n. f.* (1873 ; du gr. *apo-* « loin de », et *morphine*). Chim., pharm. Dérivé de synthèse de la morphine par perte d'une molécule d'eau. *Le chlorhydrate d'apomorphine est un vomitif utilisé dans les cures de désintoxication alcoolique.*

APONÉVROSE [apɔnevrɔz]. *n. f.* (1541 ; gr. *aponeurôsis*). Anat. Membrane fibreuse qui enveloppe un muscle, lui sert de moyen d'insertion, ou qui sépare deux muscles contigus de deux plans musculaires. V. **Fascia.**

APONÉVROTIQUE [apɔnevrɔtik]. *adj.* (1751 ; de *aponévrose*). Anat. Relatif, propre aux aponévroses. *Lame, formation aponévrotique.*

APOPHONIE [apɔfɔni]. *n. f.* (1842 ; du gr. *apo-* marquant l'éloignement, et suff. *-phonie*, pour traduire l'all. *Ablaut*). Ling. **ALTERNANCE* VOCALIQUE.**

APOPHTEGME [apɔftɛgm(ə)]. *n. m.* (1529 ; gr. *apophthegma*). Didact. Parole mémorable ayant une valeur de maxime. « *Un apophtegme extrait du livre de Quinton... : On se cache d'être brave que d'aimer* » (GIDE).

APOPHYSAIRE [apɔfizɛr]. *adj.* (1846 ; de *apophyse*). Anat. Qui appartient aux apophyses. *Ostéite apophysaire.*

APOPHYSE [apɔfiz]. *n. f.* (1541 ; gr. *apophusis*. V. **-Physe**). Anat. Éminence à la surface d'un os. V. **Épine, protubérance, saillie, tubérosité.** *Apophyses articulaires, musculaires.* « *Les vertèbres cervicales ont des apophyses aiguës, qui soulèvent la peau* » (GIDE).

APOPLECTIQUE [apɔplɛktik]. *adj.* (1256 ; bas lat. d'o. gr. *apoplecticus*). ♦ 1o Méd. Relatif, propre à l'apoplexie. *Attaque apoplectique.* ♦ 2o *Cour.* Qui a, annonce une prédisposition à l'apoplexie. « *Sa large face apoplectique, pourpre de dépit et de colère* » (HUGO).

APOPLEXIE [apɔplɛksi]. *n. f.* (XIIIe ; bas lat. d'o. gr. *apoplexia*). Arrêt brusque et plus ou moins complet des fonctions cérébrales, avec perte de la connaissance et du mouvement volontaire, sans que la respiration et la circulation soient suspendues. V. **Hémorragie** (cérébrale). *Attaque d'apoplexie. Être frappé d'apoplexie.*

APORÉTIQUE [apɔretik]. *adj.* (1866 ; du gr. *aporêtikos*, de *aporein* « être embarrassé »). Philo. ♦ 1o Qui aboutit à une contradiction. *Un raisonnement aporétique.* ♦ 2o Sceptique. *Les philosophes aporétiques*, disciples de Pyrrhon.

APORIE [apɔri]. *n. f.* (1808 ; lat. ecclés. *aporia*, mot gr.). Log. Difficulté d'ordre rationnel paraissant sans issue.

APOSIOPÈSE [apozjɔpɛz]. *n. f.* (1566 ; lat. *aposiopesis*, mot gr.). Rhétor. Interruption brusque d'une construction, traduisant une émotion, une hésitation, une menace. V. **Réticence.**

APOSTASIE [apɔstazi]. *n. f.* (1250 ; lat. ecclés. *apostasia*, mot gr.). Théol. Abandon de la foi et de la vie chrétiennes. *Par ext.* Renonciation aux vœux. ◇ Fig. *Reniement.* ◇ ANT. *Conversion.*

APOSTASIER [apɔstazje]. *v. intr.* (XVe ; de *apostasie*). Faire acte d'apostasie. ◇ ANT. *Convertir* (se).

APOSTAT [apɔsta]. *n. m.* (1265 ; lat. ecclés. d'o. gr. *apostata*). Celui qui a apostasié. *Julien l'apostat. Par ext. Moine apostat.* ◇ Fig. *Renégat.*

APOSTER [apɔste]. *v. tr.* (XIIe ; de *poste*). Vx. Placer (qqn) à un poste d'observation ou à un endroit propice à l'exécution d'un mauvais coup.

A POSTERIORI [apɔsterjɔri]. *loc. adv.* (1626 ; loc. lat. « en partant de ce qui vient après »). Log. En partant des données de l'expérience. *Raisonner a posteriori.* ♦ *Adj. invar.* Qui est postérieur à l'expérience. *Notion a posteriori* : acquise grâce à l'expérience. ◇ ANT. *A priori.*

APOSTILLE [apɔstij]. *n. f.* (fin XVe ; de *apostiller*). Dr. ♦ 1o Toute addition faite en marge d'un écrit, d'une lettre. V. **Annotation, note.** ♦ 2o (1802). Note ajoutée à une pétition pour la recommander.

APOSTILLER [apɔstije]. *v. tr.* (av. 1450 ; a. fr. *postille* « annotation » ; lat. *postilla*, var. de *postea* « ensuite »). Mettre une apostille, des apostilles. *Apostiller une demande, une pétition.*

APOSTOLAT [apɔstɔla]. *n. m.* (XVe ; lat. chrét. *apostolatus*. V. **Apôtre**). ♦ 1o Ministère d'un apôtre. ♦ 2o *Par ext.* Prédication, propagation de la foi. ◇ Fig. *Prosélytisme.* « *Il y apporta son goût de l'apostolat, du combat pour ses idées, du prosélytisme* » (LECOMTE). ◇ Mission qui requiert les qualités d'un apôtre, de l'énergie et du désintéressement. *L'enseignement est un apostolat.*

APOSTOLIQUE [apɔstɔlik]. *adj.* (XIIIe ; lat. chrét. *apostolicus*, gr. *apostolikos*). ♦ 1o Qui vient des apôtres. *Doctrine, tradition apostolique. L'Église catholique, apostolique et romaine.* ♦ 2o Qui appartient aux apôtres, ou qui est conforme à leur mission, à leur exemple. *Mission apostolique* : celle des apôtres, et *par ext.* celle du prédicateur de la foi. « *La fermeté d'une vertu vraiment apostolique* » (BALZ.). ♦ 3o Qui émane ou dépend du Saint-Siège. *Bref, lettre apostolique. Nonce apostolique.* — *Notaire apostolique* : qui, dans chaque diocèse, était autorisé à rédiger les actes en matière ecclésiastique.

APOSTOLIQUEMENT [apɔstɔlikmã]. *adv.* (XVIe ; de *apostolique*). D'une manière apostolique.

1. **APOSTROPHE** [apɔstrɔf]. *n. f.* (1514 ; lat. *apostropha*, gr. *apostrophê*). ♦ 1o Figure de rhétorique par laquelle un orateur interpelle tout à coup une personne ou même une chose qu'il personnifie. — Gram. *Nom en apostrophe*, apposé et qui interpelle. ♦ 2o Interpellation brusque, sans politesse. *Les apostrophes des automobilistes.* V. **Apostropher.**

2. **APOSTROPHE** [apɔstrɔf]. *n. f.* (1529 ; lat. *apostrophus*, gr. *apostrophos*). Signe (') qui marque l'élision d'une voyelle (ex. : *L'amour. S'il veut*).

APOSTROPHER [apɔstrɔfe]. *v. tr.* (1672, « appeler » ; de *apostrophe*). Adresser brusquement la parole à (qqn), sans politesse. *Elle l'a apostrophé dans la rue pour lui dire son fait.* Pronom. *Chauffeurs qui s'apostrophent et s'injurient.*

APOTHÉCIE [apɔtesi]. *n. f.* (1843 ; du gr. *apothêkê* « dépôt »). Bot. Réceptacle renfermant les corpuscules reproducteurs des lichens.

APOTHÈME [apɔtɛm]. *n. m.* (1771 ; du gr. *apotithenai* « déposer, abaisser », d'apr. *hupothema* « base »). Perpendiculaire abaissée du centre d'un polygone régulier sur un de ses côtés. — Perpendiculaire abaissée du sommet d'une pyramide sur un des côtés du polygone de base.

APOTHÉOSE [apɔteoz]. *n. f.* (1581 ; lat. *apotheosis*, mot gr., de *theos* « Dieu »). ♦ 1o Antiq. Déification des empereurs romains, des héros après leur mort. ♦ 2o Triomphe fait à qqn. ♦ 3o Fig. Épanouissement sublime. « *La vieillesse qui est une déchéance pour les êtres ordinaires est, pour les hommes de génie, une apothéose* » (FRANCE). « *La morale de Descartes est l'apothéose de la volonté résistante* » (FAGUET). — (Concret) « *La surface libre des eaux reflète une apothéose dorée* » (GIDE).

APOTHICAIRE [apɔtikɛr]. *n. m.* (1268 ; bas lat. *apothecarius*, de *apotheca*, gr. *apothêkê* « boutique »). Vx. Pharmacien. ◇ *Compte d'apothicaire, Vx* : sur lequel il y a beaucoup à rabattre ; *Mod.* : très long et compliqué.

APÔTRE [apotr(ə)]. *n. m.* (*Apostre*, fin XIIe ; *apostle*, 1080 ; lat. ecclés. *apostolus*, gr. *apostolos* « envoyé »). ♦ 1o Chacun des douze disciples que Jésus-Christ choisit pour prêcher l'Évangile. *Jésus-Christ célébra la Cène avec ses apôtres dans le cénacle. Actes des apôtres* : livre canonique écrit par saint Luc. *L'apôtre des gentils* : saint Paul. — *Par ext.* Celui qui propage la foi chrétienne. V. **Prédicateur**), fait des conversions. ♦ 2o Fig. Personne qui propage, défend une doctrine, une opinion. *Se faire l'apôtre d'une idée.* « *Fénelon, ... apôtre de la tolérance* » (FAGUET). ♦ 3o *Par antiphr. Faire le bon apôtre* : contrefaire l'homme de bien pour tromper autrui.

APPALACHIEN, IENNE [apalaʃjɛ̃, jɛn]. *adj.* (1952 ; de *Appalaches*, chaîne de montagnes de l'Amérique du Nord). Des Appalaches, relatif aux Appalaches. *Relief appalachien*, caractérisé par des alternances de lignes de crête de hauteur constante et de dépressions allongées, orientées parallèlement.

APPARAÎTRE [aparɛtr(ə)]. *v. intr.* ; conjug. *paraître.* V. **Connaître** (*Aparoistre*, 1180 ; lat. ecclés. **apparescere*, de *apparere*. V. **Apparoir**). ♦ 1o Devenir visible, distinct ; se montrer tout à coup aux yeux. V. **Manifester** (se), paraître, présenter (se), révéler (se), surgir, survenir, venir. *Apparaître à travers qqch.* V. **Transparaître.** « *Il la revit telle qu'elle lui était apparue un matin* » (DAUD.). — Impers. « *Il apparaît de temps en temps sur la surface de la terre des hommes rares* » (LA BRUY.). ◇ Spécialt. Se manifester, se montrer sous une forme visible (V. **Apparition**). *L'ange Gabriel apparut à la Vierge.* « *Les magiciens faisaient apparaître les morts* » (VOLT.). ♦ 2o Fig. Se révéler à l'esprit par quelque manifestation ; se faire jour. *Tôt ou tard la* *vérité apparaît.* V. **Découvrir** (se), **dévoiler** (se), **jaillir**. « *Les difficultés n'apparaissent qu'à l'exécution* » (ROMAINS). ◇ *Avec un attribut.* Se présenter à l'esprit (avec telle ou telle qualité). V. **Paraître, sembler**. « *Sa résolution lui apparut, en raccourci, lumineuse, déjà triomphante* » (MART. du G.). — APPARAÎTRE COMME : se présenter à l'esprit sous tel ou tel aspect. « *Un bon portrait m'apparaît toujours comme une biographie dramatisée* » (BAUDEL.). « *Son innocence lui apparaissait confusément comme impossible à prouver* » (MAUPASS.). ♦ 3° IL APPARAÎT QUE … : il ressort de ces constatations que …; il est apparent, clair, évident, manifeste que … V. **Apparoir; ressortir**. *Il apparaît, à la lecture des textes, que la loi est pour vous.* ◇ ANT. **Cacher** (se), **disparaître, éclipser** (s'), **évanouir** (s').

APPARAT [apaʀa]. *n. m.* (XIIIe ; lat. *apparatus* « préparatifs »). ♦ 1° Éclat pompeux, solennel. *Costume, discours d'apparat*. *Venir en grand apparat*. V. **Appareil, solennité**. *Par ext.* V. **Étalage, faste, ostentation**. *Il fait tout avec apparat.* ♦ 2° *Anciennt*. Lexique d'un auteur. *L'apparat de Cicéron*. ◇ *Mod. Apparat critique*, notes et variantes d'un texte. V. **Appareil**. ◇ ANT. **Simplicité**.

APPARATCHIK [apaʀatʃik]. *n. m.* (1965; mot russe). *Polit.* Membre influent du parti communiste, formé et dirigé par celui-ci. ◇ *Par ext.* (d'un parti quelconque). « *Le sort des urnes a fait échouer les 'apparatchiks', les hommes d'appareil, des trois grandes formations politiques* » (*L'Express*, 20-3-1967). *Autre plur. apparatchiki* (du russe).

APPARAUX [apaʀo]. *n. m. pl.* (1383 ; anc. pl. de *appareil*). ♦ 1° *Mar.* Matériel destinés à des manœuvres de force, sur un bateau. *Apparaux de mouillage, de remorquage.* ♦ 2° *Par ext.* Ensemble des appareils de gymnastique.

APPAREIL [apaʀɛj]. *n. m.* (XIIe ; lat. pop. °*appariculum*, du class. *apparatus*. V. **Apparat**). ♦ 1° *Vx* ou *littér.* Apparence, déploiement extérieur des apprêts. *Spécialt.* Déroulement d'un cérémonial aux yeux des spectateurs. *Funèbre appareil. Grand, magnifique, pompeux, somptueux, appareil.* V. **Apparat, cérémonie, décor, éclat, faste, grandeur, magnificence, pompe**. « *J'aime aujourd'hui la guerre et son mâle appareil* » (HUGO). ◇ *Mod. Dans le plus simple appareil*, peu habillé, en négligé; tout nu. ♦ 2° Ensemble d'éléments qui concourent au même but en formant un tout. *L'appareil des lois*, législatif, l'ensemble de leurs dispositions. — *Appareil critique*. V. **Apparat**. *L'appareil d'un parti* : ensemble des organismes administratifs permanents. *L'appareil policier d'un gouvernement*. « *L'appareil des puissances temporelles* » (MART. du G.). ♦ 3° *Anat*. Ensemble des organes disposés par la nature pour remplir telle ou telle fonction. V. **Système**. *Appareil digestif. Appareil uro-génital.* ◇ *Archit.* Agencement des pierres d'une construction. *Par ext.* Les dimensions des matériaux, l'épaisseur des pierres utilisées dans la maçonnerie. *Pierre de grand, de moyen, de petit appareil.* ♦ 3° (1170; répandu XIXe-XXe). Assemblage de pièces ou d'organes réunis en un tout pour exécuter un travail, observer un phénomène, prendre des mesures. V. **Machine; instrument; engin**. *Les organes d'un appareil. L'agencement d'un appareil.* V. **Dispositif**. *Appareil automatique, électrique. Appareils ménagers. Appareil* (machine) *à sous. Appareil de levage. Appareil photographique* ou *appareil-photo; appareil téléphonique. Appareils orthopédiques, de prothèse.* ◇ *Absolt.* Appareil de photos. *Un appareil réflex.* ◇ V. **Téléphone**. *Allô, qui est à l'appareil?* « *Il entendait dans l'appareil une sorte de grésillement* » (MART. du G.). ◇ V. **Avion**. *L'appareil décolle.* ◇ *Dentier;* tiges métalliques pour redresser les dents. *Porter un appareil.* ◇ *Ce qui soutient, maintient une partie du corps* (cassée, fracturée). *Avoir le bras dans un appareil.*

APPAREILLADE [apaʀɛjad]. *n. f.* (1863 ; de *appareiller* 2). *Cynég.* Formation des couples de perdrix pour la reproduction. V. **Accouplement**.

APPAREILLAGE [apaʀɛjaʒ]. *n. m.* (XIVe, « préparatif »; de *appareiller* 1). ♦ 1° *Mar.* (fin XVIIIe). Action d'appareiller, de quitter le port. V. **Départ**. *Manœuvres d'appareillage*, ou *absolt. Appareillage* : préparatifs pour quitter le mouillage. ♦ 2° Ensemble d'appareils et d'accessoires divers disposés pour un certain usage. *Appareillage électrique.* ♦ 3° *Archit*. Action d'appareiller des pierres. — Disposition résultant de cette action. « *Un bel appareillage romain inexorablement consolidé à travers les siècles* » (BARRÈS). ◇ *Par ext.* Disposition régulière d'un matériau de construction. « *Appareillage des lames de parquet* […] *à point de Hongrie, à bâtons rompus* » (*Le Monde*, 29-9-1973). ◇ ANT. **Mouillage**.

APPAREILLEMENT [apaʀɛjmã]. *n. m.* (1819 ; de *appareiller* 2). Action de réunir deux animaux domestiques pour le travail ou la reproduction. *Appareillement des bœufs pour le labour.*

1. APPAREILLER [apaʀeje]. *v.* (« préparer », 1080 ; de *appareil*). **I.** *V. tr.* ♦ 1° *Vx*. Préparer. ♦ 2° *Mod. Appareiller un filet* : le disposer pour la pêche. *Appareiller un navire* : le garnir de ses apparaux, le disposer pour la navigation.

V. **Gréer**. ♦ 3° *Archit. Appareiller des pierres* : les tailler, les agencer en vue de la construction. **II.** *V. intr.* (1544). *Mar.* Se disposer au départ, quitter le mouillage, le port. V. **Lever** (l'ancre). « *Nous appareillâmes le lendemain pour retourner en Angleterre* » (VOLT.). ◇ ANT. **Mouiller**: jeter (l'ancre).

2. APPAREILLER [apaʀeje]. *v. tr.* (1175; de *a-* 1, et *pareil*). ♦ 1° Trouver un pareil à qqch.; unir deux choses pareilles. V. **Apparier, assortir**. *Appareiller des candélabres.* ♦ 2° *Spécialt.* Accoupler pour la reproduction. V. **Apparier**. Pronom. *Quand la tourterelle a perdu sa compagne, elle ne s'appareille plus avec une autre.* ◇ ANT. **Dépareiller**.

APPAREILLEUR [apaʀɛjœʀ]. *n. m.* (XIIIe ; de *appareiller* 1). Ouvrier qui prépare, apprête. *Spécialt.* Maître-maçon qui surveille la coupe et la pose des pierres destinées à la construction.

APPAREMMENT [apaʀamã]. *adv.* (XIIIe ; de *apparent*). ♦ 1° *Vx*. En apparence. V. **Apparemment**. « *Des raisins mûrs apparemment* » (LA FONT.). ♦ 2° Selon toute apparence. V. **Doute** (sans), **vraisemblablement**. — APPAREMMENT QUE. « *Apparemment qu'il trouve moyen d'être en même temps à Paris et à la campagne* » (MUSS.). ◇ ANT. **Effectivement**.

APPARENCE [apaʀãs]. *n. f.* (*Aparance*, 1283 ; bas lat. *apparentia*, de *apparere*. V. **Apparoir**). ♦ 1° Aspect qui nous apparaît de qqch., ce qu'on voit d'une personne ou d'une chose, la manière dont elle se présente à nos yeux. V. **Air, aspect, extérieur, forme, mine, tournure**. *Les diverses apparences de la Lune, des planètes.* V. **Phase**. *On a repeint la maison pour lui donner une belle apparence.* « *Un certain air d'audace et de gaieté dans le regard contrastait avec cette apparence maladive* » (MÉRIMÉE). ♦ 2° *Par ext.* Trace, vestige. *Ils n'ont plus aucune apparence de liberté. Une légère apparence.* V. **Lueur, ombre, rayon, semblant, soupçon**. ♦ 3° *Spécialt.* L'aspect, l'extérieur d'une chose considérés comme différents de cette chose (réalité). *C'est une simple, une fausse apparence.* V. **Extérieur; couleur, croûte, décor, dehors, écorce, enduit, enveloppe, façade, figure**. *Prendre l'apparence pour réalité. Ne vous arrêtez pas à l'apparence. On ne doit pas juger sur les apparences, se fier aux apparences* (Cf. Tout ce qui brille n'est pas or. L'habit ne fait pas le moine). *Sous une apparence de douceur.* « *La femme à une puissance singulière qui se compose de la réalité de la force et de l'apparence de la faiblesse* » (HUGO). « *L'état général, malgré l'apparence, restait inquiétant* » (MART. du G.). — *Garder, ménager, sauver les apparences* : ne laisser rien apercevoir de ce qui pourrait nuire à sa propre réputation ou à celle de qqn. V. **Bienséance, convenance**. *Sacrifier les apparences* : se moquer du qu'en-dira-t-on. ◇ *Loc. adv.* EN APPARENCE : extérieurement, autant qu'on peut en juger d'après ce qui paraît, ce qu'on voit. V. **Apparemment** (1°). « *Si l'on guérit le mal, ce n'est qu'en apparence* » (CORN.). « *Des qualités en apparence si peu françaises* » (GIDE). ♦ 4° *Métaph.* Phénomène, *opposé à* la chose en soi, l'être, la substance. *La conscience* « *est une pure apparence en ce sens qu'elle n'existe que dans la mesure où elle apparaît* » (SARTRE). ♦ 5° *Vx.* Le caractère plausible, vraisemblable d'une chose. V. **Vraisemblance**. « *Il y a de l'apparence qu'il disait vrai* » (RAC.). *Mod.* « *Si Descartes a voulu, contre toute apparence, que les animaux fussent des machines…* » (FRANCE). ◇ ANT. **Fond** : essence, substance, réalité.

APPARENT, ENTE [apaʀã, ãt]. *adj.* (*Aparant*, 1155 ; p. prés. de *apparoir*). ♦ 1° Qui apparaît, se montre clairement aux yeux. V. **Visible, ostensible**. *Porter un insigne d'une manière apparente. Grossesse peu apparente. C'est très apparent* (Cf. Cela se voit comme le nez au milieu du visage). *Cout. Piqûre, couture apparente, décorative.* ◇ *Fig.* V. **Évident; clair, manifeste, visible**. *Dangers apparents et dangers latents. Sans cause apparente. Une ruse trop apparente* (Cf. Cousu de fil blanc). ♦ 2° Qui n'est pas tel qu'il paraît être, qui n'est qu'une apparence (3°). *Le mouvement apparent du Soleil autour de la Terre* (*opposé à* propre). *Contradictions apparentes. Une raison apparente.* V. **Prétendu, spécieux, supposé**. *Sous cet éclat apparent, il n'y a rien de solide.* V. **Faux, illusoire, superficiel, trompeur**. ◇ ANT. **Caché, invisible, latent, secret**. *Effectif, réel, véritable, vrai.*

APPARENTÉ, ÉE [apaʀãte]. *adj.* (XVe; V. **Apparenter**). ♦ 1° Dans des rapports de parenté. *Il est apparenté à mon mari, de la même famille. Ils sont apparentés.* ♦ 2° Allié par l'apparentement électoral. *Listes apparentées.* ♦ 3° *Fig.* Qui ressemble à, est en rapport avec. « *Étrange style, apparenté tout à la fois à Montesquieu et à Saint-Simon* » (GIDE).

APPARENTEMENT [apaʀãtmã]. *n. m.* (1912; de *apparenter*). Action de s'apparenter. — *Polit.* Alliance électorale entre deux listes de candidats qui ont la faculté de grouper leurs voix, de telle sorte que les voix d'une liste puissent être reportées sur l'autre dans une répartition proportionnelle de sièges.

APPARENTER [aparᾶte]. *v. tr.* (1564; « traiter comme un parent », 1180; de *a-* 1, et *parent*).
I. *Vx.* Rendre parent par alliance. *Son père aurait voulu l'apparenter à une grande famille.* V. **Allier.**
II. Mod. *Pronom.* S'APPARENTER À. ♦ 1° S'allier par le mariage. *S'apparenter à la bourgeoisie.* ♦ 2° S'allier par l'apparentement électoral. ♦ 3° (1660). Fig. *(Choses).* Avoir une parenté, une ressemblance avec, être de même nature. *Le goût de l'orange s'apparente à celui de la mandarine.*

APPARIEMENT [aparimᾶ]. *n. m.* (fin XVIᵉ; de *apparier*). Littér. Action d'apparier, d'unir par couple, d'assortir par paire. V. **Accouplement, appareillement.** « *Ce qui fait un chef-d'œuvre, c'est un appariement heureux entre le sujet et l'auteur* » (GIDE).

APPARIER [aparje]. *v. tr.* (déb. XIIIᵉ; a. fr. *apairier*, de *à*, et *pairier* « parier, accoupler ». V. **Pair, paire).** ♦ 1° Littér. Assortir par paire ou par couple. *Apparier des chevaux, des bas.* V. **Appareiller, assortir, coupler.** ♦ 2° Accoupler le mâle avec la femelle, particulièrement certains oiseaux. *Apparier des pigeons, des tourterelles.* Pronom. *S'apparier.* ◇ ANT. **Déparier.**

APPARITEUR [aparitœr]. *n. m.* (1332; lat. *apparitor*, de *apparere* « apparaître ». V. **Apparoir); spécialt.** Huissier de faculté. *Les appariteurs de la Sorbonne.*

APPARITION [aparisjɔ̃]. *n. f.* (1190; lat. ecclés. *apparitio* « apparition, épiphanie »). ♦ 1° Action d'apparaître, de se montrer aux yeux. V. **Manifestation.** *Apparition d'un phénomène. Apparition d'une comète. Apparition de boutons sur la peau.* V. **Éruption.** *L'apparition des hommes sur la terre.* V. **Arrivée, venue.** ◇ *(Personnes)* Le fait d'arriver, d'apparaître dans une compagnie. *Faire son apparition. Ne faire qu'une courte apparition.* ♦ 2° *(Abstrait).* Le fait de se révéler, de devenir manifeste. « *Les hommes appellent miracle l'apparition subite d'une réalité cachée* » (R. ROLLAND). *Maurice Rollinat « faisait à chacun de ces voyages, une apparition chez Alphonse Daudet* » (LECOMTE). ♦ 3° Manifestation d'un être invisible qui se montre tout à coup sous une forme visible. *Apparition de Jésus-Christ aux rois mages.* V. **Épiphanie.** *Apparition de la Vierge à sainte Catherine.* « *La seule faiblesse de cet homme vraiment honnête, était de croire aux apparitions des esprits* » (BALZ.). ◇ Vision de cette forme visible. *Avoir des apparitions.* V. **Vision.** ◇ *Par anal.* Être imaginaire que le visionnaire croit apercevoir. V. **Fantôme, revenant, spectre.** *Une terrible apparition.* ◇ ANT. **Disparition, éclipse.**

APPAROIR [aparwar]. *v. intr.* : usité seulement à l'inf. et à la 3ᵉ pers. de l'ind. prés. *Il appert* (1080; lat. *apparere* « apparaître »). Dr. Être apparent, évident, manifeste. *Faire apparoir de son bon droit* : en montrer l'évidence. *Il appert de cet acte* : il apparaît, il ressort, il résulte, il est constaté.

APPARTEMENT [apartəmᾶ]. *n. m.* (1559; it. *appartamento; appartare* « séparer », de *parte* « partie »). Partie de maison composée de plusieurs pièces qui servent d'habitation. V. **Habitation, logement.** *Il y a deux appartements par étage dans cet immeuble. Appartement de deux étages.* V. **Duplex.** *Appartement à louer. Appartement de passage.* V. **Pied-à-terre.** *Appartement de fonction,* dont la jouissance est attachée à l'exercice d'une fonction. *Petit appartement de célibataire.* V. **Garçonnière, studio.** *Appartement meublé.* V. **Meublé.** *Appartement d'hôtel.* V. **Suite.** *Plantes d'appartement,* qui poussent à l'intérieur des maisons.

APPARTENANCE [apartənᾶs]. *n. f.* (fin XIIᵉ; de *appartenir).* ♦ 1° Le fait d'appartenir. *Rapport d'appartenance.* V. **Possession.** ◇ Le fait pour un individu d'appartenir à une collectivité (race, pays, classe, parti). « *J'avais conscience d'un privilège, du fait de mon appartenance à la race blanche* » (SIEGFRIED). ◇ *Math.* Propriété d'être un élément d'un ensemble. ♦ 2° Rare *(Plur.).* Ce qui appartient à un bien immeuble. V. **Accessoire, dépendance.** *Les appartenances d'un château.*

APPARTENIR (À) [apartənir]. *v. intr.;* conjug. *venir* (fin XIᵉ; bas lat. *adpertinere* « être attenant »; de *ad,* et *pertinere* « se rattacher à »). ♦ 1° Être à qqn en vertu d'un droit, d'un titre. V. **Être (à).** *Il est en possession d'un bien qui ne lui appartient pas. Il m'appartient en toute propriété. Rendre à César ce qui appartient à César.* ♦ 2° *(Personnes). Appartenir à qqn.* ◇ *Vx.* Être sous l'autorité de qqn (esclave, domestique). « *J'appartiens à mon maître* » (MOL.). ◇ Être le bien, la chose de qqn. « *Michèle m'appartenait, je ne l'avais encore partagée avec personne* » (MAURIAC). ◇ Se donner physiquement. « *Étant sûre de ne jamais appartenir à celui que je préférais* » (GAUTIER). ◇ *Pronom.* S'APPARTE-NIR, être libre, ne dépendre que de soi-même. *Avec tous ces enfants, je ne m'appartiens plus.* ♦ 3° Être propre à qqn. « *Pour ces raisons qui m'appartiennent, je me suis abstenue* » (LOTI). ◇ *Impers.* Convenir, être l'apanage de. *Il appartient aux parents d'élever leurs enfants* : c'est leur rôle, leur devoir. *Il vous appartient de* : c'est à vous de. *Il ne m'appartient pas d'en décider. Il n'appartient qu'au Conseil de trancher* :

la question est de sa compétence, de son ressort. ♦ 4° Faire partie de (qqch). *Appartenir à une vieille famille du pays.* (Math.). *Élément qui appartient à un ensemble.* « *Les tisserands à la main appartenaient à un temps où syndicats et grèves n'existaient guère* » (MAUROIS). *Cette question appartient à la philosophie.* V. **Relever (de); concerner.**

APPAS. *n. m. pl.* V. **APPÂT (II).**

APPASSIONATO [apasjɔnato]. *adv.* (fin XIXᵉ; mot. it., « avec passion »). *Mus.* Indique une nuance passionnée. *Allegro appassionato.* — Adj. *La sonate appassionata, l'Appassionata,* de Beethoven.

APPÂT [apɑ]. *n. m.* (*Appast,* début XVIᵉ; a. fr. *past* « nourriture »), lat. *pastus,* avec infl. de *apaistre* « repaître »).
I. APPÂT (plur. APPÂTS). ♦ 1° Pâture qui sert à attirer des animaux pour les prendre. *Mettre l'appât à un piège, à l'hameçon.* V. **Amorce, asticot, devon, manne, mouche, rogue, ver, vif.** *Attirer avec de l'appât.* V. **Appâter.** *Poisson qui mord à l'appât.* ♦ 2° Fig. Ce qui attire, engage, pousse à faire qqch. *L'appât du gain.* « *Prendre la multitude par l'appât de la liberté* » (Boss.).
II. Fig. *(Plur.).* APPAS. 1° *Vx* ou littér. Attraits, charmes de qqch. « *Aux objets répugnants nous trouvons des appas* » (BAUDEL.). ♦ 2° (XVIIᵉ). *Vx* ou plaisant. Les charmes qui dans une femme excitent le désir. V. **Charme.**

APPÂTER [apɑte]. *v. tr.* (*Appaster,* 1530; du lat. *pastus.* V. **Appât).** ♦ 1° Nourrir (les petits oiseaux), engraisser (la volaille). ♦ 2° Attirer avec un appât. *Appâter les oiseaux, des poissons.* V. **Affriander, allécher, amorcer, attirer.** ◇ Fig. (1552) Cour. Attirer qqn par l'appât d'un gain, d'une récompense. V. **Attirer, séduire.** *Appâter qqn par de belles promesses, avec de l'argent.* ◇ ANT. **Repousser.**

APPAUVRIR [apovrir]. *v. tr.* (*Apovrir,* 1119; de *a-* 1, et *pauvre).* ♦ 1° Rendre pauvre. *La laine* « *les enrichissait et les appauvrissait par ses hausses et ses baisses imprévisibles* » (MAUROIS). *Des guerres continuelles ont appauvri ce pays.* V. **Épuiser.** « *La France appauvrie et comme anémiée* » (JAURÈS). ♦ 2° Fig. *Appauvrir une terre* : en diminuer la fécondité, la fertilité. V. **Épuiser.** *Appauvrir le sang.* V. **Anémier.** — *Appauvrir une langue en retranchant des mots de son lexique.* Pronom. *La langue risque de s'appauvrir.* ◇ ANT. **Enrichir.**

APPAUVRISSEMENT [apovrismᾶ]. *n. m.* (1333; de *appauvrir).* ♦ 1° Action d'appauvrir; état de ce qui est appauvri. *L'appauvrissement d'une famille, d'un pays.* ♦ 2° Fig. *Appauvrissement du sol.* V. **Épuisement.** *Appauvrissement du sang* V. **Anémie.** *Appauvrissement d'une langue.* « *L'appauvrissement qu'entraîne une simplification trop sommaire* » (GIDE). ◇ ANT. **Enrichissement.**

APPEAU [apo]. *n. m.* (XIIᵉ, « appel »; var. de *appel* en a. fr.). ♦ 1° Instrument avec lequel on imite le cri des oiseaux pour les attirer au piège. V. **Leurre, pipeau; courcaillet.** ♦ 2° (XIVᵉ). Oiseau dressé à appeler les autres et à les attirer dans les filets. V. **Appelant, chanterelle.** ♦ 3° Fig. *Servir d'appeau* (fig.) : *Se laisser prendre à l'appeau* : se laisser duper, se laisser leurrer (Cf. Donner dans le panneau). V. **Leurre, piperie.**

APPEL [apɛl]. *n. m.* (XIᵉ; de *appeler).* ♦ 1° Action d'appeler de la voix pour faire venir à soi. *Crions plus fort, ils n'ont pas entendu notre appel.* V. **Cri, interjection.** *Appel à l'aide, au secours. Entendre un appel. Répondre, accourir à un appel.* Par ext. *Appel au moyen d'un instrument.* V. **Cloche, corne** (d'appel), **sifflet, sonnette, trompe.** — *Appel téléphonique,* sonnerie de l'appareil par laquelle le correspondant est appelé. *Numéro d'appel.* ♦ 2° Action d'appeler l'attention sur soi par un signe. V. **Signe.** *Appel du regard.* V. **Œillade.** — *Appel du pied (fig.)* : invite. — *Appel de phare*.* ♦ 3° Action d'appeler sur un signal des hommes à s'assembler, à se rassembler. « *Le muezzin est monté chanter l'appel à la prière* » (GIDE). — Spécialt. Signal donné par le clairon ou le tambour (sonnerie, batterie) pour assembler les soldats. *Battre, sonner l'appel.* ♦ 4° (1964). Action d'appeler à haute voix des personnes par leur nom afin de s'assurer de leur présence. *Faire l'appel. Être présent, répondre à l'appel. Être absent, manquer à l'appel. Appel et contre-appel* (des soldats). *Vote par appel nominal* (des membres d'une assemblée). — *Dr. Appel des causes à l'audience* : énumération, par l'huissier audiencier, des causes qui seront plaidées. — 5° (1835). Convocation, demande, invitation. — Action d'appeler sous les drapeaux. V. **Convocation.** *Appel du contingent, de la classe.* V. **Recensement, révision, recrutement; incorporation.** *Devancer l'appel* : s'engager dans l'armée avant l'appel de sa classe. *Appel aux armes.* V. **Mobilisation; levée** (en masse). — (Fin.) *Appel de fonds.* Faire un appel de fonds : demander un nouveau versement de fonds à des actionnaires, des associés, des souscripteurs. Dr. admin. *Appel d'offres* : mode de conclusion de marchés publics. ◇ Discours ou écrit dans lequel on s'adresse au public pour l'exhorter. V. **Exhortation, proclamation.** *Appel à l'insurrection, à la révolte, à la désobéissance.* V. **Excitation, invitation.** *Appel au peuple,* fig. Demande d'argent. — *L'appel du général de Gaulle*

(18 juin 1940). ◇ FAIRE APPEL, demander, requérir comme une aide. *Faire appel à qqn, à la générosité de qqn.* V. **Demande, recours, sollicitation.** — *Faire appel à ses souvenirs :* les évoquer. V. **Évocation, rappel.** « *Elle faisait appel à sa dignité pour conserver son sang-froid* » (MART. du G.). ♦ 6° *Fig.* (Choses). *L'appel du plaisir, l'appel des sens.* V. **Impulsion, incitation, invitation, sollicitation.** — *L'appel de la religion, des lettres.* V. **Vocation, aspiration.** *L'appel de la conscience.* V. **Cri, voix.** ♦ 7° *Dr.* (XIIIᵉ, *apel, apiau*). Recours à une juridiction supérieure en vue d'obtenir la réformation d'un jugement. V. **Appellation, recours.** *Faire appel d'un jugement de première instance, interjeter appel.* V. **Pourvoi.** *Acte d'appel.* V. **Intimation.** *Fol appel :* appel déclaré irrecevable ou mal fondé et qui vaut à l'appelant une amende : *amende de fol appel. Appel à maxima* : à *minima**; *appel principal, incident. Cour d'appel.* V. **Cour.** — *Juger sans appel :* en premier et en dernier ressort. *Une décision sans appel :* sans possibilité de recours. *Fig. Sans appel :* irrémédiablement. « *Le monde est voué sans appel à la platitude, à la médiocrité* » (RENAN). ♦ 8° *Fig.* Techn. *Le navire vient à l'appel de son ancre :* il tourne de manière à se placer dans la direction de la chaîne. — *Appel d'air,* tirage qui facilite la combustion dans un foyer. ♦ 9° (1924). *Sports.* Départ du saut proprement dit, après la course d'élan, dans lequel le pied, frappant une dernière fois le sol, donne l'impulsion nécessaire au sauteur. *Pied, jambe d'appel. Planche d'appel,* sur laquelle s'appuie le pied du sauteur avant le saut.

APPELANT, ANTE [aplɑ̃, ɑ̃t]. *n. m. et adj.* (1392; de *appeler*). ♦ 1° N. m. *Rare.* Oiseau qui sert d'appeau. V. **Appeau.** ♦ 2° *Dr.* Qui appelle d'un jugement. *La partie appelante.* — Subst. *L'appelant, l'appellante.* ◇ ANT. Intimé.

APPELÉ, ÉE [aple]. *adj. et n. m.* (1310; dr.; V. *Appeler*). ♦ 1° Qui est appelé, prédestiné à. « *Car il y a beaucoup d'appelés, mais peu d'élus* » (ÉVANG.). Par ext. *Une carrière où il y a beaucoup d'appelés et peu d'élus,* qui est recherchée mais où il est difficile de réussir. ♦ 2° *Appelé à* (faire qqch.), désigné pour, dans la nécessité de. *Si nous étions appelés à partir.* ♦ 3° N. m. Jeune homme incorporé dans l'armée pour faire son service militaire. *Les appelés de 1965.*

APPELER [aple]. *v. tr.* : prend deux *l* devant un *e* muet. *J'appelle; nous appelons* (980; lat. *appellare*). ♦ 1° Inviter (qqn) à venir en prononçant son nom, par un mot, un cri, un bruit. V. **Interpeller, apostropher.** *Appeler de loin.* V. **Héler.** *Appeler un chien, un cheval. Appeler un domestique.* V. **Sonner.** *Appeler qqn à son aide, à son secours.* V. **Implorer.** Absolt. *Appeler à l'aide, au secours,* crier pour avoir de l'aide, du secours. ♦ 2° Inviter (qqn) à venir. V. **Convier, convoquer, demander, inviter, mander** *(vx). Appeler qqn près de soi. Appeler le médecin.* — Fig. *La République, Dieu, le devoir nous appelle.* — *Appeler qqn en justice; l'appeler à comparaître devant le juge.* V. **Assigner, citer.** — *Appeler sous les drapeaux,* ou absolt. *Appeler.* V. **Convoquer, incorporer** (le contingent. V. **Appel**). *Appeler les réserves.* V. **Mobiliser.** ◇ *Appeler qqn à une charge, une fonction, un poste.* V. **Choisir, désigner, élire, nommer.** Par ext. *Ses qualités l'appellent à ce poste.* V. **Désigner** (pour). ♦ 3° Demander, essayer d'obtenir (une chose). V. **Aspirer** (à), désirer, souhaiter. *Les « rendez-vous dont jadis elle appelait avec tant d'ardeur l'heure délicieuse* » (FRANCE). ♦ 4° (Choses). Demander, exiger, entraîner. V. **Réclamer.** *Ce grave sujet appelle toute votre attention. Cette conduite appelle votre sévérité. Le mensonge appelle le mensonge.* V. **Entraîner.** « *Une de ces suites d'injures qui appellent la réplique immédiate* » (LOTI). ♦ 5° V. tr. ind. *Dr.* (XIVᵉ). *Appeler d'un jugement :* en réclamer la réformation devant une juridiction supérieure. V. **Appel** (faire), recourir. — EN APPELER : appeler d'un jugement devant une juridiction supérieure. — Fig. *En appeler à.* V. **Référer** (se). *remettre* (s'en), soumettre (le cas à). « *J'en appelle à votre cœur : interrogez-le* » (DIDER.). ♦ 6° *Donner un nom à qqn* ou à qqch. *Ils appelleront leur prochaine fille Hélène.* V. **Nommer, baptiser, prénommer, qualifier.** *Appeler un médecin « docteur ». C'est ce qu'on appelle une idiotie!* — Désigner qqn ou qqch. par son nom. *On l'appelle Jean.* V. **Nommer, prénommer.** — *Appeler les choses par leur nom :* ne pas affaiblir par des mots ce que certaines vérités peuvent avoir de dur ou de choquant. (Cf. Ne pas avoir peur des mots). « *J'appelle un chat un chat et Rolet un fripon* » (BOIL.). ◇ *Faire un appel nominal.* V. **Appel.** *Il était absent quand on a appelé son nom.* — Dr. *Appeler une cause :* annoncer le nom des parties dont la cause va être plaidée. ♦ 7° *Appeler.* v. pron. Avoir pour nom. *Comment vous appelez-vous? Je m'appelle Paul. Comment s'appelle cette fleur? Fam. Cela s'appelle parler, voilà ce qui s'appelle parler :* voilà un langage ferme et franc. — Avoir ou se donner pour titre : *L'Empereur d'Éthiopie s'appelle le roi des rois.* ◇ ANT. **Chasser, congédier, expulser, renvoyer.**

APPELLATIF, IVE [ape(εl)latif, iv]. *adj.* (XIVᵉ; lat. gram. *appellativus,* de *appellare* « appeler »). *Nom appellatif :* terme général qui convient à toute une espèce. *Arbre est un nom appellatif.* Subst. *Un appellatif.*

APPELLATION [ape(εl)asjɔ̃]. *n. f.* (1190; lat. *appellatio,* de *appellare* « appeler »). Action, façon d'appeler une chose. V. **Dénomination, désignation.** *Appellation d'une chose nouvelle.* « *L'absence de dictionnaire qui le force aux périphrases pour toutes les appellations* » (GONCOURT). ◇ Nom qu'on donne à une chose. V. **Mot, nom, qualificatif, vocable.** « *Ils se regardaient face à face avec des rires de volupté et des appellations de tendresse* » (FLAUB.). ◇ *Appellation d'origine :* désignation d'un produit par le nom du lieu où il a été récolté ou fabriqué. *Appellation contrôlée* (vins).

APPENDICE [apɛ̃dis]. *n. m.* (1281; lat. *appendix, -icis*). ♦ 1° Partie qui prolonge une partie principale, semble ajoutée à elle. V. **Extrémité, prolongement.** ◇ *Anat.* Partie accessoire, prolongement d'une structure ou d'un organe. *Appendice xiphoïde,* petit prolongement cartilagineux, à l'extrémité inférieure du sternum. *Appendice vermiforme* ou *vermiculaire,* prolongement en doigt de gant du cæcum. Absolt. (Cour.). *Inflammation de l'appendice.* V. **Appendicite.** *On lui a enlevé l'appendice.* — Zool. *Appendice caudal,* segment terminal de certains animaux. V. **Queue.** — *Par plaisant.* Se dit d'un long nez. V. **Nez.** ♦ 2° Supplément placé à la fin d'un livre et qui contient des notes, des documents. V. **Addition.**

APPENDICECTOMIE [apɛ̃disɛktɔmi]. *n. f.* (1879; de *appendice,* et *-ectomie). Chir.* Ablation de l'appendice vermiforme.

APPENDICITE [apɛ̃disit]. *n. f.* (1886; de *appendice). Méd.* Inflammation de l'appendice vermiforme ou cæcum. *Crise d'appendicite. Être opéré de l'appendicite* (V. **Appendicectomie**).

APPENDICULAIRE [apɛ̃dikyleʀ]. *adj. et n. m. pl.* (1846; de *appendice). ♦ 1° Qui se rapporte ou ressemble à un appendice. ♦ 2° N. m. pl.* APPENDICULAIRES (1846). *Zool.* Sous-classe de tuniciers nageurs à long appendice caudal.

APPENDRE [apɑ̃d(ə)]. *v. tr.; conjug. pendre.* V. **Rendre** (XIIIᵉ; « appartenir », 1080; lat. *appendere* « suspendre »). *Vx.* Suspendre. V. **Accrocher, attacher.** « *Le givre appendu aux branches des pins* » (CHATEAUB.). — *Appendre des ex-voto.* ◇ ANT. **Dépendre.**

APPENTIS [apɑ̃ti]. *n. m.* (fin XIIIᵉ; l'a. fr. *apent,* p. p. de *appendre). ♦ 1° Toit en auvent à une seule pente, adossé à un mur et soutenu par des poteaux ou des piliers. *Comble en appentis.* ♦ 2° Par ext. Petit bâtiment adossé à un grand et servant de hangar, de remise.

APPERT (IL) [ilapɛʀ]. V. **APPAROIR.**

APPESANTIR [apəzɑ̃tiʀ]. *v. tr.* (1119; de *a-* 1, et *pesant). ♦ 1° Rare.* Rendre pesant, plus lourd à porter. V. **Alourdir.** Par ext. « *Le doux sommeil n'avait pu appesantir ses paupières* » (FÉN.). ♦ 2° Rendre moins agile. « *Ses pas appesantis par la tristesse ou la fatigue* » (FRANCE). ♦ 3° Appuyer avec force, rendre plus oppressif. *Appesantir sa main, son bras sur ...* V. **Accabler, frapper.** ♦ 4° S'APPESANTIR. *v. pron.* ◇ Devenir pesant *(rare).* V. **Alourdir** (s'). ◇ Devenir plus oppressif. « *La main du temps s'était appesantie sur cet homme autrefois si énergique* » (STENDHAL). ◇ *S'appesantir sur un sujet :* s'y arrêter, en parler trop longuement. V. **Insister.** « *Il s'appesantit sur les détails* » (LA BRUY.). ◇ ANT. **Alléger, glisser, passer** (sur).

APPESANTISSEMENT [apəzɑ̃tismɑ̃]. *n. m.* (1570; de *appesantir). ♦ 1° Littér.* Action d'appesantir, de s'appesantir. « *C'est un appesantissement de la main de Dieu* » (PASC.). ♦ 2° État d'une personne rendue moins agile. V. **Engourdissement, lourdeur.** ◇ ANT. **Allégement, légèreté.**

APPÉTENCE [apetɑ̃s]. *n. f.* (1554; lat. *appetentia). Littér.* Tendance qui porte l'être vers ce qui peut satisfaire ses besoins, ses instincts, ses penchants naturels. V. **Appétit, besoin, désir, envie.** « *Une fiévreuse appétence de nouveauté* » (JALOUX). ◇ ANT. **Inappétence.**

APPÉTISSANT, ANTE [apetisɑ̃, ɑ̃t]. *adj.* (1398; de *appétit). ♦ 1° Dont l'aspect, l'odeur met en appétit; qu'on a envie de manger, met très appétissant.* V. **Alléchant, ragoûtant.** ♦ 2° *Fig.* Qui met en goût, plaît. V. **Affriolant, attirant, engageant.** « *Ils ne doivent pas trouver les gens de mon âge très appétissants* » (DUHAM.). — Fam. *Femme appétissante,* qui a de la fraîcheur et un certain embonpoint. « *Sa fille Cunégonde était fraîche, grasse, appétissante* » (VOLT.) ◇ ANT. **Dégoûtant, déplaisant, rebutant, repoussant.**

APPÉTIT [apeti]. *n. m.* (*Apetit,* 1180; lat. *appetitus* « désir »). ♦ 1° *Plur.* Mouvement qui porte à rechercher ce qui peut satisfaire un besoin organique, un instinct. V. **Appétence, besoin, désir, inclination, instinct, tendance.** *Appétits naturels. Appétits sexuels.* V. **Concupiscence, désir.** « *Une tendresse avide de câlineries, sans aucun des appétits de brute* » (COURTELINE). ♦ 2° Spécial. *Sing.* (XIIIᵉ). Désir de nourriture, plaisir qu'on trouve à manger. *Avoir de l'appétit, beaucoup, peu d'appétit. Un bon, gros, grosse, solide appétit. Un appétit de loup, d'ogre.* V. **Gloutonnerie, voracité.** *Un appétit maladif.* V. **Boulimie.** *Manger avec appétit, d'un bon appétit. Manger sans appétit, du bout des dents.* Donner de *l'appétit* : creuser *(fam.)*. V. **Faim; apéritif.** *Mettre en appétit* (V. **Affriander, affrioler, allécher;** Cf. faire venir l'eau à la bouche). *Rester sur son appétit,* sur sa faim; avoir encore faim. — *Bon appétit,* souhait qu'on adresse à qqn qui mange ou va manger. PROV. *L'appétit vient en mangeant; fig.* plus on a, plus on veut avoir. ♦ 3° *Par ext. Appétit de :* désir pressant de (qqch.). V. **Aspiration, curiosité, désir, goût, passion, soif.** « *Un appétit de bonheur insatiable et un besoin d'aimer dévorant* » (MAUPASS.). « *L'appétit de savoir naît du doute* » (GIDE). ◇ ANT. **Anorexie, dégoût, dysorexie, inappétence, répugnance, répulsion, satiété.**

APPLAUDIR [aplodiʀ]. *v.* (1375; lat. *applaudere*).
I. *V. intr.* Battre des mains en signe d'approbation, d'admiration, ou d'enthousiasme. « *Au concert, des amateurs fanatiques qui s'exténuaient à applaudir et à crier bis* » (PROUST). *Des gens payés pour applaudir* (V. **Claque**).
II. *V. tr. indir.* (Littér.). *Applaudir à qqch. :* témoigner un vive approbation, donner son complet assentiment à. *J'applaudis à votre initiative.* V. **Approuver; réjouir** (se ... de). « *J'ai applaudi de grand cœur à la construction des cités universitaires* » (DUHAM.).
III. *V. tr. dir.* ♦ 1° Accueillir, saluer par des applaudissements. *Applaudir un acteur, un orateur.* V. **Acclamer.** *Son discours a été chaleureusement applaudi.* ◇ *Littér.* Approuver. « *Je vous que votre cœur m'applaudit en secret* » (RAC.). ♦ 2° S'APPLAUDIR. *v. pron.* Être content, heureux de qqch. V. **Féliciter (se), réjouir** (se).
◇ ANT. **Huer, siffler. Désapprouver.**

APPLAUDISSEMENT [aplodismɑ̃]. *n. m.* (1539; de *applaudir*). ♦ 1° Battement des mains en signe d'approbation, d'admiration ou d'enthousiasme. *Des applaudissements éclatent, couvrent sa voix. Discours qui soulève des applaudissements. Salve, tonnerre, tempête d'applaudissements. Applaudissements rythmés.* V. **Ban.** *D'après les applaudissements, il a obtenu un grand succès* (Cf. fam. *à l'applaudimètre*). ♦ 2° *Fig.* et *littér.* Témoignage d'approbation ou de vive satisfaction. V. **Approbation, compliment, éloge, encouragement, félicitation, louange.** « *Avec curiosité et intérêt, et bientôt avec admiration et applaudissement* » (STE-BEUVE). ◇ ANT. **Huée, sifflet: désapprobation.**

APPLAUDISSEUR [aplodisœʀ]. *n. m.* (1539; de *applaudir*). Personne qui applaudit, loue sans discernement ou par flatterie.

APPLICABILITÉ [aplikabilite]. *n. f.* (1846; de *applicable*). Possibilité d'être appliqué.

APPLICABLE [aplikabl(ə)]. *adj.* (*Appliquable,* 1282; de *appliquer*). Qui est susceptible d'être appliqué. ♦ 1° Qu'on peut appliquer (à qqch., qqn). « *Il n'est méthode ni théorie qui soit applicable indifféremment à chacun* » (GIDE). Absolt. *(Dr.)* Susceptible d'être mis en pratique. *Fonds applicables à une dépense.* V. **Imputable.** *Cette loi n'est pas applicable aux étrangers.* ♦ 2° *Géom.* Qu'on peut appliquer l'un sur l'autre. V. **Superposable.** ◇ ANT. **Inapplicable.**

APPLICAGE [aplikaʒ]. *n. m.* (1846, « poterie »; de *appliquer*). *Techn.* Action d'appliquer un ornement sur un objet.

APPLICATEUR [aplikatœʀ]. *n. m.* et *adj.* (1834; de *appliquer*). ♦ 1° Celui qui applique, met en pratique (une loi, une théorie, une invention). « *Rigides applicateurs des lois* » (LECOMTE). ♦ 2° *Adj.* et *n.* Qui sert à appliquer un produit. *Tampon, pinceau applicateur; un applicateur.*

APPLICATION [aplikasjɔ̃]. *n. f.* (1361; de *appliquer,* d'apr. lat. *applicatio*). ♦ 1° Action de mettre une chose sur une autre de manière qu'elle la recouvre et y adhère. *Application d'un enduit sur un mur. Application de feuilles de bois ou de métal précieux.* V. **Placage.** *Application de ventouses.* V. **Pose.** ◇ *Par ext. Cout.* Ornement appliqué (V. **Applique**). *Des applications de dentelles, de velours.* ♦ 2° Action de faire porter sur qqch. *Point d'application d'une force. Math.* Relation établie sur deux ensembles, distincts ou non, correspondance entre un ou plusieurs éléments de l'ensemble de départ et un élément de l'ensemble d'arrivée, et telle qu'à tout élément du premier soit associé un élément unique du second (V. **Image, injection, surjection, bijection, graphe**). *Application linéaire, multilinéaire* (V. **Homomorphisme**). Syn. FONCTION. ◇ Utilisation pour, en. *Application d'un traitement à une maladie, des sciences à l'industrie. Application d'une somme à une dépense.* V. **Affectation, attribution, importation.** *Application d'une loi à une catégorie de gens.* ◇ Utilisation possible, cas d'utilisation (souvent *plur.*). V. **Destination.** *Les applications d'un remède,* les cas dans lesquels il est applicable. *Les applications d'un théorème, d'une découverte scientifique.* ◇ Mise en pratique. *Mettre une idée, une théorie en application. Application de la loi, de la peine.* « *L'application machinale des règles* » (BERGSON). ♦ 3° (XVIᵉ). Action d'appliquer son esprit, de s'appliquer; qualité d'une personne appliquée. *Application à l'étude, au travail, à l'ouvrage,* et absolt. *Application.* V. **Assiduité, attention, contention, diligence, étude, soin, travail, zèle.** « *Cette fervente application des véritables tâcherons de bibliothèque,*

---

pour qui rien n'existe dans les instants de travail, que l'objet actuel de leur étude » (BOURGET). ◇ ANT. **Distraction, inapplication, inattention, négligence, paresse.**

APPLIQUE [aplik]. *n. f.* (1452, « action d'appliquer »; de *appliquer*). ♦ 1° (XVIIᵉ). Tout ce qui est appliqué, fixé, plaqué sur un objet pour l'orner ou le rendre solide. *Pièces d'applique. Appliques de velours sur un manteau.* ♦ 2° (1853). Appareil d'éclairage fixé au mur. *Spéciált.* Plaque portant une ou plusieurs branches de candélabres (aujourd'hui à l'électricité). *Éclairage par appliques.* « *La pose des appliques du salon* » (N. SARRAUTE).

APPLIQUÉ, ÉE [aplike]. *adj.* (1350; V. **Appliquer**). ♦ 1° Donné franchement, flanqué. *Un coup, un baiser bien appliqué. Un emplâtre appliqué sur une tumeur.* ♦ 2° Qui s'applique. *Un écolier appliqué.* V. **Assidu, diligent, sérieux, studieux, travailleur.** « *Ils sont vifs, appliqués, exacts* » (LA BRUY.). ◇ ANT. **Distrait, inappliqué, inattentif, négligent.**

APPLIQUER [aplike]. *v. tr.* (XIIIᵉ; lat. *applicare*).
I. *(Actif).* ♦ 1° Mettre une chose sur une autre de manière qu'elle la recouvre et y adhère, ou y laisse une empreinte. V. **Mettre, placer, poser.** *Appliquer un cataplasme sur le dos. Appliquer une couche de peinture sur un mur, du vernis sur ses ongles.* V. **Étendre.** *Appliquer une feuille d'acajou sur le bois blanc.* V. **Plaquer.** — *Appliquer son oreille sur une cloison.* V. **Coller.** Par ext. *Il lui appliqua un baiser sur la joue; une bonne gifle.* V. **Flanquer.** ♦ 2° *Fig.* Faire servir (pour telle ou telle chose, cas). V. **Employer, utiliser.** *Appliquer un traitement à une maladie.* « *Les mathématiciens de Sicile appliquaient leurs découvertes aux machines* » (TAINE). *Appliquer une somme à telle dépense.* V. **Affecter, consacrer, destiner.** Rapporter (à un objet) ce qui était dit d'un autre. *Appliquer un nom, un cas, un exemple à qqn.* V. **Attribuer, donner, rapporter.** « *La qualification de fumier appliquée à la littérature moderne* » (GAUTIER). *S'appliquer une remarque,* la prendre pour soi. « *Aristote appliquait cet apologue aux hommes* » (LA FONT.). ◇ *Spéciált. Appliquer son esprit à l'étude :* s'appliquer. V. **Concentrer, diriger (vers), occuper.** *Appliquer tous ses soins à faire qqch.* ◇ Mettre en pratique. *Appliquer une méthode, une recette. Appliquer une loi, une peine.*
II. S'APPLIQUER. *v. pron.* ♦ 1° Se placer, être appliqué. *Une lame qui s'applique exactement sur une autre.* V. **Recouvrir.** « *La pesante porte revint s'appliquer hermétiquement sur ses chambranles de pierre* » (HUGO). ♦ 2° *Fig.* Être adapté, applicable à. V. **Convenir, correspondre, rapporter (se).** *Cette épigraphe s'applique bien au sujet de l'ouvrage. Cette remarque s'applique à tout le monde.* V. **Concerner, intéresser, viser.** ♦ 3° *Fig.* (1403). Apporter une attention soutenue à qqch., prendre soin de faire qqch. *S'appliquer à cultiver son esprit. S'appliquer à apprendre, comprendre qqch.* V. **Chercher, rechercher; efforcer (s'... de); escrimer (s'), éventuer (s'), exercer (s'); peiner.** *S'appliquer à contrarier qqn. S'appliquer avec ardeur, zèle, acharnement à une étude, un travail.* V. **Acharner (s'), adonner (s'), attacher (s'), atteler (s'), consacrer (se), donner (se), employer (s'), livrer (se), vouer (se).** *Molière s'est appliqué à peindre les défauts des hommes* » (FAGUET). ◇ *Absolt.* Travailler avec zèle, application. *Cet écolier s'applique.*
◇ ANT. **Écarter, enlever, ôter, séparer. Distraire (se), dissiper (se).**

APPOGGIATURE [apɔ(d)ʒjatyʀ]. *n. f.* (1829; *appoggiatura,* 1813; it. *appoggiatura,* de *appoggiare* « appuyer »). *Mus.* Petite note d'agrément placée devant une note principale, que l'on doit accentuer.

APPOINT [apwɛ̃]. *n. m.* (1398; de *appointer*). ♦ 1° Complément d'une somme en petite monnaie. *Faire l'appoint :* ajouter le complément en petite monnaie, et par ext. Régler exactement la somme due, de sorte que le créancier n'ait aucune monnaie à rendre au débiteur. ♦ 2° *Fig.* Ce qu'on ajoute à une chose pour la compléter. V. **Complément, supplément; accessoire.** *Ressources, salaire d'appoint.* « *L'élevage, qui constitue l'appoint le plus rémunérateur en Normandie* » (GIDE). *Par ext.* Aide qui s'ajoute. *Apporter son appoint.* V. **Aide, apport, concours, contribution.** « *Certes, l'intervention du père dans l'avenir de Ramuntcho serait un appoint décisif pour obtenir la main de cette petite* » (LOTI).

APPOINTAGE [apwɛtaʒ]. *n. m.* (1866; « action d'appointer les cuirs », 1819; « action de coudre bout à bout », 1808; de *appointer* 2). Action d'appointer, de tailler en pointe.

APPOINTEMENTS [apwɛtmɑ̃]. *n. m. pl.* (1680, au sing.; 1552, « pension »; déb. XIVᵉ, « règlement d'une affaire »; de *appointer* 1). Rétribution fixe, mensuelle ou annuelle, qui est attachée à une place, à un emploi régulier (surtout pour les employés). V. **Salaire.** *Donner, recevoir, toucher des appointements.* « *Celui-ci tirait des appointements convenables de sa collaboration à la revue d'art* » (MART. du G.).

1. APPOINTER [apwɛte]. *v.* (XVIᵉ; « régler une affaire », 1268; de *a-* 1, et *point*). Donner des appointements.

V. Rétribuer. *Appointer un employé. Être appointé par une maison.*

2. APPOINTER [apwēte]. *v. tr.* (1180; de a- 1, et *pointe*). *Techn.* Tailler en pointe. *Appointer un bâton.*

APPONTAGE [apɔ̃taʒ]. *n. m.* (1948; de *apponter*). Action d'apponter. **V. Atterrissage.** *Manœuvres d'appontage.*

APPONTEMENT [apɔ̃tmɑ̃]. *n. m.* (1789; de a- 1, et *pont*). Plate-forme avec tablier et pont sur pilotis le long de laquelle un navire vient s'amarrer. **V. Wharf.**

APPONTER [apɔ̃te]. *v. intr.* (1948; de a- 1, et *pont*). Se poser sur la plate-forme d'un porte-avions (avions, hélicoptères). **V. Atterrir.**

APPONTEUR [apɔ̃tœʀ]. *n. m.* (1960; de *apponter*). *Mar.* Officier qui dirige l'appontage.

APPORT [apɔʀ]. *n. m.* (1170; de *apporter*). ♦ 1º *Vx* ou *spécialt.* Action d'apporter. *L'apport de pièces au greffe du tribunal. Action d'apporter :* attribuée à un actionnaire en représentation d'un apport (2º) en nature. — « *Un apport constant d'eau douce dilue le sel* » (GIDE). ♦ 2º Ce qu'on apporte. ◊ *Dr.* (1740) *Apports en communauté :* biens que chacun des époux apporte à la communauté. *Fin.* (1843) *Apports en société :* biens apportés par l'actionnaire. *Apports en numéraire, en nature.* — *Apports :* immeubles ou objets mobiliers autres que du numéraire. ♦ 3º *Fig.* (XXᵉ). **V. Appoint, concours, contribution, participation.** « *Sans un apport de l'extérieur (ce peuple) risquerait d'amenuiser mortellement sa substance* » (GIDE). ◊ ANT. *Reprise, restitution, retrait. Emprunt.*

APPORTER [apɔʀte]. *v. tr.* (Xᵉ; lat. *apportare*, de *ad*, et *portare*. **V. Porter**). Ⓐ *(Concret).* ♦ 1º *Apporter* (qqch.) à (qqn) : porter (qqch.) au lieu où est qqn. *Allez me chercher ce livre et apportez-le-moi.* ◊ *Apporter une chose* (qq. part) : la porter avec soi en venant. *Quand vous viendrez, apportez vos outils.* ◊ (Sujet de chose) « *Le flux les apporta; le reflux les remporte* » (CORN.). « *Le vent m'apportait par lambeaux leurs chants barbares* » (HUGO). ♦ 2º Fournir pour sa part. *Apporter son tribut, son écot, sa pierre à l'édifice* (métaph.). Ⓑ *(Abstrait).* ♦ 1º Manifester, montrer (auprès de qqn, qq. part) « *Mme de Sévigné apporte la gaîté et la verve de ses saillies* » (FAGUET). ◊ *Apporter du soin, de l'attention, de l'empressement, de la passion à qqch., à faire qqch.* **V. Employer, mettre, prendre.** « *Il s'occupa de l'affaire avec la passion qu'il apportait à toutes ses entreprises* » (LACRETELLE). ♦ 2º Donner, fournir (à qqn) un élément de connaissance. « *Je viens vous apporter de fâcheuses nouvelles* » (CORN.). **V. Apprendre.** « *Ceux qui, par leur présence, venaient lui apporter une preuve de fidélité* » (BARRÈS). ♦ 3º Fournir (à qqn) ce qu'on a produit, ce qu'on a fait naître. « *J'aurais fait je ne sais quoi pour apporter un soulagement à sa détresse* » (GIDE). *Saint-Saëns* « *apporte à notre inquiétude artistique un peu de la lumière et de la douceur d'autrefois* » (R. ROLLAND). ♦ 4º *(Choses).* Être la cause de (qqch.). *Les changements que l'automobile a apportés dans la vie quotidienne.* **V. Amener, causer, entraîner, provoquer, produire.** ◊ *Apporter à qqn.* **V. Donner.** « *La religion, disait-elle, lui apportait une tranquillité heureuse* » (FRANCE). ◊ ANT. *Emporter, enlever, remporter, retirer.*

APPORTEUR [apɔʀtœʀ]. *adj. et n. m.* (1326; *aporteor*, XIIᵉ; repris XIXᵉ; de *apporter*). Qui apporte; celui qui apporte (qqch.). « *Les grands apporteurs de vérités* » (HUGO).

APPOSER [apoze]. *v. tr.* (1150; de à, et *poser*). ♦ 1º Poser sur qqch. **V. Appliquer, mettre.** *Apposer une affiche, une plaque sur un mur.* ♦ 2º *Dr.* (1690) *Apposer le scellé, les scellés :* appliquer l'empreinte d'un sceau public sur une porte, un meuble, un pli de telle sorte qu'on ne puisse l'ouvrir sans briser les scellés. ♦ 3º (1835). *Apposer sa signature, son paraphe :* signer. « *Soigneusement, il apposa sa signature au bas de la page* » (DUHAM.). ♦ 4º *Dr. Apposer une clause à un acte :* l'insérer.

APPOSITION [apozisjɔ̃]. *n. f.* (1213; lat. *appositio*). ♦ 1º Action d'apposer. *Apposition d'un sceau, des scellés.* ♦ 2º (XVIIIᵉ). *Gram.* Procédé par lequel deux termes, simples (noms, pronoms) ou complexes (propositions) sont juxtaposés, l'un jouant le rôle de déterminant par rapport à l'autre (sans que la détermination soit exprimée par un procédé grammatical); le terme qui joue le rôle de déterminant. *Substantif en apposition; une apposition.* « *L'apposition sert en réalité de qualification, comme un adjectif...* : « *La lune, astre des morts, Hugo* » (BRUNOT).

APPRÉCIABILITÉ [apʀesjabilite]. *n. f.* (1846; de *appréciable*). Caractère de ce qui est appréciable.

APPRÉCIABLE [apʀesjabl(ə)]. *adj.* (1486; de *apprécier*). ♦ 1º Qui peut être apprécié, évalué. **V. Évaluable.** *Après une si longue absence, je n'ai pas constaté de changements appréciables. La différence est à peine appréciable.* **V. Sensible, visible.** ♦ 2º *Par ext.* Assez considérable. **V. Important, notable.** « *Petit-Pouce éjecta le mégot à distance appréciable* » (QUENEAU). ◊ ANT. *Inappréciable.*

APPRÉCIATEUR, TRICE [apʀesjatœʀ, tʀis]. *n.* (1509;

---

de *apprécier*). Personne qui apprécie (qqch., qqn). **V. Arbitre, juge.** « *Je devins un juste appréciateur de leur mérite* » (LESAGE). « *L'Angleterre, très juste appréciatrice des talents* » (J. de MAISTRE).

APPRÉCIATIF, IVE [apʀesjatif, iv]. *adj.* (1615; de *apprécier*). Qui marque l'appréciation. *État appréciatif des marchandises.* **V. Estimatif.**

APPRÉCIATION [apʀesjɑsjɔ̃]. *n. f.* (1389; bas lat. *appretiatio.* **V. Apprécier**). ♦ 1º Action d'apprécier, de déterminer le prix, la valeur de qqch. **V. Estimation, évaluation.** *L'appréciation de l'expert est trop faible, trop élevée.* — *Par ext. Une fausse appréciation de la distance.* ♦ 2º (XIXᵉ). Le fait de juger. **V. Jugement.** *Laisser, soumettre une décision à l'appréciation de qqn.* ◊ *Opinion. Appréciation sommaire.* **V. Aperçu, impression, sentiment.** *Il a noté ses appréciations en marge du texte.* **V. Note, observation.** « *Oh! vous pouvez rouler les yeux, ce n'est pas ça qui me fera changer d'appréciation* » (COURTELINE). ♦ 3º *(Néol.).* Action d'apprécier* (3º), de donner du prix. *Appréciation d'une monnaie :* augmentation de sa valeur par rapport à une autre. ◊ ANT. *Dépréciation.*

APPRÉCIER [apʀesje]. *v. tr.* (1391, « mettre à prix »; lat. eccls. *appretiare* « évaluer », de *ad*, et *pretium* « prix »). ♦ 1º *Didact.* (1401). Déterminer le prix, la valeur de qqch. **V. Estimer, évaluer.** *Le commissaire-priseur, l'expert a apprécié le mobilier à tel prix. Apprécier une chose au-dessus, au-dessous de sa valeur :* surestimer, sous-estimer. *Fig. et vx.* « *Peu de gens sont assez modestes pour souffrir sans peine qu'on les apprécie* » (VAUVEN.) : qu'on les juge exactement. ♦ 2º Déterminer approximativement, par les sens. *Apprécier une distance, une grandeur, la vitesse.* **V. Estimer, juger.** *Il apprécie les dimensions avec exactitude* (Cf. *Avoir le compas dans l'œil*). — *(Abstrait)* Sentir, percevoir. *Il faut avoir l'esprit subtil pour apprécier une telle nuance.* **V. Discerner, saisir, sentir.** ♦ 3º (1762). Porter un jugement favorable sur; aimer, goûter. « *Elle avait surtout un tour d'esprit... qu'il appréciait* » (MART. du G.). *Je n'apprécie pas beaucoup son procédé.* — *Apprécier qqn.* **V. Estimer, priser.** — Pronom. *S'apprécier mutuellement.* ◊ *(Néol.,* au sens propre de *prix.*) *S'APPRÉCIER* (en parlant d'une monnaie par rapport à une autre). Augmenter de valeur. *Le mark s'est apprécié vis-à-vis du dollar.* ◊ ANT. *Décrier, déprécier, mépriser.*

APPRÉHENDER [apʀeɑ̃de]. *v. tr.* (XIIIᵉ; lat. *apprehendere* « saisir, concevoir », de *prehendere* « prendre »). I. ♦ 1º *Dr.* Saisir au corps. **V. Arrêter.** « *On m'appréhende au corps, et l'on m'interroge sur un prétendu crime* » (CHATEAUB.). ♦ 2º *Vx* ou *didact. (Philo.).* Saisir par l'esprit. II. (XVIIᵉ). *Cour.* Envisager qqch. avec crainte, s'en inquiéter par avance. **V. Craindre, redouter; appréhension.** *Il appréhendait cet examen.* « *Elle appréhendait de lui faire du mal* » (RAC.). « *La reine de Cythère appréhendait qu'il ne lui fallût renoncer...* » (LA FONT.). ◊ ANT. *Relâcher* (un accusé). — *Espérer.*

APPRÉHENSIF, IVE [apʀeɑ̃sif, iv]. *adj.* (1566; « qui conçoit », 1372; de *appréhender*). *Rare.* Qui appréhende. **V. Craintif.** « *Si appréhensive d'un péril* » (GUEZ de BALZ.).

APPRÉHENSION [apʀeɑ̃sjɔ̃]. *n. f.* (1265; lat. *apprehensio*). Action d'appréhender. ♦ 1º *Vx.* Ce qui est pour l'esprit, compréhension. « *L'appréhension, je l'ai lente et embrouillée* » (MONTAIGNE). *Philo.* Opération par laquelle l'esprit atteint un objet de pensée simple (*opposé* à la compréhension d'un objet complexe). ♦ 2º (XVIᵉ). Action d'envisager qqch. avec crainte; crainte vague, mal définie. **V. Alarme, angoisse, anxiété, inquiétude, peur, pressentiment.** *Il a de l'appréhension, un peu d'appréhension avant son examen.* — *Littér.* (avec un compl.) « *La vague et confuse appréhension d'une menace suspendue sur son coupable bonheur* » (BOURGET). *L'appréhension d'échouer.* « *Une vive appréhension nous ôte ce qui nous appartient* » (LA ROCHEF.). ◊ ANT. *Confiance, espoir, sérénité, tranquillité.*

APPRENDRE [apʀɑ̃dʀ(ə)]. *v. tr.;* conjug. *prendre.* **V. Rendre** (Xᵉ; lat. pop. *apprendere*, class. *apprehendere* « saisir, comprendre »). I. *(au subjectif).* Acquérir la connaissance de. ♦ 1º Être rendu capable de connaître, de savoir; être avisé, informé de (qqch.). *Apprendre un événement, une nouvelle par la rumeur publique, par la radio, par un ami, par une lettre. Apprendre par hasard un secret.* **V. Découvrir.** *Il l'a appris de son père.* **V. Tenir.** *J'ai appris que vous étiez rentré de voyage.* « *Apprenez que tout flatteur vit aux dépens de celui qui l'écoute* » (LA FONT.). ♦ 2º Acquérir un ensemble de connaissances par un travail intellectuel ou par l'expérience. « *Les gens de qualité savent tout sans avoir jamais rien appris* » (MOL.). « *Tout ce que je sais, je l'ai appris à mes dépens* » (LOTI). *Apprendre sa leçon en s'appliquant, longuement, à plusieurs reprises.* **V. Repasser; rabâcher, remâcher.** *Assimiler, retenir, oublier ce qu'on apprend. Apprendre superficiellement* (se frotter à; prendre une teinture de), *à fond* (**V. Approfondir**).

Apprendre un texte par cœur, mot à mot. ◇ *Absolt.* S'instruire, acquérir des connaissances. *Le désir, le goût d'apprendre.* « *L'instinct d'apprendre qui est en moi* » (RENAN). ♦ 3° *Apprendre une langue, une technique, un métier, une science* : acquérir les connaissances et les procédés nécessaires pour les pratiquer. *Il commence à apprendre le métier* (Cf. Il fait ses classes, il se fait la main, il prend le métier). V. **Initier** (s'), **mettre** (s'y). *Il apprend le russe, l'algèbre.* V. **Faire** (du russe). *Apprendre le ski.* ♦ 4° APPRENDRE à (et l'inf.) : devenir capable de (par le travail de l'esprit, l'expérience). *Apprendre à lire, à écrire. Apprendre à supporter la douleur.* V. **Accoutumer** (s'), **habituer** (s') ; **faire** (se). « *Apprendre à se connaître est le premier des soins* » (LA FONT.). « *Il apprit à connaître tout enfant la brutalité de la vie* » (R. ROLLAND).
II. *(Sens objectif).* Faire connaître. ♦ 1° Porter à la connaissance de qqn. *Apprendre qqch., une nouvelle à qqn.* V. **Avertir, aviser, communiquer, dire.** *Je viens vous apprendre son arrivée, qu'il est arrivé.* « *Quand on veut plaire dans le monde, il faut se résoudre à se laisser apprendre beaucoup de choses que l'on sait par des gens qui les ignorent* » (CHAMFORT). ♦ 2° Donner la connaissance, le savoir de qqch. « *Un livre n'est excusable qu'autant qu'il apprend quelque chose* » (VOLT.). *Le professeur, le maître apprend aux élèves les verbes irréguliers anglais.* V. **Enseigner, expliquer, inculquer, montrer.** ♦ 3° *Apprendre à qqn une science, un art, un métier, la pratique d'un sport* : lui faire acquérir les connaissances et les moyens de pratiquer. V. **Enseigner, exercer** (à). *Apprendre le latin à un enfant à force de leçons, en l'abrutissant, de force.* V. **Bourrer, gaver** (de). Cf. **Enfoncer, fourrer** dans la tête, faire absorber, avaler. ♦ 4° *Apprendre à qqn à...* (et l'inf.). *Apprendre à lire à un enfant. On lui apprend à jouer au bridge.* ◇ *Loc. fig. Cela lui apprendra à vivre* : cela lui servira de leçon. *Je lui apprendrai à vivre, à mentir,* ou ellipt. *Je lui apprendrai* : je le corrigerai, je le punirai. *Je vais vous apprendre à vous moquer de moi, à rire quand je parle !*
III. Vx. *Apprendre qqn,* l'instruire. — *Un jeune homme bien appris* : bien élevé. *Mal appris.* V. **Malappris.**
◇ ANT. **Désapprendre, oublier. Ignorer, taire.**

APPRENTI, IE [apʀɑ̃ti]. *n.* (*Apprentez,* 1175 ; var. *aprantiz* (XIIᵉ), *aprentif* (XIIIᵉ) ; lat. pop. °*apprenditum,* de °*apprendere*). ♦ 1° Personne qui apprend un métier, qui est en apprentissage. V. **Aide, élève, employé, garçon.** *L'apprentie d'une couturière, d'une modiste.* V. **Arpète.** ♦ 2° Personne qui apprend, qui s'instruit avec un maître ou qui n'est pas parvenue à la maîtrise. « *L'homme est un apprenti, la douleur est son maître* » (MUSS.). « *Je ne suis un maître, dit-il d'une voix altérée. Un élève, mon cher, un apprenti ; un simple apprenti* » (MART. DU G.). ♦ 3° (Avec un subst. en appos.). *Un apprenti maçon.* V. **Aide** (maçon). *Une apprentie couturière.* ◇ *Loc. L'apprenti sorcier* : par allus. à une célèbre ballade de Gœthe, Celui qui déchaîne des événements dont il n'est pas capable d'arrêter le cours. ◇ ANT. **Maître, patron. Instructeur, moniteur.**

APPRENTISSAGE [apʀɑ̃tisaʒ]. *n. m.* (1395 ; a. fr. *apprentis.* V. **Apprenti**). ♦ 1° Le fait d'apprendre un métier manuel ou technique ; l'ensemble des activités de l'apprenti. V. **Formation, instruction.** *Mettre un garçon, une fille en apprentissage. Entrer, être en apprentissage. Centre d'apprentissage. Le C.A.P.* (certificat d'aptitude professionnelle) *sanctionne l'apprentissage.* — *État d'apprenti* : temps que l'on passe dans l'état d'apprenti. V. **Stage.** ♦ 2° (Déb. XVIIᵉ). *Littér.* Les premières leçons, les premiers essais. V. **Expérience, initiation.** *L'apprentissage des vertus.* Vx. « *L'apprentissage à bien mourir* » (FLÉCH.). *En être à son, faire son apprentissage.* V. **Début** (Cf. Les premières armes). ◇ *Faire l'apprentissage de qqch.* : en commencer la pratique, s'y initier. *Les jeunes nations qui font l'apprentissage de l'indépendance.* ♦ 3° *Psycho.* Modifications durables du comportement d'un sujet (humain ou animal) grâce à des expériences répétées. — *Par ext.* Processus d'acquisition des automatismes sensori-moteurs et psychiques. ♦ 4° *Cybern.* Aptitude d'un système à améliorer son fonctionnement par la prise en compte des résultats passés. ◇ *Techn. Courbes d'apprentissage,* retraçant la décroissance des temps unitaires au cours d'une fabrication en série. ◇ ANT. **Maîtrise. Expérience, métier.**

APPRÊT [apʀɛ]. *n. m.* (1398 ; de *apprêter*). ♦ 1° Vieilli (plur.). Action d'apprêter. *Les apprêts d'une fête, d'un voyage.* V. **Disposition, préparatif.** ♦ 2° *Vieilli.* Manière d'apprêter les aliments. V. **Préparation.** ♦ 3° (XVIIᵉ). *Techn.* Opération que l'on fait subir aux matières premières (cuirs, textiles) avant de les travailler ou de les présenter. *Apprêts des tissus.* V. **Apprêtage : calandrage, catissage, collage, crêpage, cylindrage, empesage, encollage, feutrage, foulage, gaufrage, glaçage, gommage, grillage, lustrage, moirage, pressage, tirage, tondage, vaporisage.** *Apprêt des papiers.* V. **Collage, glaçage.** *Apprêt des cuirs.* V. **Corroyage.** ◇ *Substance qui sert à apprêter (colle, empois, gomme). Une toile sans apprêt* : blanchie sans chaux ni colle. *Ôter l'apprêt d'une étoffe,* la décatir. ◇ *Peint.* Enduit que l'on étend sur une

surface à peindre ; préparation subie par la toile. *Le peintre a terminé l'apprêt des plafonds.* ♦ 4° (1726). *Fig.* Manière d'agir ou de s'exprimer, affectée. V. **Affectation.** *Sans apprêt* : naturellement. « *Parle droit ! Parle sans fard et sans apprêt !* » (R. ROLLAND). ◇ HOM. **Après.**

APPRÊTAGE [apʀɛtaʒ]. *n. m.* (1842 ; de *apprêter*). *Techn.* Action d'enduire d'apprêt (les étoffes, le feutre, etc.).

APPRÊTÉ, ÉE [apʀete]. *adj.* (1760 ; de *apprêter*). Qui est trop étudié, peu naturel. V. **Affecté.** « *Rien de moins apprêté, de plus spontané, de plus naïf* » (GIDE). ◇ ANT. **Naturel, simple, spontané.**

APPRÊTER [apʀete]. *v. tr.* (*Apprester,* 980 ; lat. pop. °*apprestare,* rac. *præsto* « à portée »).
I. ♦ 1° *Vx.* Rendre prêt, mettre en état en vue d'une utilisation prochaine. V. **Arranger, préparer.** *Apprêter ses armes, ses bagages.* « *Voyons ce que le sort m'apprête* » (RAC.). ◇ *Mod.* Préparer (la nourriture). V. **Affecté.** « *Pour apprêter le souper* » (MOL.). « *L'art d'apprêter les mets* » (BRILLAT-SAV.). V. **Accommoder.** — **Parer** (qqn). *On apprête la mariée.* ♦ 2° (1694). *Techn.* Soumettre à un apprêt. *Apprêter des étoffes, des cuirs, des peaux, du papier* : pour leur donner l'apparence, la consistance voulue.
II. S'APPRÊTER. *v. pron.* (XIVᵉ ; *soi aprester à, de,* XIIᵉ). ♦ 1° *(Passif).* Être préparé. « *Et là, derrière son dos, il sentait qu'une chose infâme s'apprêtait* » (MAUPASS.). ♦ 2° *(Réfl.).* Se préparer (à). *S'apprêter au départ.* V. **Disposer** (se), **préparer** (se). *S'apprêter à faire qqch.* : se mettre en état de. *Je m'apprêtais justement à vous rendre visite.* ♦ 3° (1538). Faire sa toilette. V. **Habiller** (s'), **parer** (se). « *Les dames montèrent dans leurs chambres s'apprêter pour le bal* » (FLAUB.).

APPRÊTEUR [apʀɛtœʀ]. *n. m.* (1552 ; de *apprêter*). *Techn.* (1596). Celui qui apprête, donne l'apprêt. *Un encolleur, un gaufreur, sont des apprêteurs.* ◇ Dans plusieurs industries, Ouvrier qui prépare les matières premières.

APPRÊTEUSE [apʀɛtøz]. *n. f.* (1866 ; fém. du précéd.). ♦ 1° Modiste qui pose des ornements sur les chapeaux. ♦ 2° Ouvrière qui prépare les éléments des pièces de lingerie, etc.

APPRIVOISABLE [apʀivwazabl(ə)]. *adj.* (1843 ; de *apprivoiser*). Qui peut être apprivoisé. ◇ ANT. **Inapprivoisable, indomptable.**

APPRIVOISEMENT [apʀivwazmɑ̃]. *n. m.* (1558 ; de *apprivoiser*). Action d'apprivoiser ; résultat de cette action. *La domestication est distincte de l'apprivoisement qui la précède.* ◇ *Fig. L'apprivoisement d'un enfant farouche.* V. **Adoucissement.**

APPRIVOISER [apʀivwaze]. *v. tr.* (1555 ; *apriveiser,* fin XIIᵉ ; lat. pop. °*apprivitiare,* du lat. class. *privatus* « personnel, privé »). ♦ 1° Rendre moins craintif ou moins dangereux (un animal farouche, sauvage), rendre familier, domestique. *Apprivoiser un oiseau de proie.* V. **Dresser.** *Un animal n'est pas apprivoiser, mais assujettir.* V. **Dompter.** *Un animal est domestique, quand ses petits naissent eux-mêmes apprivoisés.* V. **Domestiquer.** ♦ 2° *Fig. et littér.* Rendre plus docile, plus sociable. V. **Adoucir, amadouer.** — (Abstrait) « *Je tiens bon, je tâche d'apprivoiser le vertige* » (GIDE). ♦ 3° S'APPRIVOISER. *v. pron.* Devenir moins sauvage (animaux). Devenir moins farouche, plus sociable, plus familier (personnes). « *Les trois garçons, qui se montraient très craintifs d'abord, s'apprivoisent* » (GIDE). ◇ *Fig. et littér. S'apprivoiser avec* (vx), *à qqch.* : s'y accoutumer. *J'ai pris le temps de m'apprivoiser à cette idée* » (ROUSS.). ◇ ANT. **Effaroucher, effrayer, éloigner, rebuter. Aigrir, durcir.**

APPRIVOISEUR, EUSE [apʀivwazœʀ, øz]. *n. et adj.* (1565 ; de *apprivoiser*). *Rare.* Qui apprivoise. V. **Charmeur, dompteur.**

APPROBATEUR, TRICE [apʀɔbatœʀ, tʀis]. *n. et adj.* (1534 ; lat. *approbator*). ♦ 1° *Littér.* Personne qui approuve. *Un approbateur sincère, fervent. Un approbateur servile.* V. **Adulateur, flatteur, louangeur.** « *Les femmes furent au XVIIIᵉ s. les ferventes approbatrices de toutes les nouveautés* » (LANSON). ♦ 2° *Cour.* Adj. *Geste, murmure, sourire approbateur.* V. **Affirmatif, approbatif, favorable.** *Un silence approbateur.* V. **Consentant.** ◇ ANT. **Dénigreur, détracteur, improbateur. Critique, désapprobateur.**

APPROBATIF, IVE [apʀɔbatif, iv]. *adj.* (1561 ; bas lat. *approbativus,* de *approbare* « approuver »). Qui marque, exprime l'approbation. « *Le diplomate et M. Dambreuse lui firent un signe de tête approbatif* » (FLAUB.). V. **Approbateur.** *Mention approbative* (au-dessus d'une signature). V. **Approuvé.** ◇ ANT. **Improbatif, réprobateur.**

APPROBATION [apʀɔbasjɔ̃]. *n. f.* (v. 1265 ; lat. *approbatio*). ♦ 1° Le fait d'approuver ; accord que l'on donne. *Le préfet a donné son approbation à la délibération du conseil municipal. Soumettre un projet à l'approbation des supérieurs.* V. **Acceptation, acquiescement, adhésion, adoption, agrément, assentiment, autorisation, confirmation, consentement, entérinement, homologation, permission, ratification, sanction.** *Approbation tacite. Approbation expresse.* V. **Avis, déclara-**

tion, visa. *L'approbation du signataire.* V. **Approuvé.** ◇ *Ancienn.* Autorisation donnée par la censure pour l'impression et la publication d'un livre. *Lettres patentes d'approbation des censeurs royaux.* ♦ 2° (XVIIᵉ). Jugement favorable ; témoignage d'estime ou de satisfaction. *Sa conduite mérite l'approbation, est digne d'approbation. Exprimer bruyamment son approbation.* V. **Applaudissement, brouhaha, chorus, cri.** « *L'injustice des hommes, toujours portés à ne donner leur approbation qu'aux succès* » (FONTENELLE). « *J'ai répondu à Copeau tout aussitôt lui apportant mon approbation et mon adhésion complète* » (GIDE). « *Il avait l'approbation de sa conscience, il se sentait justifié* » (SARTRE). ◈ ANT. Blâme, condamnation, critique, désapprobation, improbation, opposition, refus, réprobation.

APPROBATIVEMENT [aprɔbativmɑ̃]. *adv.* (1834 ; de *approbatif*). *Rare.* D'une manière approbative.

APPROBATIVITÉ [aprɔbativite]. *n. f.* (1952 ; « besoin d'approbation », 1853 ; de *approbatif*). *Psycho.* Tendance pathologique à approuver toutes les opinions qu'on entend. ◈ ANT. *Contradiction* (esprit de).

APPROCHABLE [aprɔʃabl(ə)]. *adj.* (XVᵉ ; de *approcher*). Dont on peut approcher (à la négative). *Sa porte est bien gardée, il n'est pas facilement approchable.* V. **Abordable, accessible.** *Il est de très mauvaise humeur : il n'est pas approchable.* ◈ ANT. *Inapprochable.*

APPROCHANT, ANTE [aprɔʃɑ̃, ɑ̃t]. *adj.* (1555 ; de *approcher*). ♦ 1° *Vx.* Qui approche, en parlant du temps. V. **Proche.** « *La nuit, de plus, était fort approchante* » (LA FONT.). ♦ 2° Qui se rapproche de (V. **Proche, voisin** (de). Qui a du rapport, de la ressemblance avec (V. **Semblable ; analogue, comparable, équivalent, ressemblant**). « *Il y a peu de pensées synonymes, mais beaucoup d'approchantes* » (VAUVEN.). « *Ce n'en est qu'une image* (de l'émotion) *plus ou moins approchante* » (R. ROLLAND). — *Vx. Approchant de :* semblable à. « *Une ligne qui est moins approchante de la droite* » (DESCARTES). — *Mod. Qqch., rien d'approchant.* « *Une petite théâtreuse nommée Jacotte ou quelque chose d'approchant* » (COURTELINE). ♦ 3° *Vx (Prép.).* Aux environs de... *Ils partirent approchant midi. Adv.* (Littér.) *Il est midi, ou approchant.* V. **Approximativement, environ, près** (à peu). ◈ ANT. *Éloigné, lointain. Différent, opposé.*

APPROCHE [aprɔʃ]. *n. f.* (XVᵉ, fortif. ; de *approcher*). **I.** ♦ 1° Le fait de s'approcher d'un objet, d'aller à la rencontre de qqn ; mouvement par lequel on s'avance vers qqch., qqn. V. **Arrivée, rencontre.** ◇ *Vx.* « *Qu'ils entrent. Cette approche excite mon courroux* » (RAC.). — *Littér.* « *La berge rocheuse empêche ici l'approche des navires d'un certain tonnage* » (GIDE). ◇ *Mod.* À (l', cette, son...) APPROCHE. « *Comme les chevaux qui sentent l'écurie, je hâte le pas à l'approche de mon logis* » (FRANCE). « *La chatte ne fuyait pas à mon approche* » (COLETTE). — D'APPROCHE (ết et adj.) *Une personne d'approche difficile.* V. **Abord, accès.** *Fig. Une œuvre d'une approche difficile.* ♦ 2° *Spécialt.* Phase de vol d'un avion qui s'approche d'un terrain d'atterrissage. ♦ 3° *Milit. Ancienn.* (Plur.). *Les approches d'une place, d'une forteresse :* les mouvements de l'assiégeant pour y pénétrer, et *spécialt.* les travaux pour en approcher à couvert. *Mod.* (1898) *Travaux d'approche :* cheminements, travaux de sape ; *fig.* Démarches intéressées, manœuvres pour arriver à un but. ♦ 4° (mil. XXᵉ ; angl. *approach*, même sens). Manière d'aborder un sujet de connaissance suivant au point de vue et à la méthode utilisée. *L'approche sociologique d'une étude littéraire.* **II.** Ce qui est près de. V. **Abord, accès, parage.** *Les approches d'une ville, d'un port, d'une île.* « *Le château de Joux défend les approches de Pontarlier* » (CHATEAUB.). **III.** ♦ 1° Le fait d'approcher (*choses*), d'être sur le point de se produire. *L'approche de la nuit, de l'hiver.* V. **Apparition, arrivée, proximité, venue.** « *Elle guettait l'approche du frisson ; elle en épiait les signes* » (MAURIAC). « *Le souvenir d'une joie n'est pas une nouvelle approche du bonheur* » (GIDE). « *Un de nos blessés, que les approches du sommeil anesthésique excitaient vivement* » (DUHAM.). — *À l'approche, aux approches de la trentaine.* ♦ 2° (*En loc.*). Action de rapprocher une chose d'une autre. ◇ *Arbor. Greffe* en (ou *par*) *approche :* qui consiste à rapprocher deux branches voisines. ◇ *Opt.* (1762) *Lunette d'approche,* qui fait paraître plus proches les objets. ♦ 3° *Typogr.* Position des caractères les uns par rapport aux autres. — Réunion ou séparation fautive de deux signes. Signe indiquant que deux lettres séparées doivent être rapprochées. ◈ ANT. *Départ, écartement, éloignement, séparation.*

APPROCHÉ, ÉE [aprɔʃe]. *adj.* (XVIIIᵉ ; V. **Approcher**). Approximatif. *Des connaissances approchées. Résultat approché.*

APPROCHER [aprɔʃe]. *v.* (*Aprochier,* XIIᵉ ; *aproecier,* 1080 ; bas lat. *appropiare,* rac. *prope* « près », d'apr. *proche*). **I.** *V. tr. dir.* ♦ 1° Mettre près, plus près. *Approcher un fauteuil de la table, une échelle du mur. Approcher deux objets.*

V. **Joindre, rapprocher.** *Absolt. Approcher le fauteuil, l'échelle ·* V. **Avancer.** ◇ *Fig.* et *littér.* V. **Rapprocher.** « *Elle est belle, cette religion ! elle approche le cœur de la justice* » (CHATEAUB.). « *Il y a quelque chose en l'homme qui l'approche de ces esprits immortels* » (BOSS.) : qui tend à l'en rendre égal. ♦ 2° Venir près, s'avancer auprès de (qqn). « *Arrête, a-t-elle dit, et ne m'approche pas* » (RAC.). ◇ Avoir libre accès auprès de qqn, le voir habituellement. V. **Côtoyer, fréquenter.** *C'est un homme qu'on ne peut approcher,* se dit d'un homme dont l'accès, ou *(fig.)* la fréquentation, est difficile. V. **Approchable.** « *C'est une fonction très mal payée, mais qui me permettra d'approcher un des hommes les plus intelligents de ce temps* » (DUHAM.). **II.** *V. tr. indir.* et *intr.* ♦ 1° Venir près, plus près (de qqn, qqch.). « *Il faut faire une enceinte de tours si terrible, que rien ne puisse approcher d'elle* » (HUGO). *Loc. Approcher de la sainte table, des sacrements :* communier. — *Absolt.* « *À la guerre, approcher est plus important, plus difficile que combattre* » (MALRAUX). ♦ Venir près de celui qui s'exprime. « *N'approche pas, ô mort ; ô mort, retire-toi* » (LA FONT.). ♦ 2° Être près, sur le point d'atteindre. V. **Toucher** (à). *Approcher du but, du résultat.* — Arriver à (un moment) ; être presque dans (un temps). *Approcher d'un temps, d'un moment. Approcher de la cinquantaine.* V. **Friser.** — *Absolt. Le moment approche où il faudra nous quitter. La nuit approche.* V. **Venir.** ♦ 3° *Fig.* Être proche, de presque identique à. *Approcher de la vérité, de la perfection.* V. **Rapprocher** (se). **III.** S'APPROCHER (*de*). ♦ 1° Venir près, aller se mettre auprès de (qqn, qqch.). *Le navire s'approche de la terre.* V. **Serrer ; accoster.** *La fillette s'est approchée de lui sans méfiance.* V. **Aller, venir** (à). *Comme l'enfant* « *semble grelotter, je le fais s'approcher du feu* » (GIDE). — *Absolt.* « *Viens ça, approche-toi que je t'embrasse* » (MOL.). *Il s'approche doucement, à pas de loup.* ♦ 2° *Fig.* « *Flaubert n'écrivit guère que pour s'approcher le plus près possible de la perfection* » (THIBAUDET). ◈ ANT. *Écarter, séparer. Éloigner, éviter, repousser. Reculer.*

APPROFONDIR [aprɔfɔ̃diʀ]. *v. tr.* (fin XIIIᵉ ; de *a-* 1, et *profond*). ♦ 1° Rendre plus profond, creuser plus avant. *Approfondir un canal, un fossé, un puits, un trou.* V. **Creuser.** *Les eaux ont approfondi le lit de la rivière.* V. **Affouiller.** *Pronom. La rivière s'est approfondie. Littér.* « *Le silence profond s'approfondit encore* » (MALRAUX). ♦ 2° (1607). Pénétrer plus avant dans une connaissance ; étudier à fond. *Approfondir une science, une question.* V. **Examiner, explorer, fouiller, pénétrer, scruter, sonder.** *C'est une matière délicate qu'il ne faut pas trop approfondir.* V. **Appesantir** (s'), **appuyer, insister** (sur). « *Ces années lui permettent d'étendre, d'approfondir, de corriger sa connaissance de la vie et des hommes* » (ROMAINS). *Au p. p.* « *La connaissance approfondie d'une belle œuvre* » (R. ROLLAND). ◈ ANT. *Combler. Effleurer.*

APPROFONDISSEMENT [aprɔfɔ̃dismɑ̃]. *n. m.* (1578 ; de *approfondir*). Action d'approfondir ; fait de devenir plus profond. ♦ 1° *L'approfondissement d'un chenal, d'un puits.* V. **Creusage.** ♦ 2° (1669). *L'approfondissement d'une connaissance, d'un sujet, d'un problème.* V. **Analyse** ; étude, examen, méditation. « *Je procéderais par approfondissements successifs, approfondissements d'analyse, approfondissements d'intuition* » (PÉGUY). ♦ 3° Le fait de devenir, de rendre plus profond *(abstrait)*. « *L'élargissement et l'approfondissement de la pensée religieuse qu'on doit aux rois d'Israël* » (DANIEL-ROPS). *L'approfondissement d'une pensée, d'un sentiment.* V. **Développement, enrichissement.** ◈ ANT. *Comblement. Légèreté ; appauvrissement.*

1. APPROPRIATION [aprɔprijasjɔ̃]. *n. f.* (XIVᵉ ; bas lat. *appropriatio*). ♦ 1° *Didact.* Action d'approprier, de rendre propre à un usage, à une destination. V. **Adaptation.** « *Ce qui fait un chef-d'œuvre c'est une appropriation ou un appariement heureux entre le sujet et l'auteur* » (GIDE). ♦ 2° *Dr.* Action de s'approprier une chose, d'en faire sa propriété. V. **Acquisition.** *Les choses sans maître sont susceptibles, par nature, d'appropriation. Appropriation par occupation.* V. **Occupation, prise, saisie.** *Appropriation par violence ou par ruse.* V. **Conquête, usurpation, vol.** ◈ ANT. *Désaccord, opposition. Abandon, aliénation.*

2. APPROPRIATION [aprɔprijasjɔ̃]. *n. f.* (1866 ; lat. *proprius* « propre »). *Vx* ou *Région.* (Belgique). Nettoyage.

APPROPRIÉ, ÉE [aprɔprije]. *adj.* (V. **Approprier**). Est convenable, propre à. V. **Adéquat, assorti, conforme, convenable, pertinent.** « *Que chaque chose soit à sa place appropriée, les braises dans l'âtre et les idées dans leur domaine* » (DUHAM.). ◈ ANT. *Impropre.*

1. APPROPRIER [aprɔprije]. *v. tr.* (1209 ; bas lat. *appropriare*). ♦ 1° *Vx.* Attribuer en propre à qqn. ♦ 2° *Didact.* Rendre propre, convenable à une destination. *Approprier son style au sujet, les remèdes au tempérament du malade.* V. **Accorder, adapter, conformer.** « *Approprier l'éducation de l'homme à l'homme* » (ROUSS.). *Pronom.* S'adapter, s'appliquer, convenir à. « *Avec quelle autorité une suite de* *sons et d'accords peut s'approprier à l'état de notre âme* » (DUHAM.). ♦ 3° *Cour*. (1548). S'APPROPRIER : faire sien; s'attribuer la propriété de qqch. V. **Occuper; attribuer** (s'). « *La famille s'est approprié cette terre en y plaçant ses morts* » (FUSTEL DE COUL.). *S'approprier le bien d'autrui. Ils se sont approprié le dépôt qui leur était confié.* V. **Adjuger** (s'), **attribuer** (s'), **emparer** (s'), **empocher, prendre, saisir** (se), **usurper**. « *Il est un art de s'approprier les pensées d'autrui, de les rendre siennes par la manière dont on les exploite* » (LA BRUY.). ◈ ANT. *Exproprier. Rendre.*

2. **APPROPRIER** [apʀɔpʀije]. *v. tr.* (1808; lat. *proprius* « propre »). *Vx* ou *Région*. (Belgique). Nettoyer. *Approprier la cour* (aussi *Rapproprier*, pop., en France).

APPROUVABLE [apʀuvabl(ə)]. *adj*. (1550; de *approuver*). *Rare.* Qui peut ou doit être approuvé. *Sa conduite n'est pas approuvable.* ▼. **Acceptable, admissible.** ◈ ANT. *Blâmable, critiquable. Inacceptable, inadmissible.*

APPROUVÉ [apʀuve]. *p. p. invar*. (1835; de *approuver*). S'emploie, par ellipse, au bas d'un acte, d'un compte, qu'on approuve. *Lu et approuvé. Approuvé l'écriture ci-dessus.* — Subst. *Un approuvé.*

APPROUVER [apʀuve]. *v. tr.* (*Approver*, fin XIIᵉ; lat. *approbare*, rad. *proba*. V. **Preuve**). ♦ 1° Donner son accord à (qqch.). V. **Approbation**. *Elle a approuvé les actes que le mandataire a passés en son nom.* V. **Accepter, admettre, agréer, autoriser, confirmer, entériner, homologuer, permettre, ratifier, sanctionner.** *J'approuve par avance tout ce qu'il fera, je lui donne carte blanche.* — *Dr.* Autoriser par un acte, un témoignage authentique. *Ouvrage approuvé par l'autorité ecclésiastique.* V. **Imprimatur.** *Médicament approuvé par les autorités médicales.* ◇ *Spécialt.* Reconnaître l'exactitude de faits relatés dans un acte. *Approuver un procès-verbal de déposition.* Reconnaître la validité d'un engagement. *Approuver un contrat.* V. **Souscrire.** ♦ 2° Juger bon, trouver louable. *Il approuve sa conduite et l'engage à persévérer.* V. **Apprécier, encourager, louer; approbateur.** *Approuver hautement.* V. **Applaudir.** *Il approuve tout ce qu'elle fait.* V. **Amen** (dire). « *Elle se mettait quelquefois à exprimer des opinions singulières, blâmant ce que l'on approuvait, et approuvant des choses perverses ou immorales* » (FLAUB.). — *Approuver que* (et subj.). *Je n'approuve pas qu'il ait cette attitude.* ◇ *Approuver qqn* : être de son opinion; le louer. « *Le jeune homme se sentait approuvé dans son opinion* » (BARRÈS). « *Ils l'approuvaient d'adopter un chien* » (MAUROIS). ◈ ANT. *Blâmer, condamner, critiquer, désapprouver, désavouer, improuver, interdire, refuser, repousser.*

APPROVISIONNEMENT [apʀɔvizjɔnmã]. *n. m.* (1636; de *approvisionner*). ♦ 1° Action d'approvisionner. *L'approvisionnement d'une ville en choses nécessaires à la subsistance.* V. **Alimentation, fourniture, ravitaillement, subsistance.** *Approvisionnement d'une armée en munitions. Fig.* « *L'approvisionnement régulier en nouvelles rassurantes est aussi essentiel pour le pays que le ravitaillement en vivres ou en munitions* » (MART. du G.). ♦ 2° Ensemble des provisions rassemblées. V. **Fourniture, munition, provision, réserve, stock, vivres.** *Les greniers regorgeaient d'approvisionnements de toute sorte.* ◇ *Écon.* Matières premières, produits semi-finis utilisés par une entreprise de transformation.

APPROVISIONNER [apʀɔvizjɔne]. *v. tr.* (1500; *approvisier*, 1442; de *a*- 1, et *provision*). ♦ 1° Fournir de provisions (spécialt. de provisions de bouche). V. **Alimenter, fournir, ravitailler.** *Approvisionner une ville, un marché, une armée. L'Angleterre nous approvisionne de houille. Approvisionner un magasin, une boutique de toutes les marchandises nécessaires.* V. **Assortir, garnir.** *Approvisionner une place de munitions.* V. **Munir, pourvoir.** ◇ *Approvisionner le magasin d'une arme à feu,* le remplir de munitions. ◇ *Fig.* « *Chateaubriand approvisionna en thèmes lyriques toute sa génération* » (BRUNETIÈRE). ♦ 2° S'APPROVISIONNER : se munir de provisions. *S'approvisionner de bois pour l'hiver. Absolt. S'approvisionner chez l'épicier du quartier.* V. **Fournir** (se). ◈ ANT. *Désapprovisionner. Consommer. Dégarnir, vider.*

APPROVISIONNEUR, EUSE [apʀɔvizjɔnœʀ, øz]. *n.* et *adj.* (1774; de *approvisionner*). Celui, celle qui approvisionne. V. **Fournisseur, pourvoyeur, ravitailleur.**

APPROXIMATIF, IVE [apʀɔksimatif, iv]. *adj.* (1789; de *approximation*). ♦ 1° Qui est fait par approximation. *Calcul, nombre approximatif.* V. **Approchant, approché.** ♦ 2° Imprécis, vague. *S'exprimer en termes approximatifs.* ◈ ANT. *Exact, précis, rigoureux.*

APPROXIMATION [apʀɔksimasjɔ̃]. *n. f.* (1314, chir.; du bas lat. *approximare* « approcher »). ♦ 1° *Math.* (1740). Calcul par lequel on approche d'une grandeur; détermination approchée. *On calcule par approximation les racines des équations. Parvenir au résultat par approximations successives.* V. **Itération.** — *Cour.* Estimation par à peu près. V. **Évaluation.** ♦ 2° (XVIIIᵉ). Valeur approchée. *Ce n'est qu'une approximation.* ◈ ANT. *Exactitude, précision.*

APPROXIMATIVEMENT [apʀɔksimativmã]. *adv.* (1834;

de *approximatif*). D'une manière approximative. *Évaluer approximativement. Cela fait approximativement 5 %.* V. **Environ, près** (à peu). ◈ ANT. *Absolument.*

APPUI [apɥi]. *n. m.* (XIIᵉ; de *appuyer*). I. ♦ 1° Action d'appuyer, de s'appuyer sur qqch. *L'appui du corps sur les jambes.* — *Prendre appui sur qqch.* : s'appuyer sur elle. « *La tige de la pagaie prend appui sur la cuisse nue* » (GIDE). ◇ *Dr. Servitude d'appui* : servitude qui donne le droit d'appuyer des constructions, des poutres et solives sur le mur du voisin. ◇ *Hauteur d'appui* : hauteur suffisante pour s'appuyer sur le coude. « *Une fenêtre à hauteur d'appui* » (GIDE). ◇ *Mur d'appui,* qui sert à soutenir des terres (V. **Soutènement**), un élément de construction. « *Le mur d'appui d'une étroite terrasse* » (LAMART.). ◇ POINT D'APPUI : point sur lequel une chose s'appuie. *Le point d'appui d'une poutre, d'un linteau. Point d'appui d'un levier.* Par métaph. Chercher un point d'appui, avoir besoin d'un *point d'appui* : d'un soutien, d'un moyen d'action. *Milit.* Position sur laquelle s'appuie une armée, une flotte. V. **Base.** *Spécialt.* Organisation défensive de l'effectif d'une compagnie. ♦ 2° Le fait de donner de la sûreté au souffle, à la voix. *L'appui sur le souffle, dans le masque* (Chant). *Appui de la voix sur un son. Voyelle d'appui.* ♦ 3° *Loc. prép.* À L'APPUI DE : pour appuyer, soutenir (une assertion, une opinion). « *Thibaudet cite, à l'appui, une lettre de je ne sais quel collègue* » (GIDE). *À l'appui de ses dires. Avec preuves à l'appui.*

II. Ce qui sert à soutenir. ♦ 1° (*Concret*). V. **Soutien, support.** *Appui pour le coude, pour la main, pour la tête.* V. **Accotoir, accoudoir, appui-main, appui-tête.** *Appui d'une fenêtre, d'un balcon* : tablette où l'on peut s'appuyer. ◇ *Les appuis d'une voûte, d'un mur.* V. **Adossement, arc-boutant, contre-boutant, éperon, étai.** ♦ 2° (XIIᵉ). *Abstrait.* Soutien moral ou aide matériel. *Avoir besoin d'appui.* V. **Aide, assistance, concours, protection, réconfort, secours, soutien, support.** *Chercher, demander l'appui de qqn. S'assurer, gagner, se ménager, trouver, avoir un appui, de puissants appuis. Accorder, offrir, prêter son appui.* V. **Bras, main.** « *J'attendais de ce revoir encouragement, appui, réconfort* » (GIDE). — *Être l'appui* (de). Servir d'appui (à). V. **Auxiliaire, champion, défenseur, protecteur, soutien.** *Milit. Appui tactique, aérien.* — (ANT. *Abandon, lâchage; hostilité. Ennemi.*)

APPUI-BRAS ou **APPUIE-BRAS** [apɥibʀa]. *n. m.* (1933; de *appui, appuyer,* et *bras*). Support pour appuyer le bras (dans une voiture). V. **Accoudoir.** *Des appuis-bras; des appuie-bras.*

APPUI-MAIN ou **APPUIE-MAIN** [apɥimɛ̃]. *n. m.* (1680; de *appui, appuyer,* et *main*). Baguette sur laquelle le peintre appuie la main qui tient le pinceau. *Des appuis-main; des appuie-main.*

APPUI-TÊTE ou **APPUIE-TÊTE** [apɥitɛt]. *n. m.* (1853; de *appui, appuyer,* et *tête*). Dispositif destiné à soutenir la tête. *L'appui-tête réglable d'un fauteuil de dentiste. Des appuis- (appuie) tête.* ◇ Tissu orné qui protège l'étoffe d'un siège, à l'emplacement de la tête. « *Les fauteuils toujours revêtus d'un appui-tête au crochet* » (PROUST). ◇ *Arts africains* (1929). Objet mobilier en bois, en ivoire, formant support pour un plateau sur lequel repose la tête du dormeur (employé « notamment pour préserver l'ordonnance de la coiffure pendant le sommeil » (S. FAIK).

APPUYÉ, ÉE [apɥije]. *adj.* (V. **Appuyer**). ♦ 1° *Regard appuyé* : insistant (V. **Appuyer,** I, 3°). ♦ 2° (Fin XVIIᵉ). Qui est exprimé, émis en appuyant (II); qui insiste trop. « *Ce ton qu'elle a, d'une politesse trop appuyée* » (N. SARRAUTE).

APPUYER [apɥije]. *v.* : *j'appuie, il appuie, nous appuyons, ils appuient; j'appuyais, nous appuyions; j'appuierai; appuyant* (*Apoyer,* 1080; lat. pop. *appodiare,* de *podium* « support ». V. **Puy**).

I. *V. tr.* ♦ 1° Soutenir ou faire soutenir, supporter. *Appuyer une chose par une autre.* V. **Maintenir, soutenir, tenir.** *Appuyer un mur par des arcs-boutants, des contreforts.* V. **Arc-bouter, buter, épauler, étayer.** ◇ *Appuyer* (une ch.) *contre, à* : la placer contre une autre qui lui serve d'appui. V. **Appliquer.** *Appuyer une échelle contre un mur, une maison à un coteau.* V. **Adosser.** ◇ *Appuyer* (qqch.) *sur ...* V. **Mettre, poser.** *Appuyer ses coudes sur la table. Appuyer sa tête sur un fauteuil.* V. **Accoter.** « *Atala appuyait une de ses mains sur mon épaule* » (CHATEAUB.). ♦ 2° (*Abstrait*). Soutenir, rendre plus ferme, plus sûr. *Appuyer sur, de ...* V. **Fonder, reposer** (faire). *Appuyer ses dires sur des raisons, des motifs, des preuves.* V. **Confirmer, corroborer, fortifier, renforcer.** *Nestor* « *lui donnait des instructions qu'il appuyait de divers exemples* » (FÉN.). ♦ 3° Fournir un moyen d'action, une protection, un soutien à (qqn, qqch.). *Appuyer qqn.* V. **Aider, encourager, patronner, pistonner** (*fam.*), **protéger, recommander.** *Appuyer un candidat à une élection.* V. **Soutenir.** — *Appuyer la demande, la proposition, la candidature de qqn.* ◇ *Milit. Appuyer une attaque par un tir d'artillerie, par l'aviation.* V. **Soutenir.** ♦ 4° Appliquer, presser une chose (sur, contre) une autre. *Appuyer le pied sur la pédale. Terrasser son adversaire et lui appuyer le genou sur la poitrine.* « *Son cœur battait si fort qu'elle y avait appuyé sa main et n'osait plus la retirer* » (MART. du G.). — Fig. *Appuyer son regard sur* : fixer avec insistance.

II. *V. intr.* ♦ 1º Être soutenu; être posé sur. *La voûte appuie sur les pieds-droits.* V. **Porter, reposer, retomber.** ♦ 2º Peser plus ou moins fortement sur. V. **Peser, presser.** *Appuyer sur un levier. Appuyer sur l'endroit sensible.* — Équit. *Ce cheval appuie sur le mors* (absolt. *il appuie*) : il porte la tête basse et pèse sur le mors. ♦ 3º Émettre avec force (un élément par rapport à l'entourage). Mus. *Appuyer sur une note.* — *Appuyer sur un mot en parlant.* « *La façon dont il appuyait sur certaines voyelles, sur les diphtongues* » (MART. du G.). ♦ 4º Fig. Insister avec force. *Il a appuyé sur l'aspect, le caractère primordial de cette question. Il vaut mieux ne pas appuyer là-dessus.* — Absolt. « *Cet art sobre qui n'appuie pas* » (PROUST). Loc. prov. « *Glissez mortels, n'appuyez pas* » (se dit pour recommander de ne pas insister sur une question délicate). ♦ 5º Prendre une direction. *Appuyez sur la droite, sur la gauche.* V. **Diriger (se).** *Appuyez à droite, à gauche.*

III. S'APPUYER (1080). *v. pron.* ♦ 1º S'aider, se servir comme d'un appui, d'un soutien. *Le blessé s'appuie sur ses béquilles. Appuyez-vous sur mon bras. S'appuyer fortement à un mur pour exercer une poussée.* V. **Arc-bouter (s').** « *À mon bras votre bras poli S'appuya* » (BAUDEL.). ♦ 2º Faire fond sur qqn, sur qqch. V. **Fonder (se).** *Vous pouvez vous appuyer entièrement sur lui.* V. **Assurer (s'), compter, reposer.** *Danton « s'appuie sur les vérités d'expérience* » (BARTHOU). « *Il s'était appuyé sur elle, sur l'assurance qu'elle lui avait donnée...* » (MAURIAC). ♦ 3º Pop. *S'appuyer une corvée* : faire qqch. par obligation, contre son gré. V. **Subir, supporter.** « *S'appuyer un pareil métier* » (BARBUSSE).
◇ ANT. *Enlever, ôter, retirer. Lâcher. Opposer (s'), refuser, réfuter, rejeter. Effleurer, glisser, négliger.*

APRAGMATISME [apragmatism(ə)]. *n. m.* (mil. XXᵉ; de *a-* 2, et *pragmatisme*). Psychiatr. Incapacité à réaliser une action, même élémentaire, dans un but défini à l'avance.

APRAXIE [apraksi]. *n. f.* (fin XIXᵉ; tiré du gr. *apraxia* « inaction », par Gogol (1873). Méd. Incapacité d'effectuer des mouvements volontaires adaptés à un but, alors que les fonctions motrices et sensorielles sont normales. *Apraxie motrice, apraxie oculaire.*

ÂPRE [apʀ(ə)]. *adj.* (*Aspre*, XIIᵉ; d'abord abstrait; lat. *asper, -asprum.* V. **Aspérité**). **I.** (*Choses*). ♦ 1º (XVIᵉ). Vx. Qui présente des aspérités. V. **Accidenté, abrupt, escarpé.** « *On a pavé la route âpre et mal aplanie* » (HUGO). ♦ 2º Qui a une rudesse désagréable. *Froid, vent âpre.* V. **Cuisant, rigoureux.** « *Il neigeait, l'âpre hiver fondait en avalanche* » (HUGO). *Goût, saveur âpre. Sons âpres. Voix âpre.* V. **Rude.** « *D'une voix âpre, il cria un ordre à ses matelots* » (FLAUB.). Spécialt. *Qui a un goût âpre, qui racle la gorge. Un fruit, un vin âpre.* ♦ 3º Dur, pénible. *Lutte âpre. Vie âpre.* V. **Austère, cruel, dur, pénible, rude, sévère, violent.** « *Une âpre résolution recomposait tous ses traits* » (DUHAM.). **II.** (*Personnes*). Vx. Qui se porte avec trop d'ardeur (à qqch., à la poursuite de qqch.). V. **Ardent, avide, cupide, violent.** « *Les plus âpres à exiger leurs droits* » (MASS.). Mod. *Être âpre au gain, avide.*
◇ ANT. *Égal, lisse; clément, doux. Facile; agréable. Désintéressé.*

ÂPREMENT [apʀəmɑ̃]. *adv.* (1138; de *âpre*). D'une manière âpre, rude. ♦ 1º Avec une énergie dure, cruelle. *Combattre âprement.* V. **Farouchement.** « *Cette victoire, si âprement disputée* » (MADELIN). « *Ce que l'on me reproche le plus âprement, c'est d'avoir travaillé à l'émancipation de l'esprit* » (GIDE). V. **Brutalement, durement, rudement, sévèrement.** ♦ 2º Vieilli. Avec avidité. V. **Avidement, cupidement.** « *Courir âprement après les honneurs* » (FLÉCH.). ◇ ANT. *Doucement.*

APRÈS [apʀɛ]. *prép. et adv.* (Xᵉ, adv.; bas lat. *ad pressum*, de *pressus* « serré », qui s'est substitué en Gaule à *post*).
I. Prép. (1080). ♦ 1º Postériorité dans le temps. *Le printemps vient après l'hiver. Un an, cent ans après la mort de Napoléon. Après dix heures.* V. **Passé.** *Ces événements sont arrivés les uns après les autres* : à la suite, en se succédant. *Ils président l'un après l'autre* : alternativement, tour à tour. *Après bien des efforts, j'ai réussi à ...* V. **Suite** (à la). *Après vous, je vous en prie* : formule de politesse. *Il est arrivé après tout le monde* : le dernier. Loc. *Après moi, après nous le déluge**. *Après moi, s'il en reste. Jeter le manche** *après la cognée. Après la pluie, le beau temps.* — *Après ce... Après cela* : ensuite, à la suite de cela; étant donné cela. *Après ce que j'ai fait pour lui, me traiter de la sorte!* « *Et quand je vous aurais payé au double tout ce que je vous dois, après cela, je ne serais pas quitte* » (VOLT.). V. **Avec.** « *Après cela, donc à cause de cela, est souvent un axiome faux* » (MAUROIS). —

APRÈS QUOI : après cela, ensuite. *Nous allons déjeuner, après quoi nous nous mettrons en route* (ACAD.). ◇ Loc. conj. APRÈS QUE (suivi de l'*indicatif* : passé simple, composé ou antérieur, futur antérieur). *Des années après qu'il l'eut quitté ...* « *Il faut bonne mémoire après qu'on a menti* » (CORN.). « *On n'est sage qu'après qu'il en a cuit de ne pas l'être* » (R. ROLLAND). — Vieilli. *Après que*, suivi du conditionnel. « *Comme si j'étais fille à supporter la vie Après qu'on m'aurait fait une telle infamie* » (MOL.). — Mod. (emploi critiqué) *Après que* et le subjonctif. « *Après que Vincent eût fermé sa porte* » (GIDE). « *Trois semaines après que cette phrase eut été écrite* » (MONTHERLANT). ◇ APRÈS et l'infinitif passé. « *Après avoir versé leur sang le long des routes* » (DUHAM.). — (Avec l'infinitif présent) Loc. *Après boire, après manger* : après avoir bu, mangé. ◇ Loc. adv. APRÈS COUP : après l'événement. *Je n'ai compris qu'après coup. Ajouter quelques remarques après coup.* ♦ 2º Postériorité dans l'espace. ◇ (*Situation*) Plus loin. « *Au bas de la côte, après le pont, commence une chaussée* » (FLAUB.). V. **Derrière.** ◇ (*Mouvement*) Derrière (qqn qui se déplace); avec un pron. pour compl. Vieilli. *Aller, marcher après qqn, après lui.* Mod. *Traîner** *après soi.* Spécialt. Indique aussi un mouvement de poursuite, de recherche. *Courir après qqn*, pour le rejoindre, le rattraper. « *Allons vite à la justice. Des archers après eux!* » (MOL.). — *Courir après qqch., après son argent.* « *Quand on court après l'esprit, on attrape la sottise* » (MONTESQ.). — Par ext. *Languir, soupirer après qqch.* — *Crier après qqn. Les chiens aboient après les passants.* V. **Contre.** *S'acharner après qqn.* — Vx ou pop., région. (de nos jours) *Demander après qqn* : demander qqn. « *J'ai oublié de vous recommander de ne faire jamais attendre après vous* » (RAC.). ◇ ÊTRE APRÈS QQN : être toujours derrière lui, le suivre partout. V. **Importuner; harceler** (Cf. *Être toujours sur le dos, sur les talons de qqn ...; être pendu aux basques de qqn*). *Elle est toujours après ses enfants* (pour les réprimander, les surveiller). ♦ 3º Subordination dans un ordre, une hiérarchie. *Après le lieutenant vient le sous-lieutenant.* V. **Sous.** *Maître après Dieu.* ♦ 4º Loc. adv. APRÈS TOUT : après avoir tout considéré, envisagé (en incise ou en tête de phrase). « *Mais, madame, après tout, je ne suis pas un ange* » (MOL.). « *Après tout, que l'homme soit incurablement méchant, le mal n'est pas grand* » (FRANCE). V. **Définitive** (en). *En tout état de cause*, tout bien pesé. ♦ 5º Loc. prép. D'APRÈS : en se conformant à, à l'imitation de... V. **Selon, suivant.** *Un dessin d'après Raphaël. Peindre d'après nature. Juger d'après l'expérience.* V. **Sur; conformément** (à). *D'après ce que disent les journaux, s'il faut en croire les journaux.* « *En histoire, comme en physique ne prononçons que d'après les faits* » (CHATEAUB.).
II. Adv. ♦ 1º Temps. V. **Postérieurement, ultérieurement.** *Vingt ans après.* V. **Tard** (plus). *Les événements qui survinrent après.* V. **Ensuite, subséquemment.** *Aussitôt, immédiatement après.* V. **Sur** (ce). *Peu de temps, longtemps après.* — *Le jour, la semaine, le mois, l'année d'après. L'instant d'après.* — APRÈS? Express. interrogative pour engager qqn à poursuivre son récit. V. **Ensuite.** *Eh bien! après? ... Que se passe-t-il? Et après?* que ferez-vous après, quelles seront les conséquences? *Vous renverserez le gouvernement; et après?* ♦ 2º Espace; ordre ou situation. V. **Derrière, ensuite.** *Dans le cortège, les femmes marchant après.* — Loc. adv. CI-APRÈS : plus loin. *Voyez ci-après.* V. **Bas** (plus), **ci-dessous, infra.**
◇ ANT. *Avant, devant.* — HOM. *Apprêt.*

APRÈS-DEMAIN [apʀɛdmɛ̃]. *adv. de temps* (1690; de *après*, et *demain*). Au jour qui suivra demain, dans deux jours. *Ce sera pour après-demain. L'affaire a été renvoyée à après-demain.* V. *aussi* **Surlendemain.**

APRÈS-DÎNER [apʀɛ(ɛ)dine]. *n. m.* (*Après-disner*, 1362; de *après*, et *dîner*; var. *après-dîné*, n. m., et *après-dînée*, n. f.). Vieilli ou région. Partie de la journée qui suit le dîner. Au XVIIᵉ s., *le dîner se prenait à midi et l'après-dîner correspondait à l'après-midi. Il passe tous les après-dîners en famille* (ACAD.).

APRÈS-GUERRE [apʀɛgɛʀ]. *n. m.* (1903; de *après*, et *guerre*). Période qui suit une guerre. *L'avant-guerre et l'après-guerre. Des après-guerres.*

APRÈS-MIDI [apʀɛ(ɛ)midi]. *n. m. et f. invar.* (1514; de *après*, et *midi*). Partie de la journée de midi jusqu'au soir. *Nous nous reverrons cet après-midi.* V. **Tantôt.** *Des après-midi.* « *Dès le début de cet après-midi* » (BARRÈS). « *Par une courte après-midi glaciale de l'hiver* » (BARRÈS). *Fam.* (enfants) *c't aprèm'* [staʀɛm]. Voyez **APRÈS-SKI.**

APRÈS-SKI [apʀɛ(ɛ)ski]. *n. m. invar.* (v. 1950; 1941, *apreski*; de *après*, et *ski*). Bottillon souple, chaud, que l'on chausse lorsqu'on ne skie pas, aux sports d'hiver. *Mettre ses après-ski.*

ÂPRETÉ [apʀəte]. *n. f.* (*Aspreteit*, 1190; lat. *asperitas*. V. **Aspérité**). Caractère de ce qui est âpre. ♦ 1º Littér. Rudesse désagréable. *L'âpreté d'un pays sauvage.* « *L'âpreté et la stérilité du paysage* » (VERHAEREN). « *Il faut avoir connu l'âpreté de l'hiver dans ces montagnes* » (BOURGET). ◇ *Âpreté* *au goût. L'âpreté d'un vin, d'un fruit. L'âpreté des sons, d'une voix.* ♦ 2° *(Abstrait).* Caractère dur, pénible, rude ou violent. *L'âpreté du caractère.* V. **Brutalité, dureté, rudesse, sévérité.** *Âpreté d'une lutte, d'une discussion* (V. **Ardeur, violence**). « *Elle aimait trop la jeunesse pour ne pas lui pardonner quelque âpreté* » (FRANCE). *L'âpreté de ses critiques, de ses reproches.* ◇ ANT. *Douceur. Facilité. Modération.*

A PRIORI [apʀijɔʀi]. *loc. adv.* (1626; loc. lat., « en partant de ce qui est avant »). ♦ 1° *Log.*, *Philo.* En partant de données antérieures à l'expérience. *Prouver, poser a priori.* ◇ Adj. *Argument, raisonnement a priori :* rationnel; non fondé sur les faits. « *Chez Claude Bernard, une « idée a priori » est une hypothèse* » (LALANDE). — *Subst. m. Des a priori.* ♦ 2° *Cour.* Au premier abord, avant toute expérience. *A priori, c'est une bonne idée.* ◇ ANT. *A posteriori.*

APRIORIQUE [apʀi(j)ɔʀik]. *adj.* (mil. XIX°; *aprioristique*, 1910; de *apriori*). *Didact.* Fondé sur des données antérieures à l'expérience. V. **Aprioriste.**

APRIORISTE [apʀijɔʀist(ə)]. *adj.* (1869, n. m.; de *a priori*). Qui est fondé sur des idées a priori. *Raisonnement, attitude aprioriste* (apriorisme).

À-PROPOS [apʀɔpo]. *n. m.* (1700; de *à*, et *propos*). ♦ 1° Ce qui vient à propos, est dit ou fait opportunément, en temps et lieu convenables. V. **Convenance, opportunité, pertinence.** *Esprit d'à-propos,* présence d'esprit. « *Faire des digressions sans le moindre à-propos* » (LOTI). ♦ 2° Pièce de théâtre; poème de circonstance. « *La pièce dépasse les proportions de ce qu'on est convenu d'appeler un à-propos, puisqu'elle dure près d'une heure* » (DAUD.).

APSARA [apsaʀa]. *n. f.* (1846; mot hindi). Déesse inférieure, dans la mythologie de l'Inde; sa représentation dans l'art. *Les apsaras du temple d'Angkor-Vat.*

APSIDE [apsid]. *n. f.* (1738; « abside », XVI°; lat. imp. *absida, apsida;* du gr. *apsis, idos* « voûte »). *Astron. Ligne des apsides :* grand axe de l'orbite d'une planète. *Spécialt.* Extrémité du grand axe. *Apside supérieure :* le point le plus éloigné. V. **Aphélie, apogée.** *Apside inférieure :* le point le plus rapproché. V. **Périhélie; périgée.** ◇ HOM. *Abside.*

APTE [apt(ə)]. *adj. (Apt,* XIII°, repris XVIII°; lat. *aptus).* ♦ 1° *Dr.* et *Sc.* Qui est naturellement ou juridiquement capable de qqch. « *Être apte et idoine à posséder des bénéfices* » (D'ALEMB.). ♦ 2° *Cour.* (mil. XIX°). Qui a des dispositions pour (faire qqch.). *Il est apte à faire un bon soldat.* V. **Bon, capable, fait (pour), propre (à); aptitude.** *Apte à recevoir.* V. **Susceptible** (de). « *Moins on sent une chose, plus on est apte à l'exprimer* » (FLAUB.). *Le Français* « *plus apte au travail individuel qu'aux entreprises collectives* » (SEIGNOBOS). ◇ ANT. **Inapte, incapable.**

APTÈRE [aptɛʀ]. *adj.* (1754; gr. *apteros, de pteron* « aile »). ♦ 1° Qui est dépourvu d'ailes. *Insecte aptère.* ♦ 2° (1751). *La Victoire aptère :* statue de la Victoire privée d'ailes (pour qu'elle demeure à Athènes). — *Temple aptère :* sans colonnade. ◇ ANT. **Ailé.**

APTÉRYGOTES [apteʀigɔt]. *n. m. pl.* (XX°; gr. *apterugos*). V. **Aptère.** Sous-classe d'insectes dépourvus d'ailes *(ex. :* les *thysanoures).*

APTÉRYX [apteʀiks]. *n. m.* (1846; mot angl. 1813), du gr. *a-,* privatif et *pterux.* V. **Aptère.** Oiseau coureur de Nouvelle-Zélande *(Ratites)* qui ne possède que des rudiments d'ailes. V. **Kiwi.**

APTITUDE [aptityd]. *n. f.* (1361; bas lat. *aptitudo,* de *aptus.* V. **Apte).** ♦ 1° *Dr.* Capacité légale, juridique. ♦ 2° *Cour.* (XVI°). Disposition naturelle. V. **Disposition, penchant, prédisposition, propension, tendance.** *Avoir une grande aptitude à* (a *pour) faire qqch.* V. **Adresse, capacité, facilité, habileté.** « *Le génie n'est qu'une plus grande aptitude à la patience* » (BUFF.). « *Toutes les âmes n'ont pas une égale aptitude au bonheur* » (CHATEAUB.). *Psycho.* Substrat congénital d'une capacité. *Test d'aptitude.* ♦ 3° Capacité acquise. *Certificat d'aptitude professionnelle (C.A.P.).* ◇ ANT. **Inaptitude, incapacité.**

APUREMENT [apyʀmɑ̃]. *n. m.* (1388, dr.; « purification », 1423; de *apurer). Fin.* (1606). Vérification définitive d'un compte après laquelle un comptable est reconnu quitte *(quitus).*

APURER [apyʀe]. *v. tr.* (1611; « purifier, épurer », fin XII°; de *a-* 1, et *pur). Fin.* Reconnaître un compte exact après vérification des pièces justificatives, et en donner quitus au comptable. *Comptes apurés.*

APYRE [apiʀ]. *adj.* (1762; lat. *apyros,* mot gr., de *pur* « feu »). *Didact.* Qui résiste à l'action du feu. V. **Incombustible, infusible, ininflammable, réfractaire.** ◇ ANT. **Inflammable.**

APYRÉTIQUE [apiʀetik]. *adj.* (1808; du gr. *apuretos,* de *puretos* « fièvre »). *Méd. (Rare).* Qui n'est pas accompagné de fièvre, n'a pas de fièvre.

APYREXIE [apiʀeksi]. *n. f.* (XVI°; gr. *apurexia;* Cf. le précéd.). *Méd.* Absence de fièvre (entre deux accès). ◇ ANT. **Fièvre.**

AQUACULTURE [akwakyltyʀ]. *n. f.* V. AQUICULTURE.

AQUAFORTISTE [akwafɔʀtist(ə)]. *n. m.* (1853; it. *acquafortista,* de *acquaforte* « eau-forte »). Graveur à l'eau-forte.

AQUAMANILE [akwamanil]. *n. m.* (1885; lat. *aquæmanile,* de *aqua* « eau », et *manus* « main »). Aiguière avec son bassin pour se laver les mains.

AQUANAUTE [akwanot]. *n. m.* (1967; du lat. *aqua* « eau », et suff. *-naute).* Spécialiste des expéditions sous-marines. (On emploie aussi *océanaute).* « *La descente d'aquanautes à une profondeur de 100 mètres* » (Le Figaro, 2-10-1973).

AQUAPLANAGE [akwaplanaʒ]. *n. m.* (1973; du faux anglicisme *aqua-plan[n]ing,* 1969). Perte d'adhérence d'une automobile lancée à grande vitesse sur une chaussée couverte d'une pellicule d'eau. — Recomm. offic. pour remplacer *aqua-plan(n)ing.*

AQUAPLANE [akwaplan]. *n. m.* (1931; du lat. *aqua,* « eau », et *planer).* Planche tirée par un canot et sur laquelle on se tient debout en s'aidant d'une corde (sport répandu avant le ski* nautique).

AQUARELLE [akwaʀɛl]. *n. f.* (1791; it. *acquarella,* de *acqua* « eau »). Peinture légère sur papier avec des couleurs transparentes délayées dans de l'eau. *Faire de l'aquarelle. Une aquarelle de Dufy.*

AQUARELLISTE [akwaʀelist(ə)]. *n.* (1829; de *aquarelle).* Peintre à l'aquarelle.

AQUARIOPHILIE [akwaʀjɔfili]. *n. f.* (1949; de *aquarium,* et *-philie).* Élevage des poissons dans un but décoratif.

AQUARIUM [akwaʀjɔm]. *n. m.* (1860; lat. *aquarium* « réservoir »; Cf. le doublet Évier). Réservoir à parois de verre montées sur un bâti, dans lequel on entretient des plantes et des animaux aquatiques (poissons, etc.). *Des aquariums.* Fig. « *Le rêve est l'aquarium de la nuit* » (HUGO). ◇ Collection d'animaux aquatiques, vivant dans des aquariums. *L'aquarium de Monaco.*

AQUATINTE [akwatɛ̃t]. *n. f. (Aqua-tinta,* 1819; it. *acqua tinta* « eau teinte »). Gravure à l'eau-forte imitant le lavis. V. **Gravure.** *Les aquatintes de Goya.*

AQUATINTISTE [akwatɛ̃tist(ə)]. *n.* (1866; de *aqua-tinta.* V. **Aquatinte).** Graveur à l'aquatinte.

AQUATIQUE [akwatik]. *adj.* (XIII°; « rempli d'eau », submergé »; lat. *aquaticus).* Qui croît, vit dans l'eau ou au bord de l'eau. *Les poissons sont des animaux aquatiques. Les batraciens sont tour à tour aquatiques et terrestres.* V. **Amphibie.** *Plantes aquatiques.* ◇ ANT. **Aérien, terrestre.**

AQUEDUC [akdyk]. *n. m. (Aqueducte,* 1518; lat. *aquæductus,* de *aqua* « eau », et *ductus* « conduite »). ♦ 1° *Cour.* Canal destiné à capter et à conduire de l'eau d'un lieu à un autre. *Le célèbre aqueduc de Nîmes traverse le ravin sur des ponts à arcades* (pont du Gard). ♦ 2° *Anat.* Nom de certains conduits anatomiques. *Les aqueducs de l'oreille.*

AQUEUX, EUSE [akø, øz]. *adj.* (1503; lat. *aquosus,* de *aqua* « eau »). *Didact.* Qui est de la nature de l'eau ou qui contient de l'eau. *L'humeur aqueuse de l'œil.* ◇ ANT. *Anhydre, sec.*

À QUIA [akija]. *loc. adv.* (1460; de *à,* et lat. *quia* « parce que », la connaissance des causes étant considérée comme inférieure à celle des essences). *Vx. Mettre, réduire à quia* (qqn) : le mettre dans l'impossibilité de répondre. *Être à quia :* à court d'arguments.

AQUICOLE [akikɔl]. *adj.* (1877; lat. *aqua* « eau », et *-cole).* ♦ 1° *Vx.* Qui vit dans l'eau. V. **Aquatique.** ♦ 2° Qui se rapporte à l'aquiculture. *L'industrie aquicole.*

AQUICULTEUR [akikyltœʀ]. *n. m.* (1866; du lat. *aqua* « eau », et *-culteur).* *Rare.* Celui qui pratique l'aquiculture.

AQUICULTURE [akikyltyʀ]. *n. f.* (1864; du lat. *aqua* « eau », et *-culture).* ♦ 1° Élevage d'espèces marines en vue de leur commercialisation. V. **Pisciculture; mytiliculture, ostréiculture.** ♦ 2° (XX°). Procédé de culture dans lequel on substitue au sol habituel une solution saline.

AQUIFÈRE [akifɛʀ]. *adj.* (1843; du lat. *aqua* « eau », et *-fère).* Qui contient de l'eau. *Le sondage atteint la couche aquifère. Nappe aquifère.*

AQUILIN [akilɛ̃]. *adj. m.* (1468; lat. *aquilinus,* de *aquila* « aigle »). *Nez aquilin :* busqué et assez fin (à la différence de *bourbonien*); Cf. *Bec d'aigle.*

AQUILON [akilɔ̃]. *n. m.* (1120; lat. *aquilo,* vent du nord, rapide comme l'aigle, *aquila).* *Poét.* Vent du nord, froid et violent. Tout vent violent. « *Vaisseau favorisé par un grand aquilon* » (BAUDEL.). ◇ Fig. et poét. Le Nord. « *Du Sud à l'aquilon, de l'aurore au couchant* » (LAMART.). ◇ ANT. *Autan.*

AQUITANIEN [akitanjɛ̃]. *adj. et n. m.* (1898; de *Aquitaine,* prov. de France). *Géol.* Étage du tertiaire (Paléogène, oligocène).

AQUOSITÉ [akozite]. *n. f.* (1498; bas lat. *aquositas).* V. **Aqueux).** *Vx.* Liquide. État de ce qui est aqueux. ◇ ANT. *Siccité.*

Ar Symbole de l'argon.

ARA [aʀa]. *n. m.* (1558; tupi *ara, arara).* Grand perroquet de l'Amérique du Sud, au plumage brillant. ◊ HOM. *Haras.*

ARABE [aʀab]. *adj.* et *n.* *(Arrabeis,* 1160; lat. *arabus,* gr. *araps).* ♦ 1° De l'Arabie; des peuples originaires de l'Arabie qui se sont répandus avec l'Islam autour du bassin méditerranéen. *Les peuples, les nations arabes. La République arabe unie* (d'Égypte), ou *la R.A.U.* — N. *Les Arabes :* le peuple sémite originaire d'Arabie, et par ext. *(cour.)* les peuples islamisés (*ex. :* Kabyles, Berbères). ◊ Par ext. *La poésie, la philosophie arabe médiévale. La religion arabe.* V. Islam; musulman. *L'art arabe* (Musulman; mozarabe, mudéjar, hispano-mauresque). — *Cheval arabe.* ◊ *Chiffres arabes* (*opposé à* romains), ceux de notre numérotation (les mots *chiffre, zéro, algèbre,* etc., viennent de l'arabe). ♦ 2° *L'arabe :* une des grandes langues sémitiques. *Arabe littéral; parlé, dialectal, moderne* (*arabe syrien, égyptien, algérien,* etc.).

ARABESQUE [aʀabɛsk(ə)]. *n. f.* (1611; « arabe », 1546; it. *arabesco).* ♦ 1° Ornement (à la manière arabe) formé de lettres, de lignes, de feuillages entrelacés. V. Mauresque, rinceau. ♦ 2° Ligne sinueuse. *La fumée d'une cigarette, les nuages décrivent des arabesques.* V. Dessin, ligne, volute. « *Les arabesques de ma danse* » (COLETTE). ◊ *Fig.* Enjolivement. V. Broderie. « *Il se prit à chanter... en s'accompagnant au piano, avec des fantaisies, des accords, des guirlandes et des arabesques* » (DUHAM.). *Arabesques,* de Cl. Debussy. ◊ Nom d'un pas de danse.

ARABIQUE [aʀabik]. *adj.* (1213; lat. *arabicus). Vx.* Qui vient d'Arabie. — Mod. *Gomme* arabique.*

ARABISANT, ANTE [aʀabizɑ̃, ɑ̃t]. *n.* (1842; « d'Arabie », 1637; de *arabe).* Spécialiste de la langue, de la littérature arabes.

ARABISATION [aʀabizasjɔ̃]. *n. f.* (1960; de *arabiser).* Le fait d'arabiser (de donner le caractère national, culturel, linguistique arabe, dans les pays anciennement colonisés). *L'arabisation de l'administration au Maghreb.*

ARABISER [aʀabize]. *v. tr.* (1827; 1735 « donner une consonance arabe [à un mot] »; de *arabe).* Rendre arabe, donner un caractère (social, culturel) arabe. V. Islamiser. *Les Maures arabisèrent l'Espagne.*

ARABISME [aʀabism(ə)]. *n. m.* (1863; de *arabe).* Idiotisme de la langue arabe. Construction, tournure arabe transportée dans une autre langue.

ARABLE [aʀabl(ə)]. *adj.* (1155; lat. *arabilem,* accus. d'*arabilis; de arare* « labourer »). Qui peut être labouré. *Terres arables.* V. Cultivable, labourable. ◊ ANT. Incultivable.

ARABOPHONE [aʀabɔfɔn]. *adj.* (1961; de *arabe,* et suff. *-phone).* Dont la langue est l'arabe. *Populations arabophones.* — Subst. *Un arabophone.*

ARACÉES [aʀase] ou **AROÏD(AC)ÉES** [aʀɔid(as)e]. *n. f. pl.* (*Aroides,* 1808; *-idées,* 1846; de *arum,* et *-acées).* Famille de plantes monocotylédones (arum, calla, acore).

ARACHIDE [aʀaʃid]. *n. f.* (1801; *arachidua,* 1771; lat. *arachidne,* gr. *arakhidna* « gesse »). ♦ 1° *Bot.* et *Écon.* Plante tropicale *(Papilionacées),* cultivée pour ses fruits (graines) qui se développent sous terre (les pédoncules floraux enfoncent les fleurs dans le sol après fécondation). *Culture de l'arachide.* ♦ 2° *Comm.* Graine de cette plante. *Huile d'arachide. Les arachides sont aussi consommées torréfiées.* En Amérique du Nord, *Beurre d'arachide.* V. Cacahuète.

ARACHNÉEN, ENNE [aʀaknéɛ̃, ɛn]. *adj.* (1857; du gr. *arakhnê* « araignée »). ♦ 1° *Didact.* Qui est propre à l'araignée. ♦ 2° *Littér.* Qui a la légèreté de la toile d'araignée. « *Un déshabillé de Chantilly noir, arachnéen* » (MAUROIS).

ARACHNIDES [aʀaknid]. *n. m. pl.* (1806; du gr. *arakhnê* « araignée », et *-ide).* Classe d'animaux arthropodes, porteurs d'appendices céphaliques ou chélicères. *Les acariens, les araignées* (aranéides), *les scorpions sont des arachnides.*

ARACHNOÏDE [aʀaknɔid]. *n. f.* (1538; gr. *arachnoeidês;* Cf. le précéd.). *Anat.* Membrane qui est entre la dure-mère et la pie-mère et qui enveloppe le cerveau et la moelle épinière.

ARACHNOÏDIEN, IENNE [aʀaknɔidjɛ̃, jɛn]. *adj.* (1846; de *arachnoïde). Anat.* Qui a rapport à l'arachnoïde.

ARACK ou **ARAC** [aʀak]. *n. m.* (*Arach,* v. 1520; de l'arabe *araq, araca* « liqueur de palmier »). Liqueur alcoolique tirée du riz fermenté ou du jus de canne à sucre.

ARAGONAISE [aʀagɔnɛz]. *n. f.* (XXᵉ; de *Aragon).* Danse populaire de l'Aragon (Espagne). V. Jota.

ARAGONITE [aʀagɔnit]. *n. f.* (1839; de *Aragon,* province d'Espagne). Variété cristalline de carbonate de calcium.

ARAIGNÉE [aʀɛɲe]. *n. f.* (1539; « toile d'araignée », 1120; de l'a. fr. *aragne, araigne* « araignée »; lat. *aranea).* ♦ 1° Animal arthropode *(Arachnides)* appartenant à l'ordre des *aranéides* (caractérisé par un pédicule qui relie la tête et l'abdomen, des chélicères inoculateurs de venin, des filières ventrales). *L'araignée file, ourdit, tisse sa toile. Fils d'araignée. Espèces d'araignées.* V. Argyronète, épeire, lycose, mygale, tarentule, tégénaire, théridion, thomise. *Araignée des jardins :* épeire. *Les faucheurs* sont des arachnides, non des araignées.* « *Les araignées, de motte en motte, avaient déjà tendu de fins

cheveux de lumière » (DUHAM.). ◊ *Fig.* et *fam.* *Avoir une araignée dans le plafond, au plafond :* avoir l'esprit quelque peu dérangé. ◊ Loc. prov. *Araignée du matin, chagrin, araignée du soir, espoir.* ◊ *Fig.* TOILE D'ARAIGNÉE. V. Réseau. ♦ 2° Crochet de fer à plusieurs branches. ♦ 3° *Pêche.* Filet à mailles carrées. ♦ 4° *Araignée de mer; crabe araignée :* crustacé à longues pattes (V. Maïa).

ARAIRE [aʀɛʀ]. *n. m.* (déb. XIIᵉ; région., XVIᵉ; repris 1819; lat. *aratrum).* Charrue simple sans avant-train.

ARAMÉEN, ÉENNE [aʀameɛ̃, eɛn]. *adj.* et *n.* (1765; de l'hébreu *Aram* « Syrie »). Des Sémites de Syrie et de haute Mésopotamie (dans l'antiquité). N. *Les Araméens.* ◊ *L'araméen :* ensemble de parlers sémitiques répandus en Syrie, Palestine, Égypte (surtout du IXᵉ s. av. J.-C. au VIIᵉ s. après (mandéen).

ARAMON [aʀamɔ̃]. *n. m.* (1877; de *Aramon,* ville du Gard). Cépage du Languedoc.

ARANÉIDES [aʀaneid]. *n. m. pl.* (1808; du lat. *aranea* « araignée », et *-ide).* Ordre d'arachnides. V. Araignée.

ARANTÈLE [aʀɑ̃tɛl]. *n. f.* (XVIᵉ; du lat. *aranea* « araignée », et *tela* « toile »). *Vx* ou *dial.* Toile d'araignée.

ARASEMENT [aʀazmɑ̃]. *n. m.* (1367; de *araser).* ♦ 1° Le fait de mettre à ras, de niveau. ♦ 2° Dernière assise d'un mur (qui le met de niveau).

ARASER [aʀaze]. *v. tr.* (XIIᵉ; de *a-* 1, et *raser).* ♦ 1° *Maçonn.* Mettre de niveau (un mur), égaliser les assises. ♦ 2° *Menuis.* Allégir la partie d'une pièce qui doit s'emboîter (V. Tenon). ♦ 3° *Géol.* User (un relief) jusqu'à le faire disparaître.

ARATOIRE [aʀatwaʀ]. *adj.* (1514; lat. jur. *aratorius,* de *arare* « labourer »). Qui a rapport au labourage. *Instruments, travaux aratoires.*

ARAUCARIA [aʀokaʀja]. *n. m.* (1860; *araucaire,* 1806; lat. bot., de *Arauco,* région du Chili). Arbre exotique d'Amérique *(Conifères)* aux branches étalées, qui a le port du sapin.

ARBALÈTE [aʀbalɛt]. *n. f.* (*Arbaleste,* 1080; bas lat. *arcuballista,* de *arcus* « arc », et *ballista* « baliste »). *Ancienn.* Arme de trait, arc d'acier monté sur un fût et dont la corde fixée sur une *noix* à encoche se bandait avec un ressort. *Carreaux, flèches d'arbalète. Tirer à l'arbalète.*

ARBALÉTRIER [aʀbaletʀije]. *n. m.* (*Arbalestrier,* XIIᵉ; de *arbalète).* I. ♦ 1° *Ancienn.* Soldat armé d'une arbalète. ♦ 2° *Fig.* Martinet noir (oiseau). II. (1690). Se dit des deux poutres qui soutiennent la couverture d'un bâtiment.

ARBALÉTRIÈRE [aʀbaletʀijɛʀ]. *n. f.* (*Arbalest(r)iere,* 1160; de *arbalète). Archéol.* Meurtrière pour tirer avec l'arbalète. V. Archière.

ARBI [aʀbi]. *n. m.* (1869; de l'arabe *arbi* « arabe ». V. Bicot). *Pop.* et *péjor.* Indigène d'Afrique du Nord.

ARBITRABLE [aʀbitʀabl(ə)]. *adj.* (1853; de *arbitrer).* Qui peut être arbitré.

ARBITRAGE [aʀbitʀaʒ]. *n. m.* (1283; de *arbitrer).* ♦ 1° Règlement d'un différend ou sentence arbitrale rendue par une ou plusieurs personnes (V. Arbitre), auxquelles les parties ont décidé, d'un commun accord, de s'en remettre. *Soumettre un différend à l'arbitrage. Traité d'arbitrage. Arbitrage et conciliation en matière de conflits collectifs de travail. Arbitrage international.* ♦ 2° *Fin.* (1771). Opération d'achat et de vente en vue de tirer bénéfice des différences de cours entre deux choses différentes sur la même place ou entre deux places différentes sur la même chose (valeur ou marchandise). ♦ 3° *Sports.* Fonction d'arbitre; exercice de ces fonctions. *Une erreur d'arbitrage.*

ARBITRAGISTE [aʀbitʀaʒist(ə)]. *adj.* (1892; de *arbitrage). Fin.* Qui est relatif aux opérations d'arbitrage. Subst. *Un arbitragiste :* celui qui fait des arbitrages.

ARBITRAIRE [aʀbitʀɛʀ]. *adj.* (1397, *Dr.;* lat. *arbitrarius).* ♦ 1° (XVIᵉ). Qui dépend de la seule volonté *(libre arbitre),* n'est pas lié par l'observation de règles. *Choix arbitraire. Sc. Choisir une valeur arbitraire :* une valeur quelconque. V. Conventionnel. — *Péj. Une classification arbitraire, une interprétation arbitraire :* artificielle. ◊ *Subst. m.* Caractère arbitraire. *L'œuvre d'art « livrée à l'accident, à l'imprévu, à l'arbitraire* » (TAINE). ♦ 2° Qui dépend du bon plaisir, du caprice de qqn. V. Absolu, despotique, tyrannique. *Autorité arbitraire. Acte, décision, ordre arbitraire. Détention arbitraire.* « *Quand l'autorité devient arbitraire et oppressive...* » (MIRABEAU). ◊ *Subst.* Le caractère, les actes d'un gouvernement arbitraire. *L'inquisition, la lettre de cachet, le fait du prince, comme l'arbitraire.* V. Absolutisme, despotisme, tyrannie. ♦ 3° *Ling.* Se dit d'un signe dont le signifiant et le signifié sont liés de façon conventionnelle, non naturelle. « *Le signe linguistique est arbitraire* » (SAUSSURE). — Subst. *L'arbitraire du signe.* ◊ ANT. Déterminé, motivé, naturel. Légal, légitime, raisonnable.

ARBITRAIREMENT [aʀbitʀɛʀmɑ̃]. *adv.* (1397; de *arbi-*

traire). D'une manière arbitraire. « *Comment l'historien juge-t-il qu'un fait est notable ou non? Il en juge arbitrairement selon son goût et son caprice, à son idée* » (FRANCE). « *Pacha jetait arbitrairement en prison les indigènes* » (GIDE). ◊ ANT. *Objectivement. Légalement.*

ARBITRAL, ALE, AUX [aʀbitʀal, o]. *adj.* (1270; bas lat. *arbitralis*). Qui est prononcé par un ou plusieurs arbitres. *Jugements arbitraux. L'exequatur donne force exécutoire à la sentence arbitrale.* ◊ Qui est composé d'arbitres. *Tribunal arbitral.*

ARBITRALEMENT [aʀbitʀalmã]. *adv.* (1690; de *arbitral*). Par arbitres. *Cette affaire fut jugée arbitralement.*

1. **ARBITRE** [aʀbitʀ(ə)]. *n. m.* (1213; lat. *arbiter*). ♦ 1° *Dr.* Personne désignée par les parties (particuliers ou États) pour trancher un différend, régler un litige. V. **Arbitrage.** *Le compromis autorise les arbitres à statuer comme* « *amiables compositeurs* ». *L'expert examine, constate; l'arbitre juge, décide.* ◊ *Cour.* Celui qui est pris pour juge dans un débat, une dispute. *Prendre pour arbitre.* « *Je vous fais notre arbitre, et vous nous jugerez* » (RAC.). ◊ Celui, celle qui est capable de juger, de décider de qqch. *Elle est l'arbitre des élégances.* ♦ 2° Celui que son autorité désigne pour concilier des intérêts opposés. V. **Conciliateur, médiateur.** « *Exercer en Europe un rôle d'arbitre pacificateur* » (MART. du G.). — *Poét.* (XVIIᵉ) *Arbitre du sort de qqn, de la vie et de la mort.* V. **Maître, souverain.** « *Il vous fait de mon sort arbitre souveraine* » (RAC.). ♦ 3° *N.* (XXᵉ). Personne désignée pour veiller à la régularité d'une compétition, d'une épreuve (*sports*), de manœuvres militaires. « *Il faut à l'arbitre... plus d'esprit sportif qu'aux joueurs eux-mêmes* » (J. PRÉVOST).

2. **ARBITRE** [aʀbitʀ(ə)]. *n. m.* (XIIIᵉ; lat. *arbitrium*). *Vx.* Volonté. *Mod.* V. **Libre arbitre.**

ARBITRER [aʀbitʀe]. *v. tr.* (1274; lat. *arbitrare*, var. de *arbitrari*). ♦ 1° Agir, intervenir, juger en qualité d'arbitre. *Arbitrer un différend, un litige.* V. **Décider, juger, trancher.** — *Arbitrer des personnes* : rendre sa sentence dans le différend qui les sépare. ◊ *Absolt.* « *Une Société universelle des Nations, qui arbitrerait de haut* » (MART. du G.). ♦ 2° (1922). *Fin. Arbitrer des valeurs, des marchandises* : faire un arbitrage entre elles. ♦ 3° (1933). *Sports.* Contrôler la régularité d'une compétition, d'une épreuve. *Arbitrer un match de boxe.*

ARBORER [aʀbɔʀe]. *v. tr.* (v. 1320; it. *arborare*, du lat. *arbor.* V. **Arbre**). I. ♦ 1° Dresser, élever (droit comme un arbre). *Arborer des bannières, des enseignes.* « *Nous arborons un drapeau blanc en face de la mission* » (GIDE). — *Fig. Arborer l'étendard de la révolte.* ♦ 2° (XVIIᵉ). Porter ostensiblement. *Arborer un insigne à sa boutonnière.* ◊ Montrer, faire étalage. V. **Afficher.** « *Les éditions spéciales arboraient des manchettes menaçantes* » (MART. du G.). *Fig.* « *L'intrigant arbore le sien* (orgueil) » (BALZ.). « *Le large sourire que tu arbores* » (SARTRE). II. *Région.* (Belgique). Planter d'arbres. — *Terrain arboré.* ◊ ANT. *Baisser; amener. Cacher.*

ARBORESCENCE [aʀbɔʀesãs]. *n. f.* (1838; de *arborescent*). État d'un végétal arborescent. — Partie arborescente d'une plante. ◊ *Fig. Les arborescences du givre.* V. **Arborisation.**

ARBORESCENT, ENTE [aʀbɔʀesã, ãt]. *adj.* (1553; lat. *arborescens*, de *arbor*). Qui prend la forme ramifiée, le port d'un arbre. *Fougères arborescentes. Le bananier est une herbe arborescente.*

ARBORETUM [aʀbɔʀetɔm]. *n. m.* (1862; mot lat. *arboretum* « lieu planté d'arbres »). *Bot.* Pépinière spécialement destinée à la culture expérimentale d'arbres d'essences diverses. *Des arboretums.*

ARBOR(I)-. Élément, du lat. *arbor* « arbre ».

ARBORICOLE [aʀbɔʀikɔl]. *adj.* (1863; de *arbori-*, et *-cole*). ♦ 1° Rare. Qui vit sur les arbres. *Oiseaux arboricoles.* ♦ 2° Qui a rapport à l'arboriculture. *La technique arboricole.*

ARBORICULTEUR, TRICE [aʀbɔʀikyltœʀ, tʀis]. *n.* (1853; de *arboriculture*). Personne qui se livre à l'arboriculture. V. **Agriculteur, horticulteur, jardinier, pépiniériste, planteur, pomiculteur, sylviculteur.**

ARBORICULTURE [aʀbɔʀikyltyʀ]. *n. f.* (1836; de *arbori-*, et *culture*). Culture des arbres. *Arboriculture forestière.* V. **Sylviculture.** *Arboriculture d'ornement.* V. **Horticulture.** — *Spécialt.* Production de fruits (*arboriculture fruitière*) : agrumiculture (agrumes), pomiculture.

ARBORISATION [aʀbɔʀizasjɔ̃]. *n. f.* (1806; du lat. *arbor*). Dessin naturel ressemblant à des végétations, à des ramifications. *Les arborisations de l'agate, de l'onyx. Arborisations formées par la vapeur d'eau congelée* (givre) *sur les vitres. Arborisations du neurone* (dendrites).

ARBORISÉ, ÉE [aʀbɔʀize]. *adj.* (1750; du lat. *arbor*). Qui présente des arborisations. *Agate arborisée* (ou *herborisée*).

ARBOUSE [aʀbuz]. *n. f.* (1557; prov. *arbousso*, du lat.

arbutum). Fruit rouge et aigrelet, à forme de fraise, de l'arbousier.

ARBOUSIER [aʀbuzje]. *n. m.* (1539; de *arbouse*). Arbre ou arbuste toujours vert (*Éricacées*) qui porte des fruits aigrelets.

ARBRE [aʀbʀ(ə)]. *n. m.* (1080; lat. *arbor, -oris*). I. Grand végétal ligneux dont la tige ne porte de branches qu'à partir d'une certaine hauteur au-dessus du sol. *Les racines, la tige (tronc), les branches d'un arbre. Collet, pied de l'arbre. Coupée transversalement, la tige d'un arbre présente trois parties* : le canal médullaire (moelle); le bois (cerne, cœur, duramen); l'écorce (aubier, liber). *Branches, fourche, ramure; feuillage d'un arbre.* V. *Verdure, les frondaisons des arbres. Cime d'un arbre. Port* de l'arbre. Arbre qui perd ses feuilles.* « *Le bel arbre, maintenant dépouillé de ses feuilles, déployait, sur le ciel, noir sous le ciel, sa puissance et fine membrure* » (FRANCE). *Espèces d'arbres.* V. **Essence.** *Arbre franc de pied, sauvage* (V. **Sauvageon**); *cultivé, de semis, greffé, en caisse, en pleine terre. Arbre à feuilles persistantes* (V. **Vert**) *ou caduques* (V. **Feuillu**). *Arbre gommeux, résineux* (V. **Résineux, n.**). *Arbre à feuilles persistantes* (V. **Vert**) *ou caduques* (V. **Feuillu**). *Arbre vigoureux, en pleine sève. Arbre fourchu, moussu, noueux. Arbre creux, mort. Arbre foudroyé.* — *Arbre fossile.* V. **Dendrite, sigillaire.** *Arbre pétrifié. Culture des arbres* (Arboriculture, sylviculture). *Arbre fruitier. Arbre d'agrément ou d'ornement. Arbres forestiers. Arbres de tige, de haute tige, de moyenne tige, de basse tige. Arbre de haute, de basse futaie.* ◊ [Appellations] *Arbre des banians* : figuier de l'Inde; *à calebasse* : calebassier; *à caoutchouc* : hévéa; *à cire* : sumac; *à pain* : artocarpe ou jaquier; *à poison* : sumac, mancenillier. *Mythol. Arbre d'Apollon* : laurier, palmier; *de Cybèle* : pin; *de Minerve* ou *de Pallas* : olivier. — *Plantation d'arbres. Garnir d'arbres* (boiser, reboiser, peupler). *Lieu planté d'arbres, réunion d'arbres.* V. **Avenue, berceau, bocage, bois, bosquet, charmille, forêt, fourré, futaie, mail, pépinière, taillis, végétation, verger.** *Formation, forme des arbres.* V. **Taille.** *Bouquet*, allée, ligne, rangée, rideau* d'arbres. Les arbres d'un jardin. Traitement des arbres* : *Baguer, butter, chauler, chausser, déchausser, déplanter, ébourgeonner, ébrancher, écheniller, écimer, éclaircir, écorcer, écussonner, effeuiller, élaguer, émonder, enter, étêter, greffer, scarifier, tailler, transplanter, tuteurer un arbre. Abattre un arbre à la cognée. Balivage des arbres.* V. **Baliveau, lais, marmenteau, témoin.** *Baguer, marquer un arbre. Les arbres d'une coupe (arbre cornier, de lisière). — Monter dans un arbre; grimper aux arbres.* « *Maître Corbeau, sur un arbre perché* » (LA FONT.). ◊ *Loc. prov. Entre l'arbre et l'écorce il ne faut pas mettre le doigt* : il ne faut pas s'immiscer dans les débats de famille. — *Couper l'arbre pour avoir le fruit* : tarir la source de la richesse. — *C'est au fruit qu'on connaît l'arbre* : d'après les résultats, les actes, qu'on juge l'auteur. « *Ce n'est qu'après les fruits que je me suis permis de juger l'arbre* » (STE-BEUVE). — *Les arbres cachent la forêt* : les détails empêchent de voir l'ensemble. ◊ *Ancienn. Arbre de la liberté* : arbre planté sur une place publique comme symbole d'émancipation. — *Arbre de mai* : arbre planté le 1ᵉʳ mai devant la porte de qqn, en signe d'honneur. — *Arbre de Noël* : sapin ou branche de sapin auquel on suspend des jouets, le jour de Noël. ◊ *Bible. L'arbre de vie* : arbre du paradis terrestre dont le fruit eût conservé la vie à l'homme avec son innocence. *L'arbre de la science du bien et du mal* : l'arbre au fruit défendu.

II. *Par anal.* ♦ 1° *Arbre de la croix* : la croix où fut attaché Jésus. ♦ 2° Axe qui reçoit ou transmet un mouvement de rotation. *Arbre moteur ou arbre de couche, Arbre à cames* (moteur à explosion). *Arbre-manivelle.* V. **Vilebrequin.** *Arbre de transmission. Réunir ou isoler deux arbres mécaniques par un embrayage.* Mar. *Arbre de couche*, qui transmet le mouvement des machines aux propulseurs. *Arbre d'hélice d'un navire.*

III. Ce qui a l'apparence d'un arbre. ♦ 1° *Anat. Arbre de vie* : arborisation que présente la coupe longitudinale du cervelet. ♦ 2° *Alchim., Chim. anc.* Nom d'arborisations : *Arbre de Diane* (amalgame d'argent), *de Jupiter* (étain précipité par le zinc). *Arbre des philosophes* : le mercure. ♦ 3° *Arbre généalogique* : figure représentant un arbre dont les ramifications montrent la filiation des diverses branches d'une même famille (et *fig.* une évolution). ♦ 4° *Didact.* Schéma représentant des chemins et des bifurcations, et servant à dénombrer des éléments, à dresser des listes. V. **Alternative, branche.** — *Spécialt.* (Ling.). Représentation graphique de la structure d'une phrase en constituants* immédiats, selon les classes syntagmatiques (grammaire transformationnelle).

ARBRISSEAU [aʀbʀiso]. *n. m.* (XVIᵉ; *arbroisel*, XIIᵉ; *arbriscellus*, VIIIᵉ; lat. pop. *arboriscellum*, de *arbor* « arbre »). Petit arbre dont la tige ramifie dès la base. *L'arbrisseau est dit buissonnant, quand il donne des branches dès la sortie de terre. Arbrisseau épineux, grimpant; à ramifications herbacées* (V. **Sous-arbrisseau**). « *La végétation s'épaissit; les arbrisseaux, les arbres remplacent les roseaux* » (GIDE).

ARBUSTE [aʀbyst(ə)]. *n. m.* (1495; lat. *arbustum*). Petit arbrisseau. « *Des bosquets d'arbustes* » (CHATEAUB.).

ARBUSTIF, IVE [aʀbystif, iv]. *adj.* (XVIe; repris 1846; de *arbuste*). Qui se rapporte aux arbustes. *Végétation arbustive. Cultures arbustives : d'arbustes.*

ARC [aʀk]. *n. m.* (1080; lat. *arcus*). ♦ 1° Arme formée d'une tige souple (de bois, de métal) que l'on courbe au moyen d'une corde attachée aux deux extrémités pour lancer des flèches. *Bander, tendre l'arc. Tirer des flèches avec un arc. Tir à l'arc. Soldat armé d'un arc.* V. **Archer.** *L'arc de Cupidon.* — *Avoir plusieurs cordes à son arc* : avoir plus d'une ressource pour réussir, pour atteindre son but. ♦ 2° *Géom.* Portion définie d'une courbe. *Arc de cercle. Amplitude d'un arc. Corde, flèche de l'arc. Arc de 45°. Cosinus, sinus d'un arc.* — *En arc de cercle*, courbe, arqué, cintré. ♦ 3° *Par anal.* Ce qui a la forme d'un arc. V. **Anse, arcade, arceau, arche, arcure, demi-cercle, cintre, courbe.** *Arc des sourcils, des lèvres.* « *Les landes formaient à l'horizon un immense arc noir où le ciel métallique pesait* » (MAURIAC). — Anat. *Arc du côlon : côlon transverse. Arc neural.* ◇ Phys. *Arc électrique* : arc lumineux qui jaillit entre deux charbons parcourus par un courant électrique. *Lampe, soudure à arc.* V. **Lampe.** — Physiol. *Arc réflexe*, trajet de l'influx nerveux depuis le récepteur sensible jusqu'au neurone qui commande la réponse. ♦ 4° *Archit.* Courbe décrite par une voûte et qui est formée par un ou plusieurs arcs de cercle. *L'arc et les montants d'une voûte. Le cintre d'un arc* : sa courbure intérieure. *Arc en plein cintre : demi-cercle régulier. Arc en plein cintre prolongé.* V. **Berceau.** *Arc en ogive.* V. **Ogive.** *Arc aigu, brisé ou en tiers-point. Arc outrepassé, en fer à cheval, lancéolé. Arc rampant. Arc surbaissé, surhaussé, en accolade.* « *J'ai identifié l'arc en plein cintre, les arcs surbaissés, surhaussés, brisés, outrepassés, polylobés* » (BEAUVOIR). ♦ 5° *Arc de triomphe, arc triomphal* : arcade monumentale sous laquelle passait le général romain triomphateur ; monument élevé sur ce modèle pour célébrer l'entrée d'un souverain dans une ville, la victoire d'une armée. *L'arc de triomphe de l'Étoile.*

ARCADE [aʀkad]. *n. f.* (1562; it. *arcata, arcada*, de *arco* « arc »). ♦ 1° *Archit.* Ouverture en arc ; ensemble formé d'un arc et de ses montants ou points d'appui (souv. au plur.). *Les arcades d'un aqueduc, d'un cloître, d'une galerie.* V. **Arcature.** *Les arcades de la rue de Rivoli, du Palais-Royal. Arcade aveugle, feinte, simulée. Arcades en plein cintre, en ogive.* V. **Arc.** — Par anal. *Arcades de verdure, de feuillage.* ♦ 2° Par ext. *Arcade sourcilière*, proéminence au-dessus de chaque orbite, où poussent les sourcils.

ARCANE [aʀkan]. *n. m.* (fin XVe; lat. *arcanum* « secret »). Alchim. Préparation mystérieuse, réservée aux *adeptes.* ◇ *Par ext.* (au plur.) *Les arcanes de la science, de la politique.* V. **Mystère, secret.** « *Cette science d'État, dont Joseph Sieyès possédait les arcanes* » (MADELIN). ◇ HOM. Arcanne.

ARCANNE [aʀkan]. *n. f.* (*Alchanne*, XIIIe ; lat médiév. *alchanna*; arabe *al-henna*. V. **Henné**). *Techn.* Craie rouge dont se servent les charpentiers. ◇ HOM. Arcane.

ARCANSON [aʀkɑ̃sɔ̃]. *n. m.* (1567; altér. d'*Arcachon*, la ville). Résine provenant de la distillation de la térébenthine. V. **Colophane.**

ARCASSE [aʀkas]. *n. f.* (1491; *arcasser* « garnir d'une arcasse », dès 1342; probabl. du prov. °*arcassa*). Mar. Ensemble des pièces de charpente de la voûte d'un navire, assemblées sur l'étambot perpendiculairement à la quille.

ARCATURE [aʀkatyʀ]. *n. f.* (1846; de l'it. *arcata.* V. **Arcade**). Archit. Série de petites arcades décoratives, réelles ou simulées (aveugles).

ARC-BOUTANT [aʀkbutɑ̃]. *n. m.* (1387; de *arc*, et *boutant*, de *bouter*). ♦ 1° Maçonnerie en forme d'arc qui s'appuie sur un contrefort (ou culée) pour soutenir de l'extérieur une voûte, un mur. *Les arcs-boutants d'une cathédrale gothique.* « *Notre vie ressemble à ces bâtisses fragiles, étayées dans le ciel par des arcs-boutants* » (CHATEAUB.). ♦ 2° Mar. Pièce servant à maintenir l'écartement des galhaubans. Bossoir servant à suspendre les embarcations. V. **Bossoir, porte-manteau.**

ARC-BOUTER [aʀkbute]. *v. tr.* (1604; de *arc-boutant*). ♦ 1° Soutenir au moyen d'un arc-boutant. V. **Appuyer, épauler, étayer.** *Arc-bouter un mur, une voûte.* ♦ 2° S'ARC-BOUTER. *v. pron.* Prendre appui sur une partie du corps pour exercer une poussée, un effort de résistance. *Gilliatt s'arc-bouta des pieds, des genoux et des poings à l'escarpement* » (HUGO). *La plaque « poussée par l'effort du pagayeur arc-bouté sur la perche...* » (GIDE).

ARC-DOUBLEAU [aʀkdublo]. *n. m.* (1399; de *arc*, et *doubleau*). Arc en saillie sous l'intrados d'une voûte, qui aboutit aux piliers.

ARCEAU [aʀso]. *n. m.* (*Arcel,* 1175; lat. pop. °*arcellus*, de *arcus.* V. **Arc**). ♦ 1° *Archit.* Partie cintrée d'une arcade, d'une voûte, d'une porte, d'une fenêtre. V. **Arc.** — Par anal. « *La vigne... couvre de ses verts arceaux la maison par l'été jaunie* » (LAMART.). ♦ 2° *Par ext.* Ce qui a la forme d'un arceau, petite arche. *Arceaux du jeu de croquet*, sous lesquels

passe la boule. *Arceaux d'une tonnelle, d'un berceau. L'arceau d'un cadenas.* V. **Anneau.** — *Méd.* Châssis en arc que l'on place dans le lit d'un blessé pour soulever les couvertures, les empêcher de peser sur un membre fracturé. V. **Archet.**

ARC-EN-CIEL [aʀkɑ̃sjɛl]. *n. m.* (1265; de *arc*, *en*, et *ciel*). Phénomène météorologique lumineux en forme d'arc, offrant les couleurs du prisme (violet, indigo, bleu, vert, jaune, orangé, rouge), et qui est produit par la réfraction et la réflexion des rayons du Soleil dans les gouttes de pluie (*poét.* Écharpe d'Iris). — *Des arcs-en-ciel.* « *Une foule bariolée, vêtue des couleurs les plus voyantes de l'arc-en-ciel* » (LOTI).

ARCH-, ARCHI-. Élément d'o. gr., « qui vient avant » (*ex.* : archevêque, archiprêtre).

ARCHAÏQUE [aʀkaik]. *adj.* (1776; gr. *arkhaikos*). Qui est ancien ou présente un caractère d'ancienneté. *Mot, tournure archaïque* (V. **Archaïsme**). ◇ Bx-arts. Antérieur aux époques classiques, à l'épanouissement d'un style. *La période archaïque de l'art grec.* V. **Primitif.** ◇ ANT. Moderne. Décadent.

ARCHAÏSANT, ANTE [aʀkaizɑ̃, ɑ̃t]. *adj. et n.* (1932; d'*archaïsme*). Qui fait usage d'archaïsmes, qui affecte l'archaïsme. *Écrivain archaïsant.* ◇ ANT. Moderniste.

ARCHAÏSME [aʀkaism(ə)]. *n. m.* (1659; gr. *arkhaismos*, de *arkhaios* « ancien »). ♦ 1° Littér. et Bx-arts. Caractère d'ancienneté. Imitation de la manière des Anciens. ♦ 2° Mot, expression, tour ancien qu'on emploie alors qu'il n'est plus en usage. Partir *au sens de* « *partager* » *est un archaïsme. Écrivain qui aime les archaïsmes.* ◇ ANT. Actualité, modernisme, nouveauté. Néologisme.

ARCHAL [aʀʃal]. *n. m.* (XIVe; *orchal*, XIIe; lat. *orichalcum*, gr. *oreikhalkos* « laiton »). *Fil d'archal*, de laiton.

ARCHANGE [aʀkɑ̃ʒ]. *n. m.* (1155; lat. ecclés. *archangelus*). Être qui est placé au-dessus de l'ange, dans la hiérarchie angélique. V. **Ange.** *Les archanges Gabriel, Michel et Raphaël. Saint Michel archange.*

ARCHANGÉLIQUE [aʀkɑ̃ʒelik]. *adj.* (1512; lat. ecclés. *archangelicus*). Qui tient de l'archange. *Une âme archangélique.* V. **Angélique, pur.** ◇ ANT. Diabolique.

1. ARCHE [aʀʃ(ə)]. *n. f.* (fin XIIe; lat. *arca* « coffre, armoire »). ♦ 1° *Arche de Noé*, ou *arche*, vaisseau fermé qui permit à Noé d'échapper aux eaux du déluge. ♦ 2° *L'arche d'alliance, l'arche sainte*, coffre où les Hébreux gardaient les tables de la loi.

2. ARCHE [aʀʃ(ə)]. *n. f.* (XIIe; lat. pop. °*arca*, class. *arcus.* V. **Arc**). Voûte en forme d'arc qui s'appuie sur les culées ou les piles d'un pont. *Les arches d'un pont, d'un aqueduc, d'un viaduc. Maîtresse arche.*

ARCHÉE [aʀʃe]. *n. f.* (1578; lat. des alchim. *archeus*, du gr. *arkhê* « principe »). Nom par lequel les alchimistes et les anciens physiologistes (Paracelse) désignaient le « feu central de la terre », et le « principe de vie ». ◇ HOM. Archer.

ARCHÉEN, ENNE [aʀkeɛ̃, ɛn]. *adj.* (1866; du gr. *arkhaios* « ancien »). Géol. Antérieur au cambrien. V. **Précambrien.** *Roches archéennes.* — *Subst.* Ensemble des terrains archéens ; époque où ils se sont formés. — *Syn.* ARCHÉOZOÏQUE (suff. -*zoïque*).

ARCHÉGONE [aʀkegɔn]. *n. m.* (1846; gr. *arkhê* « principe », et -*gone*). Bot. Organe femelle en forme de bouteille qui, chez les cryptogames vasculaires, les mousses, les gymnospermes, renferme l'oosphère.

ARCHELLE [aʀʃɛl]. *n. f.* (o. i., p.-ê. à rapprocher de *èrwèle* [Namur, Nivelles] « étagère [de cuisine à tiroirs ou à crochets] » Cf. aussi la racine *arc, arche*). *Région.* (Belgique). Étagère de salle à manger, munie de crochets pour ustensiles à anses.

ARCHÉO-. Élément, du gr. *arkhaios* « ancien ».

ARCHÉOLOGIE [aʀkeɔlɔʒi]. *n. f.* (1599; gr. *arkhaiologia*; Cf. Archéo-, et -logie). Science des choses anciennes, et spécialt. des arts et monuments antiques. V. **Iconographie, iconologie, inscription, préhistoire, sigillographie.** *Archéologie préhistorique, égyptienne* (égyptologie), *orientale, grecque, médiévale.*

ARCHÉOLOGIQUE [aʀkeɔlɔʒik]. *adj.* (1595; gr. *arkhaiologikos*; Cf. le précéd.). Qui a rapport à l'archéologie. *Recherches, fouilles archéologiques.*

ARCHÉOLOGUE [aʀkeɔlɔg]. *n.* (1813; de *archéologie*). Personne qui s'occupe d'archéologie. « *La pioche minutieuse des archéologues découvre, couche par couche, la trace émouvante des civilisations* » (DANIEL-ROPS).

ARCHÉOPTÉRYX [aʀkeɔpteʀiks]. *n. m.* (1864; de *archéo-*, et gr. *pterux* « aile »). Oiseau fossile du jurassique, le premier connu, présentant encore certains caractères des reptiles (dents, longue queue) dont il est issu.

ARCHÉOZOÏQUE [aʀkeɔzɔik]. V. **Archéen.**

ARCHER [aʀʃe]. *n. m.* (*Archier*, XIIe; de *arc*). ♦ 1° Soldat armé de l'arc ; tireur à l'arc. V. **Sagittaire.** *Les archers anglais de la guerre de Cent ans.* ♦ 2° Par ext. Agent de police, sous l'Ancien Régime. « *Conduisez-les au Petit-Châ-*

telet, dit-il aux archers » (Abbé PRÉVOST). ◇ HOM. Archée.

ARCHÈRE ou **ARCHIÈRE** [aʁʃ(j)ɛʁ]. *n. f.* (1213; de *arc*). Ouverture pratiquée dans les fortifications pour le tir à l'arc, à l'arbalète. V. **Meurtrière**.

ARCHERIE [aʁʃəʁi]. *n. f.* (déb. XIVᵉ, « art de tirer à l'arc » ; 1547, « lieu où l'on tire à l'arc » ; de *archer*). ♦ 1° Art du tir à l'arc. « *La froide archerie de Diane, Quand* [...] *elle prend un large mûrier pour cible* » (CLAUDEL). ♦ 2° *Vx.* Ensemble des archers. *L'archerie française.* ♦ 3° (1972). Matériel du tireur à l'arc.

ARCHET [aʁʃɛ]. *n. m.* (XIIᵉ; de *arc*). ♦ 1° *Mus.* Baguette droite (autrefois recourbée en forme d'arc), sur laquelle sont tendus des crins qui servent à faire vibrer les cordes de divers instruments de musique. *Archet d'alto, de contrebasse, de violoncelle. Conduire, promener son archet. Avoir un excellent archet :* jouer avec une grande sûreté. ♦ 2° *Par anal.* Se dit de châssis courbés en arc (V. **Arceau**) et d'arcs d'acier ou de baleine dont on se sert dans différents métiers. ♦ 3° Appareil sonore des sauterelles.

ARCHÉTYPE [aʁketip]. *n. m.* (*Architipe*, 1230 ; lat. *archetypum*, gr. *arkhetupon*). Type primitif ou idéal ; original qui sert de modèle. V. **Étalon, exemplaire, modèle, original, principe, prototype**. « *L'hôtel des Cormon est, dans son genre, un archétype des maisons bourgeoises d'une grande partie de la France* » (BALZ.). — *Biol.* Espèce primordiale, dans l'évolution. ◇ Adj. « *Ce monde, suivant Platon, était composé d'idées archétypes qui demeuraient toujours au fond du cerveau* » (VOLT.). ◇ ANT. *Copie*.

ARCHEVÊCHÉ [aʁʃəveʃe]. *n. m.* (1138 ; de *archevêque*). ♦ 1° Territoire sous la juridiction d'un archevêque. *Cinq évêchés dépendent de l'archevêché de Paris.* V. **Diocèse**. *De l'archevêché.* V. **Archidiocésain**. ♦ 2° *Par ext.* Siège d'archevêque. V. **Archiépiscopat**. Le siège (V. **Métropole**), le palais archiépiscopal. — L'administration archiépiscopale.

ARCHEVÊQUE [aʁʃəvɛk]. *n. m.* (1080 ; lat. d'o. gr. *archiepiscopus*). Évêque placé à la tête d'une province ecclésiastique (V. **Archevêché**) et qui a plusieurs évêques pour suffragants. V. **Métropolitain**. *Son Excellence l'Archevêque.* V. **Monseigneur**. *L'Archevêque préside le synode. Archevêque de l'Église russe.* V. **Métropolite**. *De l'archevêque.* V. **Archiépiscopal**.

ARCHI- [aʁʃi]. ♦ 1° Élément, du gr. *arkhi*, qui exprime la prééminence, le degré extrême ou l'excès et qui s'emploie librement pour former des adjectifs. V. **Extrêmement, très**. *L'autobus est archiplein, l'archicomble.* « *Tout cela est archipassé* » (CHATEAUB.). « *L'archicélèbre romancier* » (BLOY). « *La misère classique et archiconnue* » (BLOY). *Un mot archivieux.* ♦ 2° V. **Arch-**.

ARCHIATRE [aʁkjatʁ]. *n. m.* (1611 ; gr. *arkhiatros*, de *arkhi-*, et *iatros* « médecin »). *Ancienn.* Premier médecin, médecin en chef.

ARCHICONFRÉRIE [aʁʃikɔ̃fʁeʁi]. *n. f.* (1752 ; de *archi-*, et *confrérie*). Confrérie qui groupe des associations pieuses, charitables.

ARCHICUBE [aʁʃikyb]. *n. m.* (1895 ; de *archi-*, et *cube*). *Arg. scol.* Ancien élève de l'École normale supérieure.

ARCHIDIACRE [aʁʃidjakʁ(ə)]. *n. m.* (1532 ; *arcediakene*, 1190 ; lat. ecclés. *archidiaconus*. V. **Diacre**). Dignitaire ecclésiastique investi par l'évêque d'une sorte de juridiction (dite *archidiaconat*) sur les curés du diocèse (circonscription appelée *archidiaconé*). V. **Vicaire** (général).

ARCHIDIOCÉSAIN, AINE [aʁʃidjɔsezɛ̃, ɛn]. *adj.* (1771 ; de *archi-*, et *diocésain*). D'un archevêché.

ARCHIDIOCÈSE [aʁʃidjɔsɛz]. *n. m.* (XXᵉ ; de *archi-*, et *diocèse*). Diocèse d'un archevêque.

ARCHIDUC [aʁʃidyk], **ARCHIDUCHESSE** [aʁʃidyʃɛs]. *n.* (1486, -1504 ; de *archi-*, et *duc, duchesse*). Titre des princes et princesses de l'ancienne maison d'Autriche. *L'archiduc Maximilien.*

-ARCHIE, -ARQUE. Éléments, du gr. *-arkhia, -arkhos*, de *arkhein* « commander », qui servent à former des mots désignant des gouvernements (*ex.* : anarchie, oligarchie), des gouvernants (*ex.* : tétrarque).

ARCHIÉPISCOPAL, ALE, AUX [aʁʃiepiskɔpal, o]. *adj.* (1389 ; lat. ecclés. *archiepiscopalis*, du lat. *archiepiscopus*. V. **Archevêque**). Qui appartient à l'archevêque. *Siège archiépiscopal. Dignité archiépiscopale* [prononciation officielle : aʁki-].

ARCHIÉPISCOPAT [aʁʃiepiskɔpa]. *n. m.* (1490 ; lat. *archiepiscopatus*). Dignité, fonction d'archevêque [prononc. offic. : aʁki-].

ARCHIÈRE. *n. f.* V. **ARCHÈRE**.

ARCHIMANDRITE [aʁʃimɑ̃dʁit]. *n. m.* (1560 ; lat. d'o. gr. *archimandrita*). Supérieur de certains monastères dans l'église grecque. *Dignité d'archimandrite* (ou *archimandritat*).

ARCHIPEL [aʁʃipɛl]. *n. m.* (1808 ; « mer Égée », 1512 ; « mer parsemée d'îles », 1575 ; mot gr., de *pelagos* « mer », primitivement « Mer principale : Mer Égée »). Groupe d'îles.

« *L'archipel de la Manche* » (HUGO). *Fig.* « *La Seine lentement traîne des archipels De glaçons...* » (HUGO).

ARCHIPHONÈME [aʁʃifɔnɛm]. *n. m.* (v. 1950 ; de *archi-*, et *phonème*). *Ling.* Ensemble des caractéristiques pertinentes communes à deux phonèmes dont l'opposition est neutralisable.

ARCHIPRESBYTÉRAL, ALE, AUX [aʁʃipʁɛsbiteʁal, o]. *adj.* (1694, *archipresbiteral;* empr. au bas lat. *archipresbyteralis*). Relatif à l'archiprêtre, placé sous son autorité.

ARCHIPRÊTRE [aʁʃipʁɛtʁ(ə)]. *n. m.* (*Arcepretre*, XIIᵉ ; lat. d'o. gr. *archipresbyter*). ♦ 1° *Ancienn.* Prêtre que l'évêque déléguait à la tête d'une circonscription de son diocèse. ♦ 2° *Mod.* Titre honorifique conféré à un curé.

ARCHIPTÈRES [aʁʃiptɛʁ]. *n. m. pl.* (1933 ; de *arch(i)-*, et *-ptère*). Ordre d'insectes, dits aussi *Pseudo-névroptères*, tenant à la fois des névroptères par leurs ailes et des orthoptères par leurs métamorphoses incomplètes (*ex.* : libellule).

ARCHITECTE [aʁʃitɛkt(ə)]. *n. m.* (1510 ; *architecton*, 1361 ; lat. *architectus*, gr. *arkhitektôn*, de *tektôn* « ouvrier »). ♦ 1° Personne diplômée, capable de tracer le plan d'un édifice et d'en diriger l'exécution. *Plan, devis d'architecte. Elle est architecte.* « *Il écrivait, debout, à une table d'architecte* » (BOURGET). ◇ *Les grands architectes des siècles passés.* V. **Bâtisseur, constructeur**. ◇ *Relig. L'architecte de l'Univers*, Dieu. ♦ 2° *Fig.* Personne ou entité qui élabore et construit qqch. V. **Créateur, ingénieur, inventeur, ordonnateur**. « *Cette réformation dont Luther était l'architecte* » (BOSS.). « *Notre conscience est l'architecte de notre songe* » (HUGO). ◇ ANT. *Démolisseur.*

ARCHITECTONIE [aʁʃitɛktɔni]. *n. f.* (1943 ; du gr. *architectonia* « architecture, construction »). Disposition régulière, organisation architecturale d'un espace. « *L'architectonie des volumes et des couleurs de la matière dans laquelle je vis* » (GIONO).

ARCHITECTONIQUE [aʁʃitɛktɔnik]. *adj. et n. f.* (1495 ; lat. d'o. gr. *architectonicus*). Qui a rapport à l'art de l'architecte ; qui est conforme à la technique de l'architecture (V. **Architectural**). *Règles architectoniques.* ◇ N. f. L'art, la technique de la construction. *Les procédés de l'architectonique.*

ARCHITECTURAL, ALE, AUX [aʁʃitɛktyʁal, o]. *adj.* (1819 ; de *architecture*). Qui a rapport à l'architecture, qui en a le caractère. *Type, motif architectural. Formes architecturales.*

ARCHITECTURE [aʁʃitɛktyʁ]. *n. f.* (1504 ; lat. *architectura*). ♦ 1° L'art de construire les édifices. *L'architecture, art plastique. Règles, technique de l'architecture.* V. **Architectonique**. *Architecture militaire* (V. **Fortification**), *urbaine* (V. **Urbanisme**). *Architecture hydraulique.* V. **Hydraulique**. *Ordres d'architecture. Style d'architecture. Ce château est une merveille d'architecture.* « *Les dolmens et les menhirs marquent les débuts de l'architecture* » (S. REINACH). ♦ 2° Disposition d'un édifice. V. **Ordonnance, proportion**. *Caractère architectural.* « *Les temples* (de Thèbes) *sont de marbre et d'une architecture simple, mais majestueuse* » (FÉN.). ◇ *Édifice.* « *D'éblouissantes architectures* » (PROUST). ♦ 3° *Fig.* V. **Forme, structure ; charpente**. *L'architecture des lignes.* « *L'architecture du visage demeure intacte sous la peau flétrie* » (MAURIAC).

ARCHITECTURER [aʁʃitɛktyʁe]. *v. tr.* (1819 ; d'*architecture*). Construire avec rigueur, comme on construit un bâtiment. « *La manière dont il architecture ses sites et poudre de bleu ses ciels* » (HUYSMANS). *Roman bien architecturé.*

ARCHITRAVE [aʁʃitʁav]. *n. f.* (*Arquitrave*, 1528 ; it. *architrave* « maîtresse poutre », lat. *trabs, trabis*). ♦ 1° *Archit.* Partie inférieure de l'entablement qui porte directement sur le chapiteau de colonnes. V. **Épistyle, linteau**. « *Deux longs portiques, dont les architraves reposaient sur des piliers trapus* » (FLAUB.). ♦ 2° *Mar.* Poutre soutenant certaines parties du navire.

ARCHITRAVÉ, ÉE [aʁʃitʁave]. *adj.* (1739 ; de *architrave*). *Corniche architravée :* à laquelle on a ajouté une architrave.

ARCHIVAGE [aʁʃivaʒ]. *n. m.* (XXᵉ ; d'*archiver*). Action d'archiver.

ARCHIVER [aʁʃive]. *v. tr.* (1877 ; de *archives*). *Rare.* Classer (un document) dans les archives.

ARCHIVES [aʁʃiv]. *n. f. pl.* (1416 ; bas lat. *archivum*, gr. *arkheion* « ce qui est ancien »). Collection de pièces, titres, documents, dossiers anciens. *Archives publiques, départementales. Archives notariales, familiales, personnelles.* « *De lentes monographies enfouies en des archives de bénédictins* » (JAURÈS). — *Par ext.* Lieu où les archives sont déposées, conservées. V. **Bibliothèque, cabinet, dépôt**. « *Il passait d'exquises journées à galoper de son cabinet aux archives* » (COURTELINE). *Archives nationales*, qui centralisent les documents relatifs à l'histoire de France.

ARCHIVISTE [aʁʃivist(ə)]. *n.* (1701 ; *archivaire*, 1486 ; de *archives*). Personne préposée à la garde, à la conservation des archives. — *Archiviste-paléographe* : archiviste diplômé de l'École nationale des chartes.

ARCHIVISTIQUE [aʃivistik]. *adj.* et *n. f.* (1952; de *archiviste*). *Didact.* ♦ 1° *Adj.* Relatif à la science des archives (conservation, classement, histoire, etc.). — *Des archives. Pièce archivistique.* ♦ 2° *N. f.* (1958). Science des archives. *L'archivistique des manuscrits.*

ARCHIVOLTE [aʃivɔlt(ə)]. *n. f.* (1694; it. *archivolto.* V. Voûte). *Archit.* Bande moulurée concentrique à l'intrados d'une arcade. *Une archivolte ornée de billettes.* — Ensemble des voussures d'une arcade, d'un portail.

ARCHONTE [aʀkɔ̃t]. *n. m.* (*Arconde*, XIIIᵉ; lat. *archon, archontem*, d'o. gr.). Titre des magistrats qui gouvernaient les républiques grecques. *Les neuf archontes d'Athènes. L'archonte éponyme* : celui qui donnait son nom à l'année. *Dignité d'archonte (archontat).*

ARÇON [aʀsɔ̃]. *n. m.* (1080; lat. pop. °*arcio*, accus. *arcionem*, de *arcus* « arc »). ♦ 1° L'une des deux pièces ou arcades qui forment le corps de la selle. V. **Pommeau, troussequin.** *Pistolets d'arçon* : que l'on met dans les fontes de l'arçon. *Vider les arçons* : tomber de cheval (V. **Désarçonner**). — *Être ferme dans, sur ses arçons* : se tenir bien en selle; *fig.* Être ferme dans ses opinions, ne pas se laisser démonter. ◇ CHEVAL D'ARÇONS. V. **Cheval.** ♦ 2° Instrument en forme d'archet pour battre la laine, la bourre. ♦ 3° *Vitic.* Sarment de vigne que l'on courbe pour le faire fructifier.

ARC-RAMPANT [aʀkʀɑ̃pɑ̃]. *n. m.* (1866, comme mot comp.; de *arc*, et *rampant*). ♦ 1° *Archit.* Arc dont les naissances sont de hauteur inégale. ♦ 2° *Techn.* Courbe métallique qui soutient une rampe.

ARCTIQUE [aʀktik]. *adj.* (1338; lat. *arcticus*, gr. *arktikos*, de *arktos* « ours »). Qui regarde la Grande Ourse (constellation), les régions polaires du nord. V. **Septentrional; boréal.** *Pôle arctique. Cercle arctique. Steppe arctique* (Toundra). Subst. *Aller dans l'arctique.* ⊗ ANT. Antarctique, austral, méridional.

ARCURE [aʀkyʀ]. *n. f.* (1304; de *arquer*). ♦ 1° Courbure en arc. ♦ 2° *Arbor.* Opération qui consiste à courber un rameau, une branche, un sarment, afin de le faire mieux fructifier (V. Arçon).

-ARD. Élément, d'o. germ., de noms et d'adjectifs auxquels il donne une nuance péjorative ou vulgaire (*ex.* : froussard, revanchard).

ARDEMMENT [aʀdamã]. *adv.* (XIIᵉ; de *ardent*). Avec ardeur (2°). *Désirer, vouloir ardemment.* « *Je souhaite ardemment qu'il m'aime* » (MOL.). ⊗ ANT. V. **Faiblement.**

ARDENT, ENTE [aʀdã, ãt]. *adj.* (XIIᵉ; lat. *ardens*). ♦ 1° Qui est en feu, en combustion; qui brûle. *Charbons, tisons ardents.* V. **Embrasé, enflammé, incandescent** (et *aussi* **Braise, brasier, fournaise**). *Feu ardent* (V. **Vif**). *Bûcher ardent.* « *L'ardent foyer jetait des clartés fantastiques* » (HUGO). — *Buisson ardent* : buisson qui brûlait sans se consumer, forme sous laquelle Dieu apparut à Moïse. ◇ *Fig. Être sur des charbons ardents* : brûler, griller d'impatience, se consumer d'inquiétude. ◇ *Subst. Vx. Un ardent* : un feu follet. ♦ 2° Qui est allumé. *Flambeau ardent.* V. **Flamboyant, lumineux.** *Par ext.* Qui est éclairé. *Chapelle ardente* : où de nombreux cierges entourent un catafalque, brûlent autour d'un cercueil. ♦ 3° Qui a la couleur ou l'éclat du feu. *Cheveux d'un blond ardent.* V. **Roux, rutilant.** *Des yeux ardents de colère, qui brillent de colère.* ♦ 4° Qui dégage une forte chaleur. *Soleil ardent.* V. **Chaud; brûlant.** « *Au pied des falaises ardentes qui réverbéraient le soleil* » (GIDE). ♦ 5° Qui communique le feu, enflamme, embrase. V. **Incendiaire.** *Flèches ardentes. Miroir ardent.* — *Spécialt. Chambre ardente,* s'est dit sous l'Ancien Régime de commissions extraordinaires de justice qui pouvaient appliquer au condamné la peine du feu. ♦ 6° *Par ext.* Qui cause une sensation de chaleur, de brûlure. *Fièvre ardente. Soif ardente* : qui brûle le gosier. Subst. *Le mal des ardents,* épidémie du moyen âge (gangrène, états convulsifs). ♦ 7° Qui a de l'ardeur, prompt à s'enflammer. *Personne, nature, sensibilité ardente.* V. **Actif, bouillant, bouillonnant, chaleureux, effervescent, emporté, enflammé, enthousiaste, exalté, fanatique, fervent, fougueux, frénétique, impatient, impétueux, passionné, véhément, vif, violent, volcanique.** *Spécialt. Tempérament ardent* : porté à l'amour. V. **Amoureux, chaud, salace.** « *Un homme ardent et sensible, jeune et garçon, peut être continent et chaste* » (ROUSS.). ♦ 8° Qui est très vif. *Une imagination ardente. Une ardente conviction.* V. **Profond.** *Désir, vœu ardent. Ardente piété.* V. **Fervent.** *Attention ardente.* V. **Avide.** — *Lutte ardente.* V. **Violent; acharné, animé.** « *Le soir tombait; la lutte était ardente et noire* » (HUGO). ⊗ ANT. Calme, endormi, engourdi, éteint, frigide, froid, glacial, indolent, inerte, languissant, morne, mou, nonchalant, terne, tiède.

ARDEUR [aʀdœʀ]. *n. f.* (1130; lat. *ardor*). ♦ 1° Chaleur vive. *Ardeur du soleil.* Littér. *Les ardeurs de l'été.* ♦ 2° *Fig.* Énergie pleine de vivacité. V. **Activité, force, vie, vigueur, vitalité.** *Ardeur juvénile.* ◇ (Dans l'action) *Ardeur au travail. Son ardeur à travailler.* « *L'ardeur avec laquelle je me mis*

à cette étude » (RENAN). V. **Cœur, courage, énergie, entrain.** *Quelle ardeur!* V. **Fougue, impétuosité.** ◇ (Dans les sentiments) V. **Élan, emballement, exaltation, ferveur, véhémence.** *Soutenir une opinion avec ardeur.* « *Brûlant de toutes les ardeurs, celles de l'amour et celles de la haine* » (MADELIN). Fam. *Modérez vos ardeurs! Par ext.* (Choses) *L'ardeur de sa passion, de son zèle.* ◇ *Spécialt. L'ardeur des sens,* le désir. *Absolt. Vx.* « *Il sait mes ardeurs insensées. De l'austère pudeur les bornes sont passées* » (RAC.). ⊗ ANT. Indifférence, indolence, mollesse, nonchalance, relâchement. Tiédeur. Froideur.

ARDILLON [aʀdijɔ̃]. *n. m.* (*Hardillon,* fin XIIIᵉ; de *hard* « lien, corde ». V. **Hart**). Pointe de métal qui fait partie d'une boucle et s'engage dans un trou de courroie, de ceinture, de ceinturon.

ARDOISE [aʀdwaz]. *n. f.* (1175; mot du Nord; o. i.). ♦ 1° Pierre tendre et feuilletée d'un gris bleuâtre (schiste argileux), inaltérable à l'air, imperméable à l'humidité, qui sert principalement à la couverture des maisons. *Carrière d'ardoise.* V. **Ardoisière.** *Banc, couche, gisement d'ardoise. Ardoise brute. Bloc, planche, plaque d'ardoise. Qualités d'ardoise* (poil noir, poil taché, poil roux). V. *aussi* **Phyllade.** ◇ *Plaque d'ardoise. Toit d'ardoises. Terrasse pavée d'ardoises.* « *Plus que le marbre dur me plaît l'ardoise fine* » (DU BELLAY). ♦ 2° Plaque d'ardoise dans un cadre en bois, sur laquelle on écrit avec un crayon spécial (*crayon d'ardoise*), une craie, et qu'on nettoie après usage. *Ardoise d'écolier, de commerçant. Par ext.* Carton revêtu d'un produit spécial servant au même usage. ♦ 3° *Fig.* Compte de marchandises, de consommations prises à crédit (noté autrefois sur une ardoise). *Il est très endetté, il a des ardoises partout.* ♦ 4° Couleur bleutée, cendrée de cette pierre (surtout en appos.). *Bleu, gris ardoise.*

ARDOISÉ, ÉE [aʀdwaze]. *adj.* (1587; de *ardoise*). Qui est de la couleur de l'ardoise. « *En automne, la colline est bleue sous un grand ciel ardoisé* » (BARRÈS).

ARDOISIER, IÈRE [aʀdwazje, jeʀ]. *adj.* et *n. m.* (1506; de *ardoise*). ♦ 1° Qui est de la nature de l'ardoise ou contient de l'ardoise. *Schiste ardoisier. Gîte ardoisier.* — Qui a un rapport à l'ardoise. *Industrie ardoisière.* ♦ 2° *N. m.* Qui exploite une carrière d'ardoise ou y travaille. *Les ardoisiers de Bretagne.* ◇ *Région.* (Belgique). Couvreur.

ARDOISIÈRE [aʀdwazjeʀ]. *n. f.* (1564; de *ardoise*). Carrière d'ardoise. « *J'ai remonté la vallée de la Meuse, j'ai vu ses eaux sombres, ses ardoisières* » (BEAUVOIR).

ARDU, UE [aʀdy]. *adj.* (1365; lat. *arduus*). ♦ 1° (Rare). Difficile à gravir. *Chemin ardu.* V. **Escarpé, raide, rude.** ♦ 2° (XVIIᵉ). *Fig.* Qui présente de grandes difficultés. V. **Difficile, malaisé, pénible, rude.** *Travail ardu. Entreprise ardue.* ⊗ ANT. Abordable, accessible, facile.

ARE [aʀ]. *n. m.* (1795; du lat. *area* « aire »). Mesure agraire de superficie (cent mètres carrés). *Cent ares.* V. **Hectare.** ⊗ HOM. Arrhes, ars, art, hart.

AREC [aʀɛk]. *n. m.* (*Areca,* 1521; *arèque,* 1610; mot. port. par l'it.). ♦ 1° *Vx.* Fruit de l'aréquier. ♦ 2° (1653). *Aréquier. Noix d'arec,* son fruit, employé comme masticatoire et dont on tire le cachou.

ARÉFLEXIE [aʀeflɛksi]. *n. f.* (apr. 1950; de *a-* 2, et *réflexe*). *Méd.* Absence, abolition des réflexes.

ARÉIQUE [aʀeik]. *adj.* (1928; de *a-* 2, et gr. *rhein* « couler »). *Géogr.* Se dit d'une région qui n'a pas de réseau hydrographique permanent (*ex.* : le Sahara).

ARELIGIEUX, EUSE [aʀəliʒjø, øz]. *adj.* (1907; de *a-* 2, et *religieux*). Qui n'a aucune religion. V. **Irréligieux**, repousse tout ce qui le concerne. ⊗ ANT. Religieux.

ARÉNACÉ, ÉE [aʀenase]. *adj.* (1846; lat. *arenaceus,* de *arena* « sable »). *Didact.* Qui est de la nature du sable. V. **Sablonneux.** *Roche arénacée.*

ARÈNE [aʀɛn]. *n. f.* (1155; lat. *arena*). ♦ 1° *Vx* ou *poét.* Sable. — Étendue sableuse. « *L'énorme rue-place est une arène de sable fin* » (GIDE). ♦ 2° Aire sablée d'un amphithéâtre où les gladiateurs combattaient. V. **Lice.** — *Fig.* *Descendre dans l'arène,* accepter un défi, s'engager dans un combat, une lutte. *L'arène politique.* ◇ Aire sablée d'un cirque, d'un amphithéâtre où ont lieu des courses de taureaux. *Le taureau entre dans l'arène.* ♦ 3° *Par ext.* au plur. (XVIᵉ). ARÈNES : amphithéâtre romain. *Les arènes d'Arles, de Vérone.* ◇ (Fin XIXᵉ) Amphithéâtre où se déroulent des courses de taureaux. *Les arènes de Madrid, de Mexico. Les* « *pauvres gens qui venaient vendre des oranges autour des arènes* » (MONTHERLANT). ♦ 4° (1846). *Techn.* Sable argileux. — (XXᵉ siècle). *Arène granitique,* sable où domine le granite.

ARÉNICOLE [aʀenikɔl]. *adj.* et *n. f.* (1808; lat. *arena* « sable », et *-cole*). ♦ 1° *Adj.* Qui vit dans le sable. ♦ 2° *N. f.* Ver annélide (*Polichètes*) qui vit dans le sable des bords de la mer, utilisé comme appât par les pêcheurs.

ARÉOLAIRE [aʀeɔlɛʀ]. *adj.* (1838; de *aréole*). ♦ 1° *Anat.* Qui se rapporte à l'aréole (du sein). ◇ Se dit d'un tissu qui présente de nombreux interstices. ♦ 2° *Géol. Érosion aréo-*

laire, latérale. ♦ 3° (1887). Math. *Vitesse aréolaire d'un point*, dérivée par rapport au temps de l'aire décrite par le rayon vecteur du point mobile.

ARÉOLE [aɾeɔl]. *n. f.* (1611; lat. *areola*, dimin. de *area* « aire »). ♦ 1° *Anat.* Cercle qui entoure le mamelon du sein. ♦ 2° *Méd.* Aire rougeâtre qui entoure un point enflammé.

ARÉOMÈTRE [aɾeɔmɛtʀ(ə)]. *n. m.* (1675; gr. *araios* « peu dense », et *mètre*). Instrument qui sert à mesurer le poids spécifique d'un liquide. V. **Alcoomètre, densimètre, glucomètre, lactomètre, oléomètre, uromètre.** *Aréomètre Baumé.*

ARÉOMÉTRIE [aɾeɔmetʀi]. *n. f.* (1843; d'*aréomètre*). Mesure de la densité des liquides avec l'aréomètre.

ARÉOPAGE [aɾeɔpaʒ]. *n. m.* (*Ariopage*, 1495; lat. *areopagus*, gr. *Areios pagos* « la colline d'Arès »). ♦ 1° Tribunal d'Athènes qui siégeait sur la colline d'Arès. — (Avec la majuscule) *Les membres de l'Aréopage* (aréopagistes). ♦ 2° *Fig.* (1719). Assemblée de juges, de savants, d'hommes de lettres très compétents. « *L'auguste aréopage de la poésie et de l'éloquence* » (FRANCE).

ARÉOSTYLE [aɾeɔstil]. *n. m.* (1547; lat. *aræostylos*, du gr. *araios* « rare », et *stulos* « colonne »). *Antiq.* Édifice dont les colonnes sont très espacées.

ARÉQUIER [aɾekje]. *n. m.* (1687; *arequere*, 1598; port. *arequero*). Grand palmier d'Asie équatoriale dont le fruit est la noix d'arec* et dont le bourgeon terminal (cœur du palmier) est comestible.

ARÊTE [aɾɛt]. *n. f.* (XIIᵉ; lat. *arista*).
I. *Bot.* Barbe de l'épi de certaines graminées.
II. ♦ 1° Tige du squelette des poissons osseux. *Grande arête* : la colonne vertébrale du poisson. *Sardines sans arête.* — *Arêtes*, les côtes qui en partent. *S'étrangler avec une arête.* ♦ 2° *Par anal.* Ligne d'intersection de deux plans. *Les arêtes d'un cube. L'arête d'un toit* (V. **Arêtier, arêtière**). *Arête du nez.* — *Archit. et Charp. Une pierre, une poutre taillée à vive arête. Arête d'une voûte* : angle qu'elle forme avec un mur ou une autre voûte. *Voûte d'arête.* V. **Voûte.** — *Géogr. Arête d'une chaîne de montagnes*, ligne d'intersection des deux versants. « *L'arête vaporeuse du Djebel-Amour se découpait sur un ciel d'une extraordinaire transparence* » (FROMENTIN).

ARÊTIER [aɾetje]. *n. m.* (XIVᵉ; de *arête*). *Archit. et Charp.* Pièce de charpente qui forme l'encoignure d'un comble, recouvre l'arête ou les arêtes d'un toit.

ARÊTIÈRE [aɾetjɛʀ]. *n. f.* (1691; de *arêtier*). *Archit.* Se dit des tuiles qui recouvrent l'arête ou les arêtes du toit (ou du revêtement qui les remplace).

A-REU, AREU [aʀœ]. *interj.* Onomatopée transcrivant l'un des premiers sons du langage que le bébé émet en signe de bien-être.

ARGAS [aʀɡas]. *n. m.* (1796; lat. zool.; mot gr.). Animal arachnide acarien, parasite extérieur des volailles et aussi des mammifères.

-ARGE, -ARGUE. Éléments, du gr. *argos* « blanc » (*ex.* : litharge, pygargue).

ARGENT [aʀʒɑ̃]. *n. m.* (Xᵉ; lat. *argentum*). ♦ 1° Métal blanc (symb. Ag : p. at. 107, 88), très ductile et malléable, que l'on trouve en filons à l'état natif (*argent natif*), dans les minerais, galènes et pyrites à l'état de sulfure (*sulfure d'argent*, V. **Argyrose**), parfois uni à l'antimoine, au chlore, — *Polir, aviver, brunir, planer l'argent. Alliages d'argent.* V. **Argentan** (ou *argenton*), électrum. *Argent doré.* V. **Vermeil.** *Vaisselle d'argent.* V. **Argenterie.** *Couvrir une glace d'une couche d'argent.* V. **Argenter; argenture.** *Fil, étoffe d'argent* (brocart). *Argent colloïdal*, utilisé en médecine. V. **Collargol.** *Blanc d'argent.* V. **Céruse.** ◇ *Vif-argent.* V. **Mercure.** ♦ 2° *Par ext. Fig. D'argent*, de la couleur, de la blancheur, de l'éclat de l'argent. V. **Argenté.** « *La lune ouvre dans l'onde Son éventail d'argent* » (HUGO). ♦ 3° Monnaie métallique ou de métal. *Argent monnayé. L'encaisse or et l'encaisse argent.* ♦ 4° Toute sorte de monnaie métallique, de papier-monnaie. *Par ext.* Ce qui représente cette monnaie. V. **Capital, fonds, fortune, monnaie, numéraire, pécule, recette, ressource, richesse** (Cf. *pop.* Braise, flouss, fric, galette, oseille, pépètes, pèze, picaillon, pognon). V. *aussi* **Franc.** *Somme d'argent.* — *Payer en argent* (opposé à en nature). V. **Espèces; chèque.** *Argent liquide*. *Placer, faire travailler son argent. Argent qui dort, improductif. Déposer, verser son argent en banque. Avance d'argent* (V. **Arrhes, avance, débours, prêt**). *Avancer, prêter; emprunter, devoir, rembourser de l'argent à qqn. Gagner de l'argent. Recevoir, toucher de l'argent. Rentrée d'argent. Pour de l'argent*, moyennant finance*. *Se vendre pour de l'argent* : être vénal. *Amasser, entasser de l'argent* (V. **Avare**). *Mettre, serrer son argent dans une bourse, une cassette, un coffre, un coffre-fort, un porte-monnaie. Jeter l'argent par les fenêtres*, dépenser en gaspillant. *L'argent lui fond dans les mains;* il s'en va; il file. *Avoir de l'argent.* V. **Riche;** argenté (*fam.*), fortuné. *Être*

à court d'argent, sans argent. V. **Désargenté, impécunieux, indigent, pauvre** (Cf. *pop.* Sans un). — « *Oh! argent que j'ai tant méprisé, tu as pourtant ton mérite; source de la liberté, tu arranges mille choses dans notre existence* » (CHATEAUB.). « *Les puissances d'argent avaient grandi* » (BAINVILLE). ◇ *Loc. En vouloir pour son argent; en avoir pour son argent* : en proportion de ce qu'on a donné (en argent ou autrement). — *Faire argent de tout* : employer tous les moyens pour s'en procurer. — *Prendre qqch. pour argent comptant*, croire naïvement ce qui est dit ou promis. PROV. *L'argent est le nerf de la guerre.* V. **Nerf.** *L'argent n'a pas d'odeur*, ne garde pas la marque de sa provenance (malhonnête). *L'argent ne fait pas le bonheur. Plaie d'argent n'est pas mortelle* : une perte d'argent n'est pas un malheur irréparable. *Le temps c'est de l'argent* (angl. *Time is money*), il ne faut pas perdre de temps. ♦ 5° *Blas.* Un des métaux employé dans les armoiries et représenté par de l'argent, du blanc. *Cette maison porte d'argent au lion de sable.*

ARGENTAN [aʀʒɑ̃tɑ̃] ou **ARGENTON** [aʀʒɑ̃tɔ̃]. *n. m.* (1829; de *argent*). Alliage de cuivre, zinc et nickel (V. **Maillechort**) imitant l'argent. *Couverts en argentan.*

ARGENTÉ, ÉE [aʀʒɑ̃te]. *adj.* (1458, n. d'une monnaie). V. **Argenter.**
I. (*De argenter*). ♦ 1° Qui est recouvert d'une couche d'argent (V. **Argenture**). *Métal argenté.* ♦ 2° Qui a la couleur, l'éclat de l'argent. *Cheveux argentés. Gris argenté.* ♦ 3° *Vx.* Argentin (2). « *Cette voix argentée de la jeunesse* » (ROUSS.).
II. *Fam.* (1876; de *argent*). Qui a de l'argent, en fonds. *Il n'est pas très argenté en ce moment.* ◇ ANT. **Désargenté.**

ARGENTER [aʀʒɑ̃te]. *v. tr.* (1220; de *argent*). ♦ 1° Recouvrir d'une feuille, d'une couche d'argent (V. **Argenture**). *Argenter des couverts. Argenter une glace.* ♦ 2° *Fig.* Donner la couleur, l'éclat de l'argent. « *Comme un grand poisson mort, dont le ventre flottant Argente l'onde verte* » (HUGO). « *La lune argente les bouleaux* » (HUGO). *Pronom.* « *Ses temps qui s'argentaient déjà* » (MART. du G.). ◇ ANT. **Désargenter.**

ARGENTERIE [aʀʒɑ̃tʀi]. *n. f.* (1286; de *argent*). Vaisselle, couverts, ustensiles d'argent. *Pièces d'argenterie. Argenterie godronnée* (V. **Godron**).

ARGENTEUR [aʀʒɑ̃tœʀ]. *n. m.* (1271; de *argenter*). Ouvrier qui argente. *Argenteur sur cuivre. Argenteur sur verre*, qui fait les glaces.

ARGENTIER [aʀʒɑ̃tje]. *n. m.* (XVIᵉ; « banquier », 1272; lat. *argentarium*). ♦ 1° *Ancienn. Grand argentier* : surintendant des finances. *Fam. Mod.* Le ministre des Finances. ♦ 2° Meuble où l'on range l'argenterie.

ARGENTIFÈRE [aʀʒɑ̃tifɛʀ]. *adj.* (1596; du lat. *argentum* « argent », et *-fère*). Qui contient de l'argent. *Minerai argentifère.*

1. **ARGENTIN, INE** [aʀʒɑ̃tɛ̃, in]. *adj.* (1115; de *argent*). ♦ 1° *Vx.* V. **Argenté.** ♦ 2° Qui résonne clair comme l'argent. *Son argentin d'une clochette.* « *Et sa voix argentine, Écho limpide et pur de son âme enfantine* » (LAMART.).

2. **ARGENTIN, INE** [aʀʒɑ̃tɛ̃, in]. *adj. et n.* (fin XIXᵉ; de *argentine*). Qui appartient à la République argentine. — *N.* Habitant de ce pays. *Les Argentins.*

ARGENTIQUE [aʀʒɑ̃tik]. *adj.* (1846; de *argent*). *Chim., pharm.* Qui contient de l'argent (en parlant de préparations chimiques ou médicamenteuses).

ARGENTITE [aʀʒɑ̃tit]. *n. f.* (1885; de *argent*). Syn. de *Argyrose.*

ARGENTURE [aʀʒɑ̃tyʀ]. *n. f.* (1642; de *argenter*). ♦ 1° Action d'argenter. L'art de l'argenteur (on dit aussi *Argentage, argentation*). ♦ 2° Couche d'argent (amalgame, feuille, pâte) que l'on applique sur un corps (métal, verre) pour lui donner l'apparence, l'éclat du métal précieux. V. **Plaqué.** *L'argenture de ces couverts est partie. L'argenture des glaces a remplacé l'étamage.*

ARGILACÉ, ÉE [aʀʒilase]. *adj.* (1858; lat. *argillaceus*. Cf. **Argile**). *Didact.* Qui a la nature, la couleur, l'apparence de l'argile. V. **Argileux.**

ARGILE [aʀʒil]. *n. f.* (1190; lat. *argilla*). Terre (essentiellement composée de silicates hydratés d'aluminium associés à diverses autres substances) provenant surtout de la décomposition des feldspaths, avide d'eau, imperméable et plastique, dite terre glaise ou terre à potier. *Banc d'argile. Argile blanche.* V. **Kaolin; calamite.** *Argile rouge, jaune, ocreuse.* V. **Bol, ocre, sil.** *Argile grasse, plastique. Argile maigre. Mélange d'argile et de calcaire* (V. **Marne**), *de sable* (V. **Boulbène**). *Argile smectique.* V. **Foulon** (terre à). *Mortier d'argile.* V. **Bauge, pisé;** et *aussi* **Brique.** *Argile réfractaire* : résistant à de hautes températures. ◇ (Biblique) *Limon dont Dieu pétrit l'homme.* — *La statue aux pieds d'argile. Fig. Colosse aux pieds d'argile* : fragile, vulnérable malgré les apparences.

ARGILEUX, EUSE [aʀʒilø, øz]. *adj.* (1170; lat. *argillosus;*

Cf. Argile). Qui est de la nature de l'argile. *Terre argileuse.* « *Le terrain devient argileux et glissant* » (GIDE).

ARGILO-. Élément tiré d'*argile* (*argilo-calcaire, argilo-sablonneux, argilo-siliceux*).

ARGON [aʀgɔ̃]. *n. m.* (1895; 1894, angl. *argon*, du gr. *argos* « inactif », parce qu'il n'entre dans aucune combinaison chimique connue). Corps simple (symb. Ar; n° at. 18; p. at. 39,948), gaz inerte, incolore et inodore qui entre (pour un centième environ) dans la composition de l'air atmosphérique. *L'argon est utilisé pour le remplissage de certaines lampes à incandescence.*

ARGONAUTE [aʀgɔnot]. *n. m.* (XVe-XVIe; lat. d'o. gr. *argonautæ* « les Argonautes »). ♦ 1° Nom des héros grecs qui, sous la conduite de Jason, allèrent en Colchide conquérir la Toison d'or. ♦ 2° (1808). Mollusque céphalopode *(Octopodes).* V. **Nautile.** ♦ 3° Petit voilier monotype d'instruction et de course.

ARGOT [aʀgo]. *n. m.* (1690; « corporation des gueux », 1628; o. i.). ♦ 1° *Cour.* Langue des malfaiteurs, du milieu; « langue verte ». V. **Jargon; bigorne.** *Les détenus m'apprennent à parler argot, à rouscailler bigorne, comme ils disent* » (HUGO). ♦ 2° *Ling.* « Ensemble oral des mots non techniques qui plaisent à un groupe social » (ESNAULT). *Argot parisien. Argot boulevardier. Argot militaire. Argot des écoles. Argot sportif.*

ARGOTIQUE [aʀgɔtik]. *adj.* (1837; de *argot*). Qui a rapport à l'argot (1°). *Termes argotiques.*

ARGOTISME [aʀgɔtism(ə)]. *n. m.* (XXe; de *argot*). *Ling.* Mot, expression argotique.

ARGOTISTE [aʀgɔtist(ə)]. *n.* (1866; de *argot*). Linguiste spécialisé dans l'étude de l'argot.

ARGOUSIER [aʀguzje]. *n. m.* (1783; o. i.). Arbrisseau vivace, épineux *(Éléagnacées)*, scientifiquement appelé *hippophaé.*

ARGOUSIN [aʀguzɛ̃]. *n. m.* (1538; *agosin*, XVe; port. *algoz* « bourreau », arabe *alghozz* avec infl. de *alguazil*, a. vénitien *alguzin*). *Ancienn.* Bas officier des galères. — Vieilli *(Péj.)* Agent de police.

ARGUER [aʀgɥe]. *v.; conjug. diminuer* (1080; lat. *arguere*). ♦ 1° *V. tr.* (dir.). *Littér.* Tirer argument, tirer (une conséquence) de quelque fait. *Vous ne pouvez rien arguer de ce fait.* V. **Argumenter, conclure, déduire, inférer.** ◊ *Dr.* Arguer une pièce de faux : en affirmer la fausseté. V. **Accuser, attaquer, contester.** ♦ 2° *V. tr.* (indir.). *Arguer de qqch.*, la mettre en avant, en tirer argument ou prétexte. V. **Alléguer, avancer, invoquer, prétexter, protester** (de). « *Ici le savant matérialiste protestera et arguera de la misère de l'homme* » (MAUROIS). ♦ 3° *V. intr. Rare.* Conclure.

ARGUMENT [aʀgymã]. *n. m.* (1160; lat. *argumentum*; Cf. le précéd.). ♦ 1° Raisonnement destiné à prouver ou à réfuter une proposition, et *par ext.* preuve à l'appui ou à l'encontre d'une proposition. V. **Raisonnement; argumentation, démonstration; preuve, raison.** *Démontrer par des arguments la justesse ou la fausseté d'une théorie.* V. **Thèse; antithèse.** *Apporter, fournir, invoquer des arguments à l'appui d'une thèse. Appuyer une affirmation sur de bons arguments. Opposer ses arguments à ceux de l'adversaire* (V. **Objecter, réfuter, répliquer, répondre, rétorquer**). *Force, poids, portée, valeur d'un argument. Argument irréfutable, pertinent, probant, solide. Argument massue. Être à court d'arguments.* « *Ils rabâchaient ainsi les mêmes arguments, chacun méprisant l'opinion de l'autre, sans se convaincre de la sienne* » (FLAUB.). ◊ *Par ext.* Tout moyen utilisé aux mêmes fins. « *Je tins bon en dépit de ses larmes, suprême argument des femmes* » (GIDE). ◊ *Tirer argument de* : se servir comme d'une preuve, d'une raison. « *Il tirait argument et avantage de ce qu'il m'en coûtait de céder à mon désir* » (GIDE). ♦ 2° Exposé sommaire du sujet que l'on va développer (au théâtre, en littérature). *Argument d'une pièce de théâtre.* V. **Prologue.** *Argument d'un livre, d'une narration.* V. **Exposé, sommaire.** ♦ 3° *Math.* Angle du vecteur avec l'axe d'origine, dans la représentation d'un nombre complexe. ◊ Une des variables d'une fonction par rapport à laquelle une table de variation de cette fonction a été établie.

ARGUMENTAIRE [aʀgymãtɛʀ]. *adj.* (1970; de *argument*). *Comm.* Qui concerne les arguments de vente. *Liste argumentaire.* — *N. m.* Liste d'arguments de vente. *Rédiger un argumentaire.*

ARGUMENTANT [aʀgymãtã]. *n. m.* (1690; p. prés. d'*argumenter*). *Vx* ou *dr.* Celui qui argumentait dans la soutenance d'une thèse contre un adversaire appelé *répondant.* — Celui qui argumente dans un acte public contre le répondant.

ARGUMENTATEUR [aʀgymãtatœʀ]. *n. m.* (1539; bas lat. *argumentator*, de *argumentari*). V. **Argumenter.** Celui qui se plaît à argumenter. V. **Ergoteur, raisonneur, rhétoricien.** « *Un philosophe contemporain, argumentateur à outrance* » (BERGSON).

ARGUMENTATION [aʀgymãtasjɔ̃]. *n. f.* (XIVe; lat. *argumentatio*). ♦ 1° Action, art d'argumenter. V. **Dialecti-**

que. ♦ 2° Ensemble d'arguments tendant à une même conclusion. *Une argumentation serrée.* « *Je suis aussi sensible que quiconque à la force de son argumentation* » (MART. du G.).

ARGUMENTER [aʀgymãte]. *v. intr.* (XIIe; lat. *argumentari*). Faire présenter des arguments; prouver par arguments. *Argumenter contre qqn. Argumenter de qqch. :* en tirer des conséquences. *Argumenter de l'effet à la cause.* V. **Conclure** (de). « *Je publiai un article solidement argumenté et aussi persuasif que possible* » (LECOMTE).

ARGUS [aʀgys]. *n. m.* (1584; n. pr. lat., géant mythol. qui avait cent yeux). ♦ 1° *Littér.* Surveillant, espion vigilant et difficile à tromper. « *Son vieil argus était venu nous rejoindre* » (Abbé PRÉVOST). ♦ 2° Oiseau exotique *(Phasianidés)*, de la taille d'un faisan. Nom d'animaux ocellés. Petit papillon bleu taché de noir. ♦ 3° *Fig.* Publication qui fournit des renseignements spécialisés. *L'argus de l'automobile*, qui fixe les prix des voitures d'occasion. *Cinq mille francs au prix de l'argus. L'argus de la presse.*

ARGUTIE [aʀgysi]. *n. f.* (v. 1520; lat. *argutia*). Raisonnement pointilleux, subtilité de langage. V. **Chicane, finesse, subtilité.** « *Ils s'amusent et s'attardent dans la dialectique, les arguties et le paradoxe* » (TAINE).

ARGYRISME [aʀʒiʀism(ə)]. *n. m.* (1888; de *argyr*[o]-, et -*isme*). *Méd.* Intoxication par les sels d'argent, dont l'une des manifestations est l'*argyrose*.*

ARGYR(O)-. Élément, du gr. *arguros* « argent ».

ARGYRONÈTE [aʀʒiʀɔnɛt]. *n. f.* (1843; de *argyro-*, et *neô* « je file »). Araignée aquatique qui tisse dans l'eau une sorte de cloche qu'elle remplit d'air.

ARGYROSE [aʀʒiʀoz]. *n. f.* (1846; de *argyro-*, et -*ose*). *Didact.* ♦ 1° Minerai d'argent (sulfure d'argent) qu'on nomme aussi *argentite.* ♦ 2° (XXe). *Méd.* Coloration grise ou brunâtre de la peau ou des muqueuses, due à une imprégnation par les sels d'argent (contact professionnel ou traitement médical prolongé). — On dit aussi *argyrie.* V. **Argyrisme.**

1. ARIA [aʀja]. *n. m.* (*Haria caria* « tumulte », 1493; a. fr. *harier* « tourmenter, harceler »). *Vieilli.* Embarras, ennui, souci, tracas. *Que d'arias!* V. **Tintouin** *(fam.).*

2. ARIA [aʀja]. *n. f.* (1752; it. *aria* « air »). *Mus. class.* Air, mélodie accompagnée d'un instrument ou d'un petit nombre d'instruments. *Une aria de Bach.*

ARIANISME [aʀjanism(ə)]. *n. m.* (1568; de *arien*). Hérésie des ariens, qui niait la consubstantialité du Fils avec le Père et fut condamnée au concile de Nicée (325).

ARIDE [aʀid]. *adj.* (1360; lat. *aridus*, de *arere* « être sec »). ♦ 1° *Rare.* Qui est dépourvu d'humidité. V. **Sec;** desséché. *Un pays « battu par des vents arides et brûlé jusqu'aux entrailles* » (FROMENTIN). *Climat aride*, où les précipitations sont très faibles. ◊ *Par ext. Cour.* Qui ne porte aucun végétal, faute d'humidité. V. **Désert, inculte, pauvre, stérile.** « *La morne tristesse du désert règne sur cette terre aride* » (FRANCE). ♦ 2° *Fig.* et *littér.* Qui ne produit rien, n'a ni sensibilité, ni imagination. *Esprit aride.* V. **Stérile.** *Cour.* Qui est dépourvu d'intérêt, d'agrément, d'attrait. *Sujet, matière aride.* V. **Ingrat, rébarbatif, sévère.** « *Jacques, lui, se tirait à merveille de cette aride besogne* » (DAUD.). ◊ ANT. Humide. Fécond, fertile, riche. Agréable, attrayant.

ARIDITÉ [aʀidite]. *n. f.* (1120; lat. *ariditas*, de *aridus*). ♦ 1° État de ce qui est aride. V. **Sécheresse.** — *Aridité du sol.* V. **Stérilité.** ♦ 2° *Fig. Littér. L'aridité d'un esprit.* V. **Stérilité; pauvreté.** *Aridité du cœur.* V. **Insensibilité, sécheresse; froideur.** « *Il y avait sur ce visage une aridité désolée qui était insoutenable* » (SARTRE). *Cour. Aridité d'un sujet.* V. **Sévérité.** ◊ ANT. Humidité. Fécondité, fertilité, richesse. Sensibilité. Agrément, attrait.

ARIEN, IENNE [aʀjɛ̃, jɛn]. *adj.* et *n.* (1231; lat. ecclés. *arianus*, de *Arius*, célèbre hérésiarque). ♦ 1° D'Arius. *L'hérésie arienne.* ♦ 2° *N.* Partisan de l'arianisme. ◊ HOM. Aryen.

ARIETTE [aʀjɛt]. *n. f.* (déb. XVIIIe; it. *arietta*, dimin. de *aria* « air »). *Mus. class.* Air léger qui s'adapte à des paroles. *Ariette de Haydn.*

ARILLE [aʀij]. *n. m.* (1808; bas lat. *arillus* « grain de raisin »). *Bot.* Expansion charnue ou membraneuse qui enveloppe certaines graines auxquelles elle n'adhère qu'en un seul point, le hile.

ARIOSO [aʀjozo]. *n. m.* (1843; it. *arioso*, de *aria* « air »). *Mus. class.* Air qui tient de l'aria et du récitatif.

AR(R)ISER [aʀise]. *v. tr.* (1835; « amener une voile », 1643; de *a-* 1, et de *ris*). *Mar.* Diminuer la surface d'une voile en y prenant un ou plusieurs ris. *Grand-voile arisée.*

ARISTOCRATE [aʀistɔkʀat]. *n.* (1550, répandu 1778; d'*aristocratie* (1°). ♦ 1° Partisan de l'aristocratie (1°). « *Démocrate par nature, aristocrate par mœurs* » (CHATEAUB.). — *Spécialt. À la Révolution* (péj.), Partisan des privilèges, noble. « *Les aristocrates à la lanterne!* » ♦ 2° Membre de l'aristocratie (2°). V. **Noble** (pop. *aristo*, 1851). *Avoir des manières d'aristocrate.* ♦ 3° Membre d'une aristocratie (4°), d'une élite. « *Un peuple d'aristocrates, un public tout entier composé de connaisseurs* » (RENAN). ◇ ANT. Démocrate, prolétaire. Plébéien.

ARISTOCRATIE [aristɔkrasi]. *n. f.* (1361; répandu 1750; gr. *aristokratia*, de *aristos* « le meilleur », et Cf. -Cratie). ♦ 1° *Polit.* Forme de gouvernement où le pouvoir souverain appartient à un petit nombre de personnes, et particulièrement à une classe héréditaire (V. Noble; grand, patricien). ♦ 2° La classe qui détenait le pouvoir. V. **Noblesse.** « *Une aristocratie, reste des familles autrefois souveraines, dont le rôle consiste à limiter la royauté* » (RENAN). ♦ 3° Les nobles, les privilégiés. *Café où fréquente l'aristocratie.* ♦ 4° *Fig.* Petit nombre de personnes qui détiennent une prééminence en quelque domaine. V. **Élite.** *Une aristocratie d'écrivains. L'aristocratie du talent.* ◇ *Par ext.* Prééminence, supériorité, distinction. *Aristocratie des sentiments, du goût.* « *Le goût d'une vie affranchie et dangereuse les unissait en une sorte de caste, très consciente de son aristocratie* » (MART. du G.). ◇ ANT. Démocratie. Peuple. Vulgarité.

ARISTOCRATIQUE [aristɔkratik]. *adj.* (1361; gr. *aristokratikos*). ♦ 1° *Polit.* Qui appartient à l'aristocratie (1°). *Gouvernement aristocratique.* ♦ 2° Qui appartient à l'aristocratie (3°), à la classe noble. V. **Noble.** ♦ 3° Qui est digne d'un aristocrate. V. **Élégant, distingué, raffiné.** *Manières aristocratiques.* « *Une beauté grêle et pour ainsi dire aristocratique* » (BALZ.). « *L'amabilité aristocratique, amabilité heureuse de verser un baume sur le sentiment d'infériorité de ceux à l'égard desquels elle s'exerce* » (PROUST). ◇ ANT. Démocratique. Bourgeois, prolétarien. Grossier, vulgaire.

ARISTOCRATIQUEMENT [aristɔkratikmã]. *adv.* (1568; de *aristocratique*). D'une manière aristocratique. ◇ ANT. Démocratiquement. Vulgairement.

ARISTOLOCHE [aristɔlɔʃ]. *n. f.* (1248; lat. *aristolochia*, du gr. *lokhos* « accouchement », cette plante étant réputée pour le faciliter). Plante grimpante apétale, dont une espèce porte des fleurs jaunes en tube.

ARISTOTÉLICIEN, IENNE [aristɔtelisjɛ̃, jɛn]. *adj.* et *n.* (XVIIe; de *aristotélique*). Qui est relatif à la doctrine d'Aristote et à la tradition philosophique qui s'en inspire. *Philosophie aristotélicienne. Les catégories aristotéliciennes.* — *N.* Partisan de la doctrine d'Aristote. V. **Péripatéticien.**

ARISTOTÉLIQUE [aristɔtelik]. *adj.* (1527; lat. *aristotelicus*). Qui se rapporte à Aristote ou à sa philosophie.

ARISTOTÉLISME [aristɔtelism(ə)]. *n. m.* (1751; de *aristotél*(ique), et -*isme*). Doctrine, philosophie d'Aristote et des aristotéliciens.

ARITHMÉTICIEN, IENNE [aritmetisjɛ̃, jɛn]. *n.* (1539; *arismetien*, 1395; de *arithmétique*). *Rare.* Personne qui s'occupe d'arithmétique.

1. ARITHMÉTIQUE [aritmetik]. *adj.* (1370; lat. *arithmeticus*; Cf. le suivant). ♦ 1° Relatif à l'arithmétique, fondé sur la science des nombres rationnels. *Calcul arithmétique. Opération arithmétique. Appareil, instrument, machine arithmétique.* V. **Arithmographe, arithmomètre, compteur.** *Nombres arithmétiques* : nombres entiers positifs. — *Rapport arithmétique de deux quantités* : différence entre ces deux quantités. — *Progression arithmétique* (*opposé à* progression géométrique) : celle où la différence entre les termes reste constante (2, 4, 6, 8, 10, etc.). ♦ 2° *Fam. C'est arithmétique,* c'est prouvé par les nombres; *par ext.* c'est logique. V. **Mathématique.**

2. ARITHMÉTIQUE [aritmetik]. *n. f.* (1156; lat. *arithmetica,* gr. *arithmêtikê,* de *arithmos* « nombre »). ♦ 1° Partie de la mathématique qui étudie les propriétés et les relations élémentaires sur les ensembles des entiers (naturels et relatifs) et des nombres rationnels. ◇ Pratique des calculs relatifs à cette science (V. **Algorithme; abaque, calcul**). *Arithmétique supérieure* ou *théorie des nombres* relative à des ensembles plus généraux et faisant appel aux autres branches de la mathématique (théorie des groupes*, géométrie algébrique, analyse*). ◇ Art de calculer. V. **Calcul.** *Être meilleur en arithmétique qu'en algèbre.* ♦ 2° Livre qui en traite. *Acheter une arithmétique.*

ARITHMÉTIQUEMENT [aritmetikmã]. *adv.* (1538; de *arithmétique*). D'une manière arithmétique.

ARITHMOGRAPHE [aritmɔgraf]. *n. m.* (1846; du gr. *arithmos* « nombre », et -*graphe*). *Hist. sc.* Nom donné au cadran à calcul de Gattey (1807), et d'une manière générale, aux appareils et machines à calculer.

ARITHMOLOGIE [aritmɔlɔʒi]. *n. f.* (XXe; du gr. *arithmos* « nombre », et -*logie*). *Hist. sc.* Science générale des nombres et de la mesure des grandeurs.

ARITHMOMÈTRE [aritmɔmɛtr(ə)]. *n. m.* (1823; du gr. *arithmos* « nombre », et -*mètre*). Machine à calculer (inventée en 1820).

ARLEQUIN, INE [arləkɛ̃, in]. *n. m.* et *f.* (*Harlequin,* 1585; nom de personne, 1324; de l'a. fr. *hellequin,* nom d'un diable). ♦ 1° Personnage bouffon de la comédie italienne, qui porte un costume fait de pièces triangulaires de toutes couleurs, un masque noir, et un sabre de bois. *Des arlequins.* ◇ *Un habit d'arlequin* : un tout formé de parties disparates. ◇ *Manteau d'arlequin* : encadrement de la scène d'un théâtre, figurant des rideaux relevés. ♦ 2° N. f. *Une arlequine* : femme déguisée en arlequin. ♦ 3° *Par appos.* À losanges de couleur. *Bas arlequin.*

ARLEQUINADE [arləkinad]. *n. f.* (1726; de *arlequin*). ♦ 1° Pièce bouffonne où Arlequin jouait le principal rôle. ♦ 2° Bouffonnerie d'arlequin. *Par ext.* Action ridicule, inconséquence choquante.

ARMADA [armada]. *n. f.* (1829; mot esp. « armée navale »). *L'Invincible Armada* : flotte de Philippe II envoyée contre l'Angleterre et qui fut en partie détruite par la tempête.

ARMAGNAC [armaɲak]. *n. m.* (1846; de *Armagnac,* pays de Gascogne). Eau-de-vie de raisin que l'on fabrique en Armagnac. *Un petit verre de vieil armagnac.*

ARMATEUR [armatœr]. *n. m.* (1584; bas lat. *armator*). Celui qui se livre à l'exploitation commerciale d'un navire, qu'il en soit propriétaire ou locataire (V. Armer, I, B).

ARMATURE [armatyr]. *n. f.* (1694; « armure », fin XVe; lat. *armatura*). ♦ 1° Assemblage de pièces de bois ou de métal qui servent à maintenir les diverses parties d'un ouvrage de charpente, de maçonnerie, qui consolide une matière fragile. V. **Charpente; carcasse.** *Armature d'un vitrail.* V. **Treillis.** *Armature du béton* : barres et fils d'acier que l'on place dans les *coffrages.* — *Soutien-gorge à armature.* — *Phys.* Plaques, lames métalliques d'un condensateur électrique, d'un électro-aimant. ♦ 2° *Fig.* Ce qui sert à maintenir, à soutenir. « *Nous avions renié toute métaphysique, mais nous étions encore soutenus par la vieille armature morale* » (DUHAM.). V. **Base, charpente, fondation, ossature, soutien, support.** ♦ 3° *Mus.* Ensemble des dièses et des bémols placés à la clef pour indiquer la tonalité du morceau.

ARME [arm(ə)]. *n. f.* (1080; lat. plur. *arma*). I. ❶ ♦ 1° Instrument ou dispositif servant à tuer, blesser ou à mettre l'ennemi dans l'impossibilité de se défendre. *Armes de guerre.* V. **Armement.** *Armes de chasse. Fabrication, fabrique d'armes.* V. **Armurerie.** *Dépôt d'armes.* V. **Arsenal.** *Détention, port d'armes prohibées. Faisceau d'armes. Collection d'armes décoratives.* V. **Panoplie, trophée.** *Armes offensives* : qui servent à l'attaque, à la riposte. *Armes blanches*; armes à feu. Armes contondantes; tranchantes. Armes légères, portatives; armes lourdes* (V. **Artillerie**). *Armes de main, d'estoc et de taille.* V. **Baïonnette, cimeterre, couteau, coutelas, dague, épée, glaive, poignard, sabre, stylet.** *Armes de choc.* V. **Bâton, canne, casse-tête, coup-de-poing, maillet, marteau, masse, massue, matraque.** *Ancien. Armes d'hast,* emmanchées au bout d'une hampe. V. **Angon, épieu, faux, fléau, fourche, framée, francisque, hache, hallebarde, lance, pertuisane, pique.** *Arme de jet.* V. **Angon, arbalète, arc, boomerang, fronde, javeline, javelot, sagaie.** *Armes à feu.* V. **Arquebuse, canon, carabine, escopette, espingole, fusil, mitraillette, mitrailleuse, mousquet, pistolet, revolver, tromblon.** *Arme à répétition. Arme à tir automatique. Braquer, pointer, diriger une arme vers qqn. Projectiles d'armes à feu, Armes de siège.* V. **Machine** (de guerre). *Armes antichars.* V. **Bazooka, canon.** *Armes antiaériennes.* V. **Canon, fusée; engin, roquette.** *Armes individuelles (fusil, pistolet) et collectives* (mitrailleuse, mortier, canon) *des armées modernes (armes classiques).* ◇ Dispositif ou ensemble de moyens offensifs. *L'arme chimique* (gaz), *atomique ou nucléaire.* ♦ 2° *Spécialt.* L'arme individuelle du soldat (fusil, en général) dans les exercices. *Maniement d'armes. Porter, reposer l'arme* (ellipt. Commandement militaire : *Portez arme! Reposez arme!*). *Port d'armes. Position des armes.* V. **Présenter les armes. Armer au pied.** ♦ 3° (Plur.). *Manier, porter les armes, être sous les armes* : être soldat. *Prendre les armes* : s'apprêter au combat. *Un peuple en armes* : prêt à combattre. *Déposer, rendre les armes,* se rendre. ♦ 4° *Loc.* (1586). *Passer par les armes* : fusiller. ♦ 5° *Homme d'armes* : soldat en armes (*ancien.* V. **Gendarme**). *Héraut* d'armes.* ♦ 6° *Vx.* Dispositif de défense (bouclier, cuirasse. V. **Armure**). ♦ 7° *Spécialt. Les armes* : l'épée, le fleuret ou le sabre. V. **Escrime.** *Salle d'armes. Maître d'armes. Prévôt d'armes.* « *La science de tirer des armes est la plus belle* » (MOL.). ❷ *Par ext.* ♦ 1° (Au sens de troupe). *Le succès de nos armes* (littér.). *Place d'armes* : place où les troupes se rassemblent, sont passées en revue, dans une ville. — *Commandant d'armes* : l'officier du grade le plus élevé dans une garnison. ♦ 2° Un des corps de l'armée. *L'arme de l'infanterie, de l'artillerie.* « *L'arme où l'on sert le moule où se forme son caractère* » (VIGNY). ♦ 3° (XIVe). *Littér.* ARMES, le métier militaire. *La carrière, le métier des armes. Compagnons, frères d'armes.* « *Il sort d'une maison pauvre, mais antique, connue dans la poésie et dans les armes* » (CHATEAUB.). ♦ 4° Combat, guerre. *Le nom différend par les armes. Faire ses premières armes* : sa première campagne; *fig.* Débuter dans une carrière. *Fait d'armes.* V. **Exploit.** *Suspension d'armes* : cessation des

hostilités V. **Armistice.** Ⓖ ♦ 1° *Par anal.* Moyen d'attaque ou de défense. *Les armes naturelles de l'homme :* ses poings, ses pieds. *Les armes des animaux :* cornes, défenses, griffes. ♦ 2° *Fig.* Ce qui peut attaquer, faire du mal, agir contre un adversaire. V. **Argument, moyen** (d'action), **ressource.** « *Les seules armes de l'Évangile, qui sont la douceur, la patience et la charité* » (FLÉCH.). *Donner des armes contre soi-même.* — *Une arme à double tranchant :* un argument, un moyen qui peut avoir deux effets opposés, se retourner contre soi. Littér. *Rendre les armes :* se rendre, s'avouer vaincu.
II. (1273). *Blas.* ARMES, signes héraldiques. V. **Armoirie.** *Les armes d'une famille, d'une ville, d'un peuple.* « *Les armes de Grignan sont sur la porte* » (Sév.). *Armes parlantes :* dont la pièce principale rappelle le nom de la famille à qui elles appartiennent.

ARMÉ [arme]. *n. m.* (XXᵉ; de *armer*). ♦ 1° Position d'une arme prête à tirer. *Le cran de l'armé.* ♦ 2° *Sports.* Mouvement du bras d'un lanceur, immédiatement avant le lancer proprement dit. *Au javelot, l'armé intervient en fin d'élan.*

ARMÉ, ÉE [arme]. *adj.* (Xᵉ-XIᵉ; V. Armer). ♦ 1° Muni d'armes. *Bandes, troupes armées.* « *Nous sommes bottés, éperonnés, armés jusqu'aux dents* » (FLAUB.) : très bien armés. *Forces armées. Vol à main armée.* ◊ Qui se fait avec des armes. *Conflit armé.* V. **Guerre.** « *Le système de la paix armée, c'est-à-dire une course aux armements* » (BAINVILLE). ♦ 2° *Vx.* Revêtu d'une armure. Loc. *Armé de pied en cap* (tête). ♦ 3° *(Armé de).* Garni, pourvu (de ce qui est comparé à une arme). *Épi armé de piquants.* « *Un beau longicorne armé de mandibules-tenailles* » (GIDE). — Pourvu de moyens de défense. *Il est bien armé dans la lutte pour la vie.* ♦ 4° Renforcé de métal. *Béton, ciment armé.*

ARMÉE [arme]. *n. f.* (v. 1360; de *armer;* a remplacé *ost*). I. ♦ 1° *Cour.* Réunion importante de troupes assemblées pour combattre. V. **Troupe.** *Former, lever, recruter une armée. Armée de combattants, de mercenaires, de volontaires, de francs-tireurs, de partisans. Armée d'invasion, d'occupation. Armée de libération. Une armée motorisée. Commander une armée.* — *Campement, casernement, logement. ravitaillement d'une armée. Déploiement, disposition d'une armée. Les ailes, le centre, le front, le gros de l'armée. L'avant-garde, les arrières d'une armée. Armée en ligne, en corps de bataille.* — *Opérations d'une armée.* V. **Combat, guerre; stratégie, tactique.** *Armée qui avance, recule, capitule.* « *C'était un Espagnol de l'armée en déroute* » (HUGO). ♦ *Spécialt.* Ensemble des troupes commandées par un chef (*L'armée de Napoléon, la Grande Armée)* ou affectées à un théâtre d'opération. ◊ *Les armées :* les troupes (d'un pays, etc.). *Les armées alliées.* Bibl. *Le Dieu des armées :* qui règle le sort des guerres. ♦ 2° *Milit.* Ensemble des forces militaires d'un État; service public qui a pour objet d'assurer, par l'entretien ou l'emploi de forces organisées, la protection des intérêts d'un État. V. **Défense** (nationale), **guerre.** *Armée nationale, régulière. Armée de terre. Armée de mer.* V. **Marine.** *Armée de l'air.* V. **Aviation.** *Armée active; de réserve. Organes de commandement* (états-majors), *corps de troupes, services, écoles formant une armée nationale. Être dans l'armée.* V. **Militaire.** ♦ Grande unité réunissant plusieurs divisions formées de régiments et éventuellement réunies en *corps d'armée. La 5ᵉ armée.*
II. *Fig.* ♦ 1° *Les Armées célestes :* les Anges. ♦ 2° *L'armée du Salut** (trad. angl. *Salvation army).* ♦ 3° Grande quantité (avec une idée d'ordre ou de combat). V. **Foule, multitude, quantité, troupe.** « *On y voyait, rangée sur les tablettes de chêne, une armée innombrable ou plutôt un grand concile de livres* » (FRANCE). *Une armée de domestiques. Une armée de sauterelles dévastait l'oasis.*
◊ HOM. *Armé, armer.*

ARMELINE [armǝlin]. *n. f.* (*Armelin,* 1161; it. *armellina).* Peau d'hermine. V. **Hermine.**

ARMEMENT [armǝmã]. *n. m.* (XIIIᵉ; de *armer*). Ⓐ ♦ 1° Action d'armer, de pourvoir d'armes. *L'armement d'un soldat, d'une place, d'un pays désarmé* (V. **Réarmement**). ♦ 2° Ensemble des moyens d'attaque ou de défense dont sont pourvus un soldat, une troupe. V. **Arme, équipement, matériel.** ◊ La puissance de feu d'un navire de guerre, d'un char de combat, d'un avion. ♦ 3° *(Plur.)*. Préparatifs de guerre, ensemble des moyens offensifs et défensifs d'un pays (V. **Effectif, matériel** (de guerre). *Course aux armements. Limitation, réduction des armements.* ♦ 4° Technique des armes. *Il est ingénieur d'armement dans un arsenal.* Ⓑ (1355). ♦ 1° *Mar.* Action d'armer un navire, de le pourvoir de tous les moyens nécessaires à sa navigation. V. **Équipages, matériel.** « *Compléter l'armement d'une baleinière* » (LOTI). ♦ 2° La profession d'armateur; le corps des armateurs. Société qui arme des navires. Ⓖ Le fait d'armer (I,C). *Levier d'armement.* ◊ ANT. **Désarmement.**

ARMÉNIEN, IENNE [armenjɛ̃, jɛn]. *adj.* et *n.* (XVIIᵉ; de *Arménie*). De l'Arménie. N. *Un Arménien, une Armé-*

nienne. ◊ *L'arménien,* groupe de parlers indo-européens du Caucase.

ARMER [arme]. *v. tr.* (980; lat. *armare*). I. Ⓐ *V. tr.* ♦ 1° Pourvoir d'armes. *Armer les recrues. Il y a assez d'armes dans cet arsenal pour armer des milliers d'hommes.* — Féod. *Armer qqn chevalier.* V. **Adouber.** ◊ *Armer une place :* la garnir des armes nécessaires à sa défense. V. **Fortifier.** ♦ 2° *Fig. Armer* (qqn) *de :* lui donner comme arme, comme moyen d'attaque ou de défense (Cf. Armé, et ci-dessous S'armer de). ◊ *Armer qqn contre un autre :* l'inciter à l'attaquer. V. **Animer, exciter, soulever.** ♦ 3° *Vx.* Munir d'une défense (armure, bouclier). Fig. « *Il faut d'un noble orgueil armer votre courage* » (RAC.). V. **Fortifier; défendre.** ♦ 4° Garnir d'une sorte d'armure ou d'armature. *Armer une poutre de bandes de fer.* V. **Renforcer.** *Armer le béton, le ciment.* V. **Armature.** Ⓑ *Mar. Armer un navire :* l'équiper, le pourvoir de tout ce qu'il faut pour prendre la mer. V. **Armement;** équiper, gréer. Ancienn. *Armer un navire en course.* Ⓖ ♦ 1° Mettre (une arme à feu) dans la position de l'armé. ♦ 2° Tendre le ressort d'un mécanisme de déclenchement. *Armer un appareil de photo* (l'obturateur).
II. S'ARMER. *v. pron.* ♦ 1° Se munir (d'armes). *S'armer d'une pierre, d'un fusil.* — *Vx.* Prendre les armes. « *Il fallait promptement s'armer, Et lever des troupes puissantes* » (LA FONT.). ♦ 2° *Fig.* et *mod. S'armer de courage, de patience.* V. **Fortifier** (se), **munir** (se). *S'armer contre un danger, un mal.* V. **Garantir** (se), **prémunir** (se), **protéger** (se). ♦ 3° Se munir. *S'armer d'un appareil de photo.* « *Un vénérable vieillard, armé d'un cornet acoustique* » (MART du G.).
◊ ANT. **Désarmer.** — HOM. *Armé, armée.*

ARMET [arme]. *n. m.* (1334; esp. *almete* ou it. *elmetto* (de l'a. fr. *helmet.* V. **Heaume**), d'apr. *arme*). Ancienn. Petit casque fermé en usage aux XIVᵉ, XVᵉ et XVIᵉ s.

ARMEUSE [armøz]. *n. f.* (XXᵉ; de *armer*). Machine qui dispose l'armure de protection des câbles électriques (fils, rubans métalliques).

ARMILLAIRE [armil(l)ɛr]. *adj.* (Armiller, 1557; du lat. *armilla* « bracelet »). *Sphère armillaire :* globe formé d'anneaux ou de cercles représentant le ciel et les astres, d'après l'ancienne astronomie.

ARMILLES [armij]. *n. f. pl.* (1160; lat. *armilla* « bracelet »). *Archit.* Petites moulures (V. **Annelet**) qui entourent le chapiteau dorique.

ARMINIEN [arminjɛ̃]. *n. m.* (1688; de *Arminius,* pseudonyme d'un docteur protestant qui enseigna en Hollande). Sectateur d'Arminius (Syn. *Remontrant*).

ARMISTICE [armistis]. *n. m.* (1680; d'abord fém.; du lat. *arma* « arme » et *sistere* « arrêter »; Cf. Solstice). Convention conclue entre les belligérants afin de suspendre les hostilités. V. **Trêve.** *Conclure, signer un armistice. Le plus souvent l'armistice précède la conclusion d'une paix définitive.* « *Les partisans d'un armistice immédiat et sans conditions* » (DUHAM.).

ARMOIRE [armwar]. *n. f.* (Almaire, 1160, puis *armaire, armaire;* lat. *armarium,* de *arma* « ustensile »). ♦ 1° *Vx.* Placard pratiqué dans un mur. « *Dona Josépha ouvrant une armoire étroite dans le mur : Entrez ici* » (HUGO). ♦ 2° *Mod.* Meuble haut et fermé par des battants, servant à ranger le linge, les vêtements, les provisions, etc. (les *bahuts, buffets, vaisseliers* étant réservés à d'autres usages). *Armoire à linge. Armoire-penderie. Mettre des papiers, des livres dans une armoire* (V. **Bibliothèque**). *Armoire à un ou plusieurs corps. Tablettes, étagères, planches d'une armoire. Crémaillère d'une armoire à rayons mobiles. Armoire normande. Armoire à glace; fig. et fam.* Personne de carrure impressionnante. ♦ 3° *Par ext. Armoire à pharmacie* (souvent métallique) : placard fixé au mur. *Armoire frigorifique :* grand réfrigérateur.

ARMOIRIES [armwari]. *n. f. pl.* (XIVᵉ, sing.; de *armoyer, armorier*). Ensemble des emblèmes symboliques qui distinguent une famille noble ou une collectivité. V. **Arme** (s), blason, écu, écusson, emblème. *Le blason est la science des armoiries.* V. **Héraldique.**

ARMOISE [armwaz]. *n. f.* (XIIᵉ; lat. *artemisia,* mot gr., plante d'*Artémis).* Plante herbacée (*Composacées*) à variétés aromatiques. *Armoise des glaciers.* V. **Génépi.** *Armoise absinthe.* V. **Absinthe.** *Armoise vulgaire :* herbe de Saint-Jean. *Armoise maritime :* dont les capitules fournissent le semen-contra. *Armoise dracunculus.* V. **Estragon.**

ARMON [armɔ̃]. *n. m.* (1322; lat. *artemo, -onis).* Pièce du train d'une voiture à cheval, à laquelle est fixé le timon.

ARMORIAL, ALE, AUX [armɔrjal, o]. *adj.* (1611; de *armoiries*). Qui est relatif aux armoiries. *Écu armorial. Pièces armoriales. Livre armorial,* et subst. m. *Un armorial,* recueil d'armoiries.

ARMORIER [armɔrje]. *v. tr.* (1680; a. fr. *armoyer,* XIVᵉ; refait sur *armoirie,* d'apr. *historier*). Orner d'armoiries, peindre des armoiries sur (qqch.).

ARMURE [armyr]. *n. f.* (*Armeüre,* XIIᵉ; lat. *armatura;* rad. *arma.* V. **Arme**).

I. ♦ **1°** *Ancienn.* Ensemble des défenses qui protègent le corps. V. **Bouclier, écu, cotte, cuirasse.** *Spécialt.* Harnois composé d'un assemblage de plaques que revêtait l'homme d'armes (*opposé au harnois de mailles*). *Armure de guerre, de joute. Armure de tête.* V. **Casque.** *Armure du cou et des épaules* (camail, hausse-col). *Armure de corps ou corps d'armure* (V. **Cotte, haubert**). *Gant, brassard, jambière, cuissard, pied d'armure. Les preux « Dorment couchés dans leur armure »* (HUGO). ◊ « *Une armure de cheval, avec le chanfrein à vue, la muserolle, la barde de crinière et la barde de poitrail, la tonnelle et le garde-queue* » (FRANCE). ♦ **2°** *Par ext.* Défenses naturelles d'un animal. ♦ **3°** *Fig.* Ce qui couvre, défend, protège. V. **Défense, protection.**
II. *Fig.* ♦ **1°** (1719). *Phys. Armure de l'aimant.* V. **Armature.** ♦ **2°** *Tissage* (1751). Mode d'entrecroisement des fils de chaîne et de trame. V. **Tissage, tissu.** *Principales armures* (satin, sergé, uni : *armures de base, et armures dérivées*). *Armure toile.* ♦ **3°** *Mus. Armure (de clé).* V. **Armature** (3°).

ARMURERIE [aʀmyʀʀi]. *n. f.* (1355; de *armurier*). ♦ **1°** Profession d'armurier. ♦ **2°** Fabrication, commerce d'armes.

ARMURIER [aʀmyʀje]. *n. m.* (*Armeurier*, 1292; de *armure*). ♦ **1°** Celui qui vend ou fabrique des armes. ♦ **2°** *Milit.* Celui qui est chargé de l'entretien des armes.

A.R.N. [aɛʀɛn]. *n. m.* (v. 1960). Abrév. de Acide ribonucléique (RNA dans la terminologie anglo-saxonne).

ARNAQUE [aʀnak]. *n. m.* (1848, « police secrète »; de *arnaquer*). *Pop.* Escroquerie, vol et, *par ext.*, artifice, tromperie. *Un gars d'arnaque,* fertile en ruses. « *Leurs hommes, ils s'arrangent, ils font de l'arnaque au marché noir* » (AYMÉ).

ARNAQUER [aʀnake]. *v. tr.* (1887; pour *harnaquer, harnacher* (1835, « escroquer »). ♦ **1°** *Pop.* Escroquer, voler. ♦ **2°** *Pop.* Arrêter, prendre. *Se faire arnaquer.*

ARNICA [aʀnika]. *n. f.* (1617; lat. plur. *ptarnica,* gr. *ptarmika* « sternutatoires »). ♦ **1°** *Bot.* Plante des montagnes à fleurs jaunes (*Composacées*). ♦ **2°** *Cour.* Teinture extraite des feuilles et fleurs de cette plante utilisée contre les contusions et les entorses.

AROBE. V. **ARROBE.**

AROÏDACÉES. V. **ARACÉES.**

AROMATE [aʀɔmat]. *n. m.* (*Aromat,* XIIIe; lat. pop. *aromatum,* class. *aroma, -atis,* d'o. gr.). Substance végétale odoriférante ; *ancien.* Parfum (encens, myrrhe), médicament ; *mod.* Épice, condiment : armoise, basilic, cannelle, carvi, cumin, estragon, fenouil, genièvre, gingembre, girofle, hysope, laurier, marjolaine, origan, piment, poivre, raifort, romarin, safran, thym. « *Tout à coup je fus noyé dans un souffle chaud et parfumé d'aromates sauvages* » (MAUPASS.).

AROMATIQUE [aʀɔmatik]. *adj.* (XIIIe; bas. lat. *aromaticus*). ♦ **1°** Qui est de la nature des aromates, en a l'odeur agréable et pénétrante. *Plante, herbe, substance, essence aromatique. Saveur, odeur aromatique.* ♦ **2°** *Chim. Série aromatique* (opposée à *aliphatique*).

AROMATISANT [aʀɔmatizɑ̃]. *n. m.* (1972; de *aromatiser*). Produit ajouté aux aliments pour leur donner un arôme déterminé.

AROMATISER [aʀɔmatize]. *v. tr.* (1160; bas lat. *aromatizare,* d'o. gr.). Parfumer avec une substance aromatique. « *Du chocolat espagnol, épais et fortement aromatisé de cannelle* » (GIDE).

ARÔME ou **AROME** [aʀom]. *n. m.* (XIIe; repris 1787; lat. *aroma,* gr. *arôma*). Odeur agréable de certaines essences naturelles de végétaux, d'essences chimiques, ou d'acides volatils. V. **Odeur, parfum.** *La boutique « exhalait un délicieux arôme de café* » (FRANCE). — *L'arôme d'un alcool, d'un vin vieux.*

ARONDE [aʀɔ̃d]. *n. f.* (1180; lat. *hirundo* « hirondelle »). ♦ **1°** Ancien nom de l'hirondelle. ♦ **2°** (1458). *À queue d'aronde,* se dit d'un assemblage de charpente ou de menuiserie dans lequel le tenon va s'élargissant en forme de queue d'hirondelle.

ARPÈGE [aʀpɛʒ]. *n. m.* (1751 ; *harpegement* dès 1690 ; it. *arpeggio* « jeu de harpe »). *Mus.* Accord dont on égrène rapidement les notes au lieu de les faire entendre toutes à la fois.

ARPÉGER [aʀpeʒe]. *v. tr.; conjug. céder et bouger* (1751 ; de *arpège*). *Mus.* Exécuter (un passage) en arpèges. *Accord arpégé* (opposé à *plaqué*).

ARPENT [aʀpɑ̃]. *n. m.* (1080; lat. pop. °*arependis,* de *arepennis,* mot gaul.). ♦ **1°** Ancienne mesure agraire qui valait cent perches, de 20 à 50 ares. « *Il exploitait cent arpents de vigne* » (BALZ.). « *Ces deux nations sont en guerre pour quelques arpents de neige vers le Canada* » (VOLT.). ♦ **2°** (Canada). Mesure de longueur d'environ 58,47 m, valant 191,8 pieds*. — Mesure de superficie d'environ 34,20 ares, valant 36 802 pieds* carrés.

ARPENTAGE [aʀpɑ̃taʒ]. *n. m.* (1293; de *arpenter*). ♦ **1°** Mesure de la superficie du terrain (autrefois en arpents, aujourd'hui en mètres, ares). ♦ **2°** Ensemble des techniques de l'arpenteur. V. **Bornage, cadastre, géodésie, levé, nivelle-**

ment, topographie, triangulation. *Instruments d'arpentage* (Boussole, chaîne (décamètre), jalons).

ARPENTER [aʀpɑ̃te]. *v. tr.* (1384; de *arpent*). ♦ **1°** Mesurer la superficie des terres par toute mesure agraire (autrefois en arpents). ♦ **2°** Parcourir à grands pas, à grandes enjambées. « *Fiévreusement il arpentait, en réfléchissant, les greniers abandonnés* » (ALAIN-FOURNIER). *Arpenter sa chambre.*

ARPENTEUR [aʀpɑ̃tœʀ]. *n. m.* (*Arpenteux,* 1453; de *arpenter*). Professionnel des techniques de calcul et mesure des surfaces et des relèvements de terrains. V. **Arpentage.** *Arpenteur-géomètre.* V. **Géomètre.** *Chaîne, jalons, équerre d'arpenteur.*

ARPENTEUSE [aʀpɑ̃tøz]. *n. f.* (1835; de *arpenter*). Chenille qu'on appelle aussi *géomètre.* V. **Phalène.**

ARPÈTE ou **ARPETTE** [aʀpɛt]. *n. f.* (1876; mot région. : Reims (1845), Genève ; o. i.). *Pop.* Jeune apprentie couturière. *Les « arpettes, midinettes et grooms jaillis des ateliers et magasins d'alentour* » (LECOMTE).

ARPION [aʀpjɔ̃]. *n. m.* (1821, « main »; 1827, « pied », arg.; prov. *arpioun* « griffe »). *Pop.* Pied.

-ARQUE. Élément, du gr. *arkhein* « commander » (*ex. :* monarque). V. **-Archie.**

ARQUÉ, ÉE [aʀke]. *adj.* (*Arché,* 1530; V. **Arquer**). Courbé en arc. V. **Courbe ; cambré, convexe.** *Sourcils bien arqués.* *Nez arqué.* V. **Busqué.** « *Les jambes tout arquées et torses* » (TAINE). ◊ ANT. **Droit.**

ARQUEBUSADE [aʀkəbyzad]. *n. f.* (1475; de *arquebuse*). *Ancien.* Coup d'arquebuse.

ARQUEBUSE [aʀkəbyz]. *n. f.* (1475, var. *hacquebute*; moy. haut. all. *hâkenbühse,* canon (*bühse*) à crochets (*hâken*), avec infl. de l'it.). Ancienne arme à feu qu'on faisait partir au moyen d'une mèche ou d'un rouet.

ARQUEBUSIER [aʀkəbyzje]. *n. m.* (1560; *haquebuzier,* 1540; de *arquebuse*). *Ancien.* Soldat armé d'une arquebuse. ◊ Fabricant d'arquebuses.

ARQUER [aʀke]. *v.* (1560; *archer,* 1266; lat. *arquare,* var. de *arcuare*). ♦ **1°** *V. tr.* Courbe en arc. *Arquer une pièce de fer.* ♦ **2°** *V. intr. Techn.* Devenir courbe. V. **Fléchir.** *Cette poutre commence à arquer.* ♦ **3°** *S'ARQUER. v. pron.* Se courber en arc. « *La pauvre barque... commençait à s'arquer* » (HUGO). ♦ **4°** *Pop.* (1854). *V. intr.* Marcher. *Il (ne) peut plus arquer.* ◊ ANT. **Redresser.**

ARRACHAGE [aʀaʃaʒ]. *n. m.* (1597, repris déb. XIXe; de *arracher*). ♦ **1°** Action d'arracher une plante. *Arrachage des carottes, des pommes de terre.* V. **Récolte.** *Arrachage des mauvaises herbes, des broussailles.* V. **Défrichement ; déchaumage, essartage.** ♦ **2°** *Fam. Arrachage d'une dent.* V. **Extraction.** ◊ ANT. **Plantation.**

ARRACHÉ [aʀaʃe]. *n. m.* (1933; de *arracher*). ♦ **1°** Exercice d'haltères qui consiste à porter d'un seul effort le poids pris à terre à la verticale (à bras tendus au-dessus de la tête). ♦ **2°** *Loc. adv.* (1927). *À l'arraché :* par un effort violent. *Obtenir qqch. à l'arraché.*

ARRACHE-CLOU [aʀaʃklu]. *n. m.* (1898; de *arrache-* et *clou*). Instrument pour arracher les clous. *Des arrache-clous.*

ARRACHEMENT [aʀaʃmɑ̃]. *n. m.* (de *arracher*). Action d'arracher; résultat de cette action. ♦ **1°** *Concret et rare.* V. **Déchirement, extirpation.** *Arrachement d'un arbre.* V. **Arrachage, arrachis, déracinement.** *Arrachement d'une dent, d'un fragment d'os.* V. **Avulsion, extraction.** ♦ **2°** *Fig. et cour.* Affliction que cause une séparation, un sacrifice. V. **Déchirement.** *L'arrachement des adieux.* « *À chaque louis qu'elle changeait, c'était un effort, un arrachement* » (DAUD.). ◊ ANT. **Plantation; implantation.**

ARRACHE-PIED (D') [daʀaʃpje]. *loc. adv.* (1515; de *arracher,* et *pied*). ♦ **1°** *Vx.* Sans interruption. ♦ **2°** *Mod.* Sans désemparer, en soutenant un effort pénible. « *Nous luttons d'arrache-pied, nous luttons désespérément contre les progrès* » (PÉGUY).

ARRACHER [aʀaʃe]. *v. tr.* (fin XIIe; *esrachier, arrachier,* XIIe lat. *e(x)radicare,* de *radix, radicis* « racine »).
I. *V. tr.* ♦ **1°** Enlever de terre (une plante qui y tient par ses racines). V. **Déraciner, déterrer, extirper.** *Arracher d'une terre que l'on défriche les broussailles, les mauvaises herbes.* V. **Débroussailler, déchaumer, essarter, sarcler.** *Arracher les pommes de terre.* V. **Récolter.** ♦ **2°** Détacher avec un effort plus ou moins grand une chose qui tient ou adhère à une autre. V. **Détacher, enlever, extirper, extraire, ôter.** *Arracher un clou avec un arrache-clou, une pince, des tenailles. Arracher par lambeaux.* V. **Déchirer.** « *Arrachons, déchirons tous ces vains ornements* » (RAC.). — *Arracher les cheveux, les poils.* Fig. *S'arracher les cheveux,* être désespéré. — *Un obus lui a arraché le bras.* V. **Emporter.** *Arracher le masque, le voile à* (fig. démasquer, dévoiler). « *Il est souvent nécessaire d'arracher aux âmes ce masque de fausse humilité* » (MAURIAC). ♦ **3°** *Vx* ou littér. *Arracher* (qqch.) *de* à : extirper. retirer. « *Arrache-lui du cœur ce dessein de mourir* » (CORN.). — *Arracher l'âme, la vie à qqn :* le tuer; *fig.* Causer une vive

affliction. « *Je ne pus la quitter* (cette ville) *sans me sentir arracher l'âme* » (STENDHAL). ♦ 4° Enlever de force à une personne ou à une bête, lui faire lâcher ce qu'elle retient. V. **Prendre, ravir.** *Arracher une arme des mains de qqn, un oiseau des griffes d'un chat.* — Fig. *Arracher des bras de la mort, à la mort.* V. **Sauver.** *Arracher qqn à la misère, à un danger.* V. **Soustraire, tirer** (de). ♦ 5° (XVIᵉ). Obtenir (qqch.) de qqn avec peine, après quelque résistance. V. **Obtenir; extorquer.** *Arracher de l'argent à un avare.* V. **Soutirer.** *Arracher des aveux, un secret, une promesse, une décision, un consentement.* « *J'avais obtenu, presque arraché l'estime de tout le monde* » (ROUSS.). « *On ne pouvait lui arracher une parole* » (FRANCE). « *Pour arracher des pleurs, il faut pleurer* » (HUGO). (Choses). « *Chacun de ses appels m'arrachait un gémissement* » (COLETTE). ♦ 6° (1690). *Arracher qqn de...* : faire quitter un lieu à qqn par force, violence, malgré lui. V. **Tirer; chasser.** *Arracher qqn de sa place.* — Par ext. V. **Bannir, chasser, exiler, expulser.** *Arracher qqn de sa maison.* ♦ 7° *Arracher qqn à un état, une situation* : l'en faire sortir malgré les difficultés ou malgré sa résistance. *Arracher qqn au sommeil, à un rêve; à ses habitudes* (V. **Détacher, détourner** (de). « *Le passé terrible auquel la tendresse m'arrache* » (DAUD.).

II. **S'ARRACHER.** v. pron. ♦ 1° Loc. fig. (Récipr.). *S'arracher les yeux* : se disputer violemment. ♦ 2° *S'arracher qqn,* se dit d'une personne très recherchée, dont on se dispute la société. *On se l'arrache.* — Par plaisant. *On se m'arrache.* ♦ 3° S'ARRACHER DE, S'ARRACHER À : se détacher, se soustraire avec effort, difficulté, peine ou regret. *S'arracher des bras d'une personne. S'arracher d'un lieu, d'une habitude.* ◇ ANT. **Fixer, implanter, planter. Attacher.**

ARRACHE-RACINE(S) [aʀaʃʀasin]. *n. m.* (1898; de *arracher,* et *racine*). Instrument pour arracher les racines, les tubercules. V. **Houe.** *Des arrache-racines.*

ARRACHEUR, EUSE [aʀaʃœʀ, øz]. *n.* (XIIIᵉ; de *arracher*). ♦ 1° Personne qui arrache. *Arracheur de pommes de terre.* ◇ (1690) Vx. *Arracheur de dents* : celui qui arrache les dents sur les places publiques. PROV. *Mentir comme un arracheur de dents* : mentir effrontément. ♦ 2° N. f. (1866). Agric. Outil ou machine qui sert à arracher les tubercules, des racines. *Une arracheuse de pommes de terre.*

ARRACHIS [aʀaʃi]. *n. m.* (1518; *esracheïs,* XIIIᵉ; de *arracher*). *Eaux et for.* Arrachage des arbres. Plant arraché.

ARRACHOIR [aʀaʃwaʀ]. *n. m.* (1863; de *arracher*). Agric. Outil servant à arracher les racines, tubercules. V. **Arracheur.**

ARRAISONNEMENT [aʀɛzɔnmɑ̃]. *n. m.* (*Araisnement,* XIIᵉ; de *arraisonner*). Mar. (déb. XIXᵉ). Action d'arraisonner un navire. V. **Examen, inspection, reconnaissance, visite.**

ARRAISONNER [aʀɛzɔne]. *v. tr.* (1080, « chercher à persuader »; de *a-* 1, et *raison*). Mar. (1827; Cf. **Raisonner,** XVIIᵉ). *Arraisonner un navire* : procéder à un interrogatoire ou à une visite. V. **Aborder, reconnaître.**

ARRANGEABLE [aʀɑ̃ʒabl(ə)]. *adj.* (1ʳᵉ moitié XIXᵉ; de *arranger*). Qui peut être arrangé, réglé, *Cette matière est arrangeable.* V. **Réparable.** ◇ Qui peut être réglé, terminé à l'amiable. *Leur différend n'est pas arrangeable.*

ARRANGEANT, ANTE [aʀɑ̃ʒɑ̃, ɑ̃t]. *adj.* (1863; de *arranger*). Qui est disposé à aplanir toute difficulté. V. **Accommodant, complaisant, conciliant, facile.** ◇ ANT. **Difficile, exigeant.**

ARRANGEMENT [aʀɑ̃ʒmɑ̃]. *n. m.* (v. 1300; de *arranger*). Action d'arranger; son résultat. ♦ 1° Action de disposer les choses dans un certain ordre. V. **Disposition, place** (mise en), **rangement; assemblage, constitution, disposition, organisation.** *Arrangement d'une maison, d'un mobilier.* V. **Agencement, aménagement, installation; arrimage.** *Arrangement de fiches dans un classeur.* V. **Classement.** *Chercher « un arrangement meilleur pour les pensées, pour les phrases, pour les mots* » (DUHAM.). *L'arrangement d'une coiffure, d'une toilette.* ◇ Mus. Adaptation d'une composition à d'autres instruments; la composition ainsi adaptée. *Arrangement pour piano.* ◇ Sc. *Arrangement de m objets p à p* : les groupes que l'on peut former en prenant p éléments parmi les m, chaque groupe différant des autres (par la nature ou l'ordre des éléments). ♦ 2° Mesures qu'on prend pour arranger, préparer qqch. V. **Disposition; apprêt, préparatif.** « *Je le ramenai aux apprêts et aux arrangements du départ* » (STE-BEUVE). ◇ Dr. Mesures prises pour arranger ses affaires. *Prendre des arrangements avec ses créanciers. Arrangement de famille* : convention en vue de régler des intérêts pécuniaires entre parents (Art. 1406 du Code civil). — Convention entre particuliers ou collectivités tendant à régler une situation juridique. V. **Accord, règlement.** *Un arrangement a mis fin à leur différend.* V. **Accommodement, compromis, conciliation.** « *Un mauvais arrangement vaut mieux qu'un bon procès* » (BALZ.). ◇ ANT. **Dérangement, désordre. Brouille, dispute.**

ARRANGER [aʀɑ̃ʒe]. *v. tr.; conjug. bouger* (fin XIIᵉ; de *a-* 1, et *ranger.* V. **Rang**).

I. *V. tr.* ♦ 1° Mettre dans l'ordre que l'on juge convenable, disposer de la manière correcte ou préférée. V. **Disposer, ordonner, ranger.** *Arranger des papiers, des livres.* V. **Classer, trier.** « *Yves arrangea dans des vases nos fleurs des bois* » (LOTI). *Arranger une chambre pour y recevoir un invité.* V. **Agencer, aménager, apprêter, installer, préparer.** *Arranger la table pour le dîner.* V. **Dresser.** ◇ *Arranger un morceau pour l'orchestre.* V. **Harmoniser, orchestrer.** ◇ *Mettre sur pied,* organiser. V. **Combiner, ménager, organiser, préparer, régler.** *Arranger un voyage, une entrevue. Arranger commodément sa vie, ses affaires.* V. **Fam.** (surtout p. p.). Donner mauvaise apparence à (qqn). V. **Accoutrer.** *Le voilà bien arrangé! Arranger qqn de la belle manière* : le maltraiter, en dire du mal. V. **Accommoder, maltraiter, malmener.** — Pop. (1844) Maltraiter. *Tu t'es fait drôlement arranger. N'allez pas dans ce restaurant, on s'y fait arranger.* V. **Voler.** ♦ 3° Remettre en état V. **Réparer.** *Donner sa voiture à arranger. Il y a des fautes dans votre texte, il faut l'arranger.* V. **Retoucher; remanier.** ♦ 4° Mettre d'accord, régler par un accord mutuel. *Arranger un différend, une affaire.* V. **Concilier, régler.** *Arranger les parties.* V. **Accommoder.** ♦ 5° Être utile, pratique pour (qqn). V. **Agréer, convenir.** *Cela m'arrange à bien des égards.* V. **Contenter, satisfaire.** « *Il fait beau croire aux prodiges lorsque les prodiges nous arrangent* » (COCTEAU).

II. **S'ARRANGER.** v. pron. ♦ 1° (Pass.). Se mettre dans l'ordre convenable. V. **Classer** (se), **ordonner** (s'). « *Mes idées s'arrangent dans ma tête avec la plus incroyable difficulté* » (ROUSS.). ♦ 2° (Réfl.). Ajuster sa toilette. *Elle est allée s'arranger.* ♦ 3° (Pass.). Être remis en état. V. **Réparer** (se). *Ce mécanisme peut s'arranger.* ◇ Aller mieux. *Les choses se sont arrangées à la fin.* « *Tout s'arrange, sauf la difficulté d'être qui ne s'arrange pas* » (COCTEAU). ♦ 4° (Réfl.). Vx ou région. Se mettre dans une posture commode pour faire telle ou telle chose. V. **Installer** (s'). « *Elle conseilla à Germain de s'arranger auprès du feu* » (SAND). ♦ 5° (Réfl.). Prendre ses dispositions, ses mesures en vue de. *Arrangez-vous comme vous l'entendez.* V. **Faire.** *S'arranger pour, faire en sorte de.* « *Arrange-toi pour rester quelques jours* » (DUHAM.). ♦ 6° (Récipr.). Se mettre d'accord. *S'arranger à l'amiable.* V. **Accorder** (s'), **entendre** (s'). « *Avec Edwige, Papa, je m'arrangerai toujours* » (DUHAM.). ♦ 7° (Réfl.). *S'arranger de* qqch. V. **Accommoder** (s'), **contenter** (se), **satisfaire** (se). *Ne vous inquiétez pas, je m'en arrangerai.* ◇ ANT. **Déranger, dérégler, désorganiser, envenimer.**

ARRANGEUR [aʀɑ̃ʒœʀ]. *n. m.* (fin XVIᵉ; de *arranger*). ♦ 1° Rare. Celui qui arrange, donne une forme définitive. ♦ 2° Mus. (1840). Celui qui arrange une composition pour d'autres instruments. Spécialt. (jazz, variétés) Celui qui écrit de la musique pour orchestre d'après un thème.

ARRENTER [aʀɑ̃te]. *v. tr.* (*Arenter,* 1213; de *a-* 1, et *rente*). Donner ou prendre moyennant une rente. *Arrenter un domaine, une terre.* V. **Louer; affermer.**

ARRÉRAGER [aʀeʀaʒe]. *v.; conjug. bouger* (1283; de *arrérage*). ♦ 1° V. intr. Dr. Être en retard de paiement, rester dû. ♦ 2° V. pron. Dr. *Les termes s'arréragent* : restent dus.

ARRÉRAGES [aʀeʀaʒ]. *n. m. pl.* (XIVᵉ; *arriérages,* 1267; de *arrière*). ♦ 1° Ancienn. Toute redevance périodique dont l'échéance est passée. V. **Arriéré.** ♦ 2° Montant échu d'une rente.

ARRESTATION [aʀɛstasjɔ̃]. *n. f.* (1370; de l'a. fr. *arestaison,* d'apr. lat. médiév. *arrestatio*). Action d'arrêter une personne pour l'emprisonner; état d'une personne arrêtée. *Ordre d'arrestation.* V. **Mandat.** « *Carnot, décrété d'arrestation, fut averti à temps* » (MADELIN). *Procéder à une arrestation. Se mettre en état d'arrestation* : se constituer prisonnier. *Arrestation préventive, provisoire, arbitraire. Arrestations illégales et séquestrations.* ◇ ANT. **Délivrance, liberté.**

ARRÊT [aʀɛ]. *n. m.* (*Arest,* 1175; de *arrêter*). ♦ 1° Action de s'arrêter (dans sa marche, son mouvement); état de ce qui n'est plus en mouvement. *Arrêt d'un train en gare; des autobus aux stations. Nous ferons quelques arrêts au cours de notre voyage.* V. **Étape(s); escale, halte.** *Voitures à l'arrêt.* V. **Stationnement.** *Chien à l'arrêt, qui tombe** en arrêt. V. **Chien** (d'arrêt). ◇ *Fin du fonctionnement. Arrêt d'un moteur. Arrêt du cœur* : syncope. ◇ *Fin ou interruption d'une activité, d'un processus.* V. **Interruption, pause.** *Arrêt des affaires.* V. **Stagnation.** *Arrêt du travail. Arrêt des hostilités.* V. **Suspension; cessation, fin.** ◇ SANS ARRÊT : sans interruption. V. **Cesse, relâche, répit, repos.** « *Pluie sans arrêt depuis deux jours* » (GIDE). — TEMPS D'ARRÊT, court intervalle au repos dans les mouvements que doivent s'exécuter avec précision. *Marquer un temps d'arrêt.* V. **Interruption, pause.** ◇ D'ARRÊT, destiné à arrêter. *Tir d'arrêt,* pour briser l'attaque adverse. *Coup d'arrêt. Cran d'arrêt.* ♦ 2° Endroit où doit s'arrêter un véhicule. *Arrêt facultatif. Attendre à l'arrêt d'autobus.* ♦ 3° Vx. Action d'arrêter une personne ou de ses biens. V. **Arrestation.** ◇ Mod. *Mandat d'arrêt* : ordre d'incarcération délivré par le juge d'instruction. — *Maison d'arrêt* : prison. ◇ ARRÊTS (plur.) : sanction disciplinaire infligée à un officier ou à un sous-officier. *Mettre* *qqn aux arrêts. Arrêts forcés ou de rigueur :* portant défense de sortir d'un local spécial. *Arrêts de forteresse :* condamnant à la prison militaire. ◆ 4° *Pièce, chose qui arrête.* V. **Arrêtoir, butée, cliquet, taquet.** *Arrêt d'un fusil, d'une serrure.* ◆ 5° Décision d'une cour souveraine ou d'une haute juridiction. V. **Jugement.** *Arrêt de la Cour de cassation, de la cour d'appel, de la cour d'assises, du Conseil d'État.* — *Fig.* (Vx ou littér.) *Les arrêts du destin, de la Providence.* V. **Décret.** « *De par les arrêts du goût et de l'esthétique* » (SAND). V. **Jugement.** ◇ ANT. *Marche, mouvement. Continuation.* — HOM. *Haret.*

ARRÊTÉ [arete]. *n. m.* (1414 ; de *arrêter*). ◆ 1° Règlement définitif. *Arrêté de compte.* ◆ 2° Décision écrite d'une autorité administrative, comprenant généralement un visa de textes (Vu la loi...), et un dispositif par articles. V. **Décision, texte.** *Arrêté ministériel, préfectoral, municipal.* ◆ 3° *Compt.* Récapitulation périodique des opérations de comptabilité. *Arrêté mensuel des écritures comptables.*

ARRÊTÉ, ÉE [arete]. *adj.* (fin XIIe ; V. **Arrêter**). ◆ 1° Convenu, décidé. *C'est une chose arrêtée.* ◆ 2° Définitif. *Comptes arrêtés.* ◆ 3° Inébranlable, irrévocable (idées, projets). V. **Absolu, ferme, immuable, irrévocable.** *La volonté bien arrêtée de refuser.* ◇ ANT. *Indécis ; provisoire.*

ARRÊTE-BŒUF [aretbœf]. *n. m. invar.* (1542 ; de *arrêter*, et *bœuf*). Nom de la bugrane (ses racines résistantes arrêtent la charrue).

ARRÊTER [arete]. *v.* (*Arester*, XIIe ; lat. pop. °*arrestare*, class. *restare* « s'arrêter ». V. **Rester**).
I. *V. tr.* Ⓐ ◆ 1° Empêcher (qqn ou qqch.) d'avancer, d'aller plus loin ; suspendre le mouvement, faire rester sur place. V. **Immobiliser, retenir.** *Des agents arrêtent la foule.* V. **Contenir, maintenir.** *Arrêter un passant pour lui parler* (V. **Aborder, accoster**). « *Je retins mon cheval lancé sur ses quatre pieds et je l'arrêtai court* » (GAUTIER). *Arrêter sa voiture. Arrêter le navire en jetant l'ancre.* — Suspendre le fonctionnement de. *Arrêter un mécanisme, une montre, une machine.* ◆ 2° Interrompre ou faire finir (une activité, un processus). *Arrêter un écoulement. Arrêter le cours de qqch.* V. **Intercepter, interrompre.** « *Rien ne peut arrêter le temps* » (FÉN.). *Arrêter une action, un projet. Dieu* « *Sait aussi des méchants arrêter les complots* » (RAC.). ◇ *Faire cesser* (un sentiment, une tendance). V. **Contenir, refréner, réprimer, retenir.** « *J'ai trop souvent permis à ma raison d'arrêter l'élan de mon cœur* » (GIDE). ◆ 3° Empêcher (qqn) d'agir ou de poursuivre une action. *Qqch. l'arrête, l'arrête court.* V. **Entraver, paralyser, retarder, tenir** (en échec). *Rien ne l'arrête quand il a choisi.* « *Il fut tout près de mettre fin à sa vie. Seul son inflexible sentiment moral l'arrêta* » (R. ROLLAND). ◇ *Spécialt.* Empêcher de parler. V. **Interrompre.** ◆ 4° Appréhender, retenir prisonnier. *Arrêter qqn.* V. **Capturer, emparer** (s'), **empoigner** (Cf. Mettre la main au collet, le grappin sur qqn) *Il vient de se faire arrêter* (Pop. Se faire agrafer, attraper, choper, coffrer, cueillir, emballer, embarquer, épingler, harponner, paumer, pincer, poisser). Ⓑ ◆ 1° Empêcher (qqch.) de bouger, de remuer, maintenir en place. V. **Assujettir, bloquer, fixer, maintenir, retenir.** *Arrêter une roue au moyen d'un sabot, d'un frein, d'une chaîne.* V. **Enrayer.** *Arrêter un point* (en cousant) : faire un nœud pour que le fil ne s'échappe pas. ◆ 2° Tenir fixé sur. *Arrêter ses yeux, ses regards sur qqch.* *Fig. Arrêter son attention, sa pensée, son choix.* V. **Attacher, fixer.** « *Si l'on arrête les yeux sur le monde actuel* » (CHATEAUB.). ◆ 3° *Arrêter son choix, sa décision, son parti sur.* V. **Fixer.** *Par ext.* Fixer par un choix. Vx. *Arrêter un domestique.* V. **Engager.** Mod. *Arrêter le lieu, le jour d'un rendez-vous.* V. **Convenir, décider, déterminer, fixer, régler.** *Arrêter un marché.* V. **Conclure.** « *Sans arrêter aucun projet dans ma tête troublée* » (LOTI). — *Arrêter de faire qqch.* V. **Décider, résoudre.** *Il a été arrêté qu'on se réunirait chez vous.* — *Spécialt.* Prendre un arrêté. *Le ministre, le préfet, le maire arrête que...*

II. *V. intr.* ◆ 1° Cesser d'avancer, faire halte. *Dites au chauffeur d'arrêter. Voulez-vous arrêter ?* ◆ 2° Cesser de parler ou d'agir. *Arrêtez! N'en dites pas plus. Il travaille sans cesse, il n'arrête pas.*

III. *S'ARRÊTER. v. pron.* ◆ 1° Suspendre sa marche, ne pas aller plus loin. *S'arrêter en chemin. Passer sans s'arrêter. S'arrêter, descendre, mettre pied à terre pour se reposer.* V. **Halte** (faire). *S'arrêter longtemps en un lieu.* V. **Demeurer, fixer** (se), **séjourner, stationner.** « *On s'arrête, on s'assied, on voit passer la foule* » (LAMART.). — *Fig. S'arrêter en bon chemin :* renoncer à une entreprise qui avait bien commencé. ◇ Ne plus fonctionner (mécanisme). *Ma montre s'est arrêtée.* ◆ 2° S'interrompre ou finir (processus, action). *Le bruit s'arrête.* — Cesser de couler. *L'hémorragie s'est arrêtée.* ◇ (*Personnes*) Cesser d'agir, d'exercer une action. V. **Cesser.** *Il ne veut pas s'arrêter. Travailler sans s'arrêter. S'arrêter de faire qqch.* ◆ 3° Fixer son attention sur, prendre garde, faire attention à. *Il ne faut pas s'arrêter aux apparences.* ◇ S'appesantir, insister (sur). V. **Attarder** (s').

◇ ANT. *Aller, marcher, mouvoir* (se); *accélérer, hâter : poursuivre, reprendre.* — HOM. *Arrêté.*

ARRÊTISTE [aretist(ə)]. *n. m.* (1762 ; de *arrêt*). Juriste qui commente les arrêts des cours souveraines.

ARRÊTOIR [aretwar]. *n. m.* (1846 ; de *arrêter*). Saillie, butée, tenon qui limite le mouvement d'une pièce mobile. V. **Arrêt.**

ARRHES [ar]. *n. f. pl.* (déb. XVIe ; *erres* [XIIe-XVIIe] ; lat. *arr(h)a*). Somme d'argent que l'on donne au moment de la conclusion d'un contrat, d'un marché. *Donner des arrhes à titre d'acompte.* V. **Acompte.** *Perdre ses arrhes.* V. **Dédit.** ◇ HOM. *Are, ars, art, hart.*

ARRIÉRATION [arjerɑsjɔ̃]. *n. f.* (1917 ; de *arriéré*). Psycho. *Arriération mentale :* état d'un sujet dont l'âge mental est inférieur à l'âge réel, physique. V. **Faiblesse** (d'esprit), **imbécillité.** *Arriération affective,* dans les névroses infantiles. *Syndrome d'arriération affective,* retard psychomoteur existant chez de tout jeunes enfants privés de soins et de l'affection maternelle.

1. **ARRIÈRE** [arjer]. *adv.* (1080 ; lat. pop. °*adretro,* de *ad,* et *retro* « en arrière »).
I. *Vx* ou *spécialt.* ◆ 1° Loin derrière. *Ellipt.* Injonction faite à qqn de s'éloigner, de se retirer. « *Arrière ces éloges lâches, menteurs* » (CHATEAUB.). ◆ 2° *Mar.* Par derrière. *Avoir vent arrière :* en poupe. ◆ 3° *Faire machine arrière :* en arrière (Cf. *ci-dessous,* II). — *Cout. Point arrière* (opposé *à devant*).
II. (XVIIe). *Loc. adv.* EN ARRIÈRE. ◆ 1° Vers le lieu, le côté qui est derrière. *Aller, marcher en arrière :* à reculons. *Se balancer d'avant en arrière. Pencher, renverser la tête en arrière.* « *Le coup passa si près que le chapeau tomba Et que le cheval fit un écart en arrière* » (HUGO). *Regarder en arrière* (*fig.* vers le passé). ◇ *Faire machine, marche en arrière* (ellipt. *Faire machine, marche arrière*), faire aller en arrière ; *fig.* Revenir sur ses pas, sur ses dires. V. **Rétracter** (se). « *Donner des contrordres, faire machine en arrière, préparer la préparation* » (MART. du G.). ◆ 2° À une certaine distance derrière. *Rester en arrière.* Fig. « *Demeurer en reste, en arrière, à l'écart* » (GIDE). — Fig. Être en arrière pour ses études, pour ses paiements. V. **Retard ; arriéré.** ◆ 3° *Loc. prép.* EN ARRIÈRE DE. *Se tenir en arrière de qqn ou de qqch. :* derrière. *Un hôpital situé en arrière de la ligne de feu.* — Fig. En retard (sur). *Il est très en arrière de ses camarades.* ◇ ANT. *Avant ; avance.*

2. **ARRIÈRE** [arjer]. *n. m.* et *adj. invar.* (XVIIe, mar. ; du précéd.).
I. *N. m.* ◆ 1° La partie postérieure d'une chose. V. **Derrière, dos, postérieur.** *L'arrière d'un navire.* V. **Poupe. Gaillard d'arrière.** *L'avant et l'arrière d'une voiture. Vous serez mieux à l'arrière.* ◆ 2° Territoire ou population qui se trouve en dehors de la zone des opérations militaires. — *Plur. Les arrières d'une armée :* les lignes de communication. *Protéger ses arrières.* ◆ 3° *Sports* (v. 1905). Joueur qui est placé derrière tous les autres (rugby, basket-ball), ou derrière la ligne des demis en football, hockey, water-polo.
II. *Adj. invar.* Qui est à l'arrière. *Les feux arrière d'une auto. Les sièges arrière.*
◇ ANT. *Avant, devant.*

ARRIÉRÉ, ÉE [arjere]. *adj.* et *n. m.* (1750, « en retard dans ses paiements » ; de *arriérer*).
I. ◆ 1° Resté dû. V. **Échu, impayé.** *Réclamer une dette arriérée.* ◆ 2° *Péj.* Qui appartient au temps passé. V. **Démodé, rétrograde, suranné, vieux.** *Un homme aux idées arriérées. Ils sont un peu arriérés dans ce pays :* en retard. ◆ 3° Qui est en retard dans son développement mental. V. **Attardé.** *Un enfant arriéré.* « *Il m'a semblé d'abord que l'enfant était un peu simple, et comme l'on dit, arriéré* » (DUHAM.).
II. *N. m.* ◆ 1° Dette échue et qui reste due. *L'arriéré d'une pension.* V. **Arrérages.** ◆ 2° Ce qui est en retard. « *Ils avaient tant d'autres choses à se dire, tout un arriéré de choses* » (LOTI).
◇ ANT. *Avancé, évolué, moderne. Avance.*

ARRIÈRE-BAN [arjerbã]. *n. m.* (XIIe ; de *arrière,* et *ban*). *Féod.* Convocation par le roi (ou un grand suzerain) de tous ses vassaux et arrière-vassaux pour le service armé. *Publier l'arrière-ban.* — L'ensemble des troupes convoquées. « *Tous les arrière-bans du royaume* » (ST-SIM.). — Fig. et mod. *Il avait convoqué à cette réception le ban et l'arrière-ban de ses amis et connaissances.*

ARRIÈRE-BEC [arjerbɛk]. *n. m.* (XVIIIe ; de *arrière,* et *bec*). *Archit.* Angle, éperon d'une pile de pont du côté de l'aval (opposé à *avant-bec*). *Des arrière-becs.*

ARRIÈRE-BOUCHE [arjerbuʃ]. *n. f.* (1820 ; de *arrière,* et *bouche*). Partie postérieure de la bouche. V. **Pharynx.** Plur. *Arrière-bouches.*

ARRIÈRE-BOUTIQUE [arjerbutik]. *n. f.* (1508 ; de *arrière,* et *boutique*). Pièce de plain-pied située en arrière d'une boutique. *Des arrière-boutiques.*

ARRIÈRE-CERVEAU [aʀjɛʀsɛʀvo]. *n. m.* (1879; de *arrière*, et *cerveau*). *Embryol.* Région arrière de l'encéphale, qui prolonge la moelle épinière. ◇ Le bulbe rachidien, la protubérance annulaire et les pédoncules qui proviennent de l'arrière-cerveau embryonnaire (*Syn.* RHOMBENCÉPHALE). *Des arrière-cerveaux.*

ARRIÈRE-CHŒUR [aʀjɛʀkœʀ]. *n. m.* (1708; *rièrecuer*, v. 1170; de *arrière*, et *chœur*). Chœur placé derrière le maître-autel (éventuellement affecté aux religieux cloîtrés, dans les églises monastiques). *Des arrière-chœurs.*

ARRIÈRE-CORPS [aʀjɛʀkɔʀ]. *n. m. invar.* (1690; de *arrière*, et *corps*). *Archit.* Partie d'un bâtiment qui est en retrait sur l'alignement de la façade (*opposé à* avant-corps).

ARRIÈRE-COUR [aʀjɛʀkuʀ]. *n. f.* (1586; de *arrière*, et *cour*). Cour sur l'arrière d'un bâtiment (*opposé à* avant-cour). *Des arrière-cours.*

ARRIÈRE-CUISINE [aʀjɛʀkɥizin]. *n. f.* (XXᵉ; de *arrière*, et *cuisine*). Petite pièce qui donne dans la cuisine et qui est généralement réservée aux gros travaux. « *traitant des invités dans son arrière-cuisine* » (PROUST). *Des arrière-cuisines.*

ARRIÈRE-FAIX [aʀjɛʀfɛ]. *n. m. invar.* (1539; de *arrière*, et *faix*). *Vieilli.* Nom donné au placenta parce qu'il est expulsé normalement après le fœtus.

ARRIÈRE-FLEUR [aʀjɛʀflœʀ]. *n. f.* (1752; de *arrière*, et *fleur*). Fleur qui apparaît après la floraison normale; seconde floraison. *Des arrière-fleurs.*

ARRIÈRE-FOND [aʀjɛʀfɔ̃]. *n. m.* (1904; de *arrière*, et *fond*). La partie la plus secrète, la plus intime. « *Un flot d'idées silencieusement amassées dans l'arrière-fond de son être intime* » (BOURGET). *Les arrière-fonds.*

ARRIÈRE-GARDE [aʀjɛʀgaʀd(ə)]. *n. f.* (XIIᵉ; de *arrière*, et *garde*). ♦ 1° Partie d'un corps d'armée qui ferme la marche. *Des arrière-gardes. De durs combats d'arrière-garde* (*opposé à* avant-garde). ♦ 2° Ce qui est en arrière, en retard. *Le « pédantisme d'avant-garde commet autant d'injustice que naguère celui d'arrière-garde* » (LECOMTE).

ARRIÈRE-GORGE [aʀjɛʀgɔʀʒ(ə)]. *n. f.* (1831; de *arrière*, et *gorge*). Fond de la gorge. *Des arrière-gorges.*

ARRIÈRE-GOÛT [aʀjɛʀgu]. *n. m.* (1764; de *arrière*, et *goût*). ♦ 1° Goût qui reste dans la bouche après l'absorption. *Un arrière-goût désagréable.* ♦ 2° *Fig.* (*opposé à* avant-goût). État affectif qui subsiste après le fait qui l'a provoqué. V. **Souvenir.** « *La visite nocturne de Jacques lui avait laissé cet arrière-goût de déception, presque de désespoir* » (MART. du G.). *Des arrière-goûts.*

ARRIÈRE-GRAND-MÈRE [aʀjɛʀgʀɑ̃mɛʀ]. *n. f.* et **ARRIÈRE-GRAND-PÈRE** [aʀjɛʀgʀɑ̃pɛʀ]. *n. m.* (1787; de *arrière*, et *grand-mère* (-*père*). La mère, le père du grand-père ou de la grand-mère. V. **Bisaïeul** (on dit aussi *Arrière-grands-parents*). *Des arrière-grand-mères. Des arrière-grands-pères. L'arrière-petit-fils est son arrière-grand-père.*

ARRIÈRE-GRAND-ONCLE [aʀjɛʀgʀɑ̃zɔ̃kl(ə)]. *n. m.* et **ARRIÈRE-GRAND-TANTE** [aʀjɛʀgʀɑ̃tɑ̃t]. *n. f.* (1866-1900; de *arrière*, et *grand-oncle* (-*tante*). Le père, la mère du grand-oncle ou de la grand-tante. *Des arrière-grands-oncles. Des arrière-grand-tantes.*

ARRIÈRE-MAIN [aʀjɛʀmɛ̃]. *n.* (1564; de *arrière*, et *main*). ♦ 1° N. f. *Vx.* Revers de la main. ♦ 2° N. m. (1751). Partie postérieure du cheval, qui est en arrière de la main du cavalier. *Des arrière-mains.*

ARRIÈRE-NEVEU [aʀjɛʀnəvø]. *n. m.* (1570; h. XIVᵉ; de *arrière*, et *neveu*). Descendant du neveu ou de la nièce, par rapport à l'oncle ou à la tante. *Le grand-oncle, la grand-tante et leurs arrière-neveux.* ◇ *Par ext.* et *littér.* (*Plur.*) Les descendants, la postérité reculée. « *Je demande pour mes contemporains et mes arrière-neveux une vie d'ordre et d'effort fécond* » (DUHAM.).

ARRIÈRE-PAYS [aʀjɛʀpei]. *n. m. invar.* (1959; de *arrière*, et *pays*). Région située en arrière d'une région côtière. *Résider dans l'arrière-pays.*

ARRIÈRE-PENSÉE [aʀjɛʀpɑ̃se]. *n. f.* (1587, repris 1798; de *arrière*, et *pensée*). Pensée, intention que l'on dissimule. V. **Réserve, réticence.** « *Si franc qu'on le suppose, le rire cache une arrière-pensée d'entente, de complicité* » (BERGSON). « *Michèle lui attribuait de ces arrière-pensées malveillantes* » (MAURIAC). ◇ ANT. *Démonstration, manifestation.*

ARRIÈRE-PETIT-FILS [aʀjɛʀpətifis]. *n. m.* et **ARRIÈRE-PETITE-FILLE** [aʀjɛʀpətitfij]. *n. f.* (1556, -1636; de *arrière*, et *petit-fils* (-*fille*). Le fils, la fille du petit-fils ou de la petite-fille. *Des arrière-petits-fils. Des arrière-petites-filles.*

ARRIÈRE-PETIT-NEVEU [aʀjɛʀpətinvø]. *n. m.* et **ARRIÈRE-PETITE-NIÈCE** [aʀjɛʀpətitnjɛs]. *n. f.* (1751, -1866; de *arrière*, et *petit-neveu* (-*nièce*). Fils ou fille d'un petit-neveu ou d'une petite-nièce. *Voltaire adopta l'arrière-petite-nièce de Corneille.*

ARRIÈRE-PETITS-ENFANTS [aʀjɛʀpətizɑ̃fɑ̃]. *n. m. pl.* (v. 1555; de *arrière*, et *petits-enfants*). Les descendants du petit-fils, de la petite-fille. « *Je vois commencer la cinquième génération... ces arrière-petits-enfants me semblent des étrangers* » (RESTIF).

ARRIÈRE-PLAN [aʀjɛʀplɑ̃]. *n. m.* (1811; de *arrière*, et *plan*). ♦ 1° Plan en arrière d'un autre. *Peint.* Le plan le plus éloigné de l'œil du spectateur (*opposé à* premier plan). *Des arrière-plans.* ♦ 2° *Fig.* Être à l'arrière-plan : dans une position secondaire.

ARRIÈRE-PORT [aʀjɛʀpɔʀ]. *n. m.* (1866; de *arrière*, et *port*). *Mar.* Partie reculée d'un port (*opposé à* avant-port). *Des arrière-ports.*

ARRIÉRER [aʀjeʀe]. *v. tr.; conjug.* céder (1248; « laisser en arrière »; de *arrière*). ♦ 1° *Arriérer un paiement* : le différer. ♦ 2° (1762). *S'arriérer.* Laisser en retard des paiements échus. V. **Arriéré.**

ARRIÈRE-SAISON [aʀjɛʀsɛzɔ̃]. *n. f.* (v. 1500; de *arrière*, et *saison*). ♦ 1° La dernière saison de l'année, l'automne, la fin de l'automne. « *Cette senteur spéciale des arrière-saisons* » (LOTI). *Fig.* L'âge voisin de la vieillesse. V. **Automne.** ♦ 2° La fin d'une saison de production, les mois qui précèdent la nouvelle récolte. *Ce vin ne se boit que dans l'arrière-saison.* ◇ ANT. *Printemps. Commencement, jeunesse.*

ARRIÈRE-SALLE [aʀjɛʀsal]. *n. f.* (av. 1865; de *arrière*, et *salle*). Salle située derrière une autre. *Ce café a deux arrière-salles.* « *Il la ramena dans la pénombre de l'arrière-salle* » (M. DURAS).

ARRIÈRE-TRAIN [aʀjɛʀtʀɛ̃]. *n. m.* (1827; de *arrière*, et *train*). ♦ 1° Partie postérieure du corps d'un quadrupède. — *Fam.* Fesses d'une personne. V. **Postérieur.** ♦ 2° *Rare.* Partie postérieure d'un véhicule à quatre roues. *Des arrière-trains* (*opposé à* avant-train).

ARRIÈRE-VASSAL, AUX [aʀjɛʀvasal, o]. *n. m.* (1611; de *arrière*, et *vassal*). *Féod.* Vassal d'un suzerain qui était lui-même le vassal d'un autre seigneur. *Les arrière-vassaux formaient l'arrière-ban. L'arrière-fief de l'arrière-vassal.*

ARRIÈRE-VOUSSURE [aʀjɛʀvusyʀ]. *n. f.* (1561; de *arrière*, et *voussure*). *Archit.* Voûte que l'on construit en arrière d'une baie pour couronner l'embrasure. *Des arrière-voussures.*

ARRIMAGE [aʀimaʒ]. *n. m.* (1398, « mise en état »; sens mod. 1678, *arrumage*). Action d'arrimer. Arrangement des marchandises arrimées. V. **Chargement.** « *Ils se démenaient tous, changeant, chavirant l'arrimage* » (LOTI).

ARRIMER [aʀime]. *v. tr.* (1398, « mettre en état »; moy. angl. *rimen*, rad. *rum* « place »; sens mod. 1671, *arrumer*; prov. *arumar*, même étym.). *Mar.* Répartir, ranger la cargaison dans la cale d'un navire. — *Par ext.* Caler, fixer avec des cordes (un chargement, des colis). *Chargement solidement arrimé.*

ARRIMEUR [aʀimœʀ]. *n. m.* (*Arrumeur*, 1690; de *arrumer*. V. **Arrimer**). *Mar.* Ouvrier qui arrime les marchandises à bord d'un navire. V. **Chargeur, docker.** « *Il s'était fait arrimeur de navires* » (LOTI).

ARRIVAGE [aʀivaʒ]. *n. m.* (1628, « lieu où l'on aborde »; de *arriver*). Arrivée de marchandises par mer ou par une autre voie. *Un grand arrivage de fruits aux halles.* ◇ *Par ext.* Les marchandises elles-mêmes. ◇ *Plaisant. Un arrivage de touristes, d'estivants.* V. **Arrivée.**

ARRIVANT, ANTE [aʀivɑ̃, ɑ̃t]. *n.* (av. 1866; de *arriver*). Personne qui arrive quelque part. « *On restreint le nombre des nouveaux arrivants, on les trie sur le volet* » (DUHAM.). *Les arrivants et les partants.*

ARRIVÉ, ÉE [aʀive]. *adj.* (V. **Arriver**). ♦ 1° *Premier, dernier arrivé* : qui est arrivé le premier, le dernier. « *Il n'a pu faire autrement que de servir d'abord les premiers arrivés* » (GIDE). ♦ 2° Qui a réussi (socialement, professionnellement). *Un homme arrivé.* « *Quand le fils « arrivé » occuperait le premier rang* » (MAURIAC).

ARRIVÉE [aʀive]. *n. f.* (XVIᵉ; de *arriver*). ♦ 1° Action d'arriver; moment où l'on arrive. *L'arrivée du bateau, du train. Heure d'arrivée du courrier. Gare d'arrivée. Il m'annonce son arrivée pour le mois prochain. Votre arrivée me fait grand plaisir.* V. **Venue.** *Arrivée inattendue, imprévue. Ligne d'arrivée; juge d'arrivée* (d'une course). ◇ (Choses, marchandises) *L'arrivée du poisson sur le marché.* V. **Arrivage.** ♦ 2° *Techn.* Passage (d'un fluide) qui arrive quelque part. *L'arrivée d'air, d'essence, des gaz. Tuyau d'arrivée.* ♦ 3° *Fig. L'arrivée du printemps, des froids.* V. **Apparition, commencement, début.** ♦ 4° Lieu où arrivent des voyageurs, des coureurs, etc. *Où est l'arrivée?* ◇ ANT. *Départ, sortie.*

ARRIVER [aʀive]. *v. intr.* (*Ariver* « aborder, conduire; arriver », fin XIᵉ; lat. pop. *ᵉarripare*, de *ad*, et *ripa* « rive »).

I. ♦ 1° *Vx.* Toucher la rive, le bord. V. **Aborder.** — (Avec compl.) Parvenir près du port, au port. « *Mithridate lui-même arrive dans le port* » (RAC.). : aborde, touche terre. — *Fig. Arriver à bon port.* V. **Port.** ♦ 2° (XIIᵉ). *Mod.* Toucher au terme de son voyage; parvenir au lieu où l'on voulait aller. *Le fait d'arriver* (V. **Arrivée**); *celui qui arrive* (V. **Arrivant**). *Nous arriverons à Paris à midi.* V. **Parvenir, rendu** (*être rendu*). *Arriver en France, dans sa maison, chez soi. On y arrive par une rue étroite.* « *Le lendemain ils arrivèrent à Notre-Dame-de-Lorette* » (STAËL). ◊ *Absolt. Nous voici, nous voilà arrivés. Arriver de Londres.* V. **Venir** (de). « *Quand on ne veut qu'arriver on peut courir en chaise de poste; quand on veut voyager, il faut aller à pied* » (ROUSS.). *Arriver par le train, par la route, en auto. Arriver de bonne heure, en retard, tard. Arriver le premier, le dernier. Arriver devant* (devancer, précéder), *derrière qqn* (V. **Suivre**). *Arriver à propos, mal à propos.* V. **Tomber** (bien ou mal). *Arriver à l'improviste* (V. **Survenir, tomber**), *comme un chien dans un jeu de quilles.* — *Impers. Il est arrivé des visites en votre absence.* ◊ *Par ext. Approcher, venir vers qqn. Le voici qui arrive* (*pop.* S'abouler, s'amener, se radiner, rappliquer). *Il arrive à grand pas, en courant.* ♦ 3° Parvenir à destination, après des difficultés. « *Je n'ai pas pu arriver jusqu'au secrétaire du ministre* » (LESAGE). ♦ 4° *Par ext.* Atteindre à une certaine taille. *Cet enfant grandit beaucoup, il m'arrive déjà à l'épaule.* *Fig. Il ne lui arrive pas à la cheville, à la ceinture.* V. **Cheville**; ceinture. 5° Atteindre, parvenir à (un état). *Arriver à un certain âge. Arriver au bout, à la fin, au terme de son existence.* V. **Atteindre, parvenir à** (un état). ◊ *Arriver au but qu'on s'est proposé. Arriver à ses fins.* « *Médiocre et rampant, et l'on arrive à tout* » (BEAUMARCH.). *N'arriver à rien.* « *Ces deux jeunes cœurs étaient arrivés à cette confiance sans bornes* » (STENDHAL). — ARRIVER à (et l'infinitif) : réussir à ; finir par. « *J'espérais, à force de travail, arriver à reconstruire notre fortune* » (DAUD.). ♦ 6° (1798). *Absolt.* Réussir. *Un individu qui veut à tout prix arriver.* V. **Arriviste**. « *Pour bien arriver, il faut d'abord arriver soi-même, puis que les autres n'arrivent pas* » (RENARD). ♦ 7° *Spécialt.* Aborder (un sujet). *Arriver à la conclusion de son discours. Quant à cette question, j'y arrive; un instant, j'y arrive.* ♦ 8° (1866). EN ARRIVER À. *J'en étais arrivé à la fin de mon discours lorsque...* — En venir à. *J'en suis le point de, après une évolution* (et souvent malgré soi). *J'en arrive à me demander s'il ne vraiment du cœur. Il faudra bien en arriver là. Comment peut-on en arriver là?* V. **Aboutir**.

II. (*Choses*). ♦ 1° Parvenir à destination. *Un colis est arrivé pour vous. Deux lettres lui sont arrivées de Paris. Ces marchandises arrivent par mer, par avion* : sont transportées par mer... *Impers. Il est arrivé une lettre.* — *Un tuyau par lequel arrive l'eau.* V. **Conduire** (être conduit). ♦ 2° Arriver jusqu'à (qqn). *Le bruit est arrivé jusqu'à ses oreilles.* « *Une voix stridente, éplorée, arrive jusqu'à nous.* » (DAUD.). ♦ 3° Atteindre un certain niveau. V. **Atteindre, élever (s'), monter**. *L'eau lui arrive à la ceinture. Le lierre arrive jusqu'au toit.* — En parlant des prix. *La rente est arrivée à cent francs.* ♦ 4° Venir, être sur le point d'être. *Le jour, la nuit arrive* : se lève; tombe. *Son tour, son heure, son jour arrivera bientôt. Un jour arrivera où.* V. **Venir**. « *Le jour de gloire est arrivé* » (La Marseillaise). ♦ 5° (XVIIe). En parlant d'un fait, d'un événement, d'un accident. V. **Accomplir (s'), advenir, lieu** (avoir), **passer** (se), **produire** (se), **réaliser** (se), **survenir**. *Ce qui est contingent peut arriver ou ne pas arriver. Si le cas arrive.* V. **Échoir**. « *Ce qu'on dit d'un malheur, qu'il n'arrive jamais seul, on le peut dire des passions* » (CHATEAUB.). — *Arriver à qqn. Cela ne m'est jamais arrivé. Cela peut arriver à tout le monde* : tout le monde est exposé à pareil accident. *Cela ne m'arrivera plus, je vous le promets* : c'est une chose que je ne recommencerai plus. ◊ (*Impers.*) « *Je pèche souvent par orgueil comme il arrive aux gens de petite origine* » (COLETTE). *Quoi qu'il arrive* : en tout cas. *Il lui est arrivé un ennui; il lui arriva malheur.* « *Il ne nous était rien arrivé* » (PROUST). ◊ IL ARRIVE QUE. « *Il arriva que je le rencontrai* (il se trouva que). « *Il arrive que ce cadre ne suffit pas* » (LITTRÉ). *Il arrive que nous sortions après dîner* (éventualité, possibilité). *Il arrive qu'il prenne ses repas au restaurant.* ◊ IL ARRIVE À (qqn) DE (et l'inf.) « *Il lui arrive souvent de perdre contenance* » (LA BRUY.).

◊ ANT. **Aller** (s'en), **éloigner** (s'), **partir**. Échouer, manquer, rater (son but).

ARRIVISME [arivism(ə)]. *n. m.* (1906; de *arriviste*). Caractère ou comportement de l'arriviste. « *Des syndicats d'arrivisme et d'ambition* » (PEGUY).

ARRIVISTE [arivist(ə)]. *n.* (1893; de *arriver*). Personne dénuée de scrupules qui veut arriver, réussir dans le monde par n'importe quel moyen. — *Adj.* « *Je me rendis vite compte que le fils de Morel était très arriviste* » (PROUST).

ARROBE ou **AROBE** [arɔb]. *n. f.* (1555; esp. *arroba*, arabe *ar-roub* « le quart »). Mesure espagnole de poids (12 à 15 kg) et de capacité (10 à 16 litres).

ARROCHE [arɔʃ]. *n. f.* (*Arace,* XIIe, forme dial. ; du lat. *atriplex*). Plante à feuilles triangulaires (*Chénopodiacées*) dont une espèce pousse au bord de la mer et une autre est parfois cultivée comme légume (*Arroche des jardins, follette, bonne-dame*).

ARROGAMMENT [arɔgamɑ̃]. *adv.* (v. 1265; de *arrogant*). *Rare.* D'une manière arrogante. « *Je fis le fier et je répondis arrogamment* » (ROUSS.).

ARROGANCE [arɔgɑ̃s]. *n. f.* (1160; lat. *arrogantia*). Insolence méprisante ou agressive. V. **Fatuité, fierté, hauteur, insolence, présomption, suffisance, superbe.** *Air d'arrogance.* V. **Mépris, morgue.** *Répondre avec arrogance.* V. **Arrogamment.** *L'orgueil « ne déplait tant parce qu'il se donne, s'attribue et s'arroge tout : d'où est venu le mot arrogance* » (RIVAROL). ◊ ANT. **Aménité, déférence, humilité, modestie.**

ARROGANT, ANTE [arɔgɑ̃, ɑ̃t]. *adj.* (1398; lat. *arrogans*. V. **Arroger**). Qui manifeste une insolence méprisante (V. **Arrogance**). *Une personne arrogante.* Qui témoigne de l'arrogance. *Air, ton arrogant.* V. **Orgueilleux, dédaigneux, fat, fier, hautain, impertinent, important, impudent, insolent, insultant, méprisant, présomptueux, suffisant, superbe, supérieur.** « *Ses manières ni humbles, ni arrogantes, mélange respectueux de l'autorité du mari et de la soumission du sujet* » (CHATEAUB.). — *Subst. Vx. Un arrogant.* « *L'arrogante! à l'ouïr elle est déjà ma reine* » (CORN.). ◊ ANT. **Déférent, familier, humble, modeste.**

ARROGER (S') [arɔʒe]. *v. pron.; conjug. bouger* (1538; *arroger,* « attribuer », XIVe; lat. *arrogare, de rogare* « demander »). S'attribuer un droit, une qualité sans y avoir droit. V. **Approprier (s'), attribuer (s'), usurper.** *Elle s'est arrogé des titres qui ne lui appartiennent pas. Les titres qu'elle s'est arrogés.* « *Les nobles se sont arrogé tout l'honneur national* » (BERNARD. de ST-P.). « *L'orgueil s'arroge tout* » (RIVAROL). V. **Arrogance.**

ARROI [arwa]. *n. m.* (1230; de l'a. fr. *areer, arroyer* « arranger ». V. **Désarroi**). *Vx* (dès le XVIe). Équipage accompagnant un personnage. ◊ *Littér. La reine de Saba arrivait* « *avec une suite brillante, en grand arroi* » (DANIEL-ROPS).

ARRONDI, IE [arɔ̃di]. *adj.* (v. 1280; V. **Arrondir**). 1° De forme à peu près ronde. *Formes arrondies.* V. **Rond**; bombé, courbe, mamelonné, rebondi. *Un visage arrondi.* V. **Gras, plein, potelé.** « *Formes arrondies, onduleuses et régulièrement épanouies* » (TAINE). — *Phonét.* Se dit des voyelles prononcées avec les lèvres arrondies (*par oppos. à* étiré). On dit aussi *labial.* ♦ 2° *Subst. L'arrondi,* le contour arrondi. V. **Courbe.** « *Le moelleux arrondi des épaules* » (MART. du G.). *L'arrondi d'une jupe* (en bas). ♦ 3° *Aviat.* Passage à l'horizontale d'un avion qui va atterrir. ◊ ANT. **Aigu, pointu**; droit.

ARRONDIR [arɔ̃dir]. *v. tr.* (v. 1280; de *a-* 1, et *rond*). I. *V. tr.* ♦ 1° Rendre rond. *Le frottement arrondit les galets. L'embonpoint arrondit son visage. Arrondir une pièce au tour.* — (1835) Donner une forme courbe à. *Arrondir le bras, son geste. Arrondir une jupe* : en coudre l'ourlet de façon à ce que sa distance au sol soit égale en tous points. ♦ *Fig. Arrondir les angles* : atténuer les oppositions, les dissentiments. « *C'est prendre une furieuse tâche que de vouloir arrondir un caractère qui n'est qu'un hérisson* » (HUGO). ♦ 2° (1678). *Fig.* Rendre plus complet. *Arrondir son champ, sa fortune.* V. **Agrandir; accroître, augmenter, compléter, étendre.** « *Si j'arrondissais mes États!* » (LA FONT.). — Ajuster le dernier chiffre significatif* conservé à droite d'un nombre. *Arrondir une somme à ajoutant un supplément.* V. **Rond** (somme ronde). *Arrondir au franc supérieur.* ♦ 3° (1621). *Peint.* Faire ressortir la rondeur des objets. « *La plaisance du modelé vient surtout d'un besoin d'arrondir sans se dissimuler les contours* » (GIDE). ♦ 4° *Mar.* Arrondir un cap, une pointe : passer au large. II. S'ARRONDIR. *v. pron.* ♦ 1° Devenir rond. *Son ventre s'arrondit.* V. **Ballonner, enfler, gonfler.** ♦ 2° *Vieilli.* Agrandir ses domaines, sa fortune. « *Il agrandit son parc de tous les jardins que l'entrepreneur avait acquis pour s'arrondir* » (BALZ.).

◊ ANT. **Allonger. Diminuer, réduire.**

ARRONDISSAGE [arɔ̃disaʒ]. *n. m.* (1838; de *arrondir*). *Techn.* Opération qui consiste à arrondir une chose.

ARRONDISSEMENT [arɔ̃dismɑ̃]. *n. m.* (1458; — *arrondir*). ♦ 1° *Vx.* Action d'arrondir, de s'arrondir. — *Fig. Arrondissement d'un domaine.* V. **Agrandissement; accroissement.** « *Le travail constant d' « arrondissement » mené en Allemagne par les neveux de Frédéric II* » (MADELIN). ♦ 2° *Par ext.* (1737). Division territoriale. — (An VIII : 1800) Circonscription administrative. *Le département est divisé en un certain nombre d'arrondissements. Chef-lieu d'arrondissement.* V. **Sous-préfecture.** *Scrutin d'arrondissement.* — (À Paris, Lyon, Marseille). *Le Ve arrondissement.* Ellipt. *La mairie du Ve.*

ARROSABLE [arozabl(ə)]. *adj.* (*Arrousable,* XIVe; de *arroser*). Qui peut être arrosé.

ARROSAGE [arozaʒ]. *n. m.* (1611; de *arroser*). 1° Action d'arroser. V. **Arrosement; affusion, aspersion, douche, irroration.** *L'arrosage des voies publiques.* V. **Arroseur, arroseuse.** *Arrosage d'un jardin, d'un champ. Bassin, canal, lance, pompe, tourniquet, tuyau d'arrosage.* V. **Arrosoir.** « *La poussière d'eau des arrosages égrenée sur l'herbe fine* » (MAUPASS.).

♦ 2° *Agric.* Quantité d'eau fournie en un temps déterminé à une terre cultivée. ♦ 3° *Arg. milit.* (1922) Bombardement, mitraillage méthodique. *L'arrosage des lignes ennemies par l'artillerie.* ♦ 4° (1953). Gratification pour service rendu (V. **Pot-de-vin**). ♦ 5° *(Néol.).* Diffusion couvrant un vaste secteur. *L'arrosage publicitaire par les mass-media.* « *L'arrosage à grande échelle, par satellites, d'émissions venant d'un peu partout* » (*L'Express*, 2-6-1969). ◇ ANT. Assèchement, drainage.

ARROSÉ, ÉE [aʀoze]. *adj.* (v. 1350; V. Arroser). ♦ 1° Mouillé par arrosage. *L'arroseur arrosé*, film de L. Lumière. ♦ 2° *Géogr.* Qui reçoit des précipitations. — À travers quoi coule un cours d'eau.

ARROSEMENT [aʀozmɑ̃]. *n. m.* (1190; de *arroser*). L'action d'arroser ou le fait d'être arrosé. *Vx.* Arrosage ou irrigation. *Mod. Géogr.* Le fait d'arroser une région (fleuve).

ARROSER [aʀoze]. *v. tr.* (1155; bas lat. *arrorare*; de *ad*, et lat. class. *rorare*, de *ros*, *roris* « rosée »). ♦ 1° Humecter ou plus souvent mouiller en versant un liquide, de l'eau sur. *Arroser une terre, des plantes.* V. **Arrosage**. *Arroser légèrement* (de gouttelettes, d'une pluie fine). V. **Asperger, bassiner**. *Arroser à grande eau.* V. **Inonder**. *La pluie « arrosait comme à plaisir cette foule bruyante* » (Loti). Fam. *Se faire arroser*, se faire mouiller, tremper, saucer *(fam.)* par la pluie. V. **Doucher**. ◇ *Littér.* (Par exagér.). *Arroser de larmes.* V. **Mouiller, inonder, tremper**. — *Arroser la terre de sang* : verser son sang. ♦ 2° Rendre humide, mouillé, en coulant à travers. *Le fleuve « traverse sans l'arroser cette vallée misérable* » (Fromentin). V. **Irriguer**. Couler à travers. V. **Traverser**. ♦ 3° *Arroser son repas d'un bon vin* : l'accompagner d'un bon vin en mangeant. « *Le temps de dévorer un poulet arrosé de pinard* » (Gide). ◇ *Fam. Arroser ses galons* : boire à l'occasion d'une promotion. *Arroser une décoration. Il faut arroser cela.* ♦ 4° *Fig.* et *fam.* (1838). *Arroser qqn* : lui donner de l'argent. ♦ 5° *Arroser son café* : y verser de l'alcool. 6° *Arg. milit.* (1922) Bombarder, mitrailler méthodiquement. ♦ 7° *(Néol.).* Diffuser des informations en couvrant un vaste secteur. ◇ ANT. Sécher; assécher, dessécher, drainer.

ARROSEUR, EUSE [aʀozœʀ, øz]. *n.* (1559, repris 1838; de *arroser*). ♦ 1° Personne qui arrose (en particulier les voies publiques). ♦ 2° (1907). Appareil d'arrosage. « *Sur une pelouse pâmée de plaisir, l'arroseur automatique répandait en tournoyant une pluie* » (Duham.). ♦ 3° *N. f.* Véhicule muni d'un réservoir d'eau et destiné à l'arrosage des voies publiques. *Une arroseuse automobile.*

ARROSOIR [aʀozwaʀ]. *n. m. (Arousour*, 1365; de *arroser).* Ustensile destiné à l'arrosage, récipient muni d'une anse et d'un long col (ou queue) terminé par une plaque percée de petits trous (V. **Pomme**) ou par un ajutage. « *Un vieux Belge faisait avec un arrosoir des huit sur le dallage poussiéreux* » (Mart. du G.).

ARROW-ROOT [aʀoʀut]. *n. m.* (1808; mot angl., de *arrow* « flèche », et *root* « racine »). ♦ 1° Plante d'Amérique tropicale *(Maranta).* ♦ 2° Fécule comestible fournie par les rhizomes de cette plante.

ARROYO [aʀɔjo]. *n. m.* (1890; mot esp.). Canal ou chenal reliant deux cours d'eau (en pays tropicaux).

ARS [aʀ]. *n. m.* (1213; lat. *armus*). Jonction du poitrail et des membres antérieurs du cheval. *Saigner un cheval aux ars.* ◇ HOM. Are, arrhes, art, hart.

ARSENAL, AUX [aʀsənal, o]. *n. m.* (1250; it. *arsenale*, d'o. arabe; désigne *l'arsenal de Venise* jusqu'au XVIe). ♦ 1° *Arsenal de la marine* : établissement où se trouve réuni tout ce qui est nécessaire à la construction, la réparation et l'armement des navires de guerre. V. **Atelier, chantier, magasin**. *Les arsenaux de la marine.* ♦ 2° Dépôt d'armes et de munitions; *ancien.* Atelier, manufacture d'armes. — Grande quantité d'armes. *La police a saisi chez lui tout un arsenal.* ♦ 3° *Fig.* Ce qui fournit des moyens pour attaquer ou se défendre (V. **Arme**). « *Des milliers d'articles de lois, arsenal qui fournit des armes à toute fin* » (Renan). ♦ 4° *Fam.* Matériel compliqué. « *En prenant soin d'emporter son arsenal de drogues* » (Mart. du G.). *L'arsenal du photographe.*

ARSÉNIATE [aʀsenjat]. *n. m.* (1782; du rad. de *arsenic*, suff. *-ate).* Chim. Sel ou ester de l'acide arsénique. *Arséniate de calcium.*

ARSENIC [aʀsənik]. *n. m.* (1398; bas lat. d'o. gr. *arsenicum*). ♦ 1° *Alch.* (Vx) et *Cour.* Nom des composés toxiques de l'arsenic (2°). *Arsenic blanc* (anhydride arsénieux : mort aux rats), *jaune, rouge* (sulfures : orpiment, réalgar). ♦ 2° *Chim. mod.* (fin XVIIIe). Corps simple (As; p. at. 74, 91; n° at. 33), substance cassante de couleur gris acier que l'on rencontre dans la nature sous forme de sulfure (V. **Orpiment, réalgar**) ou d'arsénio-sulfure (V. **Mispickel**).

ARSENICAL, ALE, AUX [aʀsənikal, o]. *adj.* (1578; de *arsenic*). Qui contient de l'arsenic. *Sels arsenicaux* : arséniates. *Eaux arsenicales. Pyrites arsenicales* (mispickel).

ARSÉNIEUX [aʀsənjø]. *adj. m.* (1787; de *arsenic*). Chim.

Se dit de certains composés de l'arsenic. *Oxyde arsénieux, anhydride arsénieux*, arsenic* blanc (As₂O₃) employé comme insecticide.

ARSÉNITE [aʀsenit]. *n. m.* (1787; de *arsenic*). Sel de l'acide arsénieux.

ARSÉNIURE [aʀsenjyʀ]. *n. m.* (1846; de *arsenic).* Chim. Tout composé de l'arsenic avec un autre corps simple, par exemple un métal. *Arséniure d'argent.*

ARSIN [aʀsɛ̃]. *adj. m.* (fin XIIe; de *ars*, p. p. de l'a. fr. *ardre* « brûler »). Eaux et for. *Bois arsin* : endommagé par le feu.

ARSINE [aʀsin]. *n. f.* (1846; de *arsenic*). Hydrogène arsénié, gaz incolore à odeur forte, très toxique (AsH₃).

ARSOUILLE [aʀsuj]. *n.* (1792, « souteneur de tripot »; de *arsouiller*, o. i.). Voyou. *Un arsouille. Une petite arsouille* (se dit aussi d'un jeune homme). — Adj. *Il a un genre un peu arsouille, un air arsouille* : vulgaire et canaille.

ART [aʀ]. *n. m.* (Xe, d'abord « science, savoir », puis « moyen, méthode »; lat. *ars, artis;* souv. fém. jusqu'au XVIIe).

I. Ensemble de moyens, de procédés réglés qui tendent à une certaine fin. ♦ 1° *Vx* (1160). Moyen d'obtenir quelque résultat (par l'effet d'aptitudes naturelles); ces aptitudes (adresse, habileté). Mod. *L'art de faire qqch.* V. **Façon, manière**. « *Vous avez trouvé l'art d'être maître des cœurs* » (Corn.). « *Je confesse mon faible, elle a l'art de me plaire* » (Mol.). — Plaisant. *Il a l'art d'ennuyer tout le monde.* — *Faire qqch. avec art.* V. **Adresse, habileté, savoir-faire**. *Avoir l'art et la manière.* ◇ *Spécialt.* (appliqué à la littérature, à l'art, II) L'habileté jointe à la connaissance des moyens. « *L'art ne fait que des vers, le cœur seul est poète* » (Chénier). « *L'art est de cacher l'art* » (Joubert). « *C'est du grand art.* » ♦ 2° *Vx* ou *littér.* (opposé à nature). Ce que l'homme ajoute à la nature; ce qui est artificiel*. « *La délicatesse est un don de la nature, et non pas une acquisition de l'art* » (Pasc.). « *L'art gâte quelquefois la nature en cherchant à la perfectionner* » (La Bruy.). ♦ 3° *Vx* ou *spécialt.* (XIIIe). Ensemble de connaissances et de règles d'action dans un domaine particulier. V. **Activité, discipline**. Vx. *La science* (connaissance abstraite) opposée à *l'art* (connaissance appliquée). ◇ *Spécialt. Vx.* Métier exigeant une aptitude et des connaissances (apprentissage) de la part de celui qui l'exerce (V. **Artiste**). « *L'on peut s'enrichir dans quelque art ou dans quelque commerce* » (La Bruy.). S'instruire, se perfectionner dans un art. « *La critique est sévère et l'art est difficile* » (Destouches). — Mod. *L'art culinaire, militaire, l'art vétérinaire. Les hommes de l'art* : les spécialistes compétents. Consulter un homme de l'art : un médecin. Ancienn. *L'art sacré, le grand art* : l'alchimie, l'hermétisme. ◇ *Vx* (ou dans des usages spéciaux) Technique particulière; ensemble de règles pour produire qqch. *Les règles d'un art. Mod. Les règles de l'art* : la manière correcte, réglée, de procéder. *Il a réparé l'installation dans toutes les règles de l'art.* — Mod. (avec de et l'inf.) « *Il y a un art de marcher, un art de respirer : il y a même un art de se taire* » (Valéry). Dans des titres : *l'Art d'aimer, l'Art de vivre.* ◇ *Spécialt. Art poétique*.* ♦ 4° *Plur.* (fin XIIe). Ancienn. *Arts libéraux*, les disciplines où le travail de l'esprit tient la plus grande part. *Arts mécaniques*, qui exigent surtout un travail manuel ou mécanique. *Les sept arts libéraux*, enseignés dans les *facultés des arts* (trivium). V. **Grammaire; dialectique, rhétorique** *(Trivium)* ; **Arithmétique, géométrie, astronomie, musique** *(Quadrivium).* ◇ Mod. *Conservatoire des arts et métiers* (arts mécaniques). *Les arts ménagers* : les connaissances et procédés nécessaires à la bonne tenue des ménages. *Salon des arts ménagers.* — (1752) *Beaux-arts*, consacrés à la production de la beauté. V. **Beaux-arts** (et ci-dessous, II). — *Arts d'agrément* : musique, tapisserie, aquarelle. ◇ Absolt. *Les arts* : la littérature, la poésie, les arts libéraux et les beaux-arts. « *M. Turgot est le protecteur de tous les arts* » (Volt.). *Le temple des arts.*

II. Mod. (1752). Spécialisation d'emplois de I (Cf. Beaux-arts). ♦ 1° *Absolt.* Expression par les œuvres de l'homme, d'un idéal esthétique; ensemble des activités humaines créatrices visant à cette expression. « *La mission de l'art n'est pas de copier la nature, mais de l'exprimer* » (Balz.). ◇ *Spécialt.* (excluant les disciplines du langage et, souvent limité aux arts plastiques). La création d'œuvres en architecture, peinture, musique, etc. *Œuvre d'art, objet d'art. Critique d'art. Institut d'art et d'archéologie. Ville d'art* : riche en œuvres d'art. *Livre d'art* : contenant des reproductions d'œuvres d'art. *Histoire de l'art. Sociologie de l'art.* — (1818) *L'art pour l'art*, portant en lui sa propre justification. ♦ 2° Chacun des modes d'expression de la beauté. *Les arts plastiques* ou *de l'espace.* V. **Architecture, peinture, sculpture** (et gravure) ; **photographie**. *Les arts du temps.* V. **Musique; danse; cinéma**. *Le septième art* : le cinéma, *le huitième art* : la télévision. *Le neuvième art* : la bande dessinée. *Les arts décoratifs*.* *Les arts du spectacle.* ♦ 3° Création d'œuvres d'art; ensemble des œuvres (à une époque, dans un lieu particulier). *Étudier l'art égyptien, l'art italien. L'art des steppes. Musée national d'art moderne.* — Spécialt.

Art nouveau, se dit des styles d'art plastique développés en Europe entre 1885 et 1914 (*Syn.* MODERN STYLE). *Art déco*, se dit du style représenté par l'Exposition des Arts décoratifs de 1925 et ses suites. — *L'art, les arts populaires* (V. Folklore). — (Selon les styles) *Art classique, baroque. Art abstrait* (en peinture, sculpture). ♦ 4° D'ART : *artistique. Film d'art*. ◇ HOM. Are, arrhes, ars, hart.

ARTEFACT [artefakt]. *n. m.* (1905; mot angl., aussi *artifact* (1821), du lat. *artis factum* « fait de l'art » (I, 2°). *Didact.* Phénomène d'origine humaine, artificielle (dans l'étude de faits naturels). ◇ Spécialt. *(Méd.).* Toute altération produite artificiellement lors d'un examen de laboratoire *(par ex.*, examen microscopique d'un tissu, électroencéphalographie, électrocardiographie, etc.). — *Inform.* Signal parasite.

ARTEL [artɛl]. *n. f.* (*Artelchiki*, 1800; mot russe, « commune »). Coopérative, dans l'ancienne Russie. ◇ *Mod.* Société coopérative dans laquelle la propriété est collective. *Artel agricole* : forme de kolkhoze.

ARTÈRE [artɛr]. *n. f.* (XIVᵉ; *artaire*, 1213; lat. d'o. gr. *arteria*). ♦ 1° Un des vaisseaux à ramifications divergentes qui, partant des ventricules du cœur, distribuent le sang à tout le corps. *Les artères communiquent avec les veines par les capillaires. Artère pulmonaire* : partant du ventricule droit et conduisant le sang noir aux poumons (petite circulation). *Artère aorte* (V. Aorte), qui part du ventricule gauche et envoie le sang rouge dans l'organisme (grande circulation). *Artère carotide.* V. **Carotide.** *Battement des artères.* V. **Anévrisme, artériosclérose, artérite, athérome.** *Oblitération d'une artère.* V. **Embolie.** — On a l'âge de ses artères (axiome de Cazalis). ♦ 2° (1831). *Fig.* Voie de communication. *Spécialt.* Rue importante d'une ville. « *Dans les grandes artères retentissaient les cris des vendeurs de journaux* » (MART. du G.).

ARTÉRIECTOMIE [arterjɛktɔmi]. *n. f.* (XXᵉ; *artériotome*, 1560; de *artério-*, et *-ectomie*). *Chir.* Ablation d'une artère.

ARTÉRIEL, IELLE [arterjɛl]. *adj.* (1503; de *artère*). Qui a rapport aux artères. *Système artériel. Tension artérielle.* V. **Tension.** *Sang artériel,* sang rouge oxygéné, chassé par le ventricule gauche.

ARTÉRI(O)-. Élément, du lat. *arteria* « artère ».

ARTÉRIOGRAPHIE [arterjɔgrafi]. *n. f.* (av. 1929, Sicard; 1771, « description des artères »; de *artério-*, et *-graphie*). *Méd.* Examen radiologique d'une ou de plusieurs artères après injection d'un produit opaque aux rayons X. V. **Angiographie.**

ARTÉRIOLE [arterjɔl]. *n. f.* (1673; de *artère*). *Anat.* Petite artère.

ARTÉRIOSCLÉREUX, EUSE [arterjɔsklerø, øz]. *adj.* et *n.* (1895; de *artériosclérose*). *Méd.* De l'artériosclérose; atteint d'artériosclérose. — *Un artérioscléreux.*

ARTÉRIOSCLÉROSE [arterjɔsklerorz]. *n. f.* (1833; de *arterio-*, et gr. *sklérōsis* « durcissement »). État pathologique caractérisé par un épaississement de la tunique interne, un durcissement progressif des artères.

ARTÉRIOTOMIE [arterjɔtɔmi]. *n. f.* (1560; bas lat. d'o. gr. *arteriotomia*. V. **-Tomie**). *Chir.* Incision pratiquée à une artère.

ARTÉRITE [arterit]. *n. f.* (1836; de *artère*). Nom générique des affections artérielles d'origine inflammatoire.

ARTÉRITIQUE [arteritik]. *adj.* et *n.* (XXᵉ; de *artérite*). *Méd.* De l'artérite, atteint d'artérite. — *Un artéritique.*

ARTÉSIEN [artezjɛ̃]. *adj. m.* (1803; de *artésien, enne*, de *l'Artois*). *Puits artésien,* trou foré jusqu'à une nappe d'eau souterraine jaillissante.

ARTHRALGIE [artralʒi]. *n. f.* (1843; gr. *arthron* « articulation », et *-algie*). *Méd.* Douleur articulaire.

ARTHRITE [artrit]. *n. f.* (1560; bas lat. *arthritis*, mot gr. « goutte »). *Méd.* Nom générique des affections articulaires d'origine inflammatoire. *Arthrite déformante.* V. **Rhumatisme.** *Arthrite de la hanche.* V. **Coxalgie.**

ARTHRITIQUE [artritik]. *adj.* et *n.* (*Artétique*, 1167; lat. *arthriticus*). *Méd.* Qui a rapport à l'arthritisme. *Tempérament arthritique.* ◇ *Cour.* Qui souffre d'arthrite ou d'arthritisme. N. *Un, une arthritique.*

ARTHRITISME [artritism(ə)]. *n. m.* (1866; de *arthritique*). *Méd. (Vieilli).* Nom d'ensemble de certaines maladies, de caractère souvent familial et pouvant coexister chez le même individu, avec tendance à diverses douleurs (goutte, rhumatisme chronique, lithiase biliaire, obésité). V. **Diathèse.**

ARTHR(O)-. Élément, du gr. *arthron* « articulation ».

ARTHRODIE [artrɔdi]. *n. f.* (XVIᵉ, A. Paré; gr. *arthrôdia* « sorte d'articulation »). *Anat.* Type d'articulation à surfaces articulaires planes ou peu arrondies. *L'articulation de l'omoplate avec la clavicule est une arthrodie.*

ARTHROGRAPHIE [artrɔgrafi]. *n. f.* (mil. XXᵉ; de *arthro-*, et *-graphie*). *Méd.* Examen radiologique d'une arti-

culation après injection d'un produit de contraste (substance opaque aux rayons X, gaz) dans la cavité articulaire.

ARTHROPATHIE [artrɔpati]. *n. f.* (1840; de *arthro-*, et *-pathie*). *Méd.* Affection articulaire d'origine nerveuse.

ARTHROPODES [artrɔpɔd]. *n. m. pl.* (1868; *arthropodion*, 1827; de *arthro-*, et *-pode*). *Zool.* Embranchement d'invertébrés (*Métazoaires artiozoaires*) comprenant des animaux dont le corps recouvert de chitine est formé de pièces articulées (*Syn. Articulés*). *Les crustacés, les myriapodes, les insectes, les arachnides, sont des arthropodes.* Au sing. *Un arthropode.*

ARTHROSE [artroz]. *n. f.* (1836; de *arthr(o)-,* et *ose*). *Méd.* Altération chronique de diverses articulations, sorte de vieillissement, souvent prématuré, des cartilages articulaires.

ARTICHAUT [artiʃo]. *n. m.* (1530; lombard *articioc*, de l'it. *carciofo*, arabe *al-karchoûf*). ♦ 1° Plante potagère (*Composacées*) vivace, qui est cultivée pour ses capitules *(tête d'artichaut*), dont le réceptacle charnu *(fond d'artichaut)* porte des bractées *(feuilles d'artichaut)* à base également charnue. *Un champ d'artichauts.* V. **Artichautière.** Capitule de cette plante. *Foin d'artichaut. Cœurs d'artichauts,* les feuilles du cœur de petits artichauts dont le haut est coupé. *Artichaut à la vinaigrette.* ◇ *Fig.* et *fam. Avoir un cœur d'artichaut* : un cœur volage. « *Se redressant avec le dépit d'une grande coquette trahie il répondit* « *je vois que vous avez un cœur d'artichaut* » (PROUST). ♦ 2° *Par anal. de forme.* Nom courant de la *Joubarbe.* ◇ *Artichaut d'Espagne,* autre nom du *pâtisson.* ♦ 3° *Par anal.* Pièce de fer hérissée de pointes et de crocs dont on garnit une clôture pour en empêcher l'escalade.

ARTICHAUTIÈRE [artiʃotjɛr]. *n. f.* (*Artichaulière,* XVIᵉ; de *artichaut*). ♦ 1° Terrain planté en artichauts. ♦ 2° (1843). Ustensile dans lequel on fait cuire les artichauts.

ARTICLE [artikl(ə)]. *n. m.* (1130; lat. *articulus* « articulation », de *artus;* Cf. Orteil).
I. ♦ 1° *Vx.* Articulation (I). ♦ 2° *Mod.* (1846). *Zool.* Pièces articulées des Arthropodes. V. **Articulé.**
II. (XIIIᵉ). ♦ 1° Partie (numérotée ou non) qui forme une division d'un texte légal, juridique, diplomatique, religieux, littéraire. *L'article constitue la division élémentaire et fondamentale des lois françaises. Les alinéas d'un article.* ◇ *Article de foi* : point formel de croyance dans une religion. V. **Dogme.** *Fig. Prendre qqch. pour article de foi* : y croire fermement. ♦ 2° *Par ext.* Partie d'un écrit. V. **Point.** « *Je passe à un autre article de votre lettre qui n'est pas le moins essentiel* » (VOLT.). ◇ *Pour cet article, sur cet article* : sur ce point, sur ce chapitre. V. **Chapitre, matière, objet, sujet.** « *Qu'est-ce que cet intérêt si décisif pour l'article de votre réputation?* » (DIDER.). ◇ *À l'article de la mort* (XVIIᵉ) : au « chapitre » de la mort, au moment de mourir. V. **Agonie.** *Être à l'article de la mort.* ♦ 3° ARTICLE, écrit formant par lui-même un tout distinct, mais faisant partie d'une publication. *Les articles d'un dictionnaire. Article de presse, de revue, de journal.* V. **Chronique, courrier, éditorial, entrefilet, papier** *(fam.). Insérer, publier un article, une série d'articles, dans un journal.*
III. (1517). ♦ 1° Tout objet de commerce. *Nous n'avons pas cet article en magasin. Article de toilette, de voyage. Articles de luxe. Articles de Paris* (1833), petits articles de luxe de la toilette féminine. — « *Chaque jour le prix de tous les articles nécessaires à la vie s'élevait quelque peu* » (DUHAM.). *Écon.* Liste des 179 articles, pour calculer l'indice du coût de la vie, la base du salaire* minimum, etc. (en 1965). ♦ 2° *Faire l'article,* vanter sa marchandise pour la vendre. *Fig.* Faire valoir (qqch., qqn) d'une manière commerciale.
IV. (1350). Mot qui, placé devant un nom, sert à le déterminer plus ou moins précisément, tout en en marquant le genre et le nombre. *Article défini, indéfini, partitif.* V. **Le;** un; de. *Article élidé* (V. **Le**). *Article contracté* (V. **Au, du**).

ARTICULAIRE [artikylɛr]. *adj.* (1538; lat. *articularis*). Qui a rapport aux articulations. *Capsule ou ligament articulaire.* — *Méd. Affection articulaire.* V. **Arthrite.** *Rhumatisme articulaire chronique.*

ARTICULATION [artikylasjɔ̃]. *n. f.* (1478; lat. *articulatio;* Cf. Article).
I. ♦ 1° *Anat.* Mode d'union des os entre eux; ensemble des parties molles et dures par lesquelles s'unissent deux ou plusieurs os voisins. V. **Arthro-, jointure, ligament;** et *aussi* **Attache, charnière, emboîtement.** *Articulations mobiles.* V. **Diarthrose.** *Jeu, mouvement des articulations. Articulations immobiles.* V. **Synarthrose.** « *Après avoir fait craquer, une à une, toutes les articulations de ses doigts* » (DUHAM.). — *Méd. Affections, lésions, malformations des articulations.* V. **Ankylose, arthrite, coxalgie, déboîtement, déviation, entorse, exarthrose, goutte, hydarthrose, luxation, rhumatisme, tophus.** ◇ *Zool.* Région du tégument des arthropodes où la chitine s'amincit et permet le mouvement des téguments. ♦ 2° *Mécan.* Assemblage de plusieurs pièces mobiles les unes sur les autres. ♦ 3° *Fig.* Répartition fonctionnelle dans l'espace.

L'*articulation des masses architecturales.* — Organisation en éléments distincts contribuant au fonctionnement d'un ensemble. *Spécialt.* Ling. «*La double articulation du langage*» (A. MARTINET), la première étant formée d'unités signifiantes (morphèmes ou monèmes), elles-mêmes analysables en unités de deuxième articulation (phonèmes). ◆ 4° *Fig.* Imbrication de deux processus. «*L'articulation de la sexualité et de la politique, argument fondamental du film, fait peur au pouvoir*» (*Nouvel Obs.*, 16-7-1973). **II.** *Cour.* Action de prononcer distinctement les différents sons d'une langue à l'aide des mouvements des lèvres et de la langue. V. **Prononciation.** «*La netteté de l'articulation française s'oppose au relâchement de l'articulation en anglais*» (DAUZAT). ◇ *Phonét.* Ensemble des mouvements des organes phonateurs nécessaires à la formation des phonèmes. *Point d'articulation d'un phonème,* lieu du resserrement ou de l'occlusion du canal expiratoire pour l'émission d'un phonème (V. **Alvéolaire, dental, glottal, labial, uvulaire, vélaire**). *Mode d'articulation,* manière de réaliser l'articulation d'un phonème (V. **Affriquée, fricative, nasal, occlusif, oral, sonore, sourd**). **III.** *Dr.* Énonciation écrite de faits, article par article, à l'appui d'une demande en justice. *L'articulation des griefs dans la procédure du divorce.*

ARTICULATOIRE [aʀtikylatwaʀ]. *adj.* (XVIᵉ; de *articuler*). Qui concerne l'articulation phonétique.

ARTICULÉ, ÉE [aʀtikyle]. *adj. et n.* (1265; V. **Articuler** (II). *Langage articulé* (opposé à *inarticulé*). ◆ 2° (XVIᵉ). Qui s'articule (I). *Membres articulés.* ◇ *Zool.* LES ARTICULÉS. *n. m. pl.* Un des quatre embranchements de Cuvier, qui groupait les animaux dont le corps divisé en anneaux porte des membres formés de *pièces articulées* (Vers; arthropodes). *Par ext.* Syn. *d'arthropodes.* ◇ Construit de manière à s'articuler. *Poupée articulée,* dont on peut bouger la tête, plier les membres. «*Une glace ovale basculante, articulée, montée sur tige de métal à trépied, qui se haussait à volonté*» (GIDE). ◆ 3° *N. m. Articulé dentaire.* Engrènement des dents antagonistes lorsque les maxillaires sont en position d'occlusion.

ARTICULER [aʀtikyle]. *v. tr.* (1265; lat. *articulare,* de *articulus* « articulation ». V. **Article**). **I.** ◆ 1° *Anat.* (Surtout *pronom.*). Réunir deux ou plusieurs os voisins par une articulation. *La manière dont deux os s'articulent.* ◆ 2° Assembler par des jointures qui permettent le mouvement. *Articuler deux tiges par une rotule.* Pronom. *L'organe de transmission s'articule sur l'arbre.* ◆ 3° *Fig. S'articuler,* s'organiser en éléments distincts concourant au fonctionnement d'un ensemble. «*Trente-six tours autour desquelles s'articuleront les futurs locaux*» (*Le Figaro,* 28-9-1966). ◆ 4° Se réaliser par une articulation* (4°). «*C'est autour de la charnière conflictuelle jeunesse/vieillesse-autorité que s'articule le conflit traditionnel dirigés-dirigeants*» (*Le Monde,* 6-6-1968). **II.** Émettre, faire entendre les sons vocaux à l'aide de mouvements des lèvres et de la langue. V. **Prononcer.** «*Le nouveau articula d'une voix bredouillante un nom inintelligible*» (FLAUB.). Absolt. *Bien articuler,* détacher les syllabes, les mots. *Mal articuler.* (V. **Bafouiller, balbutier, bégayer, bléser, bredouiller, mâchonner**). *Articulez!* parlez distinctement. ◇ *Par ext.* Dire, proférer. «*Il ne jugea pas nécessaire d'articuler un mot, de donner un conseil*» (DUHAM.). **III.** *Dr.* Énoncer article par article. *Articuler des faits, des griefs.*
◇ ANT. **Désarticuler, disloquer.**

ARTICULET [aʀtikylɛ]. *n. m.* (1922; *articule,* 1846; de *article*). *Fam.* Petit article de journal ou de revue; article insignifiant.

ARTIFICE [aʀtifis]. *n. m.* (1256; lat. *artificium* « art, métier », par l'it.). ◆ 1° *Vx.* Art consommé, habileté. V. **Art.** ◇ *Mod.* Moyen habile, ingénieux. *Résoudre un problème de mathématiques par un artifice de calcul.* ◆ 2° *Cour.* (XVIIᵉ). Moyen trompeur et habile pour déguiser la vérité, subtilité captieuse. V. **Combinaison, feinte, finesse, leurre, manège, mensonge, piège, ruse, subterfuge, tour, tromperie.** *User d'artifice. Les artifices de la toilette féminine. L'humilité « c'est un artifice de l'orgueil qui s'abaisse pour s'élever »* (LA ROCHEF.). ◆ 3° (XVᵉ). Composition pyrotechnique destinée à brûler plus ou moins rapidement. *Artifices pour signaux* (Marine). ◇ *Cour. Feu d'artifice :* ensemble de pièces d'artifice qu'on fait brûler d'ordinaire pour un divertissement. «*D'éblouissants feux d'artifice allaient mêler aux étoiles leurs panaches de feu*» (MAUPASS.). — *Fig.* Ce qui éblouit par le nombre et la rapidité des images ou des traits brillants. *C'est un vrai feu d'artifice.*

ARTIFICIEL, IELLE [aʀtifisjɛl]. *adj.* (1549; « fait avec art », v. 1260; lat. *artificialis*). ◆ 1° Qui est le produit de l'habileté humaine (artificiel, 1°) et non celui de la nature. V. **Factice, fabriqué, faux, imité, inventé, postiche.** *Lac artificiel. Lumière artificielle. Insémination artificielle. Jambe artificielle*

(Prothèse). *Fleurs artificielles. Prairies artificielles. Port artificiel.* «*Les paradis artificiels*» (BAUDEL.), les joies de la drogue. ◇ *Fabriqué* (et non obtenu dans la nature). V. **Synthétique.** *Soie artificielle. Colorant, parfum artificiel.* ◆ 2° Qui est le produit des relations sociales, de la civilisation. *Des plaisirs, des besoins artificiels.* ◆ 3° Qui ne tient pas compte des caractères naturels, des faits réels, rationnels. *Classification artificielle.* V. **Arbitraire.** «*Tout ce que la seule logique construit reste artificiel et contraint*» (GIDE). ◆ 4° *Rare.* Qui manque de naturel. V. **Affecté, feint, forcé.**
◇ ANT. **Naturel, original, originel, réel, sincère, véritable, vrai.**

ARTIFICIELLEMENT [aʀtifisjɛlmɑ̃]. *adv.* (1690; « avec art », v. 1260; de *artificiel*). D'une manière artificielle. *Des fruits de serre, artificiellement produits.* «*Les mots inventés, les mots faits artificiellement*» (HUGO). V. **Arbitrairement.**
◇ ANT. **Naturellement.**

ARTIFICIER [aʀtifisje]. *n. m.* (1594; de *artifice,* 3°). ◆ 1° Celui qui fabrique des pièces d'artifice, organise ou tire des feux d'artifice. ◆ 2° Militaire employé à la confection des artifices, aux travaux pyrotechniques.

ARTIFICIEUSEMENT [aʀtifisjøzmɑ̃]. *adv.* (XIVᵉ; de *artificieux*). *Littér.* D'une manière artificieuse, trompeuse.
◇ ANT. **Sincèrement.**

ARTIFICIEUX, IEUSE [aʀtifisjø, jøz]. *adj.* (XIVᵉ; « fait avec art », 1265; lat. *artificiosus*). *Littér.* Qui est plein d'artifices, de ruse. *Une femme artificieuse.* V. **Rusé, retors, trompeur; hypocrite.** «*Des hommes artificieux et intéressés*» (FÉN.). *Paroles artificieuses.* V. **Captieux.** ◇ ANT. **Sincère.**

ARTILLERIE [aʀtijʀi]. *n. f.* (1260, « engins de guerre »; de *artillier* (vx) « munir d'engins de guerre », de *attilier* « garnir », d'o. germ., d'apr. *art*). ◆ 1° (XIVᵉ). Matériel de guerre comprenant les canons, obusiers, etc. (*Pièces d'artillerie.* V. **Canon, engin, machine, mortier, obusier**), et le matériel nécessaire pour leur service (V. **Train, munition, projectile**). *Artillerie de campagne,* qui appuie l'infanterie. *Artillerie légère; lourde. Grosse artillerie. Artillerie de marine. Tir d'artillerie.* V. **Tir;** bombardement, canonnade, décharge, feu, mitraille, pilonnage, rafale, salve. *L'artillerie ouvre le feu.* ◆ 2° Dans l'armée. L'arme qui est chargée du service de ce matériel (V. **Artillerie**). *Bataillon, groupe d'artillerie.*

ARTILLEUR [aʀtijœʀ]. *n. m.* (1334; de *artillerie*). Militaire appartenant à l'artillerie. V. **Canonnier, chef** (de pièce), **munitionnaire, pointeur, pourvoyeur, servant;** Cf. pop. et vieilli *Artiflot* (1879).

ARTIMON [aʀtimɔ̃]. *n. m.* (1246; lat. *artemo, -onis*). *Mar.* Mât le plus arrière, à bord des navires à trois mâts et plus. *Mât le plus petit et le plus arrière, à bord des ketchs** (V. **Tapecul**). ◇ Voile gréée sur ce mât. *Prendre un ris dans l'artimon.*

ARTIODACTYLES [aʀtjɔdaktil]. *n. m. pl.* (1878; du gr. *artios* « pair », et *-dactyle*). *Zool.* Sous-ordre de mammifères ongulés renfermant des animaux qui reposent sur le sol par un nombre pair de doigts (ruminants, porcins).

ARTIOZOAIRES [aʀtjozoɛʀ]. *n. m. pl.* (1846; du gr. *artios* « pair », et *-zoaire*). *Zool.* Animaux (*Métazoaires*) à symétrie bilatérale (Arthropodes, vers, mollusques, prochordés, vertébrés).

ARTISAN, ANE [aʀtizɑ̃, an]. *n.* (XVIᵉ, « artiste » (vx) « artisan », par l'it. *artigiano,* de *arte* « art »; le fém. est rare). ◆ 1° Personne qui fait un travail manuel à son propre compte, aidée souvent de sa famille, de compagnons, apprentis, etc. *Le serrurier, le cordonnier sont généralement des artisans. Artisan d'art,* qui fait des objets, des bibelots d'art. *Atelier, boutique d'artisan.* ◆ 2° *Fig.* Auteur, cause d'une chose. «*Villars avait été l'artisan de sa fortune*» (VOLT.).

ARTISANAL, ALE, AUX [aʀtizanal, o]. *adj.* (1923; de *artisan*). Qui est relatif à l'artisan. *Métier artisanal.* — *Par ext. Cette exploitation est restée artisanale, est trop artisanale :* pas assez organisée, industrialisée.

ARTISANALEMENT [aʀtizanalmɑ̃]. *adv.* (v. 1950; de *artisanal*). D'une manière artisanale, sans machines ni organisation complexe.

ARTISANAT [aʀtizana]. *n. m.* (1923; de *artisan*). ◆ 1° Métier, condition d'artisan. *Les artisanats d'art.* ◆ 2° Ensemble des artisans. *Aider l'artisanat.*

ARTISTE [aʀtist(ə)]. *n. et adj.* (1395; lat. médiév. et it. *artista,* du lat. *ars.* V. **Art**). **I.** *N.* ◆ 1° *Vx.* Personne qui pratiquait un métier, une technique difficile. V. **Art** (I, 3°). — *Mod.* (parfois iron.). *Un artiste capillaire : un grand coiffeur. Un artiste culinaire :* un grand cuisinier. ◆ 2° (1752, « écrivain »). *Mod.* Personne qui se voue à l'expression du beau, pratique les *beaux-arts, l'art* (II). *L'inspiration, la sensibilité de l'artiste. Cette pianiste est une grande artiste.* «*Des artistes, c'est-à-dire des hommes qui sont seuls voués à l'expression de l'art*» (BAUDEL.). «*Les grands artistes n'ont pas de patrie*» (MUSS.). ◆ 3° Créateur d'une œuvre d'art; *spécialt.* d'une œuvre plastique (V. **Peintre; dessinateur, graveur; sculpteur; architecte**). *L'artiste et ses œuvres. Artiste peintre* (opposé à peintre en bâtiment).

♦ 4° (1808). Personne qui interprète une œuvre musicale ou théâtrale (*opposé à* auteur, compositeur, écrivain). V. **Acteur, bateleur, comédien, interprète, musicien; exécutant.** *Entrée des artistes.* ◇ *(Pop.)* Acteur, comédien. ♦ 5° *Fam.* Fantaisiste. *Eh, l'artiste!*
II. *Adj.* (1601, « artistique », repris 1807). ♦ 1° Qui a le sentiment de la beauté, le goût des beaux-arts. *Elle est née artiste.* « *Ces lambeaux d'habillement, que ce peuple artiste drape encore avec art* » (STAËL). ♦ 2° *Littér.* Le style artiste, préconisé par les Goncourt.

ARTISTEMENT [aʀtistəmã]. *adv.* (1547; de *artiste*). *Vx.* Avec habileté (dans l'exercice d'une technique, d'un *art*, I, 3°). ◇ *Mod.* Avec goût; avec sens esthétique. « *C'est un des privilèges prodigieux de l'Art que l'horrible, artistement exprimé, devienne beauté* » (BAUDEL.). V. **Artistiquement.**

ARTISTIQUE [aʀtistik]. *adj.* (1808; de *artiste*). ♦ 1° Qui a rapport à l'art ou aux productions de l'art. *Les richesses artistiques d'un pays. Il « jouissait d'un sens artistique des plus fins* » (GIDE). V. **Artiste (II).** ♦ 2° Qui est fait, présenté avec art. *L'arrangement de cette vitrine est très artistique.*

ARTISTIQUEMENT [aʀtistikmã]. *adv.* (1853; de *artistique*). D'une manière artistique, avec art. V. **Artistement.**

ARTOCARPE [aʀtɔkaʀp(ə)]. *n. m.* (1846; du gr. *artos* « pain », et *-carpe*). Arbre lactescent de l'Asie tropicale et de l'Océanie (*Urticacées*), dit aussi *Arbre à pain*, dont le fruit comestible a une chair blanche, féculente.

ARUM [aʀɔm]. *n. m.* (1545; mot lat. reprod. du gr.). Plante (*Aracées*), à fleurs disposées sur un spadice entouré d'une large spathe en cornet de couleur blanche ou verdâtre. V. **Pied-de-veau.** La spathe de cette plante (qui a l'aspect d'une fleur). *Arums d'une gerbe de mariée.*

ARUSPICE [aʀyspis]. *n. m.* (1372; lat. *haruspex, haruspicis*). *Antiq. rom.* Devin qui examinait les entrailles des victimes pour en tirer des présages. *Les aruspices et les augures.*

ARYEN, YENNE [aʀjɛ̃, jɛn]. *n.* et *adj.* (1714; de *Aryas* « nom de peuple »). ♦ 1° *Les Aryens,* nom d'un peuple de l'Antiquité qui envahit le nord de l'Inde. ♦ 2° (1853, *Arian*). Chez les théoriciens racistes, Grand dolichocéphale blond issu de ce peuple, qui représenterait l'élément pur et supérieur de la race blanche (sans fondement scientifique). Adj. *Race aryenne.* ◇ HOM. **Arien.**

ARYLE [aʀil]. *n. m.* (XXᵉ; de *ar(omatique)*, et *-yle*). *Chim.* Radical ou groupement d'atomes dérivés des composés aromatiques.

ARYTÉNOÏDE [aʀitenɔid]. *adj.* et *n. m.* (1541, adj.; 1654, n.; gr. *arutainoeidês* « en forme d'aiguière »). *Anat. Cartilages aryténoïdes* : les deux cartilages du larynx qui tendent les cordes vocales. N. *Les aryténoïdes.*

ARYTHMIE [aʀitmi]. *n. f.* (1879; de *a-* 2, et gr. *ruthmos* « rythme »). *Physiol.* Irrégularité d'un rythme, notamment du rythme cardiaque. Adj. *Arythmique,* 1890.

AS [ɑs]. *n. m.* (XIIᵉ; lat. *as*, unité de monnaie, de poids, de mesure). ♦ 1° Côté du dé à jouer (ou moitié de domino) marqué d'un seul point ou signe. *Amener deux as au trictrac.* V. **Beset.** ♦ 2° (Repris au lat.). *Antiq. rom.* Unité de monnaie, de poids. ♦ 3° Carte à jouer, marquée d'un seul point ou signe, qui est carte maîtresse dans de nombreux jeux. *As de carreau, de cœur, de pique, de trèfle* (V. *aussi* **Manillon**). *Paire, brelan, carré d'as.* ◇ *Fam. Être ficelé, fichu comme l'as de pique* : être mal habillé ou mal fait. — *Pop. Être aux as, plein aux as* : avoir beaucoup d'argent. — *Pop. Passer qqch. à l'as* (par allus. aux jeux où l'on *passe*) : l'escamoter. ♦ 4° *Fig.* (déb. XXᵉ, arg. milit.). Personne qui réussit excellemment dans une activité. *Un as de l'aviation, du volant.* V. **Champion, crack.** *Fam.* Absolt. *C'est un as,* il (ou elle) est très fort. — *Quel as!* V. **Numéro, phénomène.**

ASBESTE [asbɛst(ə)]. *n. m.* (*Abeste,* 1125; lat. *asbestos,* mot gr. « incombustible »). Minéral fibreux très résistant à la chaleur. *Asbeste amphibolique.* V. **Amiante.**

ASBESTOSE [asbɛstoz]. *n. f.* (XXᵉ; de *asbeste*). Maladie professionnelle, due à l'action de poussières d'asbeste sur les poumons. (V. **Pneumoconiose**).

ASCARIDE [askaʀid]. ou **ASCARIS** [askaʀis]. *n. m.* (1372; lat. *ascarida,* gr. *askaris*). Ver nématode, dont une espèce, l'*ascaride lombricoïde,* est parasite de l'intestin de l'homme et du cheval (10 à 25 cm).

ASCARIDIOSE [askaʀidjoz]. ou **ASCARIDIASE** [askaʀidjaz]. *n. f.* (*Ascaridiasis,* 1866; de *ascaride*). *Méd.* Troubles causés par les ascarides.

ASCENDANCE [asãdɑ̃s]. *n. f.* (fin XVIIIᵉ; de *ascendant*). ♦ 1° *Astron.* Mouvement ascendant d'un astre sur l'horizon. ♦ 2° Ligne généalogique par laquelle on remonte de l'enfant aux parents, aux grands-parents; ensemble des générations de personnes d'où est issu qqn. *Ascendance paternelle, maternelle.* V. **Ancêtre, ascendant, origine.** « *De mon ascendance terrienne, j'ai gardé un vif amour pour tout ce qui touche aux choses de la nature* » (DUHAM.). ♦ 3° *Ascendance thermique,* ascension d'air chaud dans l'atmosphère (utilisée dans le vol à voile). ◇ ANT. **Descendance.**

1. ASCENDANT, ANTE [asãdɑ̃, ãt]. *adj.* (1503; lat. *ascendens,* de *ascendere* « monter »). Qui va en montant. *Mouvement ascendant.* — *Fig. Marche ascendante.* V. **Progression; gradation.** « *La marche ascendante de l'Église vers le plus haut point de sa domination* » (CHATEAUB.). ◇ *Astron.* Qui monte au-dessus de l'horizon. *Mouvement ascendant d'un astre.* — *Astrol. Astre ascendant :* celui qui monte au-dessus de l'horizon au moment de la naissance de qqn. V. **Ascendant (2, 2°).** — *Math. Progression ascendante :* celle dont les termes vont en croissant. — Dr. et Généal. *Ligne ascendante.* V. **Ascendance.** ◇ ANT. **Descendant.**

2. ASCENDANT [asãdɑ̃]. *n. m.* (1372; lat. *ascendens,* subst. en astrol.; Cf. le précéd.). ♦ 1° *Astron.* Mouvement d'un astre qui s'élève au-dessus de l'horizon. ♦ 2° *Astrol.* Degré du zodiaque qui monte sur l'horizon au moment de la naissance de qqn; son influence. ◇ *Par ext.* Influence dominante. V. **Autorité, empire, influence, pouvoir.** *Acquérir, prendre, avoir, exercer de l'ascendant sur qqn. Subir l'ascendant de qqn.* V. **Charme, fascination, séduction.** « *Sûre de son ascendant, la maîtresse* (de Talleyrand) *avait décidé de s'imposer comme épouse* » (MADELIN). ♦ 3° *Plur. Dr.* Parents dont on descend. V. **Parent(s).** ◇ ANT. **Descendant.**

ASCENSEUR [asãsœʀ]. *n. m.* (1867; rad. d'*ascension,* lat. *ascensum*). Appareil qui sert à monter verticalement des personnes aux différents étages d'un immeuble, et le plus souvent aussi à les descendre (on dit parfois pour préciser *ascenseur-descenseur*); spécialt. La cabine où se tiennent les passagers. *Ascenseur électrique. Cage de l'ascenseur. Appeler, prendre l'ascenseur. Garçon d'ascenseur.* V. **Liftier.** *Loc. fig. Renvoyer l'ascenseur,* répondre à un acte (obligeant ou désobligeant) par un acte de même nature.

ASCENSION [asãsjɔ̃]. *n. f.* (fin XIIᵉ; lat. *ascensio,* de *ascendere* « monter »). Action ou fait de monter, de s'élever. V. **Montée.** ♦ 1° *Théol.* Élévation miraculeuse de Jésus-Christ dans le ciel. — *L'Ascension,* Fête célébrée par l'Église, jour anniversaire de ce miracle. *L'Ascension est quarante jours après Pâques.* ♦ 2° (v. 1260). Astron. *Ascension droite d'une étoile :* arc de l'équateur compté en sens inverse du mouvement diurne à partir d'un point pris pour origine. ♦ 3° (Fin XVIIIᵉ). Action de gravir une montagne. *La première ascension du mont Blanc eut lieu en 1786. Faire des ascensions.* V. **Alpinisme.** ♦ 4° (Fin XVIIIᵉ). Action de s'élever dans les airs. *Ascension d'un ballon, d'une fusée.* ♦ 5° Montée d'un fluide dans des tubes, tuyaux, canaux. ♦ 6° *Fig.* (fin XVIIIᵉ). Montée vers un idéal ou une réussite sociale. V. **Élévation, montée, progrès, progression.** *L'ascension de Bonaparte.* « *Ce n'est qu'un idéal bourgeois que, de nos jours, propose le bourgeois à l'ascension du prolétariat* » (GIDE). V. **Promotion.** ◇ ANT. **Descente; chute; déclin.**

ASCENSIONNEL, ELLE [asãsjɔnɛl]. *adj.* (1752; de *ascension*). *Sc.* Qui tend à monter ou à faire monter. *Mouvement ascensionnel. Force ascensionnelle. Vitesse ascensionnelle* d'un avion.

ASCENSIONNER [asãsjɔne]. *v. intr.* (XXᵉ; de *ascension*). *Alpin.* Faire une ascension.

ASCENSIONNISTE [asãsjɔnist(ə)]. *n.* (1872; de *ascension*). Personne qui fait une ascension en montagne. V. **Alpiniste.** *Cordée d'ascensionnistes.*

ASCÈSE [asɛz]. *n. f.* (1849; gr. *askêsis* « exercice »). Ensemble d'exercices physiques et moraux qui tendent à l'affranchissement de l'esprit par le mépris du corps. « *Le Saint et l'artiste sont amenés, l'un comme l'autre, après les tentations et les luttes, à se faire une vie d'ascèse* » (MAUROIS). — *Par ext.* Privation voulue et héroïque. ◇ ANT. **Plaisir; jouissance.**

ASCÈTE [asɛt]. *n.* (fin XVIIᵉ; *aschète,* 1580; bas lat. *asceta;* gr. *askêtes* « celui qui s'exerce »). ♦ 1° Personne qui pratique l'ascétisme, s'impose, par piété, des exercices de pénitence, des privations, des mortifications. V. **Anachorète, cénobite, ermite, flagellant, gymnosophiste, moine, pénitent, stylite, yogi.** ♦ 2° *Par ext.* Personne qui mène une vie austère. « *Il menait une existence d'ascète* » (MART. du G.). ◇ ANT. **Jouisseur, sybarite, viveur.**

ASCÉTIQUE [asetik]. *adj.* (1673; gr. *askêtikos.* V. **Ascèse**). ♦ 1° Qui appartient aux ascètes, à l'ascétisme. *Morale ascétique. Vie ascétique.* ♦ 2° *Par ext.* Qui pratique les privations, austère. « *Une tradition ascétique qui avait été génératrice d'énergie et de force morale* » (SIEGFRIED). ◇ ANT. **Hédoniste; épicurien.** — HOM. **Acétique.**

ASCÉTISME [asetism(ə)]. *n. m.* (1831; de *ascète*). ♦ 1° Genre de vie religieuse des ascètes, ensemble des pratiques ascétiques. V. **Ascèse; austérité, jeûne, macération, mortification, pénitence, privation.** « *Ils ont conservé l'ascétisme et l'enthousiasme des premiers monastères* » (LAMART.). — Doctrine de perfectionnement moral fondée sur la lutte contre les exigences du corps. ♦ 2° *Par ext.* Vie austère, continente, frugale, rigoriste. « *L'habitude de l'ascétisme était telle qu'il me fallut d'abord m'efforcer vers la joie* »

(GIDE). *Son ascétisme est bien connu.* ◇ ANT. *Hédonisme; épicurisme, sybaritisme.*

ASCIDIE [asidi]. *n. f.* (fin XVIIIᵉ; gr. *askidion* « petite outre »). ♦ 1° Animal marin *(protochordés, tuniciers)* en forme d'outre qui se fixe habituellement par des prolongements aux objets environnants. ♦ 2° *Bot.* Organe en forme d'urne des plantes carnivores.

ASCITE [asit]. *n. f.* (1538, « hydropisie »; du gr. *askitês (nosos)*, de *askos* « outre »). *Méd.* Épanchement de sérosité dans le péritoine.

ASCITIQUE [asitik]. *adj.* (1701; de *ascite*). *Méd.* Atteint d'ascite; qui a rapport à l'ascite. — *Subst.* Malade atteint d'ascite.

ASCLÉPIADACÉES [asklepjadɑse]. *n. f. pl.* (*Asclépiadées*, 1839; de *asclépiade* 1). Famille de plantes dicotylédones ayant pour type l'asclépiade.

1. ASCLÉPIADE [asklepjad]. *n. f.* (1545; lat. d'o. gr. *asklepias, -adis*, plante d'*Asklépios* (Esculape). Plante *(Asclépiadacées)* cultivée pour ses fleurs roses odorantes.

2. ASCLÉPIADE [asklepjad]. *adj.* (1701; lat. gram. *asclepiadeus*, de *Asclépiades*, poète grec). Se dit d'un vers lyrique grec ou latin composé d'un spondée, de deux choriambes et d'un iambe. — *Subst. Un asclépiade.*

ASCOMYCÈTES [askɔmisɛt]. *n. m. pl.* (1846; gr. *askos* « outre », et *-mycètes*). *Bot.* Ordre de champignons dont les spores se forment dans des asques (saccharomyces, moisissure, morille, pézize, truffe).

ASCORBIQUE [askɔrbik]. *adj.* (XXᵉ; de *a-* 2, et *scorb(ut)*). *Acide ascorbique*, vitamine C, antiscorbutique.

ASCOSPORE [askɔspɔr]. *n. f.* (XXᵉ; du gr. *askos* « outre », et *spore*). *Bot.* Spore qui se forme à l'intérieur d'un asque chez les champignons ascomycètes.

ASDIC [asdik]. *n. m.* (1945; de l'angl. *Allied Submarine Detection Investigation Committee*). *Mar.* Appareil de détection sous-marine par ultra-sons. V. **Sonar.**

-ASE. Élément, tiré de *diastase* servant à désigner certains ferments (enzymes). Ex. : *oxydase.* — *Subst. Les ases* [ɑz], les enzymes.

ASELLE [azɛl]. *n. m.* (1771; lat. *asellus* « petit âne »). Petit cloporte *(Isopodes)* d'eau douce.

ASÉMANTIQUE [asemɑ̃tik]. *adj.* (XXᵉ; de *a-* 2, et *sémantique*). *Ling.* Se dit d'une phrase qui n'a de sens que bien qu'elle puisse être grammaticale (Ex. : « *Le silence vertébral indispose la voile licite* » LUCIEN TESNIÈRES). (*Dér.* ASÉMANTICITÉ, *n. f.*).

ASEPSIE [asɛpsi]. *n. f.* (1888; de *a-* 2, et gr. *sêpsis* « putréfaction »). ♦ 1° Méthode préventive, qui s'oppose aux maladies septiques ou infectieuses, en empêchant l'introduction de microbes dans l'organisme. V. **Antisepsie, désinfection, pasteurisation, prophylaxie, stérilisation.** ♦ 2° Absence d'agents microbiens. *Un état d'asepsie totale.* ◇ ANT. *Contamination.*

ASEPTIQUE [asɛptik]. *adj.* (1879; de *asepsie*, d'apr. gr. *asêptos* « non corrompu »). ♦ 1° Qui a rapport à l'asepsie. ♦ 2° Exempt de tout germe infectieux. *Pansement aseptique.* ◇ ANT. *Septique.*

ASEPTISATION [asɛptizasjɔ̃]. *n. f.* (1907; de *aseptiser*). Action d'aseptiser. V. **Désinfection, stérilisation.**

ASEPTISER [asɛptize]. *v. tr.* (1898; de *aseptique*). ♦ 1° Rendre aseptique. *Aseptiser une plaie.* (V. **Stériliser**), *un pansement* (V. **Stériliser**). ♦ 2° *Fig.* (1966). P. p. *Aseptisé* : privé de chaleur humaine, d'originalité. « *État aseptisé* » (*Le Monde*, 28-1-1969).

ASEXUALITÉ [asɛksɥalite]. *n. f.* (1970; de *a-* 2, et *sexualité*). *Biol.* État des organismes normalement dépourvus de sexe ou de fonction sexuelle.

ASEXUÉ, ÉE [asɛksɥe]. *adj.* (1866; *asexe*, XVIIIᵉ; *asexuel*, 1836; de *a-* 2, et *sexe*). ♦ 1° *Biol.* Qui est dépourvu de sexe. Par ext. *Multiplication asexuée*, qui ne se fait pas par des gamètes*, mais par d'autres parties de l'organisme (V. *aussi* **Végétatif**). ♦ 2° *Fig.* (fin XIXᵉ). Se dit d'une personne sans besoins sexuels, ou qui semble l'être *(péj.)*. ◇ ANT. *Sexué.*

ASEXUEL, ELLE [asɛksɥɛl]. *adj.* (1836; de *a*-2, et *sexuel*). ♦ 1° *Vx.* Asexué. ♦ 2° *Mod. (Biol.).* Qui n'a pas de rapport avec le sexe, qui ne provient pas de l'union des sexes. *Espèces asexuelles.*

ASHRAM [aʃram]. *n. m.* (1960; mot sanscr. *âshrama*). Aux Indes, monastère, groupant des disciples autour d'un guru.

ASIALIE [asjali]. *n. f.* (1863; de *a-* 2, et gr. *sialon* « salive »). *Méd.* Absence de salive.

ASIATE [azjat]. *n.* (XXᵉ; de *asiatique*). Habitant de l'Asie. V. **Asiatique.**

ASIATIQUE [azjatik]. *adj. et n.* (XVIᵉ; lat. *âsiaticus*). Qui appartient à l'Asie ou qui en est originaire. — *Subst. Un, une Asiatique.* V. **Asiate.**

ASILAIRE [azilɛr]. *adj.* (1955; de *asile*). Relatif à l'asile de vieillards ou à l'hôpital psychiatrique. « *Les vieillards habitants du ghetto asilaire* » (*L'Express*, 30-3-1970).

ASILE [azil]. *n. m.* (1355; lat. *asylum*, gr. *asulon*). ♦ 1° Lieu inviolable (temple, etc.) où se réfugie une personne poursuivie. *Par ext.* Lieu où l'on se met à l'abri, en sûreté contre un danger. V. **Abri, refuge.** *Chercher, trouver asile, un asile. Offrir un asile à qqn.* « *Arrêtons-nous, dit-il, car cet asile est sûr* » (HUGO). *Droit d'asile* : immunité en vertu de laquelle une autorité peut offrir l'accès d'un lieu à une personne poursuivie et l'interdire à ses poursuivants. « *Le droit d'asile des églises était encore admis par l'ordonnance de 1539* » (ESMEIN). *Droit d'asile diplomatique* (ambassade, légation), *politique* (à l'étranger). ◇ *Par anal.* Lieu où l'on trouve la paix, le calme, la sérénité. V. **Retraite.** *Un asile de paix.* — Poét. *L'asile des morts* : le cimetière. *Le dernier asile* : la tombe. — Fig. « *La vérité est mon seul asile, toute ma défense est dans ma conscience* » (ROBESPIERRE). ♦ 2° *Spécialt.* Établissement d'assistance publique ou privée. ◇ *Vx.* École maternelle, crèche. ◇ *Asile de vieillards* ou *asile.* V. **Hospice.** ◇ *Asile de nuit*, où l'on couche les indigents sans abri. ◇ *Asile d'aliénés* ou *asile*, hôpital psychiatrique. *Fam. À l'asile!* il est fou.

ASINIEN, IENNE [azinjɛ̃, jɛn]. *adj.* (*Asinin*, XVIᵉ; repris XXᵉ; lat. *asininus*, de *asinus*). *Zool.* De l'âne.

ASOCIABILITÉ [asɔsjabilite]. *n. f.* (1966; de *a-* 2, et *sociabilité*). Inaptitude à vivre en société. *Asociabilité des marginaux.* ◇ ANT. *Sociabilité.*

ASOCIAL, ALE, AUX [asɔsjal, o]. *adj.* (v. 1930; de *a-* 2, et *social*). Qui n'est pas adapté à la vie sociale, s'y oppose violemment. *Comportement asocial des criminels. Un enfant asocial.* ◇ ANT. *Sociable; adapté.*

ASPARAGINE [asparaʒin]. *n. f.* (1839; de *asparagus* « asperge »). *Chim.* Acide aminé présent dans de nombreux végétaux (asperges, racine de guimauve), entrant dans la composition des protéines et doué de propriétés diurétiques.

ASPARAGUS [asparagys]. *n. m.* (1846; mot lat. « asperge »). Plante ornementale (variété d'asperge) au feuillage très fin et décoratif. *Bouquet d'œillets et d'asparagus.*

ASPE [asp(ə)] ou **ASPLE** [aspl(ə)]. *n. m.* (1751; *hasple*, XIVᵉ-XVᵉ; all. *haspel* « dévidoir »). *Techn.* Sorte de dévidoir pour tirer la soie des cocons.

ASPECT [aspɛ]. *n. m.* (1468; lat. *aspectus*, de *aspicere* « regarder »). ♦ 1° *Vx* ou *littér.* Le fait de s'offrir aux yeux, à la vue. V. **Vue; spectacle.** « *L'aspect du sang n'est doux qu'au regard des méchants* » (HUGO). — Mod. *À l'aspect du*, à la vue de, en voyant. *Il se trouve mal, à l'aspect du sang.* — *Au premier aspect.* V. **Abord, coup (d'œil), vue.** ♦ 2° Manière dont qqn, qqch. se présente aux yeux. V. **Apparence; air, allure, dehors, extérieur, figure, forme, tournure.** *Des fruits de bel aspect.* « *Ces bois de cactus ont un aspect fantastique* » (MAUPASS.). *Un homme d'aspect misérable.* ◇ *Par ext.*, présenter l'aspect de (V. **Paraître**). *Donner, prendre l'aspect de.* ♦ 3° Chacune des faces diverses sous lesquelles une chose se présente. V. **Angle, côté, face, jour, perspective.** *Vous ne considérez qu'un seul aspect de la question, il faut l'envisager sous tous ses aspects. Examinée sous cet aspect, l'affaire paraît bonne.* V. **Rapport.** « *Victor Hugo rapproche les aspects parfois antithétiques des choses* » (BRUNOT). « *Maintenant lui apparaissait, au fond de ce lointain, sous un aspect nouveau* » (LOTI). ♦ 4° *Astrol.* Situation respective des astres, par rapport à leur influence sur la destinée des hommes. ♦ 5° *Gram.* Manière dont l'action exprimée par le verbe est envisagée dans son développement (perfectif, imperfectif). *Aspect duratif de l'imparfait.*

ASPERGE [aspɛrʒ]. *n. f.* (1256; lat. *asparagus*). ♦ 1° Plante monocotylédone (*Liliacées*), herbacée, vivace, à tige souterraine ou griffe d'où naissent chaque année des bourgeons qui s'allongent en tiges charnues (turions) aux extrémités comestibles *(pointes d'asperges) ;* la tige comestible. *Botte d'asperges. Asperges à la vinaigrette, à la crème. Potage aux pointes d'asperges.* ♦ 2° *Fig.* et *fam.* Personne grande et maigre. *Quelle asperge!*

ASPERGER [aspɛrʒe]. *v. tr.* (XIIᵉ; lat. *aspergere*, de *spargere* « répandre »). Projeter un liquide en forme de pluie sur. « *Mon père s'aspergeait d'eau froide pour tonifier l'épiderme* » (DUHAM.). *En aspergeant* (V. **Aspersion**). ◇ *Fam.* Mouiller par la projection d'un jet d'eau. *Une voiture, en passant dans une flaque, nous a aspergés d'eau sale.* V. **Arroser, mouiller.**

ASPERGÈS [aspɛrʒɛs]. *n. m.* (1897; lat. *asperges* « tu aspergeras »). *Liturg. cathol.* Goupillon qui sert à l'aspersion. V. **Aspersoir.** ◇ (1386) Moment de l'office où le prêtre fait l'aspersion d'eau bénite.

ASPERGILLE [aspɛrʒil]. *n. f.* (1816; lat. *aspergillum* « goupillon »). *Biol.* Moisissure, champignon ascomycète *(Périsporiacées)* qui se développe sur les substances végétales ou animales en décomposition, les substances sucrées (confitures), et parfois dans l'organisme. V. **Aspergillose.**

ASPERGILLOSE [aspɛrʒiloz]. *n. f.* (1897; de *aspergille*). *Méd.* Affection causée par le développement dans l'organisme (appareil respiratoire, œil, conduit auditif) de champignons parasites (V. **Aspergille**).

ASPÉRITÉ [asperite]. *n. f.* (XIIe; lat. *asperitas*). ♦ 1° *Rare.* État de ce qui est « âpre » (*vx;* I, 1°), inégal et rude au toucher. ◊ *Fig. et littér.* Rudesse désagréable. *Aspérité de la voix; du caractère.* ♦ 2° Partie saillante d'une surface inégale. V. **Rugosité, saillie.** *Les aspérités du sol.* « *Aux aspérités du roc pendaient de longues et fines végétations* » (HUGO). ◊ ANT. *Poli. Douceur.*

ASPERMATISME [aspermatism(ə)]. *n. m.* (1808; de *a-* 2, et *sperme*). *Méd.* Manque d'émission du sperme par défaut d'éjaculation ou absence de sécrétion. (On dit *aussi* ASPERMIE [aspermi].)

ASPERME [asperm(ə)]. *adj.* (1853; gr. *aspermos* « sans semence »). *Bot.* Qui ne produit pas de graines.

ASPERSION [aspersjɔ̃]. *n. f.* (1170; lat. *aspersio*). Action d'asperger. ◊ *Liturg.* Action d'asperger d'eau lustrale, d'eau bénite. *Baptême par aspersion* (*opposé à* par immersion).

ASPERSOIR [asperswar]. *n. m.* (1345; lat. ecclés. *aspersorium*). ♦ 1° *Liturg.* Goupillon qui sert à jeter de l'eau bénite. V. **Aspergès.** ♦ 2° *Techn.* Pomme d'arrosoir à très petits trous.

ASPHALTAGE [asfaltaʒ]. *n. m.* (1866; de *asphalter*). Action d'asphalter (une rue, un trottoir).

ASPHALTE [asfalt(ə)]. *n. m.* (1160; bas lat. *asphaltus*, gr. *asphaltos*). ♦ 1° *Minér.* Mélange noirâtre naturel de calcaire, de silice et de bitume se ramollissant entre 50 et 100°. ♦ 2° *Cour.* (1839). Préparation destinée au revêtement des chaussées, à base de brai de pétrole (V. **Bitume**). « *Le vernis des chaussures jetait des flammes sur l'asphalte des trottoirs* » (MAUPASS.). ◊ *Fam.* Arpenter l'asphalte : la chaussée, le trottoir.

ASPHALTER [asfalte]. *v. tr.* (1866; de *asphalte*). Revêtir d'asphalte. *Asphalter un trottoir.* V. **Bitumer.**

ASPHODÈLE [asfɔdɛl]. *n. m.* (1534; *afrodille*, XVe; lat. *asphodelus*, gr. *asphodelos*). Plante (*Liliacées*) dont la hampe florale nue se termine par une grappe de grandes fleurs étoilées très ornementales. *Asphodèle blanc, jaune.* « *Un frais parfum sortait des touffes d'asphodèles* » (HUGO).

ASPHYXIANT, ANTE [asfiksjɑ̃, ɑ̃t]. *adj.* (1846; de *asphyxier*). ♦ 1° Qui asphyxie. *Fumée asphyxiante.* V. **Suffocant.** *Gaz asphyxiant,* gaz toxique (employé pendant la guerre de 1914-1918). ♦ 2° *Fig.* Se dit d'une atmosphère morale où l'on étouffe, où l'on s'étiole. V. **Étouffant, irrespirable.**

ASPHYXIE [asfiksi]. *n. f.* (1740; gr. *asphuxia*, de *sphuxis* « palpitation, pulsation »). État pathologique déterminé par le ralentissement ou l'arrêt de la respiration. *Asphyxie par submersion, strangulation, absorption de gaz irrespirables, rétrécissement du larynx,* etc. V. **Suffocation.** ◊ *Fig. Asphyxie morale* (de celui qui « étouffe », déprit dans la contrainte). V. **Étouffement, oppression.** *Écon.* Arrêt du développement. *L'asphyxie d'une industrie.* — *Adj.* ASPHYXIQUE [asfiksik].

ASPHYXIÉ, ÉE [asfiksje]. *adj.* et *n.* (1791; V. **Asphyxier**). Qu'on a, qui s'est asphyxié. *Subst. Soins à donner aux asphyxiés* (procédés de réanimation). ◊ *Fig.* Qui est étouffé par une contrainte. *Le* « *monde asphyxié dix ans par la tyrannie* » (LAMART.).

ASPHYXIER [asfiksje]. *v. tr.* (1793; de *asphyxie*). Causer l'asphyxie. V. **Suffoquer.** *Asphyxier par les gaz asphyxiants* (V. **Gazer**). *Ils sont morts asphyxiés par les émanations d'oxyde de carbone.* — *S'asphyxier* : causer son asphyxie. *Spécialt.* Se donner la mort par asphyxie. ◊ *Fig.* (1826) Étouffer par une contrainte ou la suppression d'une chose vitale.

ASPI. V. **ASPIRANT.**

1. **ASPIC** [aspik]. *n. m.* (*Aspi,* 1213; lat. *aspis*). Terme désignant la vipère (*vipera aspis*) et le naja haje, connu sous le nom d'*aspic d'Égypte, de Cléopâtre.* V. **Naja.** — *Fig. Une langue d'aspic* : une méchante langue. « *Faugerolle, qui est une langue d'aspic, le plus venimeux de tous vos futurs collègues* » (DUHAM.).

2. **ASPIC** [aspik]. *n. m.* (1525; *eau d'espic,* 1492; prov. *espic* « épi »). Nom de la lavande mâle (*lavandula spica*) qui donne par distillation une huile employée pour la peinture. *Huile d'aspic.*

3. **ASPIC** [aspik]. *n. m.* (1742 o. i., p.-ê. de *aspic* 1 (moule en forme de serpent roulé). *Cuis.* Plat composé de viande ou de poisson froid recouvert de gelée prise dans un moule. *Aspic de volaille, de foie gras.*

ASPIDISTRA [aspidistra]. *n. m.* (-*istre,* 1846; lat. bot., du gr. *aspidiskos, -diskion* « petit bouclier »). *Bot.* Plante verte d'appartement (*Liliacées*) à larges feuilles lancéolées, persistantes, d'un vert foncé luisant, ou panachées dans certaines variétés.

ASPIRANT, ANTE [aspirɑ̃, ɑ̃t]. *adj.* (1694; de *aspirer*). Qui aspire. *Pompe aspirante* : qui aspire de l'eau, l'élève en faisant le vide.

ASPIRANT [aspirɑ̃]. *n.* (fin XVe; de *aspirer*). ♦ 1° Personne qui aspire à un titre, une place. *Un aspirant ministre. Une aspirante au bachot* (rare). V. **Candidat.** ♦ 2° *N. m.* Titre des élèves-officiers qui prennent rang entre l'adjudant-chef et le sous-lieutenant. *Mar.* Élève de deuxième année de l'École navale. — (Arg. *Aspi,* 1916).

ASPIRATEUR, TRICE [aspiratœr, tris]. *adj.* et *n.* (déb. XIXe; de *aspirer*). ♦ 1° Qui produit l'aspiration. *La force aspiratrice des végétaux.* ♦ 2° *N. m.* Nom donné à divers appareils qui aspirent l'air, les liquides, les poussières. — *Cour. Aspirateur ménager, électrique,* pour aspirer les poussières, les débris. *Passer des tapis à l'aspirateur.*

ASPIRATION [aspirasjɔ̃]. *n. f.* (1190; lat. *aspiratio.* V. **Aspirer**)

I. ♦ 1° *Vx.* Action de souffler vers (sens étym.). *Aspiration divine* : souffle de Dieu. V. **Inspiration.** ♦ 2° *Fig. et mod.* Action de porter ses désirs vers (un idéal). *Aspiration vers Dieu, vers la gloire.* V. **Élan, mouvement.** ◊ *Absolt. Avoir de nobles aspirations.* V. **Désir, souhait.** « *Une foule d'aspirations confuses que je croyais mortes depuis longtemps* » (MAURIAC). ♦ 3° *Phonét.* Bruit de frottement de la colonne d'air qui sort des parois de la glotte. — (ANT. *Aversion, dégoût*).

II. ♦ 1° *Physiol.* Résultat d'une inspiration d'air dans les poumons; *par ext.,* l'inspiration elle-même. V. **Inspiration.** ♦ 2° Action d'aspirer des gaz, des liquides, des poussières, etc. *Tuyau d'aspiration d'un corps de pompe. Nettoyage par aspiration.* V. **Aspirateur.** — (ANT. *Expiration, refoulement*).

ASPIRATOIRE [aspiratwar]. *adj.* (1932; de *aspirer*). *Didact.* Qui a rapport à l'aspiration (II).

ASPIRER [aspire]. *v.* (XVe; 1160, « souffler vers »; lat. *aspirare* « souffler vers »).

I. (Sens étym. de *souffler*). ♦ 1° *V. tr. indir.* ASPIRER À; porter ses désirs vers un objet. *Aspirer à un titre.* V. **Ambitionner.** *Aspirer ardemment à la possession d'un bien.* V. **Désirer, souhaiter; prétendre, tendre (à); soupirer** (après). « *Je n'aspire plus qu'à rentrer dans ma solitude et à finir la carrière politique* » (CHATEAUB.). ♦ 2° *V. tr. Phonét.* (repris au lat.). Émettre (un son) avec une aspiration*, en soufflant (V. **Expirer**). *Aspirer un h anglais.* En français, abusiv. *h aspirée.* V. **H.** — (ANT. *Renoncer, repousser; aspirer,* II).

II. (Sens d'*attirer,* seul cour. en emploi concret). *V. tr.* ♦ 1° Attirer (l'air) dans ses poumons. V. **Inspirer.** *Absolt. Aspirer et expirer.* V. **Respirer.** — Attirer (un fluide) dans le nez, la bouche, etc. V. **Absorber,** avaler, humer, inhaler, priser, **renifler, sucer.** *Aspirer une boisson avec une paille.* « *Il ouvrait les narines pour aspirer les bonnes odeurs de la campagne* » (FLAUB.). ♦ 2° Attirer les fluides en faisant le vide. *Les pompes aspirent, refoulent ou compriment les fluides.* V. **Absorber, pomper.** — (ANT. *Expirer,* souffler. **Refouler**).

ASPIRINE [aspirin]. *n. f.* (1906; empr. de l'all. *Aspirin,* gr. *a-* (Cf. A- 2), et *spiraea* (V. **Spirée**), parce que cet acide synthétique n'est pas tiré de cette plante qui le contient naturellement). Acide acétylsalicylique, remède analgésique et antithermique. *Comprimé d'aspirine. Aspirine vitaminée. Fam. Blanc comme un cachet d'aspirine. Par ext.* Ce comprimé. *Prendre deux aspirines.*

ASPLE. V. **ASPE.**

ASQUE [ask(ə)]. *n. m.* (1842; gr. *askos* « outre »). *Bot.* Cellule mère allongée, à l'intérieur de laquelle se forment les *ascospores* des champignons *ascomycètes* (On dit *aussi* **Thèque**).

ASSA-FŒTIDA [asafetida]. *n. f.* (XIVe; lat. médiév. *asa* (probabl. persan), et *fetida* « fétide »). Gomme résine d'une odeur désagréable, provenant de la racine d'une plante ombellifère (V. **Férule**) utilisée en médecine comme antispasmodique.

ASSAGIR [asaʒir]. *v. tr.* (XIVe, aussi intr., « devenir sage », *vx;* 1188, tr., « faire connaître (qqch.) à qqn » ; de *a-* 1, et *sage*). ♦ 1° Rendre sage (sujet de chose). *Le malheur assagit les hommes.* ◊ *Par ext.* Rendre plus calme, moins vif, moins exubérant. *Le temps assagit les passions.* V. **Calmer, modérer, tempérer.** « *Maurice Denis » assagit et tonifie ses harmonies* » (GIDE). — *Assagir les cheveux,* faire en sorte qu'ils tiennent, ne s'ébouriffent pas. ♦ 2° *S'ASSAGIR. v. pron.* Devenir sage. *Elle s'est bien assagie depuis son mariage.* V. **Ranger** (se). — (Choses) *Le style de ce peintre s'est assagi.* ◊ ANT. *Déchaîner. Dévergonder.*

ASSAGISSEMENT [asaʒismɑ̃]. *n. m.* (XVIe; « éclaircissement », XVe; de *assagir*). Action d'assagir, de s'assagir. *L'assagissement des mœurs.* V. **Apaisement.**

ASSAI [asaj]. *adv.* (1846; mot it. « beaucoup »). *Mus.* (Après un terme désignant un mouvement). Très. *Allegro assai,* très vif.

ASSAILLANT, ANTE [asajɑ̃, ɑ̃t]. *adj.* et *n.* (1167; de *assaillir*). ♦ 1° Qui assaille. *L'armée assaillante.* ♦ 2° *N. m.* Celui qui assaille, attaque. V. **Attaquant.** *Il se défendit contre ses assaillants.* — *Collect. L'assaillant* : les soldats assaillants. ◊ ANT. *Défenseur.*

ASSAILLIR [asajir]. *v. tr.* : *j'assaille, nous assaillons; j'assaillais, nous assaillions; j'assaillis; j'assaillirai; que j'assaille, que nous assaillions; que j'assaillisse, que nous assaillissions* (inus.); *assaillant; assailli* (*Assalir,* 980; lat. pop. °*assalire,* class. *assilire* d'apr. *salire* « sauter »). ♦ 1° Se jeter sur (qqn) pour l'attaquer. V. **Attaquer; fondre, sauter** (sur). *Assaillir une troupe,* par ext. *une forteresse. Être assailli par des malfaiteurs* (V. **Assaillant**). — *Par ext.* Se jeter sur (qqn). *Le ministre était assailli par des journalistes.* — *Assaillir de :* harceler, accabler. *Je l'ai assailli de questions.* ♦ 2° *Par anal.* (sujet de chose). Attaquer brusquement. V. **Tourmenter.** « *Comment fit-il face aux difficultés nombreuses qui l'assaillirent dès les premiers jours?* » (RENAN). ◇ ANT. Défendre.

ASSAINIR [aseniʀ]. *v. tr.* (1774; de *a-* 1, et *sain*). ♦ 1° Rendre sain ou plus sain. *Assainir une région marécageuse.* V. **Assécher, drainer.** *Assainir un logement; une plaie.* V. **Désinfecter.** — *Fig.* Rendre plus pur. V. **Purifier.** ♦ 2° *Écon.* (1932). *Assainir un marché :* le débarrasser des excédents de production qui *avilissent* les prix. V. **Équilibrer, stabiliser.** *Assainir une monnaie :* la rendre plus stable. ◇ ANT. Corrompre.

ASSAINISSEMENT [asenismã]. *n. m.* (XVIII°; de *assainir*). ♦ 1° Action d'assainir, résultat de cette action. *Travaux d'assainissement.* V. **Assèchement, dessèchement, drainage,** évacuation (des eaux souillées, etc.). *Assainissement d'un local.* V. **Désinfection.** — *Fig.* V. **Épuration.** *Assainissement des mœurs.* ♦ 2° (1932). *Écon.* Retour à l'équilibre, à la stabilité. *Assainissement d'une monnaie, d'un marché.* ◇ ANT. Corruption, infection.

ASSAINISSEUR [aseniscœʀ]. *n. m.* (1960; de *assainir*). Produit ou appareil pour détruire les mauvaises odeurs.

ASSAISONNEMENT [asɛzɔnmã]. *n. m.* (1539; de *assaisonner*). ♦ 1° Action, manière d'assaisonner. « *Le grand cuisinier se reconnaît mieux à l'assaisonnement d'une salade qu'à la richesse de ses entremets* » (MAUROIS). ♦ 2° Ce qui sert à assaisonner; tout ingrédient utilisé en cuisine pour relever le goût des aliments, à l'exception du sucre (sel, poivre, vinaigre, huile, fines herbes, moutarde, ail, oignon, persil, piment, safran, laurier, thym...). ♦ 3° *Vx.* Ce qui ajoute de l'agrément, du piquant à une chose. V. **Piment, piquant, sel.**

ASSAISONNER [asɛzɔne]. *v. tr.* (XVI°; « cultiver dans une saison favorable », XIII°; de *a-* 1, et *saison*). ♦ 1° Accommoder un mets avec des ingrédients (V. **Assaisonnement,** 2°) qui en relèvent le goût. V. **Épicer, relever; ailler, pimenter, poivrer, safraner, saler, vinaigrer.** *Assaisonner un ragoût, la salade. Salade assaisonnée.* ♦ 2° Ajouter de l'agrément, du piquant à son discours, à ses écrits, à ses actes. V. **Agrémenter, pimenter, rehausser, relever.** « *Un peu d'inconstance, assaisonnée quelquefois de perfidie* » (REGNARD). ♦ 3° *Fam.* (*Néol.*). Rudoyer, réprimander (qqn). « *Quand je suis sur les nerfs, je lui en veux, je l'assaisonne à grands coups de bottine* » (AYMÉ). *Il s'est fait assaisonner.*

ASSASSIN [asasɛ̃]. *n. m.* (1560, par l'it.; *assasis,* XIII°; arabe *hachchâchî* « buveur de hachisch », nom des fidèles du Vieux de la Montagne qui rançonnaient les voyageurs). ♦ 1° Celui qui commet un meurtre avec préméditation ou guet-apens. V. **Criminel, meurtrier; homicide;** et **-Cide.** *Assassin professionnel.* V. **Tueur.** — *À l'assassin!* cri de détresse pour appeler au secours, quand on se voit menacé d'être assassiné. — « *Voici venir le temps des assassins* » (RIMBAUD). « *Si l'on veut abolir la peine de mort, en ce cas, que messieurs les assassins commencent* » (KARR). ◇ *Par ext.* Celui qui est l'artisan de la mort de qqn. *Ce médecin est un assassin :* il fait mourir ses malades par ignorance ou négligence. ♦ 2° *Adj. Littér.* ou *plaisant.* Qui touche, blesse (l'amoureux). *Mouche assassine :* mouche noire que les dames se mettaient au-dessous de l'œil. — *Œillade assassine.* V. **Provocateur.**

ASSASSINAT [asasina]. *n. m.* (1563; it. *assassinato*). Meurtre commis avec préméditation, guet-apens. V. **Attentat, crime, meurtre;** et **-Cide.** *L'assassinat du duc de Guise, de Jean Jaurès, du président Kennedy.* — *Par ext.* Acte de violence injuste, odieuse. V. **Crime, iniquité.** Exécution d'un innocent. *L'assassinat du duc d'Enghien.*

ASSASSINER [asasine]. *v. tr.* (1546; it. *assassinare.* V. **Assassin**). ♦ 1° Tuer par assassinat. V. **Tuer.** *Il est mort assassiné.* « *Au meurtre! on m'assassine!* » (BOIL.). ◇ *Par ext. Péj.* Tuer comme par un assassinat. ♦ 2° *Fam.* Demander à (qqn) des sommes fabuleuses en paiement de qqch. *Je suis raisonnable, je ne veux pas vous assassiner.* V. **Massacrer.**

ASSAUT [aso]. *n. m.* (1080; lat. pop. °*assaltus,* class. *assultus* d'apr. *saltus* « saut »). ♦ 1° Action d'assaillir, d'attaquer de vive force. V. **Attaque, offensive.** *L'assaut d'une forteresse, d'une position ennemie. Assaut à la baïonnette.* V. **Charge.** *Troupes, vagues d'assaut. Assaut d'un navire.* V. **Abordage.** *Aller, monter à l'assaut. Donner l'assaut* au retranchement. *Prendre une tranchée d'assaut.* V. **Force** (de vive). *Résister aux violents assauts de l'ennemi. Char d'assaut.* V. **Char.** ♦ 2° *Attaque brutale, impérieuse.* « *La montagne reçoit à ses pieds les assauts de la mer* » (BALZ.). « *Nous sommes à la merci du premier microbe qui donnera l'assaut à notre*

organisme » (MAUROIS). « *Les pâtisseries étaient prises d'assaut* » (MART. du G.). ♦ 3° *Escr.* Combat, exercice au fleuret, à l'épée. *Faire un assaut d'armes.* Par ext. *Assaut de boxe, de lutte.* V. **Combat.** ◇ *Fig.* Lutte d'émulation. V. **Concours, tournoi.** *Elles font assaut d'élégance, d'esprit. Quel assaut de zèle!* ◇ HOM. Asseau.

-ASSE. Élément, servant à former des noms et des adjectifs à valeur péjorative (*ex. :* vinasse, blondasse).

ASSEAU [aso]. *n. m. (Aisse,* XIII°; lat. *ascia*). *Techn.* Marteau de couvreur dont l'une des extrémités est une lame tranchante. ◇ HOM. Assaut.

ASSÈCHEMENT [asɛʃmã]. *n. m.* (1549; de *assécher*). Action d'assécher. *Assèchement d'un marais.* V. **Drainage.** ◇ ANT. Irrigation.

ASSÉCHER [aseʃe]. *v.;* conj. *céder* (1120; de *a-* 1, et *sécher*). ♦ 1° *V. tr.* Enlever l'eau, l'humidité (du sol). *Assécher un terrain marécageux.* V. **Assainir, drainer.** ◇ Mettre à sec (un réservoir). *Assécher une citerne.* V. **Tarir, vider.** ♦ 2° *V. intr. Mar. Port qui assèche,* dont les fonds sont découverts à marée basse. ◇ ANT. Arroser, irriguer, remplir.

ASSEMBLAGE [asãblaʒ]. *n. m.* (1493; de *assembler*). ♦ 1° Action de mettre ensemble, d'assembler. *Spécialt.* Action d'assembler (des éléments) pour former un tout, un objet. *Assemblage des feuillets d'un livre; des parties d'une robe. Mécan. Assemblage des pièces d'une machine.* Par ext. *Assemblage d'une automobile.* V. **Montage.** ◇ Moyen par lequel on assemble. *Assemblage par application et collage; par soudure; par emboîtement.* — *Assemblage à onglet, à oreilles; à clous, à chevilles, à vis.* Cout. *Assemblage au point de chausson.* ♦ 2° Réunion de choses assemblées. *Assemblage de pièces pour soutenir qqch.* V. **Armature, bâti, charpente.** *Un cahier est un assemblage de feuilles.* V. **Collection, ensemble, réunion.** *Assemblage de choses assorties* (V. **Assortiment**), *de choses hétéroclites* (V. **Mélange**), *sans lien* (V. **Marqueterie, mosaïque**). « *Cet assemblage prodigieux de molécules* » (MART. du G.). « *Quel est ce moi dont je m'occupe : un assemblage informe de parties inconnues* » (BEAUMARCH.). ♦ 3° *Math. mod.* « *Succession de signes* [...] *écrits les uns à côté des autres, certains signes distincts des lettres pouvant être joints deux à deux par des traits qu'on appelle des liens* » (N. BOURBAKI). ◇ *Inform.* Regroupement des parties d'un programme en vue de son traitement sur machine. *Langage d'assemblage.* (V. **Assembleur**). ◇ ANT. Disjonction, séparation.

ASSEMBLÉ [asãble]. *n. m.* (1846; de *assembler*). Pas de danse, saut où l'on retombe sur les deux pieds réunis. ◇ HOM. Assemblée, assembler.

ASSEMBLÉE [asãble]. *n. f.* (XII°; de *assembler*). ♦ 1° *Vx.* Action de réunir plusieurs personnes en un même lieu pour un motif commun. V. **Rassemblement, réunion.** ◇ *Mod.* Les personnes ainsi réunies. *En présence d'une nombreuse assemblée.* V. **Assistance, auditoire, public.** *Une assemblée d'amis, une joyeuse assemblée. Une brillante assemblée de gens célèbres. L'assemblée des fidèles* (à l'église). ♦ 2° Réunion des membres d'un corps constitué ou d'un groupe de personnes, régulièrement convoqués pour délibérer en commun d'affaires déterminées, particulières ou publiques. *L'association a tenu son assemblée annuelle, générale, ordinaire, plénière. Assemblée extraordinaire.* ◇ *Les membres de ce corps. Convoquer une assemblée. — Délibérations, décisions d'une assemblée. — Assemblées ecclésiastiques.* V. **Concile, conclave, congrégation, consistoire, discrétoire, synode.** — *Assemblées judiciaires, juridictionnelles.* V. **Cour; conseil, jury, tribunal.** — *Assemblées administratives et politiques. Assemblée consultative ou délibérative. — Assemblée générale des Nations-Unies.* ◇ (1776, à propos des États-Unis, *Assemblée législative nationale*) *Spécialt.* ASSEMBLÉE se dit des assemblées nationales, représentatives, consultatives ou souveraines, constituantes, législatives. *L'Assemblée nationale et le Sénat constituent le Parlement.* V. **Parlement; chambre.** *Les députés, le président de l'Assemblée. Divisions de l'Assemblée.* V. **Droite, gauche, centre; groupe, parti; majorité, minorité, opposition; comité, commission.** *Travaux, vote de l'Assemblée.* — *Par ext. Fam.* Le bâtiment où se réunit l'Assemblée (en France, la Chambre des députés). *Un bruit qui court dans les couloirs de l'Assemblée.* ◇ HOM. Assemblé, assembler.

ASSEMBLER [asãble]. *v. tr.* (XI°; lat. *assimulare,* sous l'infl. de *simul* « ensemble » en lat. pop.). ♦ 1° Mettre (des choses) ensemble. *Assembler des sons, des couleurs.* V. **Unir.** « *Voilà le sort des gens qui veulent assembler des contradictoires* » (RETZ). *Je ne peux plus assembler deux idées.* ◇ (Danse) *Assembler les pieds,* les mettre l'un contre l'autre, le talon droit touchant à l'équerre le milieu du pied gauche. ♦ 2° Recueillir pour préparer un ensemble. V. **Amasser, collectionner, rassembler.** *Assembler les pièces d'une collection. Assembler des papiers.* V. **Réunir.** ♦ 3° Faire tenir ensemble. *Assembler les feuilles d'un livre, les parties d'une robe. Manières d'assembler.* V. **Assemblage; attacher, coller, coudre, fixer, lier, réunir.** *Assembler des pièces de bois, de métal.* V. **Appliquer, boulonner, cheviller, clouer, emboîter,**

encastrer, enchâsser, enter, river, riveter, sceller, souder, visser. *Assembler les pièces d'un meuble*, etc.; et par ext. *Assembler un meuble.* V. **Monter.** « *Assembler un pourpoint* » (MOL.). ♦ 4° *Vieilli.* Mettre des personnes ensemble. Faire se rencontrer. V. **Réunir; associer, lier, unir.** « *Heureux couple d'amants que le destin assemble* » (CORN.). Unir par une chose commune. V. **Lier.** « *Un même malheur aujourd'hui nous assemble* » (MOL.). ◇ *Vx.* Réunir en assemblée. *Assembler les députés.* V. **Convoquer, réunir.** ♦ 5° S'ASSEMBLER. v. pron. *Vx.* S'unir. PROV. *Qui se ressemble s'assemble.* ◇ *Mod.* Se réunir (en parlant d'un groupe). *La foule s'assemble sur la place pour voir le feu d'artifice.* ◇ Se réunir en assemblée (d'un corps). *Devant les chambres assemblées.* ◈ ANT. *Séparer; désassembler, disjoindre, disloquer, éparpiller.* — HOM. *Assemblé, assemblés.*

ASSEMBLEUR, EUSE [asɑ̃blœʀ, øz]. *n.* (1281, « qui assemble »; de *assembler*). ♦ 1° Ouvrier, ouvrière qui assemble des pièces, (*Spécialt.*) qui réunit dans l'ordre les feuilles à relier ou à brocher. — *N. f.* Machine pour assembler les feuilles imprimées. ♦ 2° *N. m.* (v. 1965 de l'angl. *assembler language* « langage symbolique »). *Inform.* Programme écrit pour un ordinateur déterminé et destiné à traduire les instructions symboliques d'un langage d'assemblage (opérateurs, adresses) en langage machine.

ASSENER [asene]. v. tr.; conjug. *lever* (v. 1130; lat. *assignare* « assigner, attribuer »). ♦ 1° Donner (un coup violent, bien appliqué). V. **Appliquer, frapper, porter.** ♦ 2° Fig. *Assener une réplique, une plaisanterie* (lourde). « *La propagande assenée par les journaux et les ondes* » (COLETTE).

ASSENTIMENT [asɑ̃timɑ̃]. *n. m.* (XIVᵉ; *assentement*, fin XIIᵉ; anc. v. *assentir*, lat. *assentire* « donner son assentiment »). ♦ 1° Acte par lequel on acquiesce (expressément ou tacitement) à une opinion, une proposition. V. **Acceptation, accord, acquiescement, adhésion, approbation, consentement.** *Donner, refuser son assentiment à qqch. Demander, obtenir l'assentiment de qqn.* « *Il marquait son assentiment par de légers mouvements de tête* » (GIDE). ♦ 2° Adhésion de l'esprit. « *Donner mon assentiment aux observations fines et justes d'un auteur* » (ROUSS.). ◈ ANT. *Désapprobation, désaveu, récusation.*

ASSEOIR [aswaʀ]. v. tr. : *j'assois, tu assois, il assoit* (ou *littér. j'assieds, tu assieds, il assied*), *nous asseyons, vous asseyez* (ou *pop. nous assoyons, vous assoyez*), *ils assoient* (ou *asseyent*); *j'asseyais* (ou *j'assoyais*); *j'assis; j'assiérai* (ou *j'assoirai*); *assieds, asseyons, asseyez* (ou *pop. assois, assoyons, assoyez*); *que j'asseye* (ou *que j'assoie*); *que j'assisse* (inus.); *asseyant* (ou *assoyant*); *assis* (fin XIᵉ; lat. pop. *assedere*, class. *assidere.* V. **Seoir**).
I. V. tr. ♦ 1° Mettre (qqn) dans la posture d'appui sur le derrière (sur un siège, etc.). *Asseoir un enfant sur une chaise, sur le bord de son lit, contre un arbre, par terre.* V. **Installer.** *Je l'ai assis sur mes genoux.* V. **Prendre.** « *Il l'assoit* (pour *assoit*) *contre le talus* » (BERNANOS). ♦ 2° *Littér.* Poser sur sa base, établir solidement. *Asseoir des fondations. Asseoir une maison sur le roc.* ◇ (*Abstrait*) Fonder sur une base solide; rendre plus assuré, plus ferme, plus stable. V. **Affermir.** *Asseoir le crédit public, son autorité.* — *Asseoir son opinion sur des preuves, une théorie sur des faits.* V. **Appuyer, fonder.** ♦ 3° (v. 1250). *Asseoir un impôt* : établir la base de l'imposition, en déterminer l'assiette.
II. ♦ 1° S'ASSEOIR. v. pron. Se mettre sur son séant, sur un siège, etc. *S'asseoir sur une chaise, un fauteuil, un coussin. S'asseoir à califourchon, sur les talons.* V. **Accroupir** (s'). *S'asseoir par terre. S'asseoir à une table, s'attabler. Allez vous asseoir.* « *Regarde, je viens seul m'asseoir sur cette pierre* » (LAMART.). « *Il s'est assise sur la descente de lit* » (GIDE). « *Le canard s'assied sur son derrière* » (CHATEAUB.). ♦ 2° *Faire asseoir* (qqn) : le faire s'asseoir; inviter à s'asseoir. ♦ 3° *Être assis.* V. **Assis.** ◈ ANT. *Lever, renverser.* **Lever** (se).

ASSERMENTÉ, ÉE [asɛʀmɑ̃te]. *adj.* (1356; du v. *assermenter* (1188); de *a-* 1, et *serment*). Qui a prêté serment devant le tribunal. *Expert, témoin assermenté.* ◇ Hist. *Prêtres assermentés* (opposé à *insermentés*) : les prêtres qui avaient prêté le serment de fidélité à la constitution civile du clergé (1790).

ASSERTION [asɛʀsjɔ̃]. *n. f.* (1355; lat. *assertio*). Proposition que l'on avance et qu'on soutient comme vraie. V. **Affirmation, thèse.** *Assertion vraie ou fausse, gratuite, mensongère. Les faits ont corroboré, justifié, vérifié ses assertions.* V. **Dire(s).** *Des « assertions sans contrôle, et trop intéressées pour être accueillies de confiance* » (JAURÈS).

ASSERTORIQUE [asɛʀtɔʀik]. *adj.* (1853; all. *assertorisch*, du rad. de *assertion*). *Philo.* (Kant). *Jugement assertorique*, qui énonce une vérité de fait (et non une vérité nécessaire). V. **Apodictique**).

ASSERVIR [asɛʀviʀ]. v. tr. (1196; de *a-* 1, et *serf*; d'apr. *servir*). ♦ 1° Réduire à la servitude, à l'esclavage. V. **Assujettir, dominer, enchaîner, subjuguer.** *Asservir des hommes,*

un pays. « *Je combattrai quiconque prétendra asservir à un individu, comme à une masse d'individus, la liberté de l'homme* » (ST-EXUP.). ♦ 2° Maîtriser. *Asservir les éléments, les forces de la nature.* — *Asservir ses passions.* V. **Dompter, dominer, juguler.** Littér. et vieilli. *Être asservi à une passion, à qqn.* « *Et votre âme, à l'amour en esclave asservie* » (RAC.). ♦ 3° S'ASSERVIR. v. pron. Se soumettre; devenir esclave, captif. « *Mon esprit impatient de toute espèce de joug ne peut s'asservir à la loi du moment* » (ROUSS.). ♦ 4° Sc. (*Néol.*). Relier par un dispositif d'asservissement. *Moteur électrique asservi.* ◇ ANT. *Affranchir, délivrer, libérer.*

ASSERVISSANT, ANTE [asɛʀvisɑ̃, ɑ̃t]. *adj.* (1835; de *asservir*). Qui asservit. *Emploi, travail asservissant. Être soumis à des règles asservissantes.* V. **Assujettissant.**

ASSERVISSEMENT [asɛʀvismɑ̃]. *n. m.* (1443; de *asservir*). ♦ 1° Action d'asservir ou état de ce qui est asservi. *Tenir des hommes dans l'asservissement*, sous la contrainte, le joug, la tyrannie de qqn. V. **Assujettissement, captivité, esclavage, servitude, soumission.** *Un asservissement politique.* — Par ext. *Asservissement de la presse, des esprits, des consciences. Asservissement à la mode.* ♦ 2° Didact. (*Cybern.*). État d'une grandeur physique qui impose ses variations à une autre grandeur, sans être influencée par elle; relation entre ces deux grandeurs; dispositif basé sur cette relation. *Asservissement en chaîne. Dispositif d'asservissement* (déclenchements, amplificateurs, tube électronique, etc.). V. **Commande, régulation; servo-.** ◇ ANT. *Affranchissement, délivrance, émancipation, libération.*

ASSERVISSEUR [asɛʀvisœʀ]. *n. m.* (1828; de *asservir*). ♦ 1° Vx. Celui qui asservit. ♦ 2° Adj. Qui asservit. « *Le machinisme asservisseur* » (R. ROLLAND). ♦ 3° Sc. Dispositif d'asservissement. ◇ ANT. *Libérateur.*

ASSESSEUR [asesœʀ]. *n. m.* (XIIIᵉ; lat. *assessor*, de *assidere* « être assis auprès de qqn »). Celui qui siège auprès de qqn, l'assiste dans ses fonctions ou le supplée en son absence. V. **Adjoint, assistant.** — Dr. Adjoint à un juge, à un magistrat. Appos. *Juge assesseur.*

ASSETTE. *n. f.* V. **ASSEAU.**

ASSEZ [ase]. *adv.* (fin XIᵉ, « beaucoup »; lat. pop. *°adsatis*, de *satis* « assez »).
I. En suffisance. V. **Suffisamment.** *Juste assez. Pas assez : trop peu. Plus qu'assez :* trop. ♦ 1° Avec un adjectif qu'il précède. « *Le ciel n'est-il pas vaste, cet amour n'est-il pas assez doux?* » (FLAUB.). « *Dans ce monde, il faut être un peu trop bon pour l'être assez* » (MARIVAUX). ♦ 2° Avec un adverbe, une locution adverbiale. *Assez longtemps.* « *Vous êtes venu assez à temps* » (ACAD.). *Assez rarement.* V. **Plutôt.** ♦ 3° Avec un verbe. *Je l'ai assez vu. Vous avez assez travaillé.* — *C'est assez :* c'est suffisant, il suffit. *C'est assez de deux.* « *C'est assez d'avoir à répondre de soi seul* » (LA BRUY.). « *C'est assez que vous soyez averti* » (ACAD.). *C'est assez parlé, c'est assez parler. C'en est assez : n'en parlons plus, tenons-nous-en-là. En voilà assez sur ce chapitre.* Ellipt. et exclamat. *Assez! ça suffit.* ♦ 4° ASSEZ DE : suffisamment. *Il est tombé assez de pluie.* — (*Avec un plur.*) Beaucoup de. « *Assez de gens méprisent le bien, mais peu savent le donner* » (LA ROCHEF.). AVOIR ASSEZ DE (qqch.). *Avez-vous assez d'argent? J'en ai assez. Il n'en a jamais assez. J'aurai assez de deux couvertures : cela me suffira, je m'en contenterai.* — *Avoir assez d'une chose*, en être excédé. *J'en ai assez de ce roman* (Cf. pop. J'en ai marre). ♦ 5° (Dans tous les emplois précédents). ASSEZ... POUR marque le degré suffisant pour entraîner telle conséquence. *Il est bien assez intelligent pour elle.* — (Suivi d'un inf.) *Avoir assez de place pour écrire.* « *Il n'en est pas assez pour te tirer d'erreur* » (RAC.). *Il est assez bête pour se laisser prendre.*
II. Marque une atténuation ou (emploi affectif) un renforcement. ♦ 1° Moyennement. V. **Passablement, plutôt.** *Elle est assez jolie. Cela paraît assez vraisemblable.* ♦ 2° Renforcement. *Me suis-je fait assez attraper? Est-il assez bête?* ◇ ANT. *Insuffisamment, peu.*

ASSIBILATION [asibilasjɔ̃]. *n. f.* (1877; du lat. *assibilare* « siffler en réponse »). Phonét. Développement d'une sifflante après certaines occlusives. *Ex. :* lat. *ceram* [k]; *tseram* [ts]; fr. *cire* [siʀ]. V. **Palatalisation.**

ASSIDU, UE [asidy]. *adj.* (XIIIᵉ; lat. *assiduus*, de *assidere* « être assis auprès »). ♦ 1° Qui est régulièrement présent là où il doit être. *Élève assidu. Employé assidu à son bureau.* V. **Exact, ponctuel, régulier.** ◇ Qui a une application soutenue. V. **Appliqué.** *Assidu à sa tâche. Les Juifs « À prier avec vous jour et nuit assidus* » (RAC.). ♦ 2° Qui est continuellement, fréquemment auprès de qqn. *Un médecin assidu auprès d'un malade. Un amoureux assidu auprès de sa belle* (V. **Assiduité**). ♦ 3° (*Choses*). V. **Constant, diligent, soutenu, zélé.** *Travail assidu. Soins assidus.* ◇ ANT. *Inexact, irrégulier, négligent; interrompu, relâché.*

ASSIDUITÉ [asiduite]. *n. f.* (XIIIᵉ; lat. *assiduitas.* V. **Assidu**). ♦ 1° Présence régulière en un lieu où l'on s'acquitte de ses obligations. *Assiduité d'un élève, d'un employé.* V.

Exactitude, ponctualité, régularité. — *Fig.* Application constante, zèle. « *Son goût pour s'instruire, son assiduité à l'étude* » (VOLT.). ♦ 2° Présence continuelle, fréquente auprès de qqn. V. **Fréquentation, visite.** *Assiduité d'un médecin auprès d'un malade.* « *Auprès des assemblées comme auprès des femmes, l'assiduité sera toujours le premier mérite* » (MICHELET). *Fréquenter qqn, sa maison avec assiduité.* ♦ 3° *Plur.* Manifestation d'empressement auprès d'une femme (souvent *péj.*). « *Il est des assiduités qu'une honnête femme ne saurait tolérer* » (DUMAS fils). ◇ ANT. Inexactitude, irrégularité, négligence. Interruption, relâchement.

ASSIDÛMENT [asidymã]. *adv.* (1246; *asiduelment*, 1115; de *assidu*). D'une manière assidue, régulière. *Remplir assidûment sa tâche, ses devoirs. Fréquenter assidûment une personne, un lieu.* V. **Continuellement, exactement, ponctuellement, régulièrement.** ◇ ANT. Irrégulièrement.

ASSIÉGÉ, ÉE [asjeʒe]. *adj. et n.* (1564, n.; V. Assiéger). Qui subit un siège. *Ville assiégée.* ◇ N. « *Les assiégés allaient être obligés de leur demander grâce* » (MICHELET). ◇ ANT. Assiégeant.

ASSIÉGEANT, ANTE [asjeʒã, ãt]. *adj. et n.* (XVᵉ, n.; de *assiéger*). Qui assiège. *Troupes assiégeantes* (opposé à assiégé). ◇ N. *Repousser les assiégeants.* Collect. *L'assiégeant.*

ASSIÉGER [asjeʒe]. *v. tr.;* conjug. *céder* et *bouger* (XIVᵉ); *asseyer,* 1080; de *a-* 1, et *siège*). ♦ 1° Mettre le siège devant. *Assiéger une ville, une forteresse.* V. **Encercler, investir.** — Par ext. *Assiéger une armée, une population dans une place :* l'y tenir enfermée. *Paris fut assiégé en 1870-71.* ♦ 2° Entourer; tenir enfermé dans. V. **Assaillir, cerner, emprisonner, encercler.** *Les eaux, les flammes les assiégeaient de toutes parts.* — (D'une masse de gens) Entourer; essayer de pénétrer dans. V. **Presser** (se). « *Des civils, des militaires assiégeaient les guichets* » (MART. du G.). « *Cette foule qui assiège la porte de l'hôpital* » (DUHAM.). ♦ 3° *Fig.* et littér. *Assiéger qqn :* le fatiguer de ses assiduités, de ses sollicitations. V. **Importuner, obséder, poursuivre.** ◇ (*Choses*) Solliciter. « *Tous les plaisirs, toutes les séductions qui entourent et assiègent une actrice à la mode* » (MUSS.). *Les fléaux, les maux qui nous assiègent.* V. **Accabler, assaillir, tourmenter.** « *Ces pensées, qui assiégeaient Jésus à sa sortie de Jérusalem* » (RENAN). V. **Obséder.** ◇ ANT. Abandonner, lever (le siège). Délivrer, libérer.

ASSIETTE [asjɛt]. *n. f.* (1280, « assiette d'une rente »; lat. pop. *°assedita,* de *°assedere.* V. Asseoir). I. *Vx* ou emplois spéciaux. ♦ 1° *Vx* (XVIᵉ). Position, équilibre (de qqn). « *Si l'homme n'était posé que sur une jambe... son assiette serait beaucoup moins solide* » (BERNARD. de ST-P.). ◇ *Mod.* Équilibre, tenue du cavalier en selle (surtout dans : *avoir une bonne assiette :* bien monter). ♦ 2° *Fig.* et *vx.* État d'esprit, dispositions habituelles. « *Ce dérèglement acheva de le faire sortir de son assiette* » (SAND) : de son état normal, de son calme. *Mod.* (1798) *Ne pas être dans son assiette :* ne pas se sentir bien (physiquement). ♦ 3° (*Choses*). *Vx* (1402). Emplacement, situation (d'une ville). — Fermeté, équilibre (d'un corps posé sur un autre). *Fig.* et littér. V. **Assise, base.** « *La scène entière s'impose à l'œil et à l'esprit avec une force et une solidité d'assiette extraordinaire* » (TAINE). ◇ *Mar.* (1694) Équilibre d'un navire, proportion des tirants d'eau d'avant et d'arrière. *Assiette d'un sous-marin.* ♦ 4° (1283). *Dr.* Base sur laquelle porte un droit. — *Assiette d'un impôt :* matière assujettie à l'impôt, déterminée en quantité et qualité. *Le cadastre détermine l'assiette de l'impôt foncier.* — Biens sur lesquels porte une hypothèque. II. *Mod.* et *cour.* (1507; du sens I : « service à table »; fait de placer les convives, XIVᵉ). ♦ 1° Pièce de vaisselle individuelle servant à contenir des aliments (V. **Couvert**). *Assiette de porcelaine. Assiette plate. Assiette creuse,* à soupe (en Belgique, *assiette profonde*). *Assiette à dessert,* plus petite (plus grande que la *soucoupe**). *Je vis « les vieilles assiettes rangées au vaisselier* » (LOTI). « *Là-dessus, il se fourra le nez dans son assiette et se mit à manger* » (DAUD.). *Vx. Piqueur d'assiette.* V. **Pique-assiette.** ♦ 2° Contenu d'une assiette. V. **Assiettée.** *Une assiette de potage.* ◇ *Assiette anglaise :* assortiment de viandes froides, jambon. ♦ 3° *Loc. fam. L'assiette au beurre :* place lucrative, source de profits.

ASSIETTÉE [asjete]. *n. f.* (1690; de *assiette*). Ce que contient ou peut contenir une assiette. « *Prenez encore une assiettée de soupe* » (BARRÈS).

ASSIGNABLE [asiɲabl(ə)]. *adj.* (1677; de *assigner*) Qui peut être assigné (à qqn, qqch.). « *Il n'y a pas de limite assignable à la curiosité dans tout ce qui touche à l'histoire* » (STE-BEUVE).

ASSIGNAT [asiɲa]. *n. m.* (1465, « constitution de rente »; de *assigner*). *Hist.* (1789). Papier-monnaie émis sous la Révolution qui était en principe assigné (gagé) sur les « biens nationaux ».

ASSIGNATION [asiɲasjɔ̃]. *n. f.* (1265; lat. *assignatio,* de *assignare.* V. Assigner). ♦ 1° *Dr.* et *fin.* Action d'assigner qqch. à qqn pour sa part. V. **Attribution.** *Assignation de parts* par le testateur. ♦ 2° *Dr.* Action d'assigner à comparaître. *Assignation comme défendeur* (ajournement), *comme témoin* (V. **Citation**). *Assignation en appel.*

ASSIGNER [asiɲe]. *v. tr.* (1175; lat. *assignare*). I. ♦ 1° Attribuer (un bien) à qqn pour sa part. V. **Attribuer; affecter, donner.** *Assigner un lot dans une répartition, une part dans un legs.* ◇ Destiner ou donner à qqn. *Assigner une résidence, un emploi à qqn.* V. **Affecter.** « *Je pouvais être tenté du rôle qu'on m'assignait* » (CHATEAUB.). ♦ 2° *Dr.* Affecter (une somme) à un emploi, à un paiement. ♦ 3° Déterminer, fixer. *Assigner un terme à une durée, des limites à une activité* V. **Délimiter.** ◇ Donner, conférer (un caractère, une propriété). « *À ces qualités mauvaises diverses, elle assignait une origine commune* » (FRANCE). II. (*Essigner,* 1350). *Dr.* Convoquer; appeler par exploit d'huissier à comparaître en justice. V. **Assignation; ajourner, citer.**

ASSIMILABLE [asimilabl(ə)]. *adj.* (1803, sens 2°; de *assimiler*). Qui peut être assimilé. ♦ 1° Qu'on peut assimiler à qqch., traiter comme semblable. V. **Comparable, semblable.** *L'aliéné est assimilable à un mineur.* ♦ 2° Qui est susceptible d'assimilation. *Nourriture assimilable.* ◇ (Abstrait) *Ces connaissances ne sont pas assimilables par un enfant.* ♦ 3° (Fin XIXᵉ). Qui peut s'assimiler. « *Je crois que les juifs sont extraordinairement assimilables* » (FRANCE). ◇ ANT. Inassimilable.

ASSIMILATEUR, TRICE [asimilatœr, tris]. *adj. et n.* (1836; de *assimiler*). ♦ 1° Qui opère l'assimilation. *Fonctions assimilatrices.* ♦ 2° *Fig. Le génie assimilateur de la France.* ◇ N. m. « *Shakespeare était un puissant assimilateur* » (HUGO).

ASSIMILATION [asimilasjɔ̃]. *n. f.* (1374; lat. *assimilatio,* de *assimilare.* V. Assimiler) ♦ 1° Acte de l'esprit qui considère (une chose) comme semblable (à une autre). V. **Identification; rapprochement.** « *L'inquiétante assimilation de la vie humaine à un songe* » (FAGUET). V. **Comparaison.** ♦ 2° Action de rendre semblable (à qqch.). ◇ *Physio.* (1495) Processus par lequel les êtres organisés transforment en leur propre substance les matières qu'ils absorbent; synthèse de matière vivante grâce aux éléments pris au milieu et absorbés (V. **Nutrition; digestion**). — *Assimilation chlorophyllienne :* par laquelle la plante verte élabore des matières organiques à partir d'éléments minéraux, sous l'action de la lumière et en utilisant le gaz carbonique. ◇ *Ling.* (1842) Le fait, pour deux phonèmes rapprochés, de devenir semblables. ♦ 3° *Abstrait* (déb. XIXᵉ). Acte de l'esprit qui s'approprie les connaissances qu'il acquiert. V. **Absorption, imprégnation.** « *S'il continuait à s'instruire, le manque de méthode rendait l'assimilation très lente* » (ZOLA). ♦ 4° (v. 1840). Action d'assimiler des hommes, des peuples; processus par lequel ces hommes, ces peuples s'assimilent. *L'assimilation progressive des immigrants, des naturalisés.* V. **Absorption, intégration** (Cf. Américanisation, francisation, etc.). « *La France possède un grand pouvoir d'assimilation, elle l'a montré* » (DUHAM.). *Politique d'assimilation.* ♦ 5° *Philo.* Le fait d'aller du différent au semblable. ◇ ANT. Distinction, séparation. Autonomie, indépendance, isolement. — Dissimilation.

ASSIMILÉ, ÉE [asimile]. *adj. et n. m.* (1560; V. Assimiler). ♦ 1° Rendu semblable; considéré comme semblable. *Des immigrants assimilés. Les farines et les produits assimilés.* ♦ 2° N. m. (XXᵉ). Militaire d'un service ou membre d'un corps civil dont la situation est assimilée à celle des membres d'unités combattantes.

ASSIMILER [asimile]. *v. tr.* (1495; lat. *assimilare,* de *similis* « semblable »). I. *V. tr.* ❶ (1611). ASSIMILER QUELQUE CHOSE À : considérer, regarder, traiter comme semblable (à). *On ne peut assimiler le manœuvre à l'ouvrier qualifié et lui accorder le même salaire.* V. **Confondre.** « *Cette folie d'assimiler la réalité à l'apparence, le corps à l'âme* » (FRANCE). ❷ ♦ 1° *Physiol.* Transformer, convertir en sa propre substance. V. **Assimilation.** ♦ 2° (Abstrait) *Assimiler ce qu'on apprend :* faire sien, intégrer les éléments acquis (connaissances, influences) à sa vie intellectuelle. V. **Absorber.** ♦ 3° Rendre semblable au reste de la communauté. *Assimiler les étrangers, des immigrants.* V. **Amalgamer, fondre, incorporer, intégrer** (Cf. aussi Américaniser, angliciser, franciser). « *Pourquoi l'Empire n'avait-il pas su mieux assimiler les Barbares?* » (LARBAUD). II. S'ASSIMILER. *v. pron.* ♦ 1° Devenir semblable; considérer comme semblable. ♦ 2° Être assimilé. *Il est des aliments qui s'assimilent plus ou moins facilement.* V. **Assimilable.** ♦ 3° S'approprier un élément étranger à son être, le faire sien. V. **Imprégner** (s'), **incorporer** (s'). « *S'étant bien pénétré l'esprit du vieux conteur, s'étant assimilé sa façon naïve de sentir* » (G. PARIS). ♦ 4° Devenir semblable, devenir intégré. V. **Adapter** (s'), **fondre** (se), **intégrer** (s'). *Aux États-Unis, de nombreux immigrants se sont assimilés.* ◇ ANT. Différencier, distinguer, séparer; isoler.

ASSIS, ISE [asi, iz]. *adj.* (XIIᵉ; V. *Asseoir*). ♦ 1°
Appuyé sur son séant (V. **Asseoir**). *Être assis. Restez assis.*
« *Mᵐᵉ de Richelieu est assise, et puis les dames, selon leurs
dignités, les unes assises, les autres debout* » (SÉV.). « *Il était
assis ou plutôt affalé dans un fauteuil* » (DUHAM.). « *La position
assise est pour les fonctionnaires* » (MART. du G.). ♦ 2° *Places assises* : où l'on peut s'asseoir. ♦ 3° *Magistrature assise*
(ou *du siège*), par opposition à *Magistrature debout* (ou *du
parquet*) : corps des magistrats qui rendent la justice assis
sur leur siège. ♦ 4° *Fig.* Affermi, assuré, ferme, stable.
« *Elle lui en voulait de ce calme si bien assis, de cette pesanteur
sereine* » (FLAUB.). « *Les caractères les mieux assis* » (DUHAM.).
◇ ANT. *Debout, levé.*

ASSISE [asiz]. *n. f.* (XIIᵉ, « taxe; ordre des convives assis »
(Cf. *Assiette*); de *asseoir*). ♦ 1° (1534). Rangée de pierres
qu'on pose horizontalement pour construire une muraille.
Première, seconde assise. Égaliser les assises d'un mur.
♦ 2° (1823). *Fig.* V. **Base, fondation,** *couches. Les
assises d'une doctrine. La civilisation est exposée « à périr
lorsqu'elle perd son assise matérielle* » (BAINVILLE). ♦ 3° *Sc.*
(1845). *Géol.* (plur.). Couches parallèles. V. **Strate.** *Biol.*
Ensemble de cellules disposées sur une couche. Bot. *Assises
génératrices* (qui produisent les tissus secondaires : liège,
liber, bois), *pilifères, libéro-ligneuses. L'assise subéreuse.*

ASSISES [asiz]. *n. f. pl.* (XIIIᵉ, « séance tenue par les
officiers et juges d'un comté »; Cf. le précéd.). ♦ 1° (1808).
Session de la juridiction appelée *cour d'assises*, qui juge les
crimes et certains délits; cette cour. *Président de la cour
d'assises. — Être envoyé aux assises* : jugé pour un crime.
♦ 2° Réunion d'un parti politique, d'un syndicat. V. **Congrès.**
♦ 3° *Tenir ses assises.* V. **Séance, session.** « *Le vieux salon,
où M. Thibault avait tenu les assises familiales* » (MART.
du G.).

ASSISTANAT [asistana]. *n. m.* (1962; de *assistant*).
Fonctions d'assistant, dans l'enseignement supérieur.

ASSISTANCE [asistɑ̃s]. *n. f.* (1412; de *assister*).
I. Personnes réunies. V. **Assemblée, foule.** *L'assistance
était clairsemée* (Cf. *fam.* Il y avait quatre pelés et un tondu).
Sa conférence a charmé l'assistance. V. **Auditoire, public.**
II. (1465). Action d'assister qqn. ♦ 1° Le fait de venir
en aide à qqn : appui, secours donné ou reçu. V. **Secours,
service.** *Donner, prêter son assistance. Demander assistance,
l'assistance de qqn.* « *Les époux se doivent mutuellement
fidélité, secours, assistance* » (CODE CIV.). ♦ 2° Le fait de
seconder qqn, en tant qu'assistant, ou par fonction. *Dr.*
Intervention légale dans les actes juridiques d'un incapable.
♦ 3° *Soc.* Secours; institution ou administration qui en
est chargée. V. **Bienfaisance.** — *Ancienn. Assistance publique*
(on dit *aide sociale*). *L'Assistance,* les établissements chargés
de la tutelle des enfants assistés. *Un enfant de l'Assistance.*
— *Assistance sociale* : services d'aide matérielle et morale.
◇ *Assistance judiciaire* : secours aux plaideurs indigents,
gratuité des frais de justice, désignation d'un avocat commis
d'office. ◇ *Assistance médicale.* « *Le Congo français où
l'assistance médicale fait si grand défaut* » (GIDE). ◇ *Assistance technique* : V. **Coopération,** 3°.
◇ ANT. *Abandon, préjudice.*

ASSISTANT, ANTE [asistɑ̃, ɑ̃t]. *n.* (1400; de *assister*).
I. Plur. *Les assistants,* ceux qui assistent à qqch., les
personnes présentes. V. **Assistance; auditeur, spectateur,
témoin.** V. *Un des assistants.*
II. Personne qui assiste qqn pour le seconder. V. **Aide,
adjoint, auxiliaire.** *Un assistant. Les assistants d'un chirurgien.
L'assistant du metteur en scène.* ◇ *Assistante sociale,* chargée
de remplir un rôle social (aide matérielle, médicale et morale)
auprès de ceux qui en ont besoin. ◇ Dans l'enseignement
supérieur, enseignant chargé d'assister les professeurs
titulaires. *Maître assistant,* titre supérieur à *assistant* et
inférieur à *maître de conférences.*

ASSISTÉ, ÉE [asiste]. *adj.* et *n.* (XVᵉ; V. *Assister*). Qui
reçoit l'assistance (sociale, médicale, judiciaire). N. *Les
assistés.*

ASSISTER [asiste]. *v.* (1372; lat. *assistere,* de *ad,* et
sistere « se tenir auprès »).
I. *V. intr.* Être présent. *Assister à une conférence.* V.
Entendre. *Assister à un match de tennis.* V. **Voir.** *Assister à une
rixe* : en être témoin. « *Assistez à la vie en spectateur indifférent* » (BERGSON). « *Comment connaissez-vous tous ces événements auxquels vous n'avez pas assisté?* » (MAURIAC).
II. *V. tr.* (1465). ASSISTER (qqn). ♦ 1° Se tenir auprès de
(qqn) pour le seconder dans ses fonctions, dans sa tâche.
V. **Aider; accompagner.** *Se faire assister par qqn.* « *Nous
étions trois, au lieu de quatre pour assister notre patron* (le médecin
principal) » (DUHAM.). *Assister qqn dans son travail. — Dr.*
Intervenir dans les actes d'un incapable. *Assister un
mineur émancipé.* ♦ 2° *Vx.* ASSISTER (qqn) DE (qqch.) :
aider (qqn) par le secours. *Assister les pauvres de sa bourse.*
♦ 3° *Vieilli.* Donner aide, protection, secours, soins à.
V. **Aider, secourir.** *Assister son prochain, les malheureux.*

Assister un malade. V. **Soigner.** — *Fam. Dieu vous assiste!*
s'est dit (et se dit, parfois encore) pour saluer une personne
qui éternue. ◇ *Mod.* Être aux côtés d'un mourant. « *Je n'ai
pas pu l'assister dans ses derniers moments* » (JALOUX).
◇ ANT. *Abandonner, délaisser.*

ASSOCIATIF, IVE [asɔsjatif, iv]. *adj.* (1488; repris
déb. XXᵉ; de *association*). ♦ 1° Relatif à l'association des
idées; qui procède par association. *Mémoire associative.*
♦ 2° *Opération associative,* dans laquelle le groupement
de facteurs consécutifs (et leur remplacement par le résultat
de l'opération partielle effectuée sur eux) n'affecte pas le
résultat. *Loi associative de composition des éléments d'un
ensemble.*

ASSOCIATION [asɔsjasjɔ̃]. *n. f.* (XVᵉ; de *associer*).
Action d'associer, de s'associer; résultat de cette action.
V. **Assemblage, groupement, réunion, union.** ♦ 1° Action
d'associer qqn à qqch. V. **Participation; collaboration,
coopération.** *L'association du fils aîné au trône du roi de France
a assuré l'hérédité de la couronne aux Capétiens.* ♦ 2° *Rare.*
Action de se réunir d'une manière durable; état de ceux qui
sont réunis. *Association de personnes, vivant en société.*
V. **Communauté, compagnie; colonie, groupe, peuple, société.**
*L'association d'une personne et d'une autre, de deux per-
sonnes.* V. **Alliance, amitié, liaison, relation.** « *La plupart des
amitiés ne sont guère que des associations de complaisance
mutuelle* » (R. ROLLAND). ◇ *Biol.* Réunion permanente
d'êtres vivants d'espèces différentes. *Associations végétales.*
◇ (1897). *Pathol.* Associations microbiennes, vivant en
symbiose dans une infection. ◇ *Chim.* Union de deux ou
plusieurs molécules donnant une molécule plus grosse.
♦ 3° Groupement de personnes qui s'unissent en vue d'un
but déterminé. *Former une association.* « *Le but de toute
association politique est la conservation des droits naturels
et imprescriptibles de l'homme* » (DÉCLAR. DR. HOM., 1791).
— *Associations internationales.* V. **Ligue, union; confédération, coalition, communauté, organisation, société.** — *Associations de personnes poursuivant des fins politiques.* V. **Parti;
club, comité, coterie.** — *Associations économiques, commerciales, financières, professionnelles; associations d'avocats,
de médecins, de notaires.* V. **Cartel, chambre, compagnie,
consortium, corporation; entente, entreprise, société, syndicat.**
◇ *Dr.* Mise en commun permanente des activités de plusieurs
personnes dans un but non lucratif (*opposé* à société). *Association déclarée. Association reconnue d'utilité publique.
Association religieuse, culturelle, diocésaine.* V. **Confrérie,
congrégation, patronage.** *Association amicale* (V. **Amicale**),
mutualiste (V. **Mutuelle**), sportive (V. **Club**). — *Football
association* (vx et pop. *l'assoce*). V. **Football.** ♦ 4° (*Abstrait*).
Fait psychologique par lequel les représentations et les
concepts sont susceptibles de s'évoquer mutuellement.
Association des idées. V. **Attraction, enchaînement, évocation,
rapprochement, suggestion, synthèse; analogie, rapport,
similitude.** ◇ Ensemble d'idées, de représentations évoquées
ensemble. « *Il était coutumier de ces étranges associations
d'images* » (LOTI). ◇ ANT. *Autonomie, isolement. Désunion,
dissociation, dissolution, division, rupture, scission.*

ASSOCIATIONNISME [asɔsjɔnism(ə)]. *n. m.* (1877;
d'après *associationniste*). ♦ 1° *Philo.* Doctrine qui ramène
toutes les opérations de la vie mentale à l'*association* automatique *des idées* et des représentations (Stuart Mill, Taine).
♦ 2° *Sociol.* Doctrine économique de l'association : socialisme coopérateur (Owen, Fourier, Louis Blanc).

ASSOCIATIONNISTE [asɔsjɔnist(ə)]. *adj.* (1874;
de *association*). Qui a rapport à l'associationnisme. *Doctrine
associationniste. — Socialistes associationnistes.*

ASSOCIATIVITÉ [asɔsjativite]. *n. f.* (1888; de *associatif, ive*). *Math., log.* Caractère d'une loi de composition*,
d'une opération associative* (2°).

ASSOCIÉ, ÉE [asɔsje]. *n.* (1510; de *associer*). ♦ 1° *Rare*
(ou dans des contextes particuliers). Personne qui est unie
à une ou plusieurs autres par communauté d'intérêt, partage
ses occupations ou préoccupations. V. **Adjoint, camarade,
collaborateur, collègue, compagnon, complice, confrère,
partenaire.** « *On m'associa pour cet examen M. de Châlons
et M. Tronson. Avec de tels associés, j'espérais tout* » (BOSS.).
◇ *Appos. Membres associés d'une académie* : membres qui
jouissent de quelques-uns des droits des membres titulaires.
♦ 2° Personne qui met en commun son activité ou ses
biens dans une entreprise. « *D'abord intéressé dans le commerce des Lalouette, il devint plus tard leur associé* » (DAUD.).
◇ *Dr.* Personne qui fait partie d'une société. V. **Actionnaire,
commanditaire; adhérent, membre.**

ASSOCIER [asɔsje]. *v. tr.* (1262; *associer* « arranger »,
1238; lat. *associare,* rad. *socius* « compagnon »).
I. *V. tr.* ♦ 1° *Vx.* Mettre ensemble (des choses). ◇ *Mod.*
(abstrait) Associer (en esprit) des mots, des noms. V. **Association; lier, rapprocher.** « *Deux êtres qui associent leurs
destinées* » (BOURGET). ♦ 2° Réunir (des personnes) par une
communauté de travail, d'intérêt, de sentiment. V. **Agréger,
allier, joindre, lier, rapprocher, réunir, unir.** *Rare. Associer*

des partenaires, des peuples. V. **Fédérer, liguer.** ♦ 3° Asso-
CIER (qqn) à (qqch.) : le faire participer à (une activité
commune, un bien commun). *Associer des travailleurs aux
bénéfices d'une entreprise, aux profits. Associer qqn à ses
affaires, à ses travaux :* le prendre pour associé, collaborateur. V. **Adjoindre (s'), attacher (s').** ♦ 4° ASSOCIER (une
chose) à (une autre). V. **Allier, unir.** « *Il associait le courage à
la prudence* » (LITTRÉ) : il était à la fois courageux et prudent. ◇ *Associer une chose avec une autre, à une autre :*
les joindre intimement. « *Quand on est jeune on associe la
réalisation future de ses rêves aux existences qui vous entourent* » (FLAUB.). ♦ 5° S'ASSOCIER (qqn) : l'associer à soi, le
prendre comme associé. V. **Adjoindre (s').**
II. S'ASSOCIER. *v. pron.* 🅐 *Personnes.* ♦ 1° (1413). *S'associer à qqn, avec qqn pour une opération, une entreprise.* V.
Allier (s'), entendre (s'), joindre (se), lier (se), unir (s'). « *Je
m'associai avec des chevaliers d'industrie* » (LESAGE). ♦
2° Participer à; faire sien. *S'associer aux desseins, aux
vues de qqn.* V. **Adhérer.** « *Je resterai au milieu d'eux m'associant de toute mon âme à leur épreuve* » (DUHAM.). ♦
3° *Absolt.* Former société. V. **Agréger (s'), réunir** (se); **grouper.**
États qui s'associent. V. **Allier (s'), fédérer** (se). 🅑 *Choses.*
S'allier à, avec. V. **Accorder (s'), allier (s'), assortir (s'),
combiner (se), marier (se), unir (s').** *Le plaisir de la table
« peut s'associer à tous les autres plaisirs* » (BRILLAT-SAV.).
◇ *Absolt.* « *Tout s'associe pour donner à ces œuvres une
beauté...* » (DANIEL-ROPS).
⊗ ANT. Dissocier, diviser, isoler, séparer.

ASSOIFFÉ, ÉE [aswafe]. *adj. et n.* (1877; du v. *assoiffer*,
rare (1607); de *a-* 1, et *soif*). ♦ 1° Qui a soif. *Les enfants
sont assoiffés. Bêtes assoiffées.* ◇ *Poét. Assoiffé de sang.*
V. **Altéré.** ♦ 2° *Fig. Être assoiffé d'argent, de plaisirs.* V.
Affamé, avide. *Des « esprits assoiffés de méditations* »
(DUHAM.). ♦ 3° *N. Des assoiffés.* « *Elle but de nouveau comme
une assoiffée* » (M. DURAS).

ASSOLEMENT [asɔlmã]. *n. m.* (1790; de *assoler*). Procédé de culture par succession et alternance sur un même
terrain (pour ˙onserver la fertilité du sol). V. **Rotation** (des
cultures). — *Assolement triennal :* à jachère triennale.

ASSOLER [asɔle]. *v. tr.* (1374; de *a-* 1, et *sole*). *Agric.*
Partager en surfaces régulières ou *soles* afin d'y faire succéder les cultures dans un ordre déterminé. V. **Assolement.**

ASSOMBRIR [asɔ̃bRiR]. *v. tr.* (1597, repris fin XVIIIe; de
a- 1, et *sombre*). ♦ 1° Rendre sombre. *Les nuages assombris-
sent le ciel.* V. **Obscurcir.** « *Un bassin qu'assombrit le pin
et le bouleau* » (HUGO). *Pronom.* « *Le ciel s'était assombri
subitement* » (DAUD.). ♦ 2° Rendre triste. V. **Attrister.**
Les malheurs ont assombri son caractère. Rendre soucieux.
Cette nouvelle a assombri les assistants, les visages. V. **Rembrunir.** *Pronom. Son front, son regard, son visage s'assombrit.*
V. **Rembrunir** (se). *Fig. L'horizon politique s'assombrit.* — ASSOM-
BRI : rendu triste. « *Subitement graves, les yeux assombris,
les lèvres serrées* » (FRANCE). ⊗ ANT. Éclaircir, éclairer.
Égayer. Épanouir (s').

ASSOMBRISSEMENT [asɔ̃bRismã]. *n. m.* (1836; de
assombrir). Le fait d'assombrir ou de s'assombrir; état
de ce qui est assombri. *L'assombrissement du ciel.* V. **Obscurcissement.** *Fig. L'assombrissement de l'humeur.* V. **Tristesse;
mélancolie.** ⊗ ANT. Éclaircissement, éclairement.

ASSOMMANT, ANTE [asɔmã, ãt]. *adj.* (fin XVIe, « qui
assomme, tue »; de *assommer*). ♦ 1° (Fin XVIIe). *Vx.* Qui
accable. « *Certaines vérités assommantes* » (BOURDALOUE).
♦ 2° *Mod. et fam.* (v. 1750). Qui ennuie. « *Les sermons des
pères et les rabâcheries des oncles sont aussi assommants sur
le théâtre que dans la réalité* » (GAUTIER). « *Andrée m'exaspère. Elle est assommante* » (PROUST). ⊗ ANT. Agréable,
plaisant.

ASSOMMER [asɔme]. *v. tr.* (XIIe; « accabler, moralement; endormir » (XVe); de *somme*, lat. *somnum*). ♦ 1° (XII-
XIIIe).Tuer à l'aide d'un coup violent sur la tête. *Assommer un
bœuf avec un merlin.* V. **Abattre.** « *On les assomma de loin,
sous des cailloux* » (FLAUB.). ♦ 2° Battre, frapper sur (qqn)
de manière à étourdir. *Tais-toi, ou je t'assomme!* ♦ 3° *Fig.
et vx.* Accabler, confondre (par des arguments). ♦ 4° (XIIe;
suj. de chose). *Vx.* Plonger dans l'abattement, la stupeur.
V. **Abattre, accabler.** « *Je n'en puis revenir, et tout ceci
m'assomme* » (MOL.). ◇ Affliger profondément. « *La mort
de M. du Mans m'a assommée* » (SÉV.). ◇ *Vieilli.* Incommoder, abrutir (physiquement). « *Ceux qu'assomme le
vacarme des autobus et des taxis* » (MAURIAC). ♦ 5° *Mod.*
(1666). Accabler sous le poids de l'ennui. V. **Ennuyer, excéder, fatiguer, importuner, lasser;** *fam.* **Barber, empoisonner,
raser.** « *Est-ce assez rasant, ce que je vous raconte là!... Mais
si, je vous assomme* » (DAUD.).

ASSOMMEUR [asɔmœR]. *n. m.* (v. 1460; de *assommer*).
Celui qui tue en assommant. *Un assommeur de bœufs.* V.
Tueur.

ASSOMMOIR [asɔmwaR]. *n. m.* (1700; de *assommer*).
♦ 1° *Vx.* Instrument qui sert à assommer. V. **Casse-tête.**

♦ 2° *Vx* (v. 1850). Cabaret où les consommateurs s'assomment d'alcool. *L'Assommoir*, roman de Zola.

ASSOMPTION [asɔ̃psjɔ̃]. *n. f.* (XIIe; lat. *assumptio*,
spécialt. en lat. ecclés., de *assumere* « prendre avec soi »).
♦ 1° *Cathol.* Enlèvement miraculeux de la Sainte Vierge au
ciel par les anges. ◇ Jour où on célèbre cette fête (15 août).
♦ 2° (Néol.). *Philo.* Action d'assumer*, de prendre en
charge. — *(Anglicisme).* Action de prendre comme hypothèse. *L'assomption d'une proposition.* — La proposition
assumée. V. **Hypothèse.** — *Log.* Seconde proposition d'un
syllogisme. V. **Mineure.**

ASSONANCE [asɔnãs]. *n. f.* (1690; du lat. *assonare*, de
sonus « son »). Répétition du même son; spécialt. de la
voyelle accentuée à la fin de chaque vers (par *ex.* : Belle et
rêve). *Assonance et rime*.

ASSONANCÉ, ÉE [asɔnãse]. *adj.* (1888; de *assonance*).
Qui présente une, des assonances. *Vers assonancés.*

ASSONANT, ANTE [asɔnã, ãt]. *adj.* (1721; lat. *assonans*,
p. prés. de *assonare*). Qui produit une assonance. *Voyelle
assonante.*

ASSORTI, IE [asɔRti]. *adj.* (*Assorte*, XVIe; V. *Assortir*).
♦ 1° Qui est en harmonie, qui va bien avec autre chose.
« *Ève fut frappée du châtiment assorti à sa faute* » (FRANCE).
*Le mari et la femme ne sont pas bien assortis. Pochette et
cravate assorties.* ♦ 2° *Magasin, rayon bien assorti :* bien
pourvu de marchandises (*abusiv. :* bien achalandé). ♦ 3° *Plur.*
Variés (aliments). *Fromages assortis.*

ASSORTIMENT [asɔRtimã]. *n. m.* (1532; de *assortir*).
♦ 1° Manière dont sont assemblées des choses qui produisent un effet d'ensemble (par leur ressemblance, leur convenance). V. **Arrangement, assemblage, association, disposition.**
Un heureux assortiment de couleurs. ♦ 2° *Vx.* Union de
personnes. V. **Mariage.** ♦ 3° Assemblage complet de choses
qui vont ordinairement ensemble. V. **Ensemble; garniture,
parure.** *Assortiment de vaisselle, de linge de table.* V. **Service.**
♦ *Comm.* Collection, fonds de marchandises de même
sorte. V. **Lot, stock.** *Assortiment de dentelles, de soieries.* ◇
Cuis. Plat composé de diverses sortes de charcuterie, de
poissons, etc.

ASSORTIR [asɔRtiR]. *v. tr.* (*Assorter*, XIVe; de *a-* 1, et
sorte).
I. *V. tr.* ♦ 1° (1530). Mettre ensemble (des choses qui
conviennent). V. **Arranger, associer, harmoniser.** *Assortir
diverses nuances.* ◇ *Assortir* (une chose) *à d'autres :* faire
qu'elle aille avec. « *On sentait la joie avec laquelle il choisissait
la couleur de tel timbre, l'assortissait aux autres* » (PROUST).
♦ 2° (1559). Mettre ensemble des personnes qui se conviennent mutuellement. V. **Réunir, unir.** *Des « gens assez peu liés
entre eux... que cette spirituelle personne assortissait avec un
art infini* » (STE-BEUVE). ♦ 3° (1549). Rare. Fournir des
choses nécessaires, convenables. V. **Approvisionner.** *Assortir
un magasin d'articles variés.*
II. (XVIe). S'ASSORTIR. *v. pron.* ♦ 1° Être assorti, en accord,
en harmonie. *Ces couleurs s'assortissent bien. Nos caractères ne s'assortissent pas.* V. **Accorder (s').** ♦ 2° *Vieilli.*
S'accompagner; se compléter harmonieusement; être orné,
enrichi. *Le texte s'assortit de belles enluminures.* ♦ 3° *Rare.*
Se fournir, se pourvoir. *Ce libraire s'assortit de tous les livres
qui paraissent.* V. **Réassortir** (se).
⊗ ANT. Désassortir. Jurer (jurer).

ASSOUPI, IE [asupi]. *adj.* (XVIe; V. *Assoupir*). ♦ 1° À
demi endormi. V. **Somnolent.** ♦ 2° Affaibli, apaisé. « *Des
passions plutôt assoupies qu'éteintes* » (P.-L. COUR.). « *Un
monde de ténèbres ou de feux assoupis* » (BOSCO).

ASSOUPIR [asupiR]. *v. tr.* (XVe; lat. pop. °*assopire*; de
sopire « endormir »).
I. *V. tr.* ♦ 1° Porter à un demi-sommeil. V. **Endormir.**
♦ 2° *Fig.* Affaiblir ou suspendre momentanément. V. **Apaiser, atténuer, calmer, engourdir; éteindre, étouffer.** *Assoupir
les sens, une douleur, un remords.* « *Cette saoulerie continue
ne faisait qu'assoupir son épouvante* » (MAUPASS.). ◇ *Assoupir une querelle, un différend,* en empêcher l'éclat, les suites
fâcheuses. V. **Apaiser, étouffer.**
II. S'ASSOUPIR. *v. pron.* ♦ 1° Se laisser aller doucement
au sommeil, s'endormir à demi. V. **Somnoler.** « *D'autres
s'assoupissaient sous l'effort de la digestion* » (DUHAM.).
Métaph. « *Sa pensée s'assoupit, devint incertaine, flottante* »
(MAUPASS.). ♦ 2° *Fig.* Apaiser (s'), calmer (se), estomper (s'), oublier (s'). *Sa douleur s'est assoupie.*
⊗ ANT. Éveiller, réveiller; ranimer. Exciter, exalter.

ASSOUPISSANT, ANTE [asupisã, ãt]. *adj.* (1552; de
assoupir). *Littér.* Qui assoupit. « *Son amour avait pris comme
une douceur funèbre, un charme assoupissant* » (FLAUB.).

ASSOUPISSEMENT [asupismã]. *n. m.* (1531; de *assoupir*). ♦ 1° Le fait de s'assoupir; état voisin du sommeil.
V. **Somnolence; appesantissement, engourdissement, torpeur.**
*Certaines maladies s'accompagnent d'un assoupissement
profond.* V. **Coma, léthargie.** « *Il avait des assoupissements
agités de songes, des somnolences épuisantes* » (LOTI). ◇
Par anal. Le fait de s'endormir, de se calmer (mouvement,

bruit). « *L'assoupissement de la mer sur la grève* » (PROUST). ♦ 2° *Rare.* Fig. *Assoupissement des sens, d'une douleur, d'un chagrin.* V. **Apaisement, atténuation, calme.** ♦ 3° *Vieilli.* État moral comparable au sommeil, indifférence extrême (V. **Indolence, langueur, torpeur**). ◇ ANT. *Éveil, réveil. Excitation; exaltation.*

ASSOUPLIR [asupliʀ]. *v. tr.* (XII-XIII°, v. intr. et pron., « faiblir, s'adoucir »; de *a-1*, et *souple*). ♦ 1° (1564). Rendre souple, plus souple. *Assouplir une étoffe; les cuirs* (façonner, corroyer). *Les exercices de gymnastique assouplissent le corps.* ♦ 2° (XVII°). Rendre plus malléable, maniable. *Assouplir le caractère d'un enfant violent.* V. **Adoucir, former, plier, soumettre.** *Assouplir des méthodes, des règles trop strictes.* V. **Atténuer, corriger.** « *La logique a certainement assoupli les esprits* » (MAUROIS). ♦ 3° **S'ASSOUPLIR.** *v. pron. Le cuir s'assouplit à l'eau.* « *L'idée qu'il pouvait s'assouplir, plier, changer* » (DUHAM.). ◇ ANT. *Durcir, raidir, tendre.*

ASSOUPLISSEMENT [asuplismɑ̃]. *n. m.* (1866; de *assouplir*). ♦ 1° Action d'assouplir, fait de s'assouplir; état de ce qui est assoupli. *Exercices d'assouplissement* (du corps). V. **Gymnastique.** *Assouplissement du cuir par le corroyage.* ♦ 2° Fig. *Assouplissement du caractère. Assouplissement d'un système trop rigide.* ◇ ANT. *Durcissement, tension.*

ASSOURDIR [asuʀdiʀ]. *v. tr.* (1120; de *a-1*, et *sourd*). ♦ 1° Causer une surdité passagère; rendre comme sourd. V. **Abasourdir, étourdir.** « *L'avion, dont le grondement l'assourdit* » (MART. du G.). *Ne criez pas si fort, vous m'assourdissez!* V. **Casser** (les oreilles). ♦ 2° Fig. Fatiguer par trop de bruit, de paroles. V. **Assommer, excéder.** ♦ 3° Rendre moins sonore. V. **Amortir.** *Un tapis assourdit les pas. Les sons me parvenaient assourdis.* « *La neige qui assourdissait comme un tapis le bruit de mes pas* » (DAUD.). ◇ *S'assourdir :* devenir sourd (d'une consonne). V. **Assourdissement**, *phonét.*).

ASSOURDISSANT, ANTE [asuʀdisɑ̃, ɑ̃t]. *adj.* (1835; de *assourdir*). Qui assourdit. *Bruit, vacarme assourdissant :* très intense. V. **Étourdissant.** « *Un charivari, un tam-tam assourdissant, des cris, des huées* » (BARRÈS).

ASSOURDISSEMENT [asuʀdismɑ̃]. *n. m.* (1611; de *assourdir*). ♦ 1° Action d'assourdir (qqn). *L'assourdissement du canon.* ◇ État de celui qui est assourdi. *Mon assourdissement dura plusieurs minutes.* ♦ 2° Amortissement des sons. V. **Amortissement.** « *L'assourdissement des bruits dans la chaleur de la matinée* » (PROUST). — *Phonét.* Passage d'une sonore à une sourde (par perte de la voix).

ASSOUVIR [asuviʀ]. *v. tr.* (*Assovir,* XII°; lat. pop. °*assopire* (Cf. **Assouplir**), confondu av. a. fr. *asservir* « achever », rad. lat. *assequi* « atteindre »). ♦ 1° Calmer complètement (un violent appétit). V. **Apaiser, contenter, rassasier, satisfaire.** *De quoi étancher sa soif et assouvir sa faim.* ♦ 2° Fig. Satisfaire pleinement (un désir, une passion). *Assouvir ses convoitises, sa curiosité, sa fureur, sa haine. Assouvir une vengeance.* « *La célébrité la plus complète ne vous assouvit point* » (FLAUB.). Au p. p. « *La quiétude des passions journellement assouvies* » (FLAUB.). ♦ 3° **S'ASSOUVIR.** *v. pron. Faim, passion qui s'assouvit.* ◇ ANT. *Affamer; exciter. Inassouvi, insatisfait.*

ASSOUVISSEMENT [asuvismɑ̃]. *n. m.* (1568; de *assouvir*). ♦ 1° Action d'assouvir, de s'assouvir. V. **Satisfaction.** *L'assouvissement des désirs. L'assouvissement des convoitises. L'assouvissement amène la satiété.* ♦ 2° État d'une personne assouvie, d'un désir assouvi. V. **Apaisement, satisfaction, satiété.** « *Il éprouvait d'ailleurs un assouvissement, une satisfaction profonde* » (FLAUB.). ◇ ANT. *Insatisfaction, inquiétude.*

ASSUÉTUDE [asɥ(y)etyd]. *n. f.* (1969; empr. au lat. *assuetudo* « habitude », pour traduire l'angl. *addiction*). *Didact.* Accoutumance de l'organisme aux modifications du milieu. *Assuétude climatologique.* — Accoutumance à une substance toxique. *Assuétude médicamenteuse.* V. **Toxicomanie.**

ASSUJETTI, IE [asyʒeti]. *adj.* et *n.* (V. **Assujettir**). ♦ 1° Soumis. ♦ 2° N. Personne soumise à la loi au paiement d'un impôt, d'une taxe (V. **Contribuable, imposable, redevable**), ou à l'affiliation à un groupement. ♦ 3° Fixé, maintenu. « *Une fois le joug bien assujetti, on ne le secouera plus* » (MART. du G.).

ASSUJETTIR [asyʒetiʀ]. *v. tr.* (1495; de *a-1*, et *sujet*). I. *V. tr.* ♦ 1° *Vx* ou *littér.* Rendre sujet, mettre dans sa dépendance. *Les peuples que Rome avait assujettis.* V. **Asservir, dominer, soumettre; opprimer, subjuguer.** « *Il s'agit pour chaque cité d'assujettir ou d'abaisser les autres* » (TAINE). ◇ Maintenir (qqn) dans l'obéissance. « *La mainmise de l'État sur le travail et la pensée de tous les êtres qu'il assujettit* » (DUHAM.). *Spécialt.* Dominer par un ascendant moral, tenir (qqn) sous son empire. V. **Captiver, conquérir, dompter, subjuguer.** « *Enfin l'aimable Agnès a su m'assujettir* » (MOL.). ♦ 2° *Mod.* ASSUJETTIR À. V. **Soumettre.** *Assujettir qqn à des règles. Être assujetti à l'impôt.* V. **Assujetti.** « *Une doctrine qui prétend assujettir le langage d'aujourd'hui à des formes*

d'autrefois » (BRUNOT). ♦ 3° Rendre (qqch.) fixe, immobile, stable. V. **Assurer, attacher, caler, clouer, coincer, fixer, lier, maintenir, river.** « *Les charpentiers assujettissaient à grands coups de maillet les fermes des baraques* » (FRANCE). *Assujettir son manteau. Assujettir une manœuvre, un cordage.* V. **Amarrer, frapper.** II. **S'ASSUJETTIR,** *v. pron. Littér.* ♦ 1° Assujettir à soi. V. **Conquérir, dompter.** « *Une puissante individualité, que la foi s'était assujettie, mais que la règle ecclésiastique n'avait pas domptée* » (RENAN). ♦ 2° Se soumettre à. V. **Plier** (se), **soumettre** (se). *S'assujettir à une règle.* ◇ ANT. *Affranchir, délivrer, dispenser, exempter, libérer.*

ASSUJETTISSANT, ANTE [asyʒetisɑ̃, ɑ̃t]. *adj.* (1688; de *assujettir*). Qui assujettit, exige beaucoup d'assiduité. *Devoirs, travaux assujettissants. Fonctions assujettissantes.* V. **Astreignant, asservissant, pénible, pesant.** ◇ ANT. *Léger, agréable, plaisant.*

ASSUJETTISSEMENT [asyʒetismɑ̃]. *n. m.* (1572; de *assujettir*). ♦ 1° *Vx* ou *littér.* Action d'assujettir. *L'assujettissement de la Grèce par les Romains.* V. **Conquête, domination.** ♦ 2° *Vx.* État de dépendance. V. **Soumission, sujétion; servitude.** *L'assujettissement d'un pays. Assujettissement d'un peuple à un autre.* V. **Soumission.** ◇ *Littér. Assujettissement aux usages, aux modes.* V. **Soumission.** — *Mod.* État qui résulte des obligations assidues auxquelles on est soumis, de la répétition des mêmes contraintes. V. **Contrainte, dépendance, gêne, joug, sujétion.** « *Les commodités dont il se munit sont autant d'assujettissements dans lesquels il s'embarrasse* » (TAINE). ◇ ANT. *Affranchissement, délivrance, indépendance, liberté.*

ASSUMER [asyme]. *v. tr.* (XV°; lat. *assumere*). ♦ 1° Prendre à son compte; se charger de. *Assumer une fonction, un emploi, un rôle, une tâche. Assumer une responsabilité.* V. **Endosser, supporter.** *Dostoïevski « ne se détourne pas de ses douleurs, mais se les assume dans leur plénitude* » (GIDE). ♦ 2° *Néol.* Accepter consciemment (une situation, un état psychique et leurs conséquences). *Assumer pleinement sa condition.* — Pronom. « *Nous ne sommes nous qu'aux yeux des autres, et c'est à partir du regard des autres que nous assumons comme nous* » (SARTRE). ◇ ANT. *Décharger* (se). *Refuser, rejeter.*

ASSURABLE [asyʀabl(ə)]. *adj.* (1864; de *assurer*). Qui peut être assuré, garanti par un contrat d'assurance.

ASSURANCE [asyʀɑ̃s]. *n. f.* (*Asseurance,* XII°; de *assurer*). ♦ 1° *Vx.* Sentiment de sécurité, le fait de se rassurer. V. **Quiétude.** *En assurance :* rassuré. ♦ 2° *Mod.* Confiance en soi-même. V. **Aisance, aplomb, audace, hardiesse.** *Parler avec assurance. Donner, prendre, montrer de l'assurance.* « *Il a tant d'assurance qu'il finit par m'en inspirer* » (BEAUMARCH.). *Perdre son assurance, se démonter.* ♦ 3° *Vx. rance de :* sentiment de certitude ou d'intime conviction. *Vivre dans l'assurance de la réussite, de réussir.* ♦ 4° *Mod.* Promesse ou garantie qui rend certain de qqch. V. **Affirmation, promesse.** « *Il s'était appuyé sur l'assurance qu'elle lui avait donnée de lui garder fidélité* » (MAURIAC). « *Sur cette assurance, je retournai chez mon docteur* » (PASC.). — (Formules de politesse) *Veuillez agréer l'assurance de ma considération distinguée.* V. **Expression.** ◇ *Plur.* V. **Gage, garantie, sûreté.** « *Zamian m'avait donné des assurances* » (DUHAM.). ♦ 5° (1563). Contrat par lequel un assureur garantit à l'assuré, moyennant une prime ou une cotisation, le paiement d'une somme convenue en cas de réalisation d'un risque déterminé. *Contrat, police d'assurance. Assurance contre les accidents, l'incendie, le vol. Assurance sur la vie, assurance-vie. Assurance-automobile. Assurance tous risques* (couvrant tous les dommages que peut subir ou causer l'automobiliste). *Assurance multirisques. Assurance au tiers* (dommages causés par un tiers). *Assurances maritimes.* V. **Lloyd.** *Compagnie d'assurances. Agent d'assurances.* ◇ *Fam.* (plur.) Compagnie d'assurances. *Il faut avertir les assurances.* ◇ *Assurances sociales :* garantissant un groupe social (travailleurs, etc.) contre la maladie, les accidents du travail, le chômage. V. **Sécurité** (sociale). *L'assurance invalidité-vieillesse. Assurance maladie, décès, maternité.* ♦ 6° *Alpinisme.* Action d'assurer; situation de celui qui est assuré. ◇ ANT. *Crainte, défiance, doute, embarras, hésitation, incertitude, méfiance, timidité.*

ASSURÉ, ÉE [asyʀe]. *adj.* et *n.* (1155; V. **Assurer**). ♦ 1° *Vx.* Qui est en sûreté, à l'abri du danger. V. **Sûr.** ♦ 2° *Littér.* (XVI°). (*Choses*). Qui est certain. V. **Évident, indubitable, infaillible, sûr.** *Tenez pour qu'il viendra.* — *La mort « terme assuré qui ne nous console ni ne nous apaise* » (CONSTANT). *Dont on est assuré* (V. **Assurer**). *Succès assuré.* ♦ 3° (XV°). (*Personnes*). Qui a de l'assurance, de la confiance en soi. *Un air assuré.* V. **Sûr** (de soi). « *Il est de cette belle prise et de démarche très assurée* » (GIDE). ♦ 4° N. L'ASSURÉ, personne garantie par un contrat d'assurance. *Abusiv. Les assurés sociaux :* les assurés affiliés aux assurances sociales. ◇ ANT. *Branlant, dangereux, douteux, hésitant, précaire, timide, vacillant.*

ASSURÉMENT [asʁemã]. *adv.* (1532, « avec assurance » ; de *assuré*). D'une manière certaine. V. **Certainement, évidemment, sûrement, vraiment.** *Assurément, il viendra. Assurément qu'il viendra.* « *Assurément il radotait* » (LA FONT.). « *Assurément que vous avez raison si vous le voulez* » (MOL.) : bien sûr* que. *Viendrez-vous?* — *Assurément : oui, certainement.*

ASSURER [asʁe]. *v. tr.* (1160 ; lat. pop. °*assecurare,* de *securus.* V. **Sûr).**
I. ♦ 1° *Vx.* Mettre (qqn) dans un état de sécurité, de confiance (mod. *Rassurer).* « *Et tâchons d'assurer la Reine, qui te craint* » (CORN.). ♦ 2° (1212). Donner (qqch.) pour réel, vrai, sûr, certain. V. **Affirmer, certifier, soutenir.** *Vx* (a. fr.) *Assurer une chose* : la certifier, la garantir. — *Mod.* ASSURER (à qqn) QUE : lui affirmer, lui garantir que. « *Un homme du peuple, à force d'assurer qu'il a vu un prodige, se persuade faussement qu'il a vu un prodige* » (LA BRUY.). *Rare. J'ai assuré à mes amis que j'étais sincère. Cour. Je leur ai assuré que... Je vous assure, je t'assure que.* Absolt. « *Cela en vaut la peine, je vous assure* » (DUHAM.). ♦ 3° ASSURER (qqn) QUE..., QUE... : lui donner pour sûr. *Vx.* « *Je puis les assurer que tous leurs discours...* » (BOSS.). — *Mod. Assurer qqn de qqch.,* le prier de n'en pas douter. V. **Attester, certifier, répondre, témoigner.** « *Il y a deux vérités dont je puis vous assurer* » (MOL.). *On m'en a assuré ; j'en suis assuré.* V. **Certain, sûr.** ♦ 4° ASSURER DE : rendre certain ; permettre de croire. *Sa conduite passée nous assure de l'avenir.* V. **Garantir, répondre, témoigner.** *Cet accueil l'assurait des bonnes dispositions du public.* V. **Attester, certifier.**
II. ♦ 1° (XVIᵉ). Mettre (une chose) en sûreté, à l'abri du danger. V. **Défendre, garantir, préserver, protéger.** *Assurer ses frontières contre les attaques, les incursions de l'ennemi. Assurer ses arrières.* ◇ *Rendre sûr ; mettre à l'abri des accidents, des risques. La prévoyance assure l'avenir. Assurer sa fortune, son pouvoir.* « *Cette préparation minutieuse assure la solidité du travail* » (R. ROLLAND). — ASSURER (qqch.) À (qqn). « *Sa notoriété dans le monde médical lui assurait une exceptionnelle indépendance* » (MART. du G.). *Assurer un avantage, une rente à qqn* : lui en garantir l'octroi. *Assurer des vivres, des munitions à l'armée* : faire en sorte qu'ils ne manquent pas. ♦ 2° (XVIIᵉ). Mettre (une chose) dans une position stable, empêcher de bouger. V. **Affermir, assujettir, caler, consolider, étayer, fixer, immobiliser.** *Assurer une poutre, un volet.* ◇ *Vieilli. Rendre plus ferme, plus sûr. Assurer la main d'un écolier en lui faisant faire des pages d'écriture. Par anal. Assurer sa contenance, son maintien.* V. **Assuré.** — *Mar. Assurer le pavillon* : l'arborer en tirant un coup de canon. ♦ 3° Faire qu'une chose fonctionne, ne s'arrête pas. *Assurer la marche, le fonctionnement d'un service.* V. **Marcher** (faire). *Assurer une garde, une personne, un service.* « *Je compte sur vous pour assurer le service de la division* » (DUHAM.). ♦ 4° (XVIIIᵉ). Garantir par un contrat d'assurance. *C'est telle compagnie qui assure cet immeuble contre l'incendie.* ◇ Faire garantir par un assureur. *Assurer sa voiture contre le vol.* ◇ *Par ext. Assurer qqn,* garantir ses biens, sa vie, etc. ♦ 5° *Alpinisme.* Dans une cordée, garantir la sécurité, empêcher la chute de (un alpiniste). *Alpiniste arrêté à un point de relais qui assure son camarade.* Absolt. *On assure mieux assis que debout.*
III. **S'ASSURER.** Ⓐ (1080, « être persuadé, tranquille »). ♦ 1° Devenir sûr (de, que). V. **Contrôler, vérifier, voir.** *Assurez-vous de l'exactitude de cette nouvelle. Je vais m'en assurer. Assurez-vous si la porte est bien fermée.* « *D'un coup d'œil, elle s'était assurée que rien ne manquait plus* » (ZOLA). — Se persuader, être certain. « *Assurez-vous que je ne vous oublie pas* » (BOSS.). ◇ *Vx. S'assurer dans; sur...,* mettre sa confiance dans, en... V. **Reposer.** « *Ne vous assurez point sur ce cœur inconstant* » (RAC.). ♦ 2° **S'ASSURER CONTRE** : se mettre en sûreté. V. **Défendre, garantir (se), garder (se), prémunir (se), protéger (se).** *S'assurer contre les incursions de l'ennemi.* ◇ *Spécialt.* Contracter une assurance. *S'assurer contre les accidents.* ♦ 3° Prendre une position ferme, solide, stable. V. **Affermir.** *S'assurer sur sa selle, en selle.* Ⓑ **S'ASSURER (DE)** (qqn ou qqch. : faire en sorte d'en avoir et d'en garder l'usage, la possession ou la maîtrise. *S'assurer les vivres pour un mois.* V. **Procurer (se), pourvoir (se).** « *Je m'assure un port dans la tempête* » (RAC.). V. **Ménager (se).** *S'assurer d'une place* (V. **Réserver, retenir**), *d'une somme d'argent.* — (Abstrait) *S'assurer la protection, la faveur de qqn.* V. **Gagner.** « *Une femme qui se soit assuré, par son travail, le droit de penser ce qui lui plaît* » (MART. du G.). ◇ **S'ASSURER DE** (qqn), *vx* : se ménager son appui, son alliance ; *littér.* Garder un contrôle sur (qqn) ; s'en emparer ou le surveiller. *Allez* « *Soit qu'il résiste ou non, vous assurer de lui* » (CORN.).
◇ ANT. *Contester, démentir, nier; compromettre, exposer, risquer; ébranler. Perdre.*

ASSUREUR [asʁœʁ]. *n. m.* (1550 ; de *assurer).* ♦ 1° *Mod.* (1681). Celui qui assure, garantit qqch. par contrat d'assu-

rance. V. **Agent, inspecteur; courtier** (d'assurance). ♦ 2° *Alpinisme.* Alpiniste qui en assure un autre dans une cordée.
◇ ANT. *Assuré.*

ASSYRIEN, IENNE [asiʁjɛ̃, jɛn]. *adj. et n.* (1688 ; de *Assyrie* « pays d'Assur »). De l'Assyrie, partie septentrionale de la Mésopotamie. *L'art assyrien. Barbe assyrienne.* ◇ N. *Les Assyriens.* ¦*L'assyrien :* langue sémitique (akkadien).

ASSYRIOLOGIE [asiʁjɔlɔʒi]. *n. f.* (1866 ; de *Assyrie,* et *-logie*). Étude de l'antiquité assyrienne, babylonienne (et parfois sumérienne, akkadienne).

ASSYRIOLOGUE [asiʁjɔlɔg]. *n.* (1866 ; de *Assyrie,* et *-logue*). Spécialiste de l'assyriologie.

ASTASIE [astazi]. *n. f.* (1888 ; gr. *astasia* « instabilité », de *stasis.* V. **Statique**). *Méd.* Trouble du sujet qui ne peut se tenir debout.

ASTATE [astat]. *n. m.* (1940 ; gr. *astatos* « instable »). *Chim.* Élément instable (n° at. 85) halogène, radio-actif découvert par bombardement de bismuth par des hélions accélérés.

ASTATIQUE [astatik]. *adj.* (1837 ; du gr. *astatos* « instable »). ♦ 1° *Phys.* En équilibre dans toutes ses positions. *Spécialt.* Dont le mouvement magnétique est nul. *Système astatique* formé de deux aimants égaux disposés en sens inverse. ♦ 2° *Pathol.* Qui se rapporte à l'astasie*.

ASTER [astɛʁ]. *n. m.* (1549 ; lat. *aster* « étoile », mot gr.). ♦ 1° *Plante (Composacées)* à petites fleurs décoratives en forme d'étoiles. ◇ Fleur de cette plante. ♦ 2° *Biol.* (1883). Figure formée de lignes rayonnantes qui apparaît pendant la mitose. ◇ HOM. *Hastaire.*

ASTÉRÉOGNOSIE [asteʁeɔgnozi]. *n. f.* (1933 ; de *a-* 2, gr. *stereos* (V. **Stéréo-**), et *-gnosie*). *Méd.* Incapacité de distinguer la forme des objets par le toucher.

ASTÉRIE [asteʁi]. *n. f.* (1729 ; du lat. *aster* « étoile »). *Zool.* Échinoderme appelé couramment *Étoile de mer.*

ASTÉRISQUE [asteʁisk(ə)]. *n. m.* (1570 ; lat. d'o. gr. *asteriscus* « petite étoile »). Signe en forme d'étoile (*) qui indique un renvoi ou auquel on attribue un sens convenu.

ASTÉROÏDE [asteʁɔid]. *n. m.* (1819 ; gr. *asteroeides* ; Cf. *-Oïde*). ♦ 1° *Astron.* Petite planète invisible à l'œil nu. *La plupart des astéroïdes ont leur orbite entre Mars et Jupiter.* ♦ 2° *Cour.* Petit corps céleste. V. **Aérolithe, bolide, météore.**

ASTHÉNIE [asteni]. *n. f.* (1790 ; gr. *astheneia* « faiblesse », de *sthenos* « force »). *Méd.* Manque de force, état de dépression, de faiblesse (pour des raisons neuropsychiques, alors que l'*adynamie* est musculaire). V. **Neurasthénie.**

ASTHÉNIQUE [astenik]. *adj. et n.* (1827 ; de *asthénie*). Qui a rapport à l'asthénie. *Symptômes asthéniques.* — N. *Un asthénique.*

ASTHÉNOSPHÈRE [astenɔsfɛʁ]. *n. f.* (1959 ; gr. *astheneia* « faiblesse », et *sphère*). *Géol.* Couche géologique de tension stable et faiblement résistante, sur laquelle se déplace la croûte terrestre (V. **Lithosphère, manteau** II, 5°).

ASTHMATIQUE [asmatik]. *adj. et n.* (1538 ; *asmatic,* XIVᵉ ; lat. d'o. gr. *asthmaticus*). *Méd.* Qui se rapporte à l'asthme. *Toux asthmatique.* ◇ Qui a de l'asthme. N. *Un asthmatique.*

ASTHME [asm(ə)]. *n. m.* (1691 ; *asme,* XVᵉ ; *asmat,* XIVᵉ ; lat. *asthma,* mot gr., « respiration difficile »). Difficulté à respirer (notamment à expulser l'air), accompagnée d'un bruit sifflant particulier. *Asthme (bronchique),* maladie pulmonaire survenant par accès, causée par des spasmes au niveau de petites bronches avec augmentation des sécrétions bronchiques. *Asthme cardiaque,* gêne respiratoire en rapport avec une maladie cardiaque. V. **Dyspnée.**

ASTI [asti]. *n. m.* (fin XIXᵉ ; ville d'Italie). Vin blanc mousseux récolté près d'Asti.

ASTICOT [astiko]. *n. m.* (1828 ; p.-ê. du suivant). ♦ 1° Larve de la mouche à viande utilisée comme appât pour la pêche. V. **Ver** (blanc). ♦ 2° (v. 1845). *Fig. et fam.* Homme. *Qu'est-ce que c'est que cet asticot? Quel drôle d'asticot.* V. **Type, zèbre.**

ASTICOTER [astikɔte]. *v. tr.* (1747 ; de *dasticoter* (1642), « jargonner, contredire, ennuyer » ; de l'all. *dass dich Gott...!* « que Dieu te... » interprété *d'asticot!* (1616) ; av. infl. de *estiquer* « piquer », néerl. *steeken*). *Fam.* Agacer, harceler qqn pour de petites choses. « *Nicole te taquine, l'asticote inutilement* » (MART. du G.).

ASTIGMATE [astigmat]. *adj.* (1877 ; de *astigmatisme*). Qui est atteint d'astigmatisme. V. **Amétrope.** *Vue astigmate.* — Subst. *Un astigmate.*

ASTIGMATISME [astigmatism(ə)]. *n. m.* (1857 ; de *a-* 2, et gr. *stigma* « point »). ♦ 1° Défaut de courbure des milieux réfringents de l'œil tel qu'un point lumineux objet se transforme en une tache, régulière ou irrégulière, sur la rétine. ♦ 2° Défaut d'un instrument d'optique qui ne donne pas une image ponctuelle d'un point.

ASTIQUAGE [astikaȝ]. *n. m.* (1906; de *astiquer*). Action d'astiquer.

ASTIQUER [astike]. *v. tr.* (1833; de *astic* (1751) « objet servant à polir le cuir », p.-ê. de l'angl. *stick* « bâton »). Faire briller en frottant. *Astiquer les cuivres.* V. **Frotter, nettoyer, polir.** *Astiquer des meubles, le parquet.* V. **Cirer.** « *Des cuivreries de lampes astiquées allumaient tout au fond une série d'étoiles* » (COURTELINE).

ASTRAGALE [astRagal]. *n. m.* (1546; lat. *astragalus*, gr. *astragalos*).
I. Un des os du pied formant avec le calcanéum la rangée postérieure du tarse.
II. (1606). Moulure ronde qui sépare le fût d'une colonne de son chapiteau. ◇ *Moulure, ornement.* « *Ce ne sont que festons, ce ne sont qu'astragales* » (BOIL.).
III. (1690). Plante *(Papilionacées)* dont une espèce produit la gomme adragante.

ASTRAKAN [astRakã]. *n. m.* (*Astracan*, 1775; ville de Russie). Fourrure à poils bouclés d'agneau caracul tué très jeune. V. **Breitschwanz.** *Manteau, col d'astrakan. Pattes d'astrakan* (fourrure moins recherchée que les corps).

ASTRAL, ALE, AUX [astRal, o]. *adj.* (1533; bas lat. *astralis*). Des astres (en astrologie). *Les influences astrales.* V. **Céleste, sidéral, stellaire, zodiacal.** « *Ces signes astraux enflammant toute une partie de l'atmosphère* » (PROUST). ◇ *Corps astral,* aura, ectoplasme qui est supposé entourer le corps humain.

ASTRE [astR(ə)]. *n. m.* (1372; lat. *astrum,* gr. *astron*). ♦ 1° Tout corps céleste naturel visible (à l'œil nu ou dans un instrument). V. **Astéroïde, comète, étoile, planète, satellite.** *Les astres du ciel* (V. **Cosmos, firmament**). *Le cours des astres :* leur mouvement apparent ou réel (propre). *Ascension droite, déclinaison, coordonnées d'un astre.* V. **Magnitude.** *Lumière, rayonnement des astres. Les astres brillent, luisent, scintillent.* « *Les astres du ciel pâlirent, effacés par le jour qui montait* » (DAUD.). ◇ *Poét. L'astre du jour :* le soleil. *L'astre de la nuit, l'astre au front d'argent :* la lune. ◇ *Loc. fig. Il est beau comme un astre :* resplendissant, superbe (souvent iron.). ♦ 2° Corps célestes considérés par rapport à leur influence sur les hommes (V. **Astrologie**). *Être né sous un astre favorable :* avoir un heureux destin. *Influence des astres.* « *J'ignore pour quel sort mon astre m'a fait naître* » (MOL.). V. **Étoile.** ♦ 3° *Fig.* et *vx.* Personne illustre. « *Il est l'astre naissant qu'adorent mes États* » (CORN.).

ASTREIGNANT, ANTE [astReɲɑ̃, ɑ̃t]. *adj.* (déb. XXe; de *astreindre*). Qui astreint. *Une tâche astreignante.* V. **Assujettissant.** « *Une morale souple est infiniment plus sévère et plus astreignante qu'une morale raide* » (PÉGUY).

ASTREINDRE [astRɛ̃dR(ə)]. *v. tr.;* conjug. *peindre* (*Astraindre,* 1290; lat. *astringere* « serrer »; obliger ». V. **Astringent**). Obliger strictement (qqn à qqch.). V. **Assujettir, condamner, contraindre, forcer, obliger, réduire.** *Astreindre qqn à une discipline, à des travaux pénibles :* les lui imposer. « *On ne put jamais l'astreindre à travailler* » (RENAN). ◇ *S'ASTREINDRE.* v. pron. *S'astreindre à se lever tôt.* ◇ **ANT.** *Dispenser, exempter.*

ASTREINTE [astRɛ̃t]. *n. f.* (1875; de *astreindre*). ♦ 1° *Dr.* Mesure coercitive par laquelle un tribunal peut astreindre un débiteur récalcitrant à payer une certaine somme pour chaque jour de retard dans l'exécution de son obligation. V. **Amende, moratoire.** ♦ 2° *Par ext.* Obligation rigoureuse, contrainte. « *Les tâches intellectuelles représentent pour lui des astreintes fort pénibles* » (DUHAM.).

ASTRINGENCE [astRɛ̃ȝɑ̃s]. *n. f.* (1863; a remplacé *astriction* (1538); de *astringent*). *Méd.* Qualité de ce qui est astringent.

ASTRINGENT, ENTE [astRɛ̃ȝɑ̃, ɑ̃t]. *adj.* et *n. m.* (1537; lat. *astringens,* de *astringere* « serrer »). *Méd.* Qui exerce sur les tissus vivants un resserrement. *Remède astringent, lotion astringente.* — N. m. *Les astringents* (alun, tanin, quinquina, jus de citron, préparations de plomb de zinc). *Astringent pour les soins de la peau.* ◇ **ANT.** *Laxatif.*

ASTRO-. Élément, du lat. *astrum.* V. **Astre.**

ASTROLABE [astRɔlab]. *n. m.* (*Astrelabe,* XIIe; bas lat. *astrolabus,* gr. *astrolabos*). Instrument dont on se servait pour déterminer la hauteur des astres au-dessus de l'horizon *(Astrolabe de mer; astrolabe armillaire),* et qui sert de nos jours aux déterminations d'heures, de latitudes *(astrolabe impersonnel de Danjon).*

ASTROLÂTRIE [astRɔlɑtRi]. *n. f.* (1839; de *astro-,* et *-lâtrie*). Adoration, culte des astres.

ASTROLOGIE [astRɔlɔȝi]. *n. f.* (v. 1370 « astronomie »; lat. *astrologia,* mot gr.). Art de déterminer le caractère et de prévoir le destin des hommes par l'étude des influences astrales, des aspects* des astres, des signes. V. **Horoscope.** ◇ *Hist.* Connaissance des correspondances célestes et terrestres. V. **Hermétisme.**

ASTROLOGIQUE [astRɔlɔȝik]. *adj.* (1546; bas lat. d'o. gr. *astrologicus*). De l'astrologie. *Prédictions astrologiques.*

Thème astrologique : carte du ciel de naissance établie suivant les règles de l'astrologie.

ASTROLOGUE [astRɔlɔg]. *n. m.* (1372, « astronome »; lat. d'o. gr. *astrologus*). Celui qui s'adonne à l'astrologie. V. **Augure, devin, mage.**

ASTROMÉTRIE [astRɔmetRi]. *n. f.* (1846; de *astro-,* et *-métrie*). Branche de l'astronomie de position qui détermine la position des astres sur la sphère céleste par des mesures d'angles (détermination des constantes astronomiques; calendrier; heure; mesure du temps). *Astrométrie photographique.*

ASTRONAUTE [astRɔnot]. *n.* (1933; de *astronautique*). Personne qui se déplace dans un véhicule spatial, hors de l'atmosphère terrestre. V. **Cosmonaute.**

ASTRONAUTICIEN, IENNE [astRɔnotisjɛ̃, jɛn]. *n.* (1960; de *astronautique*). Spécialiste de l'astronautique.

ASTRONAUTIQUE [astRɔnotik]. *n. f.* (1910; 1842, « astronomie utilisée par les navigateurs en haute mer »; de *astro-,* et gr. *nautikê* « navigation »). Science qui a pour objet l'étude de la navigation spatiale. V. **Balistique.**

ASTRONEF [astRɔnɛf]. *n. m. (Néol.;* de *astro-,* et *nef).* *Phys. spatiale.* Vaisseau interplanétaire.

ASTRONOME [astRɔnɔm]. *n. m.* (1549; *astronomien,* v. 1260; bas lat. d'o. gr. *astronomus*). Personne qui s'occupe d'astronomie.

ASTRONOMIE [astRɔnɔmi]. *n. f.* (v. 1150, « observation des astres; divination »; lat. *astronomia,* mot gr.). *Mod.* Science des astres, des corps célestes (y compris la Terre) et de la structure de l'univers. *Astronomie théorique :* étude de la mécanique céleste, des orbites, des perturbations (théorie des planètes, des satellites, des éclipses, des marées). *Astronomie de position.* V. **Astrométrie.** *Astronomie physique.* V. **Astrophysique.** *Astronomie stellaire,* qui étudie les étoiles, leurs ensembles (galaxies). V. *aussi* **Radioastronomie, cosmogonie, cosmologie.** « *Par l'astronomie, la science humaine sort de la terre, embrasse l'univers* » (RENAN). ◇ *Ensemble de connaissances concernant les astres, l'univers. L'astronomie copernicienne.*

ASTRONOMIQUE [astRɔnɔmik]. *adj.* (déb. XVe; lat. d'o. gr. *astronomicus*). ♦ 1° De l'astronomie. *Observations astronomiques. Tables astronomiques.* V. **Éphémérides.** *Constantes astronomiques. Détermination astronomique de l'heure.* Par ext. *Année, jour astronomique.* — *Optique, lunette astronomique.* ♦ 2° *Unité astronomique* (symb. U.A.), distance moyenne de la Terre au Soleil (149 600 000 km). V. **Année-lumière, parsec.** ♦ 3° *Fig.* Chiffres, nombres astronomiques : très longs, très grands. *Prix astronomique :* exagéré.

ASTRONOMIQUEMENT [astRɔnɔmikmɑ̃]. *adv.* (1557; de *astronomie*). Suivant les principes de l'astronomie.

ASTROPHOTOGRAPHIE [astRɔfɔtɔgRafi]. *n. f.* (fin XIXe; de *astro-,* et *photographie*). Ensemble des techniques photographiques utilisées en astronomie.

ASTROPHYSICIEN, IENNE [astRɔfizisjɛ̃, jɛn]. *n.* (XXe; de *astrophysique*). Astronome spécialiste de l'astrophysique.

ASTROPHYSIQUE [astRɔfizik]. *n. f.* (v. 1913; de *astro* (nomie), et *physique*). *Didact.* Branche de l'astronomie qui étudie physiquement les milieux spatiaux (étoiles, galaxies, quasars). V. **Cosmogonie.** *L'astrophysique utilise notamment les méthodes spectroscopiques, photométriques, radioélectriques.* Adj. *Théories astrophysiques.*

ASTUCE [astys]. *n. f.* (1260; lat. *astutia*). ♦ 1° *Vieilli.* Adresse à tromper son prochain en vue de lui nuire ou d'en tirer quelque avantage. V. **Finesse, malice, rouerie, ruse.** « *L'astuce est une finesse pratique dans le mal, mais en petit* » (MARMONTEL). ♦ 2° *Vx.* Moyen qu'on ourdit pour tromper. *Des astuces de guerre.* ◇ *Mod.* (sans idée défavorable) Petite invention qui suppose de l'ingéniosité. V. **Artifice, ficelle, finesse.** *Les astuces du métier.* « *Un couloir où diverses astuces combinées rendaient toute avance impossible* » (QUENEAU). ♦ 3° *Fam.* Plaisanterie. *Il fait des astuces. Astuce vaseuse!*

ASTUCIEUSEMENT [astysjøzmɑ̃]. *adv.* (XVe; de *astucieux*). D'une manière astucieuse.

ASTUCIEUX, IEUSE [astysjø, jøz]. *adj.* (1333; de *astuce*). ♦ 1° *Vx.* Qui a de l'astuce, une ruse malfaisante. V. **Perfide, rusé.** « *L'astucieux Mazarin* » (MIRABEAU). ♦ 2° Qui a une habileté fine. V. **Adroit, malin.** ♦ 3° Qui dénote de l'astuce, de la finesse. *Physionomie astucieuse. Raisonnement astucieux. Réponse astucieuse.* ◇ **ANT.** *Droit, loyal; grossier, inintelligent.*

ASYMBOLIE [asẽbɔli]. *n. f.* (1922; mot all. (1870); du gr. *a-* priv., et *sumbolon* « symbole »). *Méd.* Perte de la compréhension des signes (agnosie).

ASYMÉTRIE [asimetRi]. *n. f.* (1613; gr. *asummetria*). Absence de symétrie. *L'asymétrie d'une figure, d'un bâtiment.* ◇ **ANT.** *Symétrie.*

ASYMÉTRIQUE [asimetRik]. *adj.* (1825; de *asymétrie*). Qui n'est pas symétrique. *Visage asymétrique. Décolleté asymétrique.* ◇ **ANT.** *Symétrique.*

ASYMPTOTE [asẽptɔt]. *n.f.* et *adj.* (1638; gr. *asumptôtos,* de *sumptôsis* « rencontre »). ♦ **1°** *Math.* Droite dont la distance aux points d'une courbe tend vers zéro lorsque le point s'éloigne sur la courbe à l'infini. *L'asymptote s'approche de la courbe sans jamais la rencontrer.* Fig. (Littér.) « *La science est l'asymptote de la vérité. Elle approche sans cesse et ne touche jamais* » (HUGO). ♦ **2°** *Adj.* *Courbe asymptote d'une autre courbe, d'un cercle,* etc. *Droite asymptote à une courbe.*

ASYMPTOTIQUE [asɛ̃ptɔtik]. *adj.* (1678 ; de *asymptote*). De l'asymptote. *Ligne asymptotique.*

ASYNCHRONE [asɛ̃kʀɔ(o)n]. *adj.* (1907 ; de *a-* 2, et *synchrone*). Qui n'est pas synchrone. *Mouvement asynchrone.* Électr. *Moteur asynchrone,* dont la vitesse dépend de la charge (et non de la fréquence du courant). ◇ ANT. *Synchrone,* synchronisé.

ASYNDÈTE [asɛ̃dɛt]. *n. f.* (1863 ; *asyndeton,* 1846 ; lat. gram. *asyndeton,* mot gr.). *Gram.* Absence de liaison (par une conjonction, etc.) entre deux termes ou groupes de termes en rapport étroit (*ex.* : Bon gré, mal gré).

ASYNERGIE [asinɛʀʒi]. *n. f.* (1888 ; de *a-* 2, et *synergie*). *Méd.* Manque de coordination des mouvements qui concourent à l'accomplissement d'un acte.

ASYSTOLIE [asistɔli]. *n. f.* (1898 ; de *a-* 2, et *systole*). *Méd.* (*Vieilli*). Insuffisance cardio-vasculaire, troubles (dyspnée, œdèmes) qui en résultent.

ATARAXIE [ataʀaksi]. *n. f.* (1580 ; gr. *ataraxia* « absence de trouble »). *Philo.* Tranquillité de l'âme. Chez les Stoïciens, État d'une âme que rien ne trouble, idéal du sage. V. **Apathie,** calme, détachement, impassibilité, quiétude, sérénité. ◇ ANT. *Agitation, inquiétude, passion.*

ATARAXIQUE [ataʀaksik]. *adj.* (1866 ; de *ataraxie*). *Didact.* Qui concerne l'ataraxie, l'état de calme absolu. *Tempérament ataraxique. Effets ataraxiques d'un climat, d'une drogue.*

ATAVIQUE [atavik]. *adj.* (1808 ; du lat. *atavus* « ancêtre »). Qui se transmet par atavisme. *Caractères ataviques* (opposé à acquis). V. **Héréditaire ; ancestral.**

ATAVISME [atavism(ə)]. *n. m.* (1838 ; de *atavique*). *Biol.* Forme d'hérédité dans laquelle l'individu hérite de caractères ancestraux qui ne se manifestaient pas chez ses parents immédiats ; réapparition d'un caractère primitif après un nombre indéterminé de générations. ◇ *Cour.* Hérédité biologique des caractères psychologiques. *C'est de l'atavisme ! — Par ext.* Hérédité des idées, des comportements. « *Son atavisme protestant la prédisposait assez bien, d'ailleurs, à cette idée* » (MART. du G.).

ATAXIE [ataksi]. *n. f.* (1741 ; gr. *ataxia* « désordre »). *Méd.* Incoordination des mouvements volontaires causée par une affection des centres nerveux. *Ataxie locomotrice progressive.* V. **Tabès.**

ATAXIQUE [ataksik]. *adj.* (1798 ; de *ataxie*). Qui a rapport à l'ataxie. *Subst.* « *Un mulet qui, de côté, lance une jambe brisée, à la manière des ataxiques* » (GIDE).

ATÈLE [atɛl]. *n. m.* (1839 ; gr. *atelés* « incomplet », à cause de leurs mains sans pouce). Singe de l'Amérique du Sud, dit *singe-araignée* à cause de la longueur démesurée et de la gracilité de ses membres et de sa queue. ◇ HOM. *Attelle.*

ATELIER [atəlje]. *n. m.* (*Astelier,* 1332 ; de *astelle* « éclat de bois » ; lat. *astula*). ♦ **1°** Lieu où des artisans, des ouvriers travaillent en commun. V. **Boutique, chantier, laboratoire, ouvroir.** *L'atelier d'un menuisier. Ouvrir un atelier de couture. La foule s'était renforcée des arpettes, midinettes et grooms jaillis des ateliers et magasins d'alentour* » (LECOMTE). *Ateliers de la marine.* V. **Arsenal.** *Ancienn. Ateliers nationaux,* chantiers créés en 1848 pour venir en aide aux chômeurs. ♦ **2°** Section d'une usine où des ouvriers travaillent à un même ouvrage. *Atelier de fabrication. Atelier de laminage, de montage, de réparations. Chef d'atelier.* ◇ (*Néol.*). Groupe de travail. *Ateliers de théâtre. Ateliers d'un congrès.* ♦ **3°** L'ensemble des ouvriers qui travaillent dans un atelier. ♦ **4°** Lieu où travaille un artiste (peintre, sculpteur), seul ou avec des aides. ♦ **5°** L'ensemble des artistes qui travaillent en atelier sous la direction d'un maître. « Œuvre d'atelier », aujourd'hui encore, *veut dire pour les experts* : *œuvre exécutée dans l'atelier du maître, sous son contrôle, et parfois achevée par lui* » (MALRAUX). ♦ **6°** Compagnie de francs-maçons groupés sous un même vocable. Local où ils se réunissent. V. **Loge.**

ATELLANES [ate(ɛl)lan]. *n. f. pl.* (1557 ; lat. *atellana,* de *Atella,* ville). *Antiq. rom.* Petites pièces de théâtre de caractère bouffon. V. **Farce.**

ATEMPOREL, ELLE [atɑ̃pɔʀɛl]. *adj.* (1960 ; de *a-* 2, et *temporel*). *Didact.* Qui n'est pas concerné par le temps. V. **Intemporel.** — *Ling.* Se dit d'une forme verbale qui n'exprime pas un temps. *Présent atemporel.*

ATERMOIEMENT [atɛʀmwamɑ̃]. *n. m.* (1605 ; de *atermoyer*). ♦ **1°** *Dr.* Délai accordé à un débiteur pour l'exécution de ses engagements. V. **Concordat, grâce.** ♦ **2°** *Par ext.* Action d'atermoyer, de remettre à un autre temps. V. **Ajour-**

nement, délai, faux-fuyant, hésitation, tergiversation. « *Enfin, après mille atermoiements, au printemps dernier, Mlle de Waize avait consenti à la séparation* » (MART. du G.). ◇ ANT. *Décision.*

ATERMOYER [atɛʀmwaje]. *v.* ; conjug. *noyer* (fin XIIᵉ ; de *a-* 1, et a. fr. *termoyer* « vendre à terme, ajourner »). ♦ **1°** *V. tr.* Vieilli. *Dr.* Renvoyer (un paiement) à un terme plus éloigné. ♦ **2°** *V. intr.* Différer de délai en délai, chercher à gagner du temps par des faux-fuyants. *Il n'y a plus à atermoyer, il faut agir.* V. **Retarder ; ajourner, attendre, différer, reculer, remettre,** et *aussi* **Hésiter, tergiverser.** ◇ ANT. *Décider (se).*

-ATEUR, -ATRICE. Élément, du lat. *-ator, -atrix,* servant à former des noms d'agent et des adjectifs (*ex.* : calomniateur, salvatrice).

ATHANOR [atanɔʀ]. *n. m.* (1610 ; ar. *al tannur* « le fourneau »). *Alchim.* Grand alambic à combustion lente. « [...] *un feu terrible qui sortait d'un grand fourneau à réverbère, que j'ai su depuis s'appeler athanor* » (A. FRANCE).

ATHÉE [ate]. *n. et adj.* (1532 ; gr. *atheos,* de *theos* « Dieu »). Personne qui ne croit pas en Dieu, nie l'existence de toute divinité. V. **Areligieux, incroyant, irréligieux, matérialiste, sceptique.** *Un, une athée.* « *Je ne me sentirais pas assez fort pour trouver dans la nature de quoi convaincre des athées endurcis* » (PASC.). « *Entre un croyant et un athée, il y a un abîme tel qu'ils se combattraient toute une vie sans s'être compris* » (PÉGUY). ◇ *Il est athée.* « *Un monde athée* » (MAUROIS). ◇ ANT. *Croyant, déiste, religieux, théiste.*

ATHÉISME [ateism(ə)]. *n. m.* (1555 ; de *athée*). Attitude ou doctrine de l'athée. V. **Incroyance, irréligiosité, matérialisme.** — *Spécialt.* Doctrine de ceux qui nient l'existence d'un Dieu personnel (V. **Panthéisme**). « *La voie ouverte au déisme, c'est-à-dire à un athéisme déguisé* » (BOSS.). « *Le monde de ceux qui ne croient à rien, pas même à l'athéisme* » (PÉGUY). ◇ ANT. *Croyance, religion, théisme.*

ATHÉMATIQUE [atematik]. *adj.* (1888 ; de *a-* 2, et *thématique*). ♦ **1°** *Ling.* Qui n'est pas thématique. *Les mots les plus fréquents* (mots grammaticaux de relation) *sont athématiques.* V. **Thématique** (2°). ♦ **2°** *Philo.* Qui ne trahit pas la nature profonde de l'individu. V. **Thématique** (3°).

ATHÉNÉE [atene]. *n. m.* (1751, antiq. ; lat. *athenæum,* mot gr. « temple d'Athéna », où se disputaient des concours de poésie). ♦ **1°** Établissement destiné à des lectures, des leçons publiques en Suisse et en Belgique. ♦ **2°** En Belgique, Établissement secondaire d'enseignement public (pour garçons, ou mixte).

ATHERMANE [atɛʀman]. *adj.* (1836 ; de *a-* 2, et *thermique* « chauffer »). *Techn.* Qui n'est pas conducteur de la chaleur. *Paroi athermane.* ◇ ANT. *Diathermane.*

ATHERMIQUE [atɛʀmik]. *adj.* (1853 ; de *a-* 2, et *thermique*). *Phys.* Se dit d'une transformation qui ne dégage ni n'absorbe de chaleur. ◇ ANT. *Thermique.*

ATHÉROME [ateʀɔm]. *n. m.* (XVIᵉ, « loupe enkystée » ; lat. d'o. gr. *atheroma*). *Méd.* Lésion circonscrite de la surface interne d'une artère, sous forme d'une plaque jaunâtre, pouvant parfois être disséminée (*athéromatose*). V. **Artériosclérose.**

ATHÉTOSE [atetoz]. *n. f.* (1877, Hammond ; gr. *athetos* « non fixé », et *-ose* 2). *Neurol.* Maladie nerveuse caractérisée par des mouvements involontaires lents et ondulants, surtout des extrémités, accentuées par les émotions et disparaissant pendant le sommeil.

ATHLÈTE [atlɛt]. *n.* (XIVᵉ, répandu XVIᵉ ; lat. *athleta,* gr. *athlêtês,* de *athlon* « combat »). ♦ **1°** *Antiq. N. m.* Celui qui combattait dans les jeux gymniques (lutte, course, saut, disque, javelot). « *L'athlète vainqueur dans la course à pied donnait son nom à l'olympiade* » (TAINE). ♦ **2°** *Mod. N. m.* et *f.* Personne qui pratique les sports athlétiques (V. **Athlétisme**). *Un athlète complet. Les athlètes françaises. Un corps d'athlète.* ◇ *Par ext. C'est un athlète,* un homme fort, bien musclé.

ATHLÉTIQUE [atletik]. *adj.* (1534 ; lat. *athleticus,* d'o. gr.). ♦ **1°** Qui a rapport aux athlètes. *Les jeux athlétiques de l'ancienne Grèce. Exercices athlétiques.* V. **Gymnastique.** ♦ **2°** Fort et musclé. *Un corps athlétique. Il est athlétique.*

ATHLÉTISME [atletism(ə)]. *n. m.* (fin XIXᵉ ; de *athlète*). Ensemble des exercices physiques individuels auxquels se livrent les athlètes : course, gymnastique, lancer (du disque, du poids, du javelot), saut. *Championnat d'athlétisme.*

ATHREPSIE [atʀɛpsi]. *n. f.* (1877 ; de *a-* 2, et gr. *threpsis* « nutrition »). *Méd.* Dénutrition et dépérissement des nouveau-nés à la suite de diverses affections, notamment de diarrhée chronique.

ATHYMIE [atimi]. *n. f.* (1790 ; gr. *athumia* « découragement, inquiétude »). *Didact.* Absence ou perte de l'affectivité, fréquente dans la schizophrénie.

ATLANTE [atlɑ̃t]. *n. m.* (1694 ; it. *atlante,* du gr. *Atlas*), *Archit.* Figure d'homme soutenant un entablement, à la

manière d'Atlas portant le ciel sur ses épaules. V. **Télamon**.
ATLANTIQUE [atlɑ̃tik]. *adj. et n.* (1560; « de l'Atlas », XIVᵉ; lat. *atlanticus*, gr. *atlantikos* « d'Atlas »). ♦ 1° *Océan Atlantique*, et subst. *L'Atlantique*, l'océan qui sépare l'ancien monde du nouveau. ♦ 2° *Par ext.* Qui a rapport à l'océan Atlantique, aux pays qui le bordent. *La côte atlantique de la France*. Polit. *Le Pacte atlantique*.
ATLANTISME [atlɑ̃tism]. *n. m.* (Néol.; de *atlantique*). Politique conforme au Pacte atlantique. (*Dér.* ATLANTISTE, *n.*)
ATLAS [atlɑs]. *n. m.* (1595; nom d'un personnage de la mythol. gr. et lat. que l'on représentait portant la voûte céleste sur ses épaules). ♦ 1° Recueil de cartes géographiques (dont le frontispice représentait Atlas, à l'origine). ◇ *Par ext.* Recueil de cartes, planches, plans, graphiques, joint à un ouvrage. ♦ 2° (1654). Première vertèbre cervicale, ainsi nommée parce qu'elle supporte la tête comme Atlas le ciel.
ATMOSPHÈRE [atmɔsfɛʀ]. *n. f.* (1665; du gr. *atmos* « vapeur », et *sphaira* « sphère »). ♦ 1° Couche d'air qui entoure le globe terrestre. *Couches de l'atmosphère. Régions de l'atmosphère*. V. **Troposphère; stratosphère; mésosphère; thermosphère**; et *aussi* **Biosphère, ionosphère**. ◇ Couche gazeuse (avec ou sans oxygène) qui entoure certaines planètes. *L'atmosphère de Vénus, de Neptune. La Lune n'a pas d'atmosphère.* ◇ *Par anal. Atmosphère stellaire*, couches superficielles d'une étoile qui émettent son rayonnement. ♦ 2° *Spécialt.* Partie de l'atmosphère terrestre la plus proche du sol qui est le siège des hydrométéores (nuages, pluie, neige). *Étude de l'atmosphère*. V. **Météorologie**. *Limpidité, pureté, transparence de l'atmosphère. Humidité de l'atmosphère.* ♦ 3° *Par ext.* Air d'un pays, air que l'on respire en quelque endroit. V. **Air**. « *Une atmosphère étouffante, enflammée par le vent du sud* » (LOUYS). « *Une tornade pendant la nuit avait un peu rafraîchi l'atmosphère* » (GIDE). « *La chambre était tiède, l'atmosphère douceâtre* » (MART. du G.). ♦ 4° *Fig.* (XVIIIᵉ). *L'atmosphère d'une personne, d'une chose*, ce qui l'environne (comme un gaz), ce qui émane d'elle. « *Ignorez-vous donc que chaque être a une atmosphère personnelle, qu'il répand autour de lui* » (JALOUX). *Vivre dans l'atmosphère de qqn*, auprès de lui. ♦ 5° *Absolt.* Le milieu, au regard des impressions qu'il produit sur nous, de l'influence qu'il exerce. V. **Ambiance, climat, environnement**. *Une atmosphère de travail, de vacances.* « *Il arriva en toilette des dimanches, mal à son aise dans cette atmosphère lugubre* » (FLAUB.). Fam. *Changer d'atmosphère*. ♦ 6° *Phys.* (1701). Couche de fluide libre qui environne un corps isolé. ♦ 7° (1793). Unité de mesure de la pression des gaz (poids d'une colonne de mercure de 1 cm² de base sur 76 cm de hauteur). *Une pression de dix atmosphères*. V. *aussi* **Pascal; bar, barye, pièze**.
ATMOSPHÉRIQUE [atmɔsfeʀik]. *adj.* (1781; de *atmosphère*). Qui a rapport à l'atmosphère. *Pression atmosphérique*, exercée par l'atmosphère sur tous les corps à la surface de la Terre (moyenne : 1033 gr par cm²) et mesurée avec le baromètre. *Phénomène atmosphérique*. V. **Météore**. *Courant atmosphérique* : vent. *Conditions, perturbations, variations atmosphériques*. V. **Météorologie, temps**.
ATOCA [atɔka] ou **ATACA** [ataka]. *n. m.* (1632; mot amérindien « airelle des marais »). (Canada). Baie rouge de saveur acidulée. V. **Canneberge**. *Poulet, dinde à l'atoca.* « *Elle réclame du blé d'Inde, des gadelles, du pimbina et de la gelée d'atoca; toutes sortes de nourritures qu'on ne trouve pas au couvent* » (A. HÉBERT). ◇ Plante des marais qui produit l'atoca *(airelle des marais d'Amérique)*.
ATOLL [atɔl]. *n. m.* (*Attole*, 1803, par l'angl.; *atollon*, 1611; mot des îles Maldives). Île coralienne ou madréporique située en pleine mer et qui est formée d'un anneau de terre émergé entourant une lagune (V. **Lagon**).
ATOME [atom]. *n. m.* (1350, -1400; lat. *atomus, atomos* « indivisible »; Cf. -Tomie). ♦ 1° *Philo.* Selon les *atomistes* anciens (Leucippe, Démocrite, Épicure, Lucrèce). Élément constitutif de la matière indivisible et homogène. *Atomes crochus* (V. **Crochu**). ◇ *Fig.* Chose d'une extrême petitesse. « *Nous avons beau enfler nos conceptions, nous n'enfantons que des atomes, au prix de la réalité des choses* » (PASC.). *Il n'a pas un atome de bon sens*. V. **Brin, grain, parcelle**. ♦ 2° (Déb. XIXᵉ). *Chim.* Particule d'un élément chimique qui forme la plus petite quantité susceptible de se combiner. *La molécule d'eau* (H₂O) *contient deux atomes d'hydrogène et un d'oxygène*. — (v. 1900). *Phys. nucl.* Cette particule en tant que système complexe. *L'atome est formé d'un noyau** (V. **Proton; neutron**) *et d'électrons**. *Atomes d'un corps simple n'ayant pas le même nombre de neutrons* (V. **Isotope**). *Atome radioactif**; *marqué. Fission du noyau de l'atome* (V. **Atomique, nucléaire**).
ATOME-GRAMME [atomgʀam]. *n. m.* (1933; de *atome*, et *gramme*). Quantité d'un corps simple contenant un certain nombre d'atomes (6,023 10²³) égale au poids atomique exprimé en grammes. V. **Mole, moléculaire**.

ATOMICITÉ [atɔmisite]. *n. f.* (1866; de *atomique*). *Chim.* Nombre d'atomes constituant la molécule d'un corps.
ATOMIQUE [atɔmik]. *adj.* (1585; de *atome*). ♦ 1° *Philo.* et *Phys. anc.* Qui a rapport aux atomes (1°). ♦ 2° (Déb. XIXᵉ). *Chim.* Qui a rapport aux atomes (2°). *Masse, poids atomique*, masse, poids d'un atome-gramme. V. **Mole**. *La masse atomique du carbone est de 12*. — *Nombre* ou *numéro atomique* : numéro d'ordre d'un élément dans la classification périodique de Mendéléiev, qui correspond au nombre d'électrons ou au nombre de protons. ♦ 3° (XXᵉ). Qui concerne le noyau de l'atome et sa désintégration. V. **Nucléaire**. *Énergie atomique*, libérée par la fission des noyaux. Par ext. *Bombe atomique* (1945), dont la grande puissance destructive est produite par l'énergie atomique. *Armes, engins atomiques*. ◇ Qui utilise les engins atomiques. *La guerre atomique*. — Fam. *L'époque atomique*. ◇ *Abusiv.* Qui possède des armes atomiques. *Les puissances atomiques* (ou nucléaires).
ATOMISATION [atɔmizasjɔ̃]. *n. f.* (1966; de *atomiser*). Action d'atomiser* (I, fig.), de disperser. *Atomisation des forces politiques*. V. **Dispersion, fractionnement**.
ATOMISER [atɔmize]. *v. tr.* (de *atome*). I. (1884, de *atome*, 1°). Réduire (un corps) en particules très ténues, en fines gouttelettes. V. **Pulvériser, vaporiser**. — *Fig.* (1946) *S'atomiser* : se diviser en parties très petites. II. (v. 1960, de *atome*, 3°). ATOMISÉ, ÉE, qui a subi les effets des radiations atomiques. *Subst. Les atomisés d'Hiroshima qui survécurent à l'explosion de la bombe.* — *Atomiser*, détruire par l'effet des armes atomiques.
ATOMISEUR [atɔmizœʀ]. *n. m.* (1933; de *atomiser*, 1). Petit flacon, petit bidon qui atomise le liquide qu'il contient lorsqu'on presse sur le bouchon. *Atomiseur à parfum, à laque, à lotion* (V. *aussi* **Vaporisateur**). *Grand atomiseur*. V. **Bombe**.
ATOMISME [atɔmism(ə)]. *n. m.* (1751; de *atome*, 1°). Doctrine philosophique des Grecs (Démocrite, Épicure, Lucrèce) qui considère l'univers comme formé d'atomes associés en combinaisons fortuites. *L'atomisme est un matérialisme mécaniste.*
ATOMISTE [atɔmist(ə)]. *n. et adj.* I. (1751; de *atome*, 1°). *Philo.* Partisan de l'atomisme. II. (XXᵉ; de *atome*, 3°). Savant qui s'occupe de physique atomique. — *Adj. Des savants atomistes*.
ATOMISTIQUE [atɔmistik]. *adj. et n. f.* (1834; de *atome*, 2°). ♦ 1° *Chim. Théorie atomistique* ou *atomique*, prenant l'atome pour base. — *N. f. L'atomistique.* ♦ 2° (XXᵉ; de *atome*, 3°). Théorie physique de la structure des atomes, physique nucléaire.
ATONAL, ALE, ALS [atɔnal]. *adj.* (1935; de *a-* 2, et *tonal*). Qui ne s'organise pas selon le système tonal, dans la composition musicale. *Musique atonale dodécaphonique* (à douze sons), utilisant le principe de la série*. ◇ ANT. **Tonal**.
ATONALITÉ [atɔnalite]. *n. f.* (1935; de *a-* 2, et *tonalité*). Système musical qui n'obéit à aucune tonalité.
ATONE [atɔn]. *adj.* (1813; gr. *atonos*). ♦ 1° *Méd.* Qui manque de ton, de tonicité, en parlant des tissus vivants. *Un intestin atone*. V. **Paresseux**. ♦ 2° *Par ext.* (1839). Qui manque de vie, de vigueur, de vitalité, d'énergie. *Un être atone*. V. **Amorphe, éteint, inerte, languissant, mou**. Qui manque d'expression. « *Il avait des yeux mornes, atones, aux regards accablés* » (GAUTIER). V. **Immobile, inexpressif, morne**. ♦ 3° (1877). *Phonét.* Qui n'est pas accentué. *Voyelle, syllabe atone*. V. **Inaccentué**. ◇ ANT. **Actif, vif. Accentué, tonique**.
ATONIE [atɔni]. *n. f.* (1361, rare av. 1752; gr. *atonia*). ♦ 1° *Méd.* Diminution de la tonicité, de l'élasticité d'un organe contractile. *Atonie intestinale*. V. **Paresse**. *Atonie musculaire*. V. **Hypotonie, paralysie** (paralysie flasque). ♦ 2° *Par ext.* Manque de vitalité, d'énergie. V. **Affaissement, inertie, langueur, léthargie, mollesse, somnolence, torpeur**. *Atonie sexuelle. Atonie intellectuelle.* ◇ ANT. **Hypertonie. Vitalité; énergie**.
ATONIQUE [atɔnik]. *adj.* (1766; de *atonie*). *Méd.* Qui a rapport à l'atonie.
ATOUR [atuʀ]. *n. m.* (1170; de *atourner* « parer »). ♦ 1° *Au sing.* Toilette, ornement. — *Dame d'atour*, dont la charge était de présider à la toilette d'une reine, d'une princesse. ♦ 2° *Au plur.* (*Vx* ou *plaisant*). Tout ce qui sert à la parure des femmes. *Parée de ses plus beaux atours*. V. **Parure; ornement, vêtement**.
ATOUT [atu]. *n. m.* (*a tout*, XVᵉ; de *à*, et *tout*). ♦ 1° (*Cartes*). Couleur choisie ou retournée qui l'emporte sur les autres; carte de cette couleur. *Jouer atout. Atout maître* : carte d'atout la plus forte de celles qui restent à jouer. ♦ 2° *Fig.* Moyen de réussir. V. **Chance; avantage**. *Mettre, avoir tous les atouts dans son jeu. Il a des atouts*.
ATOXIQUE [atɔksik]. *adj.* (1846; de *a-* 2, et *toxique*). *Méd.* Qui n'est pas toxique. ◇ ANT. **Toxique**.
ATRABILAIRE [atʀabilɛʀ]. *adj.* (1546; de *atrabile*).

Méd. anc. Qui a rapport à l'atrabile ou humeur noire.
◊ *Fig.* et vx. *Caractère, humeur, tempérament atrabilaire :* porté à la mauvaise humeur, à l'irritation, à la colère. V. **Bilieux.** Subst. *L'atrabilaire amoureux,* sous-titre du Misanthrope.
ATRABILE [atrabil]. *n. f.* (1565; lat. méd. *atrabilis,* de *bilis* « bile », et *atra* « noire »). *Vx.* Bile noire. V. **Bile.**
ÂTRE [atʀ(ə)]. *n. m.* (*Aistre,* fin XIIᵉ; lat. pop. °*astracus,* gr. *ostrakon* « coquille », puis « morceau de brique »). Partie dallée de la cheminée où l'on fait le feu, et *par ext.* la cheminée elle-même. V. **Foyer.** « *Il enfouissait la bûche sous les cendres et s'endormit devant l'âtre, son rosaire à la main* » (FLAUB.).
-ÂTRE. Élément qui marque un caractère approchant (*ex. :* blanchâtre) ou exprime une idée péjorative (*ex. :* bellâtre, marâtre).
ATRIUM [atʀijɔm]. *n. m.* (1627; mot lat.). *Antiq.* Cour intérieure de la maison romaine, généralement entourée d'un portique couvert. *L'atrium avec son bassin central* (V. **Impluvium**).
ATROCE [atʀɔs]. *adj.* (*Atrox,* fin XIVᵉ; lat. *atrox, atrocis*). ♦ 1° Qui est horrible, d'une grande cruauté. V. **Abominable, affreux, effroyable, épouvantable, horrible, monstrueux.** *Crime, vengeance atroce.* « *Il n'y eut jamais de scène plus atroce, un plus épouvantable carnaval de la mort* » (MICHELET). *Atroces supplices.* ◊ Insupportable. *Souffrances atroces. Peur atroce.* ♦ 2° *Par exagér. Fam.* Très désagréable, très pénible. *Un temps atroce.* V. **Mauvais.** *Il est d'une atroce bêtise.* V. **Grand, insondable.** *Une laideur atroce.* ◈ ANT. *Doux; agréable.*
ATROCEMENT [atʀɔsmã]. *adv.* (1533; de *atroce*). ♦ 1° D'une manière atroce, cruelle. V. **Cruellement.** *Il s'est vengé atrocement. Il souffre atrocement.* ♦ 2° *Par ext.* Excessivement. V. **Terriblement.** *Il l'a trouvée atrocement laide. Ce livre est atrocement ennuyeux.*
ATROCITÉ [atʀɔsite]. *n. f.* (1355; lat. *atrocitas*). ♦ 1° Caractère de ce qui est atroce. *L'atrocité d'une action, d'un crime, d'un supplice.* V. **Cruauté; barbarie.** ♦ 2° Action atroce, affreusement cruelle. V. **Crime, torture.** « *Les atrocités qui se commettent dans la prison de Boda* » (GIDE). *Les atrocités nazies.* ◊ Imputation calomnieuse, déshonorante. V. **Horreur.** « *Les atrocités que mes ennemis répandent sur mon compte* » (LOUIS XVI).
ATROPHIE [atʀɔfi]. *n. f.* (1538; lat. *atrophia,* mot gr.). ♦ 1° *Méd.* et *cour.* Diminution du volume d'une structure vivante (organe, tissu, cellule), par défaut de nutrition, manque d'usage, processus physiologique de régression, maladie, etc. V. *aussi* **Hypotrophie.** *Atrophie musculaire.* V. **Myopathie.** ♦ 2° *Fig.* Arrêt dans le développement ou déchéance d'une faculté, d'un sentiment. V. **Étiolement, régression, stagnation;** et *aussi* **Affaiblissement.** *Atrophie intellectuelle.* « *Atrophie sentimentale* » (FLAUB.). ◈ ANT. *Hypertrophie; développement.*
ATROPHIÉ, ÉE [atʀɔfje]. *adj.* (1560; de *atrophie*). Se dit d'un organe, d'une partie du corps dont le volume est anormalement petit (par atrophie). *La jambe atrophiée d'un polio.* ◈ ANT. *Hypertrophié.*
ATROPHIER [atʀɔfje]. *v. tr.* (av. 1840; de *atrophié*). ♦ 1° Faire dépérir par atrophie. « *Les bourgeons terminaux se développent toujours aux dépens des autres, jusqu'à les atrophier complètement* » (GIDE). Pronom. Dépérir par atrophie. V. **Dépérir, diminuer.** « *Les organes s'atrophient ou deviennent plus forts ou plus subtils selon que le besoin qu'on a d'eux croît ou diminue* » (PROUST). ♦ 2° *Fig.* Arrêter le développement, causer la déchéance de. V. **Dégrader, détruire, éteindre, étioler.** « *Les sophismes d'une philosophie niaise ont atrophié en lui le sens moral* » (PROUDHON). Pronom. « *Je dégradais mon intelligence en laissant s'atrophier en moi les qualités délicates de la vie affective* » (BARRÈS). ◈ ANT. *Développer.*
ATROPINE [atʀɔpin]. *n. f.* (1818; de *atropa,* lat. sc. « belladone »). Alcaloïde extrait de la belladone, utilisé en médecine comme dilatateur de la pupille et antispasmodique. *L'intoxication par l'atropine* (atropisme) *est combattue par l'ésérine.*
ATTABLER [atable]. *v. tr.* (1443; de *a-* 1, et *table*). ♦ 1° *V. tr.* Faire asseoir à table. *Attablez les enfants ensemble.* ♦ 2° *V. pron.* S'asseoir à table pour manger, boire ou jouer. V. **Table.** « *Ils redescendent s'attabler pour souper dans la salle d'entrée* » (LOTI). *Ils étaient attablés autour d'une bonne bouteille;* « *devant deux bocks* » (COURTELINE).
ATTACHANT, ANTE [ataʃã, ãt]. *adj.* (XVIIᵉ; sens pr. XVIᵉ; de *attacher*). ♦ 1° (*Vieilli*). Qui attache, retient fortement l'attention et l'intérêt. V. **Intéressant; captivant, passionnant.** « *Cette lecture est fort attachante* » (SÉV.). ♦ 2° *Mod.* Qui attache, retient en touchant la sensibilité. *Un roman attachant. Il a une personnalité attachante.* « *Il n'était pas très attachant, non! ni très ragoûtant, son pauvre sagouin!* » (MAURIAC). ◈ ANT. *Ennuyeux, insignifiant.* Rebutant, repoussant.

ATTACHE [ataʃ]. *n. f.* (1155; de *attacher*).
I. Action d'attacher, de retenir par un lien quelconque, seulement dans les expressions : *à l'attache, d'attache. Point d'attache d'un muscle.* V. **Insertion.** *Une corde « le retient à la portée de sa mère, à l'attache* » (GIDE). — Par ext. *Port d'attache :* port où un navire est immatriculé. V. **Port.**
II. Ce qui attache, sert à attacher. ♦ 1° Objet servant à attacher. V. **Agrafe, boucle, bouton, câble, chaîne, collier, corde, cordon, courroie, crampon, crochet, épingle, fermeture, ficelle, lacet, lien, ligature, nœud, ruban, sangle, trombone.** — Bot. *Les attaches d'une plante grimpante.* V. **Crampon, vrille.** ♦ 2° Partie qui joint un membre au corps, un membre au pied ou à la main. « *On accentuait plus robustement les attaches des bras et des cuisses* » (GAUTIER). ◊ Plur. *Les attaches,* le poignet et la cheville. *Avoir des attaches fines.* ♦ 3° *Fig.* (*Vx.*). Ce qui nous attache aux choses. V. **Attachement.** « *Le peu d'attache et de goût qu'il avait pour les choses de la terre* » (MASS.). ◊ *Au plur.* ATTACHES se dit des rapports affectifs ou des relations d'habitude qui nous attachent à qqn à qqch. *Conserver des attaches avec son pays natal, son pays d'origine.* V. **Lien.** *Avoir des attaches au Ministère.* V. **Accointance, relation.** « *Tu vis en l'air, tu as tranché tes attaches bourgeoises, tu n'as aucun lien avec le prolétariat* » (SARTRE).
ATTACHÉ, ÉE [ataʃe]. *p. p.* et *adj.* (XIIᵉ; V. **Attacher**). ♦ 1° Fixé, lié. *Prisonnier attaché.* ♦ 2° Qui est fermé par une attache. *Porter une veste attachée ou ouverte.* ♦ 3° *Attaché à,* qui fait corps avec, associé, joint à. V. **Inhérent.** *Les avantages attachés à cette situation.* « *Ce bonheur n'est pas attaché à l'éclat des rangs et des titres* » (MASSILLON). 4° *Attaché à,* lié par un sentiment d'amitié, une habitude, un besoin, un goût. V. **Tenir** (à). *Elle lui est très attachée.* V. **Dévoué, fidèle.** « *Plus attaché à sa vie qu'à son devoir* » (ROUSS.). « *Le Français est très attaché aux habitudes de sa vie quotidienne* » (SEIGNOBOS). ◈ ANT. *Libre; détaché. Ouvert. Indépendant. Détaché, indifférent.*
ATTACHÉ, ÉE [ataʃe]. *n.* (1748; de *attacher*). Personne attachée à un service. *Attaché d'ambassade* (1833), agent diplomatique le moins élevé en grade. *Attaché d'administration,* fonctionnaire entre l'administrateur civil et le secrétaire d'administration. *Attaché de presse,* qui exerce une mission d'information ou de propagande au siège d'une ambassade. *Attaché militaire,* désigné par le ministre, qui a des fonctions de conseiller, d'informateur, d'organisateur des liaisons. *Attaché commercial* (1919).
ATTACHÉ-CASE [ataʃekɛ(a)z]. *n. m.* (v. 1960; mot angl., proprem. « mallette d'attaché diplomatique », de *case* « étui, boîte », et *attaché,* empr. au fr.). Mallette rectangulaire plate dont sert de porte-documents.
ATTACHEMENT [ataʃmã]. *n. m.* (XIIIᵉ; de *attacher*). ♦ 1° Sentiment qui nous unit aux personnes ou aux choses que nous affectionnons. V. **Affection, amitié, amour, estime. Lien.** *Un attachement fidèle, profond.* V. **Fidélité; constance.** *Montrer de l'attachement pour qqn.* « *L'attachement à des lieux, à des arbres, à des murs, peut prendre chez quelques-uns une extrême puissance* » (LOTI). « *Que j'ai pris pour un signe d'attachement à la propriété n'est que l'instinct charnel du paysan* » (MAURIAC). « *Son attachement immuable à la religion de ses ancêtres* » (BOSS.). ♦ 2° *Constr.* Relevé des travaux quotidiens exécutés par une entreprise de construction, de travaux publics. « *Les attachements servent de pièces justificatives à l'entrepreneur pour le règlement de ses mémoires.* » ◈ ANT. *Détachement. Aversion, dégoût, indifférence.*
ATTACHER [ataʃe]. *v. tr.* (1080; de *a-* 1, et *fr. tache* « agrafe », av. infl. de *estachier* « ficher », frq. °*stakón*).
I. *V. tr.* ♦ 1° Faire tenir (à une chose) au moyen d'une attache, d'un lien. V. **Fixer, lier, maintenir, mettre.** *Attacher une chèvre à un arbre avec une chaîne.* V. **Enchaîner.** *Attacher un grelot au cou d'un chien.* ◊ Joindre par une attache. *Attacher deux ou plusieurs choses ensemble.* V. **Accoupler, assembler, joindre, réunir, unir.** *Attacher les mains d'un prisonnier. Attacher deux tissus par des épingles* (V. **Épingler**), *un paquet avec une ficelle* (V. **Ficeler**). ◊ Fermer, ajuster par une attache. *Attacher son tablier, son collier. Attacher avec une agrafe* (V. **Agrafer**) *une boucle* (V. **Boucler**); *des boutons* (V. **Boutonner**); *des lacets* (V. **Lacer**); *un nœud* (V. **Nouer**). ♦ 2° *Intrans. Fam.* Coller au fond de la casserole, du plat. *Le ragoût a attaché.* ♦ 3° Faire tenir, joindre ou fermer en parlant de l'attache. *La chaîne qui l'attache. La ficelle qui attache le paquet.* ♦ 4° *Fig.* Se dit d'un lien (volonté, sentiment, obligation) qui unit à qqn, à qqch. V. **Lier; enchaîner, unir.** *Les sentiments qui m'attachent à vous. De vieilles habitudes l'attachent à sa maison.* « *Émigrer, contre le vœu de la nature... qui l'attache à son pays* » (MIRABEAU). ♦ 5° *S'attacher qqn,* susciter chez lui des sentiments qui l'attachent à vous, s'en faire aimer. *Ce professeur a su s'attacher ses élèves.* ♦ 6° Mettre (une personne) au service d'une autre. V. **Adjoindre, engager, prendre.** *Attacher un domestique à son service. Il l'a attaché à son cabinet.* ♦

7° *Attacher son regard, les yeux sur*, regarder avec insistance. V. **Fixer**. « *Elle continua d'attacher sur lui les regards de ses yeux clairs* » (FRANCE). ◆ 8° Adjoindre par l'esprit, rapporter (à qqch.). *Attacher un sens à un mot.* « *La peine de mort est devenue une pratique intolérable depuis qu'on n'y attache plus l'idée d'expiation* » (FRANCE). V. **Associer**. ◇ *Attribuer* (une qualité à qqch.). *Attacher du prix, de l'importance, de la valeur à qqch.* V. **Accorder**. « *Il ne faut pas attacher trop d'importance aux actions des êtres qu'on aime* » (MAUROIS).

II. S'ATTACHER. *v. pron.* ◆ 1° Être attaché (à qqch.). *Les muscles s'attachent aux points d'insertion.* — Se fixer, se coller (à qqch.). *La terre qui s'attache à ses chaussures.* ◆ 2° Se fermer, s'ajuster (d'une certaine manière). V. **Fermer (se)**. *Collier qui s'attache par un fermoir. Robe qui s'attache derrière, par des boutons.* ◆ 3° Être uni à, accompagner. *Les avantages qui s'attachent à ce poste.* ◆ 4° Prendre de l'attachement pour (qqn, qqch.). « *Ils l'avaient blâmé de s'attacher à une maîtresse* » (MAUROIS). *Je me suis beaucoup attaché à ce pays* (V. **Attaché; attachant**). Absolt. « *Tu t'attaches, tu te détaches, tu te consoles* » (VAUVEN.). ◆ 5° S'appliquer avec constance (à une chose). « *L'éducation des enfants est une chose à laquelle il faut s'attacher fortement* » (ROUSS.). V. **Adonner (s'), consacrer (se), intéresser (s'), livrer (se), préoccuper (se)**. ◇ (À faire qqch.) *S'attacher à rendre qqn heureux.* « *S'attachant à découvrir le faux et le ridicule* » (LA BRUY.). V. **Appliquer (s'), chercher (à), efforcer (s')**.

◇ ANT. *Détacher, libérer, renvoyer. Détacher* (se), ouvrir (s').

ATTAGÈNE [ataʒɛn]. *n. m.* (1802; lat. zool. *attagenus,* du gr. *attagen* « sorte d'oiseau », en fr. *Attagène*, 1676). Insecte coléoptère *(Dermestidés)* dont la larve s'attaque aux fourrures, matelas, tapis.

ATTAQUABLE [atakabl(ə)]. *adj.* (1585; de *attaquer*). Qui peut être attaqué, qui est exposé aux attaques. V. **Vulnérable**. *La place n'est attaquable que d'un seul côté. Ce testament est attaquable.* V. **Annulable, illégal**. ◇ ANT. *Inattaquable*.

ATTAQUANT, ANTE [atakã, ãt]. *n.* (XVIᵉ-XVIIᵉ; de *attaquer*). ◆ 1° Personne qui attaque, engage le combat. V. **Agresseur, assaillant**. *Les attaquants furent repoussés.* ◆ 2° Joueur qui fait partie de la ligne d'attaque dans les sports d'équipe. ◇ ANT. *Défenseur*.

ATTAQUE [atak]. *n. f.* (1596; de *attaquer*). ◆ 1° Action d'attaquer, de commencer le combat. V. **Offensive; action, assaut, charge, sortie**. *Donner le signal de l'attaque. Déclencher, lancer une attaque. Marcher à l'attaque. Passer à l'attaque. Attaque d'artillerie, de cavalerie, d'infanterie. Attaque aérienne. Bombardement, piqué* (en) **raid**. *Attaque d'une forteresse.* V. **Siège**. *Attaque d'un navire.* V. **Abordage**. ◆ 2° Escr. Coup que porte le tireur pour toucher son adversaire. *Fausse attaque.* V. **Feinte**. — Dans les sports d'équipe, les compétitions, Initiative pour remporter un point, dépasser l'adversaire. *Par ext.* Les joueurs qui attaquent. *L'attaque et la défense.* ◆ 3° Acte de violence contre une ou plusieurs personnes. *Attaque nocturne. Attaque à main armée.* V. **Agression, attentat, guet-apens**. ◆ 4° *Fig.* Paroles qui critiquent durement. V. **Accusation, critique, dénigrement, diatribe, imputation, incrimination, injure, insinuation, insulte, moquerie, pique, provocation, sortie**. *Les attaques de l'opposition contre le gouvernement. Être en butte à de constantes attaques.* « *Ce moqueur de génie a de quoi prévenir toutes les attaques* » (MAURIAC). ◆ 5° (1690). Accès subit, brutal de certaines maladies, brusque retour d'un état morbide. V. **Accès, crise**. *Avoir une attaque d'apoplexie, d'épilepsie*, ou absolt. *Une attaque.* « *Emma se mit à rire d'un rire strident, éclatant, continu : elle avait une attaque de nerfs* » (FLAUB.). ◆ 6° *Mus.* Action d'attaquer (une note, un morceau). « *L'attaque vivement rythmée d'une valse coupa leur entretien* » (M. PRÉVOST). ◆ 7° (Fin XIXᵉ). *Loc. adv.* D'ATTAQUE. *Fam. Être d'attaque* : prêt à affronter les fatigues, en pleine forme. *Je me sens « assez d'attaque pour prendre le train de 6 heures 50 du matin* » (GIDE). ◇ ANT. *Défense, défensive. Protection. Apologie.*

ATTAQUER [atake]. *v. tr.* (1549; it. *attaccare* « attacher; commencer »), d'abord *attaquer* (commencer) *la bataille, l'escarmouche*).

I. ◆ 1° Porter les premiers coups à (l'adversaire), *absolt.* commencer le combat (Cf. Déclarer la guerre; engager le combat; ouvrir le feu). *À l'aube, l'armée allemande attaqua la Pologne* (Cf. Lancer l'attaque, passer à l'attaque, donner l'assaut, prendre l'offensive). *Attaquer brusquement, à l'improviste, par surprise.* V. **Assaillir; foncer, fondre, jeter (se), ruer (se), tomber (sur); surprendre**. *Attaquer de front. Les assiégeants nous attaquaient de toutes parts.* V. **Assiéger, cerner, encercler, entourer, envelopper, investir**. ◆ 2° S'élancer, tomber sur (qqn) pour le battre, le voler ou le tuer. V. **Assaillir**. *Passant attardé attaqué par un malfaiteur. Attaquer à coups de poings, de bâton, de couteau, de fusil.* ◆ 3° *Sports.*

Faire une attaque. ◆ 4° *Fig.* Chercher à remporter une victoire morale sur (qqn). *Dr.* Intenter une action. *Attaquer qqn en justice.* — *Cour.* Faire des attaques contre…, émettre des jugements qui nuisent à (qqn). « *Mon admiration pour Bonaparte a toujours été grande et sincère alors même que j'attaquais Napoléon avec le plus de vivacité* » (CHATEAUB.). V. **Accuser, blâmer, charger, combattre, critiquer, dénigrer**. *Par ext. Dans un article qui attaque le ministre.* ◇ Chercher à détruire par la critique. *Dr. Attaquer un acte*, en contester la validité. — *Cour. Attaquer la réputation de qqn. Attaquer une politique, une opinion, un raisonnement.* « *Qui ne peut attaquer le raisonnement attaque le raisonneur* » (VALÉRY). ◆ 5° *Par ext.* S'adresser avec vivacité à (qqn) pour obtenir une réponse. *Attaquer qqn sur un sujet.* ◆ 6° Chercher à surmonter, à vaincre (un obstacle). *Attaquer une difficulté.* « *La plupart répugnent visiblement à attaquer le mal dans ses racines* » (MART. du G.).

II. Détruire la substance (d'une matière). V. **Altérer, entamer, ronger**. *Des mites, des vers attaquent les lainages, le bois. Substance qui en attaque une autre* (V. **Corrosif**).

III. (XVIIᵉ). Commencer. ◆ 1° Aborder sans hésitation. *Attaquer un sujet, un chapitre, un discours.* V. **Commencer; aborder, entamer, entreprendre, entrer** (en matière). ◆ 2° *Fam.* Commencer à manger. *Attaquer la volaille, le pâté.* V. **Entamer**. — *Mus. Attaquer un morceau* : en commencer l'exécution; *une note*, en commencer l'émission, l'entonner avec justesse. « *Au loin, les deux violons, le violoncelle et l'alto, attaquaient un air de menuet* » (MART. du G.).

IV. (2ᵉ moitié XVIᵉ, d'apr. *S'attaquer*). S'ATTAQUER À. ◆ 1° Diriger une attaque contre qqn (matériellement ou moralement). V. **Combattre, critiquer**. « *Il ne faut jamais s'attaquer à ceux qu'on n'est pas sûr d'achever* » (BARRÈS). ◇ *S'attaquer à une politique, un projet* : s'en prendre à, critiquer. ◆ 2° Chercher à résoudre. « *Les plus grands penseurs, depuis Aristote, se sont attaqués à ce petit problème* » (BERGSON).

◇ ANT. *Défendre, protéger.*

ATTARDÉ, ÉE [atarde]. *adj.* V. **Attarder (s')**. ◆ 1° Qui est en retard. *Quelques passants attardés* (hors de chez eux, le soir, la nuit). ◆ 2° Qui est d'un autre âge, appartient au temps passé, a des goûts, des habitudes périmés, surannés. ◆ 3° Qui est en retard dans sa croissance, son développement, son évolution. *Un enfant attardé.* V. **Arriéré**. — *Subst. Un attardé.* ◇ ANT. *Avance (en), avancé, précoce.*

ATTARDER (S') [atarde]. *v.* (XIIᵉ; de *a-* 1, et *tard*). ◆ 1° S'ATTARDER. *v. pron.* Se mettre en retard. V. **Retarder (se)**. *Il faut rentrer avant la nuit, ne nous attardons pas. S'attarder quelque part, chez qqn* : y rester plus que prévu. V. **Demeurer, rester**. *S'attarder en chemin.* V. **Flâner, traîner**. *S'attarder au travail.* « *On s'attardait à boire, à discuter, à fumer* » (DAUD.). ◆ 2° Se mettre en retard, rester en arrière. *Il s'est attardé derrière le groupe.* ◇ (Abstrait) Ne pas avancer, ne pas progresser normalement. *S'attarder sur un sujet.* V. **Appesantir (s'), arrêter (s'), étendre (s'), insister**. « *Une des grandes règles de l'art : ne pas s'attarder* » (GIDE). ◆ 3° *V. tr.* (XVᵉ, *attarder qqch.*). ATTARDER QQN : le mettre en retard. V. **Retarder**. ◇ ANT. *Avancer, dépêcher (se).*

ATTEINDRE [atɛdʀ(ə)]. *v. tr.*; *conjug. peindre* (1080, *ataindre*; lat. pop. *°attangere*, class. *attingere*, d'apr. *tangere*, « toucher »).

I. (1080). Parvenir au niveau de. ❶ *Trans. dir.* ◆ 1° Parvenir à rattraper (qqn). V. **Joindre, rejoindre**. *Le plaisir « D'atteindre le fuyard et de le ressaisir* » (HUGO). ◇ Parvenir à (un lieu). V. **Arriver (à), gagner**. *Nous atteindrons Paris avant la nuit.* ◆ 2° Parvenir à toucher, à prendre (qqch.). *Pouvez-vous atteindre ce livre sans vous déranger?* ◆ 3° *Fig.* (du 1°). *Atteindre un but. Atteindre l'objectif qu'on s'était assigné.* « *L'idéal, nous le poursuivons sans jamais l'atteindre* » (MAUPASS.). « *La beauté est une chose qu'il est rare d'atteindre quand on la cherche* » (CLAUDEL). *Atteindre 70 ans.* ◆ 4° *(Choses).* Parvenir à (un lieu, une hauteur). *La rivière a atteint la cote d'alerte.* V. **Arriver, élever (s'), monter (à)**. ◇ Parvenir à (un état). *Atteindre un prix, une valeur. Atteindre une limite, un maximum. La douleur a atteint son paroxysme.* ◆ 5° *(Personnes).* Égaler. « *Ce n'est qu'en suivant l'exemple des hommes célèbres qu'on peut espérer de les atteindre ou même de les surpasser* » (P.-L. COUR.). ❷ *Trans. ind.* (1080). ATTEINDRE À. *Littér.* Parvenir (avec effort). « *Il y a bien des gens qui voient le vrai, et qui n'y peuvent atteindre* » (PASC.). « *La journée atteignait à sa perfection* » (MONTHERLANT).

II. Parvenir à frapper. ◆ 1° (1160). Toucher, blesser (qqn) au moyen d'une arme, d'un projectile. *Il l'a atteint au front d'un coup de pierre.* — (Qqch.). *Atteindre la cible, l'objectif.* ◇ (En parlant du projectile) *Les éclats d'obus l'atteignirent à la jambe droite.* ◆ 2° *Fig.* (du 1°). Avoir un effet nuisible sur (qqn), faire du mal à (qqn). V. **Attaquer, toucher**. *Le mal, le malheur qui l'a atteint.* V. **Atteinte** (3°). *Robespierre « atteignait en même temps par ricochet la Gironde* » (JAURÈS). ◇ Faire un effet psychologique (le plus souvent

pénible). *Atteindre qqn dans ses convictions les plus chères.*
V. **Blesser, heurter.** *Rien ne l'atteint : il est indifférent.* V.
Ébranler, émouvoir, troubler. « *Cette révélation m'atteignit
jusqu'au fond de l'être* » (RENAN). « *Racine est né frémissant,
tout l'atteint, tout le blesse* » (MAURIAC). « *Le reproche de
M. Thibault l'avait atteint au vif* » (MART. du G.).
◇ ANT. **Manquer, rater.**

ATTEINT, EINTE [atɛ̃, ɛ̃t]. *adj.* (XVᵉ-XVIᵉ; V. **Atteindre**).
Touché par un mal. *Fam. Il est bien atteint* (de folie). V.
Malade.

ATTEINTE [atɛ̃t]. *n. f.* (1265; de *atteindre*). Action
d'atteindre. ♦ 1° (Après *Hors de*). Possibilité d'atteindre.
Les fuyards sont hors de votre atteinte. V. **Portée.** *Se mettre
hors de l'atteinte des balles.* V. **Abri** (à l'). — *Fig. Sa réputation est hors d'atteinte, hors de toute atteinte.* V. **Inattaquable.** ♦ 2° *Vx.* Coup dont on est atteint. V. **Coup; blessure, trait.** « *Mais Dieu du coup mortel sut détourner l'atteinte* »
(RAC.). ♦ 3° *Fig.* (*Mod.*) Dommage matériel ou moral.
Atteinte à la réputation, à l'honneur de qqn. V. **Injure, outrage.**
« *Les atteintes de la fortune* » (ROUSS.). « *Chaque blessure,
chaque nouvelle atteinte a redoublé chez elle la patience, la
résignation* » (BALZ.). « *La moindre attention lui paraissait
une atteinte à son indépendance* » (MART. du G.). V. **Attaque,
attentat** (contre). *Atteinte à la sûreté de l'État, à la liberté
individuelle.* ◇ *Porter atteinte à.* V. **Attaquer, atteindre** (II).
« *Le reproche qu'on m'adresse de porter atteinte à la religion* »
(RENAN). ◇ *Spécialt.* Effet d'une maladie. V. **Accès, attaque,
crise.** « *Sentant déjà les premières atteintes de son mal* »
(DAUD.).

ATTELAGE [atlaʒ]. *n. m.* (1545; de *atteler*). ♦ 1° Action
ou manière d'atteler des bêtes à un véhicule ou à une machine
aratoire. « *Garçon d'attelage* » (ST-SIM.). *Le joug sert à l'attelage des bœufs.* Par anal. *L'attelage des wagons de chemin
de fer. L'attelage d'engins spatiaux.* ♦ 2° Ce qui sert à atteler.
V. **Harnachement, harnais, joug.** *Chaînes, crochets d'attelage
d'une voiture, d'une charrue.* « *Les chaînes de l'attelage
grelottaient au vent du matin* » (HUGO). ◇ Système de crochets
et de vis de serrage articulés qui servent à atteler les wagons
de chemin de fer. ♦ 3° Les bêtes attelées ensemble. *Un
fringant attelage de chevaux.* « *L'attelage suait, soufflait,
était rendu* » (LA FONT.). ◇ ANT. **Dételage.**

ATTELER [atle]. *v. tr.;* conjug. *appeler* (fin XIIᵉ; lat.
pop. °*attelare*, de *ad*, et (*pro*)*telum* « attelage de bœufs »).
♦ 1° Attacher (une ou plusieurs bêtes) à une voiture, une
charrue. *Atteler des chevaux au timon d'une voiture, des
bœufs à la flèche d'une charrette.* V. **Attelage.** *Atteler des chevaux en paire, en file.* « *Deux chevaux attelés en paire* »
(COLETTE). ◇ *Atteler une voiture* : y atteler le cheval. ◇
Absolt. Dites au cocher d'atteler. ♦ 2° *Fig. Atteler qqn à un
travail, à une tâche* : l'y mettre. « *J'attelle le comité à cette
tâche* » (LECOMTE). — *Pronom. S'atteler à un long travail.*
V. **Appliquer** (s'), **livrer** (se). « *Jean Bermorot reste attelé à
Sainte-Beuve, à la Correspondance générale comme un bœuf
à la charrue* » (BILLY). ◇ ANT. **Dételer.**

ATTELLE [atɛl]. *n. f.* (*Astele* « planchette », 1155; lat.
pop. °*astella*, class. *astula*, dimin. de *assis*. V. **Ais**). ♦
1° *Techn.* Partie du collier des chevaux à laquelle les traits sont
attachés. ♦ 2° (*Estelle*, XIIᵉ). *Chir.* Planchette plus ou moins
rigide (bois, métal, carton), destinée à maintenir immobile,
en bonne position, un membre atteint de fracture. — Lame
ou plaque métallique qui sert à maintenir en place les fragments d'un os fracturé. V. **Éclisse.** ◇ HOM. **Aisselle.**

ATTENANT, ANTE [atnɑ̃, ɑ̃t]. *adj.* (1315; p. prés. anc.
v. *attenir*, lat. pop. °*attenire*, pour *attinere*). Qui tient, touche
à (un autre terrain, une autre construction, etc.). *La maison
attenante à la ferme.* V. **Adjacent, contigu, joignant, jouxtant, touchant.** « *Le cimetière attenant à l'église* » (FRANCE).
« *Il y avait deux autres allées attenantes* » (STE-BEUVE). ◇ ANT.
Distant, éloigné.

ATTENDRE [atɑ̃dʁ(ə)]. *v. tr.;* conjug. *tendre.* ♦ 1° Rendre
(*Atendre*, fin XIᵉ; aussi s'appliquer, aspirer à, s'occuper de »,
en a. fr.; lat. *attendere* « faire attention », de *tendere*).
I. *V. tr.* ♦ 1° *Attendre qqn, qqch.*, se tenir en un lieu
où qqn doit venir, une chose arriver ou se produire et y rester
jusqu'à cet événement. *Je vous attendrai chez moi jusqu'à
midi. J'irai vous attendre à la gare. Attendre le train. Attendre
qqn à son passage.* V. **Guetter.** « *Le tigre attend sa proie et
d'un seul bond l'accable* » (HUGO). Loc. *Attendre qqn de pied
ferme*, sans crainte, en étant prêt à l'affronter. *Iron. Atten-
dez-moi sous l'orme!* vous pouvez m'attendre, je ne viendrai
pas. *Attendre sous un abri la fin de l'orage. Faire la queue en
attendant son tour.* « *Un asile d'un jour pour attendre la mort* »
(LAMART.). — *Spécialt. Attendre une personne qui devrait
être là.* « *Attendre trop longtemps un convive retardataire* »
(BRILLAT-SAV.). ♦ 2° *Attendre qqch.* : rester dans la même
attitude, ne rien faire avant que cette chose ne se produise,
n'arrive. *Attendre le moment, l'heure, l'époque. Attendre le
moment, l'occasion favorable* (pour agir). *Attendre une autre
jour.* — *Attendre une chose, n'attendre qu'une chose pour*
(faire telle chose). « *Qu'attendons-nous pour nous convertir?* »

(BOSS.). — *Attendre qqn pour faire qqch. On n'attend plus
que vous pour partir.* — ATTENDRE QUE... *Nous attendons
qu'il revienne pour nous en aller. J'attends que ça soit fini.* —
ATTENDRE DE, suivi de l'infinitif. *Attendez d'être informé
avant de vous prononcer.* « *Pour juger de ce qu'il est, attendez
de savoir ce qu'il a fait* » (ROUSS.). ♦ 3° *Absolt.* ATTENDRE :
rester dans un lieu pour attendre (1°) qqn ou qqch. *Attendre
longtemps. Perdre son temps à attendre.* V. **Languir, morfondre** (se), **patienter, poireauter** (*fam.*). Cf. *Croquer le
marmot, faire le pied de grue, prendre racine. Je suis resté
deux heures à attendre; j'ai attendu (pendant) deux heures.
Je ne puis attendre plus longtemps.* V. **Demeurer, rester.** *Fam.
J'ai failli attendre.* PROV. *Tout vient à point à qui sait attendre* : avec du temps et de la patience, on vient à bout de tout.
— *Faire attendre, se faire attendre* : tarder à venir, être
en retard. « *Le meilleur moyen de faire attendre patiemment
le public, c'est de lui affirmer qu'on va commencer tout de
suite* » (HUGO). ◇ *Laisser passer du temps en restant dans
la même attitude. Il vaut mieux attendre avant de vous décider,
avant d'agir.* V. **Différer, remettre, surseoir, temporiser, voir**
(venir). ◇ *Interj. Attends! attendez! Attendez un peu, je
n'ai pas fini.* — (*Menace*) *Attendez un peu, que je vous y
reprenne.* — (*Pour interrompre son interlocuteur*) *Attends,
je vais t'expliquer.* ♦ 4° (*Choses*). Être prêt pour qqn. *Le
dîner, la voiture vous attend.* V. **Prêt; préparé.** *Le sort qui
nous attend* : qui nous est destiné, promis, réservé. *De cruelles
déceptions l'attendent.* V. **Menacer.** « *Une chute de cheval
m'attendait au début de ma route* » (CHATEAUB.). *Le repas se
fait attendre. Absolt. Le train n'attend pas* (pour partir).
♦ 5° Compter sur (qqn ou qqch. dont on souhaite ou redoute
la venue); prévoir (un événement). V. **Escompter, prévoir.**
*On attend un invité d'honneur. Vous êtes en retard : on ne vous
attendait plus* : on ne comptait plus sur vous. *Tout le monde
attendait la guerre. Le contraire de ce qu'on attendait.* « *Le
temps passe, les choses que l'on attendait vous arrivent un
jour* » (JALOUX). *Il lui a fait attendre longtemps sa récompense.* V. **Désirer.** — *Attendre le Messie. Attendre qqn comme
le Messie.* ◇ *Attendre qqch. de qqn.* V. **Compter, espérer.**
Qu'attendez-vous de moi? « *Il ne faut attendre aucune justice
de la part des hommes* » (MAURIAC). ♦ 6° *Attendre qqn à..* :
attendre qu'il s'engage dans une difficulté pour le juger ou
pour le vaincre. *Fam. Je l'attends au tournant* : au moment
difficile. ♦ 7° *Trans. indir. Attendre après qqn* : l'attendre
avec impatience. — *Attendre après qqch.* : en avoir besoin.
*Je n'attends pas après votre aide. Rien ne presse, je n'attends
pas après.*
II. *Loc. adv.* EN ATTENDANT, jusqu'à tel moment. V. **Provisoirement.** « *En attendant, je vais être obligé de travailler
à des additions que je prépare* » (VOLT.). — Loc. conj. *En
attendant que*, jusqu'à ce que. *L'enfant* « *enrichit continuellement sa mémoire, en attendant que son jugement puisse en
profiter* » (ROUSS.). — Loc. prép. *En attendant de* (et l'infinitif).
III. S'ATTENDRE. *v. pron.* (XIIᵉ, « compter sur » (qqn,
qqch.). ♦ 1° *S'attendre à qqch.* : penser que cette chose
arrivera. V. **Escompter, imaginer, prévoir.** *De sa part, il ne
faut s'étonner de rien, il faut s'attendre à tout.* « *Au moment
où il s'y attend le moins* (*c'est toujours à ce moment précis
que les malheurs arrivent*) » (RENARD). ◇ *S'attendre à trouver
un dieu; on touche un homme* » (GIDE). *Je m'attendais un peu
à vous voir.* ◇ S'ATTENDRE DE... (vx) « *On s'attendait de voir
un auteur et on trouve un homme* » (PASC.). ♦ 2° S'ATTENDRE
QUE. *Vx* (avec l'indicatif). *Je m'attends que vous viendrez
demain* (ACAD.). *Mod.* et *littér.* (avec le subjonctif) « *Il faut
s'attendre à de telles transformations deviennent la règle* »
(VALÉRY). ◇ *Mod.* et *cour.* S'ATTENDRE À CE QUE... (avec le
subjonctif) « *On s'attend à ce qu'il soit élu au premier tour* »
(BRUNOT). « *Elle s'attendait à ce qu'il vînt à Paris* » (MAU-
ROIS).
◇ ANT. **Aller** (s'en), **partir.** *Agir, hâter, presser.*

ATTENDRIR [atɑ̃dʁiʁ]. *v. tr.* (fin XIIIᵉ; de *a-* 1, et *tendre*).
♦ 1° Rendre plus tendre, moins dur. *Faire mariner une
viande, la passer à l'attendrisseur* pour l'attendrir, *pour
qu'elle s'attendrisse.* ♦ 2° (XVIᵉ). Rendre plus sensible, plus
accessible aux sentiments de compassion, de pitié. V. **Apitoyer, émouvoir, toucher; attendrissant, attendrissement.**
« *Le pathétique seul est infaillible dans l'art. Celui qui sait
attendrir sait tout* » (LAMART.). « *Ces larmes attendrissaient
et désolaient mon cœur* » (GIDE). ◇ *Pronom. S'attendrir
sur le sort des malheureux.* V. **Apitoyer** (s'), **compatir.** « *Le
cœur s'attendrit plus volontiers à des maux feints qu'à des
maux véritables* » (ROUSS). *S'attendrir sur qqn, sur soi-même.*
◇ *La p. p. Du·n air attendri.* « *Des besoins de confidence,
des besoins attendris de parler ou d'écrire* » (MAUPASS.).
V. **Ému.** ◇ ANT. **Durcir, endurcir.**

ATTENDRISSANT, ANTE [atɑ̃dʁisɑ̃, ɑ̃t]. *adj.* (1718;
de *attendrir*). ♦ 1° *Vieilli.* Qui attendrit, excite la compassion, l'émotion. V. **Émouvant; bouleversant, touchant.** ♦
2° *Mod.* Qui porte une indulgence attendrie. *Une naïveté
attendrissante.*

ATTENDRISSEMENT [atɑ̃dʀismɑ̃]. *n. m.* (1561; de *attendrir*). Fait de s'attendrir; état d'une personne attendrie. V. **Émotion; apitoiement, commisération, compassion, pitié, sensibilité, trouble.** *Larmes d'attendrissement.* « *Ce visage où ne se lit aucune commisération, aucun attendrissement devant la souffrance humaine* » (Proust). ◈ ANT. **Dureté, endurcissement, froideur, insensibilité.**

ATTENDRISSEUR [atɑ̃dʀisœʀ]. *n. m.* (v. 1960; de *attendrir*, 1º). Appareil de boucherie pour attendrir la viande.

ATTENDU, UE [atɑ̃dy]. *adj., prép.* et *n. m. pl.* (XVᵉ; V. **Attendre**). ♦ 1º *Adj.* Qu'on attend, qu'on a attendu. *Un événement attendu.* « *Après l'arrivée de l'être attendu* » (Proust). — Prévu. « *La ligne la plus droite, la plus subite et la moins attendue* » (Gide). ♦ 2º *Prép.* (1482). Étant donné; étant considéré. V. **Vu.** « *Attendu ses mœurs solitaires, il était à peine connu d'elles* » (Muss.). ◇ *Loc. conj.* ATTENDU QUE : étant donné que. V. **Comme, parce que, puisque.** *Dr.* Sert à introduire les motifs d'un jugement. V. **Considérant, motif.** ♦ *N. m. pl. Les attendus d'un jugement.* ◈ ANT. **Inattendu, fortuit, imprévu.** *Bien (que), malgré.*

ATTENTAT [atɑ̃ta]. *n. m.* (1326; lat. *attentatum*, de *attentare* « attenter »). ♦ 1º *Cour.* Tentative criminelle contre une personne (*spécialt.* contre une personne en vue ou dans un contexte politique). V. **Agression.** *Préparer un attentat contre un souverain* (V. **Complot**). *Les attentats des nihilistes russes, des anarchistes. Attentat au plastic.* ♦ 2º *Dr.* ou *littér.* Tentative criminelle contre qqch. « *Attentat à la vie, à la liberté* » (Code Pén.). — *Attentat aux mœurs*, *à la pudeur.* V. **Outrage.** ♦ 3º *Fig.* Acte qui heurte un principe, qui attaque qqch. *Le désespoir est « un attentat de l'homme contre lui-même* » (Sartre). *Un attentat contre le bon goût.* V. **Faute, crime, offense.**

ATTENTATOIRE [atɑ̃tatwaʀ]. *adj.* (1690; de *attentat*). Qui attente, porte atteinte à (qqch.). *Une mesure attentatoire à la liberté, à la justice.* V. **Contraire, opposé, préjudiciable.**

ATTENTE [atɑ̃t]. *n. f.* (fin XIᵉ; d'un p. p. lat. °*attenditus*, -ta, de *attendere*). ♦ 1º Le fait d'attendre; temps pendant lequel on attend. *L'attente n'a pas été longue. Une attente prolongée.* V. **Faction, pause, station.** *L'attente de qqch.* « *La proche attente de la mort* » (Gide). « *L'attente d'être heureux* » (Muss.). « *Nous vivons dans l'attente de ce que Demain... apportera* » (France). ◇ *Salle, salon d'attente,* aménagé pour ceux qui attendent. V. **Antichambre.** *Le salon d'attente d'un médecin. Salle d'attente d'une gare. File d'attente.* V. **File.** ♦ 2º État de conscience de celui qui attend. *Une attente pénible, cruelle, anxieuse, passionnée.* « *L'attente devint insupportable, l'espérance redoublait l'angoisse* » (Zola). ♦ 3º Le fait de compter sur qqch. ou sur qqn. V. **Expectative, prévision; désir; espoir, souhait.** *Répondre à l'attente de qqn. Contre toute attente* : contrairement à ce qu'on attendait (5º).

ATTENTER [atɑ̃te]. *v. intr.* (1290, tr. et intr., « tenter audacieusement »; faire une tentative »; lat. *attentare*). ♦ 1º *Vx.* Attenter sur, contre qqn. « *De quel droit sur vous-même osez-vous attenter ?* » (Rac.). ♦ 2º ATTENTER À : faire une tentative criminelle contre (quel que soit le résultat de cette tentative). V. **Attentat.** *Attenter à la vie de qqn* : tenter de lui donner la mort. *Attenter à ses jours* : tenter de se suicider. *Attenter à la sûreté de l'État.* « *Nous ne sommes pas l'État, n'attentons pas aux libertés* » (Péguy). — *Par ext.* Porter atteinte à. ◈ ANT. **Respecter.**

ATTENTIF, IVE [atɑ̃tif, iv]. *adj.* (XIIᵉ; lat. *attentus*, de *attendere*. V. **Attendre, attention**). ♦ 1º Qui écoute, regarde, agit avec attention. *Auditeur, spectateur attentif. Être très attentif* (Cf. Être tout yeux, tout oreilles). « *L'enfant n'est attentif qu'à ce qui affecte ses sens* » (Rouss.). *Soyez attentif à votre travail, à ce que vous faites.* — Qui dénote l'attention. *Air attentif.* ♦ 2º *Littér.* Qui se préoccupe avec soin (de), qui veille (à), soucieux (de), vigilant. « *Très attentif à ses intérêts* » (Jaloux). *Un homme attentif à ses devoirs, à la règle, respectueux de, scrupuleux. Être attentif à son travail* : consciencieux, appliqué, soigneux. — *Cour.* (avec l'infinitif) « *Elle, attentive à me plaire, empressée jusqu'à l'humilité* » (Mauriac). V. **Appliqué, empressé.** ♦ 3º Qui marque de la prévenance, des attentions. *Soins attentifs.* V. **Assidu, délicat, zélé.** *Amitié attentive.* ◈ ANT. **Inattentif; distrait; étourdi, indifférent.**

ATTENTION [atɑ̃sjɔ̃]. *n. f.* (1535; lat. *attentio*, de *attendere*). ♦ 1º (*Sing.*). Concentration de l'activité mentale sur un objet déterminé. V. **Attentif.** *Attention spontanée, volontaire. Effort d'attention. Grande attention, attention suivie, soutenue, persévérante.* V. **Application.** *Attention fatigante, pénible.* V. **Contention, tension.** *Regarder, examiner, observer avec attention. Écouter avec attention* : prêter l'oreille, être tout oreilles. « *Elle m'observe avec plus d'attention que par le passé* » (France). *Attirer, éveiller l'attention de qqn. J'attire, j'appelle votre attention sur ce détail* : je vous signale* ce détail. *Détourner l'attention de qqn.* « *Il est capable de fixer son attention pendant huit ou dix heures de suite* » (Duham.). *Cet ouvrage mérite toute votre attention. Prêter attention. Ne* donner (*prêter*) *aucune attention à* : s'en moquer, n'en tenir aucun compte. ◇ *À l'attention de* : mention utilisée en tête d'une lettre, pour préciser son destinataire. ◇ FAIRE ATTENTION À (qqch.) : l'observer, s'en occuper, et *par ext.* en avoir conscience (V. **Apercevoir** (s'), **aviser** (s'), **noter, remarquer**). *Je viens seulement d'y faire attention. Il « ne fait pas plus attention à moi qu'à une muraille ou qu'à une borne* » (Duham.). *Faites bien attention, très attention à ma question* : pensez, songez-y bien. *Fais attention! (pop.* fais gaffe). — FAIRE ATTENTION QUE (et l'indicatif). V. **Noter.** *Faire attention que, à ce que* (suivi du subjonctif) : prendre garde, veiller (que, à ce que). *Faites attention que personne ne vous voie.* « *Elle ne faisait pas toujours attention à ce qu'il n'y eût personne dans la chambre voisine* » (Proust). ◇ *Ellipt. Attention!* prenez garde. V. **Gare.** *Attention à la voiture!* ♦ 2º *Vx* ou *littér.* Disposition à la prévenance, aux soins attentifs envers qqn. V. **Amabilité, empressement, obligeance, prévenance; zèle.** *Être plein d'attention pour qqn.* V. **Attentionné.** *Preuves, témoignages d'attention.* « *J'étais d'une assiduité, d'une attention, d'un zèle, qui charmaient tout le monde* » (Rouss.). ♦ *Plur. (Mod.).* V. **Égard(s).** *Entourer qqn d'attentions* (Cf. Être aux petits soins). *Elle avait « pour les domestiques, pour les pauvres, des attentions délicates, un désir de faire plaisir* » (Proust). ◈ ANT. **Inattention; absence, dissipation, distraction, étourderie. Brutalité, grossièreté.**

ATTENTIONNÉ, ÉE [atɑ̃sjɔne]. *adj.* (1819; de *attention*). Qui est plein d'attentions, de prévenances pour qqn. V. **Aimable, empressé, prévenant.** « *Le mieux qu'il peut être avec moi c'est « attentionné ». La politesse a depuis longtemps remplacé chez lui l'amitié* » (Gide).

ATTENTISME [atɑ̃tism(ə)]. *n. m.* (v. 1918; de *attente*). Politique de temporisation.

ATTENTISTE [atɑ̃tist(ə)]. *adj.* et *n.* (v. 1918; de *attente*). Qui adopte une politique d'attente. V. **Opportuniste.**

ATTENTIVEMENT [atɑ̃tivmɑ̃]. *adv.* (1538; de *attentif*). D'une manière attentive. *Regarder, écouter, lire attentivement.* ◈ ANT. **Distraitement.**

ATTÉNUANT, ANTE [atenɥɑ̃, ɑ̃t]. *adj.* (*Médicament atténuant*, XVIᵉ; de *atténuer*). *Dr.* (déb. XIXᵉ). Qui atténue. *Circonstances atténuantes* : faits qui atténuent la gravité d'une infraction. *Fig.* « *Saint Paul n'est saint qu'avec de cir-constances atténuantes* » (Hugo). ◈ ANT. **Aggravant.**

ATTÉNUATEUR [atenɥatœʀ]. *n. m.* (mil. XXᵉ; de *atténuer*). *Techn.* Dispositif servant à atténuer l'amplitude, la puissance d'un signal. ◈ ANT. **Amplificateur.**

ATTÉNUATION [atenɥasjɔ̃]. *n. f.* (1501; *atenuacion* 1345; lat. *attenuatio*). *Littér.* ou *didact.* Action d'atténuer. V. **Diminution, amoindrissement, réduction.** *Atténuation des forces, d'une douleur.* « *La rigueur de la discipline antique s'était adoucie ou était moindre. Néanmoins, avec des atténuations, on allait au même but* » (Taine). — *Dr.* (1898) *Atténuation de peine*, par application d'excuses ou de circonstances atténuantes. V. **Atténuant.** ◈ ANT. **Aggravation, augmentation.**

ATTÉNUER [atenɥe]. *v. tr.* (1130, puis XVᵉ; *attenvir, atenevier*, 1120; lat. *attenuare*, de *tenuis*. V. **Ténu**). ♦ 1º *Vx.* Rendre plus mince. V. **Amaigrir, amincir.** « *Des corps atté-nués... réduits à l'état de fantômes glorieux* » (Taine). ♦ 2º *Mod.* (*Abstrait*). Rendre moins grave, moins vif, moins violent. V. **Diminuer, amoindrir, réduire.** *Les calmants atté-nuent la douleur.* V. **Adoucir, apaiser, assoupir, soulager, tempérer.** — *Au p. p. Symptômes atténués.* — *Atténuer une sensation, une impression.* V. **Amortir, émousser.** *Cette lettre est trop brutale, il faut en atténuer les termes.* V. **Adoucir, modérer.** « *Les excuses rappellent la faute plus certainement qu'elles ne l'atténuent* » (Louys). V. **Excuser.** *Pronom.* « *Les mouvements nerveux s'atténuaient* » (Mart. du G.). ◈ ANT. **Aggraver, augmenter, exacerber, exagérer.**

ATTERRAGE [atɛʀaʒ]. *n. m.* (1483; de *atterrer* « abor-der »). *Mar.* ♦ 1º Voisinage de la terre. V. **Parage.** ♦ 2º Pre-mières terres, hauts fonds qu'un bateau venant du large reconnaît avant la côte.

ATTERRANT, ANTE [atɛʀɑ̃, ɑ̃t]. *adj.* (fin XVIIᵉ; de *atterrer*). *Littér.* Qui atterre, qui jette dans la consternation. V. **Accablant, affligeant, affreux.** *Une nouvelle atterrante.*

ATTERRER [atɛʀe]. *v. tr.* (XVIIᵉ; « jeter à terre », XIIᵉ; « gagner la terre », 1424 (V. **Atterrir**); de *a-* 1, et *terre*). Jeter dans l'abattement, la consternation. V. **Abattre, accabler, consterner, stupéfier.** « *La consternation qui avait atterré l'esprit des Génois* » (Volt.). *Je suis atterré par sa bêtise.*

ATTERRIR [atɛʀiʀ]. *v. intr.* (1686; *atterrer*, 1424; *atterir* « se remplir d'alluvions », 1344; de *a-* 1, et *terre*). ♦ 1º *Littér.* et rare. Toucher terre. V. **Atterrage.** — *Fig.* et fam. Arriver finalement. *Après deux heures de marche, nous avons atterri dans une petite auberge.* ♦ 2º *Mar.* « Reconnaître la terre que l'on a aperçue et préciser la position du bateau par rapport à elle » (*Cours Navig.*). ♦ 3º (Fin XVIIIᵉ, aéro-stats). *Revenir* (opposé à décoller, s'envoler). V. **Poser** (se). — *Par ext. Atterrir sur la Lune* (V. **Alunir**), *sur une planète.*

ATTERRISSAGE [atɛʀisaʒ]. *n. m.* (1835; de *atterrir*).

♦ 1º *Litt.* Action de prendre terre (*opposé à* appareillage). *Manœuvres d'atterrissage.* « *Nous avons jeté l'ancre... Nous avons mis pied à terre, mais sans nous écarter du point d'atterrissage* » (GIDE). ♦ 2º (1888, ballon). *Mar.* Action d'atterrir* (2º). *Cour.* Action d'atterrir, de se poser à terre ou sur la surface solide d'un astre (V. **Alunissage**). *L'atterrissage d'un avion, l'amerrissage d'un hydravion. Atterrissage forcé. Atterrissage sans visibilité. Atterrissage au radar.* ◇ *Terrain d'atterrissage.* V. **Aérodrome. Train d'atterrissage.** V. **Train.** ◈ ANT. *Décollage, envol.*

ATTERRISSEMENT [aterismɑ̃]. *n. m.* (1332; de *atterrir* « remplir de terre »). *Vx* ou *Dr.* Amas de terre, de sable, de limon, formé par les cours d'eau ou par la mer. V. **Accroissement, accrue, alluvion, laisse.** « *Les Pays-Bas sont une plaine détrempée : trois grands fleuves l'ont formée de leurs atterrissements* » (TAINE).

ATTESTATION [atɛstasjɔ̃]. *n. f.* (XIIIᵉ; bas lat. *attestatio*). ♦ 1º Action d'attester; acte par lequel une personne atteste l'existence, la réalité d'un fait. V. **Affirmation, assurance, déclaration; témoignage.** ◇ *Écrit, pièce qui atteste qqch.* V. **Certificat, visa.** *Une attestation de bonne conduite. En foi de quoi, j'ai signé la présente attestation.* ♦ 2º (XIXᵉ). Marque, preuve. « *L'attestation de séries d'existences antérieures aux nôtres* » (LOTI). ◈ ANT. *Contestation, démenti, désaveu.*

ATTESTÉ, ÉE [atɛste]. *adj.* (XVIIᵉ; V. **Attester**). Qu'un témoignage rend assuré, certain. *C'est un fait attesté.* V. **Avéré.** — *Spécialt.* Dont il existe des exemples connus. *Mot, emploi attesté* (par texte). *Forme non attestée, hypothétique, reconstituée d'un mot.*

ATTESTER [atɛste]. *v. tr.* (1190; lat. *attestari*, de *testis* « témoin »). ♦ 1º Rendre témoignage de (qqch.). V. **Affirmer, assurer, certifier, garantir, témoigner.** *J'atteste la vérité, la réalité de ce fait. J'atteste que cet homme est innocent. Le fait est attesté par tous les témoins.* V. **Confirmer.** ♦ 2º Servir de témoignage. V. **Démontrer, indiquer, marquer, montrer, prouver; témoigner** (de). *Son regard atteste la candeur.* V. **Annoncer, révéler.** « *La cruauté est un reste de servitude : car elle atteste que la barbarie du régime oppresseur est encore présente en nous* » (JAURÈS). ♦ 3º *Vx.* Prendre à témoin, invoquer le témoignage de qqn. « *J'en atteste les dieux, je le jure à sa mère* » (RAC.). ◇ *Littér.* Donner, rappeler (qqch.) pour preuve. V. **Référer** (se... à). ◈ ANT. *Contester, démentir, infirmer.*

ATTICISME [a(t)tisism(ə)]. *n. m.* (1543; lat. *atticismus*, gr. *attikismos*). ♦ 1º Forme particulière au dialecte attique. ♦ 2º *Littér.* Délicatesse de langage, finesse; style pur, élégant (attribués aux écrivains athéniens). « *Cette sorte d'atticisme qui n'a plus d'autre patrie que la France* » (GIDE).

ATTIÉDIR [atjediʀ]. *v. tr.* (*Atiédir*, XIIIᵉ; de *a-* 1, et *tiède*). *Littér.* ♦ 1º Rendre tiède (en refroidissant ou en réchauffant). *La mer « adoucit la rigueur sur nos côtes, en attiédissant leur atmosphère* » (BERNARD. de ST-P.). ♦ 2º Rendre moins ardent, moins vif. V. **Diminuer; adoucir, affaiblir, modérer, tempérer.** Pronom. « *Avec le temps, ce désir s'attiédissait* » (FRANCE). « *L'amitié que la présence attiédit, que l'absence efface* » (CHATEAUB.). ◈ ANT. *Augmenter, attiser, aviver, enflammer, exalter, ranimer.*

ATTIÉDISSEMENT [atjedismɑ̃]. *n. m.* (XVIᵉ; de *attiédir*). ♦ 1º Action d'attiédir, de s'attiédir; résultat de cette action. *L'attiédissement d'un sentiment, du zèle.* V. **Affaiblissement, refroidissement.** « *Quel attiédissement as-tu remarqué dans sa tendresse ?* » (ROUSS.). ◈ ANT. *Exaltation, réchauffement.*

ATTIFEMENT [atifmɑ̃]. *n. m.* (1846; « ornement », XIIᵉ; de *attifer*). *Fam.* Action d'attifer, de s'attifer; manière d'être attifé. V. **Accoutrement, habillement.**

ATTIFER [atife]. *v. tr.* (v. 1250, « orner, parer »; repris XIXᵉ; de *a-* 1, et *tiffer* « parer », d'o. germ.). *Fam.* Habiller, parer avec une recherche excessive ou d'une manière ridicule. V. **Accoutrer.** « *Elle était parée comme une châsse, pomponnée, attifée, tout or et tout rubans* » (MÉRIMÉE). « *Je ne m'attife pas ainsi qu'un freluquet* » (ROSTAND).

ATTIGER [atiʒe]. *v. intr.* (1903; « meurtrir, blesser », 1807; de *aquiger* (1596), o. i., av. infl. de *tige*). *Pop.* Exagérer (ellipse de *attiger* (bousculer) *la cabane*).

ATTIQUE [at(t)ik]. *adj. et n.* (XVᵉ; lat. *atticus*, gr. *attikos*). I. Qui a rapport à l'Attique, à Athènes, aux Athéniens. *Le dialecte attique. Goût, finesse attique.* V. **Atticisme.** « *Le goût « attique » n'y est-ce le sentiment des nuances, la grâce légère, l'ironie imperceptible, la simplicité du style, l'aisance du discours, l'élégance de la preuve* » (TAINE). — *Le sel attique. La plaisanterie fine.*
II. (XVIIᵉ) *N. m.* ATTIQUE (ellipse d'*étage attique*). ♦ 1º *Archit.* Étage placé au sommet d'une construction, et de proportions moindres que l'étage inférieur. ♦ 2º *Anat.* Partie supérieure de la caisse du tympan.

ATTIRABLE [atiʀabl(ə)]. *adj.* (1785; de *attirer*). Susceptible d'être attiré.

ATTIRAIL [atiʀaj]. *n. m.* (XVᵉ; de *attirer*). ♦ 1º *Vx.* Ensemble d'objets nécessaires pour un usage. V. **Appareil, équipage, équipement.** *Napoléon « se dégagea de l'immense attirail qu'il entraînait après lui* » (SÉGUR). ♦ 2º (XVIIIᵉ). *Fam.* Équipement compliqué, encombrant ou ridicule. *Fourrer tout son attirail dans une malle.* V. **Bataclan, bazar** *(fam.). L'attirail du campeur, du photographe.* V. **Barda, fourbi** *(fam.),* **fourniment.** Plur. *Des attirails.*

ATTIRANCE [atiʀɑ̃s]. *n. f.* (1209, repris 1857; de *attirer*). Force qui attire vers qqn ou vers qqch. V. **Attraction, attrait.** *L'azur « s'ouvre avec l'attirance du gouffre* » (BAUDEL.). *Éprouver une certaine attirance pour, envers.* « *Cette attirance d'un milieu d'art* » (GONCOURT). ◈ ANT. *Éloignement, répulsion.*

ATTIRANT, ANTE [atiʀɑ̃, ɑ̃t]. *adj.* (XVIᵉ; de *attirer*). Qui attire, exerce un attrait, une séduction. V. **Attractif; attachant, attrayant, séduisant.** « *Il aurait pu être beau, spirituel, distingué, attirant* » (FLAUB.). « *Si l'on a soin de rendre ces jeux attirants pour le public* » (ROUSS.). ◈ ANT. *Désagréable, rebutant, repoussant.*

ATTIRER [atiʀe]. *v. tr.* (fin XVᵉ; a remplacé *attraire*; de *a-* 1, et *tirer*). ♦ 1º Tirer, faire venir à soi par une action matérielle. *L'aimant attire le fer. Prendre qqn par le bras et l'attirer dans un coin.* V. **Amener, conduire, prendre.** *Attirer un fluide :* aspirer, pomper. — Pronom. *Les astres s'attirent selon les lois de la gravitation.* V. **Attraction.** ♦ 2º Inciter, inviter, déterminer (un être vivant) à venir. *La lumière attire les papillons. Attirer au moyen d'un appât.* V. **Affriander, allécher, amorcer, appâter.** *Attirer le poisson dans ses filets. Attirer qqn dans un guet-apens.* V. **Entraîner.** *Ce spectacle attire tout Paris.* V. **Courir** (faire). *Attirer des partisans, des recrues.* V. **Recruter, racoler.** *Sa réputation lui attira des disciples.* « *Les littérateurs attirent les folles, comme un bout de viande faisandée attire les mouches* » (MONTHERLANT). ♦ 3º Capter, solliciter (le regard ou l'attention). *Une couleur violente qui attire le regard. J'attire votre attention sur ce point.* ♦ 4º Inspirer à (qqn) un sentiment agréable qui l'incite à vouloir qqch., à se rapprocher de qqn. *Son charme attire tout le monde.* V. **Charmer, captiver, enjôler, gagner, séduire.** *Une grande sympathie, de grandes affinités les attirent l'un vers l'autre.* V. **Entraîner, pousser, rapprocher.** *Ce projet l'attire davantage.* V. **Plaire, tenter.** *Attirer qqn par de belles promesses.* V. **Allécher.** *Attirer par des artifices.* V. **Abuser, leurrer, tromper.** « *Il paraît que ce qui attire les uns rebute les autres* » (SAND). — Absolt. « *Son œil, tout que l'œil du serpent, fascine et attire* » (LAMENNAIS). ♦ 5º ATTIRER (qqch.) à, sur (qqn) : lui faire avoir qqch. d'heureux ou de fâcheux. *Sa bonne humeur lui attira la bienveillance de l'auditoire.* V. **Concilier, obtenir, procurer, valoir.** *Ses procédés lui attireront des ennuis.* V. **Causer, entraîner, occasionner.** *Attirer sur sa tête, sur soi la haine de tout un peuple.* V. **Accumuler, appeler, exciter, provoquer.** « *Mon air froid m'attira son aversion* » (ROUSS.). — S'ATTIRER (qqch.) : l'attirer à soi, sur soi. *S'attirer une querelle, une méchante affaire. Elle s'est attiré beaucoup d'ennemis. S'attirer des reproches.* V. **Encourir.** Vieilli. « *Le cardinal de Rohan était attentif à se mettre bien avec les évêques, à se les attirer* » (ST-SIM.). V. **Concilier** (se). ◈ ANT. *Chasser, détourner, éloigner, rebuter, repousser.*

ATTISEMENT [atizmɑ̃]. *n. m.* (XVIᵉ; de *attiser*). Rare. Action d'attiser. *L'attisement des haines, des passions.*

ATTISER [atize]. *v. tr.* (1209; au fig., fin XIIᵉ; lat. pop. °*attitiare*, de *titio* « tison »). ♦ 1º Aviver, ranimer (un feu). *Il « remit une bûche dans le feu, puis la souleva avec des pincettes pour attiser la flamme* » (MAUROIS). ♦ 2º *Fig.* Rendre plus vif. *Attiser l'ardeur, les convoitises, les désirs.* V. **Exciter, embraser, enflammer.** *Attiser les haines, la discorde.* V. **Aigrir, envenimer, irriter.** ◈ ANT. *Éteindre, étouffer. Calmer, assoupir.*

ATTITRÉ, ÉE [atitʀe]. *adj.* (*Attiltré*, 1584; *attitelé*, XIIᵉ; de *attitrer* (vx), « nommer, charger en titre »). ♦ 1º Qui est en titre, chargé pour un titre de telle ou telle fonction. *Représentant attitré. Fournisseur attitré de la cour d'Angleterre.* ♦ 2º (XIXᵉ). Habituel. *Marchand attitré :* celui chez qui l'on a l'habitude de se servir.

ATTITUDE [atityd]. *n. f.* (1637, en peint.; it. *attitudine*, lat. *aptitudo*. V. **Aptitude**). ♦ 1º (1670). Manière de tenir son corps. V. **Contenance, maintien, port, pose, position, posture, station, tenue.** *Attitude naturelle, gracieuse, gauche. Attitudes et mouvements. Attitude hanchée, cambrée. Attitude de l'homme à genoux, assis.* « *Qu'il apprenne à prendre dans toutes les attitudes une position aisée et solide* » (ROUSS.). « *Ils prennent* (les chats) *en songeant les nobles attitudes Des grands sphinx allongés au fond des solitudes* » (BAUDEL.). ♦ 2º (XVIIIᵉ). Manière de se tenir (* par ext.* Comportement) qui correspond à une certaine disposition psychologique. « *Son allure, aspect, expression, manière.* » *Attitude arrogante, ferme, décidée, évasive.* « *Il affectait de garder une attitude insouciante et amusée* » (BARRÈS). « *L'innocent accusé d'espionnage se trouble. Toute son attitude l'accuse* » (COC-

TEAU). ◊ *Péj.* Affectation de ce qu'on n'éprouve pas. *Ce n'est qu'une attitude. Il prend des attitudes.* ♦ 3° Disposition à l'égard de qqn ou qqch.; ensemble de jugements et de tendances qui pousse à un comportement. V. **Disposition, position.** *Quelle est son attitude à l'égard de ce problème? Adopter, garder une attitude nette, intransigeante dans une affaire. Il était hostile à ce projet, mais il a depuis modifié son attitude.* « *Une attitude critique n'est que la projection d'un tempérament sur le monde des idées* » (J.-R. BLOCH). « *L'attitude de l'Allemagne nous dicte la nôtre* » (MART. du G.). V. **Comportement, conduite.**

ATTORNEY [atɔʀnɛ]. *n. m.* (1768; mot angl. de l'a. fr. *atorné* (1217), de *ato(u)rner* « régler, assigner », de *tourner*). En Angleterre, Procureur ou avoué. *Aux États-Unis,* Homme de loi, sorte d'avocat, avoué ou notaire. *Attorney général,* qui correspond au ministre de la Justice.

ATTOUCHEMENT [atuʃmã]. *n. m.* (XIIe; de *attoucher,* de *a-* 1, et *toucher*). (*Vx* ou emplois spéciaux). Action de toucher avec la main. V. **Toucher.** « *L'attouchement d'une main pure et bien vivante* (pouvait) *écarter le mal* » (SAND). Spécialt. *Des attouchements impurs.* V. **Caresse.**

ATTRACTIF, IVE [atʀaktif, iv]. *adj.* (1270; lat. *attractivus*). ♦ 1° Qui a la propriété d'attirer (V. **Attraction**). *Force attractive de l'aimant.* Par métaph. « *Chez Wagner, la musique est le noyau du drame, le foyer rayonnant et le centre attractif* » (R. ROLLAND). ♦ 2° Littér. Qui attire. V. **Attachant, captivant.** « *Une vertu attractive s'exhale de ces vestiges de grandeur* » (CHATEAUB.). ◊ ANT. *Répulsif.*

ATTRACTION [atʀaksjɔ̃]. *n. f.* (*Atration,* 1265; lat. *attractio,* de *attrahere* « tirer à soi »). I. Action d'attirer; force qui attire. ♦ 1° Sc. Force qui attire. *Attraction magnétique, électrique.* ◊ *Loi de l'attraction universelle* (de Newton), selon laquelle tous les corps matériels s'attirent en raison directe de leurs masses et en raison inverse du carré de leurs distances (V. **Gravitation, pesanteur**). ◊ *Attraction moléculaire :* force de cohésion qui s'exerce entre les molécules d'un corps. ♦ 2° Force qui tend à attirer les êtres vers qqn ou vers qqch. V. **Attirance, attrait, entraînement, fascination.** *L'attraction mutuelle de deux êtres.* V. **Sympathie.** « *Chacun exerce sur chacun des attractions et des répulsions* » (MAUPASS.). *La religion « transforme l'effroi du mystère en une attraction sublime* » (MART. du G.). ♦ 3° (Repris au lat.). Modification d'une forme par l'influence d'une autre forme en rapport syntaxique avec la première. *Attraction des genres* (ex. : *un* espèce d'idiot). II. (1835; repris angl.). ♦ 1° Ce qui attire le public; centre d'intérêt. *Une attraction pour les touristes.* Fam. Objet de curiosité. « *On parle beaucoup de vous, vous savez. Vous êtes la grosse attraction* » (Cl. SIMON). ♦ 2° Plur. Spectacle de variétés, dans un autre spectacle (cinéma, etc.), au cours d'une soirée, d'un gala. *Les attractions d'une boite de nuit. À quelle heure passent les attractions?*

ATTRAIT [atʀɛ]. *n. m.* (1175, « action d'attirer; entraînement » (des passions, de la vocation); de l'a. fr. *attraire* « attirer »). ♦ 1° Ce qui attire agréablement, charme, séduit. V. **Agrément, charme, fascination, séduction, tentation.** *L'attrait de l'aventure. L'attrait de la nouveauté.* « *L'on remarquait sur son visage je ne sais quoi de vertueux et de passionné dont l'attrait était irrésistible* » (CHATEAUB.). « *L'attrait du danger est au fond de toutes les grandes passions* » (FRANCE). ♦ 2° Plur. Vx ou littér. *Les attraits d'une femme* : les beautés qui en elle attirent. V. **Agrément, appas, beauté, charme, grâce** (Cf. l'anglicisme *Sex-appeal*). « *De grâces et d'attraits je vois qu'elle est pourvue* » (MOL.). *Les femmes « reçoivent des hommes, sans broncher, des compliments sur les attraits précis de leur corps* » (COLETTE). ♦ 3° Le fait d'être attiré, de se sentir attiré. V. **Attirance, goût, inclination, penchant.** « *Il éprouvait un attrait romantique pour le malheur* » (LACRETELLE). ◊ ANT. *Répulsion; dégoût, éloignement.*

ATTRAPADE [atʀapad] *n. f.* ou **ATTRAPAGE** [atʀapaʒ]. *n. m.* (XXe,-1869; de *attraper*). ♦ 1° Fam. Critique, gronderie, réprimande. *Une attrapade en règle.* V. **Engueulade** (*pop.*), **savon.** ♦ 2° Querelle soudaine. *Ils ont eu une sérieuse attrapade.*

ATTRAPE [atʀap]. *n. f.* (XIVe; « perfidie », 1214; de *attraper*). ♦ 1° Vx. Piège pour prendre les animaux. ♦ 2° (XVIe). Duperie, mystification. ♦ 3° Objet destiné à tromper qqn par amusement. *Nous avions acheté une boite d'attrapes pour leur faire des farces. Farces et attrapes.*

ATTRAPE-MOUCHE [atʀapmuʃ]. *n. m.* (1700; de *attraper,* et *mouche*). Nom de diverses plantes dont les feuilles ou les fleurs se referment sur les insectes qui viennent à s'y poser. V. **Dionée, droséra.** *Des attrape-mouche* ou *des attrape-mouches.*

ATTRAPE-NIGAUD [atʀapnigo]. *n. m.* (1650; de *attraper,* et *nigaud*). Procédé destiné à attirer et à tromper les gens simples, non prévenus. *Cette publicité n'est qu'un attrape-nigaud. Des attrape-nigaud* ou *des attrape-nigauds.*

ATTRAPER [atʀape]. *v. tr.* (XIIe; de *a-* 1, et *trappe*).

I. *Attraper qqn, un animal.* ♦ 1° Vx et *Chasse.* Prendre comme dans un piège (un ennemi, etc.). *Un vieux renard « Fut enfin au piège attrapé* » (LA FONT.). ♦ 2° (v. 1200). Rejoindre (qqn) et s'en saisir. *La police a fini par attraper le voleur. Il s'est fait attraper.* V. **Prendre;** *pop.* **Agrafer, choper, poisser.** *Gare à toi si je t'attrape!* ♦ 3° (XIIIe). Tromper par une ruse; « prendre au piège ». V. **Abuser, duper, enjôler.** *Il m'a bien attrapé* (Cf. *pop.* Il m'a eu). *De plus fins s'y sont laissé attraper.* V. **Prendre.** *Moyen pour attraper les nigauds.* V. **Attrape-nigaud.** ◊ *Être attrapé, bien attrapé :* avoir subi une déception (qu'on ait été trompé ou non). ♦ 4° (1564). *Attraper qqn à qqch. :* le prendre sur le fait. V. **Surprendre.** *Que je t'y attrape!* ♦ 5° (1867). Faire des reproches à. V. **Gronder, réprimander.** *Il s'est fait attraper par ses parents.* ◊ Pronom. *Ils se sont attrapés.* V. **Attrapade.**

II. *Attraper qqch.* ♦ 1° (XVIIe). Arriver à prendre, à saisir (une chose, un animal). V. **Saisir.** *Il attrape avidement tout ce qu'il voit.* V. **Agripper.** *Attraper une balle, un ballon à la volée.* « *Les cancres qui attrapent des mouches* » (LARBAUD). « *Goinfre, elle* (la chienne) *attrape au vol tout ce qui tombe* » (COLETTE). V. **Happer.** — Fig. *Attraper quelques bribes de conversation.* V. **Saisir, surprendre.** ♦ 2° (1618). Vx. Obtenir adroitement ou par chance. ♦ 3° (1694). *Attraper un coup, un mauvais coup.* V. **Recevoir.** *Attraper un rhume, une maladie.* V. **Contracter, gagner.** « *Attrapé un fameux coup de soleil sur presque tout le corps* » (GIDE). — Pronom. *Une maladie qui s'attrape.* V. **Contagieux.** « *Votre manie... s'attrape comme une maladie* » (MART. du G.). ♦ 4° *Attraper le train, l'autobus :* réussir à l'atteindre. V. **Avoir.** ♦ 5° (1666). Arriver à saisir par l'esprit, l'imitation. V. **Rendre, reproduire, imiter.** *Attraper un style, une manière, un genre.* ♦ 5° *Fam.* Atteindre un but. *Il a attrapé le but en plein, c'est un excellent tireur.* ◊ ANT. *Lâcher, relâcher; manquer.*

ATTRAYANT, ANTE [atʀɛjɑ̃, ɑ̃t]. *adj.* (1283; de l'a. fr. *attraire* « attirer »; lat. *attrahere*). Qui a de l'attrait (spectacle, situation). *Ce paysage, cet endroit n'a rien d'attrayant.* V. **Agréable, attirant, plaisant.** « *L'illusion offre aux malheureux de si attrayants mirages* » (BALZ.). « *Qui comprendra que le dénuement puisse être attrayant comme un luxe?* » (GIDE). ◊ ANT. *Déplaisant, rebutant, repoussant.*

ATTRIBUABLE [atʀibyabl(ə)]. *adj.* (1512; de *attribuer*). Qui peut être attribué (à). *Ce phénomène, attribuable à* (telle cause). V. **Dû.** *Cet accident ne lui est pas attribuable.* V. **Imputable.**

ATTRIBUER [atʀibɥe]. *v. tr.* (1313; lat. *attribuere,* de *tribuere.* V. **Tribut**). ♦ 1° Allouer (qqch. à qqn) dans un partage, une répartition. *Attribuer une part à un héritier.* V. **Adjuger, allouer, assigner, départir, lotir.** *Attribuer à chacun son dû.* ◊ *Par ext.* Accorder (un avantage) à qqn, attacher (une prérogative) à un emploi, une fonction. *De nombreux avantages lui ont été attribués.* V. **Octroyer.** *Attribuer une dignité à qqn.* V. **Conférer, décerner.** *Attribuer un crédit à une dépense.* V. **Affecter, imputer;** *certains privilèges à une fonction* (V. **Attacher, joindre**). ♦ 2° Considérer comme propre à qqn. V. **Prêter, reconnaître, supposer.** *N'attribuez pas aux autres vos propres défauts. Michèle « lui attribuait des arrière-pensées malveillantes* » (MAURIAC). ♦ 3° Rapporter (qqch.) à un auteur, à une cause; mettre sur le compte de. *À quoi attribuer ce phénomène, ce changement? Comment l'expliquez-vous? Attribuer une invention à qqn. Attribuer à qqn un accident, une faute, une responsabilité.* V. **Accuser, imputer; rejeter.** « *On souffre trop d'attribuer tout son échec à sa propre faute* » (BARRÈS). ♦ 4° S'ATTRIBUER QQCH. : attribuer à soi, se donner en partage une chose matérielle (V. **Adjuger**) ou morale. *S'attribuer un titre auquel on n'a pas droit.* V. **Approprier** (s'), **arroger** (s'). *S'attribuer tout le mérite de qqch.* V. **Targuer** (se). « *Cette manie qu'eurent les nationalistes de s'attribuer le monopole du patriotisme* » (MART. du G.). ◊ ANT. *Ôter, refuser, reprendre, retirer. Décliner, rejeter, renoncer.*

ATTRIBUT [atʀiby]. *n. m.* (XIVe; lat. *attributum* « chose attribuée »). ♦ 1° Ce qui est propre, appartient particulièrement à un être, à une chose. V. **Caractère, caractéristique, manière** (d'être), **marque, particularité, propriété, qualité, signe, trait.** « *Savoir, Vouloir, Pouvoir, les trois attributs de l'Esprit Angélique* » (BALZ.). « *Le droit de grâce étant un des attributs du droit divin* » (FRANCE). ◊ *Philo.* Propriété essentielle d'une substance. « *La compréhension d'un terme embrasse tous les attributs des termes supérieurs* » (GOBLOT). ♦ 2° Emblème caractéristique qui accompagne une figure mythologique, un personnage, une chose personnifiée. *Le caducée est l'attribut de Mercure, le sceptre celui du roi, de la royauté.* V. **Emblème, symbole.** ♦ 3° *Log.* Ce qui s'affirme ou se nie du sujet d'une proposition. V. **Prédicat.** *Ling.* Terme relié au sujet ou au complément d'objet par le verbe être, un verbe d'état (paraître, devenir). *Adjectif, nom attribut.* ◊ ANT. *Sujet.*

ATTRIBUTAIRE [atʀibytɛʀ]. *n.* (1877; de *attribution*). *Dr.* Qui a bénéficié d'une attribution. V. **Bénéficiaire.**

ATTRIBUTIF, IVE [atʀibytif, iv]. *adj.* et *n. m.* (1516; du rad. de *attribution*). ♦ **1°** Dr. *Acte attributif de droit* : celui qui *attribue* un droit (*opposé à* acte déclaratif). *Acte attributif de compétence.* ♦ **2°** Log. Qui indique un attribut. — N. m. Ling. Verbe qui relie l'attribut au sujet.

ATTRIBUTION [atʀibysjɔ̃]. *n. f.* (1361 ; lat. *attributio*). ♦ **1°** Action d'attribuer. *Concours pour l'attribution d'un prix. L'attribution de véhicules neufs à un service.* V. **Allocation, distribution, dotation, octroi, remise.** ◇ *Dr.* Action d'attribuer un bien, un droit dans un partage. *L'attribution d'une part, d'un lot à un cohéritier.* ♦ **2°** Ling. *Complément d'attribution* : désignation traditionnelle du complément d'objet second (il donne cent francs à son *ami*; il refuse son aide à son *frère*, il *lui* évite des ennuis). ♦ **3°** Plur. (1835). Pouvoirs attribués au titulaire d'une fonction, à un corps ou service. V. **Compétence, droit, fonction, pouvoir, prérogative, privilège, rôle.** *Définir, déterminer, délimiter les attributions d'un fonctionnaire, d'un employé. Cela n'est pas, n'entre pas dans ses attributions.* « *Les autres magistratures romaines réunirent comme lui des attributions sacerdotales et des attributions politiques* » (FUSTEL de COUL.). ◈ ANT. *Retrait; reprise.*

ATTRISTANT, ANTE [atʀistɑ̃, ɑ̃t]. *adj.* (1581 ; de *attrister*). Qui attriste. V. **Affligeant, chagrinant, désespérant, désolant, navrant.** *Nouvelles attristantes. Spectacle attristant.* V. **Pénible, triste.** *Une attristante médiocrité.* V. **Déplorable.** ◈ ANT. *Consolant, réconfortant, réjouissant.*

ATTRISTER [atʀiste]. *v. tr.* (1468 ; de *a-* 1, et *triste*). Rendre triste. V. **Affliger, chagriner, consterner, désoler, fâcher, navrer, peiner.** « *L'idée de se retrouver dans cette chambre vide l'attristait horriblement* » (DAUD.). V. **Désespérer, désoler.** « *La bêtise consterne et ne donne guère l'envie de rire. Plutôt elle attriste* » (COCTEAU). *S'attrister de qqch.* « *Maman s'attriste de voir qu'il vient si peu cette année* » (MART. du G.). ◈ ANT. *Amuser, consoler, égayer, réconforter, réjouir.*

ATTRITION [atʀisjɔ̃]. *n. f.* (1503 ; lat. *attritio* « frottement »).
I. *Théol.* (XVIᵉ). Regret d'avoir offensé Dieu, causé par la crainte des peines. V. **Contrition, regret.** « *Cœur tant de fois forgé D'attritions* » (PÉGUY).
II. ♦ **1°** *Méd.* Érosion de la peau ou d'une autre surface (émail, dentine), par frottement. — *Contusion* importante. ◇ *Chir.* Écrasement d'une partie dure. ♦ **2°** (1972). Usure des effectifs d'une entreprise. *L'attrition s'exprime par le pourcentage du nombre des départs annuels par rapport à l'effectif moyen annuel.*

ATTROUPEMENT [atʀupmɑ̃]. *n. m.* (fin XVIᵉ ; de *attrouper*). ♦ **1°** Action de s'attrouper. *Empêcher l'attroupement des badauds.* ♦ **2°** Réunion de personnes sur la voie publique (*spécialt.* qui trouble l'ordre public). V. **Manifestation, rassemblement.** « *Un service d'ordre improvisé s'efforçait de disperser l'attroupement qui s'était amassé devant l'immeuble* » (MART. du G.). — Dr. *Attroupement séditieux.* ◈ ANT. *Dispersion.*

ATTROUPER [atʀupe]. *v. tr.* (v. 1205 ; de *a-* 1, et *troupe*). Assembler en troupe (*spécialt.* de manière à troubler l'ordre public). V. **Assembler; ameuter, grouper, rassembler.** *Ses cris attroupèrent les passants. Les manifestants commencèrent à s'attrouper.* ◈ ANT. *Disperser.*

ATYPIE [atipi]. *n. f.* (v. 1970 ; de *a-* 2, et *type*). Biol. Manque de conformité par rapport à un type donné de référence.

ATYPIQUE [atipik]. *adj.* (1808 ; de *a-* 2, et *type*). ♦ **1°** Biol. et méd. Qui n'a pas de type régulier ou ne représente pas le type commun. ♦ **2°** Didact. Qui n'a pas de type déterminé (permettant une identification, un classement, etc.). ◈ ANT. *Typique.*

AU, AUX. V. À et LE.

Au Symb. chimique de l'or*.

AUBADE [obad]. *n. f.* (*Albade*, XVᵉ; prov. *aubada*). Concert donné, à l'aube ou dans la matinée, sous les fenêtres de qqn. *Donner une aubade à une jeune fille.* — Abusiv. Sérénade.

AUBAINE [obɛn]. *n. f.* (XIIᵉ; de l'a. fr. *aubain* « étranger », frq. *°aliban* « d'un autre ban »). ♦ **1°** Ancienn. *Droit d'aubaine*, droit en vertu duquel le seigneur recueillait les biens que l'étranger non naturalisé laissait en mourant. ♦ **2°** (1668). Mod. Avantage, profit inattendu, inespéré. *Profiter de l'aubaine. Quelle bonne aubaine!* V. **Chance, occasion.** ◈ ANT. *Malchance.*

1. AUBE [ob]. *n. f.* (1080 ; lat. *alba*, fém. de *albus* « blanc »). ♦ **1°** Première lueur du soleil levant qui commence à blanchir l'horizon. *L'aube se lève, paraît. L'aube précède l'aurore.* V. **Aurore.** *Dès l'aube* : de très bonne heure. « *L'aube était encore indécise, le ciel gardait une couleur métallique* » (MART. du G.). ♦ **2°** Fig. et littér. V. **Commencement, début.** *L'aube de la vie. À l'aube de la Révolution.* ◈ ANT. *Crépuscule; brune.*

2. AUBE [ob]. *n. f.* (fin XIᵉ; lat. *alba*). Vêtement ecclé-

siastique de lin blanc que les officiants portent par-dessus la soutane pour célébrer la messe ; longue robe blanche des premiers communiants.

3. AUBE [ob]. *n. f.* (1690 ; *alve* « planchette reliant les arçons de la selle », 1080 ; probabl. lat. *alapa* « soufflet » et p.-ê. « palette »). Palette d'une roue hydraulique. *Les aubes d'une roue de moulin. Navire à aubes.*

AUBÉPINE [obepin]. *n. f.* (*Albespin*, XIIᵉ; lat. pop. *°albispinum*, class. *alba spina* « épine blanche »). Arbuste ou arbre épineux (*Rosacées*) à fleurs odorantes blanches ou roses, à floraison précoce, utilisé pour les haies vives (On disait autrefois *aubépin*, n. m.). V. *aussi* **Azerolier.** *Par ext.* Branche fleurie de cet arbre.

AUBÈRE [obɛʀ]. *adj.* et *n. m.* (1579 ; esp. *hobero*). Se dit d'un cheval dont la robe est mélangée de poils blancs et de poils rouges. *Une jument aubère.* N. m. Cette couleur de robe. ◇ HOM. *Haubert.*

AUBERGE [obɛʀʒ(ə)]. *n. f.* (1606 ; prov. *auberjo* ; a. fr. *herberge*. V. **Héberger**). Maison très simple, généralement à la campagne, où l'on trouve à loger et manger en payant. V. **Hôtellerie, restaurant; guinguette.** *Tenir auberge. L'enseigne d'une auberge. Garçon, fille, servante d'auberge.* « *Il dut s'accommoder d'une mauvaise chambre à l'auberge* » (BARRÈS). « *Il en est de la lecture comme des auberges espagnoles : on n'y trouve que ce qu'on y apporte* » (MAUROIS). ◇ Fig. *Prendre la maison de qqn pour une auberge* : s'y installer, aller y dîner souvent sans être invité, ni désiré. — *On n'est pas sorti de l'auberge* : les difficultés augmentent, vont nous retarder, nous retenir.

AUBERGINE [obɛʀʒin]. *n. f.* (1750 ; catalan *alberginia*; arabe *al-bâdindjân*, d'o. persane). ♦ **1°** Plante potagère (*Solanées*) cultivée pour ses fruits. ◇ Fruit oblong et violacé de cette plante, consommé comme légume. *Aubergines farcies.* ♦ **2°** Adj. invar. De la couleur violet foncé de l'aubergine. *Des costumes aubergine.* ♦ **3°** Fam. Auxiliaire féminine de la police parisienne, vêtue d'un uniforme aubergine.

AUBERGISTE [obɛʀʒist(ə)]. *n.* (1667 ; de *auberge*). Personne qui tient auberge. V. **Hôte, hôtelier, restaurateur.**

AUBETTE [obɛt]. *n. f.* (*aubette* ou *hobette*, fin XVᵉ; fin XVIIIᵉ « *maisonnette* »; de l'a. fr. *hobe*, moy. haut all. *hübe* « ce qui coiffe un édicule »). *Région.* (Belgique, Ouest de la France). Abri édifié sur la voie publique (kiosque à journaux, abri pour usagers des transports en commun). — Recomm. offic. pour *Abribus*.

AUBIER [obje]. *n. m.* (XIVᵉ; altér. de l'a. fr. *aubour; lat. alburnum*, de *albus* « blanc »). Partie tendre et blanchâtre qui se forme chaque année entre le bois dur (V. **Cœur**) et l'écorce d'un arbre. V. **Arbre.** *L'aubier, bois imparfait ou faux bois, durcit progressivement pour se transformer en bois parfait.*

AUBIN [obɛ̃]. *n. m.* (*Hobin*, 1534 ; « cheval », fin XVᵉ; angl. *hobby*). Allure défectueuse d'un cheval qui galope du train de devant et trotte du train de derrière (ou inversement).

AUBURN [obœʀn]. *adj. invar.* (1907 ; mot angl.). Se dit d'une couleur de cheveux châtain roux aux reflets cuivrés. V. **Acajou.** *Des cheveux auburn.*

AUCUBA [okyba]. *n. m.* (1796 ; jap. *aokiba*). Arbuste ornemental à feuilles persistantes vertes tachées de jaune, originaire d'Asie (*Cornacées*).

AUCUN, UNE [okœ̃, yn]. *adj.* et *pron.* (*Alcun*, 980, pron. ; lat. pop. *°aliquunus;* de *aliquis* « quelqu'un », et *unus* « un »).
I. Adj. ♦ **1°** Littér. *Avec une valeur positive.* Quelque, quelque ... que ce soit, qu'il soit. Dans les phrases comparatives, dubitatives ou hypothétiques. V. **Quelque.** « *Comme si la raison pouvait mépriser aucun fait d'expérience* » (BARRÈS) ou ♦ **2°** *Avec une valeur négative* (accompagné de la particule *ne* ou précédé de *sans*). V. **Pas** (un). *Aucun physicien n'ignore que... Il ne fait aucun cas de mon expérience. N'avoir aucun talent. Il n'y a plus aucun remède.* Ellipt. « *Avez-vous des nouvelles?* » — « *Aucune. Aucun autre. En aucune façon.* V. **Aucunement.** « *Elle ne perdait aucune occasion de recruter des adeptes* » (MART. du G.). — *Sans aucun doute.* V. **Moindre** (le). Littér. (après le nom) « *Le fût s'élance sans branche aucune et d'un seul jet* » (GIDE). ◇ AUCUNS, AUCUNES s'emploie lorsque le nom qu'il accompagne n'a pas de singulier. *Aucunes funérailles.*
II. Pron. ♦ **1°** *Avec une valeur positive. Aucun de*, quiconque parmi, l'un de. *Je doute qu'aucun d'eux réussisse. Il travaille plus qu'aucun de ses collègues.* — Vx ou littér. D'AUCUNS : certains, plusieurs. *D'aucuns pourront critiquer cette attitude.* ♦ **2°** *Avec une valeur négative* (accompagné de *ne* ou de *sans*). *Je ne connais aucun de ses amis, aucun d'eux. Il n'en est venu aucun. Il a parlé sans qu'aucun le contredît.* V. **Nul, personne.** *Je n'ai confiance en aucun autre que lui. Je n'en ai aucune de terminée.* — Ellipt. *Lequel préférez-vous?* — *Aucun.* ◈ ANT. *Beaucoup, maint, plusieurs, tous.*

AUCUNEMENT [okynmɑ̃]. *adv.* (1130 ; de *aucun*). En

aucune façon, en rien. — (Accompagné de *ne* ou de *sans*).
V. **Nullement, pas.** « *Je ne crains guère de choses et ne crains
aucunement la mort* » (LA ROCHEF.). — Ellipt. *Est-ce votre
avis? — Aucunement :* pas du tout.

AUDACE [odas]. *n. f.* (1130; lat. *audacia*, de *audax*).
♦ 1° Disposition ou mouvement qui porte à des actions
extraordinaires, au mépris des obstacles et des dangers.
La confiance en soi donne de l'audace. V. **Assurance, bravoure,
courage, cran, culot, décision, hardiesse, intrépidité.** *Une folle
audace.* « *Pour les vaincre, Messieurs, il nous faut de l'audace,
encore de l'audace, toujours de l'audace, et la France est
sauvée!* » (DANTON). ♦ 2° Procédé, détail qui brave les habitudes, les goûts dominants. V. **Innovation, originalité.**
« *L'exemple de Debussy montre qu'un vrai musicien peut
tout oser et faire de ses audaces des beautés nouvelles* » (R. ROL-
LAND). *Les audaces de la mode.* ♦ 3° *Péj.* Hardiesse impudente. V. **Aplomb, arrogance, culot, effronterie, impertinence,
impudence, inconvenance, insolence, outrecuidance, présomption, sans-gêne, toupet.** *Cet individu ne manque pas d'audace.
Il a eu l'audace de me contredire.* V. **Front.** ◇ ANT. Lâcheté,
peur, timidité. Humilité, réserve, respect.

AUDACIEUSEMENT [odasjøzmã]. *adv.* (XVe; de *audacieux*). Avec audace. ◇ ANT. Timidement.

AUDACIEUX, IEUSE [odasjø, jøz]. *adj.* et *n.* (1495; de
audace). ♦ 1° *Vieilli.* Qui a de l'audace (1°). V. **Courageux,
brave, hardi, intrépide.** *Trop audacieux.* V. **Téméraire.** —
Subst. *La fortune sourit aux audacieux.* ♦ 2° Mod. *(Choses).*
Qui dénote de l'audace. *Un audacieux cambriolage.* V.
Risqué. ◇ Qui s'écarte des règles, des voies ordinaires.
Conceptions audacieuses. V. **Hardi, neuf, nouveau, novateur.**
♦ 3° *Vieilli.* Qui est d'une hardiesse impudente. V. **Arrogant, effronté, insolent.** Subst. « *D'un jeune audacieux punissez
l'insolence* » (CORN.). ◇ ANT. Lâche, peureux, timide. Humble,
respectueux.

**AU-DEÇÀ, AU-DEDANS, AU-DEHORS, AU-DELÀ,
AU-DESSOUS, AU-DESSUS, AU-DEVANT** *(loc. adv.).*
V. Deçà, Dedans, etc.

AU-DELÀ [odla]. *n. m.* (fin XIXe; de *au*, et *delà*). Le monde
supraterrestre ; la vie, l'activité imaginée après la mort. *Dans
l'au-delà.* « *L'homme s'est plus souvent lié à l'au-delà qu'il
croit connaître qu'à celui qu'il sait ignorer* » (MALRAUX).
Un au-delà, des au-delàs.

AUDIBILITÉ [odibilite]. *n. f.* (1949; de *audible*). Qualité
de ce qui est audible. *Audibilité radiophonique :* degré d'intensité du son.

AUDIBLE [odibl(ə)]. *adj.* (1488; bas lat. *audibilis*, de
audire « entendre »). Qui est perceptible par l'oreille. *Sons
audibles, à peine audibles.* Subst. « *La voix se promène maintenant dans les plus hautes notes de la gamme et va, si ça continue,
dépasser l'audible* » (BAZIN). ◇ ANT. Inaudible.

AUDIENCE [odjãs]. *n. f.* (1160, « action d'écouter » ;
lat. *audientia*, de *audire* « entendre »). ♦ 1° *Littér.* Action
de bien vouloir écouter qqn. V. **Attention.** « *Je vous demande
un moment d'audience* » (MOL.). — *Par ext.* Intérêt porté
à qqch. par le public. « *C'est un des rares ouvrages qui aient
eu à la fois l'audience du lecteur moyen et l'estime du lecteur
délicat* » (MAUROIS). ♦ 2° Réception où l'on admet qqn
pour l'écouter. V. **Entretien, réception, rendez-vous.** *Demander, solliciter, obtenir une audience. Donner audience à qqn.
L'ambassadeur a été reçu en audience particulière.* ♦ 3° Séance
d'un tribunal. *Audience publique. Audience à huis clos.
Tenir audience. Ouvrir, suspendre, reprendre, lever l'audience.*
♦ 4° *Par ext.* Ceux à qui on donne audience ou qui assistent
à une audience. V. **Assistance, auditoire.**

AUDIENCIER [odjãsje]. *adj.* (XIVe; de *audience*). Dr.
Huissier audiencier, chargé du service de l'audience (3°).

AUDI-MUTITÉ [odimytite]. *n. f.* (v. 1900; du lat. *audire,*
et *mutité*). *Méd.* Mutité congénitale non associée à une surdité.

AUDIO-. Élément, du lat. *audio* « j'entends ».

AUDIOFRÉQUENCE [odjɔfrekãs]. *n. f.* (v. 1960; de
audio-, et *fréquence*). *Sc.* Fréquence à laquelle une vibration
d'un milieu matériel est perceptible par l'oreille humaine
normale. (On dit aussi *fréquence acoustique, fréquence musicale.*)

AUDIOGRAMME [odjɔgram]. *n. m.* (1951; de *audio-,*
et *-gramme*). Courbe de la sensibilité d'une oreille aux divers
sons.

AUDIOLOGIE [odjɔlɔʒi]. *n. f.* (mil. XXe; de *audio-,* et
-logie). *Méd.* Étude de l'audition.

AUDIOMÈTRE [odjɔmɛtr(ə)]. *n. m.* (1879; de *audio-,*
et *-mètre*). Appareil permettant de mesurer l'acuité auditive
ou d'évaluer le degré d'intensité d'un signal radioélectrique.

AUDIOPHONE [odjɔfɔn]. *n. m.* (1898; *audiphone,* 1880;
de *audio-,* et *-phone*). Petit appareil acoustique servant à renforcer les sons, que les gens qui entendent mal portent près
de l'oreille.

AUDIOPROTHÉSISTE [odjɔprɔtezist(ə)]. *n.* (v. 1960;

de *audio-,* et *prothésiste*). Prothésiste spécialiste des déficiences de l'ouïe.

AUDIO-VISUEL, ELLE [odjɔvizɥɛl]. *adj.* (1947; de
audio-, et *visuel*). Se dit d'une méthode pédagogique qui joint
le son à l'image (notamment dans l'apprentissage des langues).

AUDITEUR, TRICE [oditœr, tris]. *n.* (1230; lat. *auditor*).
♦ 1° Personne qui écoute. *Les auditeurs d'un conférencier,
d'un musicien.* V. **Auditoire, public, salle.** ◇ Ling. *Locuteur
et auditeur.* ◇ Spécialt. (XXe) Personne qui écoute la radio.
*Les auditeurs d'une émission. Chers auditeurs, chères audi-
trices.* ♦ 2° *Auditeur libre,* personne admise à assister à un
cours de faculté sans y être inscrite. ♦ 3° *Auditeur au Conseil
d'État, auditeur à la Cour des comptes :* fonctionnaire recruté
au concours et qui débute au Conseil d'État, à la Cour des
comptes. ◇ ANT. Orateur; locuteur.

AUDITIF, IVE [oditif, iv]. *adj.* (1361; du rad. de *audition*).
Qui se rapporte à l'ouïe. *Appareil auditif.* V. **Oreille.** *Conduit
auditif externe et interne. Sensations, impressions auditives.*
V. **Audition, son.** *Mémoire auditive,* des sons.

AUDITION [odisjɔ̃]. *n. f.* (déb. XIVe; lat. *auditio,* de *audire*
« entendre »). ♦ 1° Fonction du sens de l'ouïe, perception
des sons. *Troubles de l'audition.* ♦ 2° Action d'entendre ou
d'être entendu. *Juger d'une pièce de théâtre à la première
audition. Procéder à l'audition des témoins.* ◇ Séance d'essai
donnée par un artiste devant un directeur de théâtre, de
music-hall. V. **Essai.** *Demander une audition.* ◇ Séance musicale que donne un artiste.

AUDITIONNER [odisjɔne]. *v.* (1793, « entendre des
témoins »; de *audition*). ♦ 1° *V. intr.* (1922). Donner une
audition pour obtenir un engagement. ♦ 2° *V. tr.* (1953).
Écouter (un artiste) qui donne une audition dans l'intention
de l'engager. — *Abusiv.* Écouter pour juger. *Auditionner un
disque.*

AUDITOIRE [oditwar]. *n. m.* (XIIe; lat. *auditorium*).
♦ 1° L'ensemble des personnes qui écoutent. V. **Auditeur;
assemblée, assistance, audience, public.** *Il a joué devant un
nombreux auditoire. Émouvoir, toucher son auditoire.* ◇ Par
ext. L'ensemble des lecteurs. « *Je fais des vœux pour que ce
bon ouvrage rencontre l'auditoire qu'il mérite* » (DUHAM.).
♦ 2° *Région.* (Belgique, Suisse). Salle de conférences.

AUDITORAT [oditɔra]. *n. m.* (1846; de *auditeur*). Fonction d'auditeur au Conseil d'État, à la Cour des comptes.
Se préparer à l'auditorat.

AUDITORIUM [oditɔrjɔm]. *n. m.* (1906; mot lat.).
Salle spécialement aménagée pour les *auditions,* et *spécialt.*
les auditions musicales de radiodiffusion.

AUGE [oʒ]. *n. f.* (*Augie,* XIIe; lat. *alveus* « cavité », de
alvus « ventre »). ♦ 1° Bassin en pierre, en bois ou en métal
qui sert à donner à boire (V. **Abreuvoir**) ou à manger (V.
Mangeoire) aux animaux domestiques. — *Spécialt.* Mangeoire
du porc. *Les auges d'une porcherie.* « *Comme ces jeunes porcs
charmants quand ils reniflent de bonheur dans leur auge* »
(MAURIAC). ♦ 2° Récipient de bois dans lequel les maçons
délaient le plâtre. ♦ 3° Godet d'une roue hydraulique. *Roue
à auges.* V. **Auget.** ♦ 4° *Par anal.* Bassin circulaire dans
lequel se meut une meule. V. **Ripe.** *Auge d'un broyeur, d'un
concasseur,* etc. V. **Trémie.**

AUGÉE [oʒe]. *n. f.* (1458; de *auge*). *Vx.* Contenu d'une
auge.

AUGET [oʒɛ]. *n. m.* (XIIe; de *auge*). ♦ 1° Petite auge
pour oiseaux. ♦ 2° Petit seau ou godet fixé à la circonférence d'une roue hydraulique pour recevoir l'eau motrice.
Roue à augets. V. **Auge, godet.**

AUGMENT [ɔ(o)gmã]. *n. m.* (1690; « augmentation »,
fin XIIIe; lat. *augmentum*). *Gram.* Voyelle ajoutée devant le
radical des verbes commençant par une consonne, en grec.

AUGMENTABLE [ɔ(o)gmãtabl(ə)]. *adj.* (XVIe; de *augmenter*). Que l'on peut augmenter.

AUGMENTATIF, IVE [ɔ(o)gmãtatif, iv]. *adj.* (1370;
de *augmenter*). *Gram.* Affixe qui renforce le sens d'un
mot (ex. : *-on* dans *caisson*). ◇ ANT. Diminutif.

AUGMENTATION [ɔ(o)gmãtasjɔ̃]. *n. f.* (1290; lat.
augmentatio). ♦ 1° Action d'augmenter (I, II); son résultat.
V. **Accroissement, agrandissement; addition.** *Augmentation
graduelle, progressive.* V. **Gradation.** *Augmentation de volume.*
V. **Amplification, développement, dilatation, élargissement,
extension, gonflement, grossissement.** *Augmentation de longueur, de durée.* V. **Allongement, prolongation, prolongement.**
Augmentation de hauteur. V. **Élévation, hausse, montée.**
Augmentation de nombre, de quantité. V. **Multiplication.**
Augmentation de prix. V. **Majoration, montée.** *Augmentation
d'intensité.* V. **Accentuation, intensification, redoublement,
renforcement.** *Augmentation de capital* (dans une société).
♦ 2° *Absolt.* Accroissement d'appointements. *Demander
une augmentation.* ♦ 3° Ce que l'on ajoute à l'édition nouvelle d'un ouvrage. V. **Addition.** ◇ ANT. Diminution; baisse,
réduction.

AUGMENTER [ɔ(o)gmãte]. *v.* (1360; lat. imp. *augmen-
tare,* de *augere*).

I. *V. tr.* ♦ 1° Rendre plus grand, plus considérable par addition d'une chose de même nature. V. **Accroître, agrandir.** *Augmenter le volume.* V. **Amplifier, développer, élargir, étendre, gonfler, grossir.** *Augmenter la longueur, la durée.* V. **Allonger, étendre, prolonger, rallonger.** *Augmenter la hauteur.* V. **Élever, hausser.** *Augmenter le nombre, la quantité.* V. **Multiplier.** *Augmenter les prix, les salaires.* V. **Élever, hausser, grossir, majorer, valoriser.** *Augmenter la force.* V. **Intensifier, renforcer.** « *Madame de la Tour sentait augmenter son inquiétude* » (BERNARD. de ST-P.). *Édition revue et augmentée.* ♦ 2° S'AUGMENTER : devenir plus grand, plus considérable. *S'augmenter de qqch.* « *Tout homme sent son amour s'augmenter de son bonheur* » (GAUTIER). ♦ 3° Augmenter qqn, augmenter son salaire. V. **Augmentation.** *J'ai été augmenté ce mois-ci.*
II. *V. intr.* Devenir plus grand, plus considérable. V. **Croître, grandir, monter.** *La population augmente chaque année. Augmenter à vue d'œil. Aller en augmentant.* V. **Crescendo.** *Augmenter de volume.* V. **Enfler, gonfler.** *Les prix ont augmenté.* Par ext. *Le papier a augmenté, est plus cher.* V. **Renchérir.**
◊ ANT. **Diminuer; baisser, décroître, réduire.**

AUGURAL, ALE, AUX [ɔ(o)gyʀal, o]. *adj.* (1548; lat. *auguralis*). *Antiq.* Qui est relatif aux augures. *Art augural. Bâton augural.*

1. AUGURE [ɔ(o)gyʀ]. *n. m.* (1213; lat. *augur*). ♦ 1° *Antiq.* Prêtre chargé d'observer certains signes (éclairs et tonnerre; vol, nourriture et chant d'oiseaux, etc.), afin d'en tirer des présages. V. **Aruspices, devin.** ♦ 2° *Mod.* Personne qui fait des conjectures, prétend prédire l'avenir. V. **Devin, prophète.**

2. AUGURE [ɔ(o)gyʀ]. *n. m.* (1160; lat. *augurium*). ♦ 1° *Antiq.* Observation et interprétation des signes par les augures. *Prendre les augures.* — Présage tiré de cette observation. « *Toute la nature Conspire à t'avertir par un sinistre augure* » (VOLT.). ♦ 2° *Mod.* Tout ce qui semble présager qqch.; tout signe par lequel on juge de l'avenir. *Tout cela ne me dit rien de bon, n'est pas de bon augure. J'en accepte l'augure.* V. **Prédiction, présage.** « *Le suintement rouge du ciel à l'horizon lui parut d'un si funèbre augure qu'il referma la croisée* » (BARRÈS). *Oiseau de bon, de mauvais augure* : personne dont l'arrivée est d'un heureux ou d'un mauvais présage, ou qui annonce de bonnes, de mauvaises nouvelles.

AUGURER [ɔ(o)gyʀe]. *v. tr.* (1355; lat. *augurare*). ♦ 1° *Antiq.* En parlant des augures, Observer les signes et en tirer des présages. ♦ 2° (*Vieilli*). Inférer quelque événement futur d'une observation, d'un signe annonciateur ou symptomatique. V. **Conjecturer, deviner, pressentir, présumer, prévoir.** ◊ *Mod. Augurer une chose d'une autre*, en tirer quelque conjecture ou présage. V. **Présager.** « *Quelle est cette aventure? et qu'en puis-je augurer?* » (MOL.). « *Le temps présent est sombre, et je n'augure pas bien de l'avenir prochain* » (RENAN).

1. AUGUSTE [ɔ(o)gyst(ə)]. *adj.* (XVe; « consacré par les augures », XIIIe; lat. *augustus*). Qui inspire un grand respect de la vénération ou qui en est digne. V. **Grand, noble, respectable, sacré, saint, solennel, vénérable.** *Une auguste assemblée. L'ombre « Semble élargir jusqu'aux étoiles Le geste auguste du semeur* » (HUGO). ◊ ANT. **Bas, méprisable.**

2. AUGUSTE [ɔgyst(ə)]. *n. m.* (1898; adapt. d'une expression allemande d'apr. *auguste* 1, par antiphrase). Type de clown, pitre au maquillage violent et caricatural (s'oppose aux « clowns blancs », ou clowns proprement dits).

AUGUSTINIEN, IENNE [ɔ(o)gystinjɛ̃, jɛn]. *adj.* (1751; de saint *Augustin*). ♦ 1° Qui concerne saint Augustin, sa pensée. ♦ 2° Qui adopte sa théorie sur la grâce.

AUJOURD'HUI [oʒuʀdɥi]. *adv.* et *n. m.* (XIIe; de *au, jour, d'*, et *hui*; forme renforcée de *hui*; lat. *hodie* « en ce jour », de *hoc*, et *die*). ♦ 1° En ce jour même, au jour où l'on est; par ext. *Subst.* Ce jour même. *Il part aujourd'hui. Il y a aujourd'hui huit jours qu'il est arrivé. Il doit partir dès aujourd'hui. L'affaire a été renvoyée à aujourd'hui après-midi. C'est tout pour aujourd'hui. Jusqu'aujourd'hui, jusqu'à aujourd'hui.* Pop. *Au jour d'aujourd'hui.* « *Rien ne ressemble mieux à aujourd'hui que demain* » (LA BRUY.). Littér. *N. m.* Le jour présent. « *Le vierge, le vivace et le bel aujourd'hui* » (MALLARMÉ). « *Tous les aujourd'huis* » (PÉGUY). ♦ 2° Par ext. Au temps où nous sommes; par ext. *Subst.* Le temps où nous sommes. V. **Actuellement, maintenant, moment** (en ce), **présent** (à); Cf. À l'époque actuelle, à l'heure qu'il est, de nos jours. *Les États-Unis d'aujourd'hui.* « *Les hommes ont été de tout temps ce qu'ils sont aujourd'hui, égoïstes, avares et sans pitié* » (FRANCE). ◊ *Opposé à* demain). « *Aujourd'hui dans un casque et demain dans un froc* » (BOIL.). ◊ ANT. **Demain, hier.**

AULNAIE ou **AUNAIE** [onɛ]. *n. f.* (XVe; *aunoie*, XIVe; de *aulne*). Lieu planté d'aulnes.

AULNE ou **AUNE** [on]. *n. m.* (XIIe; lat. *alnus*). Arbre (*Bétulinées*) qui croît en Europe dans les lieux humides.

« *Des aulnes décelaient un bas-fond* » (MAURIAC). *Bois d'aune. Le roi des aulnes* (ballade allemande). ◊ HOM. **Aune.**

AULOF(F)ÉE [ɔlɔfe]. *n. f.* (1771; de *au lof*, et suff. *-ée*). *Mar.* Mouvement du bateau qui lofe, qui vient au vent. V. **Abattée, acculée.**

AULX. *n. m. pl.* V. **AIL.**

AUMÔNE [ɔ(o)mon]. *n. f.* (*Almosne*, fin XIe; lat. pop. °*aumosina*, du lat. ecclés. d'o. gr. *eleemosyna*). ♦ 1° Don charitable fait aux pauvres. V. **Bienfait, charité, don, obole.** *Recueillir des aumônes.* V. **Quête.** *La misère l'a réduit à vivre d'aumône. Demander l'aumône.* V. **Charité; mendier, tendre** (la main). *Faire l'aumône à un mendiant.* « *Donnez, riches! L'aumône est sœur de la prière* » (HUGO). « *L'aumône avilit également celui qui la reçoit et celui qui la fait* » (FRANCE). ♦ 2° *Fig.* Faveur sollicitée humblement ou accordée par grâce. V. **Grâce.** *Accordez-lui l'aumône d'un regard.*

AUMÔNERIE [ɔ(o)monʀi]. *n. f.* (1190; de *aumônier*). ♦ 1° Charge d'aumônier. ♦ 2° Ensemble des aumôniers. *L'aumônerie militaire.*

AUMÔNIER [ɔ(o)monje]. *n. m.* (*Almosnier*, 1080; de *aumône*). ♦ 1° *Ancienn.* Ecclésiastique qui desservait la chapelle d'un grand, d'un prélat. V. **Chapelain.** — *Grand aumônier de France*, titre du premier aumônier de la cour des rois de France. ♦ 2° *Mod.* Ecclésiastique chargé de l'instruction religieuse, ou de la direction spirituelle dans un établissement, un corps. *L'aumônier du lycée, du régiment.* V. **Ministre** (du culte).

AUMÔNIÈRE [ɔ(o)monjɛʀ]. *n. f.* (XIIe; de *aumône*) Bourse à coulant qu'on portait autrefois à la ceinture. — *Mod. Aumônière de première communiante.*

AUMUSSE [omys]. *n. f.* (XIIe; « coiffure »; lat. médiév *almutia*; o. i.). *Ancienn.* Fourrure que les chanoines et les chantres portaient sur le bras en allant à l'office.

AUNAIE. V. **AULNAIE.**

1. AUNE [on]. *n. f.* (*Alne*, 1080; frq. °*alina* « avant-bras »). Ancienne mesure de longueur (1,18 m, puis 1,20 m) supprimée en 1840. *Longueur d'une aune ou aunée. Mesurer à l'aune* (auner). Fig. « *Tirant une langue d'une aune* » (FRANCE), une longue langue. *Mesurer les autres à son aune* : juger des autres d'après soi-même. ◊ HOM. **Au(l)ne.**

2. AUNE. *n. m.* V. **AULNE.**

AUNÉE [one]. *n. f.* (*Elnée*, XIIIe; lat. pop. °*elena*, de (*h*)*elenium*, d'o. gr.). Plante (*Composacées* ou *Composées*) à fleurs jaunes. *Grande aunée*, ou *Aunée officinale* : variété dont la racine est tonique et aromatique. V. **Inuline.**

AUPARAVANT [oparavɑ̃]. *adv.* (XIVe; de *au, par*, et *avant*). Avant tel événement, telle action (priorité dans le temps). *Vous me raconterez cela, mais auparavant asseyez-vous. Un mois auparavant.* ◊ ANT. **Après.**

AUPRÈS [opʀɛ]. *loc. prép.* et *adv.* (1424; de *au*, et *près*). **I.** *Loc. prép.* AUPRÈS DE. ♦ 1° Tout près de (surtout avec un nom de personne). V. **Côté** (à), **près.** *Approchez-vous, venez vous asseoir auprès de moi.* « *Enivré du charme de vivre auprès d'elle* » (ROUSS.). — *Avoir accès auprès de qqn.* ♦ 2° *Fig.* (Rapports que l'on a avec une personne, une collectivité). *L'ambassadeur de Sa Majesté britannique auprès de la République française.* ♦ 3° (Point de vue). *Il passe pour un impoli auprès d'elle : à ses yeux, dans son esprit.* ♦ 4° En comparaison de. *Ce service n'est rien auprès de ce qu'il a fait pour moi.* « *Que la réalité était triste et ennuyeuse auprès de mon songe* » (FRANCE).
II. *Adv. Littér.* Tout près, dans le voisinage. *Les lieux situés auprès.* « *Les autres, étendus tout auprès pour dormir* » (GIDE). ◊ ANT. **Loin.**

AUQUEL [okɛl]. *pron. rel.* V. **LEQUEL.**

AURA [ɔ(o)ʀa]. *n. f.* (1793; mot lat. « souffle »). ♦ 1° *Physiol. anc.* Émanation ou principe subtil d'un corps, d'une substance. — *Sc. occultes.* Sorte de halo enveloppant le corps, visible aux seuls initiés. ◊ *Fig.* (1923) Atmosphère qui entoure ou semble entourer un être. V. **Ambiance, atmosphère, émanation.** « *L'être ne meurt pas de suite pour nous, il reste baigné d'une espèce d'aura de vie* » (PROUST). ♦ 2° (1846). *Méd., vx.* Sensation d'une sorte de vapeur qui semble sortir du tronc et des membres, avant l'invasion des attaques d'épilepsie et d'hystérie (LITTRÉ). *Aura hystérique, épileptique.* — *Mod.* Toute sensation ou ensemble de symptômes divers qui marquent le début d'une attaque, d'une crise d'épilepsie, etc. « *Peut-être une douleur secrète qui me traversera la poitrine, précédant, comme une aura, l'éclair de la foudre* » (DUHAM.).

AURANTIACÉES [ɔ(o)ʀɑ̃tjase]. *n. f. pl.* (1846; du lat. bot. *aurantium* « oranger », de *aurum* « or »). *Bot.* Famille de plantes dicotylédones dialypétales, à laquelle se rattachent l'oranger trifolioié, le kumquat et les divers *citrus* (V. **Agrumes**).

AURÉLIE [ɔ(o)ʀeli]. *n. f.* (1845; de l'it. *aurelio* « doré », lat. *aurum* « or »). Méduse rose, blanche, mauve, fréquente dans nos mers (*Acalèphes*).

AURÉOLE [ɔ(o)ʀeɔl]. *n. f.* (*Auriole*, fin XIIIe; lat. ecclés.

(corona) aureola « couronne d'or »). ♦ 1° Cercle doré ou coloré dont les peintres entourent la tête de Jésus-Christ, de la Vierge et des saints. V. **Nimbe.** ♦ 2° Cercle lumineux que l'œil voit autour d'un objet. *Auréole de la Lune, du Soleil.* V. **Halo.** ♦ 3° *Fig.* Degré de gloire qui distingue les saints dans le ciel. — Par ext. *L'auréole du martyre.* V. **Couronne, éclat, gloire, prestige.** *Entourer, parer qqn d'une auréole.* V. **Auréoler.** ◇ Éclat qui semble émaner de qqn. V. **Émanation; atmosphère, aura.** « *La richesse et le bonheur répandent une auréole autour de leurs favoris* » (BALZ.). ♦ 4° Trace circulaire laissée sur le papier, le tissu par une tache qui a été nettoyée. *Produit qui détache sans former d'auréoles.*

AURÉOLER [ɔ(o)ʀeɔle]. *v. tr.* (1867; de *auréole*). ♦ 1° Entourer d'une auréole. V. **Ceindre.** « *La tête auréolée par sa coiffe paysanne* » (GENEVOIX). ♦ 2° *Fig.* Donner de l'éclat, du prestige. V. **Glorifier, magnifier.** *Mirabeau « a laissé un grand nom, que la légende auréole* » (BARTHOU). Pronom. « *Il s'auréolait de prestige à mes yeux* » (GIDE). Au p. p. (1856) *Auréolé de gloire.*

AURÉOMYCINE [ɔ(o)ʀeɔmisin]. *n. f.* (v. 1950; du lat. *aureus* « d'or », et *-myc(e)*). Antibiotique *(streptomyces aureofaciens)* utilisé sous la forme d'une poudre jaune d'or, qui agit sur de nombreuses bactéries.

AURICULAIRE [ɔ(o)ʀikylɛʀ]. *adj.* et *n. m.* (1532; bas lat. *auricularius,* de *auricula.* V. **Oreille**). I. ♦ 1° Qui a rapport à l'oreille. *Pavillon auriculaire.* — *Témoin auriculaire,* qui a entendu de ses propres oreilles ce qu'il raconte ou dépose. ♦ 2° N. m. *L'auriculaire :* le petit doigt de la main (sa petitesse permet de l'introduire dans l'oreille). II. *Anat.* Qui a rapport aux oreillettes et auricules du cœur. *Appendice auriculaire.*

AURICULE [ɔ(o)ʀikyl]. *n. f.* (1377, « petite oreille »; lat. *auricula.* V. **Oreille**). *Anat.* Diverticule prolongeant les oreillettes du cœur. *Auricule droite. Auricule gauche.*

AURIFÈRE [ɔ(o)ʀifɛʀ]. *adj.* (1532; lat. *aurifer,* de *aurum* « or », et *-fère*). Qui contient de l'or. *Sable, rivière, terrain aurifère.*

AURIFICATION [ɔ(o)ʀifikasjɔ̃]. *n. f.* (1858; de *aurifier*). Action d'aurifier. *Aurification d'une dent.*

AURIFIER [ɔ(o)ʀifje]. *v. tr.* (1863; du lat. *aurum* « or »). Obturer (une dent) avec de l'or. ◇ HOM. *Horrifier.*

AURIGE [ɔʀiʒ]. *n. m.* (1834; popularisé, fin XIXe, par les découvertes de Delphes; lat. *auriga* « cocher »). Antiq. Conducteur de char, dans les courses. *L'aurige de Delphes,* célèbre bronze grec trouvé dans le sanctuaire.

AURIGNACIEN, IENNE [ɔʀiɲasjɛ̃, jɛn]. *adj.* et *n. m.* (XXe; de *Aurignac*). Se dit de l'industrie préhistorique d'Aurignac (début du paléolithique supérieur) qui présente les premières œuvres d'art. — N. m. Période de cette industrie.

1. AURIQUE [ɔ(o)ʀik]. *adj.* (1797; néerl. *oorig*). *Mar.* Se dit des voiles qui ont la forme d'un quadrilatère irrégulier et sont fixées à un étai, une draille ou une corne.

2. AURIQUE [ɔʀik]. *adj.* (1846; lat. *aurum* « or »). *Chim.* Qui contient ou se rapporte à l'or trivalent. *Chlorure aurique. Traitement aurique.*

AUROCHS [ɔ(o)ʀɔk(s)]. *n. m.* (XVIIIe; *ouroflz,* 1414; all. *Auerochs,* de *Ochs* « bœuf », et *Auer.* Auer qui a donné le lat. *urus.* V. **Ure**). Mammifère ongulé *(Bovidés-bovinés),* bœuf sauvage de grande taille dont l'espèce est en voie d'extinction.

AURORAL, ALE, AUX [ɔ(o)ʀɔʀal, o]. *adj.* (1866; de *aurore*). De l'aurore, spécialt. de l'aurore polaire. *Radiations aurorales.*

AURORE [ɔ(o)ʀɔʀ]. *n. f.* (XIIIe; lat. *aurora*). I. Lueur brillante et rosée qui suit l'aube et précède le lever du soleil; moment où le soleil va se lever. *Lumière de l'aurore.* Se lever à l'aurore, dès l'aurore, avant l'aurore. V. **Aube.** « *Une longue jonque de nuages, amarrée au ras de l'horizon, retardait seule le premier feu de l'aurore* » (COLETTE). Poét. « *Quand l'Aurore avec ses doigts de rose entr'ouvrira les portes dorées de l'Orient* » (FÉN.). — *Fig.* V. **Aube, commencement, origine.** « *Ces actes ne sont qu'une ébauche et comme l'aurore de la réforme* » (BOSS.). — (ANT. **Brune, crépuscule.**) II. (1646, *aurore boréale*). *Aurore polaire :* arc lumineux (jet d'électrons solaires) qui apparaît dans les régions polaires de l'atmosphère. *Aurore boréale, australe.*

AUSCULTATION [ɔ(o)skyltasjɔ̃]. *n. f.* (1819; « action d'écouter, examen », 1570; lat. *auscultatio.* V. **Ausculter**). Action d'écouter les bruits qui se produisent à l'intérieur de l'organisme pour faire un diagnostic. V. **Exploration, percussion, succussion.** *Auscultation immédiate,* par application de l'oreille sur la partie à explorer. *Auscultation médiate,* par interposition d'un instrument. V. **Stéthoscope.** « *À l'auscultation, ceux qui me soignent affirment qu'ils ne trouvent rien* » (MART. du G.).

AUSCULTATOIRE [ɔ(o)skyltatwaʀ]. *adj.* (XXe; de *auscultation*). Qui a rapport à l'auscultation. *Signes auscultatoires. Méthode auscultatoire.*

AUSCULTER [ɔ(o)skylte]. *v. tr.* (1819; « examiner », XVIe; lat. *auscultare* « écouter »). Explorer les bruits de l'organisme par l'auscultation. *Ausculter les bronches, le cœur. Ausculter un malade.* « *En m'auscultant il découvrit à mon abdomen des cavités inquiétantes* » (GIDE).

AUSPICE [ɔ(o)spis]. *n. m.* (*Euspice,* XIVe; lat. *auspicium,* de *avis* « oiseau », et *spicere* « examiner »). ♦ 1° *Antiq. rom.* Observation des oiseaux, présage tiré du vol, des mouvements, de l'appétit, du chant des oiseaux, etc. V. **Augure (2), présage, signe.** ♦ 2° *Fig.* et mod. *Sous de favorables, d'heureux, de riants auspices. Sous de fâcheux, funestes, tristes auspices.* V. **Condition, influence, présage.** « *Deux jeunes époux, unis sous d'heureux auspices* » (ROUSS.). — *Sous les auspices de qqn,* avec son appui, en invoquant sa recommandation. *Faire, entreprendre une chose sous les auspices de qqn.* V. **Appui, direction, égide, patronage, protection.** ◇ HOM. *Hospice.*

AUSSI [osi]. *adv.* et *conj.* (*Alsi,* déb. XIIe; lat. pop. *alidsic,* de *aliud* « autre », et *sic* « ainsi »). I. *Adv.* ♦ 1° Terme de comparaison accompagnant un adjectif ou un adverbe, exprimant un rapport d'égalité. V. **Autant, également.** *Il est aussi grand que vous; aussi grand que beau. Il s'est conduit tout aussi mal que la dernière fois. Aussi vite que vous le pourrez, que possible. D'aussi loin qu'il me vit.* « *Il a été aussi amical et aussi ouvert avec moi que le permet son caractère froid* » (STENDHAL). — AUSSI BIEN... QUE. *On n'est jamais aussi bien servi que par soi-même.* ◇ AUSSI... avec ellipse du second terme de comparaison. V. **Si.** *Je n'ai jamais rien vu d'aussi joli (que cela). Je ne pensais pas qu'il était aussi vieux.* « *La voyant dans une situation aussi brillante, je l'ai suppliée de vous envoyer quelques secours* » (BERNARD. de ST-P.). ◇ *Avant le verbe,* au sens de *bien que.* V. **Pour, quoique, si.** « *Ce corps contre son corps, aussi léger qu'il fût, l'empêchait de respirer* » (MAURIAC). *Aussi invraisemblable que cela paraisse. Aussi riche soit-il.* ♦ 2° De la même façon. V. **Pareillement.** En phrase affirmative. *Lorsque le physique est atteint, le moral l'est aussi. C'est aussi mon avis.* V. **Également.** *Moi aussi je pars. Et moi aussi.* V. **Itou** *(pop.). Dormez bien. — Vous aussi.* V. **Même** (de). ◇ (En phrase négative) *Vx* ou *fam.* lorsque la négation est sentie comme un fait positif. « *Et vous aussi, vous n'êtes pas heureux?* » (FROMENTIN) : vous non* plus. ◇ AUSSI BIEN. *Je pourrais aussi bien refuser.* — AUSSI BIEN QUE : de même que. V. **Autant (que), comme.** « *Un génie aussi bien qu'une montagne, vus de trop près, épouvantent* » (HUGO). « *L'absence est aussi bien un remède à la haine Qu'un appareil contre l'amour* » (LA FONT.). ♦ 3° Pareillement et de plus. V. **Encore, outre** (en), **plus** (en). *Il parle l'anglais et aussi l'allemand. Apprendre ne suffit pas, il faut aussi retenir. Non seulement... mais aussi.* — MAIS AUSSI, mais au surplus, d'ailleurs. *Mais aussi pourquoi a-t-il accepté?* — AUSSI BIEN (Littér.). V. **Ailleurs** (d'). « *Vous êtes aussi bien le véritable roi* » (CORN.). *Puisqu'aussi bien vous partez.* — Une valeur copulative, devant une causale) « *Qu'il périsse ! Aussi bien ne vit plus rien pour nous* » (RAC.). II. *Conj.* Marque un rapport de conséquence avec la proposition qui précède. *L'égoïste n'aime que lui, aussi tout le monde l'abandonne.* V. **Conséquence** (en), **pourquoi** (c'est). *Ces étoffes sont belles, aussi coûtent-elles cher.*

AUSSIÈRE. V. **HAUSSIÈRE.**

AUSSITÔT [osito]. *adv.* (XIIIe; de *aussi,* et *tôt*). ♦ 1° Dans le moment même, au même instant. *J'ai compris aussitôt ce qu'il voulait.* V. **Abord** (dès l'). *Il s'enfuit aussitôt, tout aussitôt.* V. **Immédiatement; illico** *(fam.),* **incontinent, instantanément** (Cf. À l'instant, sur-le-champ, tout de suite). *Aussitôt après son départ.* ♦ 2° Loc. conj. AUSSITÔT QUE. *Il le reconnut aussitôt qu'il le vit.* V. **Dès.** *Aussitôt qu'il fut parti, l'autre arriva.* V. **Sitôt.** — Ellipt. (Littér.) *Aussitôt qu'arrivés (aussitôt qu'ils furent arrivés).* — (Cour.) *Aussitôt arrivé, il se coucha. Aussitôt la lettre reçue, vous partirez.* Loc. *Aussitôt dit, aussitôt fait,* il dit la chose et la fait aussitôt.

AUSTÉNITE [ostenit]. *n. f.* (déb. XXe; de *Austen,* métallurgiste angl.). *Métall.* Constituant micrographique des aciers (à face cubique centrée) contenant une solution d'environ 2 % de carbone. V. **Ferrite.**

AUSTÈRE [ɔ(o)stɛʀ]. *adj.* (1120, « âpre », et « austère »; lat. *austerus,* du gr.). ♦ 1° Qui se montre sévère pour soi, retranche sur ses aises et ses plaisirs. V. **Ascète, puritain, rigoriste, sévère, sobre, spartiate, stoïcien.** Par ext. V. **Dur, rigoureux.** *La vie austère d'un ascète.* V. **Ascétique.** « *Ses disciples menaient une vie fort austère, jeûnaient fréquemment et affectaient un air triste et soucieux* » (RENAN). *Morale, règle, discipline austère. Une vertu austère.* ♦ 2° Par ext. Triste et froid; sans ornement. V. **Sévère.** *Cette robe est un peu austère. Un monument austère.* « *Il n'y a qu'à voir ce dessin, tout à fait le style de Meidias en plus austère, en moins orné* » (N. SARRAUTE). ◇ ANT. **Dissolu, voluptueux. Aimable, gai.**

AUSTÈREMENT [ɔ(o)stɛʀmã]. *adv.* (1212; de *austère*). D'une manière austère.

AUSTÉRITÉ [ɔ(o)steʀite]. *n. f.* (XIIIe; lat. *austeritas*). ♦ 1° Caractère de ce qui est austère (1°). *L'austérité de* *l'ascète, du puritain.* V. **Ascétisme, puritanisme, rigorisme, sobriété, stoïcisme.** *L'austérité d'une vie, des mœurs, d'une morale.* V. **Sévérité; dureté, rigidité, rigueur.** « *Élevé dans un milieu d'austérité protestante* » (LOTI). ◊ *Caractère de ce qui est austère* (2°). *L'austérité d'une façade.* ♦ 2° *Plur.* Exercices, pratiques austères. V. **Abstinence, ascèse, mortification, pénitence.** « *Elle aimait tout dans la vie religieuse, jusqu'à ses austérités et à ses humiliations* » (BOSS.). ◊ ANT. Facilité, plaisir.

AUSTRAL, ALE, ALS [ɔ(o)stʀal]. *adj.* (1372; lat. *australis*, de *auster* « vent du midi »). Qui est au sud du globe terrestre. *Pôle austral.* V. **Antarctique, sud.** *Hémisphère austral. Afrique australe.* Spécialt. *Terres australes*, avoisinant le pôle sud. ◊ ANT. Boréal.

AUSTRALOPITHÈQUE [ɔ(o)stʀalɔpitɛk]. *n. m.* (1959; de *austral*, et *-pithèque*). Anthropoïde découvert en Afrique du Sud, qui savait déjà tailler la pierre et faire du feu.

AUTAN [otɑ̃]. *n. m.* (1560; mot prov., du lat. *altanus* « vent de la haute mer »). Nom que l'on donne dans le Midi de la France au vent orageux qui souffle du Sud ou du Sud-Ouest. — Poét. *Les autans*, les vents impétueux. ◊ HOM. Autant.

AUTANT [otɑ̃]. *adv.* (*Altant*, 1190; du lat. *alterum* « autre », et *tantum* « tant »). ♦ 1° AUTANT QUE. Marque une relation d'égalité entre deux termes de comparaison (verbes). « *Je lis la Bible autant que l'Alcoran* » (BOIL.). V. **Aussi** (bien). En même quantité, au même degré, au même titre, dans la même mesure. *J'en souffre autant que vous.* V. **Comme.** *Il travaille autant qu'il peut.* « *Je te hais autant que je t'aime* » (BAUDEL.). *Rien ne plaît autant que la nouveauté.* Ellipt. *Autant partir tout de suite, dire la vérité, il est aussi avantageux de.* ◊ *Dans la mesure où. Autant qu'il est possible, autant que possible. Autant que je sache.* On n'est respecté qu'autant qu'on est juste. « *La plupart des hommes ne pensent qu'autant qu'ils parlent* » (R. ROLLAND). ♦ 2° AUTANT DE (avec un substantif), la même quantité, le même nombre de. *Il est né autant de garçons que de filles. J'ai autant d'estime pour son livre que pour le vôtre.* PROV. *Autant d'hommes, autant d'avis.* — (Avec *en*) La même chose. *Tâchez d'en faire autant. Je ne peux en dire autant.* — (Absolt.) *Pour autant* : pour cela. *Il a fait un effort mais il n'en est pas moins paresseux pour autant.* — (*Sans comparaison*) Une telle quantité, un tel nombre de. *Je ne pensais pas qu'il aurait autant de patience.* V. **Tant.** ♦ 3° AUTANT... AUTANT... introduisant les éléments d'une comparaison. *Autant il est charmant avec elle, autant il est désagréable avec nous.* ♦ 4° *Loc. adv.* D'AUTANT, à proportion. *Cela augmente d'autant son profit.* Absolt. *Bien d'autant* : beaucoup, encore plus. — *Loc. conj.* D'AUTANT QUE, vu, attendu que. *D'autant plus, d'autant mieux, d'autant moins que.* « *Il faut procéder avec circonspection; d'autant que les fautes qu'on y peut faire sont d'une dangereuse conséquence* » (MOL.). — *Loc. conj.* D'AUTANT PLUS QUE, encore plus, à mesure que, pour la raison que. « *La chaleur était suffocante, d'autant plus qu'on ne sentait pas l'espace et le vent de la mer* » (DAUD.). — *Loc. adv.* D'AUTANT PLUS. « *Si on lui objecte que ce prêtre est protestant, il répond qu'il devait y aller d'autant plus* » (MADELIN). *D'autant plus !* à plus forte raison. — D'AUTANT MIEUX (QUE), encore mieux pour la raison que. *La chaleur se conserve d'autant mieux que vous fermez plus vite la marmite.* — D'AUTANT MOINS (QUE), encore moins pour la raison que. ◊ ANT. Moins, plus. — HOM. Autan.

AUTARCIE [otaʀsi]. *n. f.* (1911; « sobriété, frugalité », 1793; gr. *autarkeia*, de *autos* « soi-même », et *arkein* « suffire »). État d'un pays qui se suffit à lui-même, n'a pas besoin de l'étranger pour satisfaire à ses besoins; économie fermée. *Vivre en autarcie. Politique d'autarcie, d'isolement économique.* V. **Autoconsommation.**

AUTARCIQUE [otaʀsik]. *adj.* (1938; de *autarcie*). Fondé sur l'autarcie. *Politique autarcique.*

AUTEL [ɔ(o)tɛl]. *n. m.* (*Alter*, fin XIe; lat. *altare*, de *altus* « haut »). ♦ 1° *Antiq.* Tertre de gazon, table de pierre à l'usage des sacrifices offerts aux dieux. *Dresser, élever un autel. Autel domestique.* V. **Laraire.** « *On dresse deux autels de gazon. L'encens fume, le sang des victimes coule* » (FÉN.). — Par ext. *Dresser, élever des autels à qqn,* l'égaler à une divinité. « *La chute de l'idole aimé est d'autant plus profonde qu'la l'avaient érigé sur un plus sublime autel* » (MAURIAC). ♦ 2° *Liturg.* Table où l'on célèbre le sacrifice chrétien, où l'on célèbre la messe. *L'autel d'une chapelle. Les nombreux autels d'une cathédrale. L'autel se dresse au milieu du chœur* (V. **Maître-autel**). *Le sanctuaire. Table d'autel. Peinture d'autel* : retable. *Autel portatif* : pierre consacrée qui peut être transportée hors de l'église pour dire la messe. — Loc. *S'approcher de l'autel,* communier, en parlant des fidèles. — Fig. *Aller à l'autel* : se marier. *Conduire, suivre une personne à l'autel* : l'épouser. ♦ 3° *Fig.* L'AUTEL, la Religion, l'Église. *Le trône et l'autel.* ◊ HOM. Hôtel.

AUTEUR [otœʀ]. *n. m.* (XIIe lat. *auctor* « celui qui accroît, qui fonde »). ♦ 1° Personne qui est la première cause d'une chose, à l'origine d'une chose. V. **Cause, créateur, principe.** « *L'auteur de l'univers* » (LA FONT.). V. **Dieu.** *Être l'auteur de son destin, de ses propres maux.* V. **Artisan.** *L'auteur d'un système, d'une découverte.* V. **Fondateur, inventeur.** *Il nie être l'auteur du crime. Ils sont les principaux auteurs de la sédition.* V. **Initiateur, promoteur, responsable.** « *J'en suis le seul auteur, elle n'est que complice* » (CORN.). Poét. « *Les auteurs de mes jours* » (RAC.), mes parents. ◊ Dr. (*Opposé à ayant cause*) Celui de qui on tient un droit, une obligation. ♦ 2° Personne qui a fait un ouvrage de littérature, de science ou d'art. *L'auteur d'un livre. L'auteur d'une géographie, d'un tableau, d'un opéra. Auteur inconnu, anonyme.* ♦ 3° Absolt. Personne qui a fait un ou plusieurs ouvrages littéraires. V. **Écrivain, lettres** (homme, femme de). *Cet auteur a beaucoup écrit.* « *Des femmes auteurs* » (ROUSS.). *Colette est un auteur célèbre. Étudier les œuvres des grands auteurs;* par ext. *Étudier, citer un auteur. Auteur qui publie chez tel éditeur. Droit d'auteur, de propriété littéraire* : droit exclusif d'exploitation qui appartient à l'auteur sur son œuvre. V. **Copyright.** *Droits d'auteur* : profits pécuniaires résultant de cette exploitation. ◊ HOM. Hauteur.

AUTHENTICITÉ [ɔ(o)tɑ̃tisite]. *n. f.* (*Autenticité*, 1557; de *authentique*). Caractère de ce qui est authentique. ♦ 1° Dr. *Authenticité d'un acte public, notarié* : qualité d'un acte reçu avec les solennités requises par un officier public compétent et capable d'instrumenter. *Contester, nier l'authenticité d'un acte.* ♦ 2° Qualité d'un écrit, d'un discours, d'une œuvre émanant réellement de l'auteur auquel on l'attribue. *Vérifier l'authenticité d'un document, d'un tableau. L'authenticité d'une signature.* ♦ 3° Par ext. Qualité d'un fait qui mérite d'être cru, qui est conforme à la vérité. *L'authenticité d'un événement historique.* V. **Véracité.** ♦ 4° Par ext. (XXe). Qualité d'une personne, d'un sentiment authentique (4°). V. **Sincérité; naturel, vérité.** « *Ce qui me plaît dans Montherlant c'est un accent d'indéniable authenticité* » (GIDE). ◊ ANT. Fausseté, imitation.

AUTHENTIFICATION [ɔ(o)tɑ̃tifikasjɔ̃]. *n. f.* (1933; de *authentifier*). Action d'authentifier.

AUTHENTIFIER [ɔ(o)tɑ̃tifje]. *v. tr.* (1863; de *authentique*, d'apr. *certifier*). Rendre authentique. V. **Authentiquer.** *L'intervention de l'état civil authentifie les naissances, les mariages et les décès.* V. **Certifier, constater, légaliser.** *Un sceau authentifie cette pièce.*

AUTHENTIQUE [ɔ(o)tɑ̃tik]. *adj.* (*Autentike*, XIIe; lat. jur. *authenticus*, du gr.). ♦ 1° Dr. *Acte authentique* (*opposé à acte sous seing privé*) : qui fait foi par lui-même jusqu'à inscription de faux, en raison des formes légales dont il est revêtu. V. **Solennel; notarié, public** (acte). *Testament authentique.* — Par ext. Qui est attesté, certifié conforme à l'original. *Copie authentique.* ♦ 2° Qui est véritablement de l'auteur auquel on l'attribue. *Livre authentique* (*opposé à apocryphe*). *Évangiles authentiques.* V. **Canonique.** *Un Rembrandt authentique.* ♦ 3° Par ext. Dont l'autorité, la réalité, la vérité ne peut être contestée. V. **Assuré, avéré, certain, établi, exact, incontestable, indéniable, indiscutable, indubitable, réel, sûr, véridique, véritable, vrai.** *Fait, histoire authentique.* ♦ 4° Par ext. (XXe). Qui exprime une vérité profonde de l'individu et non des habitudes superficielles, des conventions. V. **Sincère; juste, naturel, vrai.** « *Je crois que les sentiments authentiques sont extrêmement rares et que l'immense majorité des êtres humains se contentent de sentiments de convention qu'ils s'imaginent réellement éprouver* » (GIDE). ◊ ANT. Privé. Apocryphe, falsifié, faux, inauthentique. Douteux, incertain, irréel. Affecté, conventionnel.

AUTHENTIQUEMENT [ɔ(o)tɑ̃tikmã]. *adv.* (déb. XIVe; de *authentique*). D'une manière authentique.

AUTHENTIQUER [ɔ(o)tɑ̃tike]. *v. tr.* (1265; de *authentique*). Vieilli. Rendre (un acte) authentique. V. **Authentifier.** « *S'il fallait authentiquer la pièce, le scribe y apposait son sceau* » (DANIEL-ROPS).

AUTISME [ɔ(o)tism(ə)]. *n. m.* (1927; all. *Autismus*, du gr. *autos* « soi-même »). *Psychiatr.* Repliement sur soi-même, pensée détachée de la réalité extérieure; attitude caractéristique des malades schizophrènes. — *Littér.* Forte tendance à l'introversion et à l'égocentrisme.

AUTISTIQUE [ɔ(o)tistik] ou **AUTISTE** [ɔ(o)tist(ə)]. *adj.* (1927,-1951; de *autisme*). Relatif à l'autisme. « *Une indifférence terriblement autiste* » (Cl. LÉVI-STRAUSS).

AUTO-. Élément, du gr. *autos* « soi-même, lui-même », opposé à un autre — (L'élément *auto-* reste invariable : *des auto-accusations.* ◊ ANT. Hétéro-; allo-.

1. AUTO [ɔ(o)to]. *n. f.* (1897). Abréviation de *Automobile. Une auto.* V. **Voiture** (plus fréquent). — *L'auto.* V. **Automobile, automobilisme.** « *L'auto est un levier qui grandit tous nos vices et n'exalte pas nos vertus* » (DUHAM.). ◊ Spécialt. *Autos électriques des foires. Autos tamponneuses.*

2. AUTO [awto]. *n. m.* (1866; mot esp. « acte »). *Littér.* Drame religieux espagnol (XVIe-XVIIe). *Les autos de Lope de Vega.*

AUTO-ACCUSATION [ɔ(o)tɔakyzasjɔ̃]. *n. f.* (1933; de *auto-*, et *accusation*). Fait de s'accuser soi-même.

AUTO-ADHÉSIF, IVE [ɔ(o)tɔadezif, iv]. *adj.* et *n. m.* (1972; de *auto-*, et *adhésif*). Syn. AUTOCOLLANT. — *Un auto-adhésif.*

AUTO-ALLUMAGE [ɔ(o)tɔalymaʒ]. *n. m.* (1913; de *auto-*, et *allumage*). Allumage spontané anormal du mélange carburant dans un cylindre de moteur à explosion.

AUTO-AMORÇAGE [ɔ(o)tɔamɔrsaʒ]. *n. m.* (1956; de *auto-*, et *amorçage*). Amorçage spontané (d'une réaction, d'un processus, d'une machine).

AUTOBERGE [ɔ(o)tɔbɛrʒ(ə)]. *n. f.* (v. 1960; de *auto* (mobile), et *berge*). Voie sur berge pour les automobiles.

AUTOBIOGRAPHIE [ɔ(o)tɔbjɔɡrafi]. *n. f.* (1842; de *auto-*, et *biographie*). Biographie d'un auteur faite par lui-même. V. **Biographie, confession(s), mémoire(s), vie.** — Œuvre littéraire qui y correspond.

AUTOBIOGRAPHIQUE [ɔ(o)tɔbjɔɡrafik]. *adj.* (1832; du précéd.). Qui concerne la vie de l'auteur, ses souvenirs sur lui-même.

AUTOBUS [ɔ(o)tɔbys]. *n. m.* (1907; de *auto* (mobile), et (omni)*bus*). Véhicule automobile pour le transport en commun des voyageurs, dans les villes. V. **Bus.** *La plate-forme d'un autobus. Des autobus.*

AUTOCAR [ɔ(o)tɔkaʀ]. *n. m.* (1896; de *auto*[mobile], et *car*). Grand véhicule automobile pour le transport de plusieurs dizaines de personnes. *Autocar de ligne régulière, de tourisme, d'excursion. Autocar pullman, de luxe.* V. **Car.**

AUTOCASSABLE [ɔ(o)tɔkasabl(ə)]. *adj.* (v. 1970; de *auto-*, et *cassable*). Ampoule autocassable, dont le verre aux extrémités a été traité de manière à pouvoir être cassé sans lime.

AUTOCASTRATION [ɔ(o)tɔkastʀasjɔ̃]. *n. f.* (1952; de *auto-*, et *castration*). Didact. Castration qu'on s'inflige à soi-même, mutilation des organes génitaux.

AUTOCENSURE [ɔ(o)tɔsɑ̃syʀ]. *n. f.* (v. 1960; de *auto-*, et *censure*). Didact. ou admin. Censure exercée sur soi-même. *La rédaction du journal exerce une autocensure pour éviter l'interdiction.* — Psychan. « *Privé de ma liberté par un jeu de barrages et d'autocensures, je n'ai su ni créer un personnage ni tracer un portrait* » (BEAUVOIR).

AUTOCHENILLE [ɔ(o)tɔʃnij]. *n. f.* (1922; de *auto*(mobile), et *chenille*). Véhicule militaire ou d'exploration (automobile) monté sur chenilles.

AUTOCHROME [ɔ(o)tɔkʀom]. *adj.* (1907; de *auto-*, et *-chrome*). Qui enregistre les couleurs. *Plaque photographique autochrome. Procédé autochrome (autochromie).*

AUTOCHTONE [ɔ(o)tɔktɔn]. *adj.* et *n.* (1560; gr. *autokhthôn*, de *autos*, et *khthôn* « terre »). ♦ 1° Qui est issu du sol même où il habite, qui est censé n'y être pas venu par immigration. V. **Aborigène, indigène, naturel, originaire.** *Peuple, race autochtone. Les autochtones.* ♦ 2° Géol. Qui n'a pas subi de transport. *Terrains autochtones.* ◇ ANT. **Étranger.**

AUTOCINÉTIQUE [ɔ(o)tɔsinetik]. *adj.* (mil. XXᵉ; de *auto-*, et *cinétique*). Didact. Qui est capable de se mouvoir sans recevoir d'impulsion extérieure. *Organisme autocinétique.*

AUTOCLAVE [ɔ(o)tɔklav]. *adj.* et *n. m.* (1820; de *auto-*, et lat. *clavis* « clé »). Qui se ferme de soi-même. *Appareil, marmite autoclave.* ◇ N. m. Récipient métallique à fermeture extérieure hermétique, et résistant à des pressions élevées, servant notamment à chauffer des substances qui se décomposeraient sous la pression atmosphérique à la même température, ou à stériliser des objets. *Désinfecter, stériliser des pansements, des vêtements à l'autoclave.*

AUTOCOAT [ɔ(o)tɔkɔt]. *n. m.* (v. 1960; de *auto* [mobile] et angl. *coat*). *(Faux anglicisme)*. Manteau trois-quarts, destiné en principe aux automobilistes. On écrit aussi *Auto-coat.*

AUTOCOLLANT, ANTE [ɔ(o)tɔkɔlɑ̃, ɑ̃t]. *adj.* (1971; de *auto-*, et *collant*). Qui adhère sans être humecté. *Étiquettes, enveloppes autocollantes.* — N. m. *Un autocollant.*

AUTOCONDUCTION [ɔ(o)tɔkɔ̃dyksjɔ̃]. *n. f.* (1893; de *auto-*, et *conduction*). Électr. Production de courants, dans un corps non relié à un circuit, mais placé à l'intérieur d'un solénoïde.

AUTOCONSOMMATION [ɔ(o)tɔkɔ̃sɔmasjɔ̃]. *n. f.* (1952; de *auto-*, et *consommation*). Écon. Consommation des produits par leur producteur. *Économie d'autoconsommation.* V. **Autarcie.**

AUTOCOPIE [ɔ(o)tɔkɔpi]. *n. f.* (1922; de *auto-*, et *copie*). Procédé par lequel on reproduit un écrit, un dessin à un certain nombre d'exemplaires.

AUTO-COUCHETTES [ɔ(o)tokuʃɛt]. *adj. invar.* (1968; de *auto-*, et *couchette*). Se dit de trains de nuit transportant à la fois les voyageurs en couchettes et leur voiture. *Prendre un train auto-couchettes.*

AUTOCRATE [ɔ(o)tɔkʀat]. *n. m.* (1768; gr. *autokratês* « qui gouverne par lui-même », de *kratein* « gouverner »).

Souverain dont la puissance n'est soumise à aucun contrôle. V. **Despote, dictateur, tyran.**

AUTOCRATIE [ɔ(o)tɔkʀasi]. *n. f.* (1794; gr. *autokrateia*). V. **Autocrate.** Forme de gouvernement où le souverain exerce lui-même une autorité sans limite. V. **Absolutisme, arbitraire, despotisme, dictature, tyrannie.** « *Le despotisme des assemblées est cent fois pire que l'autocratie d'un seul* » (PROUDHON). ◇ ANT. **Démocratie.**

AUTOCRATIQUE [ɔ(o)tɔkʀatik]. *adj.* (1768; de *autocratie*). Qui appartient à un autocrate, à l'autocratie. *Gouvernement, régime autocratique.* V. **Absolu, arbitraire, despotique, dictatorial, tyrannique.** « *Tout pouvoir sans contrepoids, sans entraves, autocratique, mène à l'abus, à la folie* » (BALZ.). ◇ ANT. **Constitutionnel, démocratique.**

AUTOCRITIQUE [ɔ(o)tɔkʀitik]. *n. f.* (v. 1945; de *auto-*, et *critique*). ♦ 1° Polit. (lang. des marxistes). Critique de son propre comportement. ♦ 2° Fam. Faire son autocritique : reconnaître ses torts.

AUTOCUISEUR [ɔ(o)tɔkɥizœʀ]. *n. m.* (1917; de *auto-*, et *cuiseur*). Appareil pour cuire les aliments sous pression, plus rapidement. V. **Cocotte.**

AUTODAFÉ [ɔ(o)tɔdafe]. *n. m.* (1714; port. *auto da fe* « acte de foi »). ♦ 1° Cérémonie au cours de laquelle les hérétiques condamnés au supplice du feu par l'Inquisition étaient solennellement conviés à faire *acte de foi* pour mériter leur rachat dans l'autre monde. *Des autodafés.* — Supplice du feu. ♦ 2° Action de détruire par le feu. *Faire un autodafé de livres.*

AUTODÉFENSE [ɔ(o)tɔdefɑ̃s]. *n. f.* (1936; de *auto-*, et *défense*). Défense par les moyens dont on dispose. *Groupe d'autodéfense.*

AUTODESTRUCTION [ɔ(o)tɔdɛstʀyksjɔ̃]. *n. f.* (1898; de *auto-*, et *destruction*). Destruction (matérielle ou morale) par soi-même. « *Tout effort pour dominer leur condition tourne à une tentative d'auto-destruction* » (Cl. SIMON).

AUTODÉTERMINATION [ɔ(o)tɔdetɛʀminasjɔ̃]. *n. f.* (1907, biol.; de *auto-*, et *détermination*). Polit. (1955). Détermination du statut politique d'un pays par ses habitants.

AUTODIDACTE [ɔ(o)tɔdidakt(ə)]. *adj.* et *n.* (1580; gr. *autodidaktos*; de *didaskein* « s'instruire »). Qui s'est instruit lui-même, sans maître. *Un écrivain autodidacte, fils de ses œuvres. Un, une autodidacte.*

AUTODISCIPLINE [ɔ(o)tɔdisiplin]. *n. f.* (1946; de *auto-*, et *discipline*). Discipline que s'impose un individu ou un groupe, sans intervention coercitive extérieure.

AUTODROME [ɔ(o)tɔdʀom]. *n. m.* (1907; de *auto*[mobile], et *-drome*). Piste fermée pour courses ou essais d'automobiles. V. **Circuit.** *L'autodrome de Monthléry.*

AUTO-ÉCOLE [ɔ(o)tɔekɔl]. *n. f.* (v. 1906; de *auto* [mobile], et *école*). École de conduite des automobiles, qui prépare les candidats au permis de conduire. *Des auto-écoles.*

AUTO-ÉROTIQUE [ɔ(o)tɔeʀɔtik]. *adj.* (mil. XXᵉ; de *auto-érotisme*). Psycho., psychan. Qui a le caractère de l'auto-érotisme. *Activité auto-érotique d'un enfant.*

AUTO-ÉROTISME [ɔ(o)tɔeʀɔtism(ə)]. *n. m.* (1916, H. Havelock Ellis, 1898; de *auto-*, et *érotisme*). Didact. Érotisme qui prend sa source dans le sujet même, et non dans une relation d'objet. « *L'auto-érotisme est une manifestation normale de la sexualité infantile.*

AUTO-EXCITATEUR, TRICE [ɔ(o)tɔɛksitatœʀ, tʀis]. *adj.* (1890, fém.; de *auto-*, et *excitateur*). Électr. Dont le courant est fourni par l'induit même. *Machine auto-excitatrice.*

AUTOFÉCONDATION [ɔ(o)tɔfekɔ̃dasjɔ̃]. *n. f.* (1890; de *auto-*, et *fécondation*). Bot. V. **Autogamie.** — Zool. *Auto-fécondation des animaux hermaphrodites.*

AUTOFINANCEMENT [ɔ(o)tɔfinɑ̃smɑ̃]. *n. m.* (v. 1943; de *auto-*, et *financement*). Financement d'une entreprise par ses propres ressources (affectation de profits aux investissements).

AUTOGAME [ɔ(o)tɔgam]. *adj.* (1951; de *auto-*, et *-game*). Biol. Qui est caractérisé par l'autogamie. *Plante autogame* (ou *cléistogame*), dont la fécondation est assurée par le pollen de la fleur elle-même (opposé à *plante allogame*, caractérisée par la fécondation par le pollen d'une autre fleur de la même plante).

AUTOGAMIE [ɔ(o)tɔgami]. *n. f.* (1933; de *auto-*, et *-gamie*). Biol. Mode de reproduction par union de gamètes provenant du même individu, observé chez quelques protozoaires et surtout chez les végétaux (algues, champignons, certaines plantes supérieures) (V. **Autogame**), plus rare dans le règne animal (invertébrés hermaphrodites : ver de terre, escargot). ◇ SYN. *Autofécondation.*

AUTOGÈNE [ɔ(o)tɔʒɛn]. *adj.* (1843; de *auto-*, et *gène*). ♦ 1° Philo. *(vx)* Qui a été fait par soi-même, existe par soi-même. *Dieu autogène.* ♦ 2° Physiol. (1855) Qui se développe à l'aide de ses éléments propres, sans secours extérieur. *Training autogène* (anglicisme), autorelaxation (recomm. offic.). ♦ 3° Cour. *Soudure autogène.* V. **Soudure.**

AUTOGÉRÉ, ÉE [ɔ(o)tɔʒeʀe]. *adj.* (1964; de *auto-*,

et *gérer*). Se dit d'une entreprise, gérée par le personnel (direction et conseil de gestion). *Usine autogérée.*

AUTOGESTION [ɔ(o)tɔʒɛstjɔ̃]. *n. f.* (1960; de *auto-*, et *gestion*). Gestion d'une entreprise, d'une collectivité par le personnel (direction et conseil de gestion).

AUTOGESTIONNAIRE [ɔ(o)tɔʒɛstjɔnɛʀ]. *adj.* (1970; de *autogestion*). Relatif à l'autogestion. *Socialisme auto-gestionnaire.*

AUTOGIRE [ɔ(o)tɔʒiʀ]. *n. m.* (1923; esp. *autogiro*, pour *autogyre*, de *auto-*, et gr. *guros* « cercle »). Appareil volant à rotor où ce dernier n'assure que la sustentation (et non la propulsion; Cf. Hélicoptère).

AUTOGRAPHE [ɔ(o)tɔgʀaf]. *adj.* et *n. m.* (1580; gr. *autographos; de graphein* « écrire »). Qui est écrit de la propre main de qqn. *Lettre, manuscrit autographe.* « *Antoine chercha la dédicace autographe* » (MART. du G.). ◇ *N. m. Une collection d'autographes.* ◇ ANT. *Copie, reproduction.*

AUTOGRAPHIE [ɔ(o)tɔgʀafi]. *n. f.* (1800; de *auto-*, et *-graphie*). Procédé qui permet de reproduire par impression un écrit, un dessin tracés avec une encre spéciale.

AUTOGRAPHIER [ɔ(o)tɔgʀafje]. *v. tr.* (1843; de *auto-*, *graphie*). Reproduire un manuscrit, un dessin par l'auto-graphie.

AUTOGRAPHIQUE [ɔ(o)tɔgʀafik]. *adj.* (1839; de *auto-graphie*). Qui a rapport à l'autographie. *Procédé, encre, papier autographique.*

AUTOGREFFE [ɔ(o)tɔgʀɛf]. *n. f.* (1933; de *auto-*, et *greffe*). Greffe dans laquelle le greffon provient du sujet lui-même. V. **Autoplastie.**

AUTOGUIDAGE [ɔ(o)tɔgidaʒ]. *n. m.* (1953; de *auto-*, et *guidage*). Procédé par lequel un mobile dirige lui-même son mouvement.

AUTOGUIDÉ, ÉE [ɔ(o)tɔgide]. *adj.* (v. 1950; de *auto-*, et *guidé*). Qui se dirige lui-même par autoguidage. *Engin, projectile autoguidé.*

AUTO-IMMUNISATION [ɔ(o)tɔim(m)ynizasjɔ̃]. *n. f.* (1969; de *auto-*, et *immunisation*). *Méd.* État pathologique d'un organisme produisant des anticorps contre ses propres constituants.

AUTO-IMPOSITION [ɔ(o)tɔɛpozisjɔ̃]. *n. f.* (1956; de *auto-*, et *imposition*). Assujettissement des services publics à l'impôt.

AUTO-INDUCTANCE [ɔ(o)tɔɛ̃dyktɑ̃s]. *n. f.* V. SELF-INDUCTANCE.

AUTO-INDUCTION [ɔ(o)tɔɛ̃dyksjɔ̃]. *n. f.* (1890; de *auto-*, et *induction*). *Électr.* Induction produite dans un réseau électrique par les variations du courant qui le parcourt (unité : henry). *Coefficient d'auto-induction.* ◇ SYN. *Self-induction.*

AUTO-INFECTION [ɔ(o)tɔɛ̃fɛksjɔ̃]. *n. f.* (1883; de *auto-*, et *infection*). *Méd.* Infection par des éléments déjà présents dans l'organisme (et affaiblissement des défenses).

AUTO-INTOXICATION [ɔ(o)tɔɛ̃tɔksikasjɔ̃]. *n. f.* (1887; de *auto-*, et *intoxication*). Troubles produits par la mauvaise élimination des toxines (déchets de l'organisme). *Auto-intoxication urémique. — Fig.* Le fait de s'intoxiquer *(fig.)* soi-même.

AUTOLYSE [ɔ(o)tɔliz]. *n. f.* (1909; de *auto-*, et *-lyse*). *Biol.* Destruction des tissus par leurs enzymes (ex. : la putré-faction).

AUTOMATE [ɔ(o)tɔmat]. *n. m.* (1532, adj.; gr. *automatos* « qui se meut de soi-même »). ♦ 1° *Vx.* Toute machine animée par un mécanisme intérieur. « *Une montre ou autre automate, c'est-à-dire machine qui se meut de soi-même* » (DESCARTES). ◇ *Mod. (Inform.).* Dispositif réalisant des algorithmes, des opérations automatiquement enchaînées. ♦ 2° *Cour.* Appareil mû par un mécanisme intérieur et imitant les mouvements d'un être vivant. *Les automates de Vaucanson.* « *Je marchais comme un automate* » (DUHAM.). ♦ 3° *Fig.* Homme qui agit comme une machine, sans liberté. V. **Machine; fantoche, jouet, marionnette, pantin, robot.** « *Le sot est automate, il est machine, il est ressort* » (LA BRUY.).

AUTOMATICITÉ [ɔ(o)tɔmatisite]. *n. f.* (1906; de *auto-matique*). Caractère de ce qui est automatique. V. **Auto-matisme.**

AUTOMATION [ɔ(o)tɔmasjɔ̃]. *n. f.* (1956; mot angl.). Anglicisme pour *automatisation. — Industr.* Fonctionnement automatique d'un ensemble productif, sous le contrôle d'un programme unique Recom. offic. : *Automatisation.*

AUTOMATIQUE [ɔ(o)tɔmatik]. *adj.* et *n.* (1751; de *automate*).

I. *Adj.* ♦ 1° *Physiol.* Qui s'accomplit sans la participation de la volonté. *Mouvement, réflexe automatique.* V. **Inconscient, involontaire, machinal, spontané.** *Les gestes automatiques du somnambule. L'écriture automatique des surréalistes.* ♦ 2° *Cour.* (1839). Qui, une fois mis en mouvement, fonctionne de lui-même; qui opère par des moyens mécaniques. *Appareil automatique. Distributeur automatique. Téléphone auto-matique. Signaux automatiques. Arme automatique,* dans laquelle la pression des gaz de combustion est utilisée pour

réarmer. ♦ 3° *Fig.* (1878) Qui s'accomplit avec une régularité déterminée. *Une répression automatique, aveugle.* « *Nous avons un système de relèvement automatique des salaires quand le coefficient du prix de la vie augmente* » (MAUROIS). « *Une réglementation automatique de la société* » (BERGSON). ◇ *Fam.* Qui doit forcément se produire. V. **Forcé, sûr.** ◇ ANT. *Conscient, délibéré, intentionnel, médité, prémédité, réfléchi, volontaire.*

II. *N. m.* Pistolet automatique. — Téléphone automatique. « *Une dame des P.T.T. qui tardait à lui expliquer le fonctionne-ment de l'automatique dans le Var* » (SAGAN).

III. *N. f. Sc.* Ensemble des disciplines scientifiques et des techniques utilisées pour la conception et l'emploi des dispositifs qui fonctionnent sans intervention d'un opérateur humain. V. **Informatique, cybernétique.**

AUTOMATIQUEMENT [ɔ(o)tɔmatikmɑ̃]. *adv.* (1839; de *automatique*). D'une manière automatique. *Le réflexe succède automatiquement à l'excitation du nerf sensitif. La distribution se fait automatiquement.* V. **Mécaniquement.** ◇ *Fam.* et *cour.* Forcément, d'une manière quasi automa-tique. ◇ ANT. *Consciemment, délibérément, intentionnellement, volontairement.*

AUTOMATISATION [ɔ(o)tɔmatizasjɔ̃]. *n. f.* (1875; de *automatiser*). ♦ 1° Emploi de moyens automatiques pour la réalisation d'un processus. ♦ 2° Transformation d'un procédé ou d'une installation en vue de les rendre automa-tiques*.

AUTOMATISER [ɔ(o)tɔmatize]. *v. tr.* (XVIIIe; de *auto-matique*). Rendre automatique. *Automatiser une production.*

AUTOMATISME [ɔ(o)tɔmatism(ə)]. *n. m.* (v. 1740; de *automate*). ♦ 1° *Physiol.* Accomplissement de mouvements, d'actes sans participation de la volonté; activité d'un organe sans intervention du système nerveux central. *Automatisme du centre respiratoire.* ◇ *Cour.* Activité rendue automatique par habitude. « *L'automatisme facile des habitudes contrac-tées* » (BERGSON). ♦ 2° Automatique* (III). — Fonctionne-ment automatique d'une machine. ♦ 3° *Fig.* Régularité dans l'accomplissement de certains actes, le déroulement d'évé-nements. « *Le souci constant de la forme, l'application machinale des règles, créent ici une espèce d'automatisme professionnel* » (BERGSON). « *Automatisme, c'est, pour moi, un développement entièrement déterminé par un événement initial quelconque* » (VALÉRY). ◇ ANT. *Conscience, liberté; hasard.*

AUTOMÉDON [ɔ(o)tɔmedɔ̃]. *n. m.* (1776; nom du cocher d'Achille dans Homère). *Plaisant.* Cocher.

AUTOMITRAILLEUSE [ɔ(o)tɔmitʀajœz]. *n. f.* (1906; de *auto(mobile), et mitrailleuse*). Automobile blindée armée de mitrailleuses.

AUTOMNAL, ALE, AUX [ɔ(o)tɔ(m)nal, o]. *adj.* (1119; lat. *autumnalis*). D'automne. *Fleurs automnales. Les brumes automnales.*

AUTOMNE [ɔ(o)tɔn]. *n. m. (Autonne, XIIIe; lat. autum-nus).* ♦ 1° Saison qui succède à l'été et précède l'hiver, caractérisée par le déclin des jours, la chute des feuilles (dans le climat de la France : 22/23 sept. -21 déc.). *Les jours déclinent à l'automne. Brumes d'automne. La fin de l'automne et le commencement de l'hiver.* V. **Arrière-saison.** « *Une rose d'automne est plus qu'une autre exquise* » (D'AUBIGNÉ). « *C'est l'automne, la saison où, sous un soleil refroidi, chacun recueille ce qu'il a semé* » (BARRÈS). ♦ 2° *(Déb. XIXe).* L'AUTOMNE, symbole de maturité ou de déclin. *L'automne de la vie.* « *Comment décrire la vie d'un couple heureux au temps de l'automne de l'amour?* » (MAUROIS). ◇ ANT. *Prin-temps; jeunesse.*

AUTOMOBILE [ɔ(o)tɔmɔbil]. *adj.* et *n.* (1861; de *auto-*, et lat. *mobilis* « mobile », d'apr. *locomobile*). ♦ 1° *Adj.* (1861). Qui se meut de soi-même; qui est mû par un moteur à explosion, un moteur électrique, un moteur à gazogène, etc. *Véhicule, voiture automobile : auto, autobus, autocar, autochenille, automoteur, autorail, camion, camion-nette, char, chasse-neige, taxi, tracteur. Canot automobile.* ♦ 2° *N.f.* (v. 1890; aussi masc. jusque v. 1915). Véhicule à quatre roues (ou plus), progressant de lui-même à l'aide d'un moteur, à l'exclusion des grands véhicules utilitaires (camions) et de transport collectif (autobus, autocar). V. **Véhicule, voiture; machine** *(fam. Bagnole; péj. Clou, guimbarde, tacot). Modèle, type d'automobiles : berline, cabriolet, conduite intérieure, coupé, limousine torpédo. Marques d'automobiles. Carrosseries* d'automobiles. Salon de l'auto-mobile. *Automobile de grosse, de petite cylindrée. Moteur* d'automobile.* V. *aussi* **Auto(s), puissance;** *allumage,* **carbu-ration,** graissage, refroidissement. *Automobile à moteur électrique, à explosion, à combustion interne, à turbine. Organes de transmission d'une automobile.* V. **Changement** (de vitesses), **différentiel, embrayage, transmission.** *Automobile à boîte automatique; à traction avant. Roues*, direction*, suspension*, freinage* d'une automobile.* V. *aussi* **Amortis-seur, pneumatique.** *Éclairage d'une automobile.* V. **Phare, feu; clignotant.** *Propriété, police des automobiles* (carte grise; immatriculation, plaque minéralogique; Cf. *aussi* vignette). *Conduire une automobile.* V. **Automobiliste, chauffeur, conducteur** (Cf. Conduire, rouler; tenir le volant). *Roder une automobile. Cette automobile tient bien la route. Panne, accident d'automobile.* ◊ *L'automobile :* la conduite des automobiles, le sport; les activités économiques liées à la construction, à la vente des automobiles. ♦ 3° *Adj.* Relatif aux véhicules automobiles. *Construction, industrie automobile. Circulation automobile. Assurances automobiles.*

AUTOMOBILISABLE [ɔ(o)tɔmɔbilizabl(ə)]. *adj.* (1925; de *automobilisme*). Adapté à la circulation automobile. V. **Carrossable.** « *Nous retrouvons la route automobilisable* » (GIDE).

AUTOMOBILISME [ɔ(o)tɔmɔbilism(ə)]. *n. m.* (1895; de *automobile*). Tout ce qui concerne l'automobile; le sport automobile.

AUTOMOBILISTE [ɔ(o)tɔmɔbilist(ə)]. *n.* (1898; de *automobile*). Personne qui conduit une automobile de tourisme.

AUTOMORPHISME [ɔ(o)tɔmɔʀfism(ə)]. *n. m.* (v. 1955; de *auto-*, et *-morphisme*). *Math.* Pour une même structure*, isomorphisme* d'un ensemble sur lui-même. *Automorphisme de groupe, d'anneau.*

AUTOMOTEUR, TRICE [ɔ(o)tɔmɔtœʀ, tʀis]. *adj. et n. m.* (1834; de *auto-*, et *moteur*). ♦ 1° *Vx.* Qui se meut de soi-même. V. **Automobile.** ♦ 2° *Mod.* Qui se déplace à l'aide d'un moteur (se dit d'un objet habituellement sans moteur). *Affût automoteur.* ♦ 3° *N. m.* Péniche à moteur.

AUTOMOTRICE [ɔ(o)tɔmɔtʀis]. *n. f.* (1906; du précéd.). Autorail.

AUTOMUTILATION [ɔ(o)tɔmytilasjɔ̃]. *n. f.* (1928; de *auto-*, et *mutilation*). *Didact.* Mutilation qu'on s'inflige à soi-même. *Automutilation volontaire* (*par ex.* pour être inapte au service militaire). *Automutilation pathologique, chez les obsédés, les anxieux.* (V. **Autocastration.**)

AUTONEIGE [ɔ(o)tɔnɛʒ]. *n. f.* (1969; de *auto*[mobile], et *neige*). Véhicule conçu pour se déplacer sur des terrains enneigés.

AUTONETTOYANT, ANTE [ɔ(o)tɔnɛtwajɑ̃, ɑ̃t]. *adj.* (1973; de *auto-*, et *nettoyer*). *Four autonettoyant :* four qui brûle après usage les dépôts graisseux par pyrolyse ou catalyse, et ne nécessite pas de nettoyage.

AUTONOME [ɔ(o)tɔnɔm]. *adj.* (1751; gr. *autonomos* « qui se régit par ses propres lois », de *nomos* « loi »). ♦ 1° Qui s'administre lui-même. *Gouvernement autonome.* V. **Indépendant, libre, souverain; autonomie.** — *Par ext.* Qui est administré par une collectivité autonome. *Budget, caisse, port autonome.* ♦ 2° (1846). Qui se détermine selon des règles librement choisies. *Individu, volonté autonome.* V. **Libre.** ♦ 3° *Gestion autonome,* dans une entreprise où chaque unité de production est considérée comme autonome. ♦ 4° *Inform.* Qualifie une unité ou un calculateur périphérique non connecté à un calculateur central. ⊗ ANT. *Dépendant; assujetti, soumis, subordonné, sujet, vassal.*

AUTONOMIE [ɔ(o)tɔnɔmi]. *n. f.* (1596, repris 1751; gr. *autonomia,* de *autonomos.* V. **Autonome**). ♦ 1° Droit de se gouverner par ses propres lois. V. **Indépendance, liberté, self-government.** *Autonomie politique complète.* V. **Souveraineté.** *Réclamer l'autonomie.* V. **Autonomiste.** *Autonomie administrative, communale.* V. **Décentralisation, personnalité.** *Autonomie financière :* gestion financière indépendante. ♦ 2° *Philo.* Droit pour l'individu de déterminer lui-même les règles auxquelles il se soumet. V. **Liberté.** *L'autonomie de la volonté* (KANT). — *Dr. Principe de l'autonomie de la volonté :* en vertu duquel les volontés individuelles déterminent librement les formes, les conditions et les effets des actes juridiques. ♦ 3° (XXᵉ). Distance que peut franchir un véhicule, un avion, un navire sans être ravitaillé en carburant. ⊗ ANT. *Dépendance, soumission, subordination, tutelle.*

AUTONOMISTE [ɔ(o)tɔnɔmist(ə)]. *n.* (1870; de *autonomie*). Partisan de l'autonomie (en matière politique). V. **Nationaliste, particulariste, sécessionniste, séparatiste.**

AUTONYME [ɔ(o)tɔnim]. *adj.* (1970; de *auto-*, et gr. *onoma* « nom », d'apr. *homonyme,* etc.). *Log., ling.* Qui se désigne lui-même comme signe dans le discours, en parlant d'un mot ou d'un énoncé. *Dans* « *violette est un nom féminin* », « *violette* » *est autonyme.* (*Dér.* AUTONYMIE, *n. f.*)

AUTOPLASTIE [ɔ(o)tɔplasti]. *n. f.* (1838; de *auto-,* et gr. *plassein* « façonner »). *Chir.* Implantation chirurgicale de greffon provenant de l'individu même (*autogreffe*).

AUTOPOMPE [ɔ(o)tɔpɔ̃p]. *n. f.* (1933; de *auto*(mobile), et *pompe*). Camion automobile équipé d'une pompe à incendie actionnée par le moteur (Cf. Motopompe).

AUTOPORTEUR, EUSE [ɔ(o)tɔpɔʀtœʀ, øz] ou **AUTOPORTANT, ANTE** [ɔ(o)tɔpɔʀtɑ̃, ɑ̃t]. *adj.* (1960; de *auto-,* et *porteur, portant*). *Archit.* Dont la stabilité est assurée par la forme (sans support). *Voûte autoportante.* *Techn.* Carrosserie autoporteuse.

AUTOPORTRAIT [ɔ(o)tɔpɔʀtʀɛ]. *n. m.* (v. 1950; de *auto-,* et *portrait*). Portrait d'un dessinateur, d'un peintre exécuté par lui-même. *Les autoportraits de Rembrandt, de Goya, de Van Gogh.*

AUTOPROPULSÉ, ÉE [ɔ(o)tɔpʀɔpylse]. *adj.* (v. 1950; de *auto-,* et *propulsé*). Qui est propulsé par ses propres moyens (se dirige sans pilote). V. **Autoguidé.** *Engin autopropulsé* (muni d'un *autopropulseur* [ɔ(o)tɔpʀɔpylsœʀ]).

AUTOPROPULSION [ɔ(o)tɔpʀɔpylsjɔ̃]. *n. f.* (v. 1950; de *propulsion,* Cf. le précéd.). Propulsion d'engins par un dispositif automatique, sans intervention humaine à bord.

AUTOPSIE [ɔ(o)tɔpsi]. *n. f.* (1573; du gr. *autopsia* « action de voir de ses propres yeux »). ♦ 1° *Méd.* Examen de toutes les parties d'un cadavre. *Ordonner l'autopsie. Faire l'autopsie d'un cadavre.* « *Ce n'est pas un meurtre. Faites-le transporter à l'hospice, je vais faire l'autopsie* » (MAUROIS). ♦ 2° *Fig.* (1827). Examen attentif, approfondi. V. **Analyse, dissection.**

AUTOPSIER [ɔ(o)tɔpsje]. *v. tr.* (1866; du précéd.). Faire l'autopsie de.

AUTOPUNITION [ɔ(o)tɔpynisjɔ̃]. *n. f.* (1951; de *auto-,* et *punition*). *Psycho.* Conduite par laquelle le sujet prévient ou atténue un sentiment de culpabilité en s'infligeant une punition.

AUTORADIO [ɔ(o)tɔʀadjo]. *adj. et n. m.* (1963; de *auto*[mobile], et *radio*). Poste de radio conçu pour être fixé sur le tableau de bord d'une automobile. *Des postes autoradio.* — *N. m. Des autoradios.*

AUTORADIOGRAPHIE [ɔ(o)tɔʀadjɔgʀafi]. *n. f.* (1952; de *auto-,* et *radiographie*). *Sc.* Radiographie obtenue en plaçant une émulsion sensible à proximité d'un corps radioactif.

AUTORAIL [ɔ(o)tɔʀaj]. *n. m.* (v. 1925; de *auto*(mobile), et *rail*). Véhicule automoteur (généralement muni d'un ou de plusieurs moteurs diésel) pour le transport sur rail. *Autorails sur pneus* (V. **Micheline**).

AUTORÉGLAGE [ɔ(o)tɔʀeglaʒ]. *n. m.* (1960; de *auto-,* et *réglage*). *Techn.* Propriété de rétablir automatiquement un régime après une perturbation. V. **Autorégulation.**

AUTORÉGULATEUR, TRICE [ɔ(o)tɔʀegylatœʀ, tʀis]. *adj.* (1866; de *auto-* 1, et *régulateur*). *Didact.* Qui produit une autorégulation. *Mécanismes biologiques autorégulateurs.*

AUTORÉGULATION [ɔ(o)tɔʀegylasjɔ̃]. *n. f.* (1878; de *auto-,* et *régulation*). Régulation d'une machine, d'un processus d'une fonction sans intervention extérieure. *Autorégulation de la pression artérielle.*

AUTORISATION [ɔ(o)tɔʀizasjɔ̃]. *n. f.* (*Auctorizacion,* 1419; de *autoriser*). ♦ 1° Action d'autoriser. *L'autorisation des parents au mariage de leurs enfants mineurs.* V. **Accord, approbation, consentement, permission.** *Autorisation d'exploiter une chute d'eau.* V. **Concession.** *Autorisation de bâtir.* V. **Permis.** ◊ Droit accordé par celui qui autorise. *J'ai l'autorisation de sortir.* V. **Permission.** *Autorisation de ne pas faire.* V. **Dispense, exemption, faculté.** *Demander, obtenir une autorisation.* ♦ 2° Acte, écrit par lequel on autorise. V. **Permis; bon, congé, dispense, laissez-passer, licence, pouvoir.** *Montrer, exhiber une autorisation.* ⊗ ANT. *Défense, empêchement, interdiction, refus.*

AUTORISÉ, ÉE [ɔ(o)tɔʀize]. *adj.* (1316; V. **Autoriser**). ♦ 1° *Vx.* Qui jouit d'une grande autorité. ♦ 2° Qui fait autorité, est digne de créance. *Personne autorisée. Un critique autorisé.* V. **Qualifié.** *Les milieux autorisés démentent la nouvelle.* V. **Officiel; influent.** ♦ 3° Qui a reçu autorité ou autorisation. *Association autorisée. Étalon autorisé.* V. **Approuvé.** *Je me crois autorisé à dire.* V. **Fondé; droit** (en droit de). ♦ 4° Qui est permis. V. **Permis; admis, toléré.** *Tournure autorisée par l'usage.*

AUTORISER [ɔ(o)tɔʀize]. *v. tr.* (*Actorizer,* fin XIIᵉ; lat. médiév. *auctorizare,* de *auctor* « garant ». V. **Auteur**). ♦ 1° *Vx.* Revêtir (qqn) d'une autorité. V. **Accréditer.** *Le Chef de l'État autorise les ambassadeurs.* ♦ 2° *Littér.* Donner de l'autorité, du crédit à. V. **Accréditer, confirmer, justifier.** « *Ils ne se servent de la pensée que pour autoriser leurs injustices* » (VOLT.). ♦ 3° *Cour.* AUTORISER (QQN) à. Accorder à (qqn) un droit, une permission. V. **Habiliter** (*dr.*). *Un décret l'a autorisé à exploiter cette mine. Je vous autorise à ne pas y aller.* V. **Dispenser, exempter.** ◊ (Avec un nom de chose pour sujet) Donner le droit, la faculté, la possibilité à. V. **Permettre.** *La confiance que vous m'accordez m'autorise à vous dire que... « Rien ne m'autorisait à croire Sodome plus peuplée aujourd'hui qu'hier* » (GIDE). ♦ 4° AUTORISER (QQCH.) : rendre licite. *Autoriser les sorties.* V. **Accepter, permettre.** ◊ Permettre, rendre possible. « *Je suis passionné pour la vérité et pour les mensonges qu'elle autorise* » (RENARD). ♦ 5° S'AUTORISER DE : s'appuyer sur une autorité, prendre prétexte de (qqch.) pour... V. **Appuyer (s'), prétexter.** « *Ses ennemis, trop heureux de son exemple et s'en autorisant pour nier sa doctrine* » (R. ROLLAND). ⊗ ANT. *Défendre, empêcher, interdire, prohiber, proscrire.*

AUTORITAIRE [ɔ(o)tɔʀitɛʀ]. *adj.* (1863; de *autorité*). ♦ 1° Qui aime l'autorité; qui en use ou abuse volontiers. *Une politique, un régime autoritaire. L'Empire autoritaire* (*opposé à* l'Empire libéral que Napoléon III inaugura en

1860). *Régime autoritaire*, à exécutif non contrôlé. V. **Absolu,** **absolutiste, dictatorial, ferme, fort.** ♦ 2° Qui aime à être obéi. *Homme, caractère autoritaire.* V. **Cassant, dur, impé-** **rieux, intransigeant.** *Air, ton autoritaire :* qui exprime le commandement, n'admet pas la contradiction. V. **Impé-** **ratif, impérieux.** « *Une voix s'éleva, forte, vibrante, autori-* *taire* » (DUHAM.). *D'une manière autoritaire :* autoritairement *(rare)*. ◇ ANT. *Doux, conciliant, faible ; libéral.*

AUTORITARISME [ɔ(o)tɔʀitaʀism(ə)]. *n. m.* (1870 ; de *autoritaire*). Caractère d'un régime politique, d'un gouver-nement autoritaire. ◇ Caractère, comportement d'une personne autoritaire. V. **Autorité.** ◇ ANT. *Libéralisme.*

AUTORITÉ [ɔ(o)tɔʀite]. *n. f.* (*Auctorité*, 1119 ; lat. *auc-toritas*, de *auctor* « auteur »). ♦ 1° Droit de commander, pouvoir (reconnu ou non) d'imposer l'obéissance. V. **Com-** **mandement, domination, force, puissance, souveraineté.** *L'autorité suprême. L'autorité du souverain, du chef de l'État. L'autorité du supérieur sur ses subordonnés, du chef sur ses soldats* (V. **Hiérarchie**). *Autorité paternelle. Autorité du tuteur sur le mineur.* V. **Tutelle.** *Autorité légitime, établie ; illégale, usurpée. Autorité absolue, despotique, dictatoriale, sans limite, sans contrôle. Régime d'autorité.* V. **Absolutisme,** **arbitraire, autocratie, autoritarisme, césarisme, despotisme,** **dictature, domination, oppression, totalitarisme, tyrannie.** *Soumettre les peuples à son autorité.* V. **Hégémonie.** *Avoir autorité sur qqn. Être sous l'autorité de qqn.* « *Lorsque l'autorité cesse de paraître juste aux sujets, il faut encore du temps pour qu'elle cesse de le paraître aux maîtres* » (FUSTEL de COUL.). « *La répugnance que j'ai de faire prévaloir mon désir, de faire acte d'autorité, de commander* » (GIDE). — *Autorité de jus-tice :* pouvoir permettant aux juges d'ordonner des mesures relatives aux personnes ou aux biens. *Décision par autorité de justice.* ◇ *De sa propre autorité :* avec l'autorité, le pouvoir de décision qu'on s'attribue, sans autorisation. ◇ *D'auto-rité :* d'une manière absolue, sans tolérer de discussion ; sans consulter personne (*pop. D'autor*, bessif). « *Ces imbéciles l'avaient classé, d'autorité, dans la catégorie des maniaques* » (MAURIAC). ♦ 2° Les organes du pouvoir. *Les actes, les décisions, les agents, les représentants de l'Autorité.* V. **Gou-** **vernement ; administration.** *L'autorité législative, adminis-trative, militaire.* ◇ Plur. *Les autorités :* les personnes qui exercent l'autorité. *Les autorités civiles, militaires, religieuses.* V. **Dignitaire.** « *L'appareil des puissances temporelles, les puissances politiques, les autorités de tout ordre, intellectuelles, mentales même* » (MART. du G.). ♦ 3° Force obligatoire, exécutoire d'un acte de l'autorité publique. *Autorité de la loi.* V. **Souveraineté.** *Autorité de la chose jugée :* présomption de vérité qui s'attache à ce qui a été définitivement jugé. ♦ 4° Attitude autoritaire ou très assurée. « *Il luttait contre la timidité par des effets d'autorité tranchante* » (MAUROIS). V. **Assurance.** ♦ 5° Supériorité de mérite ou de séduction qui impose l'obéissance sans contrainte, le respect, la confiance. V. **Ascendant, considération, crédit, empire,** **influence, magnétisme, poids, prestige, réputation, séduction.** *Cet homme a une grande autorité. L'autorité dont il jouit lui donne voix au chapitre, fait de lui l'arbitre de la situation. Avoir, acquérir, prendre de l'autorité sur qqn.* V. **Ascendant.** — *(Choses)* Le fait de s'imposer, de servir de référence, de règle, par le mérite reconnu. « *Invoquerai-je contre vous l'autorité des deux Testaments ?* » (FRANCE). ◇ *Faire autorité :* imposer une créance générale, servir de règle en quelque manière. *Un historien, un savant, un ouvrage qui fait autorité.* ♦ 6° Personne qui fait autorité. *Alléguer, invoquer une auto-rité à l'appui de sa thèse. S'appuyer sur une autorité.* ◇ ANT. *Déchéance, discrédit ; infériorité, soumission ; subordination, sujétion. Anarchie.*

AUTOROUTE [ɔ(o)tɔʀut]. *n. f.* (1930, a remplacé *auto-strade ;* de *auto*(mobile), et *route*). Large route réservée aux véhicules automobiles, protégée, sans croisements ni passa-ges à niveau, et normalement à deux chaussées, réservées chacune à un sens de circulation. *Les autoroutes d'Allemagne, des États-Unis. L'autoroute de l'Ouest, du Sud* (de Paris).

AUTOROUTIER, IÈRE [ɔ(o)tɔʀutje, jɛʀ]. *adj.* (1957 ; de *autoroute*). Des autoroutes. *Système autoroutier.*

AUTOSATISFACTION [ɔ(o)tɔsatisfaksjɔ̃]. *n. f.* (1963 ; de *auto-*, et *satisfaction*). ♦ 1° Contentement de soi. *Afficher dans ses propos une autosatisfaction déplaisante.* ♦ 2° *Psychol.* Satisfaction égoïste de ses désirs, de ses besoins propres. *Sujet névrotique sujet à l'autosatisfaction.*

AUTOSCOPIE [ɔ(o)tɔskɔpi]. *n. f.* (1924 ; de *auto-*, et *scopie*). *Psycho.* Hallucination par laquelle on croit se voir soi-même.

AUTO-STOP [ɔ(o)tɔstɔp]. *n. m.* (1953 ; de *auto*(mobile), et angl. *stop*). Le fait d'arrêter une voiture pour se faire transporter gratuitement (Syn. *Stop*). « *J'eus quelques démêlés avec des camionneurs : je n'en continuai pas moins à pratiquer l'auto-stop* » (BEAUVOIR).

AUTO-STOPPEUR, EUSE [ɔ(o)tɔstɔpœʀ, øz]. *n.* (1953 ; Cf. le précéd.). Personne qui fait de l'auto-stop·

« *Il prenait toujours les auto-stoppeurs* » (MALLET-JORIS).

AUTOSTRADE [ɔ(o)tɔstʀad]. *n. f.* (1925 ; it. *autostrada*). *Vx.* Autoroute.

AUTOSUGGESTION [ɔ(o)tɔsygʒɛstjɔ̃]. *n. f.* (1890 ; de *auto-*, et *suggestion*). Action de se suggestionner soi-même volontairement ou non. V. **Suggestion.**

AUTOTOMIE [ɔ(o)tɔtɔmi]. *n. f.* (1882 ; de *auto-*, et *-tomie*). *Zool.* Mutilation réflexe d'une partie du corps (chez certains animaux (crustacés, lézards) pour échapper à un danger.

AUTOTROPHE [ɔ(o)tɔtʀɔf]. *adj.* (1933 ; de *auto-*, et gr. *trophê* « nourriture »). *Biol.* Qui est capable d'élaborer ses propres substances organiques *(autotrophie)* à partir d'élé-ments minéraux. *Seuls les végétaux sont autotrophes.* ◇ ANT. *Hétérotrophe.*

1. **AUTOUR** [otuʀ]. *loc. prép.* et *adv.* (XVᵉ, remplace *entour ;* de *au*, et *tour*). Dans l'espace qui environne qqn, qqch. V. **Alentour, entour.** ♦ 1° *Loc. prép.* AUTOUR DE. *Faire cercle autour de qqn, de qqch.* (V. **Entourer, environner**). *Mettre une chose autour d'une autre* (V. **Ceindre, envelopper**). *Les planètes gravitent autour du Soleil. Regarder autour de soi avec circonspection. L'espace qui est autour d'un lieu* (V. **Abord, alentour, bordure, ceinture, enceinte, entour, environ,** **voisinage**). *Mouvement de rotation autour d'un axe. Tourner* autour de qqn ; autour du pot. Tout autour de.* ◇ *Fig.* Dans les entours, dans l'entourage, le voisinage. V. **Auprès, près ;** **côté** (aux côtés). « *Je réunis autour de moi une société d'écri-vains* » (CHATEAUB.). ◇ *Il a autour de cinquante ans.* V. **Environ.** ♦ 2° *Adv.* AUTOUR. *Des galeries règnent autour, tout autour.* V. **Alentour.**

2. **AUTOUR** [otuʀ]. *n. m.* (XIVᵉ ; *hostur, ostur*, 1080 ; bas lat. *auceptor*, class. *accipiter* « épervier »). Oiseau rapace voisin de l'épervier.

AUTOVACCIN [ɔ(o)tɔvaksɛ̃]. *n. m.* (1933 ; de *auto-*, et *vaccin*). *Méd.* Vaccin préparé par culture des germes du malade lui-même (procédé de l'*autovaccination*).

AUTRE [otʀ(ə)]. *adj., pron.* et *n. m.* (*Altre*, 1080 ; lat. *alter*, accus. *alterum*).

I. *Adj.* Ⓐ Épithète antéposée. ♦ 1° Qui n'est pas le même individu. *Est-il plus heureux que les autres hommes ?* V. **Autrui.** « *Nous approuvons, pour une idée, un système, un intérêt, un homme, ce que nous blâmons pour une autre idée, un autre système, un autre intérêt, un autre homme* » (CHA-TEAUB.). *Tous les autres passagers ont péri.* V. **Reste** (le) ; **restant** (le). *Bien d'autres, beaucoup d'autres choses encore. En un autre lieu, autre part*.* V. **Ailleurs.** *L'autre monde. D'un autre côté. C'est une autre question, une autre affaire*, une autre paire de manches. Je ne vois aucun autre moyen.* « *Sans autre forme de procès* » (LA FONT.). *Il faut écarter toute autre considération.* V. **Étranger.** *Avez-vous trouvé quelque autre solution ?* Vx. « *Ce qui s'était passé dans l'une et l'autre armée* » (VOLT.). *Ci-dessous,* II : *l'un et l'autre.* — *Une autre fois, un autre jour :* à un autre moment ; un peu plus tard. *D'autres fois :* à d'autres moments. « *D'autres fois il écrivait debout* » (BOURGET). — *L'autre fois, l'autre jour, l'autre année :* dans le passé plus ou moins récent (V. **Dernier**). « *J'étais l'autre jour dans une société où je me divertis assez bien* » (MONTESQ.). ♦ 2° *Spécialt.* Qui semble reproduire qqch. par une certaine ressemblance. V. **Second.** *C'est un autre Versailles. C'est un autre moi-même.* V. **Alter ego.** ♦ 3° Dif-férent par quelque supériorité. « *Ce sera un autre gaillard que son père* » (FRANCE). *C'est un tout autre écrivain.* ♦ 4° (Sans article). AUTRE CHOSE. *C'est autre chose, c'est tout autre chose :* c'est différent. *Parlons d'autre chose. C'est cela, et pas autre chose.* « *Ça n'est pas une affaire, une «* affaire *», une «* combine *»* (MART. du G.) : c'est bien une affaire, une combine. ◇ *Littér.* AUTRE CHOSE... AUTRE CHOSE... opposant deux propositions. « *Autre chose d'agir avec un père, autre chose de répondre devant un juge* » (BOSS.). ♦ 5° *Loc. adv.* AUTRE PART : ailleurs. — D'AUTRE PART : par ailleurs. Ⓑ *En attribut.* Qui est devenu différent de ce qu'il était. « *Je suis toujours moi-même et mon cœur n'est point autre* » (CORN.). *Devenir autre, tout autre. Il était jeune, et elle aussi ; elle est tout autre* » (PASC.). Ⓒ Après les pron. pers. *nous, vous* pour opposer le groupe désigné au reste. *Nous autres, nous partons.* Fam. *Eux autres.*

II. *Pronominal* (nominal ou représentant un nom). ♦ 1° *Prendre qqn pour un autre* (une autre personne), *une chose pour une autre. Moi et les autres. Ce livre et l'autre.* « *Ces faits et les autres* » (BOSS.). « *Pourquoi celle-là plutôt qu'une autre ?* » (MUSS.). *Loc. D'un bout*' à l'autre. D'un jour*' à l'autre.* — *(Sans article)* *De temps à autre.* — *Un autre :* une personne autre que soi. « *Aimer, c'est avoir pour but le bonheur d'un autre* » (TAINE). *Les autres :* les autres hommes, les autres femmes. V. **Autrui.** « *L'Enfer, c'est les autres* » (SARTRE). *La tête des autres* (AYMÉ). ◇ *L'autre, cet autre*, désigne avec mépris une personne. — *Loc. Comme dirait l'autre, comme dit l'autre :* comme on* dit. — *À d'autres !* allez raconter ça à des gens plus crédules. ◇ *Un autre que... D'autres que... Je le donnerai à un autre que vous,*

à un autre qu'à vous. « *Il l'aime : elle vivra pour un autre que lui* » (RAC.). « *Cette adorable fille venait pour un autre que pour moi* » (FRANCE). ◇ *Quel autre, qui d'autre proposez-vous? Quelqu'un d'autre. Tout autre. Aucun autre. Nul autre. Personne* (vx); *personne d'autre.* — ENTRE AUTRES : parmi plusieurs (personnes, choses). *J'ai visité les cathédrales d'Espagne, entre autres celle de Tolède. Il y avait entre autres, deux généraux, un cardinal.* ◇ D'AUTRES : *d'autres choses. Il n'en fait jamais d'autres* (erreurs, bêtises). *J'en ai vu bien d'autres* (choses étonnantes). *Parler de choses et d'autres.* ◇ RIEN D'AUTRE : rien de plus. *Il n'y a rien d'autre. Ce n'est rien d'autre qu'un escroc* : c'est bien un escroc. ♦ 2° (*Opposé à* un). L'UN... L'AUTRE ; LES UNS... LES AUTRES. *L'un est riche, l'autre est pauvre.* « *L'un commandait le respect, l'autre cherchait à l'obtenir* » (BALZ.). — *L'un et l'autre* : les deux ou l'un aussi bien que l'autre. *L'un et l'autre sont venus, est venu.* « *Une singularité que j'ai observée chez l'un et chez l'autre* » (VALÉRY). *Les uns et les autres sont partis.* — *L'un ou l'autre. Être toujours chez l'un ou chez l'autre* : être souvent en visite. « *La nature et l'art sont deux choses, sans quoi l'une ou l'autre n'existerait pas* » (HUGO). — *C'est tout l'un ou tout l'autre* : il n'y a pas de milieu, il faut prendre tel parti ou tel autre. — *Ni l'un ni l'autre. Ils ne sont venus ni l'un ni l'autre. Il rejette les deux propositions, il n'accepte ni l'une ni l'autre.* ◇ *Un* représentant le sujet, *autre* le compl. d'objet (avec un verbe pronominal). *L'un l'autre, l'une l'autre, les uns les autres, les unes les autres,* marquent la réciprocité. *Aimez-vous les uns les autres.* ◇ (Avec une prép.) « *Il aurait dû nous présenter l'un à l'autre* » (SARTRE). *Marcher l'un après l'autre, l'un à côté de l'autre* (ou *à côté l'un de l'autre*), *l'un derrière l'autre. Dépendre l'un de l'autre. Vivre l'un pour l'autre.*
III. N. m. *Philo.* Ce qui n'est pas le sujet, ce qui n'est pas moi, nous. « *L'autre est indispensable à mon existence* » (SARTRE). V. **Autrui.**
◇ ANT. *Même; identique, semblable.*

AUTREFOIS [otrəfwa]. *adv.* (*Autrefeiz,* 1160; de *autre,* et *fois*). Dans un temps passé. V. **Anciennement, jadis.** *Les mœurs d'autrefois.* V. **Antan.** *Cela s'est passé autrefois.* « *Un peu de la lumière et de la douceur d'autrefois* » (R. ROLLAND). ◇ ANT. *Actuellement, aujourd'hui, encore, maintenant, présent* (à).

AUTREMENT [otrəmã]. *adv.* (*Altrement,* 1080; de *autre*). ♦ 1° D'une façon autre, d'une manière différente. V. **Différemment.** *Il faut agir autrement, tout autrement.* « *Il ne peut en être autrement* » (VALÉRY). *Je n'ai pas pu faire autrement que d'y aller.* « *Il envisagea cette mort tout autrement que d'habitude* » (MART. du G.). « *Il agit autrement qu'il parle ou qu'il ne parle* » (ACAD.). — *Autrement, autrement appelé, autrement dit.* V. **Alias.** « *George Sand, autrement Madame Dudevant* » (CHATEAUB.). ♦ 2° Dans un autre cas, dans le cas contraire. V. **Sans** (sans quoi), *sinon. Faites attention, autrement vous aurez affaire à moi.* ♦ 3° *Pas autrement* : pas beaucoup. V. **Guère, peu.** *Cela n'est pas autrement utile. Je ne m'en étonne pas autrement.* ♦ 4° AUTREMENT, comparatif de supériorité. V. **Plus¦; beaucoup.** *Elle est autrement jolie, autrement mieux que sa sœur. Bien autrement, tout autrement.* ◇ ANT. *Même, pareillement.*

AUTRUCHE [otryʃ]. *n. f.* (*Ostruce,* 1130; *oustruche,* 1515, d'apr. it. : bas lat. *avis struthio,* gr. *strouthiôn*). ♦ 1° Oiseau coureur de grande taille, à ailes rudimentaires. *Autruche d'Amérique.* V. **Nandou.** *Plume d'autruche.* ◇ Loc. *Avoir un estomac d'autruche* : tout supporter, tout digérer. « *Son estomac d'autruche digérerait des pierres* » (RENARD). ◇ *Fig. Pratiquer la politique de l'autruche* : refuser de voir le danger (comme l'autruche qui se cache la tête pour échapper au péril). ♦ 2° Peau tannée de cet oiseau. *Chaussures en autruche.*

AUTRUCHON [otryʃɔ̃]. *n. m.* (*Autrechon,* v. 1500; de *autruche*). *Rare.* Petit de l'autruche.

AUTRUI [otrɥi]. *pron.* (*Altrui,* 1080; cas régime de *autre*). Un autre, les autres hommes. V. **Prochain.** ♦ 1° Compl. *Agir pour le compte d'autrui, au nom d'autrui. Les dépouilles d'autrui. L'amour d'autrui.* V. **Altruisme.** « *L'on ne prête à autrui que les sentiments dont l'on est soi-même capable* » (GIDE). « *Ma pitié, ou du moins cette sorte de malaise devant la misère d'autrui* » (MAURIAC). ♦ 2° Sujet. « *Autrui n'a même pas toujours besoin de formuler un conseil* » (ROMAINS).

AUTUNITE [otynit]. *n. f.* (1866; de *Autun*). *Minér.* Phosphate naturel d'uranium et de calcium.

AUVENT [ovã]. *n. m.* (1180; crois. du celt. *talo-penno* et du lat. *alapa*). Petit toit en saillie pour garantir de la pluie. V. **Abri.** *Toit en auvent* (appentis). *Auvent vitré d'une marquise. Auvents d'espaliers.* ◇ Fig. « *Ses sourcils broussailleux débordaient en auvents* » (COURTELINE).

AUVERGNAT, ATE [ɔ(o)vɛrɲa, at]. *adj. et n.* (1213; de *Auvergne*). ♦ 1° De l'Auvergne. *Bourrée auvergnate. Accent auvergnat.* — N. *Les Auvergnats.* — *L'auvergnat* : les parlers dialectaux d'Auvergne.

AUXILIAIRE [ɔ(o)ksiljɛr]. *adj. et n.* (1512; lat. *auxiliaris,* de *auxilium* « secours »). ♦ 1° Qui aide par son concours

(sans être indispensable). *Secours, moyen, organe auxiliaire.* V. **Accessoire, adjoint, annexe, complémentaire, second.** *Force auxiliaire* : qui s'ajoute à une autre pour la fortifier. — *Spécialt. Troupes, services auxiliaires. Le service auxiliaire de l'Armée, opposé à* : le service armé. « *Hubert était mobilisé dans les services auxiliaires* » (MAURIAC). ♦ 2° N. Personne qui aide en apportant son concours. V. **Aide; adjoint, assistant, collaborateur.** *Se servir d'auxiliaires pour la préparation de son travail.* ◇ *Milit. Auxiliaires d'une armée* : combattants qui ne font pas partie d'une armée régulière. — *L'auxiliaire,* la catégorie des services auxiliaires de l'Armée. *Il a été versé dans l'auxiliaire.* ◇ Employé recruté à titre provisoire par l'Administration (non fonctionnaire). ◇ *Auxiliaires de la justice* (officiers ministériels, avocats), tous ceux qui concourent à l'administration de la justice. ◇ *Auxiliaires médicaux* : infirmiers, kinésithérapeutes, masseurs, etc. ♦ 3° (*Choses*). Ce qui aide, sert de secours, de soutien. *Pour les Hollandais « les obstacles se sont changés en auxiliaires* » (TAINE). — *Moteur auxiliaire,* sur un bateau à voile. ♦ 4° *Gram. Verbes auxiliaires,* et n. m. *Auxiliaires* : formes verbales réduites à une fonction grammaticale : la formation des temps composés des verbes. *Avoir et être sont les auxiliaires purs. Semi-auxiliaires* : ceux qui servent à construire des formes composées mais gardent un sens (*venir, aller, devoir, faire, laisser*). ♦ 5° N. m. pl. *Mar.* Machines non motrices. ◇ ANT. *Adverse, contraire. Principal.*

AUXILIAIREMENT [ɔ(o)ksiljɛrmã]. *adv.* (1866; de *auxiliaire*). Rare. D'une manière auxiliaire, accessoire.

AUXINE [ɔ(o)ksin]. *n. f.* (v. 1921; de *auxi,* parfait du v. lat. *augere* « faire croître »). *Biol.* Hormone végétale qui régit la croissance d'une plante (abondante surtout dans les bourgeons et les feuilles jeunes).

AVACHI, IE [avaʃi]. *adj.* (1542; V. **Avachir**). ♦ 1° V. Déformé, flasque. *Chaussures avachies.* ♦ 2° Sans aucune énergie, sans fermeté. *Un être avachi.* V. **Mou; indolent, veule.**

AVACHIR [avaʃir]. *v. tr.* (1395; frq. *°vaikjan* « amollir », infl. de *vache*). ♦ 1° Rendre mou, flasque. V. **Amollir, déformer, ramollir.** *Absolt. L'inaction avachit.* — *Fig.* Priver de son énergie, de son entrain, etc. ♦ 2° S'AVACHIR, *v. pron.* Devenir mou, flasque. V. **Affaisser** (s'), **aplatir** (s'), **déformer** (se). *Ces souliers commencent à s'avachir.* — (Personnes) *Fam.* Être déformé (par la graisse, etc.). ◇ *Fig.* Se laisser aller. *S'avachir à ne rien faire.* V. **Relâcher** (se). ◇ ANT. *Affermir, durcir, raffermir, raidir.*

AVACHISSEMENT [avaʃismã]. *n. m.* (1864; de *avachir*). Action de s'avachir. État de ce qui est avachi.

1. AVAL [aval]. *n. m.* (1080; de *à,* et *val*). ♦ 1° Le côté vers lequel descend un cours d'eau; la partie inférieure d'un cours d'eau, d'une vallée. *Pays d'aval.* ◇ *Ski.* Opposé à *amont.* ◇ *Fig.* Qui est après le point ou le moment considéré, dans un processus technique ou économique. ♦ 2° Loc. prép. EN AVAL DE. *En aval du pont, de la ville* : au delà, dans la direction de la pente. « *Visite aux villages du bord du fleuve, en aval de Bangui* » (GIDE). ◇ ANT. *Amont.*

2. AVAL, ALS [aval]. *n. m.* (1675; it. *avallo,* de l'arabe *hawâla* « mandat »). Engagement par lequel une personne (le *donneur d'aval*) s'oblige à payer un effet de commerce en cas de défaillance du débiteur principal. *Donner son aval à une traite.* V. **Avaliser.** ◇ *Fig.* Soutien, caution. *Donner son aval à une politique.*

AVALANCHE [avalã̃ʃ]. *n. f.* (1611; *lavanche,* XVIᵉ; mot savoyard *lavantse;* bas lat. *labina* « glissement de terrain », de *labi* (Cf. Labile); altér. d'apr. *aval*). ♦ 1° Masse de neige qui se détache d'une montagne, qui entraîne dans sa chute des pierres, des boues. « *Il se sent emporté comme un fétu dans une avalanche* » (MART. du G.). *Géogr. Avalanche poudreuse* (de neige fraîche), *de fond* (de neige compacte et humide). *Couloir d'avalanche. Cône d'avalanche* : masse de débris transportée par l'avalanche. ♦ 2° *Fig. Une avalanche d'injures, de coups.* V. **Pluie; averse, déluge.** « *Des avalanches de paperasses qui se répandaient par le vide* » (COURTELINE). « *Pour barrer la route à des avalanches de catastrophes* » (MART. du G.).

AVALANCHEUX, EUSE [avalãʃø, øz]. *adj.* (XXᵉ; de *avalanche*). *Région. ou didact.* ♦ 1° Susceptible de provoquer une avalanche. *Amas avalancheux.* ♦ 2° Qui peut être parcouru par des avalanches. *Couloir avalancheux.*

AVALANT, ANTE [avalã, ãt]. *adj.* (1827; *avalens,* 1415; « qui descend le cours de l'eau »; de *avaler,* XIIᵉ, « descendre »). *Mar.* En parlant d'un bateau. Qui descend le cours d'une rivière. *Les péniches avalantes.* — *Subst. Les avalants doivent emprunter le canal de droite.* ◇ ANT. *Montant.*

AVALÉ, ÉE [avale]. *adj.* (1339, « déprécié »; V. **Avaler**). ♦ 1° *Vx.* Qui tombe. V. **Pendant, tombant.** *Un chien à oreilles avalées.* ♦ 2° *Lèvres avalées* : pincées. « *La bouche pincée, avalée* » (AYMÉ).

AVALER [avale]. *v. tr.* (1080, « descendre rapidement » (V. **Avalé**); de *aval* 1). ♦ 1° Faire descendre par le gosier. V. **Absorber, boire, ingérer, ingurgiter, manger.** *Avaler une* gorgée d'eau. Avaler d'un trait, d'un seul coup. Avaler les morceaux avidement, sans mâcher. V. **Engloutir, gober**. « Il faisait, en avalant sa soupe, un gloussement à chaque gorgée » (FLAUB.). « Les bouches s'ouvraient, se fermaient sans cesse, avalaient, mastiquaient, engloutissaient férocement » (MAU-PASS.). — (1856) Avaler de travers, l'épiglotte ayant laissé passer des particules alimentaires dans la trachée. ◇ Loc. fig. Il avalerait la mer et les poissons, il est affamé, assoiffé, insatiable. Avaler sa langue : garder le silence. — Avaler sa salive, taire ce qu'on est tenté de dire. — Il a l'air d'avoir avalé sa canne, son parapluie : il est très guindé. — Avaler la pilule, le morceau : supporter sans protester une chose désagréable. Avaler des couleuvres* : subir un affront. Pop. Avaler son acte (bulletin) de naissance, mourir. ♦ 2º Fig. Dissimuler. Avaler sa rage. V. **Dévorer, rentrer**. « Elle s'était tue, avalant sa rage dans un stoïcisme muet » (FLAUB.). — Avaler ses mots en parlant : prononcer indistinctement. ◇ Absorber, s'approprier. V. **Dévorer**. Il veut tout avaler, se dit d'un homme avide, arrogant, présomptueux (fam. Un avale-tout-cru). Avaler un livre, un roman : le lire avec avidité. « Pour digérer le savoir il faut l'avoir avalé avec appétit » (FRANCE). Sports. Avaler l'obstacle. — Fam. J'ai cru qu'il allait m'avaler, m'avaler tout cru : il me regardait avec des yeux furieux. ◇ Supporter ou croire (Cf. ci-dessus avaler la pilule). Vous n'allez pas avaler ça sans réagir? « C'est à vous de l'y résoudre et de lui faire avaler la chose du mieux que vous pourrez » (MOL.). — C'est une histoire difficile à avaler. « Ça n'est pas un bobard? On peut vous faire avaler n'importe quoi » (SARTRE).

AVALEUR [avalœʀ]. n. m. (1422, « ouvrier qui descend le vin »; « glouton », v. 1510; de avaler). Vx. Celui qui avale. V. **Glouton**. — Loc. mod. Avaleur de sabres : saltimbanque qui introduit (ou fait mine d'introduire) une lame dans son tube digestif.

AVALISER [avalize]. v. tr. (1875; a remplacé avaler; de aval 2). Donner son aval, cautionner par un aval. Avaliser un effet de commerce. ◇ Fig. (v. 1950). Appuyer, donner caution à.

AVALISEUR [avalizœʀ], **AVALISTE** [avalist(ə)]. adj. et n. m. (XXᵉ; -1863; de aval 2). Dr. Qui donne son aval.

À-VALOIR [avalwaʀ]. n. m. invar. (XXᵉ; de à, et valoir). Paiement partiel. V. **Acompte**. C'est un à-valoir sur votre créance. ◇ HOM. Avaloire.

AVALOIR ou **AVALOIRE** [avalwaʀ]. n. (mil. XIIIᵉ; de avaler « descendre »).
I. N. f. AVALOIRE. Pièce de harnais qui descend derrière les cuisses du cheval de limon et sur laquelle il s'appuie pour freiner ou faire reculer le véhicule.
II. AVALOIR. n.m. ou AVALOIRE. n.f. (de avaler, 1º). Gosier d'un glouton. Quel avaloir !
◇ HOM. À-valoir.

AVANCE [avɑ̃s]. n. f. (fin XIVᵉ, « fait d'avancer »; avantage, profit »; de avancer). ♦ 1º Vx (1473). Ce qui est en avant, en saillie par rapport à autre chose. V. **Saillie**; **avancée**. ♦ 2º Mod. (fin XVIᵉ). Action d'avancer. Vx. Avance vers un lieu. Mod. L'avance d'une armée. Accroître, ralentir son avance. V. **Marche, progression**. « Les péripéties et les arrêts de l'avance allemande en Russie » (DUHAM.). ◇ Techn. Déplacement de l'outil d'une machine-outil vers la partie à travailler. ♦ 3º (1694). Espace qu'on a parcouru avant qqn, distance qui en sépare. Accentuer, perdre son avance. « Ayant pris de l'avance sur le reste de la troupe » (GIDE). ◇ (Dans le temps) Anticipation sur un moment prévu. Une avance d'un quart d'heure sur l'horaire. Avoir une heure d'avance. — Techn. Avance à l'allumage (dispositif qui déclenche l'allumage un peu avant le temps théorique). ◇ Région. (Belgique). Il n'y a pas d'avance à (faire qqch.), cela n'avance à rien de. ♦ 4º Loc. adv. À L'AVANCE : avant le moment fixé pour l'exécution d'une opération, d'une combinaison). Tout a été préparé à l'avance. Repli sur des positions préparées à l'avance. Deux jours; une heure à l'avance. ◇ D'AVANCE (après un verbe) : avant le temps, avant un moment quelconque. Payer d'avance. « On sait d'avance ce qu'on va se dire » (MUSS.). « J'étais maintenant résigné d'avance à tout » (MAUROIS). ◇ EN AVANCE : avant le temps fixé, l'horaire prévu (en attribut). Il est en avance, en avance d'une heure (opposé à en retard). « Très en avance, mais non pas très impatient » (ROMAINS). Être, arriver, partir en avance, en avance sur l'horaire. ◇ PAR AVANCE (littér.) : à l'avance; d'avance. « Prédestiné signifie destiné par avance au bonheur ou au malheur » (BALZ.). ♦ 5º(XVIIIᵉ). Une avance, des avances : somme (prêt ou emprunt) que l'on paye par anticipation. Faire une avance à un employé. Être à titre de provision. V. **Acompte, arrhes, provision**. Avance bancaire. V. **Crédit, escompte, prêt**. ◇ Fonds investis dans une entreprise. Récupérer ses avances. V. **Fonds, investissement, mise**. ♦ 6º(XVIIᵉ). Plur. AVANCES : premières démarches auprès d'une personne pour nouer ou renouer des relations avec elle. V. **Approche, démarche, ouverture**. Il lui a fait des avances. « Nos communes avances raccourciront de moitié la route que

l'orgueil de chacun de nous avait à faire » (RADIGUET). ◇ ANT. Creux, renfoncement. Recul, repli, retraite. Arrêt. Retard.

AVANCÉ, ÉE [avɑ̃se]. adj. (1507, « avantagé »; V. Avancer). ♦ 1º Qui est en avant. — Milit. Poste avancé. Ouvrage avancé. ♦ 2º (Temps). Dont une grande partie est écoulée. La saison, la nuit est déjà bien avancée. A une heure avancée de la nuit. V. **Tardif**. Il est d'un âge très avancé, il est avancé en âge. V. **Vieux**. ♦ 3º (XVIᵉ). Qui est en avance (sur les autres), qui a fait des progrès. Une végétation avancée pour la saison. Un enfant avancé pour son âge. V. **Précoce**. « Je puis dire que j'étais bien avancé pour mon âge » (LESAGE). ◇ Perfectionné. Technique, civilisation avancée. ◇ (1839) Opinions, idées avancées : à l'avant-garde des idées du temps (souvent iron. et péj.). « Le libéralisme fait désormais figure auprès des gens avancés ou qualifiés tels, de doctrine démodée » (SIEGFRIED). ♦ 4º Qui se rapproche du terme, touche à sa fin. Son ouvrage est déjà très avancé. — (Personnes) « Si j'en avais eu (des amis) je n'en serais pas plus avancé » (CAMUS). Iron. Vous voilà bien avancé! ce que vous avez fait ne vous a servi de rien. V. **Content, satisfait**. ♦ 5º Qui commence à se gâter. Ce poisson est un peu avancé! Viande avancée.

AVANCÉE [avɑ̃se]. n. f. (1771, fortif.; de avancer). ♦ 1º Ce qui avance, forme saillie. L'avancée d'un toit (avant-toit). V. **Avance** (1º; vx). ♦ 2º La partie la plus avancée, l'extrémité d'une galerie qu'on creuse. ♦ 3º Partie de la ligne qui est près de l'hameçon.

AVANCEMENT [avɑ̃smɑ̃]. n. m. (XIIᵉ, « progrès, marche en avant » (fig.); de avancer). ♦ 1º Mouvement en avant, position qui en résulte. L'avancement d'un pied devant l'autre. Position d'avancement (Danse). ♦ 2º État de ce qui avance, progresse. V. **Progrès**. L'avancement des travaux. ♦ 3º Progrès dans le domaine moral. V. **Amélioration, développement, perfectionnement, progrès; avancé** (2º). « Il ne paraît pas que l'avancement des connaissances et la multiplicité des inventions aient beaucoup amélioré les mœurs » (FRANCE). ♦ 4º (1762; « enrichissement », 1690). Cour. Le fait de s'élever dans la voie hiérarchique ou dans celle des honneurs. V. **Promotion**. Avancement à l'ancienneté ou au choix. Tableau d'avancement. Avoir de l'avancement. ♦ 5º Dr. Avancement d'hoirie : libéralité (donation) faite à un héritier présomptif, par anticipation. ◇ ANT. Creux, renfoncement. Recul. Décadence, déchéance. Arrêt, stagnation.

AVANCER [avɑ̃se]. v.; conjug. placer (XIIᵉ; lat. pop. ᵉabantiare, de abante. V. Avant).
I. V. tr. ♦ 1º (1278). Pousser, porter en avant. Avancer une chaise. Avancer un pion sur l'échiquier. « Il tendit la main, elle avança la sienne » (MART. du G.). V. **Tendre**. ♦ 2º (Fin XIIIᵉ). Fig. Mettre en avant. Avancer une proposition, une thèse. C'est à celui qui avance un fait à le prouver. V. **Affirmer, alléguer, prétendre; dire, écrire**. Soutenir, prouver ce qu'on avance. « Lorsqu'on avance que la légitimité arrivera forcément, on avance une erreur » (CHATEAUB.). ♦ 3º (XVIᵉ). Faire arriver avant le temps prévu ou normal. Avancer l'heure du dîner, le dîner. V. **Hâter; accélérer, précipiter**. Il a avancé la date de son retour. V. **Anticiper**. « Je sais que j'ai moi seule avancé leur ruine » (RAC.). — Avancer une montre, une pendule : lui faire marquer une heure plus tardive. ♦ 4º Faire progresser qqch. Avancer son travail, son ouvrage. ◇ À quoi cela vous avancera-t-il? quel avantage en aurez-vous? V. **Avancé**. ♦ 5º Avancer de l'argent, une somme d'argent : payer par avance. J'ai avancé ces fonds pour son compte. Avancer de l'argent à qqn. V. **Prêter**.
II. V. intr. (XIIIᵉ, pr. et fig.). ♦ 1º Aller, se porter en avant, Avancer lentement, rapidement. V. **Aller, marcher**. Ne pas avancer d'une semelle. Avancez vers moi, avancez! V. **Approcher, venir**. « Les horizons aux horizons succèdent : On avance toujours, on n'arrive jamais » (HUGO). « Les rivières où des barques s'évertuent sans avancer » (PROUST). Faire avancer un tonneau en le roulant, en le poussant. — Milit. V. **Progresser**. ♦ 2º Être placé en avant, faire saillie (V. **Avancée**). Ce cap, ce promontoire, ce môle avance dans la mer. Le balcon avance d'un mètre sur le mur. V. **Saillir; déborder, dépasser**. « La lèvre inférieure (de Stendhal) avançait légèrement » (STE-BEUVE). Pronom. V. Le vieux petit café s'avançant sur pilotis » (LOTI). ♦ 3º Avoir déjà fait beaucoup. V. **Progresser**. Avancer dans son travail. Il se tue de travail et n'avance pas. — (Choses) Aller vers son achèvement. « Voyant que les réparations de ma chaumière n'avançaient pas » (CHATEAUB.). ♦ 4º Obtenir de l'avancement. Avancer en grade. ♦ 5º S'écouler, être en train de passer (temps); approcher de sa fin (durée). La nuit avance, il est déjà bien tard. Avancer en âge. V. **Vieillir**. ♦ 6º Être en avance. Ma montre avance (opposé à retarder).
III. S'AVANCER. v. pron. (XIIIᵉ). ♦ 1º Aller, se porter en avant. Je vois qui s'avance vers nous. V. **Approcher, tenir**. Métaph. « S'avancer dans le chemin de la vie » (VALLÈS). ♦ 2º Fig. S'AVANCER TROP, JUSQU'À : aller trop loin au risque de se compromettre, de s'engager à l'excès. V. **Hasarder (se), risquer (se)**. « On s'était trop avancé pour reculer »

(MICHELET). ♦ 3° S'écouler (temps). Cf. Avancer (II, 5°). *La nuit s'avance.* ◊ ANT. Reculer, retarder. Rentrer. Éloigner (s'), replier (se), retirer (se). Arrêter (s'), piétiner.

AVANIE [avani]. *n. f.* (1605; *vanie*, 1575; « imposition infligée par les Turcs aux chrétiens, rançon »; it. *avania*). Traitement humiliant, affront public. V. **Affront, brimade, humiliation, insulte, offense, outrage, vexation.** *Faire, infliger des avanies à qqn.* Pétion « reçut une avanie; les gardes nationaux l'accablèrent d'injures et de menaces » (MICHELET).

1. **AVANT** [avã]. *prép.* et *adv.* (842; lat. imp. *abante;* de *ab,* et *ante* « avant »).

I. (*Opposé à* après, I). *Prép.* qui marque : ♦ 1° Priorité de temps, antériorité (Cf. les *préf.* Anté-, anti-, pré-). *Avant le jour.* « *L'affût du matin un peu avant le lever du soleil* » (DAUD.). *Avant Jésus-Christ. Dès avant la fin de l'année. Il est arrivé avant moi,* plus tôt que moi (V. **Devancer, précéder**). *Il est arrivé avant le déjeuner. — Avant demain. Avant peu** (de temps). *— Avant la lettre**. ◊ Loc. prép. AVANT DE et l'infinitif. *Réfléchissez bien avant de vous décider. Ne faites rien avant d'avoir reçu ma lettre.* ◊ Vx. *Avant,* suivi de l'infinitif. Dr. *Jugement avant dire droit.* Mod. *Prendre un médicament avant manger.* ◊ Littér. *Avant que de...* « *Ne verrez-vous point Phèdre avant que de partir?* » (RAC.). *Le lâche* « *renonce avant que d'avoir entrepris* » (MAUROIS). ◊ Loc. conj. AVANT QUE avec le subj. *Ne parlez pas avant qu'il ait fini, qu'il n'ait fini.* « *Avant que sa soif ne s'éteigne* » (BUFF.). « *Les traits les plus marquants d'un caractère se forment et s'accusent avant qu'on en ait pris conscience* » (GIDE). ♦ 2° Antériorité dans l'espace; priorité de situation ou d'ordre. *C'est la maison juste avant le bois sur votre gauche. Mettre la charrue avant* (devant) *les bœufs,* la fin avant le commencement. « *Le cœur doit marcher avant l'esprit, et l'indulgence avant la sévérité* » (JOUBERT). *Faire passer qqn avant les autres.* V. **Premier** (le), **tête** (en). ♦ 3° Priorité dans une hiérarchie. *Avant le valet, il y a la dame.* ♦ 4° Loc. adv. AVANT TOUT. *Cela doit passer avant tout.* V. **Abord** (d'). *Avant tout, il faut éviter la guerre.* V. **Essentiellement, principalement.**

II. *Adv.* ♦ 1° Temps (*Opposé à* après, II). *Quelques jours avant.* V. Tard (plus); antérieurement, auparavant. *Le jour, la nuit d'avant,* précédente. *Réfléchissez avant, vous parlerez après.* V. **Abord** (d'), **préalablement.** ♦ 2° Espace; ordre ou situation. *Voyez avant.* V. **Dessus** (ci-), **haut** (plus), **supra.** *Lequel des deux doit-on mettre avant?* V. **Tête** (en). ♦ 3° AVANT, précédé de assez, bien, plus, si, trop, marque un éloignement du point de départ. *Le fer n'avait pas pénétré bien avant. S'enfoncer trop avant dans la forêt.* V. **Loin, profondément.** *Bien avant dans la nuit.* V. **Tard.** « *Je m'engageai plus avant dans le couloir* » (PROUST). Fig. « *Je me suis engagé trop avant* » (RAC.).

III. EN AVANT [ãnavã]. (*Opposé à* en arrière (1, II). ♦ 1° Loc. adv. EN AVANT, vers le lieu, le côté qui est devant, devant soi. *Aller, se porter en avant. En avant, marche! Se pencher en avant. Marcher en avant.* V. **Tête** (en). — Fig. *Regarder en avant :* vers l'avenir ◊ *Mettre qqch. en avant.* V. **Avancer.** — *Mettre qqn en avant,* s'abriter derrière son autorité. *Se mettre en avant :* parler avantageusement de soi-même. ◊ *Marche avant :* en avant. ♦ 2° Loc. prép. EN AVANT DE, marque la position par rapport à qqn ou à qqch. *L'éclaireur marche en avant de la troupe.* V. **Devant.** ◊ ANT. Après, depuis, ensuite. Arrière, derrière. — HOM. **Avent.**

2. **AVANT** [avã]. *n. m.* (XVe *; qui précéd.*). ♦ 1° Partie antérieure. *L'avant d'un navire :* partie qui s'étend du centre de gravité à l'étrave. V. **Proue.** *Gaillard d'avant. L'avant d'une voiture. Vous serez mieux à l'avant. Vers l'avant :* devant soi. ◊ *Aller de l'avant :* faire du chemin en avançant; *fig.* S'engager résolument dans une affaire. « *Le chemin qu'on a pris est toujours le meilleur, pourvu qu'il permette d'aller de l'avant!* » (MART. DU G.). ♦ 2° La région des combats. V. **Front.** ♦ 3° *Sports* (v. 1905). Joueur placé devant les autres (devant les demis, au football). *La ligne des avants* (avant-centre, inters, ailiers). *L'avant-centre est placé au centre de la ligne d'attaque (Des avant-centres).* ♦ 4° Adj. invar. Qui est à l'avant. *Les roues, les sièges, les places avant d'une voiture.* ◊ ANT. Arrière 2.

AVANTAGE [avãtaʒ]. *n. m.* (1190, « ce qui est placé en avant; saillie »; « profit », 1196; de *avant*).

I. ♦ 1° (XIIIe). Ce par quoi on est supérieur (qualité ou biens); supériorité. V. **Atout, avance, dessus, prérogative, supériorité.** *Avantage naturel, acquis. Bénéficier d'un avantage, avoir pour soi l'avantage de...* Vieilli. *Avoir un avantage sur qqn, qqch. :* être supérieur. *L'avantage de la fortune, de l'expérience. Les défenseurs avaient l'avantage du nombre :* étaient plus nombreux. *Avoir l'avantage.* « *Cette audacieuse allégation donna l'avantage à la défense* » (BALZ.). — *C'est un avantage de* (et l'inf.). « *C'est un terrible avantage de n'avoir rien fait, mais il ne faut pas en abuser* » (RIVAROL). ◊ *À l'avantage de qqn :* de manière à lui donner le dessus, la supériorité. « *Tourner ses défauts même à son avantage* »

(GIDE). — (En attribut) *Être à son avantage :* être momentanément supérieur à ce qu'on est d'habitude. *Elle est plutôt à son avantage, avec cette robe :* cette robe l'avantage. ♦ 2° (Dans un combat, une lutte). *Prendre, perdre, ressaisir l'avantage.* V. **Dessus** (le). Vx. *Remporter un (grand) avantage.* V. **Gain, succès, victoire.** ♦ 3° Dr. Ce qui rompt l'égalité au profit de qqn (libéralité, don). *Avantage au profit d'un associé, d'un créancier, avantage matrimonial.* V. **Préciput, privilège.** ♦ 4° (1936). Tennis. Point marqué par un joueur ou un camp, lorsque la marque est à 40 partout. *Avantage au service, avantage dedans. Avantage détruit* (40 partout). *Avantage; jeu.*

II. ♦ 1° (1196; *opposé à* inconvénient). Ce qui est utile, profitable. V. **Bien; bénéfice, intérêt, profit.** *Un avantage appréciable. Cette solution offre, présente de grands, de précieux avantages. Ces projets sont également intéressants, chacun a ses avantages. Accorder, offrir, procurer, garantir de notables avantages à qqn. Avantage pécuniaire.* V. **Gain, rémunération, rétribution.** *Avantage en nature.* V. **Nature** (II, 7°). *Abandonner un avantage réel pour un profit illusoire* (Cf. Lâcher la proie pour l'ombre). « *L'attitude d'un homme qui n'envisage rien que l'avantage général* » (BARRÈS). V. **Intérêt.** « *Le nouveau aurait demandé des avantages exorbitants, une participation aux bénéfices* » (DUHAM.). ◊ *Avoir avantage à* (faire qqch.). « *Nous ne pouvons pas être absolument sincères, et nous n'avons pas grand avantage à l'être* » (V. LARBAUD). *Vous auriez avantage à vous taire :* vous feriez* mieux de vous taire. ♦ 2° (*Politesse*). Plaisir, honneur. « *À quoi dois-je l'avantage de votre visite?* » (COURTELINE). ◊ ANT. Désavantage, détriment, dommage, inconvénient, préjudice.

AVANTAGER [avãtaʒe]. *v. tr.;* conjug. *bouger* (1135; de *avantage*). Accorder l'avantage (I) à qqn; rendre supérieur par une qualité, un bien, un don (avantage, II). V. **Doter, douer, favoriser, gratifier.** *La nature l'a avantagé, lui a donné en partage des qualités peu communes.* ◊ *Faire valoir les avantages naturels.* « *Des robes qui avantageaient la tournure* » (LOTI). Cf. Être à son avantage. ◊ Dr. Faire un avantage à (qqn). *Avantager un héritier.* ◊ ANT. Désavantager, desservir, frustrer, léser, préjudicier.

AVANTAGEUSEMENT [avãtaʒøzmã]. *adv.* (XVe; de *avantageux*). D'une manière avantageuse, favorable, flatteuse. V. **Bien, favorablement.** « *Je lui ai parlé de vous avantageusement* » (LESAGE). *Il est connu avantageusement.* V. **Honorablement.**

AVANTAGEUX, EUSE [avãtaʒø, øz]. *adj.* (1418; de *avantage*). ♦ 1° Qui offre, procure un avantage. V. **Bon; beau, bienfaisant, favorable, heureux, intéressant, précieux, profitable, salutaire, utile.** *Marché, traité avantageux. Prix avantageux.* ♦ 2° (XVe). Qui est à l'avantage de qqn, propre à le flatter, à lui faire honneur. V. **Favorable, flatteur.** Vx. « *Il en avait fait un portrait fort avantageux* » (HAMILTON). Mod. *Il a une idée assez avantageuse de lui-même.* ♦ 3° (XVIe). Qui tire vanité des avantages qu'il possède ou qu'il s'attribue. V. **Fat, orgueilleux, présomptueux, suffisant, vaniteux.** « *Un pédant avantageux* » (DUHAM.). « *C'est à qui sera le plus avantageux, même dans la solitude* » (CAMUS). — *Un air, un ton avantageux. Prendre des poses avantageuses.* — Subst. Vx. *Faire l'avantageux.* ◊ ANT. Désavantageux; contraire, défavorable, fâcheux, nuisible, préjudiciable.

AVANT-BASSIN [avãbasɛ̃]. *n. m.* (1907; de *avant,* et *bassin*). Partie d'un port en avant d'un bassin. — REM. Dans les composés de *avant-,* seul le deuxième élément peut varier : *des avant-bassins.*

AVANT-BEC [avãbɛk]. *n. m.* (1488; de *avant,* et *bec*). Archit. Éperon en angle aigu qui, dans une pile de pont, fend l'eau du côté d'amont (*opposé à* arrière-bec).

AVANT-BRAS [avãbra]. *n. m. invar.* (1291, « partie de l'armure »; de *avant,* et *bras*). Mod. (XVIe). Partie du membre supérieur qui va du coude au poignet. *Os de l'avant-bras.* V. **Cubitus, radius.**

AVANT-CENTRE [avãsãtʀ(ə)]. *n. m.* V. AVANT (2, 3°).

AVANT-CORPS [avãkɔʀ]. *n. m. invar.* (1658; de *avant,* et *corps*). Archit. Partie d'un bâtiment qui est en saillie sur l'alignement de la façade (*opposé à* arrière-corps).

AVANT-COUR [avãkuʀ]. *n. f.* (1564; de *avant,* et *cour*). Cour qui précède la cour principale (*opposé à* arrière-cour).

AVANT-COUREUR [avãkuʀœʀ]. *n. m.* et *adj.* (XIV-XVe; « éclaireur, avant-courrier »; de *avant,* et *coureur*). ♦ 1° N. (*Vx.* ou *littér.*). Ce qui précède, annonce. V. **Prélude, présage.** « *Un malheur nous est toujours l'avant-coureur d'un autre* » (MOL.). ♦ 2° Adj. (*Mod.*). Annonciateur, précurseur. V. **Annonciateur.** *Le bruit avant-coureur de la chute du trône* » (CHATEAUB.). « *Les signes avant-coureurs du changement qui se prépare* » (TAINE). ◊ ANT. Successeur; postérieur.

AVANT-COURRIER, IÈRE [avãkurje, jɛʀ]. *n. m.* (XVIe; de *avant,* et *courrier*). ♦ Ancienn. N. m. Cavalier qui courait devant une voiture de poste pour faire préparer les relais. ♦ 2° Littér. Avant-coureur (1°). *L'édition* « *dont celle-ci est l'avant-courrière* » (BÉDIER).

AVANT-DERNIER, IÈRE [avãdɛʀnje, jɛʀ]. *adj.* (1759; de *avant*, et *dernier*). Qui est avant le dernier. *L'avant-dernière syllabe d'un mot.* V. **Pénultième.** — Subst. *Il est l'avant-dernier de sa classe.*

AVANT-GARDE [avãgaʀd(ǝ)]. *n. f.* (XIIᵉ; de *avant*, et *garde*). ◆ 1° Partie d'une armée qui marche en avant du gros des troupes. *Combats d'avant-garde.* Métaph. *Avignon « se mettait à l'avant-garde du monde dans la guerre de la liberté »* (MICHELET). V. **Tête; pointe (à la).** ◆ 2° Mouvement, littérature d'avant-garde : qui joue ou prétend jouer un rôle de précurseur, par ses audaces. V. **Avancé.** — *L'avant-garde.* ◇ ANT. *Arrière-garde.*

AVANT-GARDISME [avãgaʀdism]. *n. m.* (1966; de *avant-garde*). Le fait d'être de l'avant-garde. *« [...] Leur tonitruant avant-gardisme n'est sûrement pas le plus révolutionnaire »* (*Nouvel Obs.*, 21-12-1966). — *Dér.* AVANT-GARDISTE, *n. et adj.*

AVANT-GARDISTE [avãgaʀdist(ǝ)]. *adj. et n.* (1966; de *avant-garde*). Qui appartient à l'avant-garde. *« Un public avant-gardiste »* (*Le Monde*, 16-4-1966). *Des mouvements avant-gardistes.*

AVANT-GOÛT [avãgu]. *n. m.* (1610, concret; de *avant*, et *goût*). Sensation que procure l'idée d'un bien, d'un mal futur (*opposé à* arrière-goût). V. **Anticipation, préfiguration, pressentiment.** *« Ce dont je venais d'avoir l'avant-goût et d'apprendre le présage »* (PROUST). *« Qu'aimes-tu tant dans les départs, Ménalque? Il répondit : — L'avant-goût de la mort »* (GIDE).

AVANT-GUERRE [avãgɛʀ]. *n. m. ou f.* (1913; de *avant*, et *guerre*). Période qui a précédé une guerre, et notamment l'une des deux guerres mondiales. *« Je lui ai dit que c'était un prix d'avant-guerre »* (GIDE). ◇ ANT. *Après-guerre.*

AVANT-HIER [avãtjɛʀ]. *adv.* (*Avantier*, XIIᵉ; de *avant*, et *hier*). Dans le jour qui a précédé hier. *Il est parti avant-hier.* V. *aussi* **Avant-veille.**

AVANT-MAIN [avãmɛ̃]. *n. f.* (1575; de *avant*, et *main*). ◆ 1° Vx. Partie antérieure de la main. ◆ 2° (1721). Partie antérieure du cheval, en avant de la main du cavalier (*opposé à* arrière-main).

AVANT-MIDI [avãmidi]. *n. m. et f. invar.* (mot belge et canadien, de *avant*, et *midi*, d'apr. *après-midi*). *Région.* (En Belgique, *n. m.;* au Canada, surtout *fém.*). Partie de la journée pouvant aller du lever du soleil jusqu'à midi (*opposé à* après-midi). V. **Matin, matinée.** *Passer l'avant-midi chez le coiffeur. À 10 heures de l'avant-midi.*

AVANT-MONT [avãmɔ̃]. *n. m.* (1948; de *avant*, et *mont*). *Géogr.* Petite chaîne montagneuse en avant de la chaîne principale. *Des avant-monts.*

AVANT-PORT [avãpɔʀ]. *n. m.* (1782; de *avant*, et *port*). Entrée d'un port qui se trouve en avant des divers bassins (*opposé à* arrière-port). V. **Avant-bassin.**

AVANT-POSTE [avãpɔst(ǝ)]. *n. m.* (1799; de *avant*, et *poste*). *Milit.* Poste avancé. *« Nos troupes de couverture ont pris leurs avant-postes »* (MART. du G.).

AVANT-PREMIÈRE [avãpʀǝmjɛʀ]. *n. f.* (1892; de *avant*, et *première* (représentation). ◆ 1° Réunion d'information pour présenter une pièce, un film, une exposition avant la présentation au public, l'ouverture. — Article publié par un journaliste convié à cette réunion. ◆ 2° *En avant-première :* avant la présentation officielle, publique.

AVANT-PROJET [avãpʀɔʒɛ]. *n. m.* (1853; de *avant*, et *projet*). Rédaction provisoire d'un projet de loi, de contrat. Plan sommaire, maquette ou esquisse d'une construction, d'une œuvre d'art.

AVANT-PROPOS [avãpʀɔpo]. *n. m. invar.* (1566; de *avant*, et *propos*). Courte introduction (présentation, avis au lecteur, etc.). V. **Avertissement, introduction, préface.** ◇ ANT. *Conclusion, postface.*

AVANT-SCÈNE [avãsɛn]. *n. f.* (1570; de *avant*, et *scène*). ◆ 2° *Antiq.* Partie du théâtre où jouaient les acteurs. Proscenium. ◆ 2° *Mod.* (1795). Loge placée près de la scène.

AVANT-TOIT [avãtwa]. *n. m.* (1386; de *avant*, et *toit*). Avancée, saillie d'un toit. *Des avant-toits. Le palier « Qu'un avant-toit défend du vent et de la neige »* (LAMART.). V. **Auvent.**

AVANT-TRAIN [avãtʀɛ̃]. *n. m.* (1628; de *avant*, et *train*). ◆ 1° Avant d'une voiture à cheval (roues de devant et train). ◆ 2° (1835). Partie antérieure du corps d'un quadrupède (*opposé à* arrière-train). *Des chapiteaux « formés de deux avant-trains de taureaux soudés »* (DANIEL-ROPS).

AVANT-VEILLE [avãvɛj]. *n. f.* (XIIIᵉ; de *avant*, et *veille*). Jour qui précède la veille (V. **Avant-hier**).

AVARE [avaʀ]. *adj. et n.* (1527; lat. *avarus; Cf. a. fr. aver* (XIIᵉ), de *avere* « désirer vivement »). ◆ 1° Qui a la passion des richesses et se complaît à les amasser sans cesse. V. **Avaricieux, avide, chiche, cupide, mesquin, pingre, radin** (fam.), **rapiat, regardant; avarice.** *« Parcimonieuse et même avare, elle se montrait pour lui follement prodigue »* (FRANCE). *« Il n'était certes pas avare, mais strict dans ses dépenses »* (DUHAM.). V. *aussi* **Économe.** — PROV. *À père avare, fils prodigue.* ◆ 2° N. Personne qui a beaucoup d'argent, qui amasse et garde tout ce qu'elle a. V. **Fesse-mathieu, grippe-sou, harpagon, ladre** (vx); thésauriseur. *Un vieil avare. Son avare de père ne lui donne pas un sou. L'Avare,* de Molière. ◆ 3° AVARE DE (qqch.). Qui ne prodigue pas. V. **Économe, ménager, parcimonieux.** *Il est assez avare de compliments. « Un de ces gestes gracieux dont elle n'était pas avare »* (DUHAM.). ◆ 4° *(Sujet de chose).* Qui accorde parcimonieusement. V. **Parcimonieux.** *Une terre avare.* V. **Aride.** *Un jour avare.* V. **Rare.** *« Ses romans mondains qu'il produisait d'une veine avare »* (ROMAINS). ◇ ANT. *Dépensier, dissipateur, gaspilleur, généreux, large, prodigue. Fertile; fécond.*

AVARICE [avaʀis]. *n. f.* (*Averice*, 1121; lat. *avaritia*. V. **Avare**). Attachement excessif à l'argent, passion d'accumuler, de retenir les richesses. *Une avarice sordide.* V. **Avare; avidité, ladrerie, pingrerie.** *« L'avarice commence où la pauvreté cesse »* (BALZ.). *« Se tailler... une solide réputation d'avarice »* (AYMÉ). ◇ ANT. *Désintéressement, dissipation, gaspillage, générosité, largesse, prodigalité.*

AVARICIEUX, IEUSE [avaʀisjø, jøz]. *adj.* (1283; de *avarice*). Vx ou *plaisant.* Qui se montre d'une avarice mesquine. V. **Avare.** — Subst. *« La peste soit de l'avarice et des avaricieux »* (MOL.). ◇ ANT. *Prodigue.*

AVARIE [avaʀi]. *n. f.* (av. 1200; it. *avaria*, d'o. arabe). Dommage survenu à un navire ou aux marchandises qu'il transporte. *La cargaison a subi des avaries. Réparer les avaries. « La panse* (du navire) *n'avait point d'avarie visible »* (HUGO). — Dommage survenu au cours d'un transport terrestre ou aérien.

AVARIÉ, ÉE [avaʀje]. *adj.* (1771; de *avarie*). ◆ 1° Qui a subi une avarie. *Navire avarié. « Quand l'avion avarié plongera dans la mer »* (ST-EXUP.). ◆ 2° (1771). Détérioré. *Marchandises avariées. « Un lot de produits avariés »* (GIDE). V. **Gâté, pourri.** *De la viande avariée.* ◆ 3° *Fam.* et *vieilli.* Atteint de maladie (vénérienne). *Les avariés,* pièce de Brieux (1905).

AVARIER [avaʀje]. *v. tr.* (1752; de *avarie*). Causer une avarie. V. **Endommager.** *Ces denrées se sont avariées à l'entrepôt.*

AVATAR [avataʀ]. *n. m.* (1800; sanscr. *avâtara* « descente »). ◆ 1° Dans la religion hindoue, Chacune des incarnations de Vichnou. ◆ 2° *Fig.* (1844). Métamorphose, transformation. *« Cette Cisalpine s'appellera République italienne, puis, par un nouvel avatar, Royaume d'Italie »* (MADELIN). ◆ 3° (XXᵉ). *Par contresens.* Mésaventure, malheur.

À VAU-L'EAU [avolo]. *loc. adv.* (1552; de *à, val,* et *eau*). Au fil de l'eau, du courant. ◇ *Fig. S'en aller à vau-l'eau :* se perdre. *« Voilà tous mes plans à vau-l'eau »* (BALZ.).

AVÉ [ave] ou **AVÉ MARIA** [avemaʀja]. *n. m.* (1360; lat. *ave* « salut », début de la prière). Salutation angélique, prière que l'on adresse à la Sainte Vierge. *Dire cinq Pater et cinq Avé* (ACAD.). ◇ HOM. *Haver.*

AVEC [avɛk]. *prép. et adv.* (*Avoc, avuec,* fin XIᵉ; lat. pop. *apud-hoc,* de *apud* « auprès de »).

I. ◆ 1° (Marque le RAPPORT : présence physique simultanée; accord moral, entre une personne et qqn ou qqch.). En compagnie de (qqn). V. *préf.* **Co-.** *Aller se promener avec qqn. Mon plus grand plaisir est de sortir avec vous. Il a toujours son chien avec lui.* — *Être avec qqn :* en sa compagnie. *Ils sont toujours l'un avec l'autre.* V. **Auprès** (de). ◇ *« Elle était maintenant avec un homme très riche »* (FLAUB.) : elle vivait avec lui. — *Il est sorti avec son parapluie et son chapeau.* ◇ (*Abstrait*) En utilisant (qqn). *« On ne pouvait gouverner ni avec moi ni sans moi »* (CHATEAUB.). ◇ (Avec des verbes ou loc. marquant l'accord, l'association). *Être d'accord avec qqn. Accorder avec. Aller avec. Il s'est fiancé, il s'est marié avec Mlle...* V. **À.** *En accord, de concert avec.* D'AVEC sert à marquer la séparation. V. **De.** *Séparer l'ivraie d'avec le bon grain. Il a divorcé d'avec elle.* ◇ (Conformité) *Je pense avec cet auteur que...* V. **Comme.** ◆ 2° (Marque des relations quelconques entre personnes). *Faire connaissance avec qqn. Comment se comporte-t-il avec vous?* V. **Égard** (à l'), *endroit* (à l'endroit de), *envers, vis-à-vis* (de). — *Être bien, être mal avec qqn :* en bonnes ou mauvaises relations avec lui. ◆ 3° (Opposition). *La guerre avec l'Allemagne. Le conflit de la Russie avec le Japon.* V. **Contre, entre.** *Se battre avec plusieurs ennemis.* ◆ 4° (En tête de phrase). *Avec vous, avec lui, il n'y a que l'argent qui compte :* à vous entendre, à l'entendre. ◇ *En ce qui concerne* (qqn). *Avec ce gaillard-là, on ne sait jamais à quoi s'en tenir.*

II. (Marque la SIMULTANÉITÉ). ◆ 1° En même temps que. *Se lever avec le jour, se coucher avec le soleil.* — Concomitance. *Ces symptômes apparaissent avec telle maladie.* V. **Sym-, syn.** ◆ 2° (Addition, adjonction). V. **Ainsi (que).** *« Je lui ai appris ces derniers jours [sǝ] Suède, le Danemark, la Scandinavie et l'Angleterre avec l'Écosse et l'Irlande »* (LA BRUY.). — *Fam. Avec cela :* en plus, en outre. V. **Encore, outre, plus** (en). *« Et avec cela, Madame? » :* phrase des commerçants qui viennent de servir un client. — Pop. *Avec cela que,* ajoutez que, sans compter que. *« Avec cela qu'il est facile

de travailler en face de quelqu'un qui pleure tout le temps » (DAUD.) : comme si c'était... ♦ 3° (Présence simultanée d'éléments qui contrastent). V. Malgré. *Avec tant de qualités, il n'a pas réussi.* « Mais avec tout cela, quoi que je puisse faire, Je confesse mon faible » (MOL.). ♦ 4° (En tête de phrase). Étant donné la présence de. « Avec la buée chaude qui régnait là-dedans, on se serait cru dans quelque vaste établissement de bains » (DAUD.). *Avec tous ces touristes, le village est bien agité.* V. Cause (à cause de). ♦ 5° (Marquant l'accompagnement). *Une robe avec des dentelles :* garnie de. V. À. *Une chambre avec vue sur la mer :* qui a la vue sur la mer.
III. (Marque le MOYEN, la MANIÈRE). ♦ 1° À l'aide de, grâce à, au moyen de. *Combattre avec une baïonnette.* V. À. *Il se ruine avec ces folles dépenses.* V. En. *Il croit m'éblouir avec ses grands airs.* V. Par. *Avec telle somme, vous pouvez l'obtenir.* V. Moyennant. « C'est avec son couteau qu'il coupait le pain dur » (FRANCE). *Tout s'arrange avec le temps :* grâce à lui. — *Faire des pâtes alimentaires avec de la farine de blé dur :* à partir de. ♦ 2° (Manière). *J'accepte avec plaisir. Agir avec prudence.* « L'esprit et l'adresse avec lesquels il jouait ses mauvais tours » (FRANCE).
IV. Adv. Fam. (Choses). *Il a pris son manteau et il est parti avec.* — Fam. Région du Nord (Personnes). *Tu viens avec? avec moi.*
◇ ANT. Sans.

AVELINE [avlin]. *n. f.* (XVᵉ; *avelaine*, 1256; lat. *(nux) abellana* « noisette d'Abella »). Fruit oblong de l'avelinier. V. Noisette.

AVELINIER [avlinje]. *n. m.* (*Avelanier*, XIIIᵉ). Variété de noisetier à noisettes allongées (avelines).

AVEN [aven]. *n. m.* (1889; géol.; a. fr. *avenc* « gouffre », mot région. (Rouergue), d'o. obscure (Pélatine). Puits naturel creusé par les eaux d'infiltration. V. Gouffre.

1. AVENANT, ANTE [avnã, ãt]. *adj.* (1080; p. prés. de l'a. v. *avenir*. V. Advenir). Qui plaît par son bon air, sa bonne grâce. V. Affable, agréable, aimable, gracieux. *Manières avenantes.* « Elle était encore très belle femme et très avenante » (SAND). « Dommage que ces maisons très avenantes soient dans un paysage si ingrat » (GIDE). ◇ ANT. Désagréable, rebutant.

2. AVENANT (À L') [alavnã]. *loc. adv.* (1283; de *avenir* « arriver »). En accord, en conformité, en rapport. V. Même (de), pareillement. « Nous allons bien tous les deux et l'humeur est à l'avenant » (FLAUB.). ◇ Loc. prép. À L'AVENANT DE. *Le dessert fut à l'avenant du repas.* ◇ ANT. Inverse (à l'), opposé (à l').

3. AVENANT [avnã]. *n. m.* (1783; XIIIᵉ, « ce qui revient (*avient*) à qqn »). Acte additionnel à une police d'assurance, qui a pour objet de constater les modifications *advenant* au contrat.

AVÈNEMENT [avɛnmã]. *n. m.* (1190; « arrivée »; de *avenir.* V. Advenir, avenant). ♦ 1° Relig. chrét. *L'avènement du Messie.* V. Arrivée, venue. ♦ 2° (1483). Accession au trône, élévation au pouvoir souverain. *Louis XIV prit effectivement le pouvoir en 1661, dix-huit ans après son avènement. Don de joyeux avènement,* que l'on faisait au roi. ♦ 3° Fig. « La paix sera l'avènement d'un état d'âme » (BENDA). ◇ ANT. Abdication, déchéance, fin, mort.

1. AVENIR [avnir]. *n. m.* (*Advenir*, 1468; de *les choses advenir* « à venir ». V. Advenir). ♦ 1° Le temps à venir. V. Demain, futur, lendemain. *Dans un proche avenir, un avenir prochain.* V. Bientôt. *Dans un avenir indéterminé :* plus tard (Cf. Un jour). *Penser, songer à l'avenir. Préparer l'avenir. Calculs, projets d'avenir. Espérer en l'avenir* (en des jours meilleurs). *Perspectives d'avenir. Connaissance, prescience de l'avenir* (divination, prédiction, prophétie; *suff.* -mancie). *Interroger l'avenir. Dévoiler, prédire l'avenir.* « Le présent est gros de l'avenir » (LEIBNIZ). « Non, l'avenir n'est à personne! Sire! l'avenir est à Dieu » (HUGO). — Loc. adv. À L'AVENIR : à compter de ce jour, à partir d'à présent. V. Désormais, dorénavant. *À l'avenir soyez plus prudent.* ♦ 2° L'avenir de qqn, son avenir : l'état, la situation de qqn dans le temps à venir. V. Carrière, destin, destinée. *Assurer son avenir et celui de ses enfants. Il est promis au plus brillant avenir.* « Les actions les plus décisives de notre vie, je veux dire : celles qui risquent le plus de décider de tout notre avenir » (GIDE). ◇ Spécialt. Situation, réussite future. *Il n'a aucun avenir.* ◇ D'AVENIR : qui a de l'avenir, qui réussira. *Un jeune médecin d'avenir.* ◇ (Des choses) « Le vrai artiste ne s'occupe pas de l'avenir de son œuvre » (R. ROLLAND). V. Destinée. *Ce projet n'a aucun avenir.* ♦ 3° Les générations futures. V. Postérité. « Aux yeux de l'avenir, il n'y a de beau que les existences malheureuses » (CHATEAUB.). ◇ ANT. Passé, présent.

2. AVENIR [avnir]. *n. m.* (À venir, 1680). Dr. Acte par lequel un avoué somme l'avoué de l'adversaire de comparaître à l'audience.

AVENT [avã]. *n. m.* (*Advent*, XIIᵉ; lat. *adventus* « arrivée », venue » (de Jésus-Christ). Temps pendant lequel l'Église

catholique se prépare à la fête de Noël. *Les quatre dimanches de l'avent. Sermons de l'Avent.* ◇ HOM. Avant.

AVENTURE [avãtyʀ]. *n. f.* (*Adventure*, XIᵉ; lat. pop. °*adventura*, du part. futur de *advenire*. V. Advenir). ♦ 1° Vx. Ce qui doit arriver à qqn. V. Avenir, destin, destinée, sort. ◇ Mod. *Dire la bonne aventure à qqn :* lui prédire son avenir par la divination. *Diseur, diseuse de bonne aventure.* ♦ 2° UNE (DES) AVENTURE(S). Ce qui arrive d'imprévu, de surprenant; ensemble d'événements qui concernent qqn. *Une fâcheuse aventure.* V. Accident, affaire, histoire, mésaventure. *Les péripéties d'une aventure. Conter, raconter une aventure, les aventures d'un héros. Roman, film d'aventures :* où des péripéties mouvementées sont narrées. — Par ext. « Une des rares aventures qui soient dignes d'être vécues : un grand amour » (MAUROIS). ◇ Spécialt. *Aventure galante, amoureuse, sentimentale.* V. Intrigue, passade. « De médiocres aventures où la chair seule est intéressée » (MAURIAC). ◇ Entreprise dont l'issue est incertaine. *Il faut tenter l'aventure* (V. Aventurer). ♦ 3° L'AVENTURE : ensemble d'activités, d'expériences qui comportent du risque, de la nouveauté, et auxquelles on accorde une valeur humaine. V. Hasard, péril. *L'attrait de l'aventure. L'esprit d'aventure* (V. Aventureux, aventurier). « Tout un décor de vagabondage et d'aventure qu'il fallait quitter » (MART. du G.). ♦ 4° Loc. adv. À L'AVENTURE : au hasard, sans dessein arrêté. « Je cheminai quelque temps à l'aventure » (FRANCE). ◇ Littér. D'AVENTURE, PAR AVENTURE : par hasard. « Quand d'aventure un naïf les interroge » (DUHAM.).

AVENTURÉ, ÉE [avãtyʀe]. *adj.* (XIIᵉ; V. Aventurer). Exposé avec risque (*choses*). « Des hypothèses fantaisistes, des affirmations aventurées » (DUHAM.). V. Hasardé, hasardeux. ◇ ANT. Sûr.

AVENTURER [avãtyʀe]. *v. tr.* et *pron.* (XIIᵉ; de *aventure*) ♦ 1° Exposer avec un certain risque. V. Hasarder, risquer. *Aventurer sa réputation.* V. Commettre, compromettre. *Aventurer une grosse somme dans une affaire.* « Je regardais M. Capouillé pendant qu'il aventurait ses observations » (DUHAM.). ♦ 2° S'AVENTURER : se risquer, aller avec un certain risque. *S'aventurer la nuit sur une route peu sûre. S'aventurer trop loin.* « Le vieillard et son petit-fils ne s'aventuraient plus en pleine mer » (LAMART.). *Il s'est aventuré dans une affaire dangereuse.* ◇ S'AVENTURER à (et l'inf.) : se risquer à.

AVENTUREUSEMENT [avãtyʀøzmã]. *adv.* (v. 1360; de *aventureux*). D'une manière aventureuse, en s'exposant aux risques.

AVENTUREUX, EUSE [avãtyʀø, øz]. *adj.* (*Aventuros* « qui arrive bien ou mal », 1160; de *aventure*). ♦ 1° (1181). Qui aime l'aventure, se lance volontiers dans les aventures. V. Audacieux, hardi, téméraire. *Homme, esprit aventureux.* « Je ne sais quoi d'inquiet, d'ardent et d'aventureux l'appelle (la nation) » (JAURÈS). ♦ 2° Qui est plein d'aventures. *Vie, existence aventureuse.* ♦ 3° Plein d'aléas, de risques. V. Aléatoire, dangereux, hasardeux, risqué. *Un projet aventureux. Une entreprise aventureuse.* ◇ ANT. Circonspect, prudent. Sûr.

AVENTURIER, IÈRE [avãtyʀje, jɛʀ]. *n.* (*Aventurier*, XVᵉ; de *aventure*). ♦ 1° Ancien. Soldat volontaire, mercenaire, corsaire, pirate. ♦ 2° Mod. Personne qui cherche l'aventure, par curiosité et goût du risque, sans que les scrupules moraux l'arrêtent. *Un explorateur, un chercheur aiment l'aventure sans être des aventuriers.* ◇ Personne qui vit d'intrigues, d'expédients. V. Intrigant. « Son caractère aventurier dénué de préjugés » (BARRÈS). *Une dangereuse aventurière* ♦ 3° Adj. (Vx). Aventureux. « Des esprits aventuriers » (JOUBERT).

AVENTURINE [avãtyʀin]. *n. f.* (1686; « pierre artificielle, pierre d'aventure » fabriquée avec de la limaille jetée à *l'aventure*). Mod. Pierre naturelle (variété de quartz) avec des inclusions de mica.

AVENTURISME [avãtyʀism(ə)]. *n. m.* (v. 1960; de *aventure*). Tendance à prendre des décisions hâtives et dangereuses (en polit.). « Une ligne politique où l'on trouve des éléments d'aventurisme petits-bourgeois » (Le Monde, 31-12-1967). — Dér. AVENTURISTE, adj.

AVENU, UE [avny]. *adj.* (1765; p. p. de l'a. v. *avenir*). Vx. *Choses avenues, non avenues :* qui sont, ne sont pas arrivées. — Mod. *Nul et non avenu* [nylɛnɔ̃navny] : inexistant. *Je considère cette déclaration comme nulle et non avenue.*

AVENUE [avny]. *n. f.* (1549; de *avenus* (biens) « qui adviennent par succession », 1265; subst. particip. de l'a. v. *avenir*). ♦ 1° Vx. Chemin par lequel on arrive en un lieu. V. Accès. ◇ Mod. Voie plantée d'arbres qui conduit à une habitation. V. Allée. « La large avenue à double bas-côté, que bordait la perspective solennelle du château » (MART. du G.). — Large voie urbaine (V. Boulevard, cours). *Avenue de l'Opéra.* ♦ 2° Fig. et littér. Voie d'accès. *Les avenues du pouvoir. Ses visites* « m'ouvriront les avenues discrètes de son amitié » (FROMENTIN).

AVÉRÉ, ÉE [avere]. *adj.* (1549; V. Avérer). Reconnu vrai. V. **Certain, sûr.** *C'est un fait avéré. Il est avéré que...* ◇ ANT. *Contestable, douteux; faux.*

AVÉRER [avere]. *v. tr.* et *pron.; conjug. céder* (XIIe; de a- 1, et a. fr. *voir* « vrai »; Cf. Voire). ♦ 1° *Vx* ou *didact.* Donner comme certain. *Avérer un fait.* ♦ 2° *Mod.* S'AVÉRER. Être avéré, confirmé. « *Un subterfuge où s'avéra sa fertile ingéniosité* » (GIDE). ◇ Cour. *S'avérer,* suivi d'un adj. V. **Apparaître, montrer** (se), **paraître, révéler** (se). « *Ce dépuratif s'avère trop inefficace* » (P. MORAND). *Ce raisonnement s'est avéré juste.* — (Abusif) *S'avérer faux, inexact.* ◇ ANT. *Démentir, infirmer.*

AVERS [aver]. *n. m.* (1842; lat. *adversus* « qui est en face »). *Didact.* Face d'une monnaie, d'une médaille. *Cette médaille porte une effigie sur l'avers.* ◇ ANT. *Envers.*

AVERSE [avers(ǝ)]. *n. f.* (1690, *averse d'eau;* de *pleuvoir à la verse* (1642). V. Verse). Pluie soudaine et abondante. V. **Grain, ondée, saucée** *(pop.). Essuyer, recevoir une averse. Averse orageuse.* « *Mars qui rit, malgré les averses, Prépare en secret le printemps* » (GAUTIER). — « *Répandre des averses de larmes* » (DAUD.). V. Pluie. Loc. fam. *De la dernière averse,* tout récent, tout récemment. « *Les stars nées de la dernière averse* » (MAURIAC).

AVERSION [aversjɔ̃]. *n. f.* (XIIIe, « répulsion »; lat. *aversio,* de *avertere* « détourner »). Grande répugnance, violente répulsion. V. **Antipathie, dégoût, éloignement, haine, horreur, inimitié, répulsion, répugnance; -phobie.** *Avoir de l'aversion pour ou contre qqn. Avoir qqn en aversion.* V. **Abominer, abhorrer, détester.** *Causer, inspirer de l'aversion.* « *L'homme va de l'aversion à l'amour* » (BALZ.). « *J'ai, pour les querelles de familles, une très profonde aversion* » (DUHAM.). ◇ ANT. *Amour, goût, sympathie.*

AVERTI, IE [averti]. *adj.* (XVIe; V. Avertir). Qui connaît bien, qui est au courant. V. **Expérimenté, instruit, avisé.** PROV. *Un homme averti* (vx *un bon averti*) *en vaut deux. Un critique averti. Le film est pour un public averti :* il ne doit pas être vu par tous. « *Des lecteurs très avertis* » (GIDE). ◇ *Averti de qqch. :* au courant, au fait. *Il est assez averti de ces problèmes.* — *Se tenir pour averti :* tenir compte d'un avertissement (menace ou appel à l'attention). ◇ ANT. *Ignorant.*

AVERTIR [avertir]. *v. tr.* (1250; « tourner, revenir à soi », XIIe; lat. pop. *°advertire,* class. *advertere* « tourner vers »). Informer (qqn) de qqch. afin qu'il y prenne garde, que son attention soit appelée sur elle. V. **Annoncer, apprendre, aviser, éclairer, instruire, prévenir, renseigner.** *Avertir qqn d'une arrivée, d'un danger. Avertir par un signal, un coup de sonnette* (signaler, sonner). V. Avertisseur. *Il m'a poussé du coude pour m'avertir. Si tu vois quelque chose qui te donne à penser, tu m'en avertiras tout doucement* » (SAND). — « *Son instinct l'avertissait de ne pas se fier à Mamie* » (MAURIAC). — (Par menace ou réprimande.) V. Avertissement) *Je vous avertis, je vous en avertis : tenez-vous tranquille. Je vous avertis qu'il faudra changer de conduite.*

AVERTISSEMENT [avertismã]. *n. m.* (1427; de *avertir*). ♦ 1° Action d'avertir; appel à l'attention, à la prudence. *Donner à qqn un avertissement charitable. Écouter, suivre, négliger un avertissement.* V. **Avis, conseil, information, instruction, recommandation.** « *Je négligeais ces sages avertissements, et j'eus lieu de m'en repentir* » (FRANCE). *Un mystérieux avertissement.* V. **Prémonition, présage, pressentiment, signe.** « *Ce qu'on nomme* « *les avertissements de l'âge* » » (DUHAM.). ♦ 2° Petite préface pour attirer l'attention du lecteur sur quelques points particuliers. V. **Avis, introduction.** *Avertissement au lecteur.* ♦ 3° *Dr.* Déclaration par laquelle un particulier ou une autorité publique attire l'attention de qqn sur un droit, une obligation. V. **Avis, préavis.** ◇ Avis adressé au contribuable, lui faisant connaître le montant de ses impôts. *Premier avertissement sans frais.* ♦ 4° Réprimande. V. **Admonestation, observation, remontrance.** — *Spécialt.* Mesure disciplinaire. « *L'affaire va être étouffée après quelques avertissements et sanctions* » (GIDE).

AVERTISSEUR, EUSE [avertisœr, øz]. *n. m.* et *adj.* (1281; de *avertir*). ♦ 1° *Vx.* Celui qui avertit. ♦ 2° *Mod.* (1859). Appareil destiné à avertir, à donner un signal. V. **Signal, sonnerie, sonnette.** *Avertisseur d'incendie. Avertisseur d'automobile, avertisseur sonore.* V. **Klaxon, trompe.** ♦ 3° *Adj.* Qui avertit. « *Une petite toux avertisseuse* » (MIRBEAU). — *Panneau avertisseur.*

AVEU [avø]. *n. m.* (1283; des anc. formes de *avouer : j'aveue*).

I. ♦ 1° *Ancien.* Déclaration écrite constatant l'engagement du vassal envers son seigneur, à raison du fief qu'il en a reçu. V. **Hommage.** — *Homme sans aveu :* qui n'était lié à aucun seigneur, ne pouvait invoquer aucune protection. *Mod.* **Homme sans feu ni lieu, sans répondant.** V. **Vagabond; aventurier.** « *Des gens sans aveu, ... des chercheurs d'aventures* » (HUGO). ♦ 2° *Vx* ou *littér.* Action de déclarer qu'on agrée, qu'on autorise. V. **Agrément, approbation, autorisation,**

consentement. *Je ne veux rien faire sans votre aveu.* « *On nous marie sans notre aveu* » (LOTI).

II. (XVIIe). ♦ 1° Action d'avouer, de reconnaître certains faits plus ou moins pénibles à révéler; ce que l'on avoue. V. **Confession, déclaration, reconnaissance, révélation.** *Un aveu franc, sincère. Faire l'aveu d'un secret, d'une faute.* « *Par un aveu, combien de fautes tu pourrais racheter* » (PROUST). *L'aveu d'un amour.* V. **Déclaration.** — Par exagér. *Il faut que je vous fasse un aveu : je n'aime pas Stendhal.* Plur. Reconnaissance de sa culpabilité. *Arracher des aveux à un suspect.* ◇ *Dr.* Reconnaissance par une partie du fait qui est allégué contre elle. *Aveu judiciaire, extrajudiciaire.* ♦ 2° DE L'AVEU DE, au témoignage de. « *La comédie de Molière existait, avait la vogue, de l'aveu des contemporains* » (FAGUET). ◇ ANT. *Désaveu; dénégation. Silence; secret.*

AVEUGLANT, ANTE [avœglã, ãt]. *adj.* (mil. XVIe; de *aveugler*). Qui éblouit. *Un soleil aveuglant.* V. **Éblouissant.** « *L'aveuglante réverbération du soleil sur la roche nue* » (GIDE). Fig. *Une vérité, une évidence aveuglante.*

AVEUGLE [avœgl(ǝ)]. *adj.* et *n.* (*Avogle,* fin XIe; lat. *°ab oculis,* de *oculus* « œil », calque du gr.).

I. *Adj.* ♦ 1° Qui est privé du sens de la vue. V. **Amaurose, cécité.** *Une personne aveugle. Devenir aveugle. Être aveugle de naissance.* « *Je deviens à peu près aveugle* » (VOLT.). *Je le vois bien, je ne suis pas aveugle.* ♦ 2° *Fig.* Dont la raison, le jugement, est incapable de rien discerner (Cf. Avoir un bandeau, des écailles sur les yeux, un voile devant les yeux). *La passion le rend aveugle.* « *Aveugles, ceux qui ne voient pas le miracle de cette grande âme* » (R. ROLLAND). « *Proust n'est nullement aveugle aux déficiences des Guermantes* » (MAUROIS). — *(Sentiments, passions)* Qui trouble le jugement, ne permet ni réflexion, ni jugement. « *Un orgueil démesuré, aveugle, insolemment agressif* » (MART. du G.). *Une soumission, une obéissance, une confiance, une foi aveugle.* V. **Absolu, total; aveuglement.** — *(Personnes)* Qui agit sans discernement. *Il était l'aveugle instrument du destin.* Fig. *La Fortune est aveugle.* ♦ 3° Qui ne laisse pas passer le jour. Archit. *Arcade, fenêtre aveugle :* feinte, simulée.

II. *N.* ♦ 1° Personne privée de la vue. *Un aveugle, une jeune aveugle, un aveugle-né.* La canne blanche des aveugles. *Chien d'aveugle. L'alphabet, l'écriture des aveugles.* V. **Braille.** *L'institut des jeunes aveugles.* « *Ce noir absolu qui doit exister seulement dans l'œil éteint des aveugles* » (FROMENTIN). — Loc. prov. *Juger d'une chose comme un aveugle des couleurs :* en juger sans la connaître. « *Il parlait de vertu comme un aveugle des couleurs* » (MAUROIS). — *Au royaume des aveugles, les borgnes sont rois :* les médiocres brillent lorsqu'ils se trouvent parmi les sots.* ♦ 2° Loc. adv. EN AVEUGLE : sans discernement, sans réflexion. V. **Aveuglément.** *Juger en aveugle.* « *Elle se livre en aveugle au bonheur d'aimer* » (STENDHAL). ◇ Vx. À l'aveugle. *L'auteur,* « *s'enfermant lui-même à l'aveugle dans ses propres raisonnements* » (MICHELET). V. Aveuglette (à l').

◇ ANT. *Voyant. Clairvoyant, éclairé, lucide.*

AVEUGLEMENT [avœglemã]. *n. m.* (*Avoglement,* 1130; de *aveugle*). ♦ 1° *Vieilli.* Privation du sens de la vue. V. **Cécité.** ♦ 2° (XIIIe). Fig. État de celui dont la raison est obscurcie, le discernement troublé. V. **Égarement, trouble; erreur, folie, illusion.** *Dans l'aveuglement de la colère, de la passion.* « *En voyant l'aveuglement et la misère de l'homme* » (PASC.). « *L'aveuglement, l'imbécillité, qui présida aux massacres* » (MICHELET). ◇ ANT. *Clairvoyance, discernement, lucidité, vision.*

AVEUGLÉMENT [avœglemã]. *adv.* (1555; *aveuglement* 1468; de *aveugle*). Sans réflexion, en aveugle. *Obéir aveuglément. Se laisser aveuglément. Se lancer aveuglément dans une entreprise.* V. **Aveugle (en), aveuglette (à l').** « *Elle le suivait aveuglément, avec une confiance totale* » (MAURIAC). ◇ ANT. *Lucidement, prudemment.*

AVEUGLER [avœgle]. *v. tr.* (*Avogler,* fin XIe; de *aveugle*). ♦ 1° Rendre aveugle. *On l'aveugla en lui crevant les yeux.* ♦ 2° *Par ext.* Gêner la vue, empêcher de voir par un trop vif éclat, éblouir. « *Je n'apercevais rien au-delà du confus éblouissement qui m'aveuglait* » (FROMENTIN). ♦ 3° *Fig.* Priver de l'usage de la raison, du jugement. *La passion vous aveugle.* V. **Affoler, égarer, troubler.** « *La vanité de diplomate aveugla complètement sa prudence politique* » (MICHELET). *Il est complètement aveuglé par ses préjugés.* ◇ S'AVEUGLER : se cacher la vérité, refuser de voir. « *Il est vrai qu'il s'aveuglait pas sur les défauts de ses amis* » (FLÉCH.). ♦ 4° Rendre aveugle (I, 3°), boucher. *Aveugler une voie d'eau.* V. **Boucher, calfater.** *Aveugler une fenêtre :* la boucher. ◇ ANT. *Dessiller, ouvrir (les yeux). Éclairer, guider.*

AVEUGLETTE (À L') [alavœglɛt]. *loc. adv.* (XVIIIe; *aveuglectes,* adv., XVe; de *aveugle*). ♦ 1° Sans y voir clair. V. **Aveugle (en).** *Chercher qqch. à l'aveuglette.* V. **Tâtons (à).** ♦ 2° *Fig.* Au hasard, sans prendre de précautions. V. **Aveuglément.** *Se lancer à l'aveuglette. Ils votent « à l'aveuglette, sous la pression de racontars de bistros!* » (MART. du G.).

AVEULIR [avø(œ)liʀ]. *v. tr.* (1876; « anéantir », XIVe; de *a*- 1, et *veule*). Rendre veule. V. **Affaiblir, amollir.** *Cette « génération, naguère pleine d'énergie, semblait maintenant s'aveulir »* (MADELIN). ◇ ANT. *Endurcir.*

AVEULISSEMENT [avø(œ)lismã]. *n. m.* (1884; de *aveulir*). Action d'aveulir, de s'aveulir; état d'une personne aveulie.

AVIAIRE [avjɛʀ]. *adj.* (1928; du lat. *avis* « oiseau »). *Didact.* Qui concerne les oiseaux.

AVIATEUR, TRICE [avjatœʀ, tʀis]. *n.* (1900; « machine volante », 1863, aussi adj.; lat. *avis* « oiseau »). Personne qui pilote un avion, appartient au personnel navigant de l'aviation. V. **Pilote**; navigateur, mécanicien, météorologiste, observateur, radio. *Brevet de pilote aviateur.* « *Il portait une combinaison d'aviateur en toile bleue* » (MART. du G.).

AVIATION [avjɑsjɔ̃]. *n. f.* (1863; lat. *avis* « oiseau »). ♦ 1º Tout ce qui touche à la locomotion aérienne par les appareils plus lourds que l'air (à l'exclusion des fusées), *spécial.* les avions. V. **Aéronautique, air.** *Aviation civile, privée, commerciale, postale. Aviation de tourisme. Compagnie d'aviation. Lignes d'aviation.* V. **Aérien.** *Atelier, usine d'aviation. Services, terrain d'aviation.* V. **Aérodrome, aéroport; aérogare.** *Base, camp d'aviation. Meeting, coupe, rallye, records d'aviation. Salon de l'aviation.* ♦ 2º *Milit.* Arme aérienne; armée de l'air. *Aviation de chasse, de bombardement, de reconnaissance. Aviation navale* (aéronavale).

AVICOLE [avikɔl]. *adj.* (XXe; « parasite des oiseaux », 1878; du lat. *avis* « oiseau », et *-cole*). De l'aviculture. *Établissement avicole.*

AVICULTEUR, TRICE [avikyltœʀ, tʀis]. *n.* (1881; du lat. *avis* « oiseau », et *-culteur*). Éleveur (euse) d'oiseaux, de volailles.

AVICULTURE [avikyltyʀ]. *n. f.* (1890; du lat. *avis* « oiseau », et *-culture*). Élevage des oiseaux, des volailles. V. **Volaille.**

AVIDE [avid]. *adj.* (1470; lat. *avidus*, de *avere* « désirer vivement ». V. **Avare**). ♦ 1º Qui a un désir ardent, immodéré de nourriture. V. **Glouton, goulu, vorace.** « *Les estomacs dévots furent toujours avides* » (BOIL.). ◇ *Fig.* et *poét. Être avide de sang, de carnage* : se plaire à répandre le sang. V. **Altéré, assoiffé.** ♦ 2º *Fig.* Qui désire immodérément les biens. V. **Cupide, rapace.** « *Un homme vil, avide, bas, intrigant* » (MIRABEAU). *Un héritier avide.* ◇ AVIDE DE. *Être avide d'argent, de gain, de richesses.* V. **Âpre** (au gain). « *Égoïste, avide de soins et d'amour, je voulais que l'univers entier s'occupât de moi* » (FRANCE). « *Très pur, et d'une tendresse avide de câlineries* » (COURTELINE). ◇ *Être avide d'apprendre, de connaître.* V. **Curieux**; anxieux, désireux, empressé, impatient. ♦ 3º Qui exprime l'avidité. *Regards, yeux avides.* V. **Concupiscent, passionné.** *Littér.* « *Il se jeta sur elle, ardent, les bras avides* » (FRANCE). ◇ ANT. **Désintéressé, détaché, inattentif, indifférent.**

AVIDEMENT [avidmã]. *adv.* (1555; de *avide*). D'une manière avide. *Manger avidement. Prendre, saisir avidement. Regarder, contempler, écouter avidement.* « *Je lus la Bible avidement, gloutonnement, mais avec méthode* » (GIDE).

AVIDITÉ [avidite]. *n. f.* (1382; lat. *aviditas*). Désir ardent, immodéré de qqch.; vivacité avec laquelle on le satisfait. *Manger avec avidité.* V. **Appétit, faim, gloutonnerie, voracité.** *Désirer qqch. avec avidité.* V. **Concupiscence, convoitise, cupidité, désir, envie.** « *Ils l'écoutaient avec avidité* » (LESAGE). « *Nous regardons avec curiosité, avec avidité vers l'avenir inconnaissable* » (DUHAM.). ◇ *Littér. L'avidité des richesses* (V. **Soif**), *pour les richesses.* « *Son avidité insatiable d'accroître sa fortune* » (CHATEAUB.). ◇ ANT. **Détachement, inattention, indifférence.**

AVIFAUNE [avifon]. *n. f.* (1970; du lat. *avis* « oiseau », et *faune*). *Didact.* Ensemble des oiseaux, de la faune ailée. *L'avifaune d'un marais.*

AVILI, IE [avili]. *adj.* (fin XIIIe, « déprécié » (denrée); V. **Avilir**). Rendu vil, méprisable. *Des races « non tant viles peut-être qu'avilies, esclavagées* » (GIDE).

AVILIR [aviliʀ]. *v. tr.* (1350; de *a*- 1, et *vil*). I. *V. tr.* ♦ 1º Rendre vil, indigne de respect, méprisable. V. **Abaisser, corrompre, déconsidérer, dégrader, déshonorer, diminuer, discréditer, flétrir, prostituer, rabaisser, ravaler, souiller.** *Ils « commencèrent par travailler à m'avilir, pour parvenir dans la suite à me diffamer* » (ROUSS.). — (Sujet de chose) « *Le désordre et le péché qui partout ternissent, avilissent, tachent et déchirent ce monde* » (GIDE). ♦ 2º Abaisser la valeur, rendre de vil prix. V. **Déprécier.** *L'inflation avilit la monnaie.* II. S'AVILIR. *v. pron.* ♦ 1º Devenir vil, abject. V. **Dégrader** (se). *S'avilir par des lâchetés.* « *Il s'avilissait, se ravalait peu à peu au niveau de ce peuple d'ivrognes* » (LOTI). ♦ 2º Perdre de sa valeur, de son prix. V. **Déprécier** (se), **dévaluer** (se). *Ces marchandises se sont avilies.* ◇ ANT. **Élever, exalter, glorifier, honorer. Enchérir, hausser. Améliorer, revaloriser.**

AVILISSANT, ANTE [avilisã, ãt]. *adj.* (1771; de *avilir*). Qui avilit. *Une dépendance avilissante.* V. **Abaissant, dégradant, déshonorant, humiliant.** *Une conduite avilissante.* V. **Honteux, indigne, infamant, méprisable.** ◇ ANT. *Digne, honorable, noble.*

AVILISSEMENT [avilismã]. *n. m.* (1587; de *avilir*). ♦ 1º *Littér.* Action d'avilir, de s'avilir; état d'une personne avilie. V. **Abaissement, abjection, corruption, déshonneur, discrédit, flétrissure, humiliation, opprobre, rabaissement, ravalement, souillure.** « *L'avilissement inévitable des volontés par la misère* » (R. ROLLAND). *Tomber dans l'avilissement.* ♦ 2º Le fait de se déprécier (valeurs, prix). V. **Baisse, dépréciation.** « *L'avilissement de l'argent, la cherté de la vie* » (BAINVILLE). ◇ ANT. **Élévation, exaltation, glorification. Dignité, gloire, honneur. Enchérissement, hausse.**

AVINÉ, ÉE [avine]. *adj.* (fin XIIIe; V. **Aviner**). Qui a trop bu de vin. V. **Ivre.** — *Une haleine avinée* : qui sent le vin.

AVINER [avine]. *v. tr.* (v. 1180, « fournir de vin »; de *a*- 1, et *vin*). *Techn.* (XVIe). Imbiber de vin. *Aviner un tonneau, une barrique.*

AVION [avjɔ̃]. *n. m.* (1875, nom de l'appareil inventé par Ader; « aéroplane militaire », v. 1914, a remplacé *aéroplane*; du lat. *avis* « oiseau »). ♦ 1º Appareil de locomotion aérienne plus lourd que l'air, muni d'ailes et d'un organe propulseur. V. **Aéronef, aéroplane, appareil, hydravion** (Cf. *fam.* Taxi, zinc). *Avions, hélicoptères et planeurs. Avion monomoteur, bimoteur, quadrimoteur. Avion monoplan, biplan. Avion à flèche variable,* ou abusiv. *à géométrie variable,* dont le plan de sustentation peut changer de forme selon la vitesse du vol. *Avion léger. Mauvais avion.* V. **Coucou.** *Avions à moteurs, à hélices. Avion à réaction, supersonique. Avion commercial, postal. Avion de ligne, de transport. Avion-cargo. Avion-citerne. Avion-école. Avion-taxi. Avion affrété* V. **Charter.** *Avion transbordeur. Avion Bac* (aérien). *Prendre l'avion.* — *Avions de chasse, de bombardement.* V. **Bombardier, chasseur.** *Avion de reconnaissance. Avions-suicide,* employés par les Japonais (Kamikaze). *Groupe d'avions.* V. **Escadrille, flotte, flotille, formation.** *Défense, batteries contre avions.* V. **D.C.A.** *Détection des avions au radar. Avion sans pilote, télécommandé. Avion-cible* (pour tirs de D.C.A., fusées). *Parties d'un avion* : *ailes, cabine, carlingue, cellule, coque, fuselage, empennage, queue, train d'atterrissage. Instruments de bord d'un avion* (altimètre, anémomètre, compas, radiogoniomètre, etc.). *Conduite, manœuvre, pilotage, vol d'un avion.* (V. **Air, aviation, pilotage, vol; acrobatie**). *L'avion décolle, monte, prend de l'altitude, descend, pique, se pose, atterrit. Accident d'avion.* ◇ EN AVION : en vol. — PAR AVION. *Lettre par avion.* ♦ 2º L'AVION : l'aviation, le vol. *Aimer l'avion.*

AVIONIQUE [avjɔnik]. *n. f.* (v. 1960; de *avion*, et (électro)-*nique*). *Techn.* Électronique appliquée à l'aviation.

AVIONNERIE [avjɔn(ə)ʀi]. *n. f.* (mil. XXe; mot canadien, de *avion*, d'apr. *aciérie, armurerie,* etc.). Au Canada, Usine d'avions.

AVIONNETTE [avjɔnɛt]. *n. f.* (1925; dimin. de *avion,* ou esp. *avionete*). Petit avion qui prend quelques passagers (en Amérique du Sud, au Mexique).

AVIONNEUR [avjɔnœʀ]. *n. m.* (1973; de *avion*). Constructeur d'avions.

AVIRON [aviʀɔ̃]. *n. m.* (1160; de l'a. fr. *viron* « tour, cercle »; Cf. Virer). ♦ 1º *Mar.* Syn. de *Rame* (mot qui n'est pas employé en marine). *Aviron de l'arrière.* V. **Godille.** *La poignée, le manche, la pelle* (pale ou plat) *d'un aviron. Estrope d'un aviron. Les tolets retiennent les avirons à l'embarcation. Aller à l'aviron.* V. **Nager, ramer.** ◇ *Cour.* Rame légère, à long manche, des embarcations sportives. — *Région.* (Canada). V. **Pagaie.** ♦ 2º Sport du canotage (sur yoles, outriggers). *Faire de l'aviron.*

AVIS [avi]. *n. m.* (1175; de *ce m'est à vis,* du lat. *(mihi est) visum* « il m'a semblé bon »). ♦ 1º Ce que l'on pense, ce que l'on exprime sur un sujet. V. **Jugement; estimation, opinion, pensée, point de vue, sentiment.** *Dire, donner, exprimer, faire connaître son avis. Émettre un avis. Être du même avis que qqn. Je suis de votre avis, je partage votre avis. Les avis sont partagés* : tout le monde n'est pas du même avis. *Changer d'avis.* V. **Raviser** (se). *Faire changer d'avis à qqn.* ◇ *Être d'avis de faire, qu'on fasse qqch.* ◇ *A mon avis, à mon humble avis,* selon moi. « *Le plus sot animal, à mon avis, c'est l'homme* » (BOIL.). *De l'avis de tous.* ◇ Vx ou région. *M'est avis que* : il me semble que. « *M'est avis, donc, que le bonheur intime et propre n'est point contraire à la vertu* » (ALAIN). ♦ 2º Opinion exprimée dans une délibération. V. **Suffrage, voix, vote.** *Tous les membres ont émis un avis, leur avis.* ◇ *Opinion d'un corps consulté sur telle ou telle question. L'avis a été pris à la majorité des voix. Avis consultatif. Avis du Conseil d'État.* ♦ 3º Vx ou littér. Opinion que l'on donne à qqn touchant la conduite qu'il doit avoir. V. **Conseil, exhortation, recommandation.** *Donner, recevoir un avis amical, charitable, salutaire. Écouter, suivre* *les avis de son père.* ♦ 4° Ce que l'on porte à la connaissance de qqn. V. **Annonce, communication, information, message, note, notification, nouvelle, renseignement.** *Avis préalable.* V. **Préavis.** *Avis au public. Avis important. Avis de décès. Partir au premier avis. J'ai agi sur avis.* V. **Indication, ordre.** *Jusqu'à nouvel avis. Sauf avis contraire.* ◊ Vx. Donner avis de, que : annoncer, aviser. ◊ Spécialt. *Avis de réception* (d'une lettre recommandée). *Avis de débit, de crédit.* ◊ Information affichée, placardée. *Avis au lecteur :* explication mise au début d'un livre. V. **Avertissement, introduction, préface.** ♦ 5° Littér. Avertissement. « *Quel coup de foudre, ô ciel! et quel funeste avis!* » (RAC.).

AVISÉ, ÉE [avize]. *adj.* (1191; V. Aviser). Qui agit avec à-propos et intelligence après avoir mûrement réfléchi. V. **Averti, fin, habile, prudent, réfléchi.** *Un homme avisé.* « *Tu es la fille la plus avisée que j'aie jamais rencontrée* » (SAND). « *Les Nouvelles littéraires ne sont peut-être pas bien avisées en ouvrant (cette) enquête* » (GIDE). ◊ ANT. Imprudent, irréfléchi, malavisé.

1. **AVISER** [avize]. *v. tr.* (1050; de *a-* 1, et *viser*). I. *V. tr.* ♦ 1° *Vx* ou *littér.* Apercevoir, commencer à regarder. V. **Apercevoir, distinguer, remarquer, viser** *(pop.)*, voir. « *J'aperçois une boutique d'antiquaire ; j'entre, je regarde, j'avise une statuette ravissante* » (HENRIOT). *Spécialt.* Apercevoir inopinément qqch. (pour le prendre, s'en servir). *Il avise un portefeuille oublié sur un banc, il le ramasse.* ♦ 2° Trans. indir. AVISER À. Réfléchir, songer à (qqch.). « *J'aviserai à ce que je dois faire* » (SAND). « *Il faut aviser au plus pressé* » (PROUST). — Absolt. *Il est temps d'aviser.* II. (XIIIᵉ). S'AVISER. *v. pron.* ♦ 1° Faire attention à qqch. que l'on n'avait pas remarqué tout d'abord ; trouver une idée à laquelle on n'avait pas encore songé. *Je me suis brusquement avisé de cela.* V. **Apercevoir (s'), découvrir, penser** (à), songer, trouver. « *Nul ne s'aviserait de critiquer ce changement* » (DUHAM.). « *Haverkamp s'avisa qu'il ne serait pas maladroit de s'éclipser* » (ROMAINS). ♦ 2° S'aviser de (et l'inf.) : être assez audacieux, assez téméraire pour. *S'il s'avise de bavarder, cet élève sera puni.* V. **Essayer, oser, permettre (se), tenter.** « *Prends! et ne t'avise pas de refuser* » (COLETTE).

2. **AVISER** [avize]. *v. tr.* (1275; de *avis*). Littér. ou admin. Avertir (qqn de qqch.) par un avis. V. **Apprendre, avertir, conseiller, informer, prévenir.** *Elle avait été avisée du mariage de son frère.* « *Nous avons écrit au Gouverneur, pour l'aviser de la date de notre arrivée* » (GIDE).

AVISO [avizo]. *n. m.* (1775; esp. *barca de aviso* « barque d'avis » ; Cf. Patache d'avis, 1601). Mar. Petit bâtiment de guerre employé d'abord pour porter des messages, puis comme escorteur.

AVITAILLEMENT [avitajmã]. *n. m.* (1467; de *avitailler*). ♦ 1° Action d'avitailler (un navire, un avion). ♦ 2° Ensemble des provisions (d'un navire). *Embarquer l'avitaillement à quai.*

AVITAILLER [avitaje]. *v. tr.* (XIIIᵉ; XIIᵉ « approvisionner » ; de l'a. fr. *vitaille* « vivres »). I. ♦ 1° (1386). Approvisionner (un navire). ♦ 2° Mod. Ravitailler en carburant (un avion). II. S'AVITAILLER. *v. pron. Les bateaux de pêche peuvent s'avitailler dans ce port.*

AVITAILLEUR [avitajœʀ]. *n. m.* (v. 1570; fin XIVᵉ « celui qui fournit les vivres » ; de *avitailler*). ♦ 1° Vx. Personne qui approvisionne (un navire). ♦ 2° Mod., aviat. Dispositif servant à approvisionner un avion en produit quelconque.

AVITAMINOSE [avitaminoz]. *n. f.* (1919; de *a-* 2, et *vitamine*). Méd. Maladie déterminée par la privation de vitamines (maladie de carence, par carence). *Avitaminose* A (carence en vitamine A), B (V. Béribéri), C (V. Scorbut), D (V. Rachitisme). *Avitaminoses associées.*

AVIVAGE [avivaʒ]. *n. m.* (1723; de *aviver*). Techn. Action d'aviver, de donner de l'éclat.

AVIVEMENT [avivmã]. *n. m.* (v. 1175, « animation » ; techn., 1638; de *aviver*). Méd. (1833) Action de mettre à vif une plaie *à vif*, afin de favoriser la cicatrisation.

AVIVER [avive]. *v. tr.* (1119; de *a-* 1, et *vif*). ♦ 1° Rendre plus vif, plus ardent ou plus éclatant. V. **Animer.** *Aviver le feu.* V. **Activer, attiser.** « *L'Arabe avivait les braises en soufflant* » (DUHAM.). *Aviver le feu* : le faire ressortir. V. **Rehausser.** « *L'amour avive l'éclat de ses couleurs* (du paon) » (RENARD). ♦ 2° *(Abstrait).* Rendre plus vif, plus fort. V. **Exciter; échauffer, exalter.** *Aviver une blessure, une douleur, des regrets.* V. **Augmenter, irriter.** *Aviver une querelle.* V. **Allumer, attiser, envenimer, ranimer, réveiller.** « *Tout avivait, irritait sa tendresse* » (FRANCE). « *Mon désir de connaissance n'en était pas apaisé, mais avivé* » (DUHAM.). *Aviver un souvenir.* ♦ 3° (1838). Méd. *Aviver une plaie* (V. Avivement). ♦ 4° Techn. *Aviver le bronze*, le gratter avant de le dorer. *Aviver une matière* (Grav.), lui donner plus de brillant. *Aviver une poutre :* la tailler à vive arête. ◊ ANT. Amortir; adoucir, apaiser, calmer, éteindre, ternir.

AVOCAILLON [avɔkajɔ̃]. *n. m.* (1907; de *avocat*). Fam. et péj. Petit, piètre avocat.

AVOCASSERIE [avɔkasʀi]. *n. f.* (XVIIᵉ; « profession d'avocat », 1405; de *avocasser*). Péj. Mauvaise chicane d'avocat.

AVOCASSIER, IÈRE [avɔkasje, jɛʀ]. *adj.* (1823; de *avocat*). Fam. et péj. Qui concerne les avocats. *La gent avocassière.* « *Ces gens amollis par des mœurs avocassières* » (BARRÈS).

1. **AVOCAT, ATE** [avɔka, at]. *n.* (*Advocat*, 1160; lat. *advocatus* (V. **Avoué**); fém. : XIVᵉ au fig., 1891 au propre). ♦ 1° Personne qui, régulièrement inscrite à un barreau, conseille en matière juridique (On dit *une avocate* ou *un avocat* pour une femme). *Consulter un avocat, un avocat-conseil. Avocat plaidant, avocat à la Cour.* V. **Plaider; défendre, défense, défenseur.** « *J'étais devenu un avocat d'affaires surmené et salué déjà comme un jeune maître dans ce barreau* » (MAURIAC). *Commettre un avocat d'office.* V. **Assistance** (judiciaire), office. *Avocat au conseil d'État. Un avocat sans cause. On dit « maître » à l'avocat, à l'avocat. La profession d'avocat.* V. **Barreau.** *Le costume de l'avocat.* V. **Robe, toge; épitoge, toque.** *L'ordre des avocats.* V. **Barreau, bâtonnier, conseil** (de l'ordre). *Le cabinet de l'avocat.* ◊ *Avocat général,* membre du ministère public qui supplée le procureur général. ♦ 2° *Fig.* Personne qui défend (une cause, une personne). V. **Défenseur; apôtre, champion, intercesseur, serviteur.** *Se faire l'avocat d'une bonne, d'une mauvaise cause. Elle s'est faite l'avocate de sa sœur.* « *Devenir aussi l'avocat de la science, son apôtre, son prophète* » (DUHAM.). ◊ Relig. *Avocat du diable :* celui qui est chargé, dans la chancellerie romaine, de contester les mérites d'une personne dont la canonisation est proposée. *Fig. et cour.* Personne qui se fait l'avocat d'une cause peu défendable.

2. **AVOCAT** [avɔka]. *n. m.* (1771; *aguacate*, 1640; esp. *avocado*, empr. du caraïbe). Fruit de l'avocatier, de la grosseur d'une poire, à peau verte, dont la chair a la consistance du beurre et un goût rappelant celui de l'artichaut. *Avocats à la vinaigrette.*

AVOCATIER [avɔkatje]. *n. m.* (1771; de *avocat*). Arbre originaire du Mexique (*Lauracées*) dont le fruit est l'avocat.

AVOCETTE [avɔsɛt]. *n. f.* (1760; it. *avocetta*). Oiseau échassier, à bec recourbé vers le haut. « *L'arc rebroussé du bec de l'avocette* » (BUFF.).

AVOINE [avwan]. *n. f.* (*Aveine*, XIIᵉ; lat. *avena*). Plante graminée (céréale) à épillets en panicules, dont le grain sert surtout à l'alimentation des chevaux et des volailles. *Avoine commune. Donner de l'avoine aux chevaux. Picotin d'avoine. Farine, paille d'avoine. Avoine élevée.* V. **Fromental.** *Avoine stérile,* ou (cour.) *folle avoine.*

1. **AVOIR** [avwaʀ]. *v. tr.* : *j'ai, tu as, il a, nous avons, vous avez, ils ont; j'avais, nous avions; j'eus, tu eus, il eut, nous eûmes, vous eûtes, ils eurent; j'ai eu; j'aurai; j'aurais; aie, ayons, ayez; que j'aie, que tu aies, qu'il ait, que nous ayons, que vous ayez, qu'ils aient; que j'eusse, que nous eussions; ayant; eu (Aveir, Xᵉ; lat. habere).* I. *(Possession).* ♦ 1° Être en possession, en jouissance de. V. **Posséder.** *Avoir une maison. Garder, donner ce qu'on a. Quelle voiture avez-vous? Fam. Qu'est-ce que vous avez comme voiture? Avoir de l'argent, avoir de quoi vivre, assez pour vivre. J'en ai encore, je n'en ai plus. Loc. prov. Un tien vaut mieux que deux tu l'auras, un bien donné vaut mieux que deux biens promis. Avoir de l'argent, des papiers sur soi,* avec soi. *Avoir du feu, l'heure* (sur soi). *Auriez-vous une cigarette, un stylo?* (pour me l'offrir, me le prêter). *Avoir le droit de.* V. **Bénéficier, jouir** (de). *Nous avons eu du beau temps, de la pluie, du soleil* (en un temps et en un lieu donné). *Avoir le temps, la place, les moyens de.* V. **Disposer** (de). *Avoir de la chance; des diplômes; un métier, une occupation.* — EN AVOIR POUR : avoir d'une chose moyennant (une somme). *Il en a eu pour cent francs, il a payé cent francs. En avoir pour son argent,* faire un marché normal ou avantageux. — Mettre (un certain temps) à une action. *J'en ai pour cinq minutes.* ◊ *(Personnes)* Se dit des relations de parenté, de hiérarchie. *Avoir une femme et des enfants, des amis; des employés, un patron. Heureusement que je vous ai; je n'ai que vous* (comme ami, comme appui). « *Si tu ne m'avais pas eu tu te serais fait rouler par tout le monde* » (QUENEAU). *Il a encore son père, son père est vivant. Je l'ai pour ami,* c'est mon ami. — *Avoir qqn* (chez soi), le recevoir. *J'ai mon frère ce soir. J'ai du monde à dîner.* ♦ 2° Entrer en possession de. V. **Obtenir, procurer** (se). *Il est devenu difficile d'avoir un logement. J'ai eu ce livre pour presque rien.* V. **Acheter, acquérir.** *Il a eu son bachot, il a été reçu. Avoir un prix.* V. **Recevoir, remporter.** *Avoir une communication téléphonique.* Ellipt. *Avoir Paris.* ◊ AVOIR QQN, l'obtenir pour soi, garder avec soi (par le sentiment, etc.). *Je le veux, je l'aurai.* Spécialt. *Avoir une femme,* la posséder physiquement. « *Les débauchés ne disent pas « Cette femme m'a aimé » ; ils disent « J'ai eu cette femme* » (MUSS.). — Fam. *Avoir qqn,* le duper, le trom-

per, le vaincre. *On les aura Il nous a bien eus.* V. **Posséder,
rouler.** *Se laisser avoir.* « *Trois jeunes Français, soucieux de
ne pas se faire avoir, discutaient le prix du passage* » (BEAU-
VOIR). ◊ *Par ext.* Attraper (qqch. ou qqn). *Avoir son train
de justesse. Je vise, je tire; je l'ai eu!* V. **Toucher.** — (ANT.
Rater).
II. *(Manière d'être).* ♦ 1° Présenter en soi (une partie.
un aspect de soi-même). *Il, elle a de grandes jambes, des
cheveux blancs. Les arbres commencent à avoir des feuilles.
Boîte qui a un couvercle.* V. **Muni** (de). *Elle avait un chapeau.*
V. **Porter.** *Cela n'a rien d'extraordinaire. Ce mur a deux
mètres de haut.* V. **Mesurer.** — *Avoir vingt ans. Quel âge
avez-vous? — Avoir l'air*. Avoir du charme, de l'esprit. Avoir
du courage.* — *En avoir* (vulg. : en parlant d'un homme),
être courageux. *Il n'en a pas, ce type-là.* ♦ 2° Éprouver dans
son corps, sa conscience. V. **Éprouver, ressentir, sentir.** *Avoir
mal à la tête. Avoir faim, soif; besoin, envie de.* — *Avoir
la fièvre. Avoir de la peine, des soucis, le cafard. Avoir de
l'amitié pour qqn.* ◊ EN AVOIR À, CONTRE, APRÈS *(fam.)*
qqn, employé surtout en phrase interrogative ou dubitative.
Avoir des griefs contre lui. V. **Prendre** (s'en prendre à), **vouloir** (en vouloir à). « *À qui en avez-vous?* » (MOL.). *Je ne
sais contre qui, après qui il en a.* « *C'est à je ne sais quel Portugais qu'il en a et vers qui il jette ses imprécations ordurières* » (GIDE). ◊ *Avoir qqch.*, manifester quelque gêne,
douleur, mécontentement inconnu d'autrui. *Qu'est-ce qu'il
a? Il a sûrement qqch. Je ne sais pas ce qu'il a à pleurer ainsi.*
V. **Pourquoi.** « *Qu'avez-vous, Martine? J'ai qu'on me donne
aujourd'hui mon congé* » (MOL.). — Se dit aussi des choses qui
ne marchent pas. *Qu'est-ce qu'elle a, cette radio?* ♦ 3° *(Sens
faible).* Présentant l'attribut, le complément ou l'adverbe
qui détermine un substantif. *Avoir les cheveux blancs, les
yeux bleus. Il les a bleus (les yeux). Avoir la parole facile.
Il a les mains dans les poches. Avoir la tête qui tourne. Cette
voiture a le moteur à l'avant. Vous avez l'esprit ailleurs. J'ai
cette chose eu horreur.*
III. *(Verbe auxiliaire).* ♦ 1° (XIᵉ). AVOIR À (et l'inf.),
être dans l'obligation de. V. **Devoir.** — (Avec un compl.
direct) *Avoir des lettres à écrire. Je n'ai rien à faire.* Ellipt.
*J'ai à faire. Il a sa famille à nourrir. Sans avoir à s'en occuper.
Vous n'avez qu'un instant à attendre.* — (Sans compl. direct)
J'ai à lui parler. Il n'a pas à se plaindre. N'AVOIR QU'À, avoir
seulement à. *Vous n'avez qu'à tourner le bouton.* — (Avoir
une valeur d'impératif) Pop. *Tu n'as qu'à, t'as qu'à* [taka]
t'en aller, si ça te plaît pas! : va-t'en donc. *Il n'a qu'à bien
se tenir!* (Cf. aussi ci-dessous *Il n'y a qu'à*). *Vous n'aviez
qu'à faire attention, vous auriez dû.* ♦ 2° Auxiliaire servant
à former, avec le participe passé, tous les temps composés
des verbes transitifs, de la plupart des intransitifs, de ceux
de *être* et de *avoir*. *J'ai écrit. Quand il eut terminé. Vous
l'aurez voulu. Sans l'avoir voulu. Il a eu faim. Quand il a eu
fini.*
IV. (XVIᵉ). IL Y A [ilja, pop. ja]. Expression impersonnelle
servant à présenter une chose comme existant. *Il y a de l'argent, des billets dans le portefeuille. Hier il y avait du brouillard. Il n'y en a pas. Il pourrait y en avoir beaucoup.* PROV.
« *Quand il y en a pour un, il y en a pour deux.* » *Combien de
personnes y aura-t-il? Il n'y a pas que lui, il n'est pas le seul.*
« *Il n'y a de vrai que la richesse* » (MUSS.). — *Il y a cinq kilomètres d'ici au village. Il y a deux ans qu'il est parti.* V. **Voilà.**
« *La mode est passée il y a longtemps* » (MOL.). — *Il y a...
et...* s'emploie pour exprimer des différences de qualité.
*Il y a champagne et champagne, il en est de bon et de mau-
vais.* — *Il n'y a pas de quoi* (remercier), formule de politesse,
réponse à un remerciement. — *Qu'est-ce qu'il y a?* que se
passe-t-il? V. **Passer.** *Il y a que tout le monde proteste.* ◊ IL
N'Y A QU'À (ou il n'y a qu'à), faut seulement, ou simplement
(Cf. ci-dessus *Avoir à*). *Il n'y avait qu'à les ramasser.* —
(Valeur d'impératif) *Il n'y a qu'à attendre*, attendons. ◊
IL N'Y EN A QUE POUR (qqn) : il prend beaucoup de place,
on ne s'occupe, on ne parle que de lui. « *Personne n'a jamais
le droit de dire un mot. Il n'y en a que pour lui* » (N. SAR-
RAUTE). ◊ ANT. *Manquer (de).*
2. AVOIR [avwaʀ]. *n. m.* (XIᵉ; du v. *avoir*). ♦ 1° Ce que
l'on possède. V. **Argent, bien, fortune, possession, richesse.**
Il dilapide son avoir. « *Elle gérait avec une sévère économie
son modique avoir* » (FRANCE). ♦ 2° (1808). Compt. La partie
d'un compte où l'on porte les sommes dues. *Le doit et l'avoir.*
V. **Actif, crédit.** — Papier attestant qu'un commerçant doit
de l'argent à un client. *Se faire faire un avoir.* ◊ *Avoir fiscal :*
régime fiscal comportant un avoir pour le contribuable sous
certaines conditions. ◊ ANT. *Débit, doit, passif.*
AVOIRDUPOIDS [avwaʀdypwa]. *n. m.* (1669; mot angl.,
XVᵉ empr. au fr.). Système de mesure de masse des pays
anglo-saxons, dans lequel la livre vaut 453,592 g, et qui
s'applique à toutes les marchandises autres que les métaux
précieux et les médicaments.
AVOISINANT, ANTE [avwazinɑ̃, ɑ̃t]. *adj.* (1793; de
avoisiner). Qui est voisin, dans le voisinage. V. **Adjacent,**

attenant, circonvoisin, contigu, proche, voisin. « *Des milliers
d'étudiants se sont massés dans les rues avoisinantes* » (LE-
COMTE). ◊ ANT. *Éloigné, lointain.*
AVOISINER [avwazine]. *v. tr.* (1555; s'avoisiner de,
1375; de a- 1, et *voisin*). ♦ 1° Être dans le voisinage, à proximité d'un lieu. *Les villages qui avoisinent la forêt.* V. **Avoisinant.** ♦ 2° *Fig.* Qui est proche de, ressemble à. « *La prétention avoisine la bêtise* » (PROUST). ◊ ANT. *Éloigner* (être
éloigné, s'éloigner de).
AVORTEMENT [avɔʀtəmɑ̃]. *n. m.* (1190; de *avorter*).
Action d'avorter. V. **Accouchement.** ♦ 1° *Méd.* Expulsion
d'un fœtus avant terme, naturelle (fausse couche) ou provoquée. ◊ *Cour.* Interruption volontaire de grossesse, légalisée
en 1975. « *Un avortement n'est pas un infanticide, c'est un
meurtre métaphysique* » (SARTRE). ♦ 2° *Agric.* Arrêt du
développement d'un organe formé. *L'avortement du seigle,
des fruits.* V. **Coulure.** ♦ 3° *Fig.* Échec d'une entreprise,
d'un projet. V. **Échec, insuccès.** « *L'enthousiasme déçu par
l'avortement des grandes espérances de 1848* » (SEIGNOBOS).
◊ ANT. *Aboutissement, réussite.*
AVORTER [avɔʀte]. *v. intr.* (XIIᵉ; lat. *abortare*). ♦
1° Accoucher avant terme d'un fœtus ou d'un enfant mort
(naturellement ou par intervention). « *Nous avons décidé
qu'elle se ferait avorter* » (SARTRE). Cf. Faire passer son
enfant. *Un remède qui fait avorter.* V. **Abortif.** ♦ 2° *Par ext.*
Ne pas arriver à son plein développement, en parlant des
fruits, des fleurs. ♦ 3° *Fig.* Être arrêté dans son développement, ne pas réussir (projet, entreprise). V. **Échouer.** « *Devant
la menace d'une invasion étrangère, tout mouvement d'insurrection avorterait* » (MART. du G.). ◊ ANT. *Aboutir, développer
(se), réussir.*
AVORTEUR, EUSE [avɔʀtœʀ, øz]. *n.* (XXᵉ; de *(faire)
avorter*). Personne qui provoque un avortement illégal (Cf.
Faiseuse d'anges).
AVORTON [avɔʀtɔ̃]. *n. m.* (1372; de *avorter*). ♦ 1° *Vx.*
Fœtus sorti avant terme. Enfant prématuré et insuffisamment
développé. ♦ 2° *Par ext.* Tout être, animal ou végétal,
qui s'est trouvé arrêté dans son évolution ou qui n'a pas
atteint le développement normal dans son espèce. « *J'ai
vu en Russie des sapins auprès desquels ceux de nos climats
ne sont que des avortons* » (BERNARD. de ST-P.). ♦ 3° *Cour.
et péj.* Être petit, chétif, mal conformé. V. **Nabot, nain.**
AVOUABLE [avwabl(ə)]. *adj.* (1302, repris 1849; de
avouer). Qui peut être avoué sans honte. *Un but avouable.
Des motifs honorables et avouables.* V. **Honnête.** ◊ ANT.
Inavouable.
AVOUÉ [avwe]. *n. m.* (1080, « défenseur »; lat. *advocatus*.
V. Avocat). ♦ 1° *Anc. dr.* Représentant en justice. « *Un
avoué de la partie publique* » (MONTESQ.). ♦ 2° *Mod.* (1790).
Officier ministériel chargé de représenter les parties devant
un tribunal, de faire les actes de procédure, de conclure au
nom des clients. *Constitution d'avoué. Avoué plaidant,*
autorisé à plaider devant un tribunal de grande instance.
Avoué colicitant (dans une vente sur licitation). *Avoué d'office :*
commis d'office. *Charge, cabinet, étude d'avoué. Fusion des
fonctions d'avocat et d'avoué.*
AVOUER [avwe]. *v. tr.* (*Avoer*, 1155; lat. *advocare* « appeler auprès de soi »).
I. ♦ 1° *Ancien.* Reconnaître pour seigneur celui dont
on tenait un fief. V. **Aveu.** ♦ 2° *Littér.* Reconnaître pour
sien. *Avouer pour fils, pour sœur.* « *Tout honnête homme doit
avouer les livres qu'il publie* » (ROUSS.). ♦ 3° *Littér.* Reconnaître comme valable. V. **Approuver, ratifier.** *Ce sont des
principes que la morale peut avouer.*
II. ♦ 1° *Cour.* Reconnaître qu'une chose est ou n'est
pas; reconnaître pour vrai (en général avec une certaine
difficulté : honte, pudeur). V. **Accorder, admettre, concéder,
convenir, déclarer, dire, reconnaître.** *J'avoue qu'il y a raison.
Il faut avouer que c'est bien difficile.* « *Je suis âne, il est vrai,
j'en conviens, je l'avoue* » (LA FONT.). « *Ce spectacle me
laissa froid, je l'avoue* » (DAUD.). *Je vous avoue mon ignorance,
que je l'ignore.* « *Il faut bien avouer que cette remontée de
l'Oubangui est désespérément monotone* » (GIDE). ◊ *Avouer
une faute, un tort, une faiblesse, un péché, un crime.* V. **Confesser.** « *Les hommes avouent volontiers la cruauté, la colère,
l'avarice même, mais jamais la lâcheté* » (FRANCE). Loc.
prov. *Faute avouée est à moitié pardonnée.* ♦ 2° *Absolt.*
Faire des aveux. *L'assassin a avoué. Le voleur a fini par
avouer* (Cf. Manger le morceau, vider son sac, se mettre à
table). *N'avouez jamais.* ♦ 3° S'AVOUER (et adj.) : reconnaître qu'on l'est. *S'avouer coupable.* V. **Accuser** (s').
◊ ANT. *Cacher, désavouer, dissimuler, nier, taire.*
AVRIL [avʀil]. *n. m.* (1080; lat. *aprilis*). Le quatrième mois
de l'année grégorienne. *La lunaison d'avril ou lune rousse.*
« *Avril jonche la terre en fleur d'un frais tapis* » (HEREDIA).
Rare. « *La splendeur de l'avril battait son plein* » (LOTI). —
Poisson d'avril : plaisanterie, mystification traditionnelle du
1ᵉʳ avril. — Loc. prov. *En avril ne découvre pas d'un fil;
en mai, fais ce qu'il te plaît.*
AVULSION [avylsjɔ̃]. *n. f.* (fin XIVᵉ; lat. *avulsio*). *Didact.*

Action d'arracher. V. **Arrachement**. *L'avulsion d'une dent.*
V. **Extraction**.

AVUNCULAIRE [avɔ̃kylɛʀ]. *adj.* (1801 ; du lat. *avunculus*
« oncle »). *Didact.* Qui a rapport à un oncle ou une tante.

AXE [aks(ə)]. *n. m.* (1372 ; lat. *axis* « essieu »). ♦ 1° Ligne
idéale autour de laquelle s'effectue une rotation. — *Astron.*
Ligne droite autour de laquelle s'effectue le mouvement de
rotation d'un corps céleste. « *Si le soleil est fixe ou tourne
sur son axe* » (BOIL.). ◇ *Géom.* Droite autour de laquelle
tourne une figure plane pour engendrer un solide de révolution. *L'axe d'un cylindre, d'un cône, d'une sphère. Axe de
rotation.* ♦ 2° *Sc.* Droite sur laquelle un sens est défini.
Axe de symétrie. Axe des x, des y. V. **Coordonnée(s)**. — *Axes
cristallographiques* (minér.). — *Axe d'une lentille ; axe optique
d'une lunette.* — *Axe d'oscillation d'un pendule.* ♦ 3° *Concret*
(XVIIᵉ ; fig. de 1°). Pièce allongée qui sert à faire tourner un
objet sur lui-même ou à assembler d'autres pièces en les
articulant. V. **Arbre, charnière, essieu, pivot.** *Axe d'une roue.
Il* « *reçoit trente-deux roues de brouettes, mais ne peut obtenir
les axes et les boulons pour les monter* » (GIDE). — Poét.
« *L'or reluisait partout aux axes de tes chars* » (CHÉNIER).
V. **Essieu**. ♦ 4° *Cour.* Ligne qui passe par le centre, dans
la plus grande dimension. *L'axe du corps. L'axe d'une rue.*
— *Bot.* Partie d'un végétal qui porte des appendices latéraux.
— *Anat.* Axe cérébro-spinal ou névraxe. ♦ 5° Direction
générale. « *Cheminons sans écart dans l'axe de notre sujet* »
(BARRÈS). ♦ 6° *Polit.* Alliance conclue entre l'Allemagne
nazie et l'Italie fasciste *(axe Rome-Berlin). Les puissances
de l'Axe.*

AXÈNE [aksɛn] ou **AXÉNIQUE** [aksenik]. *adj.* (*Néol.*;
de *a-* 2, et *xén*[*o*] « étranger »). *Méd., bactér.* Qui se développe
ou est élevé dans un milieu stérile. *Une naissance axène.*

AXÉNISATION [aksenizasjɔ̃]. *n. f.* (*Néol.*; de *a-* 2,
et *xén*[*o*]- « étranger »). *Méd., bactér.* Purification par élimination d'éléments étrangers.

AXER [akse]. *v. tr.* (1892 ; « fixer sur un axe », 1562 ;
de *axe*). ♦ 1° Diriger, orienter suivant un axe. *Axer une
construction sur telle ou telle ligne.* ♦ 2° Fig. *Axer sa vie
sur qqch. Il est axé sur :* son esprit est dirigé vers. ◇ ANT.
Désaxer.

AXIAL, IALE, IAUX [aksjal, jo]. *adj.* (1853 ; de *axe*).
Qui a rapport à l'axe, qui est dans l'axe. *Direction axiale.
Plan axial,* d'un plissement, d'un pli montagneux. *Éclairage
axial d'une voie publique,* au moyen d'appareils placés dans
l'axe de cette voie. ◇ ANT. **Périphérique**.

AXILE [aksil]. *adj.* (1697 ; lat. sc. °*axilis*, de *axis*). *Sc.*
Qui forme un axe. *Filaments axiles.* Bot. *Placentation axile.
Organes axiles.*

AXILLAIRE [aksil(l)ɛʀ]. *adj.* (1546 ; lat. *axilla*. V. **Aisselle**). ♦ 1° *Anat.* Qui a rapport à l'aisselle. *Veine axillaire.*
♦ 2° *Bot.* (1808). Se dit des organes qui naissent dans l'angle
formé par la tige et le rameau ou la feuille. *Bourgeon, inflorescence axillaire.*

AXIOLOGIE [aksjɔlɔʒi]. *n. f.* (1902 ; du gr. *axios* « qui
vaut », et *-logie*). Science et théorie des valeurs (morales).
« *L'axiologie est une sorte de métaphysique de la sensibilité
et du vouloir* » (LAVELLE).

AXIOLOGIQUE [aksjɔlɔʒik]. *adj.* (1947 ; de *axiologie*).
De l'axiologie. Relatif aux valeurs (*opposé à* ontologique).

AXIOMATIQUE [aksjɔmatik]. *adj. et n. f.* (1547 ; gr.
axiomatikos, de *axiôma.* V. **Axiome**). ♦ 1° Des axiomes ;
qui a le caractère des axiomes. V. **Évident, indémontrable.**
♦ 2° Qui peut servir de base à un système de déduction ;
qui procède déductivement. *Base axiomatique : méthode
axiomatique.* ♦ 3° Qui a pour objet des symboles (et non
leur contenu). V. **Formalisé**. *Méthode axiomatique.* ♦ 4° *N.f.*
Recherche et organisation systématique des axiomes d'une
science (d'un ensemble d'hypothèses et de déductions).
L'axiomatique d'une science, une axiomatique : l'ensemble
des axiomes (4°). *Axiomatique formalisée,* où l'on ne considère que les relations logiques.

AXIOMATISATION [aksjɔmatizasjɔ̃]. *n. f.* (1936 ; de
axiomatiser). *Didact.* Action d'axiomatiser ; état de ce qui a
été axiomatisé. « *L'axiomatisation est* « *l'acte mental qui
aboutit à la création du schéma abstrait* » (GONSETH).

AXIOMATISER [aksjɔmatize]. *v. tr.* (v. 1935 ; de *axiomatique*). Organiser sous forme axiomatique (2° et 3°) ; par
l'axiomatisation : « *acte mental qui aboutit à la création du
schéma abstrait* » (GONSETH).

AXIOME [aksjom]. *n. m.* (1547 ; lat. *axioma,* gr. *axióma,*
de *axioun* « juger digne, valable »). ♦ 1° *Philo.* Vérité indémontrable mais évidente pour quiconque en comprend le
sens (principe premier). *Postulat et axiome.* V. **Évidence,
prémisse.** ♦ 2° *Cour.* Proposition admise par tout le monde
sans discussion (incluant le postulat). — *Par ext.* V. **Adage,
aphorisme, apophtegme, maxime, sentence.** « *L'axiome
d'après lequel il faut écarter tout parent d'une opération* »
(GIRAUDOUX). ♦ 3° *Didact.* (XXᵉ) ◇ Assertion intellectuellement évidente ; hypothèse dont on tire les conséquences

logiques (V. **Théorème**) en vue de l'élaboration d'un système
(axiomatique). (V. **Postulat** ; énoncé, hypothèse, lemme,
prémisse, principe, proposition).

AXIS [aksis]. *n. m.* (1696 ; lat. *axis* « axe »). *Anat.* Deuxième
vertèbre du cou qui sert d'axe pour les mouvements de rotation de la tête. V. **Atlas**.

AXISYMÉTRIQUE [aksisimetʀik]. *adj. (Néol.;* du
lat. *axis* « essieu, axe », et *symétrique). Techn.* Se dit d'un
système mécanique où la répartition symétrique se fait par
rapport à l'axe d'un cylindre.

AXOLOTL [aksɔlɔtl]. *n. m.* (*Axoloti,* 1751 ; mot mexicain,
cité en fr. dès 1640). *Zool.* Larve d'amblystome qui peut se
reproduire à l'état larvaire.

AXONE [akson]. *n. m.* (1899 ; angl. *axon,* du gr.). *Anat.*
Prolongement constant, unique, de la cellule nerveuse. V.
Cylindraxe ; et *aussi* dendrite, neurone.

AXONGE [aksɔ̃ʒ]. *n. f.* (1498 ; *amxunge,* XIVᵉ ; lat. *axungia*
« graisse à oindre les essieux »). *Didact.* Graisse fondue des
animaux. V. **Saindoux**.

AXONOMÉTRIE [aksɔ(o)nɔ(o)metʀi]. *n. f.* (XXᵉ ; de
axonométrique). *Didact.* Représentation d'une figure à trois
dimensions par projection orthogonale ou oblique.

AXONOMÉTRIQUE [aksɔ(o)nɔ(o)metʀik]. *adj.* (1866 ;
du gr. *axôn, axonos* « axe », et *-métrique*). *Didact.* De l'axonométrie. *Perspective axonométrique.*

AYANT [ɛjɑ̃]. *p. prés.* du v. AVOIR.

AYANT CAUSE [ɛjɑ̃koz]. *n. m.* (1337 ; de *avoir,* et *cause*).
Dr. Personne qui a acquis d'une autre (l'auteur) un droit
ou une obligation. V. **Acheteur, donataire, héritier, légataire.**
*Les ayants cause. Ayant cause à titre particulier, à titre univer-
sel, universel.*

AYANT DROIT [ɛjɑ̃dʀwa(ɑ)]. *n. m.* (1835 ; de *avoir,* et
droit). *Dr.* Ayant cause. ◇ Personne qui a des droits à
qqch. *Les ayants droit à une prestation.*

AYE-AYE [ajaj]. *n. m.* (1782 ; mot indigène ; onomat.).
Mammifère lémurien de Madagascar, de la taille d'un chat,
à gros yeux et à longue queue.

AYUNTAMIENTO, OS [ajuntamjɛnto]. *n. m.* (1846 ;
mot esp.). Nom espagnol des municipalités.

AZALÉE [azale]. *n. f.* (1803 ; *azalea,* fin XVIIIᵉ ; du gr.
azaleos « desséché »). Arbuste cultivé pour ses fleurs *(Éricacées).* « *Des azaléas formaient un buisson de corail* » (CHA-
TEAUB.).

AZÉOTROPE [azeɔtʀɔp], **-TROPIQUE** [-tʀɔpik]. *adj.*
(1933 ; de *a-* 2, gr. *zein* « bouillir », et *-trope*). *Mélange azéotrope,* formé de deux liquides, dont la distillation se fait à
température constante.

AZEROLE [azʀɔl]. *n. f.* (1651 ; *azarole,* 1562 ; esp. *acerola,*
de l'arabe *az-zou'-roûr*). Fruit de l'azerolier.

AZEROLIER [azʀɔlje]. *n. m.* (1690 ; de *azerole*). Variété
d'aubépine dite *épine d'Espagne.*

AZIMUT [azimyt]. *n. m.* (1415 ; arabe *az-samt* « le
chemin »). ♦ 1° *Astron.* Angle formé par le plan vertical
d'un astre et le plan méridien du point d'observation. *Les
azimuts se mesurent avec le théodolite. — Azimut magnétique :*
angle formé par une horizontale quelconque avec le méridien
magnétique. ♦ 2° *Fam. Dans tous les azimuts :* dans toutes
les directions, dans tous les sens. ◇ Loc. (Milit.) *Défense tous
azimuts :* capable d'intervenir dans toutes les directions.

AZIMUTAL, ALE, AUX [azimytal, o]. *adj.* (1599 ; de
azimut). *Astron.* Qui a rapport aux azimuts. *Plan azimutal.
Cercles azimutaux. Compas azimutal.*

AZIMUTÉ, ÉE [azimyte]. *adj.* (1937 ; de *azimut,* arg.
aviat.). *Fam.* Qui est fou, qui a perdu la boussole, *l'azimut.*

1. AZOÏQUE [azɔik]. *adj.* (1866 ; de *a-* 2, et gr. *zôon* « animal »). *Didact.* Se dit d'un milieu privé de vie animale. —
Spécialt. (Géol.).

2. AZOÏQUE [azɔik]. *adj.* (1885 ; de *azote*). *Chim.*
Se dit de colorants renfermant dans leur molécule le groupement -N = N- (appelé *groupement azoïque). Colorant, substance azoïque.*

AZOOSPERMIE [azɔɔspɛʀmi]. *n. f.* (1890 ; de *a-* 2, gr.
zôon « animal », et *sperma* « semence »). *Méd.* Absence de
spermatozoïdes dans le sperme.

AZOTATE [azɔtat]. *n. m.* (1836 ; de *azote*). V. **Nitrate**.

AZOTE [azɔt]. *n. m.* (1787 ; de *a-* 2, et gr. *zôê* « vie »).
Corps simple (symb. N, pour *nitrogène,* vx ; p. at. 14.008 ;
n° at. 7, densité 0,967), gaz incolore, inodore, chimiquement
peu actif, qui entre dans la composition de l'atmosphère (4/5)
et des tissus vivants, animaux et végétaux (protéines). *L'azote
est impropre à la respiration, d'où son nom. Cycle de l'azote :*
circulation des composés de l'azote dans la nature, par
l'intermédiaire des organismes végétaux, animaux. *Fixation
de l'azote atmosphérique,* pour obtenir des composés de
l'azote (engrais, etc.). *Peroxyde d'azote* (NO_2). *Protoxyde
d'azote*(N_2O) : gaz hilarant ; et *autres composés* (V. **Azoteux,
azotique, nitrate, nitrure**).

AZOTÉ, ÉE [azɔte]. *adj.* (1826 ; de *azote*). Qui contient de l'azote. *Aliments azotés. Engrais azotés* : fumier, guano, nitrate de sodium, de calcium, sulfate d'ammonium.

AZOTÉMIE [azɔtemi]. *n. f.* (1924; de *azote*, et *-émie*). *Méd.* Quantité d'azote du sang (sous forme d'urée, d'acides aminés). *Augmentation de l'azotémie.* V. **Urémie**. — Adj. *Azotémique.*

AZOTEUX [azɔtø]. *adj. m.* (1838; de *azote*). *Chim.* Qui contient de l'azote (et *spécialt.* de l'azote trivalent). V. **Nitreux.** *Acide azoteux* (HNO₂) : acide oxygéné de l'azote (ou acide nitreux). *Anhydride, oxyde azoteux.*

AZOTIQUE [azɔtik]. *adj.* (1787; de *azote*). *Chim. Syn.* NITRIQUE*. *Acide azotique* HNO₃ : acide liquide, incolore, corrosif (V. **Eau forte**). *Anhydride azotique* N₂O₅.

AZOTITE [azɔtit]. *n. m.* (1838; de *azote*). *Chim.* Sel de l'acide azoteux (V. **Nitrite**).

AZOTURE [azɔtyʀ]. *n. m.* (1812; de *azote*). *Chim.* Sel de l'acide azothydrique HN₃.

AZOTURIE [azɔtyʀi]. *n. f.* (1866; de *azote*, et *-urie*). *Méd.* Quantité d'azote éliminée par les urines. Élimination exagérée sous forme d'urates, d'urée.

AZTÈQUE [aztɛk]. *adj.* (1846; mot mexicain). Qui a rapport aux Aztèques, ancien peuple du Mexique. *La langue aztèque. Art aztèque.* « *Certaines têtes précolombiennes, aztèques* » (SARRAUTE).

AZULEJO [azulexo]. *n. m.* (1846; mot esp., de *azul* « bleu »). Carreau de faïence émaillée, orné de dessins (ordinairement de couleur bleue), employé au revêtement des murailles. *Des azulejos.*

AZUR [azyʀ]. *n. m.* (1080; lat. médiév. *azzurum*, arabe *lâzaward*, du persan. V. **Lapis-lazuli**). ♦ 1° *Ancienn.* Le lapis-lazuli, encore appelé *pierre d'azur.* ◇ *Techn.* Verre coloré dit aussi *bleu d'azur* que l'on obtient par grillage de *smaltine* ou de *cobaltine.* ♦ 2° *Littér.* Couleur d'un beau bleu clair; et *poét.* La couleur du ciel, des flots. « *Des cieux spirituels l'inaccessible azur* » (BAUDEL.). *Un ciel d'azur.* ◇ *Cour. La Côte d'Azur* : de la Méditerranée, entre Menton et Toulon. ◇ *Poét.* Le ciel, l'infini. ♦ 3° *Blas.* Le bleu, l'un des neuf émaux des armoiries.

AZURAGE [azyʀaʒ]. *n. m.* (1846; de *azurer*). Opération de blanchiment (du linge).

AZURÉ, ÉE [azyʀe]. *adj.* (XIIIᵉ; de *azur*). Qui est de couleur d'azur. *Une teinte azurée.* « *Ses yeux, sous l'ombre azurée des cils* » (FRANCE).

AZURER [azyʀe]. *v. tr.* (1549; de *azur*). ♦ 1° Teindre en couleur d'azur. — Fig. « *Le regard, Ne voit rien que le ciel et l'onde qu'il azure* » (LAMART.). ♦ 2° Blanchir le linge en le passant au bleu.

AZURITE [azyʀit]. *n. f.* (1842; de *azur*). Carbonate naturel de cuivre, de couleur bleue *(azur de cuivre)*.

AZYGOS [azigos]. *adj. et n. f.* (1540; gr. *azugos* « non accouplé »). *Anat. Veine azygos*, importante veine impaire qui relie le système de la veine cave inférieure au tronc de la veine cave supérieure, cheminant au flanc antérieur droit de la colonne vertébrale du thorax.

AZYME [azim]. *adj.* (XIIIᵉ; lat. *azymus*, du gr. *azumos*, de *zumê* « levain »). Qui est sans levain. *Pain azyme*, pain que les juifs mangent au temps de la Pâque; pain dont on fait les hosties (pain à chanter). Subst. *La fête des azymes.*

B

B [be]. *n. m.* Deuxième lettre et première consonne de l'alphabet, servant à noter une occlusive labiale sonore. — Loc. fig. *Ne savoir ni a ni b. Prouver par a + b.* V. **A.** — *Mus.* Nom de la note *si* (*Vx* en français ; encore utilisé en anglais ; en allemand correspond à *si bémol*). — Symb. du *bore*. — *Phys.* Symb. de *bougie nouvelle* (V. **Candela**). — *Abrév.* du degré Baumé. — Symb. du *Bel**. — Désignation de l'induction magnétique.

Ba Symb. chimique du *baryum**.

B.A. [bea]. *n. f.* (xxᵉ). Abrév. de *bonne action*, dans le langage des scouts.

B.A.-BA [beaba]. *n. m. sing.* (mil. xxᵉ ; de l'épellation *b a* qui fait *ba*, premier rudiment de lecture). Première connaissance élémentaire. « *Le b a ba de la carrière financière* » (DANINOS). V. **ABC.**

1. BABA [baba]. *adj. invar.* (1808 ; *rester comme baba*, 1790 ; de *ébahi*). *Fam.* Frappé d'étonnement. V. **Ébahi**, étonné, stupéfait, surpris. *Il en est resté baba.*

2. BABA [baba]. *n. m.* (1767 ; mot polonais). Gâteau à pâte légère arrosé d'un sirop alcoolisé. *Des babas au rhum.*

BABEURRE [babœr]. *n. m.* (1611 ; « bâton à battre le beurre », 1606 ; de *battre*, et *beurre*). Liquide blanc, appelé parfois *lait de beurre*, qui reste du lait après le barattage de la crème dans la préparation du beurre.

BABIL [babi(l)]. *n. m.* (1460 ; de *babiller*). *Vx* ou *littér.* Abondance de paroles futiles. V. **Babillage**, bavardage, caquet. *Le babil enfantin.* « *Les jeunes filles acquièrent vite un petit babil agréable* » (ROUSS.). — Par anal. Bruit imitant une voix qui babille. *Le babil des oiseaux, d'une source.* V. **Gazouillement**, murmure.

BABILLAGE [babijaʒ]. *n. m.* (1583, repris 1835 ; de *babiller*). Action de babiller. V. **Babil**, bavardage. — *Psycho.* Chez l'enfant, syn. de *Lallation*.

BABILLARD, ARDE [babijar, ard(ə)]. *adj.* et *n.* (fin xvᵉ ; de *babiller*). ♦ 1° *Vx* ou *littér.* Qui aime à babiller. V. **Bavard.** — Par anal. *Oiseau babillard.* V. **Jaseur.** Subst. *Une incorrigible babillarde.* ♦ 2° *N. f.* (1725). Arg. *Une babillarde*, une lettre. V. **Bafouille.**

BABILLER [babije]. *v. intr.* (xiiiᵉ ; « bégayer », xiiᵉ ; rac. *bab-*, onomat.). Parler beaucoup d'une manière futile, enfantine. V. **Bavarder.** *Les jeunes enfants babillent.* V. **Gazouiller.** — Par anal. *Oiseaux qui babillent.* V. **Caqueter**, gazouiller, jaser.

BABINE [babin]. *n. f.* (v. 1460 ; rac. *bab-*. V. **Babiller**). Lèvres pendantes de certains animaux. *Une chienne*, « *l'oreille tendue, les babines retroussées jusqu'aux yeux* » (COLETTE). — Par anal. *Fam.* (Personnes) *S'essuyer les babines, se lécher les babines* (en mangeant). V. **Badigoinces.** Fig. *S'en lécher les babines* : se réjouir à la pensée d'une chose délectable.

BABIOLE [babjɔl]. *n. f.* (fin xvⁱᵉ ; it. *babbola*). ♦ 1° Petit objet de peu de valeur. V. **Bibelot**, breloque, brimborion, colifichet. « *Je commence à m'attacher à des babioles, à une tasse, à une assiette, à un bougeoir* » (DUHAM.). ♦ 2° *Fig.* Chose sans importance. V. **Bagatelle**, bêtise, broutille, niaiserie, rien.

BABIROUSSA [babiRusa]. *n. m.* (1764 ; malais *babi-rusa* « porc-cerf »). Mammifère ongulé (*Suidés*), sanglier de Malaisie aux défenses recourbées.

BÂBORD [babɔr]. *n. m.* (1484 ; néerl. *bakboord* « côté du dos », parce que le pilote manœuvrait en tournant le dos au côté gauche). *Mar.* Le côté gauche du navire, en tournant le dos à la poupe. *Laisser une île à bâbord.* V. **Gauche.** ⊗ ANT. *Tribord.*

BÂBORDAIS [babɔrdɛ]. *n. m.* (1852 ; de *bâbord*). *Mar.* Homme d'équipage de la bordée de bâbord.

BABOUCHE [babuʃ]. *n. f.* (*Papouch*, 1546 ; arabe *bâboûch*, du persan). Pantoufle de cuir sans quartier ni talon, servant de chaussure dans les pays d'Islam. « *Le Turc partit en traînant majestueusement ses babouches* » (CHATEAUB.). — Cette pantoufle avec un talon, utilisée comme chaussure ou chausson (V. **Mule**).

BABOUIN [babwɛ̃]. *n. m.* (fin xiiiᵉ ; rac. *bab-*. V. **Babiller**). Singe cynocéphale aux lèvres proéminentes. V. **Papion.**

BABOUVISME [babuvism(ə)]. *n. m.* (1840 ; de *Babeuf*, révolutionnaire fr.). Doctrine de Babeuf, tendant à un communisme* égalitaire.

BABY [bebi]. *n. m.* (1841 ; mot angl.). ♦ 1° *Vx.* Bébé. *Des babys ou babies.* ♦ 2° *Adj. invar.* (v. 1950). Pour les bébés, d'une taille inférieure à la moyenne. *Taille baby. Un (whisky) baby.* — Premier élément *(invar.)* de mots empruntés à l'anglais : *baby-sitter**, etc.

BABY-FOOT [babifut]. *n. m. invar.* (1951 ; faux anglicisme, de *baby* « de petite taille », et *foot* abrév. de *foot-ball*). Football* de table. *Jouer au baby-foot ; partie de baby-foot.* — La table de jeu. *Acheter un baby-foot.*

BABY-SITTER [ba(e)bisitœr]. *n.* (1953, mot angl. de *sitter*, « poule couveuse », de *to sit* « couver », et de *baby* « bébé »). Personne qui, moyennant rétribution, garde à la demande, de jeunes enfants, en l'absence de leurs parents. *Des baby-sitters.*

BABY-SITTING [ba(e)bisitiŋ]. *n. m.* (v. 1960 ; mot angl. de *sitting* « couvaison » et *baby* « bébé »). Garde de jeunes enfants par un(e) baby-sitter*. *Faire du baby-sitting.*

1. BAC [bak]. *n. m.* (1160 ; lat. pop. **baccus** « récipient »). I. Bateau à fond plat servant à passer un cours d'eau, un lac. V. **Bachot** (1), traille, va-et-vient. *Le passeur du bac.* « *Un bac, un de ces immenses radeaux où l'on embarque les voitures* » (DAUD.). ◊ *Bac aérien*, avion qui transporte des voitures automobiles avec leurs passagers pour une courte traversée (Recomm. offic. pour *Air ferry*). II. ♦ 1° (xviiᵉ). Récipient servant à divers usages. *Bac à eau, bac à laver.* V. **Auge**, baquet, bassin, cuve. *Bac à légumes, bac à glace d'un réfrigérateur.* ♦ 2° Tiroir ou petit meuble métallique servant au classement de documents. *Un bac à cartes perforées.*

2. BAC [bak]. *n. m.* (1880 ; abrév. de *baccalauréat*). *Fam.* Baccalauréat. *Passer le bac.*

BACCALAURÉAT [bakalɔrea]. *n. m.* (1680 ; lat. médiév. *baccalaureatus*, de *baccalaureus*, altér. de *baccalarius* « bachelier », rapproché de *bacca laurea* « baie de laurier »). ♦ 1° Grade universitaire conféré à la suite d'examens qui terminent les études secondaires ; ces examens eux-mêmes. V. **Bac** (2), bachot. Ancien. *La ¹ʳᵉ, la seconde partie du baccalauréat.* « *Sur mes seize ans je passai un affreux petit examen nommé baccalauréat* » (FRANCE). Titulaire du baccalauréat. V. **Bachelier.** *Réforme du baccalauréat* (examen probatoire). — Au Canada, *baccalauréat ès arts* (opposé à *ès sciences*). Abrév. **B.A.** [bea]. ♦ 2° *Baccalauréat en droit*, grade conféré aux étudiants en droit qui ont subi avec succès les deux premiers examens de la licence. ♦ 3° (v. 1970). Au Québec, Diplôme du 1ᵉʳ cycle, de certaines universités, donnant accès au 2ᵉ cycle ou *maîtrise*. — Au Canada, *baccalauréat ès sciences** (abrév. **B. Sc.** [beɛsse]).

BACCARA [bakaRa]. *n. m.* (1855 ; o. i.). Jeu de cartes où le dix, appelé *baccara*, équivaut à zéro. *Le baccara se joue entre un banquier et des joueurs appelés pontes. Variété de baccara.* V. **Chemin de fer.**

BACCARAT [bakaRa]. *n. m.* (1898 ; de *Baccarat*, n. de ville). Cristal de la manufacture de Baccarat. *Des verres en baccarat.*

BACCHANALE [bakanal]. *n. f.* (1488 ; lat. *Bacchanalia* « fêtes de Bacchus »). ♦ 1° *Plur.* Fêtes que les anciens célébraient en l'honneur de Bacchus, avec danses, jeux et mystères d'initiés (V. **Bacchante**). ♦ 2° Tableau, bas-relief représentant ces fêtes. ♦ 3° *Fig.* et *vieilli.* Danse tumultueuse et lascive ; débauche bruyante. V. **Orgie.**

1. BACCHANTE [bakɑ̃t]. *n. f.* (1559, masc. ; lat. *bacchans, bacchantes* « qui célèbre les mystères de Bacchus »). ♦ 1° *Antiq.* Prêtresse de Bacchus, femme qui célébrait les Bacchanales. *Danse des bacchantes.* ♦ 2° *Fig.* et *vieilli.* Se dit d'une ivrognesse, d'une débauchée.

2. BACCHANTE ou **BACANTE** [bakɑ̃t]. *n. f.* (1878, « favoris » ; all. *Backen* « joue », infl. *bacchante* 1). *Fam.* V. **Moustache.** *De belles bacchantes.*

BACCIFÈRE [baksifɛr]. *adj.* (1562 ; lat. *bacca* « baie », et *-fère*). *Bot.* Qui porte des baies. *Une plante baccifère.*

BACCIFORME [baksifɔʀm(ə)]. *adj.* (1819; lat. *bacca* « baie » et *-forme*). *Bot.* Qui a la forme d'une baie, ressemble à une baie.

BÂCHAGE [baʃaʒ]. *n. m.* (1922; de *bâcher*). Action de couvrir d'une bâche.

BÂCHE [baʃ]. *n. f.* (1560; « filet »; a. fr. *baschoe* « baquet », du lat. d'o. gaul. *bascauda*). ♦ 1° *Techn.* et *Mar.* Réservoir destiné à contenir l'eau d'alimentation d'une machine à vapeur, d'une chaudière, ou l'eau refoulée par une pompe. ♦ 2° *Hortic.* Coffre recouvert d'un châssis et servant de petite serre pour la culture forcée. ♦ 3° (Déb. XVIII°). Pièce de forte toile imperméabilisée qui sert à préserver les marchandises des intempéries. V. **Banne, prélart**; **bâcher**. « *Des camions aux bâches jaunes de poussière* » (MALRAUX). — Carter d'une turbine hydraulique. ♦ 4° (1881). Par anal. *Pop.* Drap. de lit. ◊ (1878) Casquette.

BACHELIER, IÈRE [baʃəlje, jɛʀ]. *n.* (XIV°; *bachelor*, 1080; lat. pop. °*baccalaris* d'o. gaul.). ♦ 1° *N. m.* Sous la féodalité, Jeune gentilhomme qui aspirait à devenir chevalier. — Par ext. *Vx.* Jeune homme. ♦ 2° *N. m.* Celui qui, dans la faculté de droit canon, soutenait une thèse, après trois années d'études. ♦ 3° *Mod.* BACHELIER, IÈRE : titulaire du baccalauréat.

BÂCHER [baʃe]. *v. tr.* (1752; « vêtir », fin XVI°; de *bâche*). Couvrir, recouvrir d'une bâche. *Bâcher une voiture. Un camion bâché.* ◊ ANT. Découvrir.

BACHI-BOUZOUK [baʃibuzuk]. *n. m.* (1860; mot turc). Soldat turc du XIX° s.

BACHIQUE [baʃik]. *adj.* (1490; lat. *bacchicus*, de *Bacchus*). Qui a rapport à Bacchus. *Fêtes bachiques.* V. **Bacchanale(s)**. *Chanson bachique*, chanson à boire.

1. BACHOT [baʃo]. *n. m.* (1539; de *bac*). Petit bac. « *Devant eux, un bachot que le courant berçait au bout de sa chaîne* » (MART. du G.).

2. BACHOT [baʃo]. *n. m.* (1856; de *bachelier*). Baccalauréat. *Passer le bachot. Reçu au bachot. Avoir ses deux bachots* (les deux parties du bachot). *Péj. Boîte à bachot*, école libre qui prépare au bachot.

BACHOTAGE [baʃɔtaʒ]. *n. m.* (1892; de *bachoter*). Action de bachoter.

BACHOTER [baʃɔte]. *v. intr.* (1892; de *bachot*). Préparer hâtivement le baccalauréat, et en général un examen en vue du succès pratique.

BACILLAIRE [basi(l)lɛʀ]. *adj. et n.* (1902; de *bacille*). *Méd.* ♦ 1° *Adj.* Qui se rapporte aux bacilles. *Dysenterie bacillaire.* ♦ 2° *N.* Malade (tuberculeux) qui élimine des bacilles tuberculeux. *Un, une bacillaire.*

BACILLE [basil]. *n. m.* (1842; lat. *bacillum* « baguette »). ♦ 1° (lat. sc. 1872). Microbe du groupe des bactéries en forme de bâtonnet. *La plupart des bacilles sont pathogènes. Bacille d'Eberth*, de la typhoïde. *Bacille de Koch*, de la tuberculose (V. **Bacillose**). *Bacille du charbon.* V. **Bactéridie**. *Bacille intestinal.* V. **Colibacille**. ♦ 2° (1842). Insecte herbivore ressemblant à une brindille, phasme d'Europe.

BACILLIFORME [basi(l)lifɔʀm(ə)]. *adj.* (1846; de *bacille*, et *forme*). Qui a la forme d'un bacille.

BACILLOSE [basi(l)loz]. *n. f.* (1896; de *bacille*, et *-ose*). ♦ 1° Toute maladie due à un bacille. ♦ 2° (*Plus cour.*). Terme médical pour Tuberculose. *Bacillose pulmonaire, rénale.*

BACILLURIE [basi(l)lyʀi]. *n. f.* (1928; de *bacille*, et *-urie*). Présence de bacilles (surtout tuberculeux) dans l'urine.

BACKGROUND [bakgʀawnd]. *n. m.* (1955; mot angl. « arrière-plan »). Cadre, contexte d'une action ou d'un événement. « *L'important dans cette affaire, c'était le background géographique et social* » (*France-Obs.* 15-9-1955). On écrit aussi *background* ou *back-ground*.

BÂCLAGE [baklaʒ]. *n. m.* (1751; de *bâcler*). Action de bâcler. *Le bâclage d'un travail.* « *Nous sommes installés dans le bâclage et la confusion* » (BAZIN).

BÂCLE [bakl(ə)]. *n. f.* (1866; de *bâcler*, 1°). Barre de bois ou de fer avec laquelle on ferme de l'intérieur une porte, une fenêtre.

BÂCLER [bakle]. *v. tr.* (1292; lat. pop. °*bacculare*, de *baculum* « bâton »). ♦ 1° *Vx.* Fermer une porte ou une fenêtre au moyen d'une barre (V. **Bâcle**). ♦ 2° *Fig. et fam.* Expédier (un travail) sans soins. « *Les paresseux qui bâclent leur thème* » (LARBAUD). *C'est du travail bâclé.* Absolt. « *Balzac a trop de confiance en son génie* / *souvent, pressé par le besoin sans doute, il bâcle* » (GIDE). V. **Saboter**. ◊ ANT. Fignoler, soigner.

BACON [bekɔn]. *n. m.* (XIII° et jusqu'au XVI°; repris à l'angl. 1895; frq. °*bakko* « jambon »). ♦ 1° Lard fumé, assez maigre, consommé en tranches fines généralement frites. *Œufs au bacon.* ♦ 2° *Plus cour.* En France, Filet de porc fumé et maigre.

BACTÉRICIDE [bakteʀisid]. *adj.* (1895; de *bactérie*, et *-cide*). Qui tue les bactéries. *Produit bactéricide.*

BACTÉRIDIE [bakteʀidi]. *n. f.* (1865; de *bactérie*). *Vieilli.* Bactérie responsable du charbon*.

BACTÉRIE [bakteʀi]. *n. f.* (1842; *bacterium*, 1838; gr. *bakteria* « bâton »). Micro-organisme unicellulaire formant un règne autonome, considéré comme ni animal ni végétal, les *Schizomycètes* ou *Protistes procaryotes*, de formes très variées, pouvant être en saprophytes (sol, eau, organismes vivants) ou comme parasites de l'homme, des animaux et des plantes. (V. **Microbe**). *Bactérie de forme arrondie* (V. **Coque**), *en forme de bâtonnet* (V. **Bacille**), *spiralée* (V. **Spirille, spiro-chète**).

BACTÉRIEN, IENNE [bakteʀjɛ̃, jɛn]. *adj.* (1887; de *bactérie*). Qui se rapporte aux bactéries. *Anévrisme bactérien.* V. **Infectieux**.

BACTÉRI(O)-. Élément du gr. *baktêria* « bâton » employé au sens de bactérie.

BACTÉRIOLOGIE [bakteʀjɔlɔʒi]. *n. f.* (1889; de *bacterium*, et *-logie*). Partie de la microbiologie qui s'occupe des bactéries.

BACTÉRIOLOGIQUE [bakteʀjɔlɔʒik]. *adj.* (1888; de *bactériologie*). Qui se rapporte à la bactériologie. *Analyse bactériologique.* Par ext. *La guerre bactériologique*, où les bactéries sont utilisées comme arme.

BACTÉRIOLOGISTE [bakteʀjɔlɔʒist(ə)]. *n.* (1895; de *bactériologie*). Biologiste, médecin qui s'occupe de bactériologie.

BACTÉRIOPHAGE [bakteʀjɔfaʒ]. *n. m.* (1918; de *bactério-*, et *-phage*). Virus qui infecte des bactéries. Par appos. *Des virus bactériophages.*

BACTÉRIOSTATIQUE [bakteʀjɔstatik]. *adj.* (1959; de *bactério-*, et *-statique*). Se dit d'une substance qui arrête la prolifération des bactéries. V. **Antibiotique**.

BACUL [baky]. *n. m.* (XV°; de *battre*, et *cul*). Croupière pour les bêtes de trait.

BADABOUM [badabum]. *interj.* (XX°; de *boum*). Onomatopée évoquant le bruit d'une chute suivie de roulement. V. **Boum** (1°).

BADAUD, AUDE [bado, od]. *n. et adj.* (1532, « stupide »; prov. *badau*, de *badar* « regarder bouche bée ». V. **Bayer**). *Race* (au fém.) Personne qui s'attarde à regarder le spectacle de la rue. V. **Curieux, flâneur, gobe-mouches**. *Incident qui attroupe les badauds.* Adj. *Le Parisien est badaud.*

BADAUDERIE [badodʀi]. *n. f.* (1547; de *badaud*). Comportement de badaud.

BADERNE [badɛʀn(ə)]. *n. f.* (XIX°; « tresse de vieux cordage », 1773; esp. ou it. *baderna*). *Fam. Baderne*, ou (plus cour.) *vieille baderne* : homme (souvent militaire) âgé et borné. « *Une baderne qui ne connaissait que sa consigne* » (J. LEMAITRE).

BADGE [badʒ(ə)]. *n. m. et n. f.* (XIV°; mot angl.). ♦ 1° *N. m. Féod.* Insigne rond porté par un chevalier et sa suite. ♦ 2° *N. f.* (v. 1920). Insigne métallique rond porté par les scouts qui correspond à un brevet de spécialité. « *J'ai déjà mes badges de bricoleur, de conducteur de locomotive, de terrassier, de nœuds, de code morse* » (B. VIAN). ♦ 3° *N. m.* (1966). Insigne rond à inscriptions humoristiques ou subversives porté sur un vêtement.

BADIANE [badjan]. *n. f.* (1681; persan *badian* « anis »). Arbuste du Tonkin (*Magnoliacées*) dont les graines (anis étoilé) sont aromatiques et servent à fabriquer de l'anisette. V. **Anis**.

BADIGEON [badiʒ5]. *n. m.* (1676; o. i.). Couleur en détrempe à base de lait de chaux, avec laquelle on peint les murailles, l'intérieur des églises, etc. « *La vieille façade n'attendait plus, pour rajeunir, qu'un coup de badigeon* » (MART. du G.).

BADIGEONNAGE [badiʒɔnaʒ]. *n. m.* (1820; de *badigeonner*). ♦ 1° Action de badigeonner; son résultat. *Le badigeonnage d'un mur.* ♦ 2° Par ext. *Méd. Badigeonnage de la gorge.* V. **Badigeonner**.

BADIGEONNER [badiʒɔne]. *v. tr.* (1701; de *badigeon*). ♦ 1° Enduire d'un badigeon. *Badigeonner un mur.* ♦ 2° Par ext. Enduire d'une préparation pharmaceutique. *Se badigeonner la gorge au bleu de méthylène.* « *Il souleva le petit bras inanimé, le badigeonna d'iode* » (MART. du G.).

BADIGEONNEUR [badiʒɔnœʀ]. *n. m.* (1820; de *badigeonner*). ♦ 1° Ouvrier qui badigeonne. ♦ 2° *Péj.* Mauvais peintre.

BADIGOINCES [badigwɛ̃s]. *n. f. pl.* (1538; p.-ê. de *babine*). *Fam. et plaisant.* Lèvres. *Se lécher les badigoinces.* V. **Babine**.

BADIN, INE [badɛ̃, in]. *adj.* (XVII°; « niais », 1478; mot prov. V. **Badaud**). Qui aime à rire, à plaisanter. V. **Enjoué, espiègle, folâtre, gai, mutin**. Vieilli. « *Soyez badine et folâtre* » (LA BRUY.). — Mod. *Humeur badine.* « *Le ton de la conversation y est galant sans fadeur, badin sans équivoque* » (ROUSS.). ◊ ANT. Grave, sérieux.

BADIN [badɛ̃]. *n. m.* (1949; du nom de l'inventeur).

Anémomètre* qui sert à indiquer la vitesse relative d'un avion.

BADINAGE [badinaʒ]. *n. m.* (1541, « sottise » ; de *badin*). Action de badiner. V. **Amusement, badinerie, jeu, plaisanterie.** « *Sur un ton de badinage et de raillerie* » (LECOMTE). ◇ ANT. *Gravité, sérieux.*

BADINE [badin]. *n. f.* (1781 ; de *badiner*, à cause des élégants munis d'une badine). Baguette mince et souple qu'on tient à la main. V. **Jonc, stick.**

BADINER [badine]. *v. intr.* (1549 ; de *badin*). Plaisanter avec enjouement et légèreté. V. **Amuser** (s'), **jouer, plaisanter.** *Je le dis pour badiner. C'est un homme qui ne badine pas :* sévère. « *On ne badine pas avec l'amour* » (MUSS.).

BADINERIE [badinʀi]. *n. f.* (déb. XVIᵉ ; de *badiner*). Ce qu'on fait, ce qu'on dit en badinant. V. **Plaisanterie ; enfantillage.**

BAD LANDS [badlãds]. *n. f. pl.* (1960, anglo-amér., calque du fr. « mauvaises terres »). *Géogr.* Terrains argileux ravinés par l'érosion torrentielle.

BADMINTON [badmintɔn]. *n. m.* (1928 ; mot angl., nom d'un château). Jeu de volant apparenté au tennis.

BAFFE [baf]. *n. f.* (1283 ; p.-ê. de *bâfrer*). *Pop.* Gifle. *Une paire de baffes.*

BAFFLE [bɑfl(ə)]. *n. m.* (1948 ; mot angl. « écran »). Panneau sur lequel est monté le diffuseur d'un haut-parleur et qui permet de séparer le rayonnement de la face avant du haut-parleur de celui de la face arrière afin d'améliorer la sonorité. *Recomm. offic.* Écran. — Cour. *(abusiv.).* Enceinte* acoustique.

BAFOUER [bafwe]. *v. tr.* (1532 ; prov. *bafar* « se moquer » ; o. onomat.). Traiter avec un mépris outrageant, tourner en dérision, en ridicule. V. **Moquer** (se), **outrager, persifler, railler, ridiculiser.** *On le bafoua devant tout le monde.* V. **Conspuer, vilipender.** — (Choses) « *Un spirituel persiflage qui bafoue les conventions du monde* » (R. ROLLAND). ◇ ANT. *Exalter, louer.*

BAFOUILLAGE [bafujaʒ]. *n. m.* (1906 ; de *bafouiller*). *Fam.* Action de bafouiller. « *Un léger bafouillage* » (LECOMTE). — *Par ext.* Propos incohérents. « *Le bafouillage hégélien* » (PÉGUY).

BAFOUILLE [bafuj]. *n. f.* (1876 ; de *bafouiller*). *Arg.* Lettre. V. **Babillarde.**

BAFOUILLER [bafuje]. *v. intr.* (1867 ; p.-ê. de *fouiller*, et onomat. *baf* (V. **Bâfrer**), au sens de « parler la bouche pleine »). *Fam.* Parler d'une façon embarrassée, incohérente. ◇ Avoir des ratés (moteur).

BAFOUILLEUR, EUSE [bafujœʀ, øz]. *n. et adj.* (1891 ; de *bafouiller*). Personne qui bafouille.

BÂFRER [bɑfʀe]. *v.* (1507 ; du rad. onomat. *baf.* V. **Bafouer ; baffe**). ♦ 1º *Pop.* Manger gloutonnement et avec excès. V. **Bouffer.** « *Trois bougres bâfrent le bœuf bourguignon* » (DUHAM.). ♦ 2º V. *intr. On va bâfrer.*

BÂFREUR, EUSE [bafʀœʀ, øz]. *n.* (*Bauffreur*, 1580 ; de *bâfrer*). *Pop.* Personne qui bâfre (glouton).

BAGAGE [bagaʒ]. *n. m.* (1265 ; de l'a. fr. *bagues*, de l'angl. *bag* « paquet »). ♦ 1º *Vx.* Matériel d'une armée. — *Loc. mod.* (fig.) *Se rendre avec armes et bagages,* accepter une entière défaite. ♦ 2º (1765). Effets, objets que l'on emporte avec soi en déplacement, en voyage, en expédition. V. **Attirail, barda** (pop.), **équipement.** *Elle avait pour tout bagage un sac et un imperméable.* « *L'unique valise qui contenait tout un bagage* » (MAC ORLAN). *Le bagage du soldat.* V. **Paquetage.** *Plier bagage,* faire ses valises ; *par ext.* Partir. « *Toutes les ambassadrices pliaient bagage* » (LOTI). ◇ Au plur. *Les bagages.* V. **Ballot, caisse, coffre, malle, paquet, sac, valise.** *Bagages à main* (sac, serviette, appareils divers). *Mettre ses bagages sur un porte-bagages. Faire enregistrer ses bagages. Consigne des bagages.* « *Claire* [se mit] *à défaire ses bagages* » (DUHAM.). ♦ 3º *Fig.* Ensemble des connaissances acquises. *Son bagage scientifique est quasi nul.* ◇ HOM. *Baguage.*

BAGAGERIE [bagaʒʀi]. *n. f.* (1968 ; de *bagage*). Fabrication de bagages. Entreprise spécialisée dans la fabrication de bagages. *Être dans la bagagerie.*

BAGAGISTE [bagaʒist]. *n. m.* (1950 ; de *bagage*). Employé préposé à la manutention des bagages dans un hôtel, une gare ou un aéroport. *Donner un pourboire au bagagiste.*

BAGARRE [bagaʀ]. *n. f.* (1628 ; du basque, par le prov. *bagarro*). ♦ 1º Mêlée de gens qui se battent. V. **Échauffourée, mêlée, rixe.** *Je me suis trouvé pris dans la bagarre.* « *Des gens qui erraient dans la bagarre, éperdus* » (HUGO). ♦ 2º (1843). *Fam.* Échange de coups. V. **Bataille.** *Aimer, chercher la bagarre.* — *Par ext.* Toute lutte violente contre qqn. *Il va y avoir de la bagarre* (Cf. Ça va barder). V. **Dispute, querelle.**

BAGARRER [bagaʀe]. *v.* (1916 ; de *bagarre*). ♦ 1º V. *pron.* Lutter. SE BAGARRER, se battre ; *par ext.* Se quereller. *Ils se sont bagarrés.* ♦ 2º V. *intr. Pop.* Lutter (pour). *Il va falloir bagarrer pour l'obtenir.*

BAGARREUR, EUSE [bagaʀœʀ, øz]. *n. et adj.* (1927 ; de *bagarrer*). *Fam.* Qui aime la bagarre. V. **Batailleur.**

1. BAGASSE [bagas]. *n. f.* (1724 ; esp. *bagazo* « marc »). Tige de canne à sucre dont on a extrait le jus.

2. BAGASSE ! [bagas]. *interj.* (1581 ; prov. *bagassa* « prostituée »). *Vx* ou *dans le Midi,* employé comme juron.

BAGATELLE [bagatɛl]. *n. f.* (1547 ; it. *bagatella* « tour de bateleur » ; du lat. *baca* « baie »). ♦ 1º Concret *(Vieilli).* Objet de peu de valeur et de peu d'utilité. V. **Babiole, bricole, colifichet, frivolité.** « *De la croisée, deux étagères montrent leurs mille bagatelles précieuses* » (BALZ.). ◇ *Mod.* Somme d'argent peu importante. *Acheter qqch. pour une bagatelle.* — *Par antiphr.* Grosse somme. *Il a dépensé en une soirée la bagatelle de 1 000 francs.* ♦ 2º *Fig.* Chose frivole, futile, sans importance. *S'amuser à des bagatelles.* V. **Bêtise, fadaise, futilité, rien.** *Perdre son temps à des bagatelles. Ils se sont brouillés pour une bagatelle.* V. **Vétille.** — *Vx.* En exclamation exprimant le peu de cas que l'on fait de qqch. « *— Je vous dis que cela sera. — Bagatelles* » (MOL.). ♦ 3º *Spécialt.* et *plaisant* (1687). *La bagatelle,* l'amour physique. *Je ne suis pas porté sur la bagatelle.*

BAGNARD [baɲaʀ]. *n. m.* (1922 ; de *bagne*). Forçat interné dans un bagne. V. **Forçat.**

BAGNE [baɲ]. *n. m.* (1637 ; it. *bagno* « bain », par allus. à un bagne situé dans d'anciens bains). ♦ 1º Nom des établissements pénitentiaires où furent internés les forçats après la suppression des galères, d'abord en France, puis outre-mer. ♦ 2º *Par ext.* Lieu de transportation où se purge la peine des travaux forcés. V. **Pénitencier.** *Bagnes coloniaux.* ♦ 3º Séjour où l'on est astreint à un travail pénible. V. **Enfer.** *Quel bagne !*

BAGNOLE [baɲɔl]. *n. f.* (1840 ; de *banne* « tombereau », d'apr. *carriole*). ♦ 1º *Fam.* Mauvaise voiture, et (1907) vieille automobile. V. **Tacot.** ♦ 2º *Pop.* Automobile. *Une belle bagnole.* *Loc. pop. Ça, c'est de la bagnole !*

BAGOU ou **BAGOUT** [bagu]. *n. m.* (fin XVIIIᵉ ; *bagos,* XVIᵉ ; de *bagouler* « parler inconsidérément », 1447 ; de *goule*). *Fam.* Loquacité effrontée tendant parfois à faire illusion ou à duper. *Avoir du bagou.* « *Elle ne se cédait à aucune marchande du carreau pour le bagout* » (NERVAL).

BAGUAGE [bagaʒ]. *n. m.* (1842 ; de *baguer*). ♦ 1º *Arbor.* Incision annulaire pour arrêter la descente de la sève. ♦ 2º Action de baguer un oiseau. *Baguage des pigeons voyageurs.* ◇ HOM. *Bagage.*

BAGUE [bag]. *n. f.* (*Wage,* 1360 ; moy. néerl. *bagge* « anneau »). ♦ 1º Anneau que l'on met au doigt (V. **Anneau, alliance, jonc**), *spécialt.* lorsqu'il est orné (*arg.* Bagouse). *Porter une bague au doigt. Bague de fiançailles. Tête d'une bague.* V. **Chaton.** *Diamant en bague.* V. **Solitaire.** *Bague à large chaton* (V. **Chevalière**), *à chaton allongé* (V. **Marquise**). — *Loc.* « *Ne donne un baiser, m'amie, que la bague au doigt* » : qu'en étant assurée du mariage. ♦ 2º *Par ext.* Anneau que l'on fixe à la patte d'un oiseau pour l'identifier. ♦ 3º *Par ext.* Sorte d'objets de forme annulaire. ◇ Anneau de papier qui entoure un cigare et porte le nom de la marque. ◇ *Archit.* Moulure circulaire qui divise horizontalement une colonne. ◇ *Mar.* Anneau de métal, de bois ou de cordage. — *Techn.* Anneau, cercle métallique servant à accoupler, joindre, maintenir deux pièces, deux organes d'une machine. V. **Collier, manchon.** *Bague de poêle. Bague de serrage.* ◇ Anneau servant à contrôler le diamètre extérieur d'un cylindre.

BAGUENAUDE [bagnod]. *n. f.* (1389 ; langued. *baganaudo*). ♦ 1º Fruit du baguenaudier, petite gousse remplie d'air, qui éclate avec bruit lorsqu'on la presse. ♦ 2º *Vx.* Niaiserie à laquelle on perd son temps. ♦ 3º *Pop.* (1919 ; de *baguenauder*). Promenade où l'on flâne. *Être en baguenaude.*

BAGUENAUDER [bagnode]. *v. intr.* (XVᵉ ; de *baguenaude*). ♦ 1º *Vx.* S'amuser à des choses vaines et frivoles (comme les enfants qui font éclater des baguenaudes). V. **Muser.** ♦ 2º *Mod.* (XVIIIᵉ). BAGUENAUDER *(intrans.),* ou SE BAGUENAUDER *(pron.),* se promener en flânant. V. **Balader, promener, traîner** (se).

BAGUENAUDIER [bagnodje]. *n. m.* (1547 ; de *baguenaude*). Arbrisseau méditerranéen (*Papilionacées*) qui produit la *baguenaude.*

1. BAGUER [bage]. *v. tr.* (1900 ; « attacher », déb. XVIᵉ ; de *bague*). ♦ 1º Garnir d'une bague, de bagues. *Baguer un pigeon voyageur. Un cigare bagué d'or. Mains baguées.* ♦ 2º *Arbor.* Enlever un anneau d'écorce à un arbre. V. **Baguage, incision.**

2. BAGUER [bage]. *v. tr.* (XVᵉ ; de *bagues.* V. **Bagage**). *Cout.* Maintenir (deux épaisseurs de tissu) à grands points invisibles sur l'endroit.

BAGUETTE [bagɛt]. *n. f.* (1510 ; it. *bacchetta,* de *bacchio* « bâton » ; lat. *baculum*). ♦ 1º Petit bâton mince et flexible. V. **Badine, canne, houssine, jonc, stick, verge.** *Baguette d'officier* (autrefois). *Fig. Commander, mener les gens à la baguette,* avec autorité et rigueur. ◇ *Baguette magique,* baguette *de fée*, servant aux fées, enchanteurs et magiciens pour accomplir leurs prodiges. Fig. *D'un coup de baguette :* comme par enchantement. « *Les Capétiens n'allaient pas, d'un coup de baguette magique, guérir les effets de l'anarchie* » (BAIN-VILLE). — *Baguette des sourciers.* ◊ *Baguette de chef d'orchestre*, bâton mince avec lequel il dirige. ◊ BAGUETTES DE TAMBOUR, les deux petits bâtons avec lesquels on bat la caisse ; *fig.* Cheveux très raides. ♦ 2° *Archit.*, *Menuis.* Petite moulure arrondie ou plate. V. **Moulure.** *Baguettes décoratives, baguettes sculptées.* V. **Frette, listel, membron.** ♦ 3° Ornement linéaire vertical sur les côtés d'un bas, d'une chaussette. ♦ 4° Pain long et mince. V. **Flûte.**

BAGUIER [bagje]. *n. m.* (1690 ; de *bague*). Coffret où l'on renferme des bagues, des bijoux ; coupe où on les dépose. « *C'est un précieux baguier d'où le joyau a disparu* » (BARRÈS).

BAH ! [ba]. Interjection exprimant l'insouciance, l'indifférence. *Bah ! j'en ai vu bien d'autres.*

BAHUT. [bay]. *n. m.* (XIIᵉ ; o. i.). ♦ 1° Coffre souvent garni de cuir clouté, et dont le couvercle est bombé. ♦ 2° Buffet rustique large et bas. V. **Armoire, buffet.** *Bahut breton.* ♦ 3° *Archit.* Chaperon bombé d'un mur d'appui, d'un parapet. V. **Appui, assise.** ♦ 4° *Arg. des écoles* (1832). Lycée, collège. « *Pour me remettre du service militaire et des années de bahut qui ont précédé* » (ROMAINS). — Taxi, automobile.

BAI, BAIE [bɛ]. *adj.* (XIIᵉ ; lat. *badius* « brun »). D'un brun rouge, en parlant de la robe d'un cheval. *Une jument baie.* ◊ HOM. *Baie, bey.*

1. **BAIE** [bɛ]. *n. f.* (1364 ; esp. *bahia* ; bas lat. *baia*). ♦ 1° Échancrure d'une côte, dont l'entrée est resserrée. Petit golfe. *Une petite baie.* V. **Anse, calanque, crique.** *La baie de la Somme, de Saint-Brieuc.* ♦ 2° Nom de certains golfes. *La baie d'Hudson.*

2. **BAIE** [bɛ]. *n. f.* (*Baee*, du v. *baer*, 1119 ; V. **Bayer, béer).** ♦ 1° Ouverture pratiquée dans un mur ou dans un assemblage de charpente pour faire une porte, une fenêtre. *Baie de porte, de fenêtre. Une large baie. Baie à meneaux.* « *Bernard admira la grande baie sur le jardin fleuri* » (MAUROIS). ♦ 2° *Techn.* Châssis vertical ou armoire destiné à supporter des équipements électriques ou électroniques.

3. **BAIE** [bɛ]. *n. f.* (XIIᵉ ; lat. *baca.* V. **Baccifère).** *Bot.* Fruit indéhiscent dont le péricarpe entièrement charnu renferme des graines ou pépins. *Baies du raisin, de la groseille.* V. **Grain.** Cour. « *Ces baies d'églantiers qui brillent au milieu des neiges* » (CHATEAUB.). ◊ HOM. *Baie, bey.*

BAIGNADE [bɛɲad]. *n. f.* (1796 ; de *baigner*). ♦ 1° Action de se baigner. V. **Bain.** *À l'heure de la baignade.* ♦ 2° Par *ext.* Endroit d'un cours d'eau, d'un lac où l'on peut se baigner.

BAIGNER [beɲe]. *v.* (XIIᵉ ; bas lat. *balneare*).
I. *V. tr.* ♦ 1° Mettre et maintenir (un corps, un objet) dans l'eau ou un autre liquide pour laver, nettoyer, rafraîchir, imbiber. V. **Immerger, plonger, tremper** (et **Faire tremper**). *Baigner ses pieds dans l'eau. Baigner un membre malade.* ◊ *Spécialt.* Faire prendre un bain (à qqn) pour le laver. *Baigner un enfant.* ♦ 2° Entourer, toucher (en parlant de la mer). V. **Arroser.** *La mer qui baigne cette côte.* — Fig. Littér. Envelopper complètement. V. **Inonder.** « *Une lumière baignait à plein la chair du visage et incendiait la chevelure* » (MART. du G.). ♦ 3° Par *ext.* Mouiller. V. **Arroser, inonder.** « *Des somnolences épuisantes qui baignaient de sueur* » (LOTI). *Visage baigné de pleurs.*
II. *V. intr.* Être plongé entièrement dans un liquide. *Des cornichons baignant dans du vinaigre.* V. **Tremper.** — Par exagér. *Baigner dans son sang :* perdre beaucoup de sang, en être couvert. ◊ *Fig.* Être imprégné de ; être plongé dans. « *Cette atmosphère apaisée où baignait maintenant son chagrin* » (MART. du G.).
III. SE BAIGNER. *v. pron.* Se plonger entièrement dans un liquide. ♦ 1° *Spécialt.* Prendre un bain dans une baignoire. V. **Laver** (se). ♦ 2° Prendre un bain pour le plaisir, pour nager. *Se baigner dans la mer, en rivière, dans une piscine.*

BAIGNEUR, EUSE [bɛɲœʀ, øz]. *n.* (1310 ; lat. *balneator*). ♦ 1° Vx. Personne qui fait le service dans un établissement de bains. — Celui qui surveille les gens qui se baignent (III, 2°). V. **Nageur** (maître-nageur). ♦ 2° Personne qui se baigne (III, 2°). « *Les baigneuses en maillot* » (MAUROIS). — Peint. Tableau représentant des baigneurs. *Les Baigneurs de Cézanne.* ♦ 3° Petite poupée de porcelaine qui remplace parfois la fève du gâteau des Rois. — Poupée de celluloïd, figurant un bébé.

BAIGNOIRE [bɛɲwaʀ]. *n. f.* (XVIIIᵉ ; « tout bassin où l'on se baigne », 1336 ; de *baigner*). ♦ 1° Cuve plus ou moins allongée où une personne peut se baigner (III, 1°). V. **Salle** (de bains). *Une baignoire en marbre, en céramique. Baignoire sabot. Baignoire encastrée*. Courbe en plastique. ♦ 2° (1835). Par *anal.* de forme. Loge de rez-de-chaussée, dans une salle de spectacle. « *Elle avait loué les premières une grande baignoire* » (PROUST). ♦ 3° Mar. *Baignoire d'un yacht.* V. **Cockpit.** ◊ (1940) *Baignoire d'un sous-marin :* la

partie supérieure du kiosque qui sert de passerelle. ♦ 4° (1946). *Alpin.*, *ski.* Marche taillée dans la glace ; trou creusé par une chute.

BAIL, BAUX [baj, bo]. *n. m.* (XVIᵉ ; « tutelle », 1250 ; de *bailler*). DR. Variété de louage de choses ; contrat par lequel l'une des parties (V. **Bailleur**) s'oblige à faire jouir l'autre (V. **Preneur ; locataire ; fermier**) d'une chose pendant un certain temps moyennant un certain prix (V. **Loyer ; fermage**) que celle-ci s'oblige à lui payer. *Bail à ferme.* V. **Ferme.** *Baux à loyer. Bail d'une maison, d'un fonds de commerce. Bail commercial. Bail à construction. Baux ruraux. Terme, expiration d'un bail. Bail à long terme. Bail emphytéotique :* de 18 à 99 ans. *Donner ou Prendre à bail.* V. **Affermer, louer.** *Bail verbal, écrit.* ◊ Fig. et fam. *C'est un bail !* c'est bien long ! *Il y a, cela fait un bail,* voilà bien longtemps.

BAILLE [baj]. *n. f.* (1325 ; it. *baglia*, lat. °*bajula* « porteur d'eau »). ♦ 1° *Mar.* Baquet. — Bateau mauvais marcheur. ♦ 2° *Arg. marit.* (1767). Eau. — (v. 1865 « navire-école »). Surnom de l'École navale.

BÂILLEMENT [bajmɑ̃]. *n. m.* (1440 ; de *bâiller*). ♦ 1° Action de bâiller (1°). *Étouffer un bâillement d'ennui.* ♦ 2° Action de bâiller (2°), état de ce qui bâille. « *Par le bâillement postérieur du faux-col, on distingue sa nuque* » (COURTELINE). ◊ ANT. Fermeture, jointure.

BÂILLER [baje]. *v. intr.* (fin XIIᵉ ; bas lat. *bataculare*, de *batare* « tenir la bouche ouverte »). V. **Bayer).** ♦ 1° Ouvrir involontairement la bouche par un mouvement de large inspiration, accompagné d'une contraction spasmodique des muscles du gosier. *Bâiller de sommeil, de fatigue, de faim, d'ennui. Bâiller à se décrocher la mâchoire. Lecture, spectacle qui fait bâiller, qui ennuie, endort.* ♦ 2° *Par anal.* Être entrouvert, mal fermé ou ajusté. *Une porte qui bâille. Bâiller comme une huître. Col qui bâille.* ♦ 3° *Par confus.* pour bayer. V. **Bayer.** « *Pauvre petite femme ! ça bâille après l'amour, comme une carpe après l'eau sur une table de cuisine* » (FLAUB.).

BAILLER [baje]. *v. tr.* (fin XIᵉ ; lat. *bajulare* « porter »). Vx. Donner. ◊ Loc. Mod. *Vous me la baillez belle, vous me la baillez bonne,* vous cherchez à m'en faire accroire (expression du jeu de paume). ◊ HOM. *Bayer.*

BAILLEUR, BAILLERESSE [bajœʀ, bajʀɛs]. *n.* (1270 ; de *bailler*). ♦ 1° *Dr.* Personne qui donne une chose à bail. V. **Bail.** *Le bailleur et le preneur.* ♦ 2° *Bailleur de fonds :* celui qui fournit des fonds pour une entreprise déterminée. V. **Commanditaire, commandite.**

BAILLI [baji]. *n. m.* (*Baillif*, XIIᵉ ; a. fr. *bail* « gouverneur », lat. *bajulus* « porteur »). Officier d'épée ou de robe qui rendait la justice au nom du roi ou d'un seigneur.

BAILLIAGE [bajaʒ]. *n. m.* (1312 ; de *bailli*). Hist. Circonscription, juridiction, tribunal du bailli.

BÂILLON [bajɔ̃]. *n. m.* (1462 ; de *bâiller*). ♦ 1° Morceau d'étoffe, qu'on met entre les mâchoires ou contre la bouche de qqn pour l'empêcher de parler, de crier. *Mettre un bâillon à qqn.* ♦ 2° *Fig.* Empêchement à la liberté d'expression. « *L'art n'a que faire des lisières, des menottes, des bâillons* » (HUGO).

BÂILLONNEMENT [bajɔnmɑ̃]. *n. m.* (1842, de *bâillonner*). Action de bâillonner, de mettre un bâillon*. — Fig. Suppression de la liberté d'expression. *Le bâillonnement de la presse, de l'opposition, par les pouvoirs publics.*

BÂILLONNER [bajɔne]. *v. tr.* (1530 ; de *bâillon*). ♦ 1° Mettre un bâillon à (une personne). *Voleurs qui bâillonnent leur victime.* ♦ 2° (1796). Fig. Empêcher la liberté d'expression, réduire au silence. *Bâillonner l'opposition ; la presse.* V. **Museler.**

BAIN [bɛ̃]. *n. m.* (1080 ; lat. *balneum*. V. **Balné(o)-).** ♦ 1° Action de plonger le corps ou une partie du corps dans l'eau ou quelque autre liquide (pour se laver, se soigner). *Bain de propreté.* V. **Ablution, toilette.** *Préférer le bain à la douche. Prendre un bain chaud.* V. **Baigner.** *Salle de bains.* V. **Salle.** *Bain de siège*, où seul le milieu du corps est immergé. *Bain de pieds. Bain de bouche. Bain de vapeur, bain turc).* **Étuve.** *Bain de mousse. Bains médicaux. Bains de boue.* V. **Balnéation.** *Peignoir, serviette de bain.* — Par *ext.* L'eau, le liquide dans lequel on se baigne. *Préparer un bain. Faire chauffer le bain.* V. **Chauffe-bain.** *Sortir du bain.* V. **Eau.** — Loc. fam. *Envoyer qqn au bain :* le renvoyer comme on fait d'un importun. V. **Envoyer** (promener, etc.) ; **éconduire.** — *Être dans le bain*, participer à une affaire (V. **Coup**), être compromis. *Être dans le bain*, être pleinement engagé dans quelque entreprise et bien au courant. *Être dans le même bain*, dans la même situation. *Mettre dans le même bain*, juger de la même manière. *Vous deux, je vous mets dans le même bain.* ◊ Action d'entrer dans l'eau pour le plaisir, pour nager. *Bain de mer, de rivière.* V. **Baignade.** *Bain en piscine. Petit bain.* V. **Trempette.** *Costume, maillot*, caleçon, culotte, slip de bain. Bonnet de bain. Sortie de bain.* V. **Sortie** (III). *Cabine de bain.* ♦ 2° Par *anal.* BAIN DE SOLEIL, exposition volontaire au soleil, pour bronzer*, pour se soigner

(V. **Héliothérapie**). Par *appos. Robe bain de soleil*, sans manches avec le dos nu. *Bain de soleil*, n. m., corsage à dos nu. ♦ 3° *Fig.* Action de se plonger dans, de s'imprégner de. *Un bain de Jouvence, de pureté* (1960) *Bain de foule*, le fait de se mêler à la foule (spécialt., d'un personnage éminent). ♦ 4° Récipient où l'on se baigne. V. **Baignoire, tub.** *Remplir, vider le bain.* — *Par ext.* Cuve servant à la teinture des étoffes. ♦ 5° BAINS. *n. m. pl.* ◇ *Vx.* Appartement réservé aux bains — *Ellipt.* Salle de bains. ◇ Établissement public où l'on prend des bains (1). *Bains publics.* V. **Hammam, thermes.** ◇ Lieu où l'on va prendre des bains de mer ou des eaux thermales. V. **Balnéaire, thermal** (station thermale). *Aller aux bains de mer* (vx). V. **Plage.** *Les bains d'Aix* (Aix-les-Bains). ♦ 6° Substance par l'intermédiaire de laquelle on chauffe un vase (V. **Bain-marie**) pour distiller ce qu'il contient. *Une éprouvette mise au bain de vapeur, au bain de sable.* — Préparation liquide dans laquelle on plonge un corps. *Un bain de mercure. Un bain de bouse* (Bousage). — *Phot.* Dissolution dans laquelle on plonge les préparations sensibles.

BAIN-MARIE [bɛmaʀi]. *n. m.* (XIVe ; de *Marie*, sœur de Moïse, connue comme alchimiste). Liquide chaud dans lequel on met un récipient contenant ce qu'on veut faire chauffer. *Faire prendre une crème au bain-marie.* — *Par ext.* L'appareil, le vase qui contient ce liquide chaud. « *Le bruit de l'eau qui tombe du bain-marie* » (MONTHERLANT).

BAÏONNETTE [bajɔnɛt]. *n. f.* (1575 ; de *Bayonne*, où cette arme fut d'abord fabriquée). ♦ 1° Arme pointue qui s'ajuste au canon du fusil et que l'on peut retirer à volonté. « *L'étroite entrée était gardée par une section de fantassins, baïonnette au canon* » (MART. du G.). *Charge à la baïonnette.* ♦ 2° Par anal. *Douille à baïonnette*, dont le mode de fixation rappelle celui de la baïonnette. *Objectif à fixation baïonnette.*

BAÏRAM ou **BEÏRAM** [bairam ; beiram]. *n. m.* (1533 ; mot turc). Nom des deux grandes fêtes musulmanes qui se célèbrent après le Ramadan.

BAISE [bɛz]. *n. f.* (1973 ; de *baiser*). *Vulg.* Action de baiser. « *La ' bouffe ' et ' la baise ' : les deux mamelles du bonheur selon la sainte Consommation* » (*Nouv. Obs.*, 4-6-1973).

BAISEMAIN [bɛzmɛ̃]. *n. m.* (fin XIIIe ; de *baiser*, et *main*). ♦ 1° Hommage que le vassal rendait au seigneur en lui baisant la main. ♦ 2° Geste de politesse qui consiste pour un homme à baiser la main d'une dame. *Faire le baisemain.*

BAISEMENT [bɛzmɑ̃]. *n. m.* (fin XIIe ; de *baiser*). *Vx* ou *Relig.* Action de baiser ce qui est sacré. *Le baisement des pieds, de la mule du Pape. Le baisement de la croix.*

1. BAISER [bɛze]. *v. tr.* (*Baisier*, XIIe ; lat. *basiare*). ♦ 1° Appliquer, poser sa bouche sur (une personne, une chose) par affection, amour, respect. V. **Embrasser, biser.** *Baiser qqn au front. Baiser la main d'une dame. Baiser un crucifix.* ♦ 2° (XVIe). *Vulg.* Posséder (sexuellement). — *Absolt.* *Faire l'amour.* ◇ *Fig.* et *pop.* Posséder, avoir. *Dans cette affaire, il est baisé.* ◇ Comprendre (arg. écoles) *On n'y pige rien.*

2. BAISER [bɛze]. *n. m.* (XIIe ; du v. *baiser*). Action de baiser (1, 1°). *Un baiser sur la joue.* V. **Bécot, bise.** *Petit, gros baiser ; chaste baiser. Baiser d'oiseau*, très léger. *Baiser d'adieu. Donner, appliquer, déposer, poser, planter un baiser. Prendre, cueillir, dérober, ravir, voler un baiser. Recevoir, rendre un baiser. Couvrir, manger, dévorer de baisers.* « *Ah! dans ces premiers temps où l'on aime, les baisers naissent si naturellement!* » (PROUST). — *Baiser de paix*, de réconciliation. Cérémonie qui a lieu pendant la grand-messe. — *Baiser de Judas*, perfide.

BAISEUR, EUSE [bɛzœʀ, øz]. *n.* (XVIIIe s. ; de *baiser*, 2°). *Vulg.* Personne qui recherche les rapports sexuels.

BAISOTER [bɛzɔte]. *v. tr.* (1556 ; de *baiser*). *Fam.* et *vieilli.* Donner de petits baisers répétés. V. **Bécoter.**

BAISSE [bɛs]. *n. f.* (1577 ; de *baiser*). ♦ 1° Le fait de baisser de niveau, de descendre à un niveau plus bas. V. **Diminution ; abaissement, affaissement, descente.** *Baisse de niveau. La baisse des eaux, de la marée.* V. **Décrue, reflux.** *Baisse de température. Baisse de pression.* V. **Chute.** — Fig. *Baisse d'autorité, d'influence.* V. **Affaiblissement, perte.** ♦ 2° (1740). Diminution de prix, de valeur. *La baisse du blé, des actions.* V. **Affaissement, chute, effondrement.** « *Ses hausses* (de la laine) *et ses baisses imprévisibles* » (MAUROIS). — (Bourse) *Jouer à la baisse*, spéculer sur la baisse des marchandises ou des valeurs. V. **Baissier.** — EN BAISSE, en train de baisser. *Les cours sont en baisse.* Fig. et fam. *Ses actions sont en baisse.* ◇ ANT. **Hausse, montée ; augmentation.**

BAISSER [bɛse]. *v.* (*Baissier*, 1080 ; lat. pop. °*bassiare*, de *bassus*, bas).

I. *V. tr.* ♦ 1° Mettre plus bas. V. **Abaisser, descendre.** *Baisser un store. Baisser le col de sa chemise.* V. **Vx.** (Mar.). *Baisser pavillon* (d'un navire), pour montrer que l'on se rend à l'ennemi. V. **Amener** (le pavillon, les couleurs). Fig. *Baisser pavillon devant qqn*, s'avouer battu. ♦ 2° Incliner vers la terre (une partie du corps). *Baisser la tête, le front.*

V. **Courber, incliner, pencher.** *Se jeter tête baissée* (dans qqch.). — *Baisser le nez* : être confus, honteux. — *Baisser les yeux*, les diriger vers la terre. *Baisser les yeux par timidité, pudeur, humilité, confusion, honte. Faire baisser les yeux à qqn.* — (Sports) *Baisser les bras* : s'avouer battu. ♦ 3° Diminuer la hauteur de. *Baisser un mur.* ♦ 4° Diminuer la force, l'intensité de (son). *Baisser la voix, le ton.* Ellipt. et fam. *Baisser la radio*, diminuer l'intensité de ses sons. — Fig. *Baisser le ton*, être moins arrogant. ♦ 5° Diminuer (un prix). *Baisser le prix d'un produit*, le vendre moins cher.

II. *V. intr.* ♦ 1° Diminuer de hauteur. V. **Diminuer, décroître ; décliner, descendre.** *Le niveau de l'eau a baissé. La rivière a baissé d'un mètre. La mer baisse.* V. **Refluer.** Par ext. *Le thermomètre a baissé.* Fig. *Il a baissé dans mon estime, je le juge moins bien.* ♦ 2° Diminuer d'intensité. — (Lumière) *Le jour baisse*, sa clarté diminue. — (Son) *Le ton de la conversation baisse.* — (Forces physiques, acuité des sens). V. **Affaiblir** (s'), **décliner, décroître, diminuer, faiblir.** *Ses forces baissent. Sa vue baisse.* ♦ 3° *Par ext.* Se dit d'une personne qui, par l'effet de l'âge, perd sa vigueur et ses moyens intellectuels. *Il a beaucoup baissé depuis cinq ans.* ♦ 4° Diminuer de valeur, de prix. *Le vin a baissé. Les cours, les prix ont considérablement baissé.* V. **Effondrer** (s'). « *Les imbéciles vendent quand tout baisse* » (MAUROIS). — Fig. *Ses actions baissent* : son crédit diminue. ♦ 5° *Mus.* Ne pas tenir la tonalité initiale, descendre dans l'échelle des sons. V. **Détonner.** *Le piano a baissé.*

III. SE BAISSER. *v. pron.* V. **Abaisser** (s'), **courber** (se), **incliner** (s'), **pencher** (se). *Il faut se baisser pour passer sous cette voûte. Se baisser pour s'asseoir, pour s'accroupir.* « *L'un se baissait déjà pour ramasser la proie* » (LA FONT.). — *Loc. Il n'y a qu'à se baisser pour les ramasser*, il y en a en grande quantité.

◇ ANT. **Élever, hausser, lever, monter. Augmenter.**

BAISSIER [besje]. *n. m.* (1823 ; de *baisser*). *Bourse.* Spéculateur qui joue à la baisse sur les valeurs mobilières, les marchandises. ◇ ANT. **Haussier.**

BAISSIÈRE [besjɛʀ]. *n. f.* (1493 ; de *baisser*). Enfoncement d'une terre labourée, d'un champ, retenant l'eau de pluie.

BAJOUE [baʒu]. *n. f.* (1390 ; de *bas*, et *joue*). ♦ Partie latérale inférieure de la tête de certains animaux, de l'œil à la mâchoire. *Bajoues de porc, de veau.* ♦ 2° *Par ext.* Joue pendante. V. **Abajoue.**

BAJOYER [baʒwaje]. *n. m.* (1751 ; de *bajoue*). Paroi latérale d'une chambre d'écluse. Mur qui consolide les berges d'une rivière.

BAKCHICH [bakʃiʃ]. *n. m.* (1850 ; mot persan). Pourboire, pot-de-vin dans les pays d'Orient, chez les Arabes.

BAKÉLITE [bakelit]. *n. f.* (1907, marque déposée ; de *Baekeland*, nom de l'inventeur). Résine synthétique, matière plastique obtenue en traitant le formol par le phénol (nom déposé).

BAL [bal]. *n. m.* (fin XIIe ; a. fr. *baller* « danser »). ♦ 1° Réunion où l'on danse (de nos jours soit de grand apparat, soit populaire). V. **Danser.** *Aller au bal. Donner un grand bal. Ouvrir le bal*, y danser le premier. *Bal public. Le bal des petits lits blancs. Les bals du 14-Juillet. Bal champêtre. Bal populaire, bal musette. Bal costumé, masqué, travesti. Robe de bal. Bal de têtes*, où seules les têtes sont travesties. ♦ 2° Lieu où se donnent les bals. *Le bal Bullier eut son temps de célébrité. Un petit bal musette de Montmartre.* V. **Bastringue, dancing, guinguette.** ◇ HOM. **Balle.**

BALADE [balad]. *n. f.* (*Ballade*, 1856 ; de *balader*). *Fam.* Action de se balader. *Faire une balade. Être en balade.* V. **Promenade.** Par ext. *Une belle balade.* V. **Excursion, sortie, voyage.** ◇ HOM. **Ballade.**

BALADER [balade]. *v. tr.* (1837 ; arg. « flâner » ; de *ballade*). ♦ 1° *Fam.* Promener sans but précis. *Balader ses enfants dans les rues.* — *Par ext.* Promener, traîner avec soi. « *Pauvre petit Bonty qui balade partout sa bouteille de lait cacheté!* » (COLETTE). ♦ 2° SE BALADER. *v. pron. Fam.* Se promener sans but. V. **Baguenauder, errer, flâner, promener** (se). — Excursionner, voir du pays. « *On a tout juste quinze jours pour se balader* » (BEAUVOIR).

BALADEUR, EUSE [baladœʀ, øz]. *adj.* et *n. f.* (XIXe ; « escroc », 1455 ; de *balader*). ♦ 1° Adj. *Avoir l'humeur baladeuse*, aimer se promener, se déplacer. — *Auto. Train baladeur*, train d'engrenages qui change de vitesse par changement de position. ♦ 2° N. f. (1872). BALADEUSE : petite voiture de marchand ambulant. ◇ Voiture accrochée à la motrice d'un tramway. V. **Jardinière, remorque.** ◇ Lampe électrique entourée d'un grillage et munie d'un long fil qui permet de la déplacer. « *À la lueur de la baladeuse... au fond d'un tunnel* » (MALLET-JORIS).

BALADIN, INE [baladɛ̃, in]. *n.* (1545 ; de *balar* « danser ». V. **Baller**). ♦ 1° *Vx.* Danseur de ballets, ballerine. ♦ 2° *Vx.* Bouffon de comédie, comédien ambulant. V. **Histrion, paillasse, saltimbanque.**

BALAFON [balafɔ̃]. *n. m.* (1698 ; guinéen *balafo* « jouer du *bala* », nom de cet instrument). Instrument à percussion de l'Afrique noire.

BALAFRE [bala(ɑ)fʀ(ə)]. *n. f.* (xvıᵉ; « bouton aux lèvres », 1505; a. fr. *leffre* « grosse lèvre », et préf. *bes* « bis »). Longue entaille faite par une arme tranchante, particulièrement au visage. V. **Blessure, coupure, estafilade, taillade.** — *Par ext.* Cicatrice de cette blessure. « *Il avait le front court et traversé d'une profonde balafre* » (Mart. du G.).

BALAFRER [bala(ɑ)fʀe]. *v. tr.* (1480; de *balafre*). Blesser par une balafre. V. **Couper, taillader.** « *Le prince lui balafra le visage* » (St-Sim.). *Un visage balafré.* — *Subst. Henri de Guise, le Balafré.*

BALAI [balɛ]. *n. m.* (*Balain*, fin xııᵉ; mot breton « genêt »). ♦ 1º Ustensile composé d'un long manche auquel est fixé un faisceau de brindilles, de crins ou une brosse à longs poils (V. **Balai-brosse**) et qui sert à enlever la poussière, à pousser des détritus, des ordures. *Petit balai.* V. **Balayette.** *Balai de bruyère, de crin, de soies, de nylon. Balai de plafond.* V. **Tête-de-loup.** *Balai de marine.* V. **Écouvillon, faubert, goret, vadrouille.** *Passer le balai* (V. **Balayer**). *Donner un coup de balai à une pièce.* Fig. *Coup de balai* : licenciement du personnel d'une maison, d'une administration. V. **Nettoyage.** « *Dans la crainte des coups de balais, ils étaient toujours du côté du manche* » (Zola). ◇ **Manche à balai** : le bâton par lequel on tient le balai; *fig.* Personne maigre. *C'est un vrai manche à balai.* — *Par anal.* de forme. *Aviat.* Commande du gouvernail de profondeur et de direction. — *Le manche à balai des sorcières,* qui leur servait de monture pour se rendre au sabbat. ♦ 2º *Balai mécanique,* appareil pour balayer, à brosses roulantes, monté sur un petit chariot. ♦ 3º *Par anal.* Fauconn. Queue des oiseaux. — (*Chasse*) Extrémité de la queue des chiens. ♦ 4º *Électr.* Frottoir en charbon établissant le contact dans une dynamo. *Balais de dynamo.* 5º *Fam.* Dernier métro ou autobus de la journée. ◈ HOM. *Balais, ballet.*

BALAI-BROSSE [balɛbʀɔs]. *n. m.* (mil. xxᵉ; de *balai,* et *brosse*). Brosse de chiendent montée sur un manche à balai, pour frotter le sol.

BALAIS [balɛ]. *adj. m.* (xıııᵉ; lat. médiév. *balascius,* de l'arabe *balakhtch,* de la région de *Balakhchân*). *Rubis balais,* rubis de couleur rouge violacé ou rose. ◈ HOM. *Balai, ballet.*

BALALAÏKA [balalaika]. *n. f.* (1768; mot russe). Instrument de musique russe à cordes pincées, comprenant un manche et une caisse triangulaire.

BALANCE [balɑ̃s]. *n. f.* (xııᵉ; lat. pop. °*bilancia,* de *bis* « deux fois », et *lanx* « plateau »).

I. ♦ 1º Instrument qui sert à peser, formé d'un fléau mobile et de plateaux dont l'un porte la chose à peser, l'autre les poids marqués. *Parties d'une balance.* V. **Aiguille, couteau, fléau, joug, languette, plateau.** *Une balance juste, sensible. Le contrôle, le poinçonnage des balances. Faire pencher la balance. Balance rudimentaire.* V. **Peson.** *Balance de précision, d'essai.* V. **Microbalance, pesette, trébuchet.** *Balance automatique à un plateau,* dont l'aiguille indique le poids et le prix sur un cadran. *Balance à bascule,* à bras inégaux pour le pesage des lourdes charges. V. **Bascule.** *Balance romaine,* à poids constant et mobile par rapport au point de suspension (V. aussi *comp.* en *Pèse-*). *La balance, symbole de la justice.* ◇ Techn. Potentiomètre permettant d'équilibrer le niveau de sortie des deux canaux dans un amplificateur. ♦ 2º Petit filet en forme de poche pour la pêche aux écrevisses. V. **Caudrette, pêchette, truble.** ♦ 3º Constellation de l'hémisphère austral, septième signe du zodiaque.

II. ♦ 1º *Par métaph. La balance de la raison, du jugement,* qui pèse, juge toute chose. — *Mettre dans la balance :* mettre en parallèle, examiner en comparant. V. **Comparer.** *Mettre en balance* (deux choses) : opposer le pour et le contre. V. **Opposer, peser.** — *Mettre, jeter un poids dans la balance :* un argument décisif pour l'emporter. — *Jeter dans la balance* se dit également d'une personne ou d'une force dont le poids entre en jeu. — *Tenir la balance égale entre deux personnes, deux opinions* : ne point favoriser l'une aux dépens de l'autre. « *Bonaparte continuait à vouloir simplement tenir, entre les anciens partis, la balance égale* » (Madelin). — *Faire pencher la balance* : favoriser qqn, un parti. « *Mais il n'était pas possible d'être si impartial que la balance ne penchât de quelque côté* » (Bainville). ♦ 2º *Fig.* État d'équilibre. — Polit. *La balance des pouvoirs. La balance des forces.* V. **Équilibre.** « *La Grèce se maintenait dans une espèce de balance* » (Montesq.). — Comm. *La balance de l'actif et du passif d'un compte.* V. **Bilan.** — Écon. *Balance du commerce* : comparaison entre les importations et les exportations d'un pays donné. *La balance est favorable, en excédent* : les exportations l'emportent. *Balance des comptes* : l'ensemble des créances et des dettes d'un pays à l'égard des autres pays.

BALANCÉ, ÉE [balɑ̃se]. *adj.* (xxᵉ; de *balancer*). *Fam.* (*Personnes*). Bâti. *Une femme bien balancée.*

BALANCELLE [balɑ̃sɛl]. *n. f.* (1829; génois *balanzella,* napolitain *paranzella*). Embarcation à avant pointu et relevé.

BALANCEMENT [balɑ̃smɑ̃]. *n. m.* (1487; de *balancer*). ♦ 1º Mouvement alternatif et lent d'un corps, de part et d'autre de son centre d'équilibre. V. **Bercement, oscillation, vacillation, va-et-vient.** *Le balancement du corps dans la marche. Un balancement continuel de la tête.* V. **Dodelinement, nutation.** *Balancement d'un navire.* V. **Roulis, tangage.** ♦ 2º *Fig.* État d'équilibre. V. **Balance, équilibre, pondération.** — Bx-arts. Disposition symétrique. V. **Symétrie.** — Styl. *Le balancement d'une période* : l'équilibre de ses parties.

BALANCER [balɑ̃se]. *v.* (xııᵉ; de *balance*).

I. *V. tr.* ♦ 1º Mouvoir lentement un corps tantôt d'un côté, tantôt d'un autre. *Balancer les bras, les hanches* (V. **Onduler**) *en marchant. Balancer pour endormir.* V. **Bercer.** *Les vagues balancent les navires à l'ancre.* V. **Ballotter.** *Balancer l'encensoir.* « *Les hélices des ventilateurs bourdonnaient sans répit, balançant les pendeloques des lustres, les palmes des plantes vertes* » (Mart. du G.). ♦ 2º (xııᵉ, repr. xıxᵉ, *pop.*) *Par ext. Fam.* Jeter (avec un mouvement de balancement, de bascule). V. **Jeter.** *Balancer un objet par la fenêtre.* V. **Envoyer.** — *Par ext.* Se débarrasser de qqch. ou de qqn. V. **Jeter, rejeter.** *Il a balancé toutes ses vieilleries. Balancer un employé.* V. **Renvoyer.** ♦ 3º Mettre en équilibre. V. **Équilibrer.** — Mar. *Balancer une cargaison.* — Peint. *Balancer une composition.* — Style. *Balancer ses phrases.* — Compt. *Balancer un compte* : rendre égales les sommes du crédit et du débit en ajoutant un solde à la moins élevée. ♦ 4º *Fig.* et vieilli. Mettre en balance. V. **Comparer, examiner, opposer, peser.** *Balancer le pour et le contre.* « *Tout bien balancé* » (Boil.). ♦ 5º *Fig.* et vx. Faire équilibre à. V. **Équilibrer; compenser, contrebalancer.** « *Il n'existe pas dans la création une loi qui ne soit balancée par une loi contraire* » (Balz.).

II. *V. intr. Fig.* et *littér.* Être incertain, pencher d'un côté puis de l'autre. V. **Hésiter.** « *J'aurais fait sans balancer le sacrifice de mes jours à ces nobles sentiments* » (Chateaub.). — Vx (*Choses*) Demeurer en suspens. « *Accoutumé à une victoire prompte, étonné de la voir balancer si longtemps* » (Mass.). ♦ (Ant. **Décider**).

III. Se balancer. *v. pron.* ♦ 1º Se mouvoir alternativement d'un côté et de l'autre. V. **Osciller.** *Se balancer sur ses jambes, sur sa chaise.* « *Les palmiers se balancent* » (Fromentin). *Un navire qui se balance sur ses ancres.* V. **Flotter.** — Être sur une balançoire en marche. *Pousser un enfant qui se balance.* ♦ 2º *Pop.* (1914). *S'en balancer,* s'en moquer. V. **Moquer** (se).

BALANCIER [balɑ̃sje]. *n. m.* (1590; « fabricant de balances », xıııᵉ; de *balancer*). ♦ 1º Pièce dont les oscillations régularisent le mouvement d'une machine. *Le balancier d'une horloge. Une montre à balancier compensateur.* V. **Chronomètre.** ♦ 2º *Par anal.* Long bâton dont se servent les danseurs de corde pour maintenir leur équilibre. V. **Contrepoids.** ♦ 3º *Zool.* Organe stabilisateur des diptères.

BALANCINE [balɑ̃sin]. *n. f.* (1621; de *balancer*). *Mar.* Cordage servant à soulager un espar (vergue, bôme) ou à régler son apiquage (tangon). ◇ *Aviat.* Chacune des roulettes au bout des ailes, servant de stabilisateur au sol.

BALANÇOIRE [balɑ̃swaʀ]. *n. f.* (1530; de *balancer*). ♦ 1º Pièce de bois mise en équilibre sur un point d'appui et sur laquelle se balancent deux personnes placées chacune à un bout. V. **Bascule.** ♦ 2º Planchette suspendue entre deux cordes et sur laquelle on se balance. V. **Escarpolette.** ♦ 3º *Fig.* et vx. Propos en l'air.

BALANE [balan]. *n. f.* (1551; lat. *balanus,* gr. *balanos* « gland »). Animal crustacé (*Cirripèdes*), qui vit enfermé dans une loge cylindrique calcaire et accroché aux rochers.

BALANITE [balanit]. *n. f.* (1843; gr. *balanos* « gland »). *Méd.* Inflammation de la muqueuse du gland.

BALATA [balata]. *n. m.* (1775; o.i.). Gomme d'un arbre tropical utilisée dans l'industrie.

BALAYAGE [balɛjaʒ]. *n. m.* (1783; de *balayer*). 1º Action de balayer. V. **Nettoyage.** *Le balayage d'une chambre. Le balayage des chaussées, des voies publiques.* V. **Balayeuse.** ♦ 2º *Fig. Sc.* Action de parcourir une étendue donnée avec un faisceau lumineux. — ◇ Déplacement commandé d'un spot sur l'écran d'un tube cathodique ◇ Exploration systématique d'un support d'informations.

BALAYER [balɛje]. *v. tr.* ; conjug. *payer* (*Baloier,* 1280; de *balai*).

I. (Ôter). ♦ 1º Pousser, enlever avec un balai. *Balayer des ordures, la poussière, la neige.* V. **Enlever.** ♦ 2º *Par anal.* Entraîner avec soi (comme le fait un balai). *Le vent balaye les nuages.* V. **Chasser.** *Une masse d'eau s'abattit sur le pont, balayant tout sur son passage.* V. **Emporter.** ♦ 3º *Fig.* Pousser dehors, faire disparaître. V. **Chasser, débarrasser** (se), **rejeter, repousser, supprimer.** *Balayer les ennemis. Balayer les résistances, les obstacles. Balayer les préjugés, les soucis.* « *L'énorme mouvement social qui finira par les balayer* » (Duham.).

II. (Nettoyer). ♦ 1º Nettoyer avec un balai. *Balayer sa chambre.* « *Les matrones balayaient le pavé* » (Sand). ♦ 2º *Par anal.* Passer sur (comme le fait un balai). *Son manteau balaie le sol.* V. **Traîner**. « *Les grands vents balayent la Lorraine* » (BARRÈS). « *Des faisceaux lumineux balayaient la voûte nocturne* » (MART. du G.). *Tir d'artillerie qui balaie la plaine. Faisceau électronique qui balaie l'écran d'un tube cathodique.*

BALAYETTE [balɛjɛt]. *n. f. (Baliete*, XIIIᵉ; de *balai).* Petit balai à manche court

BALAYEUR, EUSE [balɛjœʀ, øz]. *n. (Balaieor*, XIIIᵉ; de *balayer)* ♦ 1° Employé(e) de la voirie qui balaie les rues ♦ 2° *N. f.* (1878). Véhicule muni d'une brosse rotative et destiné au balayage des voies publiques. *Une arroseuse-balayeuse.*

BALAYURES [balɛjyʀ]. *n. f. pl. (Baliure*, 1387; de *balayer).* Ce que l'on amasse, enlève avec un balai. V. **Ordure, débris, détritus, immondice.**

BALBUTIANT, ANTE [balbysjɑ̃, ɑ̃t]. *adj.* (1846; de *balbutier).* Qui balbutie. *Elle répondit, toute balbutiante.*

BALBUTIEMENT [balbysimɑ̃]. *n. m.* (1750; de *balbutier).* ♦ 1° Action de balbutier, manière de parler de celui qui balbutie. *Le balbutiement d'un enfant.* V. **Ânonnement, babil.** *Le balbutiement du bègue.* V. **Bégaiement.** *Le balbutiement d'un ivrogne. Balbutiement d'une personne émue.* V. **Bredouillement.** ♦ 2° *Fig.* Première tentative maladroite dans un art (surtout au plur.). V. **Commencement.**

BALBUTIER [balbysje]. *v.* (1390; lat. *balbutire*, de *balbus* « bègue »). ♦ 1° *V. intr.* Articuler d'une manière hésitante et imparfaite les mots que l'on veut prononcer. « *J'hésite à chaque mot, je me trouble, je balbutie, ma tête se perd* » (ROUSS.). V. **Bafouiller, bégayer, bredouiller.** ◇ *Fig.* S'exprimer confusément ou maladroitement. « *Ces sciences commençantes, ces sciences où l'hypothèse balbutie* » (ZOLA). ♦ 2° *V. tr.* Dire en balbutiant. *Balbutier des excuses.* V. **Bredouiller.** *Balbutier une prière.* V. **Marmotter.**

BALBUZARD [balbyzaʀ]. *n. m.* (*h.* 1676; 1770; angl. *baldbuzzard* « busard chauve »). Oiseau rapace diurne (*Aquilidés),* piscivore, qui vit au bord de l'eau.

BALCON [balkɔ̃]. *n. m.* (1565; it. *balcone*, d'o. germ.). ♦ 1° Plate-forme en saillie sur la façade d'un bâtiment et qui communique avec les appartements par une ou plusieurs ouvertures, baies ou fenêtres. *Balcon en encorbellement. La balustrade d'un balcon. Se mettre au balcon. Balcon fleuri.* ♦ 2° *Par ext.* Balustrade (2°) d'un balcon. *Balcon en fer forgé. S'accouder au balcon.* ♦ 3° Galerie d'une salle de spectacle s'étendant d'une avant-scène à l'autre. *Les balcons de l'Opéra. Fauteuils, loges de balcon.* ♦ 4° *Mar.* Rambarde avant et arrière d'un bateau de plaisance.

BALCONNET [balkɔnɛ]. *n. m.* (1947; dimin. de *balcon).* ♦ 1° Soutien-gorge découvrant largement le haut de la poitrine. ♦ 2° Étagère, amovible ou non, dans la porte d'un réfrigérateur.

BALDAQUIN [baldakɛ̃]. *n. m.* (1352; it. *baldacchino* « étoffe de soie de Bagdad »). ♦ 1° Ouvrage de tapisserie en forme de dais et garni de rideaux, que l'on place au-dessus d'un lit (V. **Ciel**), d'un catafalque, d'un trône. « *Elle abandonna en pleurant son lit à baldaquin* » (MAUROIS). ♦ 2° *Archit.* Ouvrage soutenu par des colonnes et couronnant un trône, un autel. V. **Dais.**

BALEINE [balɛn]. *n. f.* (1080; lat. *balæna).* ♦ 1° Mammifère cétacé de très grande taille (jusqu'à 20 m de long), dont la bouche est garnie de lames cornées (fanons). *Baleine à bosse.* V. **Jubarte.** *Baleine blanche* (ou *albinos).* V. **Baleinoptère, rorqual.** *Pêche à la baleine.* — Fam. *Rire comme une baleine,* en ouvrant la bouche toute grande. ♦ 2° *Fanon de baleine,* corne forte et flexible, dont on se servait pour la garniture des corsets. — *Par ext. Baleines d'acier, de matière plastique,* etc. : lames flexibles servant aux mêmes usages (V. **Baleiné**). *Baleines de parapluie.*

BALEINÉ, ÉE [balene]. *adj.* (1364; de *baleine).* Maintenu par des baleines. *Soutien-gorge, col baleiné.*

BALEINEAU [balɛno]. *n. m.* (1723; *balenon*, 1575; de *baleine).* Petit de la baleine.

BALEINIER [balenje]. *n. m.* (1389; de *baleine).* Navire équipé pour la pêche à la baleine. « *Ces forbans qu'il avait rencontrés sur les baleiniers d'Océanie* » (LOTI).

BALEINIER, IÈRE [balenje, jɛʀ]. *adj.* (1853; de *baleine).* Relatif à la baleine. *Port baleinier. L'industrie baleinière.*

BALEINIÈRE [balenjɛʀ]. *n. f.* (1831; de *baleine).* Embarcation longue et légère construite pour la pêche à la baleine. Canot de forme identique pouvant gréer deux voiles sur deux mâts démontables.

BALEINOPTÈRE [balɛnɔptɛʀ]. *n. m.* (1819; lat. *balæna* « baleine », et *-ptère* « aile »). Nom scientifique du rorqual, qui est muni d'une nageoire dorsale. V. **Rorqual.**

BALÈS, BALÈZE [balɛs, balɛz]. *adj. et n.* (1927; arg. milit., 1916; prov. mod. *balès* « grotesque; gros »). *Pop.* Grand et fort. N. m. *Un gros balès.*

BALÈVRE [balɛvʀ(ə)]. *n. f.* (XIIᵉ, « les deux lèvres »; de *ba*(s), lat. *bis* « deux », et *lèvre). Archit.* Saillie d'une pierre sur les autres dans un mur. *Abattre les balèvres.*

BALISAGE [balizaʒ]. *n. m.* (1467; de *baliser). Mar. et Aviat.* Action de poser des balises et autres signaux pour indiquer au navigateur les dangers à éviter ou la route à suivre; ensemble de ces signaux. *Le balisage d'un port, d'un chenal, d'un aérodrome.* V. **Signal; amer, balise, bouée, feu, réflecteur, tourelle.** ◇ Ensemble de signaux placés dans l'axe du tracé d'une route, d'une voie de chemin de fer, etc.

1. BALISE [baliz]. *n. f.* (1475; o. i.). ♦ 1° *Mar. et Aviat.* Tout ouvrage destiné à guider le navigateur, le pilote en lui signalant les endroits dangereux, la route à suivre. V. **Balisage.** — *Spécialt.* Perche élevée au-dessus de l'eau et surmontée d'un voyant. ♦ 2° *Par ext.* Émetteur radioélectrique permettant au pilote d'un navire ou d'un avion de se diriger.

2. BALISE [baliz]. *n. f.* (1561; de *balisier).* Fruit du balisier.

BALISER [balize]. *v. tr.* (1475; de *balise* 1). Garnir, jalonner de balises. *Baliser un port, un chenal, un tracé de route, un aérodrome.* — *Fig.* « *Quelque champ céleste tout balisé d'étoiles* » (MAUROIS).

BALISEUR [balizœʀ]. *n. m.* (1516; de *baliser).* Celui qui pose des balises. ◇ *Mar. Bateau baliseur* ou *Baliseur :* bâtiment spécialement équipé pour la pose des balises, bouées, etc.

BALISIER [balizje]. *n. m.* (*Balisi*, 1647; altér. de *balliri*, mot des Caraïbes). Plante monocotylédone *(Scitaminées),* d'origine exotique, cultivée en Europe pour l'ornement des jardins. V. **Canna.**

BALISTE [balist(ə)]. *n.* (1546; lat. *ballista*, du gr. *ballein* « lancer ». V. **Arbalète**). ♦ 1° *N. f. Antiq.* Machine de guerre qui servait à lancer des traits, des projectiles. V. **Onagre.** ♦ 2° *N. m.* Poisson plectognathe *(Sclérodermes),* à la bouche munie de dents assez fortes pour briser les coquilles de mollusques, est peu est réputé venimeux.

BALISTICIEN [balistisjɛ̃]. *n. m.* (1907; de *balistique).* Spécialiste de la balistique* (2°).

BALISTIQUE [balistik]. *adj. et n. f.* (1647; de *baliste).* ♦ 1° Qui est relatif aux projectiles. *Machines balistiques. Galvanomètre balistique. Engin balistique, fusée.* ♦ 2° *N. f.* (1900). Science du mouvement des projectiles et des engins uniquement soumis aux forces de gravitation. V. **Cinématique, cinétique, dynamique, mécanique; astronautique.**

BALIVAGE [balivaʒ]. *n. m.* (1669; de *baliveau).* Choix et marque (V. **Martelage**) des baliveaux qui doivent être conservés dans les coupes de forêts.

BALIVEAU [balivo]. *n. m.* (1549; *boiviaus*, XIIIᵉ; a. fr. *baïf* « étonné »). ♦ 1° Arbre réservé dans la coupe des taillis pour qu'il puisse croître en futaie. V. **Lais.** ♦ 2° Support vertical utilisé dans les échafaudages.

BALIVERNE [balivɛʀn(ə)]. *n. f.* (1470; o. i.). Propos futile et creux. *Débiter, dire des balivernes.* V. **Billevesée, calembredaine, chanson, fadaise, faribole, histoire, sornette.** « *Les balivernes, que plusieurs coteries veulent faire passer pour des vérités* » (STENDHAL).

BALKANIQUE [balkanik]. *adj.* (XIXᵉ; de *Balkans*, du turc *balkan* « montagne escarpée »). Relatif aux Balkans. *La péninsule balkanique. Les guerres balkaniques.*

BALKANISATION [balkanizasjɔ̃]. *n. f.* (v. 1920, repris 1966 à propos d'autres pays; de *balkanique). Polit.* Morcellement politique d'un pays, d'un empire. « *La balkanisation du continent noir* » (*Le Monde*, 28-4-1968). — *Fig.* Émiettement, éclatement. La « *balkanisation dans l'organisation hospitalière française* » (*Le Monde*, 31-1-1969).

BALLADE [balad]. *n. f.* (1260; prov. *ballada*, de *balar* « danser »). ♦ 1° *Ancienn.* Chanson à danser et danse qu'elle accompagnait. ♦ 2° Petit poème de forme régulière, composé de trois couplets ou plus, avec un refrain et un envoi. *La ballade des pendus*, de Villon. ♦ 3° Poème de forme libre, d'un genre familier ou légendaire. *Les ballades de Schiller.* ♦ 4° *Mus.* Morceau de forme quelconque qui illustre le texte d'une ballade. « *On jouait du piano, une de ces ballades de Chopin qui creusent les plaies et rongent les blessures de l'âme* » (JALOUX). ◇ HOM. **Balade.**

BALLANT, ANTE [balɑ̃, ɑ̃t]. *adj. et n. m.* (1687; de *baller).* ♦ 1° Qui remue, se balance (faute d'être appuyé, fixé). « *Henri perché sur un haut fauteuil remuait ses jambes ballantes* » (CHATEAUB.). « *Je restais là, bras ballants et bouche bée* » (FRANCE). « *Victorine, son énorme poitrine ballante dans un caraco de toile bleue* » (MAUROIS). ♦ 2° *N. m. Mar.* La partie d'une manœuvre amarrée qui ne travaille pas. *Tourner une drisse au taquet et lover son ballant.* ◇ Mouvement d'oscillation. *Une voiture chargée en hauteur a du ballant.*

BALLAST [balast]. *n. m.* (1399; « sable, gravier servant de lest »; mot scand., par le moy. bas all.). ♦ 1° *Ch. de fer.* (1840; empr. à l'angl.). Pierres concassées que l'on tasse sous les traverses d'une voie ferrée. ♦ 2° *Mar.* (1943; abrév. de *water-ballast**). Réservoir de plongée d'un sous-marin. — (1945). Compartiment étanche d'un navire, destiné à l'eau de mer servant de lest, au transport de l'eau, de carburants liquides. ♦ 3° *Électr.* Résistance qui stabilise le courant dans un circuit.

BALLASTAGE [balastaʒ]. *n. m.* (1863; de *ballaster*). *Techn.* Action de ballaster* 1° et 2° (1960).

BALLASTER [balaste]. *v. tr.* (1859; « tester un navire », 1618; de *ballast*). ♦ 1° *Ch. de fer.* Répartir du ballast sur une voie de chemin de fer. ♦ 2° *Mar.* (1960). Équilibrer un navire en le remplissant ou vidant les ballasts.

BALLASTIÈRE [balastjɛʀ]. *n. f.* (1863; de *ballast*). Carrière à ballast.

1. BALLE [bal]. *n. f.* (1534; it. *palla*). ♦ 1° Petite sphère élastique dont on se sert pour divers jeux. *Balle à jouer.* V. **Ballon, pelote.** *Balle de ping-pong, de tennis. Balle de paume.* V. **Éteuf.** *Jouer à la balle. Lancer, envoyer, recevoir, relancer, renvoyer la balle. Crosser la balle* (hockey). *La balle rebondit. Prendre la balle au bond, de volée. Couper* la balle. *Faire des balles, faire quelques balles :* échanger quelques balles sans compter les points, pour se mettre en train (tennis). *Balle de set, de match :* le coup qui décide du jeu, du set, du match. *Une belle balle :* un beau coup. *Une balle bien placée.* ◊ Loc. fig. *Prendre, saisir la balle au bond :* saisir avec à-propos une occasion favorable. — *Renvoyer la balle, se renvoyer la balle :* répliquer avec vivacité, discuter avec animation, et aussi se décharger sur qqn d'une obligation ennuyeuse. ◊ *Enfant de la balle :* à l'origine, fils d'un maître de jeu de paume, élevé dans la profession de son père. *Par ext.* Personne qui a été élevée dans la profession de son père (Se dit surtout des comédiens). « *Un homme qui n'était pas enfant de la balle, et qui avait appris la musique tout seul* » (ROUSS.). ♦ 2° (XVIᵉ). Petit projectile métallique dont on charge les armes portatives, les armes automatiques et certaines pièces d'artillerie. *Balle de revolver, de fusil, de mitrailleuse.* V. **Plomb; prune, pruneau** *(pop.). Petite balle.* V. **Chevrotine.** *Obus à balles.* V. **Shrapnell.** *Le calibre d'une balle. La douille et l'amorce d'une balle.* V. **Cartouche.** *Balle explosive. Balle dum-dum. Balle traçante. Tirer à balles. Balle perdue. Tomber percé, criblé de balles. Fam. Recevoir douze balles dans la peau :* être exécuté (par le peloton). ◊ HOM. *Bal.*

2. BALLE [bal]. *n. f.* (1268; frq. °*balla*; Cf. *Déballer, emballer*).

I. ♦ 1° Gros paquet de marchandises enveloppé de toile et lié de cordes. V. **Sac; ballot.** *Faire, défaire une balle de coton. Une balle de café.* V. **Farde.** « *Des balles de marchandises qui couvraient le quai* » (CHATEAUB.). ♦ 2° *Fam.* (1833). Figure. *Avoir une grosse balle, une bonne balle.* V. **Bille.**

II. (1655 « livre », puis « franc »; o. i.) Touj. au plur. et avec un nombre. *Fam. Franc. J'en ai eu pour deux cents balles.*

3. BALLE ou **BALE** [bal]. *n. f.* (1549; gaul. °*balu*). *Agric.* Enveloppe des graines de céréales. V. **Glume, glumelle.** *La balle d'avoine est employée pour des paillasses.*

BALLER [bale]. *v. intr.* (XVIᵉ, « danser », vx; lat. imp. *ballare*, gr. *ballein* « jeter »). ♦ 1° *Vx.* Danser. « *Car il* (le singe) *parle, on l'entend : il sait danser, baller* » (LA FONT.). ♦ 2° (De *ballant*, déb. XXᵉ). Balancer, osciller, pendre, être ballant. V. **Ballant.**

BALLERINE [balʀin]. *n. f.* (1858; it. *ballerina*, de *ballare* « danser »). ♦ 1° Danseuse de ballet. *Les ballerines de l'Opéra.* ♦ 2° Chaussure de femme rappelant un chausson de danse.

BALLET [balɛ]. *n. m.* (1578; it. *balletto*, dimin. de *ballo* « bal »). ♦ 1° Danse figurée, exécutée par plusieurs personnes. *Le corps de ballet de l'Opéra :* l'ensemble des danseurs qui exécutent les ballets. *Un maître de ballet.* ◊ Ce spectacle de danse. ◊ La musique de cette danse. ◊ Les danseurs. *Arrivée des ballets à Paris.* ♦ 2° *Fig.* Activité intense accompagnée de changements, d'échanges. *Ballet diplomatique (Nouv. Obs.,* 10-1-1968), *ballet de ministres (Nouv. Obs.,* 15-5-1968). V. **Balai, balais.**

BALLET(T)OMANE [balɛtɔman]. *n.* (1958; de *ballet,* et de *-mane*). Amateur de ballets.

1. BALLON [balɔ̃]. *n. m.* (1549; it. *pallone,* dial. *ballone,* de *palla* « balle »). ♦ 1° Vessie de caoutchouc gonflée d'air et recouverte de cuir ou de peau, dont on se sert pour jouer ou pratiquer certains sports. V. **Balle.** *Jouer au ballon. Le ballon rond du football, ovale du rugby. Le ballon d'entraînement des boxeurs.* V. **Punching-ball.** ♦ 2° Grosse balle en caoutchouc, gonflée d'air. ♦ 3° Sphère plus légère que l'air, formée d'une pellicule très mince gonflée de gaz et qui sert de jouet aux enfants. *Marchand de ballons. Ballon qui s'envole.* ♦ 4° Par anal. *Pneu ballon.* V. **Pneu.** — Cout. *Manche ballon :* manche courte bouffante qui semble gonflée comme un ballon. ♦ 5° Aérostat gonflé d'un gaz plus léger que l'air (hydrogène, hélium) et qui peut s'élever dans l'atmosphère sans organe de propulsion. *Les premières ascensions en ballon.* V. **Montgolfière.** *La nacelle d'un ballon. Monter en ballon. Ballon dirigeable.* V. **Dirigeable.** ◊ *Ballon d'essai :* petit ballon qu'on lance pour connaître la direction du vent;

fig. Expérience que l'on tente pour sonder les dispositions des gens, tâter l'opinion. « *L'opposition prétendait voir dans la brochure un ballon d'essai* » (STE-BEUVE). ◊ *Ballon captif :* ballon retenu à terre par des cordes ou câbles qui l'empêchent de s'élever au-dessus d'une certaine hauteur. *Ballons de protection, ballons de barrage,* contre les raids aériens. « *Une quinzaine de ces ballons captifs que les troupiers appellent des « saucisses »* » (DUHAM.). ♦ 6° *Chim.* Vase de verre de forme sphérique. — *Par ext.* Verre à boire de forme sphérique. *Appos. Verre ballon.* ♦ 7° *Méd. Ballon d'oxygène :* vessie ou bouteille remplie d'oxygène munie d'un tube d'aspiration, pour faire respirer et ranimer qqn. — (v. 1960). *Ballon d'alcootest,* destiné au contrôle du taux d'alcoolémie. ♦ 8° (mil. XXᵉ, de l'amér. *balloon* « bulle »). Espace délimité par une courbe fermée, à proximité de la bouche d'un personnage de bande dessinée, qui contient ses paroles ou ses pensées. V. **Bulle.** « *Le ballon, c'est le petit nuage blanc dans lequel sont inscrites les paroles prêtées aux héros du récit* » *(Nouv. Obs.,* 19-5-1967).

2. BALLON [balɔ̃]. *n. m.* (1560; prélat. *bal-, pal-* « montagne escarpée »). Nom donné aux montagnes des Vosges. *Le Ballon d'Alsace.*

BALLONNÉ, ÉE [balɔne]. *adj.* et *n. m.* (V. *Ballonner).* ♦ 1° Gonflé comme un ballon. *Jupe ballonnée.* « *Les grosses outres molles des nuages ballonnés* » (COLETTE). — *Méd.* Distendu par les gaz (intestin). *Avoir le ventre ballonné.* ♦ 2° *N. m. Danse.* Léger saut sur une seule jambe, l'autre effectuant un battement de côté.

BALLONNEMENT [balɔnmã]. *n. m.* (1835; de *ballonner). Méd.* Gonflement de l'abdomen, dû à l'accumulation des gaz intestinaux. V. **Flatulence, météorisme.** « *Il prescrivit le port d'une ceinture orthopédique pour prévenir mon ballonnement* » (GIDE).

BALLONNER [balɔne]. *v. tr.* (1584; de *ballon* 1). Gonfler comme un ballon. — *Méd.* Produire le ballonnement. *Les fourrages verts ballonnent les bestiaux.*

BALLONNET [balɔnɛ]. *n. m.* (1877; de *ballon* 1). Petit ballon (1, au sens 3° ou 5°).

BALLON-SONDE [balɔ̃sɔ̃d]. *n. m.* (1897; de *ballon* (1, 5°), et *sonde).* Ballon muni d'appareils enregistreurs pour l'étude météorologique de la haute atmosphère. *Des ballons-sondes.*

BALLOT [balo]. *n. m.* (1406; de *balle* 2). ♦ 1° Petite balle de marchandises. *Paquet. Un ballot d'effets. L'oreille d'un ballot :* le coin de toile en forme d'oreille qui sert à porter le ballot. ♦ 2° (1886). *Fam.* Imbécile, idiot. « *Et qu'est-ce que tu veux faire d'autre, ballot?* » (MART. du G.). Adj. *Ça, c'est ballot, c'est bête.*

BALLOTE [balɔt]. *n. f.* (1611; lat. *ballota).* Plante herbacée *(Labiacées),* dont une variété à fleurs mauves et à odeur fétide est commune le long des chemins, dans les décombres. V. **Marrube** (noir). ◊ HOM. *Ballotte.*

BALLOTTAGE [balɔtaʒ]. *n. m.* (XVIIIᵉ, « vote », 1520; de *ballotte).* Dans une élection au scrutin majoritaire, Résultat négatif d'un premier tour, aucun des candidats n'ayant recueilli le nombre de voix nécessaire pour être élu. *Scrutin de ballottage :* nouveau tour de scrutin.

BALLOTTE [balɔt]. *n. f.* (XVIᵉ; dimin. it. dial. *ballota.* V. **Balle** 1). *Vx.* Petite balle. Boule pour voter. ◊ HOM. *Ballote.*

BALLOTTEMENT [balɔtmã]. *n. m.* (1586; de *ballotter).* Mouvement d'un corps qui ballotte. « *Dans le ballottement et le tintamarre du train* » (MART. du G.).

BALLOTTER [balɔte]. *v.* (XVIᵉ; « renvoyer la balle », 1395; de *ballotte,* avec attraction de *balle, ballant).* ♦ 1° *V. tr.* Faire aller alternativement dans un sens et dans l'autre. V. **Agiter, balancer, remuer, secouer.** *Nous avons été bien ballottés dans cette vieille voiture.* V. **Cahoter.** « *Le chalutier repartit encore, courant sur le dos des flots, ballotté, secoué, ruisselant* » (MAUPASS.). ♦ 2° *Fig.* Constamment ballotté entre son père et sa mère. V. **Tiraillé.** *Être ballotté entre des sentiments contraires.* V. **Indécis.** « *Sa raison, ballottée dans les espaces imaginaires, ne tenait plus qu'à ce fil* » (HUGO). ♦ 3° *V. intr.* Être agité, secoué en tous sens. V. **Baller, remuer.** *Poitrine qui ballotte.*

BALLOTTINE [balɔtin]. *n. f.* (1739; de *ballotte).* Pièce de viande désossée, roulée et ficelée. V. **Galantine.** *Ballottine de volaille.*

BALL-TRAP [baltʀap]. *n. m.* (1890; mot angl. de *ball* « balle », et de *trap* « ressort »). Appareil à ressort qui lance une cible simulant un oiseau en plein vol, que le chasseur doit toucher. *S'exercer au ball-trap. Des ball-traps.*

BALLUCHON ou **BALUCHON** [balyʃɔ̃]. *n. m.* (1821; de *balle* 2). *Fam.* Paquet d'effets maintenus dans un carré d'étoffe nouée aux quatre coins. — *Faire son baluchon, partir.*

BALNÉAIRE [balneɛʀ]. *adj.* (1866; lat. *balnearius,* de *balneum* « bain »). Relatif aux bains de mer. *Station balnéaire.*

BALNÉATION [balneasjɔ̃]. *n. f.* (1866; lat. *balneatio). Méd.* Traitement médical par les bains.

BALNÉOTHÉRAPIE [balnɔteʀapi]. *n. f.* (1865; du lat. *balneum*, et *-thérapie*). Traitement médical par les bains.

BALOURD, OURDE [baluʀ, uʀd(ə)]. *adj.* et *n.* (v. 1550; it. *balordo*, fin XVIᵉ). ◆ 1º Personne maladroite et sans délicatesse. V. **Lourd, lourdaud.** *Il est un peu balourd.* « *Si je n'étais pas l'obstiné, le maladroit, le balourd que je suis* » (DUHAM.). — (ANT. *Adroit, délicat, fin, spirituel, subtil*). ◆ 2º N. m. *Mécan.* Déséquilibre dans une pièce tournante dont le centre de gravité n'est pas sur l'axe de rotation.

BALOURDISE [baluʀdiz]. *n. f.* (1640; de *balourd*). ◆ 1º Propos ou action du balourd. V. **Gaffe, maladresse, stupidité.** *Faire des balourdises.* ◆ 2º Caractère balourd. *Il est d'une balourdise étonnante.* ⊗ ANT. *Délicatesse, finesse, subtilité.*

BALSA [balza]. *n. m.* (1752; mot esp.). Bois très léger utilisé pour les maquettes.

BALSAMIER [balzamje]. *n. m.* (1213; lat. *balsamum* « baume »). Arbre ou arbuste des régions chaudes (*Burséracées*) qui produit une résine aromatique (V. **Myrrhe**). On dit aussi *Baumier.*

BALSAMINE [balzamin]. *n. f.* (1545; lat. *balsamum* « baume »). Plante dicotylédone à fleurs zygomorphes (*Balsaminées*), appelée *impatiente* parce que ses capsules éclatent dès qu'on les touche. *Balsamine des bois.* V. **Noli-me-tangere.**

BALSAMIQUE [balzamik]. *adj.* (1516; lat. *balsamum* « baume »). Qui a des propriétés comparables à celles du baume. *Drogue, pilule balsamique* : qui contient un baume. Subst. *Un balsamique.* ⊗ ANT. *Irritant.*

BALTE [balt]. *adj.* et *n.* (xxᵉ; de *Baltique*). Se dit des pays bordiers de la mer Baltique. *Les pays baltes.* — Originaire de ces pays.

BALTHAZAR ou **BALTHASAR** [baltazaʀ]. *n. m.* (mil. xxᵉ; « festin » au xvɪᵉ; de *Balthazar*, roi de Jérusalem). Grosse bouteille de champagne équivalant à 16 bouteilles normales.

BALUCHON. V. **BALLUCHON.**

BALUSTRADE [balystʀad]. *n. f.* (début xvɪᵉ; it. *balaustrata.* V. Balustre). ◆ 1º Rangée de balustres* portant une tablette d'appui. *Balustrade d'un balcon, d'une terrasse.* ◆ 2º *Par ext.* Toute clôture à hauteur d'appui et à jour. V. **Garde-corps.** *La balustrade d'un balcon* (V. **Balcon,** 1º); *d'une passerelle* (V. **Rambarde**), *d'un escalier* (V. **Rampe**), *d'un pont* (V. **Garde-fou, parapet**), *d'une plate-forme de camion* (V. **Ridelle**). « *La balustrade de bois ajouré qui clôt cette terrasse* » (COLETTE).

BALUSTRE [balystʀ(ə)]. *n. m.* (1529, « fleur du grenadier »; archit. 1633, par anal. de forme; it. *balaustro*). ◆ 1º Courte colonnette renflée, supportant un appui. *Parties d'un balustre* (V. **Chapiteau, piédouche, tige** ou **vase**). Ensemble de balustres. V. **Balustrade.** « *Des petits ponts courbes aux balustres de granit rongés par le lichen* » (LOTI). ◆ 2º Colonnette ornant le dos d'un siège. ◆ 3º *Compas à balustre,* ou *balustre,* compas ayant une tête en forme de balustre.

BALZAN [balzɑ̃]. *adj. m.* (fin xɪɪɪᵉ; it. *balzano*; lat. pop. °*balteanus* « rayé »). Qui a des taches blanches aux pieds, en parlant d'un cheval.

BALZANE [balzan]. *n. f.* (1533; même étym. que *balzan*). Tache blanche aux pieds d'un cheval. *Un cheval bai avec des balzanes.*

BAMBIN, INE [bɑ̃bɛ̃, in]. *n.* (1575, rare av. xvɪɪɪᵉ, d'abord « Jésus enfant »; it. *bambino*). *Fam.* Petit garçon; petite fille *(rare).* V. **Enfant, gamin.**

BAMBOCHE [bɑ̃bɔʃ]. *n. f.* (1680; it. *bamboccio* « pantin »). ◆ 1º *Ancienn.* Marionnette de grande taille. ◆ 2º (xvɪɪɪᵉ; d'apr. *bambochade* (vx), peinture burlesque). *Fam.* Petite débauche. *Faire bamboche.* V. **Bamboula, débauche, noce, ripaille.**

BAMBOCHER [bɑ̃bɔʃe]. *v. intr.* (1807; de *bamboche*). Faire bamboche.

BAMBOCHEUR, EUSE [bɑ̃bɔʃœʀ, øz]. *n.* (1821; de *bambocher*). Personne qui aime à faire bamboche. V. **Noceur.**

BAMBOU [bɑ̃bu]. *n. m.* (*Bambu*, 1598; mot port., du malais *mambu*). ◆ 1º Plante à tige cylindrique ligneuse, avec nœuds cloisonnants (*Graminées*), qui peut atteindre trente mètres de hauteur. *Une canne de bambou. Objets de vannerie en bambou.* — *Cuis.* chin. *Pousses de bambou,* les bourgeons comestibles. ◆ 2º (1919). *Fam. Attraper un coup de bambou* : dans les pays chauds, une insolation. *Pop. Avoir le coup de bambou* : devenir fou; *néol.* Être très fatigué (coup de pompe).

BAMBOULA [bɑ̃bula]. *n.* (1757; *bombalon,* 1688; mot bantou). ◆ 1º N. m. *Vx.* Tambour en usage chez les Noirs d'Afrique. V. **Tam-tam.** ◆ 2º *N. f.* Danse nègre exécutée au son du bamboula. ◆ 3º *Pop.* (1913, arg. milit.). *Faire la bamboula,* faire la noce. V. **Bamboche.**

1. **BAN** [bɑ̃]. *n. m.* (fin xɪɪᵉ; frq. °*ban*). ◆ 1º *Ancienn.* Proclamation officielle, publique de qqch., en particulier d'un ordre, d'une défense. — *Mod.* Proclamation solennelle d'un futur mariage à l'église. *Les bans de mariage sont affichés à la porte de l'église. On a publié les bans.* V. **Publication** *(de mariage).* ◆ 2º *Par ext.* Roulement de tambour précé-

dant la proclamation d'un ordre, la remise d'une décoration. *Ouvrir, fermer le ban.* — Arrêté municipal (issu d'un ancien droit féodal) fixant la date d'ouverture de certains travaux agricoles. *Ban de vendange, de moisson.* — *Par ext.* et *fam.* Applaudissements rythmés. *Un ban pour le vainqueur!* ◆ 3º *Féod.* Convocation des vassaux par le suzerain, et *par ext.* Le corps de la noblesse ainsi convoqué. *Convoquer le ban et l'arrière-ban.* — *Fig. Le ban et l'arrière-ban,* tout le monde. ◆ 4º Exil qui était imposé par proclamation. V. **Bannissement.** *Mettre au ban.* V. **Bannir.** *Être en rupture de ban,* se dit encore de l'interdit de séjour qui enfreint le jugement qui l'a condamné. — *Fig. En rupture de ban,* affranchi des contraintes du milieu. « *Cet universitaire en rupture de ban* » (MAUROIS). ◆ 5º *Mettre un prince au ban de l'empire* (dans l'ancienne constitution germanique) : le déclarer déchu de ses droits et privilèges. — *Fig. Mettre qqn au ban de la société, un pays au ban des nations* : le déclarer indigne, le dénoncer au mépris public. ⊗ HOM. *Banc.*

2. **BAN** [bɑ̃]. *n. m.* (1697; mot croate). Gouverneur d'une province croate, chef d'un banat.

BANAL, ALE [banal]. *adj.* (1286; de *ban* 1). I. (Plur. *banaux* [bano]. *Féod.* Qui appartient au ban, circonscription du suzerain. *Fours, moulins banaux,* dont les gens d'une seigneurie étaient tenus de se servir en payant une redevance au seigneur. — *Par ext.* V. **Communal.** « *Quelques prairies banales où les plus gênés menaient pacager leurs vaches* » (FROMENTIN).

II. (Plur. *banals* [banal]; 1778). Qui est extrêmement commun, sans originalité. V. **Commun, courant, insignifiant, ordinaire.** *Un cas assez banal. Quoi de plus banal? Propos banals.* V. **Banalité, cliché.** *Plaisanterie banale.* V. **Plat, rebattu,** *usé.* — Subst. « *Il avait moins que Gide l'horreur du banal, de l'ordinaire* » (MAUROIS). ◇ *Math. Solution banale d'une expression,* solution qui est nulle. V. **Trivial.**

⊗ ANT. *Curieux, extraordinaire, nouveau, original, recherché, remarquable.*

BANALEMENT [banalmɑ̃]. *adv.* (1846; de *banal*). D'une manière banale. *Il s'exprime banalement.*

BANALISATION [banalizasjɔ̃]. *n. f.* (mil. xxᵉ; de *banaliser*). ◆ 1º Action de rendre banal, généralisation. *La banalisation du tourisme.* ◆ 2º Suppression de toutes marques distinctives. *La banalisation des voitures de police.* ◆ 3º Action de banaliser* (2º). *La banalisation d'un campus universitaire.* ◆ 4º *Ch. de fer.* Action de banaliser* (3º). — Équipement et mise en circulation d'une voie de chemin de fer dans les deux sens.

BANALISÉ, ÉE [banalize]. *adj.* ◆ 1º, ◆ 2º et ◆ 3º. V. **Banaliser.** ◆ 4º Dépourvu de ses signes distinctifs. *Une voiture de police banalisée.*

BANALISER [banalize]. *v. tr.* (1842; de *banal*). ◆ 1º Rendre banal, ordinaire. *Cette coiffure le banalise.* Pronom. « *Comme toute comparaison originale doit forcément, à la longue, se banaliser, n'en jamais faire* » (RENARD). ◆ 2º Mettre un bâtiment administratif) sous le régime du droit commun. ◆ 3º *Ch. de fer.* Faire conduire une locomotive par plusieurs équipes de machinistes. — Équiper et mettre en circulation une voie dans un sens et dans l'autre.

BANALITÉ [banalite]. *n. f.* (mil. xvɪᵉ; de *banal*). ◆ 1º *Féod.* Obligation pour les gens d'une seigneurie de se servir du four, du moulin banal, moyennant redevance. ◆ 2º (xɪxᵉ). *Mod.* Caractère de ce qui est banal. « *La banalité de la vie est à faire vomir de tristesse* » (FLAUB.). ◆ 3º Idée, propos, écrit banal. *Il ne débite que des banalités. Ce livre est un tissu de banalités.* V. **Cliché, évidence, lieu** (commun), **platitude, poncif.** *Le voyage « permet de débiter des banalités artistiques qui semblent toujours profondes* » (MAUPASS.). ⊗ ANT. *Nouveauté, originalité.*

BANANE [banan]. *n. f.* (1602, du lat.; *bannanas,* 1598, du port.). ◆ 1º *Fruit* oblong (baie), à pulpe farineuse, à épaisse peau jaune, que produit la grappe de fleurs du bananier. V. **Régime.** *Bananes flambées. Glisser sur une peau de banane* (exemple plaisant d'accident). ◆ 2º *Par anal.* (1917, « médaille militaire » à cause de la couleur jaune). *Fam.* Décoration militaire. ◇ Partie saillante, verticale, d'un pare-choc; grand hélicoptère à deux rotors (anal. de forme).

BANANERAIE [bananʀɛ]. *n. f.* (1928; de *banane*). Plantation de bananiers.

BANANIER [bananje]. *n. m.* (1604; de *banane*). ◆ 1º Plante monocotylédone (*Scitaminées*) herbacée et arborescente dont le fruit est la banane. « *Des bananiers, qui donnent toute l'année de longs régimes de fruits* » (BERNARD. de ST-P.). *Bananier textile,* qui donne le chanvre de manille. V. **Abaca.** ◆ 2º Cargo spécialement équipé pour le transport des bananes.

BANC [bɑ̃]. *n. m.* (1080; germ. °*banki*). I. Long siège, avec ou sans dossier, sur lequel plusieurs personnes peuvent s'asseoir à la fois. *Banc de pierre, de bois, de fer. Banc de jardin, d'école. Banc rembourré.* V. **Banquette.** *Char à bancs.* V. **Char.** ◇ Ce siège, réservé, dans une assemblée. *Le banc des ministres à l'Assemblée*

nationale. Banc des avocats. Banc des accusés, au tribunal. *Banc d'œuvre,* réservé aux marguilliers.
II. Par ext. *Techn.* Bâti, assemblage de montants et de traverses. *Un banc de tourneur, de menuisier.* V. **Établi, table.** *Banc à broches,* dans la filature du coton. BANC D'ESSAI, bâti sur lequel on monte les moteurs pour les éprouver. *Fig.* (1927, « épreuve cycliste »). Ce par quoi on éprouve (une personne, une chose); concours pour les débutants. **III.** Amas de diverses matières formant une couche plus ou moins horizontale. ♦ 1° *Banc de sable, de vase, de roches.* V. **Écueil, haut-fond.** *Banc de glace.* V. **Banquise.** *Banc de coraux.* V. **Récif.** Au Canada, *banc de neige* (1722). V. **Congère.** *Bancs de neige qui barrent la route.* « *Caché dans un fossé* [...], *dans les fardoches bordant la route, à l'abri d'un banc de neige l'hiver* » (A. HÉBERT). ♦ 2° *Banc de poissons,* grande quantité de poissons assemblés par espèce. *Un banc de harengs.* ♦ 3° *Géol.* Se dit des couches géologiques qui composent un terrain. *Banc de marine. Banc de pierre :* chaque lit de pierre dans une carrière, une mine. V. **Assise, couche.**
◇ HOM. Ban (1 et 2).

BANCABLE ou **BANQUABLE** [bãkabl(ə)]. *adj.* (1877; de *banque*). Se dit des effets de commerce remplissant les conditions voulues pour être escomptés par la Banque de France.

BANCAIRE [bãkɛʀ]. *adj.* (1912; de *banque*). Qui a rapport aux banques, aux opérations de banque. *Opérations bancaires. Chèque bancaire.*

BANCAL, ALE, ALS [bãkal]. *adj.* (1747; de *banc*, les pieds d'un banc étant souvent divergents). ♦ 1° Se dit d'une personne qui a une jambe ou les jambes torses, et dont la marche est inégale. V. **Bancroche, boiteux** (*fam.* Banban, 1866). *Des enfants bancals.* ♦ 2° Se dit d'un meuble dont les pieds sont inégaux, et qui n'est pas d'aplomb. *Une table bancale.*

BANCHE [bãʃ]. *n. f.* (1694; dial. fém. de *banc*). Côté d'un moule à pisé, à béton. Le moule lui-même.

BANCHER [bãʃe]. *v. tr.* (1953; de *banche*). Couler (du béton, du pisé) dans des banches.

BANCO [bãko]. *adj.* et *n. m.* (1679; mot ital. « banque »). ♦ 1° Adj. *Vx.* S'est dit des valeurs en banque indépendantes des variations du change. *Florin banco.* ♦ 2° N. m. Au baccara. *Faire banco :* tenir seul l'enjeu contre la banque. *Un banco de 50 000 francs.*

BANCOULIER [bãkulje]. *n. m.* V. ALEURITE.

BANCROCHE [bãkʀɔʃ]. *adj.* (1730; de *banc*, et de l'anc. adj. *croche* « crochu »). *Fam.* et *vieilli.* Qui a les jambes torses et la marche irrégulière. V. **Bancal.** *Cette vieille est toute bancroche.*

BANDAGE [bãdaʒ]. *n. m.* (1508; de *bander*).
I. ♦ 1° *Rare.* Action de bander une partie du corps, d'appliquer des bandes destinées à fixer un pansement, à maintenir un organe. *Le bandage de la tête d'un blessé.* ♦ 2° Bandes de tissus ainsi appliquées. *Enrouler, serrer, défaire un bandage. Bandage simple.* V. **Bande, écharpe, ligature, pansement.** *Bandage en T, croisé* (V. **Spica**). *Bandage ouaté. Bandage herniaire.* V. **Brayer.** ♦ 3° *Techn.* Bande de métal ou de caoutchouc qui entoure la jante d'une roue. *Bandages métalliques des charrettes, des brouettes. Bandages pneumatiques.* V. **Pneumatique.**
II. Action de tendre, de bander. *Le bandage d'un arc, d'une arbalète, d'un ressort.*

BANDAGISTE [bãdaʒist(ə)]. *n.* (1704; de *bandage*). Personne qui fabrique, qui vend des bandages chirurgicaux. V. **Orthopédiste.**

BANDANT, ANTE [bãdã, ãt]. *adj.* (1920 arg., répandu v. 1975; de *bander*). *Vulg.* Qui provoque l'excitation sexuelle et *par ext.* donne du plaisir, intéresse. *C'est bandant, ce n'est pas bandant.* V. **Passionnant.**

1. BANDE [bãd]. *n. f.* (déb. XIIe; frq. °*binda* « lien »). ♦ 1° Morceau d'étoffe, de cuir, de papier, de métal, etc., plus long que large, qui sert à lier, maintenir, recouvrir, border ou orner qqch. V. **Lien, ligature; lanière, ruban.** *Bande enroulée.* V. **Rouleau.** Chir. *Bande de toile, bande Velpeau,* pour servir de bandage, faire des pansements. V. **Bandage.** — *Bande molletière,* que les soldats entouraient autour de leurs mollets. — Partie ajoutée au bas d'un vêtement. *Manteau rallongé d'une bande de fourrure.* — *Bande de journal,* dont on entoure un journal plié, pour l'expédier. *Journal sous bande.* ◇ Film cinématographique, qui a cette forme. V. **Pellicule.** *La bande a sauté à la projection. Bande sonore**. — *Bande-amorce**. — *Bande magnétique* ou *magnétophone, d'un ordinateur.* V. **Cassette.** *Bande vidéo,* bande magnétique pour l'enregistrement des images, et éventuellement des sons. V. **Magnétoscope.** ◇ *Bande de mitrailleuse,* sur laquelle sont fixées les cartouches. ♦ 2° Partie étroite et allongée de qqch. *Bande de terrain. Une bande de chaussée,* parties limitées par une ligne. *Chaussée à trois bandes.* — Large rayure. *Tissu à bandes bleues. Bandes d'un drapeau.* — *Blas.* Pièce honorable allant de l'angle dextre du chef de l'écu à l'angle senestre de la pointe. — *Phys. Bande d'absorp-*

tion d'un spectre. Fig. Ensemble des fréquences comprises entre deux limites. ◇ *Bande dessinée** : suite de dessins qui racontent une même histoire ou présentent un même personnage (dans un journal, une publication). « *Des journaux d'enfants, la plupart des bandes dessinées* » (LE CLÉZIO). *Ballons** *des bandes dessinées.* ♦ 3° Rebord élastique qui entoure le tapis d'un billard. *Toucher la bande. Jouer par la bande.* — *Fig.* Prendre qqn, faire qqch. par la bande, de biais, par des moyens indirects. ♦ 4° *Math.* Région d'un plan limité par deux droites parallèles. *La bande* (ou *le ruban*) de *Möbius.* — *Phys.* Ensemble des fréquences comprises entre deux limites. *Spectre de bandes.* V. **Raie.** *Bandes de fréquence.* ◇ *Bande d'absorption d'un spectre,* zone sombre due à l'absorption de radiations par certaines substances. ◇ Radio. *Bande passante.* Fréquences nettement audibles émises par un appareil.

2. BANDE [bãd]. *n. f.* (1360; it. *banda* « bande »; du germ. *bandwa* « étendard »). ♦ 1° Groupe d'hommes qui combattent ensemble rangés sous un même bannière, un même chef. V. **Troupe.** *Bandes armées, bandes rebelles.* ◇ *Par ext.* Groupe de malfaiteurs sous la direction d'un chef. *Bande de pirates; de voleurs* (V. **Gang**). *Une dangereuse bande.* ◇ Groupe associé pour quelque dessein, ou par quelque affinité. « *Une bande de petits amis dont j'étais le chef indiscuté* » (LOTI). *Je ne suis pas de leur bande. Quelle bande!* V. **Clan, clique, coterie.** ♦ 2° Groupe de personnes, d'animaux qui vont en troupe, sont réunis. *Aller en bande. Une bande d'écoliers. Bande joyeuse.* « *Les perdreaux vont par bandes* » (DAUD.). — *Faire bande à part,* se mettre à l'écart d'un groupe (en parlant de plusieurs personnes). « *Les dames et Albertine faisant bande à part pour ne pas gêner la conversation* » (PROUST). — T. d'insulte collective. *Bande d'idiots!* V. **Tas.**

3. BANDE [bãd]. *n. f.* (1616; prov. *banda* « côté »; du germ. *bandwa*). ♦ 1° *Vx. Mar.* Côté. ♦ 2° Inclinaison que prend un navire sur un bord. V. **Gite.** *Bateau qui donne de la bande.*

BANDÉ, ÉE [bãde]. *adj.*
I. (De *bande* 1). *Blas.* Qui porte plusieurs bandes. *Écu bandé d'or et de sable.*
II. (V. **Bander**). ♦ 1° Couvert d'un bandeau. *Les yeux bandés.* ♦ 2° Entouré d'un bandage. *Main bandée.*

BANDEAU [bãdo]. *n. m.* (*Bandel,* XIIe; de *bande* 1). ♦ 1° Bande qui sert à ceindre le front, la tête. V. **Serre-tête, tour** (de tête), **turban.** *Bandeau royal :* que les anciens rois ceignaient leur front. V. **Diadème; couronne.** — Partie d'une coiffure qui ceint le front. *Bandeau de képi. Bandeau de religieuse, d'infirmière.* ♦ 2° *Par anal.* Cheveux qui serrent le front, les tempes, dans une coiffure féminine à cheveux longs. « *Ses cheveux dont les deux bandeaux noirs semblaient chacun d'un seul morceau tant ils étaient lisses* » (FLAUB.). ♦ 3° Morceau d'étoffe qu'on met sur les yeux de qqn pour l'empêcher de voir. *Avoir un bandeau sur les yeux :* être aveuglé sur qqch. V. **Aveugle.** ♦ 4° *Archit.* Plate-bande unie, autour d'une baie ou de porte ou de fenêtre. V. **Frise, moulure, plate-bande.**

BANDELETTE [bãdlɛt]. *n. f.* (1377; dimin. de *bande* (1), *bandeau*). ♦ 1° Petite bande de tissu. *Bandelettes des momies égyptiennes.* « *Une mince bandelette enroulant ses spirales infinies autour des membres* » (GAUTIER). — Petites bandes dont les prêtres païens se ceignaient le front, dont on parait les victimes. V. **Infule.** *Les bandelettes sacrées.* ♦ 2° *Archit.* Petite moulure plane.

BANDER [bãde]. *v.* (fin XIIe; de *bande* 1).
I. *V. tr.* ♦ 1° Entourer d'une bande que l'on serre. *Bander le front d'un blessé.* V. **Bandage.** ♦ 2° Couvrir les yeux d'un bandeau. *Bander les yeux d'un condamné avant de le fusiller.* ♦ 3° Tendre avec effort. *Bander la corde d'un arc; un arc.* « *Chaque fois que le ressort commençait à être bien bandé, crac, il échappait au cran d'arrêt* » (MART. du G.). — *Fig.* (Vx ou littér.) V. **Tendre.** *Bander ses muscles. Bander son esprit.* Pronom. « *Un de ces êtres dont les facultés sursautent et se bandent aussitôt devant l'imprévu* » (GIDE).
II. *V. intr.* Être tendu. ◇ (1690). *Vulg.* Être en état d'érection.
◇ ANT. Détendre, relâcher.

BANDERILLE [bãdʀij]. *n. f.* (1852; *banderilla* 1840; mot esp., de *bandera* « bannière »). Dard orné de bandes multicolores que les toreros plantent sur le cou du taureau, pendant la corrida. « *Le taureau mal habitué encore au déchirement lacérant des banderilles qui battaient son épaule* » (J. PEYRÉ).

BANDERILLERO [bãderijero]. *n. m.* (1840; mot esp., de *banderilla*). Le torero qui pose les banderilles. « *Les banderilleros ont pour spécialité de planter dans les épaules du taureau des espèces de flèches* » (GAUTIER).

BANDEROLE [bãdʀɔl]. *n. f.* (fin XVe; it. *banderuola,* de *bandiera* « bannière »). Petite bannière en forme de flamme. « *De longues perches enroulées de banderoles d'or* » (LOTI).

BANDIT [bãdi]. *n. m.* (1621; it. *bandito* « banni, hors la loi », de *bandire* « bannir »). ♦ 1° *Vieilli.* Malfaiteur vivant hors la loi. V. Apache, brigand, coupe-jarret, flibustier, forban, gangster, incendiaire, malandrin, malfaiteur, pirate, voleur. ◆ 2° *Par ext.* Homme avide et sans scrupules. *Ce commerçant est un bandit.* V. Filou, forban, gangster, gredin, pirate, requin. *Par exagér.* Fam. V. Chenapan, vaurien.

BANDITISME [bɑ̃ditism(ə)]. *n. m.* (1853; de *bandit*). Mœurs des bandits. V. Brigandage. *Acte de banditisme.*

BANDONÉON [bɑ̃dɔneɔ̃]. *n. m.* (1933; o. i., finale d'accordéon). Petit accordéon hexagonal, en usage dans les orchestres de tango.

BANDOULIÈRE [bɑ̃duljɛʀ]. *n. f.* (déb. XVI°; esp. *bandolera*, de *banda* « écharpe »). Bande de cuir ou d'étoffe que l'on passe d'une épaule au côté opposé du corps et qui supporte une arme ou tout autre objet. *Fusil en bandoulière :* suspendu derrière le dos au moyen de la bretelle. *Porter un appareil photographique en bandoulière.*

BANG [bɑ̃g]. *interj.* et *n. m. invar.* (1953). ◆ 1° Onomatopée exprimant le bruit d'une explosion violente. *Bing, bang, boum, tout a sauté.* ◆ 2° N. m. Déflagration accompagnant le franchissement du mur du son. *Les bang des avions supersoniques.*

BANIAN [banjɑ̃]. *n. m. (Bancan,* 1575; it. *bancani,* de l'hindoust. *baniyan).* ◆ 1° Hindou d'une secte brahmanique. ◆ 2° Par ext. *Arbre des Banians, figuier banian :* figuier de l'Inde à nombreuses racines aériennes.

BANJO [bɑ̃(d)ʒo]. *n. m.* (1859; mot amér.; de l'esp. *bandurria* « mandore »). Instrument de musique à cordes, sorte de guitare ronde dont la caisse de résonance est formée d'une membrane tendue sur un cercle de bois.

BANJOÏSTE [bɑ̃dʒɔist]. *n.* (néol.; de *banjo*). Joueur, joueuse de banjo.

BANK-NOTE [bɑ̃knɔt]. *n. f.* ou *m.* (1789; mot angl.). Billet de banque dans les pays anglo-saxons.

BANLIEUE [bɑ̃ljø]. *n. f.* (XVII°; déb. XIII°, « territoire d'environ une lieue autour d'une ville sur lequel s'étendait le *ban**; lat. médiév. *banleuca).* Ensemble des agglomérations qui entourent une grande ville et qui dépendent d'elle pour une ou plusieurs de ses fonctions. *La banlieue de Paris, de Londres.* Grande banlieue : la banlieue la plus éloignée. V. Environs. — Absolt. (*Opposé à* centre) Banlieue de Paris. *Une maison en banlieue. Trains de banlieue.*

BANLIEUSARD, ARDE [bɑ̃ljøzaʀ, aʀd(ə)]. *n.* (fin XIX°; de *banlieue).* Fam. Habitant de la banlieue de Paris.

BANLON [bɑ̃lɔ̃]. *n. m.* (v. 1960; marque déposée, mot formé sur *nylon).* Fibre synthétique d'une grande élasticité.

BANNE [ban]. *n. f.* (fin XIII°; lat. imp. *benna,* d'o. gaul. « véhicule léger en osier »). ◆ 1° Véhicule servant au transport du charbon, du fumier, etc. V. Tombereau. Grand panier d'osier. V. Manne. ◆ 2° Toile tendue au-dessus d'une devanture servant à couvrir les marchandises. V. Bâche. Linge pour envelopper la viande, les fruits.

BANNERET [banʀɛ]. *n. m.* (1297; de *ban).* Féod. Seigneur qui pouvait lever bannière en réunissant ses vassaux.

BANNETON [bantɔ̃]. *n. m.* (1284; de *banne).* ◆ 1° Panier d'osier sans anses. ◆ 2° Caisse percée de trous qui sert à conserver le poisson dans l'eau. V. Boutique.

BANNETTE [banɛt]. *n. f.* (fin XIII°; de *banne).* Petite banne en osier.

BANNI, IE [bani]. *adj.* (V. Bannir). Qui est banni de son pays. Subst. *Rappeler les bannis.* « *Je m'éloigne tête basse, moins en élu qu'en banni* » (COLETTE).

BANNIÈRE [banjɛʀ]. *n. f.* (XII°; germ. *bandwa* « étendard », refait sur *ban).* ◆ 1° Féod. Enseigne du seigneur à la guerre (V. Drapeau). — Fig. *Combattre, marcher, se ranger sous la bannière de qqn,* avec lui, dans son parti. ◆ 2° *Mod.* Étendard que l'on porte aux processions et qui sert à distinguer une paroisse ou une confrérie. — Fig. et fam. *C'est la croix et la bannière pour,* c'est beaucoup d'histoires, toute une affaire (V. Difficile). ◆ 3° Mar. *Voile en bannière :* voile dont les coins inférieurs ne sont pas fixés par les écoutes et qui flotte au vent comme une bannière. ◆ 4° Pop. (fin XIX°). Pan de chemise, chemise. *Se balader en bannière.*

BANNIR [baniʀ]. *v. tr.;* conjug. *finir* (1213; frq. °*bannjan;* germ. *bandwa,* confondu avec *ban).* ◆ 1° Condamner (qqn) à quitter un pays, avec interdiction d'y rentrer. V. Ban (mettre au), bannissement; chasser, déporter, exiler, exclure, expulser, proscrire, refouler. ◇ Par ext. *(Vieilli)* Éloigner. *Je l'ai banni de ma maison.* V. Éloigner; chasser (Cf. Fermer la porte à). ◆ 2° Fig. *(Choses).* Écarter, supprimer. *Bannir un usage, une coutume. Bannir un sujet de la conversation. Bannir une mauvaise pensée de son esprit.* V. Arracher, chasser, ôter, rejeter, repousser. *Bannir complètement le café.* V. Abstenir (s'), éviter. « *Que cette amitié commence par bannir les cérémonies* » (VOLT.). ◇ ANT. Rappeler. Accueillir, adopter.

BANNISSEMENT [banismɑ̃]. *n. m.* (1283; de *bannir).* Action de bannir; résultat de cette action. *Dr.* Peine criminelle infamante temporaire qui consiste à interdire à qqn le séjour dans son pays. *Le bannissement entraîne la dégrada-*

tion civique. *Infraction à la sentence de bannissement.* V. Ban (rupture de).

BANQUE [bɑ̃k]. *n. f.* (1458; it. *banca* « banc », puis « table, comptoir des changeurs »). ◆ 1° Commerce de l'argent et des titres fiduciaires de toute nature, effets de commerce et valeurs de bourse. *Les opérations de banque.* V. Bourse, change, crédit, dépôt, recouvrement. *Chèque de banque,* bancaire. V. Chèque. *Virements en banque. Bénéfice sur les opérations de banque.* V. Agio. ◆ 2° Établissement où se fait le commerce de banque. *Avoir un compte en banque. Les caisses, les guichets de la banque. Employé de banque. Banque d'État, banque privée. Banque de dépôt et d'escompte, banque d'affaires. Banque de crédit à long et moyen terme. Banque hypothécaire. Banque d'émission*. Billet de banque :* V. Billet, bank-note, coupure. *Banque de France.* ◆ 3° (1680; Jeu). Somme que l'un des joueurs tient devant lui pour payer ceux qui gagnent. *Tenir la banque. Faire sauter la banque :* gagner tout l'argent que le banquier a mis en jeu. ◆ 4° Fig. (de l'angl.). *Banque d'organes* (1949). *Banque du sperme. Banque du sang, des yeux,* établissement qui recueille du sang pour les transfusions, des cornées pour les greffes des yeux. ◇ *Banque de données* (de l'angl. *data bank),* bibliothèque, ensemble d'informations sur un sujet, centralisées, traitées par ordinateur et tenues à la disposition des usagers. *Banque de terminologie.*

BANQUER [bɑ̃ke]. *v. intr.* (1899, trans.; de *banque).* Pop. Payer.

BANQUEROUTE [bɑ̃kʀut]. *n. f.* (1466; it. *banca rotta* « banc rompu », on brisait le comptoir du banquier à la suite de la banqueroute). ◆ 1° Faillite accompagnée d'actes délictueux. V. Faillite; déconfiture, krach. *Faire banqueroute.* — Par ext. *Banqueroute d'État :* défaillance d'un État qui n'exécute pas les contrats d'emprunt qu'il a conclus, viole ses engagements à l'égard des créanciers de la dette publique. ◆ 2° Fig. et littér. V. Faillite, ruine. « *Les existences en banqueroute, les consciences qui ont déposé leur bilan* » (HUGO).

BANQUEROUTIER, IÈRE [bɑ̃kʀutje, jɛʀ]. *n.* (1536; de *banqueroute).* Personne qui a fait banqueroute.

BANQUET [bɑ̃kɛ]. *n. m.* (déb. XIV°; it. *banchetto* « petit banc » sur lequel on s'asseyait dans un banquet). Repas d'apparat où sont conviées de nombreuses personnes. *Donner un banquet en l'honneur de qqn.*

BANQUETER [bɑ̃kte]. *v. intr.;* conjug. *jeter* (fin XIV°; de *banquet).* ◆ 1° Prendre part à un banquet. ◆ 2° *Par ext.* Faire bonne chère. V. Festoyer.

BANQUETEUR [bɑ̃ktœʀ]. *n. m.* (1534; de *banqueter).* Celui qui banquette.

BANQUETTE [bɑ̃kɛt]. *n. f.* (déb. XV°; langued. *banqueta,* dimin. de *banc).*
I. Banc rembourré ou canné, avec ou sans dossier. *Une banquette de piano. Banquettes d'un wagon, d'une voiture.* — Théât. *Jouer devant les banquettes,* devant une salle vide ou presque.
II. *Par anal. de forme.* ◆ 1° Plate-forme située derrière le parapet d'un rempart ou le revers d'une tranchée, et de laquelle on peut tirer à couvert. *Banquette de tir.* ◆ 2° *Banquette irlandaise,* talus gazonné qui sert d'obstacle dans les courses de chevaux. ◆ 3° *Banquette de sûreté,* parapet de terre établi le long d'une route. ◆ 4° Petit chemin pour les piétons le long d'une voie, d'un canal. V. Trottoir. ◆ 5° *Archit.* Banc en pierre pratiqué dans l'embrasure d'une fenêtre. — Tablette d'un mur d'appui.

BANQUIER [bɑ̃kje]. *n. m.* (Banchiere, 1243; de *banca.* V. Banque). ◆ 1° Celui qui fait le commerce de la banque, dirige une banque. V. Financier. *Banquier cambiste :* qui se livre aux opérations de change. — *Par ext.* Personne qui fournit de l'argent. « *Pensiez-vous que j'allais être votre fournisseur et banquier pour l'amour de Dieu?* » (FLAUB.). ◆ 2° (1680). Jeu (baccara, etc.) Personne qui tient la banque. *Le banquier et les pontes.*

BANQUISE [bɑ̃kiz]. *n. f.* (1773; calque de l'all. *Eisbank* « banc de glace »). Amas de glaces flottantes formant un immense banc. *Fragment détaché de la banquise.* V. Iceberg. « *Ce pays si grand, si varié, qui va des tropiques à la banquise* » (DUHAM.).

BANQUISTE [bɑ̃kist]. *n. m.* (mil. XIX°; du prov. *banquisto* « saltimbanque », de *banc* « tréteau »). Dans les cirques et les spectacles forains, celui qui présente et vante le spectacle. — Syn. BONIMENTEUR. ◇ *Par ext.* Forain, saltimbanque.

BAOBAB [baɔbab]. *n. m.* (1751; mot arabe). Arbre d'Afrique tropicale, à tronc énorme *(Malvacées).*

BAPTÊME [batɛm]. *n. m.* (fin XI°; lat. chrét. *baptisma;* gr. *baptizein* « immerger »). ◆ 1° Relig. et cour. Sacrement destiné à laver le péché originel et à faire chrétien celui qui le reçoit à l'origine, immersion dans l'eau). V. Baptiser. *Donner, conférer le baptême. Recevoir le baptême. L'eau du baptême. Ondoiement* suivi du baptême. L'onction du baptême.* V. Chrême. *Les fonts du baptême.* V. Baptistère; baptismal. *Tenir un enfant sur les fonts du baptême* (V. Parrain;

marraine). *Le bonnet du baptême.* V. **Chrémeau.** *Registre de baptême.* V. **Baptistaire.** *Extrait de baptême. La confirmation de la grâce reçue au baptême.* V. **Confirmation.** *Robe de baptême* (d'un nouveau-né). — *Nom de baptême :* le prénom que l'on donne à celui qui est baptisé. ♦ 2° Par ext. *Le baptême d'une cloche, d'un navire,* etc. V. **Bénédiction.** — *Baptême de la ligne, du tropique :* cérémonie burlesque à bord d'un navire lors du passage de l'équateur, d'un tropique. *Baptême du feu :* premier combat. *Baptême de l'air :* premier vol en avion. *Le baptême du sang :* le martyre.

BAPTISER [batize]. *v. tr.* (fin XIᵉ; lat. chrét. *baptizare,* gr. *baptizein* « immerger »). ♦ 1° Administrer le baptême à. *Faire baptiser un nouveau-né. Baptiser un catéchumène.* « *Je te baptise au nom du Père, du Fils et du Saint-Esprit.* » ♦ 2° Par ext. *Baptiser une cloche, un navire :* les bénir en leur donnant un nom. ♦ 3° Fig. et fam. *Baptiser du vin, du lait :* y mettre de l'eau. ♦ 4° Donner un nom de baptême. — *Par ext.* Donner un sobriquet à qqn, une appellation à qqch. V. **Appeler.** « *La pièce voisine servait au besoin pour de petites opérations. Léon l'avait baptisée* « *le laboratoire* »; *c'était une salle de bains désaffectée* » (MART. du G.). ◇ ANT. **Débaptiser.**

BAPTISMAL, ALE, AUX [batismal, o]. *adj.* (XIIᵉ; lat. *baptisma*). Qui a rapport au baptême. *L'eau baptismale.* — *Les fonts baptismaux.* V. **Fonts.**

BAPTISME [batism(ə)]. *n. m.* (1866; lat. *baptisma*). Doctrine d'après laquelle le baptême doit être administré à des personnes en âge de raison, et par immersion complète. V. **Anabaptisme.**

BAPTISTAIRE [batistɛʀ]. *adj.* (1560; lat. *baptizare* « baptiser »). Qui constate un baptême. *Registre, extrait baptistaire.* — *Subst. Le baptistaire,* l'extrait de baptême. ◇ HOM. **Baptistère.**

BAPTISTE [batist(ə)]. *adj. et n.* (1751; angl. *baptist*). Qui a rapport au baptisme. *La doctrine baptiste.* — *N.* Partisan du baptisme. ◇ HOM. **Batiste.**

BAPTISTÈRE [batistɛʀ]. *n. m.* (1080; lat. chrét. *baptisterium*). ♦ Édifice annexé à une cathédrale pour y administrer le baptême. *Les baptistères étaient en général ronds ou polygonaux. Le baptistère de Florence.* ♦ 2° Par ext. La chapelle des fonts baptismaux. ◇ HOM. **Baptistaire.**

BAQUET [bakɛ]. *n. m.* (1299; dimin. de *bac* 1). ♦ 1° Cuvier de bois, à bords bas, servant à divers usages domestiques. V. **Baille, cuve, cuvier, jale, seillon.** ♦ 2° (mil. XXᵉ). Siège bas et très emboîtant des voitures de sport et de course. « *De rares voitures de sport offrent des baquets qui vous corsettent de la hanche à l'épaule* » (A. A. T., mai 1970).

BAQUETURES [baktyʀ]. *n. f. pl.* (1701; de *baquet*). Vin qui tombe dans le baquet placé au-dessous du tonneau en perce, pendant le soutirage ou la mise en bouteilles.

1. BAR [baʀ]. *n. m.* (1860; angl. *bar* « barre de comptoir ». puis « comptoir ». ♦ 1° Débit de boissons où l'on consomme debout, ou assis sur de hauts tabourets, devant un long comptoir. ♦ 2° Le comptoir lui-même. V. **Zinc** *(fam.). Installer un bar dans un coin de son appartement. Bar-tabac*. *Café-tabac*.

2. BAR [baʀ]. *n. m.* (fin XIIᵉ; néerl. *baers*). Poisson marin *(Percidés)* appelé *loup* pour sa voracité, à chair très estimée. V. **Loup.**

3. BAR [baʀ]. *n. m.* (1917; gr. *baros* « pesanteur »). Unité de mesure de pression atmosphérique d'un million de dynes par cm². — *Syn.* **Hectopièze** (V. **Barye, pascal, pièze**). ◇ HOM. **Bard, barre.**

BARAGOUIN [baʀagwɛ̃]. *n. m.* (1532; « celui qui parle une langue incompréhensible », XIVᵉ; du bret. *bara* « pain », et *gwen* « blanc »). Langage incorrect et inintelligible, et *par ext.* Langue que l'on ne comprend pas et qui paraît barbare. V. **Langage; jargon; charabia.**

BARAGOUINAGE [baʀagwinaʒ]. *n. m.* (1546; de *baragouiner*). Action de baragouiner.

BARAGOUINER [baʀagwine]. *v.* (1583; de *baragouin*). ♦ 1° V. tr. *Fam.* Parler (une langue) en l'estropiant. *Baragouiner le français.* « *J'entends très bien l'italien; pour ce qui est de le parler, je baragouine quelques mots* » (FLAUB.). ♦ 2° V. intr. Parler une langue qui paraît barbare à ceux qui ne la comprennent pas. *Ces étrangers baragouinent entre eux.*

BARAGOUINEUR, EUSE [baʀagwinœʀ, øz]. *n.* (1669; de *baragouiner*). Personne qui baragouine. « *Deux carognes de baragouineuses me sont venues accuser* » (MOL.).

BARAKA [baʀaka]. *n. f.* (1920; mot arabe « bénédiction »). Chance (français du Maroc). « *Vraiment, j'avais la baraka* » (FERNIOT).

BARAQUE [baʀak]. *n. f.* (fin XIVᵉ; catalan *barraca,* XIIIᵉ « hutte »). ♦ 1° Construction provisoire en planches. V. **Abri, cabane, hutte, loge.** Ensemble de baraques. V. **Baraquement.** *Des baraques de forains. Une petite baraque servant de boutique.* V. **Échoppe.** ♦ 2° Par ext. *Fam.* Maison mal bâtie, peu solide. V. **Bicoque, masure.** *Cette vieille baraque commence à s'écrouler.* ◇ *Fig. et péj.* Maison, établissement

où l'on ne se trouve pas bien. V. **Boîte, boutique, crémerie.** *On gèle dans cette baraque.* Loc. fam. *Casser* la baraque.*

BARAQUÉ, ÉE [baʀake]. *adj.* (XXᵉ; de *baraque* « bâtiment »). *Pop.* Fait, bâti (d'une personne). *Il est bien baraqué :* grand et fort.

BARAQUEMENT [baʀakmɑ̃]. *n. m.* (1836; de *baraquer*). Ensemble de baraques. *Construire des baraquements.*

1. BARAQUER [baʀake]. *v. tr.* (XVIIᵉ; de *baraque*). *Vx.* Installer dans des baraques.

2. BARAQUER [baʀake]. *v. intr.* (XXᵉ; de l'arabe *barak*). *Le chameau, le dromadaire baraquent :* s'accroupissent.

BARATERIE [baʀatʀi]. *n. f.* (1679; « tromperie », fin XIIIᵉ; a. fr. *barater* « tromper »; o. i.). *Dr. marit.* Faute commise dans l'exercice de ses fonctions par le capitaine, maître ou patron du navire.

BARATIN [baʀatɛ̃]. *n. m.* (1926; d'abord « portefeuille vide substitué par un complice » (1911); du prov. *barat,* rad. de *baraterie*). *Pop.* Discours abondant, particulièrement celui qui tend à en faire accroire, à circonvenir. V. **Boniment.** *Assez de baratin! Faire du baratin à qqn.*

BARATINER [baʀatine]. *v.* (1926; de *baratin*). *Pop.* ♦ 1° V. intr. Faire du baratin. ♦ 2° V. tr. Essayer d'abuser (qqn) par un baratin. *Baratiner un client; une femme.*

BARATINEUR, EUSE [baʀatinœʀ, øz]. *n. et adj.* (1935; de *baratiner*). *Pop.* Qui baratine, a du bagou.

BARATTAGE [baʀataʒ]. *n. m.* (1863; de *baratter*). Action de baratter (la crème) pour obtenir le beurre.

BARATTE [baʀat]. *n. f.* (1549; de *baratter*). Instrument ou machine à battre le lait pour en extraire le beurre.

BARATTER [baʀate]. *v. tr.* (1583; « agiter », 1546; a. fr. *barate* « agitation », du scand. *barâtta* « combat »). Battre (la crème) pour en extraire le beurre.

BARBACANE [baʀbakan]. *n. f.* (XIIᵉ; arabe *barbakkaneh*). ♦ 1° Fortif. Au moyen âge, Ouvrage avancé, percé de meurtrières. — Meurtrière pratiquée dans le mur d'une forteresse pour tirer à couvert. « *Des pierrailles remplissaient les barbacanes des tours* » (GAUTIER). ♦ 2° Archit. Ouverture verticale et étroite dans le mur d'une terrasse pour l'écoulement des eaux.

BARBANT, ANTE [baʀbɑ̃, ɑ̃t]. *adj.* (1901; de *barber*). *Fam.* Qui barbe, ennuie. V. **Barbifiant, rasant.**

BARBAQUE [baʀbak]. *n. f.* (1873; p.-ê. du roum. *berbec* « mouton » ou esp. *barbacoa.* V. **Barbecue**). *Fam.* Mauvaise viande. — *Pop.* Viande.

BARBARE [baʀbaʀ]. *adj.* (1308; lat. *barbarus*). ♦ 1° Étranger, pour les Grecs et les Romains et, plus tard, pour la chrétienté. *Les invasions barbares.* Subst. « *Rome, devenue la proie des barbares* » (BOSS.). ♦ 2° Vieilli. Qui n'est pas civilisé. V. **Arriéré, primitif, sauvage.** Subst. « *Dans la progression des lumières croissantes, nous paraîtrons nous-mêmes des barbares à nos arrières-neveux* » (CHATEAUB.). — Fig. *C'est un barbare :* un inculte, incapable d'apprécier les beautés de l'art.* V. **Béotien, brute, ignorant.** ♦ 3° Qui choque, qui est contraire aux règles, au goût, à l'usage. V. **Grossier, rude.** *Manières, style, terme, musique barbares. Une façon de parler barbare.* V. **Incorrect; barbarisme.** « *Ce livre barbare, mal équarri, sans art, sans grâce* » (GIDE). ♦ 4° Vx. Qui a la cruauté du barbare. V. **Cruel, dur, féroce, impitoyable, inhumain, sauvage.** « *La populace toujours barbare quand on lui lâche la bride* » (VOLT.). — *Mod.* (Choses) *Un crime barbare.* ◇ ANT. **Civilisé, policé, raffiné. Bon, humain.**

BARBARESQUE [baʀbaʀɛsk(ə)]. *adj. et n.* (1534; it. *barbaresco* « barbare »). Qui a rapport au pays autrefois désignés sous le nom de *Barbarie* (Afrique du Nord). V. aussi **Berbère.** *Les États barbaresques. Les pirates barbaresques.*

BARBARIE [baʀbaʀi]. *n. f.* (1495; lat. *barbaria*). ♦ 1° Manque de civilisation, état d'un peuple non civilisé. *Tirer un peuple de la barbarie.* « *Des restes de barbarie traînent encore, dit M. Bergeret, dans la civilisation moderne* » (FRANCE). ♦ 2° Absence de goût, grossièreté de barbare. V. **Grossièreté, ignorance, rudesse.** « *Il y a une espèce de barbarie à latiniser des noms français* » (VOLT.). ♦ 3° Cruauté de barbare. V. **Cruauté; brutalité, dureté, férocité, inhumanité, sauvagerie.** *Commettre des actes de barbarie.* ◇ ANT. **Civilisation. Raffinement. Bonté, humanité.**

BARBARISME [baʀbaʀism(ə)]. *n. m.* (1265; lat. *barbarismus*). Faute grossière de langage, emploi de mots forgés ou déformés, utilisation d'un mot dans un sens qu'il n'a pas. V. **Impropriété, incorrection, solécisme.** — Mot ainsi employé. *Solutionner* (pour *résoudre*) *une question est un barbarisme.*

1. BARBE [baʀb(ə)]. *n. f.* (fin XIᵉ; lat. *barba*). ♦ 1° Poil du menton, des joues et de la lèvre supérieure. *Poils de barbe, un poil de barbe* (V. *ci-dessous,* 2°). *Avoir la barbe dure. Visage sans barbe.* V. **Glabre, imberbe.** *Première barbe.* V. **Duvet.** *Se faire raser, se faire faire la barbe.* V. **Raser; barbier.** *Plat, savon à barbe. Une barbe de huit jours,* pas rasée depuis huit jours. « *Une barbe de plusieurs jours dévorait les joues jusqu'aux pommettes* » (MAURIAC). *Avoir de la barbe au menton.* V. **Poil.** *Porter un collier de barbe.*

V. **Collier.** *Femme à barbe* (virilisme pilaire). Loc. *Rire dans sa barbe*, en se cachant, à part soi. *Parler dans sa barbe*, de manière inaudible. — *A la barbe de qqn*, devant lui, en dépit de sa présence. « *Passant sur le pont de la Nivelle, à la barbe des carabiniers d'Espagne* » (LOTI). — Par ext. *Une vieille barbe*, un vieil homme qui n'est pas à la page. V. **Birbe.** ◇ *De la barbe à papa*, friandise en filaments légers de pâte de guimauve. ♦ 2° *Spécialt.* Poils qu'on laisse pousser sur le menton (ou le menton et les joues). V. **Barbouze; barbiche, bouc, collier, impériale.** *Porter la barbe et la moustache. Barbe en éventail, en pointe. Fausse barbe.* ♦ 3° *Fig. et pop. La barbe!* exclamation pour : assez, cela suffit. *Quelle barbe!* quel ennui! V. **Barbant.** « *Mais que cela peut être ennuyeux! Ah! Beethoven, la barbe!* » (PROUST). ♦ 4° Par ext. *Zool.* Longs poils que certains animaux ont à la mâchoire, au museau. *Barbe de chèvre.* — Cartilages servant de nageoire aux poissons plats (ex. : *limande; barbue*). ♦ 5° *Par anal.* Filet délié. ◇ *Bot.* Chacune des pointes effilées des glumes de certains épis (ex. : *orge*). ◇ *Zool.* Chacun des filaments serrés formant la plume (de chaque côté du tuyau). V. **Barbule.** ◇ *(Plur.)* Irrégularités au bord d'une page coupée; irrégularités d'une ligne mal encrée. V. **Bavure.**

2. **BARBE** [baʀb(ə)]. *n. m.* (1534; it. *barbero*). Cheval d'Afrique du Nord (V. **Barbarie**). *Les barbes sont très rapides.* Par appos. *Un cheval barbe.*

1. **BARBEAU** [baʀbo]. *n. m.* (1175; lat. pop. *barbellus*, rac. *barba; à cause des barbillons*). ♦ 1° Poisson d'eau douce, à barbillons (*Cyprinidés*), à chair estimée. ♦ 2° (1865). *Pop.* Souteneur. V. **Maquereau.** « *Le barbeau reste fidèle à la casquette* » (COLETTE).

2. **BARBEAU** [baʀbo]. *n. m.* (1642; de *barbe*). Plante à fleur bleue. V. **Bleuet, centaurée.** — Adj. *Bleu °barbeau*, bleu vif.

BARBECUE [baʀbəkju(ky)]. *n. m.* (1954; mot angl. (1661), de l'esp. *barbacoa*, mot haïtien. V. **Barbaque**). *Cuis.* Appareil au charbon de bois, pour faire des grillades en plein air.

BARBELÉ, ÉE [baʀbəle]. *adj.* (1120; a. fr. *barbel*, dimin. de *barbe* « pointe »). Qui est garni de pointes disposées comme les barbes d'un épi. *Fil de fer barbelé.* V. **Ronce.** « *Quelques arpents soigneusement entourés de treillages barbelés* » (DUHAM.). — *Milit.* Subst. *Barbelés, réseaux de barbelés :* ensemble d'ouvrages en fil de fer barbelé. V. **Frise** (chevaux de). *Derrière les barbelés.*

BARBELURE [baʀbəlyʀ]. *n. f.* (1907, t. de chir. au XIV° s., de l'anc. fr. *barbel*). Réseau de pointes disposées en barbes d'épi. *Les barbelures des grilles d'un parc.*

BARBER [baʀbe]. *v. tr.* (1882; « raser », 1600; de *barbe*). *Pop. et fam.* V. **Ennuyer; assommer, raser.** *Cela me barbe. Vous me barbez avec vos histoires.* — Pronom. *Se barber*, s'ennuyer. *On s'est barbé toute la journée.* V. **Barbifier.**

BARBET [baʀbɛ]. *n. m.* (1508; de *barbe*). Espèce d'épagneul à poil long et frisé. — Adj. *Chien barbet.*

BARBETTE [baʀbɛt]. *n. f.* (1360; de *barbe*). ♦ 1° Guimpe de religieuse, qui couvre la poitrine et le cou. ♦ 2° *Fortif.* Plate-forme assez élevée pour que les canons puissent tirer par-dessus le parapet. — Mar. *Batterie à barbettes :* canons placés sur le pont supérieur pour tirer à ciel ouvert.

BARBICHE [baʀbiʃ]. *n. f.* (1694; de *barbe*). Petite barbe qu'on laisse pousser au menton. *La barbiche de Napoléon III.* V. **Impériale.**

BARBICHETTE [baʀbiʃet]. *n. f.* (XX°; de *barbiche*). *Fam.* Petite barbiche. *Je te tiens par la barbichette* (Chans. enfantine).

BARBIER [baʀbje]. *n. m.* (1241; de *barbe*). *Ancienn.* Celui dont le métier est de faire la barbe au rasoir à main. *Les barbiers du XVIII° siècle.* « *Le barbier de Séville* » (BEAUMARCH.). — *Région.* Au Canada, Coiffeur pour hommes. V. **Coiffeur.**

BARBIFIANT, ANTE [baʀbifjɑ̃, ɑ̃t]. *adj.* (1922; de *barbifier*). *Fam.* Ennuyeux. V. **Assommant, barbant, rasant.** « *Je le trouve le plus barbifiant des raseurs* » (PROUST). On dit aussi *Barbifique.*

BARBIFIER [baʀbifje]. *v. tr.* (XVII°; de *barbe*). ♦ 1° *Fam.* Raser, faire la barbe. ♦ 2° *Fam.* (1922). Ennuyer. V. **Barber, raser.** *Se barbifier :* s'ennuyer.

BARBILLE [baʀbij]. *n. f.* (1751; dimin. de *barbe*). Filament qui reste parfois au flan des monnaies.

1. **BARBILLON** [baʀbijɔ̃]. *n. m.* (1398; de *barbille*). Filament charnu aux bords de la bouche de certains poissons (ex. : *chez le barbeau*). V. **Palpe.** — *Barbillons du cheval, du bœuf :* replis de la muqueuse de la bouche, sous la langue.

2. **BARBILLON** [baʀbijɔ̃]. *n. m.* (1398; de *barbeau* 1). Petit barbeau.

BARBITAL [baʀbital]. *n. m.* (1959; de *barbiturique*, et suff. *-al*). *Méd.* Barbiturique hypnotique et sédatif à action lente. V. aussi **Phénobarbital.**

BARBITURIQUE [baʀbityʀik]. *adj. et n. m.* (1865; all. *barbitursäure*, créé par Baeyer, et *urique*). *Chim.* Se dit d'un

acide dont les dérivés sont utilisés comme sédatifs, somnifères (véronal, gardénal, etc.). — *Cour.* Ces sédatifs.

BARBITURISME [baʀbityʀism(ə)]. *n. m.* (1953; de *barbiturique*). *Méd.* Intoxication par les barbituriques.

BARBON [baʀbɔ̃]. *n. m.* (XVI°; it. *barbone* « grande barbe »). *Vx* ou *plaisant.* Homme d'âge plus que mûr. V. **Birbe** (pop.).

BARBOTAGE [baʀbɔtaʒ]. *n. m.* (1580; de *barboter*). ♦ 1° Action de barboter dans l'eau. *Le barbotage des canards.* ♦ 2° *Chim., Techn.* Passage d'un gaz dans un liquide.

BARBOTE [baʀbɔt]. *n. f.* (XIII°; de *barboter*). Nom vulgaire de deux poissons de rivière. V. **Loche, lotte.**

BARBOTER [baʀbɔte]. *v.* (fin XII°, « marmotter »; p.-ê. de *bourbe*). ♦ 1° V. *intr.* S'agiter, remuer dans l'eau, la boue. *Les canards barbottent dans la mare* (V. **Barbotière**). *Barboter dans son bain.* — Marcher dans une eau bourbeuse. *Le jardin est inondé, on y barbote partout.* V. **Patauger.** ♦ 2° *Chim.* Se dit d'un gaz qui traverse un liquide. ♦ 3° (1821). V. tr. *Pop.* Voler. *On lui a barboté son portefeuille.* V. **Chiper, piquer.**

BARBOTEUR, EUSE [baʀbɔtœʀ, øz]. *n.* (1560; de *barboter*). ♦ 1° Personne qui barbote. ♦ 2° N. m. *Chim.* Appareil où barbote un gaz traversant un liquide. *Techn.* Récipient pour le lavage de certains minerais.

BARBOTEUSE [baʀbɔtøz]. *n. f.* (v. 1930; de *barboter*). Vêtement de jeune enfant, qui laisse les membres à nu.

BARBOTIÈRE [baʀbɔtjɛʀ]. *n. f.* (1863; de *barboter*). Mare où barbotent les canards.

BARBOTIN [baʀbɔtɛ̃]. *n. m.* (1863; nom de l'inventeur). ♦ 1° *Mar.* Couronne de métal sur laquelle viennent s'engrener les maillons d'une chaîne. ♦ 2° *Par anal.* Roue dentée entraînant la chenille d'un véhicule.

BARBOTINE [baʀbɔtin]. *n. f.* (1532; de *barboter*). *Céram.* Pâte délayée que l'on emploie pour les pièces se fabriquant par coulage.

BARBOUILLAGE [baʀbujaʒ]. *n. m.* (1588; de *barbouiller*). Action de barbouiller; son résultat. V. **Gribouillage, gribouillis, griffonnage.** *Spécialt.* Mauvaise peinture.

BARBOUILLE [baʀbuj]. *n. f.* (mil. XX°; de *barbouiller*). *Fam. et péj.* Activité de l'artiste peintre ou du peintre en bâtiment. *Être dans la barbouille.*

BARBOUILLER [baʀbuje]. *v. tr.* (XIV°; de *bourde*, avec infl. de *barboter*, et *bouillir*). ♦ 1° Couvrir d'une substance salissante. V. **Salir; couvrir, maculer, souiller, tacher.** *Barbouiller un livre d'encre. Le visage barbouillé de confiture.* ♦ 2° Étendre grossièrement une couleur avec une brosse. V. **Enduire.** *Barbouiller un mur.* — *Par ext.* Peindre grossièrement. « *Un amateur qui barbouille des toiles le dimanche* » (SARTRE). V. **Peinturlurer.** ♦ 3° *Par ext.* Charger de gribouillages, de griffonnages. *Barbouiller du papier.* V. **Gribouiller, griffonner.** *Fig.* Écrire des choses de peu de valeur. ♦ 4° *Fig. et fam. Barbouiller l'estomac, le cœur :* donner la nausée. *Avoir l'estomac barbouillé.* V. **Embarrassé.** ◇ ANT. Débarbouiller, laver, nettoyer.

BARBOUILLEUR, EUSE [baʀbujœʀ, øz]. *n.* (1480; de *barbouiller*). Personne qui barbouille. *Barbouilleur de papier*, mauvais écrivain. — *Spécialt.* Mauvais peintre. « *Ces peintures, faites par des barbouilleurs de province* » (GAUTIER).

BARBOUZE [baʀbuz]. *n. f.* (1926; de *barbe*). ♦ 1° *Pop.* Barbe. ♦ 2° (1961, à cause de la fausse barbe qu'il porte parfois). Agent secret (police, espionnage).

BARBU, UE [baʀby]. *adj.* (1213; lat. *barbatus*). Qui a de la barbe, porte la barbe (1, 2°). « *Quant aux faiseurs de vers, ces fainéants barbus* » (VERLAINE). — Subst. *Un barbu*, un homme barbu. ◇ ANT. **Glabre.** — HOM. **Barbue** (poisson).

BARBUE [baʀby]. *n. f.* (XIII°; de *barbu*, d'apr. *barbe* 1, 4°). Poisson de mer plat du même genre que le turbot. ◇ HOM. **Barbu.**

BARBULE [baʀbyl]. *n. f.* (1846; dimin. de *barbe*). *Zool.* Chacun des petits crochets qui relient une barbe de plume à la barbe contiguë.

BARCAROLLE [baʀkaʀɔl]. *n. f.* (1767; it. *barcarola*, de *barcarolo* « gondolier », de *barca* « barque »). Chanson des gondoliers vénitiens. — *Par ext.* Pièce de musique vocale ou instrumentale sur un rythme berceur à trois temps.

BARCASSE [baʀkas]. *n. f.* (1834; de *barque*). *Mar.* Grosse barque. *Barcasse pour le débarquement des passagers d'un navire.*

BARD [baʀ]. *n. m.* (*Beart*, déb. XIII°; de *béer*). Grande civière à claire-voie pour le transport à bras des fardeaux. « *Des femmes passèrent dans la cour avec un bard d'où dégouttelait du linge* » (FLAUB.). ◇ HOM. **Bar, barre.**

BARDA [baʀda]. *n. m.* (1848; arabe *barda'a* « bât »). *Arg. milit.* L'équipement du soldat. — *Par ext.* V. **Bagage, chargement.** *Prenez tout votre barda.*

BARDAGE [baʀdaʒ]. *n. m.* (1853; de *barder* 1). ♦ 1° Transport sur les bards. ♦ 2° Protection en planches autour d'un ouvrage d'art.

BARDANE [baʀdan]. *n. f.* (XV° : mot lyonn. « punaise »; lat. pop. °*barrum* « boue »). Plante commune dans les décombres, dont les fruits s'accrochent aux vêtements, aux toisons.

1. BARDE [baʀd(ə)]. *n. m.* (1512; lat. *bardus*, mot gaul.). Poète celtique qui célébrait les héros et leurs exploits. V. **Barda**.

2. BARDE [baʀd(ə)]. *n. f.* (« bât », fin XIIIᵉ; arabe *barda'a*. V. **Barda**). ♦ 1° Armure de lames de fer qui protégeait le poitrail et la croupe du cheval. ♦ 2° (1680). *Cuis.* Mince tranche de lard ou de gras de veau dont on entoure les viandes à rôtir.

3. BARDE [baʀd(ə)]. *n. f.* (1927; de *barder* « aller à toute allure ». V. **Barder** 2). *Loc. adv. Fam. À toute barde,* à toute allure.

BARDEAU [baʀdo]. *n. m.* (1539; « bâtardeau », XIVᵉ; de *barde* 2. V. **Bardot**). Petite planche clouée sur volige employée dans la construction, surtout pour remplacer tuiles et ardoises dans la couverture des maisons. *Un toit de bardeaux.* ◇ HOM. *Bardot.*

1. BARDER [baʀde]. *v. tr.* (1427; de *barde* 2). ♦ 1° Couvrir un cheval d'une barde. — Par ext. *Un chevalier bardé de fer :* recouvert d'une armure. V. **Caparaçonné, cuirassé.** — *Fig. Être bardé de décorations :* en être couvert. ♦ 2° *Cuis.* Entourer de bardes. *Barder un rôti.*

2. BARDER [baʀde]. *v. intr. impers.* (1894; « être plein », 1846; de *barder* « charger sur un *bard* » (1751). *Pop.* Prendre une tournure violente. *S'il se met en colère, cela va barder!* V. **Chauffer** *(pop.),* gâter (se).

BARDIS [baʀdi]. *n. m.* (déb. XVIᵉ; de *barde* 2). *Mar.* Cloison de planches que l'on dispose dans la cale ou l'entrepont d'un navire pour caser une marchandise en vrac.

BARDOT ou **BARDEAU** [baʀdo]. *n. m.* (1367; it. *bardotto* « bête qui porte le bât ». V. **Barda, barde** 2). Petit mulet produit de l'accouplement du cheval et de l'ânesse.

-BARE. Élément, du gr. *barus* « lourd », servant à désigner la pression atmosphérique.

BARÈME [baʀɛm]. *n. m.* (déb. XIXᵉ; de *François Barrême,* inventeur, 1670). Recueil de tableaux numériques donnant le résultat de certains calculs. *Barème des intérêts. Barème des salaires.*

BARESTHÉSIE [baʀɛstezi]. *n. f.* (1959; de *bar,* et *-esthésie*). *Méd.* Sensibilité profonde au poids ou à la pression.

1. BARGE [baʀʒ(ə)]. *n. f.* (1553; o. i.). Oiseau échassier de la famille des bécasses, au bec très long, légèrement relevé en avant, qui fréquente les marais.

2. BARGE [baʀʒ(e)]. *n. f.* (1080; même étym. que *barque*). ♦ 1° Embarcation à fond plat. — Grande péniche plate. ♦ 2° *Agric.* Meule de foin rectangulaire.

BARGUIGNER [baʀgiɲe]. *v. intr.* (fin XIIᵉ, « marchander »; frq. °*borgonjan,* all. *borgen* « emprunter »). *Vieilli.* Hésiter, avoir de la peine à se déterminer; surtout dans *Sans barguiner.* « *Il ne serait pas parti comme ça sans barguigner* » (SAND). ◇ ANT. **Décider** (se).

BARIL [bari(l)]. *n. m.* (XIIᵉ; lat. pop. °*barriculus*; o.i.). ♦ 1° Petit tonneau, petite barrique. V. **Futaille, tonnelet.** *Baril de harengs.* V. **Caque.** *Baril de poudre.* ♦ 2° (1913, d'après angl. *barrel*). Unité de mesure du pétrole (158,8 l). ◇ HOM. *Barrit, barye.*

BARILLET [baʀijɛ; -lɛ]. *n. m.* (fin XIIIᵉ; de *baril*). ♦ 1° Petit baril. ♦ 2° *Par ext.* Se dit de divers dispositifs de forme cylindrique. *Barillet d'une montre, d'une pendule :* boîte qui renferme le ressort moteur. *Barillet d'un revolver :* cylindre où sont logées les cartouches. *Barillet de serrure,* partie cylindrique du bloc de sûreté.

BARIOLAGE [baʀjɔlaʒ]. *n. m.* (XIVᵉ; de *barioler*). Action de barioler; assemblage de diverses couleurs. V. **Bigarrure.**

BARIOLÉ, ÉE [baʀjɔle]. *adj.* (1617; *barrolé,* 1546; de *barre,* et a. fr. *rioler* « rayer », lat. *regula*). Coloré de tons vifs, variés et bizarrement assortis. V. **Multicolore.** *Une étoffe bariolée.* « *Une foule bariolée, vêtue des couleurs les plus voyantes de l'arc-en-ciel* » (LOTI).

BARIOLER [baʀjɔle]. *v. tr.* (fin XVIIIᵉ; de *bariolé*). Peindre de diverses couleurs bizarrement assorties. V. **Bigarrer, peinturlurer.**

BARIOLURE [baʀjɔlyʀ]. *n. f.* (1808; de *barioler*). Aspect bariolé. V. **Bariolage, bigarrure.**

BARLONG, ONGUE [baʀlɔ̃, 5g]. *adj.* (*Belong,* 1265; de *long,* et *bes;* lat. *bis* « deux fois »). *Archit.* Dont le côté le plus long se présente de face.

BARLOTIÈRE [baʀlɔtjɛʀ]. *n. f.* (1791; altér. de *barrelotière,* de *barre*). Traverse de fer d'un châssis de vitrail.

BARMAID [baʀmɛd]. *n. f.* (1861; de *bar,* et *maid* « serveuse »). Serveuse d'un bar. *Des barmaids.*

BARMAN [baʀman]. *n. m.* (1873; mot angl., de *bar,* et *man* « serveur »). Serveur d'un bar. V. **Garçon** (de café). *Des barmen* [mɛn], ou *barmans.*

BARN [baʀn]. *n. m.* (1953; mot angl. « grange », par antiphr.). Unité de surface en microphysique (10⁻²⁴ cm²).

BARNABITE [baʀnabit]. *n. m.* (1690; de *Barnabé*). Religieux de l'ordre des clercs de Saint-Paul, dont les fondateurs s'assemblèrent dans l'église de Saint-Barnabé de Milan.

BARO-. Élément, du gr. *baros* « pesanteur ».

BAROGRAPHE [baʀɔgʀaf]. *n. m.* (1877; de *baro-,* et *-graphe*). Baromètre enregistreur traçant la courbe des altitudes d'un avion. V. **Altimètre.**

BAROMÈTRE [baʀɔmɛtʀ(ə)]. *n. m.* (1666; formé en angl. du gr. *baros* « pesanteur », et *metron* « mesure »). Instrument qui sert à mesurer la pression atmosphérique. *Baromètre à cuvette,* composé d'un tube plongeant dans une cuvette remplie de mercure. *Baromètre à siphon,* composé d'un tube recourbé. *Baromètre à cadran,* muni d'un flotteur qui fait tourner l'aiguille sur un cadran divisé. *Baromètre anéroïde. Baromètre enregistreur des altitudes.* V. **Barographe.** *Le baromètre est au beau fixe, au variable, à la pluie.* — *Fig. Ce qui est sensible à des variations et permet de les apprécier. La bourse des valeurs, baromètre de la confiance publique.*

BAROMÉTRIQUE [baʀɔmetʀik]. *adj.* (1752; de *baromètre*). Qui a rapport au baromètre. *Hauteur barométrique,* hauteur de la colonne de mercure. *Courbe barométrique,* d'un baromètre enregistreur. *Variations barométriques.*

1. BARON, ONNE [ba(ɑ)ʀɔ̃, ɔn]. *n. m.* (Xᵉ; frq. °*bato-* « homme libre »). ♦ 1° *Féod.* Tout grand seigneur du royaume. *Les hauts barons de France.* ♦ 2° Possesseur du titre de noblesse entre celui de chevalier et celui de vicomte. ♦ 3° *Arg.* (1901). Protecteur; complice. ◇ (mot amér. « magnat »). Personnage important. *Les barons du gaullisme; de la presse, de l'industrie.* V. **Magnat.**

2. BARON [ba(ɑ)ʀɔ̃]. *n. m.* (1839; p.-ê. du précéd.). *Cuis.* Pièce de viande. *Baron d'agneau :* les deux gigots et les deux filets.

BARONNAGE [ba(ɑ)ʀɔnaʒ]. *n. m.* (XIIᵉ; de *baron*). Qualité de baron. Ensemble des barons.

BARONNET [ba(ɑ)ʀɔnɛ]. *n. m.* (1660; mot angl.; de *baron*). En Angleterre, Titre héréditaire d'un ordre de chevalerie.

BARONNIE [ba(ɑ)ʀɔni]. *n. f.* (fin XIIᵉ; de *baron*). *Ancienn.* Seigneurie et terre d'un baron.

BAROQUE [baʀɔk]. *adj. et n. m.* (*Perle baroque,* 1531; port. *barroco* « perle irrégulière »; o. i.). ♦ 1° *Ancienn.* Perle baroque, de forme irrégulière. ♦ 2° *Par ext.* (1701). Qui est d'une irrégularité bizarre. V. **Bizarre**; biscornu, choquant, étrange, excentrique, irrégulier. *Idées baroques. Notre-Dame-des-Victoires « est laide à faire pleurer, elle est prétentieuse, elle est baroque* » (HUYSMANS). ♦ 3° *Archit.* (1788, « nuance du bizarre » n, en archit.; 1912, sens mod. repris all. *barock*). ◇ Se dit d'un style qui s'est développé aux XVIᵉ, XVIIᵉ et XVIIIᵉ s. d'abord en Italie, puis dans de nombreux pays catholiques, caractérisé par la liberté des formes et la profusion des ornements. *Les églises baroques de Bavière, du Mexique.* V. **Jésuite, rococo.** — *Par ext. Sculpture, peinture, art baroque.* *Subst. Le baroque, ce style.* ◇ *Bx-arts* (v. 1900) Qui est à l'opposé du classicisme, laisse libre cours à la sensibilité, la fantaisie. *Style baroque en peinture, en musique.* ◇ *Littér.* Se dit de la littérature française sous Henri IV et Louis XIII, caractérisée par une grande liberté d'expression. ◇ ANT. *Normal, régulier. Classique.*

BAROQUISME [baʀɔkism]. *n. m.* (1959; de *baroque*). Caractère baroque d'une œuvre d'art. ◇ ANT. *Classicisme.*

BAROSCOPE [baʀɔskɔp]. *n. m.* (1855; de *baro-,* et *-scope*). Balance qui permet de démontrer le principe d'Archimède et de mesurer la perte de poids d'un corps plongé dans un gaz.

BAROUD [baʀud]. *n. m.* (1924; arabe du Maroc). *Arg. milit.* Combat. *Aimer le baroud.* — *Baroud d'honneur :* dernier combat d'une guerre perdue, pour sauver l'honneur. « *La foule (des Européens d'Alger) peut risquer un baroud d'honneur* » (Gᵃˡ CHALLE). — *Fig.* (1936). « *Baroud d'honneur contre la maladie* » (BAZIN). « *Le baroud d'honneur d'une grève de 24 ou 48 heures* » (*Le Monde,* 21-6-1959).

BAROUDEUR [baʀudœʀ]. *n. m.* (1923; de *baroud*). Celui qui aime le baroud.

BAROUF [baʀuf] ou **BAROUFLE** [baʀufl(ə)]. *n. m.* (1861; it. *baruffa* « bagarre »). *Pop.* Grand bruit. V. **Boucan, tapage.**

BARQUE [baʀk(ə)]. *n. f.* (début XIVᵉ; prov. *barca,* lat. imp.). Petit bateau non ponté. V. **Embarcation, esquif.** *Barque à rames, à voiles.* V. **Voilier.** *Barque de pêcheur. Promenade en barque. Mauvaise barque* V. **Coquille** (de noix), *radiot. Sortes de barques.* V. **Barge, cange, canot, gondole, norvégienne, patache, pinasse, pirogue.** ◇ *Trois-mâts barque,* dont le mât de misaine et le grand mât sont gréés de voiles carrées et l'artimon d'une voile aurique. — *Fig. Mener, conduire la barque :* diriger, être le maître. « *C'est moi qui mène la barque, c'est moi qui décide* » (MAURIAC). *Bien mener sa barque :* bien conduire son entreprise.

BARQUETTE [baʀkɛt]. *n. f.* (1238, « petite barque »; de *barque*). *Mod.* (1740). Pâtisserie, tartelette de forme allongée. *Barquette aux fraises.*

BARRACUDA [baʀakyda]. *n. m.* (1848; de l'angl. *barracoutha*). Gros poisson osseux du genre sphyrène*. *Le barracuda est un poisson des mers chaudes.*

BARRAGE [ba(a)ʀaʒ]. *n. m.* (XIIᵉ; de *barrer*. V. **Barre**).
♦ 1º Action de barrer (un passage). *Le barrage d'une rue.* —
Ce qui barre (un passage). V. **Barrière.** *Établir un barrage à
l'entrée d'une rue* (V. aussi **Barricade**). *Tir de barrage. Un
barrage de police, un barrage d'agents* (V. **Cordon**). *Barrage
de radeaux, chaînes, pour fermer un port.* V. **Estacade.** *Franchir
le barrage. Faire barrage à :* empêcher de passer, et *fig.* d'agir.
V. **Obstacle.** ◇ *Psychiatr.* Arrêt brusque d'une activité
de la parole, traduisant une réaction de défense, observé
chez certains malades mentaux. — *Psychan.* Rejet involontaire d'une réalité psychique perturbante. V. **Blocage.** ♦
2º Ouvrage hydraulique qui a pour objet de relever le plan
d'eau, d'accumuler ou de dériver l'eau d'une rivière. *Barrage-
poids, barrage-voûte. Barrage d'accumulation, barrage-
réservoir. Barrage de retenue pour la dérivation des eaux.*
V. **Digue.** *Barrage de régulation. Barrage mobile.* V. **Fermette,
hausse, pertuis, vanne.** *Barrage d'une écluse.* V. **Écluse.** —
Barrage d'une usine hydro-électrique. — *Barrage de prise,*
robinet à la sortie de la conduite de ville. ◇ ANT. *Ouverture.*

BARRE [ba(a)ʀ]. *n. f.* (fin XIIᵉ; lat. pop. °*barra,* p.-ê. du
gaul. °*barro* « sommet »). ♦ 1º Pièce de bois, de métal, etc.,
longue et rigide. *Barre de bois* (V. **Bâton**; baguette), *de fer,* V.
Tringle. *Barres transversales d'une grille, d'une croisée.* V.
Barreau, croisillon, traverse. *Assommer à coups de barre.* —
Fig. et fam. COUP DE BARRE : coup qui étourdit. *C'est le coup
de barre, c'est très cher.* V. **Coup** (de fusil, etc.). [1868].
Avoir le coup de barre, se sentir soudain très fatigué. ◇ *Une
barre d'or.* V. **Lingot.** *De l'or, de l'argent en barre.* Fig. et
fam. *C'est de l'or en barre :* une valeur, un placement sûr. ◇
(Par anal. de forme). *Barre de chocolat.* V. **Bille,** 2. ♦ 2º Spécialt. *Barre d'appui,* qui sert d'appui à une fenêtre. — *Chorégr.* La barre scellée au mur et qui sert d'appui aux danseurs
pour leurs exercices. *Exercices à la barre.* — *Gym.* Barre
fixe, traverse horizontale sur deux montants. *Barres parallèles,* horizontales de même hauteur sur des montants. —
Auto. *Barre d'accouplement,* qui relie les roues directrices
et assure leur parallélisme. V. **Direction.** ◇ *Mar. Barre
du gouvernail :* le levier ou la roue qui actionne le gouvernail.
V. **Franc** (barre franche), **roue** (barre à roue). *Être à la
barre.* V. **Barrer, gouverner.** ◇ *L'homme de barre.* V. **Barreur,
timonier.** Fig. *Prendre la barre, tenir la barre, être à la barre :*
prendre, avoir la direction. V. **Diriger, gouverner.** — *Barres
de flèche,* pièces de bois ou de métal qui écartent les haubans
du mât. *Barre d'écoute,* ferrure permettant de régler le
point de tire de l'écoute de grand-voile. ◇ *La barre du tribunal :* barrière qui séparait les juges du public. *Par ext.*
Lieu où comparaissent les témoins, où plaident les avocats
et les avoués à l'audience. ♦ 3º *Mar.* Amas de sable qui
barre l'entrée d'un port ou l'embouchure d'un fleuve.
Déferlement violent de la houle sur les hauts fonds. V. **Mascaret.** ♦ 4º Zool. *Barres du cheval ;* espace vide de la mâchoire
du cheval entre les crochets et les molaires. *Le mors appuie
sur les barres.* ♦ 5º Trait qui imite une barre. *Tirer une barre
pour biffer un passage.* V. **Rature; barrer.** *Barre de soustraction. La barre du t. Cet écolier fait des barres.* V. **Bâton.** ◇
Fig. V. **Bande, ligne, trait.** « *Cependant une barre d'or se forma
dans l'Orient* » (CHATEAUB.). — *Blas.* Trait qui sépare obliquement l'écu de gauche à droite, de l'angle senestre du chef
à l'angle dextre de la pointe. *La barre et la bande.* ◇ *Mus.
Barre de mesure :* trait vertical qui sépare les mesures. *Double
barre,* indiquant la fin d'un morceau. ◇ BARRES se dit d'un
jeu de course entre deux camps limités chacun par une barre
tracée sur le sol. *Enfants qui jouent aux barres.* Loc. *Avoir
barre* (ou *barres*) *sur qqn,* se dit d'un joueur qui prend l'avantage sur son adversaire. Fig. Avoir l'avantage. V. **Dominer.**
« *Mon père lui assura qu'il avait barre sur les Vignotte et qu'il
détenait les moyens de leur fermer la bouche* » (MAURIAC).
◇ HOM. **Bar, bard,** barre (formes du v. **Barrer**)

BARRÉ, ÉE [ba(a)ʀe]. *adj.* et *n. m.* (V. **Barrer**). ♦ 1º *Trav.
publ.* Fermé d'une barre qui empêche le passage. *Rue barrée.*
♦ 2º Traversé de barres. *Chèque barré,* rayé par le tireur de
deux traits transversaux parallèles, afin que seul le banquier
puisse le toucher. ♦ 3º *Chir. Dent barrée,* dont les racines
recourbées rendent l'extraction difficile. ◇ *Méd. Femme
barrée,* dont la symphyse du pubis est anormalement développée dans le sens transversal, ce qui empêche les rapports
sexuels. ♦ 4º *Hérald.* Se dit du champ divisé en parties égales.
Écu barré de huit pièces. ♦ 5º N. m. *Mus.* Action d'appuyer
simultanément sur plusieurs cordes avec l'index le long du
manche de certains instruments à cordes pincées. *Exécuter
un barré à la guitare.*

BARREAU [ba(a)ʀo]. *n. m.* (1285; de *barre*). ♦ 1º Barre
de bois, de métal servant de clôture ou de support. *Les barreaux d'une fenêtre, d'une prison, d'une cage. Les barreaux
d'une échelle* (V. **Échelon**), *d'une vielle.* — *Les barreaux
d'une chaise :* les bâtons qui servent à maintenir les montants.
♦ 2º (XVIᵉ). Espace, autrefois fermé par une barrière, qui
est réservé au banc des avocats dans les salles d'audience.
V. **Barre.** ◇ *Par ext.* Profession, ordre des avocats exerçant
auprès d'un même tribunal. V. **Avocat.** *L'éloquence du barreau. Être inscrit au barreau.* ◇ HOM. *Barrot.*

BARREL. V. **Baril** (2º).

BARREMENT [ba(a)ʀmã]. *n. m.* (1935; de *barrer*). Action
de barrer un chèque.

BARRER [ba(a)ʀe]. *v. tr.* (1190; de *barre*).
I. *V. tr.* ♦ 1º Fermer (une voie) au moyen d'une barre.
◇ *Par ext.* Fermer un chemin, un passage, etc. V. **Boucher,
couper, obstruer.** *Des rochers détachés de la montagne nous
barraient la route.* ♦ 2º *Barrer le passage, la route à qqn :*
l'empêcher de passer, d'avancer ; *fig.* Lui faire obstacle. V.
Barrage, barrière. ◇ *Par ext.* (XVIIIᵉ) *Barrer qqn :* mettre
obstacle à ses projets. *Il est barré par son chef de service.*
♦ 3º *Mar.* Tenir la barre du gouvernail, gouverner une embarcation. ♦ 4º Marquer d'une barre. *Barrer un t. Barrer un
chèque.* V. **Barré.** ◇ *Fig.* V. **Rayer.** « *Les ombres bleues des
peupliers barrent la route* » (JAMMES). ♦ 5º Annuler au
moyen d'une barre. V. **Biffer, raturer, rayer.** *Barrer une
phrase.*
II. SE BARRER (1866). *v. pron. Pop.* Partir, s'enfuir. V.
Tirer (se). *Barre-toi!* « *On m'a dit que la mienne* (ma femme)
s'était barrée » (MAUROIS).
◇ ANT. *Ouvrir.*

1. BARRETTE [baʀɛt]. *n. f.* (1366; it. *baretta, berretta*).
Béret. Toque carrée à trois ou quatre cornes, des ecclésiastiques. Calotte de cardinal. Fig. *Recevoir la barrette :* être
nommé cardinal.

2. BARRETTE [ba(a)ʀɛt]. *n. f.* (1751; de *barre*). ♦ 1º Petite
barre. *Une barrette de diamants.* V. **Broche.** *La barrette
de la Légion d'honneur.* ♦ 2º Pince à cheveux, souvent
munie d'un système de fermeture. ♦ 3º Broder. Bride décorative.

BARREUR, EUSE [ba(a)ʀœʀ, øz]. *n.* (1866; fém., 1881;
de *barre,* 2º, mar.). Personne qui tient la barre du gouvernail
dans une embarcation. « *Les ombrelles des passagers s'épanouissaient à l'arrière des canots* » (MAUPASS.). — (Aviron)
Un quatre sans barreur, avec barreur.

BARRICADE [baʀikad]. *n. f.* (1570; de l'a. fr. *barriquer,*
les barricades étant souvent faites de *barriques*). Obstacle
fait de l'amoncellement d'objets divers pour se mettre à
couvert dans un combat de rues. *Dresser, élever des barricades.* — *Par ext. Les barricades :* la guerre civile, la révolution. « *La monarchie de Juillet était née sur les barricades* »
(BAINVILLE). Fig. *Être de l'autre côté de la barricade* (ou de
la barrière), dans le camp opposé.

BARRICADER [baʀikade]. *v. tr.* (1558; de *barricade*).
I. *V. tr.* ♦ 1º Fermer par une barricade, des barricades.
Les émeutiers avaient barricadé la rue. ♦ 2º *Par ext.* Fermer
solidement. *Barricader une porte avec une barre de fer.* V.
Bâcler. *Barricader une fenêtre avec des planches.*
II. SE BARRICADER. *v. pron.* ♦ 1º Se retrancher derrière
une barricade. ♦ 2º *Par ext.* S'enfermer soigneusement
quelque part. Fig. S'enfermer pour ne voir personne.

BARRIÈRE [ba(a)ʀjɛʀ]. *n. f.* (XIVᵉ; de *barre*). ♦ 1º Assemblage de pièces de bois, de métal qui ferme un passage, sert
de clôture. V. **Clôture, haie, palissade.** *Barrière d'un champ.
Les barrières d'un passage à niveau.* V. **Garde-barrière.**
Ouvrir, fermer une barrière. — *Spécialt.* Porte qui fermait
l'entrée d'une ville, d'un château. — *Par ext. Barrière naturelle :* obstacle naturel qui s'oppose au passage. *Barrière de
corail.* V. **Récif.** *La Grande Barrière d'Australie.* ◇ *Tr.
pub. Barrière de dégel,* signal routier réglementant l'accès
d'une route en cours de dégel aux poids lourds. ♦ 2º *Fig.*
Ce qui sépare, fait obstacle. *Les barrières douanières,* les
droits qui s'opposent au libre échange. « *Retourner à Genève
était mettre entre elle et moi une barrière presque insurmontable* » (ROUSS.). — *Les barrières sociales.* ◇ Limite à ne pas
franchir. *Barrière thermique,* vitesse limite d'un engin spatial,
au-delà de laquelle les effets thermiques sont destructeurs.
◇ ANT. *Accès, ouverture, trait d'union.*

BARRIQUE [baʀik]. *n. f.* (1455; gasc. *barrico.* V. **Baril**).
Tonneau d'environ 200 litres. V. **Fût, futaille, muid.** *Mettre
du vin en barrique. Demi-barrique.* V. **Feuillette.** *Double
barrique bourguignonne.* V. **Queue.** — Fam. *Être gros comme
une barrique.* V. **Gros.** Pop. *Être plein comme une barrique,*
pour avoir trop mangé, trop bu. « *Un convive plein comme
une barrique* » (MAUPASS.).

BARRIR [baʀiʀ]. *v. intr.;* conjug. *finir* (1546; lat. *barrire*).
En parlant de l'éléphant, Pousser un barrissement. *Les éléphants barrissent.*

BARRIT *(vx)* [baʀi] ou **BARRISSEMENT** [baʀismã]. *n.
m.* (1580,-XIXᵉ; de *barrir*). Cri de l'éléphant. ◇ HOM. *Barye.*

1. BARROT [ba(a)ʀo]. *n. m.* (1384; de *barre*). *Mar.*
Poutrelle transversale qui se fixe sur les membrures et soutient
le bordé de pont. V. **Bau.**

2. BARROT [baʀo]. *n. m.* (1323; de *baril*). Baril à anchois.
◇ HOM. *Barreau.*

BARTAVELLE [baʀtavɛl]. *n. f.* (1740; prov. *bartavelo;*

lat. pop. °*vertabella* « loquet », à cause du cri). Espèce de perdrix rouge des montagnes.

BARY-. Élément, du gr. *barus* « lourd ».

BARYCENTRE [baʀisɑ̃tʀ(ə)]. *n. m.* (1928; de *bary-*, et *centre*). Math. Point de l'espace affine, associé fonctionnellement à au moins deux points affectés de coefficients réels, et défini par extension de la notion de centre* de gravité, d'inertie.

BARYE [baʀi]. *n. f.* (1922; gr. *barus* « lourd »). Unité de pression de 1 dyne par cm². V. **Bar, pascal, pièze.** ◇ HOM. *Barrit.*

BARYMÉTRIE [baʀimetʀi]. *n. f.* (1898; de *bary-*, et *-métrie*). Détermination approximative des poids par des mensurations.

BARYON [baʀjɔ̃]. *n. m.* (v. 1959; de *bary-*, et *-on*, de *électron*). Phys. Terme générique des particules élémentaires comprenant les hypérons et les nucléons et qui possèdent une masse égale ou supérieure à celle du proton (interaction forte). V. **Lepton, méson, quark.**

BARYSPHÈRE [baʀisfɛʀ]. *n. f.* (1911; de *bary-*, et *sphère*). Noyau central hypothétique de la Terre, très dense.

BARYTE [baʀit]. *n. f.* (1787; du gr. *barus* « lourd »). Chim. Protoxyde de baryum (BaO) ou hydroxyde de baryum, Ba(OH)₂.

BARYTINE [baʀitin]. *n. f.* (1842; de *baryte*). Sulfate de baryum (BaSO₄).

BARYTON [baʀitɔ̃]. *n. m.* (1655; gr. *barutonos*, de *barus* « grave », et *tonos* « ton »). ♦ 1° *Gram. gr.* Se dit des mots qui n'ont pas l'accent sur la dernière syllabe ou dont la finale est dépourvue de ton. ♦ 2° (1768). Voix d'homme qui tient le milieu entre le ténor et la basse (*ancienn.* bassetaille). *Une voix de baryton.* — *Par ext.* Celui qui a une telle voix. *Un baryton de l'Opéra. Baryton Martin,* à voix élevée. — *Par anal.* Se dit des instruments à vent dont l'échelle sonore correspond à celle du baryton. *Saxophone, trombone baryton.*

BARYUM [baʀjɔm]. *n. m.* (1808; gr. *barus* « lourd »). Métal alcalino-ferreux d'un blanc argenté, qui décompose l'eau à la température ordinaire (Ba = 137,34). *On trouve le baryum à l'état de sulfate* (V. **Barytine**) *et de carbonate* (Withérite). *Hydroxyde de baryum.* V. **Baryte.**

BARZOÏ [baʀzɔj]. *n. m.* (v. 1932; mot russe, « lévrier »). Lévrier russe à poils longs.

1. BAS, BASSE [bɑ, bɑs]. *adj., n. m.* et *adv.* (déb. XIIᵉ; bas lat. *bassus*).

I. *Dans l'espace.* ♦ 1° Qui a peu de hauteur. *Maison basse. Mur bas. Salle basse. Un appartement bas de plafond. Table basse. Être bas sur pattes,* avoir les pattes, les jambes courtes. ♦ 2° Qui se trouve à une faible hauteur. *Plafond bas. Les branches basses d'un arbre. Les nuages sont bas;* par ext. *Ciel bas. Soleil bas,* proche de l'horizon. — *Le bas monde,* la terre (*opposé à* ciel). V. **Ici-bas.** — *Bas ventre*. Coup bas,* porté au-dessous de la hauteur permise. ♦ 3° Dont le niveau, l'altitude est faible. *Les basses eaux.* V. **Étiage.** *Marée basse.* — *Côte basse. Les Pays-Bas. Les basses Alpes. Le bas Rhin,* la région où le Rhin coule à faible altitude. V. **Inférieur.** *La partie basse d'une ville, la basse ville, les bas quartiers.* ♦ 4° Baissé (*opposé à* levé). *Marcher la tête* basse.* Fig. *S'en aller l'oreille basse.* V. **Confus, honteux, humilié,** mortifié. — *Faire main basse sur qqch.* : l'abaisser pour le prendre, s'en emparer. — *Avoir la vue basse* : une vue courte qui force à se baisser pour distinguer un objet. Fig. Manquer de perspicacité. « *Tous les utopistes ont eu la vue trop basse et ont manqué d'esprit de prévision* » (VIGNY). ♦ 5° (Dans l'échelle des sons, des notes). V. **Grave.** *Les notes basses. Une voix basse.* V. **Basse** (2°). *Par ext.* Dont le registre est grave. V. **Basse** (1°). *Clarinette basse.* V. **Basset** (2). — *À voix basse,* en parlant très doucement. — *Messe basse* (*opposé à* grand-messe) : messe non chantée, où le prêtre ne fait que réciter les prières. *Fig.* et *fam. Faire des messes basses* : parler à voix basse, faire un aparté. ♦ 6° *Fig.* Peu élevé dans un compte, dans l'échelle des valeurs. *Enfant en bas âge,* très jeune. *Bas prix.* V. **Modéré, modique.** *À bas prix.* V. **Vil** (à vil prix). — *Au bas mot* : en faisant l'évaluation la plus basse, la plus faible. *Cela vaut un million, au bas mot.* — *Basses cartes* : les cartes qui ont la moindre valeur. *Bas morceaux* : en boucherie, Les morceaux de qualité inférieure, de prix moindre. ◇ Dans le rang, La hiérarchie. V. **Inférieur, subalterne.** *Le bas peuple. Le bas clergé. Basse origine, naissance, extraction, condition.* — *Chambre basse* : la Chambre des communes en Angleterre, opposée à la *Chambre haute,* la Chambre des lords. ◇ *Au moral.* V. **Abject, avilissant, dégradant, grossier, honteux, ignoble, indigne, infâme, lâche, méprisable, mesquin, odieux, servile, vil.** *Âme basse.* « *L'intérêt est quelque chose de si bas* » (MOL.). *Basses actions. Basse complaisance, envie, jalousie, servitude. Basse vengeance. Terme bas* (vx). V. **Vulgaire.**

II. *Dans le temps.* Se dit de la partie d'une période historique qui est la plus proche de nous. *Le Bas-Empire.* L'Empire romain après Constantin. « *La basse latinité* » (VOLT.). — *Par ext. Bas latin.*

III. *N. m.* ♦ 1° La partie inférieure. *Le bas du visage. Le bas d'une montagne.* V. **Base, pied.** *Le bas de la côte, de l'escalier. Le bas de la page.* — Typogr. *Bas de casse.* V. **Casse** — DU HAUT, DE HAUT EN BAS. V. **Haut.** *Aller de bas en haut. Du bas jusqu'en haut.* AU BAS DE... loc. prép. « *Il apposa sa signature au bas de la page* » (DUHAM.). *Être au bas de l'échelle.* ♦ 2° Fig. *Des hauts et des bas* : des alternances de bon et de mauvais état. *Un malade, une affaire qui a des hauts et des bas.*

IV. *Adv.* ♦ 1° À faible hauteur, à un niveau inférieur. *Les hirondelles volent bas. S'incliner très bas en saluant. Mettre plus bas.* V. **Abaisser, baisser, descendre.** *Il faut creuser plus bas.* V. **Profond.** *Il habite deux étages plus bas.* V. **Dessous** (au-dessous). *Bas les pattes! Chapeau bas!* « *L'oreille attachée un peu bas* » (COLETTE). — *Fig.* et *fam. Mettre qqn plus bas que terre* : le rabaisser en disant beaucoup de mal, le maltraiter. ◇ *Fig.* TOMBER BAS. *Le thermomètre est tombé très bas* : au-dessous de zéro. *Les cours sont tombés très bas.* — Fig. *Est-il possible de tomber si bas?* à un tel degré d'abaissement, d'abjection. ◇ ÊTRE BAS, en mauvais état physique ou moral. *Ce malade est bien bas. Son moral est très bas.* « *Un rayon d'espérance, si bas que l'on soit, relève aussi haut qu'on était auparavant* » (PASC.). ◇ METTRE BAS. V. **Abandonner, déposer, ôter.** « *Il met bas son fagot* » (LA FONT.). — *Mettre bas les armes* : les déposer, et *fig.* Se rendre, s'avouer vaincu. « *Lorsque la martre est prête à mettre bas* » (BUFF.). ♦ 2° Par ext. *Plus bas,* plus loin, dans un écrit. V. **Après** (ci-après), **dessous** (ci-dessous), **infra, loin** (plus). *Voyez plus bas.* ♦ 3° (*Dans l'échelle des sons*). Sur un ton grave. *Ma voix ne descend pas si bas.* — À voix basse. *Parler bas, tout bas.* V. **Chuchoter, murmurer.** 4° *Loc adv.* À BAS. *Mettre, jeter à bas.* V. **Abattre, démolir, détruire, renverser.** — Cri d'improbation. *À bas le fascisme!* « *Il y avait des cris : À bas Poincaré!* » (ARAGON). — (ANT. Vive). ♦ 5° EN BAS : vers le bas, vers la terre. *De haut en bas. La tête en bas.* — Audessous, en dessous. *Il loge en bas, au rez-de-chaussée. Tirer par en bas.* — *Loc. prép.* EN BAS DE. *En bas de la côte.*

◇ ANT. Haut; élevé; relevé. Aigu, fort. Considérable, élevé. Noble, sublime. — HOM. Bât.

2. BAS [bɑ]. *n. m.* (1500; ellipse de *bas-de-chausses*). ♦ 1° Vêtement souple qui sert à couvrir le pied et la jambe. *Bas de laine, de fil, de coton, de soie. Tricoter des bas. Une paire de bas. Pied, semelle, bout, talonnette, tige d'un bas. Bas de sport.* V. **Chaussette, mi-bas.** ◇ *Spécialt.* Vêtement féminin qui couvre le pied et la jambe... jusqu'au haut des cuisses. *Bas de soie, bas de nylon. Bas sans couture. Bas fins.* ♦ 2° Fig. *Bas de laine,* cachette où l'on met l'argent économisé, petite épargne (d'après la coutume attribuée au paysan français de garder ses économies dans un bas de laine). *Par ext.* L'argent économisé. ◇ HOM. Bât.

BASAL, ALE [bazal]. *adj.* (1846; de *base*). Sc. Qui a rapport à la base, à une base. *Métabolisme* basal.* — (*Abstrait*). Qui sert de fondement, de principe. — Plur. *Basaux* (rare).

BASALTE [bazalt(ə)]. *n. m.* (*Basalten,* 1553; lat. *basaltes*). Roche éruptive dont la pâte compacte et noire est formée de microlithes avec de grands cristaux de feldspath, d'olivine. *Coulée de basalte.*

BASALTIQUE [bazaltik]. *adj.* (fin XVIIIᵉ; de *basalte*). Qui est formé de basalte. *Roches, orgues basaltiques.*

BASANE [bazan]. *n. f.* (1150; provx. *bazana,* esp. *badana,* de l'arabe *bitâna* « doublure »). Peau de mouton tannée qu'on emploie en bourrellerie, sellerie, maroquinerie, reliure, etc. *Livre relié en basane.* — *Spécialt.* Peau très souple garnissant un pantalon de cavalier.

BASANÉ, ÉE [bazane]. *adj.* (v. 1560; V. **Basaner**). Se dit d'une peau brunie. V. **Bistré, bronzé, brun, hâlé, tanné.** *Peau basanée. Teint, visage basané.*

BASANER [bazane]. *v. tr.* (1510; de *basane*). Donner une couleur de basane; *spécialt.* (1613) à la peau.

BAS-BLEU [bɑblø]. *n. m.* (1801; trad. de l'angl. *blue stocking*). Péj. Femme à prétentions littéraires. V. **Pédante.** *Des bas-bleus.* « *Vous me faites pérorer comme un bas-bleu* » (LOTI).

BAS-CÔTÉ [bɑkote]. *n. m.* (1841; de *bas,* et *côté*). ♦ 1° Archit. Nef latérale d'une église, dont la voûte est moins élevée que la nef principale. ♦ 2° Côté d'une voie, où les piétons peuvent marcher. *Les bas-côtés de la voie ferrée. Le bas-côté d'une route* (lorsqu'il n'y a pas de trottoirs). « *La large avenue, à double bas-côté* » (MART. DU G.).

BASCULANT, ANTE [baskylɑ̃, ɑ̃t]. *adj.* (1922; de *basculer*). Qui peut basculer. *Pont basculant. Benne basculante.*

BASCULE [baskyl]. *n. f.* (1549; *bacule,* 1466; de l'a. fr. *baculer* « frapper le derrière », de *battre,* et *cul;* altér. par attract. de *bas*). ♦ 1° Pièce ou machine mobile sur un pivot et dont on fait lever une extrémité en abaissant l'autre. *Bascule de pont-levis. Fauteuil à bascule.* ◇ *Jeu de bascule* : jeu où deux personnes, assises chacune sur le bout d'une pièce de bois en équilibre sur un pivot, s'amusent à se balancer.

V. Balançoire. — *Fig.* Alternance de mouvements en sens contraire. *Politique de bascule :* système qui consiste à s'appuyer alternativement sur des partis opposés. **V. Balance.** ♦ 2° *Balance à bascule* ou *Bascule :* instrument ou appareil à plate-forme qui sert à peser les objets lourds. **V. Balance.** *La bascule du pharmacien. Bascule automatique. Pont-bascule.* ♦ 3° *Techn.* Dispositif électronique prenant l'un des deux états possibles (0 ou 1). **V. Binaire.**

BASCULEMENT [baskylmɑ̃]. *n. m.* (XXᵉ; de *basculer*). Action de basculer (1° ou 2°).

BASCULER [baskyle]. *v.* (1601; *baculer*, XIVᵉ. V. Bascule). ♦ 1° *V. intr.* Faire un mouvement de bascule. *Faire basculer un wagonnet à benne mobile sur un culbuteur. Basculer et tomber.* V. Culbuter; chavirer, renverser (se). *« Il bascula les pieds en l'air »* (COLETTE). ◇ *Fig.* (mil. XXᵉ). Passer brusquement d'un état à un autre de façon irréversible. *« Si ces industries recevaient des moyens financiers, l'économie basculerait dans la voie du progrès »* (A. SAUVY). ♦ 2° *V. tr.* Faire faire un mouvement de bascule. *« Des hommes soulevaient la bière, la basculaient »* (MART. du G.).

BASCULEUR [baskylœʀ]. *n. m.* (1928; de *basculer*). Appareil qui sert à basculer. *Basculeur de wagon.* V. Culbuteur. — *Électr.* Relais électrique à deux positions.

BASE [bɑz]. *n. f.* (XIIᵉ; lat. *basis*, mot gr. « marche », point d'appui »).
I. ❿ ♦ 1° Partie inférieure d'un corps sur laquelle il porte, il repose. V. Appui (point d'appui), assiette, assise, dessous, fond, fondement, pied. *La base d'un édifice.* V. Fondation. *Base en saillie d'un bâtiment, d'un mur.* V. Embase, embasement, empattement, soubassement. *La base et le fût d'une colonne.* — *La base d'une montagne, d'un rocher.* V. Bas, pied. *A la base des cornes.* V. Racine. — *Anat.* La plus grande face d'un organe *(base du cœur)*, la partie inférieure d'un organe *(base du poumon)* ou d'une structure *(base du crâne, du cerveau)*. ◇ *Produit appliqué sous un autre. Base de maquillage. Base de vernis à ongles.* ♦ 2° *Géom.* Droite ou plan à partir duquel on mesure perpendiculairement la hauteur d'un corps ou d'une figure plane. *La base d'une pyramide, d'un cube, d'un cône. Base d'un triangle :* le côté opposé à l'angle pris pour sommet. *Bases d'un trapèze,* ses côtés parallèles. — *Géod.* Ligne aisément mesurable, choisie sur le terrain pour point de départ d'une triangulation. ♦ 3° Ligne sur laquelle s'appuie une armée en campagne, point d'appui de ravitaillement. *Base d'opérations. Base de ravitaillement. Base navale. Base aérienne. Rejoindre sa base. Base de lancement,* lieu spécialement aménagé et équipé pour le lancement des engins spatiaux. ❽ Par métaph. *Sc.* ♦ 1° *Math.* Nombre qui sert à définir un système de numération, de référence, de logarithmes, etc. *La base du système décimal est dix.* — Système fini de vecteurs linéairement indépendants. *La base d'un espace vectoriel.* V. Repère. *Changement de base dans une matrice.* ♦ 2° *Chim.* Substance susceptible de céder un doublet électronique et de réagir avec les acides pour former des sels. V. Hydroxyde. *La base forme un sel en se combinant avec un acide.* ♦ 3° Ce qui entre comme principal ingrédient dans un mélange (surtout dans *À base de*). *Un poison à base d'arsenic.* ♦ 4° *Ling.* Radical d'un dérivé formé dans la langue à laquelle il appartient. *La base de* alunir *est* lun(e). ♦ 5° *Électron.* Électrode d'un transistor intermédiaire entre l'émetteur et le collecteur. ♦ 6° *Inform.* *Base de temps,* circuit générateur de signaux de synchronisme. V. Horloge.
II. *(Abstrait).* Principe fondamental sur lequel repose un raisonnement, une proposition, un système, une institution. V. Appui, assiette, assise, centre, clef (de voûte), fond, fondement, origine, pivot, principe, siège, source, soutien, support. *« Cette fermeté d'âme qui fait la base des grandes vertus »* (VOLT.). *Établir, poser, jeter les bases d'une science. Arrêter les bases d'un traité. Donnée qui sert de base à un calcul. Ce raisonnement pèche par la base. Saper, renverser les bases d'une croyance. Être à la base de qqch. :* à l'origine, à la source. ◇ *Salaire de base,* le plus bas, qui sert de référence. — *Vocabulaire de base.* V. Basique 2.
III. ♦ 1° (mil. XXᵉ). Ensemble des militants d'un parti politique ou d'un syndicat, par rapport aux dirigeants. *Un militant* de base. Consulter la base.* ◇ *Par anal.* Dans l'Église catholique, ensemble des fidèles et du bas clergé, par rapport à la hiérarchie (pape, évêques). ♦ 2° *Par ext.* (1968). Masse des travailleurs (syndiqués ou non) considérée en tant que force socio-politique.

BASE-BALL [bɛzbol]. *n. m.* (1889; mot amér. « balle à la base »). Jeu de balle dérivé du cricket, pratiqué aux États-Unis. *(Dér.* BASEBALLEUR. *n. m.)*

BASEDOWIEN, IENNE [bɑzdɔvjɛ̃, jɛn] adj. (v. 1920; de *Basedow, n. pr.*). *Méd.* Relatif à la maladie de Basedow. — Subst. *Un basedowien.*

BASELLE [bɑzɛl]. *n. f.* (1750; d'une langue de l'Inde). Plante *(Salsolacées)* grimpante cultivée comme légume dans les régions tropicales.

BASER [bɑze]. *v. tr.* (1504, repris XVIIIᵉ; de *base*).

I. Faire reposer sur (telle ou telle base). *Baser un système sur des faits.* V. Appuyer, fonder. *Cette prétention n'est basée sur rien.* V. Reposer. *« Il n'y a d'autorité vraie que basée sur l'amour et le respect »* (DUHAM.). — SE BASER. *v. pron.* S'appuyer, se fonder. *Sur quoi vous basez-vous pour affirmer cela ?*
II. (De *base* militaire). *Milit.* Être basé quelque part, avoir pour base. *Avions basés sur un porte-avions.*

BAS-FOND [bɑfɔ̃]. *n. m.* (1704; de *bas,* et *fond*). ♦ 1° Partie du fond de la mer, d'un fleuve, où l'eau est peu profonde par rapport aux endroits voisins. *S'échouer sur un bas-fond.* V. Haut-fond. ♦ 2° Terrain bas et enfoncé. V. Creux, dépression, fond, ravin. *Un bas-fond marécageux.* ♦ 3° *Fig.* Au plur. (1840). Couches misérables de la société où l'homme se dégrade. *Les bas-fonds de New York.* ◇ ANT. Hauteur, sommet.

BASICITÉ [bazisite]. *n. f.* (1842; de *basique*). *Chim.* Qualité de base. *Degré de basicité.*

BASIDE [bazid]. *n. f.* (1858; gr. *basis* « base »). *Bot.* Cellule reproductrice, généralement en forme de massue, à l'extrémité de laquelle se développent les spores, dites *basidiospores,* chez les champignons basidiomycètes.

BASIDIOMYCÈTES [bazidjɔmisɛt]. *n. m. pl.* (1885; gr. *basis* « base » (V. Baside), *idios* « particulier », et *mukês* « champignon »). Ordre de champignons au thalle cloisonné, à spores externes naissant sur une baside.

BASILAIRE [ba(a)zilɛʀ]. *adj.* (1314; de *base*). *Anat.* Qui sert de base, appartient à une base. *Os basilaire,* placé à la base du crâne.

1. BASILIC [bazilik]. *n. m.* (1120; lat. *basiliscus,* gr. *basiliskos* « petit roi »). ♦ 1° *Mythol.* Reptile auquel les anciens attribuaient le pouvoir de tuer par son seul regard. ♦ 2° Reptile saurien d'Amérique *(Crassilingue),* grand lézard à crête dorsale, voisin de l'iguane.

2. BASILIC [bazilik]. *n. m.* (1425; bas lat. *basilicum,* gr. *basilikon* « royal »). Plante à feuilles aromatiques *(Labiacées),* employée en cuisine comme condiment. ◇ HOM. *Basilique.*

BASILICAL, ALE, AUX [bazilikal, o]. *adj.* (1922; de *basilique*). *Archit.* Qui appartient à la basilique. *Plan basilical d'une église* (opposé à Plan centré).

1. BASILIQUE [bazilik]. *n. f.* (1495; lat. *basilica,* gr. *basilikê* « royal » (portique royal). ♦ 1° *Antiq.* Édifice civil rectangulaire, divisé en plusieurs nefs parallèles, qui servait de tribunal, de lieu de rendez-vous pour les gens d'affaires. ♦ 2° *Archit.* Église chrétienne du haut moyen âge bâtie sur le plan des basiliques romaines (V. Basilical). *Le vestibule, la nef centrale, les bas-côtés et l'abside d'une basilique.* ♦ 3° *Relig.* Titre conféré par le pape à certains sanctuaires. *La Basilique de Lourdes.*

2. BASILIQUE [bazilik]. *adj. et n. f.* (1398; gr. *basilikos* « royal »). *Veine basilique,* ou subst. *Basilique,* la plus volumineuse des veines superficielles du bras, située à sa face interne. ◇ HOM. *Basilic.*

BASIN [bazɛ̃]. *n. m.* (1642; *bombasin,* 1290, compris plus tard comme *bon basin;* it. *bambagine,* de *bambagia* « coton ». V. Bombyx). Étoffe croisée dont la chaîne est de fil et la trame de coton.

1. BASIQUE [bazik]. *adj.* (1842; math., 1540; de *base*). ♦ 1° *Chim.* Qui se rapporte à une base, qui en a les propriétés. *Colorant basique,* base colorée (fuchsine, bleu de méthylène). *Sel basique,* capable de se combiner avec un acide (parce qu'il contient de l'oxygène ou des groupements hydroxyles) pour former un sel neutre. — *Minér. Roche basique :* qui contient peu de silice (40 à 55 %) par rapport aux *roches acides* (65 à 78 %). ♦ 2° (v. 1972; de *base** II). Fondamental, de base. V. Basal. *« C'est à partir de ces renseignements basiques que nous nous sommes attachés à découvrir le Japon »* (BEAUVOIR).

2. BASIQUE [bazik]. *adj.* (v. 1950; de l'amér. *basic,* sigle de *British American Scientific International Commercial*). *L'anglais, le français basique.* V. Base, fondamental.

BAS-JOINTÉ, ÉE [baʒwɛ̃te]. *adj.* (1660; de *bas,* et *jointé*). Se dit d'un cheval aux paturons courts.

BASKET-BALL [basketbol]. *n. m.* (1898; mot amér. « balle au panier »). Jeu entre deux équipes de cinq joueurs qui doivent lancer un ballon dans le panier du camp adverse. Ellipt. *Jouer au basket. Chaussures de basket.*

BASKETTEUR, EUSE [baskɛtœr, øz]. *n.* (1934; de *basket-*(ball). Joueur, joueuse de basket.

BAS-MÂT [bɑmɑ]. *n. m.* (1846; de *bas,* et *mât*). Partie inférieure d'un mât composé.

BASOCHE [bazɔʃ]. *n. f.* (XVᵉ; forme pop. de *basilique* 1). ♦ 1° *Ancienn.* Communauté de clercs dépendant des cours de justice. ♦ 2° *Par ext.* Les gens de justice. *« Les gens de basoche, avec cette pointe d'arrogation que leur inspiren toujours d'habiles canailles »* (BARRÈS).

BASOPHILE [bazɔfil]. *adj.* (1905; de *bas*[*ique*], et *-phile*). *Biol.* Qui fixe les couleurs basiques, comme la thionine. (V. Acidophile). *Leucocytes basophiles,* à noyau unique volumineux, en petit nombre dans le sang. V. **Éosinophile.**

BASQUAISE [baskɛz]. *n. et adj. fém.* (1867; de *basque*). Du Pays Basque. *Une Basquaise.* V. **Basque.** *La race bovine basquaise* (vx au masc.). ◇ *À la basquaise,* à la manière du Pays Basque. *Un poulet* (à la) *basquaise,* à la ratatouille* (2°) et au riz.

1. **BASQUE** [bask(ə)]. *n. f.* (1532; *baste,* fin XIVe; altér. sous l'infl. de *basquine,* de l'a. fr. *baste,* it. *basta* « troussis ». V. **Bâtir**). Partie rapportée d'une veste qui part de la taille et descend plus ou moins bas sur les hanches. *Basques d'une jaquette.* V. **Queue.** « *Sa jaquette d'alpaga dont les basques flottaient derrière lui* » (MART. du G.). — Fig. et fam. *Être toujours pendu aux basques de qqn* : ne pas le quitter d'un pas. 2. **BASQUE** [bask(ə)]. *adj.* et *n.* (XVIe; du lat. *Vasco*). ♦ 1° Se dit du pays (région de l'Ouest commune à la France et à l'Espagne) autrefois appelé Biscaye et de ce qui s'y rapporte. *Les provinces basques espagnoles. Pays Basque. Béret basque. Pelote* basque. Paysan basque. Un Basque, une Basque.* V. **Basquaise.** Loc. *Parler le français comme un Basque espagnol,* le parler très mal. V. **Vache.** ♦ 2° N. m. Ling. Langue non indo-européenne parlée au Pays Basque. ♦ 3° *Tambour de basque* (calque du lat. *tympanium Vasconium*), petit tambour à grelots. ◇ Chorégr. *Pas de basque,* figure de danse classique.

BASQUINE [baskin]. *n. f.* (*Vasquine,* 1534; esp. *basquina;* de *basque* 2). Jupe régionale des femmes basques. « *Les plis brodés de sa basquine* » (HUGO).

BAS-RELIEF [baʁəljɛf]. *n. m.* (1633; de *bas* « petit », et *relief;* calque de l'it. *basso-rilievo*). *Archit.* Ouvrage de sculpture en faible saillie sur un fond uni. « *L'on voit en bas-reliefs les aventures de la déesse* » (FÉN.). ◈ ANT. Haut-relief, ronde-bosse.

1. **BASSE** [bas]. *n. f.* (1660; it. *basso* « bas »). ♦ 1° Celle des parties qui fait entendre les sons les plus graves des accords dont se compose l'harmonie. *Jouer la basse d'un quatuor. Basse fondamentale :* basse non écrite qui formait le fondement rationnel de l'harmonie dans la théorie de Rameau. *Basse chiffrée,* se dit d'un procédé de notation consistant en chiffres et signes qui symbolisent les intervalles et que l'on place au-dessus des notes de la partie de basse pour indiquer les accords. *Basse continue :* qui ne s'interrompt pas pendant la durée du morceau. V. **Continuo.** ♦ 2° *Voix de basse* ou *basse,* voix d'homme la plus grave (anciennt. *basse-contre*). « *Une belle voix de basse, étoffée et mordante* » (ROUSS.). ◇ Celui qui a une voix de basse. *Une basse de l'Opéra.* ♦ 3° Se dit d'instruments dont l'échelle sonore correspond à la voix de basse. *La basse de viole est aujourd'hui remplacée par le violoncelle. En jazz, contrebasse*. La basse électrique.* ♦ 4° Plur. Grosses cordes de certains instruments. *Ce piano a de belles basses.* ◈ ANT. Dessus. Ténor.
2. **BASSE** [bas]. *n. f.* (1484; de *bas*). Mar. Banc de roches ou de corail, situé à faible profondeur, mais que l'eau ne découvre pas à marée basse.

BASSE-COUR [baskuʁ]. *n. f.* (XVIIe; « cour intérieure », XIIIe; de *basse,* et *cour*). ♦ 1° Cour de ferme réservée à l'élevage de la volaille et des petits animaux domestiques. *Animaux de basse-cour. Poulailler, clapiers d'une basse-cour.* ♦ 2° Par ext. L'ensemble des animaux de la basse-cour. « *Comme une poule blessée que toute la basse-cour vient picoter* » (MONTHERLANT).

BASSE-COURIER, IÈRE [baskuʁje, jɛʁ]. *n.* (1863; de *basse-cour*). Rare. Personne chargée des soins de la basse-cour.

BASSE-FOSSE [basfos]. *n. f.* (1468; de *basse,* et *fosse*). *Vx.* Cachot très profond. ◇ *Loc. Cul-de-basse-fosse :* cachot souterrain creusé dans la basse-fosse même.

BASSEMENT [basmã]. *adv.* (XVIe; de *bas*). D'une manière basse, indigne, vile. *Se venger bassement. Bassement intéressé.* « *J'appelle bourgeois quiconque pense bassement* » (FLAUB.). ◈ ANT. Noblement.

BASSESSE [basɛs]. *n. f.* (1120; de *bas*). ♦ 1° Manque d'élévation dans les sentiments, les pensées. *Spécialt.* Absence de dignité, de fierté. V. **Mesquinerie, servilité.** *La bassesse d'un flatteur.* « *La bassesse qui le faisait être plat devant la dureté et répondre par l'insolence à la douceur* » (PROUST). ◇ Caractère de ce qui est contraire à l'honneur, de ce qui fait honte. « *La bassesse de certains désirs que nous avons eus et dont le souvenir nous écœure* » (RENARD). ♦ 2° Action basse, qui fait honte. V. **Indignité, lâcheté.** *Rougir d'une bassesse.* — *Spécialt.* Action servile. V. **Compromission, courbette, flatterie, platitude.** *Faire des bassesses à qqn.* « *L'art des bassesses et des souplesses l'avait rétabli en sa première faveur* » (ST-SIM.). ◈ ANT. Générosité, grandeur, noblesse.

1. **BASSET** [basɛ]. *n. m.* (XVIe; adj., XIIe; de *bas*). Chien courant très bas sur pattes (V. **Teckel**).
2. **BASSET** [basɛ]. *n. m.* (1866; it. *bassetto*). Mus. *Cor de basset,* clarinette basse.

BASSE-TAILLE [bastaj]. *n. f.* (XVIe; de *basse,* et *taille*). Timbre de voix masculine intermédiaire entre le baryton* et la basse*. Plur. *Des basses-tailles.* (Syn. BASSE CHANTANTE.)

BASSIN [basɛ̃]. *n. m.* (*Bacin,* 1775; lat. pop. *°baccinus,* de *baccus.* V. **Bac** 1). ♦ 1° Récipient portatif creux, de forme généralement ronde ou ovale. V. **Bassine, cuvette, vase.** *Bassin de métal, de faïence, de porcelaine. Bassin à laver les mains, les pieds* (V. **Tub**). ◇ *Bassin hygiénique,* ou absolt. *Bassin,* récipient émaillé de forme spéciale dans lequel les malades alités font leurs besoins. « *Elle fit glisser le bassin sous lui* » (SARTRE). ◇ *Bassins d'une balance :* les deux plateaux. ♦ 2° Par ext. Construction, ordinairement en pierre, destinée à recevoir de l'eau. V. **Réservoir; auge, bac.** *Le grand bassin des Tuileries.* V. **Pièce** (d'eau). *Bassin pour la natation.* V. **Piscine.** *Bassin d'arrosage. Le bassin d'une fontaine.* V. **Vasque; navicelle.** — *Bassin de pisciculture.* V. **Parc; bouchot.** — *Bassin de décantation,* réservoir où sont traitées les eaux usées. V. **Épurateur.** ♦ 3° Mar. *Bassin d'un port :* partie d'un port délimitée par des ouvrages (jetées, etc.). *Bassin à flot,* fermé par une écluse qui maintient constante la hauteur de l'eau. *Bassin à marée,* où la hauteur d'eau est soumise au flot et au jusant. *Bassin naturel, ouvert.* V. **Rade.** *Bassin artificiel.* V. **Darse, dock.** *Bassin de radoub,* que l'on assèche pour réparer ou construire des navires. V. **Cale** (cale sèche). ♦ 4° Géogr. *Bassin d'un fleuve :* territoire arrosé par ce fleuve et ses affluents. *Le Bassin de la Seine.* — Géol. Vaste dépression naturelle. V. **Cuvette.** *Le Bassin parisien.* — Groupement de gisements houillers ou de minerais. *Bassin houiller. Bassin minier. Le bassin de Briey.* ♦ 5° Anat. Enceinte osseuse qui forme la base du tronc et sert de point d'attache aux membres inférieurs (V. **Hanche**), constituée par les deux os iliaques réunis en avant par la symphyse pubienne et en arrière par le sacrum* et le coccyx* (Cf. **Détroit**). *Le bassin est plus large chez la femme que chez l'homme. Du bassin.* V. **Pelvien.**

BASSINANT, ANTE [basinã, ãt]. *adj.* (1866; de *bassiner*) Pop. Qui bassine, ennuie. V. **Rasant.**

BASSINE [basin]. *n. f.* (v. 1500; de *bassin*). Bassin large et profond servant à divers usages domestiques ou industriels. V. **Ustensile.** *Une bassine de cuivre.* Contenu d'une bassine. *Une bassine de confiture.*

BASSINER [basine]. *v. tr.* (1412; de *bassin*). ♦ 1° Humecter doucement. « *Ma mère me bassinait le visage* » (ROUSS.). — Hortic. Arroser en pluie fine. ♦ 2° Chauffer avec une bassinoire. *Bassiner un lit.* ♦ 3° (1844). Pop. Ennuyer, fatiguer, importuner. V. **Barber, raser; bassinant.** « *Tu me bassines avec ton amour* » (DAUD.).

BASSINET [basinɛ]. *n. m.* (1190; de *bassin*). ♦ 1° Féod. Calotte de fer que les hommes d'armes portaient sous le casque. — Casque du XIVe s. ♦ 2° Partie de la platine d'une arme à feu à silex, dans laquelle on mettait l'amorce. ♦ 3° Anat. Partie élargie des voies excrétrices du rein, à la confluence des grands calices, et qui se continue en bas par l'uretère (V. **Pyélite**). ♦ 4° Bot. Nom vulgaire de quelques renoncules. ♦ 5° Vx. Petit bassin où l'on met de l'argent. — Fig. et fam. *Cracher au bassinet* (vx), donner de l'argent à contrecœur.

BASSINOIRE [basinwaʁ]. *n. f.* (1454; de *bassiner*). ♦ 1° Bassin à couvercle percé dans lequel on met de la braise et qu'un manche permet de promener dans un lit pour le chauffer. ♦ 2° Pop. Personne qui ennuie, importune. *Quelle bassinoire !*

BASSISTE. *n. m.* Abrév. de CONTREBASSISTE.

BASSON [basɔ̃]. *n. m.* (déb. XVIIe; it. *bassone* « grosse basse »). ♦ 1° Mus. Instrument à vent en bois, à anche double formant dans l'orchestre la basse de la série des bois. ♦ 2° Musicien qui joue du basson (On dit aussi BASSONISTE [basɔnist(ə)]).

1. **BASTE!** [bast]. *interj.* (1534; it. *basta* « il suffit »). *Vx.* Interjection marquant l'indifférence, le dédain. V. **Bah, importer** (peu m'importe !).
2. **BASTE** [bast(ə)]. *n. m.* (XVIIe; esp. *basto*). *Vieilli.* ♦ 1° L'as de trèfle au jeu de l'hombre. ♦ 2° (1752). Panier qu'on attache au bât d'une bête de somme.

BASTERNE [bastɛʁn(ə)]. *n. f.* (1580; lat. *basterna*). Ancienn. ♦ 1° Litière portée par deux mulets. ♦ 2° Char à bœufs mérovingien.

BASTIDE [bastid]. *n. f.* (1355; prov. *bastida* « bâtie »). ♦ 1° *Au moyen âge,* Ouvrage de fortification (V. **Bastille**); ville neuve, fortifiée. ♦ 2° Mod. (XVIe). En Provence, Petite maison de campagne. V. **Mas.**

BASTIDON [bastidɔ̃]. *n. m.* (1866; dimin. de *bastide*). Petite bastide. « *J'ai un bastidon dans la campagne environnante* » (HENRIOT).

BASTILLE [bastij]. *n. f.* (1370; altér. de *bastide*). *Au moyen âge,* Ouvrage de fortification, château fort. — *Spécialt.* Le château fort commencé à Paris sous Charles V et qui servit de prison d'État (V. **Embastiller**) avant d'être démoli en 1789. *Prise de la Bastille* (14 juillet 1789).

BASTILLÉ, ÉE [bastije]. *adj.* (*Bateillé* « fortifié », XIIe; a. fr. *bastiller* « fortifier », XIIe; V. **Bastille**). *Blas.* (XVIIe). Garni de créneaux renversés vers la pointe de l'écu.

BASTING ou **BASTAING** [bastɛ̃]. *n. m.* (1877; de *bâtir*). Nom commercial des madriers de sapin.

BASTINGAGE [bastɛ̃gaʒ]. *n. m.* (1747; de *bastinguer* « mettre des bastingues », prov. *bastengo* « toile matelassée », de *bastir* « apprêter »). Mar. *Ancienn.* Coffres ou caissons à hamacs disposés autour du pont d'un vaisseau et qui servaient de défense contre le feu de l'ennemi. *Mod.* V. **Filière, garde-corps, lisse, pavois.** *S'appuyer au bastingage.*

BASTION [bastjɔ̃]. *n. m.* (XVᵉ; pour *bastillon;* dimin. de *bastille*). ♦ 1° Ouvrage de fortification faisant saillie sur l'enceinte d'une place forte. V. **Fortification.** *Les bastions d'un château fort, d'une ligne fortifiée.* ♦ 2° *Fig.* Ce qui défend efficacement, forme le plus ferme soutien. *L'Espagne est le bastion du catholicisme.* V. **Rempart, retranchement, soutien.**

BASTONNADE [bastɔnad]. *n. f.* (1482; it. *bastonata*, de *bastone* « bâton »). Volée de coups de bâton. *Donner, recevoir la bastonnade. La peine de la bastonnade.* V. **Fustigation.**

BASTOS [bastos]. *n. m.* (1916; de la marque de cigarettes *Bastos*). *Arg.* Cartouche, balle d'arme à feu.

BASTRINGUE [bastrɛ̃g]. *n. m.* (1802; « machine à imprimer les toiles », 1799; o. i.). ♦ 1° *Fam.* Bal de guinguette, dancing populaire. « *L'orchestre composé de cinq artistes de banlieue jetait au loin sa musique de bastringue, maigre et sautillante* » (MAUPASS.). ♦ 2° Par ext. *Fam.* Orchestre tapageur. *Pop.* Tapage. ♦ 3° *Pop.* Instrument, appareil. Choses, affaires. V. **Attirail, bataclan.** *Emporter tout son bastringue.*

BAS-VENTRE [bavɑ̃tʀ(ə)]. *n. m.* (1636; de *bas*, et *ventre*). Nom courant de l'hypogastre, partie inférieure du ventre, au-dessous du nombril. *Douleurs dans le bas-ventre.*

BAT [bat]. *n. m.* (Forme angl. du fr. *batte*). V. **BATTE.**

BÂT [bɑ]. *n. m.* (1268; bas lat. °*bastum*, de °*bastare* « porter »; gr. *bastadzein*). Dispositif que l'on place sur le dos des bêtes de somme pour le transport de leur charge. V. **Harnais, selle.** *Mulets de bât. Bât pour le transport des blessés.* V. **Cacolet.** — *Fig. C'est là que le bât le blesse :* c'est le défaut de sa cuirasse, c'est son point sensible. ⊗ HOM. *Bas* (1 et 2).

BATACLAN [bataklɑ̃]. *n. m.* (1761; onomat.). *Fam.* Attirail, équipage embarrassant. V. **Attirail, bazar.** *Et tout le bataclan* (et tout le reste).

BATAILLE [bataj]. *n. f.* (XIIᵉ; bas lat. *battalia* « escrime », de *battuere* « battre »). ♦ 1° Action de deux armées qui se livrent combat. *Bataille terrestre, navale, aérienne. La bataille de la Marne.* V. **Combat, opération.** — *Livrer bataille. Gagner, perdre une bataille.* ◇ *Champ de bataille :* le terrain où se livre la bataille. V. **Champ** (champ d'honneur). ◇ *Cheval de bataille :* ancienn. Cheval propre à être monté un jour de bataille (V. **Coursier**); *fig.* Sujet favori, argument sur lequel on revient sans cesse. V. **Argument, dada, marotte**); sujet, terrain propice dans une discussion, une lutte politique. ◇ *Plan de bataille :* plan dressé en vue de la bataille; *fig.* Ensemble de dispositions prévues pour le succès d'une entreprise. *Dresser un plan de bataille.* V. **Plan.** ♦ 2° Par ext. Échange de coups, lutte entre deux ou plusieurs antagonistes. V. **Bagarre, combat, lutte, mêlée, rixe.** ♦ 3° *Fig.* Toute lutte dans laquelle on se trouve aux prises avec les hommes ou les événements. « *La vie (est) une bataille sans trêve et sans merci* » (R. ROLLAND). ♦ 4° EN BATAILLE : *vx*, En ligne pour la bataille. — *Mod. En bataille rangée,* suivant un plan de bataille, un *ordre de bataille.* ◇ *Mar. Mettre la vergue en bataille :* dans le plan longitudinal du navire. — *Autom. Stationnement en bataille,* dans lequel la voiture n'est pas parallèle au trottoir (Cf. En épi). ◇ *Porter, mettre son chapeau en bataille :* de travers, n'importe comment. « *Un vieil homme au feutre en bataille* » (MAUROIS). *Avoir les cheveux, la barbe en bataille :* en désordre. ♦ 5° Jeu de cartes très simple. *Jouer à la bataille.*

BATAILLER [bataje]. *v. intr.* (1160, sens pr.; de *bataille*). Contester, disputer avec ardeur pour persuader. *Batailler pour faire entendre raison.* — *Fam.* S'évertuer à surmonter une difficulté, un obstacle. *Il m'a fallu batailler pour gagner ma vie.* V. **Lutter.**

BATAILLEUR, EUSE [batajœʀ, øz]. *adj.* (1213; *batailler*). Qui aime à batailler, à se battre; qui recherche les querelles, les discussions. V. **Belliqueux, combatif, querelleur.** « *J'ai le tempérament le moins batailleur, l'esprit le plus conciliant qui soient* » (GIDE). — *Subst.* Un batailleur. V. **Bagarreur.** ⊗ ANT. *Conciliant, pacifique.*

BATAILLON [batajɔ̃]. *n. m.* (1543; it. *battaglione,* augment. de *battaglia*. V. **Bataille**). ♦ 1° *Vx* ou *littér.* Troupe de combattants. V. **Armée, troupe.** — *Mod.* Unité militaire groupant plusieurs compagnies. *Bataillon d'infanterie. Chef de bataillon.* V. **Commandant.** *Bataillon disciplinaire* (arg. *Bat' d'Af'*) : bataillon disciplinaire. ♦ 2° Par ext. Un grand nombre. V. **Troupe.** *Elle a un bataillon d'enfants.*

BÂTARD, ARDE [bɑtaʀ, aʀd(ə)]. *adj.* (1190; p.-ê. de *bât* « engendré sur le bât », ou germ. °*bansti* « grange »).

♦ 1° Qui est né hors mariage. *Enfant bâtard.* V. **Naturel;** illégitime. — *Subst. Les bâtards de Louis XIV. Légitimer un bâtard.* ♦ 2° Par anal. Qui n'est pas de race pure. V. **Hybride croisé.** *Chien bâtard.* Subst. « *Son chien Dick, affreux bâtard de caniche et de barbet* » (MAUROIS). ♦ 3° *Fig.* Qui tient de deux genres différents ou qui n'a point de caractère nettement déterminé. *Une solution bâtarde.* ◇ *Écriture bâtarde,* ou subst. BÂTARDE : intermédiaire entre la ronde et l'anglaise. ◇ *Pain bâtard,* et subst. m. BÂTARD, pain de fantaisie d'une livre. ⊗ ANT. *Légitime; race* (de race).

BATARDEAU [bataʀdo]. *n. m.* (1446; a. fr. *bastart* « digue »; de *bâtir*). Digue, barrage provisoire établi sur un cours d'eau pour assécher en aval le terrain où l'on a des travaux à faire. ◇ *Mar.* Caisson étanche que l'on applique à la coque d'un navire pour en réparer une partie ainsi mise à sec.

BÂTARDISE [bataʀdiz]. *n. f.* (1550; de *bâtard*). État de bâtard.

BATAVIA [batavja]. *n. f.* (1866; lat. *Batavi* « Hollandais »). Sorte de laitue à feuilles croquantes ondulées.

BATAVIQUE [batavik]. *adj.* (1835; de *Batave* « Hollandais »). *Larmes bataviques :* gouttes de verre effilées, produites par le contact du verre fondu et de l'eau froide (d'abord observées à Leyde, Hollande).

BATAYOLE [batajɔl]. *n. f.* (1740; *bataillole*, XVIᵉ; it. *battagliola,* de *battaglia.* V. **Bataille**). *Mar.* Montant vertical d'une rambarde. V. **Chandelier.**

-BATE. Élément, du gr. *batein* « marcher, s'appuyer » (*ex.* : Acrobate).

BATEAU [bato]. *n. m.* (XIIᵉ; a. angl. *bât* (angl. mod. *boat*), et suff. *-eau*). ♦ 1° Nom générique des ouvrages flottants de toutes dimensions, destinés à la navigation. V. **Barque, bâtiment, embarcation, navire, paquebot, vaisseau.** *Mar.* Nom générique des embarcations et navires de très faible tonnage. — *Voyage en bateau. Prendre le bateau.* V. **Embarquer** (s'). *Bateau à rames. Bateau à voiles* (V. **Voilier**). *Bateau à vapeur.* V. **Steamer.** *Bateau à moteur. Bateau de commerce* (V. **Cargo,** péniche). *Bateau-citerne :* spécialement aménagé pour le transport des liquides, eau, vin, pétrole. V. **Tanker.** *Bateau de pêche. Bateau-pilote,* qui guide les bateaux au port. *Bateau-remorqueur.* V. **Remorqueur.** *Bateau de sauvetage. Bateau-pompe. Bateau de plaisance.* V. **Yacht.** *Bateau-mouche.* V. **Mouche.** *Mauvais bateau.* V. **Rafiot.** — Par anal. *Bateau-lavoir.* V. **Lavoir.** ♦ 2° *(En appos.).* En forme de bateau. *Lit bateau,* dont les pans rejoignant les dossiers sont incurvés. *Encolure bateau,* décolletée en pointe sur chaque épaule. (1877). *Ventre en bateau* (méd.). ◇ *N. m.* Partie plus basse d'un trottoir à l'endroit des portes cochères, des garages. ♦ 3° *Fig.* et *fam. Monter un bateau à qqn :* inventer une plaisanterie, une histoire pour lui en faire accroire. V. **Mensonge.** ♦ 4° *Adj. invar. Fam.* Banal, rebattu. *Un sujet bateau.*

BATEAU-FEU [batofø]. *n. m.* (1887; de *bateau,* et *feu*). Bateau de construction spéciale, muni d'un phare fixe, et mouillé à la manière d'une bouée, à proximité d'un endroit dangereux. Plur. *Des bateaux-feux.* (On dit aussi *bateau-phare.*)

BATEAU-PHARE. V. **BATEAU-FEU.**

BATÉE [bate]. *n. f.* (1868; var. de *battée* « une pierre battue », de *battre*). Récipient conique dans lequel on lave les terres et les sables aurifères.

BATELAGE [batlaʒ]. *n. m.* (1443; de *bateau*). ♦ 1° Droit ou salaire payé au batelier. ♦ 2° Service de bateaux assurant la communication des navires entre eux.

BATELÉE [batle]. *n. f.* (XIIIᵉ; de *bateau*). *Vx.* Charge d'un bateau.

BATELER [batle]. *v. intr.;* conjug. *appeler* (XVIᵉ; a. fr. *baastel,* o. i.). Faire des tours d'adresse, de passe-passe. V. **Bateleur.**

BATELET [batlɛ]. *n. m.* (XIIIᵉ; de *bateau*). *Rare.* Petit bateau.

BATELEUR, EUSE [batlœʀ, øz]. *n.* (XIIIᵉ; a. fr. *baastel* « instrument et tour d'escamoteur »). *Vieilli.* Personne qui fait des tours d'acrobatie, d'adresse, d'escamotage, de force sur les places publiques, dans les foires. V. **Acrobate, équilibriste, forain, funambule, hercule, histrion, jongleur, lutteur, prestidigitateur, saltimbanque.**

BATELIER, IÈRE [batəlje, jɛʀ]. *n.* (XIIIᵉ; de *bateler*). Personne dont le métier est de conduire un bateau sur les rivières et canaux. V. **Marinier.** — *Spécial.* Personne qui transporte des passagers d'une rive à l'autre. V. **Passeur.**

BATELLERIE [batɛlʀi]. *n. f.* (1390; de *bateau*). ♦ 1° Industrie du transport fluvial. ♦ 2° Ensemble des bateaux de rivière.

BÂTER [bate]. *v. tr.* (1530; de *bât*). Mettre un bât (à une bête de somme). — *Fig. Âne bâté,* ignorant, lourdaud. ⊗ ANT. *Débâter.*

BAT-FLANC [baflɑ̃]. *n. m. invar.* (fin XIXᵉ; de *battre,* et *flanc*). ♦ 1° Pièce de bois qui, dans les écuries, sépare deux chevaux. *Par ext.* Cloison en bois dans un dortoir. « *Une* *de ces cellules sans fenêtre, sans lumière, sans bat-flanc »* (F. GIROUD).

BATH [bat]. *adj. invar.* (1846 ; interj., 1804 ; p.-ê. de *battant* (neuf). V. **Battre, III**). *Pop.* Chic, serviable. « *T'es bath, Fernande. Tu m'as passé le filon* » (CARCO). — Agréable, beau. *C'est bath!* V. **Chouette, épatant.** ◊ HOM. *Batte.*

BATHY-. Élément, du gr. *bathus* « profond ».

BATHYAL, ALE, AUX [batjal, o]. *adj.* (v. 1953 ; du gr. *bathus* « profond »). *Océanogr.* Qui concerne la zone sousmarine comprise entre 200 et 2 000 m (correspondant au talus ou plateau continental*).

BATHYMÉTRIE [batimetʀi]. *n. f.* (1863 ; de *bathy-*, et *-métrie*). Mesure des profondeurs marines. V. **Sondage.**

BATHYMÉTRIQUE [batimetʀik]. *adj.* (1878 ; de *bathymétrie*). Qui a rapport à la bathymétrie. *Carte bathymétrique.*

BATHYSCAPHE [batiskaf]. *n. m.* (1946 ; de *bathy-*, et gr. *scaphê* « barque »). Appareil destiné à conduire des observateurs dans les grandes profondeurs sous-marines.

BATHYSPHÈRE [batisfɛʀ]. *n. f.* (1928 ; de *bathy-*, et *-sphère*). Sphère très résistante reliée à la surface par un câble pour explorer les grandes profondeurs sous-marines.

BÂTI, IE [bɑti]. *adj.* (V. **Bâtir**). ♦ 1° Sur lequel est construit un bâtiment. *Propriété bâtie, non bâtie.* ♦ 2° Fait (personnes). *Être bâti en force, à chaux et à sable. Bien, mal bâtie.* V. **Balancé, fait, fichu.** « *Un gentilhomme gueux et mal bâti* » (MOL.).

BÂTI [bɑti]. *n. m.* (1699 ; de *bâtir*). ♦ 1° *Menuis.* Assemblage de montants et de traverses. Charpente qui supporte les diverses pièces d'une machine, qui sert à leur assemblage. *Le bâti d'une charrue.* V. **Armature, carcasse, charpente, châssis.** ♦ 2° *Cout.* Couture provisoire à grands points.

BATIFOLAGE [batifɔlaʒ]. *n. m.* (1532 ; de *batifoler*). *Fam.* Action de batifoler ; jeu folâtre.

BATIFOLER [batifɔle]. *v. intr.* (déb. XVIᵉ ; it. *battifolle*, boulevard où les jeunes gens s'amusaient). *Fam.* S'amuser à des jeux folâtres. V. **Amuser (s'), folâtrer.** « *Faner, c'est retourner le foin en batifolant* » (SÉV.).

BATIFOLEUR, EUSE [batifɔlœʀ, øz]. *n.* (1835 ; de *batifoler*). *Fam.* Personne qui batifole.

BATIK [batik]. *n. m.* (1845 ; mot javanais). Espèce de soie peinte, à la mode javanaise (répandue v. 1900).

BÂTIMENT [bɑtimɑ̃]. *n. m.* (1160 ; de *bâtir*). ♦ 1° *Vx.* Action de bâtir *(pr. et fig.).* V. **Construction, création.** ◊ Par ext. *Mod.* L'ensemble des industries et métiers qui concourent à la construction des édifices. V. **Construction ; charpenterie, couverture, maçonnerie, marbrerie, menuiserie, peinture, plâtrerie, plomberie, serrurerie, vitrerie.** *L'industrie du bâtiment. Entreprise, entrepreneur de bâtiment. Ouvrier du bâtiment. Peintre en bâtiment.* — PROV. *Quand le bâtiment va, tout va* (dans les affaires). — Loc. *Être du bâtiment*, être de la corporation, s'y connaître. ♦ 2° (XVIIᵉ). Toute construction servant à loger des hommes, des animaux ou des choses. V. **Abri, bâtisse, construction, édifice, immeuble, maison.** *Le corps d'un bâtiment* : sa partie principale. *Les ailes* d'un bâtiment. Les bâtiments d'une ferme.* ♦ 3° Par anal. *Techn.* Bateau de fort ou de moyen tonnage. V. **Navire, vaisseau.**

BÂTIR [bɑtiʀ]. *v. tr.* ; conjug. *finir* (déb. XIIᵉ ; frq. °*bastjan* « assembler ou construire avec de l'écorce » *(bast).* ♦ 1° Élever sur le sol, à l'aide de matériaux assemblés. V. **Construire, édifier, élever, ériger.** *Bâtir une maison. Se faire bâtir une villa.* Loc. fig. *Bâtir des châteaux* en Espagne. *Bâtir une ville.* Pronom. *Brasilia s'est bâtie très rapidement.* — Fig. *Bâtir sur le sable* : former une entreprise qui ne repose sur rien de solide, qui ne peut durer. *Pierre à bâtir. Terrain à bâtir* : destiné à la construction. — Faire (son nid) en parlant des oiseaux. ◊ Par ext. Faire bâtir. *L'architecte qui a bâti cette maison.* ♦ 2° Fig. V. **Construire, édifier, élever, établir, fonder.** *Bâtir sa fortune sur la misère d'autrui. Bâtir une théorie.* « *Bâtir sur des statistiques mouvantes des théories aussitôt lézardées* » (MAUROIS). ♦ 3° *Cout.* Assembler provisoirement deux morceaux de tissu, les pièces d'un vêtement, à grands points. *Bâtir une jupe pour l'essayage.* — *Être bâti*, en construction. *Cette ville s'est bâtie en peu de temps.* ◊ ANT. **Démolir, détruire, raser, renverser, ruiner.** Débâtir.

BÂTISSE [bɑtis]. *n. f.* (1701 ; de *bâtir*). ♦ 1° La partie en maçonnerie, le gros œuvre d'une construction. ♦ 2° Bâtiment de grandes dimensions (parfois avec l'idée de laideur). « *Une laide bâtisse prétentieuse* » (LOTI).

BÂTISSEUR, EUSE [bɑtisœʀ, øz]. *n.* (1539 ; de *bâtir*). Personne qui bâtit, fait beaucoup bâtir. V. **Architecte, constructeur.** — *Un bâtisseur de villes.* V. **Fondateur.** — Fig. et péj. *Des bâtisseurs d'utopies.* ◊ ANT. **Démolisseur.**

BATISTE [batist(ə)]. *n. f.* (*Batiche*, 1401 ; du rad. de *battre*). Toile de lin très fine. V. **Toile ; linon.** ◊ HOM. *Baptiste.*

BÂTON [bɑtɔ̃]. *n. m.* (1080 ; bas lat. *bastum*, de °*bastare* « porter »). Long morceau de bois rond que l'on peut tenir à la main et faire servir à divers usages. V. **Baguette, verge.**

♦ 1° (Servant d'appui). *S'appuyer sur un bâton. Bâton d'alpiniste, bâton ferré.* V. **Alpenstock, piolet.** BÂTON DE SKI (ou BÂTON) : tige d'acier munie d'une poignée et d'une rondelle près de l'extrémité inférieure, sur laquelle le skieur s'appuie. « *Elle disposa ses skis et ses bâtons sur la neige* » (M. BEDEL). *Bâton de berger.* V. **Houlette.** — *Bâton de vieillesse* : sur lequel s'appuie le vieillard ; *fig.* Celui qui est le soutien d'un vieillard. *Cet enfant sera un jour votre bâton de vieillesse.* ♦ 2° (Servant à frapper). V. **Épieu, férule, gourdin, matraque, pieu, trique.** *Donner, recevoir des coups de bâton, une volée de coups de bâton.* **Escrime au bâton** ou **bâton.** ♦ 3° (Symbole de l'autorité, du commandement). V. **Sceptre ; houlette.** *Bâton de commandement. Bâton pastoral.* V. **Crosse** (de l'évêque). — *Le bâton de Maréchal de France*, PROV. *Tout soldat porte son bâton de maréchal dans sa giberne.* — Fig. et fam. *C'est son bâton de maréchal* : le couronnement de sa carrière, la plus haute dignité à laquelle il puisse parvenir. ♦ 4° BÂTON DE CHAISE : bois tourné qui sert à relier les montants d'une chaise. Se disait des bâtons qui servaient à porter les chaises à porteur. Fig. *Mener une vie de bâton de chaise* : une vie agitée, déréglée. ♦ 5° BÂTON se dit de divers instruments, outils, objets de forme plus ou moins cylindrique. *Bâton blanc d'agent de police* (pour régler la circulation). *Bâtons servant d'entrave.* V. **Billot, tribart.** Fig. *Mettre des bâtons dans les roues* : susciter des difficultés, des obstacles. V. **Entraver.** ◊ Spécialt. *Vx.* Baguette de tambour. *Batterie à bâtons rompus*, en frappant de manière intermittente. Loc. fig. *Parler à bâtons rompus*, de manière peu suivie, en changeant de sujet. « *Ce sont des causeries à bâtons rompus dont le sens souvent échappe* » (LOTI). — Baguette d'escamoteur. Loc. fig. *Tour de bâton*, profit secret, ristourne illicite. ♦ 6° *Comm.* Morceau (d'une substance) en forme de bâton. *Bâton de craie, de réglisse. Bâton de rouge à lèvres.* ♦ 7° Trait vertical que les enfants font pour apprendre à écrire. V. **Barre.**

BÂTONNAT [bɑtɔna]. *n. m.* (1842 ; de *bâtonnier*). *Dr.* Fonctions de bâtonnier de l'Ordre des avocats ; durée de ces fonctions.

BÂTONNER [bɑtɔne]. *v. tr.* (fin XIIᵉ ; de *bâton*). Frapper de coups de bâton. V. **Bastonnade.**

BÂTONNET [bɑtɔnɛ]. *n. m.* (1260 ; de *bâton*). ♦ 1° Petit bâton. ♦ 2° *Sc.* Se dit d'éléments qui ont l'aspect d'un petit bâton (bacilles, chromosomes). *Bâtonnets de la rétine*, cellule nerveuse de la rétine, sensible à la lumière par son prolongement qui contient le pourpre rétinien.

BÂTONNIER [bɑtɔnje]. *n. m.* (*Bastonnier* « porte-bannière », XIIIᵉ ; de *baston*. V. **Bâton**). ♦ 1° *Ancienn.* Porte-bannière d'une confrérie ; *spécialt.* Le chef de la confrérie des avocats. ♦ 2° *Mod.* Avocat élu par ses confrères pour être le chef et le représentant de l'Ordre dans le ressort de leur barreau. *Fonctions de bâtonnier.* V. **Bâtonnat.**

BATOUDE [batud]. *n. f.* (1890 ; mot ital. *battuto*). Tremplin très flexible, en usage dans les cirques.

BATRACIENS [batʀasjɛ̃]. *n. m. pl.* (fin XVIIIᵉ ; gr. *batrakhos* « grenouille »). Classe d'animaux vertébrés tétrapodes amphibies dont la peau nue, molle, humide, est criblée de glandes à sécrétion visqueuse, dont la respiration est surtout cutanée, et qui subissent une métamorphose. *Ordres de batraciens* : anoures, apodes, urodèles. — *Au sing.* Animal appartenant à cette classe. *La grenouille est un batracien.*

BATTAGE [bataʒ]. *n. m.* (1329 ; de *battre*). ♦ 1° Action de battre. *Le battage des tapis à la fenêtre.* *Agric.* Opération qui consiste à séparer l'épi ou de la tige les graines de certaines plantes. *Battage du blé, du colza. Aire de battage.* ◊ Par ext. *Battage de l'or*, pour le réduire en feuilles très minces servant à la dorure. ♦ 2° (1866 ; d'apr. *battre la grosse caisse*). Fig. et fam. Publicité tapageuse, exagérée autour d'une personne ou d'une chose. *Publicité, bluff, bruit, réclame.* *On fait beaucoup de battage autour de ce vin.*

1. BATTANT [batɑ̃]. *n. m.* (XIIIᵉ ; de *battre*). ♦ 1° Pièce métallique en massue suspendue à l'intérieur d'une cloche contre les parois de laquelle elle vient frapper. ♦ 2° Partie d'une porte, d'une fenêtre, d'un meuble, mobile sur ses gonds. V. **Vantail.** « *Les deux battants vitrés de la porte-fenêtre* » (COLETTE). *Ouvrir une porte à deux battants.* ♦ 3° Nom de diverses pièces d'instruments ou de machines. *Battant de moulin, de métier à tisser, de trémie.* V. **Traquet.** *Battant d'un loquet.* V. **Clenche.** ♦ 4° *Mar. Battant d'un pavillon* : sa dimension horizontale, bat au gré du vent. ◊ ANT. *Guindant.*

2. BATTANT, ANTE [batɑ̃, ɑ̃t]. *adj.* (1762 ; de *battre*). Qui bat. *Pluie battante*, très violente. *Porte battante*, qui se referme d'elle-même. *Le cœur battant*, avec une grande émotion. « *Des maîtres que nous n'abordons jamais que chapeau bas et cœur battant* » (DUHAM.). ◊ *Tambour battant*, au son du tambour. Fig. Rapidement, rondement.

3. BATTANT [batɑ̃]. *n. m.* (1936 ; de *battre* trans., peut-être d'après angl. *battling* « combatif »). *Sports.* Sportif qui

se signale par sa combativité. « *L'escrimeur est un battant;
toujours prêt à l'attaque et à la contre-attaque* » (*Le Monde*,
1-11-1966). — *Par ext.* (1967). Personnalité très combative.
« *Un battant dont la puissance de travail n'a cessé d'impressionner tous les membres du bureau politique* » (*Nouv. Obs.*,
11-12-1972).

BATTE [bat]. *n. f.* (1393; de *battre*). ◆ 1° Se dit de divers
instruments qui servent à battre, fouler, tasser. V. **Bâton,
battoir, maillet, massue, palette, tapette.** — *Par ext. Batte
de blanchisseuse :* petit banc sur lequel on bat le linge. ◇
(Sports) *Batte de jeu de paume. Batte de cricket :* battoir
qui sert à renvoyer la balle. ◆ 2° Action de battre l'or, l'argent
pour le réduire en feuilles. *La batte de l'or.* ◇ HOM. *Bat, bath.*

BATTÉE [bate]. *n. f.* (XVIIe; de *battre*). Partie du dormant
contre laquelle vient battre une porte quand on la ferme.

BATTELLEMENT [batɛlmã]. *n. m.* (1690; a. fr. *bateiller*
« créneler »). *Archit.* Double rang de tuiles terminant le bas
du toit.

BATTEMENT [batmã]. *n. m.* (XIIe; de *battre*).
I. ◆ 1° Choc ou mouvement de ce qui bat (III, 2°, 5°
à 7°); bruit qui en résulte. V. **Coup, heurt; frappement, martèlement.** *Le battement du fer sur l'enclume.* V. **Martèlement.**
*Le battement alternatif des rames. Le battement d'une porte
mal fermée. Le battement de la pluie contre les vitres.* — *Battement de mains.* V. **Applaudissement.** — *Battements d'ailes.*
V. **Bruissement, frémissement.** « *Un oiseau fouettant
l'air du battement de ses ailes* » (PROUST). — *Battement des
cils, des paupières.* V. **Cillement, clignement.** ◆ 2° Nom de
mouvements des pieds (escrime), des jambes (danse), qui
battent (Cf. Jeté battu). ◆ 3° *Le battement du cœur :* mouvement alternatif de contraction et de dilatation du cœur.
Battement du pouls, des artères. V. **Pulsation, rythme.** *Avoir
un battement, des battements de cœur :* sentir son cœur battre
plus fort. V. **Palpitation.** « *Le battement des artères faisait
dans sa tête un bruit assourdissant* » (MART. du G.). ◆
4° *Math.* Petit décalage entre deux fonctions périodiques de
fréquences voisines. — *Phys.* Phénomène dû à la superposition de deux vibrations de fréquence rapprochée. V.
Interférence. ◆ 5° Intervalle de temps. *Nous avons un battement de vingt minutes pour changer de train. Il y a du battement.*
II. *Battement d'une porte, d'une fenêtre,* couvre-joint
fixé sur l'un des battants; montant fixe sur lequel viennent
s'appuyer les deux battants. — *Battement d'une persienne,
d'un volet :* pièce métallique scellée en dehors de la fenêtre
pour l'empêcher de battre.

BATTERIE [batʀi]. *n. f.* (fin XIIe; de *battre*).
I. *Vx.* Querelle violente; échange de coups. V. **Bagarre,
bataille.**
II. ◆ 1° (XVe-XVIe; de « action de battre l'ennemi, de
tirer sur lui »). Réunion de pièces d'artillerie et du matériel
nécessaire à leur service; emplacement, ouvrage de fortification destiné à recevoir ces pièces. *Batterie de canons.
Batterie rasante, protégée, masquée par un épaulement. Batterie côtière. Batterie antichars. Batterie de D.C.A. Mettre
en batterie :* en position de tir. — Unité d'un régiment d'artillerie. *Le capitaine commandant la troisième batterie.* ◇ *Fig.
Vieilli.* Moyen qu'on emploie pour réussir à qqch. *ou* faire
échouer une tentative. V. **Combinaison, machination, mesure,
plan.** *Loc. mod. Dresser ses batteries; changer de batteries.*
◆ 2° (1294). *Batterie de cuisine,* ensemble des ustensiles
de métal servant à faire la cuisine; *pop.* Ensemble des décorations portées par un militaire. ◇ *Phys.* Réunion d'éléments générateurs de courant électrique. *Batterie d'accumulateurs, de piles. Batterie de cellules solaires. La batterie
d'une automobile.* — Ensemble d'éléments, série. *Batterie
de chaudières, de laminoirs* (V. **Train**). « *Les batteries de
projecteurs* » (DUHAM.). *Batterie de tests.* ◆ 3° Manière de
battre le tambour; roulement particulier. V. **Breloque, chamade, champ, charge, diane, générale, rappel, réveil.** — *Mus.*
Suite de notes détachées en arpèges, sur un instrument à
cordes. *À la guitare,* Manière de jouer en battant les cordes
avec les doigts. ◆ 4° Ensemble des instruments à percussion
d'un orchestre. V. **Caisse, cymbale, timbale.** *Tenir la batterie.*
V. **Batteur.** *Batterie de jazz.*

BATTEUR [batœʀ]. *n. m.* (fin XIIe; de *battre*). ◆ 1° *Vx.*
Celui qui aime à battre, à donner des coups. ◆ 2° (Professions). *Batteur d'or, d'étain,* ouvrier qui réduit l'or, l'étain
en feuilles très minces. *Batteur en grange,* qui bat les gerbes,
les épis au fléau. *Batteur de brousse.* V. **Brousse.**
◆ 3° *Loc. fig.* (Vx.) *Batteur de fer.* V. **Ferrailleur.** — *Batteur
de pavé,* celui qui passe son temps à battre le pavé, courir
les rues. ◆ 4° *Mus.* Celui qui joue de la batterie dans un
orchestre de jazz. ◆ 5° (*Appareils*). Ustensile ménager pour
battre, mêler (fouet mécanique *ou* électrique. V. **Mixer**).
Batteur à œufs. — Organe principal d'une batteuse. Machine
à éplucher le coton. *Batteur-éplucheur, batteur-étaleur.*
◆ 6° *Sports* (cricket, hockey, base-ball). Joueur qui frappe
avec une batte la balle reçue du *lanceur*.

BATTEUSE [batøz]. *n. f.* (1860; de *batteur*). ◆ 1° *Agric.*
Machine qui sert à l'égrenage des céréales, des plantes
fourragères. V. **Battage.** *Moissonneuse-batteuse-lieuse. Batteuse à vapeur.* ◆ 2° Appareil qui bat le métal, le réduit en
feuilles par pression.

BATTITURES [batityʀ]. *n. f. pl.* (1564; de *battre*). Parcelles de métal qui jaillissent sous le marteau du forgeron.

BATTLE-DRESS [batəldrɛs]. *n. m. invar.* (1943; mot
angl., « tenue (*dress*) de combat (*battle*) »). Blouson militaire en toile. « *Le général ne porte pas la combinaison de
vol mais un foulard glissé dans son battle-dress* » (*Le Monde*,
17-9-1964). — *Par ext.* Blouson de toile. « *Musiciens, chanteurs, comédiens, tous portent le même battle-dress* »
(*L'Express*, 16-3-1970).

BATTOIR [batwaʀ]. *n. m.* (1307; de *battre*). ◆ 1° Instrument qui sert à battre. — *Spécialt.* Palette de bois avec
laquelle on bat le linge. ◆ 2° (1775). *Fig.* et *fam.* Mains
larges et fortes.

BATTRE [batʀ(ə)]. *v. tr. :* je bats, nous battons. Je battais.
*Je battis, nous battîmes. Je battrai. Je battrais. Bats, battons,
battez. Que je batte, que nous battions. Que je battisse, qu'il
battît, que nous battissions. Battant. Battu* (XIe; lat. *battuere*,
puis *battere*, d'o. gaul.).
I. *V. tr.* Donner des coups répétés, frapper à plusieurs
reprises. Ⓐ ◆ 1° **BATTRE** un être vivant. V. **Coup; frapper,
malmener, maltraiter, rosser, secouer** (Cf. *pop.* Arranger,
assaisonner, bigorner, botter, casser la gueule, cogner dessus,
dérouiller, écharper, enfoncer les côtes, épousseter, estourbir,
flanquer (une volée*), mettre la tête au carré, passer à tabac ;
piler, punir; rentrer dedans, dans le mou; secouer les puces,
sonner, tabasser, taper dessus, tomber sur le paletot). *Il n'y
va pas de main morte, il l'a battu comme plâtre, comme un
sourd. Battre qqn avec un bâton, un fouet, etc.* V. **Bâtonner,
cravacher, flageller, fouailler, fouetter, houssiner, sangler.**
Battre à coups de pieds, de poings. V. **Bourrer** (de coups),
boxer, calotter, claquer, fouler (aux pieds), **gifler, souffleter,
talocher.** *Battre un enfant pour le punir.* V. **Châtier, corriger
fesser.** *Il a voulu le battre.* V. **Lever, porter** (la main sur).
Il a été battu à mort. V. **Lyncher.** — *Battre un homme, un
ennemi à terre; au fig.* Accabler qqn qui ne peut plus se
défendre. ◆ 2° Avoir le dessus sur (un adversaire). *Battre
l'ennemi.* V. **Vaincre; bousculer, bouter, culbuter, défaire,
emporter** (l'), **enfoncer, tailler** (en pièces). *Battre à plate
couture* (par allus. aux coutures qu'on aplatit en frappant).
V. **Écraser.** « *Je l'ai battu son adversaire aux élections. Battre son
adversaire aux échecs, au tennis* (V. **Gagner, damer** (le pion),
piler). *Nous les battrons, nous les aurons. Se faire battre :*
être battu. V. **Perdre, succomber.** — *Par ext. Battre un record.*
Ⓑ Frapper sur (une chose). ◆ 1° Frapper (un corps solide)
avec un instrument. *Battre un habit, un tapis.* V. **Épousseter,
houssiner.** *Battre le linge pour le nettoyer* (V. **Batte, battoir**),
la laine pour la carder. Battre le plâtre. V. **Briser, broyer,
pulvériser.** *Battre avec un marteau.* V. **Marteler.** *Battre
l'or, l'argent, le cuivre :* le réduire en feuilles très minces
en le battant. *Le forgeron bat le fer sur l'enclume.* Loc.
fig. *Battre le fer pendant qu'il est chaud :* profiter sans tarder
d'une occasion favorable. — *Battre le fer à froid. Fig. Battre
froid à qqn :* le traiter avec froideur. « *M. Chalgrin me battait
froid, j'avais dû faire une maladresse énorme* » (DUHAM.).
— *Battre le briquet*.* ◆ 2° *Battre monnaie :* fabriquer de
la monnaie (qui, autrefois, se frappait au marteau). V.
Frapper. ◆ 3° Frapper sur *ou* dans (qqch.) pour remuer,
agiter. *Battre le beurre.* V. **Baratter.** *Battre le blé.* V. **Battage,
batteuse.** « *Battez-moi ces blancs d'œufs* » (GAUTIER). V.
Brouiller. — *Par ext. Battre les cartes,* avant de les distribuer. V. **Mêler.** *Absolt. C'est à vous de battre.* ◆ 4° *Spécialt.
Battre les buissons,* avec un bâton pour faire lever le gibier.
— *Par ext. Le chien bat les taillis.* ◆ 5° (De *battre la terre :*
fouler; et *battre les buissons*). Parcourir pour rechercher,
explorer. *Battre la campagne, le pays, les chemins.* V. **Fouiller,
reconnaître.** « *On avait beau battre les forêts, fouiller les
buissons* » (MAUPASS.). — Fig. *Battre la campagne,* rêver
à des sujets variés (sans ordre). V. **Déraisonner, divaguer,
extravaguer.** ◇ *Battre le pavé :* le fouler, errer par les rues,
aller et venir sans but. V. **Flâner.** — *Battre la semelle :*
frapper le sol avec ses pieds pour les réchauffer. ◆ 6° *Battre
le tambour :* le frapper avec des baguettes pour en tirer
des sons. V. **Tambouriner.** *Par ext. Battre la breloque, la
chamade, la générale, le rappel, la retraite.* V. **Batterie.** Fig.
Battre le tambour, la caisse, la grosse caisse, pour attirer
l'attention, publier une nouvelle. ◆ 7° *Mus. Battre la mesure :*
marquer la mesure, indiquer le rythme. *Battre la mesure
avec une baguette.* — *Danse. Battre un entrechat, des entrechats :* battre les pieds l'un contre l'autre au cours d'un
saut. ◆ 8° Heurter, frapper (son corps). *Battre ses flancs,
sa poitrine.* — Fig. *Battre l'air* (vx), *se battre les flancs :*
faire des efforts inutiles. — Fig. et pop. *Je m'en bats l'œil :*
je m'en moque. ◆ 9° Heurter. *Un ivrogne qui bat les murs.
Les vagues battent la falaise, battent *ou*
s'y brisent contre.
La mer bat son plein.* V. **Plein.** « *Comme un mât battu par
la tempête* » (LAMART.). *Les gouttes d'eau battaient la vitre.*

— Heurter en se balançant. « *La martingale de Fouillard lui bat minablement les fesses* » (DORGELÈS). ♦ 10° Frapper de projectiles. V. **Canonner; batterie.** *L'artillerie commença à battre les positions ennemies. Battre et démolir les murs d'une forteresse.* — *Battre* (un mur) *en brèche :* tirer avec de l'artillerie afin d'ouvrir une brèche. — Fig. *Battre un argument en brèche :* l'attaquer, le ruiner. « *Cette Gironde qui battait le trône en brèche* » (MICHELET). V. **Attaquer, ébranler.** ♦ 11° *Battre pavillon :* naviguer sous un pavillon. « *Des navires de guerre battant pavillon britannique* » (MART. du G.). **II.** *V. tr. indir. et intr.* ♦ 1° BATTRE EN RETRAITE : se battre en faisant retraite. Fig. V. **Abandonner, céder, reculer.** ♦ 2° Produire des mouvements répétés. *Battre des mains, des pieds.* V. **Applaudir, claquer.** — *Battre des ailes, de l'aile,* agiter. « *M. Pitkin bat des paupières et remue la tête* » (DUHAM.). ♦ 3° Tirer ou produire des sons (tambour). *Battre aux champs :* battre le tambour pour rendre quelque honneur. *Le tambour bat.* V. **Battant.** ♦ 4° BATTANT NEUF, se dit du cuivre qui vient d'être battu par le chaudronnier. *Un chaudron tout battant neuf.* — Fig. Complètement neuf. V. **Flambant.** « *Que devaient être, tout battant neufs, ces monuments?* » (G. d'HOUVILLE). ♦ 5° Être animé de battements. V. **Battement.** *Le cœur bat. Son pouls bat vite. Le cœur battant :* accéléré par l'émotion (V. **Ému**). « *La pensée bat, comme la cervelle et le cœur* » (CLAUDEL). — Par ext. *Le cœur lui bat :* l'émotion lui fait battre le cœur plus vite. — Trans. *Battre des coups réguliers. Un balancier qui bat les secondes.* V. **Marquer.** ♦ 6° BATTRE CONTRE. V. **Frapper, heurter.** *Les vagues battent contre le quai. La pluie bat contre la vitre.* ♦ 7° Heurter périodiquement par un balancement. *La porte bat. Le vent fait battre les volets.* **III.** SE BATTRE. *v. pron.* ♦ 1° (*Récipr.*). Lutter. *Commencer à se battre* (en venir aux mains). *Se battre avec acharnement, comme des chiffonniers, des crocheteurs, des furies.* V. **Bagarrer (se), bouffer** (se bouffer le nez), **cheveu** (se prendre aux cheveux), **chignon** (se crêper le chignon), **colleter** (se), **expliquer** (s'), **tabasser** (se), **taper** (se). *Se battre en duel, à l'épée.* V. **Dégainer, ferrailler.** *Les troupes se sont battues pendant trois jours.* V. **Combattre.** — Par exagér. **Disputer** (se), **chamailler** (se), **quereller** (se). *Ne vous battez pas, chacun sera servi à son tour.* ♦ 2° Combattre contre un adversaire. *Se battre avec, contre qqn, à coups de poings, au pistolet.* — Risquer sa vie au combat. *Conquérir une position sans se battre,* sans coup férir. *Aimer à se battre.* V. **Bagarreur, batailleur.** « *Vos hommes savent se battre, mais ils ne savent pas combattre* » (MALRAUX). — Fig. *Voilà une heure qu'il se bat avec cette serrure.* V. **Acharner** (s'), **débattre** (se), **démener** (se). **BATTU, UE** [baty]. *adj.* (V. **Battre**). ♦ 1° Qui a reçu des coups. *Avoir l'air d'un chien battu. Les enfants battus.* ♦ 2° Vaincu. *Une armée battue. Un général battu.* — *Battu aux échecs, au jeu.* V. **Perdant.** — *Ne pas se tenir pour battu :* ne pas avouer sa défaite, ne pas s'y résigner. ♦ 3° Fig. *Avoir les yeux battus :* le tour des yeux bleuâtre, comme si l'on avait reçu un coup. V. **Cerné.** ♦ 4° (Choses). *Fer battu. Feuilles d'or battu. Œufs battus en neige. — Tennis en terre battue. Chemin, sentier battu :* foulé par les pieds des passants, chemin fréquenté. Fig. *Suivre les chemins battus :* les procédés ordinaires, les moyens connus, les usages établis. ♦ 5° Chorégr. *Pas battu :* accompagné de battement. *Jeté battu.*

BATTUE [baty]. *n. f.* (fin XVᵉ; de *battre*) *Chasse.* Action de battre les taillis, les bois pour en faire sortir le gibier. *Organiser une battue avec des rabatteurs.*

BATTURE [batyʀ]. *n. f.* (1694; a. fr. *batteure* « action de battre qqn ou qqch. », de *battre*). Au Canada, Partie du rivage que la marée descendante laisse à découvert. « *Il y a du sang sur la neige, tout le long du chemin de la batture* » (A. HÉBERT).

BAU [bo]. *n. m.* (*Balc*, déb. XIIIᵉ, puis *bauch* « poutre »; frq. °*balk*). *Mar.* Traverse qui maintient l'écartement des murailles et soutient les bordages. V. **Poutre; barrot.** *Le grand bau* ou *maître bau. Des baux.* ◇ HOM. *Baud, baux* (bail), *beau, bot.*

BAUD [bo(d)]. *n. m.* (mil. XXᵉ; du nom de l'inventeur *Baudot*). *Téléph., inform.* Unité de vitesse de transmissions de signaux correspondant à un bit* par seconde. ◇ HOM. *Bau, baux, beau, bot.*

BAUDET [bodɛ]. *n. m.* (1534; a. fr. *bald* « lascif »). ♦ 1° Nom familier de l'âne. *Être chargé comme un baudet :* très chargé. — *Spécialt.* Âne, étalon de l'ânesse ou de la jument. ♦ 2° Fig. Tréteau de scieur de bois. V. **Chevalet.**

BAUDRIER [bodʀije]. *n. m.* (1387; *baldrei*, XIIᵉ; p.-ê. germ. °*balt*, lat. *balteus* « bande »). Bande de cuir ou d'étoffe qui se porte en écharpe (V. **Bandoulière**) et soutient un sabre, une épée. *Ceindre un baudrier.*

BAUDROIE [bodʀwa]. *n. f.* (1562; prov. *baudroi*).Grand poisson de mer *(Pédiculés)* à grosse tête surmontée de tentacules. On dit aussi *Lotte de mer.*

BAUDRUCHE [bodʀyʃ]. *n. f.* (*Bodruche*, 1690; o. i.). ♦ 1° Pellicule provenant du cæcum de bœuf ou de mouton et qui sert à recouvrir ou à fabriquer divers objets. *Un ballon en baudruche.* ♦ 2° Ballon de baudruche. Fig. *C'est une baudruche :* un homme sans consistance.

BAUGE [boʒ]. *n. f.* (1480; var. de *bauche*, gaul. °*balc* « fort », et « terre inculte »). ♦ 1° Gîte fangeux de certains animaux. *La bauge du sanglier* (V. **Souille**), *du cochon* (V. **Loge**). « *Âcres senteurs de la bauge aux pourceaux* » (GIDE). — *Par anal.* Lieu très sale. ◇ Fig. V. **Boue.** « *Allons! retourne à ta bauge. Fille et faussaire ça va ensemble* » (DAUD.). ♦ 2° Mortier fait de terre et de paille. V. **Pisé.**

BAUHINIE [boini]. *n. f.* (1751; du bot. *Bohin*). Arbrisseau de l'Inde à grandes fleurs blanches ou purpurines (*Papilionacées*).

BAUME [bom]. *n. m.* (1190, souvent *basme;* lat. *balsamum,* gr. *balsamon*). ♦ 1° Nom désignant un grand nombre de plantes odoriférantes, notamment les *menthes.* « *Des roches tapissées de sauge et de baumes sauvages* » (CHATEAUB.). ♦ 2° Résine odoriférante, sécrétée par certaines plantes. *Baume de Tolu. Baume du Pérou. Baume du Canada.* V. **Sapin.** *Baume styrax.* V. **Styrax;** aliboufier, benjoin, liquidambar. *Du baume.* V. **Balsamique.** ♦ 3° Préparation contenant des principes balsamiques et employée comme calmant. V. **Liniment.** « *Elle lui frotte à loisir avec du baume tranquille* » (SÉV.). ◇ Fig. Ce qui adoucit les peines, calme la douleur, l'inquiétude. V. **Adoucissement, apaisement, consolation, dictame, remède.** *Mettre du baume dans le cœur.* « *Enfin les lettres des vrais et vieux amis versaient un baume sur les égratignures et les plaies* » (DUHAM.).

BAUMÉ [bome]. *n. m.* (1922; n. pr.). ♦ 1° Aréomètre du chimiste Baumé. ♦ 2° *Degré Baumé,* unité de la division de l'échelle portée sur l'aréomètre Baumé.

BAUMIER [bomje]. V. **Balsamier.**

BAUQUIÈRE [bokjɛʀ]. *n. f.* (1579; de *bau*). *Mar.* Ceinture intérieure d'un navire, formée de pièces de bois qui, par leur épaisseur, servent à lier les couples entre eux, et à soutenir les baux.

BAUXITE [boksit]. *n. f.* (1847; des *Baux de Provence,* où fut découvert un gisement). Roche silicatée renfermant surtout de l'alumine, du sesquioxide de fer et de l'eau. *Les bauxites rouges (riches en fer, pauvres en silice) servent à la préparation de l'aluminium.*

BAVARD, ARDE [bavaʀ, aʀd(ə)]. *adj.* (XVᵉ; de *bave* « bavarde »). ♦ 1° Qui aime à parler, parle avec abondance, intempérance. V. **Babillard, loquace, verbeux, volubile.** *Bavard comme une pie.* — Subst. *Un intarissable bavard. Quel bavard!* V. **Discoureur, jaseur, phraseur;** et *aussi* Caquet, langue, moulin (à paroles). ◇ Par ext. *Une rhétorique bavarde.* V. **Diffus, redondant.** ♦ 2° Qui raconte avec indiscrétion, parle quand il convient de se taire. V. **Cancanier, indiscret.** *Une femme bavarde* (Cf. Une vraie concierge). — Subst. *Ce bavard n'a pas su tenir sa langue.* ◇ ANT. *Muet, silencieux. Discret.*

BAVARDAGE [bavaʀdaʒ]. *n. m.* (1647; de *bavard*). ♦ 1° Action de bavarder. V. **Babillage, bagou** (*fam.*), **caquet, caquetage, papotage, parlote.** *Élève puni pour bavardage.* — *Par ext.* Le fait d'être prolixe et diffus (par écrit). V. **Verbiage.** ♦ 2° *Par ext.* Discours, propos de bavard. *Assez de bavardages!* V. **Jacasserie.** — *Spécialt.* Propos de bavard (2°). « *Des bavardages, des histoires qui couraient* » (ZOLA). V. **Cancan, commérage, potin, raconter.** ◇ ANT. *Mutisme, silence.*

BAVARDER [bavaʀde]. *v. tr.* (1539; de *bavard*). ♦ 1° Parler beaucoup, causer avec qqn de choses et d'autres. V. **Parler; babiller, bavette** (tailler des bavettes), **causer.** *Nous avons bavardé ensemble. Perdre son temps à bavarder.* V. **Caqueter, discourir, jaboter, jacasser, papoter.** ♦ 2° Divulguer des choses qu'on devrait taire, commettre des indiscrétions. *Quelqu'un aura bavardé.* V. **Cancaner, jaser.** ◇ ANT. *Taire (se).*

BAVAROISE [bavaʀwaz]. *n. f.* (1946; « boisson », 1762; de *bavarois* « de Bavière »). Entremets froid en gelée diversement parfumé.

BAVE [bav]. *n. f.* (*Beve*, 1450; lat. pop. *bava* « boue »). ♦ 1° Salive visqueuse qui s'écoule de la bouche. *Essuyer la bave d'un bébé.* — Liquide écumeux, spumeux qui sort de la bouche de l'homme dans certaines maladies (épilepsie, rage, etc.), ou de la gueule de certains animaux. V. **Écume.** — Fig. Propos méchant, venimeux. V. **Venin.** *La bave des calomniateurs.* ♦ 2° *Par ext.* Liquide gluant que sécrète le limaçon, l'escargot.

BAVER [bave]. *v. intr.* (XIVᵉ, aussi « bavarder » (vx); de *bave*). ♦ 1° Laisser couler de la bave. « *Un enfant qui crie et bave pour toute réponse* » (ROUSS.). — *Par ext.* Manger malproprement. ♦ 2° Fig. et pop. *Baver de :* être ahuri, béant (d'admiration, d'étonnement, de surprise). *Baver d'admiration. Il en bave.* « *On en bavait, tant la chose lui paraissait exorbitante* » (COURTELINE). ◇ Pop. *En baver :* être soumis à un travail très dur, souffrir. *Il va vous en faire baver.* ♦ 3° Littér. *Baver sur,* souiller par d'indignes paroles.

V. **Calomnier, médire, salir, souiller.** *Baver sur la réputation de qqn.* ♦ 4° *Par ext.* Se dit de l'encre, de la couleur qui déborde et nuit à la netteté de l'écriture, du dessin, etc. (V. **Bavure**).

BAVETTE [bavɛt]. *n. f.* (XIIIᵉ; de *bave*).
I. ♦ 1° Grand bavoir ou petite serviette de bébé. ♦ 2° Haut d'un tablier, d'une salopette, qui couvre la poitrine. ♦ 3° *Bouch.* Partie inférieure de l'aloyau. *Bifteck dans la bavette.*
II. (1846). *Fam. Tailler une bavette :* bavarder.

BAVEUX, EUSE [bavø, øz]. *adj.* (XIᵉ; de *bave*). ♦ 1° Qui bave (1°). *Bouche baveuse.* — Par anal. *Omelette baveuse :* dont l'intérieur, peu cuit, reste liquide. ♦ 2° *Typogr. Lettres baveuses :* dont l'encre, étalée en bavures, macule les contours. ◇ ANT. *Net.*

BAVOCHER [bavɔʃe]. *v. intr.* (1684; de *baver*, 4°). *Grav.* et *Impr.* Déborder les traits, empâter, maculer les contours. *L'encre a bavoché. Les caractères bavochent. Une épreuve bavochée.*

BAVOCHURE [bavɔʃyʀ]. *n. f.* (1771; de *bavocher*). Empâtement des traits, des contours. *Les bavochures d'une épreuve, d'une estampe.* V. **Bavure, macule.**

BAVOIR [bavwaʀ]. *n. m.* (1860; de *baver*). Pièce de lingerie qui protège la poitrine des bébés. V. **Bavette.**

BAVOLET [bavɔlɛ]. *n. m.* (1556; de *bas*, et *volet* « sorte de voile »). ♦ 1° Coiffure de paysanne couvrant les côtés et le derrière de la tête. — Morceau d'étoffe ornant une coiffure de femme par derrière. *« Son bonnet blanc à bavolet de dentelle »* (FRANCE). ♦ 2° *Auto.* Autrefois, tablier de côté protégeant la carrosserie contre les éclaboussures.

BAVURE [bavyʀ]. *n. f.* (XIVᵉ; de *baver*). ♦ 1° *Techn.* Trace, saillie que les joints d'un moule laissent sur l'objet moulé. V. **Barbe, barbille, ébarbure, masselotte.** *Ébarber les bavures d'une planche gravée.* ♦ 2° *Par anal.* Trace d'encre empâtant une écriture, un dessin, une épreuve d'imprimerie. V. **Tache; bavochure, macule** ◇ (mil. XIXᵉ). Erreur pratique, abus, conséquence fâcheuse. *« La police a de la peine à éviter ce qu'on nomme pudiquement des bavures »* (Le Monde, 27-3-1970). ♦ 3° *Loc. fam. Sans bavure :* parfaitement exécuté; impeccable (ou impeccablement).

BAYADÈRE [bajadɛʀ]. *n. f.* (1782; *balliadère*, 1770; port. *bailadeira*, de *bailar* « danser »). ♦ 1° Danseuse sacrée de l'Inde. ♦ 2° *Par appos. Tissu bayadère,* à rayures multicolores.

BAYART [bajaʀ]. *n. m.* Syn. de **BARD.**

BAYER [baje]. *v. intr.;* (XIIᵉ; var. de *béer**). *Bayer aux corneilles :* perdre son temps en regardant en l'air niaisement. V. **Rêvasser.** — (V. *aussi* **Bâiller**).

BAYOU [baju]. *n. m.* (1699; p.-ê. rac. lat. *balneolum* « petit bain » ou corrupt. de *boyau*). En Louisiane et dans le bas Mississippi, eaux peu profondes à faible courant, ou stagnantes (bras secondaire de rivière, méandre abandonné).

BAY-WINDOW [bɛwindo]. *n. f.* (1664; mot angl., de *bay* « baie », et *window* « fenêtre »). V. **Bow-window.** — Plur. *Des bay-windows.* — Recomm. offic. V. **Oriel.**

BAZAR [bazaʀ]. *n. m.* (*Bathzar,* 1432; persan *bâzâr* « souk »). ♦ 1° Marché public en Orient. V. **Souk.** ♦ 2° *Par ext.* (1816). Lieu, magasin, boutique où l'on vend toutes sortes d'objets, d'ustensiles. — Fig. *De bazar,* de mauvaise qualité. *« Galanterie de bazar »* (MAUPASS.). ♦ 3° *Fig.* et *fam.* (1866). Maison en désordre, où tout est pêle-mêle. *Quel bazar!* — *Par ext.* Objets en désordre. *Range ton bazar.* — *Pop.* (1842, « mobilier »). V. **Attirail, bagage, barda.** *Emporter tout son bazar.* ♦ 4° (1860). *Arg. Vx.* Lycée (on dit *Baz* [baz]).

BAZARDER [bazaʀde]. *v. tr.* (1846; de *bazar*). *Fam.* Se débarrasser, se défaire rapidement de (qqch.). V. **Abandonner, vendre.** *« Il rompit avec la vie mondaine, bazarda même son frac »* (MONTHERLANT).

BAZOOKA [bazuka]. *n. m.* (1942; mot amér.). Lance-roquettes antichar.

B. C. G. [beseʒe]. *n. m.* (1888; du *vaccin Bilié de Calmette et Guérin*). Vaccin antituberculeux.
Be Symbole chimique du *béryllium.*

BEAGLE [bigl(ə)]. *n. m.* (1888; mot angl.). Chien courant, sorte de basset à jambes droites. ◇ HOM. *Bigle.*

BÉANCE [beɑ̃s]. *n. f.* (v. 1200, « désir, intention »; repris XXᵉ; de *béer*). ♦ 1° Rare ou littér. État de ce qui est béant, grand ouvert. *« Une béance énorme »* (CÉLINE). ♦ 2° (1865). *Spécialt. Méd. Béance du larynx,* état artère dilatée.

BÉANT, ANTE [beɑ̃, ɑ̃t]. *adj.* (1544; p. prés. de *béer*). ♦ 1° Grand ouvert. *Gouffre béant.* *« Elle avait-au-dessus du sourcil droit une blessure béante qui lui labourait le crâne »* (FROMENTIN). *« Les yeux fixes et béants »* (TAINE). *Bouche béante.* ♦ 2° (Personnes). *Béant d'étonnement, de surprise, d'admiration :* qui ouvre grand la bouche, les yeux. *« Nous étions là, béants d'étonnement et de curiosité »* (DUHAM.). — Absolt. *« Les commères accouraient béantes »* (HUGO).

BÉARNAIS, AISE [beaʀnɛ, ɛz]. *adj.* et *n.* (1740; de *Béarn*). Du Béarn, province française. Cuis. *Sauce béarnaise,*

et absolt. *Une béarnaise,* sauce épaisse au beurre et aux œufs. *Tournedos béarnaise.*

BEAT [bit]. *adj. invar.* (v. 1966; de *beatnik*). Qui concerne les beatniks* ou la *beat generation. Jack Kerouac, prêtre beat. La révolte « beat ».*

BÉAT, ATE [bea, at]. *adj.* (1265; lat. *beatus* « heureux »). ♦ 1° *Relig.* Qui est heureux en Dieu. Subst. *« Mˡˡᵉ Rose, célèbre béate à extases »* (ST-SIM.). ♦ 2° Exagérément satisfait et tranquille; qui exprime la béatitude. *Un air, un sourire béat. Un optimisme béat.* V. **Niais.** ◇ ANT. *Inquiet, tourmenté.*

BÉATEMENT [beatmɑ̃]. *adv.* (1866; de *béat*). D'une manière béate. *Sourire béatement.*

BÉATIFICATION [beatifikasjɔ̃]. *n. f.* (1372; de *béatifier*). Acte de l'autorité pontificale par lequel une personne défunte est mise au rang des bienheureux. *La béatification est une sorte de préliminaire à la canonisation.*

BÉATIFIER [beatifje]. *v. tr.* (1361; lat. chrét. *beatificare,* de *beatus* « heureux »). Mettre au nombre des bienheureux (V. **Béatification**). *Être béatifié.* V. **Bienheureux.**

BÉATIFIQUE [beatifik]. *adj.* (1450; lat. chrét. *beatificus*). *Relig.* Qui procure la béatitude. *Vision béatifique,* extase que la contemplation de Dieu procure aux élus.

BÉATITUDE [beatityd]. *n. f.* (1265; lat. ecclés. *beatitudo*). ♦ 1° *Théol.* Félicité parfaite dont jouissent les élus. ♦ 2° *Par ext.* Bonheur parfait. V. **Bien-être, contentement, euphorie, extase, quiétude, satisfaction.** *Plongé dans une douce béatitude. « Un air de béatitude faisait volontiers se physionomie pour niais »* (ST-SIM.). ♦ 3° *Les huit béatitudes, les Béatitudes :* les huit vertus que Jésus-Christ a exaltées dans le Sermon sur la Montagne. ◇ ANT. *Inquiétude, peine.*

BEATNIK [bitnik]. *n.* (v. 1959; de l'amér. *beat generation* « génération foutue », et du suff. *-nik* copié sur le russe *spoutnik*). Jeune homme (ou jeune fille) en révolte contre le conformisme bourgeois et la société de consommation, qui vit d'expédients, sans domicile fixe. *« On reproche aux beatniks d'être sales, sans ressources et sans profession »* (Le Monde, 13-4-1966). V. **Hippy.**

1. BEAU [bo] (ou **BEL** devant un nom commençant par une voyelle ou un h muet, et dans quelques locutions), **BELLE** [bɛl]. *adj.* (*Bel,* XIᵉ; lat. *bellus* « joli »).
I. Qui fait éprouver une émotion esthétique; *spécialt.* Qui plaît à l'œil (*opposé à* laid). V. **Charmant, délicieux, éblouissant, éclatant, enchanteur, exquis, gracieux, harmonieux, joli, magnifique, majestueux, merveilleux, mignon, ravissant, splendide, superbe.** *Beau paysage.* V. **Pittoresque.** *Belle fleur. Belle maison. Beau et riche.* V. **Fastueux, somptueux.** *Belle musique, beau poème. Une belle décoration.* V. **Artistique, esthétique.** *« Il n'y a de vraiment beau que ce qui ne peut servir à rien; tout ce qui est utile est laid »* (GAUTIER). ◇ Dont le physique, *spécialt.* le visage répond à certains canons de beauté. *Un bel homme.* V. **Adonis.** *Une belle femme.* V. **Vénus; beauté.** *Elle est assez belle.* V. **Bien.** *Un beau brin de fille. Beau, belle comme un astre, comme le jour. Devenir beau.* V. **Embellir.** *Loc. prov. Sois belle et tais-toi.* ◇ Bien habillé, apprêté. *Se faire beau, belle. Une belle dame.* V. **Chic, élégant.**
II. Qui fait naître un sentiment d'admiration ou de satisfaction (*opposé à* mauvais, médiocre). ♦ 1° *(Choses intellectuelles ou morales).* Admirable. *Un beau talent, un beau génie. Les beaux esprits*.* V. **Cultivé, distingué, supérieur.** *Une belle page.* V. **Bon, fort, magistral.** — *Une belle âme, un beau geste, une belle action.* V. **Admirable, bon, élevé, généreux, grand, noble, sublime.** *Fam.* (langage des enfants) *Ce n'est pas beau de mentir.* ♦ 2° Qui est très satisfaisant, très réussi dans son genre (à des choses qu'on peut voir ou constater). *Une belle salade, une belle prise. Une belle pêche.* *Avoir un beau jeu. Avoir une belle match. Avoir une belle santé. Un beau voyage.* V. **Agréable, intéressant.** *C'est la belle vie! Le bel âge,* la jeunesse. *De beaux résultats. Une belle situation.* *Un beau coup, une belle balle,* bien exécuté; bien envoyée. *L'échapper* belle.* — *C'est trop beau pour être vrai. Ce serait trop beau!* (cette chose qu'on souhaite). PROV. *Tout nouveau tout beau.* ◇ *(Temps)* Clair, dégagé. *Un beau temps.* V. **Clair, ensoleillé, radieux, splendide.** *Avoir beau temps. Il fait beau.* Subst. *Le baromètre est au beau, au beau fixe.* Fig. *Avoir le moral au beau fixe.* — Par ext. *Un beau jour*,* un certain jour. ◇ *(Mer) Calme. On sortait le canot quand la mer était belle.* ◇ (Personnes) *Beau joueur*, beau parleur*.* ♦ 3° *Par ext.* Qui est grand, nombreux, important. *Un beau vacarme.* V. **Grand.** *Une belle gifle.* V. **Violent.** *Il y a beau temps de cela,* il y a longtemps. *Il y a belle lurette.* ♦ 4° Par antiphr. *Une belle coupure, brûlure. Une belle bronchite.* V. **Bon, joli.** *C'est du beau travail!* *Être dans de beaux draps. C'est un beau gâchis. On l'a renvoyé de la belle manière,* sans ménagements. — Subst. *En faire, en dire de belles* (des sottises). *J'en apprends de belles* (des choses scandaleuses). — *Fam. C'est du beau!* se

dit à un enfant qui se conduit mal. ◇ (Augmentatif) *Un beau salaud. Un bel égoïste. Une belle menteuse.* — *Au beau milieu,* en plein milieu. ♦ 5° Loc. verb. AVOIR BEAU (suivi de l'infinitif), s'efforcer en vain. *J'ai beau crier, il n'entend rien.* « *Nous avons beau faire, nous ne pouvons pas être absolument naturels* » (LARBAUD). *On a beau dire, ce n'est pas si mal que cela.* — Littér. IL FAIT BEAU (suivi de l'infinitif) : il est commode de. « *Il fait beau croire aux prodiges lorsque les prodiges nous arrangent* » (COCTEAU). *Il ferait beau voir que :* il serait incroyable ; *par ext.* Ce serait trop commode (en matière de menace). *Il ferait beau voir qu'ils agissent sans notre avis.* ♦ 6° Loc. adv. BEL ET BIEN, réellement, véritablement. « *Le magnifique vase était bel et bien en porcelaine* » (GAUTIER). *Il est bel et bien mort.* — DE PLUS BELLE, de nouveau et encore plus fort. *Recommencer de plus belle.*

◇ ANT. Affreux, hideux, laid. Mauvais, médiocre. — HOM. Bau, baud, baux (baud); baux; bel.

2. BEAU, BELLE [bo, bɛl]. *n.* (V. Beau 1).
I. N. m. ♦ 1° Ce qui fait éprouver une émotion esthétique (sentiment d'admiration ; plaisir désintéressé, *spécialt.* du sens de la vue). V. **Beauté.** *Étude du beau.* V. **Esthétique.** *Le culte du beau.* « *Les règles du beau sont éternelles, immuables et les formes en sont variables* » (DELACROIX). *Le beau, le bien et le vrai.* ♦ 2° Choses de belle qualité. *N'acheter que du beau. Elle n'aime que le beau.*
II. N. m. et f. ♦ 1° N. m. *Un beau* (vx), un homme élégant. — Mod. *Un vieux beau,* un vieil homme trop coquet, qui cherche encore à plaire. — *Faire le beau,* se dit d'un chien qui se tient debout sur ses pattes postérieures. ♦ 2° N. f. *Une belle,* belle femme, fille. *La Belle et la Bête.* — Plaisant. *Jeune fille, jeune femme. Courtiser les belles. Il est avec sa belle,* sa fiancée, sa maîtresse. *Ma belle,* terme d'affection ; terme familier et ironique. *Pas d'histoires, ma belle.*
III. N. f. *La belle* : occasion favorable et *par ext.* (1860) liberté recouvrée par évasion. *Se faire la belle* : s'évader. « *Je vais risquer la belle* » (A. SARRAZIN). — Dans un jeu, partie qui doit départager deux adversaires (ou deux camps adverses). *Faire (jouer) la belle après la revanche.*

◇ ANT. Laid, laideur. Laideron. — HOM. V. Beau (1).

BEAUCOUP [boku]. *adv.* (1272 ; de *beau,* et *coup* ; a éliminé *moult*). Marque d'une façon indéterminée un grand nombre, une grande quantité, une grandeur, une valeur assez élevée, une intensité, un haut degré. ♦ 1° (Devant un nom : *beaucoup de*). *Avoir beaucoup de choses à faire, à dire.* V. **Bien** (5), maint, nombre (de), nombreux, plusieurs. *Avec beaucoup de détails.* V. **Force.** *Beaucoup de gens.* V. **Foule, multitude.** — *Avoir beaucoup d'argent.* V. **Plein.** *En avoir beaucoup.* V. **Amplement, énormément, foison** (à), gogo (à), largement, quantité (en), profusion (en). *Il n'en a pas beaucoup* (Cf. *pop.* Besef, lerche). *Il n'y a pas beaucoup de monde.* V. **Grand.** *Beaucoup de patience ; de chance.* Fam. *Merci beaucoup,* grand merci. ♦ 2° (Nominal). De nombreuses choses, personnes. *Beaucoup sont de notre avis. Il a beaucoup à faire, à apprendre. Cela compte pour beaucoup. C'est déjà beaucoup.* ◇ DE BEAUCOUP, avec une grande différence. *Elle le dépasse de beaucoup. Il s'en faut de beaucoup. Il est le plus vieux de beaucoup ; de beaucoup le plus vieux.* ♦ 3° (Avec un verbe). *Boire, manger, beaucoup.* V. **Copieusement** (Cf. Comme quatre). *Il travaille beaucoup.* V. **Considérablement, énormément.** *Plaire beaucoup.* V. **Bien,** infiniment. *S'intéresser beaucoup à qqch.* V. **Vivement.** *Il a beaucoup changé.* V. **Bougrement, diablement, drôlement, joliment, rudement, terriblement.** « *Elle avait fait beaucoup parler d'elle* » (MAURIAC). ♦ 4° (Devant un adj.). Vx. « *Leur savoir à la France est beaucoup nécessaire* » (MOL.). V. **Très.** — Mod. *Aimable, il l'est beaucoup.* ♦ 5° Avec un comparatif (verbe, adverbe). *C'est beaucoup plus rapide. Beaucoup mieux. Beaucoup trop.* « *Pauline prenait son parti beaucoup moins facilement qu'elle ne le disait* » (GIDE). ◇ ANT. Peu. Rien. Aucun, nul, personne.

BEAU-FILS [bofis]. *n. m.* (1468 ; de *beau,* terme d'affection, et *fils*). ♦ 1° Celui dont on a épousé le père ou la mère. *Il a épousé une jeune veuve, et il a deux beaux-fils.* ♦ 2° Par ext. V. **Gendre.** *Ses beaux-fils.*

BEAU-FRÈRE [bofʀɛʀ]. *n. m.* (1386 ; de *beau,* et *frère*). ♦ 1° Frère du conjoint, pour l'autre conjoint. ♦ 2° Mari de la sœur ou de la belle-sœur d'une personne. *Des beaux-frères.*

BEAUJOLAIS [boʒɔlɛ]. *n. m.* (1922 ; région de France). Vin du Beaujolais. *Boire un petit beaujolais.*

BEAU-PÈRE [bopɛʀ]. *n. m.* (1457 ; de *beau,* et *père*). ♦ 1° Père du conjoint, pour l'autre conjoint. *Gendre et beau-père.* ♦ 2° Pour les enfants d'un premier lit. Le second mari de leur mère (On disait aussi *Parâtre*). *Beau-père et beau-fils.*

BEAU-PETIT-FILS [boptifis]. *n. m.* (1922 ; de *beau,* et *petit-fils*). Rare. Fils d'un beau-fils ou d'une belle-fille.

BEAUPRÉ [bopʀe]. *n. m.* (1382 ; néerl. *boegspriet* « mât de proue »). Mât placé à l'avant du navire, plus ou moins

obliquement. On dit aussi *mât de beaupré. Voile du beaupré.* V. Foc.

BEAUTÉ [bote]. *n. f.* (*Beltat,* 1080 ; lat. pop. °*bellitas*). **I.** ♦ 1° Caractère de ce qui est beau (1, I) ; manifestation du beau. V. **Harmonie, joliesse, majesté, splendeur.** *L'étude de la beauté.* V. **Esthétique.** *Le sentiment de la beauté.* V. **Goût.** *La beauté d'un paysage, d'un tableau, d'un poème, d'une symphonie.* « *La mode même et les pays règlent ce que l'on appelle beauté* » (PASC.). ◇ *De toute beauté* : expression courante en parlant d'une chose remarquable par sa beauté. *Le pont de Saint-Esprit « est de toute beauté* » (DE BROSSES). — Fam. *En beauté* : magnifiquement. *Terminer une épreuve, une course en beauté.* ♦ 2° Spécialt. Qualité d'une personne belle. V. **Beau, vénusté.** *Beauté d'une femme. Beauté classique, régulière ; naturelle, sophistiquée. Être dans tout l'éclat de sa beauté. Être d'une grande beauté. Concours de beauté. Institut de beauté. Produits, crème de beauté.* — *La beauté du diable,* la beauté que donne la jeunesse à une personne qui n'a pas d'agréments réels. — *Être en beauté* : paraître plus beau, plus belle que d'habitude. — Fam. *Se faire, se refaire une beauté* : se coiffer, se farder. — *Grain de beauté.* V. **Grain.** ♦ 3° *Une beauté* : une femme très belle. *Une beauté célèbre. Ce n'est pas une beauté.* ♦ 4° BEAUTÉS. *n. f. pl.* Les belles choses, les beaux détails d'un lieu, d'un objet, d'une personne, d'une œuvre. *Les beautés artistiques de l'Italie sont innombrables. Les beautés du style de Racine.*
II. Caractère de ce qui est moralement admirable. *La beauté d'un sacrifice, d'un geste généreux. Pour la beauté du geste.*

◇ ANT. Laideur.

BEAUX-ARTS [bozaʀ]. *n. m. pl.* (1752 ; de *beau,* et *art*). Arts qui ont pour objet la représentation du beau (V. **Art**) ; *spécialt.* du beau plastique (V. **Architecture, gravure, peinture, sculpture**). *L'École des Beaux-Arts,* et absolt. et fam. *Les Beaux-Arts,* où l'on enseigne la pratique des arts plastiques.

BEAUX-PARENTS [bopaʀã]. *n. m. pl.* (1793, rare jusqu'à 2e moitié du XIXe ; de *beau,* et *parent*). Le père et la mère de son conjoint. V. **Beau-père ; belle-mère.**

BÉBÉ [bebe]. *n. m.* (*Baby,* 1841 ; de l'angl. *baby*). ♦ 1° Jeune enfant (vx) : enfant en bas âge. V. **Enfant, nourrisson, nouveau-né, petit, poupon.** *Un bébé dans son berceau.* « *Un bébé fait sa joie* » (HUGO). *Bébé éprouvette,* conçu par insémination artificielle.* — Par ext. *Attendre un bébé.* — Adj. *Il est resté bébé.* — *Enfant qui fait le bébé* : se conduit d'une façon puérile. *C'est un vrai bébé.* ♦ 2° Par anal. (1866). *Un bébé en celluloïd,* jouet d'enfant. V. **Baigneur.** ♦ 3° (Avec un nom en appos.). Très jeune animal. *Bébé chien, bébé chat.*

BE-BOP [bibɔp] ou **BOP** [bɔp]. *n. m.* (v. 1945 ; onomat. amér.). ♦ 1° Mus. Style de jazz. ♦ 2° Danse rapide sur une musique de jazz. *Des be-bops.*

BEC [bɛk]. *n. m.* (XIIe ; lat. *beccus,* o. gaul.). **I.** ♦ 1° Bouche cornée et saillante des oiseaux, formée de deux mandibules qui recouvrent respectivement les maxillaires supérieur et inférieur, démunis de dents. V. **-Rostre.** *Le bec crochu de l'aigle. Le héron au long bec. Oisillon qui ouvre son bec pour recevoir la becquée.* V. **Happer.** *Mordiller avec le bec.* V. **Becqueter.** *Coup de bec.* — Fam. *Avoir bec et ongles :* des moyens de défendre et d'attaquer. ◇ *Avoir le bec dans l'eau,* en parlant d'un oiseau (héron) qui attend le poisson. Fig. *Être le bec dans l'eau* : en suspens, dans l'incertitude, l'attente. ♦ 2° Fig. et fam. La bouche de l'homme, dans certains emplois. — (Pour se nourrir) *Ouvrir le bec. Claquer du bec* : avoir faim. *Un bec fin* : un gourmet. — (Pour parler) *Ouvrir le bec. Avoir bon bec, caquet bon bec* : être bavard, volontiers médisant. « *Il n'est pas beau de parler de Paris* » (VILLON). *Donner un coup de bec* : lancer un trait agressif. *Une prise de bec* : une altercation (V. **Dispute**). *Clore, clouer le bec à qqn* : le faire taire (Cf. Couper le sifflet). ♦ 3° Extrémité de certains objets terminés en pointe. V. **Bec-de-cane, bec-de-corbin, bédane.** — *Bec d'une plume,* sa partie effilée. — Petite avancée en pointe d'un récipient, pour verser le liquide. *Bec de cruche, de casserole.* ◇ Géogr. Pointe de terre qui s'avance dans l'eau. V. **Cap, confluent, promontoire.** *Bec d'Ambès.* « *Le flot qui heurtait ce bec de granit* » (MART. du G.). ◇ Mus. Embouchure d'un instrument à vent. ♦ 4° Par ext. BEC DE GAZ (1835). V. **Réverbère.** « *Les bancs, les édicules, les becs de gaz, tout fut arraché, renversé* » (FLAUB.). Pop. *Tomber sur un bec* (de gaz) ; au fig. Rencontrer un obstacle imprévu, insurmontable. « *Et si on veut reprendre l'offensive, on tombera sur un bec* » (MART. du G.).
II. Région. (Canada, Suisse, Nord de la France). Fam. Baiser, bécot. *Donner un bec,* faire la bise. V. **Embrasser.**

BÉCANE [bekan]. *n. f.* (1890 ; « vieille locomotive », 1842 ; p.-ê. de *bécut* « oiseau ; poulet », de *bec,* à cause des « cris », des grincements). ♦ 1° Fam. Bicyclette. ♦ 2° Arg. de métier. Machine. *Travailler sur une bonne bécane.*

BÉCARD ou **BECCARD** [bekaʀ]. *n. m.* (XVIᵉ; de *bec*). ♦ 1° Variété de saumon au museau allongé. ♦ 2° Nom donné au brochet d'une certaine taille. ⋄ HOM. *Bécarre.*

BÉCARRE [bekaʀ]. *n. m.* (1425; it. *b quadro* « b carré »). Signe de musique placé devant une note, haussée ou baissée d'un demi-ton par un dièse ou un bémol pour la rétablir dans un ton naturel. — Adj. *Mi bécarre.* ⋄ HOM. *Bécard.*

BÉCASSE [bekas]. *n. f.* (XIIᵉ; de *bec*). ♦ 1° Oiseau échassier migrateur au long bec *(Scolopacidés)*, à chair très estimée. ♦ 2° *Fig.* et *fam.* Sotte. *Quelle bécasse!*

BÉCASSEAU [bekaso]. *n. m.* (1537; de *bécasse*). ♦ 1° Petit de la bécasse, appelé aussi *béchot.* ♦ 2° Petit échassier qui fréquente les bords des étangs ou de la mer.

BÉCASSINE [bekasin]. *n. f.* (1553; de *bécasse*). ♦ 1° Oiseau échassier migrateur de petite taille au bec long, aux pattes dénudées. ♦ 2° *Fig.* Jeune fille niaise.

BECAUSE, BICAUSE [bikoz]. *Conj.* et *prép.* (1928; de l'angl. *because* « parce que »). *Fam.* Parce que; à cause de. « *Dominique lui tint pendant quelque temps compagnie puis finit par l'abandonner bicause l'arrivée de nouveaux invités* » (QUENEAU).

BEC-CROISÉ [bɛkkʀwaze]. *n. m.* (1780; de *bec*, et *croiser*). Passereau *(Conirostres)* à bec croisé, à la façon de lames de ciseaux.

BEC-D'ÂNE [bekdan]. V. BÉDANE.

BEC-DE-CANE [bɛkdəkan]. *n. m.* (1560; de *bec*, et *cane*, à cause de la forme). Pêne d'une serrure qui rentre lorsqu'on manœuvre le bouton, la poignée. *Par ext.* Cette poignée.

BEC-DE-CORBIN [bɛkdəkɔʀbɛ̃] ou **BEC-DE-CORBEAU** [bɛkdəkɔʀbo]. *n. m.* (1453 -1835; de *bec*, et *corbin* « corbeau »). Pince coupante. Outil tranchant recourbé à une extrémité.

BEC-DE-LIÈVRE [bɛkdəljɛvʀ(ə)]. *n. m.* (1560; de *bec*, et *lièvre*, par anal. avec la lèvre supérieure du lièvre). Malformation congénitale de la face, qui se présente ordinairement sous la forme d'une fissure de la lèvre supérieure, parfois associée à une fente osseuse (du rebord alvéolaire, de la voûte du palais). *Des becs-de-lièvre.*

BECFIGUE [bɛkfig]. *n. m.* (1539; it. *beccafico*, de *beccare* « becquer », et *fico* « figue »). Autre nom des *becs-fins* et spécialt. des fauvettes, qui se nourrissent en automne de raisins, figues, etc. *Des becfigues.*

BEC-FIN [bɛkfɛ̃]. *n. m.* (1843; de *bec*, et *fin*). Nom commun des Passereaux, à petit bec droit, mince et effilé. V. Becfigue. *Des becs-fins.*

BÊCHAGE [beʃaʒ]. *n. m.* (1878; de *bêcher*). Action de bêcher (1°). *Bêchage d'un massif.*

BÉCHAMEL [beʃamɛl]. *n. f.* (1735; n. pr.). Cuis. Sauce blanche à base de lait. Par appos. *Sauce béchamel.*

BÊCHE [bɛʃ]. *n. f.* (*Besche* XIᵉ; o. i.). ♦ 1° Outil de jardinage composé d'un fer large et tranchant, adapté à un manche plus ou moins long. V. **Pelle**; et *aussi* **Louchet**, *palot.* *Labour à la bêche.* V. **Bêchage.** ♦ 2° *Artill.* Bêche de crosse, espèce de soc à l'extrémité d'un affût de canon, qui, en s'enfonçant dans le sol, limite le recul de la pièce.

1. **BÊCHER** [beʃe]. *v. tr.* (XIIᵉ; de *bêche*). Fendre, retourner (la terre) avec une bêche. V. **Cultiver, labourer.** *Bêcher la terre, son jardin.*

2. **BÊCHER** [beʃe]. *v. tr.* (1837; p.-ê. de *bêcher*, *béquer* « attaquer à coups de bec »). *Fam.* Critiquer vivement (qqn). V. **Débiner.** ⋄ Être prétentieux et snob à l'égard de (qqn).

BÊCHEUR, EUSE [bɛʃœʀ, øz]. *n.* (1849; « insulteur », 1833; de *bêcher*, II). ♦ 1° Personne qui bêche (qqn), dit du mal des autres. ♦ 2° *Fam.* (*Néol.*). Personne prétentieuse et snob. *Une petite bêcheuse.*

BÊCHEVETER [bɛʃəvəte]. *v. tr.* conjug. *acheter* (1778; de *béchevet* « double chevet »). Placer tête*-bêche.

BÉCHIQUE [beʃik]. *adj.* (1560; du gr. *béks*, *bekhos* « toux »). *Vx.* Remède contre la toux. *Un sirop béchique.*

BÉCOT [beko]. *n. m* (1794; de *bec*). *Fam.* Baiser. « *Il les embrassa d'un gros bécot de paysan* » (MAUPASS.). V. **Bise.**

BÉCOTER [bekɔte]. *v. tr.* (*Bécotter*, 1830; de *bécot*). *Fam.* Donner des bécots. V. **Embrasser.** — SE BÉCOTER : s'embrasser. « *Quand aurez-vous fini de vous bécotter?* » (DAUD.).

BECQUÉE ou **BÉQUÉE** [beke]. *n. f.* (XVIᵉ; de *bec*). Ce qu'un oiseau prend dans son bec pour le nourrir ou nourrir ses petits. *Donner la becquée.* — *Par anal.* Nourriture donnée à qqn. « *Comme si elle donnait la becquée à un nourrisson, elle introduisit la cuiller entre les lèvres molles du malade* » (MART. du G.).

BECQUEREL [bɛk(ə)ʀɛl]. *n. m.* (1975; du nom du physicien Henri *Becquerel*). *Phys.* Unité d'activité radioactive (symb. Bq), correspondant à 37 milliards de désintégrations par seconde (obtenues avec un gramme de radium). *Le becquerel remplace le curie.*

BECQUET. V. BÉQUET.

BECQUETANCE ou **BECTANCE** [bɛktɑ̃s]. *n. f.* (1882; de *becqueter*, var. *becter*). *Pop.* Nourriture. V. **Bouffe, bouffetance.** « *i* [ils] *s'y connaissent en bectance* » (QUENEAU).

BECQUETER ou **BÉQUETER** [bɛkte]. *v. tr.;* conjug. *jeter* (XVᵉ; de *bec*). ♦ 1° Piquer avec le bec. V. **Picorer, picoter.** ♦ 2° *Pop.* (1707). V. **Manger.** *Il n'y a rien à becqueter ici.* Var. *Becter.*

BECTANCE, BECTER. V. BECQUETANCE, BECQUETER.

BEDAINE [bədɛn]. *n. f.* (1400; var. de l'a. fr. *boudine* « nombril »). *Fam.* Ventre rebondi. V. **Bedon, bide, brioche,** *ventre. Une grosse bedaine.*

BÉDANE [bedan]. *n. m.* (*Bec d'asne*, 1379; de *bec*, et a. fr. *ane* « canard », pris pour *âne*). Burin étroit dont le tranchant est dans le sens de l'épaisseur de la barre d'acier qui le constitue.

BEDEAU [bədo]. *n. m.* (1680; autre sens, XIIᵉ; frq. °*bidal* « messager de justice »). Employé laïque préposé au service matériel et à l'ordre dans une église. V. **Suisse.**

BÉDÉGAR [bedegaʀ]. *n. m.* (1425; arabo-persan *bâdaward*). Galle produite sur l'églantier et le rosier par la piqûre d'un hyménoptère cynipidé.

BEDON [bədɔ̃]. *n. m.* (XIVᵉ; a. fr. *boudine* « ventre »). *Fam.* Ventre rebondi. V. **Bedaine, bide, brioche, ventre.**

BEDONNANT, ANTE [bədɔnɑ̃, ɑ̃t]. *adj.* (XXᵉ; de *bedonner*). *Fam.* Qui bedonne, a un gros ventre. *Un vieux monsieur bedonnant.*

BEDONNER [bədɔne]. *v. intr.* (1898; de *bedon*). *Fam.* Prendre du ventre.

BÉDOUIN, INE [bedwɛ̃, in]. *n.* (1546; arabe *bedoui* « habitant du désert »). Arabe nomade du désert. *Caravane de bédouins.*

BÉE [be]. *adj.* et *n. f.* (1119; de *béer*). ♦ 1° Bouche bée, la bouche ouverte d'admiration, d'étonnement, de stupeur. V. **Béant.** « *Je restais là, bras ballants et bouche bée* » (FRANCE). — *Fig. Être bouche bée devant qqn* : l'admirer sans réserve. ♦ 2° *N.f.* V. **Abée.** ⋄ HOM. *B.*

BEEFSTEAK. *n. m.* V. BIFTECK.

BÉER [bee]. *v. intr.* (*Baer*, XIIᵉ; lat. pop. °*batare*). ♦ 1° *Rare.* Être grand ouvert. *Qui bée.* V. **Béant.** « *À ses pieds béait la valise bigarrée d'étiquettes multicolores* » (MART. du G.). ♦ 2° *Littér.* Avoir la bouche ouverte en regardant qqch. (V. **Bayer**). *Béer d'étonnement, d'admiration. Par ext.* V. **Rêver; rêvasser.**

BEFFROI [befʀwa]. *n. m.* (*Berfroi*, fin XIIᵉ; moy. haut. all. *bergfrid*). ♦ 1° Tour de bois mobile employée au moyen âge dans le siège des villes. ♦ 2° Tour municipale d'où l'on faisait le guet. — *Mod.* Tour d'une ville et *par ext.* d'une église. V. **Clocher; campanile.** « *Le fracas subit des cloches du beffroi qui signalent notre arrivée* » (LOTI). ⋄ *Par ext.* La cloche elle-même : *sonner le beffroi.*

BÉGAIEMENT [begɛmɑ̃]. *n. m.* (1539; de *bégayer*). ♦ 1° Trouble de la parole, d'origine psychomoteur, qui se manifeste par la répétition saccadée d'une syllabe et l'arrêt involontaire du débit des mots. V. **Bègue.** ♦ 2° *Par anal.* Langage mal articulé de l'enfant qui commence à parler. V. **Balbutiement.** ⋄ *Fig.* Premiers essais; tentative hésitante, maladroite. V. **Commencement, tâtonnement.** *Les premiers bégaiements d'une technique nouvelle.*

BÉGAYANT, ANTE [begɛjɑ̃, ɑ̃t]. *adj.* (1679; de *bégayer*). ♦ 1° Qui bégaye. *Orateur bégayant.* ♦ 2° *Fig.* Qui s'exprime avec hésitation. « *Une volonté vacillante et bégayante* » (STE-BEUVE).

BÉGAYER [begeje]. *v. intr.;* conjug. *payer* (1416; de *bègue*). ♦ 1° Parler avec difficulté en hésitant et en répétant certaines syllabes (V. **Bégaiement, bègue**). ♦ 2° *Fig.* S'exprimer d'une manière maladroite, hésitante, confuse. V. **Balbutier.** — Trans. *Bégayer une excuse.*

BÉGAYEUR, EUSE [begɛjœʀ, øz]. *n.* et *adj.* (déb. XIXᵉ; de *bégayer*). *Rare.* Celui qui bégaye de naissance (V. **Bègue**), ou parle comme un bègue.

BÉGONIA [begɔnja]. *n. m.* (1706; de *Bégon*, intendant de Saint-Domingue). Plante d'Amérique tropicale (*Bégoniacées*), ornementale, cultivée pour ses fleurs. *Bégonia rose. Bégonias doubles.* ⋄ Loc. pop. *Charrier (cherrer) dans les bégonias* : exagérer.

BÉGU, BÉGUË [begy]. *adj.* (1690; o. i.). (*Cheval.*) Chez qui la cavité des incisives persiste au delà de l'âge normal (10 ans environ). *Jument béguë.*

BÈGUE [bɛg]. *adj.* et *n.* (1313; a. fr. *béguer* « bégayer »; o.i.). Qui bégaie de naissance. — Subst. *Un(e) bègue.*

BÉGUÈTEMENT [begɛtmɑ̃]. *n. m.* (1866; de *bégueter*). *Rare.* Cri de la chèvre.

BÉGUETER [bɛgte]. *v. intr.;* conjug. *acheter* (XVIᵉ; a. fr. *béguer* « bégayer »). *Rare.* Pousser son cri, en parlant de la chèvre. V. **Bêler.**

BÉGUEULE [begœl]. *n. f.* (1690; *bée gueule* « bouche bée », 1470). Femme d'une pruderie affectée, qui s'effarouche, se scandalise pour des choses insignifiantes. Adj. « *Ah! ces anciennes maîtresses, une fois mariées, il n'y a pas plus bégueules qu'elles* » (DAUD.). Au masc. *Il est un peu bégueule.* ◇ ANT. *Large, libertin, libre.*

BÉGUEULERIE [begœlʀi]. *n. f.* (1783; de *bégueule*). Manières, caractère d'une personne bégueule. ◇ ANT. Largeur (d'esprit), *libertinage.*

BÉGUIN [begɛ̃]. *n. m.* (1387; de *béguine*). ◆ 1° Ancienn. Coiffe que portaient les béguines. *Par ext.* Coiffe qui s'attache sous le menton par une bride. — *Spécialt.* Bonnet que l'on met aux jeunes enfants. ◆ 2° *Fig.* et *fam.* (1841). Passion passagère. *Avoir le béguin pour qqn.* « *Décidément, c'était le grand béguin, la vraie amour* » (QUENEAU). *Pop.* Personne qui en est l'objet. V. *Amoureux. C'est son béguin.*

BÉGUINAGE [beginaʒ]. *n. m.* (1261; de *béguine*). Maison, communauté de béguines. *Le béguinage de Bruges.*

BÉGUINE [begin]. *n. f.* (1227; néerl. *beggaert* « moine mendiant »). Religieuse de Belgique et des Pays-Bas soumise à la vie conventuelle (V. *Béguinage*) sans avoir prononcé de vœux.

BÉGUM [begɔm]. *n. f.* (1653; hindi *beg* « Seigneur »). Titre de l'Hindoustan, équivalant à celui de princesse. *Les Cinq Cents Millions de la bégum*, roman de Jules Verne.

BEHAVIORISME [bia(e)vjɔʀism(ə)]. *n. m.* (v. 1920; mot amér. de *behaviour* « comportement »). *Anglicisme.* Théorie qui fait consister la psychologie dans l'étude scientifique et expérimentale du comportement (psychologie du comportement), sans recours à l'introspection, ni aux explications d'ordre physiologique, ni à la psychologie profonde. — REM. On écrit parfois BÉHAVIORISME et BEHAVIOURISME.

BEHAVIORISTE [bia(e)vjɔʀist]. *n.* (v. 1920; de *behaviorisme*). *Psych.* Personne qui professe le behaviorisme. — *Adj.* Qui concerne le behaviorisme. « *Une attitude empiriste et behavioriste* » (*La Recherche*, n° 32, mars 1973).

BEIGE [bɛʒ]. *adj.* (1220; o. i.). De la couleur de la laine naturelle, d'un brun très clair. V. *Bis. Un vêtement beige.* Subst. *Un beau beige.*

BEIGEASSE ou **BEIGEÂTRE** [bɛʒas, bɛʒɑtʀ]. *adj.* (mil. XXᵉ; de *beige*). *Péj.* Tirant sur le beige ou d'un vilain beige.

BEIGNE [bɛɲ]. *n. f.* (1866; *buyne* « bosse », 1378; o. i.) I. *Pop.* V. *Gifle. Donner, recevoir une beigne.* II. *N. m.* (*Buigne, bigne*, v. 1250; *beignet*, XVIIᵉ). *Région.* (Canada). Beignet à la canadienne. *Un beigne au chocolat, au miel.*

BEIGNET [bɛɲɛ]. *n. m.* (*Buignet*, XIIIᵉ; de *buyne* « bosse ». V. *Beigne*). Pâte frite enveloppant un aliment quelconque. *Beignets aux pommes. Beignets d'écrevisse. Beignets soufflés* (Cf. Pets-de-nonne).

BEÏRAM. V. BAÏRAM.

BÉJAUNE [beʒon] ou **BEC-JAUNE** [beʒɔ̃, bɛkʒɔ̃]. *n. m.* (*Bec jaune*, 1265; de *bec*, et *jaune*). ◆ 1° *Fauconn.* Jeune oiseau non dressé qui a encore sur le bec une membrane jaune. ◆ 2° *Fig.* et *vx.* Jeune homme sot, inexpérimenté. V. Blanc-bec, niais.

1. BEL. *adj.* et *adv.* V. BEAU 1.

2. BEL [bɛl]. *n. m.* (1933; de *Graham Bell*). *Phys.* Unité de puissance sonore. V. *Décibel.* ◇ HOM. *Belle.*

BÉLANDRE [belɑ̃dʀ]. *n. f.* (1643; du néerl. *bijlander* « caboteur », de *bij* « près », et *land* « terre »). Embarcation à fond plat, utilisée sur les rivières, les canaux et dans les rades. V. Chaland.

BÊLANT, ANTE [bɛlɑ̃, ɑ̃t]. *adj.* (V. *Bêler*). ◆ 1° Qui bêle. *Un troupeau bêlant.* ◆ 2° *Fig.* et *fam.* Qui bêle (2°). *Un orateur, un discours bêlant.*

BEL CANTO [bɛlkɑ̃to]. *n. m.* (1933; mots it., « beau chant »). L'art du chant selon les traditions de l'opéra italien (beauté du son, virtuosité). *Être amateur de bel canto.*

BÊLEMENT [bɛlmɑ̃]. *n. m.* (1539; de *bêler*). ◆ 1° Cri des moutons, et *par ext.* de la chèvre. V. Béguètement. ◆ 2° *Fig.* Plainte niaise. V. Jérémiade. « *Jamais on ne fut tant aux larmes et aux bêlements de la paix* » (PÉGUY). ◇ HOM. Bellement.

BÉLEMNITE [belɛmnit]. *n. f.* (XVIᵉ; gr. *belemnités* « pierre en forme de flèche »). Mollusque céphalopode fossile dont on trouve la coquille, de forme allongée, dans les terrains de l'ère secondaire.

BÊLER [bele]. *v. intr.* (fin XIIᵉ; lat. *balare, belare*, onomat.). ◆ 1° Pousser un bêlement. « *L'oiseau chante, l'agneau bêle* » (LAMART.). « *La chèvre se mit à bêler* » (HUGO). V. Bégueter. ◆ 2° *Fig.* et *fam.* Se plaindre sur un ton niais. « *Elle était désespérée, la pauvre dame; elle bêlait dans l'appareil.* » (MART. du G.).

BELETTE [bəlɛt]. *n. f.* (XIIIᵉ; dimin. de *belle* « jolie bête »). Petit mammifère carnassier (*Mustélidés*), bas sur pattes, de forme effilée, de couleur fauve, plus claire sous le ventre.

BELGE [bɛlʒ(ə)]. *adj.* (lat. *Belga*). De Belgique. *Les deux langues officielles belges.* V. Flamand, wallon (français régional de Wallonie). *Subst.* Habitant de la Belgique.

BELGEOISANT, ANTE [bɛlʒwazɑ̃, ɑ̃t]. *n.* et *adj.* (mil. XXᵉ; de *belge*). *Péj.* Nationaliste belge.

BELGICISME [bɛlʒisism(ə)]. *n. m.* (1933; de *Belge*). *Ling.* Mot, emploi de mot, tournure propre au français de Belgique.

BÉLIER [belje]. *n. m.* (1412; a. fr. *belin*, rac. *bêler*). ◆ 1° Mâle non châtré de la brebis (V. *Mouton*). *Cri du bélier.* V. Bêler, blatérer. — *Par ext.* Un des signes du zodiaque. ◆ 2° Machine de guerre des anciens, composée d'une poutre terminée souvent par une tête de bélier, et servant à battre les murailles en brèche. *Donner un coup de bélier.* — *Fig.* « *Le retentissement des sombres coups de bélier du destin contre une conscience* » (HUGO). ◆ 3° *Techn. Bélier hydraulique :* machine qui utilise la surpression causée par l'arrêt brutal d'une colonne d'eau (*coup de bélier*) pour élever une partie de l'eau à une hauteur très supérieure à la hauteur de chute. ◆ 4° Machine à enfoncer les pieux. V. *Mouton*, sonnette.

BÉLIÈRE [beljɛʀ]. *n. f.* (XVᵉ; de *bélier*). ◆ 1° Anneau auquel est suspendu le battant d'une cloche, et *par ext.* une médaille, un sabre. ◆ 2° Clochette du bélier qui conduit un troupeau.

BÉLINOGRAPHE [belinɔgʀaf]. *n. m.* (1907; de *Belin*, l'inventeur). Appareil destiné à transmettre par fil des dessins ou des photographies appelées *bélinogrammes.* V. Téléphotographie. Abrév. *Photo transmise par bélino* [belino].

BÉLÎTRE [belitʀ(ə)]. *n. m.* (1506; p.-ê. du néerl. *bedelaer*). *Vx.* Terme injurieux désignant un homme de rien. « *Pendard! gueux! bélître!* » (MOL.).

BELLADONE [be(ɛl)ladɔn]. *n. f.* (1602; lat. bot. *belladona*, de l'it. *bella donna* « belle dame »). Plante vénéneuse (*Solanacées*) à baies noires, utilisée en médecine (V. *Atropine*).

BELLÂTRE [belɑtʀ(ə)]. *n. m.* (1546; de *beau*, et *-âtre*). Bel homme fat et niais.

BELLE. *adj.* et *n. f.* V. BEAU 1.

BELLE-DAME [bɛldam]. *n. f.* (1752; de *belle*, et *dame*). ◆ 1° Nom familier de l'arroche et de la belladone. ◆ 2° Papillon du genre vanesse*.

BELLE-DE-JOUR [bɛldəʒuʀ]. *n. f.* (1771; de *belle*, et *jour*). Nom familier du liseron dont les fleurs s'ouvrent pendant la journée. V. Convolvulus.

BELLE-DE-NUIT [bɛldənɥi]. *n. f.* (1680; de *belle*, et *nuit*). Nom familier du mirabilis dont les fleurs s'ouvrent le soir.

BELLE-DOCHE [bɛldɔʃ]. *n. f.* (1935; *arg.* de *belle*, et *doche* « mère »). *Pop.* Belle-mère.

BELLE-FILLE [bɛlfij]. *n. f.* (1468; de *belle*, fém. de *beau*, terme d'affection, et *fille*). ◆ 1° Épouse d'un fils. V. Bru. *Des belles-filles.* ◆ 2° Pour un conjoint, Fille que l'autre conjoint a eu d'un précédent mariage.

BELLEMENT [bɛlmɑ̃]. *adv.* (1080; de *beau*). *Vx.* D'une façon belle. Avec modération. — Bel et bien. ◇ HOM. Bêlement.

BELLE-MÈRE [bɛlmɛʀ]. *n. f.* (déb. XVᵉ; de *belle*, fém. de *beau*, terme d'affection, et *mère*). ◆ 1° Pour un conjoint, Mère de l'autre conjoint. V. Belle-doche. « *Une belle-mère aime son gendre, n'aime point sa bru* » (LA BRUY.). ◆ 2° Pour les enfants d'un premier lit, La seconde femme de leur père. V. Marâtre (*vx*).

BELLE-PETITE-FILLE [bɛlpətitfij]. *n. f.* (1908; de *belle*, et *petite-fille*). *Rare.* Fille d'un beau-fils ou d'une belle-fille.

BELLE-SŒUR [bɛlsœʀ]. *n. f.* (1423; de *belle*, fém. de *beau*, terme d'affection, et *sœur*). ◆ 1° Sœur du conjoint pour l'autre conjoint. ◆ 2° Femme du frère ou du beau-frère d'une personne.

BELLICISME [be(ɛl)lisism(ə)]. *n. m.* (1871; du lat. *bellicus* « belliqueux »). Amour de la guerre; tendance des bellicistes. ◇ ANT. *Pacifisme; neutralisme.*

BELLICISTE [be(ɛl)lisist(ə)]. *n.* et *adj.* (1871; du lat. *bellicus*). Qui est partisan de la force dans le règlement des conflits internationaux, qui pousse à la guerre. ◇ ANT. *Pacifiste; neutraliste.*

BELLIGÉRANCE [be(ɛl)liʒeʀɑ̃s]. *n. f.* (1874; de *belligérant*). État de belligérant. *Une reconnaissance de belligérance.* ◇ ANT. Neutralité.

BELLIGÉRANT, ANTE [be(ɛl)liʒeʀɑ̃, ɑ̃t]. *n.* et *adj.* (1740; lat. *belligerans*, p. prés. de *belligerare* « faire la guerre », de *bellum* « guerre »). Qui prend part à une guerre, en parlant d'un État. *Puissances belligérantes.* — *Dr.* Personne qui prend part aux opérations de guerre dans l'armée régulière. *Belligérants et non-belligérants.* ◇ ANT. Neutre.

BELLIQUEUX, EUSE [be(ɛl)likø, øz]. *adj.* (1495; lat. *bellicosus*, de *bellum* « guerre »). ◆ 1° Qui aime la guerre. V. Guerrier. *Peuple belliqueux. Nation belliqueuse.* — *Par ext.* « *Esprit belliqueux* » (GAMBETTA). *Proclamation belliqueuse.* ◆ 2° *Fig.* Qui aime, cherche le combat, la dispute. V. Agressif. *Humeur belliqueuse.* ◇ ANT. *Pacifique, pacifiste. Paisible.*

BELLOT, OTTE [bɛlo, ɔt]. *adj.* (1552; dimin. de *bel, beau*). *Vx* ou *région.* Beau, mignon, en parlant d'un enfant.

BELLUAIRE [be(ɛl)lɥɛʀ]. *n. m.* (1853; du lat. *bellua* « bête fauve »). ♦ 1° Gladiateur qui combattait les bêtes féroces dans les amphithéâtres. V. **Bestiaire.** ♦ 2° *Rare.* Dompteur de bêtes féroces.

BELON [bəlɔ̃]. *n. m.* (mil. XXᵉ; du *Belon*, rivière bretonne). Variété d'huître plate et arrondie, à chair brune, très savoureuse. *Une douzaine de belons.*

BELOTE [bəlɔt]. *n. f.* (déb. XXᵉ; de *Belot*, qui a mis au point ce jeu). Jeu de cartes. *Faire une belote.*

BELOUGA [beluga] ou **BELUGA** [belyga]. *n. m.* (1775; « poisson », 1575; du russe *bielouha*, de *bielyi* « blanc »). ♦ 1° Mammifère cétacé carnivore blanc, des mers polaires. V. **Marsouin.** — Nom donné en Bretagne à certains gros poissons (squales, dauphins). « *C'était peut-être des marsouins ou des bélugas, peu importe* » (PRÉVERT). ♦ 2° (1943). Petit yacht de croisière.

BELVÉDÈRE [bɛlvedɛʀ]. *n. m.* (1512; it. *belvedere;* de *bello* « beau », et *vedere* « voir »). *Archit.* Construction établie en un lieu élevé, et d'où la vue s'étend au loin. V. **Kiosque, mirador, pavillon.** — *Par ext.* Lieu, terrasse, plateforme d'où la vue est étendue.

BÉMOL [bemɔl]. *n. m.* (*Bemoulz*, XIVᵉ; it. *b molle* « b à panse ronde »). ♦ 1° *Mus.* Signe altératif accidentel en forme de *b* abaissant d'un demi-ton chromatique la note devant laquelle il est placé. *Double bémol :* signe qui abaisse d'un ton entier la note devant laquelle il est placé. — *Adj. Mi bémol.* ♦ 2° *Fig. et fam.* Mettre un bémol : parler moins fort; radoucir son ton, ses manières.

BÉMOLISER [bemɔlize]. *v. tr.* (mil. XVIIIᵉ; de *bémol*). *Mus.* Mettre un ou plusieurs bémols.

BEN [bɛ̃]. *adv.* (XIIᵉ; var. de *bien*). ♦ 1° *(Rural).* Bien. *Pt'ét' ben qu'oui,* peut-être bien que oui. ♦ 2° *Pop. Eh ben, ben,* eh bien. *Eh ben alors, quelle surprise! Ben quoi? Ben non.*

BÉNARDE [benaʀd(ə)]. *n. f.* (*Serrure bernarde,* 1442; de *Bernard* « pauvre sire »). Serrure dont la clef n'est pas forée et qui s'ouvre aussi bien de l'intérieur que de l'extérieur.

BÉNÉDICITÉ [benedisite]. *n. m.* (fin XIIᵉ; lat. *benedicite* « bénissez »). Prière que les catholiques disent avant le repas et qui commence par le mot *Benedicite.* *Des bénédicités.*

BÉNÉDICTIN, INE [benediktɛ̃, in]. *n.* (XIIIᵉ; du lat. ecclés. *benedictinus,* de *Benedictus,* nom lat. de *saint Benoît*). ♦ 1° Religieux, religieuse de l'ordre de Saint-Benoît. — Adj. *Bibliothèque bénédictine.* ◇ *Fig. C'est un bénédictin :* se dit d'un érudit qui se consacre au travail, par analogie avec les grands travaux exécutés par les bénédictins. *Un travail de bénédictin,* qui exige beaucoup de patience et de soins. ♦ 2° **BÉNÉDICTINE.** *n. f.* (1878). Liqueur fabriquée à l'origine dans un couvent de bénédictins.

BÉNÉDICTION [benediksjɔ̃]. *n. f.* (*Benedicion,* XIIIᵉ; lat. ecclés. *benedictio*). ♦ 1° *Relig.* Grâce et faveur accordées par Dieu. V. **Grâce.** « *Elle avait accueilli mon retour imprévu comme une bénédiction du ciel* » (LOTI). ◇ *Fam. C'est une bénédiction.* V. **Bonheur, chance.** ♦ 2° Action du prêtre qui bénit les fidèles. *Donner, recevoir la bénédiction. Bénédiction nuptiale,* cérémonie du mariage religieux. — *Par ext.* Action du prêtre qui consacre des objets au culte. V. **Consécration.** *La bénédiction d'une église, d'une cloche.* — *Par anal.* Action d'un prêtre qui asperge d'eau bénite des objets profanes. *Bénédiction d'un bateau.* V. **Baptême.** ♦ 3° Formule exprimant l'adhésion du cœur, souhaitant le bonheur, la prospérité, la protection divine. *Vœu.* « *Elle me donna sa bénédiction* » (SÉV.). — Sentiment et expression de satisfaction ou de gratitude. V. **Reconnaissance, remerciement.** « *Elle recueille les bénédictions du pauvre* » (GENLIS). ◇ ANT. *Malédiction; exécration.*

BÉNEF [benɛf]. *n. m.* (1842; de *bénéf[ice]*). *Pop.* Bénéfice. « *Je ferai ce soir mes 35 balles de bénef... C'est chouettard!* » (DUPENTY et CORMON).

BÉNÉFICE [benefis]. *n. m.* (fin XIIᵉ; lat. *beneficium* « bienfait »; de *bene* « bien », et *facere* « faire »). **I.** ♦ 1° Avantage. V. **Faveur, grâce, privilège.** *Le bénéfice de l'âge. Laissons-lui le bénéfice du doute. Quel bénéfice avez-vous à mentir?* AU BÉNÉFICE DE, au profit de. *Donner une pièce au bénéfice des malades, d'une œuvre.* ♦ 2° *Dr.* Droit, faveur, privilège que la loi accorde à qqn. *Le bénéfice des circonstances atténuantes. — Bénéfice d'inventaire :* une succession, Droit de l'héritier d'accepter les dettes que jusqu'à concurrence des biens qu'il a recueillis. *Accepter une succession sous bénéfice d'inventaire.* — Fig. *Sous bénéfice d'inventaire :* sous réserve de vérification. ♦ 3° *Au moyen âge,* Concession de terres faites à ses fidèles par le roi ou le seigneur féodal. ♦ 4° *Bénéfice ecclésiastique :* patrimoine attaché à une fonction, une dignité ecclésiastique. *Bénéfices majeurs* ou *consistoriaux.* V. **Abbaye, évêché.** *Bénéfices mineurs.* V. **Canonicat, chapellenie, cure, prébende, prieuré.** *Jouissance, revenu d'un bénéfice.* V. **Annate, récréance, tem-** porel. *Registre des bénéfices.* V. **Pouillé.** — *Par ext.* Lieu de résidence du titulaire d'un bénéfice.

II. *Par ext.* (XVIIᵉ). Gain réalisé dans une opération ou une entreprise. V. **Gain; boni, excédent, profit, rapport, revenu** (Cf. *pop.* Bénef). *Bénéfice net :* tous frais déduits. *Impôt sur les bénéfices. Être intéressé aux bénéfices. Partager des bénéfices.* — *Comm.* Différence entre le prix de vente et le prix de revient.

◇ ANT. *Inconvénient, préjudice. Perte.*

BÉNÉFICIAIRE [benefisjɛʀ]. *n. et adj.* (1609; lat. *beneficiarius*). ♦ 1° Personne qui bénéficie d'un avantage, d'un droit, d'un privilège. *J'en suis le bénéficiaire.* — *Dr. Le bénéficiaire d'une créance.* V. **Cessionnaire.** *Le bénéficiaire d'un chèque.* ♦ 2° *Adj.* Qui a rapport au bénéfice commercial. *La marge bénéficiaire du commerçant.*

1. BÉNÉFICIER [benefisje]. *n. m.* (déb. XIVᵉ; lat. *beneficiarius*). *Rare.* Possesseur d'un bénéfice ecclésiastique.

2. BÉNÉFICIER (de) [benefisje]. *v. tr. indir.* (fin XIIIᵉ; tr., « pourvoir d'un bénéfice », déb. XVIᵉ de *bénéfice*). Profiter (d'un avantage). *Bénéficier de sérieux avantages. Le ton de confidence dont j'avais bénéficié était jusqu'à ce jour* » (MAURIAC). — *Dr. Bénéficier de circonstances atténuantes, d'un non-lieu.* ◇ ANT. *Pâtir, souffrir (de).*

BÉNÉFIQUE [benefik]. *adj.* (1532; lat. *beneficus*). ♦ 1° *Astrol.* V. **Favorable.** *Une planète bénéfique.* ♦ 2° (XXᵉ). *Cour.* Qui fait du bien. *Ce séjour lui a été bénéfique.* ◇ ANT. *Maléfique.*

BENÊT [bənɛ]. *n. et adj. m.* (1545; de *benoît* « béni »). Niais. V. **Sot; godiche, nigaud.** *C'est un grand benêt. Faire le benêt.* ◇ ANT. *Futé, malin.*

BÉNÉVOLAT [benevɔla]. *n. m.* (1954; de *bénévole*). Situation de celui, celle qui accomplit un travail gratuitement ou sans y être obligé. « *Le ministre des Affaires étrangères a félicité la jeunesse pour l'exemple qu'elle donne de bénévolat gratuit, se mécénat de notre temps* » (La Croix, 14-1-1970).

BÉNÉVOLE [benevɔl]. *adj.* (fin XIIIᵉ, rare av. XIXᵉ; lat. *benevolus* « bienvaillant », de *bene* « bien », et *volo* « je veux »). ♦ 1° *Littér.* Qui fait qqch. de bonne grâce. V. **Bienveillant.** ♦ 2° Qui fait qqch. sans obligation et gratuitement. *Une personne bénévole; une infirmière bénévole.* V. **Complaisant.** — *Par ext.* Qui est fait gratuitement et sans obligation. *Aide, service, collaboration bénévole.* V. **Désintéressé, gracieux, gratuit, volontaire.** ◇ ANT. *Onéreux, payé, rétribué.*

BÉNÉVOLEMENT [benevɔlmɑ̃]. *adv.* (1557; de *bénévole*). ♦ 1° *Littér.* D'une manière bénévole (1°), de bonne grâce. « *Anatole France qui était bénévolement venu s'exposer à ses coups* » (LECOMTE). ♦ 2° Volontairement et gratuitement. *Il travaille bénévolement.*

BENGALE. V. **FEU.**

BENGALI [bɛ̃gali]. *n. m.* (mot hindi). Du *Bengale.* ♦ 1° Petit oiseau passereau au plumage bleu et brun, originaire des Indes, élevé en volière. ♦ 2° (1771). *Ling.* Langue parlée au Bengale.

BÉNIGNEMENT [beninmɑ̃]. *adv.* (1190; de *bénin*). *Littér.* D'une manière bénigne. ◇ ANT. *Malignement, méchamment.*

BÉNIGNITÉ [beninite]. *n. f.* (XIIᵉ; lat. *benignitas* « bonté »). ♦ 1° *Littér.* Qualité d'une personne bienveillante et douce. V. **Bonté, douceur, mansuétude.** — *Par ext. Bénignité d'une critique.* ♦ 2° Caractère de ce qui est bénin, sans gravité. *La bénignité d'une maladie.* ◇ ANT. *Malignité, méchanceté. Gravité.*

BÉNIN, IGNE [benɛ̃, iɲ]. *adj.* (*Benigne,* 1160; masc. refait au XVᵉ; lat. *benignus* « bienveillant »). ♦ 1° Bienveillant, indulgent. V. **Doux.** *Humeur bénigne. Un critique bénin.* — *Péj. « Il est trop peu et trop bénin de caractère* » (STE-BEUVE). V. **Bonasse.** ♦ 2° *Méd. Un remède bénin,* qui agit avec douceur. V. **Anodin.** ♦ 3° *Par anal.* Qui est sans conséquence grave. V. **Inoffensif.** *Tumeur bénigne* (*opposé à* tumeur maligne). *Accident bénin.* ◇ ANT. *Cruel, méchant. Dangereux, grave, sérieux.*

BÉNI-OUI-OUI [beniwiwi]. *n. m. pl.* (mil. XXᵉ; arabe *beni* « fils de », et *oui* redoublé). *Fam.* Se dit de gens toujours empressés à approuver les initiatives d'une autorité établie. *Une assemblée de béni-oui-oui.*

BÉNIR [beniʀ]. *v. tr.;* conjug. *finir;* p. p. *béni.* V. **Bénit** (*Beneïr,* Xᵉ; lat. *benedicere* « louer », puis « bénir »). **I.** ♦ 1° En parlant de Dieu, Répandre sa bénédiction. V. **Protéger.** — *Fam. Dieu vous bénisse :* souhait adressé à qui éternue. ♦ 2° En parlant du prêtre, du pasteur, Appeler la bénédiction de Dieu sur les hommes. V. **Consacrer, oindre, sacrer.** *Bénir les fidèles. Le prêtre qui a béni leur mariage.* — *Spécialt.* Consacrer par des cérémonies rituelles (V. **Bénit**). *Bénir le buis des Rameaux.* ♦ 3° *Par anal.* Souhaiter solennellement bonheur et prospérité (en invoquant, le plus souvent, l'intervention de Dieu). *Bénir ses enfants en mourant.* **II.** ♦ 1° Louer et glorifier Dieu pour le remercier par des actions de grâce. ♦ 2° *Par anal.* Exalter (qqn ou qqch.) pour manifester sa satisfaction et sa reconnaissance. V.

Applaudir, exalter, glorifier, remercier. *Soyez béni! Je bénis le médecin qui m'a sauvé. Bénir un concours de circonstances.* ◇ ANT. *Maudire; exécrer.*

BÉNISSEUR, EUSE [benisœʀ, øz]. *adj.* (XIXᵉ; de *bénir*). ♦ 1° Qui bénit. « *Des Jésus bénisseurs* » (HUYSMANS). — On dit aussi *bénissant, ante*. ♦ 2° *Plaisant.* Qui accorde sa bénédiction à qqn au sujet d'un projet, d'une entreprise. *Il acquiesça d'un geste bénisseur.* « *Une approbation bénisseuse* » (R. IKOR).

BÉNIT, ITE [beni, it]. *adj.* (1493; de l'a. fr. *benoît*, p. p. du v. *bénir*; distingué de *béni*, p. p. au XIXᵉ). Se dit des choses qui ont reçu la bénédiction du prêtre avec les cérémonies prescrites. *Eau bénite.* « *L'eau sainte, où trempe un buis bénit* » (HUGO).

BÉNITIER [benitje]. *n. m.* (XVIIᵉ; *benoitier*, 1281; de *eau benoitier*, de *benoit*). ♦ 1° Vasque destinée à contenir l'eau bénite. *Le bénitier d'une église.* — *Fig. et fam. Se démener, s'agiter comme un diable dans un bénitier :* être mal à l'aise, s'efforcer de sortir d'une situation embarrassante. *Pop. Grenouille de bénitier,* bigote. ♦ 2° (1808). *Par anal.* Mollusque (V. **Tridacne**) dont la large coquille peut être utilisée comme bénitier.

BENJAMIN, INE [bɛ̃ʒamɛ̃, in]. *n.* (fin XVIIᵉ; nom du plus jeune fils de Jacob, et son préféré, dans la Bible). ♦ 1° N. m. *Vx.* Enfant préféré de ses parents. ♦ 2° *N. m. et f.* (1808). Le, la plus jeune d'une famille, d'un groupe. V. **Cadet.** *La benjamine de la famille.* ◇ ANT. *Aîné.*

BENJOIN [bɛ̃ʒwɛ̃]. *n. m.* (Bengin, 1515; du lat. bot. *benzoin,* par l'it. V. **Benzène**). Substance aromatique et résineuse provenant du *Styrax benjoin* (V. **Styrax**), arbre des Indes, utilisée en parfumerie, en médecine. *Acide du benjoin.* V. **Benzoïque.**

BENNE [bɛn]. *n. f.* (1611; var. nord. de *banne.* V. **Banne**). ♦ 1° Sorte de caisse servant au transport de matériaux dans les mines, les chantiers. *Benne roulante. Bennes de charbon.* V. **Berline,** chariot, wagonnet. *Benne suspendue* (V. **Téléphérage**). ♦ 2° Partie basculante d'un camion, pour décharger des matériaux. ♦ 3° Caisse de chargement d'une grue.

BENOÎT, OÎTE [bənwa, wat]. *adj.* (Beneeit, Xᵉ; p. p. de *bénir,* du lat. *benedictus.* V. **Benêt,** bénit). ♦ 1° *Vx.* Bon et doux. ♦ 2° *Iron.* Qui prend un air doucereux.

BENOÎTE [bənwat]. *n. f.* (1545; V. **Benoît**). Plante des bois (*Rosacées*) à fleurs jaunes, appelée *herbe de Saint-Benoît,* dont la racine est astringente et tonique.

BENOÎTEMENT [bənwatmã]. *adv.* (1863; de *benoît*). D'une manière benoîte (2°).

BENTHIQUE [bɛ̃tik]. *adj.* (1907; de *benthos*). *Didact.* Relatif au benthos. *La faune benthique.*

BENTHOS [bɛ̃tos]. *n. m.* (1890; mot grec « profondeur »). *Biogéogr.* Ensemble des organismes aquatiques (dits *benthiques*) qui vivent dans les fonds marins et en dépendent pour leur subsistance. « *Le benthos s'oppose au plancton* » (*Science, progr., découv.,* déc. 1972).

BENTONITE [bɛ̃tɔnit]. *n. f.* (1948; de *Fort-Benton,* ville des U.S.A.). *Géol.* Argile provenant de cendres volcaniques, qui gonfle au contact de l'eau et possède un grand pouvoir dissolvant.

BENZÈNE [bɛ̃zɛn]. *n. m.* (1878; V. **Benzine**). Carbure d'hydrogène (C_6H_6), liquide incolore, insoluble dans l'eau, inflammable, dissolvant les corps gras, extrait des goudrons de houille (type de la série *benzénique*).

BENZÉNIQUE [bɛ̃zenik]. *adj.* (1878; de *benzène*). *Chim.* Qui a rapport au benzène. *Noyau benzénique; série benzénique ou aromatique.*

BENZINE [bɛ̃zin]. *n. f.* (1833, « benzène »; lat. bot. *benzoe.* V. **Benjoin**). Mélange d'hydrocarbures (benzol rectifié) vendu dans le commerce, employé notamment comme dissolvant (Syn. *Ligroïne*).

BENZOATE [bɛ̃zɔat]. *n. m.* (1787; lat. *benzoe.* V. **Benzine**). Sel ou ester de l'acide benzoïque.

BENZOÏQUE [bɛ̃zɔik]. *adj.* (1787; lat. *benzoe.* V. **Benzine**). Se dit de certains corps de la série du benzène. *Acide benzoïque,* extrait du benjoin ou de certaines substances aromatiques.

BENZOL [bɛ̃zɔl]. *n. m.* (1787; lat. *benzoe.* V. **Benzine**). Mélange de carbures de la série aromatique, composé de benzène, de toluène et de xylène.

BENZOLISME [bɛ̃zɔlism(ə)]. *n. m.* (1953; de *benzol*). Intoxication professionnelle par les benzols pouvant être aiguë ou chronique. *Le benzolisme atteint souvent les ouvriers des industries du caoutchouc, des vernis et produits de nettoyage.*

BÉOTIEN, IENNE [beɔsjɛ̃, jɛn]. *n. et adj.* (1715; gr. *boiôtos* « béotien », habitant de la *Béotie,* réputé pour sa lourdeur). Qui est lourd, peu ouvert aux lettres et aux arts, de goûts grossiers. V. **Lourd;** grossier. *C'est un béotien.* ◇ ANT. *Fin.*

BÉOTISME [beɔtism(ə)]. *n. m.* (1834; d'apr. *béotien*). Lourdeur, grossièreté du béotien. ◇ ANT. *Atticisme.*

B.E.P.C. V. **Brevet.**

BÉQUÉE. V. **Becquée.**

BÉQUET ou **BECQUET** [bekɛ]. *n. m.* (1125; dimin. de *bec*). *Imprim.* Languette, petit morceau de papier écrit qu'on ajoute à une épreuve. — *Typogr.* Morceau de papier fin employé pour la mise en train. *Théâtre.* Fragment de scène ajouté par l'auteur au cours des répétitions.

BÉQUILLE [bekij]. *n. f.* (1611; de *béquillon* « petit bec, traverse ayant la forme d'un bec », XVIᵉ). ♦ 1° Bâton surmonté d'une traverse sur laquelle on appuie l'aisselle, la main pour se soutenir. V. **Canne.** « *Une très vieille femme boiteuse, appuyée sur une béquille, traversait le cimetière* » (CHATEAUB.). — *Fig.* Soutien. « *Les béquilles du raisonnement* » (PROUDHON). ♦ 2° *Bec-de-cane.* ♦ 3° *Techn.* Se dit de divers instruments ou dispositifs de soutien, de support pour maintenir debout, dans une position particulière. V. **Cale,** étai, étançon, tin. *Mettre une béquille sous une voiture. Béquille de motocyclette, de queue d'avion. Béquille de fusil mitrailleur. Béquilles d'un bateau.*

BÉQUILLER [bekije]. *v.* (XVIIᵉ; de *béquille*). ♦ 1° V. intr. *Vx.* Marcher avec des béquilles. ♦ 2° V. tr. Étayer (un navire) avec des béquilles.

BER ou **BERS** [bɛʀ]. *n. m.* (XVIᵉ; *berz* « berceau », fin XIIᵉ; lat. *bercium,* o. gaul.). ♦ 1° *Mar.* Charpente qui supporte un navire en construction et qui glisse à la mer avec lui pendant le lancement; charpente qui supporte un bateau à terre. ♦ 2° Ridelle d'une charrette. ♦ 3° *Région.* (Canada). *Pop.* Berceau. REM. En Belgique, on dit aussi en ce sens **BERCE** [bɛʀs], *n. f.*

BERBÉRIDACÉES [bɛʀbeʀidase] ou **BERBÉRIDÉES** [bɛʀbeʀide]. *n. f. pl.* (1853; de *berbéris*). *Bot.* Famille de plantes angiospermes de la classe des dicotylédones dialypétales dont le type principal est le *berbéris.* V. **Épine-vinette,** jeffersonnie, mahonie.

BERCAIL [bɛʀkaj]. *n. m. sing.* (1379; lat. pop. °*verbicalis* « bergerie », de *verbex* « brebis »). ♦ 1° *Relig.* Le sein de l'Église. *Ramener au bercail une brebis égarée.* ♦ 2° *Cour. et plaisant.* Famille, foyer, maison; pays (natal). *Rentrer au bercail, retour au bercail.*

BERÇANT, ANTE [bɛʀsɑ̃, ɑ̃t]. *adj. et n. f.* (XIXᵉ; mot canadien, de *bercer* 1). *Région.* (Canada). Qui berce. *Berceur. Chaise berçante ou berceuse,* n. f. (d'apr. l'amér. *rocking-chair* [1832]). V. **Berceuse** (2°), **rocking-chair.** « *Philomène est assise sur une chaise berçante qui craque et grince* » (A. HÉBERT).

BERCE [bɛʀs(ə)]. *n. f.* (1698; o. i., p.-ê. allem. *Bartsch*). Grande ombellifère à fleurs blanches qui croît dans les lieux humides.

BERCEAU [bɛʀso]. *n. m.* (1472; a. fr. *berz.* V. **Ber**). ♦ 1° Petit lit des très jeunes enfants, muni de rideaux, et qui, le plus souvent, peut être balancé (V. **Bercer**). *Berceau d'osier. Berceau alsacien. Corbeille servant de berceau.* V. **Couffin,** moïse. ◇ *Fig.* L'âge où les enfants couchent dans un berceau. *Un enfant au berceau. Dès le berceau. Du berceau à la tombe.* Par ext. *Fam.* Jeune âge. *Il aime les femmes très jeunes; il les prend au berceau.* *Fig.* Lieu de naissance. « *La Corse, ce berceau de Bonaparte* » (DUMAS). Le lieu où une chose a commencé. « *Une civilisation, dont la Méditerranée a été le berceau* » (SIEGFRIED). ♦ 2° (*Par anal.* avec l'arceau du lit d'enfant). *Archit.* Voûte engendrée par un arc en plein cintre. « *Cette nef, voûtée de pesants berceaux* » (HUYSMANS). — *Hortic.* Treillage en voûte garni de verdure; voûte de feuillage. V. **Charmille,** tonnelle. « *Une haute allée d'ormes, arrondie en berceau* » (GAUTIER). — *Artill.* Organe intermédiaire courbé, entre le frein et l'affût d'une pièce. *Le berceau de pointage d'un canon. — Berceau de moteur,* partie où s'appuie un moteur. — *Mar.* V. **Ber.**

BERCELONNETTE [bɛʀsəlɔnɛt] ou (*vx*) **BARCELONNETTE** [baʀsəlɔnɛt]. *n. f.* (1863,-1787; de *berceau*). Berceau léger, monté sur deux pieds en forme de croissants.

BERCEMENT [bɛʀsəmã]. *n. m.* (1852; de *bercer*). Action de bercer; mouvement de va-et-vient analogue à celui du berceau. V. **Balancement.**

BERCER [bɛʀse]. *v. tr.; conjug. placer* (1155; de *berz.* V. **Ber**). ♦ 1° Balancer dans un berceau. ◇ *Par anal.* Balancer, agiter doucement, comme dans un berceau. *Bercer un enfant dans ses bras. Un canot bercé par les vagues.* ♦ 2° *Fig. Une enfance bercée de :* nourrie, imprégnée. « *Ce ronflement de la mer dont l'enfance de Dominique avait été bercée* » (FROMENTIN). ♦ 3° *Fig.* V. Apaiser, calmer, charmer, consoler, endormir. *Bercer une peine, une douleur.* ♦ 4° V. **Leurrer.** On *la berçe de vaines promesses.* « *Toujours bercé de l'espérance qu'il allait être plus heureux* » (COURTELINE). — *Pronom. Se bercer d'illusions.* V. **Illusionner** (s'). « *Il se berçait de ces flatteuses idées* » (VOLT.).

BERCEUR, EUSE [bɛʀsœʀ, øz]. *adj.* (1880; de *bercer*). Qui berce. *Rythme berceur.*

BERCEUSE [bɛʀsøz]. *n. f.* (1835; « nourrice », xvᵉ; de *bercer*). ♦ 1° Chanson pour endormir un enfant. *Par ext.* Morceau de musique dont le rythme imite celui de ces chansons. *Berceuse de Schumann.* ♦ 2° (1875). Siège à pied courbe sur lequel on peut se balancer. V. **Rocking-chair.**

BÉRET [beʀɛ]. *n. m.* (1819; du béarnais *berret;* bas lat. *birrum*). Coiffure de laine souple, ronde et plate, propre aux Basques *(béret basque)* et aux Béarnais, puis répandue ailleurs. — *Par anal.* Toute coiffure de même forme. *Béret de chasseur alpin. Béret d'étudiant.* V. **Faluche.** *Par ext. Béret de marin.*

BERGAMASQUE [bɛʀgamask(ə)]. *n. f.* (1580; it. *bergamasco*, de *Bergame*, ville d'où la danse est originaire). Danse et air de danse à la mode au xvIIIᵉ siècle. « *Masques et bergamasques* » (VERLAINE).

BERGAMOTE [bɛʀgamɔt]. *n. f.* (1536; it. *bergamotta*, du turc *beg-armâdé* « poire du Seigneur »). ♦ 1° Variété de poire fondante. ♦ 2° (1694). *Par anal. de forme.* Fruit du bergamotier. *Essence de bergamote*, huile essentielle utilisée en parfumerie. *Par ext.* Bonbon à la bergamote.

BERGAMOTIER [bɛʀgamɔtje]. *n. m.* (1836; de *bergamote*, 2°). Arbre du genre *citrus (Aurantiacées)*, dont le fruit est la bergamote.

1. BERGE [bɛʀʒ(ə)]. *n. f.* (*Berche*, 1380; lat. pop. °*barica*, d'o. gaul.). ♦ 1° Bord exhaussé d'un cours d'eau. *La berge d'un grand fleuve.* V. **Rivage, rive.** *Berges d'un canal.* ♦ 2° *Par anal.* Bord relevé d'un chemin, d'un fossé. V. **Talus.**

2. BERGE [bɛʀʒ(ə)]. *n. f.* (1836; mot tzigane). *Arg.* Année. « *Des types de cinquante berges* » (CARCO).

BERGER, ÈRE [bɛʀʒe, ɛʀ]. *n.* (*Bergier*, xiiᵉ; lat. pop. °*verbecarius*, de *verbex* « brebis »). ♦ 1° Personne qui garde les moutons. V. **Gardien.** *Bâton de berger.* V. **Houlette.** *Hutte, cabane de berger.* V. **Buron.** *Chien de berger*, dressé à la garde des troupeaux. *La vie du berger.* V. **Pastoral.** *La bergère de Domrémy :* Jeanne d'Arc. *Loc. Au temps où les rois épousaient les bergères.* — *L'étoile du berger :* la planète Vénus. ♦ 2° *Fig.* (Vx.) *Le berger et les brebis*, le maître et les sujets. *Mod. Relig.* Pasteur des âmes, prêtre. *Le bon berger.* ♦ 3° *N. m.* Chien de berger. *Un berger allemand.*

BERGÈRE [bɛʀʒɛʀ]. *n. f.* (1746; de *berger*). Fauteuil large et profond à joues pleines, et dont le siège est garni d'un coussin. *Des bergères Louis XV.*

BERGERIE [bɛʀʒəʀi]. *n. f.* (*Bercherie*, xiiᵉ; de *berger*). ♦ 1° Lieu, bâtiment où l'on abrite les bêtes ovines. V. **Parc.** *Les moutons sont dans la bergerie. Les cases, les crèches d'une bergerie.* — *Fig. Enfermer le loup dans la bergerie :* laisser, introduire qqn dans un lieu où il peut aisément faire du mal. ◇ *Fig. .*Dans un grand magasin, enceinte de comptoirs où se tient la vendeuse. ♦ 2° BERGERIES. *n. f. pl.* Poèmes, récits, pièces de théâtre mettant en scène les amours des bergers. *Les bergeries de Racan.* V. **Églogue;** *bucolique, pastorale.*

BERGERONNETTE [bɛʀʒəʀɔnɛt]. *n. f.* (xiiiᵉ; de *bergère*). Oiseau passereau *(Motacilidés)*, à longue queue, qui vit au bord de l'eau et dans le voisinage des troupeaux. V. **Hochequeue, lavandière.** — (On l'appelle aussi BERGERETTE [bɛʀʒəʀɛt].)

BERGINISATION [bɛʀʒinizasjɔ̃]. *n. f.* (1929; de *Bergius*, l'inv.). *Techn.* Procédé par lequel on obtient du pétrole à partir de la houille.

BÉRIBÉRI [beʀibeʀi]. *n. m.* (1631; *berber*, 1617; d'un mot cingalais *béri* « faiblesse »). *Méd.* Maladie due à la carence de vitamine B (V. **Avitaminose**), causée par la consommation exclusive de riz décortiqué et qui se manifeste essentiellement par des troubles nerveux. V. **Polynévrite.** *Le béribéri sévit en Extrême-Orient.*

BERKÉLIUM [bɛʀkeljɔm]. *n. m.* (1950; de *Berkeley*, université des États-Unis). Élément chimique de n° at. 97, obtenu en bombardant l'américium 241 avec des ions d'hélium.

BERLINE [bɛʀlin]. *n. f.* (*Breline*, déb. xvIIIᵉ; de *Berlin*, où cette voiture était à la mode). ♦ 1° *Ancienn.* Voiture suspendue à quatre roues et à deux fonds, garnie de glaces et d'une capote. ♦ 2° *Mod.* Conduite intérieure à quatre portes et quatre glaces latérales. ♦ 3° Benne roulante, chariot pour le transport de la houille, dans les mines.

BERLINGOT [bɛʀlɛ̃go]. *n. m.* (1618; it. *berlingozzo*, sorte de gâteau). ♦ 1° Bonbon aux fruits, à la menthe, de forme particulière. ♦ 2° *Néol.* Emballage pour le lait, qui a la forme du bonbon.

BERLUE [bɛʀly]. *n. f.* (1611; *bellue*, xiiiᵉ; de *belluer* « éblouir »; o. i.). *Avoir la berlue*, avoir des visions; et *fig.* Se faire des illusions.

BERME [bɛʀm(ə)]. *n. f.* (*Barme*, 1611; néerl. *berm* « talus »). ♦ 1° *Fortif.* Chemin étroit entre le pied d'un rempart et un fossé. ♦ 2° *Par anal.* Chemin laissé entre une levée et le bord d'un canal ou d'un fossé. V. **Berge.**

BERMUDA [bɛʀmyda]. *n. m.* (v. 1960; mot amér., nom des îles Bermudes). Short collant à longues jambes s'arrêtant au genou. *Porter un* (ou *des*) *bermuda(s).*

BERNACHE, BARNACHE ou **BERNACLE** [bɛ(a)ʀnaʃ; bɛʀnakl(ə)]. *n. f.* (1532; irland. *bairneach*, infl. de *bernicle*). ♦ 1° Oiseau à bec court *(Anatidés)* vivant dans l'extrême nord, et sur nos côtes en hiver. ♦ 2° Nom vulgaire de l'*anatife.*

BERNARDIN, INE [bɛʀnaʀdɛ̃, in]. *n.* (1512; de *saint Bernard*). Religieux, religieuse de l'ordre de Saint-Benoît, réformé au xiiᵉ s. par saint Bernard. V. **Cistercien.**

BERNARD-L'HERMITE ou **BERNARD-L'ERMITE** [bɛʀnaʀlɛʀmit]. *n. m.* (1560; de *Bernard*, n. pr., du Languedoc). Crustacé qui se loge dans les coquilles abandonnées. V. **Pagure.**

1. BERNE [bɛʀn(ə)]. *n. f.* (1533; « couverture »; p.-ê. it. *bernia;* arabe *burnus*). *Vx.* Mauvais tour ou brimade consistant à faire sauter qqn en l'air sur une couverture tenue par plusieurs personnes. V. **Berner.**

2. BERNE [bɛʀn(ə)]. *n. f.* (1672; o. i.). *Mar. Pavillon en berne :* hissé à mi-drisse en signe de deuil ou de détresse. — *Par ext. Drapeau en berne :* non déployé, roulé.

BERNER [bɛʀne]. *v. tr.* (1508; de *berne* 1). ♦ 1° *Vx.* Faire subir la berne. V. **Brimer.** ♦ 2° *Fig.* Tromper en ridiculisant. V. **Duper, jouer, railler** (Cf. Faire marcher qqn). « *Cette comédie du sport avec laquelle on berne et fascine toute la jeunesse du monde* » (DUHAM.). « *Il se vit bafoué, berné* » (LA FONT.). *Subst.* « *Il est clair que le berné n'a manqué à aucun de ses devoirs envers son héros le berneur* » (VOLT.). ◇ ANT. Démystifier, détromper.

BERNICLE ou **BERNIQUE** [bɛʀnikl(ə), bɛʀnik]. *n. f.* (1742; breton *bernic*). Autre nom de la patelle. « *Nous prenions les berniques au bout de nos couteaux, et nous les mangions toutes vivantes* » (LOTI).

BERNIQUE! [bɛʀnik]. *interj.* (1743; p.-ê. de *bren*). *Vx.* Exprime que l'espoir qu'on a est mal fondé et sera déçu. V. **Rien** (à faire). « *Il faut de l'argent pour être heureux; sans argent, bernique!* » (BALZ.).

BERS. V. **Ber.**

BERSAGLIER [bɛʀsalje]. *n. m.* (1866; mot it.). Soldat italien de l'infanterie légère, qui porte un feutre à plume.

BERTHE [bɛʀt(ə)]. *n. f.* (déb. xixᵉ; de *Berthe*, mère de Charlemagne). ♦ 1° Large col arrondi ou petite pèlerine de femme. ♦ 2° Vase de métal pour transporter le lait. V. **Bouille.**

BERTHON [bɛʀtɔ̃]. *n. m.* (1899; nom de l'inv.). Petit canot pliant en toile imperméable.

BERTILLONNAGE [bɛʀtijɔnaʒ]. *n. m.* (fin xixᵉ; de *Bertillon*, l'inv.). Système d'identification des criminels en application à partir de 1882, et fondé principalement sur l'anthropométrie.

BÉRYL [beʀil]. *n. m.* (xiiᵉ; lat. *beryllus*, gr. *bêrullos*). Pierre précieuse, silicate naturel d'aluminium et de béryllium, de couleur variable. *Béryl vert* (V. **Émeraude**), *bleu* (V. **Aigue-marine**). « *Elle triturait d'une main déliée un collier de béryls* » (A. BLONDIN).

BÉRYLLIUM [beʀiljɔm]. *n. m.* (1842; de *béryl*). *Chim.* Métal gris d'acier, dur et léger, très réfractaire (symb. Be; n° at. 4; poids at. 9,013; densité 1,84; température de fusion 2 970 °C), utilisé sous forme d'alliage dans l'aéronautique et les réacteurs nucléaires.

BESACE [bəzas]. *n. f.* (xiiiᵉ; bas lat. *bisaccium*, plur. *bisaccia* « double sac ». V. **Bissac**). ♦ 1° Sac long, ouvert par le milieu et dont les extrémités forment deux poches. V. **Bissac.** « *Un sac de toile jaune, décoloré, gonflé comme une besace de pèlerin* » (MART. du G.). ◇ *Par métaph.* (Méd.). *Ventre en besace*, déformé, qui pend en avant. ♦ 2° *Archit. En besace*, se dit d'un appareil dont les pierres sont posées alternativement en longueur et en largeur. *Une assise en besace.*

BESAIGUË [bəzegy]. *n. f.* (xiiᵉ; lat. pop. *bis acuta* « deux fois aiguë »). ♦ 1° Outil de charpentier dont les deux bouts acérés sont taillés l'un en ciseau, l'autre en bédane (on dit aussi BISAIGUË [bizegy]). ♦ 2° Marteau de vitrier.

BESANT [bəzɑ̃]. *n. m.* (1080; lat. *byzantium*, monnaie byzantine). ♦ 1° Monnaie byzantine d'or et d'argent répandue au temps des croisades. ♦ 2° *Archit.* Disque saillant sculpté sur un bandeau, une archivolte. *Le besant est un ornement de style roman.* ♦ 3° *Blas.* Figure circulaire d'or et d'argent.

BÉSEF ou **BÉZEF** [bezɛf]. *adv.* (1867; mot sabir, arabe *bezzaf*). *Pop.* Beaucoup. *Il n'en a pas bésef.*

BESICLES [be(ə)zikl(ə)]. *n. f. pl.* (1328; a. fr. *bericle*, de *beril* (V. **Béryl**), qui a servi à faire des loupes). Anciennes lunettes rondes. « *Vous n'avez pas bien chaussé vos besicles* » (SÉV.). — *Mod.* et *plaisant.* Lunettes.

BÉSIGUE [bezig]. *n. m.* (v. 1820; o. i.). Jeu de cartes à plusieurs jeux de 32 cartes.

BESOGNE [bəzɔɲ]. *n. f.* (*Besoigne*, 1190; forme fém. de *besoin*. V. **Besoin**). ♦ 1° *Vx.* Besoin, ce qui est nécessaire (V. **Besogneux**). — *Spécialt. Vx.* Acte sexuel. ♦ 2° *Mod.* Travail imposé par la profession ou par toute autre cause. V. **Occupation, ouvrage, tâche, travail.** *Abattre de la besogne. Une lourde, une rude besogne.* « *Elle fait la grosse besogne* »

(SÉV.). — *Aller vite en besogne* : travailler rapidement, être expéditif. — *Fig.* Brûler les étapes, être trop entreprenant. ◊ *Par ext.* L'ouvrage effectué ou à faire. *Avoir réussi une besogne délicate, difficile. Avoir fait de la belle, de la bonne besogne. Iron. Vous avez fait là de la belle besogne !*

BESOGNER [b(ə)zɔɲe]. *v. intr.* (XIIᵉ, « être dans le besoin »; de *besogne*). *Péj.* Faire un travail fatigant, pénible, inintéressant. V. **Peiner, trimer.** « *Plus aucun goût pour écrire dans ce carnet. Plutôt besogné que travaillé vraiment* » (GIDE). ◊ ANT. *Reposer* (se).

BESOGNEUX, EUSE [b(ə)zɔɲø, øz]. *adj.* (*Besoigneux*, XVᵉ; de *besogne* « besoin »). ♦ 1° *Vx.* Qui est dans le besoin. V. **Miséreux, nécessiteux.** *Des parents besogneux.* ♦ 2° *Mod.* (rattaché abusiv. à *besogne*, 2°). Qui fait une médiocre besogne mal rétribuée. *Gratte-papier besogneux.* Subst. *Un besogneux.* ◊ ANT. *Riche.*

BESOIN [bəzwɛ̃]. *n. m.* (fin XIᵉ; fr. °*bisunnia*, rad. de *soin*, et *bi-* « auprès »). V. **Besogne.**
I. ♦ 1° Exigence née de la nature ou de la vie sociale. V. **Appétence, appétit, désir, envie, exigence, faim, goût, nécessité, soif.** *Les désirs naissent des besoins. Besoin de nourriture. Besoin d'argent. Besoin d'affection. Besoin de nouveauté, de changement. Sentir le besoin de. Éprouver le besoin de crier. Un besoin pressant, urgent, impérieux, irrésistible. Satisfaction, assouvissement des besoins.* « *L'esprit a ses besoins, ainsi que le corps* » (ROUSS.). « *J'éprouvais un brusque et poignant besoin de retrouver la maison* » (DUHAM.). ◊ Au plur. *Les besoins de qqn, les choses considérées comme nécessaires à l'existence, obtenues par de l'argent. Subvenir aux besoins de ses parents.* V. **Nourrir.** *Avoir de petits besoins, de grands besoins.* — *Fam. Un besoin naturel, les besoins naturels, ses besoins,* la nécessité d'uriner, d'aller à la selle. « *Je vais aller faire mes petits besoins* » (COURTELINE). ◊ *Le besoin de la cause* : ce qu'il est nécessaire de dire à l'appui de la cause que l'on défend. *Pour les besoins de la cause.* ◊ *Méd.* État de besoin (ou *de manque**). V. **Accoutumance, toxicomanie.** ♦ 2° *Loc. verb.* AVOIR BESOIN DE... (qqn ou qqch.). ◊ (*Subjectif*) Ressentir la nécessité de, vouloir comme nécessaire, utile. V. **Désirer, envie** (avoir envie), **exiger, réclamer, vouloir.** *Avoir besoin d'argent; d'affection.* ◊ (*Objectif*) *Il a besoin de qqch., de qqn,* cette chose, cette personne lui est nécessaire, utile. V. **Falloir.** « *Ayant besoin de joie comme les plantes de soleil* » (FRANCE). *Ce malade a besoin d'air.* V. **Manquer.** « *Gagner sa vie sans avoir besoin de personne* » (FÉN.), en étant économiquement indépendant. *Fam. Ce tapis a besoin d'un coup de brosse.* — AVOIR BESOIN DE, suivi de l'inf. : éprouver, voir la nécessité, l'utilité de, ou être une nécessité pour. *Avoir besoin de gagner sa vie.* « *Il avait besoin d'y voir clair dans son âme* » (STENDHAL). *Je n'ai pas besoin de dire, d'ajouter que,* inutile de dire, d'ajouter que. — Iron. et fam. *Vous aviez bien besoin d'aller lui parler de cela !* — AVOIR BESOIN QUE. *Il a besoin qu'on le conseille* : il faut que; il est nécessaire que. V. **Falloir.** ♦ 3° ÊTRE BESOIN. *Impers.* (*Littér.*). *Qu'est-il besoin de,* suivi d'un subst. ou de l'inf. « *Qu'est-il besoin d'aller chercher l'enfer dans l'autre vie ?* » (ROUSS.). *Il n'est pas besoin de. Point n'est besoin de.* — *S'il en est besoin, si besoin est,* si cela est nécessaire. *Sans qu'il soit besoin de prévenir.* ♦ 4° *Loc. adv.* AU BESOIN, en cas de nécessité, s'il le faut. « *Prenez ces cent écus; gardez-les avec soin, Pour vous en servir au besoin* » (LA FONT.).
II. État de privation. V. **Dénuement, gêne, indigence, misère, pauvreté.** *Être pressé par le besoin. Être dans le besoin.* ◊ ANT. *Dégoût, satiété. Abondance, aisance, bien-être, fortune, opulence, prospérité, richesse.*

BESSEMER [bɛsmɛʀ]. *n. m.* (1891; nom de l'inv.). *Techn.* Convertisseur pour transformer la fonte en acier.

BESSON, ONNE [bes5, ɔn]. *n.* (XIIIᵉ; lat. pop. *bisso*, de *bis* « deux fois »). *Vx* ou *dial.* V. **Jumeau.** « *On reconnut bien vite que c'était deux bessons* » (SAND).

1. BESTIAIRE [bɛstjɛʀ]. *n. m.* (1495; lat. *bestiarus*, de *bestia* « bête »). Chez les anciens Romains, Celui qui devait combattre contre les bêtes féroces, ou leur était livré au cours des jeux du cirque. V. **Belluaire, gladiateur.**

2. BESTIAIRE [bɛstjɛʀ]. *n. m.* (1119; adj. lat. *bestiarius*). Recueil de fables, de moralités sur les bêtes. *Bestiaire illustré.*

BESTIAL, AUX [bɛstjal, o]. *adj.* (fin XIIᵉ; lat. imp. *bestialis*, de *bestia*). Qui tient de la bête, qui assimile l'homme à la bête. V. **Animal, brutal, sauvage.** *Air, expression bestiale. Colère, fureur, violence bestiale. Amour bestial.* ◊ ANT. *Délicat, raffiné.*

BESTIALEMENT [bɛstjalmã]. *adv.* (XIIᵉ; de *bestial*). D'une façon bestiale.

BESTIALITÉ [bɛstjalite]. *n. f.* (XIVᵉ; de *bestial*). ♦ 1° Caractère bestial. V. **Animalité, brutalité, grossièreté.** ♦ 2° Perversion sexuelle, relations avec les bêtes.

BESTIAUX [bɛstjo]. *n. m. pl.* (1418; de *bestial*). ♦ 1° Ensemble des animaux qu'on entretient pour la production agricole dans une exploitation rurale (à l'exclusion des animaux de basse-cour). V. **Bétail.** *Les bestiaux de la ferme.*

« *Dans ce couloir où ils étaient parqués comme des bestiaux* » (MART. du G.). ♦ 2° *Au sing.* (paysan ou plaisant). Animal, bête. *Qu'est-ce que c'est que ce bestiau ?*

BESTIOLE [bɛstjɔl]. *n. f.* (fin XIIᵉ; lat. *bestiola*, dimin. de *bestia*). Petite bête. « *Les rats, les souris et autres bestioles* » (QUENEAU). *Spécialt.* Insecte.

BEST-SELLER [bɛstselœʀ]. *n. m.* (1934; mot amér. « le mieux vendu »). *Anglicisme.* Livre qui a obtenu un grand succès de librairie. *Des best-sellers.* « *En 65, Le Deuxième sexe, paru en édition de poche, a été un best-seller* » (BEAUVOIR). — *Par ext.* Gros succès de vente dans un domaine quelconque. « *Chrysler est même allé plus loin, à l'exception de ses modèles à bas prix, les best-sellers* » (L'Auto, 2-6-1934).

1. BÊTA [beta]. *n. m.* Deuxième lettre de l'alphabet grec (β). — *Phys.* Rayons bêta, électrons émis par les corps radioactifs. V. **Bêtatron.**

2. BÊTA, ASSE [beta, as]. *n. et adj.* (1584; de *bête*, et suff. *-ard*, abrégé en *a*). *Fam.* Personne bête, niaise. *C'est un gros bêta. Voilà une fille tout à fait bêtasse.*

BÉTAIL [betaj]. *n. m.* (1213; de *bête*). Ensemble des animaux entretenus pour la production agricole. V. **Bestiaux; animal, bête, cheptel, troupeau.** *Têtes de bétail. Le gros bétail* (bovins, chevaux). *Le petit bétail* (ovins, porcins). *Bétail sur pied, vivant. Pièce de bétail destinée à la boucherie.* ◊ *Traiter les hommes comme du bétail,* mal et sans respect pour la personne. — *Fig. et péj. Le bétail humain.*

BÉTAILLÈRE [betajɛʀ]. *n. f.* (XXᵉ; de *bétail*). Fourgon automobile à claire-voie, réservé au transport des chevaux et des animaux de boucherie. *Transporter des porcs en bétaillère.*

BÊTATHÉRAPIE [betateʀapi] ou **BÉTATHÉRAPIE** [betateʀapi]. *n. f.* (XXᵉ; de *bêta* 1, et *-thérapie*). *Méd.* Traitement par les rayonnements *bêta** émis par les corps radioactifs.

BÊTATRON [betatʀ5]. *n. m.* (1948; de *bêta*, et *(cyclo)-tron*). Cyclotron pour l'accélération des électrons. Accélérateur; cyclotron, synchrotron.

BÊTE [bɛt]. *n. f.* (*Beste*, 1080; lat. *bestia*).
I. ♦ 1° Tout être animé, l'homme excepté. V. **Animal.** *Bêtes et gens.* « *L'homme n'est ni ange ni bête, et le malheur veut que qui veut faire l'ange fait la bête* » (PASC.). — *Une petite bête.* V. **Bestiole.** *Bête à bon dieu, coccinelle. Des peaux de bêtes. Le pedigree d'une bête de race.* — *Bête sauvage, bête fauve*. Bête féroce. Bêtes puantes*. Bêtes nuisibles.* — *Les bêtes à cornes. Une bête à laine. Une bête à poil.* — *Une bête de somme.* V. **Bât, charge.** ◊ *Spécialt. Les bêtes,* les bestiaux, le bétail. *Mener, rentrer les bêtes.* — *Les animaux féroces de l'arène. Martyr livré aux bêtes.* — *Les insectes, la vermine. Un lit infesté de bêtes.* ♦ 2° *Loc. Être malade comme une bête,* souffrir beaucoup. *Regarder qqn comme une bête curieuse,* avec une insistance déplacée. — *Chercher la petite bête* : être extrêmement méticuleux ou s'efforcer de découvrir une erreur, une irrégularité. — *C'est sa bête noire* : il a cette personne, cette chose en horreur. — *Morte la bête, mort le venin* : le méchant cesse de nuire quand il meurt; le danger disparaît avec la cause. — *Reprendre du poil* de la bête* : reprendre le dessus. — *Fam. Faire la bête à deux dos,* faire l'amour. — *Bête à concours.* V. **Bûcheur.**
II. ♦ 1° L'homme dominé par ses instincts. V. **Bestial, bestialité.** *La bête humaine. Méchante, vilaine bête.* ♦ 2° *Vx.* Personne dénuée de bon sens, d'esprit de jugement. — *Mod. Faire la bête,* l'ignorant; dire, faire des bêtises. V. **Bêtifier.** — (Emplois affectueux) *Grosse bête, grande bête ! V. **Bêta;** bécasse, nigaud.
III. (1763). *Adj.* ♦ 1° Qui manque d'intelligence, de jugement. *Il (elle) est bête comme un âne, une oie, un pied; bête à manger du foin.* V. **Imbécile, inintelligent, obtus, sot.** *Plus bête que méchant. Il n'est pas bête, il est loin d'être bête.* — *Pas si bête* : pas assez sot pour se laisser berner. ◊ *Une idée, une histoire bête.* V. **Idiot, inepte.** *C'est bête comme chou,* facile à faire, à deviner. V. **Enfantin, simple.** ♦ 2° Qui manque d'attention, d'à-propos. *Suis-je bête de l'avoir oublié ! C'est bête, je ne m'en souviens pas.* V. **Stupide.** — Qui dit des bêtises. *Comme tu es bête, c'est impossible !* ◊ ANT. *Fin, futé, ingénieux, intelligent, spirituel, subtil.* HOM. *Bette.*

BÉTEL [betel]. *n. m.* (1572; *betre*, 1519; port. *betel*, de l'hindou *vettila*). ♦ 1° Variété de poivrier grimpant, originaire de Malaisie, dont les feuilles desséchées contiennent des principes stimulants et astringents. ♦ 2° Masticatoire tonique et astringent, composé de feuilles de bétel et de tabac, de chaux vive et de noix d'arec, utilisé dans les régions tropicales. *Mâcher du bétel.*

BÊTEMENT [bɛtmã]. *adv.* (XIVᵉ; de *bête*). D'une manière bête, stupide. *Agir bêtement. Il s'est fait tuer bêtement.* ◊ *Tout bêtement,* tout simplement. V. **Bonnement, naïvement.** « *C'est déjà si difficile De bien s'aimer, tout bêtement* » (GÉRALDY).

BÊTIFIANT, ANTE [betifjã, ãt]. *adj.* (XIXᵉ; de *bêtifier*).

♦ 1° *Vx.* Abêtissant. ♦ 2° Qui bêtifie (2°), n'exprime que des bêtises. — (Choses) *Journal, film bêtifiant.*

BÊTIFIER [betifje]. *v.* (1777; de *bête*). ♦ 1° *V. tr.* Rendre bête. V. **Abêtir, abrutir.** Pronom. « *Vous ne trouvez pas qu'on se bêtifie à rester tout le temps sur la plage?* » (PROUST). ♦ 2° *V. intr.* Faire la bête, dire des bêtises. *Père qui bêtifie avec son jeune enfant.*

BÊTISE [betiz]. *n. f.* (XVᵉ; de *bête*). ♦ 1° Défaut d'intelligence et de jugement. V. **Sottise; idiotie, imbécillité, naïveté, niaiserie, stupidité.** *Faire preuve de bêtise. Il est d'une rare bêtise. Une bêtise crasse.* ♦ 2° Action ou parole sotte ou maladroite. V. **Sottise.** *Faire des bêtises. Élève qui fait des bêtises, répond une bêtise.* V. **Ânerie.** *Dire des bêtises.* V. **Maladresse; bourde, gaffe.** ◇ *Action, parole, chose sans valeur ou sans importance.* V. **Babiole, bagatelle, enfantillage, plaisanterie.** *S'amuser, passer son temps à des bêtises. Se brouiller pour une bêtise :* pour un motif futile. « *Vous dois-je beaucoup d'argent pour cette petite bêtise?* » (BALZ.). ◇ *Bêtises de Cambrai :* berlingots à la menthe. ♦ 3° Parole légère, libre, déraisonnable, parfois amusante. *On riait de ses bêtises.* ♦ 3° Action déraisonnable, imprudente. V. **Folie.** *Il faut l'empêcher de faire des bêtises.* ⊗ ANT. *Intelligence; esprit, finesse, ingéniosité, subtilité.*

BÊTISIER [betisje]. *n. m.* (néol.; de *bêtise*). V. **Sottisier.**

BÉTOINE [betwan]. *n. f.* (XIIᵉ; lat. *bettonica*). Plante des bois, à fleurs mauves *(Labiacées)*, utilisée autrefois en médecine.

BÉTOIRE [betwaʀ]. *n. f.* (*Beturre*, 1611; lat. pop. °*bibitoria* « abreuvoir »). *Région.* ♦ 1° En pays calcaires, Gouffre où se perdent certaines rivières. V. **Aven.** ♦ 2° Puisard pour récolter les eaux pluviales.

BÉTON [betɔ̃]. *n. m.* (1584; a. fr. *betun* « gravat, boue »; lat. *bitumen* « bitume »). Matériau de construction formé d'un mortier et de pierres concassées (gravier). (V. **Coffrage, coulage**) *Un abri, un blockhaus, un pont, un immeuble en béton. Béton précontraint*.* « *Des casemates dressent leurs tiges de fer attendant le béton* » (ARAGON). — *Fig.* (Sports) *Faire le béton :* bétonner.

BÉTONNAGE [betɔnaʒ]. *n. m.* (déb. XIXᵉ; de *bétonner*). ♦ 1° Action de bétonner (1° et 2°). ♦ 2° Maçonnerie en béton.

BÉTONNER [betɔne]. *v. tr.* (déb. XIXᵉ; de *béton*). ♦ 1° Construire avec du béton. ♦ 2° (1951). *Sport.* Jouer la défense à outrance (football).

BÉTONNEUSE [betɔnøz]. Var. de bétonnière* (emploi déconseillé).

BÉTONNIÈRE [betɔnjɛʀ]. *n. f.* (1929; de *béton*). Machine comprenant une grande cuve tournante, pour fabriquer le béton.

BETTE [bɛt] ou **BLETTE** [blɛt]. *n. f.* (XIIᵉ, lat. *beta*; XIVᵉ, lat. *blitum*). Plante voisine de la betterave, dont on mange cuites les feuilles et les côtes *(Chénopodiacées)*. ⊗ HOM. **Bête.**

BETTERAVE [bɛtʀav]. *n. f.* (1600; de *bette*, et *rave*). Plante cultivée *(Chénopodiacées)* à racine charnue. *Betterave rouge, jaune, blanche. — Betterave fourragère,* à grosse racine globuleuse rouge ou jaune, cultivée pour l'alimentation du bétail. — *Betterave potagère,* à petite racine ronde, rouge et sucrée. *Salade de betteraves. — Betterave sucrière,* dont on extrait le sucre. *Sucre de betterave.*

BETTERAVIER, IÈRE [bɛtʀavje, jɛʀ]. *adj. et n. m.* (1867; de *betterave*). ♦ 1° *Adj.* Relatif à la betterave. *Culture betteravière.* ♦ 2° *N. m.* Producteur de betteraves sucrières.

BÉTULACÉES [betylase] ou **BÉTULINÉES** [betyline]. *n. f. pl.* (XVIIIᵉ; du lat. *betula* « bouleau »). *Bot.* Famille de plantes et d'arbustes dicotylédones apétales (ordre des *falgales*) aux grains réunis en chatons et à feuilles caduques, comprenant le bouleau, l'aulne, le charme, le noisetier, l'amandier, etc.

BÉTULINÉES. V. **BÉTULACÉES.**

BÉTYLE [betil]. *n. m.* (1586; lat. *bœtylus;* gr. *baitlos* « pierre sacrée »). Pierre sacrée adorée par les anciens comme une idole.

BEUGLANT [bøglɑ̃]. *n. m.* (1860; de *beugler*). *Pop.* Café-concert populaire, à la fin du XIXᵉ s.

BEUGLANTE [bøglɑ̃t]. *n. f.* (déb. XXᵉ; de *beugler*). *Pop.* Chanson criée à tue-tête; protestation bruyante. *Pousser une beuglante.*

BEUGLEMENT [bøgləmɑ̃]. *n. m.* (1539; de *beugler*). Cri des bovins. V. **Mugissement; meuglement.** — *Par anal.* Son puissant et prolongé. *Le beuglement d'un chanteur, des cuivres.*

BEUGLER [bøgle]. *v.* (1611; *bugler*, XIIᵉ; de *bugle;* du lat. *buculus* « jeune bœuf »). ♦ 1° *V. intr.* Pousser des beuglements. V. **Mugir, mugir.** « *Le taureau blanchit d'écume et beugle* » (BARRÈS). ♦ 2° *V. intr. Par anal.* Produire un son intense, prolongé, désagréable. *Un poste de radio qui beugle.*

Par ext. Fam. (Personnes) Pousser des hurlements, crier très fort. V. **Hurler; gueuler** *(pop.). Le chanteur se mit à beugler.* ◇ *V. tr.* (XVIIᵉ) *Beugler une chanson.*

BEURRE [bœʀ]. *n. m.* (XVIᵉ; *burre*, XIIᵉ; lat. *butyrum*, gr. *bouturon.* V. **Butyrique**). ♦ 1° Substance alimentaire grasse et onctueuse qu'on obtient en battant la crème du lait (V. **Barattage**). *Lait de beurre.* V. **Babeurre.** *Beurre demi-sel, salé, fondu. Beurre frais, rance. Motte de beurre. Pot à beurre.* V. **Beurrier.** *Morceau, coquille de beurre. Tartine de beurre.* V. **Beurrée.** *Crème au beurre. Biscuit au beurre.* V. **Petit-beurre.** ◇ BEURRE NOIR : beurre fondu qu'on a laissé noircir. *Raie au beurre noir.* — Fig. et fam. *Œil au beurre noir :* marqué de noir du fait d'une contusion. V. **Poché** (œil poché). ◇ Fig. *Ça entre comme dans du beurre :* facilement (Pop. *C'est du beurre :* une entreprise facile). ◇ (1625, *faire du beurre net*) *Faire son beurre :* s'enrichir. *Assiette au beurre :* source de profits. — *Iron. Cela compte pour du beurre :* cela ne compte pas. Fam. *Il n'y a pas plus de* (telle chose, telle personne) *que de beurre en broche, en branche, aux fesses, au cul :* il n'y a rien du tout, personne. ◇ BEURRE-FRAIS : de la couleur du beurre. *Des gants beurre-frais — visite officielle, s'il vous plaît!* » (DUHAM.). ♦ 2° *Par ext.* Pâte formée d'une substance écrasée dans le beurre. *Beurre d'anchois, d'écrevisses.* ♦ 3° *Par anal.* Substance grasse extraite de certains végétaux. *Beurre de cacao, de noix de coco.* En Amérique du Nord. *Beurre d'arachide, d'érable.* ♦ 4° Chim. *Vx.* Chlorure métallique. *Beurre d'antimoine.*

BEURRÉ [bœʀe]. *n. m.* (XVIIᵉ; de *beurrer*). Sorte de poire fondante. *Beurré gris, blanc.*

BEURRÉE [bœʀe]. *n. f.* (1585; de *beurre*). *Vx* ou *région.* Tartine de beurre.

BEURRER [bœʀe]. *v. tr.* (*Burrer*, XIIIᵉ; de *beurre*). Recouvrir de beurre. *Beurrer du pain. Tartine beurrée.* — Enduire de beurre. *Beurrer un moule.* ◇ *Loc. pop. Être beurré.* V. **Ivre.**

BEURRERIE [bœʀʀi]. *n. f.* (1836; de *beurre*). ♦ 1° Lieu où l'on fait, où l'on conserve le beurre. V. **Laiterie.** ♦ 2° Industrie du beurre.

BEURRIER, IÈRE [bœʀje, jɛʀ]. *n. et adj.* (*Burrier*, 1270; de *beurre*). ♦ 1° *Vx.* Personne qui vend du beurre. V. **Crémier.** ♦ 2° Qui a rapport au beurre. *Industrie beurrière, vache beurrière.* ♦ 3° *N. m.* Récipient, plat dans lequel on conserve, on sert le beurre.

BEUVERIE [bœvʀi] ou **BUVERIE** [byvʀi]. *n. f.* (*Beverie*, XIIᵉ, jusqu'au XVIIᵉ; repris 1877; de *boire*). Partie de plaisir où l'on boit beaucoup. V. **Orgie, soûlerie.** *Le repas dégénéra en beuverie.*

BÉVATRON [bevatʀɔ̃]. *n. m.* (1954; de *BeV*, unité d'un milliard d'électrons-volts, d'apr. *cyclotron*). Accélérateur de particules chargées positivement, à très grande énergie.

BÉVUE [bevy]. *n. f.* (1642; préf. *bé*, et *vue*). Méprise grossière due à l'ignorance ou à l'inadvertance. V. **Bêtise, boulette** *(pop.),* erreur, étourderie, faute, **gaffe** *(fam.),* impair, **maladresse, méprise.** *Commettre une bévue.* « *L'expérience implique une certaine somme de bévues* » (BAUDEL.).

BEY [bɛ]. *n. m.* (*Bay*, 1642; turc *beg,* puis *bey* « seigneur »). *Hist.* Titre porté par les souverains vassaux du sultan ou par certains hauts fonctionnaires turcs. *Le bey de Tunis.* ⊗ HOM. *Bai, baie.*

BEYLICAL, ALE, AUX [be(ɛ)likal, o]. *adj.* (1907; de *bey*). Qui a rapport au bey. *Le gouvernement beylical.*

BEYLICAT [be(ɛ)lika]. *n. m.* (1922; de *bey*). Souveraineté du bey.

BEYLISME [be(ɛ)lism(ə)]. *n. m.* (1811, répandu fin XIXᵉ; de Henry Beyle, dit Stendhal). Attitude des héros de Stendhal (énergie, individualisme).

BÉZEF. V. **BÉSEF.**

BÉZOARD [bezɔaʀ]. *n. m.* (*Bezar*, 1314; port. *bezuar;* du persan *pâdzehr* « chasse-poison »). Concrétion formée de poils ou de divers débris végétaux se formant dans le corps de certains animaux (ruminants) et parfois de l'homme (psychopathes avalant des matières non digestibles). Le bézoard était autrefois considéré *(notamment en Orient)* comme un puissant antidote contre les poisons et les maladies infectieuses.

Bi Symbole chimique du bismuth*.

BI-. Élément (lat. *bis*) indiquant le redoublement par répétition ou duplication. V. **Deux; bis-, di-.**

BIACIDE [biasid]. *n. m. et adj.* (1890; de *bi-*, et *acide*). *Chim.* Se dit d'un corps à double fonction acide.

BIACUMINÉ, ÉE [biakymine]. *adj.* (1866; de *bi-*, et *acuminé**). *Bot.* Dont l'extrémité se termine par deux pointes.

BIAIS [bjɛ]. *n. m.* (XIIIᵉ; a. prov., p.-ê. du gr. *epikarsios* « oblique »). ♦ 1° Ligne, direction oblique. V. **Oblique, obliquité.** *Le biais d'un mur, d'une voûte.* — Adj. *(Archit.). Oblique par rapport à une direction principale. Pont biais, voûte, porte biaises.* ◇ *Cout.* Dans un tissu, Sens de la diagonale par rapport au droit fil. *Tailler dans le biais. Spécial.*

Bande d'étoffe coupée en diagonale. *Border une encolure d'un biais.* ♦ 2° *Fig.* Se dit des différents côtés d'un caractère, des différents aspects d'une chose. *Par quel biais le prendre? C'est par ce biais qu'il faut considérer le problème.* — Moyen détourné, artificieux d'atteindre un but. V. **Détour.** « *Mon esprit répugne au plus simple et prend irrésistiblement le biais* » (GIDE). *Par le biais d'accointances politiques.* ♦ 3° *Statist.* Tout fait susceptible de rendre un fait non représentatif. ♦ 4° Loc. adv. DE BIAIS, EN BIAIS. V. **Obliquement, travers** (de). *Regarder de biais* (Cf. *fam.* En coulisse). « *Cette robe, avec petite traîne en biais formant queue de lézard* » (LOTI). — *Fig.* « *Certains êtres et certaines choses demandent à être abordés de biais* » (GIDE). ◇ ANT. *Droit* (fil).

BIAISER [bjeze]. *v. intr.* (1402; de *biais*). ♦ 1° Aller ou être en biais, de travers. V. **Obliquer.** « *Ayant aperçu le matelot étendu à terre, elle biaisa vers le navire* » (LOTI). ♦ 2° *Fig.* Employer des moyens détournés, artificieux. V. **Louvoyer, tergiverser.** « *Ils biaisent sur beaucoup d'articles, ils mentent sur d'autres* » (BOSS.). « *Je ne parviens à rien qu'en biaisant et rusant avec moi-même* » (GIDE).

BIAURAL [biɔʀal] ou **BINAURAL, ALE, AUX.** [binɔʀal, o]. *adj.* (XXᵉ; de *bi-* ou lat. *bini* « les deux », et lat. *auris* « oreille »). *Physiol.* Des deux oreilles, en ce qui concerne leur fonction. V. **Biauriculaire.**

BIAURICULAIRE [biɔʀikylɛʀ]. *adj.* (1875; de *bi-*, et *auriculaire*). *Physiol.* Qui appartient aux deux oreilles. V. **Biaural.** (On trouve aussi BINAURICULAIRE [binɔʀikylɛʀ]).

BIBASIQUE [bibazik]. *adj.* (1846; de *bi-*, et *basique*). *Chim.* Qui possède deux fois la fonction base (qui peut libérer deux anions par molécule).

BIBELOT [biblo]. *n. m.* (1432; *beubelet*, XIIᵉ; mot onomat., p.-ê. de *beau*, var. *bimbelot*). Petit objet curieux, décoratif. V. **Babiole, bricole** *(fam.)*, **souvenir.** *Une étagère encombrée de bibelots. Une boutique d'antiquaire pleine de bibelots.*

BIBERON [bibʀɔ̃]. *n. m.* (XVIᵉ, « vase à goulot »; 1301, « goulot »; du lat. *bibere* « boire »). *Mod.* (déb. XIXᵉ). Récipient, petite bouteille munis d'une tétine, servant à l'allaitement artificiel (enfants, jeunes mammifères). *Nourrir un enfant au biberon.*

BIBERONNER [bibʀɔne]. *v. intr.* (1946; de *biberon*). *Fam.* Boire souvent et avec excès.

1. **BIBI** [bibi]. *n. m.* (v. 1830; onomat.). *Fam.* Petit chapeau de femme. *Un bibi à plumes.*

2. **BIBI** [bibi]. *pron.* (1832; lang. enfantin). *Pop.* Moi.

BIBINE [bibin]. *n. f.* (déb. XIXᵉ; it. *bibita* « boisson »). Mauvaise boisson *(pop.)*. *Spécialt.* Bière de qualité inférieure.

BIBLE [bibl(ə)]. *n. f.* (XIIᵉ; lat. *biblia*, mot gr. « livres saints »). ♦ 1° Recueil de textes inspirés, des Juifs (Ancien Testament) et des Chrétiens (Ancien Testament; Nouveau Testament. V. **Évangile**). *Interprétation de la Bible.* V. **Exégèse.** *La Sainte Bible. Méditer un passage de la Bible.* V. **Écriture** (sainte). *De la Bible.* V. **Biblique.** ♦ 2° Le livre lui-même. « *Une bible de poche, sur papier pelure, et fort usagée* » (MART. du G.). ♦ 3° *Papier bible*, en imprimerie, papier opaque très mince. ♦ 4° *Par anal.* Ouvrage faisant autorité. V. **Coran.**

BIBLIO-. Élément, tiré du gr. *biblion* « livre ».

BIBLIOBUS [biblijɔbys]. *n. m.* (1930; de *biblio-*, et (auto)*bus*). Véhicule aménagé en bibliothèque desservant (prêt de livres) certains quartiers ou villages. « *Les livres sont distribués par la bibliothèque de prêt du département par bibliobus* » (*Nouv. Obs.*, 16-10-1972).

BIBLIOGRAPHE [biblijɔgʀaf]. *n. m.* (mil. XVIIᵉ; de *biblio-*, et *-graphe*). Personne versée dans la science du livre, de l'édition ou qui écrit sur cette matière. *Un bibliographe érudit.*

BIBLIOGRAPHIE [biblijɔgʀafi]. *n. f.* (1633; de *biblio-*, et *-graphie*). ♦ 1° Connaissance des livres publiés sur un sujet donné, et de leurs diverses éditions. ♦ 2° Répertoire des écrits relatifs à un sujet donné. V. **Catalogue, recueil, répertoire, table.** *Consulter la bibliographie d'une thèse.* ♦ 3° Liste périodique d'ouvrages récemment parus. *La Bibliographie de la France.*

BIBLIOGRAPHIQUE [biblijɔgʀafik]. *adj.* (1778; de *bibliographie*). Relatif à la bibliographie. *Notice bibliographique.*

BIBLIOMANIE [biblijɔmani]. *n. f.* (1654; de *biblio-*, et *-manie*). Manie, passion excessive des livres et surtout des livres rares, précieux. V. **Bibliophilie.**

BIBLIOPHILE [biblijɔfil]. *n.* (1740; de *biblio-*, et *-phile* « ami »). Personne qui aime, recherche et conserve avec soin et goût les livres rares, précieux.

BIBLIOPHILIE [biblijɔfili]. *n. f.* (1858; de *bibliophile*). Art et science du bibliophile.

BIBLIOTHÉCAIRE [biblijɔtekɛʀ]. *n.* (1518; lat. *bibliothecarius*). Personne préposée à une bibliothèque. V. **Archiviste, chartiste, conservateur.** *Le bibliothécaire de l'Institut. Une bibliothécaire documentaliste.*

BIBLIOTHÉCONOMIE [biblijotekɔnɔmi]. *n. f.* (fin XIXᵉ; de *bibliothèque*, et *économie*). *Didact.* Science qui définit

les règles d'organisation et de gestion des bibliothèques.

BIBLIOTHÈQUE [biblijɔtɛk]. *n. f.* (1493; lat. *bibliotheca*, gr. *bibliothêkê*, de *biblion*, et *thêkê* « coffre, lieu de dépôt »). ♦ 1° Meuble ou assemblage de tablettes permettant de ranger et de classer des livres. V. **Armoire, casier, rayon, rayonnage.** *Une bibliothèque vitrée, en acajou.* « *Des livres et des paperasses garnissaient les rayons d'une bibliothèque* » (FLAUB.). ♦ 2° Salle, édifice où sont classés des livres, pour la lecture. *Travailler dans sa bibliothèque.* V. **Bureau, cabinet, librairie** *(vx.). Bibliothèque municipale, universitaire. Une bibliothèque de prêt. La Bibliothèque nationale* (la Nationale). — *Un rat de bibliothèque*, se dit d'une personne qui passe tout son temps à compulser des livres, à fouiller dans les bibliothèques. V. **Érudit, chercheur.** ♦ 3° *Bibliothèque de gare* : librairie, kiosque (à journaux). ♦ 4° Collection de livres. *Un ouvrage de sa bibliothèque personnelle. Constituer une bibliothèque. Bibliothèque ambulante.* V. **Bibliobus.** *Fig.* et *fam. C'est une bibliothèque vivante, ambulante* : un érudit, capable de citer de mémoire beaucoup d'auteurs. ◇ *Spécialt.* Ensemble de livres publiés chez un même éditeur et présentant un caractère commun. V. **Collection.** *La bibliothèque rose* (livres d'enfants). ♦ 5° *Inform.* Collection de supports d'informations (Cf. Banque* de données). *Bibliothèque de programmes.*

BIBLIQUE [biblik]. *adj.* (déb. XVIIᵉ; de *Bible*). Qui appartient, qui est propre à la Bible. *Le style biblique. Études bibliques.*

BIC [bik]. *n. m.* et *adj.* (mil. XXᵉ; marque déposée). Stylo à bille de cette marque et *abusivt.* Stylo à bille. *Écrire avec un bic.* — *Adj. Une pointe bic.* ◇ HOM. *Bique.*

BICAMÉRALISME [bikameʀalism(ə)] ou **BICAMÉRISME** [bikameʀism(ə)]. *n. m.* (1929; de *bi-*, et lat. *camera* « chambre »). Système politique à deux assemblées représentatives. *Le bicaméralisme britannique.*

BICARBONATE [bikaʀbɔnat]. *n. m.* (1842; de *bi-*, et *carbonate*). *Chim.* Carbonate acide. V. **Carbonate, sel.** *Cour. Bicarbonate de soude* (de sodium), employé contre les maux d'estomac.

BICARBONATÉ, ÉE [bikaʀbɔnate]. *adj.* (1861; de *bicarbonate*). Qui contient du bicarbonate.

BICARRÉ, ÉE [bikaʀe]. *adj.* (1866; de *bi-*, et *carré*). *Alg.* Qui est élevé au carré du carré, à la puissance quatre. *Trinôme bicarré.*

BICÉPHALE [bisefal]. *n. m.* et *adj.* (1839; de *bi-*, et gr. *kephalê* « tête »). À deux têtes. *L'aigle bicéphale.*

BICEPS [bisɛps]. *n. m.* (1652; mot lat. « qui a deux têtes », de *bis*, et *caput*. V. **Triceps**). ♦ 1° *Anat.* Muscle composé de deux portions (ou têtes) distinctes. *Le biceps brachial, crural.* ♦ 2° *Cour.* Biceps brachial, muscle du bras qui gonfle quand on fléchit l'avant-bras. *De gros biceps. Fam. Avoir des biceps* : être musclé, fort (Cf. *pop.* Biscoteaux).

BICHE [biʃ]. *n. f.* (*Bische*, 1160; lat. pop. °*bistia*, pour *bestia* « bête »). ♦ 1° Femelle du cerf. V. **Cerf.** *Le petit de la biche.* V. **Faon.** *La biche n'a pas de bois. Une troupe de biches.* V. **Harpail.** — *Ma biche*, terme d'affection. — *Meuble à pieds de biche* : à pieds légèrement recourbés en dehors (V. *aussi* Pied-de-biche). ◇ *Ventre de biche* : se dit d'une couleur blanc roussâtre comme le ventre de la biche. ♦ 2° *Fig.* et *vx.* Demi-mondaine.

BICH(E)LAMAR [biʃlamaʀ] ou **BÊCHE-DE-MER** [bɛʃdəmɛʀ]. *n. m.* (1948; d'abord nom du tripang* dont le commerce est important dans le Pacifique, probabl. repris à l'anglais). Pidgin utilisé comme langue commerciale véhiculaire dans les îles du Pacifique où l'on parle anglais. « *Biche-de-mer, biche-la-mare, ainsi que l'on appelle ce parler du Pacifique où se mêlent les mots anglais, français, espagnols, aux dires des îles* » (ARAGON).

BICHER [biʃe]. *v. intr.* (1867, « mordre » (poisson); de *bécher* « piquer du bec »). ♦ 1° *Fam.* Aller bien. *Ça biche.* V. **Aller, coller, marcher.** ♦ 2° *Pop.* Se réjouir. *Il biche!*

BICHETTE [biʃet]. *n. f.* (XIIᵉ; de *biche*). Petite biche. *Ma bichette*, terme d'affection.

BICHLORURE [biklɔʀyʀ]. *n. m.* (1866; de *bi-*, et *chlorure*). Sel renfermant deux atomes de chlorure par molécule.

BICHOF ou **BISCHOF** [biʃɔf]. *n. m.* (1838; all. *Bischof* « évêque »). *Rare.* Vin chaud épicé, de couleur violette.

BICHON, ONNE [biʃɔ̃, ɔn]. *n.* (1588; abrév. de *barbichon*, rad. *barbe*). Petit chien d'appartement, métis de l'épagneul et du barbet, au nez court, au poil long, soyeux et ondoyant. « *Les marquises du XVIIIᵉ siècle, qui par toquade orientale, appelaient Mirza leurs bichons* » (MALLET-JORIS). *Fam.* Terme d'affection.

BICHONNAGE [biʃɔnaʒ]. *n. m.* (1782; de *bichonner*). Action de bichonner, de se bichonner.

BICHONNER [biʃɔne]. *v. tr.* (1690; de *bichon*). ♦ 1° *Vx.* Briser comme on fait d'un bichon. V. **Boucler.** ♦ 2° *Par ext. Mod.* Arranger avec soin et coquetterie. V. **Parer, pomponner.** *Bichonner un enfant. Elle passe des heures devant la glace à se bichonner.* — *Fig.* Être aux petits soins pour. V. **Soigner.**

BICHROMATE [bikʀɔmat]. *n. m.* (1846; de *bi-*, et *chromate*). Sel oxydant de l'acide chromique renfermant le groupement CR₂ O₂ (de charge négative). *Le bichromate de potassium est utilisé en photographie comme fixateur.*

BICHROMIE [bikʀɔmi]. *n. f.* (1960; de *bi-*, et *-chromie*). *Imprim.* Impression en deux couleurs, généralement complémentaires.

BICIPITAL, ALE, AUX [bisipital, o]. *adj.* (1829; de *biceps, -cipitis*). *Anat.* Qui se rapporte au muscle biceps. *Les tendons bicipitaux.*

BICKFORD [bikfɔʀd]. *n. m.* (1888; mot angl.). Cordon fusant utilisé pour mettre à distance le feu aux mines, aux explosifs. *Cordeau bickford ou bickford.*

BICOLORE [bikɔlɔʀ]. *adj.* (fin XVᵉ; de *bi-*, et lat. *color* « couleur »). Qui présente deux couleurs. *Une écharpe, un drapeau bicolore.*

BICONCAVE [bikɔ̃kav]. *adj.* (1842; de *bi-*, et *concave*). Qui a deux surfaces concaves opposées. *Lentille biconcave.*

BICONVEXE [bikɔ̃vɛks]. *adj.* (1842; de *bi-*, et *convexe*). Qui a deux surfaces convexes opposées. *Lentille biconvexe.*

BICOQUE [bikɔk]. *n. f.* (1522; it. *bicocca* « petit château »). ♦ 1º *Vx.* Petite place peu ou mal fortifiée. ♦ 2º Petite maison de médiocre apparence. Habitation mal construite ou mal tenue. V. **Cabane.** *Habiter une vieille bicoque.*

BICORNE [bikɔʀn(ə)]. *adj. et n. m.* (1302; lat. *bicornis*). ♦ 1º *Rare.* Qui a deux cornes. *L'utérus bicorne d'un mammifère.* ♦ 2º *N. m.* Chapeau à deux pointes. *Un bicorne d'académicien.*

1. **BICOT** [biko]. *n. m.* (XXᵉ; dimin. de *bique*). *Fam.* Petit chevreau. V. **Biquet.**

2. **BICOT** [biko]. *n. m.* (1892; *arbico*, 1861; de l'arabe *arbi* « arabe », p.-ê. infl. de *bique*). *Fam. et péj.* Indigène d'Afrique du Nord (var. *Bic*). « *Défendu aux Français, ce soir, dit-il. C'est le jour des bicots* » (KESSEL).

BICOURANT [bikuʀɑ̃]. *adj. invar.* (1964; de *bi-*, et *courant*[2]). *Ch. de fer.* Qui fonctionne sur deux types de courant. *Des machines bicourant.*

BICULTURALISME [bikyltyʀalism(ə)]. *n. m.* (*néol.*; de *biculturel*). *Didact.* Coexistence de deux cultures nationales dans un même pays. *Le biculturalisme du Canada.*

BICULTUREL, ELLE [bikyltyʀɛl]. *adj.* (1971; de *bi-*, et *culturel*[2]). Qui possède deux cultures. *Pays à tradition biculturelle.*

BICUSPIDE [bikyspid]. *adj.* (1805; de *bi-*, et *cuspide*). *Didact.* Pourvu de deux pointes. *Dent bicuspide.*

BICYCLE [bisikl(ə)]. *n. m.* (1869; mot angl.; de *bi-*, et gr. *kuklos*. V. **Cycle**). *Ancien.* Vélocipède à deux roues inégales.

BICYCLETTE [bisiklɛt]. *n. f.* (1880; de *bicycle*). Appareil de locomotion formé d'un cadre portant à l'avant une roue directrice commandée par un guidon et, à l'arrière, une roue motrice entraînée par un système de pédalier. V. **Bécane** *(fam.)*, cycle, vélo *(fam.)*. *Ancêtres de la bicyclette.* V. **Célérifère, draisienne, vélocipède.** *Bicyclette à moteur.* V. **Vélomoteur.** *Bicyclette double.* V. **Tandem.** — *Une bicyclette de dame, d'homme. Une course de bicyclettes* (V. **Cyclisme**; *vélodrome*). *Monter, aller à bicyclette; et* (fam.) *en bicyclette* (V. **Cycliste**).

BIDASSE [bidas]. *n. m.* (v. 1938; nom pr., dans une chanson). *Pop.* Soldat, troupier. V. **Gus, tourlourou.**

BIDE [bid]. *n. m.* (1882; de *bidon*). ♦ 1º *Pop.* Ventre. « *Qu'est-ce qu'il tient comme bide!* » (COLETTE). — *Fig.* (Théâtre). V. **Four.** *La pièce a fait un bide, est un bide. Fam.* Échec quelconque. ♦ 2º *Pop.* Bidon (3º). *C'est du bide.*

BIDENT [bidɑ̃]. *n. m.* (1827; lat. *bidens*). Fourche à deux dents.

BIDET [bidɛ]. *n. m.* (1534; « âne »; a. fr. *bider* « trotter »; o. i.). ♦ 1º Petit cheval de selle. *Par ext.* et souvent *par déris.* Cheval. *Enfourcher son bidet.* ♦ 2º (1751). Cuvette oblongue et basse, sur pied, servant aux ablutions intimes.

BIDOCHE [bidɔʃ]. *n. f.* (1829; de *bidet*, 1º). *Pop.* Viande. V. **Barbaque.** « *Les quartiers de bidoche ballent dans la vapeur* » (DUHAM.).

BIDON [bidɔ̃]. *n. m.* (XVᵉ; scand. *bida* « vase »). ♦ 1º Récipient portatif pour les liquides, généralement de métal, et que l'on peut fermer avec un bouchon ou un couvercle. *Bidon de lait. Bidon d'essence.* V. **Nourrice; jerrycan.** *Bidon de soldat, de campeur,* pour la boisson. V. **Gourde.** ♦ 2º (1882; par anal. de forme et attract. de *bedon*). *Pop.* Ventre. V. **Bedon, bide.** *Se remplir le bidon.* ♦ 3º *Pop.* (1887, « drap plié de manière à faire illusion, en gonflant »; sens mod. v. 1900). *Du bidon*, mensonge, bluff, bide. *Ce n'est pas du bidon, c'est vrai. Fam.* Simulé. *Un attentat bidon.*

BIDONNANT, ANTE [bidɔnɑ̃, ɑ̃t]. *adj.* (XXᵉ; de se *bidonner*). *Pop.* Très drôle. V. **Marrant, poilant, roulant, tordant.**

BIDONNER (SE) [bidɔne]. *v. pron.* (XXᵉ; de *bidon*). *Pop.* Rire beaucoup. V. **Marrer** (se), **poiler** (se).

BIDONVILLE [bidɔ̃vil]. *n. m.* (av. 1950; de *bidon* 1, et *ville*). En Afrique du Nord, et *par ext.* dans d'autres contrées, Agglomération d'abris de fortune, de baraques sans hygiène où vit la population la plus misérable. « *À Casablanca, nous cherchâmes les bidonvilles; la vie y était plus affreuse que dans les plus affreux quartiers d'Athènes* » (BEAUVOIR).

BIDULE [bidyl]. *n. m.* (v. 1940; « désordre »; o. i., p.-ê. mot du Nord, *bidoule* « boue »). *Pop.* (v. 1950). Objet complexe. V. **Business** (2º). Objet quelconque. V. **Machin, truc.** « *J'ai lu des choses, des machins, des trucs, des bidules, des livres, quoi!* » (PRÉVERT).

-BIE. Élément, du gr. *bios* « vie ». V. **Bio-.**

BIEF [bjɛf]. *n. m.* (XVIIᵉ; *biez*, 1755; lat. pop. °*bedum* « fossé », d'o. gaul.). ♦ 1º Portion d'un cours d'eau, entre deux chutes, d'un canal de navigation entre deux écluses. *Le bief d'amont, d'aval.* ♦ 2º Canal de dérivation qui conduit les eaux d'un cours d'eau vers une machine hydraulique. *Le bief d'un moulin.* V. **Buse.**

BIELLE [bjɛl]. *n. f.* (1751; « manivelle », mil. XVIᵉ; o. i.). *Mécan.* Tige rigide, articulée à ses deux extrémités et destinée à la transmission du mouvement entre deux pièces mobiles. *Système bielle-manivelle*, ensemble cinématique à articulation rotoïde comprenant un bâti, une bielle, une manivelle et un piston, et qui permet la transformation d'un mouvement circulaire en un mouvement alternatif rectiligne (et réciproquement). *Bielle d'accouplement*, unissant deux roues motrices. V. **Couple.** *Les bielles d'une locomotive.* — *Auto. Bielles d'un moteur*, transmettant le mouvement des pistons à l'arbre moteur. *Couler, griller une bielle.*

BIELLETTE [bjɛlɛt]. *n. f.* (1921; de *bielle*). Petite bielle. Levier en forme de bielle. *Biellettes d'une arme automatique.*

1. **BIEN** [bjɛ̃]. *adv. et adj.* (Xᵉ; lat. *bene*). Comparatif de *bien.* V. **Mieux.**

I. Adv. de manière. ♦ 1º D'une manière satisfaisante. *Elle danse bien. On mange assez bien ici.* V. **Convenablement, correctement.** *Il a très bien réussi.* V. **Admirablement, remarquablement.** *Une femme bien faite. Un roman bien écrit.* V. **Agréablement.** *Bien joué! Aller bien.* V. **Bien.** *Tant bien que mal; ni bien ni mal.* — *Par antiphr. Quelle catastrophe, cela commence bien!* ♦ 2º D'une manière conforme à la raison, à la justice, à la morale. *Agir, se conduire bien.* V. **Honorablement, honnêtement.** *On l'a bien conseillé.* V. **Judicieusement, sagement.** — **FAIRE BIEN**, faire ce qu'il faut. *J'ai cru bien faire.* PROV. *Bien faire et laisser dire. Vous avez bien fait. C'est bien fait!* ce qui arrive est mérité. *Bien fait pour lui*: il est puni (Cf. Il ne l'a pas volé). — *Vous feriez bien de...* (avec infinitif). V. **Devoir.** ♦ 3º (Indiquant le degré, l'intensité, la quantité). ◊ Avec un adjectif ou un participe passé positif; avec l'adverbe. V. **Tout** (à fait), très. *Du linge bien blanc. Servir bien chaud. Nous sommes bien contents. Bien sûr*. *Bien vôtre. Il y en a bien assez. Bien souvent.* — (Avec ce sens de *plus* devant un comparatif) *Bien mieux, bien pire.* — Spécialt. *Il est bien jeune pour cet emploi.* V. **Trop.** — Absolt. *Je le trouve bien jeune. Vous êtes bien sûr de vous?* ◊ Avec un verbe. V. **Beaucoup.** *Nous avons bien ri. J'espère bien vous voir.* ◊ **BIEN DE, DES**, beaucoup de. *Il nous donne bien du souci. Vous avez bien de la chance. Je l'ai pris bien des fois.* V. **Nombreux.** *Depuis bien des années. Il en a vu bien d'autres.* ♦ 4º *Par ext.* (Avec un numéral, une quantité). Au moins. V. **Largement.** *Il y a bien une heure qu'il est sorti. J'ai bien appelé vingt fois. Cela vaut bien le double.* ♦ 5º (Renforçant l'affirmation). V. **Réellement, véritablement, vraiment, tout** (à fait). *Il part bien demain? Nous le savons bien, je le vois bien. C'est bien lui. C'est bien lui, c'est la même. C'est bien de lui*, son comportement est tout à fait conforme à son caractère, c'est ce qu'on attendait de lui. *Ce n'est pas un oubli, mais une erreur.* V. **Plutôt.** *Ou bien.* V. **Ou.** *Bel et bien.* V. **Beau.** ◊ *Par antiphr. Il s'agit bien de cela! C'était bien la peine!* ♦ 6º *Par ext.* En fait et en dépit des difficultés (quoi qu'on dise, pense, fasse; quoi qu'il arrive). *Vouloir** *bien, accepter, daigner. Attendons, nous verrons bien. Il faut bien le supporter. Cela finira bien un jour. Il le fait bien, pourquoi pas moi?* puisqu'il le fait. — (Avec un conditionnel). *J'écrirais bien, mais répondra-t-il?* je pourrais écrire, j'écrirais volontiers. *Absolt.* (comme souhait) *J'irais bien avec vous.* ♦ 7º **EH BIEN!** Interjection marquant l'interrogation (pop. *ben* [bɛ̃]). V. **Alors.** *Eh bien! qu'en dites-vous?* — Marquant l'étonnement. *Eh bien! vous ne protestez pas?* — Marquant la résignation. *Eh bien!*

II. Adj. invar. ♦ 1º (Attribut). V. **Satisfaisant.** *Tout est bien qui finit bien. Ce sera très bien ainsi.* Ellipt. *Bien!* V. **Bon, bravo, parfait.** ◊ En bonne santé, en bonne forme. *Je me sens bien. Le malade est moins bien.* ◊ V. **Juste, moral.** *Ce n'est pas bien d'agir ainsi, je ne trouve pas cela bien.* ◊ Capable de faire ce qu'il faut. *Elle est bien, dans ce rôle. Il a été très bien.* V. **Parfait.** ◊ Beau. *Je le trouve bien. Elle est encore très bien. La maison a l'air bien.* ◊ À l'aise. *Nous sommes bien ici, chez nous.* V. **Bien-être.** *Êtes-vous bien dans ces chaussures? Se trouver** *bien de...* ◊ **ÊTRE BIEN AVEC** (qqn), être en bons termes avec lui, être son ami. ♦ 2º *Fam.* (Épithète). Convenable, comme il faut, distingué, en parlant des gens. *Un monsieur très bien. Des gens bien.* ◊ Qui a des qualités morales, de la valeur. *Une fille bien; un type bien.* III. BIEN QUE. Loc. conj. marquant la concession. V. **Encore** (que), **malgré** (que), **quoique.** — (Suivi du subjonctif) *J'accepte, bien que rien ne m'y contraigne. Bien qu'elle fût malade, il n'en paraissait rien.* — (Suivi du p. prés.) « *Bien qu'ayant vécu chez eux* » (FRANCE). — (Avec ellipse du verbe et du sujet) « *Ses moustaches étaient assez courtes, bien que jamais coupées* » (LOTI). « *Bien que philosophe, M. Homais respectait les morts* » (FLAUB.). S'oppose à *Parce que.* ◈ ANT. **Mal.**

2. BIEN [bjɛ̃]. *n. m.* (xᵉ; de *bien*, adv.). I. ♦ 1º Ce qui est avantageux, agréable, favorable, profitable; ce qui est utile à une fin donnée. V. **Avantage, bénéfice, bienfait, intérêt, profit, satisfaction, service, utilité.** *Ce remède lui a fait grand bien, beaucoup de bien. Cela lui fait plus de mal que de bien. Cela ne fait ni bien ni mal. Le bien commun, général, public. C'est pour son bien. Vouloir le bien de qqn. Un ami qui vous veut du bien.* — *Les biens de ce monde. La santé est le plus précieux des biens. La liberté est le bien le plus cher. C'est une épreuve difficile, mais ce sera un bien pour vous* : une bonne chose. — *Grand bien vous fasse!* — *Dire du bien, parler en bien de qqn, de qqch.* : en parler avantageusement, favorablement. V. **Éloge** (faire l'). « *Voulez-vous qu'on croie du bien de vous? N'en dites pas* » (PASC.). — *Changer qqch. en bien.* V. **Améliorer.** — *Mener une affaire, une entreprise à bien.* PROV. *Le mieux est l'ennemi du bien.* ♦ 2º Chose matérielle susceptible d'appropriation, et tout droit faisant partie du patrimoine. V. **Acquêt, capital, cheptel, domaine, fortune, fruit, héritage, patrimoine, possession, produit, propriété, récolte, richesse.** *Avoir du bien. Disposer de ses biens. Biens productifs. Laisser son bien à ses héritiers.* — PROV. *Bien mal acquis ne profite jamais.* — *Périr corps et biens,* en parlant d'un navire. V. **Corps.** ◇ Dr. *Biens meubles* et immeubles*. Biens publics. Biens privés. Biens communs et biens propres.* V. **Communauté; acquêt, conquêt.** *Biens dotaux.* V. **Dot.** *Biens successoraux.* V. **Succession.** — Écon. *Choses matérielles qui procurent une jouissance. Biens de consommation*, de production*. Biens fongibles, non fongibles. Biens vacants ou sans maître,* qui n'appartiennent à personne, et sont susceptibles d'appropriation. II. Ce qui possède une valeur morale, ce qui est juste, honnête, louable. V. **Devoir, idéal, perfection.** *Le bien et le beau. Discerner le bien du mal. Faire le bien.* V. **Charité.** — *Le souverain bien, le vrai bien, le bien suprême* : le bien par excellence. — *Un homme de bien,* qui pratique le bien, la charité, et *aussi* honnête, intègre. V. **Devoir** (un homme de). — Fam. *En tout bien* (et) *tout honneur* : d'une manière honnête, sans mauvaise intention. « *La grande dame qui avait désiré faire, en tout bien tout honneur, une visite à mon logis solitaire* » (LOTI). ◈ ANT. **Mal.** *Dommage, préjudice. Injustice.*

BIEN-AIMÉ, ÉE [bjɛ̃neme]. *adj.* et *n.* (1417; de *bien,* et *aimer*). ♦ 1º Qui est aimé d'une affection particulière, par prédilection. *Un fils bien-aimé.* — Subst. *Louis XV, dit le Bien-aimé.* ♦ 2º Subst. Personne aimée d'amour. V. **Amant, amoureux, fiancé, maîtresse.** « *C'était un de ces moments d'ivresse où tout ce qu'on voit vous parle de la bien-aimée* » (MUSS.). ◈ ANT. **Mal-aimé.**

BIEN-DIRE [bjɛ̃diʀ]. *n. m.* (xviiᵉ; de *bien,* et *dire*). Littér. Art de bien parler, de s'exprimer avec facilité dans un langage agréable. V. **Éloquence, rhétorique.**

BIEN-ÊTRE [bjɛ̃nɛtʀ(ə)]. *n. m.* (1555; de *bien,* et v. *être*). ♦ 1º Sensation agréable procurée par la satisfaction de besoins physiques, l'absence de tensions psychologiques. V. **Euphorie; agrément, aise, béatitude, bonheur, félicité, jouissance, plaisir, quiétude, satisfaction, sérénité.** « *Cette tiède sensation de bien-être* » (MART. du G.). ♦ 2º (1851). Situation matérielle qui permet de satisfaire les besoins de l'existence. V. **Aisance, confort.** « *À en croire les bien-pensants, l'ouvrier français, comblé, crèverait de bien-être* » (BERNANOS). ◈ ANT. **Angoisse, gêne, inquiétude, malaise. Besoin, pauvreté.**

BIENFAISANCE [bjɛ̃fəzɑ̃s]. *n. f.* (xivᵉ, rare av. 1752; de *bienfaisant*). ♦ 1º Didact. Pratique des bienfaits, habitude de faire du bien. V. **Bonté, bienveillance, charité, générosité.** ♦ 2º Cour. Action de faire du bien dans un intérêt social; ce bien lui-même. V. **Assistance.** *Association, œuvre de bienfaisance.* V. **Crèche, ouvroir, patronage.** « *Nous avons dans notre société beaucoup d'établissements de bienfaisance, monts-de-piété, sociétés de prévoyance, d'assurance mutuelle* » (FRANCE). — *Bureau de bienfaisance* : service public, en général communal, qui distribue des secours aux indigents. ANT. *Malfaisance.*

BIENFAISANT, ANTE [bjɛ̃fəzɑ̃, ɑ̃t]. *adj.* (xiiᵉ; de *bienfaire*). ♦ 1º Vx. Qui cherche à faire du bien aux autres. V. **Bon, charitable, généreux, humain.** ♦ 2º *(Choses).* Qui fait du bien, apporte un mieux, un soulagement. V. **Salutaire.** *L'action bienfaisante d'un climat, d'une cure.* « *Le mensonge est nécessaire et bienfaisant aux hommes* » (FRANCE). ◈ ANT. *Malfaisant, pernicieux.*

BIENFAIT [bjɛ̃fɛ]. *n. m.* (1138; p. p. de l'a. fr. *bienfaire*).

♦ 1º Vx ou littér. Acte de générosité, bien que l'on fait à qqn. V. **Générosité.** ♦ 2º Aumône, cadeau, charité, don, faveur, générosité, grâce, largesse, libéralité, obole, office (bon), présent, service. *Accabler, combler de bienfaits.* PROV. *Un bienfait n'est jamais perdu,* on est toujours récompensé du bien fait à qqn. « *Ô ma fille, est-ce là le prix de mes bienfaits?* » (CORN.). — Mod. *Les bienfaits de la civilisation, de la science.* V. **Avantage, service.** ♦ 2º Par ext. Action bienfaisante (2º). *Les bienfaits du traitement se font sentir.* ◇ ANT. *Méfait, préjudice.*

BIENFAITEUR, TRICE [bjɛ̃fɛtœʀ, tʀis]. *n.* (xiiᵉ; du lat. *benefactum* « bienfait »; Cf. Malfaiteur). Personne qui a fait du bien, qui a répandu des bienfaits. V. **Donateur, mécène, protecteur, sauveur.** *La bienfaitrice d'un orphelin.* Membre *bienfaiteur d'une association. Être l'obligé d'un généreux bienfaiteur.* — Par ext. *Bienfaiteur du peuple.* V. **Ami** (du peuple). *Les bienfaiteurs du genre humain,* les grands inventeurs, les grands savants. ◇ ANT. *Ennemi.*

BIEN-FONDÉ [bjɛ̃fɔ̃de]. *n. m.* (1929; de *bien,* et *fondé,* p. p. de *fonder*). Dr. Conformité au droit, en parlant d'une prétention. V. **Droit** (bon), **légitimité.** *Examiner, discuter, établir le bien-fondé d'une réclamation.* — Par ext. Conformité à la raison, à une autorité quelconque. *Le bien-fondé d'une opinion.* V. **Pertinence.**

BIEN-FONDS [bjɛ̃fɔ̃]. *n. m.* (1803; de *bien* 2, et *fonds*). Dr. Bien immeuble tel que fonds de terre, bâtiment. V. **Immeuble.**

BIENHEUREUX, EUSE [bjɛ̃nœʀø, øz]. *adj.* et *n.* (1190; de *bien,* et *heureux*). ♦ 1º Qui jouit d'un grand bonheur, de la félicité. V. **Heureux, ravi.** *Bienheureux celui qui vit en paix.* — Par ext. Très heureux. *Une vie bienheureuse. Bienheureuse nouvelle.* ♦ 2º Théol. *(adj.* et *n.).* Qui jouit de la béatitude, du bonheur parfait. *Bienheureux les pauvres* en esprit.* — Spécialt. Personne béatifiée par l'Église catholique. *Les bienheureux et les saints.* — Fig. et fam. *Dormir comme un bienheureux.* ◇ ANT. *Malheureux. Damné, maudit.*

BIEN-JUGÉ [bjɛ̃ʒyʒe]. *n. m.* (1869; de *bien,* et *jugé,* p. p. de *juger*). Dr. Conformité au droit, en parlant d'une décision judiciaire.

BIENNAL, ALE [bjenal]. *adj.* et *n. f.* (1550; bas lat. *biennalis,* de *bi-,* et *annus* « an »). ♦ 1º Adj. Qui dure deux ans. *Office, emploi biennal.* ◇ Qui a lieu tous les deux ans. V. **Bisannuel.** *Exposition biennale.* ♦ 2º N. f. (xxᵉ). Manifestation, exposition qui a lieu tous les deux ans. *La biennale de Venise* (cinéma; beaux-arts).

BIEN-PENSANT. V. **PENSANT.**

BIENSÉANCE [bjɛ̃seɑ̃s]. *n. f.* (1534; de *bienséant*). ♦ 1º Vx. Caractère de ce qui convient, va bien. V. **Convenance.** — Vieilli. *À la bienséance de qqn,* à sa convenance, à sa disposition. — Par ext. *(Vx)* Ce qui convient. « *Le caractère d'Angélique sort de la bienséance* » (CORN.). ♦ 2º Par ext. *(Mod.).* Conduite sociale en accord avec les usages, respect de certaines formes. V. **Correction, décence, savoir-vivre.** « *Elle avait appris la bienséance chez les Dames du Calvaire* » (FRANCE). « *La bienséance n'est que le masque du vice* » (ROUSS.). ◇ Au plur. *Les bienséances,* les usages à respecter. V. **Convenance, étiquette, protocole, usage.** *Respecter les bienséances.* « *Le devoir et les bienséances ne sont pas toujours d'accord* » (JOUBERT). ◈ ANT. *Incongruité, inconvenance, indécence.*

BIENSÉANT, ANTE [bjɛ̃seɑ̃, ɑ̃t]. *adj.* (fin xiiiᵉ; de *séant,* p. prés. de *seoir*). Qu'il convient de faire, de dire. V. **Bienséance, convenable, correct, décent, délicat, honnête, poli, séant.** ◇ ANT. *Malséant; choquant, inconvenant, indécent.*

BIENTÔT [bjɛ̃to]. *adv.* (xivᵉ; de *bien,* et *tôt*). ♦ 1º Dans peu de temps, dans un proche futur. V. **Incessamment,** prochainement, promptement, tantôt. *Nous reviendrons bientôt,* d'un moment* à l'autre, sous peu*. Fam. *Très bientôt. C'est pour bientôt.* — À BIENTÔT, *loc. adv.* Se dit en prenant congé d'une personne que l'on désire ou espère revoir bientôt. ♦ 2º Dans un court espace de temps. V. **Rapidement, tôt, vite.** *Un travail bientôt fait.* — *Cela est bientôt dit* : cela est plus facile à dire qu'à faire. ◇ ANT. *Longtemps* (dans), *tardivement. Lentement.*

BIENVEILLAMMENT [bjɛ̃vejamɑ̃]. *adv.* (1870; de *bienveillant*). Avec bienveillance. « *Elle fut bientôt entourée d'un groupe de domestiques avec qui elle causa bienveillamment* » (PROUST).

BIENVEILLANCE [bjɛ̃vejɑ̃s]. *n. f.* (xiiᵉ; de *bienveillant*). ♦ 1º *(Jusqu'au xviiiᵉ).* Sentiment par lequel on veut du bien à qqn. V. **Altruisme.** « *Amour de bienveillance et amour de concupiscence* » (DESCARTES). « *Quiconque éteint dans l'homme un sentiment de bienveillance le tue partiellement* » (JOUBERT). ♦ 2º Mod. Disposition favorable envers une personne inférieure (en âge, en mérite). V. **Bonté, indulgence.** *Montrer de la bienveillance à qqn. Se concilier la bienveillance de qqn.* V. **Faveur, grâce.** *Ce grand critique en parle avec bienveillance.* ◇ ANT. *Hostilité, méchanceté. Malveillance.*

BIENVEILLANT, ANTE [bjɛ̃vejɑ̃, ɑ̃t]. *adj.* (xiiᵉ; de *bien,* et *veuillant,* a. p. prés. de *vouloir*). ♦ 1º Vx ou littér. Qui a de la bienveillance (1º). « *Les Forces mystérieuses et*

bienveillantes qu'il croyait éparses dans l'univers » (MAUROIS).
♦ 2° *Mod.* Qui a de la bienveillance (2°). V. **Débonnaire,**
favorable, indulgent. « *Bienveillant pour l'humanité en général*
et terrible pour chaque individu » (RENARD). Par ext. *Critique*
bienveillante. ◇ ANT. *Désobligeant, hostile, malveillant, méchant.*
BIENVENIR [bjɛ̃vniʀ]. *v. intr.; seulement inf.* (XVIᵉ; de
bien, et *venir*). Rare. *Se faire bienvenir de qqn :* se faire accueillir favorablement.
BIENVENU, UE [bjɛ̃vny]. *adj.* (XIIIᵉ; de *bien,* et *venu,*
p. p. de *venir*). ♦ 1° Qui arrive à propos. V. **Opportun; juste.**
Remarque bienvenue. ♦ 2° *Subst. Le bienvenu, la bienvenue,*
personne, chose accueillie avec plaisir. « *Venez quand vous*
voudrez, vous serez toujours le bienvenu » (COURTELINE).
Soyez la bienvenue. Votre offre est la bienvenue. ◇ ANT.
Malvenu. — HOM. *Bienvenue.*
BIENVENUE [bjɛ̃vny]. *n. f.* (XIIIᵉ; de *bienvenu,* p. p.).
Dans un souhait, Heureuse arrivée de qqn. *Souhaiter la bien-*
venue à qqn. V. **Accueil** (bon accueil). *Bienvenue à nos hôtes.*
Région. (Canada; d'apr. l'angl. *Welcome!*). Terme de politesse, en réponse à *Merci!,* correspondant à *De rien! Je vous*
en prie!
1. **BIÈRE** [bjɛʀ]. *n. f.* (1429, « boisson »; néerl. *bier;* a
remplacé *la cervoise,* boisson faite sans houblon). Boisson
alcoolique fermentée, faite avec de l'orge germée et aromatisée avec des fleurs de houblon. *Fabrication de la bière* (V.
Brasserie, brasseur). — *Bière brune, blonde. Bière forte, double*
bière. Petite bière. Bière anglaise (V. **Ale, pale-ale, porter,**
stout), *belge* (V. **Faro, lambic**). *Mauvaise bière.* V. **Bibine.**
Verres à bière. V. **Bock, chope, demi.** *Bière à la pression, en*
canettes. — Fig. et fam. *C'est (ce n'est pas) de la petite bière :*
c'est (ce n'est pas) une bagatelle sans importance.
2. **BIÈRE** [bjɛʀ]. *n. f.* (1080; frq. °*bera* « civière »). Caisse
oblongue où l'on enferme un mort. V. **Cercueil.** *Mise en bière.*
BIÈVRE [bjɛvʀ(ə)]. *n. m.* (XIIᵉ; bas lat. *beber;* o. gaul.).
Vx. Castor.
BIFACE [bifas]. *n. m.* (1953; de *bi-,* et *face*). V. **Coup-de-**
poing (2°); abbevillien.
BIFFAGE [bifaʒ]. *n. m.* (1808; de *biffer*). Action de biffer.
Le biffage d'un mot.
BIFFE [bif]. *n. f.* (1898; « les chiffonniers », 1878; de
biffin). *Pop.* Infanterie. « *En cinq secs, la biffe les a foutus*
dehors à la baïonnette » (MART. du G.).
BIFFER [bife]. *v. tr.* (1576; de l'a. fr. *biffe* « étoffe rayée »).
Rayer d'autorité (ce qui est écrit) pour supprimer. V. **Barrer,**
raturer, rayer. *Biffer une phrase d'un trait de plume.*
BIFFIN [bifɛ̃]. *n. m.* (1836; de l'a. fr. *biffe* « étoffe rayée »,
puis « chiffon sans valeur »). ♦ 1° *Arg.* Chiffonnier. ♦ 2° *Par*
ext. (1878). Fantassin (à cause du sac qui lui donne l'allure
d'un chiffonnier).
BIFFURE [bifyʀ]. *n. f.* (déb. XIXᵉ; de *biffer*). Action de
biffer. ◇ Raie par laquelle on biffe. V. **Rature.** « *Ces trois*
exemplaires sont condamnés à toutes les ratures et biffures
que j'y pourrai faire » (P.-L. COUR.).
BIFIDE [bifid]. *adj.* (1772; lat. *bifidus* « fendu en deux »).
Sc. nat. Fendu en deux. *Pétale bifide. Sabot, langue bifide.*
BIFILAIRE [bifilɛʀ]. *adj.* (1888; de *bi-,* et *fil* I). *Phys.*
Qui est constitué par deux fils. *Suspension bifilaire,* suspension
d'une pièce mobile par deux fils parallèles. ◇ *Électr. Liaison,*
enroulement bifilaire, par deux fils à courants de sens opposés.
BIFOCAL, ALE, AUX [bifɔkal, o]. *adj.* (XXᵉ; de *bi-,*
et *focal*). *Opt.* Qui a deux foyers. *Lunettes bifocales :* dont
le verre est divisé en deux parties, l'une pour voir à distance,
l'autre pour voir de près.
BIFTECK [biftɛk]. *n. m.* (1806; *beff steks,* 1735; angl.
beefsteak « tranche de bœuf »). Tranche de bœuf grillée ou
destinée à l'être. V. **Châteaubriand, steak, rosbif.** *Un*
bifteck dans le filet. Bifteck, bleu, saignant, à point. Par ext.
Bifteck de cheval. — *Pop. Gagner son bifteck,* gagner sa vie.
— Parfois francisé en *biftèque (fam.).* « *La mâle conquête du*
biftèque » (PERRET).
BIFURCATION [bifyʀkasjɔ̃]. *n. f.* (1560, anat.; de *bifur-*
quer). ♦ 1° Division en deux branches. *Bifurcation d'une*
tige de plante. V. **Dichotomie, enfourchure, fourche.** *Bifurca-*
tion d'une route (V. **Branchement, carrefour, croisement,**
embranchement, fourche), *d'une voie de chemin de fer* (V.
Aiguillage, embranchement), *d'un conducteur électrique.* ♦
2° *Fig.* Possibilité d'option entre plusieurs voies. V. **Alterna-**
tive. *Bifurcation des études.* ◇ ANT. *Jonction, raccordement,*
réunion.
BIFURQUER [bifyʀke]. *v. intr.* (XVIᵉ, anat.; du lat. *bifur-*
cus « fourchu »). ♦ 1° Se diviser en deux, en forme de fourche.
V. **Dédoubler** (se), **diverger.** *La voie de chemin de fer bifurque*
à cet endroit. ♦ 2° *Par ext.* Abandonner une voie pour en
suivre une autre. *Le train a bifurqué sur une voie de garage.*
— *Fig.* Prendre une autre direction. « *Je laissai ainsi bifurquer*
mon premier amour » (RENAN). ◇ ANT. *Rejoindre (se),*
raccorder (se), réunir (se).
BIGAME [bigam]. *adj. et n.* (1270; lat. chrét. *bigamus,*
calque du gr. *digamos.* V. **-Game**). Qui est marié à deux per-

sonnes en même temps. *Il est bigame. Une bigame.* V. **Poly-**
game, polyandre. ◇ ANT. *Monogame.*
BIGAMIE [bigami]. *n. f.* (1495; de *bigame*). État d'une
personne qui, étant engagée dans les liens du mariage, en a
contracté un autre avant la dissolution du précédent. V.
Polygamie, polyandrie. *Être condamné pour bigamie.* ◇ ANT.
Monogamie.
BIGARADE [bigaʀad]. *n. f.* (1651; *bigarrat,* 1600; prov.
bigarrado « bigarré »). Orange amère.
BIGARADIER [bigaʀadje]. *n. m.* (1751; de *bigarade*).
Arbre *(Aurantiacées)* du genre citrus, *oranger amer.*
BIGARRÉ, ÉE [bigaʀe]. *adj.* (XVᵉ; de l'a. fr. *garre;* o. i.).
♦ 1° Qui a des couleurs variées. V. **Bariolé, chamarré.** « *La*
valise bigarrée d'étiquettes multicolores » (MART. du G.).
♦ 2° *Par ext.* Formé d'éléments disparates. *Société bigarrée.*
V. **Hétéroclite, hétérogène, mêlé, varié.** ◇ ANT. *Uni, uniforme.*
BIGARREAU [bigaʀo]. *n. m.* (1530; de *bigarrer*). Cerise
rouge et blanche, à la chair ferme, d'un cerisier appelé *bigar-*
reautier.
BIGARRER [bigaʀe]. *v. tr.* (XVᵉ; V. **Bigarré**). ♦ 1° Marquer de couleurs qui tranchent l'une sur l'autre. V. **Barioler.**
« *Les pampres, tamisant le soleil, bigarraient d'ombre et de*
clair sa charmante figure » (GAUTIER). ♦ 2° *Fig.* Produire un
ensemble varié, disparate. V. **Diversifier, nuancer.** « *Toutes*
les nuances qui bigarrent la vie commune » (VOLT.). ◇ ANT.
Uniformiser.
BIGARRURE [bigaʀyʀ]. *n. f.* (1530; de *bigarrer*). ♦
1° Aspect bigarré, marque de ce qui est bigarré. V. **Bariolage.**
La bigarrure d'une étoffe. ♦ 2° *Fig.* Aspect de ce qui est
bigarré (2°), disparate. V. **Disparité, diversité, variété.**
BIG-BANG [bigbãg]. *n. m.* (1956; mot amér. *big bang,* de
l'angl. *big* « grand » et *bang,* onomatopée pour une « explosion »). *Didact.* Théorie cosmologique postulant une création
originelle brutale (et non une création continue). « *Cela ressem-*
ble bien aux Américains d'imaginer un big bang à l'origine de
nos univers » (J. GREEN). — Aussi écrit *big bang.*
BIGLE [bigl(ə)]. *adj. et n.* (1471; de *biscler.* V. **Bigler**).
Vieilli. Qui louche. V. **Bigleux, louche.** « *Il était bigle, c'est-*
à-dire qu'un de ses yeux ne suivait pas les mouvements de
l'autre » (BALZ.). ◇ HOM. *Beagle.*
BIGLER [bigle]. *v.* (*Biscler,* XVᵉ; p.-ê. du lat. pop. °*biso-*
culare, de *bis* « deux fois », et *oculus* « œil »). ♦ 1° V. *intr.*
Fam. Loucher. ♦ 2° V. *tr. Fam.* Regarder du coin de l'œil.
V. **Zieuter.**
BIGLEUX, EUSE [biglø, øz]. *adj. et n.* (XXᵉ; de *bigle*).
♦ 1° *Fam.* V. **Bigle.** ♦ 2° *Pop.* (1940). Qui voit mal. *C'est*
là, devant vous, vous êtes bigleux!
BIGNONE [biɲɔn]. *n. f.* ou **BIGNONIA** [biɲɔnja]. *n. m.*
(1808; de *Bignon,* bibliothécaire de Louis XV). Arbre ou
arbrisseau sarmenteux grimpant *(Bignoniacées),* cultivé
comme plante d'ornement. « *Les bignones, les coloquintes*
s'entrelacent au pied de ces arbres » (CHATEAUB.).
BIGNONIACÉES [biɲɔnjase]. *n. f. pl.* (*Bignonées,* 1819;
de *bignonia*). Famille de plantes phanérogames (dicotylédones gamopétales). V. **Bignonia, calebassier, catalpa.**
BIGOPHONE [bigɔfɔn]. *n. m.* (1888; de *Bigot,* l'inv.,
et -*phone*). ♦ 1° Instrument de musique burlesque. ♦ 2° *Fam.*
Téléphone. *Je te donnerai un coup de bigophone.*
BIGORNE [bigɔʀn(ə)]. *n. f.* (*Bigorgne,* 1389; prov. °*bigorn;*
lat. *bicornis,* V. **Bicorne**). ♦ 1° Petite enclume à deux cornes,
outil d'orfèvre. ♦ 2° *Mar.* Ciseau de calfat employé pour
briser les clous gênant le calfatage. ♦ 3° Masse en bois pour
fouler les peaux.
BIGORNEAU [bigɔʀno]. *n. m.* (1530; « petite enclume »,
1423; de *bigorne*). Petit coquillage comestible à coquille
grise spiralée. V. **Littorine, vignot.**
BIGORNER [bigɔʀne]. *v. tr.* (XVIIIᵉ; de *bigorne*). ♦ 1° Forger sur la bigorne. ♦ 2° (Fin XIXᵉ). *Pop.* Abîmer, tordre.
Bigorner sa voiture contre un arbre. V. **Amocher, esquinter.**
— SE BIGORNER. *Pop.* Se battre.
BIGOT, OTE [bigo, ɔt]. *adj. et n.* (XVᵉ; surnom des Normands, 1155; a. angl. *bî god (by god)* « par Dieu »). Qui
manifeste une dévotion outrée et étroite. V. **Calotin.** *Un*
homme hypocrite et bigot. V. **Cafard, cagot, tartufe.** — *Subst.*
Personne bigote. *Une vieille bigote* (Cf. *pop.* Punaise de
sacristie, grenouille de bénitier.)
BIGOTERIE [bigɔtʀi]. *n. f.* ou (*vieilli*) **BIGOTISME**
[bigɔtism(ə)]. *n. m.* (XVᵉ,-fin XVIIᵉ; de *bigot*). Dévotion
étroite du bigot. V. **Cagoterie, momerie.**
BIGOUDEN [biguden]. *n. m.* (1888; mot breton). *n. m.*
Haute coiffe cylindrique portée dans la région de Pont-l'Abbé.
— *Appos. Une coiffe bigouden.* ◇ *N. f.* Femme portant cette
coiffe.
BIGOUDI [bigudi]. *n. m.* (1864; o. i.). Petit objet (tige,
rouleau, etc.) autour duquel les femmes enroulent chaque
mèche de cheveux pour la friser. *Mettre des bigoudis. Une*
femme en bigoudis.
BIGRE! [bigʀ(ə)]. *interj.* (XVIIIᵉ; V. **Bougre**). Euphémisme
pour *bougre!*

BIGREMENT [biɡʀəmã]. *adv.* (fin XIXᵉ; de *bigre*). *Fam.* Très. V. **Bougrement.** *Il fait bigrement chaud!*

BIGRILLE [biɡʀij]. *adj.* (XXᵉ; de *bi-*, et *grille*). T.S.F. *Lampe bigrille*, lampe à double grille.

BIGUE [biɡ]. *n. f.* (XVᵉ; du prov. *biga* « poutre »). *Techn.* Grue très puissante, formée de deux ou trois montants réunis au sommet et soutenant un palan, utilisée pour soulever les colis lourds. V. **Chèvre** (2°). *Bigue de redresse, de secours.*

BIGUINE [biɡin]. *n. f.* (1935; mot des Antilles). Danse originaire des Antilles, à deux temps, à la mode en France entre 1930 et 1950.

BIHEBDOMADAIRE [biɛbdɔmadɛʀ]. *adj.* (1867; de *bi-*, et *hebdomadaire*). Qui a lieu, qui paraît deux fois par semaine. V. **Semi-hebdomadaire.** *Revue bihebdomadaire.*

BIHOREAU [biɔʀo]. *n. m.* (*Buhoreau*, 1314; o. i.). Oiseau échassier des marais *(Ardéidés)*, sorte de petit héron.

BIJECTIF, IVE [biʒɛktif, iv]. *adj.* (mil. XXᵉ; de *bijection*). *Math.* Qui possède les caractères de la bijection. *Application bijective* (ou, vieilli, *biunivoque*), correspondance établie entre deux ensembles et telle que tout élément de l'un soit l'image d'un seul élément de l'autre (V. **Sujectif; identique, réciproque**).

BIJECTION [biʒɛksjɔ̃]. *n. f.* (mil. XXᵉ; de *bi-*, et *[in]jection*). *Math.* Application qui est à la fois une injection* et une surjection. (V. **Fonction, correspondance, permutation**).

BIJOU [biʒu]. *n. m.* (1460; breton *bizou* « anneau », de *biz* « doigt »). ♦ 1° Petit objet ouvragé, précieux par la matière ou par le travail et servant à la parure. V. **Joyau.** *Commerce, fabrication des bijoux.* V. **Bijouterie, joaillerie, orfèvrerie.** *Bijou en or. Bijou de fantaisie. Faux bijou.* V. **Toc.** *Principaux bijoux.* V. **Bague, boucle** (d'oreille), **bracelet, breloque, broche, chaîne, clip, collier, couronne, croix, diadème, épingle, gourmette, médaillon, parure, pendant, pendeloque, pendentif, perle, pierre.** *Coffret à bijoux.* V. **Baguier, écrin.** *Une femme couverte de bijoux.* ♦ 2° *Fig.* Se dit également de tout ouvrage (d'une relative petitesse) où se révèle de l'art, de l'habileté. V. **Chef-d'œuvre.** *Un bijou d'architecture.* « *Cirey est charmant, c'est un bijou* » (VOLT.). *Ce moteur est un bijou de mécanique.*

BIJOUTERIE [biʒutʀi]. *n. f.* (déb. XVIIᵉ; de *bijou*). ♦ 1° Fabrication, industrie des bijoux. — Vente, commerce des bijoux. ♦ 2° Lieu où l'on vend, où l'on expose des bijoux. *Les bijouteries de la rue de la Paix.* ♦ 3° Se dit des objets de ce commerce, et cette industrie. V. **Bijou.**

BIJOUTIER, IÈRE [biʒutje, jɛʀ]. *n.* (1706; « qui aime les bijoux », 1675; de *bijou*). Personne qui fabrique, qui vend des bijoux. V. **Joaillier, orfèvre.** *Ouvrier bijoutier.* V. **Argenteur, ciseleur, doreur, estampeur, graveur, metteur en œuvre, plaqueur, sertisseur.**

BIKINI [bikini]. *n. m.* (v. 1947; angl., nom d'un atoll du Pacifique). Maillot de bain formé d'un slip très petit et d'un soutien-gorge (nom déposé). V. **Deux-pièces.** « *Nadine portait un bikini vert, très exigu* » (BEAUVOIR).

BILABIALE [bilabjal]. *adj. et n. f.* (1908; de *bi-*, et *labial*). *Phonét.* Produit par le desserrement des deux lèvres, en parlant de certaines consonnes (p, b, m).

BILABIÉ, IÉE [bilabje]. *adj.* (1842; de *bi-*, et lat. *labium* « lèvre »). *Bot.* Partagé en deux lèvres, en parlant des calices et corolles.

BILAME [bilam]. *n. f.* (1886; de *bi-*, et *lame*). *Phys.* Bande métallique formée de deux lames de métaux inégalement dilatables, dans certains dispositifs thermostatiques.

BILAN [bilɑ̃]. *n. m.* (1584; it. *bilancio* « balance »). ♦ 1° Tableau résumé de l'inventaire ou de la comptabilité d'une entreprise. V. **Balance, état, tableau.** *Le bilan d'une entreprise donne sa situation active et passive à une certaine date.* V. **Actif, passif, crédit, débit, solde** (débiteur, créditeur). — *Spécialt. Dépôt de bilan :* acte par lequel un commerçant qui se déclare en état de cessation de paiement fait connaître au Tribunal de commerce sa situation active et passive. V. **Faillite, liquidation.** *Déposer son bilan.* ♦ 2° *Fig.* État, résultat global. *Faire le bilan de la situation. Le bilan des recherches est positif.* ♦ 3° *Bilan de santé*, expertise médicale permettant d'apprécier l'état et le fonctionnement des organes. V. **Check-up.**

BILATÉRAL, ALE, AUX [bilateʀal, o]. *adj.* (1812; de *bi-*, et *latéral*). ♦ 1° Qui a deux côtés, qui se rapporte à deux côtés. ◇ *Méd.* Qui affecte les deux côtés du corps, deux organes ou structures symétriques. *Strabisme bilatéral.* ♦ 2° Qui a deux côtés symétriques. *Animaux à symétrie bilatérale.* V. **Artiozoaires.** ♦ 3° *Dr.* Qui engage les parties contractantes les unes envers les autres. V. **Réciproque.** *Contrat bilatéral* (opposé à *contrat unilatéral*). V. **Synallagmatique.** ◇ ANT. *Unilatéral.*

BILBOQUET [bilbɔkɛ]. *n. m.* (*Bille boucquet*, 1534; de *bille*, et dial. *bouquer* « encorner », de *bouc*). ♦ 1° Jouet formé d'un petit bâton pointu à une extrémité, dans lequel on doit enfiler une boule percée qui lui est reliée par une cordelette. ♦ 2° Figurine lestée de plomb, qui ne peut se tenir que debout. V. **Poussah.** ♦ 3° *Typogr.* Petit ouvrage tel qu'affiche, lettre de faire-part, carte de visite.

BILE [bil]. *n. f.* (1539; lat. *bilis*. V. **Chol[é]-**). ♦ 1° Liquide visqueux et amer sécrété par le foie, qui s'accumule dans la vésicule biliaire d'où il est déversé dans le duodénum au moment de la digestion. *Composants de la bile.* V. **Bilirubine, cholestérine, sel** (sels biliaires). *Bile des animaux.* V. **Amer, fiel.** *Remède pour évacuer la bile.* V. **Cholagogue.** ♦ 2° *Fig.* (Cette humeur étant considérée comme liée aux manifestations de colère). *Échauffer la bile :* exciter la colère. « *Oui, ma bile s'échauffe à toutes ces fadaises* » (MOL.). ♦ 3° *Vx. Bile noire*, humeur noire (supposée) de la rate, à l'influence de laquelle on attribuait les accès de tristesse (V. **Atrabile, hypocondrie, mélancolie, spleen**). ◇ *Fig.* et *mod. Se faire de la bile :* s'inquiéter, se tourmenter. V. **Biler** (se), **bileux, bilieux.** « *Comment, c'est pour ça qu'il a pu se faire tant de bile, tant de chagrin!* » (PROUST). ◇ HOM. *Bill.*

BILER (SE) [bile]. *v. pron.* (XIXᵉ; de *bile*, 3°). *Fam.* S'inquiéter, se faire de la bile. V. **Faire** (s'en faire). « *Mame* (madame) *Peloux, ne vous bilez pas!* » (COLETTE).

BILEUX, EUSE [bilø, øz]. *adj.* (XXᵉ; de *bile*, 3°). *Fam.* Qui se fait de la bile. *Il n'est pas bileux.* V. **Bileux** (3°), pessimiste, tourmenté. ◇ ANT. *Insouciant, optimiste.*

BILHARZIE [bilaʀzi] ou **BILHARZIA** [bilaʀzja]. *n. f.* (1881; de *Bilharz*, n. pr.). Ver trématode *(Schistosoma)*, hébergé par des mollusques d'eau, parasite du système veineux de certains animaux et de l'homme, chez qui il provoque des maladies graves (V. **Bilharziose**) du foie, de la vessie (V. **Hématurie**), de l'intestin ou de la rate.

BILHARZIOSE [bilaʀzjoz]. *n. f.* (fin XIXᵉ; de *bilharzie*). Ensemble des affections causées par la larve de la bilharzie* dans les zones chaudes et tempérées. *La bilharziose intestinale, vésicale.* « *La bilharziose, qui frappe à travers le monde 114 millions d'individus* » (*Science et Vie*, 1974).

BILIAIRE [biljɛʀ]. *adj.* (1687; de *bile*). Qui a rapport à la bile. *Sécrétion biliaire. Vésicule* biliaire. *Pigment biliaire.* V. **Bilirubine, urobiline.**

BILIEUX, IEUSE [biljø, jøz]. *adj.* (1537; lat. *biliosus*, de *bilis* « bile »). ♦ 1° Qui abonde en bile; qui résulte de l'abondance de bile. *Tempérament bilieux. Teint bilieux des hépatiques.* ♦ 2° *Fig.* et *littér.* Enclin à la colère, susceptible, rancunier. ♦ 3° Inquiet. V. **Bileux.** « *Ce tempérament bilieux, fait pour sentir profondément les injures et la haine* » (STENDHAL). ◇ ANT. *Enjoué, jovial.*

BILINÉAIRE [bilineɛʀ]. *adj.* (mil. XXᵉ; de *bi-*, et *linéaire*). *Math.* Se dit d'une application qui est linéaire et homogène par rapport à deux groupes de variables.

BILINGUE [bilɛ̃ɡ]. *adj.* (1618; « menteur », XIIIᵉ; lat. *bilinguis*). Qui est en deux langues. *Édition bilingue. Enseignement bilingue.* ◇ Où l'on parle deux langues. *Une région bilingue.* « *Rome était à la lettre une ville bilingue* » (RENAN). ◇ Qui parle, possède parfaitement deux langues. *Un Suisse bilingue.* Subst. *Les bilingues.*

BILINGUISME [bilɛ̃ɡɥism(ə)]. *n. m.* (1920; de *bilingue*). Qualité d'une personne, d'une région bilingue.

BILIRUBINE [biliʀybin]. *n. f.* (1878; lat. *bilis* « bile », et *rubens.*« rouge »). Pigment rouge contenu dans la bile, que l'on trouve aussi dans le sérum sanguin et dans les matières fécales. S'oxydant, la bilirubine donne la biliverdine.

BILL [bil]. *n. m.* (1669; mot angl.). Projet d'acte du Parlement anglais. *Par ext.* V. **Loi.** *Vote d'un bill.* ◇ HOM. *Bile.*

BILLARD [bijaʀ]. *n. m.* (1399, « bâton, crosse pour pousser les boules »; de *bille* « madrier »). ♦ 1° (XVIᵉ; d'apr. *bille* 1). Jeu pratiqué sur une table spéciale où les joueurs font rouler des billes. *Table, queue de billard. Boule de billard (cour.;* en terme de billard on dit *bille*). Coups au billard.* V. **Blouser, caramboler, contre, coulé, effet, masser, queuter, rétro, série.** — Partie de billard. *Faire un petit billard* (fam.). — *Billard japonais, russe, américain :* jeux où l'on pousse une bille qui doit éviter des quilles, passer sous des arceaux, se loger dans des trous. ♦ 2° Table rectangulaire, munie de rebords élastiques (V. **Bande**) et recouverte d'un tapis vert collé, sur laquelle on joue au billard. *Les anciens billards comprenaient des trous* (V. **Blouse**), *des rebords rembourrés.* ◇ *Fam.* Table d'opération. *Monter, passer sur le billard :* subir une opération. ♦ 3° *Fig.* et *fam.* (1914). *C'est du billard*, se dit d'une chose facile à accomplir (Cf. *Aller comme sur des roulettes*). ◇ (1927) *Cette route est un vrai billard.* ◇ (1865) *Fam. Dévisser son billard*, mourir. ♦ 4° Salle de billard. *Passer au billard.*

1. BILLE [bij]. *n. f.* (1164; p.-ê. frq. *°bikkil* « dé »). Petite boule. ♦ 1° Boule d'ivoire ou de matière synthétique, avec laquelle on joue au billard. *Billes blanches. Bille rouge. Coller la bille.* *Attaquer, prendre la bille en plein, en dessous, sur le côté, en tête*. Prendre la bille fin*. Ramener les billes.* ♦ 2° Petite boule de pierre, d'argile, de verre, servant à des jeux d'enfant. *Une bille d'agate. Grosse bille.* V. **Calot.** ◇ *Les billes :* ce jeu. *Jouer aux billes, une partie de billes* (bloquette, pyramide, triangle, pot, trime, poursuite). Loc. *Reprendre* *ses,billes*, cesser de participer à une action, une affaire collective. « *Chacun de ces partis a l'air de reprendre plus ou moins ses billes* » (*Entreprise*, 29-3-1960). Arg. *Toucher sa bille*, s'y connaître. *Il touche sa bille en mécanique.* ♦ 3° Techn. *Roulement à billes* : où des billes d'acier suppriment le contact direct entre des pièces en rotation. — *Bombe à billes*, qui explose en projetant une multitude de petites balles. — Petite sphère métallique imbibée d'encre grasse, qui remplace la plume ordinaire. *Un crayon, un stylo à bille* (ou *stylo-bille*). ♦ 4° Pop. (1935). Figure, face. V. **Balle, binette, bouille.** *Une bonne bille. Bille de clown* : figure comique, ridicule. — Niais, imbécile. *Quelle bille, ce type!* — *Bille de billard* : crâne chauve.

2. **BILLE** [bij]. *n. f.* (XIVᵉ; lat. pop. °*bilia* « tronc d'arbre »). ♦ 1° Pièce de bois prise dans la grosseur du tronc ou de grosses branches. *Une bille de chêne, d'acajou.* V. **Billette, billot.** ♦ 2° Région. *Bille de chocolat* (V. **Barre**).

BILLET [bijɛ]. *n. m.* (XVᵉ; a. fr. *billette* (1389), altér. de *bullette*, dimin. de *bulle*; d'apr. *bille*). ♦ 1° Courte lettre. V. **Missive.** *Écrire, envoyer, faire parvenir un billet.* V. **Mot.** *Billet doux, billet galant* : lettre d'amour. V. **Poulet.** — Avis écrit à la main ou imprimé. V. **Avis, circulaire.** *Billet de naissance, de mariage.* ♦ 2° Comm. Promesse écrite, engagement de payer une certaine somme. V. **Promesse, reconnaissance.** *Rembourser un billet. Billets de commerce.* V. **Effet, traite, valeur.** *Souscrire, négocier un billet. Escompter un billet. Billet au porteur* : payable au détenteur à l'échéance. *Protester* un billet.* — *Billet à ordre*, par lequel une personne (V. **Souscripteur**) s'engage à payer soit à vue, soit à une échéance déterminée, une certaine somme à une autre personne (V. **Bénéficiaire**) ou à son ordre. V. **Lettre** (de change). *Billet de fonds.* ◇ Cour. BILLET DE BANQUE, émis par certaines banques, qui, à l'origine, étaient engagées à payer en espèces, à vue et au porteur, la somme inscrite sur le billet. V. **Coupure; assignat** (*ancienn.*), bank-note (Cf. *arg.* Biffeton, fafiot). *Les billets de banque sont une monnaie fiduciaire, du papier monnaie. La circulation des billets a augmenté, a diminué.* V. **Inflation, déflation.** *Billet de cent francs. Mettre, ranger ses billets dans un portefeuille, un porte-billet.* Fabrication, *imitation de billets.* — Pop. Somme de mille anciens francs. *Une voiture de cinq cents billets.* ♦ 3° Petit écrit, petit imprimé donnant entrée, accès quelque part. *Entrer avec un billet, sans billet.* V. **Carte, ticket.** *Retenir, prendre un billet. Le contrôle, le poinçonnage des billets. Billet de théâtre, de concert. Billet de faveur, à demi-tarif. Billet de train, de bateau, d'avion.* V. **Ticket.** — *Billet de loterie. Billet gagnant.* V. **Numéro.** ◇ *Billet de logement*, donnant à un militaire le droit à un logement réquisitionné. ♦ 4° Papier reconnaissant ou attestant une chose. V. **Attestation, certificat.** *Billet de confession.* *Billet attestant le droit d'une personne à toucher une somme d'argent.* V. **Bon.** — Fig. et fam. *Je vous donne, je vous fiche mon billet que.* V. **Affirmer, assurer, certifier.**

BILLETÉ, ÉE [bijte]. *adj.* (XVIᵉ; de *billette*). Blas. Semé de billettes.

BILLETTE [bijɛt]. *n. f.* (1304; de *bille* 2). ♦ 1° Bois de chauffage fendu. *Fagot de billettes. Spécialt.* Pièce de bois soutenant la voûte d'une galerie de mine. — Lingot d'acier de section carrée. ♦ 2° Archit. Ornement composé de petits tronçons de pierre espacés. *Les billettes sont très employées dans le style roman.* ♦ 3° Blas. Pièce d'armoirie en forme de rectangle (V. **Billeté**).

BILLETTERIE [bijɛtRi]. *n. f.* (1973; mot créé pour remplacer l'anglais *ticketing*). Ensemble des opérations relatives à l'émission et à la délivrance de billets (voyages, spectacles, etc.). — Lieu où ces billets sont délivrés.

BILLEVESÉE [bij(l)vəze]. *n. f.* (XVᵉ; mot de l'Ouest, p.-ê. de *baille* « boyau », et *vezé* « gonflé »). Parole vide de sens, idée creuse. V. **Baliverne, sornette, sottise.** « *Ne nous arrêtons pas à écouter leurs billevesées* » (GAUTIER).

BILLION [biljɔ̃]. *n. m.* (1520; de *bi*, et *million*). ♦ 1° Vx. Milliard (sens de l'amér. *billion*). ♦ 2° Mod. Million de millions (10¹²).

BILLON [bijɔ̃]. *n. m.* (1270, « lingot »; de *bille* 2).
I. (XVIIIᵉ). Ados formé dans un terrain avec la charrue (entre deux sillons). *Labour en billons.* V. **Billonnage.**
II. *Ancien.* Monnaie de cuivre mêlée ou non d'argent. — Monnaie divisionnaire. *Du billon* (ou *monnaie de billon*).

BILLONNAGE [bijɔnaʒ]. *n. m.* (fin XVIᵉ, « altération des monnaies »). Agric. (1716). Labourage en billons.

BILLOT [bijo]. *n. m.* (1360; de *bille* 2). ♦ 1° Tronçon de bois gros et court dont la partie supérieure est aplanie. ◇ *Spécialt.* Bloc de bois sur lequel on appuyait la tête d'un condamné à la décapitation. *Périr sur le billot.* — Fig. et par exagér. *J'en mettrais ma tête sur le billot*, se dit pour renforcer une affirmation (Cf. En donner sa tête à couper). ♦ 2° *Par anal.* Masse de bois ou de métal à hauteur d'appui, sur laquelle on fait un ouvrage. V. **Bloc.** *Billot sur lequel le cordonnier bat le cuir. Billot supportant une enclume. Billot de tonnelier.* V. **Tronchet.** — Mar. Pièce de bois soutenant

la quille d'un navire en construction. V. **Tin.** ♦ 3° (1561, *Vén.*) Bâton suspendu au cou d'animaux pour les empêcher de courir. V. **Entrave.**

BILOBÉ, ÉE [bilɔbe]. *adj.* (fin XVIIIᵉ; de *bi-*, et *lobe*). Bot. et Archit. Qui a deux lobes. *Arc bilobé.*

BILOCULAIRE [bilɔkylɛR]. *adj.* (fin XVIIIᵉ; de *bi-*, et lat. *loculus* « loge »). Sc. nat. Qui a deux loges, qui est divisé en deux compartiments. *Anthère biloculaire, estomac biloculaire.*

BIMANE [biman]. *adj. et n.* (1770; de *bi-*, et lat. *manus* « main »). Qui a deux mains à pouces opposables. *L'homme, animal bimane. Un bimane.*

BIMBELOTERIE [bɛ̃blɔtRi]. *n. f.* (1751; de *bimbelot*, var. anc. de *bibelot*). ♦ 1° Fabrication ou commerce des bibelots. ♦ 2° Ensemble de bibelots. *Boutique de bimbeloterie.* V. **Bazar.**

BIMBELOTIER, IÈRE [bɛ̃blɔtje, jɛR]. *n.* (XVᵉ; de *bimbelot*, var. anc. de *bibelot*). Personne qui fabrique ou vend des bibelots.

BIMENSUEL, ELLE [bimɑ̃sɥɛl]. *adj.* (1866; de *bi-*, et *mensuel*). Qui a lieu, qui paraît deux fois par mois. *Revue bimensuelle. Un bimensuel.*

BIMESTRIEL, ELLE [bimɛstRijɛl]. *adj.* (1899; de *bi-*, d'apr. *semestriel*). Qui a lieu tous les deux mois. *Publication bimestrielle.*

BIMÉTALLIQUE [bimetal(l)ik]. *adj.* (1889; de *bi-*, et *métal*). Écon., Didact. Composé de deux métaux.

BIMÉTALLISME [bimetal(l)ism(ə)]. *n. m.* (1890; de *bi-* et *métal*). Écon. Système monétaire dans lequel deux métaux servent d'étalon (*opposé à* monométallisme).

BIMÉTALLISTE [bimetal(l)ist(ə)]. *adj.* (1890; d'apr. *bimétallisme*). Écon. Relatif au bimétallisme. — Subst. Partisan du bimétallisme.

BIMILLÉNAIRE [bimilenɛR]. *adj.* (v. 1960; de *bi-*, et *millénaire*). Qui a 2 000 ans. *Une civilisation bimillénaire.* ◇ *N. m.* Deux millième anniversaire.

BIMOTEUR [bimɔtœR]. *adj.* (XXᵉ; de *bi-*, et *moteur*). Muni de deux moteurs. *Avion bimoteur.* Subst. *Un bimoteur de transport.*

BINAGE [binaʒ]. *n. m.* (1611; de *biner*). Action de biner. Seconde façon qu'on donne à la terre après ensemencement, pour l'ameublir, l'aérer et enlever les mauvaises herbes (V. **Sarclage**).

BINAIRE [binɛR]. *adj.* (1554; bas lat. *binarius*, de *bini* « composé de deux éléments »). ♦ 1° Arithm. Composé de deux unités. *Nombre binaire.* — *Numération binaire* : système de numération de base *deux.* ◇ Qui ne comporte que deux états. *Code, langage binaire des ordinateurs. Élément binaire.* (V. **Bascule, binon, bit; booléen**). Log. *Relation binaire*, relation établie dans un ensemble entre deux éléments. ♦ 2° Chim. Composé de deux éléments. *Composé binaire.* — *Système binaire* : formé de deux constituants. ◇ Astron. *Étoile binaire* : étoile double. ♦ 3° Mus. *Rythme binaire*, dont la base est égale à deux (mesure à deux ou quatre temps, à 6/8).

BINARD ou **BINART** [binaR]. *n. m.* (1690; o. i.). Chariot à deux roues pour le transport des pierres de taille. V. **Fardier.**

BINATIONAL, ALE, AUX [binasjɔnal, o]. *adj.* (apr. 1966; de *bi-*, *nation*, et suff. *-al*). Qui possède une double nationalité.

BINAURAL. V. BIAURAL.

BINER [bine]. *v.* (XVᵉ; prov. *binar*; lat. pop. °*binare* « refaire deux fois », de *bini*. V. **Binaire**). ♦ 1° V. tr. Donner une seconde façon aux terres, aux vignes; briser la terre pour l'ameublir et la désherber. *Pioche* (V. **Binette**), *charrue à biner* (V. **Bineur, cultivateur**). ♦ 2° V. intr. (Liturg.). Célébrer deux ou plusieurs messes le même jour à deux endroits différents.

1. **BINETTE** [binɛt]. *n. f.* (1651; de *biner*). Instrument servant au binage de la terre.

2. **BINETTE** [binɛt]. *n. f.* (1844; probabl. de *bobinette*, *trombinette*). V. **Bobine, trombine.** Pop. Visage. V. **Tête;** bille (de bille de clown), bouille, trombine. *Une drôle de binette.*

BINEUR [binœR]. *n. m.* ou **BINEUSE** [binøz]. *n. f.* (1860; de *biner*). Machine destinée aux binages (On dit aussi BINOT [bino], n. m.).

BINGO [biŋgo]. *n. m.* (1964, mot amér.; de *bing!*). Sorte de jeu de loto public très répandu au Canada.

BINIOU [binju]. *n. m.* (Beniou, 1799; mot bret.). ♦ 1° Sorte de cornemuse bretonne. « *Les binious bretons sonnaient un air rapide et monotone du temps passé* » (LOTI). ♦ 2° (1888). Instrument à vent; cuivre (arg. des musiciens).

BINOCLARD, ARDE [binɔklar, aRd]. *adj. et n.* (1886; de *binocle*). Péj. Qui porte des lunettes. *Un étudiant binoclard.*

BINOCLE [binɔkl(ə)]. *n. m.* (1671; lat. sc. *binoculus* (1645), de *bini*, et *oculus* « œil »). ♦ 1° Ancien. Télescope double. ♦ 2° (1827). Lunette sans branches se fixant sur le nez. V. **Besicles, face-à-main, lorgnon, pince-nez.**

BINOCULAIRE [binɔkylɛR]. *adj. et n. f.* (fin XVIIᵉ; V. **Binocle**). ♦ 1° Opt. Relatif aux deux yeux. *Vision bino-*

culaire : formation simultanée de deux images d'un même objet sur la rétine des deux yeux. *La vision binoculaire donne la sensation du relief.* ♦ 2° Qui comporte deux oculaires*· *Microscope, télescope binoculaire.* ♦ 3° *N f.* Jumelle à prisme employée pour l'observation dans l'armée.

BINÔME [binom]. *n. m.* (1554; lat. médiév. *binomium*, gr. *onoma* « nom »). ♦ 1° *Alg.* Expression algébrique composée de deux termes (monômes) séparés par le signe + ou —. *Le binôme* 2a + b². — *Binôme de Newton*, développement d'un binôme élevé à une puissance quelconque. ♦ 2° *Sc. nat.* Dans les nomenclatures des êtres vivants (taxinomies*) ensemble de deux noms latins (le premier pour le genre, le second pour l'espèce).

BINÔMIAL, ALE, AUX [binomjal, o]. *adj.* (mil. xxe; de *binôme*). *Math.* Relatif à un binôme. *Loi binômiale*, loi de probabilité ayant la forme d'un terme du développement du *binôme de Newton.*

BINON [binõ]. *n. m.* (néol.; de *bin*[*aire*] et [*électr*i]*on*). *Inform.* L'un ou l'autre des caractères d'un jeu comprenant deux caractères. On dit aussi *élément binaire* (V. **Bit**).

BIO-. Élément, du gr. *bios* « vie ». Les composés récents sont tous didactiques.

BIOACOUSTIQUE [bjɔakustik]. *n. f.* (1967; de *bio-*, et *acoustique*). Étude des cris et des bruits de la communication animale. *Utilisation des données de la bioacoustique en zoosémiotique*.

BIOBIBLIOGRAPHIE [bjɔbibljɔgrafi]. *n. f.* (1955; de *bio-*, *biblio-*, et *-graphie*). Étude combinant la biographie et la bibliographie d'un auteur (adj. *Biobibliographique*).

BIOCÉNOSE ou **BIOCŒNOSE** [bjɔsenoz]. *n. f.* (1908; par l'all.; du gr. *bios* « vie », et *koinos* « commun »). *Biol.* Association d'animaux et de végétaux qui vivent en équilibre dans un milieu biologique donné. V. **Biotope**.

BIOCHIMIE [bjɔʃimi]. *n. f.* (1864; de *bio-*, et *chimie*). Partie de la chimie qui traite des phénomènes vitaux (composition chimique des êtres vivants, réactions chimiques intervenant dans l'organisme vivant).

BIOCHIMISTE [bjɔʃimist]. *n.* (xxe; de *biochimie*). Spécialiste de la biochimie.

BIOCIDE [bjɔsid]. *n. m.* (néol.; de *bio-*, et *-cide*). *Chim.* Produit qui détruit les êtres vivants, généralement utilisé contre les micro-organismes.

BIOCLIMAT [bioklima]. *n. m.* (av. 1970; de *bio-*, et *climat*). *Biogéogr.* Ensemble des conditions climatiques (d'une région) ayant une influence sur la faune et la flore.

BIOCLIMATIQUE [bjɔklimatik]. *adj.* (1966; de *bio-*, et *climat*). *Didact.* Qui concerne l'influence du climat sur les organismes vivants. — Relatif à la bioclimatologie. *Le Centre de recherches bioclimatiques de Strasbourg.*

BIOCLIMATOLOGIE [bjɔklimatɔlɔʒi]. *n. f.* (1960; de *bio-*, et de *climat*). Science qui étudie l'influence des facteurs climatiques sur le développement des êtres vivants. (V. **Biogéographie, écologie**.)

BIOCOMPATIBLE [bjɔkõpatibl(ə)]. *adj.* (néol.; de *bio-*, et *compatible*). *Méd.* Dont peut s'accommoder un organisme vivant.

BIODÉGRADABLE [bjɔdegradabl(ə)]. *adj.* (1966; de *bio-*, et *dégradable*). Susceptible d'être décomposé par des organismes vivants. « *Comment rendre biodégradable une matière synthétique qui n'a pas d'agent destructeur naturel?* » (*Le Point*, 20-11-1972). [*Dér.* BIODÉGRADABILITÉ, *n. f.*]

BIODÉGRADATION [bjɔdegradasjõ]. *n. f.* (1966; de *bio-*, et *dégradation*). Décomposition de certaines substances par les organismes vivants. « *La biodégradation est l'un des processus les plus importants de l'élimination des déchets* » (*Vocab. de l'environnement*, 1972).

BIODYNAMIQUE [bjɔdinamik]. *n. f.* (1867; de *bio-*, et *dynamique*). *Vieilli.* Théorie des forces vitales.

BIOÉLECTRICITÉ [bjɔelɛktrisite]. *n. f.* (mil. xxe; de *bio-*, et *électricité*). Électricité produite par les êtres vivants (adj. *Bioélectrique*).

BIOÉLECTRONIQUE [bjɔelɛktrɔnik]. *n. f.* V. **Bionique**.

BIOÉLÉMENT [bjɔelemã]. *n. m.* (1961; de *bio-*, et *élément*, II). *Biochim.* Tout élément chimique entrant dans la constitution de la matière vivante et indispensable à la vie.

BIOÉNERGÉTIQUE [bjɔenɛrʒetik]. *n. f.* (1929; de *bio-*, et *énergétique*). Partie de la physiologie qui traite des transformations de l'énergie dans les tissus vivants.

BIOGENÈSE [bjɔʒɛnɛz ou bjɔʒenɛz]. *n. f.* (1899; de *bio-*, et *genèse*). ♦ 1° Théorie biologique, opposée à celle de la génération spontanée, et selon laquelle un être vivant ne peut provenir que d'un autre être vivant. V. **Évolutionnisme, transformisme**. ♦ 2° *Biochim.* (emploi critiqué). Production dans l'organisme de substances biologiques. *Biogenèse des hormones.* V. **Biosynthèse**.

BIOGÉNIE [bioʒeni]. *n. f.* (av. 1866; de *bio-*, et *-génie*). *Biol.* Évolution des organismes vivants au cours de leur vie

individuelle (V. **Ontogenèse**) et en tant qu'espèce (V. **Phylogenèse**).

BIOGÉOGRAPHIE [bjɔʒeɔgrafi]. *n. f.* (1907; de *bio-*, et *géographie*). Science qui étudie la répartition de la flore, de la faune et des milieux biologiques.

BIOGRAPHE [bjɔgraf]. *n. m.* (1721; de *bio-*, et *-graphe*). Auteur de biographies.

BIOGRAPHIE [bjɔgrafi]. *n. f.* (1721; de *bio-*, et *-graphie*). Genre d'écrit qui a pour objet l'histoire de vies particulières. V. **Vie**. *Écrire sa propre biographie.* V. **Autobiographie**. *Biographie des saints.* V. **Hagiographie**.

BIOGRAPHIQUE [bjɔgrafik]. *adj.* (1762; de *biographie*). Relatif à la biographie. *Notice biographique.*

BIOLOGIE [bjɔlɔʒi]. *n. f.* (1802, Lamark; de *bio-*, et *-logie*). ♦ 1° *Vx.* Science générale des êtres vivants (V. **Anthropologie, zoologie; Botanique**). ♦ 2° (*fin* xixe) Science qui a pour objet l'étude des phénomènes vitaux dans la cellule, dans l'individu et dans l'espèce, l'étude de la reproduction (V. **Embryologie, génétique**) et celle des milieux où les êtres vivants se développent (V. **Écologie**). *Biologie générale, biologie animale, biologie végétale, biologie cellulaire, biologie moléculaire* (V. **Cytologie; bactériologie, virologie**). « *L'une des plus sûres leçons de la biologie est de nous montrer à la fois l'unité des grands phénomènes de la vie, et l'extrême, l'inépuisable variété de leurs manifestations* » (J. ROSTAND).

BIOLOGIQUE [bjɔlɔʒik]. *adj.* (1836; de *biologie*). Relatif à la biologie. *Études biologiques.* — *Par ext.* Qui a rapport à la vie, aux nécessités vitales.

BIOLOGISTE [bjɔlɔʒist(ə)]. *n. m.* (1836; de *biologie*). Spécialiste de la biologie. V. **Bactériologiste, cytologiste, embryologiste, généticien; botaniste, naturaliste, zoologiste**.

BIOLUMINESCENCE [bjɔlyminɛsãs]. *n. f.* (v. 1929; de *bio-*, et *luminescence*). *Sc.* Phénomène de luminescence chimique qui se produit chez des êtres vivants (vers luisants, bactéries), et dû généralement à des réactions enzymatiques. V. **Fluorescence, phosphorescence**.

BIOMAGNÉTISME [bjɔmaɲetism(ə)]. *n. m. (néol.; de *bio-*, et *magnétisme*). *Sc.* Sensibilité des êtres vivants aux champs magnétiques, naturels ou créés artificiellement.

BIOMASSE [bjɔmas]. *n. f.* (néol.; de *bio-*, et *masse** II). *Sc.* Masse de matière vivante, animale ou végétale, de la surface du globe terrestre. *La biomasse maritime.*

BIOMÉCANIQUE [bjɔmekanik]. *n. f.* (1898; *adj.* 1897; de *bio-*, et *mécanique** II). *Vx.* Partie de l'histoire naturelle qui comprenait ce qu'on appelle aujourd'hui la biochimie* et la biophysique*. *Mod.* Discipline qui étudie, suivant les principes de la mécanique, les structures et les fonctions physiologiques des êtres animés. ◊ Partie de la biologie qui traite de l'influence des agents extérieurs sur les cellules.

BIOMÉDICAL, ALE, AUX [bjɔmedikal, o]. *adj.* (néol.; de *bio-*, et *médical*). *Méd.* Qui concerne à la fois la biologie et la médecine. *Les recherches biomédicales.*

BIOMÉTRIE [bjɔmetri]. *n. f.* (1833; de *bio-*, et *métrie*). Science qui étudie, à l'aide des mathématiques (statistiques, probabilités), les variations biologiques à l'intérieur d'un groupe déterminé. V. **Anthropologie, biotypologie, ethnologie**.

BIONIQUE [bjɔnik]. *n. f.* (1958; de *bio-*, et (électro)*nique*). Science interdisciplinaire qui s'inspire des modèles fournis par les animaux pour l'émission, la réception et le traitement des signaux, en vue d'une application à l'électronique. V. **Cybernétique; biochimie, biomécanique, biophysique**.

BIOPHYSIQUE [bjɔfizik]. *n. f.* (1949; de *bio-*, et *physique*). Étude des mécanismes* (I, 1°) biologiques au moyen des modèles et des techniques de la physique. V. **Biochimie, biomécanique, bionique**.

BIOPSIE [bjɔpsi]. *n. f.* (1879; de *bio-*, et gr. *opsis* « vue »). Prélèvement d'un fragment de tissu sur un être vivant en vue d'un examen microscopique.

BIOSPHÈRE [bjɔsfɛr]. *n. f.* (1842; de *bio-*, et *sphère*). Ensemble des organismes vivants, animaux et végétaux (V. **Biomasse**), qui se développent à la surface du globe terrestre (V. **Atmosphère, ionosphère, lithosphère; écosystème**).

BIOSYNTHÈSE [bjɔsɛ̃tɛz]. *n. f.* (1960; de *bio-*, et *synthèse*). Formation d'une substance organique dans un être vivant. *La biosynthèse des hormones.*

BIOTE [bjɔt]. *n. m.* (v. 1960; du gr. *bios* « vie »). *Didact.* Ensemble des êtres vivants (animaux et végétaux) d'un endroit donné.

BIOTHÉRAPIE [bjɔterapi]. *n. f.* (1929; de *bio-*, et *-thérapie*). Traitement par des cultures d'organismes vivants (levures) ou par des substances provenant d'organismes vivants (bile, sérums, vaccins).

BIOTIQUE [bjɔtik]. *adj.* (1969; de *biote*). *Didact.* Qui concerne les êtres vivants. *L'étude des facteurs biotiques.*

BIOTITE [bjɔtit]. *n. f.* (1866; de Biot, n. pr., et *-ite*). Mica noir.

BIOTOPE [bjɔtɔp]. *n. m.* (1947; de *bio-*, et *topos* « lieu »).

Didact. Milieu biologique déterminé offrant à une population animale et végétale bien déterminée des conditions d'habitat relativement stables.

BIOTYPE [biɔtip]. *n. m.* (1951; de *bio-*, et *type*) *Sc.* Type d'une biotypologie. ◇ Se dit aussi pour Génotype*.

BIOTYPOLOGIE [biɔtipɔlɔʒi]. *n. f.* (1951; de *bio-* et *typologie*). *Biol.*, *psychol.* Science qui tente d'établir une typologie humaine dans un groupe ethnique d'après les types physiques (anatomie, physiologie) liés à des tendances psychologiques. *La biotypologie utilise à la fois les données de l'anthropométrie et de la psychométrie.* (On dit aussi *typologie.*)

BIOXYDE [bi(j)ɔksid]. *n. m.* (1838; de *bi-*, et *oxyde*). Oxyde contenant deux atomes d'oxygène par molécule (le terme *dioxyde* est plus employé en chimie).

BIPALE [bipal]. *adj.* (1960; de *bi-*, et *pale*). À deux pales. *Hélice bipale.*

BIPARTI, IE [bipaʀti] ou **BIPARTITE** [bipaʀtit]. *adj.* (1361; lat. *bipartitus*). Qui est divisé en deux parties. *Un gouvernement bipartite :* composé par l'association de deux partis. *Un accord bipartite :* entre deux partis.

BIPARTISME [bipaʀtism(ə)]. *n. m.* (1951; de *biparti*). Forme de gouvernement où s'associent deux partis.

BIPARTITION [bipaʀtisjɔ̃]. *n. f.* (1836; lat. *bipartitio*). *Didact.* Division en deux parties. *Bipartition cellulaire.*

BIPÈDE [biped]. *adj.* et *n. m.* (fin XVIᵉ; lat. *bipes, bipedis*). I. Qui marche sur deux pieds. *Les oiseaux sont bipèdes.* « *L'homme est le seul qui soit bimane et bipède* » (BUFF.). Subst. *L'homme est un bipède.*
II. *N. m. Manège.* Deux jambes du cheval. *Le bipède antérieur. Bipède diagonal.*

BIPÉDIE [bipedi]. *n. f. (néol.;* de *bipède).* Aptitude à marcher sur deux pieds.

BIPENNE [bipɛn] ou **BIPENNÉ, ÉE** [bipe(ɛn)ne]. *adj.* et *n. f.* (1721; de *bi-*, et *penne* « plume »). ♦ 1º Qui a deux ailes. ♦ 2º N. f. *Une bipenne,* hache à deux tranchants.

BIPHASÉ, ÉE [bifaze]. *adj.* (déb. XXᵉ; de *bi-* et *phase*). *Électr.* Se dit d'un système formé de deux courants monophasés de même valeur efficace et de signe contraire. — Subst. *Du biphasé.* V. **Polyphasé.**

BIPIED [bipje]. *n. m.* (XXᵉ; de *bi-*, et *pied*). Support d'un fusil mitrailleur formé de deux pieds en V renversé.

BIPLACE [biplas]. *adj.* et *n.* (déb. XXᵉ; de *bi-*, et *place*). Qui comporte deux places. *Un avion biplace.*

BIPLAN [biplɑ̃]. *adj.* et *n. m.* (1911; de *bi-*, et *plan*). Avion à deux plans de sustentation.

BIPOINT [bipwɛ̃]. *n. m.* (mil. XXᵉ; de *bi-*, et *point* I). *Math.* Couple de points d'un espace affine dont l'un est l'origine et l'autre l'extrémité (V. **Vecteur**). *Des bipoints équipollents.*

BIPOLAIRE [bipɔlɛʀ]. *adj.* (1846; de *bi-*, et *polaire*). ♦ 1º *Phys.* Qui a deux pôles. *Aimant bipolaire.* — *Math.* *Coordonnées bipolaires,* qui déterminent un point dans un plan par ses distances à deux points fixes (pôles). ♦ 2º *Fig.* Qui a deux pôles* (3º). « *Un monde bipolaire* » (F. GIROUX).

BIPOLARISATION [bipɔlaʀizasjɔ̃]. *n. f.* (v. 1966; de *bi-*, et *polarisation*). *Polit.* Tendance au regroupement des forces politiques d'une nation en deux blocs. « *Les réformateurs évoquent le refus de la bipolarisation de la vie politique nationale* » (*L'Express,* 8-1-1973). ◇ SYN. *Bipartisme.*

BIPOLARITÉ [bipɔlaʀite]. *n. f.* (1846; de *bipolaire,* d'apr. *polarité*). État, propriété de ce qui est bipolaire.

BIPOUTRE [biputʀ]. *adj.* (1927; de *bi-*, et *poutre*). *Techn.* Qui comporte deux poutres parallèles maintenues à un même massif. *Un pont roulant bipoutre.*

BIQUADRATIQUE [bikwadʀatik]. *adj.* et *n. f.* (1771; de *bi-*, et *quadratique*). *Math.* Qui est relatif au quatrième degré. *Une équation biquadratique.* — *N. f.* Courbe gauche obtenue par l'intersection de deux courbes du second degré.

BIQUE [bik]. *n. f.* (1509; altér. de *biche* par *bouc*). ♦ 1º *Fam.* Chèvre. *Une peau de bique.* ♦ 2º *Fam.* et péj. *Vieille bique,* vieille femme. *Grande bique,* grande fille. ◇ HOM. *Bic.*

BIQUET, ETTE [bikɛ, ɛt]. *n. m.* (1339,-1570; de *bique*). Petit de la bique. V. **Bicot** (1), **chevreau**. — *Mon biquet,* terme d'affection.

BIQUOTIDIEN, IENNE [bikɔtidjɛ̃, jɛn]. *adj.* (1899; de *bi-*, et *quotidien*). Qui se fait deux fois par jour.

BIRAPPORT [biʀapɔʀ]. *n. m.* (XXᵉ; de *bi-*, et *rapport*). *Math. Birapport de quatre nombres a, b, c, d,* l'expression $\dfrac{a-c}{a-d} = \dfrac{b-c}{b-d}$, notée (a, b, c, d). *Birapport de quatre points A, B, C, D alignés,* l'expression $\dfrac{\overline{CA}}{\overline{CB}} : \dfrac{\overline{DA}}{\overline{DB}}$. *Points dont le birapport est égal à* — 1, formant une division harmonique*.

BIRBE [biʀb(ə)]. *n. m.* (1837; it. *birbo* « coquin », avec infl. de *barbe*). ♦ 1º *Vx* ou péj. Vieillard. « *Vous êtes bon et vous êtes joli, pour un birbe accablé de caducité* » (BANVILLE).

♦ 2º Loc. mod. *Vieux birbe* (fam.). Homme d'âge mûr, ennuyeux et ratiocinant.

BIRÉACTEUR [biʀeaktœʀ]. *n. m.* (1957; de *bi-*, et *réacteur*). Avion à deux réacteurs.

BIRÉFRINGENCE [biʀefʀɛ̃ʒɑ̃s]. *n. f.* (1878; de *biréfringent*). Propriété qu'ont certains corps transparents de diviser en deux le rayon lumineux qui les pénètre. *La biréfringence du spath d'Islande.*

BIRÉFRINGENT, ENTE [biʀefʀɛ̃ʒɑ̃, ɑ̃t]. *adj.* (1866; de *bi-*, et *réfringent*). Qui produit une biréfringence.

BIRÈME [biʀɛm]. *n. f.* (1581; lat. *biremis,* de *remus* « rame »). Galère de l'antiquité à deux rangs de rames de chaque côté.

BIRIBI [biʀibi]. *n. m.* (XVIIIᵉ; de l'it. *biribisso* « jeu de hasard »). Ancien jeu de hasard assez semblable au loto. — *Argot milit.* (1861). Compagnie disciplinaire d'Afrique du Nord. V. **Bataillon** (d'Afrique). *Aller à biribi.*

BIROTOR [biʀɔtɔʀ]. *n. m.* et *adj. invar.* (v. 1960; de *bi-*, et *rotor*). *Techn.* Qui possède ou qui fonctionne avec deux rotors, généralement en rotation sur le même axe, mais en sens inverse l'un de l'autre.

BIROUTE [biʀut]. *n. f.* (attesté 1914; o. obscure). ♦ 1º *Arg.* Pénis. ♦ 2º *Arg. milit.* (1916). Manche à air.

1. BIS, BISE [bi, biz; o. i., p.-ê. du bas lat. °*bombyceus* « de coton »). D'un gris tirant sur le brun. *Du pain bis,* à cause du son qu'il renferme. *Un teint bis :* très brun. *Une toile bise.*

2. BIS [bis]. *adv.* (1690; lat. *bis* « deux fois »). ♦ 1º Une seconde fois; cri par lequel on demande la répétition de ce que l'on vient de voir ou d'entendre. V. **Bisser.** « *Le père, enchanté, frappe des mains, en criant : bis, bis* » (ROUSS.). — *Mus.* Indication d'avoir à répéter une phrase, un refrain. — Subst. *Un bis.* ♦ 2º Indique la répétition du numéro. *12 bis, rue du Val-de-Grâce.* ◇ HOM. *Bisse.*

BIS-. Élément indiquant le redoublement (*biscuit,* etc.; Cf. **Bi-, di-**) ou ajoutant une nuance péjorative (*bistourné*).

BISAÏEUL, EULE [bizajœl]. *n. (Bisaiol,* 1283; de *bis-*, et *aïeul).* *Littér.* Père, mère des aïeuls. V. **Arrière-grand-père,** **arrière-grand-mère.** *Des bisaïeuls.*

BISAIGUË. V. BESAIGUË.

BISANNUEL, ELLE [bizanɥɛl]. *adj.* (1783; de *bis-*, et *annuel*). ♦ 1º Qui revient tous les deux ans. *Une cérémonie bisannuelle.* ♦ 2º Se dit d'une plante qui vit deux ans.

BISBILLE [bisbij]. *n. f.* (1694; it. *bisbiglio* « murmure »). *Fam.* Petite querelle pour un motif futile. V. **Brouillerie,** **dispute.** *Être en bisbille avec qqn.*

BISCAÏEN [biskajɛ̃]. *n. m.* (1689; de *Biscaïe,* nom de la province espagnole où fut d'abord employée cette arme). ♦ 1º *Ancienn.* Mousquet de gros calibre à longue portée. ♦ 2º (Déb. XIXᵉ). Projectile de ce fusil; balles de mitraille.

BISCORNU [biskɔʀny]. *adj. (Biscornu,* fin XIVᵉ; de *bis-*, et *cornu*). ♦ 1º Qui a une forme irrégulière, présentant des saillies. V. **Difforme.** ♦ 2º *Fig.* et *fam.* Compliqué et bizarre. *Idée, esprit biscornu.* V. **Extravagant, saugrenu.**

BISCOTTE [biskɔt]. *n. f.* (1807; it. *biscotto* « biscuit », proprem. « cuit deux fois »). Tranche de pain de mie séchée au four. *Un paquet de biscottes.*

BISCOTTERIE [biskɔtʀi]. *n. f.* (mil. XXᵉ; de *biscotte*). Entreprise qui fabrique des biscottes. — Cette fabrication.

BISCUIT [biskɥi]. *n. m. (Bescuit,* 1175; de *bes-,* et *cuit*).
I. ♦ 1º Galette de farine de blé passée au four, puis déshydratée, constituant autrefois un aliment de réserve pour l'armée. *Ration de biscuit.* — Fig. et fam. *S'embarquer sans biscuit :* partir sans provisions, sans argent. ♦ 2º Gâteau sec. V. **Boudoir, craquelin, croquet, croquignolle, galette, gaufrette, petit-beurre, sablé, tuile.** *Biscuit à la noix de coco; au fromage. Biscuits salés,* pour l'apéritif. V. **Bretzel.** *Biscuit à la cuiller,* très léger et absorbant. — Galette destinée à la nourriture d'animaux. *Biscuit de chien. Biscuit de fourrage.* ♦ 3º Gâteau à base de farine, de sucre et d'œufs. *Biscuit de Savoie, biscuit au chocolat, biscuit roulé, meringué.* ♦ 4º Par anal. de forme. *Biscuit de mer :* nom vulgaire de l'os de seiche.
II. Porcelaine blanche non émaillée, cuite au four, qui imite le grain du marbre. *Une statuette en biscuit. Par ext.* Ouvrage fait en cette matière. *Un biscuit de Saxe.*

BISCUITER [biskɥite]. *v. tr.* (1852; de *biscuit,* II). Cuire au four une pièce de poterie pour en faire un biscuit.

BISCUITERIE [biskɥitʀi]. *n. f.* (fin XIXᵉ; de *biscuit,* I). Fabrication, fabrique de biscuits, de gâteaux secs.

1. BISE [biz]. *n. f.* (XIIᵉ; rap. °*bisa,* ou lat. *aura bisa* « vent noir »). Vent sec et froid soufflant du Nord ou du Nord-Est. « *Une bise aigre sifflait* » (GAUTIER).

2. BISE [biz]. *n. f.* (XXᵉ; de *biser*). *Fam.* Baiser. *Une grosse bise.* ◇ HOM. *Bise* (fém. de *Bis* 1)

BISEAU [bizo]. *n. m.* (XIIIᵉ; p.-ê. du lat. *bis* « deux »). ♦ 1º Bord taillé obliquement. V. **Biais, chanfrein.** *Le biseau d'une vitre. Une vitre, une glace en biseau. Lame, sifflet en* *biseau.* ◆ 2° *Par ext.* Outil acéré dont le tranchant est en biseau. ◆ 3° Extrémité d'un tuyau d'orgue ; bec de certains instruments à vent. ◆ 4° Plan intermédiaire établi entre deux surfaces voisines taillées à angle droit.

BISEAUTAGE [bizotaʒ]. *n. m.* (1863 ; de *biseauter*). Taille en biseau. *Biseautage d'un verre de montre.*

BISEAUTER [bizote]. *v. tr.* (1743 ; de *biseau*). ◆ 1° Tailler en biseau. *Biseauter une moulure. Une glace biseautée.* ◆ 2° Marquer des cartes à jouer d'un signe quelconque sur la tranche, pour tromper au jeu.

1. **BISER** [bize]. *v. intr.* (1690 ; de *bis* 1). *Agric.* Devenir gris noir, en parlant des graines qui se détériorent.

2. **BISER** [bize]. *v. tr.* (de *bis* 2, deux fois). *Techn.* Reteindre (une étoffe déjà teinte).

3. **BISER** [bize]. *v. tr.* (forme dialect. de *baiser*). *Fam.* Donner une bise à, V. **Embrasser.**

BISET [bize]. *n. m.* (1555 ; de *bis* 1). Pigeon sauvage de couleur bise. Adj. *Un pigeon biset.*

BISEXUALITÉ [bisɛksyalite]. *n. f.* (XXᵉ ; de *bissexuel*). ◆ 1° *Bot., Zool.* Caractère des plantes et des animaux bisexués. ◆ 2° *Psychol.* Dispositions psychiques à la fois masculines et féminines inhérentes à tout individu. REM. On écrit *aussi* BISSEXUALITÉ. « *La bisexualité est un phénomène humain universel et qui ne se limite pas, par exemple, au cas pathologique de l'homosexualité* » (LAPLANCHE et PONTALIS).

BISEXUÉ, ÉE [bisɛksye] ou *(vieilli)* **BISEXUEL, ELLE** [bisɛksyɛl]. *adj.* (*Bisexé*, 1808 ; *bissexuel*, 1835 ; de *bis-*, et *sexe*). *Biol.* Qui possède les deux sexes, qui produit simultanément ou successivement des gamètes des deux sexes. V. **Autogamie, hermaphrodite, monoïque.** — REM. On écrit parfois BISSEXUÉ, BISSEXUEL (orthogr. critiquée). ◇ SYN. **Ambisexué.**

BISMUTH [bismyt]. *n. m.* (1597 ; lat. alchim. *bisemutum*, de l'all. *Wismuth*). Métal brillant à reflets rouges (Bi ; n° at. 83, p. at. 209), très cassant, formant des alliages fusibles. ◇ Certains sels ou composés du bismuth (albuminate, citrate, sous-nitrate) sont utilisés comme médicaments.

BISMUTHINE [bismytin]. *n. f.* (1846 ; de *bismuth*). *Chim.* Tout composé organique du bismuth, de formule générale R₃Bi. ◇ Sulfure naturel de bismuth.

BISON [biz5]. *n. m.* (fin XVᵉ ; mot lat., orig. germ.). Bovidé sauvage au front large, bombé et armé de cornes courtes, aux épaules plus élevées que la croupe, à la tête ornée d'une épaisse crinière. *Bison d'Amérique. Bison d'Europe.* V. **Aurochs, ure.** *Les bisons peints des cavernes préhistoriques. Bisonne,* pour la femelle *(rare).*

BISOU [bizu]. *n. m.* (av. 1901 ; de *bise* 2). *Fam.* Baiser, dans le langage enfantin. *Fais un gros bisou à papa!*

BISQUE [bisk(ə)]. *n. f.* (1576 ; p.-ê. de *Biscaye*, province). *Cuis.* Potage fait avec un coulis de crustacés. *Bisque d'écrevisses, de homard.*

BISQUER [biske]. *v. intr.* (1706 ; p.-ê. prov. *bisca*, de *bico* « bique »). *Pop.* Éprouver du dépit, de la mauvaise humeur. V. **Rager, râler.** *Faire bisquer qqn* (Cf. pop. Faire devenir chèvre), *Bisque, bisque, rage!*

BISSAC [bisak]. *n. m.* (1440 ; de *bis-*, et *sac*). *Vx.* Besace. « *Un jeune gars breton qui portait un bissac sur l'épaule* » (LOTI).

BISSE [bis]. *n. f.* (1694 ; it. *biscia* « serpent »). *Blas.* Couleuvre. ◇ HOM. *Bis* 2.

BISSECTEUR, TRICE [bisɛktœr, tris]. *adj.* et *n. f.* (1864 ; de *bis-*, et *secteur*). *Géom.* Qui divise en deux parties égales. *Plan bissecteur. Droite bissectrice,* et n. f. BISSECTRICE, droite qui coupe un angle en deux parties égales.

BISSECTION [bisɛksj5]. *n. f.* (1751 ; de *bis-*, et *section*). *Géom.* Division en deux parties égales.

BISSER [bise]. *v. tr.* (1820 ; de *bis* 2). Répéter ou faire répéter. V. **Recommencer.** *Bisser un couplet.* — Par ext. *Bisser un acteur, un musicien.*

BISSEXTE [bisɛkst(ə)]. *n. m.* (XIIᵉ ; de *bis-*, et *sextus* « sixième », parce que, dans le calendrier Julien, le sixième jour avant les calendes de Mars était doublé tous les 4 ans). *Vieilli.* Le vingt-neuvième jour ajouté tous les quatre ans au mois de février.

BISSEXTILE [bisɛkstil]. *adj. fém.* (1549 ; lat. *bissextilis*. V. **Bissexte**). Se dit de l'année qui revient tous les quatre ans et dont le mois de février comporte 29 jours. *Une année bissextile.*

BISSEXUÉ, ÉE [bisɛksye] ou *(vieilli)* **BISSEXUEL, ELLE** [bisɛksyɛl]. *adj.* (*Bisexé*, 1808 ; *bissexuel*, 1835 ; de *bis-*, et *sexe*). Qui a les deux sexes. *Bot.* Se dit des plantes ayant l'organe mâle (étamine) et l'organe femelle (pistil) réunis dans la même fleur, et des plantes ayant sur le même pied des fleurs mâles et des fleurs femelles. (V. **Monoïque**). — *Zool.* V. **Hermaphrodite.**

BISTORTE [bistɔrt(ə)]. *n. f.* (XIIIᵉ ; du lat. *bistorta*, de *bis-*, et *torta* « tordue »). Plante astringente du genre des Renouées, à rhizome tordu et à fleurs roses.

BISTOUILLE [bistuj]. *n. f.* (fin XIXᵉ ; de *bis-*, et *touiller*).

Pop. (Région du Nord). Mauvais alcool. Café mêlé d'alcool ; rasade d'eau-de-vie (dans le café).

BISTOURI [bisturi]. *n. m.* (1564 ; *bistorie* « poignard », 1462). *Chir.* Instrument en forme de couteau, à lame courte, qui sert à faire des incisions dans les chairs. *Donner un coup de bistouri.* — *Bistouri électrique* (ou *à haute fréquence*).

BISTOURNAGE [bisturnaʒ]. *n. m.* (1836 ; de *bistourner*). Procédé de castration des animaux domestiques mâles.

BISTOURNER [bisturne]. *v. tr.* (*Bestourner*, XIIᵉ ; de *bis-*, et *tourner*). ◆ 1° Tourner, courber un objet de manière à le déformer. ◆ 2° *Spécialt.* Châtrer un animal en tordant les vaisseaux testiculaires.

BISTRE [bistr(ə)]. *n. m.* (1503 ; o. i.). ◆ 1° Couleur d'un brun noirâtre, faite de suie détrempée et mêlée d'un peu de gomme. *Un dessin au bistre.* ◆ 2° Adj. *Couleur bistre. Une peau, un teint bistre.* V. **Basané, bis, hâlé, tanné.**

BISTRÉ, ÉE [bistre]. *adj.* (déb. XIXᵉ ; de *bistre*). Qui a la couleur du bistre. *Un teint bistré.*

BISTRER [bistre]. *v. tr.* (1834 ; de *bistre*). Donner la couleur du bistre à (qqch.).

BISTRO ou **BISTROT** [bistro]. *n. m.* (1884 ; p.-ê. rapport avec *bistouille*). ◆ 1° *Pop.* Marchand de vin tenant café. « *Les prolétaires qui s'empoisonnent chez le bistrot* » (BERNANOS). ◆ 2° *Pop.* Café (3°). « *Petits bistrots de chez nous, où trois bougres rigolent en sifflant du piccolo* » (DUHAM.). — *Var.* Bistroquet.

BISULFATE [bisylfat]. *n. m.* (1846 ; de *bi-*, et *sulfate*). *Chim.* Sel acide de l'acide sulfurique.

BISULFITE [bisylfit]. *n. m.* (1846 ; de *bi-*, et *sulfite*). Sel acide de l'acide sulfureux.

BISULFURE [bisylfyr]. *n. m.* (1846 ; de *bi-*, et *sulfure*). Composé sulfuré (polysulfure) dans lequel le nombre d'atomes de soufre est supérieur à celui d'un sulfure normal.

BIT [bit]. *n. m.* (v. 1960 ; acronyme de l'angl. *bi[nary]*). « *binaire* », et *digit* « unité discrète du système digital »). *Inform.* Unité élémentaire d'information pouvant prendre deux valeurs distinctes, généralement 0 et 1. — *Recomm. offic.* V. **Binon.**

BITONAL, ALE, AUX [bitɔnal, o]. *adj.* (1920 ; de *bi-*, et *tonal*). *Didact.* Qui comporte deux tons (ou sons). *Voix bitonale.*

BITORD [bitɔr]. *n. m.* (XVIIᵉ ; de *bi-*, et *tordre*). *Mar.* Cordage mince, formé de deux ou plusieurs fils de caret tordus ensemble.

BITOS [bitos]. *n. m.* (1926, *bitosse ;* de *bite*). *Arg.* Chapeau. « *Une plume blanche au bitos* » (J. PERRET).

1. **BITTE** [bit]. *n. f.* (1382 ; a. scand. *biti,* poutre transversale sur un navire). *Mar.* ◆ 1° Billot de bois ou d'acier fixé verticalement sur un pont de navire, et sur lequel s'enroulent et s'amarrent les aussières. ◆ 2° Sur un quai, Borne qui sert à amarrer les câbles. V. **Bollard.** *Bitte d'amarrage.*

2. **BITTE** ou **BITE** [bit]. *n. f.* (1584 ; du norm. *bitter* « boucher », de l'a. scand. *bita* « mordre »). *Vulg.* Pénis.

BITTER [bitɛr]. *n. m.* (1838 ; du holl. *bitter* « amer »). Liqueur apéritive alcoolisée et amère, d'origine hollandaise.

BIT(T)URE [bityr]. *n. f.* (1680 ; de *bitte*). ◆ 1° *Mar.* Longueur de câble ou de chaîne, élongée sur le pont d'un navire, et qui file de l'écubier lorsqu'on mouille l'ancre. V. **Mouillage.** *Prendre une bonne biture,* une longueur de chaîne suffisante. ◆ 2° *Fig.* et *pop.* (1842). *Prendre une biture :* s'en donner tout son soûl. *Par ext.* V. **Ivresse.** ◆ 3° *Loc. fam. À toute bitture :* à toute allure.

BI(T)TURER (SE) [bityre]. *v. pron.* (1834 ; de *biture*). *Pop.* S'enivrer.

BITUMAGE [bitymaʒ]. *n. m.* (XXᵉ ; de *bitumer*). Action de bitumer. — Résultat de cette action. *Le bitumage d'une route.* V. **Asphaltage.**

BITUME [bitym]. *n. m.* (1549 ; *betumoi,* 1160 ; lat. *bitumen*). ◆ 1° Mélange de carbures d'hydrogène qui se présente à l'état solide ou liquide, et dont la couleur varie du brun au noir. *Bitumes naturels.* V. **Asphalte, naphte** (ou **pétrole**). *Les bitumes artificiels sont obtenus dans la distillation, l'oxydation du pétrole.* ◆ 2° Cette substance, utilisée comme revêtement imperméable des chaussées et des trottoirs (V. *aussi* **Goudron**). « *Sur le bitume des trottoirs, des peintres exposent en plein air* » (DUHAM.). — Par ext. *Fam.* Le sol lui-même. *Arpenter le bitume.*

BITUMER [bityme] ou **BITUMINER** [bitymine]. *v. tr.* (1545 ; de *bitume*). Enduire de bitume. *Trottoir bitumé.*

BITUMEUX, EUSE [bitymø, øz] ou **BITUMINEUX, EUSE** [bityminø, øz]. *adj.* (1543 ; lat. *bituminosus*). Qui contient du bitume, qui en a les qualités. *Schistes bitumineux.*

BITURE. V. **BITTURE.**

BIUNIVOQUE [biynivɔk]. *adj.* (1960 ; de *bi-*, et *univoque*). *Math., Log. Correspondance biunivoque entre deux ensembles,* telle qu'un élément du premier ensemble correspond à un seul élément du second, et réciproquement. V. **Bijectif.**

BIVALENT, ENTE [bivalã, ãt]. *adj.* (1951 ; de *bi-*, et valent). ♦ **1°** *Chim.* Se dit d'un corps dont la valence est 2. ♦ **2°** *Log.* Se dit d'un type de logique qui ne considère que deux valeurs de vérité, le vrai et le faux.

BIVALVE [bivalv(ə)]. *adj.* (1718; de *bi-*, et *valve*). *Zool.* Se dit des coquilles composées de deux valves jointes par un muscle charnière. Par ext. *Coquillage bivalve* (*ex.* : la moule). — Subst. *Les bivalves,* les lamellibranches.

BIVEAU [bivo]. *n. m.* (*Buveau,* 1568; a. fr. °*baïvel,* de *baïf* « béant »). Équerre à branches mobiles dont se sert le tailleur de pierre pour mesurer l'angle compris entre deux surfaces contiguës. — Équerre utilisée par les fondeurs de caractères.

BIVOUAC [bivwak]. *n. m.* (*Bivoie,* 1650; du suisse all. *Biwacht* « patrouille supplémentaire de nuit »). ♦ **1°** *Vx.* Garde de nuit. ♦ **2°** Installation provisoire en plein air de troupes en campagne. V. **Campement, cantonnement.** *Coucher au bivouac. Feux de bivouac.* — Le lieu où la troupe est installée. — *Par ext.* Campement que les alpinistes installent pour passer la nuit en montagne.

BIVOUAQUER [bivwake]. *v. intr.* (1792; de *bivouac*). S'installer en bivouac. V. **Camper.**

BIZARRE [bizar]. *adj.* (*Bigearre,* XVIᵉ; it. *bizzaro* « capricieux », de l'esp. *bizarro* « brave »). ♦ **1°** Qui s'écarte de l'ordre commun, est inhabituel, qu'on explique mal. V. **Curieux, drôle, étonnant, étrange, inattendu, insolite, saugrenu, singulier ; marrant** *(pop.). Formes, vêtements bizarres. Une bizarre manie. Idée bizarre.* V. **Baroque, biscornu,** extravagant. *Des institutions « obscures, bizarres, inexplicables »* (FUSTEL DE COUL.). *Bizarre et qui fait rire.* V. **Cocasse,** grotesque. *Il n'écrit pas, c'est bizarre.* V. **Anormal.** ◇ *Subst. m.* Ce qui est bizarre. *« L'horreur du particulier, du bizarre, du morbide, de l'anormal »* (GIDE). ♦ **2°** D'un caractère difficile à comprendre, et *spécialt.* Changeant. V. **Capricieux, excentrique, fantasque, lunatique, original.** ◊ ANT. *Normal, ordinaire, simple.*

BIZARREMENT [bizarmã]. *adv.* (1594; de *bizarre*). D'une manière bizarre. V. **Curieusement, étrangement.** *Bizarrement accoutré. « L'idée de justice, bizarrement pervertie »* (MICHELET).

BIZARRERIE [bizarri]. *n. f.* (1555; de *bizarre*). ♦ **1°** Caractère de ce qui est bizarre. V. **Étrangeté, excentricité,** singularité. *La bizarrerie d'une idée, d'une situation.* ♦ **2°** Caractère d'une personne bizarre. *« Sa bizarrerie avait l'avantage de n'être pas affectée »* (GAUTIER). ♦ **3°** Chose, élément, action bizarre. *Les bizarreries de la langue française.* V. **Anomalie.** *« Il fronçait le sourcil devant certaines bizarreries »* (RENAN). ◊ ANT. *Banalité.*

BIZARROÏDE [bizarɔid]. *adj.* (av. 1922; de *bizarre,* et du suff. scient. *-oïde*). *Fam.* Étrange, bizarre. *« Vous êtes plutôt bizarroïde dans vos renseignements, mon cher »* (PROUST).

BIZUT ou **BIZUTH** [bizy]. *n. m.* (1834; du fr. du XVIᵉ *bisogne* « jeune recrue d'orig. espagnole »). *Arg. des écoles.* Nom donné dans certaines grandes écoles aux élèves de première année. V. **Bleu, nouveau.** — *Par ext.* (1961). Débutant, novice. *« Les autres bizuts de l'équipe tricolore »* (ELLE, 29-3-1965). ◊ ANT. *Ancien.*

BIZUTAGE [bizytaʒ]. *n. m.* (XXᵉ; de *bizuter,* tr., de *bizut*). Cérémonie estudiantine d'initiation des bizuts, comportant des brimades amusantes. *« Les bizutages ne sont dans les facultés qu'une brimade artificielle et sans objet »* (*Affiche fac. lettres Besançon,* 1963).

BIZUTER [bizyte]. *v. tr.* (XXᵉ; de *bizut*). *Arg. scol.* Infliger les brimades du bizutage.

BLABLABLA [blablabla] ou **BLABLA.** *n. m.* (1945; onomat., mot dial. « bavard »). *Fam.* Propos verbeux destinés à endormir la méfiance.

BLACK-BASS [blakbas]. *n. m. invar.* (1928; mot angl. « perche noire »). Poisson d'eau douce (*microptères salmoïdes*) voisin de la perche, originaire d'Amérique et à chair comestible. *« Carnassier, omnivore, le black-bass, vorace et chasseur, n'avale que des proies vivantes »* (P. VIVIER).

BLACKBOULAGE [blakbulaʒ]. *n. m.* (1866; de *blackbouler*) Action de blackbouler.

BLACKBOULER [blakbule]. *v. tr.* (*Blackboller,* 1834; de l'angl. *to blackball,* de *black* « noir », et *ball* « boule »). ♦ **1°** Rejeter par un vote en mettant dans l'urne une boule noire. *Par ext.* Mettre en minorité dans un vote. *« Son frère aîné s'était fait blackbouler aux élections »* (GIDE). ♦ **2°** *Fam.* Refuser un candidat à un examen. V. **Coller.** ♦ **3°** *Par ext.* V. **Évincer, repousser.**

BLACK-OUT [blakawt]. *n. m.* (1942; angl. *black* « noir », et *out* « complètement »). ♦ **1°** Obscurité totale commandée par la défense passive. *« Ayant soin aussitôt de fermer volets et rideaux pour le « black-out »* (GIDE). ♦ **2°** *Fig.* (1967). Silence gardé (sur une nouvelle, une décision officielle). *« Black-out sur une enquête judiciaire »* (ELLE, 11-11-1968).

BLACK-ROT [blakrɔt]. *n. m.* (1878; mot angl. « pourriture noire »). Maladie de la vigne due à un champignon ascomycète.

BLAFARD, ARDE [blafar, ard(ə)]. *adj.* (XIVᵉ; moy. all. *bleichvar* « de couleur pâle »). D'une teinte pâle et sans éclat.

V. **Blanc, blême, décoloré, pâle.** *Couleur blafarde.* V. **Délavé.** *Teint blafard.* V. **Exsangue, livide, terreux.** *Une aube, une lumière blafarde. « Quelque chose de terne, de blafard, un jour d'hiver se levant sur le granit »* (LOTI). ◊ ANT. *Coloré, vif; vermeil.*

BLAGUE [blag]. *n. f.* (déb. XVIIIᵉ; du néerl. *blagen* « se gonfler »). ♦ **1°** Petit sac de poche dans lequel les fumeurs mettent leur tabac. V. **Tabatière.** ♦ **2°** (1809). *Fig. et fam.* Histoire imaginée à laquelle on essaie de faire croire. V. **Mensonge, plaisanterie; bobard, galéjade, hâblerie.** *Raconter des blagues. Prendre tout à la blague :* ne rien prendre au sérieux. *Blague (mise) à part, blague dans le coin* (pop.) : pour parler sérieusement. *Sans blague!* interjection qui marque le doute, l'étonnement, l'ironie. ♦ **3°** *Par ext.* Farce, plaisanterie. *Faire une bonne blague, une sale blague à qqn.* ♦ **4°** Erreur, maladresse. *Faire une blague.* V. **Bévue, boulette, bourde, gaffe, sottise.**

BLAGUER [blage]. *v.* (1808; de *blague*). ♦ **1°** V. intr. *Fam.* Dire des blagues. V. **Mentir, plaisanter.** *Vous blaguez! Est-ce possible?* ♦ **2°** V. tr. *Fam.* Railler, sans méchanceté. V. **Moquer** (se), taquiner. *« Il avait une manière de blaguer les gens sans les fâcher »* (MAUPASS.).

BLAGUEUR, EUSE [blagœr, øz]. *n.* et *adj.* (1808; de *blague*). *Fam.* Qui a l'habitude de dire des blagues. V. **Hâbleur, menteur, plaisantin.** ◊ ANT. *Sérieux.*

BLAIR [bler]. *n. m.* (1872; abrév. de *blaireau,* par allus. à son museau allongé). *Pop.* Nez, et *par ext.* Visage.

BLAIREAU [blero]. *n. m.* (*Blarel,* 1312; fr. *bler* « tacheté », frq. °*blari*). ♦ **1°** Mammifère carnivore (*Mustélidés*), bas sur pattes, plantigrade, de pelage clair sur le dos, foncé sous le ventre, qui se creuse un terrier. ♦ **2°** Pinceau fait de poils de blaireau dont se servent les peintres, les doreurs. — Brosse pour la barbe (*génáralt.* en poil de blaireau) que l'on utilise pour faire mousser le savon.

BLAIRER [blere]. *v. tr.* (1916; de *blair*). *Pop.* Aimer, apprécier (qqn). *Je ne peux pas le blairer.* V. **Sentir.**

BLÂMABLE [blamabl(ə)]. *adj.* (1260; de *blâmer*). Qui mérite le blâme, la désapprobation. V. **Condamnable, critiquable, répréhensible.** *Une action blâmable. « La plus grande des sottises c'est de trouver ridicules les blâmables les sentiments qu'on n'éprouve pas »* (PROUST). ◊ ANT. *Louable.*

BLÂME [blam]. *n. m.* (1080; de *blâmer*). ♦ **1°** Opinion défavorable, jugement de désapprobation sur qqn ou qqch. V. **Anathème, animadversion, censure, condamnation, critique, désapprobation, grief, improbation, objurgation, remontrance, répréhension, réprimande, réprobation, reproche.** *S'attirer, encourir le blâme de qqn. Jeter un blâme sur qqn. Blâme public.* ♦ **2°** *Spécialt.* Sanction disciplinaire consistant à réprouver officiellement les agissements ou l'attitude d'un fonctionnaire. *Donner, recevoir un blâme.* ◊ ANT. *Approbation, éloge, louange.*

BLÂMER [blame]. *v. tr.* (1080; lat. pop. °*blastemare* « faire des reproches », lat. ecclés. *blasphemare*). ♦ **1°** Porter, exprimer un jugement moral défavorable (sur qqn ou qqch.). V. **Accuser, anathématiser, attaquer, censurer, condamner, critiquer, désapprouver, désavouer, improuver, incriminer, redire** (trouver à), **reprendre, réprimander, reprocher, réprouver** (Cf. Faire grief, jeter la pierre à). *Blâmer violemment.* V. **Flétrir, stigmatiser.** *Blâmer qqn de* (ou *pour*) *son attitude. Il est plus à plaindre qu'à blâmer. « Plus enclin à blâmer que savant à bien faire »* (BOIL.). — Pronom. *Je me blâme d'avoir cédé.* ♦ **2°** *Dr.* Punir d'un blâme, réprimander officiellement. *Être blâmé par le conseil de discipline.* ◊ ANT. *Approuver, défendre, encourager, féliciter, louer, préconiser.*

1. BLANC, BLANCHE [blɑ̃, blɑ̃ʃ]. *adj.* et *n.* (1080; frq. °*blank* « brillant »; Cf. Leuco-, et dér. du lat. *albus*). **I.** *Adj.* ♦ **1°** Qui est d'une couleur dont la nature offre de nombreux exemples : *blanc comme la neige, le lait* (V. **Lactescent; lacté, laiteux**), *l'albâtre, la craie, le lis. La synthèse des sept couleurs du spectre donne la lumière blanche. Blanche hermine, blanche colombe. Fromage* blanc. La gelée* blanche. Drapeau* blanc.* ♦ **2°** D'une couleur pâle voisine du blanc. *Peau blanche.* V. **Clair.** *Race blanche. Teint blanc.* V. **Blafard,** blanchâtre, blême. *Être blanc,* avoir mauvaise mine; *pâlir sous le coup d'une émotion.* Fam. N'être pas bronzé. — *Cheveux blancs.* V. **Argenté.** ◊ *Spécialt.* Se dit de choses claires, par opposition à celles de même espèce qui sont d'une autre couleur. *Raisin, vin blanc. Pain blanc. Boudin blanc.* Fer* blanc. *Arme blanche :* non bronzée, opposée à l'arme à feu. *Bois* blanc. Eau* blanche.* Fig. *Houille* blanche.* ♦ **3°** Qui n'est pas écrit. *Page blanche.* V. **Vierge.** *Bulletin* (de vote) *blanc. Espace blanc.* Fig. *Donner carte blanche,* tous pouvoirs pour agir au nom de qqn. ♦ **4°** *Fig.* Qui n'est pas souillé, coupable. *Il est sorti de cette affaire avec les mains blanches. « Selon que vous serez puissant ou misérable, Les jugements de cour vous rendront blanc ou noir »* (LA FONT.). V. **Immaculé, innocent.** ♦ **5°** Qui n'a pas tous les effets habituels. *Examen blanc. Mariage blanc. Voix blanche,* sans timbre. *Vers blancs,* sans rime. ♦ **6°** Qui fait la synthèse de toutes les fréquences, dans un intervalle donné. *Bruit blanc.*

II. *N. m.* et *f.* UN BLANC, UNE BLANCHE : un homme, une femme de race blanche. *Les pauvres blancs du sud des États-Unis. La traite des blanches.* « *Moins le blanc est intelligent, plus le noir lui paraît bête* » (GIDE). ◇ ANT. Noir.
2. BLANC [blɑ̃]. *n. m.* (XIVᵉ ; V. Blanc 1).
I. ♦ 1º Couleur blanche. *Un blanc immaculé, éclatant, mat, laiteux.* V. **Blancheur.** *Blanc cassé :* un peu teinté. *Le blanc réfléchit la lumière. Absolt.* En parlant du vêtement. *Porter du blanc, être vêtu de blanc. Être voué au blanc,* en l'honneur de la Vierge. ♦ 2º Matière colorante. ◇ Peinture blanche, badigeon blanc. *Blanc de zinc,* oxyde de zinc. *Blanc d'argent, de plomb.* V. **Céruse.** *Blanc de chaux. Blanc d'Espagne* (ou *de Meudon*), carbonate de calcium naturel. ◇ *Vx.* Poudre blanche pour se farder. « *Tout le monde sut qu'il mettait du blanc* » (ROUSS.). ♦ 3º EN BLANC : avec la couleur blanche. *Peint en blanc. Se mettre en blanc. Les hommes en blanc :* les chirurgiens. — *Sans écriture. Chèque en blanc.* « *Il a laissé le nom en blanc* » (LESAGE). ♦ 4º (XVIᵉ, *armé à blanc*). *Loc. adv.* À BLANC : de manière à devenir blanc. *Chauffer un métal à blanc.* « *Je pus chauffer à blanc ma ferveur* » (GIDE). V. **Exalter.** *Saigner à blanc,* en vidant de son sang. *Fig.* Épuiser. *Les impôts saignent à blanc le contribuable.* — *Tirer à blanc :* avec des balles inoffensives, ou sans balle. *Fig.* À *blanc,* sans effet réel, pour essayer. « *Coup d'État à blanc* » (*L'Express,* 21-9-1970).
II. ♦ 1º Se dit de la partie blanche de certaines choses. ◇ *Blanc de poulet, de perdrix :* la chair blanche de la poitrine. *Blanc d'œuf,* partie incolore et visqueuse formée de l'albumine. *Battre des blancs en neige.* — *Blanc de baleine* substance huileuse de la tête. — *Le blanc de l'œil.* V. **Cornée, sclérotique.** *Fig.* Regarder qqn dans le blanc des yeux : bien en face. « *Le duc de Chevreuse rougit jusqu'au blanc des yeux* » (ST-SIM.). ◇ (1351) Intervalle, espace libre qu'on laisse dans un écrit. V. **Interligne.** *Laisser des blancs.* « *Les actes seront inscrits sur les registres, de suite, sans aucun blanc* » (CODE CIV.). ◇ Par métaph. *Inform.* Support d'informations disponible. V. **Vide.** ◇ (XVIᵉ) La partie centrale d'une cible. Par ext. *(Vx)* La cible elle-même. — *Fig.* Mod. *De but en blanc :* directement, sans préparation. « *Il est excusable de répondre un peu de travers quand on est interrogé ainsi de but en blanc* » (PROUST). ♦ 2º Nom de diverses choses caractérisées par la couleur blanche. ◇ Maladie des plantes caractérisée par des efflorescences blanches qui recouvrent les organes aériens, les racines. *Blanc des céréales, de la vigne, du rosier.* ◇ Linge blanc. *Magasin de blanc. La quinzaine de blanc.* ◇ Vin blanc. *Préférer le blanc sec. Blanc de blanc,* vin blanc, fait de raisins blancs.
BLANC-BEC [blɑ̃bɛk]. *n. m.* (fin XVIIIᵉ ; de *blanc,* et *bec*). Jeune homme sans expérience et sûr de soi. « *Il est bien honteux qu'une trentaine de blancs-becs aient l'impertinence de vous aller faire la guerre* » (VOLT.).
BLANC-ÉTOC [blɑ̃etɔk] ou **BLANC-ESTOC** [blɑ̃kestɔk]. *n. m.* (1843 ; de *blanc,* et *estoc*). *Sylvic.* Coupe complète d'une forêt.
BLANCHAILLE [blɑ̃ʃaj]. *n. f.* (1701 ; de *blanc*). Menu poisson blanc, servant souvent d'appât. V. **Fretin.** « *La blanchaille commençait à sauter au nez des perches et des brochets* » (BAZIN).
BLANCHÂTRE [blɑ̃ʃɑtr(ə)]. *adj.* (1372 ; de *blanc*). D'une teinte tirant sur le blanc. « *Le coloris devient de plus en plus blanchâtre, crayeux et blême* » (TAINE).
BLANCHE [blɑ̃ʃ]. *n. f.* (1758 ; V. Blanc 1). ♦ 1º *Mus.* Note qui vaut deux noires (ovale blanc muni d'une queue). ♦ 2º *Billard.* Bille blanche. ♦ 3º V. Blanc (1).
BLANCHET [blɑ̃ʃɛ]. *n. m.* (1265 ; de *blanc*). Étamine de laine claire, grisâtre. — *Pharm.* Molleton servant à filtrer certains liquides épais. — *Imprim.* Feutre absorbant l'humidité de la pâte à papier qui sort de la forme. — Drap fin garnissant le tympan d'une presse, qui amortit la pression et en égalise le foulage.
BLANCHEUR [blɑ̃ʃœr]. *n. f.* (XIIᵉ ; de *blanc*). Couleur blanche ; qualité de ce qui est blanc. *Linge d'une blancheur éclatante, immaculée. La blancheur du teint.* « *Les pêchers formaient des bouquets d'une blancheur avivée de rose* » (FRANCE). ◇ ANT. Noirceur.
BLANCHIMENT [blɑ̃ʃimɑ̃]. *n. m.* (1600 ; de *blanchir*). ♦ 1º Action de blanchir. *Le blanchiment d'un mur, d'un plafond au lait de chaux.* V. **Échaudage.** ♦ 2º Action de décolorer pour rendre blanc. V. **Décoloration.** *Blanchiment des tissus écrus. Blanchiment au chlore.* — *Hortic.* Opération qui décolore certains organes des plantes alimentaires.
BLANCHIR [blɑ̃ʃir]. *v.* (XIIᵉ ; de *blanc*).
I. *V. tr.* ♦ 1º Rendre blanc. V. **Décolorer, éclaircir.** *Une crème qui blanchit le teint.* — *Hortic. Blanchir des légumes :* provoquer leur étiolement pour en améliorer l'aspect. — *Cuis.* Passer à l'eau bouillante pour ôter l'âcreté. *Blanchir des choux.* ◇ Par ext. *Typogr. Blanchir une page :* en augmenter les blancs, les interlignes, les marges. V. **Éclaircir.** ♦ 2º Couvrir d'une couche blanche ; enduire de blanc. *La neige blanchit les sommets. La poudre lui blanchit le visage. Blanchir un mur à la chaux.* V. **Chauler, échauder.** « *L'hiver blanchit les monts où le milan séjourne* » (HUGO). ♦ 3º Nettoyer (le linge blanc). V. **Blanchissage.** *Blanchir des draps. Donner son linge à blanchir.* — Par ext. Fam. *Blanchir qqn,* son linge. *Un pensionnaire logé, nourri et blanchi.* ◇ *Fig.* V. **Disculper, innocenter.** « *Il est selon mon cœur de hasarder une opinion qui tende à blanchir un personnage illustre* » (DIDER.). — Pronom. *Chercher à se blanchir.*
II. *V. intr.* Devenir blanc. *Blanchir de rage; de peur.* V. **Blêmir, pâlir.** — *Ses cheveux blanchissent.* Par ext. *Il a blanchi. Blanchir sous le harnais.* ◇ ANT. Colorer, noircir. Accuser.
BLANCHISSAGE [blɑ̃ʃisaʒ]. *n. m.* (1539 ; de *blanchir*). ♦ 1º Action de nettoyer, de blanchir le linge. V. **Lessive.** *Envoyer du linge au blanchissage. Payer la note de blanchissage. Blanchissage industriel.* V. **Blanchisserie.** *Blanchissage au moyen d'une machine à laver. Opérations de blanchissage :* triage, trempage, essangeage, coulage, savonnage, rinçage, essorage, séchage, calandrage ou apprêt, repassage. *Produits utilisés dans le blanchissage :* amidon, bleu, cendre, javel (eau de javel), potasse, soude. ♦ 2º *Techn.* Opération de raffinage qui convertit le sucre brut en sucre blanc.
BLANCHISSANT, ANTE [blɑ̃ʃisɑ̃, ɑ̃t]. *adj.* (XVIᵉ ; de *blanchir*). Qui devient blanc. *L'aube blanchissante.*
BLANCHISSEMENT [blɑ̃ʃismɑ̃]. *n. m.* (1600 ; de *blanchir*). Le fait de blanchir (II). *Le blanchissement des cheveux.*
BLANCHISSERIE [blɑ̃ʃisri]. *n. f.* (1701 ; de *blanchir*). ♦ 1º Lieu où s'effectue le blanchiment de la toile, de la cire. ♦ 2º Établissement où l'on fait le blanchissage du linge.
BLANCHISSEUR, EUSE [blɑ̃ʃisœr, øz]. *n.* (XVIᵉ ; de *blanchir*). Personne dont le métier est de blanchir le linge et de le repasser.
BLANC-MANGER [blɑ̃mɑ̃ʒe]. *n. m.* (XIIIᵉ ; de *blanc,* et *manger*). *Cuis.* Gelée faite avec du lait, des amandes, du sucre. — Gelée de viande blanche. *Des blancs-mangers.*
BLANC-SEING [blɑ̃sɛ̃]. *n. m.* (1573 ; *blanc-signé,* 1454 ; de *blanc,* et *seing* « signe »). Signature apposée au bas d'une feuille blanche que le signataire confie à une personne pour qu'elle la remplisse ensuite elle-même. *Des blancs-seings.*
BLANCS-MANTEAUX [blɑ̃mɑ̃to]. *n. m. pl.* (1292 ; de *blanc,* et *manteau*). Religieux de l'ordre des servites, appelés aussi *guillemites.* Au sing. *Un blanc-manteau.*
BLANDICE [blɑ̃dis]. *n. f.* (1395 ; lat. *blanditia* « flatterie »). *Littér.* (surtout plur.) Ce qui flatte, séduit. V. **Charme, séduction.** « *Toutes les blandices des sens et toutes les jouissances de l'âme* » (CHATEAUB.).
1. BLANQUETTE [blɑ̃kɛt]. *n. f.* (1600 ; du prov. mod. *blanqueto,* dimin. de *blanc*). Vin blanc mousseux du Languedoc. V. **Clairette.** *Blanquette de Limoux.*
2. BLANQUETTE [blɑ̃kɛt]. *n. f.* (1735 ; dimin. de *blanc*). Ragoût de viande blanche. *Blanquette de veau, d'agneau.*
BLAPS [blaps]. *n. m.* (fin XVIIIᵉ ; du gr. *blaptein* « nuire »). Insecte coléoptère *(Ténébrionidés)* de grande taille, de couleur noire, qui vit dans les lieux obscurs.
BLASE ou **BLAZE** [blaz]. *n. m.* (1885 ; p.-ê. de *blason*). ♦ 1º *Arg.* Nom de personne. *Un faux blase.* ♦ 2º *Arg.* (1915). Nez. V. **Blair, tarin** (2).
BLASÉ, ÉE [blaze]. *adj.* (XVIIIᵉ ; V. Blaser). Se dit d'une personne dont les sensations, les émotions ont perdu leur vigueur et leur fraîcheur, qui n'éprouve plus de plaisir à rien. V. **Indifférent, insensible** *dégoûté, fatigué, revenu* (être revenu de tout), *lassé. Être blasé par l'excès, l'habitude; blasé sur tout.* « *Les gens qui se disent blasés n'ont jamais rien éprouvé : la sensibilité ne s'use pas* » (RENARD). — *Subst. Un blasé. Faire le blasé.* V. **Dégoûté, sceptique.** ◇ ANT. Enthousiaste, inassouvi.
BLASEMENT [blazmɑ̃]. *n. m.* (1834 ; de *blaser*). État d'une personne blasée. V. **Dégoût, satiété.** — Par ext. « *Le blasement des volontés satisfaites aussitôt qu'exprimées* » (GAUTIER).
BLASER [blaze]. *v. tr.* (1743 ; « user par l'alcool », fin XVIᵉ ; néerl. *blasen* « gonfler »). Atténuer les sensations, les émotions par l'abus. V. **Dégoûter, désabuser, lasser, rassasier, soûler.** « *L'exercice de la Terreur a blasé le crime, comme les liqueurs fortes blasent le palais* » (ST-JUST). *Cette vie luxueuse l'a blasé.* — Pronom. « *L'amour vrai ne se blase point* » (HUGO).
BLASON [blɑ(a)zɔ̃]. *n. m.* (XIIᵉ ; o. i.). ♦ 1º Ensemble des signes distinctifs et emblèmes d'une famille noble, d'une collectivité. V. **Armes, armoiries, écu.** *Blason peint, brodé, sculpté. Blasons de France.* V. **Armorial.** *Figures, couleurs* du blason. *Peindre un blason.* V. **Armorier.** ◇ Par ext. *Être fier de son blason.* V. **Titre; nom.** *Fig. Redorer son blason :* se dit d'un noble pauvre qui épouse une roturière riche. ♦ 2º Connaissance, art relatif aux armoiries. V. **Héraldique.** *Savoir le blason.* « *Le blason est une langue. Ce sont les hiéroglyphes de la féodalité* » (HUGO). ♦ 3º *Littér.* Genre poétique du XVIᵉ s. ; description détaillée, élogieuse ou satirique, d'une personne, d'une chose. *Le blason du corps*

féminin. ♦ 4° *Ébénist.* Traverse sculptée reliant les pieds de devant d'un siège.

BLASONNER [blɑ(a)zɔne]. *v. tr.* (1389 ; de *blason*). ♦ 1° Peindre les armoiries. ♦ 2° Décrire, expliquer les armoiries selon les règles du blason.

BLASPHÉMATEUR, TRICE [blasfematœʀ, tʀis]. *n.* (1390 ; de *blasphème*). Personne qui blasphème. *Un sceptique blasphémateur.*

BLASPHÉMATOIRE [blasfematwaʀ]. *adj.* (XVᵉ ; de *blasphème*). Qui contient ou constitue un blasphème. *Écrit, propos blasphématoire.* V. **Impie, sacrilège.** ◇ ANT. *Pieux.*

BLASPHÈME [blasfɛm]. *n. m.* (1190 ; lat. ecclés. *blasphemia*, du gr. *blasphêmia*. V. **Blâme**). Parole qui outrage la Divinité, la religion. V. **Jurement, sacrilège.** *Dire des blasphèmes.* « *Le blasphème des grands esprits est plus agréable à Dieu que la prière intéressée de l'homme vulgaire* » (RENAN). — *Par ext.* Propos déplacés et outrageants pour qqn, qqch. V. **Imprécation, injure, insulte.**

BLASPHÉMER [blasfeme]. *v.* (1360 ; lat. ecclés. *blasphemare*, du gr. *blasphêmein.* V. **Blâmer**). ♦ 1° *V. intr.* Proférer des blasphèmes. *Blasphémer contre le Ciel. Taisez-vous, vous phasphémez.* — *Par ext.* Proférer des imprécations. V. **Injurier, insulter.** *Il blasphème le nom de Dieu.* — *Par ext.* Blasphémer la science, la morale. ◇ ANT. **Vénérer.**

-BLASTE, BLASTO-. Éléments, du gr. *blastos* « germe ».

BLASTODERME [blastɔdɛʀm(ə)]. *n. m.* (1842 ; de *blasto-*, et gr. *derma* « peau »). *Embryol.* Partie de l'œuf fécondé des mammifères, formée de deux feuillets, qui donnera naissance à l'embryon.

BLASTOGENÈSE [blastɔʒenɛz]. *n. f.* (1894 ; de *blasto-*, et *-genèse*). *Embryol.* ♦ 1° Premier stade du développement de l'embryon et formation du blastoderme. ♦ 2° Mode de reproduction par bourgeonnement.

BLASTOMÈRES [blastɔmɛʀ]. *n. m. pl.* (1888 ; de *blasto-*, et gr. *méros* « partie »). *Embryol.* Nom des cellules provenant des premières divisions de l'œuf fécondé. V. **Blastula, morula.**

BLASTOMYCÈTES [blastɔmisɛt]. *n. m. pl.* (1902 ; de *blasto-*, et *-mycète*). *Biol.* Famille de champignons se reproduisant par bourgeonnement. V. **Blastula, morula.**

BLASTOMYCOSE [blastɔmikoz]. *n. f.* (mil. XXᵉ ; d'après *blastomycète*). *Méd.* Affection causée par le développement d'un blastomycète sur la peau, dans un organe.

BLASTOPORE [blastɔpɔʀ]. *n. m.* (1877 ; de *blasto-*, et *pore*, du gr. *poros*). *Embryol.* Orifice de l'intestin embryonnaire primitif (ou *archentéron*).

BLASTULA [blastyla]. *n. f.* (1899 ; du gr. *blastos* « germe »). *Embryol.* Stade du développement embryonnaire caractérisé par la formation d'une cavité au sein des blastomères*. V. **Morula.**

BLATÉRER [blateʀe]. *v. intr.* ; conjug. *céder* (1836 ; lat. *blaterare*). Pousser son cri, en parlant du chameau, du bélier.

BLATTE [blat]. *n. f.* (1534 ; lat. *blatta*). Insecte orthoptère nocturne *(Blattidés)* au corps aplati. *Espèces de blattes.* V. **Cafard, cancrelat.**

BLAZER [blazœ(ɛ)ʀ]. *n. m.* (v. 1920 ; mot angl., de *to blaze* « flamboyer »). Veste en flanelle de couleur vive ou à rayures, souvent ornée d'un écusson et portée dans les collèges anglais. — Veste de sport en flanelle de couleur sombre. *Un blazer bleu marine, croisé, droit.*

BLÉ [ble]. *n. m.* (*Blet*, 1080 ; p.-ê. frq. °*blad.* ou gaul. °*blato* « farine »). ♦ 1° Plante de la famille des graminées ; céréale dont le grain sert à l'alimentation (farine, pain). V. **Froment.** *Blé commun ou blé tendre (à épis barbus ; sans barbes,* V. **Touselle**). *Blé dur. Blé épeautre.* V. **Épeautre.** *Blé d'hiver, d'automne, de printemps.* — *Racine, tige de blé.* V. **Chaume, éteule, paille, tuyau.** *Épi et fleurs de blé.* V. **Épi ; balle, glume, glumelle.** *Semer du blé* (V. **Emblayer**). *Blé en herbe, blé vert. Blés mûrs. La nielle* du blé. — *Loc.* Blond comme les blés. PROV. *Manger son blé en herbe* : dépenser d'avance son revenu ; gaspiller son avoir. ♦ 2° Le grain seul. *Moudre le blé. Un quintal de blé. Grenier à blé.* ♦ 3° *Par ext.* Se dit des graminées distinctes du froment. *Blé noir.* V. **Sarrasin.** *Blé cornu.* V. **Seigle** (ergoté). *Blé méteil.* Au Canada, *blé d'Inde.* V. **Maïs.** *Blé d'Inde en épi, en purée. Sirop de blé d'Inde.*

BLÈCHE [blɛʃ]. *adj.* (1921 ; de *blesche* « truand »). *Arg.* Mauvais. — Laid, moche. « *Et deux alors qu'étaient bien blèches, des hideurs de filles* » (CÉLINE).

BLED [blɛd]. *n. m.* (fin XIXᵉ ; arg. milit. ; mot arabe magrébin, « terrain, pays »). ♦ 1° En Afrique du Nord, L'intérieur des terres, la campagne. ♦ 2° *Fam.* et *péj.* (1951). Lieu, village éloigné, isolé, offrant peu de ressources. V. **Trou.** *On s'ennuie dans ce bled.*

BLEDARD [bledaʀ]. *n. m.* (v. 1900 ; de *bled*). Soldat français qui servait en Afrique du Nord.

BLÊME [blɛm]. *adj.* (v. 1460 ; de *blêmir*). D'une blancheur maladive, en parlant du visage. V. **Blafard, blanc, livide,**

pâle. « *Sa face blême comme un fromage où flambait un nez chauffé au rouge* » (GAUTIER). *Blême de colère.* ◇ *Péj.* Extrêmement pâle. *Une aube, un matin blême. Lueur blême.* V. **Blafard, faible, pâle.** ◈ ANT. *Animé, coloré, frais, hâlé, vermeil.*

BLÊMIR [blemiʀ]. *v. intr.* ; conjug. *finir* (1546 ; « se flétrir », 1080 ; frq. °*blesmjan*, de *bless* « pâle »). Devenir blême. *Blêmir de peur, de rage.* V. **Blanchir, pâlir, verdir** *(fig.).* « *Je voyais se convulser ou blêmir tous ces visages de coquins* » (BARRÈS). « *Sur le jardin du Luxembourg, l'horizon blêmissait* » (MART. du G.). ◈ ANT. *Colorer (se).*

BLÉMISSANT, ANTE [blemisɑ̃, ɑ̃t]. *adj.* (1858 ; de *blêmir*). Qui blêmit. « *Alors les étoiles s'allument au-dessus de la campagne blêmissante* » (FROMENTIN).

BLÊMISSEMENT [blemismɑ̃]. *n. m.* (1808 ; de *blêmir*). Le fait de blêmir.

BLENDE [blɛd]. *n. f.* (1751 ; all. *Blende*). Minerai de sulfure de zinc. *Cristaux de blende.* ◈ HOM. *Blinde.*

BLENNIE [bleni]. *n. f. (Blenne,* 1803 ; lat. *blennius*). Poisson de petite taille, à peau gluante, à grosse tête, qui vit en eau douce ou dans les eaux du littoral.

BLENNORRAGIE [blenɔʀaʒi]. *n. f.* (1798 ; du gr. *blenna* « mucus », et *rhagê* « éruption »). *Méd.* Maladie contagieuse vénérienne, caractérisée par une inflammation des voies génito-urinaires avec écoulement purulent (par la verge ou le vagin) [Cf. *fam.* chaude-pisse, échauffement]. V. **Urétrite, vaginite.**

BLENNORRAGIQUE [blenɔʀaʒik]. *adj.* (1824 ; de *blennorragie*). *Méd.* Qui concerne la blennorragie. *Écoulement blennorragique.* — *Subst. Un blennorragique.*

BLENNORRHÉE [blenɔʀe]. *n. f.* (1798 du gr. *blenna* « mucus », et *-rrhée*). *Méd.* Écoulement de mucosités et de pus par un conduit naturel. *Blennorrhée oculaire.* — *Blennorragie chronique.*

BLÉPHARITE [blefaʀit]. *n. f.* (*Blépharotis,* av. 1790 ; du gr. *blepharon* « paupière »). *Méd.* Inflammation de la paupière, et *spécialt.* de son bord libre.

BLÈSEMENT [blɛzmɑ̃]. *n. m.* (1842 ; de *bléser*). Action de bléser. V. **Zézaiement.**

BLÉSER [bleze]. *v. intr.* (1265 ; de l'a. fr. *blois* « bègue » ; lat. *blæsus*). Parler avec un vice de prononciation qui consiste à substituer S [s] à Ch [ʃ], Z [z] à G ou J [ʒ]. V. **Zézayer.**

BLÉSITÉ [blezite]. *n. f.* (1803 ; de *blèse* « qui zézaie ». V. **Bléser**). *Rare.* Vice de prononciation de la personne qui blèse. V. **Zézaiement.**

BLESSANT, ANTE [blesɑ̃, ɑ̃t]. *adj.* (1145 ; p. prés. de *blesser*). Qui blesse. V. **Désobligeant, injurieux, mortifiant, offensant.** *Procédés blessants. Paroles blessantes* (V. **Pique, pointe**). — (Personnes) *Il a été blessant par son arrogance, sa morgue.* V. **Arrogant, désagréable, déplaisant.** ◈ ANT. *Aimable, conciliant.*

BLESSÉ, ÉE [blese]. *adj. et n.* (1155 ; V. **Blesser**). ♦ 1° *Adj.* Qui a reçu une blessure. *Soigner un soldat blessé. Il est blessé au bras.* — *Fig.* Atteint dans son amour-propre. V. **Froissé, mortifié, offensé.** « *Ce n'est pas ma faute, répondit-elle, un peu blessée de ce qu'il ne la tutoyait plus* » (SAND). ♦ 2° *N.* (XIVᵉ). Personne blessée. *Un grand blessé. Un blessé grave. Cet accident de la route a fait un mort et trois blessés. Un blessé léger. Des blessés de guerre.* V. **Invalide, mutilé.** *Blessés de la face.* (Cf. **Gueules cassées**). *Un blessé resté infirme, boiteux.* V. **Estropié.** *Transport des blessés* (par ambulance, brancard, civière). *Achever un blessé.* ◈ ANT. *Intact, sauf, valide.*

BLESSER [blese]. *v. tr.* (*Blecier,* XIᵉ ; frq. °*blettjan* « meurtrir »). ♦ 1° Frapper d'un coup qui cause une lésion à l'organisme. V. **Abîmer, amocher, arranger** *(pop.)* ; **contusionner, écharper, écorcher, estropier ; meurtrir, mutiler.** *Blesser grièvement.* V. **Écharper** *(fam.). Blesser à coups de couteau* (V. **Couper ; balafrer, entailler, entamer, érafler, percer, poignarder**). *Blesser par balle* (V. **Brûler.** *Blesser mortellement, à mort.* « *Tué, peu importait. Son angoisse était de être blessé au ventre* » (MALRAUX). — *Pronom. Il s'est blessé en tombant.* ◇ *Occasionner une blessure. Il est tombé sur un tesson qui l'a blessé au genou.* — *Fig.* Le bât le blesse. V. **Bât.** — *Par exagér.* Causer une douleur, faire mal (vêtement). « *Des souliers qui me blessent furieusement* » (MOL.). ♦ 2° *Par ext.* Causer une impression désagréable, pénible. V. **Affecter.** *Des sons discordants qui blessent l'oreille.* V. **Déchirer, écorcher.** ♦ 3° *Fig.* Porter un coup pénible, toucher ou impressionner désagréablement. V. **Choquer, contrarier, déplaire, heurter, irriter, offenser, ulcérer.** *Blesser qqn au vif* : douloureusement (Cf. **Piquer, toucher au vif**). *Blesser l'amour-propre, l'orgueil par des paroles* (V. **Froisser, piquer, vexer.** *Un rien le blesse* (V. **Susceptible, vulnérable**). « *L'immoralité du monde, qui jusque-là n'avait laissée indifférente, put prise sur elle et la blessa cruellement* » (PROUST). ♦ 4° *Vx* ou *littér.* Enfreindre, aller à l'encontre. V. **Enfreindre, heurter, porter** (atteinte), **violer.** *Blesser les convenances, la pudeur* (V. **Attenter (à), la charité.** « *Une sorte d'américanisme qui blesse nos idées raffinées* » (RENAN). ◇ *Faire tort, préjudice.*

V. Léser, nuire, préjudicier. *Cet accord blesse nos intérêts.* ◇ ANT. *Épargner; complimenter, flatter, louer.*

BLESSURE [blesyʀ]. *n. f.* (1138; de *blesser*). ♦ 1° Lésion faite aux tissus vivants par une cause extérieure (pression, instrument tranchant ou contondant, arme à feu; chaleur), involontairement ou pour nuire. **V.** Lésion, plaie, trauma; balafre, coupure, écorchure, égratignure, entaille, éraflure, estafilade, estocade, morsure, mutilation, piqûre; bleu, bosse, brûlure, commotion, contusion, distension, ecchymose, élongation, fêlure, foulure, fracture, froissement, luxation, meurtrissure. *Blessure en séton. Blessure grave, mortelle. Recevoir une blessure, être couvert de blessures. Soigner, panser une blessure. Marque, trace d'une blessure.* **V.** Cicatrice. Dr. *Inculpé pour coups et blessures.* ♦ 2° Atteinte morale. **V.** Coup, douleur, froissement, offense. « *Cette blessure au contact de l'affreuse réalité* » (GIDE). *Blessure d'amour-propre. Rouvrir, raviver une blessure oubliée.*

BLET, BLETTE [blɛ, blɛt]. *adj.* (fin XIIIe; même rac. que *blesser*). ♦ 1° Se dit des fruits trop mûrs dont la chair s'est ramollie. *Poire blette. Les nèfles se mangent blettes.* ♦ 2° Fig. Qui a l'aspect brunâtre du fruit blet. « *Rouge, d'un rouge un peu blet, elle dédaignait à présent la poudre* » (COLETTE). ◇ ANT. *Vert.*

BLETTE. V. BETTE.

BLETTIR [bletiʀ]. *v. intr.; conjug. finir* (xve; de *blet*). Devenir blet.

BLETTISSEMENT [bletismã]. *n. m.* ou **BLETTISSURE** [bletisyʀ]. *n. f.* (1852,-1836; de *blettir*). Excès de maturité qui rend un fruit blet.

BLEU, BLEUE [blø]. *adj. et n. m.* (*Bloi, blo, blef,* XIe; frq. **blao;* Cf. all. *blau*). I. ♦ 1° Qui est d'une couleur dont la nature offre de nombreux exemples, comme un ciel sans nuage (V. **Azur**), certaines fleurs (le bleuet), le saphir. *Des yeux bleus. Ciel bleu. Les flots bleus.* Fig. *La houille bleue* : l'énergie des vagues, des marées. — *Fleur bleue.* **V.** Fleur. ◇ Par ext. et fig. *Menton bleu,* qui porte la trace d'une barbe très sombre. — *Sang bleu* (V. **Sang**); *fig.* Sang noble. *Cordon bleu.* **V.** Cordon. *Conte bleu* : récit fabuleux, discours en l'air. ◇ Cuis. *Bifteck bleu,* très saignant, à peine grillé. « *Le gros mangeur qui désire un steak saignant le commande bleu, peut-être pour oublier sa vraie couleur de sang* » (PRÉVERT). ◇ *Zone bleue,* à stationnement limité, dans une grande ville. ♦ 2° Se dit de la teinte de la peau après une contusion, un épanchement de sang. *Œdème bleu.* (1837). *Maladie bleue* : tous les états morbides provoqués par les malformations congénitales du cœur et des gros vaisseaux avec coloration bleue des téguments. Par ext. *Enfant bleu* : enfant ayant la maladie bleue. — Par ext. **V.** Livide. *Être bleu de froid, de colère. Colère, peur bleue.* Fig. *En devenir, en être, en rester bleu* : être figé par l'étonnement. **V.** Interdit, stupéfait.

II. ♦ 1° Couleur bleue. *Le bleu est l'une des sept couleurs fondamentales du spectre, entre le vert et l'indigo. Des vêtements bleu clair, bleu ciel. Bleu horizon; bleu lavande; bleu Nattier* (du nom du peintre); *bleu pervenche* (V. **Mauve**); *bleu roi; bleu marine; gros bleu; bleu ardoise. Bleu vert, pétrole, turquoise. Bleu canard.* — Loc. fig. *N'y voir que du bleu,* n'y rien voir, n'y rien comprendre. ◇ Matière colorante bleue. *Bleus végétaux.* **V.** Indigo, pastel, tournesol. *Bleu de Prusse,* cyanure de fer; *bleu de smalt*. Bleu de cobalt*. Bleu d'outremer,* silicate double d'aluminium, de sodium, etc. ◇ Teinture bleue. **V.** Guède. *Bleu de lessive. Passer le linge au bleu.* ♦ 2° Par ext. (1840). Jeune recrue (les soldats d'autrefois arrivant souvent à la caserne en blouse bleue). **V.** Conscrit, nouveau, novice; bleusaille. — (1898) Nouvel élève. *Brimer les bleus.* **V.** Bizut. *Tu me prends pour un bleu! Les bleus et les anciens.* ◇ Au Canada, membre du Parti conservateur* (opposé à *rouge**). ♦ 3° Marque livide sur la peau résultant d'un coup. **V.** Ecchymose, meurtrissure. *Se faire un bleu. Il est couvert de bleus.* ♦ 4° *Gros bleu* : gros vin rouge de mauvaise qualité. ♦ 5° Cuis. *Au bleu* : façon de préparer certains poissons (truite, carpe) en les jetant vivants dans un court-bouillon vinaigré et aromatisé. *Truite au bleu.* ♦ 6° *Bleu d'Auvergne,* sorte de fromage à moisissures. *Bleu de Bresse* (ou Bresse bleu). ♦ 7° *Bleu de méthylène,* produit analgésique et antiseptique. ♦ 8° Vieilli. *Petit bleu,* télégramme, dépêche (de papier bleu). ♦ 9° Combinaison d'ouvrier, généralement en toile bleue. *Un bleu de mécanicien.* BLEUS. n. m. pl. *Enfiler ses bleus. Des bleus de travail.* « *Un pilote de remorqueur au bleu de chauffe* tout bariolé* » (PRÉVERT).

BLEUÂTRE [bløɑtʀ(ə)]. *adj.* (fin XVe; de *bleu*). Qui tire sur le bleu, n'est pas franchement bleu. *Fumée bleuâtre d'une cigarette.* « *L'affleurement bleuâtre des veines microscopiques qui serpentent sous l'épiderme* » (TAINE).

BLEUET [bløɛ] ou **BLUET** [blyɛ]. *n. m.* (1380; de *bleu*). ♦ 1° Nom courant de la centaurée, à fleur bleue, commune dans les blés. **V.** Barbeau (2), centaurée. « *Allez, allez, ô jeunes filles, Cueillir des bluets dans les blés!* » (HUGO). ♦ 2° (1615). Au Canada, Baie bleue de l'airelle des bois, ou

myrtille d'Amérique. *Confiture de bleuets. Tarte aux bleuets.* « *Côte à côte ils [Maria et François Paradis] ramassèrent des bleuets quelque temps avec diligence, puis s'enfoncèrent ensemble dans le bois, enjambant les arbres tombés, cherchant du regard autour d'eux les taches violettes des baies mûres* » (HÉMON).

BLEUETIÈRE [bløɛtjɛʀ]. *n. f.* (1937; mot canadien, de *bleuet,* 2°). Au Canada, Terrain à bleuets* ou myrtilles. *Les bleuetières du Saguenay et du lac Saint-Jean* (on dit aussi *bleuetterie*).

BLEUIR [bløiʀ]. *v.* (1690; de *bleu*). ♦ 1° V. *tr.* Rendre bleu. *Le froid lui bleuit le visage.* ♦ 2° V. *intr.* Devenir bleu. *Le tournesol bleuit sous l'action d'une base.* — Par ext. Apparaître avec une teinte bleuâtre. *La côte bleuissait au loin.*

BLEUISSEMENT [bløismã]. *n. m.* (1838; de *bleuir*). ♦ 1° Le fait de bleuir (2°); passage d'une couleur au bleu. ♦ 2° Action de bleuir (1°). *Bleuissement des paupières avec un fard.*

BLEUSAILLE [bløzaj]. *n. f.* (1900; de *bleu,* II, 2°). *Arg. milit.* Conscrit. **V.** Bleu. Collect. *La bleusaille,* ensemble des conscrits.

BLEUTÉ, ÉE [bløte]. *adj.* (1858; de *bleu*). Qui a une nuance bleue; légèrement bleu. *Blanc bleuté. Reflet bleuté.*

BLEUTER [bløte]. *v. tr.* (1898; de *bleu*). Techn. Passer légèrement au bleu.

BLINDAGE [blɛ̃daʒ]. *n. m.* (1752; de *blinder*). ♦ 1° Action de blinder (1°). L'ensemble des matériaux servant à blinder. **V.** Blinde. — Construction servant à consolider les parois d'une tranchée, d'un tunnel. *Blindage d'une galerie de mine.* **V.** Boisage. ♦ 2° Protection d'un navire, d'un abri, d'un véhicule par des plaques de métal. **V.** Cuirasse. *Blindage d'un char.* — Les plaques de métal. « *Le char d'infanterie est un tracteur sur chenilles protégé par un blindage* » (MAUROIS). ◇ Techn. Plaques de métal, dispositif servant à isoler un appareil électrique (V. **Carter**), un réacteur ou un engin nucléaire (V. **Bouclier, écran**).

BLINDE [blɛ̃d]. *n. f.* (1628; de l'all. *blenden* « aveugler »). *Ancienn.* Pièce de bois soutenant les fascines d'un abri, d'une tranchée, pour en mettre les occupants à couvert. ◇ HOM. *Blende.*

BLINDÉ, ÉE [blɛ̃de]. *adj.* (1834; V. **Blinder**). ♦ 1° Qui est blindé (2°). *Véhicule blindé.* **V.** Char. *Abri blindé.* « *Le train blindé sortit du son tunnel, menaçant et aveugle* » (MALRAUX). *Éléments, division, régiment blindés* : composés de véhicules blindés. *Armée blindée.* — Subst. *Les blindés,* les véhicules blindés. ◇ Techn. *Appareil électrique, réacteur blindé.* ♦ 2° Fig. et fam. Endurci. **V.** Immunisé, protégé. *Il en a vu d'autres, il est blindé maintenant.* ♦ 3° Pop. (1881). Ivre ◇ ANT. *Délicat, désarmé, vulnérable.*

BLINDER [blɛ̃de]. *v. tr.* (1697; de *blinde*). ♦ 1° Ancienn. Garnir de blindes un ouvrage de fortification. *Blinder une casemate.* ♦ 2° Mod. Entourer un navire, un véhicule d'une cuirasse, d'une armure de plaques de métal. *Blinder un wagon.* — Isoler un appareil électrique, un réacteur ou un engin nucléaire) par une protection. ♦ 3° Fig. et fam. Endurcir, armer. *L'adversité l'a blindé.* Pronom. *Se blinder contre la critique.*

BLINIS [blinis]. *n. m.* (1883; du russe *blini*). Petite crêpe de sarrazin très épaisse, généralement servie avec les hors-d'œuvre.

BLIZZARD [blizaʀ]. *n. m.* (1888; mot amér.). Vent accompagné de tourmentes de neige, dans le grand Nord.

BLOC [blɔk]. *n. m.* (XIIIe; néerl. *bloc* « tronc abattu »). I. ♦ 1° Masse solide et pesante constituée d'un seul morceau. *Un bloc de marbre, de granit. Bloc de bois non équarri.* **V.** Bille. *Taillé dans un seul bloc.* **V.** Monolithe, monolithique, pièce (d'une pièce). « *Cette barrière, seul bloc de pierre pour faire le contrepoids!* » (MART. du G.). ◇ Géol. Compartiment de l'écorce terrestre limité par des failles*. *Bloc faillé, basculé.* **V.** Horst. *Bloc erratique.* ♦ 2° Par anal. *Bloc de papier à lettres, bloc-notes, bloc de bureau* : ensemble de feuillets de même dimension, collés ensemble sur un seul côté et facilement détachables. « *Le bloc à en-tête, sur lequel Antoine écrivait ses ordonnances* » (MART. du G.). ◇ Bloc d'habitations, pâté* de maisons entre des rues perpendiculaires. ♦ 3° Par ext. Éléments groupés en une masse compacte, homogène. « *La famille oppose à l'étranger un bloc sans fissure* » (MAURIAC). ◇ Polit. *Le bloc des gauches,* les gauches alliées. **V.** Coalition. *Le bloc soviétique.* « *La France est divisée en deux blocs adverses* » (DUHAM.). — Écon. *Bloc monétaire.* **V.** Zone (3°). *Bloc franc.* — *Faire bloc* : former un ensemble solide. *Faire bloc contre l'agresseur.* **V.** Unir (s'). — *Tout d'un bloc* : tout d'une pièce. « *Elle tourna sur ses talons, tout d'un bloc, comme une statue sur un pivot* » (FLAUB.). ♦ 4° Ensemble d'éléments normalisés, groupés dans un espace restreint. *Bloc-cuisine, bloc-eau d'une maison* (V. aussi *Bloc-cylindres, bloc-moteur*.) — Chir. *Bloc opératoire.* **V.** Opératoire. — Aviat. *Bloc technique d'un aéroport.* — *Inform.* Sous-ensemble de circuits réalisant une même fonction.

Bloc logique, bloc de calcul. ♦ 5° *Physiol.* Élément constituant un obstacle à la transmission d'une impulsion nerveuse (surtout au niveau du cœur). ♦ 6° *Loc. adv.* EN BLOC : tout ensemble en totalité. V. **Globalement, gros** (en), **masse** (en). *Admettre en bloc un système,* « *Le prolétariat est bien résolu à se soulever, en bloc* » (MART. du G.). ◇ ANT. *Individuellement, isolément; détail* (en).
II. (De *bloquer*). *Loc. adv.* À BLOC. *Mar. Hisser une voile, un pavillon à bloc :* jusqu'à toucher la poulie de la drisse. — *Par ext.* Complètement, à fond. *Fermé, vissé à bloc. Serrer les freins à bloc.* V. **Bloquer.** — Fig. et fam. *Travailler à bloc :* le plus possible. *Être gonflé à bloc.* V. **Gonflé** (1945).
III. *Fam.* (1846, du *bloc de bois* aux pieds des esclaves). Prison. — (1861) Salle de police. « *Le lieutenant-colon le fixait comme s'il voulait le mettre au bloc* » (PROUST).

BLOCAGE [blɔkaʒ]. *n. m.* (1547; de *bloquer*).
I. (De *bloquer*, I, 2°). *Archit.* Massif de matériaux (moellons, briques, pierrailles, mortier) qui remplit les vides entre les deux parements d'un mur. V. **Remplage.** — On dit aussi **BLOCAILLE.** ◇ Typogr. *Blocage de lettres :* lettres retournées pour remplacer des lettres manquantes.
II. (De *bloquer*, II, 2°). ♦ 1° Action de bloquer. *Blocage d'une bille de billard. Blocage des freins. Vis de blocage.* ◇ *Sports* (football, boxe). *Faire un blocage.* — Fig. *Écon. Blocage des prix,* action de fixer les prix et d'en empêcher la hausse. ♦ 2° *Psychol.* Comportement réactionnel d'un être vivant en période d'apprentissage caractérisé par l'apparition de troubles émotionnels ou par une régression. — *Psychan.* V. **Barrage.**

BLOCAILLE [blɔkaj]. *n. f.* (1549; de *bloc*). V. BLOCAGE (I).

BLOC-CYLINDRES [blɔksilɛ̃dʀ(ə)]. *n. m.* (XX°; de *bloc*, I, et *cylindre*). Bloc métallique contenant les cylindres d'un moteur. *Des blocs-cylindres.*

BLOC-DIAGRAMME [blɔkdjagʀam]. *n. m.* (1959; de *bloc*, et *diagramme*). *Géogr.* Représentation d'une zone géographique délimitée en perspective et en coupe, destinée à montrer les rapports entre la structure du sous-sol et la topographie.

BLOCKHAUS [blɔkos]. *n. m.* (fin XVIII°; all. *Blockhaus,* de *Block* « poutre », et *Haus* « maison »). Petit ouvrage militaire défensif, étayé de poutres, de rondin, ou fortifié de béton. V. **Bunker, casemate, fortin.** *Blockhaus blindés.*

BLOC-MOTEUR [blɔkmɔtœʀ]. *n. m.* (1904; de *bloc*, I, et *moteur*). *Auto.* Ensemble du moteur, de l'embrayage et de la boîte de vitesses.

BLOC-NOTES [blɔknɔt]. *n. m.* (1890; de l'angl. *block-notes*). Plur. *Des blocs-notes.*

BLOC-SYSTÈME [blɔksistɛm]. *n. m.* (1874; angl. *block-system*). *Ch. de fer.* Dispositif de signalisation automatique sur des sections de voie pour éviter les collisions.

BLOCUS [blɔkys]. *n. m.* (1376, « maison à poutre »; du néerl. *blokhuis,* même mot que *blockhaus*). ♦ 1° *Vx* (XVI°). Fortin, blockhaus. ♦ 2° *Par ext.* (XVII°) Investissement d'une ville ou d'un port (V. Siège), d'un littoral, d'un pays entier, pour l'isoler, couper ses communications avec l'extérieur. « *Louis XIV fit lever le blocus de Luxembourg, en 1682* » (VOLT.). *Le blocus continental.*

BLOND, ONDE [blɔ̃, 5d]. *adj.* et *n.* (1080; p.-ê. germ. °*blund*).
I. ♦ 1° *Adj.* Se dit du poil, des cheveux de l'homme, de la couleur la plus claire, proche du jaune. V. **Doré.** *Les cheveux blonds des Nordiques. Cheveux blonds décolorés, oxygénés*.* — *Par ext.* Qui a les cheveux blonds. *Il est blond comme les blés.* ♦ 2° *Subst.* UN BLOND, UNE BLONDE : une personne blonde. *Un petit blond.* V. **Blondin, blondinet.** *Une belle blonde. Une fausse blonde. Les brunes et les blondes.* ♦ 3° *N. m.* La couleur blonde. *Blond cendré, doré, vénitien. Blond fade.* V. **Blondasse.** *Blond foncé ou châtain clair.* « *Des cheveux d'un blond filasse et presque blancs chez les petits enfants* » (TAINE).
II. *Par ext.* D'un jaune très doux. *Sauce blonde. Bière blonde.* Subst. *Un demi de blonde.* — *Soie blonde.* V. **Blonde;** écru. — *Tabac blond. Cigarette blonde* (ellipt. *Fumer une blonde*). — Poét. *Les blonds épis. Les blondes collines. Sable blond.*
◇ ANT. *Brun, noir.*

BLONDASSE [blɔ̃das]. *adj.* (fin XVII°; de *blond*). D'un vilain blond. *Des cheveux blondasses.*

BLONDE [blɔ̃d]. *n. f.* (1743; de *blond*). Dentelle légère au fuseau, faite à l'origine de soie écrue.

BLONDEL [blɔ̃dɛl]. *n. m.* (mil. XX°; du physicien *Blondel*). *Opt.* Ancienne unité, hors système, de luminescence. V. **Candela.**

BLONDEUR [blɔ̃dœʀ]. *n. f.* (fin XIII°, rare entre XVI° et XX°; de *blond*). Qualité de ce qui est blond. « *Le noir faisait valoir sa blondeur et sa carnation* » (AYMÉ).

1. **BLONDIN, INE** [blɔ̃dɛ̃, in]. *n.* (1650; de *blond*). Enfant, jeune homme, jeune fille à cheveux blonds. V. **Blondinet.** — *Vx.* Jeune galant.

2. **BLONDIN** [blɔ̃dɛ̃]. *n. m.* (XX°; de *Blondin,* n. pr.). *Techn.* Benne à fond mobile pour le transport du béton.

BLONDINET, ETTE [blɔ̃dinɛ, ɛt]. *n.* (1866; dimin. de *blondin* 1). Enfant blond. *Une petite blondinette.*

BLONDIR [blɔ̃diʀ]. *v.* (XII°; de *blond*). ♦ 1° *V. intr.* Devenir blond. *Elle a blondi.* « *Les foins blondissaient, prêts à mûrir* » (FROMENTIN). ♦ 2° *V. tr. (Rare).* Rendre blond (les cheveux). *Elle s'est blondi les cheveux.* ◇ ANT. *Brunir, foncer.*

BLOOMER [blumœʀ]. *n. m.* (v. 1930; mot amér., de *Mrs Bloomer*). Culotte d'enfant, bouffante et serrée en haut des cuisses par un élastique.

BLOQUER [blɔke]. *v. tr.* (XV°; de *bloc*).
I. ♦ 1° Réunir, mettre en bloc. V. **Grouper, masser, réunir.** *Bloquer deux paragraphes. Bloquer les jours de congé. Vote bloqué,* procédure parlementaire par laquelle l'assemblée est contrainte d'accepter ou de refuser en bloc les articles d'un projet de loi proposé par le gouvernement. ♦ 2° *Archit.* Garnir de blocage. — Typogr. *Bloquer une lettre.* V. **Blocage** (I).
II. ♦ 1° Investir, fermer par un blocus. V. **Cerner, investir.** *Bloquer une ville.* V. **Siège** (mettre le siège). ♦ 2° *Par ext.* Empêcher de se mouvoir. V. **Coincer, immobiliser.** *Bloquer une porte; bloquer des roues.* V. **Caler.** *Freins qui se bloquent. Navire bloqué par les glaces. La locomotive* « *refusait d'avancer, elle était bloquée de toutes parts, collée au sol, inerte, sourde* » (ZOLA). — *Bloquer le ballon* (football), *la bille* (billard). — Fig. *Bloquer le crédit :* suspendre les opérations de crédit. *Bloquer un compte en banque. Compte bloqué :* somme d'argent déposée en banque, sans possibilité de retrait, pour un temps déterminé, et pour laquelle sont versés des intérêts. — *Bloquer les prix*, les salaires*.* ♦ 3° *Par ext.* Boucher, obstruer. *Bloquer le passage. La route est bloquée.* « *Les chantiers du métro achevaient de bloquer les carrefours* » (ROMAINS). ◇ *Psychol., psychan. Être bloqué* (dans ses réactions) : être arrêté par une cause perturbatrice inconsciente. V. **Blocage.** ♦ 4° *Région.* (Belgique). *Fam.* V. **Bûcher, potasser.** *Il bloque sa physique.* ♦ 5° *Région.* (Canada). *Bloquer (un examen).* V. **Coller, échouer.**
◇ ANT. *Répartir, séparer. Débloquer, dégager.*

BLOTTIR (SE) [blɔtiʀ]. *v. pron.* (1552; p.-ê. bas all. *blotten* « écraser »). Se ramasser sur soi-même, de manière à occuper le moins de place possible. V. **Boule** (se mettre en boule), **pelotonner** (se), **recroqueviller** (se), **tapir** (se). *Se blottir dans un coin, dans son lit, sous ses couvertures.* « *Les animaux qui se blotissent pour dormir* » (GIDE). — *Par ext.* Se blottir à l'abri, en sûreté. V. **Cacher** (se), **réfugier** (se). *Se blottir contre qqn.* V. **Presser** (se), **serrer** (se). « *Elle vint se blottir entre ses bras* » (MAUROIS).

BLOUSANT, ANTE [bluzã, ãt]. *adj.* (XX°; de *blouser*). *Cout.* Qui blouse. *Robe à dos blousant.* ◇ ANT. *Ajusté.*

BLOUSE [bluz]. *n. f.* (1788; o. i., mot germ.). ♦ 1° Vêtement de travail que l'on met par-dessus les autres pour se protéger. V. **Bourgeron, sarrau, souquenille, tablier.** *Au XIX° s., les ouvriers étaient vêtus de blouses. Blouse de paysan. Blouse blanche de chirurgien.* ♦ 2° *Par ext.* Chemisier de femme, large du bas, porté vague ou serré dans une ceinture. V. **Chemisier, corsage.** *Blouse de soie.* — ◇ HOM. **Blues.**

1. **BLOUSER** [bluze]. *v. tr.* (1654; de *blouse* (vx), « trou au coin des anc. billards », fin XVI°; o. i.). ♦ 1° *Vx.* Mettre dans la « blouse », le trou. *Blouser une bille.* ♦ 2° (1814). Fig. et fam. Tromper. *Chercher à blouser qqn. Se blouser :* se méprendre, se tromper. « *Un spécialiste peut se blouser comme un autre homme* » (GIDE).

2. **BLOUSER** [bluze]. *v. intr.* (XX°; de *blouse*). Bouffer à la taille, au-dessus de la taille, comme fait une blouse (2°).

BLOUSON [bluzɔ̃]. *n. m.* (v. 1938; de *blouse*). Sorte de veste courte et ample, resserrée aux hanches. *Blouson de sportif. Blouson militaire. Blouson à fermeture éclair.* — *Par ext.* (v. 1960) *Blousons noirs,* nom donné à certains jeunes délinquants vêtus de blousons de cuir noir. *Blousons dorés*.*

BLUE-JEAN [bludʒin] ou **BLUE-JEANS** [bludʒins]. *n. m.* (v. 1950; mot amér., de *blue* « bleu » et *jean* ou *jeans* « toile de Gênes » — *Genoa* ou *Genes* —). Pantalon de toile bleue très solide, porté surtout par les jeunes gens des deux sexes. (S'emploie au sing. et au plur. comme *pantalon*.) *Il met son blue-jean(s), ses blue-jean(s).* « *On voit des princes en salopette, des monarques à vélo, des reines en blue-jeans* » (DANINOS). V. **Jean(s).** REM. Il est souhaitable de normaliser l'accord : *un blue-jean, des blue-jeans.*

BLUES [bluz]. *n. m.* (1921; de l'amér. *blues* « idées noires; cafard »). ♦ 1° *Mus.* Forme musicale élaborée par les Noirs des États-Unis d'Amérique, caractérisée par une formule harmonique constante, un rythme à quatre temps. *Blues lent, blues rapide* (ex. : *Boogie-woogie*). *Le blues est une des sources du jazz.* ♦ 2° *Cour.* Musique de jazz lente. V. **Slow.** ◇ HOM. **Blouse.**

BLUET. *n. m.* V. BLEUET.

BLUETTE [blyɛt]. *n. f.* (déb. XVI°; a. fr. °*belue* « étincelle ». V. Berlue). ♦ 1° *Vx.* Petite étincelle. « *Des bijoux lançaient* *de folles bluettes et de brusques scintillements d'or* » (GAUTIER). ◆ 2° *Fig.* et *vx* (1797). Petit ouvrage sans prétention.

BLUFF [blœf]. *n. m.* (1840; mot amér.). ◆ 1° Aux cartes, Attitude destinée à impressionner l'adversaire en lui faisant illusion. ◆ 2° (1895). *Par ext.* Toute attitude destinée à intimider l'adversaire. V. **Chantage, tromperie; mensonge, vantardise;** et *pop.* **Épate, esbroufe.** « *Il n'y a que rhétorique et bluff dans cet homme* » (GIDE). ◇ ANT. *Sincérité.*

BLUFFER [blœfe]. *v. intr.* (1884; de *bluff*). ◆ 1° *Fam.* Pratiquer le bluff ; tenter de donner le change, de faire illusion. V. **Intimider, leurrer, tromper.** « *Ceux qui blufferont le mieux, le plus longtemps, gagneront* » (MART. du G.). ◆ 2° *Trans. Fam. Bluffer qqn* : tenter de l'abuser. *Il nous a bluffés.*

BLUFFEUR, EUSE [blœfœR, øz]. *adj.* et *n.* (1895; de *bluffer*). Personne qui bluffe. V. **Hâbleur, menteur, vantard.**

BLUTAGE [blyta3]. *n. m.* (1546; de *bluter*). Séparation du son et de la farine. V. **Tamisage.** *Blutage à la main, à la machine. Taux de blutage.*

BLUTER [blyte]. *v. tr.* (1362; *beluter*, 1220; moy. haut all. *biuteln*). Tamiser la farine pour la séparer du son. *Tamis à bluter.* V. **Blutoir.**

BLUTOIR [blytwaR]. *n. m.* (1325; de *bluter*). Appareil servant à bluter. *Blutoir à la main* (V. **Sas, tamis**), *mécanique.*

BOA [bɔa]. *n. m.* (1372; mot lat.). ◆ 1° Gros serpent de l'Amérique du Sud *(Colubriformes)*, non venimeux, carnassier, qui avant d'avaler sa proie l'étouffe dans les anneaux de sa queue préhensile. V. **Eunecte.** *Boa constricteur*. Boa de l'Ancien Monde.* V. **Python.** ◆ 2° *Par anal. de forme.* Tour de cou en fourrure ou en plumes. « *Et les femmes enroulaient autour de leur cou ces boas de plumes qui étaient alors à la mode* » (ALAIN-FOURNIER).

BOB. V. **Bobsleigh.**

BOBARD [bɔbaR]. *n. m.* (fin XIX°; a. fr. *bobeau* « mensonge », onomat. *bob*, idée de « gonflé », et *beau*). *Fam.* Propos fantaisiste et mensonger qu'on imagine par plaisanterie pour tromper ou se faire valoir. V. **Mensonge; bateau, blague, boniment.** *Raconter des bobards. Les bobards de la presse.* « *Ça n'est pas un bobard? On peut vous faire avaler n'importe quoi* » (SARTRE). ◇ ANT. *Vérité.*

BOBÈCHE [bɔbɛʃ]. *n. f.* (1335; p.-ê. onomat. *bob*, idée de « gonflé ». V. **Bobine.** ◆ 1° Disque légèrement concave adapté aux chandeliers et destiné à recueillir la cire coulant des bougies. — *Par ext.* Partie supérieure d'un chandelier évasé. ◆ 2° *Pop.* V. **Tête.** *Se monter la bobèche.*

BOBINAGE [bɔbina3]. *n. m.* (1809; de *bobiner*). ◆ 1° Action d'enrouler un fil sur une bobine. *Spécialt.* Opération de tissage qui consiste à enrouler le fil sur les bobines du métier en vue de l'ourdissage. *Le bobinage du coton.* ◆ 2° *Électr.* Enroulement de fils conducteurs autour d'un noyau. *Bobinage d'un électro-aimant.*

BOBINE [bɔbin]. *n. f.* (1544; rad. *bob.* V. **Bobèche**). ◆ 1° Petit cylindre à rebords pour enrouler du fil, du ruban. V. **Fusette.** *Bobine de fil. Bobine de soie.* V. **Rochet, roquetin.** *Bobines d'un métier à tisser.* V. **Broche, navette.** ◇ *Bobine de film; bobine de pellicule photographique.* V. **Rouleau.** ◇ *Bobine d'un ruban de machine à écrire.* ◇ *Électr.* Cylindre de bois, de cuivre ou de carton sur lequel s'enroule un fil conducteur isolé qu'un courant électrique peut parcourir. *Bobine de dérivation, de self-induction. Bobine solénoïde.* **Solénoïde.** *Bobine d'automobile,* transformant le courant des accumulateurs et l'envoyant au distributeur d'allumage. ◆ 2° (1870). *Pop.* et *péj.* Figure, tête. *Faire une drôle de bobine.*

BOBINER [bɔbine]. *v. tr.* (1680; de *bobine*). Dévider (un fil) et l'enrouler sur une bobine.

BOBINETTE [bɔbinɛt]. *n. f.* (1697; de *bobine*). *Vx.* Loquet mobile en bois qui servait autrefois à fermer les portes. « *Tire la bobinette, la chevillette cherra* » (PERRAULT).

BOBINEUR, EUSE [bɔbinœR, øz]. *n.* (1751, fém.; de *bobine*). ◆ 1° Personne chargée du bobinage. ◆ 2° BOBINEUSE. *n. f.* Machine à dévider le fil sur les bobines. V. **Bobinoir.**

BOBINIER [bɔbinje]. *n. m.* (mil. XX°; de *bobine*). *Techn.* Ouvrier électricien qui effectue les bobinages.

BOBINOIR [bɔbinwaR]. *n. m.* (déb. XIX°; de *bobiner*). Bobineuse mécanique.

BOBO [bɔbo]. *n. m.* (1440; onomat.). ◆ 1° Dans le langage des enfants, Douleur physique. *Avoir bobo. On lui a fait bobo, du bobo.* ◆ 2° Petite plaie insignifiante. *Il se plaint au moindre bobo.*

BOBONNE [bɔbɔn]. *n. f.* (1828; redoubl. de *bonne*). *Pop.* Terme d'affection donné à l'épouse. « *Allons, bobonne, dépêche-toi* », *s'écria M. Bonnichon secouant magnifiquement son bonnet* » (BALZAC). ◇ *Péj.* Épouse, femme d'un certain âge.

BOBSLEIGH [bɔbslɛg]. *n. m.* (1889; mot angl., de *to bob* « se balancer », et *sleigh* « traîneau »). *Sports.* Traîneau articulé à plusieurs places muni d'un volant de direction,

pour glisser à grande vitesse sur des pistes de neige aménagées. — *Par abrév., Bob. Être éjecté de son bob.*

BOCAGE [bɔkaʒ]. *n. m.* (*Boscage*, 1138; dér. norm. de *bosc*, forme primitive de *bois*). ◆ 1° *Vx* ou *poét.* Petit bois; lieu ombragé. « *Au mois de juin, sous des bocages frais* » (ROUSS.). ◆ 2° Type de paysage caractéristique de l'ouest de la France, formé de prés enclos par des levées de terre plantées d'arbres. *Le bocage vendéen. Le bocage normand.*

BOCAGER, ÈRE [bɔkaʒe, ɛR]. *adj.* (XVI°; de *bocage*). *Vx* et *poét.* Des bocages (1°). « *Forêt, haute maison des oiseaux bocagers* » (RONSARD). — Boisé. *Rives bocagères.*

BOCAL, AUX [bɔkal, o]. *n. m.* (1532; it. *boccale*, bas lat. *baucalis*, bas gr. *baukalis* « vase réfrigérant »). Récipient à col très court et, ordinairement, à large ouverture (sphérique). *Un bocal en grès, en verre. Bocal à poissons rouges. Fruits conservés en bocaux* (cylindriques).

BOCARD [bɔkaR]. *n. m.* (1741; altér. de *bocambre*, de l'all. *Pochhammer* « marteau à écraser »). Machine à broyer les minerais, à réduire en poudre certaines substances. V. **Broyeur.**

BOCARDAGE [bɔkaRdaʒ]. *n. m.* (1802; de *bocarder*). *Techn.* Broyage au moyen du bocard.

BOCARDER [bɔkaRde]. *v. tr.* (1741; de *bocard*). *Techn.* Broyer au bocard.

BOCHE [bɔʃ]. *n. m.* (1889; aphérèse d'*Alboche*, altér. d'*Allemoche*, arg. « allemand », d'après *tête de boche* « tête de bois »). *Fam.* et *péj.* Allemand. *Les Boches* (*pop.* Frisés, Fridolins, Fritz). — Adj. « *Des avions boches ont bombardé la gare* » (MART. du G.).

BOCK [bɔk]. *n. m.* (1855; de l'all. *Bockbier*, altér. de *Einbeckbier* « bière d'Einbeck »). ◆ 1° Au café, Verre de bière (environ un quart de litre). « *Devant les cafés, s'accoudent aux petites tables, les buveurs de bocks* » (GAUTIER). ◆ 2° Récipient muni d'un tuyau terminé par une canule qu'on utilise pour les injections.

BODHISATTVA [bɔdisatva]. *n. m. invar.* (1859; mot indien, de *bodhi* « sage », et *sattva* « qualité, état »). *Didact.* Dans le bouddhisme, sage ayant franchi tous les degrés de la perfection sauf le dernier qui fera de lui un bouddha. — Statue qui le représente, le plus souvent paré et coiffé d'un haut chignon. *Le bodhisattva de Chahbaz-Garhi.*

BOËSSE [bwɛs]. *n. f.* (1728; *gratte-bœsse*, XVI°; prov. *gratta-boyssa* « gratte, balaye »). Outil à ébarber les sculptures. — Outil de doreur.

BOËTE, BOËTTE, BOUETTE [bwɛt], **BOITTE** [bwat]. *n. f.* (1672; *bouette*, du bret. *boued* « nourriture »). *Pêche.* Appât pour attirer le poisson. ◇ HOM. *Boîte.*

BŒUF, BŒUFS [bœf, bø]. *n. m.* (*Buef*, XI°; lat. *bos, bovem*). ◆ 1° *Zool.* Mammifère artiodactyle ruminant domestique *(Bovidés, bovinés). L'espèce bœuf.* V. **Bouvillon, génisse, taureau, vache, veau.** *Cri du bœuf.* V. **Beuglement, meuglement, mugissement.** *Crâne de bœuf.* V. **Bucrane.** *Relig. Bœuf Apis,* taureau sacré de l'Égypte ancienne. ◆ 2° *Zool.* (*Sens large*). Nom donné à plusieurs espèces. V. **Aurochs, bison, yack.** *Bœuf musqué.* V. **Ovibos.** ◆ 3° *Cour. Spécialt.* Le bœuf (1°) mâle *(opposé à vache),* castré *(opposé à taureau),* adulte *(opposé à veau). Bœuf de trait, de labour. Gardeur de bœufs.* V. **Bouvier.** *Bœuf de boucherie,* élevé pour l'alimentation. *Marchand de bœufs.* V. **Chevillard.** — *Bœuf gras* [bøgRa], *bœuf* promené en grande pompe dans certaines villes, pendant le carnaval. ◇ « *Un gros garçon d'une douzaine d'années, fort comme un bœuf* » (DAUD.). — *Travailler comme un bœuf,* beaucoup et sans manifester de fatigue. — *Mettre la charrue* avant les bœufs.* PROV. *Qui vole un œuf, vole un bœuf.* ◆ 4° Viande de bœuf ou de vache (V. **Boucherie**). *Morceaux de bœuf.* V. **Aloyau, bavette, culotte, entrecôte, faux-filet, filet, flanchet, gîte, jarret, paleron, plates-côtes, tranche.** *Cuis. Bœuf grillé, rôti.* V. **Bifteck, chateaubriand, romsteck, rosbif, tournedos.** *Bœuf bouilli.* V. **Bouilli, pot-au-feu.** *Bœuf à la ficelle. Bœuf gros sel. Bœuf à la mode* ou *bœuf-mode* : pièce de bœuf cuite à l'étouffée, assaisonnée de carottes, etc. *Bœuf bourguignon. Conserves de bœuf.* V. **Corned-beef.** ◆ 5° *Adj. invar.* (Fam.). *Un effet, un succès bœuf,* très grand et étonnant. V. **Énorme, monstre.** — (En Suisse) *C'est bœuf,* c'est bête. ◆ 6° *Arg.* des *mus.* (Jazz). Improvisation collective.

B.O.F. [beɔɛf]. *n.* et *adj.* (1944; abrév. de *beurre, œufs, fromages*). ◆ 1° Crémier. ◆ 2° *Péj.* Commerçant enrichi par le marché noir. — *Par ext.* Nouveau riche. *Il est un peu B.O.F.*

BOF! [bɔf]. *interj.* (1973; onomat.). Interjection exprimant le mépris, la lassitude. « *Bof! c'est du théâtre filmé!* » (L'Express, 16-4-1973).

BOGHEAD [bɔgɛd]. *n. m.* (1857; nom d'un village d'Écosse). Houille riche en matières volatiles, intermédiaire entre les charbons et les schistes bitumeux.

BOGHEI, BOGHEY, BOGUET [bɔgɛ] ou **BUGGY** [bœgɛ]. *n. m.* (1799; angl. *buggy*). *Ancienn.* Sorte de petit cabriolet découvert. « *La chignole à Massicot était un boguet arthritique* » (DUHAM.).

BOGIE [bɔʒi] ou **BOGGIE** [bɔgi; bɔ(g)ʒi]. *n. m. (Bogie,* 1843; mot angl.). *Ch. de fer.* Chariot à deux essieux (quatre roues) sur lequel est articulé par pivot le châssis d'une voiture (wagon) pour lui permettre de prendre les courbes.

BOGUE [bɔg]. *n. f.* (1555; mot de l'Ouest, breton *bolc'h*). Enveloppe piquante de la châtaigne.

BOHÈME [bɔɛm]. *n.* (1694; « habitant de la Bohême », 1372). *Fig.* Personne qui mène une vie vagabonde, sans règles ni souci du lendemain. *Mener une vie de bohème.* « *Je suis un fainéant, bohème journaliste* » (NERVAL). — Adj. *Avoir un caractère bohème.* V. **Artiste, fantaisiste.** ◇ *La bohème :* ensemble des bohèmes. *La bohème de Montparnasse.* ◇ ANT. Bourgeois, pantouflard (fam.). — (de l'adj.) Rangé, réglé.

BOHÉMIEN, IENNE [bɔemjɛ̃, jɛn]. *n. et adj.* (1558; « habitant de la Bohême », 1495; de *Bohême*). Membre de tribus vagabondes, vivant dans des roulottes, que l'on croyait originaires de Bohême. V. **Nomade; gitan, romanichel, tsigane.** — Péj. *Être habillée comme une bohémienne.*

1. BOIRE [bwaʀ]. *v. tr.* : *je bois, tu bois, il boit, nous buvons, vous buvez, ils boivent; je buvais; je bus, il but, nous bûmes, vous bûtes* (inus.), *ils burent; je boirai; je boirais; bois, buvons, buvez; que je boive, que nous buvions, qu'ils boivent; que je busse, qu'il bût, que nous bussions, qu'ils bussent* (inus.); *buvant; bu, bue (Bevvre,* xᵉ; lat. *bibere).* ♦ 1° Avaler un liquide quelconque. V. **Absorber, ingurgiter, prendre.** *Boire du vin. Un liquide bon à boire.* V. **Buvable, potable; boisson.** *Boire un coup, un verre.* — Absolt. *Boire pour apaiser, pour étancher sa soif.* V. **Désaltérer** (se), **rafraîchir** (se). *Boire chaud. Boire à petits coups* (V. **Siroter**). *Boire à longs traits* (V. **Lamper**). *Boire beaucoup et vite. Boire jusqu'à plus soif*, comme un trou.* V. **Écluser, pomper, siffler.** *Offrir à boire.* « *Donne-lui tout de même à boire, dit mon père* » (HUGO). *Chanson à boire. Boire à la santé, en l'honneur de qqn* (V. **Toast**), *de qqch.* (V. **Arroser**). *L'enfant boit.* V. **Téter.** *Bêtes qui boivent.* V. **Abreuver** (s'), **laper.** « *Mon verre n'est pas grand, mais je bois dans mon verre* » (MUSS.). ◇ Loc. et prov. *Boire le calice jusqu'à la lie :* endurer un malheur dans toute son étendue. — Péj. *Il y a à boire et à manger,* des choses disparates, bonnes et mauvaises. — *Boire un bouillon :* avoir un revers de fortune. — *Boire du lait, du petit lait :* se réjouir, se délecter de qqch., d'une flatterie (Cf. *fam.* Se gargariser). — *C'est, ce n'est pas la mer à boire :* c'est, ce n'est pas difficile. — *On ne saurait faire boire un âne qui n'a pas soif :* forcer qqn. — *Le vin est tiré, il faut le boire :* on ne peut reculer, il faut achever ce qui est commencé. — *Qui a bu boira :* on ne se corrige pas de ses vieux défauts, de ses vieilles habitudes. ◇ Fig. *Boire les paroles de qqn,* les écouter avec attention et admiration. — *Avoir toute honte* bue.* — Hipp. *Cheval qui boit l'obstacle,* le passe très facilement. ♦ 2° Absolt. et spécialt. Prendre des boissons alcoolisées avec excès. V. **Enivrer** (s'), **soûler** (se); *fam.* et *pop.* **Biberonner, lever, picoler.** *Un homme qui boit.* V. **Alcoolique, buveur, ivrogne.** ♦ 3° SE BOIRE. *v. réfl.* Devoir ou pouvoir être bu. *Ce vin se boit au dessert.* ♦ 4° *Par anal.* Absorber, en parlant d'un corps poreux, perméable. *La terre boit l'eau d'arrosage. Buvard* pour boire l'encre.* Absolt. *Papier qui boit* (l'encre), sur lequel on ne peut écrire lisiblement.

2. BOIRE [bwaʀ]. *n. m. (Boiv(e)re,* 1164; V. **Boire** 1). *Le boire et le manger,* l'action de boire et de manger; ce qui est bu et mangé. — Fam. *En perdre le boire et le manger :* être entièrement absorbé par une occupation, un souci.

BOIS [bwa(ɑ)]. *n. m.* (1080; d'un rad. *bosc,* lat. *boscus;* o. germ.). I. ♦ 1° Espace de terrain couvert d'arbres (V. **Forêt**). *L'orée d'un bois. Clairière d'un bois. Bois de châtaigniers* (V. **Châtaigneraie**), *de chênes* (V. **Chênaie**), *de frênes* (V. **Frênaie**), *de pins* (V. **Pinède**), *de sapins* (V. **Sapinière**). *Le Bois de Boulogne à Paris. Aller se promener au bois, dans les bois.* « *J'aime le son du cor, le soir au fond des bois* » (VIGNY). ♦ 2° *Eaux et for.* Les arbres en général. *Du bois en pleine végétation. Coupe de bois. Abattage du bois.*
II. ♦ 1° Matière ligneuse et compacte des arbres (V. **Xylo-**). *Bois vert. Bois mort, sec. Train* de bois qui flotte.* V. **Flottage, radeau.** *Couper, scier, fendre du bois. Copeaux, sciure* de bois. Bois dur, tendre; résineux.* Loc. *Faire flèche* de tout bois.* Fam. *Être du bois dont on fait les flûtes,* être très accommodant. ◇ *Bois de chauffage, à brûler. Ramasser du bois* (V. **Fagot**). *Bois coupé.* V. **Bûche.** *Un stère de bois. Poêle à bois. Feu de bois. Charbon* de bois.* Loc. prov. *On verra de quel bois je me chauffe,* quelle personne je suis (menace). ◇ *Bois de construction, d'œuvre, de charpente*. Bois de menuiserie, d'ébénisterie. Pièce de bois.* V. **Latte, madrier, planche, poutre.** *Plaque de bois.* V. **Contre-plaqué.** *Bois debout* (techn.), plaque de bois coupée perpendiculairement au fil. *Bois précieux. Bois de rose*. Bois exotiques,* des Iles. *Bois blanc,* sapin, bois léger. *Bois ciré, verni.* ◇ DE BOIS, EN BOIS, dont la matière est le bois, en parlant d'un objet. *Meubles en bois.*

Cheval de bois. Jambe* de bois. — Loc. fig. *N'être pas de bois,* ne pas manquer de sensualité. *Gueule de bois,* bouche empâtée et sèche par suite d'un excès de boisson. *Faire visage de bois à qqn,* lui fermer la porte au nez. ♦ 2° Chose en bois. *Un bois de lit,* le cadre en bois qui supporte le sommier. ◇ *Gravure sur bois. Un beau bois.* ◇ Loc. fam. *Toucher du bois* (souvent accompagné du geste concret), pour conjurer le mauvais sort. ◇ Plur. LES BOIS, les instruments à vent, munis de trous, en bois (parfois en métal) : flûte, hautbois, clarinette, basson, saxophone. ◇ *Bois de raquette,* la partie en bois. *Sports* (tennis). ♦ 2° *Spécialt.* Faire un bois, frapper la balle avec le bois. ◇ Plur. *Foot.* Poteau de but. ♦ 3° *Par ext.* Cornes caduques des cervidés. *Les bois d'un cerf. Ramification des bois.* V. **Andouiller.**

BOISAGE [bwa(ɑ)zaʒ]. *n. m.* (1610; de *boiser*). ♦ 1° Action de boiser (1°), de garnir avec du bois de menuiserie. *Boisage d'une maison, d'un navire.* ◇ (1796) *Boisage d'une galerie, d'un puits de mine.* V. **Cuvelage.** ♦ 2° L'ensemble du bois servant à boiser. *Le boisage des galeries de mine* (souvent remplacé par un *blindage**).

BOISÉ, ÉE [bwa(ɑ)ze]. *adj.* (1690; de *bois*). Couvert de bois (I). *Région boisée.* « *Des pentes boisées descendent en moutonnant vers le bas de la vallée* » (FROMENTIN).

BOISEMENT [bwa(ɑ)zmɑ̃]. *n. m.* (1823; de *boiser*). Action de boiser (2°), de garnir d'arbres un terrain. ◇ ANT. Déboisement.

BOISER [bwa(ɑ)ze]. *v. tr.* (1680; de *bois*). ♦ 1° Garnir avec du bois. *Boiser une mine.* — Vx. Garnir de menuiserie. « *Il fit boiser toute sa maison* » (ST-SIM.). ♦ 2° (1808). Planter d'arbres un terrain pour former un bois. *Boiser une contrée.* V. **Reboiser.** ◇ ANT. Déboiser.

BOISERIE [bwa(ɑ)zʀi]. *n. f.* (fin xvIIᵉ; de *boiser*). ♦ 1° Revêtement en bois de menuiserie. *Boiserie de fenêtre.* Châssis. ♦ 2° *Au plur.* Éléments de menuiserie d'une maison, à l'exclusion des parquets. *Boiseries en chêne, boiseries peintes.* ◇ *Lambris.*

BOISEUR [bwa(ɑ)zœʀ]. *n. m.* (1795; de *boiser*). Ouvrier employé aux travaux de boisage.

BOISSEAU [bwaso]. *n. m. (Boissiel,* xIIIᵉ; lat. pop. *°buxitellum,* même rad. que *boîte).* ♦ 1° Ancienne mesure de capacité (environ un décalitre). Récipient de forme cylindrique utilisé pour les matières sèches; son contenu. — Au Canada, Mesure actuelle de 8 gallons*, soit 36,36 litres. ◇ PROV. *Mettre la lumière sous le boisseau :* cacher la vérité. ♦ 2° *Techn.* Tuyaux s'emboîtant les uns dans les autres. *Boisseaux pour la conduite, l'écoulement des eaux, des fumées.* ◇ Trou de la cannelle d'un robinet dans lequel manœuvre la clef.

BOISSELIER [bwasəlje]. *n. m.* (1611; de *boisseau*). Ouvrier qui fabrique des boisseaux (1°) et autres ustensiles en bois odorant (tamis, etc.).

BOISSELLERIE [bwasɛlʀi]. *n. f.* (1751; de *boisseau*). Fabrication et commerce du boisselier; objets qu'il fabrique et vend.

BOISSON [bwasɔ̃]. *n. f.* (xIIIᵉ; bas lat. *bibitio,* de *bibere* « boire »). ♦ 1° Tout liquide qui se boit. V. **Breuvage.** *Boisson froide, chaude. Boisson désaltérante. Boisson gazeuse, gazéifiée. Boissons alcoolisées.* ♦ 2° *Spécialt.* Boisson alcoolique. *Être pris de boisson* (littér.). *Débit de boissons.* V. **Café; bar, buvette.** *Droits sur les boissons, sur la circulation des boissons :* acquit-à-caution, congé, laissez-passer, passavant. ♦ 3° *Fig.* Habitude de boire de l'alcool. *S'adonner à la boisson.* V. **Alcoolisme, ivresse.** « *Un mari usé par la boisson* » (ROUSS.).

BOÎTE [bwat]. *n. f. (Boiste,* xIᵉ; lat. pop. *°buxida;* class. *pyxis).* ♦ 1° Récipient de matière rigide (carton, bois, métal, plastique), facilement transportable, généralement muni d'un couvercle. *Le fond, les parois d'une boîte. Une boîte en carton* (V. **Carton**), *en fer. Boîte de conserve.* Ellipt. *Haricots en boîte. — Boîte vide.* V. **Emballage.** *Boîte née à recevoir (telle chose). Boîte à ouvrage,* à coudre, pour ranger les menus objets de couture. *Boîte à lait. Boîte à ordures.* V. **Poubelle.** *Boîte à bijoux.* V. **Coffret, écrin.** *Boîte de, contenant (telle chose). Boîte d'allumettes, de couleurs. Boîte de sardines.* — Fig. et fam. METTRE QQN EN BOÎTE, se moquer de lui, le faire marcher. *Mise en boîte.* V. **Moquerie.** ◇ *Par ext.* Contenu d'une boîte. *Avaler une boîte de pilules.* ♦ 2° Spécialt. *Boîte à malice, à surprise*.* Fig. *Boîte à malice :* ensemble de moyens secrets, de ruses dont une personne dispose. ◇ *Boîte à musique,* dont le mécanisme reproduit quelques mélodies. ◇ *Boîte aux lettres,* boîte postale installée sur la voie publique; boîte privée d'une maison où le facteur dépose le courrier. Fig. *Servir de boîte aux lettres,* d'intermédiaire dans un échange de lettres. ♦ 3° *Par anal.* Cavité, organe creux qui protège et contient un organe, un mécanisme. — Anat. (1833). *Boîte crânienne,* partie du crâne qui renferme le cerveau. « *Un brusque hululement aigu qui fait sauter le cerveau dans la boîte crânienne* » (MART. du G.). — Techn. *Boîte d'essieu, de roue :* pièce

conique fixée dans le moyeu d'une roue. V. **Chapeau, fusée.**
Boîte à feu : partie d'une chaudière tubulaire qui enveloppe
le foyer. *Boîte de vitesses,* organe renfermant les engrenages
des changements de vitesse. ◇ *Aviat. Boîte noire,* appareil
électronique enregistrant certaines données du vol (altitude,
vitesse, etc.) et destiné à en contrôler a posteriori le déroulement. — *Techn. Boîte noire,* dispositif dont on connaît la
réponse à un signal d'entrée, mais dont on ignore le fonctionnement interne. ♦ 4° *Par anal. Pop.* et *péj.* Maison, lieu de
travail. *Quelle boîte! Quitter sa boîte; changer de boîte.* —
Arg. Le *lycée.* V. **Bahut.** ♦ 5° BOÎTE DE NUIT, petit cabaret
ouvert la nuit où l'on boit, danse, et qui présente des attractions. ◇ HOM. *Boitte.*
BOITEMENT [bwatmɑ̃]. *n. m.* (1539; de *boiter*). *Rare.*
Action de boiter. V. **Boiterie.**
BOITER [bwate]. *v. intr. (Boister,* 1539; p.-ê. de *(pied)
bot* croisé avec *boîte).* Marcher en inclinant le corps d'un
côté plus que de l'autre, ou alternativement de l'un et de
l'autre. V. **Boitiller, clocher, clopiner, déhancher (se), traîner**
(la jambe). *En boitant.* V. **Clopin-clopant.** « *Le jarret aussi
s'est trouvé pris. Je ne marchais plus qu'en boitant fortement* »
(RIMBAUD). ◇ *Fig. Un raisonnement qui boite :* qui est défectueux, imparfait. V. **Clocher.**
BOITERIE [bwatʀi]. *n. f.* (1803; de *boiter).* Infirmité,
mouvement de celui qui boite. V. **Claudication.**
BOITEUX, EUSE [bwatø, øz]. *adj. (Boizteus,* 1226; V.
Boiter). ♦ 1° Qui boite. V. **Bancal, bancroche, béquillard.**
« *Un petit garçon fort gentil, mais boiteux, qui, clopinant avec
ses béquilles, s'en va demander l'aumône aux passants* »
(ROUSS.). *Le diable boiteux :* Asmodée. *Subst. Un boiteux,
une boiteuse. La canne, les béquilles d'un boiteux.* ♦ 2° *Par
ext. (Choses).* Qui n'est pas d'aplomb sur ses pieds. V.
Bancal, branlant. *Une table, une chaise boiteuse.* ♦ 3° Qui
manque d'équilibre, de solidité (Cf. Mal fait, mal fichu).
Un projet, un raisonnement boiteux. Paix boiteuse. ◇ *Spécialt.*
Qui présente une irrégularité. *Phrase, période boiteuse. Vers
boiteux :* qui n'a pas le nombre de syllabes voulu. ◇ ANT.
Ingambe ; harmonieux, symétrique.
BOÎTIER [bwatje]. *n. m.* (mil. XIIIe; de *boîte).*
I. Boîte à compartiments destinée à recevoir différents
objets. *Instruments de chirurgie rangés dans un boîtier.* ◇ *Boîtier de montre :* enveloppe de métal où s'emboîtent le cadran
et le mécanisme d'une montre. — *Boîtier de lampe de poche,*
boîte métallique renfermant la pile électrique.
II. (XXe). Membre d'une assemblée politique chargé de
voter pour l'ensemble des membres d'un groupe.
BOITILLANT, ANTE [bwatijɑ̃, ɑ̃t]. *adj.* (1881; de *boitiller).* Qui boitille. *Démarche boitillante. Fig.* Dont le rythme
est irrégulier. « *La musique enragée, boitillante, courait sous
les arbres* » (MAUPASS.).
BOITILLEMENT [bwatijmɑ̃]. *n. m.* (1867; de *boitiller).*
Léger boitement.
BOITILLER [bwatije]. *v. intr.* (1867; de *boiter).* Boiter
légèrement. « *La bête est fatiguée, elle boitille un peu* » (ALAIN-
FOURNIER).
BOIT-SANS-SOIF [bwasɑ̃swaf]. *n. invar.* (1904; de
qui boit sans [avoir] *soif). Fam.* Ivrogne. « *Tu ne sais donc
pas, malheureux, qu'on est la bande des boit-sans-soif?* »
(SARTRE).
BOITTE. V. **Boëte.**
1. **BOL** [bɔl]. *n. m.* (1792; *bowl,* 1786; angl. *bowl).* ♦
1° Pièce de vaisselle, récipient individuel hémisphérique servant à contenir certains liquides. V. **Jatte.** *Bol de porcelaine.* ♦ 2° Contenu d'un bol. V. **Bolée.** *Boire un bol de café
au lait.* — *Fig. Prendre un bol d'air,* aller au grand air. ♦ 3°
(De l'arg. *bol* « *postérieur* », *vx).* Pop. *Avoir du bol :* de la
chance. V. **Pot.** *Coup de bol,* de chance. *Ne te casse pas le
bol :* ne t'en fais pas. *En avoir ras le bol :* en avoir assez (V.
Marre).
2. **BOL** [bɔl]. *n. m.* (fin XIIIe; lat. méd. *bolus,* du gr. *bôlos*
« motte »). ♦ 1° *Pharm.* Grosse pilule ovoïde. — Remède
de consistance molle (V. **Électuaire),** roulé dans une poudre
pour être avalé en une seule fois. ♦ 2° *Bol alimentaire :*
masse d'aliments mastiqués, imprégnés de salive, et qui sera
déglutie. V. **Déglutition.**
BOLCHEVIK [bɔlʃevik] ou **BOLCHEVISTE** [bɔlʃe-
vist(ə)]. *n.* (1903-1917; russe *bolchevik* « partisan de la majorité », opposé à *menchevik* « partisan de la minorité »). ♦
1° Autrefois en Russie, Partisan du bolchevisme*. V. **Maximaliste.** ♦ 2° Russe communiste. — *Par ext. Péj.* Communiste.
(On dit aussi *Bolcho,* fam., dans ce sens.)
BOLCHEVIQUE [bɔlʃevik]. *adj.* (1917; de *bolchevik).
Vieilli.* Qui a rapport au bolchevisme.
BOLCHEVISME [bɔlʃevism(ə)]. *n. m.* (1917; de *bol-
chevik).* ♦ 1° *Hist.* Doctrine des majoritaires conduits par
Lénine (V. **Bolchevik),** élaborée à partir de 1903. V. **Collec-
tivisme, marxisme.** ♦ 2° *Polit. (Vieilli).* Communisme russe.
BOLCHO. V. **Bolchevik.**
BOLDO [bɔldo]. *n. m.* (1865; mot esp. d'Amérique,

probabl. empr. à l'araucan *boldu). Bot.* Petit arbre *(Pneumus
boldus)* originaire du Chili, dont les feuilles possèdent des
propriétés médicinales (cholagogues).
BOLDUC [bɔldyk]. *n. m.* (1890; de *Bois-le-Duc,* ville
des Pays-Bas). Ruban de lin ou de coton, plat et peu tramé,
utilisé dans le ficelage des petits paquets. « *Cinq paquets
enveloppés de papier-fête, ficelés en croix avec des choux de
bolduc* » (BAZIN).
-BOLE. Élément, du gr. *bolê* « action de jeter, lancer »,
de *ballein* « jeter, lancer ».
BOLÉE [bɔle]. *n. f.* (1892; de *bol* 1). *Région.* Contenu d'un
bol. *Une bolée de cidre.*
BOLÉRO [bɔleʀo]. *n. m.* (1804; esp. *bolero* « danseur »,
de *bola* « boule »). ♦ 1° Danse espagnole à trois temps,
de mouvement très modéré. ◇ Air sur lequel on la danse.
— *Par ext.* Composition musicale s'appartantant au boléro
espagnol. *Le boléro de Ravel.* ♦ 2° (Fin XIXe). Petite veste
de femme, courte et sans manches. — Petit chapeau rond
de femme.
BOLET [bɔlɛ]. *n. m.* (1503; lat. *boletus).* Champignon
charnu, à pied central *(Basidiomycètes). Bolets comestibles.*
V. **Cèpe.** *Le bolet satan est vénéneux.*
BOLIDE [bɔlid]. *n. m.* (1570; « sonde », 1552; lat. *bolis,
idis;* gr. *bolis, idos* « sonde, jet »). ♦ 1° *Astron.* Météorite
qui parvient au voisinage de la Terre sans être volatilisée.
— *Fig. Arriver, passer, filer, tomber comme un bolide :* très
vite, très brusquement. ♦ 2° (XIXe). Véhicule, voiture de
grande vitesse. *Un bolide de course. Les bolides des 24 heures
du Mans.*
BOLIER [bɔlje] ou **BOULIER** [bulje]. *n. m.* (1681; a.
prov. *bolech,* du lat. *bolus* « coup de filet »). Grand filet de
pêche traîné par bateau le long des côtes. ◇ HOM. *Boulier.*
BOLIVAR [bɔlivaʀ]. *n. m.* (1819; de *Bolivar,* héros de
l'indépendance en Amérique du Sud). *Ancien.* Chapeau
haut de forme à larges bords. ◇ Unité monétaire du Venezuela.
BOLLARD [bɔlaʀ]. *n. m.* (1949; mot angl., o. i.). *Mar.*
Bitte d'amarrage à terre.
BOLOMÈTRE [bɔlɔmɛtʀ(ə)]. *n. m.* (1888; du gr. *bolê*
« trait », et *-mètre). Phys.* Thermomètre à résistance électrique, servant à mesurer de faibles dégagements de chaleur.
BOMBAGISTE [bɔ̃baʒist(ə)]. *n. m.* (1878; de *bomber).
Techn.* Ouvrier qui cintre des plaques de verre par ramollissement à chaud *(Bombeur de verre).*
BOMBANCE [bɔ̃bɑ̃s]. *n. f.* (1530; *bobance* « orgueil,
faste », fin XIe; d'un rad. onomat. *bob,* idée de « gonflé ».
V. **Bobard).** Très bon repas. « *Quelque joyeuse bombance
est dans l'air aujourd'hui* » (MUSS.). V. **Festin, ripaille.** *Faire
bombance.* V. **Bombe, bringue; festoyer.** « *Les domestiques
profitent de l'absence des maîtres pour faire bombance* »
(GIDE).
BOMBARDE [bɔ̃baʀd(ə)]. *n. f.* (1342, sens II; lat. *bombus*
« bruit sourd »).
I. (1363). *Au moyen âge,* Machine de guerre qui servait à
lancer des boulets.
II. *Mus.* Ancienne trompette. ◇ Hautbois en usage en
Bretagne. ◇ Jeu d'orgue sonnant une octave au-dessous
du jeu de trompette.
BOMBARDEMENT [bɔ̃baʀdəmɑ̃]. *n. m.* (1697; de *bombarde,* I). ♦ 1° Action de bombarder, de lancer des bombes
ou des obus. *Bombardement d'une ville. Bombardement naval,
aéronaval, aérien. Avion de bombardement.* V. **Bombardier.**
Bombardement atomique, avec des bombes atomiques. ♦
2° *Phys. Bombardement atomique :* projection de particules
élémentaires (neutrons, protons) sur des noyaux d'atome
appelés *cibles.*
BOMBARDER [bɔ̃baʀde]. *v. tr.* (1515; de *bombarde,* I).
♦ 1° Attaquer, endommager en lançant des bombes, des
obus. *Ville bombardée et détruite par l'aviation.* ♦ 2° Lancer
de nombreux projectiles sur (qqn ou qqch.). *Bombarder de
cailloux, de tomates. Bombarder de fleurs* (bataille de fleurs).
— *Fig. et fam.* Accabler de. *Bombarder de lettres, de
télégrammes.* ♦ 3° *Phys. atom.* Projeter des particules élémentaires à grande vitesse sur (un noyau). ♦ 4° (Déb. XVIIIe).
Fig. et fam. Nommer brusquement, élever avec précipitation (qqn) à un poste, un emploi, une dignité (Cf. Parachuter). *On l'a bombardé général.* « *Ses protecteurs le bom-
bardèrent précepteur* » (ST-SIM.).
BOMBARDIER [bɔ̃baʀdje]. *n. m.* (1428; de *bombarde,* I).
♦ 1° *Vx.* Servant de bombarde. V. **Artilleur.** ♦ 2° (XXe).
Avion de bombardement. *Bombardier quadrimoteur. Adj.
Chasseur bombardier.* ♦ 3° Aviateur chargé du lancement
des bombes. « *Les mitrailleurs épiaient le combat, le bombardier
la terre* » (MALRAUX).
BOMBARDON [bɔ̃baʀdɔ̃]. *n. m.* (XIXe; de *bombarde,* II).
Instrument de musique très grave des fanfares (cuivres).
1. **BOMBE** [bɔ̃b]. *n. f.* (1640; it. *bomba,* du lat. *bombus).*
♦ 1° Projectile creux de forme variable, rempli d'explosif,
lancé autrefois par des canons, de nos jours lâché par des

avions. Vx. *Bombe sphérique*, remplie de poudre et munie d'une mèche qui communique le feu à la charge. — Mod. *Bombe explosive, incendiaire, au phosphore. Lâcher, larguer des bombes sur un objectif.* « *Les bombes lancées en chapelet avaient touché aussi les casernes* » (MALRAUX). *Bombe volante* (vieilli), fusée (V1, V2). — *Bombe atomique**, utilisant l'énergie de la transmutation nucléaire. *Bombe H*, bombe thermonucléaire à hydrogène. ◇ *Par ext.* Tout appareil explosible que fait éclater un mécanisme quelconque. V. **Machine** (infernale). *Bombe à retardement. Bombe au plastic. Attentat à la bombe.* ♦ 2° Fam. *Tomber, arriver comme une bombe :* brusquement, sans qu'on s'y attende. V. **Improviste** (à l'). *Une nouvelle qui éclate comme une bombe.* — Nouvelle surprenante. ♦ 3° *Par anal. de forme.* Mar. *Bombe à signaux :* boule en toile pour faire des signaux à grande distance. — Pâtiss. (1807) *Bombe glacée :* glace en tronc de cône, en pyramide. — Vase sphérique en verre. V. **Bonbonne.** *Bombe de kirsch.* — Phys. *Bombe calorimétrique :* récipient de métal hermétiquement fermé où l'on place un combustible de poids connu pour en mesurer le pouvoir calorifique. — Géol. *Bombe volcanique :* fragment de lave renflé en son milieu. — Méd. *Bombe au cobalt*, générateur de rayons gamma qui utilise le cobalt radioactif (traitement du cancer). ◇ 1928. *Équit.* Casquette hémisphérique des cavaliers. ♦ 4° (v. 1950). Atomiseur de grande dimension. *Bombe à laque pour les cheveux.*

2. BOMBE [bɔ̃b]. *n. f.* (1890; abrév. *de bombance*). Fam. (avec *Faire*). Repas, partie de plaisir où l'on boit beaucoup. *Faire la bombe, une bombe à tout casser, une petite bombe.* V. **Bombance, fête, noce.**

BOMBÉ, ÉE [bɔ̃be]. *adj.* (1690; V. Bomber). Qui est ou qui est devenu convexe. V. **Arrondi, courbe, renflé.** *Front bombé. Des ongles bombés. Des verres bombés. Boîte à couvercle bombé.* « *La poitrine crânement bombée à la prussienne* » (BALZ.). *Route bombée.* ⊗ ANT. Concave, creux.

BOMBEMENT [bɔ̃bmɑ̃]. *n. m.* (1694; de *bomber*). État de ce qui est bombé, convexe. V. **Convexité.** *Le bombement d'une route.* ⊗ ANT. Concavité.

BOMBER [bɔ̃be]. *v.* (1701; de *bombe*). ♦ 1° *V. tr.* Rendre convexe comme une bombe sphérique. « *Le vent bombe la voile* » (LEC. DE LISLE). *Bomber la poitrine.* V. **Redresser** (se). Fig. *Bomber le torse :* faire le fier. — Techn. *Bomber une feuille de plomb, de verre.* V. **Cintrer.** ♦ 2° *V. intr.* Devenir convexe. *Une boiserie, une planche qui bombe.* V. **Gondoler, gonfler.** « *Sous la tunique qui faisait bomber ses seins* » (PROUST). ⊗ ANT. Aplatir, creuser.

BOMBONNE. V. **BONBONNE.**

BOMBYX [bɔ̃biks]. *n. m.* (1593; *Bombyce*, 1564; lat. *bombyx*, gr. *bombux* « ver à soie »). Papillon (*Bombycidés*) dont le principal type, le *bombyx du mûrier*, a pour chenille le ver à soie. *Des bombyx.*

BÔME [bom]. *n. f.* (1793; du holl. *boom* « mât »). Mar. Grand espar horizontal sur lequel sont enverguées les voiles auriques* et triangulaires. — *Bôme à rouleau*, qui tourne sur elle-même et permet d'enrouler la grand-voile afin d'en diminuer la surface. ◇ *Syn.* **Gui.** (*Dér.* BÔMÉ, ÉE, *adj.*) ⊗ HOM. Baume.

1. BON, ONNE [bɔ̃, ɔn]. *adj. et adv.* (*Buon* Xe; lat. *bonus*). REM. Le comparatif de BON est *meilleur; plus... bon* peut s'employer lorsque le deux mots ne se suivent pas. *Plus ou moins bon. Plus il est bon, plus on se moque de lui.* — (*Place*) En épithète, BON se place en général avant le nom.

Ⓐ *Adj.* I. Qui convient. ♦ 1° Qui a les qualités utiles qu'on en attend; qui fonctionne bien. V. **Satisfaisant.** *Un bon lit, un bon couteau, de bonnes chaussures. Bonne terre. Bonne route. Avoir une bonne vue, bon pied* bon œil. Bon remède.* V. **Efficace.** *Bon conseil.* V. **Avisé, sage.** *Bon placement.* V. **Avantageux.** *À bon marché*. Un bon mariage. Bon métier. Bon résultat. Le compte, le calcul est bon.* V. **Juste.** *Bonnes raisons, bonne excuse.* V. **Valable.** ◇ (En attribut) *Il est bon de; que,* souhaitable, salutaire, nécessaire. *Trouver* bon, juger bon. Croire bon.* ♦ 2° (*Personnes*). Qui fait bien son métier, son travail; tient bien son rôle. *Un bon tailleur. Bon médecin, commerçant. Bon chrétien. Bon Français. Bon père, bon époux.* ◇ ÊTRE BON EN, réussir dans un domaine. *Il est bon en mathématiques.* ♦ 3° BON POUR, qui convient bien, est utile à (telle chose). *Un remède bon pour la gorge. L'alcool n'est pas bon pour la santé.* — (Avec l'inf.) « *Quand on est en péril de mort toutes les armes sont bonnes pour se défendre* » (CLAUDEL). Fam. *C'est bon pour lui de faire ces corvées :* si cela lui convient, cela ne me convient pas. — *Bon pour le service*, se dit d'un conscrit déclaré apte à faire son service militaire. *Par ext.* Fam. *Nous sommes bons pour la contravention*, nous allons l'avoir infailliblement. *On est bon!* V. **Cuit, fait** (Cf. *fam.* On y a droit). ◇ BON À (et infinitif passif) *Une chose bonne à manger*, à être mangée; comestible. *Toute vérité n'est pas bonne à dire. C'est bon à savoir. La soupe est bonne à jeter.* Subst. m. *Bon à tirer*, épreuve bonne à tirer. — BON À (et infinitif actif) Iron. *C'est tout juste bon à nous faire perdre notre temps.* — (*Personnes*)

Négatif. *Il n'est bon à rien, il n'est pas bon à grand-chose*, il ne sait rien faire. V. **Inutile.** ◇ À QUOI BON? à quoi cela sert-il? V. **Pourquoi.** *À quoi bon continuer? À quoi bon tous ces efforts?* ♦ 4° Qui est bien fait, mérite l'estime. *C'est du bon travail. Un bon devoir. Un bon livre, une bonne toile; un bon film. C'est très bon.* V. **Excellent, remarquable.** ♦ 5° Qui répond aux exigences de la morale. V. **Convenable, honorable.** *Bonne conduite, bonnes mœurs. Avoir de bonnes lectures. Être de bonne famille.* ♦ 6° Agréable au goût ou à l'odorat. *Un bon gâteau. C'est très bon.* V. **Délicieux, excellent, fameux, savoureux, succulent.** *Les bons morceaux.* V. **Délicat, fin.** *Bonne odeur.* ♦ 7° *Par ext.* Qui donne du plaisir. V. **Agréable.** *Un bon bain. C'est une bonne, assez chaude pour se baigner. Une bonne promenade. Passer de bonnes vacances, de bons moments avec qqn. Avoir la bonne vie. Une bonne histoire,* qui amuse. V. **Drôle.** Fam. *En avoir de bonnes*, plaisanter. *Tout abandonner! tu en as de bonnes.* — (En souhait) *Bonne fête! Bon voyage! Bonne année!* V. **Heureux.** ♦ 8° Qui est la chose, la personne qu'il convient et non une autre. — (LE BON et subst.) *Ranger un objet à la bonne place. Tenir le bon bout*. Tirer du bon côté; au bon moment* (V. **Opportun**). *Ce n'est pas la bonne clé, ce n'est pas la bonne. À la bonne adresse.* V. **Véritable.** *Nous sommes sur la bonne voie.* ♦ 9° Interj. *Bon!* marque la satisfaction, notamment après une affaire faite, terminée. V. **Bien.** — Marque la surprise. *Allons bon! Ah, bon!* — Iron. Marque le mécontentement. *Bon, voilà que ça recommence! Bon, bien, nous verrons qui a raison.* ◇ *C'est bon!* cela suffit. ♦ 10° *Loc. adv.* POUR DE BON : réellement, véritablement. — TOUT DE BON (littér.) : même sens.

II. (*Idée de bonté*). ♦ 1° Qui veut du bien, fait du bien à autrui (après le nom, surtout attribut). V. **Charitable, clément, compréhensif, généreux, humain, indulgent, magnanime, secourable; bonté.** *Cet homme est bon, bon comme le pain. Soyez bons pour les animaux. Trop bon.* V. **Bonasse, faible.** *C'est un homme bon, bon et généreux.* — *Par ext.* Qui entretient avec autrui des relations agréables; qui a une certaine rondeur, de la bonhomie. V. **Brave, complaisant, gentil, serviable.** *Une bonne fille. Bonne femme*. Il est bon bougre.* « *Il me parut, comme à vous, un assez bon diable* » (D'ALEMB.). *Bon enfant, bon vivant. Être bon public. Merci, vous êtes bien bon, trop bon.* V. **Aimable, obligeant.** — Fam. (Pour souligner l'impossibilité de ce qui est proposé) *Vous êtes bon, ce n'est pas si facile!* ♦ 2° (*Choses*). Qui exprime la bonté, témoigne de bonté. *Avoir bon cœur*. Faire une bonne action* (V. **B.A.**). *Bonnes œuvres. Allons, un bon mouvement!* — *Par antiphr.* V. **Mauvais.** *Les bonnes langues.* ♦ 3° *Loc. adv.* Pop. À LA BONNE : *avoir qqn à la bonne*, le trouver sympathique, avoir pour lui toutes les indulgences. *Je ne crains rien, il m'a à la bonne!* « *Nanette m'avait à la bonne; quand elle m'a cédé sa boutique* » (QUENEAU).

III. *Par ext.* (*Valeur intensive*). ♦ 1° Qui atteint largement la mesure exprimée; grand. *Une bonne pincée.* V. **Gros.** *Il y en a un bon verre.* V. **Plein.** « *Il avait maintenant trois bons kilomètres à faire pour revenir* » (Cl. SIMON). *Une bonne semaine. Une bonne partie.* V. **Grand.** ♦ 2° Définitif, total. *Finissons-en une bonne fois. Arriver bon premier.* Vx. « *Un bon impertinent* » (MOL.). V. **Beau.** ♦ 3° Intense, violent. *Une bonne gifle. Une bonne cuite.*

Ⓑ *Adv.* de manière. *Sentir bon. Tenir* bon.* — *Il fait bon* (et infinitif) : il est agréable de. « *Il fait bon vivre chez vous* » (VIGNY). ⊗ ANT. Mauvais. Méchant. Petit. — HOM. Bond.

2. BON [bɔ̃]. *n. m.* (XVe; V. Bon 1). I. ♦ 1° Ce qui est bon. « *Discernant le bon d'avec le mauvais* » (FLÉCH.). ♦ 2° (Avec *Avoir*). Ce qu'il y a de bon, meilleur dans une personne ou une chose. *Il y a du bon et du mauvais dans cet ouvrage. Avoir du bon*, présenter des avantages. *Cette solution a aussi du bon.* ♦ 3° (Surtout au plur.). Personne qui est bonne. *Les bons et les méchants.* II. (Fin XVIIe). Formule écrite constatant le droit d'une personne d'exiger une prestation, de toucher une somme d'argent, etc. V. **Billet.** *Bon du Trésor. Bon d'essence. Bon de caisse. Bon pour... Signer, souscrire un bon.*

BONACE [bɔnas]. *n. f.* (fin XIIe; prov. *bonassa*, du lat. pop. *bonacia, réfect. du lat. *malacia* [gr. *malakia*, du malakos* « mou »], senti comme dér. de *malus*). Mar. Calme plat de la mer après ou avant une tempête. ⊗ ANT. Tempête. — HOM. Bonasse

BONAPARTISME [bɔnapartism(ə)]. *n. m.* (1816; de *Bonaparte*). ♦ 1° Gouvernement de la dynastie des Bonaparte. — *Par ext.* Toute forme de gouvernement dont les principes rappellent ceux du gouvernement des Bonaparte. ♦ 2° Attachement à la dynastie des Bonaparte ou à leur système politique.

BONAPARTISTE [bɔnapartist(ə)]. *adj.* (1816; de *Bonaparte*). Qui a rapport au bonapartisme. Subst. Partisan du bonapartisme.

BONASSE [bɔnas]. *adj.* (fin XVe, aussi « calme »; it. *bonaccio*. V. **Bonace**). Qui est faible, d'une bonté excessive

par simplicité d'esprit, par peur des conflits. V. **Faible, mou.**
— Par ext. *Un air bonasse.* « *Tout leur visage est calme ou
reposé, paterne ou bonasse* » (TAINE). ◇ ANT. *Énergique,
sévère.* — HOM. *Bonace.*

BONASSERIE [bɔnasʀi]. *n. f.* (v. 1867; de *bonasse*).
Caractère de celui qui est bonasse. « *La bonasserie l'expose
à tomber dans tous les pièges* » (E. SUE).

BONBON [bɔ̃bɔ̃]. *n. m.* (1604, « friandise »; redoublement
de *bon*). *Spécialt.* Petite friandise, de consistance ferme ou
dure, faite de sirop aromatisé et parfois coloré. V. **Berlingot,
caramel, dragée, praline, sucre** (d'orge). *Bonbon fondant.
Bonbons acidulés, anglais. Bonbon fourré :* sucre qui enrobe
une pâte de fruit, de la liqueur. *Acheter des bonbons chez
le confiseur.* ◇ Région. (*Belgique*). Biscuit.

BONBONNE ou **BOMBONNE** [bɔ̃bɔn]. *n. f.* (1852; prov.
boumbouno « sorte de bouteille », du lat. *bombus*). Récipient
pansu à col étroit et court servant à conserver certains liquides.
*Une bonbonne en verre, en grès. Bonbonne d'huile. Bonbonne
recouverte d'osier.*

BONBONNIÈRE [bɔ̃bɔnjɛʀ]. *n. f.* (fin XVIIIe; de *bonbon*).
♦ 1° Petite boîte à bonbons en porcelaine, en argent. ♦
2° *Par anal.* Petit appartement décoré avec goût.

BON-CHRÉTIEN [bɔ̃kʀetjɛ̃]. *n. m.* (XVIe; lat. *poma
panchresta*, gr. *pankhrêston* « fruit utile à tout », refait sur
chrétien). Variété de grosse poire. *Des bons-chrétiens.*

BOND [bɔ̃]. *n. m.* (1390; de *bondir*). ♦ 1° Action de bondir,
de s'élever de terre par un mouvement brusque (homme ou
animal). V. **Saut.** *D'un bond, il franchit l'obstacle. Bond
prodigieux d'acrobate.* — *Milit. Bonds en avant, bonds successifs,* étapes de l'avance des troupes au combat. —
(*Manège*) *Saut que le cheval exécute sur place, des quatre
pieds à la fois.* ◇ *Loc. Ne faire qu'un bond :* se précipiter. —
Fig. Progresser par bonds, de manière discontinue. « *On a dit
de la nature qu'elle ne faisait pas de sauts!... je ne vois que
bonds, que volte-face* » (DUHAM.). *Faire un bond, progresser,
augmenter subitement de façon notable. La Bourse a fait
un bond.* — *Écon. Bond en avant :* progrès soudain et rapide.
Le grand bond en avant chinois de 1958. ♦ 2° *Rejaillissement
d'un corps inerte qui heurte un obstacle. Les bonds d'une
pierre lancée obliquement sur l'eau.* V. **Ricochet.** *Les bonds
d'une balle.* V. **Rebond, rebondir.** ◇ *Loc. fig. Prendre la balle
au bond.* V. **Balle.** — *Faire faux bond à qqn :* manquer un
rendez-vous; se dérober au dernier moment. « *L'entrepreneur
qui devait réparer le pavillon inhabitable avait fait faux bond,
à cause des grèves* » (GIRAUDOUX). ◇ HOM. *Bon.*

BONDE [bɔ̃d]. *n. f.* (1373; « borne », 1269; gaul. °*bunda*).
♦ 1° Ouverture de fond, destinée à vider l'eau d'un étang,
d'un réservoir, d'un évier, d'une baignoire. — *Par ext. Le
système de fermeture de la bonde. Lâcher, lever, hausser la
bonde :* l'ouvrir pour faire écouler l'eau. — *Fig.* « *Je lâchai
la bonde à mes larmes* » (ROUSS.). ♦ 2° *Par anal.* Trou pratiqué dans une douve de tonneau, pour le remplir ou le
vider. *Par ext.* La pièce de bois permettant d'obturer ce
trou. V. **Bondon, bouchon, tampon.** *Remplir un tonneau jusqu'à
la bonde.*

BONDÉ, ÉE [bɔ̃de]. *adj.* (1835; de *bonder* « remplir un
tonneau jusqu'à la bonde », 1483). Qui contient le maximum
de personnes (salle, véhicule). V. **Comble, plein.** *En août les
trains sont bondés.* ◇ ANT. *Vide.*

BONDÉRISATION [bɔ̃deʀizasjɔ̃]. *n. f.* (1948; de l'angl.
bonderization, rac. *to bond* « lier »). *Métall.* Phosphatation
superficielle des produits ferreux pour les protéger de la
rouille.

BONDIEUSERIE [bɔ̃djøzʀi]. *n. f.* (1861; de *bon Dieu*).
♦ 1° Bigoterie. ♦ 2° Objet de piété de mauvais goût. *Vendre
des bondieuseries.*

BONDIR [bɔ̃diʀ]. *v. intr.* (1080; lat. pop. °*bombitire,* fréquent, de *bombire* « résonner »). ♦ 1° S'élever brusquement
en l'air par un saut. V. **Sauter, élancer** (s'). *Les chamois
bondissent dans la montagne.* V. **Cabrioler, gambader.** *Le
tigre bondit sur sa proie.* « *La chaloupe bondissait sur les
lames* » (LOTI). ◇ *Fig. Sauter, bondir d'impatience, de surprise, de joie.* ◇ *Par anal. Cela me fait bondir* (d'indignation). « *Le cœur lui bondissait d'inquiétude et de colère* »
(SAND). ♦ 2° *Par ext.* S'élancer précipitamment. V. **Courir.**
« *Il bondit à sa toilette* » (GIDE).

BONDISSANT, ANTE [bɔ̃disɑ̃, ɑ̃t]. *adj.* (1512; de *bondir*). Qui bondit. *Des chevreaux bondissants.* V. **Capricant.**

BONDISSEMENT [bɔ̃dismɑ̃]. *n. m.* (1547; « retentissement », 1379; de *bondir*). Action de bondir, suite de bonds.
Le bondissement du cabri. V. **Bond, saut.**

BONDON [bɔ̃dɔ̃]. *n. m.* (fin XIIIe; de *bonde*). ♦ 1° Morceau de bois court et cylindrique servant à boucher la bonde
d'un tonneau. V. **Bouchon.** — La bonde elle-même. ♦
2° (1836). Petit fromage cylindrique à pâte molle.

BONDRÉE [bɔ̃dʀe]. *n. f.* (1555; de *bonde*). Oiseau rapace
diurne, buse à longue queue.

BON ENFANT [bɔ̃nɑ̃fɑ̃]. *adj. invar.* (1560; de *bon* [I,
II], et *enfant*). Qui a une gentillesse simple et naïve. V.

Bonhomme. *Elle est bon enfant. Son air bon enfant. Des
manières bon enfant.* « *Une exaltation qui se manifeste en
gestes bon enfant* » (P.-V. MARGUERITTE).

BONHEUR [bɔnœʀ]. *n. m.* (déb. XIIe; de *bon* 1, et *heur*).
I. ♦ 1° *Chance. Puisque j'ai le bonheur de vous rencontrer.*
V. **Heur.** *Il est célibataire! Il ne connaît pas son bonheur,*
c'est une chance qu'il n'apprécie peut-être pas (mais qui est
appréciable). *Porter bonheur, donner de la chance.* V. **Porte-
bonheur.** *Au petit bonheur,* au hasard. « *Toutes choses, dans
cette maison Baudoin, semblaient résolues au petit bonheur* »
(DUHAM.). *Loc. adv.* PAR BONHEUR. V. **Heureusement.** « *Puisque, par bonheur, personne n'est encore averti de la chose* »
(MOL.). ♦ 2° *Littér.* Réussite, succès (précédé de *avec*).
Cette œuvre allie avec bonheur des qualités très opposées.
II. ♦ 1° État de la conscience pleinement satisfaite. V.
**Béatitude, bien-être, félicité, plaisir; contentement, enchan-
tement, euphorie, extase, joie, ravissement, satisfaction.** *Le
bonheur parfait, suprême. Son bonheur est menacé. Recherche
du bonheur.* V. **Eudémonisme.** *Le bonheur de vivre, d'aimer.
Souhaits de bonheur.* V. **Bénédiction, vœu.** « *On n'est pas
heureux. Notre bonheur, c'est le silence du malheur* » (RENARD).
« *Le bonheur, ça n'est pas une timbale qu'on décroche... C'est
surtout une aptitude, je crois* » (MART. du G.). *Faire le bonheur
de,* rendre heureux. *Faire le bonheur de sa femme.* — (Choses)
*L'argent ne fait pas le bonheur. Fam. Si ce crayon peut faire
votre bonheur, vous est utile.* ♦ 2° *Par ext. Ce qui rend heureux.* « *Ah! mon vieil ami, quel bonheur de se promener ensemble
par ce beau temps!* » (PROUST). *C'est un grand bonheur pour
moi. Les petits bonheurs.* PROV. *Le malheur des uns fait le
bonheur des autres.*
◇ ANT. *Malheur; malchance; échec, inquiétude, peine.*

BONHEUR-DU-JOUR [bɔnœʀdyʒuʀ]. *n. m.* (XVIIIe; de
bonheur, et *jour*). Petit bureau à tiroir, en vogue au XVIIIe s.
Des bonheurs-du-jour en marqueterie.

BONHOMIE [bɔnɔmi]. *n. f.* (1736; de *bonhomme*). Simplicité dans les manières, unie à la bonté du cœur. V. **Bonté,
simplicité.** *Une aimable, une charmante bonhomie.* « *Il y a
dans le ton de sa voix plus de bonhomie que d'indiscrète familiarité* » (GIDE). ◇ ANT. *Affectation, suffisance.*

BONHOMME [bɔnɔm], **BONSHOMMES** [bɔ̃zɔm]. *n. m.*
(XIIe, repris XVIe; de *bon* 1, et *homme*). ♦ 1° *Vx.* Homme
bon. ◇ *Mod. Adj. Des airs bonhomme.* V. **Bon enfant.** ♦
2° *Vx* (XVIIe). Homme simple, peu avisé et crédule. V. **Naïf.**
Un bonhomme de mari. ♦ 3° *Vieilli.* Homme d'un âge avancé.
V. **Vieux.** « *À quatre-vingts ans, le bonhomme était toujours
d'attaque* » (BALZ.). ♦ 4° *Fam.* Homme, monsieur. V. **Mec,
type.** *Le bonhomme commence à m'insulter.* « *J'ai connu
quelques bonshommes comme cela* » (DUTOURD). ♦ 5° (XVIIIe).
T. d'affection en parlant à un petit garçon. *Mon bonhomme.
Ce bonhomme a déjà cinq ans.* ♦ 6° *Fam.* (1863). Figure
humaine dessinée ou façonnée grossièrement. *Dessiner des
bonshommes. Un bonhomme de neige.* ♦ 7° *Loc. Aller, poursuivre son petit bonhomme de chemin :* poursuivre ses entreprises sans hâte, sans bruit, mais sûrement. — *Nom d'un petit
bonhomme!* juron familier.

BONI [bɔni]. *n. m.* (XVIe; du lat. *aliquid boni* « quelque
chose de bon »). Excédent d'une somme affectée à une
dépense sur la somme effectivement dépensée; surplus d'une
recette sur les prévisions. V. **Bénéfice, bonification, excédent,
guelte.** *Boni de liquidation. Mille francs de boni. Des bonis.*
◇ ANT. *Déficit.*

BONICHE ou **BONNICHE** [bɔniʃ]. *n. f.* (fin XIXe; de
bonne, et *-iche*). *Péj.* Jeune bonne; bonne (2°).

BONICHON [bɔniʃɔ̃]. *n. m.* (1867; dimin. de *bonnet*).
Fam. Petit bonnet.

1. **BONIFICATION** [bɔnifikasjɔ̃]. *n. f.* (1584; de *boni-
fier* 1). Action d'améliorer, de rendre un meilleur produit.
V. **Amélioration.** *Bonification de la terre.* V. **Amendement.**
◇ ANT. *Détérioration.*

2. **BONIFICATION** [bɔnifikasjɔ̃]. *n. f.* (1712; de *bonifier* 2). Action de donner à titre de boni, de surplus. V. **Rabais,
remise, ristourne.** — La somme donnée à titre de boni. *Une
bonification de mille francs.*

1. **BONIFIER** [bɔnifje]. *v. tr.* (1445; lat. *bonificare*).
♦ 1° Rendre meilleur, d'un meilleur produit. V. **Améliorer.**
Bonifier les terres par l'assolement. V. SE **BONIFIER.** ♦ *Se
pron.* S'améliorer. *Le vin se bonifie en vieillissant.* Fig. *Son
caractère s'est bonifié.* ◇ ANT. *Aggraver, gâter.*

2. **BONIFIER** [bɔnifje]. *v. tr.* (1712; d'apr. *boni*). Donner
à titre de boni.

BONIMENT [bɔnimɑ̃]. *n. m.* (1827; de l'arg. *bonir*
« dire », proprem. « en dire de *bonnes* »). ♦ 1° Propos que
débitent les charlatans, les bateleurs, pour convaincre et
attirer la clientèle (V. **Parade**). — *Par ext.* Discours trompeur
pour vanter une marchandise, séduire le client. V. **Battage,
baratin.** *Faire le boniment.* ♦ 2° *Fam.* Tout propos mensonger. V. **Blague, bobard, mensonge.** *Raconter des boniments.
Assez de boniments!* « *Tous ceux qui ont voulu organiser du
travail sans luxe ni boniment se sont heurtés aux mêmes refus* »
(PÉGUY).

BONIMENTER [bɔnimɑ̃te]. *v. intr.* (1889 ; de *boniment*). Faire des boniments (1°).
BONIMENTEUR [bɔnimɑ̃tœʀ]. *n. m.* (fin XIXe ; de *bonimenter*). Celui qui fait le boniment, des boniments.
BONITE [bɔnit]. *n. f.* (1529 ; esp. *bonito*, par l'it.). Thon de la Méditerranée. *Bonite à dos rayé.*
BONJOUR [bɔ̃ʒuʀ]. *n. m.* (XIIIe ; de *bon*, et *jour*). Salutation (proprem. « jour heureux »), qu'on emploie à toute heure du jour. *Souhaiter le bonjour à qqn.* — Fam. *Bien le bonjour.* V. **Salut, salutation.** « *Et point d'effusion avec des amis retrouvés ; rien que de vagues bonjours* » (LOTI). ◇ Ellipt. (XVIIe) *Dire bonjour. Bonjour!* « *Hé! bonjour, Monsieur du Corbeau* » (LA FONT.). Loc. *Simple comme bonjour :* très simple. ◇ *Région.* (Canada). Pour prendre congé de qqn, le jour (opposé à *Bonsoir!*). Au revoir!
BON MARCHÉ [bɔ̃maʀʃe]. *adj. invar.* V. **Marché.** ◇ ANT. *Cher, coûteux.*
BONNE [bɔn]. *n. f.* (1708, T. d'affection ; 1762, « gouvernante d'enfants » (ACAD.). ♦ 1° (*Vieilli*). Servante. V. **Domestique, servante.** *Bonne d'enfants.* V. **Gouvernante, nurse.** *Bonne à tout faire.* ♦ 2° Absolt. BONNE (de *bonne à tout faire*), domestique qui fait le ménage, les courses, souvent la cuisine, et vit chez ses maîtres. *Petite bonne.* V. **Boniche** (*péj.*).
BONNE (À LA) [alabɔn]. V. **BON** (II, 3°).
BONNE-MAMAN [bɔnmamɑ̃]. *n. f.* (déb. XIXe ; de *bon* 1, et *maman*). T. d'affection des enfants à leur grand-mère. V. **Grand-mère.** *Des bonnes-mamans.*
BONNEMENT [bɔnmɑ̃]. *adv.* (XIIIe ; de *bon*). Vx. Avec simplicité, sans détour. V. **Naivement, simplement ; franchement.** *Bonnement et simplement.* — (Mod., avec *tout*) *Avouer tout bonnement une erreur.* « *Dire tout bonnement ce qui me viendra* » (STENDHAL). Par ext. V. **Vraiment ; réellement.** « *Les dauphins… sont tout bonnement de petits cachalots* » (FRANCE).
BONNET [bɔnɛ]. *n. m.* (1401 ; « étoffe à coiffure », XIIe ; o. i. germ.).
I. Coiffure sans bord dont la forme varie. *Bonnet de nuit,* qu'on portait pour dormir. *Bonnet de femme,* coiffe paysanne en lingerie. *Bonnet de police.* V. **Calot.** *Bonnet à poils.* V. **Colback.** *Bonnet phrygien :* bonnet rouge des sans-culottes, de la République. *Bonnet de bain,* pour protéger les cheveux. *Bonnet d'âne.* V. **Âne.** — Loc. div. *Être triste comme un bonnet de nuit.* Par ext. *Quel bonnet de nuit!* personne triste, ennuyeuse. *Avoir la tête près du bonnet :* être colérique, prompt à s'emporter. *Prendre qqch. sous son bonnet :* faire qqch. de sa propre autorité, en prendre la responsabilité. — Fam. *Jeter son bonnet par-dessus les moulins :* braver la bienséance, en parlant d'une jeune fille. — *C'est blanc bonnet et bonnet blanc :* cela revient au même. — *Opiner du bonnet :* donner une adhésion totale à l'avis d'un autre, ce que faisaient les docteurs de Sorbonne en levant leur bonnet. — *Un gros bonnet :* un personnage éminent, influent. V. **Huile.**
II. *Par anal. de forme.* ♦ 1° Zool. (1690). Second estomac des ruminants. ♦ 2° (v. 1950). Chacune des deux poches d'un soutien-gorge.
BONNETEAU [bɔnto]. *n. m.* (1708 ; de *bonneteur*). Jeu de trois cartes que le bonneteur mélange après les avoir retournées, le joueur devant deviner où se trouve une de ses cartes.
BONNETERIE [bɔnɛtʀi]. *n. f.* (XVe ; de *bonnet*). Fabrication, industrie, commerce d'articles d'habillement en tissu à mailles. — Les articles fabriqués par cette industrie (bas, chaussettes, lingerie).
BONNETEUR [bɔntœʀ]. *n. m.* (1708 ; de *bonnet*). ♦ 1° Filou qui attire ses victimes à force de civilités. ♦ 2° Spécialt. Celui qui tient un jeu de bonneteau.
BONNETIER, IÈRE [bɔntje, jɛʀ]. *n.* (1449 ; de *bonnet*). ♦ 1° Personne qui fabrique ou qui vend des articles de bonneterie. ♦ 2° BONNETIÈRE. *n. f.* Petite armoire utilisée à l'origine pour ranger des coiffes.
BONNETTE [bɔnɛt]. *n. f.* (1382 ; de *bonnet*). ♦ 1° Fortif. Ouvrage avancé au delà du glacis, et dont les deux faces forment un angle saillant. ♦ 2° Mar. Voile carrée supplémentaire que l'on installe à l'aide de bouts-dehors. *Bonnette basse, bonnette de hune, de perroquet. Mettre bonnette sur bonnette,* toutes voiles dehors. ♦ 3° Opt. Verre teinté adapté aux oculaires des instruments astronomiques. — Phot. Lentille amovible modifiant la distance focale. *Bonnette de mise au point.*
BONNICHE. V. **BONICHE.**
BON-PAPA [bɔ̃papa]. *n. m.* (déb. XIXe ; de *bon* 1, et *papa*). T. enfantin d'affection pour *grand-père*. *Des bons-papas.*
BON SENS. *n. m.* V. **SENS.**
BONSOIR [bɔ̃swaʀ]. *n. m.* (fin XVe ; de *bon* 1, et *soir*). ♦ 1° Salutation du soir. V. **Salut.** *Souhaiter le bonsoir.* ◇ Ellipt. *Dire bonsoir. Bonsoir!* — Région. (Canada). Pour prendre congé de qqn, le soir (opposé à *Bonjour!*). Au revoir! ♦ 2° Fig. et fam. *Bonsoir!* se dit pour marquer qu'une affaire est finie, qu'on s'en désintéresse. V. **Adieu.**
BONTÉ [bɔ̃te]. *n. f.* (XIIe ; lat. *bonitas, -atis*).
I. (*Rare*). Qualité de ce qui est bon (I) ; bonne qualité. V. **Excellence.** *Bonté d'une terre, d'un vin.*
II. ♦ 1° Qualité morale qui porte à faire le bien, à être bon (II) pour les autres. V. **Altruisme, bénignité, bienveillance, bonhomie, clémence, compassion, humanité, indulgence, magnanimité, mansuétude, miséricorde, pitié.** « *Nul ne mérite d'être loué de bonté, s'il n'a pas la force d'être méchant* » (LA ROCHEF.). *Il est d'une grande bonté. Par bonté d'âme* (souvent iron.). Fam. *Vous avez de la bonté de reste,* vous êtes trop bon. *Traiter qqn avec bonté.* — Relig. *Dieu est toute bonté.* Interj. *Bonté divine!* ♦ 2° (T. de politesse). Avoir la bonté de. V. **Amabilité, bienveillance, complaisance, obligeance.** *Il a eu la bonté de m'écrire. Voulez-vous avoir la bonté de…*♦ 3° Au plur. Acte de bonté ; par ext. Acte d'amabilité. *Merci de toutes vos bontés, des bontés que vous avez eues pour moi.* — (ANT. Méchanceté).
BONUS-MALUS [bɔnysmalys]. *n. m.* (1970 ; du lat. *bonus* « bon », et *malus* « mauvais »). Système d'assurance automobile dans lequel le montant de la prime est en rapport avec le taux d'accidents précédemment enregistré.
BON VIVANT [bɔ̃vivɑ̃]. *adj.* et *n. m.* (1680 ; de *bon* 1, et *vivant*). Homme d'humeur joviale et facile qui aime les plaisirs. « *Il était bon vivant, joyeux, farceur, puissant mangeur et fort buveur, et vigoureux trousseur de servantes* » (MAUPASS.). *Des bons vivants.* ◇ ANT. *Triste, rabat-joie.*
BONZE [bɔ̃z]. *n. m.* (1570 ; port. *bonzo*, du jap. *bozu* « prêtre »). ♦ 1° Prêtre chinois ou japonais de la religion bouddhique. *Au fém.* BONZESSE [bɔ̃zɛs], femme bouddhiste cloîtrée. ♦ 2° Fig. et fam. Personnage en vue, quelque peu prétentieux. V. **Pontife.** *Les bonzes d'un parti.* ♦ 3° Pop. Vieillard. ♦ 4° Arg. Homme, individu.
BONZERIE [bɔ̃zʀi]. *n. f.* (1846 ; de *bonze*). Monastère de bonzes.
BOOGIE-WOOGIE [bugiwugi]. *n. m.* (1945 ; mot amér. ; o. i.). Façon de jouer le blues au piano sur un rythme généralement rapide avec, à la basse, une formule rythmique constante. Blues ainsi joué, sur lequel on danse. Pl. *Des boogie-woogies.*
BOOKMAKER [bukmɛkœʀ]. *n. m.* (1855 ; mot angl., de *book* « livre », et *maker* « faiseur »). Celui qui, dans les courses de chevaux, prend des paris et les inscrit. Abrév. *Book.*
BOOLÉEN, ÉENNE [buleɛ̃, ɛɛn]. *adj.* (v. 1950 ; du mathématicien angl. G. *Boole*). *Math., inform.* Relatif à l'algèbre de Boole. *Variable booléenne,* qui ne peut prendre que deux valeurs distinctes. V. **Binaire.** — On dit aussi *boolien, enne,* et *booléien, enne.*
BOOM [bum]. *n. m.* (1855 ; mot amér. « détonation »). ♦ 1° Vx. Réclame tapageuse pour lancer une affaire. ♦ 2° Écon. (1907). Brusque hausse des valeurs. Prospérité soudaine et peu stable. « *C'est surtout sur le marché du travail que le boom fait sentir ses effets* » (L'*Expansion,* nov. 1967). ♦ 3° Retentissement, forte impression (produite par de nombreuses personnes). « *Tout le monde prit la chose au sérieux et cela fit un boom énorme* » (DANINOS). V. **Bombe, scandale.** *Arg. scol.* Fête annuelle d'une grande école. *Le boom HEC.* (On écrit parfois *boum.*) ◇ HOM. *Boum!*
BOOMERANG [bumʀɑ̃g]. *n. m.* (1863 ; mot angl., de l'australien). Arme de jet des indigènes australiens, formée d'une pièce de bois dur courbée, qui revient à son point de départ si le but est manqué. — Fig. En parlant d'un acte d'hostilité qui nuit à son auteur. *Effet boomerang.* Loc. verb. *Faire boomerang.*
BOOSTER [bustœʀ]. *n. m.* (1962 ; mot américain, proprem. « accélérateur »). ♦ 1° Astronaut. Fusée accélératrice à très forte poussée pour les engins spatiaux. « *À une altitude de 12 000 pieds, le booster se détache […]* » (*Le Monde,* 13-12-1972). — Recomm. offic. *Accélérateur, impulseur, lanceur, propulseur auxiliaire.* ♦ 2° Phys. Synchrotron injecteur d'un accélérateur de particules.
BOOTS [buts]. *n. m. pl.* (1970 ; de l'angl. *boots* « bottes »). Bottes courtes, s'arrêtant au-dessus de la cheville et portées avec un pantalon. « *Les boots sont à fermeture-éclair ou à élastique, réalisés dans des peausseries souples* » (Marie-Claire, oct. 1971). Au sing. *Un élégant boot* [but] *de ville.*
BOOTLEGGER [butlegœʀ]. *n. m.* (XXe ; mot amér. « celui qui cache sa bouteille dans sa botte »). Aux États-Unis, Contrebandier d'alcool, pendant la prohibition.
BOP. V. **BE-BOP.**
BOQUETEAU [bɔkto]. *n. m.* (*Bosquetel,* 1360 ; de *boquet,* var. picarde de *bouquet*). Petit bois ; bouquet d'arbres. « *À gauche un boqueteau de chênes verts* » (BOSCO).
BORA [bɔʀa]. *n. f.* (1830 ; mot slovène et triestin, du lat. *boreas* « vent du Nord »). Vent du N.-E. froid et violent qui souffle l'hiver sur les régions septentrionales de l'Adriatique.
BORASSE [bɔʀas]. *n. m.* (1842 ; lat. bot. *borassus,* gr. *borassos* « date »). Palmier à tige robuste, à feuilles étalées

en éventail dont les bourgeons sont comestibles (cœur de palmier) et dont on fait le vin de palme (V. **Rondier**).

BORATE [bɔʀat]. *n. m.* (1787; de *borax*). Sel ou ester de l'acide borique. *Borate de magnésium. Borate de sodium.* V. **Borax, tincal.**

BORAX [bɔʀaks]. *n. m.* (*Baurach,* 1540; lat. médiév. *borax;* arabe *boûraq*). Borate hydraté de sodium, soluble dans l'eau, à saveur alcaline, en cristaux incolores, blancs ou grisâtres.

BORBORYGME [bɔʀbɔʀigm(ə)]. *n. m.* (1560; gr. *borborugmos*). Bruit produit par le déplacement des gaz dans l'intestin ou dans l'estomac. V. **Flatuosité, gargouillement, gargouillis.** *Fig. Les borborygmes d'une tuyauterie.*

BORD [bɔʀ]. *n. m.* (*Bort,* 1112; frq. °*bord* « bord d'un vaisseau »).

I. ♦ 1º Extrémité supérieure de chaque côté du bordage d'un navire. V. **Bâbord, tribord.** *Navire de haut bord :* haut sur l'eau. *Jeter par-dessus bord :* à la mer. ♦ 2º Chaque côté du navire, considéré par rapport au vent. *Bord au vent, sous le vent.* Virer de bord. ♦ 3º Distance parcourue par un voilier entre deux virements. (V. Bordée, 3º.) *Tirer des bords. Bords plats, carrés,* qui ne font pas progresser le voilier dans la direction du vent. ♦ 4º *Par ext.* (À, DE, DU BORD). Le navire lui-même. *Monter à bord* (V. **Abordage**). « *Le capitaine me prit à son bord avec mon domestique* » (CHATEAUB.). *Hommes du bord :* l'équipage. *Journal, livre de bord :* compte rendu de la vie à bord tenu par les officiers de quart. *Le capitaine est maître à bord après Dieu. — Par ext.* Se dit des voitures, des avions. « *Le mitrailleur le plus proche de l'appareil* » (ST-EXUP.). ◊ TABLEAU DE BORD. V. **Tableau.** ♦ 5º (1849). *Fig. Être du bord de qqn. Nous sommes du même bord :* du même parti, de la même opinion. « *Elle n'avait point de repos qu'elle n'eût fait se rencontrer chez elle ses amis de bord opposé* » (STE-BEUVE).

II. (XIIe). ♦ 1º Contour, limite, extrémité d'une surface. V. **Bordure, côté, limite, périphérie, pourtour.** *Le bord de la mer.* V. **Côte, grève, littoral, plage, rivage.** *Le bord, les bords de mer. Passer ses vacances au bord de la mer. — Le bord d'un fleuve, d'une rivière.* V. **Rive; berge.** *— Le bord d'un bois.* V. **Lisière, orée.** *Le bord de la route.* V. **Côté.** *— Le bord d'une table. Verre plein jusqu'au bord. Plein à ras bord. — Bord d'un vêtement; bord ourlé, festonné.* Loc. adv. BORD À BORD, en mettant un bord contre l'autre, sans les croiser. Adj. *Manteau bord à bord.* ◊ *Bord des paupières, d'une plaie.* ♦ 2º *Spécialt.* Partie circulaire d'un chapeau, perpendiculaire à la calotte. *Chapeau à large bord; à bord baissé, relevé, roulé.* ♦ 3º *Fig.* ÊTRE AU BORD DE (qqch.), en être tout près. *Être au bord de la tombe,* mourant. *Au bord du précipice, du danger. Être au bord des larmes,* près de pleurer. « *Il semblait au bord même de l'aveu* » (MART. du G.). ◊ SUR LES BORDS, *loc. adv.,* légèrement, à l'occasion. « *Un peu tapette sur les bords* » (ESCARPIT). (ANT. *Centre, intérieur, milieu; fond. Loin*).

◊ HOM. Bore, bort.

1. **BORDAGE** [bɔʀdaʒ]. *n. m.* (XVe; de *bord,* I). *Mar.* (*Plur.*). Planches épaisses ou tôles recouvrant la membrure d'un navire. V. **Bordé.** *Bordages du pont.* V. **Bord.** *Bordages de la coque.* V. **Franc-bord.**

2. **BORDAGE** [bɔʀdaʒ]. *n. m.* (1669; de *border*). *Rare.* Action de border. *Le bordage d'un vêtement.*

3. **BORDAGES** [bɔʀdaʒ]. *n. m. pl.* (1632; mot canadien, de *bord,* II). Au Canada, Bordure de glace des cours d'eau, des rives. « *Les uns gaffaient, les autres, le long des bordages, à mi-corps dans l'eau glacée, halaient en bœufs* » (SAVARD).

BORDÉ [bɔʀde]. *n. m.* (XVIIIe; de *bord*). ♦ 1º *Mar.* Ensemble des bordages. « *Le bordé va toucher l'eau, nous sommes prêts d'embarquer* » (BAZIN). ♦ 2º Galon servant à border un vêtement, un tapis. V. **Frange, lisière.** *Garnir des rideaux d'un bordé.* ◊ HOM. Bordée, border.

BORDEAUX [bɔʀdo]. *n. m.* (1846; du nom de la ville). ♦ 1º Vin des vignobles du département de la Gironde. *Un bordeaux rouge, blanc. Verre à bordeaux,* petit verre à vin. ♦ 2º *Adj. invar.* D'un rouge foncé. V. **Grenat.** *Des vestes bordeaux.*

BORDÉE [bɔʀde]. *n. f.* (1546; de *bord*). ♦ 1º Ligne de canons rangés sur chaque bord d'un vaisseau. *Par ext.* Décharge simultanée des canons d'un même bord. *Par ext.* Se dit de toute salve de l'artillerie d'un bord. *Lâcher sa bordée.* ♦ 2º Nom donné à une partie de l'équipage de service à bord. *Bordée de bâbord, de tribord.* ♦ 3º Route parcourue par un navire qui louvoie sans virer de bord. *Faire, courir une bordée. Tirer des bordées.* V. **Louvoyer.** ♦ 4º (1833). *Fig. et fam. Courir, tirer une bordée :* aller de cabaret en cabaret (marins). V. **Virée.** ◊ *Une bordée d'injures,* une suite d'injures. ◊ HOM. Bordé, border.

BORDEL [bɔʀdɛl]. *n. m.* (1609; *bordeau,* XIIe; frq. °*borda* « cabane »). ♦ 1º *Vulg.* Maison de prostitution. V. **Clandé.** ♦ 2º *Fig. et pop.* Grand désordre. V. **Foutoir.** *— Mettre le bordel quelque part. Quel bordel!* *— Grand tapage. — Loc. Et tout le bordel,* tout le reste. — (*Juron*) « *Il gagna la porte,*

se prit l'épaule dans un massacre de cerf en grommelant : « *bordel!* » *et sortit* » (DRUON).

BORDELAISE [bɔʀdəlɛz]. *n. f.* (1890; de *Bordeaux*). ♦ 1º Futaille contenant environ 225 litres, utilisée dans le commerce des vins de Bordeaux. ♦ 2º Bouteille de forme particulière, contenant environ 75 centilitres.

BORDÉLEUX, EUSE [bɔʀdelø, øz] ou **BORDÉLIQUE** [bɔʀdelik]. *adj.* (av. 1970; de *bordel*). *Fam.* Où il y a du bordel, du désordre. *C'est passablement bordéleux, ici! Une chambre bordélique.*

BORDER [bɔʀde]. *v. tr.* (1170; de *bord*). ♦ 1º S'étendre le long du bord, occuper le bord de (qqch.). « *Des ormeaux qui bordent le chemin* » (CHÉNIER). *Bordé de... Route bordée d'arbres. Mouchoir bordé de dentelle.* V. **Entouré.** ◊ *Mar. Border les côtes,* les longer. V. **Caboter.** ♦ 2º Garnir d'un bord, d'une bordure. *Border un manteau de fourrure. — Par ext. Border un lit :* replier le bord des draps, des couvertures sous le matelas. ◊ *Border qqn dans son lit,* et absolt. *Border qqn.* ♦ 3º *Mar. Border une voile,* tendre les écoutes pour la raidir. ♦ 4º *Border un navire,* revêtir la membrure de bordages. ◊ ANT. **Déborder.** HOM. **Bordé, bordée.**

BORDEREAU [bɔʀdəʀo]. *n. m.* (1539; *bourdrel,* 1493; de *bord* [relevé porté sur le bord du cahier]). Relevé détaillé énumérant les divers articles ou pièces d'un compte, d'un dossier, d'un inventaire, d'un chargement. V. **État, liste.** *Bordereau d'achat, de vente.* V. **Facture, justificatif.**

BORDERIE [bɔʀdəʀi]. *n. f.* (1309; a. fr. *borde,* frq. °*borda* « cabane »). *Dial.* Petite métairie. V. **Ferme.**

1. **BORDIER, IÈRE** [bɔʀdje, jɛʀ]. *adj.* (1694; de *bord*). ♦ 1º *Géogr. Mer bordière,* située en bordure d'un océan. ♦ 2º *Mar.* Se dit d'un bateau qui serre mieux le vent, ou répond mieux à la barre sur un bord que sur l'autre.

2. **BORDIER, IÈRE** [bɔʀdje, jɛʀ]. *n. et adj.* (XIIe; a. fr. *borde;* frq. °*borda* « cabane »). *Dial.* Métayer.

BORDIGUE [bɔʀdig] ou **BOURDIGUE** [buʀdig]. *n. f.* (1624; prov. *bordiga*). Enceinte en clayonnages qui, au bord de la mer, sert à prendre ou garder du poisson.

BORDURE [bɔʀdyʀ]. *n. f.* (XIIIe; de *bord*. V. **Bord**). Ce dont on a bordé qqch.; ce qui borde en servant d'ornement. V. **Tour.** *Bordure d'arbres.* V. **Cordon, haie, ligne.** *Bordure de gazon, d'un massif. Fleurs pour bordures. — Manteau à bordure de fourrure. Papier à bordure bleue. Bordure de tapis.* « *Des bordures de buis rigoureusement taillées* » (GAUTIER). — *Blas. Bordure de l'écu,* pièce honorable. V. **Orle.** — *Mar. Bord inférieur d'une voile. Voile à bordure libre,* sans bôme. V. **Chute, ralingue.** — Ponts et Chauss. *Bordure de chaussée, bordure de pavés :* rang de gros pavés qui retient latéralement une chaussée. ◊ EN BORDURE : sur le bord, le long du bord. *Ses terres sont en bordure de la rivière.* « *Ne pourrait-on construire, en bordure de cet aérodrome, un hôtel très bas?* » (DUHAM.).

BORE [bɔʀ]. *n. m.* (1821, mais décou. en 1808; de *borax*). *Chim.* Corps simple métalloïde (B), utilisé dans l'industrie nucléaire, nº at. 5. ◊ HOM. Bord, bort.

BORÉAL, ALE, AUX [bɔʀeal, o]. *adj.* (1495; lat. *borealis* « du Nord »). *Géogr., Cosm.* Qui est au nord du globe terrestre. *Hémisphère boréal.* V. **Nord.** *Ciel boréal. — Cour. Voisin du pôle Nord. Aurore* boréale. *Régions boréales.* V. **Arctique.** ◊ ANT. Austral.

BORGNE [bɔʀɲ(ə)]. *adj.* et *n.* (fin XIIe; o. i.). ♦ 1º Qui a perdu un œil. V. **Éborgner.** *Un homme borgne. Bandeau noir d'un borgne.* PROV. *Au royaume des aveugles* les borgnes sont rois. Changer un cheval borgne contre un aveugle. ♦ 2º *Par ext. Fenêtre borgne :* donnant du jour, mais aucune vue. V. **Aveugle.** *Techn. Trou borgne,* qui ne traverse pas complètement une cloison. *Fig. Rue borgne :* mal famée (à l'orig. « obscure »). *Hôtel borgne.* « *Elle tenait un pensionnat borgne dans le quartier de Galata* » (LOTI).

BORIQUE [bɔʀik]. *adj. m.* (1818; de *bore*). Se dit de certains composés du bore. *Acide borique,* poudre blanche, cristalline, à propriétés faiblement antiseptiques. V. **Borate, borax.**

BORIQUÉ, ÉE [bɔʀike]. *adj.* (1894; de *borique*). *Eau, vaseline boriquée :* antiseptique à base d'acide borique.

BORNAGE [bɔʀnaʒ]. *n. m.* (*Bonnage,* 1283; de *borne*). ♦ 1º *Dr.* Opération consistant à délimiter deux propriétés contiguës par la pose de bornes. *Pierre de bornage.* « *Un sourd dépit qui le pousse à m'intenter un procès de bornage* » (BOSCO). ♦ 2º *Mar.* Navigation côtière faite par des bâtiments de moins de 25 tonnes, dans un rayon de 15 lieues marines autour de leur port d'attache.

BORNE [bɔʀn(ə)]. *n. f.* (1539; *bodne, bone,* 1160; lat. pop. °*bodina,* d'o. gaul.). ♦ 1º Pierre ou autre marque servant à délimiter un champ, une propriété foncière. V. **Limite, terme.** *Borne témoin. Planter, poser une borne.* ♦ 2º Se dit de pierres plantées, servant à différents usages. *Monument entouré de bornes et de chaînes. Borne milliaire des voies romaines. Borne kilométrique, hectométrique,* indiquant les distances sur une route. — *Fig. Rester planté comme une borne,* être immobile. — *Bornes de protection des murs, des* *portes.* V. **Chasse-roue.** ♦ 3° Par ext. *(Pop.).* Kilomètre. *Il a fallu faire six cents bornes dans la nuit.* ♦ 4° *Électr.* Serre-fil pour brancher un fil conducteur sur un appareil électrique. ◇ Chacune des deux pièces d'un appareil générateur d'électricité auxquelles est relié un circuit extérieur. V. **Pole** (6°). ♦ 5° Fig. *(Plur.).* Frontières. *Les bornes d'un État.* V. **Limite,** terme. *Reculer les bornes de la connaissance.* « *La patience humaine a des bornes, et la mienne est à bout* » (PROUST). *Sans borne,* infini, très grand. *Une joie sans borne.* « *Une tristesse sans bornes* » (GONCOURT). — *Spécialt.* Limite permise. *Vous dépassez les bornes* V. **Exagérer.** ♦ 6° *Math.* Élément extrême, inférieur ou supérieur, d'un ensemble, d'une suite, d'un segment de courbe. *Borne inférieure, supérieure.* ◇ ANT. *Cavité, creux, trou.*

BORNÉ, ÉE [bɔʀne]. *adj.* (XVe; V. **Borner).** ♦ 1° Qui a des bornes. Qui est limité, arrêté par un obstacle. *Vue bornée. Horizon borné.* — Fig. *Esprit borné,* étroit, limité, obtus. « *Ce père à la fois rusé et borné* » (SAND). ♦ 2° *Math.* Qui admet une borne. *Suite bornée à droite, à gauche.* ◇ ANT. *Étendu. Intelligent, large.*

BORNE-FONTAINE [bɔʀn(ə)fɔ̃tɛn]. *n.f.* (1846; de **borne,** et *fontaine).* Fontaine en forme de borne.

BORNER [bɔʀne]. *v. tr.* (1310; *bonner,* 1283; de *borne).* ♦ 1° Délimiter un terrain par des bornes ou d'autres marques. V. **Limiter, marquer.** ◇ *Par ext.* Limiter. *Chemin qui borne une vigne.* — *Montagnes bornant l'horizon, la vue.* ♦ 2° *(Abstrait).* Mettre des bornes à ; renfermer, resserrer dans des bornes. V. **Circonscrire, limiter, modérer, réduire,** restreindre. *Il faut savoir borner ses désirs.* « *On n'a pas le droit de borner son attente et son idéal à la vie* » (LOTI). ♦ 3° SE BORNER À. v. pron. *Se borner au strict nécessaire.* V. **Contenter** (se), **tenir** (s'en tenir à). « *Saül, sage, se borne à des guérillas* » (DANIEL-ROPS). « *Je me bornais à venir signer la feuille de présence* » (LECOMTE). — Absolt. « *Apprendre à me borner en écrivant* » (STENDHAL). — Par ext. *(Choses)* Se limiter à. « *Ses séjours à Berck se bornaient, chaque mois, à une visite de cinq à six jours* » (MART. du G.). ◇ ANT. *Élargir, étendre.*

BORNOYER [bɔʀnwaje]. *v.;* conjug. *broyer* (Bornoier, 1240; de *borgne).* *Techn.* ♦ 1° V. *intr.* Regarder d'un œil en fermant l'autre pour vérifier un alignement, une surface plane (V. **Viser).** ♦ 2° V. *tr.* Placer des jalons pour construire, planter, tracer en ligne droite. *Bornoyer un mur, une allée.*

BORRAGINÉES ou **BORRAGINACÉES** [bɔʀaʒin(as)e]. *n. f. pl.* (1775; du bas lat. *borrago, -aginis* « bourrache »). Famille de plantes *(Dicotylédones-gamopétales)* comprenant des herbes et des arbustes (bourrache, héliotrope, myosotis).

BORT [bɔʀ, bɔʀt]. *n. m.* (1899; mot angl., « égrisée »). *Techn.* Diamant dont on fait l'égrisée*. ◇ HOM. *Bord, bore.*

BORTSCH [bɔʀtʃ]. *n. m.* (XXe; mot russe). *Cuis.* Plat russe, sorte de soupe aux choux à la crème. « *Je déjeunais d'un bortsch chez Dominique* » (BEAUVOIR).

BOSCO [bɔsko]. *n. m.* (1860; altér. argot. de *bosseman,* mot angl.). *Mar.* Maître de manœuvre. ◇ HOM. *Boscot.*

BOSCOT, OTTE [bɔsko, ɔt]. *adj. et n.* (1808; altér. argot. de *bossu).* Pop. *(Vieilli).* Bossu (Le *fém.* est rare). ◇ HOM. *Bosco.*

BOSON [bɔzɔ̃]. *n. m.* (mil. XXe; du nom du physicien indien *Bose,* et *-on,* de *électron).* *Phys. at.* Nom générique des particules régies par la statistique de Bose-Einstein et dont le spin est entier ou nul (mésons M et K, photons). V. *aussi* **Fermion.**

BOSQUET [bɔskɛ]. *n. m.* (fin XIIe; it. *boschetto,* dimin. de *bosco* « bois »). Petit bois ; groupe d'arbres plantés pour l'agrément. V. **Bouquet; boqueteau, massif.** *Bosquets d'un parc.*

BOSS [bɔs]. *n. m.* (1860; mot amér.). *Fam.* Patron, chef d'une entreprise. V. **Singe** (5°). « *Enfin, si mon boss est heureux avec ça, c'est le principal, au fond* » (A. SARRAZIN). Pl. *Des bosses.*

BOSSAGE [bɔsaʒ]. *n. m.* (1627; de *bosse).* *Archit.* Saillie laissée à la surface d'un moellon comme ornement d'un mur. *Un bossage brut, rustique, vermiculé, en pointes de diamant.* « *Des bossages vermiculés à refends armaient les jambages et l'arcade de la porte* » (GAUTIER).

BOSSA-NOVA [bɔsanɔva]. *n. f.* (v. 1962; mot port., proprem. « nouvelle vague »). Musique de danse brésilienne influencée par le jazz de tendance cool. *Des bossas-novas.* Cette danse elle-même. *Danser une bossa-nova.*

BOSSE [bɔs]. *n. f.* (*Boce,* 1160; p.-ê. frq. *°botja* « coup »). I. ♦ 1° Enflure due à un choc sur une région osseuse. *Se faire une bosse au front en se cognant.* — Fig. *Ne rêver que plaies* et bosses. ♦ 2° Saillie du dos, difformité de la colonne vertébrale. V. **Cyphose, gibbosité; bossu.** « *Entre les deux épaules un baise énorme dont le contrecoup se faisait sentir par-devant* » (HUGO). Fig. et fam. *Rouler sa bosse,* voyager sans cesse. ♦ 3° *Anat.* Saillie arrondie à la surface d'un os plat. — *Bosse du crâne :* protubérance du crâne considérée autrefois comme le signe d'une aptitude (V.

Phrénologie). — Fig. et fam. *Avoir la bosse du commerce, de la musique, des mathématiques.* V. **Don.** ♦ 4° Protubérance naturelle sur le dos de certains animaux. *La bosse du dromadaire. Bosses d'un chameau.* ♦ 5° Toute élévation ou saillie arrondie sur une surface plane. *Terrain qui présente des creux et des bosses.* V. **Inégalité.** — *Spécialt. (Ski).* Monticule de neige glacée. *Passer, décoller une bosse.*
II. *Mar.* Cordage, généralement de faibles dimensions, utilisé pour saisir solidement un objet quelconque. *Bosse d'amarrage, bosse de ris.*

BOSSELAGE [bɔslaʒ]. *n. m.* (1718; de *bosseler).* Travail en bosse, en relief, exécuté sur les pièces d'orfèvrerie.

BOSSELER [bɔsle]. *v. tr.:* conjug. *appeler* (XIIIe; de *bosse).* ♦ 1° Travailler en relief les pièces d'orfèvrerie. ♦ 2° Déformer par des bosses. V. **Bossuer, cabosser.** *Bosseler une cafetière d'argent. Pare-chocs bosselé.* — Par ext. « *Un de ces amas qui bosselaient irrégulièrement la plaine* » (FLAUB.). ◇ ANT. **Débosseler.**

BOSSELLEMENT [bɔsɛlmã]. *n. m.* (1818; de *bosseler).* Action de bosseler; résultat de cette action (V. **Bosselure).**

BOSSELURE [bɔslyʀ]. *n. f.* (v. 1560; de *bosseler).* ♦ 1° Relief sur une pièce d'argenterie. ♦ 2° Déformation d'une surface par des bosses.

1. **BOSSER** [bɔse]. *v. tr.* (1680; de *bosse,* II). *Mar.* Fixer, retenir avec des bosses.

2. **BOSSER** [bɔse]. *v. intr.* (1878; dial. *bosser du dos* « être courbé (sur le travail) », de *bosse* I). Pop. Travailler dur.

BOSSETTE [bɔsɛt]. *n. f.* (1314; de *bosse).* ♦ 1° Ornement en bosse sur le mors, sur les œillères d'un cheval. — *Par ext.* Les œillères elles-mêmes. ♦ 2° Clou d'ornement à tête ouvragée. ♦ 3° *Bossettes d'une arme à feu :* petits renflements des ressorts de la batterie ou de la tête de gâchette.

BOSSEUR [bɔsœʀ]. *n. m.* (1908; de *bosser* 2). Pop. Gros travailleur.

BOSSOIR [bɔswaʀ]. *n. m.* (1678; de *bosse,* II). *Mar.* Grosse pièce saillante qui était placée à la proue d'un navire pour servir à la manœuvre d'une ancre. — *Bossoir d'embarcation :* arc-boutant servant à suspendre une embarcation, à la larguer, à la hisser. V. **Porte-manteau.**

BOSSU, UE [bɔsy]. *adj.* (1138; de *bosse).* Qui a une ou plusieurs bosses par un vice de conformation. « *Mme de Guise, bossue et contrefaite à l'excès* » (ST-SIM.). — Subst. *Un bossu, une bossue.* — Loc. fam. *Rire comme un bossu :* rire à gorge déployée. ◇ *Par ext.* Voûté. *Redresse-toi, tu es bossu.*

BOSSUER [bɔsɥe]. *v. tr.* (1564; de *bosse).* Déformer accidentellement par des bosses. V. **Bosseler.** *Une balle a bossué son casque.* — *Par ext.* « *Sur le revers d'une de ces collines décharnées qui bossuent les Landes* » (GAUTIER). — BOSSUÉ, ÉE : qui présente des bosses. « *Très peu de cheveux sur son crâne bossué* » (DUHAM.). ◇ ANT. *Aplatir, unir.*

BOSTON [bɔstɔ̃]. *n. m.* (1800; de *Boston,* ville des États-Unis). ♦ 1° Ancien jeu de cartes. ♦ 2° (v. 1882). Valse lente au mouvement décomposé.

BOSTONNER [bɔstɔne]. *v. intr.* (1836; de *boston).* Danser le boston. « *Daniel bostonnait sans hâte avec une sorte de flegme fait de raideur et d'aisance* » (MART. du G.).

BOSTRYCHE [bɔstʀiʃ]. *n. m.* (1803; gr. *bostrukhos* « boucle de cheveux »). Insecte coléoptère à corselet velu dont les larves vivent dans le bois des chênes.

BOT, OTE [bo, ɔt]. *adj.* (mil. XVe; germ. *°butta* « émoussé »). Se dit du pied difforme par rétraction de tendons et de ligaments, souvent associée à des malformations osseuses. *Avoir un pied bot.* Par ext. *Main bote. Hanche bote.* V. **Varus.** — Adj. *Pied bot :* qui a un pied contrefait. *Un cheval pied bot.* V. **Bouleté.** *Subst.* V. **Pied-bot.** ◇ HOM. V. *Bau.*

BOTANIQUE [bɔtanik]. *adj. et n. f.* (1611; du gr. *botanê* « plante »). ♦ 1° *Adj.* Relatif à l'étude des végétaux. *Jardin botanique. Géographie botanique.* « *Nos recherches botaniques ne furent pas heureuses* » (CHATEAUB.). ♦ 2° *N. f.* Science qui a pour objet l'étude des végétaux. *Travaux pratiques de botanique* (V. **Herbier, herboriser).**

BOTANISTE [bɔtanist(ə)]. *n. m.* (1676; d'apr. *botanique).* Personne qui se livre à la botanique.

BOTHRIOCÉPHALE [bɔtʀijɔsefal]. *n. m.* (1839; du gr. *bothrion* « fossette », et *-céphale)* Ver cestode dont certaines espèces, à l'état adulte, sont parasites de l'intestin de l'homme et de quelques mammifères et qui s'y fixent grâce à deux ventouses latérales de la tête *(bothridies).* V. **Ténia.**

1. **BOTTE** [bɔt]. *n. f.* (1316; moy. néerl. *bote* « touffe de lin »). Assemblage de végétaux de même nature dont les tiges sont liées ensemble (généralement dans le même sens). V. **Faisceau.** *Botte de paille, de foin, d'épis.* V. **Gerbe.** *Botte de poireaux, de radis, d'asperges. Carottes en bottes. Botte de fleurs.* V. **Bouquet.** — Par ext. *Botte de soie, de chanvre,* se dit de plusieurs écheveaux liés ensemble.

2. **BOTTE** [bɔt]. *n. f.* (*Bote* « chaussure », XIIe; o. i., p.-ê. même rac. que *bot).* Chaussure (de cuir, caoutchouc, crêpe, toile, plastique, fourrure) qui enferme le pied et la jambe et

parfois la cuisse. V. **Cuissarde.** *Une paire de bottes. Le pied et la tige d'une botte. Mettre ses bottes.* V. **Botter** (se); tire-botte. *Botte de cavalerie, à éperons. Botte basse, demi-botte.* V. **Boots, bottillon** (2), **bottine.** — Par anal. de forme. *La botte de l'Italie.* ◊ Loc. fam. *Graisser ses bottes :* se préparer à partir. *Cirer, lécher les bottes de qqn :* le courtiser, le flatter bassement. — *Mettre, avoir du foin dans ses bottes :* amasser, avoir beaucoup d'argent. Vulg. *Faire dans les bottes de qqn,* exagérer, dépasser la mesure. — *À propos de bottes :* sans motif sérieux. *Se quereller à propos de bottes.* Loc. fam. *En avoir plein les bottes.* V. **Ras-le-bol.** ◊ *Arg. de Polytechnique.* Ensemble des élèves les mieux classés à la sortie de l'école. *Sortir dans la botte.*

3. **BOTTE** [bɔt]. *n. f.* (fin XVIᵉ; it. *botta* « coup ». V. **Bouter**). *Escr.* Coup porté à un adversaire avec le fleuret, l'épée. *Porter, pousser, allonger une botte. Une botte imprévisible, imparable.* — Fig. *Porter, pousser une botte :* faire une attaque vive et imprévue, poser une question embarrassante.

BOTTELAGE [bɔtlaʒ]. *n. m.* (v. 1350; de *botteler*). Action de botteler.

BOTTELER [bɔtle]. *v. tr.;* conjug. *appeler* (1328; du dimin. *botel,* de *botte* 1). Lier en bottes. *Botteler de la paille; des radis.*

BOTTELEUR, EUSE [bɔtlœʀ, øz]. *n.* (1391; de *botteler*). Personne qui fait des bottes de foin, de paille, etc. « *Vignerons, bûcherons et botteleurs de foin* » (P.-L. COUR.).

BOTTELEUSE [bɔtløz]. *n. f.* (1907; de *botteler*). *Agric.* Machine à botteler.

BOTTER [bɔte]. *v. tr.* (1539; de *botte*). ♦ 1° Pourvoir qqn de bottes, lui en fabriquer, lui en vendre. V. **Chausser.** — Mettre des bottes à qqn. *Botté de cuir.* — Pronom. « *Mes allées dans lesquelles je me promenais sans être obligé de me botter* » (GUEZ de BALZ.). ♦ 2° Fig. et pop. (1856). *Cela me botte.* V. **Convenir; aller, plaire.** ♦ 3° *Fam.* Donner un coup de botte, un coup de pied. *Botter le derrière, les fesses à qqn.* — Absolt. Sports. *Botter.* V. **Shooter.**

BOTTIER [bɔtje]. *n. m.* (XVᵉ; de *botte* 2). ♦ 1° Celui qui fabrique des bottes. ♦ 2° *Par ext.* Artisan qui fabrique et vend des chaussures sur mesure. V. **Chausseur.**

BOTTILLON [bɔtijɔ̃]. *n. m.* (v. 1940; de *botte* 2). Chaussure ou chausson montant et confortable. *Une paire de bottillons fourrés.* V. **Après-ski.**

BOTTINE [bɔtin]. *n. f.* (1367, « jambière »; de *botte* 2). Chaussure montante ajustée, à élastiques ou à boutons. V. **Brodequin.** *Bottines vernies.* « *Marche un peu que je les voie remuer, que je les voie vivre, tes petites bottines* » (MIR-BEAU).

BOTULIQUE [bɔtylik] ou **BOTULINIQUE** [bɔtylinik]. *adj.* (1878; de *botulisme,* et du lat. [*bacillus*] *botulinus*). *Méd.* Bacille botulique, botulinique, bacille anaérobie qui provoque le botulisme*.

BOTULISME [bɔtylism(ə)]. *n. m.* (1879; du lat. *botulus* « boudin »). Intoxication très grave par des aliments avariés (conserves ou charcuterie), contenant des toxines du bacille botulique.

BOUBOU [bubu]. *n. m.* (fin XIXᵉ; mot malinké [Guinée] désignant un singe, puis sa peau). Longue tunique portée par les Noirs d'Afrique. « *Les Chefs* [...] *portent le boubou bleu ou blanc, orné de broderies* » (GIDE).

BOUBOULER [bubule]. *v. intr.* (1829; onomat.). Pousser son cri, en parlant du hibou. V. **Ululer.**

BOUC [buk]. *n. m.* (fin XIIᵉ; celt. *°bucco*). ♦ 1° Mâle de la chèvre. *La barbe du bouc. Vieux bouc.* V. **Bouquin.** *Puer comme un bouc. Cuir de bouc.* V. **Maroquin.** *Le Satyre, demi-dieu à pieds de bouc.* ◊ *Bouc émissaire :* bouc que le prêtre, dans la religion hébraïque, le jour de la fête des Expiations, chargeait des péchés d'Israël; *fig.* Personne sur laquelle on fait retomber les torts des autres. ♦ 2° Fig. (Fin XIXᵉ). *Porter le bouc* (une « barbe du bouc ») : ne porter la barbe qu'au menton. Absolt. Du bouc. V. **Barbiche.**

1. **BOUCAN** [bukɑ̃]. *n. m.* (1578; tupi *moukem* « viande fumée »). *Vx.* Viande fumée chez les Caraïbes. *Par ext.* Gril de bois dont ils se servent pour fumer la viande.

2. **BOUCAN** [bukɑ̃]. *n. m.* (1797; « lieu de débauche », 1624; it. *baccano* « tapage », avec infl. de *bouc*). *Pop.* Grand bruit. V. **Tapage, vacarme.** *Faire du boucan. Un boucan de tous les diables.*

BOUCANAGE [bukanaʒ]. *n. m.* (1582; de *boucaner*). Action de boucaner.

BOUCANER [bukane]. *v.* (1546; de *boucan* 1). ♦ 1° V. *tr.* Faire sécher à la fumée, de la viande, du poisson. — *Par anal.* Dessécher et colorer (la peau). V. **Tanner.** « *Sa figure que les années, le soleil, le grand air et les intempéries des saisons avaient boucanée* » (GAUTIER). ♦ 2° V. *intr.* Aller à la chasse des bœufs sauvages pour en recueillir les peaux.

BOUCANIER [bukanje]. *n. m.* (v. 1670; de *boucan* 1). Se disait des aventuriers coureurs de bois de Saint-Domingue qui chassaient les bœufs sauvages pour en boucaner la viande. ◊ *Par ext.* Écumeurs de mer, pirates qui infestaient l'Amérique.

BOUCAU [buko]. *n. m.* (1538; du prov. *boucau, bouco* « bouche »). *Région.* Entrée d'un port, dans le Midi.

BOUCAUD ou **BOUCOT** [buko]. *n. m.* (XXᵉ; dimin. de *bouc;* V. **Bouquet** 2). *Région.* Crevette fine.

BOUCHAGE [buʃaʒ]. *n. m.* (1751, « terre détrempée » (métallurgie); de *boucher* 1). *Mod.* (XIXᵉ). Action, manière de boucher. V. **Fermeture.** *Le bouchage des bouteilles. Un bouchage hermétique.*

BOUCHARDE [buʃaʀd(ə)]. *n. f.* (1600; o. i.). Marteau, rouleau armé de pointes servant aux maçons, cimentiers, pour entamer les parties saillantes des pierres non dégrossies, gaufrer le ciment.

BOUCHARDER [buʃaʀde]. *v. tr.* (1866; de *boucharde*). Travailler avec la boucharde.

BOUCHE [buʃ]. *n. f.* (fin XIᵉ; du lat. *bucca* « joue », puis « bouche » (pour *os, oris*). V. **Buccal, oral, stomat[o]-**). ♦ 1° Cavité située à la partie inférieure du visage de l'homme, bordée par les lèvres, communiquant avec l'appareil digestif et les voies respiratoires. V. **Bec, gueule** *(fam.).* *Ouvrir, fermer la bouche. Les coins de la bouche.* V. **Commissure.** *Respirer par la bouche. S'embrasser sur la bouche, à pleine bouche, à bouche que veux-tu. Le bouche à bouche.* V. **Bouche-à-bouche.** ◊ *Spécialt.* Les lèvres et leur expression. *Une belle bouche. Bouche lippue. Bouche dédaigneuse. Faire la petite bouche,* le dédaigneux. *La bouche en cœur,* en minaudant. Fam. *Bouche en cul de poule. Rester bouche bée.* V. **Bée.** ◊ (LA BOUCHE, siège du goût) *Laisser fondre dans la bouche sans avaler. Avoir la bouche pleine. Garder qqch. pour la bonne bouche :* la manger en dernier pour en conserver le goût agréable; *fig.* Garder pour la fin. *Avoir l'eau à la bouche :* sécréter de la salive devant un mets appétissant; *fig.* Être mis en appétit, désirer. *Avoir la bouche pâteuse, sèche.* — *S'enlever les morceaux de la bouche :* se priver de nourriture, du nécessaire au profit de qqn. *Enlever le pain de la bouche à qqn.* — *Dépense de bouche :* de nourriture. *Munitions, provisions de bouche.* ◊ *Par ext.* Personne qui mange. *Une fine bouche,* un gourmet. *Une bouche à nourrir, une bouche inutile,* une personne que l'on doit nourrir et qui ne rapporte rien (dans une famille, une collectivité). ◊ (LA BOUCHE, organe de la parole) V. **Oral.** *Ouvrir la bouche.* V. **Parler.** *Il n'a pas ouvert la bouche de la soirée. Avoir l'injure à la bouche,* dire des injures. *Avoir toujours un mot à la bouche :* le répéter constamment, parler toujours du même sujet. *L'argent, tu n'as que ce mot à la bouche!* — *Parler par la bouche de qqn,* lui faire dire qqch. *De bouche à oreille. Ferme ta bouche :* tais-toi. V. **Gueule.** *Il faut lui fermer la bouche,* l'empêcher de révéler ce qu'on veut garder secret. *Bouche cousue!* gardez le secret. ♦ 2° Se dit de la cavité buccale de certains animaux. *Les bêtes de somme, de trait, certains poissons, les grenouilles ont une bouche.* ♦ 3° *Par anal.* L'ouverture, l'entrée de qqch. V. **Orifice.** *La bouche d'un volcan. La bouche d'un four. Bouche de métro.* « *Les bouches du métro refoulaient jusque sur le trottoir le flot des voyageurs* » (MART. du G.). *La bouche d'un tuyau. Mettre les tuyaux bouche à bouche.* V. **Aboucher.** *Une bouche d'eau, d'arrosage. Bouche d'égout. Bouche d'incendie. Bouche de chaleur d'un calorifère.* — *Bouche à feu :* arme non portative. V. **Canon, mortier, obusier.** — *Bouche d'un fleuve.* V. **Embouchure.** *Les bouches du Rhône, du Gange.*

BOUCHÉ, ÉE [buʃe]. *adj.* (XVIᵉ; V. **Boucher**). ♦ 1° V. Fermé, obstrué. *Un trou mal bouché. Un chemin bouché :* encombré. *Un temps bouché.* V. **Bas, brumeux, couvert.** *Avoir le nez bouché* (par des mucosités). *Une bouteille bouchée.* Par ext. *Du vin, du cidre bouché* (opposé à : au tonneau). ♦ 2° Fig. (1690). *Un esprit bouché.* V. **Borné, obtus.** *Être bouché.* V. **Imbécile, sot.** *Bouché à l'émeri.* ⊗ ANT. *Clair, dégagé, ouvert.*

BOUCHE-À-BOUCHE [buʃabuʃ]. *n. m. invar.* (1964; de *bouche*). Procédé de respiration artificielle des cas d'urgence, par lequel une personne insuffle avec sa bouche de l'air dans la bouche de l'asphyxié. *Pratiquer, faire le bouche-à-bouche à un noyé.* — On écrit aussi *Bouche à bouche.*

BOUCHÉE [buʃe]. *n. f.* (fin XIIᵉ; de *bouche*). ♦ 1° Morceau, quantité d'aliment qu'on met dans la bouche en une seule fois. *Une bouchée de pain;* fig. *Pour une bouchée de pain :* pour presque rien. — Fig. *Dès la dernière bouchée :* aussitôt après le repas. *Ne faire qu'une bouchée d'un mets :* le manger gloutonnement. — *Ne faire qu'une bouchée d'un adversaire :* en triompher aisément. — *Mettre les bouchées doubles :* aller plus vite (dans un travail, etc.). ♦ 2° (1810). Cuis. BOUCHÉES À LA REINE, croûte feuilletée garnie de viandes blanches en sauce. V. **Vol-au-vent.** ◊ *Bouchée de chocolat,* et absolt. *Bouchée,* morceau de chocolat fin fourré. ⊗ HOM. *Boucher.*

1. **BOUCHER** [buʃe]. *v. tr.* (1272; a. fr. *bousche* « touffe de paille » (pour fermer); lat. pop. *°bosca,* même rac. que *bois*). Fermer (une ouverture). V. **Clore, fermer, obturer.** *Boucher une bouteille* (V. **Bouchon**). *Boucher les trous d'un mur. Boucher hermétiquement un vase, un récipient.* V. **Luter.**

Boucher une voie d'eau. V. **Aveugler, colmater, étancher, tamponner.** — *Se boucher le nez* (en le pinçant), pour ne pas sentir une odeur. — *Fig. Se boucher les yeux : refuser de voir. Se boucher les oreilles :* refuser d'entendre. ◊ *Par ext. Boucher un passage.* V. **Obstruer.** *Boucher une porte, une fenêtre.* V. **Barrer, condamner** (une ouverture), **murer.** *Ce mur bouche la vue.* V. **Intercepter, offusquer.** — Fig. et fam. *En boucher un coin* (à qqn). V. **Clouer** (le bec), **épater, étonner, réduire** (au silence). ◊ SE BOUCHER. v. pron. *Une conduite d'eau qui se bouche.* V. **Engorger (s').** ◊ ANT. Déboucher, ouvrir.

2. **BOUCHER** [buʃe]. *n. m.* (fin XIIᵉ; « celui qui vend de la viande de bouc »). ♦ 1° *Sens large.* Celui qui tue ou fait tuer les bœufs, les moutons et en vend la chair crue. V. **Chevillard.** ♦ 2° (1616, adj.). Fig. Se dit d'un homme cruel et sanguinaire. *C'est un vrai boucher,* en parlant d'un chirurgien maladroit ou en général peu économe de la vie de ses hommes (V. **Bourreau**). ♦ 3° *Spécialt.* Marchand de viande de bœuf, de mouton et de porc. V. **Étalier.** *Garçon boucher.* — *Par ext. Boucher hippophagique,* qui ne vend que du cheval. ◊ HOM. Bouchée, boucher (1).

BOUCHÈRE [buʃɛʀ]. *n. f.* (Bouchiere, fin XIIᵉ; de boucher 2). ♦ 1° Femme de boucher. ♦ 2° Femme qui tient une boucherie.

BOUCHERIE [buʃʀi]. *n. f.* (1190; de boucher 2). ♦ 1° *Vx.* Lieu où l'on abat les bêtes destinées à l'alimentation. V. **Abattoir.** — *Mod. Animaux de boucherie,* élevés pour leur chair (bœufs, moutons, porcs). *Débit des animaux de boucherie.* V. **Quartier; abats, issues.** ♦ 2° (1512). Fig. V. **Tuerie; carnage, massacre.** *Conduire, envoyer des soldats à la boucherie* (V. **Guerre**). « *Un officier préparant les Français à la boucherie, pour dire la guerre !* » (PROUST). ♦ 3° Commerce de la viande crue de bœuf, de mouton, de porc, de cheval (*boucherie chevaline*). *Viande de boucherie.* — *Boutique du boucher. Boucherie de 1ʳᵉ catégorie. Boucherie-charcuterie. Étal d'une boucherie.*

BOUCHE-TROU [buʃtʀu]. *n. m.* (1781; peint., 1765; de boucher 1). Se dit d'une personne, d'un objet n'ayant pas d'autre utilité que de combler une place vide. *Cet acteur n'est qu'un bouche-trou* (V. **Utilité**). *Des bouche-trous.*

BOUCHOLEUR. V. **BOUCHOTEUR.**

BOUCHON [buʃɔ̃]. *n. m.* (fin XIIIᵉ, « buisson »; a. fr. *bousche* « touffe de feuillage pour boucher »). I. ♦ 1° Poignée de paille ou de foin tortillé. *Frotter un cheval avec un bouchon.* V. **Bouchonner.** — *Par anal. Mettre du linge en bouchon.* V. **Tapon.** ♦ 2° Fig. (XVIIᵉ; de bouchonner). Terme familier de tendresse. « *Que je t'aime, mon petit bouchon !* » (MOL.). ♦ 3° *Spécialt.* (1598). *Vx.* Petit bouquet de paille, rameau de feuillage qui servait d'enseigne à un cabaret. Ce cabaret lui-même. V. **Estaminet.** « *Le couple se donnait rendez-vous dans un bouchon de l'avenue* » (CARCO). II. (1388, « bouchon (I) fermant un tonneau »). ♦ 1° Pièce ordinairement cylindrique entrant dans le goulot des bouteilles, des carafes, des flacons, et qui sert à les boucher. *Ôter, remettre le bouchon.* V. **Déboucher, reboucher.** *Bouchon de caoutchouc, de verre. Bouchon à l'émeri. Bouchon de liège. Bouchon de champagne,* à tête renflée, retenu par une armature (muselet). « *Plus léger qu'un bouchon, j'ai dansé sur les flots* » (RIMBAUD). *Capsule d'un bouchon. Vin qui sent le bouchon.* ◊ Petite pièce cylindrique qui se visse à l'ouverture d'un bidon, d'un tube, d'une fiole pour les fermer. — *Techn. Bouchon fusible d'une chaudière.* V. **Rondelle** (de sûreté). *Bouchon allumeur d'une grenade :* dispositif permettant d'enflammer la poudre de la grenade. ♦ 2° (1844). Ancien jeu. Fam. *C'est plus fort que de jouer au bouchon!* c'est un peu fort, c'est extraordinaire. ♦ 3° *Pêche.* Flotteur d'une ligne de pêcheur qui permet de surveiller le fil. ♦ 4° *Par ext.* Ce qui bouche accidentellement un conduit, un passage. *Bouchon de circulation,* encombrement de voitures qui arrête la circulation.

BOUCHONNEMENT [buʃɔnmɑ̃]. *n. m.* (1852; de bouchonner). Action de bouchonner. *Le bouchonnement d'un cheval.* V. **Pansage; friction.** On dit aussi BOUCHONNAGE [buʃɔnaʒ].

BOUCHONNER [buʃɔne]. *v. tr.* (1551; de bouchon). ♦ 1° *Vieilli.* Mettre en bouchon, en tampon. V. **Chiffonner.** ♦ 2° Frotter vigoureusement. « *Il sortit son mouchoir, et se bouchonna le visage, la nuque* » (MART. DU G.). — *Bouchonner un cheval :* frotter le poil de l'animal avec un bouchon de paille ou de foin pour sécher la sueur ou activer la circulation. V. **Frictionner.** ♦ 3° *Fig. et fam.* Couvrir de caresses, être aux petits soins avec (qqn). V. **Cajoler, caresser.** « *Une femme dévouée qui leur fait leur flanelle, les bouchonne et les dorlote* » (DUHAM.). ♦ 4° (1964). Former un bouchon, un attroupement. « *A 14 h 30, 25 000 personnes bouchonnent aux portes* » (Paris-Match, 17-10-1964).

BOUCHONNIER [buʃɔnje]. *n. m.* (1783; de bouchon). Celui qui fabrique, qui vend des bouchons de liège.

BOUCHOT [buʃo]. *n. m.* (1681; mot poitevin, lat. pop. °*buccale*). Clôture en bois sur les bords de la mer, servant à la culture des moules et autres coquillages. V. **Moulière, parc** (à moules). *Moules de bouchot.*

BOUCHOTEUR ou **BOUCHOLEUR** [buʃɔtœʀ; buʃɔlœʀ]. *n. m.* (1868; de bouchot). Celui qui s occupe de la reproduction des moules (mytiliculteur).

BOUCLAGE [buklaʒ]. *n. m.* (1882; de boucler). *Fam.* Mise sous clés. ◊ *Techn.* et *Milit.* Opération par laquelle on boucle. ◊ *Cybern.* Réaction de la sortie sur l'entrée d'un système. V. **Feedback, rétroaction.**

BOUCLE [bukl(ə)]. *n. f.* (XIIIᵉ; « bosse de bouclier », fin XIIᵉ; du lat. *buccula* « petite joue »). ♦ 1° Sorte d'anneau, de rectangle métallique garni d'une ou plusieurs pointes montées sur un axe (V. **Ardillon**) et qui sert à tendre une courroie, une ceinture. *Boucle de ceinture, de bretelle, de soulier; boucle d'un harnais, d'une sangle.* ♦ 2° Se dit d'objets en forme d'anneau. *Boucle d'oreille.* V. **Oreille.** — *Zootechn.* Anneau que l'on met aux juments pour les empêcher d'être saillies. — *Mar. Boucle de pont :* anneau fixé au pont d'un navire et qui reçoit les cordages, les amarres. — *Boucle de quai :* grand anneau scellé, qui reçoit les amarres. ♦ 3° *Par anal.* Ce qui s'enroule en forme d'anneau, ligne courbe qui se recoupe. ◊ *Partie arrondie et allongée de lettres manuscrites. La boucle du l, du j.* ◊ (XVIIᵉ) *Boucle de cheveux.* V. **Accroche-cœur, anglaise(s), bouclette, frisette, frison.** *Conserver une boucle dans un médaillon.* ◊ *Boucle d'un lacet de soulier.* V. **Rosette.** Cout., Brod. *Boucle de fil, de laine.* ◊ Courbe très accentuée d'un fleuve. *Les boucles de la Seine.* ◊ Cercle vertical décrit par un avion (V. **Looping**). *Boucler la boucle,* faire un cercle complet. ♦ 4° *Circuit complet, avec retour à l'état initial.* V. **Cycle; rétroaction.**

BOUCLER [bukle]. *v.* (1539; de boucle). I. *V. tr.* ♦ 1° Attacher, serrer au moyen d'une boucle. V. **Attacher.** *Boucler sa ceinture.* — *Par ext. Boucler sa valise, sa malle :* les fermer, et *fig.* S'apprêter à partir. ♦ 2° *Pop.* V. **Fermer.** *Il est l'heure de boucler le magasin.* — *La boucler :* se taire (Cf. Fermer sa gueule). ◊ *Fig et fam.* V. **Enfermer; emprisonner.** *Boucler un prisonnier.* — *Par ext. Elle s'est bouclée dans sa chambre.* ♦ 3° Mettre une boucle* à (une jument). ♦ 4° Donner la forme d'une boucle. *Boucler ses cheveux.* V. **Friser, onduler.** « *Elle avait une forêt de grands cheveux noirs, naturellement bouclés* » (ROUSS.). ◊ Fermer une boucle que l'on décrit. *Boucler la boucle. Boucler un circuit.* « *Par un vaste détour, bouclant la terre entière* » (GIDE). Fig. *Boucler son budget,* le mettre en équilibre, joindre les deux bouts. ♦ 5° *Milit.* Entourer complètement par des troupes. « *Deux mois après, le village sera encore bouclé* » (Paris-Match, 30-12-1967). ♦ 5° *Cybern. Système bouclé,* ayant une boucle (4°). II. *V. intr.* Avoir, prendre la forme de boucles. *Ses cheveux bouclent naturellement.*
◊ ANT. Déboucler.

BOUCLETTE [buklɛt]. *n. f.* (XIIᵉ; de boucle). Petite boucle. — *Adj. Laine bouclette,* laine à tricoter qui forme de petites boucles, des inégalités.

BOUCLIER [buklije]. *n. m.* (Bucler, 1080; ellipse d'écu bocler « écu à bosse ». V. **Boucle**). ♦ 1° *Ancienn.* Arme défensive, épaisse plaque portée au bras gauche par les gens de guerre pour se protéger. V. **Écu, pavois, pelte, targe.** *Bouclier de cuir, de bronze.* « *Le bateau s'avance derrière ses voiles comme un guerrier antique derrière son bouclier* » (RENARD). — *Levée de boucliers :* démonstration par laquelle les soldats romains exprimaient leur résistance aux volontés de leur général; *fig.* Démonstration d'opposition. ♦ 2° Fig. et *littér.* V. **Défense, protection, rempart, sauvegarde.** « *Prenez le bouclier de la foi* » (BIBLE). *Se faire un bouclier de sa pudeur.* ♦ 3° *Par anal. d'usage. Artill.* Plaque de blindage d'un canon. — *Mines.* Appareil servant à étayer les terrains tendres pendant une excavation. *Bouclier métallique,* à cloisons étanches pour le creusement des tunnels. — *Bouclier thermique,* blindage* qui entoure un réacteur nucléaire; dispositif destiné à protéger une partie d'un engin spatial contre l'échauffement cinétique. ◊ *Zool.* Carapace des crustacés. ♦ 4° *Par anal. de forme. Zool.* Élytre convexe de certains insectes. ◊ *Géol.* Plate-forme étendue de roches primitives. *Le bouclier canadien.*

BOUDDHA [buda]. *n. m.* (1867; mot sanscrit, « éveillé, illuminé »). Dans la religion bouddhiste, titre donné à celui qui est parvenu à la sagesse et à la connaissance parfaites. — *Par ext.* Représentation peinte ou sculptée d'un bouddha. *Des bouddhas en bronze, en jade.*

BOUDDHIQUE [budik]. *adj.* (1842; de Bouddha). Relatif au bouddhisme. *Art bouddhique, gréco*-bouddhique.*

BOUDDHISME [budism(ə)]. *n. m.* (1830; bouddhoïsme, 1780; de Bouddha, surnom de Çakya-Mouni « éveillé, illuminé »). Doctrine religieuse fondée dans l'Inde et qui est une réformation du brahmanisme.

BOUDDHISTE [budist(ə)]. *n. et adj.* (1842; de Bouddha). V. **Bouddhisme;** Adepte du bouddhisme. *Prêtre bouddhiste.* V. **Bonze.**

BOUDER [bude]. *v.* (XIVᵉ; o. i., d'un rad. expressif).

♦ **1º** *V. intr.* Montrer du mécontentement par une attitude renfrognée, maussade que l'on entretient à dessein. V. **Fâcher** (être fâché), **rechigner**; **tête** (faire la tête, la moue). « *L'enfant s'irrite d'être en colère et se console en jurant de ne pas se consoler, ce qui est bouder* » (ALAIN). — *Bouder contre son ventre*, refuser de manger par colère. ♦ **2º** *V. tr.* Montrer du mécontentement à (qqn) par une attitude maussade ou indifférente. « *Je continue, par principe, à le bouder, à lui marquer de la rancune* » (DUHAM.). — Pronom. *Deux amoureux qui se boudent*. ◊ Par ext. Fam. Ne plus rechercher (qqch.). *Bouder les distractions*. « *Les Français boudent les aliments surgelés* » (*L'Express*, 8-5-1973). *Bouder un lieu trop fréquenté.*

BOUDERIE [budʀi]. *n. f.* (1690; de *bouder*). Action de bouder; état de celui qui boude. V. **Fâcherie, humeur.** « *Toi, tu sais supporter les longues bouderies, Les regards durs et les silences obstinés* » (GÉRALDY). Par ext. Le fait de ne plus rechercher qqch. « *Les appartements sont proposés à des prix qui provoquent la 'bouderie' des acheteurs éventuels* » (*L'Express*, 24-4-1966).

BOUDEUR, EUSE [budœʀ, øz]. *adj. et n.* (de *bouder*). ♦ **1º** Qui boude fréquemment, habituellement. *Un enfant boudeur*. V. **Grognon, maussade.** — Qui marque la bouderie. *Air, visage boudeur. Mine boudeuse.* ♦ **2º** BOUDEUSE. *n. f.* Siège double où deux personnes peuvent s'asseoir en se tournant le dos.

BOUDIN [budɛ̃]. *n. m.* (1268; o. i.; Cf. a. fr. Boudine. V. **Bedaine**). ♦ **1º** Charcuterie, boyau rempli de sang et de graisse de porc assaisonnés. *Boudin grillé.* — Par ext. *Boudin blanc* : charcuterie de forme semblable faite avec du lait et des viandes blanches. ◊ *Eau de boudin* : eau dans laquelle on lave les tripes avant de faire du boudin. Fig. *S'en aller en eau de boudin*, se dit d'une affaire bien commencée et qui se réduit à néant. « *J'espère que toute cette affaire va s'en aller en eau de boudin, être étouffée après quelques avertissements* » (GIDE). ♦ **2º** Par anal. de forme. Gros doigt rond. ◊ Longue boucle de cheveux roulée en spirale. *Perruque à boudins.* ◊ Techn. *Ressort à boudin*, en spirale. — Fusée cylindrique avec laquelle on met le feu à une mine. V. **Saucisson.** — Saillie interne de la jante d'une roue qui assure le maintien sur un rail. — Archit. Grosse moulure en cordon. V. **Tore.** — Mar. Bourrelet qui entoure une embarcation et la protège contre les chocs. ♦ **3º** Fam. (v. 1966). Fille mal faite, petite, grosse et informe. ◊ *Région.* (Nord, Belgique). Traversin.

BOUDINAGE [budinaʒ]. *n. m.* (1842; de *boudiner*). Techn. Torsion légère du fil de lin. Façonnage à la boudineuse.

BOUDINÉ, ÉE [budine]. *adj.* (v. 1750; de *boudin*). ♦ **1º** Serré dans un vêtement étriqué. *Boudiné dans une veste trop étroite.* ♦ **2º** En forme de boudin. *Doigts boudinés.*

BOUDINER [budine]. *v. tr.* (déb. XIXe; de *boudiné*). ♦ **1º** Techn. Tordre des écheveaux de fil, de soie. — Tordre un fil métallique en spirale. ♦ **2º** Fam. V. **Serrer.** *Se boudiner dans un corset.* V. **Boudiné.**

BOUDINEUSE [budinøz]. *n. f.* (XXe; de *boudiner*). Techn. Machine servant à mouler des matières malléables.

BOUDOIR [budwaʀ]. *n. m.* (1740; de *bouder* « pièce où l'on peut se retirer [pour bouder] »). ♦ **1º** Petit salon élégant de dame. « *Ils s'étaient retirés tous les deux dans un petit boudoir japonais* » (MAUPASS.). ♦ **2º** (XXe). Biscuit oblong recouvert de sucre cristallisé.

BOUE [bu]. *n. f.* (*Boe*, fin XIIe; gaul. °*bawa*). ♦ **1º** Terre, poussière détrempée dans les rues, les chemins. V. **Bourbe, fange, gadoue.** *Patauger dans la boue. S'enliser dans la boue d'une ornière. Couvert de taches de boue. V. **Crotté.** La boue des souliers.* ◊ Fig. *Traîner (qqn) dans la boue, couvrir de boue*, l'accabler de propos infamants. V. **Calomnier.** « *Une âme de boue* » (ST-SIM.), vile, corrompue. ♦ **2º** Terre détrempée. V. **Limon, vase.** *Débarrasser un canal de la boue* : le curer, le draguer. *Hutte de boue séchée.* V. **Pisé.** ◊ Géol. (*Plur.*). Vases argileuses qui se déposent au fond des mers. V. **Sédiment.** — *Boues pélagiques.* — *Boue minérale* : limon imprégné d'éléments minéraux. *Prendre des bains de boue.* ♦ **3º** Dépôt. *La boue d'un encrier.* — Amas de déchets des eaux polluées. *Boues industrielles, d'épuration. Les « boues rouges » de la Méditerranée.* ◊ HOM. Bout.

BOUÉE [bwe]. *n. f.* (*Boue*, fin XIVe; germ. °*bauk-* «signal»). Corps flottant qui signale l'emplacement d'un mouillage, d'un écueil, d'un obstacle ou qui délimite une passe, un chenal. V. **Balise, flotteur.** *Bouée lumineuse.* V. **Photophore.** *Bouée de corps-mort. Bouée soutenant un câble.* V. **Flotte.** *Bouée-culotte*, servant au sauvetage du personnel de navires échoués. *Bouée de sauvetage* : plateau ou anneau d'une matière insubmersible ; *bouée spéciale pendue à l'arrière d'un navire.* « *Il se cramponnait à cette idée comme un naufragé à une bouée* » (MAC ORLAN). *Bouée sonore (à cloche, à sifflet).* ◊ *Bouée-laboratoire*, submersible contenant des hommes et des appareils pour la recherche océanographique.

BOUEUR [bwœʀ (vx); déb. XIXe bwø] ou **BOUEUX**

[bwø]. *n. m.* (1563,-XXe; de *boue*). Employé chargé d'enlever les ordures ménagères et les boues des voies publiques. V. **Éboueur.**

BOUEUX, EUSE [bwø, øz]. *adj.* (fin XIIe; de *boue*). ♦ **1º** Plein de boue. V. **Bourbeux, fangeux.** *Chemin boueux. Eau boueuse. Le Chéliff « s'est creusé dans la marne molle un lit boueux qui ressemble à une tranchée* » (FROMENTIN). ♦ **2º** Qui a la consistance, l'aspect de la boue. *Café boueux.* — Typogr. *Impression boueuse* : dont l'encre bave. ◊ HOM. V. **Boueur.**

BOUFFANT, ANTE [bufɑ̃, ɑ̃t]. *adj.* (fin XVe; de *bouffer*). Qui bouffe. V. **Froncé, gonflé.** *Un pantalon arabe bouffant. Manches bouffantes.* V. **Ballon.** Subst. *Le bouffant d'une manche.* ◊ ANT. Collant, plat.

BOUFFARDE [bufaʀd(ə)]. *n. f.* (1821; de *bouffée*). Fam. Grosse pipe à tuyau court. V. **Brûle-gueule.** Par ext. Toute pipe.

1. BOUFFE [buf]. *adj.* (1835; de *scène buffe*, 1791; it. *opera buffa*, de *buffo* « plaisant ». V. **Bouffon**). Qui appartient au genre lyrique léger. *Opéra bouffe.* V. **Opérette.** *Un rôle de la musique bouffe. Les Bouffes* : à l'origine, théâtre italien. ◊ ANT. Sérieux.

2. BOUFFE [buf]. *n. f.* (mil. XXe; de *bouffer** [2º]). ♦ **1º** Fam. Le fait de bouffer, de manger. *Il te reste qu'à la bouffe. C'est l'heure de la bouffe.* ♦ **2º** Fam. Aliments qu'on sert aux repas. *Préparer la bouffe.* V. **Repas.** *Il aime la bonne bouffe.* V. **Cuisine; bouffetance, tambouille.** ◊ Aliments en général. V. **Nourriture; becquetance.** *Acheter la bouffe.* « *Cinquante kilos de bouffe! dit Henri. Nadine ravitaille sa famille* » (BEAUVOIR).

BOUFFÉE [bufe]. *n. f.* (XIIe; de *bouffer*). ♦ **1º** Souffle qui sort par intermittence de la bouche. V. **Exhalaison.** *Bouffées de vin, d'ail. Tirer des bouffées de sa pipe.* ♦ **2º** Par ext. Souffle d'air qui arrive par intermittence. *Une bouffée d'air, de froid, de parfum.* Méd. *Bouffée de chaleur* : sensation de chaleur qui monte brusquement à la face. — Mar. *Bouffée de vent* : souffle de vent. V. **Accès, explosion.** ♦ **3º** Fig. Manifestation, mouvement subit, passager. V. **Accès, explosion.** *Des bouffées d'orgueil.* — *Par bouffées* : par intervalles (V. À-coup). ◊ HOM. Bouffer.

BOUFFER [bufe]. *v.* (XVe; « souffler en gonflant ses joues », XIIe; « gonfler », XVe; onomat.). ♦ **1º** *V. intr.* Se maintenir de soi-même gonflé, en parlant d'une matière légère, non rigide. *Des cheveux qui bouffent.* « *Leurs longues jupes, bouffant autour d'elles, semblaient des flots d'où leur taille émergeait* » (FLAUB.). ♦ **2º** (XVIe, les joues du mangeur étant gonflées). Fam. Manger gloutonnement. V. **Bâfrer.** *Il ne mange pas, il bouffe.* — Fam. Manger. V. **Manger; becqueter, boulotter, briffer.** Intrans. « *On bouffe toujours mal chez Julia* » (QUENEAU). — Trans. *On n'a rien à bouffer. Bouffer des briques.* — Fig. Avoir envie de bouffer qqn, être furieux contre lui. *Bouffer du curé, du bicot, du bolcho* : être très hostile au clergé, aux Nord-Africains, aux communistes. *Se bouffer le nez* : se disputer. ◊ Par ext. V. tr. Consommer. *Une voiture qui bouffe de l'huile. Bouffer du kilomètre*, rouler beaucoup en voiture. ◊ ANT. Aplatir (s'), jeûner. — HOM. Bouffée.

BOUFFETANCE [buftɑ̃s]. *n. f.* (mil. XXe; de *bouffer** [2º]). V. **Bouffe** (2º), **becquetance.**

BOUFFETTE [bufɛt]. *n. f.* (1409; de *bouffer*). Ancienn. Petit nœud bouffant de ruban, employé comme ornement dans l'habillement, les tentures, le harnachement des chevaux. V. **Chou, coque.**

BOUFFEUR, EUSE [bufœʀ, øz]. *n.* (av. 1934; de *bouffer** [2º]). Pop. Personne qui bouffe*. V. **Mangeur.** *C'est un bouffeur de curé.* — Fig. *Un bouffeur de kilomètres. Un bouffeur de curé.*

BOUFFI, IE [bufi]. *adj.* (1546; de *bouffir*). ♦ **1º** Gonflé, enflé de manière disgracieuse. V. **Boursouflé, gonflé, gras, gros, joufflu, mafflu, soufflé, vultueux.** *Je le trouve un peu bouffi.* Loc. fam. *Tu l'as dit, bouffi!*, tu as raison. *Chair bouffie. Visage bouffi. Des yeux bouffis* : dont les paupières sont bouffies. — *Hareng bouffi*, et subst. *Un bouffi*, hareng saur légèrement fumé. V. **Bouffir.** — Fig. « *Style à la fois plat et bouffi* » (HUGO). ♦ **2º** Fig. *Bouffi de (qqch.).* V. **Gonflé, plein, rempli.** « *Je ne suis qu'un néant bouffi de vanité* » (CORN.). ◊ ANT. Creux, maigre.

BOUFFIR [bufiʀ]. *v. tr. et intr.* (XIIIe; var. de *bouffer*). Produire ou présenter une enflure morbide, disgracieuse. V. **Boursoufler, enfler, gonfler.** *La maladie avait bouffi son visage. Son corps bouffit de plus en plus.* ◊ (XVIe). Pêche. Faire gonfler et fumer des harengs salés à la chaleur (V. Bouffissage). ◊ ANT. Émacier, maigrir.

BOUFFISSAGE [bufisaʒ]. *n. m.* (1873; de *bouffir**). Pêche. Préparation des harengs bouffis.

BOUFFISSURE [bufisyʀ]. *n. f.* (1582; de *bouffir*). Enflure morbide et disgracieuse des chairs. V. **Boursouflure, gonflement.** *La bouffissure d'un visage.* « *Ses yeux, déjà petits, semblaient remonter vers les tempes par la bouffissure de ses* pommettes » (FLAUB.). — Fig. La bouffissure du style. ◇ ANT. Décharnement.

BOUFFON [bufɔ̃]. n. m. (1530; it. buffone, de buffa « plaisanterie »). ♦ 1° Ancien. Personnage de théâtre dont le rôle est de faire rire. V. Comique; baladin, bateleur, clown, histrion, paillasse, pitre, polichinelle. ♦ 2° Bouffon de cour : personnage qui était chargé de divertir un grand par ses plaisanteries. V. Fou. La marotte, les grelots d'un bouffon. ♦ 3° Celui qui amuse, fait rire par ses facéties. V. Farceur, plaisantin. Être le bouffon de qqn, un objet continuel de moquerie (Cf. Tête de Turc). ♦ 4° Adj. Qui marque une fantaisie peu délicate. V. Burlesque, cocasse, drôle, grotesque. Un comique bouffon. Par ext. Qui prête au gros rire. V. Comique, ridicule. Histoire, scène bouffonne. « De toutes les choses sérieuses, le mariage étant la plus bouffonne » (BEAUMARCH.). ◇ ANT. Grave, sérieux.

BOUFFONNEMENT [bufɔnmɑ̃]. adv. (fin XIXᵉ; de bouffon, adj.). D'une manière bouffonne.

BOUFFONNER [bufɔne]. v. intr. (1549; de bouffon). Vx ou littér. Faire ou dire des bouffonneries. V. Plaisanter.

BOUFFONNERIE [bufɔnʀi]. n. f. (1539; de bouffon). ♦ 1° Caractère de ce qui est bouffon. V. Drôlerie. ♦ 2° Action ou parole bouffonne. V. Farce. ◇ ANT. Gravité.

BOUGAINVILLÉE [bugɛ̃vile] n. f. ou **BOUGAINVILLIER** [bugɛ̃vilje]. n. m. (1806,-XXᵉ; de Bougainville, navigateur français). Arbrisseau sarmenteux grimpant (Nyctaginacées) à feuilles persistantes, à fleurs entourées de trois bractées violettes ou roses.

BOUGE [buʒ]. n. m. (Bolge, XIIᵉ; lat. bulga, d'o. gaul.). I. Techn. Partie renflée ou incurvée d'un objet. V. Bombement, convexité, renflement. Bouge d'un moyeu de roue. Bouge d'une assiette, séparant le fond du bord. ◇ Mar. Convexité latérale des baux et des ponts d'un navire. V. Tonture.
II. (XIIIᵉ; « pièce servant de débarras »). ♦ 1° (XVIIIᵉ). Logement étroit, obscur, malpropre, misérable. V. Galetas, réduit. Habiter un bouge. ♦ 2° Café, cabaret mal famé, mal fréquenté. Les bouges des grands ports.

BOUGEOIR [buʒwaʀ]. n. m. (1514; de bougie). Chandelier bas dont le pied, élargi en plateau pour recevoir la cire, est muni d'un anneau. Bobèche de bougeoir.

BOUGEOTTE [buʒɔt]. n. f. (1859; de bouger). Fam. Manie de bouger; envie, habitude de se déplacer, de voyager. Avoir la bougeotte.

BOUGER [buʒe]. v. : je bouge, nous bougeons; je bougeais; je bougeai, nous bougeâmes; que je bouge, que je bougeasse (inus.); bougeant (1175; lat. pop. °bullicare « bouillonner », de bullire).
I. V. intr. ♦ 1° Faire un mouvement. V. Remuer. Le blessé ne bouge plus. Devant lui, personne n'ose bouger. V. Broncher, ciller. Vous avez bougé, la photo est ratée. ♦ 2° Changer de place (surtout négatif). V. Déplacer (se), mouvoir (se), partir. Je ne bouge pas de chez moi aujourd'hui. ♦ 3° Fam. Changer, s'altérer (surtout négatif). Un tissu grand teint et irrétrécissable qui ne bouge pas. Les prix n'ont pas bougé. ♦ 4° Polit. Agir pour protester. V. Soulever (se). Le peuple commence à bouger. « Ce Paris odieux bouge et résiste » (HUGO). — Passer à l'action, prendre des mesures. « L'Amérique latine bouge » (Le Monde, 31-12-1964).
II. V. tr. Fam. Remuer, déplacer. Bouger un meuble. Sans bouger le petit doigt. Pronom. « Voyons, Léontine, bouge-toi, tu t'ankyloses » (PROUST).
◇ ANT. Arrêter (s'), rester, stagner.

BOUGIE [buʒi]. n. f. (1300, « cire pour chandelles », importée de Bougie, ville d'Algérie). ♦ 1° Appareil d'éclairage formé d'une mèche tressée enveloppée de cire ou de stéarine. V. Chandelle. S'éclairer à la bougie. Bougie d'autel. V. Cierge. Flamme de bougie. ♦ 2° Par anal. de forme. Chir. Tige cylindrique mince, flexible ou rigide que l'on introduit dans un canal pour l'explorer ou le dilater. V. Sonde. ◇ Filtre cylindrique en porcelaine. ♦ 3° Phys. Ancienne unité de luminescence. — Comm. Lampe de 100 bougies. ♦ 4° Auto. (1888). Appareil d'allumage des moteurs à explosion. L'étincelle qui jaillit de la bougie met le feu au mélange gazeux. Bougie encrassée. Changer les bougies d'une voiture. ♦ 5° (1890). Pop. Figure. Faire une drôle de bougie.

BOUGNA ou **BOUGNAT** [buɲa]. n. m. (1889; aphérèse de charbougna (charbonnier), imitation plaisante du parler des Auvergnats). Pop. Marchand de charbon. Les bougnats parisiens faisaient parfois café.

BOUGNOUL, BOUGNOULE ou **BOUNIOUL** [buɲul]. n. m. (1890; de l'ouolof bougnoul « noir »). ♦ 1° Fam. Nom donné par des Blancs du Sénégal aux Noirs autochtones. ♦ 2° (XXᵉ). Péj. Appellation injurieuse donnée par les Européens d'Afrique du Nord aux Nord-Africains. V. Bicot, raton. « La révolution de ces désespérés qui ont pris les armes pour n'être plus jamais les ratons et les bougnoules de personne » (MAURIAC).

BOUGON, ONNE [bugɔ̃, ɔn]. adj. et n. (1818; de bougonner). Fam. Qui a l'habitude de bougonner. V. Grognon, ronchon. Un enfant bougon. Subst. Quel vieux bougon!

BOUGONNEMENT [bugɔnmɑ̃]. n. m. (XXᵉ; de bougonner). Action de bougonner.

BOUGONNER [bugɔne]. v. intr. (1798; « faire qqch. avec maladresse », 1611; o. i.). Fam. Exprimer pour soi seul, souvent entre les dents, son mécontentement. V. Grommeler; grogner, râler. « Passant ses journées à bougonner contre la politique » (R. ROLLAND).

BOUGRAN [bugʀɑ̃]. n. m. (Boquerant, fin XIIᵉ; de Boukhara, ville d'Asie). Toile forte et gommée, employée dans les doublures de vêtements.

BOUGRE, ESSE [bugʀ(ə), ɛs]. n. (Bogre « Bulgare », 1172; bas lat. Bulgarus). ♦ 1° Fam. Drôle, gaillard. « Trois bougres rigolent en sifflant du picolo » (DUHAM.). ◇ Par ext. Individu. V. Type. « Son impuissance à sauver tous les pauvres bougres qu'on lui amenait » (ZOLA). Un bon bougre, un brave type. Il est bon bougre, indulgent, accommodant. ♦ 2° Péj. En appos. Bougre d'idiot! V. Espèce. Interj. Bougre! V. Bigre.

BOUGREMENT [bugʀəmɑ̃]. adv. (1858; de bougre). Pop. Beaucoup, très. V. Bigrement, drôlement. « Les deux premiers morceaux d'Ibéria qui sont bougrement difficiles » (GIDE).

BOUI-BOUI [bwibwi]. n. m. (Bouig-bouig « théâtre », 1847; de bouis, dial. « étable », de bos « bœuf »). Fam. Café-concert, café de dernier ordre. « Nous allions écouter des canzonetta dans quelque boui-boui des environs » (BEAUVOIR). Des bouis-bouis.

BOUIF [bwif]. n. m. (1867; par aphérèse de ribouis « vieux soulier, savetier ». Arg. Cordonnier. « Tout le monde l'aimait bien, le petit bouif du coin » (FERNIOT).

BOUILLABAISSE [bujabɛs]. n. f. (Bouille-à-baisse, 1837; prov. bouiabaisso, p.-ê. altér. de bouillepeis, de bouillir, et peis « poisson »). Plat provençal de poissons à la tomate, fortement épicés, que l'on sert dans son bouillon avec des tranches de pain.

BOUILLANT, ANTE [bujɑ̃, ɑ̃t]. adj. (1120; de bouillir). ♦ 1° Qui bout. Eau, huile bouillante. Plonger dans l'eau bouillante. V. Ébouillanter. Cuis. Mettre un légume à l'eau bouillante. ♦ 2° Par exagér. Très chaud. Boire son café bouillant. V. Brûlant. ♦ 3° Fig. Ardent, emporté. Le bouillant Achille. Bouillant de colère, d'impatience; de jeunesse. ◇ ANT. Froid, glacé, calme, mou, pondéré.

BOUILLE [buj]. n. f. (Boille, XVᵉ; p.-ê. lat. pop. °buttula, de buttis « tonneau »). ♦ 1° Hotte pour la vendange. ♦ 2° (1890). Fam. V. Figure, tête. Avoir une bonne bouille.

BOUILLEUR [bujœʀ]. n. m. (1775; de bouillir). ♦ 1° Celui qui fait bouillir du vin pour obtenir de l'eau-de-vie. V. Distillateur. BOUILLEUR DE CRU : propriétaire qui distille chez lui ses récoltes de fruits pour sa consommation personnelle. ♦ 2° Techn. Cylindre de tôle en contact direct avec le feu, et qui est destiné à augmenter la surface de chauffe des chaudières à vapeur.

BOUILLI, IE [buji]. adj. et n. m. (1317; de bouillir). Qu'on a fait bouillir. Eau bouillie. Lait bouilli. — Pommes de terre bouillies, à l'eau. Cuir bouilli, cuir de vache endurci à force de bouillir. ◇ N. m. Viande bouillie. V. Pot-au-feu. Manger du bouilli. ◇ HOM. Bouillie.

BOUILLIE [buji]. n. f. (Boulie, XIIᵉ; de bouillir). ♦ 1° Aliment plus ou moins épais fait de lait ou d'un autre liquide et de farine bouillis ensemble, destiné surtout aux bébés qui n'ont pas encore de dents. Une assiettée de bouillie. — Fig. C'est de la bouillie pour les chats : se dit d'un texte confus, incompréhensible. ♦ 2° EN BOUILLIE, écrasé jusqu'à présenter la consistance de la bouillie. Des légumes trop cuits, en bouillie. Réduire une substance en bouillie. Mettre qqn en bouillie. V. Écraser; écrabouiller, démolir. « On l'a ramassé, la figure en bouillie » (MART. du G.). ♦ 3° Par ext. Liquide pâteux. Bouillie de chiffons pour la pâte à papier. — Bouillie bordelaise, bourguignonne : liquide à base de sulfate de cuivre pour la protection de la vigne. ◇ HOM. Bouilli.

BOUILLIR [bujiʀ]. v. intr. : je bous, tu bous, il bout, nous bouillons, vous bouillez, ils bouillent; je bouillais; je bouillis; je bouillirai; je bouillirais. Bous, bouillons, bouillez. Que je bouille, que nous bouillions; que je bouillisse (inus.); bouillant; bouilli (Bolir, 1080; lat. bullire « former des bulles »). ♦ 1° Être en ébullition, s'agiter en formant des bulles sous l'action de la chaleur. L'eau bout à 100 degrés. Faire bouillir du lait. Commencer à bouillir. V. Frissonner (cuis.). ♦ 2° Par ext. Faire cuire dans un liquide qui bout. Faire bouillir de la viande. V. Bouilli, bouillon. ◇ Stériliser ou nettoyer dans l'eau qui bout. Faire bouillir une seringue, un biberon. Faire bouillir du linge. — Par ext. Du linge qui bout, qui résiste à l'ébullition. — Par méton. Fig. et fam. Avoir de quoi faire bouillir la marmite, de quoi manger, vivre. ♦ 3° Fig. et littér. « Le spectacle de l'injustice et de la méchanceté me fait encore bouillir le sang de colère » (ROUSS.). Par ext. Cour. Bouillir *de colère, d'impatience :* être emporté par la colère, l'impatience. *Absolt. Bouillir :* s'impatienter, s'emporter. *Sa lenteur me fait bouillir.* V. **Exaspérer.** ♦ 4° Trans. *(Fam.).* Faire bouillir. *Bouillir le lait. Bouillir le linge.* ◊ ANT. *Geler.*

BOUILLISSAGE [bujisaʒ]. *n. m.* (1765; de *bouillir*). *Techn.* ♦ 1° En papeterie, première opération subie par la pâte de chiffon au cours du blanchiment. ♦ 2° En sucrerie, cuisson du jus sucré avant sa concentration, pour faire précipiter les sels de calcium.

BOUILLOIRE [bujwaʀ]. *n. f.* (1740; de *bouillir*). Récipient métallique pansu, muni d'un bec et d'une anse, destiné à faire bouillir de l'eau. V. **Bouillotte.** *Bouilloire russe.* V. **Samovar.**

BOUILLON [bujɔ̃]. *n. m.* (fin XIIᵉ; de *bouillir*). I. ♦ 1° Se dit des bulles qui se forment au sein d'un liquide en ébullition. V. **Bouillonnement.** *Retirer au premier bouillon :* dès l'ébullition. *Bouillir à gros bouillons,* très fort. *— Par ext.* (les bulles provenant de l'agitation d'un liquide) « *Un ruisseau qui, se précipitant du haut d'un rocher, tombait à gros bouillons pleins d'écume* » (FÉN.). *Plaie qui saigne à gros bouillons. — Par anal. Techn.* Bulle d'air emprisonnée dans le verre, dans les métaux fondus. ♦ 2° (1629). *Cout.* Grosse fronce bouffante d'une étoffe. « *Tablier de tulle illusion à gros bouillons* » (MALLARMÉ). V. **Bouillonné.** ♦ 3° (1839). *Imprim.(Plur.).* Ensemble des invendus* d'une publication.

II. ♦ 1° Liquide dans lequel certaines substances ont bouilli. V. **Décoction.** *Bouillons alimentaires.* V. **Brouet, chaudeau, consommé.** *Bouillon assaisonné pour le poisson.* V. **Court-bouillon.** *Bouillon de légumes. Bouillon gras* (où a cuit de la viande). *Le bouillon du pot-au-feu. Les yeux du bouillon. — Fam. Bouillon d'onze heures :* breuvage empoisonné. ♦ 2° *Boire un bouillon,* avaler de l'eau en nageant (V. **Tasse**); *fig.* et *fam.* Essuyer une perte considérable par suite d'une mauvaise spéculation. ♦ 3° *Bactér. Bouillon de culture,* liquide destiné à la culture des microbes. *— Fig.* Milieu favorable. « *La perfidie ne va pas sans la dissimulation, qui est comme son bouillon de culture* » (L. DAUD.).

BOUILLON-BLANC [bujɔ̃blɑ̃]. *n. m.* (1456; bas lat. *bugillo,* d'apr. *bouillon,* à cause de l'emploi de cette plante comme tisane). Sorte de molène dont les fleurs sont employées en médecine comme pectorales.

BOUILLONNANT, ANTE [bujɔnɑ̃, ɑ̃t]. *adj.* (XVIᵉ; de *bouillonner*). ♦ 1° Qui bouillonne. *Eau bouillonnante d'un torrent.* ♦ 2° *Fig.* En effervescence. V. **Tumultueux.** « *Il devait parfois écumer ses idées bouillonnantes* » (RENARD).

BOUILLONNÉ [bujɔne]. *n. m.* (1933; de *bouillonner*). *Cout.* Ornement fait d'une bande froncée sur ses deux bords et posée en applique.

BOUILLONNEMENT [bujɔnmɑ̃]. *n. m.* (1560; de *bouillonner*). ♦ 1° Agitation, mouvement d'un liquide qui bout ou bouillonne. *Bouillonnement d'une source.* ♦ 2° Fig. *Bouillonnement des désirs, des idées.* V. **Ardeur, effervescence, tumulte.** ◊ ANT. *Calme.*

BOUILLONNER [bujɔne]. *v.* (XIVᵉ; de *bouillon*). I. *V. intr.* ♦ 1° En parlant d'un liquide, être agité en formant des bouillons. « *La source s'élançait en bouillonnant* » (MÉRIMÉE). ♦ 2° *Fig.* Être en effervescence, s'agiter. « *Ces phrases qui bouillonnent et se pressent dans son cerveau* » (MART. du G.). ♦ 3° (1901). *Journal qui bouillonne :* qui a de nombreux bouillons (I, 3°).

II. *V. tr.* Froncer une étoffe en bouillons. « *Manches bouillonnées* » (MALLARMÉ).

BOUILLOTTE [bujɔt]. *n. f.* (1810; « jeu », 1788; de *bouillir*). ♦ 1° Récipient métallique destiné à faire bouillir de l'eau. V. **Bouilloire.** ♦ 2° *Par ext.* Récipient que l'on remplit d'eau bouillante pour se chauffer dans un lit, dans une voiture. *Bouillotte en grès, en caoutchouc.*

BOUILLOTTER [bujɔte]. *v. intr.* (1867; de *bouillir*). Bouillir doucement ou trop doucement (fritures).

BOULAIE [bulɛ]. *n. f.* (1294; de *bouleau*). Terrain planté de bouleaux.

BOULANGE [bulɑ̃ʒ]. *n. f.* (1830; de *boulanger*). *Fam.* Métier ou commerce du boulanger. *Être dans la boulange.* Spécialt. *Bois de boulange :* destiné à chauffer le four.

BOULANGER, ÈRE [bulɑ̃ʒe, ɛʀ]. *n.* (*Boulengier,* fin XIIᵉ; d'un picard *boulenc* « celui qui fabrique le pain en boule »). Personne qui fait et vend du pain. *Patron boulanger.* *Garçon boulanger.* V. **Mitron.** *Pommes à la boulangère, pommes boulangères,* cuites et dorées avec des oignons.

BOULANGER [bulɑ̃ʒe]. *v. tr.* (XVᵉ; de *boulanger,* n.). Travailler la farine pour en faire du pain. *Boulanger de la farine. Par ext. Du pain bien boulangé.*

BOULANGERIE [bulɑ̃ʒʀi]. *n. f.* (1314; de *boulanger*). ♦ 1° Fabrication et commerce du pain. V. **Boulange.** *Fournil, four, pétrin d'une boulangerie.* ♦ 2° La boutique du boulanger, où l'on vend souvent d'autres produits (biscottes, croissants, etc.). *Aller à la boulangerie. Boulangerie-pâtisserie,* où l'on fait et vend aussi des gâteaux.

BOULANGISME [bulɑ̃ʒism(ə)]. *n. m.* (1887; de *Boulanger*). Parti politique attaché à la personne ou à la doctrine du général Boulanger (1837-1891).

BOULANGISTE [bulɑ̃ʒist(ə)]. *adj.* (1887; de *Boulanger*). Qui a rapport au boulangisme. *Subst.* Partisan du boulangisme.

BOULBÈNE [bulbɛn]. *n. f.* (1800; gasc. *boulbeno* « terre d'alluvion »). Terre composée de sable, de limons argileux rougeâtres et de cailloux.

BOULDER [buldœʀ]. *n. m.* (1925; mot. angl.). *Géol.* Gros bloc de pierre arrondi par l'érosion. « *J'ai fait l'ascension de l'énorme boulder qui domine le campement* » (GIDE).

BOULDOZEUR. V. **Bulldozer, bouteur.**

BOULE [bul]. *n. f.* (XIIIᵉ; lat. *bulla* « bulle », puis « boule » creuse). ♦ 1° Corps sphérique. V. **Sphère.** *Rond comme une boule. Rouler comme une boule. Boule de pain. Boule de fil,* pelote sphérique. *Boules Quies* (marque déposée), petites boules de cire qu'on met dans les oreilles pour s'isoler du bruit. *Boule de neige. Faire boule de neige,* augmenter de volume en roulant; *fig.* Grossir. *Boule d'amortissement :* ornement couronnant un pilier, une balustrade, une rampe d'escalier. *— Mar. Boule de signaux :* servant à faire des signaux sur les côtes (V. **Bombe**). *Boule de marée :* hissée à l'entrée d'un port pour signaler aux navires que la marée leur permet d'entrer. ◊ *Région.* (Belgique). *Bonbon. Cour. Boule de gomme,* bonbon de gomme. ♦ 2° EN BOULE, en forme de boule. *Des arbres taillés en boule. Géol. Érosion en boule,* qui aboutit à l'érosion de blocs arrondis. *— Un chat roulé en boule. Tomber en boule* (V. **Roulé-boulé**). *Fam. Être, se mettre en boule,* en colère. *Avoir les nerfs en boule,* être énervé, furieux. ♦ 3° Corps plein sphérique de métal, de bois, d'ivoire, qu'on fait rouler dans certains jeux. V. *aussi* **Bille.** *Boule de pétanque, de quille, de bowling, de croquet. Jeu de boules* (*boule lyonnaise* et *pétanque**). *Jouer aux boules* (V. **Bouliste, boulomane**). *Petite boule.* V. **Cochonnet.** *— Jouer à la boule,* sorte de roulette, jeu de hasard, dans les casinos. ♦ 4° *Fig.* et *fam. La boule :* la tête. *Perdre la boule,* devenir fou, s'affoler, déraisonner.

BOULEAU [bulo]. *n. m.* (1516; de l'a. fr. *boul,* lat. pop. *°betullus*). Arbre des régions froides et tempérées (*Bétulacées*), à écorce blanche, à petites feuilles, dont le bois est utilisé en menuiserie, en ébénisterie et pour la fabrication du papier. *Plantation de bouleaux.* V. **Boulaie.** ◊ HOM. *Boulot.*

BOULE-DE-NEIGE [buldəneʒ]. *n. f.* (1835; de *boule,* et *neige*). Autre nom de l'*obier*,* dont les inflorescences ressemblent à des boules de neige.

BOULEDOGUE [buldɔg]. *n. m.* (1745; angl. *bulldog* « chien-taureau »). Petit dogue à mâchoires saillantes. Iron. *Aimable comme un bouledogue.* V. **Hargneux.**

BOULER [bule]. *v.* (1390; de *boule*). ♦ 1° *V. intr.* Rouler comme une boule (V. **Roulé-boulé**). — (1854, « repousser ») *Fam. Envoyer promener* qqn. V. **Éconduire, repousser.** ♦ 2° *V. tr. Bouler les cornes d'un taureau :* les garnir de boules de cuir.

BOULET [bulɛ]. *n. m.* (1347; de *boule*). ♦ 1° Projectile sphérique de métal dont on chargeait les canons. *Un boulet de canon* (V. **Obus**); *fig. Arriver comme un boulet de canon,* en trombe. *— Boulet rouge,* qu'on faisait rougir au feu avant de le tirer. *Fig. Tirer à boulets rouges sur* qqn : l'attaquer violemment. ♦ 2° Boule de métal qu'on attachait aux pieds de certains condamnés (bagnards, etc.). *— Fig. C'est un boulet à traîner; quel boulet!* obligation pénible, charge dont on ne peut se délivrer. ♦ 3° Aggloméré de charbon de forme ovoïde. « *Le bruit des pelletées de boulets tombant dans le seau* » (Cl. SIMON). ♦ 4° *Chez le cheval,* Articulation de l'extrémité inférieure du canon avec la première phalange, au-dessus du paturon.

BOULETÉ, ÉE [bulte]. *adj.* (1690; de *boulet,* 4°). Se dit d'un cheval qui porte le boulet en avant.

BOULETTE [bulɛt]. *n. f.* (1560; de *boule*). ♦ 1° Petite boule façonnée à la main. *Boulette de pain, de papier.* — *Cuis.* Petite boule de viande hachée, de pâte. V. **Croquette.** ♦ 2° *Fig.* et *fam.* (1836). *Faire une boulette :* une bévue, une gaffe.

BOULEVARD [bulvaʀ]. *n. m.* (XVIIIᵉ-XIXᵉ, sens mod.; « ouvrage de madriers » puis « rempart », XVᵉ; du moy. néerl. *bolwerc*). ♦ 1° Rue très large, généralement plantée d'arbres (V. **Avenue, cours**). *Abrév. Bd. Le boulevard Saint-Michel* (fam. *Boul'Mich*). ♦ 2° Spécialt. *Les grands boulevards,* à Paris, les boulevards entre la Madeleine et la Bastille. ◊ *Théâtre, pièce de boulevard,* des grands boulevards (d'un comique léger, traditionnel et assez populaire). *Par ext. Le boulevard, genre* (V. **Théâtre**) *du boulevard.*

BOULEVARDIER, IÈRE [bulvaʀdje, jɛʀ]. *adj.* (1877; 1866, n. m., « celui qui fréquente les grands boulevards, viveur »). Qui a les caractères du théâtre, de l'esprit de boulevard. *Un comique boulevardier,* facile.

BOULEVERSANT, ANTE [bulvɛʀsɑ̃, ɑ̃t]. *adj.* (1863; de *bouleverser*). Qui bouleverse (3°), très émouvant. *Un récit bouleversant.*

BOULEVERSEMENT [bulvɛrsəmã]. *n. m.* (1579; de *bouleverser*). Action de bouleverser; résultat de cette action. V. **Altération, changement, convulsion, désordre, perturbation, renversement**. « *Ce bouleversement de ses innocentes habitudes* » (BOURGET). *Bouleversements politiques, économiques*. V. **Révolution**. ◇ ANT. *Apaisement, calme, ordre*.

BOULEVERSER [bulvɛrse]. *v. tr.* (1557, « renverser »; de *boule*, et *verser*). ♦ 1° Mettre en grand désordre, par une action violente. V. **Chambouler, déranger, perturber, renverser** (Cf. Mettre sens dessus dessous). *Chercher, fouiller en bouleversant tout.* ♦ 2° *Fig.* Apporter des changements brutaux dans. *Cet événement a bouleversé sa vie.* « *Rien n'est plus à sa place, les rapports des hommes entre eux sont bouleversés* » (SIEGFRIED). ♦ 3° Causer une émotion violente et pénible, un grand trouble. V. **Émouvoir, troubler, retourner, secouer** *(fig.)*. « *Cette idée de la mort qui l'avait profondément bouleversé* » (PROUST). — Par ext. « *Racontez encore, dit-il d'une voix bouleversée* » (DUHAM.). *Visage bouleversé par l'angoisse.* ◇ ANT. *Ranger; apaiser, calmer.*

1. **BOULIER**. V. **BOLIER**.

2. **BOULIER** [bulje]. *n. m.* (1863; de *boule*). Cadre portant des tringles sur lesquelles sont enfilées des boules et qui sert à compter. On dit aussi *boulier compteur*. V. **Abaque**.

BOULIMIE [bulimi] *n. f.* (1372; du gr. *boulimia* « faim [*limos*] de bœuf [*bous*] »). Faim excessive accompagnant certains troubles physiques ou mentaux. — Par ext. *Fam.* Grande faim. ◇ ANT. *Anorexie.*

BOULIMIQUE [bulimik]. *adj.* et *n.* (1842; de *boulimie*). Relatif à la boulimie. *N.* Personne atteinte de boulimie.

BOULIN [bulɛ̃]. *n. m.* (1486; de *boule*). ♦ 1° Trou ou pot de terre où niche un pigeon dans un colombier. ♦ 2° *Techn.* (1676). Trou pratiqué dans un mur pour un support d'échafaudage. *Par ext.* (1708) Traverse supportant un échafaudage.

BOULINE [bulin]. *n. f.* (*Boesline*, 1155; angl. *bowline* « corde de proue »). *Mar.* Cordage qui servait à tenir une voile de biais, pour lui faire prendre le vent de côté. *Naviguer à la bouline*, en tendant les boulines (V. **Boulinier**).

BOULINGRIN [bulɛ̃grɛ̃]. *n. m.* (1663; angl. *bowling-green* « gazon pour jouer aux boules »). Parterre de gazon généralement entouré de bordures, de talus.

BOULINIER, IÈRE [bulinje, jɛr]. *adj.* et *n.* (1694; de *bouline*). *Ancienn.* Qui navigue à la bouline. *N.* Navire louvoyant bien. *Un bon boulinier.*

BOULISTE [bulist(ə)]. *n. m.* (fin XIXᵉ; de *boule*). Joueur de boules (qui pratique le BOULISME).

BOULLE ou **BOULE** [bul]. *n. m. invar.* (fin XIXᵉ; de *Boulle* ou *Boule*, n. pr.). ♦ 1° Style de mobilier incrusté (d'ivoire, de cuivre, d'ébène) inspiré de celui de l'ébéniste Boulle. *Le style Boulle, le Boulle.* « *Les grandes consoles de faux boulle* » (MAURIAC). — Par ext. *Un meuble Boulle.* ♦ 2° Meuble de ce style. *Avoir un boulle.*

BOULOCHER [buloʃe]. *v. intr.* (v. 1965; de *boule*, et -*ocher*). Se dit de tricots de laine, de tissus qui, à l'usage, forment de petites boules de fibres en surface (*boulochage* n. m.).

BOULODROME [bulodrom]. *n. m.* (1903; de *boule*, et -*drome*). Lieu réservé au jeu de boules.

BOULOIR [bulwar]. *n. m.* (1751; de *bouler*, dial. pour *bouiller*; de *bouille* « bourbier », rac. *boue*). *Techn.* Instrument pour remuer la chaux, le mortier.

BOULOMANE [buloman]. *n.* (1961; de *boule*, et -*mane*). Amateur du jeu de boules*. « *Des joueurs de poker, des amateurs de boxe, des boulomanes et des sociétés régionales* » (P. NORA).

BOULON [bulɔ̃]. *n. m.* (XIIIᵉ, « petite boule »; de *boule*). *Techn.* (1319). Cheville de métal terminée à l'une de ses extrémités par une tête (ronde, carrée ou à pans) et à l'autre par un pas de vis destiné à recevoir un écrou ou par un trou dans lequel on peut passer une clavette.

BOULONNAGE [bulonaʒ]. *n. m.* (1861; de *boulon*). ♦ 1° Action de boulonner (1°). ♦ 2° *Chir.* Réunion et immobilisation (de deux fragments d'un os fracturé) au moyen d'un boulon.

BOULONNER [bulone]. *v. tr.* (1690; de *boulon*). ♦ 1° Fixer au moyen de boulons. « *Les charpentiers boulonnaient poutres et chevrons* » (LECOMTE). ♦ 2° *Fam.* (1895; de *boulon* ou *boulot* 2). Travailler. V. **Bosser**. *Il boulonne dur.*

BOULONNERIE [bulonri]. *n. f.* (1866; de *boulon*). Fabrique, industrie des boulons et accessoires : écrous, rondelles, goupilles. — Ensemble de ces produits.

1. **BOULOT, OTTE** [bulo, ɔt]. *adj.* et *n. m.* (1845; de *boule*). ♦ 1° Gros et court. *Pain boulot* : court et cylindrique. *Une femme boulotte.* V. **Rond, rondelet**. — *Subst. Une petite boulotte* ♦ 2° *N. m.* Pop. (XIXᵉ). Nourriture. V. **Boulotter**.

2. **BOULOT** [bulo]. *n. m.* (fin XIXᵉ; de *boulotter*). *Fam.* V. **Travail**. *C'est du bon boulot. Aller au boulot. Chercher du boulot.* V. **Emploi, métier**. Adj. et invar. *Il est boulot, boulot*, travailleur. ◇ HOM. *Bouleau.*

BOULOTTER [bulɔte]. *v. intr.* (déb. XIXᵉ; de *boulot* 1). ♦ 1° V. intr. *Vx.* Aller doucement. Travailler. V. **Boulonner**. ♦ 2° (1840). *Mod.* et *fam.* Manger. V. **Bouffer**. Trans. *Il n'y a rien à boulotter.*

BOUM! [bum]. *interj.* et *n.* (onomat., 1898). ♦ 1° *Interj.* Bruit de ce qui tombe, explose. *Boum! Tout est tombé. Ça a fait boum!* Loc. verb. *Faire boum*, éclater (langage enfantin), tomber. *Jeannot a fait boum.* ♦ 2° *N. m.* Bruit sonore. *Ça a fait un grand boum en tombant.* — *Fig.* (1953; confondu avec boom*). Succès brutal, retentissant. ◇ Loc. *Être en plein boum*, dans une activité fébrile, en plein travail. ♦ 3° *N. f.* (v. 1965; de *surboum*). Surprise-partie. ◇ HOM. *Boom.*

BOUMER [bume]. *v. intr.* (1929; de *boum*, boom « réussite »). Pop. *Ça boume* : ça va bien.

1. **BOUQUET** [bukɛ]. *n. m.* (XVᵉ; de *bosc*, var. dial. (Normandie) de *bois*). ♦ 1° Groupe serré (d'arbres, de végétaux). *Bouquet d'arbres.* V. **Boqueteau, bosquet**. « *En haut, des bouquets de chênes et de hêtres s'accrochaient sur les pentes* » (LOTI). ♦ 2° (XVIᵉ). Assemblage de fleurs, de feuillages coupés dont les tiges sont disposées dans le même sens. V. **Botte, gerbe**. *Bouquet de violettes. Faire un bouquet.* — Par ext. *Bouquet de persil.* Cuis. *Bouquet garni*, thym et laurier. ♦ 3° *Pyrot.* Le bouquet *d'un feu d'artifice* : les plus belles fusées qui couronnent le feu d'artifice. ◇ *Fam. C'est le bouquet* : c'est l'ennui qui vient couronner les autres (Cf. Il ne manquait plus que cela). ♦ 4° (*Par anal.* avec l'odeur d'un bouquet). Parfum d'un vin, d'une liqueur. V. **Arôme, odeur**.

2. **BOUQUET** [bukɛ]. *n. m.* (1119, « petit bouc »; de *bouc*). ♦ 1° (1732). *Rare.* Lapin mâle, lièvre. V. **Bouquin** (1). ♦ 2° (1865; à cause des « barbes »). Variété de grosse crevette rose qui rougit à la cuisson.

BOUQUETÉ, ÉE [bukte]. *adj.* (1908; de *bouquet*). Qui a du bouquet. *Un vin bouqueté.*

BOUQUETIÈRE [buktjɛr]. *n. f.* (1562; de *bouquet*). Celle qui fait et vend des bouquets de fleurs dans les lieux publics.

BOUQUETIN [buktɛ̃]. *n. m.* (*Bukestein*, XIIIᵉ; all. *Steinbock* « bouc de rocher »). Mammifère ongulé ruminant (*Bovidés-Caprinés*) à longues cornes annelées, vivant à l'état sauvage dans les montagnes d'Europe. *La chasse au bouquetin.*

1. **BOUQUIN** [bukɛ̃]. *n. m.* (XVIᵉ; de *bouc*). ♦ 1° *Vx.* Vieux bouc. ♦ 2° *Par anal.* Lièvre, lapin mâle. V. **Bouquet** (2).

2. **BOUQUIN** [bukɛ̃]. *n. m.* (1459; néerl. *boek* « livre »). ♦ 1° Vieux livre (V. **Bouquiniste**). ♦ 2° (XIXᵉ). *Fam.* Livre. « *Les épreuves d'un bouquin qui va sortir à corriger* » (N. SARRAUTE).

3. **BOUQUIN** [bukɛ̃]. *n. m.* (1532; du norm. *bouque* « bouche »). Sorte de bec adapté à une corne de bœuf pour en faire une trompe de chasse. *Cornet à bouquin* : la trompe elle-même.

BOUQUINER [bukine]. *v. intr.* (1611; de *bouquin* 2). ♦ 1° Fouiller dans les vieux livres, chercher des livres d'occasion. « *Je ne sais pas de plaisir plus paisible que celui de bouquiner sur les quais* » (FRANCE). ♦ 2° *Fam.* (1840). Lire. *Chercher un coin tranquille pour bouquiner.*

BOUQUINERIE [bukinri]. *n. f.* (1721; de *bouquin*). Commerce de vieux livres, de livres d'occasion.

BOUQUINEUR, EUSE [bukinœr, øz]. *n.* (1671; de *bouquiner*). Personne qui aime bouquiner (1°, 2°). V. **Bibliophile; liseur**.

BOUQUINISTE [bukinist(ə)]. *n.* (1723; de *bouquin* 2, 1°). Marchand, marchande de livres d'occasion exposés en librairie ou dans des boîtes spéciales sur les parapets des quais de la Seine.

BOURBE [burb(ə)]. *n. f.* (XIIᵉ; gaul. °*borva*). Boue qui s'accumule au fond des eaux stagnantes. *Bourbe d'un marais. Amas de bourbe.* V. **Bourbier**. *Ôter la bourbe.* V. **Débourber**.

BOURBEUX, EUSE [burbø, øz]. *adj.* (1552; de *bourbe*). Qui est plein de bourbe. V. **Boueux, fangeux**. *Sentier bourbeux. Eau bourbeuse* (opposé à clair).

BOURBIER [burbje]. *n. m.* (1220; de *bourbe*). Lieu creux plein de bourbe. *S'enfoncer dans un bourbier.* V. **Embourber** (s'). ◇ *Fig. Embarras, merdier (pop)*. « *Il faisait de vains efforts pour se tirer de ce bourbier* » (VOLT.).

BOURBILLON [burbijɔ̃]. *n. m.* (1690; de *bourbe*). *Méd.* Amas de pus et de tissu nécrosé au centre d'un furoncle. V. **Anthrax**.

BOURBON [burbɔ̃]. *n. m.* (1930; mot amér. de *Bourbon whiskey* [Comté de Bourbon, Kentucky]). Whisky à base de maïs, fabriqué aux États-Unis. V. **Whisky**. « *Il remplit un verre de bourbon qu'il donna à Nadine* » (BEAUVOIR).

BOURBONIEN, IENNE [burbɔnjɛ̃, jɛn]. *adj.* (1829; de *Bourbon*). Qui a rapport à la famille des Bourbons. ◇ *Nez bourbonien* : nez long un peu busqué.

BOURDAINE [burdɛn]. *n. f.* (1410; *borzaine*, v. 1200; o. i., refait sur l'a. fr. *bourd* « bâtard », lat. *burdus* « mulet »).

Espèce de *nerprun*, arbuste à écorce laxative. *Tisane de bourdaine.*

BOURDE [buʀd(ə)]. *n. f.* (XIIᵉ ; de l'a. fr. °*bihurder* « plaisanter », d'o. frq.). ◆ 1° Mensonge pour abuser, jouer qqn. V. **Baliverne, calembredaine.** *Tu nous racontes des bourdes !* ◆ 2° (XVIIIᵉ). *Par ext.* Faute lourde, grossière. *Faire une bourde.* V. **Bêtise, bévue, blague, gaffe; bourdon** (3).

1. **BOURDON** [buʀdɔ̃]. *n. m.* (XIIIᵉ ; lat. pop. *burdo*, de *burdus* « mulet »). Long bâton de pèlerin surmonté d'un ornement en forme de pomme.

2. **BOURDON** [buʀdɔ̃]. *n. m.* (XIIIᵉ ; onomat.).

I. ◆ 1° Insecte hyménoptère *(Apidés)* au corps lourd et velu, qui butine comme l'abeille. *Nid de bourdons. Bruit de bourdon.* V. **Bourdonnement.** ◆ 2° *Faux bourdon :* mâle de l'abeille. ◆ 3° (1915) ; Fig. et pop. *Avoir le bourdon :* être mélancolique, avoir le cafard.

II. ◆ 1° *Mus.* Ton qui sert de basse continue dans certains instruments tels que la vielle, la musette, la cornemuse. — *Bourdon d'orgue :* jeu de l'orgue qui fait la basse. — *Vx.* Quatrième corde du violon. — V. **Faux-bourdon.** ◆ 2° Grosse cloche à son grave.

3. **BOURDON** [buʀdɔ̃]. *n. m.* (1690; de *bourde*). Typogr. Faute d'un compositeur qui a omis un ou plusieurs mots de la copie.

BOURDONNANT, ANTE [buʀdɔnɑ̃, ɑ̃t]. *adj.* (XVIᵉ ; de *bourdonner*). Qui bourdonne. *Mouche bourdonnante.* « *Sa tête bourdonnante et près d'éclater* » (DAUD.).

BOURDONNEMENT [buʀdɔnmɑ̃]. *n. m.* (1545; de *bourdonner*). ◆ 1° Bruit sourd et continu que font en volant certains insectes (bourdon, mouche). *Bourdonnement de ruche.* ◆ 2° Bruit analogue. *Bourdonnement d'un moteur d'avion.* V. **Vrombissement.** — Murmure sourd, confus, d'un grand nombre de voix. « *La foule, avec son bourdonnement monotone de rires et de prières* » (LOTI). ◇ Méd. *Bourdonnement d'oreilles,* sensation perçue par l'oreille et provoquée par des troubles physiologiques.

BOURDONNER [buʀdɔne]. *v. intr.* (XIIIᵉ, « murmurer » ; de *bourdon* 2). ◆ 1° Faire entendre un bourdonnement. « *Autour du compotier de reines-claude une guêpe bourdonnait* » (MART. du G.). ◆ 2° *Par ext.* Émettre un son grave et continu, vibrant. « *La musique du bal bourdonnait encore à ses oreilles* » (FLAUB). — Fig. *Oreilles qui bourdonnent.*

BOURDONNEUR, EUSE [buʀdɔnœʀ]. *adj.* (1839; de *bourdonner*). Qui bourdonne. « *Des essaims bourdonneurs* » (A. BLONDIN).

BOURG [buʀ]. *n. m.* (*Borc*, 1080; bas lat. *burgus* « château fort », mot germ.). Gros village où se tiennent ordinairement des marchés. V. **Village; bourgade.** *Gros bourg.* V. **Ville.** ◇ HOM. **Bourre.**

BOURGADE [buʀgad]. *n. f.* (1418; prov. *borgada*, it. *borgata*). Petit bourg dont les maisons sont disséminées sur un assez grand espace (V. **Village**).

BOURGEOIS, OISE [buʀʒwa, waz]. *n. et adj.* (*Burgeis*, 1080; de *bourg*). ◆ 1° *Au moyen âge,* Citoyen d'un bourg, d'une ville, bénéficiant d'un statut privilégié. *Les bourgeois de Calais.* ◆ 2° *Ancienn.* Personne qui n'est ni noble, pas prêtre, qui ne travaille pas de ses mains et possède des biens. *Les bourgeois formaient le tiers état. Un riche bourgeois. Le Bourgeois Gentilhomme,* comédie de Molière. — (*Opposé à* noble) V. **Roturier.** — *Mod.* Adj. *Cuisine bourgeoise,* simple et bonne. ◆ 3° *Par ext.* (1830). *Péj.* Personne incapable d'apprécier ce qui est désintéressé, gratuit, esthétique. — (*Opposé à* artiste) « *J'appelle bourgeois quiconque pense bassement* » (FLAUB.). *Chercher à épater le bourgeois.* ◆ 4° *Dans la société actuelle,* Personne de la classe moyenne et dirigeante, qui ne travaille pas de ses mains (*opposé à* ouvrier, paysan). *Petits bourgeois. Grands bourgeois.* « *Le petit bourgeois dépend tout entier de l'ordre établi... qu'il aime comme lui-même* » (BERNANOS). — Adj. Qui appartient à la classe moyenne et dirigeante, ou seulement à la classe dirigeante. *Éducation bourgeoise. Quartier bourgeois.* « *On s'installe à Passy, dans l'appartement de sa tante. Voyez-vous ces goûts bourgeois?* » (N. SARRAUTE). ◇ *Péj.* Qui a des valeurs morales et sociales conservatrices, mène une vie rangée. *Il est devenu très bourgeois.* V. **Embourgeoiser** (s'). — *Par ext. Les préjugés bourgeois.* « *Tu t'es roulé en boule dans ta sécurité bourgeoise* » (ST-EXUP.). — V. *aussi* **Petit-bourgeois.** ◆ 5° (*Opposé à* militaire). *Sortir en bourgeois.* V. **Civil.** ◆ 6° *N. f.* Pop. (XVᵉ). *Ma bourgeoise,* ma femme. ◇ ANT. Magnat. Noble. Artiste. Ouvrier, paysan; prolétaire; populaire; anarchiste, bohème, hippie, marginal, révolutionnaire.

BOURGEOISEMENT [buʀʒwazmɑ̃]. *adv.* (1654; de *bourgeois*). ◆ 1° D'une manière bourgeoise (4°). *Vivre bourgeoisement.* ◆ 2° Occuper bourgeoisement un local, sans en faire un usage artisanal ni commercial (Cf. En bon père de famille).

BOURGEOISIE [buʀʒwazi]. *n. f.* (*Borgesie*, 1240; de *bourgeois*). ◆ 1° *Ancienn.* Qualité de bourgeois (1°). ◆ 2° *Hist.* Ensemble des bourgeois (2°). — Spécialt. *Opposé à* noblesse. *L'ascension de la bourgeoisie à partir du XVIIᵉ s.*

◆ 3° *Polit.* Classe dominante en régime capitaliste, qui possède les moyens de production (*opposé à* prolétariat). ◆ 4° *Cour.* Ensemble des bourgeois (4°). *La petite, la moyenne et la grande bourgeoisie. Appartenir à la bourgeoisie.* « *On parle sans cesse de bourgeoisie. Mais il est vain d'appeler de ce nom des types sociaux très différents* » (BERNANOS).

BOURGEON [buʀʒɔ̃]. *n. m.* (1160; lat. *burrionem*, accus. de °*burrio*, de *burra* « bourre »). ◆ 1° Excroissance qui apparaît sur la tige ou la branche d'un arbre, et qui contient en germe les tiges, branches, feuilles, fleurs ou fruits. V. **Gemme, pousse, rejet.** *Bourgeon à bois, à feuilles.* V. **Œil.** *Bourgeon à fleurs, à fruits.* V. **Bouton.** *Bourgeon terminal; latéral, axillaire. Bourgeons qui éclatent au printemps. Enlever les bourgeons d'un arbre.* V. **Éborgner.** — *Bourgeons de sapin,* utilisés en médecine. ◆ 2° *Vieilli.* Bouton. « *Les bourgeons dégoûtants de son visage* » (ST-SIM.). ◆ 3° *Histol. Bourgeon gustatif,* formation dans l'épithélium des papilles gustatives contenant les cellules gustatives. (apr. 1948). *Bourgeon conjonctif* (Vx *Bourgeon charnu*) : petites granulations rougeâtres de tissu conjonctif contribuant à cicatriser les plaies. — *Embryol.* Première ébauche d'un organe ayant la forme d'une petite masse saillante, arrondie.

BOURGEONNEMENT [buʀʒɔnmɑ̃]. *n. m.* (1600; de *bourgeonner*). ◆ 1° Action de bourgeonner. ◆ 2° *Zool.* Mode de reproduction asexuée par bourgeons. V. **Blastogenèse.** ◆ 3° *Bourgeonnement d'une plaie :* formation de bourgeons charnus à la surface d'une plaie.

BOURGEONNER [buʀʒɔne]. *v. intr.* (1155; de *bourgeon*). ◆ 1° Pousser des bourgeons. *Les arbres bourgeonnent au printemps.* ◆ 2° Fig. *Son visage, son nez bourgeonne :* il y vient des boutons.

BOURGERON [buʀʒəʀɔ̃]. *n. m.* (1842; de l'a. fr. *borge*, d'un lat. pop. °*burrica*, de *burra* « bourre »). *Vieilli.* Courte blouse de travail en grosse toile.

BOURGMESTRE [buʀgmɛstʀ(ə)]. *n. m.* (*Bourguemaistre*, 1309; moy. haut. all. *Burgmeister* « maître du bourg »). Premier magistrat des communes belges (V. **Maïeur**), suisses, hollandaises, allemandes. *Le bourgmestre est l'équivalent du maire.*

BOURGOGNE [buʀgɔɲ]. *n. m.* (1808; nom d'une province fr., lat. pop. *Burgundia*, rac. germ.). Vin des vignobles de Bourgogne. *Un verre de bourgogne. Un grand bourgogne rouge.*

BOURGUIGNON [buʀgiɲɔ̃]. *adj. et n. m.* (1808; de *Bourgogne*). *Bœuf bourguignon,* et absolt. *Bourguignon :* bœuf accommodé au vin rouge et aux oignons.

BOURLINGUER [buʀlɛ̃ge]. *v. intr.* (fin XVIIIᵉ; de *boulingue* (1512), « petite voile »; Cf. **Bouline**). ◆ 1° *Mar.* Avancer péniblement contre le vent et la mer. V. **Rouler.** ◆ 2° Naviguer beaucoup. *Avoir bourlingué dans les mers du Sud.* — Fig. et fam. Voyager beaucoup (Cf. *fam.* Rouler sa bosse).

BOURLINGUEUR, EUSE [buʀlɛ̃gœʀ, øz]. *adj. et n.* (XXᵉ; de *bourlinguer*). Fam. Qui voyage beaucoup par goût, mène une vie aventureuse.

BOURRACHE [buʀaʃ]. *n. f.* (1256; lat. médiév. *borrago*, arabe *abu rach* « père de la sueur »). Plante à grandes fleurs bleues des lieux incultes (*Borraginacées*), employée en tisane comme sudorifique et diurétique. — Cette tisane.

BOURRADE [buʀad]. *n. f.* (fin XVIᵉ; de *bourrer*). Poussée que l'on donne à qqn, avec le poing, le coude, la crosse d'un fusil, etc. « *D'une bourrade le chef l'écarte* » (COURTELINE). *Une bourrade amicale.*

BOURRAGE [buʀaʒ]. *n. m.* (1573; de *bourrer*). ◆ 1° Action de bourrer. *Le bourrage d'un coussin.* ◇ *Par ext.* Matière dont on se sert pour bourrer. ◆ 2° Fig. et fam. (1876). BOURRAGE DE CRÂNE, action insistante, persévérante dans le dessein d'en faire accroire. *Spécialt.* Propagande intensive. « *Le véritable bourrage de crâne, on se le fait à soi-même par l'espérance* » (PROUST).

BOURRANT, ANTE [buʀɑ̃, ɑ̃t]. *adj.* (1967; de *bourrer*). Qui nourrit (aliment). V. **Bourratif.**

BOURRAS [buʀa]. *n. m.* (XIIIᵉ; de *bourre*). *Vx.* Grosse toile faite d'étoupes de chanvre.

BOURRASQUE [buʀask(ə)]. *n. f.* (1552; de l'it. *bur(r)asca*, du lat. *boreas* « vent du nord »). Coup de vent impétueux et de courte durée. V. **Orage, tempête, tornade, tourbillon, tourmente.** « *Des bourrasques de pluie, portées par le vent du large* » (MART. du G.). « *Elle entre comme une bourrasque, flanque tout par terre et repart en coup de vent* » (SARTRE). — Fig. « *Leur apparition avait été accueillie par une bourrasque d'injures et de coups de sifflet* » (MAUROIS). ◇ ANT. Bonace, calme.

BOURRATIF, IVE [buʀatif, iv]. *adj.* (Néol.; de *bourrer* 2°). *Fam.* Qui bourre, en parlant d'un aliment. *Ces biscuits sont trop bourratifs.* ◇ ANT. Léger.

1. **BOURRE** [buʀ]. *n. f.* (XIIIᵉ; du lat. *burra* « laine grossière »). ◆ 1° Amas de poils, débris avant le tannage de la peau de certains animaux à poils ras et servant à garnir, les harnais, les bâts (V. **Feutre**). ◆ 2° *Par ext. Bourre de*

laine ou *bourre lanice :* déchet du peignage de la laine. *Bourre de coton.* V. **Ouate.** — *Bourre de soie :* déchet du dévidage des bobines de soie grège. V. **Bourrette, schappe, strasse.** ◊ Ces bourres, dont on emplit les coussins, etc. « *Cinq ou six chaises recouvertes de velours... laissaient échapper leur bourre par les déchirures de l'étoffe* » (GAUTIER). ♦ 3° Duvet qui recouvre les bourgeons de certains arbres. *La bourre de la vigne, du palmier.* ♦ 4° Corps inerte qui maintient en place la charge d'une arme à feu. *Bourre de fusil, de cartouche.* ♦ 5° Pop. *De première bourre,* excellent. ♦ 6° Pop. (de *bourrer*). *À la bourre :* en retard. ◊ HOM. **Bourg.**

2. **BOURRE** [buʀ]. *n. m.* (XXᵉ ; de *bourrique* « agent » (1877), ou de *bourrer;* Cf. Cogne). *Arg.* Policier.

BOURRÉ, ÉE [buʀe]. *adj.* (1519 ; V. **Bourrer**). ♦ 1° *Bourré de...* entièrement plein de... *Portefeuille bourré de billets.* V. **Plein.** « *J'ai la tête bourrée de souvenirs* » (DAUD.). Par ext. *Dictée bourrée de fautes.* V. **Truffé.** ♦ 2° Absolt. Très plein, trop plein. *Valise bourrée, wagon bourré.* V. **Bondé, comble.** ◊ Pop. V. **Ivre.** ♦ 3° Tassé, serré. *Voyageurs bourrés dans le métro.* ◊ ANT. **Vide.** — HOM. **Bourrée, bourrer.**

BOURREAU [buʀo]. *n. m.* (*Bourrel,* 1302 ; de *bourrer* « frapper »). ♦ 1° Celui qui exécute les peines corporelles ordonnées par une cour de justice, et spécialement la peine de mort. V. **Exécuteur** (des hautes œuvres, des basses œuvres). *Bourreau qui appliquait autrefois la torture, les supplices.* V. **Tortionnaire.** ♦ 2° Par ext. Personne qui martyrise qqn, physiquement ou moralement. *Bourreau d'enfants.* « *Chacun ayant sa victime et chacun son bourreau* » (LÉAUTAUD). ◊ (Plaisant.). *Bourreau des cœurs,* homme à succès. Don Juan. ♦ 3° Fig. *Bourreau de travail,* personne qui abat beaucoup de travail. ◊ ANT. **Victime.**

BOURRÉE [buʀe]. *n. f.* (1326 ; de *bourrer*). ♦ 1° Région. Fagot de menues branches. ♦ 2° (1565) ; elle se dansait autour d'un feu de fagots). Danse du folklore auvergnat ; air sur lequel on l'exécute. ◊ HOM. **Bourré, bourrer.**

BOURRÈLEMENT [buʀɛlmɑ̃]. *n. m.* (1839 ; de *bourreler,* rac. *bourreau*). Littér. Douleur physique cruelle. — Fig. Torture morale. V. **Tourment.** *Le bourrèlement de la conscience.* V. **Remords.**

BOURRELER [buʀle]. *v. tr.;* conjug. *appeler* (1554 ; de *bourreau*). Tourmenter, torturer (*fig.*). — REM. Rare, sauf au p. p. « *Il était honteux de lui-même et bourrelé de remords* » (MART. du G.).

BOURRELET [buʀlɛ]. *n. m.* (1386 ; de l'a. fr. *bourrel,* de *bourre*). ♦ 1° Coussinet, circulaire ; *spécialt.* pour porter un fardeau sur la tête. V. **Tortillon.** — Vx. Coiffure rembourrée, que l'on mettait aux enfants pour protéger leur tête quand ils tombaient. ♦ 2° Bande de feutre, de caoutchouc mousse, etc., que l'on fixe au bord des battants des portes et des fenêtres pour arrêter les filets d'air. ♦ 3° Se dit de ce qui est allongé et bombé. « *Les cheveux roulés tout autour de la tête en un bourrelet vaporeux* » (DUHAM.). Spécialt. *Bourrelet de chair, de graisse,* et absolt. *Bourrelet,* pli arrondi en certains endroits du corps (nuque, ventre, estomac, etc.). ◊ ANT. **Creux.**

BOURRELIER [buʀəlje]. *n. m.* (1268 ; de l'a. fr. *bourrel* « collier, harnais »). Celui qui fait et vend des harnais, des sacs, des courroies. V. **Sellier.** *Outils de bourrelier.*

BOURRELLERIE [buʀɛlʀi]. *n. f.* (1268 ; de *bourrelier*). Rare. Métier et commerce du bourrelier.

BOURRER [buʀe]. *v. tr.* et *intr.* (XIVᵉ, « maltraiter » ; de *bourre*). I. *V. tr.* ♦ 1° (XVIᵉ). Emplir de bourre (un coussin, etc.). V. **Matelasser, rembourrer.** — Spécialt. *Bourrer un fusil :* y introduire la bourre. ♦ 2° Remplir complètement en tassant. *Bourrer une valise.* — Par ext. *Bourrer qqn de nourriture.* V. **Gaver.** Pronom. *Se bourrer de gâteaux.* — Fam. Un aliment qui bourre, cale l'estomac, gave. V. **Bourrant, bourratif.** — *Bourrer le crâne de qqn :* lui raconter des histoires, essayer de lui en faire accroire. V. **Bourrage.** ♦ 3° (Néol.). Fam. Tasser sans précaution pour faire tenir quelque part. *Vous avez bourré mes papiers dans mon tiroir.* ♦ 4° Bourrer *qqn de coups,* le frapper du poing. « *Il avait été arrêté, bourré de coups* » (MART. du G.). Par ext. Pop. *Il s'est fait bourrer la gueule.* SE BOURRER (Sens récipr.), se battre. (Sens réfl.) S'enivrer. II. *V. intr.* ♦ 1° Chasse. Se dit du chien qui court après le lièvre, alors qu'il devrait être à l'arrêt. ♦ 2° Arg. Faire salle comble. *Ce soir on a bourré.* ◊ ANT. **Vider.** — HOM. **Bourré, bourrée.**

BOURRETTE [buʀɛt]. *n. f.* (XVIᵉ ; de *bourre*). Soie grossière qui entoure le cocon. V. **Bourre.**

BOURRICHE [buʀiʃ]. *n. f.* (1526 ; o. i.). Sorte de long panier sans anse servant à transporter le gibier, du poisson, des huîtres.

BOURRICHON [buʀiʃɔ̃]. *n. m.* (1860 ; de *bourriche*). Fam. *Se monter le bourrichon,* la tête. V. **Illusionner** (s'). « *Il*

faut se monter le bourrichon pour faire de la littérature » (FLAUB.).

BOURRICOT ou **BOURRIQUOT** [buʀiko]. *n. m.* (1849 ; de l'esp. *borrico* « âne »). Petit âne.

BOURRIN [buʀɛ̃]. *n. m.* (1903, « âne » ; mot dial. de l'Ouest ; de *bourrique*). Pop. Cheval. V. **Canasson.** « *On passait sa journée à étriller et à brosser les bourrins* » (FERNIOT).

BOURRIQUE [buʀik]. *n. f.* (1603 ; de l'esp. *borrico* « âne »). ♦ 1° Ânesse. *Têtu comme une bourrique. Faire tourner qqn en bourrique :* l'abêtir à force d'exigences, de taquineries. V. **Abrutir.** ♦ 2° Fig. et *fam.* Personne bête et têtue. *Quelle bourrique !* ♦ 3° Pop. Agent de police. V. **Bourre** (2).

BOURRIQUET [buʀikɛ]. *n. m.* (1534 ; de *bourrique*). ♦ 1° Âne de petite espèce. Anon. ♦ 2° Techn. Treuil servant à monter les produits d'une mine. V. **Tourniquet.**

BOURROIR [buʀwaʀ]. *n. m.* (1758 ; de *bourre*). Techn. Pilon servant à bourrer.

BOURRU, UE [buʀy]. *adj.* (1555 ; de *bourre*). ♦ 1° Qui a la rudesse, la grossièreté de la bourre. V. **Rude.** *Fil bourru.* — Par anal. *Vin bourru :* vin nouveau, non fermenté. *Lait bourru,* qui vient d'être tiré. ♦ 2° Fig. Peu aimable, peu civil. V. **Acariâtre, incivil.** *Un homme bourru.* « *Avec son air bourru, c'était le meilleur homme du monde* » (DAUD.). V. **Renfrogné.** — ANT. **Affable, aimable, liant.**

1. **BOURSE** [buʀs(ə)]. *n. f.* (fin XIIᵉ ; bas lat. *bursa*). ♦ 1° Petit sac arrondi, généralement à fronces ou à soufflets, destiné à contenir des pièces de monnaie. *Une bourse de peau, de tissu, de mailles d'argent. Cordons d'une bourse. Bourse à fermoir.* V. **Porte-monnaie.** — Loc. *Tenir les cordons de la bourse :* disposer des finances. *Sans bourse délier :* sans qu'il en coûte rien, sans rien débourser. *Ouvrir sa bourse à ses amis :* les aider financièrement. ◊ Par ext. L'argent lui-même. *Faire bourse à part, bourse commune.* ◊ *Bourse d'études :* pension accordée à un élève, à un étudiant. *Un concours de bourses* (V. **Boursier**). ♦ 2° Spécialt. V. **Enveloppe, poche, sac.** *Chasse.* Poche que l'on place devant le terrier pour prendre le lapin. — *Pêche.* Tout filet en forme de poche. ♦ 3° Anat. *Bourses séreuses, synoviales :* se dit des poches membraneuses des articulations. — Absolt. *Les bourses,* l'enveloppe des testicules. V. **Scrotum.**

2. **BOURSE** [buʀs(ə)]. *n. f.* (1549 ; hôtel de la famille *Van der Burse,* à Bruges, av. infl. de *bourse* 1). ♦ 1° Réunion périodique de personnes qui s'assemblent soit pour conclure des opérations sur les valeurs mobilières ou sur des marchandises, soit pour constater les cours de ces valeurs ou marchandises ; le lieu où elles se réunissent. *Création, suppression d'une Bourse.* — *Bourse des valeurs,* où se négocient les valeurs mobilières. — *Bourse de marchandises,* cour. *Bourse de commerce* (ventes et achats en gros de certains produits en nature). ♦ 2° Ensemble des opérations traitées à la Bourse (des valeurs). *Jouer à la Bourse.* V. **Spéculation** ; *agiotage* ; *baissier, haussier* ; *boursicoter. Valeurs cotées en Bourse. Cours de Bourse.* V. **Cours, cote.** « *Les cours de la Bourse sont affaire d'opinion* » (BAINVILLE). ◊ Par ext. Les cours de la Bourse. *La Bourse a monté* (V. **Boom**), *a baissé. Chute de la Bourse.* V. **Krach.** ♦ 3° Par anal. *Bourse du travail :* réunion des adhérents des divers syndicats d'une même ville ou région en vue de se concerter pour la défense de leurs intérêts et l'organisation de divers services d'intérêt collectif. — Lieu où se tient réunion. — *Bourse de l'emploi :* organisme créé pour favoriser le rapprochement des offreurs et des demandeurs d'emploi.

BOURSE-À-PASTEUR [buʀsapastœʀ]. *n. f.* (XVIᵉ ; de *bourse* (1), et *pasteur*). Petite plante des lieux incultes (*Crucifères*), dont le fruit sec a la forme d'un cœur. *Des bourses-à-pasteur* [buʀsapastœʀ]. V. **Capselle.**

BOURSICOTAGE [buʀsikotaʒ]. *n. m.* (XXᵉ ; *boursicotiérisme,* 1881 ; de *boursicoter*). Action de boursicoter.

BOURSICOTER [buʀsikɔte]. *v. intr.* (1580 ; de *boursicot* (XIIIᵉ), dimin. de *bourse* (1) ; appliqué à la *Bourse* (2), 1867). Faire de petites opérations en Bourse. V. **Spéculer.**

BOURSICOTIER, IÈRE [buʀsikotje, jɛʀ] ou **BOURSICOTEUR, EUSE** [buʀsikɔtœʀ, øz]. *adj.* et *n.* (1857,-1867; de *boursicoter*). Celui, celle qui boursicote.

1. **BOURSIER, IÈRE** [buʀsje, jɛʀ]. *n.* (1387 ; de *bourse* 1). Élève qui a obtenu une bourse dans un établissement d'enseignement. « *On exige d'un boursier bien plus que d'un autre. Il est tenu de réussir* » (MICHELET). — Adj. *Élève boursier.*

2. **BOURSIER, IÈRE** [buʀsje, jɛʀ]. *n.* (XVᵉ, « trésorier » ; de *bourse* 2). ♦ 1° N. m. (1846). Celui qui exerce sa profession à la Bourse. ♦ 2° Adj. (1863). Relatif à la bourse. *Opérations boursières.*

BOURSOUFLAGE [buʀsuflaʒ]. *n. m.* (1808,-1560 ; de *boursouflé*). ou **BOURSOUFLEMENT** [buʀsufləmɑ̃]. *n. m.* État de ce qui est boursouflé. V. **Boursouflure.** Action de boursoufler. V. **Gonflement ; enflure.**

BOURSOUFLÉ, ÉE [buʀsufle]. *adj.* (*Bousouflé,* XIIIᵉ ;

de *soufflé*, et *bou-* « idée de gonflement »). ♦ 1° Qui présente des gonflements disgracieux. *Visage boursouflé.* V. **Bouffi**, **enflé**, **gonflé**. ♦ 2° *Fig.* Emphatique et vide. « *La forme est détestable ! C'est boursouflé, pâteux, chargé de bavardages !* » (MART. du G.). ◇ ANT. *Creux, émacié.*
BOURSOUFLER [buRsufle]. *v. tr.* (1690; de *boursouflé*) Rendre boursouflé. V. **Enfler**, **gonfler**.
BOURSOUFLURE [buRsuflyR]. *n. f.* (1532; de *boursouflé*) ♦ 1° Sorte de distension, de gonflement que présente par endroits une surface unie. *Boursouflure d'un enduit sur un mur.* V. **Cloque**, **coquille**, **soufflure**. *Boursouflure du visage.* V. **Bouffissure**. « *Sous les paupières inférieures, des boursouflures mauves surplombaient des pommettes vermiculées de couperose* » (MART. du G.). ♦ 2° *Fig. Boursouflure du style.* V. **Emphase**, **enflure**.
BOUSCUEIL [buskœj]. *n. m.* (1928; mot canadien, de *bousculer*). Mouvement des glaces sous l'action du vent, de la marée ou du courant. *Le bouscueil du printemps. Bouscueil à la baie des Chaleurs.*
BOUSCULADE [buskylad]. *n. f.* (1848; de *bousculer*). Action de bousculer. *Spécialt.* Remous de foule. V. **Désordre**. *La bousculade du métro.*
BOUSCULER [buskyle]. *v. tr.* (1798; *bouteculer*, XIII*e*; de *bouter*, et *cul*, infl. de *basculer*). ♦ 1° Mettre en désordre en poussant, en renversant. *On a bousculé tous mes livres.* V. **Bouleverser**, **déranger**, **sens** (mettre sens dessus dessous). ◇ (v. 1967). *Fig.* Modifier avec une certaine brusquerie. « *Certaines réalités bousculent les idées reçues* » (*Le Monde*, 17-9-1965). ♦ 2° Pousser, heurter brutalement par inadvertance. « *Le flot des voyageurs les bouscula* » (MART. du G.). — Pronom. « *On se pressait confusément, s'interpellant à grands cris, se bousculant* » (JALOUX). ♦ 3° Faire se dépêcher. V. **Presser**. *Il est lent et n'aime pas qu'on le bouscule. J'ai été tellement bousculé que je n'en ai pas trouvé le temps.* V. **Occupé.**
BOUSE [buz]. *n. f.* (fin XII*e*; o. i., p.-ê. même rac. que *boue*). Fiente des bovins. *Bouse de vache.*
BOUSEUX [buzø]. *n.* (*Bousoux*, 1885; mot de l'Ouest; de *bouse*). *Fam* et *péj.* Paysan.
BOUSIER [buzje]. *n. m.* (mil. XVIII*e*; de *bouse*). Nom sous lequel on désigne certains scarabées coprophages, vivant dans les excréments de mammifères, qu'ils roulent en boulettes.
BOUSILLAGE [buzijaʒ]. *n. m.* (1521; de *bousiller*). ♦ 1° *Techn.* Mélange de terre détrempée et de paille que l'on emploie dans certaines constructions rustiques. V. **Bauge**, **torchis**. ♦ 2° (1720; de *bousiller*). *Fam.* Action de bousiller (1°). Ouvrage fait précipitamment et mal. V. **Bâclage**, **gâchis**, **massacre**, **sabotage**.
BOUSILLER [buzije]. *v.* (1554; de *bouse*). ♦ 1° V. *intr.* (*Techn.*). Maçonner en bousillage. ♦ 2° (XVII*e*). *V. tr.* Gâcher (un travail). V. **Cochonner**. *Fam.* Rendre inutilisable. V. **Abîmer**, **amocher**, **détériorer**. *Il a bousillé son moteur.* ◇ *Pop.* Tuer. « *La division de cavalerie a ordre de se faire bousiller derrière nous* » (MART. du G.).
BOUSILLEUR, EUSE [buzijœR, øz]. *n.* (1690, « maçon »; de *bousiller*). *Fam.* (1732). Celui qui bousille son travail.
1. **BOUSIN** [buzɛ̃]. *n. m.* (1611; de *bouse*). *Techn.* Croûte terreuse et friable qui recouvre les pierres de taille.
2. **BOUSIN** [buzɛ̃]. *n. m.* (1794; arg. des marins, de l'angl. pop. *to bouse* « s'enivrer »). ♦ 1° *Pop.* et *vx.* Bouge. ♦ 2° *Fam.* Grand bruit, tumulte. V. **Boucan**.
BOUSSOLE [busɔl]. *n. f.* (1527; it. *bussola* « petite boîte »). Appareil composé d'un cadran au centre duquel est fixée une aiguille aimantée mobile, dont la pointe marque la direction du Nord. *Boussole de marine.* V. **Compas**. *Boussole de poche. S'orienter à l'aide de la boussole.* ◇ *Fig.* et *fam. Perdre la boussole*, perdre la tête, le nord; être troublé, affolé.
BOUSTIFAILLE [bustifaj]. *n. f.* (1821, « bombance »; p.-ê. de *bouffer*). *Pop.* Nourriture, repas. V. **Bouffe.**
BOUSTROPHÉDON [bustRɔfedɔ̃]. *n. m.* (XVI*e*; du gr. *bous* « bœuf », et *strophein* « tourner »). Écriture primitive (le grec et l'étrusque, notamment) dont les lignes allaient sans interruption de gauche à droite et de droite à gauche à la manière des sillons d'un champ.
BOUT [bu]. *n. m.* (fin XII*e*; « coup », puis « extrémité »; subst. verb. de *bouter*).
I. ♦ 1° Partie d'un objet qui le termine dans le sens de la longueur. V. **Extrémité**. *Le bout d'une canne. Ciseaux à bouts ronds. Bout aigu, piquant.* V. **Pointe**. *Couper le bout d'un bâton.* V. **Ébouter**, **raccourcir**. — *Le bout du nez, de la langue, des dents, des lèvres, du doigt, de l'oreille. À bout de bras. Tirer à bout portant* (de façon que le bout de l'arme touche le but) : de très près. — *Mettre bout à bout.* V. **Abouter**, **adjointer**, **joindre**. — *Loc. fig. Avoir du mal à joindre les deux bouts :* parvenir difficilement à équilibrer, à boucler son budget. — *Brûler la chandelle par les deux bouts :* gaspiller. — *On ne sait par quel bout le prendre :* il est d'une humeur difficile. *Tenir le bon bout :* être en passe de réussir. ♦ 2° *Par*
anal. La limite d'un espace. *Le bout de la route. Fig. Aller jusqu'au bout de ses idées.* V. **Jusqu'au-boutiste.** *Au bout du compte,* finalement. — *De bout en bout* [d(ə)butãbu], d'une extrémité à l'autre. — *Tout au bout :* à l'extrême limite. — *D'un bout à l'autre :* dans toute l'étendue. « *Cette architecture bizarre se répète d'un bout à l'autre avec la plus exacte symétrie* » (FROMENTIN). — *À tout bout de champ* (fig.), à chaque instant, à tout propos, pour un oui pour un non. ♦ 3° *Par anal.* La fin d'une durée, de ce qui dure, s'épuise. V. **Fin**, **limite**, **terme**. *Les prières du bout de l'an,* en l'honneur de qqn, un an après sa mort. *Jusqu'au bout,* jusqu'à la fin; et *fig.* Complètement. ◇ *Être au bout de la fin de. Arriver au bout de sa carrière, de sa vie.* V. **Achever**. *Être au bout de son rouleau**. *Être au bout de ses peines.* — AU BOUT DE... après. *Au bout d'un moment, de quelques minutes.* ◇ ÊTRE À BOUT DE..., ne plus avoir de... *Être à bout de forces, de ressources, d'arguments.* Absolt. *Être à bout :* n'en pouvoir plus, être épuisé. *Ma patience est à bout. Pousser, mettre qqn à bout :* l'exaspérer. — *Venir à bout de* (qqch. ou qqn), s'en débarrasser par une suite d'efforts. *Venir à bout d'un travail,* aboutir, l'achever. *Venir à bout d'une difficulté, d'un adversaire.* V. **Triompher** (de), **vaincre.**
II. ♦ (1754, économies de *bouts de chandelle*). ♦ 1° Partie, fragment de qqch. V. **Morceau.** *Un bout de fil, de papier. Bout de pain. Un bout de bois. Bout de cigarette.* V. **Mégot.** « *Cet éclat incroyable d'un tout petit bout de ciel* » (JALOUX). — Bouch. *Bout saigneux :* cou de veau, de mouton. *Cinéma. Faire un bout d'essai.* ◇ Pop. (1918) *Mettre les bouts :* partir (de *bout* de bois, arg. « jambe »). ♦ 2° *Par anal.* Ce qui est petit, incomplet, tronqué. *Un bout de lettre :* une lettre courte, rapide. *Jouer un bout de rôle :* un rôle secondaire, sans importance. *Un bout d'homme :* un homme de petite taille. *Un bout de chou :* un petit enfant. ◇ La partie d'une étendue, d'un espace. *Faire un bout de chemin. Fam. Faire un bout de conduite à qqn :* l'accompagner une partie de sa route. ◇ La partie d'une durée. *Un bon bout de temps :* un long temps. « *Il est resté là un bout de temps à rêvasser* » (GENLIS). ◇ ANT. *Milieu; tout.* — HOM. *Boue.*
BOUTADE [butad]. *n. f.* (1588; de *bouter* « pousser une pointe »). ♦ 1° Trait d'esprit. V. **Plaisanterie**, **saillie**. *Ce n'est qu'une boutade.* ♦ 2° *Caprice. Agir par boutade. Travailler par boutade.* V. **Accès**, **à-coup**. « *Cessez donc ces boutades d'enfant malade* » (LOTI).
BOUT-DEHORS [budəɔR] ou **BOUTE-HORS** [butɔR]. *n. m.* (1387, altér. de *boute-hors*; de *bouter* « pousser », et *hors*). *Anciennt. mar.* Pièce de mâture qui peut s'ajouter à une vergue pour l'établissement d'une voile supplémentaire. ◇ *Bout-dehors de foc,* espar horizontal à l'avant d'un bateau, permettant d'amurer le(s) foc(s) en avant de l'étrave (V. **Beaupré**). *Des bouts-dehors.*
BOUTE-EN-TRAIN [butãtRɛ̃]. *n. m. invar.* (1728; autre sens 1694; de *bouter* « mettre », *en*, et *train*). Personne qui met en train, en gaieté, qui excite à la joie. V. **Amuseur.** « *Dans les cabarets, il était cercle autour de lui. Il était la vie, l'âme, le boute-en-train de tout le monde* » (RENAN). *Elle était le boute-en-train de la bande.*
BOUTEFEU [butfø]. *n. m.* (1324; de *bouter* « mettre », et *feu*). ♦ 1° *Anciennt.* Bâton garni à son extrémité d'une mèche pour mettre le feu à la charge d'un canon. ♦ 2° *Fig.* et *vx.* Celui qui suscite les querelles, qui excite les discordes. *Des boutefeux.*
BOUTEILLE [butɛj]. *n. f.* (1230; bas lat. *butticula*, de *buttis* « tonneau »). ♦ 1° Récipient à goulot étroit, souvent en verre, destiné à contenir du vin ou d'autres liquides. *Une bouteille de vin. L'anneau, le col, le collet, le goulot, le ventre, la panse, le cul, le fond d'une bouteille. Tesson de bouteille. Petite bouteille.* V. **Fiole**, **flacon**. *Bouteille d'un litre.* V. **Litre**. *Grande bouteille.* V. **Balthazar**, **jéroboam**, **magnum**. *Bouteille de bière.* V. **Canette**. *Grosses bouteilles enveloppées de paille ou d'osier.* V. **Bonbonne**, **dame-jeanne**, **fiasque**, **tourie**. *Panier, casier à bouteilles.* V. **Porte-bouteilles**. *Mettre du vin en bouteilles.* V. **Embouteiller.** *Déboucher une bouteille avec un tire-bouchon. Une bouteille en plastique.* — *Vert bouteille,* couleur vert-jaune assez sombre (de bouteilles en verre). ◇ (*Opposé à litre*) Récipient contenant à peu près 75 cl. *Bouteille de bourgogne* (bourguignonne), *de bordeaux* (bordelaise), *d'alsace, de champagne.* ◇ *Son contenu. Boire une bouteille de rouge. Une bonne bouteille. Aimer la bouteille* (fam.) : s'adonner à la boisson. ◇ *Fig.* et *fam. Prendre de la bouteille,* vieillir. *C'est la bouteille à l'encre,* se dit d'une question; d'une situation confuse; obscure. ♦ 2° *Par ext.* Récipient métallique destiné à contenir un gaz sous pression, de l'air liquide. *Bouteille d'air comprimé, d'oxygène.* — *Bouteille isolante,* bouteille à deux parois entre lesquelles on a fait le vide et qui conserve au contenu sa température primitive. *Cour. Bouteille thermos.* — *Bouteille de Leyde :* condensateur électrique. ♦ 3° N. f. pl. *Mar. Water-closet des officiers.*
BOUTEILLER [butɛje] ou **BOUTILLIER** [butije]. *n. m.* (1138; de *bouteille*). *Hist.* Maître échanson. Grand officier

de la couronne qui avait l'intendance du vin, des vignobles.
BOUTEILLON [butɛjɔ̃]. *n. m.* (1917; altér. d'apr. *bouteille*, de *Bouthéon*, l'inventeur). Marmite aplatie et cintrée des troupes en campagne.

BOUTER [bute]. *v. tr.* (1080; frq. °*botan* « frapper ». V. **Boutoir**). *Vx.* V. **Pousser, refouler**. *Bouter l'ennemi hors de France.*

BOUTEROLLE [butʀɔl]. *n. f.* (1202; de *bouter*). *Techn.* ♦ 1° Garniture métallique au bas d'un fourreau d'épée. ♦ 2° Une des gardes de la serrure. — Fente de la clef qui la reçoit. ♦ 3° Outil en acier pour le nivelage des tôles.

BOUTEROUE [butʀu]. *n. f.* (1636; de *bouter*, et *roue*). *Vx.* Borne placée à l'angle d'un édifice, d'un mur, d'une porte pour en écarter les roues des voitures.

BOUTE-SELLE [butsɛl]. *n. m.* invar. (1549; de *bouter* « mettre », et *selle*). *Ancien.* Sonnerie de trompette pour avertir les cavaliers de « bouter » la selle (mettre la selle pour partir), et de monter à cheval.

BOUTEUR [butœʀ]. *n. m.* (*néol.*; de *bouter*). Mot recommandé officiellement en remplacement de bulldozer. V. **Bulldozer**. *Bouteur biais.* V. **Angledozer**.

BOUTIQUE [butik]. *n. f.* (XIVe; *bouticle* « atelier », 1241; prov. *botica*, du gr. *apothêkê*. V. **Apothicaire**). ♦ 1° Partie de façade d'une maison où un marchand, un artisan expose, vend sa marchandise. V. **Échoppe, magasin**; **commerce**. *La boutique est plus simple, plus modeste que le magasin. La devanture d'une boutique.* V. **Devanture, étalage, montre, vitrine**. *Enseigne de boutique. L'arrière-salle d'une boutique.* V. **Arrière-boutique**. *Boutique de charcuterie. Boutique d'un artisan.* V. **Atelier**. *Tenir boutique. Ouvrir, fermer boutique.* ◇ *Par ext.* Les marchandises dont la boutique est garnie. ◇ *Pop. Toute la boutique.* V. **Bazar; attirail, outillage**. ◇ *Spécialt.* Magasin de confection d'un grand couturier. Par appos. *Des robes boutique.* — Magasin de prêt-à-porter en général. *Les boutiques du quartier Latin.* ♦ 2° *Fig. et fam.* Se dit d'une maison, d'un lieu de travail dont on est mécontent. V. **Baraque, boîte, turne**. ♦ 3° Caisse percée de trous et immergée dans laquelle les pêcheurs conservent le poisson vivant (V. **Vivier**).

BOUTIQUIER, IÈRE [butikje, jɛʀ]. *n.* (fin XVIe; *bouticlier*, XIVe; de *boutique*). Personne qui tient boutique (souvent péj.). V. **Marchand**. — Adj. *Un esprit boutiquier.* « *Le petit monde louis-philippard de la bourgeoisie boutiquière* » (FERNIOT).

BOUTISSE [butis]. *n. f.* (*Boutiche*, 1517; de *bouter*). Pierre taillée placée dans un mur selon sa longueur, de manière à ne montrer qu'un se bouts. Par appos. *Pierre boutisse.*

BOUTOIR [butwaʀ]. *n. m.* (1361; de *bouter*). Extrémité du groin et canines avec lesquels le sanglier, le porc fouissent la terre. *Coup de boutoir*; *fig.* Propos dur et blessant; trait d'humeur brutal.

BOUTON [butɔ̃]. *n. m.* (fin XIIe, « bourgeon »; de *bouter* « pousser »). ♦ 1° Petite excroissance d'où naissent les branches, feuilles, fruits ou fleurs d'un végétal. V. **Bourgeon, œil**. *Bouton à bois, à feuilles, à fruit.* — *Spécialt. Bouton à fleur*, la fleur avant son épanouissement. *Bouton de rose. Rose en bouton. Bouton qui s'épanouit, qui éclot.* ♦ 2° *Par anal.* (XIIIe). Petite tumeur faisant saillie à la surface de la peau. V. **Pustule, tumeur, vésicule**. *Bouton d'acné, de petite vérole. Bouton de fièvre. Éruption de boutons. Avoir des boutons* (V. **Fleurir; boutonneux**). ♦ 3° *Par ext.* (XIVe). Petite pièce souvent circulaire, servant à la décoration des vêtements ou à l'assemblage de leurs diverses parties (V. **Attache**). *Bouton de chemise. Boutons de manchettes jumelés. Bouton de bottine. Engager un bouton dans sa boutonnière.* V. **Boutonner**. *Bouton à queue, sans queue.* « *Un habit de gros drap bleu, avec des boutons de cuivre doré* » (VOLT.). ♦ 4° Petite saillie ronde. *Bouton de fleuret, d'un couvercle de soupière.* ◇ *Spécialt.* Commande d'un mécanisme, d'un appareil, que l'on tourne ou sur lequel on appuie. « *Elle aperçut une grande porte à deux battants dont elle tourna le bouton* » (GAUTIER). — *Tourner le bouton d'un poste de radio. Appuyer sur le bouton.* V. **Poussoir**. *Bouton de sonnerie, de sonnette.* « *La concierge appuyait sur un bouton électrique qui éclairait l'escalier* » (PROUST). V. **Commutateur**. *Fig. La guerre presse-bouton*, dont les destructions seront commandées par des appareils de précision.

BOUTON-D'ARGENT [butɔ̃daʀʒɑ̃]. *n. m.* (1808; de *bouton*, et *argent*). Renoncule à fleurs blanches. V. **Achillée, mille-feuille, renoncule**. *Des boutons-d'argent.*

BOUTON-D'OR [butɔ̃dɔʀ]. *n. m.* (1798; de *bouton*, et *or*). Renoncule âcre à fleurs jaune doré. V. **Bassinet, populage**. ◇ *Couleur de cette fleur. Des soies bouton-d'or.*

BOUTONNAGE [butɔnaʒ]. *n. m.* (1867; de *boutonner*). ♦ 1° Action de boutonner (un vêtement). ♦ 2° Manière dont un vêtement se boutonne. *Boutonnage de droite à gauche, de gauche à droite; devant; dans le dos.* ◇ ANT. **Déboutonnage**.

BOUTONNER [butɔne]. *v.* (1554; « bourgeonner »; de *bouton*). ♦ 1° V. intr. *(Rare.)* Pousser des boutons. V.

Bourgeonner. ♦ 2° *V. tr.* (XIVe). Fermer, attacher (un vêtement) au moyen de boutons. *Boutonner sa veste.* — *Par ext. Fam. Se boutonner :* boutonner ses vêtements. ♦ 3° *V. intr.* Se fermer au moyen de boutons. *Ce corsage boutonne par derrière.* — *(Plus cour.)* V. pron. *Un gilet se boutonnant sur le côté.* ♦ 4° *V. tr.* Escr. *Boutonner qqn :* lui porter un coup de bouton de fleuret.

BOUTONNEUX, EUSE [butɔnø, øz]. adj. (1837; « bourgeonnant », fin XVIe). Qui a des boutons sur la peau. *Visage boutonneux. Un adolescent boutonneux.*

BOUTONNIER, IÈRE [butɔnje, jɛʀ]. *n.* (1268; de *bouton*). Ouvrier, ouvrière qui fait des boutons.

BOUTONNIÈRE [butɔnjɛʀ]. *n. f.* (1383; de *bouton*). ♦ 1° Petite fente faite à un vêtement pour y passer un bouton. *Bouton et boutonnière; bouton et bride. Boutonnière brodée, passepoilée. Patte à boutonnière.* ◇ *Absolt.* La boutonnière du revers de veste. *Avoir une fleur, une décoration à la boutonnière.* ♦ 2° *Chir.* (XVIIIe). Petite incision pratiquée dans la paroi d'un organe ou d'une cavité pathologique. « *On lui fit une petite boutonnière et on lui glissa dans la vessie une sonde spéciale* » (DUHAM.). *Faire une boutonnière à qqn avec un poignard.* ♦ 3° (v. 1953). *Géol.* Bombement aplani et entaillé par l'érosion. *La boutonnière du pays de Bray.*

BOUTON-POUSSOIR. *n. m.* V. **BOUTON, POUSSOIR**.

BOUTON-PRESSION [butɔ̃pʀesjɔ̃]. *n. m.* (XXe; de *bouton*, et *pression*). Système de fermeture métallique composé d'un disque à trou et d'un disque à bouton qui entrent l'un dans l'autre par pression. *Corsage fermé par des boutons-pression.* On dit aussi **PRESSION**.

BOUTRE [butʀ(ə)]. *n. m.* (av. 1866; o. i.). Petit navire arabe à voiles, à l'arrière très élevé.

BOUTS-RIMÉS [buʀime]. *n. m. pl.* (1648; de *bout*, et *rimé*). *Ancienn.* ♦ 1° *(Plur.)*. Rimes proposées d'avance pour faire des vers. ♦ 2° *Un bout-rimé.* Pièce de vers composée sur des rimes données.

BOUTURAGE [butyʀaʒ]. *n. m.* (1858; de *bouturer*). Action de multiplier les végétaux par boutures. *Bouturage de géraniums.*

BOUTURE [butyʀ]. *n. f.* (1446; de *bouter*). Jeune pousse coupée d'une plante qui, plantée en terre, prend racine et forme un nouvel individu. V. **Crossette, mailleton, plançon**. *Bouture et marcotte. Faire des boutures.* V. **Bouturer**.

BOUTURER [butyʀe]. *v. tr.* (1836; de *bouture*). ♦ 1° Reproduire (une plante) par boutures. ♦ 2° (Plantes). *Intrans.* Pousser des tiges par le pied. V. **Drageonner**.

BOUVERIE [buvʀi]. *n. f.* (*Boverie*, fin XIIe; de *bœuf*). *Agric.* Étable à bœufs.

BOUVET [buvɛ]. *n. m.* (1600; « jeune bœuf », 1305; de *buef* « bœuf »). Rabot servant, en menuiserie, à faire des rainures (comme le bœuf trace des sillons). V. **Gorget**.

BOUVETEUSE [buvtøz]. *n. f.* (1929; de *bouveter* « raboter au bouvet »). *Techn.* Machine à bois pour faire des rainures.

BOUVIER, IÈRE [buvje, jɛʀ]. *n.* (*Boverz*, fin XIe; lat. *bovarius*, de *bos* « bœuf »). ♦ 1° Personne qui garde et conduit les bœufs. « *Le morne et silencieux monologue du bouvier conduisant ses bœufs de labour* » (FROMENTIN). ♦ 2° N. m. *Bouvier des Flandres*, sorte de chien de berger.

BOUVIÈRE [buvjɛʀ]. *n. f.* (1775; o. i.; à rapprocher du précéd.). Poisson osseux (*Cyprinidés*), au corps couvert de grosses écailles, appelé *cyprin*.

BOUVILLON [buvijɔ̃]. *n. m.* (XIIIe; de *bœuf*). Jeune bœuf châtré.

BOUVREUIL [buvʀœj]. *n. m.* (1743; *bouvreur*, 1700; dimin. de *bouvier*). Oiseau passereau des jardins et des bois (*Fringillidés*), au plumage gris et noir, rouge sur la poitrine.

BOUVRIL [buvʀil]. *n. m.* (1878; de *bœuf*). Lieu où on loge les bœufs dans les abattoirs.

BOVARYSME [bɔvaʀism(ə)]. *n. m.* (1865; de *Madame Bovary*, roman de Flaubert). Insatisfaction romanesque; « pouvoir qu'a l'homme de se concevoir autre qu'il n'est » (J. de GAULTIER).

BOVIDÉS [bɔvide]. *n. m. pl.* (1836; lat. *bos, bovis* « bœuf »). Famille de mammifères ongulés artiodactyles ruminants comprenant les bovins (V. **Bœuf**), les ovins, les chèvres, les antilopes, les gazelles, les chamois.

BOVIN, INE [bɔvɛ̃, in]. adj. (1352; lat. *bovinus*, de *bos* « bœuf »). ♦ 1° Qui a rapport au bœuf (espèce). *Races bovines.* — *Fig. et fam. Regard, œil bovin* (d'une personne) : éteint, morne et sans intelligence. ♦ 2° N. m. pl. *Les bovins*, les bœufs, les vaches, les taureaux, les veaux; aussi syn. de *Bovinés*.

BOVINÉS [bɔvine]. *n. m. pl.* (1898; du lat. *bos, bovis* « bœuf »). *Zool.* Groupe de bovidés dont le bœuf est le type, comprenant aussi l'aurochs, le buffle, le yack, le bison, le zébu.

BOWLING [boliŋ]. *n. m.* (1908; répandu V. 1950; mot amér.). Sorte de jeu de quilles et de boules. *Jouer au bowling.* Lieu où l'on y joue. *Aller dans un bowling.*

BOW-WINDOW [bowindo]. *n. m.* (1871; mot angl., de *bow* « arc », et *window* « fenêtre »). Sorte de fenêtre en saillie sur le mur d'une maison. V. **Fenêtre**. *Des bow-windows.* V. **Bay-window**. — *Recomm. offic.* V. **Oriel**.

BOX, BOXES [bɔks]. *n. m.* (1839; « loge de théâtre », 1777; angl. *box* « boîte »). Stalle d'écurie servant à loger un seul cheval. ◊ (1906). Compartiment cloisonné (d'un garage (V. **Stalle**), d'un dortoir, d'une salle). « *Couchée dans un des boxes d'une grande salle de réanimation* » (BEAUVOIR). ◈ HOM. **Boxe**.

BOX-CALF ou **BOX** [bɔkskalf]. *n. m.* (1899; mot angloamér., du nom du bottier angl. *Joseph Box*, et *calf* « veau »). Cuir fait de peaux de veau tannées au chrome, servant à la confection des chaussures, sacs, etc. *Un sac en box noir.* On dit aussi *Calf**.

BOXE [bɔks(ə)]. *n. f.* (1698; angl. *box* « coup »). Sport de combat, réglementé depuis la fin du XIX⁰ s., opposant deux adversaires qui se frappent à coups de poing, mais en portant des gants spéciaux (gants de boxe). V. **Pugilat** (Cf. Le noble art.). « *Les partisans de la boxe française répètent qu'elle est plus efficace que la boxe anglaise* » (J. PRÉVOST). *Match, combat de boxe.* V. **Arbitre, juge, reprise** (ou *round*), *ring. Gagner un match de boxe aux points, par arrêt de l'arbitre, par knock-out. Coups classiques de la boxe.* V. **Crochet, direct, swing, uppercut**. ◈ HOM. **Box**.

BOXER [bɔkse]. *v.* (1772; de *boxe*). ♦ 1⁰ *V. intr.* Livrer un combat de boxe, pratiquer la boxe. ♦ 2⁰ V. tr. *(Fam.).* Frapper à coups de poing. — Rencontrer (un adversaire) dans un combat de boxe.

BOXER [bɔksɛʀ]. *n. m.* (1919; mot all. « boxeur »). Chien de garde, voisin du dogue allemand, à robe fauve ou tachetée.

BOXEUR [bɔksœʀ]. *n. m.* (1788; de *boxe*). Celui qui pratique la boxe. V. **Pugiliste**. *Boxeurs amateurs, professionnels. Classement des boxeurs par catégories de poids. Le manager, le soigneur d'un boxeur.*

BOX-OFFICE [bɔksɔfis]. *n. m.* (1952; mot amér., proprem. « guichet de théâtre »). Dans le milieu du spectacle, échelle de succès d'après le montant des recettes. *Être, figurer au box-office. Arriver en tête du box-office.*

BOY [bɔj]. *n. m.* (1884; « jeune domestique », 1672; mot angl. « garçon »). ♦ 1⁰ Jeune domestique indigène en Extrême-Orient, en Afrique, etc. « *Nous mangeons... deux boys et un cuisinier* » (GIDE). ♦ 2⁰ (1956). Danseur de music-hall. (V. **Girl**).

BOYARD [bɔjaʀ]. *n. m.* (1415; mot russe). Nom des anciens nobles en Russie. ◊ *Fig. (Fam.).* Homme riche, cossu. *Il s'est payé un costume de boyard.*

BOYAU [bwajo]. *n. m.* (XII⁰; *bo(i)el*, 1080; lat. *botellus*). ♦ 1⁰ Intestin d'un animal (ou fam. *au plur.* de l'homme). V. **Entrailles, tripe, viscère**. *Boyaux de porc, de veau utilisés en charcuterie.* V. **Andouille, boudin, saucisse**. *Rendre** tripes et boyaux. Tordre** les boyaux.* ◊ *Corde de boyau,* ou *boyau,* mince corde faite avec la membrane intestinale de certains animaux, servant à garnir des instruments de musique, à monter des raquettes. *Boyau de chat.* V. **Catgut**. ♦ 2⁰ *Par anal.* (XVII⁰). Fossé en zigzag reliant des tranchées, des parallèles. — Galerie de mine étroite. ◊ Conduit, tuyau souple. ♦ 3⁰ Pneumatique pour bicyclette de course, mince chambre à air avec enveloppe de caoutchouc toilé.

BOYAUDERIE [bwajodʀi]. *n. f.* (1835; de *boyaudier*). Préparation des boyaux en vue de leur utilisation industrielle ou culinaire.

BOYAUDIER, IÈRE [bwajodje, jɛʀ]. *n.* (1571; *boiotier,* 1680; de *boyau*). Personne employée à la boyauderie.

BOYAUTER (SE) [bwajo(ɔ)te]. *v. pron.* (XX⁰; de *boyau*). Pop. Rire démesurément. Cf. Se tenir les côtes*.

BOYCOTT [bɔjkɔt]. *n. m.* (1918; mot angl.). Boycottage. « *Ces conclusions optimistes n'avaient pas empêché les syndicats de déclencher un premier boycott des produits français* » (*L'Express,* 28-5-1973).

BOYCOTTAGE [bɔjkɔtaʒ]. *n. m.* (1881; de *boycotter*). Sorte d'interdit ou de blocus matériel et moral prononcé contre un individu, un groupe, un pays et contre les biens qu'il met en circulation.

BOYCOTTER [bɔjkɔte]. *v. tr.* (1880; de *Boycott,* propriétaire irlandais mis en quarantaine). Soumettre au boycottage; mettre à l'index, en quarantaine. « *Contre le Noir, la coalition est tacite et spontanée : on le boycotte* » (SIEGFRIED). — *Boycotter une marchandise étrangère.*

BOYCOTTEUR, EUSE [bɔjkɔtœʀ, øz]. *n.* (1922; de *boycotter*). Personne qui boycotte.

BOY-SCOUT [bɔjskut]. *n. m.* (1910; mot angl. « garçon-éclaireur »). *Vieilli.* Scout. ◊ *Fig. (Fam.).* Idéaliste naïf. *Une mentalité de boy-scout.*

bq *Phys.* Symb. du *becquerel**.

Br Symb. chimique du *brome**.

BRABANÇON, ONNE [bʀabɑ̃sɔ̃, ɔn]. *adj. et n.* (XIII⁰; lat. médiév. *brabantio,* de *Bra(c)bantia* « le Brabant »). Du Brabant. Subst. *La Brabançonne,* hymne national belge.

BRABANT [bʀabɑ̃]. *n. m.* (1869; pour *charrue de Brabant,*

1812). Charrue métallique à avant-train. *Double brabant,* à deux socs et deux versoirs.

BRACELET [bʀaslɛ]. *n. m.* (1387; « petit bras », XII⁰; de *bras*). Bijou en forme d'anneau, de cercle qui se porte surtout autour du poignet. V. **Anneau, chaînette, gourmette**. *Bracelet en or.* « *Son poing cliquetant de bracelets comme celui d'une romanichelle* » (MART. du G.). — *Bracelet d'une montre,* simple cercle de cuir, d'étoffe ou bijou. V. **Bracelet-montre, montre-bracelet**. ◊ Enveloppe de cuir que certains travailleurs portent autour du poignet. *Bracelet de force.*

BRACELET-MONTRE [bʀaslɛmɔ̃tʀ(ə)]. *n. m.* (1948; de *bracelet,* et *montre*). Bijou composé d'un bracelet sur lequel est monté une montre. « *Elle consulta son bracelet-montre. C'était un boîtier incrusté de brillants* » (AYMÉ).

BRACHIAL, IALE, IAUX [bʀakjal, jo]. *adj.* (1541; lat. *brachialis*). *Anat.* Qui appartient au bras. *Muscle brachial.* V. **Biceps, triceps**. *Névralgie du plexus** brachial (ou Brachialgie).*

BRACHIOPODES [bʀakjɔpɔd]. *n. m. pl.* (1806; du lat. *brachium* « bras », et *-pode*). *Zool.* Groupe d'animaux marins enfermés dans une coquille à deux valves, le plus souvent fixés (directement ou par un pédoncule).

BRACHY-. Élément préfixal (du gr. *brakhus* « court »), entrant dans la composition de nombreux mots savants. ◈ ANT. **Dolicho-**.

BRACHYCÉPHALE [bʀakisefal]. *adj.* (1836; de *brachy,* et *-céphale*). *Anthrop.* Qui a le crâne arrondi, presque aussi large que long. *Homme, race brachycéphale.* Subst. *Un, une brachycéphale.* ◈ ANT. **Dolichocéphale**.

BRACONNAGE [bʀakɔnaʒ]. *n. m.* (1835; autres sens en a. fr., d'apr. le v.; de *braconner*). Action de braconner, délit de chasse de celui qui braconne. V. **Filetage**. *Il vivait de braconnage.*

BRACONNER [bʀakɔne]. *v. intr.* (1740; divers sens, depuis 1228, dont « chasser avec des braques », de °*bracon,* attesté en a. prov., germ. °*brakko;* Cf. all. **Bracke**. V. **Braque**). Chasser, par ext. Pêcher sans permis, ou à une période, en un lieu, avec des engins prohibés. — *Fig. Braconner sur les terres d'autrui,* ne pas respecter ce qui est sa propriété (ses droits, son champ d'activité, sa femme, etc.).

BRACONNIER [bʀakɔnje]. *n. m.* (1740; autres sens en a. fr., d'apr. le v.; de *braconner*). Chasseur (ou pêcheur) qui se livre au braconnage. *Le garde-chasse a surpris des braconniers.* « *Le braconnier, de même que le contrebandier, côtoie de fort près le brigand* » (HUGO).

BRACONNIÈRE [bʀakɔnjɛʀ]. *n. f.* (XIV⁰; de l'it. *braconi* « hauts-de-chausse de hallebardier », du lat. *braca*. V. **Braies**). *Ancien.* Pièce d'armure qui protégeait le bassin et les cuisses.

BRACTÉAL, ALE, AUX [bʀakteal, o]. *adj.* (1863; de *bractée*). *Bot.* Propre aux bractées; qui avoisine les bractées.

BRACTÉE [bʀakte]. *n. f.* (1766; lat. *bractea* « feuille de métal »). *Bot.* Feuille fréquemment colorée qui accompagne la fleur ou l'inflorescence. V. **Glume, glumelle, involucre, spathe**. *Bractée florale,* annonciatrice de la fleur.

BRADAGE [bʀadaʒ]. *n. m.* (v. 1960; de *brader*). Action de *brader (fig.).* « *Bradage, abandon des traditions, vandalisme, disait-on* » (*Le Monde,* 15-11-1966).

BRADEL (À LA) [alabʀadɛl]. *loc. adj. et n. m.* (1867; de *Bradel,* relieur). Reliure, cartonnage à la *bradel,* ou reliure où le bloc des cahiers est emboîté dans un cartonnage léger, le dos étant séparé des plats par une rainure longitudinale.

BRADER [bʀade]. *v. tr.* (1866; néerl. *braden,* all. *braten* « rôtir »). ♦ 1⁰ Vendre en braderie. ♦ 2⁰ *Par ext.* Se débarrasser de (quelque bien) à n'importe quel prix. V. **Liquider, sacrifier**. *J'ai bradé ma voiture. Fig. (Fam.) On l'accuse d'avoir bradé les colonies.*

BRADERIE [bʀadʀi]. *n. f.* (1867; de *brader*). D'abord dans le Nord, Foire où les habitants vendent à bas prix des vêtements ou objets usagés. ◊ *Par ext.* Liquidation de soldes en plein air.

BRADEUR, EUSE [bʀadœʀ, øz]. *n.* (mil. XX⁰; de *brader*). Personne qui brade, se débarrasse à bas prix de qqch. *Fig. (Polit.).* Celui qui brade le territoire national. *On l'accuse d'être un bradeur d'Empire.*

BRADY-. Élément préfixal (du gr. *bradus* « lent »), entrant dans la composition de mots savants.

BRADYCARDIE [bʀadikaʀdi]. *n. f.* (1895; de *brady,* et *-cardie*). *Méd.* Ralentissement du rythme cardiaque (moins de 60 pulsations).

BRADYPE [bʀadip]. *n. m.* (1826; lat. zool. *bradypus,* gr. *bradupous* « au pied lent »). *Zool.* Nom scientifique du paresseux ou aï.

BRAGUETTE [bʀagɛt]. *n. f.* (1534; dimin. de l'a. subst. *brague,* prov. *braga.* V. **Braies**). ♦ 1⁰ *Ancien.* Sorte de poche attachée au haut-de-chausses. ♦ 2⁰ *Mod.* Ouverture verticale sur le devant d'une culotte, d'un pantalon d'homme (ou de femme).

BRAHMANE [bʀaman]. *n. m.* (*Brachmane,* 1532; *abraia-*

man, XIIIe; var. *bra(h)min(e)*, XVIe-XVIIIe; sanscr. *brahmana*). Membre de la caste sacerdotale, la première des grandes castes traditionnelles de l'Inde. *Le sanscrit, langue sacrée des brahmanes.*

BRAHMANIQUE [bʀa(a)manik]. *adj.* (1830; de *brahmanisme*). Propre au brahmanisme. *La société brahmanique.*

BRAHMANISME [bʀa(a)manism(ə)]. *n. m.* (1801; de *brahmane*). Système social et religieux de l'Inde, faisant suite au védisme et précédant l'hindouisme, caractérisé par la suprématie des brahmanes et l'intégration de tous les actes de la vie civile aux rites et devoirs religieux.

BRAI [bʀɛ]. *n. m.* (1309; « boue », XIIe; gaul. *°bracu*; Cf. a. prov. *brac*). Résidu pâteux de la distillation des goudrons, pétroles et autres matières organiques. *Le brai est utilisé comme aggloméré du poussier de houille, pour la fabrication de peintures, enduits d'étanchéité, etc.* ◇ HOM. Braies.

BRAIES [bʀɛ]. *n. f. pl.* (XIIe; lat. *braca(e)*, mot gaul.) Ancienn. Sorte de pantalon ample, en usage chez les Gaulois et les peuples germaniques. ◇ HOM. Brai.

BRAILLARD, ARDE [bʀajaʀ, aʀd(ə)], **BRAILLEUR, EUSE** [bʀajœʀ, øz]. *n. et adj.* (1528,-1586; de *brailler*). Fam. Personne qui est en train de brailler, ou qui est toujours à brailler. V. **Gueulard.** Fig. « *La disparition de tous ces braillards belliqueux* » (LÉAUTAUD).

BRAILLE [bʀaj]. *n. m.* (1948; pour *écriture* ou *alphabet Braille*, du nom de l'inventeur). Alphabet conventionnel en points saillants (également applicable aux chiffres, à la musique et à la sténo), à l'usage des aveugles. *Apprendre le braille.*

BRAILLEMENT [bʀajmɑ̃]. *n. m.* (1512; de *brailler*). Cri de qqn qui braille.

BRAILLER [bʀaje]. *v. intr.* (1265; du rad. de *braire*). Crier fort, parler ou chanter de façon assourdissante et ridicule. Trans. *Brailler une chanson, un slogan.* ◇ Pleurer bruyamment (enfants).

BRAIMENT [bʀɛmɑ̃]. *n. m.* (fin XVIe; « cris, pleurs », XIIe; de *braire*). Cri de l'âne.

BRAINSTORMING [bʀɛnstɔʀmiŋ]. *n. m.* (v. 1950; mot amér., littéral. « tempête [*storming*] des cerveaux [*brain*] »). Américanisme. Dans une entreprise, réunion où chacun fournit des idées sur une question, pour résoudre un problème. Pl. *Des brainstormings.*

BRAIN-TRUST [bʀɛntʀœst]. *n. m.* (1933; mot anglo-amér., « trust du cerveau »). Hist. Nom donné à l'équipe d'intellectuels et de professeurs dont s'entoura F. Roosevelt. — (*Anglicisme*) Petite équipe d'experts, de techniciens, etc., qui assiste une Direction.

BRAIRE [bʀɛʀ]. *v. intr.* : *il brait, ils braient; il brayait; il braira; il braîrait; il a brait; brayant* (1540; « crier, pleurer », 1080; lat. pop *°bragere*, p.-ê. rad. gaul. expressif *brag-*). Se dit de l'âne qui pousse son cri. ◇ Fam. Brailler.

1. BRAISE [bʀɛz]. *n. f.* (*Breze*, XIIe; germ. occid. *°brasa*). Bois réduit en charbons ardents. *Remplir de braise une chaufferette, un brasero.* Cuire, griller sur la braise. *Souffler sur la braise, les braises.* « *Une braise se couvre de cendres, une étoile non* » (HUGO). Par compar. *Des yeux de braise,* ardents. ◇ Bois en charbons étouffés avant combustion complète et pouvant encore servir de combustible. *Les boulangers retiraient la braise du four.* V. **Tire-braise.**

2. BRAISE [bʀɛz]. *n. f.* (1783; de *braise*, mot du Lyonnais, « miette, débris »; de *briser*). Pop. Argent monnayé.

BRAISER [bʀeze]. *v. tr.* (1767; de *braise*). Faire cuire (une viande, un poisson, certains légumes) à feu doux et à l'abri de l'air. *Bœuf braisé. Laitues braisées.*

BRAISIÈRE [bʀezjɛʀ]. *n. f.* (1706; de *braise*). ♦ 1° Étouffoir pour la braise. ♦ 2° (1798). Récipient de fonte (V. Cocotte) utilisé pour braiser les viandes ou cuire doucement un mets, caractérisé par un couvercle creux à rebord où l'on met de l'eau (autrefois des braises) pour empêcher l'évaporation du jus de cuisson. V. **Daubière.**

BRAMEMENT [bʀammɑ̃]. *n. m.* (1787; de *bramer*). Cri du cerf en rut (en vénerie, on dit surtout *brame*, mot de l'a. fr.). ◇ Fig. Hurlement.

BRAMER [bʀame]. *v. intr.* (1528; prov. *bramar* « mugir, braire », germ. *°brammon*). Se dit du cerf qui pousse son cri. V. **Braire, lamenter** (se). « *Ah! Je brame après cette santé, cet équilibre heureux* » (GIDE).

BRAN [bʀɑ̃]. *n. m.* (*Bren*, XIIe; lat. pop. *°brennus*, probabl. rad. gaul. *°brenno*). ♦ 1° Partie la plus grossière du son. Par anal. *Bran de scie, sciure de bois.* ♦ 2° (XVe). Dial. Excrément (var. BREN [bʀɛ̃]).

BRANCARD [bʀɑ̃kaʀ]. *n. m.* (1542; « vergue », 1534; de *branque*, forme norm. de *branche*). ♦ 1° Bras de civière; civière. V. **Bard, lisière.** *Transporter un blessé sur un brancard.* ♦ 2° Chacune des deux prolonges de bois entre lesquelles on attache une bête de trait. V. **Limonière, longeron.** *Ruer dans les brancards.*

BRANCARDIER [bʀɑ̃kaʀdje]. *n. m.* (1651; de *brancard*). Porteur de brancard, de civière. *Brancardiers militaires,*

soldats relevant les blessés et les transportant au poste de secours.

BRANCHAGE [bʀɑ̃ʃaʒ]. *n. m.* (1453; de *branche*). Ensemble des branches d'un arbre. *Élaguer le branchage d'un arbre.* ◇ (1845) *Au plur.* Branches coupées. V. **Broutille.** *Branchages assemblés en fagots, en fascines.* « *Une flambée de branchages* » (LOTI).

BRANCHE [bʀɑ̃ʃ]. *n. f.* (1080; bas lat. *branca* « patte »). ♦ 1° Ramification latérale de la tige ligneuse de l'arbre. REM. En arboriculture, on réserve ce nom aux plus fortes ramifications (*opposé à* rameau *et* scion). — Arbor. *Branche mère :* qui pousse directement sur le tronc. *Branches charpentières d'un arbre fruitier :* qui constituent la charpente, le squelette de l'arbre. *Branche à bois :* qui est conservée pour porter les branches à fruits. *Branches fruitières.* V. **Courçon.** *Branche chiffonne :* rameau qui ne porte que des boutons à fleurs. *Branche à bouquet :* qui porte plusieurs boutons à fruits. *Branche gourmande :* dont le développement excessif épuise la branche à fruits. — Cour. *Maîtresse branche. Branche morte. Secouer les branches d'un arbre.* « *Un cassis sauvage... qui passait une branche de fleurs par la fenêtre* » (PROUST). Ensemble des branches d'un arbre. V. **Branchage, ramure.** *Petite branche.* V. **Branchette, brindille, rameau, ramille, rouette.** *Branches nouvelles.* V. **Crossette, pousse, rejet, rejeton, surgeon, taille.** *Branches repiquées pour la reproduction.* V. **Bouture, ente, greffe, marcotte, plançon, scion.** *Dépouiller un arbre de ses branches :* ébrancher, élaguer, émonder. *Branches rompues par le veneur.* V. **Brisées.** — *Branche coupée, cassée.* V. **Bâton.** *Un petit chameau « que poussaient avec des branches, deux petits Arabes* » (MAUPASS.). ◇ Ramification d'une partie quelconque de la plante. *Les branches d'une racine.* — *Asperges, céleris en branches,* servis avec la tige complète. ◇ Loc. fig. *Être comme l'oiseau sur la branche :* occuper une position précaire, incertaine. — *Scier la branche sur laquelle on est assis :* compromettre sa position. ♦ 2° *Par anal.* (XIIIe). Chacune des ramifications ou divisions d'un organe, d'un appareil, etc., qui partent d'un axe ou d'un centre. *Branches d'un arbre généalogique, d'une famille,* venant d'une souche commune. *Un Bourbon de la branche aînée.* Anat. *Branches collatérales, terminales d'un nerf, d'un vaisseau.* — *Le chandelier à sept branches. Les branches d'un compas, d'une paire de lunettes, d'un mors, d'un fer à cheval.* — *Communic.* Branchement. — Archit. Nervure. ◇ Math. Portion d'une courbe non fermée (parabole, etc.). ♦ 3° *Fig.* Division d'une œuvre ou d'un système complexe. *Les branches* du roman de Renart. *Les différentes branches de la science. Les branches de l'enseignement* (classique, moderne, technique). V. **Discipline, spécialité.** ◇ Écon. Découpage de l'économie par nature d'activité. V. **Secteur.** ♦ 4° (1877). *Cheval qui a de la branche,* qui a le garrot bien sorti, la tête petite, l'encolure longue. *Fig.* (1922) *Avoir de la branche,* avoir de la race, avoir de l'allure et de la distinction. ♦ 5° Pop. *Ma vieille branche* se dit en s'adressant à un vieux camarade (Cf. **Pote**). ◇ ANT. Tronc; souche.

BRANCHEMENT [bʀɑ̃ʃmɑ̃]. *n. m.* (1853; « production de branches », XVIe; de *brancher*). Action de brancher; canalisation, conduite, galerie secondaire partant de la voie principale pour aboutir au point d'utilisation. *Branchement de voie,* appareil d'aiguillage. ◇ Inform. Rupture de séquence, dans le déroulement d'un programme. V. **Alternative, bifurcation.**

BRANCHER [bʀɑ̃ʃe]. *v.* (1510; de *branche*). I. *V. intr.* Se percher sur les branches d'un arbre. *Le faisan, la perdrix branchent* (ou pronom. *Se branchent*). II. *V. tr.* (1863). ♦ 1° Diviser (une canalisation principale) en conduites secondaires; mettre en communication (un circuit secondaire avec le réseau principal). « *Brancher une lampe de chevet sur la prise électrique* » (MART. du G.). ♦ 2° Fig. *Brancher* (qqn, qqch.) *sur :* orienter, diriger. *Brancher la conversation sur tel sujet.* ◇ Fam. *Être branché sur,* être en relation, en communication avec (qqn, qqch.). ◇ Absolt (v. 1960). Comprendre. *Alors, tu es branché?* — Être informé, au courant.

BRANCHETTE [bʀɑ̃ʃɛt]. *n. f.* (XIVe; de *branche*). Petite branche.

BRANCHIAL, ALE, AUX [bʀɑ̃ʃjal, o]. *adj.* (1805; de *branchie*). Qui appartient aux branchies. *La respiration branchiale. Fentes branchiales.* V. **Ouïes.**

BRANCHIE [bʀɑ̃ʃi]. *n. f.* (1680; lat. d'o. gr. *branchia*). Organe de respiration des animaux aquatiques, constitué par des touffes ou des lamelles du tégument (mollusques, crustacés), ou des fentes du pharynx (poissons, têtards). *Les branchies des poissons, des mollusques.*

BRANCHIOPODES [bʀɑ̃ʃ(k)jɔpɔd]. *n. m. pl.* (1808; de *branchie,* et *-pode*). Sous-classe de crustacés primitifs, aux pattes aplaties et foliacées (ex. : *la daphnie*).

BRANCHU, UE [bʀɑ̃ʃy]. *adj.* (XIIe; de *branche*). Qui a beaucoup de branches.

BRANDADE [bʀadad]. *n. f.* (1788; prov. *brandado* « chose remuée »). Morue pochée préparée à la provençale.

BRANDE [bʀɑ̃d]. *n. f.* (XVᵉ, lat. médiév. *branda* « bruyère », 1205; de l'a. v. *brander* (1160), « brûler », du germ. °*brand* « tison », parce qu'on brûlait les bruyères). ◆ **1°** Nom collectif de plantes de sous-bois (bruyères, ajoncs, genêts, fougères). « *Un feu sournois qui rampe sous la brande embrase un pin* » (MAURIAC). — Terre infertile où poussent ces plantes. V. **Lande**. ◆ **2°** (1867). Fagot de pins de bruyère, enduit d'une substance inflammable.

BRANDEBOURG [bʀɑ̃dbuʀ]. *n. m.* (1708; « casaque à galons », 1656; de *Brandebourg*, État allemand d'où venait cette mode). Passementerie (galon, broderie) ornant une boutonnière. *Les brandebourgs d'un dolman.*

BRANDEVIN [bʀɑ̃dvɛ̃]. *n. m.* (1641; néerl. *brandewijn* « vin distillé »). Vieilli. Eau-de-vie de vin.

BRANDIR [bʀɑ̃diʀ]. *v. tr.* (1080; du germ. °*brand* « tison, épée »). Agiter en tenant en l'air de façon menaçante (une arme). « *Elle avait l'air de brandir une petite lance* » (MAUROIS). Par ext. *Brandir l'étendard de la révolte.* ◇ Agiter en élevant pour attirer l'attention. « *Le type brandissait des journaux* » (SARTRE).

BRANDON [bʀɑ̃dɔ̃]. *n. m.* (XIIᵉ; du germ. °*brand* « tison ») ◆ **1°** *Vx.* Torche de paille servant à mettre le feu. ◆ **2°** Fig. *Un brandon de discorde*, une personne, une chose qui est source de discorde, de troubles. ◆ **3°** Mod. Débris enflammé.

BRANDY [bʀɑ̃di]. *n. m.* (1867; mot angl., de *to brand* « brûler »; Cf. les précéd.). Nom de certaines eaux-de-vie de provenance d'Angleterre.

BRANLANT, ANTE [bʀɑ̃lɑ̃, ɑ̃t]. *adj.* (XIVᵉ; de *branler*). Qui branle, est instable. V. **Chancelant, vacillant**. « *Une bicoque branlante* » (MART. du G.). — Fig. *Château branlant* : se dit d'un enfant qui commence à marcher et tombe souvent. ◇ ANT. **Solide, stable.**

BRANLE [bʀɑ̃l]. *n. m.* (XIIᵉ; de *branler*). *Vx* ou en loc. ◆ **1°** Ample mouvement d'oscillation. V. **Balancement**. *Mettre en branle une cloche. Sonner en branle* : donner aux cloches leur balancement maximum. V. **Volée** (à la). ◆ **2°** Fig. Première impulsion (donnée à qqch. que l'on met en mouvement, en train). *Donner le branle à une affaire.* « *On voit quelles forces l'Internationale peut mettre en branle* » (MART. du G.). *Se mettre en branle* : se mettre en mouvement, en action. ◆ **3°** (1492). Ancienne danse populaire à figures.

BRANLE-BAS [bʀɑ̃lbɑ]. *n. m. invar.* (1687, ordre de mettre *bas* les *branles* « hamacs », qui étaient sur les entreponts, pour se disposer au combat). Mar. *Branle-bas de combat*, ensemble des dispositions prises sur un navire de guerre en vue du combat. *Branle-bas du matin, du soir*, préparatifs de l'équipage au moment du lever, du coucher. ◇ Fig. Agitation vive et souvent désordonnée, dans la préparation de quelque opération. V. **Bouleversement, remue-ménage**. « *Dans le branle-bas des élections* » (MART. du G.).

BRANLEMENT [bʀɑ̃lmɑ̃]. *n. m.* (XIVᵉ; de *branler*). *Branlement de tête*, action, manière de branler la tête. « *Un branlement sénile de la tête* » (DAUD.).

BRANLER [bʀɑ̃le]. *v.* (1080; contraction de *brandeler*, de *brandir*). *Vx* ou en loc. (à cause d'un emploi obsc.). ◆ **1°** V. tr. *Branler la tête*, la remuer d'avant en arrière, ou d'un côté à l'autre. V. **Balancer, hocher, secouer**. « *Qui branlent la tête comme de vieilles femmes* » (HUGO). ◆ **2°** V. intr. Être instable, mal fixé. V. **Chanceler, osciller, vaciller**. *Une chaise, une dent qui branle.* — *Branler au manche, dans le manche* : se dit d'un outil emmanché; fig. Manquer de stabilité, de solidité. « *Des couteaux branlant dans le manche* » (FRANCE). ◆ **3°** *Vulg.* (1708). Masturber. — Pronom. *Se branler.* ◇ Fig. et vulg. Faire, fabriquer. « *Et le type, qu'est-ce qu'il branle?* » (QUENEAU). V. **Foutre** (1°). — *S'en branler*, s'en foutre, s'en moquer. ◇ ANT. **Tenir.**

BRAQUAGE [bʀakaʒ]. *n. m.* (1906; de *braquer*). Auto. ◆ **1°** Action de braquer les roues d'une voiture, les gouvernes d'un avion. *Angle de braquage*, formé par les roues directrices avec l'axe longitudinal de la voiture (le volant tourné à fond). *Rayon de braquage*, du cercle tracé par les roues extérieures dans un virage. ◆ **2°** *Arg.* (1941). Attaque à main armée.

BRAQUE [bʀak]. *n. m.* (1265; it. *bracco*, prov. *brac*. V. **Braconner**). ◆ **1°** Chien de chasse à poils ras et à oreilles pendantes; très bon chien d'arrêt. ◆ **2°** Fig. *D'abord fou, étourdi comme un braque.* Fam. Un peu fou, écervelé, toqué.

BRAQUEMART [bʀakmaʀ]. *n. m.* (1386; o. i.; p.-ê. néerl. *breecmes*). Ancienn. Épée courte à deux tranchants (XIVᵉ et XVᵉ s.).

BRAQUER [bʀake]. *v. tr.* et *intr.* (1546; var. dial. *brater; probabl. lat. pop.* °*brachitare*, de *bracchium* « bras »). ◆ **1°** Tourner (une arme à feu, un instrument d'optique) dans la direction de l'objectif. V. **Diriger, pointer**. *Braquer un revolver, une lorgnette sur qqn.* — Par anal. Fixer (le regard, etc.). « *Cette rangée d'officiers qui braquent leurs yeux sur lui* » (MART. du G.). « *Je gardais invariablement mon attention braquée sur la lettre* » (BAUDEL.). ◇ Par ext. (1930; Cf. **Fixer**) *Arg.* Mettre en joue (qqn); attaquer à main armée.

Braquer une banque. ◆ **2°** (1680). Faire tourner (un véhicule) en orientant le timon, en manœuvrant la direction. Absolt. *Braquer pour se garer.* — V. intr. *Voiture qui braque mal*, qui tourne mal, qui a un trop grand rayon de braquage. ◆ **3°** Fig. (1939). *Braquer qqn contre* (une personne, un projet), l'amener à s'opposer obstinément à. V. **Dresser**. « *La Curie, braquée d'avance contre des ouvertures qui pouvaient être un piège* » (MADELIN). Pronom. *Il s'est braqué.* V. **Buter** (se), **cabrer** (se). ◇ ANT. **Détourner.**

BRAQUET [bʀakɛ]. *n. m.* (1948; o. i.). Développement d'une bicyclette. *Le dérailleur permet de changer de braquet.*

BRAS [bʀa]. *n. m.* (*Braz*, 1080; lat. pop. °*bracium*, class. *bracchium*, gr. *brakhíōn*). ◆ **1°** Anat. Segment du membre supérieur compris entre l'épaule et le coude. V. **Avant-bras**. *Du bras.* V. **Brachial**. *Os du bras.* V. **Humérus**. *Mouvement du bras* : abduction, adduction, élévation, rotation. *Muscles du bras.* V. **Biceps, triceps**. ◇ Cour. (impropre en anat.). Le membre supérieur, de l'épaule à la main. *Amputé d'un bras* : manchot. « *Ils demeuraient si beaux, ses bras, de l'aisselle pleine et musclée jusqu'au poignet rond* » (COLETTE). « *Couché les bras étendus en croix* » (LOTI). « *Debout les bras ballants* » (MART. du G.). — *Porter sur ses bras, dans ses bras. Lever un poids à bras tendu, à bout de bras. Porter, tenir un objet sous les bras. Rester l'arme au bras. Ouvrir, tendre les bras. Serrer qqn dans ses bras.* V. **Embrasser**. *Tomber dans les bras l'un de l'autre.* « *Ne nouant ses bras à mon cou* » (PROUST). — *Donner, offrir le bras à qqn*, pour qu'il puisse s'y appuyer en marchant. *Elle était au bras de son mari. Ils s'en vont bras dessus, bras dessous*, en se donnant le bras. « *Elle prenait mon bras, et nous marchions sous les arbres* » (FROMENTIN). ◇ Loc. fig. *Gros comme le bras*, se dit pour accompagner une appellation flatteuse. « *Pierrotte n'est plus Pierrotte : c'est M. Pierrotte gros comme les deux bras* » (DAUD.). *Couper bras et jambes à qqn* : lui enlever les moyens d'action, le paralyser d'étonnement, le décourager. *Les bras m'en tombent, je suis stupéfait.* — *Ne vivre que de ses bras*, que d'un travail manuel. *Se croiser les bras, rester les bras croisés*, sans rien faire. *Avoir le bras long*, du crédit, de l'influence. *Tendre, ouvrir le bras à qqn* : lui porter secours, lui pardonner. — *Tendre les bras vers qqn* : implorer son aide. *Se jeter, se réfugier dans les bras de*, se mettre sous la protection de. — *Recevoir qqn à bras ouverts* : l'accueillir avec effusion, empressement. — *Être dans les bras de Morphée*, dormir. *S'endormir dans les bras du Seigneur*, mourir. V. **Sein**. — *Avoir qqn ou qqch. sur les bras* : en être chargé, embarrassé. ◆ **2°** Symbole de la force guerrière, du pouvoir. « *Ton bras est invaincu, mais non pas invincible* » (CORN.). *Le bras de Dieu. Le bras séculier* : la puissance temporelle, opposée à celle de l'Église. *Avoir un bras de fer* : une grande autorité, une volonté inflexible. ◆ **3°** Personne qui agit, travaille, combat. V. **Travailleur**. *L'industrie réclame des bras.* « *Les humoristes comparent l'agriculture à la Vénus de Milo qui manque de bras* » (BAINVILLE). ◇ *Le bras droit de qqn*, son principal agent d'exécution. ◆ **4°** Loc. adv. À BRAS, à l'aide des seuls bras (sans machine). *Il a fallu transporter tout cela à bras. Moulin, charrette à bras*, qu'on meut à bras. — À TOUR DE BRAS, de toute sa force. « *Des seaux d'eau lancés à tour de bras* » (LOTI). — *Se jeter sur qqn à bras raccourcis*, le frapper avec la plus grande violence. ◆ **5°** Par ext. Dans le membre antérieur du cheval, Partie qui fait suite à l'épaule et qui a pour base l'humérus. ◇ Tentacule des mollusques céphalopodes. ◆ **6°** Par anal. (de forme, de destination). Mar. Manœuvre servant à orienter un espar (vergue, tangon). ◇ *Bras d'une ancre.* V. **Ancre**. — Techn. Prolonge, brancard. — *Accotoir* (d'un fauteuil). *Recouvrir le dossier et les bras.* — Partie mobile d'une grue, d'un sémaphore. *Bras d'une manivelle. Bras de lecture d'un électrophone*, longue tige mobile qui porte la tête de lecture. Mécan. BRAS DE LEVIER, distance d'une force à son point d'appui, évaluée perpendiculairement à la direction de cette force. ◆ **7°** Géogr. Division d'un cours d'eau que partagent des îles. *Bras principal, bras secondaires. Bras mort*, où l'eau ne circule plus. — *Bras de mer*, détroit, passage.

BRASAGE [bʀazaʒ]. *n. m.* (1867; de *braser*). Assemblage (de métaux) par brasure.

BRASER [bʀaze]. *v. tr.* (1578; « embraser », a. fr.; de *braise*). Assembler (des métaux) par brasure. V. **Souder**.

BRASERO [bʀa(a)zero]. *n. m.* (1784; *bracero*, 1722; mot esp., de *brasa* « braise »). Bassin de métal, rempli de charbons ardents, posé sur un trépied, destiné aujourd'hui au chauffage en plein air.

BRASIER [bʀazje]. *n. m.* (XIIᵉ; de *braise*). ◆ **1°** Masse d'objets ou matières en complète ignition du fait d'un incendie. « *Les toits s'embrasant, s'entrouvrant sous la poussée du brasier intérieur* » (ZOLA). ◆ **2°** Fig. Foyer de passions violentes, de gloire. « *Le brasier de la Somme redoublait d'ardeur* » (DUHAM.).

BRASILLER [bʀa(a)zije]. *v. intr.* (1751; trans., « griller sur la braise », XIIIᵉ; de *braise*). Se dit de la mer qui, la nuit, scintille et présente des traînées de lumière (par luminescence ou réflexion de la lumière des astres). ◊ Prendre une consistance, une couleur de braise. « *La bougie brasillait; elle s'éteignit brusquement* » (BOSCO).

BRAS-LE-CORPS (À) [bʀalkɔʀ]. *loc. adv. (À bons bras de corps*, XVᵉ; *de bras*, et *corps*). Avec les bras et par le milieu du corps. *Il a saisi son adversaire à bras-le-corps.*

BRASQUE [bʀask(ə)]. *n. f.* (1751; it. *brasca*, lat. pop. °*brasica*, du même rad. que *braise*). *Techn.* Revêtement intérieur des creusets en matière réfractaire.

1. **BRASSAGE** [bʀasaʒ]. *n. m.* (1331; de *brasser* 1). ♦ 1º Ensemble des opérations consistant à brasser la bière. ♦ 2º Mélange. *Brassage des gaz*, mélange gazeux d'air et d'essence dans la chambre de combustion d'un moteur à explosion. ◊ Fig. *Le brassage des races, des peuples.*

2. **BRASSAGE** [bʀasaʒ]. *n. m.* (1783; de *brasser* 2). *Mar.* Action de brasser une vergue; angle de la vergue par rapport à sa position de repos.

BRASSARD [bʀasaʀ]. *n. m.* (1562; altér. *de brassal*, 1540; it. *bracciale*, de *braccio* « bras »). ♦ 1º Pièce d'armure qui couvrait le bras; pièce de cuir protégeant le bras. ♦ 2º (1845). Bande d'étoffe ou ruban servant d'insigne, qu'on porte au bras. *Brassard de premier communiant, d'infirmier. Brassard de deuil.* V. Crêpe.

BRASSE [bʀas]. *n. f.* (*Brace* « les deux bras, leur longueur », 1080; lat. *bracchia*, plur. de *bracchium*, fém. collectif en lat. pop.). ♦ 1º Ancienne mesure de longueur égale à cinq pieds (environ 1,60 m). *Mar.* Mesure (à peu près équivalente) de profondeur. « *Nous donnâmes fond par six brasses* » (CHATEAUB.). ♦ 2º (1863; « coupe », 1835). Nage sur le ventre par mouvements simultanés et symétriques des bras, puis des jambes; chacun des espaces successifs ainsi parcourus. *Brasse papillon*, variété de brasse sportive où le nageur semble sauter hors de l'eau à chaque mouvement des bras. *Nager la brasse.*

BRASSÉE [bʀase]. *n. f.* (XIVᵉ; *brachie*, XIIᵉ; de *bras*). Ce que les bras peuvent contenir, porter. « *Marie aimait les fleurs; nous en rapportions des brassées* » (GIDE).

1. **BRASSER** [bʀase]. *v. tr.* (*Bracier* « mélanger; remuer », XIIᵉ; dès l'orig., croisement d'un v. dér. du lat. pop. °*braciare*, de *braces*, p. fr. *brais* « malt », et d'un v. dér. de *bras;* sens combinés au fig.). ♦ 1º *Brasser la bière*, préparer le moût en faisant macérer le malt dans l'eau (opération qui précède le houblonnage et la fermentation); *par ext.* Fabriquer la bière. V. Brasseur. ♦ 2º Remuer en mêlant. « *Antoine brassait la salade* » (MART. du G.). « *Le vent brassait les feuilles mortes* » (MAURIAC). Fam. *Brasser les cartes avant de donner.* — Pêche. *Brasser l'eau*, la troubler en la remuant. ◊ Fig. Vieilli. Tramer; machiner. Pronom. « *Sans qu'elle pût rien savoir de ce qui se brassait entre eux* » (ROUSS.).

2. **BRASSER** [bʀase]. *v. tr.* (XVIIᵉ; de *bras*). *Mar.* Orienter un espar en agissant sur son (ses) bras. Absolt. *Brasser carré* (à angle droit avec la quille), *en pointe* (à angle aigu). On dit aussi BRASSEYER [bʀaseje].

BRASSERIE [bʀasʀi]. *n. f.* (1268; de *brasser* 1). ♦ 1º Fabrique de bière; industrie de fabrication de la bière. ♦ 2º (1853). Établissement où à l'origine on ne consommait que de la bière; *de nos jours*, Grand café restaurant. *Brasserie alsacienne.*

1. **BRASSEUR, EUSE** [bʀasœʀ, øz]. *n.* (1250; de *brasser* 1). ♦ 1º Personne qui fabrique de la bière ou en vend en gros. ♦ 2º (1867); *Brasseur d'affaires* : homme qui s'occupe de nombreuses affaires.

2. **BRASSEUR, EUSE** [bʀasœʀ, øz]. *n.* (1959; de *brasse*). *Sport.* Nageur, nageuse de brasse.

BRASSIÈRE [bʀasjɛʀ]. *n. f.* (XIIIᵉ; de *bras*). ♦ 1º Vx. Chemise de femme très ajustée. ◊ Mod. (1843) Petite chemise de bébé, courte, à manches longues, en toile fine (*brassière de dessous;* la *brassière de dessus* est en laine tricotée). ◊ Mar. Gilet de sauvetage. ♦ 2º *(Au plur.).* Bretelles (d'une hotte, d'un sac).

BRASSIN [bʀasɛ̃]. *n. m.* (XIVᵉ; de *brasser* 1). *Techn.* Cuve où l'on brasse la bière; son contenu.

BRASURE [bʀazyʀ]. *n. f.* (1808; de *braser*). Procédé de soudure consistant à interposer, entre les pièces à souder, un alliage ou un métal fusible; cet alliage, ce métal lui-même.

BRAVACHE [bʀavaʃ]. *n. m.* (1510; it. *bravaccio*, dimin. péj. de *bravo* « brave »). Faux brave qui fanfaronne. V. Fanfaron, matamore. *Faire le bravache.* Adj. *Un air bravache.* ◊ ANT. Brave.

BRAVADE [bʀavad]. *n. f.* (fin XVᵉ; it. *bravata*, de *bravare* « faire le brave »). ♦ 1º Ostentation de bravoure. *Un chef qui s'expose inutilement par bravade.* ♦ 2º Action ou attitude de défi insolent envers une autorité qu'on brave. « *Par bravade contre la règle tyrannique* » (LOTI). « *Elle perdait le bénéfice de sa bravade* » (COCTEAU).

BRAVE [bʀav]. *adj.* et *n.* (1379; « courageux, orgueilleux, noble, beau, excellent, etc. », jusqu'au XVIIᵉ; it. *et* esp. *bravo*). ♦ 1º Courageux au combat, devant un ennemi. V. Vaillant. « *Marat était audacieux, mais nullement brave* » (MICHE-

LET). — Subst. *C'est un brave.* V. Héros. « *Il vous suffira de dire : J'étais à la bataille d'Austerlitz pour que l'on vous réponde : Voilà un brave!* » (NAPOLÉON). *Le brave des braves*, surnom de Ney. *Faire le brave*, affecter la bravoure. ♦ 2º *(Placé devant le nom)*. Honnête et bon avec simplicité. *Un brave homme, une brave femme. De braves gens.* « *Deux braves serviteurs* » (BOSCO). *C'est un brave type, un brave garçon.* Par ext. « *Elle avait une brave figure de curé de campagne* » (BERNANOS). — « *Ces braves chiens de berger, tout affairés après leurs bêtes* » (DAUDET). Subst. *Mon brave*, appellation condescendante à l'égard d'un inférieur. ◊ *(Parfois après le nom).* D'une bonté ou d'une gentillesse un peu naïve et attendrissante. *Il est bien brave, mais il m'ennuie.* V. Gentil. ◊ ANT. Lâche, peureux. — Malhonnête, mauvais.

BRAVEMENT [bʀavmɑ̃]. *adv.* (1465; de *brave*). Avec bravoure, courageusement. V. Vaillamment. *Il a fait bravement son devoir de soldat.* ◊ D'une manière décidée, sans hésitation. V. Résolument. « *La Zabelle prit bravement son parti* » (SAND). ◊ ANT. Lâchement, timidement.

BRAVER [bʀave]. *v. tr.* (1515; de *brave*, d'apr. l'it. *bravare*). ♦ 1º Défier orgueilleusement en montrant qu'on ne craint pas. « *Tu me braves, Cinna, tu fais le magnanime* » (CORN.). « *Au moyen âge, les individus pouvaient encore braver l'État* » (BAINVILLE). « *Lorsqu'on osait braver ses ordres* » (MAURIAC). V. Narguer, opposer (s'). ♦ 2º Se comporter sans crainte devant (qqch. de redoutable qu'on accepte d'affronter). V. Mépriser. *Braver le danger, la mort.* « *Il y a des misères que l'on brave; on ne se pardonne pas de les infliger à un autre* » (BOURGET). ◊ Ne pas craindre de ne pas respecter (une règle, une tradition) « *Le latin, dans les mots, brave l'honnêteté* » (BOIL.). « *Braver les règles, les lois, les entraves quelconques de ce monde* » (LOTI). ◊ ANT. Fuir, respecter, soumettre (se).

1. **BRAVO** [bʀavo]. *interj.* et *n. m.* (1738; mot it. « beau, excellent »). ♦ 1º Exclamation dont on se sert pour applaudir, pour approuver. *Bravo! c'est parfait* (REM. On emploie parfois en ce sens le superl. ital. *bravissimo*). ♦ 2º N. m. Applaudissement, marque d'approbation. *J'entendais « les rires et les bravos »* (MÉRIMÉE).

2. **BRAVO** [bʀavo], *plur.* **BRAVI** [bʀavi]. *n. m.* (1832; mot it.). *Hist.* Tueur à gages, spadassin italien.

BRAVOURE [bʀavuʀ]. *n. f.* (*Braveure*, av. 1660; it. *bravura*). ♦ 1º Qualité de celui qui est brave. V. Courage, vaillance, valeur. « *Quand il n'y a pas de joie, il n'y a pas d'héroïsme; il n'y a que de la bravoure* » (MART. du G.). ♦ 2º (1834; d'un sens de l'it.). *Mus.* (Vieilli) *Air de bravoure :* air brillant destiné à faire valoir le talent du chanteur. — Mod. *Morceau de bravoure*, page d'une œuvre que l'auteur a voulue particulièrement brillante. ◊ ANT. Lâcheté.

BRAYER [bʀeje]. *n. m.* (XIIᵉ; de *braie*[s]). *Techn.* Bande soutenant le battant d'une cloche. ◊ Corde dont les maçons se servent pour élever du moellon ou du mortier.

1. **BREAK** [bʀɛk]. *n. m.* (1830; mot angl.). Ancienne voiture à quatre roues, ouverte, avec un siège de cocher élevé et deux banquettes longitudinales à l'arrière. ◊ Mod. Type de carrosserie automobile en forme de fourgonnette, mais à arrière vitré.

2. **BREAK** [bʀɛk]. *n. m.* (v. 1930; mot anglo-amér. « interruption »). En jazz, Interruption du jeu de l'orchestre pendant quelques mesures, créant un effet d'attente.

BREAKFAST [bʀɛkfœst]. *n. m.* (1865; mot angl.). Petit déjeuner à l'anglaise. « *Je rentre pour le breakfast : porridge, thé, fromage ou viande froide, ou œufs* » (GIDE).

BREBIS [bʀəbi]. *n. f.* (XIIIᵉ; *berbis*, XIᵉ; lat. pop. °*berbicem*, class. *berbecem*, var. de *vervecem*, accus. de *vervex*). ♦ 1º De l'espèce ovine (mouton), Femelle adulte. V. Agnelle, antenaise. *Lait de brebis.* « *Qui sauve les loups tue les brebis* » (HUGO). ♦ 2º *(Métaph. évang.).* Chrétien fidèle à son pasteur. « *Les brebis de Dieu* » (CLAUDEL). — Cour. *Brebis galeuse*, personne dangereuse et indésirable dans un groupe.

1. **BRÈCHE** [bʀɛʃ]. *n. f.* (1119; a. haut all. *brecha* « fracture »). ♦ 1º Ouverture faite à un mur, à une clôture. — Spécialt. Ouverture dans une enceinte fortifiée; percée d'une ligne fortifiée, d'un front. V. Trouée. *Faire, ouvrir une brèche.* « *Des centaines de chars ouvrirent une brèche dans la forteresse allemande* » (MAUROIS). — *Monter sur la brèche. Être toujours sur la brèche :* être toujours à combattre ou prêt au combat; *fig.* Être toujours au travail, en pleine activité. *Battre en brèche*, attaquer à coups de canon pour ouvrir une brèche; *fig.* Attaquer, entamer l'activité, le crédit de. « *Cette Gironde qui battait le trône en brèche* » (MICHELET). ♦ 2º *Par anal.* Petite entaille sur un objet d'où s'est détaché un éclat (Cf. Ébrécher). *Brèches sur une lame d'acier, en dents de scie.* — *Brèche dans une forêt :* vide causé par les coupes. ◊ Fig. Dommage qui entame. *Faire une brèche sérieuse à sa fortune.* V. Perte. ◊ ANT. Fermeture.

2. **BRÈCHE** [bʀɛʃ]. *n. f.* (XVIᵉ; mot O. ligure). Nom d'une roche hétérogène consolidée, à éléments angulaires d'assez grande taille.

BRÉCHET [bʀeʃɛ]. *n. m.* (XVIᵉ; *brichet, bruchet,* XIVᵉ; angl. *brisket*). Crête osseuse saillante et verticale sur la face externe du sternum de la plupart des oiseaux. V. **Fourchette.**

BREDOUILLANT, ANTE [bʀədujɑ̃, ɑ̃t]. *adj.* (1857; de *bredouiller*). Qui bredouille. V. **Bégayant; bafouillant.** « *Le nouveau articula d'une voix bredouillante, un nom inintelligible* » (FLAUB.).

BREDOUILLE [bʀəduj]. *adj.* (1740; « embarrassé », 1534; « bredouilleur », 1694; de *bredouiller*). *Revenir bredouille,* sans avoir rien pris (à la chasse, la pêche), sans avoir rien obtenu (d'une entrevue, d'une démarche).

BREDOUILLEMENT [bʀədujmɑ̃] ou **BREDOUILLAGE** [bʀədujaʒ]. *n. m.* (1611,-fin XVIIᵉ; de *bredouiller*). Action de bredouiller; paroles confuses. V. **Balbutiement.** « *Le même bredouillement de syllabes se fit entendre* » (FLAUB.).

BREDOUILLER [bʀəduje]. *v. intr.* (1564; altér. de l'a. fr. *bredeler,* var. prob. de *bretter, bretonner* « parler comme un Breton », lat. *brit(t)o*). Parler d'une manière précipitée et peu distincte. V. **Bafouiller, balbutier, marmonner.** ◇ Trans. *Bredouiller un compliment, une excuse.* ⊗ ANT. Articuler.

BREDOUILLEUR, EUSE [bʀədujœʀ, øz]. *n. et adj.* (1642; de *bredouiller*). Personne qui bredouille.

1. **BREF, BRÈVE** [bʀɛf, ɛv]. *adj. et adv.* (XVIᵉ; *brief,* XIᵉ; lat. *brevis*). ♦ 1° De peu de durée. *Un bref épisode, une brève rencontre.* V. **Court, momentané.** *À bref délai**. ♦ 2° De peu de durée dans l'expression, dans le discours. *Une brève allocution.* « *Son parler était bref* » (MART. du G.). *Soyez bref, parlez en peu de mots, ne faites pas un long discours.* V. **Concis, laconique.** — *Tranchant, sec. Répondre d'un ton bref.* ◇ *Métr. anc.* Se dit d'une voyelle ou syllabe dont la quantité est, par rapport à une *longue,* à peu près dans le rapport 1 à 2. — *Phonét.* Se dit d'un son dont la durée d'émission est brève par rapport à une durée d'émission moyenne (ou propre aux sons voisins). V. **Brève.** ♦ 3° EN BREF. *loc. adv.* (XIVᵉ). *Littér.* En peu de mots. ◇ BREF. *adv.* (XVᵉ) Pour résumer les choses en peu de mots. V. **Enfin,** résumé (en). ⊗ ANT. *Long. Prolixe; délayé, verbeux.*

2. **BREF** [bʀɛf]. *n. m.* (1080; bas lat. *brevis* ou *breve,* subst. de l'adj. *brevis.* V. **Brevet**). Rescrit du pape, de caractère privé, sur des matières de moindre importance que celle dont traite la bulle.

BREITSCHWANZ [bʀɛtʃvɑ̃ts]. *n. m.* (1922; mot all. « large queue »). Variété d'astrakan (agneau né avant terme); sa fourrure.

BRELAN [bʀəlɑ̃]. *n. m.* (XVIIᵉ; « table, maison de jeu », XIIᵉ; a. haut al. *bretling* « tablette »). À certains jeux de cartes (dont l'ancien jeu dit *brelan*), Réunion de trois cartes de même valeur. *Avoir un brelan de rois, au poker.* — À certains jeux de dés, Coup amenant trois faces semblables.

BRÉLER [bʀele]. *v. tr.* (1863; de *brelle* « bois assemblés en radeau »; o. i.). Assembler, fixer à l'aide de cordages (des poutres, un chargement).

BRELOQUE [bʀəlɔk]. *n. f.* (XVIIᵉ; *brelique,* XVIᵉ; o. i.; probabl. formation expressive). ♦ 1° Petit objet de fantaisie qu'on attache à une chaîne de montre, à un bracelet. V. **Babiole.** « *Il porte en breloque une amulette arabe* » (DUHAM.). ♦ 2° (1808). Batterie de tambour qui appelait les soldats à une distribution de vivres, ou faisait rompre les rangs. *Fig.* (Cf. Chamade) *Battre la breloque,* fonctionner mal, être déréglé, cafouiller. « *Je suis une machine usée. Le cœur bat la breloque* » (MART. du G.).

BRÈME [bʀɛm]. *n. f. (Braisme,* XIIᵉ; frq. °*brahsima*). ♦ 1° Poisson d'eau douce (*Cyprinidés*), au corps long et plat. « *Trois tanches, une brème et quelques poissons-chats* » (H. BAZIN). ♦ 2° *Arg.* (1821). Carte à jouer.

BREN. *n. m.* V. **BRAN.**

BRÉSIL [bʀezil]. *n. m.* (XIIᵉ; de *breze,* var. anc. de *braise*). Bois d'un arbre de la famille des césalpiniées, contenant un colorant rouge (comme braise).

BRÉSILIEN, IENNE [bʀeziljɛ̃, jɛn]. *adj.* (1578; de *Brésil* « pays du brésil »). Du Brésil. *Danse brésilienne.* Subst. *Un Brésilien, une Brésilienne.*

1. **BRÉSILLER** [bʀezije]. *v. tr.* (1346; de *brésil*). Teindre avec du brésil.

2. **BRÉSILLER** [bʀezije]. *v. tr.* (XVIᵉ; dér. dial. de *briser,* a. prov. *brezilh* « sable fin ». V. **Braise** 2). *Techn.* ou *littér.* Réduire en menus morceaux, pulvériser. — *Intrans.* ou pronom. *Se brésiller*) S'émietter, tomber en poussière. *Fig.* « *L'idée de devoir se brésillait chez elle en un tas de menues obligations* » (GIDE).

BRETÈCHE [bʀətɛʃ]. *n. f.* (1155; lat. médiév. *brittisca,* probabl. « fortification bretonne »). Logette à mâchicoulis faisant saillie sur une façade, utilisée autrefois comme ouvrage de défense. — Sorte de loggia, dans l'architecture civile.

BRETELLE [bʀətɛl]. *n. f.* (XIIIᵉ; a. haut all. *brettil* « rêne ». V. **Bride**). ♦ 1° Bande de cuir, d'étoffe que l'on passe sur les épaules pour porter un fardeau. V. **Bandoulière, brassière, bricole.** *Bretelle d'un fusil. Porter l'arme à la bretelle.* ◇

(XVIIIᵉ) *Au plur.* Bandes de tissu, de ruban, qui retiennent les pièces de lingerie féminine. V. **Épaulette(s).** — Bandes élastiques, passant sur les épaules, servant à retenir un pantalon d'homme. *Une paire de bretelles.* ♦ 2° *Par anal.* (1946). Dispositif d'aiguillage permettant de passer d'une voie ferrée à une voie voisine. ◇ *Milit.* Ligne intérieure de défense entre deux lignes latérales. ◇ Dans un système routier ou sur un aérodrome. Voie de raccordement. *La bretelle d'une autoroute.*

BRETESSÉ, ÉE [bʀətese]. *adj.* (XIVᵉ; de *bretesse,* var. de *bretèche*). *Blas.* Crénelé symétriquement des deux côtés.

BRETON, ONNE [bʀətɔ̃, ɔn]. *adj. et n.* (*Bretun,* 1080; lat. *Brito, -onis*). ♦ 1° De Bretagne (province française). *La population bretonne. Les mégalithes bretons. Cheval breton, vache bretonne.* Subst. *Un Breton, une Bretonne.* N. m. *Le breton,* langue celtique d'un groupe « britonnique ». ♦ 2° Qui appartient aux peuples celtiques de Grande-Bretagne et de Bretagne, à leurs traditions et leur civilisation. *Les romans bretons du XIIᵉ s.*

BRETONNANT, ANTE [bʀətɔnɑ̃, ɑ̃t]. *adj.* (XIVᵉ; de *breton*). Bretons bretonnants : qui gardent les traditions et la langue bretonnes.

BRETTE [bʀɛt]. *n. f.* (XVIᵉ; de *brette,* fém. de *bret* « breton », lat. pop. °*brittus,* class. *brito*). *Vx.* ou *techn.* Ancienne épée longue et étroite. ◇ Outil de maçon, à face armée de dents.

BRETTER [bʀete] ou **BRETTELER** [bʀɛtle]. *v. tr.* (1611, -1690; de *brette*). Rayer, strier avec un outil dentelé. V. **Denteler.** *Bretteler un mur.*

BRETTEUR [bʀɛtœʀ]. *n. m.* (1653; de *brette*). Ancien. Celui qui aime se battre à l'épée. V. **Ferrailleur.**

BRETZEL [bʀedzɛl]. *n. m.* (1867; mot alsac., all. *Brezel*). Pâtisserie légère, en forme de huit, salée et saupoudrée de cumin.

BREUVAGE [bʀœvaʒ]. *n. m.* (XVIᵉ; *bovrage,* XIIᵉ; *bruvaige,* 1450; des inf. *beivre, boivre,* var. anc. de *boire*). ♦ 1° Boisson d'une composition spéciale ou ayant une vertu particulière. « *Un breuvage que la petite Fadette lui avait appris à composer* » (SAND). ♦ 2° Anglicisme. (Conservé au Canada, sous l'infl. de l'angl. *beverage*). Boisson non alcoolisée. *Et comme breuvage? Thé ou café?*

BRÈVE [bʀɛv]. *n. f.* (1690; de *bref* 1). Voyelle, syllabe brève.

BREVET [bʀəvɛ]. *n. m.* (XIVᵉ; « écrit, billet », fin XIIIᵉ; dimin. de *bref* 2). ♦ 1° *Dr. Brevet,* ou *acte en brevet,* acte notarié dont l'original est remis aux parties (certificats de propriété, de vie, quittances, etc.). — *Brevet d'apprentissage,* certificat délivré à un apprenti par son patron au terme de la période d'apprentissage. ♦ 2° (XVIIᵉ). Acte non scellé, délivré au nom du roi, par lequel il conférait une dignité, un bénéfice. *Un brevet de noblesse.* ◇ (1791, *brevet d'invention*) Titre ou diplôme délivré par l'État, permettant au titulaire d'exercer certaines fonctions et certains droits. *Brevet d'invention,* titre par lequel le gouvernement confère à toute personne qui prétend être l'auteur d'une découverte ou d'une invention industrielle et en fait le dépôt dans les formes, un droit exclusif d'exploitation pour un temps déterminé. V. **Propriété** (industrielle). *Brevet de perfectionnement,* consacrant le perfectionnement d'une invention déjà brevetée. — *Brevet de capacité,* attestant certaines connaissances. *Brevet de capacité en droit. Brevet de capacité de l'enseignement primaire* (naguère, *brevet élémentaire* et *brevet supérieur*). Absolt. *Il n'a même pas son brevet :* le brevet élémentaire. — *Brevet d'études du premier cycle* (du second degré), ou *B.E.P.C. Brevet (d'enseignement) commercial, professionnel. Brevets militaires* (de chef de section, de pilote, de mécanicien, etc.). *Brevet d'enseignement militaire supérieur* (naguère, *brevet d'état-major*). *Brevet sportif populaire.* ◇ *Fig.* Garantie, assurance. *Un brevet de tranquillité.*

BREVETABLE [bʀəvtabl(ə)]. *adj.* (1853; de *breveter*). Susceptible de recevoir un brevet. *Ce procédé est brevetable.*

BREVETÉ, ÉE [bʀəvte]. *adj.* (V. **Breveter**). Qui a obtenu un brevet (civil, militaire). *Officier breveté.* « *De bons ingénieurs brevetés sortiront de ces écoles* » (DUHAM.). V. **Diplômé.** ◇ Garanti par un brevet. *Procédé breveté.*

BREVETER [bʀəvte]. *v. tr.*; conjug. *acheter* (1751; de *brevet*). Rare. Pourvoir d'un brevet. ◇ Protéger par un brevet. *Faire breveter une invention.*

BRÉVIAIRE [bʀevjɛʀ]. *n. m.* (1230; lat. *breviarium* « abrégé », spécialisé en lat. ecclés., « sommaire du grand Office »). ♦ 1° *Relig.* et *cour.* Livre de l'office divin, renfermant les formules de prières que récitent à l'Église loue Dieu chaque jour à toute heure. *Le bréviaire romain comprend le calendrier liturgique, l'ordinaire, le psautier, le propre du temps, le propre des saints, les offices propres à certains lieux.* « *Il apercevait le curé qui allait et venait en lisant son bréviaire* » (MAURIAC). ♦ 2° *Fig.* Livre servant de modèle et contenant un enseignement indispensable. « *Flaubert nous avoue ses trois bréviaires de style* » (GONCOURT).

BRÉVILIGNE [bʀeviliɲ]. *adj.* (1922; du lat. *brevis* « court », et *ligne*). *Didact.* Se dit d'un individu trapu, de petite taille par brièveté des membres et de la colonne vertébrale. ◊ ANT. *Longiligne.*

BRÉVITÉ [bʀevite]. *n. f.* (1823; a. fr. « brièveté »; lat. *brevitas*). *Phonét.* Caractère de la syllabe ou voyelle brève.

BRIARD, ARDE [bʀijaʀ, aʀd(ə)]. *adj.* et *n. m.* (XIXᵉ; de *Brie*, lat. médiév. *Brigia* (*silva*). De la Brie (région française). *Chien briard; briard* (n. m.), chien de berger à poil long.

BRIBE [bʀib]. *n. f.* (XIVᵉ; probabl. d'un rad. expressif). ♦ 1º Menu morceau, petite quantité. V. **Fragment, parcelle.** « *Et plus une bribe de tabac* » (MART. du G.). *Fig.* « *Jacques saisissait au passage des bribes de conversation* » (MART. du G.). « *J'avais appris, par bribes, pas mal de choses* » (BOSCO). ♦ 2º *Au plur.* Restes insignifiants. V. **Débris, miette.** « *Donnez aux malheureux les bribes tombées de votre table* » (LAMENNAIS). *Les dernières bribes de sa fortune.* ◊ ANT. *Masse, tout.*

BRIC-À-BRAC [bʀikabʀak]. *n. m. invar.* (1827; formation expressive). Amas de vieux objets hétéroclites, destinés à la revente. *Marchand de bric-à-brac. Par ext.* Boutique de brocanteur. ◊ *Fig.* Amas de vieilleries disparates. *Cette œuvre est encombrée de tout le bric-à-brac romantique.*

BRIC ET DE BROC (DE) [d(ə)bʀikedbʀɔk]. *loc. adv.* (1798; formation expressive). En employant des morceaux de toute provenance, au hasard des occasions. *Une chambre meublée de bric et de broc.*

BRICK [bʀik]. *n. m.* (1782; angl. *brig*, abrév. de *brigantine*). Voilier à deux mâts gréés à voiles carrées. ◊ HOM. *Brique.*

BRICOLAGE [bʀikɔlaʒ]. *n. m.* (v. 1940; de *bricoler*). ♦ 1º Action, habitude de bricoler. ♦ 2º Réparation faite tant bien que mal. ◊ *Travail d'amateur, peu soigné. C'est du bricolage!* ◊ *Anthrop.* Travail dont la technique est improvisée, adaptée aux matériaux, aux circonstances.

BRICOLE [bʀikɔl]. *n. f.* (XIVᵉ; it. *briccola*, probabl. d'un rad. longobard). ♦ 1º Ancienne catapulte à courroies. ◊ (1680) Courroie du harnais qu'on applique sur la poitrine du cheval; bretelle de porteur. ♦ 2º (XVIᵉ; aussi « ricochet, zigzag, tromperie »). Petit accessoire, menu objet; chose insignifiante. V. **Babiole.** *Je ne peux lui faire un gros cadeau, je lui offrirai une petite bricole. S'occuper à des bricoles.*

BRICOLER [bʀikɔle]. *v.* (v. 1480; de *bricole*). ♦ 1º V. intr. *Vx.* Ricocher; zigzaguer, biaiser. ◊ *Mod.* (1867) Gagner sa vie en faisant toutes sortes de petites besognes. — S'occuper chez soi à de petits travaux manuels (aménagements, réparations, etc.). *Il « bricole à ravir, menuise, soude, cloue, ramone* » (COLETTE). ♦ 2º V. tr. (1752; « lancer, manier adroitement », XVIᵉ). Arranger, réparer tant bien que mal, de façon provisoire. *Bricoler un moteur, une pendule.* ◊ *Arranger pour falsifier. Ce meuble « ancien » a été bricolé.* V. **Trafiquer** (2º).

BRICOLEUR, EUSE [bʀikɔlœʀ, øz]. *n.* (1867; de *bricoler*). Personne qui bricole, aime à bricoler. « *Adroit, toucheà-tout, indiscret, artiste, industrieux..., si je fais le portrait du bricoleur-type* » (COLETTE).

BRIDE [bʀid]. *n. f.* (XIIIᵉ; moy. haut all. *bridel* « rêne »). ♦ 1º Pièce du harnais fixée à la tête du cheval pour le diriger, le conduire. V. **Bridon; montant, mors, muserolle, œillère, sous-gorge, têtière.** — *Tenir son cheval en bride,* le maintenir à l'aide de la bride. *Fig. Tenir en bride ses instincts,* les contenir. *Fig. Tenir qqn en bride. Tenir la bride haute, courte à un cheval,* la tirer à soi, la maintenir ferme pour freiner son allure. *Fig. Tenir la bride haute à qqn,* ne pas lui laisser la liberté d'action, ne rien lui céder. *Rendre, lâcher la bride à son cheval :* le laisser libre de ses mouvements. *Fig.* « *La populace, toujours barbare quand on lui lâche la bride* » (VOLT.). *Cheval auquel on met, on laisse la bride sur le cou,* qu'on laisse aller librement. *Fig.* « *En Angleterre, l'adolescence a la bride sur le cou* » (HUGO), est tout à fait libre. — *Aller, courir à bride abattue; à toute bride,* en abandonnant toute la bride au cheval. *Fig.* « *Suivre à bride abattue le vol rapide de son imagination* » (VIGNY). V. **Rapidement, vite.** — *Tourner bride :* rebrousser chemin. *Fig.* Changer d'avis, de conduite. ♦ 2º *Par anal.* Lien servant à retenir. « *Mélanie nouait devant la glace les brides de son bonnet* » (FRANCE). — *Cout.* Arceau de fils, de ganse servant à retenir un bouton, une agrafe, ou servant de point d'arrêt; fils rejoignant les motifs d'une dentelle. — *Techn.* Collier qu'on serre sur un objet pour retenir les pièces qui le composent; pièce d'assemblage de deux tuyaux. — *Pathol.* Bandelette de tissu conjonctif fibreux de la peau (cicatrisation anormale d'une plaie, d'une brûlure) ou entre deux surfaces séreuses (du péritoine, de la plèvre), à la suite d'une inflammation. — *Anat.* Repli cutané ou travée fibreuse reliant deux parties anatomiques. *Bride mongolique.* V. **Bridé** (2º).

BRIDÉ, ÉE [bʀide]. *adj.* (XVIᵉ; V. **Brider**). ♦ 1º *Oie bridée,* à laquelle on a passé une plume dans le bec pour l'empêcher de traverser les haies et clôtures. *Fig.* et *vx. Un oison bridé,* un niais docile. ♦ 2º *Anthrop.* (XXᵉ). *Yeux bridés,* yeux caractéristiques de la race mongole, présentant à l'angle interne un repli cutané qui retient comme une *bride* la paupière supérieure quand l'œil est ouvert; *par ext.* Yeux dont les paupières sont comme étirées latéralement. *Ces lunettes* « *derrière lesquelles deux petits yeux bridés papillotaient* » (MART. du G.). ♦ 3º *Moteur bridé,* dont on a volontairement limité le nombre de tours minute. *Voilier bridé,* mal réglé, qui ne peut atteindre sa pleine vitesse.

BRIDER [bʀide]. *v. tr.* (XIIIᵉ; de *bride*). ♦ 1º Mettre la bride à (un cheval). ◊ Serrer avec une bride. *Brider deux tuyaux. Brider une pierre,* l'élinguer. *Mar.* Ligaturer plusieurs cordages au moyen d'un petit filin. *Cout.* Arrêter par une bride. — *Cuis. Brider une volaille,* ficeler ses membres pour empêcher toute déformation à la cuisson. V. **Trousser.** — *Par ext. Ce veston me bride,* me serre trop, me gêne. ♦ 2º *Fig.* Contenir dans son action, gêner dans son développement. V. **Freiner, réprimer.** « *Une familiarité qu'elle ne tentait pas de brider* » (COLETTE). « *L'adolescent découvre l'infini. Certes les examens le brident* » (MAURIAC). ◊ ANT. *Débrider, libérer.*

1. BRIDGE [bʀidʒ(ə)]. *n. m.* (1893; mot angl., adapt. d'un mot levantin). Jeu de cartes, issu du whist, qui se joue à quatre (deux contre deux), et qui consiste, pour l'équipe qui (après les annonces) a fait la plus forte enchère, à réussir le nombre de levées correspondant à ce qu'elle a promis (contrat). *Le bridge dit plafond est à peu près abandonné pour le bridge dit contrat. Partie, tournoi, méthode de bridge.*

2. BRIDGE [bʀidʒ(ə)]. *n. m.* (1907; mot angl. « pont »). Appareil de prothèse dentaire servant à maintenir une dent artificielle, en prenant appui sur des dents solides.

BRIDGER [bʀidʒe]. *v. intr.;* conjug. *bouger* (1906; de *bridge* 1). Jouer au bridge. *Ils vont bridger chez des amis.*

BRIDGEUR, EUSE [bʀidʒœʀ, øz]. *n.* (1893; de *bridge* 1). Joueur, joueuse de bridge. *Un excellent bridgeur.*

BRIDON [bʀidɔ̃]. *n. m.* (1611; de *bride*). Bride légère à mors brisé.

BRIE [bʀi]. *n. m.* (XVᵉ; pour fromage de la *Brie,* province de France). Fromage fermenté à pâte molle et croûte moisie. *Quart de brie* (fig. et fam.), grand nez. ◊ HOM. *Bris.*

BRIEFING [bʀifiɲ]. *n. m.* (v. 1945; mot angl.). *Aviat.* Anglicisme désignant une réunion où les équipages reçoivent, avant de partir en mission, les dernières instructions. ◊ *Par ext.* Réunion des collaborateurs d'une société en vue d'une action commune.

BRIÈVEMENT [bʀijɛvmɑ̃]. *adv.* (1539; *briefment,* XIIᵉ; de *brief.* V. **Bref** 1). En peu de mots. V. **Compendieusement, succinctement.**

BRIÈVETÉ [bʀijɛvte]. *n. f.* (XVᵉ; *briété,* XIIIᵉ; de *brief.* V. **Bref** 1). ♦ 1º Courte durée. « *Le sentiment de la brièveté du temps qui nous restait à passer ensemble* » (LAMART.). ♦ 2º *Rare.* Petitesse. « *La brièveté de sa taille* » (FRANCE). ◊ ANT. *Durée. Grandeur, longueur.*

BRIFFER [bʀife], **BRIFTER** ou **BRIFFETER** [bʀifte]. *v. intr.* et *tr.* (av. 1547; du rad. onomat. *brf*). ♦ 1º *Vx.* Manger gloutonnement. V. **Bâfrer.** ♦ 2º *Arg.* (1628). Manger. V. **Becqueter, bouffer.**

BRIGADE [bʀigad]. *n. f.* (v. 1650; « troupe », 1360; it. *brigata*). ♦ 1º Unité composée de deux régiments (jusqu'en 1914, pour l'infanterie et 1940, pour la cavalerie); de nos jours, Unité tactique (généralement 3) à l'intérieur de la division. *Général de brigade. Brigade aérienne, demi-brigade.* — Brigades internationales, formations de volontaires qui combattirent aux côtés des républicains pendant la guerre civile espagnole. ♦ 2º Petit détachement. *Brigade de gendarmerie. Brigade de gardes forestiers.* ◊ Équipe d'ouvriers. *Brigade de cantonniers, de balayeurs.*

BRIGADIER [bʀigadje]. *n. m.* (1642; de *brigade*). ♦ 1º *Milit. Ancienn.* Celui qui commandait une brigade. — *Mod.* Officier supérieur dans certaines armées. *Brigadier général. Fam.* Général de brigade. ♦ 2º Celui qui a, dans la cavalerie, l'artillerie et le train, le grade le moins élevé (correspondant à caporal). *Brigadier-chef,* militaire du grade immédiatement supérieur à brigadier. ◊ Chef d'une brigade de gendarmes, de gardes forestiers, de cantonniers. ◊ Gradé de police. ◊ *Mar.* Premier matelot.

BRIGAND [bʀigɑ̃]. *n. m.* (XIVᵉ; it. *brigante,* de *brigata.* V. **Brigade**). Homme qui se livre au brigandage. V. **Bandit, malfaiteur, pillard, voleur;** et *aussi* **Chauffeur.** « *Nettoyer le pays des brigands qui l'infestaient* » (BAINVILLE). — *Des histoires de brigands,* des histoires invraisemblables, des mensonges. ◊ *Par exagér.* Homme malhonnête. *Par plaisant. Petit brigand!* petit coquin! V. **Chenapan, vaurien.**

BRIGANDAGE [bʀigadaʒ]. *n. m.* (1410; de *brigand*). Vol au pillage commis avec violence et à main armée par des malfaiteurs réunis en bande. *Acte de brigandage.* — *Par exagér.* Acte de grande malhonnêteté.

BRIGANDINE [bʀigadin]. *n. f.* (XVᵉ; de *brigand,* au sens

anc. de « soldat à pied »). *Ancienn.* Corselet d'acier.
BRIGANTIN [bʀigɑ̃tɛ̃]. *n. m. (Brigandin,* XIVᵉ; it. *bri-gantino).* Ancien navire à deux mâts, analogue au brick, gréant des huniers carrés.
BRIGANTINE [bʀigɑ̃tin]. *n. f.* (1835; de *brigantin).* Voile trapézoïdale de l'arrière, enverguée sur la corne d'artimon.
BRIGHT [bʀajt] (mal de). V. **Néphrite.**
BRIGHTISME [bʀajtism(ə)]. *n. m.* (1877; de *Bright,* médecin anglais). *Méd.* (Vieilli). Néphrite chronique.
BRIGUE [bʀig]. *n. f.* (1314; it. *briga,* XIVᵉ). *Littér.* Manœuvre secrète consistant à engager des personnes dans ses intérêts en vue d'obtenir par faveur quelque avantage ou poste immérité. V. **Intrigue.** « *Tout se fait par brigue et par cabale chez les grands* » (LESAGE). ◊ *Vx.* Ensemble de ceux qui coopèrent au succès de cette manœuvre. V. **Cabale, ligue.**
BRIGUER [bʀige]. *v. tr.* (1518; « se quereller », 1478; de *brigue).* ♦ 1º *Vx.* Tenter d'obtenir par brigue. « *On brigue sourdement la faveur; on demande hautement des récompenses* » (VOLT.). — *Absolt.* Intriguer. ♦ 2º Rechercher avec ardeur. V. **Ambitionner, solliciter.** *Briguer l'honneur de.* « *Qu'on briguerait en foule une si belle mort* » (CORN.). « *Les citoyens qui briguaient le mandat populaire* » (FLAUB.).
BRILLAMMENT [bʀijamɑ̃]. *adv.* (1787; de *brillant).* D'une manière brillante, avec éclat. *Jouer brillamment son rôle. Passer brillamment un examen.* ⊗ ANT. **Médiocrement.**
BRILLANCE [bʀijɑ̃s]. *n. f.* (1926; de *brillant).* ♦ 1º *Phys.* Terme abandonné pour *luminance* (conservé cependant en astronomie). ♦ 2º Caractère de ce qui est brillant. V. **Éclat.** « *La vivacité du teint, la brillance du regard* » (LE CLÉZIO).
1. **BRILLANT, ANTE** [bʀijɑ̃, ɑ̃t]. *adj.* (1564; de *briller).* ♦ 1º Qui brille. V. **Chatoyant, coruscant, éblouissant, éclatant, étincelant, flamboyant, fulgurant, luisant, lumineux, lustré, miroitant, phosphorescent, radieux, rayonnant, resplendissant, rutilant, scintillant.** « *D'admirables cheveux noirs, vernis et brillants comme l'aile du corbeau* » (GAUTIER). « *Deux yeux froids et brillants comme l'acier* » (DAUD.). ♦ 2º *Fig.* Qui sort du commun, s'impose à la vue, à l'imagination par sa qualité. V. **Beau, magnifique, somptueux, splendide.** « *Charmé par la brillante compagnie qu'il y rencontra* » (MADELIN). *Faire une brillante carrière.* « *Les plus brillants partis de la société rouennaise* » (GIDE). V. **Distingué.** — (Dans l'ordre intellectuel) *Un esprit brillant. Une brillante improvisation. Conversation brillante.* V. **Étincelant, spirituel.** « *Il n'a jamais été brillant causeur* » (GIDE). « *Des maîtres autrement brillants et sagaces* » (RENAN). *Un brillant élève.* V. **Doué, remarquable.** — *Le résultat n'est pas brillant,* est médiocre. *Ses affaires ne sont guère brillantes,* guère prospères. ⊗ ANT. **Mat, sombre, terne; effacé, médiocre.**
2. **BRILLANT** [bʀijɑ̃]. *n. m.* (1608; subst. de *brillant).* ♦ 1º Éclat, caractère brillant. *Le brillant de l'acier.* « *Une beauté blonde qui a plus de brillant* » (FONTENELLE). *Fig.* « *Vivement séduit par le brillant de l'esprit de Lucien* » (BALZ.). — *Vx. Faux brillant,* éclat illusoire, « trait mal appliqué » (FURET.). ♦ 2º (1694). Diamant taillé à facettes. « *Satin blanc brodé d'argent et semé de brillants* » (MADELIN). *Tailler, monter une pierre en brillant, comme un brillant.* V. **Brillanter.**
BRILLANTER [bʀijɑ̃te]. *v. tr.* (1752; de *brillant).* ♦ 1º Tailler (une pierre précieuse) en brillant. ♦ 2º *Littér.* Rendre brillant, parsemer de choses brillantes. V. **Iriser.** « *Les blanches clartés des bougies passaient à travers ses boucles soyeuses en les brillantant* » (BALZ.). *Techn.* Revêtir d'un aspect brillant (par polissage ou autre procédé). *Brillanter une surface métallique. Coton brillanté.* V. **Jaconas.** ⊗ ANT. **Ternir.**
BRILLANTINE [bʀijɑ̃tin]. *n. f.* (1823; de *brillant).* Préparation à base d'huile parfumée, servant à donner du brillant aux cheveux. V. **Cosmétique.**
BRILLANTINER [bʀijɑ̃tine]. *v. tr.* (mil. XXᵉ; de *brillantine).* Enduire de brillantine. *Se brillantiner les cheveux. Cheveux brillantinés.*
BRILLER [bʀije]. *v. intr.* (XVIᵉ, aussi « s'agiter »; it. *brillare).* ♦ 1º Émettre ou réfléchir une lumière vive. V. **Chatoyer, étinceler, luire, miroiter, rayonner, rutiler, resplendir, scintiller.** *Le soleil brille.* « *Trois lacs qui, sous le dur soleil d'Orient, brillent comme des plaines d'acier* » (MAUPASS.). PROV. *Tout ce qui brille n'est pas or.* — *Faire briller des chaussures, des meubles,* en les astiquant, en les cirant. Par ext. *Des yeux qui brillent.* V. **Pétiller.** « *Ses yeux brillaient de désir* » (FRANCE). V. **Illuminer** (s'). ♦ 2º *Fig.* Se manifester avec éclat, se distinguer par quelque qualité brillante. « *Elle s'effaçait chaque fois qu'il aurait fallu briller* » (GIDE). « *Je brillerais dans une conversation* » (MONTESQ.). *Briller à un examen.* V. **Étincelle** (faire des). *Il ne brille pas par le courage,* il est plutôt peureux. *Faire briller qqn,* lui donner l'occasion de se faire valoir. — *Iron. Il brillait par son absence,* son absence ne passait pas inaperçue. ⊗ ANT. **Assombrir** (s'); *obscurcir* (s'); *pâlir.* **Effacer** (s').
BRIMADE [bʀimad]. *n. f.* (1862; de *brimer).* Épreuve vexatoire, souvent aggravée de brutalité, que les anciens imposent aux nouveaux dans les régiments, dans les écoles. V. **Bizutage.** ◊ Par ext. Avanie, vexation. « *Les brimades qu'invente la jalousie* » (MAURIAC).
BRIMBALEMENT [bʀɛ̃balmɑ̃]. *n. m.* (1564; de *brimbaler).* *Fam.* Balancement, agitation. « *Dans un brimbalement de bouteillons et de bidons* » (DORGELÈS).
BRIMBALER [bʀɛ̃bale] (mil. XVᵉ) ou **BRINGUEBALER** [bʀɛ̃gbale], **BRINQUEBALER** [bʀɛ̃kbale]. (XVIIᵉ). *v.* (Formation express. sur *baller).* *Fam.* ♦ 1º *V. tr.* Agiter, secouer. ♦ 2º *V. intr.* Se balancer, osciller. En ce sens, on dit plus souvent aujourd'hui **Bringuebaler.** « *Leur interminable colonne bringuebalait sur les pavés* » (MART. du G.). (En adj. verb.) « *C'est une vieille Ford toute bringuebalante* » (DUHAM.).
BRIMBORION [bʀɛ̃bɔʀjɔ̃]. *n. m.* (XVIᵉ; « prière marmottée », XVᵉ; altér., par croisement avec *bri(m)be,* de *brebarion,* prononc. anc. du lat. *brevarium* « bréviaire »). Surtout au plur. Menu objet de peu de valeur. V. **Babiole.** « *Les brimborions de la parure causaient à Albertine de grands plaisirs* » (PROUST).
BRIMER [bʀime]. *v. tr.* (1826; de *brimer* « geler, flétrir », mot dial. de l'Ouest, de *brime,* altér. de *brume).* Soumettre à des brimades. *Les bizuths se plaignent d'avoir été brimés.* ◊ Soumettre à des vexations.
BRIN [bʀɛ̃]. *n. m.* (1471; *brain,* 1398; o. i., p.-ê. gaul.). ♦ 1º Filament délié de chanvre, de lin. *Fil, toile de brin* (de première qualité). *Les brins d'une corde. Par anal.* (Radio) *Brin d'une antenne,* fil d'une antenne. ◊ Tige, jeune pousse (d'un végétal). *Un brin d'herbe, de muguet.* V. *Fig.* « *C'était, ma foi, un beau brin de fille* » (MUSS.), une fille grande et bien faite. ◊ Petite partie (d'un corps ou objet mince et allongé). *Un brin de bois.* V. **Fétu.** *Un brin de fil qui traîne sur le tapis.* ♦ 2º *Fig.* (XVIᵉ). Parcelle, quantité infime. *Faire un brin de cour à une femme.* V. **Doigt.** — Loc. adv. *Un brin,* un petit peu. « *Vous devez bien être un brin empêtrée* » (MUSS.).
BRINDEZINGUE [bʀɛ̃dzɛ̃g]. *adj.* (fin XIXᵉ; *être dans les brindezingues,* 1756; déform. arg. de *brinde.* V. **Bringue**). *Pop.* Ivre.
BRINDILLE [bʀɛ̃dij]. *n. f.* (*Brindelle,* 1551; repris fin XVIIIᵉ; de *brin).* Menue branche. *Faire un feu de brindilles.*
1. **BRINGUE** [bʀɛ̃g]. *n. f.* (1808; « cheval mal bâti », 1751; probabl. du rad. de *brin).* *Pop. Une grande bringue,* une grande fille dégingandée.
2. **BRINGUE** [bʀɛ̃g]. *n. f.* (1611, « santé, toast »; var. de *brinde,* XVIᵉ; all. *bringe* » [je] porte [la santé] »). *Pop.* Beuverie, noce, foire. *Faire la bringue, une bringue à tout casser.*
BRINGUEBALER, BRINQUEBALER. V. **Brimbaler.**
BRIO [bʀijo]. *n. m.* (1812; mot it., d'un rad. gaul.). *Mus.* Technique aisée et brillante. « *Une petite étude qu'il mena d'un train d'enfer et avec un étourdissant brio* » (GIDE). — *Cour.* Talent brillant, virtuosité. ⊗ ANT. **Maladresse.**
BRIOCHE [bʀijɔʃ]. *n. f.* (1404; de *brier,* forme norm. de *broyer).* Pâtisserie légère en forme de petite boule, faite avec une pâte levée (farine, œufs, beurre et levure). — *Fig.* (Fam.) *Il a pris de la brioche,* un peu de ventre.
BRIOCHÉ, ÉE [bʀijɔʃe]. *adj.* (1955; de *brioche).* Qui a la consistance, le goût de la brioche. *Pain brioché.*
BRIQUE [bʀik]. *n. f.* (fin XIIᵉ; aussi « morceau, miette », jusqu'au XVIᵉ et dial.; néerl. *bricke,* de l'all. *brechen* « briser »). ♦ 1º Pierre artificielle fabriquée avec de la terre argileuse pétrie, moulée, séchée, employée à la construction. V. **Carreau, chantignole.** *Briques pleines, creuses.* V. **Hourdis.** *Four à briques. Mur, cloison, maçonnerie de brique(s).* V. **Briquetage, galandage.** — *Couleur (de) brique,* rougeâtre. Ellipt. *Un teint brique.* ◊ *Par anal.* Matériau moulé en forme de brique. V. **Briquette.** *Une brique de tourbe, de béton, de savon, d'étain. Mar. Brique à pont,* pierre molle servant à briquer. ◊ *Arg.* (1945) Liasse de billets faisant un million d'anciens francs, par ext., la somme équivalente. ♦ 2º *Pop.* (1878). *Bouffer des briques* (c.-à-d. des miettes), n'avoir rien à manger. ⊗ HOM. **Brick.**
BRIQUER [bʀike]. *v. tr.* (1850; de *brique).* *Mar.* Nettoyer (les ponts, les mâts) à la brique (avec du sable et de l'eau). — *Cour.* Nettoyer en frottant vigoureusement. *Briquer un meuble.*
1. **BRIQUET** [bʀikɛ]. *n. m.* (1701; probabl. de *brique* « morceau »). *Vx.* Pièce d'acier dont on se servait pour tirer du feu d'un caillou. V. **Fusil.** ◊ Par ext. Appareil pouvant produire du feu à répétition. *Briquet à essence, à gaz, à amadou. Mèche d'un briquet. Pierre à briquet.* V. **Ferrocérium.** *Briquet de table, de bureau, de poche.*
2. **BRIQUET** [bʀikɛ]. *n. m.* (1440; probabl. de *braque).* Petit chien de chasse.
BRIQUETAGE [bʀiktaʒ]. *n. m.* (1394; de *briqueter).* ♦ 1º Maçonnerie de briques. ◊ Enduit sur lequel on trace des lignes figurant des briques. ♦ 2º Fabrication des briquettes.
BRIQUETER [bʀikte]. *v. tr.;* conjug. *jeter* (1418; de *brique).* ♦ 1º Peindre en figurant des briques. *Briqueter une façade.* ♦ 2º Transformer en briquettes.

BRIQUETERIE [bʀikt(ə)ʀi;-kɛtʀi]. *n. f.* (1407; de *brique*). Fabrique de briques. V. **Tuilerie**.

BRIQUETIER [bʀiktje]. *n. m.* (1503; de *brique*). Ouvrier d'une briqueterie. V. **Tuilier**.

BRIQUETTE [bʀikɛt]. *n. f.* (1615; de *brique*). Aggloméré de charbon, de lignite, en forme de brique.

BRIS [bʀi]. *n. m.* (1413; de *briser*). ♦ 1° *Dr*. Destruction, rupture. V. **Effraction**. *Bris de clôture, de scellés*. ♦ 2° *Vx*. Naufrage; débris d'un navire. *Droit de bris*, droit d'épaves. ◇ HOM. *Brie*.

BRISANT, ANTE [bʀizɑ̃, ɑ̃t]. *adj*. (1863; de *briser*). *Techn. Explosif brisant* : à combustion très rapide.

BRISANTS [bʀizɑ̃]. *n. m. pl*. (1529; de *briser*). Écume qui se forme sur un écueil*.

BRISCARD ou **BRISQUARD** [bʀiskaʀ]. *n. m.* (1861; de *brisque*). *Hist*. Vieux soldat de métier.

BRISE [bʀiz]. *n. f.* (1540; mot probabl. frison). Vent peu violent. « *La brise longue et égale courait à travers les arbres avec un murmure de rivière* » (COLETTE). *Brise de mer, de terre*, soufflant de la mer vers la terre, de la terre vers la mer. ◇ HOM. *Brize*.

BRISÉ, ÉE [bʀize]. *adj*. (V. *Briser*). *Blas*. Qui porte une brisure. ◇ *Géom. Ligne brisée*, composée de droites qui se succèdent en formant des angles variables. ◇ *Arc brisé*, arc aigu (*opposé à plein cintre*). *Comble brisé*, dont le toit présente deux pentes différentes sur le même versant. ◇ *Rel. Dos brisé*, dos de reliure fixé au mors, qui s'écarte du dos des cahiers quand on ouvre le volume.

BRISE-BISE [bʀizbiz]. *n. m. invar*. (fin XIXᵉ; de *briser*, et *bise*). Petit rideau garnissant le bas d'une fenêtre.

BRISÉES [bʀize]. *n. f. pl*. (XIVᵉ; p. p. de *briser*). *Vén*. Branches que le veneur casse (sans les couper) pour marquer la voie de la bête. ◇ *Fig. Suivre les brisées de qqn* : suivre son exemple. *Aller, marcher sur les brisées de qqn* : entrer en concurrence avec lui sur un terrain qu'il s'était réservé. ◇ HOM. *Briser*.

BRISE-FER [bʀizfɛʀ]. *n. m. invar*. (v. 1920; de *briser*, et *fer*). Enfant qui casse les objets les plus solides.

BRISE-GLACE(S) [bʀizglas]. *n. m. invar*. (1751; de *briser*, et *glace*). ♦ 1° Arc-boutant placé en amont des piles d'un pont pour briser les glaces. V. **Avant-bec**. ♦ 2° (1867). Éperon à l'avant d'un vaisseau, destiné à briser la glace. ◇ (1901) Navire à étrave renforcée, spécialement construit pour la navigation arctique.

BRISE-JET [bʀizʒɛ]. *n. m. invar*. (1906; de *briser*, et *jet*). Ajutage que l'on adapte à un robinet pour atténuer la force du jet et éviter les éclaboussures.

BRISE-LAMES [bʀizlam]. *n. m. invar*. (1818; de *briser*, et *lame*). Construction élevée à l'entrée d'un port pour le protéger contre les vagues du large. V. **Digue**.

BRISEMENT [bʀizmɑ̃]. *n. m.* (XIIᵉ; de *briser*). *Rare*. Fait de se briser. « *Le brisement de la mer m'avertit que le vent s'était levé* » (CHATEAUB.). ◇ *Fig. Brisement de cœur* : profonde souffrance.

BRISE-MOTTES [bʀizmɔt]. *n. m. invar*. (1796; de *briser*, et *motte*). Rouleau servant à écraser les mottes de terre. V. **Croskill**.

BRISER [bʀize]. *v. tr*. (1080; lat. pop °*brisare*, mot gaul.). ♦ 1° *Littér*. Casser. « *Un arrêt net brise tous les rouages de ce mécanisme* » (MART. DU G.). Loc. fig. *Briser les fers, les liens de qqn*, le libérer d'une sujétion. V. **Rompre**. « *L'art, c'est la pensée humaine qui va brisant toute chaîne* » (HUGO). *Cour. Briser le cœur*, peiner, émouvoir profondément. — *Briser la glace**. — Par ext. *Une voix brisée par l'émotion*. — *Blas*. Modifier par une brisure. ◇ *Fig*. Rendre inefficace par une intervention violente. *Briser la carrière de qqn*. « *Pressé de briser ce charme ou bien de s'y soumettre* » (LOTI). « *Je briserai votre volonté* » (MART. DU G.). « *L'intention du gouvernement de briser l'élan de la protestation ouvrière* » (MART. du G.). *Briser une grève*, la faire échouer. ◇ *Briser qqn*, le fatiguer au plus haut point. *Ce voyage m'a brisé*. V. **Éreinter**. *Fig*. Réduire la résistance, abattre l'orgueil de (qqn). « *Le perpétuel effort de défense où il devait vivre le brisait* » (ZOLA). ♦ 2° Interrompre brusquement. « *Je brisai cette conversation ridicule* » (NERVAL). *Absolt*. (Vx) *Brisons là*, mettons fin à cette conversation, à cette discussion. ♦ 3° *Intrans*. Se dit de la mer qui déferle ou qui écume quand le vent attaque la crête de la vague. ◇ *Vén*. Marquer le chemin avec des brisées. ♦ 4° *Pronom*. Se casser. *Le verre s'est brisé*. ◇ (*Mer*) Déferler. ◇ *Fig*. Échouer. *L'assaut vint se briser sur les lignes ennemies*. « *Les espoirs qui se brisent* » (R. ROLLAND). ◇ ANT. **Consolider, réparer**.— HOM. *Brisées*.

BRISE-SOLEIL [bʀiz(ə)sɔlɛj]. *n. m. invar*. (v. 1966; de *briser*, et *soleil*). Dispositif (formé de lamelles de métal ou de béton) fixé contre la façade d'un bâtiment vitré de façon à le protéger du soleil.

BRISE-TOUT [bʀiztu]. *n. m. invar*. (1371; de *briser*, et *tout*). Personne maladroite qui casse tout ce qu'elle touche. *Adj. Elle est brise-tout*.

BRISEUR, EUSE [bʀizœʀ, øz]. *n*. (XIIIᵉ; de *briser*). Personne qui brise (qqch.). *Briseur d'images*, iconoclaste. *Fig. Briseur de grève*, ouvrier qui ne fait pas la grève lorsqu'elle a été décidée; ouvrier embauché pour remplacer un gréviste (V. **Jaune**).

BRISE-VENT [bʀizvɑ̃]. *n. m. invar*. (1700; de *briser*, et *vent*). Haie, rideau d'arbres abritant les cultures contre le vent et l'érosion éolienne (V. *aussi* **Abrivent**).

BRISIS [bʀizi]. *n. m.* (XVIIᵉ; de *briser*). *Archit*. Versant inférieur d'un comble brisé. « *L'eau ruisselait doucement sur le brisis du toit* » (MART. du G.).

BRISKA [bʀiska]. *n. m.* (*Britschka*, 1830; mot russe « chariot léger transformable en traîneau »). Ancienne calèche de voyage.

BRISQUE [bʀisk(ə)]. *n. f.* (1752; var. *briscan*, n. m., XVIIIᵉ; o. i.). ♦ 1° Jeu de cartes plus couramment appelé *mariage*. ♦ 2° *Milit. Vx* (fin XIXᵉ). Chevron d'ancienneté. « *Il s'était fait arracher ses brisques et mettre au gnouf après une altercation avec son capitaine* » (H. BAZIN).

BRISTOL [bʀistɔl]. *n. m.* (1867; du nom de la ville). Papier fort et blanc, employé pour le dessin, les cartes de visite. — *Par ext*. Carte de visite.

BRISURE [bʀizyʀ]. *n. f.* (1207; de *briser*). Cassure, fente. ◇ Articulation par charnière de deux parties d'un ouvrage de menuiserie. V. **Joint**. ◇ *Blas*. Toute pièce d'armoirie qui modifie un écu pour distinguer la branche cadette de la branche aînée, la branche bâtarde de la branche légitime.

BRITANNIQUE [bʀitanik]. *adj*. (1512; lat. *britannicus*). Qui se rapporte au Royaume-Uni. V. **Anglais**. *Les îles Britanniques. L'Empire britannique*, le *Commonwealth*. « *L'influence britannique dans le monde* » (SIEGFRIED). — Subst. *Les Britanniques* (V. **Anglo-Saxon**).

BRIZE [bʀiz]. *n. f.* (1557; gr. *briza*). Plante herbacée (*Graminées*) à épillets verts ou roussâtres très sensibles au vent. V. **Amourette**. ◇ HOM. *Brise*.

BROC [bʀo]. *n. m.* (1380; « cruche »; mot a. prov., du gr. *brokhis*). Récipient à anse, à bec évasé, dont on se sert pour transvaser les liquides (surtout de l'eau pour la toilette). — Son contenu. *Il faudra bien deux brocs d'eau pour remplir le tub*.

BROCANTAGE [bʀɔkɑ̃taʒ]. *n. m.* (1827; de *brocanter*). *Vx*. Brocante. « *Des siècles de brocantages et d'usure* » (LOTI).

BROCANTE [bʀɔkɑ̃t]. *n. f.* (1782; de *brocanter*). Commerce du brocanteur.

BROCANTER [bʀɔkɑ̃te]. *v*. (1696; probabl. de l'a. haut all. *brocko* « morceau »; Cf. angl. *Broker* « courtier »). ♦ 1° *V. intr*. Faire commerce d'objets anciens et de curiosités qu'on achète d'occasion pour la revente. ♦ 2° *V. tr*. Vendre en tant que brocanteur.

BROCANTEUR, EUSE [bʀɔkɑ̃tœʀ, øz]. *n*. (1694; de *brocanter*). Personne qui brocante. V. **Antiquaire, chineur, fripier**. « *Le brocanteur qui logeait sous l'allée étalait par terre ses ferrailles* » (FLAUB.).

1. BROCARD [bʀɔkaʀ]. *n. m.* (1470; lat. médiév. *brocardus*, altér. de *Burchardus*, nom latinisé du juriste *Burckard*). *Hist. dr*. Adage juridique. « *On se servit du brocard* : Le mort saisit le vif » (PLANIOL). ◇ HOM. *Brocard* (2 et 3), *brocart*.

2. BROCARD [bʀɔkaʀ]. *n. m.* (XVᵉ; de *broquer* « piquer », var. dial. de *brocher*). *Vx*. Petit trait moqueur, raillerie. ◇ ANT. **Flatterie, louange**. ◇ HOM. *Brocard* (1 et 3), *brocart*.

3. BROCARD ou **BROQUARD** [bʀɔkaʀ]. *n. m.* (XVᵉ; de *broque* « dague », var. de *broche*). Chevreuil (ou *aussi* cerf, daim) mâle d'un an environ. ◇ HOM. *Brocard* (1 et 2), *brocart*.

BROCARDER [bʀɔkaʀde]. *v. tr*. (XVᵉ; de *brocard* 2). *Vx* ou *littér*. Railler par des brocards.

BROCART [bʀɔkaʀ]. *n. m.* (1519; var. anc. *brocat*; it. *broccato* « broché » (qqch.). Riche tissu de soie rehaussé de dessins brochés en fils d'or et argent. « *Un vieux brocart à ramages* » (LOTI). ◇ HOM. *Brocard* (1, 2, 3).

BROCATELLE [bʀɔkatɛl]. *n. f.* (1519; it. *broccatello*, de *broccato*. V. **Brocart**). ♦ 1° Brocart à petits dessins; tissu imitant le brocart. ♦ 2° *Par anal*. (XVIIIᵉ). Sorte de marbre coquillier.

BROCHAGE [bʀɔʃaʒ]. *n. m.* (1835; de *brocher*). ♦ 1° Action, manière de brocher (les feuilles imprimées). V. **Reliure**. ♦ 2° Procédé de tissage des étoffes brochées. ♦ 3° *Mécan*. Usinage d'un trou à l'aide d'une broche.

BROCHANT, ANTE [bʀɔʃɑ̃, ɑ̃t]. *adj*. (XVᵉ; de *brocher*). *Blas*. Se dit des pièces ou meubles figurés par-dessus d'autres. BROCHANT SUR LE TOUT, qui passe d'un côté à l'autre de l'écu. *Fig*. (Dans une énumération de malheurs et de défauts) *Vieilli*. Par surcroît, pour comble.

BROCHE [bʀɔʃ]. *n. f.* (XIVᵉ; *brouque*, XIIᵉ; lat. pop. °*brocca*, fém. substantive de *broccus* « saillant »). ♦ 1° Nom de nombreux instruments et pièces à tige pointue. ◇ Tige de fer pointue qu'on passe au travers d'une volaille ou d'une pièce de viande à rôtir, pour la faire tourner au-dessus de la flamme. V. **Brochette, hâtelet, hâtier, hâtière**. « *Donnez-nous seulement la permission de mettre la broche en travers à votre cheminée* » (SAND). — *Mettre, faire cuire à la* broche. — *Tourner la broche.* ◊ Tige de fer recevant la bobine dans les filatures. *Bancs à broches,* sur lesquels les rubans de coton sont amincis en mèches par torsion. ◊ Cheville ou tige servant à enfiler des objets. — Tige utilisée en chirurgie osseuse pour fixer un os fracturé. — Tige de fer d'une serrure. — Tige constituant la partie mâle d'une connexion électrique. — Partie tournante (portant un mandrin, une pointe de tour, une fraise, etc.) d'une machine-outil, servant à usiner un trou dans une pièce. ♦ 2° Bijou de femme, composé d'une épingle et d'un fermoir, servant à attacher un châle, un col ou garnir un corsage. V. **Attache, fibule.** ♦ 3° *Vén.* Premier bois du chevreuil. V. **Brocard** (3). ◊ *Pl.* Défenses de sanglier.

BROCHÉ [bʀɔʃe]. *n. m.* (XVIIIᵉ; de *brocher*). *Text.* Brochage. ◊ *Tissu broché.*

BROCHER [bʀɔʃe]. *v. tr.* (1080; de *broche.* ♦ 1° *Vx.* Éperonner. ◊ (1610) *Fig.* et *vx.* Composer, rédiger à la hâte, sans soin. « *Je broche une comédie dans les mœurs du sérail* » (BEAUMARCH.). ◊ *Par ext.* (1732) Relier sommairement, après assemblage, pliure et couture des feuilles, avec simple couverture de papier. *Fascicule, livre broché.* ♦ 2° (XIIIᵉ). Tisser en entremêlant sur le fond des fils de soie, d'argent ou d'or, de manière à former des dessins en relief. *On ne brochait autrefois que des étoffes précieuses.* ♦ 3° *Techn.* (1680). Enfoncer (des clous) dans le sabot d'un cheval qu'on ferre. ♦ 4° *Techn.* Usiner (un trou) à la broche.

BROCHET [bʀɔʃɛ]. *n. m.* (1260; de *broche,* par anal. de forme). Poisson osseux d'eau douce (*Ésocidés*), étroit, élancé, au museau plat et pointu, armé de dents aiguës. Cuis. *Brochet au bleu, grillé.*

BROCHETON [bʀɔʃtɔ̃]. *n. m.* (1397; dimin. de *brochet*). Petit brochet.

BROCHETTE [bʀɔʃɛt]. *n. f.* (XIIᵉ; de *broche*). ♦ 1° Petite broche servant à faire rôtir ou griller de petites pièces de viande. V. **Hâtelet.** — *Par ext.* Les morceaux embrochés. *Une brochette de rognons, de foie.* ♦ 2° Petite broche servant à porter sur l'habit plusieurs médailles ou décorations; cette série. *Une brochette de décorations.*

BROCHEUR, EUSE [bʀɔʃœʀ, øz]. *n.* (1751; « tricoteur », 1680; de *brocher*). ♦ 1° Ouvrier, ouvrière dont le métier est de brocher (des tissus, des livres). *Brocheur d'étoffes, en reliure.* ♦ 2° *N. m.* Métier pour le broché (on dit aussi *battant-brocheur*). ♦ 3° *N. f.* Machine pour le brochage des livres.

BROCHURE [bʀɔʃyʀ]. *n. f.* (1377; de *brocher*). ♦ 1° Décor d'un tissu broché. ♦ 2° (1718). Petit ouvrage broché. V. **Opuscule, tract.** *Une brochure de propagande.*

BROCOLI [bʀɔkɔli]. *n. m.* (1560; plur. it. *broccoli* « pousses de choux »). ♦ 1° Variété de chou-fleur non pommé, à longue tige originaire d'Italie. ♦ 2° Petit rejeton du chou.

BRODEQUIN [bʀɔdkɛ̃]. *n. m.* (1468; altér. sous l'infl. de *broder,* de *brosequin,* esp. *borceguo*). ♦ 1° *Ancienn.* Chaussure d'étoffe, de peau, couvrant le pied et le bas de la jambe. — *Spécialt.* Chaussure à l'usage des personnages de comédie chez les anciens (le cothurne étant réservé à la tragédie). ◊ *(Au plur.)* Pièces de bois servant à serrer les jambes d'un condamné soumis à la question. *Le supplice des brodequins.* ♦ 2° *Mod.* Chaussure montante de marche, lacée sur le cou-de-pied. *Brodequins militaires, de chasseur.*

BRODER [bʀɔde]. *v. tr.* (*Brosder,* fin XIIᵉ; frq. *°brozdôn*). ♦ 1° Orner (un tissu) de broderies. *Broder un napperon. Un mouchoir brodé.* Absolt. *Fil, métier à broder.* ◊ Exécuter en broderie. *Broder un chiffre sur une chemise.* ◊ *Poét.* Orner, embellir. *La mer* « *Là-bas, d'un flot d'argent, brode les noirs îlots* » (HUGO). ♦ 2° *Fig* (XVIIᵉ). *Vx.* Enrichir de détails fournis par l'imagination; inventer (un tel détail). Mod. *(Absolt.)* Amplifier ou exagérer à plaisir. *Vous brodez, les choses se sont passées plus simplement.* « *Il s'agit de faits sur lesquels l'imagination aurait plus ou moins brodé* » (DANIEL-ROPS).

BRODERIE [bʀɔdʀi]. *n. f.* (1334; de *broder*). ♦ 1° Ouvrage consistant en points qui recouvrent un motif dessiné sur un tissu ou un canevas; art d'exécuter de tels ouvrages. V. **Dentelle, guipure, tapisserie.** *Broderie blanche,* destinée à l'ornementation de la lingerie et du linge (plumetis, bourdon, point de feston, grille ajourée). *Broderie sur métier* (tambour) ou *d'art,* broderie de couleur (broderie d'application, d'or, au crochet, etc.). « *Sur fond de velours vert-émir, une ancienne et admirable broderie d'or* » (LOTI). ◊ Commerce, industrie des brodeurs. ♦ 2° *Fig. (Rare).* Détail, ornement dû à l'imagination.

BRODEUR, EUSE [bʀɔdœʀ, øz]. *n.* (1260; de *broder*). ♦ 1° Ouvrier, ouvrière en broderie. *Brodeuse à la main. Brodeur à la mécanique.* ♦ 2° *N. f.* Métier, machine à broder.

BROIE [bʀwa]. *n. f.* (1370; de *broyer*). Instrument qui servait à broyer la tige du chanvre et du lin pour détacher la filasse de la chènevotte. V. **Macque.**

BROIEMENT [bʀwamɑ̃]. *n. m.* (XVᵉ; de *broyer*). Action de broyer. ◊ *Méd.* État d'un tissu broyé ou d'une plaie provoquée par écrasement. — *Chir.* Acte consistant à écraser

une structure organique (un calcul, *par ex.*) afin d'en faciliter l'extraction. ◊ SYN. *Broyage.*

BROMATE [bʀɔmat]. *n. m.* (1842; de *brome*). Sel ou ester de l'acide bromique.

1. **BROME** [bʀɔm]. *n. m.* (1559; lat. *bromos,* mot gr.). Plante fourragère (*Graminées*) herbacée.

2. **BROME** [bʀɔm]. *n. m.* (1826; du gr. *brômos* « puanteur »). *Chim.* Corps simple (Br; p. at. 79,909; n° at. 35), métalloïde de la famille des halogènes, rouge foncé, à odeur suffocante, que l'on extrait des eaux de la mer, des gisements salins *(dépôts de Stassfurt),* de jaillissements de saumure *(Michigan).*

BROMÉLIACÉES [bʀɔmeljase]. *n. f. pl.* (1834; lat. bot. *bromelia* « sorte d'ananas », du nom du bot. suéd. *Bromel*). Famille de plantes monocotylédones, exotiques, herbacées ou ligneuses, souvent épiphytes, dont les plus importantes sont l'ananas et la tillandsie.

BROMHYDRIQUE [bʀɔmidʀik]. *adj.* (1845; de *brome* 2, et *-hydrique*). Se dit d'un acide produit par la combinaison de l'hydrogène et du brome.

BROMIQUE [bʀɔmik]. *adj.* (1838; de *brome* 2). *Chim.* Relatif au brome; dû au brome. *Acide bromique.* ◊ *Méd. Acné bromique,* causée par des médicaments à base de brome.

BROMISME [bʀɔmism(ə)]. *n. m.* (1877; de *brome*). *Méd.* Intoxication par le brome et ses composés (*Spécialt.,* le bromure de potassium).

BROMURE [bʀɔmyʀ]. *n. m.* (1828; de *brome* 2). *Chim.* ♦ 1° Composé du brome avec un autre corps simple. ♦ 2° Sel ou ester de l'acide bromhydrique. *Le bromure d'argent est utilisé en photographie.* V. **Gélatino-bromure.** *Bromures de potassium, d'ammonium, de calcium employés en thérapeutique.* — *Cour.* Bromure de potassium (sédatif puissant).

BRONCHE [bʀɔ̃ʃ]. *n. f.* (1633; *bronchie(s),* 1560; lat. médiév. *bronchia,* gr. *brogkhia*). *Anat.* Conduit aérien du poumon. *Bronche souche,* chacun des deux conduits cartilagineux qui naissent par bifurcation de la trachée, pénètrent dans les poumons et s'y ramifient en formant l'*arbre bronchique.* V. **Bronchiole.** « *Gise lui avait posé ces ventouses; déjà les bronches se dégageaient* » (MART. du G.).

BRONCHECTASIE [bʀɔ̃ʃɛktazi] ou **BRONCHIECTASIE** [bʀɔ̃ʃjɛktazi]. *n. f.* (1855; du gr. *bronchies* « bronche », et *ektasis* « dilatation »). *Méd.* Dilatation des bronches.

BRONCHER [bʀɔ̃ʃe]. *v. intr.* (XVIᵉ; « pencher », XIIᵉ; o. i.). ♦ 1° Faire un faux pas (cheval). V. **Chopper, trébucher.** — *Fig.* et *littér. Broncher contre, sur* (qqch.), buter sur (une difficulté). « *Je vois que vous bronchez sur cet imparfait du subjonctif* » (CAMUS). ♦ 2° *Fig.* (*Vx*). Commettre une erreur ou une faute légère. ♦ 3° *Mod.* (XVIIIᵉ) Ne pas marcher droit, marquer quelque humeur, quelque résistance. « *De quoi faire envoyer le dit Bourru aux galères, s'il bronche* » (MAURIAC). *Sans broncher,* sans manifester d'opposition.

BRONCHIOLE [bʀɔ̃ʃjɔl]. *n. f.* (1877; dimin. sav. de *bronche*). Ramification terminale des bronches.

BRONCHIQUE [bʀɔ̃ʃik]. *adj.* (1560; de *bronche*). Qui appartient aux bronches.

BRONCHITE [bʀɔ̃ʃit]. *n. f.* (1825; de *bronche*). Inflammation de la muqueuse des bronches. *Bronchite capillaire :* inflammation des bronchioles.

BRONCHITIQUE [bʀɔ̃ʃitik]. *adj.* et *n.* (1900; de *bronchite*). Propre à la bronchite; atteint de bronchite.

BRONCH(O)-. Élément, du gr. *brogkhia* « bronches ».
BRONCHO-PNEUMONIE [bʀɔ̃kɔpnømɔni]. *n. f.* (1836; de *broncho-,* et *pneumonie*). Inflammation du poumon et des bronches, d'origine infectieuse, survenant d'emblée, ou plus souvent comme complication d'une maladie infectieuse (grippe, rougeole).

BRONCHORRHÉE [bʀɔ̃kɔʀe]. *n. f.* (1853; de *broncho-,* et *-rrhée*). Hypersécrétion du mucus bronchique qui s'observe dans les bronchites chroniques.

BRONCHOSCOPIE [bʀɔ̃kɔskɔpi]. *n. f.* (1904; de *broncho-,* et *-scopie*). Examen de la cavité des bronches à l'aide d'une sorte d'endoscope dit *bronchoscope.*

BRONTOSAURE [bʀɔ̃tozɔʀ]. *n. m.* (1890; lat. zool., du gr. *brontê* « tonnerre », et *saura* « lézard »). Reptile fossile gigantesque (jusqu'à 40 m de long), du groupe des dinosauriens.

BRONZAGE [bʀɔ̃zaʒ]. *n. m.* (1853; de *bronzer*). ♦ 1° Action de bronzer (le métal, le bois, le plâtre, etc.); son résultat. ♦ 2° (*v.* 1930). Fait de bronzer sous l'action du soleil. *Crème permettant un bronzage rapide.* ◊ *Par ext.* Hâle. *Un beau bronzage. Bronzage intégral,* sur tout le corps.

BRONZE [bʀɔ̃z]. *n. m.* (1511; it. *bronzo;* o. i.). ♦ 1° Alliage de cuivre et d'étain. V. **Airain.** *Bronzes spéciaux* (avec addition de zinc, de plomb, etc.). *Statue de bronze. Les anciens canons de bronze.* — Préhist. *L'âge du bronze,* période de diffusion de la technique du bronze (environ 2ᵉ millénaire av. J.-C.). ◊ *Par ext. Bronze d'aluminium,* alliage de cuivre et d'aluminium. *Poudre de bronze,* pigment métallique jaune. ♦ 2° Objet d'art (surtout sculpté) en bronze; médaille, monnaie de bronze antique. ♦ 3° *De* *bronze*, qui a la dureté, la couleur, la patine du bronze. Fig. Fig. (*Vieilli*) Dur, insensible.

BRONZÉ, ÉE [bʀɔ̃ze]. *adj.* (XVIᵉ; V. **Bronzer**). Qui a la couleur du bronze. ◇ *Spécialt.* Hâlé. *Il est rentré de vacances tout bronzé.* V. **Bruni, hâlé.** ◇ ANT. *Blanc, clair.*

BRONZER [bʀɔ̃ze]. *v. tr.* (1573; de *bronze*). ♦ 1° Recouvrir de substances qui donnent l'aspect du bronze. *Bronzer une statue de plâtre.* ◇ Revêtir (un métal) d'une couche brune ou bleuâtre par oxydation à la chaleur. *Bronzer un ressort.* ♦ 2° *Plus cour.* Brunir (qqn). V. **Hâler, noircir.** « *Il a plu à la Providence de bronzer les hommes aux Grandes Indes* » (VOLT.). Pronom. « *Sur le sable de la petite plage bretonne, elle se bronzait au soleil* » (AYMÉ). — *Intrans.* Devenir bronzé, brunir. *Prendre un bain de soleil pour bronzer.* ♦ 3° *Fig.* (*Vx*). Endurcir. Pronom. « *En vivant et en voyant les hommes, il faut que le cœur se brise ou se bronze* » (CHAMFORT).

BRONZEUR [bʀɔ̃zœʀ]. *n. m.* (1866; de *bronzer*). Ouvrier procédant aux opérations de bronzage. *Bronzeur sur métaux, sur bois.*

BRONZIER [bʀɔ̃zje]. *n. m.* (1846; de *bronze*). Artiste ou fabricant en bronzes d'art.

BROOK [bʀuk]. *n. m.* (1861; mot angl.). Fossé rempli d'eau constituant un des obstacles d'un parcours de steeplechase (Anglicisme, *hipp.*).

BROQUETTE [bʀɔkɛt]. *n. f.* (1565; forme dial. de *brochette*). Petit clou à large tête.

BROSSAGE [bʀɔsaʒ]. *n. m.* (1837; de *brosser*). Action de brosser.

BROSSE [bʀɔs]. *n. f.* (XIIᵉ, « taillis »; lat. pop. °*bruscia*, de *bruscus*, var. de *ruscus* « fragon épineux »). ♦ 1° (1265). Ustensile de nettoyage, formé d'un assemblage de filaments souples (poils, crins, fibres synthétiques) ajustés sur une monture. *Brosse à habits, à chaussures, à cheveux, à ongles, à dents. Brosse à carrelage, à laver.* V. **Balai-brosse**, *Brosse d'un aspirateur. Brosse en chiendent, en nylon. Brosse métallique.* V. **Étrille. Tapis*-brosse.** *Donner un coup de brosse à son pantalon, le brosser. Fig.* (*Fam.*) *Manier la brosse à reluire* (comme un domestique), être servilement à la dévotion de qqn. ◇ *Par compar. Cheveux en brosse, coupés court et droit comme les poils d'une brosse.* Ellipt. *La brosse,* cette coupe de cheveux. *Porter la brosse.* ♦ 2° Pinceau de peintre. *Peindre à la brosse.* V. **Brosser.** *Brosse de peintre en bâtiment,* à gros poils non effilés en pointe. ♦ 3° *Zool.* Rangée de poils sur les pattes ou le torse de certains insectes (notamment pour amasser le pollen).

BROSSER [bʀɔse]. *v.* (XIVᵉ; de *brosse*). I. *V. tr.* ♦ 1° Nettoyer, frotter avec une brosse. V. **Épousseter.** *Brosser ses habits, ses souliers. Brosser ses cheveux.* ◇ (Compl. de personne) *Brosser qqn,* brosser les vêtements qu'il porte; le frictionner. *Brosser un cheval.* V. **Étriller.** — Pronom. *Je ne s'est pas brossé avec assez de soin, il y a des cendres sur son gilet* » (N. SARRAUTE). — Fam. *Se brosser le ventre,* être privé de manger. *Tu peux toujours te brosser,* tu n'obtiendras pas ce que tu désires, tu t'en passeras. V. **Fouiller** (se). ◇ *Région.* (Belgique). Fam. *Brosser un cours.* V. **Sécher.** ♦ 2° Exécuter (un tableau, et *spécialt.* les fonds) à la brosse. V. **Peindre.** — Fig. « *La peinture qu'il brossait de la bourgeoisie paysanne* » (MAUROIS), la description à grands traits qu'il en faisait. ♦ 3° (*Sports*). Frapper (la balle, le ballon) de manière à lui imprimer un mouvement de rotation, un effet particulier qui trompera l'adversaire (V. **Coupé**). II. *V. intr.* (XVᵉ). *Vén.* Passer à travers les taillis (*brosse,* étym.).

BROSSERIE [bʀɔsʀi]. *n. f.* (1835; de *brosse*). Fabrication, commerce des brosses et ustensiles analogues (balais, plumeaux, etc.). *Brosserie fine. Grosse brosserie.* ◇ Fabrique de brosses.

BROSSIER, IÈRE [bʀɔsje, jɛʀ]. *n.* (1597; de *brosse*). Ouvrier, ouvrière en brosserie.

BROU [bʀu]. *n. m.* (1564; de *brout* « pousse ». V. **Brouter**). Enveloppe verte de la noix (et de certains fruits à noyau). ◇ (1694) *Brou de noix,* liqueur à base de noix dont le bois n'est pas encore formé. — Teinture brune de menuisier, faite avec le brou de la noix. *Passer du bois blanc au brou de noix.* ◇ HOM. *Brout.*

BROUET [bʀuɛ]. *n. m.* (XIIIᵉ; de l'a. fr. *breu* «bouillon », anc. haut all. *brod*). *Vx.* Bouillon, potage. — *Brouet noir :* mets simple et grossier des anciens Spartiates.

BROUETTE [bʀuɛt]. *n. f.* (XIIIᵉ; dimin. de °*beroue,* bas lat. *birota* « (véhicule) à deux roues »). ♦ 1° *Ancienn.* (jusqu'au XVIIᵉ s.). Véhicule à deux roues; caisse ou bâti à porteur montée sur deux roues. V. **Vinaigrette.** ♦ 2° (XIVᵉ). Petit véhicule à une roue muni de deux brancards qui sert à transporter des fardeaux à bras d'homme. *Pousser une brouette. Brouette de jardinier, de terrassier.*

BROUETTÉE [bʀuete]. *n. f.* (1304; de *brouette*). Contenu d'une brouette.

BROUETTER [bʀuete]. *v. tr.* (1304; de *brouette*). Transporter dans une brouette. *Pelleter et brouetter des déblais.*

BROUHAHA [bʀuaa]. *n. m.* (1552; prob. onomat.). *Vx.* Rumeur d'approbation, applaudissements. ◇ *Mod.* (XIXᵉ) Bruit confus qui s'élève dans une foule. « *Un brouhaha de séance parlementaire* » (MART. du G.).

BROUILLAGE [bʀujaʒ]. *n. m.* (1802; « confusion », 1573; de *brouiller*). Mines. Point où un gisement est dérangé et mêlé de blocs hétérogènes. ◇ (1940) Trouble dans la réception des ondes de radio, de télévision, de radar dû à l'addition involontaire (V. **Parasite**) ou volontaire d'un signal différent du signal émis. *Brouillage sonore, visuel.* — Action de provoquer ce trouble, d'empêcher la réception d'un signal. *Le brouillage des émissions par les belligérants.*

BROUILLAMINI [bʀujamini]. *n. m.* (1566; « emplâtre de mottes d'argile », 1378; altér. sous l'infl. de *brouiller,* du lat. pharm. *boli armenii.* V. **Bol** 2). *Vx.* Embrouillamini.

1. BROUILLARD [bʀujaʀ]. *n. m.* (XVᵉ; altér. de *brouillas* (XIIIᵉ), de *broue* ou *brouée,* dial., même rad. que *brouet;* Cf. Purée de pois). Phénomène naturel produit par des gouttes d'eau extrêmement petites qui flottent dans l'air près du sol et provoquent une diffusion intense de la lumière. V. **Brume, vapeur;** et *aussi* **Brouillasse, bruine, crachin.** « *Montagnes que voilait le brouillard de l'automne* » (LAMART.). « *Le fond de la vallée s'enfume d'un brouillard blanc, qui s'effile, se balance et s'étale* » (COLETTE). ◇ *Loc. fig. Avoir un brouillard devant les yeux, voir à travers un brouillard,* voir trouble. *Être dans le brouillard,* ne pas voir clair dans une situation qui pose des problèmes. « *Le profond ennui, le brouillard intérieur* » (FRANCE). ◇ *Phys.* Suspension de gouttelettes dans un gaz saturé en vapeur. V. **Aérosol.**

2. BROUILLARD [bʀujaʀ]. *n. m.* (1611; « brouillon », XVIᵉ; de *brouiller*). Comm. Livre de commerce, où l'on note les opérations à mesure qu'elles se font. V. **Main** (courante).

BROUILLASSE [bʀujas]. *n. f.* (1863; de *brouillasser*). Bruine.

BROUILLASSER [bʀujase]. *v. intr.* (1624; de *brouillas.* V. **Brouillard** 1). Impers. Bruiner. *Il commençait à brouillasser.*

BROUILLE [bʀuj]. *n. f.* (1617; de *brouiller*). Mésintelligence survenant entre personnes qui entretenaient des rapports familiers ou affectueux. V. **Bouderie, brouillerie, rupture.** « *Le goût de la brouille est un héritage de famille* » (MAURIAC). *Une petite brouille. Leur brouille dure toujours.* ◇ ANT. *Réconciliation.*

BROUILLER [bʀuje]. *v. tr.* (*Brouillier,* XIIIᵉ; probabl. de *bro(u)* « bouillon, boue ». V. **Brouet**). ♦ 1° Mêler en agitant, en dérangeant. *Brouiller les cartes avant de donner.* V. **Battre.** *Fig.* V. **Carte.** *Brouiller la combinaison d'un coffre-fort. Brouiller les pistes*.* V. **Embrouiller.** — *Spécialt.* (au p. p.) *Œufs brouillés,* dont les blancs et les jaunes ont été mélangés (et non battus, comme *l'omelette*) en cours de cuisson. ♦ 2° Rendre trouble. V. **Altérer, troubler.** « *Des yeux brouillés par les larmes* » (DUHAM.). *La buée brouille les verres de mes lunettes.* « *Un nuage traînant brouille le fond du paysage* » (GIDE). *Brouiller le teint.* — Brouiller une émission de radio, la troubler par brouillage. — (Vx) *Brouiller du papier,* le noircir en griffonnant, en écrivant rapidement. ♦ 3° *Fig.* Rendre confus, embrouiller, troubler. « *Le désespoir lui a brouillé la cervelle* » (LESAGE). *Vous me brouillez les idées.* ◇ *Confondre.* « *Elle perdait la mémoire, brouillait les époques* » (FRANCE). ♦ 4° Désunir en provoquant une brouille. « *Ah! ne me brouillez pas avec la République* » (CORN.). *Il est brouillé avec sa famille.* — Fam. *Il est brouillé avec les chiffres, avec la grammaire,* il n'y comprend pas grand-chose, il fait des fautes. ♦ 5° Pronom. Devenir trouble, confus. *Sa vue se brouille. Le ciel, le temps se brouille.* V. **Gâter** (se). ◇ Fig. « *Ce qu'on me dit se brouille dans ma tête* » (PROUST). ◇ Cesser d'être ami. V. **Fâcher** (se). ◇ ANT. *Arranger, classer, débrouiller, démêler; clarifier, éclaircir. Raccommoder, réconcilier.*

BROUILLERIE [bʀujʀi]. *n. f.* (1418; de *brouiller*). Vieilli. Brouille passagère, sans gravité. « *A quoi bon faire part aux autres de nos petites brouilleries?* » (MUSS.).

BROUILLEUR [bʀujœʀ]. *n. m. et adj. m.* (1948; de *brouiller*). ♦ 1° N. m. *Techn.* Émetteur qui sert au brouillage volontaire d'une émission de radio ou de télévision, d'un radar ou de tout appareil de détection. ♦ 2° Adj. m. *Signal brouilleur,* volontairement destiné au brouillage.

1. BROUILLON, ONNE [bʀujɔ̃, ɔn]. *adj.* (1536; de *brouiller*). Qui mêle tout, n'a pas d'ordre, de méthode. V. **Confus, désordonné.** *C'est un esprit brouillon. Une activité brouillonne.* Subst. *Un brouillon.* ◇ ANT. *Méthodique, ordonné.*

2. BROUILLON [bʀujɔ̃]. *n. m.* (1642; de *brouiller*). Première rédaction d'une lettre, d'un écrit scolaire ou didactique, qu'on se propose de mettre au net par la suite. « *Ces quatre lettres, faites sans brouillon* » (ROUSS.). *Un cahier de brouillon :* pour les brouillons. — Fig. « *Le projet est le brouillon de l'avenir* » (RENARD). V. **Ébauche.**

BROUM! [bʀum]. *interj.* (mil. XXᵉ; onomat.). Onomatopée imitant le ronflement et la trépidation d'un moteur.

« *Brroum! criaient les enfants pour faire les bruits* » (LE CLÉ-ZIO). — On dit aussi *Vroum*.

BROUSSAILLE [bʀusɑj]. *n. f.* (1559 ; de *brosse*). Surtout au plur. Végétation touffue des terrains incultes, composée d'arbustes et de plantes rabougris, rameux et épineux. « *Enveloppé par les broussailles je ne réussis qu'à m'égratigner* » (BOSCO). *Pays couvert de broussailles*. V. **Brousse**, **maquis**. ◇ Par compar. « *Les broussailles blanches des sourcils* » (R. ROLLAND). *Cheveux en broussaille*, emmêlés et touffus.

BROUSSAILLEUX, EUSE [bʀusɑjø, øz]. *adj.* (1900 ; de *broussaille*). Couvert de broussailles. ◇ *Fig*. En broussaille. « *Ses cheveux roux, durs et broussailleux* » (MART. du G.).

BROUSSARD [bʀusaʀ]. *n. m.* (1885 ; de *brousse* 1). Fam. Celui qui vit dans la brousse.

1. BROUSSE [bʀus]. *n. f.* (1817 ; prov. *brousso* « broussaille »). ♦ 1° Région, étendue couverte de broussailles. ◇ *Spécialt*. (Lang. colonial) Région africaine éloignée des centres urbains et plus ou moins incluse. V. **Bled**. ♦ 2° *Géogr*. Type de végétation arbustive dégradée des pays tropicaux. *Feux de brousse*.

2. BROUSSE [bʀus]. *n. f.* (1579 ; a. prov. *broce*, frq. *brukja*). *Région*. Fromage blanc de Provence, fait avec du lait de chèvre ou de brebis.

BROUSSIN [bʀusɛ̃]. *n. m.* (*Broissin*, 1487 ; de l'a. fr. *brois*, var. *bruis*, lat. *bruscum*). *Arbor*. Loupe de certains arbres.

BROUT [bʀu]. *n. m.* (XVIe ; var. dial. de l'a. fr. *brost* (XIIe), du germ. *°brustjan* « bourgeonner »). *Agric*. ou *Dial*. Pousse de printemps. — *Mal de brout*, inflammation intestinale des bestiaux qui mangent trop de brout. ◈ HOM. Brou.

BROUTARD [bʀutaʀ]. *n. m.* (1867 ; de *brouter*). *Bouch*. Veau qu'on laisse brouter (au lieu de le nourrir au lait).

BROUTEMENT [bʀutmɑ̃]. *n. m.* (1562 ; de *brouter*). Action de brouter. ◇ *Mécan*. (1845) Action, fonctionnement saccadé (On dit aussi *Broutage*).

BROUTER [bʀute]. *v.* (XIVe ; *broster*, *bruster*, XIIIe ; de l'a. fr. *brost*. V. **Brout**). ♦ 1° *V. tr*. Manger en arrachant sur place (l'herbe, les pousses, les feuilles). V. **Paître**. « *Chaque brebis ne peut brouter une herbe rare que dans l'étroit rayon de la corde* » (RENAN). Absolt. (PROV.). *Où la chèvre est attachée, il faut qu'elle broute*, quand on est fixé dans un lieu, dans un poste, il faut bien s'en accommoder. ♦ 2° *V. intr*. (1808). Se dit d'un outil tranchant (rabot) qui sautille, agit de façon irrégulière et saccadée, ou d'un accouplement mécanique (embrayage) qui fonctionne par saccades.

BROUTILLE [bʀutij]. *n. f.* (XVe ; *brestille*, *brostille*, XIVe ; de l'a. fr. *brost*. V. **Brout**). ♦ 1° *Vx*. Petite pousse ; menu bois. ♦ 2° *Mod*. (XVIIIe). *Fig*. Objet ou élément sans valeur, insignifiant. V. **Babiole**, **futilité**. « *Delamain n'aimait pas les conversations de broutilles* » (MAUROIS).

BROWNIEN [bʀo(aw)njɛ̃]. *adj. m.* (1864 ; du nom de R. Brown). *Mouvement brownien*, mouvement désordonné des très petites particules (de l'ordre du micron) dans les liquides (caractéristiques des corps à l'état colloïdal).

BROWNING [bʀo(aw)niŋ]. *n. m.* (1906 ; nom de l'inventeur). Pistolet automatique à chargeur.

BROYAGE [bʀwajaʒ]. *n. m.* (1842 ; de *broyer*). Action de broyer. *Broyage au pilon*. *Broyage mécanique*, en vue de réduire un matériau à une dimension déterminée. *Broyage du lin*.

BROYER [bʀwaje]. *v. tr.* ; conjug. *noyer* (XIIIe ; germ. *°brekan* « briser »). ♦ 1° Réduire en parcelles très petites, par pression ou choc. V. **Concasser**, **écraser**, **moudre**, **piler**, **pulvériser**, **triturer**. *Broyer avec ses dents*. V. **Croquer**. *Broyer le chanvre, le lin* : écraser les tiges pour en séparer la matière textile. *Broyer les couleurs* : pulvériser les matières colorantes en les écrasant. Fig. *Broyer du noir* : s'abandonner à des réflexions tristes, avoir le cafard. ♦ 2° *V. ext*. Écraser. *Il a eu deux doigts broyés dans l'engrenage*. ◇ *Serrer fortement*. *Vous me broyez la main!*

BROYEUR, EUSE [bʀwajœʀ, øz]. *n. et adj.* (1422 ; de *broyer*). ♦ 1° Ouvrier chargé du broyage. *Broyeur de lin*, *de minerai*. Fig. *Un broyeur de noir*. V. N. m. Machine à broyer. *Broyeur à cylindres, à mâchoires, à marteaux, à boulets*. V. **Bocard**, **concasseur**. ♦ 3° *Adj*. Qui broie. *Pièces broyeuses*. *Insectes broyeurs*.

BRRR! [bʀʀ...]. *interj.* (XVIIIe ; onomat.). S'emploie pour exprimer une sensation de frisson (froid, peur).

BRU [bʀy]. *n. f.* (XIIe ; bas lat. *brutes*, d'o. gotique). *Vx* ou *région*. Belle-fille (1°). *Je vous présente ma bru*. *Sa bru et son gendre*.

BRUANT [bʀyɑ̃]. *n. m.* (XIVe ; var. anc. de *bruyant*, substantivé). Petit passereau (*Fringillidés*), de la taille du moineau, nichant à terre ou très près du sol.

BRUCELLES [bʀysɛl]. *n. f. pl.* (1490 ; o. i.). Pince fine à ressort servant à saisir de petits objets. *Brucelles d'horloger*, *de typographie*.

BRUCELLOSE [bʀysɛ(ɛl)loz]. *n. f.* (1946 ; de *brucella*, nom d'une bactérie, du nom de D. *Bruce*). *Méd*. Maladie infectieuse causée par les brucellas, transmise à l'homme par des animaux domestiques (bovidés, porcins). *La brucellose provoque chez les animaux l'avortement épizootique*, chez l'homme elle est caractérisée par des poussées irrégulières de fièvre (fièvre ondulante ou fièvre de Malte), *des douleurs musculaires et une grande fatigue*.

BRUCHE [bʀyʃ]. *n. m.* (1775 ; lat. *bruchus*, gr. *broukhos*). Insecte coléoptère *(Bruchidés)* dont les larves vivent dans les graines des légumineuses.

BRUCINE [bʀysin]. *n. f.* (1819 ; du lat. bot. *brucea*, anc. nom d'un arbuste abyssin découvert par J. *Bruce*). Alcaloïde voisin de la strychnine, extrait de la noix vomique.

BRUGNON [bʀyɲɔ̃]. *n. m.* (1680 ; *brignon*, XVIe ; prov. *brugnoun*, du lat. pop. *°prunea*. V. **Prune**). Variété de pêche à peau lisse, à chair ferme et noyau adhérent.

BRUGNONIER [bʀyɲɔnje]. *n. m.* (1877 ; de *brugnon*). Variété de pêcher qui donne les brugnons.

BRUINE [bʀɥin]. *n. f.* (1538 ; « gelée blanche, brouillard », XIIe ; lat. *pruina* « frimas », avec infl. de *brume*). Petite pluie très fine et froide, qui résulte de la condensation du brouillard. V. **Crachin**.

BRUINER [bʀɥine]. *v. intr.* (1551 ; de *bruine*). Impers. Tomber de la bruine. *Il a bruiné toute la journée*.

BRUINEUX, EUSE [bʀɥinø, øz]. *adj.* (XVe ; de *bruine*). Qui contient de la bruine. *Un temps froid et bruineux*.

BRUIR [bʀɥiʀ]. *v. tr.* (1751 ; « brûler », XIIe ; germ. *°brojan*; Cf. all. *brühen* « échauder »). *Techn*. Imbiber de vapeur (une étoffe, pour l'assouplir). V. **Bruissage**. *Bruir du drap*. ◈ HOM. Bruire.

BRUIRE [bʀɥiʀ]. *v. intr.* : *il bruit, ils bruissent; il bruissait; bruissant* (XIIe ; lat. pop. *°brugere*, croisement du class. *rugire* « rugir » et du pop. *°bragere*. V. **Braire**). ♦ 1° *Vx*. Retentir. ♦ 2° *Mod*. Rendre un son confus. V. **Murmurer**. « *Les feuilles des hêtres bruissaient en un frisson rapide* » (FLAUB.). « *Les mouvements agiles de l'eau qui bruit et ruisselle* » (TAINE). ◈ HOM. Bruire.

BRUISSAGE [bʀɥisaʒ]. *n. m.* (1751 ; de *bruir*). *Techn*. Action de bruir (une étoffe); son résultat.

BRUISSEMENT [bʀɥismɑ̃]. *n. m.* (1495 ; de *bruire*). Bruit faible, confus et continu. V. **Frémissement**, **froufrou**, **murmure**. « *Le bruissement régulier des palmes, si semblable aux gouttes de la pluie tombante* » (LOUYS). « *Un bruissement de ruche* » (MAURIAC). ◈ ANT. Silence.

BRUIT [bʀɥi]. *n. m.* (XIIe ; de *bruire*). ♦ 1° Ce qui, dans ce qui est perçu par l'ouïe, n'est pas senti comme son musical ; phénomène acoustique dû à la superposition des vibrations diverses non harmoniques. *Mots désignant des bruits*. V. **Bourdonnement**, **brouhaha**, **bruissement**, **chuintement**, **clapotis**, **claquement**, **cliquetis**, **craquement**, **crépitement**, **cri**, **crissement**, **déflagration**, **détonation**, **éclatement**, **explosion**, **fracas**, **friture**, **froissement**, **frôlement**, **gargouillement**, **gazouillement**, **gémissement**, **grésillement**, **grincement**, **grognement**, **grondement**, **hurlement**, **murmure**, **pétarade**, **pétillement**, **râlement**, **ramage**, **ronflement**, **ronron**, **roulement**, **rumeur**, **sifflement**, **stridulation**, **tintement**, **ululement**, **vagissement**, **vociération**, **vrombissement**. « *Comme un malade qui, à l'heure où les bruits de la rue se sont tus, perçoit les battements de son cœur* » (BARRÈS). *Bruit de fond* : bruit qui se superpose à un dialogue. *Bruits parasites*. *Bruits cardiaques*. *Bruits respiratoires* : râle, soupir, toux. ◇ (Sens collectif) *Faire du bruit*, *trop de bruit*. V. pop. **Barouf**, **boucan**, **chahut**, **foin**, **pétard**. *Un bruit infernal*. V. **Charivari**, **potin**, **tapage**, **tintamarre**, **vacarme**. *La lutte contre le bruit*. *Marcher sans bruit*, *sans faire de bruit*. ◇ Loc. fig. *Faire grand bruit*, *du bruit*, avoir un grand retentissement. *On fait grand bruit de cette déclaration*, on lui donne une grande importance. *Faire beaucoup de bruit pour rien*. ♦ 2° Nouvelle répandue, propos rapportés dans le public. V. **Rumeur**. *Un bruit qui court. Se faire l'écho d'un bruit*. V. **Ébruiter**. « *Sophie faisait encore circuler d'autres bruits particulièrement alarmants* » (MÉRIMÉE). *Des bruits de guerre. Un faux bruit* : une fausse nouvelle. — *Il n'est bruit que de cela* : tout le monde en parle. « *Au bruit de la chute de la Bastille* » (CHATEAUB.), à la nouvelle de la chute. ♦ 3° *Sc*. (mil. XXe). Tout phénomène qui se superpose à un signal et limite la transmission de l'information. *Bruit de fond*, *bruit blanc*. (V. **Brouillage**, **parasite**, **souffle**.) ◈ ANT. Silence.

BRUITAGE [bʀɥitaʒ]. *n. m.* (1951 ; de *bruit*). Reconstitution artificielle des bruits naturels qui doivent accompagner l'action (au théâtre, au cinéma, à la radio).

BRUITER [bʀɥite]. *v. tr.* (néol.; d'après *bruitage*). *Techn*. Faire le bruitage de.

BRUITEUR [bʀɥitœʀ]. *n. m.* (1953 ; de *bruit*). Spécialiste du bruitage.

BRÛLAGE [bʀylaʒ]. *n. m.* (XVIe, repris XIXe ; de *brûler*). Action de brûler. *Brûlage des terres*, opération consistant à brûler les herbes sèches, les broussailles. *Brûlage des cheveux*, traitement consistant à en flamber la pointe. Absolt. *Le coiffeur m'a fait un brûlage*.

BRÛLANT, ANTE [bʀylɑ̃, ɑ̃t]. *adj.* (XVIe ; « en feu »,

XIIᵉ; de *brûler*). ♦ 1° Qui donne une sensation de chaleur intense, peut causer une brûlure. V. **Chaud**. *Ne touchez pas le plat, il est brûlant. Il prend son thé brûlant.* V. **Bouillant**. « *Une bouffée d'air brûlant* » (GAUTIER). V. **Torride**. *Le soleil, le sable est brûlant.* ◊ Fig. *S'engager sur un terrain brûlant,* très dangereux. *C'est une question brûlante,* extrêmement délicate, qui soulève les passions. ♦ 2° Affecté d'une sensation de chaleur intense. *Il a les mains brûlantes; brûlantes de fièvre.* « *Ce creux dans ma poitrine, tout brûlant* » (BERNANOS). ♦ 3° Fig. Ardent, passionné. « *La brûlante espérance qui l'anime* » (R. ROLLAND). ◈ ANT. *Froid, glacé.*

BRÛLÉ [bʀyle]. *n. m.* (XVIIᵉ; du p. p. de *brûler*). Odeur d'une chose qui brûle. *Ça sent le brûlé, as-tu surveillé le rôti?* — Fig. *Ça sent le brûlé,* se dit quand on pressent quelque danger. V. **Roussi**.

BRÛLÉ, ÉE [bʀyle]. *adj.* (V. **Brûler**). ♦ 1° Qui a brûlé. *Couleur de pain brûlé.* ♦ 2° Fig. *Une tête brûlée, un cerveau brûlé,* un individu exalté, épris d'aventures et de risques. ♦ 3° (1830). Dont l'activité clandestine est désormais connue de l'adversaire. *Notre agent, notre réseau d'espionnage est brûlé.* V. **Démasqué**. ♦ 4° Qui a perdu tout crédit. « *Toujours sans le sou, brûlé chez tous les usuriers* » (J. LEMAÎTRE).

BRÛLE-GUEULE [bʀylgœl]. *n. m. invar.* (1735; de *brûler,* et *gueule*). Pipe à tuyau très court. « *Une petite pipe courte et brune, de celles qu'on appelle « brûle-gueule »* » (DAUD.).

BRÛLE-PARFUM(S) [bʀylpaʀfœ̃]. *n. m.* (1785; de *brûler,* et *parfum*). Cassolette à parfums.

BRÛLE-POURPOINT (À) [abʀylpuʀpwɛ̃]. *loc. adv.* (1648; de *brûler,* et *pourpoint*). ♦ 1° Vx. À bout portant. ♦ 2° Fig. et Mod. (1701). *Après un verbe de déclaration.* Sans préparation, brusquement. *Il « s'était arrêté pour contempler Jean et, à brûle-pourpoint, lui avait dit... »* (LOTI).

BRÛLER [bʀyle]. *v.* (1120; probabl. altér. de l'a. fr. *usler,* lat. *ustulare,* sous l'infl. de l'a. fr. *bruir*).

I. *V. tr.* ♦ 1° Détruire par le feu. V. **Calciner, carboniser, consumer, embraser, griller, incendier**. *Brûler un tas de vieux papiers, des mauvaises herbes.* « *Le corps et la tête furent brûlés sur un bûcher où l'on jeta aussi le Dictionnaire Philosophique* » (LANSON). *Brûler un cadavre.* V. **Incinérer**. Pop. *Brûler qqn,* le tuer avec une arme à feu. « *Fais comme les autres...ou je te brûle !* » (VERCEL). — Fig. *Le compromettre. Brûler de l'encens, de la poudre.* Loc. fig. *Brûler ses vaisseaux*, ses dernières cartouches.* ◊ *Spécialt.* Consumer pour le chauffage, la cuisine ou l'éclairage. *On a brûlé beaucoup de charbon cet hiver.* Par ext. *Brûler de l'électricité.* — *Brûler un cierge à saint Antoine,* en reconnaissance. ◊ Vx. **Distiller**. ♦ 2° Altérer par l'action du feu, de la chaleur, d'un caustique. *Brûler du linge au repassage.* V. **Roussir**. *Vous allez brûler votre rôti,* le faire trop cuire, le calciner. Spécialt. *La gelée a brûlé les bourgeons.* ◊ **Scarifier**. *Brûler les tissus au thermocautère, à la neige carbonique.* ♦ 3° Chauffer au point de donner une sensation de brûlure. « *Mourant de soif, brûlé par un soleil de plomb* » (MÉRIMÉE). « *Ces escarres qui le brûlaient comme un fer rouge* » (MART. du G.). ◊ **Irriter**. « *La fumée brûlait ses yeux* » (MAURIAC). ◊ Loc. fig. *Brûler le pavé*, les planches*. Le pavé lui brûle les pieds,* il a hâte de partir. ♦ 4° Littér. Enflammer, enfiévrer. « *J'entendis autour de moi des mots qui me brûlèrent* » (FROMENTIN). ♦ 5° (1706). *Passer sans s'arrêter à (un point d'arrêt prévu). Le convoi a brûlé la station. Brûler un signal, un feu rouge.* Fig. *Brûler les étapes*. Brûler la politesse* à qqn.*

II. *V. intr.* ♦ 1° Se consumer par le feu. *Un bois qui brûle lentement.* Fig. *Le torchon*, le tapis* brûle.* ◊ Être calciné, mal cuit, à feu trop vif. *La soupe a brûlé.* ◊ **Flamber**. *Le feu brûle dans la cheminée.* ◊ Par ext. Donner une vive chaleur, répandre un vif éclairant. *La bougie brûle.* Par ext. « *Le grand Nagasaki où brûlent tant de quinquets à pétrole* » (LOTI). *Laisser brûler la lumière.* ♦ 2° Être brûlant (2°). *Il brûle de fièvre. La gorge me brûle.* ◊ Fig. Être ardent. *Brûler d'amour, d'impatience.* — « *Ces magistrats qu'il brûlait de confondre* » (FRANCE), qu'il désirait ardemment confondre. ♦ 3° *Vieilli* (Style précieux) « *On dit qu'il a longtemps brûlé pour la princesse* » (RAC.); qu'il a été amoureux d'elle. ♦ 4° (À certains jeux ou devinettes). Être tout près de découvrir l'objet caché, la solution. *Vous brûlez.*

III. *Pronom.* ♦ 1° Se détruire soi-même par le feu. « *Contraint à se brûler lui-même avec ses femmes et ses richesses* » (Boss.). ◊ (Réfl. indir.). *Se brûler la cervelle,* se tuer d'une balle dans la tête. ♦ 2° S'infliger une sensation de brûlure. *Je me suis brûlé en allumant ma cigarette. Se brûler en renversant une casserole d'eau chaude.* V. **Ébouillanter (s')**.

◈ ANT. *Glacer, refroidir.*

BRÛLERIE [bʀylʀi]. *n. f.* (1787; autre sens, 1417; de *brûler*). Rare. Distillerie d'eau-de-vie.

BRÛLEUR, EUSE [bʀylœʀ, øz]. *n.* (XIIIᵉ; de *brûler*). ♦ 1° Vx. Incendiaire. ◊ (1755) Bouilleur de cru; ouvrier

procédant à la torréfaction (du café, de la chicorée). ♦ 2° (1853). Appareil destiné à mettre en présence un combustible (gazeux, liquide ou pulvérisé) et un comburant (air, oxygène) afin de permettre et de régler la combustion à sa sortie. *Les brûleurs d'une cuisinière à gaz.* V. **Bec**. *Brûleur à mazout.*

BRÛLIS [bʀyli]. *n. m.* (XIVᵉ; de *brûler*). Portion de forêt incendiée ou de champ dont on a brûlé les herbes et les broussailles, pour améliorer le sol.

BRÛLOIR [bʀylwaʀ]. *n. m.* (1867; de *brûler*). Appareil de torréfaction.

BRÛLOT [bʀylo]. *n. m.* (1627; de *brûler*). ♦ 1° Ancienn. Petit navire chargé de matières combustibles et destiné à incendier les bâtiments ennemis. « *Ton brûlot expliquait tous ces vaisseaux en feu* » (HUGO). ◊ Fig. « *Les Cahiers sont un brûlot au flanc de la Sorbonne* » (PÉGUY). ♦ 2° (1719). Cuis. (*Vx*). Mets très épicé. — *Par ext.* Eau-de-vie flambée et sucrée destinée à relever un plat. ♦ 3° Au Canada, moustique dont la piqûre donne une sensation de brûlure. V. **Cousin**.

BRÛLURE [bʀylyʀ]. *n. f.* (XIIIᵉ; de *brûler*). ♦ 1° Lésion produite sur une partie du corps par l'action de la flamme, de la chaleur (contact ou rayonnement), ou d'une substance corrosive. « *Il soignait les brûlures avec l'acide picrique* » (DUHAM.). *Brûlures du premier degré* (rougeurs), *du deuxième degré* (phlyctènes), *du troisième degré* (escarres). *Cicatrice que laisse une brûlure.* ◊ Tache ou trou à l'endroit où un vêtement a brûlé. *Il a une brûlure de cigarette à son gilet.* ♦ 2° Sensation de chaleur intense, d'irritation dans l'organisme. « *Une brûlure lui tordait la poitrine.* » (DAUD.). *Des brûlures d'estomac.* V. **Aigreur**. ♦ 3° Altération produite sur les végétaux par le soleil ou la gelée.

BRUMAIRE [bʀymɛʀ]. *n. m.* (1793; de *brume*). Deuxième mois du calendrier républicain, commençant trente jours après l'équinoxe d'automne (du 23 octobre au 21 novembre). *Le coup d'État du 18-Brumaire.*

BRUME [bʀym]. *n. f.* (XIVᵉ; a. prov. *bruma,* lat. *bruma* « solstices (d') hiver »). ♦ 1° Brouillard léger (visibilité supérieure à 1 km, pour les météorologistes). « *Des nappes de brumes dormantes s'étirent dans le vent* » (MART. du G.). — Tout brouillard. *Les brumes du Nord.* ◊ Brouillard de mer. *Signal de brume.* ♦ 2° Fig. Ce qui est brumeux. « *Réalisme, idéalisme, autant de brumes* » (RENARD).

BRUMER [bʀyme]. *v. intr.* (1863; de *brume*). Rare. Impers. *Il brume ce matin.*

BRUMEUX, EUSE [bʀymø, øz]. *adj.* (1767; de *brume*). ♦ 1° Couvert, chargé de brume. *Ciel, temps brumeux.* ♦ 2° Fig. Obscur, flou. V. **Nébuleux**. *Une philosophie brumeuse.* ◈ ANT. *Clair.*

BRUMISATEUR [bʀymizatœʀ]. *n. m.* (1970; de *brume*). Vaporisateur* pour les soins de la peau (esthétique, dermatologie).

BRUN, UNE [bʀœ̃, yn]. *adj. et n.* (1080, aussi « brillant »; bas lat. *brunus,* d'o. germ.; Cf. all. *Braun*). ♦ 1° De couleur sombre, entre le roux et le noir. V. **Bistre, brunâtre, châtain, chocolat, kaki, marron, mordoré, tabac, terreux**. *La couleur brune de la châtaigne. Bière brune, tabac brun* (opposé à blond). *Des cheveux bruns. Peau brune.* V. **Bronzé, hâlé**. ◊ (Personnes) Qui a les cheveux (souvent le teint) bruns. *Elle est naturellement brune.* Subst. *Un beau brun.* « *Une petite brune vive et piquante* » (ROUSS.). — *Cheval à robe brune.* V. **Bai**. ♦ 2° N. m. Cette couleur. *Cheveux d'un brun roux ou par appos. brun roux, brun foncé.* ◊ Substance de cette couleur en peinture. *Un tube de brun Van Dyck.*

BRUNÂTRE [bʀynɑtʀ(ə)]. *adj.* (1557; de *brun*). Tirant sur le brun.

BRUNE [bʀyn]. *n. f.* (XVᵉ; de *brun* « sombre »). Vx. Tombée de la nuit; soir. Loc. mod. *À la brune* : au crépuscule.

BRUNET, ETTE [bʀynɛ, ɛt]. *n.* (XIIᵉ; de *brun*). Vieilli. Petit brun, petite brune. Mod. *Une jolie brunette.*

BRUNI [bʀyni]. *n. m.* (1808; de *brunir*). Poli; partie polie. ◈ ANT. *Mat.*

BRUNIR [bʀyniʀ]. *v.* (1080; de *brun*). ♦ 1° V. tr. Procéder au brunissage de (un métal, une pièce mécanique). ◊ (XIIIᵉ) Rendre brun; teindre en brun. *Le soleil brunit la peau.* V. **Bronzer, hâler**. *Brunir une boiserie.* ♦ 2° V. intr. Devenir brun, prendre une teinte brune. *Un enfant blond qui a bruni en grandissant. Brunir à la mer.* V. **Bronzer**. ◈ ANT. *Matir;* éclaircir.

BRUNISSAGE [bʀynisaʒ]. *n. m.* (1680; de *brunir*). Opération consistant à polir en frottant un métal fin, ou à couper la surface frottante d'une pièce mécanique, ou à donner un certain poli à un métal par une oxydation superficielle.

BRUNISSEMENT [bʀynismɑ̃]. *n. m.* (1900; de *brunir*). Rare. Fait de brunir; fait d'être bruni (V. **Bronzage**).

BRUNISSEUR, EUSE [bʀynisœʀ, øz]. *n.* (1313; de *brunir*). Techn. Ouvrier chargé des opérations de brunissage.

BRUNISSOIR [bʀyniswaʀ]. *n. m.* (1401; de *brunir*). Techn. Nom de divers outils servant au brunissage.

BRUNISSURE [bʀynisyʀ]. *n. f.* (1429; de *brunir*). Techn.

♦ 1° Poli d'un ouvrage bruni. ♦ 2° Action de brunir par la teinture les nuances des étoffes pour mieux les assortir.

BRUSHING [bʀœʃiŋ]. *n. m.* (v. 1966; procédé déposé; mot angl., « brossage »). Mise en plis où les cheveux mouillés sont travaillés mèche après mèche sur une brosse ronde et en les séchant au séchoir à main. *Se faire faire une coupe et un brushing.*

BRUSQUE [bʀysk(ə)]. *adj.* (1546; it. *brusco* « âpre, non poli, rude »). ♦ 1° Qui agit avec une certaine rudesse, sans ménagements. *Homme brusque.* V. **Bourru, brutal, nerveux, rude, sec, vif, violent.** « *Des gens brusques qui vous expédient en peu de paroles* » (LA BRUY.). *Caractère brusque. — Manières brusques.* « *Jamais ses gestes n'avaient été si brusques* » (SARTRE). ♦ 2° (Déb. XIXᵉ). Qui est soudain, que rien ne prépare, ni ne laisse prévoir. V. **Imprévu, inattendu, inopiné, subit.** « *Ce brusque retour des pluies nous a surpris* » (FROMENTIN). « *L'arrêt brusque, le départ en trombe* » (BOSCO). ◇ ANT. *Doux, posé; progressif.*

BRUSQUEMENT [bʀyskəmã]. *adv.* (1559; de *brusque*). ♦ 1° *Vx.* Avec rudesse, brusquerie. ♦ 2° *Mod.* D'une manière brusque, soudaine. V. **Inopinément, soudainement.** *Surgir brusquement. Il me demanda brusquement si...* V. **Brûle-pourpoint (à), but** (de but en blanc). « *Une tumeur qui évolue si brusquement* » (MART. du G.). ◇ ANT. *Graduellement.*

BRUSQUER [bʀyske]. *v. tr.* (1589; de *brusque*). ♦ 1° *Vx.* Traiter (qqn) de manière offensante. ◇ *Mod.* Traiter d'une manière brusque, sans se soucier de ne pas heurter. *Vous avez tort de brusquer cet enfant.* V. **Secouer.** Par anal. « *Il n'aimait guère qu'on brusquât les convenances* » (BARRÈS). ♦ 2° Précipiter (ce dont le cours est normalement lent, ou l'échéance éloignée). V. **Hâter, presser.** « *Il était trop prudent pour brusquer les choses* » (SAND). *Brusquer un dénouement, une solution.* « *Il n'avait plus qu'une pensée, brusquer l'adieu* » (MART. du G.). — Au p. p. *Une attaque brusquée,* décidée et exécutée soudainement. ◇ ANT. *Ménager; ralentir.*

BRUSQUERIE [bʀyskəʀi]. *n. f.* (1666; de *brusque*). Façons brusques dans le comportement envers autrui. V. **Rudesse.** « *Franche jusqu'à la brusquerie* » (HERRIOT). ◇ ANT. *Douceur.*

BRUT, UTE [bʀyt]. *adj.* (XIIIᵉ; lat. *brutus*). ♦ 1° *Vx.* Qui représente un état primitif, peu évolué ou inorganique. V. **Grossier, rudimentaire.** « *C'est ainsi que devaient naître ces âmes vivantes d'une vie brute et bestiale* » (BOSS.). ♦ 2° *Mod.* Qui est à l'état naturel, n'a pas encore été façonné ou élaboré par l'homme. V. **Naturel, sauvage, vierge.** *Minerai brut,* tel qu'il sort de la mine. *Pétrole brut,* non raffiné. *Diamant brut,* non taillé, non poli. *Or brut.* V. **Natif.** *Soie brute.* V. **Grège.** ◇ Qui résulte d'une première élaboration (avant d'autres transformations). *Métal brut, brut de coulée* (à la sortie de la lingotière), *brut de laminage* (à la sortie du laminoir). *Toile brute.* V. **Écru.** ◇ — *Champagne brut :* n'ayant pas subi la deuxième fermentation. V. **Sec.** Subst. *Une bouteille de brut.* ♦ 3° *Fig.* Qui n'a subi aucune élaboration intellectuelle, est à l'état de donnée immédiate. *Fait brut.* « *Les idées s'offraient presque toujours à l'état brut* » (R. ROLLAND). ◇ (1944). *Art brut,* spontané, échappant à toute influence culturelle. ♦ 4° *Écon.* Dont le montant est évalué avant déduction des taxes et frais divers. *Traitement, bénéfice brut, salaire brut. Immobilisations brutes,* avant amortissement. Adv. *L'opération doit produire brut un million.* ◇ *Comm.* Total, y compris l'emballage ou le véhicule de transport. *Poids brut* (opposé à poids net. Adv. *Cette caisse d'oranges pèse brut cinquante kilos.* ◇ ANT. *Évolué, façonné, ouvré, raffiné, travaillé; net.*

BRUTAL, ALE, AUX [bʀytal, o]. *adj.* (XIVᵉ; bas lat. *brutalis,* de *brutus;* V. **Brut).** ♦ 1° *Vx.* Qui tient de la brute. V. **Animal, bestial.** Mod. *La force brutale* (opposé à la force morale de la raison). ♦ 2° Qui use volontiers de violence, du fait de son tempérament rude et grossier. V. **Violent.** *Un gardien brutal.* « *Il est brutal avec sa petite sœur* » (SAND). Subst. *C'est un brutal,* une brute. ♦ 3° Qui est sans ménagement, ne craint pas de choquer. *Une franchise brutale. Le réalisme brutal de cette description.* ♦ 4° (*Choses*). Qui frappe rudement et brusquement. *Le coup, le choc a été brutal.* ◇ ANT. *Spirituel; aimable, doux.*

BRUTALEMENT [bʀytalmã]. *adv.* (1425; de *brutal*). D'une manière brutale. V. **Durement, rudement, violemment.** « *Il n'osait plus le manier brutalement, la saisir, la frapper* » (FRANCE). « *Agamemnon déclare brutalement qu'il aime autant Briséis que son épouse* » (CHATEAUB.). V. **Crûment.** ◇ ANT. *Délicatement, doucement.*

BRUTALISER [bʀytalize]. *v. tr.* (1706; « vivre en brute, en bête », 1572; de *brutal*). Traiter d'une façon brutale. V. **Battre, maltraiter, rudoyer.** *Brutaliser un enfant.* Fam. *Il ne faut pas me brutaliser,* me faire violence. V. **Brusquer.**

BRUTALITÉ [bʀytalite]. *n. f.* (1539; de *brutal*). ♦ 1° Caractère d'une personne brutale. V. **Dureté, sauvagerie.** *Il est d'une brutalité révoltante. — Par ext.* « *La brutalité des institutions* » (DUHAM.). ◇ *Acte brutal, violence. Victime des brutalités policières.* ♦ 2° Caractère brutal, inattendu et

violent. « *Étourdi par la brutalité du choc* » (MART. du G.). ◇ ANT. *Amabilité, douceur.*

BRUTE [bʀyt]. *n. f.* (XVIIᵉ; *brut,* 1559; de *brut*). ♦ 1° *Littér.* L'animal considéré dans ce qu'il a de plus éloigné de l'homme. V. **Bête.** « *La création est une ascension perpétuelle, de la brute vers l'homme, de l'homme vers Dieu* » (HUGO). ♦ 2° *Cour.* Homme grossier, sans esprit. « *Des abrutis, pas un atome d'initiative, d'intérêt pour ce qu'ils font, pas la moindre trace de goût* » (N. SARRAUTE). ◇ Homme brutal, violent. *Une vraie, une grande brute. Sale brute! Frapper comme une brute.*

BRUYAMMENT [bʀɥijamã]. *adv.* (XVIᵉ; de *bruyant*). ♦ 1° D'une manière bruyante. *Se moucher bruyamment.* ♦ 2° En faisant grand bruit, bien haut. *Protester bruyamment.* ◇ ANT. *Silencieusement.*

BRUYANT, ANTE [bʀɥijã, ãt]. *adj.* (XIIᵉ; anc. p. prés. de *bruire*). ♦ 1° Qui fait beaucoup de bruit. V. **Assourdissant, sonore.** « *Le va-et-vient bruyant de la rue* » (DAUD.). — (Personnes) *Des enfants bruyants.* V. **Braillard, tapageur, turbulent.** ♦ 2° Où il y a beaucoup de bruit. *Une rue bruyante. La réunion a été bruyante.* V. **Tumultueux.** ◇ ANT. *Silencieux, tranquille.*

BRUYÈRE [bʀy(ɥi)jɛʀ]. *n. f.* (XIIᵉ; lat. pop. °*brucaria,* du bas lat. *brucus,* gaul. °*bruko*). ♦ 1° Petit arbrisseau des landes (*Éricacées*) à tige rameuse, à petites fleurs rouge violacé. Hortic. *Terre de bruyère,* formée notamment par la décomposition des bruyères. ◇ Racine de cette plante. *Une pipe de bruyère.* ♦ 2° Lieu où pousse la bruyère. V. **Brande, lande.** « *Je m'égarais sur de grandes bruyères terminées par des forêts* » (CHATEAUB.). — *Coq de bruyère.*

BRYOLOGIE [bʀijɔlɔʒi]. *n. f.* (1845; du gr. *bruon* « mousse », et -*logie*). Partie de la botanique qui étudie les bryophytes (mousses).

BRYONE [bʀijɔn]. *n. f.* (1256; lat. *bryonia,* gr. bruónia). *Bot.* Plante des haies (*Cucurbitacées*), herbacée, vivace et grimpante, à baies rouges ou noires.

BRYOPHYTES [bʀijɔfit]. *n. m. pl.* (1924; du gr. *bruon* « mousse », et -*phyte*). *Bot.* Groupe de végétaux de petite taille, intermédiaires entre les plantes supérieures et les plantes inférieures, comprenant les mousses* et les hépatiques.

BRYOZOAIRES [bʀijɔzɔɛʀ]. *n. m. pl.* (1845; du gr. *bruon* « mousse », et -*zoaire*). *Zool.* Groupe de métazoaires, généralement marins, qui vivent en colonies fixées sur les fonds rocheux ou coquilliers du littoral.

BUANDERIE [bɥ(y)ãdʀi]. *n. f.* (1471; de *buandier*). ♦ 1° Local réservé à la lessive, aux lavages. *Le linge sèche dans la buanderie.* ♦ 2° *Région.* (Canada). Blanchisserie.

BUANDIER, IÈRE [bɥ(y)ãdje, jɛʀ]. *n.* (XVIᵉ; *bugandier,* 1408; de l'a. v. *buer;* V. **Buée).** ♦ 1° *Techn.* Ouvrier, ouvrière assurant le lavage du linge, à la main ou à la machine. — Personne chargée du premier blanchiment des toiles. ♦ 2° *Région.* (Canada). Blanchisseur.

BUBALE [bybal]. *n. m.* (1764; lat. *bubalus,* gr. boubalos). Grande antilope d'Afrique.

BUBON [bybɔ̃]. *n. m.* (1372; gr. *boubôn*). *Vx.* Adénite. *Mod.* Inflammation et gonflement des ganglions lymphatiques, dans certaines maladies (syphilis, peste, etc.). V. **Adénopathie.** « *L'incision des bubons avait amené un mieux* » (CAMUS).

BUBONIQUE [bybɔnik]. *adj.* (fin XIXᵉ; de *bubon*). Caractérisé par des bubons. *Peste bubonique.*

BUCCAL, ALE, AUX [bykal, o]. *adj.* (1735; du lat. *bucca* « bouche »). Qui appartient, a rapport à la bouche (V. **Oral).** *La cavité buccale. Nerf buccal.*

BUCCIN [byksɛ̃]. *n. m.* (1711; *buccine, buxine,* 1372; lat. *bu(c)cinum*). ♦ 1° *Antiq.* Trompette romaine. ♦ 2° Gros mollusque gastéropode des côtes de l'Atlantique.

BUCCINATEUR [byksinatœʀ]. *n. et adj. m.* (XVIᵉ; lat. *buccinator*). ♦ 1° *N. m.* Joueur de trompette, à Rome. « *Partout sonne l'appel clair des buccinateurs* » (HEREDIA). ♦ 2° *Adj.* et *n. m.* (XVIIᵉ). Se dit d'un muscle de la joue, qui permet de tirer en arrière les commissures labiales.

BUCCO-DENTAIRE [bykodãtɛʀ]. *adj.* (XXᵉ; de *bucco-* « bouche », et *dentaire*). *Didact.* Qui se rapporte à la bouche et aux dents. *La cavité bucco-dentaire.*

BUCCO-GÉNITAL, ALE, AUX [bykoʒenital, o]. *adj.* (XXᵉ; de *bucco-* « bouche », et *génital*). *Didact.* Qui concerne la bouche et les parties génitales. *Relations sexuelles bucco-génitales.* V. **Cunnilingus, fellation.**

BÛCHE [byʃ]. *n. f.* (XIIᵉ; germ. °*busk* « baguette »). **I.** ♦ 1° Morceau de bois de chauffage, de grosseur variable. « *Le crépitement des grosses bûches dans l'âtre* » (DUHAM.). — *Bûche de Noël,* grosse bûche que l'on faisait brûler dans la veillée de Noël. *Par anal.* Pâtisserie en forme de bûche spécialement faite pour les fêtes de fin d'année. ♦ 2° *Par compar. Il reste là comme une bûche,* sans bouger, inerte. *Une vraie bûche, quelle bûche!* se dit d'une personne stupide et apathique. ♦ 3° Fragment ligneux infumable qu'on rencontre dans le tabac.

II. (1875; du v. *bûcher*, dial. « frapper, heurter, buter »). *Pop.* Chute. *Ramasser une bûche*, tomber.

BÛCHER [byʃe]. *n. m.* (XIIᵉ; de *bûche*). ♦ 1° Local où l'on range le bois à brûler. ♦ 2° Amas de bois sur lequel les Anciens brûlaient les morts. ◊ Amas de bois sur lequel on brûlait les condamnés au supplice du feu, les livres interdits. *Jeanne (d'Arc) au bûcher* (Claudel-Honegger). ⊗ HOM. Bûcher (v.).

BÛCHER [byʃe]. *v. tr.* (XVIᵉ; « frapper, heurter », XIIIᵉ, et dial.; de *bûche*).

I. *Techn.* Dégrossir (une pièce de bois). — *Par anal. Bûcher une pierre :* en enlever les saillies.

II. (1856). *Fam.* Étudier, travailler* avec acharnement. « *Bûchant sa procédure* » (FLAUB.). *Absolt. Il a bûché ferme.* ◊ HOM. Bûcher (n.).

BÛCHERON, ONNE [byʃʀɔ̃, ɔn]. *n.* (1611; réfection, d'apr. *bûche*, de *boscheron*, XIIᵉ; du rad. *bosc*. V. Bois). Personne dont le métier est d'abattre du bois, des arbres dans une forêt. « *Un pauvre bûcheron, tout couvert de ramée* » (LA FONT.). « *Cassée en deux comme une vieille bûcheronne* » (MART. du G.).

BÛCHETTE [byʃɛt]. *n. f.* (XIVᵉ; *busquette*, XIIᵉ; de *bûche*). Petit morceau de bois sec. *Faire prendre le feu avec des bûchettes.*

BÛCHEUR, EUSE [byʃœʀ, øz]. *n.* (1866; de *bûcher*). Personne qui étudie, travaille avec acharnement. V. **Travailleur.** *Adj. Un élève bûcheur.* ◊ ANT. Paresseux.

BUCOLIQUE [bykɔlik]. *n. f.* et *adj.* (XIIIᵉ; lat. d'o. gr. *bucolicus*). ♦ 1° *N. f.* Poème pastoral, églogue, idylle. ♦ 2° *Adj.* (XVIIᵉ). Qui concerne, évoque la poésie pastorale. « *Je vis aux champs, j'aime et je rêve : je suis bucolique et berger* » (HUGO).

BUCRANE [bykʀan]. *n. m.* (1819; lat. d'o. gr. *bucranium*). Motif ornemental constitué par une tête de bœuf sculptée, employé dans l'architecture de l'Antiquité et de la Renaissance.

BUDGET [bydʒɛ]. *n. m.* (1764; mot angl. d'abord « sac du trésorier », de l'a. fr. *bougette*, dimin. de *bouge* « sac, valise »). ♦ 1° « Acte par lequel sont autorisées les recettes* et les dépenses* annuelles de l'État ou des autres services que les lois assujettissent aux mêmes règles » (Décret du 5 mai 1862). *Le budget de l'État. Dresser, préparer, discuter, voter, refuser, exécuter le budget. Inscrire une dépense au budget. Budget ordinaire, extraordinaire. Budget annexe, se rapportant à un service doué d'une autonomie financière. Budget de report*, constitué de crédits inutilisés d'un ancien budget et qui reçoivent une affectation nouvelle. *Budget provisoire.* V. **Douzième.** *Budget rectificatif,* état des corrections apportées, en cours d'année, au budget primitif. *Les articles, les chapitres, les postes du budget. Équilibre du budget. Budget en excédent, en déficit. Budget de la Guerre, de l'Éducation nationale. Budget d'un département, d'une commune. Budget économique :* exposé prévisionnel de l'ensemble des activités de l'économie nationale pour l'année à venir. ♦ 2° *Par anal.* (1801). Revenus et dépenses d'une famille, d'un groupe. *Budget familial, domestique. Boucler son budget. Budget large, étroit.*

BUDGÉTAIRE [bydʒetɛʀ]. *adj.* (1825; de *budget*). Qui a rapport au budget. *Prévision budgétaire. Crédit, dépense budgétaire. L'année budgétaire.*

BUDGÉTISATION [bydʒetizasjɔ̃]. *n. f.* (1953; de *budget*). Inscription au budget. *La budgétisation des prestations sociales.*

BUDGÉTISER [bydʒetize]. *v. tr.* (1959; *budgéter*, 1872; de *budget*). *Fin.* Inscrire au budget.

BUDGÉTIVORE [bydʒetivɔʀ]. *adj.* et *n.* (1853; de *budget*, et -*vore*). *Plaisant.* Qui émarge au budget de l'État, vit à ses dépens.

BUÉE [bɥe]. *n. f.* (XIVᵉ; « lessive », 1219; du p. p. substantivé de *buer*, XIIᵉ, « faire la lessive »; frq. °*bukon*). Vapeur qui se dépose en fines gouttelettes formées par condensation. *Dégager de la buée. Des vitres couvertes de buée.* « *La buée qui sortait de sa bouche peu à peu effaçait sa figure bonasse, en se dégageant de la vitre* » (BOSCO).

BUFFET [byfɛ]. *n. m.* (XIIIᵉ; « table », XIIᵉ; o. i.). ♦ 1° Meuble de salle à manger ou de cuisine servant à ranger la vaisselle, l'argenterie, le linge de table, certaines provisions. V. **Bahut, crédence, desserte, vaisselier.** « *C'est un large buffet sculpté; le chêne sombre...* » (RIMBAUD). « *Danser devant le buffet,* n'avoir rien à manger. « *Les danses devant le buffet, les dîners par cœur* » (ZOLA). ♦ 2° *Par ext.* Table, dressoir où sont servis les plats froids, des pâtisseries, des rafraîchissements à l'occasion d'une réception privée ou publique; l'ensemble de ces mets et boissons. *Le buffet était excellent. Buffet campagnard,* avec des charcuteries et du vin. ◊ *Buffet de gare :* café-restaurant installé dans les gares importantes.

V. **Buvette, cafétéria.** *Dix minutes d'arrêt, buffet!* ♦ 3° *Menuiserie d'un orgue. Buffet d'orgue.* ♦ 4° *Archit. Buffet d'eau :* sorte de table de pierre, de marbre, supportant des coupes, des bassins disposés en gradins où l'eau rejaillit en cascades. ♦ 5° (1803). *Pop.* Ventre, estomac. *Il n'avait rien dans le buffet :* rien mangé. « *Il a reçu un coup de pétard* (pistolet) *dans le buffet* » (QUENEAU).

BUFFETIER, IÈRE [byftje, jɛʀ]. *n.* (1874; de *buffet* [2°]). Celui, celle qui tient un buffet de gare.

BUFFLE [byfl(ə)]. *n. m.* (1213; it. *bufalo*, bas lat. *bufalus*, class. *bubalus*). Mammifère ruminant (*Bovidés*), voisin du bœuf, dont il existe plusieurs espèces en Afrique et en Asie. V. **Karbau** (On appelle parfois la femelle *bufflonne* ou *bufflesse*, et les petits *bufflons* ou *buffletins*). *Travail de la peau de buffle.* V. **Buffleterie.** *Valise en peau de buffle,* ou ellipt. *en buffle.*

BUFFLETERIE [byflə(ɛ)tʀi]. *n. f.* (1610; de *buffle*). ♦ 1° Méthode de chamoisage des peaux de buffle, de bœuf (*spécialt.* pour les cuirs de l'équipement militaire). ♦ 2° Partie de l'équipement en cuir qui soutient les armes.

BUGGY. V. BOGHEI.

1. BUGLE [bygl(ə)]. *n. m.* (1836; mot angl., empr. a. fr.; V. **Beugler**). Instrument à vent de la famille des saxhorns (cuivres) utilisés notamment dans la musique militaire. V. **Cornet, trompette.**

2. BUGLE [bygl(ə)]. *n. f.* (XIIIᵉ; bas lat. *bugula*). *Bot.* Plante herbacée (*Labiacées*), dont une espèce à fleurs bleues est commune dans les lieux humides.

BUGLOSSE [byglɔs]. *n. f.* (1372; lat. *buglossa*, gr. *bouglôsson* « langue de bœuf »). Plante herbacée des lieux incultes (*Borraginacées*), à fleurs généralement bleues.

BUGRANE [bygʀan]. *n. f.* (1545; lat. *bucranium*. V. **Bucrane**). Plante épineuse (*Papilionacées*), à fleurs bleues, appelée aussi *arrête-bœuf.*

BUILDING [bildiŋ]. *n. m.* (1895; mot anglo-amér., de *to build* « construire »). Vaste immeuble moderne, à nombreux étages. « *Le building monte! vingt puits d'ascenseurs le perforent de bout en bout* » (DUHAM.).

BUIRE [bɥiʀ]. *n. f.* (1300; altér. de *buie* (XIIᵉ); frq. °*buk;* Cf. all. *Bauch* « ventre »). *Archéol.* Vase en forme de cruche, à bec et à anse.

BUIS [bɥi]. *n. m.* (1525; *bois*, XIVᵉ; lat. *buxus*). Arbuste à feuilles persistantes (*Buxacées*), souvent employé en bordures dans les jardins. *Buis bénit,* branche de buis qu'on bénit le jour des Rameaux. ◊ *Bois jaunâtre,* dense et dur de cette plante. *Couvert à salade en buis.*

BUISSON [bɥisɔ̃]. *n. m.* (XIIᵉ; *boissum,* 1080; du rad. de *bois*). ♦ 1° Bouquet, touffe d'arbrisseaux sauvages et rameux. V. **Brosse, hallier.** « *Des branches d'églantine fleurissaient un buisson* » (MART. du G.). *Chasse. Battre* les buissons. Faire, trouver buisson creux :* ne plus trouver dans l'enceinte la bête détournée; *fig.* Ne pas trouver ce qu'on cherchait. — *Le buisson ardent* (où Dieu se révéla à Moïse). ◊ *Arbre en buisson,* ou ellipt. *Buisson,* arbre fruitier nain taillé en buisson; arbre taillé de façon à ne pas dépasser trois mètres de haut. ♦ 2° *Par anal.* Mets arrangé en forme de pyramide hérissée d'épines. *Buisson d'écrevisses.*

BUISSON-ARDENT [bɥisɔ̃aʀdɑ̃]. *n. m.* (1680; de *buisson,* et *ardent*). Arbuste méditerranéen (*Rosacées*) à baies écarlates, ornemental (jardins).

BUISSONNEUX, EUSE [bɥisɔnø, øz]. *adj.* (XIIᵉ; de *buisson*). ♦ 1° Couvert de buissons. *Terrain buissonneux.* ♦ 2° En buisson, fait de buissons. « *Une énorme et buissonneuse végétation* » (DUHAM.).

BUISSONNIER, IÈRE [bɥisɔnje, jɛʀ]. *adj.* (XVIᵉ; de *buisson*). ♦ 1° *Vx.* Qui habite les buissons. *Merle buissonnier.* ♦ 2° (1540). *École buissonnière. Ancien.* École clandestine qui se tenait en plein champ. — *Mod. Faire l'école buissonnière :* se promener au lieu d'aller en classe, et *par ext.* Ne pas aller travailler.

BULB [bœlb, bylb]. *n. m.* (apr. 1930; mot angl.). *Mar.* Renflement de la partie inférieure de la quille, destiné à diminuer la résistance à l'eau. — On écrit aussi *bulbe* [bylb].

BULBE [bylb(ə)]. *n. m.* (XVᵉ; lat. *bulbus*). ♦ 1° *Bot.* Organe souterrain renflé, constitué par un bourgeon au centre d'écailles fixées sur un plateau, porteur de racines adventives, rempli de réserves nutritives grâce auxquelles la plante reconstitue chaque année ses parties aériennes. V. **Oignon.** *Bulbe écailleux, tuniqué. Plantes à bulbes* (lis, narcisse, glaïeul, etc.). ♦ 2° *Anat.* (1732). Renflement arrondi et globuleux. *Bulbe de l'urètre. Bulbes pileux. Bulbe rachidien* ou absolt. *Bulbe,* segment inférieur de l'encéphale, qui fait suite à la moelle épinière (on l'appelait autrefois « moelle allongée »), se continuant par la protubérance annulaire. *Le bulbe est le lieu d'origine des quatre dernières paires de nerfs crâniens* (glossopharyngien, pneumogastrique, spinal et grand hypoglosse). ♦ 3° *Cour.* Coupole, dôme bulbeux. *Les bulbes d'une église russe.*

BULBEUX, EUSE [bylbø, øz]. *adj.* (1545; lat. *bulbosus*).

♦ 1° *Bot.* Qui a un bulbe. *Plante bulbeuse.* ♦ 2° Renflé, en forme de bulbe. « *Clocher bulbeux* » (COLETTE).

BULBILLE [bylbij]. *n. f.* (1843 ; de *bulbe*). *Bot.* Petit bulbe qui naît à l'aisselle d'une feuille et sert de bourgeon de remplacement. *Les bulbilles de l'ail.*

BULGARE [bylgaʀ]. *adj.* (XVIIᵉ ; a. fr. *bou(l)gre* « albigeois, sodomite », les Bulgares ayant été manichéens ; lat. *Bulgares*). De la Bulgarie. *Le peuple bulgare. Yaourt bulgare.* Subst. *Les Bulgares.* — *Le bulgare*, langue slave du groupe méridional.

BULLAIRE [byl(l)ɛʀ]. *n. m.* (1727 ; lat. médiév. *bullarium*). *Relig.* Recueil des bulles des papes. ◊ Scribe qui copiait ces bulles.

BULL-DOG. V. BOULEDOGUE.

BULLDOZER [buldozœʀ]. *n. m.* (1948 ; mot anglo-amér.). Engin sur tracteur à chenilles très puissant, utilisé dans les travaux de terrassement. Acad. fr. : *Bouldozeur* (inus.) ; recomm. offic. *Bouteur*.*

1. **BULLE** [byl]. *n. f.* (XIIᵉ ; lat. médiév. *bulla*, spécialisation du class. *bulla* « médaillon, ornement en forme de bulle »). ♦ 1° *Hist.* Boule de métal attachée à un sceau ; ce sceau. *La bulle des papes est à l'effigie de saint Pierre et saint Paul.* ♦ 2° Lettre patente du pape, avec le sceau de plomb, désignée par les premiers mots du texte (*ex. : bulle Unigenitus*), et contenant ordinairement une constitution générale. *Bulle d'excommunication. Bulle d'indication,* pour la convocation d'un concile. ◊ *Par anal. Hist.* Acte, ordonnance des empereurs d'Allemagne. *Bulle d'or de Charles IV.* ♦ 3° *Archéol.* Tête de clou richement ornée, décorant des vantaux, des coffres.

2. **BULLE** [byl]. *n. f.* (XVIᵉ ; lat. *bulla*). ♦ 1° Globule rempli d'air ou de gaz qui s'élève à la surface d'un liquide en mouvement, une effervescence, en ébullition. « *Une bulle formée contre une plante aquatique par l'eau de la rivière et qui crève aussitôt* » (PROUST). *Liquide qui fait des bulles.* V. **Effervescent, gazeux, pétillant.** *Amas de bulles.* V. **Mousse.** *Niveau* à bulle. Arg. milit. Coincer la bulle :* se reposer. ◊ Globe formé d'une pellicule de liquide remplie d'air, pouvant se tenir en suspension dans l'air. *Faire des bulles de savon avec un chalumeau.* ◊ Globule gazeux qui se forme dans une matière en fusion. *Les bulles du verre.* (V. **Bullé**). ♦ 2° *Méd.* Soulèvement de l'épiderme ménageant une cavité remplie de sérosité. V. **Vésicule ; bulleux.** ♦ 3° (v. 1960). Ligne fermée qui entoure le texte attribué à un personnage dessiné. *Bulles des bandes dessinées.* V. **Ballon.** *Le phylactère* est l'ancêtre de la bulle.* ♦ 4° (mil. XXᵉ) Phys. *Chambre* à bulles.*

3. **BULLE** [byl]. *n. m.* (1808 ; *bule* (1765), « pâte à papier grossière » ; o. i.). Papier jaunâtre, de qualité très ordinaire. Adj. m. invar. *Papier bulle.*

BULLÉ, ÉE [byle]. *adj.* (mil. XXᵉ ; de *bulle*). Se dit d'une matière solide et transparente dont la structure présente des bulles. *Verre bullé.* « *Le chambourin verdâtre, bullé, inégal, déformant les images* » (H. BAZIN).

BULLETIN [byltɛ̃]. *n. m.* (1520 ; it. *bolletino*, de *bolla* « bulle »). ♦ 1° Information émanant d'une autorité, d'une administration, et communiquée au public. V. **Communiqué.** *Bulletin météorologique. Les bulletins de la Grande Armée. Bulletin d'état civil,* établi dans les mairies à l'occasion des actes de l'état civil. Loc. fam. *Avaler son bulletin de naissance,* mourir. *Bulletins de statistique,* publiés par les offices de statistique. *Bulletin de santé,* par lequel les médecins traitants rendent compte de l'état de santé d'un personnage important. *Bulletin des lois,* recueil officiel des lois. V. **Journal** (Officiel). — *Scol.* Rapport (généralement trimestriel) des professeurs et de l'administration, contenant les notes de travail et de conduite d'un élève. *Il a eu un bon bulletin.* ◊ *Journal.* Article résumant et commentant des nouvelles dans un certain domaine. *Bulletin de l'étranger.* — Titre de certaines revues. ♦ 2° Certificat ou récépissé délivré à un usager. *Bulletin de bagages, de consigne.* — *Bulletin* (ou *feuille**) *de salaire** (*de paye**). ♦ 3° *Bulletin de vote,* papier indicatif d'un vote, que l'électeur dépose dans l'urne. *Bulletin nul,* irrégulier (par modification, surcharge, etc.). *Bulletin blanc,* vierge (en signe d'abstention).

BULLEUX, EUSE [bylø, øz]. *adj.* (1808 ; de *bulle*). ♦ 1° *Méd.* Qui présente des bulles* (2°). *Dermatose bulleuse.* ♦ 2° *Géomorphol.* Qui présente des bulles* (1°). *Sables bulleux, laves bulleuses.*

BULL-FINCH [bulfintʃ]. *n. m.* (1890 ; mot angl., altér. de *bull-fence* « clôture à taureaux »). *Hipp.* Obstacle de steeple-chase, formé d'un talus surmonté d'une haie.

BULL-TERRIER [bultɛʀje]. *n. m.* (1874 ; mot angl. de *bull*(dog), et *terrier*). Chien d'une race anglaise, bon ratier.

BUNA [byna]. *n. m.* (nom déposé de *bu(tadiène)*, et *Na* « sodium ») *Techn.* Caoutchouc synthétique obtenu par polymérisation du butadiène en présence du sodium.

BUNGALOW [bœ̃galo]. *n. m.* (1829 ; mot angl., de l'hindou *bangla* « du Bengale »). Maison indienne basse entourée de vérandas. *Par ext.* Petit pavillon en rez-de-chaussée.

BUNKER [bunkɛʀ]. *n. m.* (v. 1942 ; mot all., d'abord « soute à charbon »). Casemate construite par les Allemands pendant la dernière guerre.

BUPRESTE [bypʀɛst(ə)]. *n. m.* (1372 ; lat. *buprestis*, gr. *bouprêstis*). Insecte coléoptère, aux couleurs métalliques, dont la larve mange le bois.

BURALISTE [byʀalist(ə)]. *n.* (fin XVIIᵉ ; de *bureau*). Personne préposée à un bureau de recette, de timbre, de poste ; *spécialt.* Personne qui tient un bureau de tabac.

1. **BURE** [byʀ]. *n. f.* (XVIᵉ ; *burel*, XIIᵉ ; probabl. lat. pop. °*bura*, pour *burra.* V. **Bourre**). Grossière étoffe de laine brune. *Par ext.* Vêtement de cette étoffe. *La bure du moine.*

2. **BURE** [byʀ]. *n. m.* (1751 ; mot wallon, de l'a. haut all. *bur*). *Techn.* Puits reliant deux galeries de mine.

BUREAU [byʀo]. *n. m.* (1495 ; *burel* (XIIᵉ), « bure » ; XIIIᵉ, « tapis de table » ; de *bure* 1). I. ♦ 1° Table sur laquelle on écrit, on travaille. — *Spécialt.* Meuble à tiroirs et à tablettes où l'on peut enfermer des papiers, de l'argent. V. **Secrétaire.** *Bureau d'acajou, de chêne. Bureau Louis XVI, Empire. Bureau à cylindre. Bureau ministre :* grand bureau comme en ont les ministres. « *Il s'installe à neuf heures, derrière son bureau ministre* » (R. PINGET). — *Déposer un projet sur le bureau d'une Assemblée,* sur le bureau devant lequel est assis le président. ♦ 2° Pièce où est installée la table de travail, avec les meubles indispensables (bibliothèque, classeurs, etc.). V. **Cabinet.** *Le bureau d'un avocat.* « *M. Achille installa son petit-fils dans son bureau particulier* » (MAUROIS). ♦ 3° *Par ext.* Lieu de travail des employés (d'une administration, d'une entreprise). *Les bureaux du Ministère, de la Mairie. Les bureaux d'une agence, d'une Société.* V. **Service** (caisse, comptabilité, contrôle, secrétariat). *Meubles, fournitures de bureau. Personnel d'un bureau.* V. **Chef, commis, dactylographe, employé, garçon, huissier, secrétaire.** *Heures de bureau. Ouverture, fermeture des bureaux.* — *Aller au bureau, à son bureau* (Cf. arg. fam. Burlingue). *Monsieur est à son bureau.* « *Un de ces êtres minutieux qui installent dans toute leur vie l'exactitude de l'heure du bureau et l'ordre des cartons étiquetés* » (DAUD.). ◊ Établissement ouvert au public et où s'exerce un service d'intérêt collectif. *Les guichets d'un bureau. Bureau de l'enregistrement, des contributions. Bureau de poste.* — BUREAU DE TABAC, où se fait la vente du tabac et des articles de la Régie. ◊ Guichet. *Bureau d'un théâtre. Bureau de location. Jouer à bureaux fermés, à bureaux ouverts. Le bureau d'études. Le bureau administratif,* commercial. *Les bureaux d'un état-major. Deuxième Bureau* ou Service de renseignements. *Bureau de placement. Bureau de bienfaisance. Bureau International du Travail :* organisme administratif permanent de l'O. I. T. II. ♦ 1° Ensemble des employés travaillant dans un bureau. *Lenteur des bureaux administratifs.* ♦ 2° Membres d'une assemblée élus par leurs collègues pour diriger les travaux. *Président, secrétaires de bureau. Élire, renouveler le bureau. Faire partie du bureau. Réunion du bureau. Bureau politique d'un parti :* sa direction. ♦ 3° *Bureau de vote :* section du corps électoral communal ; organisme qui préside au vote dans une section. ♦ 4° Groupe de délégués chargés d'étudier une question. V. **Commission, comité.** — *Bureau Veritas,* comité technique de surveillance des navires.

BUREAUCRATE [byʀokʀat]. *n.* (1792 ; de *bureaucratie*). Fonctionnaire, employé rempli du sentiment de son importance et abusant de son pouvoir sur le public. *Fam.* et *péj.* Employé de bureau. V. **Gratte-papier, rond-de-cuir.**

BUREAUCRATIE [byʀokʀasi]. *n. f.* (1759 ; de *bureau*, et -*cratie*). ♦ 1° Pouvoir politique des bureaux ; influence abusive de l'administration. *La bureaucratie et la technocratie.* ♦ 2° L'ensemble des fonctionnaires considérés du point de vue de leur pouvoir dans l'État.

BUREAUCRATIQUE [byʀokʀatik]. *adj.* (1798 ; de *bureaucratie*). Propre à la bureaucratie.

BUREAUCRATISATION [byʀɔkʀatizasjɔ̃]. *n. f.* (v. 1966 ; de *bureaucratiser*). *Péj.* Transformation en bureaucratie ; accroissement du pouvoir des services administratifs. « *La lutte du citoyen contre la bureaucratisation* » (*Le Monde,* 13-4-1966).

BUREAUCRATISER [byʀɔkʀatize]. *v. tr.* (av. 1956 ; de *bureaucrate*). Transformer par la mise en place d'une bureaucratie*. « *Les bureaucrates ont réussi à bureaucratiser le monde* » (M. RAGON).

BURELÉ, ÉE [byʀle]. *adj.* (XIIIᵉ ; de *bureau*, ancienn. « tapis (rayé) ». *Blas.* Divisé par des burelles. ◊ (Timbres) *Fond burelé.*

BURELLE ou **BURÈLE** [byʀɛl]. *n. f.* (1615 ; de *burelé*). *Blas.* Fasce rétrécie sur un écu.

BURETTE [byʀɛt]. *n. f.* (*Buyrete,* 1305 ; de *buire*). ♦ 1° *Liturg.* Flacon destiné à contenir les saintes huiles, ou l'eau et le vin de la messe. ♦ 2° Petit flacon à goulot. *Burettes d'un huilier.* ◇ Récipient à tubulure pour verser un liquide. *Burette de mécanicien* (huile de graissage). *Burette de chimiste.* ♦ 3° Au plur. *(vulg.).* Testicules. — Loc. fig. *Casser les burettes à qqn,* l'importuner, l'agacer. Cf. *Casser* les pieds.*

BURGAU [byʀgo]. *n. m.* (1580; o. i.). Nom courant de coquilles univalves nacrées; nacre de ces coquilles (ou *Burgaudine,* 1701). *Incrustations de burgau.*

BURGRAVE [byʀgʀav]. *n. m.* (xvᵉ; all. *Burggraf* « comte d'une forteresse »). *Hist.* Dans le Saint Empire, Commandant d'une ville ou d'une citadelle (fonction, puis titre nobiliaire).

BURIN [byʀɛ̃]. *n. m.* (1420; a. it. *burino,* d'o. germ.). Ciseau d'acier que l'on pousse à la main et qui sert à graver. V. **Échoppe, guilloche, onglette, pointe** (pointe-sèche). *Graver au burin. Par ext.* Gravure au burin. *Livre illustré de burins du XVIIIᵉ s.* ◇ Ciseau d'acier (souvent mécanique) pour couper les métaux, dégrossir les pièces. ◇ *Chir.* Instrument à extrémité biseautée tranchante, pour entailler l'os.

BURINAGE [byʀinaʒ]. *n. m.* (1946; de *buriner*). *Techn.* Action de buriner (les métaux), d'enlever les bavures des pièces.

BURINÉ, ÉE [byʀine]. *adj.* (V. *Buriner*). Gravé au burin. *Fig. Visage buriné; traits burinés :* marqués et énergiques.

BURINER [byʀine]. *v. tr.* (1558; de *burin*). Graver au burin. *Buriner une planche.* ◇ *Techn.* Travailler au burin (les métaux).

BURINEUR [byʀinœʀ]. *n. m.* (1787; de *buriner*). *Techn.* Ouvrier spécialisé dans le burinage des pièces métalliques.

BURLESQUE [byʀlɛsk(ə)]. *adj.* (1611; *bourrelesque,* 1594; it. *burlesco,* de *burla* « plaisanterie »). ♦ 1° D'un comique extravagant et déroutant. V. **Bouffon, comique, loufoque.** *Un accoutrement burlesque. Farce, film burlesque.* Subst. « *Le genre nouveau qui venait de naître en Amérique, le burlesque* » (Beauvoir). ◇ *Par ext.* Tout à fait ridicule et absurde. V. **Grotesque.** *Quelle idée burlesque !* ♦ 2° *Hist. littér.* (mil. xviiᵉ). *Le genre burlesque,* ou le *burlesque,* parodie de l'épopée consistant à travestir, en les embourgeoisant, des personnages et des situations héroïques; propre à ce genre. *Style burlesque,* propre à ce genre. ⊗ ANT. **Grave, tragique.**

BURLESQUEMENT [byʀlɛskəmɑ̃]. *adv.* (xviiᵉ; de *burlesque*). D'une manière burlesque. V. **Comiquement, ridiculement.** ⊗ ANT. **Gravement.**

BURLINGUE [byʀlɛ̃g]. *n. m.* Arg. V. **Bureau.**

BURNOUS [byʀnu(s)]. *n. m.* (1851; *barnusse,* 1556, puis var. diverses; arabe *bournous*). ♦ 1° Grand manteau de laine à capuchon et sans manches que portent les Arabes. *Fam. Faire suer le burnous,* exploiter la main-d'œuvre indigène. ♦ 2° Manteau de bébé, très enveloppant, à capuchon et sans manches.

BURON [byʀɔ̃]. *n. m.* (*Buiron,* xiiᵉ; du même rad. que *bure* 2). Petite cabane de berger, et *spécialt.* Petite fromagerie, en Auvergne.

1. **BUS** [bys]. *n. m.* (v. 1907; abrév. de *autobus*). *Fam.* Autobus.

2. **BUS** [bys]. *n. m.* (mil. xxᵉ; de l'angl. *omnibus*). *Inform.* Conducteur commun à plusieurs circuits permettant de distribuer des informations ou des courants d'alimentation.

BUSARD [byzaʀ]. *n. m.* (xiiᵉ; de l'a. fr. *bu(i)son.* V. *Buse* 1). Oiseau rapace diurne *(Falconidés),* à longues ailes et longue queue. *Busard des roseaux, cendré.*

BUSC [bysk]. *n. m.* (1545; it. *busco,* de même rad. que *bûche*). ♦ 1° Lame de baleine, de métal, qui sert à maintenir le devant d'un corset. ♦ 2° Coude de la crosse d'un fusil. ♦ 3° Saillie contre laquelle viennent buter les portes d'une écluse.

1. **BUSE** [byz]. *n. f.* (xvᵉ; de l'a. fr. *bu(i)son,* lat. *buteo;* Cf. *Busard*). ♦ 1° Oiseau rapace diurne *(Falconidés),* aux formes lourdes, qui se nourrit de rongeurs. ♦ 2° *Fig.* et *fam.* Personne sotte et ignorante. V. **Bête.** « *Pas une buse diplomatique qui ne se crût supérieure à moi de toute la hauteur de sa bêtise* » (Chateaub.).

2. **BUSE** [byz]. *n. f.* (xiiiᵉ; moy. néerl. *bu(y)se*). Conduit, tuyau. *Buse d'aérage,* dans les mines. *Buse d'injection. Buse de carburateur,* pièce formant un étranglement qui accroît la dépression.

BUSH [buʃ]. *n. m.* (1926; mot angl.). *Géogr.* Association végétale de pays secs (Afrique orientale, Madagascar, Australie) formée de buissons serrés et d'arbres isolés.

BUSINESS [biznɛs]. *n. m.* (1884; mot angl.). ♦ 1° *Vx.* Travail. ♦ 2° *Mod.* Affaire embrouillée. *Qu'est-ce que c'est que ce business* (ou *bizness*)? → Chose, truc. *Passemoi ce bizness-là.*

BUSINESSMAN [biznɛsman]. *n. m.* (1965; mot angl.). Homme d'affaires. Pl. *Des businessmen* [biznɛsmɛn] ou *businessmans* [biznɛsman].

BUSQUÉ, ÉE [byske]. *adj.* (1771; p. p. de *busquer*). Qui présente une courbure convexe (comme le devant d'un corset muni d'un busc). V. **Arqué.** « *Le nez busqué formant proue* » (Mart. du G.).

BUSQUER [byske]. *v. tr.* (xviᵉ; de *busc*). *Techn.* Garnir d'un busc (un corset ou un combiné).

BUSSEROLE [bysʀɔl]. *n. f.* (1775; prov. *bouisserolo,* de *bouis* « buis »). Sorte d'arbousier *(Éricacées).*

BUSTE [byst(ə)]. *n. m.* (1356; it. *busto*). ♦ 1° Partie supérieure du corps humain, de la tête à la ceinture. V. **Torse, tronc.** « *Il carrait les épaules, redressait et dilatait le buste* » (Mart. du G.). *Se faire peindre en buste,* dans un portrait qui ne représente que le buste. *Spécialt.* Poitrine des femmes, seins. « *Une irritante exposition de bustes à peu près sans corsage* » (Fromentin). *Gymnastique pour la beauté du buste.* ♦ 2° Portrait sculpté représentant la tête et une partie des épaules, de la poitrine, souvent sans les bras. *Buste antique. Buste en hermès, en piédouche.*

BUSTIER [bystje]. *n. m.* (1955; de *buste*). Sous-vêtement féminin ou corsage qui emboîte le buste, avec ou sans bretelles.

BUT [by]. *n. m.* (1245; probabl. frq. °*but* « souche, billot »). ♦ 1° Point visé, objectif. V. **Blanc, cible.** *Viser le but. Tir* au but. Atteindre, toucher le but.* V. **Mouche** (faire). *Manquer le but. Spécialt. (Boules)* Cochonnet. *Pointer une boule vers le but.* — Loc. *De but en blanc* [d(ə)bytɑ̃blɑ̃]. (var. anc. *de pointe en blanc,* ou *de blanc en blanc*), directement; *fig.* Sans préparation, brusquement. « *Quand on est ainsi interrogée de but en blanc sans être prévenue* » (Proust). ♦ 2° Point que l'on se propose d'atteindre. V. **Terme.** *Le but d'une expédition. Atteindre le but par petites étapes.* ◇ *Sports.* **But** [by(t)]. Chacune des deux limites avant et arrière d'un terrain de jeu, encadrées par les touches; sur cette limite, espace déterminé que doit franchir le ballon (entre les montants et la barre transversale, au football, hand-ball, hockey, etc.). *Ligne de but. Gardien de but.* — (1922). Point marqué quand le ballon franchit cette ligne. *Marquer, rentrer un but. Gagner par trois buts à un. Transformer un essai en but.* ♦ 3° *Fig.* Ce que l'on se propose d'atteindre, ce à quoi l'on tente de parvenir. V. **Dessein, fin, intention, objectif, objet, propos.** « *Ne vous donnez pas pour but d'être quelque chose, mais d'être quelqu'un* » (Hugo). « *Vivre sans but, c'est laisser disposer de soi l'aventure* » (Gide). *Avoir pour but.* V. **Vue** (en). *Tendre à un but. Tous les moyens lui sont bons pour arriver à son but. Toucher le but, au but.* V. **Aboutir.** *Aller droit au but, sans détour. Être détourné de son but. Être encore loin du but. Le but de la vie.* V. **Raison.** *Poursuivre un but,* chercher à atteindre un dessein. *Remplir un but,* réaliser un dessein. « *Je ne remplirais pas le but de ce livre* » (Rouss.). — (Gram.) *Complément de but,* marquant dans quel but on accomplit l'action. *Conjonction de but,* introduisant les propositions finales. — Loc. prép. *Dans un but, dans le but de :* dans le dessein, l'intention de. « *Dans le but d'imprimer l'effroi* » (Chateaub.). « *Dans le seul but de lui complaire* » (Flaub.). ⊗ HOM. **Butte.**

BUTADIÈNE [bytadjɛn]. *n. m.* (1913; de *buta*(ne) et *di*(éthyl)ène). *Chim.* Hydrocarbure éthylénique employé dans la fabrication du caoutchouc synthétique. V. **Buna.**

BUTANE [bytan]. *n. m.* (1874; du rad. de *but*(ylique), et suff. chim. *-ane*). *Cour.* Hydrocarbure saturé, gazeux et liquéfiable, employé comme combustible. *Une bouteille de butane. Appos. Gaz butane.*

BUTANIER [bytanje]. *n. m.* (1950; de *butane*). Navire destiné au transport du butane.

BUTÉ, ÉE [byte]. *adj.* (V. *Buter*). Entêté dans son opinion, dans son refus de comprendre. « *Butée et complètement imperméable aux sentiments, pensées ou intentions d'autrui* » (Gide). — Qui exprime cet entêtement. *Un visage buté.* HOM. **Butée, buter, butter.**

BUTÉE [byte]. *n. f.* (1694; de *buter*). ♦ 1° Massif de pierre destiné à supporter une poussée. *Spécialt.* Culée d'un pont. ♦ 2° *Mécan.* Organe, pièce supportant un effort axial. *Palier de butée.* ◇ HOM. **Buté, buter, butter.**

BUTÈNE [bytɛn] ou **BUTYLÈNE** [bytilɛn]. *n. m.* (1878, -1867; du rad. de *but*(ylique), et suff. chim. *-ène*). *Chim.* Hydrocarbure éthylénique.

1. **BUTER.** V. **Butter** 2.

2. **BUTER** [byte]. *v.* (xivᵉ; de *but*). ♦ 1° V. intr. Heurter le pied (contre qqch. de saillant). V. **Achopper, broncher.** *Buter contre une pierre, un rebord. Adoum « a buté contre une souche et roulé à terre* » (Gide). — *Fig.* Se heurter (à une difficulté). « *Des problèmes sur lesquels ont buté tous les autres pays* » (Siegfried). ◇ S'appuyer, être calé. *La poutre bute contre le mur.* ♦ 2° V. tr. Appuyer, soutenir, étayer. *Buter un mur au moyen d'un arc-boutant.* ◇ *Fig. Vx.* Contrecarrer. *Mod.* Réduire (qqn) à une position de refus entêté. V. **Braquer.** ♦ 3° V. pron. Se heurter. « *Sans me buter à des gens de connaissance* » (Courteline). ◇ *Fig.* S'entêter, être buté. ⊗ HOM. *Buté, butée, butter.*

BUTEUR [bytœʀ]. *n. m.* (v. 1950; de *but*). *Football.* Joueur qui sait tirer au but et marquer. *Notre équipe manque de buteurs.*

BUTIN [bytɛ̃]. *n. m.* (xivᵉ; du moy. bas all. *bûte* « partage » ; Cf. all. *Beute*). ♦ 1º Ce qu'on prend aux ennemis, pendant une guerre, après la victoire. V. **Capture, dépouille, prise, trophée.** « *Ces campagnes d'Italie qui rapportaient de l'avancement et du butin* » (BAINVILLE). ♦ 2º *Par ext.* Produit d'un vol, d'un pillage. *Le voleur surpris a dû abandonner son butin.* ♦ 3º Produit, récolte qui résulte d'une recherche. *Le butin des dernières fouilles est très important. Le butin que rapportent les fourmis, les abeilles.*

BUTINER [bytine]. *v. intr.* (1762 ; « piller, faire du butin », XIVᵉ ; de *butin*). ♦ 1º Se dit des abeilles (dites *butineuses*) qui visitent les fleurs pour y chercher la nourriture de la ruche. ♦ 2º *Fig.* (*Trans.*). Récolter. *Butiner quelques renseignements.*

BUTINEUR, EUSE [bytinœr, øz]. *adj.* (1846 ; de *butiner*). Qui butine. *L'abeille, insecte butineur.*

BUTOIR [bytwar]. *n. m.* (1690 ; de *buter*). ♦ 1º Couteau à racler le cuir (V. **Drayoir**) ; outil à sculpter le bois. ♦ 2º (1863). Pièce ou dispositif servant à arrêter. *Butoir d'une porte. Butoir de chemin de fer,* placé à l'extrémité d'une voie de garage.

BUTOME [bytɔm]. *n. m.* (1783 ; lat. bot. *butomus,* gr. *boutomos*). Plante aquatique (*Alismacées*) appelée communément *jonc fleuri,* aux fleurs blanches ou roses.

BUTOR [bytɔr]. *n. m.* (XIIᵉ ; du lat. *buteo, butio,* mais élément final obscur, p.-ê. *taurus* « taureau »). ♦ 1º Oiseau échassier, sorte de héron au plumage fauve et tacheté, vivant dans les marais, et dont le cri évoque le mugissement du taureau. ♦ 2º *Fig.* (1671). Grossier personnage, sans finesse ni délicatesse. V. **Bête, lourdaud, malappris.** *Au fém.* Rare. *Une butorde* [bytɔrd(ə)].

BUTTAGE [bytaʒ]. *n. m.* (1747 ; de *butter* 1). *Hortic.* Action de butter (une plante). *Le buttage des pommes de terre, de la vigne.*

BUTTE [byt]. *n. f.* (XIVᵉ ; forme fém. de *but*). ♦ 1º Tertre naturel ou artificiel où l'on adosse la cible. *Butte de tir.* — *Loc. fig.* ÊTRE EN BUTTE À, être exposé à (comme si on servait de cible). « *Je fus en butte à des vexations sans nombre* » (FRANCE). ♦ 2º Petite éminence de terre. V. **Colline, hauteur, monticule, tertre.** *La butte Montmartre* (ou absolt. *la Butte). Les Buttes-Chaumont.* « *On baptise mont, la butte du Kemmel qui a cent mètres* » (DANIEL-ROPS). *Géogr. Butte-témoin,* butte représentant, sur une plate-forme démantelée par l'érosion, les restes du relief ancien. ◇ ANT. Creux, dépression. — HOM. *But* (Sports).

1. BUTTER [byte]. *v. tr.* (1701 ; de *butte). Hortic.* Disposer (de la terre) en petites buttes ; garnir (une plante) de terre qu'on élève autour du pied. V. **Chausser.** « *Il continue à butter des choux dans le potager* » (H. BAZIN). ◇ ANT. Déchausser. — HOM. *But, Buté.*

2. BUTTER ou **BUTER** [byte]. *v. tr.* (1821 ; de *butte,* dial. « jeu où l'on abat (des bouchons, des quilles) » ; de *butte* de tir). *Arg.* Tuer, assassiner. ◇ HOM. V. *Buté.*

BUTTOIR [bytwar]. *n. m.* (1845 ; de *butter* 1). Petite charrue employée au buttage.

BUTYLE [bytil]. *n. m.* (1855 ; du rad. de *but*(yrique), et suff. *-yle* des rad. chim.). Radical univalent de formule C_4H_9.

BUTYLÈNE. V. BUTÈNE.

BUTYLIQUE [bytilik]. *adj.* (1867 ; de *butyle*). Se dit des alcools, esters et composés contenant le radical butyle.

BUTYR(O)-. Élément tiré du gr. *bouturon,* lat. *butyrum* « beurre ».

BUTYRATE [bytirat]. *n. m.* (1843 ; de *butyrique*). Sel de l'acide butyrique.

BUTYREUX, EUSE [bytirø, øz]. *adj.* (1560 ; du lat. *butyrum* « beurre »). *Didact.* Qui a l'apparence ou les caractères du beurre. « *Une sorte de crème épaisse et presque butyreuse* » (GIDE).

BUTYRINE [bytirin]. *n. f.* (1823 ; de *butyr-,* suff. *-ine*). *Chim.* Corps gras présent dans le beurre.

BUTYRIQUE [bytirik]. *adj.* (1823 ; de *butyr-,* suff. *-ique*). ♦ 1º *Sc.* Qui se rapporte au beurre. ♦ 2º *Chim. Acide butyrique,* acide organique d'odeur désagréable, présent dans le beurre rance, la sueur et au cours de certaines décomposi-

tions de matières organiques. — *Fermentation butyrique,* formation d'acide butyrique par décomposition du sucre, de l'acide lactique ou de l'amidon, due à certains micro-organismes.

BUTYROMÈTRE [bytirɔmɛtr(ə)]. *n. m.* (1855 ; de *butyro-,* et *-mètre*). Appareil servant à mesurer la richesse du lait en matière grasse.

BUVABLE [byvabl(ə)]. *adj.* (*Bevable,* XIIIᵉ ; de *boire*). Qui peut se boire, n'est pas désagréable au goût. *Ce vin est à peine buvable.* — *Pharm.* Ampoules *buvables,* à prendre par la bouche. ◇ ANT. Imbuvable.

BUVARD [byvar]. *n. m.* (1828 (on disait *brouillard*) ; de *boire*). ♦ 1º Sous-main garni de papier qui boit l'encre. ♦ 2º (1867). *Papier buvard,* ou *buvard,* ce papier ; feuille de ce papier.

BUVÉE [byve]. *n. f.* (1700 ; *bevée* « coup à boire », XIIᵉ ; de *boire*). *Agric.* Breuvage composé de son et de farine, destiné au bétail.

BUVETIER, IÈRE [byvtje, jɛr]. *n.* (1586 ; de *buvette*). Personne qui tient une buvette.

BUVETTE [byvɛt]. *n. f.* (1539 ; de *boire*). Dans certains établissements publics, Petit local ou comptoir où l'on sert à boire. V. **Bar, café.** *Buvette d'une gare.* V. **Buffet.** *La buvette de la Chambre, du Palais.* ◇ Dans les stations thermales, Endroit où l'on va boire les eaux.

BUVEUR, EUSE [byvœr, øz]. *n.* (*Beveor,* XIIIᵉ ; de *boire*). ♦ 1º Personne qui aime boire du vin, des boissons alcoolisées. V. **Ivrogne.** « *La trogne enluminée du gros buveur* » (TAINE). ♦ 2º Personne qui boit, est en train de boire. « *Les buveurs à la terrasse d'un café.* « *Les buveurs et les buveuses se pressaient autour de la fontaine* » (CHATEAUB.). *Un buveur d'eau, de cidre.*

BUXACÉES [byksase]. *n. f. pl.* (1857 ; du lat. *buxus* « buis »). Famille de plantes dont le type est le buis.

BYE-BYE [bajbaj] ou **BYE.** *interj.* (XXᵉ ; mot angl.). *Fam.* Au revoir, adieu. « *Vous direz au revoir aux autres pour moi. Allez, bye!* » (A. SARRAZIN).

BY-PASS [bajpas]. *n. m. invar.* (v. 1948 ; mot angl. « dérivation », de *pass* « passage », et *by-* « proche, secondaire »). *Techn.* Canal de dérivation pratiqué sur le trajet d'un fluide. — Robinet à double voie, vanne commandant ce dispositif. ◇ *Par ext.* (*Auto.*). Voie de dérivation permanente. V. **Dérivation.** — (*Chir.*). Opération (dite aussi *pontage**) ayant pour but de rétablir la circulation sanguine interrompue par la rupture d'une artère. — Recomm. offic. *Dérivation, déviation, contournement, circuit de contournement, évitement,* et une francisation *bipasse* [bipas].

BYSSINOSE [bisinoz]. *n. f.* (1894 ; du gr. *bussinos* « de lin, de coton »). *Méd.* Pneumoconiose qui atteint les ouvriers qui travaillent le coton.

BYSSUS [bisys]. *n. m.* (fin XIVᵉ ; mot lat., gr. *bussos* « lin très fin, coton »). Faisceau de filaments soyeux, sécrétés par une glande de certains lamellibranches, leur permettant de se fixer. « *Les coquilles porte-soie dont le byssus fin, moelleux, pouvait devenir une fibre textile* » (J. CAYROL).

BYZANTIN, INE [bizɑ̃tɛ̃, in]. *adj.* (XVIIᵉ ; bas lat. *Byzantinus,* de *Byzantium,* gr. *Buzantion* « Byzance »). ♦ 1º De Byzance, propre à Byzance et à son empire. *Empire byzantin,* Empire romain d'Orient (fin IVᵉ-1453). *L'histoire, la civilisation byzantine. Littérature byzantine. Le grec byzantin.* — *L'art byzantin* ou *l'Empire byzantin,* et (*vx*) *l'art roman.* ♦ 2º *Fig.* (1838). Qui évoque, par son excès de subtilité, par son caractère formel et oiseux, les disputes théologiques de Byzance. « *Les amateurs de querelles byzantines et autres fendeurs de fils en quatre* » (DUHAM.).

BYZANTINISME [bizɑ̃tinism(ə)]. *n. m.* (1878 ; de *byzantin*). Tendance aux discussions byzantines (2º).

BYZANTINISTE [bizɑ̃tinist(ə)] ou **BYZANTINOLOGUE** [bizɑ̃tinɔlɔg(ə)]. *n.* (déb. XXᵉ ; de *byzantin*). Spécialiste de l'histoire et de la civilisation byzantines.

BYZANTINOLOGIE [bizɑ̃tinɔlɔʒi]. *n. f.* (v. 1950 ; de *byzantin,* et *-logie*). Étude de l'histoire et de la civilisation byzantines.

C

C [se]. *n. m.* ♦ **1°** Troisième lettre, deuxième consonne de l'alphabet, servant à noter la sifflante sourde [s] *(céleste, cymbale)* ou l'occlusive vélaire [k] *(car, court, culasse, claque, croc). C; c.* C cédille (ç [s]). *Ch :* qui note la fricative sourde [ʃ]. ♦ **2°** Symbole chimique du *carbone.* — *Mus.* Nom ancien (et angl., all.) de la note *do.* — Sur la portée, il indique une mesure à quatre temps. — *Numér.* Abrév. du nombre cent, en chiffres romains. — *Électr.* Symb. de *Coulomb.* — *°C;* degré Celsius.

Ca Symbole chimique du *calcium**.

1. ÇA [sa]. *pron. dém.* (1694; abrév. de *cela,* d'apr. *çà* 3). ♦ **1°** *Fam.* Cela, ceci. *Il ne manquait plus que ça. Je ne veux pas de ça,* et absolt. *Pas de ça! Donnez-moi ça. À part ça. Tout ça. Me faire ça, à moi. Ça dépend. Et avec ça?* « *Est-ce que ça va, dis?* — *Oui, ça va, c'est très bien* » (ZOLA). *Il y a (y'a) de ça!,* c'est en partie vrai. — Marque l'insistance, dans l'interrogation. *Qui ça? Où ça?* ◇ *C'est comme ça :* c'est ainsi. V. **Ainsi.** *Comme ça, vous ne restez pas?* V. **Donc.** *Comment allez-vous? Comme ça. Comme ci, comme ça.* — *Avec ça!* marque le doute, l'ironie. ◇ *Ça est,* pour *c'est,* se dit en Belgique. ♦ **2°** Pour marquer l'approbation. *C'est ça!* c'est très bien, bravo! — L'indignation, l'étonnement. *Ça, par exemple! Ah, ça, alors!* ♦ **3°** *Péj.* (désignant des personnes). « *Ces sales ouvriers ont encore choisi un jour où j'ai du monde. Allez donc faire du bien à ça!* » (ZOLA). « *Ça bavardait, ça racontait mille choses, des histoires du quartier* » (FERNIOT). V. **Il.** ◇ *(Choses).* Fam. *Ça a neigé toute la nuit.* V. II (II, 1°). ♦ **4°** *(Spécialt.)* L'acte sexuel (Cf. La chose). « *Les Américains font ça comme des oiseaux* » (CÉLINE). ◇ HOM. *Çà, sa.*

2. ÇA [sa]. *n. m.* (mil. XXe; trad. de l'all. *Es;* 1923, Freud). *Psychan.* Ensemble des pulsions* inconscientes. *Le ça, le moi et le surmoi.*

3. ÇÀ [sa]. *adv. de lieu* (1080; lat. pop. *ecce-hac* « voici-par ici »). ♦ **1°** *Vx.* Ici, cet endroit-ci. « *Viens çà, que je voie* » (MOL.). — Mod. *Çà et là* : de côté et d'autre. *Jeter, semer çà et là.* V. **Désordre (en), pêle-mêle.** ♦ **2°** *Interj. Vx. Çà! or* çà!* s'employait pour encourager qqn. « *Çà! déjeunons, dit-il* » (LA FONT.). — (Menace, impatience) « *Çà, allez-vous vous taire!* » ◇ HOM. *Çà, sa.*

C. A. Abrév. de chiffre* d'affaires.

CAB [kab]. *n. m.* (1848; mot angl., abrév. de « cabriolet »). *Ancienn.,* en Angleterre, Sorte de cabriolet, où le cocher est placé par derrière.

CABALE [kabal]. *n. f.* (1532; de l'hébreu rabbinique *qabbalah* « tradition »).

I. ♦ **1°** CABALE *(vx)* ou KABBALE : tradition juive donnant une interprétation mystique et allégorique de l'Ancien Testament. *L'école, les docteurs de la cabale.* V. **Ésotérisme, herméneutique.** ♦ **2°** Science occulte prétendant faire communiquer ses adeptes avec des êtres surnaturels. V. **Magie, occultisme, théosophie.**

II. *Fig.* (1586). ♦ **1°** Manœuvres secrètes, concertées contre qqn ou qqch.; association de ceux qui s'y livrent. V. **Brigue, complot, conjuration, intrigue.** *Faire monter une cabale contre qqn.* « *Il organise des contradictions, des oppositions, des cabales* » (GIDE). ♦ **2°** Ceux qui forment une cabale. V. **Clique, coterie, faction, ligue.** « *Les propos incessamment rebattus de la cabale philosophique qui l'entourait* » (ROUSS.).

CABALER [kabale]. *v. intr.* (1617; de *cabale).* Vieilli. Faire une cabale; faire partie d'une cabale. V. **Comploter, conspirer, intriguer.**

CABALISTE [kabalist(ə)]. *n. m.* (1532; de *cabale).* Philosophe, théologien versé dans la cabale juive (var. KABBALISTE).

CABALISTIQUE [kabalistik]. *adj.* (1532; de *cabale).* ♦ **1°** Qui est relatif à la cabale juive. *Science, interprétation cabalistique.* ♦ **2°** *Par ext.* Qui a rapport à la science occulte. V. **Ésotérique, magique.** *Termes cabalistiques.* ♦ **3°** *Fig.* (1867). Mystérieux, incompréhensible. *Signes cabalistiques.* ◇ ANT. *Clair, limpide.*

CABAN [kabã]. *n. m.* (1448; it. de Sicile *cabbanu,* de l'arabe *qabâ).* Grande veste de laine des marins. V. **Capote.** (Cf. Vareuse.) *Par ext.* Longue veste de sport en gros drap, croisée haut.

CABANE [kaban]. *n. f.* (1387; prov. *cabanna,* bas lat. *capanna).* ♦ **1°** Petite habitation grossièrement construite; abri sommaire. V. **Baraque, bicoque, cabanon, cahute, case, hutte.** *Cabane de berger* (V. Buron), *de bûcheron* (V. Loge), *de pêcheur. Cabane en planches, en terre battue; cabane couverte de chaume.* V. **Chaumière.** ◇ (1837). *Cabane (à sucre).* Au Canada, Bâtiment construit à l'intérieur d'une propriété agricole dans une forêt d'érables, destiné à la fabrication du sucre et du sirop d'érable. V. **Sucrerie** (d'érable). « *Peut-être même est-ce la première cabane de la série de toutes les cabanes habitées? Cabane à sucre abandonnée?* » (A. HÉBERT). ♦ **2°** *Cabane à lapins,* casier en planches pour élever les lapins; *fig.* Maison de piètre apparence. ♦ **3°** Case où l'on place les vers à soie pour qu'ils y filent leur cocon. V. **Cabaner.** ♦ **4°** (1925). *Pop. Mettre en cabane* : en prison.

CABANER [kabane]. *v. tr.* (XVIe, *se cabaner* « habiter une cabane »; de *cabane).* ♦ **1°** *Mar.* (1783). Renverser une embarcation, la mettre quille en l'air. *Cabaner un navire sur cale.* ♦ **2°** (1867). Disposer un abri de branchages pour que les vers à soie y filent leur cocon. V. **Encabaner.**

CABANON [kabanɔ̃]. *n. m.* (1752; de *cabane).* ♦ **1°** Cellule où l'on enferme les fous jugés dangereux. *On lui passa la camisole de force et on le mit au cabanon.* — Fam. *Il est bon à mettre au cabanon* : il est fou. ♦ **2°** (1867). En Provence, Petite maison de campagne. « *Dites, Norine, vous viendrez encore au cabanon dimanche?* » (PAGNOL). — Chalet de plage. « *Un petit cabanon de bois à l'extrémité de la plage* » (CAMUS).

CABARET [kabaʀɛ]. *n. m.* (fin XIIIe; néerl. *cabret,* picard *cambrette* « petite chambre ». V. **Chambre).** ♦ **1°** *Vieilli.* Établissement où l'on sert des boissons; café d'un rang modeste. V. **Bistrot, café, débit** (de boissons), **estaminet.** *Un pilier de cabaret* : un ivrogne. — *Par métaph.* : *Cabaret aux oiseaux.* V. **Cardère.** ♦ **2°** Établissement où l'on présente un spectacle et où les clients peuvent consommer des boissons, souper, danser. V. **Café-concert, boîte** (boîte de nuit). *Passer la soirée au cabaret. Cabaret chic, élégant. Souper au cabaret.* « *Les cabarets de minuit s'éveillent tard* » (DUHAM.). ♦ **3°** (XVIIe). Petit meuble ou coffret contenant un service à liqueurs. « *Des liqueurs contenues dans un de ces magnifiques cabarets en bois précieux* » (BALZ.).

CABARETIER, IÈRE [kabaʀtje, jɛʀ]. *n.* (XIVe; de *cabaret).* Vx. Personne qui tient un cabaret (1).

CABAS [kaba]. *n. m.* (1372; prov. *cabas,* lat. pop. °*capacium,* de *capax* « qui contient beaucoup »). ♦ **1°** Panier souple qui sert à mettre des fruits. V. **Couffin.** *Cabas de figues. Cabas à olives.* ♦ **2°** Panier aplati ou sac à provisions que l'on porte au bras. *Faire son marché avec un cabas.* « *Un petit panier qu'il portait à la main des cabas* » (BEAUVOIR).

CABASSET [kabasɛ]. *n. m.* (1284; de *cabas).* Ancienn. Casque sans visière. V. **Bassinet.**

CABÈCHE [kabɛʃ]. *n. f.* (déb. XIXe; esp. *cabeza* « tête »). *Pop.* (Vieilli). Tête (dans l'express. *couper cabèche).*

CABERNET [kabɛʀnɛ]. *n. m.* (fin XIXe; mot du Médoc). Cépage du sud-ouest de la France. V. **Bordeaux.** *Cabernet franc. Cabernet sauvignon.*

CABESTAN [kabɛstã]. *n. m.* (*Cabestant,* fin XIVe; prov. *cabestran,* de *cabestre.* V. **Chevêtre).** Treuil à arbre vertical sur lequel peut s'enrouler un câble, et qui sert à tirer des fardeaux. *Cabestan à bras,* muni de barres horizontales. *Cabestan électrique. Haler un navire au cabestan. Virer le cabestan, au cabestan.*

CABIAI [kabjɛ]. *n. m.* (1761; *capiiguare,* 1575; du tupi (Brésil). V. **Cobaye).** Gros rongeur d'Amérique du Sud, vivant près des fleuves (On l'appelle *Cochon d'eau).*

CABILLAUD [kabijo]. *n. m.* (*Cabillaut,* 1278; néerl. *kabeljau).* Morue fraîche. ◇ HOM. *Cabillot.*

CABILLOT [kabijo]. *n. m.* (1694; prov. *cabilhot,* de *cabilha* « cheville »). *Mar.* Cheville à laquelle on amarre les manœuvres courantes. *Cabillot d'amarrage.* ◇ HOM. *Cabillaud.*

CABINE [kabin]. *n. f.* (1688; angl. *cabin,* du picard *cabine* (1364) « maison de jeu ». V. **Cabane**). ♦ 1º *Mar.* Petite chambre, à bord d'un navire. *Retenir une cabine à bord d'un paquebot.* V. **Couchette.** *Cabine de luxe.* — *Aviat. Cabine de pilotage,* à bord d'un avion. ♦ 2º Petit réduit. *Cabine de bain,* où l'on se déshabille avant le bain. *Louer une cabine à la piscine.* — *Cabine téléphonique. Cabine d'ascenseur.* — *Ch.* de fer. *Cabine d'aiguillage, de signaux.*

CABINET [kabinɛ]. *n. m.* (1525, « chambre »; de *cabine,* ou it. *gabinetto* « chambre, meuble »).
I. ♦ 1º Petite pièce située à l'écart. V. **Réduit.** *Cabinet attenant à une chambre. Cabinet de débarras.* V. **Cagibi.** *Cabinet noir,* sans fenêtres. *Menacer un enfant de l'enfermer au cabinet noir.* — *Cabinet particulier,* dans un café, un restaurant. — CABINET DE TOILETTE : petite salle d'eau (avec lavabo, et parfois douche). ♦ 2º (1547). Lieu où l'on place, où l'on expose des objets de curiosité, d'étude. *Cabinet d'objets d'art.* V. **Musée.** *Cabinet de cires :* collection de reproductions en cire d'hommes et de scènes célèbres. *Le cabinet des Antiques,* roman de Balzac. — *Vx. Cabinet de physique* (laboratoire). ♦ 3º (1627). Pièce où l'on se retire pour travailler, converser en particulier. *Cabinet de travail, d'étude.* V. **Bureau.** *Un homme de cabinet,* d'études. *Le cabinet du directeur.* ◇ *Cabinet de lecture,* où l'on peut consulter, emprunter des ouvrages (V. **Bibliothèque**). ♦ 4º (1690). Spécialt. *Cabinet d'aisances,* et absolt. *Cabinet, cabinets.* V. **Garderobe, toilettes, water-closet** (Cf. *pop.* Chiottes). *La cuvette, le siège, la chasse d'eau des cabinets. Aller aux cabinets* (Cf. *par euphém.* Aller quelque part, à un petit coin). « *Elle croit un peu trop que les vrais poètes ne vont jamais aux cabinets* » (GIDE). — REM. Ce sens de CABINET rend difficile l'emploi absolu du mot, surtout au pluriel. ♦ 5º (1834). Pièce dans laquelle un avocat, un médecin reçoivent leurs clients. *Cabinet de consultation. Cabinet d'affaires :* établissement où l'on se charge, moyennant rétribution, des affaires d'autrui. V. **Agence.** ◇ Ensemble des affaires d'un avocat, d'un cabinet d'affaires.
II. *Polit.* (1708). Ensemble des ministres, dans le régime parlementaire. V. **Gouvernement.** *Le cabinet s'est présenté devant les Chambres. Cabinet de coalition.* — Service chargé de la préparation des affaires gouvernementales et administratives dans un ministère, une préfecture. *Le cabinet du ministre. Chef de cabinet.*
III. (1528). *Techn.* Meuble à plusieurs compartiments pour ranger des objets précieux. V. **Buffet.** *Cabinet d'ébène, de laque. Cabinet d'orgue :* buffet d'orgue.

CÂBLAGE [kablaʒ]. *n. m.* (1877; de *câbler*). ♦ 1º Fabrication d'un câble; torsion des fils d'un câble. ♦ 2º Ensemble des connexions d'un appareil électrique ou électronique (V. **Connecteur**). ◇ Ensemble des fils (soudés ou branchés par prise) d'un tel appareil. ♦ 3º Action de câbler (une dépêche).

CÂBLE [kabl(ə)]. *n. m. (Caavle,* 1310; prov. *cable,* bas lat. *capulum*). ♦ 1º Faisceau de fils (de chanvre, d'acier) tressés. V. **Corde.** *Torons formant un câble. Câble de levage. Câble pour retenir un chargement.* V. **Liure.** *Câble de traction.* V. **Remorque.** *Tendeur, poulies de câble.* — *Mar.* Gros cordage, ou forte amarre en acier. *Filer, mouiller un câble :* lâcher le câble en le déroulant. *Câble de la bouée d'une ancre* (V. **Orin**), *de l'ancre* (V. **Chaîne**), *de la barre du gouvernail* (V. **Drosse**). *Câble de halage, de remorque.* V. **Remorque, touée.** — *Mécan. Câble de commande. Câble de frein.* ♦ 2º Gros cordon d'argent, de soie servant à relever des tentures, à attacher des tableaux. V. **Câblé.** — Moulure en forme de gros cordage. ♦ 3º *Par anal.* Fil conducteur métallique protégé par des enveloppes isolantes. *Câble électrique. Câble aérien. Poser, immerger un câble sous-marin. Câble télégraphique, téléphonique.* — *Câble coaxial*.* ♦ 4º Par anal. *Câble hertzien :* liaison par faisceau d'ondes hertziennes. ♦ 5º (1897). Câblogramme. *Envoyer un câble.* V. **Câbler.**

CÂBLÉ, ÉE [kable]. *adj. et n. m.* (1690; de *câbler*). ♦ 1º *Fil câblé,* retordu. ♦ 2º *Archit. Moulure câblée,* en forme de câble. ♦ 3º *Mar. Ancre câblée,* munie d'un câble. ♦ 4º *Circuits câblés,* construits par câblage (2º), par opposition à *circuits* imprimés, intégrés.* ♦ 5º *N. m.* Gros cordon de passementerie dont les fils tortillés. — Fil à coudre. *Du câblé six fils. Câblé d'Alsace,* coton à tricoter.

CÂBLEAU ou **CÂBLOT** [kablo]. *n. m.* (1404,-1553; de *câble*). Câble de grosseur moyenne servant d'amarres aux embarcations.

CABLEMAN. *n. m.* V. **Câbliste.**

CÂBLER [kable]. *v. tr.* (1680; de *câble*). ♦ 1º Assembler (plusieurs torons) en [les] tordant ensemble en un seul câble. ♦ 2º (1877; de l'angl.). Envoyer (une dépêche) par câble télégraphique. *On vous câblera des instructions.*

CÂBLERIE [kabləri]. *n. f.* (1928; de *câble*). Fabrication, fabrique de câbles.

CÂBLEUR [kablœr]. *n. m.* (1973; de *câble*). *Techn.*

Technicien qui effectue la pose et le montage de câbles électriques.

CÂBLIER [kablije]. *n. m.* (1908, adj., de *câble*). ♦ 1º Navire spécialement équipé pour le transport, la pose et la réparation des câbles sous-marins. Adj. *Un navire câblier.* ♦ 2º Fabricant de câbles.

CÂBLISTE [kablist]. *n. m.* (1973; de *câble*). *Télév.* Agent chargé de manipuler les câbles d'une caméra, dans une prise de vue. (Angl. *Cableman.*)

CÂBLODISTRIBUTION [kablodistribysjɔ̃]. *n. f.* (v. 1965; de *câble,* 4º, et *distribution,* d'apr. *télédistribution* (surtout au Canada). *Techn.* Procédé de diffusion d'émissions télévisées par câbles, utilisé pour des réseaux d'abonnés à domicile ou en circuit fermé. V. **Télédistribution, téléenseignement.**

CÂBLOGRAMME [kablogram]. *n. m.* (1903; *câblegramme,* 1897; angl. *cablegram,* de *cable,* et *-gramme*). Télégramme transmis par câble. V. **Câble** (5º).

CABOCHARD, ARDE [kabɔʃar, ard(ə)]. *adj. et n.* (1579; de *caboche*). Entêté. *Il est un peu cabochard. Quelle cabocharde!*

CABOCHE [kabɔʃ]. *n. f. (Caboce,* 1160; forme normanno-picarde, de *bosse,* confondu avec des dér. de *caput,* « tête »). ♦ 1º *Fam.* Tête. *Grosse caboche.* — *Fig.* Esprit, mémoire. *Il a une tête, une sacrée caboche! Il est têtu.* ♦ 2º (1680; it.). Clou à grosse tête pour ferrer les souliers.

CABOCHON [kabɔʃɔ̃]. *n. m.* (1380; de *caboche*). ♦ 1º Pierre précieuse polie, mais non taillée en facettes. *Cabochon de rubis.* — Par ext. *Cabochon de cristal d'un bouchon de carafe.* ♦ 2º (XVIIIe). Clou à tête décorée. *Cabochon de cuivre.*

CABOSSE [kabɔs]. *n. f.* (1771; lat. *caput*; Cf. Caboche, cabus). *Rare.* Fruit du cacaoyer.

CABOSSER [kabɔse]. *v. tr.* (XVIe; *cabocier* « former des bosses », XIIº; de *caboce, cabosse* « bosse »). Faire des bosses à. V. **Bosseler, bossuer,** déformer. *Cabosser un chapeau, une valise. L'aile de sa voiture est un peu cabossée.*

1. CABOT [kabo]. *n. m.* (1821; chien à grosse tête, au rad. de *caput.* V. **Chabot.** *Fam.* Chien (Cf. Clebs, clébard). *À la niche, sale cabot!*

2. CABOT [kabo]. *n. m.* (1897; altér. de *caporal,* par attract. de *cabot* 1). *Fam.* Caporal. *Il est passé cabot, cabot-chef.*

3. CABOT [kabo]. *n. m. et adj.* (1847; abrév. de *cabotin*). Cabotin. *Un vieux cabot. Il est un peu cabot.*

CABOTAGE [kabɔtaʒ]. *n. m.* (1678; de *caboter*). Navigation à distance limitée des côtes. *Petit cabotage,* entre deux ports d'une même mer. *Capitaine, patron au cabotage.* ◇ ANT. *Cours* (au long cours).

CABOTER [kabɔte]. *v. intr.* (1678; de l'esp. *cabo* « cap »). Faire le cabotage. *Caboter de port en port.*

CABOTEUR [kabɔtœr]. *n. m.* (1542; de *caboter*). ♦ 1º *Vx.* Marin qui fait le cabotage. ♦ 2º Bâtiment côtier. Adj. *Navire, bâtiment caboteur.*

CABOTIN, INE [kabotɛ̃, in]. *n.* (1808, « comédien ambulant »; o. i., p.-ê. nom d'un comédien). ♦ 1º Fam. *(Péj.).* Comédien sans talent, mauvais acteur. « *Des artistes, des cabotins* » (BALZ.). ♦ 2º *Mod.* Personne qui cherche à se faire valoir par des manières affectées. V. **Cabot** (3). Adj. *Cet enfant est cabotin.*

CABOTINAGE [kabotinaʒ]. *n. m.* (1805; de *cabotin*). ♦ 1º Fam. Façon de jouer d'un cabotin. « *Tout le cabotinage des acteurs de Favart et du Conservatoire* » (STENDHAL). ♦ 2º Comportement du cabotin (2º). V. **Affectation.** ◇ ANT. *Naturel; simplicité.*

CABOTINER [kabotine]. *v. intr.* (fin XVIIIe; de *cabotin*). *Fam.* Faire le cabotin (2º).

CABOULOT [kabulo]. *n. m.* (1852; mot franc-comtois « réduit »; de *cabane,* et d'un autre élément, p.-ê. gaul.). *Pop.* Café, cabaret mal famé.

CABRAGE [kabraʒ]. *n. m.* (1931; de *cabrer*). Action de cabrer, de se cabrer.

CABRÉ, ÉE [kabre]. *adj.* (V. Cabrer). ♦ 1º *Cheval cabré.* ♦ 2º *Fig.* Qui se cabre, se révolte. V. **Agressif, combatif.** « *Une nature un peu fière, un peu cabrée* » (GIDE). « *Son attitude cabrée* » (MART. du G.).

CABRER [kabre]. *v.* (v. 1180, v. intr.; du rad. lat. *capra* « chèvre », par le prov.).
I. SE CABRER. *v. pron.* ♦ 1º (XIVe). Se dresser sur les pieds de derrière. « *Des chevaux sautaient, caracolaient, se cabraient dans la foule* » (CHATEAUB.). *Faire cabrer son cheval* (ellipse de *se*). ♦ 2º *Fig.* (1606). Se dresser contre (qqch. ou qqn). V. **Rebiffer** (se), **révolter** (se). *Se cabrer à l'idée de céder.* « *L'orgueil musulman se cabra* » (MICHELET).
II. *V. tr.* ♦ 1º (1636). Faire se dresser (un animal). *Cabrer son cheval.* ♦ 2º (1627). Dresser, révolter (qqn), l'inciter à résister, s'opposer. *On l'a cabré contre son père.* ♦ 3º (1928). *Cabrer un avion :* redresser l'avant. Absolt. « *On cabre pour sauver son altitude* » (ST-EXUP.).
◇ ANT. *Céder. Apaiser.*

CABRI [kabʀi]. *n. m.* (1392 ; prov. *cabrit*, lat. *capra* « chèvre »). ♦ 1° Petit de la chèvre. V. **Biquet, chevreau.** *Des bonds, sauts de cabri. Les matelots « sautaient comme des cabris »* (LOTI). ♦ 2° Variété de chèvre, en Afrique noire. *« Le blanc paie beaucoup moins cher que l'indigène les cabris et les poulets »* (GIDE).

CABRIOLE [kabʀijɔl]. *n. f. (Capriole,* 1562 ; it. *capriola,* de *capriolo* « chevreuil », *b* par infl. de *cabri)*. ♦ 1° Bonds légers, capricieux, désordonnés. *Faire, exécuter mille cabrioles.* V. **Gambade.** — *Spécialt.* Culbute, pirouette. ♦ 2° *Danse.* Saut dans lequel les jambes battent l'une contre l'autre (batterie). ♦ 3° *Fig.* Pirouette. *Il s'en est tiré par une cabriole* (V. **Échappatoire).**

CABRIOLER [kabʀijɔle]. *v. intr. (Caprioler,* 1584 ; de *capriole.* V. **Cabriole).** Faire la cabriole ou des cabrioles.

CABRIOLET [kabʀijɔlε]. *n. m.* (1755 ; de *cabrioler,* à cause du mouvement sautillant). ♦ 1° Voiture légère à cheval, à deux roues, à capote mobile. V. **Cab, tilbury.** *« Une espèce de cabriolet, à capote de toile cirée, avec deux chevaux attelés en flèche »* (LOTI). — ◊ *Par anal.* Automobile décapotable. *Un cabriolet grand sport.* ♦ 2° (1763). Chapeau de femme porté en arrière et dont les bords encadrent le visage. V. **Capote.** Appos. *Chapeau cabriolet.*

CABUS [kaby]. *adj. m.* (1256 ; it. *capuccio* « à grosse tête » ; de *caput). Chou cabus :* à tête ronde (V. **Pommé)** et à feuilles lisses.

CACA [kaka]. *n. m.* (1534 ; mot enfantin ; lat. *cacare).* ♦ 1° *Fam.* (lang. enfantin). Excrément, matière fécale. *Faire caca dans sa culotte.* — *Par ext.* Ordure, saleté. ♦ 2° *Caca d'oie,* couleur jaune verdâtre. *Des peintures caca d'oie.*

CACABER [kakabe]. *v. intr.* (1560 ; lat. *cacabare).* La perdrix, la caille cacabe : pousse son cri.

CACAHOUÈTE, -HOUETTE [kakawεt], **CACAHUÈTE** [kakaɥεt]. *n. f.* (1802 ; esp. *cacahuate,* mot aztèque). Nom commun du fruit de l'arachide. *Cacahuètes grillées. « Un enfant achète une poignée de cacahouettes »* (GIDE). — *Beurre de cacahouètes.*

CACAO [kakao]. *n. m.* (1569 ; *cacap,* 1532 ; mot esp., de l'aztèque *cacauatl).* ♦ 1° Graine du cacaoyer qui sert à fabriquer le chocolat. *La théobromine est extraite du cacao. Beurre de cacao :* matière grasse exprimée du cacao. ♦ 2° Poudre de cette graine que l'on dissout pour en faire une boisson chaude. *Une tasse de cacao.* V. **Chocolat.**

CACAOTÉ, ÉE [kakaɔte]. *adj.* (1919 ; de *cacao).* Qui contient du cacao. *Petit déjeuner cacaoté.* V. **Chocolaté.**

CACAOUI [kakawi]. *n. m.* (1672 ; mot algonquin). [Au Canada]. Petit canard sauvage ou *harelde du Nord,* appelé aussi *canard à longue queue de Terre-Neuve.*

CACAOYER [kakaɔje], **CACAOTIER** [kakaɔtje]. *n. m.* (1686-1698 ; de *cacao).* Plante alimentaire exotique, arbre dont les fruits *(cabosses)* contiennent des graines. V. **Cacao.**

CACAOYÈRE [kakaɔjεʀ], **CACAOTIÈRE** [kakaɔtjεʀ]. *n. f.* (1730 ; de *cacao).* Plantation de cacao.

CACARDER [kakaʀde]. *v. intr.* (1613 ; onomat.). Crier, en parlant de l'oie. *« On entend cacarder les oies vigilantes »* (RENARD).

CACATOÈS [kakatɔεs], *n. m. (Kakatou,* 1659 ; malais *Kakatûwa,* par l'all.). Oiseau grimpeur, perroquet dont la tête est ornée d'une huppe érectile aux vives couleurs.

CACATOIS [kakatwa]. *n. m.* (1663 ; var. de *cacatoès).* Mar. Petite voile carrée au-dessus du perroquet. *Mât de cacatois,* et absolt. *Cacatois :* le mât qui porte cette voile.

CACHALOT [kaʃalo]. *n. m. (Cachalut,* t. d'apothicaire (1628), répandu XVIIIe ; esp. ou port. *cachalote,* poisson « à grosse tête », de *caput).* Mammifère marin *(Cétacés)* de la taille de la baleine*, mais qui porte des dents à la mâchoire inférieure. *Produits extraits du corps du cachalot :* ambre gris, blanc de baleine. V. **Spermacéti.**

CACHE- [kaʃ]. Élément servant à former divers composés. Ex. : *Cache-radiateur, cache-tampon.*

1. CACHE [kaʃ]. *n. f.* (1561 ; de *cacher). Vx* ou *région.* Lieu secret propre à cacher, à se cacher. V. **Cachette.** *Sortir de sa cache.*

2. CACHE [kaʃ]. *n. m.* (1898 ; de *cacher). Phot., cinéma.* Papier à surface opaque destiné à cacher une partie de la pellicule à impressionner. Tout élément destiné à masquer une partie d'une surface lors d'une opération effectuée sur cette surface. ◊ HOM. *Cash.*

CACHÉ, ÉE [kaʃe]. *adj.* (V. **Cacher).** ♦ 1° Qu'on a caché ; qui se cache, évite de se montrer. *Trésor caché.* PROV. *Pour vivre heureux, vivons cachés.* — *Un asile caché :* retiré. ♦ 2° Secret, non exprimé ; impossible à déceler. *Sentiments cachés* (V. **Intime, profond**)*. Il a peut-être des vertus cachées. Sens caché d'un symbole.* V. **Ésotérique, mystérieux, occulte.** *« La révélation d'une action cachée »* (FRANCE). V. **Furtif, subreptice, secret.** ◊ ANT. *Apparent, sensible, visible.*

CACHE-BRASSIÈRE [kaʃbʀasjεʀ]. *n. m.* (néol. ; de *cacher,* et *brassière).* Petit corsage en tissu fantaisie destiné

à protéger la brassière d'un bébé. *Le cache-brassière remplace le bavoir. Des cache-brassière(s).*

CACHE-CACHE [kaʃkaʃ]. *n. m. invar.* (1778 ; de *cacher).* Jeu d'enfants, où l'un des joueurs doit découvrir les autres qui sont cachés. *Une partie de cache-cache.* — Fig. *Jouer au cache-cache :* se cacher et se montrer tour à tour ; se manquer tour à tour. *« Plus l'heure est grave, plus on joue à cache-cache avec soi-même »* (MART. du G.).

CACHE-COL [kaʃkɔl]. *n. m. invar.* (1842 ; *-coul* « plastron », 1534 ; de *cacher,* et *cou).* Écharpe qui entoure le cou. V. **Cache-nez.** *Des cache-col en laine.*

CACHE-CORSET [kaʃkɔʀsε]. *n. m. invar.* (v. 1880 ; de *cacher,* et *corset). Ancien.* Sous-vêtement féminin couvrant le buste (sur le corset).

CACHECTIQUE [kaʃεktik]. *adj.* (1538 ; gr. *kakhektikos,* par le lat. méd.). *Méd.* Qui se rapporte à la cachexie, qui est atteint de cachexie. *État cachectique, malade cachectique.* Subst. *Un cachectique.*

CACHE-FLAMMES [kaʃflam]. *n. m. invar.* (XXe ; de *cacher,* et *flamme).* Appareil fixé au bout d'un canon d'armes à feu pour refroidir les gaz, éteindre la flamme au départ du coup.

CACHEMIRE [kaʃmiʀ]. *n. m.* (1803 ; nom d'un État de l'Inde). ♦ 1° Tissu ou tricot fin en poil de chèvre du Cachemire ou du Tibet, mêlé de laine. *Pull-over en cachemire* ou (plus cour.) *cashmere* (angl.). ♦ 2° Châle en cachemire, à dessins caractéristiques. Par appos. *Impression cachemire.*

CACHE-MISÈRE [kaʃmizεʀ]. *n. m. invar.* (1866 ; de *cacher,* et *misère).* Vêtement de bonne apparence sous lequel on dissimule des habits ou du linge misérables.

CACHE-NEZ [kaʃne]. *n. m. invar.* (1549 ; de *cacher,* et *nez).* Écharpe dont on s'entoure le cou, qui peut couvrir le bas du visage pour préserver du froid. V. **Cache-col.** *« Un gros cache-nez de laine entourait son cou »* (BARRÈS).

CACHE-POT [kaʃpo]. *n. m. invar.* (1830 ; autre sens fin XVIIe ; de *cacher,* et *pot).* Enveloppe ou vase orné qui sert à cacher un pot de fleurs.

CACHE-POUSSIÈRE [kaʃpusjεʀ]. *n. m. invar.* (1876 ; de *cacher,* et *poussière). Ancien.* Manteau en tissu léger pour protéger les automobilistes de la poussière.

CACHER [kaʃe]. *v. tr.* (XIIIe ; lat. pop. °*coacticare* « comprimer, serrer », lat. class. *coactare* « contraindre »). I. *V. tr.* ♦ 1° Soustraire, dérober à la vue ; mettre dans un lieu où on ne peut trouver. V. **Camoufler** *(pop.),* **celer, dissimuler, mucher, planquer** *(pop.), Cacher un objet volé.* V. **Receler.** *Cacher dans la terre.* V. **Enfouir, ensevelir, enterrer.** *Cacher derrière un voile, un écran.* V. **Couvrir, déguiser, envelopper, masquer, recouvrir, voiler.** ♦ 2° *(Choses)* Empêcher de voir. V. **Dissimuler, masquer.** *La marée haute cache les écueils. Cet arbre cache le soleil, la vue.* V. **Arrêter, boucher.** *Les nuages ont caché le soleil.* V. **Éclipser, offusquer.** ♦ 3° *Loc. Cacher son jeu,* aux cartes ; *fig.* Cacher son but ou les moyens par lesquels on cherche à l'atteindre ; dissimuler. *« Félicité n'avait jamais su cacher son jeu »* (MAURIAC). ♦ 4° *Fig.* (1549). Soustraire, dérober à la connaissance (V. **Déguiser, dissimuler**) ; ne pas exprimer (V. **Rentrer).** *Cacher ses inquiétudes. Cacher son émotion, son enthousiasme. Cacher une déconvenue, un ridicule* (ne pas s'en vanter). *« La parole a été donnée à l'homme pour cacher sa pensée »* (STENDHAL). ◊ *Cacher la vérité,* ne pas la faire connaître. V. **Celer, dissimuler, taire.** *« Je voudrais vous cacher une triste nouvelle »* (RAC.). *Elle cache son âge. Je ne vous cache pas que je suis assez mécontent :* je l'avoue. *Pour ne rien vous cacher.*

II. SE CACHER. *v. pron.* ♦ 1° Faire en sorte de n'être pas vu, trouvé, se mettre à l'abri, en lieu sûr. V. **Dérober** (se), **disparaître, embusquer** (s') ; **tapir** (se), **planquer** (se), **terrer** (se). *Un fuyard, un évadé qui se cache. « On se cache, donc on conspire »* (ROBESPIERRE). *Se cacher derrière un arbre, sous un drap.* — (Choses) *Le soleil s'est caché* (derrière un nuage) : *il disparaît.* — *Aller se cacher :* ne pas se montrer. *Va te cacher !* : va-t-en. ♦ 2° *Fig. « L'hypocrisie, pour être utile, doit se cacher »* (STENDHAL). *Sa méchanceté se cache sous, derrière l'indifférence.* ♦ 3° SE CACHER DE (qqn) : lui cacher ce que l'on fait ou dit. *« Albertine avait combiné à mon insu, en se cachant de moi, le plan d'une sortie »* (PROUST). — *Se cacher de qqch. :* n'en pas convenir. *Il ne s'en cache pas.* ◊ ANT. *Montrer ; déceler, découvrir. Avouer, exprimer, révéler. Apparaître, manifester* (se), *paraître.*

CACHE-RADIATEUR [kaʃʀadjatœʀ]. *n. m. invar.* (1935 ; de *cacher,* et *radiateur).* Revêtement ou pièce d'ameublement grillagé, destiné à cacher un radiateur d'appartement.

CACHE-SEXE [kaʃsεks]. *n. m. invar.* (fin XIXe ; de *cacher,* et *sexe).* Petit vêtement couvrant le bas-ventre, culotte minuscule. V. **Slip.** Par appos. *« Les femmes n'ont d'autre vêtement qu'une feuille cache-sexe dont la tige, passant entre les fesses, rejoint par derrière la ficelle qui sert de ceinture »* (GIDE).

CACHET [kaʃε]. *n. m.* (1474 ; de *cacher* « presser »).

♦ 1° Plaque ou cylindre d'une matière dure gravée avec laquelle on imprime une marque (sur de la cire). V. Sceau. *Cachet monté en bague, muni d'un manche. Armes gravées sur un cachet.* — La matière qui porte l'empreinte du cachet. *Cachet fixant les scellés. Briser un cachet.* — (1636) LETTRE DE CACHET : lettre au cachet du roi, contenant un ordre d'emprisonnement ou d'exil sans jugement. *Le roi embastillait par lettre de cachet.* ♦ 2° (1564). *Par ext.* Marque apposée à l'aide d'un cachet (ou d'un timbre en caoutchouc, d'un tampon). V. Empreinte. *Le cachet d'oblitération de la poste. Le cachet d'une marque commerciale, d'un fabricant.* V. Estampille. ♦ 3° (1762). *Fig.* Marque, signe caractéristique, distinctif. *Un cachet de nouveauté, d'originalité. Ce village a du cachet.* ♦ 4° (1733, « carte sur laquelle on marquait chaque leçon donnée »). — *Loc. Courir le cachet* : chercher à donner des leçons à domicile. — *Par ext.* (xxᵉ) Rétribution d'un artiste, pour un engagement déterminé. *Le cachet d'un acteur, d'un musicien. Les cachets énormes des vedettes de cinéma.* ♦ 5° (1873). *Pharm.* Enveloppe de pain azyme dans laquelle on enferme un médicament en poudre. V. Capsule, gélule. « *On le bourre de potions, de cachets* » (MART. du G.). — *Abusiv.* Comprimé. *Cachet d'aspirine.*

CACHETAGE [kaʃtaʒ]. *n. m.* (1878 ; de *cacheter*). Action de cacheter ; son résultat.

CACHE-TAMPON [kaʃtɑ̃pɔ̃]. *n. m. invar.* (1863 ; de *cacher*, et *tampon*). Jeu d'enfant où l'on cache un objet que l'un des joueurs doit découvrir. *Jouer à cache-tampon.*

CACHETER [kaʃte]. *v. tr.* ; conjug. *jeter* (1464 ; de *cachet*). Fermer avec un cachet ; marquer d'un cachet. V. Estampiller, sceller. *Cacheter une lettre, une enveloppe. Cire à cacheter* : mélange résineux pour cacheter les lettres. *Pain à cacheter* : petit morceau de pâte sèche qui remplace la cire. — *Bouteille cachetée* (de vin vieux). « *Et ce vieux vin cacheté, comme il sentait les violettes* » (DAUD.).

CACHETTE [kaʃɛt]. *n. f.* (1313 ; dimin. de *cache*). ♦ 1° Loc. adv. EN CACHETTE, en se cachant. V. Catimini (en), clandestinement, dérobée (à la dérobée), discrètement, furtivement, secret (en), secrètement, tapinois (en). *Rire en cachette* : dans sa barbe, sous cape. ♦ 2° (1559). Endroit retiré, propice à cacher qqch. ou qqn. V. Cache, planque (pop.). *Mettre ses économies dans une cachette. Une bonne cachette.* ◇ ANT. Franchement, ouvertement.

CACHEXIE [kaʃɛksi]. *n. f.* (1537 ; lat. méd. *cachexia*, gr. *kakhexia*, de *kakos* « mauvais », et *hexis* « constitution »). ♦ 1° Maigreur extrême avec atteinte grave de l'état général, due à une maladie ou à la sous-alimentation. (V. Athrepsie, consomption) dans la phase terminale de graves maladies. ♦ 2° *Vétér. Cachexie aqueuse, sèche, osseuse* (des bovins).

CACHOT [kaʃo]. *n. m.* (XVIᵉ ; « cachette, retraite » ; de *cacher*). ♦ 1° (1627). Cellule obscure, dans une prison. V. Basse-fosse, cabanon, cellule, geôle, in-pace. *Cachot sombre, obscur, souterrain. Mettre, jeter, enfermer un prisonnier dans un cachot, au cachot.* — *Par ext.* Toute prison. *Être aux cachots. La paille humide des cachots* : la prison. ♦ 2° Punition (dans une prison, et autrefois une communauté) qui consiste à être enfermé seul dans une cellule. *Trois jours de cachot* (arg. Mitard).

CACHOTTERIE [kaʃɔtri]. *n. f.* (1698 ; de *cachotter* (vx, 1689), dimin. de *cacher*). Affectation de mystère au sujet de choses sans importance ; petit secret que l'on affecte de taire. *Il a la manie de faire des cachotteries.*

CACHOTTIER, IÈRE [kaʃɔtje, jɛʀ]. *n.* (1670 ; de *cachotter*). Personne qui aime à faire des cachotteries. *Un petit cachottier.* — Adj. « *Est-elle cachottière ?* — *Non, une certaine réserve, mais pas de cachotteries* » (MART. du G.).

CACHOU [kaʃu]. *n. m.* (1651 ; port. *cacho*, du tamoul ou du malais *kâchu*). ♦ 1° Extrait du bois d'un acacia, utilisé en teinture. ♦ 2° Extrait (astringent) du fruit de l'*acacia catecha* ou de la noix d'arec. *Par ext.* (Cour.). Pastille parfumée au cachou. *Boîte de cachous. Un cachou.* ♦ 3° *Adj.* De la couleur brun-rouge du cachou. *Des bas cachou.*

CACHUCHA [katʃutʃa]. *n. f.* (1837 ; esp. *cachucha*). Danse andalouse d'un mouvement animé.

CACIQUE [kasik]. *n. m.* (1515 ; esp. *cacique*, par l'it., mot indien). ♦ 1° Chef indigène des anciens habitants de l'Amérique centrale. — (*Néol.*) Personnalité nantie d'une fonction importante (polit. admin., etc.). ♦ 2° (av. 1843). Premier au concours de l'École normale supérieure, *par ext.* à un concours.

CACO-. Élément, du gr. *kakos* « mauvais ».

CACOCHYME [kakɔʃim]. *adj.* (1503 ; gr. méd. *cacokhymos*, de *khymos* « humeur »). *Vx* ou *plaisant.* D'une constitution débile, d'une santé déficiente. V. Maladif, valétudinaire. *Vieillard cacochyme.* ◇ ANT. Vigoureux ; valide.

CACODYLATE [kakɔdilat]. *n. m.* (1898 ; de *cacodyle*, gr. *kakôdès*, de *kakos* « mauvais », *odmê* « odeur », et *ulê* « matière »). *Chim.* Sel ou ester de l'acide cacodylique. *Le cacodylate de soude* (de sodium), *de fer sont utilisés en injections contre les asthénies.*

CACOGRAPHE [kakɔgraf]. *n.* (1830 ; de *cacographie*). Personne qui écrit mal, fait des fautes.

CACOGRAPHIE [kakɔgrafi]. *n. f.* (1579 ; gr. *graphein* « écrire »). Orthographe fautive ; mauvais style.

CACOLET [kakɔlɛ]. *n. m.* (1819 ; *cacolier*, 1808 ; mot des Pyrénées, p.-ê. basque). Sorte de bât composé de deux sièges à dossier et qui sert à transporter des voyageurs, des blessés. « *Des cacolets revenant des avant-postes avec les blessés* » (DAUD.).

CACOLOGIE [kakɔlɔʒi]. *n. f.* (1611 ; gr. *kakologia*, de *logos* « parole »). *Rare.* Locution ou construction fautive.

CACOPHONIE [kakɔfɔni]. *n. f.* (1587 ; gr. *kakophônia*, de *phône* « son »). ♦ 1° Rencontre ou répétition de sons désagréable ou ridicule, dans le discours. ♦ 2° Assemblage confus ou discordant de voix, de sons (V. Dissonance).

CACOPHONIQUE [kakɔfɔnik]. *adj.* (1866 ; de *cacophonie*). Qui fait une cacophonie. *Sons cacophoniques.*

CACTÉES ou **CACTACÉES** [kakt(as)e]. *n. f. pl.* (*Cacté*, 1819 ; de *cactus*). Plantes d'une famille de dicotylédones dialypétales, aux tiges charnues, vertes, remplies d'un suc (*plantes grasses*), en forme de raquettes, de colonnes, etc., aux feuilles réduites à des épines (oponce ; cierge). V. Cactus.

CACTUS [kaktys]. *n. m.* (1819 ; *cactier*, 1791 ; lat. bot. *cactus*, gr. *kaktos* « artichaut épineux »). Plante grasse de la famille des *cactacées*, spécial. l'oponce. *Fig.* et *fam.* (1967 ; d'une chanson humoristique). Difficulté, complication, obstacle. V. Écueil, os (*fig.*). *Il y a des cactus.*

C.-À-D. Abrév. de C'EST-À-DIRE.

CADASTRAL, ALE, AUX [kadastral, o]. *adj.* (1790 ; de *cadastre*). Du cadastre. *Plan cadastral. Revenu cadastral* (impôt foncier ; prestations agricoles).

CADASTRE [kadastr(ə)]. *n. m.* (1527 ; mot prov., it. *catastico*, bas gr. *katastikhon* « liste », de *kata* « de haut en bas », et *stikhos* « rang, ligne »). ♦ 1° (XVIIIᵉ). Registre public définissant dans chaque commune la surface et la valeur des biens-fonds et servant de base à l'assiette de l'impôt foncier. *Un plan parcellaire, un tableau indicatif et une matrice cadastrale constituent le cadastre d'une commune.* ◇ *Cadastre rénové* (*révisé* ou *refait*). ♦ 2° Administration fiscale chargée d'établir, de mettre à jour et de conserver les documents précédents. *Les employés du cadastre.*

CADASTRER [kadastre]. *v. tr.* (1781 ; de *cadastre*). Mesurer, inscrire au cadastre.

CADAVÉREUX, EUSE [kadɑ(a)verø, øz]. *adj.* (1546 ; lat. *cadaverosus*, de *cadaver* « cadavre »). Qui tient du cadavre. « *Teint cadavéreux* » (BALZ.).

CADAVÉRIQUE [kadɑ(a)verik]. *adj.* (1787 ; de *cadavre*). De cadavre. *Lividité, pâleur cadavérique. Rigidité cadavérique.*

CADAVRE [kadavr(ə)]. *n. m.* (XVIᵉ, var. *cadaver* ; lat. *cadaver*). ♦ 1° Corps mort, surtout en parlant de l'homme et des gros animaux. V. Corps, dépouille, macchabée (*pop.*), mort (*n. m.*). *La lividité, la rigidité du cadavre.* Embaumer (V. Momie), *enterrer*, *immerger un cadavre.* Crémation, enterrement*, putréfaction des cadavres. Dissection des cadavres humains.* V. Autopsie. *Dépôt des cadavres à la morgue. Restes de cadavres.* V. Ossement, relique. *Êtres qui se nourrissent de cadavres.* V. Nécrophage. ♦ 2° *Fig.* Être, rester comme un cadavre* : immobile sans vie. *Un cadavre ambulant, une personne affaiblie, pâle et maigre.* — *Il y a un cadavre entre eux* : ils sont liés par un crime. ♦ 3° *Pop.* Bouteille bue, vidée jusqu'au bout. ◇ ANT. Vivant ; énergique, fort, puissant, vigoureux.

CADDIE [kadi]. *n. m.* (1907 ; mot angl. dér. du fr. *cadet*). Au jeu de golf, Garçon qui porte les clubs du joueur. ◇ HOM. Cadi.

CADDY [kadi]. *n. m.* (1952 ; mot amér., de *caddy cart* « chariot de caddy » [golf]). *Anglicisme.* Petit chariot métallique pour transporter les denrées dans les magasins libre-service et les bagages dans les gares ou les aéroports. « [Le] bruit de plusieurs centaines de caddies qui s'entrechoquent au passage » (*Le Nouv. Obs.*, 8-1-1973). Plur. *caddies.*

CADE [kad]. *n. m.* (1518 ; prov. *cade*, bas lat. *catanum*). Sorte de genévrier des pays méditerranéens. *Huile de cade* : liquide noir et puant employé en médecine.

CADEAU [kado]. *n. m.* (1416 ; prov. *cabdel* « chef », fig. « lettre capitale » ; lat. pop. *capitellus*, de *caput* « tête »). ♦ 1° *Vx* (XVIIᵉ). Enjolivures ; divertissement offert à une dame. ♦ 2° (1669). Objet qu'on offre à qqn. V. Don, présent. *Les petits cadeaux entretiennent l'amitié. Cadeaux de noce.* V. Corbeille. *Cadeau de Nouvel An.* V. Étrenne . *Son père lui a fait cadeau d'une bicyclette.* V. Offrir. — *Loc. fam. Ne pas faire de cadeau à qqn* : être dur (en affaires, etc.) avec lui. *C'est pas un cadeau,* c'est une chose déplaisante. ◇ *Cadeau* s'emploie en apposition pour former des composés. *Paquet-cadeau* (*paquet cadeau*), type de paquet destiné aux cadeaux. *Cadeau-souvenir.*

CADENAS [kadnɑ]. *n. m.* (1540 ; prov. *cadenat*, de

cadena « chaîne »). Appareil de fermeture, composé d'un boîtier métallique renfermant une serrure, capable de bloquer l'extrémité libre d'un arceau métallique monté sur charnière. *Clef de cadenas. Fermer une porte au cadenas.* V. **Cadenasser.**

CADENASSER [kadnase]. *v. tr.* (1569; de *cadenas*). Fermer avec un cadenas.

CADENCE [kadɑ̃s]. *n. f.* (1559; « chute », fin XVe; it. *cadenza,* de *cadere* « tomber »). ◆ 1° Rythme de l'accentuation, en poésie ou en musique; effet qui en résulte. V. **Harmonie, nombre.** *Malherbe « Fit sentir dans les vers une juste cadence »* (BOIL.). — *Chorégr.* Mesure réglant le mouvement d'un danseur. V. **Rythme.** *Marquer, presser la cadence.* ◇ Rythme. « *La cadence de leurs pas* » (FLAUB.). ◆ 2° *Mus.* (1680). Terminaison d'une phrase musicale, résolution d'un accord dissonant sur un accord consonant. *Cadence parfaite :* dans laquelle la basse va de la dominante à la tonique. *Cadence plagale* (sous-dominante à tonique). ◆ 3° (Fin XVIIe). *En cadence :* d'une manière rythmée, régulière. *Sauter en cadence.* ◆ 4° *Par anal.* Répétition de mouvements ou de sons qui se succèdent régulièrement. *Ses mains* « *se soulevaient et retombaient, avec une cadence de marteau-pilon* » (MART. du G.). *Cadence de tir d'une arme :* nombre de coups à la minute. — Rythme du travail, de la production. *Forcer la cadence; une cadence infernale. À une bonne cadence :* à une bonne allure.

CADENCÉ, ÉE [kadɑ̃se]. *adj.* (1597; de *cadence*). ◆ 1° Qui a de la cadence, une cadence sensible. ◆ 2° Rythmé. *Marcher au pas cadencé.*

CADENCER [kadɑ̃se]. *v. tr.; conjug. placer* (1701; de *cadence*). ◆ 1° Donner de la cadence à (des phrases, des vers). V. **Rythmer.** ◆ 2° Conformer (ses mouvements) à un rythme. *Cadencer son pas,* le régler.

CADENETTE [kadnɛt]. *n. f.* (1658; du Seigneur de *Cadenet,* qui mit cette coiffure à la mode sous Louis XIII). ◆ 1° Longue mèche de cheveux, tresse que les soldats d'infanterie portaient de chaque côté de la figure. ◆ 2° Petite tresse. *Les cadenettes d'une petite fille.* V. **Couette.**

CADET, ETTE [kadɛ, ɛt]. *n.* (XVe; gasc. *capdet,* prov. *cabdel* « chef »; a supplanté « puîné » au XVIIIe). ◆ 1° Personne qui, par ordre de naissance, vient après l'aîné. *Les cadets obéissent à l'aîné. Le cadet, la cadette de qqn :* son frère, sa sœur plus jeune. *C'est mon cadet.* — Absolt. *C'est le cadet* (de la famille). V. **Benjamin.** — Adj. *Frère cadet, sœur cadette.* — *Branche cadette,* issue d'un cadet. ◆ 2° *Par ext.* Moins âgé, sans relation de parenté. *Il est mon cadet de deux ans.* — *Les cadets :* les plus jeunes (d'un groupe). ◆ 3° *Fig.* Loc. *C'est le cadet de mes soucis :* le dernier, le moindre. ◆ 4° *Ancienn.* (XVIIe). Gentilhomme qui servait comme soldat, puis comme officier subalterne, pour apprendre le métier des armes. *Compagnie de cadets. Les cadets de Gascogne.* ◆ 5° *Sports.* Joueur ou joueuse de 15 à 17 ans, entre les minimes et les juniors. ◆ 6° *(Golf).* Caddie. ◇ ANT. **Aîné.**

CADI [kadi]. *n. m.* (1351; arabe *gâdi* « juge »). V. **Alcade**). ◇ HOM. **Caddie.** Magistrat musulman qui remplit des fonctions civiles, judiciaires et religieuses.

CADMIAGE [kadmjaʒ]. *n. m.* (v. 1925; de *cadmium*). *Techn.* Revêtement d'une surface métallique par dépôt électrolytique de cadmium.

CADMIE [kadmi]. *n. f.* (1538; *camie,* v. 1400; lat. *cadmia,* gr. *kadmeia,* carbonate de zinc extrait près de *Kadmos* (Thèbes). *Métall.* Résidu (composé surtout d'oxyde de zinc) formant des dépôts lors de la métallurgie du zinc (s'emploie surtout au plur.).

CADMIER [kadmie]. *v. tr.* (XXe; de *cadmium*). *Techn.* Traiter par cadmiage (une surface).

CADMIUM [kadmjɔm]. *n. m.* (1808; de *cadmie*). *Chim.* Corps simple (Cd, n° at. 48, mass. at. 112, 40), métal blanc, ductile et malléable, utilisé en alliage (protection des métaux). — Peint. *Jaune de cadmium* (sulfure de cadmium).

CADOGAN. *n. m.* V. **CATOGAN.**

CADRAGE [kadʀaʒ]. *n. m.* (1924; « ensemble de cadres », 1866; de *cadrer*). Mise en place de l'image (photo, cinéma, télévision).

CADRAN [kadʀɑ̃]. *n. m.* (*Quadran,* XIIIe; lat. *quadrans,* p. prés. de *quadrare* « être carré »). ◆ 1° Plan (d'abord carré, puis de forme quelconque : rond, etc.) où sont indiqués les chiffres des heures. CADRAN SOLAIRE, *lunaire,* où l'heure est marquée par l'ombre d'un style (V. **Gnomon**) projetée par le Soleil, la Lune. ◆ 2° (1443). Cercle divisé en heures (et minutes), sur lequel se déplacent les aiguilles d'une montre (horloge, pendule). *Cadran lumineux. Cadran d'une gare, d'une église.* — Loc. *Faire le tour du cadran,* revenir à son point de départ, et *fig.* dormir douze heures d'affilée. ◆ 3° *Par anal.* Surface plane, divisée et graduée, de divers appareils. *Cadran d'une boussole. Cadrans d'un tableau de bord. Cadran d'un instrument de physique* (ampèremètre, baromètre, galvanomètre, manomètre), *d'un compteur. Cadran d'un téléphone automatique.*

CADRAT [kadʀa]. *n. m.* (*Quadrat,* 1625; lat. *quadratus* « carré »). *Imprim.* Petit lingot de métal plus bas que les lettres, employé par les typographes pour laisser des blancs et remplir la justification des lignes; les blancs.

CADRATIN [kadʀatɛ̃]. *n. m.* (*Qua-,* 1680; de *cadrat*). *Imprim.* Cadrat de l'épaisseur du caractère.

CADRATURE [kadʀatyʀ]. *n. f.* (1751; lat. *quadratura.* V. **Quadrature**). *Horlog.* Pièces qui meuvent les aiguilles, les relient entre elles et au mouvement.

CADRE [kadʀ(ə)]. *n. m.* (1549; it. *quadro* « carré », lat. *quadrus*).

I. ◆ 1° Bordure entourant une glace, un tableau, un panneau... V. **Encadrement.** *Cadre rectangulaire, rond, ovale. Cadre en bois, peint, doré. Mettre une photographie, une peinture dans un cadre.* V. **Encadrer.** *Cadre à fond mobile.* V. **Passe-partout.** *Cadre et sous-verre.* ◆ 2° (1736). *Mar.* Couchette de toile montée sur un châssis en bois. ◆ 3° (XIXe). *Techn.* Châssis fixe. *Le cadre d'une porte, d'une fenêtre.* V. **Chambranle.** *Cadre où l'on coule du béton.* V. **Coffrage.** *Cadre de bois d'une épuisette.* ◇ *Cadre de bicyclette :* tubes métalliques creux et soudés constituant la charpente de la bicyclette. ◇ *Cadre de déménagement :* sorte de grande caisse capitonnée servant au transport du mobilier. *Louer un cadre.* ◇ *Radio.* Collecteur d'ondes.

II. *Fig.* ◆ 1° Ce qui circonscrit, et *par ext.* entoure un espace, une scène, une action. V. **Décor, entourage, milieu.** « *Ce cadre tout à fait peuple qui allait être celui de sa vie* » (LOTI). ◇ *(Abstrait)* Structures imposées par la nature, la réalité (à la pensée), par les institutions (à la société), etc. *Les cadres sociaux, psychologiques de la mémoire.* — (V. **Loi-cadre**). ◆ 2° (1829). Arrangement des parties d'un ouvrage. V. **Plan.** *Cadre étroit, limité.* ◆ 3° *Être dans, sortir de tel cadre :* des limites prévues, imposées. *Dans le cadre de ses fonctions, de ses attributions* (V. **Compétence**). — Néol. *Dans le cadre de :* dans l'ensemble organisé. ◆ 4° (1796). Ensemble des officiers et sous-officiers qui dirigent les soldats d'un corps de troupe. V. **Encadrer.** *Les cadres d'un bataillon, d'un régiment. Cadre d'activité, de réserve.* — Spécialt. *Cadre de réserve :* corps des officiers généraux qui ne sont plus en activité, mais restent disponibles pour le temps de guerre. *Un officier hors cadre.* Aviat. *Cadre sédentaire* (au sol) *et personnel navigant.* — *Le cadre noir :* les écuyers militaires de l'École de Saumur. ◆ 5° Tableau des emplois et du personnel qui les remplit. *Figurer sur les cadres. Être rayé des cadres :* avoir son nom ôté du tableau, être libéré ou licencié. ◆ 6° (1931). *Les cadres,* personnel appartenant à la catégorie supérieure des employés d'une entreprise. *Régime, caisse (d'assurances) des cadres. Confédération générale des cadres.* — *Par ext. C'est un cadre moyen, supérieur, il est passé cadre :* Il fait partie des cadres. *Jeune cadre. Elle est cadre.* — En appos. *Femme cadre.*

CADRER [kadʀe]. *v. (Quadrer,* 1539; du lat. *quadrare,* ou *ce cadre).* ◆ 1° V. intr. Aller bien avec qqch. V. **Accorder** (s'), *assortir* (s'), *concorder, convenir. Déductions de témoins qui ne cadrent pas ensemble.* « *Les explications ne cadrent pas avec le texte* » (BOSS.). — *Faire cadrer.* V. **Concilier.** ◆ 2° (1912). *V. tr.* Disposer, mettre en place (les éléments de l'image [photographie, cinéma, télévision]). *Projeter en bonne place (sur l'écran). Image mal cadrée.* ◆ 3° *Taurom.* Immobiliser le taureau avant de l'estoquer. *Taureau cadré.* ◇ ANT. *Contredire; déparer, jurer.*

CADREUR [kadʀœʀ]. *n. m.* (mil. XXe; de *cadrer*). Cin., *Télév.* Celui qui effectue les cadrages. Syn. OPÉRATEUR* DE PRISES DE VUE. CAMERAMAN*.

CADUC, UQUE [kadyk]. *adj.* (1392; lat. *caducus,* rac. *cadere* « tomber ». V. **Choir**). ◆ 1° *Vx.* Qui touche à sa fin, menace ruine. — *(Personnes)* Vieux, *Bâtiment caduc.* — *(Personnes)* Vieux, cassé, vieux. *Âge caduc :* où le corps s'affaiblit. ◆ 2° *Mod.* Qui n'a plus cours. V. **Démodé, dépassé** *(fam.),* périmé, vieux. « *Ce qui était bon hier est périmé et caduc aujourd'hui* » (CHATEAUB.). — *Dr. Acte juridique caduc.* V. **Annulé, nul.** *Legs caduc,* annulé par la mort du légataire. *Loi caduque,* tombée en désuétude ou remplacée par une nouvelle loi. ◆ 3° *Bot. Organes caducs :* destinés à se détacher de la plante, à tomber. *Feuilles caduques* (opposé à persistantes). — (1833). *Membrane caduque,* et subst. *la caduque :* partie de la muqueuse de l'utérus, qui est expulsée au cours de l'accouchement (avec le placenta). Syn. DÉCIDUALE. ◇ ANT. *Jeune, neuf, vivace.*

CADUCÉE [kadyse]. *n. m.* (*Caduce,* 1455; lat. *caduceus;* gr. *kerykeion* « insigne de héraut »). Attribut de Mercure constitué par une baguette entourée de deux serpents entrelacés et surmontés de deux courtes ailes (symb. du commerce et des médecins). *Caducée des médecins, des pharmaciens.*

CADUCITÉ [kadysite]. *n. f.* (1479; de *caduc*). ◆ 1° *Vx* ou *littér.* État d'une personne caduque. V. **Décrépitude,** vieillesse. « *La caducité commence à l'âge de soixante et dix ans* » (BUFF.). ◆ 2° *Mod.* Caducité d'une institution, *d'un acte juridique.* ◇ ANT. *Jeunesse, vigueur.*

CÆCAL, ALE, AUX [sekal, o]. *adj.* (1654; de *cœcum*). Qui appartient au cæcum. *Appendice cæcal.*

CÆCUM [sekɔm]. *n. m.* (1541; lat. méd. *(intestinum) cæcum* « intestin aveugle »). Première partie du gros intestin, en forme de cul-de-sac, fermée en bas et communiquant en haut avec le côlon droit, et latéralement, du côté interne, avec le dernier segment de l'intestin grêle *(iléon)*. V. **Appendice** (vermiforme).

CÆSIUM. V. **Cesium.**

C.A.F. ou **CAF** [seɑɛf]. *adj.* ou *adv.* (Abrév. de « coût, assurance, fret »). Les frais d'expédition, les droits de sortie du port et les assurances maritimes étant acquittés par le vendeur, l'acheteur répondant des pertes et dommages survenus après l'embarquement. *Vente* CAF.

CAFARD, ARDE [kafaʀ, aʀd(ə)]. *n. m.* (*Caphar*, 1512; arabe *kafir* « mécréant, renégat », suff. péj. *-ard*).
I. ♦ 1° Personne qui affecte l'apparence de la dévotion. V. **Bigot, cagot, hypocrite, tartufe.** *C'est un cafard.* — Adj. « *Ce masque cafard de domestique congédié, ce masque effronté et honteux* » (MART. du G.). ♦ 2° Personne qui dénonce sournoisement les autres. V. **Délateur, dénonciateur, espion, mouchard, rapporteur.** — (ANT. **Ouvert, franc**).
II. ♦ 1° (XIXe). Blatte. ♦ 2° *Fig.* (1882, « idée fixe »). *Avoir le cafard :* des idées noires. V. **Découragement, mélancolie, tristesse.** *Cela me donne le cafard.* — (ANT. **Gaîté**).

CAFARDAGE [kafaʀdaʒ]. *n. m.* (1765; de *cafarder*). Le fait de cafarder, de rapporter.

CAFARDER [kafaʀde]. *v. intr.* (*Capharder*, XVe; de *cafard*). Faire le cafard (I, 2°). V. **Dénoncer, rapporter.**

CAFARDEUR, EUSE [kafaʀdœʀ, øz]. *n.* et *adj.* (de *cafarder*). Personne qui cafarde. « *(...) Je veux pas des cafardeuses ici* » (CÉLINE).

CAFARDEUX, EUSE [kafaʀdø, øz]. *adj.* (1919; de *cafard*, II, 2°). Qui a le cafard. V. **Mélancolique, triste.** *Être un peu cafardeux.*

CAFÉ [kafe]. *n. m.* (1665; *cahouin*, 1575; *cahoa*, 1611; arabe *gahwa*, turc *kahvé*). ♦ 1° Graine du caféier, qui, en infusion, fournit une boisson excitante et tonique. *Plantation de café. Balle de café.* V. **Farde.** *Différentes sortes de café :* Bourbon, Martinique, Moka. *Grain de café en coque, en cerise. Pellicule de café.* V. **Écalure.** *Essence de café. Glace, éclair au café,* parfumés au café. *Café vert :* non grillé. *Griller, brûler, torréfier du café.* — *Spécialt.* Café torréfié. *Café en grains, en poudre* (moulu). *Moudre le café dans un moulin* à café. Marc de café :* résidu du café moulu et infusé. ♦ 2° La boisson obtenue par infusion de grains de café torréfiés et moulus. *Faire le café, du café. Passer le café.* V. **Cafetière, filtre, percolateur.** *Un café filtre* (V. **Filtre**), *un café express* (V. **Express**). *Une tasse de café. Une tasse, une cuiller à café. Café noir :* non mélangé de lait. *Café au lait.* ◊ *Couleur café au lait.* V. **Brun.** *Des chevaux café au lait. Café crème :* à la crème, et *comm.* au lait. V. **Crème.** *Café glacé, froid.* V. **Mazagran.** *Café mêlé d'eau-de-vie, de rhum.* V. **Brûlot, gloria.** *Un mauvais café.* V. **Jus; lavasse.** — Pop. *C'est fort de café :* c'est un peu fort; c'est exagéré. — *Par ext.* Le moment du repas où l'on prend le café. *Arriver au café.* — Petit déjeuner où l'on boit du café. *Un café complet*.* — Allus. littér. *Racine passera comme le café*, jugement faussement attribué à Mme de Sévigné. ♦ 3° (1690, *cabaret de café*). Lieu public où l'on consomme des boissons. V. **Bar, bistrot, brasserie, buvette, cabaret, débit** (de boissons), **estaminet, zinc.** *Café borgne, mal tenu.* V. **Bouiboui, caboulot, troquet.** *Le patron d'un café.* V. **Cafetier, tenancier.** *Garçon de café :* chargé de servir les consommations. *Consommer sur le zinc, au comptoir, à la terrasse d'un café. Café bar. Café tabac*.* — *Des discussions de café du Commerce :* discussions politiques oiseuses. — *Café littéraire, artistique*, où se réunissaient écrivains, artistes. *Café chantant*, café où se produisaient des chanteurs et des musiciens. Cf. **Café-concert.** « *A onze ans, Robert et Anselme s'arrangent, en revenant de l'école, pour s'arrêter devant un café-chantant où, dès trois heures, on entend de la musique.* » (MALLET-JORIS). — *Café théâtre.* V. **Café-théâtre.**

CAFÉ-CONCERT [kafekɔ̃sɛʀ]. *n. m.* (v. 1860; de *café*, et *concert*). Théâtre où les spectateurs pouvaient écouter des chansonniers, de la musique tout en consommant. V. **Bastringue, beuglant, boîte, guinguette.** « *S'initiant aux fadaises d'une opérette, aux inepties d'un café-concert* » (LOTI). Fam. et vx. *Caf' conc'* [kafkɔ̃s].

CAFÉIER [kafeje]. *n. m.* (1791; *cafier*, 1743; de *café*). Arbuste tropical, originaire d'Abyssinie, dont le fruit (« cerise ») contient des graines (grains de café*).

CAFÉIÈRE [kafejɛʀ]. *n. f.* (1797; de *caféier*). Plantation de caféiers.

CAFÉINE [kafein]. *n. f.* (1820; de *café*). Alcaloïde contenu dans le café, le thé (théine), la kola. *La médecine utilise la caféine comme antinévralgique, stimulant, tonique du cœur.*

CAFÉISME [kafeism(ə)]. *n. m.* (1878; de *café*). Intoxication chronique par le café ou par d'autres produits d'origine végétale contenant de la caféine (thé, maté).

CAFETAN ou **CAFTAN** [kaftɑ̃]. *n. m.* (1537; turc *qaftân*). Ancien vêtement oriental, ample et long. *Cafetan turc.*

CAFETERIA (ou **CAFÉTERIA, CAFÉTÉRIA**) [kafeteʀja]. *n. f.* (1939; *cafeterie*, déb. XXe; mot amér., de l'esp. *cafeteria* « boutique où l'on vend du café »). Lieu public où l'on sert du café, des boissons, à l'exception des boissons alcoolisées, et parfois des plats sommaires, des gâteaux, etc. Abrév. fam. *la cafèt'.*

CAFÉ-THÉÂTRE [kafeteɑtʀ(ə)]. *n. m.* (v. 1965; de *café*, et *théâtre*). Petite salle où l'on peut éventuellement consommer et où se donnent des spectacles échappant aux formes traditionnelles. *Des cafés-théâtres.*

CAFETIER, IÈRE [kaftje, jɛʀ]. *n.* (1685; de *café*, d'apr. *cabaretier*). Personne qui tient un café. V. **Limonadier, mastroquet.** — (*Rare* au fém.).

CAFETIÈRE [kaftjɛʀ]. *n. f.* (1690; de *café*). ♦ 1° Récipient permettant de préparer une infusion de café. (V. **Filtre, percolateur.** *Cafetière d'argent, de porcelaine.* ♦ 2° *Pop.* V. **Tête.** *Recevoir un coup sur la cafetière.*

CAFOUILLAGE [kafujaʒ]. *n. m.* (1725; de *cafouiller*). *Pop., fam.* Le fait de cafouiller; mauvais fonctionnement. *Quel cafouillage!* V. **Cafouillis.**

CAFOUILLER [kafuje]. *v. intr.* (1740, mot picard; de *fouiller*, et du préf. péj. *ca-*). *Pop.* Agir d'une façon désordonnée; marcher mal. « *Ils ne savent pas se conduire, ça cafouille* » (SARTRE).

CAFOUILLIS [kafuji]. *n. m.* (1942, région. *gafouillis* 1910; de *cafouiller*, d'apr. *fouillis*). *Fam.* Grande confusion. V. **Cafouillage.** *Son langage, quel cafouillis!*

CAFRE [kafʀ(ə)]. *adj.* et *n.* (1685, à propos du Siam; 1721, de l'Éthiopie; arabe *kafir* « infidèle ». V. **Cafard**). De la Cafrerie (Afrique du Sud). *Les Cafres*, ethnie noire d'Afrique australe.

CAGE [kaʒ]. *n. f.* (1155; lat. *cavea*, de *cavus* « creux »).
I. Espace clos, généralement à claire-voie, servant à tenir enfermés des animaux vivants. ♦ 1° Loge garnie de barreaux servant à enfermer, à transporter des animaux sauvages. *Les cages d'une ménagerie, d'un cirque. Le dompteur entre dans la cage. Tourner comme un ours en cage.* — *Enfermer un prisonnier dans une cage de fer.* ♦ 2° Petite loge garnie de minces barreaux et dans laquelle on enferme des oiseaux. V. **Volière.** *Mettre un oiseau en cage. Le perchoir, le juchoir d'une cage.* — *Cages pour des oiseaux de basse-cour.* V. **Épinette,** nichoir. *Cage à poules;* au *fig.* Avion biplan (en 1914). ♦ 3° *Par anal. Cage à lapin* (V. **Lapinière**), à écureuil (V. **Tournette**). *Une cage à lapin :* se dit d'un logement exigu ou de logements d'aspect uniforme. ◊ *Piscic.* Récipient à claire-voie; nasse; grillage fermant la bonde d'un étang. ♦ 4° *Fig.* Prison. *Être, mettre* (qqn, qqch.) *en cage.* ♦ 5° *Sports.* Les buts (football).
II. *Par ext.* ♦ 1° Espace clos servant à enfermer, à limiter qqch. — *Techn. La cage d'une maison :* les gros murs. *La cage d'une mine. Cage d'extraction :* la benne servant à monter le minerai. *La cage d'une pendule, d'une montre.* V. **Boîte, boîtier.** — *Bâti, carter* (d'un mécanisme). *Cage d'un laminoir. Cage de boîte d'essieu* (sur une locomotive). ◊ *Sc. Cage de Faraday :* enceinte servant à intercepter les phénomènes électrostatiques. ◊ *Mar. Cage d'hélice :* espace clos dans lequel tourne le propulseur. ♦ 2° *Cour. Cage d'escalier, d'ascenseur :* l'espace où est placé l'escalier, où fonctionne l'ascenseur. ♦ 3° *Anat.* et *cour.* (1856). *Cage thoracique*, formée par les vertèbres, les côtes, le sternum et le diaphragme.

CAGEOT [kaʒo]. *n. m.* (1467; de *cage*). Emballage à claire-voie, en bois, osier, servant au transport des denrées alimentaires périssables. V. **Clayette.** *Cageot de laitues, de fruits.* V. **Bourriche, caisse.**

CAGEROTTE [kaʒʀɔt]. *n. f.* (1551; de *cage*). Forme d'osier, à claire-voie, destinée à faire égoutter les fromages.

CAGET ou **CAJET** [kaʒɛ]. *n. m.* (1922; de *cage*). Claie sur laquelle on met les fromages à égoutter. V. **Cagerotte.**

CAGIBI [kaʒibi]. *n. m.* (1913; mot de l'Ouest, p.-ê. crois. de *cabane* et *cage*). *Fam.* Pièce de dimensions étroites. V. **Appentis, réduit.** *Cagibi servant de débarras.*

CAGNA [kaɲa]. *n. f.* (1883; annamite *kai-nhà* « la maison »). *Arg. milit.* Abri militaire. — *Par ext.* Cabane, cahute.

CAGNARD, ARDE [kaɲaʀ, aʀd(ə)]. *adj.* (1520; de *cagne* « paresse », it. *cagna* « chienne », lat. *canis*). *Vx.* Paresseux.

CAGNE ou **KHÂGNE** [ka(ɑ)ɲ]. *n. f.* (1888; de *cagne* « paresse », par ironie, ou de *cagneux* 1). *Fam.* Classe des lycées qui prépare à l'École normale supérieure (lettres). *L'hypo-cagne*, classe précédant la cagne.

1. CAGNEUX, EUSE [kaɲø, øz]. *adj.* (déb. XVIIe; de *cagne* « chienne »). Qui a les genoux tournés en dedans. V. **Tordu.** *Un cheval cagneux.* V. **Panard.** *Des jambes cagneuses.* — *Subst. Un cagneux.*

2. CAGNEUX ou **KHÂGNEUX** [ka(ɑ)ɲø]. *n. m.* (1888; V. **Cagne**). Élève qui prépare l'École normale supérieure.

CAGNOTTE [kaɲɔt]. *n. f.* (1801; « plateau sur lequel les joueurs de bouillotte mettaient les jetons »; gascon *cagnoto*, de *cana* « récipient »; o. i.). ♦ 1° Boîte, corbeille dans laquelle des joueurs déposent l'argent qu'ils sont convenus de payer dans certaines circonstances. V. **Tirelire.** — Caisse commune d'une association, d'un groupe. ♦ 2° Argent d'une cagnotte.

CAGOT, OTE [kago, ɔt]. *n.* (1537; d'apr. *bigot;* béarnais *cagot.* « lépreux », p.-ê. de *cagar*). Faux dévot; bigot, hypocrite.V. **Cafard.** « *Cela nous met un peu loin des cagots et des dévotes* » (HUYSMANS). — Adj. « *Il baissa les paupières d'un air cagot* » (SARTRE). V. **Hypocrite.**

CAGOTERIE [kagɔtʀi]. *n.f.* (1594; de *cagot*). *Vx.* Dévotion suspecte du cagot. V. **Bigoterie.**

CAGOULARD, ARDE [kagulaʀ, aʀd(ə)]. *n.* (v. 1935; de *Cagoule*, nom donné à un *Comité secret* d'extrême droite). Membre de la Cagoule; activiste pro-fasciste.

CAGOULE [kagul]. *n. f.* (1552; *cogole*, XIIIe; lat. ecclés. *cuculla*, de *cucullus* « capuchon »). ♦ 1° Manteau ou cape sans manches, muni d'un capuchon percé d'ouvertures à la place des yeux et de la bouche, que portaient les moines. V. **Froc.** ♦ 2° Capuchon pointu, fermé, percé à l'endroit des yeux. *Cagoule de pénitent.* — *Bandits masqués qui portent des cagoules.* ♦ 3° Sorte de passe-montagne, porté surtout par les enfants.

CAHIER [kaje]. *n. m.* (1611; *cayer*, XIIIe; *quaer*, XIIe; bas lat. *quaternio* « groupe de quatre feuilles », de *quaterni*). ♦ 1° Assemblage de feuilles de papier cousues, agrafées ou pliées ensemble et munies d'une couverture. V. **Album, bloc-notes, calepin, carnet, registre.** *Les feuilles d'un cahier. Cahier de papier à lettres. Cahiers d'écolier, de brouillon, de devoirs. Cahier de cours, de chimie* : consacré aux cours, à la chimie. *Un cahier bleu* : à couverture bleue. — *Un cahier blanc, rayé, quadrillé,* à feuilles blanches, etc. ♦ 2° (1549). *Cahier d'imprimerie* : ensemble, plié et coupé dans l'ordre voulu, des pages fournies par une feuille. *Coudre des cahiers en brochure.* ♦ 3° (1636). Mémoire. *Les cahiers d'une Assemblée* : mémoires présentés au chef de l'État et renfermant des remontrances, demandes, etc. *Les cahiers de doléances* des états généraux.* — Dr. *Cahier des charges* : document fixant les modalités de conclusion et d'exécution des marchés publics (V. **Adjudication**) et, *par ext.,* de tout contrat. ♦ 4° Publication périodique. *Les Cahiers de la Quinzaine,* de Péguy. *Les Cahiers de lexicologie.*

CAHIN-CAHA [kaɛ̃kaa]. *adv.* (1552; lat. *qua-hincqua-hac* « par-ci, par-là »). *Fam.* Tant bien que mal, péniblement. V. **Clopin-clopant.** — *Fig.* D'une manière précaire. « *La vie continue, cahin-caha* » (MART. du G.). ⊗ ANT. *Aisément, lestement.*

CAHOT [kao]. *n. m.* (1460; de *cahoter*). Saut que fait une voiture en roulant sur un terrain inégal. V. **Heurt, secousse.** *Un rude, un violent cahot.* « *Il laissait sa tête baller en arrière aux cahots de la course* » (COCTEAU). ⊗ HOM. *Chaos.*

CAHOTANT, ANTE [kaɔtɑ̃, ɑ̃t]. *adj.* (1798; de *cahoter*). ♦ 1° Qui fait cahoter. *Route cahotante.* V. **Cahoteux.** ♦ 2° Qui cahote. « *Ils passèrent dans leurs guimbardes cahotantes et bringuebalantes* » (SARTRE).

CAHOTEMENT [kaɔtmɑ̃]. *n. m.* (1769; de *cahoter*). Le fait de cahoter. Secousse que fait éprouver une voiture qui cahote. V. **Cahot.**

CAHOTER [kaɔte]. *v.* (1564; du frq. *°hottôn* « secouer », préf. *ca-*). ♦ 1° *V. tr.* Secouer par des cahots. « *Les carrosses cahotaient les grosses roues* » (HUGO). — *Fig. La vie l'a cahoté.* V. **Éprouver, malmener.** ♦ 2° *V. intr.* Éprouver des cahots; être secoué. *Voiture qui cahote.* V. **Bringuebaler.**

CAHOTEUX, EUSE [kaɔtø, øz]. *adj.* (1678; de *cahoter*). Qui fait éprouver des cahots. *Chemin cahoteux.*

CAHUTE [kayt]. *n. f.* (*Quahute,* XIVe; *chaûte,* XIIIe; de *hutte,* préf. *ca-;* Cf. néerl. *kajuit*). Mauvaise hutte; petit réduit. V. **Hutte.** « *Il se fit une cahute avec de la terre glaise et des troncs d'arbres* » (FLAUB.).

CAÏD [kaid]. *n. m.* (1568; arabe *qâid*). ♦ 1° En Afrique du Nord, Fonctionnaire musulman qui cumule les attributions de juge, d'administrateur, de chef de police. *Caïd algérien.* ♦ 2° *Pop.* Chef d'une bande de mauvais garçons. — Personnage considérable dans son milieu. « *Un gros caïd de la S.N.C.F.* » (PERRET). V. **Manitou, ponte.** — *Fam.* Homme remarquable. *Faire le caïd, son caïd; jouer au caïd.*

CAÏEU ou **CAYEU** [kajø]. *n. m.* (1651; mot picard « rejeton »; a. fr. *chael* « petit chien »; lat. *catellus*). Bourgeon qui se développe à partir du bulbe principal. *Caïeu de tulipe, d'ail* (V. **Gousse**). « *De gros caïeux de lis paraissaient à la surface de la terre* » (CHATEAUB.).

CAILLAGE. *n. m.* V. **Caillement.**

CAILLASSE [kajas]. *n. f.* (1864; du rad. de *caillou*). ♦ 1° *Géol.* Lit de calcaire grossier (du tertiaire) mêlé de marne, de silice, de sable, de gypse. ♦ 2° *Fam.* Caillou, pierraille. *Marcher dans la caillasse.*

CAILLE [kaj]. *n. f.* (fin XIIe; *quaccola* (VIIIe), mot frq., onomat.). Oiseau migrateur des champs et des prés, voisin de la perdrix (*Phasianidés*). *Chasser la caille. Filet pour prendre les cailles* : tirasse. *Cri de la caille.* V. **Cacaber, caqueter, carcailler, courcailler, margoter.** — *Loc. fam. Gras,*

rond comme une caille : grassouillet, rondelet. *Chaud comme une caille.*

CAILLÉ [kaje]. *n. m.* (v. 1320; de *cailler*). ♦ 1° Lait caillé. ♦ 2° Caséine du lait caillé.

CAILLEBOTIS [kajbɔti]. *n. m.* (1678; de *caillebotte*). ♦ 1° *Mar.* Treillis recouvrant l'ouverture d'une écoutille. ♦ 2° *Par ext.* Panneau de lattes ou assemblage de rondins servant de passage (sur un sol boueux, meuble).

CAILLEBOTTE [kajbɔt]. *n. f.* (1546; de *caillebotter*). Masse de lait caillé.

CAILLEBOTTER [kajbɔte]. *v. tr.* (XIIIe; de *cailler,* et *boter (bouter),* mettre en caillé). *Vx.* Réduire en caillots. V. **Cailler, coaguler.**

CAILLE-LAIT [kajlɛ]. *n. m. invar.* (1701; de *cailler,* et *lait*). Nom du gaillet, plante à laquelle on attribue la propriété de cailler le lait.

CAILLEMENT [kajmɑ̃] ou **CAILLAGE** [kajaʒ]. *n. m.* (1490,-1867; de *cailler*). Action de cailler; état de ce qui est caillé.

CAILLER [kaje]. *v. tr.* (*Coaillier,* XIIe; lat. *coagulare*. V. **Coaguler**). Faire prendre en caillots. V. **Coaguler, figer.** *La présure caille le lait. Le sang se caille. Faire cailler le lait. Lait caillé.* V. **Caillé.** *Sang caillé.* V. **Caillot.**

CAILLETER [kajte]. *v. intr.;* conjug. *jeter* (1766; de *caillette* 2). *Vx.* Bavarder comme une caillette. V. **Babiller.**

1. **CAILLETTE** [kajɛt]. *n. f.* (1398; dimin. de *caille* « présure », du lat. *coagulum*. V. **Cailler**). Quatrième compartiment de l'estomac des ruminants, qui sécrète le suc gastrique (présure).

2. **CAILLETTE** [kajɛt]. *n. f.* (1530; du nom d'un bouffon; masc. jusqu'au XVIIe). *Vieilli.* Femme frivole et bavarde. *Babillage, bavardage de caillette* (ou CAILLETAGE [kajtaʒ]). « *Me voici tombant en pleine réunion de caillettes* » (GIDE).

CAILLOT [kajo]. *n. m.* (1560; de *cailler*). Petite masse de liquide caillé (V. **Grumeau**) et surtout de sang coagulé. *Caillot de sang formé par la fibrine retenant les globules rouges.* V. **Cruor.** *Embolie* causée par un caillot.* V. **Thrombose.**

CAILLOU [kaju]. *n. m.* (XIIIe; *chaillo,* XIIe, forme normanno-picarde; gaulois *°caljavo,* rad. *°cal-* « pierre »). ♦ 1° Fragment de pierre, de roche, de petite ou moyenne dimension. V. **Gravier.** *Cailloux arrondis.* V. **Galet, rocaille.** *Casser des cailloux,* pour l'entretien des routes (*Être condamné à casser des cailloux* : aux travaux forcés). *Cailloux de ballast, d'empierrement* (V. **Cailloutis, rudération**). *Les cailloux du chemin. Tas de cailloux.* — *Géol. Cailloux roulés,* arrondis par l'érosion des eaux. *Cailloux polis et striés,* entraînés par les glaciers. — *Fam. Du caillou* : de la roche. V. **Caillasse.** ♦ 2° Fragment de cristal de roche, de quartz, employé en joaillerie. *Caillou d'Égypte,* jaspe figuré. — *Pop.* Pierre précieuse, diamant. ♦ 3° *Fig. Avoir un cœur de caillou, le cœur dur comme un caillou* : insensible. V. **Pierre.** ♦ 4° *Pop.* V. **Figure, tête.** — *Crâne.* « *Ses cheveux tombent, on lui voit le caillou* » (COLETTE).

CAILLOUTAGE [kajutaʒ]. *n. m.* (fin XVIe; de *caillou*). ♦ 1° Action de caillouter. *Le cailloutage préserve les routes.* ♦ 2° Ouvrage fait de cailloux. « *Un lit de grosses pierres, une couche de cailloutage* » (CHATEAUB.). ♦ 3° Pâte de faïence faite d'argile et de silex ou de quartz pulvérisé.

CAILLOUTER [kajute]. *v. tr.* (1757; de *caillou*). Garnir de cailloux. V. **Empierrer.** *Caillouter une route, une voie ferrée. Allée cailloutée.*

CAILLOUTEUX, EUSE [kajutø, øz]. *adj.* (*Cailloueux,* 1573; de *caillou*). Où il y a beaucoup de cailloux. *Chemin caillouteux.* « *Cette plaine inégale et caillouteuse* » (FROMENTIN).

CAILLOUTIS [kajuti]. *n. m.* (1700; de *caillou*). Amas ou ouvrage de petits cailloux concassés. *Recouvrir une route de cailloutis.* V. **Empierrement.** — *Géol. Cailloutis glaciaire* : cailloux, graviers et sables charriés par un glacier.

CAÏMAN [kaimɑ̃]. *n. m.* (*Caymane,* 1584; esp. *caiman;* mot caraïbe). ♦ 1° Reptile crocodilien d'Amérique appelé aussi *alligator,* à museau large et court. ♦ 2° (1895). Agrégé répétiteur, à Normale supérieure.

CAÏQUE [kaik]. *n. m.* (1579; it. *caicco,* turc *qaiq*). Embarcation légère, étroite et pointue à l'avant et à l'arrière, en usage dans la mer Égée.

CAIRN [kɛʀn]. *n. m.* (1797; irl. *cairn* « tas de pierres », rac. *cal-* « pierre »). ♦ 1° Monticule ou tumulus celte, fait de terre ou de pierres. ♦ 2° Pyramide élevée par des alpinistes, des explorateurs comme point de repère ou marque de leur passage.

CAIROTE [kɛʀɔt]. *adj. et n. m.* (1889; de *Le Caire*). Du Caire (cap. de l'Égypte).

CAISSE [kɛs]. *n. f.* (*Quecce, quesse,* XIVe-XVIe; prov. *caissa,* lat. *capsa* « coffre »; Cf. **Châsse**). I. ♦ 1° Grande boîte ou coffre (de bois, métal) utilisée pour l'emballage, le transport des marchandises. V. **Caissette,** coffre, colis. *Fabrique de caisses, d'emballages.* V. **Caisserie,**

Planches de tête et côtés d'une caisse. Couvercle de caisse cloué, à charnières. Caisse à claire-voie (V. Harasse). Clouer une caisse. Charger, expédier des caisses. Caisse à savon (fig. et fam. meuble grossier, en bois blanc). Caisse de raisins, d'oranges. V. Cageot. ◊ Contenu d'une caisse. ♦ 2° Grande boîte, coffre grossier servant à d'autres usages. Caisse à clous, à outils. Caisse à fleurs, contenant de la terre où poussent des plantes. V. Encaissage; bâche, germoir. Cultiver des orangers en caisse. ♦ 3° Techn. Dispositif rigide (de protection, etc.). V. Caisson. Caisse à eau, sur un navire. V. Réservoir. Caisse d'orgue (V. Buffet) : la boîte renfermant le mécanisme. Caisse d'horlogerie, renfermant le mouvement. Caisse de poulie, qui enveloppe le rouet. — Auto. Carcasse de la carrosserie; carrosserie (opposé à châssis). ♦ 4° Anat. Caisse du tympan : cavité du fond de l'oreille, située en arrière du tympan, où sont logés les trois osselets de l'oreille (marteau*, enclume*, étrier*). ♦ 5° Pop. Poitrine. Partir de la caisse : être tuberculeux. « La petite s'en ira de la caisse, et César partira du ciboulot » (PAGNOL).
II. (XVIᵉ). Mus. Cylindre d'un instrument à percussion; cet instrument. V. Tambour. Caisse de tambour. Battre la caisse : battre du tambour; fig. Faire du battage, de la réclame. Caisse claire : tambour plat. ◊ Grosse caisse : grand tambour qu'on frappe avec une mailloche. — Les caisses d'une batterie* de jazz.
III. (1636). ♦ 1° Coffre dans lequel on dépose l'argent, les valeurs. V. Bourse, cagnotte, coffre-fort, tirelire. Tiroir-caisse. Caisse-comptable (de contrôle, enregistreuse, totalisatrice), effectuant mécaniquement les calculs. — Par ext. Avoir la somme en caisse, dans sa caisse. Partir avec la caisse. ♦ 2° Bureau, guichet où se font les paiements, les versements. Employé préposé à la caisse. V. Caissier. Aller, passer à la caisse. — Ellipt. Caisse! se dit pour réclamer le compte d'un client à la personne qui tient la caisse. Caisse, s'il vous plaît! ♦ 3° Les fonds qui sont en caisse. V. Encaisse. Caisse d'un corps de troupe. V. Masse. Tenir la caisse. Faire sa caisse : compter l'argent. Bon de caisse. Livre de caisse : registre où sont inscrits les mouvements de fonds. ♦ 4° Établissement où l'on dépose des fonds pour les faire valoir ou les administrer. Caisse d'amortissement (de la dette publique). Caisse de compensation* (4°). Caisse des dépôts et consignations, qui reçoit les dépôts judiciaires, les cautionnements. Caisse d'épargne, pour encourager l'épargne et faire fructifier les petits capitaux. Caisses de crédit, de prévoyance, de retraite, d'allocations familiales, de la Sécurité sociale.
CAISSERIE [kɛsRi]. n. f. (1869; de caisse). Techn. Fabrique de caisses, d'emballages rigides.
CAISSETTE [kɛsɛt]. n. f. (1869; de caisse). Petite caisse. « Quarante-trois caissettes, sacs ou cantines » (GIDE).
CAISSIER, IÈRE [kesje, jɛR]. n. (XVIᵉ; de caisse). Personne qui tient la caisse (III). V. Comptable, trésorier. Caissier d'une banque. Caissière d'un cinéma.
CAISSON [kɛsɔ̃]. n. m. (Caixon, 1418; it. cassone « grande caisse », avec infl. de caisse). ♦ 1° Chariot de l'armée (grande caisse montée sur roues), utilisé pour les transports militaires. Caissons d'artillerie. Caisson de munitions, de vivres. ♦ 2° Coffre ménagé sous le siège ou à l'arrière d'une voiture. ♦ 3° Caisse métallique pleine d'air permettant d'effectuer des travaux sous l'eau. V. Cloche (à plongeur). Caisson à air comprimé. — Maladie des caissons : les accidents de décompression. ♦ 4° Archit. Vide laissé par l'assemblage des solives d'un plafond. — Compartiment creux, orné de moulures. Plafond à caissons. ♦ 5° Pop. Se faire sauter le caisson : se brûler la cervelle.
CAJEPUT [kaʒpy] ou CAJEPUTIER [kaʒpytje]. n. m. (1739, -xixᵉ; malais kayou « arbre », pouti « blanc »). Arbre des Indes (Myrtacées) dont on extrait une essence huileuse verte, utilisée en pharmacie; cette essence.
CAJOLER [kaʒɔle]. v. tr. (1560, « crier, chanter », en parlant des oiseaux; a. fr. gaioler « caqueter », de geai; sens mod. d'apr. enjôler). ♦ 1° Avoir (envers qqn) des manières, des paroles tendres et caressantes. Cajoler un enfant. V. Câliner, caresser, choyer, dorloter, mignoter. « Le plus jeune était le plus gâté et le plus cajolé » (SAND). ♦ 2° Vieilli (1596). Chercher à gagner, à séduire par des attentions aimables. V. Amadouer, courtiser, enjôler. « Cajoler les mères pour obtenir les filles » (MOL.). ◊ ANT. Brusquer, rudoyer.
CAJOLERIE [kaʒɔlRi]. n. f. (fin XVIᵉ; de cajoler). Paroles ou manières par lesquelles on cajole. V. Câlinerie, caresse. — Fig. Flatterie. ◊ ANT. Brusquerie.
CAJOLEUR, EUSE [kaʒɔlœR, øz]. n. (fin XVIᵉ; de cajoler). Personne qui cajole, cherche à séduire. V. Courtisan, enjôleur, flatteur. — Adj. « La voix plus cajoleuse que vraiment caressante » (GIDE). ◊ ANT. Bourru, brusque, rude.
CAJOU [kaʒu]. n. m. (1765; de acajou). Fruit de l'anacardier (anacarde), appelé aussi acajou à pommes, dont l'amande réniforme se mange comme la cacahuète. Une boîte de cajous, de noix de cajous des Indes.
CAKE [kɛk]. n. m. (1795; mot angl.). ♦ 1° Gâteau garni

de raisins secs, fruits confits. Une tranche de cake. Pâte à cake. ♦ 2° En cake, se dit d'un cosmétique présenté en pâte compacte. Mascara en cake.
CAKE-WALK [kɛkwɔk]. n. m. (1895; mot anglo-amér. « marche du gâteau »). Danse négro-américaine, en vogue après 1900. — La musique sur laquelle le cake-walk se dansait.
CAL [kal]. n. m. (fin XIIIᵉ; lat. callus). ♦ 1° Épaississement et durcissement de l'épiderme produits par frottement ou pression répétée. V. Callosité, durillon. Avoir la paume des mains, la plante des pieds pleine de cals. ♦ 2° Méd. Formation osseuse qui soude les deux fragments d'un os fracturé. Formation insuffisante du cal ou pseudarthrose. V. Durillon. ♦ 3° Bot. Amas de cellulose qui obstrue les tubes criblés de certaines plantes (vigne). ◊ HOM. Cale (1, 2).
CALABRAIS, AISE [kalabRɛ, ɛz]. adj. et n. m. (de Calabre, prov. du sud de l'Italie). De Calabre. Bandit calabrais. — N. m. Dialecte calabrais.
CALADION [kaladjɔ̃] ou CALADIUM [kaladjɔm]. n. m. (1839; lat. bot. caladium (1750), du malais kélady). Plante d'ornement (Aroïdées) herbacée, tubéreuse, à larges feuilles colorées. Caladium exotique. V. Colocase.
CALAGE [kalaʒ]. n. m. (1866; de caler 2). ♦ 1° Action de caler, de fixer, d'étayer avec une cale ou de monter avec précision (une pièce). ♦ 2° Aviat. Calage d'une hélice : angle que fait la pale de l'hélice avec le plan de rotation.
CALAISON [kalɛzɔ̃]. n. f. (XVIIIᵉ; de caler 1). Mar. Enfoncement d'un navire, suivant son chargement. V. Tirant (d'eau).
CALAMBAC [kalãbak] ou CALAMBOUR [kalãbuR]. n. m. (1540, nomb. var.; port. calambuco, malais kalambaq). Bois d'aloès odorant, utilisé en tabletterie. ◊ HOM. Calembour.
CALAME [kalam]. n. m. (1540; lat. calamus « chaume, roseau »). Roseau dont les Anciens se servaient pour écrire.
CALAMINE [kalamin]. n. f. (Calemine, XIIIᵉ; bas lat. calamina, de cadmia. V. Cadmie). ♦ 1° Minér. Silicate hydraté naturel de zinc. — Techn. Minerai de zinc (mélange de carbonate et d'autres composés). ♦ 2° Résidu charbonneux de la combustion d'un carburant dans un moteur à explosion. Enlever la calamine d'une bougie de moteur.
CALAMINER (SE) [kalamine]. v. pron. (XXᵉ; de calamine). Se couvrir de calamine (2°). Cylindres calaminés.
CALAMISTRER [kalamistRe]. v. tr. (XIVᵉ; lat. calamistratus « frisé », de calamistrum « fer à friser »). Friser les cheveux ou les onduler. — Surtout au p. p. Cheveux calamistrés. — Le mot est généralement compris au sens de « lustré, gominé ».
1. CALAMITE [kalamit]. n. f. (Calemite, 1265; lat. calamus « roseau »). ♦ 1° Vx. Sorte de résine tirée des roseaux. ♦ 2° Paléont. Plante cryptogame fossile très répandue dans les terrains houillers.
2. CALAMITE [kalamit]. n. f. (Calmite, 1316; it. calamita, de calamo « roseau »). ♦ 1° Vx. Pierre d'aimant que l'on plaçait dans un roseau pour la faire flotter; boussole. ♦ 2° Argile blanchâtre qui, lorsqu'elle est mise dans la bouche, attire la salive.
CALAMITÉ [kalamite]. n. f. (1355; lat. calamitas). ♦ 1° Grand malheur public. V. Catastrophe, désastre, fléau. La famine, la guerre, les épidémies sont des calamités pour le genre humain. « Les plus terribles calamités sont près de fondre sur la France » (FRANCE). ♦ 2° Grande infortune. V. Désolation, malheur. Sa mort est une calamité pour la famille. Les misères, les calamités de la vieillesse. ◊ ANT. Bonheur; bénédiction, félicité.
CALAMITEUX, EUSE [kalamitø, øz]. adj. (1559; lat. calamitosus, de calamitas). Vx ou littér. Qui a le caractère de la calamité; qui abonde en calamités. V. Catastrophique, désastreux, funeste. Époque calamiteuse. « La plus calamiteuse et frêle de toutes les créatures, c'est l'homme » (MONTAIGNE). V. Malheureux, pitoyable. ◊ ANT. Heureux.
CALANCHER [kalãʃe]. v. intr. (1846; p.-ê. de caler « s'arrêter »). Pop. et vieilli. Mourir. V. Clamecer.
CALANDRAGE [kalãdRaʒ]. n. m. (1802; de calandrer). Opération par laquelle on passe (une étoffe, le papier) à la calandre.
1. CALANDRE [kalãdR(ə)]. n. f. (XIIᵉ; prov. calandra. du lat., mot gr.). ♦ 1° Grande alouette du sud de l'Europe. ♦ 2° (1539; par anal. de forme). Charançon. La calandre dévaste les greniers à blé.
2. CALANDRE [kalãdR(ə)]. n. f. (fin XVᵉ; de calandrer). ♦ 1° Machine formée de cylindres, de rouleaux, et qui sert à lisser, lustrer les étoffes, à glacer les papiers. ♦ 2° Cour. Garniture métallique verticale sur le devant du radiateur de certaines automobiles. Calandre nickelée, chromée.
CALANDRER [kalãdRe]. v. tr. (1400; du bas lat. °calendra; gr. kulindros. V. Cylindre). Faire passer une étoffe, un papier à la calandre. V. Lisser, lustrer, moirer.
CALANDREUR, EUSE [kalãdRœR, øz]. n. (1313; de

calandrer). ◆ 1° Personne qui calandre. ◆ 2° Cylindre de calandre.

CALANQUE [kalɑ̃k]. *n. f. (Calangue*, 1678 ; prov. *calanco*, p.-ê. du rad. *cal-* de *caillou).* Crique entourée de rochers, en Méditerranée. *Se baigner dans une calanque.*

CALAO [kalao]. *n. m.* (1778 ; mot malais). Oiseau, passereau des forêts chaudes, à long bec recourbé, surmonté d'une excroissance cornée.

CALBOMBE ou **CALEBOMBE** [kalbɔ̃b]. *n. f.* (1902 ; 1878 « chandelle » ; de *caleil* « lampe » avec infl. de *chandelle* pour le genre). *Pop.* et *vieilli.* Bougie, et, *par ext.*, lampe, ampoule électrique. *Souffler la calbombe :* souffler la bougie.

CALCAIRE [kalkɛʀ]. *adj.* et *n. m.* (1751 ; lat. *calcarius*, de *calx* « chaux » ; Cf. Calci-). ◆ 1° Qui contient du carbonate de calcium ; d'où l'on peut tirer de la chaux. *Pierre, roche calcaire.* V. **Castine, liais, meulière, pisolithe, travertin, tuf.** *Terrain calcaire* (plus de 13 % de carbonate de calcium). *Plateau calcaire. Relief calcaire.* V. **Karstique.** ◆ 3° *Chim.* De calcium. *Sels calcaires.* ◆ 4° *N. m.* Roche composée essentiellement de carbonate de calcium. V. **Calcite, craie, marbre.** *Calcaires détritiques :* organogènes (craie, tuffeau), de précipitation. *Calcaire magnésien, dolomitique :* mêlé de carbonate de magnésium. *Calcaire oolithique.*

CALCANÉUM [kalkaneɔm]. *n. m.* (1541 ; mot lat. « talon »). Os du tarse qui forme le talon.

CALCÉDOINE [kalsedwan]. *n. f.* (XIIe ; lat. *calcedonius*, gr. *Khalkêdôn*, ville). Pierre (silice cristallisée) dont certaines variétés d'une transparence laiteuse, légèrement teintées, sont précieuses. V. **Agate, chrysoprase, cornaline, jaspe, onyx, sardoine.**

CALCÉMIE [kalsemi]. *n. f.* (1951 ; lat. *calx, calcis* « chaux », et gr. *haima* « sang »). Teneur du sang en calcium (0,1 g par litre).

CALCÉOLAIRE [kalseɔlɛʀ]. *n. f.* (av. 1732 ; lat. *calceolus* « petit soulier »). Plante ornementale *(Scrofulariacées)* à belles fleurs en forme de sabot.

CALCI(O)- ou **CALC(O)-.** Élément tiré de *calcium*, qui entre dans la composition de nombreux mots didactiques.

CALCICOLE [kalsikɔl]. *adj.* (1878 ; lat. *calx*, et *-cole).* *Bot.* Qui pousse bien en sol calcaire *(betterave).*

CALCIFICATION [kalsifikasjɔ̃]. *n. f.* (1848 ; lat. *calx).* ◆ 1° *Physiol.* Dépôt de sels calcaires au cours du processus normal de formation des os. V. **Ossification.** ◆ 2° *Pathol.* Infiltration par des sels de calcium de tissus ou organes qui n'en contiennent pas normalement. *Calcification d'une artère, calcification au niveau d'une valvule cardiaque.* — V. *aussi* **Décalcification.**

CALCIFIÉ, ÉE [kalsifje]. *adj.* (1765 ; du lat. *calx).* Converti en carbonate de calcium.

CALCIN [kalsɛ̃]. *n. m.* (1765 ; de *calciner).* ◆ 1° Débris de glace, de verre, utilisés pour les émaux. ◆ 2° (1922). Dépôt calcaire à l'intérieur des chaudières à vapeur. — Dépôt de carbonate de chaux laissé sur les pierres calcaires par l'eau de pluie.

CALCINATION [kalsinasjɔ̃]. *n. f.* (v. 1265 ; de *calciner).* Opération par laquelle on modifie la structure d'un corps en le soumettant à une haute température. V. **Combustion.** *Résidu de calcination.*

CALCINER [kalsine]. *v. tr.* (XIVe ; lat. *calx, calcis* « chaux »). ◆ 1° Transformer (des pierres calcaires) en chaux par l'action d'un feu intense. ◆ 2° *Plus cour.* Soumettre un corps à l'action d'une haute température. *Calciner un métal, du bois, de la houille.* ◆ 3° Brûler, griller. « *Les sables, les déserts qu'un ciel d'airain calcine* » (HUGO). *Des débris calcinés. Le rôti est complètement calciné.* V. **Brûlé.** ◇ ANT. *Éteindre, refroidir.*

CALCIQUE [kalsik]. *adj.* (1842 ; de *calx).* Qui se rapporte au calcium ou à la chaux ; qui en contient. *Sels calciques.* V. **Calcaire.** *Lait calcique,* enrichi de calcium.

CALCITE [kalsit]. *n. f.* (1723 ; de *calx).* Carbonate naturel de calcium, cristallisé (CO_3Ca). V. **Calcaire, spath** (d'Islande).

CALCITHÉRAPIE [kalsiteʀapi]. *n. f.* (XXe ; de *calci[o]-*, et *-thérapie).* Emploi thérapeutique des sels de calcium.

CALCIUM [kalsjɔm]. *n. m.* (1808 ; de *calx, calcis* « chaux »). Métal blanc (Ca ; n° at. 20, densité 1,55), mou, fondant vers 845°. *Oxyde, hydroxyde de calcium.* V. **Chaux.** *Carbonate de calcium.* V. **Calcaire, calcite.** *Sulfate de calcium.* V. **Gypse.** *Phosphate, chlorure de calcium. De nombreux sels de calcium sont utilisés en médecine. Absolt. Fam. Prendre du calcium.*

CALCIURIE [kalsjyʀi]. *n. f.* (XXe ; de *calci[o]-*, et *-urie).* Présence de calcium dans l'urine.

1. **CALCUL** [kalkyl]. *n. m. (Calcule*, XVe ; de *calculer).* I. *Cour.* ◆ 1° Action de calculer, opération(s)[*] numérique(s). V. **Calculer.** *Faire un calcul. Le calcul d'un prix de revient ; des dépenses* (V. **Compte**), *d'un bilan, du chiffre d'affaires* (V. **Comptabilité**). *Résultat[*] d'un calcul. D'après mes calculs, il me doit encore de l'argent. Calcul exact, juste ; faux. Erreur*

de calcul. Il s'est trompé dans ses calculs. ◆ 2° LE CALCUL. Pratique des opérations arithmétiques. *Résoudre un problème par le calcul* (V. **Arithmétique**). *Cet enfant est bon en calcul. Instruments, machines utilisés pour le calcul* (V. **Calculateur, calculatrice; abaque, boulier**). *Calcul mental,* par la seule pensée, sans l'aide de l'écriture. ◆ 3° Estimation d'un effet probable. *Si vous croyez le séduire par des flatteries, c'est un mauvais calcul, vous vous trompez.* V. **Appréciation, prévision.** ◆ 4° *Péj.* (Généralt au plur.). Moyens détournés et secrets pour servir ses projets, ses intérêts. *J'ai déjoué tous ses calculs.* V. **Plan.** « *Tes calculs sentent la dépravation* » (BALZ.). — (Sing.). Attitude de celui qui emploie ces moyens. *Agir par calcul.* V. **Intérêt** (calculateur 2°, intéressé). *Il n'entre aucun calcul dans ma proposition.*

II. *Sc.* ◆ 1° *Math.* Opération ou ensemble d'opérations effectuées sur des symboles représentant des grandeurs (V. **Algèbre, arithmétique, mathématique; algorithme**). *Calcul numérique,* sur des nombres (V. I, 1°); qui apporte des solutions numériques très fines par des techniques appropriées (V. **Interpolation, itération, graphe**). — *Calcul algébrique,* sur des symboles et des équations. — *Calcul logarithmique,* sur des logarithmes. *Règle[*] à calcul. — Calcul infinitésimal[*], différentiel[*], intégral[*]. Calcul vectoriel* (vecteurs), *matriciel* (matrices), *tensoriel* (tenseurs). *Calcul fonctionnel.* V. **Analyse.** *Calcul des probabilités. Calcul analogique[*], digital[*], booléen,* utilisés en informatique. (V. **Ordinateur.**) ◆ 2° *Log.* Opérations sur des symboles logiques. *Calcul des propositions. Calcul modal, bivalent, plurivalent. Calcul des prédicats.*

2. **CALCUL** [kalkyl]. *n. m.* (1546 ; du lat. *calculus* « caillou »). *Méd.* Concrétion solide de sels minéraux ou de matières organiques, formée dans un organe, un conduit ou une glande, et pouvant provoquer divers troubles. *Calcul biliaire,* par dépôt de cholestérol, sels biliaires, sels de calcium, dans les conduits biliaires et la vésicule biliaire. *Calcul rénal, calcul urinaire,* par précipitation de substances normalement dissoutes dans l'urine. V. **Gravelle, lithiase.**

CALCULABILITÉ [kalkylabilite]. *n. f.* (XXe ; de *calculable).* *Didact.* Caractère de ce qui est calculable. « *C'est lui (le système des signes de la pensée classique) [...] qui donne lieu à la fois à la recherche de l'origine et à la calculabilité...* » (FOUCAULT).

CALCULABLE [kalkylabl(ə)]. *adj.* (déb. XVIIIe ; de *calculer).* Qui peut se calculer. ◇ ANT. *Incalculable.*

CALCULATEUR, TRICE [kalkylatœʀ, tʀis]. *n.* et *adj.* (1546 ; lat. imp. *calculator).* ◆ 1° *N.* Personne qui sait calculer. *Un bon calculateur.* Loc. prov. « *Il fallait un calculateur, ce fut un danseur qui l'obtint* » (BEAUMARCH.) : les emplois sont attribués à la légère. ◆ 2° *Adj.* Habile à combiner des projets, des plans. « *L'âme, sincère aussi, mais toujours calculatrice de Robespierre* » (JAURÈS). ◆ 3° *N. m.* Machine à calculer utilisant les cartes perforées. ◇ *Ordinateur[*],* généralement de petite taille, pour lequel le calcul est la fonction primordiale (par rapport aux autres fonctions de l'ordinateur : mise en ordre, tri, etc.). ◇ ANT. *Imprévoyant, irréfléchi, Spontané.*

CALCULATRICE [kalkylatʀis]. *n. f.* (XXe ; du précéd.). Machine de bureau qui effectue les quatre opérations arithmétiques, et parfois les dérivations, intégrations. ◇ *Ordinateur[*]* dont le calcul est la fonction principale, mais de taille supérieure à celle du calculateur[*].

CALCULER [kalkyle]. *v. tr.* (1372 ; bas lat. *calculare,* lat. *calculus* « caillou ; jeton servant à compter »). ◆ 1° Chercher, déterminer par le calcul. *Calculer une dépense, un bénéfice.* V. **Chiffrer, compter.** *Mesurer les côtés d'un rectangle et calculer sa surface. — Absolt.* Faire des calculs. « *Il faut, c'est effectuer, sur des éléments d'un ensemble, des « opérations algébriques* » (BOURBAKI). *Calculer de tête, mentalement. Impossible à calculer.* V. **Incalculable.** — *Machine à calculer :* instrument faisant automatiquement des calculs. V. **Arithmographe, arithmomètre, calculateur, calculatrice, ordinateur.** ◆ 2° *Absolt.* Faire des calculs d'argent, dépenser avec mesure. V. **Compter.** ◆ 3° *Absolt.* Apprécier (qqch.); déterminer la probabilité d'un événement. V. **Estimer, évaluer,** établir, peser, prévoir, supputer. *Calculer ses chances.* « *On peut calculer la valeur d'un homme d'après le nombre de ses ennemis* » (FLAUB.). ◆ 4° Décider ou faire après avoir prémédité, réglé. V. **Agencer, arranger, combiner.** *Calculer le moindre de ses gestes; il avait tout calculé.* « *Quand on ne calcule que son intérêt* » (B. CONSTANT). *Une générosité, une bonté calculée : intéressée.*

CALCULEUX, EUSE [kalkylø, øz]. *adj.* (XVIe ; de *calcul* 2). *Méd.* Qui a rapport aux calculs (*calcul* 2). *Concrétion calculeuse.*

CALDARIUM [kaldaʀjɔm]. *n. m.* (1846 ; mot lat.). Étuve, dans les bains romains.

CALDEIRA [kaldeʀa]. *n. f.* (XXe ; mot port. « chaudière »). *Géol.* Grand cratère volcanique, formé par l'explosion de la cheminée bouchée par les laves. — On écrit aussi CALDERA (TAZIEFF). REM. On emploie aussi la forme francisée *caldère.*

1. **CALE** [kal]. *n. f.* (XIIIe ; de *caler* 1). ◆ 1° Espace situé entre le pont et le fond d'un navire. *Le fond de la cale.* V.

Sentine. *Mettre, arrimer des marchandises, la cargaison dans la cale, à fond de cale.* « *Je me cachai à fond de cale d'un bâtiment marchand* » (VIGNY). — Compartiment de la cale. *Cale avant, arrière. Cale à charbon.* V. **Soute.** ◊ Fig. *Être à fond de cale :* dépourvu d'argent, de ressources, dans la misère. ◆ 2° (1694). Partie en pente d'un quai. *Cale de chargement, de déchargement, de halage.* ◆ 3° (1751). Plan incliné servant à la construction, à la réparation des navires. *Cale sèche, cale de radoub,* où l'on peut mettre le navire à sec, pour réparer la coque. V. **Bassin.**

2. **CALE** [kal]. *n. f.* (1611 ; all. *Keil* « coin »). Ce que l'on place sous un objet pour lui donner de l'aplomb, de l'assiette, pour le mettre de niveau. *Cale en forme de coin. Mettre une cale à un meuble boiteux. Mettre une cale derrière les roues d'un véhicule,* pour le maintenir immobile. — *Mécan.* Pièce de métal pour maintenir un écartement, remplir un vide. ◊ HOM. *Cal.*

CALÉ, ÉE [kale]. *adj.* (1819 ; « bien établi, riche », 1803 ; de *caler* 2, au fig.). *Fam.* ◆ 1° Savant, instruit. *Il est rudement calé en physique.* V. **Fort.** ◆ 2° Difficile. « *Une foule de trucs inédits, et plus calés les uns que les autres, pour dépouiller le pauvre monde* » (L. DAUD.).

CALEBASSE [kalbɑs]. *n. f.* (1542 ; esp. *calabaza*). Fruit du calebassier et de cucurbitacées qui, vidé et séché, peut servir de récipient ; ce récipient ; son contenu. *Une calebasse pleine de riz, de vin.*

CALEBASSIER [kalbɑsje]. *n. m.* (1658 ; de *calebasse*). Arbre d'Amérique tropicale (*Bignoniacées*), dont le fruit est la calebasse. — Par ext. *Faux calebassier* (courge calebasse : *cucurbitacées*). *Calebassier du Sénégal :* baobab.

CALÈCHE [kalɛʃ]. *n. f.* (*Calège,* 1646 ; all. *Kalesche,* mot tchèque). Voiture à cheval, découverte, à quatre roues, munie d'une capote à soufflet à l'arrière, et d'un siège surélevé à l'avant.

CALECIF ou **CALCIF** [kalsif]. *n. m.* (1916 ; de *caleçon*). *Pop.* V. **Caleçon.**

CALEÇON [kalsɔ̃]. *n. m.* (*Calçon,* 1680 ; *calessons* XVIᵉ ; it. *calzoni,* de *calza* « chausse », lat. *calceus*). ◆ 1° Sous-vêtement masculin, culotte à jambes longues ou, plus souvent, courtes. *Il préfère le caleçon, les caleçons au slip*. Caleçon de toile, de flanelle. Être en caleçon.* ◆ 2° Vieilli. *Caleçon de bain.* V. **Maillot.**

CALEÇONNADE [kalsɔnad]. *n. f.* (v. 1930 ; de *caleçon*). *Péj.* Spectacle de boulevard à thème érotique.

CALÉDONIEN, IENNE [kaledɔnjɛ̃, jɛn]. *adj.* (de *Calédonie*). De Calédonie. — Géol. *Plissement calédonien :* plissement primaire (Silurien), qui a produit les montagnes d'Écosse (*Calédonie*), de Scandinavie.

CALÉFACTION [kalefaksjɔ̃]. *n. f.* (1398 ; bas lat. *calefactio,* de *calefacere* « chauffer »). *Didact.* Action de chauffer ; résultat de cette action. *Phys.* Phénomène par lequel une goutte de liquide projetée sur une plaque de métal fortement chauffée, prend une forme sphérique.

CALÉIDOSCOPE. V. **KALÉIDOSCOPE.**

CALEMBOUR [kalɑ̃buʀ]. *n. m.* (1757 ; o. i. ; Cf. Bourde). Jeu de mots fondé sur une similitude de sons recouvrant une différence de sens. V. **Équivoque ; homonymie.** « *Le calembour est la fiente de l'esprit qui vole* » (HUGO). *Faire, dire des calembours.* ◊ HOM. *Calambour.*

CALEMBREDAINE [kalɑ̃bʀədɛn]. *n. f.* (1798 ; altér. de *calembourdaine,* mot dial., même rad. que le précéd.). Propos extravagant et vain ; plaisanterie cocasse. V. **Bourde, sornette, sottise.** *Dire, débiter des calembredaines.*

CALENDES [kalɑ̃d]. *n. f. pl.* (1160 ; lat. *calendæ*). Premier jour de chaque mois chez les Romains. *Les calendes étaient le jour d'échéance des dettes.* — Fig. *Renvoyer aux calendes grecques :* remettre à un temps qui ne viendra jamais (les Grecs n'ayant point de calendes).

CALENDRIER [kalɑ̃dʀije]. *n. m.* (v. 1300 ; *calendier,* XIIᵉ ; bas lat. *calendarium* « livre d'échéances », de *calendæ.* V. Calendes). ◆ 1° Système de division du temps en années, en mois et en jours. V. **Chronologie.** *Calendrier romain.* V. **Calendes, ides, nones ; fastes, féries.** *Calendrier des chrétiens grecs.* V. **Ménologe.** *Calendrier julien* ou *vieux calendrier. Nouveau calendrier* ou *calendrier grégorien,* après la réformation de Grégoire XIII. V. **Année, mois, semaine, jour.** *Calendrier ecclésiastique.* V. **Bref** (2) ; **comput, ordo.** *Calendrier républicain,* institué en France en 1793 (*Mois :* Vendémiaire, brumaire, frimaire, nivôse, pluviôse, ventôse, germinal, floréal, prairial, messidor, thermidor, fructidor. *Décades. Jours :* Primidi, duodi, tridi, quartidi, quintidi, sextidi, septidi, octidi, nonidi, décadi). *Le calendrier musulman commence le 16 juillet 622* (V. Hégire). *Calendrier israélite :* année de 12 (année commune) ou 13 mois (année embolismique). *Calendrier perpétuel :* procédé facilitant l'établissement du calendrier d'une année quelconque, à condition de connaître ses caractéristiques (V. **Dominical** (lettre dominicale), **épacte**). ◆ 2° *Par ext.* Emploi du temps ; programme. *Établir un calendrier de voyage, de travail.* ◆ 3° *Tableau*

de la suite des jours de l'année, contenant les fêtes, les noms de saints, etc. V. **Almanach ; agenda, annuaire, éphéméride.** *Consulter le calendrier. Calendrier des postes. Un bloc calendrier ; calendrier à effeuiller. Les saints du calendrier.*

CALE-PIED [kalpje]. *n. m. invar.* (1928 ; de *caler,* et *pied*). Petit butoir métallique adapté à la pédale de la bicyclette, et qui maintient le pied du cycliste dans une bonne position.

CALEPIN [kalpɛ̃]. *n. m.* (1845 ; « dictionnaire », 1534 ; de *Calepino,* lexicographe it.). Petit carnet de poche sur lequel on note des renseignements, des impressions. V. **Carnet.** *Mettez cela sur votre calepin.* ◊ Région. (Belgique). Cartable.

1. **CALER** [kale]. *v.* (1160 ; lat. *chalare* « suspendre », puis « baisser (une voile) » ; gr. *khalân* « détendre »). ◆ 1° V. *tr.* Baisser (un mât, une vergue). — *Absolt. Caler bas ; caler à mi-mât.* ◆ 2° V. *intr.* Enfoncer dans l'eau. V. **Calaison.** *Ce navire cale trop.* Trans. *Ce bateau cale six mètres.* ◆ 3° *Fig.* Céder, reculer. *Il a calé devant l'adversaire.* V. **Caler** (3, 2°).

2. **CALER** [kale]. *v. tr.* (1676 ; de *cale* 2). ◆ 1° Mettre d'aplomb au moyen d'une cale. V. **Assujettir, étayer, fixer.** *Caler le pied d'une chaise. Caler la roue d'une automobile.* — *Par ext.* Rendre stable. V. **Stabiliser.** *Caler sa tête, se caler sur un oreiller.* V. **Appuyer.** *Caler une pile de linge contre un mur.* — Fig. et fam. *Se caler les joues. Ellipt.* Se les caler (1903). *Être calé,* avoir l'estomac plein. ◆ 2° (1867). *Mécan.* Rendre fixe ou immobile (une pièce). V. **Assujettir, fixer.** *Caler une clavette. Caler les balais d'une dynamo.*

3. **CALER** [kale]. *v. intr.* (*Caller,* 1905 ; de *caler* 1 ou 2). ◆ 1° S'arrêter, s'immobiliser. *Moteur qui cale. Caler son moteur par une fausse manœuvre.* ◆ 2° Fig. S'arrêter, être bloqué. *Il voulait manger tout le plat, mais il a calé avant de finir.*

CALETER ou **CALTER** [kalte]. *v. intr.* (1798 ; de *caler* (1, 3°) « reculer »). *Pop.* S'en aller en courant, fuir. V. **Barrer** (se). « *Je t'ai dit de caleter.* — *Je m'en vais, dit Gros-Louis* » (SARTRE).

CALF [kalf]. *n. f.* (1964). Abrév. de *box*-calf.*

CALFAT [kalfa]. *n. m.* (*Calefas,* XIVᵉ ; it. *calafato,* de l'arabe *jalfaz,* par le gr. de Byzance). *Mar.* Celui qui calfate. *Ciseaux, marteau de calfat.*

CALFATAGE [kalfataʒ]. *n. m.* (1527 ; de *calfater*). Opération par laquelle on calfate un navire ; son résultat.

CALFATER [kalfate]. *v. tr.* (*Calafater,* XIIIᵉ ; it. *calafatare.* V. **Calfat**). Garnir d'étoupe goudronnée les joints et interstices des bordages de (la coque) pour les rendre étanches. V. **Caréner, radouber.** *Calfater avec le brai, du goudron.*

CALFEUTREMENT [kalføtʀəmɑ̃] ou **CALFEUTRAGE** [kalføtʀaʒ]. *n. m.* (1636,-1586 ; de *calfeutrer*). Action de calfeutrer ; résultat de cette action. — Le fait de se calfeutrer.

CALFEUTRER [kalføtʀe]. *v. tr.* (*Calefetrer,* 1382 ; altér. de *calfater,* d'apr. *feutre*). ◆ 1° Boucher les fentes avec une lisière, un bourrelet, pour empêcher l'air de pénétrer. *Calfeutrer une fenêtre avec de l'étoupe, du papier.* ◆ 2° SE CALFEUTRER. *v. pron.* S'enfermer. *Se calfeutrer chez soi.* « *Les paysans se calfeutrent dans leurs alcôves* » (GIDE).

CALIBRAGE [kalibʀaʒ]. *n. m.* (1839 ; de *calibrer*). Action de donner ou de mesurer le calibre.

CALIBRE [kalibʀ(ə)]. *n. m.* (1478 ; it. *calibro ;* arabe *qâlib* « forme, moule »). ◆ 1° Diamètre intérieur d'un tube. *Calibre d'une conduite d'eau.* ◊ Spécialt. Calibre du canon d'une arme à feu. *Le calibre d'un fusil. Pistolet de 7 mm 65 de calibre. Canon de gros calibre* (artillerie lourde). — *Par ext.* (*arg.*). Arme à feu. ◆ 2° Unité de mesure, rapport entre la longueur du tube et le calibre. *Canon de 100 calibres* (5 m de long pour 50 mm de calibre). — *Par ext.* Grosseur d'un projectile. *Obus de gros, de petit calibre.* — Instrument servant à mesurer, à vérifier le calibre d'une arme. ◆ 3° Diamètre d'un cylindre, d'un objet sphérique. *Colonnade formée d'éléments de même calibre. Fruits de calibres différents.* ◆ 4° *Techn.* Instrument servant de mesure. V. **Étalon.** *Calibre d'épaisseur. Calibre à réglette graduée.* V. **Vernier.** ◆ 5° Fig. et *fam.* Importance, grosseur. *Une bêtise de grand calibre. Un escroc de ce calibre.* — Qualité, état d'une personne relativement à un modèle. V. **Acabit, classe.** *Ces deux gredins sont du même calibre. Il est d'un autre calibre que ce médiocre.* V. **Envergure.**

CALIBRER [kalibʀe]. *v. tr.* (1552 ; it. *calibrare.* V. **Calibre**). ◆ 1° Donner le calibre convenable à. ◆ 2° Mesurer le calibre de. *Calibrer une machine, un tour.* — *Par ext.* Classer suivant le calibre. *Calibrer des fruits.*

CALIBREUR, EUSE [kalibʀœʀ, øz]. *n.* (1845 ; de *calibrer*). Appareil ou machine pour calibrer.

CALICE [kalis]. *n. m.* (fin XIIᵉ ; lat. *calix, icis,* du gr. *kalux*).

I. ◆ 1° Vase sacré où se fait la consécration du vin, lors du sacrifice de la messe. *Couvrir le calice avec la patène, la pale.* ◆ 2° Fig. *Calice d'amertume, de douleur :* amertume, douleur qu'il faut supporter. *Boire le calice jusqu'à la lie :* souffrir jusqu'au bout qqch. de pénible, douloureux.

II. (XVIᵉ ; lat. *calyx,* même orig.). ◆ 1° *Bot.* Enveloppe extérieure de la fleur qui, le plus souvent, recouvre la base de la corolle. *Calice d'une seule pièce* (monosépale), *à sépales soudés* (gamosépale). ♦ **2°** Anat. *Calices du rein,* canaux membraneux, collecteurs d'urine, à extrémité élargie en coupe. *Petits calices,* qui partent des papilles rénales; *grands calices* (de deux à cinq par rein), formés par la confluence des petits et dont la réunion constitue le *bassinet**.

CALICHE [kaliʃ]. *n. m.* (1864; mot esp.). Mélange naturel de sels alcalins dont on extrait le nitrate de sodium et l'iode.

CALICOT [kaliko]. *n. m.* (*Callicoos,* 1663, rare av. XIXᵉ; de *Calicut,* ville de la côte de Malabar). ♦ **1°** Toile de coton assez grossière. « *Un rideau de calicot blanc* » (MAURIAC). — *Par ext.* Bande de calicot portant une inscription. ♦ **2°** (1815, n. pr.). *Fig.* et *vieilli.* Commis de magasin de nouveautés. « *Toute la crapulerie distinguée... mélange de calicots, de cabotins, d'infimes journalistes* » (MAUPASS.).

CALICULE [kalikyl]. *n. m.* (v. 1500; lat. *calyculus,* de *calyx.* V. **Calice**). *Bot.* Deuxième calice, formé de sépales supplémentaires (bractées), insérés en dehors et dans l'intervalle des sépales ordinaires.

CALIER [kalje]. *n. m.* (1845; de *cale* 1). *Mar.* Matelot chargé du service de la cale.

CALIFAT [kalifa]. *n. m.* (1560; de *calife*). ♦ **1°** Dignité de calife. ♦ **2°** Territoire soumis au calife. ♦ **3°** Durée du règne d'un calife ou d'une dynastie. *Califat d'Orient* (632-1258), *de Cordoue* (929-1031), *d'Égypte* (909-1171).

CALIFE [kalif]. *n. m.* (XIIᵉ; *algalife,* en 1080; arabe *khalifa* « lieutenant »). Souverain musulman, successeur de Mahomet. *Le calife de Bagdad. Les califes omeyades, abbassides, fatimides, almoravides, almohades.*

CALIFORNIUM [kalifɔrnjɔm]. *n. m.* (1953; mot angl. (1950), de l'Université de Californie). Élément radioactif artificiel (n° at. 98).

CALIFOURCHON (À) [akalifurʃ5]. *loc. adv.* (*À califourchon,* 1560; a. fr. *calefourchies,* de *fourche,* et *caler,* ou d'un mot breton « testicules »). Une jambe d'un côté, la deuxième de l'autre. V. **Cheval** (à). *Se mettre, monter à califourchon.* « *Il prit une chaise et se campa dessus, à califourchon* » (MART. du G.).

CÂLIN, INE [kalɛ̃, in]. *n. et adj.* (1598, « paresseux »; de *câliner*). ♦ **1°** (*Fin* XVIIᵉ). *N.* Personne qui aime à être caressée, à être traitée avec une grande douceur. *Un petit câlin.* — *Par ext.* Personne qui caresse, câline. V. **Cajoleur.** ♦ **2°** *Adj. Un enfant câlin. Regard, air câlin.* V. **Caressant,** doux. « *D'un ton câlin et compatissant, comme une jeune mère qui berce les petits chagrins de son nourrisson* » (GAUTIER). ◇ ANT. *Dur, rogue.*

CÂLINER [kaline]. *v. tr.* (XVIᵉ, « paresser »; mot de l'Ouest; bas lat. *°calina* « chaleur de l'été »). Caresser avec douceur et tendresse. V. **Cajoler, caresser, choyer, dorloter.** *Câliner un enfant.* ◇ ANT. *Brusquer, rudoyer.*

CÂLINERIE [kalinʀi]. *n. f.* (1830; de *câliner*). Manières câlines; caresse. V. **Cajolerie.** « *Éternel assoupissement de calinerie des amoureux* » (COURTELINE). ◇ ANT. *Rudoiement.*

CALIORNE [kaljɔʀn(ə)]. *n. f.* (1634; de l'it. *caliorna* « palan »). *Mar.* Gros palan*. *Caliorne de redresse.*

CALISSON [kalis5]. *n. m.* (1842; prov. *calissoun, canissoun* « clayon de pâtissier », du lat. *canna* « roseau »). Petit gâteau d'amandes pilées, dont le dessus est glacé. *Calissons d'Aix.*

CALLEUX, EUSE [kalø, øz]. *adj.* (déb. XVIᵉ; *cailleux,* XIVᵉ; lat. *callosus,* rac. *calus.* V. **Cal**). ♦ **1°** Qui est dur et épais, qui présente des callosités. « *Des Maritornes aux mains rendues calleuses par le balai* » (GAUTIER). ♦ **2°** Anat. *Corps calleux :* large bande médullaire blanche qui réunit les deux hémisphères du cerveau des mammifères. *Syndrome calleux :* symptômes observés dans les tumeurs du corps calleux. ◇ ANT. *Doux, lisse.*

CALL-GIRL [kɔlgœʀl]. *n. f.* (1960; angl. *to call* « appeler », et *girl* « fille »). *Anglicisme.* Fille vénale que l'on appelle par téléphone à son domicile.

CALLI-. Élément, du gr. *kallos* « beauté ».

CALLIGRAMME [kaligʀam]. *n. m.* (av. 1918, APOLLINAIRE; gr. *kallos* « beauté », et *gramma* « lettre, écriture »). Poème où les vers sont assemblés de manière à figurer un objet.

CALLIGRAPHE [kal(l)igʀaf]. *n.* (1751; gr. *kalligraphos,* de *graphein* « écrire »). Personne qui a une belle écriture. « *Broderie dessinée par un calligraphe* » (LOTI).

CALLIGRAPHIE [kal(l)igʀafi]. *n. f.* (1569; gr. *kalligraphia*). ♦ **1°** Art de bien former les caractères d'écriture; écriture formée selon cet art. *Lahrier avait une calligraphie à lui, une bâtarde fantaisiste* » (COURTELINE). *La calligraphie chinoise.* ♦ **2°** Œuvre du calligraphe.

CALLIGRAPHIER [kal(l)igʀafje]. *v. tr.* (1844; de *calligraphie*). Former avec beaucoup d'application, de soins (les caractères écrits). *Calligraphier une lettre. Adresse calligraphiée.*

CALLIGRAPHIQUE [kal(l)igʀafik]. *adj.* (1823; gr.

kalligraphikos. V. **Calligraphie**). Relatif à la calligraphie. *Exercices calligraphiques.*

CALLIPYGE [kal(l)ipiʒ]. *adj.* (1786; gr. *kallipugos,* épithète d'Aphrodite; de *pugê* « fesse »). *La Vénus callipyge :* aux belles fesses (nom d'une statue). ◇ *Par ext.* (Anthrop.). *adj. et n. f.* Qui a les fesses fortement développées.

CALLOSITÉ [kalozite]. *n. f.* (1314; lat. *callositas,* de *callus.* V. **Cal**). Épaississement circonscrit et durcissement de l'épiderme dû à l'augmentation de sa courbe de cellules cornées, se produisant aux endroits soumis à des frottements ou pressions répétées (aux mains, aux pieds, aux genoux). V. **Cal, cor, durillon, oignon.** *Mains couvertes de callosités.*

CALMANT, ANTE [kalmã, ãt]. *n. m. et adj.* (1726; de *calmer*). ♦ **1°** *Adj.* (1751). Qui calme la douleur, l'excitation nerveuse, qui rend calme. V. **Apaisant, lénifiant.** « *La voix reprit, calmante et bénigne* » (SARTRE). ♦ **2°** *Adj. et n. m.* Se dit d'un médicament qui rend calme, atténue ou fait disparaître la douleur. V. **Analgésique, anesthésique, antispasmodique, hypnotique, sédatif, tranquillisant.** — Subst. *Un calmant.* ◇ ANT. *Excitant, irritant, stimulant.*

CALMAR [kalmaʀ]. *n. m.* (*Calamar* « écritoire », fin XIIIᵉ; 1532, zool., à cause de l'encre qu'il contient; it. *calamano,* lat. *calamarius* « contenant le roseau pour écrire »). Mollusque céphalopode à nageoires triangulaires dont la coquille interne est une pièce cornée appelée *plume. Le calmar est voisin de la seiche;* on l'appelle aussi *encornet.* Cuis. *Calmar frit; à l'encre.*

1. CALME [kalm(ə)]. *n. m.* (1418, n. f.; du gr. *kauma* « chaleur brûlante », d'où calme de la mer par temps très chaud). ♦ **1°** État d'immobilité de l'atmosphère, de la mer. *Calme plat :* calme absolu de la mer. V. **Bonace.** *Un voilier immobilisé* (V. **Encalminé**) *dans un calme plat. Le calme après la tempête.* V. **Accalmie.** — Géogr. *Calme équatorial,* dans la zone de basses pressions près de l'Équateur. ♦ **2°** (1671). État de ce qui ne change pas brusquement ou radicalement; impression de repos qui en résulte. — (Moral) *Le malade a un moment de calme.* V. **Apaisement, assoupissement, détente, rémission, repos, soulagement.** *Calme résultant de la satisfaction.* V. **Assouvissement, contentement.** *Calme de l'âme, calme intérieur.* V. **Ataraxie, détachement, impassibilité, insensibilité, paix, quiétude, sécurité, sérénité, tranquillité;** *béatitude, extase, nirvanâ. Se comporter avec le plus grand calme.* V. **Placidité, pondération.** « *L'idéal du calme est dans un chat assis* » (RENARD). V. **Assurance, flegme, maîtrise** (de soi), *patience, sang-froid, silence. Allons, du calme! Perdre, retrouver son calme.* — (Matériel) *Le calme de la campagne, de la nuit. Chercher le calme, aspirer au calme. Troubler le calme.* ◇ ANT. *Ouragan, tempête; agitation, ardeur, désordre, émotion, trouble.*

2. CALME [kalm(ə)]. *adj.* (1549; *carme,* XVᵉ; du précéd.). ♦ **1°** Qui n'est pas troublé, agité. V. **Tranquille.** *Un lieu calme et tranquille.* V. **Quiet.** *Air, caractère, humeur calme.* V. **Bénin,** doux, *flegmatique, froid, impassible, imperturbable, insensible, maître* (de soi), *paisible, patient, philosophe, placide, pondéré, posé, rassis, réfléchi, serein, tranquille. Être calme et résolu. Avoir l'esprit calme.* V. **Confiant,** rasséréné, rassuré, « *Jamais ils ne se querellaient, étant tous deux calmes et placides* » (MAUPASS.). *Vivre des heures calmes et heureuses.* ♦ **2°** Qui a une faible activité. *Les affaires sont calmes. La Bourse a été calme. Marché calme.* ◇ ANT. *Agité, désordonné, troublé; actif.*

CALMEMENT [kalməmã]. *adv.* (XVIᵉ; de *calme*). Dans le calme, d'une manière calme. *Réfléchir calmement.*

CALMER [kalme]. *v. tr.* (XVᵉ; de *calme*). Rendre calme. ♦ **1°** *Calmer la tempête, les flots.* ♦ **2°** (XVIᵉ). Apaiser, faire rentrer dans l'ordre. *Calmer la sédition, une querelle.* — (XVIIᵉ) Diminuer la force (de la douleur, des mouvements de l'âme). *Calmer un mal, une douleur.* V. **Adoucir, alléger,** apaiser, assoupir, endormir, éteindre, lénifier, soulager. *Calmer la soif.* V. **Assouvir, désaltérer, étancher, satisfaire.** *Calmer ses nerfs. Calmer ses passions, son impatience, son inquiétude.* V. **Tranquilliser;** dompter, étouffer, maîtriser, modérer, tempérer. ♦ **3°** Rendre (qqn) plus calme. Apaiser, consoler, rassurer. *Calmer les mécontents.* Fam. *Attends un peu, je vais te calmer!* menace contre une personne en colère. ♦ **4°** SE CALMER. *v. pron.* Devenir calme. *La tempête, la mer s'était calmée.* *Calmir. La fièvre s'était calmée.* V. **Tomber.** ◇ Reprendre son sang-froid. *Calmez-vous, je vous en prie.* ◇ **Contenir** (se), rasséréner (se). ◇ ANT. *Agiter, attiser, énerver, exciter, irriter, troubler.*

CALMIR [kalmiʀ]. *v. intr.* (1788; var. de *calmer*). *Mar.* Devenir calme. *La mer, le vent calmit.*

CALO [kalo]. *n. m.* (1960; « gitan espagnol », 1922; mot esp.). Argot espagnol moderne qui emploie de nombreux mots gitans. ◇ HOM. *Calot.*

CALOMEL [kalɔmɛl]. *n. m.* (1752; gr. *kalos* « beau », et *melas* « noir » p.-ê. à cause de la substance qui servit à l'obtenir). Chlorure mercureux; poudre blanche. *Le calomel est utilisé comme purgatif et antiseptique intestinal.*

CALOMNIATEUR, TRICE [kalɔmnjatœʀ, tʀis]. *n.* (XIIIᵉ; lat. *calumniator*). Personne qui calomnie. V. **Accusateur, délateur, dénonciateur, détracteur, diffamateur.** « *Calomniateurs anonymes, disais-je, ayez le courage de dire qui vous êtes* » (CHATEAUB.). — Adj. *Propos calomniateur.* ◇ ANT. Apologiste, défenseur, laudateur.

CALOMNIE [kalɔmni]. *n. f.* (déb. XIVᵉ; lat. *calumnia*). Imputation mensongère qui attaque la réputation, l'honneur. V. **Accusation, allégation, attaque, détraction, diffamation.** *Une basse calomnie, une noire, une odieuse calomnie. Petites calomnies.* V. **Cancan, ragot.** *Être en butte à la calomnie. Se laver d'une calomnie. L'air de la calomnie du Barbier de Séville* (d'apr. Beaumarchais). ◇ ANT. Apologie, défense, éloge.

CALOMNIER [kalɔmnje]. *v. tr.* (1377; lat. *calumniari*). Attaquer l'honneur, la réputation de (qqn), par des mensonges (calomnies). V. **Attaquer, décrier, diffamer, noircir.** « *Se laisser calomnier est une des forces de l'honnête homme* » (HUGO). *Par ext.* Accuser injustement. « *Notre ignorance de l'histoire nous a fait calomnier notre temps* » (FLAUB.). ◇ ANT. Défendre, glorifier, laver (d'une calomnie).

CALOMNIEUSEMENT [kalɔmnjøzmɑ̃]. *adv.* (1377; de *calomnieux*). D'une manière calomnieuse. *Accuser calomnieusement.*

CALOMNIEUX, EUSE [kalɔmnjø, øz]. *adj.* (1312; lat. *calumniosus*). Qui contient une calomnie, des calomnies. V. **Diffamatoire, faux, inique, injuste, injurieux, mensonger.** *Écrit, libelle calomnieux. Dénonciation calomnieuse* : imputation mensongère d'un fait blâmable dénoncé à l'autorité publique. ◇ ANT. Élogieux, flatteur, laudatif.

CALOPORTEUR [kalɔpɔʀtœʀ]. *adj. m.* (*Néol.*; de *calo*(r), et *porteur*). *Fluide caloporteur,* qui évacue la chaleur d'une machine thermique.

CALORIE [kalɔʀi]. *n. f.* (1835; lat. *calor.* V. **Chaleur**). ♦ 1º *Phys.* Unité employée pour évaluer les quantités de chaleur (quantité de chaleur nécessaire pour élever la température d'un gramme d'eau de 14,5 ºC à 15,5 ºC sous la pression atmosphérique normale). *Kilocalorie* ou *grande calorie* : 1 000 calories. *Thermie* : 1 000 000 *de calories.* ◇ *Physiol.* La même unité, utilisée pour mesurer la valeur énergétique des aliments (il faut en moyenne 2 500 calories par jour, pour un adulte). *Fam. Mange, ça donne des calories,* ça réchauffe, donne de l'énergie.

CALORIFÈRE [kalɔʀifɛʀ]. *n. m. et adj.* (1807; lat. *calor* « chaleur », et *-fère*). ♦ 1º *N. m.* Appareil de chauffage distribuant dans une maison, au moyen de tuyaux, la chaleur provenant d'un foyer. V. **Poêle.** *Calorifère à air chaud, à eau chaude.* ♦ 2º *Adj.* (*Didact.*). Qui porte ou répand la chaleur. *Tuyau calorifère.*

CALORIFICATION [kalɔʀifikasjɔ̃]. *n. f.* (1827; de *calorifique*). *Physiol.* Production de chaleur dans un organisme vivant. *La calorification maintient le corps à une température constante.*

CALORIFIQUE [kalɔʀifik]. *adj.* (1550; lat. *calorificus*). Qui donne de la chaleur, produit des calories. *Rayons, radiations calorifiques. Capacité calorifique d'un corps homogène* : produit de la masse par sa chaleur spécifique. ◇ ANT. Athermique, frigorifique.

CALORIFUGE [kalɔʀifyʒ]. *adj. et n. m.* (1872; lat. *calor* « chaleur », et *-fuge*). Qui empêche la déperdition de la chaleur, étant mauvais conducteur. *Revêtement calorifuge.*

CALORIFUGER [kalɔʀifyʒe]. *v. tr.*; conjug. *bouger* (1922; de *calorifuge*). Recouvrir d'un calorifuge (*Opération du* CALORIFUGEAGE [kalɔʀifyʒaʒ]). *Conduite de vapeur calorifugée.*

CALORIMÈTRE [kalɔʀimɛtʀ(ə)]. *n. m.* (1789; lat. *calor,* et *-mètre*). Instrument destiné à mesurer la quantité de chaleur absorbée ou dégagée lors d'une transformation physique ou d'une réaction chimique.

CALORIMÉTRIE [kalɔʀimetʀi]. *n. f.* (1803; de *calorimètre*). Partie de la physique qui s'occupe de la mesure des quantités de chaleur (dans les phénomènes d'échanges, etc.).

CALORIMÉTRIQUE [kalɔʀimetʀik]. *adj.* (1846; du précéd.). De la calorimétrie. *Méthodes calorimétriques* (des mélanges; des changements de phase*; méthodes électriques).

CALORIQUE [kalɔʀik]. *n. m.* (1783; du lat. *calor*). *Vx.* Principe hypothétique de la chaleur. *Calorique latent, libre, spécifique d'un corps.*

CALORISATION [kalɔʀizasjɔ̃]. *n. f.* (v. 1925; de *caloriser,* 1923; du lat. *calor*). *Techn.* Cémentation par l'aluminium (aluminage).

1. **CALOT** [kalo]. *n. m.* (XVIIIᵉ, « fond de calotte »; de *cale* « coiffure », XVᵉ; p.-ê. de *écale* « coque de noix »). *Mod.* (1842). Coiffure militaire dite aussi *bonnet de police.* ◇ HOM. Calo.

2. **CALOT** [kalo]. *n. m.* (XIXᵉ; « noix écalée », 1690; de *cale,* déglutination de *écale.* V. **Calot** 1). ♦ 1º Grosse bille. ♦ 2º *Pop.* Œil. *Rouler des calots* : faire des yeux étonnés.

CALOTIN [kalɔtɛ̃]. *n. m.* (1780; autre sens 1717; de *calotte*). *Fam.* et *péj.* Celui qui porte une calotte; ecclésiastique. *Par ext.* Partisan des prêtres. V. **Clérical.**

CALOTTE [kalɔt]. *n. f.* (1394; de *cale* « coiffure ». V. **Calot**). I. ♦ 1º Petit bonnet rond qui ne couvre que le sommet de la tête. — *Spécialt.* Coiffure ecclésiastique. *Calotte noire des prêtres.* ♦ 2º *Péj.* (fin XVIIIᵉ). *La calotte,* le clergé, les prêtres; leurs partisans. *Influence de la calotte.* ♦ 3º (1808). *Fig.* et *fam.* Tape sur la tête. V. **Calotter**; gifle. *Donner, flanquer une calotte, une paire de calottes.* II. (Fin XVIIᵉ). *Anat. Calotte du crâne* : partie supérieure de la boîte crânienne. — *Géom. Calotte sphérique* : l'une des deux parties d'une sphère coupée par un plan autre que médian. *Géogr. Calottes glaciaires de la Terre, d'une planète. Archit.* Partie supérieure d'une voûte hémisphérique à cintre peu élevé. V. **Dôme.**

CALOTTER [kalɔte]. *v. tr.* (1808; de *calotte,* I, 3º). ♦ 1º Donner une gifle, une calotte à. *Calotter un enfant.* ♦ 2º (1907). *Pop.* Voler. *On lui a calotté mille francs.*

CALOYER, ÈRE [kalɔje, ɛʀ]. *n.* (1392; gr. mod. *kalogeros* « beau vieillard », de *kalos,* et *gerôn* « vieillard »). Moine grec, religieuse grecque, de l'ordre de Saint-Basile.

CALQUAGE [kalkaʒ]. *n. m.* (1867; de *calquer*). Le fait de calquer.

CALQUE [kalk(ə)]. *n. m.* (1690; it. *calco,* de *calcare*). ♦ 1º Copie, reproduction calquée. *Prendre un calque.* — *Papier-calque,* papier transparent pour calquer. ♦ 2º *Fig.* Imitation étroite (V. **Plagiat**). ♦ 3º *Ling.* Transposition d'un élément d'une langue dans une autre, par traduction.

CALQUER [kalke]. *v. tr.* (1642; it. *calcare* « presser »). ♦ 1º Copier les traits d'un modèle sur une surface contre laquelle il est appliqué. V. **Décalquer.** *Calquer au papier transparent, au papier carbone, à la vitre.* ♦ 2º *Fig.* Imiter exactement. « *Bentivoglio, en Italie, calqua Tite-Live* » (CHATEAUB.). *Ils ont calqué leur organisation sur celle de leur concurrent.*

CALTER. V. **Caleter.**

CALUMET [kalymɛ]. *n. m.* (v. 1630, « roseau pour fabriquer des pipes »; forme normanno-picarde de *chalumeau*). Pipe à long tuyau que les Indiens fumaient officiellement pendant les délibérations graves. « *Le calumet de paix, dont le fourneau était fait d'une pierre rouge* » (CHATEAUB.). — *Fig. Offrir le calumet de la paix* : faire une offre de réconciliation.

CALVADOS [kalvados] ou (*Cour.*) **CALVA** [kalva]. *n. m.* (1880; nom du département). Eau-de-vie de cidre. *Faire le trou normand avec un calvados.* « ... *Vous boirez bien une goutte de calva?* » (VIAN).

CALVAIRE [kalvɛʀ]. *n. m.* (1680; *cauvaire* « crâne », fin XIIᵉ; lat. ecclés. *calvaria locus* « lieu du crâne », trad. de l'hébreu *Golgotha,* nom de la colline où Jésus fut crucifié). ♦ 1º Représentation de la scène du Calvaire, de la passion du Christ. *Peindre un calvaire.* — *Spécialt.* Croix qui commémore la passion du Christ. *Calvaires bretons.* « *Les vieux christs qui gardaient la campagne étendaient leurs bras noirs sur les calvaires* » (LOTI). ♦ 2º *Fig.* Épreuve longue et douloureuse. V. **Croix** (chemin de), martyre.

CALVILLE [kalvil]. *n. f.* (*Calleville,* 1630; *calvil,* 1544; de *Calleville,* village de Normandie). Variété de pomme. *Calville blanche, rouge.*

CALVINISME [kalvinism(ə)]. *n. m.* (1572; du nom de *Calvin,* 1509-1564). Doctrine du réformateur Calvin, qui créa le protestantisme en France.

CALVINISTE [kalvinist(ə)]. *adj.* (XVIIᵉ; *calvinien,* XVIᵉ; du précéd.). Qui vient de Calvin, a rapport à Calvin, à sa doctrine. V. **Protestant, réformé.** *Doctrine, religion calviniste.* — *Subst.* Personne qui se réclame de la religion de Calvin. *Les calvinistes des Cévennes. Calvinistes et luthériens.*

CALVITIE [kalvisi]. *n. f.* (XIVᵉ; lat. *calvities,* de *calvus* « chauve »). Absence de cheveux due à leur chute définitive, totale ou partielle. V. **Alopécie, chauve.** *L'alopécie, cause de la calvitie.* « *Une calvitie précoce lui dégageait le front* » (MART. du G.).

CALYPSO [kalipso]. *n. m.* (v. 1960). Danse à deux temps, originaire de la Jamaïque. — Musique de type antillais qui accompagne cette danse. « *Le fond sonore d'un calypso de Belafonte* » (DANINOS).

CAMAÏEU [kamajø]. *n. m.* (*Camaheu* « camée », XIIIᵉ; p.-ê. arabe *qama'd* « bouton de fleur »). ♦ 1º Pierre fine taillée, formée de deux couches de même couleur mais de ton différent. ♦ 2º Peinture où l'on n'emploie qu'une couleur avec des tons différents. *Peindre en camaïeu. Un camaïeu.* — *Fig. Un paysage en camaïeu.*

CAMAIL [kamaj]. *n. m.* (XIIIᵉ; prov. *capmalh* « tête de mailles »; lat. *caput* « tête », et *macula* « maille »). ♦ 1º *Au moyen âge,* Armure de tête en tissu de mailles. ♦ 2º Courte pèlerine que les ecclésiastiques portent par-dessus le surplis, le rochet, ou sur la soutane. V. **Mosette.** *Camails rouges des cardinaux.* ♦ 3º *Zool.* Longues plumes du cou et de la poitrine chez le coq.

CAMALDULE [kamaldyl]. *n.* (1750; de *Camaldoli,* en

Toscane). Religieux de l'ordre de Saint-Romuald. V. **Béné-dictin.**

CAMARADE [kamaʀad]. *n.* (1510, « chambrée »; esp. *camarada* « chambrée »; lat. *camera* « chambre »). ♦ 1° (Fin XVIe, *camerade*). Personne qui a les mêmes habitudes, les mêmes occupations qu'une autre et contracte ainsi avec elle des liens de familiarité (surtout des enfants, adolescents). V. **Collègue, compagnon, connaissance, confrère, copain, pote, poteau.** *Un camarade de régiment, d'enfance, de collège, d'étude, de promotion. Avoir de bons, de mauvais camarades.* — *Fam.* Ami. *Un vrai, un vieux camarade.* ♦ 2° Appellation familière. *Eh, camarade !* ♦ 3° (Trad. russe *tovaritch*). Appellation dans les partis socialistes, communistes. *Le camarade Untel.* ♦ 4° (all. *Kamerad*). *Faire camarade :* se rendre à l'ennemi. ◇ ANT. *Inconnu, ennemi.*

CAMARADERIE [kamaʀadʀi]. *n. f.* (fin XVIIe; de *camarade*). Relations familières entre camarades. V. **Amitié.** *Avoir des relations de bonne camaraderie.* « *La camaraderie mène à l'amitié* » (MAURIAC).

CAMARD, ARDE [kamaʀ, aʀd(ə)]. *adj.* (1534; forme péj. de *camus*). ♦ 1° *Littér.* Qui a le nez plat, écrasé. « *Il est camard, son nez étant sans cartilages* » (HUGO). — *Subst. Un camard, une camarde. Littér. La camarde :* la mort. ♦ 2° *Nez camard :* aplati.

CAMARILLA [kamaʀija]. *n. f.* (1831; mot esp. « cabinet particulier du roi », de *camara* « chambre »). ♦ 1° Parti absolutiste, formé par les familiers du roi d'Espagne. ♦ 2° Coterie d'intrigants politiquement influents.

CAMBIAL, ALE, AUX [kãbjal, o]. *adj.* (1872; de l'it. *cambio* « change »). *Fin.* Relatif au change. *Droit cambial.*

CAMBISTE [kãbist(ə)]. *n. m.* (1675; it. *cambista*, de *cambio* « change »). *Bourse.* Celui qui effectue des opérations de change, agent de change. — *Adj. Un banquier cambiste.*

CAMBIUM [kãbjɔm]. *n. m.* (1560; lat. bot., de *cambiare* « changer »). *Bot.* Assise génératrice annulaire des tiges et des racines *(Dicotylédones, gymnospermes),* qui donne naissance au bois et au liber secondaires *(cambium interne),* et au liège *(cambium externe).* V. **Méristème.**

CAMBODGIEN, IENNE [kãbɔdʒjɛn, jɛn]. *adj. et n.* (1877; de *Cambodge*). Du Cambodge. *La civilisation, la langue cambodgienne.* — *Les Cambodgiens.* V. **Khmer.**

CAMBOUIS [kãbwi]. *n. m.* (*Cambois,* 1398; o.i.). Graisse, huile noircie par le frottement. *Enlever une tache de cambouis avec de l'essence.* — Arg. milit. (1886) *Le Royal Cambouis :* le train des équipages.

CAMBRAGE [kãbʀaʒ] ou **CAMBREMENT** [kãbʀəmã]. *n. m.* (1836,-1846; de *cambrer*). ♦ 1° Action de cambrer (le corps). « *Ils titubaient avec [...] des cambrements des reins* » (VERCEL). ♦ 2° Opération par laquelle on cambre (qqch.). *Cambrage des pantalons* (pressage); *des tiges de chaussures.*

CAMBRÉ, ÉE [kãbʀe]. *adj.* (V. **Cambrer**). Qui forme un arc (V. **Cambrure**). *Taille cambrée,* creusée par derrière. *Pied cambré,* qui présente nettement en son milieu une courbe concave en dessous, et convexe au-dessus. *Chaussures cambrées,* dont la partie située entre la semelle et le talon est courbe. ◇ ANT. *Droit, plat.*

CAMBRER [kãbʀe]. *v. tr.* (déb. XVe; de *cambre,* forme normanno-picarde de *chambre,* adj., « courbe », lat. *camurum* « courbé »). ♦ 1° Courber légèrement en forme d'arc. V. **Arquer, infléchir.** *Cambrer une poutre.* — *Techn. Cambrer la tige, la semelle d'un soulier.* V. **Cintrer.** — *Reliure.* Recourber vers l'intérieur les angles du carton. ♦ 2° (1798). Redresser la taille en se penchant légèrement en arrière. *Cambrer la taille, les reins.* ♦ 3° SE CAMBRER. *v. pron.* (1530). Se redresser. — Fig. « *Malgré soi l'on prend posture; l'on se cambre* » (GIDE). ◇ ANT. *Redresser; aplatir.*

CAMBREUR [kãbʀœʀ]. *n. m.* (1842; de *cambrer*). Ouvrier qui effectue le cambrage.

CAMBRIEN, IENNE [kãbʀijɛ̃, ijɛn]. *n. m. et adj.* (1863; de *cambria,* nom breton latinisé du pays de Galles). *Géol.* Première période de l'ère primaire (paléozoïque). — De cette période.

CAMBRIOLAGE [kãbʀijɔlaʒ]. *n. m.* (1898; de *cambrioler*). Action de cambrioler; résultat de cette action. « *Les chaussures à terre, les tiroirs ouverts éveillaient l'idée d'un cambriolage* » (MART. du G.).

CAMBRIOLER [kãbʀijɔle]. *v. tr.* (1847; de *cambrioleur*). Dévaliser en pénétrant par effraction. V. **Voler.** *Cambrioler un appartement.* Par ext. *Ils ont été cambriolés.*

CAMBRIOLEUR, EUSE [kãbʀijɔlœʀ, øz]. *n.* (1828, arg.; de l'arg. *cambriole* « chambre », prov. *cambro*). Personne qui pénètre par effraction dans les appartements, dans les maisons pour les dévaliser. V. **Voleur**; *arg.* **Casseur, monte-en-l'air.**

CAMBROUSARD [kãbʀuzaʀ]. *n. m.* (1916; de *cambrouse*). *Fam.* Paysan. V. **Péquenaud.**

CAMBROUSE [kãbʀuz] *(vieilli)* ou **CAMBROUSSE** [kãbʀus]. *n. f.* (1821,-1866; *cambrouse,* 1628 « servante »; prov. *cambrous, ouso* « valet, femme de chambre », et *cam-*

brousso « cahute »). — *Fam.* Campagne. *Se perdre en pleine cambrousse.* V. **Bled.**

CAMBRURE [kãbʀyʀ]. *n. f.* (1537; dér. de *cambrer*). ♦ 1° État de ce qui est cambré. V. **Cintrage, courbure.** *Cambrure d'une pièce de bois.* — *Cambrure des reins.* V. **Ensellure.** ♦ 2° (Ce qui est cambré). *Cambrure du pied,* partie médiane arquée. *Partie courbée entre la semelle et le talon d'une chaussure.* ♦ 3° *Fig.* et *littér.* Apprêt, recherche, manque de simplicité.

CAMBUSE [kãbyz]. *n. f.* (1773; néerl. *kabuis*). ♦ 1° *Mar.* Magasin du bord où sont conservés et distribués les vivres, les provisions. ♦ 2° (1875). *Péj.* Chambre, logis pauvre, mal tenu.

CAMBUSIER [kãbyzje]. *n. m.* (av. 1888; de *cambuse*). *Mar.* Matelot qui a la responsabilité de la cambuse et de la distribution des vivres aux hommes d'équipage.

1. **CAME** [kam]. *n. f.* (1751; all. *Kamm* « peigne »). Pièce (arrondie non circulaire ou présentant une encoche, une saillie) destinée à transmettre et à transformer le mouvement d'un mécanisme. *Arbre à cames. Levée de la came. Came de butée.*

2. **CAME** [kam]. *n. f.* (1925; abrév. de *camelote* « marchandise »). *Arg.* Cocaïne. « *Tu t'amènes avec tes cinq kilos de came et tu ramasses tes sous* » (GENET).

CAMÉE [kame]. *n. m.* (1752; it. *cameo;* V. **Camaïeu**). ♦ 1° Pierre fine (agate, améthyste, onyx) sculptée en relief *(opposé à* intaille). *Camée monté en bague. Émaux et Camées,* poèmes de Th. Gautier. ♦ 2° *Peint.* Grisaille imitant le camée. V. **Camaïeu.**

CAMÉLÉON [kamele5]. *n. m.* (XIIe; lat. *camæleon,* du gr. *khamaileôn* « lion qui se traîne à terre », de *khamai* « à terre »). ♦ 1° Reptile saurien *(Vermilingues),* de couleur gris verdâtre, au corps orné d'une crête dorsale à queue prenante. *Le caméléon a la faculté de changer de couleur.* ♦ 2° *Fig.* Personne qui change de conduite, d'opinion, de langage, au gré de l'intérêt (V. **Girouette**). *Les courtisans* « *Peuple caméléon, peuple singe du maître* » (LA FONT.).

CAMÉLÉONESQUE [kameleɔnɛsk(ə)]. *adj.* (1837; de *caméléon,* et suff. *-esque*). *Littér.* De la nature du caméléon, changeant. « *Flavie admira cet être caméléonesque...* » (BALZ.).

CAMÉLIA [kamelja]. *n. m.* (fin XVIIIe; lat. bot. *camellia* (Linné) en l'honneur du père *Camelli*). ♦ 1° Arbrisseau à feuilles ovales, luisantes et persistantes, à fleurs larges, rappelant la rose (en *bot.* on écrit *Camellia*). ♦ 2° Sa fleur. *La Dame aux camélias,* roman d'A. Dumas fils.

CAMÉLIDÉS [kamelide]. *n. m. pl.* (1867; du lat. *camelus* « chameau »). Famille de mammifères ongulés, sans cornes, à estomac sans feuillet (alpaca, chameau, dromadaire, lama, vigogne).

CAMELINE [kamlin], **CAMÉLINE** [kamelin]. *n. f.* (1549; altér. de *camomine,* bas lat. *chamamelina.* V. **Camomille**). Plante *(Cruciféracées)* herbacée, à petites fleurs jaunes, cultivée pour ses graines oléagineuses.

CAMELLE [kamɛl]. *n. f.* (1867; prov. *camello,* lat. *camelus* « chameau », à cause du profil irrégulier de la crête). *Techn.* Tas de sel, dans un marais salant.

1. **CAMELOT** [kamlo]. *n. m.* (1213; altér. de *chamelot,* de *chameau* par l'arabe *hamlat* « peluche »). Étoffe de laine, parfois mêlée de poils de chèvre ou de soie formant la chaîne.

2. **CAMELOT** [kamlo]. *n. m.* (1821; altér. d'apr. *camelote,* de l'arg. *coesmelot,* de *coesme* (1596) « mercier, colporteur »; Cf. prov. *Comelo,* du turc). ♦ 1° Marchand ambulant qui vend des marchandises à bas prix. *Boniment de camelot.* ♦ 2° Vendeur de journaux; distributeur de prospectus. — Spécialt. *Camelot du roi :* partisan du roi vendant des journaux monarchistes.

CAMELOTE [kamlɔt]. *n. f.* (1751; de *cameloter* (1530), « façonner grossièrement », de *camelot* 1). ♦ 1° *Fam.* Ouvrage mal fait; marchandise de mauvaise qualité. V. **Pacotille, toc.** *Vendre, acheter de la camelote. C'est de la camelote.* — Fig. « *Une revue de camelote artistique* » (GIDE). ♦ 2° *Pop.* (1815). Toute marchandise. *C'est de la bonne camelote.* — *Spécialt.* Cocaïne. V. **Came.**

CAMEMBERT [kamãbɛʀ]. *n. m.* (1867; village de l'Orne). Fromage gras, à pâte molle affinée, cylindrique et peu épais, préparé avec du lait de vache.

CAMER (SE) [kame]. *v. pron.* (1952, *camer;* de *came*). *Arg.* Se droguer. — CAMÉ, ÉE. p. p., adj. Drogué.

CAMÉRA [kameʀa]. *n. f.* (1872; angl. *camera* « appareil de photo »; lat. *camera* « chambre »). Appareil cinématographique de prises de vues. *Des caméras. Magasins, mécanisme d'entraînement, objectifs d'une caméra. Caméra d'amateur.* — *Caméra-stylo,* style de cinéma utilisant l'esprit ou les techniques du reportage, du roman. — *Caméra de télévision :* tube électronique de prises de vues.

CAMERAMAN [kameʀaman]. *n. m.* (1919; de *caméra,* et angl. *man* « homme »). Opérateur* de prises de vue (de cinéma, de télévision). V. **Cadreur.** Pl. *des cameramen* [kameʀamɛn].

CAMÉRIER [kameʀje]. *n. m.* (XIVᵉ, repris 1671 ; it. *cameriere*, de *camera* « chambre »). Officier de la chambre du pape ou d'un cardinal.

CAMÉRISTE [kameʀist(ə)]. *n. f.* (*Camariste*, fin XVIIᵉ ; esp. *camarista*, de *camara* « chambre » ; *camé-*, d'apr. l'it.). ♦ 1° Dame qui servait une princesse (Espagne, Italie). ♦ 2° *Fam.* Femme de chambre.

CAMERLINGUE [kamɛʀlɛ̃g]. *n. m.* (1572 ; *camerlin*, 1418 ; it. *camerlingo;* Cf. Chambellan). Cardinal de la cour pontificale qui administre la justice et le trésor, préside la chambre apostolique et gouverne quand le Saint-Siège est vacant. Par appos. Le « *Cardinal Camerlingue* » (CHATEAUB.).

CAMEROUNAIS, AISE [kamʀunɛ, ɛz]. *adj.* et *n.* (XXᵉ ; de *Cameroun*, port. *camarâo*, proprem. « crevette »). Du Cameroun, État africain. *L'économie camerounaise.* — N. *Les Camerounais.*

1. CAMION [kamjɔ̃]. *n. m.* (*Chamion*, 1352 ; o. i.). ♦ 1° Chariot bas, à quatre roues de petit diamètre, pour le transport des marchandises pesantes. V. **Fardier.** *Camion à chevaux.* ♦ 2° Gros véhicule automobile transportant des marchandises. V. **Poids** (poids lourd). *Petit camion.* V. **Camionnette.** *Camion fermé, à plate-forme.* « *Cars et camions roulent à grande allure* » (DUHAM.). *Camion à remorque, à semi-remorque.* ♦ 3° (1846). *Techn.* Récipient des peintres pour délayer la peinture.

2. CAMION [kamjɔ̃]. *n. m.* (1606 ; semble un autre mot que *camion* 1). *Techn.* Très petite épingle. *Camion de dentellière.*

CAMION-CITERNE [kamjɔ̃sitɛʀn(ə)]. *n. m.* (1949 ; de *camion* 1, et *citerne*). Camion pour le transport des liquides en vrac. *Des camions-citernes.*

CAMIONNAGE [kamjɔnaʒ]. *n. m.* (1829 ; de *camion*). ♦ 1° Transport par camion. V. **Roulage.** *Entreprise de camionnage.* ♦ 2° Prix d'un transport par camion. *Payer le camionnage.*

CAMIONNER [kamjɔne]. *v. tr.* (1829 ; de *camion*). Transporter par camion.

CAMIONNETTE [kamjɔnɛt]. *n. f.* (1922 ; de *camion*). Petit camion automobile (Cf. Fourgonnette).

CAMIONNEUR [kamjɔnœʀ]. *n. m.* (1554 ; de *camion*). ♦ 1° Personne qui conduit un camion (à chevaux, et *mod.* automobile). V. **Routier.** ♦ 2° Personne qui s'occupe de transports par camion.

CAMISARD [kamizaʀ]. *n. m.* (1688 ; de l'occitan *camiso* « chemise ». V. **Chemise.**) *Hist.* Calviniste cévenol insurgé, durant les persécutions qui suivirent la révocation de l'édit de Nantes. *Les camisards doivent leur nom à la chemise blanche qu'ils portaient par-dessus leurs vêtements, pour se faire reconnaître de leurs.* — Adj. *Soulèvement camisard.*

CAMISOLE [kamizɔl]. *n. f.* (1547 ; it. *camiciola*, de *camicia* « chemise »). ♦ 1° *Vieilli.* Vêtement court, à manches, porté sur la chemise. V. **Brassière, caraco, casaquin, gilet.** ♦ 2° *Camisole de force* : camisole à manches fermées, garnie de courroies paralysant les mouvements. *Il mérite la camisole de force* : il est fou.

CAMOMILLE [kamɔmij]. *n. f.* (1322 ; bas lat. *camomilla*, altér. de *chamæmelon*, du gr. *khamaimêlon*, de *khamai* « à terre », et *mêlon* « pomme »). ♦ 1° Plante odorante (*Composacées*), dont les fleurs sont digestives. V. **Anthémis, matricaire.** ♦ 2° Tisane, infusion des fleurs de cette plante.

CAMOUFLAGE [kamuflaʒ]. *n. m.* (1914 ; de *camoufler*). ♦ 1° Le fait de camoufler du matériel de guerre, les troupes ; ce qui est utilisé à cet effet. *Un camouflage de branchages.* ♦ 2° *Fig.* Le fait de cacher en modifiant les apparences. V. **Maquillage.** *Camouflage de bénéfices.* « *Ce camouflage des intérêts les plus âpres qui fait horreur dans la droite française* » (MAURIAC). « *Les feintes et les camouflages en littérature sont nombreux* » (GIDE).

CAMOUFLER [kamufle]. *v. tr.* (1829 ; arg. it. *camuffare* « déguiser, tromper »). Déguiser de façon à rendre méconnaissable ou inapparent. V. **Cacher, déguiser, dissimuler, maquiller.** *Se camoufler.* — *Milit. Matériel de guerre camouflé par une peinture bigarrée.* — Fig. *Camoufler une intention, une faute.*

CAMOUFLET [kamufle]. *n. m.* (1611, « fumée soufflée au nez » ; de *moufle* « museau », et préf. *ca-*). ♦ 1° *Littér.* Mortification, vexation humiliante. V. **Affront, nasarde, offense.** *Donner, infliger un camouflet.* ♦ 2° Fourneau de mine destiné à détruire une galerie ennemie.

CAMP [kã]. *n. m.* (fin XVᵉ, « lit de can » ; it. *campo* « champ » ; lat. *campus*).
I. ♦ 1° Zone provisoirement ou en permanence réservée pour les rassemblements de troupes de toutes armes, soit pour des manœuvres, des exercices *(camp d'instruction)* soit pour des essais, des études *(camp d'expérimentation)*. V. **Campement.** *Reconnaissance, choix de l'emplacement d'un camp.* V. **Castramétation.** *Camp retranché, fortifié* : zone fortifiée organisée défensivement en permanence. — *Camp léger,* camp provisoire remplaçant les casernes d'une garnison, utilisé pendant les périodes de formation des jeunes recrues. — *Camp volant* (voir ci-dessous 5°). ♦ 2° *Spécialt. Camp de prisonniers* : où sont groupés des prisonniers de guerre. *Barbelés, miradors, baraquements d'un camp.* — (1906) CAMP DE CONCENTRATION : lieu où l'on groupe, en temps de guerre ou de troubles, les suspects, les étrangers, les nationaux ennemis. — *Camps d'extermination,* où furent affamés, suppliciés et exterminés certains groupes ethniques (juifs), politiques et sociaux. *Les camps de la mort.* « *Elle ne revint jamais des camps de la mort* » (FERNIOT). ♦ 3° Espace de terrain où s'installent les campeurs. V. **Camping.** *Feux de camp.* — Par ext. *Faire un camp dans les Alpes.* ♦ 4° (Symb. de la vie militaire). *La vie du camp. Lit de camp* : lit facilement transportable. *Aide de camp.* ♦ 5° CAMP VOLANT : s'est dit de l'espace où est organisée une unité légère, très mobile, chargée d'inquiéter et d'observer l'ennemi. *Par ext.* Unité nomade ; nomades vivant en permanence en campement mobile. — Fig. : *Vivre en camp volant* : vivre d'une manière instable. « *Vivre en camp volant à l'hôtel dans le désordre des malles à moitié défaites* » (LOTI). ♦ 6° ... DE CAMP. *Maréchal de camp* (fonction qui existe encore en Belgique). *Aide de camp* : officier d'ordonnance. — *Lit de camp.* ♦ 7° Fig. *Lever, ficher, foutre* (pop.) *le camp, foutre son camp* : s'en aller, partir. ♦ 8° Se dit de groupes qui s'opposent, se combattent. *Le camp victorieux.* « *L'espoir changea de camp, le combat changea d'âme* » (HUGO). — (en sport, etc.). *Constituer deux camps. Les joueurs sont distribués en deux camps* (V. **Équipe**). *Changer de camp.* — Polit. *Entrer dans le camp adverse.* V. **Côté, faction, groupe, parti.**
II. *Région.* (Canada). (Sous l'infl. de l'amér. *camp*). *Camp* (d'été). V. **Chalet, villa.** *Passer la fin de semaine au camp.* — *Camp de pêche, de chasse.* V. **Pavillon.** ◇ Camp de bûcherons ou chantier*. ◇ HOM. *Quand, quant.*

CAMPAGNARD, ARDE [kãpaɲaʀ, aʀd(ə)]. *adj.* et *n.* (1611 ; de *campagne*). ♦ 1° Qui vit à la campagne. *Gentilhomme campagnard.* V. **Hobereau.** *Un accent campagnard. Un air, un aspect campagnard.* V. **Agreste, rustique.** ♦ 2° N. *Un campagnard, une campagnarde.* V. **Paysan** ; *péj.* Rustre ; pop. **Bouseux, cul-terreux.** ◇ ANT. *Bourgeois, citadin, urbain; raffiné.*

CAMPAGNE [kãpaɲ]. *n. f.* (1535 ; it. *campagna*, lat. *campania* « plaine »).
I. ♦ 1° *Vx.* Vaste étendue de pays découvert. V. **Plaine.** *Une campagne.* — Mod. *Géogr.* Paysage rural où les champs ne sont pas clôturés, où il y a peu d'arbres et où les habitations sont groupées. V. **Champagne.** ♦ 2° (1671). *La campagne* : les terres cultivées, hors d'une zone urbaine (*opposé à* ville). *Les travaux de la campagne.* V. **Champ(s), terre.** Loc. fig. *Battre* la campagne. ♦ 3° Tous lieux fertiles, hors des villes. *Aimer la campagne, préférer la campagne à la montagne, à la mer. Curé, médecin de campagne.* — *Maison de campagne;* ellipt. *acheter une campagne.* V. **Cottage.** *Partie de campagne.* V. **Excursion, pique-nique.**
II. *Spécialt.* ♦ 1° (1587). Étendue de terrain, zone où les armées se déplacent, lorsqu'elles sont en guerre (*opposé à* camp, place forte). *Tenir la campagne. Combattre en rase campagne.* ♦ 2° (1671). Par ext. L'état de guerre, les combats, pour une armée. *Les troupes sont en campagne.* V. **Combat, guerre.** *Faire campagne* : participer à une opération de guerre. — *Règlement de service en campagne* : instruction ministérielle permanente fixant la conduite à tenir par les unités et les soldats dans les différentes circonstances de la bataille. ◇ DE CAMPAGNE. *Pièce* (d'artillerie) *de campagne* : artillerie légère des divisions. *Batterie de campagne. Tenue de campagne,* revêtue par les militaires pour le combat ou les manœuvres. *Infliger une tenue de campagne* : donner la punition qui consiste à faire revêtir au puni sa tenue complète de campagne et son équipement. ◇ *Une campagne* : ensemble des opérations militaires sur un théâtre d'activité et à une époque déterminés. V. **Opération.** *La campagne d'Égypte. Les campagnes d'Italie de 1796, 1800, 1859, 1944. Raconter ses campagnes.* — *Spécialt.* Titre de service de guerre. *Un soldat qui a six campagnes. Campagne simple, double; demi-campagne.* ◇ *Loc. Se mettre en campagne* : se mettre sur le pied de guerre, commencer une opération. *Spécialt.,* se dit d'une unité chargée de la recherche des renseignements et du contact avec l'ennemi qui part en opérations. Fig. *Partir pour une recherche méthodique.* V. **Chercher, rechercher.** ♦ 3° (1798). *Une campagne* : période d'activité, d'affaires, de prospection, de propagande portant sur une période déterminée. *Campagne commerciale. Jonction de deux campagnes* agricoles. V. **Soudure.** *Campagne de presse. Campagne de propagande.* V. **Croisade.**

CAMPAGNOL [kãpaɲɔl]. *n. m.* (1758 ; it. *campagnolo* « campagnard »). Mammifère rongeur *(Muridés)*, au corps plus ramassé que le rat, à queue courte et poilue. *Le rat des champs est un campagnol.*

CAMPANE [kãpan]. *n. f.* (XIVᵉ, « cloche » ; bas lat. ou it. *campana* « cloche »). ♦ 1° *Vieilli.* Sonnaille. V. **Cloche.** ♦ 2° *Archit.* Chapiteau en forme de cloche renversée.

CAMPANILE [kãpanil]. *n. m.* (*Campanil,* 1586 ; it. *campa-*

nile « clocher »). ♦ 1° Clocher à jour, et *par ext.* Tour isolée, souvent près d'une église. *Le campanile de Florence.* ♦ 2° Lanterne surmontant le toit de certains édifices civils.

CAMPANULACÉES [kãpanylase]. *n. f. pl.* (1863; de *campanula*). Famille de plantes *(Dicotylédones-gamopétales)* comprenant le campanule, la lobélie.

CAMPANULE [kãpanyl]. *n. f.* (1694; it. *campanula* « clochette »). Plante *(Campanulacées)* herbacée, à clochettes violettes. *Les campanules sont cultivées comme ornementales.*

CAMPÉ, ÉE [kãpe]. *adj.* (V. **Camper**). ♦ 1° V. **Établi**, fixé, posté. *Par ext. Bien campé* : solide, bien bâti. ♦ 2° *Bien campé* : bien dessiné, représenté ou décrit. *Un récit bien campé.*

CAMPÊCHE [kãpɛʃ]. *n. m.* (1603; nom d'une ville du Mexique). Arbre de l'Amérique tropicale *(Césalpinées)* qui fournit un bois dur et compact renfermant une matière colorante rouge. *Bois de campêche* ou *bois noir, bois d'Inde.*

CAMPEMENT [kãpmã]. *n. m.* (1584; de *camper*). ♦ 1° Action de camper. V. **Bivouac, cantonnement; camping**. *Matériel de campement* (tente, matériel de couchage; bidons, gamelles). ♦ 2° Lieu, installations où l'on campe. V. **Bivouac, camp, cantonnement**. *Armée, troupe au campement.* V. **Quartier**. *Un campement de Bohémiens, de Tsiganes.* ♦ 3° *Fig.* Installation provisoire et désordonnée. *Ma chambre est un campement; je suis en campement.*

CAMPER [kãpe]. *v.* (1465; de *camp;* 1426 « s'installer en un lieu »; un v. *camper* « placer » est attesté fin XII°).
I. *V. intr.* ♦ 1° S'établir, être établi dans un camp. V. **Bivouaquer, cantonner**. — Coucher sous la tente, faire du camping. « *Je campais en montagne, je faisais mes quarante kilomètres par jour, sac au dos* » (MONTHERLANT). ♦ 2° *Fig.* S'installer provisoirement quelque part. V. **Séjourner**. *Nous campons à l'hôtel.*
II. *V. tr.* ♦ 1° Établir dans un camp. ♦ 2° Placer, poser (qqch.) avec décision, avec une certaine audace. V. **Asseoir, fixer, installer**. *Camper son chapeau sur sa tête. Se camper des lunettes sur le nez.* — *Fig. Camper un récit* : le mettre en valeur.
III. SE CAMPER. *v. pron.* Se tenir en un lieu dans une attitude fière, hardie ou provocante. V. **Dresser** (se), **planter** (se). *Il « sauta sur ses pieds, se campa devant moi* » (COLETTE).

CAMPEUR, EUSE [kãpœʀ, øz]. *n.* (XX°; de *camper*). Personne qui pratique le camping.

CAMPHRE [kãfʀ(ə)]. *n. m.* (*Canfre*, 1256; *camphore*, XIV°; lat. médiév. *camphora;* arabe *kâfoûr*). Substance aromatique (cétone terpénique), blanche, transparente, d'une odeur vive, provenant du camphrier.

CAMPHRÉ, ÉE [kãfʀe]. *adj.* (XVI°; de *camphre*). Qui contient du camphre. *Friction à l'alcool camphré.*

CAMPHRIER [kãfʀije]. *n. m.* (1751; de *camphre*). Arbuste d'Extrême-Orient (laurier du Japon), dont le bois distillé donne le camphre.

-CAMPING, CAMPING- [kãpiŋ]. Premier ou second élément servant à former des mots composés. *Ex.* : *Auto-camping, voiture-camping.*

CAMPING [kãpiŋ]. *n. m.* (1905; mot angl., de *to camp* « camper »). Activité touristique qui consiste à vivre en plein air, sous la tente, et à voyager avec le matériel nécessaire. *Matériel, terrain de camping.* « *Je découvris les joies du camping* » (BEAUVOIR). ◊ *Camping sauvage*, camping pratiqué dans les lieux qui ne sont pas réservés à cet effet.

CAMPING-GAZ [kãpiŋɡaz]. *n. m. invar.* (v. 1960; marque déposée, de *camping* et *gaz*). Petit réchaud portatif à gaz butane pour le camping. « *Moi qui parviens déjà difficilement à me servir de mon camping-gaz* [...] » (HUREAUX).

1. CAMPOS [kãpo]. *n. m.* (fin XV°; lat. *ire ad campos* « aller aux champs »). *Fam.* Congé, repos accordé aux écoliers, étudiants, etc. *Donner campos.* V. **Clef** (clef des champs), **permission, vacances**. — *Fig.* « *Notre imagination nous donne plus d'un quart d'heure de campos* » (SÉV.). — REM. On écrit aussi CAMPO. « *Pendant ce mois-là, je me suis donné campo* » (DUTOURD).

2. CAMPOS [kãpos]. *n. m.* (*Néol.;* mot port.). Savane des plateaux du Brésil.

CAMPUS [kãpys]. *n. m.* (1930; amér. *campus*, mot lat. « champ »). Aux États-Unis, parc d'un collège, d'une université. « *J'ai fait mardi une conférence à Mills College. Le campus est un parc luxuriant accroché au flanc d'une colline* » (BEAUVOIR). — *Par ext.* Université construite hors d'une ville, les bâtiments étant répartis autour d'un vaste espace. *Le campus de l'université d'Orléans.*

CAMUS, USE [kamy, yz]. *adj.* (1243; p.-ê. de *museau*, et préf. péj. *ca-*). Qui a le nez court et plat. V. **Camard**. *Face camuse. Un nez camus.* V. **Aplati, écrasé**.

CANADA [kanada]. *n.* (1835; « pomme du Canada »; nom de pays). Variété de pomme de reinette. *Un kilo de canada* (*n. m.,* collect.). *Une canada* : une pomme. « *Les calville en robe blanche, les canada sanguines* » (ZOLA).

CANADIANISME [kanadjanism(ə)]. *n. m.* (XX°; de

canadien). Fait de langue (mot, tournure) propre au français parlé au Canada. *Débarbouillette est un canadianisme qui équivaut à* gant de toilette.

CANADIEN, IENNE [kanadjɛ̃, jɛn]. *adj. et n.* (XVII°; de *Canada*, mot huron « village », nom donné par Jacques Cartier à une partie de la Nouvelle-France, 1535). Du Canada ou qui concerne le Canada. *Le Saint-Laurent, fleuve canadien.* — Subst. *Les Canadiens* : les habitants du Canada. *Les Canadiens anglais. Un Canadien français* (Acadien, Québécois). *Les immigrés dits néo-Canadiens.* — *Le franco-canadien*, le français du Canada. Cf. Acadien, joual, québécois.

CANADIENNE [kanadjɛn]. *n. f.* (1928; de *canadien*). ♦ 1° Long canot à pagaies. ♦ 2° Longue veste doublée de peau de mouton.

CANAILLE [kanaj]. *n. f.* (v. 1470; it. *canaglia*, de *cane* « chien »). ♦ 1° *Vieilli.* Ramassis de gens méprisables ou considérés comme tels. V. **Pègre, populace, racaille**. « *Il aimait à fréquenter la canaille* » (FRANCE). V. **Encanailler** (s'). ♦ 2° (XVII°). Personne digne de mépris, malhonnête, nuisible. *Une canaille. Cette vieille canaille de Untel.* V. **Cochon, coquin, crapule, fripon, fripouille, gouape, salaud, saligaud**. « *Les véritables hommes d'État préfèrent toujours aux honnêtes gens les canailles* » (BARRÈS). *Par exager.* (en parlant d'enfants insupportables). *Ah! petite canaille!* V. **Coquin**. ♦ 4° (1867). *Adj.* Vulgaire, avec une pointe de perversité. *Des manières canailles.* ⊗ ANT. Aristocratie, monde. *Honnête, loyal, probe. Délicat, distingué.*

CANAILLERIE [kanajʀi]. *n. f.* (1846; de *canaille*). ♦ 1° Caractère d'une canaille ou d'une action de canaille. V. **Friponnerie, improbité, indélicatesse, malhonnêteté**. *C'est de la pure canaillerie.* ♦ 2° *Une canaillerie* : une action malhonnête. ♦ 3° Caractère de ce qui est canaille (3°). Polissonnerie vulgaire. « *Ce lieu pue la canaillerie et la galanterie de bazar* » (MAUPASS.).

CANAL, CANAUX [kanal, o]. *n. m.* (déb. XII°; lat. *canalis*, de *canna* « roseau »).
I. ♦ 1° Lit* ou partie d'un cours d'eau. « *La rivière se divise en deux canaux* » (CHATEAUB.). V. **Bras**. ♦ 2° (1538). Cours d'eau artificiel. *Canal navigable. Les canaux sont parcourus par des bateaux plats* (V. **Chaland, péniche**). *Écluses d'un canal. Le tirant d'eau, la profondeur d'un canal. Canal d'irrigation. Canal de jonction, de point de partage*, mettant en communication les cours d'eau de deux bassins hydrographiques. *Canal latéral*, longeant la partie difficilement navigable d'une rivière. *Canal de dérivation.* — *Canal maritime. Canal de Suez, de Panama.* — *Le grand canal de Venise. Les canaux d'Amsterdam.* ◊ *Spécialt.* Pièce d'eau étroite et longue. V. **Bassin, miroir** (d'eau). *Le grand canal du parc de Versailles.* ♦ 3° *Géogr.* (1549). Bras de mer. V. **Détroit, passe**. *Canal de Mozambique. Entrer dans un canal, en sortir.* V. **Embouquer; déboucher**.
II. ♦ 1° (1690). Conduit naturel ou artificiel permettant le passage d'un liquide, d'un gaz. *Canal cylindrique.* V. **Conduite, tube, tuyau**. *Canal à ciel ouvert.* V. **Caniveau, fossé, rigole, tranchée**. *Canal d'adduction d'eau, d'amenée, de fuite.* ♦ 2° *Anat.* Structure tubulaire par laquelle s'écoulent diverses matières ou liquides organiques (canal excréteur d'une glande, canal biliaire) ou qui livre passage à un vaisseau ou à un nerf (canal osseux, fibreux). V. **Artère, tube** (lymphatique), **vaisseau, veine; canalicule, conduit, infundibulum, trompe, uretère, urètre**. *Canal biliaire, cholédoque, excréteur, hépatique; médullaire*, rachidien. Canaux semi-circulaires de l'oreille interne. Orifice d'un canal.* V. **Méat**. *Canal accidentel.* V. **Fistule**. *Canal dentaire*, conduit situé au centre des racines de la dent, et qui relie l'apex à la chambre pulpaire. *Infection des canaux.* ♦ 3° (XVII°). *Fig.* Agent ou moyen de transmission. V. **Filière, intermédiaire, voie**. « *Je reçois par un canal amical, votre avis bienveillant* » (STE-BEUVE). ◊ *Didact.* (Théorie des communications). Ensemble des moyens sensoriels par lesquels une information est transmise. *Canal visuel, auditif. Les animaux communiquent fréquemment par le canal olfactif.* — Voie de communication, de l'entrée à la sortie, dans un système de traitement de l'information. *Choix d'un canal* (en radiotélévision). — Au Canada, Canal de télévision. Cf. Chaîne. — *Spécialt. Écon. Canal de distribution*, éléments du système de distribution dans lesquels s'effectue la commercialisation d'un produit. V. **Circuit**. ♦ 4° (XVI°). Cannelure de certains piédestaux. Sillon en spirale de la volute ionique. V. **Glyphe, gorge, rainure**.

CANALICULAIRE [kanalikylɛʀ]. *adj.* (XVIII°; de *canalicule*). *Anat.* Relatif à un canalicule. *Formations canaliculaires.*

CANALICULE [kanalikyl]. *n. m.* (1820; de *canal*). *Didact.* Petit canal. *Anat. Canalicules biliaires* du foie, où passe la bile sécrétée par les cellules hépatiques.

CANALISABLE [kanalizabl(ə)]. *adj.* (1836; de *canaliser*). Qui peut être canalisé. *Rivière canalisable.*

CANALISATION [kanalizasjɔ̃]. *n. f.* (1823; de *canaliser*). ♦ 1° Action de canaliser. *La canalisation du Rhône.* ♦

2° (1829). Réseau de conduites, de tuyaux (ou de câbles protégés) destinés au transport des fluides, de l'énergie. V. **Branchement, tuyauterie.** *Canalisations de gaz, d'électricité, de pétrole* (V. **Pipe-line**), *d'eau potable* (V. **Griffon**), *des eaux de rebut* (V. **Égout**).

CANALISER [kanalize]. *v. tr.* (1829 ; *h. 1585;* de *canal).* ♦ 1° Rendre (un cours d'eau) navigable. ♦ 2° Sillonner (une région) de canaux. ♦ 3° Empêcher de se disperser, diriger dans un sens déterminé. V. **Centraliser, concentrer, diriger, grouper, réunir.** *Canaliser la foule.* « *Un artiste doit capter son génie. Canalise ta force* » (R. ROLLAND). ◇ ANT. *Disperser, éparpiller.*

CANANÉEN, ÉENNE [kananeɛ̃, eɛn]. *adj. et n. m.* (de *Canaan).* Du pays de Canaan (Palestine et Phénicie). *N. m.* Langues sémitiques (ougaritique, phénicien, hébreu).

CANAPÉ [kanape]. *n. m.* (1650; *conopé* « rideau de lit », fin XIIᵉ ; lat. *conopeum* « moustiquaire »; gr. *kônôpeion,* de *kônôps* « moustique »). ♦ 1° Long siège à dossier (à la différence du divan*) où plusieurs personnes peuvent s'asseoir ensemble et qui peut servir de lit de repos. V. **Méridienne, ottomane.** *Canapé à deux places.* V. **Causeuse, tête-à-tête.** *Canapé-lit transformable.* ♦ 2° *Cuis.* Tranche de pain sur laquelle on dresse certains mets. *Canapé de bécasses. Œufs sur canapés.*

CANARD [kanaʀ]. *n. m.* (*Quanard,* XIIIᵉ ; p.-ê. d'un *ca-,* onomat. (*caner* « caqueter », XIIIᵉ), et *an-,* du lat. *anas.* V. **Cane** ; *-ard,* d'apr. *malard).* ♦ 1° Oiseau palmipède *(Anatidés)* scientifiquement appelé *anas,* au bec jaune, large, aux ailes longues et pointues. *Femelle, petits du canard.* V. **Cane, caneton.** *Mare aux canards.* V. **Barbotière, canardière.** *Canard domestique. Canard sauvage.* V. **Colvert; halbran.** *Espèces de canards.* V. **Eider, macreuse, milouin, pilet, sarcelle, souchet, tadorne.** *Chasse aux canards.* Cuis. *Canard rôti. Canard aux navets, aux olives, à l'orange. Canard laqué*.* ◇ *Spécialt.* Mâle de cet oiseau (V. **Malard**), et *spécialt.* du canard domestique. *Un canard et une cane.* ♦ 2° *Fam. Marcher comme un canard.* V. **Dandiner** (se). — *Mouillé, trempé comme un canard :* très mouillé. *Il n'a pas cassé* trois pattes à un canard.* ♦ 3° *Fig.* Morceau de sucre trempé dans une liqueur, dans du café. *Prendre un canard.* ♦ 4° (1834). Son criard, fausse note. V. **Couac.** ♦ 5° (v. 1750). *Fig. et fam.* Fausse nouvelle lancée dans la presse pour abuser le public. V. **Bobard, bruit.** *Lancer des canards.* — *Par ext.* (1848) Journal de peu de valeur. « *On imprime, chaque jour, dans une foule de petits canards, des notes plus ou moins venimeuses* » (DUHAM.).

CANARDEAU [kanaʀdo]. *n. m.* (1547 ; de *canard).* Jeune canard (plus âgé que le caneton).

CANARDER [kanaʀde]. *v.* (1578 ; de *canard).* ♦ 1° *V. tr.* Faire feu d'un lieu où l'on est à couvert, comme dans la chasse aux canards. V. **Tirer.** *Se faire canarder,* se faire tirer dessus. ♦ 2° *V. intr. Mus.* Faire une fausse note, un canard, un couac. *Ce clairon canarde.* — ◇ *Mar. Navire qui canarde :* plonge par l'avant et embarque de l'eau.

CANARDIÈRE [kanaʀdjɛʀ]. *n. f.* (1665 ; de *canard).* ♦ 1° Mare pour les canards. — Lieu disposé pour la chasse au canard. ♦ 2° Long fusil pour tirer les canards sauvages.

CANARI [kanaʀi]. *n. m.* (fin XVIᵉ ; esp. *canario* « serin des Canaries »). Serin des Canaries *(Fringillidés),* à la livrée jaune et brun olivâtre. *Chant du canari. Canaris en cage.* — *Adj. Robe jaune canari.*

CANASSON [kanasɔ̃]. *n. m.* (1866; altér. péj. de *canard).* *Pop.* Cheval, et *spécialt.* Mauvais cheval, rosse.

CANASTA [kanasta]. *n. f.* (v. 1945; mot esp. « corbeille »). Jeu de cartes (2 jeux de 52 et 4 jokers) qui consiste à réaliser des séries de 7 cartes de même valeur.

CANCALE [kākal]. *n. f.* (1908; de *Cancale).* Huître élevée dans la baie de Cancale. *Une douzaine de cancales.*

1. CANCAN [kākā]. *n. m.* (1602; *quanquan* de collège, 1554; lat. *quanquam* « quoique », avec l'anc. prononc.). Bavardage calomnieux, bruit empreint de médisance, de malveillance. V. **Bavardage, clabaudage, potin, racontar, ragot.** *Dire, colporter des cancans sur qqn.*

2. CANCAN [kākā]. *n. m.* (1829; du nom enfantin du *canard* (1808). Danse excentrique et tapageuse (quadrille), spectacle traditionnel du Montmartre de 1900. *French-cancan.*

CANCANER [kākane]. *v. intr.* (1823; en parlant des perroquets, 1654; de *cancan* 1). Faire des cancans. ◇ Crier (canard).

CANCANIER, IÈRE [kākanje, jɛʀ]. *adj.* (1834; de *cancan* 1). Qui fait, rapporte les cancans, des ragots. *Des commères cancanières.*

CANCEL [kāsɛl]. *n. m.* (XIIᵉ ; lat. *cancellus* « barreau »). Lieu entouré d'une balustrade où était déposé le grand sceau de l'État.

CANCER [kāsɛʀ]. *n. m.* (1503; « signe du Zodiaque », 1372; mot. lat. « crabe ». V. **Chancre**). ♦ 1° *Astron.* Constellation zodiacale figurant un crabe. *Le cancer est le quatrième signe du zodiaque. Tropique du Cancer* (Nord). ♦ 2° *Méd.* Tumeur ayant tendance à s'accroître, à détruire les tissus voisins et à donner d'autres tumeurs à distance de son lieu d'origine *(métastases).* V. **Tumeur** (maligne). — *Par ext.* Toute prolifération anormale, anarchique, de cellules, sans qu'elle prenne l'aspect d'une tumeur. *La leucémie est un cancer du sang.* ◇ *Vx.* Toute tumeur qui ronge les chairs. V. **Carcinome, épithéliome, sarcome.** *Cancer des fumeurs*.* ♦ 3° *Fig.* Ce qui ronge, détruit ; ce qui prolifère de manière anormale et dangereuse.

CANCÉREUX, EUSE [kāseʀø, øz]. *adj.* (1743; de *cancer).* ♦ 1° De la nature du cancer. *Tumeur cancéreuse.* ♦ *Fig.* Qui prolifère d'une façon malsaine et dangereuse. « *Cette prolifération cancéreuse dont souffre la librairie* » (MAURIAC). ♦ 2° Qui est atteint d'un cancer. Subst. *Un (des) cancéreux.*

CANCÉRIGÈNE [kāseʀiʒɛn]. *adj.* (1946; de *cancer,* et *-gène).* Capable de provoquer une tumeur maligne, un néoplasme. *Syn.* CARCINOGÈNE*. V. **Cancérogène.**

CANCÉRISATION [kāseʀizasjɔ̃]. *n. f.* (1865; *h. 1845;* de *cancériser,* de *cancer).* Transformation (d'une tumeur bénigne) en cancer.

CANCÉRISER (SE) [kāseʀize]. *v. pron.* Subir une cancérisation. — Surtout au p. p. CANCÉRISÉ, ÉE. *Tumeur bénigne cancérisée.*

CANCÉRO-. Premier élément de composés savants (« relatif au cancer »). *Ex. :* Cancérologie, cancérophobie.

CANCÉROGÈNE [kāseʀɔʒɛn]. *adj.* V. **Cancérigène.** — REM. Le mot semble plus fréquent que *cancérigène.* « *Virus cancérogènes, effets cancérogènes* » (*La Recherche,* janv. 1974).

CANCÉROLOGIE [kāseʀɔlɔʒi]. *n. f.* (1946; de *cancer,* et *-logie).* Étude du cancer. *Syn.* CARCINOLOGIE*.

CANCÉROLOGIQUE [kāseʀɔlɔʒik]. *adj.* (mil. XXᵉ; de *cancérologie).* Relatif au cancer, à la connaissance du cancer. *Études cancérologiques.*

CANCÉROLOGUE [kāseʀɔlɔg]. *n.* (mil. XXᵉ; de *cancérologie).* Spécialiste du cancer, des recherches sur le cancer.

CANCÉROPHOBIE [kāseʀɔfɔbi]. *n. f.* (1954; de *cancer,* et *-phobie).* Phobie du cancer. « *La propagation extraordinaire de cette cancérophobie* » (*Les Temps modernes,* janv. 1954). — On trouve *aussi* CANCÉROPHOBE, *adj. et n.*

CANCHE [kāʃ]. *n. f.* (1783; o. i.). Graminée des prairies utilisée comme fourrage.

CANCOILLOTTE [kākwajɔt]. *n. f.* (1907; nom de lieu). Fromage de Franche-Comté, à pâte molle et fermentée.

CANCRE [kākʀ(ə)]. *n. m.* (1265, « crabe; cancer »; lat. *cancer).* ♦ 1° *Vx* (XVIIᵉ). Miséreux. ♦ 2° (1808). *Fam.* Écolier paresseux et nul.

CANCRELAT [kākʀəla]. *n. m.* (1775; néerl. *kakkerlak,* avec attract. de *cancre).* Blatte d'Amérique.

CANCROÏDE [kākʀɔid]. *n. m.* (1806; de *cancer,* et *-oïde).* *Méd. (vieilli).* Épithéliome de la peau et des muqueuses.

CANDELA [kādela]. *n. f.* (1949; mot lat. « chandelle »). *Phys.* Unité d'intensité lumineuse *(cd).*

CANDÉLABRE [kādelabʀ(ə)]. *n. m.* (XIIᵉ ; *chandelabre,* fin XIᵉ ; lat. *candelabrum,* de *candela* « chandelle »). ♦ 1° Grand chandelier à plusieurs branches. V. **Flambeau, torchère.** ♦ 2° *Vieilli.* Colonne métallique portant un dispositif d'éclairage. V. **Lampadaire.** ♦ 3° *Archit.* Couronnement, balustre figurant une torchère.

CANDEUR [kādœʀ]. *n. f.* (XVIᵉ ; v. 1330, « lueur »; lat. *candor* « blancheur »). Qualité d'une personne pure et innocente, sans défiance. V. **Crédulité, franchise, ingénuité, innocence, naïveté, pureté, simplicité, sincérité.** *Plein de candeur.* V. **Candide.** *S'amuser de la candeur de qqn.* ◇ ANT. *Dissimulation, fourberie, ruse.*

CANDI [kādi]. *adj. m.* (*Condi,* 1256; mot it., arabe *qandi* « sucre de canne ». V. **Sucre**) *Sucre candi,* dépuré et cristallisé. — *Fruit candi,* enveloppé de sucre candi.

CANDIDAT, ATE [kādida, at]. *n.* (XIIIᵉ ; lat. *candidatus,* de *candidus* « blanc », les candidats aux fonctions publiques à Rome s'habillant de blanc). Personne qui postule une place, un poste, un titre. V. **Aspirant, postulant, prétendant.** *Être candidat à un poste* (V. **Briguer**). *Il y a plusieurs candidats sur les rangs pour ce poste, ce concours.* V. **Compétiteur, concurrent.** *Se porter candidat à des élections.* *Préparer un candidat. Il est candidat à cet examen.* V. **Présenter** (se). *Poser une colle à un candidat.*

CANDIDATURE [kādidatyʀ]. *n. f.* (1823 ; de *candidat).* État de candidat. *Annoncer, poser sa candidature à un poste, aux élections. Candidature officielle :* patronnée par le gouvernement. *Retirer sa candidature.*

CANDIDE [kādid]. *adj.* (1552, « blanc »; lat. *candidus).* ♦ 1° (1611). Qui a de la candeur. V. **Franc, ingénu, innocent, naïf, pur, simple.** *Homme candide. Âme, cœur candide.* « *Vêtu de probité candide et de lin blanc* » (HUGO). ♦ 2° Qui exprime la candeur. *Air candide.* ◇ ANT. *Faux, fourbe, rusé.*

CANDIDEMENT [kɑ̃didmɑ̃]. *adv.* (fin XVIᵉ; de *candide*). Avec candeur.

CANDIDOSE [kɑ̃didoz]. *n. f.* (XXᵉ; de *candida* « blanche », et suff. *-ose*). *Méd.* Infection (surtout de la peau et des muqueuses) causée par une levure *(candida albicans)*. *Le muguet est une candidose de la muqueuse buccale.*

CANDIR (SE) [kɑ̃diʀ]. *v. réfl.* (1600; de *candi*). *Techn.* Se cristalliser. — Absolt. *Faire candir du sucre* (candisation).

CANE [kan]. *n. f.* (*Quenne*, 1338; p.-ê. de *ca-*, onomat. et a. fr. *aine*, *ane*, lat. *anas* « canard »). Femelle du canard. *Petite cane.* V. **Canette.** Fig. et vx. *Faire la cane.* V. **Caner.** ◇ HOM. *Canne* (1, 2, 3).

CANEPETIÈRE [kanpətjɛʀ]. *n. f.* (1534; de *cane*, et *petière;* de *pet*). Petite outarde à collier blanc.

CANÉPHORE [kanefɔʀ]. *n. f.* (1570; gr. *kanêphoros*, de *kaneon* « corbeille », et *pherein* « porter »). *Antiq. gr.* Jeune fille qui portait les corbeilles sacrées dans certaines fêtes.

1. CANER [kane]. *v. intr.* (1821; de *cane*, *faire la cane;* autre sens XVIᵉ-XVIIᵉ). *Fam.* Reculer devant le danger ou la difficulté. V. **Céder, flancher** (*pop.* Se dégonfler). *Il « a tourné court, il a cané »* (DUHAM.). ◇ HOM. *Canner.*

2. CANER ou **CANNER** [kane]. *v. intr.* (1872, « s'en aller »; de *cane* 1, 4ᵒ « jambe »). *Arg.* S'enfuir (jouer des cannes). V. **Calter, décaniller.** *Fig.* Mourir (sens métaph. de s'en aller). *Caner dans son plumard, à l'hosto.*

CANETAGE. *n. m.;* **CANETIÈRE.** *n. f.* V. **CANNETAGE,** CANNETIÈRE.

1. CANETON [kantɔ̃]. *n. m.* (déb. XVIᵉ; de *canette* 1). Petit du canard.

2. CANETON [kantɔ̃]. *n. m.* (1931, V. Brix; probabl. de *caneton* 1). Petit dériveur à voiles (grand-voile, foc et spinnaker); monotype pour régates à deux équipiers.

1. CANETTE [kanɛt]. *n. f.* (XIIIᵉ; de *cane*). Petite cane. Sarcelle.

2. CANETTE ou **CANNETTE** [kanɛt]. *n. f.* (déb. XIVᵉ, « récipient »; de *cane*, *canne*. V. **Canne** 2). ♦ 1ᵒ (1545). Bobine recevant le fil de trame. — *Canette de machine à coudre.* ♦ 2ᵒ (1723). *Vx.* Bouteille. — Mod. (1856) Petite bouteille de bière; son contenu.

CANEVAS [kanva]. *n. m.* (*Canevach*, 1281; forme picarde de *caneve*, forme anc. de *chanvre*). ♦ 1ᵒ (1671). Grosse toile claire et à jour qui sert de fond aux ouvrages de tapisserie à l'aiguille. *Broderie sur canevas.* ♦ 2ᵒ *Géod.* Ensemble des points géodésiques relevés. *Canevas trigonométrique.* ♦ 3ᵒ (*Fin* XVIᵉ). Donnée première d'un ouvrage. V. **Ébauche, esquisse, plan, scénario.** *Travailler sur un bon canevas. Improviser sur un canevas.*

CANEZOU [kanzu]. *n. m.* (fin XVIIIᵉ; o. i., p.-ê. prov.) *Vx.* Corsage sans manches (de lingerie, de dentelle).

CANGE [kɑ̃ʒ]. *n. f.* (1839; *gemge*, 1661; arabe *gandja*). Barque à voiles qui servait sur le Nil à transporter les voyageurs.

CANGUE [kɑ̃g]. *n. f.* (1686; port. *canga*, annamite *gong*). En Chine, carcan dans lequel on engageait le cou et les poignets du condamné. ◇ *Le supplice lui-même. La cangue a été abolie.*

CANICHE [kaniʃ]. *n. m.* (1743; de *canard* anc. nom du *barbet*, le chien aimant barboter dans l'eau). Espèce de chien barbet à poil frisé noir, marron ou blanc. *Tondre un caniche. Suivre qqn comme un caniche, pas à pas, fidèlement.*

CANICULAIRE [kanikylɛʀ]. *adj.* (XVᵉ; lat. *canicularis*). De la canicule. *Chaleurs caniculaires.* V. **Torride.**

CANICULE [kanikyl]. *n. f.* (1500; it. *canicula* « petite chienne », appliqué à l'étoile Sirius). Époque de grande chaleur (l'étoile *Sirius* ou *Canicule* se lève et se couche avec le Soleil du 22 juillet au 22 août). — *Par ext.* V. **Chaleur.** *« Nous voilà en pleine canicule »* (FROMENTIN). ◇ ANT. *Froid.*

CANIDÉS [kanide]. *n. m. pl.* (1842; du lat. *canis* « chien »). *Zool.* Famille de mammifères carnivores digitigrades, au museau allongé, au corps élancé, aux pattes hautes, ayant quatre doigts derrière, et cinq devant. *Le chien, le loup, le renard, le chacal sont des canidés.*

CANIER [kanje]. *n. m.* (attesté XIXᵉ, Mistral; mot prov., du lat. *canna* « roseau »). *Région.* Lieu où poussent les roseaux. V. **Cannaie.** *J'aurais voulu que tu sois dans les caniers de l'Eurotas quand Ulysse me sous aux aventures* (GIONO).

CANIF [kanif]. *n. m.* (*Quenif*, 1441; Cf. angl. *Knife*). Petit couteau de poche à une ou plusieurs lames qui se replient dans le manche. *Onglet d'une lame de canif.* — *Spécialt.* Outil de graveur sur bois. — Fig. et fam. *Donner un coup de canif dans le contrat* (de mariage) : être infidèle à son conjoint.

CANIN, INE [kanɛ̃, in]. *adj.* (1390; lat. *caninus*, de *canis* « chien »). ♦ 1ᵒ Relatif au chien. *Race, espèce canine. Exposition canine.* ♦ 2ᵒ *Fig. Une faim canine :* dévorante. *Vx. Dents canines.* V. **Canine.**

CANINE [kanin]. *n. f.* (1541; de *canin*). Dent pointue entre les prémolaires et les incisives. *Canines développées des carnivores* (V. **Croc**), *du sanglier* (V. **Défense**).

CANISSE ou **CANNISSE** [kanis]. *n. f.* (1600; mot prov.,

de *canne*, lat. *canna* « roseau »). *Région.* Canne* (1ᵒ) de Provence longue et flexible. *Cultures protégées du vent par des cannisses. « Il aurait voulu marcher entre les haies de cyprès et de cannisses »* (COURCHAY).

CANISSIER [kanisje]. *n. m.* (1859; de *canisse*). Vannier qui travaille les canisses.

CANITIE [kanisi]. *n. f.* (*Canecie*, XIIIᵉ; lat. *canities*, de *canus* « blanc ». V. **Chenu**). *Méd.* État des cheveux devenus blancs. *Canitie précoce.*

CANIVEAU [kanivo]. *n. m.* (1694; o. i.). ♦ 1ᵒ Pierre creusée en rigole pour faire écouler l'eau. ♦ 2ᵒ Bordure pavée d'une rue, le long d'un trottoir. V. **Ruisseau.**

CANNA [kana]. *n. m.* (*Kanna*, 1816; lat. *canna* « balisier »). Balisier*. *« Au bord des massifs bouffis de cannas et de marguerites »* (CÉLINE).

CANNABINACÉES [kanabinase]. *n. f. pl.* (*Cannabinées*, 1842; lat. *cannabis* « chanvre »). *Bot.* Famille de plantes dicotylédones apétales comprenant le chanvre et le houblon.

CANNABIQUE [kanabik]. *adj.* (apr. 1970; de *cannabis*). *Didact.* Qui se rapporte au cannabis*. *Intoxication, ivresse cannabique.* V. **Cannabisme.**

CANNABIS [kanabis]. *n. m.* (mot lat. « chanvre »). Chanvre indien* (drogue hallucinogène). V. **Haschisch.** *« On y voyait un fier gabelou U.S. débusquant trois feuilles de cannabis dans les entrailles d'une torche électrique »* (Cl. COURCHAY).

CANNABISME [kanabism(ə)]. *n. m.* (néol.; de *cannabis*). Intoxication par le cannabis. — *Syn.* HASCHICHISME.

CANNAGE [kanaʒ]. *n. m.* (1856; « mesurage des étoffes », 1723; de *canner*). Le fait de canner un siège. État d'un siège canné.

CANNAIE [kanɛ]. *n. f.* (1600; de *canne* 1). Plantation de cannes à sucre, de roseaux.

1. CANNE [kan]. *n. f.* (XIIIᵉ, « tuyau »; lat. *canna* « roseau »). ♦ 1ᵒ (XVIᵉ). Tige droite de certaines plantes (roseau, bambou, balisier). — Spécialt. CANNE À SUCRE : plante monocotylédone (*Graminées*) herbacée, de laquelle on extrait du sucre. *Sucre de canne.* V. **Bagasse, saccharose, vesou.** *La tige de la canne à sucre peut atteindre 7 mètres de hauteur.* ♦ 2ᵒ (1596). *Par ext.* Objet façonné (bâton, roseau) sur lequel on appuie la main en marchant. *Se promener la canne à la main. Faire des moulinets avec sa canne. Canne d'alpiniste.* V. **Alpenstock.** *Embout, virole d'une canne. Pommeau, poignée d'une canne. « La redingote du grand-père, sa canne à pomme d'argent »* (LOTI). — *Canne blanche d'aveugle. Par ext. Les cannes blanches :* les aveugles. — *Canne-épée :* canne creuse formant fourreau (arme prohibée). — *Fam. Il a l'air d'avoir avalé* sa canne. ♦ 3ᵒ (1636). CANNE À PÊCHE : gaule portant une ligne de pêche. *Scion d'une canne à pêche.* ♦ 4ᵒ *Par anal.* (av. 1885). *Pop.* Jambe. *De belles cannes. Jouer des cannes.* V. **Caner** 2. ◇ HOM. *Cane.*

2. CANNE [kan]. *n. f.* (*Cane*, XIIᵉ; lat. *canna* « tuyau », même mot que le précéd.). *Dial.* (Ouest). Récipient en cuivre qui servait au transport du lait. ◇ HOM. *Cane.*

CANNÉ, ÉE [kane]. *adj.* (1877; de *canne* 1). Se dit d'un siège dont le fond est garni de brins de jonc ou de rotin entrelacés. *Chaise cannée.*

CANNEBERGE [kanbɛʀʒ(ə)]. *n. f.* (XVIIIᵉ; o. i.). Plante des marais et tourbières des régions froides, arbuste à feuilles persistantes, à baies comestibles. *Par ext.* La baie rouge, acidulée (plus grosse que celle des airelles). *Cuis. Renne d'la confiture de canneberges* (plat scandinave). *Poulet, dinde aux canneberges* (dans les pays anglo-saxons).

CANNELÉ, ÉE [kanle]. *adj.* (*Quenele*, 1342; de *cannelle* 2). Qui présente des cannelures. *Colonne cannelée. Pneu cannelé. Il « avait les ongles cannelés et courts »* (HUGO). ◇ ANT. *Lisse.*

CANNELER [kanle]. *v. tr.; conjug. appeler* (1545; de *cannelé*). Garnir de cannelures.

CANNELIER [kanəlje]. *n. m.* (*Arbre canellier*, 1575; de *cannelle* 1). Variété de laurier dont l'écorce dépourvue de son épiderme constitue la cannelle.

1. CANNELLE [kanɛl]. *n. f.* (XIIᵉ; de *canne* « tuyau », ou lat. médiév. *cannella*). Écorce du cannelier, dépouillée de son épiderme (elle prend la forme de petits tuyaux). — *Substance aromatique tirée de cette écorce et utilisée dans l'alimentation. Compote de pommes, vin chaud, punch à la cannelle.* — *Par ext.* Couleur cannelle, brun clair. *« Un carrick cannelle à cinq collets »* (GONCOURT).

2. CANNELLE [kanɛl]. *n. f.* (1496; de *canne* « conduit; récipient »). Petit tube, robinet que l'on adapte à une cuve, à un pressoir, à un tonneau (on dit aussi *Cannette*).

3. CANNELLE [kanɛl]. *n. f.* (1929; *kénelle*, 1857; de *canne* « tuyau, bobine ». V. **Canon** 1). *Techn.* Dans les métiers à tisser, bobine sur laquelle s'enroule le ruban provenant de l'étirage. V. **Canette** 2. — Rainures situées de chaque côté du chas d'une aiguille.

CANNELLONI [kane(ɛl)lɔni]. *n. m.* (1922; mot it., de *canna* « tuyau ». V. **Canne** 1). *Cuis.* Pâte roulée en cylindre, farcie au gras ou au maigre.

CANNELURE [kanlyʀ]. *n. f.* (1547; *canneleure*, 1545; de *canneler*, ou altér. de *canelature; it. cannellatura*). ♦ 1º Sillon longitudinal creusé dans du bois, de la pierre, du métal. V. **Moulure, rainure, strie.** *Les cannelures d'une colonne, d'un vase.* ♦ 2º Strie qui parcourt la tige de certaines plantes. *Les cannelures du céleri.* ♦ 3º Techn. *Cannelure de poulie.* V. **Gorge.** *Cannelure d'une vis.* ♦ 4º Géogr. *Cannelures glaciaires.*

1. **CANNER** [kane]. *v. tr.* (1856; « mesurer avec une canne », 1624; de *canne* 1). Garnir le fond, le dossier d'un siège avec des cannes de jonc, de rotin entrelacées. V. **Canné**; **rempailler.** ◊ HOM. *Caner.*

2. **CANNER** [kane]. *v. tr.* (fin XIXᵉ; de *canne*, 1, d'apr. l'amér. *to can* [1874]). *Région.* (Canada). Américanisme critiqué. *Pop.* Mettre en boîtes de conserve. *Canner de la viande, des légumes, des fruits.* Au p. p. *Viande cannée.*

CANNETAGE ou **CANETAGE** [kantaʒ]. *n. m.* (XXᵉ; de *cannette*). *Techn.* Opération qui consiste à mettre sur cannette les fils de trame.

CANNETIÈRE ou **CANETIÈRE** [kantjɛʀ]. *n. f.* (1867; de *cannette*). *Techn.* Ouvrière chargée de disposer la soie sur les cannettes. — Machine employée à garnir les cannettes.

CANNETILLE [kantij]. *n. f.* (1534; it. *cannutiglio;* esp. *cañutillo*, de *caña* « roseau ». V. **Canne** 1). Fil d'or, d'argent, retordu, servant à des travaux de broderie.

CANNETTE. V. **CANETTE.**

CANNEUR, EUSE [kanœʀ, øz]. *n.* (1877; de *canner*). Personne qui canne les sièges (On dit aussi CANNIER, IÈRE [kanje, jɛʀ]). V. **Rempailleur.**

CANNIBALE [kanibal]. *n. m.* (1515; esp. *canibal*, altér. de *caribal, caribe*, mot indigène « hardi », qui désigne les Caraïbes). *Anthropophage. Par ext.* Homme cruel. V. **Sauvage.** ◊ Adjectiv. *Un plaisir cannibal.* — Se dit aussi d'un animal qui se nourrit d'un animal de la même espèce.

CANNIBALESQUE [kanibalɛsk(ə)]. *adj.* (1862; de *cannibale*, et suff. *-esque*). Digne d'un cannibale. *Cruauté cannibalesque.*

CANNIBALISME [kanibalism(ə)]. *n. m.* (1796; de *cannibale*). Anthropophagie. *Fig.* V. **Cruauté, férocité.**

CANNISSE. *n. f.* V. **CANISSE.**

CANOË [kanɔe]. *n. m.* (1887; angl. *canoe*. V. **Canot**). Embarcation légère et portative mue à la pagaie; sport de ceux qui s'en servent. V. **Pirogue.** *Faire du canoë.*

CANOÉISME [kanɔeism(ə)]. *n. m.* (1950; de *canoë*). Sport du canoë.

CANOÉISTE [kanɔeist(ə)]. *n.* (1887; de *canoë*). Personne qui pratique le sport du canoë.

1. **CANON** [kanɔ̃]. *n. m.* (1339; it. *cannone*, augmentatif de *canna* « tube » (V. **Canne**); « conduit, tuyau, bobine », XIIIᵉ; de *canne*).

I. ♦ 1º Pièce d'artillerie* servant à lancer des projectiles lourds. V. **Bouche** (à feu), **mortier, obusier, pièce.** *Canon de siège, de marine. Canon antiaérien* (D.C.A.). *Canon antichar. Canon à tube court.* V. **Mortier, obusier; crapouillot.** *Canon sans recul. Canon atomique :* dont l'obus peut recevoir une charge atomique. *Autocanon;* canon automoteur. *Canon de 57, de 75, de 155, de 305 millimètres de calibre.* — Ellipt. *Un 75, un 105.* — *Soldat qui sert une pièce de canon* (artilleur, canonnier). *Bouche, tube, âme, culasse d'un canon. Affût, flèche d'un canon. Portée d'un canon. Tir au canon. Braquer, pointer un canon. Projectiles d'un canon.* V. **Boulet, cartouche, mitraille, obus, shrapnel.** *Tirer un coup de canon, tirer le canon.* V. **Bombarder, canonner.** *Salve, volée de coups de canon.* V. **Canonnade.** ◊ Fam. *Chair à canon :* les soldats exposés à être tués. ◊ Spécialt. *Canon paragrêle :* canon destiné à empêcher la formation de grêlons. — *Canon lance-harpon*, pour la capture des grands cétacés. ♦ 2º (XVIᵉ). Tube d'une arme à feu. *Canon d'un fusil, d'une carabine, d'un revolver. Rétrécissement du canon pour regrouper les plombs.* V. **Chokebore.** *Canon lisse, canon rayé. Canon ovalisé; piqué par la rouille. Baïonnette au canon :* fixée au bout du fusil.

II. (XVIIᵉ). ♦ 1º Techn. Se dit de divers objets cylindriques. *Canon d'une seringue :* le corps de pompe. *Canon d'une clef :* sa partie forée. *Canon d'arrosoir :* tuyau qui reçoit la pomme de l'arrosoir. ♦ 2º (1611). Au XVIIᵉ s., Pièce de toile ornée de dentelle, de rubans qu'on attachait au-dessous du genou. ♦ 3º Zool. Partie des membres du cheval comprise entre le genou et le boulet dans les membres antérieurs, et le jarret et le boulet, dans les membres postérieurs. ♦ 4º (1680). Ancienne mesure de capacité. — *Par ext.* (XVIIIᵉ).*Pop.* Bouteille, verre de vin. *Boire un canon.*

2. **CANON** [kanɔ̃]. *n. m.* (XIIIᵉ; mot lat.; gr. *kanôn* « règle »). ♦ 1º Théol. Loi ecclésiastique, et spécialt. Règle, décret des conciles en matière de foi et de discipline. *Canon d'un concile œcuménique.* ◊ Adj. *Droit canon*, droit ecclésiastique, fondé sur les canons de l'Église, les décrétales. V. **Capitulaire. Docteur en droit canon** (V. **Canoniste**). ♦ 2º (XVIIᵉ). Ensemble des livres admis comme divinement inspirés. *Canon de l'Ancien, du Nouveau Testament* (V. **Bible**). ♦ 3º (XIIIᵉ). *Canon de la messe :* partie de l'office contenant les paroles sacramentelles et des oraisons, qui va de la Préface au Pater. Tableaux placés au milieu de l'autel et qui contiennent une partie de l'office. — *Canons d'autel*, tablettes contenant certaines prières, — pour la plupart extraites du canon de la messe. ♦ 4º Didact. Norme, règle. — Bx-arts. Ensemble des règles fixes servant de module pour déterminer les proportions des statues, conformément à un idéal de beauté; cet idéal. V. **Idéal, type.** ♦ 5º (1690). *Mus.* Imitation, par une partie vocale ou instrumentale, d'un thème qui vient d'être énoncé. *Canon à deux voix. Thème en canon. Canon et fugue*.*

CAÑON ou **CANYON** [kaɲɔ̃]. *n. m.* (1877; esp. du Mexique *cañon*, augmentatif de *caño* « tube ». V. **Canne**). *Géogr.* Gorge ou ravin étroit, profond, creusé par un cours d'eau dans une chaîne de montagnes. *Les cañons du Colorado.* ◊ Océanogr. Longue dépression sous-marine formant une vallée à versants escarpés.

CANONIAL, ALE, AUX [kanɔnjal, o]. *adj.* (*Chanoinal*, XIIᵉ; de *chanoine*, refait d'apr. lat. *canonicalis*). ♦ 1º Qui est réglé par les canons; conforme à la règle. *Heures canoniales :* les petites heures du bréviaire. ♦ 2º Qui a rapport au canonicat. *Office canonial*, que les chanoines chantent dans l'église.

CANONICAT [kanɔnika]. *n. m.* (1611; lat. ecclés. *canonicatus*, de *canonicus* « chanoine »). Dignité, office, bénéfice de chanoine.

CANONICITÉ [kanɔnisite]. *n. f.* (fin XVIIᵉ; de *canonique*). Caractère de ce qui est canonique.

CANONIQUE [kanɔnik]. *adj.* (XIIIᵉ; lat. ecclés. *canonicus*. V. **Canon** 2). ♦ 1º Conforme aux canons. *Peines canoniques. Livres canoniques :* qui composent le canon. *Droit canonique :* droit canon. ♦ 2º *Âge canonique :* âge de quarante ans (minimum pour être servante chez un ecclésiastique). Fam. *Être d'un âge canonique :* respectable. ♦ 3º Didact. Qui pose une règle ou correspond à une règle. V. **Normatif.** *Forme canonique et variantes* (d'une forme linguistique). *Équation canonique*, de forme simple, servant de modèle à une famille d'équations pouvant s'y ramener. — *Subst. fém.* Système de règles. « *Les réflexions qui suivent ne sont pas une canonique de la critique* » (THIBAUDET).

CANONISABLE [kanɔnizabl]. *adj. et n.* (1867; « louable » 1601; de *canoniser*). *Relig.* Qui peut être canonisé. *Un bienheureux canonisable.*

CANONISATION [kanɔnizasjɔ̃]. *n. f.* (XIIIᵉ; de *canoniser*). Action de canoniser. *Procès de canonisation. La canonisation est prononcée par le pape.*

CANONISER [kanɔnize]. *v. tr.* (XIIIᵉ; lat. ecclés. *canonizare*. V. **Canon** 2). Mettre au nombre des saints suivant les règles et avec les cérémonies prescrites par l'Église. *Il est béatifié, mais il n'est pas encore canonisé.*

CANONISTE [kanɔnist(ə)]. *n. m.* (XIVᵉ; de *canon* 2). Spécialiste du droit canon.

CANONNADE [kanɔnad]. *n. f.* (1522; de *canon* 1). Tir soutenu d'un ou plusieurs canons. « *La lointaine canonnade a fait trembler le sol dans un indistinct grondement continu* » (GIDE).

CANONNAGE [kanɔnaʒ]. *n. m.* (1771; de *canon* 1). ♦ 1º Art du canonnier, spécialement sur les navires de guerre. ♦ 2º Le fait de canonner (un objectif).

CANONNER [kanɔne]. *v. tr.* (fin XVᵉ; de *canon* 1). Tirer au canon sur (un objectif). V. **Bombarder.** *Canonner une position ennemie.*

CANONNIER [kanɔnje]. *n. m.* (1383; de *canon* 1). Soldat ou marin chargé du service d'une pièce de canon. V. **Artilleur.**

CANONNIÈRE [kanɔnjɛʀ]. *n. f.* (1415; de *canon* 1). ♦ 1º Vx. Petite ouverture étroite pratiquée dans un mur pour tirer sans être vu. V. **Meurtrière.** ♦ 2º Mar. Petit bâtiment armé d'un ou de plusieurs canons. Adj. *Chaloupe canonnière.*

CANOPE [kanɔp]. *n. m.* (1842; lat. *canopus;* mot gr. « ville et dieu d'Égypte ». *Antiq.* (1846). Vase funéraire ayant pour couvercle une tête emblématique. « *Comme les entrailles d'une momie dans ses vases canopes* » (DUVERT).

CANOT [kano]. *n. m.* (1599; *canoe*, 1519; esp. *canoa*, d'une langue des Caraïbes). ♦ 1º Vx ou région. (Canada). 1603). Embarcation légère qui avance à l'aviron, à la pagaie. V. **Canadienne, canoë, périssoire, kayac.** *Canot indien.* « *Les grands canots d'écorce couraient sur les vagues* » (R. de ROQUEBRUNE). ♦ 2º (XVIIᵉ). Toute embarcation légère non pontée (à aviron, rame, moteur, voile). V. **Barque, chaloupe, esquif, nacelle, skiff, youyou.** *Canot de pêche.* — *Canot de sauvetage :* canot insubmersible, généralement prêt, dans certains ports, à porter secours aux navires en détresse. *Canot major :* canot affecté au service des officiers sur les navires de guerre. — *Canot pneumatique*, en toile imperméable et gonflé à l'air comprimé. *Canot automobile.* V. **Vedette; hors-bord.**

CANOTAGE [kanɔtaʒ]. *n. m.* (1843; de *canoter*). Manœuvre d'un canot (*Spécialt.* d'un canoë, au Canada). *Les joies du canotage.*

CANOTER [kanɔte]. *v. intr.* (1863; de *canot*). Aller se promener en canot, en barque (V. **Ramer**). — *Région.* (Canada). Faire du canot* (1º) ou canoë.

CANOTEUR [kanɔtœʀ]. *n. m.* (XXᵉ; de *canoter*). Celui qui canote. *Les canoteurs du bois de Boulogne.*

CANOTIER [kanɔtje]. *n. m.* (fin XVIᵉ; de *canot*). ♦ 1º Rameur, sur une embarcation. ♦ 2º *Vx.* Celui qui s'adonne au canotage. ♦ 3º (Fin XIXᵉ). *Un canotier :* chapeau de paille à fond plat.

CANTABILE [kɑ̃tabile]. *n. m.* (1757; mot it., du lat. *cantabilis* « digne d'être chanté »). Morceau de musique ou de chant au mouvement lent souvent empreint de mélancolie. « *Le violon seul chante ... un cantabile ennamouré* » (R. ROLLAND). — Adj. *Moderato cantabile.* — Adv. *Jouer cantabile.*

CANTAL [kɑ̃tal]. *n. m.* (1643; département français). Fromage fabriqué dans le Cantal *(Auvergne)*, avec du lait de vache et de chèvre. V. **Fourme**. *Des cantals.*

CANTALOUP [kɑ̃talu]. *n. m.* (1781; de *Cantalupo*, villa des papes). Melon à côtes rugueuses.

CANTATE [kɑ̃tat]. *n. f.* (1709; it. *cantata* « ce qui se chante », p. p. fém. de *cantare* « chanter »; Cf. Sonate). Scène lyrique à un ou plusieurs personnages avec accompagnement; musique d'une telle scène. *Les récitatifs, les airs, les chœurs d'une cantate. Les cantates religieuses, profanes, de J.-S. Bach.*

CANTATRICE [kɑ̃tatʀis]. *n. f.* (1746; mot it. « chanteuse »; lat. *cantatrix*). Chanteuse professionnelle d'opéra ou de chant classique. *Grande, célèbre cantatrice.* V. **Diva**.

CANTER [kɑ̃tœʀ]. *n. m.* (1862; mot angl., p.-ê. de *Canterbury*, d'apr. l'allure lente des chevaux des pèlerins de cette ville). *Turf.* Galop d'essai d'un cheval de course.

CANTHARIDE [kɑ̃taʀid]. *n. f.* (XIVᵉ; lat. *cantharis*, gr. *kantharis*). Insecte coléoptère *(Méloïdes)* de couleur vert doré et brillant, appelé aussi *mouche d'Espagne* ou *de Milan*. *Poudre de cantharide*, corps desséché de l'insecte, réduit en poudre, utilisé autrefois comme vésicant et aphrodisiaque.

CANTHARIDINE [kɑ̃taʀidin]. *n. f.* (1843; de *cantharide*). Principe toxique, congestionnant, extrait de la poudre de cantharide.

CANTILÈNE [kɑ̃tilɛn]. *n. f.* (1512; it. *cantilena*, mot lat. « chanson »). ♦ 1º *Mus.* Chant profane d'un genre simple. V. **Chanson**. ♦ 2º *Littér.* Texte lyrique. V. **Complainte**. *La cantilène de sainte Eulalie* (v. 880) *est le plus ancien poème en langue française.* ♦ 3º *Cour.* Chant monotone, mélancolique.

CANTILEVER [kɑ̃tilevœʀ]. *adj. et n. m.* (1883; mot angl.; de *cant* « rebord », et *lever* « levier »). Qui est suspendu en porte-à-faux (sans câbles). *Pont cantilever. Suspension cantilever.* — N. m. *Aile d'avion en cantilever.*

CANTINE [kɑ̃tin]. *n. f.* (1680; it. *cantina* « cave », de *canto* « coin, réserve »). ♦ 1º Établissement où l'on sert à manger, à boire aux personnes d'une collectivité. V. **Buvette**, **popote** *(fam.)*, **réfectoire**, **restaurant**. *Cantine d'une école, d'un atelier, d'un chantier. La cantine et le foyer d'une caserne. Cantine d'un navire.* V. **Cambuse**. — *Milit. Cantine ambulante.* V. **Cuisine**, **roulante** ; **cantinière**. ♦ 2º *Par ext.* Coffre de voyage, malle rudimentaire (en bois, métal). *La cantine d'un officier.*

CANTINER [kɑ̃tine]. *v.* (1927; de *cantine*). *Arg.* Acheter (des vivres, etc.) à la cantine d'une prison. « *On cantinera des bières, [...] et on les planquera pour se soûler!* » (SARRAZIN).

CANTINIER, IÈRE [kɑ̃tinje, jɛʀ]. *n.* (1762; de *cantine*). ♦ 1º *Vx.* Personne qui tient une cantine (syn. **Cambusier**). ♦ 2º CANTINIÈRE. *n. f.* Jusqu'en 1914, Gérante d'une cantine militaire. *La cantinière du régiment.*

CANTIQUE [kɑ̃tik]. *n. m.* (1120; lat. ecclés. *canticum* « chant religieux »). ♦ 1º Chant d'action de grâces consacré à la gloire de Dieu. *Le cantique de la Vierge Marie.* V. **Magnificat**. — *Le cantique des cantiques :* poème attribué à Salomon. ♦ 2º Chant religieux en langue commune (et non en latin). V. **Motet**. « *Dans la profonde nuit nous t'offrons ce cantique* » (RAC.).

CANTON [kɑ̃tɔ̃]. *n. m.* (XIIIᵉ; it. *cantone*, de *canto* « coin », et a. prov. *cantoun* « coin de rue » (XIIᵉ). ♦ 1º *Vx.* Coin de pays, région. *Un canton fertile. Canton de bois :* étendue déterminée d'une forêt. — *Mod.* (1867) *Canton de route, de voie ferrée :* portion déterminée de cette route, de cette voie, en vue de son entretien. V. **Cantonnier**. ♦ 2º (XVᵉ). L'un des États composant la Confédération helvétique. *Le canton de Berne.* ♦ 3º (1775). Division territoriale de l'arrondissement, sans budget, constituant une circonscription en vue de certaines élections (Conseil général). *Chef-lieu de canton.* ◊ (1862). Au Canada, Division cadastrale de cent milles* carrés environ. *Les cantons Rousseau, Paradis*, en Abitibi. *Les Cantons de l'Est*, au Québec. ♦ 4º (1642). *Blas.*

Petit quartier de l'écu; partie de l'écu formée par les pièces (croix, sautoirs) dont il est chargé.

CANTONADE [kɑ̃tɔnad]. *n. f.* (1455; prov. *cantonada* « coin de rue ». V. **Canton**). *Théâtre* (1694). Les coulisses. *Parler à la cantonade :* parler à qqn qui est supposé être dans les coulisses. *Cour.* Parler en semblant ne s'adresser précisément à personne. « *La patronne du café cria, à la cantonade : on demande Thibault au téléphone* » (MART. du G.).

CANTONAL, ALE, AUX [kɑ̃tɔnal, o]. *adj.* (1827; de *canton*, 2º et 3º). Du canton. *Les autorités, les lois cantonales, en Suisse* (*opposé à* fédéral). — *Délégué cantonal* (qui surveille les écoles primaires). *Élections cantonales*, des conseils généraux. *Subst. Les cantonales.*

CANTONNEMENT [kɑ̃tɔnmɑ̃]. *n. m.* (fin XVIIᵉ; de *cantonner*). ♦ 1º Action de cantonner des troupes. V. **Bivouac**, **campement**, **logement**. *Prendre ses cantonnements.* V. **Quartier**. *Cantonnement chez l'habitant.* ♦ 2º Lieu où cantonnent les troupes. *Choix d'un cantonnement.* V. **Castramétation**. ♦ 3º Limitation; division en cantons ou sections (ch. de fer). — Partie de terrain délimité (eaux et forêts). ♦ 4º Fig. *Dr.* Limitation à certains biens des droits d'un créancier.

CANTONNER [kɑ̃tɔne]. *v. tr.* (XIIIᵉ; de *canton*). I. ♦ 1º Établir, faire séjourner (des troupes) en un lieu déterminé. V. **Camper**. — Intrans. « *Le corps d'armée cantonnait sur la Marne* » (DUHAM.). ♦ 2º *Archit.* Garnir dans les coins. *Cantonner une colonne de pilastres.* — Blas. *Croix cantonnée d'étoiles.*
II. SE CANTONNER. *v. pron.* ♦ 1º Se retirer dans un lieu où l'on estime être en sûreté (V. **Établir** (s'), **fortifier** (se), **renfermer** (se); se tenir (dans un lieu) sans sortir. *Il se cantonne chez lui.* « *Les garçons cantonnés dans la maison* » (SAND). ♦ 2º *Fig. Se cantonner dans ses études, dans ses recherches.* V. **Borner** (se). *Il est cantonné dans son travail et ne s'intéresse à rien d'autre.*

CANTONNIER [kɑ̃tɔnje]. *n. m. et adj.* (XVIIIᵉ; du prov. *cantoun* « coin ». V. **Canton**). Ouvrier qui travaille à l'entretien des routes. — Adj. CANTONNIER, IÈRE [..., jɛʀ]. Relatif au cantonnier. *Maison cantonnière.*

CANTONNIÈRE [kɑ̃tɔnjɛʀ]. *n. f.* (1562; de *canton* « coin »). *Vx.* Tenture dont on couvrait les colonnes du pied d'un lit. *Mod.* Bande qui garnit, encadre une fenêtre, une porte.

CANTRE [kɑ̃tʀ(ə)]. *n. m.* (1751; probabl. du rad. lat. *canthus*; V. **Chantier**). *Techn.* Partie de l'ourdissoir*, formée de broches horizontales.

CANULANT, ANTE [kanylɑ̃, ɑ̃t]. *adj.* (1867; de *canuler*). *Pop.* Ennuyeux.

CANULAR [kanylaʀ]. *n. m.* (1895; de *canuler*). *Arg.* de *Normale sup.* Mystification. *Monter un canular.* — *Par ext.* Blague, farce; fausse nouvelle.

CANULARESQUE [kanylaʀɛsk(ə)]. *adj.* (v. 1930; *h.* 1895; de *canular*). *Fam.* Qui tient du canular.

CANULE [kanyl]. *n. f.* (v. 1400; lat. *cannula*, de *canna* « tuyau ». V. **Canne**). Petit tuyau souple ou rigide, servant à introduire un liquide ou un gaz dans une cavité ou un conduit de l'organisme. *Canule à trachéotomie*, introduite par incision de la trachée pour assurer le passage de l'air dans les poumons. V. **Cathéter**, **drain**, **sonde**.

CANULER [kanyle]. *v. tr.* (1830; de *canule*). ♦ 1º *Pop.* Ennuyer, importuner. V. **Fatiguer**. ♦ 2º Mystifier par un canular.

CANUT, USE [kany, yz]. *n.* (1836; p.-ê. de *canne* « bobine de fil ». V. **Canette** (2). Personne qui travaille dans les industries de la soie à Lyon. — *Rare* au fém.

CANYON. V. **Cañon**.

CANZONE [kantsɔne; kɑ̃dzɔn]. *n. f.* (déb. XIXᵉ; it. *canzona*, lat. *cantare* « chanter »). Petit poème italien divisé en stances égales, et terminé par une stance plus courte. *Les canzones* (ou *canzoni*) *de Pétrarque.*

CAOUA [kawa]. *n. m.* (1883; Algérie, 1863, T. de soldat; mot arabe, « café ». *Pop.* Café. « *Un caoua un peu corsé* » (SIMONIN).

CAOUANE [kawan]. *n. f.* (1643; esp. *caouana*, d'une langue d'Amér. du Sud). Grande tortue des mers chaudes. V. **Caret**.

CAOUTCHOUC [kautʃu]. *n. m.* (1736; répandu déb. XIXᵉ; mot d'o. péruv., esp. *caucho*). ♦ 1º Substance élastique (élastomère), imperméable, provenant du latex de diverses plantes ou fabriquée artificiellement, constituée surtout par un hydrocarbure non saturé. V. **Gomme**. *Arbres à caoutchouc :* ficus, hévéa, urcéole. *Caoutchouc naturel, de plantation. Caoutchouc artificiel, synthétique (caoutchouc nitrile, butyl; néoprène). — Caoutchouc traité, vulcanisé. Caoutchouc mousse* (marque déposée) renfermant des bulles d'air dans sa masse. ♦ 2º *Caoutchouc minéral :* l'élatérite (substance molle, élastique). ♦ 3º *Un caoutchouc :* un vêtement caoutchouté (V. **Imperméable**); un élastique. — *Plur.* Chaussures de caoutchouc. *Elle « me voyait chaussant mes caoutchoucs américains* » (PROUST). V. **Snow-boot**.

CAOUTCHOUTER [kautʃute]. *v. tr.* (déb. XIXᵉ; de *caoutchouc*). Enduire de caoutchouc (opération du *caoutchoutage*). *Tissu caoutchouté* : imperméabilisé.

CAOUTCHOUTEUX, EUSE [kautʃutø, øz]. *adj.* (1913; de *caoutchouc*). Qui a la consistance du caoutchouc. *Des champignons trop cuits, caoutchouteux.*

CAP [kap]. *n. m.* (XIIIᵉ; prov. *cap* « tête »; lat. *caput*).
I. *Vx* ou *loc.* Tête. **V. Chef.** — Mod. *De pied en cap :* des pieds à la tête. **V. Complètement.**
II. ♦ 1° (1387). Pointe de terre qui s'avance dans la mer. **V. Bec, pointe, promontoire.** *Le cap de Bonne Espérance. Dépasser, doubler, franchir un cap. L'Europe est « un petit cap du continent asiatique »* (VALÉRY). ♦ 2° *Loc. fig. Franchir, passer, dépasser un cap* : une certaine limite (comportant l'idée de difficulté). « *Elle pouvait avoir dépassé le cap de la trentaine que les femmes ont une si naïve répugnance à franchir* » (GAUTIER). Absolt. *Il a maintenant passé le cap.* — *Franchir, doubler le cap de* (avec un nom de nombre) : une étape, un palier (en vue d'un objectif déterminé). *L'entreprise a dépassé le cap de cent mille employés.* ♦ 3° *N.* Direction d'un navire, d'un avion. *Mettre le cap sur* : se diriger vers. *Changer de cap*, de direction. — *Cap magnétique*, angle que fait la direction (d'un avion) avec le nord magnétique. ⬦ HOM. *Cape.*

C.A.P. [seape]. (1946; sigle). Certificat d'aptitude professionnelle.

CAPABLE [kapabl(ə)]. *adj.* (XIVᵉ; bas lat. *capabilis*, de *capere* « contenir, être susceptible de »).
I. ♦ 1° *Vx.* Qui a le pouvoir, la possibilité de recevoir, de supporter. *Les hommes sont « indignes de Dieu et capables de Dieu »* (PASC.). *Capable d'une joie.* ♦ 2° Qui est en état, a le pouvoir d'avoir (une qualité), de faire (qqch.). « *Il faut qu'une femme soit capable de sérieux et d'enfantillage* » (MAUROIS). *Capable d'une action d'éclat.* ♦ 3° *Cour.* CAPABLE DE (et un infinitif). **V. Apte (à), faire (être fait pour), habile (à), même (à même de), propre (à), susceptible.** *Il est, il se sent capable de réussir* : il est de force, de taille à réussir. *Cette émotion est capable de la tuer. Il est capable de ne pas venir* (Cf. Il est fichu de ne pas venir). *Viens me le dire toi-même, si tu en es capable !* si tu l'oses. ♦ 4° *Capable de tout* : de réussir en tout; de n'être arrêté par aucun scrupule. ♦ 5° (1507). Qui a de l'habileté, de la compétence. **V. Adroit, compétent, doué, entendu, expert, fort, habile, intelligent, qualifié.** *C'est un ouvrier très capable.* ♦ 6° *Dr.* Qui a le droit, la capacité légale. *Capable en justice. Capable de contracter, d'ester en justice.* ⬦ ANT. *Incapable; inapte, incompétent.*
II. (1751; lat. *capabilis* « qui contient »). *Géom. Segment capable d'un angle* : tel que tous les angles qu'on peut y inscrire soient égaux à cet angle. *Arc capable.*

CAPACITAIRE [kapasiteʀ]. *n. et adj.* (1878; de *capacité*, 6°). ♦ 1° *N.* Titulaire du diplôme de la capacité en droit. ♦ 2° *Adj.* (*Didact.*). Relatif à une capacité (3°). *Les « niveaux de dissolution* (des matières nerveuses) *caractérisées* [...] *par un aspect déficitaire ou négatif et par un aspect capacitaire ou positif* » (DELAY).

CAPACITANCE [kapasitɑ̃s]. *n. f.* (XXᵉ; de l'angl. *capacitance*). *Électr.* Impédance qui oppose au passage d'un courant alternatif une portion du circuit comportant plusieurs condensateurs.

CAPACITÉ [kapasite]. *n. f.* (1372; lat. *capacitas*, de *capax* « qui peut contenir ». **V. Capable.** ♦ 1° Propriété de contenir une certaine quantité de substance. **V. Contenance, mesure, quantité, volume.** *La capacité d'un récipient. Récipient d'une grande capacité. Capacité en balles, en grains* (d'une cale). *Mesures de capacité.* **V. Arrobe, baril, barrique, bock, boisseau, boujaron, canon** (1, II), **chopine, conge, feuillette, gallon, hémine, litre, muid, pinte, pipe, quart, quarte, setier, tonneau, velte.** — *Capacité thoracique vitale* : la plus grande quantité d'air que peuvent absorber les poumons. ♦ 2° *Par ext.* Sc. *Capacité calorifique*. *Capacité de saturation. Capacité électrostatique d'un conducteur isolé* : valeur constante du rapport de sa charge à son potentiel (unité : Farad). *Capacité d'un accumulateur* : quantité d'électricité (en ampères-heures) qu'il peut restituer. ♦ 3° *Puissance de faire qqch.* **V. Aptitude, faculté, force, pouvoir.** « *La vraie mesure du mérite du cœur, (c'est) la capacité d'aimer* » (SÉV.). — *Capacité productrice d'une société.* **V. Puissance.** ♦ 4° Qualité de celui qui est en état de comprendre, de faire qqch. **V. Compétence, faculté, mérite, talent, valeur.** *Il a une grande, une haute capacité professionnelle.* « *Quelques jeunes médecins dont il utiliserait les capacités* » (MART. du G.). *Capacités intellectuelles* (**V. Intelligence, science**), *artistiques. La capacité de l'esprit.* **V. Étendue, portée.** ♦ 5° *Dr.* Aptitude légale. *Capacité de jouissance* : aptitude à jouir d'un droit. *Capacité d'exercice. Avoir capacité pour tester, pour contracter* (être habilité à). ♦ 6° *Capacité en droit* : diplôme délivré aux étudiants non bacheliers (deux ans d'études). ⬦ ANT. *Impéritie, impuissance, inaptitude, incapacité, inhabileté.*

CAPARAÇON [kapaʀasɔ̃]. *n. m.* (*Capparasson*, 1498;

esp. *caparazon*, de *capa* « manteau »). Armure ou harnais d'ornement dont on équipait les chevaux. *Caparaçon de tournoi.*

CAPARAÇONNER [kapaʀasɔne]. *v. tr.* (1546; de *caparaçon*). Revêtir, couvrir d'un caparaçon. — Fig. « *Caparaçonnée d'un bout de couverture traînante* » (COLETTE).

CAPE [kap]. *n. f.* (XIIᵉ, « grand manteau à capuchon »; it. *cappa;* a remplacé *chape*). ♦ 1° Vêtement de dessus, sans manches, qui enveloppe le corps et les bras. **V. Houppelande, pèlerine.** *La cape des mousquetaires, des romantiques. Cape d'écolier. Cape d'agent de police. Cape de matador.* — *Histoire, roman de cape et d'épée*, dont les personnages sont des héros chevaleresques. ♦ 2° *Loc. fig.* SOUS CAPE. **V. Cachette** (en), **dérobée** (à la), **tapinois** (en). *Rire sous cape* : se réjouir malicieusement à part soi. « *Il se divertissait sous cape* » (BALZ.). ♦ 3° *Mar.* (1529). *Vx.* Grand-voile du grand mât. *Être, se mettre, se tenir à la cape* : réduire sa voilure. (V. **Panne** (en). « *La cape était déjà dure à tenir* » (LOTI). ♦ 4° (*Fin* XIXᵉ). Feuille de tabac qui forme l'enveloppe extérieure du cigare. *La cape et la sous-cape.* ⬦ HOM. *Cap.*

CAPÉER [kapee], **CAPEYER** [kapeje]. *v. intr.* (1573, -1690; de *cape*, 3°). *Mar.* Être à la cape.

CAPELAGE [kaplaʒ]. *n. m.* (1771; de *capeler*). *Mar.* ♦ 1° Ensemble des boucles des manœuvres. *Capelage d'un mât* : ensemble des boucles des haubans. ♦ 2° Partie du mât portant le capelage. *Le capelage, la flèche et la pomme d'un mât de perroquet.*

CAPELAN [kaplɑ̃]. *n. m.* (XVIᵉ; prov. *capelan* « chapelain »). Poisson osseux de nos mers (*Gadidés.* V. **Gade**). *Grand, petit capelan* (espèces).

CAPELER [kaple]. *v. tr.;* conjug. *appeler* (1693; prov. *capelar* « coiffer », du *capel* « chapeau »). *Mar.* Entourer d'une boucle de cordage, d'une bague. *Capeler une vergue avec une estrope.*

CAPELET [kaplɛ]. *n. m.* (1690; mot prov. « chapelet »). Tumeur qui se développe à la pointe du jarret du cheval.

CAPELINE [kaplin]. *n. f.* (XIVᵉ, « armure de tête »; it. *cappellina*, de *cappello* « chapeau »). ♦ 1° (1512). *Vx.* Coiffure féminine tombant sur les épaules. **V. Coiffe.** ♦ 2° Chapeau de femme à très larges bords souples.

C.A.P.E.S. [kapɛs]. *n. m.* (1945). Certificat d'aptitude pédagogique à l'enseignement secondaire. *Étudiant qui prépare le C.A.P.E.S. et l'agrégation* (capésien, ienne [kapes(z)jɛ̃, jɛn]).

CAPÉSIEN, IENNE [kapesjɛ̃, jɛn]. *n.* (jeu de mots avec *Capétien*). *Arg. univ.* Étudiant qui prépare le CAPÈS (Cf. Agrégatif).

CAPÉTIEN, IENNE [kapesjɛ̃, jɛn]. *adj.* (XIVᵉ; de Hugues Iᵉʳ dit Capet, du lat. *cappa* « cape »). Relatif à la dynastie des rois de France de la mort de H. Capet (987) à la mort de Charles IV le Bel (1328); relatif à cette époque. *Dynastie capétienne. La politique capétienne.* — Subst. *Les Capétiens.*

CAPEYER. V. **Capéer.**

CAPHARNAÜM [kafaʀnaɔm]. *n. m.* (XVIIᵉ; ville de Galilée où Jésus attira la foule, av. infl. de *cafourniau* « débarras », de *furnus* « four »). *Fam.* Lieu qui renferme beaucoup d'objets en désordre. *La boutique de ce brocanteur est un capharnaüm.* **V. Bric-à-brac.**

CAP-HORNIER [kapɔʀnje]. *n. m.* (XXᵉ; de *cap Horn*). Grand voilier qui suivait les routes passant par le cap Horn. *Des cap-horniers.*

CAPILLAIRE [kapil(l)ɛʀ]. *adj. et n. m.* (1314; lat. *capillaris*, de *capillus* « cheveu »).
I. ♦ 1° Se dit des vaisseaux sanguins les plus élémentaires, dernières ramifications du système circulatoire, qui relient artérioles et vénules. *Veines, vaisseaux capillaires. N. m.* LES CAPILLAIRES. *Inflammation des capillaires* (capillarite, *n. f.*). *Examen des capillaires* (capillaroscopie). ⬦ Se dit de conduits très fins. Bot. *Racines capillaires.* — Phys. *Tube capillaire* : de très petite section. — Par ext. *Phénomènes capillaires.* **V. Capillarité.** ♦ 2° (1838). Relatif aux cheveux, à la chevelure. *Lotion capillaire. Art capillaire. Artiste capillaire.* **V. Coiffeur.**
II. *N. m.* (1560). Nom donné à plusieurs fougères à pétioles très fins. *Capillaire de Montpellier* ou *Cheveu-de-Vénus.* **V. Adiante.** *Capillaire noir, blanc.* **Sirop de capillaire.**

CAPILLARITE [kapilaʀit]. *n. f.* (1932; du lat. *capillaris* « capillaire »). *Méd.* Altération aiguë ou chronique des petits vaisseaux cutanés.

CAPILLARITÉ [kapil(l)aʀite]. *n. f.* (1820; de *capillaire*). ♦ 1° État de ce qui est ténu comme un cheveu; caractère d'un tube capillaire. ♦ 2° (1836). Ensemble des phénomènes qui se produisent à la surface des liquides (dans les tubes capillaires notamment). **V. Tension** (superficielle).

CAPILLICULTURE [kapil(l)ikyltyʀ]. *n. f.* (1963; du lat. *capillus* « cheveu », et *culture*). *Didact. et comm.* Soins de la chevelure. (On dit aussi CAPILLICULTEUR [kapil(l)ikyltœʀ], *n. m.*).

CAPILOTADE [kapilɔtad]. *n. f.* (*Cabi-*, *capirotade* « ragoût », 1555 ; esp. *capirotada* « ragoût aux câpres »). EN CAPILOTADE (1610) : en piteux état, en miettes (V. **Marmelade**). « *Sa cervelle et son verre mis en capilotade* » (R. ROLLAND). *Avoir le dos en capilotade* : des douleurs dans le dos.

CAPISTON [kapist5]. *n. m.* (1881 ; de *capitaine*). Arg. milit. Capitaine.

CAPITAINE [kapitɛn]. *n. m.* (v. 1300 ; bas. lat. *capitaneus*, de *caput* « tête »). ♦ 1° Littér. Chef militaire. *Les grands capitaines de l'antiquité*. « *De Palos, de Moguer, routiers et capitaines Partaient...* » (HEREDIA). ♦ 2° (v. 1550). Cour. Officier qui commande une compagnie d'infanterie, un escadron de cavalerie, une batterie d'artillerie. V. **Capiston**. *Le capitaine porte trois galons. Mon capitaine.* — *Capitaine instructeur. Capitaine de gendarmerie. Capitaine des pompiers.* ♦ 3° (1723). Mar. Officier qui commande un navire de commerce (sur les bateaux de pêche : *patron*). *Capitaine au long cours. Capitaine de la marine marchande, capitaine marchand. Capitaine commandant un grand paquebot.* V. **Commandant.** *Capitaine d'armement* : ancien capitaine qui inspecte les navires pour le compte d'un armateur. *Capitaine-expert*, chargé d'évaluer les avaries. *Capitaine de port.* — Mar. milit. Appellation du lieutenant de vaisseau lorsqu'il ne commande pas un bâtiment. *Capitaine de corvette, de frégate, de vaisseau* : officier dont les grades correspondent à ceux de commandant, lieutenant-colonel et colonel de l'armée de terre. ♦ 4° (1771). Hist. Gouverneur de résidences royales. *Capitaine des chasses, capitaine de louveterie*, qui était chargé de la surintendance des chasses. ♦ 5° (1906). Chef d'une équipe sportive. *Capitaine d'une équipe de football, de rugby.* ♦ 6° (*Souvent péj.*). Chef d'une grande entreprise. « *Capitaine de commerce* » (ALAIN), *d'industrie.*

CAPITAINERIE [kapitɛnʀi]. *n. f.* (fin XIIIe ; de *capitaine*). ♦ 1° Vx. Charge de capitaine des chasses ou d'une résidence royale. Résidence, circonscription, juridiction de ce capitaine. ♦ 2° Mar. Bureau du capitaine de port.

CAPITAL, ALE [kapital, o]. *adj.* (XIIe ; lat. *capitalis*, de *caput* « tête »). ♦ 1° (XIIIe). *Peine capitale* : de mort. — Qui entraîne la peine de mort. *Procès capital. Sentence capitale.* — Qui mérite la peine capitale. *Crime capital.* ♦ 2° (1389). Qui est le plus important, le premier par l'importance. V. **Essentiel, fondamental, primordial, principal, suprême.** « *Alceste est l'œuvre capitale de Gluck* » (R. ROLLAND). V. **Chef-d'œuvre.** *Cela est d'un intérêt capital. Les sept péchés* capitaux*, d'où découlent tous les autres. — Vx. *Ville capitale.* V. **Capitale.** ⟡ ANT. *Accessoire, secondaire ; insignifiant.* — HOM. *Capital* (n. m.). *Capitale.*

CAPITAL, AUX [kapital, o]. *n. m.* (XVIe ; de *capital*, adj.). ♦ 1° (1567). Somme constituant une dette (*opposé à* intérêt). V. **Principal.** ♦ 2° (XVIIe). Somme que l'on fait valoir dans une entreprise. *Capital en nature* (terres, bâtiments, usines, machines, matériel, instruments). *Capital fixe*, rendant des services continus. *Capitaux circulants*, qui s'aliènent ou se transforment. *Capital juridique* : ensemble des droits à toucher un revenu. *Capital en nature.* V. **Argent, fonds, fortune, numéraire, valeur.** *Capital improductif. Engager, investir dans une affaire un capital, des capitaux* (V. **Investissement, placement**). *Posséder un capital. Manger son capital.* — *Compt.* La partie de la richesse évaluable en monnaie de compte. *Capital social* : montant des richesses apportées à une société (V. **Patrimoine**). *Capital souscrit. Capital versé, entièrement versé. Le capital d'une société, d'une banque, d'une entreprise. Augmentation de capital.* — *Capital-décès.* Cour. Ensemble des richesses possédées. V. **Fortune.** *Avoir un joli capital. Par métaph.* (Plais.). *Petit capital*, virginité d'une jeune fille. « *Celles qui pratiquent l'art de ne céder que la bague au doigt poursuivront cette exploitation avisée de leur petit capital* » (GIROUD). ♦ 3° Absolt. Écon. Toute richesse destinée à produire un revenu ou de nouveaux biens ; moyens de production (*spécialt.* lorsqu'ils ne sont pas mis en action par leur propriétaire). *Le capital provient du travail et des richesses naturelles.* — *Les* CAPITAUX : les sommes en circulation, valeurs disponibles. *Circulation des capitaux. Les capitaux se font rares. Fuite des capitaux.* ♦ 4° Par ext. Ensemble de ceux qui possèdent les richesses, les moyens de production. V. **Capitaliste.** *Le capital et le travail, et le prolétariat.*

CAPITALE [kapital]. *n. f.* (1509 ; de *ville*, lettre *capitale*). ♦ 1° Ville qui occupe le premier rang (hiérarchique) dans un État, une province ; siège du gouvernement. *Rome, capitale de l'Italie. Capitale fédérale.* « *La capitale politique, littéraire, scientifique, financière, commerciale d'un grand pays* » (VALÉRY). V. **Métropole.** ♦ 2° (1690). Grande lettre. V. **Majuscule.** *Grande, petite capitale.* ⟡ HOM. *Capital.*

CAPITALISABLE [kapitalizabl(ə)]. *adj.* (1842 ; de *capitaliser*). Qui peut être capitalisé. *Intérêts capitalisables.*

CAPITALISATION [kapitalizasj5]. *n. f.* (1829 ; de *capitaliser*). Action de capitaliser. *Capitalisation d'une rente. Taux de capitalisation.*

CAPITALISER [kapitalize]. *v.* (1820 ; de *capital*, n. m.).

V. tr. ♦ 1° Convertir, transformer en capital. *Capitaliser des intérêts.* ♦ 2° Déterminer la valeur d'un capital d'après son revenu. *Capitaliser une rente.* ♦ 3° V. intr. (1831) Amasser de l'argent. V. **Amasser, thésauriser.** *Il ne dépense pas tous ses revenus, il ne cesse de capitaliser.*

CAPITALISME [kapitalism(ə)]. *n. m.* (1842 ; « richesse », 1573 ; de *capitaliste*). ♦ 1° Régime économique et social dans lequel les capitaux, source de revenu, n'appartiennent pas, en règle générale, à ceux qui les mettent en œuvre par leur propre travail. *Capitalisme libéral* (V. **Libéralisme**, *propriété* (privée), d'État (V. **Étatisme**). *Origines du capitalisme.* V. **Mercantilisme.** *Capitalisme et machinisme.* ♦ 2° Ensemble des capitalistes, des pays capitalistes. ⟡ ANT. *Communisme, socialisme.*

CAPITALISTE [kapitalist(ə)]. *n. et adj.* (1759, « homme riche » ; de *capital*).
I. N. ♦ 1° Celui qui possède des capitaux, notamment des capitaux engagés dans une entreprise, et qui en tire un revenu. ♦ 2° Fam. Personne riche. *Un gros capitaliste.*
II. (1832). Adj. Relatif au capitalisme. *Théorie, doctrine capitaliste. Régime, économie capitaliste* (V. **Libéral**). *Société bourgeoise et capitaliste.*
⟡ ANT. *Prolétaire. Communiste.*

CAPITAN [kapitɑ̃]. *n. m.* (1644 ; « chef, capitaine », déb. XVIe ; it. *capitano*). Vieilli. Personnage ridicule, d'une bravoure affectée. V. **Bravache, fanfaron, matamore.**

CAPITATION [kapitasj5]. *n. f.* (1587 ; bas. lat. *capitatio* « impôt par tête »). Féod. Impôt, taxe levée par individu. V. **Prestation.**

CAPITÉ, ÉE [kapite]. *adj.* (1808 ; lat. *caput* « tête »). Bot. Terminé en tête arrondie. *Fleurs capitées.*

CAPITEUX, EUSE [kapitø, øz]. *adj.* (1740 ; *capiteus* « obstiné », XIVe ; it. *capitoso*, de *caput* « tête »). Qui monte à la tête, qui échauffe les sens. V. **Enivrant, excitant.** *Vin capiteux. Parfum capiteux.* « *Les effluves capiteux du pressoir* » (GIDE). — Par ext. *Une sensualité capiteuse.* « *Elle était là, pure comme une amphore, capiteuse comme une fleur* » (FRANCE).

CAPITOLE [kapitɔl]. *n. m.* (ext. du n. p. *Capitole* [Cf. le Petit Robert 2]). Nom donné dans certaines villes à des édifices publics où se concentre la vie municipale et politique de la cité. *Le capitole de Toulouse.*

CAPITOLIN, INE [kapitɔlɛ̃, in]. *adj.* (1690 ; lat. *capitolinus*. de *Capitolium*, colline de Rome, de *caput* « tête »). Du Capitole. *Le mont Capitolin* ou *le Capitolin. La Triade capitoline* : Jupiter, Junon, Minerve.

CAPITON [kapit5]. *n. m.* (1564 ; it. *capitone* « grosse tête » ; lat. *caput*). ♦ 1° Bourre de soie. ♦ 2° Chacune des divisions formées par la piqûre dans un siège rembourré. ♦ 3° Par ext. Épaisseur protectrice. V. **Rembourrage, tampon.** « *Une débauche de capiton qui épaississait la porte* [...] » (BAZIN). — Fig. *Les montagnes « étincelaient de blancheur sous leur capiton de neige* » (BEAUVOIR).

CAPITONNAGE [kapitɔnaʒ]. *n. m.* (1871 ; de *capitonner*). Action de capitonner. Ensemble des capitons. *Un capitonnage épais, moelleux, confortable.*

CAPITONNER [kapitɔne]. *v. tr.* (1842 ; *se capitonner* « se coiffer », 1546 ; de *capiton*). Rembourrer (un siège) en piquant d'espace en espace. Au p. p. *Fauteuil capitonné. Cercueil capitonné.* V. **Rembourré.**

CAPITOUL [kapitul]. *n. m.* (1389 ; mot langued., *senhor du capitoul* ; lat. ecclés. *capitulum* « chapitre »). Nom des anciens magistrats municipaux de Toulouse. *Les capitouls ou consuls.*

CAPITULAIRE [kapitylɛʀ]. *adj. et n. m.* (XIIIe ; lat. médiév. *capitularis*, de *capitulum*). ♦ 1° Relig. Relatif aux assemblées d'un chapitre (de chanoines, de religieux). *Salle capitulaire d'un monastère.* ♦ 2° (XIXe). *Lettre capitulaire*, ornée, enluminée, qui commence un chapitre. ♦ 3° N. m. (1690). Ordonnance d'un roi ou d'un empereur franc. « *Un capitulaire qu'on attribua plus tard à Charlemagne* » (MONTESQ.).

CAPITULAIREMENT [kapitylɛʀmɑ̃]. *adv.* (XIIIe ; de *capitulaire*). Relig. En chapitre religieux. *Décision prise capitulairement.*

CAPITULARD, ARDE [kapitylar, aʀd(ə)]. *adj. et n.* (1871 ; de *capituler*). Péj. Personne préconisant la capitulation. — Homme lâche qui se dérobe. ⟡ ANT. *Résistant.*

CAPITULATION [kapitylasj5]. *n. f.* (fin XVe ; 1556 « négociation » ; de *capituler*). ♦ 1° Dr. intern. Convention, traité par lesquels une puissance s'engage à respecter certains droits et privilèges sur les territoires soumis à sa juridiction. « *Il y a une belle capitulation entre Henri IV et Saint-Malo* » (CHATEAUB.). Hist. Convention qui réglait les droits des sujets chrétiens en pays musulman. *Régime des capitulations.* ♦ 2° (1636). Milit. Convention par laquelle une place forte, une armée se rend à l'ennemi. V. **Reddition.** *Négocier, signer une capitulation. Capitulation honorable, déshonorante, honteuse. Capitulation en rase campagne* : conclue par le commandant d'une troupe opérant en dehors d'une place de guerre. *Capitulation sans conditions.* ♦ 3° *Fig.* Abandon d'une position que l'on soutenait. ◇ ANT. *Résistance. Intransigeance, obstination, refus.*

CAPITULE [kapityl]. *n. m.* (1732; lat. *capitulum* « petite tête »). Inflorescence dans laquelle les fleurs sont insérées les unes à côté des autres sur l'extrémité élargie du pédoncule (réceptacle du capitule) formant une seule fleur au sens courant du mot. *Les capitules de la bardane, de la pâquerette* (fleurs capitulées).

CAPITULER [kapityle]. *v. intr.* (1361, « convenir des clauses; traiter »; lat. médiév. *capitulare* « faire une convention », de *capitulum* « clause »). ♦ 1° (XVIᵉ). Se rendre à un ennemi par la capitulation. V. **Rendre** (se); et Cf. Déposer, rendre les armes*, ouvrir les portes*, livrer les clés* d'une ville. *Capituler avec les honneurs de la guerre.* Parlementer, hisser le drapeau blanc avant de capituler. ♦ 2° *Fig.* (XVIIIᵉ). Abandonner sa position. V. **Céder.** ◇ ANT. *Résister, tenir.*

CAPON, ONNE [kapɔ̃, ɔn]. *adj.* et *n.* (1628, « gueux »; 1690, « flatteur »; arg. it. *accapone* : o. i.). *Fam.* et *vieilli.* Poltron, lâche. V. **Couard.** *Il est « né faible, envieux, capon »* (J. VALLÈS). ◇ ANT. *Brave, courageux.*

CAPONNIÈRE [kapɔnjɛʀ]. *n. f.* (1680; it. *capponiera,* esp. *caponera* « cage à chapons »). *Fortif.* Chemin protégé établi dans un fossé à sec d'une place forte.

CAPORAL, AUX [kapɔʀal, o]. *n. m.* (1540; it. *caporale,* de *capo* « tête »). ♦ 1° Celui qui a le grade le moins élevé dans les armes à pied, l'aviation. V. **Brigadier, cabot** *(arg.). Galon de laine de caporal. Caporal d'ordinaire,* chargé de la cuisine. *« Il observait le caporal d'ordinaire qui jetait les morceaux de viande. — On va tirer au sort, dit le cabot »* (DORGELÈS). *Caporal commandant une escouade, un demi-groupe. Le Petit Caporal :* Napoléon 1ᵉʳ. — CAPORAL-CHEF : celui qui a le grade supérieur au caporal. *Des caporaux-chefs. — Un caporal et quatre hommes :* la force militaire. ♦ 2° (1841). Tabac juste supérieur au tabac de troupe. *Fumer du caporal ordinaire.*

CAPORALISER [kapɔʀalize]. *v. tr.* (1877; de *caporal*). *Rare.* Faire du caporalisme, imposer à un peuple un régime autoritaire.

CAPORALISME [kapɔʀalism(ə)]. *n. m.* (1867; de *caporal*). Régime politique où l'influence militaire est prépondérante, tyrannique. V. **Césarisme, militarisme.** *« Le caporalisme, c'est l'absolutisme »* (HUGO). ◇ ANT. *Libéralisme.*

1. CAPOT [kapo]. *n. m.* (1576, « sorte de cape »; de *cape* 1). Dispositif destiné à protéger. ♦ 1° *Mar.* (1832). Construction légère ou bâche de protection. *Capot d'échelle,* garantissant de la pluie l'ouverture d'un escalier. ♦ 2° (Fin XIXᵉ). Couverture métallique protégeant un moteur. *Capot d'une automobile. Regarder sous le capot, ouvrir le capot* (pour examiner, réparer le moteur).

2. CAPOT [kapo]. *n. m.* et *adj. invar.* (1642; du prov., rad. *cap* « tête », ou du précéd. par métaph.). ♦ 1° *Vx.* Aux cartes, Coup où l'on empêche l'adversaire de faire une seule levée. ♦ 2° *Adj. invar. Être capot :* ne pas faire une levée. *Elles sont capot.* ◇ (1690) *Fig.* et *fam.* (Rare). V. Confus, embarrassé, interdit. *« Fort capot de tout le bruit fait autour de son équipée »* (MAURIAC).

1. CAPOTAGE [kapɔtaʒ]. *n. m.* (1877; de *capote*). ♦ 1° Disposition de la capote d'une voiture. ♦ 2° (De *capot* 1). Fermeture par un capot.

2. CAPOTAGE [kapɔtaʒ]. *n. m.* (1907; de *capoter*). Retournement sens dessus dessous d'un véhicule.

CAPOTE [kapɔt]. *n. f.* (1688; de *capot* 1 qui avait les mêmes sens). ♦ 1° Grand manteau, d'abord à capuchon. V. **Caban.** — *Spécialt.* Manteau militaire. *Capote kaki de l'infanterie.* ♦ 2° (1843). *Par ext.* Couverture mobile de certains véhicules. *Abaisser, relever, tendre la capote d'un cabriolet* (V. **Soufflet**). *Capote d'une automobile décapotable.* ♦ 3° Chapeau de femme en étoffe plissée ou piquée. *Capote de crêpe, de satin.* ♦ 4° (1878). *Fam.* (1846). *Capote anglaise,* préservatif.

1. CAPOTER [kapɔte]. *v. tr.* (1907; de *capote,* 2°). Garnir d'une capote, fermer la capote.

2. CAPOTER [kapɔte]. *v. intr.* (1834; de *faire capot* « chavirer », 1752; de *capot* 2). *Mar.* Être renversé. V. **Chavirer.** — *Par ext.* Culbuter, se retourner, en parlant d'un véhicule (automobile, avion).

CAPPA [kapa] ou **CAPPA MAGNA** [kapa magna]. *n. f.* (XXᵉ; mots it., du lat. *cappa*). *Liturg. cathol.* Vêtement de chœur que portent les cardinaux et certains dignitaires de la cour pontificale aux cérémonies.

CÂPRE [kɑpʀ(ə)]. *n. f.* (XVᵉ; it. *cappero;* lat. *capperis;* gr. *kapparis*). Bouton à fleur du câprier, que l'on confit dans le vinaigre pour servir d'assaisonnement, de condiment. *Sauce aux câpres.*

CAPRICANT, ANTE [kapʀikɑ̃, ɑ̃t]. *adj.* (1832; *caprisant,* XVIᵉ; du lat. *capra,* avec le *c-* de capricorne). *Didact.*

Inégal, saccadé, sautillant. *Allure capricante. Pouls capricant.*

CAPRICCIO [kapʀitʃo; kapʀisjo]. *n. m.* (XXᵉ; mot it. « caprice »). *Mus.* Morceau instrumental de forme libre, de caractère folklorique. *Capriccio espagnol.*

CAPRICE [kapʀis]. *n. m.* (1558; it. *capriccio;* rad. *capra* « chèvre »). ♦ 1° Détermination arbitraire, envie subite et passagère, fondée sur la fantaisie et l'humeur. V. Désir, envie; accès, bizarrerie, boutade, coup (de tête), fantaisie, foucade, lubie, toquade. *Disposition à agir par caprice.* V. Inconstance, instabilité, légèreté. *Suivre son caprice. Avoir, faire des caprices. Céder aux caprices d'autrui. Passer à un enfant gâté tous ses caprices. « Le mot caprice est gracieux. Il évoque les bonds de la chèvre, son instabilité »* (DUHAM.) ♦ 2° (Choses). *Plur.* Changements fréquents, imprévisibles. *« Les caprices et les virevoltes de la mode »* (DUHAM.). *Les caprices de la chance, de la fortune, du sort.* ♦ 3° *Spécialt.* Amour, inclination qui naît brusquement et ne dure pas. V. Amourette, béguin, passade, toquade *(fam.).* ♦ 4° (Enfants). Exigence accompagnée de colère. *Un enfant insupportable, qui ne cesse de faire des caprices.* ◇ ANT. *Constance,* entêtement. *Raison.*

CAPRICIEUSEMENT [kapʀisjøzmɑ̃]. *adv.* (1612; de *capricieux*). D'une manière capricieuse. *Agir capricieusement.*

CAPRICIEUX, IEUSE [kapʀisjø, jøz]. *adj.* et *n.* (1584; it. *capriccioso*). ♦ 1° Qui a des caprices. V. Bizarre, changeant, fantasque, fantaisiste, inconséquent, inconstant, instable, irréfléchi, lunatique. *Enfant capricieux.* — *Humeur capricieuse.* N. *Un capricieux, une capricieuse.* ♦ 2° *(Choses).* Dont la forme, le mouvement varie. V. Fantaisiste, irrégulier. *Mode capricieuse. Les souffles capricieux du vent. Arabesques capricieuses. « La joie est capricieuse »* (ROMAINS). ◇ ANT. Constant, persévérant, tenace. *Raisonnable.*

CAPRICORNE [kapʀikɔʀn(ə)]. *n. m.* (1256; lat. *capricornus,* de *caper* « bouc », et *cornu* « corne »). ♦ 1° *Astron.* Constellation zodiacale. *Tropique du Capricorne,* tropique Sud. ♦ 2° (1775). Grand coléoptère *(Cérambycidés)* dont la larve creuse de longues galeries. V. Longicorne.

CÂPRIER [kɑpʀije]. *n. m.* (1517; de *câpre*). Arbre ou arbrisseau à tige souple, à grandes fleurs d'un blanc rosé, dont les boutons à fleurs (V. **Câpre**) sont utilisés comme condiment.

CAPRIFICATION [kapʀifikasjɔ̃]. *n. f.* (XVIIIᵉ; lat. *caprificus* « figuier à bouc »). *Agric.* Opération qui consiste à suspendre parmi les branches d'un figuier cultivé des figues sauvages *(caprifigues),* pour faciliter la fécondation (par l'intermédiaire d'un insecte).

CAPRIFOLIACÉES [kapʀifɔljase]. *n. f. pl.* (1806; du lat. *caprifolium.* V. **Chèvrefeuille**). *Bot.* Famille de plantes phanérogames *(Dicotylédones-gamopétales)* comprenant des arbres, arbrisseaux ou herbes (chèvrefeuille, sureau, symphorine, viorne).

CAPRIN, INE [kapʀɛ̃, in]. *adj.* (1240; lat. *caprinus,* de *capra* « chèvre »). Relatif à la chèvre. *Espèces, races caprines.*

CAPRON ou **CAPERON** [kapʀɔ̃]. *n. m.* (1642; de *câpre,* à cause de la saveur aigre). Variété de grosse fraise.

CAPRYLIQUE [kapʀilik]. *adj.* (1868; rad. *capra* « chèvre », et *-yle,* gr. *ulê*). *Chim.* Acide gras, découvert dans le beurre de chèvre.

CAPSELLE [kapsɛl]. *n. f.* (1839; lat. *capsella* « coffret »). Plante des chemins *(Cruciféracées),* appelée *Bourse-à-pasteur.*

CAPSIDE [kapsid]. *n. f.* (XXᵉ, de *capsula,* V. **Capsule,** de *capsa*). *Biol.* Petit réceptacle dans la matière vivante. *Capside qui entoure le matériel génétique des virus.*

CAPSULAGE [kapsylaʒ]. *n. m.* (1878; de *capsuler*). Fixation sur le goulot d'une bouteille d'une capsule métallique. *Capsulage à la machine* (capsulateur).

CAPSULAIRE [kapsylɛʀ]. *adj.* (1690; de *capsule*). *Bot.* En forme de capsule. *Fruit capsulaire :* s'ouvrant de lui-même lorsqu'il est mûr. V. **Capsule, follicule.**

CAPSULE [kapsyl]. *n. f.* (1532, *capsule du cœur;* lat. *capsula* « petite boîte », de *capsa.* V. **Caisse**). ♦ 1° *Anat.* Formation anatomique qui a une disposition en enveloppe. *Capsule articulaire. Capsule synoviale. Capsules surrénales*.* ◇ *Capsule de Tenon :* enveloppe fibreuse du globe oculaire, s'étendant, en avant, jusqu'au bord de la cornée. — *Bot.* Fruit déhiscent dont l'enveloppe est sèche et dure *(spécialt. autre que les siliques, pyxides). Capsule d'iris, de pavot, de tulipe; de coton.* ◇ Sporange des mousses et des hépatiques. ♦ 2° (1690). *Chim.* Vase en forme de calotte où l'on fait évaporer les liquides. V. Godet. ♦ 3° (1834). *Capsule fulminante :* petite enveloppe de cuivre dont le fond est garni de poudre fulminante (V. **Amorce**), et qui est employée dans les armes à feu. V. Détonateur. *Capsule d'une arme à piston.* — Par ext. *Capsule d'une cartouche :* l'amorce. *Pistolet d'enfant à capsules :* à amorces. ♦ 4° (1820). Calotte de métal qui sert à fermer une bouteille, à garnir le goulot, après bouchage. *Capsule de bouteille de bière, d'eau minérale. Enlever la cap-*

sule. V. **Décapsuler.** ♦ 5° (1834). Enveloppe soluble de médicaments (surtout liquides). V. **Cachet.** ♦ 6° CAPSULE (SPATIALE). *n. f.* Élément d'un train spatial où prennent place les cosmonautes. *Larguer une capsule. Capsule biplace.*

CAPSULER [kapsyle]. *v. tr.* (1845 ; de *capsule*). Coiffer d'une capsule. *Capsuler une bouteille.* ◇ ANT. *Décapsuler.*

CAPTAGE [kaptaʒ]. *n. m.* (XIXᵉ ; de *capter*). Action de capter. *Captage des eaux d'une source.*

CAPTAL [kaptal]. *n. m.* (repris XXᵉ ; vx mot gascon, lat. *capitalis*). Au moyen âge, Capitaine, chef militaire gascon.

CAPTATEUR, TRICE [kaptatœr, tris]. *n.* (XVIᵉ ; lat. *captator*, de *captare*. V. *Capter*). *Dr.* Personne qui use de captation. *Captateur de testament, de succession.*

CAPTATIF, IVE [kaptatif, iv]. *adj.* (1951, de *captare* « chercher à prendre »). Didact. *(Psychol.).* Qui cherche à accaparer quelqu'un, à prendre pour soi. V. **Possessif.** *Amour captatif* (opposé à *amour oblatif*).

CAPTATION [kaptasjɔ̃]. *n. f.* (1495 ; lat. *captatio*, de *captare* « capter »). *Dr.* Manœuvre répréhensible en vue de déterminer une personne à consentir une libéralité. V. **Dol, suggestion.**

CAPTATIVITÉ [kaptativite]. *n. f.* (1951 ; de *captatif*). Didact. *(Psychol.).* Caractère de la conduite d'un sujet captatif. — V. **Possessivité.**

CAPTATOIRE [kaptatwar]. *adj.* (1771 ; de *captation*). *Dr.* Qui a rapport à la captation. *Manœuvres captatoires.*

CAPTER [kapte]. *v. tr.* (XVᵉ ; lat. *captare* « essayer de prendre »). ♦ 1° Chercher à obtenir (qqch.), à gagner (qqn) par artifice, insinuation. V. **Captiver, circonvenir.** *Capter l'attention.* ♦ 2° (1863). *Capter une source, l'eau d'une rivière :* amener l'eau à un point déterminé par un canal, un tuyau. V. **Canaliser.** ♦ 3° (XXᵉ). *Capter un message, une émission de radio, un courant électrique :* recevoir ou intercepter. *Capter un sans-fil.* ◇ ANT. *Disperser, répandre. Écarter, perdre.*

CAPTEUR [kaptœr]. *n. m.* (v. 1960 ; de *capter*). *Sc.* Dispositif permettant de détecter, en vue de le représenter, un phénomène physique sous la forme d'un signal (généralement électrique).

CAPTIEUSEMENT [kapsjøzmɑ̃]. *adv.* (fin XIVᵉ ; de *captieux*). *Littér.* D'une manière captieuse.

CAPTIEUX, EUSE [kapsjø, øz]. *adj.* (XVᵉ ; lat. *captiosus*, de *capere* « prendre »). Qui tend, sous des apparences de vérité, à surprendre, à induire en erreur. V. **Fallacieux, insidieux, sophistiqué, spécieux.** *Raisonnement, discours captieux.* « *Un argument captieux et difficile à débrouiller* » (TAINE). — (Personnes) *Un raisonneur, un philosophe captieux.* V. **Sophiste.** ◇ ANT. *Correct, vrai.*

CAPTIF, IVE [kaptif, iv]. *adj. et n.* (1460 ; lat. *captivus*, de *capere* « prendre »). ♦ 1° *Hist.* ou *littér.* Qui a été fait prisonnier au cours d'une guerre. V. **Prisonnier, captivité.** *Un roi, un peuple captif. Être captif* (Cf. Être dans les fers). — *Une ville, un pays captif.* — *Subst.* (1535) Le triomphateur traînait à la suite de son char les captifs enchaînés. *Captifs réduits en esclavage.* ♦ 2° *(Choses;* 1845). *Un ballon captif,* retenu par un câble. ♦ *Géol.* Se dit d'une nappe d'eau entre deux nappes imperméables. ♦ 3° *Littér.* Soumis à une contrainte. V. **Asservi, attaché, esclave.** *Être captif de ses passions.* — N. « *Il y aura toujours des captifs, ceux de la misère, ceux de l'âge, ceux des préjugés, des passions* » (MICHELET). ◇ ANT. *Libre.*

CAPTIVANT, ANTE [kaptivɑ̃, ɑ̃t]. *adj.* (1842 ; de *captiver*). Qui captive (2°). *Un film captivant. Une lecture captivante.* V. **Attachant, passionnant, prenant.** *Un homme captivant.* V. **Charmeur, magicien, sorcier.** ◇ ANT. *Ennuyeux, inintéressant.*

CAPTIVER [kaptive]. *v. tr.* (1410 ; bas lat. °*captivare* « prendre »). ♦ 1° *Vx.* Retenir captif ; faire prisonnier. V. **Enchaîner.** « *Cessez, indignes fers, de captiver un roi* » (CORN.). — *Fig.* Asservir, maîtriser, soumettre. V. **Attacher, capter, charmer, enchanter, ensorceler, gagner, passionner, plaire, saisir, séduire.** *Captiver l'attention, l'esprit, l'intelligence.* « *Il fut bientôt si captivé qu'il ne pouvait se passer d'elle une minute* » (MAUPASS.). *Se captiver à une lecture, à un sport :* se passionner. ◇ ANT. *Libérer. Ennuyer.*

CAPTIVITÉ [kaptivite]. *n. f.* (XIIIᵉ ; de *captif*). État de celui qui est captif, prisonnier de guerre. V. **Emprisonnement.** *Vivre en captivité. Durant sa captivité. Retour de captivité.* ◇ ANT. *Libération, liberté.*

CAPTURE [kaptyr]. *n. f.* (1406 ; lat. *captura*, de *capere* « prendre »). ♦ 1° Action de capturer. V. **Prise, saisie.** *La capture d'un navire. Capture d'un criminel.* V. **Arrestation.** ♦ 2° Ce qui est pris. V. **Butin, prise, trophée.** *Une belle capture.*

CAPTURER [kaptyre]. *v. tr.* (XVIᵉ ; de *capture*). S'emparer de (un être vivant). V. **Arrêter, prendre, saisir.** *Capturer un malfaiteur, un animal féroce.* Par anal. *Capturer un navire.* ◇ ANT. *Lâcher, libérer.*

CAPUCE [kapys]. *n. m.* (1694 ; it. *cappuccio*). Capuchon taillé en pointe des *capucins.*

CAPUCHE [kapyʃ]. *n. f.* (1618, var. de *capuce* ; « coiffe de femme », XIXᵉ). Capuchon muni d'une collerette qui protège les épaules. — *Par ext.* Petit capuchon de poche ; capuchon amovible. « *Il pleut à torrent et je n'ai pas ma capuche en plastique* » (HUREAUX).

CAPUCHON [kapyʃɔ̃]. *n. m.* (1542 ; it. *cappuccio*). ♦ 1° Large bonnet formant la partie supérieure d'un vêtement, et que l'on peut rabattre sur la tête. V. **Capuche, chaperon.** *Capuchons de moines.* V. **Cagoule, capuce.** *Imperméable à capuchon.* « *Il baissa comme une cagoule le capuchon de sa pèlerine* » (MART. du G.). ♦ 2° *Pèlerine à capuchon.* ♦ 3° *Fig.* (1783). *Mar.* Coiffe goudronnée qui couvre les haubans. ◇ *Techn.* Garniture de tôle sur un tuyau de cheminée. ◇ *Cour.* Bouchon. « *Il* [...] *revissait le capuchon du tube de dentifrice* [...] » (TROYAT). *Capuchon de stylo.*

CAPUCHONNER [kapyʃɔne]. *v. tr.* (1571 ; de *capuchon*). ♦ 1° *Vx.* Couvrir d'un capuchon (1°). V. **Encapuchonner.** ♦ 2° Couvrir d'un couvercle en capuchon. *Capuchonner une cheminée.*

CAPUCIN, INE [kapysɛ̃, in]. *n.* (*Capussin*, 1546 ; it. *cappucino* « porteur de capuce »). ♦ 1° Religieux réformé de l'ordre de Saint-François. V. **Franciscain.** — Au fém. *Les capucines,* religieuses du même ordre. ◇ *Bot. Barbe-de-capucin.* V. **Chicorée.** ♦ 2° Nom d'un singe d'Amérique à longue barbe. V. **Saï, sajou.**

CAPUCINADE [kapysinad]. *n. f.* (1724 ; de *capucin*). Vieilli. Banal discours de morale. « *Il n'a plus en bouche que des capucinades* » (GIDE).

CAPUCINE [kapysin]. *n. f.* (1694 ; de *capucin*, par métaph.). Plante ornementale *(Géraniacées)* à feuilles rondes et à fleurs jaunes, orangées ou rouges ; cette fleur. — « *Dansons la capucine* », ronde enfantine.

CAPULET [kapylɛ]. *n. m.* (1826 ; mot gascon, dimin. de *capo* « cape »). *Vx.* Capuchon de femme, dans les Pyrénées.

CAQUE [kak]. *n. f.* (XIVᵉ ; de *caquer*). Barrique où l'on empile des harengs salés. *Une caque de harengs.* Fig. *Serrés comme des harengs en caque* (Cf. Comme des sardines). Loc. fig. *La caque sent toujours le hareng :* on porte toujours la marque d'une origine basse.

CAQUER [kake]. *v. tr.* (déb. XIVᵉ ; néerl. *kaken* « ôter les ouïes »). Préparer (le poisson) pour le mettre en caque ; mettre en caque.

CAQUET [kakɛ]. *n. m.* (XVᵉ ; de *caqueter*). ♦ 1° Gloussement de la poule au moment où elle pond. ♦ 2° *Fig.* Bavardage indiscret, intempestif. V. **Babil.** *Le caquet d'un fat.* V. **Jactance.** *Rabattre, rabaisser le caquet de qqn :* l'obliger à se taire, à abandonner ses prétentions, ses critiques (Cf. Clouer le bec). « *Il n'y a personne pour rabattre l'impudent caquet de sa vanité* » (LARBAUD).

CAQUETAGE [kaktaʒ]. *n. m.* (1556 ; de *caqueter*). Action de caqueter. V. **Bavardage, caquet, piaillerie.** « *Quel ennuyeux et insignifiant caquetage que la conversation quand elle n'est pas dirigée* » (STENDHAL).

CAQUETANT, ANTE [kaktɑ̃, ɑ̃t]. *adj.* (XXᵉ ; de *caqueter*). Qui caquette. *Poules caquetantes.* « *Jeunes filles* [...] *caquetantes et jacassantes* » (IKOR).

CAQUÈTEMENT [kakɛtmɑ̃]. *n. m.* (*caquettement*, 1572 ; de *caqueter*). Action de caqueter (1°). Cf. Caquetage. « *Le caquètement de la poule pondeuse* » (FALLET).

CAQUETER [kakte]. *v. intr.* ; conjug. *jeter* (1466 ; onomat.). ♦ 1° Glousser au moment de pondre. *Les poules ont caqueté toute la journée.* ♦ 2° *Fig.* Bavarder d'une façon indiscrète, intempestive. V. **Jaboter, jacasser, jaser.** ◇ ANT. *Taire (se).*

1. **CAR** [kar]. *conj.* (v. 1080 ; lat. *quare* « c'est pourquoi » ; mot critiqué au XVIIᵉ par les puristes). Conjonction de coordination qui introduit une explication (preuve, raison de la proposition qui précède). V. **Parce que, puisque ; attendu, vu que...** (conj. de subordination). *Il ne viendra pas aujourd'hui, car il est malade. Car enfin.* — Subst. *Les si et les car :* les arguments invoqués *(péj.).*

2. **CAR** [kar]. *n. m.* (1873, « voiture sur rails » ; angl. *car,* du norm., var. de *char*). Mod. (abrév. d'*autocar*). V. **Autocar.** *Un car de quarante places. Prendre le car ; ligne de cars.* ◇ HOM. *Car* (1), *carre, quart.*

CARABE [karab]. *n. m.* (1668 ; lat. *carabus,* gr. *karabos.* V. **Crabe**). Insecte coléoptère *(Carabidés),* à reflets métalliques, grand destructeur d'insectes, de larves. *Carabe doré,* dit *jardinière,* est utile ; *Carabe,* sergent ou vinaigrier.

CARABIN [karabɛ̃]. *n. m.* (1575, « cavalier » ; *carabin de Saint-Côme* « élève chirurgien », 1650 ; p.-ê. de *escarrabin,* mot du Midi, de la famille de *escarbot* « nécrophore », par métaph.). *Fam.* (1800). Étudiant en médecine.

CARABINE [karabin]. *n. f.* (XVIᵉ, « arme du carabin » ; de *carabin*). Fusil léger à canon court. *Carabine de précision,* pour concours de tir. *Tir à la carabine. Carabine à air comprimé* (jouet d'enfant).

CARABINÉ, ÉE [karabine]. *adj.* (*Brise carabinée,* 1687 ; de *carabiner* « se battre » (1611), et fig. « souffler en tempête » ;

(XVIIIᵉ); de *carabine*). *Fam.* Fort, violent. *Un orage carabiné.* « *Une grippe espagnole carabinée* » (ROMAINS). ◊ ANT. *Doux, faible.*

CARABINIER [kaʀabinje]. *n. m.* (1634; de *carabine*). ♦ 1° *Ancienn.* Soldat à pied ou à cheval, armé d'une carabine. ♦ 2° En Italie, gendarme; en Espagne, douanier. « *Appréhendé au corps par deux carabiniers, au détour d'un sentier* » (LOTI). — *Fam. Arriver comme les carabiniers* : trop tard (comme dans les « Brigands » d'Offenbach).

CARACAL [kaʀakal]. *n. m.* (1761; *karacoulac*, 1664; mot esp., turc *qara qâlaq* « oreille noire »). Variété de lynx vivant en Afrique et dans le sud de l'Asie. *Des caracals.*

CARACO [kaʀako]. *n. m.* (1774; p.-ê. turc *kerake*). *Vieilli* ou *rural.* Corsage de femme, blouse droite et assez ample. V. **Camisole.**

CARACOLER [kaʀakɔle]. *v. intr.* (1642; de *caracole* « volte » (t. de manège), 1611; esp. *caracol* « colimaçon »). ♦ 1° Faire des voltes, des sauts (chevaux). « *Des chevaux sautaient, caracolaient, se cabraient* » (CHATEAUB.). — (Cavalier) « *Le maréchal Murat, caracolant sur un cheval noir* » (MADELIN). ♦ 2° *Par ext.* V. **Cabrioler, sautiller.**

CARACTÈRE [kaʀaktɛʀ]. *n. m.* (*Kar-*, XIIIᵉ; lat. *character*, gr. *kharaktêr* « signe gravé, empreinte »).
I. Marque, signe distinctif. ♦ 1° (XVIᵉ). Signe gravé ou écrit, élément d'une écriture*. V. **Chiffre, lettre, signe, symbole.** *Caractères hiéroglyphiques, cunéiformes. Inscrire, graver un nom en caractères d'or sur un monument. Les caractères d'une inscription. Caractères grecs, arabes, hébraïques, romains, gothiques. Écrire en gros, en petits caractères. Emploi de caractères particuliers en musique, en phonétique. Caractères alphanumériques**. ◊ *Par ext.* Signe ou signal, élément d'information qui, inséré parmi d'autres, contribue à remplir une fonction. — *Math.* Syn. de variable*. ♦ 2° (1675). *Techn.* Tige de métal portant une lettre, utilisée pour l'impression typographique. *Caractères d'imprimerie, caractères typographiques.* V. **Plomb, type; lettre.** *Œil d'un caractère* : partie en relief qui imprime. *Corps d'un caractère* : sa longueur, mesurée de l'extrémité des lettres montantes à la base des jambages inférieurs. *Caractères de 6 points, 12 points* (cicéro). *Combiner des caractères de différents corps.* V. **Parangonnage.** *Formes des caractères* : *caractères romains, italiques; gras, maigres. Composer avec des caractères mobiles* (V. **Monotype**) *ou à la linotype.* — *Collectif.* « *Le caractère était neuf; il avait cet éclat métallique du plomb vierge* » (DUHAM.). ◊ *Cour.* Empreinte d'un caractère typographique. *Les caractères de ce livre sont beaux, très lisibles.* ♦ 3° *Fig. Graver, imprimer, marquer en caractères ineffaçables.* V. **Empreinte, sceau.** *L'homme* « *présente une face auguste sur laquelle est imprimé le caractère de sa dignité* » (BUFF.).
II. (XVIIᵉ). Signe ou ensemble de signes distinctifs. ♦ 1° Trait propre à une personne, à une chose, et qui permet de la distinguer d'une autre. V. **Attribut, caractéristique, indice, marque, particularité, propriété, qualité, signe, trait.** *Caractères distinctifs, particuliers, individuels, propres, originaux, typiques. Caractères qualitatifs, quantitatifs.* — *Sc. Caractères spécifiques* : communs à tous les individus d'une espèce. *Classification des individus selon leurs caractères. Caractères héréditaires, transmis par les gènes. Caractères acquis.* ♦ 2° Élément propre, particulier (qui permet de reconnaître, de juger). V. **Qualité.** *La simplicité est le caractère de son style.* V. **Marque, trait.** « *La méditation, caractère essentiel de l'âme et de la force mentale* » (CHATEAUB.). *Avoir un caractère officiel* : être officiel. *Ces lettres ont le caractère d'une correspondance privée.* V. **Nature.** *Conférer, revêtir tel ou tel caractère.* V. **Qualité, titre.** — « *La ferme avait, comme eux, un caractère d'ancienneté* » (FLAUB.). V. **Air, allure, apparence, aspect, cachet, extérieur.** *Sa maladie n'a, ne présente aucun caractère de gravité.* « *Comment Wagner ne comprendrait-il pas admirablement le caractère sacré, divin du mythe?* » (BAUDEL.). V. **Sens, signification, valeur.** ♦ 3° *Absolt.* (Surtout au négatif). Air personnel, original. V. **Cachet,** originalité, personnalité, relief. *Un style plat et sans caractère. Une physionomie sans caractère.* V. **Expression.** — *Danse de caractère* : caractéristique d'un pays, d'un folklore; ou expressive.
III. ♦ 1° (1665). Ensemble des manières habituelles de sentir et de réagir qui distinguent un individu d'un autre. V. **Individualité, personnalité, tempérament.** *Le caractère est une manière d'être constante, l'humeur une disposition passagère. Étude des types de caractères.* V. **Caractérologie.** *Troubles du caractère.* V. **Caractériel.** *Être jeune de caractère.* ◊ *Ils ont le même caractère, des caractères différents, opposés. Avec le caractère qu'il a, on ne peut rien lui demander.* « *Les traits les plus marquants d'un caractère se forment et s'accusent avant qu'on en ait pris conscience* » (GIDE). — *Cour.* Manière d'agir d'une personne. V. **Comportement, nature.** « *Son caractère est devenu inégal, bizarre* » (FRANCE). *Mobilité de caractère. Caractère froid, flegmatique, pondéré, sérieux, exubérant, passionné.* — *Avoir un bon caractère, avoir bon caractère* (Cf. Être accommodant, affable, aimable, charmant,

commode, conciliant, débonnaire, doux, égal, gai, paisible, patient, rond, sociable, sympathique). *Être d'un heureux caractère* : optimiste. *Un caractère en or.* — *Avoir un mauvais caractère, avoir mauvais caractère* (Cf. Être acerbe, agressif, bourru, brusque, brutal, colérique, difficile, dur, emporté, hargneux, irascible, irritable, maussade, morose, ombrageux, revêche, violent). *Il a un caractère affreux, exécrable, un sale caractère. Fam. Avoir un fichu, un foutu caractère, un caractère de chien, de cochon.* — Manière d'être morale. *Un beau, un noble caractère.* ♦ 2° (XVIIᵉ). *Avoir du caractère.* V. **Courage, détermination, énergie, fermeté, ténacité, volonté.** *Manquer de caractère. Un homme sans caractère.* « *Madame Roland avait du caractère plutôt que du génie* » (CHATEAUB.). « *Un homme de caractère n'a pas bon caractère* » (RENARD). ♦ 3° (1787). Personne considérée dans son individualité, son originalité, ses qualités morales. V. **Personnalité.** « *Je n'ai d'amour que pour les caractères d'un idéalisme absolu, martyrs, héros, utopistes* » (RENAN). ♦ 4° Mœurs (d'une personne ou d'un groupe); leur description (dans une œuvre littéraire). *Les Caractères de La Bruyère.* « *Peindre des caractères, c'est-à-dire des types généraux, voilà donc l'objet de la haute comédie* » (BERGSON). — *Comédie**, *pièce de caractère.* ♦ 5° (1751). *Le caractère d'une nation.* V. **Âme, génie.** *Le caractère français. Études des caractères nationaux.* V. **Éthologie.**

CARACTÉRIEL, IELLE [kaʀakteʀjɛl]. *adj. et n.* (1841, répandu XXᵉ; de *caractère*). *Psycho.* ♦ 1° *Du caractère. Traits caractériels. Troubles caractériels,* qui concernent les tendances et les réactions affectives d'un individu (*spécialt.* d'un enfant) rendant difficile son adaptation au milieu. ♦ 2° N. (1951). Qui a des troubles caractériels. V. **Inadapté.** *Un caractériel* : un enfant caractériel (émotif, déprimé, instable, mythomane, pervers, etc.).

CARACTÉRIELLEMENT [kaʀakteʀjɛlmã]. *adv.* (1969; de *caractériel*). De façon caractérielle.

CARACTÉRISATION [kaʀakteʀizasjɔ̃]. *n. f.* (1926; de *caractériser*). Le fait de caractériser; manière dont une chose est caractérisée.

CARACTÉRISÉ, ÉE [kaʀakteʀize]. *adj.* (1753; « marqué d'un signe magique », XVIᵉ; de *caractériser*). Dont le caractère est bien marqué. V. **Net.** *Une rougeole caractérisée.*

CARACTÉRISER [kaʀakteʀize]. *v. tr.* (1512; de *caractère*). ♦ 1° Indiquer avec précision, dépeindre les caractères distinctifs de. V. **Distinguer, marquer, montrer, préciser.** « *On caractérise êtres, personnes, actions pour les nommer* » (BRUNOT). ♦ 2° Constituer le caractère ou l'une des caractéristiques de. V. **Définir, déterminer, individualiser, spécifier.** *La générosité qui vous caractérise. Les symptômes qui caractérisent une maladie.*

CARACTÉRISTIQUE [kaʀakteʀistik]. *adj. et n. f.* (1550; gr. *kharaktêristikos*).
I. Qui constitue un élément distinctif reconnaissable. *Différence, marque, propriété, signe, trait caractéristique.* V. **Distinctif, déterminant, essentiel, particulier, personnel, propre, spécifique, typique.**
II. (1690). *N. f.* ♦ 1° Ce qui sert à caractériser. V. **Caractère, indice, marque, signe, trait.** *L's est la caractéristique du pluriel en français. Les caractéristiques d'une machine, d'un avion.* V. **Particularité.** ♦ 2° *Spécialt. Math.* Partie non décimale (d'un logarithme), par oppos. à *mantisse.* Exposant de la base d'un nombre écrit en virgule* flottante.

CARACTÉROLOGIE [kaʀakteʀɔlɔʒi]. *n. f.* (1945; de *caractère*, et -*logie*, d'apr. all.). Étude psychologique des types de caractères. (On dit aussi *caractériologie*).

CARACTÉROLOGIQUE [kaʀakteʀɔlɔʒik]. *adj.* (1948; de *caractérologie*). *Psychol.* Qui a trait, se rapporte à la caractérologie. *Structures caractérologiques.*

CARACUL [kaʀakyl]. *n. m.* (fin XVIIIᵉ; de la ville de *Karakoul*). ♦ 1° Variété de mouton de l'Asie centrale chez laquelle les agneaux nouveau-nés ont une toison bouclée. V. **Astrakan, breitschwanz.** ♦ 2° Fourrure de ces agneaux lorsqu'ils n'ont plus de cinq jours. *Manteau de caracul.*

CARAFE [kaʀaf]. *n. f.* (1558; it. *caraffa*, esp. *garaffa*, arabe *gharaf*). ♦ 1° Récipient de verre de forme pansue, à col étroit. *Carafe de verre, de cristal. Carafe d'eau. Du vin en carafe* (oppos. à en bouteille, bouché). *Bouchon de carafe,* en verre, en cristal; *fig. et fam.* Grosse pierre précieuse taillée ou son imitation. — Contenu d'une carafe. ♦ 2° *Loc. fam.* (1896). *Rester en carafe* : être oublié, laissé de côté (Cf. *pop.* En plan). *Sa voiture est restée en carafe.* V. **Panne** (en). ♦ 3° *Fig. et pop.* (1901). Tête.

CARAFON [kaʀafɔ̃]. *n. m.* (1667; it. *caraffone* « grande carafe », par confus. sur le sens du suffixe). ♦ 1° Petite carafe. *Carafon de vin, de liqueur. Carafon d'un quart de litre des restaurants.* ♦ 2° *Pop.* Tête.

CARAÏBE [kaʀaib]. *adj. et n.* (*Caribe*, 1640; mot indigène *karib*). De la population indigène des Antilles et des côtes voisines. *Ling.* Groupe de langues américaines de ces régions.

CARAMBOLAGE [kaʀãbɔlaʒ]. *n. m.* (1828; de *caramboler*). ♦ 1° Billard. Coup dans lequel une bille en touche

deux autres. *Faire plusieurs carambolages successifs.* V. **Série.**
♦ 2° *Fig.* Série de chocs, de chutes. *Carambolage d'automobiles sur une route encombrée.*
CARAMBOLER [kaʀɑ̃bɔle]. *v.* (1790; de *carambole*
« bille » (1808); nom d'un fruit (1602); esp. et port. *carambola*, mot du sud de l'Inde). ♦ 1° *V. intr.* Toucher deux billes avec la sienne, au billard. ♦ 2° *V.* tr. *(Fig.).* Bousculer, heurter. *Plusieurs voitures se sont carambolées au carrefour.*
CARAMBOUILLAGE [kaʀɑ̃bujaʒ] *n. m.* ou **CARAMBOUILLE** [kaʀɑ̃buj]. *n. f.* (1902,-1918, probabl. altér. de *carambole*). Escroquerie consistant à revendre une marchandise non payée.
CARAMBOUILLEUR [kaʀɑ̃bujœʀ]. *n. m.* (1926; de *carambouillage*). Escroc qui pratique le carambouillage.
CARAMEL [kaʀamɛl]. *n. m.* (1680; esp. *caramelo;* p.-ê. lat. *cannamella* « canne à sucre »). ♦ 1° Produit brun, brillant, aromatique, de la déshydratation du sucre par la chaleur. *Crème au caramel.* ♦ 2° Bonbon au caramel. *Caramels mous. Caramels au lait.* ♦ 3° Adj. *invar.* Roux clair. *Soie caramel.*
CARAMÉLÉ, ÉE [kaʀamele]. *adj.* (fin XIXe; de *caramel*). Parfumé au caramel.
CARAMÉLISER [kaʀamelize]. *v. tr.* (1832; de *caramel*). ♦ 1° Réduire en caramel, en parlant du sucre. *Le sucre se caramélise* (caramélisation). ♦ 2° Mêler de caramel. *Eau-de-vie caramélisée.* ♦ 3° Enduire (un moule) de caramel.
CARAPACE [kaʀapas]. *n. f.* (1688; esp. *carapacho*). ♦ 1° Organe dur, formé de téguments épaissis, qui protège le corps de certains animaux. *Carapace cornée, calcaire, chitineuse* (V. **Bouclier,** test). *Carapace des tortues, des crustacés, de quelques mammifères* (tatous). ♦ 2° Ce qui protège. V. **Armure, cuirasse.** *La carapace d'acier d'un char d'assaut.* V. **Blindage.** — (Abstrait) *La carapace de l'égoïsme, de l'insensibilité.* ♦ 3° *Géol.* Concrétion épaisse, dure, à la surface du sol. *Carapace* (ou cuirasse) *de latérite.*
CARAPATER (SE) [kaʀapate]. *v. pron.* (1867; de *patte*, et p.-ê. arg. *se carrer* « se cacher »). *Pop.* S'enfuir, s'en aller vivement. V. **Décamper, sauver** (se).
CARAQUE [kaʀak]. *n. f.* (XIIIe; esp. ou it., de l'arabe *kárāka*). ♦ 1° Ancien navire de fort tonnage, très haut sur l'eau. ♦ 2° Adj. *Porcelaine caraque :* porcelaine fine que les caraques portugaises apportaient des Indes.
CARASSIN [kaʀasɛ̃]. *n. m.* (*Carache,* 1686; all. *Karas,* du tchèque). Poisson d'eau douce, semblable à la carpe, mais sans barbillons et plus petit. *Carassin doré :* le poisson rouge (V. **Cyprin**). « *Les carassins et les carpes dont les couleurs font l'adoration des collectionneurs* » (CAYROL).
CARAT [kaʀa]. *n. m.* (1355; it. *carato,* arabe *qîrât,* gr. *keration* « tiers d'obole* »). ♦ 1° Chaque vingt-quatrième d'or fin contenu dans une quantité d'or. *Or à dix-huit carats.* ♦ 2° Carat métrique, unité de poids (0,2 g) qui sert d'étalon aux joailliers. *Quart du carat.* V. **Grain.** *Perle, diamant de dix carats.*
CARAVANAGE. *n. m.* Francisation de CARAVANING (recomm. offic.).
CARAVANE [kaʀavan]. *n. f.* (XIIIe; persan *kayrawan,* lors des croisades). ♦ 1° Groupe de voyageurs réunis pour franchir une contrée désertique, peu sûre (avant les moyens de transport modernes ou quand ils ne sont pas utilisables). *Caravane de nomades, de marchands. Les caravanes d'Orient, d'Arabie, du Sahara. Le chameau, le dromadaire, bêtes de somme des caravanes. Relais des caravanes.* V. **Caravansérail.**
PROV. *Les chiens aboient, la caravane passe :* il faut laisser crier les envieux, les médisants. ♦ 2° Groupe de personnes qui se déplacent. *Caravane scolaire. La caravane publicitaire qui suit le Tour de France.* ♦ 3° (v. 1930; de l'angl. *caravan*). Remorque d'automobile, aménagée pour pouvoir servir de logement, de roulotte de camping (ce type de camping est appelé CARAVANING ou CARAVANAGE).
1. **CARAVANIER** [kaʀavanje]. *n. m.* (1673; de *caravane*). Conducteur des bêtes de somme d'une caravane. *Adj.* Qui a rapport aux caravanes. *Chemin caravanier.*
2. **CARAVANIER** [kaʀavanje]. *n. m.* et *adj.* (néol.; de *caravane* 3°). Personne qui possède une caravane (3°) et l'utilise pour camper.
CARAVANING ou **CARAVANNING** [kaʀavaniŋ]. *n. m.* (1932; de l'angl. *caravan,* d'apr. *camping*). *Anglicisme.* Voyage et séjour en caravane. — Recomm. offic. CARAVANAGE. *n. m.*
CARAVANSÉRAIL [kaʀavɑ̃seʀaj]. *n. m.* (XVIIe, sous l'infl. de *sérail; karvansera,* 1432; persan *karwanserai* « logement de caravane »). ♦ 1° Vaste cour, entourée de bâtiments où les caravanes font halte; auberge, hôtellerie qui en dépendent. ♦ 2° Lieu fréquenté par des étrangers de diverses provenances. *Cette ville cosmopolite est un caravansérail, une tour de Babel.*
CARAVELLE [kaʀavɛl]. *n. f.* (*Carvelle,* XVe; port. *caravela,* bas lat. *carabus.* V. **Gabarre**). *Ancienn.* Navire de petit ou moyen tonnage (XVe-XVIe s.). *Les caravelles avaient trois*

ou quatre *mâts, portant généralement des voiles à antennes. La Pinta et la Niña, caravelles de Christophe Colomb.* — *Mod.* Nom d'un avion à réaction moyen courrier.
CARBET [kaʀbɛ]. *n. m.* (1614; mot tupi, employé aux Antilles). Grande case collective. Abri pour embarcations, engins de pêche (Antilles, Guyane française).
CARBOCHIMIE [kaʀbɔʃimi]. *n. f.* (XXe; de *carbo*-, lat. *carbo* « charbon », et *chimie*). *Chim., Techn.* Partie de la chimie industrielle englobant les divers procédés de transformation de la houille et de ses dérivés. V. **Carbonisation, cokéfaction, distillation, gazéification, hydrogénation.** — *Adj.* CARBOCHIMIQUE [kaʀbɔʃimik].
CARBOGÈNE [kaʀbɔʒɛn]. *n. m.* (fin XIXe; lat. *carbo,* et -*gène*). Mélange gazeux (90 % oxygène; 10 % gaz carbonique) employé pour ranimer les asphyxiés.
CARBOHÉMOGLOBINE [kaʀbɔemɔglɔbin]. *n. f.* (mil. XXe; de *hémoglobine*). Combinaison du gaz carbonique et de l'hémoglobine, qui se forme dans les globules rouges et se décompose dans les poumons, en libérant le gaz carbonique. — On trouve parfois CARBHÉMOGLOBINE [kaʀbemɔglɔbin].
CARBONADE. V. **CARBONNADE.**
CARBONADO [kaʀbɔnado]. *n. m.* (1890; mot port.). Diamant noir utilisé pour le forage des roches dures.
CARBONARISME [kaʀbɔnaʀism(ə)]. *n. m.* (1829; de *carbonaro*). Principes, doctrines des carbonari. Mouvement politique des carbonari.
CARBONARO [kaʀbɔnaʀo]. *n. m.* (1818; mot it. « charbonnier », en mémoire d'anciens conspirateurs qui se réunissaient dans des huttes de charbonnier). Membre d'une société secrète italienne qui combattait pour la liberté nationale. *Réunion de carbonari.* V. **Vente.**
CARBONATATION [kaʀbɔnatasjɔ̃]. *n. f.* (1874; de *carbonater*). *Chim., Techn.* Fait de carbonater, ou d'être carbonaté. *La carbonatation, procédé de purification du jus de betteraves.*
CARBONATE. V. **CARBONNADE.** *n. m.* (XVIIIe; de *carbone*). Sel ou ester de l'acide carbonique. V. **Bicarbonate.** *Carbonate hydraté.* V. **Hydrocarbonate.** *Carbonate de calcium* (V. **Aragonite, calcaire, calcite, chaux**), *de cuivre* (V. **Azurite, malachite**), *de fer* (V. **Sidérose**), *de manganèse, de plomb* (V. **Céruse**), *de sodium, de zinc* (V. **Smithsonite**).
CARBONATER [kaʀbɔnate]. *v. tr.* (XIXe; de *carbonate*). Transformer en carbonate. Additionner de carbonate.
CARBONE [kaʀbɔn]. *n. m.* (1787; lat. *carbo,* onis « charbon »). ♦ 1° *Chim.* Corps simple, métalloïde (C; n° at. 6; masse at. 12,01) qui existe sous plusieurs formes allotropiques, est très répandu dans la nature à l'état combiné et se trouve dans tous les corps vivants; c'est l'élément essentiel du charbon. *Le carbone est bon conducteur, combustible et réducteur. Carbone cristallisé* (V. **Diamant, graphite**), *amorphe* (V. **Charbon**). *Étude des composés du carbone :* chimie organique* (V. **Carbonate, carbure, hydrocarbure**). *Hydrates de carbone.* V. **Glucide, sucre.** *Carbone éliminé par la respiration :* le gaz carbonique*. — *Oxyde de carbone* (CO) : gaz incolore, inodore, de densité 0,96 qui brûle en donnant l'anhydride carbonique. V. **Carbonyle.** — *Sulfure de carbone* (CS₂) : liquide incolore, de densité 1,26. — *Tétrachlorure de carbone.* — *Cycle du carbone :* série de ses combinaisons dans les êtres vivants. ◊ *Carbone 14 :* isotope radioactif du carbone qui permet de dater les vestiges d'êtres organiques (symbole 14C ou C14). *Charbons soumis à l'analyse du carbone 14* (ou C14). ♦ 2° *Cour.* Papier carbone : papier chargé de couleur (à l'origine, de noir animal), et destiné à obtenir des doubles, en dactylographie, etc. — *Absolt. Taper une lettre en six exemplaires, en six carbones.*
CARBONÉ, ÉE [kaʀbɔne]. *adj.* (1787; de *carbone*). Rare. Qui contient du carbone. V. **Carburé.**
CARBONIFÈRE [kaʀbɔnifɛʀ]. *adj.* et *n.* (1846; de *carbone,* et -*fère*). ♦ 1° Qui contient du charbon. *Terrain carbonifère.* ♦ 2° *Géol. N. m.* Époque géologique allant du dévonien au permien (ère primaire : paléozoïque). *Adj. La faune carbonifère.*
CARBONIQUE [kaʀbɔnik]. *adj.* (1787; de *carbone*). Se dit d'un anhydride résultant de la combinaison du carbone et de l'oxygène. *L'anhydride ou gaz carbonique ou dioxyde de carbone* (CO₂) *est un gaz incolore, liquéfiable par pression, incombustible. Gaz carbonique rejeté par la respiration. Neige carbonique :* anhydride carbonique solide. ◊ *Acide carbonique* (H₂CO₃) : acide très faible, jamais obtenu à l'état libre.
CARBONISATION [kaʀbɔnizasjɔ̃]. *n. f.* (1789; de *carbone*). Transformation d'un corps en charbon (par la chaleur). *Carbonisation du bois* (charbon de bois), *de la houille* (coke), *des os* (noir animal).
CARBONISER [kaʀbɔnize]. *v. tr.* (1803; de *carbone*). Réduire en charbon. V. **Brûler, calciner, consumer.** *L'incendie a carbonisé la forêt entière.* — *Par ext.* Cuire à l'excès, brûler. *Le rôti est carbonisé.*
CARBONNADE [kaʀbɔnad]. *n. f.* (1539; *charbonnade,* XIIIe; it. *carbonata, de carbone* « charbon »). Manière de griller la viande sur des charbons. *Tranches*

de jambon à la carbonnade. — La viande ainsi apprêtée. *Manger une carbonnade.*

CARBONYLE [karbɔnil]. *n. m.* (1878; de *carbon*(e), et *-yle*, gr. *ulê* « substance »). Radical bivalent (CO). Adj. *Métal carbonyle* : composé d'un métal avec l'oxyde de carbone.

CARBORUNDUM [karbɔrɔ̃dɔm]. *n. m.* (v. 1900; nom déposé angl., de *carbon*, et *corundum* « corindon »). Siliciure de carbone utilisé comme abrasif, comme matériau réfractaire.

CARBOXYLASE [karbɔksilaz]. *n. f.* (XXᵉ; de *carboxyle*, et *-ase*). Biochim. Enzyme qui catalyse la fixation du dioxyde de carbone sur un composé organique, ou qui enlève le carboxyle des acides organiques.

CARBOXYLE [karbɔksil]. *n. m.* (1890; de *carbo*(ne), *ox*(ygène), et *-yle*). Chim. Groupement monovalent COOH, caractéristique des acides organiques. — Adj. CARBOXYLIQUE [karbɔksilik].

CARBURANT [karbyrã]. *adj.* et *n. m.* (1857, *appareil carburant*; de *carbure*). ♦ 1° *Adj.* Qui contient du carbure d'hydrogène (ou un autre combustible). *Mélange carburant.* ♦ 2° *N. m.* (1899) Combustible qui, mélangé à l'air (V. **Carburation**), peut être utilisé dans un moteur dit à explosion. *Carburants d'origine minérale.* V. **Benzol, essence, pétrole, gas-oil, supercarburant.** *Indice d'octane d'un carburant. Carburants et comburants*.

CARBURATEUR, TRICE [karbyratœr, tris]. *adj.* et *n. m.* (1857; de *carbure*). ♦ 1° *Vx.* Où se produit une carburation. *Appareil carburateur* (pour augmenter la puissance d'éclairage du gaz). ♦ 2° *Mod. N. m.* (1906). Appareil dans lequel un carburant vaporisé est mélangé à l'air (mélange carburé) pour alimenter un moteur à explosion. *Réservoir, cuve, flotteur, gicleur, venturi d'un carburateur. Commande du carburateur.* V. **Accélérateur.** *Carburateur d'automobile, d'avion.*

CARBURATION [karbyrasjɔ̃]. *n. f.* (1852, *carburation du gaz*; de *carbure*). ♦ 1° Enrichissement en carbone d'un corps métallique. *Carburation du fer* (acier). ♦ 2° Mélange de l'air et d'un carburant. *Carburation de l'essence dans le carburateur d'un moteur à explosion. La carburation se fait mal.* — *Fig.* Dépense de l'énergie dans un système.

CARBURE [karbyr]. *n. m.* (1787; du rad. *carb-*, du lat. *carbo* « charbon »). ♦ 1° *Chim.* Composé binaire du carbone. *Carbures d'hydrogène* (hydrocarbures) : groupes de corps, classés en séries de corps homologues, dont les molécules ne diffèrent que par le radical CH₂. *Carbure fondamental :* le premier terme de la série. *Carbures acycliques :* saturés (V. **Méthane; éthane; propane; butane**) *et non saturés* (éthyléniques et acétyléniques. V. **Éthylène; acétylène**). *Carbures cycliques : alicycliques* ou *naphténiques et de la série aromatique* (V. **Benzène; naphtalène; anthracène**). *Le pétrole* est *un mélange d'hydrocarbures.* ◇ *Carbures métalliques :* de fer, de calcium, de silicium, de tungstène. ♦ 2° *Cour.* Carbure de calcium. *Mettre du carbure dans une lampe à acétylène.* ♦ 3° *Arg.* (par métaph.). Argent.

CARBURÉ, ÉE [karbyre]. *adj.* (1836; de *carbure*). Combiné avec du carbone (en parlant d'un corps autre que l'oxygène). *Métal carburé. Mélange carburé.* V. **Carburant.**

CARBURÉACTEUR [karbyreaktœr]. *n. m.* (1959; de *carbu*(rant), et *réacteur*). Techn. Combustible pour moteur à réaction ou à turbine (aviation). — (Trad. franc. de l'angl. *jet fuel*).

CARBURER [karbyre]. *v. intr.* (1853, *carburer la flamme du gaz d'éclairage; de carbure*). ♦ 1° Effectuer la carburation. *Ce moteur carbure mal.* ♦ 2° *Fam.* (1920; Sports). Aller (bien ou mal); marcher, fonctionner. « — *Qu'est-ce qu'il y a vous deux? dit Colin. Ça n'a pas l'air de carburer fort* » (VIAN).

CARCAILLER [karkaje]. *v. intr.* (1827; *carcaillat*, XVᵉ; onomat.). Crier (caille).

CARCAJOU [karkaʒu]. *n. m.* (1710; mot indien du Canada). Espèce de blaireau du Labrador.

1. **CARCAN** [karkã]. *n. m.* (*Charchan*, 1190; *carcannum* en lat. médiév.; o. i.). ♦ 1° *Ancienn.* Collier de fer fixé à un poteau pour y attacher par le cou un criminel condamné à l'exposition publique. V. **Pilori; cangue.** — La peine du carcan. *Être condamné au carcan.* ♦ 2° *Fig.* Ce qui engonce, serre le cou. — (Abstrait) V. **Assujettissement, contrainte.** *Le carcan de la discipline.*

2. **CARCAN** [karkã]. *n. m.* (1842; var. de *carcasse*). *Fam.* et *vieilli.* Mauvais cheval. V. **Rosse.**

CARCASSE [karkas]. *n. f.* (1550; *charcois*, XIIIᵉ; o. i.). ♦ 1° Ensemble des ossements décharnés du corps d'un animal, qui tiennent encore les uns aux autres. V. **Squelette; ossature.** *Carcasse de cheval.* « *J'ai vu le long des routes désolées des carcasses de chameaux blanchir* » (GIDE). Spécialt. Animal de boucherie dépecé, prêt pour le commerce. — *La carcasse d'une volaille* : ce qui reste du corps après avoir enlevé les cuisses, les ailes et les blancs. ♦ 2° *Fam.* Le corps humain. *Soigner sa carcasse. Promener sa vieille carcasse.* « *Tu trembles, carcasse!* » (TURENNE). ♦ 3° Charpente d'un

appareil, d'un ouvrage; assemblage des pièces soutenant un ensemble. V. **Armature, charpente.** *La tour Eiffel,* « *cette carcasse métallique* » (MAUPASS.). *Carcasse d'un navire en construction. Carcasse d'un immeuble en ciment armé.*

CARCEL [karsel]. *n. m.* (1800; du nom de l'inv.). Lampe à huile, à rouages et à piston. — Appos. *Lampe carcel.*

CARCÉRAL, ALE, AUX [karseral, o]. *adj.* (1964; du lat. *carcer,* « prison »; Cf. Incarcérer). De prison, qui a rapport à la prison. *Le monde, l'univers carcéral.*

CARCINOGÈNE [karsinɔʒɛn] ou **CARCINOGÉNÉTIQUE** [karsinɔʒenetik]. *adj.* (XXᵉ; de *carcino-*, et *-gène, -génétique*). Didact. Qui peut causer le cancer. V. **Cancérigène.**

CARCINOLOGIE [karsinɔlɔʒi]. *n. f.* (1846; du gr. *karkinos* « cancer », et *-logie*). Didact. ♦ 1° Zool. Étude des crustacés. ♦ 2° Étude du cancer. V. **Cancérologie.** (Adj. CARCINOLOGIQUE).

CARCINOME [karsinɔm]. *n. m.* (1545; gr. *karkinôma,* par l'angl. *carcinoma* et l'all. *Karzinom*). Méd. Tumeur cancéreuse épithéliale ou glandulaire. V. **Épithéliome.** — Adj. CARCINOMATEUX, EUSE (1839).

CARDAGE [kardaʒ]. *n. m.* (1785; de *carder*). Opération par laquelle on démêle les fibres textiles, on les isole et on les nettoie. V. **Carder.** *Cardage à la machine.*

CARDAMINE [kardamin]. *n. f.* (1545; lat. *cardamina,* gr. *kardamon* « cresson »). Plante (*Cruciféracées*) des herbages humides (cresson des prés, cressonnette). « *La cardamine des prés avec sa nuance lilas* » (BOURGET).

CARDAMOME [kardamɔm]. *n. f.* (XIIᵉ; lat. *cardamonum,* gr. *kardamômon*). Plante d'Asie (*Scitaminacées*) dont les graines ont un goût poivré.

CARDAN [kardã]. *n. m.* (1868; on disait *de Cardan,* à la *Cardan;* nom fr. du savant it. *Cardano,* 1501-1576). Mécan. Système de suspension dans lequel le corps suspendu conserve une position invariable malgré les oscillations de son support. — *Auto.* Dispositif transmettant régulièrement le mouvement moteur au différentiel du pont, en dépit des oscillations de ce dernier. *Transmission par cardan* (on dit aussi *joint de cardan).*

-CARDE. V. CARDI(O)-.

CARDE [kard(ə)]. *n. f.* (XIIIᵉ; prov. *carda,* lat. *carduus* « chardon »). ♦ 1° Instrument (d'abord formé de têtes de chardon, de cardère) servant à carder la laine. V. **Peigne.** — Mod. Machine à tambours servant au cardage dans les filatures (laine; coton). ♦ 2° (XVIᵉ). Côte comestible des feuilles de cardon et de bette.

CARDÉ, ÉE [karde]. *adj.* (XVIIᵉ; de *carder*). En parlant de la laine (*opposé à* peigné) dont les fibres, démêlées grossièrement, ne sont pas rectilignes et donnent au fil un aspect plus grossier que dans la laine peignée. ◇ N. m. (*Comm.*). *Tissu de laine cardée. Le cardé et le peigné.*

CARDER [karde]. *v. tr.* (XIIIᵉ; de *carde*). ♦ 1° Peigner, démêler (les fibres textiles). *Carder de la laine, du coton;* Spécialt. V. **Cardé.** ♦ 2° Fig. et fam. *Carder le poil à qqn :* le battre, le griffer.

CARDÈRE [kardɛr]. *n. f.* (1778; prov. *cardero,* de *carda.* V. **Carde**). Plante des lieux incultes (*Dipsacées*) qui porte des capitules à bractées épineuses (elles servaient autrefois au cardage : chardon à foulon). *Les feuilles ornementales de la cardère sont dites cabaret aux oiseaux* (à cause de leur facilité à retenir l'eau de pluie).

CARDEUR, EUSE [kardœr, øz]. *n.* (1337; de *carder*). ♦ 1° Personne effectuant le cardage (à la main ou à la machine). ♦ 2° CARDEUSE. *n. f.* Dans les filatures, machine à carder les fibres textiles. — Machine qui ouvre et nettoie la laine des matelas.

CARDI(O)-; -CARDE, -CARDIE. Éléments, du gr. *kardia* « cœur » (*ex. :* cardiographie, péricarde, tachycardie)

CARDIA [kardja]. *n. m.* (1556; mot lat. « cœur »). Anat. Orifice de l'estomac par lequel il communique avec l'œsophage.

CARDIAL, ALE, AUX [kardjal, o]. *adj.* (1970; du gr. *cardia*). Relatif au cardia. *Douleurs cardiales.*

CARDIALGIE [kardjalʒi]. *n. f.* (XVIᵉ; gr. *algos* « douleur »). Méd. Douleur névralgique, dans la région cardiaque. — Douleur de l'estomac au niveau du cardia (V. **Gastralgie**).

CARDIAQUE [kardjak]. *adj.* (1372; gr. *kardiakos,* de *kardia* « cœur »). ♦ 1° Du cœur. *Nerfs cardiaques. Artère cardiaque* ou *coronaire. Le muscle cardiaque :* le cœur. *Névralgie cardiaque.* ♦ 2° *Adj.* n. Atteint d'une maladie de cœur. *Un(e) cardiaque; elle est cardiaque.*

CARDIGAN [kardigã]. *n. m.* (1945; mot angl., du comte *Cardigan*). Veste de laine tricotée à manches longues, et boutonnée devant jusqu'au cou.

1. **CARDINAL, AUX** [kardinal, o]. *n. m.* (1190; lat. ecclés. *cardinalis*). ♦ 1° Prélat membre du Sacré Collège (électeur et conseiller du pape). *Réunion des cardinaux.* V. **Conclave.** *Barrette, cappa magna, robe rouge du cardinal.* V. **Éminence; cardinalat, cardinalice.** *Titre de cardinal. Cardinaux-évêques* (des diocèses suburbicaires), *cardinaux-*

prêtres, cardinaux-diacres. Le cardinal camerlingue. Cardinal légat ayant des pouvoirs extraordinaires. V. **Latere** (a latere). ♦ 2° Oiseau passereau d'Amérique et d'Afrique *(Fringillidés)* au plumage rouge foncé. « *Les cardinaux, dont le plumage est couleur de feu* » (BERNARD. de ST-P.).

2. CARDINAL, ALE, AUX [kaʀdinal, o]. *adj.* (1279 ; lat. *cardinalis*, de *cardo, inis* « gond, pivot »). ♦ 1° *Littér.* Qui sert de pivot, de centre. V. **Capital, essentiel, fondamental, principal.** « *Des idées cardinales, nous en rencontrons trois ou quatre fois dans notre vie* » (DUHAM.). ◇ *Loc. cour. Les quatre vertus* cardinales.* ◇ *Nombres cardinaux* opposés à *ordinaux** : désignant une quantité, le nombre d'éléments dans un ensemble (propriété quantitative de l'ensemble). ◇ *Géogr. Les quatre points cardinaux* (Nord, Est, Sud, Ouest ; rose* des vents), à partir desquels on détermine la situation des autres points de l'horizon. ♦ 2° *Anat. Veines cardinales :* les quatre premières veines de l'embryon chez les mammifères (qui donnent les jugulaires* et les azygos*). — *Veines cardinales antérieures et postérieures chez les poissons.* ◈ ANT. Accessoire, secondaire.

CARDINALAT [kaʀdinala]. *n. m.* (1508 ; lat. ecclés. *cardinalatus*). Dignité de cardinal. *Être promu au cardinalat.*

CARDINALICE [kaʀdinalis]. *adj.* (1829 ; *cardinalesque*, XVIe ; it. *cardinalizio*). Qui appartient aux cardinaux. *Dignité, siège cardinalice. Revêtir la pourpre cardinalice.*

CARDIOGRAMME [kaʀdjɔgʀam]. *n. m.* (1922 ; de *cardio-*, et *-gramme*). Enregistrement des mouvements du cœur. V. **Électrocardiogramme.**

CARDIOGRAPHE [kaʀdjɔgʀaf]. *n. m.* (1864 ; de *cardio-*, et *-graphe*). Appareil enregistreur des mouvements du cœur. V. **Électrocardiographe.**

CARDIOGRAPHIE [kaʀdjɔgʀafi]. *n. f.* (1834 ; de *cardio-*, et *-graphie*). Enregistrement, par des techniques graphiques, des mouvements du cœur. V. **Électrocardiographie.**

CARDIOÏDE [kaʀdjɔid]. *adj.* (1889 ; de *cardio-*, et suff. *-ide*). *Didact.* En forme de cœur. — *N. f.* Courbe cycloïde en forme de cœur.

CARDIOLOGIE [kaʀdjɔlɔʒi]. *n. f.* (1797 ; de *cardio-*, et *-logie*). Étude du cœur et de ses affections.

CARDIOLOGUE [kaʀdjɔlɔg]. *n. m.* (XXe ; de *cardiologie*). Médecin spécialisé dans les maladies du cœur.

CARDIOPATHIE [kaʀdjɔpati]. *n. f.* (1858 ; de *cardio-*, et *-pathie*). Affection du cœur ; maladie de cœur.

CARDIORESPIRATOIRE [kaʀdjɔʀɛspiʀatwaʀ]. *adj.* (1896 ; de *cardio-*, et *respiratoire*). *Méd.* Qui concerne la physiologie du cœur et des poumons. *Maladies cardiorespiratoires.*

CARDIOTOMIE [kaʀdjɔtɔmi]. *n. f.* (1848 ; « dissection du cœur », 1855 ; de *cardio-*, et *-tomie*). *Chir.* ♦ 1° Incision du cœur. ♦ 2° Incision du cardia (plutôt : CARDIATOMIE. *n. f.*).

CARDIOTONIQUE [kaʀdjɔtɔnik]. *adj. et n. m.* (1945 ; de *cardio-*, et *tonique*). *Méd.* Qui augmente la tonicité du muscle cardiaque. *Propriétés cardiotoniques d'une substance.* — *Subst. La digitaline est un cardiotonique.* ◇ SYN. Tonicardiaque.

CARDIO-VASCULAIRE [kaʀdjɔvaskylɛʀ]. *adj.* (XXe ; de *cardio-*, et *vasculaire*). Relatif à la fois au cœur et aux vaisseaux. *Troubles cardio-vasculaires.*

CARDITE [kaʀdit]. *n. f.* (1755 ; lat. *cardia* « cœur »). ♦ 1° Mollusque lamellibranche à coquille épaisse. ♦ 2° (1818 ; *carditis*, 1795). Maladie inflammatoire du cœur (V. Endo-, myo-, péricardite).

CARDON [kaʀdɔ̃]. *n. m.* (1507 ; prov. *cardoun*, lat. *carduus*). Plante potagère du genre de l'artichaut, dont on mange la côte médiane des feuilles (V. **Carde**) après l'avoir fait étioler.

CARÊME [kaʀɛm]. *n. m.* (*Karehnie*, 1181 ; lat. pop. °*quaresima*, class. *quadragesima (dies)* « le quarantième » [jour avant Pâques]). ♦ 1° Période de quarante-six jours d'abstinence et de privation entre le Mardi gras et le jour de Pâques, pendant laquelle, à l'exception des dimanches, jeûnent certains chrétiens (V. **Mi-carême**). *Le Ramadan* musulman correspond au carême. Temps de carême.* V. **Quadragésime.** *Dimanches de carême :* quadragésime, reminiscere, oculi, lætare, rameaux. *Prêcher le carême. Sermon de carême* (V. **Station**). *Loc. Arriver comme mars en carême :* inévitablement. ♦ 2° Jeûne, abstinence qu'on fait pendant le carême. *Faire carême. Rompre le carême.* Loc. *Face de carême :* maigre ; triste, morose. ♦ 3° *Littér.* Série de sermons de carême. *Carême de Bourdaloue. Le Petit Carême de Massillon.*

CARÊME-PRENANT [kaʀɛmpʀənɑ̃]. *n. m.* (XIIe ; de *carême*, et *prenant* « commençant »). *Vx.* ♦ 1° Les trois jours précédant le Carême. ♦ 2° Réjouissance de Mardi-gras (V. **Carnaval**). ♦ 3° *Masque. Fig.* Personne ridiculement accoutrée. *Des carêmes-prenants.*

CARÉNAGE [kaʀenaʒ]. *n. m.* (1678 ; de *caréner*). ♦ 1° Action de caréner. *Grand carénage,* révision générale du navire. ♦ 2° Lieu où l'on carène les navires. *Un navire au*

carénage. V. **Radoub.** ♦ 3° *Carrosserie carénée* (2°), aérodynamique.

CARENCE [kaʀɑ̃s]. *n. f.* (1452 ; bas lat. *carentia,* de *carere* « manquer »). ♦ 1° *Dr.* Absence ou insuffisance de ressources d'un débiteur ou d'une personne décédée. *Procès-verbal de carence,* constatation par huissier d'absence de mobilier, en cas de saisie. ♦ 2° Situation d'une personne qui se dérobe devant ses obligations, manque à sa tâche. *La carence du gouvernement, du pouvoir, de l'Administration.* V. **Abstention, impuissance, inaction.** ♦ 3° *Méd.* Absence ou insuffisance d'un ou de plusieurs éléments indispensables à la nutrition des tissus organiques. *Maladie de carence, par carence* (avitaminose, carence en fer, en calcium, en protéines, etc.). V. **Carentiel.** ◈ ANT. *Solvabilité ; action, présence.*

CARENCER [kaʀɑ̃se]. *v. tr.* ; conjug. *placer.* (1922 ; de *carence*). *Méd.* Priver d'éléments nutritifs indispensables à l'équilibre physiologique. « *Déjà une partie appréciable de l'humanité est alimentairement carencée* » (A. SAUVY). — *Au p. p.* (Psycho.). Se dit d'un individu (surtout d'un enfant) souffrant d'une carence affective.

CARÈNE [kaʀɛn]. *n. f.* (*Carenne, h. 1246;* it. *carena,* mot génois ; lat. *carina* « coquille de noix »). ♦ 1° (1552). Partie immergée de la coque d'un navire, située sous la ligne de flottaison (quille et œuvres vives). *Pièce intérieure renforçant la carène.* V. **Carlingue.** — *Centre de carène.* ♦ 2° Carénage. *Mettre, abattre un navire en carène :* le coucher sur le côté pour le réparer dans ses œuvres vives. ♦ 3° *Bot.* Pièce formée par les deux pétales inférieurs des fleurs de papilionacées.

CARÉNER [kaʀene]. *v. tr.* ; conj. *céder* (1642 ; de *carène*). ♦ 1° *Mar.* Nettoyer, réparer la carène d'un navire. V. **Radouber.** — *Intr.* Passer en carène (d'un navire). « *Quand le remorqueur carénait en cale sèche* » (VERCEL). ♦ 2° Donner un profil aérodynamique à (une carrosserie). *Caréner une automobile. Locomotive carénée.*

CARENTIEL, IELLE [kaʀɑ̃sjɛl]. *adj.* (av. 1959 ; de *carence* 3°). *Méd.* Qui provient d'une carence ; relatif à une carence. *Maladie carentielle.*

CARESSANT, ANTE [kaʀesɑ̃, ɑ̃t]. *adj.* (1642 ; de *caresser*). ♦ 1° Qui caresse, aime à caresser. V. **Cajoleur, câlin.** *Un enfant caressant.* « *Le lion est doux et même caressant surtout dans le jeune âge* » (BUFF.). — Qui est tendre et doux, d'une manière démonstrative. V. **Affectueux, aimant, tendre.** « *Je fus coquette, caressante et perfide* » (MAUPASS.). ♦ 2° Doux comme une caresse (gestes, manières). *Regard caressant.* V. **Tendre.** « *La voix plus cajoleuse que vraiment caressante* » (GIDE). ♦ 3° *Fig. et vx.* V. **Flatteur, enjôleur.** ◈ ANT. *Froid, indifférent, insensible ; brusque, brutal, rude.*

CARESSE [kaʀes]. *n. f.* (1545 ; *carace* « affection », 1535 ; it. *carezza,* de *caro;* Cf. Caresser). ♦ 1° Manifestation physique de la tendresse, et *spécialt.* Attouchement tendre, affectueux ou sensuel. *Caresse de la main, des lèvres. Caresse affectueuse, amoureuse, douce, légère, tendre, voluptueuse.* V. **Baiser, cajolerie, câlinerie, chatterie, contact, effleurement, embrassement, étreinte, frôlement, pression** (Cf. *pop.* Papouille, pelotage). *Faire des caresses à qqn, à un animal. Accabler, couvrir qqn de caresses.* « *Manger de caresses* » (ST-SIM.) : de baisers. « *Elle mit sur la tempe du jeune homme un baiser d'oiseau, une caresse imperceptible* » (DUHAM.). — (Collect.) « *L'homme a toujours besoin de caresse et d'amour* » (VIGNY). — *Fig.* (1671) *La caresse du vent, des flots. La chaude caresse du soleil.* V. **Bain, baiser.** « *Le soir apportait sa caresse froide, son effleurement perfide* » (JALOUX). ♦ 2° *Vieilli* (1614). Démonstration d'affection, de bienveillance (par la parole, le geste). *Amadouer qqn par des caresses.* V. **Avance, flatterie, mamour** *(fam.).* « *Une caresse préalable assaisonne les trahisons* » (HUGO). ◈ ANT. *Brutalité, coup.*

CARESSER [kaʀese]. *v. tr.* (XVe ; it. *carezzare* « chérir », rad. *caro* « cher »). I. ♦ 1° Toucher en signe de tendresse. *Caresser de la main, des lèvres* (V. **Baiser** [vx], embrasser). *Caresser un enfant, une femme.* V. **Cajoler, câliner, chatouiller, effleurer, enlacer, étreindre, frôler, frotter, peloter** *(pop.),* presser serrer, tapoter, titiller, toucher, tripoter *(péj.). Caresser un chien.* V. **Flatter.** « *Il me caressa la joue pour mieux exprimer la tendresse que je lui inspirais* » (FRANCE). « *Es-tu souple! dit-il, en la caressant comme on flatte une bête de sang* » (MART. du G.). — *Fig. Caresser l'œil, du regard :* regarder amoureusement. ♦ 2° (XVIIIe). *Fig.* Effleurer doucement, agréablement. « *Cette brume de la mer me caressait, comme un bonheur* » (MAUPASS.). ♦ 3° (1736). *Fig.* Entretenir complaisamment. V. **Entretenir, nourrir.** *Caresser un projet, une idée, un espoir, un rêve.* « *Je caressais une folle chimère* » (MUSS.). ♦ 4° *Fam.* (Vieilli). *Caresser la bouteille :* être porté sur la boisson. II. (1538). ♦ 1° *Fig. et vx.* Faire des démonstrations d'affection, d'amitié, de bienveillance plus ou moins sincères. V. **Caresse** (2°); aduler, cajoler, courtiser, enjôler, flatter. « *Ceux qui caressent également tout le monde, qui promènent leurs civilités à droite et à gauche* » (MOL.). ♦

2° *Littér.* Flatter (un sentiment). *Les idées « qui caressent leur vanité ou répondent à leurs espérances »* (FRANCE).
◇ ANT. Battre, frapper, rudoyer.

1. **CARET** [kaʀɛ]. *n. m.* (1382 ; mot norm.-picard, de *car* « char »). Dévidoir des cordiers. *Fil de caret :* gros fil de chanvre, qui sert à fabriquer les cordages* pour la marine. *Natte, paillet en fils de caret.*

2. **CARET** [kaʀɛ]. *n. m.* (1640 ; esp. *carey*, malais *karah*). Tortue des mers chaudes (V. **Caouane**) ; son écaille.

CAREX [kaʀɛks]. *n. m.* (*Careix, careiche,* 1794 ; mot lat.). Plante (*Cypéracées*) communément appelée *laîche,* à feuilles coupantes, à fleurs en épis et à fruits en capsule, qui croît en touffes (souvent au bord de l'eau).

CAR-FERRY [kaʀfɛʀe ou kaʀfɛʀi]. *n. m.* (v. 1960 ; mot angl., de *car* « voiture », et *ferry* « passage » ; d'ap. *ferryboat*). Anglicisme. Bateau servant au transport, à la fois des passagers et de leur voiture. *Traversée de la Manche en car-ferry,* en ferry-boat, en aéroglisseur. Pl. *Des car-ferries* [kaʀfɛʀiz].

CARGAISON [kaʀgɛzɔ̃]. *n. f.* (1516 ; prov. ou esp. *cargazon,* de *cargar* « charger » ; lat. *carricare*). ♦ 1° Marchandises chargées sur un navire. V. **Charge, chargement, fret.** *Arrimer une cargaison. Dommages subis par la cargaison.* V. **Avarie.** *Le subrécargue s'occupe de la cargaison. Manifeste de cargaison. Une cargaison de vin, de pétrole, de charbon.* ♦ 2° *Fig.* et *fam.* V. **Collection, provision, réserve.** *Il a toute une cargaison d'anecdotes, d'histoires drôles.*

CARGO [kaʀgo]. *n. m.* (1906 ; *cargo-boat,* 1887 ; mot angl. « navire de charge »). Navire destiné surtout au transport des marchandises. *Cargo sans horaire ni parcours fixe.* V. **Tramp.** *Cargo charbonnier, minéralier, pétrolier, bananier. Cargo mixte :* qui peut prendre des passagers.

CARGUE [kaʀg(ə)]. *n. f.* (1634 ; de *carguer,* ou prov. *carga*). *Mar.* Cordage servant à carguer les voiles. *Cargues de voiles carrées.*

CARGUER [kaʀge]. *v. tr.* (1611 ; prov. ou esp. *cargar* « charger »). *Mar.* Serrer (les voiles) contre leurs vergues ou contre le mât au moyen des cargues.

CARI, CARY [kaʀi] (*vieilli*), **CURRY** [kyʀi]. *n. m.* (*Cari,* 1602, mot malabare ; *curry,* repris à l'angl., xxᵉ). Assaisonnement intime composé de piment, de curcuma et d'autres épices pulvérisées. *Riz au curry. — Un curry de volaille :* une volaille au curry. ◇ HOM. **Carie, curie.**

CARIACOU [kaʀjaku]. *n. m.* (1761 ; probabl. corruption du brésilien *cuguacu-apara ;* Cf. **Couguar**). *Zool.* Cerf de Virginie (Cf. **Caribou**). *« Le maipouri ventru et paisible comme un bœuf, le cariacou bondissant »* (CENDRARS).

CARIANT, ANTE [kaʀjɑ̃, ɑ̃t]. *adj.* (1967 ; de *carier*). Qui provoque une carie. *Acide cariant.* (On dit aussi CARIO-GÈNE.)

CARIATIDE [kaʀjatid]. *n. f.* (*Caryatide,* 1547 ; it. *cariatidi,* lat. *caryatides,* gr. *karyatides,* de *Karyes,* ville du Péloponnèse). *Archit.* Statue de femme soutenant une corniche sur sa tête. *Des cariatides alternant avec des atlantes.*

CARIBOU [kaʀibu]. *n. m.* (1607 ; mot canadien, de l'algonquin). Renne du Canada. *Des caribous.*

CARICATURAL, ALE, AUX [kaʀikatyʀal, o]. *adj.* (1842 ; de *caricature*). ♦ 1° Qui tient de la caricature, qui y prête. V. **Burlesque, comique, grotesque, ridicule.** *Un profil caricatural. Traits caricaturaux.* ♦ 2° *Par ext.* Qui déforme la réalité par exagération de certains aspects défavorables. *Description, interprétation caricaturale. « La déformation caricaturale de nos sonneries militaires »* (GIDE).

CARICATURE [kaʀikatyʀ]. *n. f.* (1740 ; it. *caricatura,* de *caricare* « charger », du lat. *carricare*). ♦ 1° Dessin, peinture qui, par le trait, le choix des détails, accentue ou révèle certains aspects (ridicules, déplaisants). V. **Charge.** *Les caricatures de Daumier, de Forain. « Il y a des caricatures plus ressemblantes que des portraits »* (BERGSON). ♦ 2° Description comique ou satirique, par l'accentuation de certains traits ridicules, déplaisants). *Faire dans un roman la caricature d'une société, d'un milieu.* V. **Satire.** — *Fig.* Ce qui évoque sous une forme caricaturale. *« La superstition n'est que la caricature du vrai sentiment religieux »* (GIDE). ♦ 2° (1808). Personne laide et ridiculement accoutrée. *Une vieille fée Carabosse, une vraie caricature.*

CARICATURER [kaʀikatyʀe]. *v. tr.* (1801 ; de *caricature*). ♦ 1° Faire la caricature de (qqn). *Caricaturer une personne.* ♦ 2° Représenter sous une forme caricaturale, satirique. V. **Charger, contrefaire, parodier, railler, ridiculiser.** *« Voyons comment Scarron a caricaturé ce sujet épique »* (GAUTIER).

CARICATURISTE [kaʀikatyʀist(ə)]. *n. m.* (1803 ; de *caricature*). Artiste (*spécialt.* dessinateur) qui fait des caricatures.

CARIE [kaʀi]. *n. f.* (1537 ; lat. *caries* « pourriture »). ♦ 1° Destruction progressive des tissus osseux. V. **Ostéite.** *Carie sèche,* sans suppuration. — *Carie dentaire :* lésion qui détruit l'émail et l'ivoire de la dent et évolue vers l'intérieur en formant une cavité qui entraîne sa destruction progressive. ♦ 2° *Bot. Carie des arbres :* altération du tissu ligneux,

suivie de ramollissement. V. **Chancre.** — *Carie du blé :* Infection produite au moment de la germination, par un champignon qui détruit l'ovaire de la plante. ◇ HOM. **Cari.**

CARIÉ, ÉE [kaʀje]. *adj.* (1530 ; V. **Carier**). Atteint de carie. *Soigner, plomber une dent cariée.*

CARIER [kaʀje]. *v. tr.* (*Se carier,* v. 1560 ; de *carie*). Attaquer par la carie. V. **Gâter.** *Une dent cariée peut carier les dents voisines.*

CARIEUX, EUSE [kaʀjø, jøz]. *adj.* De la carie dentaire. *Processus carieux.*

CARILLON [kaʀijɔ̃]. *n. m.* (xivᵉ ; *quarregnon,* xiiiᵉ ; lat pop. °*quadrinio,* lat. *quaternio* « groupe de quatre cloches »). ♦ 1° Ensemble de cloches accordées à différents tons. *Le carillon d'une église, d'un beffroi.* ♦ 2° (1752). *Le carillon d'une horloge, d'une pendule :* système de sonnerie qui se déclenche automatiquement pour indiquer les heures. *Horloge à carillon,* et ellipt. *Un carillon.* ◇ Système de sonnerie. *Carillon électrique.* V. **Sonnette.** ♦ 3° Air exécuté par un carillon (1°) ; sonnerie de cloches vive et gaie. *« Des carillons joyeux et fous précipitant leurs doubles croches »* (DAUD.).

CARILLONNÉ, ÉE [kaʀijɔne]. *adj.* (1845 ; V. **Carillonner**). *Fête carillonnée :* solennelle, annoncée par des carillons.

CARILLONNEMENT [kaʀijɔnmɑ̃]. *n. m.* (1552 ; de *carillonner*). Action de carillonner. *Le carillonnement des cloches.* V. **Carillon.**

CARILLONNER [kaʀijɔne]. *v. intr.* (xvᵉ ; de *carillon*). ♦ 1° Sonner en carillon. *Les cloches carillonnent.* — Trans. *Carillonner une fête :* l'annoncer par un carillon. *« La haute horloge flamande de l'escalier qui carillonnait l'heure, la demie et les quarts »* (MAUPASS.). ♦ 2° Sonner bruyamment la cloche d'une porte d'entrée. *Carillonner à la porte.* ♦ 3° *Trans.* Proclamer bruyamment une nouvelle. *Carillonner la victoire de qqn.*

CARILLONNEUR [kaʀijɔnœʀ]. *n. m.* (1160 ; de *carillonner*). Celui qui carillonne. V. **Sonneur.**

CARISTE [kaʀist(ə)]. *n. m.* (1972 ; de *car*). *Techn.* Conducteur de chariot automoteur, d'engin de manutention.

1. **CARLIN** [kaʀlɛ̃]. *n. m.* (1803 ; it. *carlino,* dér. de *Carlo,* Charles [d'Anjou]). Ancienne monnaie d'Italie. *Carlin d'or, d'argent.*

2. **CARLIN** [kaʀlɛ̃]. *n. m.* (1803 ; du nom de l'acteur it. *Carlo* Bertinazzi (1713-1783), qui portait un masque noir dans le rôle d'Arlequin). Petit chien à poil ras, au museau noir et écrasé. V. **Dogue.**

CARLINE [kaʀlin]. *n. f.* (1545 ; it. *carlina ;* lat. *carduus*). Genre de chardon des lieux secs.

CARLINGUE [kaʀlɛ̃g]. *n. f.* (1600 ; *calingue,* fin xivᵉ ; scand. *kerling*). ♦ 1° *Mar.* Pièce de bois parallèle à la quille et destinée à renforcer la carène. ♦ 2° *Cour.* (xxᵉ). Partie habitable d'un avion.

CARLINGUIER [kaʀlɛ̃gje]. *n. m.* (1942 ; de *carlingue,* 2°). *Techn.* Ouvrier chargé du montage des carlingues d'avion.

CARLISME [kaʀlism(ə)]. *n. m.* (v. 1830 ; de don *Carlos* d'Espagne). Attachement à la politique absolutiste et réactionnaire de don Carlos (1788-1855).

CARLISTE [kaʀlist(ə)]. *adj.* (1832 ; Cf. le précéd.). Qui a rapport au carlisme. *La première guerre carliste.*

CARMAGNOLE [kaʀmaɲɔl]. *n. f.* (1791 ; veste des fédérés marseillais portée dep. le xviiᵉ s. par les ouvriers piémontais ; de la ville de *Carmagnola*). ♦ 1° Veste étroite, à revers très courts, garnie de plusieurs rangées de boutons. ♦ 2° *Par ext.* Ronde chantée et dansée par les révolutionnaires. *Dansons la carmagnole !*

CARME [kaʀm(ə)]. *n. m.* (1220 ; du mont *Carmel* en Palestine). Religieux de l'ordre de Notre-Dame du Mont-Carmel. *Carmes réformés. Carmes déchaux* (déchaussés). — *Carmes et carmélites*.*

CARMELINE [kaʀməlin]. *adj. f.* (xviiiᵉ ; de l'esp. *carmelina*). Se dit d'une sorte de laine de vigogne. *Laine carmeline.*

CARMÉLITE [kaʀmelit]. *n. f.* (attesté v. 1640 ; 1512, *n. m. ;* lat. ecclés. *carmelita,* de *Carmel.* V. **Carme**). Religieuse de l'ordre du Mont-Carmel.

CARMIN [kaʀmɛ̃]. *n. m.* (xiiᵉ ; bas lat. *carminium,* de *minium,* et arabe *kermiz ;* Cf. **Kermès**). ♦ 1° Colorant rouge vif, tiré à l'origine des femelles de cochenilles. ♦ 2° Couleur rouge vif. V. **Rouge, vermillon.** — Adj. *Des étoffes carmin.* V. **Carminé.**

CARMINATIF, IVE [kaʀminatif, iv]. *adj.* (xvᵉ ; lat. médiév. *carminativus,* de *carminare* « nettoyer »). *Vx.* Qui a la propriété de faire expulser les gaz intestinaux. *« Un clystère carminatif »* (MOL.).

CARMINÉ, ÉE [kaʀmine]. *adj.* (1784 ; de *carmin*). D'un rouge vif.

CARNAGE [kaʀnaʒ]. *n. m.* (1546, « viande » ; it. *carnaggio,* de *carne* « chair »). Massacre, tuerie. V. **Boucherie, hécatombe.** *Un affreux, un monstrueux carnage. « Et la terre, et le fleuve, et leur flotte, et le port, Sont des champs de carnage où triomphe la mort »* (CORN.).

CARNASSIER, IÈRE [kaʁnasje, jɛʁ]. *adj. et n.* (déb. XVIe; d'un mot prov., de *carn* « chair »; lat. *caro*). ♦ 1° Qui se nourrit de viande, de chair crue. *Les animaux carnassiers.* ♦ 2° Dent carnassière, et subst. *Les carnassières :* les molaires tranchantes de chaque côté de la mâchoire des carnivores. ♦ 3° N. *Les carnassiers* ou *carnivores :* ordre de mammifères à griffes dont les dents et le système digestif permettent une alimentation à base de chair crue (espèces : *canidés, félidés, hyénidés, mustélidés, procyonidés, ursidés, viverridés*).

CARNASSIÈRE [kaʁnasjɛʁ]. *n. f.* (1743; prov. mod. *carnassiero;* Cf. Carnassier). Sac servant au chasseur pour porter le gibier. V. Carnier, gibecière.

CARNATION [kaʁnasjɔ̃]. *n. f.* (XVe; lat. *caro, carnis* « chair », d'apr. *incarnation*). ♦ 1° Couleur, apparence de la chair d'une personne. V. Teint. « *Sa saine pâleur rosée, sa carnation de tubéreuse* » (COLETTE). ♦ 2° Peint. Coloration des parties du corps qui sont représentées nues. *Les carnations de ce tableau sont fort belles.*

CARNAVAL [kaʁnaval]. *n. m.* (1595; *quarnivalle*, XIIIe (à Liège); it. *carnevale* « mardi gras »). ♦ 1° Période réservée aux divertissements, du jour des Rois (Épiphanie) au carême (mercredi des Cendres). V. Gras (jour gras). « *Je suis venu passer le carnaval à Venise* » (VOLT.). ♦ 2° Divertissements (bals, défilés) du carnaval. *Déguisements, masques de carnaval. Lancer des confetti aux fêtes du carnaval. Le carnaval de Venise, de Nice, de Rio.* ♦ 3° Mannequin grotesque qui personnifie le carnaval. *Sa Majesté Carnaval. Des carnavals.* — Fig. *Vêtu comme un carnaval. Un vrai carnaval :* un homme bizarrement accoutré, grotesque. V. Carême-prenant *(vx).*

CARNAVALESQUE [kaʁnavalɛsk(ə)]. *adj.* (1845; it. *carnavalesco;* Cf. le précéd.). ♦ 1° Relatif au carnaval. *Tenue carnavalesque.* ♦ 2° Digne d'un carnaval; grotesque. « *Le carnavalesque et immortel M. de Norpois* » (P. MORAND).

CARNE [kaʁn(ə)]. *n. f.* (1837; it. *carne* « viande »). ♦ 1° Pop. Viande de mauvaise qualité. « *Cette carne bouillie des conserves* » (GONCOURT). ♦ 2° Pop. et *vieilli.* Vieux cheval. *Une vieille carne.* V. Rosse. — Injure grossière. *Quelle carne!* V. Charogne.

CARNÉ, ÉE [kaʁne]. *adj.* (1669; lat. *caro, carnis* « chair »). ♦ 1° Didact. ou *littér.* Couleur de chair. V. Rose. « *Des tons carnés et soufrés* » (GIDE). ♦ 2° Composé de viande. *Alimentation carnée. Régime carné.*

CARNEAU ou **CARNAU** [kaʁno]. *n. m.* (1832; altér. de *créneau*). Techn. Conduit qui va d'un foyer au conduit d'évacuation (cheminée). *Carneau d'un four.*

CARNÈLE [kaʁnɛl]. *n. f.* (1611; de *carneau, carnel*, altér. de *créneau;* Cf. le précéd.). Bordure qui entoure le cordon d'une monnaie et qui forme la légende.

CARNET [kaʁnɛ]. *n. m.* (1416; de *caern.* V. Cahier). ♦ 1° Petit cahier de poche, destiné à recevoir des notes, des renseignements. V. Agenda, calepin, mémento, mémorandum, répertoire. *Consigner, noter une réflexion sur un carnet. Carnet de voyage, de route.* V. Journal. Spécialt. *Carnet de bal. Carnet d'échéance.* V. Échéancier. *Carnet de notes :* carnet servant à consigner les notes d'un élève. *Carnet d'agent de change :* sur lequel les agents de change sont tenus de consigner toutes leurs opérations. *Carnet de commandes* (fig. : total des commandes d'une entreprise). ♦ 2° Assemblage de feuillets détachables. *Carnet à souche. Carnet de chèques.* V. Chéquier. ♦ 3° Réunion de tickets, timbres, etc., détachables. *Carnet de métro.*

CARNIER [kaʁnje]. *n. m.* (1762; mot prov.; de *carne* « chair »). Petite carnassière. V. Gibecière.

CARNIFICATION [kaʁnifikasjɔ̃] ou **CARNISATION** [kaʁnizasjɔ̃]. *n. f.* (1700,-1880; lat. médiév. *carnificatio*, lat. *caro* « chair », et *facere* « faire »). Méd. Altération d'un tissu (surtout du parenchyme pulmonaire), qui prend l'aspect de chair musculaire.

CARNIVORE [kaʁnivɔʁ]. *adj. et n.* (1556; lat. *carnivorus*, de *caro, carnis* « chair », et *vorare* « dévorer »). I. Adj. Qui se nourrit de chair. V. Carnassier. *Principaux animaux carnivores :* mammifères (V. Carnassier), oiseaux de proie. — *Insectes carnivores.* — *Plantes carnivores :* qui peuvent capturer ou retenir de petits animaux, des insectes (Dionée, drosera). II. N. ♦ 1° Carnivores. V. Carnassier(s). ♦ 2° Sous-ordre d'insectes coléoptères (carabes, etc.).

CAROLINGIEN, IENNE [kaʁɔlɛ̃ʒjɛ̃, jɛn]. *adj. et n.* (1845; de *carlovingien* (1643), d'apr. lat. *Carolus* « Charles »). Relatif à la dynastie qui tire son nom de Charlemagne, et qui régna de Pépin le Bref à Louis V. *Dynastie carolingienne.* — *Les Carolingiens.*

CAROLUS [kaʁɔlys]. *n. m.* (1506; lat. *Carolus* « Charles »). Monnaie de billon frappée sous Charles VIII, employée comme monnaie de compte (11 deniers) jusqu'au XVIIIe s.

CARONADE [kaʁɔnad]. *n. f.* (1783; angl. *carronade*, de *Carron*, ville d'Écosse). Ancien canon court. « *Une des caronades de la batterie s'était détachée* » (HUGO).

CARONCULE [kaʁɔ̃kyl]. *n. f.* (1560; lat. *caruncula*, de *caro* « chair »). ♦ 1° Bot. Excroissance en bourrelet. ♦ 2° Petite excroissance charnue. *Caroncule lacrymale*, à l'angle interne des paupières de l'homme. *Caroncule sublinguale. Grande et petite caroncule du duodénum* (paroi interne). ◇ Excroissance charnue, rouge, sur la tête et le cou de certains oiseaux (coq, dindon; casoar).

CAROTÈNE [kaʁɔtɛn]. *n. m.* (XXe; *carottine*, n. f., 1846; de *carotte*). Matière colorante jaune ou rouge que l'on trouve dans des végétaux (carotte), chez les animaux (corps jaune de l'ovaire). *Le carotène est un mélange isomérique de carbures d'hydrogène.*

CAROTIDE [kaʁɔtid]. *adj. et n. f.* (1541; du gr. *karôtis, idos* (artères) « du sommeil »; de *karoûn* « assoupir »). Anat. et *cour.* Chacune des grosses artères qui conduisent le sang vers la tête. *Carotides primitives :* les deux artères de la tête et de la partie supérieure du cou. *Carotides externes* (qui vont à la face) et *internes* (qui vont au cerveau), naissant des artères carotides primitives.

CAROTIDIEN, IENNE [kaʁɔtidjɛ̃, jɛn]. *adj.* (1762; de *carotide*). Anat. Relatif à une artère carotide. *Canal carotidien*, creusé dans l'os temporal et donnant passage à l'artère carotide interne. *Nerf, plexus carotidien.*

CAROTTAGE [kaʁɔtaʒ]. *n. m.* (1845; de *carotter*). ♦ 1° Escroquerie, extorsion. ♦ 2° (De *carotte*, 4°). Extraction de carottes d'un terrain, pour sondage.

CAROTTE [kaʁɔt]. *n. f.* (*Garroite*, fin XIVe; lat. *carota*, gr. *karôton*). I. ♦ 1° Plante potagère (*Ombellifère*s) à racine pivotante. *Fanes de carotte. Plant de carottes. Botte de carottes.* ♦ 2° Racine conique, riche en sucre, de la carotte. *Carottes fourragères, blanches, jaunes ou rouges.* Spécialt. La racine rouge de la carotte potagère. *Manger des carottes. — Carottes râpées :* crues et assaisonnées. ◇ Loc. fam. *Les carottes sont cuites :* tout est fini, perdu. — *La carotte et le bâton :* l'incitation ou la menace (par allus. à l'âne qu'on ne fait avancer qu'à coups de bâton en lui tendant une carotte). ♦ 3° Par anal. *Carotte de tabac :* rouleau de feuilles de tabac. — *Enseigne rouge*, à double pointe, des bureaux de tabac. ♦ 4° (De l'angl. *carrot*). Échantillon cylindrique retiré du sol. V. Carottage (2°). ◇ Matière qui remplit le canal d'alimentation d'une presse à matières plastiques. ♦ 5° Adj. *Rouge carotte, couleur carotte. Avoir les cheveux carotte.* V. Roux. « *Poil de carotte* », de Jules Renard. II. Fig. et fam. ♦ 1° (1784). *Tirer une carotte à qqn :* lui extorquer de l'argent par artifice. V. Carotter. ♦ 2° Tennis (1927). Balle « vicieuse », destinée à tromper l'adversaire.

CAROTTER [kaʁɔte]. *v. tr.* (« jouer très petit », 1740; de *jouer la carotte*). Fam. (1826). ♦ 1° Extorquer (qqch.) par ruse. V. Escroquer, extorquer, soutirer, voler. « *Il carotte des cigares aux Américains* » (COLETTE). ♦ 2° Extraire du sol une carotte (I, 4°). — *Carotter une permission.*

CAROTTEUR, EUSE [kaʁɔtœʁ, øz] ou **CAROTTIER, IÈRE** [kaʁɔtje, jɛʁ]. *adj. et n.* (1752,-1740, « joueur mesquin »; de *carotter*). Mod. (1895,-1833). Personne qui carotte (qqch.), qui escroque (qqn).

CAROTTEUSE [kaʁɔtøz]. *n. f.* (néol.; de *carotte* I, 4°). Techn. Appareil servant à prélever des carottes (*ancien.* CAROTTIER, *n. m.*).

CAROUBE [kaʁub]. *n. f.* (1512; lat. médiév. *carrubia*, de l'arabe). Fruit du caroubier, gousse longue et épaisse renfermant une pulpe sucrée.

CAROUBIER [kaʁubje]. *n. m.* (1512; de *caroube*). Arbre à feuilles persistantes, à fleurs rougeâtres (*Césalpiniées*), qui produit la caroube.

CARPATIQUE ou **KARPATIQUE** [kaʁpatik]. *adj.* (1969; de *Carpates*). Des Carpates. *Le relief carpatique.*

1. CARPE [kaʁp(ə)]. *n. f.* (1268; bas lat. *carpa;* mot wisigothique). ♦ 1° Gros poisson d'eau douce (*Cyprinidés*), au corps écailleux, à bouche munie de quatre barbillons. *Carpe miroir*, à grandes écailles. *Carpe de rivière, d'étang. Pêcher la carpe. Petit de la carpe.* V. Carpillon. — Cuis. *Carpe au court-bouillon.* ♦ 2° Loc. fig. *Saut de carpe* (1879), saut où l'on se rétablit sur les pieds, d'une détente, étant couché sur le dos. *Faire des sauts de carpe dans son lit :* des bonds. — *Bâiller comme une carpe :* bâiller fortement et plusieurs fois de suite, comme la carpe qui sort de l'eau. — *Faire des yeux de carpe*, des yeux doux. *Être ignorant, bête comme une carpe. Être, rester muet comme une carpe.*

2. CARPE [kaʁp(ə)]. *n. m.* (1546; gr. *karpos* « jointure »). Anat. Double rangée de petits os (huit chez l'homme), située entre les os de l'avant-bras et le métacarpe (V. Carpien).

-CARPE. Deuxième élément de mots, du gr. *karpos* « fruit; jointure ». V. Carpo-. Ex. : *endocarpe, gymnocarpe, mésocarpe, métacarpe, péricarpe.*

CARPEAU [kaʁpo]. *n. m.* (XIVe; *cuerpiau*, 1260; de *carpe*). Jeune carpe.

CARPELLE [kaʁpɛl]. *n. m.* (1836; du gr. *karpos* « fruit »). Chacun des éléments foliacés qui forment le pistil (*Angiospermes*). *Carpelles libres, accolés, soudés.*

CARPETTE [kaʀpɛt]. *n. f.* (XIVᵉ, « gros drap rayé »; angl. *carpet;* rac. lat. *carpere*. V. **Charpie**). Petit tapis. V. **Descente** (de lit). Loc. fig. *S'aplatir comme une carpette* (devant qqn) : être à ses pieds, le flatter bassement. Fam. *C'est une vraie carpette.*

CARPETTIER [kaʀpɛtje]. *n. m.* (1909; de *carpette*). *Techn.* Tisseur spécialisé dans le tissage mécanique des tapis, carpettes, moquettes.

CARPICULTURE [kaʀpikyltyʀ]. *n. f.* (1929; de *carpe*, et *-culture*). *Techn.* Élevage de la carpe. (On emploie aussi CARPICULTEUR, *n. m.*).

CARPIEN, IENNE [kaʀpjɛ̃, jɛn]. *adj.* (1837; de *carpe* 2). *Anat.* Relatif au carpe. *Canal carpien,* où sont logés les os du carpe.

CARPILLON [kaʀpijɔ̃]. *n. m.* (1579; de *carpe* 1). Très petite carpe; petit de la carpe.

CARPO-. Élément, tiré du gr. *karpos* « fruit; jointure ». V. *-Carpe.*

CARPOCAPSE [kaʀpɔkaps(ə)]. *n. m.* ou *f.* (1845; lat. zool. *carpocapsa*, de *carpo-*, et *kaptein* « dévorer »). Petit papillon dont la chenille se développe dans les fruits (pommes, poires).

CARQUOIS [kaʀkwa]. *n. m.* (*Tarchois,* XIIᵉ; *carquais,* XIIIᵉ, d'apr. *carcan;* lat. médiév. *tarcasius,* persan *terkech,* par le gr. byzantin). ♦ 1º Étui à flèches. *Porter l'arc et le carquois.* — Fig. et vx. *Vider, épuiser son carquois* : lancer tous les traits de satire que l'on peut. ♦ 2º Motif décoratif en forme de carquois. *Pieds en carquois, droits et cannelés* (style Louis XVI).

CARRARE [kaʀaʀ]. *n. m.* (1755; de *Carrare,* ville de Toscane). Marbre blanc très estimé, tiré de Carrare.

CARRE [ka(ɑ)ʀ]. *n. f.* (XVᵉ; de *carrer*). *Techn.* Angle qu'une face d'un objet forme avec les autres faces. Épaisseur d'un objet coupé carrément. ◇ *Sports.* Baguette d'acier qui borde longitudinalement la semelle d'un ski. *Carres vissées, collées.* ◇ HOM. *Car* (1 et 2), *quart.*

CARRÉ, ÉE [ka(ɑ)ʀe]. *adj.* et *n. m.* (XIIᵉ, var. *quarré;* du lat. *quadratus,* p. p. de *quadrare* « rendre carré »).
I. ♦ 1º *Adj.* Qui forme un quadrilatère dont les angles sont droits et les quatre côtés égaux. *Figure carrée. Plan carré.* — *Mètre carré* : mesure de surface d'un carré ayant un mètre de côté. *Cent mètres carrés.* V. **Are.** *Nombre carré; racine* carrée. *Math.* Qui a autant de colonnes que de lignes, en parlant d'un tableau, d'une matrice. ♦ 2º *Cour.* Quadrangulaire à côtés à peu près de même dimension. *Fenêtre carrée. Tableau, tapis carré. Cour carrée du Louvre. Jardin public carré* (V. **Square**) : *Place, square.* — Qui a la base ou l'une des faces carrée. *Bonnet carré. Tour carrée. La Maison carrée de Nîmes.* — *Front carré* : aux angles fortement marqués. *Épaules carrées* : larges, robustes (V. **Carrure**). ♦ 3º (XIXᵉ, « large et fort, robuste », XIIᵉ). Dont le caractère est nettement tranché, accentué. *Un refus carré. Une réponse carrée. Être carré en affaire* : direct et droit (Cf. **Rond**). « *Or M. Nègre était un monsieur très carré* » (COURTELINE). ♦ 4º (1694). À angles droits. *Écriture carrée,* écriture hébraïque dont les lettres à angles droits s'inscrivent dans un carré. — *Trait carré,* perpendiculaire. ◇ *Mar.* Se dit de voiles en trapèze qui se fixent aux vergues installées en croix. *Voiles carrées. Mât carré* : portant ces voiles. Par ext. *Un trois-mâts carré.*
II. *N. m.* (1538). ♦ 1º Quadrilatère dont les angles sont droits et les quatre côtés égaux. *Le carré est un rectangle. Le côté, la diagonale d'un carré. Réduction d'une figure en carré.* V. **Quadrature.** *Les carrés d'un damier, d'un échiquier.* V. **Case.** *Carrés d'un papier, d'un tissu.* V. **Carreau,** *damier,* **quadrillage.** ◇ Morceau de tissu en forme de carré, qu'on plie suivant la diagonale et qu'on porte comme foulard, comme fichu. *Carré de laine, de soie imprimée.* ♦ 2º Figure rappelant un carré. *Avoir, cultiver un carré de terre. Carré d'un jardin.* V. **Planche.** *Carré de choux.* « *Une tabatière s'ouvrait sur un carré de ciel embrasé* » (MART. du G.). V. **Coin.** — *Anat.* Muscle de forme carrée. *Carré du menton, des lèvres, de la cuisse.* ♦ 3º *Cuis.* Cube. *Tailler des carrés de lard,* de petits morceaux en forme de dés. — *Bouch. Carré de mouton* : partie du mouton entre le gigot et les premières côtelettes. ♦ 4º Troupe disposée pour faire face aux quatre côtés. *Former le carré. Carré d'infanterie.* ♦ 5º (1828). *Mar.* Chambre d'un navire servant de salon ou de salle à manger aux officiers. *Carré des officiers. Carré des mécaniciens.* ♦ 6º Produit d'un nombre par lui-même. *Seize est le carré de quatre. Mettre, porter un nombre au carré* : n au carré (n²). ♦ 7º (XXᵉ). *Jeux.* Ensemble de quatre cartes semblables. *Un carré d'as,* au poker. ♦ 8º CARRÉ DE L'EST : fromage fermenté.
◇ ANT. **Rond.** — HOM. *Carrée, carrer.*

CARREAU [ka(ɑ)ʀo]. *n. m.* (*Quarrel,* en 1080; lat. vulg. *quadrellus,* de *quadrus* « carré »).
I. ♦ 1º *Ancienn.* Trait d'arbalète à fer en losange à quatre

pans. ♦ 2º (1160, « pierre ou brique posée de chant »). *Mod.* Pavé plat, de forme carrée. *Carreau en faïence; carreau vernissé. Carreaux recouvrant un sol, une chaussée, une rue.* V. **Dalle,** pavé. *Assemblage de carreaux.* V. **Carrelage.** ♦ 3º (1233, « sol »). Par ext. Sol pavé de carreaux. *Le carreau d'une chambre. Laver le carreau.* — Fig. *Jeter, coucher qqn sur le carreau* : le mettre à terre. *Demeurer, rester sur le carreau* : être tué ou très blessé. ◇ *Spécialt.* (1723) *Le carreau des Halles de Paris* : endroit où l'on étale et où l'on vend les fruits, les légumes. *Le carreau du Temple.* — *Carreau de mine, de carrière* : emplacement où sont déposés les produits extraits. ♦ 4º (1318). Plaque de verre dont sont munies les fenêtres, les portes vitrées. V. **Vitre.** *Encore un carreau de cassé. Remettre, remplacer un carreau. Regarder aux carreaux : à travers les vitres.* — Fam. V. **Monocle.** ♦ 5º (1611). *Ancienn.* Coussin carré. *Mod.* Métier portatif de dentellière. *Carreau de velours.* ♦ 6º *Techn.* (1611). Gros fer à repasser des tailleurs.
II. (XIᵉ). ♦ 1º Petit carré. *Mod. Des carreaux* : assemblage symétrique de plusieurs carrés. *Étoffe à carreaux. Tapisserie à grands, à petits carreaux.* V. **Quadrillé.** ♦ 2º (1834). *Dess. Carreaux de réduction, d'agrandissement, de reproduction de dessins, de cartes* : réseau de lignes parallèles et perpendiculaires que l'on reporte sur le modèle à reproduire. *Mettre un croquis au carreau.* ♦ 3º (1594). Dans les cartes à jouer, Série dont la marque distincte est un carreau rouge. *L'as de carreau.* PROV. *Qui se garde à carreau n'est jamais capot* (dicton fondé sur la consonance). — Par ext. *Se garder à carreau, se tenir à carreau* : être sur ses gardes. « *Je reconnais un froussard qui se garde à carreau* » (GIDE).

CARRÉE [ka(ɑ)ʀe]. *n. f.* (XIIIᵉ; de *carré*). ♦ 1º *Vx.* Cadre, châssis de bois (d'un lit). ♦ 2º *Mus.* Ancienne note qui valait deux rondes. ♦ 3º (1878). *Mod.* (*Pop.*) Chambre, logement. ◇ HOM. *Carré, carrer.*

CARREFOUR [kaʀfuʀ]. *n. m.* (v. 1120; bas. lat. *quadrifurcum* « à quatre fourches »). ♦ 1º L'endroit où se croisent plusieurs voies. V. **Bifurcation, croisée** (des chemins), **carrefour, embranchement, étoile, fourche, patte-d'oie, rond-point.** *Les carrefours d'une ville, d'une forêt.* « *Il aborde avec prudence les carrefours dangereux* » (ROMAINS). ♦ 2º *Fig.* Conjoncture où l'on doit choisir entre diverses voies. *Parvenir, se trouver à un carrefour. Se situer au carrefour de plusieurs tendances.* — *Croisement d'influences. Un carrefour d'idées.* Par appos. *Sciences carrefours.* — *Spécialt.* Réunion, rencontre en vue d'une confrontation d'idées.

CARRELAGE [ka(ɑ)ʀlaʒ]. *n. m.* (1611; de *carreler*). ♦ 1º Action de carreler. *Le carrelage d'une cuisine.* ♦ 2º Pavage, revêtement fait de carreaux. V. **Dallage, mosaïque.** *Poser un carrelage.*

CARRELER [ka(ɑ)ʀle]. *v. tr.;* conjug. *appeler* (fin XIIᵉ; de *carrel* « carreau »). ♦ 1º Paver avec des carreaux. *Carreler une chambre.* ♦ 2º (1867). Tracer des carrés sur une feuille de papier, une toile. V. **Quadriller.** *Carreler un dessin pour le reproduire.*

CARRELET [ka(ɑ)ʀlɛ]. *n. m.* (*Quarlet,* 1360; de *carrel* « carreau »).
I. (Objets quadrangulaires). ♦ 1º Poisson de forme quadrangulaire. V. **Plie.** ♦ 2º (1694). Filet carré tendu sur deux portions de cerceau qui se croisent et sont attachées au bout d'une perche. *Carrelet pour pêcher les ables.* V. **Ableret.** ♦ 3º (1704). Châssis de blanchet de pharmacien.
II. (1561). Désigne des objets de quatre pans (V. **Carreau,** I, 1). Grosse aiguille à pointe quadrangulaire dont se servent les bourreliers, les reliers. ♦ 2º Règle quadrangulaire. ◇ Lime à plusieurs pans.

CARRELEUR [ka(ɑ)ʀlœʀ]. *n. m.* (1463; de *carreler*). Ouvrier qui pose des carreaux. V. **Paveur.**

CARRÉMENT [ka(ɑ)ʀemã]. *adv.* (1690; *quarrement,* XIIIᵉ; de *carré*). ♦ 1º *Didact.* D'une manière carrée, à angles droits, d'équerre. *Pièce coupée carrément.* « *Les ombres se découpaient carrément au milieu des rues* » (LOUYS). ♦ 2º *Cour.* D'une façon nette, décidée, sans détours. V. **Catégoriquement, fermement, franchement, hardiment, nettement.** *Parler, répondre carrément* : sans ambages. *Dire carrément ce que l'on pense.* ◇ ANT. **Indirectement, mollement, timidement.**

CARRER [ka(ɑ)ʀe]. *v. tr.* (*Quarrer,* XIIᵉ; lat. *quadrare* « rendre carré ». V. **Cadrer**).
I. Rendre carré. ♦ 1º *Techn.* Donner une forme carrée à. *Carrer une pierre, un bloc de marbre* : les tailler à angles droits. ♦ 2º *Math.* Trouver le carré équivalent à (une surface). *Chercher à carrer un cercle* : la quadrature* du cercle. — (1765; *Quarier,* 1549) Former le carré (d'un nombre).
II. SE CARRER. (1606; d'apr. *carrure*). ♦ 1º *Vx.* Prendre une attitude d'importance et de satisfaction. ♦ 2º (XIXᵉ). *Se carrer dans un fauteuil, dans sa voiture* : s'y installer confortablement; s'y mettre à l'aise. V. **Étaler** (s'), **prélasser** (se). Fig. « *À l'aise dans son vieux fauteuil, se carrait dans ses espérances* » (BALZ.).
◇ HOM. *Carré, carrée.*

CARRICK [kaʀik]. *n. m.* (1805; mot angl. «voiture légère» et «manteau du cocher»). *Vx.* Redingote ample à plusieurs collets étagés.

CARRIER [ka(ɑ)ʀje]. *n. m.* (*Quarrier*, 1284; de *carrière* 1). Celui qui exploite une carrière comme entrepreneur ou comme ouvrier. Par appos. *Un maître carrier; des ouvriers carriers.* V. **Mineur, tailleur** (de pierre). *Masse, scie de carrier.*

1. CARRIÈRE [ka(ɑ)ʀjɛʀ]. *n. f.* (*Quarrière*, XIIᵉ; p.-ê. lat. pop. °*quadraria* «lieu où l'on taille les pierres»; de *quadrus* «carré»). *Techn.* Lieu d'où l'on extrait des matériaux de construction (pierre, roche). V. **Ardoisière, glaisière, marbrière, meulière, plâtrière, sablière.** *Carrière à ciel ouvert; souterraine* (V. **Mine**). ◇ *Cour.* Exploitation d'extraction à ciel ouvert (carrière ou mine).

2. CARRIÈRE [ka(ɑ)ʀjɛʀ]. *n. f.* (1534; it. *carriera* «chemin de chars»; lat. pop. °*carraria*, de *carrus*). ♦ 1° *Vx.* Arène, lice pour les courses de chars. «*Il excelle à conduire un char dans la carrière*» (RAC.). ♦ 2° (1611; fig. de *donner carrière à un cheval*). DONNER CARRIÈRE : laisser le champ libre. — Fig. *Donner carrière, libre carrière (à) :* donner libre cours. «*La littérature m'a empêché de donner carrière à mes vertus comme à mes vices*» (FLAUB.). ♦ 3° *Littér.* Voie où l'on s'engage. «*Nous entrerons dans la carrière...*» (La Marseillaise). «*Entrer dans la carrière veut dire : s'avancer dans le chemin de la vie*» (VALLÈS). *Une carrière d'efforts.* ♦ 4° *Mod.* Métier, profession qui présente des étapes, une progression. V. **Profession, situation.** «*Je ne voyais pas encore quelle carrière pouvait s'ouvrir pour moi*» (FRANCE). *Le choix d'une carrière. Embrasser, suivre une carrière. Faire carrière :* réussir dans une profession. *La carrière des armes, du barreau.* Absolt. *La carrière :* la carrière diplomatique. — *Un militaire de carrière.*

CARRIÉRISME [kaʀjeʀism(ə)]. *n. m.* (XXᵉ; de *carrière* 2, 4°). *Péj.* Recherche de la réussite personnelle.

CARRIÉRISTE [ka(ɑ)ʀjeʀist(ə)]. *n.* (XXᵉ; de l'angl.; d'apr. *carrière*). Personne pour qui l'action (politique, syndicale, etc.) n'est que le prétexte d'ambitions personnelles, d'une réussite.

CARRIOLE [ka(ɑ)ʀjɔl]. *n. f.* (XIIIᵉ; it. ou prov. *carriola*; lat. *carrus* «char»). ♦ 1° Petite charrette campagnarde. ♦ 2° (1721). Au Canada, Voiture d'hiver hippomobile, montée sur patins, recherchée pour sa stabilité dans la neige et une certaine élégance.

CARROSSABLE [ka(ɑ)ʀɔsabl(ə)]. *adj.* (1827; de *carrosse*). Où peuvent circuler des voitures (de nos jours, les automobiles). *Chemin carrossable.*

CARROSSAGE [ka(ɑ)ʀɔsaʒ]. *n. m.* (1877; de *carrosser*). ♦ 1° Action de carrosser. ♦ 2° *Techn.* Inclinaison des extrémités d'un essieu vers le sol.

CARROSSE [ka(ɑ)ʀɔs]. *n. m.* (1574; *carroce*, v. 1260; it. *carrozza*, de *carro* «char»; lat. *carrus*). Ancienne voiture à chevaux, de luxe, à quatre roues, suspendue et couverte. *Avoir, rouler carrosse;* fig. Être assez riche pour posséder une voiture.

CARROSSER [ka(ɑ)ʀɔse]. *v. tr.* (1842; de *carrosse*). ♦ 1° *Vx.* Transporter en carrosse. V. **Voiturer.** ♦ 2° *Mod.* (XXᵉ). Munir un véhicule d'une carrosserie. *Châssis carrossé.*

CARROSSERIE [ka(ɑ)ʀɔsʀi]. *n. f.* (1841; de *carrosse*). ♦ 1° Industrie de la fabrication des voitures. — *Mod.* Industrie, commerce des carrossiers (2°). ♦ 2° Caisse d'une voiture, et *spécialt.* d'une automobile. V. **Bâti, caisse.** *Carrosserie sur châssis; carrosserie et châssis formant une caisse autoporteuse. Types de carrosseries.* V. **Berline, break, coach, coupé, limousine décapotable.** — Par ext. *Carrosserie d'appareils électroménagers.* (*Syn.* CAISSE).

CARROSSIER [ka(ɑ)ʀɔsje]. *n. m.* (1589 «conducteur de carrosse»; de *carrosse*). ♦ 1° (XVIIᵉ, *ouvrier carrossier*). *Ancien.* Fabricant de carrosses (V. **Charron**). ♦ 2° Tôlier spécialisé dans la construction de carrosseries d'automobiles. *Spécialt.* Fabricant de carrosseries de luxe (en petite série).

CARROUSEL [kaʀuzɛl]. *n. m.* (1620; *carrouselle*, XVIᵉ; it. *carosela, carosello*, o. i.). ♦ 1° Parade où des cavaliers divisés en quadrilles se livrent à des exercices, à des évolutions. ♦ 2° Lieu où se donnaient les carrousels. *L'arc de triomphe du Carrousel.* ♦ 3° *Techn.* Dispositif circulaire. ♦ 4° *Fig.* Ensemble d'objets mobiles qui évoluent. *Un carrousel d'avions, de motos.* — (*Personnes*). *Un carrousel ministériel.* ♦ 5° *Région.* (BARuzɛl] (Belgique, Nord). Manège forain.

CARROYAGE [ka(ɑ)ʀwajaʒ]. *n. m.* (v. 1945; dér. irrég. de *carreau*). Quadrillage* de voies (urbanisme). — Quadrillage pour reproduire un dessin.

CARROYER [ka(ɑ)ʀwaje]. *v. tr.;* conjug. *noyer* (v. 1950; du précéd.). Quadriller (un plan, une carte) pour un carroyage.

CARRURE [ka(ɑ)ʀyʀ]. *n. f.* (*Quarreure*, XIIᵉ; de *carrer*). ♦ 1° Largeur du dos, d'une épaule à l'autre. *Forte, belle carrure.* — Par anal. Largeur d'un vêtement aux épaules. *Veste trop étroite de carrure.* ♦ 2° Forme ample, carrée. «*La carrure des mâchoires*» (LOTI). ♦ 3° *Fig.* Force, valeur d'une personne. *Son prédécesseur était d'une autre carrure.* V. **Envergure, stature.**

CARRY. *n. m.* V. CARI.

CARTABLE [kaʀtabl(ə)]. *n. m.* (1810; «registre», 1636; lat. vulg. °*cartabulum*, de *charta* «papier»). Sac, sacoche d'écolier. V. **Carton, serviette.** *Cartable à poignée, à bretelles.*

CARTAYER [kaʀteje]. *v. intr.;* conjug. *payer* (1740; mot de l'Ouest; p.-ê. du rad. de *quart* (se tenir à l'écart). Conduire une voiture de façon telle que les roues passent de part et d'autre d'une ornière. *Cartayer pour éviter les cahots.*

CARTE [kaʀt(ə)]. *n. f.* (1393; lat. *charta* «papier»). Rectangle ou carré de papier, de carton.

I. Petit carton rectangulaire dont l'une des faces porte une figure, et qui est utilisé par séries conventionnelles dans différents jeux (On dit aussi : *carte à jouer*). *Un jeu de cartes :* ensemble de cartes de couleur et de valeur diverses, qui sont nécessaires pour jouer. *Jeu de 32, de 52 cartes* (V. **Carreau, cœur, pique, trèfle ; as, dame, joker, reine, roi, tarot, valet**). *Basses cartes* (du deux au dix). *Divers jeux de cartes.* V. **Baccara, bataille, belote, bésigue, bonneteau, boston, bouillotte, brelan, bridge, canasta, chemin de fer, écarté, hombre, impériale, lansquenet, manille, mistigri, nain** (jaune), **pharaon, piquet, poker, quadrille, reversi, trente** (trente-et-un, trente-et-quarante), **tri, triomphe, vingt** (vingt-et-un), **whist;** et *aussi* **Réussite.** *Une partie de cartes. Jouer aux cartes. Tricher* aux cartes. *Différents groupements des cartes au cours d'une partie.* V. **Brelan, quarte, quinte, séquence, série, tierce. Battre, mêler les cartes. Termes du jeu de cartes.** V. **Annonce, atout, capot, chelem, contre, donne, levée, marque, pli, point, rentrée, tour ; contrer, couper, donner, faire, passer, prendre, renoncer ; mort** (faire le). — Loc. fig. *Brouiller les cartes :* compliquer, obscurcir volontairement une affaire. *Jouer sa dernière carte :* entreprendre une dernière tentative. V. **Va-tout.** *Il a plus d'une carte dans son jeu.* V. **Atout, chance.** *Jouer la carte, sa carte. Jouer cartes sur table :* être franc, loyal. *Voir, connaître le dessous des cartes de qqn, d'une affaire :* en saisir le secret, le dessein caché. ◇ *Château de cartes :* échafaudage de cartes. Fig. *Construire des châteaux de cartes :* faire des rêves, des projets fragiles et vains. *S'écrouler comme un château de cartes.* ◇ *Tours de cartes d'un prestidigitateur. Carte forcée :* carte qu'un illusionniste oblige à choisir, en laissant l'apparence de liberté dans le choix ; *fig.* Obligation à laquelle on ne peut se dérober. ◇ *Tirer, faire les cartes.* V. **Cartomancie ;** et *aussi* **Tarot(s).**

II. *Géogr.* (1636). Représentation à échelle réduite de la surface totale ou partielle du globe terrestre. *Curie de géographie. Carte universelle.* V. **Mappemonde, planisphère.** *Recueil de cartes.* V. **Atlas.** *Carte murale. Dresser, tracer la carte d'une région.* V. **Cartographie.** *Carte muette :* carte sur laquelle ne figure aucun nom de lieu. *Carte en relief. Carte géologique, météorologique. Carte routière, touristique. Carte d'état-major.* — Par ext. *Carte du ciel* (V. **Cosmographie**). *Carte de la Lune. Carte photographique du ciel.* — Mar. *Carte marine. Carte bathymétrique.* Fig. et littér. *La carte de Tendre*,* du Tendre. Collection de cartes.* V. **Cartothèque.**

III. (XVᵉ). ♦ 1° *Vx* ou *Techn.* Feuille de carton. *Comm.* Rectangle de carton sur lequel on présente de petits objets (boutons, etc.), du fil enroulé, etc. — *Carte blanche :* feuille de papier, de carton non écrite. Fig. et mod. *Donner carte blanche :* donner blanc-seing, laisser (qqn) libre de choisir, de décider. ♦ 2° *Cour.* (1808; «addition», 1743). Liste des plats, des consommations avec leurs prix. *La carte des vins.* *Manger à la carte*, en choisissant librement sur une carte (opposé à : au menu, à prix fixe). *Carte des vins.* — Par ext. *À la carte*, au choix. *Voyages individuels à la carte.* ♦ 3° (1845). *Carte de visite*, et ellipt. *carte :* petit carton sur lequel on fait imprimer son nom, son adresse, ses titres. V. **Bristol.** *Déposer, laisser sa carte. Corner sa carte.* (Vx). *Remettre sa carte à qqn*, pour lui signifier qu'on le provoque en duel (V. **Cartel**). ♦ 4° (1872). *Carte postale* ou *carte :* carte dont l'une des faces sert à la correspondance, l'autre étant souvent illustrée par une image, une photo. *Envoyer des cartes postales.* V. *aussi* **Carte-lettre.** ♦ 5° Se dit de papiers établissant certains droits de la personne qui en est munie. *Carte d'identité. Carte d'électeur*, qui constate l'inscription d'une personne sur les listes électorales et lui permet de voter. — *Carte de commerce*, qui autorise à se livrer au commerce en dehors d'une boutique. Par ext. *Représentant qui a plusieurs cartes*, représente plusieurs maisons. V. **Multicarte.** — *Carte d'admission.* V. **Billet.** *Carte d'invitation. Carte d'entrée.* — *Carte de chemin de fer. Carte à demi-tarif. Carte d'abonnement.* — *Carte grise :* titre de propriété d'un véhicule automobile. — *Carte d'alimentation*, reconnaissant au titulaire le droit à certaines denrées alimentaires, en période de rationnement. *Carte de pain.* V. **Ticket.** ◇ *Femme, fille en carte :* prostituée soumise aux visites sanitaires. ♦ 6° (XXᵉ). *(Techn.). Carte perforée, mécanographique :* portant, sous forme de perforations à des emplacements déterminés, des renseignements pouvant être interprétés et utilisés en machine. (V. **Mécanographie**). *Machines à cartes perforées.*

CARTEL [kaʀtɛl]. *n. m.* (1527; it. *cartello* « affiche », de *carta* « papier »). **I.** ♦ 1° *Vx.* Provocation en duel. *Envoyer un cartel à qqn.* ♦ 2° (XVIIIᵉ). Cartouche ornemental qui entoure certaines pendules. V. **Encadrement**. — *Par ext.* La pendule elle-même. *Un cartel Louis XV.* **II.** *Écon.* (1905; all. *Kartell*). Concentration horizontale qui réunit des entreprises de même nature pour la mise en commun de certaines activités, et qui aboutit généralement au monopole. V. **Association, consortium, entente, trust; cartellisation**. *Cartel de production, de vente.* — *Polit.* (1924) Association de groupements (politiques, syndicaux) en vue d'une action commune. *Le cartel des gauches.*

CARTE-LETTRE [kaʀtəlɛtʀ(ə)]. *n. f.* (XXᵉ; de *carte*, et *lettre*). Feuille de papier qui, pliée et collée, peut être utilisée pour la correspondance. *Des cartes-lettres.*

CARTELLISATION [kaʀtelizasjɔ̃]. *n. f.* (XXᵉ; de *cartel*). Groupement d'entreprises en cartel.

CARTER [kaʀte]. *v. tr.* (XXᵉ; de *carte*). *Comm., Techn.* Enrouler (du fil), présenter (de petits objets) sur une carte* (III, 1°). *Carter des boutons. Machine à carter.*

CARTER [kaʀtɛʀ]. *n. m.* (1891; mot angl., de J.-H. *Carter*, l'inv.). Enveloppe de métal servant à protéger un mécanisme. *Le carter d'une chaîne de bicyclette. Le carter du différentiel, du changement de vitesse* (V. **Boîte**). *Spécialt.* Enveloppe métallique étanche, sous le moteur et autour de lui (elle sert aussi de cuve à huile).

CARTE-RÉPONSE [kaʀt(ə)ʀepɔ̃s]. *n. f.* (1972; de *carte*, et *réponse*). Carte jointe à un questionnaire, utilisée en réponse. *Des cartes-réponses.*

CARTÉSIANISME [kaʀtezjanism(ə)]. *n. m.* (1667; de *Cartesius*, nom lat. de *Descartes*). Philosophie de Descartes ou de ses disciples et successeurs.

CARTÉSIEN, IENNE [kaʀtezjɛ̃, jɛn]. *adj.* (1665; Cf. le précéd.). ♦ 1° Relatif à Descartes, à ses théories, à sa philosophie. *Coordonnées cartésiennes.* ♦ 2° Partisan de la philosophie de Descartes. Subst. *Les grands cartésiens : Malebranche, Leibniz, Spinoza.* ♦ 3° *Par ext. Esprit cartésien :* qui présente les qualités intellectuelles considérées comme caractéristiques de Descartes. V. **Clair, logique, méthodique, rationnel, solide**. *Des individus « solides, pondérés, cartésiens comme des bœufs »* (AYMÉ). ◇ ANT. Confus, mystique, obscur.

CARTE-VUE [kaʀt(ə)vy]. *n. f.* (d. i.; de *carte*, et *vue*). Région. *(Belgique).* Carte postale représentant une vue. *Des cartes-vues.*

CARTHAGINOIS, OISE [kaʀtaʒinwa, waz]. *adj. et n.* Habitant de Carthage. Relatif à Carthage. V. **Punique**.

CARTIER [kaʀtje]. *n. m.* (XVIᵉ; de *carte*). Fabricant de cartes à jouer. ◇ HOM. Quartier.

CARTILAGE [kaʀtilaʒ]. *n. m.* (1314; lat. *cartilago*). *Anat.* Variété de tissu conjonctif, translucide, résistant mais élastique, ne contenant ni vaisseaux ni nerfs, recouvrant les surfaces osseuses des articulations *(cartilage articulaire)* et constituant la charpente de certaines organes (aile du nez, trachée, bronches, larynx, épiglotte) et le squelette de certains vertébrés inférieurs. *Cartilage embryonnaire, cartilage en os au cours du développement fœtal.* V. **Aryténoïde, cricoïde**.

CARTILAGINEUX, EUSE [kaʀtilaʒinø, øz]. *adj.* (1314; lat. *cartilaginosus*, de *cartilago* « cartilage »). Composé de cartilage. *Tissu cartilagineux. Cellules cartilagineuses ou chondroblastes. Les parties cartilagineuses du squelette.* — *Poissons cartilagineux* (Chondrichtyens).

CARTISANE [kaʀtizan]. *n. f.* (1642; it. *carta* « papier »). Petit morceau de carton recouvert de fil d'or, d'argent, et qui fait relief dans les dentelles, les broderies. *Broderies à cartisane.*

CARTOGRAMME [kaʀtɔgram]. *n. m.* (1890; de *carto* [graphie], et *-gramme*). *Didact.* Schéma cartographique où un certain type d'information est seul symbolisé.

CARTOGRAPHE [kaʀtɔgraf]. *n. m.* (1829; de *cartographie*). Spécialiste qui dresse et dessine les cartes de géographie. *Dessinateur cartographe.*

CARTOGRAPHIE [kaʀtɔgrafi]. *n. f.* (1832; lat. *charta* (V. **Carte**), et *-graphie*). Technique de l'établissement, du dessin et de l'édition des cartes et plans.

CARTOGRAPHIQUE [kaʀtɔgrafik]. *adj.* (1832; de *cartographie*). De la cartographie. *Service cartographique.*

CARTOMANCIE [kaʀtɔmɑ̃si]. *n. f.* (1803; lat. *charta* (V. **Carte**), et *-mancie*). Prédiction de l'avenir par l'interprétation des cartes. V. **Divination**.

CARTOMANCIEN, IENNE [kaʀtɔmɑ̃sjɛ̃, jɛn]. *n.* (1803; de *cartomancie*). Personne qui tire les cartes, qui pratique la cartomancie. V. **Tireur** (de cartes), **voyante**.

CARTON [kaʀtɔ̃]. *n. m.* (v. 1500; it. *cartone*, augment. de *carta* « papier »). ♦ 1° Feuille assez épaisse, faite de pâte

à papier (papier grossier ou ensemble de feuilles collées). *Carton-pâte* ou *carton gris*, fait de vieux papiers, de rognures. *Carton-cuir*, fait avec du bois. *Carton-paille. Carton-amiante :* fait d'une pâte de fibres courtes d'amiante. *Carton-pierre*, préparé de façon à imiter des ornements en plâtre, en pierre. *Carton dur, absorbant, isolant, lustré. Carton bristol*, lisse et glacé. *Cartons encollés, couchés, frictionnés, ondulés. Poupée de carton. Masque de carton.* ♦ 2° *Fig.* Un paysage de CARTON-PÂTE : paysage factice, qui ressemble à un décor de théâtre. *Des personnages en carton-pâte :* faux. ♦ 3° (1611). Boîte, réceptacle en carton fort. *Mettre ses affaires dans un carton. Carton à chapeaux, à chaussures. Spécialt.* Casier à couvercle brisé, destiné à recevoir des papiers, des dossiers. *Son dossier dort dans les cartons du Ministère.* « *D'antiques cartons, arrachés violemment à l'étreinte de leurs alvéoles, s'ouvraient, lâchant des avalanches de paperasses* » (COURTELINE). — *Carton d'écolier.* V. **Cartable**. — *Carton à dessin :* grand portefeuille de carton servant à ranger des dessins, des plans. ♦ 4° (1680). Dessin en grand, d'après lequel un peintre fait une fresque, un tableau. *Les cartons de Raphaël.* V. **Étude, patron, plan, projet.** ♦ 5° Plaque de carton servant de cible au tir. *Faire un carton :* tirer à la cible; *fig.* et *fam.* Tirer (sur qqn). ♦ 6° *Géogr.* Petite carte de géographie mettant en valeur un détail.

CARTONNAGE [kaʀtɔnaʒ]. *n. m.* (1785; de *carton*). ♦ 1° Industrie de la fabrication des objets en carton. ♦ 2° Ouvrage en carton. ♦ 3° Reliure comprenant généralement un dos en toile. *Cartonnage pleine toile.* ♦ 4° Emballage en carton. V. **Emboîtage**.

CARTONNER [kaʀtɔne]. *v. tr.* (1751; de *carton*). ♦ 1° Garnir de carton. ♦ 2° *Spécialt.* Relier un livre en carton. *Un livre cartonné.*

CARTONNERIE [kaʀtɔnʀi]. *n. f.* (1784; de *carton*). Fabrication, commerce, industrie du carton. Usine où l'on fabrique du carton.

CARTONNEUX, EUSE [kaʀtɔnø, øz]. *adj.* (1929; de *carton*). Qui a l'aspect du carton. — Durci et séché (aliments).

CARTONNIER [kaʀtɔnje]. *n. m.* (1680; de *carton*). ♦ 1° Fabricant, marchand de carton. ♦ 2° (1867). Classeur pour cartons à dossiers.

CARTON-PAILLE [kaʀtɔ̃paj]; **CARTON-PÂTE** [kaʀtɔ̃pat]; **CARTON-PIERRE** [kaʀtɔ̃pjɛʀ]. V. **CARTON**.

CARTOON [kaʀtun]. *n. m.* (mil. XXᵉ; mot angl., « dessin »). Anglicisme. Dessin destiné à composer un film de dessins animés, et *par ext.* le film lui-même. — Dessin d'une bande dessinée.

CARTOONIST [kaʀtunist]. *n. m.* (1946; angl. *cartoonist*, de *cartoon*). Anglicisme. Dessinateur de dessins* animés ou de bandes* dessinées.

CARTOTHÈQUE [kaʀtɔtɛk]. *n. f.* (mil. XXᵉ; de *carte* [II], et *-thèque*). *Didact.* Collection de cartes géographiques; local où elle se trouve.

1. CARTOUCHE [kaʀtuʃ]. *n. m.* (*Cartoche*, 1547; it. *cartoccio* « cornet de papier »; de *carta* « papier »). ♦ 1° Ornement sculpté ou dessiné, en forme de carte à demi déroulée et destiné à recevoir une inscription, une devise, des armoiries. V. **Encadrement**. *Décoration en cartouche. Le cartouche d'un blason.* ♦ 2° Encadrement elliptique (dans les inscriptions hiéroglyphiques). ♦ 3° Emplacement réservé à la légende ou au titre, situé au bas d'un tableau, d'une carte géographique, etc.

2. CARTOUCHE [kaʀtuʃ]. *n. f.* (*Cartuche*, 1571; it. *cartuccia*). ♦ 1° Enveloppe de carton, de métal, de forme cylindrique ou conique contenant la charge d'une arme à feu. V. **Munition, projectile**. *La douille, le culot, l'amorce, la poudre d'une cartouche. Cartouche de chasse. Cartouche à blanc. Cartouche à plomb, à balle. Charge d'une cartouche* (V. **Bourre**). *Étui à cartouche.* V. **Cartouchière, giberne.** ♦ 2° Boîte renfermant des matières inflammables. *Cartouche de mine. Cartouche de mélinite, de dynamite.* ♦ 3° Petit étui cylindrique. *Une cartouche d'encre.* V. **Recharge**. — Conteneur permettant de charger facilement un appareil photographique, un magnétophone (il contient, à la différence de la cassette*, un ruban se déroulant dans un seul sens). ♦ 4° Boîte contenant un certain nombre de paquets de cigarettes. *Une cartouche de gauloises.*

CARTOUCHERIE [kaʀtuʃʀi]. *n. f.* (1840; de *cartouche*). Fabrique, dépôt de cartouches. *La cartoucherie d'un arsenal.*

CARTOUCHIÈRE [kaʀtuʃjɛʀ]. *n. f.* (1863; de *cartouche*, 1752; de *cartouche*). Sac ou boîte à cartouches. *Cartouchières fixées au ceinturon.*

CARTULAIRE [kaʀtylɛʀ]. *n. m.* (1340; lat. médiév. *chartularium* « archiviste ». V. **Chartrier**). Recueil de chartes contenant la transcription des titres de propriété et privilèges temporels d'une église ou d'un monastère. *Un cartulaire du VIIᵉ s.*

CARVA [kaʀva]. *n. m. et adj.* (v. 1950; o. i.). *Arg. scol.* ♦ 1° L'École polytechnique. — Adj. *La boîte carva.* ♦ 2° Polytechnicien. V. **Pipo, X**.

CARVI [kaʀvi]. *n. m.* (1398; lat. méd., arabe *karâwiyâ*).

Plante des prés *(Ombelliféracées)* dite *Cumin des prés,* qui produit des fruits aromatiques. *Graines de carvi; carvi :* ces fruits utilisés comme condiment dans la pâtisserie et dans la fabrication du kummel.

CARYATIDE. *n. f.* V. CARIATIDE.

CARYO-. Élément, du gr. *karuon* « noix, noyau ».

CARYOCINÈSE [kaʀjɔsinɛz] ou **KARIOKINÈSE** [kaʀjɔkinez]. *n. f.* (v. 1900; gr. *karuon* « noyau », et *kinêsis* « mouvement »). *Biol.* Dédoublement du noyau cellulaire au cours de la mitose. V. **Mitose.**

CARYOPHYLLÉ, ÉE [kaʀjɔfile]. *adj. et n. f. pl.* (1694; *caryophyllate,* xviᵉ; lat. bot. *caryophyllata,* gr. *karuophullon.* V. **Girofle.** ♦ 1° Se dit de fleurs à cinq pétales à onglet allongé. ♦ 2° CARYOPHYLLÉES ou CARYOPHYLLACÉES. *n. f. pl.* Famille de plantes *(Dicotylédones dialypétales)* comprenant des arbustes et des herbes (mouron, spergule ; giroflier, nielle, œillet, saponaire, silène).

CARYOPSE [kaʀjɔps(ə)]. *n. m.* (*Cariopse,* 1843; gr. *karuon* « noix », et *opsis* « apparence »). *Bot.* Fruit indéhiscent, dont le péricarpe très mince enveloppe intimement la graine (*ex. :* grain de blé).

CARYOTYPE [kaʀjɔtip]. *n. m.* (apr. 1960; de *caryo-* et *-type*). *Génét.* Arrangement caractéristique des chromosomes d'une cellule spécifique d'un individu ou d'une espèce. *Le caryotype est repérable par photographie, à l'ultramicroscope* (Cf. Caryocinèse).

1. **CAS** [ka], *n. m.* (xiiiᵉ; lat. *casus* « événement », « cas grammatical », p. p. de *cadere* « tomber »).

I. *(Emplois généraux).* ♦ 1° (xivᵉ). Ce qui arrive ou est supposé arriver. V. **Accident, aventure, circonstance, conjoncture, événement, éventualité, fait, hypothèse, occasion, occurrence, possibilité, situation.** *Cas grave, important; cas étrange, rare. Cas imprévu, fortuit.* V. **Hasard.** *Cas de force* majeure. Ce n'est pas le même cas; c'est un cas tout différent. C'est un cas d'espèce*, un cas spécial. Cas général; cas particulier. Cas limite. Plusieurs cas sont à envisager. Le cas échéant.* V. **Échéant.** *Dans le cas présent; dans ce cas-là. Son cas est difficile, embarrassant. Un cas de guerre.* V. **Casus belli. — En ce cas.** V. **Alors.** *En tel cas, en pareil cas. En cas de besoin :* s'il est besoin. *« En cas de gain, ils fonderaient à eux deux une maison de banque »* (BALZ.). *En aucun cas.* V. **Façon. —** *C'est le cas de.* V. **Lieu** (il y a lieu de), **occasion.** *C'est le cas ou jamais.* V. **Moment.** *Fam. C'est le cas, c'est bien le cas de dire :* marque l'opportunité de ce que l'on dit. ♦ 2° (xivᵉ). EN CAS QUE, AU CAS QUE (vieilli), AU CAS OÙ *(loc. conj.) :* en admettant que, à supposer que. V. **Quand, si.** *En cas qu'il vienne, au cas qu'il vienne* (subj.). *Au cas, dans le cas, pour le cas où il viendrait* (condit.). *Fam. Je ne sais pas s'il va pleuvoir, mais j'emporte mon imperméable, en cas.* V. aussi **En-cas.** ◇ EN TOUT CAS *(loc. adv.) :* quoi qu'il arrive, de toute façon. *En tout cas,* chaque fois, toutes les fois que. ♦ 3° (1537). Vx. *Un grand cas :* une chose importante. — *Mod. Faire grand cas de* (qqn, qqch.) : lui accorder beaucoup d'importance. Absolt. FAIRE CAS DE. V. **Apprécier, considérer, estimer.** *« Ceux qui font cas d'une certaine vertu »* (NERVAL).

II. *Spécialt.* ♦ 1° (1283). *Dr.* Situation définie par la loi pénale. V. **Action, crime, délit.** *Cas prévu par la loi.* V. **Circonstance.** *Cas grave, cas pendable. Se mettre dans un mauvais cas. Cas royaux, prévôtaux* (réservés aux juges royaux, prévôtaux), sous l'Ancien Régime. *Soumettre un cas au juge. Cas difficile à juger.* ♦ 2° (xviiᵉ). *Cas de conscience :* difficulté sur un point de morale, de religion (V. Casuistique). *Cour.* Scrupule. ♦ 3° *Méd.* (xviiiᵉ). État et évolution de l'état d'un sujet, du point de vue médical. V. **Maladie.** *Un cas grave, bénin, désespéré. —* Le sujet lui-même. *Ce malade est un cas rare. — Par ext. Cette personne est un cas,* présente des caractères psychologiques singuliers. *La personne elle-même. C'est un cas.* Cf. **Type.**

2. **CAS** [ka]. *n. m.* (xiiiᵉ; lat. *casus,* calque du gr. *ptosis* « déviation » par rapport au nominatif). Chacune des formes d'un mot qui présente des flexions. V. **Désinence ; déclinaison.** *Cas en latin.* V. **Nominatif, vocatif, accusatif, génitif, datif, ablatif.** *La langue russe, l'allemand ont conservé les cas. Des six cas du latin, l'ancien français n'en conserva que deux : cas sujet et cas régime.*

CASANIER, IÈRE [kazanje, jɛʀ]. *adj.* (1552; marchands *caseniers* « domiciliés en France », 1315; p.-ê. it. *casaniere,* de *casa* « maison »). Qui aime à rester au logis. V. **Sédentaire ; pantouflard.** *Habitudes casanières, vie casanière. Goûts casaniers. Une femme casanière.* V. **Pot-au-feu.** Subst. *Une casanière.* ⊘ ANT. **Bohème, nomade.**

CASAQUE [kazak]. *n. f.* (1413; persan *kazagand;* Cf. it. *Casacca*). ♦ 1° Vx. Vêtement de dessus à larges manches. *Casaque des mousquetaires* (au xviiᵉ s.). ♦ 2° Fig. *Tourner casaque :* fuir. Tourner le dos à ceux de son parti, changer de parti, d'opinion (Cf. Retourner sa veste). ♦ 3° Veste en soie de couleur vive, que portent les jockeys. ♦ 4° *Vieilli.* Blouse ou courte jaquette de femme.

CASAQUIN [kazakɛ̃]. *n. m.* (1546; persan *kazagand.* V. Casaque). ♦ 1° *Ancienn.* Corsage de femme. ♦ 2° Fig. et fam. *Tomber, sauter sur le casaquin.* V. **Battre.**

CASBAH [kazba]. *n. f.* (1830; *casouba,* 1813; arabe *qaçaba, qaçba* « citadelle »). ♦ 1° Citadelle d'un souverain, dans les pays arabes. ♦ 2° Par ext. *La Casbah d'Alger :* le quartier arabe qui s'étend autour de la casbah (Cf. Médina).

CASCADE [kaskad]. *n. f.* (1640; it. *cascata,* de *cascare* « tomber »). ♦ 1° Chute d'eau; succession de chutes d'eau. V. **Cataracte, chute.** *Cascade naturelle. Cascade artificielle, en gradins.* ♦ 2° Fig. Ce qui se produit par saccades, par rebondissements successifs. *Cascade de rires, d'applaudissements. Rire en cascade.* ♦ 3° *Électr. Montage en cascade :* en série.

CASCADER [kaskade]. *v. intr.* (h. 1771; 1864; de *cascade*). ♦ 1° *Rare.* Tomber en cascade. *Ruisselets qui cascadent sur une pente. « Le liquide [...] cascadait le long des rigoles »* (LE CLÉZIO). ♦ 2° *Pop. et vieilli.* Avoir une conduite désordonnée (Cf. Faire la fête).

CASCADEUR, EUSE [kaskadœʀ, øz]. *adj. et n.* (1860; de *cascader*). ♦ 1° Qui dénote des mœurs légères, désordonnées. *Un air cascadeur.* N. (Vieilli) *Un cascadeur.* V. **Noceur, viveur.** ♦ 2° (1898). Acrobate qui exécute des séries de chutes, de sauts (souvent en groupe). — Acrobate qui tourne les scènes dangereuses d'un film, comme doublure de l'acteur, et, *par ext.* Personne qui recherche le risque (sports...).

CASCARA [kaskaʀa]. *n. f.* (1890; mot esp. « écorce »). *Pharm.* Écorce desséchée et pulvérisée d'un arbre originaire de l'Amérique du Nord *(Rhamnus purshiana),* utilisée comme purgatif.

CASCATELLE [kaskatɛl]. *n. f.* (1740; it. *cascatella,* de *cascata.* V. Cascade). *Littér.* Petite cascade. *« On aperçoit les cascatelles qui sortent d'un des portiques de la ville de Mécène »* (CHATEAUB.).

CASE [kaz]. *n. f.* (1265; lat. *casa* « chaumière »).

I. ♦ 1° Vx. Cabane. ♦ 2° (1637). Habitation traditionnelle, en Afrique et dans les civilisations analogues. *Cases africaines, antillaises.* V. **Hutte, paillote.**

II. (xviiᵉ; esp. *casa).* ♦ 1° (1650). Chaque division tracée sur un damier, un échiquier, etc. *Les cases triangulaires du jeu de trictrac. Les 64 cases de l'échiquier.* ♦ 2° Compartiment, subdivision d'une surface ou d'un volume. *Les cases d'une ruche d'abeilles.* V. **Alvéole, cellule.** *Une boîte, un tiroir à plusieurs cases.* — Espace ménagé sous un pupitre d'écolier pour ranger ses livres. *Case* (ou boîte) *postale.* ♦ 3° *Fig.* V. **Compartiment, subdivision.** *« Encore un certain nombre de faits, et il faudra briser les cases de la chimie moderne »* (CHATEAUB.). ♦ 4° *Les cases du cerveau :* divisions imaginaires du cerveau. Pop. *Il lui manque une case, il a une case en moins, une case vide :* il est anormal, fou.

CASÉATION [kazeasjɔ̃] ou **CASÉIFICATION** [kazeifikasjɔ̃]. *n. f.* (1495,-1907; du lat. *caseus* « fromage »). ♦ 1° Transformation en fromage. ♦ 2° *Méd.* Développement d'une nécrose caséeuse.

CASÉEUX, EUSE [kazeø, øz]. *adj.* (*Caseux,* xviᵉ; lat. *caseus* « fromage »). ♦ 1° De la nature du fromage. *Partie caséeuse du lait.* ♦ 2° *Méd. Lésion, nécrose caséeuse* (les tissus lésés présentent l'aspect du fromage).

CASÉ(I)-. Élément, du lat. *caseus* « fromage ».

CASÉIFICATION. V. CASÉATION.

CASÉINE [kazein]. *n. f.* (1832; lat. *caseus* « fromage »). Mélange de substances protidiques qui constitue l'essentiel des fromages. *Caséine-présure,* obtenue par coagulation du lait écrémé par la présure (V. Caillé). *Caséine végétale,* matière azotée extraite des tourteaux.

CASEMATE [kazmat]. *n. f.* (1539; it. *casamatta* « maison folle » ; o. i.). Abri enterré, protégé contre les obus, les bombes. V. **Fortin, blockhaus.** *Casemate de béton. Casemate servant d'abri aux troupes, de magasin, de logement pour une pièce d'artillerie* (V. Tourelle). *Casemates d'un fort.*

CASEMATER [kazmate]. *v. tr.* (1740, *p. p.;* 1578 « construire une *casemate* »). Garnir de casemates. *Casemater une frontière.*

CASER [kaze]. *v. tr.* (1669; de *case*). ♦ 1° *Vieilli.* Mettre dans une case, un compartiment. *Caser des papiers, du linge.* V. **Ranger.** — *(Trictrac)* Mettre deux dames sur une case. ♦ 2° (*Se caser,* 1798). Fam. Mettre à la place qu'il faut; dans une place qui suffit. V. **Placer.** *Trouver un logement pour caser un ami.* V. **Loger.** ♦ 3° *Fig.* Établir dans une situation. *Elle a deux filles à caser :* à marier. ◇ SE CASER : se placer. *Casez-vous où vous pourrez. —* Se marier. *Il cherche à se caser.*

CASERET [kazʀɛ] *n. m.* ou **CASERETTE** [kazʀɛt]. *n. f.* (1549,-1771; forme normande de l'a. fr. *chasière;* lat. °*casearicia,* de *caseus* « fromage »). Moule à fromage.

CASERNE [kazɛʀn(ə)]. *n. f.* (« loge pour quatre soldats de garde », xviᵉ; prov. *cazerna* « groupe de quatre », du lat. *quaterna). Mod.* (xviiᵉ). Bâtiment destiné au logement des troupes. V. **Baraquement, casernement, quartier.** *Cour de caserne. Garnison* établie dans une caserne. Les chambrées, la cantine, le foyer, la salle de police, le poste de garde d'une caserne. Caserne d'infanterie, de cavalerie. Être à la caserne :* être soldat. « *Cette grande communauté qu'est une caserne où la triste cloche des heures était remplacée par la joyeuse fanfare de ces appels* » (PROUST). — *Par ext. Troupes casernées. Toute la caserne sera consignée. Plaisanteries, habitudes de caserne :* de soldat. ◇ *Fam.* Grand immeuble peu plaisant, divisé en nombreux appartements.

CASERNEMENT [kazεʀnəmã]. *n. m.* (1800 ; de *caserner*). ♦ 1° Action de caserner. *Le casernement des troupes.* ♦ 2° Ensemble des constructions d'une caserne. « *Des gars qui revenaient du front à leur casernement* » (FERNIOT).

CASERNER [kazεʀne]. *v. tr.* (1718 ; de *caserne*). Loger dans une caserne. *Caserner des troupes.*

CASERNIER [kazεʀnje]. *n. m.* (1863 ; de *caserne*). Agent du génie militaire chargé du matériel d'un casernement.

CASH [kaʃ]. *adv.* (1945 ; mot angl.). *Fam. Payer cash.* V. **Comptant.** *Cent mille francs cash.* ◇ HOM. *Cache* (1 et 2).

CASHER, CASCHER ou **CAWCHER** [kaʃεr]. V. **KASCHER.**

CASH-FLOW [kaʃflo]. *n. m.* (1968 ; mot angl., de *cash* « comptant », et *flow* « écoulement »). *Anglicisme (écon.).* Ratio comptable permettant de déterminer les possibilités d'autofinancement d'une entreprise (V. **Liquidité**). (L'abréviation *M.B.A.* [marge brute d'autofinancement] peut remplacer cet anglicisme ; on a proposé *argent vif*.)

CASHMERE. — V. **CACHEMIRE.**

CASIER [kazje]. *n. m.* (1765 ; de *case*). ♦ 1° Nasse pour prendre les gros crustacés. ♦ 2° (1829). Ensemble de cases, de compartiments formant meuble. *Casier à livres, à disques, à bouteilles. Casiers formant bibliothèque. Casiers à bagages. Casiers métalliques* (de bureau). ♦ 3° *Fig. Casier judiciaire :* relevé des condamnations prononcées contre qqn ; service qui établit ce relevé. *Casier judiciaire vierge :* sans condamnations. *Extrait du casier judiciaire.* — *Casier fiscal :* relevé des amendes.

CASIMIR [kazimiʀ]. *n. m.* (1791 ; *casinire*, 1686 ; altér. angl. *cassimere*, de *kerseymere* « cariset », de *kashmir.* V. **Cachemire**). *Ancienn.* Étoffe de laine croisée, mince et légère.

CASINO [kazino]. *n. m.* (1740 ; it. *casino* « maison de jeux »). Établissement de plaisir, de spectacle, où les jeux d'argent sont autorisés. *Casino d'une station thermale, d'une ville d'eau. La salle de jeux, le dancing, le bar, le théâtre d'un casino.*

CASOAR [kazɔaʀ]. *n. m.* (1733 ; *casuaire, casuel*, 1677 ; lat. zool. *casoaris*, mot malais). ♦ 1° Grand oiseau coureur dont la tête et le cou sont dépourvus de plumes et qui porte sur le front un appendice corné. ♦ 2° (1855). Plumet ornant le shako des saint-cyriens.

CASQUE [kask(ə)]. *n. m.* (fin XVIᵉ ; esp. *casco* « tesson, crâne », puis « casque », de *cascar* « briser » ; lat. pop. °*quassicare.* V. **Casser**).

I. ♦ 1° Coiffure militaire qui couvre et protège la tête. *Ancienn.* Armure de tête. V. **Armet, bassinet, bourguignotte, cabasset, capeline, heaume, morion, salade.** *Sommet du casque.* V. **Apex, cimier, crête.** *Partie d'un casque protégeant le nez* (V. **Nasal**), *la gorge* (V. **Gorgerin**), *le menton* (V. **Mentonnière**), *les oreilles* (V. **Oreillons**), *la nuque* (V. **Couvrenuque**), *le front et les yeux* (V. **Mézail, visière**). *Fentes dans la visière close d'un casque.* V. **Ventail, vue.** *Mod. Casque de dragon, de cuirassier. Casque à pointe, ancien casque des soldats allemands* (et *par ext.* le soldat allemand portant ce casque). *Le casque anglais, le casque français, le casque américain* ont *des formes différentes. Casque lourd,* en acier. *Casque léger,* en matière plastique. — *Par ext. Casques d'acier* (trad. de l'all.), nom d'un groupe nationaliste allemand créé en 1918. — *Casques bleus,* nom donné aux troupes internationales de l'O.N.U. ♦ 2° Coiffure protectrice. *Casque de motocycliste, à bourrelets de cuir. Casque de pompier, de scaphandrier. Casque colonial,* en liège. *Le port du casque est obligatoire dans certains sports.* ♦ 3° *Fig. Casque à mèche :* bonnet de nuit. ♦ 4° Dispositif qui coiffe la tête. *Casque téléphonique, casque à écouteurs. Écouter au casque. Casque de radiotélégraphiste d'un avion.* ◇ Appareil à air chaud, en forme de casque, qui sert à sécher les cheveux (coiffeurs pour dames). V. **Séchoir.** *Être sous le casque.* ♦ 5° *Cheveux. Casque d'or :* nom de l'héroïne blonde d'une lutte entre apaches.

II. ♦ 1° (1676). Mollusque gastéropode à coquille renflée et spiralée. ♦ 2° (1845). Protubérance, cal sur la tête ou le bec de certains oiseaux. ♦ 3° (1771). *Fleur en casque :* où la lèvre supérieure de la corolle est voûtée.

CASQUÉ, ÉE [kaske]. *adj.* (1734 ; de *casque*). Coiffé d'un casque. *Médaille à tête casquée.* ◇ HOM. *Casquer.*

1. CASQUER [kaske]. *v. intr.* (1836, « tomber dans un piège », puis « payer » ; it. *cascare* « tomber ». V. **Cascade**). *Pop.* (1844). Donner de l'argent, payer. *Faire casquer qqn.* ◇ HOM. *Casqué.*

2. CASQUER [kaske]. *v. tr.* (XXᵉ ; de *casque*). Coiffer d'un casque ou comme d'un casque. *Des policiers casqués.*

CASQUETTE [kaskεt]. *n. f.* (1820 ; de *casque*). Coiffure d'homme, garnie d'une visière. *Casquette d'uniforme, casquette d'officier,* dans certaines armées (V. **Képi**) ; dans la marine. *La casquette du père Bugeaud,* célèbre marche des zouaves. *Casquettes d'uniformes* (aviateurs, agents des postes). *Casquette de jockey. Casquette à pont,* que portaient les apaches. « *Il se fait dans la ville un grand commerce de casquettes de chasse* » (DAUD.).

CASQUETTERIE [kaskεtʀi]. *n. f.* (XXᵉ ; de *casquettier*). Travail, commerce du casquettier.

CASQUETTIER [kaskεtje]. *n. m.* (1867 ; de *casquette*). Chapelier qui fabrique ou vend des casquettes.

CASSABLE [kasabl(ə)]. *adj.* (v. 1300 ; de *casser*). Qui risque de se casser facilement. V. **Cassant, fragile.** ◇ ANT. *Incassable.*

CASSAGE [kasaʒ]. *n. m.* (1842 ; de *casser* I, 1°). Action de casser. *Cassage des minerais.* V. **Concassage.** ◇ *Fig. Cassage de pieds.* « *Un nouveau cassage de gueule entre automobilistes* » (BEAUVOIR).

CASSANT, ANTE [kasã, ãt]. *adj.* (1538 ; de *casser*). ♦ 1° Qui se casse aisément. V. **Cassable, fragile.** *Métal cassant. L'acier trempé est cassant. Des branches d'arbre cassantes. Cassant comme du verre.* ♦ 2° *Fig.* (1824). Qui manifeste son autorité par des paroles dures qui découragent la réplique. V. **Absolu, brusque, dur, impérieux, inflexible, tranchant.** *Par ext. Un ton cassant.* V. **Sec.** « *Il semble vouloir les repousser de son attitude sévère et d'une voix brusque, cassante et concentrée* » (SÉGUR). ♦ 3° *Pop.* (1947 ; de *casser* les pieds). *Fatigant. Ce n'est pas très cassant.* ◇ ANT. *Flexible, pliant, résistant, solide ; doux, onctueux, patelin.*

CASSATE [kasat]. *n. f.* (v. 1950 ; it. *cassate*). Glace aux fruits confits (V. **Plombières**), enrobée d'une glace à un autre parfum.

1. CASSATION [kasasjɔ̃]. *n. f.* (1413 ; de *casser*). ♦ 1° *Dr.* Annulation d'une décision juridictionnelle, juridique ou administrative par une cour compétente. *Cassation d'un acte, d'un testament. Spécialt.* Annulation par la *Cour de cassation* ou le Conseil d'État d'une décision juridictionnelle rendue en dernier ressort. *Demande, pourvoi* en cassation.* — *Cour de cassation :* juridiction suprême de l'ordre judiciaire. ♦ 2° Peine militaire par laquelle un caporal ou un sous-officier est cassé de son grade. V. **Dégradation.**

2. CASSATION [ka(a)sasjɔ̃]. *n. f.* (fin XIXᵉ ; it. *cassazione* « départ »). *Mus.* Divertissement écrit pour instruments (à vent, à cordes) et pour être exécuté en plein air. *Cassation de Mozart.*

CASSAVE [kasav]. *n. f.* (1599 ; esp. *cazabe*, mot de Haïti). Galette de farine de manioc.

1. CASSE [ka(ɑ)s]. *n. f.* (1341 ; prov. *cassa*, lat. pop. *cattia* « poêle »). *Techn.* Récipient. *Casse de verrier :* cuiller servant à enlever les impuretés de le verre en fusion.

2. CASSE [ka(ɑ)s]. *n. f.* (1256 ; lat. *cassia*, gr. *kassia*). ♦ 1° *Bot.* Nom du cassier*. ♦ 2° *Anc. méd.* Pulpe de la gousse de cassier, à vertu purgative. PROV. *Passez-moi la casse, je vous passerai le séné*.*

3. CASSE [ka(ɑ)s]. *n. f.* (1539 ; it. *cassa* « caisse »). *Imprim.* Sorte de boîte divisée en casiers contenant les caractères d'imprimerie nécessaires au compositeur. *Haut de casse :* partie supérieure de la casse qui contient les caractères les moins fréquemment employés (capitales, lettres accentuées). *Bas de casse,* dont les cassetins renferment les caractères courants. *Composer un texte en bas de casse :* en minuscules. *Casse contenant des caractères en réserve.* V. **Bardeau.** *Moitié de casse.* V. **Casseau.**

4. CASSE [kas]. *n. f.* et *m.* (1642 ; subst. verb. de *casser*). ♦ 1° *Vx.* Décision par laquelle un officier était cassé de son grade. V. **Cassation, dégradation.** ♦ 2° (1821). Action de casser ; résultat de cette action. V. **Bris.** *Ces objets sont mal emballés, il y aura de la casse. Payer la casse.* ♦ 3° *Fam.* Violence ; perte qui en résulte. V. **Grabuge.** « *C'était une nature enflammée, aimant les cris, la casse* » (DAUD.). ♦ 4° *Mettre une voiture à la casse :* à la ferraille. *Vendre à la casse :* au poids brut, au prix de la matière première (V. **Casseur**). ♦ 5° *Arg.* (1899). N. m. *Un casse :* cambriolage. V. **Casseur.**

CASSÉ, ÉE [kase]. *adj.* (V. **Casser**). ♦ 1° Rompu. *Fig.* (Modes, décor.). *Blanc cassé,* blanc mêlé d'une quantité infime de couleur. ♦ 2° Dont le corps est plié, voûté. *Un vieillard cassé.* V. **Courbé.** ♦ 3° *Voix cassée :* faible, rauque.

CASSEAU [ka(ɑ)so]. *n. m.* (1751 ; de *casse* 3). ♦ 1° *Imprim.* Moitié de casse à grands compartiments et servant de réserve pour différents caractères. ♦ 2° Cylindre de bois utilisé pour la castration des animaux (bistournage).

CASSE-COU [kasku]. *n. m. invar.* (1718 ; de *casser*, et *cou*). ♦ 1° Passage, lieu où l'on risque de tomber. V. **Cassegueule** *(pop.)* ♦ 2° *Crier casse-cou à qqn :* l'avertir d'un danger. V. **Gare** (crier). ♦ 3° *Fam.* Celui qui s'expose, sans réflexion, à un danger, qui commet témérairement des imprudences. V. **Audacieux, imprudent, risque-tout, téméraire.** « *Il y a une majorité stupéfiante de casse-cou, de batailleurs, toujours prêts à relever un défi* » (MART. du G.).

CASSE-CROÛTE [kɑskʀut]. *n. m. invar.* (1803 ; « instrument » ; de *casser*, et *croûte*). ♦ 1° Repas léger pris rapidement « sur le pouce* ». V. **Collation.** — (*Dér. pop.* CASSE-CROÛTER [kɑskʀute]. *v. intr.* : casser la croûte). ♦ 2° (Mil. XXᵉ). Au Québec, pour éviter l'anglicisme : *Snack-bar.*

CASSE-CUL [kɑsky]. *n. et adj. invar.* (XXᵉ). *Fam.* Personne qui importune. — Adj. *Il est casse-cul avec toutes ses histoires !* (Cf. Il nous les casse). V. **Casse-pieds, emmerdant.**

— (Sujet de choses) *C'est casse-cul, ces recherches !*

CASSE-GRAINE [kɑsgʀɛn]. *n. m.* (1940 ; de *casser* [*la*] *graine*). *Fam.* Repas sommaire. V. **Casse-croûte.**

CASSE-GUEULE [kɑsgœl]. *n. m. invar.* (1808 ; de *casser*, et *gueule*). *Fam.* Entreprise hasardeuse, opération risquée. Casse-cou (1°). — *Spécialt.* Aller au casse-gueule. V. **Guerre.** ◇ (*Pop.*) Périlleux, risqué. *Un exercice casse-gueule ;* « *Le second pilote voulait descendre tellement c'était casse-gueule* » (KESSEL).

CASSEMENT [kɑsmã]. *n. m.* (XIIIᵉ ; de *casser*). ♦ 1° *Rare.* Action de casser. ♦ 2° *Cassement de tête.* V. **Bruit, ennui, fatigue, souci, tracas.** *Ce travail est un cassement de tête.* ♦ 3° *Arg.* (1878). Cambriolage.

CASSE-NOISETTES [kɑsnwazɛt]. *n. m. invar.* (1680 ; de *casser*, et *noisette*). Petit instrument composé de deux leviers et qui sert à casser des noisettes. — Fig. *Menton en casse-noisettes :* dont la courbe est très accentuée vers le nez.

CASSE-NOIX [kɑsnwa(ɑ)]. *n. m. invar.* (1564 ; de *casser*, et *noix*). Instrument analogue au casse-noisettes, pour casser les noix.

CASSE-PATTES [kɑspat]. *n. m. invar.* (1929 ; de *casser*, et *patte*). Eau-de-vie forte et de mauvaise qualité. V. **Tord-boyaux.**

CASSE-PIEDS [kɑspje]. *n. invar.* (1948 ; de *casser*, et *pied*). *Fam.* Importun. Adj. *Ce qu'elles sont casse-pieds !*

CASSE-PIERRE ou **CASSE-PIERRES** [kɑspjɛʀ]. *n. m.* (XVIᵉ ; de *casser*, et *pierre*). ♦ 1° Masse ou machine pour casser les pierres. ♦ 2° *Bot.* Pariétaire.

CASSE-PIPES [kɑspip]. *n. m. invar.* (v. 1914 ; de *casser*, et *pipe*). *Pop.* Guerre. *Aller au casse-pipes.* V. **Casse-gueule.**

CASSER [kɑse]. *v.* (1080 ; lat. *quassare*, de *quatere* « secouer »).

I. *V. tr.* ⊕ ♦ 1° Mettre en morceaux, diviser (une chose rigide) d'une manière soudaine, par choc, coup, pression. V. **Briser, broyer, disloquer, écraser, fracasser, rompre.** *Casser une assiette, un verre.* Fig. *Qui casse les verres les paie :* qui cause un dommage doit le réparer. *Casser la pointe* (épointer), *le manche* (démancher) *d'un instrument. Endommager un vase en cassant le bord.* V. **Ébrécher, écorner.** *Casser un carreau, une vitre.* Fig. *Casser les vitres,* s'emporter, faire du scandale ; avoir un effet retentissant (Cf. ci-dessous I, 4°). *Casser la baraque,* remporter un succès fracassant (arg. du spectacle). — *Casser des œufs :* briser la coquille. PROV. *On ne fait pas d'omelettes sans casser des œufs :* les sacrifices, les violences sont nécessaires. — *Casser du bois :* le couper (à la hache). Fig. et fam. *Le pilote a cassé du bois en atterrissant :* il a endommagé son avion. — *Il lui a cassé trois dents d'un coup de poing.* ◇ Loc. fig. *Casser la croûte, une croûte :* manger (V. **Casse-croûte**). *Casser le morceau :* avouer, dénoncer (Cf. Se mettre à table). *Casser du sucre sur le dos de qqn :* le calomnier en son médire. — *Casser sa pipe :* mourir (V. **Casse-pipes**). ◇ CASSER LA TÊTE (de qqn) : l'écraser, la fracasser (*vx*). Fig. et mod. Assourdir, fatiguer, importuner. *Il nous casse la tête avec ses discours. Ce travail me casse la tête* (V. **Casse-tête**). *Se casser la tête à :* travailler avec acharnement à. (Vulg. *Se casser le cul*). Pop. *Ne te casse pas la tête !* : ne te fatigue pas (Cf. Ne t'en fais pas). — *Fam. Casser le cou, la figure, la gueule* (pop.) *à qqn :* le battre, le rosser. *Se casser la figure :* tomber ; avoir un accident ; se tuer. ♦ 2° Disjoindre l'articulation ou rompre l'os (d'un membre, du nez, etc.). *Le coup, la balle, la chute lui a cassé le bras. Il s'est cassé la jambe en faisant du ski.* — Fig. *La nouvelle m'a cassé bras et jambes :* m'a déconcerté, découragé. V. **Couper** (les bras ; Cf. Les bras m'en tombent). *Casser le nez à la porte de qqn :* trouver porte close. *Il s'est cassé le nez,* les reins : a été à bout, le ruiner, briser sa carrière. ◇ (1890) *Casser les pieds :* importuner. V. **Casse-pieds.** *Tu nous casses les pieds avec tes histoires !* (Var. vulg. *Casser les couilles* (à qqn). Par euphémisme : *Tu nous les casses !* — *Casser les oreilles,* faire trop de bruit. ♦ 3° *Fam.* Endommager de manière à empêcher le fonctionnement. *Il a cassé sa montre, sa bicyclette.* Fig. *Tu vas te casser les yeux à lire.* V. **Abîmer.** *Se casser la voix,* la rendre rauque par un effort excessif. V. **Cassé.** Fam. *Casser le moral :* démoraliser. ♦ 4° Loc. fig. et fam. ÇA NE CASSE RIEN (ça ne casse pas trois pattes à un canard, ça ne casse pas les vitres) : ce n'est pas extraordinaire, ça n'a rien de remarquable.

◇ À TOUT CASSER : à toute allure (*il conduit sa voiture à tout casser*). Très fort (Cf. À tout rompre*). « *Rire* [...] *à tout casser* » (PRÉVERT). — Loc. adj. *Un film, un repas à tout casser :* extraordinaire. — Loc. adv. Tout au plus. *Ça vous coûtera dix francs à tout casser.* ♦ 5° Pop. SE CASSER : S'en aller au plus vite. V. **Tailler** (se). ◇ Fam. *Il ne s'est pas cassé :* fatigué. ❸ (*Abstrait*). ♦ 1° (XIIIᵉ). Annuler (un acte, un jugement, une sentence). V. **Abroger; cassation.** *Casser une condamnation, un mariage.* V. **Rompre.** ♦ 2° Dégrader, démettre de ses fonctions. *Casser un officier, un fonctionnaire.* V. **Démettre, déposer, révoquer.** ♦ 3° Interrompre aussi brutalement. *Casser le travail. Casser une grève. Casser le métier,* le dévaloriser. *Casser les prix :* provoquer une brusque chute des prix sur le marché.

II. *V. intr.* ♦ 1° 'Se rompre, se briser. *Le verre a cassé en tombant.* — Se rompre facilement. *Cela casse comme du verre.* « *La plaisanterie est comme le coton qui, filé trop fin, casse* » (BALZ.). Loc. fig. *Tout passe, tout lasse, tout casse :* tout a une fin. ♦ 2° Se désagréger. *Cette pâte casse sous les doigts.*

◈ ANT. *Arranger, raccommoder, recoller, réparer.* *Confirmer, ratifier, valider.*

CASSEROLE [kasʀɔl]. *n. f.* (1583 ; de *casse* 1). ♦ 1° Ustensile de cuisine de forme cylindrique, à manche. V. **Braisière, sauteuse.** *Casserole en aluminium, en cuivre, en terre cuite. Récurer les casseroles. Une série de casseroles.* « *Le poli de ses casseroles faisait le désespoir des autres servantes* » (FLAUB.). ♦ 2° Loc. *À la casserole :* se dit de divers plats préparés dans une casserole. *Veau à la casserole.* ◇ Fig. *Passer à la casserole :* être mis dans une mauvaise situation (Cf. Être cuit, frit, etc.). — *Spécialt.* Se dit d'une femme dans l'obligation d'accepter l'acte sexuel. ♦ 3° *Fam.* Mauvais piano. ♦ 4° *Arg. cinéma.* Projecteur.

CASSE-TÊTE [kɑstɛt]. *n. m. invar.* (1690, « vin fort » ; de *casser*, et *tête*). ♦ 1° (1762). Massue grossière servant d'arme de guerre. V. **Poing** (coup de), **matraque.** ♦ 2° (1706). Travail qui demande un effort soutenu, qui fatigue. V. **Cassement** (de tête). ◇ (1829) Jeu de patience. *Casse-tête chinois* (V. **Puzzle**), et au fig. *Ce problème est un casse-tête chinois.* — Au Canada, pour éviter l'anglicisme : *Puzzle*.*

CASSETIN [ka(ɑ)stɛ̃]. *n. m.* (1611 ; it. *cassettino,* de *cassetta.* V. **Cassette**). Chacune des petites loges de grandeur variable qui divisent une casse d'imprimerie.

CASSETTE [kasɛt]. *n. f.* (1348 ; it. *cassetta,* de *cassa* « caisse »). ♦ 1° *Ancienn.* Petit coffre destiné à serrer l'argent, des bijoux. V. **Boîte, coffret.** ♦ 2° *La cassette royale, la cassette d'un prince :* le trésor particulier du roi, du prince. Fam. *Je prendrai cette somme sur ma cassette personnelle.* ♦ 3° (v. 1960). Conteneur muni de bobines de bande* magnétique défilant dans les deux sens (Cf. Cartouche). [V. **Mini-cassette**.]. *Enregistrement sur cassette. Magnétophone à cassettes.* V. **Magnétoscope.**

CASSEUR, EUSE [kasœʀ, øz]. *n.* (1552 ; de *casser*). ♦ 1° Celui, celle qui casse. *Un casseur de pierres.* V. **Cantonnier.** ♦ 2° Personne qui fait le commerce des pièces en bon état de voitures mises à la casse*. ♦ 3° Fig. *Un casseur d'assiettes.* V. **Fanfaron, querelleur, tapageur.** *Jouer les casseurs :* les durs*. ♦ 4° Personne qui, au cours d'une manifestation, endommage des biens publics ou privés. *Répression des agissements des casseurs* (Cf. Loi anticasseur*). ♦ 5° *Arg.* (1885 ; de *casse* [arg.]). Cambrioleur. ♦ 6° (Rare). *Adj.* Qui casse par maladresse.

CASSIER [ka(ɑ)sje]. *n. m.* (1512 ; de *casse* 2). Arbre ou arbuste tropical (*Césalpinées*) dont les fruits produisent la casse. V. **Casse** (2). V. **Canéficier.** *Syn.* CASSE (2).

CASSINE [kasin]. *n. f.* (1516 ; piémont. *cassina, cascina,* de *casa*). *Vieilli.* Petite maison ; baraque.

1. **CASSIS** [kasis]. *n. m.* (1552 ; mot poitev., de *casse* 2, le *cassis* serait été employé pour remplacer la *casse,* comme laxatif). ♦ 1° Groseillier noir à feuilles odorantes, des fruits duquel on fabrique une liqueur. ♦ 2° Cette liqueur. *Un verre de cassis, de cassis-cognac* (mélange). Fig. et fam. *Une voix de cassis-cognac, de mêlé-cassis.* V. **Mêlé-casse.** ♦ 3° *Arg.* (1907). Tête. *Tomber sur le cassis.*

2. **CASSIS** [ka(ɑ)si(s)]. *n. m.* (1832 ; mot dial. (Normandie), 1448 ; de *casser*). Rigole pratiquée en travers d'une route pour l'écoulement des eaux. *Des cassis et des dos d'âne.*

CASSITÉRITE [kasiteʀit]. *n. f.* (1832 ; gr. *kassiteros* « étain »). Oxyde d'étain naturel (SnO_2) ; principal minerai d'étain.

CASSOLETTE [kasɔlɛt]. *n. f.* (déb. XVᵉ ; a. prov. *casoleta* « petite casserole » ; de *casola*). ♦ 1° Réchaud fait d'une boîte de métal au couvercle ajouré dans laquelle on fait brûler des parfums. V. **Brûle-parfum, encensoir.** *Cassolette d'argent.* « *Quatre longues cassolettes remplies de nard, d'encens, de cinnamome et de myrrhe* » (FLAUB.). ♦ 2° Petit récipient utilisé pour cuire un mets au feu ou au four. *Cassolette en terre.*

CASSON [kasɔ̃]. *n. m.* (1359; de *casser*). *Techn.* ♦ 1° Débris de verre destiné à être refondu pour la fabrication du verre. ♦ 2° Pain de sucre informe.

CASSONADE [ka(a)sɔnad]. *n. f.* (1578; de *casson*). Sucre qui n'a été raffiné qu'une fois.

CASSOULET [kasulɛ]. *n. m.* (fin XIXᵉ; mot toulousain, de *cassolo* « terrine », dimin. de *casso; a. prov. cassa*. V. **Casserole**). Ragoût languedocien de filets d'oie, de canard, de porc ou de mouton avec des haricots blancs, préparé et servi dans une terrine de grès (d'où son nom).

CASSURE [kasyʀ]. *n. f.* (1333; de *casser*). ♦ 1° Solution de continuité; endroit où un objet a été cassé. V. **Arête, brèche, brisure, crevasse, faille, fente, fissure, fracture.** *Cassure nette, vive. Cassure dans les couches géologiques.* V. **Diaclase, faille, joint.** ♦ 2° Coupure, fêlure, rupture. *Une cassure dans une vie, une amitié.* ◇ ANT. *Recollage, soudure.*

CASTAGNETTES [kastaɲɛt]. *n. f. pl.* (1582; esp. *castañeta*, de *castaña* « châtaigne »). Petit instrument à percussion composé de deux pièces de bois creusées, réunies par un cordon, et que le joueur s'attache aux doigts pour les faire claquer l'une contre l'autre. *Une paire de castagnettes. Jouer des castagnettes. Castagnettes antiques.* V. **Crotale.** « *J'entendais les castagnettes, le tambour, les rires et les bravos* » (MÉRIMÉE).

CASTE [kast(ə)]. *n. f.* (1615; port. *casta* (XVIᵉ), « caste hindoue », fém. de *casto* « pur »). ♦ 1° Classe sociale fermée, observée d'abord en Inde. *La caste des prêtres* (V. **Brahmane**), *celles des guerriers, des bourgeois, des artisans. Les parias sont hors castes.* « *Répulsion, hiérarchie, spécialisation héréditaire, l'esprit de caste réunit ces trois tendances* » (BOUGLÉ). ♦ 2° *Péj.* Classe de la société considérée comme ayant un esprit d'exclusion. V. **Clan.** *Esprit, orgueil, préjugés de caste.* « *Tout orgueil nobiliaire, tout fanatisme de caste semble mesquin* » (LARBAUD). ♦ 3° *Zool.* Groupe d'individus spécialisés dans une fonction. *Caste chez les abeilles, les guêpes, les fourmis.*

CASTEL [kastɛl]. *n. m.* (fin XVIIᵉ; mot langued. V. **Château**). Petit château. V. **Gentilhommière.**

CASTILLAN, ANE [kastijɑ̃, an]. *adj.* et *n.* (XVIIᵉ; de *Castille*). De Castille (prov. d'Espagne), propre à la Castille. *L'économie castillane. La fierté castillane.* — *Subst. Un, une Castillan(e).* — N. m. *Le castillan, langue officielle de l'Espagne.* V. **Espagnol.**

CASTINE [kastin]. *n. f.* (XVIᵉ; all. *Kalkstein*, de *Stein* « pierre », et *Kalk* « chaux »). Pierre calcaire que l'on mélange au minerai de fer pour en faciliter la fusion.

CASTOR [kastɔʀ]. *n. m.* (1135; mot lat., gr. *kastôr*). ♦ 1° Mammifère rongeur *(Castoridés)* au corps massif, à tête large et museau court, à large queue plate, à pattes postérieures palmées. *Les castors sont végétariens, bons nageurs; certaines espèces vivent en colonies et construisent des digues, des abris de terre battue.* ♦ 2° Fourrure de cet animal. *Manteau de castor. Castor du Canada :* fourrure de rat musqué. ♦ 3° *Ancienn.* Chapeau d'homme, en fourrure de castor. ♦ 4° *Fig. (au plur.).* Personnes associées pour construire leurs logements.

CASTORETTE [kastɔʀɛt]. *n. f.* (néol.; de *castor*, et *-ette*). Désignation commerciale de peaux traitées de manière à évoquer la fourrure du castor.

CASTORÉUM [kastɔʀeɔm]. *n. m.* (XIIIᵉ; lat. médiév. *castoreum; de castor*). *Méd.* Excrétion sébacée du castor, utilisée comme remède antispasmodique.

CASTRAMÉTATION [kastʀametasjɔ̃]. *n. f.* (fin XVIᵉ; de *castra* « camp », et *metari* « mesurer »). *Antiq.* Art de choisir et de disposer l'emplacement d'un camp. V. **Bivouac, campement, cantonnement.** *Traité de castramétation des Romains.*

CASTRAT [kastʀa]. *n. m.* (1556; mot gasc. « animal châtré », repris à l'it. *castrato*, XVIIIᵉ). ♦ 1° *Méd.* Individu mâle qui a subi la castration. V. **Eunuque.** ♦ 2° Chanteur qu'on châtrait dans l'enfance pour qu'il conserve une voix de soprano. V. **Sopraniste.** *Les castrats de la Chapelle Sixtine.*

CASTRATEUR, TRICE [kastʀatœʀ, tʀis]. *adj.* (v. 1930; de *castration*). *Psychol.* Qui provoque un complexe de castration* chez quelqu'un. « *Mère dénaturée; castratrice* » (SARRAUTE).

CASTRATION [kastʀasjɔ̃]. *n. f.* (1380; lat. *castratio*). ♦ 1° Opération par laquelle on prive un individu, mâle ou femelle, de la faculté de se reproduire. *Castration radiologique,* par irradiation des gonades. V. **Castrer, châtrer; stérilisation.** *Castration par ablation des testicules* (V. **Émasculation**), *des ovaires* (V. **Ovariectomie**). ♦ 2° *Psychan. Complexe, angoisse de castration,* axé sur le fantasme de la castration.

CASTRER [kastʀe]. *v. tr.* (1600; lat. *castrare* « châtrer »). Pratiquer la castration sur. V. **Châtrer, émasculer.**

CASTRISME [kastʀism(ə)]. *n. m.* (v. 1960; de *Fidel Castro,* homme d'État cubain). Mouvement révolutionnaire né de Fidel Castro; politique qui en découle (aussi CASTRISTE, *adj.* et *n.*).

CASUARINA [kazyaʀina]. *n. m.* (1786; lat. bot., de *casuaris,* Linné, nom du *casoar* « oiseau »). *Bot.* Arbre d'Australie et de Malaisie ne possédant pas tous les caractères des angiospermes, croissant en terrain humide, à bois très serré (dit « bois de fer »).

CASUEL, ELLE [kazɥɛl]. *adj.* et *n. m.* (fin XIVᵉ; lat. *casualis,* de *casus* « accident »). ♦ 1° Qui peut arriver ou non, suivant les cas. V. **Accidentel, contingent, éventuel, fortuit, occasionnel.** ♦ 2° *N. m.* Profit, revenu incertain et variable d'un office. « *Un fixe mensuel, le casuel, et de temps en temps, les petits cadeaux* » (COURTELINE). — *Spécialt.* Honoraires que les fidèles donnent au curé dans certaines occasions. ◇ ANT. *Assuré, certain, invariable. Fixe.*

CASUISTE [ka(a)zɥist(ə)]. *n. m.* (1611; esp. *casuista,* du lat. ecclés. *casus* « cas de conscience »). Théologien qui s'applique à résoudre les cas de conscience par les règles de la raison et du christianisme. *Casuiste sévère, subtil.* Fig. « *Le meilleur de tous les casuistes est la conscience* » (ROUSS.).

CASUISTIQUE [kɑ(a)zɥistik]. *n. f.* (1836; de *casuiste*). ♦ 1° Partie de la théologie morale qui s'occupe des cas de conscience. « *La casuistique se fait et sert pour les cas difficiles* » (TAINE). ♦ 2° *Péj.* Subtilité complaisante (en morale).

CASUS BELLI [kazysbɛlli]. *n. m. invar.* (av. 1867; lat. *casus,* et *bellum* « cas de guerre »). Acte de nature à motiver, pour un gouvernement, une déclaration de guerre.

CATA-. Élément, du gr. *kata* « en dessous, en arrière ».

CATABOLIQUE [katabɔlik]. *adj.* (XXᵉ; de *catabolisme*). *Physiol.* Relatif au catabolisme.

CATABOLISME [katabɔlism(ə)]. *n. m.* (1896; de *cata,* d'apr. *métabolisme*). *Physiol.* Phase du métabolisme qui comprend les processus de dégradation des composés organiques, avec dégagement d'énergie sous forme de chaleur ou de réactions chimiques et élimination des déchets. ◇ ANT. *Anabolisme.*

CATABOLITE [katabɔlit]. *n. m.* (v. 1960; de *catabolisme*). *Physiol.* Substance formée au cours du catabolisme. V. **Anabolite.**

CATACHRÈSE [katakʀɛz]. *n. f.* (1557; lat. *catachresis,* gr. *katakhrêsis*). Figure de rhétorique qui consiste à détourner un mot de son sens propre. V. **Métaphore.** *On dira par catachrèse : Aller à cheval sur un bâton.*

CATACLYSMAL, ALE, AUX [kataklismal, o] (littér.) ou **CATACLYSMIQUE** [kataklismik]. *adj.* (1863, *-ique; de cataclysme*). Qui a le caractère d'un cataclysme. V. **Désastreux, terrible.**

CATACLYSME [kataklism(ə)]. *n. m.* (*Cataclisme,* XVIᵉ; lat. *cataclysmos,* gr. *kataklusmos* « inondation »). ♦ 1° Bouleversement de la surface du globe. V. **Bouleversement, catastrophe, désastre.** « *Si jamais notre planète est victime d'un cataclysme* » (RENAN). ♦ 2° Désastre, bouleversement. V. **Crise, fléau.**

CATACOMBE [katakɔ̃b]. *n. f.* (XIIIᵉ; it. *catacumba,* altér. de *catatumba,* de *kata,* et *tumba* « tombe »). Cavité souterraine ayant servi de sépulture (V. **Cimetière**). *Les catacombes de Rome.* — *Par ext.* Excavation où ont été réunis des ossements. V. **Ossuaire.** *Les catacombes de Paris.*

CATADIOPTRE [katadjɔptʀ(ə)]. *n. m.* (XXᵉ; de *catadioptrique*). Syn. de *cataphote.*

CATADIOPTRIQUE [katadjɔptʀik]. *adj.* et *n. f.* (1771; de *catoptrique,* et *dioptrique*). ♦ 1° *Adj.* Qui comprend des appareils de réflexion et de réfraction. *Télescope catadioptrique.* ♦ 2° *N. f. (Vieilli).* Étude de la réflexion et de la réfraction. V. **Optique.**

CATAFALQUE [katafalk(ə)]. *n. m.* (XVIIIᵉ; « échafaud », 1690; it. *catafalco*). Estrade décorée sur laquelle on place un cercueil. Décoration funèbre au-dessus du cercueil. V. **Chapelle** (chapelle ardente). *Dresser un catafalque au milieu d'une église.*

CATAIRE [katɛʀ] ou **CHATAIRE** [ʃatɛʀ]. *n. f.* (1733; bas lat. *cattaria,* de *cattus* « chat »). Plante des décombres (V. **Népète**), dont l'odeur forte attire les chats (d'où son nom d'*Herbe aux chats*).

CATALAN, ANE [katalɑ̃, an]. *adj.* et *n.* (XVIᵉ; lat. *Catalanus*). De Catalogne (française et espagnole). *La littérature catalane.* — *Ling. Le catalan :* langue romane parlée en Catalogne, aux Baléares (le plus souvent concurremment avec l'espagnol ou le français).

CATALECTIQUE [katalɛktik]. *adj.* (1644; gr. *katalêktikos,* de *katalegein* « finir »). *Versif.* Se dit d'un vers grec ou latin auquel manque une syllabe.

CATALEPSIE [katalɛpsi]. *n. f.* (*Catalepse,* 1507; lat. méd. *catalepsis,* gr. *katalêpsis* « action de saisir »). *Méd.* Conservation indéfinie des attitudes que l'on a données au malade, due à la suspension de ses mouvements volontaires (schizophrénie, état hypnotique). V. **Léthargie, paralysie.**

CATALEPTIQUE [katalɛptik]. *adj.* (1742; lat. méd.

catalepticus. V. **Catalepsie**). Qui a rapport à la catalepsie. « *Il avait sombré, pendant deux heures, dans un sommeil cataleptique* » (MART. du G.). — Subst. *Un, une cataleptique*.

CATALOGAGE [katalɔgaʒ]. *n. m.* (1928; de *cataloguer*). Didact. Opérations par lesquelles on élabore un catalogue.

CATALOGNE [katalɔn]. *n. f.* (1635; a. fr. « couverture de laine », du n. pr. *Catalogne*). Artisanat. Au Canada, Étoffe dont la trame est faite de bandes de tissus généralement multicolores. *Couverture, tenture de catalogne.* — Spécialt. Tapis fait de cette étoffe. « *Les bagages à côté du lit, sur la catalogne* » (A. HÉBERT).

CATALOGUE [katalɔg]. *n. m.* (1262; bas lat. *catalogus*, gr. *katalogos* « liste »). ♦ 1° Liste méthodique accompagnée de détails, d'explications. V. **Dénombrement, index, inventaire, liste, nomenclature, répertoire, rôle, table**. *Catalogue par ordre alphabétique, par ordre chronologique, par ordre de matières. Catalogue des saints; catalogue des martyrs, de victimes.* V. **Martyrologe**. *Catalogue des tableaux d'une exposition* (V. **Livret**), *des écrits relatifs à un sujet donné.* V. **Bibliographie, collection, index, répertoire**. ♦ 2° Spécialt. Liste, souvent illustrée, de marchandises, d'objets à vendre. *Catalogue d'une maison de commerce. Catalogue de meubles, de jouets, de vêtements.*

CATALOGUER [katalɔge]. *v. tr.* (1801; de *catalogue*). ♦ 1° Classer, dénombrer, inscrire par ordre dans un catalogue. *Cataloguer les livres d'une bibliothèque.* — Par ext. *Cataloguer une bibliothèque, un musée.* ♦ 2° (1903). Classer (qqn, qqch.) en le jugeant de manière définitive. *Il t'a catalogué, pour lui tu es un paresseux.* « *Ça ne se laisse pas cataloguer* » (BEAUVOIR).

CATALPA [katalpa]. *n. m.* (1775; *catappas*, 1751; mot angl. d'une langue indienne de Caroline). Arbre à très grandes feuilles et fleurs en grappes *(Bignoniacées)*.

CATALYSE [kataliz]. *n. f.* (1838; angl. *catalysis*, 1836; gr. *katalusis* « dissolution »). Chim. Modification (surtout accélération) d'une réaction chimique sous l'effet d'une substance (V. **Catalyseur**) qui ne subit pas de modification elle-même. *Les enzymes régissent les processus de catalyse.*

CATALYSER [katalize]. *v. tr.* (1842; de *catalyse*). ♦ 1° Agir comme catalyseur dans une réaction. *Le mercure catalyse l'oxydation de l'aluminium.* ♦ 2° Fig. (v. 1950). Déclencher une réaction par sa seule présence. *Catalyser des forces pour déclencher une action.*

CATALYSEUR [katalizœr]. *n. m.* (1906; de *catalyse*). Substance qui provoque la catalyse. *Le catalyseur agit souvent à dose infime, il se retrouve inaltéré à la fin de la réaction. La réaction a lieu en présence de tel catalyseur. Poison* d'un catalyseur.* Fig. *Jouer le rôle d'un catalyseur :* déclencher une réaction. — Adj. masc. *Un rôle catalyseur.*

CATALYTIQUE [katalitik]. *adj.* (1842; de *catalyse*). De la catalyse. *Action catalytique.*

CATAMARAN [katamarᾶ]. *n. m.* (mil. XXᵉ; *Catimaron* « radeau des Indes », 1699; mot angl., du tamoul *katta* « lien », et *maram* « bois »). ♦ 1° Embarcation à voile (et, par ext., à moteur), à deux coques accouplées. ♦ 2° Système de flotteurs d'hydravion.

CATAPHOTE [katafɔt]. *n. m.* (v. 1931, marque déposée; gr. *kata* « contre », et *phos, otos* « lumière »). Petit appareil réfléchissant la lumière et rendant visible la nuit le véhicule, l'obstacle qui le porte. V. **Catadioptre**. *Bicyclette munie d'un cataphote.*

CATAPLASME [kataplasm]. *n. m.* (1390; lat. *cataplasma*, mot gr. « emplâtre »). ♦ 1° Préparation médicinale pâteuse, appliquée sur la peau pour combattre une inflammation. V. **Fomentation**. *Cataplasme de farine de lin. Cataplasme sinapisé.* V. **Sinapisme**. « *Des cataplasmes d'amidon sur une brûlure; ça ne guérit pas, mais ça soulage* » (COLETTE). — Fig. et *fam.* Se dit d'un aliment trop épais. *Cette purée est un cataplasme.* V. **Emplâtre**. ♦ 2° Paquet épais (de billets, de feuilles). V. **Matelas**. « *Un énorme cataplasme de fonds russes* » (ROMAINS).

CATAPLEXIE [kataplɛksi]. *n. f.* (1846; *cataplexis*, 1839; Cf. Catalepsie; de *kata* « sur », et *plissô* « je frappe »). Pathol. ♦ 1° Nom donné à l'état cataleptique chez les animaux. ♦ 2° Affection caractérisée par une perte de tonus sans perte de conscience, sous l'effet d'une brusque émotion (adj. CATAPLECTIQUE).

CATAPULTAGE [katapyltaʒ]. *n. m.* (déb. XXᵉ; de *catapulter*). Lancement par catapulte. Fig. Action de catapulter.

CATAPULTE [katapylt]. *n. f.* (1355; lat. *catapulta*, gr. *katapaltês*). ♦ 1° Machine de guerre antique qui projetait de lourds projectiles. V. **Baliste, onagre, scorpion**. ♦ 2° Dispositif de lancement d'avions, de fusées (V. **Rampe**).

CATAPULTER [katapylte]. *v. tr.* (déb. XXᵉ; de *catapulte*). ♦ 1° Lancer par catapulte (2°). ♦ 2° Lancer, projeter violemment. — Fig. Envoyer subitement (qqn) dans un lieu éloigné.

1. **CATARACTE** [katarakt]. *n. f.* (1539; lat. *cata-*

racta, gr. *kataraktês* « chute »). Chute des eaux d'un grand cours d'eau. V. **Cascade**. *Les cataractes du Nil ne sont que des rapides.* « *Quand on a vu la cataracte du Niagara, il n'y a plus de chute d'eau* » (CHATEAUB.). — Fig. (V. **Torrent, trombe**) *Des cataractes de pluie, des chutes violentes.*

2. **CATARACTE** [katarakt]. *n. f.* (XIVᵉ; du lat. méd.; Cf. le précéd.). Pathol. Opacité congénitale ou sénile du cristallin, pouvant être totale ou partielle. *Cataracte capsulaire, nucléaire, lenticulaire. Opération de la cataracte*, par section de la cornée, ouverture de la capsule, ablation du cristallin.

CATARRHAL, ALE, AUX [kataral, o]. *adj.* (1503, « sujet au catarrhe ». V. **Catarrheux** : de *Catarrhe*). Didact. Relatif au catarrhe. *Fièvre, toux catarrhale.*

CATARRHE [katar]. *n. m.* (fin XIVᵉ; lat. méd. *catarrhus*, gr. *katarrhos* « écoulement »). Méd. Inflammation des muqueuses donnant lieu à une hypersécrétion. *Catarrhe pulmonaire. Catarrhe bronchique*, bronchite. *Catarrhe du nez*, rhume.

CATARRHEUX, EUSE [kataro, øz]. *adj.* (1507; de *catarrhe*). Sujet au catarrhe. *Vieillard catarrheux.*

CATARRHINIENS [katarinjɛ̃]. *n. m. pl.* (1839; gr. *kata* « en bas », et *rhis, rhinos* « nez »). Sous-ordre de primates *(Simiens*)*; singes de l'Ancien Monde (cloison nasale dirigée vers le bas; trente-deux dents; face de queue préhensile).

CATASTROPHE [katastrɔf]. *n. f.* (1546; lat. *catastrofa*, gr. *katastrophé* « bouleversement »). ♦ 1° Didact. Dernier et principal événement d'un poème, d'une tragédie. V. **Dénouement**. « *La catastrophe de ma pièce est peut-être un peu trop sanglante* » (RAC.). ♦ 2° Malheur effroyable et brusque. V. **Bouleversement, calamité, cataclysme, coup, désastre, drame, fléau, infortune**. *Affreuse, terrible catastrophe. Courir à la catastrophe.* « *Si tous laissent les choses aller, la catastrophe est inévitable* » (MART. du G.). ◇ Loc. EN CATASTROPHE, en risquant le tout pour le tout. *Atterrir en catastrophe.* Par ext. *D'urgence pour éviter le pire.* ♦ 3° Par ext. Événement fâcheux. V. **Accident, ennui**. *Quelle catastrophe va-t-il encore déclencher?* En interjection. *Catastrophe! J'ai oublié ma clé!* — Par ext. *Son dernier film est une catastrophe.* ◈ ANT. *Bonheur, chance, succès*.

CATASTROPHÉ, ÉE [katastrɔfe]. *adj.* (XXᵉ; de *catastrophe*). Fam. Abattu, annihilé par une catastrophe. *Il est tout catastrophé.*

CATASTROPHER [katastrɔfe]. *v. tr.* (XXᵉ; 1896 à « faire tomber » de *catastrophé*, adj.). Fam. Rendre (qqn) catastrophé. V. **Abattre, annihiler**.

CATASTROPHIQUE [katastrɔfik]. *adj.* (1845, répandu XXᵉ; de *catastrophe*). ♦ 1° Qui a les caractères d'une catastrophe. V. **Affreux, effroyable, épouvantable**. *Événement, conséquence catastrophique*. ♦ 2° Fam. Qui provoque ou peut provoquer une catastrophe. *Le gouvernement a pris des mesures catastrophiques.* — Fam. Ennuyeux, fâcheux. Par ext. *Son dernier roman est catastrophique :* très mauvais.

CATATONIE [katatɔni]. *n. f.* (1890, *katatonie*; de *cata-* « en dessous », et gr. *tonos* « tension »). Psychiatr. État de passivité, d'inertie motrice et psychique, caractéristique de la schizophrénie*.

CATATONIQUE [katatɔnik]. *adj. et n.* (fin XIXᵉ; de *catatonie*). Psychiatr. Qui se rapporte à la catatonie. *Psychose catatonique.* — N. *Un catatonique.*

CATCH [katʃ]. *n. m.* (1933; angl., abrév. de *catch as catch can* « attrape comme tu peux »). Sorte de lutte libre. *Prise de catch. Porter une manchette, au catch. Match, rencontre de catch :* spectacle de cette lutte (aux résultats généralement fixés d'avance).

CATCHER [katʃe]. *v. intr.* (mil. XXᵉ; de *catch*). Lutter au catch.

CATCHEUR, EUSE [katʃœr, øz]. *n.* (1933; de *catcher*). Personne qui pratique le catch. V. **Lutteur**.

CATÉCHÈSE [kateʃɛz]. *n. f.* (1574; lat. *catechesis*, gr. *katêkhêsis*). Didact. Enseignement de la religion chrétienne par demandes et réponses.

CATÉCHISATION [kateʃizasjɔ̃]. *n. f.* (1787; de *catéchiser*). Action de catéchiser.

CATÉCHISER [kateʃize]. *v. tr.* (1583; *cathezier*, 1380; lat. *catechizare*, gr. *katêkhizein*). ♦ 1° Instruire dans la religion chrétienne. *Catéchiser un infidèle, un enfant* (V. **Catéchisme**). ♦ 2° V. **Endoctriner, moraliser, prêcher, sermonner**. *Il a essayé de le catéchiser, mais en vain.*

CATÉCHISME [kateʃism]. *n. m.* (1610; *cathezime*, v. 1380; lat. *catechismus*, gr. *katêkhismos* « instruction orale », de *katêkhein* « faire retentir »). ♦ 1° (Abrév. fam. *Caté*). Instruction dans les principes de la foi chrétienne. V. **Credo**. *Catéchisme par demandes et réponses.* — Par ext. *Aller au catéchisme :* au cours de catéchisme. « *Des gentillesses de petite fille de catéchisme* » (RIMBAUD). — Livre contenant l'instruction du catéchisme. *Acheter un catéchisme.* ♦ 2° (XVIIIᵉ). Ce qui est fixé pour qqn article de foi. V. **Dogme**.

CATÉCHISTE [kateʃist(ə)]. *n.* (1578; lat. *catechista*, gr. *katêkhistês*). Personne qui enseigne le catéchisme. *Le catéchiste de la paroisse.* Appos. *Dame catéchiste.*

CATÉCHISTIQUE [kateʃistik]. *adj.* (1752; de *catéchiste*). *Didact.* Du catéchisme; de la catéchèse.

CATÉCHUMÉNAT [katekymena]. *n. m.* (1752; de *catéchumène*). *Didact.* État du catéchumène.

CATÉCHUMÈNE [katekymɛn]. *n.* (XIVe; lat. *catechumenus*, gr. *katêkhoumenos*, de *katêkhein*). ♦ 1° Personne qu'on instruit dans la foi chrétienne, pour la disposer à recevoir le baptême. V. **Prosélyte.** ♦ 2° Personne que l'on instruit, que l'on initie.

CATÉGORÈME [kategɔrɛm]. *n. m.* (1576; gr. *katêgorêma*). *Philo* (Aristote). ♦ 1° Notion universelle, mode général d'énonciation (genre, espèce, différence; propre, accident). ♦ 2° Catégorie (1°).

CATÉGORIE [kategɔri]. *n. f.* (1564; bas lat. *categoria*, gr. *katêgoria* « qualité attribuée à un objet »). ♦1° *Philo.* Qualité que l'on peut attribuer à un sujet. V. **Prédicat.** *Les dix catégories d'Aristote* : substance, quantité, qualité, relation, lieu, temps, situation, avoir, agir, pâtir. — *Spécialt.* (Kant) Concept fondamental de l'entendement. V. **Concept, espace, temps.** *Les douze catégories de Kant. Les quatre grandes classes de catégories* : modalité, qualité, quantité, relation. ♦ 2° *Cour.* Classe* dans laquelle on range des objets de même nature. V. **Espèce, famille, genre, groupe, ordre, série.** *Ranger des livres en plusieurs catégories.* V. **Classer, délimiter, diviser, séparer.** *Catégorie sociale* (Cf. **Classe**), ensemble de personnes ayant en commun des caractéristiques sociologiques. *Catégories logiques, grammaticales* (verbe, nom; genre; nombre). *Morceaux de boucherie de première, deuxième catégorie.* — Par ext. « *La cousine Bette appartenait à cette catégorie de caractères* » (BALZ.). V. **Espèce, nature, race, sorte.**

CATÉGORIEL, IELLE [kategɔrjɛl]. *adj.* (mil. XXe; de *catégorie*, 1°). ♦ 1° *Philo.* Des catégories. *Par ext.* Conceptuel, abstrait. ♦ 2° *Écon. polit.* Propre à une catégorie de travailleurs ou de salariés. *Revendications catégorielles.*

CATÉGORIQUE [kategɔrik]. *adj.* (1495; bas lat. *categoricus.* V. **Catégorie**). ♦ 1° *Philo.* Relatif aux catégories. *Proposition, jugement catégorique* : assertion sans condition (*opposé à* hypothétique). — *Impératif* catégorique.* ♦ 2° Qui ne permet aucun doute, ne souffre ni discussion, ni objection. V. **Absolu, indiscutable.** *Affirmation, réponse catégorique.* V. **Formel.** *Une position catégorique.* V. **Clair, net.** — *Par ext. Il a été catégorique sur ce point.* ◇ ANT. Confus, équivoque, évasif.

CATÉGORIQUEMENT [kategɔrikmɑ̃]. *adv.* (XVIe; de *catégorique*). D'une manière catégorique, sans ambages, carrément, franchement. *Refuser catégoriquement.*

CATÉGORISATION [kategɔrizasjɔ̃]. *n. f.* (1867; de *catégoriser* (1845); de *catégorie*). *Didact.* Classement par catégories (2°).

CATÉNAIRE [katenɛr]. *adj.* (fin XIXe; bot., 1842; lat. *catenarius*, de *catena* « chaîne »). ♦ 1° *Anat.* Relatif à une chaîne de ganglions. ♦ 2° *Didact.* Qui se produit en chaîne. *Réaction caténaire.* ♦ 3° *Techn.* (Ch. de fer). *Suspension caténaire* : système de suspension consistant à soutenir le fil conducteur à distance constante d'une voie. Subst. *La caténaire.*

CATERGOL [katɛrgɔl]. *n. m.* (1948; de *cat*[alyseur], et *ergol*). *Chim.* Propergol* dont la réaction exothermique exige la présence d'un catalyseur.

CATGUT [katgyt]. *n. m.* (1871; mot angl. « boyau de chat »). *Chir.* Fil résorbable, obtenu à partir de la couche sous-muqueuse de l'intestin grêle d'animaux (surtout du mouton) et utilisé pour les sutures et ligatures.

CATHARE [katar]. *n. et adj.* (1688; gr. *katharos* « pur »; V. **Catharsis**). *Hist. rel.* Les *Cathares*, secte manichéenne du moyen âge (XIe-XIIIe s.) répandue surtout dans le Midi de la France (V. **Albigeois**) et préconisant une absolue pureté de mœurs. — Adj. *L'hérésie cathare. Les sites et châteaux cathares.*

CATHARSIS [katarsis]. *n. f.* (1880; gr. *katharsis* « purification »). ♦ 1° *Philo.* Selon Aristote, effet de « purgation des passions » produit sur les spectateurs d'une représentation dramatique. ♦ 2° *Psychan.* Réaction de libération ou de liquidation d'affects longtemps refoulés dans le subconscient et responsables d'un traumatisme psychique. V. **Abréaction.**

CATHARTIQUE [katartik]. *adj.* (XVIe; du gr. *kathartikos* « qui purge »). ♦ 1° *Méd.* Qui agit comme purgatif puissant. — Subst. *La cascara est un cathartique.* ♦ 2° *Psychan.* Relatif à la catharsis*. *Méthode cathartique.*

CATHÉDRAL, ALE, AUX [katedral, o]. *adj.* (1180; lat. médiév. *cathedralis*, de *cathedra* « siège épiscopal »). *Rare.* Du siège de l'autorité épiscopale. *Église cathédrale.* — **Cathédrale.** « *Le vrai saint cathédral est saint Pierre* » (HUGO).

CATHÉDRALE [katedral]. *n. f.* (1666; de *église cathé-drale*). ♦ 1° Église épiscopale d'un diocèse (*cour.* et *abusiv.* toute grande et belle église). *L'évêque a dit la grand-messe à la cathédrale.* — *Archit. Cathédrale romane, gothique, classique, baroque. La cathédrale de Chartres, de Reims. Nef, bas-côtés, chœur d'une cathédrale.* « *Le XIIIe siècle a été la plus grande ère des cathédrales* » (HUYSMANS). ◇ *Reliure à la cathédrale* : reliure romantique de style néo-gothique. ♦ 2° Appos. *Verre cathédrale* : translucide.

CATHÈDRE [katɛdr(ə)]. *n. f.* (XVIe « chaire »; lat. *cathedra*). *Didact.* Chaise gothique à haut dossier.

CATHERINETTE [katrinɛt]. *n. f.* (fin XIXe; de *coiffer sainte Catherine*, 1842). Jeune fille qui fête la Sainte-Catherine (fête traditionnelle des ouvrières de la mode, etc., non mariées à 25 ans).

CATHÉTER [katetɛr]. *n. m.* (1638; lat. méd. *catheter*, gr. *katheter*). *Méd.* Tige creuse ou pleine servant à explorer ou à dilater un canal, un orifice. V. **Bougie, canule, sonde.** *Cathéter pulmonaire.*

CATHÉTÉRISME [kateterism(ə)]. *n. m.* (1658; lat. *catheterismus*). *Méd.* Introduction d'un cathéter, d'une sonde dans un conduit ou une cavité naturels (urètre, vessie, œsophage, etc.) dans un but diagnostique ou thérapeutique. *Cathétérisme cardiaque.* V. **Sondage** (2°).

CATHÉTOMÈTRE [katetɔmɛtr(ə)]. *n. m.* (1853; gr. *kathetos* « vertical », et *mètre*). Appareil servant à mesurer la distance verticale de deux points ou de deux plans horizontaux (V. **Nivellement**).

CATHODE [katɔd]. *n. f.* (1838; formé par Faraday; d'apr. le gr. *kata* « en bas », et *hodos* « chemin »). Électrode* de sortie du courant. *Cathode d'un tube à vide* : source primaire des électrons. ◇ ANT. **Anode.**

CATHODIQUE [katɔdik]. *adj.* (1897; de *cathode*). *Sc.* De la cathode; qui en émane. *Rayons* cathodiques. Tube à rayons cathodiques; tube cathodique.* — Relatif à la visualisation obtenue sur l'écran d'un tube à rayons cathodiques. *Affichage cathodique.*

CATHOLICISME [katɔlisism(ə)]. *n. m.* (XVIe, repris 1734; de *catholique*). Religion chrétienne dans laquelle le Pape exerce l'autorité en matière de dogme et de morale. V. **Église.** *Se convertir au catholicisme.* — *Un catholicisme sincère, étroit, austère,* la façon dont une personne comprend la doctrine de l'Église romaine.

CATHOLICITÉ [katɔlisite]. *n. f.* (1578; de *catholique*). ♦ 1° Conformité d'une doctrine à celle de l'Église catholique. V. **Orthodoxie.** ♦ 2° Ensemble des catholiques. V. **Église.** *Le Pape est le chef de la catholicité.*

CATHOLIQUE [katɔlik]. *adj.* (Chatoliche, XIIIe; lat. chrét. *catholicus*, gr. *katholikos* « universel »). I. ♦ 1° Relatif au catholicisme*. V. **Chrétien.** *La religion, la foi catholique. L'Église catholique, apostolique et romaine. Le clergé catholique. Dogmes, liturgie catholique.* V. **Romain.** — Qui professe le catholicisme. « *La France devenait la première des puissances catholiques, la « fille aînée de l'Église »* (BAINVILLE). *Les Rois Catholiques* : Ferdinand II d'Aragon et Isabelle Ire de Castille (Isabelle la Catholique). *Institut, faculté catholique* (fam. *la Catho*). ♦ 2° Subst. *Un catholique. Les catholiques. Un bon catholique.* V. **Croyant, pratiquant.** « *La plupart des catholiques intelligents sont plus ou moins pragmatistes sans le savoir* » (MART. du G.). ♦ 3° Fig. et fam. *Une chose pas très catholique* : sujette à caution (V. **Douteux**). *C'est une affaire bizarre, pas très catholique* : *méfiez-vous!* II. (1635; repris au sens gr.). *Vx* ou *relig.* Universel. ◇ ANT. **Incroyant, païen. Hérétique.**

CATI [kati]. *n. m.* (1694; de *catir*). *Techn.* Apprêt donné aux étoffes. V. **Lustre, 2.**

CATILINAIRE [katilinɛr]. *n. f.* (1808; du nom des quatre harangues de Cicéron contre *Catilina*). *Littér.* Discours violemment hostile.

CATIMINI (EN) [katimini]. *loc. adv.* (XVe; *catimini* « menstrues », XIVe; gr. *katamênia*). En cachette, discrètement, secrètement. V. **Cachette** (en), **secret** (en), **tapinois** (en). *S'approcher, faire qqch. en catimini.*

CATIN [katɛ̃]. *n. f.* (1530; abrév. fam. puis péj. de *Catherine*, var. *catau*). *Vieilli.* Femme de mauvaises mœurs. V. **Prostituée, putain.**

CATION [katjɔ̃]. *n. m.* (1907; du gr. *kata* « en bas », et *ion*). Ion positif, qui se porte à la cathode, dans l'électrolyse. ◇ ANT. **Anion.**

CATIR [katir]. *v. tr.* (*Quatir* « presser », XIIe; lat. pop. *coactire*, de *coactus*, p. p. de *cogere*). *Techn.* Donner du lustre, du « cati », à une étoffe en la pressant. *Catir du drap à chaud, à froid.* ◇ ANT. **Décatir.**

CATISSAGE [katisaʒ]. *n. m.* (1842; de *catir*). *Techn.* Opération par laquelle on catit. ◇ ANT. **Décatissage.**

CATOBLÉPAS [katɔblepas]. *n. m.* (1542; gr. *katoblepein* « regarder par-dessous »). Animal légendaire à long cou grêle dont la tête traînait à terre.

CATOGAN [katɔgɑ̃] ou **CADOGAN** [kadɔgɑ̃]. *n. m.*

(1780 ; coiffure mise à la mode par le général anglais *Cadogan*). Nœud ou ruban qui attache les cheveux sur la nuque.

CATOPTRIQUE [katɔptʀik]. *adj.* et *n. f.* (1690 ; gr. *katoptrikos*, de *katoptron* « miroir »). *Phys.* Relatif à la réflexion de la lumière. — *N. f.* Partie de l'optique qui étudie la réflexion.

CAT(T)LEYA [katleja]. *n. f.* (1846 ; lat. bot. formé en angl., de W. *Cattley*). Orchidée à grandes fleurs richement colorées. « *Les cattleyas surtout, qui étaient, avec les chrysanthèmes, ses fleurs préférées* » (PROUST).

CAUCASIEN, IENNE [kɔkazjɛ̃, jɛn]. *adj.* et *n.* Du *Caucase*, chaîne de montagnes d'Asie.

CAUCHEMAR [koʃmaʀ]. *n. m.* (1564 ; *quauquemaire*, xvᵉ ; mot picard, de *cauquer* « fouler, presser », et néerl. *mare* « fantôme »). ♦ 1° Rêve pénible dont l'élément dominant est l'angoisse. « *Je tombais de rêve en cauchemar, de cauchemar en convulsions nerveuses* » (COLETTE). Obsession effrayante. — *Fam.* Objet d'ennui, d'importunité. ♦ 2° *Fig.* Personne ou chose effrayante, fatigante. V. *Tourment*. « *Les pronoms relatifs ont été le cauchemar de Flaubert* » (THIBAUDET). Faire des cauchemars.

CAUCHEMARDER [koʃmaʀde]. *v. intr.* (1841 ; de *cauchemar*). Faire des cauchemars.

CAUCHEMARDESQUE, CAUCHEMARESQUE [koʃmaʀdɛsk(ə), ʀɛsk(ə)]] ou **CAUCHEMARDEUX, EUSE** [koʃmaʀdø, øz]. *adj.* (xxᵉ ; *cauchemardant*, 1840 ; de *cauchemar*). De cauchemar. *Une impression, une vision cauchemardesque*. « [...] *ne quelques pas qu'il avait pu parcourir* [...] *étaient cauchemaresques* » (CENDRARS). — *Sommeil cauchemardeux* : plein de cauchemars.

CAUDAL, ALE, AUX [kodal, o]. *adj.* (1792 ; lat. *cauda* « queue »). Relatif à la queue ou à la partie terminale, postérieure, du corps d'un animal. *Appendice caudal*. *Nageoire caudale*, ou subst. *Caudale de poisson, de cétacé*.

CAUDATAIRE [kodatɛʀ]. *n. m.* (1542 ; lat. ecclés. *caudatarius* ; class. *cauda* « queue »). ♦ 1° Celui qui, dans les cérémonies, porte la queue de la robe du pape, d'un prélat, d'un roi. ♦ 2° *Fig.* Homme obséquieux et flatteur. V. *Adulateur*.

CAUDILLO [kawdijo]. *n. m.* (xxᵉ ; mot esp. « *capitaine* »). Général espagnol ayant pris le pouvoir (titre repris par le général Franco, en 1936).

CAUDRETTE [kodʀɛt]. *n. f.* (1769 ; picard *cauderette*, de *caudière* « chaudière »). *Pêch.* Filet à crustacés en forme de poche, monté sur un cercle. V. *Balance*.

-CAULE, CAULI-. Éléments, du lat. *caulis* « tige ».

CAULESCENT, ENTE [kolɛsã, ãt]. *adj.* (1791 ; lat. *caulis* « tige »). *Bot.* Pourvu d'une tige apparente. *Plante caulescente*. ⊘ ANT. *Acaule*.

CAURI ou **CAURIS** [koʀi, is]. *n. m.* (1615 ; mot hindi *kaurī*, du sanskrit *kaparda*). *Didact.* (cour. en Afrique noire). Coquillage du groupe des porcelaines. *Les cauris ont servi de monnaie en Afrique orientale et au Tchad*.

CAUSAL, ALE [kozal]. *adj.* (inus. masc. plur. ; 1565 ; *cauzal*, xiiiᵉ « raison, motif » ; lat. *causalis*). Qui concerne la cause, lui appartient, ou la constitue. (V. *Causatif*.) *Lien causal*. — *Gram.* *Conjonctions causales* (car, parce que...). *Proposition causale* : donnant la raison de ce qui a été dit.

CAUSALGIE [kozalʒi]. *n. f.* (1864 ; gr. *kausis* « brûlure », et *-algie*). *Méd.* Vive douleur des extrémités donnant une sensation de brûlure, et en rapport avec des lésions nerveuses.

CAUSALISME [kozalism(ə)]. *n. m.* (xxᵉ ; de *causal*). *Philo.* Théorie de la causalité.

CAUSALITÉ [kozalite]. *n. f.* (xivᵉ ; de *causal*). Qualité de cause. — Rapport de la cause à l'effet qu'elle produit. V. **Relation.** ◊ *Principe* ou *loi de causalité* : axiome en vertu duquel tout phénomène a une cause. (V. **Déterminisme.**

CAUSANT, ANTE [kozã, ãt]. *adj.* (1676 ; de *causer* 2). *Fam.* Qui parle volontiers ; qui aime à causer. V. *Communicatif*, *loquace*. *Il n'est pas très causant*.

CAUSATIF, IVE [kozatif, iv]. *adj.* (v. 1500 ; lat. *causativus*). *Gram.* Qui annonce ou indique la cause, la raison. V. **Causal.** Parce que, vu que, *sont des conjonctions causatives*. *Verbe causatif*. V. **Factitif.**

CAUSE [koz]. *n. f.* (xiiᵉ ; lat. *causa* « cause », et « procès » ; Cf. Chose).

I. Événement antécédent, action qui produit un effet. ♦ 1° (1170). Ce par quoi un événement, une action humaine arrive, se fait. V. **Origine ; motif, objet, raison, sujet.** « *Si les effets matériels de quelques actions sont pareils à diverses époques, les causes qui les ont produites sont différentes* » (CHATEAUB.). *Il n'y a pas d'effet sans cause* (Cf. *Pas de fumée sans feu*). *À petite cause grands effets*[*]. — *La, une cause de...* : ce qui produit, occasionne (qqch.). *Cause profonde, réelle ; apparente*. *La cause de sa réussite*. V. **Occasion, origine.** *Cause de troubles* (V. **Semence, source**), *de guerre* (V. **Casus belli**). « *La cause de ma gêne, de ma rougeur, elle se nomme timidité* » (COLETTE). *Être cause de, être cause que*. V. **Causer, occasionner.** « *Approchez, je suis sourd, les ans en sont la cause* » (LA FONT.). *Vous serez cause, la*

cause de son bonheur, de sa perte. *Les affaires qui me sont survenues sont cause que je n'ai pu aller vous voir* (ACAD.). ◊ À CAUSE DE, *loc. prép.* : par l'action, l'influence de. *Tout est arrivé à cause de lui, de sa bêtise* : par la faute de. *Après cela, donc à cause de cela* « *est souvent un axiome faux* » (MAUROIS). *Par ext.* En raison de. *Je lui pardonne, à cause de son âge*. — À CAUSE QUE (vx) : parce que. « *Le portrait, que j'ai laissé à moitié fait à cause que je m'endormais* » (MARIVAUX). — POUR CAUSE DE. *Le magasin est fermé pour cause d'inventaire* (xivᵉ). *Philo.* Principe d'où une chose tire son être ; le fait d'un être (V. **Agent, auteur, créateur**) qui modifie un autre être (le détruit ou plus souvent le crée). V. **Fondement, moteur, origine, principe.** « *La cause (est) l'antécédent constant* » (GOBLOT). *Cause première*, au delà de laquelle on ne peut en concevoir d'autre. *Causes secondes*. *Causes finales* : but pour lequel chaque chose aurait été faite. V. **Finalité.** *Enchaînement des causes et des effets*. *Rechercher, reconnaître, attribuer une cause*. V. **Étiologie.** ♦ 3° *Vx* ou *loc.* Ce pourquoi on fait qqch. V. **But, considération, intention, mobile, motif, occasion, prétexte, raison, sujet.** « *J'ai certaine cause Qui me fait demander ce récit* » (MOL.). *Pour une cause légère, futile*. — *Mod.* *Sans cause ; non sans cause. Pour une cause sérieuse. Pour la bonne cause (fam. : pour épouser). Et pour cause : pour des motifs évidents, que l'on tait*. ♦ 4° *Dr.* *Cause d'une convention, d'une obligation* : but en vue duquel une personne s'oblige envers une autre. V. **Objet ; fondement.** *Cause licite*.

II. ♦ 1° (v. 1120). *Dr.* Affaire qui se plaide. V. **Procès.** *Bonne, mauvaise cause*. *Cause civile, criminelle*. *Causes célèbres*. *Confier une cause à un avocat*. « *L'obligation sans cause, ou sur une fausse cause, ou sur une cause illicite, ne peut avoir aucun effet* » (CODE CIV.). *Plaider sa cause*. *Cour. Il plaida* « *la cause de la raison, la cause même du simple bon sens* » (LOTI). *Gagner une cause*. *Avoir, obtenir gain de cause, avoir cause gagnée* : avoir l'avantage dans un procès, et (*cour.*) l'emporter, obtenir ce qu'on voulait. *La cause est entendue, jugée* : les débats sont clos. *En tout état de cause* : quoi qu'il en soit, de toute manière. *Par ext.* Dans tous les cas. — *Fam.* *Un avocat sans causes* : sans clientèle. — *Loc. fig. Pour les besoins de la cause*. — EN CAUSE. *Être en cause* : être l'objet du débat, de l'affaire. *Mettre en cause* : appeler, citer au débat une personne qui est amenée à se défendre ou à témoigner. V. **Appeler, citer, invoquer ; accuser, attaquer, suspecter** (Cf. *fam.* Dans le coup). *Mettre hors de cause* : dégager de toute suspicion. V. **Disculper.** *Cela est hors de cause* : il ne saurait en être question. — *En désespoir de cause* : comme dernière ressource, tout autre moyen étant impossible. — *En connaissance de cause* : en connaissant les faits. « *Nous agissons en tout connaissance de cause* » (GIDE). ♦ 2° (1549). *Par ext.* L'ensemble des intérêts à soutenir, à faire prévaloir. V. **Parti.** *Une cause injuste*. *La cause du peuple, d'un parti*. *Embrasser, épouser, prendre en main une cause*. *Défendre, soutenir la cause de qqn*. *Une sensibilité* « *prête à épouser et à servir toute grande cause qui fût vraiment digne d'un sacrifice total* » (MART. du G.). *Abandonner une cause*. *Une cause perdue*. — *Prendre fait et cause pour qqn* : prendre son parti, le défendre, le soutenir. — *Faire cause commune avec qqn* : mettre en commun ses intérêts. V. **Accord.**

◊ ANT. *Conséquence, effet, produit, résultat*.

1. CAUSER [koze]. *v. tr.* (xiiiᵉ ; de *cause*). Être cause de. V. **Amener, apporter, attirer, entraîner, faire, motiver, occasionner, produire, provoquer, susciter.** *Causer un malheur*. *Causer un dommage, des dégâts*. *Causer du scandale*. *Causer de la peine* (contrarier), *du chagrin* (chagriner) *à qqn*. ◊ ANT. *Procéder (de), venir (de)*.

2. CAUSER [koze]. *v. intr.* (xiiiᵉ, répandu xvᵉ ; lat. *causari* « faire un procès », « plaider, alléguer »). ♦ 1° S'entretenir familièrement avec qqn. V. **Parler ; bavarder.** *Nous causons ensemble*. *Causer avec qqn*. *Causer longuement d'une affaire*. *Causer de littérature, de peinture*. *Ellipt.* « *Un petit café, où ils se réunissaient pour causer politique* » (FLAUB.). *Assez causé* : n'en parlons plus, brisons là. — (*Incorrect*) V. tr. indir. *Causer à qqn*. « *Elle me causa longtemps avec cette familiarité charmante* » (ROUSS.). *Pop.* Hé, toi, je te cause! — *Fam.* Tenir de vains propos. *Causer de la pluie et du beau temps*. *Causer chiffons*. « *Tu causes, tu causes, c'est tout ce que tu sais faire* » (QUENEAU). ♦ 2° *Parler trop*, avec indiscrétion (V. **Jaser**). *Parler avec malignité* (V. **Cancaner**). *On commence à causer, à en causer*. ◊ ANT. *Taire (se)*.

CAUSERIE [kozʀi]. *n. f.* (1555 ; de *causer* 2). ♦ 1° Entretien familier. V. **Conversation.** *Causeries à bâtons rompus*. « *La leçon dégénérait en causerie* » (GIDE). ♦ 2° Discours, conférence sans prétention. *Une causerie littéraire, scientifique*.

CAUSETTE [kozɛt]. *n. f.* (1790 ; de *causer* 2). *Fam.* *Faire la causette, un brin de causette, une petite causette* : bavarder familièrement. V. **Babillage, bavardage.** « *Elle venait prendre le thé et faire la causette* » (COURTELINE).

CAUSEUR, EUSE [kozœʀ, øz]. *adj. et n.* (1534; de *causer* 2). ♦ 1° Adj. *(Rare).* Qui aime à causer. V. **Loquace.** *Il n'est guère causeur.* V. **Causant.** « *C'était un enfant très causeur et très moqueur* » (SAND). ♦ 2° *N.* Personne qui cause volontiers. *Un aimable, un insupportable causeur.* ◇ ANT. Silencieux, taciturne.

CAUSEUSE [kozøz]. *n. f.* (1819; de *causer* 2). Petit canapé (où deux personnes peuvent s'asseoir pour causer).

CAUSSE [kos]. *n. m.* (1791; mot du Rouergue; bas lat. °*calcinus*, de *calx* « chaux »). Plateau calcaire, dans le centre et le sud de la France. *Causse du Quercy. Les avens des causses.*

CAUSTICITÉ [kostisite]. *n. f.* (1738; de *caustique*). ♦ 1° Caractère d'une substance caustique. V. **Acidité.** *Causticité d'un acide.* ♦ 2° *Fig.* Tendance à dire, à écrire des choses caustiques, mordantes. V. **Aigreur, malignité, mordant.** « *Une causticité naturelle qui piquait et ne mordait jamais* » (MADELIN). — *Causticité d'une épigramme, d'une satire.* ◇ ANT. Douceur; bienveillance.

1. **CAUSTIQUE** [kostik]. *adj. et n. m.* (1490; lat. *causticus*, gr. *kaustikos* « brûlant »). ♦ 1° Qui désorganise, attaque, corrode les tissus animaux et végétaux. V. **Acide, brûlant, corrodant, corrosif, cuisant.** *Substance caustique. Soude, potasse caustique.* — *Subst. Les caustiques sont employés en thérapeutique* (nitrate d'argent, ammoniaque, acides). ♦ 2° (1690). *Fig.* Qui attaque, blesse par la moquerie et la satire. V. **Acerbe, moqueur, mordant, narquois, piquant, satirique.** « *Sénèque est le père fut d'une humeur caustique* » (DIDER.). *Moquerie caustique. Avoir l'esprit caustique. Être spirituel et caustique.* ◇ ANT. Doux; bénin, bienveillant.

2. **CAUSTIQUE** [kostik]. *n. f.* (1751; de *courbe caustique* parce que les rayons lumineux brûlent). *Phys.* Lieu des intersections des rayons réfléchis (catacaustique) ou réfractés (diacaustique). *La caustique est une surface tangente aux rayons.*

CAUTÈLE [kotɛl]. *n. f.* (1265; lat. *cautela* « défiance »). *Littér.* Prudence rusée. V. **Défiance, finesse, rouerie.** « *Avec la finesse particulière aux gens qui font leur fortune par la cautèle* » (BALZ.). ◇ ANT. Franchise, naïveté.

CAUTELEUX, EUSE [kotlø, øz]. *adj.* (XIIIᵉ; de *cautèle*). ♦ 1° *Vx.* Qui a de la cautèle. V. **Défiant, fin, habile, roué, rusé.** ♦ 2° *Mod.* Qui agit d'une manière hypocrite et habile. V. **Hypocrite, sournois.** — *Air cauteleux, manières cauteleuses.* V. **Patelin; mielleux.** ◇ ANT. Franc, naïf.

CAUTÈRE [ko(o)tɛʀ]. *n. m.* (XIVᵉ; lat. *cauterium*, gr. *kautêrion*, de *kaiein* « brûler »). *Méd.* Instrument à pointe chauffable au rouge, servant à brûler les tissus. V. **Galvano-cautère, thermocautère; pointe** (de feu); **caustique, moxa.** PROV. *C'est un cautère sur une jambe de bois* : un remède, un expédient inutile.

CAUTÉRISATION [ko(o)teʀizasjɔ̃]. *n. f.* (1314; de *cautériser*). Destruction de tissus au moyen d'un cautère ou de substances caustiques (par ex. crayon de nitrate d'argent).

CAUTÉRISER [ko(o)teʀize]. *v. tr.* (XIVᵉ; lat. *cauterizare*; Cf. *Cautère*). Brûler les tissus avec un cautère. *Cautériser une plaie.*

CAUTION [kosjɔ̃]. *n. f.* (1283; lat. *cautio* « précaution », de *cavere* « prendre garde »). ♦ 1° Garantie d'un engagement. V. **Cautionnement; assurance, gage, sûreté.** *Verser une caution* : de l'argent pour servir de garantie (dépôt de garantie). *Mettre en liberté sous caution.* — *Par ext.* Toute assurance, toute garantie. ♦ 2° *Sujet à caution* : sur qui ou sur quoi l'on ne peut compter, avoir confiance. V. **Douteux, suspect.** *Nouvelle sujette à caution.* « *Sa vie privée restait sujette à caution* » (MART. du G.). ♦ 3° (1636). *Par ext.* La personne qui fournit une garantie, un témoignage. V. **Garant, témoin.** *Vx. Je vous suis caution que* : j'affirme, je réponds de. — *Dr.* Personne qui s'engage envers un créancier pour garantir l'exécution d'une obligation. V. **Fidéjusseur.** *Se porter caution pour qqn.* — *Caution judicatum solvi* : qui s'engage à « exécuter le jugement ». — *Caution judiciaire, légale,* fournie en exécution d'un jugement ou par la loi.

CAUTIONNEMENT [kosjɔnmɑ̃]. *n. m.* (1616; de *cautionner*). ♦ 1° *Dr.* Contrat par lequel la caution s'engage envers le créancier. Acte qui constate l'existence d'un contrat. *Signer un cautionnement.* ♦ 2° Dépôt destiné à servir de garantie à des créances éventuelles. *Déposer une somme d'argent, des valeurs en cautionnement.* V. **Gage, garantie.** *Cautionnement versé pour un objet prêté.* V. **Consigne.** — Dr. const. *Cautionnement électoral,* somme d'argent à déposer avant l'élection.

CAUTIONNER [kosjɔne]. *v. tr.* (1360; de *caution*). ♦ 1° *Dr.* Se rendre caution pour qqn. *Cautionner un ami.* « *Ce caissier que vous avez cautionné* » (LESAGE). ♦ 2° *Par ext.* Être la caution de (une idée, une action) en l'approuvant. *Il ne veut pas cautionner cette politique.*

CAVAILLON [kavajɔ̃]. *n. m.* (1922; prov. *cavalhon,* lat. *caballio*). Bande de terre entre les pieds de vigne, que la charrue ne peut labourer.

CAVALCADE [kavalkad]. *n. f.* (1349, var. *cavalcate;* it. *cavalcata,* de *cavalcare* « chevaucher »). ♦ 1° *Vx.* Marche, promenade à cheval. *Mod.* Course de cavaliers qui galopent, sautent. ♦ 2° Défilé de cavaliers, de chars. *Cavalcade de mi-carême.* ♦ 3° *Fam.* Troupe désordonnée, bruyante. *Une cavalcade d'enfants qui dégringolent l'escalier.*

CAVALCADER [kavalkade]. *v. intr.* (1824; de *cavalcade*). ♦ 1° *Vx.* Chevaucher en groupe. ♦ 2° *Mod.* Courir en groupe. *Les enfants cavalcadaient dans toute la maison.*

CAVALCADOUR [kavalkaduʀ]. *adj. m.* (1540; it. *cavalcatore* « chevaucheur »). Ancienn. *Écuyer cavalcadour,* qui avait la surveillance des chevaux et des écuries du roi, des princes.

1. **CAVALE** [kaval]. *n. f.* (1552; it. *cavalla,* fém. de *cavallo* « cheval »). *Poét.* Jument de race. « *C'était (La France) une cavale indomptable et rebelle Sans frein d'acier ni rênes d'or* » (BARBIER).

2. **CAVALE** [kaval]. *n. f.* (1829; de *cavaler* « courir, s'évader »). *Arg.* Évasion. *Être en cavale,* en fuite.

CAVALER [kavale]. *v. intr.* (1575, v. tr., « poursuivre »; « chevaucher », déb. XVIIᵉ, repris XIXᵉ; de *cavale*). Pop. *Se cavaler, cavaler* : courir, fuir, filer. « *Les cognes sont venus. Ils ont manqué me pincer. Je les ai vus. J'ai cavalé, cavalé, cavalé !* » (HUGO). — *Cavaler après qqn* : lui courir* après. ◇ *Trans.* (1878) Ennuyer. *Tu nous cavales* (Cf. *pop.* Courir).

CAVALERIE [kavalʀi]. *n. f.* (1308; de *cavalier*). ♦ 1° Ensemble de troupes à cheval, d'unités de cavaliers. *Division de cavalerie grecque.* V. **Hipparchie.** *Charge de cavalerie. Cavalerie légère* (chasseurs, hussards, spahis). *Grosse cavalerie* (cuirassiers). *Fig. C'est de la grosse cavalerie* : du tout-venant (dans une vente, un inventaire). *Trompette, sabre de cavalerie.* ♦ 2° L'un des corps de l'armée ne comprenant, à l'origine, que des troupes à cheval. *La cavalerie moderne est motorisée.* V. **Blindé, char.** *Division, brigade, régiment, escadron, peloton de cavalerie. Motocyclettes, automitrailleuses, chars d'assaut, camions d'un régiment de cavalerie.* ♦ 3° Ensemble de chevaux. V. **Écurie.** *La cavalerie d'un cirque.* ♦ 4° *Fig. et fam. La cavalerie de Saint-Georges* : l'argent anglais (les pièces portaient l'image de saint Georges à cheval). ♦ 5° *Traites de cavalerie* : de complaisance. ◇ ANT. Infanterie.

CAVALEUR [kavalœʀ]. *adj. et n. m.* (fin XIXᵉ; de *cavaler*). *Pop.* Coureur de jupons. *Il est un peu cavaleur.*

CAVALIER, IÈRE [kavalje, jɛʀ]. *n. et adj.* (v. 1740; it. *cavaliere.* V. **Chevalier**). — I. ♦ 1° (1611). Personne qui est à cheval. *Un bon cavalier,* qui monte bien à cheval. *Cavalier participant à un concours hippique. Cavalier de cirque* (V. **Écuyer**). *Cavalier qui monte en course* (V. **Jockey**). *Cavalier dans une course de taureaux.* V. **Picador.** *Cavalier menant une voiture de poste.* V. **Postillon.** *Une cavalière.* V. **Amazone.** — *Les Quatre cavaliers de l'Apocalypse.* — Adj. *Piste, allée cavalière* : réservées aux cavaliers. ♦ 2° *N. m.* Soldat à cheval (V. **Cavalerie**). *Cavaliers d'anciennes unités.* V. **Carabinier, éclaireur, gendarme, hussard, lancier, mousquetaire... Cavaliers allemands** (V. **Reître, uhlan**), **russes** (V. **Cosaque**), **musulmans** (V. **Goumier, mameluck**). *Cavalier placé en sentinelle.* V. **Vedette.** — *Mod.* Militaire servant dans la cavalerie. V. **Chasseur, cuirassier, dragon, spahi.** ♦ 3° (1752). *Fig.* Pièce de jeu d'échecs représentant une tête de cheval. *La marche du cavalier s'effectue du noir au blanc et du blanc au noir, obliquement, en sautant une case.* — II. ♦ 1° *N. m. Vx.* Homme d'épée. Titre donné par politesse, au XVIIᵉ s. V. **Chevalier, seigneur.** ♦ 2° (v. 1600). L'homme qui accompagne une dame. *Elle donnait le bras à son cavalier. Elles n'ont pas de cavalier pour danser.* V. **Danseur.** *Cavalier servant.* V. **Chevalier, galant.** — N. f. *La cavalière d'un danseur* : sa danseuse. — *Cavalier seul* : figure de quadrille où l'homme danse seul; le pas qu'il exécute. Fig. *Faire cavalier seul* : agir seul, en isolé; se mettre à l'écart. ♦ 3° CAVALIER, IÈRE. *adj.* (XVIIᵉ). *Vieilli.* Propre au cavalier. *Tournure cavalière.* V. **Dégagé.** ◇ *Mod. Péj.* Qui manque de considération. V. **Brusque, hardi, insolent.** *Procédé cavalier, réponse cavalière.* V. **Impertinent.** *Plaisanterie un peu cavalière.* V. **Inconvenant, leste.** — III. *N. m.* ♦ 1° (1546). *Ancienn.* Ouvrage de fortification dominant les retranchements, à l'arrière. *Mod.* Adj. *Perspective cavalière* : vue d'arrière et de haut. *Plan cavalier,* selon cette perspective. — Amas de déblais. V. **Déblai, talus.** ♦ 2° (1832). Papier de format 0,46 × 0,62 m. ♦ 3° (XXᵉ). Clou, pièce métallique en forme d'U. *Balance à cavaliers.* — Pièce métallique courbe servant au classement des fiches. ♦ 4° Engin de manutention qui enjambe et soulève la charge. ◇ ANT. Piéton. Fantassin. Emprunté; respectueux, sérieux.

CAVALIÈREMENT [kavaljɛʀmɑ̃]. *adv.* (1613; de *cavalier,* II, 3°). D'une manière cavalière, dégagée et un peu insolente. *Il l'a traité cavalièrement. Il parle, il répond trop cavalièrement.* ◇ ANT. Sérieusement; respectueusement.

CAVATINE [kavatin]. *n. f.* (1767; it. *cavatina,* de *cavata* « action de tirer un son », de *cavare* « creuser »). *Mus.* Pièce vocale assez courte, plus brève que l'air, dans un opéra. *La cavatine de Don Juan,* de Mozart.

1. CAVE [kav]. *n. f.* (XIIᵉ, « trou, caverne »; lat. *cava*, n. f., de *cavus* « creux »). ♦ **1º** (v. 1250). Local souterrain, ordinairement situé sous une habitation. *Cave voûtée. Cave fraîche, sombre. Cave à provisions, à bois, à charbon.* « *J'étais dans une sorte de cave, éclairée par un petit soupirail* » (BOSCO). *De la cave au grenier, de bas en haut, entièrement.* — *Spécialt.* Cellier aménagé dans une cave. *Avoir du vin en cave. Cave pleine de tonneaux, de casiers à bouteilles, de porte-bouteilles. Cave viticole.* V. **Chai.** ♦ **2º** Cave servant de cabaret, de dancing. V. **Caveau.** *Les caves de Saint-Germain-des-Prés* (à Paris). ♦ **3º** (1851). *Par ext.* Les vins conservés dans une cave. *Une bonne cave, une cave bien montée. La cave d'un restaurant, d'un hôtel.* — (1669) Boîte, caisse à compartiments où l'on met des vins, des liqueurs. *Cave à liqueurs.* ♦ **4º** *Rat de cave* : mince bougie; *fig.* Commis des Contributions, qui contrôlait les boissons dans les caves.

2. CAVE [kav]. *adj.* (XIIIᵉ; lat. *cavus* « creux »). ♦ **1º** Qui présente une cavité, un renfoncement (*vx*, sauf dans *un œil cave*). V. **Creux.** « *Tout à coup, il releva la tête, son œil cave parut plein de lumière* » (HUGO). ♦ **2º** (XVIᵉ). *Veines caves,* amenant le sang veineux à l'oreillette droite du cœur. *Veine cave supérieure,* à laquelle aboutissent toutes les veines de la moitié supérieure du corps. *Veine cave inférieure* ou *ascendante,* à laquelle aboutissent les veines de l'abdomen, du bassin et des membres inférieurs.

3. CAVE [kav]. *n.* (1690; de *caver* 2). **I.** *N. f.* Le fonds d'argent que chaque joueur met devant soi (*ex.* : au poker). V. **Enjeu, mise. II.** *N. m.* (v. 1882; de *cavé* (1835), de *caver* 2). *Pop.* Celui qui se laisse duper; qui n'est pas du Milieu* (*opposé à* affranchi, mec). *Adj. Ce qu'elle est cave !*

CAVEAU [kavo]. *n. m.* (XIIIᵉ; de *cave* 1). ♦ **1º** Petite cave. ♦ **2º** (XVIIIᵉ). Cabaret, café littéraire. — *Mod.* Se dit de certains cabarets, de théâtres de chansonniers. *Les caveaux de Montmartre.* ♦ **3º** (1680). Construction souterraine pratiquée sous une église, dans un cimetière, et servant de sépulture. V. **Columbarium, enfeu.** *Caveau de famille. Les niches funéraires d'un caveau.*

CAVEÇON [kavsɔ̃]. *n. m.* (1580; it. *cavezzone*; lat. pop. °*capitia*). Demi-cercle de métal enserrant les naseaux d'un cheval qu'on veut dompter (V. **Mors**). *Pièce du caveçon.* V. **Sous-gorge, têtière.** *Dresser, dompter un cheval à coups de caveçon. Fig.* (Vx ou littér.) *Coup de caveçon* : coup qui force à rabattre des prétentions. ◇ (1867). Muselière pour les agneaux de sevrage.

CAVÉE [kave]. *n. f.* (1743; en picard, 1150; de *cave*). *Région.* Chemin creux. ◇ HOM. *Caver* (1 et 2).

1. CAVER [kave]. *v. tr.* (XIIIᵉ; lat. *cavare*). Vx ou région. Creuser, miner. *Intrans.* « *Elle (la truie) donne du groin en avant et elle cave* » (COLETTE). — *Pronom.* SE CAVER, devenir creux. *Ses yeux se sont cavés.*

2. CAVER [kave]. *v. intr.* (1642; it. *cavare* « creuser », puis « tirer de sa poche »). Faire mise d'une somme d'argent à certains jeux : poker, bouillotte. V. **Miser.** *Trans. Caver mille francs. Absolt. Se caver.* ◇ HOM. *Cavée.*

CAVERNE [kavɛrn(ə)]. *n. f.* (1120; lat. *caverna,* de *cavus* « creux »). ♦ **1º** Cavité naturelle creusée dans la roche. V. **Grotte.** *L'étude, l'exploration des cavernes.* V. **Spéléologie.** *Cavernes du relief karstique. Habitant des cavernes.* V. **Cavernicole, troglodyte.** *Caverne de brigands* (leur servant d'abri, de repaire). *La caverne d'Ali-Baba.* — *Préhist. L'âge des cavernes. L'homme des cavernes.* ♦ **2º** (1546). Cavité pathologique formée dans un organe parenchymateux (surtout le poumon) après élimination des tissus nécrosés, le plus souvent d'origine tuberculeuse.

CAVERNEUX, EUSE [kavɛrnø, øz]. *adj.* (XIVᵉ; lat. *cavernosus,* de *cavus* « creux »). ♦ **1º** *Vx.* Où il y a des cavernes, des trous. « *Tronc caverneux* » (LA FONT.). — *Anat. Tissu caverneux* (ou érectile), qui contient des capillaires dilatés, susceptibles de gonfler fortement. *Corps caverneux* (de la verge). ◇ *Pathol.* Relatif aux cavernes. *Râle caverneux.* — Qui présente des cavernes. *Poumon caverneux.* ♦ **2º** Qui semble venir des profondeurs d'une caverne. *Voix* ° *caverneuse.* V. **Grave, profond, sépulcral.** ◇ ANT. **Plein.**

CAVERNICOLE [kavɛrnikɔl]. *adj.* et *n. m.* (1877; de *caverna* « caverne », et -*cole*). Qui habite les cavernes, les lieux obscurs. *Batraciens, poissons, insectes cavernicoles.*

CAVET [kave]. *n. m.* (1545; it. *cavetto,* de *cavo* « creux »). Moulure concave dont le profil est d'un quart de cercle.

CAVIAR [kavjar]. *n. m.* (1553; *cavyaire,* 1432; it. *cavial,* turc *khâviar*). ♦ **1º** Œufs d'esturgeon. V. **Sterlet.** *Caviar russe, iranien* (de couleur noire ou grise). *Abusiv.* Œufs de saumon (*caviar rouge*). ♦ **2º** *Fig. Passer au caviar* : noircir à l'encre; procédé appliqué pour la censure russe, sous Nicolas Iᵉʳ.

CAVIARDAGE [kavjardaʒ]. *n. m.* (mil. XXᵉ; de *caviarder*). Le fait de caviarder.

CAVIARDER [kavjarde]. *v. tr.* (1907; de *caviar* 2º). Biffer

à l'encre noire. Supprimer (un passage) dans une publication, un manuscrit. V. **Censurer.**

CAVICORNE [kavikɔrn(ə)]. *adj.* et *n.* (1839; lat. *cavus* « creux », et *cornu* « corne »). *Zool.* Qui a des cornes creuses. *Les cavicornes* : ruminants à cornes creuses et persistantes.

CAVISTE [kavist(ə)]. *n. m.* (1819; de *cave*). Employé chargé des soins de la cave, des vins. *Le sommelier et le caviste d'un restaurant.* Ouvrier qui colle, filtre, soutire les vins. *Le maître de chai et les cavistes (ouvriers cavistes).*

CAVITAIRE [kavitɛr]. *adj.* (fin XIXᵉ, de *cavité*). *Méd.* Qui se rapporte à une caverne pulmonaire. *Lésion cavitaire. Signes cavitaires,* qui révèlent l'existence d'une caverne.

CAVITATION [kavitasjɔ̃]. *n. f.* (1907; du lat. *cavitas, atis.* V. **Cavité**). *Phys.* Formation de cavités (de gaz) dans un liquide en mouvement (quand la pression du liquide devient inférieure à la tension de vapeur).

CAVITÉ [kavite]. *n. f.* (*Caveté,* XIIIᵉ; bas lat. *cavitas,* de *cavus* « creux ». V. **Cave**). Espace vide à l'intérieur d'un corps solide. V. **Anfractuosité, creux, enfoncement, excavation, trou, vide.** *Agrandir, combler, boucher une cavité. Les cavités d'un gâteau de cire.* V. **Alvéole.** *Cavités naturelles du sol et du sous-sol.* V. **Abîme, gouffre, précipice; aven, bétoire, caverne, doline, galerie, grotte, poljé.** — *Anat.* Partie creuse (d'une région, d'un organe, d'une structure). *Cavité axillaire* (V. **Aisselle**). *Cavité buccale* (V. **Bouche**). *Cavités du cœur.* V. **Oreillette, ventricule.** *Les cavités du nez* (V. **Narine**), *des yeux* (V. **Orbite**). *Cavité cotyloïde* (os iliaque), *glénoïde* (de l'os temporal, de l'omoplate), *mastoïdienne* (os temporal). *Cavité crânienne* (V. **Boîte**), *thoracique* (V. **Cage**), *abdominale. Cavités entourées d'une membrane.* V. **Capsule, sac.** *Cavités du protoplasme.* V. **Vacuole.** ◇ *Pathol.* Excavation formée dans un tissu ou un organe à la suite d'un processus pathologique. *Cavité au sein d'un abcès* (V. **Caverne, poche**). *Cavité dans une dent.* V. **Carie.** *Cavité d'un abcès, d'une tumeur.* V. **Poche.** *Pathol. Cavité pulmonaire.* V. **Caverne.** ◇ *Phys. Cavité résonnante. Cavités dans un liquide* (V. **Cavitation**).

CAWCHER. V. **Kascher.**

Cb Symbole chimique du *niobium* * (ou *columbium*).

C.C.P. [sesepe]. *n. m.* (abrév.). Compte courant postal. *Faire un versement à son C.C.P.*

Cd Symbole chimique du *cadmium* *.

Ce Symbole chimique du *cérium* *.

1. CE [s(ə)] (**CET** devant voyelle ou *h* muet au masc.); **CETTE** [sɛt] (fém.); **CES** [se] (plur.). *adj. dém.* (*Cest, ceste,* 842; lat. pop. *ecce-iste,* de *iste* « celui-ci »). Devant un nom, sert à montrer la personne ou la chose désignée par le nom. *Ce livre est bien écrit. Cet arbre. Cette chose. Cette femme. Ces pays.* — Spécialt. *Ce jour, ce soir,* « *ce midi* » (GIDE) : le jour, etc., où l'on est, aujourd'hui. — (En concurrence avec *le, un*) V. **Le, un.** « *Dans ce moment où les autres meurent, il commence à vivre* » (LA BRUY.). — *Fam.* Dans une exclamation marquant la surprise, l'indignation. V. **Quel.** *Il veut que je vienne, cette idée !* — Renforcé par les particules adverbiales -*ci* et -*là,* après le nom. *Ce livre-ci. Cet homme-là.* ◇ HOM. **Se.** — (de cet, cette) : sept, set. — (de ces) : c, ses.

2. CE [s(ə)] (**C'** devant les formes du v. être commençant par une voyelle; **Ç'** devant *a*). *pron. dém.* (*Ço,* Xᵉ; lat. pop. *ecce hoc,* de *hoc* « ceci »). Sert à désigner la chose que celui qui parle a dans l'esprit.

I. ♦ **1º** C'EST, CE DOIT (PEUT) ÊTRE : met en valeur un membre de phrase. *C'était le bon temps. Ce doit être, ce devait être lui. Ce ne peut être cela. C'est un brave homme; ce sont de braves gens. Ce sont, c'étaient eux* (mais *c'est vous, c'est nous*). *C'est mon ami et son frère.* — *Fam.* (sans accord) « *Ce n'est pas des visages, c'est des masques* » (FRANCE). — *Loc.* (où *Être* reste au sing.) *Si* * *ce n'est; fût-ce.* ♦ **2º** CE dans une phrase interrogative. *Est-ce vous ?* — Redoublement de CE. *Qu'est-ce que c'est ?* — CE redoublé dans une proposition subordonnée. *Je sais ce que c'est... Je ne sais ce que c'est que... Je sais ce que c'est que ce livre.* ♦ **3º** C'EST... QUI, C'EST... QUE, sert à détacher en tête un élément de pensée. *C'est une bonne idée que vous avez là.* « *Hippolyte? Grands dieux !* — *C'est toi qui l'as nommé !* » (RAC.). — *Ce serait une erreur que de prétendre, que prétendre* (littér.). *C'est vous qui le dites ! C'est que* exprime la cause (*s'il est malade, c'est qu'il a trop travaillé*), l'effet (*puisque vous m'avez appelé, c'est donc que vous voulez me parler*). *C'est que je le veuille : je ne veux pas.* ♦ **4º** C'EST À... DE... *C'est à lui de jouer.* — *C'est à pleurer, c'est à mourir de rire* (V. aussi **C'est-à-dire**).

II. CE QUE, QUI, DONT... CE À QUOI, POUR QUOI. ♦ **1º** « *Ce que l'on conçoit bien s'énonce clairement* » (BOIL.). « *Vous êtes aujourd'hui ce qu'autrefois je fus* » (CORN.). *Ce dont on parle. Tout ce que, qui.* ♦ **2º** *Fam. Ce que* : combien, comme. *Ce que c'est beau ! Ce que tu es chic !* « *On n'imagine pas ce que c'est difficile de le voir* » (GIDE).

III. *Vx* au *loc.* ♦ **1º** CE, adj. Direct (sans que, qui...). *Vx. Ce dit-il. Ce semble. Mod. Ce me semble* : il me semble. ♦ **2º** *Cela. Vx. En vertu de ce... Mod. Ce disant, ce faisant.*

Pour ce faire. Sur ce : là-dessus. *Les tarifs seront augmentés, et ce, dès la semaine prochaine.*

CÉANS [seã]. *adv.* (*Caenz*, XIIᵉ; de *çà*, et a. fr. *enz* « dedans »). *Vx.* Ici dedans. V. **Ici.** *Mod. Le maître de céans.* ◊ HOM. *Séant.*

CECI [səsi]. *pron. dém.* (fin XIIᵉ; de *ce* 2). ♦ 1° (*Opposé à cela*). Désigne la chose la plus proche; ce qui va suivre ou simplement une chose opposée à une autre. « *Ceci tuera cela* » (HUGO) : ce qui est nouveau fera disparaître ce qui est ancien. ♦ 2° *Rare.* La chose dont on parle, qu'on désigne. *Donnez-moi ceci.* V. **Cela; ça.** ♦ 3° *Fam. Ceci, cela :* tantôt une chose, tantôt une autre.

CÉCIDIE [sesidi]. *n. f.* (1909; gr. *kêkis, idos* « galle »). Galle des végétaux.

CÉCITÉ [sesite]. *n. f.* (1220; lat. *cœcitas*, de *cœcus* « aveugle »). ♦ 1° État d'une personne privée de la vue. V. **Amaurose; aveugle.** *Être frappé, atteint de cécité.* — *Spécialt. Méd. Cécité corticale :* cécité due à une lésion des lobes occipitaux sans altération de l'œil. ♦ 2° *Par ext.* « *La cécité psychique, ou impuissance à reconnaître les objets aperçus* » (BERGSON). — *Cécité verbale :* incapacité de reconnaître le sens des mots écrits ou imprimés. ♦ 3° *Fig.* Aveuglement. « *La cécité pour le mal* » (GIDE). ◊ ANT. *Clairvoyance.*

CÉDANT, ANTE [sedã, ãt]. *n.* (1672; de *céder*). *Dr.* Personne qui cède un droit. ◊ ANT. *Cessionnaire.*

CÉDER [sede]. *v. :* je cède, *nous cédons; je céderai(s)* (1377; lat. *cedere* « s'en aller »).

I. *V. tr.* ♦ 1° Abandonner, laisser à qqn. V. **Concéder, donner, livrer, passer, transmettre; refiler** (*pop.*). *Céder sa place, son tour à qqn. Céder un objet auquel on tient.* « *Napoléon s'est bien perdu pour ne pas céder un village* » (STENDHAL). *Céder du terrain :* reculer, battre en retraite; *fig.* Faire des concessions, un compromis. ♦ 2° *Dr.* Transporter la propriété d'une chose à une autre personne. V. **Concéder, dessaisir (se), livrer, rétrocéder, transférer, vendre.** *Céder un magasin, un fonds, un bail, une créance* (V. **Cession**). *Un bien qu'on ne peut céder* (incessible). *Celui qui cède* (cédant), *à qui on cède* (cessionnaire) *qqch.* ♦ 3° *Fig.* Vieilli. *Le céder à qqn :* être inférieur à lui, se reconnaître au-dessous de lui. *Ne lui céder en rien :* il est son égal.

II. *V. tr. indir.* (XVIᵉ). ♦ 1° CÉDER À : ne plus résister, se conformer à la volonté de (qqn). V. **Acquiescer, consentir, déférer, obéir, résigner (se), soumettre (se).** *Céder à qqn, à ses prières, à ses menaces.* — Se laisser aller. « *Nous cédons à des tentations légères* » (ROUSS.). V. **Écouter, succomber.** « *Il cédait plus volontiers aux impulsions du cœur qu'aux remontrances de la raison* » (DUHAM.). ♦ 2° *Absolt.* V. **Capituler, faiblir, fléchir, lâcher** (lâcher pied), **mollir, plier, reculer, rendre (se), renoncer.** *Céder par faiblesse, par lassitude.* « *Je refuse tout nouveau combat. Je cède, vous comprenez, je renonce. Je fais la paix* » (DUHAM.). — *Céder devant les menaces, l'insistance.* ◊ *Spécialt.* (En parlant d'une femme) S'abandonner à un homme. ♦ 3° (1798). *Choses.* Ne plus résister à la pression, à la force. V. **Abaisser (s'), affaisser (s'), courber (se), écrouler (s'), enfoncer (s'), fléchir, plier, ployer, rompre.** *Une branche qui cède sous le poids des fruits.* « *J'ai l'impression de frapper contre un mur. Le mur ne cède pas encore* » (MONTHERLANT). ♦ 4° (*Abstrait*). Disparaître, cesser. « *Cette irritation céda bientôt pour faire place à un frémissement mystérieux* » (BARRÈS). V. **Tomber.** ◊ ANT. *Conserver, garder. Résister. Entêter (s'), obstiner (s'), opposer (s'), repousser, révolter (se), tenir (bon).*

CÉDÉTISTE [sedetist(ə)]. *adj. et n.* Qui concerne la Confédération française démocratique du travail (C.F.D.T.).

CÉDILLE [sedij]. *n. f.* (1529; *cerille*, 1611; esp. *cedilla* « petit c »). Petit signe en forme de *c* retourné, que l'on place sous la lettre *c* suivie des voyelles *a, o, u,* pour indiquer qu'elle doit être prononcée comme un *s* dur (Ç épelé *c cédille*). *Façade* [fasad], *façon* [fas5], *reçu* [R(ə)sy].

CÉDRAIE [sedRε]. *n. f.* (déb. XXᵉ; de *cèdre*, 1°). *Rare.* Terrain planté de cèdres.

CÉDRAT [sedRa]. *n. m.* (1680; *cédriac*, 1600; it. *cedrato*, de *cedro* « citron », lat. *citrus*). Fruit du cédratier, plus gros que le citron. *Confiture de cédrats.*

CÉDRATIER [sedRatje]. *n. m.* (1823; de *cédrat*). Arbre (*Aurantiacées*) qui produit les cédrats.

CÈDRE [sεdR(ə)]. *n. m.* (fin XIIᵉ; lat. *cedrus*, gr. *kedros*). ♦ 1° Grand arbre (*Conifères*) originaire d'Afrique et d'Asie, à branches presque horizontales et étagées. *Bois de cèdre. Cèdre du Liban.* ♦ 2° (1534). *Cèdre* ou *cèdre blanc :* Au Canada, Conifère originaire d'Amérique du Nord, appelé *thuya d'Occident. Forêt de pins, de cèdres et de bouleaux. Meubles en cèdre blanc. Coffre de cèdre.*

CÈDRIÈRE [sεdRijεR]. *n. f.* (déb. XXᵉ; mot canadien, de *cèdre*, 2°). *Région.* (Canada). Terrain planté de cèdres (2°) ou thuyas.

CÉDULAIRE [sedylεR]. *adj.* (1795; de *cédule*). Relatif aux cédules. *Impôt cédulaire :* qui atteint une catégorie de revenus.

CÉDULE [sedyl]. *n. f.* (*Sedule*, 1180; bas lat. *schedula* « feuillet », de *scheda* « bande de papyrus »). ♦ 1° *Vx.* Reconnaissance d'un engagement. ♦ 2° *Dr. Cédule de citation* (de témoin, d'expert) : ordonnance du juge de paix. ♦ 3° *Fisc.* Feuillet de déclaration de revenus, par catégories d'origine (av. 1949). Catégorie d'impôt.

CEGEP [seʒεp]. *n. m.* (1965; sigle). Au Québec, Collège d'enseignement général et professionnel, situé entre le secondaire et l'université (V. **Collégial**, 2°). *Cegep offrant l'ensemble des options professionnelles. Cegeps régionaux à plusieurs campus.*

CÉGÉSIMAL, ALE, AUX [seʒezimal, o]. *adj.* (1933; de *C.G.S.*). Du système C.G.S.

CÉGÉTISTE [seʒetist(ə)]. *adj. et n.* (1908; de *C.G.T.*). De la Confédération générale du travail.

CEINDRE [sε̃dR(ə)]. *v. tr.;* conjug. **peindre** (1080; lat. *cingere*). ♦ 1° *Vx* ou littér. Entourer, serrer (une partie du corps). Bible. *Ceindre ses reins, se ceindre les reins* (V. **Ceinturer**), se préparer au salut par une vie austère. — *Ceindre son front d'un diadème.* « *L'impératrice, le front ceint d'un diadème de perles* » (MADELIN). ◊ *Par ext. Ceindre une ville de murailles.* V. **Encercler, enfermer.** — (Sujet de chose) « *Un grand tablier bleu la ceignait* » (COLETTE). ♦ 2° Mettre autour de son corps, de sa tête (qqch.). *Poét. Ceindre le diadème, la couronne :* devenir roi. *Ceindre l'épée :* se préparer au combat. — Mod. *Ceindre l'écharpe municipale :* être maire. ◊ ANT. *Détacher.* — HOM. (Formes de *Saigner*).

CEINTURAGE [sε̃tyraʒ]. *n. m.* (1867; de *ceinturer*). Action de ceinturer. Adaptation d'une bande métallique (ceinture) autour d'un obus.

CEINTURE [sε̃tyR]. *n. f.* (XIIᵉ; lat. *cinctura*, rac. *cingere*. V. **Ceindre**).

I. ♦ 1° Bande servant à serrer la taille, à ajuster les vêtements à la taille; partie d'un vêtement (jupe, robe, pantalon) qui l'ajuste autour de la taille. *Boucler, attacher, serrer sa ceinture. La boucle, la patte, l'agrafe, l'œillet, le cran d'une ceinture. Ceinture de soldat* (V. **Ceinturon**), *de maire* (V. **Écharpe**). *Ceinture de flanelle. Ceinture japonaise.* V. **Obi.** — *Ceinture fléchée* (1829; *à flèches,* 1798; terme canadien, d'apr. l'angl. *arrow sash,* d'o. écossaise). Au Canada, Ceinture de laine tissée sur fond rouge avec des motifs en forme de flèches (qui ne se porte plus qu'au carnaval et aux fêtes populaires). — *Ceinture de judo :* bande d'étoffe qui retient le kimono (sa couleur qualifie la classe des judokas). *Être ceinture noire :* de la catégorie la plus forte. — *Fig., fam. Se mettre qqch. à la ceinture :* se priver de nourriture, se passer de qqch. *Faire ceinture* (même sens). *Ellipt. Ceinture!,* rien du tout. *Ellipt.* « *À vous, tout; les autres, ceinture* » (MONTHERLANT). *Desserrer sa ceinture* (quand on a trop mangé). ♦ 2° *Par ext. Ancienn.* Bourse portée à la ceinture. PROV. *Bonne renommée vaut mieux que ceinture dorée* (que la richesse). ♦ 3° *Ceinture de chasteté :* appareil muni d'un cadenas et qui enveloppait tout le bassin. ♦ 4° Dispositif qui entoure la taille. *Ceinture de natation, de sauvetage,* qui permet de se maintenir sur l'eau. *Ceinture de sécurité*. Attachez vos ceintures!,* en avion, bouclez vos ceintures de sécurité; *par métaph.,* prenez des mesures de précaution, il va y avoir du danger. — *Méd. Ceinture orthopédique :* gaine servant à maintenir en place les muscles abdominaux. V. **Corset.** — *Ceinture de grossesse :* corset que portent les femmes enceintes.

II. (v. 1170). ♦ 1° Partie du corps serrée par la ceinture. V. **Taille.** *Entrer dans l'eau jusqu'à la ceinture.* « *Un homme se présenta, nu jusqu'à la ceinture* » (FLAUB.). *Coup au-dessous de la ceinture* (Cf. *Coup bas*). ♦ 2° *Anat.* Ensemble des pièces osseuses rattachant les membres au tronc. *Ceinture scapulaire,* les deux clavicules et les deux omoplates qui, par l'intermédiaire du sternum, relient les membres inférieurs au tronc. V. **Bassin.** *Ceinture pelvienne,* les deux os iliaques qui, par l'intermédiaire du sacrum, relient les membres supérieurs au tronc.

III. (v. 1600). Ce qui entoure. V. **Encadrement.** « *La ville avait fait craquer successivement ses quatre ceintures de murs* » (HUGO). V. **Enceinte.** — *Mar. Ceinture d'un navire.* V. **Bauquière.** Bourrelet entourant les hauts d'une embarcation pour la garantir des chocs. *Ceinture cuirassée :* blindage latéral. — *Ceinture d'une colonne :* petite moulure à la base, au faîte d'une colonne. *Ceinture d'un fauteuil :* bande d'ébénisterie qui entoure le siège. — *Artill. Ceinture d'un obus. Ceinture de la bouche d'un canon.* — (1856). *Chemin de fer de ceinture,* qui entoure une ville. *La Ceinture; la grande, la petite Ceinture,* lignes (de verdure) qui entourent Paris (ch. de fer, autobus). — *Ceinture verte* autour d'une ville. V. **Zone.**

CEINTURER [sε̃tyRe]. *v. tr.* (XVIᵉ; de *ceinture*). ♦ 1° Entourer (qqn). V. **Ceindre.** « *Les magistrats du Tribunal ceinturés d'un large ruban bleu sur leur robe noire* » (LECOMTE). — *Par ext.* Entourer d'une enceinte.

Ceinturer une ville de murailles. ♦ 2° *Sports.* Prendre qqn par la taille, en le serrant de ses bras. V. **Embrasser.** *Ceinturer un adversaire. Ceinturer un joueur de rugby,* pour le faire tomber. ◇ ANT. Desserrer. Relâcher.

CEINTURON [sɛ̃tyʀɔ̃]. *n. m.* (1579; de *ceinture*). Solide ceinture de l'uniforme militaire supportant un équipement (cartouchière, étuis d'armes). V. **Baudrier.** *Boucle de ceinturon.*

CELA [s(ə)la]. *pron. dém.* (XIIIᵉ; de *ce* 2). ♦ 1° (*Opposé à* ceci). Désigne ce qui est plus éloigné; ce qui précède; ou simplement ce qu'on oppose à *ceci.* ♦ 2° Cette chose. V. **Ça** (plus cour.). *Ne pensez pas à cela. Ne parlez pas de cela.* Remplace *ce* (sauf dans *ce que*). *Cela n'était pas bien.* ◇ Loc. *À cela près. — Cela ne fait rien. Il ne manque plus que cela. Comme cela. — Comment cela?* marque l'étonnement. — *Avec cela, avec tout cela. — Pour cela :* effectivement. *Ah! pour cela, oui!* ♦ 3° Désigne une personne (avec mépris, commisération). V. **Ça.**

CÉLADON [selad5]. *n. m.* (1610; nom d'un personnage de l'*Astrée,* type d'amoureux platonique). *Mod.* (1617). *Vert céladon :* pâle.

-CÈLE. Élément, tiré du gr. *kêlê* « tumeur » (ex. : hématocèle, varicocèle).

CÉLÉBRANT [selebʀɑ̃]. *n. m.* (v. 1350; p. prés. de *célébrer*). *Relig.* Celui qui célèbre la messe. V. **Officiant.** — Adj. *Le prêtre célébrant.*

CÉLÉBRATION [selebʀɑsj5]. *n. f.* (XIIᵉ; lat. *celebratio*). Action de célébrer une cérémonie, une fête. *La célébration de l'office divin, de la messe. Célébration d'un anniversaire.* V. **Commémoration.** *Célébration d'un mariage.*

CÉLÈBRE [selɛbʀ(ə)]. *adj.* (1509; lat. *celeber*). ♦ 1° *Vx.* Solennel, éclatant. « *Le célèbre mépris qu'elle fait de l'amour* » (MOL.). ♦ 2° *Mod.* (1636). Très connu. V. **Fameux, glorieux, historique, illustre, immortel, légendaire, notoire, renommé, réputé.** *Porter un nom célèbre.* « *Le nom* (d'Ulysse) *fut célèbre dans toute la Grèce par sa sagesse dans les conseils* » (FÉN.). *La réponse de Mirabeau « est plus que célèbre : elle est immortelle* » (BARTHOU). *Se rendre célèbre :* se faire connaître. *Adage, mot célèbre. Date tristement célèbre.* ◇ ANT. Ignoré, inconnu, obscur.

CÉLÉBRER [selebʀe]. *v. tr.;* conjug. *céder* (XIIᵉ; lat. *celebrare*). ♦ 1° Accomplir solennellement. V. **Célébration.** *Les Jeux olympiques sont célébrés tous les quatre ans.* V. **Lieu** (avoir), **tenir** (se). *Célébrer un concile. Le maire a célébré le mariage.* V. **Procéder** (à). — *Spécialt.* Accomplir les cérémonies du culte. V. **Officier.** *Célébrer la messe.* V. **Dire.** Absolt. *Le prêtre n'a pas encore célébré.* ♦ 2° Marquer (un événement) par une cérémonie, une démonstration. V. **Fêter.** *Célébrer un anniversaire, une victoire.* V. **Commémorer.** « *Nous célébrerons ensemble les anniversaires de la mort de ma mère* » (STE-BEUVE). ♦ 3° (1180, « honorer »). Faire publiquement et avec force l'éloge, la louange de. V. **Chanter, exalter, glorifier, louer, prôner, publier, vanter.** *Célébrer la mémoire de qqn.* « *Je célébrerais ses mérites et la noblesse de son cœur* » (COURTELINE). ◇ ANT. Abaisser, décrier, déprécier, ravaler.

CÉLÉBRET [selebʀɛt]. *n. m.* (mot lat. « qu'il célèbre »). *Cathol.* Pièce de l'autorité ecclésiastique qui autorise un prêtre à dire la messe en tout lieu.

CÉLÉBRITÉ [selebʀite]. *n. f.* (XIIIᵉ, « fête solennelle »; lat. *celebritas*). ♦ 1° *Vx.* Solennité, pompe. ♦ 2° (1636). Réputation qui s'étend au loin. V. **Éclat, notoriété, popularité, renom, renommée, réputation.** *La célébrité d'une personne, d'un nom, d'une œuvre, d'un événement, d'un lieu. Viser, parvenir à la célébrité. Honteuse, triste célébrité :* l'avantage d'être connu de ceux que vous ne connaissez pas » (CHAMFORT). ♦ 3° (1842). Personne célèbre, illustre. *Les célébrités du jour. Les célébrités du monde artistique.* ◇ ANT. Obscurité, oubli. Inconnu.

CELER [s(ə)le]. *v. tr.;* conjug. *lever* (Xᵉ; lat. *celare*). *Vx* ou *littér.* Garder, tenir secret. V. **Cacher, dissimuler, taire.** *Celer qqch. à qqn.* « *Qui ne sait celer ne sait aimer* » (STENDHAL). ◇ ANT. Dire.

CÉLERI [selʀi]. *n. m.* (1651; lombard *seleri,* lat. *selinon,* mot gr. « ache »). Plante alimentaire (*Ombellifèracées*) cultivée pour les côtes de ses pétioles (*céleri à côtes*) ou pour ses racines (*céleri-rave*). V. **Ache.** *Pieds de céleri. Faire blanchir du céleri. Salade de céleri.*

CÉLÉRIFÈRE [seleʀifɛʀ]. *n. m.* (1794; lat. *celer, celeris* « rapide », et *-fère*). *Ancien.* Appareil de locomotion composé de deux roues reliées par un cadre de bois (V. **Cycle**).

CÉLÉRITÉ [seleʀite]. *n. f.* (1358; lat. *celeritas,* de *celer* « rapide »). Promptitude dans l'exécution. V. **Activité, empressement, promptitude, rapidité, vélocité, vitesse.** *Agir avec une étonnante célérité.* V. **Diligence** (faire diligence). ◇ ANT. Lenteur.

CÉLESTA [selɛsta]. *n. m.* (1886; de *céleste*). Instrument de musique à percussion et à clavier.

CÉLESTE [selɛst(ə)]. *adj.* (fin XIᵉ; lat. *cælestis,* de *cælum* « ciel »). ♦ 1° Relatif au ciel. V. **Aérien, cosmique.** *Les espaces célestes. Les corps, les globes célestes.* V. **Astre.** *La voûte céleste :* le ciel, le firmament. Fig. « *Les sphères célestes de la philosophie* » (FRANCE). — *Couleur bleu céleste.* V. **Azur.** ♦ 2° Qui appartient au ciel, considéré comme le séjour de la Divinité, des bienheureux. *La béatitude céleste. La cité, la demeure céleste.* V. **Paradis.** *L'armée céleste.* V. **Ange.** *Le Père céleste :* Dieu. — De Dieu. V. **Divin.** *Colère, courroux céleste ; feu céleste. Manne céleste :* nourriture de l'âme. *Pain céleste,* l'eucharistie. ♦ 3° (XVIᵉ). Merveilleux, surnaturel. *Une beauté céleste.* — Détaché de la terre. « *Un sourire héroïquement contraint, tristement tendre, céleste et désenchanté* » (PROUST). — *Mus. Voix céleste :* se dit d'un registre de l'orgue qui produit des sons doux et voilés. ♦ 4° *Le Céleste Empire :* la Chine, l'ancien empereur de Chine étant considéré comme le Fils du Ciel. ◇ ANT. Terrestre; humain.

CÉLESTIN [selɛstɛ̃]. *n. m.* Religieux d'un ordre (règle de saint Benoît) institué vers 1254, par *Célestin V.*

CÉLIBAT [seliba]. *n. m.* (1549; lat. *cœlibatus,* de *cœlebs, -ibis* « célibataire »). ♦ 1° État d'une personne en âge d'être mariée et qui ne l'est pas, ne l'a jamais été. *Vivre dans le célibat. Célibat ecclésiastique,* conséquence du vœu de chasteté. « *L'homme n'est pas fait pour le célibat* » (ROUSS.). ♦ 2° Chasteté, période de chasteté (dans le mariage). « *La prophétesse druidique était astreinte à de longs célibats* » (MICHELET). ◇ ANT. Mariage.

CÉLIBATAIRE [selibatɛʀ]. *adj. et n.* (1711; de *célibat*). ♦ 1° Qui vit dans le célibat. *Il est célibataire.* — Propre au célibataire. « *Les habitudes célibataires* » (QUENEAU). ♦ 2° *N.* Personne qui vit dans le célibat. V. **Garçon; fille.** *Une célibataire qui coiffe sainte Catherine.* « *L'égoïsme raffiné d'un vieux célibataire* » (FRANCE). *C'est un célibataire endurci.* ◇ Appos. *Mère célibataire* (remplace *fille*-mère*).

CELLA [se(εl)la]. *n. f.* (1842; mot lat. « loge »). *Archéol.* Lieu du temple (grec, romain) où était la statue du dieu.

CELLE. *pron. dém. f.* V. **CELUI.**

CELLÉRIER, IÈRE [seleʀje, jɛʀ]. *n.* (fin XIIIᵉ; de *cellier*). Religieux, religieuse préposé(e) dans un couvent au soin du cellier. V. **Économe.**

CELLIER [selje]. *n. m.* (fin XIIᵉ; lat. *cellarium,* de *cella* « chambre à provisions »). Lieu aménagé pour y conserver du vin, des provisions. V. **Cave, hangar.** ◇ HOM. Sellier.

CELLOPHANE [selɔfan]. *n. f.* (v. 1935; marque déposée, mot angl.; de *cell*(ulose), *o-,* et *-phane;* Cf. Diaphane). Hydrate de cellulose façonné en pellicule transparente. *Viande frigorifiée, fromage sous cellophane :* sous emballage de cellophane.

CELLULAIRE [selylɛʀ]. *adj.* (1740, méd.; de *cellule*). I. ♦ 1° *Biol.* (Sens mod. v. 1860). Qui se rapporte ou appartient à la cellule (II). *Membrane cellulaire. Division cellulaire.* — Qui est formé de cellules. *Tissu cellulaire. Cryptogames cellulaires* (opposé à *vasculaire*). ♦ 2° *Minér. Texture cellulaire d'une roche. Sols cellulaires ou polygonaux.* II. (1845). *Système, régime cellulaire :* d'après lequel les prisonniers sont enfermés dans des cellules séparées. V. **Réclusion.** *Prison cellulaire. Voiture cellulaire,* divisée en compartiments et qui sert à transporter les prisonniers sans qu'ils puissent communiquer entre eux. V. **Panier** (à salade). — *Subst. La cellulaire :* la mise en cellule; le régime cellulaire. V. **Pénitentiaire.** *Un cellulaire :* prisonnier en cellule ou qui a fait de la cellule.

CELLULAR [selylaʀ]. *n. m.* (1904; mot angl. « cellular »). *Tissu à mailles lâches. Chemise, maillot de corps en cellular.*

CELLULE [selyl]. *n. f.* (1429; lat. *cellula,* de *cella* « chambre »). I. ♦ 1° Petite chambre isolée, où l'on est seul. *Être reclus dans sa cellule.* V. **Chambrette, loge.** — *Cellule de moine, d'ermite.* ♦ 2° (1845). Local où une seule personne est enfermée. *Cellule de prisonnier.* V. **Cachot.** *Détention en cellule* (régime cellulaire). *Cellule disciplinaire de prison.* Par ext. *Avoir huit jours de cellule :* de cachot (se dit dans l'armée). II. (1668). Cavité qui isole ce qu'elle enferme. V. **Compartiment, loge.** *Cellule d'un gâteau de cire.* V. **Alvéole.** ♦ 2° (1830). *Biol.* Unité fondamentale, morphologique et fonctionnelle, de tout organisme vivant, qui comporte généralement une membrane périphérique limitant le cytoplasme au sein duquel se trouve le noyau. *Organismes formés d'une seule cellule* (unicellulaires). V. **Protiste, protozoaire; algue, champignon; bactérie.** *Organismes comportant plusieurs cellules* (pluricellulaires). V. **Métazoaire.** *Organisation des cellules.* V. **Glande, tissu.** *Reproduction des cellules.* V. **Amitose, méiose, mitose.** *Cellules reproductrices.* V. **Gamète, ovule, spermatozoïde.** *Première cellule d'un organisme.* V. **Œuf.** « *L'œuf se divise d'abord en deux cellules : chacune d'elles, à son tour, se divisera en deux, et ainsi de suite* » (J. ROSTAND). *Différenciation des cellules* (V. Embryologie). *Cellules nerveuses* (neurones), *sanguines* (hématies, leucocytes, plaquettes), etc. *De la cellule.* V. **Cellulaire, cyto-.** ♦

3° Ensemble des structures d'un avion (ailes, fuselage). ♦ 4° Élément (d'habitation, d'équipement). *Cellules d'habitation.* ♦ 5° *Cellule photo-électrique,* transformant la lumière en courant électrique (libération d'électrons par un métal). *Cellule au sélénium. Porte à cellule photo-électrique* (œil électrique). *Cellule utilisée en photographie.* V. **Posemètre.** — *Cellule électrolytique,* enceinte où se produit une électrolyse. **III.** *(Abstrait).* ♦ 1° Élément. *La famille, cellule de la société.* ♦ 2° Groupement ayant un fonctionnement propre. *Les cellules d'un parti politique* (spécialt. du parti communiste). V. **Groupe, noyau, section.** *Réunion de cellule. — Par ext.* Séance tenue par une cellule. « *C'est la dernière cellule avant qu'on parte* » (ARAGON). — *Cellules administratives, de production.* ♦ 3° Élément répétitif ayant un fonctionnement propre. *Cellules de mémoire.*

CELLULITE [selylit]. *n. f.* (1878; de *cellule,* et *-ite*). ♦ 1° Inflammation du tissu conjonctif cellulaire. ♦ 2° *Cour.* Gonflement du tissu conjonctif sous-cutané, qui donne à la peau un aspect « capitonné », dit *en peau d'orange.*

CELLULITIQUE [selylitik]. *adj.* (1967; de *cellulite*). Qui a rapport à la cellulite. *Tissu cellulitique.*

CELLULOÏD [selyloid]. *n. m.* (1877; mot amér., 1869; de *cellulose,* et suff. *-oïd*). Produit de synthèse flexible, inflammable, à base de cellulose nitrique plastifiée par le camphre. *Cols, peignes, jouets en celluloïd.* — *Abrév. fam.* CELLULO. « *Un col de cellulo* » (CARCO).

CELLULOSE [selyloz]. *n. f.* (1840; de *cellule*). *Chim.* et *cour.* Matière de consistance ferme, très répandue dans le règne végétal (bois, écorces, coton, etc.), polymère du glucose. $(C_6H_{10}O_5)n$. *Produits résultant de l'action de l'acide nitrique sur la cellulose.* V. **Celluloïd, collodion, coton-poudre, soie** (artificielle). *L'acétate de cellulose, produit de base de la fabrication moderne des films cinématographiques. Cellulose sodique.* V. **Viscose.**

CELLULOSIQUE [selylozik]. *adj.* (1877; de *cellulose*). Constitué de cellulose. *Membrane cellulosique. Vernis cellulosique.*

CELTIQUE [seltik] ou **CELTE** [selt(ə)]. *adj.* (1945; lat. *celticus, Celtæ*). Qui a rapport aux Celtes, groupe de peuples de langue indo-européenne, dont la civilisation s'étendit sur l'Europe occidentale (Xe au IIIe s. av. J.-C.). *L'art celte. Le barde, poète celtique. Langues celtiques,* et subst. *Le celtique.* V. **Breton, gaélique, gallois, gaulois.**

CELUI [səlɥi] (m. sing.); **CELLE** [sɛl] (f. sing.); **CEUX** [sø] (m. plur.); **CELLES** [sɛl] (f. plur.). *pron. dém.* (Xe; lat. pop. *ecce ille*). Désigne la personne ou la chose dont il est question dans le discours. ♦ 1° Suivi de la prép. *de, du, des. Les paysages d'Europe sont plus variés que ceux d'Asie. Celui de tous ses amis qu'il aime le mieux.* « *Celle* (la tyrannie), *farouche, de l'argent* » (DUHAM.). ♦ 2° Suivi d'une relative *(qui..., que..., dont...).* « *Celui qui règne dans les cieux* » (BOSS.). « *Ceux qui pieusement sont morts pour la patrie* » (HUGO). *Celle dont j'ai parlé.* ♦ 3° (Emplois critiqués). Devant un participe. « *Les masses les plus nombreuses furent vraisemblablement celles apportées par les courants de l'Est* » (VALÉRY). — Devant une *préposition* autre que de. « *Celle* (la passion) *pour la chasse devint une véritable fureur* » (STENDHAL). Devant un adj. et une relative, un compl. « *Les régions dont je parlais : ce sont celles voisines des embouchures* » (GIDE). ⊗ HOM. *celle : sel, selle.*

CELUI-CI [səlɥisi] (XIVe), **CELUI-LÀ** [səlɥila] (XVe). *pron. dém. m. sing.* (et CELLE-CI, CELLE-LÀ, *f. sing.;* CEUX-CI, CEUX-LÀ, *m. plur.;* CELLES-CI, CELLES-LÀ, *f. plur.*). ♦ 1° CELUI-CI désigne en principe ce qui est le plus rapproché; ce dont il va être question; CELUI-LÀ, ce qui est le plus éloigné; ce dont il a été question (Cf. Ceci et cela). *Celui-là est courant, quand il n'y a pas d'opposition.* ♦ 2° CELUI-LÀ remplace *celui**, quand on ne peut l'employer. *Celui-là est meilleur. Ah, celle-là, elle est bien bonne!*

CÉMENT [semã]. *n. m.* (1573; lat. *cœmentum* « moellon »). ♦ 1° *Métall.* Substance qui, chauffée au contact d'un métal, diffuse certains de ses éléments plus ou moins profondément dans le métal. *Cément solide, gazeux.* ♦ 2° (1835). *Anat.* Revêtement de nature osseuse qui recouvre l'ivoire de la racine des dents.

CÉMENTATION [semãtasjɔ̃]. *n. f.* (1578; de *cément*). Opération par laquelle on chauffe un métal ou un alliage au contact d'un cément pour lui faire acquérir certaines propriétés. *Cémentation superficielle. Cémentation électrolytique* (par électrolyse).

CÉMENTER [semãte]. *v. tr.* (1675; de *cément*). Traiter par cémentation.

CÉNACLE [senakl(ə)]. *n. m.* (déb. XIIIe; lat. *cenaculum;* de *cena.* V. **Cène.** ♦ 1° Salle où Jésus-Christ se réunit avec ses disciples quand il institua l'Eucharistie (V. **Cène**). ♦ 2° (1829). Réunion d'un petit nombre d'hommes de lettres, d'artistes, de philosophes. V. **Cercle, club.** *Le cénacle romantique.*

CENDRE [sãdr(ə)]. *n. f.* (XIe; lat. *cinis, accus. cinerem*). ♦ 1° Résidu pulvérulent de la combustion de certaines matières organiques. *Cendre de bois, de papier. Cendre de charbon incomplètement brûlée.* V. **Escarbille, fraisil.** *Cendres volantes* (entraînées par les gaz de combustion). — *Spécialt. Les cendres d'un foyer. Couvrir un feu de cendres, pour l'entretenir. Le feu couve sous la cendre. Fig. Le feu sous la cendre :* la passion qui couve. — *Faire cuire des châtaignes, des truffes, sous la cendre. — Cendres de cigarette. Laisser tomber de la cendre sur son veston.* — *Chim. Cendres de bois* (engrais. V. **Charrée**), *de houille, de varech, d'os. Les cendres sont riches en carbonates* (de potassium, sodium, etc.). ♦ 2° Ce qui a la couleur grise ou l'aspect poudreux des cendres. « *La cendre bleue du crépuscule* » (DAUD.). ♦ 3° Matière pulvérulente. *Cendre bleue* (cuivre azuré), *verte* (carbonate de cuivre), *noire* (lignite). *Géol. Cendres volcaniques :* matières volcaniques analogues aux laves. ♦ 4° *Loc. Mettre, réduire en cendres :* détruire par le feu, l'incendie. ♦ 5° (XVIIe). *Les cendres,* la cendre de qqn, ce qui reste de son cadavre après incinération. *Recueillir les cendres dans une urne. Par ext. Les cendres des morts :* leurs restes; leur mémoire. *Fig. La cendre, la cendre du passé. — Renaître de ses cendres* (comme le Phénix*) : renaître. ♦ 6° *Relig. La cendre,* symbole de pénitence. *Faire pénitence avec le sac et la cendre.* — *Liturg.* (XIIIe) *Les Cendres,* symbole de la dissolution du corps (V. **Poussière**), avec lesquelles le prêtre trace une croix sur le front des fidèles le premier jour du carême, le *mercredi des Cendres. Les cendres sont obtenues en faisant brûler les rameaux d'autel, le buis bénit.* ⊗ HOM. *Sandre.*

CENDRÉ, ÉE [sãdre]. *adj.* (XIVe; de *cendre*). Qui a la couleur grisâtre de la cendre. *Un gris cendré. Cheveux cendrés, d'un blond cendré.* — *Lumière cendrée :* pâle, éclairant faiblement la partie de la Lune qui ne reçoit pas la lumière solaire.

CENDRÉE [sãdre]. *n. f.* (XIIe, « cendres du foyer »; de *cendre*). ♦ 1° (XIIIe). Métal réduit en fragments. ♦ 2° (1680). Petit plomb pour la chasse ou de certaines espèces de lignes (pêche). ♦ 3° *Sports.* Mâchefer aggloméré revêtant une piste. — Cette piste. « *Les courses motocyclistes sur cendrée* » (*L'Auto,* 21-6-1933).

CENDRER [sãdre]. *v. tr.* (fin XVIe; de *cendre*). ♦ 1° Rendre grisâtre, cendré. ♦ 2° (1784). Couvrir de cendre. *Cendrer une piste.*

CENDREUX, EUSE [sãdrø, øz]. *adj.* (fin XIIe; de *cendre*). ♦ 1° Qui contient de la cendre. ♦ 2° Qui a l'aspect, la consistance, la couleur de la cendre. *Teint cendreux.* « *Ce visage cendreux* » (SARTRE).

CENDRIER [sãdrije]. *n. m.* (1220, « linge contenant des cendres, pour couler la lessive »; de *cendre*). ♦ 1° (1511). Partie d'un four, d'un poêle, généralement mobile, où tombent les cendres du foyer. *Vider le cendrier.* — *Spécialt. Cendrier de foyer :* espace au-dessous du foyer d'une locomotive, où tombent les escarbilles, les cendres. ♦ 2° (Fin XIXe). Petit récipient, plateau où les fumeurs font tomber les cendres de leur cigarette, de leur pipe.

CENDRILLON [sãdrijɔ̃]. *n. f.* (1697, héroïne d'un conte de Perrault qui était obligée de rester près de l'âtre pour faire la cuisine; de *cendre*). *Vieilli.* Jeune fille, femme qui doit assurer les travaux pénibles, qui est maltraitée. « *Ma sœur était le souffre-douleur, la cendrillon* » (HUGO).

-CÈNE. Élément savant, du gr. *kainos* « récent » (*ex. :* éocène, oligocène).

CÈNE [sɛn]. *n. f.* (XIIe; lat. *cena* « repas du soir »). ♦ 1° Repas que Jésus-Christ prit avec ses apôtres la veille de la Passion et au cours duquel il institua l'Eucharistie (V. **Cénacle**). ♦ 2° *Cérémonie du jeudi saint.* ◊ *Communion* (spécialt. Communion sous les deux espèces, chez les protestants). ♦ 3° Représentation de la Cène. ⊗ HOM. *Saine, scène.*

CENELLE [s(ə)nɛl]. *n. f.* (fin XIIe; p.-ê. lat. pop. °*acinella,* de *acinus* « grain de raisin »). Baie rouge de l'aubépine et du houx. « *Elle devint rouge comme une cenelle* » (SAND).

CENELLIER [s(ə)nɛlje]. *n. m.* (Cf. les dial. *cenalé,* 1878 [Morvan]; *cinaillier,* 1882; lat. *acinus*). *Région.* (Canada). Aubépine*.

CÉNESTHÉSIE ou **CŒNESTHÉSIE** [senɛstezi]. *n. f.* (1842; gr. *koinos* « commun », et *aisthesis* « sensibilité »). Impression générale d'aise ou de malaise résultant d'un ensemble de sensations internes non spécifiques.

CÉNESTHÉSIQUE [senɛstezik]. *adj.* (1900; de *cénesthésie*). Relatif à la cénesthésie. *Sensation cénesthésique* ou *sensation organique.*

CÉNOBITE [senɔbit]. *n. m.* (XIIIe; lat. ecclés. *cænobita,* de *cænobium* « monastère », gr. *koinobion* « vie en commun »). Religieux qui vivait au premiers siècles chrétiens. V. **Moine.** « *Anachorètes et cénobites vivaient dans l'abstinence* » (FRANCE).

CÉNOBITIQUE [senɔbitik]. *adj.* (1586; de *cénobite*). Relatif au cénobite. *Vie cénobitique. Mœurs cénobitiques.* V. **Ascétique.**

CÉNOBITISME [senɔbitism(ə)]. *n. m.* (1835; de *cénobite*). État de celui qui vit en cénobite.

CÉNOTAPHE [senɔtaf]. *n. m.* (1501; bas lat. *cenotaphium*, mot gr. « tombeau vide »). Tombeau élevé à la mémoire d'un mort et qui ne contient pas son corps. V. **Sépulcre**.

CÉNOZOÏQUE [senɔzɔik]. *adj. et n. m.* (1924; angl. *cænozoic* [1841]; de *ceno-* (V. -**Cène**), et *-zoïque*). *Didact.* (Géol.) *Ère cénozoïque*, ère tertiaire. V. *aussi* **Néozoïque**.

CENS [sɑ̃s]. *n. m.* (1283, au sens 2°; lat. *census* « recensement »). ♦ 1° *Antiq.* Dénombrement des citoyens romains fait tous les cinq ans. ♦ 2° *Féod.* Redevance fixe que le possesseur d'une terre payait au seigneur du fief. V. **Champart**. ♦ 3° (1835). Quotité d'imposition nécessaire pour être électeur ou éligible. *Le cens électoral. Élever, abaisser le cens.* ◇ HOM. **Sens.**

CENSÉ, ÉE [sɑ̃se]. *adj.* (XVIᵉ; p. p. de *censer*; lat. *censere* « estimer, juger »). Qui est supposé, regardé comme réputé (suivi d'un verbe à l'infinitif). V. **Présumé.** *Il est censé être à Paris. Elle n'est pas censée le savoir. Nul n'est censé ignorer la loi.* ◇ HOM. **Sensé.**

CENSÉMENT [sɑ̃semɑ̃]. *adv.* (1863; de *censé*). Par supposition, en apparence. ◇ HOM. **Sensément.**

CENSEUR [sɑ̃sœʀ]. *n. m.* (mil. XIVᵉ; *censor*, 1213; lat. *censor* « magistrat romain »; au fig. « celui qui blâme »). ♦ 1° *Antiq. rom.* Magistrat chargé d'établir le cens, et qui avait le droit de contrôler les mœurs des citoyens. ♦ 2° (XVIIᵉ). Personne qui contrôle, critique les opinions, les actions des autres. V. **Critique, juge.** *Un censeur sévère, injuste.* ♦ 3° (1704). Celui au jugement duquel un gouvernement soumet un texte avant d'en autoriser la publication (V. **Censure**). « *Je puis tout imprimer librement, sous l'inspection de deux ou trois censeurs* » (BEAUMARCH.). ♦ 4° (1834; « élève chargé de surveiller », 1732). Personne qui dans un lycée est chargée de la surveillance, des études, de la discipline. *Madame le censeur.* ◇ ANT. **Adulateur, apologiste.**

CENSIER, IÈRE [sɑ̃sje, jɛʀ]. *adj. et n.* (XIIᵉ; de *cens*). *Féod.* Qui recevait ou payait le cens. *Seigneur, fermier censier.*

CENSITAIRE [sɑ̃sitɛʀ]. *n. m. et adj.* (1740, « censier »; de *cens*). *Hist.* (1842). *Électeur censitaire :* qui paye le cens électoral. V. **Contribuable.**

CENSORAT [sɑ̃sɔʀa]. *n. m.* (1878; du lat. *censor*. V. **Censeur**). Fonction de censeur (3°).

CENSORIAL, IALE, IAUX [sɑ̃sɔʀjal, jo]. *adj.* (1762; du lat. *censor*). De la censure.

CENSURABLE [sɑ̃syʀabl(ə)]. *adj.* (1656; de *censurer*). Qui peut être censuré.

CENSURE [sɑ̃syʀ]. *n. f.* (1387, « peine ecclésiastique »; lat. *censura*. V. **Censeur**). ♦ 1° (XVIᵉ). *Vieilli.* Action de reprendre, de critiquer les paroles, les actions des autres. V. **Blâme, condamnation, critique, improbation, réprobation.** *S'exposer à la censure de son entourage.* ♦ 2° (XVIIᵉ). *Relig.* Condamnation d'une opinion, d'un texte, après examen. *Encourir les censures.* V. **Excommunication, index, interdit, monition, suspense.** ♦ 3° *Mod.* (1829). Autorisation préalable donnée par un gouvernement aux publications, aux spectacles. *Commission de censure.* V. **Censorial. — Par ext.** Personnes chargées de délivrer cette autorisation ; lieu où elles exercent leur fonction. *La censure militaire a ouvert cette lettre. Le film est à la censure. La censure a ordonné des coupures* (Cf. *fam.* Les ciseaux d'Anastasie). ♦ 4° Sanction prononcée par une assemblée. *Motion de censure.* ♦ 5° *Psycho.* Refoulement dans l'inconscient des éléments de la vie psychique que la société, les parents (ou leur image) ne tolèrent pas (doctrine de Freud). ◇ ANT. **Apologie, approbation, éloge, exaltation, flatterie, louange.**

CENSURER [sɑ̃syʀe]. *v. tr.* (1518; de *censure*). ♦ 1° *Vieilli.* Reprendre, critiquer les paroles, les actions des autres. V. **Blâmer, critiquer.** *Censurer les actions d'autrui.* « *Au lieu de me censurer comme elle aurait dû faire, elle rit beaucoup de mes sarcasmes* » (ROUSS.). ♦ 2° *Relig.* Condamner (une opinion, une texte). ♦ 3° Interdire (en totalité ou en partie) une publication, un spectacle. *Film, scène censurée. Censurer un journal, une pièce de théâtre.* V. **Caviarder.** ♦ 4° Dans certains corps constitués, Réprimander publiquement. V. **Blâmer.** *Censurer un avocat, un député.* ♦ 5° *Psycho.* Refouler par la censure (5°). ◇ ANT. **Approuver, flatter, louer, vanter.**

1. CENT [sɑ̃]. *adj. et n. m.* (1080; lat. *centum*). ♦ I. *Adj.* 1° Adjectif numéral cardinal (invariable sauf quand il est précédé d'un nombre qui le multiplie et n'est pas suivi d'un autre nombre cardinal). Qui est formé de dix dizaines d'unités (100). *Cent hommes. Deux cents mètres. Cinq cent trois francs. Collection de cent unités.* V. **Hecto-.** *Cent kilogrammes.* V. **Quintal.** *Qui vaut cent fois plus* (V. **Centuple**), *cent fois moins* (V. **Centième**; *centi-*). *Onze cents, treize cents :* mille cent, mille trois cents. *Qui a cent ans, revient tous les cent ans.* V. **Centenaire, centennal.** *Les Cent-Jours,* règne de Napoléon après son retour de l'île d'Elbe. *Chef, groupe de cent hommes.* V. **Centenier, centurie.** ♦ 2° Un grand nombre (Cf. **Trente-six, mille**). *Cent fois mieux. Cent fois pire. Avoir cent fois raison. Faire les cent pas :* aller et venir. *Être aux cent coups*. En un mot comme en cent :* sans qu'il soit nécessaire de répéter, d'expliquer. V. **Bref.** ◇ CENT SEPT ANS. *Durer cent sept ans. Attendre pendant cent sept ans :* très longtemps. ♦ 3° *Par ext.* Adj. numéral ordinal invariable. V. **Centième.** *Page cent. Le numéro quatre cent.* — *Le cent :* les cabinets, dans les campagnes, les auberges.

♦ II. *N. m.* ♦ 1° *Invar.* Le nombre cent. *Le produit de cent multiplié par cent.* « *Il y a toujours cent contre un à parier, en France, qu'une chose quelconque ne durera pas* » (CHATEAUB.). ◇ POUR CENT (précédé d'un numéral), pour cent unités, dans une proportion, un pourcentage. V. **Pourcentage, taux.** *Cinquante pour cent* (50 %), la moitié. *Intérêt de trois pour cent,* de trois francs pour cent francs. Subst. *Acheter du cinq pour cent,* de la rente à 5 %. Fig. (1924). *Il est Français à cent pour cent ; cent pour cent Français.* V. **Entièrement.** « *C'était là qu'il fallait être fakir cent pour cent* » (MONTHERLANT). ♦ 2° V. **Centaine.** *Un cent, deux cents d'œufs.* — *Faire un cent de piquet, de dominos :* une partie en cent points. — *Fam. Gagner des mille et des cents :* beaucoup d'argent. ◇ HOM. **Sang, sans.**

2. CENT [sɛnt]. *n. m.* (XIXᵉ; mot amér. [1782] et néerl.). ♦ 1° Centième partie de l'unité monétaire de divers pays, *spécialt.* du florin, aux Pays-Bas, et du dollar, aux États-Unis [1786], au Canada [1853], etc. — REM. Au Canada, en particulier au Québec, on dit aussi SOU et [sɛn], *n. f.* « *Ce n'est pas pour mon plaisir que je ramasse les peaux. Je ne fais pas une cent de profit dessus* » (GUÈVREMONT). ♦ 2° Pièce de monnaie valant un cent. « *Nous achetons des jetons : ce sont des ronds de carton multicolores qui valent un quarter, un nickel ou même un cent* » (BEAUVOIR). Aux États-Unis et au Canada, *Pièce de cinq, dix, vingt-cinq et cinquante cents.* ♦ 3° *Région.* (Canada) (d'apr. l'amér. [v. 1900] *five-and-dime, five-and-ten* [*cents*] *store*; « magasin d'articles à cinq et à dix cents »). Vieilli. *Quinze-cents,* n. m. ou *Cinq-dix-quinze,* n. m. Bazar* (2°). Cf. Magasin à prix unique.

CENTAINE [sɑ̃tɛn]. *n. f.* (*Centeine,* fin XIIᵉ; lat. *centena,* de *centum*). ♦ 1° Groupe de cent unités. *La colonne des centaines d'une addition.* — Fig. *À la centaine, par centaines :* en grande quantité. ♦ 2° Cent environ. *Une centaine de francs.*

CENTAURE [sɑ̃tɔʀ]. *n. m.* (fin XIIᵉ; lat. *centaurus,* gr. *kentauros*). Être fabuleux, moitié homme et moitié cheval. *Centaure à corps de taureau. Le combat des Centaures et des Lapithes.* ◇ *Métaph.* Excellent cavalier (*vx*); cavalier, motocycliste qui fait corps avec sa monture.

CENTAURÉE [sɑ̃tɔʀe]. *n. f.* (XIIIᵉ, var. *centoire ;* lat. *centaurea,* gr. *kentauriê* « plante de centaure »). Autre nom du *bleuet* (plante herbacée : Composacées). Grande, petite *centaurée employée en médecine.* V. **Amer.**

CENTAVO [sɑ̃tavo]. *n. m.* (XXᵉ; mot esp.). Centième partie de l'unité monétaire (V. **Centime**), dans des pays d'Amérique du Sud.

CENTENAIRE [sɑ̃tnɛʀ]. *adj. et n. m.* (XVᵉ; « centaine », XIVᵉ; lat. *centenarius*). ♦ 1° *Adj.* Qui a accompli sa centième année. *Un chêne centenaire.* V. **Séculaire.** Subst. *Un centenaire, une centenaire,* personne qui a cent ans. ♦ 2° (XIXᵉ). *N. m.* Centième anniversaire. *Célébrer le centenaire de la fondation d'une ville.*

CENTENIER [sɑ̃tənje]. *n. m.* (1539; du lat. *centenarius,* et suff. francisé) Officier romain qui commandait une troupe de cent hommes. V. **Centurion.**

CENTENNAL, ALE, AUX [sɑ̃te(ɛn)nal, o]. *adj.* (1877; du lat. *centum* « cent », et *annus* « année »). *Rare.* Qui se fait, revient tous les cent ans. *Exposition centennale.*

CENTÉSIMAL, ALE, AUX [sɑ̃tezimal, o]. *adj.* (1804; du lat. *centesimus*). ♦ 1° Dont les parties sont des centièmes. *Fraction centésimale.* ♦ 2° *Division, échelle centésimale :* qui contient cent parties ou un multiple de cent parties. *Degré centésimal :* chaque division de l'échelle. ♦ 3° Se dit d'une préparation homéopathique où le rapport entre les quantités de médicaments et d'excipient utilisées est de 1/100ᵉ. *Dilution, trituration centésimale* (symbole CH).

CENT-GARDE [sɑ̃gaʀd(ə)]. *n. m.* (1854; de *cent,* et *garde*). *Les cent-gardes :* garde particulière de Napoléon III. *Un cent-garde :* un soldat de cette garde.

CENTI-. Élément, du lat. *centum* « cent », au sens de division par cent (*ex. :* centimètre).

CENTIARE [sɑ̃tjaʀ]. *n. m.* (1793; de *centi-,* et *are*). Mesure de superficie qui vaut la centième partie de l'are ou un mètre carré (abrév. *ca*).

CENTIBAR [sɑ̃tibaʀ]. *n. m.* (1793; de *centi-,* et *bar*). Mesure de pression atmosphérique, centième partie du bar (*cb*).

CENTIÈME [sɑ̃tjɛm]. *adj. et n.* (*Centiesme,* 1175; lat. *centesimus*). ♦ 1° *Adj. ordinal de cent.* Qui a rapport à cent pour l'ordre, le rang. *La centième année.* ◇ *La centième partie :* une partie d'un tout divisé en cent. ♦ 2° *N. m.* La centième partie d'un tout. *Un centième, un deux-centième.* ♦ 3° *N. f.* Centième représentation d'un spectacle. *La centième d'une opérette.*

CENTIGRADE [sɑ̃tigʀad]. *adj. et n. m.* (1799; de *centi-*, et *grade*). *Vieilli.* Divisé en cent degrés. *Thermomètre centigrade* (mod. [depuis 1948] : thermomètre en degrés Celsius). ◇ *Géom. N. m.* Centième partie du grade.

CENTIGRAMME [sɑ̃tigʀam]. *n. m.* (1793; de *centi-*, et *gramme*). Centième partie du gramme *(cg).*

CENTILAGE [sɑ̃tilaʒ]. *n. m.* (1951; de *centile*). *Didact.* Division d'un ensemble ordonné de données statistiques en cent classes d'effectif égal (V. **Centile,** 2°). — Calcul des centiles (1°). Cf. Décilage, quartilage.

CENTILE [sɑ̃til]. *n. m.* (1947; de *cent*). *Didact. (Statist.).* ♦ 1° Chacune des cent valeurs de la variable au-dessous de laquelle se classent 1 %, 2 %, ..., 99 % des éléments d'une distribution statistique. ♦ 2° Chacune des cent parties, d'effectif égal, d'un ensemble statistique ordonné. Cf. Décile, quartile.

CENTILITRE [sɑ̃tilitʀ(ə)]. *n. m.* (1803; de *centi-*, et *litre*). Centième partie du litre *(cl).*

CENTIME [sɑ̃tim]. *n. m.* (1795; de *cent*). ♦ 1° La centième partie du franc. *Une pièce d'un centime,* et absolt. *Un centime. N'avoir pas un centime* : être pauvre. ♦ 2° *Centime additionnel* : supplément d'impôt proportionnel au principal.

CENTIMÈTRE [sɑ̃timɛtʀ(ə)]. *n. m.* (1793; de *centi-*, et *mètre*). ♦ 1° Centième partie du mètre (cm). *Centimètre carré* (cm²), *cube* (cm³). ♦ 2° Par ext. *Centimètre de couturière, de tailleur* : ruban gradué servant à prendre les mesures. V. **Mètre.**

CENTRAGE [sɑ̃tʀaʒ]. *n. m.* (1834; de *centrer*). Détermination du centre. *Centrage d'une pièce mécanique, d'un projectile, d'un avion* (centre de poussée). ◇ Opération par laquelle on place les axes de plusieurs pièces sur une droite.

CENTRAL, ALE, AUX [sɑ̃tʀal, o]. *adj. et n. m.* (1377; lat. *centralis, de centrum.* V. **Centre).**
I. *Adj.* ♦ 1° Qui est au centre, qui a rapport au centre. *Point central, partie centrale. L'Asie centrale. Quartier central d'une ville.* ♦ 2° Où tout converge, d'où tout rayonne; qui constitue l'organe directeur, principal. *Pouvoir central. Administration centrale.* — *Maison centrale, prison centrale,* où sont envoyés et groupés des prisonniers. — *École centrale (des arts et manufactures).* Ellipt. *Ancien élève de Centrale* (Piston; centralien).
II. (1921). *N. m. Central télégraphique, téléphonique,* où aboutissent les fils d'un réseau.
◇ ANT. Excentrique, périphérique; local.

CENTRALE [sɑ̃tʀal]. *n. f.* (1829; de *central*). ♦ 1° Usine qui produit du courant électrique. *Centrale thermique, hydroélectrique* (V. **Barrage),** *atomique ou nucléaire. Centrales surgénératrices,* donnant, après combustion de l'uranium, du plutonium, utilisable à son tour. ♦ 2° Groupement national de syndicats. V. **Confédération.** *Les grandes centrales syndicales.* ♦ 3° Comm. *Centrale d'achat,* organisme qui centralise les achats des magasins à prix unique.

CENTRALISATEUR, TRICE [sɑ̃tʀalizatœʀ, tʀis]. *adj.* (1839; de *centraliser*). Qui centralise. *Régime centralisateur.*

CENTRALISATION [sɑ̃tʀalizasjɔ̃]. *n. f.* (1790; de *centraliser*). Action de centraliser. — *Spécialt.* Le fait de réunir tous les moyens d'action, de contrôle en un centre unique (autorité, pouvoir). Cf. Concentration. *Centralisation politique, administrative, économique.* ◇ ANT. Décentralisation.

CENTRALISER [sɑ̃tʀalize]. *v. tr.* (1790; de *central*). Réunir dans un même centre, ramener à une direction unique. V. **Concentrer, rassembler, réunir.** *Centraliser les pouvoirs, les services publics. Centraliser les renseignements. Un pays fortement centralisé* (opposé à fédéral). ◇ ANT. Décentraliser.

CENTRALISME [sɑ̃tʀalism(ə)]. *n. m.* (1907; de *centraliser*). Système qui produit la centralisation. *Centralisme bureaucratique; démocratique.*

CENTRALISTE [sɑ̃tʀalist(ə)]. *n. m.* (1845; de *centraliser*). Partisan du centralisme.

CENTRE [sɑ̃tʀ(ə)]. *n. m.* (XIIIᵉ; lat. *centrum,* gr. *kentron*).
I. ♦ 1° *Géom.* Point intérieur situé à égale distance de tous les points de la circonférence d'un cercle, de la surface d'une sphère. *Le centre de la Terre.* — Par ext. Point tel que tous les points d'une figure soient placés symétriquement deux à deux par rapport à lui (on dit aussi *Centre de figure). Centre d'une ellipse.* ♦ 2° Par ext. Le milieu d'un espace quelconque. *Milieu. Paris est situé au centre d'un bassin tertiaire. Les départements du centre de la France.* Absolt. *Les provinces du centre. Le centre de la ville* (abusiv. *Centreville).* V. **Cœur.** — *Le centre d'une armée, d'une troupe* (opposé à ailes). ♦ 3° Spécialt. *Le centre d'une assemblée* : les bancs, les places en face du président, correspondant à la fraction politique située entre les progressistes et les conservateurs. *Centre droit. Centre gauche. Les députés, les sénateurs qui occupent ces places. Le parti du centre,* et absolt. *Le centre. Les députés, les candidats du centre.* V. **Centriste.**

II. (1680). Point intérieur doué de propriétés actives, dynamiques. ♦ 1° *Mécan.* et *Phys.* Point d'application de la résultante de forces. *Centre d'attraction, de gravitation. Centre de gravité d'un corps* : des forces exercées par la pesanteur sur toutes les parties de ce corps. *Centre de pression d'un liquide sur une paroi plane. Centre de poussée d'un fluide sur un corps immergé. Centre d'oscillation d'un pendule.* — Mar. *Centre de carène,* centre de poussée d'un navire. — Météo. *Centre de dépression, de haute pression.* ♦ 2° *Centres nerveux* : parties du système nerveux constituées de substance grise et reliées par les nerfs aux divers organes. — *Centres vitaux* : les organes essentiels à la vie. ♦ 3° Point de convergence ou de rayonnement. *Centre d'attraction, d'action, d'influence, de rayonnement.* V. **Base, siège.** ◇ UN CENTRE : lieu où diverses activités sont groupées. V. **Agglomération, ville.** *Les grands centres urbains. Un centre industriel, charbonnier, minier, commercial, religieux.* — (v. 1960). *Centre commercial* : groupe de magasins de détail, comprenant souvent un magasin à grande surface et divers services (poste, banques, etc.), occupant un ensemble de bâtiments entouré d'un parc de stationnement, dans une zone urbaine ou à proximité. « *Ces trois 'grandes surfaces' sont trois centres commerciaux nouveaux* » (Entreprise, 29-11-1969). Au Québec, on dit aussi *Centre d'achat(s)* [av. 1950]. — Par ext. Bureau, service centralisateur, coordinateur. *Centre de mobilisation. Centre national de la recherche scientifique* (C.N.R.S.). *Centre dramatique, culturel* : lieu d'expansion et de popularisation de l'art dramatique, de la culture. ♦ 4° *Fig.* Point où des forces sont concentrées et d'où elles rayonnent. V. **Cœur, foyer, siège.** « *Là était le centre du mal* » (MART. du G.). ◇ Chose principale, fondamentale. V. **Base, principe, voûte** (clef de). « *Dans toutes les affaires, il y a un centre, un point principal* » (VOLT.). Appos. *Idée centre, mot centre.* V. **Clé.**

III. *(Personnes).* ♦ 1° Littér. *Être le centre de qqch.* : en être l'animateur. V. **Cerveau, cheville** (ouvrière), promoteur. — *Il se croit le centre du monde* : il rapporte tout à lui. V. **Axe, nombril; égocentrique.** ♦ 2° *Sports.* Joueur qui se trouve au centre de la ligne d'attaque.

IV. (De *centrer*). *Sports.* Action de centrer (4°). *Faire un centre.*

◇ ANT. Bord, bout, extrémité, périphérie.

CENTRER [sɑ̃tʀe]. *v. tr.* (1699; de *centre*). ♦ 1° Ramener, disposer au centre, au milieu. *Centrer l'image, le sujet* (photo). *Photo mal centrée.* ♦ 2° Déterminer le centre; ajuster au centre. *Centrer une roue.* V. **Centrage.** ♦ 3° Fig. *Centrer sur* : donner comme centre (d'action, d'intérêt). « *Cette pièce était centrée sur le personnage de Minos* » (MONTHERLANT). — p. p. (Personnes). *Être centré sur soi-même.* V. **Égocentrisme.** ♦ 4° *Sports.* Ramener le ballon vers l'axe du terrain. *L'ailier a centré près des buts.*

CENTREUR [sɑ̃tʀœʀ]. *n. m.* (1842; de *centrer*). Dispositif de centrage (machines-outils).

CENTRIFUGATION [sɑ̃tʀifygasjɔ̃]. *n. f.* (1897; de *centrifuger*). *Techn.* Séparation de substances de densité différente au moyen de la force centrifuge, par rotation rapide. V. **Centrifugeuse.** *Écrémer, essorer, décanter, filtrer par centrifugation.*

CENTRIFUGE [sɑ̃tʀifyʒ]. *adj.* (1700; lat. *centrum* « centre », et *fugere* « fuir »). Qui tend à pousser loin du centre. *Force centrifuge.* « *Un sergent de ville qui voulut intervenir fut rejeté hors du tourbillon par la vertu centrifuge de l'ardeur des combattants* » (QUENEAU). — *Pompe centrifuge,* rotative et agissant par force centrifuge. — Fig. *Exercer une action centrifuge.* ◇ ANT. Centripète.

CENTRIFUGER [sɑ̃tʀifyʒe]. *v. tr.; conjug. bouger* (1871; de *centrifuge*). Séparer par un rapide mouvement de rotation des éléments de densité différente. V. **Centrifugation.**

CENTRIFUGEUR [sɑ̃tʀifyʒœʀ]. *n. m.* (1897; de *centrifuger*). *Techn.* Appareil agissant par force centrifuge. *Centrifugeur de laboratoire.*

CENTRIFUGEUSE [sɑ̃tʀifyʒøz]. *n. f.* (mil. XXᵉ; de *centrifuger, centrifuger*). *Techn.* Appareil muni d'un système de rotation très rapide (V. **Centrifugeur**) permettant de réaliser une force centrifuge (ou centrifugation*) suffisante pour séparer deux substances de densité différente. *Centrifugeuse pour l'entraînement des astronautes.*

CENTRIPÈTE [sɑ̃tʀipɛt]. *adj.* (1700; lat. *centrum,* « centre », et *petere* « tendre vers »). *Phys.* Qui tend vers le centre, à rapprocher du centre. *Force centripète.* ◇ ANT. Centrifuge.

CENTRISME [sɑ̃tʀism(ə)]. *n. m.* (1968; de *centre*). Position de ceux qui se situent politiquement au centre.

CENTRISTE [sɑ̃tʀist(ə)]. *adj. et n.* (1931; de *centre*). Qui appartient au centre (politique). *Les candidats centristes; les centristes.* Cf. Modérés, réformateurs.

CENTRO-. Élément, du lat. *centrum* « centre ».

CENTROMÈRE [sɑ̃tʀɔmɛʀ]. *n. m.* (1973; de *centro-*, et de *mère). Biol.* Granule existant dans les chromosomes et participant à la formation du fuseau* au cours de la division cellulaire.

CENTROSOME [sɑ̃tʀozɔm]. *n. m.* (1884; empr. all., de *centrum*, et *sôma*). *Biol.* Corpuscule du cytoplasme cellulaire, au voisinage du noyau, qui se divise en deux au cours de la mitose.

CENTUPLE [sɑ̃typl(ə)]. *adj. et n.* (1495; lat. *centuplex*). ♦ 1° *Adj.* Qui est cent fois plus grand. *Mille est un nombre centuple de dix.* ♦ 2° N. m. *Le centuple. — Par ext.* Quantité beaucoup plus grande. *Être récompensé au centuple.*

CENTUPLER [sɑ̃typle]. *v. tr.* (*Centuplier*, XVIᵉ; de *centuple*). ♦ 1° Porter au centuple. *Il a centuplé sa fortune. Centupler un nombre. — Fig.* V. **Agrandir, augmenter, décupler, multiplier.** ♦ 2° *Intrans.* Être porté au centuple. *La production a centuplé en cinquante ans.*

CENTURIE [sɑ̃tyʀi]. *n. f.* (XIIᵉ; lat. *centuria* « groupe de cent »). *Antiq. rom.* Subdivision administrative ou militaire formée de cent citoyens. *Les centuries d'une cohorte.*

CENTURION [sɑ̃tyʀjɔ̃]. *n. m.* (XIIᵉ; lat. *centurio*). Celui qui commandait une compagnie de cent hommes. V. **Centenier.** *Le voyage du centurion,* de Psichari.

CÉNURE ou **CŒNURE** [senyʀ]. *n. m.* (1839; lat. zool. *cœnurus,* du gr. *koinos* « commun », et *oura* « queue », à cause de son corps à plusieurs têtes). Forme larvaire de certains ténias, parasite du tissu sous-cutané, des muscles et du cerveau chez l'homme et chez certains animaux (mouton). *Le cénure est la cause du tournis.*

CEP [sɛp]. *n. m.* (XIIᵉ; lat. *cippus* « pieu »). ♦ 1° Pied de vigne. *Cep de vigne. Provigner un cep.* ♦ 2° Pièce de bois ou de fer supportant le soc d'une charrue (var. *sep*). — *Vieilli.* Pièce de fer servant d'entrave pour des prisonniers. V. **Chaîne.** *Être aux ceps.* ◇ HOM. **Cèpe.**

CÉPAGE [sepaʒ]. *n. m.* (1573; de *cep*). Variété de plant de vigne cultivée. V. **Vigne.** *Cépage blanc, noir.*

CÈPE ou **CEPS** [sɛp]. *n. m.* (1798; gascon *cep* « tronc »; Cf. Cep). Variété de champignon appelé *Bolet comestible. Cèpes à la bordelaise.* ◇ HOM. **Cep.**

CÉPÉE [sepe]. *n. f.* (fin XIIᵉ; de *cep*). Touffe de jeunes tiges de bois, de rejets sortant d'une même souche (V. **Taillis**). « *Des pentes bouquetées de cépées de hêtres* » (CHATEAUB.).

CEPENDANT [s(ə)pɑ̃dɑ̃]. *adv. et conj.* (XIVᵉ; *tout ce pendant,* 1272; V. **Pendant**). ♦ 1° *Adv. Vx.* Pendant ce temps, au moment même. — *Loc. conj. Cependant que,* pendant le temps que. V. **Alors** (que), **tandis** (que). « *Cependant que mon mari n'y est pas, je vais faire un tour* » (MOL.). ♦ 2° *Mod. Conj.* CEPENDANT exprime une opposition, une restriction. V. **Néanmoins, nonobstant, pourtant, toutefois** (Cf. *aussi* Toujours est-il, avec tout cela, n'empêche que).

CÉPHALALGIE [sefalalʒi] ou **CÉPHALÉE** [sefale]. *n. f.* (1487-1570; lat. *cephalalgia,* d'o. gr.). *Méd.* Mal de tête. V. **Migraine.**

-CÉPHALE, -CÉPHALIE. Éléments, du gr. *kephalé* « tête » (*ex.* : acéphale, dolichocéphale).

CÉPHALIQUE [sefalik]. *adj.* (XIVᵉ; lat. *cephalicus,* gr. *kephalikos,* de *kephalé* « tête »). ♦ 1° Qui a rapport à la tête. *Veine céphalique* : grande veine superficielle du bras (appelée ainsi parce qu'elle conduit le sang vers la tête). *Indice céphalique* : rapport du diamètre transversal et du diamètre antéro-postérieur du crâne. « *Huile céphalique veut dire huile pour la tête* » (BALZ.). ♦ 2° *Extrémité céphalique,* partie du corps antérieure et supérieure (quand il n'y a pas de tête : animaux inférieurs, embryon).

CÉPHALO-, CÉPHAL(O)-. Élément, du gr. *kephalé* « tête » (*ex.* céphalopodes). V. **-Céphale.**

CÉPHALOPODES [sefalɔpɔd]. *n. m. pl.* (1795; *céphalo-,* et *-pode*). Classe de mollusques supérieurs caractérisée par un pied à tentacules munies de ventouses, situé sur la tête; par une tête distincte contenant un véritable cerveau; par un système complexe de locomotion et par la réduction ou l'absence de coquille. *Céphalopodes à deux branchies* (V. **Décapodes, octopodes**), *à plusieurs branchies* (V. **Nautiles**). — *Au sing. La pieuvre est un céphalopode.*

CÉPHALO-RACHIDIEN, IENNE [sefalɔʀaʃidjɛ̃, jɛn]. *adj.* (1855; de *céphalo-,* et *rachidien*). Qui concerne la tête (surtout l'encéphale) et la colonne vertébrale. *Liquide céphalo-rachidien.* V. **Cérébro-spinal.**

CÉPHALOTHORAX [sefalɔtɔʀaks]. *n. m.* (1843; de *céphalo-,* et *thorax*). Partie antérieure du corps, formée de la tête et du thorax soudés (crustacés, arachnides).

CÉPHÉIDE [sefeid]. *n. f.* (XXᵉ; lat. *cepheus* d'o. gr., nom mythol. d'une constellation). *Astron.* Étoile variable à courte période.

CÉRAMBYX [seʀɑ̃biks]. *n. m.* (1775; gr. *kerambux* « pot à cornes »). Nom scientifique du *capricorne,* coléoptère (famille des *Cérambycidés*).

CÉRAME [seʀam]. *n. m.* (1752; gr. *keramon* « argile »). *Archéol.* Vase grec en terre cuite. — *Adj. Grès cérame,* dont on fait des vases.

CÉRAMIQUE [seʀamik]. *adj. et n. f.* (1806; *céramite,* n. f., 1546; gr. *keramikos,* de *keramon* « argile »). ♦ 1° Relatif à la fabrication des objets, récipients en terre cuite, faïence, porcelaine. *Les arts céramiques. Produits céramiques.* V. **Poterie.** ♦ 2° *N. f.* Art du potier. *Bernard Palissy fut l'un des créateurs de la céramique en France. — Céramique dentaire :* technique employant la porcelaine. ♦ 3° Matière dont sont faits les produits céramiques. V. **Biscuit, faïence, porcelaine.** *Des carreaux de céramique peinte.*

CÉRAMISTE [seʀamist(ə)]. *adj. et n.* (1836; de *céramique*). Qui s'occupe d'art céramique. *Céramiste d'art.*

CÉRAMOGRAPHIE [seʀamɔgʀafi]. *n. f.* (1960; du gr. *keramos* « poterie »; Cf. *-graphie*). *Didact.* Science de la céramique; traité sur l'histoire de la céramique.

CÉRASTE [seʀast(ə)]. *n. m.* (XIIIᵉ; lat. *cerastes,* gr. *kerastês* « cornu »). Vipère à cornes (elle porte deux excroissances sur la tête).

CÉRAT [seʀa]. *n. m.* (1539; lat. *ceratum,* de *cera* « cire »). *Pharm.* Mélange de cire et d'huile servant à incorporer des médicaments destinés à l'usage externe (excipient) ou pouvant être utilisé seul comme émollient. *Soigner les gerçures des lèvres avec du cérat.*

CERBÈRE [seʀbeʀ]. *n. m.* (1576; lat. *cerberus,* gr. *kerberos*). ♦ 1° *Myth. gr.* Nom du chien à trois têtes qui gardait l'entrée des enfers. ♦ 2° (1876). Portier, gardien sévère et intraitable.

CERCAIRE [seʀkɛʀ]. *n. f.* (1808; lat. sav. *cercaria,* du gr. *kerkos* « queue »). *Zool.* Forme larvaire infectante de vers parasites distomiens (douves)*, qui se développe dans le corps d'un mollusque aquatique.

CERCE [seʀs(ə)]. *n. f.* (*Cerche,* XIIIᵉ; de *cerceau*). *Techn.* ♦ 1° Cercle de bois servant à monter les cribles, les tamis. ♦ 2° Patron, calibre permettant de profiler une construction d'après une forme donnée.

CERCEAU [seʀso]. *n. m.* (*Cercel,* XIIᵉ; lat. imp. *circellus* « petit cercle », de *circus* « cercle »).
I. ♦ 1° Cercle en bois ou en métal maintenant les douves d'un tonneau. V. **Feuillard.** *Cerceaux des extrémités d'une futaille.* V. **Sommier.** ◇ *Par anal. Cerceaux de jupon, de crinoline,* cercles en acier flexible qui les maintiennent rigides. ♦ 2° *Cerceau d'acrobate,* le plus souvent tendu de papier mince, que traverse l'acrobate. — Jouet d'enfant, cercle de bois, que l'on fait rouler en le poussant avec un bâton. ♦ 3° (XVᵉ). Cintre, demi-cercle en bois, en fer. V. **Arceau.** *Cerceaux d'une bâche de voiture; d'une tonnelle.*
II. (1393). Plumes du bout de l'aile d'un oiseau de proie.

CERCLAGE [seʀklaʒ]. *n. m.* (1819; de *cercler*). Action de cercler. *Cerclage de tonneaux.*

CERCLE [seʀkl(ə)]. *n. m.* (XIIᵉ, var. *cerche, cerce;* lat. *circulus,* de *circus* « cercle ». V. **Cirque**).
I. ♦ 1° *Géom.* Surface plane limitée par une courbe (circonférence) dont tous les points sont à égale distance du centre. *Diamètre, rayon d'un cercle. On obtient l'aire d'un cercle en multipliant le carré du rayon par 3,1416 (π). Quart de cercle. Demi-cercle. Portion de cercle comprise entre deux rayons* (V. **Secteur**), *entre un arc et une corde* (V. **Segment**). *Tangente à un cercle. Grand cercle d'une sphère* : qui passe par le centre de la sphère, la partageant en deux parties égales. *Petit cercle d'une sphère* : cercle sécant. *Cercles concentriques, excentriques. Cercle directeur d'une ellipse (d'une hyperbole)* ayant pour centre un des foyers et pour rayon le grand axe (ou l'axe transverse). — *Objets, figures formant un cercle.* V. **Aréole, auréole, cerne, disque, halo, rond.** — *La quadrature du cercle.* ♦ 2° *Cour.* La circonférence d'un cercle. V. **Circonférence, rond.** *Décrire un cercle avec un compas. Entourer d'un cercle.* V. **Cercler, cerner, encercler.** — *Cartogr.* Lignes circulaires qui représentent la succession des saisons, les divisions de la sphère terrestre. V. **Équateur, méridien, parallèle, tropique.** *Cercles horaires. Le cercle polaire arctique, antarctique.* ♦ 3° Ligne circulaire ou courbe fermée. *Itinéraire décrivant un cercle.* V. **Circuit, périple.** *Cercles que décrit un oiseau, un avion.* « *L'avion décrivant des cercles d'oiseau de proie, semble fondre sur lui* » (MART. DU G.). ♦ 4° Objet circulaire. V. **Anneau, disque.** *Cercle accouplant les organes d'un appareil, renforçant des pièces, servant à orner.* V. **Bague, bracelet, cerceau, collerette, collier, couronne.** — *Par ext. Du vin en cercles,* en tonneaux cerclés. ◇ Instrument formé d'une portion de cercle graduée en degrés, minutes, secondes. *Cercle d'arpenteur.* V. **Demi-cercle, graphomètre.** *Cercle répétiteur cercle mural.* V. **Théodolite; sextant; octant.** ♦ 5° Disposition de personnes ou d'objets rangés de façon à former une circonférence. *Un cercle de chaises. Former un cercle autour de qqn.* « *Autour de lui, l'on faisait cercle* » (GIDE). *Un cercle de curieux, d'auditeurs, d'admirateurs. Élargir, resserrer le cercle. — Par ext.* Réunion des personnes groupées dans un salon. « *Lorsque l'enfant paraissait, le cercle de famille Applaudit à grands cris* » (HUGO). ◇ *Spécialt.* Lieu loué et organisé à frais communs, où les membres d'une association se réunissent. V. **Club.**

Fonder un cercle. Dîner au cercle. Cercle littéraire, politique. Cercle militaire. ♦ 6° *(Ancienn.).* Circonscription administrative. *Commandant de cercle.*
II. ♦ 1° *Fig.* Ce dont on fait le tour, dont on embrasse l'étendue. V. **Domaine, étendue, limite.** *Étendre le cercle de ses occupations, de ses relations.* « *Le petit cercle de ses idées se rétrécit encore* » (FLAUB.). ♦ 2° Log. CERCLE VICIEUX : raisonnement faux, sophisme par lequel on donne pour preuve la supposition, la proposition d'où l'on est parti. *Tomber dans un cercle vicieux.* Par ext. *Cour.* Situation dans laquelle on est enfermé (chaîne fermée de circonstances). « *Il semble que nous soyons dans un cercle vicieux où l'homme soit condamné à ne pouvoir rien connaître* » (Cl. BERNARD).

CERCLER [sɛʀkle]. *v. tr.* (v. 1530 ; de *cercle*). Entourer, garnir, munir de cercles, de cerceaux. *Cercler un tonneau, une caisse. Lunettes cerclées d'or.* — *Fig. Yeux cerclés de bistre.* V. **Cerné.**

CERCOPITHÈQUE [sɛʀkɔpitɛk]. *n. m.* (XVIᵉ ; lat. *cercopithecus*, mot gr., de *kerkos* « queue », et *pithekos* « singe »). Singe à longue queue.

CERCUEIL [sɛʀkœj]. *n. m.* (1564 ; *sarcou*, en 1080 ; *sarcueil*, XVᵉ ; lat. *sarcophagus*, d'o. gr. V. **Sarcophage**). Longue caisse dans laquelle on enferme le corps d'un mort pour l'ensevelir. V. **Bière, sarcophage.** *Cercueil de bois, de plomb. Descendre un cercueil dans la tombe. Estrade sur laquelle on place le cercueil.* V. **Catafalque.** *Drap couvrant le cercueil.* V. **Poêle.** « *Un de ces hommes si gros qu'il leur faut un cercueil sur commande* » (GONCOURT). — *Fig. Littér. Descendre au cercueil* : mourir. *Vivre dans le cercueil* : être mort. *De la naissance, du berceau au cercueil.* V. **Mort.**

CÉRÉALE [seʀeal]. *n. f.* (1792 ; adj. « du blé », v. 1550 ; lat. *cerealis*, de *Cérès*, déesse des moissons). Plante dont les grains servent de base à l'alimentation de l'homme et des animaux domestiques. *La plupart des céréales sont des graminées.* V. **Avoine, blé, maïs, millet, orge, riz, seigle, sorgho** (le sarrasin est une polygonacée). *Grain, tige* (V. **Paille**), *enveloppe des grains* (V. **Son**) *de céréales. Farine des céréales.* V. **Farine.** *Parasites et maladies des céréales.* V. **Charbon, ivraie, mélampyre, piétin, rouille.**

CÉRÉALICULTURE [seʀealikyltyʀ]. *n. f.* (1929 ; de *céréale*, et *-culture*). Didact. Monoculture des céréales.

CÉRÉALIER, IÈRE [seʀealje, jɛʀ]. *adj.* (Néol.; de *céréale*). De céréales. *Production céréalière. Cultures céréalières.*

CÉRÉBELLEUX, EUSE [seʀebe(ɛl)lø, øz]. *adj.* (1820 ; lat. *cerebellum*, de *cerebrum* « cerveau »). *Anat.* Relatif au cervelet. *Pédoncules cérébelleux. Méd. Ataxie, atrophie cérébelleuse. Syndrome cérébelleux :* troubles résultant de la lésion du cervelet.

CÉRÉBRAL, ALE, AUX [seʀebʀal, o]. *adj.* (1560 ; lat. *cerebrum*). ♦ 1° *Anat.* Qui a rapport au cerveau. *Hémisphères cérébraux. Lobes cérébraux. Localisations cérébrales.* — *Congestion, hémorragie cérébrale.* ♦ 2° Relatif à l'esprit, aux idées, à l'intellect. V. **Intellectuel.** *Travail, surmenage cérébral.* « *L'excès du travail cérébral qui, trop poussé, isole l'homme au milieu des réalités* » (BOURGET). ♦ 3° Qui vit surtout par la pensée, par l'esprit. — *Subst. C'est un cérébral pur.*

CÉRÉBRALITÉ [seʀebʀalite]. *n. f.* (v. 1893, « état mental » ; de *cérébral*). Caractère d'une personne cérébrale (3°). « *La froide cérébralité d'une romancière* » (COLETTE).

CÉRÉBRO-SPINAL, ALE, AUX [seʀebʀɔspinal, o]. *adj.* (1833 ; lat. *cerebrum*, et *spinal*). Relatif au cerveau et à la moelle épinière. V. **Céphalo-rachidien.** *Axe cérébro-spinal.* (1841). *Méningite cérébro-spinale.*

CÉRÉMONIAL, ALE, ALS [seʀemɔnjal]. *adj.* et *n. m.* (1372 ; lat. *cærimonialis.* V. **Cérémonie**).
I. *Adj. Vx.* Qui a rapport aux cérémonies religieuses. V. **Cérémoniel.** « *Loi cérémoniale* » (BOSS.).
II. *N. m.* ♦ 1° Ensemble et ordre établi, réglé de cérémonies. V. **Cérémonie, règle.** *Cérémonial de cour* (V. **Étiquette**). *Cérémonial diplomatique.* V. **Protocole.** ♦ 2° *Relig.* Livre contenant les règles liturgiques des cérémonies ecclésiastiques. V. **Rituel.** *Des cérémonials.* ♦ 3° *Vieilli.* Ensemble de formules, de règles de politesse, de courtoisie. V. **Code, décorum, forme, usage.** *Être attaché au cérémonial.*

CÉRÉMONIE [seʀemɔni]. *n. f.* (*Cerimonie,* XIIIᵉ ; lat. *cærimonia* « cérémonie au caractère sacré »). ♦ 1° Forme extérieure, solennité avec laquelle on célèbre le culte religieux. *Cérémonie du baptême, du mariage, du sacre.* V. **Cérémonial, liturgie.** *Sociol.* Fête solennelle, à caractère sacré. *Cérémonies d'initiation.* ♦ 2° *Par ext.* Forme extérieure de solennité accordée à un acte, à un acte important de la vie sociale. V. **Appareil, gala, pompe.** *Les cérémonies d'un anniversaire national.* V. **Commémoration.** *Les cérémonies qui ont marqué la visite des souvenirs étrangers.* V. **Réception.** — *Tenue, habit, uniforme de cérémonie. Maître de cérémonie.* V. **Chambellan.** ♦ 3° *Par anal.* Manifestation exces-

sive de politesse, de courtoisie dans la vie privée. *Recevoir qqn avec cérémonie. Faire des cérémonies.* V. **Façon.** *cérémonieux.* — *Fig. Voilà bien des cérémonies pour si peu de chose.* V. **Complication, formalité ; chinoiserie.** — *Sans cérémonies, sans plus de cérémonie :* sans façon, simplement. ◇ ANT. **Naturel, rondeur, simplicité.**

CÉRÉMONIEL, ELLE [seʀemɔnjɛl]. *adj.* (1842 ; de *cérémonie*). *Sociol.* Qui concerne les cérémonies, les fêtes*. *Pratiques cérémonielles. Cycle cérémoniel.*

CÉRÉMONIEUSEMENT [seʀemɔnjøzmɑ̃]. *adv.* (1845 ; de *cérémonieux*). D'une manière cérémonieuse.

CÉRÉMONIEUX, EUSE [seʀemɔnjø, øz]. *adj.* (XVᵉ ; de *cérémonie*). Qui fait trop de cérémonies. V. **Affecté, formaliste, obséquieux, poli.** — *Par ext. Un ton, un air cérémonieux.* V. **Solennel.** *Un accueil cérémonieux.* ◇ ANT. **Familier, libre, naturel, simple. Sans-façon.**

CERF [sɛʀ]. *n. m.* (1080 ; lat. *cervus*). Grand mammifère ruminant *(Cervidés),* vivant en troupeaux dans les forêts ; *spécialt.* le mâle adulte, qui porte des bois* d'autant plus grands qu'il est plus âgé. *Femelle du cerf.* V. **Biche.** *Jeune cerf.* V. **Faon ; brocard, daguet, hère.** *Les bois du cerf.* V. **Andouiller, cor, corne, dague, empaumure, merrain, perche, ramure, tête, trochure.** *Cerf dix-cors* (six ans, sept ans). *Cerf paumé :* vieux cerf dont le merrain aplati forme l'empaumure. *Troupe de cerfs.* V. **Harde, harpaille.** *La poitrine du cerf.* V. **Hampe.** *Cuissot de cerf. Larme de cerf* (V. **Larmier**). *Le cerf pait* (V. **Viander**), *fait le ronge* (rumine), *fraye, brame.* — *La chasse au cerf.* V. **Courre** (chasse à courre), **curée.** *Le cerf s'embûche, se rembuche. Traces du cerf.* ◇ HOM. **Serre, sert** (de servir).

CERFEUIL [sɛʀfœj]. *n. m.* (fin XIIIᵉ ; lat. *cærefolium,* gr. *khairephullon,* de *khairein* « réjouir », et *phullon* « feuille »). Plante aromatique *(Ombellifères),* cultivée comme condiment. *Cerfeuil commun. Cerfeuil frisé. Omelette au cerfeuil.*

CERF-VOLANT [sɛʀvɔlɑ̃]. *n. m.* (1381 ; de *cerf,* et *volant*). ♦ 1° Gros coléoptère à mandibules dentelées qui rappellent les bois du cerf. V. **Lucane.** « *On entendait seulement passer les hannetons et les cerfs-volants qui traversaient l'air tiède* » (LOTI). ♦ 2° (1669). Légère carcasse sur laquelle on tend un papier fort avec une étoffe, et qui peut s'élever en l'air lorsqu'on la tire face au vent. *Lancer un cerf-volant. La queue d'un cerf-volant. Des cerfs-volants.*

CERISAIE [s(ə)ʀizɛ]. *n. f.* (1397 ; de *cerise*). Plantation de cerisiers. *La Cerisaie,* pièce de Tchékhov.

CERISE [s(ə)ʀiz]. *n. f.* (1190 ; lat. pop. *ceresia,* class. *ceraseum*). ♦ 1° Petit fruit charnu, à noyau, à peau lisse brillante, rouge, parfois jaune pâle, produit par le cerisier. V. **Bigarreau, cerisette, griotte, guigne, marasque.** *La cerise est une drupe. Cerises de Montmorency. Cerises sauvages.* V. **Merise.** *Clafoutis, tarte aux cerises. Cerises à l'eau-de-vie. Liqueurs aux cerises.* V. **Cerisette, cherry, guignolet, kirsch, marasquin.** *Devenir rouge comme une cerise,* d'émotion, de confusion. « *Une fillette toute dorée de peau, sourire en cerise* » (DUHAM.). — *Aux cerises,* à l'époque des cerises. *Il aura loin aux cerises.* ◇ *Adj. Rouge cerise,* franc et assez vif. V. **Vermeil.** *Des rubans cerise.* ♦ 2° *Par anal. Laurier-cerise.* V. **Laurier.** ♦ 3° *Arg. Avoir la cerise* (Cf. Guigne), n'avoir pas de chance.

CERISETTE [s(ə)ʀizɛt]. *n. f.* (XIIIᵉ, « petite cerise » ; de *cerise*). ♦ 1° Boisson à base de cerise. ♦ 2° (1867). Nom vulgaire de l'alkékenge.

CERISIER [s(ə)ʀizje]. *n. m.* (v. 1180 ; de *cerise*). ♦ 1° Arbre fruitier *(Rosacées)* à fleurs en bouquet, qui produit la cerise. *Cerisier sauvage.* V. **Merisier.** *Cerisier à griottes,* à *bigarreaux. Plantation de cerisiers.* V. **Cerisaie.** ♦ 2° Bois du cerisier employé en ébénisterie. ♦ 3° *Par anal.* avec l'aspect des fruits. *Cerisier de Cayenne :* nom d'un giroflier.

CÉRITE [seʀit]. *n. f.* (1839 ; de *cérium*). *Minér.* Silicate hydraté de cérium (minerai du cérium).

CÉRITE ou **CÉRITHE** [seʀit]. *n. m.* (1757 ; lat. *cerithium,* gr. *kerukion* « buccin »). Mollusque gastéropode prosobranche à coquille allongée, à côtes. *Cérithes fossiles du tertiaire,* formant le « calcaire grossier ».

CÉRIUM [seʀjɔm]. *n. m.* (1803 ; de *Cérès*). Métal (Ce, p. at. 140,1) de densité 7 env. *L'oxyde de cérium sert à la fabrication des manchons à incandescence, du ferrocérium.*

CERNE [sɛʀn(ə)]. *n. m.* (XIIᵉ, « cercle » ; lat. *circinus,* de *cercus.* Cf. Cercle). ♦ 1° (XIVᵉ). Cercle coloré qui entoure parfois les yeux. V. **Cerné.** — Bleu, marbrure autour d'une plaie, d'une contusion. ♦ 2° *(Étoffes).* V. **Auréole, 4°.** ♦ 3° Un des cercles concentriques de l'aubier d'un arbre.

CERNÉ, ÉE [sɛʀne]. *adj.* (1694 ; de *cerner*). Entouré d'une zone livide, bistre ou bleuâtre. *Avoir les yeux cernés, battus.*

CERNEAU [sɛʀno]. *n. m.* (XIIᵉ ; de *cerner* « couper en deux »). Noix à demi mûre tirée de sa coque. — Noix épluchée. — *Vin de cerneaux :* vin rosé bon à boire à l'époque où l'on mange les cerneaux (août-septembre).

CERNER [sɛʀne]. *v. tr.* (XIIᵉ ; lat. *circinare,* de *circinus.*

V. **Cerne**). ♦ 1º Entourer comme d'un cerne. V. **Entourer, encercler, envelopper**. « *L'horizon qui cerne cette plaine, c'est celui qui cerne toute vie* » (BARRÈS). ♦ 2º (Déb. XVᵉ). *Cerner les noix :* les couper pour enlever la coque encore verte. V. **Cerneau.** — (1676) Couper en cercle. *Cerner un arbre.* ♦ 3º (1798). *Par ext.* Entourer par des troupes. V. **Encercler; assiéger, bloquer, investir.** *Cerner une ville fortifiée. Ville cernée par les blindés. Troupes cernées.* ♦ 4º (*Fin* XIXᵉ). Entourer le contour (une figure) par un trait. *Cerner une figure d'un trait bleu.*

CÉRO-. Élément, tiré du gr. *kéros* « cire » (ex. : *céroplastique* (n. f., 1813), « modelage de la cire »).

CERTAIN, AINE [sɛʀtɛ̃, ɛn]. *adj. et pron.* (*Certan*, 1160; lat. pop. °*certanus*, de *certus* « assuré »).
I. *Adj.* Ⓐ ♦ 1º Qui ne peut manquer de se produire, qui arrivera. V. **Assuré, évident, incontestable, indéniable, indiscutable, indubitable, inévitable, infaillible, sûr.** *Cela est certain. Il est certain que nous réussirons. Son départ est certain.* ◊ Qui est déterminé, fixé d'une façon précise et invariable. V. **Constant, déterminé.** *Une date certaine. Prix certain.* ◊ *Subst.* Fin. *Le certain :* nombre d'unités de monnaie étrangère qu'on peut acheter avec une unité de monnaie nationale. ♦ 2º Qui ne laisse place à aucun doute, qui entraîne l'adhésion de l'esprit. *C'est possible, mais ce n'est pas certain.* V. **Confirmé, réel, vrai.** *Un témoignage certain.* V. **Authentique, décisif, exact, manifeste, positif.** *Une preuve certaine.* ♦ 3º (*Personnes*). Qui considère une chose pour vraie. V. **Assuré, convaincu.** *J'en suis certain. Être certain de réussir. Je suis certain qu'il viendra* (Cf. Je le parierais, j'en mettrais ma main au feu, j'en ai la conviction). « *Je ne le crois pas, dit-il, j'en suis certain* » (MAUROIS). Ⓑ *(Avant le nom).* ♦ 1º Imprécis, difficile à fixer. *Il y avait là un certain nombre de gens. Il restera un certain temps. Jusqu'à un certain point.* « *Il l'embrassait à certaines heures* » (FLAUB.). ♦ 2º *Il lui a fallu un certain courage, du courage, quelque courage.* « *Un homme d'un certain âge*, plus tout jeune, et non pas *d'un âge certain* (avancé; vieux). ♦ 3º (*Plur.*). Quelques-uns parmi d'autres. *Certains peuples. Dans certains pays.* V. **Quelque.** ♦ 4º Devant un nom de personne (dédain, mépris; ignorance affectée). « *Quoi qu'elle ait fait voir de l'amitié pour un certain Léandre* » (MOL.).
II. *Pron. plur.* CERTAINS : certaines personnes. *Certains disent, certains prétendent.* V. **Aucun** (d'aucuns), **plusieurs, quelqu'un** (quelques-uns), **tel** (tels). *Aux yeux de certains, de certaines de vos amies.*
◊ ANT. **Incertain; contestable, discutable, douteux, erroné, faux, hésitant, sceptique.**

CERTAINEMENT [sɛʀtɛnmɑ̃]. *adv.* (1138; de *certain*). ♦ 1º D'une manière certaine. *Cela arrivera certainement.* V. **Fatalement, inévitablement, infailliblement, nécessairement, sûrement.** — Fam. *Certainement qu'il vous écrira.* ♦ 2º Renforce une affirmation. *Il est certainement le plus doué.* V. **Assurément, certes, évidemment, nettement, réellement, vraiment.** *Croyez-vous que cela vaille la peine? — Certainement.* V. **Parfaitement, sûr** (bien sûr).

CERTES [sɛʀt(ə)]. *adv.* (1080; lat. pop. *certas*; lat. *certo*, de *certus*. V. **Certain**). ♦ 1º *Litt. ou vieilli.* Certainement, en vérité. *Oui, certes! Certes, il est le plus doué.* ♦ 2º Indique une concession. *Certes, je n'irai pas jusqu'à prétendre que...* (ACAD.).

CERTIFICAT [sɛʀtifika]. *n. m.* (1380; bas lat. *certificatum*. V. **Certifier**). ♦ 1º Écrit qui émane d'une autorité compétente et atteste un fait, un droit. V. **Acte** (II), **attestation, constatation.** *Certificat authentique, légalisé. Délivrer, fournir, produire un certificat. Certificats d'un domestique.* V. **Référence.** *Avoir de bons certificats.* — *Certificat médical*, établi par un médecin et requis des candidats à certaines fonctions. *Certificat prénuptial; certificat de vaccination. Certificat de bonne vie et mœurs. Certificat de résidence. Certificat de travail*, indiquant la nature et la durée du travail effectué par un salarié. *Certificat d'origine :* titre justificatif de l'origine d'une marchandise. *Certificat de nationalité.* — Mar. *Certificat de visites ou de navigabilité*, attestant qu'un navire est en état de naviguer. ♦ 2º Acte attestant la réussite à un examen; cet examen. V. **Brevet, diplôme.** *Certificat d'études primaire* (abrév. fam. *Certif*). (Ancienn.) *Certificats* (d'études supérieures) de licence. V. **Unité** (de valeur). *Certificat d'aptitude professionnelle* (C.A.P.). *Certificat d'aptitude professionnelle à l'enseignement secondaire* (C.A.P.E.S.).

CERTIFICATEUR [sɛʀtifikatœʀ]. *n. m.* (1611; lat. *certificator*). Dr. *Certificateur de caution :* personne qui intervient pour garantir l'engagement pris par la caution elle-même. Adj. *Notaire certificateur.*

CERTIFICATION [sɛʀtifikasjɔ̃]. *n. f.* (1310; lat. *certificatio*). Dr. Assurance donnée par écrit. *Certification de signatures, de chèques.* V. **Authentification.**

CERTIFIÉ, ÉE [sɛʀtifje]. *adj.* et *n.* (v. 1950; de *certificat*, d'apr. *certifier*). Titulaire du C.A.P.E.S. (fam. *Capésien*). *Professeur certifié.* N. *Les certifiés et les agrégés.*

CERTIFIER [sɛʀtifje]. *v. tr.* (XIIIᵉ; *certefier*, XIIᵉ; lat. *certificare*, de *certus*, et *facere* « faire » »). ♦ 1º Assurer qu'une chose est vraie. V. **Affirmer, attester, confirmer, constater, garantir, témoigner.** *Certifier qqch. à qqn.* « *Je te certifie que je ne m'ennuie jamais avec vous deux* » (SAND). ♦ 2º Dr. Garantir par un acte. *Certifier une signature.* V. **Authentifier, légaliser.** *Copie certifiée conforme.* — *Certifier une caution :* en répondre. V. **Certificateur.** ◊ ANT. **Démentir, désavouer.** **Contester, nier.**

CERTITUDE [sɛʀtityd]. *n. f.* (1470; *sertetut*, XIVᵉ; lat. *certitudo*, de *certus*. V. **Certain**). ♦ 1º Caractère d'une affirmation à laquelle on donne une adhésion entière; cette affirmation. V. **Évidence, vérité; sûreté.** *Certitude d'un fait.* « *Il y a contre lui des présomptions terribles, il n'y a pas une certitude absolue* » (BOURGET). ♦ 2º État de l'esprit qui ne doute pas, n'a aucune crainte d'erreur. V. **Assurance, conviction, croyance, opinion.** *Certitude fondée sur les preuves. J'ai la certitude qu'il viendra.* — Philo. Adhésion de l'esprit. *Certitude immédiate, médiate, intuitive, discursive. Certitude en matière religieuse.* V. **Foi.** *Certitude physique* (concernant un fait d'expérience); *morale.* « *Si ma certitude était à la merci des objections, ce ne serait plus une certitude* » (MART. du G.). ◊ ANT. **Doute, hypothèse, illusion, incertitude, vraisemblance.**

CÉRULÉEN, ENNE [seʀyleɛ̃, ɛn]. *adj.* (1797; de *cérulé* (XVIᵉ); lat. *cæruleus*, rac. *cælum* « ciel »). *Littér.* D'une couleur bleuâtre.

CÉRUMEN [seʀymɛn]. *n. m.* (1726; bas lat. *cerumen*, de *cera* « cire »). Matière onctueuse jaune, sécrétée par les glandes sébacées du conduit auditif externe (*Cour.* bouchon de cire). *Cure-oreille pour ôter le cérumen.*

CÉRUMINEUX, EUSE [seʀyminø, oz]. *adj.* (1735; du bas lat. *cerumen, inis*). Relatif au cérumen.

CÉRUSE [seʀyz]. *n. f.* (XIIIᵉ; lat. *cerussa*). Colorant blanc, carbonate de plomb que l'on employait en peinture. *Blanc de céruse.*

CERVEAU [sɛʀvo]. *n. m.* (*Cervel*, en 1080; lat. *cerebellum*, de *cerebrum*).
I. (*Concret*). ♦ 1º Cour. Masse nerveuse contenue dans le crâne de l'homme. V. **Encéphale** (cerveau (2º)), **cervelet, bulbe, pédoncules cérébraux).** *Transport au cerveau.* « *Traiter le cerveau comme un récipient de souvenirs* » (BERGSON). — Abusiv. *Rhume* de cerveau :* inflammation des fosses nasales. ♦ 2º Anat. (XVIᵉ). — (Sens large). L'encéphale* dans sa totalité. — (Sens restreint). Partie antérieure et supérieure de l'encéphale des vertébrés formée des deux hémisphères cérébraux et de leurs annexes (méninges). *Le cerveau humain est très développé. Lobes, circonvolutions du cerveau.* V. **Cérébral.** *Cerveau antérieur, moyen, postérieur :* parties du cerveau qui dérivent des vésicules cérébrales (antérieure, moyenne et postérieure) de l'embryon. *Inflammation du cerveau.* V. **Encéphalite.**
II. (*Abstrait;* XIIIᵉ). ♦ 1º Le siège de la pensée, du raisonnement ; les facultés mentales. V. **Esprit, intelligence, raison, tête; cervelle.** *Cerveau étroit, borné. Cerveau puissant, bien organisé.* Fam. *Avoir le cerveau dérangé, fêlé :* être fou. *Se creuser le cerveau :* chercher avec acharnement, réfléchir profondément et avec peine (Cf. Se casser la tête). *Bourrer de mensonges le cerveau de qqn.* V. **Crâne, mou.** ♦ 2º Personne dont on qualifie l'esprit. V. **Esprit.** *C'est un grand cerveau, un cerveau.* — Loc. *Cerveau brûlé*.* ♦ 3º Fig. Organe central de direction. V. **Centre.** « *L'état-major est vraiment un cerveau sans lequel aucune action des bataillons n'est possible* » (MAUROIS). ♦ 4º Spécialt. (XXᵉ). *Cerveau électronique :* tout appareil qui effectue des opérations complexes portant sur de l'information (V. **Cybernétique**).

CERVELAS [sɛʀvəla]. *n. m.* (*Cervelat*, 1552; it. *cervelato* « saucisse faite de viande et de cervelle de porc »). Saucisson cuit, gros et court, assez épicé. *Du cervelas à la vinaigrette. Cervelas truffé.*

CERVELET [sɛʀvəlɛ]. *n. m.* (1611; de *cerveau*). Partie postérieure et inférieure de l'encéphale. *Sillons, lobes du cervelet.* V. **Cérébelleux.** *Substance grise, susbtance blanche, écorce du cervelet.*

CERVELLE [sɛʀvɛl]. *n. f.* (1080; lat. *cerebella*, fém. de *cerebellum* V. **Cerveau**). ♦ 1º Substance nerveuse constituant le cerveau. *Se brûler, se faire sauter la cervelle, se tuer d'un coup de pistolet dans la tête.* ◊ *Cuis.* Cerveau des animaux tués, destiné à servir de mets. *Cervelle d'agneau. Cervelle au beurre.* ♦ 2º Facultés mentales. V. **Cerveau** (II), **esprit, jugement.** *Tête sans cervelle.* V. **Écervelé.** « *Belle tête, dit-il, mais de cervelle point* » (LA FONT.). *Une cervelle d'oiseau, ou moineau* (Cf. Tête de linotte). *Se creuser la cervelle.* — Fam. *Cela lui trotte dans la cervelle :* à l'esprit occupé. *Avoir qqch. dans la cervelle :* une idée bien arrêtée. — *Rompre la cervelle :* fatiguer par un bruit violent. — (Personnes) *C'est une cervelle folle, légère, évaporée, une petite cervelle.* V. **Tête.**

CERVICAL, ALE, AUX [sɛʀvikal, o]. *adj.* (1560; lat. *cervix, icis* « cou, nuque »). *Anat.* ♦ 1° Qui se rapporte ou appartient au cou. *Vertèbres cervicales.* V. **Atlas, axis.** *Nerfs, muscles cervicaux.* ♦ 2° Qui se rapporte à un orifice en forme de col (de l'utérus, de la vessie). *Érosion cervicale.* ♦ 3° Relatif au collet d'une dent.

CERVICALGIE [sɛʀvikalʒi]. *n. f.* (XXᵉ; du lat. *cervix, icis* « cou », et suff. *-algie*). *Méd.* Douleur localisée au cou, à la nuque.

CERVIDÉS [sɛʀvide]. *n. m. pl.* (1880; du lat. *cervus* « cerf »). Famille de mammifères ongulés ruminants dont les mâles portent des appendices frontaux de nature osseuse (dits *bois*) se renouvelant chaque année. V. **Cerf; axis, caribou, chevreuil, daim, élan, orignal, renne, wapiti.** Sing. *Un cervidé.*

CERVIER. *adj. m.* LOUP-CERVIER.

CERVOISE [sɛʀvwaz]. *n. f.* (XIIᵉ; lat. *cerevisia*, mot gaulois). Bière d'orge, de blé, etc., en usage chez les anciens et au moyen âge.

CES. *adj. dém. plur.* V. **CE 1.**

CÉSALPINÉES ou **CÆSALPINÉES, -NIÉES** [sezalpine, -nje]. *n. f. pl.* (1846; du nom d'un bot. italien). Famille de plantes dicotylédones dialypétales, famille des Légumineuses. V. **Bauhinie, campêche, caroubier, casse, copaïer, févier, tamarinier.**

CÉSAR [sezaʀ]. *n. m.* (1488; lat. *Cæsar*, surnom de *Julius* (Jules César). V. **Césarienne**). ♦ 1° César romain. « *Et Rome à ses Césars fidèle, obéissante* » (RAC.). ♦ 2° (XVIIIᵉ). V. **Empereur, dictateur.** « *Si l'anarchie engendre des Césars* » (BAINVILLE).

CÉSARIEN, IENNE [sezaʀjɛ̃, jɛn]. *adj.* (1836; de *César*). ♦ 1° D'un César romain. ♦ 2° D'un dictateur, d'un tyran militaire. *Régime césarien.* V. **Césarisme.**

CÉSARIENNE [sezaʀjɛn]. *n. f.* (1560, adj.; du lat. *cæsar* « enfant mis au monde par incision »; de *cædere* « couper »). Opération chirurgicale qui consiste à pratiquer une incision dans la paroi abdominale pour extraire l'enfant de l'utérus de la mère. V. **Hystérotomie.**

CÉSARISME [sezaʀism(ə)]. *n. m.* (1851; de *César*). ♦ 1° Gouvernement de César, des Césars. ♦ 2° Système politique consistant dans le gouvernement d'un dictateur qui s'appuie ou tente de s'appuyer sur le peuple. V. **Absolutisme, dictature.** *Le césarisme des Bonaparte.*

CÉSIUM ou **CÆSIUM** [sezjɔm]. *n. m.* (v. 1860; lat. *cæsium*, neutre de *cæsius* « bleu », à cause de ses raies spectrales). Métal (Cs, n° at. 55; masse at. env. 133) de la famille des alcalins, mou, jaune pâle. *Cellule photo-électrique au césium.*

CESSANT, ANTE [sɛsɑ̃, ɑ̃t]. *adj.* (1666; de *cesser*). *Toute(s) chose(s), toute(s) affaire(s) cessante(s)* : en interrompant tout le reste.

CESSATION [sɛsɑsjɔ̃]. *n. f.* (1361 : de *cesser*). Le fait de prendre fin ou de mettre fin à qqch. V. **Abandon, arrêt, fin, interruption, suspension.** *Cessation des hostilités* : armistice, trêve. *Cessation du travail* : chômage, grève, vacation. *Cessation des paiements. Cessation momentanée* (apaisement, répit), *complète d'une douleur.* V. **Disparition, suppression.** « *La cessation de la douleur poignante, fille du soupçon* » (STENDHAL). ◇ ANT. *Continuation, maintien, persistance, prolongation, reprise.*

CESSE [sɛs]. *n. f.* (fin XIIᵉ; de *cesser*). En loc. négatives : ♦ 1° *N'avoir point de cesse que*, ne pas s'arrêter avant que... *Il n'aura pas de cesse qu'il n'obtienne ce qu'il veut.* ♦ 2° SANS CESSE : sans discontinuer. V. **Continuellement.** « *Après avoir souffert, il faut souffrir encore; il faut aimer sans cesse, après avoir aimé* » (MUSS.).

CESSER [sese]. *v.* (1080, « céder, reculer », et sens mod. (*cesser de*); lat. *cessare*, fréquent. de *cedere* (V. **Céder**), « tarder, se montrer lent, s'interrompre »). Ne pas continuer. ♦ 1° V. *intr.* Prendre fin, se terminer ou s'interrompre. V. **Arrêter** (s'), **discontinuer, finir, interrompre** (s'). *Le vent a cessé. La fièvre a cessé.* V. **Disparaître** (*apaiser* (s'), *calmer* (se), *céder, tomber. La douleur cesse par intervalles. Le charme cesse.* V. **Effacer** (s'), *enfuir* (s'), *évanouir* (s'), *mourir. La lutte, le combat cesse, a cessé.* « *Le labeur cessant, la force disparaît* » (CHATEAUB.). « *L'influence anesthésiante de l'habitude ayant cessé, je me mettais à penser, à sentir* » (PROUST). ◇ FAIRE CESSER. V. **Arrêter, calmer, détruire, étouffer, interrompre, suspendre.** *Faire cesser un scandale, des querelles.* V. **Couper** (court), *étouffer.* ♦ 2° V. *tr. indir.* CESSER DE et l'infinitif. V. **Achever, arrêter** (s'). *Cesser d'agir, de parler. Cesser d'avancer*, faire halte, s'immobiliser. *Je cesserai désormais d'en boire.* V. **Abstenir** (s'). *Cesser de lutter, de combattre.* V. **Abandonner, renoncer** (à). *Son influence, son action cesse de se faire sentir* : disparaît, passe; n'a plus* cours. « *Toutes les fois que j'ai cessé d'aimer une femme, je le lui ai dit* » (MUSS.). ◇ NE PAS CESSER DE : continuer. *Je n'ai pas cessé de le voir, de lui écrire.* « *Elle avait conscience que sa volonté n'avait pas cessé d'agir sur son destin* » (MART. du G.). — *Ne cesser de*, marque la constance dans l'action. *Il n'a cessé de m'importuner qu'il n'ait obtenu satisfaction* (littér.); *jusqu'à ce qu'il obtienne satisfaction.* « *Les années qui précèdent l'âge mûr ne cessent d'accroître les ressources intérieures d'un écrivain* » (ROMAINS). ♦ 3° *Trans. dir.* (XIIIᵉ). *Faire finir. Cessez ces discours, ces cris.* V. **Arrêter, interrompre.** *Cesser tout effort, le travail, ses fonctions.* V. **Abandonner.** *Cesser le combat, les poursuites.* V. **Suspendre.** ◇ ANT. *Continuer, durer, maintenir, persister, poursuivre, prolonger.*

CESSEZ-LE-FEU [seselfø]. *n. m. invar.* (1958; *cessez le feu !* « sonnerie », fin XIXᵉ; de *cesser*, et *feu*). Arrêt des combats. « *Les chances d'un cessez-le-feu négocié demeurent sérieuses* » (MAURIAC).

CESSIBILITÉ [sesibilite]. *n. f.* (1845; de *cessible*). *Dr.* Qualité d'une chose susceptible d'être cédée. *Cessibilité d'un droit, d'un bien, d'une action.* V. **Négociabilité.** ◇ ANT. *Incessibilité.*

CESSIBLE [sesibl(ə)]. *adj.* (fin XVIᵉ; lat. *cessibilis*, de *cedere*. V. **Céder**). *Dr.* Qui peut être cédé. V. **Négociable, transférable.** *Ces actions ne sont pas cessibles avant deux ans.* ◇ ANT. *Incessible.*

CESSION [sesjɔ̃]. *n. f.* (XIIIᵉ; lat. *cessio*, de *cedere*. V. **Céder**). *Dr.* Action de céder (un droit, un bien) à titre onéreux, ou à titre gratuit. V. **Transmission; donation, transfert, transport, vente.** *Acte de cession. Cession de bail. Cession de biens* (par un débiteur). V. **Abandon, délaissement.** *Cession de créances, de dettes.* ◇ ANT. *Achat, acquisition.* — HOM. *Session.*

CESSIONNAIRE [sesjɔnɛʀ]. *n.* (1520; de *cession*). *Dr.* Personne à qui une cession a été faite. V. **Bénéficiaire.** *Cessionnaire d'une créance.* ◇ ANT. *Cédant.*

C'EST-À-DIRE [sɛ(e)tadiʀ]. *loc. conj.* (1542; trad. lat. *id est*). *Loc. conj.* qui annonce : ♦ 1° Une explication ou une précision. *Un radjah, c'est-à-dire un prince de l'Inde* : je veux dire; à savoir. *À la température voulue, c'est-à-dire 14 degrés* (abrév. *c.-à-d.*). ♦ 2° Une qualification. *Un livre, c'est-à-dire un ami.* ♦ 3° *C'est-à-dire que* : en conséquence. *Il n'y a plus d'eau, c'est-à-dire que nous allons mourir de soif.* ◇ Avant une réponse. V. **Seulement, simplement.** *Est-ce qu'il me déteste? C'est-à-dire qu'il en aime une autre.*

CESTE [sɛst(ə)]. *n. m.* (XVᵉ; lat. *cæstus*, p.-ê. de *cædere* « frapper »). Courroie garnie de plomb dont les athlètes de l'antiquité s'entouraient les mains pour le pugilat.

CESTODES [sɛstɔd]. *n. m. pl.* (*Cestoïdes*, 1820; lat. *cestus*, gr. *kestos* « ceinture », et *-oïde*). Classe de vers plathelminthes parasites en forme de ruban. V. **Bothriocéphale, ténia.** Sing. *Un cestode.*

CÉSURE [sezyʀ]. *n. f.* (1537; lat. *cæsura* « coupure », de *cædere* « couper »). Repos à l'intérieur d'un vers après une syllabe accentuée. *La césure classique coupe le vers en hémistiches et en marque la cadence.* V. **Coupe.**

C.E.T. [seɔɛte]. *n. m.* (1973). Abrév. de Collège d'enseignement technique.

CET, CETTE. *adj. dém.* V. **CE (1).**

CÉTACÉ, ÉE [setase]. *adj. et n. m.* (1542; lat. zool. *cœtaceus*, class. *cetus;* gr. *kêtos* « gros poisson de mer »). ♦ 1° *adj. Vx.* Qui appartient aux grands mammifères aquatiques pisciformes. *Animaux cétacés.* ♦ 2° N. m. Mammifère aquatique à corps pisciforme, à membres (antérieurs) transformés en nageoires. *Ordre des Cétacés* : mysticètes ou porteurs de fanons (V. **Baleine, baleinoptère, mégaptère**) et odontocètes ou porteurs de dents (V. **Cachalot, dauphin, marsouin, narval**). *Harponner un cétacé.*

CÉTANE [setan]. *n. m.* (*Néol.*; de *cet*(ane), et *-ane*). Carbure d'hydrogène saturé. *Indice de cétane du gas-oil* (aptitude à l'allumage).

CÉTÉRAC [seteʀak]. *n. m.* (XVᵉ; lat. méd., de l'arabe *chetrak*). Fougère commune entre les pierres des vieux murs.

CÉTOINE [setwan]. *n. f.* (1790; lat. zool. *cetonia;* o. i.). Insecte coléoptère (*Scarabéides*) aux vives couleurs métalliques. *La cétoine dorée, dite* hanneton des roses.

CÉTONE [setɔn]. *n. f.* (déb. XXᵉ; abrév. de *acétone*). Nom des corps chimiques de constitution analogue à celle de l'acétone (R — CO — R' : les radicaux R et R' pouvant être semblables ou non) à propriétés proches des aldéhydes.

CÉTONÉMIE [setɔnemi]. *n. f.* (mil. XXᵉ; de *cétone*, et *-émie*). *Méd.* Présence de corps cétoniques dans le sang. V. *aussi* **Acétonémie.** (Adj. CÉTONÉMIQUE [setɔnemik].)

CÉTONIQUE [setɔnik]. *adj.* (v. 1900; de *cétone*). *Biochim.* Relatif à une cétone, qui en a les propriétés. *Corps cétoniques,* l'acétone et ses précurseurs métaboliques.

CÉTONURIE [setɔnyʀi]. *n. f.* (XXᵉ; de *cétone*, et *-urie*). *Méd.* Présence de corps cétoniques (surtout acétone) dans l'urine. (On dit aussi ACÉTONURIE [asetɔnyʀi], *n. f.*)

CEUX. *pron. dém.* Plur. de CELUI.

Cf. Abréviation de l'impératif lat. CONFER (Compare).

C.F.A. (FRANC) [seefa]. *n. et adj.* Sigle de (franc de la)

Communauté financière africaine, en circulation dans certains États africains (Cameroun, Togo, Sénégal, etc.). *Payer en C.F.A.*, *en francs C.F.A.*

C.G.S. [seʒeɛs]. Système d'unités physiques (Centimètre, Gramme, Seconde).

C.G.T. [seʒete]. *n. f.* (XXᵉ). ♦ 1° Confédération générale du travail. *Membre de la C.G.T.* V. **Cégétiste.** ♦ 2° Compagnie générale transatlantique.

Ch Symbole de cheval-vapeur. V. **CV.**

CHABICHOU [ʃabiʃu]. *n. m.* (fin XIXᵉ; de *chabrichou*, limousin *chabro*, forme dial. de *chèvre*). Fromage de chèvre du Poitou.

CHABLER [ʃable]. *v. tr.* (XIVᵉ; de l'a. fr. *chaable*, lat. vulg. *catabola* « machine à lancer des pierres », du gr. *ballein* « lancer »). Dial. *Chabler les noix.* V. **Gauler.**

1. CHABLIS [ʃabli]. *adj. et n. m.* (1515; de *chabler*). *Bois chablis* : abattu par le vent, ou tombé de vétusté.

2. CHABLIS [ʃabli]. *n. m.* (1834; nom de lieu). Vin blanc sec de Chablis.

CHABOT [ʃabo]. *n. m.* (1564; *cabot*, 1220; a. prov. *cabotz*, lat. pop. *capoceus* « poisson à grosse tête », de *caput* « tête »). Poisson du genre *Cottus*, à grosse tête, dont une espèce vit près des côtes rocheuses. — (Syn. *Cabot*, *têtard*, *meunier*).

CHABRAQUE ou **SCHABRAQUE** [ʃabrak]. *n. f.* (1803; all. *Shabracke*; mot turc). ♦ 1° Ancienn. Couverture de cheval (peau de mouton, etc.) que certaines troupes de cavalerie (hussards) utilisaient. ♦ 2° Région. Péj. Femme, fille (laide, de mauvaise vie, étourdie, selon les régions).

CHABROL [ʃabrɔl] ou **CHABROT** [ʃabro]. *n. m.* (mot région. attesté 1876; var. de *chevreau*; lat. *capreolus*). Mélange de vin et de bouillon, dans le sud-ouest de la France. *Faire chabrol.*

CHACAL [ʃakal]. *n. m.* (*Ciacale*, 1646, et nombr. var.; persan *chagal* par plus. langues (turc, angl., etc.).). ♦ 1° Mammifère carnivore d'Asie et d'Afrique ressemblant au renard. *Troupeau de chacals. Les chacals jappent: ils se nourrissent des restes laissés par les grands fauves.* ♦ 2° Péj. Homme avide, cruel qui profite des victoires des autres en s'acharnant sur les vaincus.

CHA-CHA-CHA [tʃatʃatʃa]. *n. m.* (v. 1955; onomat. d'orig. sud-américaine). Danse d'origine mexicaine dérivée de la rumba* et du mambo*.

CHACONNE ou **CHACONE** [ʃakɔn]. *n. f.* (1655; esp. *chacona*). ♦ 1° Danse des XVIIᵉ et XVIIIᵉ s., à trois temps. ♦ 2° Pièce instrumentale dérivant de la chaconne, variations sur un court motif répété à la basse. *Les chaconnes pour clavier de J.-S. Bach. La passacaille est très voisine de la chaconne.*

CHACUN, UNE [ʃakœ̃, yn]. *pron. indéf.* (*Chascun*, fin XIᵉ; *cadhun*, *cheün*, 842; lat. pop. °*casquunus*, croisement du lat. *quisque-unus*, et [*unum*] *cata unum* « un par un »). ♦ 1° Personne ou chose prise individuellement dans un ensemble, un tout. V. **Chaque, un.** *Chacun de nous, chacun d'eux, d'entre eux. Chacune d'elles s'en alla. Chacun des deux, l'un et l'autre.* « *Chacun en a sa part et tous l'ont peut entier* » (HUGO). « *Les jeunes filles leur donnèrent la becquée chacune à son tour* » (GAUTIER). *Retournez chacun à votre place; nous partirons chacun de notre côté. Ils ont bu chacun sa bouteille ou chacun leur bouteille. Chacun rentra chez lui, chez soi.* ♦ 2° Absolt. Toute personne. V. **Tout.** *Chacun pense d'abord à soi. À chacun selon son mérite.* « *Chacun son métier, Les vaches seront bien gardées* » (FLORIAN). PROV. *Chacun pour soi et Dieu pour tous.* — Vx. *Un chacun, tout un chacun.* ♦ 3° N. f. Plaisant. *Chacun sa chacune* : une fille avec chaque garçon.

CHADBURN [ʃadbœrn]. *n. m.* (1933; mot. angl.). Mar. Appareil transmetteur d'ordres (de la passerelle aux machines).

CHADOUF [ʃaduf]. *n. m.* (1872; mot arabe). Appareil à bascule servant à tirer l'eau d'un puits. *Le chadouf et la noria servent à l'irrigation.*

CHAFOUIN, INE [ʃafwɛ̃, in]. *n.* (1650; « putois », 1611; de *chat*, et *fouin*, masc. de *fouine*). ♦ 1° Vx. Personne qui a une mine sournoise, rusée. ♦ 2° Mod. Adj. V. **Rusé, sournois.** *Mine chafouine.* « *Son visage chafouin, qui s'amincissait en triangle jusqu'au menton* » (MART. du G.).

1. CHAGRIN, INE [ʃagrɛ̃, in]. *adj.* (fin XIVᵉ; p.-ê. de *chat*, et *grigner*). ♦ 1° Vieilli. Qui est rendu triste par un événement fâcheux. V. **Affligé, attristé.** « *On prend plaisir à être chagrin, et quand le chagrin est passé on en reste abruti* » (FLAUB.). ♦ 2° Littér. Qui est d'un caractère triste, morose. V. **Atrabilaire, bilieux, bourru, hypocondriaque, maussade, mélancolique, misanthrope, morose, sombre.** — Qui manifeste cette humeur. V. **Contrit, dolent, lugubre, mortifié.** *Visage chagrin. Avoir l'air chagrin.* ⟡ ANT. **Content, gai, jovial, joyeux, réjoui, satisfait.**

2. CHAGRIN [ʃagrɛ̃]. *n. m.* (1530; du précéd.). ♦ 1° Vx (au XVIIᵉ). Irritation (contre qqn, qqch.); humeur maussade, chagrine. V. **Bile, mélancolie.** « *Quel chagrin vous possède? Quelle mauvaise humeur te tient?* » (MOL.). ♦ 2° Mod. État moralement douloureux. V. **Affliction, douleur, mal,**

peine, souffrance, tristesse. *Avoir du chagrin, beaucoup de chagrin. Il était là « dévoré, déchiré par ce chagrin* » (BOURGET). ◇ Peine ou déplaisir causé par un événement précis. V. **Contrariété, déboire, déception, ennui, inquiétude, mécontentement.** *Il en a eu un grand, un terrible chagrin. Chagrin d'amour. Chagrin d'enfant. Un gros chagrin.* « *À la maison quand j'avais quelques petits chagrins* » (STE-BEUVE). ⟡ ANT. *Gaieté, joie, plaisir.*

3. CHAGRIN [ʃagrɛ̃]. *n. m.* (*Sagrin*, 1606; turc *sâgri*). Cuir grenu, fait de peau de mouton, de chèvre, d'âne. *Livre relié en plein chagrin. La peau de chagrin*, roman de Balzac.

CHAGRINANT, ANTE [ʃagrinã, ãt]. *adj.* (1695; de *chagriner* 1). *Rare.* Qui cause de la peine, du chagrin. V. **Contrariant, ennuyeux, attristant.**

1. CHAGRINER [ʃagrine]. *v. tr.* (XVᵉ; de *chagrin* 2). ♦ 1° Vx. Irriter, rendre maussade. V. **Fâcher.** ♦ 2° Mod. Rendre triste, faire de la peine. V. **Affecter, affliger, attrister, consterner, contrarier, contrister, désespérer, désoler, peiner, tourmenter, tracasser.** *Son départ nous chagrine. Il ne voulait pas vous chagriner.* ⟡ ANT. **Contenter, égayer, enchanter, réjouir, satisfaire. Consoler.**

2. CHAGRINER [ʃagrine]. *v. tr.* (1700; de *chagrin* 3). Travailler une peau de manière à la rendre grenue. *Peau chagrinée.* — Par anal. *Papier chagriné.*

CHAH. *n. m.* V. SCHAH.

CHAHUT [ʃay]. *n. m.* (1821; de *chahuter*). ♦ 1° Vx. Danse désordonnée, indécente. ♦ 2° Mod. (1868). Agitation bruyante. V. **Chambard, tapage, tumulte, vacarme.** *Faire du chahut. Quel chahut!* ◇ Spécialt. Tumulte d'écoliers, destiné à protester contre un professeur. *Déclencher un chahut.*

CHAHUTER [ʃayte]. *v. intr.* (1821, « crier comme un chat-huant »). ♦ 1° Vx. Danser le « chahut » (en s'agitant, en criant). ♦ 2° Mod. Faire du chahut. *C'est un cancre : il passe son temps à dormir ou à chahuter.* ♦ Trans. *Chahuter un professeur*, faire du chahut à son cours. « *Poirier était le plus chahuté de tous les professeurs* » (DUHAM.). ♦ 3° Bousculer, houspiller. *Elles se sont fait chahuter par une bande de garçons.*

CHAHUTEUR, EUSE [ʃaytœr, øz]. *n. et adj.* (1837; de *chahuter*). Qui chahute, chahute souvent. *Élève chahuteur.*

CHAI [ʃɛ]. *n. m.* (1482; forme poitevine de *quai*). Magasin situé au rez-de-chaussée où l'on emmagasine les alcools, les vins en fûts. V. **Cave, cellier.** *Visiter les chais d'une coopérative vinicole.*

CHAÎNAGE [ʃenaʒ]. *n. m.* (1605; de *chaîner*). ♦ 1° Armature métallique qui renforce une maçonnerie. — Opération qui consiste à placer cette armature. ♦ 2° Mesure à la chaîne ou au double décamètre. V. **Arpentage.**

CHAÎNE [ʃɛn]. *n. f.* (*Chaeine*, v. 1080; lat. *cadena*). I. Succession d'anneaux de métal entrelacés (V. **Chaînon, maille, maillon**) servant de lien, d'ornement, etc. ♦ 1° Lien. *Mettre, tenir un chien à la chaîne.* V. **Enchaîner.** *On rivait les prisonniers, les forçats à des chaînes.* — Spécialt. *Chaîne d'attache, de tirage. Chaîne d'attelage des wagons. Chaînes-câbles de marine. Chaîne d'ancre. Chaîne de touage. Tendre une chaîne en travers d'une allée, pour empêcher le passage. Chaîne de sûreté*, qui retient une porte entrebâillée. ♦ 2° Attache ornementale. *Chaîne d'or, d'argent* (bijouterie). V. **Chaînette, châtelaine, gourmette.** *Chaîne d'huissier. Chaîne de montre.* ♦ 3° Mécan. Suite d'éléments métalliques (anneaux) servant à transmettre un mouvement. *Chaîne sans fin* (de Galle, Vaucanson). *Chaîne en S.* — *Chaîne de bicyclette*, qui transmet le mouvement du pédalier à la roue. *La chaîne a sauté.* ♦ 4° *Chaîne d'arpenteur*, pour les mesures. ♦ 5° Dispositif formé de chaînes assemblées, qu'on met aux pneus pour éviter de glisser sur la neige, le verglas.

II. (v. 1600). Fig. (de I, 1°). ♦ 1° Littér. *La chaîne, les chaînes* : la peine des galères; l'état de forçat, d'esclave (pr. et fig.). V. **Asservissement, captivité, esclavage, lien, servitude, sujétion, enchaîner.** *Briser, secouer ses chaînes* : s'affranchir, se délivrer. « *Une liberté réglée constitue une chaîne plus étroite que l'absence de loi* » (RENAN). « *Pas un instant de répit, s'écria-t-il, toujours à la chaîne! Quel collier de misère* » (FLAUB.). ♦ 2° Lien d'affection, d'habitude qui unit des personnes indépendamment de leur volonté. V. **Attache, attachement, union.** « *Une ancienne et forte liaison, une de ces chaînes qu'on croit rompues et qui tiennent toujours* » (MAUPASS.).

III. Objet (concret ou abstrait) composé d'éléments successifs (V. **Succession, suite**) solidement liés (V. **Continuité, enchaînement**). **A** *(Concret)*. ♦ 1° (XIIIᵉ). Ensemble des fils parallèles disposés dans le sens de la longueur d'un tissu. *La chaîne et la trame. Fils de chaîne.* ♦ 2° (1680). Suite d'accidents de relief rattachés entre eux. *Chaîne de montagnes; la chaîne des Alpes. Chaîne principale* (axe), *secondaire.* — *Chaîne d'écueils, de rochers; d'étangs.* ♦ 3° (1694). Série de pierres superposées (de barres métalliques, d'armature) qui consolident un travail de maçonnerie (V. **Chaîner**). *Chaîne d'angle d'un mur. Des murs de briques « avec chaînes de pierre dans le style Louis XIII* » (BILLY). ♦ 4° Anat. Succession d'éléments. *Chaînes ganglionnaires.* ♦ 5° *Chim.* Ensemble des atomes de carbone liés, dans les molécules organiques. *Chaînes ouvertes* (des corps de la série acyclique), *fermées.* ◇ *Réaction* en chaîne.* ♦ 6° *Géol. Chaîne de sols :* série des sols étagés du haut en bas d'une pente. ♦ 7° Suite de triangles alignés pour les mesures géodésiques. V. **Triangulation.** ♦ 8° *Radio, Télé.* Ensemble d'appareils concourant à la transmission de signaux. *Cour. Chaîne haute fidélité :* électrophone formé d'éléments séparés (tourne-disque, amplificateur, haut-parleurs) et dont les qualités de reproduction sonore sont très bonnes. *Chaîne stéréo(phonique).* — Ensemble d'émetteurs. *Poste de télévision équipé pour la deuxième chaîne.* ♦ 9° *Cybern.* Ensemble d'éléments qui assurent l'émission, la transmission et la réception de signaux. *Chaîne d'asservissement, de régulation.* ♦ 10° *Industr.* et *cour.* Installation formée de postes successifs de travail et du système conduisant les uns aux autres. *Chaîne de fabrication, de montage. Chaîne automatisée. Travail à la chaîne* (libre ou commandé); *par ext.* Travail fastidieux, monotone. **ⓑ** *(Personnes).* ♦ 1° (1832). Suite de personnes qui se transmettent qqch. *Faire la chaîne.* ♦ 2° Figure de danse où l'on se donne la main. *Il ne faut pas rompre la chaîne.* ♦ 3° (1955 ; calqué de l'angl.). *Chaîne volontaire :* coopérative de commerçants détaillants. *Chaîne de magasins* à grande surface.* **ⓒ** *(Abstrait).* ♦ 1° (XVII°). Série, succession d'éléments liés les uns aux autres. *La chaîne des associations d'idées.* « *Quand quelques anneaux de la chaîne des événements étaient sautés ou rompus* » (CHATEAUB.). ♦ 2° *Sc. Structure de chaîne :* structure linéaire. *Ling. Chaîne parlée :* succession des éléments d'un énoncé (séquence). *Grammaire en chaîne.* ◇ HOM. **Chêne.**

CHAÎNER [ʃene]. *v. tr.* (1836 ; de *chaîne*). ♦ 1° Mesurer avec la chaîne d'arpenteur. ♦ 2° *Archit.* Relier par un chaînage (deux murs). ♦ 3° Munir (des pneus) de bandes antidérapantes. *Pneus chaînés.*

CHAÎNETTE [ʃenɛt]. *n. f.* (*Chaanette,* fin XII° ; de *chaîne).* ♦ 1° Petite chaîne. *Chaînette de mors, de bracelet.* V. **Gourmette.** ♦ 2° Couture. *Point de chaînette,* dont la disposition évoque les maillons d'une petite chaîne. *Broderie au point de chaînette.* ♦ 3° *Mécan.* Courbe formée par un fil flexible et homogène, suspendu par ses deux extrémités.

CHAÎNEUR [ʃenœʀ]. *n. m.* (1836 ; de *chaîner*). Arpenteur qui mesure à la chaîne.

CHAÎNIER [ʃenje]. *n. m.* (1795 ; de *chaîne*). *Techn.* Ouvrier qui fabrique de grosses chaînes.

CHAÎNISTE [ʃenist(ə)]. *n. m.* (1853 ; de *chaîne*). *Techn.* Ouvrier bijoutier qui fait des chaînes en métal précieux.

CHAÎNON [ʃenɔ̃]. *n. m.* (1260 ; de *chaîne*). ♦ 1° Anneau d'une chaîne. V. **Maille, maillon.** ◇ Maille d'un filet. ♦ 2° *Fig.* Lien intermédiaire ; élément d'une chaîne (III, C). « *De chaînon en chaînon, on se perd en dédale d'idées sans retrouver l'origine* » (MART. du G.). ♦ 3° Petite chaîne de montagnes ; partie d'une chaîne de montagnes.

CHAINTRE [ʃɛ̃tʀ(ə)]. *n. m.* (1405 ; var. de *cintre,* Cf. Voûte chintrée [V. **Cintré**], 1349). *Agric.* Espace sur lequel tourne la charrue ou le tracteur à l'extrémité de chaque raie de labour.

CHAIR [ʃɛʀ]. *n. f.* (XV° ; *charn,* en 1080 ; lat. *caro,* accus. *carnem.* V. **Carnage, charnel; acharner**).
I. **ⓐ** ♦ 1° Substance molle du corps de l'homme (ou d'animaux), muscles, etc., *opposé à* squelette. *La chair et les os. Os dépouillés de chair.* V. **Décharné.** *La chair et le sang. La balle a pénétré dans les chairs. Lésion des chairs* (blessures, plaies) ; *chairs tuméfiées, gangrenées.* « *Un horrible mélange D'os et de chair meurtris* » (RAC.). *Lambeaux de chair.* — Loc. *Chair vive,* saine, sensible. *Tailler, trancher dans la chair vive :* amputer, charcuter. *En pleine chair :* profondément. *En cuir* (peau) *et chair :* sous la peau. *Côté chair et côté poil·d'une peau de bête.* — *En chair et en os :* en personne. « *Une de ces vagues de tendresse fraternelle qui le soulevaient, malgré tout, chaque fois qu'il retrouvait Antoine en chair et en os* » (MART. du G.). — *Être en chair, bien en chair :* avoir de l'embonpoint, être de chair ferme. ♦ 2° (XII°). État extérieur du corps humain ; aspect de la peau. *Chair épanouie, plantureuse, saine. Chairs rebondies, avachies, bouffies. Chair ferme, douce, fraîche. Chair satinée, blanche, pâle, rose, dorée.* V. **Carnation.** « *Il est des parfums frais, comme des chairs d'enfants* » (BAUDEL.). « *Ils se sont complu à peindre la chair florissante et saine, la pulpe sanguine et sensible qui s'épanouit opulemment à la surface de l'être animé* » (TAINE). — *Peint.* Parties nues des personnages. *Les chairs sont bien rendues.* ◇ *Avoir la chair de poule :* la peau qui se hérisse sous l'effet du froid, d'une frayeur, par l'érection des follicules pileux. *Donner la chair de poule :* exciter la frayeur, l'horreur. V. **Frisson, horripilation.** ♦ 3° *Couleur chair :* de la couleur rose de la peau, dans la race « blanche ». *Des bas couleur chair.* **ⓑ** ♦ 1° *Vx.* Partie molle comestible de certains animaux. V. **Viande** (chair des mammifères préparée) ; et *aussi* **Carne, charcuter.** « *Les animaux carnivores se nourrissent de chair* » (LITTRÉ). — *Ça sent la chair fraîche,*

dit l'ogre. — *Relig. Vendredi chair ne mangeras :* tu ne mangeras pas de viande. *Fig. Ni chair, ni poisson :* sans caractère ferme ; indécis. ♦ 2° *Mod.* Préparation de viande hachée. *Chair à saucisses.* Absolt. *Deux cents grammes de chair. Fig. Hacher menu comme chair à pâté :* très fin. ♦ 3° (Avec un adj. qui qualifie). Partie comestible d'animaux (sauf quand il s'agit de *viande**) et de végétaux. *Ces volailles, ce poisson ont une chair délicate, tendre. La chair parfumée d'une poire* (V. **Pulpe**). II. *Fig.* (XII°). ♦ 1° *Relig.* La nature humaine, le corps (*opposé à* l'esprit, à l'âme). *Le Verbe s'est fait chair.* V. **Incarnation.** *Souffrir dans sa chair. Résurrection de la chair.* « *L'esprit est prompt et la chair infirme* » (PASC.). « *La chair est cendre, l'âme est flamme* » (HUGO). — *Parents selon la chair :* parents naturels (non adoptifs). *C'est la chair de sa chair :* son enfant. « *L'enfant qu'elle avait porté dans son sein, la chair de sa chair* » (BOURGET). ♦ 2° Les instincts, les besoins du corps ; les sens*. « *Honteux attachements de la chair et du monde* » (CORN.). « *La chair est triste, hélas! et j'ai lu tous les livres* » (MALLARMÉ). — Spécialt. Instinct sexuel. *Concupiscence, luxure, sensualité. L'aiguillon de la chair.* V. **Tentation.** « *De médiocres aventures où la chair seule est intéressée* » (MAURIAC). *Œuvre de chair, péché de la chair* (relig.). — (ANT. **Ame, esprit**). ◇ HOM. **Chaire, cheire, cher, chère.**

CHAIRE [ʃɛʀ]. *n. f.* (*Chaière,* XI° (V. **Chaise**) ; lat. *cathedra* « siège à dossier », gr. *kathedra*). ♦ 1° Siège d'un pontife, dignité pontificale. *La chaire de saint Pierre,* la chaire pontificale. V. **Siège** (saint). ♦ 2° (XVI°). Tribune élevée, du haut de laquelle un ecclésiastique adresse aux fidèles ses instructions et ses enseignements. *La chaire du prédicateur. L'escalier, le dais, l'abat-voix de la chaire. Chaire de bois sculpté. Chaire des anciennes basiliques.* V. **Ambon.** *Monter en chaire.* — *L'éloquence de la chaire.* V. **Prédication;** homélie, oraison, panégyrique, prêche, prône, sermon. ♦ 3° (XIII°). Tribune du professeur. *Le professeur est en chaire.* — *Par ext.* (1636) Le professorat ; la place réservée dans le programme à la branche enseignée. *Être titulaire d'une chaire de droit, de littérature. Créer une nouvelle chaire.* ◇ HOM. **Chair, cheire, cher, chère.**

CHAISE [ʃɛz]. *n. f.* (1380 ; var. de *chaire).* ♦ 1° Siège à dossier et sans bras. *Chaise de bois, de velours, de tapisserie : à siège de bois,* etc. *Chaise cannée, paillée, rembourrée. Chaise métallique. Chaise pliante. Barreau, bâton, dos de chaise.* — *Chaise de cuisine, de jardin. Chaise basse* (V. **Chauffeuse**). *Chaise haute,* pour les jeunes enfants. *S'asseoir, se balancer sur une chaise. Avancer, prendre une chaise. Louer des chaises.* ◇ CHAISE LONGUE : fauteuil muni d'un appui pour les jambes ou siège de toile pliant (V. **Transatlantique**). *Faire deux heures de chaise longue.* ◇ *Dr. pénal. Chaise électrique,* chaise pour l'électrocution de condamnés à mort. ◇ *Vx* ou plaisant. *Chaise percée :* siège percé, lunette des cabinets. — *Fig. Mener une vie de bâton* de chaise. Se trouver, être assis entre deux chaises :* dans une situation incertaine, instable, périlleuse. ♦ 2° (1656 ; *chaiere,* v. 1380). Ancienn. Sorte de siège fermé et couvert dans lequel on se faisait porter par deux hommes. *Chaise à porteurs.* V. **Brouette, filanzane, palanquin, vinaigrette.** « *La chaise est un retranchement merveilleux contre les insultes de la boue* » (MOL.). — (1668) Voiture à deux ou quatre roues, tirée par un ou plusieurs chevaux. *Chaise roulante. Chaise de poste.* ♦ 3° *Mar. Nœud de chaise,* variété de nœud. ♦ 4° *Techn.* (XIV°, *chaiere*). Base, charpente faite de pièces assemblées et supportant un appareil. *Chaise d'un clocher, d'un moulin. Chaise d'une meule. Chaise-support d'un arbre d'hélice.*

CHAISIÈRE [ʃɛzjɛʀ]. *n. f.* (1838, aussi masc. ; « fabricant de chaises », 1820 ; de *chaise*). Loueuse de chaises (à l'église, dans un jardin public).

1. CHALAND [ʃalɑ̃]. *n. m.* (*Calanel,* en 1080 ; bas gr. *khelandion).* Bateau à fond plat employé sur les fleuves et dans les rades pour le transport des marchandises. V. **Péniche.** *Chaland ponté.* V. **Ponton.** *Chaland à clapet.* V. **Marie-salope.** *Train de chalands.* ◇ CHALAND-CITERNE, conçu pour le transport de liquides (notamment pétroliers).

2. CHALAND, ANDE [ʃalɑ̃, ɑ̃d]. *n.* (*Chalant,* 1190 ; p. prés. de *chaloir* « s'intéresser » ; Cf. **Nonchalant**). *Vx.* Acheteur, acheteuse qui va de préférence chez un même marchand. V. **Client, pratique.** *Avoir des chalands :* être achalandé*.

CHALAZE [kalaz]. *n. f.* (1792 ; gr. *khalaza* « grêlon »). ♦ 1° *Bot.* Surface d'attache de la nucelle au tégument de l'ovule. ♦ 2° Filaments d'albumine qui maintiennent le jaune de l'œuf et sont tordus par la rotation de l'œuf dans l'oviducte.

CHALAZION [kalazjɔ̃]. *n. m.* (XVI° ; Cf. le précéd.). *Méd.* Petite tumeur dure, indolore, au bord de la paupière. V. **Orgelet.**

CHALCOGRAPHIE [kalkɔgʀafi]. *n. f.* (1617 ; gr. *khalkos* « cuivre », et *-graphie*). ♦ 1° Gravure sur métaux. ♦ 2° (1868). Lieu où l'on expose des planches gravées par ce procédé. *La chalcographie du Louvre.*

CHALCOPYRITE [kalkɔpiʀit]. *n. f.* (1839; de *khalkos* « cuivre », et *-pyrite*). Sulfure double naturel de fer et de cuivre (CuFeS₂).

CHALCOSINE [kalkozin]. *n. f.* (1846; de *khalkos*, et *-osine*). Sulfure naturel de cuivre.

CHALDÉEN, ENNE [kaldeɛ̃, ɛn]. *adj.* et *n.* De la Chaldée ou Babylonie, ancien pays de Mésopotamie. Ling. *Le chaldéen.*

CHÂLE [ʃal]. *n. m. (Chal,* 1666; *chaale,* 1772; hindou *shal,* d'o. persane, répandu déb. xixe *(schall),* d'apr. angl. *shawl).* ♦ 1° Grande pièce d'étoffe que les femmes drapent sur leurs épaules. V. **Fichu ,pointe.** *Châle de cachemire, de soie.* ♦ 2° Par appos. *Col châle :* col croisé à revers arrondis.

CHALET [ʃalɛ]. *n. m.* (1723, répandu par J.-J. Rousseau; mot de Suisse romande, de *cala* « abri »). ♦ 1° Maison de bois des pays de montagne (habitation paysanne; d'abord abri de berger sur l'alpage). *Chalet d'Auvergne.* V. **Buron.** ♦ 2° Maison de plaisance construite dans le goût des *chalets* suisses. ◊ Au Canada, Maison de campagne située près d'un lac ou d'une rivière (on dit aussi *Camp* [d'été]). V. **Cottage, villa.** ♦ 3° Vx. *Chalet de nécessité :* petit édicule contenant les W.-C. V. **Cabinet.**

CHALEUR [ʃalœʀ]. *n. f. (Chalour,* 1155; lat. *calor,* accus. *calorem).* État ou action de ce qui est chaud.

I. (État de la matière). ♦ 1° *Cour.* État de la matière qui se traduit par une température élevée (par rapport au corps humain); sensation résultant du contact avec un corps dans cet état (V. **Chaud**). *La chaleur de l'eau bouillante, d'un fer rouge.* V. **Brûlure.** *La chaleur excessive d'un plat, de la soupe.* ◊ État de l'air, de l'atmosphère, qui donne à l'organisme une sensation de chaud*. « *En août, dans nos pays, une puissante chaleur embrase les champs* » (Bosco). *La chaleur du soleil, du feu, d'un poêle. Donner, fournir de la chaleur* (V. **Chauffer, réchauffer**). *La chaleur mûrit, dessèche, brûle les plantes. Chaleur douce, modérée* (V. **Tiédeur**); *accablante, étouffante, tropicale* (V. **Canicule ; étuve, fournaise** *(fig.),* *sèche; humide* (V. **Touffeur**). *Coup, vague de chaleur. Être incommodé par la chaleur.* V. **Bouillir, cuire, étouffer, griller, rôtir** *(fig.).* ◊ (Plur.) Période, moment où il fait chaud. « *Quand viennent les chaleurs de l'été* » (Daud.). ♦ 2° *Sc.* (xviie-xxe). Phénomène physique (énergie* cinétique* de translation, rotation et vibration moléculaires d'une substance) qui se transmet (par conduction*, convection* et radiation*) et dont l'augmentation se traduit par l'élévation de température*, des effets électriques, la dilatation, des changements d'état (fusion*, sublimation*, évaporation*). V. **Calorifique, thermique.** *Quantité de chaleur,* et absolt. *Chaleur :* grandeur physique qui représente cette énergie et ses modifications dans un système matériel (mesure : V. **Calorimétrie; calorie, thermie).** *Chaleur latente :* quantité de chaleur nécessaire pour le changement d'état d'1g de substance sans changement de température *(chaleur latente de fusion, de vaporisation, de sublimation). Chaleur spécifique,* qui élève de 1 °C la température de 1g de substance. *Chaleur de réaction,* ou bilan thermique. *Chaleur atomique d'un corps :* produit d'un poids atomique par sa chaleur spécifique. — *Transformation d'une unité de chaleur en énergie mécanique* (quantité de travail élémentaire mécanique de la chaleur ou *équiv.* Joule). ♦ 3° *Physiol. Chaleur animale,* produite dans l'organisme par les réactions du catabolisme.

II. (Caractère des sensations et sentiments). ♦ 1° (xiiie). Sensation comparable à celle que produit un corps chaud, éprouvée dans des malaises physiques. *Sentir une brusque chaleur à la tête. Bouffée de chaleur.* ♦ 2° (1573). *Vx.* Ardeur des sens. « *Certes je ne sais pas quelle chaleur vous monte* » (Mol.). — *Mod.* (xvie; empr. it.). État des femelles (mammifères) quand elles acceptent l'approche du mâle. V. **Rut.** *L'époque des chaleurs. Femelle en chaleur, qui entre en chaleur.* ♦ 3° (1549). *Fig.* Caractère animé des dispositions psychiques, des tendances. V. **Animation, ardeur, effervescence, enthousiasme, exaltation, feu, fièvre, passion, véhémence, vivacité; chaleureux.** *La chaleur de ses convictions, de son zèle. Accueillir, défendre qqn avec chaleur.* « *La chaleur d'amitié qu'il me marqua* » (Duham.). *Dans la chaleur de la dispute.*
◊ Ant. **Froid; froideur, indifférence.**

CHALEUREUSEMENT [ʃalœʀøzmɑ̃]. *adv.* (1360; de *chaleureux*). Avec chaleur (II, 3°), ardeur, enthousiasme. *Spécialt.* En témoignant une vive sympathie. « *Il eut un moment d'effusion et me serra chaleureusement les deux mains* » (Daud.).

CHALEUREUX, EUSE [ʃalœʀø, øz]. *adj.* (1398; de *chaleur*). ♦ 1° Qui montre, qui manifeste de la chaleur, de l'animation, de la vie. V. **Ardent, empressé, enthousiaste.** *Accueil chaleureux. Ami chaleureux. Applaudissements chaleureux. Paroles, recommandations, protestations chaleureuses.* ♦ 2° *Littér.* Qui réchauffe. « *Laisse le vieillard jouir de la saison chaleureuse* » (Claudel). ◊ Ant. **Flegmatique, froid, glacé, tiède.**

CHÂLIT [ʃali]. *n. m.* (xvie; *chaelit* « lit de parade »),

1190; lat. pop. °*catalectus,* de *lectus* « lit »). Cadre de lit, en bois ou en métal.

CHALLANGEUR [ʃalãʒœʀ] ou **CHALLENGER** [ʃalãʒɛʀ, tʃalɛndʒœʀ]. *n. m.* (1912, *challenger;* mot angl., de *challenge,* francisé en *-eur*). *Sports.* Celui qui cherche à enlever le titre au champion. REM. Le mot a été adopté dans la graphie anglaise par l'Acad. française. La francisation **CHALLENGEUR** pourrait s'y substituer. ◊ *Par ext.* Celui qui cherche à triompher d'un concurrent (polit., écon.). « *M. Mitterrand* [...], *l'ancien challenger du général de Gaulle* » (L'Express, 29-3-1971, in Gilbert).

CHALLENGE [ʃalãʒ]. *n. m.* (1885; angl. *challenge* « défi »; a. fr. « débat, chicane », forme francisée du lat. *calumnia.* V. **Calomnie**). Épreuve sportive dans laquelle le vainqueur détient un prix, un titre jusqu'à ce qu'un vainqueur nouveau l'en dépossède. V. **Compétition, coupe.** *Challenge de rugby, d'escrime.*

CHALOIR [ʃalwaʀ]. *v. impers.* (Chielt, 3e pers. sing., xe; lat. *calere,* fig. « s'échauffer pour »). Vx. *Il m'en chaut :* cela m'importe, m'intéresse. — *Mod. Peu me chaut* [pəməʃo] : peu m'importe. « *Peu me chaut ce que je suis ou ce que je ne suis pas moi-même. Je ne m'arrête plus à cela* » (Gide).

CHALOUPE [ʃalup]. *n. f.* (Chaloppe, dial., 1522; p.-ê. de *écale,* et (envel)*oppe* « coquille de noix »). ♦ 1° Embarcation non pontée, dont on se sert dans les ports et que les grands navires embarquent pour le service du bâtiment. *Chaloupes de sauvetage :* arrimées sur un navire pour servir en cas de naufrage. V. **Canot.** *Chaloupe à rames, à moteur.* ♦ 2° *Région.* (Canada). Petit bateau à rames. V. **Barque, canot.** *Chaloupe de pêche.* V. **Bateau.**

CHALOUPÉ, ÉE [ʃalupe]. *adj.* (1867; de *chaloupe*). Qui est balancé (démarche, danse). *Démarche, valse chaloupée. Tango chaloupé.*

CHALOUPER [ʃalupe]. *v. intr.* (1864; de *chaloupe*). Marcher, danser avec un balancement des épaules. « *Ils chaloupaient, tête contre tête, entre les passants* » (Sartre).

CHALUMEAU [ʃalymo]. *n. m.* (1464; *chalemel,* xiie; bas lat. *calamellus,* de *calamus* « roseau »). ♦ 1° Tuyau de roseau, de paille. V. **Paille.** ♦ 2° *Mus.* Flûte champêtre, simple tige percée de trous. V. **Flûtiau, pipeau.** ◊ Registre grave de la clarinette. ♦ 3° Appareil qui produit et dirige un jet de gaz enflammé. *Chalumeau oxhydrique :* dans lequel on fait passer un courant d'oxygène sur une flamme produite par la combustion de l'hydrogène. *Chalumeau oxyacétylénique* (oxygène et acétylène). Soudure au chalumeau.

CHALUMEUR-COUPEUR [ʃalymœʀkupœʀ]. *n. m.* (1955; de *chalumeau,* et *coupeur*). *Techn.* Ouvrier qui découpe les métaux au chalumeau. — On emploie aussi la var. CHALUMISTE-COUPEUR.

CHALUT [ʃaly]. *n. m.* (1753; mot de l'Ouest; o. i.). Filet en forme d'entonnoir, attaché à l'arrière d'un bateau (V. **Chalutier**). *Pêcher la morue, le hareng au chalut. Chalut à crevettes. Les ailes d'un chalut :* les deux côtés qui vont s'évasant. *Jeter, traîner, tirer, ramener le chalut. Poche, chaîne, flotteurs d'un chalut.*

CHALUTAGE [ʃalytaʒ]. *n. m.* (1868; de *chalut*). *Techn.* Pêche au chalut. *Chalutage par l'arrière, par le côté.*

CHALUTIER [ʃalytje]. *n. m.* (1872; adj.; de *chalut*). ♦ 1° Pêcheur qui se sert du chalut. ♦ 2° Bateau de pêche armé pour la pêche au chalut. « *Le chalutier est le bateau de pêche par excellence* » (Maupass.).

CHAMADE [ʃamad]. *n. f.* (Chiamade, 1510; piém. *ciamada* « appel » it. *chiamare* « appeler »). ♦ 1° *Vx.* Appel de trompettes et de tambours par lequel les assiégés informaient les assiégeants qu'ils voulaient capituler. ♦ 2° *Mod. Battre la chamade :* être affolé. « *Son pauvre petit cœur se mit à battre la chamade* » (Gautier).

CHAMAILLER [ʃamaje]. *v.* (v. 1300; p.-ê. a. fr. *mailler* « frapper ». V. **Maillet**). ♦ 1° *Vx. V. intr.* Se battre, combattre. V. **Disputer (se).** ♦ 2° *Mod.* SE CHAMAILLER. *v. pron. Fam.* Se quereller bruyamment pour des raisons futiles. V. **Disputer (se).** « *Il intervenait entre les gamins qui se chamaillaient sur la place* » (Proust).

CHAMAILLERIE ou **CHAMAILLE** [ʃamajʀi, maj]. *n. f.* (v. 1680; de *chamailler*). *Fam.* Dispute, querelle. *Des chamailleries, des chamailles continuelles.*

CHAMAILLEUR, EUSE [ʃamajœʀ, øz]. *n.* et *adj.* (fin xve; de *chamailler*). Qui aime à se chamailler. V. **Disputailleur, querelleur.** — Adj. « *Des visites babillardes et chamailleuses* » (Duham.).

CHAMANISME [ʃamanism(ə)]. *n. m.* (1801; de *chaman* (1699), mot ouralo-altaïque). Religion de certaines peuplades de la Sibérie et de la Mongolie, caractérisée par le culte de la nature, la croyance aux esprits.

CHAMARRER [ʃamaʀe]. *v. tr.* (1530; du moy. fr. *chamarre, samarre:* esp. *zamarra* « vêtement de berger »; Cf. Simarre). ♦ 1° (Surtout au *p. p.*). Rehausser d'ornements aux couleurs éclatantes tranchant sur celle du fond. V. **Dorer.** « *Les superbes étoffes chamarrées d'or et de pierreries* » (Taine). ♦ 2° *Littér.* Orner, colorer. « *Les bouquets* *des cistes pourpres ou blancs chamarraient la rauque garrigue »* (GIDE). ◇ ANT. *Uni.*

CHAMARRURE [ʃamaʀyʀ]. *n. f.* (1595; de *chamarrer*). Ornement qui chamarre (le plus souvent au plur.).

CHAMBARD [ʃɑ̄baʀ]. *n. m.* (fin XIXᵉ; de *chambarder*). ♦ 1° *Fam.* Bouleversement, chambardement. « *Elles avaient la passion des chambards domestiques et des déménagements »* (DUHAM.). ♦ 2° *Vacarme, chahut. Faire du chambard.*

CHAMBARDEMENT [ʃɑ̄baʀdəmɑ̄]. *n. m.* (1856; de *chambarder*). *Fam.* Action de chambarder. V. **Bouleversement, remue-ménage.** *Un grand chambardement général* (guerre, révolution).

CHAMBARDER [ʃɑ̄baʀde]. *v. tr.* (1867; chamberter, 1856; o. i.). *Fam.* Bouleverser, mettre en désordre. *On a tout chambardé dans la maison.* — *Fig.* Changer, détruire. V. **Chambouler, révolutionner.** « *À les écouter, rien n'est bien et il faudrait chambarder tout : notre façon de travailler, notre manger »* (GENEVOIX). ◇ ANT. *Conserver, maintenir.*

CHAMBELLAN [ʃɑ̄be(l)lɑ̄]. *n. m.* (fin XIᵉ; frq. °*kamarling*, rad. lat. *camera* « chambre »). *Ancien.* Gentilhomme de la cour chargé du service de la chambre du souverain. *Le grand chambellan* (charge rétablie par Napoléon).

CHAMBERTIN [ʃɑ̄beʀtɛ̄]. *n. m.* (1826; vignoble de *Gevrey-Chambertin*, près de Dijon). Vin de Bourgogne, rouge, très estimé.

CHAMBOULER [ʃɑ̄bule]. *v. tr.* (1807; p.-ê. de *cambo* « jambe », et *bouler, sabouler* (tomber en vacillant sur ses jambes). *Fam.* Bouleverser, mettre sens dessus dessous. V. **Chambarder.**

CHAMBRANLE [ʃɑ̄bʀɑ̄l]. *n. m.* (1518; altér. de *chambrande*, 1313; du lat. *camerare* « voûter »). Encadrement d'une porte, d'une fenêtre, d'une cheminée. « *La pesante porte revint s'appliquer hermétiquement sur ses chambranles de pierre »* (HUGO).

CHAMBRE [ʃɑ̄bʀ(ə)]. *n. f.* (fin XIᵉ; lat. *camera* « voûte »; gr. *kamara*).
I. Pièce. ♦ 1° *Vx.* Pièce d'habitation. V. **Pièce, salle.** — *Mod.* Pièce où l'on couche. V. **Chambrette**; *pop.* Cambuse, carrée, piaule, taule, turne. *Chambre à coucher. Chambre d'ami ou chambre à donner. Chambre d'enfants. Chambre de domestique, de bonne. Chambre mansardée.* V. **Mansarde**; galetas. *Chambre avec penderie, placards, cabinet de toilette, salle de bains. Chambre meublée, garnie. Chambre d'hôtel. Chambre à un lit, à deux lits. Chambre à louer. Habiter, se confiner, vivre dans sa chambre.* ◇ *Garder la chambre* : ne pas sortir de chez soi, par suite d'une maladie. — *Faire chambre à part* : coucher dans deux chambres séparées. *Quoique jeunes mariés, ils font chambre à part.* ◇ *Ancien.* La chambre (du roi). *Les pages de la chambre.* V. aussi Camérier, chambellan. — *Musique de la chambre* (1690), *au petit coucher du roi.* — (D'apr. it.) *Musique* de chambre. ♦ 2° *Loc.* EN CHAMBRE : chez soi. *Travailler en chambre* (ouvrier, artisan). — Par plaisant. *Stratège en chambre* : théoricien incompétent. — *Vx. Mettre une fille, une femme en chambre* : l'installer dans un logement et l'y entretenir. *Fig. Mettre, tenir qqn en chambre.* V. **Chambrer.** — DE CHAMBRE. *Robe de chambre. Pot de chambre.* V. **Vase** (de nuit). ♦ 3° *Valet, femme de chambre* : domestiques attachés au service personnel (V. **Chambrière**). ♦ 4° *Mar.* (*Chambre aux voiles*, 1691). Pièce, compartiment à bord d'un navire. *Chambre des cartes, de navigation. Chambre de chauffe, des machines. Absolt.* Logement des officiers. *La chambre et le poste d'équipage.* ♦ 5° Pièce spécialement aménagée. *Chambre froide, frigorifique.* — *Chambre de sûreté* : prison. *Chambre à gaz.* — Chambre forte, pièce blindée où l'on range des objets de valeur. V. **Coffre.** ♦ 6° *Mines.* Cavité, galerie. *Exploitation par chambres et piliers.*
II. *Fig.* (1390). ♦ 1° Section d'une Cour ou d'un Tribunal judiciaire. *Première, deuxième chambre d'un tribunal. Président de chambre. Chambres de la Cour de cassation : chambre civile* (statuant sur les pourvois admis par la *Chambre des requêtes*); *chambre criminelle* (qui statue sur les pourvois en cassation en matière criminelle ou correctionnelle); *chambre des requêtes* (qui examine les pourvois en matière civile). *Chambres réunies* (en matière disciplinaire : conseil supérieur de la Magistrature). *Chambre d'accusation* (Cour d'appel). — *Ancien. Chambre de justice. Chambre ardente.* ♦ 2° Assemblée législative (V. **Parlement**). *La Chambre des députés ou l'Assemblée nationale. La majorité, la minorité, la droite, la gauche de la Chambre. Siéger à la Chambre. Le Parlement britannique est composé de la Chambre basse ou Chambre des communes et de la Chambre haute ou Chambre des pairs, des lords.* ♦ 3° Assemblées s'occupant des intérêts ou de la discipline d'un corps. *Chambre d'agriculture. Chambre de commerce et d'industrie* : assemblée représentative des commerçants et industriels auprès des pouvoirs publics. — *Chambre de métiers* : corps élu par les représentants d'une profession. *Chambre syndicale*.*
III. (1414, armement). Cavité, vide. Ⓐ ♦ 1° Opt., Phot. (*Chambre close*, 1690). *Chambre noire* : enceinte fermée où

une petite ouverture (avec ou sans lentille) fait pénétrer les rayons lumineux et où l'image des objets extérieurs se forme sur un écran. *Chambre claire,* formée d'un miroir ou d'un prisme et d'un écran (sur lequel on peut dessiner l'image optique). — *Chambre pliante d'un appareil de photo* (V. aussi **Caméra**). ◇ *Géol. Chambre magmatique*. ♦ 2° (1671). Cavité qui reçoit les explosifs (*chambre de mine*), la cartouche ou la gargousse (fusil, canon). ♦ 3° (1845). Techn. [Dans différents types de moteurs à combustion interne] Enceinte où s'effectue une opération particulière. *Chambre d'eau, de réchauffage, de combustion.* ◇ *Chambre sourde,* laboratoire de mesures acoustiques (moteurs d'avions) ou radioélectriques (mesure des performances des antennes) où les parois absorbent partiellement les ondes. ♦ 4° CHAMBRE À AIR (1895) : tube circulaire gonflé d'air, partie intérieure d'un pneumatique. V. **Boyau.** *Réparer une chambre à air.* V. **Rustine.** *Valve d'une chambre à air.* ♦ 5° (XXᵉ). Phys. *Chambre d'ionisation,* détecteur électronique de radiations (premier instrument qui a permis de mesurer la radioactivité). *Chambre de Wilson, chambre à bulles,* instruments d'étude par photographie des particules élémentaires. Ⓑ (XVIIᵉ). ♦ 1° *Chambres de l'œil : chambre antérieure,* espace entre l'iris et la cornée; *chambre postérieure,* entre l'iris et le fond de l'œil. ♦ 2° Bot. *Chambre pollinique* : cavité de l'ovule des gymnospermes.

CHAMBRÉE [ʃɑ̄bʀe]. *n. f.* (1539; « mesure de fourrage », XIVᵉ; de *chambre*). ♦ 1° L'ensemble de ceux qui couchent dans une même chambre (dortoir). — *Spécialt. Une chambrée de soldats.* Camarades* de chambrée. ♦ 2° La pièce où logent les soldats (V. **Dortoir**). *Balayer la chambrée. Les chambrées d'une caserne.* ◇ HOM. *Chambrer.*

CHAMBRER [ʃɑ̄bʀe]. *v. tr.* (1678, « loger dans la même chambre »; de *chambre*). ♦ 1° (1762). Tenir enfermé dans sa chambre (*vx*). *Fig.* Isoler pour mieux circonvenir, convaincre. V. **Endoctriner, sermonner.** ♦ 2° (1877, à Neuchâtel). Mettre (le vin) à la température de la pièce, le réchauffer légèrement. *On chambre les vins rouges* (*opposé* à frapper). ◇ HOM. *Chambrée*

CHAMBRETTE [ʃɑ̄bʀɛt]. *n. f.* (1190; de *chambre*). Petite chambre.

CHAMBRIÈRE [ʃɑ̄bʀijɛʀ]. *n. f.* (1190; de *chambre*). ♦ 1° *Vx.* Femme de chambre, servante. ♦ 2° (Objets qui aident; XVIIIᵉ). Trépied de charron; béquille d'une charrette. ◇ (1803) Fouet à long manche.

CHAMEAU [ʃamo]. *n. m.* (Cameil, en 1080; lat. *camelus,* gr. *kamêlos*). ♦ 1° Grand mammifère ruminant (*Camélidés*) à bosses dorsales, à pelage laineux. *On distingue le chameau à deux bosses* ou *chameau d'Asie* et *le chameau à une bosse* ou *chameau d'Arabie* (V. **Dromadaire, méhari**). *La sobriété, l'endurance du chameau. Transport à dos de chameau. Caravane de chameaux. Cri du chameau* (V. **Blatérer**). — *Poil de chameau* : tissu en poils de chameau. *Manteau en poil de chameau.* PROV. *Il est plus aisé pour un chameau d'entrer par le trou d'une aiguille que pour un riche d'entrer dans le royaume de Dieu* (Évang. St Matth. XIX, 24). — *Spécialt.* Chameau à deux bosses (*opposé* à dromadaire). ♦ 2° (1828, insulte envers une femme). *Fig. et fam.* Personne méchante, désagréable (Cf. *Garce, cochon, salaud*). « *Ah! le chameau ! Qu'est-ce qui lui prend à cette enragée-là ! »* (ZOLA). *Pop. La chameau !* — Adj. *Ce qu'il (elle) est chameau !* ♦ 3° *Mar.* Combinaison de caissons à air aidant à soulever un navire.

CHAMELIER [ʃaməlje]. *n. m.* (1430; de *chamel, chameau*). Celui qui conduit les chameaux et en prend soin. « *J'entendis le cri du chamelier qui conduisait une caravane éloignée »* (CHATEAUB.).

CHAMELLE [ʃamɛl]. *n. f.* (Camoille, XIIᵉ; de *chameau*). Femelle du chameau. *Lait de chamelle.*

CHAMELON [ʃam(ə)lɔ̄]. *n. m.* (1845; de *chameau*). Petit du chameau.

CHAMÉROPS ou **CHAMÆROPS** [kameʀɔps]. *n. m.* (1615; lat. *chamærops,* gr. *khamairôps* « buisson à terre »). Variété de palmier. *Chamerops humilis* ou *Palmier nain.*

CHAMITO-SÉMITIQUE [kamitɔsemitik]. *adj.* (XXᵉ; de *chamitique* « du pays de *cham* », et *sémitique*). Famille de langues à laquelle appartiennent l'hébreu, l'égyptien, le phénicien, l'arabe, le berbère, et le « couchitique » (Afrique orientale).

CHAMOIS [ʃamwa]. *n. m.* (1387; bas lat. *camox,* mot prélatin). ♦ 1° Ruminant à cornes recourbées qui vit dans les montagnes. *Chamois des Pyrénées.* V. **Isard.** *L'agilité du chamois.* ♦ 2° Cuir de chamois, *et absolt. Chamois* : la peau du chamois. *Par ext.* Le côté chair de la peau de mouton, de chèvre, préparé par chamoisage. *Gant de chamois. Peau de chamois,* pour frotter les vitres, l'argenterie, etc. ♦ 3° *Adj. Couleur chamois* : jaune clair. *Une robe chamois. Papier chamois.*

CHAMOISAGE [ʃamwazaʒ]. *n. m.* (fin XIXᵉ; de *chamoiser*). Ensemble d'opérations par lesquelles on rend certaines peaux (mouton, chèvre) aussi souples que la peau de chamois véritable.

CHAMOISER [ʃamwaze]. *v. tr.* (*Camoiser*, fin XIVe; rare av. XVIIIe). Préparer par chamoisage.

CHAMOISERIE [ʃamwazʀi]. *n. f.* (1723; de *chamoiser*). Lieu, atelier où s'effectue le chamoisage. — Industrie, commerce des peaux chamoisées.

CHAMP [ʃɑ̃]. *n. m.* (1080; lat. *campus* « plaine, terrain cultivé »). Espace ouvert et plat. V. **Campagne**. I. ♦ 1° Étendue de terre propre à la culture. V. **Emblavure**, **guéret**. *Cultiver, labourer, emblaver, semer un champ* (V. **Agricole, agriculture, culture**). *Champ de navets, de betteraves, de blé, de pommes de terre, de trèfle* (tréflière), *de luzerne* (luzernière). V. **Prairie, pré; fourragère**. « *Les champs hersés, déjà verdissants* » (MART. du G.). *Champ planté d'arbres.* V. **Plantation, verger**. *Champ moissonné. Champ dont on a brûlé les herbes.* V. **Brûlis**. *Champ d'expérimentation, pour les expériences agricoles.* ♦ 2° LES CHAMPS (XIIIe) : toute étendue cultivée, cultivable. V. **Campagne**. *La vie des champs.* V. **Campagnard, rural; paysan**. *Mener les bêtes aux champs. Le campagnol, rat des champs. Fleurs des champs et fleurs de jardin. Les travaux des champs.* — *En plein champ* : au milieu de la campagne. *Passer la nuit en plein champ.* — *À travers champs* : hors des chemins. *Couper à travers champs. Prendre la clef des champs* : partir, s'enfuir. *Donner la clef des champs* : libérer. V. **Campos**. ♦ 3° Terrain, espace. ◇ (À la guerre; germ. *kamp*.) *Champ de bataille* : lieu des combats. *Rester maître du champ de bataille. Mourir, tomber au champ d'honneur* : à la guerre. *Sonner aux champs* : pour rendre les honneurs. ◇ (XIXe) Espace déterminé, réservé à une activité. *Champ de manœuvre, d'exercices* (militaires). *Champ de tir. Champ d'aviation.* V. **Camp, terrain**. *Champ de foire.* — *Champ de courses.* V. **Hippodrome**. — *Champ d'épandage*.* ♦ 4° (XIIe). Enceinte où avaient lieu les duels, les tournois. V. **Arène, carrière, lice**. *Se battre en champ clos* (V. **Champion**). *Laisser le champ libre* : se retirer; et *fig. Donner toute liberté. Prendre du champ* : reculer pour prendre du recul. ♦ 5° *Blas.* Fond d'un écu. *Lion de sable en champ d'azur.* — *Champ d'une médaille, d'un émail* : la face que l'on grave, que l'on peint (V. **Champlever**). II. *Fig.* (1549). ♦ 1° Domaine d'action. V. **Carrière, sphère**. *Donner libre champ à son imagination. Le champ immense des hypothèses. Agrandir le champ de la connaissance humaine.* V. **Cercle**. « *L'érudition agrandit le champ de l'expérience* » (Max JACOB). ♦ 2° *Loc. adv.* SUR-LE-CHAMP. V. **Aussitôt, délai** (sans délai), **heure** (sur l'heure), **immédiatement**. *Partir sur-le-champ. La question fut réglée sur-le-champ.* — À TOUT BOUT DE CHAMP : à tout instant. V. **Bout**. III. *Sc., Techn.* Espace limité (concret ou abstrait) réservé à certaines opérations ou doué de propriétés. ♦ 1° (1753). *Champ des instruments d'optique* : secteur dont tous les points sont vus dans l'instrument. *Champ d'une lentille, d'un miroir. Champ visuel* : espace qu'embrasse l'œil. *Profondeur du champ.* — *Cinéma* (1911), *Photo, Télé.* Espace dont tous les points sont enregistrés par la caméra ou l'appareil de photo. *Sortir du champ. Être hors champ. Une voix hors champ. Un hors(-)champ,* une prise de vue hors du champ prévu. *Être dans le champ. Champ et contrechamp*.* ♦ 2° (1879) *Chir. Champ opératoire* : zone dans laquelle l'opération est pratiquée; compresses qui la limitent. ♦ 3° Zone où se manifeste un phénomène magnétique ou électrique, un système de forces; portion de l'espace où la force appliquée à un point dépend de sa position seule. *Champ électrique. Champ de gravitation.* « *Dans le champ solaire* » (P. COUDERC). ♦ 4° *Math.* Ensemble des points de l'espace auxquels on fait correspondre un scalaire, un vecteur. ♦ 5° *Fig. Le champ de la conscience* : contenu de la conscience à un moment donné. — *Champ notionnel, sémantique, lexical* : ensemble structuré de notions (sens, mots).

◇ HOM. **Chant**.

1. **CHAMPAGNE** [ʃɑ̃paɲ]. *n. f.* (Xe; lat. pop. °*campania*, de *campus*. V. **Campagne**). ♦ 1° *Blas.* (1360). Tiers inférieur de l'écu (Cf. **Plaine**). ♦ 2° *Géogr.* Plaine crayeuse ou calcaire. *La champagne de Saintonge. Appos. Fine champagne* (eau-de-vie).

2. **CHAMPAGNE** [ʃɑ̃paɲ]. *n. m.* (1695; de « vin de Champagne »). ♦ 1° Vin blanc de Champagne, rendu mousseux. *Champagne à mousse peu abondante.* V. **Crémant**. *Bouteille, bouchon de champagne. Coupe, flûte à champagne; sabler* le champagne. Champagne frappé. Battre son champagne,* pour en faire partir le gaz carbonique. *Des champagnes bruts, secs* (V. **Dry**), *demi-secs.* — *Abrév. arg. Champ* [ʃɑ̃p] (1857). ♦ 2° *Champagne nature* : vin blanc de Champagne, non champagnisé.

CHAMPAGNISATION [ʃɑ̃paɲizasjɔ̃]. *n. f.* (1929; de *champagniser*). Procédé de préparation des vins de Champagne, rendus mousseux par mise en bouteilles avant la seconde fermentation.

CHAMPAGNISER [ʃɑ̃paɲize]. *v. tr.* (1839; de *champagne*). Traiter (les crus de Champagne) pour en faire du champagne (1°); traiter (un vin) de manière analogue. *Vins champagnisés du Caucase, de Californie* (dits abusiv. « champagnes »).

CHAMPART [ʃɑ̃paʀ]. *n. m.* (1283; de *champ*, et *part*). ♦ 1° Droit féodal qu'avaient les seigneurs de lever une partie de la récolte de leurs tenanciers. ♦ 2° Mélange de froment, de seigle et d'orge. V. **Méteil**.

CHAMPENOIS, OISE [ʃɑ̃pənwa, waz]. *adj.* et *n.* De la *Champagne,* province de France.

CHAMPÊTRE [ʃɑ̃pɛtʀ(ə)]. *adj.* (fin XIe; lat. *campestris,* rad. *campus*). Vieilli ou littér. Qui appartient aux champs, à la campagne cultivée. V. **Agreste, bucolique, pastoral, rural, rustique**. *Vie champêtre. Travaux champêtres. Mod. Bal, repas champêtre.* ◇ *Garde champêtre,* préposé à la police sur le territoire d'une commune rurale.

CHAMPI ou **CHAMPIS, -ISSE** [ʃɑ̃pi, is]. *n.* et *adj.* (1390; de *champ*). *Vx.* Enfant trouvé dans les champs. V. **Bâtard**. *François le Champi,* roman de George Sand (1849).

CHAMPIGNON [ʃɑ̃piɲɔ̃]. *n. m.* (1398; de l'a. fr. *champegnuel* (*campegneus,* XIIe); lat. pop. (*fungus*) °*campaniolus* « champignon des champs »; Cf. **Campagnol**). ♦ 1° *Cour.* Végétal sans chlorophylle (sans feuilles) formé d'un pied surmonté d'un chapeau, à nombreuses espèces comestibles ou vénéneuses et qui pousse rapidement, surtout dans les lieux humides. *Pied, pédicule; bulbe, chapeau* (garni de lames ou tubes rapprochés, par-dessous), *pruine* des champignons. Cueillir, ramasser des champignons. Cultiver des champignons.* V. **Champignonniste**. *Omelette aux champignons. Champignons comestibles.* V. **Agaric, amanite** (orange), **bolet** (cèpe), **chanterelle** (girolle), **clavaire, coprin, coulemelle, fistuline, helvelle, hérisson, hydne, lactaire, morille, mousseron, psalliote, russule, souchette**. *Champignon de couche; champignon de Paris* (agaric). *Champignons vénéneux.* V. **Amanite** (panthère; fausse oronge); **bolet** (satan), **hypholome, lactaire** (visqueux), **russule, volvaire**. — *Loc. fig. Pousser comme un champignon* : très vite. *Ville champignon* (trad. angl.). ♦ 2° *Fig.* (1639). Renflement spongieux d'une mèche qui brûle mal. ◇ Ce qui a la forme d'un champignon. « *Gervaise venait de poser le bonnet de M*me *Boche sur un champignon garni d'un linge* » (ZOLA). *Champignon d'un porte-manteau,* saillie pour accrocher les chapeaux. — *Fam.* (1934). *Pédale d'accélérateur* (à l'origine, tige surmontée d'un chapeau). *Appuyer sur le champignon* : accélérer. — *Champignon atomique* : nuage d'une explosion atomique. ♦ 3° *Bot.* Tout végétal thallophyte (V. **Thalle**) dépourvu de chlorophylle (opposé à *algues, bryophytes*) incapable de produire ses substances nécessaires à sa nutrition, vivant soit en parasite (*champignon pathogène*) des plantes (V. **Cryptogamique**; *amadouvier, carie, charbon, ergot, mildiou, muguet, rouille*) ou des animaux et de l'homme (V. **Blastomycose, mycose; sporotrichose**), soit en symbiose (V. **Lichen, mycorhyze**) ou en saprophyte (V. **Moisissure**). *Champignons unicellulaires.* V. **Levure, oïdium**. *Champignons inférieurs* à mycélium non cloisonné (siphomycètes). *Champignons supérieurs* à mycélium cloisonné (ascomycètes et basidiomycètes). *Étude des champignons.* V. **Mycologie**. *Reproduction des champignons.* V. **Asque, baside, spore**.

CHAMPIGNONNIÈRE [ʃɑ̃piɲɔnjɛʀ]. *n. f.* (1694; de *champignon*). Lieu où l'on cultive les champignons sur couche.

CHAMPIGNONNISTE [ʃɑ̃piɲɔnist(ə)]. *n.* (1899; de *champignon*). Personne qui cultive les champignons.

CHAMPION, ONNE [ʃɑ̃pjɔ̃, ɔn]. *n.* (*Campium,* en 1080; bas lat. °*campio,* ou germ. °*kampio;* de *campus* « champ de bataille »; germ. *kamp*). ♦ 1° *N. m.* Celui qui combattait en champ clos pour soutenir une cause. *Champions jaçant les premiers défis dans un tournoi.* V. **Tenant**. — *Vx.* Rivaux qui se battent, s'opposent. V. **Combattant, concurrent**. ♦ 2° (XVIIe). Défenseur attitré d'une cause. « *L'avocat ou plutôt le champion, le chevalier intrépide d'une cause* » (STE-BEUVE). *Elle s'est faite la championne du vote des femmes.* ♦ 3° (1877). Vainqueur d'une épreuve sportive particulière (championnat). *Champion du monde de boxe. Championne d'Europe du cent mètres dos* (natation). — *Athlète de grande valeur. Les grands champions de ski.* ♦ 4° *Fig.* et *fam.* Personne remarquable. V. **As. Adj.** *Il est champion, c'est champion! remarquable. Ellipt. Ce morceau, mon vieux, champion!* C'était extraordinaire.

CHAMPIONNAT [ʃɑ̃pjɔna]. *n. m.* (1877; de *champion*). Épreuve sportive officielle à l'issue de laquelle le vainqueur obtient un titre. V. **Compétition**. *Concourir dans un championnat. Remporter le championnat de France, d'Europe, du monde de...* (V. **Coupe**).

CHAMPLEVER [ʃɑ̃lve]. *v. tr.* (1753; de *champ*, et *lever*). ♦ 1° Enlever au burin (le champ autour d'un motif, d'une figure que l'on réserve, pour obtenir des blancs, des reliefs). *Champlever une plaque d'argent.* — *Par ext. Champlever une figure.* ♦ 2° Travailler (l'émail) en pratiquant des alvéoles pour incruster la pâte. *Émaux champlevés* (opposé à *cloisonné**).

CHAMSIN. V. KHAMSIN.

CHANÇARD, ARDE [ʃɑ̃sar, ard(ə)]. *adj.* et *n.* (1864; de *chance*). *Fam.* Qui a de la chance. V. **Chanceux.** *Il n'est pas très chançard.* « *Se considérer comme des chançards* » (SIMON).

CHANCE [ʃɑ̃s]. *n. f.* (*Chéance* « manière dont tombent les dés », XIIᵉ; lat. pop. *cadentia*, de *cadere* « tomber ». V. **Choir**) ♦ 1º (XIIIᵉ). Manière favorable ou défavorable selon laquelle un événement se produit (V. **Aléa, hasard**); puissance qui préside au succès ou à l'insuccès, dans une circonstance (V. **Fortune, sort**). *Nous en courrons la chance. Souhaiter bonne chance,* et absolt. *Bonne chance ! Faire cesser la mauvaise chance. Mettre la chance de son côté pour réussir.* V. **Atout** (mettre les atouts dans son jeu). *La chance a tourné* : de bonne, elle est devenue mauvaise (ou vice versa). — *C'est bien ma chance !* je n'ai pas eu de chance (3º). ♦ 2º (XVIIIᵉ). CHANCES : possibilités de se produire par hasard. V. **Éventualité, probabilité.** *Les chances pour qu'un événement se produise. Il y a beaucoup de chances pour, il y a des chances,* c'est probable. « *La guerre et le jeu enseignent ces calculs de probabilités qui font saisir les chances sans s'user à les attendre toutes* » (FRANCE). *Calculer ses chances de succès.* ♦ 3º *Absolt.* Bonne chance. V. **Bonheur, veine** (Cf. Bonne étoile, bonne fortune). *Avoir de la chance* (Cf. Jouer de bonheur). *Par chance,* par bonheur. *Il aura de la chance s'il s'en tire. Nous avons eu la chance de le rencontrer. Porter chance.* V. **Bonheur** (porter bonheur). *Il n'a pas de chance,* et absolt. *Pas de chance ! manque de chance !* (*pop.* de bol, de pot). ◊ *Une chance* : occasion favorable. ◇ ANT. *Déveine, guignon, malchance.*

CHANCEL [ʃɑ̃sɛl]. *n. m.* (fin XIIᵉ; V. **Cancel**). Balustrade du chœur d'une église.

CHANCELANT, ANTE [ʃɑ̃slɑ̃, ɑ̃t]. *adj.* (1190; de *chanceler*). Qui chancelle. *Marcher d'un pas chancelant. Démarche chancelante.* ◊ *Fig.* V. **Faible, incertain.** *Autorité chancelante. Avoir une foi chancelante.* « *Ma santé, longtemps chancelante, semblait s'affermir* » (DUHAM.). ◇ ANT. *Assuré, décidé, ferme, fort.*

CHANCELER [ʃɑ̃sle]. *v. intr.;* conjug. *appeler* (1080; du lat. *cancellare* « clore d'un treillis »; évolution de sens obscure). ♦ 1º Vaciller sur sa base, pencher de côté et d'autre comme si on allait tomber. V. **Flageoler, flotter, tituber, trébucher, vaciller.** *Il chancelle comme un homme ivre.* ♦ 2º *Fig.* Être menacé de ruine, de chute. « *La France s'élève, chancelle, tombe, se relève, reprend sa grandeur* » (VALÉRY). V. **Trembler.** ◊ *Fig.* Hésiter. *Sa résolution chancelle.* V. **Chanceler.** ◇ ANT. *Affermir (s'), dresser (se).*

CHANCELIER [ʃɑ̃səlje]. *n. m.* (fin XIᵉ; lat. *cancellarius* « huissier de l'empereur »; de *cancelli* « grilles »). ♦ 1º *Ancienn.* Fonctionnaire royal ayant la garde et la disposition du sceau de France. ♦ 2º *Mod.* Celui qui est chargé de garder les sceaux, qui en dispose (V. **Chancellerie**). *Chancelier d'un consulat, d'une ambassade. Grand chancelier de l'ordre de la Légion d'honneur* : le Chef de l'ordre qui appose le sceau sur les brevets. ♦ 3º *Chancelier de l'Échiquier* : en Angleterre, le ministre des Finances. — Premier ministre (Autriche, Allemagne). ♦ 4º *Chancelier de l'université* V. **Recteur.**

CHANCELIÈRE [ʃɑ̃səljɛr]. *n. f.* (1762; « femme du chancelier », 1611; de *chancelier*). Boîte ou sac ouvert, fourré à l'intérieur, et servant à tenir les pieds au chaud. « *L'ample chancelière où plongeaient, accotés, les pieds de M. de la Hourmerie* » (COURTELINE).

CHANCELLERIE [ʃɑ̃sɛlri]. *n. f.* (1190; de *chancelier*). ♦ 1º *Ancienn.* Bureaux, résidence du chancelier. *La grande, la petite chancellerie royale. Mod.* Services du ministère de la Justice. ♦ 2º *La chancellerie d'un consulat, d'une ambassade. Par ext.* L'ambassade. *Style de chancellerie.* ♦ 3º *Grande chancellerie* : services placés sous l'autorité du grand chancelier de la Légion d'honneur. ♦ 4º *La Chancellerie du Vatican* : service administratif où l'on délivre les actes concernant le gouvernement de l'Église.

CHANCEUX, EUSE [ʃɑ̃sø, øz]. *adj.* (1606; de *chance*). ♦ 1º *Vx.* Soumis au caprice de la chance, du hasard. V. **Aléatoire, hasardeux, incertain.** *Une entreprise, une affaire chanceuse.* ♦ 2º *Mod.* Favorisé par la chance. V. **Chançard, veinard, verni** *(pop.).* ◈ ANT. *Assuré, certain, sûr. Malchanceux.*

CHANCIR [ʃɑ̃sir]. *v. intr.* et *pron.* (1508; d'apr. *rancir*; a. fr. *chanir* « blanchir »; lat. *canere,* de *canus* « blanc »). Présenter des traces de moisissure. V. **Gâter** (se), **moisir.** *Ces confitures se chancissent, ont chanci, sont chancies.* ◊ LE CHANCI. *n. m.* Fumier sur lequel a poussé du blanc de champignon.

CHANCRE [ʃɑ̃kr(ə)]. *n. m.* (*Cranche,* 1256; lat. *cancer* « ulcère ». V. **Cancer**). ♦ 1º *Méd. Vx.* Petit ulcère ayant tendance à ronger les parties environnantes. V. **Cancer.** — *Mod.* Érosion ou ulcération de la peau ou d'une muqueuse,

au premier stade de certaines maladies infectieuses (surtout vénériennes). *Chancre syphilitique. Chancre mou,* ou *chancrelle.* — *Fig.* et *vulg. Manger comme un chancre* : manger avec excès, par allus. au chancre qui dévore toujours. ♦ 2º *Chancre des arbres* : plaie vive de l'écorce provoquée par un champignon ascomycète. ♦ 3º *Fig.* Ce qui ronge, dévore, détruit.

CHANCRELLE [ʃɑ̃krɛl]. *n. f.* (1861; de *chancre*). *Pathol.* Maladie vénérienne (appelée aussi *chancre mou*) due à un bacille, et qui se présente sous la forme d'une ulcération assez profonde et molle de la verge ou de la vulve, avec tuméfaction des ganglions de l'aine.

CHANDAIL [ʃɑ̃daj]. *n. m.* (fin XIXᵉ; abrév. pop. de « (mar)*chand d'ail* »). ♦ 1º *(À l'origine).* Tricot des vendeurs de légumes aux Halles. ♦ 2º *Mod.* Gros tricot de laine couvrant le torse. V. **Pull-over, tricot.** *Chandail de sport, à col roulé.*

CHANDELEUR [ʃɑ̃dlœr]. *n. f.* (1119; lat. pop. °*candelorum,* de *festa candelarum* « fête des chandelles »). *Cathol.* Fête de la présentation de Jésus-Christ au Temple et de la purification de la Vierge Marie. ◊ *Jour de la chandeleur* (2 février). *Les crêpes de la chandeleur.*

CHANDELIER [ʃɑ̃dəlje]. *n. m.* (1138; de *chandelle*). ♦ 1º Support destiné à recevoir les chandelles, les cierges, les bougies. V. **Bougeoir, candélabre, flambeau, girandole, lustre, torchère.** *Bobèche d'un chandelier.* — *Le chandelier à sept branches* : dans la religion juive, chandelier du culte. — *Chandelier pascal.* ♦ 2º *Support.* V. **Étai.** *Chandeliers de tranchée, de batayole* (mar.). ♦ 3º *Fig. Vx.* Personne sur qui on attire la jalousie du mari. V. **Paravent.** *Le Chandelier,* pièce de Musset.

CHANDELLE [ʃɑ̃dɛl]. *n. f.* (*Chandeile,* XIIᵉ; lat. *candela*). ♦ 1º *Ancienn.* Appareil d'éclairage formé d'une mèche tressée enveloppée de suif. V. **Bougie, flambeau.** *S'éclairer à la chandelle. Support de chandelle.* V. **Chandelier.** *Souffler la chandelle.* V. **Éteignoir.** *Moucher la chandelle.* ♦ 2º *Loc. fig.* (de *devoir une chandelle à Dieu.* V. **Cierge**). *Devoir une chandelle à qqn* : avoir des obligations envers celui qui nous a rendu un grand service. *Il lui doit une fière chandelle.* — *Faire des économies de bouts de chandelles* : des économies insignifiantes. — *Brûler la chandelle par les deux bouts* : dépenser trop. — *En voir trente-six chandelles* : avoir un éblouissement à la suite d'un coup violent reçu sur la tête. « *L'hôtesse reçut un coup de poing dans son petit œil qui lui fit voir cent mille chandelles* » (SCARRON). — (1835) *Tenir la chandelle* : assister en tiers complaisant à une aventure galante. — (XVIᵉ) *Le jeu n'en vaut pas la chandelle* : cela n'en vaut pas la peine, en parlant d'une entreprise hasardeuse. ♦ 3º *Chandelle romaine.* V. **Fusée.** ♦ 4º (Par anal. de forme). *Fam.* Morve qui coule d'une narine. ♦ 5º (1922). Montée verticale (d'une balle, d'un avion). *L'avion monte en chandelle. Faire une chandelle au tennis.* V. **Lob.**

1. CHANFREIN [ʃɑ̃frɛ̃]. *n. m.* (XIIᵉ; p.-ê. de *frein,* et d'un élément douteux). Partie antérieure de la tête du cheval et de certains mammifères, qui s'étend du front aux naseaux. *La muserolle passe sur le chanfrein.*

2. CHANFREIN [ʃɑ̃frɛ̃]. *n. m.* (XVᵉ; de *chanfreindre* « tailler en biseau », de *fraindre* (« briser, abattre ») *de chant*). *Archit.* Demi-biseau que l'on forme en abattant l'arête d'une pierre, d'une pièce de bois. *Tenailles à chanfrein.*

CHANFREINER [ʃɑ̃frene]. *v. tr.* (1690; de *chanfrein*). *Archit.* Tailler en chanfrein.

CHANGE [ʃɑ̃ʒ]. *n. m.* (XIIᵉ; de *changer*). Action de changer (de troquer, de substituer). **I.** ♦ 1º *Loc. Gagner, perdre au change,* à l'échange. V. **Troc.** ♦ 2º (XIIIᵉ; it. *cambio*). Action de changer une valeur monétaire contre une valeur équivalente, échange de deux monnaies de pays différents. *Opération de change.* V. **Arbitrage, compensation; cambiste.** *Marché des changes. Lettre de change.* V. **Billet** (à ordre), **effet.** *Agent de change. Contrôle des changes* : effectué par l'État dans le but d'équilibrer l'offre et la demande des devises sur le *marché des changes. Le change* : le lieu où se font les opérations de change. V. **Bourse.** ♦ 3º *Par ext.* Valeur de l'indice monétaire étranger en monnaie nationale sur une place déterminée. V. **Taux.** *Cote des changes* (V. **Certain, incertain**). *Le change est au pair.* **II.** (XIIᵉ). ♦ 1º *Vén.* Substitution d'une nouvelle bête à la place de celle qui a été lancée. *La bête donne le change* : en fait leurrer une autre à sa place. *Les chiens prennent le change.* ♦ 2º *Cour.* (1656). *Donner le change à qqn* : lui faire prendre une chose pour une autre. V. **Tromper; abuser.**

CHANGEABLE [ʃɑ̃ʒabl(ə)]. *adj.* (XIIᵉ, « inconstant »; de *changer*). Qui peut être changé. V. **Altérable, métamorphosable, modifiable, remplaçable, réversible.** « *Des choses de convention, c'est-à-dire à peu près immuables ou du moins fort lentement changeables* » (STENDHAL). ◈ ANT. *Immuable, inaltérable.*

CHANGEANT, ANTE [ʃɑ̃ʒɑ̃, ɑ̃t]. *adj.* (XIIᵉ; de *changer*).

♦ 1° Qui est sujet à changer, susceptible de changement. V. **Variable, incertain.** *Temps changeant. La fortune est changeante. Humeur changeante.* V. **Capricieux, fantasque, inconstant, infidèle, instable, léger, mobile, versatile, volage.** *Il est bien changeant dans ses opinions, ses goûts. Esprit changeant.* V. **Divers, flottant, inconsistant, mouvant.** ♦ 2° Dont l'aspect, la couleur change suivant le jour sous lequel on le regarde. *Couleur changeante de la gorge d'un pigeon. Étoffe changeante.* V. **Chatoyant.** *La plaine « Dont le tableau changeant se déroule à mes pieds »* (LAMART.). ◇ ANT. **Constant, égal, fixe, immuable, invariable, persistant, stable.**

CHANGEMENT [ʃãʒmã]. *n. m.* (XIIᵉ; de *changer*). Le fait de changer. ♦ 1° *Changement de ...,* modification quant à (tel caractère); le fait de changer (pour une chose). *Changement d'état, de nature, de substance, de forme, de propriétés,* V. **Adultération, altération, déformation, déguisement, dénaturation, évolution, falsification, métamorphose, modification, mue, mutation, transfiguration, transformation, transmutation.** *Changement de peau, de poil.* V. **Mue.** *Changement de temps.* V. **Variation.** *Changement de ton, de tonalité* (mus.). V. **Modulation, transposition.** *Changement de couleur. Changement de sens des mots.* V. **Évolution.** *Changement de ministère, de personnel* (V. **Mutation**), *de régime; de programme. Changement de direction, d'orientation* (concret ou non). V. **Détour, déviation, virage.** *Changement de décor, changement de propriétaire* (d'un magasin). ♦ 2° Le fait de ne plus être le même. *Son changement est complet, total.* « *La créature est sujette au changement* » (BOSS.). ♦ 3° Le fait de quitter une chose pour une autre. V. **Changer (de).** *Changement d'adresse, de résidence, de pays.* V. **Déménagement, départ, émigration, expatriation.** *Vous avez besoin d'un changement d'air. — Changement de place.* V. **Déplacement; interversion, permutation** (changement réciproque). ♦ 4° Le changement : état de ce qui évolue, se modifie, ne reste pas identique (choses, circonstances, état psychologique). « *Je peux me vanter d'avoir toujours persévéré dans le changement* » (DUHAM.). *Aimer, craindre le changement. Changement brusque, total.* V. **Bouleversement, novation, remue-ménage, renouvellement, rénovation, renversement, retournement, révolution.** *Changement imperceptible. Changement graduel, progressif.* V. **Évolution, gradation, transition.** *Changement en mieux* (V. **Amélioration**), *en mal* (V. **Aggravation, altération, corruption, perversion**). ♦ 5° *Un changement :* chose, circonstance qui change, évolue. *Changements successifs* (V. **Passage, phase**), *alternés* (V. **Alternance, fluctuation, va-et-vient**). *Les changements imprévisibles de son humeur, de ses opinions.* V. **Caprice, palinodie, retournement, revirement, saute, volte-face; inconstance, infidélité.** *Ç'a été un grand changement dans sa vie. Il y a eu du changement, cette année.* ♦ 6° (Dans l'espace). *Changement de niveau.* V. **Dénivellation, inégalité.** ◇ ANT. **Constance, fixité, invariabilité, persévérance, stabilité.**

CHANGER [ʃãʒe]. *v.;* conjug. *bouger* (*Changier,* fin XIIᵉ; bas lat. *cambiare,* lat. *cambire,* mot gaulois). I. V. tr. ♦ 1° Céder (une chose) contre une autre. V. **Échanger, troquer.** *Changer une chose pour, contre une autre.* V. **Remplacer.** *Je ne changerais pas ma place pour la sienne.* V. **Abandonner, céder, donner, quitter, renoncer.** Absolt. *Je ne changerais pas avec lui. — Spécialt. Changer des dollars contre des francs.* V. **Change; convertir.** ♦ 2° Remplacer (qqch., qqn) par une autre chose, une personne (de même nature). *Changer sa voiture. Changer les rideaux de sa chambre. Changer le personnel d'une administration. Changer les draps :* mettre des draps propres. Par ext. *Changer un malade, un enfant :* changer son linge. ♦ 3° *Changer une chose de place :* la mettre dans une autre place, ailleurs. V. **Déplacer, déranger, intervertir, inverser, transférer, transplanter, transposer.** *Changer la place, l'ordre, l'arrangement de deux ou plusieurs choses. Changer qqn de poste.* V. **Déplacer, muter.** ♦ 4° Rendre autre ou différent (compl. abstrait ou indéfini). V. **Modifier.** *Changer ses dispositions, ses plans, ses projets. Ce que j'ai dit, je n'y changerai rien. Cela ne change rien à l'affaire. Vouloir tout changer.* V. **Bouleverser (chambarder, chambouler), innover, réformer, rénover, renverser, révolutionner, transformer.** « *Que peu de temps suffit pour changer toutes choses!* » (HUGO). *Les choses sont bien changées.* V. **Autre, différent.** — *Changer ses batteries. — Changer sa voix pour n'être pas reconnu.* V. **Contrefaire, déguiser.** *Changer un texte, en changer le sens.* V. **Altérer, défigurer, déformer, dénaturer, fausser, truquer. — Changer la forme de son ouvrage,** *de son discours.* V. **Refondre, remanier, transposer.** Fam. *Changer les idées à qqn.* V. **Divertir.** *Une promenade lui changera les idées.* ◇ *Changer qqn. Cette nouvelle coiffure vous change; vous change beaucoup :* vous fait paraître différent. ♦ 5° CHANGER (qqch.) EN. V. **Convertir, métamorphoser, muer, transfigurer, transformer.** *Les alchimistes espéraient changer les métaux en or.* V. **Transmuer.** *Changer un doute en certitude. Changer une peine en une autre.* V. **Commuer.** *Changer qqch. en bien, en mieux* (V. **Améliorer**), *en mal, en pire* (V. **Aggraver, altérer**). ♦ 6° CHANGER (qqch.) à : modi-

fier un élément de. Fam. *Vous n'y changerez rien. Ne rien changer à ses habitudes.* II. Trans. indir. CHANGER DE. ♦ 1° *Changer de place :* quitter un lieu pour un autre. V. **Déplacer (se), bouger, remuer.** Fam. *Changer de crémerie :* aller ailleurs. *Changer de place avec qqn.* V. **Permuter.** *Changer de logement.* V. **Déménager.** *Changer de pays.* V. **Émigrer, expatrier (s'). «** *En changeant de pays, la pudeur change de place* » (FLAUB.). — *Changer de direction, de route.* V. **Tourner.** *Changer d'amures, de voiles.* V. **Virer.** *Changer de côté.* ♦ 2° *Changer de :* abandonner, quitter (une chose) pour une autre de la même espèce. V. **Substituer (à).** *Changer de cheval; de voiture. Changer de vitesse en conduisant une auto. Changer de gouvernement, de régime. Les voyageurs pour (telle destination) changent de train. Changer de décor. Elle a changé de coiffure.* — *Il faut un peu changer de lectures.* V. **Diversifier, varier.** *Il change sans cesse de sujet.* V. **Papillonner, voltiger. «** *Il n'est qu'une façon de se reposer, et c'est de changer de travail* » (DUHAM.). — *Changer d'attitude, d'humeur, de langage, de manière, de ton :* en prendre un (une) autre. *Il a changé d'avis, d'idée. Il change d'opinion à tout moment.* V. **Changeant, versatile; fluctuer, varier, virer.** *Il a changé d'avis.* V. **Dédire (se); rétracter (se); tourner** (casaque). « *Ma résolution était prise et rien ne pouvait plus m'en faire changer* » (FRANCE). ◇ *(Sens passif)* Avoir, recevoir un autre caractère. *La rue a changé de nom. La maison a changé de propriétaire. Changer de couleur, de visage,* sous l'effet d'une émotion. V. **Troubler (se); pâlir, rougir. «** *Vous vous troublez, Madame, et changez de visage* » (RAC.). « *L'homme change un nuage entre et change de forme* » (HUGO). V. **Métamorphoser (se), transformer (se).** III. V. intr. Devenir autre, différent, éprouver un changement. V. **Évoluer, modifier (se), transformer (se), varier.** « *Tout change dans la nature, tout est dans un flux continuel* » (ROUSS.). *Les choses ont changé. Rien n'a changé. «* *Plus ça change, plus c'est la même chose* » (A. KARR). *La quantité, la dimension a changé.* V. **Augmenter, diminuer.** *Le temps va changer.* V. **Tourner.** *Changer du tout au tout, du jour au lendemain, brusquement, subitement, à vue d'œil. Elle n'a pas changé, elle est toujours la même.* V. **Vieillir.** *Elle a changé à son avantage.* — (Au moral) *Changer en mieux.* V. **Améliorer (s'), amender (s'), corriger (se).** — Fam. *Pour changer :* pour ne pas changer, comme d'habitude. *Et pour changer, elle est encore en retard.* IV. (1787). SE CHANGER. *v. pron.* Changer de vêtements. *Vous êtes bien mouillé, changez-vous.* ◇ ANT. **Conserver, garder, maintenir, persévérer, persister; demeurer, durer, subsister.**

CHANGEUR [ʃãʒœr]. *n. m.* (XIIᵉ; de *changer*). Personne qui effectue des opérations de change.

CHANLATTE [ʃãlat]. *n. f.* (XIIᵉ; de *chant* 2, et *latte*). Latte mise de chant, et qui soutient les dernières tuiles d'un toit.

CHANOINE [ʃanwan]. *n. m.* (*Canunie,* en 1080; lat. *canonicus*). Dignitaire ecclésiastique, membre du chapitre d'une église cathédrale, collégiale, ou de certaines basiliques. *Le chapitre des chanoines sert de conseil à l'évêque. Dignité de chanoine.* V. **Canonicat.** *Titres de chanoines.* V. **Chantre** (grand chantre), **doyen, primicier** (ou **princier**), **théologal.** *Chanoine titulaire, prébendé; honoraire. Camail, chape, mosette, rochet de chanoine.* — Fig. et fam. *Être gras comme un chanoine* (V. **Moine**).

CHANOINESSE [ʃanwanɛs]. *n. f.* (1264; de *chanoine*). ♦ 1° Celle qui possédait une prébende dans un chapitre de femmes. ♦ 2° Pâtisserie appelée aussi *Nonnette.*

CHANSON [ʃãsɔ̃]. *n. f.* (1080; lat. *cantio, cantionem,* de *cantus* « chant »). I. ♦ 1° Pièce de vers de ton populaire, généralement divisée en couplets et refrain et qui se chante sur un air. *Chansons anciennes.* V. **Air, chant; ballade, barcarolle, berceuse, cantilène, cavatine, complainte, lied, mélodie, romance, ronde.** *L'air, les paroles d'une chanson. Chanson française polyphonique et a cappella, du XVIᵉ s. Chanson de toile, que les femmes chantaient en filant* (moyen âge). *Vieilles chansons folkloriques. Chansons à boire, chansons de marins. Chansons modernes. Chanson populaire. Chanson d'amour, chanson de charme. Chanson triste. Chanson d'étudiants. Chanson satirique* (V. **Chansonnier**). *Chanson ressassée.* V. **Rengaine, scie.** *Parolier de chansons. Chanteur qui enregistre des chansons.* — *La partition. Acheter une chanson.* Loc. fig. *L'air ne fait pas la chanson* (Cf. L'habit ne fait pas le moine). — *Comme on dit dans la chanson, comme dit la chanson. En France «* *Tout finit par des chansons* » (BEAUMARCH.), allusion à la frivolité proverbiale des Français. ◇ *Spécialt.* La musique seule. *Siffloter une chanson à la mode.* ◇ Le texte seul. *Écrire une chanson. Les chansons des rues et des bois,* poèmes de Hugo. ♦ 2° Par ext. V. **Chant.** *La chanson du grillon. La chanson du vent dans les feuilles.* V. **Bruit, murmure.** ♦ 3° Fig. et fam. Propos rebattus. V. **Refrain.** *C'est toujours la même chanson.* V. **Comédie, histoire.** *On* *connaît la chanson! Voilà une autre chanson :* un nouvel embarras. *Vx.* Propos ou raisons futiles. V. **Bagatelle, baliverne, sornette.** « *Ce sont des chansons que cela : je sais que je sais* » (MOL.).

II. *Littér.* Poème épique du moyen âge, divisé en strophes. (V. **Laisse**). *Chanson de geste. La chanson de Roland. La chanson d'Antioche.*

CHANSONNER [ʃãsɔne]. *v. tr.* (1734; « jouer d'un instrument », 1584; de *chanson*). Railler par une chanson satirique. V. **Fronder.** *Chansonner le gouvernement.*

CHANSONNETTE [ʃãsɔnɛt]. *n. f.* (XIIᵉ; de *chanson*). Petite chanson sur un sujet léger ou burlesque.

CHANSONNIER [ʃãsɔnje]. *n. m.* (XIVᵉ; de *chanson*). ♦ 1° *Littér.* Recueil de chansons. — *Spécialt.* Recueil de pièces lyriques des trouvères et troubadours. ♦ 2° (1751, « chanteur »). *Vieilli.* Celui qui écrit, compose des chansons, surtout des chansons satiriques. — *Mod. Un chansonnier :* celui qui compose ou improvise des chansons ou des monologues satiriques, des sketches, et se produit sur des scènes spécialisées, dans des cabarets. *Théâtre de chansonniers. Les chansonniers de Montmartre.*

1. **CHANT** [ʃã]. *n. m.* (XIIᵉ; lat. *cantus*). ♦ 1° Émission de sons musicaux par la voix humaine; technique, art de la musique vocale. *Apprendre le chant. L'art du chant.* V. **Bel canto;** appui, attaque, débit, émission, intonation, modulation, phrasé, vocalise. *École, professeur, conservatoire de chant. Exercices de chant.* ♦ 2° Les sons émis par la personne qui chante. *Chant mélodieux, harmonieux. Chant discordant, bruyant.* V. **Beuglement, cacophonie, gueule** (coup de gueule). *Fig. Écouter le chant des sirènes**. ◇ *Spécialt.* Composition musicale destinée à la voix, généralement sur des paroles. *Chants profanes.* V. **Air, aria** (2), **ariette, aubade, ballade, barcarolle, blues, chanson, hymne, mélodie, mélopée, péan, psalmodie, ranz, récitatif, rhapsodie, roulade, sérénade, tyrolienne, variation, vocéro.** *Chants populaires, du folklore; chant patriotique. Les quatre chants sérieux,* de Brahms. *Chants sacrés, religieux, d'Église.* V. **Antienne, cantique, hymne, litanie, motet, prose, psaume, répons, séquence; agnus dei, alleluia, hosanna, magnificat, miserere, noël, requiem, spiritual, Te Deum.** ♦ 3° Formes particulières de musique vocale. *Chant ambrosien. Chant grégorien :* chant ordinaire de l'Église catholique romaine. V. **Plain-chant; déchant.** *Chant à une seule voix.* V. **Homophonie, monodie, solo, unisson.** *Chant choral,* à plusieurs voix. V. **Polyphonie; canon, choral, chœur, duo, trio.** *Formes musicales destinées au chant.* V. **Opéra, opéra-comique, opérette, vaudeville; cantate, choral, messe, oratorio.** ♦ 4° *Par ext.* Partie mélodique de la musique. V. **Mélodie.** *L'harmonie soutient, étoffe le chant.* ♦ 5° *Par anal. Le chant du violon. Le chant des oiseaux.* V. **Gazouillis, ramage.** *Le chant de la cigale, du grillon.* V. **Stridulation.** — *Au chant du coq :* au point du jour. — *Le chant du cygne; fig.* La dernière et la plus belle composition d'un artiste. ♦ 6° Poésie lyrique ou épique destinée, à l'origine, à être chantée. *Les chants de Pindare, d'Anacréon. Chant nuptial.* V. **Épithalame.** *Chant funèbre. Chant Royal :* forme poétique française de cinq strophes et un envoi, chacune des six parties se terminant par un même vers, le refrain. — *Spécialt.* Chaque division d'un poème épique ou didactique. *Les douze chants de l'Énéide. Poét. Les chants du poète :* la poésie.

2. **CHANT** [ʃã]. *n. m.* (XIIᵉ; lat. *canthus* « bande bordant une jante »). *Rare.* Face étroite d'un objet, et *spécialt.* d'un parallélépipède. *Le chant d'une brique, d'une pierre.* Cour. *Mettre, poser de chant une pierre,* de sorte que sa face longue soit horizontale et en profondeur (V. **Boutisse**). ◇ **HOM. Champ.**

CHANTAGE [ʃãtaʒ]. *n. m.* (1837; de *chanter*). Action d'exiger de qqn de l'argent ou quelque avantage sous la menace d'une imputation diffamatoire, de la révélation d'un scandale. V. **Extorsion.** « *Le chantage suppose des menaces sous conditions pour extorquer des sommes auxquelles on n'a aucun droit* » (BARRÈS). *Faire du chantage.* V. **Maîtrechanteur.** ◇ *Par ext.* Action d'essayer d'obtenir qqch. de qqn en le menaçant de faire ce qui pourrait lui être désagréable.

CHANTANT, ANTE [ʃãtã, ãt]. *adj.* (1281; de *chanter*). ♦ 1° Qui chante, a un rôle mélodique. *Basse chantante.* ♦ 2° Qui est favorable au chant. *Une musique très chantante.* ♦ 3° *Voix chantante :* mélodieuse. *Accent chantant.* ♦ 4° Où l'on chante. *Café chantant.*

CHANTEAU [ʃãto]. *n. m.* (*Chantel,* 1160; de *chant* 2). ♦ 1° *Vx* ou *région.* Morceau coupé à un grand pain; à une pièce d'étoffe. ♦ 2° Pièce d'un violon (violoncelle) qui augmente la largeur de la table ou du corps.

CHANTEFABLE [ʃãtfabl(ə)]. *n. f.* (XIIIᵉ; de *chanter,* et *fable*). *Littér.* Récit médiéval en prose (récit) et vers (chant). *Ex. :* Aucassin et Nicolette. — Poème de forme analogue. « *Robert Desnos dont les chantefables* […] *sont bien connues* » (BAY).

CHANTEPLEURE [ʃãtplœʀ]. *n. f.* (XIIᵉ; de *chanter,* et

pleurer). ♦ 1° Entonnoir à long tuyau percé de trous. — Robinet de tonneau. ♦ 2° Fente d'un mur pour l'écoulement des eaux. V. **Barbacane.**

CHANTER [ʃãte]. *v.* (Xᵉ; lat. *cantare,* fréquent. de *canere*). I. *V. intr.* ♦ 1° Former avec la voix une suite de sons musicaux. V. **Moduler, vocaliser; chant.** *Chanter bien, avec expression. Chanter à livre ouvert.* V. **Déchiffrer, solfier.** *Chanter juste, faux* (V. **Détonner**). *Chanter doucement, à mi-voix, mezza-voce, en faux-bourdon.* V. **Fredonner.** *Chanter fort, à pleine voix, à pleins poumons, à tue-tête. Chanter fort et mal.* V. **Beugler, brailler, braire, bramer, crier, égosiller** (s'), **gueuler, hurler.** *Chanter avec mièvrerie.* V. **Roucouler.** *Chanter avec monotonie, sur une note.* V. **Psalmodier.** *Chanter dans un chœur, une chorale.* « *Avant d'écrire, chaque peuple a chanté* » (NERVAL). — *Par ext.* Produire une mélodie. Parler selon une ligne mélodique. *Il chante en parlant.* V. **Chantant.** ♦ 2° Crier (oiseaux, certains insectes). V. **Gazouiller, siffler.** *L'alouette, le rossignol, le coq chantent.* « *La cigale ayant chanté tout l'été* » (LA FONT.). — Produire un son harmonieux. *La bouilloire chante.* ♦ 3° *Littér.* « *Ce ne sont pas ses pensées, ce sont les nôtres que le poète fait chanter en nous* » (FRANCE). ♦ 4° *Loc. C'est comme si on chantait :* c'est inutile. — *Faire chanter qqn :* exercer un chantage sur lui. — *Fam. Si ça vous chante :* si ça vous dit, vous convient, vous sourit. *Comme ça vous chante :* comme vous préférez. « *Le jeune trinquait, mais seulement si* « *ça lui chantait* », *car on ne forçait personne* » (PROUST).

II. *V. tr.* ♦ 1° Émettre (des sons musicaux), exécuter (un morceau de musique vocale). *Chanter un air, une chanson. Chanter la messe.* « *Ce qui ne vaut pas la peine d'être dit, on le chante* » (BEAUMARCH.). — *Fig.* (*Péj.*) *Il chante cela sur tous les tons.* V. **Rabâcher, répéter.** *Qu'est-ce que tu nous chantes là?* V. **Dire, raconter.** — *Chanter pouilles** *à qqn.* ♦ 2° Célébrer par des chants. *Chantons Noël, l'An neuf!* ♦ 3° *Poét.* Célébrer. V. **Exalter, proclamer, vanter.** *Homère a chanté les exploits d'Ulysse.* « *Allons! Chantons Bacchus, l'amour et la folie* » (MUSS.). — *Fam. Chanter victoire**. *Chanter les louanges de qqn :* faire de grands éloges de qqn.

1. **CHANTERELLE** [ʃãtʀɛl]. *n. f.* (1540; de *chanter*). ♦ 1° Corde la plus fine, ayant le son le plus aigu, dans un instrument à corde. *Chanterelle de violon, d'alto.* — *Fig. Appuyer sur la chanterelle :* insister sur un point délicat, pour convaincre. ♦ 2° Oiseau que l'on met en cage, et dont le chant attire d'autres oiseaux. V. **Appeau.**

2. **CHANTERELLE** [ʃãtʀɛl]. *n. f.* (1752; lat. *cantharella,* gr. *kantharos* « coupe »). Champignon à chapeau en forme de coupe. *Chanterelle comestible.* V. **Girolle.**

CHANTEUR, EUSE [ʃãtœʀ, øz]. *n.* (*Chantur, chanteor,* fin XIIᵉ; lat. *cantor, cantorem.* V. **Chantre**). ♦ 1° Personne qui chante, et *spécialt.* qui fait métier de chanter ou excelle dans l'art du chant. *Voix** *de chanteurs* (V. **Registre, tessiture, timbre**). *Poètes chanteurs de l'antiquité et du moyen âge.* V. **Aède, barde, cithariste, coryphée, ménestrel, minnesinger, rhapsode, scalde, troubadour, trouvère.** *Chanteur amateur, professionnel. Chanteur populaire, chanteur de charme, chanteur comique. Chanteur d'église.* V. **Chantre.** *Chanteur de chorale.* V. **Choriste.** *Chanteur de concert, d'opéra.* V. **Interprète, soliste.** *Chanteur de duo.* V. **Duettiste.** *Chanteuse d'opéra.* V. **Cantatrice, diva.** — *Ce chanteur chante faux, détonne, crie, fait des couacs* (V. **Chanter**). ♦ 2° *Adj.* Oiseaux chanteurs. ♦ 3° V. **Maître-chanteur.**

CHANTIER [ʃãtje]. *n. m.* (fin XIIᵉ, « pièce de bois, étai »; lat. *canterius* « mauvais cheval »; Cf. Chevalet, poutre). ♦ 1° *Techn.* Support. Pièce sur laquelle on pose les tonneaux (V. **Madrier**). *Mettre du vin sur le chantier.* — *Spécialt.* Pièce servant de support à qqch. que l'on façonne. *Poser une pierre sur le chantier pour l'équarrir.* — *Mar.* Navire sur le chantier. V. **Tin.** ♦ 2° *Fig.* (1758). *Mettre un travail en chantier, sur le chantier :* le commencer. V. **Train** (mettre en train). ♦ 3° *Vx.* Entassement de matériaux. *Chantier de bois, de charbon.* ♦ 4° *Mod.* Lieu où sont entassés des matériaux. V. **Atelier, entrepôt.** *Chantier de construction; de démolition. Travailler sur un chantier. Chantier d'exploitation, d'abattage d'une mine.* — *Habitation pour les bûcherons dans la forêt. Homme de chantier (Pop.)* Ouvrier forestier. V. **Bûcheron.** *Faire chantier !* abattre et scier des arbres. ♦ 5° *Fam. Quel chantier !* V. **Bazar, désordre.**

CHANTIGNOLE [ʃãtiɲɔl]. *n. f.* (1690; a. fr. *chantille,* de *chant* 2). *Techn.* ♦ 1° Pièce de bois soutenant les pannes de la charpente d'un toit. ♦ 2° Brique de demi-épaisseur.

CHANTONNEMENT [ʃãtɔnmã]. *n. m.* (1854; de *chantonner*). Action de chantonner.

CHANTONNER [ʃãtɔne]. *v.* (1538; de *chanter*). ♦ 1° *V. intr.* Chanter à mi-voix. V. **Fredonner.** ♦ 2° *V. tr. Chantonner une chanson.* « *La bouilloire chantonne sa prière au feu* » (RENARD).

CHANTOUNG. V. SHANTOUNG.

CHANTOURNER [ʃãtuʀne]. *v. tr.* (1611; de *chant* 2,

et *tourner*). Découper ou évider, suivant un profil donné. *Scie à chantourner. Pièce chantournée.*

CHANTRE [ʃɑ̃tʀ(ə)]. *n. m.* (v. 1260; lat. *cantor*. V. **Chanteur**.) ♦ 1° Celui dont la fonction est de chanter dans un service religieux. *Voix de chantre*, forte et sonore. — *Grand chantre :* dignitaire maître de chœur. — Fig. et fam. *Gras comme un chantre.* ♦ 2° *Vx* (xvᵉ-xviiᵉ). Chanteur. — *Fig. et poét.* Poète épique ou lyrique. *Le chantre d'Ionie,* Homère. — Celui qui chante, célèbre. « *Walter Scott, le chantre des races opprimées* » (BARRÈS).

CHANVRE [ʃɑ̃vʀ(ə)]. *n. m.* (1268; lat. pop. °*canapus;* prov. *canebe;* lat. *cannabis*). ♦ 1° Plante textile *(Cannabinées),* à tige droite, à feuilles en palmes, cultivée dans les régions tempérées et subtropicales. *Terrain planté de chanvre.* V. **Chènevière.** *Graines de chanvre.* V. **Chènevis.** *Fibre de chanvre* (chènevotte). V. **Étoupe, filasse, teille.** — *Chanvre indien,* qui produit le kif (V. **Haschisch**). ♦ 2° Textile de la tige du chanvre. *Chanvre écru; chanvre peigné. Toile, canevas, cordage de chanvre. Corder du chanvre.* — Fam. *Cravate de chanvre :* corde de potence. ♦ 3° Textile analogue. *Chanvre de Manille,* tiré d'un bananier (V. **Abaca**). *Chanvre du Bengale* (V. **Jute**). ♦ 4° Plante voisine. *Chanvre d'eau.* V. **Eupatoire.**

CHANVRIER, IÈRE [ʃɑ̃vʀije, ijɛʀ]. *n.* (1680; de *chanvre*). Personne qui travaille le chanvre. — Adj. (1867). *Industrie chanvrière.*

CHAOS [kao]. *n. m.* (1377; lat. *chaos,* gr. *khaos*). ♦ 1° *Relig., Mythol.* Vide ou confusion existant avant la création (V. **Tohu-bohu**). *Dieu « est l'esprit organisateur par qui le chaos s'ordonne »* (DANIEL-ROPS). ♦ 2° (Fin xviᵉ). *Fig.* Confusion, désordre complet. « *Un désordre, un chaos, une cohue énorme* » (RAC.). *Ses affaires sont dans un chaos épouvantable.* V. **Bouleversement.** *Le chaos qui succède à la guerre, aux destructions.* « *Le chaos des sensations confuses* » (MICHELET). V. **Mêlée, trouble.** ♦ 3° (1863). Entassement confus, désordonné de blocs, de rochers. *Le chaos de Gavarnie.* ⊘ ANT. *Harmonie, ordre.* HOM. *Cahot.*

CHAOTIQUE [kaɔtik]. *adj.* (1838; de *chaos*). Qui a l'aspect d'un chaos, en désordre. *Un amas chaotique de rochers.* V. **Confus.**

CHAOUCH [ʃauʃ]. *n. m.* (1573; turc *tchaouch* « sergent »). *Mod.* Huissier, appariteur en Afrique du Nord.

CHAPARDAGE [ʃapaʀdaʒ]. *n. m.* (1871; de *chaparder*). *Fam.* Le fait de chaparder. V. **Maraude; larcin.**

CHAPARDER [ʃapaʀde]. *v. tr.* (1858, arg. milit.; de *chapar* « vol », sabir algérien). *Fam.* Dérober, voler (de petites choses).

CHAPARDEUR, EUSE [ʃapaʀdœʀ, øz]. *adj. et n.* (1858; de *chaparder*). Qui fait de petits larcins. *Une petite fille chapardeuse. N.* « *Sa main rapide de chapardeuse, habile à filouter les oranges des étalages* » (COLETTE).

CHAPE [ʃap]. *n. f.* (1080; bas lat. *cappa* « capuchon; cape »). ♦ 1° *Vx.* Cape. *Liturg.* (1541) Long manteau de cérémonie, sans manches, agrafé par-devant. *Chape brodée. La chape de l'officiant. Chape de cardinal :* habit à capuce doublé d'hermine. ♦ 2° (xviiᵉ). Objet recouvrant qqch. (V. **Couvercle, enveloppe, revêtement**). *Chape de bielle :* enveloppe des coussinets. *Chape d'un pneumatique* (V. **Rechaper**). *Spécialt.* Monture, protection de l'axe d'une poulie. *Poulies réunies dans une même chape.* V. **Moufle.** ♦ 3° *Trav. publ.* Surface imperméable qui protège une voûte, un radier. ♦ 4° *Blas.* Pièce honorable triangulaire de l'écu.

CHAPÉ, ÉE [ʃape]. *adj.* (1558; de *chape*). *Écu chapé,* qui s'ouvre en chape.

CHAPEAU [ʃapo]. *n. m.* (*Chapel,* fin xiᵉ; lat. pop. °*capellus,* dér. de *cappa.* V. **Chape**). I. Coiffure de forme assez rigide (*opposé* à bonnet, coiffe). V. **Coiffure, couvre-chef.** ♦ 1° *Chapeau d'homme :* le plus souvent à bords. V. **Canotier, feutre, haut-de-forme, gibus, melon, panama, sombrero, tube** (Cf. *pop.* Galure, bitos). *Chapeau de paille, chapeau mou, chapeau à bords roulés. Le petit chapeau de Napoléon.* V. **Bicorne.** — *Fabrication des chapeaux.* V. **Chapellerie.** — *Porter un chapeau. Mettre, enfoncer son chapeau.* V. **Coiffer** (se), **couvrir** (se). *Enlever, ôter son chapeau.* V. **Découvrir** (se). *Donner un coup de chapeau.* V. **Saluer.** *Un coup de chapeau.* V. **Salutation.** *Tirer son chapeau;* fig. Marquer son admiration, en signe de compliment. *Chapeau bas!* Ellipt. Fam. *Chapeau!* — Pop. *En baver des ronds* de chapeau. *Travailler du chapeau :* être fou. — Arg. *Porter le chapeau,* être considéré comme responsable, coupable. ♦ 2° *Chapeaux de femme (anciens) :* V. **Bavolet, cabriolet, capeline, capote, charlotte** et *(modernes) :* bibi, feutre, paille, toque. *Chapeau cloche. Magasin où l'on fabrique, où l'on vend des chapeaux de femme.* V. **Mode; modiste.** *Chapeau à plumes. Chapeau de soleil, de plage. Chapeau de ville; chapeau de pluie,* imperméable. *Carton à chapeau.* ♦ 3° *Chapeau de cardinal. Recevoir le chapeau.* II. *Par anal.* (xviiiᵉ). ♦ 1° Partie supérieure d'un champignon. — (1845) Abri en cloche (horticulture). — *Cuis. Le chapeau d'un vol-au-vent.* ♦ 2° (1829). *Chapeau chinois :*

instrument à percussion; cône métallique garni de clochettes. ♦ 3° *Mécan.* Partie supérieure ou latérale (qui protège). *Chapeau de coussinet.* Fam. *Prendre un virage sur les chapeaux de roues**. ♦ 4° (xxᵉ; mus., 1753). Texte court qui surmonte et présente un autre texte (après le titre). *Chapeau d'un article de journal.*

CHAPEAUTER [ʃapote]. *v. tr.* (1892; de *chapeau*). ♦ 1° Coiffer d'un chapeau. Au p. p. *Habillé de neuf, ganté, chapeauté.* — *Fig.* Recouvrir comme d'un chapeau. V. **Coiffer** (fig.). « *... le vieux chauffe-bain chapeauté de tôle verdie* » (TROYAT). ♦ 2° Exercer un contrôle sur (qqn ou qqch.). *Chapeauter un groupement politique.* (On emploie aussi **CHAPEAUTAGE,** *n. m.*).

CHAPELAIN [ʃaplɛ̃]. *n. m.* (1190; de *chapelle*). Prêtre qui dessert une chapelle. V. **Aumônier.**

CHAPELET [ʃaplɛ]. *n. m.* (xiiᵉ; de *chapeau* « couronne de fleurs »; Cf. **Rosaire**). ♦ 1° *Cathol.* Objet de dévotion formé de grains enfilés et groupés par dizaines, et que l'on fait glisser entre ses doigts en récitant des Pater et des Ave. V. **Rosaire.** *Arbre à chapelet :* dont le bois sert à faire des grains de chapelet.* V. **Mélia** (azédarac). — *(Autres relig.) Chapelets des musulmans, des bouddhistes.* ♦ 2° Prières de chapelet. *Dire, réciter son chapelet, une dizaine de chapelets.* — Fam. *Défiler, dévider son chapelet :* raconter dans le détail et à la suite. *Un chapelet d'injures.* ♦ 3° Succession de choses identiques ou analogues. *Chapelet d'oignons. Chapelet de saucisses. Chapelet d'îles.* « *Les bombes lancées en chapelet avaient touché aussi les casernes* » (MALRAUX). — *Archit.* Baguette décorative faite d'une succession de perles, d'olives, de grains ronds. — *Techn. Chapelet hydraulique,* pompe à chapelet, formés d'une chaîne supportant une série de plateaux ou godets. V. **Noria.**

CHAPELIER, IÈRE [ʃapəlje, jɛʀ]. *n. et adj.* (fin xiiᵉ; de *chapeau*). ♦ 1° Personne qui fait ou vend des chapeaux pour hommes et pour femmes (V. **Modiste**). ♦ 2° Adj. *L'industrie chapelière.*

CHAPELLE [ʃapɛl]. *n. f.* (*Capelle,* en 1080; lat. pop. °*capella* [V. **Chape**], « lieu où l'on gardait la chape de saint Martin »). I. ♦ 1° Lieu consacré au culte dans une demeure particulière. V. **Oratoire.** *La chapelle d'un collège, d'une communauté religieuse, d'un château.* ♦ 2° Église n'ayant pas le titre de paroisse. *Chapelle commémorative. La Chapelle Sixtine. La Sainte Chapelle.* ♦ 3° Partie d'une église où se dresse un autel secondaire. *La chapelle de la Sainte Vierge. La chapelle des fonts baptismaux.* V. **Baptistère.** — *Archit. Chapelles du transept, du chœur; chapelles rayonnantes. Chapelles absidiales.* V. **Absidiole.** ♦ 4° Ensemble des objets du culte employés pour célébrer la messe. *Une chapelle de vermeil. Chapelle portative.* ♦ 5° Chanteurs et musiciens d'une église. *La chapelle pontificale. Maître de chapelle :* des chants et de la musique sacrée. ♦ 6° *Spécialt. Chapelle ardente**. — *Fig.* Groupe de personnes soucieuses de demeurer entre elles. V. **Clan, coterie.** *Un esprit de clan et de petite chapelle.* II. *Techn.* Objets dont la forme rappelle la voûte d'une chapelle. — Voûte d'un four. *Enfourner, mettre en chapelle des pièces de poterie.*

CHAPELLENIE [ʃapɛlni]. *n. f.* (xvᵉ; de *chapelain*). Dignité, charge ou bénéfice du chapelain.

CHAPELLERIE [ʃapɛlʀi]. *n. f.* (1268; de *chapeau*). ♦ 1° Fabrication et commerce des chapeaux d'hommes et de femmes (V. **Mode**). ♦ 2° Magasin de vente des chapeaux.

CHAPELURE [ʃaplyʀ]. *n. f.* (1398; a. fr. *chapeler* « enlever le dessus, le chapeau », xiiᵉ; bas lat. °*capulare*). Pain séché (ou biscotte), râpé ou émietté. « *Saupoudrez-moi ce jambonneau de chapelure* » (GAUTIER).

CHAPERON [ʃaprɔ̃]. *n. m.* (1190; de *chape* « capuchon »). ♦ 1° *Ancienn.* Coiffure à bourrelet et à queue. *Bande d'étoffe (coiffure de femme); capuchon. Le petit chaperon rouge.* — *Par anal. Chaperon de magistrat, de professeur.* V. **Épitoge.** ◇ Coiffe de cuir, pour aveugler les faucons (V. **Fauconnerie**). ♦ 2° (xivᵉ). *Techn.* Partie supérieure d'un mur, faite de tuiles, de maçonnerie en dos d'âne, pour l'écoulement des eaux. V. **Crête; toit.** « *Le mur était bas; il posa les coudes sur le chaperon* » (ZOLA). ♦ 3° (1690). *Cour.* Personne (généralement d'un âge respectable) qui accompagne une jeune fille ou une jeune femme par souci des convenances. V. **Duègne.** *Servir de chaperon à qqn.*

CHAPERONNER [ʃapʀɔne]. *v. tr.* (1190; de *chaperon*). ♦ 1° (xviᵉ). Couvrir d'un chaperon. *Chaperonner une muraille.* ♦ 2° *Fig.* (1835). Accompagner une jeune fille, en qualité de chaperon. *Jeune fille chaperonnée par sa tante.*

CHAPITEAU [ʃapito]. *n. m.* (1160; lat. *capitellum,* de *caput* « tête, sommet »). ♦ 1° *Archit.* Partie élargie qui couronne le fût d'une colonne. *Chapiteaux égyptiens. Chapiteaux grecs* (géométriques ou à décor végétal : corinthien, dorique, ionien). *Chapiteau composite des Romains,* combinaison de l'ionique avec le corinthien. *Chapiteau byzantin,* en forme de cube, de pyramide tronquée. *Chapiteau roman, gothique. Chapiteaux historiés* (surtout romans). *Plateau d'un chapiteau.* V. **Abaque, tailloir.** *Moulures, volutes d'un chapiteau.* ♦ 2° *Par ext.* Ornement d'architecture qui forme un couronnement. *Chapiteau à balustres. Chapiteau de niche* : petits dais surmontant une statue. ♦ 3° *Chapiteau d'un alambic* : dans lequel se condensent les vapeurs. V. **Chape, couvercle.** ♦ 4° Tente d'un cirque. Par ext. *Faire le saut de la mort sous le chapiteau. Le chapiteau* : le cirque.

CHAPITRE [ʃapitʀ(ə)]. *n. m.* (1113 ; lat. *capitulum*, de *caput* « tête »).
I. ♦ 1° Chacune des parties suivant lesquelles se divise un livre, un code. V. **Partie, question, section, titre.** *Le chapitre premier. Le titre d'un chapitre.* V. **Intitulé, lettrine.** *Vignette à la fin d'un chapitre.* — *Spécialt.* Divisions d'un budget. *Voter le budget par chapitres.* ♦ 2° *Fig.* Sujet dont on parle ; propos que l'on tient sur une question déterminée. V. **Matière, objet, question, sujet** (surtout *sur ce chapitre*). *Être sévère sur le chapitre de la discipline. En voilà assez sur ce chapitre.* II. (Du *chapitre* de la règle, lu en assemblée.) ♦ 1° (XIIᵉ). Assemblée de religieux, de chanoines réunis pour délibérer de leurs affaires (V. **Capitulaire ; chanoine**). *Présider au chapitre. Chapitre conventuel.* — Ceux qui siègent à cette assemblée. *Assembler, réunir le chapitre.* — Le lieu où siège le chapitre. *Les bancs du chapitre.* ♦ 2° *Spécialt.* Communauté des chanoines d'une église cathédrale ou collégiale. *Le chapitre de Notre-Dame. Le doyen du chapitre.* ♦ 3° *Fig. Avoir voix au chapitre* : avoir autorité, crédit, pour prendre part à une délibération, à une discussion.

CHAPITRER [ʃapitʀe]. *v. tr.* (déb. XVᵉ ; de *chapitre*). ♦ 1° Réprimander (un religieux) en plein chapitre. ♦ 2° *Cour.* Réprimander (qqn). V. **Leçon** (faire la leçon à), **morigéner.** *Chapitrer un mauvais élève.* « *C'est elle qui monte la tête à Valorin contre moi, qui le chapitre à longueur de journée* » (AYMÉ).

CHAPLINESQUE [ʃaplinɛsk(ə)]. *adj.* (mil. XXᵉ ; de *Charlie Chaplin*, créateur du personnage de *Charlot*). Qui se rapporte ou ressemble au comique propre à Chaplin.

CHAPON [ʃapɔ̃]. *n. m.* (1190 ; lat. pop. °*cappo ; onis.* V. **Capon**). ♦ 1° Jeune coq châtré que l'on engraisse pour la table. ♦ 2° *Fig.* Morceau de pain humecté de bouillon ou frotté d'ail.

CHAPONNER [ʃapɔne]. *v. tr.* (1285 ; de *chapon*). Châtrer un jeune coq (opération du *chaponnage*).

CHAPSKA ou **SCHAPSKA** [ʃapska]. *n. m.* (1842 ; *shapka,* déb. XIXᵉ ; mot polonais). Coiffure des lanciers du Second Empire (d'origine polonaise).

CHAPTALISATION [ʃaptalizasjɔ̃]. *n. f.* (fin XIXᵉ ; de *Chaptal,* chimiste français). Sucrage des moûts.

CHAPTALISER [ʃaptalize]. *v. tr.* (fin XIXᵉ ; de *Chaptal*). Ajouter du sucre au moût avant la fermentation.

CHAQUE [ʃak]. *adj. indéf.* (*Chasque,* XIIᵉ ; lat. pop. °*casquunus.* V. **Chacun**). ♦ 1° Qui fait partie d'un tout et qui est pris, considéré à part. *Chaque personne. Chaque pays. Chaque chose à sa place. À chaque instant. Chaque jour suffit sa peine. Fam. Chaque dix minutes* : toutes* les dix minutes. *Entre chaque morceau. Entre chaque maison* : dans chaque intervalle. — (Accord du v.) *Chaque officier et chaque soldat feront leur devoir* (le même devoir pour tous). *Chaque ouvrier et chaque ingénieur fera son travail* (chacun son travail propre). ♦ 2° *Chacun. Ces cravates coûtent cent francs chaque.*

1. **CHAR** [ʃaʀ]. *n. m.* (*Charre,* en 1080 ; lat. *carrus*). ♦ 1° *Vieilli.* Voiture rurale, tirée par un animal, à quatre roues et sans ressorts. V. **Chariot, charrette.** *Char à foin. Char à bœufs.* « *Les grands chars gémissants qui reviennent le soir* » (HUGO). *Char à banc* : pour le transport des personnes. ♦ 2° *Antiq.* Voiture à deux roues. *Char à quatre chevaux* (V. **Quadrige**). *Course de chars.* V. **Carrière.** *Esclaves, captifs enchaînés au char du vainqueur.* — Fig. et littér. *Le char du soleil, de la nuit. Le char de l'État.* ♦ 3° *Char funèbre.* V. **Corbillard.** ♦ 4° *Spécialt.* Voiture décorée, portant des personnages, des masques, figurant des scènes. *Char de carnaval, de la mi-carême.* ♦ 5° (1826). *Vx* ou *région.* (Canada). *Pop.* Voiture, wagon. ♦ 6° *Char de combat, d'assaut,* automobile blindée et armée montée sur chenilles. V. **Tank.** *Régiment de chars.* V. **Cavalerie.** *Char léger, moyen, lourd. Tourelle, périscope d'un char.*

2. **CHAR** ou **CHARRE** [ʃaʀ]. *n. m.* (1881 ; dimin. de *charriage,* arg., de *charrier* 3°). *Arg.* Bluff. *Tout ça c'est du char(re) ! Sans char* : sans blague. — L'expression *Arrête ton char !* est comprise comme une métaph. de CHAR 1.

CHARABIA [ʃaʀabja]. *n. m.* (1802 ; de *charabiat* « émigrant auvergnat », fin XVIIIᵉ ; p.-ê. esp. *algarabia,* de l'arabe *algharbiya* « langue de l'ouest : berbère »). *Fam.* Langage, style incompréhensible ou grossièrement incorrect. V. **Baragouin, jargon.**

CHARADE [ʃaʀad]. *n. f.* (1770 ; méridion. *charado* « causerie », de *charra* « causer »). Énigme où l'on doit deviner un mot de plusieurs syllabes décomposé en parties dont

chacune forme un mot défini. V. **Devinette.** *Le mot de la charade s'appelle le tout* ou *l'entier* (mon premier, mon second, mon tout). *Charade en action* : où l'on fait deviner les mots en mimant ce qu'ils expriment. *Jouer aux charades.*

CHARADRIIDÉS [kaʀadʀiide]. *n. m. pl.* (*Charadriadés,* 1867 ; gr. *charadrios* « pluvier »). Famille d'oiseaux *(Échassiers)* : pluvier, huîtrier, vanneau.

CHARANÇON [ʃaʀɑ̃sɔ̃]. *n. m.* (1370 ; p.-ê. n. pr. gaul. *Carantos*). Insecte coléoptère nuisible. *Charancon du blé, du riz* (V. **Calandre** 1), *des plantes cultivées* (V. **Apion**), *des arbres fruitiers* (V. **Anthonome**), *du pin, du sapin.*

CHARANÇONNÉ, ÉE [ʃaʀɑ̃sɔne]. *adj.* (1843 ; de *charançon*). Attaqué par les charançons. *Blé charançonné.*

CHARBON [ʃaʀbɔ̃]. *n. m.* (XIIᵉ ; lat. *carbo, -onis*).
I. Matière où domine le carbone. ♦ 1° Combustible solide, noir, d'origine végétale. *Charbon de bois,* obtenu par la combustion lente et incomplète du bois. ◇ *Spécialt. Charbon de terre. Charbon minéral.* V. **Anthracite, houille, lignite.** *Exploitation du charbon.* V. **Charbonnage.** *Mine* de charbon. Lavage, criblage du charbon. Petits morceaux de charbon.* V. **Gailletin, grésillon.** *Poussière de charbon.* V. **Poussier.** *Charbon aggloméré.* V. **Boulet, briquette.** *Banne, soute à charbon. Relatif au charbon.* V. **Charbonnier ; charbonneux.** *Chauffage au charbon. Charbon activé* (préparé à partir de la tourbe). ♦ 2° *Un charbon* : morceau ou parcelle de charbon. *Viande grillée sur des charbons.* V. **Carbonade.** *Avoir un charbon dans l'œil.* Loc. fig. *Être sur des charbons ardents* : éprouver de l'anxiété, de l'embarras ou de l'impatience. *Marcher sur des charbons ardents* : se trouver dans une position délicate, périlleuse. ♦ 3° *Charbon animal* : produit de réduction par la chaleur des substances animales et qui est employé comme décolorant. V. **Noir** (animal). *Pastilles de charbon* : employées contre certains maux d'estomac. ♦ 4° *Fusain. Dessin au charbon.* ♦ 5° *Charbon actif* : charbon végétal, très poreux, utilisé pour ses propriétés d'absorption des gaz.
II. ♦ 1° *Méd.* Maladie infectieuse commune à l'homme et aux animaux provoquée par la *bactéridie charbonneuse. Charbon de l'homme.* V. **Pustule** (maligne). *Charbon contagieux du mouton, du porc.* ♦ 2° *Bot.* Nom courant des champignons parasites des plantes *(Ustilago)* qui ont l'aspect d'une poussière noire ; la maladie elle-même. V. **Anthracnose, carie, nielle, rouille.** *Charbon des graminées, du blé.*

CHARBONNAGE [ʃaʀbɔnaʒ]. *n. m.* (1794 ; autre sens, XIVᵉ ; de *charbon*). Exploitation de la houille. V. **Houillère.** — *Plur.* Mines de houille. *Les charbonnages du Nord.* V. **Mine.**

CHARBONNER [ʃaʀbɔne]. *v.* (XIIᵉ ; de *charbon*). ♦ 1° *V. tr.* Noircir avec du charbon. *Se charbonner le visage. Charbonner un mur* (d'inscriptions). ♦ 2° *V. intr.* Se réduire en charbon, sans flamber. *Mèche de lampe qui charbonne. Rôti qui charbonne* : se calcine. ◇ *Mar.* Se ravitailler en charbon. *Le navire charbonne.*

CHARBONNERIE [ʃaʀbɔnʀi]. *n. f.* (av. 1841 ; de *charbonnier*). Sous la Restauration, Société politique secrète (V. **Carbonaro**).

CHARBONNEUX, EUSE [ʃaʀbɔnø, øz]. *adj.* (1611 ; de *charbon*). ♦ 1° Qui a l'aspect du charbon ou qui est noir de charbon. ♦ 2° *Méd.* De la nature du charbon (II). *Tumeur, fièvre charbonneuse.* — *Mouche charbonneuse* : qui peut transmettre le charbon.

CHARBONNIER, IÈRE [ʃaʀbɔnje, jɛʀ]. *n. et adj.* (XIIᵉ ; bas lat. *carbonarius*). ♦ 1° Personne qui fait du charbon de bois *(vieilli)* ou qui vend du charbon. V. **Bougnat** (pop.). *Noir comme un charbonnier.* Loc. *La foi du charbonnier* : la croyance naïve de l'homme simple. *Charbonnier est maître dans sa maison* : chacun vit chez soi comme il l'entend. ♦ 2° *N. m.* Cargo destiné au transport du charbon en vrac. ♦ 3° *Adj.* Qui a rapport au commerce, à l'industrie du charbon. *Centres charbonniers. Industrie charbonnière.* V. **Houiller.**

CHARBONNIÈRE [ʃaʀbɔnjɛʀ]. *n. f.* (1611 ; de *charbonnier*). ♦ 1° Lieu où l'on fait du charbon de bois. *Meules d'une charbonnière.* ♦ 2° Mésange à tête noire.

CHARCUTER [ʃaʀkyte]. *v. tr.* (XVIᵉ « découper de la viande » ; de *charcutier*). *Fam.* (XIXᵉ). Opérer maladroitement (un malade). *Le mauvais chirurgien qui l'a charcuté.* V. **Taillader.** « *Un des malades a tenté de s'opérer lui-même et s'est terriblement charcuté* » (GIDE).

CHARCUTERIE [ʃaʀkytʀi]. *n. f.* (XVIᵉ ; de *charcutier*). ♦ 1° Industrie et commerce de la viande de porc, des préparations à base de porc. ♦ 2° Spécialités à base de viande de porc. V. **Cochonnaille ; andouille, andouillette, bacon, boudin, cervelas, crépinette, fromage** (de tête), **galantine, jambon, jambonneau, lard, mortadelle, museau, panne, pâté, pieds** (de porc), **rillettes, salé** (petit), **saucisse, saucisson.** *Se nourrir de charcuterie, de charcuteries. Charcuterie italienne.* ♦ 3° Boutique de charcutier.

CHARCUTIER, IÈRE [ʃaʀkytje, jɛʀ]. *n.* (*Chaircuitier,* 1464 ; de *chair,* et *cuit*). ♦ 1° Personne qui apprête et qui vend du porc frais, de la charcuterie (et divers plats, conserves). *Les préparations du charcutier.* V. **Charcuterie** (1°). *Un garcon charcutier.* ♦ 2° **Fam.** Chirurgien maladroit. V. **Boucher.**

CHARDON [ʃaʀdɔ̃]. *n. m.* (déb. XIIᵉ; bas lat. *cardo, cardonem.* V. **Cardon**). ♦ 1° Plante à feuilles et bractées épineuses *(Composacées). Chardon laineux, acaule; d'Angleterre; des champs. Le chardon Notre-Dame ou chardon argenté. Les têtes* (capitules) *du charbon à foulon étaient employées pour carder le drap.* V. **Cardère.** *Nettoyer un champ de ses chardons.* — Fig. *Hérissé comme un chardon.* Iron. *Aimable comme un chardon.* ♦ 2° Surnom de différentes plantes dont l'aspect rappelle celui du chardon. *Chardon étoilé* : centaurée. — *Chardon-Roland.* V. **Panicaut.** ♦ 3° Par anal. Pointes de fer destinées à empêcher l'escalade des murs et des grilles.

CHARDONNERET [ʃaʀdɔnʀɛ]. *n. m.* (XV-XVIᵉ, de *chardon,* le *chardonneret* étant friand de graines de *chardon*). Oiseau chanteur, au plumage coloré. Principales espèces : *chardonneret élégant* (dit cardinalin), tarin, *chardonneret citrinelle,* linotte, sizerin.

CHARENTAIS, AISE [ʃaʀɑ̃tɛ, ɛz]. *adj. et n.* (XIXᵉ; de *Charente*). Des Charentes. — CHARENTAISE *n. f.* Sorte de pantoufle. « *Elle redescendait sur la pointe de ses charentaises...* » (BAZIN).

CHARGE [ʃaʀʒ(ə)]. *n. f.* (XIIᵉ; de *charger*).
I. ♦ 1° Ce qui pèse sur ; ce que porte ou peut porter un animal, un véhicule, un bâtiment. V. **Faix, fardeau, poids.** *Lourde charge.* « *Les charges laissées aux femmes par nos porteurs sont de beaucoup les plus lourdes* » (GIDE). *Porter une charge sur les épaules, à bras. Donner une charge excessive.* V. **Surcharger.** *Bête de charge.* V. **Somme.** *Charge d'une charrette* (charretée), *d'un wagon. Charge utile d'un véhicule.* — *Prendre en charge un passager dans un véhicule. Démarrer en charge* : en étant chargé. ◊ Mar. (1380) *Charge d'un navire.* V. **Cargaison.** *Capacité de charge d'un navire ou Port* en lourd. Rompre charge* : décharger des marchandises. V. **Transborder.** *Tirant d'eau en charge. Ligne de charge.* V. **Flottaison.** — (1690) Action de charger un navire. V. **Chargement.** *Sabord de charge.* ♦ 2° Techn. Poussée. Pilier, contrefort supportant une charge. — *Charge admissible, de sécurité. Charge de rupture. Charge limite d'élasticité. Charge d'eau* : hauteur de la colonne d'eau au-dessus d'un point. V. **Pression.** ♦ 3° (XVIᵉ). Spécialt. Quantité de poudre, projectiles, que l'on met dans une arme à feu, une mine. V. **Bourre, cartouche, poudre.** *La charge d'un fusil, d'un canon.* — *Charge d'explosifs. Charge creuse* : masse d'explosifs évidée en forme cavité conique, augmentant la force de pénétration dans un blindage. — Par ext. Action de charger une arme à feu. *Charge en douze temps des anciennes armes.* ♦ 4° (1740). mesure. *Charge de bois.* — Métall. Quantité de combustible et de minerai que l'on met à la fois dans un fourneau. ♦ 5° (1832). Quantité d'électricité. V. **Potentiel.** *Charge d'un condensateur. Charge d'espace,* répartie sur une portion de l'espace. — Action d'accumuler l'électricité. *La charge d'une batterie d'accumulateurs. Courant de charge.* ♦ 6° Techn. Substance ajoutée à une matière souple (papier, plastique) pour lui donner du corps. ♦ 7° Géogr. Matériaux en dissolution ou en suspension dans un cours d'eau. ♦ 8° (Fig. de l'électr.). *Charge affective* : possibilité de susciter des réactions affectives. ♦ 9° *Charge* (*alaire*), poids supporté par l'unité de surface d'une aile d'avion. *Facteur de charge.*
II. (Abstrait). Ce qui pèse sur qqn, sur qqch. ♦ 1° (XIIIᵉ). Ce qui cause de l'embarras, de la peine. V. **Gêne, incommodité, servitude.** *Ce travail n'est pas une charge pour moi. Être à charge à qqn.* V. **Gêner, incommoder.** *La vie lui est à charge.* ♦ 2° (XIIIᵉ). Ce qui met dans la nécessité de faire des frais, des dépenses, d'engager des travaux. — Volume d'activités fixées à ces travaux. *Plan de charge.* V. **Obligation.** *Charges de famille. Personne à la charge de qqn,* nourrie par lui. *Les frais, les dépenses sont à sa charge.* Spécialt. *Le loyer comprend les charges* (d'entretien de l'immeuble, de chauffage). — *Les charges de l'État* : sa dette, ses dépenses. — Dr. Obligation résultant d'un contrat. *Cahier des charges.* — Droit réel couvrant un immeuble. V. **Hypothèque, servitude.** — Obligation imposée à celui qui reçoit une libéralité. *Donation avec charges.* — Impôt. V. **Imposition, prestation, redevance.** *Charges du mariage. Charge foncière. Supporter de lourdes charges. Charges sociales,* imposées par l'État. ♦ 3° Fig. À la charge de (vx), à charge de, à condition de. Mod. *À charge de revanche.* ♦ 4° (XVIᵉ) V. **Dignité, emploi, fonction, ministère, office, place, poste.** *Les devoirs de sa charge. Charge d'officier ministériel. Charge d'avoué, de notaire* (ou *notariale*), *de greffier. Occuper une charge. Vacance, intérim d'une charge.* — Sous l'Ancien Régime. *Vénalité des charges. Charge ne demandant aucun travail.* V. **Sinécure.** ◊ (1802) V. **Responsabilité.** *Toute la charge en retombe sur moi. Avoir charge d'âme* : la responsabilité morale de qqn. « *La société a charge d'âme, elle a des devoirs*

envers l'individu » (RENAN). *Prendre en charge* : sous sa responsabilité. « *Le chef est celui qui prend tout en charge* » (ST-EXUP.). ◊ Fonction que l'on donne à accomplir. V. **Attribution, commission, mandat, mission, ordre.** *On lui a donné charge de.* V. **Charger.** *Il a charge de faire ceci. S'acquitter de sa charge.* — *Femme de charge,* à qui l'on confie les gros travaux de la maison. V. **Domestique; ménage** (femme de). ♦ 5° Fait qui pèse sur la situation d'un accusé. V. **Accusation, indice, présomption, preuve.** *Ceci constitue une charge contre le prévenu. Examiner les charges portées, produites contre un accusé.* « *Si grandes que soient les charges qui pèsent sur Robert Greslou, elles reposent sur des hypothèses* » (BOURGET). *Témoin à charge,* qui accuse. ♦ 6° (1680). Ce qui outre le caractère de qqn pour le rendre ridicule. V. **Caricature, imitation.** *Portrait en charge. Charge féroce, comique, réussie.* — Exagération comique. *Jouer un rôle en charge. Cette farce est une charge burlesque.* — Par ext. Genre littéraire ou artistique caractérisé par l'outrance. *La comédie* « *tient toujours plus ou moins de la charge et de la bouffonnerie* » (VIGNY).
III. (1546). Attaque impétueuse d'une troupe. V. **Assaut, attaque.** *Charge de cavalerie. Charge à la baïonnette.* « *Les manifestants s'étaient vus refoulés par les charges brutales de la police* » (MART. DU G.). *À la charge! Sonner, battre la charge.* ◊ Loc. fig. (1690) *Revenir, retourner à la charge* : insister dans ses démarches, ses prières.
◊ ANT. **Allégement.** **Décharge.**

CHARGÉ, ÉE [ʃaʀʒe]. *adj. et n. m.* (V. **Charger**). ♦ 1° Qui porte une charge. *Un livreur chargé de paquets.* Fam. *Je suis chargé comme un mulet.* ♦ 2° Spécialt. *Fusil chargé. Attention! il est chargé.* — *Lettre chargée* : qui contient des valeurs. ♦ 3° Méd. Alourdi, embarrassé. *Avoir l'estomac chargé. La langue chargée,* blanche. ♦ 4° Fig. « *Sa main courte et chargée de bagues* » (FRANCE). « *Les nuages chargés de neige que roulait le ciel* » (BARRÈS). « *Cette confiance chargée d'espoir* » (MONTHERLANT). V. **Plein, rempli.** Loc. *Être chargé d'ans,* vieux ; *chargé d'honneurs,* honoré, célèbre. — *Décoration, style chargé* : lourd, trop orné. ♦ 5° Responsable. *Chargé de famille. Chargé d'une fonction.* « *Chargé de mission, je... suis dès à présent un personnage officiel* » (GIDE). ◊ N. m. CHARGÉ D'AFFAIRES : agent diplomatique, représentant accrédité d'un État. *Le chargé d'affaires, dans la hiérarchie diplomatique, vient après les ambassadeurs, les ministres plénipotentiaires, les ministres résidents.* — CHARGÉ DE COURS : professeur délégué de l'enseignement supérieur.

CHARGEMENT [ʃaʀʒəmɑ̃]. *n. m.* (1250; de *charger*). ♦ 1° Action de charger un animal, une voiture, un navire. *Chargement d'un mulet, d'un camion, d'un wagon. Navire en chargement.* V. **Charge** (1°). *Chargement et arrimage des marchandises. Plate-forme de chargement.* V. **Appontement.** *Appareil de chargement.* V. **Chèvre, grue, palan, treuil; levage, manutention.** *Chargement à la pelle.* ◊ Par ext. Marchandises chargées. V. **Cargaison, charge.** *Chargement trop lourd, mal arrimé.* ♦ 2° Remise à l'administration des postes d'un pli cacheté, en déclarant les valeurs qu'il contient. — *Paquet ainsi remis. Bureau des chargements.* ♦ 3° Action de charger, de garnir un four, une arme à feu, un appareil photographique. V. **Garnissage, remplissage.** ◊ ANT. **Déchargement.**

CHARGER [ʃaʀʒe]. *v. tr.; conjug. bouger* (*Chargier,* en 1080; lat. pop. °*carricare,* de *carrus* « char »). Garnir d'une charge. Effectuer une charge.
I. ♦ 1° Mettre sur (un homme, un animal, un véhicule, un bâtiment), un certain poids d'objets à transporter. *Charger un porteur, un cheval, une charrette. Charger un navire* (V. **Fréter; arrimer**). *Charger de lest.* V. **Lester.** *On le chargea de paquets. Charger à l'excès.* V. **Accabler, surcharger.** — Par ext. *Charger une lettre* : y enfermer des valeurs et, par suite, l'affranchir de manière spéciale. ♦ 2° Placer, disposer pour être porté. V. **Mettre, placer.** *Charger une valise sur son épaule.* V. **Porter.** *Charger du charbon sur une péniche.* ◊ Absolt. Prendre (une charge). « *Un brick qui chargeait pour les îles du Levant des jarres de terre cuite* » (LOTI). — Fam. *Taxi qui charge un client* : le fait monter, le prend. ♦ 3° (1564). Mettre dans (une arme à feu) ce qui est nécessaire au tir. *Charger un fusil, un revolver. Charger un canon jusqu'à la gueule.* Absolt. *Charger à balles, à mitraille.* — Garnir (qqch.) d'un poids, d'une quantité déterminée. V. **Garnir, remplir.** *Charger une bobine de fil. Charger un fourneau, un poêle de combustible. Charger une caméra* (V. **Recharger**). — Techn. *Charger une cuve à teinture de colorants. Charger un pinceau de couleur.* ♦ 4° Phys. (1832). Accumuler de l'électricité dans. *Charger une batterie d'accumulateurs.* ♦ 5° CHARGER DE : mettre sous le poids de (la charge). V. **Accabler, couvrir, recouvrir; emplir.** *Charger une table de mets. Charger ses mains de bagues. Charger de chaînes* (V. **Enchaîner**). Fig. *Charger son style de métaphores. Charger un ouvrage de citations.* ♦ 6° (Choses). Constituer une

charge; peser sur. *La retombée de la voûte charge trop ce pilier.*
II. *(Abstrait).* ♦ 1° (XIIe). CHARGER (qqch., qqn) DE..., faire porter à. *Charger le peuple de taxes, d'impôts.* V.**Écraser, grever, imposer.** — *Ce « bouc émissaire qu'on chargeait de tous les péchés d'Israël »* (DANIEL-ROPS). V. **Accuser, imputer (à), taxer.** — *Charger sa mémoire de détails.* V. **Encombrer, remplir, surcharger.** — *Vx.* V. **Aggraver, augmenter.** *« Sans le charger encor* (mon courroux) *d'une nouvelle offense »* (MOL.). ◊ (1538) Revêtir d'une fonction, d'un office. V. **Charge; commettre, déléguer, préposer (à).** *On l'a chargé de faire le compte rendu de la séance. Charger un avocat de la défense. Il fut chargé de les surveiller, de leur surveillance. « Je suis encore chargé de grands et lourds devoirs »* (DUHAM.). SE CHARGER DE : s'occuper de... en prenant la responsabilité. V. **Assumer, endosser.** *Je me charge de tout, je m'en charge. Je me charge de lui, de m'occuper de lui.* V. **Occuper (s').** ♦ 2° CHARGER (QQN). *Dr.* Aggraver les chefs d'accusation, apporter des preuves ou des indices de sa culpabilité. V. **Déposer (contre qqn).** — *Par ext.* V. **Calomnier, noircir.** *« Chargez-le comme il faut, et rendez les choses bien criminelles »* (MOL.). ♦ 3° Exagérer (les défauts, les traits saillants) afin de rendre ridicule ou odieux. V. **Caricaturer.** — Faire qqch. avec exagération, en matière artistique. V. **Forcer, outrer.** *« Un comique outre sur la scène ses personnages; un poète charge ses descriptions »* (LA BRUY.).
III. (« Attaquer », battre », XVIe). Attaquer avec impétuosité, par une charge (III). *Charger l'ennemi.* Absolt. *Chargez! « Une fois que vous aurez fait la brèche, on charge »* (DORGELÈS).
◊ ANT. **Décharger. Alléger. Excuser.**

CHARGEUR [ʃaʁʒœʁ]. *n. m.* (1332; de *charger*). ♦ 1° Celui qui charge des marchandises. *Vx. Chargeur de bois, de charbon.* V. **Docker, manutentionnaire.** — *Mar.* Négociant qui possède partiellement la cargaison. V. **Affréteur.** ♦ 2° Celui qui charge une arme à feu, un canon. *Le chargeur et les pourvoyeurs d'une mitrailleuse.* ♦ 3° Dispositif permettant d'introduire plusieurs cartouches dans le magasin d'une arme à répétition. *Chargeur de mitraillette. Bande-chargeur de mitrailleuse. Vider plusieurs chargeurs en tirant.* ◊ *Techn.* Appareil, dispositif servant à charger (un four, une batterie d'accumulateurs, etc.) ♦ 4° Magasin à pellicule d'un appareil de photo ou d'une caméra.

CHARGEUSE [ʃaʁʒøz]. *n. f.* (de *charger*). *Techn.* Appareil de manutention destiné à charger les véhicules de transport. V. **Loader** (anglicisme).

CHARIOT [ʃaʁjo]. *n. m.* (*Cheriot*, 1268; de *charrier*). ♦ 1° Voiture à quatre roues pour le transport des fardeaux. *Chariot de ferme.* V. **Char, charrette, guimbarde.** *Chariot de foin, de fourrage. Chariot à petites roues.* V. **Berline, camion, fardier, truck.** *Transport par chariot.* V. **Charroi.** ◊ *Mod.* Appareil de manutention. V. **Diable.** *Chariot à bagages; chariot automoteur, élévateur.* ♦ 2° *Chariot d'enfant :* appareil roulant pour soutenir les enfants qui commencent à marcher. *Chariot alsacien :* berceau sur roulettes. — *Chariot à desserte, chariot à liqueurs :* table roulante. ♦ 3° *Techn.* Pièce d'une machine qui transporte, déplace une charge. *Chariot de métier à tisser, de machine à écrire. Chariot de machine-outil. Tour à chariot.*

CHARIOTAGE [ʃaʁjotaʒ]. *n. m.* (1611; de *chariot*). *Techn.* Travail sur tour à chariot; cylindrage.

CHARISMATIQUE [kaʁismatik]. *adj.* (de *charisme*). *Didact.* Qui tient du charisme (1° ou 2°).

CHARISME [kaʁism(ə)]. *n. m.* (1909; gr. *charisma* « grâce, faveur »). ♦ 1° *Théol.* Don particulier conféré par grâce divine. *« Charismes et visions des grands mystiques »* (DANIEL-ROPS). ♦ 2° *Didact.* Influence suscitée par une personnalité exceptionnelle (en politique, etc.).

CHARITABLE [ʃaʁitabl(ə)]. *adj.* (fin XIIe; de *charité*). ♦ 1° Qui a de la charité pour son prochain; est doux, indulgent. *Une âme charitable. Vous n'êtes pas très charitable envers lui.* ♦ 2° *Par ext.* Inspiré par charité. *Avis, conseil charitable* (souvent *iron*). ◊ ANT. **Avare, dur, égoïste, inhumain.**

CHARITABLEMENT [ʃaʁitabləmɑ̃]. *adv.* (XIIIe; de *charitable*). D'une manière charitable. *Iron. Je vous avertis charitablement que je vais porter plainte.*

CHARITÉ [ʃaʁite]. *n. f.* (X^e; lat. ecclés. *caritas*, de *carus* « cher »). ♦ 1° *Relig. chrét.* Vertu théologale qui consiste dans l'amour de Dieu et du prochain en vue de Dieu. V. **Amour.** *La charité chrétienne. « La charité servait Dieu au travers de l'individu. Elle était due à Dieu »* (ST-EXUP.). ♦ 2° *Didact.* Amour du prochain. V. **Altruisme, bien, bienfaisance, complaisance, fraternité, humanité, indulgence, miséricorde, philanthropie.** *Dévouement plein de charité. « Un grand mouvement de pleine charité qui aurait lavé son cœur »* (PROUST). PROV. *Charité bien ordonnée commence par soi-même.* ♦ 3° *Cour.* Bienfait envers les pauvres. V. **Assistance, bienfaisance, secours.** *Faire la charité.* V. **Aumône,**

obole, offrande. *Mendiant qui demande la charité. Dames de charité :* qui concourent au soulagement des pauvres. *Filles de la charité :* ordre de religieuses fondé par saint Vincent de Paul. *Sœurs, frères de la Charité. Œuvres, vente de charité.* — *La Charité,* Hôpital à Paris, à Lyon. ♦ 4° *Par ext.* V. **Bonté, complaisance, condescendance.** *Faites-moi la charité de m'écouter.* ◊ ANT. **Avarice, cupidité, dureté, égoïsme, misanthropie.**

CHARIVARI [ʃaʁivaʁi]. *n. m.* (*Chalivali,* XIVe; onomat. ou lat. *caribaria* « mal de tête », du gr.). ♦ 1° Bruit discordant, accompagné de cris, de huées. *« C'était alors un charivari, pareil à celui que l'on fait, le soir de leurs noces, aux veuves qui se remarient »* (BARRÈS). ♦ 2° Grand bruit. *Tapage, tumulte, vacarme. « Un charivari de verres cassés et de bouteilles culbutées »* (COURTELINE).

CHARLATAN [ʃaʁlatɑ̃]. *n. m.* (1543; it. *ciarlatano,* de *ciarlare* « parler avec emphase »). ♦ 1° *Ancienn.* Vendeur ambulant qui débite des drogues, arrache les dents, sur les places et dans les foires. *Remède de charlatan.* V. **Orviétan, poudre** (de perlimpinpin). — *Mod.* Guérisseur qui prétend posséder des secrets merveilleux. V. **Empirique, rebouteux.** — Mauvais médecin, imposteur. ♦ 2° Celui qui exploite la crédulité publique, qui recherche la notoriété par des promesses, des grands discours. V. **Escroc, hâbleur, imposteur, menteur.** *Un charlatan politique.* V. **Démagogue.** *« Dans un monde où chacun triche, c'est l'homme vrai qui fait figure de charlatan »* (GIDE).

CHARLATANERIE [ʃaʁlatanʁi]. *n. f.* (1575; de *charlatan*). *Vieilli.* Attitude, façon d'agir, propos d'un charlatan. *« Il n'avait encore aucune charlatanerie dans le regard »* (CHATEAUB.).

CHARLATANESQUE [ʃaʁlatanɛsk(ə)]. *adj.* (1836; de *charlatan*). De charlatan.

CHARLATANISME [ʃaʁlatanism(ə)]. *n. m.* (1750; de *charlatan*). Caractère, comportement du charlatan. V. **Cabotinage, forfanterie, hâblerie.** *« Les récompenses de la vie vont de préférence à l'intrigue, à la vulgarité, au charlatanisme qui cultive l'art de la réclame »* (RENAN).

CHARLEMAGNE [ʃaʁləmaɲ]. *n. m.* (1826; nom du roi de cœur, aux cartes). Loc. *Faire charlemagne :* se retirer du jeu après avoir gagné.

CHARLESTON [ʃaʁlɛstɔn]. *n. m.* (1923; de *Charleston,* ville de la Caroline du Sud). Danse des Noirs des États-Unis, à la mode en Europe v. 1920-25, où l'on agite les jambes sur le côté en serrant les genoux.

CHARLOTTE [ʃaʁlɔt]. *n. f.* (1804; n. pr.).
I. Variété d'entremets à base de fruits, de biscuits et de crèmes aromatisées. *Charlotte aux pommes, aux amandes. Charlotte suisse au café, au chocolat.*
II. Coiffure de femme à bord froncé, garnie de rubans et de dentelles.

CHARMANT, ANTE [ʃaʁmɑ̃, ɑ̃t]. *adj.* (1550, « qui exerce un charme, ensorcelle »; de *charmer*). ♦ 1° (XVIIe). Qui a un grand charme. V. **Séduisant; charmeur.** *Le prince charmant des contes de fées.* ♦ 2° *Cour.* Qui est très agréable (à regarder, à fréquenter). V. **Délicieux, ravissant; joli, gracieux.** *Votre robe est charmante.* — (Personnes) *Un enfant, une jeune fille charmante. Il a été tout à fait charmant avec ses invités.* V. **Amène.** — *Un livre, un récit charmant.* V. **Enchanteur, intéressant, piquant.** *Une soirée charmante. Iron.* Désagréable. *Charmante soirée! Il a plu pendant toutes nos vacances : c'était charmant !* (Cf. Gai). ◊ ANT. **Déplaisant, désagréable, ennuyeux, laid, maussade, rebutant, repoussant.**

1. CHARME [ʃaʁm(ə)]. *n. m.* (1175; lat. *carpinus*). Arbre ou arbrisseau *(Bétulacées),* à bois blanc, dur, à grain fin. *Allée, berceau de charmes.* V. **Charmille.**

2. CHARME [ʃaʁm(ə)]. *n. m.* (XIIe, « formule magique »; lat. *carmen* « chant magique »). ♦ 1° *Vx* ou *loc.* C'est supposé exercer une action magique. V. **Enchantement, ensorcellement, envoûtement, illusion, magnétisme, prestige, sortilège.** *Exercer, jeter un charme. Mettre, tenir qqn sous le charme. Rompre un charme.* Fig. *Le charme est rompu :* l'illusion cesse. — *Par ext.* Moyen magique. V. **Philtre, pouvoir.** *Porter un charme sur soi.* — *Fam. Se porter comme un charme :* jouir d'une santé robuste, comme par l'effet d'un charme. ♦ 2° Qualité de ce qui attire, plaît; effet qu'une telle qualité produit sur qqn. V. **Agrément, attrait, intérêt, plaisir, séduction.** *Charme irrésistible, secret, indéfinissable d'une musique. « Cette campagne et ces vieux bois, qui ont leur charme à eux, charme du passé »* (LOTI). *« Le charme capiteux de ce jeune corps »* (MART. du G.). *Le charme de la nouveauté.* ◊ Aspect agréable, charmant de qqch. *Cela a son charme. C'est ce qui en fait le charme.* — *Avoir du charme :* être attirant, sans qu'on puisse dire pourquoi. *Un charme indéfinissable.* ♦ 3° *Manières séductrices. Faire du charme :* essayer de plaire. — DE CHARME, qui est censé charmer, séduire. *Chanteur de charme. Détective de charme.* ♦ 4° (1694). *Les charmes d'une femme :* ce qui fait sa beauté plastique. V. **Appas, attrait; beauté.** *« Elle pleure en secret le* *mépris de ses charmes* » (RAC.). ◇ ANT. *Malédiction; laideur, horreur, monstruosité.*

CHARMER [ʃaʀme]. *v. tr.* (mil. XIIᵉ; bas lat. *carminare*). ♦ 1° *Vx.* Exercer une action magique, un charme sur. V. **Enchanter, ensorceler.** *Charmer un serpent* (V. **Charmeur**). ♦ 2° (1636). *Littér.* Faire céder à une influence magique. *Charmer une douleur, une peine.* V. **Adoucir, apaiser, consoler.** « *Je charmerai ta peine en attendant le jour* » (LAMART.). ♦ 3° *Mod.* (XVIIᵉ). Captiver par un attrait puissant; plaire par son charme. V. **Attirer, enjôler, ravir, séduire.** « *Il n'a pas cette espèce d'intérêt qui passionne, ou qui charme, ou qui émeut agréablement* » (MAUPASS.). *Ce livre, ce spectacle nous a charmés.* V. **Captiver, délecter, enthousiasmer, transporter.** « *Mⁱˡᵉ Rachel a su charmer le public* » (STENDHAL). ♦ 4° *(Temps comp. et p. p.).* Politesse. *Être charmé :* avoir du plaisir. V. **Enchanté, ravi.** *C'est été charmé de vous voir, de votre visite. Votre invitation m'a charmé.* ◇ ANT. *Attrister, déplaire, mécontenter, offenser, répugner.*

CHARMEUR, EUSE [ʃaʀmœʀ, øz]. *n.* (*Charmeor*, XIIIᵉ; de *charmer*). ♦ 1° *Vx.* Personne qui exerce une influence magique. V. **Ensorceleur, magicien.** — *Mod. Charmeur, charmeuse de serpent.* V. **Psylle.** ♦ 2° Personne qui plaît, qui séduit les gens (souv. V. **Séducteur.** *C'est un grand charmeur* (souvent *iron.*). Adj. « *Elle souriait d'un air charmeur* » (SARTRE). ♦ 3° *N. f. pl.* Arg. vieilli. *Les charmeuses :* les moustaches.

CHARMILLE [ʃaʀmij]. *n. f.* (1690; de *charme* 1). ♦ 1° Plant de petits charmes. ♦ 2° Allée, haie de charmes. *Planter, tailler une charmille.* — *Par ext.* Berceau de verdure. « *Allons sous la charmille où l'églantier fleurit* » (HUGO).

CHARNEL, ELLE [ʃaʀnɛl]. *adj.* (XIᵉ; lat. *carnalis*, de *caro, carnis* « chair »). ♦ 1° Qui relève de la nature animale, de la chair (*opposé à* l'esprit), qui a trait aux choses du corps. V. **Corporel, naturel.** *Un être charnel,* de chair et de sang. — *Par ext.* Du domaine de la matière. V. **Matériel, sensible, tangible.** *Les biens charnels :* de la terre. V. **Temporel, terrestre.** ♦ 2° Relatif à la chair, aux instincts des sens (*spécialt.* à l'instinct sexuel). V. **Animal, impur, lascif, libidineux, lubrique, luxurieux, sensuel.** *Passions, désirs, appétits, instinct, amour charnels. Acte charnel, union charnelle* (V. **Sexuel**). ◇ ANT. *Idéal, spirituel; platonique, pur.*

CHARNELLEMENT [ʃaʀnɛlmɑ̃]. *adv.* (XIIᵉ; de *charnel*). D'une manière charnelle, selon la chair. *Connaître charnellement :* avoir des rapports sexuels avec.

CHARNIER [ʃaʀnje]. *n. m.* (1080; lat. *carnarium* « lieu où l'on conserve la viande », de *caro, carnis*. V. **Chair**). ♦ 1° Lieu où l'on déposait les ossements des morts. V. **Ossuaire.** ♦ 2° (XIXᵉ). Tout lieu où sont entassés des cadavres. *Les charniers des camps de concentration.* « *Voilà le jour qui luit Sur ces grands charniers de l'histoire* » (HUGO).

CHARNIÈRE [ʃaʀnjɛʀ]. *n. f.* (XIIᵉ; lat. pop. *cardinaria*, lat. *cardo* « gond »). ♦ 1° Attache articulée composée de deux pièces métalliques enclavées l'une dans l'autre et réunies par un axe commun autour duquel l'une d'elles au moins peut tourner librement. *Charnière de portes et de fenêtres.* V. **Gond, penture.** ♦ 2° *Charnière d'une coquille :* muscle de jonction des deux valves. ♦ 3° Bande de papier collant pliée (pour les timbres-poste). ♦ 4° *Fig. Milit.* Point du front où s'articulent deux éléments d'un système stratégique. — *Fig.* Point de jonction. V. **Articulation.** *Être à la charnière de deux époques.*

CHARNU, UE [ʃaʀny]. *adj.* (1256; lat. pop. *carnatus*, de *caro, carnis* « chair »). ♦ 1° Formé de chair. *Les parties charnues du corps.* ♦ 2° Bien fourni de chair (muscles). *Lèvres charnues.* ♦ 3° Feuille charnue, qui a la consistance de la chair. *Fruit charnu :* dont la pulpe est épaisse. ◇ ANT. *Osseux; décharné, sec.*

CHAROGNARD [ʃaʀɔɲaʀ]. *n. m.* (déb. XIXᵉ; de *charogne*). ♦ 1° Vautour. « *Des terrains vagues que hantent des hordes de charognards* » (GIDE). ♦ 2° Exploiteur impitoyable des malheurs des autres (T. d'injure).

CHAROGNE [ʃaʀɔɲ]. *n. f.* (fin XIIᵉ; lat. pop. *caronia*, de *caro* « chair »). ♦ 1° Corps de bête morte en putréfaction. *Charogne puante. Insecte qui dépose ses œufs sur les charognes.* V. **Nécrophore.** *Cadavre humain. Une charogne,* poème de Baudelaire. ♦ 2° *Pop.* T. d'injure. V. **Crapule, saleté.** « *Se faire traiter de charogne* » (COURTELINE).

CHARPENTAGE [ʃaʀpɑ̃taʒ]. *n. m.* (XXᵉ; de *charpenter*). Travail de la charpente (maison; navire).

CHARPENTE [ʃaʀpɑ̃t]. *n. f.* (v. 1585; de *charpenter*). ♦ 1° Assemblage de pièces de bois ou de fer constituant l'ossature, le bâti d'une construction. *Charpente de soutien.* V. **Armature, bâti, carcasse, châssis.** *Charpente provisoire* (V. **Boisage, échafaudage**). *Charpente de bois. Bois de charpente* (châtaignier, chêne, orme, pin, sapin). *Charpente métallique. La charpente d'un toit* (V. **Comble**). *D'une maison, d'un navire, d'un pont. Ouvrage de charpente. Pièces de charpente* (termes de charpentier) : V. **Arbalétrier, arc-boutant, arêtier, assemblage, bâtardeau, beffroi, cage, cale, chanlatte, chantier, chantignole, châssis, chéneau, chevron,** cintre, colombage, contre-fiche, contreventement, corbeau, corniche, cornier (poteau), croisillon, décharge, doubleau, drome, enrayure, entrait, entremise, entretoise, épi, équerre, étai, étrésillon, étrier, faîtage, faîteau, ferme, gable, happe, jambe (de force), jumelle, lambourde, latte, limande, linçoir, linteau, longeron, longrine, moise, montant, noue, noulet, pan, panne, patin, pilier, planche, plancher, plançon, plantage, poinçon, portée (de poutre), poteau, potence, poutrage, poutre, pylône, radier, sablière, semelle, sole, solive, sommier, sous-faîte, support, tasseau, tirant, tournisse, travée, traverse, ventrière. ♦ 2° *Par anal. La charpente du corps humain.* V. **Architecture, carcasse, ossature, squelette.** *Avoir une solide charpente* (être bien charpenté). — *La charpente d'une feuille.* V. **Nervure.** ♦ 3° Plan, structure d'un ouvrage littéraire. *La charpente d'une pièce de théâtre, d'un roman.* V. **Structure.**

CHARPENTER [ʃaʀpɑ̃te]. *v. tr.* (1175; lat. pop. *carpentare*, de *carpentum* « char à deux roues »). ♦ 1° Tailler (des pièces de bois) pour une charpente. V. **Dégauchir, équarrir, menuiser, tailler.** *Charpenter une poutre.* ♦ 2° *Fig.* Façonner, construire (un discours, une œuvre littéraire). *Charpenter habilement son discours. Pièce bien charpentée,* bien construite. *Être solidement charpenté,* constitué. V. **Bâti.**

CHARPENTERIE [ʃaʀpɑ̃tʀi]. *n. f.* (fin XIIᵉ; de *charpenter*). ♦ 1° Technique des charpentes de bois. V. **Menuiserie.** ♦ 2° Chantier de charpente.

CHARPENTIER [ʃaʀpɑ̃tje]. *n. m.* (XIIᵉ; lat. °*carpentarius* « charron ». V. **Charpenter**). Celui qui fait des travaux de charpente. V. **Menuisier.** « *Mais là-bas dans l'immense chantier... En bras de chemise, les charpentiers déjà s'agitent* » (RIMBAUD). *Outillage de charpentier :* bec-d'âne, ciseau (2°), équerre, herminette, etc.

CHARPIE [ʃaʀpi]. *n. f.* (1393; a. fr. *charpir* « déchirer », puis « tailler le bois »; lat. pop. °*carpire*, de *carpere* « cueillir »). ♦ 1° *Anciennt.* Amas de fils tirés de vieille toile (remplacée par le coton, la gaze), servant à faire des pansements. *Faire de la charpie pour les soldats.* ♦ 2° *Fig.* Mettre une chose en charpie : la déchirer en menus morceaux. *Viande réduite en charpie :* trop cuite, en bouillie. Par ext. *Mettre qqn en charpie.* V. **Écharper.**

CHARRE. V. CHAR 2.

CHARRÉE [ʃaʀe]. *n. f.* (*Carrée*, XIIIᵉ; p.-ê. bas. lat. *cathara*). *Vx.* Cendre de bois (pour la lessive). — Résidu de soude broyée.

CHARRETÉE [ʃaʀte]. *n. f.* (fin XIᵉ; de *charrette*). Ce que contient une charrette. *Une charretée de foin, de paille, de bois.*

CHARRETIER, IÈRE [ʃaʀtje, jɛʀ]. *n. et adj.* (1175; de *charrette*). ♦ 1° Conducteur de charrette. *Cris de charretier.* V. **Hue; dia.** *Jurer comme un charretier :* jurer grossièrement. ♦ 2° *Adj.* Pour les charrettes. *Chemin charretier. Porte charretière :* qui permet le passage d'une charrette.

CHARRETON, CHARRETIN [ʃaʀtɔ̃, ʃaʀtɛ̃]. *n. m.* (1175,-1365; de *charrette*). ♦ 1° Petite charrette sans ridelles. ♦ 2° Voiture à bras.

CHARRETTE [ʃaʀɛt]. *n. f.* (1080; de *char*). ♦ 1° Voiture à deux roues, à limons, à ridelles, servant à transporter des fardeaux. V. **Carriole, char, gerbière, haquet, tombereau.** *Atteler, conduire, mener une charrette.* V. **Charrier; charretier.** *Fabricant de charrettes.* V. **Charron.** *Charrette des condamnés :* qui servait à conduire les condamnés à la guillotine pendant la Terreur. ♦ 2° *Charrette à bras :* petite charrette à brancards tirée par un ou deux hommes. ♦ 3° *Charrette anglaise :* voiture légère à deux ou quatre places et généralement à deux roues. ♦ 4° *Fig. C'est la cinquième roue de la charrette,* c'est une personne qui ne compte pas, dont le rôle est insignifiant.

CHARRIABLE [ʃaʀjabl(ə)]. *adj.* (v. 1600, repris 1867; « carrossable », XIVᵉ; de *charrier*). Qui peut être charrié.

CHARRIAGE [ʃaʀjaʒ]. *n. m.* (fin XVIIᵉ; de *charrier*). ♦ 1° Action de charrier. ♦ 2° (1905). *Géol.* Déplacement des terrains sous l'effet d'une poussée latérale. *Nappe* de charriage.*

CHARRIER [ʃaʀje]. *v. tr.* (1080; de *char*). ♦ 1° Transporter dans un chariot, une charrette. V. **Charroyer.** ♦ 2° *Par anal.* Entraîner, emporter dans son cours. *La rivière charrie des glaçons, du sable, du limon.* — *Par ext.* V. **Chasser, transporter.** « *L'air était frais; le ciel charriait des nuages* » (HUGO). ♦ 3° (1837). Fig. et pop. *Charrier qqn :* se moquer de lui, abuser de sa crédulité. V. **Mystifier** (Cf. Faire marcher, mener en bateau). Intrans. *Tu charries; il commence à charrier.* V. **Exagérer, plaisanter.** *Charrier dans les bégonias.*

CHARROI [ʃaʀwa(ɔ)]. *n. m.* (1155; de *charroyer*). Transport par chariot, charrette, tombereau. *Chemin de charroi.*

CHARRON [ʃaʀɔ̃]. *n. m.* (1268; de *char*). Celui qui fabrique des chariots, charrettes, ainsi que les roues de ces véhicules. *Outils du charron :* bec-d'âne, châsse, chèvre, gouge, plane, selle.

CHARRONNAGE [ʃaʀɔnaʒ]. *n. m.* (1690; de *charron*). Métier ou travail du charron. *Bois de charronnage,* bois propre aux ouvrages de charronnage : chêne, érable, frêne, hêtre, orme.

CHARROYER [ʃarwaje]. *v. tr.;* conj. *noyer* (XIIᵉ; var. de *charrier*). Charrier.

CHARRUAGE [ʃaryaʒ]. *n. m.* (XIIIᵉ; de *charrue*). Labour à la charrue.

CHARRUE [ʃary]. *n. f.* (XIIᵉ; lat. imp. *carruca* « char gaulois », de *carrus*). Instrument aratoire et dont la pièce principale est un soc tranchant. V. **Araire, brabant, cultivateur, déchaumeuse, défonceuse, fouilleuse, grattoir.** *Le bâti* (V. **Age, étançon, entretoise, sep**), *les pièces travaillantes* (V. **Coutre, étrier, soc, versoir**), *les pièces de réglage et de direction de la charrue.* V. **Mancheron, palonnier, régulateur, timon.** *Charrue à avant-train formé de deux roues. Charrues bissoc, trisoc. Charrue vigneronne,* servant à labourer les vignes. *Charrue tirée par des bœufs, des chevaux, un tracteur. Retourner la terre, tracer un sillon avec une charrue* (V. **Labourer**). « *Charrues, que des bœufs sur nos champs vous promènent! Creusez la terre comme un boutoir* » (GIDE). — Loc. fig. *Mettre la charrue devant, avant, les bœufs :* faire d'abord ce qui devrait être fait ensuite, après.

CHARTE [ʃart(ə)], *ancienn.* **CHARTRE** [ʃartR(ə)]. *n. f.* (XIᵉ; de *charta* « papier », gr. *khartês*). ♦ 1º *Au moyen âge,* Titre de propriété, de vente, de privilège octroyé. *Charte de dotation à une abbaye.* Spécialt. *Charte d'affranchissement des communes.* — *École des chartes :* école instituée pour préparer des spécialistes des documents anciens (V. **Chartiste**). ♦ 2º *Polit.* (1814). *La Charte constitutionnelle,* et ellipt. *La Charte :* acte constitutionnel de la Restauration (1814). « *La Charte avait l'inconvénient d'être* octroyée » (CHATEAUB.). Hist. *La Grande Charte d'Angleterre,* accordée par Jean sans Terre, « *Magna charta* », 1215. — *Charte des Nations Unies.*

CHARTE-PARTIE [ʃartəparti]. *n. f.* (déb. XIVᵉ; de *charte,* et *partir* « partager »). Mar. Écrit constatant l'existence d'un contrat d'affrètement. V. **Affrètement, nolisement.**

CHARTER [tʃartœr ou ʃarter]. *n. m.* (v. 1950; mot angl., de *to charter,* « affréter »). Anglicisme. Avion affrété. Le terme français est : *avion nolisé**. *Compagnie de charters,* louant des avions pour un vol (le prix des places étant plus bas, du fait de l'occupation totale). — Par anal. *Train charter.*

CHARTISME [ʃartism(ə)]. *n. m.* (v. 1838; de *charte*). ♦ 1º *Polit.* Doctrine des partisans de la Charte. ♦ 2º *En Angleterre,* Union des ouvriers formée vers 1838 en vue d'obtenir une amélioration du sort des travailleurs.

CHARTISTE [ʃartist(ə)]. *adj. et n.* (v. 1820; de *charte*). ♦ 1º Élève de l'École des chartes. ♦ 2º (1848). Partisan de la Charte; du chartisme.

CHARTREUSE [ʃartRøz]. *n. f.* (fin XIIIᵉ; localité du Dauphiné où saint Bruno fonda un monastère en 1084). ♦ 1º Couvent de chartreux, construit dans un lieu isolé. *La Grande Chartreuse,* dans les Alpes. — *La Chartreuse de Parme,* roman de Stendhal. ♦ 2º *Vieilli.* Petite maison de campagne isolée. V. **Campagne.** ♦ 3º (1863). Liqueur aux herbes fabriquée par les chartreux. *Chartreuse jaune, verte.*

CHARTREUX, EUSE [ʃartRø, øz]. *n.* (XIVᵉ; de *Chartreuse*). Religieux, religieuse de l'ordre de Saint-Bruno.

CHARTRIER [ʃartRije]. *n. m.* (XIVᵉ; de *chartre*). Didact. ♦ 1º Recueil de chartes; salle des chartes. ♦ 2º Celui qui était préposé à la garde des chartes.

CHAS [ʃa]. *n. m.* (1220; lat. *capsus* « coffre », masc. de *capsa.* V. **Châsse**). Trou d'une aiguille par où passe le fil. ◊ HOM. *Chat, schah.*

CHASSE [ʃas]. *n. f.* (XIIᵉ; de *chasser*).
I. ♦ 1º Action de chasser, de poursuivre les animaux *(gibier)* pour les manger ou les détruire. *Art de la chasse.* V. **Cynégétique; fauconnerie, tenderie, vénerie.** *Saint Hubert, patron des grandes chasses. La chasse endurcit le cœur aussi bien que le corps; elle accoutume au sang, à la cruauté* » (ROUSS.). *Chasse autorisée, protégée, gardée* (Cf. ci-dessous, 3º). *Prendre son permis de chasse. Chasse sans autorisation.* V. **Braconnage.** *Rendez-vous de chasse. Partie de chasse. Partir en chasse. Tableau de chasse :* gibier abattu. *Revenir bredouille de la chasse. Faire bonne chasse :* tuer du gibier. *Accessoires, équipement pour la chasse.* V. **Carnassière; carnier, gibecière.** *Chiens de chasse.* ◊ CHASSE À COURRE, dite aussi *Chasse à bruit, chasse noble, chasse royale :* chasse, avec des chiens, où sont exclus armes et engins. V. **Louveterie, vénerie.** *Équipage de chasse à courre. Cor, trompe* de chasse. Air, fanfare, sonnerie, ton de chasse.* V. **Débucher, hallali.** *Cri de chasse.* V. **Taïaut.** *Péripéties d'une chasse à courre.* V. **Quêter; courir, débucher, débusquer, dépister, lancer, rabattre, relancer, rembucher, requêter.** « *Il tient un livre où il écrit toutes les chasses, depuis le lancer jusqu'à l'hallali avec les ruses, les débuchers et les rembuchers* » (GENEVOIX). ◊ *Chasse à tir. Fusil de chasse. Chasse que l'on fait en se postant* (V. **Affût, poste**). *Chasse organisée.* V. **Battue, traque.** *Chasse au marais ou chasse au gibier d'eau. Chasse aux canards. Artifices de chasse pour attirer le gibier.* V. **Appât, appeau, chanterelle, pipeau, pipée.** ◊ *Chasse avec des oiseaux.* V. **Fauconnerie,**

volerie. Oiseaux dressés pour la chasse. V. **Autour, faucon, milan.** *Chasse au furet* (furetage). ◊ *Chasse aux engins.* V. **Collet, glu, gluau, volant; piège, piégeage, trappe, traquet.** *Filets de chasse.* V. **Allier, lacet, lacs, panneau, poche, tirasse, toile(s).** *Chasse au miroir.* ◊ Par ext. *Chasse sous-marine,* consistant à poursuivre le poisson avec un fusil à harpon*. V. **Pêche.** PROV. *Qui va à la chasse perd sa place.* ♦ 2º *Période* où l'on a le droit de chasser. *La chasse est ouverte.* ♦ 3º *Partie d'une terre, d'un domaine réservée pour la chasse. Les chasses du Roi. Capitaine des chasses. Posséder une chasse giboyeuse. C'est chasse gardée*, ici.* Au fig. Activité qu'on se réserve exclusivement. *Ah non, pas cette fille, chasse gardée !* ♦ 4º Ceux qui chassent. *Suivre une chasse. La chasse a passé par là. La chasse s'éloigne :* les chasseurs. ♦ 5º Gibier pris ou tué à la chasse.

II. ♦ 1º Poursuite; action de poursuivre. *Faire la chasse. Donner la chasse. Chasse à l'homme :* poursuite d'un individu recherché. — Par plaisant. *Faire la chasse au mari,* chercher à se marier. ♦ 2º Poursuite d'un bâtiment ou d'un avion ennemi. *Donner la chasse à; prendre un bombardier en chasse. Pièces de chasse,* placées à la proue d'un bateau. — *Pointer un canon de chasse :* pour qu'il tire vers l'avant. ♦ 3º Par ext. *Avion de chasse,* destiné à la poursuite des appareils ennemis; avion très rapide chargé d'intercepter les avions ennemis et de protéger les appareils amis. V. **Chasseur.** Par ext. Ensemble de ces avions. *Posséder une chasse nombreuse, moderne, bien armée.* « *La chasse fasciste tomba des nuages supérieurs* » (MALRAUX).

III. ♦ 1º Écoulement rapide donné à une retenue d'eau pour nettoyer un conduit, dégager un chenal. *Bassin, écluse de chasse.* CHASSE D'EAU, et spécialt. *Chasse de cabinets. Actionner la chasse d'eau.* Abusiv. *Tirer la chasse d'eau,* la chaîne du réservoir de la chasse. ♦ 2º Techn. Liberté de course laissée à une partie de machine. V. **Jeu.** *Donner de la chasse à un essieu.* — Battant du métier à tisser. ♦ 3º Typogr. Nombre de lignes qu'une page d'impression a de plus qu'un certain modèle donné. ◊ Épaisseur de la lettre.

CHÂSSE [ʃas]. *n. f.* (fin XIIᵉ; lat. *capsa.* V. **Caisse**). ♦ 1º Coffre où l'on garde les reliques d'un saint. *Châsse de bois doré, d'or; châsse vitrée. Châsse de sainte Geneviève.* « *Des dames parées comme des châsses semblaient des statues* » (TAINE). ♦ 2º Monture servant d'encadrement. *La châsse d'un verre de lunette.* — *Châsse d'une lancette :* le manche. — Sorte de marteau de charron. ♦ 3º (1808, *châssis*). Arg. V. **Œil.** *De belles châsses.*

CHASSÉ [ʃase]. *n. m.* (1752; de *chasser*). Danse. Temps où une jambe exécute un pas glissé tandis que l'autre se rapproche.

CHASSE-CLOU [ʃasklu]. *n. m.* (1899; de *chasser,* et *clou*). Outil servant à enfoncer profondément les clous. *Des chasse-clous.*

CHASSÉ-CROISÉ [ʃasekrwaze]. *n. m.* (1835; de *chasser,* et *croiser*). ♦ 1º Danse. Pas figuré où le cavalier et la danseuse passent alternativement l'un devant l'autre. ♦ 2º Cour. Échange réciproque et simultané de place, de situation. *Des chassés-croisés.* « *Je ne m'oriente pas toujours à travers ce chassé-croisé de conversations* » (STE-BEUVE).

CHASSELAS [ʃasla]. *n. m.* (*Chacelas,* 1680; de *Chasselas* (Saône-et-Loire). Raisin blanc de table.

CHASSE-MARÉE [ʃasmare]. *n. m. invar.* (1260; de *chasser,* et *marée*). ♦ 1º Vx. Voiture rapide pour porter la marée sur les marchés. ♦ 2º Petit bateau côtier à trois mâts servant au cabotage, au transport de la marée.

CHASSE-MOUCHES [ʃasmuʃ]. *n. m. invar.* (1555; de *chasser,* et *mouche*). Éventail ou petit balai de crins pour écarter les mouches. V. **Émouchoir.**

CHASSE-NEIGE [ʃasneʒ]. *n. m. invar.* (1834; « vent »; de *chasser,* et *neige*). ♦ 1º (1878). Gros éperon d'acier, muni de versoirs, qu'on adapte à l'avant d'une locomotive, d'un camion, pour déblayer les voies ferrées ou les routes obstruées par la neige. ♦ 2º (XXᵉ). Le véhicule ainsi équipé. « *Le chasse-neige en déblayait aisément un mètre* » (ZOLA). ♦ 3º Ski. Position du skieur, les skis convergents; pas dans cette position.

CHASSE-PIERRES [ʃaspjɛr]. *n. m. invar.* (1845; de *chasser,* et *pierre*). Appareil placé à l'avant des locomotives, qui chasse les obstacles (pierres, etc.) des rails.

CHASSEPOT [ʃaspo]. *n. m.* (1867; nom de l'inventeur, 1833-1905). Fusil de guerre à aiguille utilisé par l'armée française (1866-1874).

CHASSER [ʃase]. *v.* (*Chacier,* XIIᵉ; lat. pop. °*captiare,* lat. *captare* « chercher à prendre » (V. **Capter**), de *capere*).
I. *V. tr.* ♦ 1º Poursuivre les animaux pour les tuer ou les prendre. V. **Chasse.** *Chasser le lièvre, le cerf, le tigre, l'ours. Le lion chasse les gazelles. Chasser les papillons.* — Absolt. *Il aime chasser, chasser à courre. Chasser sur les terres d'autrui.* V. **Braconner.** Fig. Empiéter sur ses droits. — PROV. *Bon chien chasse de race :* par atavisme. Fig. C'est héréditairement qu'on a telle ou telle qualité. ♦ 2º Pousser devant

soi; faire marcher en avant. « *De petites filles bretonnes chassent devant elles des troupeaux de moutons* » (LOTI). V. **Pousser.** *Chasser les cercles de tonneaux* : les mettre en place. Loc. fig. *Un clou chasse l'autre*, en parlant d'une personne, d'une chose qui en écarte une autre, lui succède. ♦ 3° (XIIᵉ). Mettre, pousser dehors; faire sortir de force. V. **Bouter, débusquer, déloger, dénicher, écarter, éliminer, exclure, expulser, mettre (dehors), refouler, rejeter**, et suff. **-Fuge.** — (Personnes) *Chasser un indésirable*. V. **Congédier, éconduire, reconduire, refouler.** *Chasser qqn hors de son pays.* V. **Bannir, exiler.** *Chasser qqn de son poste.* V. **Démettre, évincer.** *Chasser un domestique, un employé.* V. **Congédier, remercier, renvoyer, vider** *(pop.).* « *Est-ce moi qui vous quitte, ou vous qui me chassez?* » (MOL.). — Par ext. *Chasser les ennemis en libérant son pays.* — Par exagér. Faire partir. *Les maçons, les peintres me chassent de chez moi.* — Fig. *La nuit nous chassa.* — (Choses) *Chasser une mauvaise odeur. Chasser le chagrin, l'ennui, les soucis. Chasser une idée, un souvenir, une image de son esprit.* V. **Dissiper.** — *Chassez le naturel, il revient au galop* : on ne perd jamais ses mauvaises habitudes. — (ANT. **Accueillir, admettre, recevoir; embaucher, engager, entretenir**). **II.** *V. intr.* (XVIIIᵉ). Être poussé en avant. ♦ 1° *Les nuages chassent du Nord, du Sud* : ils viennent du Nord, du Sud. ♦ 2° *Mar. Chasser sur ses ancres* : entraîner ses ancres par suite d'une tenue insuffisante du fond. *L'ancre chasse* : elle laboure le fond. ♦ 3° *Typogr.* Occuper beaucoup d'espace, en parlant d'un caractère. *Ce caractère chasse plus que tel autre.* ♦ 4° *Danse.* Exécuter un chassé. *Chassez!* ♦ 5° (XXᵉ). Déraper, patiner. *Les roues chassent.*

CHASSERESSE [ʃasʀɛs]. *n. f.* et adj. *(Chacerece*, v. 1320; de *chasser)*. *Poét.* V. **Chasseuse.** *Une Diane chasseresse.*

CHASSE-ROUE [ʃasʀu]. *n. m.* (1836; de *chasse*, et *roue)*. Borne ou arc métallique placé à l'angle d'une porte, d'un mur, pour en écarter les roues des voitures. V. **Boute-roue.** *Des chasse-roues.*

CHASSEUR, EUSE [ʃasœʀ, øz]. *n.* (fin XIᵉ; de *chasser)*. ♦ 1° Personne qui pratique la chasse. *Un bon, un mauvais chasseur. Un grand chasseur. Une chasseuse.* V. **Chasseresse.** *Chasseur sans permis.* V. **Braconnier.** *Chasseur qui tend des collets* (V. **Colleteur**), *qui utilise des trappes* (V. **Trappeur**), *qui traque* (V. **Traqueur**). *Chasseur de bœufs sauvages.* V. **Boucanier.** — *Chasseur de fourrures. Chasseur de têtes de l'Amazone.* ◊ Par ext. *Chasseur d'images* : photographe, cinéaste à la recherche d'images, de scènes originales. ♦ 2° (1834). Par ext. *N. m.* Domestique en livrée de chasse qui montait derrière la voiture de son maître. *Mod.* Domestique en livrée attaché à un hôtel, à un restaurant. V. **Groom.** *Le chasseur de chez Maxim's.* ♦ 3° *(Déb. XVIIIᵉ)*. Se dit de certains corps de troupes et des soldats qui les constituent. *Chasseurs d'Afrique* : corps de cavalerie légère. *Chasseurs à pied, chasseurs alpins* : corps d'infanterie. *Le 3ᵉ chasseur,* le *3ᵉ régiment de chasseurs. Béret de chasseur alpin. Pas de chasseur* : petits pas rapides. ♦ 4° *Mar.* Navire de faible tonnage le plus souvent destiné à poursuivre les sous-marins. *Chasseur de sous-marins.* — Petit navire équipé pour la chasse à la baleine. ♦ 5° Avion léger, rapide et maniable destiné aux combats aériens (avion de chasse). *Chasseur à réaction. Chasseur d'escorte. Chasseur-bombardier.*

CHASSIE [ʃasi]. *n. f. (Chacie*, XIIᵉ; p.-ê. lat. pop. °*caccita*, de *cacare;* Cf. Chier). Matière gluante s'accumulant sous forme desséchée sur le bord des paupières infectées.

CHASSIEUX, EUSE [ʃasjø, øz]. *adj.* (déb. XIIᵉ; de *chassie)*. Qui a de la chassie. *Yeux chassieux.*

CHÂSSIS [ʃasi]. *n. m.* (XIIᵉ; de *châsse)*. ♦ 1° Cadre de bois ou de métal destiné à maintenir en place des planches, des vitres, du tissu, du papier. V. **Bâti, cadre, charpente.** ♦ 2° Encadrement d'une ouverture ou d'un vitrage; vitrage encadré. *Châssis de verre servant de cloison.* V. **Vitrage.** *Châssis des portes et des fenêtres. Châssis fixe, dormant. Châssis mobile*, se rabattant sur le dormant. *Châssis à fiches. Châssis à croisée, à guillotine, à tabatière.* V. **Fenêtre.** *Châssis d'aérage* : garni de lames mobiles qu'on soulève à volonté pour laisser pénétrer l'air. ◊ *Hortic.* Panneau ou abri vitré. *Des châssis à melon.* ♦ 3° (1433). Peint. *Châssis d'un tableau* : cadre sur lequel on fixe la toile par des clous (broquettes) après l'avoir tendue. ♦ 4° *Imprim.* (1611). Châssis dans lequel on serre la composition. *Techn. Châssis à mouler, à couler le plomb.* ♦ 5° (1867). *Phot.* Se dit de différents accessoires et dispositifs. *Châssis-presse* ou *positif* : châssis à volets pour l'exposition du négatif à la lumière. ♦ 6° Charpente ou bâti de machines, de véhicules. — *Spécialt.* (1888) *Châssis d'une automobile* : ensemble métallique supportant la carrosserie. *Carrosserie métallique soudée à un châssis. Châssis poutre. Châssis intégré.* V. **Coque.** — Fig. et pop. *Un beau châssis*, un beau corps de femme.

CHASTE [ʃast(ə)]. *adj.* (1138; lat. ecclés. *castus)*. ♦ 1° Qui s'abstient des plaisirs charnels jugés illicites et des pensées impures. V. **Ascétique, continent, vertueux.** *Femme,*

fille chaste. V. **Honnête.** *La Chaste Suzanne. Les chastes sœurs* : les Muses. — *Mod.* Qui s'abstient volontairement de toutes relations sexuelles. *Fiancés chastes.* ♦ 2° Conforme à la chasteté, plein de chasteté. V. **Décent, innocent, modeste, pudique, pur; spirituel.** *Tempérament, cœur, amour chaste. Chaste baiser.* Plaisant. *Cela blesserait, offenserait vos chastes oreilles.* V. **Innocent, prude, pudique.** — « *Amour chaste, amour mystique, où leurs deux jeunesses fusionnaient dans le même élan vers l'avenir* » (MART. du G.). ◊ ANT. **Concupiscent, corrompu, débauché, dissolu, impudique, impur, indécent, lascif, libidineux, licencieux, lubrique, luxurieux, sensuel, vicieux, voluptueux.**

CHASTEMENT [ʃastəmɑ̃]. *adv.* (1138; de *chaste)*. D'une manière chaste. *Ils s'embrassaient chastement.*

CHASTETÉ [ʃastəte]. *n. f. (Casteté*, 1119; lat. *castitas;* a remplacé *chasteé*, dér. de *chaste)*. Vertu, comportement d'une personne chaste. V. **Ascétisme, continence, pureté, sagesse, vertu.** *Chasteté conjugale. Vœu de chasteté* : qui impose la continence absolue, le célibat aux prêtres. *Ceinture de chasteté.* « *Il y avait autour de la jeune fille un tel parfum de chasteté, un tel charme de vertu* » (HUGO). ◊ ANT. **Concupiscence, corruption, débauche, dépravation, dissipation, immodestie, impudeur, impureté, incontinence, indécence, lasciveté, licence, lubricité, luxure, sensualité, vice, volupté.**

CHASUBLE [ʃazybl(ə)]. *n. f.* (1138; bas lat. °*casubula*, de *casula* « manteau à capuchon », de *casa* « case »). Vêtement sacerdotal en forme de manteau à deux pans, que le prêtre revêt par-dessus l'aube et l'étole, pour célébrer la messe. *Chasuble brodée, chasuble de damas, de soie, de drap d'or.* ◊ Par ext. Vêtement sans manches qui a cette forme. Par appos. *Robe-chasuble.*

CHASUBLERIE [ʃazybləʀi]. *n. f.* (1867; de *chasuble)*. Fabrique, commerce de chasubles, d'ornements d'église.

CHAT, CHATTE [ʃa, ʃat]. *n.* (XIIᵉ; bas lat. *cattus)*. **I.** ♦ 1° Petit mammifère familier à poil doux, aux yeux oblongs et brillants, à oreilles triangulaires. V. **Matou**, et *(fam.)* **Minet, minou, mistigri.** *Chat noir, gris, blanc. Chat commun, chat de gouttière. Chat angora, siamois, persan. La Chatte*, roman de Colette. *Le Chat botté*, héros d'un conte de Perrault. *Les griffes, les moustaches du chat. Le chat miaule* (V. **Miaou**), *ronronne.* « *Les chats puissants et doux, orgueil de la maison* » (BAUDEL.). ◊ « *L'idéal du calme est dans un chat assis* » (RENARD). *Chat souricier, tueur de souris, de rats. Petits chats* (V. **Chaton**). *Chat retourné à l'état sauvage.* V. **Haret.** *Peau de chat. Pelage, fourrure du chat.* — Loc. et prov. *La nuit tous les chats sont gris* : on confond les personnes, les choses dans l'obscurité. — *Quand le chat n'est pas là, les souris dansent* : les subordonnés s'émancipent quand le maître est absent. — *Chat échaudé craint l'eau froide* : une mésaventure rend prudent à l'excès. — *À bon chat bon rat* : la défense, la réplique vaut, vaudra l'attaque. ♦ 2° *Loc. fam.* (Compar.) *Être gourmand, câlin, caressant comme un chat. Adj. Elle est chatte* : câline. — T. d'affection. *Mon chat, ma petite chatte.* ◊ *Jouer avec sa victime comme un chat avec une souris.* — *Être, vivre comme chien et chat* : éprouver de l'antipathie, de la haine l'un pour l'autre. — *Écrire comme un chat* : d'une manière illisible, désordonnée. V. **Griffonner.** — *Appeler* un chat un chat* : C'est de la bouillie* pour les chats. — *Toilette de chat* : toilette sommaire. — (Fig.) *Avoir un chat dans la gorge* : être enroué. — *Acheter chat en poche,* sans connaître, sans examiner l'objet qu'on achète. — *Il n'y a pas un chat* : il n'y a absolument personne. « *Pas un chat dans les rues du village* » (DAUD.). — *Il n'y a pas de quoi fouetter un chat* : la faute, l'affaire est insignifiante; ne mérite pas de punition. — *Avoir d'autres chats à fouetter* : d'autres affaires en tête, plus importantes. — *Donner sa langue au chat* : s'avouer incapable de trouver une solution. ◊ Danse. *Saut de chat* : bond latéral. ◊ *Langue de chat* : biscuit. ◊ *Œil de chat* : agate. ♦ 3° Celui qui poursuit les autres (à un jeu); je de poursuite. *Chat, chat perché. Jouer au chat perché* (ACAD.), *à chat perché. Crier « chat » en touchant celui qu'on poursuit.* ♦ 4° *Zool.* Mammifère carnivore *(Félidés)* dont le chat (1°) est le type. *Chats sauvages.* V. **Guépard, ocelot, serval.** *Chat-tigre* (margay). — (Enfants) *Un gros chat* : un lion, un tigre. **II.** *Fig.* (XIIIᵉ, « machine de guerre »). *Vx.* Instrument à griffes. V. **Grappin.** *Mod.* (angl.) *Chat à neuf queues* : fouet à neuf lanières. **III.** *N. f. Pop.* et *vulg.* Sexe de la femme. ◊ HOM. **Chas, schah.**

CHÂTAIGNE [ʃatɛɲ]. *n. f. (Chastaigne*, XIIᵉ; lat. *castanea)*. ♦ 1° Fruit du châtaignier, formé d'une masse farineuse enveloppée d'une écorce lisse de couleur brun rougeâtre et renfermée dans une cupule verte, hérissée de piquants (V. **Bogue**). *Châtaignes bouillies, rôties.* V. **Marron.** ♦ 2° Par anal. *Châtaigne d'eau.* V. **Macle.** — *Châtaigne du Brésil* ou *noix du Brésil.* ♦ 3° (1635). *Pop.* Coup de poing. V. **Marron.** *Il lui a flanqué une châtaigne.*

CHÂTAIGNERAIE [ʃatɛɲʀɛ]. *n. f.* (1538 ; de *châtaignier*). Lieu planté de châtaigniers.

CHÂTAIGNIER [ʃatɛɲe]. *n. m.* (XIIᵉ ; de *châtaigne*). Arbre de grande taille, vivace, à feuilles dentées *(Cupuliféracées)*. *Le bois de châtaignier*, et absolt. *le châtaignier est employé dans la charpente, la tonnellerie.*

CHÂTAIN [ʃatɛ̃]. *adj. m.* (XIIᵉ ; lat. *castaneus*. V. Châtaigne). De couleur brun clair rappelant celle de la châtaigne. *Cheveux châtains.* — Subst. *Cheveux d'un châtain clair.* Ellipt. *Châtain clair, foncé roux* (V. Auburn). — *Une femme châtain,* aux cheveux châtains. ◇ CHÂTAINE [ʃatɛn]. *adj. f.* « *Ne te fie pas aux femmes blondes ni aux châtaines* » (CLAUDEL).

CHATAIRE. *n. f.* V. CATAIRE.

1. CHÂTEAU [ʃato]. *n. m.* (*Chastel*, 1080 ; lat. *castellum*, de *castrum* « camp »). ♦ 1° Demeure féodale fortifiée et défendue par un ensemble de fossés, de constructions. V. Bastille, citadelle, fort, forteresse. *Château fort, château féodal. Constructions du château.* V. Donjon, muraille, rempart, tour, tourelle ; arbalétrier, barbacane, créneau, échauguette, hourd, mâchicoulis, meurtrière. *Enceinte d'un château.* V. Fortification ; bastion, courtine, douve, enceinte, fossé, herse, lice, pont-levis. *Souterrains d'un château. Ruines d'un château médiéval.* ♦ 2° Habitation seigneuriale ou royale. V. Palais. *Le château des Tuileries, de Fontainebleau. Les châteaux de la Loire. Le château de Versailles.* — Absolt. (au XVIIᵉ) *Le Château* : la cour, le roi. ♦ 3° Habitation du maître d'une grande propriété ; vaste et belle maison de plaisance à la campagne. V. Castel, demeure, gentilhommière, hôtel, manoir, résidence. *Acheter un petit château.* « *Une de ces gentilhommières que les villageois décorent du nom de château* » (GAUTIER). — Spécialt. *Les châteaux du Bordelais* (qui donnent leur nom à des crus). *Château-Margaux, -Yquem. Mener une vie de château* : une vie oisive et opulente. *C'est la vie de château, pourvu que ça dure!* ♦ 4° Loc. *Faire, bâtir des châteaux en Espagne* : échafauder des projets chimériques (les chevaliers recevaient en fief des châteaux en Espagne, qu'ils devaient d'abord attaquer et prendre). ♦ 5° *Château de cartes**. ♦ 6° (1740). *Château d'eau* : grand réservoir à eau. ♦ 7° *Mar.* Superstructure élevée sur le pont supérieur d'un navire. « *Les officiers étaient sur le château de poupe avec les passagers* » (CHATEAUB.).

2. CHÂTEAU [ʃato]. Abrév. de *Châteaubriant*.

CHATEAUBRIAND ou **CHÂTEAUBRIANT** [ʃatobʀijã]. *n. m.* (1856 ; de *Chateaubriand*, dont le cuisinier avait inventé la recette). Épaisse tranche de filet de bœuf grillé (V. Bifteck). *Châteaubriant aux pommes.* Abrév. *Un château saignant.*

CHÂTELAIN [ʃatlɛ̃]. *n. m.* (*Chastelain*, 1190 ; lat. *castellanus*, de *castellum*. V. Château). ♦ 1° Féod. Seigneur d'un château. — Spécialt. Seigneur venant après le baron dans la hiérarchie nobiliaire. ♦ 2° Celui qui possède un château de plaisance, qui y réside.

CHÂTELAINE [ʃatlɛn]. *n. f.* (XIIᵉ ; de *châtelain*). ♦ 1° Femme d'un châtelain ; propriétaire d'un château. ♦ 2° (1828 ; de *chaîne châtelaine*). Chaîne de ceinture. — Sautoir à gros chaînons.

CHÂTELLENIE [ʃatɛlni]. *n. f.* (1260 ; de *châtelain*). Seigneurie et juridiction d'un seigneur châtelain. *Droit de châtellenie.* — L'étendue de terres placée sous la juridiction d'un châtelain.

CHAT-HUANT [ʃauɑ̃]. *n. m.* (*Chahuan*, 1265 ; lat. pop. *cavannus*, altéré d'après *chat*, et *huer*). Nom donné aux rapaces nocturnes, et spécialt. à la *hulotte* et à ceux qui possèdent deux touffes de plumes semblables à des oreilles de chat. V. Chouette, hulotte.

CHÂTIER [ʃatje]. *v. tr.* (*Castier*, Xᵉ ; lat. *castigare*, de *castus* « pur ». V. Chaste). ♦ 1° Infliger une peine pour corriger. V. Punir, réprimer. *Châtier un coupable, un criminel pour faire un exemple.* PROV. *Qui aime bien châtie bien* : corriger qqn c'est témoigner de l'intérêt, de l'affection qu'on lui porte. — Fig. *Châtier une faute, l'audace, l'insolence de qqn.* « *Le rire châtie certains défauts* » (BERGSON). ♦ 2° (XIIᵉ). *Châtier son corps, se châtier* : imposer à son corps des privations, des souffrances. V. Mortifier. « *Je châtiais allégrement ma chair* » (GIDE). ♦ 3° Fig. (1661). Rendre le style plus correct et plus pur. V. Corriger, épurer, perfectionner, polir. *Style châtié.* V. Dépouillé, épuré, poli, pur. ◇ ANT. Récompenser. Encourager.

CHATIÈRE [ʃatjɛʀ]. *n. f.* (1265 ; de *chat*). ♦ 1° Petite ouverture pratiquée au bas d'une porte pour laisser passer les chats. — Par ext. Petite ouverture quelconque (trou d'aération des combles, etc.). ♦ 2° Piège pour prendre les chats. ♦ 3° Passage étroit où l'on ne peut passer qu'en rampant (en spéléologie, etc.). « *Des « chatières basses et plus ou moins sinueuses où l'on s'engage et d'où l'on ne peut sortir* » (TROMBE).

CHÂTIMENT [ʃatimɑ̃]. *n. m.* (*Chastiement*, 1190 ; de *châtier*). Peine sévère infligée à celui que l'on veut corriger, et *par ext.* Punition en général. V. Punition ; expiation, pénitence. *Châtiment corporel.* V. Correction, coup, supplice. *Châtiment sévère, rigoureux. Un juste châtiment.* « *Je vous ménage un châtiment exemplaire, si vous allez contre ma volonté* » (MUSS.). *Recevoir, subir un châtiment. Les châtiments,* œuvre de V. Hugo. *Crime et châtiment,* roman de Dostoïevsky. ◇ ANT. Récompense.

CHATOIEMENT [ʃatwamɑ̃]. *n. m.* (fin XVIIIᵉ ; de *chatoyer*). Reflet changeant de ce qui chatoie. V. Miroitement.

1. CHATON [ʃatɔ̃]. *n. m.* (*Chaston*, XIIᵉ ; frq. °*kasto* « caisse » ; Cf. all. Kasten). Tête d'une bague où s'enchasse une pierre précieuse. *Enchâsser un brillant dans un chaton* : sertir. — Par ext. La pierre elle-même. « *Des bagues aux chatons finement travaillés* » (GAUTIER). *Chaton plat d'une chevalière.*

2. CHATON [ʃatɔ̃]. *n. m.* (XIIIᵉ ; de *chat*). I. Jeune chat. *Une portée de chatons* : une chattée. II. (Compar. à une queue de chat). ♦ 1° Bot. Inflorescence en épi. *Chatons de coudrier, de noyer, de saule.* « *Les chatons verdâtres des noisetiers alternèrent avec les chatons jaunâtres des saules* » (BOURGET). ♦ 2° Petits amas de poussière d'aspect cotonneux qui s'accumulent sous les meubles. V. Mouton. « *On a regardé sous le buffet. Mais l'on n'en a ramené que de gros chatons de poussière* » (ROMAINS).

CHATONNER [ʃatɔne]. *v. intr.* (1530 ; de *chaton* 2). *Rare.* Mettre bas, en parlant d'une chatte.

CHATOUILLE [ʃatuj]. *n. f.* (1787 ; de *chatouiller*). *Fam.* Action de chatouiller. *Faire des chatouilles.* V. Papouille.

CHATOUILLEMENT [ʃatujmɑ̃]. *n. m.* (*Catouillement*, XIIIᵉ ; de *chatouiller*). ♦ 1° Action de chatouiller (V. Chatouille) ; résultat de cette action. V. Attouchement, titillation. *Craindre, redouter le chatouillement* (V. Chatouilleux). ♦ 2° Par ext. Léger picotement. *Éprouver un chatouillement dans la gorge. Chatouillement énervant, désagréable.* V. Démangeaison, picotement, prurit.

CHATOUILLER [ʃatuje]. *v. tr.* (fin XIIIᵉ ; p.-ê. de *chat*, ou néerl. *katelen*). ♦ 1° Produire, par des attouchements légers et répétés sur la peau, des sensations agréables ou pénibles qui provoquent un rire convulsif. *Enfants qui se chatouillent.* — Par plaisant. *Chatouiller les côtes à qqn.* V. Frapper. ♦ 2° Par ext. Faire subir un léger picotement. V. Agacer, exciter, picoter. « *Je sens une espèce de démangeaison ici. Ça me chatouille, ou plutôt, ça me gratouille* » (ROMAINS). ♦ 3° Exciter doucement (les sens) par des impressions agréables. V. Piquer. *Vin qui chatouille le palais.* V. Flatter, titiller. *Parfum qui chatouille l'odorat.* — Fig. Exciter doucement par un sentiment, une émotion agréable. V. Émouvoir. *Chatouiller qqn à l'endroit sensible* : lui faire plaisir. V. Plaire. *Chatouiller l'amour-propre de qqn.* V. Flatter. « *N'êtes-vous point chatouillé de l'envie d'assister à la toilette d'une fille d'Opéra?* » (FRANCE). ◇ ANT. Calmer. Déplaire.

CHATOUILLEUX, EUSE [ʃatujø, øz]. *adj.* (1361 ; de *chatouiller*). ♦ 1° Qui est sensible au chatouillement. V. Sensible. — Spécialt. *Cheval chatouilleux* : sensible à la cravache, à l'éperon. ♦ 2° Fig. Qui se fâche aisément ; qui réagit vivement. V. Irritable, ombrageux, susceptible. « *Il est plus chatouilleux que personne sur le point d'honneur* » (TAINE). Par ext. *Amour-propre, caractère chatouilleux. Une susceptibilité chatouilleuse.*

CHATOUILLIS [ʃatuji]. *n. m.* (XXᵉ ; de *chatouiller*). *Fam.* Petit chatouillement.

CHATOYANT, ANTE [ʃatwajã, ãt]. *adj.* (v. 1760 ; de *chatoyer*). ♦ 1° Qui chatoie, a des reflets changeants. V. Brillant, miroitant. *Étoffe, pierre précieuse chatoyante.* — Fig. *Style chatoyant* : coloré et imagé.

CHATOYER [ʃatwaje]. *v. intr.* ; conj. noyer (1742 ; de *chat*, d'apr. les reflets des yeux du chat). Changer de couleur, avoir des reflets différents suivant le jeu de la lumière. V. Briller, étinceler, miroiter. *Des pierres précieuses, des étoffes qui chatoient.* V. Rutiler. « *Aux lueurs colorées que laissent filtrer les vitraux, toute cette magnificence de corail oriental chatoie, miroite, étincelle* » (LOTI).

CHÂTRER [ʃatʀe]. *v. tr.* (*Chastrer*, 1272 ; lat. *castrare*. V. Castrer). ♦ 1° Enlever les testicules ou les ovaires. V. Castrer ; émasculer. *Châtrer un taureau, un bélier, un cheval.* ◇ Au p. p. et n. m. *Cheval châtré* (V. Hongre). — *Homme châtré.* V. Castrat. *Une voix de châtré* : aiguë. ♦ 2° Fig. *Châtrer un livre, un ouvrage littéraire* : le mutiler en retranchant certains passages. ♦ 3° Hortic. *Châtrer un fraisier, un melon,* enlever les stolons (tiges souterraines), les fleurs.

CHATTE. *n. f.* V. CHAT.

CHATTEMITE [ʃatmit]. *n. f.* (1285 ; de *chat*, et *mite* « chatte ». V. Minet). Personne qui affecte des manières douces et modestes pour tromper son entourage. *Faire la chattemite.*

CHATTERIE [ʃatʀi]. *n. f.* (1540, « espièglerie » ; de *chat*).

♦ 1° *Caresse, câlinerie.* V. **Cajolerie.** *Faire des chatteries à qqn.* « *Il n'était point d'attentions, de délicatesses, de chatteries qu'elle n'eût pour son mari* » (MAUPASS.). ♦ 2° *Choses délicates à manger.* V. **Friandise, gâterie.** *Aimer les chatteries. Offrir quelques chatteries.*

CHATTERTON [ʃatɛrtɔn]. *n. m.* (1862; nom de l'inventeur). *Ruban isolant et adhésif (gutta-percha). Recouvrir un fil électrique de chatterton.*

CHAT-TIGRE [ʃatigr(ə)]. *n. m.* (1686; de *chat*, et *tigre*). Nom de certaines espèces de chat sauvage. V. **Ocelot, serval.** *Des chats-tigres.*

CHAUD, CHAUDE [ʃo, ʃod]. *adj. et n.* (*Chalz*, XIᵉ; *chalt*, XIIᵉ; lat. *calidum*).
I. *Adj.* **Ⓐ** ♦ 1° (*Opposé à* froid, frais). Qui est à une température plus élevée que celle du corps; dont la chaleur* donne une sensation particulière (agréable ou douloureuse : brûlure). *Eau chaude. Prendre un bain chaud. À peine chaud* (V. **Tiède**), *très, trop chaud* (V. **Bouillant, brûlant**). *Rendre chaud.* V. **Chauffer, réchauffer.** *Le radiateur est chaud. Repasser avec un fer chaud. Bouche d'air chaud. Serre chaude.* — *Soupe chaude. Repas chaud :* comportant des plats chauds. — Adv. *Servez chaud. Buvez chaud.* — (Atmosphère, temps) *Climat chaud, chaud et humide* (V. **Mou,** tropical). « *La nuit était admirable, calme, chaude* » (FROMENTIN). *La saison chaude :* l'été. ◇ Qui réchauffe ou garde la chaleur. *Le soleil n'est pas très chaud. Un lainage chaud.* ♦ 2° (*Opposé à* froid, refroidi). Qui a gardé la chaleur naturelle ou transmise. *Le moteur est encore chaud. Avoir, tenir les pieds chauds.* Fam. *Elle est chaude comme une caille.* Loc. *Battre* le fer pendant qu'il est chaud. Fig. *Je vous apporte la nouvelle toute chaude :* toute récente. ♦ 3° Physiol. *Animaux à sang chaud* (homéothermes). ♦ 4° Loc. fig. *Pleurer à chaudes larmes*. *Faire des gorges* chaudes. Jouer à la main* chaude.* **Ⓑ** Fig. ♦ 1° Qui donne une sensation de chaleur. *Se sentir le front chaud.* V. **Fiévreux.** ♦ 2° Qui est ardent, sensuel. *Un tempérament chaud* (Cf. fam. *C'est un chaud lapin*). *Avoir le sang chaud.* ♦ 3° Qui a de la passion, de l'ardeur. Vx. « *Près d'un esprit si chaud et si fort emporté* » (CORN.). Mod. *Avoir la tête chaude.* V. **Emporté, fougueux, vif.** — Spécialt. Qui met de l'animation, de la passion dans ce qu'il fait. V. **Ardent, chaleureux, empressé, enthousiaste, fervent, passionné, zélé.** *De chauds admirateurs. Il n'est pas très chaud pour cette affaire.* V. **Emballé** (*fam.*). *Un chaud partisan.* V. **Décidé, déterminé.** ◇ Où il y a de l'animation, de la passion. *Une chaude discussion.* V. **Animé, vif.** *La bataille fut chaude.* V. **Âpre, dur, sanglant.** *L'alerte fut chaude.* — (1967). *Guerre* chaude. Points* chauds. Des mois chauds, un printemps chaud,* marqués par une agitation politique et sociale. ♦ 4° Qui exprime vivement et donne une impression de chaleur (*fig.*), de passion. *Chaude éloquence :* entraînante. *Une voix chaude.* Peint. *Tons chauds, coloris chauds,* vigoureux. « *Un arsenal de tons chauds à l'usage des coloristes* » (FLAUB.).
II. *N. m.* ♦ 1° (Employé avec *le froid*) *Le chaud :* la chaleur. *Craindre le chaud autant que le froid. Souffler le chaud et le froid,* faire la loi. — *Prendre un chaud et froid :* un refroidissement. ♦ 2° AU CHAUD : dans des conditions telles que la chaleur ne se perde pas. *Garder, tenir un plat au chaud. Être bien au chaud.* ♦ 3° Nominal (après un verbe). *Avoir chaud, très, trop chaud.* Pop. *On crève de chaud, ici !* — *Il fait chaud, assez chaud.* — *Mon manteau tient chaud.* « *Il avait pris chaud dans la course* » (DUHAM.). V. **Échauffer** (s'). — Fig. « *Toutes ces belles raisons ne me font ni chaud ni froid* » (AYMÉ) : me sont indifférentes. ♦ 4° Loc. adv. À CHAUD : en mettant au feu, en chauffant. *Étirer un métal à chaud.* — *Opérer à chaud :* en crise, pendant qu'il y a des phénomènes inflammatoires.
◇ ANT. **Frais, froid, gelé, glacé; calme, flegmatique, indifférent.** — HOM. **Chaut** (*il* chaloir); **chaux.**

CHAUDE [ʃod]. *n. f.* (XIIIᵉ, « attaque, assaut »; de *chaud*). ♦ 1° (1690). Degré de cuisson, chaleur donnée à une substance (verre, métal). ♦ 2° (1823). Région. Flambée pour se réchauffer. *Faire une chaude.*

CHAUDEAU [ʃodo]. *n. m.* (fin XIIᵉ; de *chaud*). Bouillon chaud. Cuis. Lait chaud, sucré et aromatisé (versé sur des œufs, etc.).

CHAUDEMENT [ʃodmɑ̃]. *adv.* (1190; de *chaud*). ♦ 1° De manière à conserver sa chaleur. *Être vêtu chaudement.* ♦ 2° Avec chaleur, animation. V. **Ardemment, vivement.** *Acclamer, applaudir, féliciter chaudement.* V. **Chaleureusement.** *Chaudement appuyé, recommandé.*

CHAUD-FROID [ʃofʀwa(ɑ)]. *n. m.* (1858; de *chaud*, et *froid*). Mets que l'on prépare à chaud, avec de la volaille, du gibier, et que l'on mange froid, entouré de gelée ou de mayonnaise. *Des chauds-froids de poulet.*

CHAUDIÈRE [ʃodjɛr]. *n. f.* (XIIᵉ; lat. imp. *caldaria*, rad. *calidus* « chaud »). ♦ 1° Ancien. Récipient métallique où l'on fait chauffer, bouillir ou cuire. V. **Chaudron.** *Chaudière d'alambic.* V. **Cucurbite.** ♦ 2° Récipient où l'on transforme de l'eau en vapeur, pour fournir de l'énergie thermique (chauffage) ou mécanique. *Chaudière d'un chauf-*

fage central; de locomotive, de bateau à vapeur. Chaudière à charbon, à mazout. Surface de chauffe d'une chaudière. Chaudière tubulaire. Pièces et appareils d'une chaudière (Bouilleur, déjecteur, flotteur, foyer, injecteur, régulateur, reniflard, soupape, tube). *Fabrication de chaudières.* V. **Chaudronnerie.**

CHAUDRON [ʃodrɔ̃]. *n. m.* (*Chauderon*, XIIᵉ; de *chaudière*). ♦ 1° Petite chaudière (1°) à anse mobile. — *Par ext. Son contenu* (ou *chaudronnée*). *Un chaudron de soupe.* ♦ 2° Fig. Mauvais instrument de musique (par allus. au son que rend un chaudron sur lequel on frappe). *Ce piano est un chaudron.* V. **Casserole.** ♦ 3° Techn. Haute genouillère évasée (de botte). Des « *bottes boueuses dont le chaudron lui montait à mi-cuisses* » (DRUON).

CHAUDRONNERIE [ʃodrɔnri]. *n. f.* (1611; de *chaudron*). ♦ 1° Industrie, commerce du chaudronnier. ♦ 2° Marchandise fabriquée et vendue par le chaudronnier; récipients métalliques, chaudières (2°). *Grosse chaudronnerie,* objets destinés à la grande industrie. *Petite chaudronnerie,* objets réservés aux usages domestiques. V. **Cuisine** (ustensiles de). *Chaudronnerie d'art.* V. **Dinanderie.** ♦ 3° Lieu où se fabrique, où se vend la chaudronnerie.

CHAUDRONNIER, IÈRE [ʃodrɔnje, jɛr]. *n.* (1277; de *chaudron*). ♦ 1° Artisan qui fabrique et vend des ustensiles de petite chaudronnerie. *Chaudronnier d'art.* V. **Dinandier.** ♦ 2° Adj. Qui concerne la chaudronnerie. Qui s'occupe de chaudronnerie. *L'industrie chaudronnière.*

CHAUFFAGE [ʃofaʒ]. *n. m.* (1265; de *chauffer*). ♦ 1° Action de chauffer; production de chaleur. V. **Chauffe.** *Chauffage d'un appartement. Bois de chauffage. Appareils de chauffage.* V. **Brasero, calorifère, chaudière, cheminée, poêle, radiateur, réchaud.** *Mettre, arrêter le chauffage :* faire fonctionner, arrêter un appareil de chauffage. — Absolt. *Dépenser beaucoup pour le chauffage.* V. **Chauffe.** *Le chauffage et l'éclairage :* être chauffé et éclairé. ♦ 2° Manière de chauffer. *Un chauffage économique. Chauffage au bois, au charbon, au gaz. Chauffage par l'électricité. Chauffage par distribution d'air chaud, d'eau chaude, de vapeur* (V. **Thermosiphon**). *Chauffage central par distribution de la chaleur provenant d'une source unique. Chauffage urbain, collectif.* ♦ 3° Par ext. Fam. Les installations qui chauffent. *Le chauffage est détraqué.* ◇ ANT. **Réfrigération, refroidissement.**

CHAUFFAGISTE [ʃofaʒist(ə)]. *n. m.* (de *chauffage*, et suff. -*iste*). Spécialiste du chauffage central (installation, réparation, dépannage).

CHAUFFANT, ANTE [ʃofɑ̃, ɑ̃t]. *adj.* (XXᵉ; de *chauffer*). Qui chauffe, produit de la chaleur. *Surface chauffante, plaque chauffante. Couverture chauffante.*

CHAUFFARD [ʃofar]. *n. m.* (1898; de *chauff*(eur), et suff. péj. -*ard*). Mauvais conducteur. *Il s'est fait écraser par un chauffard. Va donc, eh, chauffard !* (Cf. **Chauffeur** du dimanche).

CHAUFFE [ʃof]. *n. f.* (XIIᵉ, « bois, combustible »; de *chauffer*). ♦ 1° (1701). Lieu où se brûle le combustible dans les fourneaux de fonderies, les chaudières de navires. *Porte de chauffe.* ♦ 2° Le fait de chauffer (*techn.*); entretien du feu, de la pression d'une chaudière. *Conduire la chauffe.* V. **Chauffeur.** *Contrôle de chauffe.* — *Surface de chauffe :* la partie d'une chaudière qui est en contact avec la flamme du foyer. *Les tubes de chaudière augmentent la surface de chauffe.* — *Chambre de chauffe :* compartiment d'un bateau où se trouvent les foyers des chaudières.* V. **Chaufferie.** — *Bleu de chauffe :* combinaison de chauffeur.

CHAUFFE-. Premier élément de noms composés, tiré du v. *chauffer* (Cf. les suivants et, par ex., *chauffe-biberon;* *chauffe-lit*).

CHAUFFE-ASSIETTES [ʃofasjɛt]. *n. m. invar.* (1845; de *chauffe*-, et *assiette*). Appareil pour chauffer les assiettes. *Chauffe-assiettes électrique.*

CHAUFFE-BAIN [ʃofbɛ̃]. *n. m.* (1889; de *chauffer*, et *bain*). Appareil qui produit de l'eau chaude, pour les usages d'hygiène. *Des chauffe-bains à gaz, électriques.* V. **Chauffe-eau.**

CHAUFFE-EAU [ʃofo]. *n. m. invar.* (XXᵉ; de *chauffe*-, et *eau*). Appareil producteur d'eau chaude. *Chauffe-eau instantanés, à accumulation. Chauffe-eau d'une salle de bains.* V. **Chauffe-bain.**

CHAUFFE-PIEDS [ʃofpje]. *n. m. invar.* (1381, repris 1680; de *chauffe*-, et *pieds*). Petit réchaud pour les pieds. V. **Chaufferette.**

CHAUFFE-PLATS [ʃofpla]. *n. m. invar.* (1899; de *chauffe*, et *plat*). Réchaud pour tenir les plats, les assiettes au chaud.

CHAUFFER [ʃofe]. *v.* (XIIᵉ; lat. pop. °*calefare* de *calefacere*).
I. *V. tr.* ♦ 1° Élever la température de; rendre (plus) chaud. V. **Bouillir** (faire). *Chauffer. Chauffer dans une étuve* (V. **Étuver**), *à la braise* (V. **Braiser**), *au four. Chauffer trop fort.* V. **Brûler, calciner, griller, surchauffer.** *Chauffer un métal, du fer, au rouge, à blanc.* — Fig. « *Le ciel chauffé à blanc, s'étendait comme un miroir d'étain* » (FRO-

MENTIN). — *Spécialt.* Mettre en service. *Chauffer une chaudière, une locomotive.* ♦ 2° *Fig.* et fam. *Chauffer qqn; chauffer qqn à blanc :* l'exciter, attiser son zèle. *Chauffer un candidat.* — Loc. *Chauffer les oreilles* (de qqn). V. **Échauffer.** ♦ 3° *Pop.* V. **Voler** (Cf. Choper). *Se laisser chauffer sa montre.*
II. *V. intr.* ♦ 1° Devenir chaud. *Le four chauffe. Faire chauffer de l'eau, un bain. Fig. Le bain chauffe :* un orage se prépare. *Faire chauffer des aliments* (sans cuire). V. **Réchauffer.** Loc. fam. *Faites chauffer la colle! :* il y a de la casse. — *La locomotive, le navire chauffe :* les feux sont allumés. V. **Pression** (être sous pression). ◇ (1906). S'échauffer à l'excès, dangereusement. *Le moteur, l'essieu, la roue chauffe.* ♦ *Produire de la chaleur. Cet appareil chauffe bien. Le coke chauffe mieux que le bois.* ♦ 3° *Fig.* et fam. *Ça va chauffer.* V. **Barder** (3). — *Un orchestre qui chauffe,* qui joue une musique excitante. *Une salle qui chauffe* terrible, survoltée, surexcitée.
III. SE CHAUFFER. *v. pron.* ♦ 1° S'exposer à la chaleur. *Se chauffer au soleil.* ♦ 2° Chauffer sa maison. *Se chauffer au bois, au charbon.* ◇ *Montrer de quel bois on se chauffe :* de quoi l'on est capable. ♦ 3° Se mettre en condition, en train.
◇ ANT. *Rafraîchir, refroidir.*

CHAUFFERETTE [ʃofʀɛt]. *n. f.* (fin XIVᵉ; de *chauffer*). ♦ 1° Boîte à couvercle percé de trous, dans laquelle on met de la braise, de la cendre chaude, pour se chauffer les pieds. ♦ 2° Petit réchaud de table.

CHAUFFERIE [ʃofʀi]. *n. f.* (1334, « chauffage »; « forge », 1723; de *chauffer*). *Mod.* (1908). Chambre de chauffe d'une usine, d'un navire, où sont les chaudières. — Local d'un immeuble où se trouvent les chaudières de chauffage.

CHAUFFEUR [ʃofœʀ]. *n. m.* (1680; de *chauffer*).
I. ♦ 1° Celui qui est chargé d'entretenir le feu d'une forge (*ancienn.*), d'une chaudière. *Chauffeur de locomotive. Mécaniciens et chauffeurs.* ♦ 2° (1896). Conducteur d'automobile. Vieilli. *Un bon, un mauvais chauffeur* (V. **Chauffard**). *Mod. Les chauffeurs du dimanche,* qui conduisent mal. — *Mod.* Personne dont le métier est de conduire. *Chauffeur de camion* (V. **Routier**), *de taxi. Elle est chauffeur de taxi. Chauffeur de maître. Louer sa voiture sans chauffeur.* ♦ 3° *Techn.* Appareil servant à chauffer (dans quelques techniques). *Chauffeurs de permanente.*
II. (v. 1800). *Ancienn.* Brigand qui brûlait les pieds de ses victimes pour les faire parler.

CHAUFFEUSE [ʃoføz]. *n. f.* (1830; de *chauffer*). Chaise basse pour se chauffer près du feu.

CHAUFOUR [ʃofuʀ]. *n. m.* (*Caufoir*, 1372; de *chaux,* et *four*). Four à chaux.

CHAUFOURNIER [ʃofuʀnje]. *n. m.* (1276; de *chaufour*). Ouvrier qui travaille dans un four à chaux.

CHAULAGE [ʃolaʒ]. *n. m.* (1764; de *chauler*). Action de chauler. *Chaulage des terres.* V. **Amendement.** *Chaulage des raisins, des arbres.*

CHAULER [ʃole]. *v. tr.* (XIVᵉ, var. *chauter, chauder;* de *chaux*). ♦ 1° *Agric.* Traiter par la chaux. *Chauler des terres :* répandre de la chaux en poudre pour les rendre poreuses et fertiles. V. **Amender.** *Chauler des arbres :* enduire de lait de chaux pour détruire les insectes. *Chauler des raisins :* arroser de lait de chaux. ♦ 2° Blanchir à la chaux. *Chauler un mur.* V. **Déchauler.**

CHAULEUSE [ʃoløz]. *n. f.* (1929; de *chauler*). *Agric.* Appareil à chauler.

CHAUMAGE [ʃomaʒ]. *n. m.* (1393; de *chaumer*). *Agric.* Action de chaumer. — *Par ext.* Temps où se fait cette opération. ◇ HOM. Chômage.

CHAUME [ʃom]. *n. m.* (XIIᵉ; lat. *calamus* « tige de roseau »). ♦ 1° Tige des céréales. V. **Paille.** — *Spécialt.* Partie de la tige qui reste sur pied après la moisson. V. **Éteule.** *Couper le chaume.* V. **Chaumer.** *Enterrer le chaume.* V. **Déchaumer.** *Brûler le chaume.* V. **Écobuer.** ♦ 2° *Par ext.* Champ où le chaume est encore sur pied. *Des perdrix rouges qui voletaient dans les chaumes* » (FLAUB.). ♦ 3° Paille qui couvre le toit des maisons. V. **Glui.** *Un toit de chaume.* — Toit à couverture de chaume. *« Les maisons des paysans coiffées d'un chaume poli par le temps* » (MAUROIS). ♦ 4° *Par ext. Bot.* Tige cylindrique des plantes graminées.

CHAUMER [ʃome]. *v. tr.* et *intr.* (1338; de *chaume*). *Agric.* Arracher, couper le chaume qui reste dans un champ après la moisson. V. **Déchaumer.** ◇ HOM. Chômer.

CHAUMIÈRE [ʃomjɛʀ]. *n. f.* (1666; de *chaume*). Petite maison rustique et pauvre couverte de chaume. *Chaumière du paysan, du bûcheron.* V. **Cabane, chaumine.** *Poét. L'humble toit d'une chaumière; la chaumière et le palais.* — Loc. *Une chaumière et un cœur,* idéal de l'homme simple et sensible. ◇ *Mod.* Maison d'agrément à toit de chaume.

CHAUMINE [ʃomin]. *n. f.* (1606; adj., XVᵉ; de *chaume*). *Vieilli.* Petite chaumière.

CHAUSSANT, ANTE [ʃosɑ̃, ɑ̃t]. *adj.* (1690; de *chausser*). *Comm.* Qui chausse bien. *Ces mocassins sont très chaussants.*

CHAUSSE [ʃos]. *n. f.* (*Chauce,* 1138; lat. vulg. *°calcea,* de *calceus* « soulier ». V. **Caleçon**). ♦ 1° *Plur.* (XVᵉ). *Vx.* Partie du vêtement masculin qui couvrait le corps depuis la ceinture jusqu'aux genoux (*Haut-de-chausses,* au XVIᵉ. V. **Culotte, grègue**) ou jusqu'aux pieds (*Bas-de-chausses.* V. **Bas, guêtre, jambière**). *Une paire de chausses.* — *Fig.* (Vx ou littér.) *Courir, hurler après les chausses de qqn :* le poursuivre, le harceler; être aux trousses. « *La meute des envieux ne cessera d'aboyer à tes chausses* » (FRANCE). — *Tirer ses chausses :* s'enfuir, partir (Cf. Se tirer). ♦ 2° *Techn.* Entonnoir en étoffe. *Chausse à filtrer.* ♦ 3° *Blas.* Pièce honorable, sorte de chevron plein, retourné pointe en bas (*opposé à* chape).

CHAUSSÉE [ʃose]. *n. f.* (*Chaucie,* fin XIIᵉ; lat. pop. (*via*) *°calceata* « voie chaussée », de *calceare,* ou « pavée de chaux » (*calx, calcis*). ♦ 1° (XIIIᵉ). Élévation de terre servant à retenir l'eau. V. **Digue, levée, remblai, talus.** *Chaussée d'étang. Chaussée de retenue.* ♦ 2° (1690). Levée de terre, talus servant de chemin. *Chaussée dans un marais, un marécage, un lieu bas. Chaussée sur pilotis.* ♦ 3° Partie médiane d'une voie publique. V. **Route, rue.** *Chaussée bombée, relevée. Chaussée empierrée, pavée, goudronnée. Chaussée défoncée, effondrée. Le cantonnier entretient la chaussée. Bas-côté de la chaussée. « Ils occupaient la chaussée et les trottoirs, laissant à peine le passage aux voitures* » (ROMAINS). — *Ponts* et chaussées.* ♦ 4° Long écueil sous-marin. — Colonnes basaltiques. *La chaussée des Géants.* V. **Orgue.**

CHAUSSE-PIED [ʃospje]. *n. m.* (1540; de *chausser,* et *pied*). Morceau de corne, de métal, façonné sur la forme du talon et dont on se sert pour faciliter l'entrée du pied dans la chaussure. V. **Corne** (à chaussure). *Des chausse-pieds.*

CHAUSSER [ʃose]. *v. tr.* (*Chaucier,* 1080; lat. *calceare,* de *calceus* « soulier »). ♦ 1° Mettre (des chaussures) à ses pieds. *Chausser des pantoufles, des sandales, des bottes.* Ellipt. *Chausser du 40 :* porter des chaussures de cette pointure. — *Par anal. Chausser des skis.* ◇ *Fam. Chausser des lunettes, des besicles :* les ajuster sur son nez. ♦ 2° Mettre une chaussure à (qqn). *Il se fait chausser par son valet de chambre. Il faut chausser cet enfant. Se chausser avec un chausse-pied.* « *Ramuntcho cheminait, chaussé de semelles de cordes* » (LOTI). — *Par métaph. Voiture chaussée de pneus neufs.* ♦ Fournir en chaussures. *Ce cordonnier, ce bottier chausse toute ma famille. Il se fait chausser chez X.* — Loc. *S'enfuir un pied chaussé et l'autre nu :* fuir précipitamment. *Les cordonniers sont les plus mal chaussés :* on manque souvent des choses que l'on pourrait avoir avec le plus de facilité.* ♦ 3° *Par ext. Intrans.* Aller bien ou mal (en parlant de la chaussure). *Ce soulier chausse bien, va bien.* ♦ 4° Entourer de terre le pied d'une plante. *Chausser un arbre.* On dit aussi *Enchausser.* V. **Buter.** ♦ 5° Garnir de pneus (une voiture). ◇ ANT. *Déchausser.*

CHAUSSE-TRAPPE [ʃostʀap]. *n. f.* (*Kouketrape* [picard], XIIIᵉ; altér. [d'apr. *chausser,* et *trappe*] de *chauche trape,* de *chalcier* « fouler aux pieds », lat. *calcare,* et *trappe*). ♦ 1° *Ancienn.* Engin de guerre, à quatre pointes (cf. a. fr. « *chardon* »). ♦ 2° (v. 1600). Trou recouvert, cachant un piège. V. **Piège.** *Prendre des bêtes sauvages dans des chausse-trappes.* ♦ 3° *Fig.* V. **Embûche, piège, ruse.**

CHAUSSETTE [ʃosɛt]. *n. f.* (*Chalcete,* fin XIIᵉ; de *chausse*). ♦ 1° *Vx.* Bas court (d'homme ou de femme). V. **Bas, mi-bas.** ♦ 2° *Mod.* Vêtement tricoté qui couvre le pied et le bas de la jambe (hommes) et le mollet (enfants). *Chaussettes de laine, de fil, de nylon. Chaussettes. Repriser des chaussettes. Support-chaussettes, fixe-chaussettes.* V. **Jarretière.** *Marcher en chaussettes.* — *Chaussettes russes :* bandelettes enveloppant le pied. — *Pop. Chaussettes à clous :* souliers ferrés. — *Jus de chaussette :* mauvais café.

CHAUSSEUR [ʃosœʀ]. *n. m.* (1922; de *chausser*). Fabricant, vendeur de chaussures; *spécialt.* Celui qui fournit qqn en chaussures. V. **Bottier.**

CHAUSSON [ʃosɔ̃]. *n. m.* (*Chauçon* « chaussette », fin XIIᵉ; de *chausse*). ♦ 1° Chaussure (1°) souple, légère et chaude. V. **Pantoufle, savate.** *Des chaussons de lisière. Point de chausson :* point en ligne brisée pour assembler ou orner. — Chaussure tricotée pour nouveau-né. *Tricoter des chaussons pour la layette d'un bébé.* ♦ *Spécialt.* (XVIIᵉ). Chaussure souple employée pour certains exercices. V. **Espadrille.** *Chausson d'escrimeur. Chausson de danse.* ♦ 2° *Fig.* Sorte de lutte à coups de pieds. V. **Savate.** *Pratiquer la canne et le chausson.* ♦ 3° (1829). Pâtisserie formée d'un rond de pâte feuilletée replié contenant de la compote. *Chausson aux pommes, aux prunes.*

CHAUSSONNIER [ʃosɔnje]. *n. m.* (1869; de *chausson*). *Techn.* Fabricant de chaussons, de pantoufles.

CHAUSSURE [ʃosyʀ]. *n. f.* (*Chauceüre,* fin XIIᵉ; de *chausser*). ♦ 1° *Rare* (*Sens large*). Tout du vêtement qui entoure et protège les pieds. V. **Babouche, botte, bottillon, chausson, cothurne, espadrille, galoche, mocassin, mule, pantoufle, patin, sabot, sandale, savate, socque, soulier.** « *Il faut juger des femmes depuis la chaussure jusqu'à la coiffure* »

(LA BRUY.). *Parties de la chaussure.* V. **Bout, carre, claque, contrefort, empeigne, languette, œillet, quartier, semelle, talon, tige, tirant, trépointe.** ♦ 2° *Cour. (Sens étroit).* Syn. de *soulier.* V. **Bottine, brodequin, escarpin, mocassin, soulier** (Cf. *pop.* **Bateau, croquenot, écrase-merde, godasse, godillot, grolle, péniche, pompe, ribouis, tatane**). *Chaussure montante; chaussure basse* (V. **Richelieu**). *Chaussure de cuir, de daim. Chaussures de sport. Chaussures de basket, de tennis, de ski, etc. Chaussures à semelle de cuir, de crêpe; chaussure cloutée, à crampons. Taille d'une chaussure.* V. **Pointure.** *Fabricant, marchand de chaussures.* V. **Bottier, chausseur, cordonnier.** *Chaussures usées, éculées, percées. Ressemeler des chaussures. Cirer des chaussures.* — *Mettre, enlever ses chaussures* (V. **Chausser, déchausser**). — *Loc. fig. Trouver chaussure à son pied :* trouver, rencontrer ce qui convient; *spécialt.* Une femme, un mari. ♦ 3° *Industrie, commerce des chaussures. Les ouvriers de la chaussure. Travailler dans la chaussure.*

CHAUT *(peu me chaut).* V. **CHALOIR.**

CHAUVE [ʃov]. *adj. (Chauf,* XII°; refait sur le fém.; lat. *calvus).* ♦ 1° Qui n'a plus ou presque plus de cheveux. V. **Dégarni, déplumé.** *Crâne, tête chauve. Être, devenir chauve par alopécie, pelade* (V. **Calvitie**). — *Fam. Il est chauve comme un œuf, comme une bille, comme un genou* (Cf. N'avoir plus un poil sur le caillou). « *Il avait une tête chauve en forme d'œuf* » (MAUROIS). — *Subst. Un chauve.* ♦ 2° *Fig.* et *littér.* Pelé, dénudé. *Des collines chauves. Une nuit sur le mont Chauve,* poème symphonique de Moussorgsky.

CHAUVE-SOURIS [ʃovsuʀi]. *n. f.* (fin XII°; bas lat. *calva sorices* « souris chauve », altér. de *cawa sorix* « souris chouette »). ♦ 1° Nom courant des *Chiroptères,* mammifères à ailes membraneuses. *Principaux types de chauvessouris.* V. **Noctule, oreillard, pipistrelle, rhinolophe, roussette, vampire, vespertilion.** *Les chauves-souris sont insectivores ou frugivores.* « *Une chauve-souris vint, de son battement d'ailes précipité et mou, frôler les cheveux de Mᵐᵉ de Fontanin* » (MART. du G.). ♦ 2° *Mar.* Ferrure la plus élevée d'un gouvernail, s'étendant en forme d'ailes le long de l'étambot.

CHAUVIN, INE [ʃovɛ̃, in]. *adj.* (v. 1830; de N. *Chauvin,* type du soldat enthousiaste et naïf de l'Empire). ♦ 1° Qui a ou manifeste un patriotisme fanatique et belliqueux. V. **Cocardier, patriotard.** *Ardeur chauvine. Journal chauvin.* ♦ 2° *Par ext.* Qui a une admiration outrée, partiale et exclusive pour son pays. V. **Xénophobe.** — *Subst. Un, une chauvin(e).* ◊ ANT. Impartial.

CHAUVINISME [ʃovinism(ə)]. *n. m.* (1834; de *chauvin).* Caractère de ce qui est chauvin; nationalisme, patriotisme agressif et exclusif. « *Leur patriotisme (dont la caricature s'appela chauvinisme) s'exprimait par une attitude belliqueuse* » (SEIGNOBOS).

CHAUVINISTE [ʃovinist]. *adj.* et *n.* V. **CHAUVIN.**

CHAUVIR [ʃoviʀ]. *v. intr.;* conjug. *partir,* sauf aux personnes du singulier du prés. de l'indic. et de l'impér. comme *finir* (XIII°, « faire la chouette »; frq. °*kawa*). *Chauvir des oreilles :* les dresser, en parlant de l'âne, du mulet, du cheval. *Il chauvit, ils chauvent des oreilles.*

CHAUX [ʃo]. *n. f. (Chaus,* 1155; lat. *calx, calcis* « pierre », gr. *khalix* « chaux »). ♦ 1° Oxyde de calcium (CaO) obtenu par la calcination des pierres à chaux ou pierres à plâtre. V. **Calcaire.** *Chaux hydratée* (hydroxyde de calcium Ca(OH)₂). *Four à chaux,* où la chaux est calcinée. V. **Chaufour.** *Chaux vive,* qui ne contient pas d'eau. *Chaux éteinte :* chaux hydratée. *Chaux hydraulique,* qui durcit sous l'eau. *Chaux maigre,* qui n'augmente pas au contact de l'eau (opposé à *chaux grasse*). — *Eau de chaux,* solution de chaux. — *Blanc de chaux :* enduit composé de chaux éteinte étendue d'eau, utilisé dans le traitement des peaux (*par ex.* : le chamoisage), en agriculture (V. **Chaulage**), dans le blanchiment des murs (V. **Échaudage**). *Lait de chaux,* suspension d'hydroxyde de calcium dans l'eau. — *Constr. Mélange de chaux et d'argile.* V. **Ciment.** *Mélange de chaux et de sable.* V. **Crépi, mortier.** « *Le mur du jardin était crépi à chaux et à sable* » (SAND). — *Loc. Bâtir à chaux et à sable, à chaux et à ciment :* très solidement. *Être bâti à chaux et à sable, à chaux et à ciment :* être d'une constitution robuste. ♦ 2° *Vx.* Calcium. *Sels de chaux.* Sulfate, hydrate de chaux. V. **Gypse.** ⊗ HOM. *Chaud, chaut* (de *chaloir*).

CHAVIREMENT [ʃaviʀmɑ̃]. *n. m.* (1846; de *chavirer).* Rare. *Le fait de chavirer.*

CHAVIRER [ʃaviʀe]. *v.* (1701; prov. *cap virar* « tourner la tête » (en bas). I. *V. intr.* ♦ 1° *Mar.* En parlant d'un navire, S'incliner de telle sorte que l'eau entre par les ouvertures du pont et le fait se retourner sur lui-même. V. **Basculer, couler, renverser (se), sombrer.** « *Nous fûmes deux fois près de chavirer* » (CHATEAUB.). ♦ 2° Se renverser. *Ses yeux chavirèrent.* V. **Révulser (se).** « *Épouvante! Le paysage chavire* » (MART. du G.). V. **Chanceler, vaciller.** ♦ 3° *Fig.* S'abîmer, sombrer. « *Ainsi les nations les plus grandes chavirent !* » (HUGO).

II. *V. tr.* ♦ 1° Faire chavirer. *Chavirer un navire pour le réparer.* V. **Cabaner.** *Par ext.* V. **Bousculer, renverser.** *Des matelots* « *entrèrent, chavirant les chaises* » (LOTI). ♦ 2° *Fig.* Renverser, retourner. *Fam. J'en suis tout chaviré :* ému, retourné.

CHÉBEC [ʃebɛk]. *n. m.* (1771; it. *sciabecco,* arabe *chabbâk*). *Mar.* Ancien petit trois-mâts de la Méditerranée à voiles et à rames (V. **Navigation**). « *Les étranges chébecs aux formes d'une élégance orientale* » (VALÉRY).

CHÈCHE [ʃɛʃ]. *n. m.* (XX°; mot arabe). Longue écharpe arabe. « *On appelle chèches des écharpes arabes dont on peut faire tout ce qu'on veut* » (MONTHERLANT).

CHÉCHIA [ʃeʃja]. *n. f. (Chachie,* 1575; repris 1845; arabe *châchîya,* de *Chach,* ville d'Asie où l'on fabriquait des bonnets). Coiffure en forme de calotte que portent les Arabes. V. **Fez.** *Chéchia de tirailleur, de zouave.*

CHECK-LIST [tʃɛklist ou ʃɛklist]. *n. f.* (mil. XX°; mot angl.). Anglicisme. *Aviat., astron.* Liste d'opérations successives destinée à vérifier sans omission le bon fonctionnement de tous les équipements vitaux d'un avion, d'un engin avant son départ. (Franç. [liste de] *contrôle*).

CHECK-UP [(t)ʃekœp]. *n. m. inv.* (v. 1960; mot angl., « vérification complète », de *to check* « vérifier »). Anglicisme. (*Méd.*). Examen systématique de l'état de santé d'une personne (équivalent français : bilan* de santé).

CHEDDITE [ʃedit]. *n. f.* (v. 1909; du nom de *Chedde,* en Haute-Savoie). Explosif à base de chlorate (de potassium, de sodium) et de dinitrotoluène.

CHEF [ʃɛf]. *n. m. (Chief,* X°; lat. *caput* « tête »). I. ♦ 1° *Vx.* V. **Tête** (Cf. **Couvre-chef**). *Le chef de saint Denis,* relique. ♦ 2° *Blas. Chef de l'écu :* pièce honorable qui est en haut de l'écu. *Chef bandé, barré, vergetté.* ♦ 3° *Littér.* DE SON CHEF : de sa propre initiative, de lui-même. V. **Autorité.** *Faire qqch. de son propre chef.* ♦ 4° *Vieilli.* Article, point principal d'un exposé, d'une discussion. *Les chefs d'un discours.* — *Dr. (Mod.)* Élément distinct d'une action en justice, groupé avec d'autres dans une même procédure. *Statuer sur chacun des chefs d'une demande. Les chefs d'une accusation.* — *Loc. Au premier chef. Il est coupable au premier chef. Il importe, au premier chef, que :* est essentiel, capital, que.

II. (XIII°). ♦ 1° Personne qui est à la tête, qui dirige, commande, gouverne. V. **Animateur, commandant, conducteur, directeur, dirigeant, entraîneur, fondateur, maître, meneur, patron, responsable;** et suff. **-Archie, -arque.** *La responsabilité du chef. L'autorité, le pouvoir, les directives, les ordres du chef. La volonté du chef. Chefs hiérarchiques.* V. **Hiérarchie.** *Obéir à ses chefs.* « *La discipline exige que le subordonné respecte le chef* » (MAUROIS). — *Par ext.* Personne qui sait se faire obéir. *Un tempérament de chef.* ♦ 2° *Loc. Chef de... :* celui qui dirige en titre*. *Le chef de l'État.* V. **Monarque, président, roi; empereur, prince.** *Des chefs d'État. Chef de cabinet d'un ministre. Chef de bureau, de service* (V. **Directeur**). *Chef de tribu.* — *Chef d'entreprise, d'industrie.* V. **Directeur, patron.** *Chef d'équipe.* V. **Contremaître.** — *Ch. de fer. Chef de gare, de dépôt, de train.* V. ♦ 3° *Spécialt.* Dans un corps hiérarchisé militaire ou paramilitaire, celui qui commande. *Les soldats et leurs chefs.* V. **Officier; grade.** *Le généralissime, chef suprême des armées. Les grands chefs d'armées.* V. **Général.** — *Loc. Chef d'état-major. Chef de bataillon, d'escadron :* commandant. *Chef de section :* lieutenant, sous-lieutenant ou adjudant. *Chef de pièce, de patrouille. Chef de musique.* *Mar.* *Chef mécanicien. Chef de quart, de timonerie, de nage.* — *Chef scout* (V. *aussi* **Cheftaine**). ♦ 4° Personne qui dirige, commande effectivement (sans que cela corresponde à un titre). *Un chef de bande* (brigands, gangsters). ◊ Personne que les autres suivent. *Chef d'école, de secte* (artistique, littéraire, religieuse). V. **Coryphée.** *Chef de file*.* — CHEF DE FAMILLE : personne sur qui repose la responsabilité de la famille. « *Elle respectait les volontés de ce fils, de cet aîné qui avait presque rang de chef de famille* » (LOTI). ♦ 5° *Mus.* CHEF D'ORCHESTRE : personne qui dirige l'orchestre. *Chef des chœurs.* ◊ *Cuis. Chef de cuisine, chef cuisinier.* V. **Coq, queux** (maître). — *Absolt.* V. **Cuisinier.** *Gâteau, pâté du chef.* — (Appellatif) *Chef,* deux steaks saignants ! ♦ 6° *Appos.* (Milit.). *Adjudant-chef, sergent-chef, médecin-chef. Gardien-chef.* — (Aviat.) *Chef pilote.* — (Appellatif) *Sergent-chef. Oui, chef !* ♦ 7° Pop. Personne remarquable. V. **As, champion.** *C'est un chef.* ♦ 8° *Loc. adv.* EN CHEF : en qualité de chef; en premier. *Ingénieur, rédacteur en chef. Général en chef.* — (ANT. **Inférieur, subalterne, subordonné; second**.)

CHEF-D'ŒUVRE [ʃɛdœvʀ(ə)]. *n. m.* (XIII°; de *chef, œuvre).* ♦ 1° *Ancien.* Œuvre capitale et difficile qu'un artisan devait faire pour recevoir la maîtrise dans sa corporation. — *Mod.* La meilleure œuvre d'un auteur. *C'est son chef-d'œuvre.* ♦ 2° Œuvre accomplie en son genre. V. **Perfection.** « *Le chef-d'œuvre littéraire de la France est peut-être sa prose abstraite* » (VALÉRY). ♦ 3° *Fig.* Tout ce qui est parfait en son genre. V. **Prodige**. *Accomplir, déployer des chefs-d'œuvre d'habileté, d'intelligence.* ◇ ANT. *Ébauche, navet.*

CHEFFERIE [ʃefʀi]. *n. f.* (1834; de *chef*). Ancienne circonscription territoriale du génie, des eaux et forêts. V. **Arrondissement**. ◇ Unité territoriale sur laquelle s'exerce l'autorité d'un chef de tribu.

CHEF-LIEU [ʃefljø]. *n. m.* (1257, « château principal »; de *chef*, et *lieu*). *Mod.* En France, Centre administratif d'une circonscription territoriale. *Chef-lieu de département.* V. **Préfecture**. *Chef-lieu d'arrondissement, de canton. Absolt. Aller au chef-lieu,* à la ville où est la préfecture. *Des chefs-lieux.*

CHEFTAINE [ʃeftɛn]. *n. f.* (v. 1911; angl. *chieftain*, a. fr. *chevetain* « capitaine »). Jeune fille, jeune femme responsable d'un groupe de jeunes scouts (louveteaux), de guides, d'éclaireuses.

CHEIK, CHEIKH ou **SCHEIK** [ʃɛk]. *n. m.* (1700; *seic*, 1272; arabe *chaikh* « vieillard »). Chef de tribu chez les Arabes. ◇ HOM. *Chèque.*

CHEIRE [ʃɛʀ]. *n. f.* (xxᵉ; dial. auvergnat, lat. pop. °*carium*, mot prélatin). Coulée volcanique qui présente des inégalités (scories), en Auvergne. ◇ HOM. *Chair, chaire, cher, chère.*

CHEIROPTÈRES [keiʀɔptɛʀ] ou **CHIROPTÈRES** [kiʀɔptɛʀ]. *n. m. pl.* (1797; gr. *kheir* « main », et *pteron* « aile »). Ordre de mammifères dont les membres antérieurs allongés portent des membranes formant ailes; ils sont insectivores ou frugivores. V. **Chauve-souris**. *Sing. Un cheiroptère.*

CHELEM ou **SCHELEM** [ʃlem]. *n. m.* (1773; angl. *slam* « écrasement »). Réunion, dans la même main, de toutes les levées dans certains jeux de cartes (boston, whist, bridge). *Réussir le petit chelem :* toutes les levées moins une. *Un grand chelem.* — Adj. *Faire qqn chelem.*

CHÉLICÈRE [kelisɛʀ]. *n. f.* (1846; lat. mod. *chelicera*, gr. *khêlê* « pince », et *keras* « corne »). *Zool.* Appendice céphalique des arachnides, crochet (araignées) ou pince (scorpions).

CHÉLIDOINE [kelidwan]. *n. f.* (v. 1260; lat. *chelidonia*, gr. *khelidonia*, de *khelidôn* « hirondelle »). Plante *(Papaveracées)* appelée aussi *grande éclaire,* herbacée, à fleurs jaunes, dont le suc laiteux passait pour guérir les verrues.

CHELLÉEN, ÉENNE [ʃeleɛ̃, eɛn]. *adj.* et *n. m.* (1883; de *Chelles,* localité de la région parisienne). *Syn.* ABBEVILLIEN.

CHÉLOÏDE [kelɔid]. *n. m.* (1817; du gr. *khêlê* « pince », et -*oïde*). *Pathol.* Boursouflure fibreuse indurée et ramifiée, formée sur la peau au niveau d'une cicatrice.

CHÉLONIENS [kelɔnjɛ̃]. *n. m. pl.* (1805; gr. *khelônê* « tortue »). Ordre de reptiles caractérisés par une carapace de plaques cornées. V. **Tortue**. — *Sing. Un chélonien.*

CHEMIN [ʃ(ə)mɛ̃]. *n. m.* (1080; du lat. pop. °*camminus,* mot gaul.).
I. ❶ *(Concret).* ♦ 1° Voie qui permet d'aller d'un lieu à un autre. V. **Route, voie**; *spécialt.* Bande déblayée assez étroite qui suit les accidents du terrain (*opposé à* route, allée). V. **Piste, sente, sentier**. *Chemin montant.* V. **Côte, grimpette, montée, raidillon, rampe**. *Chemin descendant.* V. **Descente**. *Chemin sinueux, tortueux, en zigzags. Le chemin se sépare en deux.* V. **Bifurcation, embranchement, fourche, patte-d'oie**. *Croisée de chemins.* V. **Carrefour, étoile**. *Chemin de traverse.* — *Chemin creux,* enfoncé entre des parties plus hautes (dans les pays de bocage). *Chemin enneigé, ensablé. Les cailloux, les ornières, les fondrières, les cahots du chemin. Chemin carrossable. Chemin fréquenté, battu. « À la sortie du village, la route se continue par un chemin de terre abrupt, plein de fondrières »* (MART. du G.). *« Ce chemin qui serpente est bon, et tout parfumé d'herbes sèches »* (BOSCO). — *Construire, percer, ouvrir un chemin. Chemin vicinal, rural. Chemin de montagne. Chemin muletier. Chemin forestier.* V. **Cavée, laie, layon, lé**. *Vx. Grand chemin :* route. *Loc. mod. Voleur de grand chemin. Vieux comme les chemins :* très vieux. *Être toujours sur les chemins* (Cf. Par monts et par vaux). — *Spécialt. Chemin de halage,* une berge. V. **Berme, marchepied, tirage**. ♦ 2° *Fortif.* CHEMIN DE RONDE : corridor maçonné construit le long du parapet, au-dessus du fossé. *Mod.* Partie du *terre-plein* au-dessus de la banquette. — *Chemin couvert :* partie de la contrescarpe entre le parapet et le fossé. ♦ 3° *Par ext. Chemin d'escalier :* bande de tapis disposée sur les marches. — *Chemin de table :* bande d'étoffe disposée sur une table. — *Techn. Chemin de roulement, de glissement.*
❷ *(Abstrait).* ♦ 1° (1490). Distance, espace à parcourir pour aller d'un lieu à un autre. V. **Parcours, route, trajet**. *La ligne droite est le plus court chemin d'un point à un autre. Faire, parcourir le chemin qui sépare deux villes. Faire le chemin d'une seule traite, par étapes. Ils ont fait la moitié du chemin; ils sont à mi-chemin.* ♦ 2° *Direction, voie d'accès. Prendre le chemin de* (V. **Direction**). *« Quel chemin a-t-il pris? la porte ou la fenêtre? »* (RAC.). *Demander son chemin. Montrer, indiquer à qqn son chemin. Perdre son chemin, se tromper de chemin, prendre le mauvais chemin.* V. **Égarer (s'), perdre (se).** *Passer par un autre chemin. Loc. Le chemin des écoliers*. — *Le chemin de la croix*. *Le chemin de Damas :* la route où

saint Paul se convertit; *fig. Conversion (trouver son chemin de Damas). Le chemin de saint Jacques* (de Compostelle) : route de pèlerinage (*fig. :* la voie lactée). PROV. *Tous les chemins mènent à Rome* (*fig. :* il y a de nombreux moyens pour obtenir un résultat). ♦ 3° *Loc. Se mettre en chemin :* partir (V. **Cheminer**). *Poursuivre, passer son chemin :* continuer à marcher; ne pas s'arrêter. V. **Passer**. *Rebrousser chemin.* *« Nous allons descendre jusqu'au pré. Là nous rebrousserons chemin »* (ZOLA). — *Absolt. Faire du chemin, abattre du chemin.* V. **Avancer, marcher** (Cf. Abattre des kilomètres). *Chemin faisant :* pendant le trajet. *En chemin :* en cours de route. *Rester en chemin. Ils l'ont rencontré en chemin.* — *Temps passé à cheminer. Tromper le chemin :* s'occuper pendant la durée du chemin. *Deux heures de chemin.* ♦ 4° En parlant d'un corps qui se meut. *Chemin parcouru par un projectile.* V. **Trajectoire**. *Le chemin du piston dans le cylindre.* V. **Course**.
II. *Métaph.* et *fig.* ♦ 1° Conduite qu'il faut suivre pour arriver à un but. V. **Moyen, voie**. *Il n'arrivera pas à ses fins par ce chemin, il n'en prend pas le chemin. Le chemin de la gloire. « Nous ne prenons guère le chemin de nous rendre sages »* (MOL.). *Aller son petit bonhomme de chemin :* continuer tranquillement sans se laisser arrêter. — *Je n'irai pas par quatre chemins :* j'agirai franchement, sans ambages, sans détours* (Cf. Aller droit au but). *« Je suis rond en affaires et je n'y vais pas par quatre chemins »* (GIDE). — *Faire du chemin.* V. **Aboutir, aller** (loin), **parvenir, progresser, réussir**. *Il fera son chemin :* il fera une belle carrière. — *Ouvrir, tracer, montrer le chemin* (donner l'exemple). *Faire une partie, la moitié du chemin :* des avances. ◇ *Loc.* (Sc.). *Chemin critique,* l'un des ensembles d'opérations, de tâches successives dont la durée d'exécution, incompressible, apparaît comme un délai minimal pour l'exécution de la totalité d'un projet. ♦ 2° EN CHEMIN : en marche, en route. *L'affaire est en bon chemin :* en passe de réussir. — *S'arrêter en chemin :* avant d'avoir achevé ce qu'on a commencé. V. **Pendant**. ◇ SUR *(le, son)* CHEMIN. *Se mettre sur le chemin de qqn.* V. **Déranger, traverser**. — *Trouver sur son chemin* (une chose, une personne, un adversaire). *« Il ne faisait pas bon se trouver sur son chemin »* (HAMILTON).

CHEMIN DE FER [ʃ(ə)mɛdfɛʀ]. *n. m.* (1823; date de la mise en service du chemin de fer de Saint-Étienne à Andrézieux; 1787, texte du Creusot; trad. angl. *railway*). ♦ 1° *Vx.* Chemin formé par deux rails parallèles sur lesquels roulent les trains. V. **Voie**. ♦ 2° *Mod.* Le moyen de transport utilisant la voie ferrée; l'exploitation de ce moyen de transport (V. **Ferroviaire**). *Voie de chemin de fer.* V. **Accotement, ballast, contrecœur, contre-rail, coussinet, crémaillère, éclisse, entrevoie, longrine, rail, remblai, tire-fond, traverse**. *Ligne de chemin de fer.* V. **Infrastructure, superstructure; voie; aiguillage, aiguille, barrière, bifurcation, branchement, embranchement, heurtoir, ouvrage (d'art), passage (à niveau), plaque (tournante), pont, rampe, rocade, tranchée, tunnel, viaduc**. *Systèmes de sécurité du chemin de fer.* V. **Signalisation; balisage, block-system, crocodile, disque, sémaphore, signal**. *Matériel roulant des chemins de fer.* V. **Locomotive, traction, train, voiture, wagon**; *et aussi* **Autorail, draisine, fourgon, funiculaire, lorry, micheline, sleeping-(car), tender, tracteur, truck; convoi, rame**. *Chemin de fer à voie normale; à voie étroite.* V. **Tortillard**. *Chemin de fer rapide.* V. **Direct, express, rapide**. *Chemin de fer omnibus. Chemin de fer à vapeur, électrique. Chemin de fer à crémaillère. Chemin de fer de ceinture. Chemin de fer urbain* (vx). V. **Tramway; métro**. *Horaire, indicateur des chemins de fer. Station de chemin de fer.* V. **Gare, débarcadère, quai, terminus, tête** (de ligne). *Faire un voyage, un trajet en chemin de fer.* V. **Train**. *Accident de chemin de fer.* V. **Déraillement, télescopage.** ♦ 3° Entreprise qui exploite des lignes de chemin de fer. *Les chemins de fer français* (SNCF). *Employés des chemins de fer.* V. **Cheminot.** ♦ 4° Chemin de fer en miniature servant de jouet aux enfants. *Chemin de fer électrique.* ♦ 5° Jeu d'argent, variété de baccara. *Jouer au chemin de fer dans un casino.*

CHEMINEAU [ʃ(ə)mino]. *n. m.* (1853; mot de l'Ouest; de *chemin*). Celui qui parcourt les chemins et qui vit de petites besognes, d'aumônes ou de larcins. V. **Clochard, mendiant, rôdeur, trimardeur, vagabond.** ◇ HOM. *Cheminot.*

CHEMINÉE [ʃ(ə)mine]. *n. f.* (1138; bas lat. *caminata,* de *caminus* « âtre », gr. *kaminos*). ♦ 1° Dispositif formé d'un foyer et d'un tuyau qui sert à évacuer la fumée. V. **Âtre, foyer**. *Parties d'une cheminée.* V. **Capuchon, chambranle, chantignole, contrecœur, ébrasement, écran, encadrement, fronton, fumivore, garde-feu, grille, hotte, jambage, languette, manteau, rideau, souche, tablier, tuyau**. *Allumer du feu, brûler du bois, du charbon, faire une flambée dans la cheminée :* dans l'âtre. *Cheminée encrassée par la suie. Ramoner une cheminée. La cheminée ronfle, tire bien. Feu de cheminée.* — *Cheminée prussienne,* sorte de poêle qu'on adapte à la cheminée. ♦ 2° Partie inférieure de la cheminée qui sert d'encadrement à l'âtre. *Cheminée de marbre, de briques. Garniture de cheminée. Dessus de cheminée.* ♦ 3° Partie supérieure du conduit qui évacue la fumée et que l'on voit sur le toit. *Le vent abattit quelques cheminées. Chapeau, champignon de cheminée.* — Spécialt. *Cheminée de locomotive, de navire. Paquebot à trois cheminées. Cheminée d'usine,* tuyau de maçonnerie surmontant un foyer, un fourneau d'usine. « *Les cheminées des usines poussaient d'immenses panaches bruns* » (FLAUB.). ◇ Par anal. *Cheminée des fées :* colonne ou pyramide argileuse coiffée d'un bloc (qui l'a protégée de l'érosion). ♦ 4° (XVIIᵉ). *Cheminée d'un volcan,* par où passent les matières volcaniques. — *Alpin.* Corridor vertical étroit. *Cheminée d'aération.* — Trou* d'air. ♦ 6° Techn. *Cheminée d'équilibre,* ouvrage (ou formation naturelle) servant de régulateur de pression dans un système hydraulique. ◇ HOM. *Cheminer.*

CHEMINEMENT [ʃ(ə)minmã]. *n. m.* (XIIIᵉ ; de *cheminer*). ♦ 1° Action de cheminer. V. **Marche.** *Lent cheminement.* — *Milit.* Marche progressive des travaux offensifs d'un siège. *Le cheminement des sapeurs s'effectuait sous le feu de l'ennemi.* V. **Approche, progression.** *Par ext.* Itinéraire à l'abri des vues, des coups. *Suivre un cheminement.* ♦ 2° Avance lente, progressive. *Le cheminement des eaux.* — Fig. *Cheminement de la pensée, d'une idée.* V. **Avance, marche, progrès.** ♦ 3° Topogr. Méthode de levée par mesures d'angles successives. *Cheminement au goniomètre, à la planchette déclinée.*

CHEMINER [ʃ(ə)mine]. *v. intr.* (1138 ; de *chemin*). ♦ 1° Faire du chemin, et *spécialt.* un chemin long et pénible, que l'on parcourt lentement. V. **Aller, marcher, trimer.** « *Nous cheminâmes pendant une heure et demie avec une peine excessive* » (CHATEAUB.). *Il* « *cheminait seul, d'un pas inégal et lent* » (FRANCE). ♦ 2° *Par ext.* Avancer, et *spécialt.* (Mod.) Avancer lentement. *L'eau chemine dans le lit du ruisseau.* — Fig. « *Sa pensée tantôt chemine avec la sourde lenteur de la taupe, tantôt s'élance du vol de l'aigle* » (FRANCE). ♦ 3° Milit. Progresser vers une place assiégée, effectuer des travaux d'approche, de sape. ♦ 4° Topogr. Effectuer une levée par cheminement.

CHEMINOT [ʃ(ə)mino]. *n. m.* (1908 ; de *chemin* « manœuvre qui va de chantier en chantier »). Employé de chemin de fer. ◇ HOM. *Chemineau.*

CHEMISAGE [ʃ(ə)mizaʒ]. *n. m.* (1929 ; de *chemiser*). Action de chemiser ; manière dont une chose est protégée par une chemise. V. **Revêtement.**

CHEMISE [ʃ(ə)miz]. *n. f.* (XIIᵉ ; bas lat. *camisia* ; o. i.). I. ♦ 1° Vêtement couvrant le torse (porté souvent sur la peau). V. **Vêtement** (Cf. *arg.* Limace, liquette). *Chemise de femme* (ancienn.) : sous-vêtement que se mettait sous le corset. *Mod. Chemise américaine* : sous-vêtement de tricot. — *Chemise d'enfant, de bébé.* ◇ *Chemise d'homme,* vêtement qui se porte sous le veston. *Col, manchette, plastron, pan de chemise* (V. **Bannière**). *Chemise amidonnée, glacée, empesée. Chemise blanche, à carreaux.* — *Chemise de soirée, de sport. Chemise-veste* : chemise qui tient lieu de veste. — *Être en bras, en manches de chemise,* sans veston. ◇ CHEMISE DE NUIT : long vêtement de nuit (analogue à une robe), d'homme *(ancien.)* ou de femme. ♦ 2° Ancienn. *Chemise de mailles.* V. **Cotte, haubert, jaseran.** ♦ 3° Chemise d'homme ; uniforme de certaines formations politiques paramilitaires, et *par ext.* ces formations. *Chemises rouges.* V. **Garibaldien.** *Chemises brunes.* V. **Hitlérien, nazi.** *Chemises noires.* V. **Fasciste.** ♦ 4° Loc. fig. *Changer de qqch. comme de chemise* : constamment. — *Se soucier d'une chose comme de sa première chemise* : n'y accorder aucun intérêt. — Pop. *Être comme cul et chemise* : être inséparables. — *Laisser dans une affaire jusqu'à sa dernière chemise* : s'y ruiner.

II. ♦ 1° (1752). Couverture (cartonnée, toilée) dans laquelle on insère les pièces d'un dossier. ♦ 2° (1753, « partie inférieure du haut fourneau »). Revêtement de protection. *Chemise de maçonnerie* : crépi, enveloppe, de mortier. *Chemise de cylindres d'automobile. Chemise d'un canon, d'un projectile.*

CHEMISER [ʃ(ə)mize]. *v. tr.* (1858 ; de *chemise,* II). Techn. Garnir d'un revêtement protecteur.

CHEMISERIE [ʃ(ə)mizri]. *n. f.* (1845 ; de *chemise*). ♦ 1° Industrie de la chemise (d'homme), des accessoires (cravates, pochettes), des sous-vêtements masculins (caleçons). ♦ 2° Magasin d'habillement masculin où l'on vend surtout des chemises.

CHEMISETTE [ʃ(ə)mizɛt]. *n. f.* (1220 ; de *chemise*). ♦ 1° Chemise d'homme à manches courtes. ♦ 2° (1869). Petite blouse ou corsage à manches courtes (femmes ; enfants).

CHEMISIER [ʃ(ə)mizje]. *n. m.* (1806 ; -*ière,* 1596 ; de *chemise*). I. Fabricant ou marchand de chemiserie. « *Il était une fois un pauvre chemisier dont les chemises allaient bien, mais les affaires mal* » (LARBAUD). II. (1906). Corsage de femme, à col, fermé par-devant. *Chemisier à manches longues. Robe chemisier* (dont le haut forme chemisier).

CHÊNAIE [ʃɛnɛ]. *n. f.* (1211 ; var. *Casnoit,* 1079 ; de *chêne*). Plantation de chênes.

CHENAL, AUX [ʃənal, o]. *n. m.* (1120 ; var. de *chenel ;* lat. *canalis.* V. Canal). ♦ 1° Passage ouvert à la navigation entre un port, une rivière ou un étang et la mer, entre des rochers, des îles, dans le lit d'un fleuve. V. **Canal, passe.** *Aménagement, entretien d'un chenal* (balisage, dérochement), *désobstruction, dragage*). *Chenaux du rivage languedocien.* V. **Grau.** ♦ 2° (1798). Courant d'eau établi pour le service d'une usine, le fonctionnement d'un moulin. ♦ 3° Géol. *Chenal pro-glaciaire :* vallée creusée par les eaux glaciaires.

CHENAPAN [ʃ(ə)napɑ̃]. *n. m.* (1694 ; *snapane,* 1659 ; *snaphaine* « maraudeur », XVIᵉ ; de l'all. *Schnapphahn* « arquebuse »). *Vx* ou *plaisant.* V. **Bandit, vaurien.** *Sortez d'ici, chenapans !* V. **Galopin.**

CHÊNE [ʃɛn]. *n. m.* (fin XIIᵉ ; de *chasne,* bas lat. °*cassanus,* mot gaul.). Grand arbre à fleurs monoïques en chatons, à feuilles lobées, répandu surtout dans l'hémisphère Nord *(Cupuliféracées). Chêne majestueux.* « *Le chêne et le roseau* » (LA FONT.). « *Souvent, sur la montagne, à l'ombre du vieux chêne* » (LAMART.). *Fruit du chêne.* V. **Gland.** *Le chêne rouvre des forêts. Chêne vert.* V. **Yeuse.** *Chêne gallifère.* V. **Galle.** *Chêne truffier. Emploi de l'écorce de chêne en corroyage.* V. **Tan, tannin.** — *Bois de chêne,* utilisé pour le chauffage, le tonnelage (V. **Douvain, merrain**), le charronnage, l'ameublement. *Un parquet de chêne.* — *Le chêne, arbre sacré* (antiq.). *Les chênes druidiques, le gui du chêne.* ◇ *Képi à feuilles de chêne des généraux français* (La couronne de chêne était une récompense chez les Romains. V. **Laurier**). ◇ Loc. fig. *Pousser, être fort comme un chêne.* ◇ HOM. *Chaîne.*

CHÊNEAU [ʃɛno]. *n. m.* (1907 ; dimin. de *chêne*). Jeune chêne.

CHÉNEAU [ʃeno]. *n. m.* (*Chesneau,* 1459 ; altér. de *chenau,* forme dial. de *chenal*). Conduit qui longe le toit, recueille les eaux de pluie et les conduit au tuyau de descente. V. **Gouttière.** *Chéneau en zinc, en plomb.* — Lamelle qui couvre le chéneau.

CHÊNE-LIÈGE [ʃɛnljɛʒ]. *n. m.* (1600 ; de *chêne,* et *liège*). Variété de chêne à feuillage persistant, qui fournit le liège. *Des chênes-lièges.*

CHENET [ʃ(ə)nɛ]. *n. m.* (1287 ; de *chien,* les *chenets* ayant figuré, à l'origine, de petits chiens ou autres animaux, accroupis). Une des pièces métalliques jumelles, qu'on place à l'intérieur d'une cheminée perpendiculairement au fond et sur lesquelles on dispose les bûches. *Une paire de chenets. Petits chenets* (« chevrettes, marmousets »). *Chenets de cuisine.* V. **Hâtier.**

CHÊNE VERT [ʃɛnvɛR]. *n. m.* (1600 ; de *chêne,* et *vert*). Variété de chêne méditerranéen, de petite taille, à feuilles persistantes.

CHÈNEVIÈRE [ʃɛnvjɛR]. *n. f.* (*Chanevière,* 1226 ; lat. pop. °*canaparia,* de °*canapus* (V. **Chanvre**) ; var. *Canebière, cannebière,* dans le Sud-Est). Champ où croît le chanvre. « *Quelque pressoir avec jardin, chènevière, saulaie* » (P.-L. COUR.).

CHÈNEVIS [ʃɛnvi]. *n. m.* (*Chanevuis,* 1268 ; lat. pop. °*canaputium ;* Cf. a. fr. *Cheneve* « chanvre »). Graine de chanvre dont se nourrissent les oiseaux.

CHENIL [ʃ(ə)ni(l)]. *n. m.* (fin XIVᵉ ; de *chien*). ♦ 1° Abri pour les chiens (de chasse). — Lieu où l'on loge des chiens. ♦ 2° Fig. Logement, local sale et en désordre. « *Son garçon de bureau sortit du chenil ténébreux qui l'abritait* » (COURTELINE).

CHENILLE [ʃ(ə)nij]. *n. f.* (XIIIᵉ ; lat. pop. °*canicula* « petite chienne », d'apr. la tête). I. Larve des papillons, à corps allongé formé d'anneaux et généralement velu. *La chenille est nuisible aux arbres et aux plantes, dont elle ronge les feuilles et les fleurs. La chenille file une enveloppe où elle s'enferme* (V. **Cocon**) *et se transforme en papillon* (V. **Chrysalide**). *Chenilles processionnaires,* qui se déplacent à la file les unes des autres. *Chenille arpenteuse.* V. **Géomètre.** *Chenille du mûrier.* V. **Bombyx** (ver à soie). *Chenilles nuisibles.* V. **Hyponomeute, pyrale, zeuzère.** *Lutte contre les chenilles.* V. **Échenillage, écheniller.**

II. *Par anal.* ♦ 1° (1680). Passementerie veloutée en forme de chenille. *Résille de chenille.* ♦ 2° Fusée qui éclate en forme de chenille lumineuse. ♦ 3° (XXᵉ). Sorte de courroie de transmission articulée isolant du sol les roues d'un véhicule pour lui permettre de se déplacer sur tous les terrains et de franchir certains obstacles. *Véhicules à chenilles,* munis *de chenilles.* V. **Char** (d'assaut), **chenillette, tank, tracteur.** « *Le char d'infanterie est tout simplement un tracteur sur chenilles* » (MAUROIS).

CHENILLÉ, ÉE [ʃ(ə)nije]. *adj.* (XXᵉ ; de *chenille,* II, 3°). Muni de chenilles. *Véhicule chenillé.*

CHENILLETTE [ʃ(ə)nijɛt]. *n. f.* (1783 ; de *chenille*). ♦ 1° Nom vulgaire de la *scorpiure,* plante dont la gousse enroulée ressemble à une chenille. ♦ 2° Petit véhicule automobile sur chenilles.

CHÉNOPODE [kenɔpɔd]. *n. m.* (1842; lat. bot. *chenopodium*, gr. *khênopous* « patte d'oie »). Plante des régions chaudes et tempérées, commune dans les cultures *(Chénopodiacées)*. V. **Ansérine**. *Chénopode blanc* (toxique).

CHÉNOPODIACÉES [kenɔpɔdjase]. *n. f. pl.* (*Chénopodées*, 1819; Cf. le précéd.). Famille de plantes dicotylédones apétales (chénopode, arroche, blette, épinard). — Syn. **Salsolacées**.

CHENU, UE [ʃəny]. *adj.* (*Canu*, en 1080; bas lat. *canutus*, de *canus* « blanc »). ♦ 1° *Littér*. Qui est devenu blanc de vieillesse. *Tête chenue*. ♦ 2° *Littér*. *Des arbres chenus* : vieux arbres dont la cime est dépouillée. ♦ 3° (1628, d'apr. *vin chenu*). *Pop*. Qui est de qualité supérieure. V. **Excellent, fameux, parfait**.

CHEPTEL [ʃɛptɛl; ʃ(ə)tɛl]. *n. m.* (XVIIᵉ; *chatel, chetel*, fin XIᵉ; *p* ajouté d'apr. le lat.; lat. *capitale*, de *caput* « tête ». V. **Capital**). ♦ 1° *Dr*. Contrat de bail « par lequel l'une des parties donne à l'autre un fonds de bétail pour le garder, le nourrir et le soigner, sous les conditions convenues entre elles » (CODE CIV.). *Bail à cheptel*. ♦ 2° (1835). *Par ext*. Le bétail qui forme le fonds, dans le contrat de cheptel. — *Cour*. Ensemble des bestiaux. *Le cheptel ovin, porcin d'une région*. ♦ 3° Capital d'exploitation d'une ferme représenté par les instruments de travail *(cheptel mort)* et par le bétail *(cheptel vif)*.

CHÈQUE [ʃɛk]. *n. m.* (1863; *Check*, 1788; angl. *check*, de *to check* « contrôler »). Écrit par lequel une personne (V. **Tireur**) donne l'ordre à un établissement financier de remettre, soit à son profit, soit au profit d'un tiers, une certaine somme à prélever sur son crédit (sur son compte ou celui d'un autre). V. **Tiré**. *Chèque bancaire*. *Un carnet de chèques*. *Un chèque de cent francs*. *Payer par chèque*. *Tirer, émettre, libeller un chèque*. *Faire un chèque*. *Chèque sur Paris, sur Londres* : payable à Paris, à Londres. *Chèque sans provision*. *Mettre son acquit au verso d'un chèque*. *Endosser un chèque*. V. **Endossement**. *Toucher un chèque*. *Faire porter un chèque au crédit de son compte*. V. **Virement**. — *Chèque en blanc* : chèque que le tireur a signé sans indiquer la somme que le tiré devra payer (fig. *Donner un chèque en blanc à qqn* : lui donner carte blanche). — *Chèque barré* : sur lequel le tireur ou le bénéficiaire a tracé deux barres parallèles dans le but de subordonner le payement du chèque à l'intervention d'une banque ou d'un agent de change. — *Chèque documentaire*, valable s'il est accompagné de certains documents. — *Chèque au porteur*, payable au porteur. — *Chèque à ordre*. — *Chèque certifié*, sur lequel le tiré certifie que la provision du tireur permet de payer le chèque. (V. **Certification**). *Au Canada, chèque visé*. — *Chèque de voyage*. ♦ *Chèque postal* : tiré sur l'Administration des Postes. *Compte chèque postal*. V. **Compte**. *Chèque postal d'assignation, de virement*. ♦ En apposition, pour former des composés. *Chèque-restaurant, chèque-essence*. ◇ HOM. **Cheik**.

CHÉQUIER [ʃekje]. *n. m.* (1922; de *chèque*). Carnet de chèques.

CHER, ÈRE [ʃɛr]. *adj. et adv.* (*Chier*, 980; lat. *carus*). I. ♦ 1° *(Attrib*. ou *épithète*). Qui est aimé; pour qui on éprouve une vive affection. *Ses enfants lui sont chers*. *L'ami le plus cher*. *Ses chers amis*. « *Aux bras d'un être cher* » (HUGO). « *Le visage si cher* » (MAUROIS). V. **Aimé; adoré, chéri**. ♦ 2° *(Épithète*, av. le nom). Dans des tournures amicales, des formules de politesse. *Cher Monsieur*. *Cher ami*. *Chers frères*. *Chers auditeurs, mes chers auditeurs*. *Mon cher ami*. *Mon cher*, *ma chère*. — Avec une pointe de préciosité. *Cher ! Très cher ! Oui, ma chère !* ♦ 3° *(Attrib.)*. Que l'on considère comme précieux. V. **Estimable, précieux**. *Sa mémoire lui est chère*. « *Guenille si l'on veut, ma guenille m'est chère* » (MOL.).

II. (XIᵉ). Surtout attribut. ♦ 1° Qui est d'un prix élevé. V. **Coûteux, onéreux**. *Ces vêtements sont chers, trop chers*. V. **Inabordable**. *Cela est cher*. V. **Salé**. « *Le vrai bonheur coûte peu; s'il est cher, il n'est pas d'une bonne espèce* » (CHATEAUB.). *Ce n'est pas cher*. *Fam. Il y a mieux, mais c'est plus cher*. — *Une voiture chère*. ♦ 2° Qui exige de grandes dépenses. V. **Dispendieux**. *La vie est chère à Paris*. *La vie devient chère* (V. **Enchérir**). *Lutte contre la vie chère*. ♦ 3° Qui fait payer un prix élevé. *Ce marchand est cher*. *Ce médecin est trop cher*. *Ces magasins sont chers*. V. **Fusil** (c'est le coup de fusil). ♦ 4° *Adv*. À haut prix. V. **Chèrement**. *Vendre cher* (pop. Saler le client). *Cela me coûte cher*. *Ce livre vaut cher*. *Fam. Je l'ai eu pour pas cher*. — *Cela ne vaut pas cher*. *Fig. Il ne vaut pas cher* : il n'a pas de valeur. — *Il me le payera cher*, se dit pour marquer l'intention de se venger d'une injure reçue (Cf. *Il s'en repentira*). — *La victoire a coûté cher* : elle a été obtenue au prix de grands efforts, de grands sacrifices. *Vendre sa vie cher* : se défendre vaillamment.

◇ ANT. *Désagréable, détestable, odieux, insignifiant, négligeable*. *Gratuit; marché* (bon marché). — HOM. *Chair, chaire, cheire, chère*.

CHERCHER [ʃɛrʃe]. *v. tr.* (XVIᵉ; *cerchier*, en 1080; bas lat. *circare* « aller autour », *circum*). ♦ 1° (1210). S'efforcer de découvrir, de trouver (qqn ou qqch.). V. **Rechercher; recherche; découverte**. *Chercher qqn en explorant, fouillant un lieu, en furetant*. *Chercher qqn dans la foule*. *Je vous cherchais*. *Chercher un objet que l'on a perdu*. « *Elle fit mine de chercher sa bourse, qu'elle avait dans sa poche* » (SAND). — *Chercher un mot, un renseignement dans le dictionnaire*. — Loc. prov. *Chercher une aiguille* dans une botte de foin. — *Chercher la petite bête*. — *Chercher des poux* dans la tête de qqn*. ♦ 2° (1538). Essayer de découvrir (la solution d'une difficulté, une idée, etc.). *Chercher la solution d'un problème*. *Chercher un moyen, le moyen d'en sortir*. *Chercher ses mots, en parlant* : hésiter, ne pas avoir la parole facile. « *Je cherche des prétextes pour me voiler à moi-même la seule raison qui me fait agir* » (MONTHERLANT). *Chercher qqch. dans sa tête, dans sa mémoire, dans ses souvenirs*. *Qu'allez-vous chercher là?* V. **Imaginer, inventer, supposer**. *Chercher midi* à quatorze heures*. *Chercher Dieu*. *Chercher une idée de roman*. *Se chercher* : chercher sa vraie personnalité. ◇ Absolt. *Tu n'as pas assez cherché*. V. **Calculer, examiner, scruter; réfléchir**. « *Je ne cherche pas, je trouve* » (PICASSO). — Relig. « *Cherchez et vous trouverez* » (BIBLE). « *Ceux qui cherchent en gémissant* » (PASC.). ♦ 3° (XVIIᵉ). CHERCHER À (et l'infinitif), essayer de parvenir à. V. **Efforcer (s'), évertuer (s'), tâcher, tendre, tenter, viser**. *Chercher à savoir, à se renseigner, à connaître, à deviner*. *Chercher à comprendre*. « *Un nom qu'on cherche à se rappeler* » (PROUST). « *Il se sentait faible et cherchait à se faire aimer* » (GIDE). — CHERCHER À CE QUE. *Cherchez à ce qu'on soit content de vous*. ♦ 4° (1538). Essayer d'obtenir. — (Une personne) *Chercher une femme*, et (vieilli) *chercher femme*, pour se marier. *Chercher un ami*. — (Une place) *Chercher un emploi, une situation*. — (Une chose) *Chercher un appartement*. *Chercher fortune*. *Chercher son salut dans la fuite*. *Chercher du secours*. *Chercher querelle à qqn*. *Chercher la paix, la solitude*. « *Un loup survient à jeun, qui cherchait aventure* » (LA FONT.). « *Évariste s'enfuit et courut chercher auprès d'Élodie l'oubli, le sommeil* » (FRANCE). — Spécialt. (XVIᵉ) Ne pas éviter (un mal). *Il l'a cherché, c'est bien fait pour lui !* ♦ 5° (XVIIᵉ). Aller, faire, envoyer, venir prendre (qqn ou qqch.). V. **Prendre, quérir, requérir**. *Venez me chercher ce soir*. *Allez chercher le médecin*. « *Faites-moi chercher, et je serai trop heureuse d'accourir* » (PROUST). — Pop. *Provoquer*. *Je ne suis pas méchant, mais si tu me cherches, gare à toi!* ♦ 6° *Pop*. V. **Atteindre**. *Ça va chercher dans les mille francs* : le prix atteindra environ mille francs. ◇ ANT. *Trouver*.

CHERCHEUR, EUSE [ʃɛrʃœr, øz]. *n. et adj.* (1539; de *chercher*). ♦ 1° *(Rare ou loc.)*. Personne qui cherche. « *Les coups de bêche d'un chercheur de trésor* » (BARRÈS). Loc. *Chercheur d'or*. V. **Orpailleur**. ♦ 2° Adj. *Un esprit chercheur* : avide de découvertes. V. **Curieux, investigateur**. — Subst. *Un chercheur*, personne qui se consacre à la recherche scientifique. V. **Savant, scientifique**. « *L'État assujettit le travail des chercheurs* » (DUHAM.). *Les chercheurs du C.N.R.S.* ♦ 3° (Choses). *Chercheur de télescope* : petite lunette adaptée à un télescope pour délimiter le point du ciel à observer. *Chercheur de détecteur à galène*. *Chercheur de fuites*, ou *cherche-fuites* : appareil servant à découvrir les fuites de gaz. Adj. *Tête* chercheuse d'une fusée.

CHÈRE [ʃɛr]. *n. f.* (*Chière*, en 1080; bas lat. *cara* « visage », gr. *kara* « tête, visage »). ♦ 1° Vx. *Faire bonne chère à qqn*, lui faire bon visage, bon accueil. ♦ 2° Mod. *Faire bonne chère*, faire un bon repas. V. **Bombance, ripaille**. — Nourriture. *Chère délectable, exquise*. *Faire maigre chère*. « *Animés par le vin et la bonne chère* » (GAUTIER). ◇ HOM. *Chair, chaire, cheire, cher*.

CHÈREMENT [ʃɛrmã]. *adv.* (1080; de *cher*). ♦ 1° D'une manière affectueuse et tendre. V. **Affectueusement, tendrement**. Vx. « *Embrasser chèrement* » (SÉV.). Mod. *Aimer chèrement qqn*. *Conserver chèrement un souvenir*. V. **Amoureusement, pieusement**. ♦ 2° A haut prix, d'un prix élevé. V. **Cher** (2°). Vx. *Acheter, payer, vendre chèrement*. — Fig. et mod. *Il paya chèrement son succès* : en consentant de grands sacrifices. *Vendre chèrement sa vie*.

CHERGUI [ʃɛrgi]. *n. m.* (XXᵉ; mot arabe marocain *chargî* « vent d'ouest »). Vent chaud et sec qui souffle du sud (au Maroc). V. **Sirocco**.

CHÉRI, IE [ʃeri]. *adj. et n.* (XVIIᵉ; V. **Chérir**). ♦ 1° Tendrement aimé. *Sa femme chérie*. *Mes enfants chéris*. — Fig. *Masséna, l'enfant chéri de la Victoire*. V. **Préféré**. ♦ 2° N. (XIXᵉ). *C'est le chéri de ses parents*. Fam. *Le chéri à sa maman*. V. **Chouchou**. — T. d'affection. *Mon chéri, ma petite chérie, mes chéris*. ◇ HOM. *Cherry, sherry*.

CHÉRIF [ʃerif]. *n. m.* (1552; *sérif*, 1528; arabe *charif* « noble »). Prince, chez les Arabes. ◇ HOM. *Shérif*.

CHÉRIFIEN, IENNE [ʃerifjɛ̃, jɛn]. *adj.* (fin XIXᵉ; de *chérif*). Vx. Relatif au chérif. — *L'Empire chérifien*, le Maroc.

CHÉRIR [ʃerir]. *v. tr.* (fin XIᵉ; de *cher*). ♦ 1° Aimer tendrement, avoir beaucoup d'affection pour. V. **Affectionner, aimer.** *Chérir ses enfants, sa femme, ses amis.* « *Elle la chérit avec un dévouement bestial et une vénération religieuse* » (FLAUB.). *Chérir le souvenir, la mémoire de qqn.* V. **Vénérer.** ♦ 2° S'attacher, être attaché à. *Chérir son malheur.* V. **Complaire** (se). « *Homme libre, toujours tu chériras la mer !* » (BAUDEL.). V. **Aimer, préférer.** « *On est incurable quand on chérit sa souffrance* » (FLAUB.). ◊ ANT. **Détester, haïr.**

CHÉROT [ʃeRo]. *adj. m.* (*Chéro*, adv., 1883 ; de *cher*, II). *Pop.* Trop cher, coûteux. « *C'était super et chérot... il a fait la grimace quand il a vu les prix sur le menu* » (QUENEAU).

CHERRY [ʃeRi]. *n. m.* (1891 ; *Cherry-brandy*, 1855 ; mot angl. « cerise »). Liqueur de cerise. « *Nous buvions de grandes rasades de Cherry Rocher* » (BEAUVOIR). ◊ HOM. **Chéri, sherry.**

CHERTÉ [ʃeRte]. *n. f.* (xᵉ, « affection » ; lat. *caritas*, refait sur *cher ;* de *cher*). État de ce qui est cher (II) ; prix élevé. V. **Coût.** *Cherté de la vie. Entrer dans une période de cherté.* « *On parla de la cherté du blé* » (SAND). ◊ ANT. **Bon marché.**

CHÉRUBIN [ʃeRybɛ̃]. *n. m.* (1080 ; lat. ecclés. *cherubin ;* de l'hébreu *keroûbim*, de *keroûb*). ♦ 1° Ange du second rang de la première hiérarchie. *Icon.* Tête d'enfant, avec des ailes, qui représente cet ange. ♦ 2° *Compar.* ou *fig.* *Avoir une face, un teint de chérubin :* un visage rond et des joues colorées. *Beau, joli, gracieux comme un chérubin. C'est un chérubin.* — T. d'affection. *Mon petit chérubin.*

CHERVIS [ʃeRvi]. *n. m.* (1538 ; de *carvi*). Plante *(Ombellifères)* à racine comestible. V. **Cumin.**

CHESTER [ʃɛstɛR]. *n. m.* (1843 ; de *Chester*, ville d'Angleterre). Fromage anglais renommé (à pâte pressée et chauffée).

CHÉTIF, IVE [ʃetif, iv]. *adj.* (*Chaitif* « prisonnier », en 1080 ; lat. pop. °*cactivus*, crois. lat. *captivus*, et gaul. °*cactos* « prisonnier »). ♦ 1° De faible constitution ; d'apparence débile. V. **Malingre, rachitique.** *Enfant chétif.* V. **Avorton, gringalet, mauviette.** *Arbre, arbuste chétif.* V. **Rabougri.** « *Des plantes de chétif aspect* » (GIDE). — *Subst.* *Un chétif, les chétifs, les malingres.* ♦ 2° *Littér.* Sans valeur, insuffisant. *Une chétive récolte.* V. **Dérisoire, maigre, mauvais, misérable, pauvre, piteux.** *Une réception, un repas chétif.* V. **Chiche, mesquin.** « *M. de Laléande, qui promène une vie médiocre et des rêves chétifs* » (PROUST). ◊ ANT. **Fort, robuste, solide, vigoureux.**

CHÉTIVEMENT [ʃetivmɑ̃]. *adv.* (1190 ; de *chétif*). *Littér.* D'une manière chétive.

CHÉTIVITÉ [ʃetivite]. *n. f.* (*chaitiveté*, « captivité », XIIᵉ ; de *chétif*). *Littér.* Fait d'être chétif.

CHEVAINE V. **CHEVESNE.**

CHEVAL, AUX [ʃ(ə)val, o]. *n. m.* (fin XIᵉ ; lat. *caballus* « mauvais cheval » (mot gaul.), qui a supplanté le class. *equus*).

I. ♦ 1° Grand mammifère à crinière, plus grand que l'âne, domestiqué par l'homme comme animal de trait et de transport. *Spécialt.* Le mâle (*opposé à* jument), le mâle adulte (*opposé à* poulain). *Zool.* Mammifère ongulé solipède (*Équidés*). *Le cheval est « la plus noble conquête que l'homme ait jamais faite »* (BUFF.). *L'hipparion, ancêtre du cheval. Cheval sauvage.* V. **Mustang, tarpan.** *Capturer un cheval au lasso.* *Animaux fabuleux à corps de cheval.* V. **Centaure, hippogriffe, licorne, pégase.** — *Étude du cheval.* V. **Hippologie.** *Cheval entier. Cheval reproducteur.* V. **Étalon.** *Cheval châtré.* V. **Hongre.** *Femelle du cheval.* V. **Jument.** *Produits du cheval.* V. **Poulain, pouliche ; bardot, mule** (cheval et ânesse) ; **mulet** (âne et jument). *Cri du cheval.* V. **Hennissement.** *Excréments du cheval.* V. **Crottin, pissat.** *Fumier de cheval. Anatomie du cheval* (T. particuliers). V. **Chanfrein, ganache, larmier, naseau, sous-barbe** (tête) ; **croupe, encolure, garrot, poitrail, trapèze.** *Le dos, les flancs, les pattes du cheval* (de devant : épaule, coude, bras et avant-bras, genou ; de derrière : cuisse, fesse, gigot, grasset, jambe, jarret, canon). V. **Boulet, paturon, couronne, pied, sabot.** *Partie antérieure et postérieure du cheval.* V. **Avant-main, arrière-main, train.** *Aplomb du cheval. Cheval trop ensellé. Cheval bien croupé. Cheval arqué, bouleté, cagneux, court ou long-jointé, désuni, efflanqué, féru, jarreté ; large, ouvert ou serré du devant, du derrière ; panard, pinçard. Cheval trapu, vigoureux. Cheval poussif. Crins, poils du cheval* (V. **Crinière, pelage, robe**). *Couleurs du cheval.* V. **Alezan, aubère, bai, balzan, blanc, brun, châtain, clair, fauve, gris, isabelle, louvet, marron, miroité, moucheté, noir, pie, pinchard, pommelé, rouan, rubican, souris, tigré, tisonné, truité.** *Particularités de la robe du cheval* (Marques, taches). V. **Balzane, épi, étoile, frisure, ladre, liste, raie, zébrure.** — *Races de chevaux. Cheval anglais, arabe, ardennais, barbe, boulonnais, circassien, hongrois, kirghize, klepper, magyar, mongol, percheron, persan, tcherkess. Cheval d'Espagne.* V. **Genet.** *Cheval pur sang :* de race pure (V. **Stud-book**). *Cheval pur sang d'un an.* V. **Yearling.** *Cheval*

demi-sang. *Cheval de petite taille.* V. **Poney.** *Cheval grand et beau.* V. **Coursier** (poét.). *Cheval de bataille.* V. **Destrier.** *Chevaux de cavalerie. Cheval de cérémonie* (V. **Palefroi**), *de parade. Cheval de carrousel, de fantasia. Chevaux de cirque. Cheval de course, d'une écurie de courses.* V. **Coureur, crack, favori, outsider, sauteur, trotteur ; hippique** (concours), **hippisme, hippodrome, steeple-chase, turf.** *Jockey qui monte un cheval. Cheval de polo. Cheval de chasse. Cheval de selle.* V. **Équitation ; monture.** *Cheval de bât, de charge, de somme. Cheval de trait, de voiture, de fiacre, de carrosse. Équipage de six chevaux.* V. **Attelage.** *Atteler, harnacher un cheval.* V. **Attelage, harnais.** *Cheval franc du collier.* **Conducteur de chevaux.** V. **Charretier, cocher, conducteur.** *Cheval de poste, de relais. Cheval de ferme, de charrue, de labour. Cheval de manège. Cheval de boucherie* (V. **Hippophagie**). *Viande de cheval. Équarrir un cheval.* V. **Équarrissage.** *Marchand de chevaux.* V. **Maquignon.** ◊ *Cheval fougueux, fringant. Cheval fatigué.* V. **Fortrait, fourbu.** *Mauvais cheval.* V. **Bidet, bourrin, bourrique, canasson, carne, haridelle, rosse, rossinante.** *Le cheval en langage enfantin.* V. **Dada.** *Crier hue ! au cheval pour le faire avancer.* V. **Hue ; dia.** ◊ *Dressage, élevage du cheval.* V. **Hippotechnie ; manège.** *Logement des chevaux.* V. **Ferme, haras ; écurie ; box, litière.** *Laver, nettoyer, épousseter, soigner un cheval.* V. **Bouchonner, brosser, étriller, panser.** *Les garçons d'écurie s'occupent des chevaux.* V. **Lad, palefrenier, valet.** *Couper les oreilles* (Bretauder), *la queue* (V. **Anglaiser, courtauder**) *d'un cheval. Ferrer, déferrer un cheval* (V. **Maréchal-ferrant**). — *Maladies, blessures, vices du cheval.* V. **Capelet, colique, cornage, courbature, encastelure, encheveêtrure, enclouure, éparvin, éponge, exostose, farcin, fic, fièvre, fourbure, gourme, jarde, javart, lampas, malandre, morve, osselet, pousse, râpe(s), rouvieux, seime, suros, tic, tranchée, vertigo, vessigon. Cheval qui boite, fauche. Médecine des chevaux.* V. **Hippiatrie ; vétérinaire.** *Instruments pour assujettir un cheval.* V. **Morailles, serre-nez, tord-nez, travail, trousse-pied.** ◊ *Allures du cheval.* V. **Allure ; amble, aubin, canter, galop, pas, trac, train, traquenard, trot.** — *Mouvements et attitudes du cheval.* V. **Cabriole, courbette, croupade, dérobade, ébrouement, écart, emballement, estrapade, foulée, incartade, parade, pétarade, piaffement, ruade, saccade, trépignement, trottinement, virevolte, volte.** *Le cheval dresse les oreilles* (V. **Chauvir, pointer**), *remue la queue, remue la tête de bas en haut* (V. **Encenser**), *prend le mors aux dents, se cabre, rue, s'emballe, bronche, désarçonne son cavalier.* ◊ *Monter sur un cheval.* V. **Chevaucher ; cavalier, écuyer ; équitation, monte, voltige.** *Monter un cheval à califourchon, en amazone, en croupe ; le monter sans selle, à poil. Enfourcher son cheval. Se tenir bien sur son cheval, être ferme sur ses arçons, avoir une bonne assiette, être bien en selle. Rassembler son cheval. Cravacher, éperonner son cheval.* V. **Piquer** (píquer des deux). *Tenir son cheval en bride. Lancer, pousser son cheval à fond de train. Faire une chute de cheval. Descendre de cheval, mettre pied à terre.* ♦ 2° *Loc. adj. et adv.* À CHEVAL [aʃval] : sur un cheval. « *Éperonné, botté, prêt à monter à cheval* » (P.-L. COUR.). *Aller à cheval. Gendarmes à cheval. Auberges qui logeaient à pied de à cheval :* les piétons et les cavaliers. ◊ *À califourchon* (une jambe d'un côté, et l'autre de l'autre). *Être à cheval sur une branche d'arbre.* ◊ *Fig. Être à cheval sur les principes :* y tenir rigoureusement. *Il est très à cheval sur la hiérarchie, sur ses prérogatives.* ◊ *Une partie d'un côté, une partie de l'autre. À cheval sur deux périodes.* **Chevaucher.** ♦ 3° *Équitation. Aimer le cheval. Faire du cheval. Costume, culotte de cheval :* de cavalier. ♦ 4° *Loc. fig. Fièvre de cheval :* très forte. *Un remède de cheval.* *Drastique, énergique.* — *Monter sur ses grands chevaux :* s'emporter, le prendre de haut. « *Ne te mets donc pas en colère. Ne monte plus sur tes grands chevaux* » (DUHAM.). — *Cela ne se trouve pas sous, dans le cul d'un cheval :* c'est une chose difficile à trouver. ♦ 5° *Fig. Vieilli.* Homme grossier, brutal. *Mod. C'est un vrai cheval de labour :* un travailleur obstiné, infatigable. *Tam. C'est un grand cheval :* une grande femme masculine. *C'est un vrai cheval :* une personne infatigable et qui a une santé de fer. — *Pop. C'est pas le mauvais cheval :* il n'est pas méchant. ◊ (1829) *Cheval de retour.* V. **Récidiviste.** ♦ 6° *Cheval de bataille :* argument, sujet favori, auquel on revient. V. **Dada.**

II. ♦ 1° Figure de cheval. CHEVAL DE BOIS : Jouet d'enfant. *Chevaux de bois des manèges, des foires.* Par ext. *Manège** circulaire représentant des animaux, avions, voitures, etc. CHEVAL D'ARÇONS : appareil de gymnastique, gros cylindre rembourré sur quatre pieds, qui sert à des exercices de saut, de voltige. — *Cheval de Troie :* cheval de bois gigantesque dans les flancs duquel les guerriers se cachèrent pour pénétrer dans Troie. — *Jeu des petits chevaux :* jeu de hasard. *Par anal. Cheval marin :* l'hippocampe. ♦ 2° *Cheval de frise.* V. **Frise.** ♦ 3° *Cheval vapeur* (abrév. ch), ou simplement *Cheval*, unité de travail équivalant à 75 kilogrammètres par seconde. *Auto. Techn. Une automobile de 45 chevaux au frein* (*opposé à* chevaux fiscaux). *Cour. Cheval fiscal* (abrév. CV), équivalent à 1/6ᵉ environ du litre de cylindrée. *Une quatre chevaux.*

CHEVALEMENT [ʃ(ə)valmɑ̃]. *n. m.* (1694; de *chevaler*). Assemblage de madriers et de poutres qui supportent un mur, une construction qu'on reprend en sous-œuvre. V. **Étai.** *Chevalement d'un puits de mine.* V. **Chevalet.**

CHEVALER [ʃ(ə)vale]. *v. tr.* (v. 1420; de *cheval*). Soutenir avec un chevalement. *Chevaler un mur.* V. **Étayer.**

CHEVALERESQUE [ʃ(ə)valʀɛsk(ə)]. *adj.* (1642; it. *cavalleresco*, d'apr. *chevalier; chevalereux*, XVIᵉ). Qui a le caractère d'un chevalier; digne d'un chevalier. V. **Généreux.** *Règles chevaleresques. Bravoure, courtoisie, générosité; conduite chevaleresque.* « *Cette espèce d'honneur chevaleresque qui, à l'armée, fait excuser les plus grands excès* » (BALZ.). *Littérature chevaleresque.* V. **Romanesque.**

CHEVALERIE [ʃ(ə)valʀi]. *n. f.* (1080; de *chevalier*). ♦ 1º Institution militaire un caractère religieux, propre à la noblesse féodale. *Les règles de la chevalerie étaient la bravoure, la courtoisie, la loyauté, la protection des faibles.* V. **Chevaleresque.** *Romans de chevalerie :* œuvres d'imagination où sont décrits les exploits, les mœurs, les amours des chevaliers. ♦ 2º Le corps des chevaliers. *L'élite, la fleur, la fine fleur de la chevalerie.* ♦ 3º Ordre militaire et religieux institué pour combattre les infidèles. *Ordre de chevalerie du Saint-Sépulcre.* ♦ 4º Distinction honorifique. *Être décoré de plusieurs ordres de chevalerie.*

CHEVALET [ʃ(ə)vale]. *n. m.* (XIIᵉ, « petit cheval »; de *cheval*). ♦ 1º (1429). Support qui sert à tenir à la hauteur voulue l'objet sur lequel on travaille. *Chevalet de scieur de bois* (V. **Baudet, chèvre**), *de menuisier* (V. **Banc**). *Chevalet de charpentier. Chevalet d'un puits de mine.* — Tréteau de charpente. ♦ 2º Support, trépied. *Chevalet d'un tableau noir, chevalet de peintre :* qui supporte le tableau, la toile. *Tableau de chevalet :* tableau de petite dimension. ♦ 3º Mince pièce de bois placée d'aplomb sur la table de certains instruments à cordes pour soutenir les cordes tendues. *Chevalet d'un violon.*

CHEVALIER [ʃ(ə)valje]. *n. m.* (1080; lat. *caballarius*, d'apr. *cheval*).
I. ♦ 1º Seigneur féodal possédant un fief suffisamment important pour assurer l'armement à cheval. — Noble admis dans l'ordre de la chevalerie. V. **Chevalerie; paladin, preux.** *Galanterie, vaillance de chevalier. Jeune noble faisant son apprentissage de chevalier.* V. **Bachelier, page, varlet.** *Écuyer d'un chevalier. Armer, recevoir chevalier.* V. **Accolade, adoubement, veillée** (d'armes). *Défi* (V. **Cartel**), *combat de chevaliers* (V. **Champion, tenant**), *en champ clos* (V. **Joute, tournoi**). *Bayard, le chevalier sans peur et sans reproche. Le chevalier au lion,* de Chrétien de Troyes. *Les chevaliers de la Table ronde,* compagnons du roi Artus. — Loc. *Chevalier errant :* chevalier qui allait par le monde pour redresser les torts, combattre dans les tournois. *Le chevalier de la Triste Figure :* Don Quichotte. *Se faire le chevalier de qqn :* prendre sa défense. *Chevalier servant :* celui qui rend des soins assidus à une femme. ♦ 2º (1538). Membre d'un ordre de chevalerie (3º). *Chevalier teutonique. Chevalier de Malte, du Saint-Sépulcre. Templier, chevalier de l'ordre du Temple.* — Membre d'un ordre honorifique, et *spécialt.* (dans un ordre où il y a plusieurs grades) Personne qui a le grade le moins élevé. *Chevalier de la Légion d'honneur, du Mérite agricole* (V. **Décoration**). ♦ 3º *Antiq.* Membre de l'ordre Équestre, à Rome. ♦ 4º Dans la noblesse, Celui qui est au-dessous du baron. *Le chevalier des Grieux* (dans « Manon Lescaut »). ♦ 5º *Fig.* (1633). *Chevalier d'industrie :* individu qui vit d'expédients. V. **Aigrefin, escroc.**
II. Oiseau au bec droit, grêle, long et incurvé vers le haut, aux tarses longs et grêles *(Charadriidés)*. *Les chevaliers sont des échassiers migrateurs. Chevaliers à pieds rouges.* V. **Gambette.**

CHEVALIÈRE [ʃ(ə)valjɛʀ]. *n. f.* (1821; de *bague à la chevalière*). Bague à large chaton plat sur lequel sont gravées des armoiries, des initiales.

CHEVALIN, INE [ʃ(ə)valɛ̃, in]. *adj.* (1376; lat. *caballinus*, d'apr. *cheval*). ♦ 1º Qui tient du cheval, qui a rapport au cheval. *Races chevalines. Boucherie chevaline.* V. **Hippophagique.** ♦ 2º Qui évoque le cheval. *Profil chevalin.* « *Le blanc de son grand œil chevalin s'injectait d'un peu de sang* » (MART. du G.).

CHEVAL-VAPEUR [ʃ(ə)valvapœʀ]. V. **Cheval** (II).

CHEVAUCHANT, ANTE [ʃ(ə)voʃɑ̃, ɑ̃t]. *adj.* (1808; de *chevaucher*). Qui chevauche (3º), se recouvre en partie. *Tuiles chevauchantes. Dents chevauchantes.*

CHEVAUCHÉE [ʃ(ə)voʃe]. *n. f.* (1190; de *chevaucher*). ♦ 1º Promenade, course à cheval. *Une longue chevauchée. La chevauchée des Valkyries.* — Fig. « *Ce furent alors de grandes chevauchées à travers les idées* » (MAUROIS). ♦ 2º Troupe de personnes à cheval. V. **Cavalcade.**

CHEVAUCHEMENT [ʃ(ə)voʃmɑ̃]. *n. m.* (1820; « fait d'aller à cheval », v. 1360; de *chevaucher*). Croisement de deux objets qui se recouvrent en partie, qui empiètent l'un sur l'autre. *Chevauchement des lettres, des signes.* ◊ Géol. V. **Charriage.**

CHEVAUCHER [ʃ(ə)voʃe]. *v.* (*Chevalchier*, en 1080; bas lat. *caballicare*, de *caballus*; Cf. Cavaler). ♦ 1º intr. *Vx* ou *littér.* Aller à cheval. ♦ 2º *V. tr.* (XIIIᵉ). Être à cheval, à califourchon sur. *Les sorcières chevauchent des manches à balais.* Fig. « *Une paire de lunettes chevauche le nez* » (DUHAM.). ♦ 3º *V. intr.* (1690). Se recouvrir en partie, empiéter, être à cheval l'un sur l'autre. V. **Croiser** (se), **recouvrir** (se). *Tuiles qui chevauchent. Dents qui chevauchent.* — *Imprim. Lettres, lignes qui chevauchent :* qui montent l'une sur l'autre. V. **Empiéter, mordre** (sur). ◊ Pronom. *Se chevaucher* (même sens).

CHEVAU-LÉGERS [ʃ(ə)voleʒe]. *n. m. pl.* (fin XVᵉ; de *cheval*, et *léger*). Ancienn. Corps de cavalerie de la garde du souverain. Sing. *Un chevau-léger :* un cavalier de ce corps.

CHEVÊCHE [ʃəvɛʃ]. *n. f.* (*Chevoiche*, XIIIᵉ lat. pop. *cavannus*. V. **Chat-huant**). Oiseau rapace nocturne de petite taille, communément appelé *chouette chevêche.* « *Deux chevêches chuintent aux deux bouts de l'invisible* » (BAZIN).

CHEVELU, UE [ʃəvly]. *adj.* et *n. m.* (XIIᵉ; de *chevel, cheveu**). ♦ 1º Garni de cheveux. *Le cuir chevelu.* V. **Cuir.** — Par anal. *Bot. Racine chevelue :* terminée par de nombreux filaments. V. **Radicelle.** *Le chevelu* (n. m.), partie filamenteuse de la racine. ♦ 2º Qui a de longs cheveux touffus. *Un vieillard chevelu.* Par méton. *La Gaule chevelue :* partie de la Gaule où les habitants portaient de longs cheveux. — Poét. *Monts chevelus :* couverts d'arbres. « *Les palmiers chevelus* » (HUGO). ◊ ANT. Chauve, dénudé, tondu.

CHEVELURE [ʃəvlyʀ]. *n. f.* (*Cheveleüre*, en 1080; de *chevel, cheveu**). ♦ 1º Ensemble des cheveux. V. **Perruque** (pop.). *Une chevelure maigre; blanche.* — *Spécialt.* Cheveux longs et fournis. V. **Crinière, toison.** *Une chevelure emmêlée.* V. **Tignasse.** « *La chevelure* », poème de Baudelaire. Poét. *Les chevelures des arbres.* — *Chevelure détachée du crâne.* V. **Scalp.** *Les chasseurs de chevelures :* Indiens qui scalpent les têtes pour garder la chevelure comme trophée. ♦ 2º Par anal. *Chevelure d'une comète :* traînée lumineuse que celle-ci laisse derrière elle.

CHEVESNE, CHEVAINE ou **CHEVENNE** [ʃ(ə)vɛn]. *n. m.* (XIIIᵉ; lat. pop. °*capito, -inis* « grosse tête »). Poisson d'eau douce (*Cyprinidés*) à dos brun et ventre argenté, appelé aussi *dard, meunier* ou *vandoise.*

CHEVET [ʃ(ə)vɛ]. *n. m.* (XIVᵉ; *chevez*, 1256; lat. *capitium*, de *caput* « ouverture d'un vêtement par laquelle on passe la tête »).
I. ♦ 1º *Vx.* Coussin allongé, à la tête du lit. V. **Traversin.** « *Le visage caché dans un chevet* » (STE-BEUVE). ♦ 2º Partie du lit où l'on pose sa tête. V. **Tête.** « *Pour les malades, le monde commence au chevet et finit au pied de leur lit* » (BALZ.). *Lampe, table de chevet :* qui sont à la tête du lit. — Par ext. *Livre de chevet :* livre de prédilection. V. **Bible, bréviaire.** ♦ 3º *Au chevet de qqn :* auprès de son lit. « *Elle passa trois nuits debout au chevet de sa belle-mère* » (SAND). — (ANT. Pied).
II. (XIIIᵉ, picard *caveç*). Par anal. ♦ 1º *Archit.* Partie d'une église qui se trouve à la tête de la nef, derrière le chœur. V. **Abside.** « *Un cimetière entoure le chevet de cette église* » (BALZ.). — *Spécialt.* Extérieur du chœur. ♦ 2º *Minér.* Lit d'un filon.

CHEVÊTRE [ʃ(ə)vɛtʀ(ə)]. *n. m.* (XIᵉ; lat. *capistrum* « licou »). ♦ 1º *Vx.* Licou. Bandage. ♦ 2º *Mod.* Pièce de bois dans laquelle s'emboîtent les solives d'un plancher. V. **Solive.**

CHEVEU [ʃ(ə)vø]. *n. m.* (*Chevel*, en 1080; lat. *capillus* « chevelure ». ♦ 1º Poil qui recouvre le crâne de l'homme (cuir chevelu). Surtout au plur. : *les cheveux* (Cf. *pop.* Cresson, crins, douilles, mousse, persil, plumes, poil, tifs). *Plantation des cheveux; naissance des cheveux. Les cheveux croissent par la racine, le bulbe. Cheveux fins, secs, gras, ternes, brillants. Cheveux plats, raides* (Cf. Baguettes de tambour). *Cheveux souples, frisés, bouclés, crêpus, ondulés. Cheveux laineux.* « *De gros cheveux gris vigoureux* » (COLETTE). « *Le vent agitait ses cheveux rebelles* » (MAURIAC). — *Cheveux noirs, d'ébène, aile de corbeau, bruns, châtains, roux, carotte, blonds. Cheveux gris, poivre et sel.* V. **Grisonnant.** *Le premier cheveu blanc. Cheveux blancs* (V. **Chenu**), *argentés.* « *La gloire de mes cheveux blancs* » (PÉGUY) : de ma vieillesse. *Cheveux qui deviennent gris* (V. **Grisonner**), *blancs* (V. **Blanchir, canitie**). *Se décolorer, se teindre les cheveux.* V. **Teinture**). — *Avoir beaucoup de cheveux. Cheveux abondants, drus, épais.* V. **Chevelure; crinière.** — *Cheveux rares, clairsemés. Perdre ses cheveux* (pelade, séborrhée). *Ne pas avoir de cheveux.* V. **Calvitie, chauve** (être). — *Cheveux en désordre, en bataille, en broussaille, emmêlés, hirsutes.* V. **Décoiffé, dépeigné, ébouriffé, échevelé.** *Cheveux en coup de vent.* — *Démêler, peigner, ses cheveux.* V. **Peigne.** *Cheveux qui tombent lorsqu'on les peigne.* V. **Démêlure, peignure.** *Porter les cheveux courts, longs, sur le dos. Le pli des cheveux :* leur mouvement naturel. *Séparation des cheveux.* V. **Raie.** *Arranger* les cheveux. V. Coiffer. Cheveux nattés, torsadés. Disposition des cheveux. V. Coiffure; bandeau, boucle, chignon, coque, épi, frange, frison, houppe, houppette, mèche, natte, queue, rouleau, toupet, torsade, tresse. Objets qui tiennent les cheveux : barrette, épingle, pince à cheveux, peigne de cheveux. Nœud, ruban dans les cheveux (V. Serre-tête). Filet à cheveux (V. Résille). — Couper, désépaissir, effiler, rafraîchir, tailler, tondre les cheveux. Une coupe de cheveux (V. Coiffeur). Cheveux en brosse, plaqués, gominés. Friser les cheveux (V. Bigoudi, fer (à friser), indéfrisable, mise (en plis), ondulation, permanente). Lavage des cheveux. V. Shampooing. Lustrer les cheveux (V. Brillantine, cosmétique, pommade). Brosse à cheveux. — Faux cheveux. V. Moumoute, perruque, postiche. — Spécialt. Hygromètre* à cheveu. ◊ Collect. Le cheveu : les cheveux. Avoir le cheveu rare, fin. ♦ 2° Loc. Fin comme un cheveu. Cheveux au vent : cheveux libres de toute attache. Sortir en cheveux : sortir nu-tête. ◊ Loc. fig. Se prendre aux cheveux : se quereller, se battre. S'arracher les cheveux : être furieux et désespéré. — Faire dresser les cheveux sur la tête : inspirer un sentiment d'horreur. — Avoir mal aux cheveux : avoir mal à la tête pour avoir trop bu. Se faire des cheveux (blancs) : se faire du souci. Tiré par les cheveux : amené d'une manière forcée et peu logique. — À un cheveu près : à très peu de choses près. Cela a tenu à un cheveu, il s'en est fallu d'un cheveu : cela a failli arriver, se réaliser. Ne pas toucher à un cheveu (d'une personne) : ne pas porter la main sur elle. — Pop. Il y a un cheveu! il y a un ennui. — Arriver, venir comme un cheveu, des cheveux sur la soupe : arriver à contretemps, mal à propos. Couper les cheveux en quatre : subtiliser à l'excès. ♦ 3° Par anal. Cheveu d'ange : guirlande d'arbre de Noël; vermicelle très fin. — Bot. Cheveu-de-la-Vierge : fleur de la viorne. Cheveu-de-Vénus : adiante ou capillaire.

CHEVILLARD [ʃ(ə)vijaʀ]. n. m. (1867; de cheville). Boucher en gros ou demi-gros (qui vend à la cheville).

CHEVILLE [ʃ(ə)vij]. n. f. (XIIᵉ; lat. pop. °cavicula, de clavicula « petite clé »).
I. ♦ 1° Tige de bois ou de métal dont on se sert pour boucher un trou, assembler des pièces. Cheville carrée, ronde, conique (V. Épite). Cheville d'assemblage. V. Axe, boulon, clou, dent-de-loup, enture, esse, fenton, goujon, goupille, gournable, taquet, trenail. Cheville bouchant un trou dans un tonneau. V. Fausset. — Mar. Cheville d'amarrage. V. Cabillot. Clou plat traversant une cheville pour la fixer. V. Clavette. Enfoncer, ficher, planter une cheville. — CHEVILLE OUVRIÈRE : grosse cheville qui joint l'avant-train avec le corps d'une voiture; fig. L'agent, l'instrument essentiel d'une entreprise, d'un organisme. Être la cheville ouvrière d'un complot, d'une association, d'une affaire. V. Centre, pivot. ◊ Loc. fig. et fam. Être en cheville avec quelqu'un, lui être associé. ♦ 2° Mus. Pièce de bois ou de métal qui sert à donner la tension voulue aux cordes d'un instrument. ♦ 3° Tenon pour accrocher. Pendre qqch. à une cheville. — Spécialt. Viande vendue à la cheville, dépecée et accrochée à des chevilles, qui est revendue en gros et demi-gros aux bouchers (V. Chevillard).
II. (XIIᵉ). Saillie des os de l'articulation du pied, formée en dedans par le tibia, en dehors par le péroné (V. Malléole); partie située entre le pied et la jambe. Se cogner les chevilles en marchant. Se fouler la cheville. Avoir la cheville fine (V. Attache). Robe qui arrive à la cheville. — Fig. Ne pas aller, arriver, venir à la cheville de qqn : lui être inférieur. «Ta mère est une femme exceptionnelle. Je ne connais pas de femme qui lui vienne à la cheville » (DUHAM.).
III. Versif. (1609). Terme de remplissage permettant la rime ou la mesure; expression inutile à la pensée. V. Redondance. Poésie bourrée de chevilles. « Cheville! redondance inutile ! » (ROUSS.).

CHEVILLER [ʃ(ə)vije]. v. tr. (1155; de cheville). ♦ 1° Joindre, assembler (des pièces) avec des chevilles. Cheviller une porte, une table. — Fig. Avoir l'âme chevillée au corps : avoir la vie dure. ♦ 2° Rare. Remplir (ses vers) de chevilles.

CHEVIOTTE [ʃəvjɔt]. n. f. (1872; de cheviot [1856], mouton d'Écosse, élevé dans les monts Cheviot). Laine des moutons d'Écosse; étoffe faite avec cette laine. Veste de cheviotte.

CHÈVRE [ʃɛvʀ(ə)]. n. f. (Chièvre, XIIᵉ; lat. capra). ♦ 1° Mammifère ruminant (Caprinés). V. Caprin). À cornes arquées, à pelage fourni, apte à grimper et à sauter; spécialt. La femelle de cette espèce (opposé à bouc), la femelle adulte (opposé à chevreau). V. Bique, biquette. Chèvre du Levant (ou « menon »). Chèvre cachemire ou d'Angora à toison longue, fine, épaisse et soyeuse. Barbe, barbiche de chèvre. Cri de la chèvre (V. Bêgueter, bêler, chevroter). Chèvre qui se dresse (V. Cabrer), saute (V. Cabriole). Mâle de la chèvre. V. Bouc. Petits de la chèvre. V. Chevreau. Petite chèvre. V. Chevrette. Lait, fromage de chèvre. V. Chabichou; chevrotin (ellipt. un chèvre, du chèvre). Gardeur de chèvres. V. Chevrier. Tissu en poil de chèvre. V. Cachemire, mohair. « Qu'elle était jolie la petite chèvre de M. Seguin ! » (DAUD.).

— Loc. fig. Faire devenir chèvre : embêter (faire tourner en bourrique). Ménager la chèvre et le chou : ne pas prendre parti ; réserver sa décision jusqu'à ce qu'un parti l'emporte. ♦ 2° Techn. (1753). Appareil de levage composé le plus souvent de trois poutres disposées en pyramide triangulaire dont le sommet soutient une poulie manœuvrée à l'aide d'un treuil. V. Bigue, grue. — Chevalet pour soutenir une pièce de bois. ♦ 3° Pied-de-chèvre : levier dont une des extrémités est taillée en pied de chèvre.

CHEVREAU [ʃəvʀo]. n. m. (Chevrel, 1170; de chèvre). ♦ 1° Le petit de la chèvre. V. Bicot (I), biquet, cabri, chevrotin. Bondir comme un chevreau. ♦ 2° Peau de chèvre ou de chevreau qui a été tannée. Chaussures, gants de chevreau.

CHÈVREFEUILLE [ʃɛvʀəfœj]. n. m. (Chevrefoil, chèvrefueil, XIIᵉ; lat. °caprifolium « feuille de chèvre, de bouc »). Plante, arbrisseau (Caprioliacées) à tige volubile, à fleurs parfumées. Chèvrefeuille grimpant.

CHÈVRE-PIED [ʃɛvʀəpje]. adj. et n. m. (v. 1500; de chèvre, et pied). Littér. Qui a des pieds de chèvre. Satyre chèvre-pied, ou chèvre-pieds. Des chèvre-pieds.

CHEVRETER [ʃəvʀəte]. (conjug. acheter) ou **CHEVRETTER** [ʃəvʀete]. v. intr. (Chievreter, 1551; de chèvre). Mettre bas, en parlant des chèvres.

CHEVRETTE [ʃəvʀɛt]. n. f. (XIIIᵉ; de chèvre). ♦ 1° Petite chèvre. V. Biquet (biquette). — Fourrure de chevreau. Manteau de chevrette. ♦ 2° Femelle du chevreuil. Des chevrettes et leurs faons. ♦ 3° (1664). Trépied métallique; support.

CHEVREUIL [ʃəvʀœj]. n. m. (Chevroel, déb. XIIᵉ; chevreul, jusqu'au XVIIᵉ; lat. capreolus, de capra. V. Chèvre). ♦ 1° Mammifère ongulé (Cervidés), assez petit (0,70 m au garrot), à robe fauve et ventre blanchâtre. Le bois d'un chevreuil porte rarement plus de deux andouillers. Chevreuil d'un an. V. Brocard. Femelle du chevreuil. V. Chevrette. Petit chevreuil. V. Chevrotin. Cri du chevreuil. V. Bramer, raire. — Cuissot, ragoût de chevreuil. ♦ 2° Région. (Canada). Cerf.

CHEVRIER, IÈRE [ʃəvʀije, ijɛʀ]. n. (Chavrier, 1241; lat. caprarius). ♦ 1° Berger (ère) qui mène paître les chèvres ♦ 2° N. m. Variété de haricot blanc.

CHEVRILLARD [ʃəvʀijaʀ]. n. m. (1739; de chevreuil). Rare. Petit chevreuil*, faon de chevrette.

CHEVRON [ʃəvʀɔ̃]. n. m. (XIIᵉ; lat. pop. °caprio ou °capro, -onis; de capra). ♦ 1° Constr. Pièce de bois équarri sur laquelle on fixe des lattes qui soutiennent la toiture. V. Madrier. Chevron de ferme, de long pan. Assemblage de chevrons sur un faîte. V. Enfourchement, faîtage. ♦ 2° Blas. (XIIIᵉ). Pièce honorable en forme de V renversé. ♦ 3° (1771). Galon en V renversé porté sur les manches. V. Brisque; chevronné. — (XXᵉ) Motif décoratif en zigzag. Tissu à chevrons (croisé de laine ou coton, à côtes en zigzags). — Techn. Engrenage à chevrons : en saillies en V.

CHEVRONNÉ, ÉE [ʃəvʀɔne]. adj. (XIIIᵉ; de chevron). ♦ 1° Blas. Garni de chevron(s). Écu chevronné. ♦ 2° (1837; arg.). Qui a des galons d'ancienneté. « Du vieux héros tout chevronné » (GAUTIER). V. Briscard. Mod. Un conducteur chevronné. V. Expérimenté.

CHEVROTAIN. n. m. V. CHEVROTIN.

CHEVROTANT, ANTE [ʃəvʀɔtɑ̃, ɑ̃t]. adj. (1835; de chevroter). Qui chevrote. Voix chevrotante, tremblante et cassée. ◊ ANT. Assuré.

CHEVROTEMENT [ʃəvʀɔtmɑ̃]. n. m. (1542; de chevroter). Action de chevroter, tremblement de la voix. « Sa voix, de plus en plus entrecoupée, avait un chevrotement de vieillesse » (LOTI).

CHEVROTER [ʃəvʀɔte]. v. intr. (1566, « mettre bas » (V. Chevreter); de chevrot, chevroter; rad. chèvre). ♦ 1° Bêler en parlant de la chèvre. ♦ 2° (1708). Parler, chanter d'une voix tremblotante. Vieillards dont la voix chevrote. Chanteur qui chevrote.

CHEVROTIN [ʃəvʀɔtɛ̃]. n. m. (1277, « chevreau »; de chevrot, chevreau*).
I. ♦ 1° (1596). Petit du chevreuil. V. Faon. ♦ 2° (1803). CHEVROTAIN (-TIN). Ruminant de petite taille, sans cornes, à longues canines supérieures formant défenses.
II. ♦ 1° (1367). Peau de chevreau. Gants de chevrotin. V. Chevreau. ♦ 2° (1802). Petit fromage de chèvre.

CHEVROTINE [ʃəvʀɔtin]. n. f. (1697; de chevrotin). Balle sphérique, gros plomb pour tirer le chevreuil, les bêtes fauves. Fusil chargé à chevrotines pour la chasse au sanglier.

CHEWING-GUM [ʃwiŋgɔm]. n. m. (1905; de l'angl. to chew « mâcher », et gum « gomme »). Gomme à mâcher. Mastiquer du chewing-gum. — Pl. Chewing-gums.

CHEZ [ʃe]. prép. (Chies, 1190; a. fr. chiese « maison », lat. casa). ♦ 1° Dans la demeure de, au logis de. Venez chez moi. Il est allé, il est parti, il est rentré chez lui. Nous rentrons chez nous. Chacun chez soi. Je vais chez Durand, chez le coiffeur. Faites comme chez vous : mettez-vous à l'aise, ne vous gênez pas. — Fig. Être partout chez soi, se sentir chez soi : ne pas être gêné, être partout à sa place. — Précédé d'une autre prép. Je viens de chez moi. Ils passèrent par chez nous. Devant, derrière chez moi. — Chez nous, dans le pays, la région du locuteur. *Loc. adj.* (fam.). *Bien de chez nous* : typiquement français (avec une nuance de chauvinisme satisfait). *Un petit repas bien de chez nous.* ♦ 2° *Par ext.* Dans le pays de. V. **Parmi.** *Porter la guerre chez l'ennemi. Chez les Anglais.* — *Au temps de. Chez les Grecs, chez les Romains.* — *Parmi. L'instinct chez les bêtes, chez les animaux.* ♦ 3° *Fig.* En la personne, dans l'esprit, dans le caractère de. *C'est une réaction courante chez lui.* — *Dans les œuvres de. On trouve ceci chez Molière, chez Balzac.* V. **Dans.**

CHEZ-MOI [ʃemwa], **CHEZ-SOI** [ʃeswa]. *n. m. invar.* (1694, -fin XIXᵉ; de *chez*, et *moi, soi*). Domicile personnel (avec valeur affective). V. **Home, maison.** *Chacun veut un chez-soi.*

CHIADER [ʃjade]. *v. tr. et intr.* (1863; de *chiade*, d'abord « brimade » (v. 1835), de *ça chie dur* « l'affaire est poussée » (ESNAULT). *Arg.* Travailler, préparer (un examen). *Chiader son bac. Un problème chiadé* : difficile.

CHIALER [ʃjale]. *v. intr.* (1847; de *chiailler*, dimin. de *chier*). *Pop.* Pleurer. ◇ ANT. *Rire.*

CHIALEUR, EUSE [ʃjalœr, øz(ə)]. *n. et adj.* (1883; de *chialer*). *Fam.* Personne qui chiale, pleure. — *Adj. Des gosses chialeurs.* V. **Pleurard.**

CHIANT, ANTE [ʃjã, ãt]. *adj.* (1920; de *chier* 2° : *faire chier*). *Vulg.* Qui ennuie ou contrarie, qui fait chier. *Ce qu'il peut être chiant!* V. **Ennuyeux.** *C'est chiant!* V. **Emmerdant, suant.**

CHIANTI [kjãti]. *n. m.* (v. 1900; région d'Italie). Vin rouge de la province de Sienne (Italie).

CHIARD [ʃjar]. *n. m.* (mil. XXᵉ; de *chier*, et suff. péj. -*ard*). *Pop.* Enfant. V. **Môme.**

CHIASMA [kjasma] ou **CHIASME** [kjasm(ə)]. *n. m.* (1842; *chiasmos*, 1836; gr. *khiasma* « croisement »).
I. CHIASME. Figure de rhétorique formée d'un croisement des termes (là où le parallélisme serait normal). Ex. : *Il faut manger pour vivre et non pas vivre pour manger.*
II. CHIASMA. *Anat.* Structure se présentant sous la forme d'un entrecroisement. — *Spécialt. Chiasma* optique, croisement des fibres des deux bandelettes optiques au-dessus de la selle turcique.

CHIASMATIQUE [kjasmatik]. *adj.* (mil. XXᵉ; de *chiasma* II). *Méd.* Relatif à un chiasma. *Syndrome chiasmatique,* par lésion du chiasma optique.

CHIASSE [ʃjas]. *n. f.* (1611; de *chier*). Excrément d'insectes. V. **Chiure.** *Chiasse de mouche.* — *Vulg.* Colique. *Avoir la chiasse. Fig.* Avoir peur.

CHIBOUQUE ou **CHIBOUK** [ʃibuk]. *n. f.* ou *m.* (1831; turc *tchiboucq* « tuyau »). Pipe turque à long tuyau. « *Un râtelier de chibouques* » (FLAUB.).

CHIC [ʃik]. *n. m.* (1832; *chique*, 1803; p.-ê. all. *Schick,* abrév. de *Geschick* « tenue »). ♦ 1° Facilité à peindre des tableaux à effet. *Travailler, peindre de chic,* d'imagination, sans modèle. « *Le chic est plutôt une mémoire de la main qu'une mémoire de cœur* » (BAUDEL.). ♦ 2° *Par ext.* Adresse, facilité à faire qqch. avec élégance. V. **Aisance, désinvolture, habileté, savoir-faire.** *Il a le chic pour faire cela. Faire qqch. de chic,* sans préparation. ♦ 3° Élégance hardie, désinvolte. V. **Caractère, charme, originalité, tournure.** *Il a du chic. Son chapeau a du chic.* ♦ 4° *Adj. invar.* V. **Élégant.** *Une toilette chic. Elle est chic* : bien habillée. — *Les gens chic* (Cf. *Les gens bien*). *Un dîner, une réception chic* (Cf. **Sélect, smart**). ◇ *Pop.* Beau. *On a fait un chic voyage.* ◇ *Fam.* Sympathique, généreux, serviable (V. **Bon, brave**). *C'est un chic type, une chic fille. Il a été très chic. C'est chic de sa part.* ♦ 5° *Arg.* des écoles. *Un chic* (n. m.) : une ovation, un ban. ♦ 6° *Interj. fam.* marquant le plaisir, la satisfaction. *Chic alors!* ◇ ANT. **Difficulté, maladresse. Banalité, vulgarité. Inélégant, fagoté. Moche** (pop.), **vache** (pop.). — HOM. **Chique.**

CHICANE [ʃikan]. *n. f.* (1582; de *chicaner*). ♦ 1° Difficulté, incident qu'on suscite dans un procès, sur une vétille, pour embrouiller l'affaire. V. **Avocasserie.** — *Péj.* La procédure. *Gens de chicane :* ceux qui s'occupent de procédure; avoués, agréés, huissiers et *aussi* les gens d'humeur processive. « *La sophistique du barreau, ... (les) subtilités de la chicane* » (MICHELET). ♦ 2° Objection captieuse, contestation où l'on est de mauvaise foi. V. **Argutie, artifice, contestation, équivoque, ergoterie, subtilité.** ♦ 3° *Par ext.* Toute espèce de querelle. V. **Altercation, bisbille, dispute, tracasserie.** *Chercher chicane. Esprit de chicane.* ♦ 4° *Par ext.* Passage en zigzag qu'on est obligé d'emprunter. *Chicanes d'un barrage de police.* — *Ski.* (1931). Figure d'un slalom comprenant 3, 4 portes ou plus, verticales ou obliques. ◇ ANT. **Droiture,** *loyauté; accord, conciliation, entente.*

CHICANER [ʃikane]. *v.* (v. 1460; o. i.). ♦ 1° *V. intr.* User de chicane dans un procès. ♦ 2° *Trans. indir.* Élever des contestations mal fondées, chercher querelle sur des vétilles. V. **Chipoter, contester, disputer, épiloguer, ergoter, objecter, pointiller, vétiller.** *Chicaner sur tout.* V. **Arguer, argumenter, discuter.** ♦ 3° *V. tr.* Chercher querelle à. « *Si l'auteur m'émeut, je ne le chicane pas* » (VOLT.). ◇ *Vieilli. Chicaner qqch. à qqn,* le lui contester mesquinement (V.

Lésiner, marchander). « *Un sous-officier à qui l'on chicanait sa pension de retraite* » (BALZ.). SE CHICANER. *v. pron. Fam.* V. **Chamailler** (se), disputer (se), taquiner (se). ◇ ANT. **Accepter. Céder.**

CHICANERIE [ʃikanri]. *n. f.* (XVᵉ; de *chicaner*). Le fait de chicaner. V. **Ergotage, ergoterie.** « *Toute l'inanité des chicaneries de mauvaise foi* » (COURTELINE).

CHICANEUR, EUSE [ʃikanœr, øz]. *n.* (1462; de *chicaner*). Personne qui chicane, qui aime à chicaner. V. **Plaideur, procédurier.** *Chicanneau, le chicaneur des « Plaideurs »* (de Racine). — *Adj. Juge, plaideur, procureur chicaneur. Humeur chicaneuse.* V. **Processif.** *Esprit chicaneur.* V. **Pointilleux, vétilleux.** ◇ ANT. **Arrangeant, conciliant.**

CHICANIER, IÈRE [ʃikanje, jɛr]. *n. et adj.* (XVIᵉ; de *chicaner*). Personne qui chicane sur les moindres choses. V. **Coupeur** (de cheveux en quatre), **ergoteur, vétilleur.** « *Le Bas-Normand rusé, cauteleux, sournois et chicanier* » (MAUPASS.). — *Adj. Une personne chicanière.* V. **Chicaneur.** *Par ext. Procédé chicanier.*

1. **CHICHE** [ʃiʃ]. *adj.* (1175; bas gr. *kikkon* « zeste »). ♦ 1° *Vieilli.* Qui répugne à dépenser ce qu'il faudrait. V. **Avare, ladre, parcimonieux.** — *Fig. et mod.* Être chiche *de ses paroles, de ses regards, de compliments.* ♦ 2° Peu abondant. *Une chiche récompense. C'est un peu chiche.* V. **Chétif, mesquin.** ◇ ANT. **Généreux. Abondant, copieux.**

2. **CHICHE (POIS).** V. **Pois.**

3. **CHICHE!** [ʃiʃ]. *interj. fam.* (1866; o. i., p.-ê. de *chiche* 1). Exclamation de défi : je vous prends au mot. *Tu n'oserais jamais.* — *Chiche !*

CHICHE-KEBAB [ʃiʃkebab]. *n. m.* (mil. XXᵉ, *kebab,* 1948; mot turc). Brochette de mouton, d'agneau à l'orientale.

CHICHEMENT [ʃiʃmã]. *adv.* (1539; de *chiche*). D'une manière chiche. *Vivre chichement :* pauvrement, mesquinement. « *De petites cours chichement ombragées* » (MAURRAS).

CHICHI [ʃiʃi]. *n. m.* (1898; onomat.). Comportement qui manque de simplicité. V. **Affectation, mignardise, minauderie.** *Faire des chichis.* V. **Cérémonie, embarras, façon, manière, simagrée.** — *Pas tant de chichi !* — *Par ext.* Déploiement de cérémonie, souci exagéré du protocole. *En voilà un chichi! Gens à chichi.* ◇ ANT. **Simplicité.**

CHICHITEUX, EUSE [ʃiʃitø, øz]. *adj.* (1953; de *chichi*). *Fam.* Qui aime à faire des chichis, des manières. *Femme chichiteuse.* V. **Pimbêche.**

CHICLÉ [tʃikle ou ʃikle]. *n. m.* (mot espagnol). Latex qui découle notamment du sapotier*. *Le chiclé est utilisé dans la préparation des chewing-gums.*

CHICON [ʃikɔ̃]. *n. m.* (1651; var. de *chicot* « trognon »). ♦ 1° Variété de laitue. V. **Romaine.** ♦ 2° *En Belgique,* Endive (dite aussi *chicorée de Bruxelles* ou *witloof*).

CHICORÉE [ʃikɔre]. *n. f.* (fin XIIIᵉ; *cicorea,* lat. *cichoreum,* gr. *kikhorion*). ♦ 1° Plante herbacée *(Composacées)* dont les feuilles se mangent en salade. *Chicorée sauvage,* à fleurs bleues : barbe de capucin, mignonnette, witloof (dite improprement endive). *Chicorée à café,* dont la racine torréfiée donne un succédané du café. *Chicorée cultivée :* chicorée frisée, scarole. ♦ 2° *Spécialt.* Feuilles de chicorée cultivée (frisée), qui se mangent en salade. ♦ 3° *Racine torréfiée de la chicorée. Par ext. Une tasse de chicorée.*

CHICOT [ʃiko]. *n. m.* (1553; de *chique*). ♦ 1° Reste d'une branche, d'un tronc brisé ou coupé. ♦ 2° Morceau qui reste d'une dent; dent cassée, usée.

CHICOTIN [ʃikɔtɛ̃]. *n. m.* (1564; *cicotin,* XVᵉ; altér. de *socotrin,* de Socotora, île d'où cet aloès est originaire). *Vx.* Suc très amer extrait d'un aloès; poudre amère que l'on extrait de la coloquinte. *Mod. Amer comme chicotin :* très amer.

CHIÉE [ʃje]. *n. f.* (1834; de *chier*). *Fam. et vulg.* Grande quantité. V. **Tapée.**

CHIEN, CHIENNE [ʃjɛ̃, ʃjɛn]. *n.* (1080; lat. *canis*). I. ♦ 1° Mammifère domestique *(Carnivores; canidés),* dont il existe de nombreuses races élevées pour remplir certaines fonctions auprès de l'homme. V. **Canin,** et préf. Cyno-. *Un chien, une chienne.* V. *fam.* **Cabot, toutou;** et *péj.* **Clebs.** *Chien de race; chien bâtard. Chien perdu sans collier. Chien errant, trouvé. Chien savant, dressé. Chien méchant. Le chien, ami, compagnon fidèle de l'homme.* — *Relatif au chien.* V. **Canin.** *Exposition de chiens. Généalogie d'un chien.* V. **Pedigree.** *Femme du chien de chasse.* V. **Lice.** *Croiser des chiens.* V. **Mâtiner.** *Petit du chien.* V. **Chiot.** *Cris du chien.* V. **Aboyer, clabauder, gronder, glapir, japper.** *Chien qui hurle à la mort. Robe, poil d'un chien. Gueule, museau, canines, crocs du chien. Oreilles droites, tombantes du chien. Nez du chien.* V. **Truffe.** *Chien dont on a coupé la queue et les oreilles.* V. **Courtaud;** essoriller. *Ergot du chien.* V. **Éperon.** *Chien attaché, muselé* (V. **Laisse;** collier, muselière). *Logement du chien.* V. **Chenil,** loge, niche. *Mettre un chien à la fourrière. Siffler un chien pour le faire venir. Faire coucher un chien.* — *Chien de chasse. Actions du chien à la chasse.* V. **Arrêter, bourrer, chasser, flairer, halener, piller, quêter, rabattre. Ameuter les chiens. Rompre les chiens. Valet de chiens.** V.

Piqueur. *Meute, harde de chiens.* — *Chien couchant* ou *chien d'arrêt,* qui lève le gibier en plaine et le ramène quand il est abattu. *Chien qui va le nez au vent.* V. **Flairer.** *Chien courant,* qui donne de la voix quand il est sur la piste du gibier. — *Chien d'appartement. Chien de manchon :* très petit chien, que les femmes pouvaient abriter dans leur manchon. — *Chien de garde. Lâcher les chiens. Chien d'aveugle. Chien policier. Chien de berger surveillant son troupeau.* — *Maladies du chien.* V. **Hydrophobie, rage; gale, rouvieux, tique.** *Blessures du chien.* V. **Aggravée, butture, décousure.** *Un chien pelé, galeux.* — *Races, types de chiens.* V. **Barbet, basset, beagle, berger, bichon, bleu** (d'Auvergne), **bouledogue, bouvier, boxer, braque, briard, briquet, bull-terrier, caniche, carlin, chow-chow, clabaud, cocker, colley, corniaud, danois, dogue, épagneul, fox, griffon, havanais, king-charles, lévrier, levrette, limier, loulou, malinois, mastiff, mâtin, molosse, pékinois, pointer, ratier, roquet, saint-bernard, setter, sloughi, teckel, terre-neuve, terrier.** — *Le Grand Chien,* le Petit Chien (Constellations).** ♦ 2° *Zool.* Tout animal de l'espèce des Canidés. *Chien sauvage.* V. **Dingo, otocyon.** ♦ 3° Loc fig. *Garder à qqn un chien de sa chienne :* lui garder rancune et lui ménager une vengeance. *Se regarder en chiens de faïence :* se défier du regard. — *Recevoir qqn comme un chien dans un jeu de quilles :* très mal. *Arriver, venir comme un chien dans un jeu de quilles :* mal à propos. — *Rompre les chiens :* interrompre un entretien mal engagé. — *S'entendre, vivre comme chien et chat,* très mal. — *Cela n'est pas fait pour les chiens :* on peut, on doit s'en servir, l'utiliser. — *Le chien-chien à sa mémère* (allus. au langage bêtifiant adressé aux chiens). — *Ne pas attacher ses chiens avec des saucisses*.* *Faire le chien couchant :* être flatteur, obséquieux, lâche. — *Faire le jeune chien; être bête comme un jeune chien,* être étourdi, folâtre. — *Entre chien et loup :* au crépuscule, quand la nuit commence à tomber et que l'on ne saurait distinguer un chien d'un loup. — Interj. *Nom d'un chien!* juron familier. PROV. *Bon chien chasse de race :* il est bon chasseur de naissance; fig. (Cf. *Tel père tel fils*). « *Mieux vaut un chien vivant qu'un lion mort* » (BIBLE). *Qui veut noyer son chien l'accuse de la rage :* tout prétexte est bon quand on veut se débarrasser de qqn ou de qqch. *Un chien regarde bien un évêque :* la différence de rang autorise cependant les relations. ♦ 4° *Par dénigr.* — Loc. DE CHIEN. *Avoir, éprouver un mal de chien :* rencontrer bien des difficultés. *Métier, travail de chien :* très pénible. *Vie de chien :* misérable, difficile. *Temps de chien :* très mauvais temps, temps détestable. *Coup de chien :* mauvais coup. *Caractère de chien :* très mauvais, hargneux. ◇ *Comme un chien :* très mal, sans égard ni pitié. « *Pour ses employés, pour ses domestiques, il les traite comme des chiens* » (DUHAM.). *Mourir comme un chien :* sans soin, sans recours, abandonné. *Tuer qqn comme un chien :* de sang-froid, sans aucune pitié. ♦ 5° *Fig.* et *vx.* Terme d'injure. V. **Canaille.** « *Chien de philosophe enragé* » (MOL.). — (en emploi adjectif). *Dur, méchant. Il n'est pas trop chien.* — *Spécialt. Mod.* *Le chien de quartier :* l'adjudant (V. **Cabot**). *Quel chien de temps!* V. **Sale.** *Chienne de vie!* ♦ 6° (1866). *Fig.* Charme, attrait (surtout des femmes). *Elle a du chic, du chien.* « *L'habit bleu lui donnait beaucoup de chien* » (DUHAM.). V. **Allure.** ♦ 7° (De *coiffure à la chien*). *Porter des chiens :* une frange.

II. ♦ 1° *Chien de mer :* nom vulgaire de quelques squales. V. **Aiguillat; roussette.** — *Chien-dauphin.* V. **Lamie.** ♦ 2° Pièce coudée de certaines armes à feu qui portait le silex et de nos jours guide le percuteur. *Chien d'un fusil de chasse.* — *Par anal. Être couché en chien de fusil :* les genoux ramenés sur le corps. « *Antoine, ramassé derrière elle en chien de fusil* » (MART. du G.).

CHIENDENT [ʃjɛ̃dɑ̃]. *n. m.* (1340; de *chien,* et *dent*). ♦ 1° Herbe vivace, à racines développées, nuisible aux cultures (*Graminées*). *Chiendent des Canaries.* V. **Alpiste.** *Le chiendent rampant est utilisé en médecine pour préparer une tisane diurétique.* ♦ 2° *Racine* de chiendent séchée. *Brosse de chiendent.* ♦ 3° *Fig.* et *fam.* V. **Difficulté, embarras.** *Voilà le chiendent.*

CHIENLIT [ʃjɑ̃li]. *n.* (1534; de *chier, en,* et *lit*). ♦ 1° Vieilli ou littér. Masque de carnaval. ♦ 2° *Fig.* Mascarade, déguisement grotesque. ◇ Désordre. V. **Pagaïe.** « *La réforme, oui; la chienlit, non* » (mots attribués au général de Gaulle en mai 1968).

CHIEN-LOUP [ʃjɛ̃lu]. *n. m.* (1775; angl. *wolf-dog;* de *chien,* et *loup*). Chien qui ressemble au loup. V. **Berger** (allemand).

CHIENNERIE [ʃjɛnRi]. *n. f.* (1853; de *chien*). ♦ 1° *Vx.* Troupe de chiens. ♦ 2° *Fig.* Ladrerie (*vieilli*); péj. *Cette chiennerie de métier.* V. **Chien.**

CHIER [ʃje]. *v. intr.* (XIIIᵉ; lat. *cacare,* esp. *cagar;* Cf. *Chiader, chialer*). ♦ 1° Très *vulg.* Se décharger le ventre des excréments. V. **Faire.** ♦ 2° *Fig.* et vulg. FAIRE CHIER QQN, l'embêter. V. **Suer** (faire suer), et *par ext.* lui causer des ennuis, le faire souffrir. *Ça me fait chier :* ça m'ennuie, ça m'est désagréable. *On se fait chier ici :* on s'ennuie. V. **Emmerder (s').**

CHIERIE [ʃiRi]. *n. f.* (XVIᵉ, « déjections »; de *chier*). *Vulg.* Chose très ennuyeuse, contrariante ou contraignante. V. **Emmerdement.** « *Maintenant elle revoulait plus partir! Ah là là! la chierie...* » (CÉLINE).

CHIFFE [ʃif]. *n. f.* (1611; 1310, *chipe* « chiffon »; mot germ.). ♦ 1° Étoffe de mauvaise qualité. V. **Chiffon.** ♦ 2° (1798). *Fig.* Personne d'un caractère faible. *C'est une chiffe molle* (V. **Mou, veule**).

CHIFFON [ʃifɔ̃]. *n. m.* (1608; de *chiffe*). ♦ 1° Morceau de vieille étoffe. *Vieux chiffons. Garder, ramasser, vendre des chiffons. Effilocher des chiffons* (V. **Bourre, charpie**). *Commerce des chiffons.* V. **Chiffonnier.** *Chiffons de lin de coton, vendus aux fabricants de papier, de carton.* V. **Drille, peille.** — *Spécialt. Chiffon à meuble, à poussière, à chaussures :* morceau de toile, de laine, de coton servant à enlever la poussière. ♦ 2° *Par ext.* Vêtements froissés, fripés (V. **Chiffonné**). *Plier, mettre des vêtements en chiffon :* les disposer sans aucun soin. — *Par anal. Un chiffon de papier :* papier froissé; mauvais papier; et (1752) *Document sans valeur, sans importance;* traité qu'on signe sans avoir l'intention de le respecter. ♦ 3° *Fam.* (plur.). Vêtements de femme, objets de parure. *Ne s'occupe que de chiffons. Parler chiffons.*

CHIFFONNADE [ʃifɔnad]. *n. f.* (1846; *chifonade,* 1740; de *chiffonner*). *Cuis.* Préparation de salade (laitue, oseille) fondue au beurre et assaisonnée. *Chiffonnade de laitue au cerfeuil.*

CHIFFONNAGE [ʃifɔnaʒ]. *n. m.* (1841; de *chiffonner*). Action de chiffonner.

CHIFFONNÉ, ÉE [ʃifɔne]. *adj.* (V. **Chiffonner**). ♦ 1° Froissé. *Étoffe toute chiffonnée.* V. **Fripé.** ♦ 2° *Fig.* (XVIIIᵉ). *Figure, mine, minois chiffonné,* fatigué. Se dit aussi d'une figure dont les traits sont peu réguliers mais agréables. « *Un nez chiffonné de trottin parisien* » (LARBAUD). ◇ ANT. *Repassé. Reposé. Régulier.*

CHIFFONNEMENT [ʃifɔnmɑ̃]. *n. m.* (1845; de *chiffonner*). ♦ 1° Action de chiffonner; état de ce qui est chiffonné. ♦ 2° *Fig.* Contrariété, léger ennui. (V. **Chiffonner, I, 2°**). « *Pour accepter sans chiffonnement de me voir briller comme une vedette* » (DANINOS).

CHIFFONNER [ʃifɔne]. *v. tr.* (1657; de *chiffon*). I. ♦ 1° Froisser, mettre en chiffon. V. **Bouchonner, friper, froisser, plisser.** *Chiffonner une robe, un vêtement.* Pronom. *Tissu qui se chiffonne,* qui garde les faux plis. — *Par ext.* « *Quelque lettre qu'il déchire et chiffonne un moment après* » (ROUSS.). ♦ 2° *Fig. Cela me chiffonne.* V. **Chagriner, contrarier, intriguer, taquiner.** « *Je puis te dire ce qui me chiffonne l'esprit* » (BALZ.). — (ANT. *Défroisser, repasser.*) II. Intrans. S'intéresser aux chiffons, s'occuper à de petits travaux de couture. *Elle aime à chiffonner.*

CHIFFONNIER, IÈRE [ʃifɔnje, jɛR]. *n.* (1640; de *chiffon*). I. ♦ 1° Personne qui ramasse les vieux chiffons pour les vendre (Cf. *arg.* **Biffin, chineur**). *La hotte, le crochet du chiffonnier.* ♦ 2° *Fig. Se disputer, se battre comme des chiffonniers.* Vêtu comme un chiffonnier, fripé, sale. V. **Vagabond.** II. *N. m.* Petit meuble à tiroirs servant aux femmes pour serrer leurs chiffons, leurs travaux d'aiguille, des bijoux, des papiers. V. **Commode.**

CHIFFRABLE [ʃifRabl(ə)]. *adj.* (1875; de *chiffrer*). Qu'on peut chiffrer, exprimer par des chiffres.

CHIFFRAGE [ʃifRaʒ]. *n. m.* (1867; de *chiffrer*). ♦ 1° Notation par les chiffres. Évaluation en chiffres. ♦ 2° *Mus.* Le fait de chiffrer; manière dont une basse, un accord sont chiffrés. ♦ 3° *Chiffrement.*

CHIFFRE [ʃifR(ə)]. *n. m.* (XVᵉ, « écriture secrète »; *cifre,* 1220; lat. médiév. *cifra* « zéro », de l'arabe *sifr* « vide », *ch-* d'apr. it. *cifra*). I. ♦ 1° Chacun des caractères qui représentent les nombres. *Les chiffres arabes* (1, 2, 3, 4, 5, 6, 7, 8, 9, 0). *Les chiffres romains* (I, V, X, L, C, D, M). *Un nombre de deux, de trois, de plusieurs chiffres. Écrire un nombre en chiffres ou en lettres. Aligner des chiffres.* V. **Calculer.** *Le chiffre, la science des chiffres.* V. **Mathématique(s); arithmétique, calcul.** ♦ 2° *Cour.* Nombre représenté par les chiffres. V. **Nombre.** *Le chiffre des dépenses.* V. **Montant, somme, total.** *En chiffres ronds. Le chiffre des naissances, des décès, de la population. Chiffre exprimant un rapport.* V. **Indice, taux.** — Comm. *Chiffre d'affaires,* total des ventes effectuées pendant la durée d'un exercice commercial. *Taxe sur le chiffre d'affaires. Faire du chiffre,* avoir une politique d'augmentation du chiffre d'affaires. ♦ 3° Entrelacement de lettres initiales. V. **Marque, monogramme.** *Marquer de l'argenterie, du linge au chiffre de qqn. Faire graver son chiffre.* ♦ 4° *Spécialt. Mus.* Caractère numérique placé au-dessus ou au-dessous de la basse pour indiquer les accords (tierce, quinte) qu'elle comporte. II. Caractères numériques de convention employés dans une écriture secrète (V. **Cryptographie**). *Écrire en chiffres* (*opposé à écrire en clair*). — *Par anal.* Tout signe de convention servant à correspondre secrètement, et absolt. *Le chiffre*, l'ensemble de ces signes. V. **Code.** *Changer de chiffre. Avoir le secret, la clef du chiffre.* V. **Chiffrer, déchiffrer.** *Service du chiffre :* bureau civil ou militaire où l'on chiffre et déchiffre les dépêches secrètes. *Être affecté au chiffre.* ◊ *Chiffre d'une serrure, d'un coffre-fort.* V. **Combinaison.**

CHIFFREMENT [ʃifʀəmɑ̃]. *n. m.* (déb. XVIIᵉ; de *chiffrer*). Opération par laquelle on chiffre (II) un message (codage).

CHIFFRER [ʃifʀe]. *v.* (1515; de *chiffre*).
I. (V. **Chiffre,** I). ♦ 1º V. intr. *Vx.* Utiliser les chiffres pour calculer. V. **Compter.** ♦ 2º *V. tr.* Noter à l'aide de chiffres. *Chiffrer les pages d'un registre.* V. **Numéroter.** ◊ Évaluer en chiffres. *Chiffrer ses revenus, ses dépenses annuelles à tant par mois.* ◊ *Mus.* Noter au moyen de chiffres. *Chiffrer un accord.* Au p. p. adj. *Basse chiffrée.* ◊ Orner d'un chiffre. « *Un portefeuille chiffré d'une couronne de comte* » (MART. du GARD).
II. (V. **Chiffre,** II). Écrire, noter en chiffre, en un code conventionnel et secret. *Chiffrer une correspondance secrète, un télégramme.* — Au p. p. *Message chiffré.* ◊ ANT. **Déchiffrer.**

CHIFFREUR [ʃifʀœʀ]. *n. m.* (1529; de *chiffrer*). ♦ 1º Celui qui note, transcrit en chiffres. ♦ 2º Employé du chiffre (II) qui fait le chiffrement.

CHIGNOLE [ʃiɲɔl]. *n. f.* (1753, « dévidoir »; a. fr. *ceoignole*, XIIᵉ; lat. pop. °*ciconiola* « petite cigogne »).
I. (1905) (XXᵉ). *Fam.* Mauvaise voiture (à cheval, puis automobile). Cf. *Tacot.*
II. Perceuse à main ou électrique.

CHIGNON [ʃiɲɔ̃]. *n. m.* (*Chaaignon* « nuque », XIIᵉ; lat. pop. °*catenio, -onis* « chaine des vertèbres », de *catena.* V. **Chaîne**). ♦ 1º (v. 1745). Partie de la chevelure féminine relevée et ramassée derrière la tête. *Petit chignon*, ou tortillon. *Cheveux tordus, nattés en chignon.* ♦ 2º Loc. *Crêper le chignon d'une femme :* tirer ses cheveux. Fig. *Se crêper le chignon*, se battre, se disputer (femmes).

CHIHUAHA [ʃiɥaɥa]. *n. m.* (de *Chihuaha*, ville du Mexique). Très petit chien à poil ras et à museau pointu, originaire du Mexique. *Une (chienne) chihuaha.*

CHI'ITE ou **CHIITE.** V. **SHI'ITE.**

CHILIEN, IENNE [ʃiljɛ̃, jɛn]. *n. et adj.* (av. 1740; de *Chili*). Habitant du Chili.

CHIMÈRE [ʃimɛʀ]. *n. f.* (1461; « absurde », adj., 1220; lat. *chimæra*; gr. *khimaira* « monstre mythologique »). ♦ 1º *Myth.* Monstre fabuleux à tête et poitrail de lion, ventre de chèvre, queue de dragon et qui crache des flammes. *Bellérophon tua la Chimère.* Fig. Assemblage monstrueux (*vx*). ♦ 2º (v. 1560). Vaine imagination. V. **Fantasme, fantôme, folie, idée, illusion, imagination, mirage, rêve, songe, utopie, vision.** *Se repaître de chimères. Se forger, se créer des chimères. De vaines, de folles, de vagues chimères. Quittez ces chimères.* « *Ô chimères, dernières ressources des malheureux* » (ROUSS.). ♦ 3º (1808). Gros poisson (*Holocéphales*) au corps allongé et argenté. ♦ 4º *Biol.* Organisme (surtout plante créée artificiellement par greffe) composé de tissus de types génétiquement différents (appartenant à des génotypes différents). ◊ ANT. *Fait, raison, réalité, réel.*

CHIMÉRIQUE [ʃimeʀik]. *adj.* (1580; de *chimère*). ♦ 1º Qui tient de la chimère. *Être chimérique.* V. **Inexistant.** *Songes, imaginations, rêves chimériques.* V. **Fabuleux, fantastique, fou, illusoire, imaginaire, impossible, invraisemblable, irréalisable, irréel, utopique, vain.** *Ses projets sont tout à fait chimériques* (Cf. *Des châteaux en Espagne*). ♦ 2º *Littér.* Qui se complaît dans les chimères. *Homme chimérique.* V. **Rêveur, romanesque, utopiste, visionnaire.** « *Les esprits chimériques, coureurs d'idéal qui trébuchent sur les réalités, rêveurs candides* » (BERGSON). ◊ ANT. *Positif, réel, solide, vrai.*

CHIMIE [ʃimi]. *n. f.* (1356; lat. médiév. *chimia*, de *alchimia.* V. **Alchimie**). ♦ 1º Science de la constitution des divers corps, de leurs transformations et de leurs propriétés. V. **Corps, élément; composé; atome, molécule, matière.** *Chimie générale. Chimie minérale. Chimie organique. Chimie biologique.* V. **Biochimie.** *Chimie physique. Chimie appliquée : agricole* (V. **Agronomie**), *médicale, pharmaceutique* (V. **Pharmacie**), *industrielle* (industries du bois, de la cellulose, de la céramique, des colorants, des combustibles, des corps gras, des engrais, des explosifs, des métaux, des parfums, du verre; industries de synthèse). V. **Électrochimie, pétrolochimie, photochimie.** — *Notation en chimie.* V. **Formule, symbole; élément, radical; chaine, série.** *Professeur de chimie; cours, leçon de chimie. Expérience de chimie.* ♦ 2º *Fig.* Transformation profonde, mystérieuse. ◊ HOM. *Shimmy.*

CHIMIOSYNTHÈSE [ʃimjosɛ̃tɛz]. *n. f.* (mil. XXᵉ; de *chimie*, et *synthèse*). *Biochim.* Production de substances organiques sous l'effet d'une source d'énergie chimique.

CHIMIOTHÉRAPIE [ʃimjoteʀapi]. *n. f.* (1911; de *thérapie*). Traitement par des substances chimiques. — Adj. CHIMIOTHÉRAPIQUE.

CHIMIQUE [ʃimik]. *adj.* (1556; de *chimie*). Relatif à la

chimie, aux corps qu'elle étudie. *Notation, formule, symbole chimique. Propriétés chimiques d'un corps. Opération, réaction chimique. Énergie chimique. Éléments chimiques. — Produits chimiques :* corps obtenus par l'*industrie chimique* (cour. opposé à naturel).

CHIMIQUEMENT [ʃimikmɑ̃]. *adv.* (1610; de *chimique*). D'après les lois, les formules de la chimie. *De l'eau chimiquement pure.*

CHIMISME [ʃimism(ə)]. *n. m.* (1846; de *chimie*). Ensemble de propriétés ou de phénomènes étudiés du point de vue de la chimie. *Chimisme gastrique*, composition du suc gastrique étudiée lors d'épreuves physiologiques spéciales.

CHIMISTE [ʃimist(ə)]. *n.* (1557; de *chimie*). Personne qui s'occupe de chimie, pratique et étudie la chimie. *Chimiste expert. Chimiste de laboratoire. Ingénieur chimiste. Une chimiste.*

CHIMPANZÉ [ʃɛ̃pɑ̃ze]. *n. m.* (*Quimpezé*, 1738; d'une langue d'Afrique occid.). Grand singe anthropoïde, arboricole, qui vit en Afrique. *Grimper comme un chimpanzé.*

CHINAGE [ʃinaʒ]. *n. m.* (1753; de *chiner*). ♦ 1º Le fait de chiner (1). ♦ 2º V. **Chinure.**

CHINCHILLA [ʃɛ̃ʃila]. *n. m.* (1598; mot esp. de *chinche*, « punaise; mammifère puant »; lat. *cimex, icis*). ♦ 1º Petit mammifère rongeur qui vit au Pérou et au Chili. ♦ 2º Sa fourrure gris perle (une des plus chères). *Une garniture de chinchilla.*

1. **CHINE** [ʃin]. *n.* (XXᵉ; « plante », 1572; nom du pays). ♦ 1º N. m. Papier de luxe. *Du Chine et du Japon.* ♦ 2º N. m. ou f. Porcelaine de Chine. *Du vieux, de la vieille chine.*

2. **CHINE** [ʃin]. *n. f.* (1873; de *chiner* 2). ♦ 1º Brocante. ♦ 2º Vente de porte à porte. *Vente à la chine.*

1. **CHINER** [ʃine]. *v. tr.* (1753; de *Chine*, pays d'où vient le procédé). Faire alterner des couleurs sur les fils de chaîne avant de tisser une étoffe, de manière à obtenir un dessin, le tissage terminé. *Chiner une étoffe.* — Au p. p. adj. *Un tissu, un écheveau chiné.*

2. **CHINER** [ʃine]. *v. tr.* (1847; probabl. altér. d'*échiner* « travailler dur »). ♦ 1º Chercher des occasions (chiffonnier, brocanteur). ♦ 2º (1889; de « duper le client »). Critiquer sur le ton de la plaisanterie ironique. V. **Moquer, plaisanter, railler, taquiner** (Cf. *pop.* Mettre en boîte).

CHINETOQUE [ʃintɔk]. *n.* (1918, arg. marine; de *chinois*). *Fam.* et *péj.* Chinois, Chinoise.

CHINEUR, EUSE [ʃinœʀ, øz]. *n.* (1847; de *chiner*). ♦ 1º N. m. Brocanteur. ♦ 2º N. Personne qui chine; moqueur.

CHINOIS, OISE [ʃinwa, waz]. *adj. et n.* (1610; *chinese*, 1602; de *Chine*). ♦ 1º De Chine (V. **Sino-, sinologie**); qui imite un certain goût propre à la Chine. *L'ancien empire chinois.* V. **Céleste** (empire). *La République chinoise. Religions chinoises* (Bouddhisme, confucianisme, taoïsme). *Bonze, mandarin; coolie chinois. Mesures chinoises* (li, yu). *Un pavillon chinois : petit kiosque à toit pointu et découpé. Objets d'art chinois.* V. **Chinoiserie.** *Dragon, magot chinois. Paravent chinois. Chapeau* chinois. Ombres* chinoises. Casse-tête* chinois.* ♦ 2º Subst. *Un Chinois. Les yeux bridés du Chinois.* — Fig. (1845) Individu à l'allure bizarre dont on se méfie. *Qui est ce Chinois-là?* Personne qui subtilise à l'excès : *Quel Chinois!* V. **Chinoiser.** Adj. *C'est un peu chinois.* ♦ 3º *Le chinois :* langue monosyllabique parlée en Chine. *Les tons du chinois. Écrire le chinois.* ◊ Fig. *C'est du chinois*, c'est incompréhensible (V. **Hébreu**). ♦ 4º (1832). N. m. Petite orange (*kumquat* de Chine) que l'on fait confire. ♦ 5º Petite passoire fine, conique (comme un chapeau chinois).

CHINOISER [ʃinwaze]. *v. intr.* (1896 « parler argot »; de *chinois* [langue]; Cf. Chinoiserie 2º). Discuter de façon pointilleuse. V. **Ergoter.** *Il est toujours à chinoiser!*

CHINOISERIE [ʃinwazʀi]. *n. f.* (1839; de *chinois*). ♦ 1º Bibelot qui vient de Chine ou qui est dans le goût chinois. *Une étagère garnie de chinoiseries.* ♦ 2º Fig. (1845). Complication inutile et extravagante. *Les chinoiseries administratives.*

CHINOOK [ʃinuk]. *n. m.* (1925; mot indien d'Amérique, par l'angl.). Vent des montagnes Rocheuses.

CHINTZ [ʃints]. *n. m.* (*Chint*, 1753; mot angl., du hindi). Toile de coton imprimé, pour l'ameublement. *Rideau de chintz.*

CHINURE [ʃinyʀ]. *n. f.* (1819; de *chiner*). Aspect de ce qui est chiné.

CHIOT [ʃjo]. *n. m.* (*Chiau*, 1551; forme dial., du lat. *catellus;* a. fr. *chael*). Jeune chien. *Une portée de chiots.*

CHIOTTES [ʃjɔt]. *n. f. pl.* (XIXᵉ; de *chier*). Pop. Cabinets d'aisances. — *Aux chiottes!* exclamation pour conspuer quelqu'un.

CHIOURME [ʃjurm(ə)]. *n. f.* (XIVᵉ; it. *ciurma;* lat. *celeusma* « chant de galériens »). *Ancienn.* Ensemble de rameurs d'une galère, de forçats.

CHIPER [ʃipe]. *v. tr.* (mil. XVIIIᵉ; a. fr. *chipe* « chiffon ». V. **Chipoter**). *Fam.* Dérober, voler. V. **Barboter, choper,**

piquer. « *On va t'empaumer, on va te chiper tout ce que tu as* » (STENDHAL). — *Fig.* Attraper. *Chiper un rhume.*

CHIPEUR, EUSE [ʃipœʀ, øz]. *n. et adj.* (1829; de *chiper*). *Fam.* (lang. enfantin, etc.). Qui chipe, dérobe. « *Hardi et chipeur comme un gamin de Paris* » (BALZ.).

CHIPIE [ʃipi]. *n. f.* (*Chipi*, 1821; du précéd. ou de °*chiepie*; Cf. Grippe-pie). Femme acariâtre, difficile à vivre. V. Mégère, pimbêche. *Vieille chipie!*

CHIPOLATA [ʃipɔlata]. *n. f.* (1742; it. *cipollata*, de *cipolla* « oignon ». V. Ciboule). Petite saucisse courte (abrév. CHIPO [ʃipo]).

CHIPOTAGE [ʃipɔtaʒ]. *n. m.* (XXᵉ; de *chipoter*). Action de chipoter. Marchandage, discussion mesquine.

CHIPOTER [ʃipɔte]. *v. intr.* (1564; de *chipe* « chiffon ». V. Chiper). ♦ 1° Manger par petits morceaux, du bout des dents et sans plaisir. ♦ 2° *Fig.* Travailler, agir avec lenteur, en s'arrêtant à des vétilles. V. Hésiter, tatillonner. — Marchander mesquinement.

CHIPOTEUR, EUSE [ʃipɔtœʀ, øz]. *n. et adj.* (1585; de *chipoter*). Personne qui chipote.

CHIPPENDALE [ʃipɛ̃dal]. *adj. inv.* (1933; de *T. Chippendale*, ébéniste anglais). Anglicisme. Se dit d'un style de mobilier anglais du XVIIIᵉ. *Des commodes chippendale.*

CHIPS [ʃip(s)]. *n. m. pl.* (1920; mot angl. « copeaux »). Pommes de terre frites en minces rondelles. *Un sachet de chips.* Adj. *Pommes chips.*

CHIQUE [ʃik]. *n. f.* (1573, « petite boule »; p.-ê. all. *schicken* « envoyer »).
I. ♦ 1° (1792). Morceau de tabac que l'on mâche. V. Carotte. *Mâcher, mastiquer sa chique.* V. Chiquer. — *Fig.* et pop. *Couper la chique à qqn* : l'interrompre brutalement (Cf. Couper le sifflet). *Avaler sa chique* : mourir. ◇ *Région.* (Belgique). Bonbon. V. **Boule.** ♦ 2° *Fam.* Enflure de la joue. ♦ 3° Petit cocon peu fourni en soie; la soie de ce cocon.
II. (1694; à cause de la boule formée par l'insecte sous la peau). Variété de puce dont la femelle peut s'enfoncer dans la chair de l'homme et y déterminer des abcès.

CHIQUÉ [ʃike]. *n. m.* (1834, « chic », puis péj.; de *chic*). *Fam.* Affectation, parade, esbroufe. *C'est du chiqué! Il fait ça au chiqué.* ◇ ANT. *Naturel, simplicité.*

CHIQUEMENT [ʃikmɑ̃]. *adv.* (1858; de *chic*). ♦ 1° *Fam.* Avec chic, élégance. *Il était assez chiquement fringué.* ♦ 2° *Fam.* D'une manière chic, amicale et généreuse. *Il m'a très chiquement prêté de l'argent.*

CHIQUENAUDE [ʃiknod]. *n. f.* (*Chicquenode*, 1530; p.-ê. prov.; Cf. esp. *chico* « petit »). Coup donné avec un doigt que l'on a plié contre le pouce et que l'on détend brusquement. V. Pichenette. *Donner, recevoir une chiquenaude. Projeter une boulette de pain d'une chiquenaude.* — *Fig.* Petite impulsion; poussée.

CHIQUER [ʃike]. *v. tr. et intr.* (1792; de *chique* 1). Mâcher (du tabac). *Tabac à chiquer.*

CHIQUEUR, EUSE [ʃikœʀ, øz]. *n.* (1793; de *chiquer*). Personne qui chique du tabac. *Les fumeurs et les chiqueurs.*

CHIR(O)-. Élément, du gr. *kheir* « main ».

CHIROGRAPHAIRE [kiʀɔɡʀafɛʀ]. *adj.* (fin XVIᵉ; lat. imp. *chirographarius*). Qui ne se fonde que sur un acte sous seing privé. *Créance, obligation chirographaire.* ◇ ANT. *Hypothécaire.*

CHIROGRAPHIE [kiʀɔɡʀafi]. *n. f.* (av. 1845, « expression de la pensée par les mains »; de *chir(o)-*, et *-graphie*). Étude des lignes de la main. V. Chiromancie. — *Adj.* CHIROGRAPHIQUE (av. 1845).

CHIROMANCIE [kiʀɔmɑ̃si]. *n. f.* (*Siromancie*, 1419; de *-mancie*). Art de deviner l'avenir, le caractère de qqn par l'inspection de sa main. V. Ligne (de la main).

CHIROMANCIEN, IENNE [kiʀɔmɑ̃sjɛ̃, jɛn]. *n.* (*Cheiro-*, 1549; de *chiromancie*). Personne qui pratique la chiromancie; diseur, diseuse de bonne aventure (XIXᵉ). V. Voyante. *Des chiromanciennes.*

CHIROPRACTEUR [kiʀɔpʀaktœʀ]. *n. m.* (1944; angl. *chiropractor*, formé du gr. *kheiros*, et *praktor*). Praticien de la chiropraxie. — Recomm. offic. CHIROPRATICIEN, IENNE [kiʀɔpʀatisjɛ̃, jɛn]. *n.*

CHIROPRAXIE, -PRACTIE [kiʀɔpʀaksi, -pʀakti]. *n. f.* (XXᵉ; angl. *chiropractie*; Cf. le précéd.). Traitement médical par manipulations effectuées sur diverses parties du corps (notamment la colonne vertébrale).

CHIROPTÈRES. V. CHEIROPTÈRES.

CHIRURGICAL, ALE, AUX [ʃiʀyʀʒikal, o]. *adj.* (1370; lat. *chirurgicalis*). Relatif à la chirurgie. *Opération, intervention chirurgicale. Instruments chirurgicaux.*

CHIRURGIE [ʃiʀyʀʒi]. *n. f.* (*Cirurgie*, 1175; lat. méd. *chirurgia*, gr. *kheirourgia* « opération manuelle »). Partie de la thérapeutique médicale qui comporte une intervention manuelle et instrumentale (intervention sanglante ou manœuvre externe). *Petite chirurgie* : opérations simples (plâtres, ponctions, sondages, petites incisions, etc.). *Manuel, traité de chirurgie. Chirurgie générale, des os, du cœur. Chi-*

rurgie plastique, réparatrice ou esthétique, restauratrice. Chirurgie du système nerveux (neurochirurgie). V. Ablation, acupuncture, amputation, anesthésie, antisepsie, autogreffe, avulsion, cathétérisme, césarienne, couture, curetage, débridement, décollement, diérèse, dilatation, énucléation, évidement, excision, exérèse, extension, extirpation, extraction, greffe, hémostase, hétéroplastie, incision, injection, insensibilisation, insufflation, intervention, ligature, occlusion, ouverture, ponction, prothèse, réduction, résection, saignée, section, suture, taille, tamponnement, toucher, transfusion, trépanation; et suff. *-ectomie, -plastie, -tomie.* — *Chirurgie dentaire* (V. Dentiste).

CHIRURGIEN [ʃiʀyʀʒjɛ̃]. *n. m.* (*Cirurgien*, 1175; du lat. *chirurgia*). ♦ 1° Spécialiste en chirurgie (V. Médecin, opérateur, praticien). *Le chirurgien opère avec l'aide de ses assistants. Mauvais chirurgien* (V. pop. Boucher, charcutier). *Chirurgien-major*, dans l'armée. — *Elle est chirurgien* (chirurgienne, inus.). ♦ 2° (1728). *Chirurgien dentiste.* V. Dentiste.

CHISTERA [(t)ʃistera]. *n. f.* ou *m.* (v. 1905; mot esp.; lat. *cistella*). Instrument d'osier en forme de gouttière recourbée, qui sert à lancer la balle à la pelote basque. *Grande, petite chistera.*

CHITINE [kitin]. *n. f.* (1821; gr. *chitôn* « tunique »). Substance organique de structure semblable à celle de la cellulose (polysaccharide), constituant de la cuticule des insectes et des crustacés et de la membrane de certains champignons.

CHITINEUX, EUSE [kitinø, øz]. *adj.* (1876; de *chitine*). Relatif à la chitine. *Couche, enveloppe chitineuse.*

CHITON [kitɔ̃]. *n. m.* (*Chitonisque*, 1753; mot gr. V. Chitine). Tunique grecque, dans l'Antiquité.

CHIURE [ʃjyʀ]. *n. f.* (*Chieüre*, 1642; de *chier*). Excrément d'insectes, de mouches. V. Chiasse. « *Deux glaces, pleines de chiures de mouches* » (ZOLA).

CHLAMYDE [klamid]. *n. f.* (*Clamide*, 1502; gr. *khlamys, -mydos*). *Antiq.* Manteau court et ouvert, agrafé sur l'épaule.

CHLEUH ou **SCHLEU, E** [ʃlø]. *adj. et n.* (v. 1940; *chleuh*, « peuple berbère »). *Fam.* et *péj.* Allemand, Allemande (en tant qu'ennemi, pendant la Deuxième Guerre mondiale). *Un avion schleu.*

CHLINGUER. V. SCHLINGUER.

CHLOASMA [klɔasma]. *n. m.* (1855; gr. *khloazein* « être de la couleur vert pâle des jeunes pousses »). *Méd.* Taches pigmentées irrégulières du visage, observées surtout pendant la grossesse (*masque de grossesse*).

CHLORAL [klɔʀal]. *n. m.* (1831; de *chlore*, et *alcool*). *Chim.* Aldéhyde du chlore, incolore, huileux, à odeur piquante, qui bout à 97°. *Le chloral hydraté ou hydrate de chloral*, solide blanc utilisé comme soporifique.

CHLORAMPHÉNICOL [klɔʀɑ̃fenikɔl]. *n. m.* (1947; nom déposé). Antibiotique actif sur un grand nombre de bactéries (staphylocoques, streptocoques, bacilles de la typhoïde, de la coqueluche, du typhus exanthématique).

CHLORATE [klɔʀat]. *n. m.* (1821; de *chlore*). Sel de l'acide chlorique.

CHLORATION [klɔʀasjɔ̃]. *n. f.* (1922; de *chlore*). Purification de l'eau par adjonction de chlore.

CHLORE [klɔʀ]. *n. m.* (1815; gr. *khlôros* « vert »). *Chim.* Métalloïde (symb. Cl; masse at. 35,5; n° at. 17), jaune verdâtre, d'odeur suffocante. *Le chlore ne se trouve pas dans la nature à l'état pur, on l'extrait du chlorure de sodium par électrolyse. Propriétés oxydantes, décolorantes, antiseptiques du chlore. Le chlore est utilisé industriellement* (fabric. du chlorure de chaux, des désinfectants, de l'acide chlorhydrique). — *Corps de la famille du chlore.* V. Halogène. — *Composé hydrogéné du chlore* : acide chlorhydrique. *Sels correspondants* : chlorures. — *Composés oxygénés du chlore* : anhydride et acide hypochloreux (Cl_2O et HClO; sels : hypochlorites), anhydride et acide chloreux (Cl_2O_3 et $HClO_2$; sels : chlorites), peroxyde ou bioxyde de chlore, acide chlorique ($HClO_3$; sels : chlorates), acide perchlorique ($HClO_4$; sels : perchlorates). ◇ HOM. Clore.

CHLORÉ, ÉE [klɔʀe]. *adj.* (1845, bot.; de *chlore*). Qui contient du chlore. — CHLORER. *v. tr.* V. Chlorurer.

CHLORELLE [klɔʀɛl]. *n. f.* (1929; du gr. *khlôros*). Algue verte d'eau douce. *La chlorelle pourrait servir d'aliment humain. Culture des chlorelles.*

CHLORHYDRATE [klɔʀidʀat]. *n. m.* (1858; de *chlorhydrique*). Sel hydraté (surtout sel organique) de l'acide chlorhydrique.

CHLORHYDRIQUE [klɔʀidʀik]. *adj.* (1834; de *chlore*, et *hydrique*). Acide chlorhydrique, ou muriatique (HCl). *Spécialt.* Solution de ce gaz dans l'eau, liquide incolore, fumant, corrosif.

CHLORIQUE [klɔʀik]. *adj.* (1815; de *chlore*). Acide chlorique ($HClO_3$).

CHLOROFORME [klɔʀɔfɔʀm(ə)]. *n. m.* (1834; d'apr. *chlorure*, et *formique* (acide). Liquide incolore ($CHCl_3$), dérivé du méthane, de densité 1,51, employé en chimie comme solvant, en chirurgie et en médecine comme anesthésique. *Endormir au chloroforme.*

CHLOROFORMER [klɔrɔfɔrme]. *v. tr.* (1853; de *chloroforme*). Anesthésier au chloroforme. — Fig. *Chloroformer les consciences, les esprits* (V. **Endormir**). « *Chloroformés par l'habitude, abrutis, endormis* » (MAURIAC). ◇ ANT. Réveiller.

CHLOROFORMISATION [klɔrɔfɔrmizasjɔ̃]. *n. f.* (1853; de *chloroformiser* (1853), var. de *chloroformer*). *Méd.* Action de chloroformer, anesthésie par le chloroforme.

CHLOROMÉTRIE [klɔrɔmetri]. *n. f.* (1831; de *chlore* et *-métrie*). *Techn.* Dosage du chlore d'un chlorure décolorant.

CHLOROPHYCÉES [klɔrɔfise]. *n. f. pl.* (1890; gr. *khlôros* « vert »). Ordre d'algues, dites « *algues vertes* » (parce que chez elles la chlorophylle n'est pas combinée avec un autre pigment).

CHLOROPHYLLE [klɔrɔfil]. *n. f.* (1817; gr. *khlôros* « vert », et *phullon* « feuille »). Matière colorante verte des plantes, à structure moléculaire proche de celle de l'hémoglobine, jouant un rôle essentiel dans la synthèse des glucides à partir du gaz carbonique. V. **Photosynthèse.** *La lumière, facteur nécessaire à la production de la chlorophylle.*

CHLOROPHYLLIEN, IENNE [klɔrɔfiljɛ̃, jɛn]. *adj.* (1874; de *chlorophylle*). De la chlorophylle, qui a trait à la chlorophylle. *Assimilation, fonction chlorophyllienne :* action propre à la chlorophylle et qui consiste, sous l'action de la lumière, à absorber le gaz carbonique contenu dans l'air ambiant et à rejeter de l'oxygène.

CHLOROPICRINE [klɔrɔpikrin]. *n. f.* (1878; de *chlore*, et *picrique*). Liquide huileux et incolore, très toxique employé pour détruire les animaux nuisibles (insectes, rats, etc.).

CHLOROPLASTE [klɔrɔplast]. *n. m.* (1890, *chloroplastide;* de *chloro-(phylle)*, et *-plaste*). *Biol.* Organite* (grain de chlorophylle) qui assure la photosynthèse chez les végétaux verts.

CHLOROSE [klɔroz]. *n. f.* (1694; lat. médiév. *chlorosis*, du gr. *khlôros* « vert »). ♦ 1° *Méd.* Forme d'anémie par manque de fer, appelée communément *anémie essentielle des jeunes filles* (ancien. *les pâles couleurs*), caractérisée par une pâleur verdâtre de la peau. ♦ 2° *Bot.* Étiolement des plantes caractérisé par leur décoloration.

CHLOROTIQUE [klɔrɔtik]. *adj.* (1766; lat. méd. *chloroticus*). Qui a rapport à la chlorose, est affecté de chlorose. — Subst. *Un, une chlorotique.*

CHLORURE [klɔryr]. *n. m.* (1815; de *chlore*). ♦ 1° Nom générique des composés du chlore. *Les chlorures,* sels résultant de la combinaison de l'acide chlorhydrique avec une base. — *Chlorure de sodium* (NaCl). V. **Sel** (marin). *Propriétés caustiques, antiseptiques du chlorure de zinc* (ZnCl₂). *Emploi des chlorures d'éthyle, de méthyle comme anesthésiques. Chlorure de polyvinyle.* ♦ 2° *Chlorures décolorants :* mélanges industriels de chlorures et d'hypochlorites alcalins, utilisés à des fins de blanchiment, de nettoyage, de désinfection. V. **Javel** (eau de). *Chlorure de chaux* (CaOCl₂), mélange de chlorure de calcium et d'hypochlorite de chaux, employé comme désinfectant.

CHLORURÉ, ÉE [klɔryre]. *adj.* (1831; de *chlorure*). Transformé en chlorure, ou qui contient un chlorure. *Roches chlorurées.*

CHLORURER [klɔryre]. *v. tr.* (1863; de *chlorure*). Combiner avec le chlore un corps autre que l'oxygène et l'hydrogène, pour obtenir un chlorure. — On dit plutôt CHLORER.

CHNOQUE. V. SCHNOCK.

CHOANES [kɔan]. *n. f. pl.* (1546; gr. *khoanê* « entonnoir »). *Anat.* Orifices postérieurs des fosses nasales dans l'arrière-nez.

CHOC [ʃɔk]. *n. m.* (1523; de *choquer*). ♦ 1° Entrée en contact de deux corps qui se rencontrent violemment; ébranlement qui en résulte. V. **Collision, coup, heurt, percussion.** *Choc brusque, violent. Le choc du marteau sur l'enclume.* V. **Martèlement.** *Le choc des gouttes de pluie contre la vitre.* V. **Battement.** *Le choc des verres, des épées.* V. **Cliquetis.** *Choc de navires* (V. **Abordage**), *de voitures* (V. **Carambolage, collision**), *de deux trains* (V. **Tamponnement, télescopage**). V. **Accident.** *Choc d'une boule qui en touche deux d'un coup.* V. **Carambolage.** « *Les chocs rythmés, et de plus en plus durs et violents, de cette mer démontée contre la coque* » (VALÉRY). *Dispositif destiné à garantir des chocs,* à les amortir (*amortisseur, borne, butée, butoir, pare-chocs, tampon*). *Mouvement communiqué par un choc.* V. **Impulsion.** *Rendre un son sous le choc* (V. **Claquer, résonner**). *Choc terrible, sanglant, meurtrier. Meurtrissures, contusions, blessures; commotion à la suite d'un choc.* Sc. *Onde* de choc. ♦ 2° Rencontre violente (d'hommes...). *Choc de deux armées ennemies.* V. **Bataille, combat, lutte.** *Résister au choc. Succomber, plier sous le choc.* — DE CHOC. *Troupes, unités de choc :* qui sont toujours en première ligne. V. **Commando.** *Armes de choc.* — *Par ext.* (dans un combat idéologique, intellectuel ou social). *Patron de choc. Un nationalisme de choc.* ♦ 3° Fig. *Choc des opinions, des caractères, des passions, des intérêts.* V. **Conflit, oppo-**

sition, rencontre. ♦ 4° Émotion brutale. *Choc psychologique. Cela m'a donné un choc.* « *Quand un sens reçoit un choc qui l'émeut trop fortement* » (MAUPASS.). ♦ 5° *Spécialt.* (1865; trad. angl. *shock*). *Choc opératoire, traumatique, anesthésique. État de choc.* ♦ 6° (1845). *Choc en retour,* phénomène provoqué par la foudre à un endroit éloigné de celui où elle est tombée. — *Par ext.* Contrecoup d'un choc, d'un événement sur la personne qui l'a provoqué ou sur le point d'où il est parti. V. **Effet, retour, ricochet.**

-CHOC [ʃɔk]. Deuxième élément de noms composés, signifiant « qui provoque un choc psychologique (surprise, intérêt, émotion...) ». *Discours-choc. Mesures-chocs.*

CHOCHOTTE [ʃɔʃɔt]. *n. f.* (1901 « jeune efféminé »; p.-ê. var. de *cocotte* I, 1°). *Fam.* et *péj.* Qui est maniéré, prétentieux. *Chochotte, va !* Adj. « *Une garden-party un peu chochotte...* » (*Nouv. Obs.* 11-3-1974). V. **Snob.**

CHOCOLAT [ʃɔkɔla]. *n. m.* (1666; *chocolate,* 1598; de l'aztèque par les Espagnols). ♦ 1° Substance alimentaire (pâte solidifiée) faite d'amandes de cacao grillées, broyées avec du sucre, de la vanille ou d'autres aromates. *Chocolat à cuire. Chocolat à croquer.* V. **Barre, bille, bouchée, croquette, crotte, pastille, plaque, tablette, truffe** *(de chocolat, au chocolat). Un chocolat,* un bonbon au chocolat. *Chocolat au lait, aux noisettes. Chocolat fondant, praliné. Gâteau, éclair, bûche au chocolat.* ♦ 2° Boisson faite de poudre de chocolat ou de cacao délayée. *Une tasse de chocolat. Chocolat liégeois :* glace au chocolat avec de la crème Chantilly. ♦ 3° Couleur chocolat, ou ellipt. *Chocolat :* de la couleur brun-rouge foncé. *Des visages, des teints chocolat.* — *Fam. Être chocolat :* être frustré, privé d'une chose sur laquelle on comptait.

CHOCOLATÉ, ÉE [ʃɔkɔlate]. *adj.* (1771; de *chocolat*). Parfumé au chocolat. *Bouillie chocolatée.*

CHOCOLATERIE [ʃɔkɔlatri]. *n. f.* (1835; de *chocolat*). Fabrique de chocolat.

CHOCOLATIER, IÈRE [ʃɔkɔlatje, jɛr]. *n.* (1706; de *chocolat*). Personne qui fabrique, qui vend du chocolat. V. **Confiseur.** ◇ *N. f.* (1675) Récipient où l'on verse le chocolat avant de le servir. ◇ Adj. *L'industrie chocolatière.*

CHOCOTTES [ʃɔkɔt]. *n. f. pl.* (1882; p.-ê. du rad. de *chicot* ou de *choquer* [dents choquées]), *Arg. anc.* Dents. — Loc. fam. (1916). *Avoir les chocottes :* avoir peur (Cf. Avoir les jetons).

CHOÉPHORE [kɔefɔr]. *n. f.* (1842; gr. *khoêphoros,* de *phoros* « porteur », et *khoê* « libation »). Femme qui, chez les Grecs, portait les offrandes destinées aux morts. *Les choéphores,* tragédie d'Eschyle.

CHŒUR [kœr]. *n. m.* (*Chore,* XVIᵉ; *cuer,* déb. XIIᵉ; lat. *chorus;* gr. *khoros*). I. ♦ 1° Réunion de chanteurs (V. **Choriste**) qui exécutent un morceau d'ensemble. V. **Chorale.** *Un chœur d'enfants. Faire partie des chœurs de l'Opéra. Être soprano dans un chœur. Chœur et orchestre sous la direction de...* — *Spécialt.* Ceux qui chantent la messe. V. **Chantre.** *Le chœur répond au célébrant.* V. **Répons.** — *Métaph.* Harmonie; bruit d'ensemble. V. **Concert, orchestre.** « *Les chœurs des oiseaux* » (JAMMES). ♦ 2° (1704). Composition musicale destinée à être chantée par plusieurs personnes. *Hymne religieux.* V. **Choral.** *Chœur à l'unisson. Chœur à quatre parties.* ♦ 3° (1611). *Antiq.* Troupe de personnes qui dansent et chantent ensemble. *Chœur de théâtre grec ou imité de la tragédie grecque :* ensemble de choreutes qui déclament et dansent des vers lyriques destinés à présenter ou à commenter l'action. V. **Chorège, coryphée.** — *Par ext.* Ce que récite, chante un chœur. *Les chœurs de Sophocle, de Racine* (Esther). ♦ 4° (1690). *Théol.* Nom donné à certaines hiérarchies. *Le chœur des anges, des saints, des martyrs.* ♦ 5° Vieilli (1760). Corps de ballet; groupe de danseurs. « *Un chœur dansant de jeunes filles* » (HUGO). ♦ 6° *Fig.* (1869). Réunion de personnes qui ont une attitude commune, un but commun. *Le chœur des rieurs, des mécontents.* ♦ 7° *En chœur :* ensemble, unanimement. V. **Chorus** (faire), **concert** (agir de). *Chanter en chœur. S'ennuyer en chœur.*

II. (*Cuer,* v. 1140). *Archit.* Partie de la nef d'une église, devant le maître-autel, où se tiennent les chantres et le clergé pendant l'office. *Allée qui tourne autour du chœur.* V. **Déambulatoire.** *Enfant de chœur.* V. **Enfant.**
◇ HOM. *Cœur.*

CHOIR [ʃwar]. *v. intr. :* je chois, tu chois, il choit (les autres personnes manquent au présent); *je chus, nous chûmes. Chu, chue* au p. p. — Formes vieillies : *je choirai* ou *cherrai, nous choirons* ou *cherrons* (*Cheoir,* 1080; *cadit,* Xᵉ (il chut); lat. *cadere*). ♦ 1° *Vx* ou *littér.* Être entraîné de haut en bas. V. **Tomber; écrouler** (s'). « *Si l'averse choit soudain en rideau déroulé* » (COLETTE). « *Elle avait laissé choir sa valise* » (MART. du G.). ♦ 2° *Fam. Laisser choir.* V. **Abandonner, plaquer.** *Après de belles promesses, il nous a laissé choir* (V. **Oublier**).
◇ HOM. *Choie* (de *choyer*).

CHOISI, IE [ʃwazi]. *adj.* (XVIIᵉ; V. **Choisir**). ♦ 1° *Vx.* Appelé, élu, prédestiné. « *Des hommes choisis qui prédisaient* *la venue de ce Messie* » (PASC.). ♦ 2° Qui a été choisi parmi d'autres; *par ext.* (1664) Excellent. *Œuvres choisies. Des morceaux choisis.* V. **Anthologie.** *Parler un langage choisi.* V. **Châtié, précieux.** *S'exprimer en termes choisis.* V. **Élégant.** *Société choisie* : bonne société. V. **Élite.**

CHOISIR [ʃwaziʀ]. *v. tr.* (déb. XIIe; got. *kausjan* « éprouver, goûter »). ♦ 1° Prendre de préférence, faire choix de. V. **Adopter, élire, préférer.** *Choisir un mari, une femme.* « *À partir d'un certain âge, on ne choisit plus tant ses amis que l'on est choisi par eux* » (GIDE). *Choisir une carrière.* V. **Embrasser.** *On l'a choisi pour ce poste.* V. **Désigner, distinguer, nommer.** *Choisir ses lectures.* V. **Sélectionner.** *Se choisir* (choisir pour soi) *qqch. Je l'ai choisi entre mille.* PROV. *De deux maux il faut choisir le moindre.* — Absolt. « *Devine si tu peux et choisis si tu l'oses* » (CORN.). ♦ 2° Se décider entre deux ou plusieurs partis ou plusieurs solutions. V. **Engager** (s'), **opter, prononcer** (se), **trancher.** *Choisir, c'est renoncer. Décidez-vous, il faut choisir* (Cf. Il faut qu'une porte soit ouverte ou fermée). *Choisir si l'on part, si l'on reste. Il a choisi de partir, de rester, de se marier.* « *Mais nous ne choisissons pas. Notre destin choisit* » (R. ROLLAND).

CHOIX [ʃwa]. *n. m.* (1155; de *choisir*). ♦ 1° Action de choisir, décision par laquelle on donne la préférence à une chose, une possibilité en écartant les autres. *Faire un bon, un mauvais choix. Faire son choix. Son choix est fait.* V. **Décision, résolution.** *Fixer, arrêter, porter son choix sur. Faire choix de qqn.* V. **Désignation, nomination.** *Le choix des mots.* « *Il y a dans certaines destinées des hasards qui ressemblent à un choix* » (BARTHOU). ♦ 2° Pouvoir, liberté de choisir (actif); existence de plusieurs partis entre lesquels choisir (passif). *On lui laisse le choix.* V. **Option.** *Choix entre deux partis.* V. **Alternative, dilemme.** *Vous avez le choix. À son choix* : à sa guise, à son gré, comme il lui plaira. *N'avoir que l'embarras du choix.* — *Acheter qqch. au choix. Avancement, promotion au choix, sur proposition* (opposé à : à l'ancienneté). ♦ 3° (XVIIe; concret). Ensemble de choses parmi lesquelles on peut choisir. *Ce magasin offre un très grand choix d'articles.* V. **Assortiment, collection, éventail, réunion.** « *Nous avions un assez bon choix de caractères accessoires* » (DUHAM.). ♦ 4° Ensemble de choses choisies pour leurs qualités. V. **Sélection.** *Choix de livres, de poésies.* V. **Anthologie, recueil.** *Un heureux choix de mots.* ♦ 5° (1675). Le meilleur d'une marchandise. ◊ *De choix* : de prix, de qualité. *Un morceau de choix.* ◊ ANT. **Abstention, hésitation. Obligation.** — HOM. Formes des V. **Choir, choyer.**

CHOKE-BORE [tʃɔkbɔʀ]. *n. m.* (1878; angl. *to choke* « étrangler », et *to bore* « forer »). Anglicisme. Étranglement à l'extrémité du canon de fusils de chasse pour regrouper les plombs.

CHOLAGOGUE [kɔlagɔg]. *adj.* (1560; de *cholé-*, et gr. *agein* « conduire »). Se dit des substances qui facilitent l'évacuation de la bile. *Remède cholagogue.* Subst. *Un cholagogue.*

CHOL(É)-. Élément, du gr. *kholê* « bile » (Cf. **Colère,** mélancolie).

CHOLÉCYSTITE [kɔlesistit]. *n. f.* (1846; de *cholé-*, et *cystite*). Méd. Inflammation de la vésicule biliaire.

CHOLÉCYSTOTOMIE [kɔlesistɔtɔmi]. *n. f.* (1891; de *cholé-*, et *cystotomie*). Méd. Incision de la vésicule biliaire. N. B. Ne pas confondre avec *Cholécystostomie* (n. f.) : abouchement de la vésicule biliaire à la peau, et avec *Cholécystectomie* (n. f.) : ablation de la vésicule.

CHOLÉDOQUE [kɔledɔk]. *adj. m.* (1560; lat. méd. *choledochus*; gr. *dekhesthai* « recevoir »). Anat. *Canal cholédoque* : qui conduit la bile dans le duodénum.

CHOLÉMIE [kɔlemi]. *n. f.* (1859; de *cholé-,* et *-émie*). Méd. Passage d'éléments de la bile dans le sang. V. **Jaunisse.** — Taux de la bile dans le sang.

CHOLÉRA [kɔleʀa]. *n. m.* (*Cholere,* 1546; lat. *cholera;* gr. *kholera*). ♦ 1° Très grave maladie épidémique caractérisée par des selles fréquentes, des vomissements, des crampes, un grand abattement. *Choléra asiatique,* le vrai choléra, causé par le *vibrion cholérique. Choléra morbus* (ou *nostras*), gastro-entérite (généralement salmonellose*) dont les manifestations rappellent celles du vrai choléra. *Le bacille virgule, agent du choléra.* ♦ 2° Fig. et pop. Personne méchante, nuisible (V. **Peste**). *C'est un vrai choléra, cette bonne femme !*

CHOLÉRÉTIQUE [kɔleʀetik]. *adj.* et *n. m.* (mil. XXe; du rad. *cholé-,* et du gr. *airetikos* « qui prend »). Méd. Se dit de médicaments stimulant la sécrétion de la bile. V. **Cholagogue.** — Subst. *Le boldo est un cholérétique.*

CHOLÉRIFORME [kɔleʀifɔʀm]. *adj.* (1844; de *choléra*). Méd. Qui a l'apparence du choléra. *Diarrhée cholériforme.*

CHOLÉRINE [kɔleʀin]. *n. f.* (1831; de *choléra*). Mod. Forme atténuée de choléra.

CHOLÉRIQUE [kɔleʀik]. *adj.* et *n.* (1806; de *choléra*). Méd. Qui concerne le choléra *(diarrhée cholérique);* qui est

atteint du choléra. — Subst. *Un cholérique.* ◊ HOM. **Colérique.**

CHOLESTÉROL [kɔlɛsteʀɔl]. *n. m.* (1931; de *cholé-,* et gr. *steros,* ou de *stérol*). Biochim. Substance grasse *(stérol)* qui se trouve dans la plupart des tissus et humeurs de l'organisme (cerveau, plasma sanguin [environ 1 g par litre], bile), provenant des aliments et synthétisée par l'organisme (foie, corticosurrénale). *Le cholestérol peut former des calculs biliaires et provoquer l'artériosclérose. Taux de cholestérol.* ◊ *Syn.* (Vieilli) CHOLESTÉRINE [kɔlɛsteʀin], *n. f.*

CHOLIAMBE [kɔljãb]. *n. m.* (1829; gr. *khôliambos,* de *khôlos* « boiteux », et *iambos* « jambe »). Versif. Vers iambique, trimètre terminé par un iambe suivi d'un spondée.

CHOLINE [kɔlin]. *n. f.* (1878; de *cholé-* et suff. *-ine*). Biochim. Matière azotée (alcool à fonction ammonium quaternaire), présente dans les tissus animaux surtout sous forme d'esters, qui joue un rôle important dans l'utilisation des lipides par le foie et dont les sels exercent une action stimulante sur le système parasympathique. V. **Acétylcholine.** ◊ HOM. **Colline.**

CHOLURIE [kɔlyri]. *n. f.* (1907; de *chol(é)-,* et *-urie*). Méd. Présence dans l'urine des éléments de la bile.

CHÔMABLE [ʃomabl(ə)]. *adj.* (XVe; de *chômer*). Rare. Qui peut ou doit être chômé. *Fête chômable.* ◊ ANT. **Ouvrable.**

CHÔMAGE [ʃomaʒ]. *n. m.* (XIIIe; de *chômer*). ♦ 1° *Vx.* Action de chômer (1°). *Le chômage des dimanches, des jours de fête.* Temps passé sans travailler. ♦ 2° Mod. Interruption du travail. *Industrie exposée au chômage. Chômage d'une usine, d'une mine.* ◊ Inactivité forcée due au manque de travail, d'emploi. *Ouvriers en chômage. Allocation, indemnité, secours de chômage. Chômage résultant d'une crise économique. Chômage structurel. Chômage frictionnel*. Chômage saisonnier; partiel* (réduction des horaires). ◊ ANT. **Activité, travail.** — HOM. **Chaumage.**

CHÔMÉ, ÉE [ʃome]. *adj.* (1690; V. **Chômer**). Où l'on doit cesser le travail. *Jour chômé et payé.*

CHÔMER [ʃome]. *v. intr.* (XIIe; lat. *caumare,* de *cauma,* d'o. gr. « forte chaleur ». V. **Calme**). ♦ 1° Suspendre son travail pendant les jours fériés. *Chômer entre deux jours fériés* (faire le pont). — Trans. *Chômer la fête d'un saint. Fête chômée.* ♦ 2° Cesser le travail par manque d'ouvrage. *Chômer pendant la morte saison. Chômer par suite d'une crise économique.* — Par anal. *L'industrie textile chôme.* ♦ 3° (XIIIe). Fig. Laisser improductif. *Laisser chômer son argent.* « *Je m'attends au pire, et mon imagination ne chôme pas* » (GIDE). ◊ ANT. **Travailler.** — HOM. **Chaumer.**

CHÔMEUR, EUSE [ʃomœʀ, øz]. *n.* (1876; de *chômer*). Personne qui est sans travail (V. **Sans-travail**).

CHONDRIOME [kɔ̃dʀiom]. *n. m.* (1924; gr. *khondrion* « granule »). Biol. Ensemble des chondriosomes* de la cellule.

CHONDRIOSOME [kɔ̃dʀiozom]. *n. m.* (1931; du précéd.). Biol. Organite cellulaire de structure complexe, formant des corpuscules isolés *(mitochondries),* des chapelets *(chondriomites)* et des bâtonnets *(chondriocontes),* jouant un rôle important dans le métabolisme cellulaire.

CHONDR(O)-. Élément, du gr. *khondros* « cartilage ».

CHONDROBLASTE [kɔ̃dʀɔblast(ə)]. *n. m.* (1897; de *chondro,* et *-blaste*). Biol. Cellule du cartilage.

CHOPE [ʃɔp]. *n. f.* (1845; all. *Schoppen.* V. **Chopine**). ♦ 1° Récipient cylindrique à boire de la bière. *Chope en étain, en grès, en verre. Anse d'une chope.* V. **Chopine.** ♦ 2° Contenu d'une chope. V. **Chopine.** « *Ô pauvre vieux, tu vis en paix, tu bois ta chope* » (HUGO).

CHOPER [ʃɔpe]. *v. tr.* (1800; var. de *chiper,* d'apr. *chopper*). Pop. ou fam. ♦ 1° Voler. V. **Chiper.** *Choper une montre.* ♦ 2° Arrêter, prendre, *Le voleur s'est fait choper.* ♦ 3° Attraper. *J'ai chopé un bon rhume.* ◊ HOM. **Chopper.**

CHOPINE [ʃɔpin]. *n. f.* (fin XIIe; all. *Schoppen.* V. **Chope**). ♦ 1° Ancienne mesure de capacité contenant la moitié d'un litre. — Mod. (Canada). Mesure de capacité pour les liquides valant une demi-pinte*, ou deux demiards*, soit 0,568 litre. ♦ 2° Fam. Bouteille, verre (de vin). *Tu nous payes la chopine?* (surtout rural).

CHOPPER [ʃɔpe]. *v. intr.* (Çoper, 1175; o. i.). *Vx* ou littér. Heurter du pied contre qqch. V. **Achopper, broncher, buter, trébucher.** Fig. Se tromper. « *Un pauvre homme de bien qui heurte, choppe, ne sait trop ce qu'il dit* » (MICHELET). ◊ HOM. **Choper.**

CHOQUANT, ANTE [ʃɔkã, ãt]. *adj.* (1650; de *choquer*). Qui étonne désagréablement (vieilli). V. **Désagréable,** et spécialt. Qui heurte la délicatesse, la bienséance. V. **Déplacé, grossier, inconvenant, malséant.** *De propos choquants.* V. **Cru, cynique.** *Paroles, attitudes, manières choquantes.* ◊ ANT. **Bienséant.**

CHOQUER [ʃɔke]. *v. tr.* (1230; néerl. *schokken,* ou angl. *to chock* « heurter », onomat.). ♦ 1° *Vx.* Donner un choc plus ou moins violent. V. **Heurter.** Pronom. *Armées qui se*

choquent (V. Choc). — Mod. « *Les bateaux se choquaient et les mariniers échangeaient des injures* » (Gautier). Spécialt. *Choquer les verres.* V. **Boire, trinquer.** ◆ 2° (1640). Contrarier ou gêner en heurtant les goûts (V. **Déplaire, rebuter**); et spécialt. en agissant contre les bienséances (V. **Effaroucher, heurter, scandaliser**). *Cette façon d'agir me choque.* V. **Choquant.** ◇ *Par ext.* Agir, aller contre, être opposé à. V. **Contrarier.** *Choquer la bienséance, le bon sens, la raison.* ◆ 3° Faire une impression désagréable sur. V. **Écorcher, mécontenter.** *Couleur criarde qui choque la vue. Bruit, sons, musiques qui choquent l'oreille.* ◆ 4° *Psycho.* (surtout passif et p. p.) Faire subir un choc, un léger traumatisme à (qqn). *Il a été choqué par son échec.* ◇ Ant. *Charmer, flatter, plaire, séduire.*

CHORAL, ALE, ALS [kɔʀal]. *adj. et n. m.* (1835; du lat. *chorus* « chœur »). ◆ 1° *Adj.* Qui a rapport aux chœurs. *Chants chorals,* ou (rare) *choraux.* ◆ 2° *N. m.* (plur. Chorals). Chant religieux. *Le choral de Luther, premier hymne des protestants.* ◇ Composition pour orgue sur le thème d'un choral. *Les chorals de Bach.* ◇ Hom. *Chorale, corral.*

CHORALE [kɔʀal]. *n. f.* (XIXᵉ; du précéd.) Société musicale qui exécute des œuvres vocales, des chœurs. V. **Chœur.** ◇ Hom. *Choral, corral.*

CHORÉE [kɔʀe]. *n. f.* (1827; « trochée », t. de métrique, 1644; lat. *chorea,* gr. *khoreia* « danse »). *Méd.* Maladie nerveuse appelée aussi *danse de Saint-Guy* parce qu'elle se manifeste par des mouvements rappelant ceux de la danse, accompagnés de convulsions brèves de certains muscles (V. **Choréique**).

CHORÈGE [kɔʀɛʒ]. *n. m.* (XVIᵉ; gr. *khorêgos*). *Antiq.* En Grèce, Citoyen chargé d'organiser à ses frais un chœur de danse pour une représentation théâtrale.

CHORÉGRAPHE [kɔʀegʀaf]. *n.* (1786; *choréographe,* XVIIIᵉ; de *chorégraphie*). Compositeur qui règle les pas et les figures des danses destinées à la scène.

CHORÉGRAPHIE [kɔʀegʀafi]. *n. f.* (1702; gr. *khoreia* « danse », et *graphie*). ◆ 1° Art de composer des ballets, d'en régler les figures et les pas. V. **Danse, orchestique.** ◆ 2° Art de décrire une danse sur le papier au moyen de signes spéciaux.

CHORÉGRAPHIQUE [kɔʀegʀafik]. *adj.* (1832; de *chorégraphie*). ◆ 1° Qui a rapport à la chorégraphie. *Signe, notation chorégraphique.* ◆ 2° Qui a rapport à la danse. *Virtuosité chorégraphique.*

CHORÉIQUE [kɔʀeik]. *adj.* (1833; de *chorée*). Relatif à, atteint de chorée. *Convulsions choréiques.* ◇ Subst. *Un(e) choréique* : malade atteint de chorée.

CHOREUTE [kɔʀøt]. *n. m.* (1867; gr. *khoreutês*). *Antiq.* Choriste du théâtre grec.

CHORIAMBE [kɔʀjɑ̃b]. *n. m.* (1644; lat. *choriambicus,* gr. *khoriambos*). *Versif. antiq.* Pied composé d'un trochée et d'un iambe.

CHORION [kɔʀjɔ̃]. *n. m.* (XVIᵉ; gr. *khorion*). ◆ 1° *Embryol.* Membrane extérieure de l'embryon des mammifères qui assure un contact intime avec la matrice et joue un rôle dans la nutrition de l'embryon. ◆ 2° *Histol.* Couche superficielle, hérissée de papilles, du derme cutané. — Couche conjonctive profonde d'une membrane muqueuse ou séreuse.

CHORISTE [kɔʀist(ə)]. *n.* (1359; lat. ecclés. *chorista,* lat. *chorus*). Personne qui chante dans un chœur. *Les choristes de l'Opéra.* — Choriste du théâtre antique. V. **Choreute.**

CHORIZO [tʃɔʀizo]. *n. m.* (mot esp.) Saucisse espagnole très piquante.

CHOROÏDE [kɔʀɔid]. *n. f.* (1538; gr. *khorioeidês,* de *khorion* « membrane », et *eidos.* V. **-Oïde**). Membrane interne vascularisée qui tapisse la partie postérieure de l'œil, entre la sclérotique et la rétine (V. **Uvée**).

CHOROÏDIEN, IENNE [kɔʀɔidjɛ̃, jɛn]. *adj.* (1839; de *choroïde*). Qui a rapport à la choroïde.

CHORUS [kɔʀys]. *n. m.* (XVᵉ; lat. *chorus* « chœur »). ◆ 1° *Vx.* Reprise en chœur. Bruit d'ensemble. V. **Chœur, concert.** ◇ Mod. *Faire chorus* : se joindre à d'autres pour dire comme eux; être du même avis. V. **Approuver.** ◆ 2° *Jazz* (mil. XXᵉ; angl.). Durée des harmonies qui forment le thème, utilisée de manière personnelle par un ou plusieurs instrumentistes. *Prendre un chorus. Un chorus de trompette.*

CHOSE [ʃoz]. *n. f.* (XIIᵉ; *cosa,* 842; lat. *causa,* qui a pris le sens de *res* en lat. jur.). I. Terme le plus général par lequel on désigne tout ce qui existe et qui est concevable comme un objet unique (concret; abstrait; réel; mental). V. **Être, événement, objet.** *La chose que je redoute le plus, c'est...* V. **Ça, ce, ceci, cela, cet.** *Imaginer une chose. C'est une chose bien agréable que de rencontrer un ami. Toutes choses égales d'ailleurs. Avant toute chose :* premièrement. *Chaque chose. De deux choses l'une :* de deux possibilités. — Spécialt. ◆ 1° *Les choses :* le réel. V. **Fait, phénomène, réalité.** *Il faut bien voir les choses. Regarder les choses en face. Appeler les choses par leur nom.* — Spécialt. (Opposé à idée, mot). — Philo. *La chose en soi :* l'être en tant qu'il existe indépendamment des conditions et des circonstances, par opposition au *phénomène.*

V. **Substance.** ◆ 2° Réalité matérielle non vivante. V. **Objet.** *Les actes, les événements et les choses. Les êtres* (vivants) *et les choses.* ◇ *Cour.* Objet concret indéterminé. *Offrir quelques petites choses.* V. **Babiole, bagatelle.** *Un tas de choses.* ◇ *Dr.* Objet matériel susceptible d'appropriation, V. **Bien, capital, patrimoine, propriété, richesse.** *Les personnes et les choses. L'esclave était considéré comme une chose. Fig. Être la chose de qqn.* V. **Dépendance.** — *Choses communes,* non susceptibles d'appropriation individuelle. *Choses consomptibles, fongibles.* ◆ 3° *(Surtout plur.).* Ce qui a lieu, ce qui se fait, ce qui existe. V. **Affaire, circonstance, condition, événement, fait.** *Les choses de la terre. Les choses humaines, de ce monde, d'ici-bas. L'ordre, le cours naturel des choses. La nature des choses. Par la force des choses. Il a fait de grandes choses.* V. **Acte, action.** « *Rêve de grandes choses, cela te permettra d'en faire au moins de toutes petites* » (Renard). *Dans cet état de choses.* V. **Conjoncture.** *Laisser aller les choses. Les choses vont, tournent mal. Voilà où en sont les choses.* — *Faire bien les choses :* traiter ses invités avec largesse. *Ne pas faire les choses à moitié.* ◆ 4° *La chose :* ce dont il s'agit. *Je vais vous expliquer la chose. La chose parle d'elle-même. Comment a-t-il pris la chose? La chose est décidée. C'est chose faite.* — (Euphémisme) *Être porté* sur la chose (sexuelle). ◆ 5° (Avec *dire, répéter,* etc.). Paroles, discours. *Il lui a dit des choses désobligeantes. Je vais vous dire une bonne chose. Dites-lui bien des choses de ma part :* faites-lui mes compliments. *Il lui répète cent fois la même chose.* « *Il y a des choses que l'on peut dire aux autres; et d'autres qu'on ne peut dire qu'à soi-même* » (Valéry). ◆ 6° Sujet du discours ou du jugement. *Chose incroyable, extraordinaire.* — Ce qu'on isole pour le considérer, pour en juger. *Il y a de belles choses* (des beautés), *des choses intéressantes dans ce livre.* ◆ 7° *Dr.* V. **Cause.** *La chose jugée :* la décision du juge. *L'autorité de la chose jugée.* ◆ 8° (1372; lat. *res publica.* V. **République**). *La chose publique.*

II. Loc. ◆ 1° Autre chose. *C'est autre chose, tout autre chose.* V. **Différent.** *Autre chose de dire ceci, autre chose de le faire. Je cherche autre chose d'aussi beau* (masc.). — La même chose. V. **Même.** ◆ 2° Quelque chose. Loc. indéfinie, masc. (abrév. *qqch.*). *Posséder quelque chose. Manquer de quelque chose. Chercher quelque chose :* un emploi. *Voulez-vous prendre quelque chose?* un peu de nourriture, une boisson. *Avez-vous quelque chose à faire? à dire?* Faites, dites *quelque chose* (Cf. N'importe quoi). — *C'est déjà quelque chose, c'est mieux que rien. Il est pour quelque chose dans cette affaire :* il y a pris part, il y contribue. — *Il lui est arrivé quelque chose :* un accident, un ennui. *Il a quelque chose, mais n'en veut pas parler.* V. **Difficulté, embarras, ennui.** — *Il y a quelque chose comme une semaine :* il y a environ une semaine. — *Se croire quelque chose :* se prendre pour qqn d'important. V. **Quelqu'un.** Subst. Fam. *Un petit quelque chose.* ◆ 3° Grand-chose. V. **Grand-chose.** ◆ 4° Peu de chose : une chose (acte, objet) peu importante. *C'est bien peu de chose.* V. **Peu.**

III. *N. m.* ou *appos.* Ce qu'on ne peut ou ne veut pas nommer. V. **Machin, truc.** *Donnez-moi un, (ce) chose. Cette madame, ce monsieur Chose.* ◇ Adj. Fam. *Se sentir tout chose :* éprouver un malaise difficile à analyser. V. **Souffrant; décontenancé, interdit; triste.**

◇ Ant. *Rien.*

CHOSIFICATION [ʃozifikasjɔ̃]. *n. f.* (1831; de *chose*). *Didact.* Le fait de rendre semblable aux choses; de réduire l'homme à l'état d'objet. « *Colonisation = chosification* » (Césaire).

CHOSIFIER [ʃozifje]. *v. tr.* (attesté XXᵉ; de *chose*). *Didact.* (*Philo., relig.,* etc.). Rendre semblable à une chose.

CHOTT [ʃɔt]. *n. m.* (1860; mot arabe). Lac salé en Afrique du Nord. V. **Sebkha.**

CHOU [ʃu]. *n. m.* (*Chol, chou,* XIIᵉ; lat. *caulis*). ◆ 1° *Bot.* Plante à plusieurs variétés sauvages ou cultivées comme potagères (*Crucifères*). — *Cour.* Une des espèces comestibles, et spécialt. le chou cabus ou pommé, à gros bourgeon terminal. *Feuilles de chou. Cœur, trognon d'un chou. Soupe aux choux. Chou farci. Choux pour la choucroute**. — (Autres espèces comestibles). *Chou frisé d'Écosse. Chou rouge,* que l'on consomme cru, en salade, ou macéré dans le vinaigre. *Chou de Bruxelles,* à longues tiges, donnant des bourgeons comestibles. *Chou rutabaga.* V. **Chou-navet.** *Choux fourragers,* pour l'alimentation du bétail. — V. aussi **Chou-fleur, chou-rave, turneps.** — Par ext. *Chou palmiste,* bourgeon terminal du palmier. ◆ 2° Fig. et fam. *Feuille de chou :* écrit, journal de peu de valeur. — *Bête comme chou.* V. **Simple; enfantin.** — *Être dans les choux :* dans l'embarras; dans une mauvaise situation. — *Entrer dans le chou :* attaquer, donner des coups, et aussi Entrer en collision avec. V. aussi **Coupe-choux**). — *Faire chou blanc :* faire un coup nul. *Faire ses choux gras;* tirer profit d'une affaire avantageuse. *Aller planter ses choux :* se retirer à la campagne. — *Ménager la chèvre* et le chou.* ◆ 3° *Mon chou, mon petit chou :* expressions de tendresse (fém. Choute [ʃut]). V. **Chouchou.** « — *Elle dort, la* pauvre choute » (GENET). ◊ Fam. Adj. invar. Ce qu'elle est chou! (ou choute). V. Gentil, joli. — Substant. « C'est d'un chou! » (CARCO). ♦ 4° Nœud, rosette de ruban ou d'étoffe dont la forme rappelle celle du chou. V. Bouffette. ♦ 5° Chou à la crème : pâtisserie légère et soufflée. Pâte à choux : dont on fait les choux.

CHOUAN [ʃwã]. n. m. (1795; de Jean Chouan, surnom d'un des chefs des insurgés de l'Ouest; forme région. de chat-huant). Insurgé royaliste de l'Ouest qui faisait la guerre des partisans contre la Révolution. Les Chouans, roman de Balzac (1829).

CHOUANNERIE [ʃwanʀi]. n. f. (1794; de chouan). Insurrection des chouans.

CHOUCAS [ʃuka]. n. m. (Chucas, 1530; p.-ê. formation onomat.). Oiseau noir, à nuque grise, voisin de la corneille. « J'allais tirer les choucas qui nichaient dans les pierres du vieux château » (FRANCE).

CHOUCHOU, OUTE [ʃuʃu, ut]. n. (1788, T. d'affection; de chou). Fam. (1889). Favori, préféré. Le petit chouchou. C'est sa chouchoute.

CHOUCHOUTER [ʃuʃute]. v. tr. (1842; de chouchou). Dorlotter, gâter.

CHOUCROUTE [ʃukʀut]. n. f. (1768; sorcrote, 1739; alsacien sûrkrût; all. Sauerkraut « herbe (kraut) sure, aigre », avec attraction de chou, et croûte). Mets préparé avec des choux débités en fins rubans que l'on fait légèrement fermenter dans une saumure. Charcuterie d'une choucroute garnie.

1. **CHOUETTE** [ʃwɛt]. n. f. (1175; dimin. de l'a. fr. choue, lat. pop. °cawa, frq. °kawa). ♦ 1° Nom par lequel on désigne couramment certains oiseaux rapaces nocturnes. Chouette blanche. V. Harfang. Chouette chevêche ou noctuelle. V. Chevêche. Chouette des bois. V. Hulotte. Chouette des clochers. V. Effraie. — Gros yeux ronds de la chouette. Cri de la chouette. V. Chuinter, huer. ♦ 2° Fig. Une vieille chouette : vieille femme laide, acariâtre.

2. **CHOUETTE** [ʃwɛt]. adj. (1830; emploi fig. du précéd.; Cf. it. civetta « chouette », et « femme coquette »). Pop. V. Agréable, beau, élégant, joli (Cf. arg. Chouettos). Une chouette femme. De chouettes types. Un chouette chapeau. C'est chouette : c'est digne d'admiration, d'éloge. — Interj. Ah, chouette alors! Chouette! V. Chic.

CHOU-FLEUR [ʃuflœʀ]. n. m. (1611; de chou, et fleur, d'apr. it. cavolo fiore). Variété de chou dont les inflorescences forment une masse blanche, charnue et comestible. Des choux-fleurs. Manger du chou-fleur au gratin.

CHOULEUR [ʃulœʀ]. n. m. (1954; de chouler [T. de marine], « charrier un chargement »). Techn. Chargeuse de matériaux montée sur chenilles ou sur pneus, et munie d'une benne mécanique.

CHOU-NAVET [ʃunavɛ]. n. m. (1732; de chou, et navet). Variété de chou dont la racine a l'apparence d'un gros navet. Le chou-navet s'apparente au rutabaga*. — Des choux-navets.

CHOU-RAVE [ʃuʀav]. n. m. (XVIe; de chou, et rave). Variété de chou cultivé pour ses racines. Des choux-raves.

CHOW-CHOW [ʃuʃu; ʃawʃaw]. n. m. (1933; mot angl., mot du jargon anglo-chinois). Chien d'une race d'origine chinoise, à beau poil. Des chows-chows. ◊ HOM. Chouchou.

CHOYER [ʃwaje]. v. tr.; conjug. noyer (1546; chuer, chouer, XIIIe; it. soiare; p.-ê. fr. chouer, de choue « chouette »). ♦ 1° Soigner avec tendresse, entourer de prévenances. V. Cajoler, mignarder, mignoter. Elle choie ses enfants. « Lui qu'on avait toujours choyé et gâté » (SAND). ♦ 2° Fig. V. Cultiver, entretenir. Choyer un préjugé, une idée.

CHRÊME [kʀɛm]. n. m. (Cresme, XIIe; lat. ecclés. chrisma; gr. khrisma « huile »). Huile consacrée, employée pour les onctions dans certains sacrements, certaines cérémonies des églises catholique et orthodoxe. Le saint chrême est formé d'huile d'olive et de baume. ◊ HOM. Crème.

CHRÉMEAU [kʀemo]. n. m. (1869 [confirmation]; v. 1175, « petit bonnet dont on coiffe l'enfant baptisé »; de chrême). Linge destiné à recevoir les onctions faites avec le chrême*. Utilisation du chrémeau dans le sacrement du baptême.

-CHRÈSE. Élément, du gr. chrêsis « usage » (ex. : antichrèse, catachrèse).

CHRESTOMATHIE [kʀɛstɔmati,-si]. n. f. (déb. XVIIe, repris 1813; gr. khrêstomatheia, de khrêstos « utile », et manthanein « apprendre »). Recueil de morceaux choisis tirés d'auteurs classiques, célèbres. V. Anthologie, recueil.

CHRÉTIEN, IENNE [kʀetjɛ̃, jɛn]. adj. et n. (Chrestien, XIIe; christian, 842; lat. ecclés. christianus, gr. khristianos). I. Adj. ♦ 1° Qui professe la foi en Jésus-Christ. Le monde chrétien. — Le roi Très Chrétien : titre des rois de France. ♦ 2° Du christianisme. La foi, la morale, la religion chrétienne. Rite chrétien d'Espagne. V. Mozarabe. L'ère chrétienne. L'art chrétien. ◊ Qui est empreint d'influence chrétienne. Traditions chrétiennes. Humanisme chrétien.
II. N. Personne qui professe le christianisme. V. Élu, fidèle; catholique, orthodoxe, protestant, réformé. Les pre-

miers chrétiens. Mourir en bon chrétien. Chrétiens du dimanche. — Chrétien d'Égypte. V. Copte. Nom que l'Arabe donne au chrétien. V. Roumi. ◊ ANT. Agnostique, athée, païen; infidèle.

CHRÉTIENNEMENT [kʀetjɛnmã]. adv. (XVIe; de chrétien). D'une manière chrétienne. Vivre, mourir chrétiennement.

CHRÉTIENTÉ [kʀetjɛ̃te]. n. f. (Crestientet, XIIe; lat. ecclés. christianitas). Ensemble des peuples chrétiens, et des pays où le christianisme domine. La chrétienté primitive. Défendre, attaquer la chrétienté.

CHRIS(-)CRAFT [kʀiskʀaft]. n. m. (mil. XXe; mot angl., marque déposée, avec la finale craft « embarcation »). Anglicisme. Canot à moteur de cette marque. « Le grand public qui l'appelait autrefois « canot automobile » a tendance à le nommer « chris-craft » c'est un tort... » (L'Action automobile et touristique, in GILBERT).

CHRISME [kʀism(ə)]. n. m. (1834; gr. khrismon). Monogramme du Christ. Le labarum portait le chrisme.

CHRIST [kʀist]. n. m. (XIe; lat. ecclés. christus, gr. khristos « oint », trad. de l'hébreu maschiah « messie »). ♦ 1° Nom donné à Jésus de Nazareth. V. Messie. Le Christ Jésus, le Christ. Jésus-Christ, et absolt. Christ (usage des chrétiens de l'Église réformée). ♦ 2° Figure de Jésus-Christ attaché à la croix. V. Crucifix. Un christ d'ivoire.

CHRISTIANIA [kʀistjanja]. n. m. (1906; mot norv., anc. nom d'Oslo). Ski. Technique d'arrêt par un brusque quart de tour des skis.

CHRISTIANISATION [kʀistjanizasjɔ̃]. n. f. (fin XIXe; de christianiser). Action de christianiser; état de ce qui est christianisé.

CHRISTIANISER [kʀistjanize]. v. tr. (fin XVIe; gr. khristianizein). Rendre chrétien. V. Évangéliser. Pays christianisé par l'action de missionnaires. ◊ ANT. Déchristianiser.

CHRISTIANISME [kʀistjanism(ə)]. n. m. (XIIIe; lat. ecclés. christianismus, gr. khristianismos). Religion fondée sur l'enseignement, la personne et la vie de Jésus-Christ. V. Catholicisme, orthodoxe (Église), protestantisme. Le Dieu en trois personnes du christianisme. Christianisme primitif. V. Judéo-christianisme. Livre sacré du christianisme. V. Bible. Doctrine, pratiques du christianisme. V. Théologie; liturgie, sacrement. Schismes, hérésies du christianisme. — Le Génie du Christianisme, œuvre de Chateaubriand. ◊ ANT. Athéisme; agnosticisme, paganisme.

CHRISTIQUE [kʀistik]. adj. (de Christ). Didact. Qui a rapport au Christ.

CHRISTOLOGIE [kʀistɔlɔʒi]. n. f. (1846; de Christ, et -logie). Théol. Étude de la personne et de la doctrine du Christ.

CHROMAGE [kʀomaʒ]. n. m. (XXe; de chromer). Action de chromer; son résultat.

CHROMAT(O)-. Élément, du gr. khrôma, -atos.

CHROMATE [kʀɔmat]. n. m. (1797; de chrome). Chim. Sel de l'acide chromique. Chromate jaune (de potassium). Chromate rouge, bichromate de potassium.

CHROMATINE [kʀɔmatin]. n. f. (v. 1900; de chromat(o)-, et -ine). Biol. Substance, présente sous forme de granules dans le noyau cellulaire, fixant les colorants basiques. Transformation de la chromatine en chromosomes dans la division cellulaire.

CHROMATIQUE [kʀɔmatik]. adj. (XIVe; lat. chromaticus; gr. khrôma « couleur, ton musical »). ♦ 1° Qui procède par demi-tons consécutifs (opposé à diatonique). Gamme, échelle chromatique. — Demi-ton chromatique : formé par deux notes qui portent le même nom, mais dont l'une est altérée. ♦ 2° Relatif aux couleurs. ♦ 3° Biol. Des chromosomes. Réduction chromatique : réduction du nombre de chromosomes dans la méiose*.

CHROMATISME [kʀɔmatism(ə)]. n. m. (1839; gr. khrômatismos). ♦ 1° Didact. ou littér. Ensemble de couleurs. V. Coloration. « Les chromatismes légendaires, sur le couchant » (RIMBAUD). ♦ 2° Mus. Caractère de ce qui est chromatique.

CHROMATOGRAMME [kʀɔmatɔgʀam]. n. m. (1962; de chromato-, et -gramme). Didact. Image obtenue par chromatographie.

CHROMATOGRAPHIE [kʀɔmatɔgʀafi]. n. f. (1949; de chromat(o)-, et -graphie). Méthode d'analyse chimique par absorption sélective des constituants d'un mélange par une matière pulvérulente (les couches obtenues peuvent être diversement colorées).

CHROMATOPSIE [kʀɔmatɔpsi]. n. f. (1948; de chromat(o)-, et -opsie). ♦ 1° Physiol. Vision des couleurs. ♦ 2° Pathol. Perception d'images colorées incolores ou perception de couleurs autres que les couleurs réelles.

CHROME [kʀom]. n. m. (1797; lat. chroma par le gr. khrôma « couleur », à cause de ses composés diversement colorés). ♦ 1° Corps simple (symb. Cr; p. at. env. 52; n° at. 24), métal gris, brillant, dur (dens. 6,92). Le chrome s'extrait de son minerai (chromite) par réduction de l'oxyde; il sert à fabriquer l'acier inoxydable (acier au chrome) et au

chromage. — *Sel de chrome.* V. **Chromate.** — Loc. *Jaune de chrome. Rouge, brun de chrome. Alun de chrome,* utilisé en teinture, tannerie. ♦ 2° Pièce métallique en acier chromé (*spécialt.* dans la carrosserie d'une automobile). *Nettoyer les chromes de sa voiture.*
-CHROME, -CHROMIE. Éléments, du gr. *khrôma* « couleur » (*ex.* : hélio-, lithochromie, monochrome).
CHROMER [kʀome]. *v. tr. (Chrome,* 1845; de *chrome).* ♦ 1° Recouvrir (un métal) de chrome. P. p. adj. *Acier chromé* (inoxydable). *Du chromé.* ♦ 2° Tanner à l'alun de chrome. *Cuir, veau chromé.*
CHROMIQUE [kʀomik]. *adj.* (1797; de *chrome).* Se dit des composés oxygénés du chrome. *Acide, anhydride chromique.*
CHROMISTE [kʀomist(ə)]. *n.* (v. 1900; de *chromo* (lithographie). Ouvrier (retoucheur) en photo-, héliogravure, offset.
CHROMO [kʀomo]. *n. m.* (1872, abrév. de *chromolithographie).* Image lithographique en couleur. *Péj.* Toute image en couleur de **m**auvais goût. « *Les bourgeois n'ont que le goût du chromo* » (LÉAUTAUD).
CHROMO-. Élément, du gr. *khrôma* « couleur ».
CHROMOGÈNE [kʀomoʒɛn]. *adj.* (1863; de *chromo-,* et *-gène).* Susceptible de produire un pigment ou de permettre la pigmentation. *Substance, facteur chromogène.*
CHROMOLITHOGRAPHIE [kʀomolitografi]. *n. f.* (1837; de *chromo-,* et de *lithographie).* ♦ 1° Impression lithographique en couleur. V. **Lithographie.** ♦ 2° Image obtenue par la chromolithographie. V. **Chromo.**
CHROMOSOME [kʀomozom]. *n. m.* (1888; mot all., du gr. *khrôma* « couleur », et *sôma* « corps », « parce qu'(ils) absorbent électivement certaines matières colorantes » (J. ROSTAND). *Biol.* Chacun des éléments essentiels du noyau cellulaire, de forme déterminée et en nombre constant pour chaque espèce (46 chez l'homme), rendus visibles par des colorants au cours de la division cellulaire, grâce à la chromatine* qu'ils renferment et porteurs des facteurs déterminants de l'hérédité. V. **Gène; chromatique** (3°), **chromosomique.**
CHROMOSOMIQUE [kʀomozomik]. *adj.* (mil. XXᵉ; de *chromosome).* Relatif au chromosome. *Le nombre chromosomique de l'homme est 46. Maladie chromosomique.*
CHROMOSPHÈRE [kʀomosfɛʀ]. *n. f.* (1869; mot angl. de *chromo-* (gr. *khrôma),* et *sphere* « sphère »). *Astron.* Couche moyenne de l'atmosphère solaire, entre la photosphère et la couronne. *Protubérances** de la chromosphère.*
CHROMOTYPOGRAPHIE [kʀomotipografi] ou **CHROMOTYPIE** [kʀomotipi]. *n. f.* (1869, -1907; de *chromo-,* et *typographie,* et *-typie).* Impression typographique en couleur; épreuve typographique en couleur.
CHRONAXIE [kʀonaksi]. *n. f.* (1909; de *chron(o)-,* et gr. *axia* « valeur »). *Physiol.* Temps de passage minimal d'un courant électrique continu double en intensité de la rhéobase* nécessaire pour déterminer l'excitation (d'un élément organique excitable donné). — *Par ext.* Durée minimale d'une stimulation nécessaire pour obtenir une réponse (d'un élément organique donné).
-CHRONE. V. CHRONO-.
CHRONICITÉ [kʀonisite]. *n. f.* (1835; de *chronique* 2). *Méd.* État de ce qui est chronique. *Chronicité d'une maladie.*
1. **CHRONIQUE** [kʀonik]. *n. f.* (déb. XIIᵉ; lat. *chronica,* de *khrônos* « temps »). ♦ 1° Recueil de faits historiques, rapportés dans l'ordre de leur succession. V. **Annales, histoire, mémoires, récit.** *Les chroniques de Froissart.* — *Spécialt. Le livre des chroniques,* dans l'Ancien Testament. ♦ 2° (1690). L'ensemble des nouvelles qui circulent. V. **Bruit.** *Chronique scandaleuse. Défrayer la chronique.* ♦ 3° (1829). *Spécialt.* Partie d'un journal consacrée à un sujet particulier. V. **Article, courrier, nouvelle.** *Chronique artistique, littéraire, musicale, politique, financière.*
2. **CHRONIQUE** [kʀonik]. *adj.* (1398; du précéd.). ♦ 1° *Méd.* Se dit de maladies qui durent longtemps et se développent lentement (*opposé à* aigu). *Maladie, affection chronique. Bronchite passée à l'état chronique.* V. **Invétéré.** ♦ 2° Qui dure (se dit d'une chose nuisible). *Chômage, mévente chronique.*
-CHRONIQUE, -CHRONISME. Éléments, du gr. *khrônos* « temps » (*ex.* : anachronique, synchronisme).
CHRONIQUEMENT [kʀonikmɑ̃]. *adv.* (1845; *croniquement,* astron., XIVᵉ; de *chronique).* De façon chronique. « *Ses doigts chroniquement frémissants* » (COLETTE).
CHRONIQUEUR [kʀonikœʀ]. *n. m.* (fin XIVᵉ; de *chronique* 1). ♦ 1° Auteur de chroniques historiques. V. **Historien, mémorialiste.** *Les grands chroniqueurs du moyen âge.* ♦ 2° Rédacteur chargé d'une chronique de journal. *Chroniqueur dramatique, parlementaire.* « *On t'offre une place de chroniqueur dans un bon journal de Paris* » (DAUD.). — Au fém. CHRONIQUEUSE. « *Les chroniqueuses de mode des journaux* » (DRUON).
CHRONO. *Pop.* V. CHRONOMÈTRE.

CHRONO-, -CHRONE. Éléments, du gr. *khronos* « temps » (*ex.* : chronomètre, synchrone).
CHRONOGRAPHE [kʀonograf]. *n. m.* (1862; de *chrono-,* et *-graphe).* *Techn.* Instrument enregistreur des durées. V. **Chronomètre.**
CHRONOLOGIE [kʀonoloʒi]. *n. f.* (1579; gr. *khrônologia).* ♦ 1° Science de la fixation des dates des événements historiques. *Chronologie préhistorique. La chronologie des temps modernes se base sur les annales, calendriers*, éphémérides.* « *La chronologie et la géographie, a-t-on dit, sont les deux yeux de l'histoire* » (FRANCE). ♦ 2° Succession des événements dans le temps.
CHRONOLOGIQUE [kʀonoloʒik]. *adj.* (1584; de *chronologie).* Relatif à la chronologie. *Table abrégé chronologique. Respecter l'ordre chronologique.*
CHRONOLOGIQUEMENT [kʀonoloʒikmɑ̃]. *adv.* (1836; de *chronologique).* Selon l'ordre chronologique.
CHRONOMÉTRAGE [kʀonometʀaʒ]. *n. m.* (1922; de *chronométrer).* Mesure précise d'une durée.
CHRONOMÈTRE [kʀonometʀ(ə)]. *n. m.* (1701; de *chrono-,* et *metron* « mesure »). ♦ 1° *Cour.* Instrument servant à mesurer le temps; montre de précision, techniquement appelée *chronographe. Chronomètre en or.* Abrév. CHRONO [kʀono]. *Fam. Faire du 120* (km-heure) *chrono :* mesurés au chronomètre (*opposé à* : au compteur). ♦ 2° *Spécialt.* Montre de précision ayant obtenu un « bulletin officiel de marche ». *Chronomètre de marine, chronomètre de bord. Chronomètre étalon. État absolu d'un chronomètre :* correction donnant l'heure moyenne de Greenwich. ♦ 3° *Réglé comme un chronomètre.* V. **Exact, régulier.**
CHRONOMÉTRER [kʀonometʀe]. *v. tr.;* conjug. *céder* (1895; de *chronomètre).* Mesurer avec précision, à l'aide d'un chronomètre, la durée d'un événement (sports; industrie, etc.).
CHRONOMÉTREUR [kʀonometʀœʀ]. *n. m.* (fin XIXᵉ; de *chronomètre).* Personne chargée de chronométrer (une course, une opération).
CHRONOMÉTRIE [kʀonometʀi]. *n. f.* (1842; de *chrono-,* et *-métrie).* *Didact.* Science des mesures du temps.
CHRONOMÉTRIQUE [kʀonometʀik]. *adj.* (1832; de *chronomètre).* Du chronomètre; relatif à la mesure exacte du temps. *Une exactitude, une précision chronométrique.*
CHRONOPHOTOGRAPHIE [kʀonofotografi]. *n. f.* (1882; de *chrono-,* et *photographie).* Analyse du mouvement par des photographies répétées.
CHRYS(O)-. Élément, du gr. *krusos* « or ».
CHRYSALIDE [kʀizalid]. *n. f.* (1593; lat. *chrysallis, idis;* gr. *khrusos* « or »). ♦ 1° Nymphe des lépidoptères (papillons). V. **Nymphe.** *Chrysalide du ver à soie.* V. **Cocon.** — *Par ext.* L'enveloppe de l'insecte, à l'état de chenille, avant qu'il ne devienne papillon. *Sortir de sa chrysalide.* ♦ 2° *Fig. Sortir de sa chrysalide :* sortir de l'obscurité, prendre son essor (Cf. Être encore dans l'œuf).
CHRYSANTHÈME [kʀizɑ̃tɛm]. *n. m.* (1750; *chrysanthemon,* 1543; gr. *anthemon* « fleur », et *khrusos* « or »). Plante *(Composacées)* cultivée comme ornementale. *Chrysanthème d'automne.* — Fleur composée, sphérique, de cette plante. *Tombe fleurie de chrysanthèmes.*
CHRYSÉLÉPHANTIN, INE [kʀizelefɑ̃tɛ̃, in]. *adj.* (1863; de *chrys(o)-,* et gr. *elephas* « ivoire »). *Antiq. Sculpture chryséléphantine :* dans laquelle on employait l'or et l'ivoire.
CHRYSOBÉRYL [kʀizoberil]. *n. m.* (de *chryso-,* et *béryl).* Pierre précieuse constituée par de l'aluminate naturel de béryllium.
CHRYSOCALE [kʀizokal]. *n. m.* (*Crisocane,* 1372; *chrysochalque,* 1823; de *chryso-,* et gr. *khalkos* « cuivre »). Alliage de cuivre, étain et zinc, qui imite l'or.
CHRYSOLITHE [kʀizolit]. *n. f.* (XIIᵉ; lat. *chrysolithus;* gr. *lithos* « pierre »). Nom donné par les anciens lapidaires à divers types de pierres précieuses de teinte dorée (péridot, topaze).
CHRYSOMÈLE [kʀizomɛl]. *n. f.* (1808; de *chryso-,* et gr. *melos* « miel »). Insecte coléoptère au corps épais, brillant (famille du doryphore : *chrysomélidés). Les larves de la chrysomèle se nourrissent d'arbrisseaux divers.*
CHRYSOPRASE [kʀizopʀaz]. *n. f.* (XIIᵉ; lat. *chrysoprasus;* gr. *prasos* « poireau »). Variété de calcédoine d'un vert pomme.
CHTHONIEN, IENNE [ktonjɛ̃, jɛn]. *adj.* (1839; trad. lat. *chtonius;* gr. *khthón* « terre »). *Myth.* Qualificatif de plusieurs divinités infernales.
CHUCHOTEMENT [ʃyʃotmɑ̃]. *n. m.* (1580; de *chuchoter).* Action de chuchoter. V. **Murmure, susurrement.** « *De longs chuchotements de jeunes filles, des rires étouffés* » (LAMART.). *Entendre un léger chuchotement.* V. **Chuchotis.** — *Poét. Le chuchotement du vent, des feuilles.* V. **Bruissement.**
CHUCHOTER [ʃyʃote]. *v. intr.* (1611; *chucheter,* XIVᵉ; onomat.). ♦ 1° Parler bas, indistinctement, en remuant à

peine les lèvres. V. **Murmurer, susurrer.** *Des élèves qui chu-chotent en classe. Chuchoter à l'oreille de qqn.* ♦ 2° Trans. *Chuchoter quelques mots à l'oreille de qqn.* V. **Souffler.** ♦ 3° *Par ext.* Produire un bruit confus, indistinct. V. **Bruire.** « *Ce poste de T.S.F. invisible, qui chuchotait comme un jet d'eau* » (SARTRE). ◊ ANT. **Crier, hurler.**

CHUCHOTERIE [ʃyʃɔtʀi]. *n. f.* (1718 ; de *chuchoter*). *Fam.* Entretien de personnes qui se parlent à voix basse, à l'insu des autres.

CHUCHOTEUR, EUSE [ʃyʃɔtœʀ, øz]. *adj. et n.* (1694 ; *chucheteur*, 1653 ; de *chuchoter*). Qui chuchote.

CHUCHOTIS [ʃyʃɔti]. *n. m.* (XX° ; de *chuchoter*). Léger chuchotement. *Par ext.* « *Les mille chuchotis de la rivière* » (GIDE).

CHUINTANT, ANTE [ʃɥɛ̃tɑ̃, ɑ̃t]. *adj. et n. f.* (1819 ; de *chuinter*). Qui chuinte. *N. f.* Consonne fricative qui s'articule en formant une cavité de résonance entre l'avant de la langue et les dents : sourde *ch* [ʃ], sonore *j* ou *g* suivi de *e* ou *i* [ʒ].

CHUINTEMENT [ʃɥɛ̃tmɑ̃]. *n. m.* (1873 ; de *chuinter*). ♦ 1° Le fait de chuinter. — Vice de prononciation consistant dans la substitution du son *ch* [ʃ] au son *s* [s]. ♦ 2° *Par ext.* Bruit continu, sifflement assourdi. *Le chuintement de la vapeur.*

CHUINTER [ʃɥɛ̃te]. *v. intr.* (1776 ; onomat.). ♦ 1° Pousser son cri, en parlant de la chouette. ♦ 2° Prononcer les consonnes sifflantes *(s* et *z)* comme des chuintantes. ♦ 3° *Jet de vapeur qui chuinte.* V. **Siffler.**

CHUT! [ʃyt]. *interj.* (XVI° ; onomat.). Se dit pour avertir de faire silence. V. **Silence.** *Faire chut! en mettant un doigt sur la bouche.* ◊ HOM. **Chute.**

CHUTE [ʃyt]. *n. f.* (*Cheute*, 1360 ; réfection de *cheoite*, p. p. fém. de *choir* ; lat. pop. °*cadecta*).

I. Le fait de choir, de tomber. **A** *Concret.* ♦ 1° (Personnes). *Faire une chute.* V. **Tomber ; bûche, pelle ; culbute, glissade, trébuchement.** *Une chute de cheval, de bicyclette. Chute à pic, chute de cinq mètres.* V. **Plongeon.** ♦ 2° (Choses). Le fait de ne pas rester droit, de s'écrouler. V. **Éboulement, écroulement, effondrement, dégringolade** *(fam.). Chute d'un pan de mur, d'un rocher, d'une masse de neige* (V. **Avalanche**). ◊ Le fait de tomber plus bas. *Sc.* (XVII°) *Lois de la chute des corps.* V. **Pesanteur.** *Chute libre,* dans laquelle l'espace parcouru est proportionnel au temps. *Chute uniformément accélérée.* V. **Accélération.** *La chute d'une bombe. Le point de chute* : point atteint par le projectile à la fin de sa trajectoire ; *fig.,* endroit où l'on se fixe, après avoir exercé une activité, après un voyage, etc. « *Comme point de chute, quelque chasse en Sologne* » (DANINOS). — Théâtre. *La chute du rideau* : la fin du spectacle, où le rideau tombe. ♦ 3° *Spécialt.* (1671). *Chute d'eau,* produite par la différence de niveau entre deux parties consécutives d'un cours d'eau. *Chute naturelle.* V. **Cascade, cataracte, saut.** *Les chutes du Niagara. La chute d'un barrage. Le mur de chute d'une écluse.* ◊ *Chute de pluie, de neige.* V. **Précipitation.** ♦ 4° *Par ext. La chute du jour.* V. **Tombée ; fin.** ♦ 5° Action de se détacher (de son support naturel), de devenir caduc. *La chute des cheveux, des poils.* V. **Alopécie.** *La chute des feuilles* (V. **Défoliation**)*, des fleurs* (V. **Défloraison**). **B** *Abstrait.* ♦ 1° (XIV°). Le fait de passer dans une situation plus mauvaise, d'échouer. V. **Défaite, disgrâce, échec, faillite, insuccès.** *La chute de Napoléon. Entraîner qqn dans sa chute.* — *La chute d'un auteur,* et par ext. *La chute d'une pièce de théâtre* (V. **Four**). ♦ 2° *Par métaph.* En parlant des institutions, du gouvernement. V. **Culbute, renversement.** *La lente chute d'un régime.* V. **Décadence, écroulement, ruine.** *La chute de l'Empire romain.* « *Depuis la chute du ministère Villèle* » (STE-BEUVE). ♦ 3° *Spécialt.* Prise. *La chute d'une place forte, d'une ville assiégée.* V. **Capitulation.** ♦ 4° (XVII°). Action de tomber moralement. V. **Déchéance, faute, péché.** *La chute d'un ange,* de Lamartine. *La chute d'Adam,* et absolt. *La chute.* V. **Péché** (originel). « *L'Éden avant la chute* » (CHATEAUB.). ♦ 5° *Écon. La chute d'une monnaie.* V. **Dépréciation, dévaluation, effondrement.** *Chute des cours en Bourse.* ♦ 6° Brusque diminution de valeur d'une variable. *Chute de température, de pression, de tension.* V. **Baisse.**

II. (XVII°). ♦ 1° Partie où une chose se termine, s'arrête, cesse. V. **Extrémité, fin.** *La chute d'un toit. Chute en pente.* — *La chute des reins* : le bas du dos. ♦ 2° *Littér. La chute d'une période, d'une phrase musicale* : la partie finale sur laquelle tombe la voix. V. **Cadence.** ♦ 3° *Cout.* (XX°). Reste d'étoffe inutilisé (tombé en coupant qqch.). *Ramasser, jeter les chutes.*

CHUTER [ʃyte]. *v. intr.* (1828 ; de *chute*). ♦ 1° Subir un échec (d'une pièce de théâtre, etc.). ♦ 2° *Spécialt.* Ne pas effectuer les levées prévues, à certains jeux de cartes. ♦ 3° *Dial. et fam.* Tomber, choir. « *De quoi faire chuter les candidats...* » (ARAGON). (Prix). V. **Baisser.** (Nombre). V. **Diminuer.**

CHYLE [ʃil]. *n. m.* (*Chile,* fin XIV° ; lat. méd. *chylus,* gr. *khulos* « suc »). *Physiol.* Liquide d'aspect laiteux résultant de la transformation dans l'intestin des aliments mélangés

aux sucs digestifs et absorbé par les vaisseaux lymphatiques. V. **Chylifère.**

CHYLIFÈRE [ʃilifɛʀ]. *adj. et n. m.* (1665 ; de *chyle,* et *-fère*). Qui transporte le chyle. *Vaisseaux chylifères* ou (subst.) *chylifères,* vaisseaux lymphatiques des villosités intestinales qui absorbent le chyle.

CHYME [ʃim]. *n. m.* (XV° ; lat. méd. *chymus ;* gr. *khumos* « humeur »). *Physiol.* Bouillie formée par la masse alimentaire au moment où elle passe dans l'intestin après avoir subi l'action de la salive et du suc gastrique.

Ci Symbole de *curie** 2.

1. **CI** [si]. *adv.* (XII° ; abrév. de *ici*). ♦ 1° *Dr.* Ici (opposé à *là*). *Les témoins ci-présents.* — Loc. CI-GÎT. V. **Gésir.** — Compt. *Ci* se met avant la somme totale qu'il annonce. *Deux mètres de drap à 50 francs, ci 100 francs.* ♦ 2° *Cour.* Placé immédiatement devant un adjectif ou un participe. CI-INCLUS, USE [siɛkly, yz], CI-JOINT, JOINTE [siʒwɛ, ʒwɛt]. *La pièce ci-jointe. La copie ci-incluse. Vous trouverez ci-inclus une copie. Recevez ci-joint les documents.* ◊ Après un nom précédé de *ce, cette, ces, celui, celle. Cet homme-ci. Ce livre-ci. À cette heure-ci. Ces jours-ci.* ♦ 3° *Loc. adv.* CI-DESSUS : plus haut, supra ; *ci-dessous* : plus bas, infra ; *ci-après* : un peu plus loin ; *ci-contre* : en regard, vis-à-vis ; *ci-devant* : précédemment. — *Spécialt.* (Révol.) « *Talleyrand, ci-devant noble, ci-devant prêtre, ci-devant évêque* » (MADELIN). — *De-ci de-là* [dəsidəla] : de côté et d'autre. — *Par-ci par-là* : en divers endroits, de côté et d'autre. *Fig.* À diverses reprises, de temps à autre. ◊ HOM. *Si, six, scie.*

2. **CI** [si]. *pron. dém.* (XIX° ; abrév. de *ceci*). (Employé avec *ça*). *Demander ci et ça.* — *Fam. Comme ci comme ça :* tant bien que mal. *Comment vous portez-vous? Comme ci comme ça.* ◊ HOM. *Si, six, scie.*

CIAO! [tʃao]. *interj.* (v. 1950 ; mot it.). *Fam.* Au revoir! Adieu! V. **Bye bye** — On écrit aussi *Chao! Tchao!*

CIBICHE [sibiʃ]. *n. f.* (1881 ; de *ci[garette],* et suff. arg. *-biche). Fam.* Cigarette.

CIBLE [sibl(ə)]. *n. f.* (1693, var. *cibe ;* alémanique suisse *schibe,* all. *scheibe* « disque, cible »). ♦ 1° But que l'on vise et contre lequel on tire. *Cercles concentriques d'une cible. Prendre pour cible. Tirer à la cible. Atteindre le disque noir au centre de la cible* (faire mouche, tirer dans le mille). ♦ 2° *Fig.* Point de mire. *Servir de cible aux railleries de qqn. Être la cible des quolibets.* ◊ *Spécialt.* Objectif visé (en publicité, dans une étude de marché, etc.). ◊ *Langue cible* (appos.) : celle dans laquelle on doit traduire la langue « source », en traduction automatique. V. **Compilateur.** ♦ 3° *Sc.* Corps exposé à un bombardement de particules ; son support.

CIBOIRE [sibwaʀ]. *n. m.* (*Civoire,* XII° ; lat. ecclés. *ciborium ;* gr. *kibôrion* « fruit du nénuphar d'Égypte »). Vase sacré en forme de coupe où l'on conserve les hosties consacrées pour la communion des fidèles. *Linge qui recouvre le ciboire.* V. **Pavillon.** « *Le ciboire renferme les saintes hosties, la nourriture de l'âme* » (FRANCE).

CIBORIUM [sibɔʀjɔm]. *n. m.* (v. 1850 ; mot lat. ; Cf. le précéd.). *Archéol.* Baldaquin qui recouvrait le tabernacle du maître-autel des basiliques chrétiennes.

CIBOULE [sibul]. *n. f.* (XIII° ; prov. *cebola,* lat. *cepula,* de *cæpa* « oignon »). Plante (Liliacées) à bulbe allongé dont les feuilles creuses sont employées comme condiment. V. **Cive.** *La ciboule est une variété d'ail.*

CIBOULETTE [sibulɛt]. *n. f.* (1486 ; mot prov. ; Cf. le précéd.). Plante (Liliacées) voisine de la ciboule, à petits bulbes réunis par les racines dont les feuilles creuses et minces sont employées comme condiment. *La ciboulette a une saveur plus douce que la ciboule.* V. **Civette.**

CIBOULOT [sibulo]. *n. m.* (1922 ; de *ciboule* « oignon », d'apr. *boule* « tête »). *Pop.* V. **Tête.** *Avoir une idée dans le ciboulot.*

CICATRICE [sikatʀis]. *n. f.* (XIV° ; lat. *cicatrix, -icis*). ♦ 1° Marque laissée par une plaie après la guérison ; tissu fibreux qui remplace une perte de substance ou une lésion inflammatoire. V. **Stigmate.** *Cicatrice de coupure, d'écorchure, de brûlure. Cicatrice à la face.* V. **Balafre.** « *Il avait sur le front une petite cicatrice assez profonde* » (VIGNY). *Par métaph.* Trace d'une blessure, d'une souffrance morale. « *Quiconque aima jamais porte une cicatrice* » (MUSS.). ♦ 2° (XVII°). Traces laissées par la guerre, ruines à peine relevées. V. **Mutilation.**

CICATRICIEL, IELLE [sikatʀisjɛl]. *adj.* (1845 ; de *cicatrice). Pathol.* Qui se rapporte ou est dû à une cicatrice. *Tissu cicatriciel.*

CICATRICULE [sikatʀikyl]. *n. f.* (1562, « petite cicatrice » ; lat. méd. *cicatricula*). *Biol.* (1743). Disque germinatif de l'œuf.

CICATRISANT, ANTE [sikatʀizɑ̃, ɑ̃t]. *adj. et n. m.* (XV° ; de *cicatriser*). Qui favorise, active la cicatrisation.

CICATRISATION [sikatʀizasjɔ̃]. *n. f.* (1314 ; de *cicatriser*). ♦ 1° Processus par lequel sont réparées diverses lésions (plaies, brûlures, etc.). V. **Guérison, néoformation, réparation.** ♦ 2º *Fig. Cicatrisation d'une blessure morale.* V. **Adoucissement, apaisement, guérison.** « *Combien facilement la vie se reforme, se referme. Cicatrisations trop faciles* » (GIDE). ◇ ANT. *Avivement. Exaspération.*

CICATRISER [sikatʀize]. *v. tr.* (1314; lat. méd. *cicatrizare*). ♦ 1º *Guérir, se fermer* en parlant d'une plaie ou *(abusiv.)* de la partie du corps où elle était localisée. « *Il léchait la plaie comme un chien pour la cicatriser plus vite* » (MAC ORLAN). *Pronom. La brûlure ne se cicatrise pas bien. Sa jambe est cicatrisée.* ♦ 2º *Fig. Cicatriser une blessure d'amour-propre, une douleur.* V. **Apaiser, guérir.** ◇ ANT. *Aviver, ouvrir, rouvrir.*

CICÉRO [siseʀo]. *n. m.* (1615; lat. *Cicero* « Cicéron »; caractères de la première édition des œuvres de Cicéron en 1458). Caractère d'imprimerie de douze points typographiques, soit 4,5 mm (unité de mesure typographique).

CICÉRONE [siseʀɔn]. *n. m.* (1753; it., du nom de *Cicéron*, par allus. à la verbosité des guides italiens). *Vieilli* ou *plaisant.* Guide appointé qui explique aux touristes les curiosités d'une ville, d'un musée, d'un monument. *Des cicérones.* — Par ext. *Être le cicérone de qqn, faire le cicérone,* guider un touriste.

CICÉRONIEN, IENNE [siseʀɔnjɛ̃, jɛn]. *adj.* (XIVe; lat. *ciceronianus*). De Cicéron, qui rappelle la manière de Cicéron. *Éloquence cicéronienne.*

CICINDÈLE [sisɛ̃dɛl]. *n. f.* (1548; lat. *cicindela*, rac. *candere* « briller »). *Vx. Ver luisant. Mod.* (1771) Insecte coléoptère carnassier *(Cicindélidés).*

CICONIIDÉS [sikɔniide]. *n. m. pl.* (-ninées, 1846; lat. *ciconia* « cigogne »). *Zool.* Famille d'oiseaux échassiers. V. **Cigogne, marabout, ombrette.**

CICUTINE [sikytin]. *n. f.* (1843; lat. *cicuta* « ciguë »). Alcaloïde très vénéneux, qu'on trouve dans la grande ciguë (On l'appelle aussi CONICINE ou CONIINE).

-CIDE. Élément, du lat. *cædere* « tuer » (ex. : *coricide, fratricide, homicide, insecticide, parricide, régicide, suicide*).

CI-DESSOUS, CI-DESSUS, CI-DEVANT. V. CI 1.

CIDRE [sidʀ(ə)]. *n. m.* (XIIIe; lat. ecclés. *sicera* « boisson enivrante »; hébreu *chekar*, par le gr.). Boisson obtenue par la fermentation alcoolique du jus de pomme. *Cidre de Normandie. Une bolée de cidre. Pommes à cidre. Petit cidre :* qui renferme moins de 3º5 d'alcool ou moins de 12 g par litre de matières minérales. *Eau-de-vie de cidre.* V. **Calvados.** *Cidre bouché :* cidre champagnisé. *Cidre mousseux :* champagnisé à un degré moindre. *Cidre doux :* moelleux et sucré. « *Le cidre doux en bouteilles poussait sa mousse épaisse autour des bouchons* » (FLAUB.).

CIDRERIE [sidʀəʀi]. *n. f.* (1877; de *cidre*). Industrie du cidre. Usine ou local où l'on fabrique le cidre.

Cie. Abrév. de *Compagnie.*

CIEL, CIEUX, CIELS [sjɛl, sjø]. (CIELS désigne une multiplicité réelle ou une multiplicité d'aspects; CIEUX n'est qu'un collectif, à nuance affective, relig.). *n. m.* (IXe; lat. *cælum*).

I. ♦ 1º *Cour.* Espace visible au-dessus de nos têtes, et qui est limité par l'horizon (plur. *cieux*). *La voûte du ciel.* V. **Firmament; calotte, coupole.** *Points du ciel où le soleil touche l'horizon.* V. **Occident, orient.** *Un ciel étoilé.* « *Le grand ciel de cristal élargissait sa voûte sur la plaine immense de la mer* » (TAINE). « *Pas un avion de chasse égratignait dans le ciel* » (MALRAUX). — Loc. *Sous le ciel :* ici-bas, au monde. *Sous le ciel de Grenade :* à Grenade. *Sous d'autres cieux :* dans un autre, en d'autres pays. *À ciel ouvert :* en plein air. *Une piscine à ciel ouvert. Entre ciel et terre :* en l'air, et à une certaine hauteur. *Lever les yeux, les bras, les mains au ciel :* les lever vers le ciel, en haut. *Fig. Tomber du ciel :* arriver à l'improviste, comme par miracle; *par ext.* Être stupéfait, ne rien comprendre : *Avoir l'air de tomber du ciel.* V. **Lune.** ◇ (Qualifié, selon son aspect dû au temps. Plur. *Des ciels*) *Ciel bleu, d'azur, clair, pur, calme, serein. Ciel brumeux, brouillé, nuageux, chargé, couvert, orageux. Ciel bas, ciel lourd, ciel de plomb. Ciel pommelé.* « *Quand le ciel bas et lourd pèse comme un couvercle* » (BAUDEL). « *Le ciel est par-dessus le toit si bleu, si calme* » (VERLAINE). *Poét. Eau du ciel.* V. **Pluie.** *Le feu du ciel.* V. **Foudre.** — *Peint.* Partie d'un tableau, d'un décor représentant le ciel. *Les ciels de Van Gogh.* ◇ *Spécialt.* Espace qui n'est pas masqué par les nuages. *Échappée, trouée de ciel, de ciel bleu.* V. **Éclaircie, embellie.** *Bleu ciel, bleu de ciel ou ciel :* bleu clair et vif. V. **Azur.** ♦ 2º *Astron.* Apparence de l'espace extra-terrestre, vu de la Terre; voûte où semblent se mouvoir les astres. « *La révolution diurne du ciel n'est qu'une illusion produite par la rotation de la Terre* » (LAPLACE). *La carte du ciel* (V. **Cosmographie**). *Points, zones du ciel* (V. **Nadir, zénith, zodiaque**). — Spécialt. *Antiq.* Sphère transparente tournant autour de la Terre et où se trouvent les astres (anciennes cosmologies). Plur. *Ciels* ou *cieux. Le septième, le huitième ciel. Fig. Être au septième ciel :*

dans le ravissement. ♦ 3º *Rare* et *littér.* L'espace où se meuvent les astres. V. **Cosmos.** *La terre et le ciel, les cieux. L'infini des cieux.* V. **Univers.**

II. (Plur. *Cieux*). ♦ 1º Séjour des Dieux, des puissances surnaturelles (imaginé comme analogue au ciel, I). V. **Au-delà.** *Notre Père qui êtes aux cieux. Le royaume des cieux. Son âme est allée au ciel. Monter au ciel.* V. **Ascension, assomption.** *La Sainte Vierge, reine du ciel.* « *Celui qui règne dans les cieux, et de qui relèvent tous les empires* » (BOSS.). ♦ 2º Séjour des bienheureux, des élus à qui est accordée la vie éternelle. V. **Paradis.** *Mériter le ciel. Aspirer à la béatitude du ciel.* ♦ 3º La divinité, la providence. *La justice, la clémence du ciel. Un présent du ciel. C'est le ciel qui t'envoie. Le ciel m'est témoin, j'en atteste le ciel.* V. **Dieu.** PROV. *Aide-toi, le ciel t'aidera.* — *Interj. Ciel! Ô ciel! Juste ciel! Béni soit le ciel! Le ciel soit loué! Plût au ciel!* [plytosjɛl].

III. (1360). Plur. *Ciels.* ♦ 1º *Ciel de lit.* Baldaquin au-dessus d'un lit. V. **Dais.** ♦ 2º *Vx.* Plafond. ♦ 3º *Techn.* Plafond d'une excavation (mine, carrière). *Ciel de carrière.* ◇ ANT. *Terre. Enfer.*

CIERGE [sjɛʀ(ʒ)]. *n. m.* (XIIe; lat. *cereus*, de *cera* « cire »). ♦ 1º Chandelle de cire, longue et effilée, en usage dans le culte chrétien. *Cierges qu'on allume pour une cérémonie religieuse.* V. **Luminaire.** *Cierge de premier communiant. Tenir un cierge à la procession. Brûler un cierge à un saint,* en remerciement. *Cierge postiche auquel on ajuste une cire.* V. **Souche.** *Appareils sur lesquels on place les cierges.* V. **Candélabre, chandelier, herse, torchère.** *Éteignoir à cierges.* — Loc. *Être droit comme un cierge :* très droit, raide. ♦ 2º Plante grasse de l'Amérique tropicale *(Cactées)* qui forme de hautes colonnes verticales. — Se dit aussi de différentes plantes dont la forme pyramidale rappelle celle d'un chandelier d'église. *Cierge amer ou laiteux.* V. **Euphorbe.** *Cierge de Notre-Dame.* V. **Molène.**

CIGALE [sigal]. *n. f.* (*Sigalle*, XVe; prov. *cigala*; lat. *cicada*). ♦ 1º Insecte *(Rhynchotes — Cicadidés)* dont les quatre ailes sont membraneuses. *La cigale suce la sève des végétaux; le mâle fait entendre un bruit strident* (V. **Craqueter, striduler**). « *Le cri strident des cigales, musique folle, assourdissante* » (DAUD.). ♦ 2º *Cigale de mer :* nom du squille (crustacé). ♦ 3º Anneau, organeau d'une ancre ou d'un grappin.

1. **CIGARE** [sigaʀ]. *n. m.* (1775; *cigarro*, 1688; esp. *cigarro*). ♦ 1º Petit rouleau de feuilles de tabac que l'on fume. *Cigares de la Havane.* V. **Havane, londrès.** *Fumer un gros cigare, un cigare de gros module* (*fam.* Barreau de chaise). *Petit cigare rappelant la cigarette.* V. **Ninas, cigarillo, senorita(s).** *Fabrication de cigares à la main* (V. **Cigarière**), *avec des moules, à la machine. Poupée du cigare,* constituée par l'intérieur ou tripe, et la sous-cape ou première enveloppe. *Cape ou robe du cigare,* qui entoure la poupée. *Bague d'un cigare.* ♦ 2º *Région.* (Belgique). Remontrance. V. **Engueulade.** *Donner, passer un cigare à qqn* (Cf. Passer un savon*, sonner les cloches*).

2. **CIGARE** [sigaʀ]. *n. m.* (1926, « y aller du cigare », risquer la peine de mort; de l'arg. *coupe-cigare,* « guillotine »). *Pop.* Tête. — Avoir mal au cigare. *Recevoir un coup sur le cigare.*

CIGARETTE [sigaʀɛt]. *n. f.* (1831, rare av. 1840; de *cigare*). Petit rouleau de tabac haché et enveloppé dans un papier fin (*pop.* Cibiche, pipe, sèche). *Paquet, cartouche de cigarettes. Feuille de papier à cigarette. Rouler une cigarette. Cigarettes (à bouts) filtres. Fumer, griller une cigarette. Éteindre sa cigarette. Jeter le bout de sa cigarette* (V. **Mégot**). *Fumeur de cigarettes.* ◇ COMP. Fume-cigarette, porte-cigarette.

CIGARIÈRE [sigaʀjɛʀ]. *n. f.* (1863; de *cigare*, d'apr. esp. *cigarrera*). Ouvrière qui fabriquait les cigares à la main.

CIGARILLO [sigaʀijo]. *n. m.* (XXe; *cigarille*, 1865; mot esp. *cigarrillo*). Petit cigare.

CI-GÎT. V. CI 1.

CIGOGNE [sigɔɲ]. *n. f.* (1113; prov. *cigonia*, lat. *ciconia*; a remplacé l'a. fr. *soigne, *ceoigne*). ♦ 1º Oiseau échassier *(Ciconiidés),* aux longues pattes, au bec rouge, long, droit. *Cigogne blanche, noire.* « *La cigogne au long bec* » (LA FONT.). *Les cigognes sont des oiseaux migrateurs. Cri de la cigogne.* V. **Claqueter.** *Nid de cigogne.* ♦ 2º *Techn.* Levier à dispositif réglable.

CIGOGNEAU [sigɔno]. *n. m.* (*Cecoignel*, XIIe; de *cigogne*). *Rare.* Petit de la cigogne.

CIGUË [sigy]. *n. f.* (*Ceguë*, XIIe; a. fr. *ceüe*, refait d'apr. lat. *cicuta*). ♦ 1º Plante des chemins et des décombres *(Ombellifères),* très toxique. *Petite ciguë, æthusa* (éthuse-ciguë ou faux persil). *Grande ciguë. Ciguë tachetée ou ciguë de Socrate* (conium). *Ciguë d'eau* (phellandre). *Alcaloïde de la grande ciguë.* V. **Cicutine.** ♦ 2º Poison extrait de la grande ciguë. *Socrate fut condamné à boire la ciguë.*

CI-INCLUS, CI-JOINT. V. CI 1.

CIL [sil]. *n. m.* (XIIe; lat. *cilium*). ♦ 1º Chacun des poils qui garnissent le bord libre des paupières et protègent le globe oculaire. *Avoir de longs cils. Battre des cils.* V. **Ciller, cligner.**

Du cil. V. **Ciliaire.** « *L'ombre des cils palpitait sur ses joues* » (MART. du G.). *Faux cils,* que les femmes adaptent au bord des paupières. ♦ 2° *Biol.* Filament fin, mobile, du cytoplasme de certains organismes unicellulaires (bactéries, protozoaires) qui assure leur déplacement. V. **Ciliés, flagelle.** ◇ *Histol.* Prolongement cytoplasmique des cellules épithéliales de certaines muqueuses (bronches, intestin). ♦ 3° *Bot.* Se dit des poils soyeux qui bordent certaines parties des plantes. *Cils d'une feuille.* ◈ HOM. *Sil.*

CILIAIRE [siljɛʀ]. *adj.* (1690; lat. *cilium*). Qui appartient aux cils. *Zone ou corps ciliaire de l'œil. Procès ciliaires :* replis saillants de la choroïde en arrière de l'iris.

CILICE [silis]. *n. m.* (*Ciliz, celice,* XIIIᵉ; lat. ecclés. *cilicium* « étoffe en poil de chèvre de Cilicie »). Chemise, ceinture de crin ou d'étoffe rude porté par pénitence, mortification. V. **Haire.** *Porter, prendre le cilice.* ◈ HOM. *Silice.*

CILIÉ, ÉE [silje]. *adj.* et *n. m. pl.* (1786; lat. *ciliatus*). ♦ 1° Garni de poils, de cils. ♦ 2° Sc. nat. *Feuille, graine ciliée. Infusoire cilié.* ♦ 3° *N. m. pl.* Embranchement de protozoaires à cils vibratiles (fouets ou flagellums) qui servent à la locomotion et à la nutrition V. **Infusoire.**

CILLEMENT [sijmã]. *n. m.* (XVIᵉ; de *ciller*). Action de ciller. *Avoir un continuel cillement d'yeux.*

CILLER [sije]. *v.* (1160; de *cil*). ♦ 1° *V. tr.* Fermer et rouvrir rapidement les yeux. V. **Cligner.** *Ciller les yeux* (vx), *des yeux.* ◇ V. intr. *Une grande lumière le fit ciller.* ♦ 2° Fig. *V. intr. Personne n'ose ciller devant lui :* tout le monde a peur (V. **Broncher**). ◈ ANT. *Ouvrir; écarquiller.*

CIMAISE ou **CYMAISE** [simɛz]. *n. f.* (*Cimese,* XIIᵉ; lat. *cymatium;* gr. *kymation* « petite vague » de *kyma* « vague »). ♦ 1° *Archit.* Moulure qui forme la partie supérieure d'une corniche. ♦ 2° *Par ext.* Moulure à hauteur d'appui sur les murs d'une chambre. *Cimaise qui couronne le lambris.* — *Peint. Avoir les honneurs de la cimaise* (pour exposer).

CIME [sim]. *n. f.* (*Cyme,* fin XIᵉ; lat. *cyma* « pousse »; gr. *kyma* « ce qui est gonflé »). ♦ 1° L'extrémité pointue d'un arbre, d'un rocher, d'une montagne. V. **Faîte, sommet.** *Grimper jusqu'à la cime d'un sapin. Cimes neigeuses d'une chaîne de montagnes.* V. **Arête.** ♦ 2° Fig. Ce qu'il y a de plus élevé, de plus noble. *La cime des honneurs.* ◈ ANT. *Bas, base, pied, racine.* ◈ HOM. *Cyme.*

CIMENT [simã]. *n. m.* (fin XIIIᵉ; lat. *cæmentum* « pierre naturelle »). ♦ 1° Matière solide, à base de silicate et d'aluminate de chaux, obtenue par cuisson et qui, mélangée avec un liquide, forme une pâte durcissant à l'air ou dans l'eau (V. **Mortier**). *Le ciment industriel est à base d'argile et de calcaire. Sac de ciment. Ciment à prise lente, à prise rapide. Ciment expansif,* augmentant de volume à la prise. *Ciment Portland, ciment de laitier,* contenant du laitier de haut fourneau. *Ciment mixte :* mélange de ciment Portland, de sable, etc. *Ciment hydraulique, ciment romain* durcissant dans l'eau. — *Matériaux agglomérés par du ciment.* V. **Aggloméré.** *Mélange de ciment, de sable, de cailloux.* V. **Béton.** *Mélange de ciment et d'amiante.* V. **Fibrociment.** *Construction, mur, pilier en ciment* (V. **Maçonnerie**). ◇ Spécialt. *Ciment armé,* dans lequel on a noyé une armature métallique; béton armé. ♦ 2° Matière durcissant servant à l'obturation des cavités dentaires, et à la rétention des prothèses fixes. « *Ne fermez pas la bouche avant que le ciment ait pris* » (ARAGON). Cf. *Amalgame.* ♦ 3° *Métaph.* Ce qui sert de lien, de moyen d'union. « *Le ciment qui le liait à son compagnon se solidifiait* » (MAC ORLAN). — Loc. *À chaux et à ciment.* V. **Chaux.**

CIMENTATION [simãtasjɔ̃]. *n. f.* (1869; « *cémentation* » XVIᵉ; de *cimenter*). Action de cimenter.

CIMENTER [simãte]. *v. tr.* (XIVᵉ; de *ciment*). ♦ 1° Lier avec du ciment; enduire de ciment. *Cimenter des pierres. Cimenter un bassin. Sol cimenté.* — Par ext. Consolider en se solidifiant. « *Les arbres déracinés s'assemblent. Bientôt les vases les cimentent* » (CHATEAUB.). ♦ 2° XVIᵉ. Fig. Rendre plus ferme, plus solide. V. **Affermir, consolider, lier, raffermir, unir, sceller.** *Cimenter une amitié.* « *Un attachement qui ne s'est cimenté que par une estime réciproque* » (ROUSS.). ◈ ANT. *Désagréger, desceller, ébranler, saper.*

CIMENTERIE [simãtʀi]. *n. f.* (XXᵉ; de *ciment*). Industrie du ciment. Usine où se fabrique le ciment.

CIMENTIER [simãtje]. *n. m.* (1680; de *ciment*). Ouvrier qui travaille dans une cimenterie.

CIMETERRE [simtɛʀ]. *n. m.* (XVᵉ; it. *scimitarra;* du persan). Sabre oriental, à lame large et recourbée. V. **Yatagan.** « *Ali sous sa pelisse avait un cimeterre* » (HUGO).

CIMETIÈRE [simtjɛʀ]. *n. m.* (*Cimitere,* 1190; lat. ecclés. *cæmeterium,* gr. *koimētêrion* « lieu où l'on dort »; Cf. Dortoir). ♦ 1° Lieu où l'on enterre les morts. V. **Charnier** (vx), *columbarium, nécropole, ossuaire. Cimetière souterrain.* V. **Catacombe, crypte.** *Cimetière militaire. Porter un mort au cimetière.* V. **Enterrement, inhumation;** crémation, incinération. *Les tombes d'un cimetière. Le gardien, les fossoyeurs d'un cimetière. Concession temporaire, perpétuelle dans un cimetière.* — *Le cimetière marin,* poème de Valéry. ♦ 2° Lieu

où sont mortes beaucoup de personnes. *Le champ de bataille, la ville après le siège, n'étaient plus que de vastes cimetières.*

CIMIER [simje]. *n. m.* (XIIᵉ; de *cime*). I. Ornement qui forme la partie supérieure, la cime d'un casque. — *Blas.* Pièce placée au-dessus du timbre du casque qui surmonte l'écu. II. (1665; « queue du cerf », XIIᵉ; de *cime* « pousse, touffe d'arbre »). Pièce de viande sur le quartier de derrière du bœuf, du cerf.

CINABRE [sinabʀ(ə)]. *n. m.* (*Cenobre,* XIIIᵉ; lat. *cinnabaris;* gr. *kinnabari*). ♦ 1° *Chim.* Sulfure de mercure (HgS) de couleur rouge, d'où l'on tire ce métal. ♦ 2° Couleur rouge de ce sulfure. V. **Vermillon.**

CINCHONINE [sɛ̃kɔnin]. *n. f.* (1820; lat. bot. *cinchona* « quinquina »). Alcaloïde extrait du quinquina.

CINCLE [sɛ̃kl(ə)]. *n. m.* (1780; altér. gr. *kigklos*). Oiseau passereau *(Turdidés)* qui plonge dans les cours d'eau pour chercher sa nourriture.

CINÉ [sine]. *n. m.* (1910; de *cinéma*). Pop. (vieilli). V. **Cinéma.** *Aller au ciné.* « *Qu'est-ce qu'on donne au ciné?* » (MAC ORLAN). Cf. Cinoche.

CINÉ-. Élément, tiré de *cinéma,* même sens (ex : cinéphile).

CINÉASTE [sineast(ə)]. *n.* (1922; de *ciné-,* d'apr. l'it.). Personne qui exerce une activité créatrice et technique ayant rapport au cinéma. V. **Metteur** (en scène), opérateur, réalisateur.

CINÉ-CLUB [sineklœb]. *n. m.* (1920; de *ciné-,* et *club*). Club d'amateurs de cinéma, où l'on étudie la technique, l'histoire du cinéma.

CINÉMA [sinema]. *n. m.* (1900; abrév. de *cinématographe*). ♦ 1° Procédé permettant d'enregistrer photographiquement et de projeter des vues animées. *Prises de vue de cinéma* (V. **Caméra**). *Film de cinéma. Projection, écran de cinéma. Invention du cinéma par les frères Lumière. Ancêtres du cinéma* (Chronophotographe, kinétoscope, lanterne magique, praxinoscope, zootrope). — *Cinéma muet*, parlant. Cinéma en couleurs, en relief.* ♦ 2° Art de composer et de réaliser des films. *Le cinéma est appelé le septième art. Faire du cinéma.* V. **Filmer, tourner;** réalisation. *Plateau, studio de cinéma. Décors, truquages de cinéma. Acteur, vedette; réalisateur* (metteur en scène), *techniciens de cinéma* (caméraman, décorateur, maquilleur, électricien, ingénieur du son, monteur, script-girl, etc.). — *Cinéma professionnel, d'amateur. Cinéma scientifique.* ◇ Industrie du spectacle cinématographique. *Être dans le cinéma.* ♦ 3° Projection cinématographique. *Salle de cinéma. Séance de cinéma.* — Fig. et fam. *C'est du cinéma :* c'est invraisemblable (Cf. Du bluff, du roman). — *Faire du cinéma, tout un cinéma* (Cf. Faire son cirque), faire toute une mise* en scène. V. **Cabotiner.** *Se faire du cinéma :* se jouer la comédie. ♦ 2° Salle de spectacle où l'on projette des films cinématographiques. *Aller au cinéma. Un grand cinéma. Cinémas d'art, d'essai, d'exclusivité. Cinéma permanent. Ouvreuse de cinéma.*

CINÉMA-. ♦ 1° Élément, du gr. *kinēma* « mouvement ». ♦ 2° Élément, tiré de *cinéma*(tographe).

CINÉMASCOPE [sinemaskɔp]. *n. m.* (1953; de *cinéma-* (2°), et *-scope,* marque déposée). Procédé de cinéma sur écran large par déformation de l'image (anamorphose).

CINÉMATHÈQUE [sinematɛk]. *n. f.* (1921; de *cinéma-* (2°), d'apr. (biblio)*thèque*). Endroit où l'on conserve les films de cinéma et, en général, on les projette. *Aller voir un Griffith à la cinémathèque.*

CINÉMATIQUE [sinematik]. *n. f.* (1834; *cinétmique,* 1753; gr. *kinēmatikos,* de *kinēma* « mouvement »). Partie de la mécanique qui étudie le mouvement. *Application de la cinématique.* V. **Dynamique.**

CINÉMATOGRAPHE [sinematɔgʀaf]. *n. m.* (1895; h. 1892; de *cinéma-* (1°), et *-graphe*). Appareil capable de reproduire le mouvement par une suite de photographies, inventé par Lumière. *Le cinématographe des frères Lumière.* — Vx ou didact. Cinéma. « *Le cinématographe est un art. Il se délivrera de l'esclavage industriel* » (COCTEAU).

CINÉMATOGRAPHIE [sinematɔgʀafi]. *n. f.* (1898; de *cinématographe*). Le cinéma en tant que technique ou art.

CINÉMATOGRAPHIER [sinematɔgʀafje]. *v. tr.* (1897; de *cinématographe*). Vieilli. Prendre en film. V. **Tourner.** *Scène cinématographiée.*

CINÉMATOGRAPHIQUE [sinematɔgʀafik]. *adj.* (1896; de *cinématographe*). Qui se rapporte au cinéma. *Art, technique cinématographique. Industrie cinématographique. Film, spectacle, séance cinématographique. Institut des hautes études cinématographiques* (IDHEC [idɛk]).

CINÉMATOGRAPHIQUEMENT [sinematɔgʀafikmã]. *adv.* (av. 1910; du précéd.). Par le cinéma.

CINÉMOMÈTRE [sinemɔmɛtʀ(ə)]. *n. m.* (v. 1960; de *cinémo-,* du gr. *kinema* « mouvement » [V. **Cinéma**] et de *-mètre*). *Techn.* Indicateur de vitesse.

CINÉ-PARC [sinepaʀk]. *n. m.* (v. 1970 ; mot québécois, de *ciné-*, et *parc*). Au Québec, Cinéma en plein air (équivalent franç. de l'angl. *drive-in*).

CINÉPHILE [sinefil]. *adj.* et *n.* (1912 ; de *ciné-*, et *-phile*). Amateur et connaisseur en matière de cinéma.

CINÉRAIRE [sineʀɛʀ]. *adj.* et *n. f.* (1753 ; lat. *cinerarius*, de *cinis, eris* « cendre »).
I. Qui renferme ou est destiné à renfermer les cendres d'un mort. *Vase, urne cinéraire.*
II. *N. f.* Plante (*Composacées*) aux fleurs colorées, aux feuilles cendrées. *Cinéraire des jardins. Cinéraire maritime.*

CINÉRAMA [sineʀama]. *n. m.* (1912 « Cinérama-Théâtre » ; marque déposée ; mot angl. du faux suff. *-rama* pour *-orama* ; Cf. *Cinéorama*, en fr., 1896). Procédé de cinéma sur plusieurs grands écrans juxtaposés (trois projecteurs ; trois images).

CINÉRITE [sineʀit]. *n. f.* (du lat. *cinis, cinerem*). *Géol.* Dépôt de cendres volcaniques stratifiées.

CINÉ-ROMAN [sineʀɔmɑ̃]. *n. m.* (v. 1925 ; de *ciné*, et *roman*). *Hist. cinéma.* Film à épisodes (1920-30). ◇ *Mod.* Roman populaire (en dessins, en photos) tiré d'un film.

-CINÈSE. Élément, du gr. *kinêsis* « mouvement ».

CINÉ-SHOP [sineʃɔp]. *n. m.* (1971 ; de *ciné-*, et angl. *shop*). *Anglicisme.* Boutique de vente du matériel (disques, livres, affiches, etc.) en rapport avec le cinéma. « *Depuis un an, une vingtaine de ciné-shops ont ouvert dans six salles parisiennes* » (*L'Express*, 6-12 nov. 1972).

CINÉTHÉODOLITE [sineteɔdɔlit]. *n. m.* (1973 ; de *ciné-*, et *théodolite*). *Sc.* Instrument de visée mesurant sur un film cinématographique les variations des angles de gisement et de site d'un axe optique maintenu sur le mobile dont on veut restituer la trajectoire.

CINÉTIQUE [sinetik]. *adj.* (1877 ; gr. *kinêmatikos*). Qui a le mouvement pour principe. *Théorie cinétique des gaz. Énergie cinétique :* moitié de la force vive d'un point matériel en mouvement (½ mv²). ◇ *Art cinétique* (1920), forme d'art plastique fondé sur le caractère changeant d'une œuvre par effet optique (mouvement réel ou virtuel).

CINÉ(-)TIR [sinetiʀ]. *n. m.* (mil. XXᵉ ; de *ciné-* 2, et *tir*). *Techn.* (*Milit.*) Tir sur un objectif mobile.

CINGALAIS, AISE ou **CINGHALAIS, AISE** [sɛ̃galɛ, ɛz]. *adj.* et *n.* (*Chingulais*, 1751, tamoul *cingala*, par l'angl.). Se dit des habitants d'origine indo-européenne et de religion bouddhiste de l'île de Ceylan. — REM. L'adjectif géographique de *Ceylan* est CEYLANAIS, AISE [sɛlanɛ, ɛz], de l'angl. *Ceylanese. Les Cinghalais, les Veddas aborigènes, les Tamouls, etc.,* forment la population ceylanaise.

CINGLANT, ANTE [sɛ̃glɑ̃, ɑ̃t]. *adj.* (av. 1850 ; *chinglant* « flexible », v. 1375 ; de *cingler* 2). ♦ 1º Qui cingle. *Une bise cinglante.* ♦ 2º *Fig.* Qui blesse. V. **Blessant, cruel, sévère, vexant.** *Une remarque, une leçon cinglante.*

CINGLÉ, ÉE [sɛ̃gle]. *adj.* et *n.* (1836, « ivre » ; de *cingler* 2). *Pop.* Un peu fou. — « *Tous les agités, tous les cinglés qui composent le plus clair de nos sociétés* » (DUHAM.). V. **Fou*.**

1. CINGLER [sɛ̃gle]. *v. intr.* (*Sigler*, 1080 ; *singler*, XIVᵉ, par attract. de *cingler* 2 ; anc. scand. *sigla*). *Mar.* Faire voile dans une direction. V. **Naviguer.** *Le navire cingle vers Le Cap.* « *Le premier navire cinglant aux Indes* » (CHATEAUB.). ◇ ANT. **Arrêter** (s').

2. CINGLER [sɛ̃gle]. *v. tr.* (*cyngler*, XIIIᵉ ; altér. de *sangler* « donner des coups de sangle » ; lat. *cingula* « ceinture »). ♦ 1º Frapper fort avec un objet mince et flexible (baguette, corde, fouet, lanière, ongle). *Il lui cingla les jambes d'un bon coup de fouet.* V. **Cravacher, flageller, fouetter.** « *Le fouet du postillon cingla les quatre chevaux d'attelage* » (FROMENTIN). — *Spécialt.* (1765) Marquer une surface au moyen d'une corde tendue, enduite de craie, de charbon, qu'on écarte et qu'on laisse revenir brusquement. ♦ 2º *Frapper, fouetter* (vent, pluie, neige). « *Le vent était glacial, me cinglait la figure, me coupait la peau* » (BOSCO). ♦ 3º *Attaquer violemment* (qqn). V. **Blesser, critiquer, fouailler, moucher.** ♦ 4º *Techn.* (1765). Battre (le fer) au sortir des fours. V. **Corroyer, forger.**

CINNAMOME [sin(n)amɔm]. *n. m.* (*Chinnamome*, XIIIᵉ ; gr. *kinnamon, kinnamômon*). Arbrisseau aromatique (*Lauracées*) originaire des régions chaudes de l'Asie. V. **Camphrier, cannelier.** *Spécialt.* Aromate utilisé par les Anciens. V. **Cannelle.** « *Du cinnamome fumait sur une vasque de porphyre* » (FLAUB.).

CINOCHE [sinɔʃ]. *n. m.* (1935 ; de *ci(néma)*, et suff. arg. *-oche*). *Pop.* Cinéma. *Aller au cinoche.* V. **Ciné.**

CINOQUE [sinɔk]. *adj.* et *n.* (1930 ; de *cinoquet*, arg. « tête »). *Pop.* Fou*. V. **Cinglé, toqué.**

CINQ [sɛ̃k]. *adj.* et *n.* (*Cinc* en 1080 ; lat. pop. *cinque* ; lat. *quinque*).
I. [sɛ̃, devant consonne ; sɛ̃k, dans les autres cas]. ♦ 1º Adj. numéral cardinal, invar. (5). *Les cinq doigts de la main. Étoile à cinq branches. Tragédie en cinq actes. Une pièce de cinq francs. Les cinq parties du monde. Cinq fois.* V. **Quintuple. Ensemble de cinq choses.** V. **Penta-, quinqua-, quinte.**

Espace de cinq ans. V. **Lustre.** — *Quatre ou cinq, cinq ou six :* un petit nombre. — *Dans cinq minutes :* très bientôt. *Cinq minutes !* attendez ! *Ellipt. Fam. Le train part à cinq :* cinq minutes passé l'heure. *Il était moins cinq :* cinq minutes de plus et cela arrivait. — *Les cinq lettres :* euphémisme pour « merde ». *Je lui ai dit les cinq lettres.* ♦ 2º Adj. numéral ordinal, invar. V. **Cinquième, quinto.** *Numéro cinq. Tome cinq. Charles cinq* (V. **Quint**). *Prendre le thé à cinq heures* (Cf. *Five o'clock*). — *Ellipt. Le cinq avril. Partir le cinq. Tous les cinq du mois. Il est cinq ou sixième.* — (HOM. *Ceint, sain, saint, sein, seing*).
II. *N. m.* [sɛ̃k]. ♦ 1º Nombre premier (quatre plus un). *Le nombre cinq. Cent trente-cinq. Compter de cinq en cinq.* — *Un cinq à sept :* réception entre cinq et sept heures. — *Spécialt.* Carte à jouer marquée de cinq points. *Le cinq de pique. Double cinq* (domino). — *Loc. En cinq sec :* très rapidement. ♦ 2º Chiffre qui représente ce nombre (5). *Il fait ses cinq comme des S.*

CINQUANTAINE [sɛ̃kɑ̃tɛn]. *n. f.* (*cinquantene*, XIIIᵉ ; de *cinquante*). Nombre de cinquante ou environ. *Une cinquantaine d'enveloppes. Approcher de la cinquantaine* (de cinquante ans). V. **Cinquantenaire.**

CINQUANTE [sɛ̃kɑ̃t]. *adj.* et *n.* (1080 ; lat. pop. *cinquaginta*, lat. *quinquaginta*).
I. Adj. numéral, invar. (50 ; V. **Quinqua-**). *Cinquante pages. Cinquante mille. Un demi-siècle ou cinquante ans. Ensemble de cinquante choses de même nature.* V. **Cinquantaine.** — *Un assez grand nombre de.* V. **Trente-six, cent.** *Je ne vous le répéterai pas cinquante fois.* — *Par ext.* Adj. numéral ordinal, invar. V. **Cinquantième.** *Numéro cinquante. La page cinquante.*
II. *N. m.* Le nombre cinquante. *Cinq fois dix font cinquante. Cent cinquante. Cinquante pour cent :* la moitié.

CINQUANTENAIRE [sɛ̃kɑ̃tnɛʀ]. *adj.* (1775 ; de *cinquante*, d'apr. *centenaire*, de *cent*). ♦ 1º Qui a cinquante ans d'âge. *Cet homme est cinquantenaire,* et ellipt. *Un, une cinquantenaire.* V. **Quinquagénaire.** ♦ 2º *Subst.* Cinquantième anniversaire. V. **Jubilé.**

CINQUANTIÈME [sɛ̃kɑ̃tjɛm]. *adj.* et *n.* (XIIIᵉ ; de *cinquante*).
I. ♦ 1º Adj. numéral ordinal (correspond à *cinquante*). *Article cinquantième.* V. **Cinquante. La Quinquagésime,** cinquantième jour avant Pâques. ♦ 2º *N. Il est le, elle est la cinquantième de sa classe. Le cinquantième vient après le quarante-neuvième.*
II. Se dit d'une fraction d'un tout divisé également en cinquante. ♦ 1º Adj. *La cinquantième partie des revenus.* ♦ 2º *N. m. Le cinquantième d'une qualité.*

CINQUIÈME [sɛ̃kjɛm]. *adj.* et *n.* (*Cinqisme*, 1175 ; de *cinq*).
I. ♦ 1º Adj. numéral ordinal (correspond à *cinq*). V. **Quint** (*vx*). *Le cinquième étage,* et ellipt. *Le cinquième. Cinquième acte. Être dans la cinquième classe* ou ellipt. *en cinquième. Professeur de cinquième.* — *Loc. La cinquième roue* d'un carrosse. ♦ 2º *N.* Se présenter la cinquième. *Le cinquième vient après le quatrième.*
II. Se dit d'une fraction d'un tout divisé également en cinq. ♦ 1º Adj. *La cinquième partie d'un héritage.* ♦ 2º *N. m. Consacrer un cinquième du budget au loyer. Les trois cinquièmes des gens.*

CINQUIÈMEMENT [sɛ̃kjɛmmɑ̃]. *adv.* (1550 ; de *cinquième*). En cinquième lieu. V. **Cinq, quinto.**

CINTRAGE [sɛ̃tʀaʒ]. *n. m.* (1694, mar. ; de *cintrer*). *Techn.* (XIXᵉ). Opération par laquelle on cintre une pièce. V. **Courbure.**

CINTRE [sɛ̃tʀ(ə)]. *n. m.* (1300 ; de *cintrer*). ♦ 1º Courbure hémisphérique concave de la surface intérieure d'une voûte, d'un arc. — *Archit.* Figure en arc de cercle. V. **Arc.** — *Plein cintre :* dont la courbure est un demi-cercle. *Voûte, arcade en plein cintre.* — *Subst. Le plein cintre* (opposé à *arc brisé, abusiv.* ogive). — *Cintre surbaissé,* dont la courbure est elliptique repose sur le grand axe. ♦ 2º Échafaudage en arc de cercle sur lequel on construit les voûtes. *Poser, lever les cintres.* V. **Armature, coffrage.** ♦ 3º (1753). Partie du théâtre située au-dessus de la scène, entre le décor et les combles. ♦ 4º (XXᵉ). Barre courbée munie d'un crochet servant à suspendre les vêtements par les épaules. V. **Porte-manteau.**

CINTRER [sɛ̃tʀe]. *v. tr.* (XVᵉ ; en wallon *voûte chintrée*, 1349 ; lat. pop. °*cincturare*, de *cinctura* « ceinture »). ♦ 1º *Archit.* Bâtir en cintre. *Cintrer une galerie, une porte.* — *Fenêtre cintrée.* ♦ 2º *Techn.* V. **Bomber, cambrer, courber.** *Cintrer des plaques de métal. Cintrer une barre, un rail, un tuyau. Machine, presse à cintrer* (V. **Cintrage**). ♦ 3º (Du sens « entourer, ceindre », 1611). *Cour.* Rendre (un vêtement) ajusté à la taille. *Cintrer une redingote.* — *Veste cintrée.* ◇ ANT. **Décintrer ; redresser.**

CIPAYE [sipaj]. *n. m.* (1768 ; *sepay*, 1750 ; port. *sipay*, persan *sipahi* « cavalier ». V. **Spahi**). *Ancienn.* Soldat hindou au service d'une armée européenne.

CIPOLIN [sipɔlɛ̃]. *n. m.* (1750 ; it. *cipollino*, de *cipolla* « oignon »). Marbre grisâtre à veines ondulées qui rappellent la coupe de l'oignon. « *Une table de marbre vert, incrustée de griotte et de cipolin* » (BAZIN). Par appos. *Marbre cipolin.*

CIPPE [sip]. *n. m.* (1718 ; lat. *cippus* « colonne »). *Archéol.* Petite colonne sans chapiteau ou colonne tronquée qui servait de borne, de monument funéraire. V. **Stèle**. *Tombeau surmonté d'un cippe.*

CIRAGE [siraʒ]. *n. m.* (1554 ; de *cirer*). ♦ 1° Action de cirer. *Le cirage des parquets.* ♦ 2° Composition dont on se sert pour rendre les cuirs brillants. *Brosse à cirage.* — Fig. et fam. *Noir comme du cirage :* très noir. ♦ 3° Arg. aviat. *Être dans le cirage :* ne plus rien voir (Cf. Pot au noir) ; *fam.* Ne plus rien comprendre (Cf. Être dans le brouillard).

CIRCAÈTE [sirkaɛt]. *n. m.* (1820 ; gr. *kirkos* « faucon », et *œtos* « aigle »). Oiseau rapace diurne *(Aquilidés)* appelé *aigle jean-le-blanc*, *milan blanc.*

CIRCON-. Élément correspondant au lat. *circum* « autour ».

CIRCONCIRE [sirkɔ̃sir]. *v. tr.* ; conjug. *suffire*, sauf p. p. *circoncis, ise* (1190 ; lat. ecclés. *circumcidere* « couper autour »). Pratiquer la circoncision sur. *Un enfant circoncis.*

CIRCONCISION [sirkɔ̃sizjɔ̃]. *n. f.* (1190 ; lat. ecclés. *circumcisio*). Excision totale ou partielle du prépuce. *Spécialt.* Ablation rituelle pratiquée sur les jeunes garçons juifs et musulmans. *Circoncision de Jésus-Christ*, fête chrétienne, le 1er janvier.

CIRCONFÉRENCE [sirkɔ̃ferɑ̃s]. *n. f.* (1265 ; lat. *circumferentia*, de *circumferre* « faire le tour » ; Cf. Périphérie). ♦ 1° Courbe plane fermée dont tous les points sont à égale distance d'un point intérieur (centre) ; limite extérieure d'un cercle*. *La circonférence est divisée en 360 degrés ou en 400 grades. La longueur de la circonférence est égale au produit du diamètre par pi* (π = 3,1416). *Portion de circonférence.* V. **Arc**. ♦ 2° Par ext. Tour, pourtour d'une surface ronde. *La circonférence d'une ville, d'un champ.* V. **Enceinte**, **périphérie**.

CIRCONFLEXE [sirkɔ̃flɛks(ə)]. *adj.* (1550 ; *circonflect*, 1529 ; lat. *circumflexus*, trad. le gr. *perispômenê* « sinueux »). ♦ 1° Se dit d'un signe d'accentuation grecque (~), et *par anal.* d'un signe en forme de V renversé (ʌ) placé sur certaines voyelles longues *(pâte* pour *paste)* ou comme signe diacritique. *Un accent circonflexe.* ♦ 2° En forme d'accent circonflexe. V. **Tortu**. « *Des sourcils circonflexes et dont le poil se rebroussait en virgule* » (GAUTIER). ◇ ANT. Droit, rectiligne.

CIRCONLOCUTION [sirkɔ̃lɔkysjɔ̃]. *n. f.* (XIIIe ; lat. *circumlocutio*, trad. gr. *periphrasis*). Manière d'exprimer sa pensée d'une façon indirecte. V. **Ambage**, **périphrase**. *Parler par circonlocutions. Après de longues circonlocutions.* ◇ ANT. Clarté, franchise, netteté.

CIRCONSCRIPTIBLE [sirkɔ̃skriptibl(ə)]. *adj.* (fin XIVe ; lat. *circumscriptio*, de *circumscribere* ; Cf. Circonscrire). *Géom.* Se dit d'une figure que l'on peut circonscrire. *Tout polygone régulier est circonscriptible à un cercle.* (Cf. *aussi* Inscriptible).

CIRCONSCRIPTION [sirkɔ̃skripsjɔ̃]. *n. f.* (XIVe, « limite » ; lat. *circumscriptio*. V. Circonscrire). ♦ 1° *Vx.* Limite qui borne l'étendue d'un corps. ♦ 2° Division d'un pays, d'un territoire. *Circonscription territoriale, administrative ; circonscription d'action régionale* (C.A.R.). V. **Département**, **préfecture** ; **arrondissement**, **canton**, **commune**, **province** ; **district**, **cité**. *Circonscriptions ecclésiastiques.* V. **Diocèse**, **paroisse** ; **consistoire** ; **patriarchat** ; **éparchie**. *Circonscription militaire.* V. **Région** ; **division**, **subdivision**. *Circonscription électorale.*

CIRCONSCRIRE [sirkɔ̃skrir]. *v. tr.* ; conjug. *écrire* (1361 ; lat. *circumscribere*, rad. *scribere* « écrire »). ♦ 1° Décrire une ligne qui limite tout autour. *Circonscrire un espace.* — Géom. *Circonscrire un cercle à un polygone*, tracer une circonférence qui passe par les sommets de tous les angles du polygone. ♦ 2° Enfermer dans des limites. V. **Borner**, **limiter**. *Circonscrire son sujet.* Pronom. *Le débat se circonscrit autour de cette idée.* — *Circonscrire le brasier, l'épidémie* : l'empêcher de dépasser une limite. « *L'incendie a vite été circonscrit, puis maté* » (GIDE). ◇ ANT. Élargir, étendre.

CIRCONSPECT, ECTE [sirkɔ̃spɛ(kt), ɛkt(ə)]. *adj.* (fin XIVe ; lat. *circumspectus*. V. **Circonspection**). Qui prend bien garde à ce qu'il dit et fait. V. **Attentif**, **avisé**, **discret**, **prudent**, **réfléchi**, **réservé**, **sage**. *Un diplomate circonspect. Il n'est pas assez circonspect dans le choix de ses amis.* — *Par ext.* Qui marque de la circonspection. *Tenir un langage circonspect. Conduite, démarche circonspecte.* ◇ ANT. Aventureux, imprudent, léger, téméraire.

CIRCONSPECTION [sirkɔ̃spɛksjɔ̃]. *n. f.* (XIIIe ; lat. *circumspectio*, rac. *specere* « regarder »). Surveillance prudente que l'on exerce sur ses paroles, ses actions, en prenant garde à toutes les circonstances. V. **Discrétion**, **réflexion**, réserve, retenue, sagesse. *Agir avec circonspection.* V. **Attention**, **discernement**, **précaution**, **prudence**. *Apporter, mettre beaucoup de circonspection dans le règlement d'une affaire.* V. **Diplomatie**, **mesure**, **modération**, **politique**. *Parler avec circonspection, avec ménagement.* ◇ ANT. Imprudence, légèreté, témérité.

CIRCONSTANCE [sirkɔ̃stɑ̃s]. *n. f.* (1260 ; lat. *circumstantia*, de *circumstare* « se tenir debout autour »). ♦ 1° Particularité qui accompagne un fait, un événement, une situation. V. **Accident**, **climat**, **condition**, **détermination**, **modalité**, **particularité**. *Étudier, examiner, peser les diverses circonstances d'un événement, d'une opération. Cela dépendra des circonstances. C'est une circonstance particulière dont il ne faut pas tenir compte. Exposer un fait jusque dans ses moindres circonstances* (V. **Détail**). *Des circonstances défavorables.* « *Un même fait ne se reproduit jamais dans les mêmes circonstances* » (LOUYS). — Gram. *Complément de circonstance*, servant à préciser des rapports de temps, de lieu, de manière, de cause, de condition. V. **Circonstanciel**. *Conjonction, adverbe de circonstance.* — Dr. *Circonstances aggravantes, atténuantes :* qui aggravent ou atténuent la peine normale. — *Circonstances et dépendances :* les accessoires d'un bien immeuble. ♦ 2° Ce qui constitue, caractérise le moment présent. V. **Conjoncture**, **événement**, **moment**, **situation**. *Il faut profiter de la circonstance.* — LES CIRCONSTANCES : la situation. *Étant donné les circonstances. Dans les circonstances actuelles, présentes :* de nos jours. *Un concours de circonstances.* V. **Cas**, **coïncidence**, **éventualité**, **hasard**. *En raison, du fait des circonstances. Quand les circonstances s'y prêtent, le demandent. Il y a des circonstances où il vaut mieux... Se montrer à la hauteur des circonstances.* — DE CIRCONSTANCE : qui est fait où est utile pour une occasion particulière. *Un ouvrage, un discours, une repartie de circonstance.* V. **À-propos**, **opportunité**. *Un habit, une figure de circonstance* (spécialt. grave et triste). *Ce n'est pas de circonstance* (Cf. *Ce n'est pas de saison*). ♦ 3° Événement particulier (considéré comme l'occasion de qqch.). *Dans, pour la circonstance.* V. **Occasion**, **occurrence**.

CIRCONSTANCIÉ, ÉE [sirkɔ̃stɑ̃sje]. *adj.* (1468 ; de *circonstance*). Exposé avec toutes les circonstances. *Événements circonstanciés.* — Qui comporte de nombreux détails. *Un rapport circonstancié :* détaillé.

CIRCONSTANCIEL, IELLE [sirkɔ̃stɑ̃sjɛl]. *adj.* (1747 ; de *circonstance*). ♦ 1° Se dit du complément qui apporte une détermination secondaire de circonstance. *Complément circonstanciel de lieu, de temps.* — *Proposition circonstancielle.* ♦ 2° Qui indique une, des circonstance(s) ; qui est en rapport avec les circonstances. *Une déclaration circonstancielle :* d'opportunité.

CIRCONVALLATION [sirkɔ̃val(l)asjɔ̃]. *n. f.* (1640 ; lat. *circumvallare* « entourer d'un retranchement » ; de *vallus* « pieu, palissade »). *Fortif.* Tranchée fortifiée établie par les assiégeants autour de la place assiégée pour lui couper ses communications. V. **Contrevallation**, **redoute**.

CIRCONVENIR [sirkɔ̃vnir]. *v. tr.* ; conjug. *venir* (1355 ; lat. *circumvenire* « venir autour, assiéger, accabler »). Agir sur (qqn) avec ruse et artifice, pour parvenir à ses fins, obtenir ce que l'on souhaite. *Circonvenir ses juges.* V. **Abuser**, et *(fam.)* Emboberiner, **endormir**, **entortiller**. *Circonvenir son auditoire.* Fig. *Circonvenir ses scrupules.*

CIRCONVOISIN, INE [sirkɔ̃vwazɛ̃, in]. *adj.* (1387 ; lat. médiév. *circumvicinus*). *Littér.* Qui est situé autour, tout près de. V. **Avoisinant**, **proche**, **voisin**. *Lieux circonvoisins.* V. **Alentours**. *Communes circonvoisines.*

CIRCONVOLUTION [sirkɔ̃vɔlysjɔ̃]. *n. f.* (fin XIIIe ; lat. *circumvolutus* « roulé autour »). ♦ 1° Enroulement, sinuosité autour d'un point central. *Décrire des circonvolutions.* ♦ 2° (Chose enroulée). Anat. *Les circonvolutions intestinales* (rare). — *Les circonvolutions cérébrales :* replis sinueux du cortex, en forme de bourrelets.

CIRCUIT [sirkɥi]. *n. m.* (v. 1460 ; *circuite*, fém., 1220 ; lat. *circuitus*, de *circuire*, *circumire* « faire le tour »). ♦ 1° Distance à parcourir pour faire le tour d'un lieu. V. **Contour**, **pourtour**, **tour**. *Le circuit d'une ville.* V. **Enceinte**. *Avoir quatre kilomètres de circuit.* ♦ 2° Par ext. Chemin (long et compliqué) parcouru pour atteindre un lieu. *Faire un long circuit pour parvenir chez qqn.* V. **Détour**. *En circuit fermé*, en revenant à son point de départ. — Selon un ordre, un système fermé. « *Jusqu'à l'achèvement de l'industrie, les hommes travaillent en circuit fermé* » (A. SAUVY). ◇ Spécialt. *Parcours organisé au terme duquel on revient généralement au point de départ. V. Périple, randonnée, tour, voyage. Faire le circuit des châteaux de la Loire, des villes d'art italiennes. Itinéraire en circuit fermé de certaines courses (auto). Le circuit du Mans, de Pau.* ♦ 3° Fig. et *vx.* Circonlocution, périphrase. ♦ 4° Électr. Suite ininterrompue de conducteurs électriques. *Couper le circuit* (V. **Coupe-circuit**, **interrupteur**). *Rétablir, fermer le circuit. Mettre une lampe en circuit, hors circuit. Circuit câblé. Circuit imprimé*, où les fils sont remplacés par des impressions linéaires de substance conductrice (radio, télévision, etc.) sur une plaque isolante. *Circuit intégré*, ensemble complexe de conducteurs et de semi-conducteurs (diodes, transistors) miniaturisé et intégré dans un composant unique, pour remplir une fonction spécifique. ◇ *Loc. fig. Être hors circuit*, ne pas (ne plus) être impliqué dans une affaire. Cf. Ne pas être dans le coup*, dans la course*. ♦ 5° *Techn.* Ensemble de tuyauteries, vannes ou autres dispositifs assurant l'écoulement d'un fluide. *Circuit d'alimentation.* ♦ 6° *Écon.* Mouvement des biens, des services. *Le circuit des capitaux. Circuits de distribution.*

CIRCULAIRE [siʀkylɛʀ]. *adj. et n. f.* (1361; *circuler*, XIIIe; lat. *circularis*).
I. ♦ 1° Qui décrit une circonférence. *Mouvement circulaire.* V. **Giratoire, rotatoire.** *Math. Fonction circulaire* : fonction d'une ligne trigonométrique ou de l'arc de cercle correspondant. ♦ 2° Qui a ou rappelle la forme d'un cercle. V. **Rond.** *Figure, surface circulaire. Scie circulaire. Construction de forme circulaire.* V. **Cirque, rotonde.** ♦ 3° Par ext. *Voyage circulaire* : dont l'itinéraire ramène au point de départ. V. **Circuit.** *Billet circulaire.*
II. *N. f.* (1787; de *lettre circulaire*). *Une circulaire* : lettre reproduite à plusieurs exemplaires et adressée à plusieurs personnes à la fois. *Circulaire polycopiée, imprimée, photocopiée. Circulaire administrative, ministérielle.*

CIRCULAIREMENT [siʀkylɛʀmɑ̃]. *adv.* (v. 1370; de *circulaire*). D'une manière circulaire, en rond. « *L'émouchet qui planait circulairement dans le ciel* » (CHATEAUB.).

CIRCULANT, ANTE [siʀkylɑ̃, ɑ̃t]. *adj.* (1745; de *circuler*). *Didact.* Qui est en circulation. *Capitaux circulants.*
◇ *Physiol. Anticoagulant circulant.*

CIRCULARISER [siʀkylaʀize]. *v. tr.* (1868; de *circulaire*). *Didact.* Rendre circulaire.

CIRCULATION [siʀkylɑsjɔ̃]. *n. f.* (1361; lat. *circulatio*).
♦ 1° *Vx.* Mouvement circulaire. V. **Révolution.** ♦ 2° (XVIIe). *La circulation du sang* : double mouvement du sang qui part du cœur et y revient. *Circulation artérielle, veineuse, capillaire. Petite circulation* (pulmonaire). *Grande circulation* (générale). — *Bot. La circulation de la sève dans les plantes. Circulation ascendante* (sève brute), *descendante* (sève élaborée). — (XIXe) Mouvement des fluides (liquides, gaz). *Établir un double circulation d'air.* V. **Aération.** ♦ 3° (1694). *Écon.* Mouvements des biens, des produits. Ensemble des échanges, des transactions. V. **Commerce.** *Circulation des biens. Droit de circulation* (impôt). *Circulation de l'argent, des capitaux.* V. **Roulement.** *Mettre des espèces, des billets en circulation.* V. **Cours.** ♦ 4° *Mettre un livre, un écrit en circulation* : le répandre, le livrer au public. V. **Diffusion, lancement.** *Mise en circulation de fausses nouvelles.* V. **Propagation, transmission.** ♦ 5° (1829). Le fait ou la possibilité d'aller et venir, de se déplacer en utilisant les voies de communication. *La circulation est difficile dans les grandes villes. Accident de la circulation. Interrompre la circulation sur une voie* (V. **Bouchon**). — Les véhicules qui circulent. *Détourner la circulation.* — *Ch. de fer.* V. **Trafic.**

CIRCULATOIRE [siʀkylatwaʀ]. *adj.* (1560; lat. *circulatorius*). Relatif à la circulation du sang. *L'appareil circulatoire.* V. **Angiologie; artère, cœur, sang, vaisseau, veine.** *Troubles circulatoires* : modifications pathologiques de la circulation.

CIRCULER [siʀkyle]. *v. intr.* (1361; lat. *circulare*, de *circulus.* V. **Cercle**). ♦ 1° *Vx.* Se mouvoir circulairement. ♦ 2° (*Fluides*). Passer dans un circuit. *Le sang circule dans le corps.* ♦ 3° Se renouveler par la circulation, en parlant de l'air, de la fumée. ♦ 4° (1719). Passer, aller de main en main. *L'argent, la monnaie, les capitaux circulent.* ♦ 5° (Fin XVIIIe). V. **Courir**, propager (se), répandre (se). *Ce bruit circule dans la ville. Faire circuler une histoire.* V. **Colporter.** « *Il circule à son sujet beaucoup de plaisanteries* » (ROMAINS). ♦ 6° (1829). Aller et venir; se déplacer sur les voies de communication. *Les passants circulent.* V. **Passer, promener** (se). *Les automobiles circulent lentement dans cette rue.* « *J'ai eu moins de mal à circuler avec ma bagnole* » (ROMAINS). *Circulez !* avancez, ne restez pas là.

CIRCUM-. Élément, du lat. *circum.* V. **Circon-.**

CIRCUMDUCTION [siʀkɔmdyksjɔ̃]. *n. f.* (1562; de *circum-*, et lat. *ductus*, de *ducere* « conduire »). *Sc.* Mouvement de rotation autour d'un axe ou d'un point central.

CIRCUMNAVIGATION [siʀkɔmnavigɑsjɔ̃]. *n. f.* (1788; de *circum-*, et *navigation*). *Didact.* Voyage maritime autour d'un continent.

CIRCUMPOLAIRE [siʀkɔmpɔlɛʀ]. *adj.* (1784; de *circum-*, et *polaire*). *Didact.* Qui est ou a lieu autour d'un pôle. *Expédition circumpolaire.*

CIRE [siʀ]. *n. f.* (1080; lat. *cera*).
I. Nom de substances animales ou végétales. *Qui produit de la cire.* V. **Cérifère, cirier.** ♦ 1° *Cire d'abeille* : matière molle, jaunâtre et fusible. *Alvéoles en cire d'une ruche. Gâteau de cire.* V. **Gaufre, rayon.** *Cire vierge. Incorporation de cire à une substance.* V. **Incération.** *Onguent, emplâtre*

à *base de cire.* V. **Cérat.** *Objets en cire. Couler de la cire dans un moule. Moule à cire perdue. Poupée, figurine de cire. Les personnages en cire du musée Grévin. Tablettes de cire sur lesquelles écrivaient les Romains.* ◇ *Spécialt.* (Prothèse). *Cire dentaire*, cire utilisée pour la confection des maquettes d'essayage. ♦ 2° *Cire végétale*, résine analogue à la cire des abeilles. *Palmier à cire.* ♦ 3° Préparation (cire et essence de térébenthine) pour l'entretien des parquets. V. **Encaustique; cirer.** ♦ 4° *Techn.* Mélange à base de cires (animales, végétales), pour la gravure sur disques phonographiques. ♦ 5° *Fig. Être jaune comme cire* : avoir un teint très jaune (V. **Cireux**). *C'est une cire molle* : une personne influençable. ♦ 6° *Cire à cacheter* : préparation de gomme laque et de résine. *Cachet de cire. Bâton de cire. Sceau à la cire.* ♦ 7° *Bouchon de cire* (V. **Cérumen**).
II. *Zool.* Membrane molle qui recouvre la base du bec des oiseaux.
◇ HOM. Cirre; sire.

CIRÉ, ÉE [siʀe]. *adj. et n. m.* (1230; V. *Cirer*). ♦ 1° *Toile cirée* : enduite d'un vernis. ♦ 2° Enduit de cire. *Parquet ciré.* ♦ 3° *N. m.* (1912). Vêtement imperméable de tissu huilé. *Un ciré de marin.*

CIRER [siʀe]. *v. tr.* (fin XIIe; de *cire*). ♦ 1° Enduire, frotter de cire, d'encaustique. *Cirer un parquet, des meubles*, pour les nettoyer, les faire reluire. V. **Encaustiquer, frotter.** ♦ 2° *Par ext.* Enduire de cirage. *Cirer des souliers.* — *Fig. et fam. Cirer les bottes à qqn* : le flatter par bassesse (V. **Lécher**).

CIREUR, EUSE [siʀœʀ, øz]. *n.* (1869; de *cirer*). ♦ 1° Personne qui cire. *Une cireuse de parquets.* — *Spécialt. N. m.* Celui dont le métier est de cirer les chaussures. *Un cireur de bottes.* ♦ 2° *N. f.* Appareil ménager qui cire les parquets.

CIREUX, EUSE [siʀø, øz]. *adj.* (déb. XVIe; de *cire*). ♦ 1° Qui a la consistance de la cire. *Matière cireuse.* ♦ 2° (1856). Qui a l'aspect blanc jaunâtre de la cire. *Visage, teint cireux. Il était d'une blancheur cireuse.*

CIRIER, IÈRE [siʀje, jɛʀ]. *n. m. et f.* (fin XIIe; de *cire*). ♦ 1° Celui qui travaille la cire; qui vend des cierges, des bougies. ♦ 2° Nom d'un arbre à cire. ♦ 3° *N. f.* Abeille ouvrière qui produit la cire. — Par appos. *Abeille cirière.*

CIRON [siʀɔ̃]. *n. m.* (XIIIe; altér. de *suiron* (1220); a. haut all. *°seuro*). *Vx.* Animal minuscule (acarien du fromage; très petit animal) qui servait d'exemple pour l'extrême petitesse (Pascal, La Fontaine). *Littér.* « *Cette lourde citerne d'eau stagnante où couraient les cirons et les moustiques* » (LE CLÉZIO).

CIRQUE [siʀk(ə)]. *n. m.* (v. 1355; lat. *circus*). ♦ 1° Enceinte où les Romains célébraient les jeux publics (courses de chars, combats de gladiateurs, naumachies). V. **Amphithéâtre, arène, carrière.** *Cirque de forme ovale. Gradins, arène, podium du cirque.* ♦ 2° (1832). Sorte de théâtre circulaire (bâtiment fixe ou grande tente. V. **Chapiteau**) où ont lieu des exercices d'équitation, de domptage, d'équilibre, des exhibitions. *Cirque ambulant, forain. Tente, mâts, gradins, piste, tremplin d'un cirque. Les gens du cirque* dits *gens du voyage* (Acrobate, clown, dompteur, écuyer, équilibriste, gymnaste, mime). *Musique de cirque; fig.* Musique tapageuse. — *Mener des enfants au cirque.* — Entreprise qui organise ce genre de spectacle. *Le cirque Untel.* — ◇ *Fig. et pop.* Activité désordonnée. *Allons, silence ! Qu'est-ce que c'est que ce cirque? C'est un cirque, ici !* (Cf. Cinéma). ♦ 3° *Géol.* Amphithéâtre de parois abruptes, d'origine glaciaire, fermé le plus souvent par une barre qui ressemble à un verrou. *Le cirque de Gavarnie.* — Par anal. *Cirque lunaire.*

CIRRE ou **CIRRHE** [siʀ]. *n. m.* (1545; lat. *cirrus* « filament »). *Zool.* Appendice fin, chez certains animaux (pattes des cirripèdes, barbillons des poissons, certaines plumes des oiseaux). *Cirres de mollusques, de vers.* V. **Cil.** — *Bot.* Filament grêle constituant l'organe de fixation des plantes grimpantes. V. **Vrille.** ◇ HOM. Cire, sire.

CIRRHOSE [siʀoz]. *n. f.* (1805; gr. *kirros* « roux »). *Méd.* Affection du foie caractérisée par des granulations d'un jaune roux. V. **Hépatite.** *Cirrhose graisseuse, pigmentaire. Cirrhose alcoolique.* Cour. (pléon.) *Cirrhose du foie.* — Par ext. Sclérose diffuse de certains organes. *Cirrhose pancréatique, rénale.*

CIRRIPÈDES [si(ʀ)ʀiped]. *n. m. pl.* (déb. XIXe; lat. *cirrus* « filament », et *-pède*). *Zool.* Sous-classe de crustacés entomostracés, marins, au corps recouvert de plaques calcaires. *Les cirripèdes possèdent en général trois ou six paires de pattes.* V. **Anatife, balane, sacculine.** — Au sing. *Un cirripède.*

CIRRO-CUMULUS [si(ʀ)ʀɔkymylys]. *n. m.* (1830; de *cirrus*, et *cumulus*). Nuage en flocons séparés (ciel moutonné).

CIRRO-STRATUS [si(ʀ)ʀɔstʀatys]. *n. m.* (1830; de *cirrus*, et *stratus*). Nuage élevé, en voile blanchâtre presque translucide.

CIRRUS [si(ʀ)ʀys]. *n. m.* (1830; lat. *cirrus* « filament »). Nuage élevé (10 km) en flocons ou filaments.

CIS-. Élément, du latin, signifiant *en deçà* (*ex. : cisalpin*). ◊ ANT. *Trans-*.

CISAILLE [sizɑj]. *n. f.* (fin XIIIᵉ; lat. pop. °*cisaculum*, de *cæsalia*, plur. neutre).
I. Gros ciseaux (ou pinces coupantes) servant à couper les métaux, à élaguer les arbres. *La cisaille ordinaire se manœuvre à la main. Couper des boulons avec des cisailles. Cisaille de tôlier.* V. **Cisoires.** *Cisaille de ferblantier,* dont l'une des branches est fixe. *Cisaille circulaire,* dont les lames coupantes sont deux disques au bord tranchant. *Cisaille d'horticulteur, de jardinier* (V. aussi **Sécateur**).
II. (1611; de *cisailler*). Techn. Rognure de métal. *De la cisaille d'argent.*

CISAILLEMENT [sizɑjmɑ̃]. *n. m.* (1636; de *cisailler*). ♦ 1° Action de cisailler. ♦ 2° Rupture de deux pièces de métal contiguës par suite de forces entraînant le déplacement de l'une par rapport à l'autre. *Rivets, boulons rompus par cisaillement.* V. **Contrainte** (5°). ♦ 3° Auto. Croisement à niveau de deux courants de circulation (routes, rues...).

CISAILLER [sizɑje]. *v. tr.* (1450; de *cisaille,* I). Couper avec des cisailles. *Cisailler les branches d'un arbre.* V. **Élaguer.** *Cisailler des fils de fer barbelés.*

CISALPIN, INE [sizalpɛ̃, in]. *adj.* (1596; de *cis-,* et *alpin*). Qui est en deçà des Alpes. *Gaule cisalpine* (pour les Romains) : Lombardie, Piémont. ◊ ANT. *Transalpin.*

CISEAU [sizo]. *n. m.* (*Cisel,* 1190; lat. pop. °*cisellus,* altér. de °*cæsellus,* de *cædere* « couper »). ♦ 1° Outil d'acier, en biseau à l'une de ses extrémités, et servant à travailler le bois, le fer, la pierre. *Ciseau mousse de serrurier. Le manche d'un ciseau. Travailler, tailler au ciseau. Ciseau de sculpteur, de maçon.* V. **Boucharde, riflard.** *Ciseau de graveur, de nielleur.* V. **Burin, gouge, grattoir, matoir, pointe, repoussoir.** *Ciseau d'orfèvre.* V. **Ciselet.** *Ciseau de menuisier.* V. **Biseau; bédane, ébauchoir, gouge, plane.** *Ciseau à froid,* dont l'extrémité n'est pas tranchante, et qui sert de levier. — Mar. *Ciseau de calfat :* outil servant à enfoncer l'étoupe. ♦ 2° (XIIᵉ). *Ciseaux (au plur.) :* instrument formé de deux branches d'acier, tranchantes sur une partie de leur longueur (lame), réunies et croisées en leur milieu sur un pivot (entablure). *Les anneaux d'une paire de ciseaux. Ciseaux de couturière, de tailleur, de brodeuse. Ciseaux à ongles.* V. **Onglier.** *Ciseaux de chirurgien* (de Richter). *Ciseaux servant à tondre la laine des moutons.* V. **Forces.** *Grands ciseaux utilisés dans l'industrie.* V. **Cisaille.** ♦ 3° Sports. *Sauter en ciseaux,* en écartant et rapprochant les jambes, comme les lames d'une paire de ciseaux. *Le ciseau :* le saut en ciseaux. — Prise de lutte, catch, où les jambes enserrent l'adversaire. — Mouvement de gymnastique au sol, qui consiste à croiser les jambes en ciseaux.

CISELER [sizle]. *v. tr.; conjug. geler* (XIIIᵉ; de *ciseau*). ♦ 1° Travailler avec un ciseau (des ouvrages de métal, de pierre). *Ciseler un bijou. Ciseler un détail de sculpture.* V. **Sculpter.** *Art de ciseler ou Toreutique.* — Par anal. « *La masse ciselée de sa chevelure blonde* » (JALOUX). ♦ 2° Fig. (1860). *Ciseler son style,* le travailler minutieusement, dans le moindre détail. V. **Parfaire, polir.** *Phrase ciselée.*

CISELET [sizlɛ]. *n. m.* (1491; de *cisel, ciseau*). Petit ciseau servant aux graveurs, aux ciseleurs.

CISELEUR [sizlœʀ]. *n. m.* (XVIᵉ; de *ciseler*). Celui dont le métier est de ciseler. V. **Orfèvre.** « *Les doigts de fées des ciseleurs* » (MAUPASS.).

CISELLEMENT ou **CISÈLEMENT** [sizɛlmɑ̃]. *n. m.* (1636; de *ciseler*). ♦ 1° Action de ciseler (on dit *aussi* CISELAGE). ♦ 2° Vitic. Action de couper les grains défectueux d'une grappe de raisins, pour favoriser la croissance des autres.

CISELURE [sizlyʀ]. *n. f.* (1307; de *ciseler*). ♦ 1° Art du ciseleur. V. **Argenterie, bijouterie, gravure, orfèvrerie.** ♦ 2° (1611). Ornement ciselé. V. **Glyphe, gravure.** *De fines ciselures.*

CISOIRES [sizwaʀ]. *n. f. pl.* (XIIIᵉ; lat. *cisorium*). Techn. Cisaille de chaudronnier, de tôlier, dont le manche est monté sur un pied.

1. CISTE [sist(ə)]. *n. m.* (1555, aussi *cisthe;* gr. *kisthos*). Arbrisseau des régions méditerranéennes (*Cistinées*), dont les jeunes pousses sécrètent une résine visqueuse, appelée *laudanum,* employée en parfumerie et en médecine.

2. CISTE [sist(ə)]. *n. f.* (1771; lat. *cista;* gr. *kistê* « panier »). Archéol. ♦ 1° Sorte de corbeille qu'on portait en pompe dans les mystères de Cérès, de Bacchus, de Cybèle, et qui contenait divers objets affectés au culte de ces divinités. ♦ 2° Construction funéraire (« coffre de pierre ») d'époque mégalithique.

CISTERCIEN, IENNE [sistɛʀsjɛ̃, jɛn]. *adj.* (*Cistericien,* 1403; lat. *cistercium*). Qui appartient à l'ordre religieux de Cîteaux (XIᵉ; réformé au XIIᵉ). *Moine cistercien. Architecture cistercienne.* — Subst. *Un cistercien :* religieux de cet ordre. V. **Trappiste.**

CISTRE [sistʀ(ə)]. *n. m.* (*Citre,* 1527; devenu *cistre* par

confus. avec *sistre;* it. *citara.* V. **Cithare**). Instrument de musique à cordes, analogue à la mandoline et qui était en usage aux XVIᵉ et XVIIᵉ s. V. **Luth.** ◊ HOM. *Sistre.*

CISTRON [sistʀɔ̃]. *n. m.* (1957, Benzer; de *cis-,* et *trans-* selon le modèle des mots sc. en *-tron*). Biol. Unité fonctionnelle d'un gène intervenant dans les phénomènes de mutation et de recombinaison des gènes.

CISTUDE [sistyd]. *n. f.* (1846; lat. *cistudo,* de *cistus* « corbeille », et *testudo* « tortue »). Tortue aquatique qui vit surtout dans la vase.

CITADELLE [sitadɛl]. *n. f.* (fin XVᵉ; it. *cittadella* « petite cité »). ♦ 1° Forteresse qui commandait une ville. V. **Fortification, casbah, château** (fort), **oppidum.** *Casemates, enceinte, fossés, remparts, créneaux d'une citadelle. S'enfermer dans la citadelle. Citadelle imprenable, inexpugnable.* ♦ 2° Fig. Centre, bastion. *Rome, citadelle du catholicisme.*

CITADIN, INE [sitadɛ̃, in]. *adj.* et *n.* (XIIIᵉ; it. *cittadino;* de *citta* « cité »). De la ville, qui a rapport à la ville. V. **Urbain.** *Populations, habitudes citadines.* — Subst. Habitant d'une ville. *Un citadin* (V. **Citoyen** (2°). *Citadin en promenade à la campagne.* ◊ ANT. *Campagnard, champêtre, paysan, rustique.*

CITATEUR, TRICE [sitatœʀ, tʀis]. *adj.* et *n.* (1708; de *citer*). Qui cite, fait une citation.

CITATION [sitasjɔ̃]. *n. f.* (1355; lat. *citatio*). ♦ 1° Dr. Sommation de comparaître en justice, en qualité de témoin ou de défenseur. *Citation devant les tribunaux civils. Citation pour contravention. Citation directe.* — Par ext. L'acte qui notifie la citation. *Les témoins doivent présenter leur citation au tribunal.* ♦ 2° Passage cité d'un auteur, d'un personnage célèbre (généralement pour illustrer ou appuyer ce que l'on avance). V. **Exemple, extrait, passage, texte.** *Citation orale, écrite. Donner la référence d'une citation. Citation en tête d'un ouvrage.* V. **Épigraphe.** « *Un dictionnaire sans citation est un squelette* » (VOLT.). ◊ Loc. *Fin de citation,* locution orale signalant la fin d'un texte qu'on rapporte sans l'assumer (Cf. Fermer les guillemets*). ♦ 3° Milit. Mention honorable d'un militaire, d'une unité, qui se sont distingués par quelque action d'éclat. *Citation à l'ordre du jour. Citation à l'ordre du régiment.*

CITÉ [site]. *n. f.* (*Citet,* fin XIᵉ; lat. *civitas, atis*). ♦ 1° Ville importante considérée spécialement sous son aspect de personne morale. V. **Ville.** *Une cité commerçante. La vie dans les grandes cités* (V. **Urbain**). — Spécialt. Se dit parfois de la partie la plus ancienne d'une ville. *L'île de la Cité* (à Paris). *La Cité de Carcassonne. La Cité de Londres.* ♦ 2° Antiq. Fédération autonome de tribus groupées sous des institutions religieuses et politiques communes. *Les rivalités des cités grecques. Les dieux de la cité.* — DROIT DE CITÉ, droit d'accomplir les actes, de jouir des privilèges réservés aux membres de la cité. — Fig. *Avoir droit de cité quelque part,* avoir un titre à y être admis, à y figurer. « *Tout a droit de cité en poésie* » (HUGO). — Fig. et vieilli. *Les lois de la cité :* de l'État, de la République. ♦ 3° (1848, *cité ouvrière*). Groupe isolé d'immeubles ayant même destination. *Cités ouvrières. Cité-jardin,* renfermant des espaces libres. *Cités universitaires.* ◊ *Cité* (ou *ville-*)-*dortoir*. À Québec, *Cité parlementaire.* ◊ ANT. *Campagne.* — HOM. *Citer.*

CITER [site]. *v. tr.* (mil. XIIIᵉ; lat. *citare* « convoquer en justice »). ♦ 1° Sommer à comparaître en justice. V. **Ajourner, appeler** (en justice), **assigner, convoquer, intimer, traduire** (en justice). *Citer un témoin.* ♦ 2° Rapporter un texte à l'appui de ce que l'on avance. V. **Citation.** *Citer un passage d'un auteur.* ♦ 3° Par ext. V. **Alléguer, mentionner, produire, rappeler, rapporter.** *Citer les paroles de qqn. Citer un exemple à l'appui d'un fait.* — Spécialt. *Citer un fait dans un procès-verbal.* V. **Consigner, indiquer.** ♦ 4° Désigner un personnage, une chose digne d'attention. V. **Évoquer, indiquer, invoquer, nommer, signaler.** *Citer qqn en exemple.* V. **Donner** (en exemple). *Citer un beau trait de caractère. Citer qqn pour sa bravoure.* ♦ 5° Milit. Décerner une citation militaire à. *Citer une unité à l'ordre de l'armée.* ◊ HOM. *Cité.*

CITERNE [sitɛʀn(ə)]. (*Cisterne,* XIIᵉ; lat. *cisterna,* rac. *cista* « coffre »). ♦ 1° Réservoir dans lequel on recueille et conserve les eaux de pluie. *Eau de citerne.* ♦ 2° Par anal. Compartiment contenant la cargaison à bord des pétroliers. Cuve fermée contenant un carburant, un liquide quelconque. Par appos. *Bateau*-citerne, wagon-citerne.

CITHARE [sitaʀ]. *n. f.* (1361; *kitaire,* XIIIᵉ; lat. *cithara;* gr. *kithara.* V. **Cistre, guitare**). Antiq. et Mod. Instrument de musique composé d'une sorte de caisse sur laquelle sont tendues des cordes. V. **Lyre.** *La table d'harmonie d'une cithare.*

CITHARISTE [sitaʀist(ə)]. *n.* (*Chitariste,* v. 1223; de *cithare*). Joueur de cithare.

CITOYEN, ENNE [sitwajɛ̃, ɛn]. *n.* (XVᵉ; °*concitoyen* »; *citeien,* XIIᵉ; adj., en a. fr.; de *cité*). ♦ 1° Vx ou plaisant. Habitant d'une ville. « *Un citoyen du Mans, chapon de son* *métier* » (LA FONT.). ♦ 2° (Fin XVIIᵉ). *Antiq.* Celui qui appartient à une cité (2°), est habilité à jouir, sur son territoire, du droit de cité. « *On reconnaissait le citoyen à ce qu'il avait part au culte de la cité* » (FUSTEL de COUL.). ♦ 3° (XVIIIᵉ). *Mod.* Individu considéré comme personne civique, particulièrement National d'un pays qui vit en république. *Un citoyen français et un sujet britannique. Jean-Jacques Rousseau, le citoyen de Genève. La Déclaration des droits de l'homme et du citoyen. Accomplir son devoir de citoyen :* voter. *Aux armes, citoyens!* refrain de la Marseillaise. *Citoyen d'honneur d'une ville.* ◇ (Révol. fr.) *Citoyen, Citoyenne,* appellation qui remplaça Monsieur, Madame, Mademoiselle. *La citoyenne Tallien.* — Adj. *Un roi citoyen :* démocrate. ♦ 4° (XVIIᵉ; de 1°). *Citoyen du monde,* qui met l'intérêt de l'humanité au-dessus du nationalisme. ♦ 5° Fam. (Péj.). *Un drôle de citoyen :* un individu bizarre, déconcertant. V. **Individu, type.** ⊗ ANT. *Barbare, étranger. Sujet.*

CITOYENNETÉ [sitwajɛ̃te]. *n. f.* (1783, de *citoyen,* 3°). Qualité de citoyen. *La citoyenneté française.*

CITRATE [sitʀat]. *n. m.* (1782; du lat. *citrus,* et *-ate*). *Chim.* Sel de l'acide citrique. *Citrate de sodium.*

CITRIN, INE [sitʀɛ̃, in]. *adj.* (XIIᵉ; du lat. *citrus*). *Littér.* De la couleur du citron. V. **Citron** (1°).

CITRINE [sitʀin]. *n. f.* (1832; lat. *citrus*). *Biochim.* Substance à propriétés vitaminiques (vitamine C), isolée du citron.

CITRIQUE [sitʀik]. *adj.* (1782; du lat. *citrus*). *Acide citrique :* triacide-alcool que l'on peut extraire du jus de citron.

CITRON [sitʀɔ̃]. *n. m.* (1398; lat. *citrus* « citronnier », de *citrium* « citron »). ♦ 1° Fruit du citronnier, de couleur jaune clair et de saveur acide. V. **Agrume, citrus, limon.** *Écorce, zeste de citron. Rondelle, rouelle, tranche de citron. Jus de citron. Citron pressé. Boissons au citron, au jus de citron.* V. **Citronnade, limonade.** *Grog, thé au citron. Liqueur à base de citron.* V. **Citronnelle.** *Essences aromatiques du citron* (utilisées en parfumerie, dans la fabrication de l'eau de Cologne, de cosmétiques, de savons). — Loc. fig. *Être jaune comme un citron :* avoir le teint très jaune. — *Presser qqn comme un citron.* V. **Pressurer.** ♦ 2° *Pop.* V. **Tête.** ♦ 3° Adj. invar. Qui est de la couleur du citron. *Couleur jaune citron. Étoffes citron.*

CITRONNADE [sitʀɔnad]. *n. f.* (1853; « mélisse », 1845; de *citron*). Boisson rafraîchissante et sucrée, parfumée au citron.

CITRONNÉ, ÉE [sitʀɔne]. *adj.* (1680; de *citron*). Qui sent le citron. — Où l'on a mis du jus de citron. *Tisane citronnée.*

CITRONNELLE [sitʀɔnɛl]. *n. f.* (v. 1601; de *citron*). ♦ 1° Nom de diverses plantes qui contiennent une huile essentielle à odeur citronnée (armoise citronnée, mélisse, verveine odorante). ♦ 2° Liqueur préparée avec des zestes de citron.

CITRONNIER [sitʀɔnje]. *n. m.* (1486; de *citron*). Arbre du genre citrus *(citrus limonium),* qui produit le citron. *Bois de citronnier.*

CITROUILLE [sitʀuj]. *n. f.* (1536; *citrole,* 1256; lat. *citrium* « citron », par anal. de couleur). ♦ 1° Espèce de courge arrondie et volumineuse d'un jaune orangé *(cucurbita pepo). Soupe à la citrouille.* ♦ 2° *Pop.* V. **Tête.**

CITRUS [sitʀys]. *n. m. pl.* (1869; mot. lat.). Arbres qui produisent les fruits appelés agrumes*.

CIVE [siv] ou **CIVETTE** [sivɛt]. *n. f.* (v. 1268,-1549; lat. *cæpa* « oignon ». V. **Ciboule**). Autre nom de la ciboule, de la ciboulette. ⊗ HOM. *Civette* (1).

CIVELLE [sivɛl]. *n. f.* (1753; du rad. du lat. *caecus* « aveugle »). Jeune anguille.

CIVET [sivɛ]. *n. m.* (1636; *civé,* XIIᵉ; « ragoût aux *cives* »). Ragoût (de lièvre, lapin, gibier) cuit avec du vin, des oignons. *Lapin en civet. Civet de chevreuil, de marcassin.*

1. CIVETTE [sivɛt]. *n. f.* (1467; it. *zibetto,* arabe *zobâd*). ♦ 1° Mammifère carnivore *(Viverridés)* au pelage gris jaunâtre taché de noir. V. **Genette.** *La civette ressemble à la martre; elle possède une poche sécrétant une matière odorante.* ♦ 2° *Par ext.* La matière onctueuse et odorante que sécrète la civette; le parfum que l'on en extrait. ♦ 3° Fourrure de civette.

2. CIVETTE. V. **Cive.**

CIVIÈRE [sivjɛʀ]. *n. f.* (XIIIᵉ; lat. pop. °*cibaria :* lat. *cibus*). ♦ 1° Dispositif muni de bras (V. **Brancard**), destiné à être porté par des hommes et à transporter des fardeaux. V. **Bard, brancard.** *Charger des pierres, du fumier sur une civière. Civière à mortier.* ♦ 2° Ce dispositif, pour transporter les malades, les blessés. V. **Litière.** *Porteur de civière.* V. **Brancardier.**

CIVIL, ILE [sivil]. *adj.* (1290; lat. *civilis,* de *civis.* V. **Citoyen**).
I. ♦ 1° (XIVᵉ). Relatif à l'ensemble des citoyens. *La vie, la société civile. Guerre civile,* entre les citoyens d'un même État (Cf. Guerre intestine). V. **Révolution.** — Vieilli. *Les lois, les vertus civiles :* propres à la vie en société organisée.

V. **Civique.** — Spécialt. *Droits civils,* que la loi civile garantit à tous les citoyens. *Privation des droits civils. Les droits civils et les droits politiques.* — Le *Droit civil, branche du droit privé.* V. **Droit.** — *État* civil. — *Liste* civile. — *Année civile, jour civil,* adoptés pour les actes de la vie civile *(opposé à* astronomique). V. **Année, jour.** ♦ 2° (1290). Relatif aux rapports entre les individus *(opposé à* criminel). *Code civil. Procédure civile. Tribunal civil (opposé à* correctionnel). — Spécialt. (En matière criminelle) *Se constituer, se porter partie civile :* demander des dommages-intérêts pour un préjudice, en dehors de la peine entraînée par le délit. — Subst. *Poursuivre qqn au civil :* devant le tribunal civil. ♦ 3° (1718). Qui n'est pas militaire. *Les autorités civiles.* « *La vie civile n'est pas clémente pour les anciens légionnaires* » (MAC ORLAN). — Subst. *Les militaires et les civils.* V. **Bourgeois, pékin.** *S'habiller en civil. Dans le civil,* dans la vie civile. ♦ 4° Qui n'est pas religieux. *Mariage civil. Enterrement civil.* — (ANT. *Naturel, sauvage. Criminel, commercial. Militaire. Religieux).*
II. (1549). *Vieilli.* Qui observe les usages de la bonne société. V. **Affable, aimable, courtois, empressé, honnête, poli; civilité.** *Il n'a pas été civil à mon égard.* — Dr. *Requête civile :* accompagnée de formes spéciales. — (ANT. *Brutal, grossier, discourtois, impoli, incivil, malhonnête, rustre*).

CIVILEMENT [sivilmã]. *adv.* (XVIᵉ; de *civil*).
I. ♦ 1° *Dr.* En matière civile. *Être civilement responsable. Juger civilement.* ♦ 2° *(Opposé à* religieusement). *Se marier civilement :* à la mairie.
II. *Littér.* Avec civilité, d'une manière civile. V. **Gracieusement, honnêtement, poliment.** *Traiter qqn civilement. Agir, parler civilement.* — (ANT. *Incivilement, impoliment).*

CIVILISABLE [sivilizabl(ə)]. *adj.* (fin XVIIIᵉ; de *civiliser*). Qui peut être civilisé. *Des peuplades difficilement civilisables.*

CIVILISATEUR, TRICE [sivilizatœʀ, tʀis]. *adj. et n.* (1829; de *civiliser*). Qui répand la civilisation. *Religion, philosophie civilisatrice.* « *L'art émeut. De là sa puissance civilisatrice* » (HUGO).

CIVILISATION [sivilizasjɔ̃]. *n. f.* (1756 MIRABEAU; 1732 « acte de justice »; de *civiliser*). ♦ 1° Le fait de se civiliser. V. **Avancement, évolution, progrès.** *La civilisation progressive des peuplades d'Océanie.* ♦ 2° (1828). *La civilisation :* ensemble des caractères communs aux vastes sociétés les plus évoluées; ensemble des acquisitions des sociétés humaines *(opposé à* nature, barbarie). « *Tout ce que l'homme a ajouté à l'Homme, c'est ce que nous appelons en bloc la civilisation* » (J. ROSTAND). V. **Culture, progrès.** *Les bienfaits de la civilisation.* ♦ 3° *Une (des) civilisation(s).* Ensemble de phénomènes sociaux (religieux, moraux, esthétiques, scientifiques, techniques) communs à une grande société ou à un groupe de sociétés. *Civilisation chinoise, égyptienne, grecque. Les civilisations précolombiennes d'Amérique. Civilisation occidentale.* « *Nous autres, civilisations, nous savons maintenant que nous sommes mortelles* » (VALÉRY). — *Aire de civilisation :* surface sur laquelle s'étend l'influence d'une civilisation. ⊗ ANT. *Barbarie, sauvagerie; nature.*

CIVILISÉ, ÉE [sivilize]. *adj. et n.* (XVIIᵉ; V. **Civiliser**). Doté d'une civilisation suffisamment riche. *Les nations civilisées. La vie civilisée. Un homme civilisé.* V. **Cultivé, poli, policé.** N. *Les civilisés.* ⊗ ANT. *Barbare, brut, inculte.*

CIVILISER [sivilize]. *v. tr.* (1568; de *civil,* II.). ♦ 1° Faire passer une collectivité à un état social plus évolué (dans l'ordre moral, intellectuel, artistique, technique) ou considéré comme tel. V. **Civilisation; affiner, développer, éduquer, policer.** *Les Grecs ont civilisé l'Occident.* « *L'art civilise par sa puissance propre* » (HUGO). ♦ 2° *Fam.* Rendre plus poli, plus affable. V. **Apprivoiser, polir.** *Il faut civiliser ce butor.* Pronom. *Il se civilise à votre contact.* ⊗ ANT. *Abrutir.*

CIVILISTE [sivilist(ə)]. *n.* (fin XIXᵉ; de *civil*). Spécialiste du droit civil.

CIVILITÉ [sivilite]. *n. f.* (1361; lat. *civilitas*). ♦ 1° *Vieilli.* Observation des convenances, des bonnes manières en usage dans un groupe social. V. **Courtoisie, politesse; affabilité, amabilité, sociabilité.** *Formule de civilité. Les règles de la civilité.* ♦ 2° *Au plur.* Démonstration de civilité, de politesse. *Présenter ses civilités, ses compliments, ses devoirs, ses hommages, ses salutations. Agréez mes civilités.* ⊗ ANT. *Grossièreté, impolitesse, incivilité, insolence. Injure.*

CIVIQUE [sivik]. *adj.* (*Couronne civique* des Romains, 1504; lat. *civicus*). *Mod.* (XVIIIᵉ). Relatif au citoyen. *Droits civiques. Courage, vertu civique.* V. **Patriotique.** *Instruction civique :* instruction sur les devoirs du citoyen. — *Sens civique,* sens de ses responsabilités et de ses devoirs de citoyen. ⊗ ANT. *Antipatriotique, incivique.*

CIVISME [sivism(ə)]. *n. m.* (1770; de *civique*). ♦ 1° *Vx.* Dévouement du citoyen pour sa patrie. V. **Patriotisme.** ♦ 2° *Mod.* Sens civique. ⊗ ANT. *Incivisme.*

CL Symbole chimique du *chlore*.

CLABAUD [klabo]. *n. m.* (fin XVᵉ; rad. onomat. de *clapper*). Chien courant à oreilles pendantes qui aboie fortement. ⊗ HOM. *Clabot.*

CLABAUDAGE [klabodaʒ]. *n. m.* (1560; de *clabauder*). Aboiements forts et répétés. — *Fig.* V. **Clabauderie.**

CLABAUDER [klabode]. *v. intr.* (1564; de *clabaud*). ♦ 1° Aboyer fort et souvent. ♦ 2° *Fig.* Crier sans motif; protester sans sujet. V. **Aboyer, criailler.** *Clabauder sur, contre qqn.* V. **Cancaner, dénigrer, médire.** ⊗ ANT. *Taire (se); louer.*

CLABAUDERIE [klabodʀi]. *n. f.* (1611; de *clabauder*). Clameurs, criailleries, médisances de ceux qui clabaudent. « *Ce festin de clabauderie* » (DUHAM.).

CLABAUDEUR, EUSE [klabodœʀ, øz]. *n.* (1554; de *clabauder*). Personne qui clabaude (2°).

CLABOT [klabo] ou **CRABOT** [kʀabo]. *n. m.* (*Crabot*, 1929; du rad. germ. °*krappa* « crampon, crochet »). Dent d'un embrayage à griffes; accouplement de deux pièces mécaniques (arbres, etc.) par saillies et rainures. ⊗ HOM. *Clabaud.*

CLABOTAGE [klabɔtaʒ] ou **CRABOTAGE** [kʀabɔtaʒ]. *n. m.* (1929; autre sens, XIXᵉ; de *clabot*). Le fait d'assembler par un clabot (*claboter*). Assemblage par clabot.

CLAC! [klak]. (*onomat.*). Interjection imitant un bruit sec, un claquement. V. **Clic. Clic-clac.** ⊗ HOM. *Claque.*

CLADE [klad]. *n. m.* (v. 1960; gr. *klados* « rameau »). *Sc. nat.* Groupement de plusieurs embranchements de plantes ou d'animaux ayant une même organisation et une évolution phylétique commune (identifié parfois au *phylum**).

CLADO-. Élément, du gr. *klados* « rameau ».

CLAFOUTIS [klafuti]. *n. m.* (répandu XIXᵉ (1869); mot du Centre; de *clafir* « remplir, fourrer » ; lat. *clavo figere*). Gâteau cuit au four, à base de lait, d'œufs et de fruits. *Clafoutis aux cerises.*

CLAIE [klɛ]. *n. f.* (*Cloie*, fin XIIᵉ ; bas lat. °*cleta*, mot gaul.). ♦ 1° Treillis d'osier à claire-voie. V. **Clayon, clisse, crible.** ♦ 2° Treillage en bois ou en fer. *Cribler, passer de la terre, du sable, sur une claie.* V. **Sas, tamis.** *Claie métallique.* V. **Grille, treillage.** *Claie de parc à bestiaux, de pâturage.* V. **Clôture.**

CLAIR, AIRE [klɛʀ]. *adj. et n.* (XIVᵉ ; *clar*, Xᵉ ; *cler*, XIIᵉ ; lat. *clarus*).
I. *Adj.* Ⓐ *Concret.* ♦ 1° Qui a l'éclat du jour. V. **Éclatant, lumineux.** *Un feu clair. Le clair soleil* (littér.). — *Par ext.* (1690) Qui reçoit beaucoup de lumière. *Une église claire. Cette chambre est bien claire.* — Opt. *Chambre claire.* — Spécialt. *Temps clair* : sans nuage. V. **Lumineux, serein.** *Espace clair.* V. **Éclaircie.** *Il fait clair.* ♦ 2° (1690). Qui n'est pas foncé, est faiblement coloré. *Couleur, étoffe claire. Cheveux châtain clair; vert, rouge clair.* — *Teint clair* : frais (*opposé à* brouillé. V. **Pur**), pâle et rose (*opposé à* mat, chaud). ♦ 3° (XIIᵉ). Peu serré. *Un tissu clair* : qui laisse passer le jour, à tissage lâche. V. **Lâche.** *Un bois clair*, peu touffu. *Une chevelure claire* : peu fournie, clairsemée, rare. *Les blés sont clairs.* — Peu dense, peu épais. *Un bouillon clair. Clair brouet. Une purée, une sauce trop claire* : d'une consistance trop légère. ♦ 4° Pur et transparent. « *Le long d'un clair ruisseau buvait une colombe* » (LA FONT.). *De l'eau claire. Vitres claires.* V. **Brillant, net.** ♦ 5° (XIIᵉ). *Sons.* Qui est net et pur. V. **Aigu, argentin.** *Son, timbre clair. Note claire du clairon. Caisse claire* : tambour à son clair. *D'une voix claire.*
Ⓑ *Abstrait.* ♦ 1° (XIVᵉ). Aisé, facile à comprendre. V. **Explicite, intelligible, lumineux, net.** *Des idées claires et précises. Cet auteur n'est pas clair.* « *Ce qui n'est pas clair n'est pas français* » (RIVAROL). Loc. *C'est clair comme le jour, comme de l'eau de roche.* ♦ 2° (Fin XIIIᵉ ; dr.). Manifeste, sans équivoque. V. **Apparent, certain, évident, net, sûr.** *La chose est claire. C'est clair* : cela tombe sous le sens. *Il est clair que vous vous trompez. Conséquence, raison très claire. Cette affaire n'est pas claire* : elle est suspecte. ♦ 3° (1694). *Avoir l'esprit clair* : avoir de la clairvoyance, du jugement. V. **Lucide, pénétrant, perspicace, sûr.** *Une intelligence claire et vive.*
II. (1553). *N. m.* ♦ 1° Vx. Clarté, jour. — Mod. *Un beau clair de lune. Il y a clair de lune.* « *Au clair de la lune* » (chanson pop.). — *Clair de terre*, clarté que la terre renvoie dans l'espace (visible, par ex., de la Lune). ◇ *Mettre sabre au clair* : hors du fourreau. ♦ 2° *Peint.* Partie éclairée d'un tableau. « *L'opposition des clairs et des noirs* » (TAINE). — *Les clairs d'une tapisserie* : les laines, les soies d'une couleur claire. ♦ 3° Partie peu serrée, qui laisse passer le jour. *Les clairs d'une étoffe, d'un bas* : les endroits où les fils à demi usés laissent passer le jour sans qu'il y ait de trou. *Raccommoder les clairs d'un bas.* ♦ 4° Loc. *Tirer au clair* : clarifier, filtrer (un liquide). — *Fig. Tirer une affaire au clair.* V. **Éclaircir, élucider.** Loc. *Être au clair* : être éclairé, avoir une idée claire. « *Je suis loin d'être au clair sur tout cela* » (GIROUD). ♦ 5° *Dépêche en clair* : dépêche en langage ordinaire par opposition au langage chiffré (V. **Chiffre**). ♦ 6° *Le plus clair* : la plus grande partie. *Passer le plus clair de son temps à.* « *Cette crainte faisait le plus clair de leur amour* » (DAUD.).
III. *Adv.* ♦ 1° (XIIIᵉ). D'une manière claire. *Voir clair* : distinguer par la vision. *Fig.* **Comprendre.**

Essayons d'y voir clair. Je commence à voir clair dans cette affaire. ♦ 2° (XIᵉ). *Parler clair* : avec une voix nette, sonore. *Fig.* Parler sans réticence, sans ménagement, sans détour. V. **Franchement, nettement.** *Parler haut et clair.*
⊗ ANT. *Brumeux, couvert, foncé, opaque, sombre; grave, rude; compact, dense, épais, trouble; confus, difficile, obscur; douteux, louche, ténébreux.* — HOM. *Claire, clerc.*

CLAIRANCE [klɛʀɑ̃s]. *n. f.* (1973; adapt., d'apr. *clair*, de l'angl. *clearance*). *Biol.* : Coefficient d'épuration, correspondant à l'aptitude d'un tissu, d'un organe, à éliminer une substance d'un fluide organique (recomm. offic.).

CLAIRE [klɛʀ]. *n. f.* (1708; de *clair*). ♦ 1° Bassin d'eau de mer où l'on fait verdir les huîtres. *Huîtres, fines de claire.* ♦ 2° *Par ext.* Huître de claire. *Manger des claires.* ⊗ HOM. *Clair, clerc.*

CLAIREMENT [klɛʀmɑ̃]. *adv.* (*Clerement*, XIIᵉ ; de *clair*). ♦ 1° D'une manière claire. V. **Distinctement, nettement.** *Distinguer clairement les virages de la route.* ♦ 2° *Fig.* D'une manière claire à l'esprit. V. **Explicitement, intelligiblement, nettement, simplement.** *Expliquer clairement une histoire. Envisager clairement une situation. Clairement et simplement.* « *Il me les avait racontés naïvement, clairement* » (SAND). ⊗ ANT. *Confusément, obscurément.*

CLAIRET, ETTE [klɛʀɛ, ɛt]. *adj. et n. m.* (*Claret*, XIIᵉ ; de *clair*). *Du vin clairet, du clairet* : vin rouge léger, peu coloré. — *Fig.* Une soupe clairette.

CLAIRETTE [klɛʀɛt]. *n. f.* (1846; *clarette*, 1829; de *clairet*). Cépage blanc du Midi, vin mousseux qu'il produit. *Clairette de Limoux, de Die.* V. **Blanquette.**

CLAIRE-VOIE [klɛʀvwa]. *n. f.* (*Clere voye*, 1344; de *clair*, et *voie*). ♦ 1° Clôture à jour. V. **Barrière, claie, grillage, treillage, treillis.** *Regarder par une claire-voie. Des claires-voies.* — *Par anal.* Rangée de fenêtres en haut de la nef. ♦ 2° Loc. À CLAIRE-VOIE : qui présente des vides, des jours. *Volet à claire-voie.* V. **Persienne.** *Caisse à claire-voie.* V. **Cageot, claie.** ⊗ ANT. *Fermé, plein.*

CLAIRIÈRE [klɛʀjɛʀ]. *n. f.* (*Clarière*, 1660; de *clair*). Endroit dégarni d'arbres dans un bois, une forêt. V. **Clair, échappée, trouée.** « *La maison forestière était dans une petite clairière* » (ROMAINS).

CLAIR-OBSCUR [klɛʀɔpskyʀ]. *n. m.* (1668; it. *chiaroscuro* (en fr., 1596). ♦ 1° *Peint.* Distribution des lumières et des ombres. *Des clairs-obscurs.* — *Spécialt.* Ensemble de lumières et d'ombres douces fondues. « *Cet effet magique (que les peintres) appellent clair-obscur* » (GAUTIER). ♦ 2° Lumière douce, tamisée. V. **Pénombre.** « *Dans le frais clair-obscur du soir charmant qui tombe* » (HUGO). — *Métaph.* V. **Ambiguïté, doute, incertitude.** ⊗ ANT. *Clarté, netteté.*

CLAIRON [klɛʀɔ̃]. *n. m.* (*Cleron*, XIIIᵉ ; de *clair*). ♦ 1° Instrument à vent (cuivre) à son clair, sans pistons ni clés. V. **Trompette** (de cavalerie). *Sonner, jouer du clairon.* « *Limpide et précise, une sonnerie de clairon* » (DUHAM.). ♦ 2° Celui qui sonne du clairon. *Les clairons du régiment, de la clique.* ♦ 3° Jeu d'orgue à l'octave de la trompette.

CLAIRONNANT, ANTE [klɛʀɔnɑ̃, ɑ̃t]. *adj.* (XXᵉ ; de *claironner*). *Voix claironnante* : forte et aiguë.

CLAIRONNER [klɛʀɔne]. *v.* (1559; de *clairon*). ♦ 1° *V. intr.* Jouer du clairon. V. **Sonner.** ♦ 2° *V. tr. Fig.* Annoncer avec éclat, affectation. *Claironner son succès, sa victoire.* V. **Publier.** « *Je courais de l'avant, claironnant mes découvertes* » (GIDE).

CLAIRSEMÉ, ÉE [klɛʀsəme]. *adj.* (1175; de *clair*, et *semé*). ♦ 1° Qui est peu serré, répandu de distance en distance. V. **Éparpillé, épars, espacé.** *Les arbres clairsemés d'une clairière. Une tête aux cheveux clairsemés* (V. **Chauve**). ♦ 2° *Fig.* Peu dense. *Population clairsemée.* ⊗ ANT. *Compact, dense, pressé, serré.*

CLAIRVOYANCE [klɛʀvwajɑ̃s]. *n. f.* (1580; de *clairvoyant*). Vue exacte, claire et lucide des choses. V. **Acuité, discernement, finesse, flair, lucidité, perspicacité.** *Rien n'échappe à sa clairvoyance.* ⊗ ANT. *Aveuglement.*

CLAIRVOYANT, ANTE [klɛʀvwajɑ̃, ɑ̃t]. *adj.* (*Clerveant*, 1265; de *clair*, et *voyant*). ♦ 1° Qui a de la clairvoyance. *Esprit clairvoyant.* V. **Fin, intelligent, lucide, pénétrant, perspicace, sagace.** *D'un œil clairvoyant.* ♦ 2° Qui voit clair (*opposé à* aveugle). V. **Voyant.** ⊗ ANT. *Aveugle.*

CLAM [klam]. *n. m.* (1803; mot anglo-amér.; de *to clam* « serrer » ; rad. germ. *klam-*). Nom courant d'un mollusque marin, coquillage comestible (*Venus mercenaria*).

CLAMER [kla(ɑ)me]. *v. tr.* (XIIᵉ ; lat. *clamare* « crier »). Manifester en termes violents, par des cris. V. **Crier, hurler.** *Clamer son indignation, son mécontentement, sa douleur. Clamer son innocence.* V. **Proclamer, publier.** ⊗ ANT. *Taire.*

CLAMEUR [kla(ɑ)mœʀ]. *n. f.* (fin XIᵉ ; lat. *clamor, oris* « cri »). Ensemble de cris confus, tumultueux. V. **Bruit, tumulte, vacarme.** *Une immense clameur.* « *Une clameur fervente, mêlée de battements de mains* » (DUHAM.). V. **Acclamation.** ⊗ ANT. *Silence.*

CLAMP [klɑ̃]. *n. m.* (1856; 1643, « pièce de bois » ; néerl.

klamp; angl. *clamp,* même o.). *Chir.* Pince à deux branches à comprimer un conduit (*spécialt.* vaisseau), une cavité ou des tissus qui saignent (*clamper,* v. tr.). ◊ HOM. *Clan.*

CLAMSER, CLAMECER, CLAMPSER [klamse, klãpse]. *v. intr.*(1876; de l'all. *Klaps* « claque »). *Pop.* Mourir. « *Juste à présent qu'on arrête le vaccin, elle clampse* » (CARCO).

CLAN [klã]. *n. m.* (1750; angl. *clan,* gaélique *clann* « famille »). ♦ 1° Tribu écossaise ou irlandaise, formée d'un certain nombre de familles. *Le tartan d'un clan.* ♦ 2° *Sociol.* Division ethnique de la tribu. *Unité religieuse du clan.* V. **Totem.** *Mariage entre membres de clans différents* (Exogamie). *Chef de clan.* — *Par ext. Clan des scouts, routiers.* ♦ 3° *Fig.* Petit groupe fermé de personnes qui ont des idées, des goûts communs. V. **Association, caste, classe, coterie, parti.** *Former un clan. Esprit de clan.* ◊ HOM. *Clamp.*

CLANDÉ [klãde]. *n. m.* (1948; dimin. *de clandestin*). *Arg.* Maison de prostitution clandestine. V. **Bordel.**

CLANDESTIN, INE [klãdεstε̃, in]. *adj.* et *n.* (v. 1355; lat. *clandestinus,* de *clam* « en secret »). Qui se fait en cachette et qui a généralement un caractère illicite. V. **Secret, subreptice.** *Journal, écrit clandestin. Commerce, trafic, marché clandestin.* V. **Noir** (marché noir), **prohibé; contrebande.** « *Elle n'avait pas la pratique des rendez-vous clandestins* » (ROMAINS). — *Passager clandestin.* N. *Un clandestin.* ◊ ANT. *Autorisé, légal, licite, public.*

CLANDESTINEMENT [klãdεstinmã]. *adv.* (1403; de *clandestin*). D'une manière clandestine. V. **Cachette** (en), **manteau** (sous le), **secrètement, subrepticement.** *Se marier clandestinement. Déménager clandestinement* (Cf. *Sans tambour ni trompette;* à la cloche de bois).

CLANDESTINITÉ [klãdεstinite]. *n. f.* (fin XVIe; de *clandestin*). Caractère de ce qui est clandestin. *Les résistants de 1943 vivaient dans la clandestinité.*

CLANIQUE [klanik]. *adj.* (1939; de *clan*). *Sociol.* Du clan (2°). « *Le nom clanique* » (CAILLOIS).

CLAPET [klapε]. *n. m.* (1517; de *clapper*). Soupape en forme de couvercle à charnière. V. **Obturateur, valve.** *Clapet d'aspiration, de refoulement d'une pompe.* — *Fig.* et *pop.* Bouche (qui parle). *Ferme ton clapet :* tais-toi. *Quel clapet!*

CLAPIER [klapje]. *n. m.* (1210; prov. *clapier* « pierreux, cailouteux »; du rad. °*clapp-,* de °*cal-.* V. **Caillou**). ♦ 1° Ensemble des terriers d'une garenne. — *Par ext.* Cabane à lapins. *Litière d'un clapier. Lapin de clapier.* ♦ 2° *Fig.* et *fam.* Petit logement malpropre. ♦ 3° *Alpin.* Amoncellement de roches (en montagne).

1. **CLAPIR** [klapiʀ]. *v. intr.* (1701; var. de *glapir*). *Rare.* Crier, en parlant du lapin. V. **Glapir.**

2. **CLAPIR (SE)** [klapiʀ]. *v. pron.* (1727; du rad. de *clapier*). *Rare.* Se cacher dans un trou, en parlant d'un lapin.

CLAPOTAGE [klapɔtaʒ] ou **CLAPOTEMENT** [klapɔtmã]. *n. m.* (déb. XVIIIe, -1833; de *clapoter*). Le fait de clapoter; le bruit du liquide qui clapote. Par ext. « *Le clapotement des semelles sur la glaise* » (ROMAINS).

CLAPOTER [klapɔte]. *v. intr.* (*Clapeter,* 1611; de *clapper*). En parlant d'une surface liquide, Être agité de petites vagues qui font un bruit caractéristique en s'entrechoquant (V. **Clapotis**). Par ext. « *Il entendait sous ses pas clapoter la vase* » (MAURIAC).

CLAPOTIS [klapɔti]. *n. m.* (1792; de *clapoter*). Bruit et mouvement de l'eau qui clapote. *Le clapotis des vagues, de la marée.*

CLAPPEMENT [klapmã]. *n. m.* (déb. XIXe; de *clapper*). Le fait de clapper (de la langue).

CLAPPER [klape]. *v. intr.* (*Claper,* XVIe; rad. onomat. *clapp-).* Produire un bruit sec avec la langue en la détachant brusquement du palais. « *Blazius, clappant de la langue, proclama le vin bon* » (GAUTIER).

CLAQUAGE [klakaʒ]. *n. m.* (1901; de *claquer*). ♦ 1° *Méd.* Distension d'un ligament. *Le coureur, victime d'un claquage, a dû abandonner.* ♦ 2° *Électr.* Destruction d'un matériau sous l'effet d'un champ électrique ou par la chaleur. *Claquage d'un condensateur. Claquage thermique.*

CLAQUANT, ANTE [klakã, ãt]. *adj.* (XXe; de *claquer*). *Pop.* Qui fatigue, éreinte. V. **Crevant.**

1. **CLAQUE** [klak]. *n. f.* (1306; de *claquer*). ♦ 1° Coup donné avec le plat de la main. *Donner, recevoir une claque sur la joue.* V. **Gifle, soufflet.** — *Fam. Figure, tête à claques,* visage déplaisant, agaçant. ♦ 2° (1836). *La claque :* les personnes payées pour applaudir le spectacle (*les claqueurs,* n. m.). ♦ 3° (1904). *Pop. En avoir sa claque,* en avoir par-dessus la tête, assez. ♦ 4° *Techn.* Partie de la chaussure qui entoure le pied. V. **Empeigne.**

2. **CLAQUE** [klak]. *adj.* et *n. m.* (1823; du précéd.). *Ancien. Chapeau claque, un claque :* chapeau cylindrique (haut de forme) qui s'aplatit et qu'on peut mettre sous le bras. ◊ HOM. *Clac, claque* (1).

3. **CLAQUE** [klak]. *n. m.* (1889; o. i.). *Pop.* et *vulg.* Maison de tolérance. V. **Bordel.**

CLAQUEMENT [klakmã]. *n. m.* (XVIe; de *claquer*). Le fait de claquer; choc, bruit qui en résulte. V. **Coup.** *Claque-*

ment de doigts. Le claquement d'un fouet, d'une portière de voiture.

CLAQUEMURER [klakmyʀe]. *v. tr.* (1644; de « réduire à *claque mur* » : serrer jusqu'à faire claquer le mur). Enfermer à l'étroit. — *V. pron.* SE CLAQUEMURER : se tenir enfermé chez soi. ◊ ANT. *Élargir, sortir.*

CLAQUER [klake]. *v.* (1508; onomat. V. **Clac**). ♦ 1° *V. intr.* Produire un bruit sec et sonore. *Faire claquer ses doigts, sa langue. Claquer des dents* (de froid, de peur). V. **Grelotter, trembler.** « *Il claque de peur? Je veux dire : il claque des dents, de peur du roi* » (GIDE). *Un drapeau qui claque au vent. Une porte, un volet qui claque.* V. **Battre.** *Faire claquer la porte :* en signe de mécontentement. ♦ 2° *Éclater. Fig.* et *pop. L'affaire lui a claqué dans les doigts.* V. **Péter.** — *Fam.* (1842) Mourir. « *Les pauvres bougres allaient claquer dans leur cave* » (MART. du G.). V. **Crever.** ♦ 3° (1648). *V. tr.* Donner une claque à (qqn). V. **Gifler.** ◊ *Faire claquer. Il a claqué la porte.* ◊ (1869, arg.) *Pop.* V. **Dépenser, gaspiller.** *Claquer un héritage. Claquer un billet de mille francs.* ◊ (XXe) *Fam.* V. **Éreinter, fatiguer.** *Claquer un cheval.* Pronom. *Il se claque pour préparer son examen.* — *Se claquer un muscle.* V. **Déchirer** (se), **froisser** (se); **claquage.**

CLAQUET [klakε]. *n. m.* (XVe; de *claquer*). Petite latte placée sur la trémie d'un moulin, et qui claque continuellement.

CLAQUETER [klakte]. *v. intr.;* conjug. *jeter* (1530; dimin. de *claquer*). Crier, en parlant de la cigogne (*craqueter*), de la poule qui va pondre (*caqueter*).

CLAQUETTE [klakεt]. *n. f.* (1549; de *claquer*). ♦ 1° Petit instrument formé de deux planchettes réunies par une charnière, et servant à donner un signal. — (av. 1946) *Claquette portant le numéro du plan tourné (au cinéma).* V. **Claquoir.** ♦ 2° *Spécialt. Danseur à claquettes,* dont les semelles portent des lames de métal qui permettent de marquer le rythme. — *Par ext.* Ce type de danse. *Pratiquer les claquettes.*

CLAQUOIR [klakwaʀ]. *n. m.* (1931, de *claquer*). *Techn.* (*Cinéma*). Claquette* (1°).

CLARIFICATION [klaʀifikasjɔ̃]. *n. f.* (v. 1400, fig.; de *clarifier*). ♦ 1° (XVIIe). Action de clarifier un liquide. V. **Épuration, purification.** *Clarification par ébullition, par filtration, par décantation.* ♦ 2° *Fig.* V. **Éclaircissement.**

CLARIFIER [klaʀifje]. *v. tr.* (XIIe; « glorifier »; lat. ecclés. *clarificare* « glorifier », du lat. *clarus* « illustre ». V. **Clair**). ♦ 1° (XVIe). Rendre plus clair un liquide épais. ♦ 2° Rendre plus pur, éliminer les substances étrangères. V. **Décanter, épurer, filtrer, purifier.** *Clarifier du sucre.* ♦ 3° *Fig.* Rendre plus clair. V. **Éclaircir, élucider.** « *Il louait la littérature française de clarifier, de* « *filtrer* » *les idées* » (MAUROIS). ◊ ANT. *Embrouiller, épaissir, troubler.*

CLARINE [klaʀin]. *n. f.* (XVIe; de *clair*). Clochette du bétail. « *On entend leurs clarines tinter au loin* » (BOSCO).

CLARINETTE [klaʀinεt]. *n. f.* (1753; de *clarin* « hautbois », mot prov.). Instrument de musique à anche ajustée sur un bec, et dont le tuyau est terminé par un pavillon peu ouvert. *Les clefs d'une clarinette. Concerto pour clarinette et orchestre.*

CLARINETTISTE [klaʀinetist(ə)]. *n.* (1836; de *clarinette*). Personne qui joue de la clarinette.

CLARISSE [klaʀis]. *n. f.* (Du nom de sainte *Claire,* fondatrice de cet ordre, au XIIIe). Religieuse de l'ordre de Sainte-Claire. *Couvent de clarisses.*

CLARTÉ [klaʀte]. *n. f.* (*Clarté,* Xe; lat. *claritas,* de *clarus* « clair »). Ⓐ *Concret.* ♦ 1° Lumière (souvent caractérisée d'une manière affective). *Faible clarté.* V. **Lueur, nitescence.** *Clarté de l'aurore, du crépuscule.* V. **Demi-jour.** « *Une clarté très douce, baignant les objets d'une lueur diffuse* » (ZOLA). *Répandre de la clarté.* V. **Éclairer.** *Très vive clarté.* V. **Éclat, embrasement.** *Clarté de la lune.* V. **Clair** (II). *Mélange de clarté et d'ombre.* V. **Clair-obscur.** « *Cette obscure clarté qui tombe des étoiles* » (CORN.). ♦ 2° Qualité de ce qui est clair, transparence, limpidité. *La clarté de l'eau était un peu troublée. La clarté du teint.* Ⓑ *Abstrait.* ♦ 1° Qualité de ce qui est facilement intelligible. V. **Netteté, précision.** *La clarté de la langue française. S'exprimer, parler avec clarté.* V. **Clairement.** « *La seule clarté à rechercher dans le style est la clarté* » (STENDHAL). *Clarté d'esprit.* V. **Lucidité.** ♦ 2° *Vieilli* ou *littér.* Vérité lumineuse. *Ses recherches ont projeté quelque clarté sur ce sujet.* V. **Lueur, lumière.** « *Je consens qu'une femme ait des clartés de tout* » (MOL.). V. **Connaissance, idée, notion.** ◊ ANT. *Obscurité, ombre; confusion, trouble.*

-CLASIE. Élément, du gr. *klasis* « action de briser » (Cf. **-Claste**).

CLASSABLE [klasabl(ə)]. *adj.* (XXe; de *classer,* -*able*). Qu'on peut classer, répartir en classes. *Objets difficilement classables.* — *Subst. masc.* « *Ramener l'inconnu au connu, au classable* » (BRETON).

CLASSE [klas]. *n. f.* (1355; lat. *classis*).
I. Dans un groupe social, Ensemble des personnes qui ont

en commun une fonction, un genre de vie, une idéologie, etc. V. **Caste, catégorie, état, gent, groupe, ordre.** ♦ 1° *Classes de l'ancienne Rome.* « *À Sparte, on trouve la classe des Égaux et celle des Inférieurs* » (FUSTEL DE COUL.). ♦ 2° *Mod.* (1792). Ensemble des personnes de même niveau social qui ont une certaine conformité d'intérêts, de mœurs. *Les classes sociales. Classes moyennes. Classe dirigeante, dominante, gouvernante. Classe industrielle, agricole. La classe laborieuse.* V. **Peuple, plèbe, prolétariat.** *Antagonisme, conflit, lutte des classes. Intérêts de classe. Rêver d'une société sans classes.*
II. ♦ 1° (XVII°). Ensemble d'individus ou d'objets qui ont des caractères communs. V. **Catégorie, division, espèce, série, sorte.** *Livre qui s'adresse à toutes les classes de lecteurs. Ranger par classes.* V. **Classer, étiqueter.** *Navires de même classe* : du même type. *Former une classe à part.* ♦ 2° *Sc.* (1733). Grande division, après l'embranchement. *La classe des mammifères se subdivise en ordres, groupes, familles* (V. **Sous-classe**). ♦ 3° Grade, rang concernant l'importance, la valeur, la qualité. *Hors classe. Ingénieur de première classe. Wagon de première, de deuxième classe.* (Navig.). *Première classe et classe touriste. Un soldat de deuxième classe; un deuxième classe.* — *Par ext.* Valeur, qualité. *Il est d'une tout autre classe; ils n'ont pas la même classe.* — Absolt. *Avoir de la classe.* V. **Distinction, valeur.** *Sports.* Ensemble des qualités personnelles d'un athlète. ◇ *De classe* : de qualité. *Un immeuble de classe.* V. **Standing.** ♦ 4° *Math.* Sous-ensemble défini à partir d'un ensemble par une relation d'équivalence. ♦ 5° *Statist.* Groupe d'unités présentant une caractéristique dont la valeur se situe entre certaines limites déterminées. *Classe d'âge.*
III. ♦ 1° (XVI°). Division des élèves d'un établissement scolaire selon les différents degrés d'études. *Classe primaire. Classe de l'enseignement secondaire. La classe de philosophie, de première. Hautes classes, classes supérieures* (opposé à petites classes). *Classes nouvelles,* où l'enseignement est donné par des méthodes actives. *Camarade de classe. Redoubler, sauter une classe.* ◇ Ensemble des élèves qui suivent le même programme. *Classe turbulente. La rentrée des classes.* ♦ 2° L'enseignement qui est donné en classe; la durée de cet enseignement. V. **Cours, leçon.** *Une classe d'histoire, de chant. Des livres de classe.* V. **Classique.** *Suivre la classe. Ce professeur fait bien la classe.* — *Spécialt. Classe de neige** : enseignement donné en montagne l'hiver, où les sports de montagne, l'exercice physique ont leur part; école où se fait cet enseignement. *Classes vertes* (à la campagne, pour les enfants des villes). ♦ 3° Salle de classe; *par ext.* L'école elle-même. *Aller en classe; être en classe.*
IV. (Fin XVIII°). ♦ 1° Contingent militaire ou naval des conscrits nés la même année. *La classe de 1955. Appeler une classe sous les drapeaux. Classe de mobilisation.* Fam. *Être bon pour la classe* : apte au service militaire. ♦ 2° *Être de la classe* : du contingent qui doit être libéré dans l'année où l'on est. — *Par ext.* La libération. *Vive la classe!* V. **Quille.** ♦ 3° *Faire ses classes* : se dit d'une recrue qui reçoit l'instruction militaire.

CLASSEMENT [klasmã]. *n. m.* (1784; de *classer*). Action de ranger dans un certain ordre; façon dont un ensemble est classé. V. **Arrangement, classification; ordre.** *Classement provisoire, définitif, rigoureux. Classement alphabétique, logique. Division, subdivisions d'un classement.* V. **Partie, section, série.** *Donner à des élèves leur classement trimestriel. Avoir un bon classement.* V. **Place.** *Classement hiérarchique.* V. **Hiérarchie, rang.** *Classement de papiers dans un classeur, de livres dans une bibliothèque.* V. **Rangement.** *Documentaliste spécialiste du classement.* ◇ ANT. Confusion, déclassement, désordre.

CLASSER [klase]. *v. tr.* (1756; de *classe*). ♦ 1° Diviser en classes (II), en catégories. V. **Classification; répartir; différencier, diviser.** *Classer les plantes, les insectes.* ♦ 2° Ranger dans une catégorie. *Classer le lapin parmi les rongeurs. Classer par séries.* V. **Sérier.** *Classer suivant le genre, le type, la qualité.* — *Se classer parmi* : être au rang de. *Se classer parmi les meilleurs.* ◇ Fam. *Classer un individu* : le juger définitivement. *Je l'ai tout de suite classé.* V. **Cataloguer.** ♦ 3° Mettre dans un certain ordre. V. **Arranger, ordonner, placer, ranger, trier.** *Classer des papiers. Classer, ficher, répertorier des documents.* ♦ 4° Mettre à sa place, dans un classement. *Classer un dossier.* Fig. *Classer une affaire* : ranger son dossier, la considérer comme terminée. *Affaire classée.* ◇ ANT. Déclasser, déranger, embrouiller, mêler.

CLASSEUR [klasœr]. *n. m.* (1811; de *classer*). Portefeuille ou meuble à compartiments qui sert à classer des papiers. *Cartons, casiers d'un classeur.*

CLASSICISME [klasisism(ə)]. *n. m.* (v. 1825; de *classique,* opposé à *romantisme*). ♦ 1° *Vx.* Doctrine des partisans des classiques. ♦ 2° Ensemble des caractères propres aux grandes œuvres littéraires et artistiques de l'antiquité et du XVII° s. « *Union du cartésianisme et de l'art dans le classicisme* » (LANSON). ♦ 3° Caractère de ce qui est classique (dans tous les sens).

CLASSIFICATEUR, TRICE [kla(ɑ)sifikatœʀ, tʀis]. *n.* et *adj.* (1842; de *classifier*). Personne qui établit des classifications. — *Une manie classificatrice* : de la classification.
CLASSIFICATION [kla(ɑ)sifikasjɔ̃]. *n. f.* (1752; de *classifier.* V. **Classifier**). Action de distribuer par classes, par catégories; résultat de cette action. V. **Classement.** *Science des classifications.* V. **Systématique, taxonomie.** *Classification dichotomique.* — *Classification en Botanique et en Zoologie.* V. **Embranchement; classe, ordre, famille, tribu, genre, espèce, race** (ou **variété**), **type.**
CLASSIFICATOIRE [kla(ɑ)sifikatwaʀ]. *adj.* (1874, de *classification*). *Didact.* Qui constitue une classification ou y contribue. *Ethnol. Parenté classificatoire,* basée sur des critères de rapports sociaux, neutralisant la distinction entre parents directs et collatéraux (père-oncle), etc.
CLASSIFIER [kla(ɑ)sifje]. *v. tr.* (v. 1500; d'apr. lat. fictif *classificare,* formé de *classis* « classe », et *ficare* « faire »). Répartir selon une classification. ◇ *Absolt.* Faire, établir des classifications.
CLASSIQUE [klasik], *adj.* et *n. m.* (1548; lat. *classicus* « de première classe »).
I. *Adj.* ♦ 1° *Vx* (XVI°-XVIII°). Qui mérite d'être imité. — *Par ext. Mod.* Qui fait autorité. *Son livre est devenu classique.* ♦ 2° (1611). Qu'on enseigne dans les classes. *Les auteurs classiques du programme.* ♦ 3° (XVIII°). Qui appartient à l'antiquité gréco-latine, considérée comme la base de l'éducation et de la civilisation. *Langues classiques. Études classiques.* ♦ 4° *Littér.* (1802; d'apr. l'all.). Qui appartient aux grands auteurs du XVII° s., imitateurs des anciens (opposé à *romantique*). *Théâtre classique.* — *Par ext.* Qui a les caractères esthétiques (mesure, respect des règles, clarté, division par genres, etc.) de la période classique. *Style classique* (opposé à *romantique,* puis à *baroque* et *archaïque*). — *Période classique, pré-classique et post-classique.* ♦ 5° *Musique classique,* d'une période arbitrairement limitée (XVIII° s.), en musicologie; *cour.* Musique des grands auteurs de la tradition musicale occidentale (opposé à *folklorique, légère, de variétés*). Cf. **Grande musique.** *Préférer le jazz à la musique classique.* ♦ 6° Qui est conforme aux usages, ne s'écarte pas des règles établies, de la mesure. *Un veston de coupe classique.* V. **Sobre.** — Qui est conforme aux habitudes. V. **Habituel.** *Fam. C'est le coup classique.* V. **Courant.**
II. *N. m.* ♦ 1° Auteur classique (2°, 3°, 4°). *Les grands classiques.* ♦ 2° Ouvrage classique (2°). *Collection des classiques latins, français.* — *Par ext.* Ouvrage caractéristique. *C'est un classique du genre.* ♦ 3° Musique classique. *Aimer le classique.*
◇ ANT. Moderne, romantique. Baroque. Original, excentrique.
CLASSIQUEMENT [klasikmã]. *adv.* (1825; de *classique*). D'une manière classique.
-CLASTE. Élément, du gr. *klastos,* « brisé ». (Cf. Clast[o]-).
CLASTIQUE [klastik]. *adj.* (1839; anat. 1822; gr. *klastos* « brisé »). ♦ 1° *Géol.* Qui présente des traces de fracture provoquée par l'érosion. *Roches clastiques.* (V. **Détritique**). ♦ 2° Se dit de pièces anatomiques artificielles démontables.
CLAST(O)-. Élément, du gr. *klastos* « brisé ».
CLAUDICANT, ANTE [klodikã, ãt]. *adj.* (1842; du lat. *claudicare* « boiter »). *Littér.* Boiteux. « *Un petit avorton à la démarche claudicante* » (GIDE).
CLAUDICATION [klodikasjɔ̃]. *n. f.* (XIII°; lat. *claudicatio,* de *claudus* « boiteux »). *Littér.* Le fait de boiter. V. **Boiterie** (*fam.*). — *Méd.* Claudication intermittente, irrégularité de la démarche avec sensation de crampe, au mollet, due à une insuffisance circulatoire artérielle (*artérite*).
CLAUDIQUER [klodike]. *v. intr.* (v. 1880; de *claudicant*). *Littér.* et *plaisant.* Boiter.
CLAUSE [kloz]. *n. f.* (XIII°; « vers, rime », 1190; bas lat. *clausa,* rac. *claudere* « clore », lat. class. *clausula*). *Dr.* Disposition particulière d'un acte. V. **Condition, convention, disposition.** *Clauses d'un contrat, d'une loi, d'un traité. Clause de compétence. Clause léonine. Clause de non-concurrence. Il y a une clause qui stipule que... Clause pénale*. Clause compromissoire*. Clause résolutoire*. Clause de style* : clause que l'on retrouve habituellement dans tous les contrats de même nature, et *fig.* Disposition toute formelle, sans importance. ◇ HOM. Close (fém. de *clos*).
CLAUSTRAL, ALE, AUX [klostʀal, o]. *adj.* (1394; lat. médiév. *claustralis,* de *claustrum* « cloître »). Relatif au cloître. *La vie claustrale.* Fig. Qui rappelle la vie du cloître. V. **Monacal, religieux.** « *Le silence claustral de la ville* » (DAUD.).
CLAUSTRATION [klostʀasjɔ̃]. *n. f.* (1791; méd.; de *claustral*). État de celui qui est enfermé dans un lieu clos. V. **Emprisonnement, isolement.** « *La monotonie de la claustration scolaire* » (BARTHOU). ◇ ANT. Liberté.
CLAUSTRER [klostʀe]. *v. tr.* (1845; de *claustral,* ou lat. *claustrare*). Maintenir (qqn) enfermé. V. **Cloîtrer, emprisonner, séquestrer.** *Il est resté claustré chez lui.* Pronom. *Se claustrer.* Fig. « *Le jeune homme se claustra en un farouche*

mutisme » (COURTELINE). V. **Murer** (se). ◊ ANT. Libérer.

CLAUSTROPHOBIE [klostRɔfɔbi]. *n. f.* (1880; de *claustrer*, et *-phobie*). Phobie des lieux clos; angoisse d'être enfermé (le malade est *claustrophobe*).

CLAUSULE [klozyl]. *n. f.* (v. 1540; lat. *clausula*. V. **Clause**). Dernier membre d'une strophe, d'une période oratoire, d'un vers.

CLAVAIRE [klavɛʀ]. *n. f.* (fin XVIIIᵉ; lat. *clava* « massue »). Champignon charnu, simple ou rameux, dont certaines variétés sont comestibles. *Clavaire cendrée*.

CLAVEAU [klavo]. *n. m.* (1380; de *clef* (de voûte). *Archit.* Pierre taillée en coin, utilisée dans la construction des linteaux, des voûtes, des corniches. V. **Voussoir**. *Les faces d'un claveau* : extrados, intrados, lit, tête. *Claveau droit, engrené, dérobé.*

CLAVECIN [klavsɛ̃]. *n. m.* (*Clavessin*, 1611; lat. médiév. *clavicymbalum*; de *clavis* « clef »). Instrument de musique à un ou plusieurs claviers, et à cordes pincées (différent du piano). V. **Épinette**. *Languette de bois d'un clavecin*. V. **Sautereau**.

CLAVECINISTE [klavsinist(ə)]. *n.* (v. 1700; de *clavecin*). Personne qui joue du clavecin.

CLAVELÉE [klavle]. *n. f.* (1460; *clavel*, 1379; bas lat. *clavellus*, de *clavus* « clou »). Maladie contagieuse, due à un virus et qui atteint spécialement les ovidés (variole du mouton).

CLAVETAGE [klavtaʒ]. *n. m.* (1922; de *claveter*, de *clavette*). *Techn.* Assemblage par clavettes.

CLAVETER [klavte]. *v. tr.* [Conjug. *jeter*.] (1907; 1877, *claveté*; de *clavette*). *Techn.* Fixer par une clavette. *Claveter une poulie sur un arbre de transmission.*

CLAVETTE [klavɛt]. *n. f.* (1160, « petite clef »; de *clef*). Petite cheville plate que l'on passe dans l'ouverture d'un boulon, d'une grosse cheville pour l'immobiliser. *Clavette de sûreté*. « *Devant la margelle garnie de vis et de clavettes...*» (PERRET).

CLAVICORDE [klavikɔʀd(ə)]. *n. m.* (1803; *clavicordium*, 1515; lat. *clavis* « clé », et *cordium* « corde »). Instrument à clavier et à cordes frappées, ancêtre du piano.

CLAVICULE [klavikyl]. *n. f.* (1541; lat. *clavicula* « petite clef »). Os long, en forme d'S très allongé, formant la partie antérieure de la ceinture scapulaire (V. **Épaule**). *Fracture de la clavicule* (adj. : *claviculaire*).

CLAVIER [klavje]. *n. m.* (XIIᵉ, « porte-clefs »; de *clef*). ♦ 1º (1532). Ensemble des touches de certains instruments de musique (piano, clavecin, orgue), sur lesquelles on appuie les doigts pour obtenir les sons. *Les claviers d'un orgue, d'un clavecin.* — Par anal. (1857). *Le clavier d'une machine à écrire, d'une linotype.* ♦ 2º (1798). *Le clavier d'un instrument, d'une voix.* V. **Étendue, portée**. — Fig. *Le clavier des sentiments*. V. **Gamme**. *Cet écrivain a un vaste clavier*. V. **Registre**.

CLAYÈRE [klɛjɛʀ]. *n. f.* (1863; de *claie*. V. **Cloyère**). Parc à huîtres fermé de claies et rempli par la mer à marée haute.

CLAYETTE [klɛjɛt]. *n. f.* (XXᵉ; de *claie*). ♦ 1º *Comm.* Emballage à claire-voie pour le transport des denrées périssables. V. **Cageot**. — Petite claie. V. **Clayon**. ♦ 2º Support réglable à claire-voie d'un réfrigérateur. *Clayettes réglables, rabattables.*

CLAYMORE [klɛmɔʀ]. *n. f.* (1804; mot angl.). *Hist.* Grande et large épée des guerriers écossais.

CLAYON [klɛjɔ̃]. *n. m.* (1642; de *claie*). Petite claie. *Spécialt.* Petite claie servant à faire égoutter les fromages. — Petite claie ronde de pâtissier.

CLAYONNAGE [klɛjɔnaʒ]. *n. m.* (1694; de *clayon*). ♦ 1º Assemblage de pieux et de branches d'arbres en forme de claie, destiné à soutenir des terres. ♦ 2º Préparation et pose d'un tel ouvrage.

CLAYONNER [klɛjɔne]. *v. tr.* (1845; de *clayonnage*). Garnir de clayonnage. *Clayonner un fossé.*

CLÉ. V. **Clef**.

CLEARING [kliʀiŋ]. *n. m.* (1912; *clearing-house*, 1833; mot angl. signifiant *compensation*). Anglicisme. *Comm. Fin.* Opérations, accord de clearing : procédé de compensation des créances et des dettes entre les banques. V. **Compensation**.

CLEBS [klɛps]. *n. m.* (1863; arabe *kleb* « chien »). *Pop.* Chien. (On dit aussi *clébard* [klebaʀ].) « *Une masse surexcitée assomma le clébard* » (COURCHAY).

-CLEF ou **-CLÉ** [kle]. Élément de formation de noms composés, signifiant « qui a une importance déterminante ». *Secteur-clef. Positions-clé(s). Un problème-clé. Les mots-clés.* — (Personnes). *Le témoin-clé.*

CLEF ou **CLÉ** [kle]. *n. f.* (1080; lat. *clavis*). I. (Ce qui sert à ouvrir). ♦ 1º Instrument de métal servant à faire fonctionner le mécanisme d'une serrure. *Clé de sûreté. Clé passe-partout. La clé* (ou *clef*) *d'une porte, d'une armoire, d'une malle, d'un cadenas. Des clefs de voiture. Parties d'une clef.* V. **Anneau, branche, panneton; canon, forure; dent; bouterolle. Trousseau de clefs.** V. **Porte-clefs**. *Une porte qui ferme à clef* : qui est munie d'une serrure. *Porte fermée à clef. Donner un tour de clef. Louer une maison*

clefs en main : jouir immédiatement de la location. — *Clés en main*, prêt à l'usage. « *L'U.R.S.S. nous achète des usines clés en main* » (*Nouv. Obs.*, 30-7-1973). — *Mettre la clef sous la porte; au fig.* Partir furtivement, disparaître, déménager. — *Mettre qqn sous clef* : le tenir enfermé (sous les verrous). — *Fausse clef* : clef fabriquée sans la permission du propriétaire ou du possesseur de la serrure, et instrument servant à ouvrir une serrure (crochet, rossignol). — *Les clefs d'une ville.* Présenter, remettre les clefs de la ville à un vainqueur : se soumettre, se rendre. ♦ 2º *Loc. fig.* (XIVᵉ). *La clef des champs* : la liberté. *Donner, prendre la clef des champs.* ◊ *Relig. Les clefs de saint Pierre, du Pape* : l'autorité du Saint-Siège. *Les clés du royaume* (des Cieux). ♦ 3º Place forte, qui commande un pays, une région. *Les Thermopyles étaient la clé de la Grèce.* — Par ext. *Occuper une position clé* : une position qui conditionne toute une entreprise. *Industrie clé*, de laquelle dépendent beaucoup d'autres industries. — REM. On écrit aussi *Industrie-clé, position-clé*, etc. V. **-clef** ou **-clé**. ♦ 4º (1680). Ce qui donne accès. V. **Introduction**. *L'algèbre, selon Descartes, est la clé de toutes les autres sciences.* ♦ 5º (XVIᵉ). Ce qui explique, qui permet de comprendre. V. **Explication, solution**. *La clef du mystère.* — *Spécialt. Roman, livre à clefs* : ouvrage qui met en scène des personnages et des faits réels, mais déguisés par l'auteur. « *Dans ce livre, où il n'y a pas un seul personnage à clefs* » (PROUST). ♦ 6º (1680). Signe mis au commencement d'une portée et qui indique, par sa forme et sa position sur une ligne de portée, le nom de la note placée sur cette ligne. *Clef de sol, de fa. Il y a deux dièses à la clef.* V. **Armature**. — *Loc. fig. À la clef*, avec, à la fin de l'opération. « *On avait échangé des énigmes avec enjeu à la clef* » (DANIEL-ROPS). II. *Par anal.* ♦ 1º (1401). *Techn.* Outil servant à serrer ou à démonter certaines pièces (écrous, boulons). *Clef de serrage. Clef en tube, à mâchoires. Clé à molette. Clé anglaise* ou à *mâchoires mobiles. Clé universelle.* — *Clef d'un poêle. Clef de pendule. Clef servant à ouvrir les boîtes de conserves.* ◊ *Techn.* Interrupteur ou inverseur (dans un appareil électrique). Commande manuelle à deux positions. — *Mus. Clé d'accordeur.* ♦ 2º (XIIIᵉ). *Archit. Clef de voûte* : pierre en forme de coin (V. **Claveau**) placée à la partie centrale d'une voûte et servant à maintenir en équilibre les autres pierres. *Clef à bossage, à crossette.* — *Fig.* Point important, partie essentielle, capitale d'un système. ♦ 3º *Mus. Clef d'un instrument à vent*, qui commande les trous du tuyau de l'instrument. *Les clefs d'une clarinette.* ♦ 4º *Sports.* Prise par laquelle on immobilise l'adversaire. *Faire à qqn une clé au bras.*

CLÉISTO-. Élément, du gr. *kleistos* « fermé » (Cf. -Clasie).

CLÉMATITE [klematit]. *n. f.* (*Clematide*, 1556; lat. *clematitis*; gr. *klêmatitis*, de *klêma* « sarment »). Plante vivace (*Renonculacées*), ligneuse et grimpante à fleurs en bouquet. *Clématite des haies* ou *Herbe aux gueux*.

CLÉMENCE [klemɑ̃s]. *n. f.* (XIIIᵉ; *clementia*, Xᵉ; lat. *clementia*). ♦ 1º *Littér.* Vertu qui consiste, de la part de qui dispose d'une autorité, à pardonner les offenses et à adoucir les châtiments. V. **Bonté, douceur, générosité, humanité, indulgence, magnanimité, miséricorde**. *Un trait, un acte de clémence.* « *La clémence porte le flambeau devant toutes les autres vertus* » (HUGO). « *Je bénis la clémence du ciel* » (CORNEILLE). ♦ 2º *Fig. La clémence de la température, du temps.* V. **Douceur**. ◊ ANT. *Inclémence. Cruauté, rigueur, sévérité.*

CLÉMENT, ENTE [klemɑ̃, ɑ̃t]. *adj.* (1213; lat. *clemens*). ♦ 1º Qui manifeste de la clémence. V. **Bon, doux, généreux, humain, indulgent, magnanime, miséricordieux**. *Se montrer clément*. V. **Épargner**. ♦ 2º *Fig. Un ciel clément. Une température clémente. Hiver clément* : peu rigoureux. V. **Doux**. ◊ ANT. *Inclément, inflexible, rigoureux, sévère.*

CLÉMENTINE [klemɑ̃tin]. *n. f.* (1902; du nom du père *Clément*). Fruit du clémentinier. Sorte de petite mandarine à peau fine.

CLÉMENTINIER [klemɑ̃tinje]. *n. m.* (XXᵉ; de *clémentine*). Arbre fruitier, hybride du bigaradier et du mandarinier.

CLENCHE [klɑ̃ʃ]. *n. f.* (*Clenque*, XIIIᵉ; mot picard; frq. °*klinka* « levier oscillant »). ♦ 1º Petit bras de levier dans le loquet d'une porte, et qui prend appui sur le mentonnet. *Lever, abaisser la clenche* (V. **Déclencher, enclencher**). ♦ 2º *Région.* (Belgique). Poignée de porte.

CLEPHTE ou **KLEPHTE** [kleft(ə)]. *n. m.* (déb. XIXᵉ; gr. *klephtès, kleptès* « voleur ». V. **Kleptomane**). Montagnard de l'Olympe et du Pinde, qui tirait ses ressources du brigandage.

CLEPSYDRE [klɛpsidʀ(ə)]. *n. f.* (*Clepsidre*, XIVᵉ; lat. *clepsydra*, mot gr. « qui vole l'eau »). *Ancienn.* Horloge à eau.

CLEPTOMANE, CLEPTOMANIE. V. KLEPTOMANE, KLEPTOMANIE.

CLERC [klɛʀ]. *n. m.* (Xᵉ; lat. ecclés. *clericus*, gr. *cleros*). ♦ 1º Celui qui est entré dans l'état ecclésiastique par réception de la tonsure (V. **Clergé**). *Clerc tonsuré.* ♦ 2º (XVᵉ).

Ancienn. Personne instruite. V. **Lettré, savant.** *Il est grand clerc en la matière.* V. **Compétent, expert.** *Il n'est pas besoin d'être grand clerc pour savoir.* — *Mod.* Intellectuel. « *La trahison des clercs* » (BENDA). ◆ 3° (1283). Employé des études d'officiers publics et ministériels : notaire, avoué, huissier. *Clerc de notaire. Premier clerc, clerc principal.* — *Loc. fig.* (Du sens d'employé subalterne) *Faire un pas de clerc,* commettre une erreur, une démarche prématurée. ⊗ ANT. Laïque. Béotien, ignorant, inculte. — HOM. *Clair, claire.*

CLERGÉ [klɛʀʒe]. *n. m.* (*Clergie,* Xᵉ; lat. ecclés. *clericatus.* V. **Clerc**). L'ensemble des ecclésiastiques d'une Église, d'un pays, d'une ville. *Le clergé catholique. Le clergé de France, du diocèse de Paris. Clergé séculier.* V. **Évêque; curé.** *Clergé régulier.* V. **Abbé, moine, religieux.** *Le haut, le bas clergé.*

CLERGIE [klɛʀʒi]. *n. f.* (1190; de *clerc*). *Vx.* Condition de clerc. — *Hist.* Privilège de clergie, des clercs qui échappaient à la justice séculière.

CLERGYMAN [klɛʀʒiman]. *n. m.* (1818; mot angl.; Cf. le précéd.). Pasteur anglo-saxon. — *Pl. Des clergymen* [klɛʀʒimɛn].

CLÉRICAL, ALE, AUX [kleʀikal, o]. *adj.* (XIIᵉ; lat. *clericalis.* V. **Clerc**). ◆ 1° Relatif au clergé. *Fonctions cléricales.* ◆ 2° (1815). Qui a rapport au cléricalisme. *Parti clérical.* — *Subst. Un clérical, les cléricaux :* les partisans du cléricalisme. V. **Calotin** (*fam.*). ⊗ ANT. Anticlérical.

CLÉRICALISME [kleʀikalism(ə)]. *n. m.* (1863; de *clérical*). Opinion des partisans d'une immixtion du clergé dans la politique. « *Le cléricalisme? voilà l'ennemi !* » (GAMBETTA). ⊗ ANT. Anticléricalisme.

CLÉRICATURE [kleʀikatyʀ]. *n. f.* (1495; lat. ecclés. *clericatura;* de *clericus*). *Didact.* État, condition des clercs, des ecclésiastiques.

CLIC ! [klik]. *interj.* (onomat. V. **Clique**). Claquement sec. V. **Clac. Clic-clac.** ⊗ HOM. *Clique, cliques.*

CLICHAGE [kliʃaʒ]. *n. m.* (1809; de *clicher*). Opération par laquelle on fait un cliché pour la reproduction. *Clichage d'un livre, d'une gravure. Clichage par électrolyse.* V. **Galvanoplastie.**

CLICHÉ [kliʃe]. *n. m.* (1809; p. p. de *clicher*). ◆ 1° Typogr. Plaque portant en relief la reproduction d'une page de composition, d'une image, et permettant le tirage de nombreux exemplaires. *Reproduction avec un mastic formant cliché.* V. **Polycopie.** *Cliché en alliage, en plomb. Cliché de cuivre* (V. **Galvano**)*, de zinc. Cliché en caoutchouc, en plastique. Cliché métallique d'une photographie.* V. **Héliogravure, photogravure.** ◆ 2° *Phot.* (1865). Image négative. V. **Négatif.** *Un cliché net, vigoureux. Copie d'un cliché.* V. **Contretype.** ◆ 3° (1869). *Fig.* et *péj.* Idée ou expression trop souvent utilisée. V. **Banalité, lieu** (commun)**, poncif, redite.** *Une conversation pleine de clichés.*

CLICHER [kliʃe]. *v. tr.* (fin XVIIIᵉ; onomat. d'apr. le bruit de la matrice tombant sur le métal en fusion). *Typogr.* Faire un cliché en coulant une matière fondue dans l'empreinte qu'on a prise d'une forme à reproduire. *Clicher une page. Empreinte servant à clicher les planches d'imprimerie.* V. **Flan.**

CLICHERIE [kliʃʀi]. *n. f.* (1869; de *clicher*). *Typogr.* Atelier de clichage.

CLICHEUR [kliʃœʀ]. *adj.* et *n. m.* (1835; de *clicher*). *Typogr.* Qui cliche; celui qui cliche. *Un bon clicheur.*

CLIENT, ENTE [klijã, ãt]. *n.* (1437; lat. *cliens, clientis*). ◆ 1° *Antiq.* À Rome, Plébéien qui se mettait sous la protection d'un patricien appelé « patron ». ◆ 2° Par anal. *Vx.* Celui qui se place sous la protection de qqn. V. **Protégé.** ◇ *Mod.* Celui qui requiert les services moyennant rétribution. *Client d'un notaire, d'un avocat.* — *Client d'un médecin, d'un dentiste.* V. **Malade, patient.** *Le docteur ne reçoit les clients que sur rendez-vous.* ◆ 3° (1829). Personne qui achète. V. **Acheteur, acquéreur, preneur.** *Un client sérieux.* — *Clients d'une boutique.* V. **Chaland, pratique** (vx). *Magasin plein de clients.* V. **Achalandé.** *Attendre le client :* ne rien vendre. *Vendeur occupé à servir un client.* Collect. *Le client a toujours raison* (principe de l'art de vendre). ◆ 4° *Spécialt.* Personne qui se sert toujours au même endroit. V. **Habitué; fidèle.** *Être cliente de tel coiffeur. Servez-le bien, c'est un client. La maison ne fait crédit qu'aux clients.* — *Écon.* V. **Consommateur, importateur.** *La Belgique est un très gros client de la France sur le marché automobile.* ⊗ ANT. **Patron. Fournisseur, marchand, vendeur.**

CLIENTÈLE [klijãtɛl]. *n. f.* (1352; du lat. *clientela*). ◆ 1° *Antiq.* Ensemble des clients d'un patricien. ◆ 2° *Mod.* Ensemble de clients qui recourent, moyennant rétribution, aux services d'une même personne. *Clientèle d'un médecin. Clientèle d'une agence.* ◆ 3° Ensemble d'acheteurs (V. **Achalandage**)*. Avoir une grosse clientèle.* — « *Ils ne sont pas concurrence car ils n'ont pas la même clientèle.* » « *Travailler pour une clientèle franchement populaire* » (ROMAINS). *Visiter la clientèle.* V. **Prospection.** ◆ 4° *Fig.* V. **Adepte, public.** *Une clientèle d'admirateurs. Une clientèle électorale.* ◆ 5° Le fait d'être

client, d'acheter. *Il voudrait obtenir la clientèle de cette riche famille. La clientèle d'un pays.*

CLIGNEMENT [kliɲmã]. *n. m.* (*Cloignement,* XIIIᵉ; de *cligner*). ◆ 1° Action de cligner. *Clignement d'yeux.* « *Le clignement que donne aux pêcheurs la réverbération des vagues* » (HUGO). V. **Clin d'œil, coup (d'œil), œillade.** ◆ 2° *Fig.* et *littér.* Le fait de briller par intermittence. V. **Clignotement, scintillement.** « *Le clignement de quelques éclairs lointains* » (MART. du G.).

CLIGNER [kliɲe]. *v.* (1150; p.-ê. bas lat. °*cludiniare,* de °*cludinare,* de *cludere* « fermer »). ◆ 1° *V. tr.* Fermer à demi (les yeux) pour mieux voir. *Les myopes clignent les yeux.* V. **Ciller.** ◆ 2° Fermer et ouvrir rapidement (les yeux). V. **Clignoter.** « *Le soleil traversant les nuages la forçait à cligner ses paupières* » (FLAUB.). — (Trans. indir.) *Cligner des yeux.* Spécialt. *Cligner de l'œil* pour faire un signe, pour aguicher. V. **Clin d'œil, coup (d'œil), œillade.** ◆ 3° *V. intr.* Se fermer et s'ouvrir (yeux, paupières).

CLIGNOTANT, ANTE [kliɲɔtã, ãt]. *adj.* et *n. m.* (1546; de *clignoter*). ◆ 1° Qui clignote. *Vx.* Membrane clignotante des oiseaux. V. **Nictitant.** — « *Ses yeux clignotants sous l'éclat du jour* » (FROMENTIN). ◆ 2° *Fig.* V. **Scintillant, intermittent, vacillant.** *Une lumière clignotante.* ◆ 3° *N. m.* (v. 1950). Lumière intermittente, qui sert à indiquer la direction que va prendre le véhicule. *Mettre son clignotant avant de tourner.* — La var. **CLIGNOTEUR** [kliɲɔtœʀ] *n. m.* (1948), est utilisée en Belgique. ◇ (1965) Indice dont l'apparition signale un danger (dans un plan, un programme économique). ⊗ ANT. **Fixe.**

CLIGNOTEMENT [kliɲɔtmã]. *n. m.* (1546; de *clignoter*). ◆ 1° Action de clignoter. *Clignotement d'yeux.* V. **Battement** (des paupières). ◆ 2° *Fig.* Action de se produire par intermittence (lumière). *Le clignotement des lumières de la ville.*

CLIGNOTER [kliɲɔte]. *v. intr.* (XVᵉ; *cligneter,* XIIIᵉ; de *cligner*). ◆ 1° Cligner coup sur coup rapidement et involontairement. « *Ses petits yeux noirs clignotaient* » (MART. du G.). *Clignoter des yeux.* ◆ 2° *Fig.* Éclairer avec un clignotement. V. **Scintiller.** « *Les étoiles clignotaient par milliers au-dessus de sa tête* » (MAC ORLAN).

CLIMAT [klima]. *n. m.* (XIIᵉ; lat. *climatis,* gr. *klima* « inclinaison » d'un point de la Terre par rapport au Soleil). ◆ 1° Ensemble des circonstances atmosphériques et météorologiques propres à une région du globe. *Éléments du climat.* V. **Humidité, précipitation, pression, sécheresse, température, vent.** *Climat inter-tropical (équatorial; tropical); subtropical* (ou *désertique*)*; tempéré* (méditerranéen, océanique)*; froid, glacial* (polaire)*. Modifications apportées à un climat,* suivant qu'il est maritime, continental. *Climat de moussons, de montagne. Le climat méditerranéen du Cap, de Valparaiso. Climat particulier d'une petite région* (microclimat)*.* ◇ *Cour.* **Accoutumer à un nouveau climat.** V. **Acclimater.** *Climat agréable, salubre, sain; malsain, rude, sévère. Climat sec, humide, pluvieux; chaud, froid.* ◆ 2° (1314). Vieilli. Le lieu où règne le climat. *Avoir visité tous les climats.* V. **Pays, région.** ◆ 3° *Fig.* Atmosphère morale, conditions de la vie. V. **Ambiance.** « *Je demande à l'amour un climat tiède, caressant* » (MAUROIS)*. Dans un climat d'hostilité.*

CLIMATÈRE [klimatɛʀ]. *n. m.* (1546; climatere « qui marque un moment critique la vie », gr. *klimaktêr* « échelon »)*. Méd.* Étape de la vie (appelée aussi *âge critique*) marquant la fin de la période génitale active chez la femme (**Ménopause**) et un ralentissement de l'activité sexuelle chez l'homme (V. **Andropause**).

CLIMATÉRIQUE [klimateʀik]. *adj.* (1554; gr. *klimaktêrikos,* de *klimaktêr* « échelon, degré »)*.* ◆ 1° Antiq. *Adj.* ou *n. f.* Année de la vie humaine, multiple de 7 ou de 9, en particulier la 49ᵉ, et la 63ᵉ ou *grande climatérique.* — *Par ext.* Période qui présente un caractère dangereux. V. **Critique.** ◆ 2° Vieilli et critiqué. (1832). V. **Climatique.** « *Les conditions climatériques d'un pays* » (ACAD.).

CLIMATIQUE [klimatik]. *adj.* (v. 1860-70; de *climat*). Qui a rapport au climat. *Influence climatique. Station climatique :* où l'on envoie les malades à cause des vertus curatives du climat.

CLIMATISATION [klimatizasjɔ̃]. *n. f.* (v. 1950; de *climatiser*). Moyens employés pour obtenir, dans une pièce, une atmosphère constante (température, humidité), à l'aide d'appareils. V. **Climatiseur.**

CLIMATISER [klimatize]. *v. tr.* (v. 1950; de *climat*). ◆ 1° Maintenir (un lieu) à une température agréable et à un taux d'humidité convenable. *Climatiser un hôtel.* P. p. adj. *Salle de cinéma climatisée.* ◆ 2° Adapter (un appareil) à l'action des climats extrêmes.

CLIMATISEUR [klimatizœʀ]. *n. m.* (1961; de *climatiser*). Appareil de climatisation.

CLIMATISME [klimatism(ə)]. *n. m.* (1959; de *climat, climatique,* d'après *thermalisme*)*. Didact.* Ensemble des problèmes relatifs aux stations climatiques (organisation, exploitation, etc.).

CLIMATOLOGIE [klimatɔlɔȝi]. *n. f.* (1834; de *climat*, et *-logie*). Étude de l'action des phénomènes météorologiques sur les différentes parties du globe, de leurs réactions mutuelles et des différents climats.

CLIMATOLOGIQUE [klimatɔlɔȝik]. *adj.* (1842; de *climatologie*). Qui se rapporte à la climatologie. *Cartes climatologiques* (V. **Isobare, isotherme**).

CLIMATOLOGISTE [klimatɔlɔȝist(ə)] ou **CLIMATOLOGUE** [klimatɔlɔg]. *n.* (1955; de *climatologie*). *Didact.* Personne qui s'occupe de climatologie.

CLIMATOPATHOLOGIE [klimatɔpatɔlɔȝi]. *n. f.* (XXᵉ; de *climat*, et *pathologie*). *Didact.* Étude des effets nocifs imputables aux facteurs climatiques.

CLIMATOTHÉRAPIE [klimatɔteʀapi]. *n. f.* (1876; de *climat*, et *-thérapie*). *Méd.* Recours à l'action bénéfique de certains climats comme moyen de traitement.

CLIN [klɛ̃]. *n. m.* (fin XIIᵉ; de l'a. fr. *cliner*, lat. *clinare* « incliner »). ♦ 1º *Mar.* Disposition des bordages d'une embarcation se chevauchant l'un l'autre. *Assemblage à clins; embarcations à clins.* ♦ 2º *Techn.* Panneau à recouvrement partiel dans un revêtement extérieur.

CLIN D'ŒIL [klɛ̃dœj]. *n. m.* (1559; de *cligner*). ♦ 1º Mouvement rapide de la paupière (V. **Clignement**) pour faire signe. *Des clins d'œil, d'yeux.* V. **Coup** (d'œil), **œillade.** *Un clin d'œil amusé, complice. Faire des clins d'œil provocants :* faire de l'œil. ♦ 2º *Fig. En un clin d'œil :* en un temps très court. *Il disparut en un clin d'œil.*

CLINFOC [klɛ̃fɔk]. *n. m.* (1792; all. *klein Fock*, petit foc). *Mar.* Voile très légère à l'extrémité du bout-dehors du grand foc.

CLINICAT [klinika]. *n. m.* (1869; de *clinique*). Fonction de chef de clinique.

CLINICIEN [klinisjɛ̃]. *adj. et n. m.* (1842; de *clinique*). Médecin qui étudie les maladies et établit ses diagnostics par l'examen direct des malades. V. **Praticien.**

CLINIQUE [klinik]. *adj. et n. f.* (1626; lat. *clinicus*, adj. et n.; gr. *klinikos*). ♦ 1º *Adj.* Qui concerne le malade au lit; qui se fait au chevet du malade. *Observation, diagnostic clinique. Examens cliniques*, et absolt. *Cliniques :* épreuves pratiques que doivent passer les futurs médecins. ♦ 2º *N. f.* Ensemble de données obtenues par l'observation directe des malades. — Enseignement médical donné au chevet des malades, en présence des malades. ♦ 3º *Service* hospitalier où est donné l'enseignement d'une discipline médicale. *Clinique ophtalmologique. Clinique d'accouchement. — Cour.* Établissement public ou privé où l'on soigne ou opère des malades. V. **Maison** (de santé), **polyclinique.**

CLINO-. Élément, du gr. *klinê* « lit ».

CLINOMÈTRE [klinɔmɛtʀ(ə)]. *n. m.* (1846; mot angl., 1811; gr. *klinein* « être couché », et *metron* « mesure »). Instrument destiné à mesurer l'inclinaison d'un plan, d'une route par rapport à un plan horizontal. *Clinomètre d'un navire, d'un avion.*

CLINO-RHOMBIQUE. V. **Monoclinique.**

CLINQUANT, ANTE [klɛ̃kã, ãt]. *n. m. et adj.* (XVIᵉ; [or] *clicquant* « brillant », 1435; de *clinquer, cliquer* « faire du bruit ». V. **Clique**). ♦ 1º Ensemble de lamelles brillantes d'or ou d'argent, de cuivre, dont on rehausse certaines parures, broderies. V. **Camelote, faux, simili, verroterie.** *Le faux éclat, le mauvais goût du clinquant.* ♦ 3º *Fig.* Éclat trompeur, tapageur. ♦ 4º (XXᵉ). *Adj.* Qui a un éclat voyant, vulgaire. *Des bijoux clinquants. Décoration trop clinquante.* « *Ici, tout est bon marché, clinquant et cameloté* » (MORAND).

CLIP [klip]. *n. m.* (v. 1935; mot angl. « attache, agrafe »). Bijou qui se fixe par une pince (var. abus. *Un clips*). « *Les femmes avaient de gros brillants, des clips* » (CARCO). ◊ *Techn.* Agrafe chirurgicale.

CLIPPER [klipœʀ]. *n. m.* (1845; angl. *clipper* « qui coupe les flots »). ♦ 1º *Ancienn.* Voilier fin de carène. ♦ 2º Avion de transport.

CLIQUE [klik]. *n. f.* (XIVᵉ; de l'a. fr. *cliquer* « faire du bruit ». V. **Clic.** ♦ 1º Coterie, groupe de personnes peu estimables. V. **Bande, cabale.** « *Puzzini ameute sa clique, me dénonce au ministre* » (P.-L. COUR.). — *Polit.* T. d'injure pour désigner un groupe d'intérêts. ♦ 2º Ensemble des tambours et des clairons d'une musique militaire. « *Le réveil fut sonné en fanfare, par toute la clique* » (MAC ORLAN). ◊ HOM. *Clic, cliques.*

CLIQUES [klik]. *n. f. pl.* (1869; du région. *cliques* « jambes », d'apr. les onomat. *clic* et *clac*). *Fam. Prendre ses cliques et ses claques :* s'en aller en emportant ce que l'on possède. ◊ HOM. *Clic, clique.*

CLIQUET [klikɛ]. *n. m.* (1230; a. fr. *cliquer.* V. **Clique**). Sorte de taquet mobile autour d'un axe, servant à empêcher une roue dentelée de tourner dans le sens contraire à son mouvement (V. **Encliqueter**).

CLIQUETANT, ANTE [kliktã, ãt]. *adj.* (1555; de *cliqueter*). Qui cliquète. « *De vieux ustensiles grinçants et cliquetants* » (SIMON).

CLIQUÈTEMENT ou **CLIQUETTEMENT** [kliketmã]. *n. m.* (1542; de *cliqueter*). Bruit de ce qui cliquette. V. **Cliquetis.** « *Les boutons tournèrent rapidement en faisant un petit cliquettement clair* » (VIAN).

CLIQUETER [klikte]. *v. intr.:* conjug. *jeter* (1230; Cf. Cliquet). Produire un cliquetis. *Le train « cliquetait de toutes ses vitres* » (DUHAM.).

CLIQUETIS [klikti]. *n. m.* (1230; de *cliqueter*). Série de bruits secs que produisent certains corps sonores qui se choquent. *Cliquetis de vaisselle.* « *J'entendais le cliquetis des clefs et des chaînes* » (CHATEAUB.). — *Fig. Cliquetis de mots :* suite de mots sonores et creux. V. **Verbiage.** *Un cliquetis d'arguments, d'antithèses.*

CLIQUETTE [klikɛt]. *n. f.* (1230; de l'a. fr. *cliquer*). ♦ 1º *Vx.* Claquette; crécelle, heurtoir. ♦ 2º (1723). Pierre trouée servant à lester les filets des pêcheurs.

CLISSE [klis]. *n. f.* (*Clice*, 1160; p.-ê. de *claie*, et *éclisse*). Petite claie d'osier servant à faire égoutter les fromages, à protéger des verres, des bouteilles. V. **Éclisse.**

CLISSER [klise]. *v. tr.* (1546; de *clisse*). Garnir de clisses. *Bouteilles clissées.*

CLITORIDECTOMIE [klitɔʀidɛktɔmi]. *n. f.* (mil. XXᵉ; de *clitoris*, et *-ectomie*). *Méd.* Ablation du clitoris.

CLITORIDIEN, IENNE [klitɔʀidjɛ̃, jɛn]. *adj.* (1866; de *clitoris*). *Anat.* Relatif au clitoris.

CLITORIS [klitɔʀis]. *n. m.* (1611; gr. *kleitoris*). *Anat.* Petit organe érectile de la vulve.

CLIVABLE [klivabl(ə)]. *adj.* (1846; de *cliver*). Qui peut être clivé.

CLIVAGE [klivaȝ]. *n. m.* (1755; de *cliver*). ♦ 1º Action ou manière de cliver; le fait de se cliver; surface suivant laquelle une roche se fend. *Face, plan de clivage.* ♦ 2º *Fig.* (XXᵉ). Séparation par plans, par niveaux. *Le clivage des opinions, entre des opinions.* « *Un nouveau clivage social prenait vie...* » (GRACQ).

CLIVER [klive]. *v. tr.* (1582; néerl. *klieven* « fendre »). Fendre (un corps minéral, un diamant) dans le sens naturel de ses couches lamellaires. Pronom. *Le mica se clive en fines lamelles* (clivures).

CLOAQUE [klɔak]. *n. m.* (1355; lat. *cloaca;* gr. *kluzein* « nettoyer »). ♦ 1º Lieu destiné à recevoir des immondices. V. **Bourbier, décharge, égout, sentine.** *Le grand cloaque de Rome* (cloaca maxima), égout bâti par les Tarquins. — *Par ext.* Lieu malpropre, malsain. « *L'infirmerie était devenue un cloaque immonde* » (LOTI). ♦ 2º *Anat.* Chez les oiseaux, les reptiles, les marsupiaux, Orifice commun des cavités intestinale, urinaire et génitale.

CLOCHARD, ARDE [klɔʃaʀ, aʀd(ə)]. *n.* (1908; de *clocher* « boiter ». V. **Cloche** 2). Personne socialement inadaptée, qui vit sans travail ni domicile, dans les grandes villes (pop. *clodo*, n. m., 1927). V. **Mendiant, vagabond.** *Une clocharde en haillons. Des clochards qui dorment sous les ponts.* — (Dér. CLOCHARDISE, n. f.; CLOCHARDISME, n. m.).

CLOCHARDISATION [klɔʃaʀdizasjɔ̃]. *n. f.* (1957 G. TILLION; de *clochard, arde*). Transformation (d'un groupe social) en un ensemble de personnes privées de travail, d'abri et de stabilité et comparé à des clochards. « *D'autres peuples* [...] *passent peu à peu de la paupérisation à la clochardisation* » (*Le Monde*, 28-8-1957).

1. CLOCHE [klɔʃ]. *n. f.* (déb. XIIᵉ; bas lat. *clocca*, mot celt. d'Irlande). ♦ 1º Instrument creux, évasé, en métal sonore (bronze), dont on tire des vibrations retentissantes et prolongées en le frappant les parois, de l'intérieur avec un battant ou de l'extérieur avec un marteau (V. **Timbre**). *Grosse cloche.* V. **Bourdon.** *Petite cloche.* V. **Clochette.** *Anse, battant, cerveau, gorge, pans d'une cloche. Fonte d'une cloche. Tour où sont suspendues les cloches.* V. **Beffroi, campanile, clocher.** *Le sonneur de cloches. Ensemble de cloches accordées.* V. **Carillon.** *Frapper une cloche d'un seul côté.* V. **Piquer.** *Piquer l'heure sur une cloche. Les cloches de l'église appellent les fidèles aux offices. Cloches qui tintent pour le glas, sonnent à toute volée. Les cloches de Pâques.* PROV. *Qui n'entend qu'une cloche n'entend qu'un son :* on ne peut juger d'une affaire quand on n'a pas entendu toutes les parties. *Déménager à la cloche de bois*, en cachette. *Fam. Sonner les cloches à qqn :* le réprimander fortement. ♦ 2º (1538). Objet creux dont on recouvre, protège. Appareils industriels ou de laboratoire. *Spécialt.* (1675) Abri de verre qui recouvre et protège des plantes, des semis. *Cloche à melon.* (XIXᵉ) *Cloche à fromage*, sous laquelle on place les fromages pour qu'ils se conservent. — *Cloche de métal* pour tenir les plats au chaud (Dessus-de-plat). ♦ 3º (1706). Fleur; corolle en forme de cloche. *Clochette.* ♦ 4º (1678). CLOCHE À PLONGEUR : dispositif à l'abri duquel on peut séjourner sous l'eau (il se forme une bulle d'air en dessous). *Mod.* Caisson sous pression. ♦ 5º Chapeau de femme de forme hémisphérique, sans bords. *Appos. Des chapeaux cloches.* ◊ *Paletot cloche*, qui n'est pas serré à la taille. ♦ 6° Pop. *(Vieilli)*. Tête. *Loc. mod.* (fam.) *Se taper la cloche :* bien manger.

2. CLOCHE [klɔʃ]. *n. f.* (1898 ; être à la cloche, 1882 (V. **Clochard**) ; *cloche* (n. m.) « boiteux », v. 1300 ; du v. *clocher**, av. infl. de *cloche* 1). ♦ 1° *Pop.* Personne incapable, niaise et maladroite. *Quelle cloche! C'est une vieille cloche.* Adj. *« Ma pauvre mère, tu es quand même trop cloche »* (BEAUVOIR). ♦ 2° *Fam.* Ensemble des clochards. — Clochard. *« Vous ressemblez à une espèce de cloche, on vous donnerait deux sous dans la rue »* (Cl. SIMON).

CLOCHE-PIED (À) [aklɔʃpje]. *loc. adv.* (v. 1400 ; de *clocher*, et *pied*). En tenant un pied en l'air et en sautant sur l'autre. *Aller, sauter à cloche-pied. Jeu où l'on saute à cloche-pied.* V. **Marelle**.

1. CLOCHER [klɔʃe]. *n. m.* (XIIᵉ ; de *cloche*). ♦ 1° Bâtiment élevé d'une église dans lequel on place les cloches. *La flèche, l'aiguille, le coq, les clochetons, les abat-son, l'horloge du clocher. Clocher séparé de l'église* (en Italie). V. **Campanile**. ♦ 2° *Paroisse,* commune où se trouve le clocher. *N'avoir jamais quitté son clocher. — Querelles, compétitions, rivalités de clocher,* purement locales, insignifiantes. *Esprit de clocher.* V. **Chauvinisme**.

2. CLOCHER [klɔʃe]. *v. intr.* (v. 1120 ; lat. pop. *cloppicare,* de *cloppus* « boiteux »). ♦ 1° *Vx.* Marcher en boitant. V. **Boiter, claudiquer, clopiner**. *Clocher du pied droit.* ♦ 2° (XIIIᵉ). Être défectueux ; aller de travers. *Raisonnement, combinaison qui cloche.* V. **Défectueux**. *Il y a qqch. qui cloche :* qui ne va pas.

CLOCHETON [klɔʃtɔ̃]. *n. m.* (fin XVIIᵉ ; « clochette », 1526 ; de *clocher,* d'apr. *clochette*). ♦ 1° Petit clocher. ♦ 2° Ornement en forme de petit clocher pyramidal décorant les contreforts, la base des flèches, les angles d'un édifice.

CLOCHETTE [klɔʃɛt]. *n. f.* (XIIᵉ ; de *cloche*). ♦ 1° Petite cloche. V. **Grelot, sonnette**. *Clochette frappée par un marteau.* V. **Timbre**. *Clochettes d'un chapeau chinois. Clochettes suspendues au cou du bétail.* V. **Campane, clarine, sonnaille, sonnette**. ♦ 2° Fleur, corolle en forme de petite cloche. *Les clochettes du muguet. Clochette des bois* (V. **Jacinthe**), *des blés* (V. **Liseron**), *des murs* (V. **Campanule**), *d'hiver* (V. **Perce-neige**).

CLOISON [klwazɔ̃]. *n. f.* (1160, « enceinte fortifiée » ; lat. pop. °*clausio, -ionis,* de *clausus* « clos »). ♦ 1° (1538). Division plus légère que le mur, qui limite les pièces d'une maison. *Charpente d'une cloison. Cloison de planches, de briques, de maçonnerie. Écouter derrière la cloison. Abattre, percer une cloison.* ♦ 2° Séparation entre les parties intérieures d'un vaisseau. *Cloisons métalliques. Cloison étanche.* ♦ 3° (1732). Ce qui divise l'intérieur d'une cavité, détermine des compartiments, des loges. *Cloison séparant les graines* (membrane). *Cloison des fosses nasales. Cloisons du cœur.* ♦ 4° *Fig.* Barrière, séparation. *Abattre, faire tomber les cloisons entre les classes, les êtres.*

CLOISONNAGE [klwazɔnaʒ]. *n. m.* (1676 ; de *cloison*). Action de poser des cloisons (V. **Compartimentage**) ; ensemble de cloisons.

CLOISONNÉ, ÉE [klwazɔne]. *adj.* et *n. m.* (1752 ; de *cloison*). Divisé par des cloisons. *Émaux cloisonnés,* où de minces arêtes de métal figurent le dessin et sertissent les émaux *(opposé à* Champlevé*). N. *Un beau cloisonné.*

CLOISONNEMENT [klwazɔnmɑ̃]. *n. m.* (1845 ; de *cloisonner*). Manière dont une chose est cloisonnée (division, séparation). — *Fig. Cloisonnement des partis politiques.*

CLOISONNER [klwazɔne]. *v. tr.* (1803 ; de *cloison*). Séparer par des cloisons *(pr.* et *fig.).* V. **Compartimenter**.

CLOÎTRE [klwatʀ(ə)]. *n. m.* (*Clostre,* 1190 ; lat. *claustrum* « enceinte » ; l'i est dû à l'attract. de *cloison).* ♦ 1° Partie d'un monastère interdite aux profanes et formant une enceinte (V. **Clôture**). *Le cloître des chartreux.* ♦ 2° *Par ext.* Le monastère. V. **Abbaye, couvent**. *Du cloître.* V. **Claustral**. *Faire entrer, enfermer dans un cloître.* V. **Cloîtrer**. ♦ 3° Lieu situé à l'intérieur d'un monastère, ou contigu à une église cathédrale ou collégiale et comportant une galerie à colonnes qui encadre une cour ou un jardin carré. *Le cloître roman de Saint-Trophime, à Arles.* ♦ 4° *Vx.* Enceinte fermée réservée aux demeures des chanoines. *Le cloître Saint-Merry.*

CLOÎTRER [klwatʀe]. *v. tr.* (1623 ; de *cloître).* ♦ 1° Faire entrer comme religieux, religieuse dans un monastère fermé. *Cloîtrer une jeune fille. Religieux cloîtrés.* V. **Clôture**. ♦ 2° *Relig.* Cloîtrer un couvent : décréter qu'il observera la clôture. ♦ 3° (1832). *Fig.* et *cour.* Enfermer, mettre à l'écart. *Pronom. Se cloîtrer :* vivre à l'écart du monde. V. **Enfermer** (s'), **retirer** (se). *Se cloîtrer dans ses occupations, ses idées :* s'abstraire de tout ce qui y est étranger. — Au p. p. adj. *« Une obstination de femme cloîtrée au fond de ses devoirs »* (ZOLA).

CLONE [klɔn]. *n. m.* (XXᵉ ; gr. *klôn* « pousse »). *Biol.* Ensemble des individus génétiquement semblables, provenant d'un organisme unique par reproduction asexuée ou, chez les êtres sexuellement différenciés, par reproduction anormale sans fécondation *(par ex.* parthénogénèse).

CLONIE [klɔni]. *n. f.* (v. 1970 ; du gr. *klonos* « agitation »).

Méd. Secousse musculaire brève et involontaire, entraînant un déplacement brusque de la partie intéressée. V. *aussi* **Clonus**.

CLONIQUE [klɔnik]. *adj.* (1808 ; gr. *klonos* « agitation »). *Méd.* Se dit des convulsions saccadées, brèves et répétées à courts intervalles.

CLONUS [klɔnys]. *n. m.* (1862 ; du gr. *klonos* « agitation »). *Méd.* Succession de contractions rythmées déclenchées par la traction brusque de certains muscles, traduisant une exagération des réflexes. *Clonus de la rotule, du pied, de la main.*

CLOPE [klɔp]. *n. m.* (1902 ; *ciclope,* 1899, de *ci* (garette) par substitution d'élément). *Pop.* Mégot de cigare, de cigarette. *Ramasser un clope.* — Loc. fam. *Des clopes!,* rien du tout. V. **Clopinettes**. *Il gagne des clopes,* il ne gagne pas grand-chose.

CLOPIN-CLOPANT [klɔpɛ̃klɔpɑ̃]. *loc. adv.* (1668 ; a. fr. *clopin* « boiteux », et *clopant,* p. prés. de *cloper* « boiter »). *Fam.* En clopinant. *Aller clopin-clopant.*

CLOPINER [klɔpine]. *v. intr.* (1560 ; a. fr. *clopin* « boiteux »). Marcher avec peine, en traînant le pied. V. **Boiter, clocher**. *« Les groupes de petits blessés clopinaient vers l'ambulance »* (DUHAM.).

CLOPINETTES [klɔpinɛt]. *n. f. pl.* (1925 ; de *clope* « mégot »). *Fam.* Rien. *Ils ont eu des clopinettes. Des clopinettes!* rien du tout (Cf. *Des clous! Des clopes!).*

CLOPORTE [klɔpɔʀt(ə)]. *n. m.* (1539 ; *choplote,* XIIIᵉ ; o. i.). Petit animal arthropode *(Isopodes)* qui vit sous les pierres, dans les lieux sombres. *« Fourmillant de cloportes et d'insectes dégoûtants »* (GAUTIER). — *Fig. Vivre comme un cloporte :* confiné chez soi.

CLOQUE [klɔk]. *n. f.* (1750 ; forme picarde de *cloche* « bulle »). ♦ 1° Maladie des feuilles de certains arbres (pêcher). ♦ 2° *Cour.* Petite poche de la peau pleine de sérosité. V. **Ampoule, bulle, phlyctène**.

CLOQUÉ, ÉE [klɔke]. *adj.* (1842 ; de *cloque).* ♦ 1° Qui présente des cloques, des boursouflures. *Feuilles cloquées.* ♦ 2° *Étoffe cloquée :* gaufrée. Subst. *Du cloqué.*

CLOQUER [klɔke]. *v.* (XVIIIᵉ ; de *cloque).* ♦ 1° *V. intr.* Se soulever par places en formant des cloques. V. **Boursoufler** (se). *Peinture qui cloque :* qui se boursoufle. ♦ 2° *V. tr. Cloquer une étoffe.* V. **Gaufrer**.

CLORE [klɔʀ]. *v. tr. :* seult. *je clos, tu clos, il clôt, ils closent* (rare) ; *je clorai ; je clorais ; que je close ;* clos (impér.) ; *clos, close* (XIIᵉ ; lat. *claudere).* ♦ 1° *Vx* ou littér. Boucher ce qui est ouvert pour empêcher l'accès. V. **Fermer**. *Clore la porte, les persiennes d'une chambre. Les fermer hermétiquement. Fig.* et *mod. Clore la bouche, le bec à qqn :* l'empêcher de parler ; *fig. La faire taire.* ♦ 2° *Vieilli.* Entourer d'une enceinte. V. **Enclore, enfermer**. *Ligne de fortification qui clôt une ville.* ♦ 3° *Fig.* et *littér.* V. **Achever, arrêter, finir, terminer**. *« Ce spectacle unit clora ma carrière »* (CHATEAUB.). *Clore une négociation, un marché. Clore un inventaire, un procès-verbal. Cour. Déclarer terminé. Clore un débat, une discussion. Clore la séance d'une assemblée.* ⊘ ANT. **Déclore, ouvrir**; **commencer**. — HOM. **Chlore**.

CLOS, OSE [klo, oz]. *adj.* (v. 1130 ; V. **Clore**). ♦ 1° Fermé. *Espace clos.* V. **Enceinte ; los, enclos**. *Combat singulier, tournoi en champ clos. Volets clos. Trouver porte close :* ne trouver personne. *Huis clos.* Spécial. *Maison close,* de prostitution (bordel). — *Fig. En vase clos :* confiné. — *Yeux mi-clos.* *Avoir la bouche close :* garder le silence, un secret. — *Fig. À la nuit close :* quand la nuit est complètement tombée. ♦ 2° Achevé, terminé. *La séance, la session est close. L'incident est clos* (V. **Classer**). ⊘ HOM. **Clause**.

CLOS [klo]. *n. m.* (XIIᵉ ; de *clore*). Terrain cultivé et clos de haies, de murs, de fossés. *Clos d'arbres fruitiers.* — *Spécialt.* Vignoble. *Le clos Vougeot donne un bourgogne réputé.*

CLOSERIE [klozʀi]. *n. f.* (1449 ; de *clos*). Petit clos ; petite métairie.

CLÔTURE [klotyʀ]. *n. f.* (XIIᵉ ; lat. pop. °*clausitura,* pour *clausura,* rac. *claudere.* V. **Clore**). ♦ 1° Ce qui sert à obstruer le passage, à enclore un espace. V. **Barrière, enceinte, fermeture**. *Mur, porte de clôture. Clôture de haies vives, de fossés. Clôture à claire-voie, en treillis. Clôture de pieux.* V. **Palissade**. *Clôture métallique.* V. **Grille, herse ; barbelés**. *Clôture dont on entourait les places fortes, les champs clos.* V. **Lice**. *Clôture de champ, de pâturage.* V. **Échalier, haie**. Dr. *Bris de clôture.* ♦ 2° Enceinte d'un monastère, interdite aux laïcs, où les religieux vivent cloîtrés. — *Fig.* Obligation de garder le cloître. *Vœu de clôture. Violer la clôture monastique.* ♦ 3° (XVIᵉ). Action de terminer, d'arrêter définitivement une chose, ou de la déclarer terminée. V. **Conclusion, fin**. *Clôture d'un compte, d'un inventaire, d'une séance.* V. **Levée**. *Séance de clôture. Clôture des débats. Clôture d'une session parlementaire.* ⊘ ANT. **Ouverture, percée**; **commencement, début**.

CLÔTURER [klotyʀe]. *v. tr.* (1795 ; de *clôture).* ♦ 1° Déclarer terminé, clos. V. **Achever, clore, terminer**. *Clôturer un compte. Clôturer les débats, la discussion. Clôturer la* *séance.* V. **Lever.** ◆ 2° Fermer par une clôture. V. **Clore, enclore.**

CLOU [klu]. *n. m.* (1080 ; lat. *clavus*).
I. ◆ 1° Petite tige de métal à pointe et le plus souvent à tête, qui sert à fixer, assembler, suspendre. *Petits clous.* V. **Semence.** *La tête, la pointe d'un clou. Clou à tête* (V. **Broquette, pointe**), *sans tête* (V. **Clavette ; cheville**), *à crochet. Clou en U à deux pointes.* V. **Cavalier.** *Clou de tapissier. Clous à souliers.* V. **Caboche.** *Blesser un cheval avec un clou de ferrure.* V. **Enclouer.** — *Clous et punaises ; clous et vis. Boîte à clous* ou *cloutière. Enfoncer, fixer un clou avec un marteau. Planter des clous.* V. **Clouer.** *Rabattre, river un clou.* V. **River.** *Arracher les clous avec un pied-de-biche, des tenailles, un tire-clou.* V. **Déclouer.** *Objet accroché, suspendu à un clou. Fabrication des clous.* V. **Clouterie.** Loc. prov. *Un clou chasse* l'autre.* ◆ 2° Tête de clou ; ornement. V. **Cloutage.** Spécialt. *Clous délimitant sur la chaussée le passage des piétons* (en général remplacés par des bandes). V. **Clouté** (passage). — Fam. *Traversez dans les clous ! Prenez les clous !* ◆ 3° Loc. fig. *Maigre comme un clou, comme un cent de clous.* Fam. *Ça ne vaut pas un clou :* cela ne vaut rien. — *Des clous !* réponse négative et ironique. (Cf. *Des clopes !*)
II. *Par anal.* ◆ 1° (XIII°). *Clou de girofle :* bouton du giroflier, en forme de clou à tête, utilisé comme épice. ◆ 2° **Furoncle.**
III. *Fig.* ◆ 1° (1837). *Fam.* Mont-de-piété (où l'on accroche les objets gagés). *Mettre au clou.* V. **Gage** (en). ◆ 2° (1886). *Le clou du spectacle :* ce qui fixe, accroche l'attention des spectateurs. ◆ 3° (1908). Mauvaise voiture ou véhicule (bicyclette, automobile). V. **Bagnole, guimbarde.** *Un vieux clou.*

CLOUAGE [klua3]. *n. m.* (1846 ; de *clouer*). Action ou manière de clouer.

CLOUER [klue]. *v. tr.* (*Cloer*, 1138 ; de *clou*). ◆ 1° Fixer, assembler avec des clous. *Clouer une caisse, un tapis, une gravure.* — Mar. *Clouer le pavillon :* le fixer au mât avec des clous pour montrer la ferme intention de ne pas se rendre. ◆ 2° *Par ext.* Fixer avec un objet pointu. V. **Ficher.** *Clouer avec une flèche, une lance. Il le cloua au sol d'un coup d'épée.* ◆ 3° *Fig.* V. **Fixer, immobiliser, retenir.** *Être cloué, rester cloué sur place. La surprise le cloua sur sa chaise.* « *Ta gouvernante est aujourd'hui clouée dans son lit par un rhumatisme* » (FRANCE). — Loc. *Clouer au pilori.* ◆ 4° Loc. *Clouer le bec à qqn :* réduire au silence (Cf. River son clou, rabattre le caquet). ◇ ANT. **Déclouer, désenclouer.**

CLOUTAGE [kluta3]. *n. m.* (1900 ; de *clouter*). Le fait ou la manière de clouter ; disposition de clous décoratifs.

CLOUTARD [klutaʀ]. *n. m.* (1940 ; de [*Saint-*]*Cloud*). *Fam.* Élève de l'École normale supérieure de Saint-Cloud (var. **Cloutier**).

CLOUTÉ, ÉE [klute]. *adj.* (XVI° ; V. **Clouter**). ◆ 1° Garni de clous. *Une ceinture cloutée. Des chaussures cloutées.* ◆ 2° *Passage clouté :* passage pour piétons, limité par des grosses têtes de clous (actuellement remplacés par des lignes jaunes). V. **Clou.** (I, 2°). « *Il y eut un feu rouge ; la voiture s'immobilisa devant un passage clouté* » (LE CLÉZIO).

CLOUTER [klute]. *v. tr.* (déb. XVII° ; refait d'apr. *cloutier*). Garnir de clous.

CLOUTERIE [klutʀi]. *n. f.* (1486 ; *cloueterie*, déb. XIII° ; de *clou*). Fabrication, commerce des clous.

CLOUTIER [klutje]. *n. m.* (XIII° ; de *clou*, avec un *t* analogique). Celui qui fabrique, vend des clous.

CLOVISSE [klɔvis]. *n. f.* (*Clouïsse*, 1611 ; repris XIX° ; prov. *clauvisso*, de *claure* « fermer ». V. **Clore**). Coquillage comestible du genre Vénus.

CLOWN [klun]. *n. m.* (1823 ; angl. *clown* « rustre, farceur »). ◆ 1° *Vx.* Personnage grotesque de la farce anglaise. V. **Bouffon.** ◆ 2° *Mod.* Comique de cirque qui, très maquillé et grotesquement accoutré, fait des pantomimes et des scènes de farce. V. **Paillasse, pitre.** *Types de clown :* clowns blancs, augustes* et « excentriques ». « *Comme le clown qui du milieu de la piste envoie des serpentins à un cercle d'écuyères* » (ROMAINS). ◇ *Spécialt.* Le clown blanc (opposé aux augustes et autres pitres), personnage à la face blanche, à la coiffure tronconique, aux habits pailletés. ◆ 3° *Fig.* Farceur, pitre. *Faire le clown.* V. **Guignol.**

CLOWNERIE [klunʀi]. *n. f.* (1853 ; de *clown*). Farce, tour de clown. Fig. *Faire des clowneries.*

CLOWNESQUE [klunɛsk(ə)]. *adj.* (1910 ; de *clown*). Qui a rapport au clown. Digne d'un clown. « *La brusquerie clownesque de certaines présentations dans le Grand Écart, de Cocteau* » (GIDE).

CLOWNESSE [klunɛs]. *n. f.* (de *clown*). *Littér.* Femme clown (au sens de « clown blanc »).

CLOYÈRE [klwajɛʀ, klɔ-]. *n. f.* (1771 ; de *claie*). Sorte de panier servant à expédier le poisson, les huîtres. V. **Bourriche.**

CLUB [klœb]. *n. m.* (1702 ; angl. *club* « réunion, cercle »). ◆ 1° Société où l'on s'entretenait de questions politiques. *Le club des Cordeliers, des Jacobins.* ◆ 2° Cercle où des habitués (membres du club) viennent passer leurs heures de loisir, pour bavarder, jouer, lire. *Aller au club. Inviter un ami à dîner au club.* ◆ 3° Société constituée pour aider ses membres à exercer diverses activités désintéressées (sport, voyage). V. **Association.** *Le Club Alpin. Le Touring-Club. Club sportif.* ◆ 4° *Spécialt.* Large et profond fauteuil de cuir. « *Deux fauteuils de cuir très ordinaires, le genre « clubs » anglais* » (N. SARRAUTE). Appos. *Fauteuil club.* ◆ 5° *(Anglicisme).* Crosse de golf.

CLUBISTE [klybist(ə)]. *n. m.* (1784 ; de *club*). Hist. Membre d'un club politique (sous la Révolution).

CLUNISIEN, IENNE [klynizjɛ̃, jɛn]. (mil. XIX° s. ; de *Cluny*). *Hist., Arts.* Relatif à l'ordre de Cluny et à l'architecture (de style roman) qu'il promut. « *Vézelay, chef-d'œuvre des architectes clunisiens* » (STE-BEUVE).

CLUPÉIDÉS [klypeide]. *n. m. pl.* (1846 ; lat. *clupea* « alose »). Famille de poissons téléostéens, au corps oblong, couvert d'écailles lisses (alose, tarpon, hareng, sprat, sardine).

CLUSE [klyz]. *n. f.* (1562 ; lat. *clusa*, var. de *clausa*, de *claudere* « fermer »). *Géogr. du Jura.* Coupure étroite et encaissée creusée perpendiculairement à une chaîne de montagnes. *La cluse de Nantua.*

CLYSTÈRE [klistɛʀ]. *n. m.* (1256 ; gr. *klyzein* « laver »). *Vx.* Lavement.

Cm Symbole chimique du *curium**.

cm ◆ Symbole de centimètre. — cm² : centimètre carré ; cm³ : centimètre cube.

CNÉMIDE [knemid]. *n. f.* (1788 ; gr. *knêmis* « jambière »). *Antiq.* Jambière des soldats grecs. « *Des cnémides en bronze couvraient les jambes droites* » (FLAUB.).

CNIDAIRES [knidɛʀ]. *n. m. pl.* (av. 1884 ; lat. zool. cni-darius, gr. *knidê* « ortie »). *Zool.* Vaste sous-embranchement des cœlentérés (hydrozoaires ; anthozoaires : coraux, madrépores ; acalèphes : méduses).

C.N.R.S. [seɛnɛʀɛs]. *n. m.* (*sigle*). Abrév. de Centre national de la recherche scientifique.

Co Symbole chimique du *cobalt**.

CO-. Élément, du lat. *co*, var. de *cum* « avec » (réunion, adjonction, simultanéité). V. **Con-.**

COACCUSÉ, ÉE [kɔakyze]. *n.* (1808 ; de *co-*, et *accusé*). Personne qui est accusée en même temps qu'une autre.

COACH [kotʃ]. *n. m.* (1869, « diligence » ; mot angl.). Automobile fermée, à deux portes et quatre glaces, dont les dossiers avant se rabattent pour permettre d'accéder aux places arrière.

COACQUÉREUR [kɔakeʀœʀ]. *n. m.* (XVI° ; de *co-*, et *acquéreur*). Personne qui acquiert en même temps qu'une autre la même bien en commun.

COADJUTEUR, TRICE [kɔadʒytœʀ, tʀis]. *n. m.* et *f.* (v. 1265 ; bas lat. *coadjutor*, de *adjuvare* « aider »). Ecclésiastique nommé pour aider un prélat à remplir ses fonctions. *Coadjuteur d'un évêque.* ◇ *N. f.* Religieuse adjointe à une abbesse, prieure, la supérieure d'un couvent.

COADMINISTRATEUR, TRICE [kɔadministʀatœʀ, tʀis]. *n.* (1869 ; de *co-*, et *administrateur*). Personne qui administre en même temps que d'autres.

COAGULABILITÉ [kɔagylabilite]. *n. f.* (1869 ; de *coagulable*). Fait d'être coagulable, de pouvoir se coaguler. *Coagulabilité du lait, du sang.*

COAGULABLE [kɔagylabl(ə)]. *adj.* (1608 ; de *coaguler*). Qui peut se coaguler.

COAGULANT, ANTE [kɔagylɑ̃, ɑ̃t]. *adj.* (1829 ; p. prés. de *coaguler*). Qui coagule. — N. m. (1845). *La présure est un coagulant du lait.*

COAGULATEUR, TRICE [kɔagylatœʀ, tʀis]. *adj.* (1869 ; de *coaguler*). Qui produit la coagulation. *Effet coagulateur de substances coagulantes.*

COAGULATION [kɔagylasjɔ̃]. *n. f.* (1360 ; de *coaguler*). Processus par lequel un fluide organique (sang, lait) se transforme en masse solide (V. **Coagulum**), qui laisse sourdre un liquide transparent. *Temps de coagulation* (du sang). V. **Agglutination, floculation, prise.** — Fig. « *Une coagulation d'intérêt, de curiosité* » (JALOUX). ◇ ANT. **Liquéfaction.**

COAGULER [kɔagyle]. *v. tr.* (XIII° ; lat. *coagulare*. V. **Cailler**). Transformer une substance organique liquide en une masse solide. V. **Cailler, figer, grumeler, solidifier.** *Coaguler du sang, une solution d'albumine. La présure coagule le lait.* — SE COAGULER. *v. pron.* V. **Prendre.** — Fig. Se figer, se cristalliser. « *Les sentiments gardés trop longtemps au-dedans de nous semblent s'y coaguler* » (BARBEY). ◇ ANT. **Fondre, liquéfier.**

COAGULUM [kɔagylɔm]. *n. m.* (1743 ; *coagule*, fin XVI° ; lat. *coagulum*). *Sc.* Masse de substance coagulée. V. **Caillot, coagulation.**

COALESCENCE [kɔalɛs(s)ɑ̃s]. *n. f.* (1537 ; du lat. *coalescere* « croître avec »). ◆ 1° *Biol.* Soudure des surfaces tissulaires en contact (*par ex.* les lèvres d'une plaie). ◆ 2° *Chim.* Réunion de particules liquides en suspension en particules plus grosses. ◆ 3° *Ling.* Contraction de deux ou plusieurs éléments phoniques en un seul.

COALISÉ, ÉE [kɔalize]. *adj. et n.* (fin XVIIIe; V. Coaliser). Uni dans une coalition. *Les puissances coalisées, les coalisés.* V. **Allié.** Fig. « *L'ignorance et la mauvaise foi coalisées* » (LITTRÉ).

COALISER [kɔalize]. *v.* (1791; de *coalition*). ♦ 1° SE COALISER. *v. pron.* Former une coalition. V. **Allier** (s'), **liguer** (se), **unir** (s'). *Les puissances européennes se coalisèrent contre Napoléon.* ♦ 2° *Par ext.* V. **Concerter** (se), **joindre** (se). Fig. « *Les amours-propres, les envies se coalisent* » (CHATEAUB.). ♦ 3° COALISER. *v. tr.* Faire se coaliser. V. **Ameuter, grouper, réunir.** *Il a coalisé tout le monde contre nous.* ⊗ ANT. **Brouiller, désunir, opposer, séparer.**

COALITION [kɔalisjɔ̃]. *n. f.* (1544, relig.; lat. *coalitus*, de *coalescere* « s'unir »; repris à l'angl., 1718). ♦ 1° Réunion momentanée de puissances, de partis ou de personnes dans la poursuite d'un intérêt commun. V. **Alliance, association, confédération, entente, ligue.** *Les sept coalitions des puissances européennes contre la Révolution française et Napoléon Ier. Coalition politique, de partis.* V. **Bloc, front.** *Ministère de coalition.* ♦ 2° (1836). *Ancienn.* Entente entre ouvriers, commerçants, industriels dans un but économique, professionnel. *Le délit de coalition a été abrogé en 1864.* — Fig. (souv. péj.) Union. *Coalition d'intérêts.* ⊗ ANT. **Discorde, rupture, scission.**

COALTAR [kɔltaʀ]. *n. m.* (1850; angl. *coal* « charbon », et *tar* « goudron »). Goudron obtenu par la distillation de la houille. *Le coaltar est utilisé pour imprégner les bois* (par injection, enduit) *et en thérapeutique comme désinfectant, antiseptique.*

COAPTATION [kɔaptasjɔ̃]. *n. f.* (1834; lat. *coaptatio*, de *coaptare* « ajuster »). *Chir.* Rapprochement et ajustement des bords d'une plaie, des fragments d'un os fracturé ou de deux extrémités articulaires luxées.

COARCTATION [kɔarktasjɔ̃]. *n. f.* (1838; du lat. *coarctatio* « action de resserrer »). *Pathol.* Rétrécissement de l'aorte.

COASSEMENT [kɔasmɑ̃]. *n. m.* (1600; de *coasser*). Cri de la grenouille, du crapaud. « *Le coassement rythmé des grenouilles* » (GIDE).

COASSER [kɔase]. *v. intr.* (*Coaxer*, 1564; lat. *coaxare*, gr. *koax*, onomat.). Crier en parlant de la grenouille, du crapaud (Ne pas confondre avec *croasser*).

COASSOCIÉ, ÉE [kɔasɔsje]. *n.* (fin XVIe; de *co-*, et *associé*). Personne associée à d'autres.

COASSURANCE [kɔasyʀɑ̃s]. *n. f.* (v. 1900; de *co-*, et *assurance*). Assurance d'un même risque par plusieurs assureurs.

COATI [kɔati]. *n. m.* (1558; mot du Brésil). Mammifère carnivore (*Procyonidés*) au corps allongé, au museau terminé en groin.

COAUTEUR [kɔotœʀ]. *n. m.* (1863; de *co-*, et *auteur*). Personne qui a écrit un livre en même temps qu'un autre (V. **Collaborateur**). — *Dr.* Auteur d'un crime en même temps que d'autres (Se distingue de *Complice*).

COAXIAL, IALE, IAUX [kɔaksjal, jo]. *adj.* (1952; de *co-*, et *axial*). Qui a le même axe qu'un autre objet. *Câble coaxial,* formé de deux conducteurs concentriques isolés. *Hélices coaxiales.*

COBALT [kɔbalt]. *n. m.* (1723; « minerai », 1549; all. *Kobalt,* var. de *Kobold* « lutin »; Cf. Nickel). Corps simple (Symb. Co; p. at. 59 env.; n° at. 27), métal dur, blanc-gris à reflets (dens. 8,9), ferro-magnétique. *Minerai de cobalt,* combiné avec le soufre, l'arsenic. *Alliage, acier au cobalt. Colorants au cobalt* (V. **Safre**). *Bleu de cobalt.* — *Cobalt radioactif* ou *radiocobalt* (dont le cobalt 60), utilisé en thérapeutique. *Bombe* au cobalt* (irradiations médicales).

COBAYE [kɔbaj]. *n. m.* (1820; lat. zool. *cobaya* (1775), du tupi-guarani par le port). Petit mammifère rongeur, appelé *cochon d'Inde,* au pelage à fond blanc taché de roux ou de noir. *On utilise les cobayes comme sujets d'expérience* (physiologie, médecine). — *Fam. Servir de cobaye :* être utilisé comme sujet d'expérience.

COBÉA ou **COBÆA** [kɔbea]. *n. m.* (1801; lat. bot. *cobæa,* en l'honneur du missionnaire Cobo). Arbrisseau originaire d'Amérique tropicale, à tige grimpante (liane) et à grandes fleurs bleues.

COBELLIGÉRANT, ANTE [kɔbe(ɛl)liʒeʀɑ̃, ɑ̃t]. *n. m.* et *adj.* (mil. XXe; de *co-*, et *belligérant*). Pays qui est en guerre en même temps qu'un allié contre un ennemi commun. V. **Allié, coalisé.** *Les nations cobelligérantes.*

COBOL [kɔbɔl]. *n. m.* (v. 1960; acronyme de l'angl. *Common Business Oriented Language*). *Inform.* Langage spécial utilisé particulièrement dans la programmation des problèmes dans les calculateurs électroniques. *Le cobol, l'algol, le fortran.*

COBRA [kɔbʀa]. *n. m.* (XVIe; port. *cobra capelo* « couleuvre-chapeau »). Serpent venimeux *(naja),* à cou dilatable orné d'un dessin (On l'appelle *serpent à lunettes*).

COCA [kɔka]. *n.* (1568; mot esp. d'une langue d'Amérique). ♦ 1° *N. m.* ou *f.* Arbrisseau d'Amérique dont les feuilles contiennent un alcaloïde, la *cocaïne.* ♦ 2° *N. f.* Substance extraite de la feuille du coca (stimulant, aliment d'épargne).

COCA-COLA [kɔkakɔla]. *n. m. invar.* (v. 1945; 1886, en angl. [États-Unis], nom déposé). Boisson gazéifiée de cette marque, à base de coca* sans cocaïne et de grains de cola. *Un coca-cola :* une bouteille de coca-cola. Ellipt. *Un coca; un coke* (abrév. américaine).

COCAGNE [kɔkaɲ]. *n. f.* (fin XIIe; o. i., mot mérid. : prov., it.). ♦ *Pays de cocagne :* pays imaginaire où l'on a tout en abondance. ♦ 2° *Mât de cocagne,* au sommet duquel sont suspendus quelques objets ou friandises qu'il faut aller détacher en grimpant.

COCAÏNE [kɔkain]. *n. f.* (1863; de *coca*). Alcaloïde extrait du coca utilisé en médecine pour ses propriétés analgésiques et anesthésiques. V. **Coco, drogue.** *Une injection de cocaïne. Abus de la cocaïne.* V. **Cocaïnomanie; stupéfiant.**

COCAÏNISATION [kɔkainizasjɔ̃]. *n. f.* (1896; de *cocaïne*). *Méd.* Anesthésie au chlorhydrate de cocaïne.

COCAÏNOMANE [kɔkainɔman]. *n.* (1897; de *cocaïne*). Personne qui fait un usage abusif de la cocaïne, en est intoxiquée (V. **Toxicomane**).

COCAÏNOMANIE [kɔkainɔmani]. *n. f.* (1888; de *cocaïne*). Accoutumance à la cocaïne (V. **Toxicomanie**).

COCARDE [kɔkaʀd(ə)]. *n. f.* (1530; a. fr. *coquart, coquard* « coq », et fig. « sot, vaniteux »). ♦ 1° Insigne (souvent rond) que l'on portait sur la coiffure. *Pop.* V. **Tête.** *Taper sur la cocarde,* en parlant de l'effet enivrant d'un vin (Cf. Se cocarder). ♦ 2° Insigne aux couleurs nationales. *Cocarde tricolore.* ♦ 3° Ornement en ruban, nœud décoratif.

COCARDIER, IERE [kɔkaʀdje, jɛʀ]. *n.* (1858; de *cocarde,* 2°). Patriote exalté, et *péj.* Personne chauvine, militariste. *Adj. Une déclaration cocardière.*

COCASSE [kɔkas]. *adj.* (1739; var. de *coquard* « vaniteux », de *coq.* V. **Cocarde**). *Fam.* Qui est d'une étrangeté bouffonne, qui étonne et fait rire. V. **Amusant, burlesque, comique, drôle, risible.** *Histoire cocasse. C'était tout ce qu'il y a de plus cocasse.* ⊗ ANT. **Sérieux.**

COCASSERIE [kɔkasʀi]. *n. f.* (1837; de *cocasse*). Chose cocasse, caractère cocasse. V. **Bouffonnerie, drôlerie.**

COCCIDIE [kɔksidi]. *n. f.* (v. 1900; en bot. 1846; lat. *coccus,* gr. *kokkos* « grain »). Protozoaire *(sporozoaires)* parasite des cellules épithéliales de nombreux animaux invertébrés et de certains organes (intestin, foie, rein) d'animaux supérieurs (surtout le lapin).

COCCIDIOSE [kɔksidjoz]. *n. f.* (1906; de *coccidie,* et *-ose*). *Pathol.* Infection due à des coccidies, commune chez le lapin, rare chez l'homme.

COCCINELLE [kɔksinɛl]. *n. f.* (1754; lat. *coccinus* « écarlate »). Insecte coléoptère au corps hémisphérique, aux couleurs vives, communément appelé « bête à bon Dieu » (la variété la plus caractéristique a des élytres orangés à points noirs). ◇ (anal. de forme) Nom familier d'une voiture populaire, la Volkswagen.

COCCYGIEN, IENNE [kɔksiʒjɛ̃, jɛn]. *adj.* (1753; de *coccyx*). *Anat.* Du coccyx, de la région du coccyx. *Nerf coccygien, névralgie coccygienne.*

COCCYX [kɔksis]. *n. m.* (1541; gr. *kokkux* « (bec de) coucou »). *Anat.* Petit os situé à l'extrémité inférieure de la colonne vertébrale, articulé avec le sacrum. *Du coccyx.* V. **Coccygien.** *Euphém.* plaisant. *Tomber sur le coccyx, se faire mal au coccyx* (au derrière).

1. COCHE [kɔʃ]. *n. f.* (1175; p.-ê. lat. pop. °*cocca*) *Vx* ou *région.* Entaille. V. **Encoche.** « *Cette vallée est une coche entaillée dans un plein bloc de granit* » (CHATEAUB.).

2. COCHE [kɔʃ]. *n. f.* (XIIIe; de *cochon*). *Vx* ou *région.* Truie.

3. COCHE [kɔʃ]. *n. m.* (1283; f. jusqu'au XVIe; a. néerl. *cogge,* bas lat. *caudica*). *Ancienn. Coche d'eau :* grand chaland de rivière, halé par des chevaux.

4. COCHE [kɔʃ]. *n. m.* (1545; all. *Kutsche;* tchèque *kotchi*). ♦ 1° *Ancienn.* Grande voiture tirée par des chevaux, qui servait au transport des voyageurs. *La diligence a succédé au coche. Conducteur de coche.* V. **Cocher.** — *Être, faire la mouche* du coche.* ♦ 2° Fig. et fam. *Manquer le coche :* perdre l'occasion de faire une chose utile, profitable.

COCHENILLE [kɔʃnij]. *n. f.* (*Cossenille,* 1567; esp. *cochinilla* « cloporte »). ♦ 1° Insecte hémiptère *(Coccidés)* dont on tirait une teinture rouge écarlate. ♦ 2° *Par ext.* Groupe de pucerons nuisibles aux cultures (la cochenille (1°) en est une espèce).

COCHER [kɔʃe]. *n. m.* (1560; de *coche* 4). Celui qui conduit une voiture à cheval. V. **Conducteur; automédon, postillon.** *Cocher de fiacre. Fouette, cocher!; au fig. Allons, en avant!*

COCHER [kɔʃe]. *v. tr.* (déb. XIVe; de *coche* 1). Marquer d'une coche (entaille), d'un trait, d'un signe. *Cocher un nom sur sa liste.*

CÔCHER [koʃe]. *v. tr.* (1680; altér. a. fr. *caucher* (1256), *chaucher;* lat. *calcare* « presser, fouler »). Couvrir la femelle, en parlant des oiseaux.

COCHÈRE [kɔʃɛʀ]. *adj. f.* (1611; de *coche* 4). *Porte cochère* : dont les dimensions permettent l'entrée d'une voiture.

COCHEVIS [kɔʃvi]. *n. m.* (1327; o. i.; p.-ê. « visage *(vis)* de coq »). Alouette à huppe.

COCHLÉARIA [kɔkleaʀja]. *n. m.* ou **COCHLÉAIRE** [kɔkleɛʀ]. *n. f.* (1599,-1836; lat. bot. V. Cuiller). Plante herbacée des lieux humides *(Cruciféracées)*, à feuilles incurvées en forme de cuiller.

COCHON [kɔʃɔ̃]. *n. m.* (1090; o. i.).
I. ♦ 1° Animal domestique; porc* élevé pour l'alimentation (le plus souvent châtré, *opposé à* verrat). V. **Goret, pourceau.** *Engraisser, élever des cochons. Cochon de lait* : petit cochon. *Femelle du cochon.* V. **Coche** (2), **truie.** *La bauge du cochon.* « *Un fort cochon, bon à tuer, rond comme une bedaine de chantre* » (ZOLA). *Groin, oreilles, pieds, queue de cochon.* ◇ Loc. fig. *Gros, gras, sale comme un cochon. Manger comme un cochon* : d'une manière vorace, malpropre. — *Ils sont copains comme cochons* : dans des rapports de familiarité excessive. — *Il a une tête de cochon* : mauvais caractère, très entêté. ♦ 2° Par anal. *Cochon d'Inde* : cobaye. — *Cochon de mer* : marsouin. ♦ 3° Par ext. Chair du cochon. V. **Porc.** *Manger du cochon* (V. **Charcuterie, cochonnaille**).
II. N. et adj. COCHON, ONNE [kɔʃɔ̃, ɔn]. *Fam.* Personne malpropre, au physique ou au moral. V. **Dégoûtant, sale.** *Quel cochon!* « *Ce cochon de Morin* » (MAUPASS.). ◇ Adj. *Histoire cochonne* : licencieuse. *Film cochon.* V. **Pornographique.** — Loc. fam. *C'est pas cochon* : c'est réussi, c'est beau (Cf. C'est pas sale*). ◇ Loc. TOUR DE COCHON, sale tour.

COCHONCETÉ [kɔʃɔ̃ste]. *n. f.* (1891; de *cochon* d'ap. *saleté*). *Fam.* Cochonnerie (3°).

COCHONNAILLE [kɔʃɔnaj]. *n. f.* (1788; de *cochon*). *Fam.* Charcuterie (avec l'idée d'abondance et de préparations simples, campagnardes).

COCHONNER [kɔʃɔne]. *v.* (XVᵉ; de *cochon*). ♦ 1° V. intr. *(Rare)*. Mettre bas en parlant de la truie. ♦ 2° *V. tr.* (1808). *Fam.* Faire (un travail) mal, salement. *C'est du travail cochonné.*

COCHONNERIE [kɔʃɔnʀi]. *n. f.* (fin XVIIᵉ; de *cochon*). ♦ 1° *Fam.* Malpropreté. *Il est d'une cochonnerie répugnante.* ♦ 2° Chose sale ou mal faite, cochonnée. Chose sans valeur. *Il ne vend que des cochonneries. C'est de la cochonnerie.* ♦ 3° *Pop.* Propos obscène. *Dire, raconter des cochonneries.* V. **Obscénité** (*pop.* : cochonceté [kɔʃɔ̃ste]).

COCHONNET [kɔʃɔnɛ]. *n. m.* (fin XIIIᵉ; de *cochon*). ♦ 1° Petit cochon, cochon de lait. ♦ 2° (1534). Petite boule servant de but aux joueurs de boule. « *D'interminables parties de cochonnet* » (J.-R. BLOCH).

COCHYLIS [kɔkilis] ou **CONCHYLIS** [kɔ̃kilis]. *n. m.* (av. 1844; *conchyle* « coquillage », 1765; lat. *conchylis*, mot gr.). Papillon dont la chenille dévore les feuilles de la vigne.

COCKER [kɔkɛʀ]. *n. m.* (1863; mot angl. *woodcocker* « bécassier »). Petit chien de chasse voisin de l'épagneul, à longues oreilles tombantes.

COCKNEY [kɔknɛ]. *adj. et n.* (1750 « Londonien »; mot angl., *cocken-ey*, pour *cocken-egg* « œuf de coq », sobriquet du Londonien). Londonien caractérisé par son langage populaire (celui de l'East End). — Ce langage. « *Une fille des rues parlant cockney* » (ARAGON). — *Adj. Accent cockney.*

COCKPIT [kɔkpit]. *n. m.* (1878; mot angl.). Creux dans le pont d'un yacht à voiles. — *Aviat.* Habitacle du pilote. V. **Cabine.**

COCKTAIL [kɔktɛl]. *n. m.* (1750, puis 1860; mot anglo-amér. « queue de coq », n'existant pas dans cet emploi; évol. de sens obsc.). ♦ 1° Mélange de boissons dans la composition duquel entre l'alcool. *Cocktail au gin, au whisky, au cognac, au champagne. Préparer un cocktail dans un shaker.* ♦ 2° Réunion où l'on boit des cocktails. *Inviter des amis à un cocktail.* ♦ 3° Fig. Mélange. — *Cocktail Molotov* : bouteille emplie d'un mélange inflammable, employée comme explosif. *Des cocktails Molotov.*

1. **COCO** [kɔ(o)ko]. *n. m.* (*Cocho*, 1525; de l'it., puis port. et esp. « croquemitaine », d'apr. l'aspect de la noix). ♦ 1° *Coco* (vx), puis *Noix de coco* (1618). Fruit du cocotier. — *Gâteau à la noix de coco. Lait, huile, beurre de coco.* ♦ 2° (1808). Boisson faite avec de l'eau et du jus de réglisse. *Marchand de coco.*

2. **COCO** [kɔ(o)ko]. *n. m.* (1821; onomat. d'apr. le cri de la poule). ♦ 1° Œuf, dans le langage enfantin. ♦ 2° T. d'affection. *Mon petit coco.* V. **Cocotte** (3°).

3. **COCO** [kɔ(o)ko]. *n. m.* (1790; o. i.). *Péj.* Individu. V. **Type, zèbre.** *Un vilain coco, un drôle de coco.*

4. **COCO** [kɔ(o)ko]. *n.* (XXᵉ; de *communiste*). *Péj.* Communiste *(n. et adj.).*

5. **COCO** [kɔ(o)ko]. *n. f.* (1912; abrév. de *cocaïne*). *Fam.* Cocaïne.

COCON [kɔkɔ̃]. *n. m.* (1600; prov. *coucoun*, de la même rac. que *coque*). Enveloppe formée par un long fil de soie enroulé, dont les chenilles de différents insectes (notamment

lépidoptères), s'entourent pour se transformer en chrysalide. *Cocon de ver à soie. Dévider un cocon.* — Fig. *S'enfermer, se retirer dans son cocon* : s'isoler, se retirer (Cf. Rentrer dans sa coquille).

COCONTRACTANT, ANTE [kɔkɔ̃tʀaktɑ̃, ɑ̃t]. *n.* (XVIᵉ; de *co-*, et *contracter*). *Dr.* Chacun de ceux qui sont parties* à un contrat.

COCORICO [kɔkɔʀiko]. *n. m.* V. COQUERICO.

COCOTIER [kɔkɔtje]. *n. m.* (1677; on disait *coco* : V. Coco 1). Palmier au tronc élancé surmonté d'un faisceau de feuilles, et qui produit la noix de coco.

1. **COCOTTE** [kɔkɔt]. *n. f.* (1808; onomat. V. Coco 2). ♦ 1° Poule, dans le langage enfantin. — *Cocotte en papier* : carré de papier plié de manière à figurer sommairement un oiseau. ♦ 2° (1789). Fille, femme de mœurs légères. V. **Courtisane, demi-mondaine, poule** *(pop.).* *Une grande cocotte.* ♦ 3° T. d'affection (fam.). V. **Poule** (4°). *Viens ici ma cocotte.* ♦ 4° Terme d'encouragement adressé à un cheval. *Hue, cocotte!*

2. **COCOTTE** [kɔkɔt]. *n. f.* (1807; de *coquasse*, altér. *coquemar*). Marmite ronde, en fonte. *Poulet cocotte*, préparé à la cocotte. *Cocotte minute* (marque déposée), autocuiseur.

COCTION [kɔksjɔ̃]. *n. f.*, (1560; lat. *coctio*. V. **Cuisson, décoction.** *Didact.* Cuisson; digestion. — Méd. *Période de coction des bronchites* : de maturité.

COCU, E [kɔky]. *n. m. et adj.* (XIVᵉ; var. de *coucou*, dont la femelle pond ses œufs dans les nids étrangers). *Vulg.* Mari dont la femme est infidèle. V. **Cornard** *(pop.). Le Cocu magnifique*, pièce de Crommelynck. — T. d'injure sans contenu précis. *Va donc, eh, cocu!* ◇ Adj. m. et f. Trompé. « *J'ai le regret de vous annoncer que vous êtes cocue* » (AYMÉ).

COCUAGE [kɔkɥaʒ]. *n. m.* (XVᵉ; de *cocu*). *Vulg.* État de celui qui est cocu.

COCUFIER [kɔkyfje]. *v. tr.* (1660; de *cocu*). *Vulg.* Faire cocu. V. **Tromper.**

COCYCLIQUE [kɔsiklik]. *adj.* (XXᵉ; de *co-*, et *cyclique*). *Math.* Situé sur un même cercle. *Points cocycliques.* V. **Inscriptible.**

CODA [kɔda]. *n. f.* (1838; mot it. « queue »). Fin, conclusion d'un morceau de musique. *Coda d'une fugue.*

CODAGE [kɔdaʒ]. *n. m.* (1959; de *coder*). Transformation d'un message (texte en clair, etc.) selon un code (4°). — Production (d'un message) selon un code, en vue de la transmission. V. **Codification, encodage** ◇ ANT. *Décodage.*

CODE [kɔd]. *n. m.* (1220; lat. *jur. codex* « planchette, recueil »). ♦ 1° Recueil de lois. *Le code de Justinien*, et absolt. *Le Code.* — Ensemble des lois et dispositions légales relatives à une matière spéciale. *Livre, article d'un code.* CODE CIVIL ou *Code Napoléon* (1800-1804). « *En composant la Chartreuse, pour prendre le ton, je lisais chaque matin deux ou trois pages du Code civil* » (STENDHAL). *Code de commerce*, voté en 1808, modifié par la suite. *Code pénal* (1810), *d'instruction criminelle* (1809). — Par ext. Toute édition d'un code. *Ouvrir, consulter le code. Code annoté.* — *Fam. Le Code* : les lois. *Se tenir dans les marges du code. C'est dans le code* : c'est légal. ♦ 2° Décret ou loi étendue, réglant un domaine particulier. *Code de la route. Apprendre le code pour passer le permis de conduire.* ◇ *Phares code* : de puissance réduite. Absolt. *Se mettre en code.* ♦ 3° Fig. Ensemble de règles, de préceptes, de prescriptions. V. **Règlement.** *Le code de l'honneur.* V. **Catéchisme, évangile** *(fig.).* « *Un code de la vie à deux* » (COLETTE). ♦ 4° Recueil de conventions; dictionnaire des équivalences entre deux langages *(spécialt.* un langage naturel et un langage non naturel). *Code de signaux. Code secret.* V. **Chiffre.** *Mettre en code.* V. **Coder.** ♦ 5° (empr. angl.). Tout système rigoureux de relations structurées entre signes et ensembles de signes. V. **Codification, conversion.** *Le code permet la production de messages et la communication. Code linguistique.* V. **Grammaire, langue.** *Le code met en forme un contenu.* V. **Coder, codeur, encoder.** *Interpréter un message selon son code.* V. **Décoder.** *Code gestuel, usuel, graphique…* — *Code génétique*, ensemble des arrangements nucléotidiques du matériel génétique qui permet la transmission de l'« information » génétique déterminant la spécificité des protéines synthétisées.

CODÉBITEUR. TRICE [kɔdebitœʀ, tʀis]. *n.* (1611; de *co-*, et *débiteur*). *Dr.* Personne qui doit une somme en même temps que d'autres.

CODÉINE [kɔdein]. *n. f.* (1832; gr. *kôdeia* « pavot »). Alcaloïde extrait de l'opium (narcotique).

CODEMANDEUR, ERESSE [kɔdmɑ̃dœʀ, dʀɛs]. *n. et adj.* (1846; de *co-*, et *demandeur*). *Dr.* Qui est demandeur en même temps que d'autres.

CODER [kɔde]. *v. tr.* (1959; de *code*). Mettre en code (4°); procéder au codage de… — Produire selon un code. V. **Encoder** *Informations codées selon tel ou tel code.* ◇ ANT. *Décoder.*

CODÉTENTEUR, TRICE [kɔdetɑ̃tœʀ, tʀis]. *n.* (XVIᵉ;

de *co-*, et *détenteur*). *Dr.* Personne qui détient une chose en même temps qu'une ou plusieurs autres personnes.

CODÉTENU, UE [kɔdɛ(e)tny]. *n.* (v. 1850 ; de *co-*, et *détenu*). Personne qui est détenue en même temps qu'une ou plusieurs autres personnes. *Les codétenus d'une prison, d'une cellule.*

CODEUR [kɔdœʀ]. *n. m.* (v. 1960 ; de *coder*). *Techn.* Dispositif servant à coder une information ou à changer son code* (5°).

CODEX [kɔdɛks]. *n. m.* (1651 ; mot lat. V. Code). Recueil officiel de médicaments autorisés par les organismes compétents. V. Formulaire, pharmacopée.

CODICILLE [kɔdisil]. *n. m.* (1269 ; lat. *codicillus* « tablette », de *codex*. V. Code). Acte postérieur à un testament, le modifiant, le complétant ou l'annulant (adj. Codi-cillaire [kɔdisil(l)ɛʀ]).

CODIFICATEUR, TRICE [kɔdifikatœʀ, tʀis]. *n.* et *adj.* (1846 ; de *codifier*). Qui codifie.

CODIFICATION [kɔdifikasjɔ̃]. *n. f.* (1819 ; de *code*). ♦ 1° Action de codifier ; résultat de cette action. *Codification des lois.* ♦ 2° *Inform.* Correspondance entre un élément d'information et une combinaison d'un « langage ». V. Codage. *Codification* (ou *code*, 5°) *binaire.*

CODIFIER [kɔdifje]. *v. tr.* (1835 ; de *code*). ♦ 1° Réunir des dispositions légales dans un code. *Codifier la législation du travail ; le droit aérien.* ♦ 2° Rendre rationnel ; ériger en système organisé.

CODIRECTEUR, TRICE [kɔdiʀɛktœʀ, tʀis]. *n.* et *adj.* (1842 ; de *co-*, et *directeur*). Qui dirige en commun.

CODOMINANCE [kɔdɔminɑ̃s]. *n. f.* (v. 1970 ; de *co-*, et *dominance*). *Biol.* Absence d'une relation « dominance-récessivité » entre deux gènes allélomorphes, se traduisant par la manifestation simultanée des caractères qu'ils portent, et formant un nouvel individu d'un type intermédiaire à ceux dont il provient.

CODON [kɔdɔ̃]. *n. m.* (1968 ; de *code* [génétique]). *Biochim.* Triplet de nucléotides* voisines d'un acide nucléique, désigné par les initiales des noms des trois bases respectives, et dont l'ordre séquentiel constitue l'information qui commande et spécifie la synthèse cellulaire des acides aminés. V. Ribonucléique, ribosome. « *La construction de la chaîne de protéines* [...] *s'arrête dès que le ribosome rencontre sur son trajet les codons de terminaison* » (*La Recherche*, juin 1970).

COEFFICIENT [kɔefisjɑ̃]. *n. m.* (déb. XVII° ; de *co-* « avec », et *efficient*). ♦ 1° *Sc.* Nombre qui multiplie la valeur d'une quantité algébrique. V. Facteur. *Affecter d'un coefficient.* — *Cour.* Valeur relative d'une épreuve d'examen. — *Écon.* Facteur appliqué à une valeur. « *Quand le coefficient du prix de la vie augmente* » (MAUROIS). ♦ 2° *Phys.* Nombre caractérisant une propriété. *Coefficient de dilatation* (accroissement de l'unité de volume d'un corps quand la température est élevée d'un degré). *Coefficient d'écrasement, d'élasticité. Coefficient angulaire.* ♦ 3° *Cour.* Facteur, pourcentage. *Il faut prévoir un coefficient d'erreur.* ♦ 4° (T. de prothèse dentaire). *Coefficient masticatoire*, chiffre conventionnel indiquant la valeur fonctionnelle des dents antagonistes.

CŒLACANTHE [selakɑ̃t]. *n. m.* (1890 ; lat. zool., du gr. *koilos* « creux », et *akantha* « épine »). Grand poisson osseux, très primitif *(Crossoptérygiens)*, connu depuis qu'on l'a découvert vivant (1935) : on le croyait seulement fossile.

CŒLENTÉRÉS [selɑ̃teʀe]. *n. m. pl.* (1890 ; gr. *koilos* « creux », et *enteron* « intestin »). *Zool.* Embranchement d'animaux aquatiques, vivant de proies capturées à l'aide de leurs appareils urticants. Sous-embranchements : *Cnidaires ; Cténaires* (V. Acalèphes, actinie, corail, méduse, polype).

CŒLIAQUE [seljak]. *adj.* (1560 ; gr. *koilia* « ventre, intestin »). *Anat.* Qui a rapport à la cavité abdominale. *Tronc cœliaque* : grosse artère née de l'aorte abdominale.

CŒNESTHÉSIE. *n. f.* V. Cénesthésie.

CŒNURE. *n. f.* V. Cénure.

COENZYME [kɔɑ̃zim]. *n. m.* ou *f.* (mil. XX° ; de *co-*, et *enzyme*). *Biochim.* Petite molécule organique attachée à une enzyme, et qui la rend active.

COÉQUATION [kɔekwasjɔ̃]. *n. f.* (XVI° ; lat. *cœquatio*). Répartition proportionnelle de l'impôt entre les contribuables.

COÉQUIPIER, IÈRE [kɔekipje, jɛʀ]. *n.* (1907 ; de *co-*, et *équipier*). Personne qui fait équipe avec d'autres. « *La balle leur paraît lente, leurs adversaires et leurs coéquipiers plus gauches encore* » (J. PRÉVOST).

COERCIBILITÉ [kɔɛʀsibilite]. *n. f.* (1842 ; de *coercible*). *Phys.* Caractère de ce qui est coercible.

COERCIBLE [kɔɛʀsibl(ə)]. *adj.* (1766 ; lat. *coercere* « contraindre »). *Phys.* Qui peut être comprimé. V. Compressible. *Gaz coercible.* ◇ ANT. Incoercible, incompressible.

COERCITIF, IVE [kɔɛʀsitif, iv]. *adj.* (1559 ; de *coercitus*, p. p. de *coercere*. V. Coercible). *Didact.* Qui exerce une contrainte. *Pouvoir coercitif. Force coercitive.*

COERCITION [kɔɛʀsisjɔ̃]. *n. f.* (1586 ; lat. *coercitio*, de

coercere). *Didact.* Pouvoir, action de contraindre. V. Contrainte. *Exercer une coercition.*

COÉTERNEL, ELLE [kɔetɛʀnɛl]. *adj.* (v. 1160 ; lat. *coæternus*). *Théol.* Qui existe de toute éternité avec un autre. *Le Fils, coéternel au Père.*

CŒUR [kœʀ]. *n. m.* (*Cuer*, 1080 ; lat. *cor, cordis*).

I Ⓐ ♦ 1° Organe central de l'appareil circulatoire. Chez l'homme, Viscère musculaire situé entre les deux poumons et dont la forme est à peu près celle d'une pyramide triangulaire à sommet dirigé vers le bas, en avant et à gauche. V. **Cardiaque, cardio-.** *Enveloppes du cœur.* V. **Endo-carde, péricarde.** *Muscle du cœur.* V. **Myocarde.** *Cavités du cœur.* V. **Oreillette, valvule, ventricule.** *Cœur droit* (oreillette et ventricule droits) où circule le sang veineux ; *cœur gauche* (oreillette et ventricule gauches), où circule le sang artériel. *Mouvements du cœur.* V. **Battement ; battre, palpitation, pulsation.** *Contraction* (V. Systole), *dilatation* (V. Diastole) *du cœur. Lésions du cœur* : cardite, coronarite, endocardite, myocardite, péricardite. *Troubles cardiaques* : angine de poitrine, arythmie, cardialgie, collapsus, cyanose, dyspnée, souffle, tachycardie. *Opération chirurgicale à cœur ouvert* : à l'intérieur du cœur. *À cœur fermé* (rare) : qui n'exige pas l'ouverture des parties du cœur. — *Greffe du cœur* : transplantation* cardiaque. — *Cœur-poumon artificiel*, appareillage destiné à suppléer l'arrêt momentané de la circulation centrale. — *Littér. Percer le cœur* : tuer. — *Tant que mon cœur battra* : tant que je vivrai. ♦ 1° (XII°). La poitrine. *Il la pressa, la serra tendrement sur son cœur, contre son cœur. Mettre, appuyer la main sur son cœur.* ♦ 3° *Estomac. J'ai encore mon dîner sur le cœur. Avoir mal au cœur* : avoir des nausées. *Avoir des haut-le-cœur. Avoir le cœur sur le bord des lèvres* : être prêt à vomir. *Avoir le cœur barbouillé.* — *Fig. Soulever le cœur.* V. **Écœurer, dégoûter.** — *Rester sur le cœur. Avoir, garder une injure sur le cœur* (Cf. fam. Je ne l'ai pas digéré). « *Je ne mâche point ce que j'ai sur le cœur* » (MOL.). **Ⓑ** *Par anal.* ♦ 1° (XVI°). Ce qui a la forme ou rappelle la forme du cœur. *Cœur suspendu à un collier.* V. Bijou. *Cœur à la crème*, fromage à la crème en forme de cœur. — *Fam. Faire la bouche en cœur ; fig.* Affecter l'amabilité. V. Minauder. — *Aux cartes*, Une des quatre couleurs, dont les points sont figurés par des cœurs. *As de cœur.* ♦ 2° (XIII°). La partie centrale de qqch. V. Centre, milieu. *Le cœur d'une ville.* V. Centre. *Le cœur d'une laitue, d'un fruit.* V. Trognon. *Cœur d'artichaut*. *Cœur de palmier*. *Le cœur du bois. Un fromage fait à cœur* : également, jusqu'en son centre. ♦ 3° *Fig. Au cœur de l'hiver, de l'été* : au plus fort de l'hiver, de l'été. — *Le cœur du sujet, de la question* : le point essentiel, capital. *Le cœur du débat.* V. **Vif.**

II. (XI°). ♦ 1° *Par métaph.* Le siège des sensations et émotions. *Agiter, faire battre le cœur.* V. **Émouvoir.** *Serrement de cœur. Une douleur, un chagrin qui arrache, brise, crève, fend, gonfle, perce, serre le cœur. Avoir le cœur gros. Avoir la rage au cœur.* PROV. *Cœur qui soupire n'a pas ce qu'il désire. L'effroi, la crainte glace, transit le cœur. Avoir la joie au cœur.* « *Une immense joie dilatait son cœur* » (GIDE). *Le cri* du cœur.* ♦ 2° *Loc.* (Le **Cœur**, siège du désir, de l'humeur). *Accepter, avouer, consentir, de bon cœur, de grand cœur, de tout cœur, de gaieté de cœur.* V. Plaisir (avec), volontiers. — *De tout son cœur* : de toutes ses forces. *D'un cœur léger* : avec insouciance et plaisir. ◇ *Si le cœur vous en dit* : si vous en avez l'envie, l'envie, le goût. *Avoir, prendre qqch. à cœur* : y prendre un intérêt passionné. *N'avoir de cœur à rien.* V. **Enthousiasme, entrain, goût, intérêt, zèle.** *Je n'ai pas le cœur à rire.* — *À cœur joie* : avec délectation, jusqu'à satiété. *S'en donner à cœur joie.* « *Il s'enfonça à cœur joie dans les mauvaises pensées* » (HUGO). — *Tenir au cœur* (vx), à cœur : être considéré comme très important. « *Insistant sur un sujet qui lui tenait à cœur, il reprit...* » (FRANCE). ♦ 3° Le siège de l'affectivité (sentiments, passions). *Les sentiments que le cœur éprouve, ressent.* V. **Sensibilité, sentiment ; affection, attachement, inclination, passion, tendresse.** *Le secret du cœur. Venir du cœur* : être spontané et sincère. « *Des mélodies spontanées, qui parlent simplement au cœur* » (R. ROLLAND). *Aller droit au cœur.* V. **Toucher.** *Avoir un cœur tendre, sensible, fidèle. Un cœur débordant de tendresse. Porter qqn dans son cœur. Ami de cœur.* — (Spécialt. V. Amour). *Un cœur ardent, embrasé, enflammé d'amour. Cœur épris. Cœur fidèle. Cœur volage* (fam. *Cœur d'artichaut**). *Affaire de cœur. Offrir, refuser son cœur. Épouse selon son cœur. Union des cœurs.* PROV. *Loin des yeux, loin du cœur. Jeunesse de cœur* : fraîcheur de sentiments. ◇ *Opposé à* raison, esprit. « *Le cœur a ses raisons que la raison ne connaît point* » (PASC.). — *Spécialt.* Intuition. *L'intelligence et le cœur net* : être éclairé sur ce point. ♦ 4° Bonté, sentiments altruistes. *Avoir bon cœur, avoir du cœur.* V. **Altruisme, bienveillance, compassion, charité, délicatesse, dévouement, générosité, pitié, sensibilité.** *Avoir un cœur d'or. Bon cœur et mauvais caractère. Homme, femme de cœur. Être sans cœur, manquer

de cœur. C'est un sans-cœur. — Fam. Avoir le cœur sur la main : être généreux. ◊ La personne considérée dans ses sentiments, ses affections. C'est un brave cœur. Conquérir, gagner les cœurs. « Charmant, jeune, traînant tous les cœurs après soi » (RAC.). Bourreau* des cœurs. — T. d'affection. Mon petit cœur, mon cœur. V. Amour. Loc. Joli comme un cœur. ♦ 5° (XIIᵉ). Littér. Le CŒUR, source des qualités de caractère, le siège de la conscience. Un cœur bien né, haut placé. Noblesse, bassesse, petitesse du cœur. V. Âme. Vx. Avoir du cœur : de l'honneur, de la fierté. — Mod. V. Courage. Le cœur lui manqua. Il n'aura pas le cœur de faire cela. Donner du cœur à l'ouvrage. ♦ 6° La vie intérieure ; la pensée intime, secrète. Renfermer qqch. dans son cœur. Du fond de son cœur, dans le secret de son cœur : dans son for intérieur. V. Dedans, fond. Épancher, ouvrir son cœur. V. Avouer, confier (se), livrer (se). Parler à cœur ouvert : avec effusion. ♦ 7° PAR CŒUR : de mémoire. Apprendre, connaître, savoir, retenir, réciter par cœur. — Par ext. Connaître qqn par cœur : connaître parfaitement son caractère, sa vie. — Fam. Vieilli. Dîner par cœur : se passer de dîner.
◊ HOM. Chœur.

COEXISTENCE [kɔɛgzistɑ̃s]. n. f. (1560 ; de co-, et existence). ♦ 1° Existence simultanée. Coexistence des trois personnes divines. ♦ 2° (1954). Polit. Coexistence pacifique : principe de tolérance réciproque de l'existence du groupe adverse de nations (entre nations socialistes et capitalistes). ◊ ANT. Incompatibilité. Guerre (froide).

COEXISTER [kɔɛgziste]. v. intr. (1771 ; de co-, et exister). Exister ensemble, en même temps (avec l'idée, pour les personnes, de se supporter). « Ces hantises ont dû coexister ensuite avec mes tourments religieux » (ROMAINS). ◊ ANT. Précéder, suivre.

COEXTENSIF, IVE [kɔɛkstɑ̃sif, iv]. adj. (XXᵉ ; de co-, et extensif). Log. Qui possède la même extension (4°). Concepts coextensifs. Coextensif à...

COFFIN [kɔfɛ̃]. n. m. (XIIIᵉ ; bas lat. cophinus, gr. kophinos « panier ». V. Couffin). Étui rempli d'eau où le faucheur place sa pierre à aiguiser.

COFFRAGE [kɔfraʒ]. n. m. (1838 ; de coffre). ♦ 1° Charpente qui maintient les terres d'une tranchée, d'une galerie de mine. — Dispositif qui moule et maintient le béton que l'on coule. Enlever le coffrage. ♦ 2° Action de poser des coffres. Procéder au coffrage.

COFFRE [kɔfr(ə)]. n. m. (fin XIIᵉ, « bahut » ; bas lat. cophinus. V. Coffin). ♦ 1° Meuble de rangement en forme de caisse qui s'ouvre en soulevant le couvercle. Fermoir, ferrures d'un coffre. Coffre droit, bombé. Coffre à bois, à outils, à linge, à jouets. Meubles en forme de coffre. V. Huche, layette, pétrin, saloir. Petit coffre. V. Boîtier, cassette, coffret, écrin ♦ 2° (1291). Caisse où l'on range de l'argent, des choses précieuses. V. Coffre-fort. Les coffres des banques. Avoir un coffre à la banque. Percer un coffre. ♦ 3° (1690). Coffre d'une voiture : espace aménagé pour le rangement, souvent à l'arrière (V. Malle). ♦ 4° Réceptacle ayant la forme de coffre. Coffre d'un piano : la caisse. Coffre d'un orgue. V. Buffet, cabinet. Coffre d'une brouette. — Mar. Coffre d'un navire : la coque. V. Buffet. ♦ 5° (XVIᵉ). Fig. et fam. V. Poitrine ; caisse. Avoir du coffre : avoir une solide carrure, avoir du souffle. « Le coffre est bon ! » (FLAUB.).

COFFRE-FORT [kɔfrəfɔr]. n. m. (1589 ; de coffre, et fort). Coffre métallique destiné à recevoir de l'argent, des objets précieux. Chiffre, combinaison secrète d'un coffre-fort. V. Coffre (2°).

COFFRER [kɔfre]. v. tr. (1544, « mettre dans un coffre » ; de coffre). ♦ 1° Fam. V. Emprisonner « Je vais te faire coffrer pour mendicité, dit l'agent » (SARTRE). ♦ 2° Techn. Poser un coffrage. Coffrer une dalle de béton. ◊ ANT. Libérer ; décoffrer.

COFFRET [kɔfrɛ]. n. m. (v. 1265 ; de coffre). Petit coffre. Coffret ciselé, sculpté. Coffret à bagues (V. Baguier), à bijoux (V. Écrin), à reliques (V. Reliquaire).

COGÉRANCE [kɔʒerɑ̃s]. n. f. (1869 ; de co-, et gérance). Dr. Gérance en commun (par des cogérants).

COGESTION [kɔʒɛstjɔ̃]. n. f. (XXᵉ ; de co-, et gestion). Dr. Administration, gestion en commun. — Spécialt. Gestion de l'entreprise assurée en commun par le chef d'entreprise et les salariés. — V. Autogestion, participation (à la gestion). — On emploie aussi le v. COGÉRER.

COGITATION [kɔʒitasjɔ̃]. n. f. (XIIᵉ ; lat. cogitatio, de cogitare « penser »). Vx ou iron. Pensée, réflexion. « Le luxe féminin de l'appartement était peu propice aux cogitations sévères » (AYMÉ).

COGITER [kɔʒite]. v. intr. (1869, faux archaïsme ; lat. cogitare). Iron. Réfléchir.

COGITO [kɔʒito]. n. m. (fin XIXᵉ, le cogito ergo sum ; du lat. cogito, ergo sum « je pense, donc je suis »). Argument sur lequel Descartes a construit son système.

COGNAC [kɔɲak]. n. m. (1836 ; de Cognac, ville de Charente). ♦ 1° Eau-de-vie de raisin réputée de la région de

Cognac. Qualités des cognacs suivant la nature du sol qui a produit les raisins (fine champagne, petite champagne, borderie). ♦ 2° Adj. invar. De la couleur orangée du cognac. « Un pull cognac » (BEAUVOIR).

COGNASSIER [kɔɲasje]. n. m. (1611, a remplacé coignier ; de cognasse, var. de coing*). Arbre fruitier (Rosacées) qui produit les coings.

COGNAT [kɔgna]. n. m. (XIIIᵉ ; lat. cognatus, de gnatus, pour natus « né »). Dr. Parent par cognation.

COGNATION [kɔgnasjɔ̃]. n. f. (1160 ; lat. cognatio. V. Cognat). Dr. rom. Parenté naturelle reposant sur la consanguinité. — Spécialt. Parenté par les femmes.

COGNE [kɔɲ]. n. m. (1800, arg. ; de cogner). Pop. Agent de police. V. Flic.

COGNÉE [kɔɲe]. n. f. (Cuignée en 1080 ; lat. pop. °cuneata, de l'adj. cuneatus « en forme de coin », rad. cuneus « coin »). Grosse hache à biseau étroit utilisée pour abattre les arbres, fendre le gros bois. Cognée de bûcheron. PROV. Jeter le manche après la cognée : se décourager par lassitude, dégoût. V. Abandonner, renoncer ◊ HOM. Cogner.

COGNEMENT [kɔɲmɑ̃]. n. m. (av. 1907 ; de cogner). Le fait de cogner. V. Heurt. — Spécialt. Bruits sourds dans un moteur.

COGNER [kɔɲe]. v. (fin XIIᵉ ; lat. cuneare « enfoncer un coin »). ♦ 1° V. tr. dir. (Vx). Heurter, frapper sur. Cogner un clou. Se cogner la tête. — Pop. Battre, rosser. Arrête, ou je te cogne ! ♦ 2° V. tr. indir. Frapper fort, à coups répétés. « Un clou sur lequel il ne cessait de cogner » (MAC ORLAN). Cogner à, contre la porte. V. Heurter. « Je cognai sur ma vitre » (HUGO). ◊ (Choses) Un volet qui cogne contre le mur. ♦ 3° V. intr. Frapper ; heurter. Il cogne dur. J'entends qqch. qui cogne. Le moteur cogne (V. Cognement). ♦ 4° V. pron. Se cogner : se heurter. Il s'est cogné à un meuble. Fig. « Le savant se cogne au mur » (FRANCE) : se heurte à des difficultés. ◊ HOM. Cognée.

COGNITIF, IVE [kɔgnitif, iv]. adj. (XIVᵉ ; lat. cognitum, de cognoscere « connaître »). Didact. Capable de connaître. Faculté cognitive. V. Cognition

COGNITION [kɔgnisjɔ̃]. n. f. (XIVᵉ ; lat. cognitio). Philo. Connaissance.

COHABITATION [kɔabitasjɔ̃]. n. f. (XIIIᵉ ; lat. cohabitatio). Situation de personnes qui vivent, habitent ensemble.

COHABITER [kɔabite]. v. intr. (fin XIVᵉ ; lat. cohabitare. V. Habiter). Habiter, vivre ensemble. La crise du logement les oblige à cohabiter.

COHÉRENCE [kɔerɑ̃s]. n. f. (1539 ; lat. cohærentia. V. Cohérent). ♦ 1° Didact. Union étroite des divers éléments d'un corps. V. Adhérence, cohésion, connexion. ♦ 2° Liaison, rapport étroit d'idées qui s'accordent entre elles ; absence de contradiction. ◊ ANT. Confusion, incohérence.

COHÉRENT, ENTE [kɔerɑ̃, ɑ̃t]. adj. (1524 ; lat. cohærens, de cohærere « adhérer ensemble »). ♦ 1° Didact. Qui présente de la cohérence, de l'homogénéité. V. Homogène. ♦ 2° (Abstrait). Qui se compose des parties liées et harmonisées entre elles. V. Harmonieux, logique, ordonné. Idées cohérentes. « Ses lettres forment un tout parfaitement cohérent » (MART. du G.). ♦ 3° Phys. Dont le déphasage ne varie pas dans le temps, dont les radiations sont en synchronie (Syn. en phase). Lumière, sources cohérentes. ◊ ANT. Incohérent.

COHÉREUR [kɔerœr]. n. m. (1890 ; lat. cohærere « adhérer avec »). Premier détecteur d'ondes hertziennes, inventé par Branly.

COHÉRITIER, IÈRE [kɔeritje, jɛr]. n. (1411 ; de co-, et héritier). Personne qui hérite en même temps que d'autres (qui cohérite).

COHÉSIF, IVE [kɔezif, iv]. adj. (1869 ; lat. cohæsum, supin de cohærere). Didact. Qui joint, unit, resserre. Force cohésive.

COHÉSION [kɔezjɔ̃]. n. f. (fin XVIIᵉ ; lat. cohæsio, rad. cohærere « adhérer ensemble »). ♦ 1° Force qui unit les parties d'une substance matérielle (molécules). V. Adhérence, cohérence. ◊ Résistance d'une pellicule protectrice (lubrifiant, etc.) à l'écrasement. ♦ 2° (Abstrait). Caractère d'un ensemble dont les parties sont unies, harmonisées. « Une force de direction constante assure la cohésion du groupe » (BERGSON). ◊ ANT. Confusion, désagrégation, dispersion.

COHORTE [kɔɔrt(ə)]. n. f. (1213 ; lat. cohors, ortis). ♦ 1° Antiq. rom. Corps d'infanterie (formé de centuries) qui formait la dixième partie de la légion romaine. ♦ 2° Vx. Troupe. La cohorte des anges. — Mod. et fam. Groupe. Une joyeuse cohorte. ♦ 3° Démogr. Ensemble d'individus ayant vécu un événement semblable pendant la même période de temps.

COHUE [kɔy]. n. f. (1235, « halle » ; p.-ê. d'un °cohuer, de huer, ou mot breton). ♦ 1° (1638). Assemblée nombreuse et tumultueuse. V. Foule, multitude. Cohue grouillante. « Une cohue de soldats qui jouaient des coudes et s'écrasaient

les pieds » (DORGELÈS). ♦ 2° Bousculade, désordre, dans une assemblée nombreuse. *Il y avait trop de cohue à ce bal.*
◇ ANT. *Calme, silence.*

COI, COITE [kwa, kwat]. *adj.* (*Quei* en 1080; fém. XVIIIᵉ; lat. pop. °*quetus*, lat. class. *quietus.* V. **Quiet**). *Vx.* Tranquille et silencieux. Loc. mod. *Se tenir coi, coite.* « *Je me tiens coi* » (GIDE). *En rester coi.* V. **Abasourdi, muet, sidéré, stupéfait.** ◇ ANT. *Agité, bruyant.* — HOM. **Quoi.**

COIFFAGE [kwafaʒ]. *n. m.* (XIXᵉ, « ensemble de la coiffure »; de *coiffer*). Action de coiffer, et, *par anal.*, de recouvrir.

COIFFANT, ANTE [kwafã, ãt]. *adj.* (XXᵉ; de *coiffer*). Qui coiffe bien. *Chapeau coiffant. Coupe* (de cheveux) *coiffante.*

COIFFE [kwaf]. *n. f.* (1080; bas lat. *cofea*, VIᵉ; germ. °*kufia* « casque »). ♦ 1° Coiffure féminine en tissu, portée aujourd'hui encore à la campagne. V. **Bavolet, béguin, capeline.** *Coiffe des dames du XVᵉ s. Coiffe de Bretonne, de Hollandaise.* « *La tête auréolée par sa coiffe paysanne plaquée derrière l'occiput* » (GENEVOIX). — Spécialt. *Coiffe des religieuses.* V. **Cornette.** ♦ 2° (1680). Doublure d'un chapeau. Enveloppe d'étoffe recouvrant un képi. ♦ 3° *Vx.* Portion des membranes fœtales entraînées par la tête de l'enfant lors de l'accouchement. (V. **Coiffé**). ♦ 4° *Bot.* (1704). Enveloppe de la capsule des mousses. — *Coiffe d'une racine* : sorte de capuchon qui la termine. *Rel.* Rebord du dos d'un livre relié. ♦ 5° *Techn.* Nom de diverses parties qui couvrent (chape, rebord). *Rel.* Rebord du dos d'un livre relié. ♦ Extrémité profilée (d'une fusée, d'un lanceur), destinée à la protection de la charge utile. *Coiffe éjectable, largable.*

COIFFÉ, ÉE [kwafe]. *adj.* (V. **Coiffer**). ♦ 1° Qui porte une coiffure (1°). V. **Chapeauté.** — Spécialt. *Un enfant coiffé.* V. **Coiffe** (3°). Fig. *Être né coiffé* : avoir de la chance. ♦ 2° Dont les cheveux sont en ordre. *Elle est toujours bien coiffée.* ♦ 3° Épris d'une personne. *Il en est coiffé!* ◇ ANT. **Décoiffé.**

COIFFER [kwafe]. *v. tr.* (XIIIᵉ; de *coiffe*). I. ♦ 1° Couvrir la tête de (qqn). *Coiffer, se coiffer d'un chapeau.* V. **Chapeauter; casquer, encapuchonner; couronner.** — *Le chapeau qui la coiffe.* Absolt. *Cette toque coiffe bien.* V. **Coiffant.** ♦ 2° *Par anal.* V. **Recouvrir, surmonter.** « *La neige coiffait les collines* » (MART. du G.). « *Une lampe à opium coiffée de son chapeau de verre* » (COLETTE). ♦ 3° Mettre sur la tête. *Il* « *coiffait un chapeau mou* » (COLETTE). ◇ Loc. fam. *Coiffer Sainte-Catherine*, se dit à propos d'une jeune fille encore célibataire à vingt-cinq ans. II. (1675). Arranger les cheveux de (qqn). V. **Peigner.** *Coiffer qqn.* Pronom. *Elle est en train de se coiffer.* III. Fig. ♦ 1° *Vx.* Séduire (qqn) en le coiffant d'une idée (en la lui mettant dans la tête). — Pronom. (1640). *Se coiffer de* : s'enticher, s'éprendre. ♦ 2° Dépasser d'une tête à l'arrivée d'une course. ◇ Par ext. *Coiffer un concurrent*, le dépasser. *Se faire coiffer (au poteau).* ♦ 3° (1954). Réunir sous son autorité, être à la tête de. V. **Chapeauter** *(fig.). Ce directeur coiffe les services commerciaux.*
◇ ANT. **Décoiffer, découvrir.**

COIFFEUR, EUSE [kwafœr, øz]. *n.* (1699; fém., 1647; de *coiffer*, II). Personne qui fait le métier d'arranger les cheveux. V. **Artiste** (capillaire), **figaro** (*pop.* merlan). *Coiffeur pour hommes* : qui coiffe et fait la barbe. V. **Barbier, perruquier** (vx). *Coiffeur pour dames. Shampooing, mise en plis, permanente, teinture exécutée par le coiffeur. Des minutes de coiffeur* : de longs moments.

COIFFEUSE [kwaføz]. *n. f.* (XXᵉ; de *coiffer*). Petite table de toilette munie d'une glace devant laquelle les femmes se coiffent, se fardent. *Une coiffeuse en acajou.*

COIFFURE [kwafyr]. *n. f.* (v. 1500; de *coiffer*). ♦ 1° Ce qui sert à couvrir la tête ou à l'orner. V. **Couvre-chef** (vx); *béret, bonnet, calotte, chapeau, coiffe, toque; couronne, diadème, mitre, porter une coiffure.* V. **Coiffer.** *Coiffure de tissu arrangée sur la tête.* V. **Crêpe, fanchon, madras, mantille, marmotte, mouchoir, serre-tête, turban, voile; filet, résille.** *Coiffe, bords, bride, jugulaire, visière d'une coiffure. Coiffures antiques* (pschent), *anciennes* (hennin, fontange), *exotiques* (chéchia, fez, tarbouch, turban). *Coiffures militaires* (V. **Béret, bonnet, calot, casque, casquette, képi, shako**), *ecclésiastiques* (V. **Barrette, calotte, mitre, tiare**), *de magistrat* (V. **Mortier, toque**). *Ôter sa coiffure.* V. **Découvrir** (se). ♦ 2° Arrangement des cheveux. *Une coiffure apprêtée. Une coiffure négligée, en coup de vent. Coiffure à raie; sans raie. Coiffures de femme* (V. **Anglaise, boucle, chignon, natte, torsade, toupet, tresse; bandeau, coque, macaron, rouleau**). *Coiffure à la Jeanne d'Arc.* V. **Frange.** *Coiffure du soir.* — *Coiffures d'homme, en brosse, plaquée.* — *Elle change souvent de coiffure.* Spécialiste de la coiffure. V. **Coiffeur.** — *Par ext.* Métier de coiffeur. *La coiffure est un métier fatigant. Salon de coiffure* : atelier de coiffeur.

COIN [kwɛ̃]. *n. m.* (XIIᵉ; lat. *cuneus*). ♦ 1° Instrument de forme prismatique (en bois, en métal) pour fendre les matériaux, serrer et assujettir certaines choses. V. **Cale, patarasse.** *Assujettir avec des coins* (V. **Coinçage, coince-**

ment). *Ôter les coins.* V. **Décoincer.** — En forme de coin (V. **Cunéiforme; sphéno-**). ♦ 2° Morceau d'acier gravé en creux qui sert à frapper les monnaies et les médailles. *Monnaie à fleur de coin*, aussi nette qu'à sa sortie de dessous le coin. — *Poinçon de garantie.* ◇ Fig. V. **Empreinte, marque, sceau.** *Cela est frappé, est marqué à tel coin* : on y reconnaît tel caractère, tel cachet. *Une réflexion marquée au coin du bon sens.* ♦ 3° Angle rentrant ou saillant. *Figure géométrique à quatre coins* (quadrilatère). *Coin d'une feuille de papier replié.* V. **Corne.** *Coins de métal, de cuir qui garnissent les angles d'un registre, d'un livre. Manger sur le coin d'une table.* — *Les quatre coins d'une chambre* : les quatre angles. V. **Encoignure, renfoncement.** *Punir un enfant en le mettant au coin. Étagère, meuble de coin*, de forme triangulaire. V. **Encoignure, écoinçon.** *Retenir une place de coin, un coin fenêtre* (dans un wagon). *S'asseoir, se chauffer au coin de la cheminée*, à l'angle de la cheminée. Par ext. *Au coin du feu. Coin-de-feu* : siège carré à dossier angulaire. ◇ *Le coin de la rue* : l'endroit où deux rues se coupent. *Le bistrot du coin.* « *Il juge souvent plus mal, plus faux que l'épicier du coin* » (N. SARRAUTE). ◇ *Le coin d'un bois* : l'endroit où une route coupe un bois; la corne que fait l'orée d'un bois. *Au coin d'un bois* (fig.) : dans un endroit solitaire. *On n'aimerait pas le rencontrer au coin d'un bois.* — Par ext. *Le coin de la bouche, des lèvres.* V. **Commissure.** *Le coin des yeux. Regarder du coin de l'œil. Regard en coin.* ◇ *Jeu des* QUATRE COINS : où les quatre joueurs qui occupent les angles d'un quadrilatère doivent changer de coin tandis qu'un cinquième joueur essaye d'occuper un coin libre. ♦ 4° Petit espace; portion d'un espace. *Être logé dans un petit coin. Posséder, cultiver un coin de terre.* Par ext. *Apercevoir un coin de ciel bleu.* En appos. *Salle de séjour avec coin-cuisine.* — Endroit retiré, peu exposé à la vue ou peu fréquenté. V. **Recoin.** *Jetez cela dans un coin. Se cacher dans un coin. Chercher qqch. dans tous les coins. Les quatre coins de l'horizon, d'une ville* : toute la surface. ◇ Fam. *Aller au petit coin* : aux cabinets. ♦ 5° Fig. *Petite partie ou endroit reculé. Dans un coin de sa mémoire. Connaître une question dans les coins* : parfaitement. — En T. de Presse. V. **Rubrique.** *Le coin du médecin, du philatéliste*, etc. ♦ 6° Loc. fam. *Blague dans le coin.* — *Tu m'en bouches un coin.* V. **Épater.** ◇ HOM. **Coing.**

COINÇAGE [kwɛ̃saʒ]. *n. m.* (1864; de *coincer*). Le fait de coincer.

COINCEMENT [kwɛ̃smã]. *n. m.* (1890; de *coincer*). État de ce qui est coincé. Fig. « *L'esprit est exposé à des coincements et blocages de mécanismes* » (ROMAINS). ◇ *(Alpinisme).* Mouvement d'escalade où l'on coince son pied, son poing, le poids du corps assurant la solidité de la prise.

COINCER [kwɛ̃se]. *v. tr.*; conjug. *placer* (1773; de *coin*). ♦ 1° Assujettir, fixer avec des coins. *Coincer des rails.* — Par ext. V. **Bloquer, immobiliser, serrer.** *Coincer avec une clavette, une cheville.* Pronom. *Ce mécanisme se coince, s'est coincé.* ♦ 2° Fig. Mettre dans l'impossibilité de se mouvoir. Fig. et fam. Retenir, empêcher d'agir. *Il l'a coincé sur cette question.* Fig. *Coincer* : se faire prendre. *On a coincé le voleur.* V. **Pincer.** ◇ ANT. **Écarter; desserrer.**

COÏNCIDENCE [kɔɛ̃sidɑ̃s]. *n. f.* (1454, « similitude »; de *coïncider*). ♦ 1° (1753). *Géom.* Propriété qu'ont des lignes, des surfaces, de se recouvrir exactement quand on les superpose. *Coïncidence de figures homologues.* ♦ 2° (XIXᵉ). *Cour.* Fait de se produire en même temps; événements qui arrivent ensemble par hasard. V. **Correspondance, rencontre, simultanéité.** *Par une coïncidence.* V. **Concours** (de circonstances). *Coïncidence curieuse, étonnante, remarquable. Quelle coïncidence!*

COÏNCIDENT, ENTE [kɔɛ̃sidɑ̃, ɑ̃t]. *adj.* (déb. XVIᵉ; de *coïncider*). *Didact.* Qui coïncide (dans l'espace ou dans le temps). *Surfaces coïncidentes. Des faits coïncidents.* V. **Simultané.**

COÏNCIDER [kɔɛ̃side]. *v. intr.* (XIVᵉ; lat. médiév. *coincidere* « tomber ensemble »). ♦ 1° (1753). *Géom.* Se recouvrir exactement sur tous les points. ♦ 2° (1798). Arriver, se produire en même temps. *Sa venue coïncida avec l'événement. Les deux faits coïncidèrent.* ♦ 3° (XIXᵉ). Correspondre exactement, s'accorder. *Les deux témoignages coïncident.* ◇ ANT. **Diverger.**

COIN-COIN [kwɛ̃kwɛ̃]. *n. m. invar.* Onomatopée imitant le bruit du canard. *Les coin-coin d'un canard.*

COÏNCULPÉ, ÉE [kɔɛ̃kylpe]. *n.* (1869; de *co-*, et *inculpé*). Inculpé en même temps que d'autres, pour le même délit.

COING [kwɛ̃]. *n. m.* (1552, le *g* d'apr. *cognassier*; *cooin*, 1138; lat. *cotoneum*; gr. *kudonia* (mala) « pomme de Cydonea »). Fruit du cognassier greffé, âpre et astringent. *Les coings ne se consomment que cuits. Confiture de coings. Sirop de coing employé en médecine comme édulcorant.* — Fig. et fam. *Être jaune comme un coing* : avoir le teint très jaune. ◇ HOM. **Coin.**

COÏT [kɔit]. *n. m.* (1380; lat. *coitus*, de *coire* « aller ensemble »). Accouplement du mâle avec la femelle. V. **Copulation.**

COITE. *n. f.* V. Couette.

COÏTER [kɔite]. *v. intr.* (1869 ; de *coït*). *Didact.* Accomplir le coït.

COKE [kɔk]. *n. m.* (1827 ; *coucke*, 1758 ; mot angl.). Résidu solide de la carbonisation ou de la distillation de certaines houilles grasses. *Production du coke.* V. **Cokéfaction.** *Four à coke. Coke métallurgique,* servant au chauffage des hauts fourneaux. *Usage domestique du coke en agglomérés.* ◇ HOM. *Coq, coque.*

COKÉFACTION [kɔkefaksjɔ̃]. *n. f.* (1923 ; de *cokéfier*). Transformation de la houille en coke (par la chaleur).

COKÉFIER [kɔkefje]. *v. tr.* (1911 ; de *coke*). Transformer en coke. *Charbon qui peut être cokéfié* (*cokéfiable* [kɔkefjabl(ə)], adj.).

COKERIE [kɔkʀi]. *n. f.* (1882 ; de *coke*). Usine où l'on produit, où l'on traite le coke.

COL [kɔl]. *n. m.* (1080 ; lat. *collum.* V. Cou).
I. ♦ 1º *Vx.* Cou (V. **Col-de-cygne**). ♦ 2º Partie étroite, rétrécie d'un récipient. *Col de bouteille.* V. **Goulot.** « *En un vase à long col* » (La Font.). — Anat. *Col de la vessie, col de l'utérus :* partie étroite de ces cavités organiques. — Partie la plus étroite de certains os. *Col du fémur, de l'humérus, du radius.* ♦ 3º (1635). Dépression formant passage entre deux sommets montagneux. V. **Brèche, défilé, détroit, gorge, pas, port.** *Les cols des Alpes, des Pyrénées. Le col du Simplon. Enneigement d'un col.*
II. (XIIᵉ). ♦ 1º Partie du vêtement qui entoure le cou (V. **Collet, collerette, fraise**). *Col de chemise ; col mou, souple. Chemise à col tenant. Pied, pointes d'un col. Col anglais. Col dur :* empesé. *Boutons de col. Faux col, col amovible. Col cassé* (*fam.* Col à manger de la tarte). — *Col de robe, de chemisier. Col châle. Col Claudine, col Danton, col Médicis, col officier, col rabattu,* formes de cols de femme. *Col de fourrure. Chandail à col roulé.* — *Col marin.* Col-bleu (*fam.*) : marin de l'État. Col blanc [trad. de l'angl.] : employé (de bureau, de magasin). *Les cols blancs et les ouvriers* (*Liliacées*). ♦ 2º *Fig. Faux col d'un verre de bière :* la mousse. *Un demi sans faux col.*
◇ HOM. *Colle.*

COL-. V. Con- (lat. *cum*).

COLA [kɔla]. *n. m.* V. Kola.

COLATURE [kɔlatyʀ]. *n. f.* (XIVᵉ ; lat. *colare* « filtrer »). *Didact.* Liquide obtenu en pharmacie galénique par divers procédés (décoction, infusion).

COLBACK [kɔlbak]. *n. m.* (fin XVIIIᵉ ; altér. de *kalepak*, 1656 ; turc *qalpâq* « bonnet de fourrure). ♦ 1º Ancienne coiffure militaire, sorte de bonnet à poil, orné à sa partie supérieure d'une poche conique en drap. ♦ 2º *Pop.* (1900 ; par attract. de *col*). Cou, collet. *Il l'a attrapé par le colback.*

COLCHICINE [kɔlʃisin]. *n. f.* (1843 ; de *colchique*). Alcaloïde extrait des graines de colchique, employé dans le traitement de la goutte.

COLCHIQUE [kɔlʃik]. *n. m.* (1545 ; lat. *colchicum*, du gr. ; plante de Colchide, pays de l'empoisonneuse Médée). Plante des prés humides, à fleurs roses d'automne, très vénéneuse (*Liliacées*). On l'appelle *tue-chien, veillotte.*

COLCOTAR [kɔlkɔtaʀ]. *n. m.* (XVᵉ ; arabe *golgotar*). Oxyde ferrique artificiel (Fe₂O₃) utilisé pour le polissage. — Variété d'oxyde ferrique naturel.

COLD-CREAM [kɔldkʀim]. *n. m.* (1827 ; mot angl. « crème froide »). Crème pour la peau obtenue par émulsion d'eau (ou d'eau de rose) dans un mélange de blanc de baleine, cire d'abeille et huile d'amandes douces.

COL-DE-CYGNE [kɔldəsiɲ]. *n. m.* (1832 ; de *col* (cou) de *cygne*). Instrument, robinet ou conduit, à double courbe. *Des cols-de-cygne.*

-COLE. Élément, du lat. *colere* « cultiver, habiter » (*ex. :* agricole, arboricole, ostréicole, piscicole, sylvicole, viticole).

COLÉGATAIRE [kɔlegatɛʀ]. *n.* (1596 ; de *co-*, et *légataire*). *Dr.* Personne qui reçoit un legs en même temps que d'autres.

COLÉOPTÈRES [kɔleɔptɛʀ]. *n. m. pl.* (1754 ; gr. *koleopteros*, de *koleos* « étui », et *pteron* « aile »). Ordre d'insectes à élytres cornés, à antennes, à pièces buccales broyeuses. Au sing. *Un coléoptère.*

COLÈRE [kɔlɛʀ]. *n. f.* (fin XIVᵉ ; lat. *cholera*, gr. *kholé* « bile », et fig. « colère »). ♦ 1º Violent mécontentement accompagné d'agressivité. V. **Courroux, emportement, exaspération, fureur, furie, irritation, rage, rogne.** *Propension à la colère.* V. **Irascibilité, irritabilité, susceptibilité, violence.** *Accès, crise, mouvement de colère. Être rouge, blême de colère ; suffoquer, trembler, trépigner de colère. Parler avec colère* (bougonner, crier, injurier, jurer, pester). *Être dans une colère noire :* terrible. *S'abandonner à sa colère. Laisser exploser sa colère* (Cf. Décharger sa bile, sortir de ses gonds). *Sentir la colère monter* (Cf. Sentir la moutarde monter au nez). *Passer sa colère sur qqn, sur qqch.* — *Rentrer, retenir sa colère* (Cf. Serrer les poings). « *Une profonde colère, froide et secrète, le dévorait* » (Suarès). ◇ EN COLÈRE. *Être en*

colère : manifester sa colère. V. **Hors** (de soi) ; *fam.* et *pop.* *Bisquer, fulminer, fumer, maronner, rager, râler, rogner. Se mettre en colère.* V. **Éclater, fâcher** (se), **irriter** (s'). *Il est constamment en colère :* il ne décolère * pas. *Mettre en colère* (V. **Agacer, courroucer, crisper, énerver, exaspérer, fâcher, irriter**). — *Adj.* (1835 ; 1611 « porté à la colère »). Littér. ou région. *Être colère :* en colère. ♦ 2º *Accès, crise de colère.* V. **Crise.** *Avoir des colères terribles, fréquentes* (Cf. Être très soupe au lait). Fam. *Piquer, prendre une colère. Faire une colère* (se dit des enfants). ♦ 3º Relig. et littér. *La colère céleste, la colère divine. Jour de colère* (Cf. *Dies iræ*). — *Poét. La colère du vent, des flots.* V. **Déchaînement.** ◇ ANT. *Calme, douceur, modération.*

COLÉREUX, EUSE [kɔleʀø, øz]. *adj.* (1580, repris XIXᵉ ; on disait *colère* (adj.) ou *colérique ;* de *colère*). Qui est prompt à se mettre en colère. V. **Agressif, atrabilaire, bilieux, emporté, hargneux, irascible, irritable, violent ;** *fam.* **Râleur, roupsteur.** *Un enfant coléreux. Caractère, tempérament coléreux.* ◇ ANT. *Calme, doux.*

COLÉRIQUE [kɔleʀik]. *adj.* (1256, « bilieux » ; de *colère*). *Mod.* (XIVᵉ). Coléreux. *Un homme colérique.* « *Un caractère colérique* » (Michelet). ◇ HOM. Cholérique.

COLIBACILLE [kɔlibasil]. *n. m.* (1895 ; gr. *kôlon* « gros intestin », et *bacille*). Bacille très répandu dans la nature, responsable d'infections intestinales et urinaires. V. **Colibacillose.**

COLIBACILLOSE [kɔlibasiloz]. *n. f.* (1897 ; de *colibacille*). *Méd.* Toute infection causée par le colibacille. *Colibacillose intestinale, urinaire.*

COLIBRI [kɔlibʀi]. *n. m.* (1640 ; mot des *Antilles*). Oiseau de très petite taille, à plumage éclatant, à long bec. V. **Oiseau-mouche.** « *Des colibris étincellent sur le jasmin des Florides* » (Chateaub.).

COLICITANT, ANTE [kɔlisitã, ãt]. *n. m.* et *adj.* (déb. XIXᵉ ; de *co-*, et lat. *licitans* « qui enchérit »). *Dr.* Chacun de ceux au profit desquels se fait une vente par licitation.

COLIFICHET [kɔlifiʃɛ]. *n. m.* (1640 ; altér. de *coeffichier*, ornement qu'on « *fichait* » sur la coiffe, XVᵉ). ♦ 1º Petit objet de fantaisie, sans grande valeur. V. **Babiole, bagatelle.** ♦ 2º Ornements d'un goût mesquin.

COLIMAÇON [kɔlimasɔ̃]. *n. m.* (1529 ; *caillemasson*, 1390 ; altér. de *calimaçon*, mot picard de *ca-*, et *limaçon*). ♦ 1º Limaçon, escargot. ♦ 2º *Fig. Loc. adv.* EN COLIMAÇON *en hélice. Escalier en colimaçon.*

COLIN [kɔlɛ̃]. *n. m.* (1380 ; altér. d'apr. *Colin* (Nicolas), de *cole*, néerl. *kool* (visch) ou angl. *coal* (fish) « poisson-charbon », en raison de la couleur du dos). Nom courant du merlus (*Cf.* à Paris). *Tranche, darne de colin.*

COLINÉAIRE [kɔlineɛʀ]. *adj.* (XXᵉ ; de *co-*, et *linéaire*). *Math.* Situé sur une même droite. *Points, vecteurs colinéaires.*

COLINEAU ou **COLINOT** [kɔlino]. *n. m.* (mil. XXᵉ ; de *colin*). Jeune colin. *Une tranche de colineau.*

COLIN-MAILLARD [kɔlɛ̃majaʀ]. *n. m.* (1532 ; de *Colin*, et *Maillard*, noms de personnes). Jeu où l'un des joueurs, les yeux bandés, doit chercher les autres à tâtons, en saisir un et le reconnaître. *Jouer à colin-maillard, au colin-maillard.*

COLIN-TAMPON [kɔlɛ̃tãpɔ̃]. *n. m.* (1573, « batterie de tambour des Suisses » ; de *Colin*, et *tampon*, d'apr. *tambour*). *Fam.* et vieilli. *Je m'en moque comme de colin-tampon :* je n'en ai pas le moindre souci.

1. COLIQUE [kɔlik]. *n. f.* (fin XIIIᵉ ; lat. *colica*, de *colicus* « qui souffre de la colique », gr. *kôlikos*, de *kôlon.* V. **Côlon**). ♦ 1º (*Souv. plur.*). Douleur, survenant sous forme d'accès violent, ressentie au niveau des viscères abdominaux. V. **Colite, entérite, tranchée.** *Souffrir de coliques. Coliques spasmodiques* (V. **Entéralgie**), *flatulentes* (V. **Borborygme, flatuosité**). « *Des coliques aiguës leur donnant des convulsions* » (Rouss.). — *Colique hépatique,* due à l'obstruction des canaux biliaires par un calcul. — *Colique néphrétique,* due à l'obstruction des uretères par un calcul. ♦ 2º *Loc. méd. Colique de plomb, de cuivre :* intoxication saturnine. V. **Saturnisme.** — *Colique de miserere,* produite par un étranglement intestinal. ♦ 3º *Cour.* (*au sing.*). Diarrhée. *Avoir la colique.* Fig. et vulg. *Donner la colique à qqn.* V. **Ennuyer.** *Quelle colique !* en parlant d'un individu ennuyeux. — *Avoir la colique :* avoir peur. V. **Trouille.**

2. COLIQUE [kɔlik]. *adj.* (déb. XVIIᵉ ; lat. *colicus* ; Cf. colique 1). *Méd.* Qui se rapporte au côlon. *Artère colique.*

COLIS [kɔli]. *n. m.* (1723 ; it. *colli,* plur. de *collo* « charges portées sur le cou ». V. **Coltiner**). Tout objet destiné à être expédié et remis à qqn. V. **Bagage, ballot, paquet, sac.** *Faire, ficeler un colis. Envoyer, expédier un colis. Colis postal.*

COLISTIER [kɔlistje]. *n. m.* (XXᵉ ; de *co-*, et *liste*). Dans le scrutin de liste, Candidat qui est sur la même liste qu'un autre.

COLITE [kɔlit]. *n. f.* (1835 ; du gr. *kôlon* « gros intestin »). *Méd.* Inflammation du côlon.

COLITIGANT, ANTE [kɔlitigã, ãt]. *n.* (1481 *collitigant ;* de *co-*, et *litigant* « celui qui a un procès »). *Dr.* Chacun des plaideurs engagés dans un procès à sujets multiples.

COLLABORATEUR, TRICE [kɔ(l)labɔʀatœʀ, tʀis]. *n.* (1755; lat. *collaborare.* V. **Collaborer**). ♦ 1° Personne qui travaille avec une ou plusieurs autres personnes à une œuvre commune. V. **Adjoint, aide, associé, collègue, second.** *Les collaborateurs d'une publication littéraire. Engager un collaborateur.* ♦ 2° Au cours de l'occupation allemande en France (1940-44), Français partisan d'une collaboration totale avec l'envahisseur allemand (var. *collaborationniste* [kɔ(l)abɔʀasjɔnist(ə)]; pop. *collabo* [kɔ(l)abo]).

COLLABORATION [kɔ(l)labɔʀasjɔ̃]. *n. f.* (1829; « travaux d'un couple », 1759; lat. *collaborare*). ♦ 1° Travail en commun, action de collaborer avec qqn. *La collaboration d'un spécialiste à une revue, à un journal. Livre écrit en collaboration.* V. **Association.** *Apporter sa collaboration à une œuvre.* V. **Aide, appui, concours, coopération, participation.** ♦ 2° Mouvement, attitude des collaborateurs (2°).

COLLABORATIONNISTE [kɔ(l)labɔʀa(ɔ)sjɔnist(ə)]. *adj. et n.* (v. 1940; de *collaboration*). Qui est partisan d'une politique de collaboration.

COLLABORER [kɔ(l)labɔʀe]. *v.* (1842; bas lat. *collaborare,* de *laborare* « travailler »). ♦ 1° V. tr. indir. *(À, avec).* Travailler en collaboration. *Collaborer à une revue, à un journal.* V. **Coopérer, participer** (à). « *Elle avait longtemps collaboré à la petite correspondance des journaux de modes* » (MONTHERLANT). *Collaborer avec qqn.* ♦ 2° V. intr. Agir en tant que collaborateur (2°).

COLLAGE [kɔlaʒ]. *n. m.* (1544; de *coller*). ♦ 1° Action de coller. *Collage d'une affiche.* État de ce qui est collé. — *Arts.* Papiers collés, composition faite d'éléments collés sur la toile (éventuellement intégrés à la peinture). *Les collages de Braque, de Picasso.* — *Techn.* Assemblage par adhésion. ♦ 2° Addition de colle. *Collage du papier, des étoffes, dans l'industrie.* V. **Apprêt.** — *Collage des vins :* opération qui a pour but de clarifier le vin en précipitant les matières en suspension qu'il contient. ♦ 3° *Fig. et fam.* Situation d'un homme et d'une femme qui vivent ensemble sans être mariés. V. **Concubinage.** ◊ ANT. *Décollage.*

COLLAGÈNE [kɔlaʒɛn]. *n. m.* (1869, adj.; de *colle,* et *-gène*). Protéine de la substance intercellulaire du tissu conjonctif, qui se transforme en gélatine par cuisson. — *Adj. Substances collagènes.*

COLLANT, ANTE [kɔlɑ̃, ɑ̃t]. *adj. et n. m.* (1572; de *coller*). ♦ 1° Qui adhère, qui colle. V. **Adhésif, gluant, poisseux, visqueux.** *Papier collant.* — *N. m.* Terme proposé pour remplacer « scotch » (ruban adhésif). ♦ 2° *Par anal.* Qui s'applique exactement sur une partie du corps. V. **Ajusté, étroit, serré.** « *Les femmes en robe collante* » (FROMENTIN). *N. m.* (1868) Pantalon; maillot collant. *Danseuse en collant.* — *Spécialt.* Sous-vêtement composé d'une culotte et de bas en une seule pièce. *Porter un collant, des collants.* ♦ 3° *Fig. et fam.* Ennuyeux, dont on ne peut se débarrasser. V. **Importun** (*pop.* Colle de pâte). « *Il y en a qui sont collants... Pas moyen de s'en débarrasser* » (QUENEAU). ◊ ANT. *Sec. Bouffant, large. Discret.*

COLLANTE [kɔlɑ̃t]. *n. f.* (1960; de *coller*). *Arg. scol.* Convocation pour un examen.

COLLAPSUS [kɔ(l)lapsys]. *n. m.* (1795; mot. lat., p. p. substant. de *collabi* « s'affaisser »). *Méd.* ♦ 1° État pathologique caractérisé par un malaise soudain, intense (avec ou sans perte de connaissance), une baisse de la tension, une accélération du pouls, des sueurs froides. *Collapsus cardio-vasculaire.* ♦ 2° Affaissement d'un organe dû à une compression de cause pathologique, ou provoquée intentionnellement (collapsus du poumon au cours du pneumothorax).

COLLARGOL [kɔlaʀgɔl]. *n. m.* (1907; marque déposée; de *coll-*(oïde), argent et suff. *-ol*). Argent colloïdal.

COLLATÉRAL, ALE, AUX [kɔ(l)lateʀal, o]. *adj.* (XIIIᵉ; lat. médiév. *collateralis,* de *latus, lateris* « côté »). ♦ 1° Qui est latéral par rapport à qqch. — *Anat.* Se dit d'un nerf ou d'un vaisseau accessoire qui chemine presque parallèlement à celui dont il provient. *Artère collatérale cubitale.* ◊ Qui est placé de part et d'autre d'une structure. *Sillon collatéral du bulbe, de la moelle.* — *Archit. Nef collatérale :* nef latérale d'une église. V. **Bas-côté.** *Subst. Les collatéraux :* les bas-côtés. ♦ 2° *Dr. Parents collatéraux :* membres d'une même famille descendant d'un auteur commun. *Subst. Les collatéraux.* — *Ligne collatérale* (opposé à *ligne directe*). ♦ 3° *Géogr. Points collatéraux* (au milieu de deux points cardinaux) : Nord-Est, Nord-Ouest, Sud-Est, Sud-Ouest.

COLLATEUR [kɔ(l)latœʀ]. *n. m.* (1468; lat. ecclés. *collator,* de *conferre*). Celui qui conférait un bénéfice ecclésiastique.

COLLATION [kɔ(l)lasjɔ̃]. *n. f.* (1276; lat. médiév. *collatio* « ce qu'on apporte ensemble »; de *collatus,* p. p. de *conferre*). ♦ 1° Action de conférer à qqn un titre, un bénéfice ecclésiastique, un grade universitaire. ♦ 2° (1361). Action de comparer entre eux des manuscrits, des textes, des documents (On dit aussi *collationnement* [kɔ(l)lasjɔnmɑ̃]). V. **Collationner.** ♦ 3° (1287; de la « collation » (réunion des moines).

Repas léger. V. **Encas, lunch.** *Collation de quatre heures.* V. **Goûter.**

COLLATIONNER [kɔ(l)lasjɔne]. *v.* (XIVᵉ; de *collation*). ♦ 1° V. tr. Comparer des manuscrits, des textes pour vérifier la concordance des formes. V. **Confronter, examiner, réviser;** *collation* (2°). *Collationner un écrit avec l'original.* — *Spécialt.* Vérifier l'ordre des cahiers, des feuillets d'un livre, des éléments d'une liste. ♦ 2° V. intr. (1549). Prendre une collation (3°).

COLLE [kɔl]. *n. f.* (*Cole,* 1268; lat. pop. *°colla,* gr. *kolla*). ♦ 1° Matière gluante adhésive, souvent obtenue par dessiccation de la gélatine animale ou végétale. V. **Empois, glu, poix.** *Tube, pot de colle. Pinceau à colle. Faites chauffer la colle* (fig. et fam. *Faites chauffer la colle !* quand on entend un bruit de casse). *Colle forte. Colle gomme. Colle d'amidon. Colle de poisson,* préparée avec les vessies natatoires de certains poissons. V. **Ichtyocolle.** *Colle liquide :* dissoute dans l'eau. *Colle de bureau. Colle de pâte :* colle végétale (gélose); *fig. et fam.* Se dit d'une personne dont on ne peut se débarrasser. V. **Collant.** — Se dit des pâtes, du riz trop cuits. *C'est de la colle !* ◊ *Peinture à la colle.* V. **Détrempe.** ♦ 2° (1840). *Arg. scol.* Exercice d'interrogation préparatoire aux examens, aux concours. *Passer une colle, une colle blanche.* Par ext. *Poser une colle :* une question difficile. V. **Problème, question.** ◊ Punition qui contraint un élève à venir en classe en dehors des heures de cours. V. **Consigne; coller.** ◊ HOM. *Col.*

COLLECTAGE [kɔ(l)lektaʒ]. *n. m.* (déb. XVIᵉ; de *collecter*). Action de collecter. V. **Ramassage.**

COLLECTE [kɔ(l)lɛkt(ə)]. *n. f.* (XIIIᵉ; lat. *collecta,* de *colligere* « placer ensemble »). ♦ 1° *Liturg.* Prière de la messe, entre le Gloria et l'Épître. ♦ 2° (XVIᵉ). Levée des impositions. ♦ 3° (XVIIIᵉ). Action de recueillir des dons. V. **Quête.** *Faire une collecte pour, au profit d'une œuvre. Le produit d'une collecte.* — *Par ext.* V. **Collectage.**

COLLECTER [kɔ(l)lɛkte]. *v. tr.* (1557; de *collecte*). ♦ 1° Réunir par une collecte. *Collecter des fonds, des dons.* ♦ 2° Ramasser en se déplaçant. *Collecter le lait.*

COLLECTEUR, TRICE [kɔ(l)lɛktœʀ, tʀis]. *n. m. et adj.* (1315; bas lat. *collector.* V. **Collecte**). ♦ 1° Celui qui recueille cotisations, taxes. *Collecteur d'impôts.* V. **Percepteur.** ♦ 2° Organe ou dispositif qui recueille ce qui était épars. *Électr.* Cylindre formé de lames de cuivre, qui recueille le courant d'une dynamo. *Radio. Collecteur d'ondes* (antenne, cadre). — Conduite qui recueille le contenu d'autres conduites. *Collecteur d'eaux pluviales.* V. **Drain.** — *Auto. Collecteur d'échappement.* ♦ 3° *Adj.* Qui recueille. *Égout collecteur. Barre collectrice* (électr.).

COLLECTIF, IVE [kɔ(l)lɛktif, iv]. *adj. et n. m.* (XIVᵉ; lat. *collectivus* « ramassé ». V. **Collecte**). ♦ 1° Qui comprend ou concerne un ensemble de personnes. *Travail collectif* (en équipe, en collaboration). *Œuvre, entreprise collective. Démission collective. Contrat collectif. Responsabilité collective. Conscience collective :* du groupe social, de la collectivité. V. **Social.** « *Il n'y avait plus de destins individuels, mais une histoire collective* » (CAMUS). *Propriété collective.* V. **Collectivisme.** *Billet collectif* (de groupe). ♦ 2° *Log.* Se dit d'un terme singulier et concret représentant un ensemble d'individus. — *Sujet collectif, pris au sens collectif :* sujet représenté par un terme pluriel ou par plusieurs termes réunis, lorsque la proposition est indivise (*opposé à* distributif). — *Subst. Un collectif :* un mot, un nom collectif. *Gram.* Terme singulier représentant un ensemble d'individus. *Les collectifs :* peuple, foule, ensemble. (REM. Accord des collectifs selon qu'on insiste sur la notion d'ensemble ou sur les éléments qui le composent. Ex. « *Une multitude de sauterelles* a infesté *ces campagnes* » (LITTRÉ). « *Une foule de gens diront qu'il n'en est rien* » (ACAD.). ♦ 3° *N. m.* Ensemble des dispositions d'un projet de loi de finance. *Le collectif budgétaire.* ◊ ANT. *Individuel, particulier; distributif, partitif.*

COLLECTION [kɔ(l)lɛksjɔ̃]. *n. f.* (1361, « réunion »; lat. *collectio.* V. **Collecte**).
   I. ♦ 1° (*Sens gén.*). Réunion d'objets. V. **Accumulation, amas, assemblée, groupe, réunion.** « *Les peuples, en tant qu'ils ne sont qu'une collection d'individus* » (PROUST). — *Fam. Une belle collection d'imbéciles.* — *Par ext. En voilà toute une collection* (de choses) : un grand nombre. V. **Quantité** (en). ♦ 2° Réunion d'objets ayant un intérêt esthétique, scientifique, historique, ou une valeur provenant de leur rareté. *Une belle, une riche collection. Collection privée. Pièce de collection. Collection de tableaux.* V. **Galerie, pinacothèque.** *Les collections d'un musée. Collection de livres* (V. **Bibliothèque**), *de disques* (V. **Discothèque**), *de timbres* (V. **Philatélie**). *Collection de médailles.* V. **Numismatique.** *Collection de papillons. Avoir le goût de collection. Faire collection de...* V. **Collectionner.** ♦ 3° Recueil d'ouvrages, de publications ayant une unité. *Ouvrage publié dans telle collection. Directeur de collection.* ♦ 4° Ensemble des modèles présentés en même temps. *Collection de jouets d'un voyageur de*

commerce. *Présenter sa collection*. Spécialt. (Haute couture) *La sortie des collections d'été, d'hiver. Robe de collection.*
II. *Méd.* Amas de pus.

COLLECTIONNER [kɔ(l)lɛksjɔne]. *v. tr.* (1840 ; de *collection*). Réunir pour faire une collection (2°). V. **Accumuler, amasser, grouper, réunir.** *Collectionner des objets d'art, des bibelots.* — Fig. et fam. *Il collectionne les contraventions, les échecs,* il en a beaucoup. V. **Accumuler.**

COLLECTIONNEUR, EUSE [kɔ(l)lɛksjɔnœʀ, øz]. *n.* (1829 ; de *collection*). Personne qui fait des collections. V. **Amateur, bibliophile, numismate, philatéliste.** « *Ces échanges, bonheur ineffable des collectionneurs* » (BALZ.).

COLLECTIVEMENT [kɔ(l)lɛktivmɑ̃]. *adv.* (1690 ; de *collectif*). De façon collective ; ensemble. *Collectivement et solidairement.* Gram. *Cheveu est pris collectivement dans* il a le cheveu noir.

COLLECTIVISER [kɔ(l)lɛktivize]. *v. tr.* (fin XIXe ; de *collectif*). Mettre les moyens de production aux mains de la collectivité (*collectivisation* [kɔ(l)lɛktivizasjɔ̃], n. f.). *Collectiviser des terres.*

COLLECTIVISME [kɔ(l)lɛktivism(ə)]. *n. m.* (1849 ; de propriété *collective*). ♦ 1° Doctrine représentant un socialisme non étatiste et non centralisateur. ♦ 2° *Par ext.* Régime social et doctrine de la propriété des moyens de production (et d'échange) par la collectivité. V. **Communisme, marxisme, socialisme.** ⊗ ANT. **Capitalisme, libéralisme.**

COLLECTIVISTE [kɔ(l)lɛktivist(ə)]. *adj. et n.* (1869 ; de *collectivisme*). Partisan du collectivisme. Qui a rapport au collectivisme. *Doctrine collectiviste.* V. **Socialiste.**

♦ **COLLECTIVITÉ** [kɔ(l)lɛktivite]. *n. f.* (1849 ; de *collectif*). ♦ 1° Ensemble d'individus groupés naturellement ou pour atteindre un but commun. V. **Communauté, groupe, société.** *La collectivité nationale.* V. **Nation.** *Les collectivités professionnelles.* V. **Association, syndicat.** ♦ 2° Spécialt. Circonscription administrative dotée de la personnalité morale. *Le budget des collectivités locales.* V. **Individu.**

COLLÈGE [kɔlɛʒ]. *n. m.* (1308 ; lat. *collegium* « groupement, confrérie »). ♦ 1° Corps de personnes revêtues d'une dignité, de fonctions sacrées. Antiq. *Le collège des augures.* Mod. *Collège des cardinaux. Le sacré collège* (V. **Collégial**). ♦ 2° (1549). Établissement d'enseignement. Spécialt. *Collège de France,* établissement d'enseignement supérieur, fondé par François Ier. *Professeur au Collège de France. Suivre un cours au Collège de France.* Mod. (1848) Établissement municipal d'enseignement secondaire. *Collège moderne, technique.* — *Collège libre* : établissement privé. V. **École, institution.** — *Collège de jésuites, d'oratoriens.* — *Aller au collège.* — *Par ext.* L'ensemble des collégiens. *La rentrée du collège.* ♦ 3° *Collège électoral* : ensemble des électeurs d'une circonscription.

COLLÉGIAL, IALE, IAUX [kɔleʒjal, jo]. *adj.* (1350 ; de *collège*). ♦ 1° Qui a rapport à un collège (de chanoines). *Chapitre collégial. Église collégiale* : qui, sans être cathédrale, possède un chapitre de chanoines. — Subst. *Une collégiale.* ♦ 2° Qui est exercé par un groupe, collectivement. *Pouvoir collégial.* ♦ 3° Au Québec, *Cours collégial* (ou *collégial*), n. m. Cours de formation générale et professionnelle, situé entre le secondaire et l'université. V. **Cegep.**

COLLÉGIALITÉ [kɔleʒjalite]. *n. f.* (1965 ; de *collégial*). Polit. Caractère d'un pouvoir collégial.

COLLÉGIEN, IENNE [kɔleʒjɛ̃, jɛn]. *n.* (1743 ; de *collège*). ♦ 1° Élève d'un collège. V. **Écolier, lycéen.** ♦ 2° *N. m.* Jeune homme sans expérience (Cf. Enfant de chœur).

COLLÈGUE [kɔ(l)lɛg]. *n.* (v. 1500 ; lat. *collega.* V. **Collège**). ♦ 1° Personne qui exerce une fonction par rapport à ceux qui exercent une fonction analogue. V. **Confrère.** *Un futur collègue. C'est ma collègue.* ♦ 2° (v. 1900). Fam. et région. (Midi). Camarade. *Comment ça va, collègue?*

COLLENCHYME [kɔlɑ̃ʃim]. *n. m.* (1866 ; gr. *kolla* « colle », et *enkuma* « épanchement »). Bot. Tissu de soutien de certains végétaux, formé de cellulose.

COLLER [kɔle]. *v. t.* (1320 ; de *colle*). I. *V. tr.* ♦ 1° Joindre et faire adhérer deux surfaces avec de la colle. V. **Agglutiner, fixer.** *Coller une affiche sur un mur. Feuilles de bois collées d'un contre-plaqué. Coller du papier de tapisserie.* V. **Tapisser.** *Papiers collés* (arts). V. **Collage.** *Coller la toile d'un tableau.* V. **Maroufler.** *Coller un timbre sur une enveloppe.* ♦ 2° Techn. (XVIe). Enduire, imprégner de colle. *Coller une toile,* pour lui donner de l'apprêt. V. **Encoller.** — Clarifier (du vin) avec de la colle de poisson (V. **Collage**). ♦ 3° Faire adhérer. *Le sang avait collé ses cheveux.* « *Il avait encore les yeux collés de sommeil* » (GIONO). ♦ 4° Appliquer contre. V. **Appuyer.** *Coller son visage contre la vitre. Coller qqn au mur* (pour le fusiller). *Coller son oreille à une porte,* pour écouter. Pronom. (Se coller à, contre (qqch., qqn). V. **Plaquer** (se), **serrer** (se). ♦ 5° Fam. *Coller une chose à qqn* : la lui remettre d'autorité, la lui faire accepter. V. **Donner, vendre.** — *Coller une gifle à qqn.* V. **Donner, envoyer.** ♦ 6° Pop. V. **Mettre** (Cf. Ficher, flanquer). *Collez*

ça dans un coin! On l'a collé en prison. ♦ 7° (1863). Fam. *Coller un élève* : lui poser une question à laquelle il ne peut répondre. V. **Colle** (Cf. Faire sécher). — Infliger une retenue. V. **Consigner, punir.** — *Coller un candidat* : le refuser à un examen. V. **Ajourner, refuser.** *Il a été collé à son examen.* V. **Échouer.** *Je suis collé* (opposé à reçu). ♦ 8° Fam. Rester obstinément avec (qqn). *Il me colle!* V. **Collant** (3°). — *Être collé avec qqn.* V. **Collage** (3°). « *La jolie petite serveuse avec qui il est collé* » (BEAUVOIR).
II. *V. intr.* ♦ 1° V. **Adhérer, attacher** (s'). *Ce papier colle. Langue qui colle au palais.* ♦ 2° (1829). Fig. Être ajusté, collant. ♦ 3° *Trans. indir.* Fig. *Coller à* : s'adapter étroitement. *Coller à la pensée de qqn* : s'y appliquer étroitement pour la comprendre. *Mot qui colle à une idée,* qui la traduit exactement. Loc. *Coller à la peau* : faire partie intégrante du caractère. « *Ce fatalisme* [...] *qui lui colle à la peau* » (COLETTE). ♦ 4° Intrans. (1906). Pop. V. **Aller.** *Ça colle!* cela va bien. *Qu'est-ce qui ne colle pas?*

⊗ ANT. **Arracher, décoller, détacher. Écarter** (s').

COLLERETTE [kɔlʀɛt]. *n. f.* (1309 ; de *collier*). ♦ 1° Ancienn. Tour de cou plissé. V. **Collet, fraise.** ♦ 2° Petit collet de linge fin. V. **Gorgerette.** *Collerette de batiste, de tulle.* V. **Collet.** ♦ 3° Cercle autour d'un tuyau. V. **Collet.**

COLLET [kɔlɛ]. *n. m.* (fin XIe, « cou » ; dimin. de *col*). ♦ 1° (XIIIe). Vx ou loc. Partie du vêtement qui entoure le cou. V. **Col, collerette.** *Un collet de dentelle.* ◇ Loc. fig. *Collet monté* : qui affecte l'austérité (comme les femmes qui avaient un collet très haut). *Ils sont trop collet monté.* V. **Affecté, guindé.** — *Prendre qqn au collet, lui sauter au collet* ; fig. Arrêter, faire prisonnier. *Se prendre au collet* (pour se battre). V. **Colleter** (se). ♦ 2° (1393). Partie d'une bête de boucherie entre la tête et les épaules. V. **Cou.** *Collet de veau, mouton.* ♦ 3° (v. 1550). Nœud coulant pour prendre certains animaux (au cou). V. **Lacet, lacs.** *Braconnier qui tend des collets à lapin.* ♦ 4° *Fig.* (de « cou » ou de « col »). Partie en saillie autour d'un objet, d'une pièce mécanique ; bourrelet. *Collet du palier d'un arbre de transmission.* ◇ Bot. (1704) Anneau entre la racine et la tige. — Partie d'une dent entre la couronne et la racine, qui touche la gencive. ⊗ HOM. **Colley.**

COLLETER [kɔlte]. *v. tr.* ; conjug. *jeter* (1580 ; de *collet*). Saisir qqn au collet pour lui faire violence. V. **Attaquer.** *Colleter rudement son adversaire.* — Se COLLETER. *v. pron.* V. **Battre** (se), **lutter.** *Se colleter comme des voyous.* Fig. *Se colleter avec ses difficultés* : se débattre.

COLLETEUR [kɔltœʀ]. *n. m.* (1752 ; de *collet,* 3°). Celui qui tend des collets pour prendre du gibier. V. **Braconnier.**

COLLEUR, EUSE [kɔlœʀ, øz]. *n.* (1544 ; de *collet*). ♦ 1° Celui qui fait le métier de coller du papier de tapisserie, des affiches. *Colleur d'affiches.* ♦ 2° Arg. scol. Celui qui fait passer une colle. ♦ 3° N. f. Techn. (Déb. XXe). Machine à coller les étoffes. — Appareil servant à coller les films (photographie, montage cinématographique).

COLLEY [kɔle]. *n. m.* (1877 ; angl. *collie*). Chien de berger écossais. « *Deux colleys blancs* » (COLETTE). ⊗ HOM. **Collet.**

COLLIER [kɔlje]. *n. m.* (XIIe ; *coler,* XIe ; lat. *collare, collarium,* de *collum.* V. **Cou**). ♦ 1° Cercle en matière résistante qu'on fait porter à certains animaux pour pouvoir les attacher. *Collier de chien. Collier en cuir, à grelots. Anneau, plaque d'identité d'un collier de chien.* — *Par ext.* Courroie, corde qui sert à attacher les bêtes aux champs, à l'étable. *Chèvre au collier.* ♦ 2° (1268). Partie du harnais qui entoure le cou des bêtes attelées. *Le collier d'un cheval est composé des coussins et des attelles. Cheval de collier* : cheval de trait. *Cheval franc du collier* : qui tire avec énergie. — Fig. *Être franc du collier* : agir franchement et hardiment. — Fig. *Donner un coup de collier* : fournir un effort énergique mais momentané. *Collier de misère* : travail pénible et assujettissant. V. **Chaîne, joug.** « *J'ai repris depuis longtemps mon collier habituel* » (STE-BEUVE). ♦ 3° (v. 1300). Bijou, ornement qui se porte autour du cou. *Collier très long, porté en sautoir. Collier à chaînons.* V. **Chaîne** (de cou). *Collier de perles* (V. **Rang**), *de diamants* (V. **Rivière**). *Collier en or. Collier antique.* V. **Torque.** *Collier de fleurs.* — Spécialt. Chaîne que portent les chevaliers de certains ordres. *Collier de l'ordre du Saint-Esprit.* ♦ 4° Par anal. Poils, plumes du cou des bêtes qui sont d'une couleur différente. *Pigeon à collier ; chat noir avec un collier blanc.* ◇ *Collier de barbe* : barbe courte taillée régulièrement et rejoignant les cheveux des tempes. « *Pas un poil ne dépassait la ligne de son collier blond* » (FLAUB.). ♦ 5° Techn. Cercle qui sert de renfort. *Collier de serrage* : bague métallique réglable pour serrer certains objets cylindriques. — *Archit.* Astragale qui entoure le fût d'une colonne.

COLLIGER [kɔ(l)liʒe]. *v. tr.* ; conjug. *bouger* (1535 ; lat. *colligere* « réunir ». V. **Cueillir**). Littér. ♦ 1° Réunir en recueil, une collection. ♦ 2° Relier (des abstractions) en vue d'une synthèse. « *Exposer, développer, juger, colliger* » (BEAUVOIR).

COLLIMATEUR [kɔ(l)limatœʀ]. *n. m.* (1864; de *collimation*). Partie d'une lunette qui assure la collimation. *Collimateur de visée.* — Loc fig. *Avoir, prendre (qqn) dans son collimateur,* le surveiller très étroitement; se préparer à l'attaquer.

COLLIMATION [kɔ(l)limasjɔ̃]. *n. f.* (1646; lat. *collimare,* pour *collineare*). *Astron.* Action d'orienter la vue dans une direction précise.

COLLINE [kɔlin]. *n. f.* (1555; bas lat. *collina,* de *collis* « colline »). Petite élévation de terrain de forme arrondie. V. **Éminence, hauteur.** *Petite colline.* V. **Butte, coteau.** *Montagnes et collines.* V. **Relief.** *Colline très arrondie.* V. **Mamelon.** *Le sommet, le pied d'une colline. Les sept collines de Rome.* Poét. *La double colline.* V. **Parnasse.** ⊗ HOM. *Choline.*

COLLISION [kɔ(l)lizjɔ̃]. *n. f.* (XIVe; lat. *collisio*). ♦ 1° Choc de deux corps qui se rencontrent. V. **Impact.** *Collision entre deux voitures, deux trains.* V. **Accident, télescopage.** *Entrer en collision* : heurter. ♦ 2° Lutte, combat; et *fig.* Désaccord, heurt. *La collision des intérêts.* ⊗ ANT. **Entente.**

COLLOCATION [kɔ(l)lɔkasjɔ̃]. *n. f.* (XIVe; lat. *collocatio* « placement ». V. **Colloquer**). ♦ 1° *Dr.* (1690). Classement des créanciers dans l'ordre que la loi a assigné pour leur paiement. — *Par ext.* Classement. ♦ 2° *Région.* (Belgique). *Dr.* Internement, emprisonnement. ♦ 3° *Sc.* (*Log., ling.*). Position (d'un objet, d'un élément) par rapport à d'autres.

COLLODION [kɔ(l)lɔdjɔ̃]. *n. m.* (1848; gr. *kollōdēs* « collant », de *kolla* « colle »). Dissolution de coton poudre dans de l'éther alcoolisé utilisée en chirurgie et en photographie. *Solution au collodion* (collodionnée).

COLLOÏDAL, ALE, AUX [kɔ(l)lɔidal, o]. *adj.* (1855, méd.; de *colloïde*). *Chim.* Des colloïdes. *État colloïdal,* d'une substance dispersée dans un solvant, lorsque ses molécules sont groupées en micelles portant une charge électrique de même signe (la substance ne peut traverser une membrane semi-perméable). *Systèmes colloïdaux* (aérosols, émulsions, solution, suspension, fumée).

COLLOÏDE [kɔ(l)lɔid]. *n. m.* (1845, méd.; apr. 1861, chim.; angl. *colloid,* gr. *kolla* « colle »). *Chim.* Corps à l'état colloïdal*, qui a l'apparence de la colle, de la gelée et ne peut traverser une membrane semi-perméable (opposé à *cristalloïde*).

COLLOQUE [kɔ(l)lɔk]. *n. m.* (1495 : lat. *colloquium* « entretien », rac. *loqui* « parler »). Débat entre plusieurs personnes sur des questions de doctrine. V. **Conférence, discussion.** — *Spécialt.* Débat organisé, avec moins de participants que le *congrès*. — *Par ext.* Conversation, entretien (parfois iron.) : « *Les colloques particuliers qui tendaient à se former autour des verres de porto* » (ROMAINS).

COLLOQUER [kɔ(l)lɔke]. *v. tr.* (XIIe, « placer »; lat. *collocare,* rac. *locus* « lieu ». V. **Coucher**). *Dr.* (1690). *Colloquer des créanciers* : les inscrire dans l'ordre prescrit par la loi pour leur paiement.

COLLUSION [kɔ(l)lyzjɔ̃]. *n. f.* (fin XIIIe; lat. *collusio,* de *colludere* ; de *cum* « avec », et *ludere* « jouer »). Entente secrète au préjudice d'un tiers. V. **Complicité.** — *Par ext.* V. **Accord, arrangement, entente, intelligence.**

COLLUSOIRE [kɔ(l)lyzwaʀ]. *adj.* (1596; du précéd., d'apr. les adj. en *-oire*). *Dr.* Qui est fait par collusion. *Arrangement, fraude collusoire.*

COLLUTOIRE [kɔ(l)lytwaʀ]. *n. m.* (1803; lat. *colluere* « laver »). Médicament de consistance semi-liquide destiné à agir sur les gencives et les parois de la bouche. *Appliquer un collutoire au fond de la gorge avec un porte-coton.*

COLLUVION [kɔ(l)lyvjɔ̃]. *n. f.* (1959; de *co-,* et *alluvion*). *Géol.* Fin dépôt résultant d'un remaniement voisin.

COLLYRE [kɔliʀ]. *n. m.* (*Collire,* 1120; lat. *collyrium,* gr. *kollurion* « onguent »). Médicament en général liquide, qui s'applique sur la conjonctive de l'œil.

COLMATAGE [kɔlmata3]. *n. m.* (1845; de *colmater*). Action de colmater.

COLMATER [kɔlmate]. *v. tr.* (1820; it. *colmata,* de *colmare* « combler »). ♦ 1° Exhausser un bas-fond, modifier la nature d'un sol en y faisant séjourner de l'eau riche en limon, qui s'y dépose. *Colmater un sol raviné, infertile.* ♦ 2° Boucher, fermer, luter. ♦ 3° *Fig. Milit.* Fermer, pour rétablir la continuité du front. *Colmater une brèche.*

COLOCASE [kɔlɔkaz]. *n. f.* (1540; lat. *colocasia,* du gr.). Plante tropicale dont la racine est riche en fécule.

COLOCATAIRE [kɔlɔkatɛʀ]. *n.* (1875; de *co-,* et *locataire*). Personne qui est locataire avec d'autres dans le même immeuble.

COLOCATION [kɔlɔkasjɔ̃]. *n. f.* (mil. XXe; de *co-,* et *location*). Situation des colocataires. *Être en colocation.* ⊗ HOM. *Collocation.*

COLOGARITHME [kɔlɔgaʀitm(ə)]. *n. m.* (1899; de *co-,* et *logarithme*). Logarithme de l'inverse d'un nombre (colog.) $a = \log. 1/a = -\log. a$.

COLOMBAGE [kɔlɔ̃ba3]. *n. m.* (1340; de *colombe* (XIIe), anc. var. de *colonne**). *Archit.* Système de charpente en pan de mur, dont les « vides » sont garnis d'une maçonnerie légère (V. **Hourdis**). — *Par ext.* La charpente apparente. *Maison normande à colombage.*

COLOMBE [kɔlɔ̃b]. *n. f.* (v. 1120; *colomb,* IXe; lat. *columba*). ♦ *Littér.* Pigeon considéré comme symbole de douceur, de tendresse, de pureté, de paix. *La blanche colombe, La colombe, symbole du Saint-Esprit. La colombe de l'Arche,* symbole de la paix. « *Ce toit tranquille, où marchent des colombes* » (VALÉRY). — (trad. de l'angl.) *Métaph.* Partisan d'une politique de détente, d'apaisement (*par oppos.* à Faucon*). ♦ 2° *Zool.* Nom de certaines espèces du genre pigeon (V. **Ramier; biset**). ♦ 3° *Fig.* et *vx.* Jeune fille pure, candide. — T. d'affection. *Oui, ma colombe.*

1. COLOMBIER [kɔlɔ̃bje]. *n. m.* (XIIe; de *colombe*). *Vx* ou *littér.* Pigeonnier. *Les boulins d'un colombier. La rue du Vieux-Colombier, à Paris.*

2. COLOMBIER [kɔlɔ̃bje]. *n. m.* (1752; nom du fabricant). Grand format de papier. *Colombier commercial* (0,90 m × 0,63 m).

COLOMBIN, INE [kɔlɔ̃bɛ̃, in]. *adj. et n.* (XIIIe; lat. *columbus.* V. **Colombe**). ♦ 1° *Vx.* Relatif à la colombe, au pigeon. — (XVe) *Soie colombine* : gorge de pigeon. ♦ 2° *N. m.* (v. 1580). Nom d'un minerai de plomb. ♦ 3° *N. f.* (1701). Fiente de pigeon, de volaille (V. **Guano**).

COLOMBIUM ou **COLUMBIUM.** V. **Niobium.**

COLOMBOPHILE [kɔlɔ̃bɔfil]. *adj. et n.* (1871; 1855; lat. *columbus,* et gr. *philos* « ami »). Qui élève, dresse des pigeons voyageurs. *Centre colombophile* : d'élevage des pigeons voyageurs. *Les colombophiles du Nord.*

COLOMBOPHILIE [kɔlɔ̃bɔfili]. *n. f.* (1878; du précéd.). Élevage, dressage des pigeons voyageurs.

1. COLON [kɔlɔ̃]. *n. m.* (1355; lat. *colonus,* de *colere* « cultiver »). ♦ 1° *Dr.* Cultivateur d'une terre dont le loyer est payé en nature. V. **Fermier, métayer.** — *Hist.* Personne libre attachée au sol qu'elle exploitait (diff. *esclave, serf*). ♦ 2° (1665). *Cour.* Personne qui est allée peupler, exploiter une colonie. *Les premiers colons d'Amérique.* V. **Pionnier.** — Habitant d'une colonie ressortissant de la métropole (*opposé à* indigène; métropolitain). ♦ 3° Membre d'une colonie (4°, 5°). « *Les colons de la rue Blanche* » (STE-BEUVE). *Enfant d'une colonie* (de vacances; pénitentiaire).

2. COLON [kɔlɔ̃]. *n. m.* (fin XIXe; abrév. de *colonel*). *Pop.* Colonel. — *Par ext. Eh bien, mon colon !* (exclam. d'admiration iron.).

CÔLON [kolɔ̃]. *n. m.* (1398; lat. *colon,* gr. *kôlon*). Portion moyenne du gros intestin comprise entre le cæcum et le rectum. *Le côlon ascendant, transverse, descendant, iliopelvien. Inflammation du côlon.* V. **Colique, colite.**

COLONAGE [kɔlɔna3]. *n. m.* (1808; de *colon* 1). *Dr.* Exploitation du sol par un colon. *Bail à colonage partiaire* ou à partage de fruits. V. **Métayage.**

COLONAT [kɔlɔna]. *n. m.* (1811; de *colon* 1). *Hist.* Condition du colon romain ou médiéval. État de colon; ensemble des colons.

COLONEL, ELLE [kɔlɔnɛl]. *n.* (1543; it. *colonnello,* de *colonna* « colonne d'armée »). Officier supérieur qui commande un régiment, ou une formation, un service de même importance (V. *pop.* **Colon** 2). *Colonel d'infanterie, d'aviation. Les cinq galons de colonel* (V. *lieutenant-colonel**). — *N. f.* La femme d'un colonel. *Madame la colonelle.*

COLONIAL, ALE, AUX [kɔlɔnjal, o]. *adj. et n.* (1776; de *colonia*). ♦ 1° Relatif aux colonies. *Régime colonial; expansion coloniale* (V. **Colonialisme, impérialisme**). *Comptoir colonial, produits coloniaux,* provenant des colonies (V. **Exotique**). *Troupes coloniales* (dep. 1961 : *troupes de marine*). *Casque colonial.* ♦ 2° *N. m.* Militaire de l'armée coloniale. *Un colonial.* ⊗ Habitant des colonies. V. **Colon** (1, 2°). ♦ 3° *N. f.* Les troupes coloniales. *Servir dans la coloniale.* ⊗ ANT. **Métropolitain.**

COLONIALISME [kɔlɔnjalism(ə)]. *n. m.* (1910; de *colonial*). *Péj.* Système d'expansion coloniale. V. **Colonisation.**

COLONIALISTE [kɔlɔnjalist(ə)]. *adj. et n.* (1910; *coloniste,* 1776; de *colonial*). Relatif au colonialisme. *Politique colonialiste.* — Partisan du colonialisme. *Les colonialistes, hostiles à la décolonisation, pratiquent parfois le néo-colonialisme* (colonisation économique).

COLONIE [kɔlɔni]. *n. f.* (1308, antiq.; lat. *colonia.* V. **Colon** 1). ♦ 1° *Vx.* Réunion d'hommes partis d'un pays pour aller en habiter, en exploiter un autre. *Envoyer une colonie outre-mer. Mod.* La population qui se perpétue à l'endroit où se sont fixés les fondateurs (V. **Colon** 1). *La colonie prospère, s'accroît.* ♦ 2° (1636). Le lieu où vivent les colons. *Colonie fertile, aride. Habiter les colonies.* ♦ 3° Établissement fondé par une nation appartenant à un groupe dominant dans un pays étranger à ce groupe (moins développé), et qui est placé sous la dépendance (la souveraineté) du pays occupant dans l'intérêt de ce dernier (V. *aussi* **Mandat, protectorat, tutelle**). *Ensemble de colonies* (V. **Empire, union.** *L'administration, les fonctionnaires d'une* *colonie* (V. **Gouverneur, résident**). *Les colonies anglaises* (Cf. Commonwealth, dominion), *espagnoles, françaises. Colonie de peuplement, d'exploitation. L'émancipation, l'indépendance des colonies.* V. **Décolonisation.** ♦ 4° (1863). *Colonie pénitentiaire :* établissement pour jeunes délinquants. — *Colonie de vacances :* groupement d'enfants des villes que l'on fait séjourner à la campagne (abrév. fam. : *Colo*). ♦ 5° (1835). Ensemble des personnes originaires d'une même province, d'une même ville, qui habitent une autre région ou ville. *La colonie russe de Paris.* — Groupe d'hommes vivant en communauté. *Une petite colonie de bohèmes, d'artistes.* ♦ 6° (1771). Réunion d'animaux vivant en commun. *Colonie d'abeilles.* V. **Essaim, ruche.** *Colonie de castors.* ◇ *Sc. nat.* Réunion d'individus d'une même espèce, nés les uns des autres par bourgeonnement, scissiparité (V. **Clone**) et restant unis. *Colonie de protozoaires, de coralliaires.* Biol. *Colonie microbienne :* ensemble de bactéries d'une même espèce ou variété entretenues au laboratoire pendant plusieurs générations (V. **Culture**). ◇ ANT. *Métropole. Individu.*

COLONISATEUR, TRICE [kɔlɔnizatœʀ, tʀis]. *adj. et n.* (1835; de *coloniser*). Qui colonise. *Nation colonisatrice.* — N. *Les colonisateurs :* ceux qui colonisent, fondent ou exploitent une colonie (*opposé à* colonisé).

COLONISATION [kɔlɔnizɑsjɔ̃]. *n. f.* (1769; de *colonie*). ♦ 1° Le fait de peupler de colons; de transformer en colonie. *La colonisation de l'Amérique, puis de l'Afrique, par l'Europe.* ♦ 2° Mise en valeur, exploitation des pays devenus colonies. V. **Colonialisme, impérialisme.** ◇ Fait d'annexer, d'utiliser à des fins publicitaires, mercantiles. *Colonisation des sites.* ◇ ANT. *Décolonisation.*

COLONISÉ, ÉE [kɔlɔnize]. *adj. et n.* (XIXe; V. **Coloniser**). Qui subit la colonisation. ◇ ANT. *Colonisateur.*

COLONISER [kɔlɔnize]. *v. tr.* (1790; de *colonie*). ♦ 1° Peupler de colons. ♦ 2° Faire d'un pays une colonie (3°). *Coloniser un pays pour le mettre en valeur, en exploiter les richesses.* ♦ 3° Fig. Envahir, occuper. « *Ce siège colonisé par les microbes !* » (MART. du G.).

COLONNADE [kɔlɔnad]. *n. f.* (1740; colonnate, 1675; de *colonne*). File de colonnes sur une ou plusieurs rangées, formant un ensemble architectural. *Les colonnades des temples grecs.*

COLONNE [kɔlɔn]. *n. f.* (*Columpne,* fin XIIe; de *columna, -onne, d'apr. it. colonna*).
I. ♦ 1° Archit. Support vertical d'un édifice ordinairement cylindrique (V. **Pilastre, pilier, poteau**). *Petite colonne.* V. **Colonnette.** *Base, fût, tambours, chapiteau d'une colonne. Calibre d'une colonne* (V. **Module**). *Ornements, moulures, cannelures d'une colonne. — Colonne adossée, engagée :* partiellement intégrée dans un mur, un pilier (V. **Demi-colonne, dosseret, pilastre**). *Colonne cannelée, striée. Colonne galbée, renflée, torse. Colonnes accolées, accouplées, géminées. Colonne sculptée* (V. **Atlante, cariatide**). *Les statues-colonnes du portail de Chartres.* — *Rangée de colonnes.* V. **Colonnade**; *arcature, balustrade, propylée. Colonnes d'une galerie, d'un portique, d'un cloître. Espace entre deux colonnes.* V. **Entrecolonnement.** *Édifice à colonnes.* V. **suff. -Style**; *-ptère.* ♦ 2° Monument formé d'une colonne isolée. V. **Aiguille, cippe, obélisque, stèle.** *Colonne commémorative, funéraire, rostrale. La colonne Trajane, la colonne Vendôme.* — Par ext. *Colonne Morris :* édicule cylindrique, où l'on affiche les programmes de spectacles, etc., à Paris. ♦ 3° Montant, pied cylindrique. *Lit à colonnes.* ♦ 4° Par métaph. *Les Colonnes d'Hercule :* les deux montagnes du détroit de Gibraltar. ♦ 5° Fig. *Littér.* V. **Soutien, support.** *Les colonnes de l'État.*
II. Par anal. Se dit d'objets qui se dressent, ou dont la forme allongée évoque une colonne. ♦ 1° (1694). *Colonne d'air, d'eau, de mercure,* masse de ce fluide dans un tube vertical. *Colonne barométrique.* — Par ext. *Une colonne de fumée, de feu.* ♦ 2° (1673). Sections qui divisent verticalement une page manuscrite ou imprimée. *Titres sur deux, trois colonnes. Cinq colonnes à la* (page) *une. Colonne de chiffres. La colonne des unités, des dizaines.* ♦ 3° (1680). *Milit.* Corps de troupe disposé sur peu de front et beaucoup de profondeur. *Colonne d'infanterie, d'artillerie. Défiler colonne par huit. Colonne de camions, de chars d'assaut.* V. **File.** « *Les colonnes motorisées des Italiens* » (MALRAUX). *Loc.* (esp.; de la *cinquième colonne,* qui de l'intérieur soutint les *quatre colonnes* qui attaquaient Madrid, en 1936). *Cinquième colonne :* les services secrets d'espionnage ennemi sur un territoire. ♦ 4° (1835). *Colonne vertébrale,* tige osseuse articulée qui soutient l'ensemble du squelette des vertébrés (chez l'homme 33 à 35 vertèbres*). V. **Épine** (dorsale), **rachis.** *Déviation de la colonne vertébrale.* V. **Cyphose, lordose, scoliose.** ♦ 5° Formation géologique en colonne. *Colonnes basaltiques* (V. **Orgue**). ♦ 6° (XXe). *Colonne montante :* groupant les canalisations (gaz, électricité) d'un immeuble. — *Colonne à plateaux* (de distillation). ◇ ANT. *Front, ligne* (Milit.).

COLONNETTE [kɔlɔnɛt]. *n. f.* (1546; de *colonne*). *Archit.* Petite colonne. *Les colonnettes d'un triforium.* « *De hautes colonnettes, minces comme des roseaux* » (FLAUB.).

COLOPHANE [kɔlɔfan]. *n. f.* (*Colofoine,* XVe; colofonie, XIIIe; lat. *colophonia,* mot gr. « résine de Colophon », ville de Lydie). Résine tirée de la distillation de la térébenthine (on s'en sert pour frotter les crins d'archets). V. **Arcanson.**

COLOQUINTE [kɔlɔkɛ̃t]. *n. f.* (fin XIIIe; lat. *colocynthis,* mot gr.). ♦ 1° Plante *(Cucurbitacées)* dont les fruits ronds, amers (V. **Chicotin**) fournissent un purgatif. ♦ 2° *Pop.* V. **Tête.** *Le soleil tape sur la coloquinte.*

COLORANT, ANTE [kɔlɔʀɑ̃, ɑ̃t]. *adj. et n. m.* (1690; de *colorer*). ♦ 1° Qui colore. *Substances, matières colorantes. Shampooing colorant. Principes colorants* (chlorophylle, oxyhémoglobine). ♦ 2° N. m. UN COLORANT : substance colorée qui peut se fixer à une matière pour la teindre. V. **Couleur, teinture.** *Colorants utilisés en peinture, en teinture. Colorants animaux, végétaux, artificiels, préparés* (dérivant de carbures de la série de l'anthracène, du benzène). *Principaux colorants.* V. **Alizarine, aniline, cobalt, cochenille, curcuma, éosine, fluorescéine, fuchsine, indigo, indophénol, induline, mauvéine, méthylène** (bleu de), **naphtalène, nerprun, purpurine, quercitrine, rocou, rosaniline, safran, sépia, stil-de-grain, thionine, tournesol, xylidine...** ◇ ANT. *Décolorant.*

COLORATION [kɔlɔʀɑsjɔ̃]. *n. f.* (1468; de *colorer*). Action de colorer; état de ce qui est coloré. V. **Couleur.** *Coloration brillante, éclatante, vive. Coloration de la peau, du teint.* V. **Carnation, pigmentation.** *Coloration naturelle, artificielle.* — *T. de coiffure.* Teinture. *Se faire faire une coloration* (après une décoloration* des cheveux). ◇ Fig. *Coloration de la voix, d'un sentiment :* aspect particulier (V. **Colorer, 3°**). ◇ ANT. *Décoloration.*

-COLORE. Élément, tiré du lat. *color* « couleur » (*ex. :* incolore, tricolore).

COLORÉ, ÉE [kɔlɔʀe]. *adj.* (1280; V. **Colorer**). ♦ 1° Qui a de la couleur; *spécialt.* de vives couleurs. *Teint coloré.* V. **Rouge, vermeil.** ♦ 2° Fig. Animé, expressif. *Style coloré. Conversation colorée, pittoresque.* ◇ ANT. *Décoloré, pâle.*

COLORER [kɔlɔʀe]. *v. tr.* (1160; dér. anc. de *couleur,* refait sur lat. *colorare*). ♦ 1° Revêtir de couleur; donner une certaine teinte. V. **Teindre, teinter** (bleuir, jaunir, rougir, verdir, etc.). *Le soleil colore le couchant. Les raisins commencent à se colorer. Colorer en bleu, en rouge, avec des colorants, avec de la peinture.* V. **Colorier, peindre.** *Colorer une matière plastique, du verre, un tissu.* ♦ 2° (XIIIe). *Littér.* Donner une belle apparence, présenter sous un jour, sous un aspect favorable. « *Colorer de sophismes subtils ses passions et ses préjugés* » (ROUSS.). V. **Farder, orner, revêtir.** ♦ 3° (Surtout pronom.). Donner un aspect particulier, changeant. V. **Empreindre.** *Cette tendresse « qui se colore de curiosité »* (DUHAM.). ◇ ANT. *Décolorer.*

COLORIAGE [kɔlɔʀjaʒ]. *n. m.* (1830; de *colorier*). Action de colorier; son résultat. *Un mauvais coloriage, trop vif. Un album de coloriages.*

COLORIER [kɔlɔʀje]. *v. tr.* (1550; de *coloris*). Appliquer des couleurs sur (une surface, spécialt. du papier). V. **Enluminer.** *Colorier une carte, une estampe, une gravure. Album à colorier. Colorier aux crayons de couleurs, à l'encre, à l'aquarelle, au lavis.*

COLORIMÈTRE [kɔlɔʀimɛtʀ(ə)]. *n. m.* (1855; de *color* « couleur », et *-mètre*). *Phys.* Instrument servant à mesurer l'intensité de coloration d'un liquide.

COLORIMÉTRIE [kɔlɔʀimetʀi]. *n. f.* (fin XIXe; de *colorimètre*). *Chim.* Usage d'indicateurs colorés.

COLORIS [kɔlɔʀi]. *n. m.* (1615; adj., XVIe; it. *colorito,* de *colorire* « colorier »). ♦ 1° Effet qui résulte du choix, du mélange et de l'emploi des couleurs dans un tableau. « *La vigueur et l'éclat du coloris* » (DIDER.). *Beauté, perfection, vigueur d'un coloris.* ♦ 2° Couleur du visage, des fruits. V. **Carnation.** *Le coloris des joues. Le coloris des joues.* V. **Teint.** ♦ 3° Fig. Éclat d'un style imagé et vivant. « *Le style français qui a le plus de coloris* » (STENDHAL).

COLORISTE [kɔlɔʀist(ə)]. *n.* (1660; de *coloris*). ♦ 1° Peintre habile dans le coloris; peintre qui s'exprime surtout par la couleur. *Les coloristes et les dessinateurs.* Adj. *Être plutôt coloriste.* ♦ 2° Personne qui colorie des estampes, des cartes. V. **Enlumineur.** ♦ 3° Spécialiste de la couleur, en matière d'esthétique industrielle. *Coloriste-conseil.* ♦ 4° Spécialiste de la coloration* en matière capillaire (ancien. *Teinturière*).

COLOSSAL, ALE, AUX [kɔlɔsal, o]. *adj.* (fin XVIe; de *colosse*). Qui est extrêmement grand. V. **Démesuré, énorme, gigantesque, herculéen, immense, monumental, titanesque.** *Taille colossale. Une statue colossale.* — Fig. *Un État d'une puissance colossale. Ressources, richesses colossales.* — Subst. *Le goût, la manie du colossal.* ◇ ANT. *Minuscule, petit.*

COLOSSALEMENT [kɔlɔsalmɑ̃]. *adv.* (1846; de *colossal* .

D'une manière colossale. *Il est colossalement riche.* V. **Immensément.**

COLOSSE [kɔlɔs]. *n. m.* (1495; lat. *colossus*, gr. *kolossos*). ♦ 1° Statue d'une grandeur extraordinaire. *Le colosse de Rhodes.* ♦ 2° (1668). Homme, animal de haute et forte stature, d'une grande force apparente. *Cet homme est un colosse.* V. **Géant, hercule.** ♦ 3° Personne ou institution considérable, très puissante. ◇ ANT. **Nain, pygmée.**

COLOSTRUM [kɔlɔstrɔm]. *n. m.* (*Colostre,* 1564; mot lat.). Premier lait d'une accouchée.

COLPORTAGE [kɔlpɔRtaʒ]. *n. m.* (1723; de *colporter*). Action de colporter. Métier du colporteur. *Règlements sur le colportage.* — *Littératures de colportage,* se dit des ouvrages populaires diffusés par colporteurs (du XVIᵉ au XIXᵉ s.).

COLPORTER [kɔlpɔRte]. *v. tr.* (1539; a. fr. *comporter;* lat. *comportare* « transporter », modifié par *col;* Cf. **Coltiner**). ♦ 1° Transporter avec soi des marchandises pour les vendre. *Colporter des marchandises, des livres.* ♦ 2° Transmettre (une information) à de nombreuses personnes (souvent *péj.*). V. **Divulguer, propager, rapporter, répandre.** *Colporter une nouvelle, une histoire scandaleuse : la raconter à l'un et à l'autre. « Jusqu'au soir, de bureau en bureau, il fut colporter la nouvelle »* (COURTELINE).

COLPORTEUR, EUSE [kɔlpɔRtœR, øz]. *n.* (1533; adj., 1388; de *colporter*). ♦ 1° Marchand ambulant qui vend ses marchandises de porte en porte. V. **Camelot** (2). *Colporteur d'articles de mercerie, de toiles, de livres.* — Adj. *Un marchand colporteur.* ♦ 2° *Fig. Un colporteur, une colporteuse de nouvelles :* celui, celle qui les propage autour de lui, d'elle.

COLT [kɔlt]. *n. m.* (1867, *revolver colt;* nom de l'inventeur). Revolver (dans les histoires de l'Ouest américain). *Le cow-boy tira son colt.* ◇ *Mod.* Pistolet automatique américain (11,4 mm).

COLTINAGE [kɔltinaʒ]. *n. m.* (1890; de *coltiner.* V. **Coltineur**). Action de coltiner.

COLTINER [kɔltine]. *v. tr.* (1849; « prendre au collet », 1790; pour *colletiner,* de *collet,* rad. *col* « cou »). ♦ 1° Porter (un lourd fardeau) sur le cou, les épaules. *Par ext.* Porter. V. **Transbahuter.** *« Quand il apportait un paquet, même lourd et encombrant, il le coltinait tout seul »* (DUHAM.). ♦ 2° *Fam.* SE COLTINER. V. **Exécuter, faire.** *Je ne vais pas me coltiner seul tout ce travail.*

COLTINEUR [kɔltinœR]. *n. m.* (1824; de *coltiner*). *Vx.* Portefaix qui porte de lourds fardeaux sur la tête, les épaules (à l'aide du *coltin,* grand chapeau de cuir qui protège le *cou*).

COLUMBARIUM [kɔlɔmbarjɔm]. *n. m.* (1752, antiq.; lat. *columbarium* « colombier »). Édifice où l'on place les urnes cinéraires. *Des columbariums.* — Parfois francisé en COLOMBAIRE [kɔlɔbɛR] *n. m.*

COLUMELLE [kɔlymɛl]. *n. f.* (fin XVIᵉ, « champignon »; lat. *columela,* dimin. de *columna* « colonne »). *Zool.* (1802). Axe de la coquille des gastéropodes. — *Anat.* Axe central conique du limaçon de l'oreille interne.

COL-VERT ou **COLVERT** [kɔlvɛR]. *n. m.* (*Cou-vert,* 1611; de *col,* et *vert*). Canard sauvage commun. *Des cols-verts.*

COLZA [kɔlza]. *n. m.* (1664; néerl. « semence *(zaad)* de chou *(kool)* »). Plante à fleurs jaunes (variété de chou), cultivée comme plante fourragère, et pour ses graines qui donnent une huile propre à l'éclairage et au graissage. *Huile de colza. Champ de colza.*

COLZATIER [kɔlzatje]. *n. m.* (mil. XXᵉ; de *colza*). Agriculteur qui cultive le colza.

COM-. Élément, du lat. *cum* « avec ». V. **Con-.**

COMA [kɔma]. *n. m.* (1721; gr. *kôma* « sommeil profond »). *Méd.* État pathologique caractérisé par une perte de conscience, de sensibilité et de motilité, avec conservation relative des fonctions végétatives. *Entrer, être dans le coma. Coma dépassé,* coma très profond et total où la survie est assurée uniquement par des moyens artificiels (respiration artificielle, stimulateur cardiaque, perfusion intraveineuse). ◇ HOM. **Comma.**

COMATEUX, EUSE [kɔmatø, øz]. *adj.* (1616; lat. méd. *coma*). Qui a rapport au coma. *État comateux.* — Qui est dans le coma. Subst. *Un comateux.*

COMBAT [kɔba]. *n. m.* (1539; de *combattre*). ♦ 1° Action de deux ou de plusieurs adversaires armés, de deux armées qui se battent. *Spécialt.* Phase d'une bataille. V. **Action, baroud, choc, engagement, mêlée, rencontre.** *Combat offensif* (V. **Attaque; assaut**), *défensif. Petit combat.* V. **Échauffourée, escarmouche.** *Combat d'avant-gardes, d'arrières-gardes. Groupes de combat d'une section d'infanterie. Combat à l'arme blanche* (corps à corps). *Combat aérien. Combat naval. Branle-bas de combat. Marcher au combat. Livrer combat. Art de conduire, de mener le combat.* V. **Tactique.** — *Combat acharné, sanglant.* V. **Massacre.** *Être mis hors de combat :* dans l'impossibilité de poursuivre la lutte. — *Littér. Les combats :* la guerre. *« Le Dieu des combats ».* — *De combat :* de guerre. *Char, gaz de combat. Tenue de combat.* — Au

moyen âge. *Combat singulier.* V. **Duel.** *Combat judiciaire,* dont l'issue décidait entre l'accusateur et l'accusé ou leur champion. *Combat en champ clos.* ♦ 2° Le fait de se battre. V. **Bagarre, bataille, rixe.** ◇ *Fig.* Dispute, querelle. *« Elle fuyait le combat devant la petite fille agressive »* (MAURIAC). ♦ 3° *Antiq.* Exercice, jeu de lutte où les champions disputaient un prix. *Combats d'athlètes. Combat à coups de poing.* V. **Pugilat.** *Combat du cirque, combats de gladiateurs.* — *Mod. Combat de boxe.* ◇ Action d'animaux qui se battent ou que l'on fait se battre. *Combat de coqs.* ♦ 4° *Fig. et littér.* Lutte, opposition. *Un combat d'esprit, de générosité.* V. **Antagonisme, émulation; assaut.** ◇ Lutte de l'homme contre les obstacles, les difficultés. *« Cette vie est un combat perpétuel »* (VOLT.). — *Combattre, soutenir le bon combat :* lutter pour la bonne cause. ◇ (Sujet de chose) *Le combat de la vie et de la mort, de l'art et de la nature.* ◇ Loc. *De combat* (Cf. *De choc*). *Une littérature de combat.*

COMBATIF, IVE [kɔbatif, iv]. *adj.* (1897; de *combattre*). Qui est porté au combat, à la lutte. V. **Agressif.** *Esprit, instinct combatif. Humeur combative.* — Subst. *Un combatif.*

COMBATIVITÉ [kɔbativite]. *n. f.* (1839; de *combattre*). Penchant pour le combat, la lutte. *La combativité d'une troupe :* son ardeur belliqueuse (V. **Moral**).

COMBATTANT, ANTE [kɔbatã, ãt]. *n. et adj.* (XIIᵉ; adj. participial de *combattre*).

I. ♦ 1° *N. m.* Homme qui prend part à un combat, à une guerre. V. **Guerrier, soldat.** *Une armée de cent mille combattants.* Le moral des combattants. *« Et le combat cessa, faute de combattants »* (CORN.). — *Spécialt. Les combattants d'une armée,* ceux qui se battent, par opposition aux non-combattants de l'Intendance, du Service sanitaire. — *Anciens combattants :* combattants d'une guerre, groupés en associations. — *Fém. Une combattante.* — Adj. *Troupes combattantes. Unité combattante.* ♦ 2° *Fam.* Personne qui se bat à coups de poing. V. **Adversaire, antagoniste.** *Séparer les combattants.*

II. *N. m. Zool.* ♦ 1° Oiseau échassier (*Charadriidés*), dont le mâle se bat au printemps. ♦ 2° Poisson d'Extrême-Orient, aux vives couleurs. Adj. *Poissons combattants.*

COMBATTRE [kɔbatr(ə)]. *v.;* conjug. *battre* (1080; lat. pop. °*combattere,* bas lat. *combattuere,* de *cum* « avec », et *battuere.* V. **Battre**).

I. *V. tr.* ♦ 1° Se battre contre. V. **Battre (se), lutter (contre); assaillir.** *Combattre un adversaire, l'ennemi. Par ext.* Faire la guerre à. *Napoléon combattit l'Europe.* ♦ 2° S'opposer à, lutter contre. *Combattre les contradicteurs, un argument.* V. **Attaquer, contredire, réfuter.** *Combattre une hérésie. « Combattre des erreurs »* (CHATEAUB.). ♦ 3° Aller contre, s'efforcer d'arrêter (un mal, un danger). *Combattre un incendie. Médicaments qui combattent avec succès telle maladie. Combattre ses habitudes. « Vous ne pourriez pas combattre la jalousie, si vous le vouliez »* (SAND).

II. *V. tr. indir.* (contre, avec), et *intr.* ♦ 1° Livrer combat. *Combattre contre son ennemi, avec ses alliés. Combattre pour la cause du droit.* ◇ Faire la guerre. V. **Battre (se).** *Combattre pied à pied, corps à corps. Ces troupes vont monter en ligne pour combattre.* V. **Engager** (être engagé). ♦ 2° Lutter contre (un obstacle, un danger, un mal). *Combattre contre la faim, la maladie.*

◇ ANT. **Apaiser, concilier, pacifier. Approuver, soutenir.**

COMBE [kɔb]. *n. f.* (fin XIIᵉ, repris XVIIIᵉ; gaul. °*cumba* « vallée »). *Région.* Dépression, vallée profonde. V. **Ravin.** *Les combes du Jura sont des entailles dans l'anticlinal d'un plissement.*

COMBIEN [kɔbjɛ]. *adv. et conj.* (XIᵉ; de l'a. fr. *com* « comme », et *bien*). ♦ 1° Dans quelle mesure, à quel point. V. **Comme.** *Si vous saviez combien je l'aime ! Vous verrez combien le monde est méchant.* V. **Si.** *Combien il a changé !* V. **Que** (*fam.* Ce que). Littér. *Combien rares sont les gens désintéressés.* ♦ 2° COMBIEN DE : quelle quantité, quel nombre. *« Oh ! combien de marins, combien de capitaines... »* (HUGO). *Combien a-t-il de livres? Depuis combien de temps, de jours, êtes-vous ici? Je ne sais combien de : beaucoup. Pop.* (Faute) *Combien qu'ils sont?* — *Absolt.* Quelle quantité (distance, temps, prix, etc.). *Combien y a-t-il d'ici à la mer? Combien cela coûte-t-il? Combien vous dois-je? Combien? Ça fait combien?* (pop.). ◇ *Exclam.* Un grand nombre. *Combien de fois ne lui a-t-on pas répété ! Combien en a-t-on vus !* ♦ 3° LE COMBIEN. V. **Quantième.** *Le combien êtes-vous? — Le sixième. Fam. Le combien sommes-nous? quel jour sommes-nous? Tous les combien passe l'autobus?* ♦ 4° *Ô combien!* (souvent en incise). *Un personnage équivoque, ô combien!* : très équivoque.

COMBIENTIÈME [kɔbjɛtjɛm]. *adj.* (XXᵉ; de *combien*). *Pop.* (faute). Qui est à un rang (qu'on ignore). V. **Quantième.** Subst. *C'est le combientième?*

COMBINAISON [kɔbinɛzɔ]. *n. f.* (1680; pour *combination,* 1361; bas lat. *combinatio,* de *combinare* « combiner »). ♦ 1° Assemblage d'éléments dans un arrangement déterminé. V. **Arrangement.** *Combinaison de couleurs, de lignes.*

V. **Composition, constitution, disposition, organisation.** *Combinaison de styles.* V. **Alliance, amalgame, mélange, réunion.** *Combinaison de sons.* V. **Accord, contrepoint, harmonie.** *Math.* Chacune des manières de grouper une collection d'objets ; choix d'un nombre déterminé d'objets différents parmi un nombre plus grand. *Combinaison de n objets pris p à p (p < n).* ♦ 2° (1671). Union des atomes des éléments qui entrent dans un composé. V. **Synthèse.** *La combinaison de deux volumes d'hydrogène et d'un volume d'oxygène donne de l'eau. Corps permettant la combinaison de deux autres.* V. **Catalyseur.** — Corps résultant de cette opération. V. **Combiné, composé.** ♦ 3° (1663). *Fig.* Organisation précise de moyens en vue d'assurer le succès d'une entreprise. V. **Agencement, arrangement, moyen ; calcul, combine, manœuvre, manigance.** *Trouvez une combinaison pour en sortir!* V. **Système, truc.** *Des combinaisons financières, politiques.* — *Combinaison ministérielle* : réunion de ministres qui composent un ministère déterminé. V. **Composition.** « *Un portefeuille dans la prochaine combinaison* » (ROMAINS). ♦ 4° (1895 ; trad. angl. : « Vêtement qui en *combine* deux »). *Combinaison de femme* : sous-vêtement féminin, comportant un haut et une partie remplaçant le jupon. ◇ *Combinaison d'homme* : vêtement de travail ou de combat réunissant veste et pantalon. V. **Bleu.** « *Ceux qui portaient les combinaisons de mécanicien à fermeture éclair* » (MALRAUX). ♦ 5° Système d'ouverture d'un coffre-fort. ◇ ANT. **Analyse, décomposition, dissolution.**

COMBINARD, ARDE [kɔ̃binaʀ, aʀd]. *adj.* (déb. XXᵉ ; de *combine*). *Fam.* et *péj.* Qui utilise les combines*. V. **Malin.** *Un garçon combinard.* Subst. *Un drôle de combinard.*

COMBINAT [kɔ̃bina]. *n. m.* (1949 ; mot russe de même o. que *combiner*). En U.R.S.S., Groupement de plusieurs industries connexes. V. **Complexe ; intégration.**

COMBINATEUR [kɔ̃binatœʀ]. *n. m.* (1907 ; déb. XVIIIᵉ, « celui qui combine » ; de *combiner*). *Techn.* Appareil coordonnant les circuits de moteurs électriques.

COMBINATOIRE [kɔ̃binatwaʀ]. *adj.* et *n. f.* (1732, philo. ; de *combiner*). ♦ 1° Adj. Relatif aux combinaisons, à leur dénombrement et leur mise en ordre ; qui procède par combinaison d'éléments. *Analyse combinatoire* : calcul traitant des arrangements, permutations et combinaisons. — Qui combine. « *Les forces combinatoires* » *de l'esprit* (VALÉRY). ♦ 2° *N. f.* Arrangement d'éléments selon un certain nombre de combinaisons. — *Analyse systématique des combinaisons possibles. La combinatoire logique de divers facteurs. Une riche combinatoire.*

COMBINE [kɔ̃bin]. *n. f.* (fin XIXᵉ ; de *combinaison*). *Fam.* Moyen astucieux et souvent déloyal employé pour parvenir à ses fins. V. **Système, tuyau, truc.** *Tu connais la combine pour entrer sans payer?* (Cf. pop. **Resquille**). « *L'argent, c'est le vol, la combine* » (GIRAUDOUX). *Qui utilise des combines.* V. **Combinard.**

COMBINÉ, ÉE [kɔ̃bine]. *adj.* et *n. m.* (1752, milit. V. **Combiner**). ♦ 1° Qui forme une combinaison. *Ce regard traqué* « *que donnent l'inquiétude et la peur combinées* » (GIDE). — Milit. *Opérations combinées* : faites par plusieurs armées. ♦ 2° *N. m. Chim.* Composé. ◇ Partie mobile d'un appareil téléphonique réunissant écouteur et microphone. *Reposer le combiné sur son support.* — Appareil réunissant récepteur-radio, tourne-disque, etc. ◇ Appareil volant réunissant les caractères de l'avion, de l'hélicoptère. ◇ Sous-vêtement formé d'une gaine-culotte et d'un bustier. ◇ *Sport.* Épreuve complexe (ski : descente et slalom). ◇ ANT. **Simple.**

COMBINER [kɔ̃bine]. *v. tr.* (XIIIᵉ ; lat. *combinare* « réunir »). ♦ 1° (1361). Réunir (des éléments), le plus souvent dans un arrangement déterminé. V. **Arranger, assembler, associer, composer, disposer, ordonner, unir.** *Combiner des signes, des mouvements, des sons.* ♦ 2° *Chim.* Unir (des corps simples) pour obtenir un composé. ♦ 3° *Fig.* Organiser en vue d'un but précis. V. **Agencer, calculer, concerter, élaborer, méditer, organiser, préparer.** *Combiner un voyage, des projets.* « *Albertine avait combiné à mon insu... le plan d'une sortie* » (PROUST). *Combiner un mauvais coup.* V. **Machiner, manigancer, ourdir, trafiquer, tramer.** ◇ ANT. **Disperser, isoler, séparer.**

COMBLANCHIEN [kɔ̃blɑ̃ʃjɛ̃]. *n. m.* (XXᵉ ; nom de village). *Techn.* Calcaire dur utilisé en construction. *Façade en comblanchien.*

1. COMBLE [kɔ̃bl(ə)]. *n. m.* (1175, « tertre » ; lat. *cumulus* « amoncellement » V. **Cumuler**), employé pour *culmen* ». ♦ 1° *Rare.* Surcroît qui peut tenir au-dessus des bords d'une mesure pleine. V. **Supplément, surplus, trop-plein.** *Le comble d'un boisseau.* ♦ 2° *Fig.* Le plus haut degré. V. **Faîte, maximum, sommet, summum.** *Le comble du ridicule. C'est le comble de la difficulté. Être au comble de la joie.* Ellipt. *C'est le comble, c'est un comble!* il ne manquait plus que cela (se dit d'une chose désagréable). Cf. *C'est complet, c'est trop fort.* ♦ 3° (XIIIᵉ ; d'apr. le sens pop. de *cumulus*, pour *culmen* « sommet »). *Archit.* Construction surmontant un édifice et destinée à en supporter le toit. V. **Charpente.** *Comble métallique,*

comble en bois. Poutres d'un comble. V. **Arbalétrier, chevron, faîtage, panne, poinçon, sablière, semelle, tirant.** *Couverture d'un comble.* V. **Lattis.** *Comble à un pan* (V. **Appentis**) ; *en pavillon.* V. **Flèche.** *Comble plat.* V. **Terrasse.** *Comble brisé* ou *à la Mansart. Faux comble* : partie du comble où l'on ne peut aménager de logement. ◇ Cour. *Le comble* ou *les combles* : partie la plus haute d'une construction. *Aménager les combles en grenier, en appartement.* V. **Attique, mansarde.** *Loger sous les combles, sous le toit*.* ◇ Loc. *De fond en comble* : de haut en bas (de la cave au grenier). *Remuer la maison de fond en comble. Détruire de fond en comble* : complètement. ◇ ANT. **Bas, base, cave, fondation. Minimum.**

2. COMBLE [kɔ̃bl(ə)]. *adj.* (fin XIIᵉ ; de *combler*). ♦ 1° Qui est rempli par-dessus les bords. *Une mesure comble.* Fig. *La mesure est comble* : on ne peut rien ajouter, rien supporter de plus. ♦ 2° Rempli de monde. V. **Plein.** *Impossible d'entrer dans la salle, qui était comble. L'autobus est comble.* V. **Bondé, bourré, complet.** ◇ ANT. **Désert, vide.**

COMBLEMENT [kɔ̃bləmɑ̃]. *n. m.* (XVIᵉ ; de *combler*). Le fait de combler, de boucher. *Le comblement d'un puits, d'un lac.*

COMBLER [kɔ̃ble]. *v. tr.* (XIIᵉ ; lat. *cumulare* « amonceler ». V. **Comble**). ♦ 1° *Rare.* Remplir par-dessus les bords. *Combler une mesure.* — Fig. *Combler la mesure* : commettre une dernière action qui fait cesser la patience et l'indulgence des autres. V. **Dépasser** (les bornes), **exagérer, passer** (la mesure). *Il a comblé la mesure en ne répondant pas à ma lettre. Ses bêtises ont comblé la mesure.* ♦ 2° *Combler* (qqn) *de* : donner à profusion. V. **Abreuver, accabler, couvrir, gorger.** Vx. *Combler de malheurs, de douleurs.* Mod. *Combler de cadeaux. Cela me comble de joie.* « *L'érudition de son employé le comblait d'aise* » (COURTELINE). *Comblé d'honneurs.* V. **Chargé.** ♦ 3° Remplir (un vide, un creux). V. **Boucher.** *Cantonniers, terrassiers qui comblent les creux d'une route.* V. **Remblayer.** *Combler un fossé, une ornière.* V. **Aplanir, niveler.** *Combler un lac, un puits. Combler un jour, un interstice.* V. **Obturer.** ♦ 4° Fig. *Combler une lacune.* — *Combler un déficit.* — *Combler un vide* (moral), *un besoin. Combler les vœux de qqn* : les exaucer. ♦ 5° *Combler qqn* : le satisfaire pleinement. *Vous me comblez!* vous êtes trop aimable. V. **Gâter.** — *Je suis comblé* : très satisfait. ◇ ANT. **Creuser, vider. Nuire.**

COMBURANT, ANTE [kɔ̃byʀɑ̃, ɑ̃t]. *adj.* (1789 ; lat. *comburens*, de *comburere* « brûler »). *Chim., Techn.* Se dit d'un corps qui, en se combinant avec un autre corps, opère la combustion de ce dernier (le combustible). — Subst. *L'oxygène est un comburant.*

COMBUSTIBILITÉ [kɔ̃bystibilite]. *n. f.* (XVIᵉ ; de *combustible*). Propriété des corps combustibles.

COMBUSTIBLE [kɔ̃bystibl(ə)]. *adj.* et *n. m.* (1390 ; de *combustion*). ♦ 1° Adj. Qui a la propriété de brûler. *Matière combustible.* — Spécialt. *Corps combustible* : corps qui produit de l'énergie calorifique par combustion. ♦ 2° *N. m.* Les combustibles : les corps utilisés pour produire de la chaleur. *Combustibles solides naturels* (V. **Anthracite, bois, houille, lignite, tourbe**), *artificiels* (V. **Boghead, boulet, briquette, charbon** (de bois), **coke**). *Combustibles liquides.* V. **Alcool, essence, goudron, huile** (minérale, lourde), **mazout, pétrole.** *Combustibles gazeux.* V. **Acétylène, butane, gaz, méthane, propane.** *Combustibles fossiles* (houille, pétrole). — *Combustible nucléaire* : l'élément qui entretient la réaction en chaîne.

COMBUSTION [kɔ̃bystjɔ̃]. *n. f.* (1150 ; lat. *combustio*, de *comburere* « brûler »). ♦ 1° Cour. Le fait de brûler entièrement par l'action du feu. V. **Calcination, ignition, incendie, inflammation.** *Résidu d'une combustion.* V. **Cendre.** *Combustion d'un gaz dans un brûleur, un chalumeau. Poêle à combustion lente. Moteur à combustion interne.* ♦ 2° Fig. et vieilli. État de désordre, de tumulte. V. **Conflagration, effervescence.** « *Elle a la tête tout en combustion pour le mariage* » (SAND). ♦ 3° Chim. (*Fin* XVIIIᵉ). Combinaison d'un corps avec l'oxygène. V. **Oxydation.** *Combustion vive, avec un dégagement de lumière et de chaleur. Combustion lente, l'oxydation se faisant lentement* (V. **Rouille**). *Combustion de l'air dans les poumons.*

COMÉDIE [kɔmedi]. *n. f.* (1361 ; lat. *comædia* « pièce de théâtre »).

I. Ⓐ ♦ 1° *Vx.* Toute pièce de théâtre. V. **Pièce, spectacle.** « *Racine a fait une comédie qui s'appelle Bajazet* » (SÉV.). Littér. « *Une ample comédie à cent actes divers* (les fables) » (LA FONT.). ♦ 2° (1677). *Vieilli.* Lieu où se joue la pièce de théâtre. V. **Théâtre.** *Aller à la comédie.* — *Vx.* Troupe de comédiens. *Toute la comédie paraît dans la cérémonie du* « *Malade imaginaire* ». Mod. *La Comédie-Française* : le Théâtre français. ♦ 3° La représentation de la pièce. *Jouer la comédie.* V. **Comédien.** Ⓑ Fig. ♦ 1° (XVIIᵉ). Vieilli. *Donner la comédie* : se faire remarquer, se donner en spectacle par des manières originales et ridicules (V. **Cabotiner**). Mod. (*Enfants*) Attitude insupportable, désagréable. *Allons, pas de comédie!* V. **Caprice.** ◇ *Jouer la comédie* : affecter, feindre (des sentiments, des pensées). V. **Mentir, tromper.** *Tout cela* *est pure comédie.* V. **Déguisement, feinte, hypocrisie, invention, mensonge, plaisanterie, simulation,** *Quelle comédie!* « *Il n'y a point d'amour sans une part de comédie* » (JALOUX). ♦ 2° Littér. *La comédie humaine :* l'ensemble des actions humaines considéré comme se déroulant suivant des normes, pour atteindre à un dénouement. *La Comédie humaine,* de Balzac.

II. (XVIᵉ). *Mod.* ♦ 1° Pièce de théâtre ayant pour but de divertir en représentant les travers, les ridicules des caractères et des mœurs d'une société (au début, elle dépeint les bourgeois). *Les comédies de Molière. Comédie de mœurs. Comédie de caractères. Comédie d'intrigue, de situation* (V. **Comique**). *Comédie à ariettes, ou à couplets.* V. **Vaudeville.** *Littér. Comédie larmoyante* (au XVIIᵉ). — *Une courte comédie.* V. **Farce, saynète, sketch.** *Comédie de boulevard*, comédie-ballet. Comédie musicale* (théâtre, cinéma). *Tragi-comédie.* V. **Tragi-comédie.** — *La comédie et la tragédie antique* (le socque* et le cothurne). ♦ 2° Le genre comique. *Préférer la comédie à la tragédie.* « *J'aime peu la comédie qui tient toujours plus ou moins de la farce et de la bouffonnerie* » (VIGNY). « *La comédie, qui est l'école des nuances* » (FLAUB.). ♦ 3° *Fig. Un personnage de comédie :* une personne qu'on ne prend pas au sérieux.

COMÉDIEN, IENNE [kɔmedjɛ̃, jɛn]. *n.* et *adj.* (v. 1500; de *comédie*). ♦ 1° Personne qui joue la comédie (I) sur un théâtre. V. **Acteur, artiste, mime.** *Une troupe de comédiens. L'art du comédien. Comédien de talent. Mauvais comédien.* V. **Cabot.** *Anciens comédiens ambulants.* V. **Baladin, histrion.** *Le paradoxe sur le comédien,* de Diderot. ♦ 2° *Fig.* (XVIIᵉ). Personne qui se compose une attitude, feint, « joue la comédie ». V. **Hypocrite.** *Quel comédien! Il nous ferait pleurer.* *Adj. Elle est un peu comédienne.* ♦ 3° (*Opposé à* tragédien). *Acteur comique. Il est meilleur comédien que tragédien.* ◇ ANT. *Sincère, vrai.*

COMÉDON [kɔmedɔ̃]. *n. m.* (1855; lat. *comedere* « manger »). Petit amas de matière sébacée, centré par un point noir, qui bouche un pore de la peau. (fam. *Point noir*). V. **Acné, séborrhée.**

COMESTIBILITÉ [kɔmɛstibilite]. *n. f.* (1869; de *comestible*). *Didact.* Caractère de ce qui est comestible.

COMESTIBLE [kɔmɛstibl(ə)]. *adj.* et *n. m. pl.* (1390; lat. *comestus,* de *comedere* « manger »). ♦ 1° Qui peut servir d'aliment à l'homme. *Denrées comestibles. Champignons comestibles.* ♦ 2° (1787). COMESTIBLES (*n. m. pl.*) : denrées alimentaires. *Boutique de comestibles. Marchand de comestibles.* ◇ ANT. *Immangeable, incomestible, vénéneux.*

COMÉTAIRE [kɔmetɛʀ]. *adj.* (1778; de *comète*). *Astron.* Des comètes. *Système cométaire.*

COMÈTE [kɔmɛt]. *n. f.* (1160; lat. *cometa;* gr. *komêtês* « astre chevelu »). ♦ 1° Astre présentant un noyau brillant (tête) et une traînée gazeuse (chevelure et queue), qui décrit une orbite parabolique. *Les grandes comètes* (Halley, Encke) *sont observées périodiquement. L'année de la comète :* où l'on observe une comète très visible. *Le vin de la comète,* d'une telle année. ♦ 2° *Loc. fig. Tirer des plans sur la comète :* faire des projets chimériques (Cf. *Des châteaux* en Espagne*). ♦ 3° Tranchefile de relieur. ♦ 4° *Blas., Icon.* Étoile à huit rayons et à queue ondoyante.

COMICES [kɔmis]. *n. m. pl.* (1355; lat. *comitium* « assemblée du peuple »). ♦ 1° *Antiq. rom.* Assemblée du peuple. *Comices par curies, par centuries. Hist.* (1789). Réunion d'électeurs. ♦ 2° *N. m.* (1760). *Comices agricoles :* réunion, assemblée des cultivateurs d'une région qui se proposent de travailler au perfectionnement, au développement de l'agriculture. *La scène des comices, dans « Madame Bovary ».* Au sing. *Les concours, les prix, les récompenses d'un comice agricole.*

COMICS [kɔmiks]. *n. m. pl.* (1949; mot amér., de l'adj. *comic,* dans *comic strips,* bandes [dessinées] comiques, substantivé au plur.). *Anglicisme.* Bande* dessinée ou dessins d'humour.

COMIQUE [kɔmik]. *adj.* et *n. m.* (fin XIVᵉ; lat. *comicus,* gr. *kômikos*). ♦ 1° Qui appartient à la comédie (II). *Pièce comique. Le genre, le style comique* (V. aussi *Héroï-comique, tragi-comique*). *Auteur comique.* — OPÉRA-COMIQUE. V. **Opéra.** — *Littér.* ou *vx.* De la comédie (I), du théâtre, des comédiens. V. **Théâtral.** *Le roman comique* de Scarron, *Histoire comique,* de A. France. ♦ 2° *N. m.* Acteur qui est habituellement chargé de jouer les personnages comiques. V. **Bouffon, clown, mime, pitre.** *C'est un bon comique. Fig. C'est le comique de la troupe :* le boute-en-train. ◇ *Auteur comique.* ♦ 3° *Le comique :* le principe du rire, le genre comique, et par ext. La comédie. *Le haut comique. Le comique de caractère, de situation. Scène d'un haut comique. Avoir le sens du comique.* « *Le comique est vite douloureux quand il est humain* » (FRANCE). ♦ 4° Qui provoque le rire. V. **Amusant, bouffon, burlesque, cocasse, drôle, hilarant, plaisant, risible** (*fam.* et *pop.* **Bidonnant, boyautant, crevant, gondolant, impayable, marrant, pissant, poilant, rigolo, roulant, tordant**). *Situation comique. Visage,*

tête comique. Il est comique avec ses grands airs : il prête à rire. — *Subst. Le comique de l'histoire, c'est que...* ◇ ANT. *Dramatique, grave, imposant, pathétique, sérieux, touchant, tragique, triste.*

COMIQUEMENT [kɔmikmɑ̃]. *adv.* (1546; de *comique*). D'une manière comique (4°), risible.

COMITÉ [kɔmite]. *n. m.* (1650; angl. *committee,* de *to commit* « confier », lat. *committere*). ♦ 1° Réunion de personnes prises dans un corps plus nombreux (assemblée, société) pour s'occuper de certaines affaires, donner un avis. V. **Commission.** *Nommer, élire, désigner un comité. Comité consultatif; exécutif. Comité de conciliation, de bienfaisance, de patronage. Comité paritaire*. Comité secret* (d'une assemblée publique). — Spécialt. *Comité de lecture,* chargé de lire, retenir ou rejeter les pièces de théâtre proposées pour la scène. — Écon. *Comité d'entreprise. Comité de gestion. Comité économique et social,* organisme régional créé en 1972. — Hist. *Comité de salut public,* qui groupa en 1793 tout le pouvoir exécutif. ♦ 2° *En petit comité :* entre intimes. *Dîner, réception en petit comité.*

COMMA [kɔ(m)ma]. *n. m.* (XVIᵉ, lat.; gr. *komma* « membre de phrase », de *koptein* « couper »). *Mus.* Intervalle musical, non appréciable pour l'oreille, qui sépare deux notes enharmoniques (do dièse et ré bémol, mi dièse et fa). ◇ HOM. *Coma.*

COMMANDANT, ANTE [kɔmɑ̃dɑ̃, ɑ̃t]. *n.* (1671; de *commander*). ♦ 1° Celui qui a un commandement militaire. V. **Chef, capitaine, général.** *Commandant de place. Commandant d'armes. Commandant en chef, en second.* « *Le nouveau commandant de la compagnie* » (MAC ORLAN). ♦ 2° Titre donné aux chefs de bataillon, d'escadron, de groupe aérien dont les insignes de grade sont quatre galons. *Être promu, passer commandant. Oui, mon commandant!* ♦ 3° Officier qui commande un navire, quel que soit son grade. *Le commandant est sur la passerelle.* — Aviat. *Commandant de bord.* V. **Pilote.** ♦ 4° *Adj. fam.* Qui aime à donner des ordres. *Elle est si peu commandante.* V. **Autoritaire.**

COMMANDE [kɔmɑ̃d]. *n. f.* (1213, « protection, dépôt »; de *commander*). ♦ 1° (1625). Ordre par lequel un client, consommateur ou commerçant, demande une marchandise ou un service à fournir dans un délai déterminé (V. **Achat, ordre**). *Faire passer une commande au fournisseur, à un commerçant. Livre, carnet de commandes. Travail fait, exécuté sur commande. Marchandise payable à la commande.* — *La marchandise, le travail commandé. Nous avons reçu votre commande. Livrer une commande.* — *Ouvrage de commande,* exécuté spécialement pour celui qui l'a commandé. « *Il n'écrira pas sur commande* » (SUARÈS). ♦ 2° *Vx. De commande.* V. **Imposé, obligatoire.** — *Mod.* Qui n'est pas sincère. V. **Affecté, artificiel, feint, simulé.** *Rire, sourire de commande. Enthousiasme, zèle de commande.* ♦ 3° (Fin XVᵉ, « câble »). *Cordage, câble d'amarrage.* — (XXᵉ) Organe capable de déclencher, arrêter, régler des mécanismes. *Commandes manuelles* (bouton, clés, manettes), *au pied* (pédale). *Commande des freins. Moteur à commande électrique. Commande par excentrique. Aviat. Commande de direction, de profondeur* (Cf. *Manche* à balai). *Prendre les commandes; être aux commandes. Avion à double commande. Cybern. Commande automatique, à distance, à programme.* V. **Télécommande.** — *Fig. Tenir les commandes :* tenir le gouvernail; diriger, avoir en main une affaire. ♦ 4° *Techn.* Déclenchement, réglage d'un mécanisme. *La commande et la réponse. Organe de commande :* qui peut commander (un mécanisme, etc.). *Organe, câble; poste de commande.* — Action d'un opérateur humain sur une machine. V. **Instruction.** ◇ HOM. *Commende.*

COMMANDEMENT [kɔmɑ̃dmɑ̃]. *n. m.* (1080; de *commander*). ♦ 1° *Vieilli.* Action de commander. V. **Injonction, ordre, prescription.** *Commandement verbal, écrit. Commandement en chef.* — *Mod.* Avoir un ton, une attitude de commandement. — (Dans l'armée) *L'habitude du commandement.* Ordre bref, donné à voix haute pour faire exécuter certains mouvements. *À mon commandement.* — Par ext. *Commandement au sifflet.* ♦ 2° (1539). *Dr.* Acte d'huissier, mettant un débiteur en demeure de satisfaire aux obligations résultant d'un acte authentique. V. **Injonction, sommation.** ♦ 3° *Relig.* Règle de conduite édictée par l'autorité de Dieu, d'une Église. V. **Loi, précepte, prescription, règle.** *Les dix commandements.* V. **Décalogue.** ♦ 4° Pouvoir, droit de commander. V. **-Archie; autorité, direction, pouvoir, puissance.** *Avoir le commandement sur...* V. **Commander.** *Prendre, exercer le commandement. Commandement d'une armée, d'une compagnie; d'un navire. Commandement en chef. Poste, tourelle de commandement.* — *Bâton de commandement.* ♦ 5° (1636). Autorité militaire qui détient le commandement des forces armées. *Le haut commandement des armées.* V. **État-major.** ♦ 6° *Sports* (Courses). Place en tête. *Il est au commandement,* il mène. ◇ ANT. *Défense, interdiction. Obéissance, soumission. Faiblesse, impuissance.*

COMMANDER [kɔmɑ̃de]. *v.* (1080; *comander* « donner en dépôt », Xᵉ; lat. pop. °*commandare,* de *commendare* « confier, recommander »).

I. *V. tr. dir.* ♦ 1° *Commander qqn :* exercer son autorité sur (qqn) en lui dictant sa conduite. V. **Contraindre, obliger.** « *La raison nous commande bien plus impérieusement qu'un maître* » (PASC.). *Il n'aime pas qu'on le commande.* V. **Conduire, diriger, dominer, mener.** — *Spécialt.* (XVIᵉ). Diriger dans le combat, dans l'action (ceux sur qui on a un pouvoir hiérarchique). « *Aimez ceux que vous commandez. Mais sans le leur dire* » (ST-EXUP.). *Commander une troupe au feu.* V. **Conduire, mener.** ◇ Avoir l'autorité hiérarchique sur (qu'on l'exerce par des ordres ou non). *Commander un régiment. Le général commandant la Région.* ♦ 2° *Commander qqch. :* donner l'ordre de; prescrire d'une manière autoritaire. *Commander une attaque, la retraite.* — Diriger (une action). *Commander la manœuvre.* ◇ *Pronom.* SE COMMANDER. *La sympathie ne se commande pas :* on ne peut la faire naître à volonté. ♦ 3° *Fig.* Rendre absolument nécessaire. « *Cet accent qui commande l'attention* » (BALZ.). *Faire ce que les circonstances commandent.* V. **Appeler, exiger, nécessiter, réclamer.** *Sa conduite commande l'admiration.* V. **Attirer, imposer, inspirer.** ♦ 4° *Comm.* (1690). Demander à un fabricant, un fournisseur par une commande (V. **Acheter**). *Commander un costume. Commander un meuble.* « *Bien qu'elle eût une cuisinière honorable, elle avait commandé deux plats* » (ROMAINS). ♦ 5° (XVIIᵉ). *Fortif.* Être en mesure de battre par l'artillerie. *Cette position d'artillerie commande la plaine* (V. **Clef :** position clef). — *Par ext.* Se dit d'un lieu plus élevé qu'un autre (V. **Dominer**), ou d'un endroit par lequel on doit passer pour accéder à un autre endroit. Pronom. « *Dans l'appartement de ma grand-mère, toutes les pièces se commandaient* » (GIDE). ♦ 6° *Techn.* Faire fonctionner. *Ce mécanisme commande l'ouverture des portes. Levier, pédale commandant les freins.* V. **Commande** (3°).

II. *V. tr. indir.* (À). ♦ 1° Avoir, exercer une autorité sur (qqn). *Commander à qqn. Commander à qqn qu'il se taise, de se taire.* V. **Enjoindre, imposer, obliger, ordonner, prescrire, sommer.** *Je vous ai commandé de partir. Il leur commande durement, à la baguette.* ♦ 2° *Fig. Commander à ses passions, à ses instincts.* V. **Gouverner, maîtriser, réprimer.** « *Vous commandez à tout ici, hors à vous-même* » (BEAUMARCH.).

III. *V. intr.* Exercer son autorité; donner des ordres et les faire exécuter. *Il ne sait pas commander. Qui est-ce qui commande ici? Ceux qui* « *veulent toujours commander et dominer* » (LAMENNAIS).

◇ ANT. **Défendre, interdire. Exécuter, obéir, servir, soumettre (se). Décommander.**

COMMANDERIE [kɔmɑ̃dʀi]. *n. f.* (1387 ; de *commander*). *Hist.* Bénéfice affecté à certains ordres militaires. *Commanderie de Templiers.* Titulaire d'une commanderie. V. **Commandeur.** — Résidence du commandeur.

COMMANDEUR [kɔmɑ̃dœʀ]. *n. m.* (fin XIIᵉ, « chef » ; de *commander*). ♦ 1° *Hist.* (1260). Chevalier d'un ordre militaire ou hospitalier, pourvu d'une commanderie. *Commandeur de Malte. Don Juan invita à souper du commandeur qu'il avait tué.* ♦ 2° (1814). *Commandeur de la Légion d'honneur* (grade au-dessus de l'officier). *Cravate de commandeur.* ♦ 3° *Hist. Commandeur des croyants :* titre que prenaient les califes.

COMMANDITAIRE [kɔmɑ̃ditɛʀ]. *n. m.* (1727 ; de *commandite*). Bailleur de fonds dans une société en commandite. Par appos. *Associé commanditaire.*

COMMANDITE [kɔmɑ̃dit]. *n. f.* (1673 ; it. *accomandita* « dépôt, garde », av. infl. de *commande*). ♦ 1° Société formée de deux sortes d'associés, les uns solidairement et indéfiniment tenus des dettes sociales (*commandités* ou *gérants*), les autres tenus dans les limites de leur apport (*commanditaires*). *Société en commandite simple, en commandite par actions.* ♦ 2° Fonds versés par chaque membre d'une société en commandite. ♦ 3° *Travail en commandite,* salaire aux pièces collectif. *Ouvriers typographes travaillant en commandite.*

COMMANDITER [kɔmɑ̃dite]. *v. tr.* (1809 ; de *commandite*). Fournir des fonds à une société en commandite sans participer à sa gestion (V. **Financer**). *Commanditer une entreprise.* — *Par ext.* Financer (qqn).

COMMANDO [kɔmɑ̃do]. *n. m.* (1902 ; mot port., de *commandar* « commander », repris all. et angl. v. 1943). Groupe de combat employé pour les opérations rapides, isolées ou pour la subversion. *Commando de parachutistes derrière les lignes ennemies. Un raid de commandos. Commando de terroristes.* — Membre d'un commando. *C'est un ancien commando.*

COMME [kɔm]. *conj. et adv.* (*Com, Xᵉ ; cum,* 842 ; lat. *quomodo* « de quelle façon », auquel on a ajouté les sens de *que*).
I. *Conj. et adv.* ♦ 1° (*Comparaison*). De la même manière que, au même degré que. V. **Également.** *Il a réussi comme son frère.* V. **Instar** (à l'), (non moins que). *Comme on fait son lit on se couche. Il écrit comme il parle.* « *C'est un métier de faire son lit un livre, comme de faire une pendule* » (LA BRUY.). — Comparaison de circonstances : *il s'agit comme s'il avait vingt ans* (condition) ; *elle faisait des signes comme pour nous appeler* (but). *Nous nous écrirons comme lorsque*

nous étions séparés (temps). ◇ Ellipt. (*Valeur prépositive*) Dans des comparaisons intensives. *Une bécasse comme une pie* (est bavarde) : très bavard. *Ils se ressemblent comme deux gouttes d'eau. Riche comme Crésus.* Comparaison de circonstances. *Entrer dans une maison comme dans un moulin. Il fait doux comme au printemps.* — *Tout comme* : exactement comme. *Il sera médecin tout comme son père. Ils ne sont pas divorcés mais c'est tout comme* : c'est la même chose. ◇ *Comme tout* (fam.). Superlatif adjectival. V. **Extrêmement.** *Elle est jolie comme tout.* ♦ 2° (*Addition*). Ainsi que, et. *J'oublierai cela comme le reste. Sur la terre comme au ciel.* ♦ 3° (*Manière*). De la manière que. *Riche comme il est, il pourra vous aider. Comme il vous plaira* : selon votre désir. — *Comme on dit, comme il le prétend* (présente une opinion, une citation). V. **Ainsi** (que). — *Comme de juste, comme de raison* : comme il est juste, comme il est raisonnable. *Comme par hasard. Comme il faut* : bien. *Faites votre travail comme il faut.* — COMME IL FAUT [kɔmi(l)fo]. *Adj. Fam.* (1750) *Une personne très comme il faut.* V. **Bien, convenable, distingué, respectable.** ◇ *Comme qui dirait* (fam.) : en quelque sorte. *C'est qqch. comme un paquet,* une sorte de paquet. *Cela fait qqch. comme dix mille francs* : à peu près, approximativement. — *Comme quoi* : disant que. *Faites-lui un certificat comme quoi son état de santé nécessite du repos.* — D'où il s'ensuit que, ce qui prouve que. *Elle a quitté la région : comme quoi il est impossible que tu l'aies rencontrée.* ◇ Ellipt. (Atténuatif) *Il était comme fou.* « *Il jeta comme une lueur* » (BALZ.). « *C'est cela, fit le prisonnier comme se parlant à lui-même* » (DUMAS). — *Comme cela, comme ça* (fam.). V. **Ainsi.** *Comme ça, tout le monde sera content.* — *Comme ci comme ça* (fam.), en partie. *Couci-couça* : ni bien ni mal. *Loc. exclam. Comme ça!* remarquable, épatant. *Une bagnole comme ça!* ♦ 4° Tel que. V. **Tel.** *Je n'ai jamais rencontré d'intelligence comme la sienne.* ♦ 5° (*Attribution, qualité*). V. **En, pour, tant** (en tant que). *Je l'ai choisie comme secrétaire. Comme directeur il est efficace. Mieux vaut l'avoir comme ami que comme ennemi.*

II. *Conj.* ♦ 1° *Cause* (de préférence placé en tête de phrase avec une valeur d'insistance). V. **Parce que, puisque.** *Comme elle arrive demain, il faut préparer une chambre.* ♦ 2° *Temps* (Simultanéité). V. **Alors** (que), **moment** (au moment où), **tandis** (que). *Nous arrivâmes comme il partait.*

III. *Adv.* (Interrog. et exclam.). ♦ 1° Marque l'intensité. V. **Combien, que.** *Comme c'est cher!* « *Comme tes lettres sont gentilles!* » (FLAUB.). ♦ 2° En subordonnée. V. **Comment.** *Tu sais comme il est. Regardez comme il court!* — *Loc. Dieu sait comme* : d'une manière que l'on ignore (péj.). *Il lui a répondu (il) faut voir comme!* d'une manière remarquable (Cf. Et comment!).

◇ ANT. **Contrairement. Contre** (par contre).

COMMEDIA DELL'ARTE [kɔ(m)medjadɛlaʀte]. *n. f.* (XIXᵉ ; mots it. signifiant *Comédie de fantaisie*). Genre de comédie dans laquelle le scénario étant seul réglé, les acteurs improvisaient.

COMME IL FAUT. *adj.* V. COMME (I, 3°).

COMMÉMORAISON [kɔm(m)emɔʀɛzɔ̃]. *n. f.* (1386 ; lat. *commemoratio.* V. **Commémoration**). *Liturg.* Mention que l'Église catholique fait d'un saint le jour de sa fête lorsque celle-ci est mise en concurrence avec une fête plus importante. V. **Mémoire.**

COMMÉMORATIF, IVE [kɔ(m)memɔʀatif, iv]. *adj.* (XVIᵉ ; de *commémorer*). Qui rappelle le souvenir d'une personne, d'un événement. *Monument commémoratif. Plaque commémorative.*

COMMÉMORATION [kɔm(m)emɔʀasjɔ̃]. *n. f.* (1262 ; lat. *commemoratio.* V. **Mémoire**). ♦ 1° Cérémonie destinée à rappeler le souvenir d'une personne, d'un événement. V. **Anniversaire, fête.** *Relig. Commémoration des morts* (le 2 nov.). — *Spécialt.* Mention que le prêtre fait des morts au cours de la prière du Canon, à la messe. V. **Mémento.** ♦ 2° *Par ext.* Mémoire, souvenir. *Garder un objet en commémoration d'un événement.*

COMMÉMORER [kɔm(m)emɔʀe]. *v. tr.* (1355 ; lat. *commemorare*). Rappeler par une cérémonie le souvenir d'une personne ou d'un événement. V. **Fêter.** *Commémorer la victoire.* *Commémorer une naissance, une mort.* V. **Célébrer.**

COMMENÇANT, ANTE [kɔmɑ̃sɑ̃, ɑ̃t]. *adj. et n.* (1470 ; « qui est au début », v. 1500 ; de *commencer*). Personne qui en est encore aux premiers éléments d'un art, d'une science. V. **Débutant, novice.** *Encourager un commençant.* ◇ ANT. **Expert, vétéran.**

COMMENCEMENT [kɔmɑ̃smɑ̃]. *n. m.* (1119 ; de *commencer*). Le fait de commencer ; ce qui commence. ♦ 1° Ce qui vient d'abord (dans une durée, un processus), première partie. V. **Début.** *Le commencement du siècle, de l'année, du mois, de la semaine. Le commencement du printemps* (V. **Apparition, arrivée**), *du jour* (V. **Aube, aurore, matin**). *Le commencement du monde.* V. **Origine**; *création. Commencement de la vie.* V. **Enfance, naissance.** *Commencement des hostilités.* V. **Déclenchement, ouverture.** *Un bon, un mauvais* commencement. V. **Départ**. *Le commencement d'un travail, d'une action*. V. **Train** (mise en train). *Commencement d'un discours* (V. **Exorde, préambule, prologue**), *d'un livre* (V. **Introduction, préface**). *Commencement d'un raisonnement* (V. **Axiome, postulat, prémisse, principe**). *Le commencement de la fin*. — Fam. *Il y a commencement à tout* : on ne peut réussir parfaitement qqch. dès le premier essai. *La crainte est le commencement de la sagesse*. ◇ Loc. *Dès le commencement. Depuis le commencement. Du commencement à la fin* : de bout en bout. *Au commencement*. ♦ 2° Partie qui se présente, que l'on voit avant les autres (dans l'espace). V. **Bord, bout, extrémité**. *Le commencement d'une rue, d'un couloir*. V. **Entrée**. ♦ 3° Existence partielle. Dr. *Commencement de preuve par écrit. Commencement d'exécution*. ♦ 4° COMMENCEMENTS : les premiers développements, les débuts. *Les commencements de l'empire napoléonien. Ses commencements ont été pénibles*. V. **Début(s)**. — Spécialt. (1538) Les premières leçons, les premières notions, dans une science, un art. V. **ABC, élément, rudiment**. « *Presqu'en toutes choses les commencements sont rudes* » (ROUSS.). ◈ ANT. *Achèvement, but, conclusion, fin, issue, terme*.

COMMENCER [kɔmɑ̃se]. *v.;* conjug. *placer* (*Commencier*, xe ; lat. pop. °*cominitiare*, rac. *initium* « commencement »). I. *V. tr.* ♦ 1° Faire la première partie d'une chose ou d'une série de choses ; faire exister (ce qui est le résultat d'une activité). V. **Amorcer, attaquer, débuter, démarrer, ébaucher, entamer, entreprendre, esquisser**. *Commencer un travail, une affaire, une entreprise*. V. **Créer, fonder, lancer**. *Commencer un débat, une discussion*. V. **Ouvrir**. *Commencer un chant*. V. **Entonner**. *Commencer les hostilités*. V. **Déclencher, ouvrir**. *Commencer le combat*. V. **Engager**. Par ext. *Commencer un élève* : lui donner les premières leçons, les premiers rudiments d'une discipline. V. **Initier**. ♦ 2° Être au commencement de. — (Relativement à l'étendue) *C'est cette maison qui commence la rue. Le mot qui commence la phrase*. — (Relativement à la durée) *Nous commençons l'année aujourd'hui*. V. **Inaugurer, ouvrir**. *Il ne fait que commencer ses études*. ♦ 3° COMMENCER DE ou à et l'infinitif. *(Personnes).* Entreprendre ; être aux premiers instants (de l'action indiquée par le verbe). *Commencer à faire qqch. Commencer de parler. Il commençait à dormir lorsqu'on l'éveilla. Il commence à comprendre. Commençons à manger*. Absolt. *Nous allions commencer sans vous*. — Fam. *Tu commences à nous ennuyer. Je commence à en avoir assez* : j'en ai assez. — Spécialt. Avoir une activité pour la première fois. V. **Essayer**. *Un enfant qui commence à parler* (balbutier, bégayer). — (Choses) « *Les montagnes commençaient à se couvrir de bouquets de bois* » (CHATEAUB.). Impers. *Il commence à pleuvoir.* — *Ça commence à devenir dangereux. Ça commence à bien faire** ! Cf. *Ça suffit* ! ♦ 4° COMMENCER PAR : débuter d'abord (une chose). *Par où allez-vous commencer? Il faut commencer par le commencement.* « *Ciel ! Que vais-je lui dire, et par où commencer?* » (RAC.). II. *V. intr.* Entrer dans son commencement. *L'année commence au 1er janvier. Cela commence bien, mal*. V. **Partir**. ◈ ANT. *Aboutir, accomplir, achever, compléter, conclure, continuer, couronner, finir, poursuivre, terminer. Terminer (se).*

COMMENDATAIRE [kɔmɑ̃datɛʀ]. *adj. et n.* (xve ; lat. *commendatarius*, du suiv.). ◈ Ancien. Qui possède un bénéfice en commende. *Abbé commendataire*.

COMMENDE [kɔmɑ̃d]. *n. f.* (1461 ; lat. ecclés. *commenda*, de *commendare* « confier »). Administration temporaire d'un bénéfice ecclésiastique. Concession d'un bénéfice à un ecclésiastique séculier ou à un laïque. *Abbaye en commende*. ◇ HOM. *Commande*.

COMMENSAL, ALE, AUX [kɔm(m)ɑ̃sal, o]. *n.* (1418 ; lat. médiév. *commensalis*, rac. *mensa* « table »). ♦ 1° Didact. Personne qui mange habituellement à la même table avec une ou plusieurs autres. V. **Hôte**. ♦ 2° Biol. Organisme qui vit en commensalisme.

COMMENSALISME [kɔ(m)mɑ̃salism(ə)]. *n. m.* (1878 ; de *commensal*). Biol. Association d'organismes d'espèce différente, profitable pour l'un d'eux et sans danger pour l'autre (différant ainsi du *Parasitisme*).

COMMENSURABLE [kɔm(m)ɑ̃syʀabl(ə)]. *adj.* (1361 ; bas lat. *commensurabilis*, de *mensura* « mesure »). Se dit d'une grandeur qui a, avec une autre grandeur, une commune mesure. V. **Comparable**. *Lignes, volumes commensurables. Nombres commensurables*. ◈ ANT. *Incommensurable, incomparable*.

COMMENT [kɔmɑ̃]. *adv., n. m. et conj.* (1080 ; a. fr. com « comme »). De quelle manière ; par quel moyen. ♦ 1° Interrog. *Comment allez-vous? Comment faire? Comment cela?* expliquez mieux. *Comment donc, comment diable, s'est-il enfui?* Fam. *Comment?* (dites-vous), exclam. qui invite à répéter. V. **Hein?** (pop.), **pardon?** plaire (plaît-il?), **quoi?** (fam.). *Comment dire?* (pour qu'on me comprenne) ». — Emphat. *Comment osez-vous me faire des reproches?* — Par ext. Pour quelle raison. V. **Pourquoi**. « *Comment n'êtes-vous pas avec les autres?* » (MALRAUX). ♦ 2° Affirmation. *Il ne*

sait comment elle prendra la chose. V. **Comme**. *C'est fait je ne sais comment. Il faut voir comment. Dieu sait comment.* V. **Comme**. *N'importe comment* : d'une manière quelconque ; mal. ♦ 3° *N. m. sing.* Manière. *Chercher le pourquoi et le comment* : chercher la cause et le mécanisme d'un fait, d'une chose. ♦ 4° Exclamation exprimant l'étonnement, l'indignation. V. **Quoi**. *Comment! c'est ainsi que tu me parles? Comment, tu es encore ici?* ♦ 5° *Comment donc!* en signe d'approbation. *Mais comment donc!* V. **Évidemment, sûr!** (bien sûr!). *Puis-je entrer? Mais comment donc!* Fam. *Et comment!* (Cf. Je te crois, tu parles!). « *C'était faux!* — *Et comment!* » (MALRAUX). ♦ 6° COMMENT suivi de *que* (pop. et fautif). *Comment que ça va? Comment (qu')on l'a remis à sa place!*

COMMENTAIRE [kɔm(m)ɑ̃tɛʀ]. *n. m.* (xive ; de *commenter*). ♦ 1° Ensemble des explications, des remarques que l'on fait à propos d'un texte. V. **Exégèse, explication, glose, note**. *Commentaire littéraire* (Cf. Explication de texte). *Commentaire diffus, superficiel*. V. **Paraphrase**. ♦ 2° (1675). Addition, plus ou moins oiseuse, à un récit. — Remarque, observation. *Commentaires de presse. Résumé des commentaires de l'étranger*. Fam. *Cela se passe de commentaires* : c'est évident. *Pas de commentaires; on vous épargne vos commentaires*. — Loc. fam. *Sans commentaire!* la chose se suffit à elle-même (souvent péj.). ♦ 3° (1690). Interprétation généralement malveillante que l'on donne au sujet des actions ou des propos de qqn. V. **Bavardage, commérage, glose, médisance**. *Sa conduite donne lieu à bien des commentaires.*

COMMENTATEUR, TRICE [kɔm(m)ɑ̃tatœʀ, tʀis]. *n.* (1361 ; de *commenter*). ♦ 1° *N. m.* Celui qui est l'auteur d'un commentaire littéraire, historique, juridique. *Les commentateurs de la Bible*. V. **Glossateur**. ♦ 2° (xxe). Personne qui commente les nouvelles, les émissions (radio, télév.). V. **Éditorialiste, présentateur**.

COMMENTER [kɔm(m)ɑ̃te]. *v. tr.* (1314 ; lat. *commentari* « réfléchir, étudier »). ♦ 1° Expliquer un texte par un commentaire. V. **Gloser**. *Commenter un poème*. ♦ 2° (xviie) Vieilli. Donner des interprétations (malveillantes). *Commenter les faits et gestes de ses voisins*. ♦ 3° Faire des remarques, des observations sur (des faits) pour expliquer, exposer. *Commenter les nouvelles*. « *Une demi-douzaine de consommateurs commentaient les nouvelles du quartier* » (MART. du G.). Spécialt. *Journaliste qui commente l'actualité* (radio, télév.).

COMMÉRAGE [kɔmeʀaʒ]. *n. m.* (1776 ; « baptême », en 1546 ; de *commère*). Fam. Propos de commère. V. **Bavardage, cancan, potin, racontar, ragot**. *Commérages de concierge.*

COMMERÇANT, ANTE [kɔmɛʀsɑ̃, ɑ̃t]. *adj. et n.* (1695 ; de *commerce*). ♦ 1° *N.* Personne qui fait du commerce (spécialt. du commerce de détail) par profession. V. **Marchand, négociant, trafiquant**. *Corps, corporation des commerçants. Un commerçant honnête, scrupuleux. Commerçant avide*. V. **Mercanti**. — *Commerçant en gros* (V. **Grossiste**), *en détail* (V. **Détaillant**). *Boutique, magasin d'un commerçant. Se fournir chez le même commerçant*. V. **Fournisseur**. — *Les clients, les concurrents d'un commerçant*. ♦ 2° *Adj.* Qui fait du commerce. *Les nations commerçantes*. — Où il y a de nombreux commerces. *Rue très commerçante.*

COMMERCE [kɔmɛʀs(ə)]. *n. m.* (*Commerque*, 1370 ; lat. *commercium*, rac. *merx*. V. **Marchand**). I. ♦ 1° Opération qui a pour objet la vente d'une marchandise, d'une valeur, ou l'achat de celle-ci pour la revendre après l'avoir transformée ou non ; entreprise qui fait cette opération. *Acte, opération de commerce*. V. **Échange, négoce, trafic; achat, vente; circulation, transit, transport; banque, change**. « *Si l'« acte de commerce » est d'acheter dans l'intention de revendre* » (VALÉRY). *Le commerce, l'agriculture et l'industrie*. — *Emblème du commerce*. V. **Caducée**. *Être dans le commerce, faire du commerce*. V. **Agent, commerçant, commissionnaire, consignataire, courtier, expéditeur, intermédiaire, mandataire, marchand, négociant, placier, transitaire**. *Voyageur de commerce*. V. **Représentant**. *Registre du commerce. Employé de commerce*. V. **Caissier, commis, expéditeur, facteur, livreur**. *Maison de commerce*. V. **Compagnie, comptoir, factorerie, filiale, firme**. *Commerce intérieur, extérieur, international*. V. **Exportation, importation**. *Balance du commerce. Convention, traité de commerce. Liberté* (V. **Libre-échange**), *réglementation du commerce extérieur* (V. **Protectionnisme**). *Marine, navire, port de commerce*. *Commerce en gros, de gros, de détail*. *Cela ne se trouve plus dans le commerce. Marchandise hors commerce. Prix, tarifs; bénéfice, déficit, faillite d'une maison de commerce*. — *Livres** de commerce* : registres de comptabilité, livres de caisse. V. **Journal, brouillard, brouillon** (pop.). — *Effet** de commerce*. — *Tribunal de commerce* : qui statue sur les litiges commerciaux. *Code de commerce. Bourse** de commerce. Chambre** de commerce.* ♦ 2° (1798). *Le commerce* : le monde commercial, les commerçants. *Le petit commerce*. ♦ 3° *Fonds de commerce*. V. **Boutique, débit, magasin**. *Ouvrir, tenir un commerce. Gérance d'un commerce. Enseigne d'un commerce. Commerce à céder.*

♦ 4° *Fig.* Trafic de choses morales. *Commerce honteux, infâme. Il fait commerce de son nom.* **II.** ♦ 1° (1540). *Vx* ou *littér.* Relations que l'on entretien dans la société. V. **Fréquentation, rapport; relation.** *Fuir le commerce des hommes.* ♦ 2° Manière de se comporter à l'égard d'autrui. V. **Comportement, sociabilité.** Loc. mod. *Être d'un commerce agréable.*

COMMERCER [kɔmɛʀse]. *v. intr.;* conjug. *placer* (déb. XVe; de *commerce*). Faire du commerce. *Commercer dans les colonies. La France commerce avec tous les pays du monde.*

COMMERCIAL, IALE, IAUX [kɔmɛʀsjal, jo]. *adj.* (1749; de *commerce*). Qui a rapport au commerce. *Droit commercial. Activité, entreprise commerciale.* V. **Commerçant.** *Société commerciale. Nom commercial. Opérations, relations commerciales.* Dr. *Dette commerciale* (commercialité d'une dette). — *Péj.* Conçu, exécuté dans une intention lucrative, et pour plaire au plus grand public. *Un film commercial. Une peinture purement commerciale.* ◊ Subst. f. *Une commerciale :* voiture automobile légère, transformable en véhicule utilitaire. V. **Break.**

COMMERCIALEMENT [kɔmɛʀsjalmã]. *adv.* (1829; de *commerce*). D'une manière commerciale; du point de vue commercial.

COMMERCIALISATION [kɔmɛʀsjalizasjɔ̃]. *n. f.* (1922; *h. 1845;* de *commercialiser*). Action de commercialiser (1° et 2°).

COMMERCIALISER [kɔmɛʀsjalize]. *v. tr.* (1872; *h. 1845;* de *commercial*). ♦ 1° Dr. Rendre commercial. *Commercialiser une dette.* ♦ 2° Rendre (qqch.) l'objet d'un commerce. *Commercialiser un brevet d'invention.* V. **Exploiter.** — Mettre (qqch.) dans le circuit commercial.

COMMÈRE [kɔmɛʀ]. *n. f.* (1283; lat. ecclés. *commater* « mère avec »). ♦ 1° *Vx.* Marraine d'un enfant par rapport au parrain (V. **Compère**), aux parents. ♦ 2° *Vx* ou *région.* Terme d'amitié donné à une femme (voisine, amie). V. **Cousine.** ♦ 3° *Mod.* Femme qui sait et colporte toutes les nouvelles. V. **Bavard.** *Les commères du quartier.* « *Au seuil des portes, des commères causaient et riaient* » (MART. du G.). *Propos de commère.* V. **Commérage.**

COMMÉRER [kɔmeʀe]. *v. intr.* (1845; autre sens, 1611; de *commère*). Rare. Faire des commérages. V. **Bavarder.**

COMMETTAGE [kɔmetaʒ]. *n. m.* (1752; de *commettre*, 5°). Mar. Confection d'un cordage par la réunion de brins, de torons tordus ensemble.

COMMETTANT [kɔmetã]. *n. m.* (XVIe; de *commettre*, 3°). Dr. Personne qui confie à une autre le soin de ses intérêts. V. **Mandant.**

COMMETTRE [kɔmɛtʀ(ə)]. *v. tr.;* conjug. *mettre* (fin XIIIe; mot normanno-picard; lat. *committere* « mettre ensemble »). ♦ 1° Accomplir, faire (une action blâmable). *Commettre une injustice à l'égard de qqn. Commettre un délit, une lâcheté, une trahison, des fraudes* (V. **Frauder**). *Commettre un péché.* V. **Fauter, tomber** (dans le péché). *Commettre un attentat, un crime, un meurtre.* V. **Consommer, perpétrer.** « *Votre erreur n'est pas un crime, mais elle vous en fait commettre un* » (FUSTEL de COUL.). ♦ 2° Mettre (qqn) dans une charge. V. **Charger** (de), **employer, préposer.** *Commettre qqn à un emploi, au soin de; pour un travail* (vieilli). *Être commis à.* V. **Commis.** — *Dr.* V. **Désigner, nommer.** *Commettre un rapporteur, un huissier.* ♦ 3° Vieilli. *Commettre à* (qqn) ; remettre (qqn; qqch.) aux soins, à la garde de. V. **Confier, remettre.** « *Je vous rends le dépôt que vous m'avez commis* » (RAC.). « *Tous les enfants commis à ses soins* » (BALZ.). ♦ 4° (1552). Vieilli. Exposer, mettre en danger. V. **Aventurer, compromettre, exposer, risquer.** *Commettre l'avenir de qqn. Commettre sa réputation* (Cf. Se commettre). ♦ 5° (1752). Techn. Confectionner un cordage en tortillant (en mettant ensemble plusieurs brins ou torons (V. **Commettage**). ♦ 6° (XVIIe; du sens 4°). SE COMMETTRE. *v. pron.* : compromettre sa dignité, son caractère, ses intérêts. *Se commettre avec des gens méprisables.* ◊ ANT. **Démettre, retirer.**

COMMINATOIRE [kɔm(m)inatwaʀ]. *adj.* (1517; lat. médiév. *comminatorius;* rad. *minari* « menacer »). ♦ 1° Dr. Qui renferme la menace d'une peine légale, en cas de contravention. *Arrêt, jugement, sentence comminatoire.* ♦ 2° Cour. Qui est menaçant. *Ton comminatoire.* « *C'est à Florence que j'ai reçu la lettre comminatoire de Claudel* » (GIDE).

COMMINUTIF, IVE [kɔm(m)inytif, iv]. *adj.* (1839; lat. *comminuere* « briser »). Chir. Se dit d'une fracture comportant de petits fragments d'os.

COMMIS [kɔmi]. *n. m.* (XVIIe; adj., v. 1320, en picard, wallon; de *commettre*). ♦ 1° Agent subalterne (administration, banque, bureau, maison de commerce). V. **Employé.** *Commis de ferme, de bureau. Commis d'un grand magasin.* V. **Vendeur.** *Premier commis. Commis expéditionnaire. Commis aux écritures* (V. **Facteur**). ◊ Hist. *Premier commis,* fonctionnaire supérieur d'un ministère, d'une administration. Mod. *Les grands commis de l'État.* ♦ 2° *Commis-greffier :* adjoint d'un greffier qui le supplée. « *Un commis-greffier, espèce de secrétaire judiciaire assermenté* » (BALZ.). — Mar.

Commis aux vivres, chargé du service des vivres à bord d'un navire. ♦ 3° Vieilli. *Commis voyageur :* représentant, voyageur de commerce.

COMMISÉRATION [kɔm(m)izeʀasjɔ̃]. *n. f.* (1160; lat. *commiseratio,* de *miserari* « avoir pitié »). Sentiment de pitié qui fait prendre part à la misère des malheureux. V. **Compassion, miséricorde.** *Élan de commisération.* V. **Apitoiement, attendrissement.** *Éprouver, avoir de la commisération pour qqn. Témoigner de la commisération à qqn.* ◊ ANT. **Dureté, indifférence, insensibilité.**

COMMISSAIRE [kɔmisɛʀ]. *n. m.* (1310; lat. médiév. *commissarius,* de *committere* « préposer »). ♦ 1° Celui qui est chargé de fonctions spéciales et temporaires. ◊ Officier du ministère public près de certains tribunaux. *Commissaire du gouvernement près du conseil de guerre, du Conseil d'État. Commissaires de la Convention.* ◊ *Haut-commissaire,* titre donné aux parlementaires qui, dans certains gouvernements, ont la direction de grands départements. Représentant d'un État auprès d'un autre État protégé, associé, occupé. ◊ *Commissaire aux comptes :* agent de surveillance qui vérifie les comptes des administrateurs d'une société anonyme. ◊ *Sports.* Personne qui vérifie qu'une épreuve sportive se déroule régulièrement. ♦ 2° Membre d'une commission. *Commissaire d'une commission parlementaire.* Titre de fonctionnaires ou titulaires de charges permanentes. ♦ 3° *Commissaire de police :* officier de police judiciaire chargé de faire observer les règlements de police et de veiller au maintien de la paix publique. *Faire, porter sa plainte devant le commissaire, au commissaire. Commissaire divisionnaire, principal.* ♦ 4° Mar. *Commissaire de la Marine, de l'Air :* officiers chargés de la comptabilité, de travaux administratifs. *Commissaire du bord :* sur les paquebots, Administrateur des services des passagers et du ravitaillement. ♦ 5° V. **Commissaire-priseur.**

COMMISSAIRE-PRISEUR [kɔmisɛʀpʀizœʀ]. *n. m.* (1802; de *priseur,* qui fait la *prisée*). Officier ministériel chargé de l'estimation des objets mobiliers et de leur vente aux enchères. « *Le commissaire-priseur armé de son marteau d'ivoire* » (FRANCE).

COMMISSARIAT [kɔmisaʀja]. *n. m.* (1752; de *commissaire*). ♦ 1° Qualité, emploi de commissaire; fonction de commissaire. *Haut-commissariat,* dignité de haut-commissaire. ♦ 2° *Commissariat maritime :* corps administratif de la marine. ♦ 3° Bureau d'un commissaire de police. « *L'agent m'invita à le suivre au commissariat* » (FRANCE).

COMMISSION [kɔmisjɔ̃]. *n. f.* (XIIIe; mot du Nord; lat. *commissio,* de *committere.* V. **Commettre**). **I.** Charge, mandat. V. **Attribution, délégation, mission.** *Donner une commission. Charger d'une commission. Exécuter, remplir une commission.* ♦ 1° Acte de l'autorité donnant charge et pouvoir pour un temps déterminé. Hist. *Commission d'officier :* patente, brevet. Mod. (Dr.) *Commission rogatoire :* délégation faite par un tribunal à un autre pour accomplir un acte de procédure ou d'instruction. ♦ 2° *Dr., Comm.* Charge qu'une personne (V. **Commettant**) confère à une autre (V. **Commis, commissionnaire**) pour que celle-ci agisse au nom du commettant. *Contrat de commission.* — (1606) Ordre qu'un négociant donne d'agir pour son compte à une autre personne. Activité de celui qui se charge de l'achat, du placement de marchandises pour le compte d'un tiers, soit au nom de celui-ci (V. **Mandat**), soit en son nom personnel (V. **Commissionnaire**). *Faire la commission. Maison de commission.* ♦ 3° (1675). Tant pour cent qu'un intermédiaire perçoit pour sa rémunération. V. **Courtage, ducroire, pourcentage, prime, remise, rémunération.** *Toucher quinze pour cent de commission sur des marchandises. Commission qu'un banquier retient sur des effets.* V. **Agio.** *Commission secrète.* V. **Pot-de-vin.** ♦ 4° (XVIIe). Cour. Marchandise achetée, message transmis, service rendu pour autrui. V. **Course, emplette, message.** *Faire les commissions de qqn. Faire faire, envoyer faire une commission par un enfant. Garçon de course qui fait les commissions.* V. **Chasseur, coursier.** ♦ 5° Lang. enfantin. *La grosse, la petite commission :* les fonctions d'excrétion. Cf. **Caca, pipi.**
II. (*Fin* XVIIe). Réunion de personnes déléguées pour étudier un projet, préparer ou contrôler un travail, prendre des décisions. V. **Bureau, comité, sous-commission.** *Être membre d'une commission. Commission nommée, élue.* « *On a formé une commission, laquelle a désigné un rapporteur* » (L. DAUD.). *Renvoi à la, en commission.* — *Commissions parlementaires. Commission administrative. Commission du budget. Commission départementale,* qui contrôle l'action préfectorale. *Commission d'arbitrage, d'examen. Commission paritaire*. Commission de développement économique régional* (C.O.D.E.R.). Au Canada, *Commission d'enquête,* Commission dont les membres sont nommés par le gouvernement pour faire l'étude d'une question spécifique. — *Tribunal d'exception. Commission militaire.*

COMMISSIONNAIRE [kɔmisjɔnɛʀ]. *n. m.* (1506; de *commission*). ♦ 1° Comm. Celui qui agit pour le compte d'autrui en matière commerciale (V. **Intermédiaire, manda-**

taire, transitaire). *Spécialt.* Celui qui agit pour le compte d'un commettant mais en son nom personnel. *Remettre des marchandises en dépôt ou en consignation à un commissionnaire. Commissionnaire exportateur, importateur. Commissionnaire de transport.* V. **Chargeur, expéditeur.** ♦ 2° Celui qui fait une commission, une course pour qqn. — *Spécialt.* Celui dont le métier est de faire les commissions du public. V. **Coursier, porteur.** *Commissionnaire d'hôtel, de restaurant.* V. **Chasseur, groom.**

COMMISSIONNER [kɔmisjɔne]. *v. tr.* (XVe; de *commission*). ♦ 1° *Dr.* Attribuer une fonction à, commettre (2°) à un travail. V. **Commission.** *Être commissionné par son gouvernement. Agent commissionné.* ♦ 2° Donner commission d'acheter ou de vendre.

COMMISSOIRE [kɔmiswaʀ]. *adj.* (XIIIe; lat. *commissorius*). *Dr.* Qui entraîne l'annulation d'un contrat. *Clause commissoire.*

COMMISSURAL, ALE, AUX [kɔm(m)isyʀal, o]. *adj.* (1846; de *commissure*). *Anat.* Relatif à une commissure. *Affection commissurale.*

COMMISSURE [kɔmisyʀ]. *n. f.* (1314; lat. *commissura*, de *committere* « joindre ensemble »). *Anat.* Point de jonction de deux parties. *Commissure blanche, grise de la moelle. Commissures du cerveau.* — *Cour. Commissures des lèvres,* aux angles de la bouche. « *Sa bouche dont les commissures s'abaissent et se tordent* » (DUHAM.).

COMMODAT [kɔmɔda]. *n. m.* (1585; du lat. *commodatum* « prêt », de *commodus* « commode, avantageux »). *Dr. civ.* Prêt à usage.

1. **COMMODE** [kɔmɔd]. *adj.* (1475; lat. *commodus*). ♦ 1° Qui se prête aisément et d'une façon appropriée à l'usage qu'on en fait. V. **Convenable, pratique, propre.** *Habit commode. Lieu commode pour la conversation. Chemin commode. Commode à manier.* V. **Maniable.** — Vx. « *Des maisons commodes à tout commerce* » (LA BRUY.). *Mod. Commode pour qqch.* ♦ 2° (XVIe). Facile, simple. *Ce que vous me demandez là n'est pas commode.* « *Peut-être Dostoïevsky, pour une intelligence salonnière, n'était-il pas commode à saisir ou pénétrer du premier coup* » (GIDE). *Fam. C'est commode; c'est trop commode, c'est une solution de facilité.* ♦ 3° (Personnes). *Vieilli* (1654) D'un caractère facile et arrangeant. V. **Accommodant.** *Être commode à vivre. Avoir l'humeur, le caractère commode.* — *Mod.* (Négatif) *Il n'est pas commode :* il est sévère, exigeant. *Être peu commode à vivre.* ◇ ANT. *Difficile, gênant, incommode, inutilisable; acariâtre, austère, jaloux.*

2. **COMMODE** [kɔmɔd]. *n. f.* (1705; du précéd. : *armoire commode*). Meuble à hauteur d'appui, muni de tiroirs, où l'on range du linge, des objets. V. **Armoire, chiffonnier, coffre.** *Dessus de marbre d'une commode. Commode Louis XVI, Empire* (de style Louis XVI, ...).

COMMODÉMENT [kɔmɔdemɑ̃]. *adv.* (1531; de *commode*). D'une manière commode. *Vieilli.* « *Les lieux où l'on peut vivre le plus commodément* » (ROUSS.). — *S'installer commodément :* à son aise.

COMMODITÉ [kɔmɔdite]. *n. f.* (v. 1400; lat. *commoditas*). ♦ 1° Qualité de ce qui est commode. V. **Agrément, avantage, confort, utilité.** *Commodité d'un lieu. Pour plus de commodité.* V. **Facilité.** ♦ 2° *Plur. Les commodités de la vie :* ce qui rend la vie plus agréable, plus confortable. V. **Aise.** *Les mille commodités de l'appartement moderne.* — Vx. *Les « commodités de la conversation »* (MOL.) : les fauteuils. — *Mod.* (Recomm. offic., 1973, pour traduire angl. *utilities*). Équipements apportant le confort, l'hygiène, etc. à un logement, un ensemble de logements. ♦ 3° (1677). *Spécialt.* Lieux d'aisances. « *Quand je veux aller aux commodités satisfaire mes petits besoins!* » (COURTELINE). ◇ ANT. *Désagrément, gêne, incommodité.*

COMMODORE [kɔmɔdɔʀ]. *n. m.* (1760; mot angl.; du néerl. *commandeur*, d'o. fr. V. **Commandeur**). Officier de marine britannique ou américain qui vient immédiatement au-dessous du contre-amiral.

COMMOTION [kɔm(m)osjɔ̃]. *n. f.* (1155; lat. *commotio* « mouvement »). ♦ 1° Ébranlement soudain et violent. V. **Choc, secousse; explosion.** *Vieilli. Les commotions d'un tremblement de terre. Mod.* Ébranlement violent de l'organisme ou d'une de ses parties (*commotion cérébrale, commotion de la rétine*) par un choc direct ou indirect, entraînant divers troubles, mais sans lésions apparentes. V. **Traumatisme.** « *Il était resté le banc, comme étourdi par une commotion* » (FLAUB.). ♦ 2° Violente émotion. V. **Bouleversement, ébranlement, secousse, trouble.**

COMMOTIONNER [kɔm(m)osjɔne]. *v. tr.* (1875; de *commotion*). Frapper d'une commotion (sujet de chose). V. **Choquer, traumatiser.** *La décharge électrique, cette émotion l'a fortement commotionné.*

COMMUABLE [kɔm(m)ɥabl(ə)] ou **COMMUTABLE** [kɔm(m)ytabl(ə)]. *adj.* (1483, -1547; de *commuer*) Qui peut être commué. *Peine commuable.*

COMMUER [kɔm(m)ɥe]. *v. tr.* (1361; dr., 1680; lat.

commutare « échanger », d'apr. *muer*). Changer (une peine) en une peine moindre. V. **Commutation.**

COMMUN, UNE [kɔmœ̃, yn]. *adj. et n. m.* (842; lat. *communis*). I. *Adj.* ♦ 1° (XIIe). Qui appartient, qui s'applique à plusieurs personnes ou choses. *Ces choses sont d'un usage commun. Un puits, un passage commun. Terres communes* (V. **Communal**). *Maison commune :* hôtel de ville, mairie. *La salle commune d'une maison, d'un café. Avoir des intérêts communs avec qqn. Tout est commun entre eux. Un but commun.* V. **Même.** *Avoir des caractères communs.* V. **Comparable, identique, semblable.** *Des traits communs* (analogie, ressemblance). *Il n'y a pas de commune mesure. Cela n'a rien de commun :* de comparable, de semblable. *C'est un point commun entre eux.* — COMMUN À : propre également à (plusieurs). *Mur mitoyen, commun à deux propriétés.* — *Dr. Jugement, arrêt commun. Les biens communs,* qui s'opposent aux biens « propres » dans la communauté du mariage. — *Math. Diviseur, dénominateur commun. Le plus grand, le plus petit commun diviseur. Deux triangles qui ont un côté commun, un angle commun.* ♦ 2° Qui se fait ensemble, à plusieurs. *Travail commun. Œuvre commune.* V. **Collectif.** *Mener une action commune.* V. **Coaliser** (se). *Vie commune des époux, des religieux. Faire cause commune.* V. **Associer** (s'). *D'un commun accord.* — EN COMMUN. V. **Communauté** (en), *concert* (de), *ensemble, société* (en). *Personnes qui vivent en commun. Travailler en commun.* V. **Collaboration.** *Posséder des biens en commun.* V. **Indivision.** *Mettre en commun, partager* (V. **Communisme**). ♦ 3° Qui appartient au plus grand nombre ou le concerne. V. **Général, public, universel.** *L'intérêt, le bien commun. La volonté commune. Sens* commun. L'utilité commune.* « *On doit quelquefois plus à une erreur singulière qu'à une vérité commune* » (DIDER.). *Droit commun.* — *Ling. Nom commun :* de tous les individus de la même espèce (*opposé à propre*). — *Subst. Vieilli. Le commun.* V. **Ensemble, généralité.** *Le commun des hommes :* le plus grand nombre, la plus grande partie. V. **Foule, masse, monde.** *Mod. Le commun des mortels :* la majorité (*opposé à :* les privilégiés). ♦ 4° Qui est ordinaire. V. **Accoutumé, banal, courant, habituel, naturel, ordinaire, rebattu, usuel.** *La langue commune. Rien n'est si commun que... Il est d'une force peu commune,* très grande. — *Subst. Hors du commun* (V. **Extraordinaire**). *Destinée, œuvre hors du commun.* ♦ 5° Qui se rencontre fréquemment. V. **Abondant, répandu.** *Une variété commune.* « *Les dévotes de l'espèce la plus commune* » (MAURIAC). — *Spécialt. Lieu commun :* ce qui est connu de tous. V. **Banalité, cliché, poncif.** *Débiter des lieux communs.* ♦ 6° Qui n'appartient pas à l'élite, n'est pas distingué. V. **Quelconque, trivial, vulgaire.** — *Subst. Il a des manières très communes.* II. *N. m.* ♦ 1° (v. 1210). *Vx.* Le peuple. *Les gens du commun.* ♦ 2° *Liturg.* (1690). *Le commun des apôtres, des martyrs, des vierges,* l'office que l'Église romaine a réglé d'une façon générale pour tous ces cas. ♦ 3° (1704). LES COMMUNS : l'ensemble des bâtiments servant aux cuisines, aux garages, aux écuries.
◇ ANT. *Différent, distinct, individuel, original, particulier, personnel, singulier. Distingué, exceptionnel, extraordinaire, rare, recherché, spécial.*

COMMUNAL, ALE, AUX [kɔmynal, o]. *adj.* (1160, « public »; de *commun*). Qui appartient à une commune. *École communale. La représentation communale.* V. **Municipal** (conseil). *Subst. Les communaux :* les terrains de la commune. ◇ *Région.* (Belgique). *Conseil communal,* municipal. *Maison communale,* mairie.

COMMUNALISER [kɔmynalize]. *v. tr.* (1842; de *communal*). *Dr.* Mettre sous la dépendance de la commune. *Communaliser un terrain.*

COMMUNARD, ARDE [kɔmynaʀ, aʀd(ə)]. *adj. et n.* (1871; de *commune*, d'apr. la *Commune révolutionnaire* de 1793). *Hist.* (*D'abord péj.*). Partisan de la Commune de Paris, en 1871. ◇ Membre d'une commune* (5°).

COMMUNAUTAIRE [kɔmynotɛʀ]. *adj.* (1842; de *communauté*). Qui a rapport à la communauté. *Vie communautaire.*

COMMUNAUTÉ [kɔmynote]. *n. f.* (1283; de *commun*). ♦ 1° Groupe social dont les membres vivent ensemble, ou ont des biens, des intérêts communs. V. **Collectivité, corps.** *Vivre en communauté,* en mettant tout en commun. *Communauté de hippies. Communauté de travail.* V. **Association, corporation.** *Communauté nationale.* V. **État, nation, patrie.** *Appartenir à la même communauté. Communauté urbaine :* groupe de communes autour d'une grande ville, associées pour la gestion de services d'intérêts communs. *Communauté économique d'un groupe d'États. Communauté européenne.* ♦ 2° (1538). Groupe de religieux qui vivent ensemble et observent des règles ascétiques et mystiques. V. **Congrégation, ordre.** *Communauté de moines, de chanoines. Les règles, la règle d'une communauté.* V. **Communautaire.** — *Par ext.* La maison religieuse où vit une communauté. V. **Cloître, couvent, monastère.** *Visiter la communauté.* ♦ 3°

Dr. (XVIᵉ). *Communauté entre époux :* régime matrimonial dans lequel tout ou partie des biens des époux sont communs. — *Par ext.* L'ensemble des biens composant la masse commune (*opposé à biens « propres »*). — *Communauté légale :* pour les époux qui n'ont pas fait de contrat de mariage ou *communauté réduite aux acquêts. Communauté conventionnelle :* par contrat. *Apport à la communauté.* ◆ 4° État, caractère de ce qui est commun. *Communauté de goûts, de vues.* V. **Accord, affinité, unanimité, unité.** « *Une communauté d'idées, d'intérêts, d'affections, de souvenirs et d'espérances* » (FUSTEL de COUL.). ◇ *Posséder qqch. en communauté avec qqn :* en commun avec lui. V. **Commun, indivision.**

COMMUNE [kɔmyn]. *n. f.* (*Comugne*, XIIᵉ ; lat. *communia*, de *communis.* V. **Commun**). ◆ 1° *Ancien.* Ville affranchie du joug féodal, et que les bourgeois administraient eux-mêmes ; corps des bourgeois. V. **Bourgeoisie** (1°). ◆ 2° (1793). La plus petite subdivision administrative du territoire, administrée par un maire, des adjoints et un conseil municipal. V. **Municipalité.** *Siège de la commune.* V. **Hôtel** (de ville), **mairie.** — *Par ext.* Personne morale représentée par les habitants d'une commune. ◆ 3° *Hist.* (1789). La municipalité de Paris, qui devint Gouvernement révolutionnaire. — (1871) Le Gouvernement révolutionnaire de Paris. V. **Communard.** ◆ 4° (De l'angl. *Commons*). *La Chambre des communes,* et ellipt. *Les Communes :* la chambre élective (chambre basse), en Grande-Bretagne. ◆ 5° *Commune populaire,* en Chine, Ensemble administratif et économique groupant plusieurs villages.

COMMUNÉMENT [kɔmynemɑ]. *adv.* (*-ement,* XIᵉ ; de *commun*). Suivant l'usage commun, ordinaire. V. **Couramment, généralement, habituellement, ordinairement.** *On dit communément que. L'idée « qu'on se fait communément de ce pays* » (FROMENTIN). ◇ ANT. *Exceptionnellement, extraordinairement, rarement.*

COMMUNIANT, ANTE [kɔmynjɑ̃, ɑ̃t]. *n.* (1531 ; de *communier*). Personne, enfant qui communie. V. **Communion.** *Premier communiant :* qui fait sa première communion. *Les communiants :* les premiers communiants. *Aube, brassard de communiant, voile de communiante.*

COMMUNICABLE [kɔmynikabl(ə)]. *adj.* (XVIᵉ ; « affable », 1380 ; de *communiquer*). Qui peut, qui doit être communiqué. *Pièce, dossier communicable.*

COMMUNICANT, ANTE [kɔmynikɑ̃, ɑ̃t]. *adj.* (1761 ; « communautaire » (d'une secte), 1690 ; de *communiquer*). Qui communique, établit une communication. *Routes communicantes. Chambres communicantes :* avec une porte commune. *Principe des vases** (5°) *communicants.*

COMMUNICATEUR, TRICE [kɔmynikatœr, tʀis]. *adj.* (1869 ; « qui a en commun », XIVᵉ ; de *communiquer*). *Didact.* Qui met en communication. *Fil communicateur.*

COMMUNICATIF, IVE [kɔmynikatif, iv]. *adj.* (1564 ; « libéral », 1361 ; bas lat. *communicativus*). ◆ 1° Qui se communique facilement. *Rire communicatif.* « *L'ennui est communicatif* » (STENDHAL). ◆ 2° (*Personnes*). Qui aime à communiquer ses idées, ses sentiments. V. **Causant, confiant, expansif, exubérant, ouvert.** « *Je suis communicative, je n'aime point à jouir d'un plaisir toute seule* » (SÉV.). ◇ ANT. *Dissimulé, secret, taciturne.*

COMMUNICATION [kɔmynikasjɔ̃]. *n. f.* (1365, « commerce, relations » ; lat. *communicatio*). ◆ 1° Le fait de communiquer, d'établir une relation avec (qqn, qqch.). *Être en communication avec un ami, un correspondant.* V. **Correspondance, liaison, rapport.** *Le rêve ouvre « à l'homme une communication avec le monde des esprits* » (NERVAL). *Communication réciproque.* V. **Échange.** — *Sc.* Toute relation dynamique qui intervient dans un fonctionnement. *Théorie des communications et de la régulation.* V. **Cybernétique.** ◆ 2° Action de communiquer qqch. à qqn. Résultat de cette action. V. **Information.** *Communication d'une nouvelle, d'un renseignement, d'un avis. Communication des idées.* V. **Diffusion.** *Demander communication d'un dossier, d'une pièce.* « *J'avais cette copie en communication* » (PÉGUY). — *Spécialt. Dr. Communication des pièces* (au défendeur). — *Communication au Ministère public.* ◆ 3° La chose que l'on communique. V. **Annonce, avis, dépêche, message, note, nouvelle, renseignement.** *Il a une communication à vous faire.* « *C'est pour une communication de la plus haute importance* » (COURTELINE). ◆ 4° Moyen technique par lequel des personnes communiquent ; message qu'elles se transmettent. V. **Transmission.** *Une communication téléphonique, télégraphique. Recevoir, prendre une communication. Couper, interrompre les communications entre une armée et sa base.* — *Communications de masse* (trad. de l'angl. *mass media*) : procédés de transmission massive de l'information (journaux, radio, télévision). *Étude sociologique, sémiotique des communications de masse.* ◆ 5° Ce qui permet de communiquer ; passage d'un lieu à un autre. *Porte de communication. Voie, moyens de communication.* V. **Circulation, transport.** — *Par ext.* (1690) *Artère, route. Couper, fermer, rompre les communications.*

COMMUNIER [kɔmynje]. *v. intr.* (Xᵉ ; lat. chrét. *communicare* « participer à, s'associer à ». V. **Communiquer**). ◆ 1° Recevoir le sacrement de l'eucharistie. *Communier à Pâques. Communier sous les deux espèces. Trans. (Rare)* Faire communier. *Le prêtre communia tous les fidèles.* ◆ 2° Être en union spirituelle. V. **Communion.** « *Il communiait avec ces sentiments* » (GENEVOIX).

COMMUNION [kɔmynjɔ̃]. *n. f.* (1120 ; lat. chrét. *communio* « communauté »). ◆ 1° Union de ceux qui professent une même foi. V. **Communauté, union.** *La communion des fidèles.* V. **Église ; chrétienté.** *Exclure de la communion :* excommunier. *Les diverses communions chrétiennes.* V. **Confession, secte.** ◇ *La communion des saints :* dogme chrétien selon lequel les Églises triomphante, militante et souffrante sont en union. ◇ *Par anal. La communion humaine.* V. **Humanité, société.** ◆ 2° *Par ext. Être en communion d'idées, de sentiments avec qqn :* avoir des idées, des sentiments communs avec cette personne. V. **Accord, communication, correspondance, union.** *Être en communion avec la nature.* ◆ 3° (v. 1200). Réception du sacrement de l'eucharistie. V. **Cène.** *Table de communion. La communion privée, solennelle. La première communion* (V. **Communiant**). *Renouveler sa première communion.* V. **Renouvellement.** *Par ext.* Réception donnée pour une première communion. *Salle pour banquets, noces et communions.* ◆ 4° *Liturg.* Partie de la messe, de l'office protestant, au cours de laquelle le prêtre communie et distribue la communion aux fidèles.

COMMUNIQUÉ [kɔmynike]. *n. m.* (1853 ; de *communiquer*). Avis qu'un service compétent communique au public. V. **Annonce, avis, bulletin, note.** *Communiqué des opérations* en temps de guerre. « *Les communiqués officiels sont, de part et d'autre, des plus contradictoires* » (GIDE). *Communiqués de la presse écrite, parlée.*

COMMUNIQUER [kɔmynike]. *v.* (1361 ; lat. *communicare* « être en relation avec »). **I.** *V. tr.* ◆ 1° (1557). Faire connaître qqch. à (qqn). V. **Dire, divulguer, donner, livrer, publier, transmettre.** *Communiquer une nouvelle.* V. **Mander.** *Communiquer ses intentions, ses projets, ses sentiments.* V. **Confier, épancher, expliquer.** *Communiquer un renseignement.* V. **Livrer, révéler.** — *Dr. Communiquer les pièces d'un procès. Se communiquer des renseignements, des souvenirs.* V. **Échanger.** ◆ 2° Faire partager. « *Ma joie devint si grande, que je la voulus communiquer* » (GIDE). ◆ 3° *Pronom. Se communiquer* (rare). V. **Confier, livrer** (se), **ouvrir** (s'), **parler ; communicatif.** « *Je me communique fort peu* » (MONTESQ.). ◆ 4° (1740). Rendre commun à ; transmettre (qqch.). *Corps qui communique son mouvement à un autre.* V. **Imprimer, transmettre.** *Le soleil communique sa lumière et sa chaleur à la terre.* — *Communiquer une maladie.* V. **Donner, passer, transmettre ; contagion.**

II. *V. intr.* ◆ 1° (XIVᵉ). Être, se mettre en relation. *Communiquer avec un ami. Deux personnes qui communiquent entre elles.* V. **Correspondre.** ◆ 2° (1681). *Choses.* Être en rapport avec, par un passage. V. **Correspondre.** *Corridor qui fait communiquer plusieurs pièces.* V. **Commander, desservir.** *Pièces qui communiquent.* V. **Communicant.** ◇ ANT. *Taire. Garder.*

COMMUNISANT, ANTE [kɔmynizɑ̃, ɑ̃t]. *adj.* (mil. XXᵉ ; de *communiste*). Qui sympathise avec les communistes ; est empreint de communisme. *Des thèses communisantes. Il est communisant ;* subst. *C'est un communisant.*

COMMUNISME [kɔmynism(ə)]. *n. m.* (1840 ; de *commun*). ◆ 1° *Vx.* Toute organisation économique et sociale fondée sur la suppression de la propriété privée au profit de la propriété collective. V. **Collectivisme, égalitarisme, socialisme.** *Le communisme absolu de Platon.* « *Le communisme, cette logique vivante et agissante de la Démocratie* » (BALZ.). ◆ 2° *Communisme marxiste,* système social prévu par Marx, où les biens de production appartiennent à la communauté. *Le socialisme d'État, stade transitoire qui doit aboutir au communisme. Première phase, ou phase transitoire du communisme.* V. **Étatisme, socialisme.** ◆ 3° *Politique,* doctrine des partis communistes. *Le communisme russe,* de 1917. V. **Bolchevisme.** *Le communisme chinois. Communisme léniniste, trotskyste, stalinien* (Russie). ◆ 4° Ensemble des communistes, de leurs organisations. ◇ ANT. *Anticommunisme, capitalisme, fascisme, libéralisme.*

COMMUNISTE [kɔmynist(ə)]. *adj.* et *n.* (1841 ; « copropriétaire », 1769 ; de *commun*). ◆ 1° Du communisme (1° ou 2°). *Doctrines communistes.* ◆ 2° Qui cherche à faire triompher la cause de la révolution sociale, en accord avec les organisations prolétariennes. *Manifeste du parti communiste* (Marx et Engels). ◆ 3° Qui appartient aux organisations internationales *(Internationales communistes),* aux partis, aux États — d'abord Russie soviétique* — qui se réclament du marxisme. ◆ 4° *Adj.* et *n.* Partisan du communisme. Membre d'un parti communiste (Cf. *pop.* et *péj.* Coco). ◇ ANT. *Capitaliste, fasciste, libéraliste.*

COMMUTATEUR [kɔmytatœr]. *n. m.* (1858 ; lat. *com-*

mutare « changer ». V. **Commuer**). *Électr.* Appareil permettant de modifier un circuit électrique ou les connexions entre circuits (V. **Interrupteur**). *Commutateur téléphonique.* V. **Jack, relais.**

COMMUTATIF, IVE [kɔmytatif, iv]. *adj.* (XIVᵉ; lat. *commutare*). ♦ 1° *Dr.* Qui est relatif à l'échange. *Contrat commutatif (opposé à* contrat aléatoire). — *Justice commutative :* équivalence des obligations et des charges (*opposé à* justice distributive). ♦ 2° *Math., Log.* Dont le résultat est invariable, quel que soit l'ordre des facteurs (*l'addition est commutative, pas la soustraction).* ◊ ANT. Aléatoire, distributif.

COMMUTATION [kɔmytɑsjɔ̃]. *n. f.* (déb. XIIᵉ; lat. *commutatio* « changement »). ♦ 1° *Didact.* Substitution, remplacement. *Commutation des facteurs d'une opération. Commutation et permutation.* — *Spécialt.* Substitution d'un élément par un autre, dégageant des distinctions pertinentes (notamment en linguistique). ♦ 2° *Dr. Commutation de peine :* grâce qui consiste dans la substitution d'une peine plus faible à la première peine. V. **Commuer.** ♦ 3° *Techn.* Établissement ou modification des connexions entre systèmes, circuits. *Commutation de circuit.* ◊ ANT. Aggravation (de peine).

COMMUTATIVITÉ [kɔmytativite]. *n. f.* (mil. XXᵉ; de *commutatif*). *Sc.* Caractère d'une opération commutative.

COMMUTATRICE [kɔmytatʀis]. *n. f.* (1922; de *commutateur*). *Électr.* Appareil servant à transformer du courant alternatif en continu ou inversement.

COMMUTER [kɔmyte]. *v. tr.* (1611; lat. *commutare*; repris XXᵉ, d'apr. *commutation*). ♦ 1° Changer par une substitution, une commutation. — *Intrans. Éléments qui peuvent commuter. Faire commuter deux éléments.* ♦ 2° *Techn.* Effectuer la commutation (3°) (un circuit). *Commuter un circuit par un relais.*

COMPACITÉ [kɔ̃pasite]. *n. f.* (1762; de *compact). Didact.* Qualité de ce qui est compact.

COMPACT, ACTE [kɔ̃pakt, akt(ə)]. *adj.* (1377; lat. *compactus* « amassé », de *compingere*). ♦ 1° Qui est formé de parties serrées, dont les éléments constitutifs sont très cohérents. V. **Dense, serré.** *Bloc, pâté d'immeubles compact. Foule compacte.* — *Poudre compacte* (subst. *Un compact :* une poudre compacte). — *Fig. Majorité compacte :* forte, massive. ♦ 2° (De l'angl.; v. 1960). D'un faible encombrement relatif (voitures, mécanismes). ◊ ANT. Dispersé, épars, ténu.

COMPACTAGE [kɔ̃paktaʒ]. *n. m.* (XXᵉ; de *compact). Techn.* Tassement du sol.

COMPAGNE [kɔ̃paɲ]. *n. f.* (fin XIIᵉ; de l'a. fr. *compain.* V. **Copain; compagnon**). ♦ 1° Celle qui partage ou a partagé la vie, les occupations d'autres personnes (par rapport à elles). *Compagnes d'école, de travail. Allez rejoindre vos compagnes.* V. **Camarade.** ♦ 2° *Littér.* Épouse, femme; maîtresse. « *Cette amie très douce, cette compagne bienfaisante des heures de lassitude* » (BLOY).

COMPAGNIE [kɔ̃paɲi]. *n. f.* (1080; lat. pop. *°compania*). ♦ 1° Présence auprès de qqn, fait d'être avec qqn. *Apprécier, rechercher la compagnie de qqn.* V. **Présence, société.** ◊ Loc. *Aller de compagnie avec.* V. **Accompagner.** *Voyager de compagnie, ensemble.* V. **Conserve** (de). *Se plaire en la compagnie de.* « *Un homme seul est toujours en mauvaise compagnie* » (VALÉRY). *Fausser compagnie à.* V. **Quitter.** *Tenir compagnie à,* rester auprès d'une personne; *fig.* Se trouver auprès, aller de pair avec. ◊ *Être de bonne (mauvaise) compagnie :* bien (mal) élevé; distingué (grossier). ◊ *Dame, demoiselle de compagnie :* personne appointée pour tenir compagnie à une autre. ♦ 2° (XVIᵉ). *Vx.* Réunion de personnes qui ont quelque motif de se trouver ensemble. *Assemblée, réunion, société. Une joyeuse compagnie.* — *Mod. et pop. Bonsoir, salut la compagnie!* ♦ 3° (1636). Association de personnes que rassemblent des statuts communs. V. **Société.** *Compagnie commerciale, financière, coloniale. La Compagnie des Indes. Compagnie de chemins de fer, d'assurances. Compagnie aérienne,* entreprise de transport aérien. — *Et Cie (et compagnie),* à la fin d'une raison sociale, désigne les associés qui n'ont pas été nommés. ◊ *Compagnie savante.* V. **Collège, société.** *L'illustre compagnie :* l'Académie française. ◊ (1706) *Troupe théâtrale permanente.* V. **Théâtre.** *Les jeunes compagnies.* ♦ 4° (XIVᵉ). *Vx.* Réunion de gens armés. V. **Troupe.** *Les grandes compagnies emmenées en Espagne par Du Guesclin.* — *Par anal. Mod. La Compagnie de Jésus.* V. **Jésuite.** ◊ *Spécialt.* Unité de formation d'infanterie placée sous les ordres d'un capitaine. *Les compagnies d'un bataillon. Compagnie d'accompagnement. Les sections d'une compagnie.* — *Compagnies républicaines de sécurité* (C.R.S.), destinées à assurer l'ordre public. ♦ 5° (1559). Groupe d'animaux de même espèce, qui vivent en colonie. *Une compagnie de perdreaux.* ◊ ANT. Absence, isolement, solitude.

COMPAGNON [kɔ̃paɲɔ̃]. *n. m.* (1080; lat. pop. *°companio, -onis* « qui mange son pain avec ». V. **Copain**). ♦ 1°

(Vieilli ou littér.) Personne qui partage habituellement ou occasionnellement la vie, les occupations d'autres personnes, par rapport à elles. V. **Camarade, copain.** *Compagnon de table* (V. **Commensal**), *d'études* (V. **Condisciple**), *de jeu* (V. **Partenaire**), *de travail* (V. **Collègue**), *de voyage, d'exil. Compagnon d'armes. Les Compagnons de la Libération. Vivre de pair à compagnon :* sur un pied d'égalité. *Vieilli. Un joyeux compagnon.* V. **Gaillard.** — *Par ext.* Celui qui partage les sentiments, l'idéal d'une autre personne, qui a subi les mêmes épreuves. *Compagnon par le cœur.* V. **Ami.** *Compagnon, frère d'infortune.* ◊ *Par ext.* (Mod.) Homme ou animal mâle d'un couple, par rapport à la femme ou à la femelle. *Une vieille femme sans compagnon. Il faut un compagnon à cet oiseau.* ♦ 2° *Ancienn.* Celui qui n'était plus apprenti et n'était pas encore maître. V. **Artisan.** *Les compagnons du Tour de France.* ♦ 3° Degré de dignité dans la franc-maçonnerie.

COMPAGNONNAGE [kɔ̃paɲɔnaʒ]. *n. m.* (1719; de *compagnon). Ancienn.* Temps du stage qu'un compagnon devait faire chez un maître. Associations de solidarité entre ouvriers.

COMPARABILITÉ [kɔ̃paʀabilite]. *n. f.* (1839; de *comparable). Didact.* Caractère de ce qui est comparable.

COMPARABLE [kɔ̃paʀabl(ə)]. *adj.* (fin XIIᵉ; lat. *comparabilis*). Qui peut être comparé avec qqn ou avec qqch. V. **Analogue, approchant, assimilable.** *Rien n'est comparable à. Il ne vous est pas comparable. Ce n'est pas comparable.* — *Math. Grandeurs comparables :* entre lesquelles on peut établir un rapport par comparaison. V. **Commensurable.** ◊ ANT. Incomparable.

COMPARAISON [kɔ̃paʀɛzɔ̃]. *n. f.* (fin XIIᵉ; lat. *comparatio*). ♦ 1° Le fait d'envisager ensemble (deux ou plusieurs objets de pensée) pour en chercher les différences ou les ressemblances. V. **Comparer; analyse, jugement, rapprochement.** *Établir une comparaison entre...; faire la comparaison. Mettre une chose en comparaison avec une autre* (V. **Balance, parallèle, regard**). *Il n'y a pas de comparaison possible. Soutenir la comparaison. Terme de comparaison.* V. **Mesure** (commune mesure). *Éléments de comparaison* (analogie, différence, rapport, relation, ressemblance). *Comparaison de textes, d'écritures.* V. **Collationnement, confrontation, recension.** ◊ *Adverbes de comparaison :* qui indiquent un rapport de supériorité, d'égalité ou d'infériorité (Ainsi, aussi, autant, comme, même (de même que), moins, plus). — *Degrés de comparaison.* V. **Positif; comparatif; superlatif.** ♦ 2° *Loc. En comparaison de.* V. **Auprès, côté (à), égard (à l'), proportion (en), prix (au), rapport (par), regard (en), relativement, vis-à-vis.** « *Nous étions des géants en comparaison de la société... qui s'est engendrée* » (CHATEAUB.). — *Par comparaison à. Pour lui, c'est la misère, par comparaison à sa richesse passée. Absolt. La plupart des choses ne sont bonnes ou mauvaises que par comparaison. — Sans comparaison :* sans hésitation. « *J'aime bien mieux, sans comparaison, être ici* » (SÉV.). *Absolt. C'est sans (aucune) comparaison :* incomparable (en général : beaucoup mieux, très supérieur). ♦ 3° Rapport établi entre un objet et un autre terme, dans le langage. V. **Allusion, image, métaphore.** *Comparaison qui accentue la différence.* V. **Antithèse, contraste.** *Le premier, le second membre d'une comparaison. Beau comme le jour, riche comme Crésus, gai comme un pinson, prompt comme l'éclair, bavard comme une pie sont des comparaisons.* V. **Comme.** PROV. *Comparaison n'est pas raison :* une comparaison n'est pas un argument, ne prouve rien.

COMPARAÎTRE [kɔ̃paʀɛtʀ(ə)]. *v. intr.*; conjug. *paraître* (1437; de l'a. fr. *comparoir*; lat. *par, comparere,* refait d'apr. *paraître*). ♦ 1° *Dr.* Se présenter par ordre. V. **Comparant.** *Comparaître en jugement, en justice. Comparaître en personne, par avoué. Comparaître devant un juge. Ordre de faire comparaître.* V. **Mandat.** *Citation* à comparaître.* ♦ 2° *Fig.* Présenter, faire venir. « *Dans cette vaste composition Holbein a fait comparaître les souverains, les pontifes, les amants, les joueurs, les ivrognes* » (SAND). ◊ ANT. Défaut (faire défaut).

COMPARANT, ANTE [kɔ̃paʀɑ̃, ɑ̃t]. *adj.* et *n.* (XIVᵉ; de *comparoir*). *Dr.* Qui comparaît en justice, devant un officier de l'état civil ou un officier ministériel. *Parties comparantes. Déclaration du comparant.* ◊ ANT. Contumax, défaillant, non-comparant.

COMPARATEUR, TRICE [kɔ̃paʀatœʀ, tʀis]. *n. m.* et *adj.* (1863; de *comparer*). ♦ 1° *N. m.* Instrument destiné à mesurer avec précision de très petites différences de longueur. ♦ 2° *Adj.* Qui aime à comparer. *Esprit comparateur.*

COMPARATIF, IVE [kɔ̃paʀatif, iv]. *adj.* (fin XIIIᵉ; lat. *comparativus*). Qui contient ou établit une comparaison. *Tableau comparatif. Degré, état comparatif. Méthode, étude comparative.* — *Gram. La forme comparative,* et subst. *Le comparatif,* exprime le second degré dans la signification des adjectifs. *Comparatif de supériorité* (V. **Plus**), *d'égalité* (V. **Aussi**), *d'infériorité* (V. **Moins**). *Adjectif au comparatif.*

COMPARATISME [kɔ̃paʀatism(ə)]. *n. m.* (fin XIXᵉ; de

comparer). Didact. Ensemble des sciences comparées (linguistique, littérature comparées).

COMPARATISTE [kɔ̃paʀatist(ə)]. *n.* (fin XIXᵉ; de *comparer). Didact.* Spécialiste dans l'étude d'une science comparée (langue, littérature).

COMPARATIVEMENT [kɔ̃paʀativmã]. *adv.* (1556; de *comparatif).* Par comparaison. *Ce n'est bon que comparativement. Comparativement à autre chose.*

COMPARÉ, ÉE [kɔ̃paʀe]. *adj.* (V. **Comparer**). Qui étudie les rapports entre plusieurs objets d'étude. *Anatomie comparée* (des espèces différentes). *Grammaire comparée,* étudiant les rapports entre langues. *Littérature comparée,* étudiant les influences, les échanges entre littératures.

COMPARER [kɔ̃paʀe]. *v. tr.* (fin XIIᵉ; lat. *comparare).* ♦ 1° Examiner les rapports de ressemblance et de différence. V. **Confronter, rapprocher; comparaison.** *Comparer un écrivain avec un autre, à un autre. Comparer plusieurs artistes entre eux. Comparer pour critiquer, juger, pour connaître les caractéristiques.* V. **Analyser, évaluer, mesurer.** *Comparer deux textes, deux écritures.* V. **Collationner.** Absolt. *Comparez avant de choisir.* ♦ 2° Rapprocher en vue d'assimiler; mettre en parallèle. *Comparer à, avec. Comparer la vie à une aventure. Ces choses ne sauraient se comparer.* « *Il ne faut pas comparer les chagrins de la vie avec ceux de la mort* » (MUSS.). ♦ 3° Rapprocher des personnes ou des choses de nature ou d'espèce différente, dans une comparaison (3°). « *Il compara, pour finir, les gens du monde aux chevaux de course* » (MAUPASS.).

COMPAROIR [kɔ̃paʀwaʀ]. *v. intr.* : inf. et p. prés. V. Comparant (XIIIᵉ; lat. *comparere*. V. **Comparaître).** *Vx.* Comparaître en justice. *Les témoins* « *que la justice mande ainsi à comparoir* » (BALZ.).

COMPARSE [kɔ̃paʀs(ə)]. *n.* (1669; it. *comparsa* « personnage muet », p. p. de *comparire* « apparaître »). ♦ 1° Acteur qui remplit un rôle muet. V. **Figurant.** ♦ 2° Personnage dont le rôle est insignifiant. *Ce n'est qu'un comparse.* « *Le drame de Laura, c'est d'avoir épousé un comparse* » (GIDE).

COMPARTIMENT [kɔ̃paʀtimã]. *n. m.* (1546; it. *compartimento,* de *compartire* « partager »). ♦ 1° Division pratiquée dans un espace pour loger des personnes ou des choses en les séparant. V. **Case.** *Meuble formé d'un ensemble de compartiments.* V. **Casier, classeur.** *Coffre, tiroir à compartiments. Compartiment d'un gâteau de cire.* V. **Alvéole.** ◇ Division d'une voiture de chemin de fer (voyageurs), délimitée par des cloisons. *Compartiment réservé, de seconde classe.* ♦ 2° Subdivision d'une surface (par des figures régulières). *Compartiments d'un damier, d'un échiquier. Parterre de jardin à compartiments.* V. **Carré.** « *Le plafond, divisé en compartiments octogones* » (FLAUB.). V. **Caisson.** ♦ 3° Ornement fait de dorures répartis sur le plat ou sur le dos des livres.

COMPARTIMENTAGE ou **COMPARTIMENTATION** [kɔ̃paʀtimãtaʒ, tasjɔ̃]. *n. m.* (XXᵉ; de *compartimenter).* Division par compartiments. V. **Cloisonnement.** Action de compartimenter.

COMPARTIMENTER [kɔ̃paʀtimãte]. *v. tr.* (fin XIXᵉ; de *compartiment).* ♦ 1° Diviser en compartiments. *Compartimenter une armoire.* ♦ 2° Diviser par classes, par catégories nettement séparées. *Une société très compartimentée. L'auteur a soigneusement compartimenté les questions.* V. **Cloisonner, séparer.**

COMPARUTION [kɔ̃paʀysjɔ̃]. *n. f.* (1453; de *comparu,* de *comparaître).* *Dr.* Action de comparaître. *Mandat de comparution. En cas de non-comparution* (V. **Défaut**).

COMPAS [kɔ̃pa]. *n. m.* (XIIᵉ, « mesure, règle »; de *compasser).* ♦ 1° Instrument composé de deux jambes ou *branches* jointes par une charnière et que l'on écarte plus ou moins pour mesurer des angles, transporter des longueurs, tracer des circonférences. *Compas à pointes sèches. Compas tire-lignes. Compas quart de cercle. Compas de proportion,* dont les branches sont de petites règles divisées. *Compas de réduction,* pour tracer des figures proportionnelles au moyen des branches divisées qui coulissent l'une sur l'autre. *Compas d'épaisseur,* à branches courbes servant à mesurer l'épaisseur d'un corps quelconque. — Loc. fig. *Avoir le compas dans l'œil :* juger à vue d'œil, avec une grande précision. ♦ 2° *Mar.* (1575). Aiguille aimantée placée sur un pivot et portant la rose des vents. V. **Boussole.** *Compas gyroscopique.* V. **Gyrocompas.** *Compas de route. Naviguer au compas.*

COMPASSÉ, ÉE [kɔ̃pa(a)se]. *adj.* (XVIᵉ; V. **Compasser).** Dont le comportement est affecté et guindé; sans rien de libre, de simple, de spontané. *Un homme compassé.* *Style compassé.* « *L'allure compassée, noble et précieuse du menuet* » (HERRIOT). ◇ ANT. *Aisé, libre, naturel, vif.*

COMPASSER [kɔ̃pa(a)se]. *v. tr.* (1155, « mesurer, ordonner, régler »; lat. pop. *°compassare* « mesurer avec le pas », de *passus* « pas »). ♦ 1° *Techn.* Mesurer avec le compas. *Compasser des distances, sur une carte.* — Par ext. Tracer,

disposer avec une rigoureuse exactitude. ♦ 2° *Littér.* Considérer avec attention, régler avec exactitude, minutie, et par ext. avec exagération. V. **Étudier, mesurer, peser.** *Compasser sa démarche, son attitude.*

COMPASSION [kɔ̃pa(a)sjɔ̃]. *n. f.* (1155; lat. chrét. *compassio,* de *compati* « souffrir »). V. **Compatir).** Sentiment qui porte à plaindre et partager les maux d'autrui. V. **Apitoiement, commisération, miséricorde; pitié.** *Avoir de la compassion pour qqn. Cœur accessible à la compassion.* V. **Humanité, sensibilité.** *Être touché de compassion. Être digne de compassion.* « *Balzac emploie le mot :* « *compatissance* ». *Il me semble que* « *compassion* » *suffisait* » (GIDE). ◇ ANT. *Cruauté, dureté, indifférence, insensibilité.*

COMPATIBILITÉ [kɔ̃patibilite]. *n. f.* (1570; de *compatible).* Caractère, état de ce qui est compatible. V. **Accord, convenance.** *Compatibilité d'humeur.* ◇ ANT. *Désaccord, Incompatibilité.*

COMPATIBLE [kɔ̃patibl(ə)]. *adj.* (1396; lat. *compati* « sympathiser ». V. **Compatir).** Qui peut s'accorder avec autre chose, exister en même temps. V. **Accordable, conciliable.** *Des caractères compatibles. La fonction de préfet n'est pas compatible avec celle de député.* ◇ *Techn.* (Inform.). *Matériels compatibles,* qui peuvent fonctionner ensemble (malgré leur origine différente). ◇ *Méd. Médicaments compatibles,* pouvant être administrés en même temps. ◇ ANT. *Incompatible, Inconciliable.*

COMPATIR [kɔ̃patiʀ]. *v. tr. indir.* (1541; bas lat. *compati* « souffrir avec », d'apr. *pâtir* « souffrir »). ♦ 1° *Vx.* S'accorder, être compatible*. *Son caractère ne peut compatir avec le mien.* « *Mais enfin nos désirs ne compatissent point* » (CORN.). ♦ 2° *Mod.* COMPATIR À : avoir de la compassion ¡pour (une souffrance). V. **Apitoyer** (s'), **attendrir** (s'), **plaindre.** « *On ne compatit qu'aux misères que l'on partage* » (THIBAUDET). *Il compatit à notre douleur* (V. **Condoléance).**

COMPATISSANT, ANTE [kɔ̃patisã, ãt]. *adj.* (1692; de *compatir).* Qui prend part aux souffrances d'autrui. V. **Miséricordieux, bon, charitable, humain, sensible.** « *Cette charité si compatissante* » (RAC.). *Un regard compatissant.* ◇ ANT. *Dur, insensible.*

COMPATRIOTE [kɔ̃patʀijɔt]. *n.* (1465; bas lat. *compatriota,* de *cum* « avec », et *patria* « patrie »). Personne originaire du même pays qu'une autre. *Nous sommes compatriotes. Épargner, secourir, aider un compatriote.* — Personne originaire de la même province, de la même région. V. **Pays.**

COMPENDIEUSEMENT [kɔ̃pãdjøzmã]. *adv.* (XIIIᵉ; de *compendieux).* *Vx.* En abrégé rapidement, succinctement. « *Compendieusement, que vous employez tout au rebours de la signification, pour dire abondamment, prolixement* » (FLAUB.).

COMPENDIEUX, EUSE [kɔ̃pãdjø, øz]. *adj.* (1395; lat. *compendiosus,* de *compendium* « abrégé »). *Vx.* Exprimé en peu de mots. V. **Abrégé, concis, résumé, succinct.** ◇ ANT. *Abondant, long, verbeux.*

COMPENDIUM [kɔ̃pɛ̃djɔm]. *n. m.* (1584; lat. *compendium* « abréviation »). *Didact.* Abrégé. V. **Condensé, résumé.** — Fig. « *La médecine étant un compendium des erreurs successives et contradictoires des médecins* » (PROUST).

COMPENSABLE [kɔ̃pãsabl(ə)]. *adj.* (1752; « qui peut compenser », 1580; de *compenser).* Qui peut être compensé. *Le tort qu'on lui a causé est difficilement compensable.*

COMPENSATEUR, TRICE [kɔ̃pãsatœʀ, tʀis]. *adj.* (1798; de *compenser).* ♦ 1° Qui compense. *Indemnité compensatrice.* ♦ 2° *Pendule compensateur,* subst. *Compensateur :* compensant les effets produits sur une horloge par les variations de température.

COMPENSATION [kɔ̃pãsasjɔ̃]. *n. f.* (1290; lat. *compensatio,* de *compensare).* ♦ 1° Avantage qui compense (un désavantage). *Compensation reçue des services rendus, des hommages.* V. **Indemnité; dédommagement, réparation, soulte.** « *Une augmentation de cent francs à titre de compensation* » (COURTELINE). *Dr. Compensation légale, conventionnelle,* remplaçant l'exécution d'un engagement. — *Compensation morale.* V. **Consolation, correctif, dédommagement.** « *Le déclin, sans compensation. Pas de gloire. Aucune revanche à attendre* » (ROMAINS). — *En compensation.* V. **Contre** (par contre), **échange** (en échange), **revanche** (en revanche). *Si l'appartement est petit, en compensation nous avons une vue magnifique. Mais, en compensation...* ♦ 2° L'action, le fait de compenser, de rendre égal. *Compensation entre les gains et les pertes.* V. **Balance, égalité, équilibre.** *Compensation d'effets contraires.* V. **Neutralisation.** — *Dr. Compensation des dépens :* répartition entre les plaideurs. — Balance de dettes réciproques qui éteint les deux dettes. — (1803) Spécialt. *Horloge, montre de compensation,* munie d'un compensateur. — Math. *Loi de compensation :* loi des grands nombres. ♦ 3° (1803). *Bourse.* Opération par laquelle les marchés à terme, achats et ventes, sont compensés, pour éviter les déplacements d'argent. *Chambre de compensation.* — Accord bilatéral de paiement entre deux pays. Cf. L'anglicisme *clearing**. ♦ 4° (XXᵉ). *Caisse de compensation,* où les charges sociales sont réparties (*ex. : allocations familiales*). ♦ 5° *Psycho.* Mécanisme psychique inconscient permettant de soulager une souffrance intime (sentiment d'infériorité, déficience physique) par la recherche d'une satisfaction supplétive ou des efforts acharnés pour redresser la fonction déficitaire. ◇ ANT. *Amende, peine; aggravation. Déséquilibre, inégalité.*

COMPENSATOIRE [kɔ̃pɑ̃satwaʀ]. *adj.* (1823; de *compenser*). *Didact.* Qui compense. V. **Compensateur.**

COMPENSÉ, ÉE [kɔ̃pɑ̃se]. *adj.* (1877; V. **Compenser**). Équilibré. *Gouvernail compensé. Semelle compensée :* qui fait corps avec le talon (chaussures hautes). — Spécialt. *(Méd.).* Se dit d'une maladie dont les effets sont atténués ou supprimés par des modifications de l'organisme qui tendent à en rétablir l'équilibre.

COMPENSER [kɔ̃pɑ̃se]. *v. tr.* (XVIᵉ; « solder une dette », 1277; lat. *compensare*, rac. *pensare* « peser »). Équilibrer un effet par un autre. V. **Balancer, contre-balancer, corriger, équilibrer, neutraliser, racheter, réparer.** *Compenser une perte par un gain; un ennui par une satisfaction. Pour compenser je t'emmènerai au théâtre.* V. **Peine** (pour la peine), **récompense** (en). ◇ SE COMPENSER. *v. pron.* S'équilibrer. *Leurs caractères se compensent.* « *Les deux inégalités, bien loin de s'opposer et de se compenser, s'ajoutent au contraire* » (PÉGUY). ◇ ANT. *Accentuer, aggraver, ajouter (s'), déséquilibrer.*

COMPÉRAGE [kɔ̃peʀaʒ]. *n. m.* (fin XIIIᵉ; de *compère*). *Vieilli.* Entente entre les auteurs d'une supercherie. V. **Complicité, connivence.** *Compérage d'un spectateur avec un charlatan.* « *Coterie et compérage organisés pour tromper le public* » (STE-BEUVE).

COMPÈRE [kɔ̃pɛʀ]. *n. m.* (1175; lat. ecclés. *compater* « père avec »). ♦ 1° *Vx* ou *région.* Le parrain d'un enfant par rapport à la marraine (V. **Commère**) et aux parents. ♦ 2° *Fam.* et *vieilli.* Terme d'amitié : ami, camarade. *Un bon compère = un bon compagnon. Compère le renard.* ♦ 3° *Mod.* Celui qui, sans qu'on le sache, est de connivence avec qqn pour abuser le public ou faire une supercherie. *Le prestidigitateur avait deux compères dans la salle.*

COMPÈRE-LORIOT [kɔ̃pɛʀlɔʀjo]. *n. m.* (1838; de *compère*, et *loriot*). ♦ 1° Loriot. ♦ 2° Petit bouton au bord de la paupière. V. **Orgelet.** *Des compères-loriots.*

COMPÉTENCE [kɔ̃petɑ̃s]. *n. f.* (1468, « rapport » ; lat. *competentia*). ♦ 1° *Dr.* (1596). Aptitude reconnue légalement à une autorité publique de faire tel ou tel acte dans des conditions déterminées. V. **Attribution, autorité, pouvoir, qualité.** *Compétence d'un préfet, d'un maire.* — Spécialt. Aptitude d'une juridiction à connaître d'une cause, à instruire et juger un procès. *Compétence d'attribution* (ratione materiæ). *Compétence territoriale* (ratione personæ, ratione loci) : relativement à la situation, au domicile des parties. *Conflit attributif de compétence.* ♦ 2° (1690). *Cour.* Connaissance approfondie, reconnue, qui confère le droit de juger ou de décider en certaines matières. V. **Art, capacité, qualité, science.** *Avoir de la compétence, des compétences. S'occuper d'une affaire avec compétence.* — *Manquer de compétence. Cela n'entre pas dans mes compétences.* « *Ces choses dépassaient sa compétence* » (FLAUB.). — *Fam.* Personne compétente. *Consulter, utiliser les compétences. C'est une compétence en la matière.* ♦ 3° *Ling.* (angl. *competence*, Chomsky). Système formé par les règles (grammaire, 2°) et les éléments auxquels ces règles s'appliquent (lexique), intégré par l'usager d'une langue naturelle et qui lui permet de former un nombre indéfini de phrases « grammaticales » dans cette langue et de comprendre des phrases jamais entendues. *La compétence est une virtualité dont l'actualisation (par la parole ou l'écriture) constitue la « performance ». Acquérir la compétence d'une langue.* ◇ ANT. *Incompétence.*

COMPÉTENT, ENTE [kɔ̃petɑ̃, ɑ̃t]. *adj.* (v. 1240, « approprié, suffisant » ; lat. *competens*). ♦ 1° *Dr.* (1480). Qui a droit de connaître d'une matière, d'une cause. V. **Compétence.** *Le tribunal s'est déclaré compétent.* V. **Retenir** (une cause). *Juge compétent. En référer à l'autorité compétente.* ♦ 2° (1680). *Cour.* Capable de bien juger d'une chose en vertu de sa connaissance approfondie en la matière. V. **Capable, entendu, expert, maître, qualité, savant.** *Un critique compétent. Il est compétent en archéologie.* ◇ ANT. *Incompétent.*

COMPÉTITEUR, TRICE [kɔ̃petitœʀ, tʀis]. *n.* (1402; lat. *competitor*, de *competere* « rechercher »). *Rare.* Personne qui poursuit le même objet qu'une autre, entre en compétition avec d'autres. V. **Adversaire, candidat, concurrent, émule, rival.** *Compétiteurs sportifs.* « *Son compétiteur* (d'un candidat à l'Académie) *est M. Ancelot* » (STE-BEUVE). — *Écon.* Individu, société capable d'entrer en concurrence avec d'autres.

COMPÉTITIF, IVE [kɔ̃petitif, iv]. *adj.* (1907; angl. *competitive*, même o. que *compétition*). ♦ 1° *Vx.* D'une compétition. ♦ 2° *Comm.* (mil. XXᵉ). Qui peut supporter la

concurrence du marché. *Prix compétitifs. Entreprise compétitive.* — Où la libre concurrence est possible. *Marché compétitif.*

COMPÉTITION [kɔ̃petisjɔ̃]. *n. f.* (1759; angl. *competition;* bas lat. *competitio*). ♦ 1° Recherche simultanée par deux ou plusieurs personnes d'un même avantage, d'un même résultat. V. **Concours, concurrence, conflit, rivalité.** « *Les intérêts diffèrent, les conflits et les compétitions éclatent* » (BAINVILLE). *Compétition entre partis politiques. Compétition ardente, loyale. Sortir vainqueur d'une compétition.* ♦ 2° Spécialt. *Compétition sportive.* V. **Épreuve; championnat, coupe, critérium, match.** ♦ 3° *Écologie.* Interaction des organismes vivants pour la maîtrise des ressources d'un milieu donné.

COMPÉTITIVITÉ [kɔ̃petitivite]. *n. f.* (attesté 1960; de *compétitif**, 2°). *Comm.* Caractère de ce qui est compétitif. *Compétitivité des prix, des entreprises.*

COMPILATEUR, TRICE [kɔ̃pilatœʀ, tʀis]. *n.* (1425; lat. *compilator*). I. ♦ 1° *Didact.* Celui qui réunit des documents dispersés. ♦ 2° *Péj.* Auteur qui emprunte aux autres. V. **Plagiaire.** (S'oppose à *Créateur.*) II. *Inform.* (angl. *compiler*). Programme traduisant en langage binaire les instructions établies dans le langage spécifique d'un ordinateur.

COMPILATION [kɔ̃pilasjɔ̃]. *n. f.* (XIIIᵉ; lat. *compilatio*). ♦ 1° *Didact.* Action de compiler; documents réunis. ♦ 2° Livre fait avec art et manque d'originalité (V. **Plagiat, ramas**). ♦ 3° *Inform.* Changement de « langage ». V. **Compilateur.**

COMPILER [kɔ̃pile]. *v. tr.* (1190; lat. *compilare*, rac. *pilare* « piller »). ♦ 1° *Didact.* Mettre ensemble (des extraits, des documents) pour former un recueil. *Compiler des documents.* ♦ 2° *Péj.* Plagier. ♦ 3° *Inform.* Changer de « langage ».

COMPISSER [kɔ̃pise]. *v. tr.* (XIVᵉ; de *com-*, et *pisser*). *Vx* ou *plais.* Pisser sur..., arroser d'urine.

COMPLAINTE [kɔ̃plɛ̃t]. *n. f.* (1175, « plainte en justice » ; a. fr. *complaindre*). ♦ 1° *Vx.* Plainte, lamentation. « *À vous seul en pleurant j'adresse ma complainte* » (RÉGNIER). ♦ 2° (1800). Chanson populaire d'un ton plaintif dont le sujet est en général tragique ou pieux. V. **Cantilène.** *Des complaintes de matelots.*

COMPLAIRE [kɔ̃plɛʀ]. *v. tr. indir.;* conjug. *plaire* (1373; lat. *complacere;* d'apr. *plaire*). ♦ 1° Littér. *Complaire à qqn :* lui être agréable en s'accommodant à ses goûts, à son humeur, à ses sentiments. V. **Plaire, satisfaire.** *Il ne cherche qu'à vous complaire.* ♦ 2° SE COMPLAIRE. *v. pron.* Trouver son plaisir, sa satisfaction. V. **Plaire** (se); **délecter** (se). *Se complaire dans son erreur, dans ses illusions. Il se complaît à faire, à dire cela.* V. **Aimer.** ◇ ANT. *Blesser, déplaire, fâcher, heurter.*

COMPLAISAMMENT [kɔ̃plɛzamɑ̃]. *adv.* (1680; de *complaisant*). Avec ou par complaisance. *Il m'a écouté complaisamment. Il parle trop complaisamment de lui.*

COMPLAISANCE [kɔ̃plɛzɑ̃s]. *n. f.* (1361; de *complaire*). ♦ 1° Disposition à s'accommoder, à acquiescer aux goûts, aux sentiments d'autrui pour lui plaire. V. **Amitié, bienveillance.** *Attendre qqch. de la complaisance de qqn. Montrer de la complaisance.* V. **Amabilité, civilité, empressement, serviabilité.** *Auriez-vous la complaisance de m'ouvrir la porte?* V. **Obligeance.** — (Péj.) *Une basse complaisance.* V. **Servilité.** « *La plupart des amitiés ne sont guère que des associations de complaisance mutuelle* » (R. ROLLAND). — *Sourire, rire de complaisance,* en vue de plaire, de se montrer poli; peu sincère. — Spécialt. *Billet, effet de complaisance :* billet, effet fictif que l'on signe pour obliger qqn. *Certificat de complaisance :* délivré à une personne qui n'y a pas droit. ♦ 2° *Vx.* Acte fait en vue de plaire, de flatter. *De basses complaisances.* Mod. *Les complaisances d'un mari.* V. **Complaisant.** ♦ 3° Sentiment dans lequel on se complaît par faiblesse, indulgence, vanité. V. **Contentement, délectation, plaisir, satisfaction.** *Parler de qqn avec complaisance. S'écouter, se regarder avec complaisance :* être content, satisfait de soi. V. **Orgueil, vanité.** ◇ ANT. *Dureté, sévérité.*

COMPLAISANT, ANTE [kɔ̃plɛzɑ̃, ɑ̃t]. *adj.* (1556; de *complaire*). ♦ 1° Qui a de la complaisance envers autrui. V. **Aimable, empressé, obligeant, poli, prévenant.** *Être, se montrer complaisant pour, envers qqn. Vous n'êtes pas très complaisant. Caractère complaisant.* V. **Arrangeant, commode, coulant, facile, indulgent.** *Lâchement complaisant.* V. **Servile.** *Vx. Complaisant à qqn.* Subst. *C'est un complaisant.* ◇ Spécialt. Qui ferme les yeux sur les intrigues galantes d'une personne. *Mari complaisant.* ♦ 2° Qui a témoigné de la complaisance envers soi-même. V. **Indulgent.** *Se regarder d'un œil complaisant.* V. **Satisfait.** *Prêter une oreille complaisante.* ◇ ANT. *Dur, sévère.*

COMPLANTER [kɔ̃plɑ̃te]. *v. tr.* (1551; lat. *complantare* « planter ensemble »). *Agric.* Planter ensemble (des espèces différentes) sur (une terre). *Par ext.* Couvrir de plantations. V. **Planter.** *Complanter un domaine d'orangers.*

COMPLÉMENT [kɔ̃plemɑ̃]. *n. m.* (1308; de l'a. fr. *complir* « remplir »; repris 1690; lat. *complementum*, de *complere* « remplir »). ◆ 1° Ce qui s'ajoute ou doit s'ajouter à une chose pour qu'elle soit complète. V. **Achèvement, couronnement.** *Le complément est intégré à la chose, le* supplément* *est extérieur. Le dessert, complément du repas. Un complément d'information. Complément à un ouvrage imprimé* (V. **Addenda, annexe, appendice**), *à une lettre* (V. **Post-scriptum**), *à un testament* (V. **Codicille**). *Le complément d'une somme.* V. **Appoint, reste, solde; soulte.** ◆ 2° (1798). *Gram.* Mot ou proposition rattaché(e) à un autre mot ou à une autre proposition, pour en compléter ou en préciser le sens. V. **Régime.** *Mot* (nom, pronom, infinitif) *pouvant faire fonction de complément. Proposition complément.* V. **Complétive.** *Complément d'une proposition principale, du verbe, d'un nom. Nature du complément : déterminatif, explicatif, complément d'objet, d'attribution, de circonstance, d'agent* (avec un verbe passif). *Forme du complément : direct, indirect. Mot-outil introduisant un complément indirect.* V. **Préposition.** ◆ 3° *Géom. Complément d'un angle :* ce qu'il faut lui ajouter pour obtenir un angle droit. ◆ 4° *Biol.* Substance protidique complexe du sérum sanguin qui joue un rôle essentiel dans les réactions entre antigènes et anticorps dans le processus de l'immunité. On dit aussi *Alexine.* ◇ ANT. *Amorce, commencement; essentiel, principal; rudiment; sujet.*

COMPLÉMENTAIRE [kɔ̃plemɑ̃tɛʀ]. *adj.* (1791; de *complément*). ◆ 1° Qui apporte un complément. *Renseignement complémentaire. Clause, article complémentaire.* V. **Additionnel.** ◆ 2° *Spécialt. Angle, nombre, arc complémentaire* (V. **Complément, 3°**). *Couleurs complémentaires,* dont la combinaison donne la lumière blanche. *Le rouge et le vert couleurs complémentaires.* ◆ 3° *Cours complémentaires :* cours qui se situent entre le certificat d'études primaires et le brevet élémentaire. ◇ ANT. *Essentiel, initial; fondamental, principal.*

COMPLÉMENTARITÉ [kɔ̃plemɑ̃taʀite]. *n. f.* (1907; de *complémentaire*). *Didact.* Caractère de ce qui est complémentaire.

COMPLET, ÈTE [kɔ̃plɛ, ɛt]. *adj.* (1300; lat. *completus,* p. p. de *complere* « achever »). — (*Apr.* le nom sauf au sens 3°). ◆ 1° Auquel ne manque aucun des éléments qui doivent le constituer (qu'il s'agisse d'un ensemble défini par avance ou d'une estimation subjective). *Habillement, assortiment, trousseau, nécessaire, service de table complet. Jeu complet d'outils. Sa bibliothèque est très complète. Œuvres complètes.* — *Spécialt. Aliment complet,* qui réunit tous les éléments nécessaires à l'organisme humain. *Pain complet,* qui renferme aussi le son. *Petit déjeuner, café, thé complet :* avec pain, beurre, confiture. Ellipt. *Un complet.* ◆ 2° Qui a un ensemble achevé de qualités, de caractères. *Génie, homme complet :* sans lacune. V. **Équilibré, universel.** « *César est l'homme le plus complet de l'histoire* » (CHATEAUB.). *Donner une idée, une image complète de.* V. **Adéquat.** *Une étude complète.* V. **Exhaustif.** *Une enquête plus complète, plus approfondie. Ruine, destruction complète. La victoire est complète.* V. **Absolu, entier, total.** ◆ 3° (Sens faible : avant ou après le nom). Qui possède tous les caractères de son genre. V. **Accompli, achevé, parfait.** *C'est un complet idiot.* V. **Fieffé.** *Il est tombé dans un complet discrédit.* « *Le nouveau duc de Mazarin était un fou complet* » (HENRIOT). ◆ 4° Tout à fait réalisé et, dans le sens temporel, écoulé. *Dix années complètes.* V. **Accompli, révolu.** *Les parties complètes d'une œuvre :* achevées, terminées. ◆ 5° Avec toutes les parties, tous les éléments qui le composent en fait. V. **Entier, total.** *Son mobilier se réduit à deux chaises. Collection d'œuvres d'art demeurée complète.* V. **Intact.** — *Subst.* Au COMPLET, *au grand complet.* V. **Entier (en), in extenso, intégralement.** *Le parti, au complet, a approuvé son chef.* V. **Unanimité (à l').** ◆ 6° Qui n'a plus de place disponible. V. **Bondé, bourré, chargé, plein, surchargé.** *Train complet. C'est complet, on ne prend plus personne. Afficher « complet » :* au théâtre, Jouer à bureaux fermés. ◇ ANT. *Incomplet.* **Élémentaire, rudimentaire.** *Ébauché, esquissé. Appauvri, diminué, réduit. Désert, vide.*

COMPLET [kɔ̃plɛ]. *n. m.* (XVIIᵉ; du précéd.). Vêtement masculin en deux (ou trois) pièces assorties : veste, pantalon (et gilet). *Des complets* (ou *complets-veston*) *sur mesure.* V. **Costume.**

1. COMPLÈTEMENT [kɔ̃plɛtmɑ̃]. *adv.* (XIIIᵉ; de *complet*). ◆ 1° D'une manière complète. V. **Entièrement.** *Lire un ouvrage complètement.* V. **Bout** (jusqu'au), **tout** (au). *Traiter complètement un sujet :* l'épuiser. V. **Fond** (à). *Citer complètement.* V. **In extenso.** ◆ 2° Tout à fait, vraiment. *Il est complètement fou, idiot.* ◇ ANT. *Incomplètement; insuffisamment.*

2. COMPLÈTEMENT [kɔ̃plɛtmɑ̃]. *n. m.* (1750; de *compléter*). *Rare.* Action de compléter. — *Psycho. Méthode, test de complètement,* qui consiste à faire compléter un système signifiant (dessin, phrase...) inachevé.

COMPLÉTER [kɔ̃plete]. *v. tr.;* conjug. *céder* (1733; de *complet*). ◆ 1° Rendre complet. *Compléter une quantité, un nombre, une somme* (V. **Arrondir**). *Compléter ses effectifs, une collection, un mobilier, une garde-robe. Compléter l'assortiment d'un magasin. Ajouter un détail pour compléter l'ensemble.* V. **Rajouter, rapporter.** *Compléter un stage.* V. **Achever.** *Améliorer, embellir, perfectionner un ensemble en le complétant. Compléter son œuvre.* V. **Parachever, parfaire.** ◆ 2° SE COMPLÉTER. *v. pron.* Se parfaire en s'associant. *Leurs caractères se complètent.* — *(Passif)* Être complété. ◇ ANT. *Abréger, alléger, diminuer, réduire; commencer, ébaucher, esquisser.*

COMPLÉTIF, IVE [kɔ̃pletif, iv]. *adj.* (1503; lat. gram. *completivus*). Se dit des propositions qui jouent le rôle de complément. *Proposition complétive d'objet : relative complétive* (déterminative, explicative); *complétive circonstancielle.* — *Subst. Une complétive.*

COMPLÉTUDE [kɔ̃pletyd]. *n. f.* (1928; de *complet,* d'apr. *incomplétude**). *Didact.* Caractère de ce qui est complet, achevé. — *Épistém.* (1969). Caractère d'un système hypothético-déductif* qui ne contient pas de propositions indécidables.

COMPLEXE [kɔ̃plɛks(ə)]. *adj.* et *n. m.* (XIVᵉ; lat. *complexus,* de *complecti* « contenir »). **I.** *Adj.* ◆ 1° Qui contient, qui réunit plusieurs éléments différents. *Question, problème complexe. Idée, projet complexe.* « *Hamlet est un personnage parfaitement humain, parce que complexe* » (JOUVET). — *Gram. Sujet, attribut complexe :* déterminé par un ou plusieurs compléments. — *Log. Terme complexe :* accompagné d'une explication ou d'une détermination. — *Math. Nombre, quantité complexe.* qui a une partie réelle et une partie imaginaire. ◆ 2° *Cour. et abusivt.* Difficile, à cause de sa complication. V. **Compliqué.** — (ANT. *Clair, simple*).

II. *N. m.* (1781). ◆ 1° *Physiol.* Association de plusieurs phénomènes ou substances formant une entité ou concourant à une activité bien définie. *Complexe prothrombique,* ensemble des facteurs de la coagulation du sang. ◆ 2° *Pathol.* Ensemble de plusieurs lésions ou anomalies. *Complexe primaire,* constitué par la lésion tuberculeuse initiale et la réaction au niveau des ganglions proches. *Complexe ganglio-pulmonaire.* ◆ 3° *Psycho.* Ensemble perçu globalement, sans analyse de ses parties composantes. V. **Forme.** *La théorie des complexes,* dans la psychologie de la perception. ◆ 4° *Psychan.* Ensemble des traits personnels, acquis dans l'enfance, doués d'une puissance affective et généralement inconscients, chez un individu. — *Complexe d'Œdipe :* « *attachement érotique de l'enfant au parent du sexe opposé* » (LAGACHE). *Complexe de castration*. Complexe d'infériorité :* ensemble des conduites manifestant une lutte contre un pénible sentiment d'infériorité. *Cour.* Se sentiment. « *J'ai un complexe d'infériorité devant mon frère* » (SARTRE). ◇ *Fam. Avoir des complexes :* être timide, inhibé. « *Elle en devenait toute timide, ça lui donnait des complexes* » (N. SARRAUTE). ◆ 5° *Chim.* Molécule ou ion dans lequel un atome central est lié à d'autres atomes en nombre supérieur à la charge ou au degré d'oxydation de l'atome central. — *Math.* Se dit de certains ensembles (de courbes, etc.). ◆ 6° *Écon.* Ensemble d'industries qui concourent à une même production. *Un grand complexe sidérurgique.* (1950). Construction formée de nombreux éléments coordonnés. *Complexe routier, complexe urbain* (Cf. Grand ensemble*). *Complexe universitaire. Le complexe Desjardins,* à Montréal.

COMPLEXÉ, ÉE [kɔ̃plɛkse]. *adj.* et *n.* (v. 1960; de *complexe**, II, 3°, cour.). *Fam.* Timide, inhibé. ◇ ANT. *Sûr* (de soi).

COMPLEXER [kɔ̃plɛkse]. *v. tr.* (v. 1960; de *complexe;* Cf. *Complexé*). *Fam.* Donner des complexes (à qqn). *Un rien le complexe.* V. **Paralyser.**

COMPLEXIFIER [kɔ̃plɛksifje]. *v. tr.* (1951; de *complexe* I). *Didact.* Rendre complexe. — *Pronom.* « *L'Humanité se désormais destinée* [...] *à se complexifier* [...] » (TEILHARD de CHARDIN). — *Dér.* COMPLEXIFICATION, *n. f.*

COMPLEXION [kɔ̃plɛksjɔ̃]. *n. f.* (XIIᵉ; lat. *complexio.* V. **Complexe**). ◆ 1° *Littér.* Ensemble des éléments constitutifs du corps humain. V. **Constitution, nature, tempérament.** *Complexion délicate, faible; robuste.* « *La peste détruisait surtout les complexions vigoureuses* » (CAMUS). ◆ 2° *Vieilli.* Teint. « *D'une complexion blanche* » (STE-BEUVE). ◆ 3° *Vx.* Caractère, humeur. *De complexion triste, gaie.*

COMPLEXITÉ [kɔ̃plɛksite]. *n. f.* (1755; de *complexe*). État, caractère de ce qui est complexe. *La complexité d'une situation. Un problème d'une effroyable complexité.* ◇ ANT. *Simplicité.*

COMPLICATION [kɔ̃plikasjɔ̃]. *n. f.* (1377; bas lat. *complicatio,* de *complicare.* V. **Compliquer**). ◆ 1° Caractère de ce qui est compliqué. *La complication d'une machine, des rouages d'un mécanisme.* V. **Complexité, embrouillement.** *La situation est d'une complication inextricable.* ◆ 2° *Concours* de circonstances susceptibles de créer des embarras, d'augmenter une difficulté. V. **Accident, embarras, ennui**. *Éviter, fuir les complications. Vous aimez les complications !* V. **Cérémonie, détour**. *« Les conférences diplomatiques n'avaient conduit qu'à des complications nouvelles »* (MÉRIMÉE). ♦ 3° Spécialt. *(Plur.)*. Apparition de phénomènes morbides nouveaux au cours d'une maladie ; ces phénomènes. V. **Aggravation**. *« Il s'agissait d'une fièvre à complications inguinales »* (CAMUS). ◊ ANT. *Simplicité. Clarification.*

COMPLICE [kɔ̃plis]. *adj. et n.* (1320 ; bas lat. *complex, icis,* « uni étroitement », de *complecti*. V. **Complexe**). ♦ 1° Qui participe à l'infraction commise par un autre. *Être complice d'un vol :* y avoir part. V. **Complicité**. *— Par ext.* Qui participe à quelque action répréhensible. V. **Associé**. *« Les acquéreurs se feraient en apparence complices de la spoliation »* (ROMAINS). ♦ 2° Qui favorise l'accomplissement d'une chose. *Une attitude complice. Le silence, la nuit semblaient complices.* ♦ 3° N. *L'auteur du crime et ses complices ont été arrêtés.* V. **Acolyte**. *L'adultère et sa complice. — Fig.* V. **Aide, auxiliaire, compagnon**. *« Sans bruit, dans l'ombre, elle a le hasard pour complice »* (HUGO).

COMPLICITÉ [kɔ̃plisite]. *n. f.* (1420 ; de *complice*). ♦ 1° Participation intentionnelle à la faute, au délit ou au crime commis par un autre. *Agir en complicité avec qqn.* ♦ 2° *Par ext.* Entente profonde, spontanée et souvent inexprimée, entre personnes. V. **Accord, connivence, entente, intelligence**. *« Le rire cache une arrière-pensée d'entente, je dirais presque de complicité »* (BERGSON). ◊ ANT. *Désaccord. Hostilité.*

COMPLIES [kɔ̃pli]. *n. f. pl.* (1190 ; lat. ecclés. *completa (hora)* « l'heure qui achève l'office »). *Liturg.* La dernière heure de l'office divin, qui se récite ou se chante le soir, après les vêpres.

COMPLIMENT [kɔ̃plimɑ̃]. *n. m.* (1604 ; esp. *complimiento,* de *cumplir con alguien* « être poli envers qqn »). ♦ 1° Paroles louangeuses que l'on adresse à qqn pour le féliciter. V. **Congratulation, éloge, félicitation, louange**. *Faire des compliments à qqn. Un compliment affectueux, sincère, flatteur, hypocrite. « Pas d'insensibilité aux compliments. Nul n'y échappe »* (VALÉRY). *Faire compliment à qqn de son succès, sur son succès.* V. **Complimenter, féliciter**. *Mes compliments ! Sans compliment :* sans flatterie. ♦ 2° Paroles de civilité, de politesse. *Je vous charge de mes compliments pour Monsieur un tel. Faites bien mes compliments à.* V. **Chose** (dites bien des choses). *— Trêve de compliments.* V. **Cérémonie, phrase**. ♦ 3° Petit discours adressé à qqn que l'on veut complimenter. *Compliment en vers. Réciter, débiter un compliment.* ◊ ANT. *Blâme, injure, reproche.*

COMPLIMENTER [kɔ̃plimɑ̃te]. *v. tr.* (1634 ; de *compliment*). Faire un compliment, des compliments à. V. **Congratuler, féliciter, louer**. *Complimenter un élève pour son succès à un examen. Complimenter qqn sur son mariage.* ◊ ANT. *Blâmer, injurier.*

COMPLIMENTEUR, EUSE [kɔ̃plimɑ̃tœr, øz]. *adj.* (1622 ; de *compliment*). Qui fait trop de compliments. V. **Bénisseur, flatteur**. *Personnage complimenteur. — Par ext. Discours complimenteur. — Subst. Un complimenteur. —* ◊ ANT. *Froid, sévère.*

COMPLIQUÉ, ÉE [kɔ̃plike]. *adj.* (v. 1400 ; lat. *complicatus,* de *complicare*). ♦ 1° Qui possède de nombreux éléments dont l'assemblage est difficile à comprendre. *Mécanisme compliqué.* V. **Complexe**. *Des explications compliquées ; des phrases longues et compliquées.* V. **Contourné, entortillé, embarrassé**. *Une histoire compliquée.* V. **Obscur**. ♦ 2° Difficile à comprendre. *C'est trop compliqué pour moi. Problème très compliqué. Écoutez, ce n'est pas compliqué* (fam. *c'est pas compliqué*)*, vous prenez la première à droite.* ♦ 3° Qui aime la complication. *Un esprit compliqué. Subst.* Fam. *Vous, vous êtes un compliqué.* ◊ ANT. *Clair, simple.*

COMPLIQUER [kɔ̃plike]. *v. tr.* (1823 ; fin XVII⁰, sens lat.) ; lat. *complicare* « plier, rouler ensemble »). ♦ 1° Rendre complexe et difficile à comprendre. V. **Embrouiller, entortiller, obscurcir**. *Ce n'est pas la peine de compliquer cette affaire, ce problème ; ils sont déjà assez embrouillés.* ♦ 2° SE COMPLIQUER. *v. pron.* Devenir compliqué. *La situation se complique ; ça se complique. La maladie se complique.* V. **Aggraver, complication** (3°). ◊ ANT. *Aplanir, démêler, éclaircir, simplifier.*

COMPLOT [kɔ̃plo]. *n. m.* (XII⁰ ; « rassemblement de personnes » ; o. i.). Projet concerté secrètement contre la vie, la sûreté de qqn, contre une institution. V. **Conjuration, conspiration, machination**. *Faire, former, ourdir, tramer un complot.* V. **Comploter ; intrigue, menée, ruse**. *Tremper dans un complot. — Spécialt.* Projet séditieux contre la sûreté intérieure.

COMPLOTER [kɔ̃plote]. *v.* (XV⁰ ; de *complot*). ♦ 1° *V. tr.* (Vieilli). Préparer par un complot. V. **Machiner**. *Comploter la Révolution. Trans. indir.* (Mod.). *Comploter de tuer qqn.* ♦ 2° *Par ext.* Préparer secrètement et à plusieurs. V. **Mani-**

gancer, tramer. Fam. *Qu'est-ce que vous complotez là ? Nous avons comploté de vous offrir ce voyage.* V. **Projeter**. ♦ 3° *V. intr.* Conspirer. *Comploter contre qqn. — Par ext.* Faire des intrigues, des menées secrètes en s'associant. V. **Intriguer**.

COMPLOTEUR [kɔ̃plotœr]. *n. m.* (1580 ; de *comploter*). Celui qui complote.

COMPONCTION [kɔ̃pɔ̃ksjɔ̃]. *n. f.* (XII⁰ ; lat. chrét. *compunctio,* de *compungere* « piquer »). ♦ 1° *Relig.* Sentiment de tristesse, éprouvé devant notre indignité à l'égard de Dieu. *Éprouver une vive componction de ses fautes.* V. **Contrition, repentir**. ♦ 2° *Cour.* Gravité recueillie et affectée. *« L'habitude de baisser les yeux, de garder une attitude de componction »* (BALZ.). *— Iron.* Air sérieux, solennel. *« L'hôtelier ramassa les louis avec componction »* (GAUTIER). ◊ ANT. *Désinvolture, légèreté.*

COMPONÉ, ÉE [kɔ̃pɔne]. *adj.* (XIV⁰ ; a. fr. *compon,* de *compondre ;* lat. *componere ;* Cf. Composer). *Blas.* Divisé en fragments de couleurs alternées. *Bordures, pièces componées.*

COMPORTE [kɔ̃pɔʀt(ə)]. *n. f.* (1469, « seau » ; lat. *comportare*). Baquet de bois servant au transport de la vendange.

COMPORTEMENT [kɔ̃pɔʀtəmɑ̃]. *n. m.* (1475, repris fin XIX⁰ ; de *comporter*). ♦ 1° Manière de se comporter. V. **Air, allure, attitude, conduite, manière**. *Le comportement d'un auditoire.* V. **Réaction**. *Le comportement d'un élève en classe. Un comportement bizarre, incompréhensible.* ♦ 2° (1908, trad. angl. *behavior*). *Psycho.* Ensemble des réactions objectivement observables. *La psychologie du comportement, ou psychologie de réaction.* V. **Behaviorisme**. *Étudier le comportement d'un insecte. — Par anal. Le comportement d'une particule.* V. **Mouvement**.

COMPORTER [kɔ̃pɔʀte]. *v. tr. et pron.* (XV⁰ ; « porter », XII⁰ ; lat. *comportare* « transporter ; supporter »). ♦ 1° *V. tr.* Permettre d'être, d'aller avec ; inclure en soi ou être la condition de. V. **Admettre, contenir, emporter, impliquer, inclure**. *Toute règle comporte des exceptions. Les inconvénients que comporte cette solution. « Je ne puis pas avoir plus de raison que mon âge n'en comporte »* (SAND). *« La séparation et l'exil, avec ce que cela comportait de peur et de révolte »* (CAMUS). ♦ 2° *(Concret)*. Comprendre en soi. *« La maison comportait un rez-de-chaussée, un étage et un grenier »* (DUHAM.). ♦ 3° SE COMPORTER. *v. pron.* Se conduire, agir d'une certaine manière. V. **Comportement**. *Comment s'est-il comporté devant cette nouvelle ?* V. **Réagir**. *Nous ignorons comment il se comporte avec ses inférieurs.* V. **User** (en user avec). *— (Choses)* V. **Fonctionner, marcher**. *Cette voiture se comporte bien sur la route.* ◊ ANT. *Exclure.*

1. COMPOSANT, ANTE [kɔ̃pozɑ̃, ɑ̃t]. *adj.* (v. 1390 ; de *composer*). *Rare.* Qui entre dans la composition de qqch. V. **Élément**. *Corps composant.* V. **Composant 2**. *Force composante.* V. **Composante**.

2. COMPOSANT [kɔ̃pozɑ̃]. *n. m.* (XVIII⁰, Volt. ; de *composant 1*). Élément qui entre dans la composition de qqch., qui remplit une fonction particulière. *Les composants d'une philosophie, d'une théorie.* V. **Composante**. *— Chim.* (déb. XIX⁰). Élément d'un corps composé*. *Les composants de l'eau sont l'oxygène et l'hydrogène. — Techn.* Élément qui entre dans la composition d'un circuit électronique, d'un circuit* intégré. *Composants actifs et passifs. L'industrie des composants.*

COMPOSANTE [kɔ̃pozɑ̃t]. *n. f.* (1863 ; de *composant 1*). ♦ 1° *Mécan.* Chacune des forces qui, en se combinant, produisent une force résultante. *— Par ext.* (Math.). Projection d'un vecteur sur un axe. ♦ 2° (1872). *Didact.* Élément dynamique (force) entrant en composition. ◊ *Cour.* Élément d'un ensemble complexe. V. **Composant 2**. *« Cet art de dissocier les composantes d'une idée ou d'un sentiment »* (HENRIOT).

COMPOSÉ, ÉE [kɔ̃poze]. *adj. et n. m.* (1596, gram. ; V. **Composer**). ♦ 1° Formé de plusieurs éléments. V. **Complexe**. *Bot. Feuille composée :* formée de plusieurs folioles reliées à un pétiole commun. *Tige, racine composée. Subst. Les composées*. ◊ *Chim. Corps composé :* constitué d'atomes d'espèces différentes. — Subst. *Un composé.* ◊ *Gram. Mot composé :* formé de deux ou plusieurs suites ininterrompues de lettres, ou « mots » (chemin de fer, pomme de terre ; grand-mère) ou d'une particule placée devant un mot (reprendre, antigel). *Nom, adjectif composé. — Subst. Les composés et les dérivés. — Temps composé,* formé de l'auxiliaire (avoir, être) et du participe passé du verbe. V. **Surcomposé**. ◊ *Log. Terme composé :* formé de plusieurs termes unis par *et* ou par *ou*. ◊ *Mécan. Mouvement composé. Vitesse composée. Pendule composé. — Arithm. Intérêts composés.* ♦ 2° *Rare.* Affecté, plein de componction. V. **Compassé**. *Une attitude composée.* ♦ 3° *N. m.* Ensemble, tout formé de parties différentes. *« Le peuple français est un composé »* (BAINVILLE). ◊ *Math.* Élément associé à un couple d'éléments par une loi de composition interne. ◊ ANT. *Simple, un ; divisé ; naturel, spontané.*

COMPOSÉES [kɔ̃poze] ou **COMPOSACÉES** [kɔ̃pozase].

n. f. pl. (1829, - XXe; de *composer*, et *-acées*). Famille de plantes dicotylédones gamopétales très nombreuses (herbes, arbustes, arbres) à fleurs groupées en capitules *(fleurs composées)*. *Ex.* : Absinthe, artichaut, bardane, chicorée, chrysanthème, dahlia, edelweiss, laitue, marguerite, pissenlit, souci, topinambour.

COMPOSER [kɔ̃poze]. *v.* (XIIe; lat. *componere*, d'apr. *poser**).
I. *V. tr.* ♦ **1°** (1559). Former par l'assemblage, la combinaison de parties. V. **Agencer, arranger, assembler, constituer, disposer, faire, former, organiser.** *Composer un remède, un breuvage, un plat.* V. **Confectionner, préparer.** *Pièces qui composent une machine. Composer* (ou *former*) *un numéro de téléphone.* — Fig. « *Tu composes dans ta jeunesse l'homme mûr, le vieillard que tu seras* » (MAC ORLAN). ♦ **2°** (v. 1480). Faire, produire (une œuvre). V. **Bâtir, créer, écrire, produire.** *Composer un livre, un poème, des vers.* ♦ **3°** (1690). Écrire (une œuvre musicale). *Composer une sonate, un chœur.* — Absolt. *C'est un grand interprète, mais il ne compose pas.* ♦ **4°** *Imprim.* (1621). Assembler des caractères pour former (un texte). « *Il eut, le premier, fini de composer quatre lignes* » (DUHAM.). *Le texte est composé, on va commencer le tirage.* ♦ **5°** (1559). Élaborer, adopter (une apparence, un comportement). V. **Affecter.** *Composer son attitude, son maintien* (se donner, prendre une contenance). *Composer son visage, ses paroles.* V. **Étudier.** *Se composer un visage de circonstance.*
II. *V. intr.* ♦ **1°** (XVe). S'accorder (avec qqn ou qqch.) en faisant des concessions. V. **Accommoder** (s'), **entendre** (s'), **traiter, transiger.** *Composer avec ses créanciers. Composer avec l'ennemi.* V. **Pactiser.** *Composer avec sa conscience.* « *Je fus lâche, et je composai avec ma déception* » (COLETTE). ♦ **2°** Faire une composition. *Les élèves sont en train de composer.*
III. SE COMPOSER. *v. pron.* ♦ **1°** Être composé de. V. **Comporter, comprendre.** *La maison se compose de deux étages.* ♦ **2°** Se faire, se former. « *Les choses de la vie, comme les ondes de l'océan, se composent et se décomposent sans cesse* » (HUGO). ♦ **3°** *(Récipr.).* Se mêler en s'organisant (de plusieurs éléments). ♦ **4°** *(Réfl.).* Vieilli. Composer son attitude. « *L'art de se composer* » (BEAUMARCH.).
⟡ ANT. *Analyser, décomposer, défaire, dissocier.*

COMPOSEUSE [kɔ̃pozøz]. *n. f.* (de *composer*). *Typogr.* Machine à composer. V. **Linotype, monotype.** *Photocomposeuse.*

COMPOSITE [kɔ̃pozit]. *adj.* (1360; lat. *compositus*). ♦ **1°** (1542). Qui participe de plusieurs styles d'architecture. *Ordre composite. Chapiteau composite.* — Spécialt. *Ordre composite; subst. Le composite, ordre romain, dans lequel le chapiteau réunit les feuilles d'acanthe du corinthien et les volutes de l'ionique.* ♦ **2°** *Par ext.* Formé d'éléments très différents, souvent disparates. « *Le mobilier est des plus composites* » (ROMAINS). V. **Divers, hétéroclite, hétérogène.** ⟡ ANT. *Homogène, pur, simple.*

COMPOSITEUR, TRICE [kɔ̃pozitœr, tris]. *n.* (1274, dr.; de *composer*). ♦ **1°** (1549). Personne qui compose des œuvres musicales. *Un grand, un célèbre compositeur.* V. **Musicien.** ♦ **2°** *Imprim.* (1513). Celui qui compose des lignes et des pages avec des caractères d'imprimerie. V. **Typographe.**

COMPOSITION [kɔ̃pozisjɔ̃]. *n. f.* (XIIIe, au sens III; de *composer*).
I. ♦ **1°** (1365). Action ou manière de former un tout en assemblant plusieurs parties, plusieurs éléments; disposition des éléments. V. **Agencement, arrangement, assemblage, combinaison, constitution, disposition, formation, organisation, structure, synthèse.** *La composition d'un remède, d'un breuvage. La composition d'un plat, d'un mets.* V. **Confection.** ♦ **2°** Nature des éléments. *Quelle est la composition de cette sauce? La composition d'une assemblée.* — Chim. *La composition d'un corps.* « *Cette eau avait une composition intéressante* » (ROMAINS). ♦ **3°** (1636). *Imprim.* Action de composer un texte; son résultat. *Commencer la composition d'un ouvrage. Composition à la main.* V. **Compositeur.** *Composition mécanique.* V. **Linotype.** ◇ Ensemble des caractères. *Serrer la composition dans un châssis.* ♦ **4°** (1753). *Mécan. La composition des forces.* V. **Résultante.** ♦ **5°** Math. *Loi de composition,* permettant de faire correspondre une grandeur à un couple d'éléments d'un ensemble.
II. (XVIe). ♦ **1°** Action de composer une œuvre intellectuelle, artistique; façon dont une œuvre est composée. V. **Élaboration, rédaction.** *La composition d'un livre, d'un poème, d'un tableau. Il nous a montré des vers de sa composition.* V. **Cru.** ♦ **2°** Spécialt. L'œuvre. Mus. *Composition pour orchestre à cordes.* — Peint. *Composition géométrique, abstraite.* ♦ **3°** (1694). *Composition française* : exercice sur un sujet. V. **Devoir, dissertation, rédaction.** ◇ Épreuve comptant pour un classement. *Les compositions trimestrielles. Corriger des compositions. Être premier, dernier en composition d'anglais* (abrév. scol. *Compo, compote*).
III. ♦ **1°** *Vx* ou *loc.* (1538 : *venir à composition*). Accord entre deux ou plusieurs personnes qui acceptent de transiger sur leurs prétentions respectives. V. **Accommodement, accord, compromis.** *Entrer en composition avec.* V. **Composer.** *Venir à composition.* V. **Concession, transaction.** ♦ **2°** *Loc. Être de bonne composition :* être très accommodant, tout supporter. ⟡ ANT. *Analyse, décomposition, dissociation, dissolution. Désaccord, opposition.*

COMPOST [kɔ̃pɔst]. *n. m.* (1732; mot angl., de l'a. fr. *compost* (XIIIe), « engrais *composé* »). Engrais formé par le mélange fermenté de débris organiques avec des matières minérales. V. **Humus.**
1. COMPOSTAGE [kɔ̃pɔstaʒ]. *n. m.* (1922; de *composter* 2). Action de perforer au composteur.
2. COMPOSTAGE [kɔ̃pɔstaʒ]. *n. m.* (mil. XXe; de *compost*). Traitement (d'une terre) au compost*.
1. COMPOSTER [kɔ̃pɔste]. *v. tr.* (XIVe, repris 1732; de *compost*). Agric. Amender une terre avec du compost.
2. COMPOSTER [kɔ̃pɔste]. *v. tr.* (1740; de *composteur*). ♦ **1°** Assembler sur le composteur. ♦ **2°** (1922). Perforer à l'aide d'un composteur. *Billets compostés.*

COMPOSTEUR [kɔ̃pɔstœr]. *n. m.* (1673; it. *compositore* « compositeur »). ♦ **1°** Réglette sur laquelle le compositeur assemble les caractères d'imprimerie. *Justifier le composteur.* ♦ **2°** Appareil mécanique portant des lettres ou des chiffres amovibles et servant à perforer des billets de chemin de fer, des factures. V. **Composteur** (2).

COMPOTE [kɔ̃pɔt]. *n. f.* (*Composte,* XIIIe; lat. *composita,* de *componere* « mettre ensemble »). ♦ **1°** Entremets fait de fruits coupés en quartiers ou écrasés, cuits avec de l'eau et du sucre. V. **Marmelade.** *Une compote de pommes, de poires.* ♦ **2°** Fig. et fam. *Avoir la tête, les membres en compote* : meurtris.

COMPOTIER [kɔ̃pɔtje]. *n. m.* (1746; de *compote*). Plat en forme de coupe. *Compotier de cristal.* — Par ext. *Un compotier de marmelade, de fruits :* le contenu d'un compotier.

COMPOUND [kɔ̃pund]. *adj. invar.* (1874; mot angl. « composé »). Anglicisme. *Machine compound :* machine à vapeur à plusieurs cylindres dans lesquels la vapeur agit alternativement. Subst. *Une compound.* — Électr. *Enroulement, fil compound :* composé de différents métaux. ◇ Techn. *N. m.* Composition isolante pour machines électriques. — Mélange destiné à un moulage (matières plastiques, etc.).

COMPRÉHENSIBILITÉ [kɔ̃preãsibilite]. *n. f.* (1839; de *compréhensible*). Caractère de ce qui est compréhensible. V. **Clarté, intelligence.**

COMPRÉHENSIBLE [kɔ̃preãsibl(ə)]. *adj.* (1375; lat. *comprehensibilis,* de *comprehendere*). ♦ **1°** Qui peut être compris. V. **Accessible, clair, intelligible, simple.** *Expliquer d'une manière compréhensible.* V. **Concevable.** *Une attitude compréhensible.* V. **Défendable; cohérent.** *C'est très compréhensible; il est compréhensible que...* V. **Évident, naturel, normal.** ⟡ ANT. *Incompréhensible.*

COMPRÉHENSIF, IVE [kɔ̃preãsif, iv]. *adj.* (1503, repris XIXe; bas lat. *comprehensivus,* de *comprehendere*). ♦ **1°** *Vx.* Qui a la faculté de comprendre. ♦ **2°** *Mod.* Qui est apte à comprendre autrui. V. **Bienveillant, indulgent, large** (d'idées), **tolérant.** *Des parents compréhensifs. C'est un homme compréhensif, il vous excusera sûrement.* ♦ **3°** Qui embrasse dans sa signification un nombre plus ou moins grand d'êtres, d'idées. V. **Étendu, large, vaste.** ◇ *Log.* Qui comprend un nombre plus ou moins grand de caractères. *Homme est plus compréhensif que mammifère : il faut énumérer plus de caractères pour le définir; mais il est moins extensif.* ⟡ ANT. *Borné, entier, incompréhensif, intolérant.*

COMPRÉHENSION [kɔ̃preãsjɔ̃]. *n. f.* (1372, repris XVIIIe; lat. *comprehensio,* de *comprehendere*). ♦ **1°** Faculté de comprendre, d'embrasser par la pensée. V. **Entendement, intelligence.** « *L'indulgence est la compréhension des causes du mal* » (Max JACOB). ♦ **2°** *(Choses).* Possibilité d'être compris. V. **Clarté, compréhensibilité, intelligence.** *La ponctuation est utile à la compréhension d'un texte.* ♦ **3°** Qualité par laquelle on comprend autrui. V. **Bienveillance, indulgence, largeur** (d'idées), **tolérance.** *Être plein de compréhension à l'égard des autres, pour un coupable.* ♦ **4°** La totalité des idées qu'un signe représente. *La compréhension de ce terme est très étendue.* ◇ *Log.* Ensemble des caractères qui appartiennent à un concept. V. **Compréhensif; caractérisation, détermination** (opposé à *extension*). ⟡ ANT. *Incompréhension. Obscurité. Intolérance, obstination, sévérité.*

COMPRENDRE [kɔ̃prãdʀ(ə)]. *v. tr.*; conjug. *prendre* (XIIe; lat. pop. *comprendere,* class. *comprehendere* « saisir »).
I. Embrasser dans un ensemble. ♦ **1°** Contenir en soi. V. **Comporter, compter, englober; embrasser, impliquer, inclure, renfermer.** *La péninsule Ibérique comprend l'Espagne et le Portugal. Le concours comprendra trois épreuves.* ♦ **2°** Faire entrer dans un tout, une catégorie. V. **Compter, englober, inclure, incorporer, intégrer.** *Le recensement a été fait sans comprendre les étrangers.*

II. (v. 1200). Appréhender par la connaissance ; être capable de faire correspondre à (qqch.) une idée claire. « *Par l'espace, l'univers me comprend* (sens I) *et m'engloutit; par la pensée, je le comprends* » (PASC.). *Chose facile, difficile à comprendre* (V. **Compréhensible**). *Chercher à comprendre. Éclair d'intelligence, trait de lumière, idée lumineuse qui font comprendre subitement. Ne rien comprendre. Il ne comprend rien à rien* (Cf. pop. N'y voir que du feu, n'y entraver que couic, que dalle). ♦ 1° Donner à (qqch.) un sens clair. V. **Déchiffrer, interpréter, saisir, traduire** (Cf. pop. Piger). *Comprendre l'énoncé d'un problème. Comprendre un discours, une explication* (V. **Suivre**), *une allusion* (V. **Entendre**). *Comprendre quelque chose à...* : comprendre un peu ; en partie. *Il n'y comprend rien. Comprendre à demi-mot. Cela se comprend de soi* : c'est évident. *Faire comprendre.* V. **Apprendre, montrer; démontrer, prouver.** — *Comprendre un mot, connaître son sens*. *Comprendre un mot de telle façon* : l'interpréter. *Comprendre une langue étrangère.* « *Je ne puis rien comprendre à ce baragouin* » (MOL.). — *Comprendre qqn* : ce qu'il dit, écrit. *Il prononce mal, on le comprend à peine. Se faire comprendre* : être clair. — *Absolt. Iron. Il comprend vite, mais il faut lui expliquer longtemps !* il met longtemps à comprendre. ♦ 2° Se faire une idée claire des causes, des motifs de (qqch.). V. **Apercevoir, pénétrer, saisir, sentir, voir.** *Comprendre la rancune d'une personne; comprendre une attitude, l'admettre, l'approuver. Comprendre, savoir de quoi il retourne. Comprendre pourquoi, comment. Comprendre* (suivi du subjonctif) *Je comprends qu'il soit mécontent. Je ne comprends pas qu'il puisse s'ennuyer.* V. **Concevoir.** — *Comprendre qqn. Je le comprends* : je comprends son attitude, ses réactions, etc. ♦ 3° Se rendre compte de (qqch.). V. **Apercevoir** (s'), **sentir, voir.** *Comprendre la portée d'un acte; je comprends quelles difficultés il a pu rencontrer. Ah ! Je comprends !* (Cf. J'y suis, je vois !). *Comprendre pourquoi, comment* (suivi de l'indicatif). *Comprendre que* (suivi de l'indicatif) *Je comprends qu'il se méfiait en ma présence.* « *Il commençait à comprendre qu'il ne s'agit pas de se mesurer* » (MALRAUX). ♦ 4° *(Sens fort).* Avoir une connaissance intuitive, une compréhension de (qqch. ou qqn). V. **Connaître, savoir, sentir.** *Comprendre la nature, l'art. Comprendre Dieu. Comprendre la plaisanterie* : l'admettre sans se vexer. *Comprendre le caractère de qqn. Je ne comprends pas votre ami.* « *Comprendre c'est déjà aimer* » (BERNANOS). *Personne ne me comprend* (V. **Incompris**). *Se comprendre.* V. **Accorder** (s'), **entendre** (s'). *Ils ne se sont jamais compris.*

III. COMPRIS, ISE [kɔ̃pʀi, iz]. *p. p. adj.* ♦ 1° Contenu dans qqch. *Je vous cède mes terres, la ferme comprise* (ou *la ferme y comprise). Il s'est fâché avec toute sa famille, y compris sa sœur. Cela fait 500 francs, pourboire non compris. Tout compris.* — *Compris entre.* V. **Situé.** ♦ 2° Dont le sens, les raisons, les idées sont saisis. V. **Assimilé, enregistré, interprété, saisi.** *Une leçon comprise. Un texte mal compris. Compris ?* V. **Vu** (fam.).
◊ ANT. **Excepter, exclure, omettre.** — **Échapper, ignorer, méconnaître.**

COMPRENETTE [kɔ̃pʀənɛt]. *n. f.* (1807 ; de *comprendre*). *Fam.* Faculté de comprendre. V. **Compréhension.** *Il a la comprenette un peu dure.*
COMPRESSE [kɔ̃pʀɛs]. *n. f.* (1539 ; « compression, action d'accabler », XIIIᵉ ; a. fr. *compresser* « presser sur » ; Cf. Comprimer). Morceau de linge fin plusieurs fois replié que l'on applique sur une partie malade. V. **Pansement.** *Compresse stérilisée. Compresse de gaze.*
COMPRESSER [kɔ̃pʀese]. *v. tr.* (XIᵉ, repris de nos jours; de *com-*, et *presser*). Serrer, presser. V. **Comprimer.** ◊ ANT. **Décompresser.**
COMPRESSEUR [kɔ̃pʀesœʀ]. *n. et adj. m.* (1845 ; nom d'un muscle, 1808 ; du lat. *compressus.* V. **Comprimer**). ♦ 1° Appareil qui comprime les gaz ou les vapeurs. *Compresseur frigorifique. Compresseur à pistons. Compresseur d'un moteur Diesel.* ♦ 2° Adj. Qui comprime, tasse. Cour. *Rouleau compresseur.*
COMPRESSIBILITÉ [kɔ̃pʀesibilite]. *n. f.* (1680 ; de *compressible*). — *Didact.* ♦ 1° Propriété qu'ont les corps de pouvoir diminuer de volume sous l'effet d'une pression. V. **Coercibilité, élasticité.** *La compressibilité des liquides est plus grande que celle des solides. Loi de Mariotte sur la compressibilité des gaz.* ♦ 2° Fait de pouvoir être serré, restreint. *La compressibilité des dépenses, des frais.*
COMPRESSIBLE [kɔ̃pʀesibl(ə)]. *adj.* (1648 ; de *compressus* « comprimé »). ♦ 1° Qui peut être comprimé. V. **Coercible, comprimable, condensable, élastique.** *L'air est compressible.* ♦ 2° *Des dépenses compressibles* : que l'on peut restreindre. ◊ ANT. **Incompressible.**
COMPRESSIF, IVE [kɔ̃pʀesif, iv]. *adj.* (v. 1400 ; lat. médiév. *compressivus*, de *comprimere*). *Didact.* Qui sert à comprimer. *Chir. Bandage compressif.*
COMPRESSION [kɔ̃pʀesjɔ̃]. *n. f.* (1361 ; lat. *compressio*, de *comprimere*). ♦ 1° Action de comprimer et résultat

de cette action. V. **Pression.** *Compression de l'air. La densité d'un corps est proportionnelle à sa compression. Pompe de compression. Corps meurtri par compression.* V. **Contusion.** — *Compression de bijoux.* ♦ 2° (XVᵉ). *Vx.* V. **Contrainte, oppression.** Littér. « *Les romanciers qui développent l'individu sans tenir compte des compressions d'alentour* » (GIDE). — Cour. *Compression des dépenses. Compression du personnel.* V. **Économie, réduction, restriction.** ◊ ANT. **Décompression, dilatation, expansion, élargissement, gonflement.**
COMPRIMABLE [kɔ̃pʀimabl(ə)]. *adj.* (1845 ; de *comprimer*). Qui peut être comprimé. V. **Compressible.**
COMPRIMÉ, ÉE [kɔ̃pʀime]. *adj. et n. m.* (V. **Comprimer**). ♦ 1° Diminué de volume par pression. *De l'air comprimé.* « *Plus la source du jet d'eau est comprimée, plus il monte haut* » (Max JACOB). *Air comprimé. Machine-outil à air comprimé.* V. **Pneumatique.** — Aplati sur les côtés. *Un front comprimé.* ♦ 2° *N. m.* (1922). UN COMPRIMÉ : pastille pharmaceutique faite de poudre comprimée. *Prendre un comprimé d'aspirine.* V. **Cachet.** ♦ 3° *Fig.* Dont on empêche les manifestations. V. **Opprimé, refoulé, réprimé.** *Sentiments, désirs comprimés.* ◊ ANT. **Dilaté. Exprimé.**
COMPRIMER [kɔ̃pʀime]. *v. tr.* (v. 1314, « opprimer, contenir » (une manifestation) ; lat. *comprimere*, de *premere* « serrer »). ♦ 1° Exercer une pression sur (qqch.) et en diminuer le volume. V. **Presser, serrer.** *Comprimer une artère pour éviter l'hémorragie. Comprimer pour rendre plat.* V. **Aplatir.** *Comprimer un objet entre deux choses.* V. **Coincer, écraser, resserrer.** *Comprimer un corps pour en exprimer le suc.* V. **Presser.** « *Une robe de drap qui lui comprimait la gorge* » (DUHAM.). ♦ 2° (1832). *Fig.* Empêcher de se manifester. V. **Contraindre, empêcher, opprimer, refouler, réprimer, retenir.** *Comprimer sa colère, ses larmes.* « *Il s'était habitué à comprimer ses sentiments* » (BALZ.). ◊ ANT. **Décomprimer, desserrer, dilater ; étaler, exprimer, extérioriser.**
COMPRIS. V. **COMPRENDRE** [III].
COMPROMETTANT, ANTE [kɔ̃pʀɔmetã, ãt]. *adj.* (1842 ; de *compromettre*). Qui compromet ou peut compromettre. *Opinion compromettante. Avoir des relations compromettantes. Un homme compromettant. Ce n'est pas compromettant ;* cela n'engage à rien.
COMPROMETTRE [kɔ̃pʀɔmetʀ(ə)]. *v. ; conjug.* mettre (1283 ; lat. jur. *compromittere*). ♦ 1° V. intr. *Dr.* S'en remettre à l'arbitrage d'un ou plusieurs juges. V. **Rapporter** (s'en), **référer** (se). *Compromettre sur un droit.* V. **Compromis; compromissoire** (clause). ♦ 2° (1690). *V. tr.* Mettre dans une situation critique (en exposant au jugement d'autrui). V. **Exposer, impliquer.** *Compromettre qqn en l'engageant dans des affaires peu honnêtes, en se servant de son nom. Compromettre sa santé, son autorité, sa réputation.* V. **Risquer.** *Compromettre ses chances.* V. **Diminuer.** « *Tu compromets ta carrière pour un scrupule honorable mais déplacé* » (CHARDONNE). *Il s'est compromis, il est gravement compromis.* Adj. *Les associés les plus compromis.* — *Spécialt.* Nuire à la réputation de. *Compromettre une femme, une jeune fille.* ◊ ANT. **Justifier ; affermir, assurer, garantir.**
COMPROMIS [kɔ̃pʀɔmi]. *n. m.* (XIIIᵉ ; lat. *compromissus;* de *compromittere*). ♦ 1° *Dr.* Convention par laquelle les parties, dans un litige, recourent à l'arbitrage d'un tiers. *Faire, dresser, signer un compromis.* — Convention provisoire par laquelle deux personnes constatent leur accord sur les conditions d'une vente, en attendant l'acte notarié de régularisation. ♦ 2° Arrangement dans lequel on se fait des concessions mutuelles. V. **Accord, composition ; transaction.** *En arriver, consentir à un compromis. Compromis imparfait* (Cf. Cote* mal taillée). « *Qui part d'une équivoque n'a peut aboutir qu'à un compromis* » (BERNANOS).
COMPROMISSION [kɔ̃pʀɔmisjɔ̃]. *n. f.* (1262, « compromis » ; de *compromettre*). ♦ 1° (1787). Action par laquelle on est compromis. *Être exposé à des compromissions.* ♦ 2° Acte par lequel on transige avec sa conscience. V. **Accommodement.**
COMPROMISSOIRE [kɔ̃pʀɔmiswaʀ]. *adj.* (de *compromis*, et *-oire*). *Dr.* Qui concerne les compromis. *Clause compromissoire*, clause par laquelle les contractants s'engagent à soumettre leurs différends éventuels à l'arbitrage.
COMPTABILISATION [kɔ̃tabilizasjɔ̃]. *n. f.* (1964 ; de *comptabiliser*). Action de comptabiliser.
COMPTABILISER [kɔ̃tabilize]. *v. tr.* (1922 ; de *comptable*). Inscrire dans la comptabilité.
COMPTABILITÉ [kɔ̃tabilite]. *n. f.* (1579 ; de *comptable*). ♦ 1° Tenue des comptes ; ensemble des comptes tenus selon les règles. *Comptabilité bien, mal tenue. Comptabilité d'une entreprise, d'une industrie. Éléments d'une comptabilité.* V. **Actif, avoir, crédit, profit ; débit, doit, passif, perte ; capital, espèce(s), valeur(s) ; solde.** *Comptabilité matières,* qui se rapporte aux objets matériels en magasin. *Tableau de comptabilité.* V. **Balance, bilan.** *Livres de comptabilité* (brouillard, brouillon, mémorial, sommier). *Tenir, gérer une comptabilité. Comptabilité en partie simple :* dans laquelle le commerçant n'établit le compte que de la personne à

qui il livre ou de qui il reçoit. *Comptabilité en partie double.*
◇ *Comptabilité publique* : règles qui concernent la gestion des finances publiques (préparation, vote, exécution, contrôle du budget de l'État et des collectivités). ♦ 2° Service chargé d'établir les comptes. *Chef de la comptabilité. Commission de comptabilité.* — Local où se tient ce service. *L'accès de la comptabilité est interdit.*

COMPTABLE [kɔ̃tabl(ə)]. *adj. et n.* (1340, « qu'on peut compter » ; de *compter*). ♦ 1° (XVᵉ). *Adj.* Qui a des comptes à rendre. *Agent comptable.* — Fig. V. **Responsable.** *N'être comptable à personne de ses actions. Comptable envers sa patrie. Il est injuste « de rendre les êtres humains comptables de leurs promesses »* (MAUROIS). ♦ 2° (XVIIIᵉ). Qui concerne la comptabilité. *Pièce, quittance comptable,* en due forme. — *Plan comptable normalisé,* pour établir une comptabilité. *Règles comptables. Machine, caisse comptable.* ♦ 3° *N.* (1469). Personne dont la profession est de tenir les comptes. *Comptable qui tient les livres.* V. **Facturier, teneur** (de livres). *Expert-comptable. Comptable agréé. Chef comptable. Comptable de la Direction générale des impôts, public,* préposé aux recouvrements et aux paiements des deniers publics.

COMPTAGE [kɔ̃taʒ]. *n. m.* (1416 ; de *compter*). Le fait de compter. *Faire un comptage rapide. Comptage des voitures,* sur une autoroute au moyen d'un dispositif spécial. *Comptage des particules.* (V. **Compteur**). ◇ HOM. **Contage.**

COMPTANT [kɔ̃tɑ̃]. *adj. m., n. m. et adv.* (mil. XIIIᵉ ; de *compter*). ♦ 1° Que l'on compte sur-le-champ. *Argent comptant, deniers comptants* : payés sur l'heure et en espèces (opposé à : à terme). — Fig. et fam. *Prendre qqch. pour argent comptant.* ♦ 2° *N. m.* L'argent comptant. *Loc. Au comptant :* en argent comptant (espèces) ou par chèque portant la somme totale, sans terme ni crédit. *Acheter, vendre au comptant. Achat au comptant.* ♦ 3° *Adv. Payer, régler comptant :* au comptant. ◇ ANT. **Crédit, terme.** — HOM. **Content.**

COMPTE [kɔ̃t]. *n. m.* (XIIᵉ ; *conte,* en 1080 ; lat. *computus,* de *computare*).
I. ⓐ *(Sens propre).* ♦ 1° Action d'évaluer une quantité (V. **Compter**) ; cette quantité. V. **Calcul, dénombrement, énumération.** *Faire un compte. Le compte des dépenses. Faire le compte des suffrages exprimés.* V. **Recensement, statistique, total.** *Le compte n'y est pas* : le résultat n'est pas ce qu'il devrait être. *Un compte rond* : sans fraction, ou qui tombe bien. *Le compte des points.* V. **Décompte.** *Le compte des dix secondes du knock-out* (boxe). *Absolt. Aller au tapis pour le compte.* — *Compte à rebours.* V. **Rebours.** ♦ 2° État contenant l'énumération, le calcul des recettes et des dépenses. V. **Comptabilité, écriture(s).** *Les articles d'un compte. Chapitre d'un compte.* V. **Poste.** *La somme du compte.* V. **Ci ; montant, total.** *Compte à déduire.* V. **Décompte, précompte.** *Bordereau de compte. Compte administratif, financier* (compte d'exécution du budget). — *Passer, mettre en compte, sur le compte ; imputer en compte.* V. **Comptabiliser, facturer.** *Dresser un compte.* V. **Balance, bilan.** *Arrêter, clore un compte. Vérifier, apurer un compte. Approuver un compte, reconnaître l'exactitude d'un compte.* V. **Approuvé, quitus.** *Régler, liquider un compte.* V. **Liquidation, règlement.** — *Compte des profits et pertes.* ◇ *Plur.* Comptabilité. *Faire ses comptes. Livre de comptes. Faire des comptes d'apothicaire* : longs et compliqués. *Les comptes de l'État. La Cour* des comptes.* ◇ *Spécialt.* État de l'avoir et des dettes d'une personne, dans un établissement financier. *Faire ouvrir un compte. Compte de dépôt d'espèces* (*compte de chèque.* Abrév. *CC*). *Compte chèque postal* (C.C.P.) ou *compte courant postal. Ouvrir un compte courant postal. Avoir un compte en banque. Numéro de compte. Compte courant,* représentant toutes les opérations entre une personne et son banquier. *Versement au compte courant. Alimenter, approvisionner ; créditer, débiter son compte. Transporter d'un compte à un autre.* V. **Virer.** *Détail, résumé de compte.* V. **Relevé.** — *Loc. Donner une somme à compte* : à valoir. *Publier à compte d'auteur* : aux frais de l'auteur. V. **Acompte.** *Être en compte avec qqn.* — *Laisser une marchandise pour compte* : la laisser au vendeur. V. **Refuser.** *Un laissé pour compte* : une personne abandonnée de tous. ♦ 3° (Argent dû). *Donner, régler son compte à un employé* : lui donner son dû et *par ext.* le congédier. — *Fig. et fam. Régler son compte à qqn* : lui faire un mauvais parti. *Règlement de comptes* : explication violente entre personnes qui s'en veulent (spécialt. Attentat, meurtre). *Son compte est bon* : il aura ce qu'il mérite. *Il en a son compte* : tout ce qu'il pouvait supporter. *Avoir son compte* : être ivre. ♦ 4° *À bon compte* : à bon prix. — *Se divertir à bon compte* : sans qu'il en coûte beaucoup. *En être quitte, s'en tirer à bon compte* : sans trop de dommage. ♦ 5° *Par ext. Trouver son compte.* V. **Avantage, bénéfice, intérêt, profit.** *Il y trouve son compte* (Cf. Ça l'arrange). ⓑ *Fig.* (Dans des *loc.*). ♦ 1° (De « action de compter »). *À, selon votre compte* (vx) : d'après vous. *Mod. À ce compte-là* : d'après ce raisonnement. *Au bout*

du compte : tout bien considéré. *En fin de compte* : après tout, pour conclure. *Fam. Fichez-nous la paix, à la fin du compte.* ◇ *Être loin de compte, du compte* (du total) : se tromper de beaucoup. ◇ *Tout compte fait* : tout bien considéré. ♦ 2° (De « recettes et dépenses »). *Au compte de* (à *son compte), pour, sur le compte de. Travailler à son compte, pour son propre compte* : être autonome. *S'installer à son compte.* — *Prendre à son compte,* endosser la responsabilité (d'un acte). — *Commercer pour le compte d'autrui* : au nom d'un commettant. « *L'espion chasse pour le compte d'autrui...; l'envieux chasse pour son propre compte* » (HUGO). — *Fig. Pour mon compte* : en ce qui me concerne. *Pour mon compte, je n'ai rien à dire.* — *Il n'y a rien à dire sur son compte* : à son sujet, à son endroit. *On a mis sa faute sur le compte de sa distraction.* V. **Attribuer, imputer.** ♦ 3° *Tenir compte* : prendre en considération, accorder de l'importance. *Tenir compte à qqn d'une chose,* la mettre au crédit de qqn, lui en savoir gré. *Tenir compte du dévouement de qqn.*
II. (XIIᵉ ; *fig.* de I, 1°). *Demander, rendre compte, des comptes* : demander, faire le rapport de ce que l'on a fait, de ce que l'on a vu, pour faire savoir, expliquer ou justifier. V. **Explication, rapport.** *Demander des comptes à qqn. Devoir des comptes. N'avoir de comptes à rendre à personne. Rendre compte de sa mission.* ◇ *COMPTE RENDU* [kɔ̃trɑ̃dy]. *n. m.* (1853). V. **Exposé, rapport, récit, relation.** *Compte rendu d'une mission. Compte rendu d'un spectacle, d'un livre.* V. **Analyse, critique.** ◇ *SE RENDRE COMPTE.* V. **Apercevoir** (s'), comprendre, découvrir, noter, remarquer, voir. *Se rendre compte d'une chose.* « *Se rendre un compte exact des choses présentes* » (COCTEAU). « *J'ai mis assez longtemps à me rendre compte que, dans ses lectures, il cherche surtout à se renseigner* » (GIDE).
◇ HOM. **Comte, conte.**

COMPTE-FILS [kɔ̃tfil]. *n. m. invar.* (1836 ; de *compter,* et *fil*). Petite et forte loupe montée sur charnière.

COMPTE-GOUTTES [kɔ̃tgut]. *n. m. invar.* (1869 ; de *compter,* et *goutte*). ♦ 1° Petite pipette en verre. ♦ 2° *Fig. Au compte-gouttes* : avec parcimonie.

COMPTER [kɔ̃te]. *v.* (XIIIᵉ ; *conter,* XIIᵉ, éliminé dans ce sens au XVIᵉ ; lat. *computare.* V. **Conter**).
I. *V. tr.* ♦ 1° Déterminer (une quantité) par le calcul ; *spécialt.* Établir le nombre de. V. **Chiffrer, dénombrer, nombrer.** *Compter les spectateurs d'un théâtre, les habitants d'une ville.* V. **Recenser.** *Compter les voix, les suffrages. Compter une somme d'argent. Compter les points, les coups d'une partie de billard. Combien en avez-vous compté? Compter les fils d'un tissu* (V. **Compte-fils**), *des gouttes* (V. **Compte-gouttes**). *Appareil qui compte qqch.* V. **Compteur.** — *On ne les compte plus* : ils sont innombrables. *Pronom. Ses erreurs ne se comptent plus. Comptez-vous de droite à gauche.* — *Loc. fam. Compter les clous de la porte.* V. **Attendre.** ♦ 2° Mesurer avec parcimonie. *Compter l'argent que l'on dépense.* V. **Regarder** (à la dépense). — *Rare. Compter ses pas* : marcher lentement ; *fig.* Agir avec circonspection. *Cour. Marcher à pas comptés.* ♦ 3° *Par ext. Compter une somme à qqn* : la lui payer. *Vous lui compterez mille francs pour son travail.* ♦ 4° Mesurer (le temps). *Compter les jours, les heures.* « *Elle avait compté les minutes seconde par seconde au tic-tac du cartel noir* » (GREEN). — *Spécialt. Compter les heures, les jours* : trouver le temps long, par ennui ou impatience. — *Il faut compter plusieurs heures pour faire cela* : plusieurs heures sont nécessaires*. ◇ *Décider* (un temps imparti). *Poét. Le destin a compté ses jours.* — (Passif) *Ses jours sont comptés* : il lui reste peu de temps à vivre. ◇ *Avoir duré* (un certain temps). *Il compte déjà deux ans de règne, de service.* — (Choses) *Cette civilisation compte un millénaire. Ce monument compte plus de cent ans d'existence.* ♦ 5° Comprendre dans un total, un nombre, une énumération. V. **Inclure.** *Ils étaient quatre, sans compter les enfants. N'oubliez pas de le compter.* — *Fig. Compter qqch. à qqn* : lui en tenir compte. ◇ *Compter parmi, au nombre de* : ranger au nombre de. V. **Comprendre, englober.** *Je le compte parmi mes ennemis.* — Pronom. *Je ne me compte pas au nombre de ses amis.* ♦ 6° *Littér. Compter* (qqch.) *pour.* V. **Considérer, estimer, prendre, regarder, réputer** (comme). *Il compte cela pour beaucoup.* V. **Apprécier.** « *Comptez-vous vos soldats pour autant de héros* » (RAC.). ♦ 7° *Vx. Compter de* (et infinitif). « *Il compte de pouvoir partir demain* » (SÉV.). *Mod. Il compte pouvoir partir demain.* V. **Espérer, penser.** ◇ *Je compte bien qu'il viendra.* V. **Espérer.** *Je comptais qu'il viendrait.* V. **Attendre** (s'), croire. ♦ 8° *Sans compter que,* sans considérer que. V. **Autant** (d'autant plus que), nonobstant.
II. *V. intr.* ♦ 1° V. **Calculer.** *Compter de tête. Compter sur ses doigts. Cet enfant sait lire, écrire et compter. Savoir compter.* Fig. Être attentif à ses intérêts. — *Donner, dépenser ; recevoir sans compter,* sans considérer son dû. V. **Généreusement, largement.** ♦ 2° COMPTER AVEC : tenir compte de. *Il a de l'influence et il faut compter avec lui. Compter avec l'opinion.* ♦ 3° COMPTER SUR, faire fond, s'appuyer sur. V. **Tabler.** *Comptez sur moi.*

Compter entièrement sur qqn : s'abandonner à lui. *On ne peut pas compter sur lui. Il compte trop sur son adresse.* V. **Présumer** (de). *J'y compte bien* : je l'espère bien. — Pop. et iron. *Compte là-dessus; compte là-dessus et bois de l'eau fraîche* : n'y compte pas. ♦ 4° Être compté, avoir de l'importance. V. **Importer.** *Cela compte peu, ne compte pas. Ce qui compte, c'est de réussir.* « *Le but, le succès nécessaire comptait uniquement à ses yeux, comme la guérison pour le médecin* » (CHARDONNE). *Compter pour rien,* et pop. *Compter pour du beurre* : ne pas compter. ♦ 5° Être (parmi). *Compter parmi, au nombre de.* V. **Figurer.** *Compter parmi les meilleurs.* ♦ 6° *Vx.* V. **Dater.** Mod. *À compter de* : à partir de. *À compter d'aujourd'hui.*
◇ ANT. *Négliger; omettre.* — HOM. *Comté* (1 et 2), *conter.*
COMPTE RENDU. *n. m.* V. **COMPTE** (II).
COMPTE-TOURS [kɔ̃tuʀ]. *n. m. invar.* (1869; de *compter,* et *tour*). Appareil comptant les tours faits par l'arbre d'un moteur, dans un temps donné. V. **Tachymètre.**
COMPTEUR [kɔ̃tœʀ]. *n. m.* (1268, « celui qui compte »; de *compter*). ♦ 1° *Rare.* Celui qui compte. « *Tous ces compteurs d'étoiles* » (HUGO). ♦ 2° (1752). Appareil servant à compter, à dénombrer des signaux, des opérations, à mesurer en unités une temps, une vitesse, un volume. *Compteur enregistreur. Compteur de vitesse d'automobile.* V. **Indicateur.** *Faire du cent à l'heure au compteur. Compteur de taxi, calculant le prix de la course.* V. **Taximètre.** — *Compteur à gaz, à eau. Compteurs d'électricité. Relever le compteur. Compteur Geiger; compteur à scintillations* : qui compte les particules émises par un corps radioactif. — Adj. *Boulier compteur* (abaque). ◇ HOM. *Conteur.*
COMPTINE [kɔ̃tin]. *n. f.* (1922; de *compter*). Formule enfantine (chantée ou parlée) servant à désigner celui à qui sera attribué un rôle particulier dans un jeu (*ex.* : Am, stram, gram).
COMPTOIR [kɔ̃twaʀ]. *n. m.* (1345; de *compter*). ♦ 1° Table, support long et étroit, sur lequel le marchand reçoit l'argent, montre les marchandises. *Demoiselle de comptoir.* V. **Vendeuse.** *Comptoir-caisse.* V. **Caisse.** *Comptoir d'un débit de boisson.* V. **Bar, zinc.** *S'installer au comptoir, devant le comptoir.* — Fig. *Passer sa vie derrière un comptoir,* dans un magasin. ♦ 2° (1690). Installation commerciale d'une entreprise privée ou publique dans un pays éloigné. V. **Établissement, factorerie.** *Comptoir colonial.* ♦ 3° *Comptoir de vente en commun* : entente entre vendeurs ou producteurs. V. **Cartel, coopérative, trust; syndicat** (de producteurs). — *Comptoir central d'achats* : entreprise privée, société anonyme participant au fonctionnement de services publics par des opérations commerciales. V. **Consortium.** ♦ 4° *Spécialt. Comptoir national d'escompte. Comptoir d'une banque.* V. **Agence, succursale.**
COMPULSER [kɔ̃pylse]. *v. tr.* (XVᵉ, « exiger »; lat. *compulsare* « pousser, contraindre »). ♦ 1° (XVIᵉ). *Dr.* Prendre connaissance des pièces, des minutes d'un officier public. ♦ 2° (1803). Consulter, examiner, feuilleter. *Compulser des notes pour retrouver un renseignement.*
COMPULSIF, IVE [kɔ̃pylsif, iv]. *adj.* (1584; de *compulser*). ♦ 1° (1762). *Vx.* Qui contraint, oblige. ♦ 2° *Psycho.* (*Néol.*). Qui constitue une compulsion. *Conduite compulsive dans la névrose obsessionnelle.*
COMPULSION [kɔ̃pylsjɔ̃]. *n. f.* (1298; lat. *compulsio*). ♦ 1° *Dr. Vx.* Contrainte. ♦ 2° *Psycho.* (De l'angl.). Impossibilité de ne pas accomplir un acte, lorsque ce non-accomplissement est cause d'angoisse, de culpabilité.
COMPUT [kɔ̃pyt]. *n. m.* (1584; lat. *computus* « compte »). Supputation qui sert à dresser le calendrier des fêtes mobiles. V. **Ordo.** *Le comput renferme le nombre d'or, le cycle solaire, l'indiction romaine.*
COMPUTATION [kɔ̃pytasjɔ̃]. *n. f.* (1375; lat. *computatio*). Méthode de supputation du temps.
COMTAL, ALE, AUX [kɔ̃tal, o]. *adj.* (XIIIᵉ; de *comte*). *Rare.* De comte. *Couronne comtale.*
COMTE [kɔ̃t]. *n. m.* (XIVᵉ, comme sujet; *compte,* compl. Xᵉ; *cuens,* sujet v. 1050; lat. *comes* « compagnon », puis « attaché à la suite de l'empereur », d'où « haut dignitaire »). ♦ 1° *Féod.* Seigneur d'un comté. ♦ 2° *Mod.* Titre de noblesse qui, dans la hiérarchie nobiliaire, prend rang après le marquis, et avant le vicomte (V. **Noblesse; titre**). ♦ 3° *Hist.* Haut dignitaire du Bas-Empire romain, de l'époque franque. ◇ HOM. *Compte, conter.*
1. COMTÉ [kɔ̃te]. *n. m.* (XVᵉ; *conté,* XIIᵉ; de *comte*). ♦ 1° Domaine dont le possesseur prenait le titre de comte. *Terre érigée en comté.* ♦ 2° Subdivision territoriale, en Grande-Bretagne et dans les pays anglo-saxons. — Au Canada [Bas-Canada, 1792], Subdivision territoriale à des fins administratives, et *abusiv.* circonscription électorale. *Le parti a perdu deux comtés.* V. **Circonscription, siège.**
2. COMTÉ ou **CONTÉ** [kɔ̃te]. *n. m.* (XXᵉ de *(Franche)-Comté,* province). Fromage français voisin du gruyère. ◇ HOM. *Compter, conter.*
COMTESSE [kɔ̃tɛs]. *n. f.* (1080; de *comte*). Femme qui possède un comté; femme d'un comte. *Madame la comtesse.*

CON [kɔ̃]. *n. m.* (XIIIᵉ; lat. *cunnus*). **I.** *Vulg.* Sexe de la femme. **II.** ♦ 1° *Fam.* et *vulg.* Imbécile, idiot. *Quel con! C'est un sale con. Le roi des cons. Pauvre con, va! Bande de cons.* — *Faire le con* : se conduire d'une manière absurde. ◇ *N. f.* **CONNE,** idiote. (Cf. la var. Conasse). — Loc. adv. *À la con* : mal fait; ridicule, inepte (Cf. À la noix). ♦ 2° *Adj. m.* Vulg. (av. 1831). *Ce qu'il peut être con! Elle est vraiment con.* — Loc. *Con comme la lune.* ◇ Adj. fém. *Une histoire conne.*
CON- (et **COM-, COL-, COR-**). Élément, du lat. *com, cum* « avec », dont la consonne finale s'assimile à celle du radical pour M, L et R (*ex.* : concentrer, commémorer, collatéral, correspondance). V. **Co-.**
CON(N)ARD, ARDE [kɔnaʀ, aʀd(ə)]. *adj.* et *n.* (XIIIᵉ, *conart;* de *con*). *Fam.* et *vulg.* Imbécile, crétin. V. **Con, conasse** (fém.). *Il est un peu conard. Quelle conarde !* « *...je me dis, c'est la nature chétive, qu'est-ce qu'il en peut, pauvre conard* » (AYMÉ). « *Quelle connarde, grommela-t-elle... * » (DUTOURD).
CONASSE ou **CONNASSE** [kɔnas]. *n. f.* (v. 1810; de *con*). *Vulg.* et *péj.* Idiote, imbécile. *Quelle conasse !* « *Et cette petite conasse, la voilà à vingt ans la femme d'un des hommes les plus riches de France* » (BEAUVOIR).
CONATIF, IVE [kɔnatif, iv]. *adj.* (1951; de *conation*). *Didact.* Relatif à la conation. — *Spécialt.* Ce qui, dans un message linguistique, est destiné à produire un certain effet sur le récepteur.
CONATION [kɔnasjɔ̃]. *n. f.* (XXᵉ; du lat. *conatio* « tentative, effort »). *Didact.* (Philo. Psycho.). Impulsion déterminant un acte, un effort quelconque.
CONCASSAGE [kɔ̃kasaʒ]. *n. m.* (1845; de *concasser*). Action de concasser.
CONCASSER [kɔ̃kase]. *v. tr.* (XIIIᵉ; lat. *conquassare.* V. **Casser**). Réduire (une matière solide) en petits fragments. V. **Briser, broyer, écraser.** *Concasser du poivre, des fèves. Concasser de la pierre.*
CONCASSEUR [kɔ̃kasœʀ]. *n. m.* (1860; de *concasser*). Appareil servant à concasser. *Concasseur à plateaux, à mâchoires.* V. **Broyeur.** — Adj. *Cylindre concasseur.*
CONCATÉNATION [kɔ̃katenasjɔ̃]. *n. f.* (v. 1500; lat. *concatenatio,* de *catena* « chaîne »). *Didact.* Enchaînement (des causes et des effets, des termes d'un syllogisme).
CONCAVE [kɔ̃kav]. *adj.* (1314; lat. *concavus,* de *cavus* « creux ». V. **Cave**). Qui présente une surface en creux (V. **Biconcave**). *Surface, miroir concave. Moulure concave* (cavet). ◇ ANT. *Bombé, convexe.*
CONCAVITÉ [kɔ̃kavite]. *n. f.* (1314; de *concave*). ♦ 1° Forme concave. *La concavité d'une lentille, d'un miroir.* ♦ 2° *Par ext.* V. **Cavité, creux.** *Les concavités d'un rocher.* ◇ ANT. *Convexité.*
CONCÉDER [kɔ̃sede]. *v. tr.;* conjug. *céder* (XIIIᵉ; lat. *concedere.* V. **Céder**). ♦ 1° Accorder à qqn comme une faveur. V. **Accorder, allouer, céder, donner, octroyer.** *Concéder un privilège. Ce droit lui a été concédé pour deux ans. Concéder à qqn l'exécution d'une entreprise.* V. **Concession.** ♦ 2° *Fig.* Abandonner son propre gré (un des points en discussion). V. **Accorder, céder; concession.** *Je vous concède ce point. Vous concéderez bien que j'ai raison sur ce point.* V. **Admettre, avouer, convenir.** ♦ 3° *Sports.* (Anglicisme). Abandonner à l'adversaire (en le laissant prendre l'avantage). *Concéder un but, un corner.* ◇ ANT. *Contester, refuser, rejeter.*
CONCÉLÉBRER [kɔ̃selebʀe]. *v. tr.* (XVIᵉ, « célébrer »; lat. ecclés. *concelebrare*). *Liturg.* Célébrer à plusieurs (un office religieux). *Messe concélébrée.*
CONCENTRATION [kɔ̃sɑ̃tʀasjɔ̃]. *n. f.* (1732; de *concentrer,* d'apr. l'angl.). ♦ 1° Action de concentrer, de réunir en un centre. V. **Accumulation, assemblage, réunion.** *La concentration des rayons lumineux au foyer d'une lentille.* V. **Convergence.** — *Milit. La concentration des troupes, en un point du territoire.* V. **Groupement, rassemblement, regroupement.** — *Spécialt. Camp* de concentration (V. **Concentrationnaire**). ◇ *La concentration des entreprises* : réunion sous une direction commune. V. **Association, cartel, comptoir** (de vente); **consortium, entente, trust.** *Concentration horizontale; verticale* (V. **Intégration**). ◇ Fig. « *La concentration à Paris de la production des idées* » (VALÉRY). ♦ 2° Ce qui réunit des éléments assemblés. *Les grandes concentrations urbaines.* V. **Agglomération, ville.** ♦ 3° *Chim.* Le fait de concentrer, ou d'être concentré. *Point, degré de concentration* (rapport entre la quantité d'un corps et sa solution). ♦ 4° (*Abstrait*). Application de tout l'effort intellectuel sur un seul objet. *Concentration d'esprit. Ce travail exige une grande concentration.* V. **Application, attention, contention, recueillement, réflexion, tension.** ◇ ANT. *Diffusion, dispersion, dissipation, dissolution, éparpillement. Détente, distraction.*
CONCENTRATIONNAIRE [kɔ̃sɑ̃tʀasjɔnɛʀ]. *adj.* (1946; de *(camp de) concentration*). Relatif aux camps de concentration. « *L'Univers concentrationnaire* » (D. ROUSSET).

CONCENTRÉ, ÉE [kɔ̃sɑ̃tʀe]. *adj.* (1762; V. Concentrer).
♦ 1° Dont la concentration (3°) est grande. *Solution concentrée. Boîte de lait concentré.* V. **Condensé.** *Bouillon concentré, et subst. Un concentré.* ♦ 2° *Esprit concentré.* V. **Attentif, réfléchi.** *Caractère concentré.* V. **Renfermé, taciturne.** « *Descartes était méditatif, mais nullement concentré* » (FAGUET). ◇ ANT. **Communicatif, expansif.**

CONCENTRER [kɔ̃sɑ̃tʀe]. *v. tr.* (1611; de *con-*, et *centrer*).
♦ 1° Réunir en un point (ce qui était dispersé). V. **Converger** (faire). *Concentrer des rayons lumineux dans le foyer d'une lentille.* — *Milit. Concentrer des effectifs.* V. **Accumuler, assembler, grouper, rassembler, réunir.** *Concentrer des forces d'artillerie.* — *Concentrer le tir sur un point donné.* V. **Diriger.** ♦ 2° *Chim.* Augmenter la masse d'un corps dissoute dans une unité de volume d'un liquide (solvant). ♦ 3° Appliquer avec force sur un seul objet. *Concentrer son énergie, son attention, son esprit.* V. **Réfléchir.** SE CONCENTRER. *v. pron. Se concentrer sur un problème. Taisez-vous, je me concentre. Concentrer toutes ses forces pour obtenir le succès.* V. **Canaliser.** *Concentrer son affection sur son unique enfant.* ♦ 4° *Vx* ou *littér.* Refouler en soi. *Concentrer sa fureur, sa haine, sa colère, sa douleur.* V. **Contenir, dissimuler, refouler, renfermer.** ◇ ANT. **Diluer, disperser, disséminer, éparpiller.**

CONCENTRIQUE [kɔ̃sɑ̃tʀik]. *adj.* (1361; de *con-*, et *centre*). ♦ 1° *Géom.* Qui a un même centre, en parlant de courbes, de cercles, de sphères. V. **Homocentrique.** « *Cinq enceintes concentriques de murailles* » (LOTI). ♦ 2° *Mouvement concentrique* : centripète. *Le mouvement concentrique de l'ennemi.* V. **Enveloppant.** ◇ ANT. **Excentrique. Centrifuge.**

CONCENTRIQUEMENT [kɔ̃sɑ̃tʀikmɑ̃]. *adv.* (1511; de *concentrique*). D'une manière concentrique. *Cercles disposés concentriquement.*

CONCEPT [kɔ̃sɛpt]. *n. m.* (1404; lat. *conceptus*, de *concipere* « recevoir »). *Philo.* Représentation mentale générale et abstraite d'un objet. V. **Idée.** *Du concept.* V. **Conceptuel.** *Formation des concepts.* V. **Conception; abstraction, généralisation.** *Compréhension, extension d'un concept.* — Ling. *Le signe, le mot, le concept et la chose.*

CONCEPTACLE [kɔ̃sɛptakl(ə)]. *n. m.* (XVᵉ; lat. *conceptaculum;* Cf. Réceptacle). *Bot.* Petite poche dans laquelle sont groupés les filaments reproducteurs (champignons).

CONCEPTEUR, TRICE [kɔ̃sɛptœʀ, tʀis]. *n.* (XXᵉ; 1845 « qui accomplit l'acte de la conception »). Personne chargée de trouver des idées nouvelles (publicité, mise en scène, etc.). *Concepteur-projeteur,* qui élabore des projets qu'il a conçus. *Concepteur-rédacteur publicitaire.*

CONCEPTION [kɔ̃sɛpsjɔ̃]. *n. f.* (1190; lat. *conceptio*, de *concipere.* V. Concevoir). ♦ 1° Formation d'un nouvel être dans l'utérus maternel à la suite de la réunion d'un spermatozoïde et d'un ovule; moment où un enfant (un petit) est conçu. V. **Coït, copulation, fécondation, génération.** *Conception et grossesse. La conception d'un enfant. Éviter la conception* (V. **Anticonceptionnel, contraceptif**). ◇ *L'Immaculée Conception* : la Vierge Marie qui, selon le dogme catholique, a été conçue, est née exempte du péché originel. ♦ 2° (1315). *Didact.* Formation d'un concept, d'une idée générale dans l'esprit humain. V. **Abstraction, généralisation.** — Action de concevoir, acte de l'intelligence, de la pensée, s'appliquant à un objet. V. **Entendement, intellection, jugement.** *Conception vive, facile, lente.* ◇ *Cour.* Résultat de cette activité intellectuelle, façon de concevoir, ensemble de concepts. V. **Idée, vue.** *Une conception claire, hardie, originale. Conception idéale et générique d'une chose.* V. **Type.** *Se faire une conception personnelle d'une chose.* V. **Opinion.** « *Il avait de la famille une conception religieuse, antique* » (R. ROLLAND).

CONCEPTISME [kɔ̃sɛptism(ə)]. *n. m.* (XXᵉ; mot esp., de *concepto* « pensée »). Style raffiné et intellectuel, dans la littérature espagnole (déb. XVIIᵉ s.). V. **Cultisme.**

CONCEPTUALISATION [kɔ̃sɛptɥalizasjɔ̃]. *n. f.* (av. 1955; de *conceptualiser*). *Didact.* Action de former des concepts (V. **Idéation**) ou d'organiser en concepts (V. **Systématisation**).

CONCEPTUALISER [kɔ̃sɛptɥalize]. *v. intr.* et *tr.* (mil. XXᵉ; de *concept, conceptuel*). Didact. ♦ 1° *V. intr.* Élaborer des concepts. ♦ 2° *V. tr.* Élaborer des concepts à partir de... *Conceptualiser une expérience.* — Organiser en concept ou en un système de concepts. *Conceptualiser une théorie. Notion mal conceptualisée.*

CONCEPTUALISME [kɔ̃sɛptɥalism(ə)]. *n. m.* (1832; du lat. *conceptualis*). *Philo.* Théorie suivant laquelle les concepts sont considérés comme les produits d'une construction de l'esprit (V. **Nominalisme, réalisme**).

CONCEPTUEL, ELLE, ELS [kɔ̃sɛptɥɛl]. *adj.* (1864; lat. scolast. *conceptualis*). *Didact.* Du concept. *L'intelligence conceptuelle et l'intelligence pratique.*

CONCERNANT [kɔ̃sɛʀnɑ̃]. *prép.* (1596; p. prés. de *concerner*). À propos, au sujet de. V. **Touchant.** « *Des mesures concernant la circulation des véhicules* » (CAMUS). *Concernant les immigrants, aucune décision n'a été prise.*

CONCERNER [kɔ̃sɛʀne]. *v. tr.* (1385; lat. scolast. *concernere*, de *cernere* « considérer »). ♦ 1° Avoir rapport à, s'appliquer à. V. **Intéresser, porter** (sur), **rapporter** (se rapporter à), *regarder, toucher. Veuillez vous présenter au commissariat pour affaire vous concernant. Voici une lettre qui vous concerne. Cela ne vous concerne pas* (ce n'est pas votre affaire). « *Toutes les nouvelles qui concernaient la peste* » (CAMUS). — *En ce qui me concerne* (Cf. Pour ma part*). *Pour (en) ce qui concerne le service, c'est un très bon hôtel*, pour ce qui est du service. V. **Quant** (à). ♦ 2° (au passif ou au p. p.; emploi critiqué, signalé par Littré, répandu par l'infl. de l'angl.). *Être concerné*, intéressé, touché (par qqch.); avoir affaire avec. *La peinture* « *cessa de se sentir concernée par ce qui s'était appelé sublime* » (MALRAUX). *Je ne suis pas concerné*, ça ne me regarde pas.

CONCERT [kɔ̃sɛʀ]. *n. m.* (1560; it. *concerto* « accord »). I. ♦ 1° *Vx.* Accord de personnes qui poursuivent un même but. V. **Accord, entente, intelligence, union.** Mod. « *Le concert des grandes puissances* » (MADELIN), *des nations.* ◇ Loc. adv. *De concert* : en accord. V. **Ensemble.** *Travailler de concert.* « *L'un et l'autre, comptant sur le succès de leurs mesures, agissaient de concert* » (ROUSS.). ♦ 2° *Vx.* Ensemble harmonieux. — Mod. *Concert de louanges, d'approbations, de bénédictions.*
II. *Mus.* (1608). ♦ 1° *Vx.* « *Un grand concert de voix et d'instruments, pour une sérénade* » (MOL.). Poét. *Le concert des oiseaux.* V. **Chœur.** « *Le délicieux concert que produisaient les bruits étouffés du bourg* » (BALZ.). ♦ 2° Mod. *Séance musicale. Concert donné par un seul musicien.* V. **Audition, récital.** *Concert donné en plein air.* V. **Aubade, sérénade.** *Concert spirituel* : séance de musique religieuse. *Aller au concert. Salle, programme de concert.* ◇ *Association musicale qui donne des concerts réguliers.* V. **Orchestre; chœur.** ◇ Loc. *Café concert.* V. **Café-concert.**
◇ ANT. **Contradiction. Désaccord, discorde, opposition. — Cacophonie.**

CONCERTANT, ANTE [kɔ̃sɛʀtɑ̃, ɑ̃t]. *adj.* (1834; n., 1690; de *concerter*). ♦ 1° Qui exécute une partie dans une composition musicale. *Instruments concertants.* ♦ 2° *Symphonie concertante* : concerto* à plusieurs solistes, dont la structure est celle de la symphonie (forme sonate).

CONCERTATION [kɔ̃sɛʀtasjɔ̃]. *n. f.* (1967; 1541 « lutte d'athlètes antiques »; lat. *concertatio*). *Polit.* Le fait de se concerter. *Concertation politique entre les Grands.* — *Spécial.* Politique de consultation des intéressés avant toute décision. *Concertation et participation.*

CONCERTER [kɔ̃sɛʀte]. *v. tr.* (XVᵉ; de *concert*). ♦ 1° Projeter de concert avec une ou plusieurs personnes. V. **Arranger, combiner, organiser, préméditer, préparer.** *Concerter un projet, une décision. Un plan, une action concertée.* — *Économie concertée.* (V. **Concertation**). ◇ SE CONCERTER. *v. pron.* S'entendre pour agir de concert. ♦ 2° (XVIIᵉ). Décider après réflexion. « *Une discrétion qui semblait concertée* » (CAMUS). ♦ 3° *Mus.* Tenir sa partie dans un « concert ». V. **Concertant.** « *Un seul instrument, qui concerte avec l'orchestre entier* » (HODEIR).

CONCERTINA [kɔ̃sɛʀtina]. *n. m.* (1869; mot angl.). Instrument de musique à anches et à soufflet, voisin de l'accordéon.

CONCERTINO [kɔ̃sɛʀtino]. *n. m.* (1869; mot it., de *concerto*). *Mus.* ♦ 1° Groupe des solistes dans le concerto grosso. ♦ 2° Bref concerto. *Des concertinos.*

CONCERTISTE [kɔ̃sɛʀtist(ə)]. *n.* (1863; de *concert*). Musicien qui donne des concerts.

CONCERTO [kɔ̃sɛʀto]. *n. m.* (1739; mot it. « concert »). ♦ 1° *Ancienn.* Toute composition musicale à plusieurs parties concertantes. *Concerto vocal* (cantate) *avec accompagnement instrumental. Concerto grosso*, où les solistes (le *concertino*) dialoguent avec l'orchestre *(ripieno; grosso).* ♦ 2° *Mod.* Composition de forme sonate*, pour orchestre et un instrument soliste. *Concerto pour piano (violon) et orchestre. Des concertos.*

CONCESSIF, IVE [kɔ̃sesif, iv]. *adj.* (1842; de *concession*). *Gram.* Qui indique une opposition, une restriction. *Proposition concessive* (introduite par bien que..., même si, etc.).

CONCESSION [kɔ̃sesjɔ̃]. *n. f.* (1264; lat. *concessio*). ♦ 1° Action de concéder (un droit, un privilège, une terre); acte qui concède. V. **Cession, don, octroi.** *Concession d'un privilège* (V. **Charte**). *Faire la concession d'un terrain. Concession de travaux publics par adjudication. Concession d'eau, d'électricité* : contrat accordant le droit de branchement sur les conduites publiques. *Concession de voirie*, autorisation accordée à un particulier d'occuper une parcelle du domaine public. V. **Autorisation.** ♦ 2° Droit concédé. — *Cour.* Terre concédée. *Les anciennes concessions européennes d'Extrême-Orient.* — *Terrain concédé par une commune, dans un cimetière. Concession funéraire.* ♦ 3° Le fait d'abandonner à son adversaire un point de discussion; ce qui est abandonné. V. **Abandon, désistement, renoncement.** *Faire une concession à son adversaire. Se faire des concessions mutuelles.* V. **Compromis, transaction.** ♦ 4° (1884). Gram. *Complément de conces-*

sion; proposition de concession. V. **Concessif.** ◇ ANT. *Refus, rejet. Contestation, dispute.*

CONCESSIONNAIRE [kɔ̃sesjɔ̃nɛʀ]. *n.* (1664; de *concession*). ♦ 1° Personne qui a obtenu une concession de terrain à exploiter, de travaux à exécuter. Adj. *Compagnie, société concessionnaire.* ♦ 2° *Comm.* Intermédiaire qui a reçu un droit exclusif de vente dans une région. *Concessionnaire d'une marque d'automobiles.*

CONCETTI [kɔ̃se(ɛt)ti; kɔntʃɛtti]. *n. m. pl.* (1720; mot it., plur. de *concetto* « concept, mot d'esprit »). Pensées brillantes et affectées, traits d'esprit. « *Ses vers étincelaient de* concetti *raffinés* » (TAINE).

CONCEVABLE [kɔ̃svabl(ə)]. *adj.* (1547; de *concevoir*). Qu'on peut imaginer, comprendre. V. **Compréhensible, imaginable.** *Cela n'est pas concevable. Il est très concevable que...* « *Le courage n'est pas concevable que chez un poltron* » (CHARDONNE). ◇ ANT. **Inconcevable.**

CONCEVOIR [kɔ̃s(ə)vwaʀ]. *v. tr.;* conjug. *apercevoir* (1130; lat. *concipere* « recevoir »).
I. Former (un enfant) dans son utérus par la conjonction d'un ovule et d'un spermatozoïde; devenir, être enceinte. V. **Engendrer, féconder; conception.** *Concevoir un enfant.* Absolt. *Femme qui ne peut plus concevoir :* qui ne peut être enceinte, avoir un enfant.
II. ♦ 1° Former (un concept). *L'esprit conçoit les idées.* — Absolt. *Pour concevoir, l'intelligence abstrait et généralise.* ♦ 2° Avoir une idée claire de. V. **Comprendre, saisir.** *Je ne conçois pas ce qu'il veut dire.* « *Ce que l'on conçoit bien s'énonce clairement* » (BOIL.). Pronom. passif. *Cela se conçoit facilement. Le pire qui se puisse concevoir.* V. **Concevable.** ◇ Avoir une idée de; imaginer. V. **Envisager, représenter (se).** « *Je suis incapable de concevoir le journalisme autrement que sous la forme du pamphlet* » (BLOY). *On ne pouvait pas concevoir qu'il manquerait de parole.* V. **Prévoir, supposer.** *Je conçois qu'il ne vienne pas :* je le comprends. *Je conçois bien qu'il ne serait pas venu :* je l'imagine. ♦ 3° Créer par l'imagination. V. **Former, imaginer, inventer.** *Concevoir un projet, un dessein.* V. **Échafauder.** *Cet ouvrage est bien conçu.* ♦ 4° Éprouver (un état affectif). *Concevoir de l'amitié pour qqn.* « *Ses parents en conçurent une rage inouïe* » (BLOY). ♦ 5° *Ainsi conçu,* rédigé, libellé comme je vais vous le dire. *Un plan, un télégramme ainsi conçu.* ◇ ANT. **Avorter. Stérile** (être).

CONCHOÏDAL, ALE, AUX [kɔ̃kɔidal, o]. *adj.* (1752; de *conchoïde*). *Didact.* ♦ 1° En forme de coquille. ♦ 2° Relatif à la conchoïde.

CONCHOÏDE [kɔ̃kɔid]. *adj. et n. f.* (1637; du lat. *concha* « coquille », et -*oïde*). Courbe obtenue en menant d'un point les sécantes à une droite, à une courbe, et en portant une longueur constante de part et d'autre des intersections.

CONCHYLICULTURE [kɔ̃kilikyltyʀ]. *n. f.* (1953; du gr. *konkhylion,* et -*culture*). *Didact.* Élevage des coquillages comestibles (huîtres, moules [V. **Ostréiculture, mytiliculture**], etc.).

CONCHYLIEN, IENNE [kɔ̃kiljɛ̃, jɛn]. *adj.* (1835; du gr. *konkhylion* « coquillage »). *Géol.* Qui contient des coquilles. *Terrain, calcaire conchylien.* V. **Coquillier.**

CONCHYLIOLOGIE [kɔ̃kiljɔlɔʒi]. *n. f.* (1742; gr. *konkhylion,* et -*logie*). Partie des sciences naturelles qui traite des coquillages.

CONCIERGE [kɔ̃sjɛʀʒ(ə)]. *n.* (*Cumcerge,* 1195; probabl. lat. pop. *°conservius,* de *servus*). (1803). Personne qui a la garde d'un immeuble, d'une maison importante. V. **Gardien, portier; cerbère** *(iron.),* **pipelet** *(pop.),* **suisse** *(vx).* *La loge du concierge. La concierge est dans l'escalier. Bavard comme une concierge.* — Fam. *C'est une vraie concierge :* une personne bavarde.

CONCIERGERIE [kɔ̃sjɛʀʒəʀi]. *n. f.* (1328; de *concierge*). ♦ 1° Charge de concierge; logement du concierge (ne se dit plus que pour les châteaux, les immeubles publics). ♦ 2° *Hist.* Prison attenante au Palais de Justice à Paris. *Marie-Antoinette fut enfermée à la Conciergerie.* ♦ 3° *Région.* (Québec). Immeuble d'habitation. « *Les Jardins Mérici, une conciergerie très moderne* » (*Le Québec tel quel,* 1975).

CONCILE [kɔ̃sil]. *n. m.* (1138; lat. *concilium* « assemblée »). ♦ 1° Assemblée des évêques de l'Église catholique, convoquée pour statuer sur des questions de dogme, de morale ou de discipline. V. **Consistoire, synode.** *Concile œcuménique. Concile de Nicée,* premier concile œcuménique. *Le concile de Trente,* où l'Église romaine décida d'une réforme. *Ouvrir un concile. Les décisions, les actes d'un concile. Pères d'un concile.* V. **Docteur; conciliaire.** ♦ 2° *Plur.* Décrets et canons d'un concile. *Recueil des conciles.*

CONCILIABLE [kɔ̃siljabl(ə)]. *adj.* (1776; de *concilier*). Qui peut se concilier avec autre chose (V. **Compatible**). *Ces opinions ne sont pas conciliables.* V. **Accordable.** ◇ ANT. **Inconciliable.**

CONCILIABULE [kɔ̃siljabyl]. *n. m.* (1549; lat. ecclés. *conciliabulum* « concile irrégulier, hérétique ou schisma-*

tique »). ♦ 1° (Fin XVIᵉ). *Vieilli.* Réunion secrète de personnes soupçonnées de mauvais desseins. *Tenir un conciliabule.* ♦ 2° Conversation où l'on chuchote, comme pour se confier des secrets. « *Cette nuit pleine de chuchotements et de conciliabules* » (SARTRE).

CONCILIAIRE [kɔ̃siljɛʀ]. *adj.* (XVIᵉ; de *concile*). ♦ 1° D'un concile. *Décisions, canons conciliaires.* ♦ 2° Qui participe à un concile. *Les pères conciliaires.*

CONCILIANT, ANTE [kɔ̃siljɑ̃, ɑ̃t]. *adj.* (fin XVIIᵉ; de *concilier*). Qui est porté à maintenir la bonne entente avec les autres par la recherche de compromis. V. **Accommodant, arrangeant, conciliateur, coulant.** *Il est d'un caractère conciliant. Il n'est pas très conciliant en affaires.* — Par ext. *Prononcer des paroles conciliantes.* V. **Apaisant, doux.** ◇ ANT. **Absolu, agressif, désagréable.**

CONCILIATEUR, TRICE [kɔ̃siljatœʀ, tʀis]. *n.* (1314; lat. *conciliator*). Personne qui s'efforce de concilier les personnes entre elles. V. **Arbitre, médiateur.** « *Un pouvoir qui devrait jouer le rôle d'arbitre et de conciliateur* » (RENAN). — Adj. « *L'intelligence conciliatrice rencontre toujours son heure* » (DUHAM.). ◇ ANT. **Diviseur, excitateur.**

CONCILIATION [kɔ̃siljasjɔ̃]. *n. f.* (XIVᵉ; lat. *conciliatio*). ♦ 1° Action de concilier des personnes divisées d'opinion, d'intérêt; son résultat. V. **Accommodement, accord, agrément, arbitrage, arrangement, concorde, entente, médiation, rapprochement, transaction, réconciliation.** *Faire preuve d'un esprit de conciliation* (V. **Conciliant**). *Moyen de conciliation.* ♦ 2° *Dr.* Accord de deux personnes en litige, réalisé par un juge. *Procédure, tentative de conciliation.* ◇ *Règlement amiable d'un conflit collectif du travail. Comité de conciliation.* V. **Arbitrage.** ◇ ANT. **Désaccord, opposition, rupture, séparation.**

CONCILIATOIRE [kɔ̃siljatwaʀ]. *adj.* (1583, rare au XVIIᵉ; de *concilier*). *Rare.* Propre à concilier. *Dr.,* Polit. *Procédure conciliatoire.*

CONCILIER [kɔ̃silje]. *v. tr.* (1549; lat. *conciliare* « assembler »). ♦ 1° *Littér.* ou *Dr.* Mettre d'accord, amener à s'entendre (des personnes divisées d'opinion, d'intérêt). V. **Accorder, raccommoder** *(fam.),* **réconcilier.** « *Il y a longtemps que j'ai perdu l'espoir de concilier des gens qui ne peuvent pas s'entendre* » (DUHAM.). ♦ 2° Faire aller ensemble, rendre harmonieux (ce qui était très différent, contraire). *Concilier les opinions, les intérêts, les témoignages.* V. **Arbitrer.** *Chercher à tout concilier.* V. **Adoucir, arranger.** *Concilier la richesse du style avec (et) la simplicité.* V. **Allier, réunir.** « *Oserai-je dire que le cœur concilie les choses contraires, et admet les incompatibles?* » (LA BRUY.). « *J'arrive à concilier beaucoup de modestie avec beaucoup d'orgueil* » (GIDE). ♦ 3° SE CONCILIER *(qqn)* : le disposer favorablement. *Se concilier la bienveillance, l'amitié, les bonnes grâces de qqn.* V. **Attirer (s'), gagner, s'attacher.** ◇ ANT. **Désunir, diviser, opposer.**

CONCIS, ISE [kɔ̃si, iz]. *adj.* (1553; lat. *concisus* « tranché »; de *concidere*). Qui s'exprime en peu de mots. V. **Bref, court, dense, dépouillé, incisif, laconique, lapidaire, sobre, succinct.** *Pensée claire et concise. Style vif et concis.* V. **Nerveux.** *Écrivain concis.* ◇ ANT. **Diffus, long, prolixe.**

CONCISION [kɔ̃sizjɔ̃]. *n. f.* (1706; « retranchement », 1488; de *concis*). Qualité de ce qui est concis. *La concision du style, de la pensée. Tacite est un modèle de concision.*

CONCITOYEN, YENNE [kɔ̃sitwajɛ̃, jɛn]. *n.* (*Concitien,* XIIIᵉ; de *citoyen,* d'apr. lat. *concivis*). Citoyen du même État, d'une même ville (par opposition à *étranger*). V. **Compatriote.** *C'est mon concitoyen. Mes chers concitoyens.*

CONCLAVE [kɔ̃klav]. *n. m.* (v. 1360; lat. médiév. *conclave* « chambre fermée à clef »). ♦ 1° Lieu où s'assemblent les cardinaux pour élire un nouveau pape. ♦ 2° L'assemblée elle-même.

CONCLAVISTE [kɔ̃klavist(ə)]. *n. m.* (1546; de *conclave*). *Relig.* Ecclésiastique attaché à la personne d'un cardinal pendant un conclave.

CONCLUANT, ANTE [kɔ̃klyɑ̃, ɑ̃t]. *adj.* (1587; de *conclure*). Qui conclut, prouve sans réplique. *Argument concluant.* V. **Convaincant, décisif, définitif, irrésistible, probant.** *Expérience concluante. Cet essai n'est guère concluant.*

CONCLURE [kɔ̃klyʀ]. *v. tr.* : *je conclus, nous concluons; je concluais, nous concluions; je conclus, nous conclûmes; je conclurai; je conclurais; conclus, concluons; que je conclue, que nous concluions; que je conclusse; concluant; conclu* (XIIᵉ; lat. *concludere,* de *claudere.* V. **Clore**). ♦ 1° V. tr. dir. Amener à sa fin par un accord. V. **Arrêter, fixer, régler, résoudre.** *Conclure une affaire. Marché conclu* (Cf. fam. *Tope-là!*). *Conclure un accord, un arrangement.* V. **Passer.** *Conclure un traité, la paix.* V. **Signer, traiter.** — Spécialt. *Terminer un discours, un récit, un ouvrage.* V. **Conclusion.** — Absolt. *Concluez! Cet écrivain ne sait pas conclure.* ♦ 2° *Trans. indir.* (De). Tirer (une conséquence) de prémisses données. V. **Déduire, démontrer, induire, inférer.** *Conclure de la beauté du style à l'intérêt de l'œuvre. J'en conclus que...* — *Conclure à...* : tirer (une conclusion, un enseignement). *Les enquêteurs concluent à l'assassinat.* Absolt. « *La rage de vouloir conclure est une des manies les plus funestes* » (FLAUB.).

♦ 3° *Trans. indir.* (À). Prendre une décision, à partir de conditions données. V. **Décider, résoudre.** Vx. « *Ils concluent à faire baptiser l'ingénu* » (VOLT.). Dr. *Les juges concluent à l'acquittement.* ♦ 4° V. intr. *Par ext.* Être concluant. *Ce témoignage conclut contre lui.* ◇ ANT. Commencer, entreprendre. *Exposer, préfacer, présenter.*

CONCLUSION [kɔ̃klyzjɔ̃]. *n. f.* (1265; lat. *conclusio*, de *concludere*. V. **Conclure**). ♦ 1° Arrangement final d'une affaire. V. **Règlement, solution, terminaison.** *Conclusion d'un traité; d'un mariage. — Par ext.* Fin, issue. *Les événements approchent de la conclusion.* ◇ *Cour.* Ce qui termine un récit, un ouvrage. V. **Dénouement, épilogue, fin.** *Conclusion d'un discours.* V. **Péroraison.** *Conclusion d'une fable.* V. **Morale, moralité.** — *Mus.* V. **Coda.** ♦ 2° *Log.* Proposition dont la vérité résulte de la vérité d'autres propositions *(prémisses). Conclusion d'un syllogisme.* ◇ *Cour.* Jugement qui suit un raisonnement. *Sa conclusion est fausse.* Déduire, *tirer une conclusion.* V. **Enseignement, leçon; prouver.** « *J'étais déjà arrivé à cette conclusion que nous ne sommes nullement libres devant l'œuvre d'art* » (PROUST). — *Adv.* En un mot, au total. *Conclusion, il n'y a rien à faire.* V. **Bref.** — *Loc. adv. En conclusion :* pour conclure, en définitive. V. **Ainsi, donc.** ♦ 3° *Dr.* CONCLUSIONS *(au plur.)* : acte de procédure par lequel une des parties porte ses prétentions à la connaissance du tribunal et de son adversaire. *Conclusions écrites, verbales. Poser, signifier, déposer des conclusions. Conclusions du Ministère public.* ◇ ANT. Commencement, début, introduction, *préambule, prémisses.*

CONCOCTER [kɔ̃kɔkte]. *v. tr.* (XXᵉ; de *concoction* « digestion, cuisson », 1528; lat. *concoctio*). *Plaisant.* Préparer, élaborer. « *Après avoir longuement concocté son deuil dans la retraite* » (QUENEAU).

CONCOMBRE [kɔ̃kɔ̃br(ə)]. *n. m.* (1390; *cocombre*, 1256; mot prov., du lat. *cucumis, -eris*). Plante *(Cucurbitacées)* herbacée rampante. ◇ Le fruit de cette plante, qui se consomme comme légume ou en hors-d'œuvre (cru). *Concombres en salade. Concombre cueilli avant son complet développement.* V. **Cornichon.**

CONCOMITANCE [kɔ̃kɔmitɑ̃s]. *n. f.* (XIVᵉ; lat. *concomitancia*, de *concomitari* « accompagner »). *Didact.* Rapport de simultanéité entre deux faits, deux phénomènes.

CONCOMITANT, ANTE [kɔ̃kɔmitɑ̃, ɑ̃t]. *adj.* (1503; lat. *concomitans*, de *concomitari* « accompagner »). ♦ 1° Qui accompagne un autre fait, qui coïncide avec lui. V. **Coexistant, coïncidant, simultané.** *Symptômes concomitants d'une maladie. — Log.* Méthode *des variations concomitantes :* simultanées et proportionnelles. ♦ 2° *Théol. Grâce concomitante :* que Dieu donne au cours des actions pour les rendre méritoires.

CONCORDANCE [kɔ̃kɔrdɑ̃s]. *n. f.* (1160, « accord »; de *concorder*). ♦ 1° (XVIᵉ). Le fait d'être semblable ou de correspondre aux mêmes idées; le fait de tendre au même effet, au même résultat. V. **Accord (II), conformité, convenance, correspondance, harmonie.** *La concordance de deux témoignages. Mettre ses actes en concordance avec ses principes. Concordance de deux situations.* V. **Analogie, ressemblance, similitude, symétrie.** *Concordance en nombre, en valeur.* V. **Égalité, parité.** — *Concordance temporelle.* V. **Synchronisme.** *Phys. Concordance de phases,* se dit de vibrations sinusoïdales lorsque la différence de phases est nulle. — *Géol.* Disposition parallèle des strates. ♦ 2° (XIVᵉ). Index alphabétique des mots contenus dans un texte, avec l'indication des passages où ils se trouvent (pour comparer). *Éditer une concordance de la Bible.* ♦ 3° *Log.* Méthode de concordance, qui conclut, devant la simultanéité d'apparition ou de disparition de deux phénomènes, à un rapport de cause à effet entre eux. ♦ 4° *Gram. Concordance des temps :* règle subordonnant le choix du temps du verbe dans certaines propositions complétives, à celui du temps dans la proposition complétée (ex. : *Je regrette qu'il vienne; je regrettais qu'il vînt*). ◇ ANT. Désaccord. Contradiction, discordance.

CONCORDANT, ANTE [kɔ̃kɔrdɑ̃, ɑ̃t]. *adj.* (XIIIᵉ; de *concorder*). ♦ 1° Qui concorde(nt). *Témoignages concordants. Versions concordantes.* ♦ 2° (1845). *Géol.* Qui présente une disposition régulière (strates parallèles, etc.). *Structure, stratification concordante.* ◇ ANT. Discordant, opposé.

CONCORDAT [kɔ̃kɔrda]. *n. m.* (1482; lat. médiév. *concordatum*, p. p. de *concordare.* V. **Concorder**). Accord écrit à caractère de compromis. V. **Convention, transaction.** *Les clauses d'un concordat.* ◇ *Concordat entre le pape et un État souverain,* pour régler la situation de l'Église catholique sur le territoire soumis à la juridiction de cet État. *Le Concordat de 1801,* entre Pie VII et Bonaparte. ◇ (1787) *Comm.* Accord par lequel les créanciers d'un failli lui remettent une partie de sa dette. V. **Atermoiement.** *Banqueroute simple liquidée par un concordat.*

CONCORDATAIRE [kɔ̃kɔrdatɛr]. *adj.* (1838; de *concordat*). *Dr., Hist.* ♦ 1° Relatif à un concordat (à celui de 1801).

♦ 2° Qui bénéficie d'un concordat lors d'une faillite. *Failli concordataire.*

CONCORDE [kɔ̃kɔrd(ə)]. *n. f.* (1160; lat. *concordia*). Paix, harmonie qui résulte de la bonne entente entre les membres d'un groupe. V. **Accord, entente, fraternité, harmonie.** *Vivre dans la concorde. Un esprit de concorde.* — Union des volontés, conformité des sentiments. *La concorde ne règne pas toujours entre eux.* ◇ ANT. Discorde, dissension, haine, mésintelligence.

CONCORDER [kɔ̃kɔrde]. *v. intr.* (1777; « mettre en accord », trans., XIIᵉ; *concorder à* « correspondre », XIVᵉ; lat. *concordare*). Avoir un rapport de concordance *(une chose concorde avec une autre).* ♦ 1° Être semblable; correspondre au même contenu. V. **Accorder (s'), cadrer, correspondre.** *Les renseignements, les témoignages concordent.* V. **Accorder (s'), cadrer, correspondre.** *Faire concorder des chiffres, des mesures.* ♦ 2° Pouvoir s'accorder, coexister. « *Son train de vie concorde avec ses ressources avouées* » (ROMAINS). V. **Adapter (s'), convenir** (à). *Leurs caractères ne concordent pas.* ♦ 3° Concourir à un but. *Tous les efforts concordent.* ◇ ANT. Contraster, exclure (s'), opposer (s').

CONCOURANT, ANTE [kɔ̃kurɑ̃, ɑ̃t]. *adj.* (1753; de *concourir*). ♦ 1° Qui concourt à un résultat. ♦ 2° *Géom.* Qui converge vers un même point. *Droites concourantes* (V. **Convergent**).

CONCOURIR [kɔ̃kurir]. *v.; conjug. courir* (fin XVᵉ; lat. *concurrere*, d'apr. *courir*). ♦ 1° V. tr. indir. *Concourir à :* tendre à un but commun; contribuer avec d'autres à un même résultat. V. **Collaborer, coopérer, unir (s').** *Ces efforts concourent au même but, au même résultat.* V. **Participer.** « *Tout concourt à faire de moi un paysan* » (PÉGUY). *Il a concouru à mon succès.* ♦ 2° *Géom.* Converger (vers un même point). *Deux droites non parallèles concourent vers un même point.* V. **Concourant.** ♦ 3° V. intr. Entrer, être en compétition pour obtenir un prix, un emploi promis aux meilleurs (V. **Concours, concurrent**). « *Il voulait concourir plus tard pour une chaire de professeur* » (FLAUB.). ♦ 4° *Didact.* Avoir les mêmes droits. « *Tous les officiers de l'armée concourent pour l'avancement* » (LITTRÉ). Dr. *Créanciers qui concourent,* dont l'hypothèque est de même date. ◇ ANT. Contrecarrer, opposer (s'). Diverger.

CONCOURS [kɔ̃kur]. *n. m.* (v. 1330, « recours »; lat. *concursus*). ♦ 1° Vx ou *littér.* (1572). Rencontre de nombreuses personnes dans un même lieu. V. **Affluence, foule, multitude, presse, rassemblement.** *Grand concours de peuple, de badauds, de curieux, de spectateurs.* — *Fig.* (XVIIᵉ) Rencontre, réunion. Vx. « *Quel concours de compliments et de harangues* » (SÉV.). *Mod.* « *Un étonnant concours de circonstances et de volontés* » (LOTI). *Un heureux concours de circonstances.* — *Dr. pén. Concours de qualification :* même fait constitutif de plusieurs infractions. ♦ 2° (1644). Le fait d'aider, de participer à une action, une œuvre. V. **Collaboration, coopération;** concourir (1°). *Prêter son concours.* V. **Aide, apport, appui.** *Le concours de la force militaire fut nécessaire.* V. **Intervention.** « *Le fer agissait de son côté, avec le concours d'on ne sait quels éléments subtils* » (GIDE). ♦ 3° *Dr.* Participation à un acte juridique passé par un autre. ◇ *Situation de personnes ayant les mêmes droits. Concours de créanciers.* V. **Concurrir (4°), concurrence, ordre.** ♦ 4° *Cour.* (1660). Épreuve dans laquelle plusieurs candidats entrent en compétition pour un nombre limité de places, de récompenses. *Les candidats d'un concours. Se présenter à un concours. Être disqualifié, mis hors-concours. Concours d'entrée aux grandes écoles. Concours d'agrégation. Les concours et les examens**. — *Concours général,* auquel participent les meilleurs élèves des lycées de France. ◇ Suite d'épreuves organisées (V. **Jeu**) et dotées de prix. *Grand concours publicitaire.* ◇ *Concours hippique.* — *Concours d'élégance, de beauté.* ◇ *Concours agricole.* V. **Comices, exposition.**

CONCRESCENCE [kɔ̃kresɑ̃s]. *n. f.* (1884; du lat. *concrescere* « croître ensemble »). ♦ 1° *Bot.* Soudure normale de deux organes végétaux non crû ensemble côte à côte. ♦ 2° *Pathol.* Croissance commune de parties primitivement séparées. *Concrescence de deux racines dentaires.* (Adj. CONCRESCENT, ENTE [kɔ̃kresɑ̃, ɑ̃t]).

CONCRET, ÈTE [kɔ̃krɛ, ɛt]. *adj.* et *n. m.* (1508, « solide »; lat. *concretus,* de *concrescere* « se solidifier »). ♦ 1° Vx. Dont la consistance est épaisse (*opposé à* fluide). V. **Condensé, épais.** *Huile concrète. Boue concrète.* ♦ 2° (XVIIᵉ) *Philo.* (*opposé à* abstrait). Qui exprime qqch. de réel sans que l'on en isole une notion (de propriété, de relation; qui désigne ou qualifie un être réel (sujet). Homme, *terme concret;* humanité, *terme abstrait. — Idée, image concrète.* ◇ *Musique** *concrète.* ♦ 3° *Cour.* Qui peut être perçu par les sens ou imaginé. *Exemple concret* (portant sur un cas particulier). *Rendre concret.* V. **Concrétiser.** *Style concret.* V. **Réaliste.** *Tirer d'une situation des avantages concrets.* V. **Matériel, palpable, positif, réel.** — *Par ext. Esprit concret.* V. **Précis.** ♦ 4° *N. m.* LE CONCRET : qualité de ce qui est concret; ensemble des choses concrètes. V. **Réel.** « *Le poète, ce philosophe du concret et ce peintre de l'abstrait* » (HUGO). ◇ ANT. *Fluide. Abstrait.*

CONCRÈTEMENT [kɔ̃kʀɛtmɑ̃]. *adv.* (*Concrétivement*, XVIᵉ; de *concret*). Relativement à ce qui est concret. ◇ D'une manière concrète, en fait, en pratique. V. **Fait (en), pratiquement.** *Concrètement, quel avantage en tirez-vous?* ◇ ANT. *Abstraitement; théoriquement.*

CONCRÉTER [kɔ̃kʀete]. *v. tr.;* conjug. *céder* (1789; de *concret*). *Rare.* Rendre concret, solide. V. **Durcir, solidifier.** ◇ ANT. *Liquéfier.*

CONCRÉTION [kɔ̃kʀesjɔ̃]. *n. f.* (1537; lat. *concretio,* de *concrescere.* V. **Concret**). ♦ 1° Le fait de prendre une consistance plus solide. V. **Épaississement, solidification.** ♦ 2° Réunion de parties en un corps solide; ce corps. — Géol. *Concrétion calcaire, pierreuse.* — Méd. Corps étranger qui se forme dans les tissus, les organes. V. **Calcul, pierre; nodus.** *Concrétions arthritiques, calcaires.* ◇ ANT. *Fusion, liquéfaction.*

CONCRÉTISATION [kɔ̃kʀetizasjɔ̃]. *n. f.* (XXᵉ; de *concrétiser*). Le fait de se concrétiser.

CONCRÉTISER [kɔ̃kʀetize]. *v. tr.* (fin XIXᵉ; de *concret*). Rendre concret (3°) ce qui était abstrait. V. **Matérialiser.** *Concrétiser une idée en mots.* V. **Formuler.** « *Son impression se concrétisait dans cette phrase vague* » (MART. du G.). *Concrétiser un sentiment par un acte, une décision.* ◇ ANT. *Abstraire, idéaliser.*

CONÇU, E. V. CONCEVOIR.

CONCUBIN, INE [kɔ̃kybɛ̃, in]. *n.* (*Concubine,* 1213; masc., XIVᵉ; lat. *concubina* « qui couche avec »). Personne qui vit en état de concubinage. V. **Amant, maîtresse.** *Des concubins.*

CONCUBINAGE [kɔ̃kybinaʒ]. *n. m.* (1407; de *concubine*). État d'un homme et d'une femme qui vivent comme mari et femme sans être mariés. V. **Collage** (*pop.*)*, liaison. Vivre en concubinage, en concubinage notoire.*

CONCUPISCENCE [kɔ̃kypisɑ̃s]. *n. f.* (1265; lat. *concupiscentia,* de *concupiscere* « désirer ardemment »). ♦ 1° Théol. Désir of these biens terrestres. V. **Appétit, désir; convoitise.** ♦ 2° Penchant aux plaisirs des sens. *Concupiscence de la chair* (V. **Sensualité**). ◇ ANT. *Désintéressement; continence, pureté.*

CONCUPISCENT, ENTE [kɔ̃kypisɑ̃, ɑ̃t]. *adj. et n. m.* (1558; lat. *concupiscens,* de *concupiscere*). *Littér.* ou *plaisant.* Relatif à la concupiscence; empreint de concupiscence. *Regard concupiscent.* N. m. *Un concupiscent.* V. **Lascif, sensuel.** « *Des concupiscents acharnés à jouir* » (MAURIAC). ◇ ANT. *Chaste, pur.*

CONCURREMMENT [kɔ̃kyʀamɑ̃]. *adv.* (fin XVIᵉ; de *concurrent*). ♦ 1° *Rare.* En concurrence. *Ils se présentèrent concurremment pour cette place.* ♦ 2° Conjointement, de concert. *Agir concurremment avec qqn.*

CONCURRENCE [kɔ̃kyʀɑ̃s]. *n. f.* (1392, « rencontre »; de *concurrent*). ♦ 1° Vx. Rencontre. Théol. *Concurrence d'offices :* coïncidence des offices de deux fêtes doubles consécutives, aux secondes vêpres. ♦ 2° Loc. *Jusqu'à concurrence de,* jusqu'à ce qu'une somme parvienne à en égaler une autre. *Il doit rembourser jusqu'à concurrence de cent mille francs.* ♦ 3° (1559). Rivalité entre plusieurs personnes, plusieurs forces poursuivant un même but. V. **Compétition, concours, rivalité.** *Être, se trouver en concurrence avec un adversaire, un rival. Entrer en concurrence avec qqn,* aller sur les brisées. « *La guerre est fondée sur la compétition, sur la rivalité, sur la concurrence* » (PÉGUY). — Fig. « *Nul intérêt n'est jamais entré dans son âme en concurrence avec la vérité* » (MASS). : en balance. ♦ 4° (1748). Rapport entre producteurs, commerçants qui se disputent une clientèle. *Libre concurrence :* régime qui laisse à chacun la liberté de produire, de vendre ce qu'il veut, aux conditions qu'il choisit (V. **Libéralisme**). *Concurrence illicite, déloyale* (V. **Fraude**). *Prix défiant toute concurrence :* très bas. — Par ext. L'ensemble des producteurs, des commerçants concurrents. *La concurrence* (as a privés d'une partie de la clientèle. ◇ ANT. *Association, entente; monopole.*

CONCURRENCER [kɔ̃kyʀɑ̃se]. *v. tr.;* conjug. *placer* (1877; de *concurrence*). Faire concurrence à. *Il les concurrence dangereusement.* V. **Menacer.**

CONCURRENT, ENTE [kɔ̃kyʀɑ̃, ɑ̃t]. *adj. et n.* (1119; lat. *concurrens,* de *concurrere* « accourir ensemble »). ♦ 1° Astron. *Jours concurrents,* ou subst. *Les concurrents :* jours qui s'ajoutent aux cinquante-deux semaines de l'année pour faire concorder l'année civile avec l'année solaire. ♦ 2° (XVIᵉ). *Vieilli.* Qui se rencontre avec; qui concourt au même but que d'autres. *Forces concurrentes.* V. **Concourant.** ♦ 3° N. Personne en concurrence avec une autre, d'autres. V. **Compétition, émule, rival.** *Éliminer, vaincre un concurrent. Concurrent malheureux. Concurrent sérieux; négligeable. Les concurrents ont tous pris part au concours.* V. **Candidat.** — *Sport.* Participant à une compétition. — *Comm.* Fournisseur, commerçant qui fait concurrence à d'autres. *Son concurrent vend moins cher que lui.*

CONCURRENTIEL, IELLE [kɔ̃kyʀɑ̃sjɛl]. *adj.* (1872; de *concurrence*). *Écon.* Où la concurrence s'exerce. *Marchés, prix concurrentiels.* Cf. **Compétitif.**

CONCUSSION [kɔ̃kysjɔ̃]. *n. f.* (1558; « commotion, secousse », 1440; lat. *concussio,* de *concutere* « frapper »). Perception illicite par un agent public de sommes qu'il sait ne pas être dues. V. **Exaction, malversation, péculat.** *Être accusé de concussion.*

CONCUSSIONNAIRE [kɔ̃kysjɔnɛʀ]. *adj. et n.* (XVIᵉ; de *concussion*). Qui commet des concussions. *Fonctionnaire concussionnaire.*

CONDAMNABLE [kɔ̃dɑ(a)nabl(ə)]. *adj.* (1404; de *condamner*). Qui mérite d'être condamné. V. **Blâmable, critiquable, déplorable, répréhensible.** *Action, attitude, opinion condamnable.* ◇ ANT. *Louable, recommandable.*

CONDAMNATION [kɔ̃dɑ(a)nasjɔ̃]. *n. f.* (XIIIᵉ; lat. *condemnatio,* rac. *condemnere,* d'apr. *damner*). ♦ 1° Décision de justice qui condamne une personne à une obligation ou à une peine. V. **Arrêt, jugement, sentence.** *Condamnation de l'accusé par les juges. Condamnation pour vol, pour meurtre. Infliger, prononcer une condamnation.* V. **Astreinte, peine, punition, sanction.** *Encourir, subir une condamnation. Condamnation par contumace, par défaut. Condamnations politiques* (bannissement, exil, indignité nationale). *Condamnation religieuse.* V. **Anathématisation, excommunication, interdit.** *Condamnation à la prison, à mort. Aggravation d'une condamnation* (Cf. *pop.* Rallonge). *Réduire, commuer, annuler une condamnation. Fiche personnelle où sont reportées les condamnations.* V. **Casier** (judiciaire). — *Par ext.* Décision de justice qui condamne une chose (et par conséquent son auteur). *Condamnation de* « *Madame Bovary* », *des* « *Fleurs du mal* » *comme contraires aux bonnes mœurs* (V. **Interdiction, interdit, prohibition**). ♦ 2° Action de blâmer qqn ou qqch. V. **Accusation, attaque, censure, critique, procès, réprobation.** « *La condamnation de nos goûts, de nos opinions* » (LA ROCHEF.). — Par ext. *Ce livre est la condamnation du régime actuel.* ◇ ANT. *Absolution, acquittement, non-lieu. Approbation, éloge.*

CONDAMNATOIRE [kɔ̃dɑ(a)natwaʀ]. *adj.* (XVᵉ; de *condamner*). *Dr.* Qui condamne. *Sentence condamnatoire.*

CONDAMNÉ, ÉE [kɔ̃dɑ(a)ne]. *adj. et n.* (V. **Condamner**). ♦ 1° Que la justice a condamné à une peine. *Un innocent condamné.* — N. (1753) *Un condamné.* V. **Bagnard, banni, détenu, repris** (de justice). *Le dernier jour d'un condamné,* roman de Hugo. *Condamné à mort. La charrette des condamnés. La cigarette du condamné :* la dernière cigarette offerte avant sa mise à mort. ♦ 2° Qui n'a aucune chance de guérison, va bientôt mourir. *Un malade condamné.* V. **Inguérissable; incurable, perdu.** ♦ 3° Ouverture, endroit condamné : dont on n'a plus l'usage.

CONDAMNER [kɔ̃dɑ(a)ne]. *v. tr.* (XVIᵉ, par attract. de *damner; condemner,* XIIᵉ; lat. *condemnare*). ♦ 1° Frapper d'une peine, faire subir une punition à (qqn), par un jugement. *Condamner un coupable, le condamner à une peine. On l'a condamné à payer une amende.* « *Il vaut mieux hasarder de sauver un coupable que de condamner un innocent* » (VOLT.). V. **Frapper.** *Les juges le condamneront sévèrement* (*pop.* Sucrer). *Condamner aux dépens, à la prison, à la déportation, aux travaux forcés. Condamner au supplice, au feu, à la corde, à mort. Condamner par défaut,* en l'absence du prévenu. *Spécial. Condamner à l'enfer.* V. **Damner.** ◇ *Par anal.* (1580) *Condamner un malade :* le déclarer incurable dans une maladie mortelle. *Il n'y a plus d'espoir, les médecins l'ont condamné.* ◇ *Par ext.* Obliger (à une chose pénible). V. **Astreindre, contraindre, forcer, obliger.** *Condamner à une besogne.* V. **Atteler, vouer.** *L'état des finances nous condamne à l'économie. Être condamné à l'inaction.* ♦ 2° Interdire ou empêcher formellement (qqch.). V. **Défendre, empêcher, interdire, prohiber, proscrire.** *La loi condamne la bigamie.* ♦ 3° Faire en sorte qu'on n'utilise pas (un lieu, un passage). *Condamner une porte, une voie, une pièce.* V. **Barrer, boucher, fermer, murer.** *Condamner ce port :* refuser de recevoir qui que ce soit. ♦ 4° Blâmer avec rigueur. V. **Accabler, blâmer, censurer, critiquer, désapprouver, désavouer, flétrir, réprouver, stigmatiser.** *Condamner un usage. L'Académie condamne ce mot.* « *Elle ne pensait à son trouble de ces derniers jours que pour condamner sa faiblesse et la renier* » (MART. du G.). ◇ ANT. *Acquitter, disculper, innocenter; approuver, recommander.*

CONDÉ [kɔ̃de]. *n. m.* (1844; autre sens 1822; *o. i.* probabl. de la même famille que *compte*). *Arg.* Commissaire de police, agent de la sûreté. *Les condés.* V. **Flic.**

CONDENSABLE [kɔ̃dɑ̃sabl(ə)]. *adj.* (1803; de *condenser*). Qui peut être condensé (1°).

CONDENSATEUR [kɔ̃dɑ̃satœʀ]. *n. m.* (1753; de *condenser;* Cf. le suiv.). ♦ 1° (1832). Appareil permettant d'accumuler de l'énergie électrique. V. **Accumulateur.** ♦ 2° *Condensateur optique,* appareil dont les lentilles ramènent les rayons lumineux sur une petite surface. *Par métaph.* (Littér.) « *Les poètes ont en eux un condensateur, l'émotion* » (HUGO).

CONDENSATION [kɔ̃dɑ̃sasjɔ̃]. *n. f.* (1361; lat. imp. *condensatio*). ♦ 1° Phénomène par lequel un gaz, une vapeur, diminue de volume et augmente de densité ; action de condenser. *Condensation de l'air par pression. Point de condensation :* tension maximum que peut supporter une vapeur à une température donnée. V. **Saturation.** *Condensation de la vapeur d'eau* (V. **Liquéfaction ; brume, buée, givre, rosée).** *Hygromètre à condensation.* ♦ 2° Accumulation d'énergie électrique sur une surface. V. **Condensateur.** ◊ ANT. **Dilatation.**

CONDENSÉ, ÉE [kɔ̃dɑse]. adj. et n. m. (1845, bot. V. Condenser). ♦ 1° Qui contient beaucoup de matière sous un petit volume. V. **Concentré.** *Du lait condensé :* conservé par concentration sous vide. ♦ 2° *Texte condensé.* N. m. *Un condensé.* V. **Résumé.**

CONDENSER [kɔ̃dɑse]. v. tr. (1314 ; lat. *condensare* « rendre épais », rac. *densus.* V. **Dense).** ♦ 1° Rendre (un fluide) plus dense (V. **Saturer**) ; réduire à un plus petit volume. V. **Comprimer, réduire.** *Condenser un gaz par pression.* — Spécialt. Liquéfier (un gaz) par refroidissement ou compression. Pronom. « *Le brouillard, en s'attachant aux arbres, s'y condensait en gouttes* » (BALZ.). ♦ 2° Fig. Réduire, ramasser (l'expression de la pensée). *Condenser un récit.* V. **Dépouiller, réduire, resserrer.** ◊ ANT. **Dilater, diluer, évaporer ; éparpiller.**

CONDENSEUR [kɔ̃dɑsœʀ]. n. m. (1796 ; angl. *condenser,* tiré de *to condense,* par Watt). ♦ 1° Récipient où se fait, par refroidissement, la condensation de la vapeur qui a agi sur le piston d'une machine. ♦ 2° Appareil dans lequel on condense un gaz pour le purifier. ♦ 3° Système optique (V. **Condensateur**) éclairant un objet examiné au microscope.

CONDESCENDANCE [kɔ̃desɑ̃dɑ̃s]. n. f. (1609 ; de *condescendre).* ♦ 1° *Vieilli* (en bonne part). Complaisance par laquelle on s'abaisse au niveau d'autrui. *Condescendance d'un initié pour un profane.* ♦ 2° *Mod.* Supériorité bienveillante mêlée de mépris. V. **Arrogance, hauteur, supériorité.** « *Elle lui souriait et inclinait la tête dans sa direction avec un air de condescendance royale* » (GREEN). ◊ ANT. **Déférence.**

CONDESCENDANT, ANTE [kɔ̃desɑ̃dɑ̃, ɑ̃t]. adj. (XIVᵉ ; de *condescendre).* ♦ 1° *Vieilli.* Qui condescend. V. **Complaisant.** ♦ 2° *Mod.* V. **Hautain, protecteur, supérieur.** « *Un sourire ironique et condescendant* » (DUHAM.).

CONDESCENDRE [kɔ̃desɑ̃dʀ(ə)]. v. intr. ; conjug. *descendre.* V. **Rendre** (XIIIᵉ ; bas lat. *condescendere* « descendre au même niveau »). Daigner consentir. *Condescendre à une invitation. Condescendre aux désirs, à la volonté de qqn.* V. **Accéder, prêter** (se). « *Il semblait ne pas vouloir condescendre à discuter* » (MART. DU G.). V. **Abaisser** (s'), **daigner.**

CONDIMENT [kɔ̃dimɑ̃]. n. m. (XIIIᵉ ; lat. *condimentum).* ♦ 1° Substance de saveur forte destinée à relever le goût des aliments. V. **Assaisonnement, épice.** — *Spécialt.* Moutarde douce. ♦ 2° *Fig.* et *littér.* Ce qui excite, pique. « *Songeant que le remords était peut-être le condiment qui sauve l'inappétence des passions* » (HUYSMANS).

CONDISCIPLE [kɔ̃disipl(ə)]. n. m. (1470 ; lat. *condiscipulus).* Compagnon d'études. *Ils furent condisciples au lycée.*

CONDITION [kɔ̃disjɔ̃]. n. f. (v. 1160, « convention, pacte » ; bas. lat. *conditio,* lat. *condició).*
I. (État, manière d'être). **Ⓐ** *Personnes.* ♦ 1° (XIIIᵉ). Rang social, place dans la société. V. **Classe.** *L'inégalité des conditions sociales. Les trois conditions, au moyen âge :* les nobles, les serfs, les vilains. *Une personne de condition élevée,* et ellipt. (vx) *une personne de condition.* V. **Noble.** *Les gens de condition. Vivre selon sa condition. Épouser qqn de sa condition.* « *Tous de conditions différentes, pauvres ou riches* » (CHARDONNE). ♦ 2° *Vx.* Situation à un moment donné. « *Notre condition jamais ne nous contente ; La pire est toujours la présente* » (LA FONT.). ♦ 3° *Mod.* La situation où se trouve un être vivant (*spécialt.* l'homme). *La condition humaine.* V. **Destinée,** **sort.** « *Notre véritable étude est celle de la condition humaine* » (ROUSS.). — Dr. *intern. Condition des étrangers,* ensemble des droits dont ils peuvent jouir sur le territoire français. ♦ 4° État passager, relativement au but visé. *En (bonne, mauvaise) condition (pour) :* dans un état favorable à. *Cet élève est en bonne condition pour passer son examen :* bien préparé. *Mettre un cheval, un athlète en condition.* — *La condition physique d'un athlète.* V. **Forme.** ♦ 5° *Vieilli.* Être **de, en condition chez qqn :** placé comme domestique. V. **Place, service.** ♦ 6° (1965). *Mettre en condition :* préparer les esprits (par la propagande). V. **Conditionner.** *Mise en condition.* V. **Conditionnement.** **Ⓑ** *Choses.* État d'une chose qui a les qualités requises ; *spécialt.* État hygrométrique convenable d'un tissu. *Faire des essais sur la condition d'une soie.* V. **Conditionnement.**
II. (Circonstance). ♦ 1° État, situation, fait dont l'existence est indispensable pour qu'un autre état, un autre fait existe. « *La première condition du développement de l'esprit, c'est sa liberté* » (RENAN). *Remplir les conditions exigées* (V. **Formalité**). *C'est une condition nécessaire, suffisante. Condition sine qua non :* sans laquelle on n'obtient pas ce que l'on veut, ce que l'on attend. — *Les conditions d'un armistice, d'un traité.* V. **Clause, stipulation.** *Dicter, imposer, poser ses conditions.* V. **Exigence.** *Quelles sont vos conditions ?*

V. **Prétention.** ◊ *Se rendre sans condition :* sans restriction, purement et simplement. *Armistice, capitulation sans condition :* inconditionnelle. ◊ *À telle condition :* seulement dans ce cas. « *L'admission dans les écoles spéciales étant assujettie à certaines conditions* » (RENAN). — *À condition de,* suivi de l'infinitif. *Vous partirez en vacances, à condition de réussir votre examen. À (la) condition que,* suivi de l'indicatif futur ou du subjonctif. V. **Autant (que), moyennant (quoi), pourvu** (que). « *J'y consens bien volontiers à la condition que vous dinerez chez moi ce soir* » (MAUPASS.). « *À la condition qu'elle sût le diriger* » (MADELIN). ◊ *Sous condition. Faire qqch. sous condition :* en respectant les conditions préalables. *Promettre sous condition.* V. **Réserve** (sous). ♦ 2° *Plur.* Ensemble de faits dont dépend qqch. V. **Circonstance(s).** *Les conditions économiques d'un marché.* V. **Conjoncture.** *Attendre des conditions propices. Les conditions psychologiques, sociologiques d'un fait.* V. **Base, donnée, élément, fondement.** *Les conditions de vie dans un milieu donné.* V. aussi **Climat, terrain.** ◊ *Dans de (bonnes, mauvaises) conditions.* « *Nous ne pouvons accepter cet héritage dans ces conditions* » (MAUPASS.) : étant donné les circonstances. ♦ 3° Dr. *Modalité* ayant pour effet de subordonner la validité d'un acte juridique à un événement futur et incertain. *Condition casuelle. Condition immorale :* contraire aux bonnes mœurs. *Condition expresse, tacite ; condition suspensive, résolutoire.* V. **Clause, convention.** *Les conditions d'un contrat, d'un acte juridique.* ♦ 4° Comm. *Conditions de prix, de vente, d'achat. Faire des conditions de paiement.* V. **Modalité.** *Acheter, vendre sous condition :* sous garantie ; en réservant à l'acheteur le droit de rendre la chose achetée s'il n'en est pas satisfait. *Obtenir des conditions intéressantes, avantageuses.*

CONDITIONNÉ, ÉE [kɔ̃disjɔne]. adj. (1394 ; V. Conditionner). ♦ 1° Qui est dans une condition, un état. « *Des enfants bien conditionnés et de corps et d'esprit* » (MOL.). ♦ 2° (1869). Soumis à des conditions. *Expérience conditionnée.* Psycho. Dont le comportement est lié à certaines conditions. « *De toute façon, l'homme est conditionné* » (BEAUVOIR). *Réflexe* conditionné.* Subst. Philo. *Le conditionné :* ce qui dépend d'autre chose. ♦ 3° *Spécialt.* Qui a subi un conditionnement. *Produits conditionnés.* ♦ 4° (De l'angl.). *Air conditionné,* à une température et à un degré hygrométrique voulus. *Hôtel à air conditionné.* V. **Climatisé ; climatisation.** ◊ ANT. **Absolu, inconditionné.**

CONDITIONNEL, ELLE [kɔ̃disjɔnɛl]. adj. et n. m. (1361 ; lat. *conditionalis).* ♦ 1° Qui dépend de certaines conditions, d'événements incertains. V. **Hypothétique.** *Promesse conditionnelle. Événement conditionnel.* V. **Contingent.** — Psycho. *Réflexe* conditionnel.* — Dr. *Contrat conditionnel. Clause conditionnelle.* Log. *Jugement conditionnel.* ♦ 2° (XVIᵉ). Gram. *Le mode conditionnel.* N. m. *Le conditionnel :* mode du verbe (comprenant un temps présent et deux passés) exprimant un état ou une action subordonnée à quelque condition (ex. : *J'irais, si vous le voulez).* ◊ Se dit aussi du futur du passé, qui a la forme de ce mode, employé dans la concordance de temps (ex. : *J'affirmais qu'il viendrait).* ◊ ANT. **Absolu, catégorique, formel, inconditionnel, net.**

CONDITIONNELLEMENT [kɔ̃disjɔnɛlmɑ̃]. adv. (1361 ; de *conditionnel).* Sous une ou plusieurs conditions. *Promettre conditionnellement une chose.* ◊ ANT. **Inconditionnellement.**

CONDITIONNEMENT [kɔ̃disjɔnmɑ̃]. n. m. (1845 ; de *condition).* Le fait de conditionner. ♦ 1° *Conditionnement des textiles :* opération déterminant le pourcentage normal d'humidité que doit contenir chaque matière textile. *Étuve de conditionnement.* — Par anal. *Conditionnement des bois coloniaux.* ♦ 2° *Conditionnement du blé :* opération mettant le grain de blé dans la meilleure condition de mouture. ♦ 3° *Conditionnement de l'air :* réglage de la température et du degré hygrométrique de l'air d'un local. V. **Climatisation.** ♦ 4° Présentation de certains articles pour la vente. V. **Emballage.** *Conditionnement d'un médicament.* ♦ 5° Psycho. Action de conditionner ; de provoquer artificiellement des réflexes* conditionnés et, *par ext.,* une accoutumance. Processus d'acquisition d'un réflexe conditionné.

CONDITIONNER [kɔ̃disjɔne]. v. tr. (1250 ; de *condition).* ♦ 1° (1694). Pourvoir une chose des qualités requises par sa destination. — *Spécialt. Conditionner des étoffes, des textiles :* leur faire subir l'opération du conditionnement. — *Conditionner des produits, des articles :* les préparer pour l'expédition et la vente. V. **Traiter ; emballer.** ♦ 2° (1932). Être la condition de. *Son retour conditionne mon départ :* de son retour dépend mon départ. *Fait qui conditionne l'apparition d'un phénomène.* V. **Commander.** ♦ 3° Psycho. Mettre en condition* (6°), rendre conditionné (ANT. **Déconditionner).**

CONDITIONNEUR, EUSE [kɔ̃disjɔnœʀ, øz]. n. (1929 ; de *conditionner).* ♦ 1° N. m. Appareil servant au conditionnement de l'air, du blé. ♦ 2° Professionnel qui s'occupe du conditionnement des marchandises. V. **Emballeur.**

CONDOLÉANCES [kɔ̃dɔleɑ̃s]. n. f. pl. (v. 1460 ; de l'anc. v. *condouloir ;* lat. *condolere,* de *dolere* « souffrir »). Expression de la part que l'on prend à la douleur de qqn. V. **Sym-**

pathie. *Présenter, offrir, exprimer, faire ses condoléances à l'occasion d'un deuil.* — Ellipt. *Toutes mes condoléances; mes condoléances.*

CONDOM [kɔ̃dɔm]. *n. m.* (déb. xxᵉ; du nom de l'inventeur). Didact. Préservatif* masculin. V. **Capote** (anglaise).

CONDOMINIUM [kɔ̃dɔminjɔm]. *n. m.* (1866; mot angl., du lat. *dominium* « souveraineté »). Souveraineté exercée en commun par deux ou plusieurs États su un même pays.

CONDOR [kɔ̃dɔʀ]. *n. m.* (1598; mot esp., du quichua du Pérou). Oiseau rapace de grande taille, au plumage noir, frangé de blanc aux ailes. V. **Vautour.** *Les condors vivent en bande sur les sommets des Andes.*

CONDOTTIERE [kɔ̃dɔt(t)jɛʀ]. *n. m.* (1770; mot it. « chef de soldats mercenaires »). Au moyen âge, Nom donné aux chefs de soldats mercenaires, en Italie. *Des condottieres,* ou vieilli *condottieri. Le voyage du condottiere,* de Suarès.

CONDUCTANCE [kɔ̃dyktɑ̃s]. *n. f.* (1893; de *conduire,* d'apr. *résistance*). Électr. L'inverse de la résistance électrique d'un conducteur.

CONDUCTEUR, TRICE [kɔ̃dyktœʀ, tʀis]. *n.* (déb. xiiiᵉ; de *conduire,* d'apr. lat. *conductor*).
I. Personne qui conduit qqn ou qqch. ♦ 1° Personne qui dirige, mène des hommes. V. **Berger, chef, guide, pasteur.** « *Moïse a la grandeur sans charme des vrais conducteurs d'hommes* » (DANIEL-ROPS). ♦ 2° Personne qui conduit des animaux, un véhicule. Vx. *Le conducteur d'un troupeau. Conducteur de bestiaux.* V. **Berger, gardien.** *Conducteur de caravane.* V. **Caravanier.** Mod. *Conducteur d'une voiture à cheval.* V. **Cocher, voiturier, charretier.** *Conducteur de camions.* V. **Camionneur, routier.** *Conducteur de voiture automobile particulière.* V. **Automobiliste, chauffeur, pilote.** *Conducteur d'autorail, de locomotive électrique.* V. **Mécanicien.** *Conducteur d'un tramway.* V. **Wattman.** ♦ 3° Ouvrier chargé de la conduite de certaines machines *(conducteur de presses, de machines, de moteurs),* de la surveillance de dispositifs *(conducteur de four, de cuve).* ♦ 4° *Conducteur de travaux :* agent chargé de la conduite de travaux sous la direction d'un ingénieur. V. **Contremaître, surveillant.** *Conducteur des ponts et chaussées.* V. **Ingénieur.**
II. (1771). Phys. *Les conducteurs,* et adj. *Les corps conducteurs,* ceux qui laissent passer le courant électrique, la chaleur (opposé à *isolants*). V. **Semi-conducteur.** *Les métaux sont de bons conducteurs. Fil conducteur.*

CONDUCTIBILITÉ [kɔ̃dyktibilite]. *n. f.* (1811; du lat. *conductus,* p. p. de *conducere*). Didact. *(Sc).* ♦ 1° Propriété qu'ont les corps de transmettre la chaleur, l'électricité. V. **Conduction.** *Conductibilité calorifique. L'argent a un coefficient de conductibilité élevé. Conductibilité électrique.* ♦ 2° Physiol. Faculté de propager l'influx nerveux.

CONDUCTIBLE [kɔ̃dyktibl(ə)]. *adj.* (1832; du lat. *conductus*). Didact. Qui possède la propriété de conductibilité. *Corps conductible.*

CONDUCTION [kɔ̃dyksjɔ̃]. *n. f.* (xiiiᵉ; lat. *conductio,* rac. *conducere* « louer; conduire »). ♦ 1° Dr. rom. Action de prendre qqch. en location. V. **Location.** ♦ 2° (1863). Transmission de la chaleur, de l'électricité dans un corps conducteur. ◇ (1879) Méd. Propagation de l'influx nerveux. *La vitesse de conduction dépend du diamètre des fibres.*

CONDUCTIVITÉ [kɔ̃dyktivite]. *n. f.* (1907; de *conductance,* d'apr. *résistivité*). Électr. Inverse de la résistivité*.

CONDUIRE [kɔ̃dɥiʀ]. *v. tr.* : *je conduis, nous conduisons; je conduisais; je conduisis; je conduirai; je conduirais; que je conduise; que je conduisisse; conduisant; conduit, ite* (xᵉ; lat. *conducere,* rac. *ducere* « conduire »).
I. ♦ 1° Mener (qqn) quelque part. V. **Accompagner, diriger, emmener, guider, mener.** *Conduire qqn chez le médecin. Conduire un enfant à l'école. Conduire qqn en prison.* V. **Escorter.** *Conduire ses invités jusqu'à la porte.* V. **Raccompagner, reconduire.** — Par ext. *Conduire des soldats au combat, à l'assaut.* V. **Entraîner, mener.** — Absolt. *Se laisser conduire.* V. **Faire** (se laisser faire). *Se laisser conduire comme un enfant :* faire preuve d'une docilité extrême. ◇ Par ext. Littér. Diriger. *Conduire les pas de qqn. Conduire ses pas vers :* se diriger. — *Conduire la main d'un enfant.* V. **Guider, tenir.** ♦ 2° Diriger (un animal, un véhicule). *Conduire un troupeau, une caravane.* Manège. *Conduire un cheval de la main.* — *Conduire une voiture, une automobile, un autobus,* et absolt. *Savoir conduire. Il conduit bien. Permis de conduire. Apprendre à conduire.* Fig. *Bien conduire sa barque*.* ♦ 3° *(Choses).* Faire passer, transmettre. *Corps qui conduisent la chaleur, l'électricité.* V. **Conducteur.** *Conduire l'eau :* la faire aller d'un endroit à un autre par des canalisations. V. **Canaliser, drainer.** ♦ 4° *(Choses).* Faire aller quelque part. *Ses traces nous ont conduits jusqu'ici. Cette route conduit à la ville.* V. **Mener.** Par ext. *Doctrine qui conduit à l'athéisme. Conduire l'État à sa ruine. Cela peut nous conduire loin.* V. **Entraîner.** ♦ 5° Faire agir, mener en étant à la tête. V. **Commander, diriger, gouverner.** *Conduire une armée, une flotte. Conduire une entreprise, une affaire.* V. **Administrer, gérer.** *Conduire des travaux.* V. **Surveiller.** *Conduire une intrigue,*

un complot. Conduire un orchestre, une danse : en diriger le mouvement. *Conduire la danse, conduire le bal.* ♦ 6° *(Abstrait).* Entraîner (à un sentiment, un comportement). V. **Animer, pousser, soulever.** *Conduire qqn au désespoir.* V. **Acculer, réduire.** *Cela me conduit à vous confier ce secret.* V. **Amener, entraîner, porter.**
II. SE CONDUIRE. v. pron. ♦ 1° Se conduire soi-même. V. **Diriger** (se). ♦ 2° V. **Agir, comporter** (se). *Façon de se conduire.* V. **Conduite.** *Se conduire bien, mal. Tâchez de vous bien conduire.*
◇ ANT. Abandonner, laisser. Obéir.

CONDUIT [kɔ̃dɥi]. *n. m.* (xiiᵉ; de *conduire*). ♦ 1° Canal étroit, tuyau par lequel s'écoule un liquide. V. **Tube.** *Conduit de fonte, de plomb, de pierre. Conduit d'entrée, d'admission. Conduit d'eau.* V. **Conduite; aqueduc, buse, cheneau, gouttière, tuyau.** *Conduit souterrain.* V. **Boyau, passage, souterrain, tranchée.** ♦ 2° Anat. *Conduit auditif, externe, interne. Conduit lacrymal. Conduit urinaire :* uretère. ♦ 3° Mus. ancienne. Mélodie accompagnée de contrepoints.

CONDUITE [kɔ̃dɥit]. *n. f.* (xiiiᵉ; de *conduire*). ♦ 1° Action de conduire qqn ou qqch., de guider; son résultat. V. **Accompagnement, direction.** *Être chargé de la conduite d'un aveugle. Sous la conduite de qqn.* Fam. *Faire la conduite à un ami.* V. **Accompagner.** *Je vais vous faire un bout, un brin de conduite.* Loc. vieillie. *Faire une conduite de Grenoble à qqn :* le chasser, le malmener. — *La conduite d'un troupeau, d'une caravane. Prendre en charge la conduite d'un convoi. Assurer la conduite d'un navire, d'un avion.* V. **Pilotage.** Par ext. *Conduite d'un réacteur.* ◇ Absolt. Action, art de conduire une automobile. *Les règles de la conduite.* V. **Code** (de la route). *Conduite en ville, sur route.* Par ext. Organes de la conduite. *Cette voiture a la conduite à gauche, à droite.* V. **Volant.** Par ext. *Une conduite intérieure :* une automobile entièrement couverte. V. **Limousine.** ♦ 2° Fig. Action de diriger qqn au point de vue psychologique et moral; son résultat. V. **Direction, influence.** « *Sous la conduite de meneurs* » (ROMAINS). ♦ 3° Action de diriger, de commander, d'assurer la bonne marche d'une entreprise, d'une affaire. V. **Commandement, direction, gouvernement.** *Laissez-lui la conduite de cette affaire.* V. **Charge, soin.** *La conduite des travaux, des opérations.* ♦ 4° Action de se diriger soi-même; façon d'agir. V. **Agissement, attitude, comportement, façon, manière.** *Une conduite étrange. Observer, suivre la même conduite, en toute circonstance. On ne sait quelle conduite adopter.* « *Ma conduite est assez simple et je suis une ligne très droite* » (GIDE). *Ligne de conduite.* V. **Ligne, voie.** — Psycho. *La conduite humaine. Les conduites :* les manières d'agir, de se comporter d'un individu dans une circonstance déterminée. *Conduite de l'attente, conduite d'échec.* V. **Comportement.** ◇ Spécialt. Manière d'agir, du point de vue de la morale. *Bonne, mauvaise conduite* (V. **Inconduite**). *Racheter sa conduite passée :* se ranger, se reprendre. Loc. *Écart de conduite :* erreur ou faute morale. V. **Frasque, incartade.** Absolt. *Bonne conduite. N'avoir pas de conduite, aucune conduite.* Fam. *Il a acheté une conduite :* il s'est amendé. ◇ *La conduite d'un élève en classe :* sa façon de s'observer la discipline scolaire. *Obtenir, mériter un zéro de conduite.* ♦ 5° Techn. Canalisation qui conduit un liquide, un fluide. V. **Canal, canalisation, collecteur, colonne, conduit, tube, tuyau.** *Conduite d'eau, de gaz, d'électricité. Conduite souple.* — *Conduite forcée :* gros tuyau qui amène l'eau d'une installation hydraulique aux turbines.

CONDYLE [kɔ̃dil]. *n. m.* (1539; lat. *condylus,* gr. *kondulos* « articulation »). Anat. Extrémité articulaire arrondie, convexe, d'un os, s'emboîtant dans une cavité d'un autre os (V. **Glénoïde**). *Condyle huméral, fémoral.*

CONDYLIEN, IENNE [kɔ̃diljɛ̃, jɛn]. *adj.* (1846, a remplacé *condyloïdien* de *condyle*). Anat. D'un condyle.

CONDYLOME [kɔ̃dilom]. *n. m.* (1560; lat. *condyloma*). Méd. Petite tumeur inflammatoire d'origine infectieuse (virus, syphilis), localisée sur la muqueuse génitale ou anale.

CÔNE [kon]. *n. m.* (1552; lat. *conus,* gr. *kônos*). ♦ 1° Solide à base circulaire, elliptique, terminé en pointe. Géom. *Le cône est engendré par une droite mobile (génératrice) qui passe par un point fixe (sommet), en s'appuyant sur une courbe (directrice). Cône droit ou de révolution :* engendré par la révolution d'un triangle rectangle autour d'un des côtés de l'angle droit. *Cône oblique :* dont l'axe est oblique à la base. *Tronc de cône ou cône tronqué,* dont on a retranché le sommet (V. **Tronconique**). *Tailler un arbre en forme de cône. Cornet de papier, pain de sucre en cône.* V. **Conique.** *Montagne en cône.* V. **Pain** (de sucre). — Opt. *Cône de lumière :* faisceau de rayons lumineux divergents. — *Cône d'ombre :* ombre conique d'une planète éclairée. *Les éclipses de lune ont lieu quand la Lune entre dans le cône d'ombre de la Terre.* ♦ 2° Bot. Inflorescence de certains gymnospermes *(Conifères)* formée d'écailles portant les ovules. *Cône du pin* ou *pomme de pin.* ◇ Inflorescence femelle du houblon. ◇ Anat. *Cône rétinien* (ou *cellule à cône*) : cellule photosensible de la rétine. ♦ 3° Zool. Mollusque gastéropode *(Monoto-*

cardes) dont la coquille conique présente une ouverture en forme de fente. ♦ 4° Géol. *Cône d'un volcan* : relief formé par les laves refroidies autour de la cheminée, par les cendres, les scories tombées autour du cratère. ◇ *Cône de déjection**. ♦ 5° Techn. Se dit de divers moules coniques. *Cône de torpille* : la partie qui contient la charge. — Mécan. *Cône d'entraînement. Embrayage à cônes.* Aéronaut. *Cône d'ablation*, partie antérieure d'un engin spatial destinée à le protéger de l'échauffement aérodynamique.

CONFECTION [kɔ̃fɛksjɔ̃]. *n. f.* (1155; lat. *confectio* « achèvement », de *conficere*). ♦ 1° *Vieilli.* Action de faire un ouvrage jusqu'à complet achèvement. V. **Fabrication**, **façon**. *La confection d'une machine, d'une route.* — Mod. Préparation (d'un plat, d'un mélange). *Des gâteaux de sa confection.* « *La confection du thé dans la cuisine* » (ROMAINS). ♦ 2° (XIXᵉ). *La confection* : l'industrie des vêtements qui ne sont pas faits sur mesure. *S'acheter un costume de confection. Maison de confection.* V. **Prêt-à-porter**. *Être dans la confection.*

CONFECTIONNER [kɔ̃fɛksjɔne]. *v. tr.* (1580; de *confection*). Faire, préparer. *Confectionner un plat.* « *Elle se confectionna des chemises et des bonnets de nuit* » (FLAUB.).

CONFECTIONNEUR, EUSE [kɔ̃fɛksjɔnœʀ, øz]. *n.* (1830; de *confectionner*). Personne qui confectionne. *Spécialt.* Fabricant de vêtements de confection.

CONFÉDÉRAL, ALE, AUX [kɔ̃federal, o]. *adj.* (fin XVIIIᵉ, en Suisse; de *confédération*, d'apr. *fédéral*). Relatif à une confédération.

CONFÉDÉRATION [kɔ̃federasjɔ̃]. *n. f.* (1326; lat. *confœderatio*). ♦ 1° Union de plusieurs États qui s'associent tout en conservant leur souveraineté. *La Confédération helvétique.* V. **Fédération**. ♦ 2° Groupement d'associations, de fédérations professionnelles, syndicales, sportives pour la défense d'intérêts communs. *La Confédération générale du travail* (C.G.T.). *La Confédération générale des cadres* (C.G.C.).

CONFÉDÉRER [kɔ̃federe]. *v. tr.* conjug. *céder* (1355; lat. *confœderare*, de *fœdus, -deris* « traité »). Réunir en confédération. — CONFÉDÉRÉ, ÉE. adj. *Nations confédérées.* — *Subst. et spécialt.* Pendant la guerre de Sécession américaine, les Sudistes, opposés aux Fédéraux. *L'armée des Confédérés.*

CONFER [kɔ̃fɛʀ]. *v. tr. impér.* (mot lat., impér. de *conferre*). Comparez (abrév. Cf.).

CONFÉRENCE [kɔ̃feʀɑ̃s]. *n. f.* (1346, « discussion »; lat. *conferentia*, de *conferre*. V. **Conférer**). ♦ 1° Réunion où des personnes traitent un sujet en commun. V. **Assemblée**, **congrès**, **conseil**, **entretien**, **réunion**. *Avoir une conférence avec un homme politique. Être en conférence.* V. **Conférer**. *Conférence diplomatique, conférence au sommet.* ◇ *Conférences de Saint-Vincent-de-Paul* : société pieuse de bienfaisance. ♦ 2° (1680, théol.). *Par ext.* Discours, causerie où l'on traite en public une question littéraire, artistique, scientifique, politique. *Une série de conférences sur les pays étrangers. Faire, donner une conférence.* ♦ 3° (1752). Leçon donnée dans certaines écoles, dans les facultés. V. **Cours**. *Salle de conférences. Maître* de conférences.* ♦ *Conférence de presse* : réunion où une ou plusieurs personnalités s'adressent aux journalistes.

CONFÉRENCIER, IÈRE [kɔ̃feʀɑ̃sje, jɛʀ]. *n.* (1869; 1752, relig.; de *conférence*). Personne qui parle en public, qui fait des conférences. V. **Orateur**.

CONFÉRER [kɔ̃feʀe]. *v.; conjug. céder* (1361; lat. *conferre* « porter *(ferre)* avec, rassembler »). I. *V. tr.* ♦ 1° Accorder en vertu d'une autorité. V. **Administrer**, **attribuer**, **déférer**, **donner**. *Conférer des honneurs, un grade, un titre, une décoration* (V. **Décorer**). *Brevet, commission conférant une charge, une dignité. Conférer les ordres sacrés.* V. **Consacrer**, **ordonner**. Fig. *Les privilèges que confère l'âge.* « *Ce surcroît d'aisance et de bonne humeur que confère une lingerie fine* » (MART. du G.). ♦ 2° *Didact.* Rapprocher deux choses pour les comparer. V. **Collationner**. « *M. Bergeret conféra soigneusement un grand nombre de textes* » (FRANCE). — (ANT. **Ôter**, **refuser**). II. *V. intr.* Être en conférence; s'entretenir sur un sujet donné. V. **Causer**, **parler**. *Conférer de son affaire avec son avocat.*

CONFERVE [kɔ̃fɛʀv(ə)]. *n. f.* (*Conferva*, 1615; mot lat., de *confervere* « se consolider », à cause des propriétés qu'on lui attribuait. V. **Consoude**). Algue verte filamenteuse (*Chlorophycées*).

CONFESSE [kɔ̃fɛs]. *n. f.* (XIIᵉ; de *confesser*). Action de se confesser. V. **Confession** (ne s'emploie que précédé des prép. *à* et *de*, sans article). *Aller à confesse. Venir de confesse.*

CONFESSER [kɔ̃fese]. *v. tr.* (1175; lat. pop. *confessare*, de *confessus*, p. p. de *confiteri* « avouer, confesser »). ♦ 1° Cathol. Déclarer (ses péchés) au prêtre, dans le sacrement de la pénitence. — Pronom. *Se confesser à un prêtre. Il ne s'en est pas encore confessé.* Absolt. *Aller se confesser, avant de communier.* ♦ 2° Entendre (un fidèle) en confession. *Confesser et absoudre un pénitent.* Absolt. *Ce prêtre ne confesse pas, n'a pas les pouvoirs pour confesser.* — Fig. et fam. Faire parler qqn (Cf. Tirer les vers du nez) « *Comme c'était une fille fort retenue, il avait eu un peu de mal à la confesser* » (SAND). ♦ 3° *Par ext.* Déclarer spontanément, reconnaître pour vraie (une chose qu'on a honte ou réticence à confier). V. **Avouer**, **convenir** (de), **reconnaître**. *Confesser la vérité. Confesser son erreur, ses torts. La vérité nous oblige à confesser que.* V. **Accorder**, **tomber** (d'accord). « *Il fut bien forcé de confesser qu'elle n'avait pas tout à fait tort* » (COURTELINE). Pronom. « *Il faut avouer son bonheur comme si l'on se confessait d'un vol* » (RENARD). ♦ 4° Déclarer publiquement (une croyance). V. **Proclamer**. « *Reconnaître une erreur passée et confesser une foi nouvelle* » (SAND). ◇ ANT. **Cacher**, **contester**, **démentir**, **dénier**, **désavouer**, **dissimuler**, **nier**, **omettre**, **taire**.

CONFESSEUR [kɔ̃fesœʀ]. *n. m.* (fin XIIᵉ; lat. ecclés. *confessor*. V. **Confesser**). ♦ 1° Chrétien qui, dans l'Église primitive, confessait sa foi malgré les persécutions. *Les confesseurs et les martyrs.* — *Par ext.* Saint qui dans l'office n'a pas de titre particulier (*opposé à* apôtre, docteur, martyr). ♦ 2° (1265). Prêtre à qui l'on se confesse. *Elle a un confesseur attitré.* V. **Directeur** (de conscience). *Confesseur d'une communauté de religieuses* (V. **Aumônier**).

CONFESSION [kɔ̃fesjɔ̃]. *n. f.* (980; lat. ecclés. *confessio*. V. **Confesser**). ♦ 1° Cathol. Déclaration, aveu de ses péchés que l'on fait à un prêtre, dans le sacrement de la pénitence. V. **Confesse**, **pénitence**. *Confession sincère.* V. **Attrition**, **contrition**, **repentir**. *Mourir sans confession. La confession publique était de règle dans la primitive Église. Entendre qqn en confession. Le prêtre donne l'absolution, inflige une pénitence à l'issue de la confession. Secret de la confession. Billet de confession.* — Fig. et fam. *On lui donnerait le bon Dieu sans confession*, se dit d'une personne d'apparence vertueuse (et trompeuse). ♦ 2° Déclaration que l'on fait (d'un acte blâmable). V. **Aveu**, **déclaration**, **reconnaissance**. « *Cette rage de confession qui tourmente certains hommes* » (DUHAM.). *Confession hypocrite. Confession complète, entière, sans réticences.* ◇ Action de se confier. — (XVIIᵉ) CONFESSIONS : titre d'ouvrages où l'auteur expose avec franchise les fautes, les erreurs de sa vie. *Les Confessions*, de saint Augustin (Vᵉ s.). *Les Confessions*, de J.-J. Rousseau (1781-88). ♦ 3° (1564). Action de faire profession de sa foi religieuse. *Faire une confession de foi devant les persécuteurs.* V. **Confesser** (4°), **confesseur** (1°). — *Spécialt.* Liste, déclaration des articles de la foi des Églises chrétiennes. V. **Credo**. *La Confession d'Augsbourg*, présentée à Charles-Quint par les protestants en 1530. — *Par ext.* V. **Croyance**, **église**, **foi**, **religion**, et *aussi* **Confessionnel**. « *Une tolérance mutuelle entre les diverses confessions* » (ROMAINS). ◇ ANT. **Contestation**, **démenti**, **désaveu**, **omission**.

CONFESSIONNAL, AUX [kɔ̃fesjɔnal, o]. *n. m.* (1610; it. *confessionale*). Réduit disposé pour le confesseur y entende le pénitent. *Entrer, s'agenouiller dans un confessionnal. La grille du confessionnal.*

CONFESSIONNEL, ELLE [kɔ̃fesjɔnɛl]. *adj.* (1863; de *confession*, 3°). Relatif à une confession de foi, à une religion. *Écoles confessionnelles, querelles confessionnelles.* V. **Religieux**.

CONFETTI [kɔ̃feti]. *n. m.* (1852; mot niçois désignant les boulettes de plâtre lancées au carnaval; it. *confetto* « dragée », lat. *confectus* « préparé »; Cf. Confit). Petite rondelle de papier coloré qu'on lance par poignées pendant le carnaval, les fêtes. *Lancer des confettis, des serpentins.* — Fam. *Vous pouvez en faire des confettis!*, faites ce que vous voulez de ce papier (texte, lettre, contrat, etc.).

CONFIANCE [kɔ̃fjɑ̃s]. *n. f.* (XVᵉ; *confience*, XIIIᵉ; du lat. *confidentia*, d'apr. a. fr. *fiance* « foi »). ♦ 1° Espérance ferme, assurance de celui qui se fie à qqn ou à qqch. V. **Créance**, **foi**, **sécurité**. *Avoir confiance, une confiance absolue, inébranlable, aveugle, totale en* (qqch., qqn). *Confiance excessive, naïve.* V. **Crédulité**. *Avoir confiance dans les médecins. Faire confiance à l'avenir.* V. **Crédit**, **fond** (faire fond sur). Fam. *Faites-moi confiance* : croyez-moi. — *Avoir confiance dans une entreprise, une tentative, un remède. Inspirer confiance.* — Rechercher, gagner la confiance de qqn. *Donner, témoigner sa confiance.* « *Je lui parlais avec une entière confiance, un abandon complet* » (FRANCE). *Avoir toute la confiance de qqn. Trahir, tromper la confiance de qqn. Abus de confiance.* ◇ *Homme, personne de confiance* : à qui l'on se fie entièrement. V. **Sûr**. *Maison de confiance.* — *Poste de confiance* : qui exige une personne sûre. — *De confiance :* sans se défier. *Acheter qqch. de confiance* (Cf. Les yeux fermés). — *En confiance, en toute confiance* : sans crainte. ♦ 2° Sentiment qui fait qu'on se fie à soi-même. V. **Assurance**, **hardiesse**. *Manquer de confiance en soi. Confiance excessive.* V. **Outrecuidance**, **présomption**. ♦ 3° Sentiment de sécurité dans le public. *Le nouveau gouvernement a fait renaître la confiance.* ♦ 4° Polit. *Vote de confiance* : d'approbation. ◇ ANT. **Défiance**, **méfiance**; anxiété, crainte, doute, suspicion.

CONFIANT, ANTE [kɔ̃fjɑ̃, ɑ̃t]. *adj.* (XIVᵉ; de *confier*). ♦ 1° Qui a confiance en qqn ou en qqch. *Confiant en ses amis.*

Être confiant dans le succès. Par ext. *Regard confiant.* ♦ 2°
Spécialt. Qui a confiance en soi. V. **Assuré, sûr** (de soi).
Il attend, confiant et tranquille. Excessivement confiant. V.
Présomptueux, téméraire. ♦ 3° Enclin à la confiance, à
l'épanchement. *Être d'un naturel confiant.* V. **Communi-
catif, ouvert.** *Caractère trop confiant.* V. **Crédule, naïf.** ◊
ANT. *Défiant, méfiant.*

CONFIDENCE [kɔ̃fidɑ̃s]. *n. f.* (1361, « confiance »;
lat. *confidentia.* V. **Confier**). ♦ 1° (1647). Communication
d'un secret qui concerne soi-même. V. **Confession.** *Faire
une confidence à qqn. Recevoir des confidences.* « *La confidence n'est parfois qu'un succédané laïque de la confession* »
(ROMAINS). *Fausse confidence* : fausse déclaration (pour
tromper). *Les Confidences* et *Nouvelles Confidences,* de Lamartine. ♦ 2° Loc. *Dans la confidence* : dans le secret. *Mettre
qqn dans la confidence.* ◊ Loc. adv. EN CONFIDENCE, secrètement, sous le sceau du secret. *Parler en confidence* : confidentiellement.

CONFIDENT, ENTE [kɔ̃fidɑ̃, ɑ̃t]. *n.* (1587; « qui a la
confiance de qqn », XVᵉ; it. *confidente,* lat. *confidens* « confiant »). Personne qui reçoit les plus secrètes pensées de qqn.
V. **Confesseur.** *Être le confident des secrets, des projets de
qqn. Un confident discret.* ◊ Théât. Personnage secondaire
qui reçoit les confidences des principaux personnages pour
que le public soit instruit des desseins et des événements.
Confidente de princesse. V. **Suivante.**

CONFIDENTIEL, IELLE [kɔ̃fidɑ̃sjɛl]. *adj.* (1775; de
confidence). Qui se dit, se fait sous le sceau du secret. *Avis,
entretien confidentiel. Lettre confidentielle.*

CONFIDENTIELLEMENT [kɔ̃fidɑ̃sjɛlmɑ̃]. *adv.* (1775;
de *confidentiel*). En confidence.

CONFIER [kɔ̃fje]. *v. tr.* (XIVᵉ; lat. *confidere,* d'apr. *fier*).
I. ♦ 1° Remettre (qqn, qqch.) aux soins d'un tiers, en se
fiant à lui. V. **Abandonner, laisser.** *Confier l'un de ses enfants
à un ami. Confier un dépôt. Confier une mission, un mandat
à qqn.* « *Ma famille me confia aux soins d'une de mes parentes* »
(LAMART.). — Littér. Livrer à l'action, à l'influence de qqch.
Confier des semences à la terre. ♦ 2° Communiquer (qqch.
de personnel) sous le sceau du secret. *Confier ses secrets à
un ami.* « *Il travaille toujours seul; il ne confie jamais à personne ce qu'il fait* » (SUARÈS). II. SE CONFIER. *v. pron.* ♦ 1° Se
reposer sur, s'en remettre
à. V. **Fier** (se). *Se confier en qqn, au hasard.* « *Je me confie
à vous corps et âme* » (GIRAUDOUX). ♦ 2° Faire des confidences, épancher son cœur. V. **Épancher** (s'), **livrer** (se).
Ils se confièrent mutuellement leurs craintes.
◊ ANT. *Ôter, retirer. Cacher, dissimuler, taire.*

CONFIGURATION [kɔ̃figyʀasjɔ̃]. *n. f.* (1190; lat. *confi-
guratio*). Didact. Forme extérieure, aspect général. V. **Conformation, figure, forme.** « *Il put se rendre compte aussitôt de la
configuration des lieux* » (ALAIN-FOURNIER).

CONFINÉ, ÉE [kɔ̃fine]. *adj.* (V. **Confiner**). ♦ 1° Enfermé.
Vivre confiné chez soi. ♦ 2° (1842). *Air confiné* : non renouvelé. V. **Renfermé.** *Atmosphère confinée.*

CONFINEMENT [kɔ̃finmɑ̃]. *n. m.* (1481; de *confiner*).
Action de confiner. ◊ Spécialt. (Méd.). Interdiction à un
malade de quitter la chambre. V. **Quarantaine** (2°). ◊ Phys.
*Le confinement des matières radioactives dans un réacteur, des
particules chargées d'un plasma.*

CONFINER [kɔ̃fine]. *v. tr.* (1225; de *confins*). ♦ 1° Trans.
indir. (1466). Toucher aux confins, aux limites d'un pays. *La
Belgique confine à, avec la France .*— Être tout proche, voisin
de. *Les prairies qui confinent à la rivière.* — Fig. « *La rêverie
confine au sommeil et s'en préoccupe comme de sa frontière* »
(HUGO). V. **Côtoyer, friser.** ♦ 2° (1477). Trans. dir. Forcer
à rester dans un espace limité. V. **Enfermer, reléguer.** « *Cette
espèce de retraite forcée où des circonstances passagères
me confinent* » (STE-BEUVE). ♦ 3° SE CONFINER. *v. pron.
Se confiner chez soi.* V. **Cloîtrer** (se), **isoler** (s'), **retirer** (se). —
Fig. *Se confiner dans un rôle.* V. **Cantonner** (se).

CONFINS [kɔ̃fɛ̃]. *n. m. pl.* (1498; *confin,* 1308; lat. *confines,*
rac. *finis* « limite »). Parties d'un territoire situées à son
extrémité, à sa frontière. V. **Borne, frontière, limite.** *Le
Tchad, aux confins du Sahara. Aux confins de la Bretagne
et de la Normandie.* ◊ Fig. « *Quelque expérience reculée aux
confins de toutes les sciences!* » (VALÉRY). ◊ ANT. *Intérieur.*

CONFIRE [kɔ̃fiʀ]. *v. tr.* : *je confis, nous confisons; je
confisais; je confirai; je confirais; je confis; que je confise;
que je confisse; confisant; confit, ite; rare, sauf inf. et p. p.*
(1226; « préparer », 1175; lat. *conficere* « préparer »). Vieilli.
Mettre (des substances comestibles) dans un élément qui
les conserve. Mod. Préparer (des fruits) dans du sucre. V.
Confit.

CONFIRMAND [kɔ̃fiʀmɑ̃]. *n. m.* (1907; de *confirmer*).
Personne qui va recevoir le sacrement de confirmation. *Les
confirmands.*

CONFIRMATIF, IVE [kɔ̃fiʀmatif, iv]. *adj.* (1473; lat.
confirmativus). Dr. Qui confirme. *Jugement confirmatif.*

CONFIRMATION [kɔ̃fiʀmɑsjɔ̃]. *n. f.* (XIIIᵉ; lat. *confir-
matio*). Action de confirmer. ♦ 1° Ce qui rend une chose

plus certaine. V. **Affirmation, assurance, certitude, consécration.** *Confirmation d'une nouvelle, d'une promesse. Il m'en
a donné confirmation. Confirmation d'un acte par une autorité
officielle; confirmation d'un jugement en appel.* V. **Attestation,
entérinement, garantie, homologation, légalisation, ratification, sanction, validation.** — *Son attitude actuelle est la
confirmation de ce que nous avions supposé.* V. **Preuve, vérification.** ♦ 2° Sacrement de l'Église catholique destiné à
confirmer le chrétien dans la grâce du baptême. *L'évêque peut
seul donner la confirmation.* ◊ ANT. *Abrogation, annulation,
démenti, désaveu, réfutation, rétractation.*

CONFIRMER [kɔ̃fiʀme]. *v. tr.* (*Confermer,* 1213; lat.
confirmare, rac. *firmus* « ferme »). ♦ 1° Vieilli. Rendre plus
ferme (une chose établie). V. **Affermir, assurer, fortifier, renforcer.** *Confirmer une institution.* Mod. *L'exception confirme
la règle.* ♦ 2° Rendre (qqn) plus ferme. V. **Affermir, encourager, fortifier.** *Nous l'avons confirmé dans sa résolution.*
« *L'expérience acquise au long de la carrière m'a confirmé
dans ce sentiment* » (DUHAM.). ♦ 3° Rendre certain; affirmer
l'exactitude, l'existence de (qqch.). V. **Assurer, certifier, corroborer, garantir.** *Confirmer l'exactitude d'un fait. Confirmer un
bruit, une nouvelle.* Pronom. *La nouvelle se confirme,* et
impers. *Il se confirme que.* V. **Avérer** (s'). *Votre témoignage
confirme le sien. Les résultats confirment nos soupçons.* V.
Vérifier. *Les résultats confirment que.* V. **Attester, démontrer,
prouver.** *Confirmer en donnant un caractère officiel.* V. **Attester, entériner, homologuer, légaliser, ratifier, sanctionner,
valider.** ♦ 4° Théol. Conférer le sacrement de la confirmation à. *L'évêque va confirmer ces enfants.* V. **Confirmand.**
◊ ANT. *Abroger, annuler, démentir, infirmer, nier, réfuter,
rétracter.*

CONFISCABLE [kɔ̃fiskabl(ə)]. *adj.* (1481; de *confisquer*).
Qui peut être confisqué.

CONFISCATION [kɔ̃fiskɑsjɔ̃]. *n. f.* (v. 1380; lat. *confis-
catio,* rac. *fiscus;* Cf. Fisc). Peine par laquelle un bien est
confisqué à son propriétaire. V. **Mainmise, saisie.** *Confiscation par la douane de marchandises non déclarées.* ◊ ANT.
Remise, restitution.

CONFISERIE [kɔ̃fizʀi]. *n. f.* (1753; de *confiseur*). ♦ 1°
Technique, commerce du confiseur. ♦ 2° Laboratoire, magasin, usine du confiseur. ♦ 3° (1876). Produits à base de
sucre fabriqués et vendus par les confiseurs. V. **Chocolaterie,
douceur, friandise, sucrerie, bonbon, chocolat, confit** (fruit),
dragée, four (petit), **gelée, glace, gomme, nougat, pastille,
pâte** (de fruit), **praline, rahat-loukoum, sucre.** *Déguster des
confiseries, de la confiserie.*

CONFISEUR, EUSE [kɔ̃fizœʀ, øz]. *n.* (1600; de *confire*).
Personne qui fabrique et vend des sucreries (artisanalement).
Grand confiseur, spécialisé dans les glaces. V. **Glacier.** *Pâtis-
sier confiseur.* — Par plaisant. *Trêve* des confiseurs.* ◊
Industriel qui fabrique de la confiserie.

CONFISQUER [kɔ̃fiske]. *v. tr.* (1331; lat. *confiscare,*
de *fiscus*). ♦ 1° Prendre, au nom et au profit du fisc (ce
qui appartient à qqn) par une mesure de punition. V. **Saisir.**
Confisquer des marchandises de contrebande, des biens. ♦ 2°
Retirer provisoirement (un objet) à un écolier, un enfant.
« *Comme la balle avait roulé à ses pieds, il la confisqua* »
(MART. du G.). ♦ 3° Fig. Prendre à son profit. V. **Accaparer,
détourner, voler.** *Les Français,* « *qui avaient sauvé les répu-
blicains, mais qui avaient confisqué la République* » (LAMART.).
◊ ANT. *Rendre, restituer.*

CONFIT, ITE [kɔ̃fi, it]. *adj.* et *n. m.* (déb. XIVᵉ; V. **Confire**).
I. Adj. ♦ 1° *Fruits confits,* trempés dans des solutions
de sucre (glacés, givrés). ◊ *Salade confite* : qui a séjourné
longtemps dans l'huile et le vinaigre. ♦ 2° (1538). Fig.
Être confit dans la piété, en dévotion, très dévot. *Figure,
mine confite* : douce, mièvre. « *La crème des hommes* : doux,
paterne, même un peu confit* » (GIDE).
II. N. m. Préparation de viande cuite et mise en conserve
dans sa graisse. *Un confit d'oie.*

CONFITEOR [kɔ̃fiteɔʀ]. *n. m. invar.* (1265; mot lat.
« je confesse »). Prière de la liturgie catholique commençant
par ce mot. Fig. *Faire, dire des confiteor.* V. **Mea culpa.**

CONFITURE [kɔ̃fityʀ]. *n. f.* (XIIIᵉ; de *confit,* p. p. de
confire). ♦ 1° (Jusqu'au mil. du XIXᵉ). Vx. Aliments bouillis
et conservés dans le sucre (fruits au sirop, pâtes de fruits,
fruits confits, dragées et confitures, 2°). *Confitures sèches,
fruits confits.* ♦ 2° Spécialt. Mod. Fruits coupés ou entiers
qu'on a fait cuire dans du sucre pour les conserver (au sens
large, inclut les *marmelades* et *gelées*). *Confitures et compotes*.
Manger de la confiture. Des confitures. Confiture de fraises,
d'oranges. Pot de confitures.* ♦ 3° Fig. *Mettre en confiture.*
V. **Compote, marmelade.**

CONFITURERIE [kɔ̃fityʀʀi]. *n. f.* (1823; de *confiture*).
♦ 1° Industrie, commerce de la confiture. ♦ 2° Établissement où l'on fabrique et conserve les confitures.

CONFITURIER, IÈRE [kɔ̃fityʀje, jɛʀ]. *n.* (1584; de
confiture). ♦ 1° Personne dont le métier est de fabriquer
des confitures. — Adj. *L'industrie confiturière.* ♦ 2° N. m.

Récipient dans lequel on sert les confitures. *Confiturier de verre.*

CONFLAGRATION [kɔ̃flagʀasjɔ̃]. *n. f.* (1375, rare av. XVIIIe ; lat. *conflagratio*, rac. *flagrare* « brûler »). ♦ 1o *Vx.* Incendie. ♦ 2o Fig. (*Fin* XVIIIe). Bouleversement de grande portée.

CONFLICTUEL, ELLE [kɔ̃fliktɥɛl]. *adj.* (mil. XXe ; de *conflit*, d'apr. le lat. *conflictus*). Qui constitue un conflit, est une source de conflits psychiques, chez un individu. *Pulsions conflictuelles. Situation conflictuelle.*

CONFLIT [kɔ̃fli]. *n. m.* (fin XIIe ; bas lat. *conflictus* « choc »). ♦ 1o *Vx.* Lutte, combat. « *Le pigeon profita du conflit des voleurs* » (LA FONT.). ♦ 2o *Mod.* Rencontre d'éléments, de sentiments contraires, qui s'opposent. V. **Antagonisme**, **conflagration**, **discorde**, **lutte**, **opposition**, **tiraillement.** *Conflit d'intérêts, de passions. Entrer en conflit avec qqn.* « *Bien que ses rapports avec ma sœur fussent toujours tendus, elle avait jusqu'alors évité les conflits ouverts* » (MAURIAC). ◇ *Psycho.* Action simultanée de motivations incompatibles ; son résultat. ♦ 3o Contestation entre deux puissances qui se disputent un droit. *Conflits internationaux. Arbitrage d'un conflit. Conflit armé.* V. **Guerre.** ♦ 4o *Dr.* Contestation de compétence entre juridictions. *Conflit d'attribution. Conflit de loi. Le tribunal des conflits,* chargé d'attribuer la compétence administrative ou judiciaire à une affaire (V. **Litige**). ◇ ANT. **Accord, paix.**

CONFLUENCE [kɔ̃flyɑ̃s]. *n. f.* (mil. XVe ; lat. *confluentia,* de *confluere.* V. **Confluer**). Action de confluer. *Confluence de deux fleuves.* V. **Confluent.** « *Notre marche, entravée par la confluence des convois et des corps de troupe* » (DUHAM.). V. **Rencontre.** Fig. *La confluence des courants de pensée.*

CONFLUENT [kɔ̃flyɑ̃]. *n. m.* (déb. XVIe ; lat. *confluens, entis*). Endroit où deux cours d'eau se joignent. V. **Jonction**, **rencontre.** *Pointe de terre au confluent de deux cours d'eau.* V. **Bec.** *Coblence est au confluent de la Moselle et du Rhin.*

CONFLUER [kɔ̃flye]. *v. intr.* (1330, repris XIXe ; lat. *confluere* « couler ensemble »). *Géogr.* ou *littér.* Se rencontrer (cours d'eau). *L'Allier conflue avec la Loire.* V. **Jeter** (se jeter dans) ; affluent. Absolt. *L'Allier et la Loire confluent près de Nevers.* Par ext. « *Des soldats confluent au pied des murailles* » (CHATEAUB.). ◇ ANT. **Diverger, écarter (s').**

CONFONDANT, ANTE [kɔ̃fɔ̃dɑ̃, ɑ̃t]. *adj.* (1845 ; de *confondre*). Qui confond (3o). *Une ressemblance confondante.*

CONFONDRE [kɔ̃fɔ̃dʀ(ə)]. *v. tr.* ; conjug. *rendre* (en 1080, « anéantir, détruire » ; lat. *confundere* « mêler »). I. ♦ 1o (1170). *Vx.* Troubler (qqn) en déconcertant. V. **Assommer, atterrer, déconcerter, désarçonner, troubler.** « *Que le ciel te confonde!* » (RAC.). ♦ 2o *Vx.* Faire échouer. *Confondre les plans de l'ennemi.* V. **Anéantir, déjouer.** ♦ 3o (XVIIe). Remplir d'un grand étonnement. V. **Consterner, déconcerter, étonner, interdire, stupéfier.** *Son insolence me confond. Il restait confondu.* Cela confond l'imagination, l'entendement. « *Ces constructions géantes, confondant nos imaginations modernes* » (LOTI). ♦ 4o Réduire (qqn) au silence, en lui prouvant publiquement son erreur, ses torts. *Confondre qqn par un raisonnement serré. Confondre un menteur, un hypocrite.* V. **Démasquer.** Au p. p. « *Tout confondu de la voir prendre ces façons-là* » (SAND) : interdit, déconcerté. ♦ 5o Pronom. *Se confondre en remerciements, en excuses* : multiplier les remerciements, les excuses.

II. ♦ 1o (XVIe). Réunir, mêler pour ne former qu'un tout. V. **Amalgamer, fondre, fusionner, mélanger, mêler, réunir, unir.** *Fleuves qui confondent leurs eaux.* « *Oui, crièrent deux voix qui confondirent leurs intonations* » (BALZ.). ♦ 2o (XVIe). Prendre une personne, une chose pour une autre. *Confondre deux jumeaux.* « *Les orateurs qui confondent langage et pensée* » (PAULHAN). *Confondre des noms.* — Absolt. Faire une confusion. V. **Tromper** (se). *Il est possible que je confonde.* ♦ 3o Se CONFONDRE. *v. pron.* Se mêler, s'unir ; être impossible à distinguer de. « *Ce que l'on aurait pu faire se confond avec ce que l'on aurait dû faire* » (GIDE). ◇ ANT. **Aider ; louer. Discerner, distinguer, séparer.**

CONFORMATEUR [kɔ̃fɔʀmatœʀ]. *n. m.* (1611, « personne » ; de *conformer*). *Techn.* (1845). Appareil servant aux chapeliers à déterminer la forme et la mesure de la tête. ◇ Appareil destiné à donner sa forme définitive à une matière plastique.

CONFORMATION [kɔ̃fɔʀmasjɔ̃]. *n. f.* (1560 ; bas lat. *conformatio*). Disposition des différentes parties d'un corps organisé. V. **Configuration, constitution, forme, organisation, structure.** *Conformation anatomique. Conformation du squelette. Mauvaise conformation* (difformité, malformation). *Présenter un vice de conformation.*

CONFORME [kɔ̃fɔʀm(ə)]. *adj.* (1372 ; lat. *conformis*). ♦ 1o Dont la forme est semblable (à celle d'un modèle). V. **Analogue, identique, pareil, semblable.** *Cette écriture est conforme à la vôtre. Conforme au modèle, à l'échantillon.* — *Copie conforme à l'original.* Absolt. *Signature, document certifié conforme.* V. **Bon, correct, exact.** *Pour copie conforme.*

♦ 2o Qui s'accorde (avec qqch.), qui convient à sa destination. V. **Adapté, ajusté, approprié, assorti, convenable.** *Mener une vie conforme à ses goûts, à ses désirs, à ses moyens. Interprétation peu conforme à l'esprit d'un texte. Conforme à la règle.* — Absolt. Conforme à la norme, à la majorité. V. **Conformiste, orthodoxe.** « *Toute pensée non conforme devient suspecte* » (GIDE). ◇ ANT. **Contraire, dérogatoire, différent. Opposé.**

CONFORMÉ, ÉE [kɔ̃fɔʀme]. *adj.* (XVe ; V. **Conformer**). Qui a telle conformation. V. **Bâti, disposé, organisé.** *Un enfant bien conformé.*

CONFORMÉMENT [kɔ̃fɔʀmemɑ̃]. *adv.* (1503 ; de *conforme*). D'une manière conforme. V. **Après (d'), selon, suivant.** *Conformément à la loi. Conformément au plan prévu.* ◇ ANT. **Contrairement.**

CONFORMER [kɔ̃fɔʀme]. *v. tr.* (Se conformer, XIIIe ; lat. *conformare,* de *formare* « former »). ♦ 1o Rendre conforme, semblable (au modèle). V. **Accorder, adapter, approprier, calquer (sur), copier, imiter.** *Conformer ses sentiments à ceux de qqn.* « *Il ne conforme pas exactement sa conduite à ses maximes* » (FRANCE). ♦ 2o SE CONFORMER. *v. pron.* Devenir conforme ; se comporter de manière à être en accord avec. V. **Assujettir (s'), modeler (se), plier (se), régler (se), suivre.** *Se conformer aux circonstances. Se conformer aux façons de vivre de qqn.* V. **Accommoder (s'), accorder (s').** *Conformez-vous strictement aux ordres.* V. **Obéir, observer.** « *Cet effort continu pour se conformer aux opinions, règles et convenances* » (LARBAUD). V. **Conformisme.** ◇ ANT. **Opposer.**

CONFORMISME [kɔ̃fɔʀmism(ə)]. *n. m.* (1907 ; de *conformiste*). Fait de se conformer aux normes, aux usages. V. **Orthodoxie, traditionalisme.** *Péj.* Attitude passive de celui qui se conforme aux idées et aux usages de son milieu. ◇ ANT. **Non-conformisme, originalité.**

CONFORMISTE [kɔ̃fɔʀmist(ə)]. *n.* (1688 ; angl. *conformist,* de *conform* « conforme »). ♦ 1o *Hist.* Personne qui professe la religion de l'Église anglicane. *Église conformiste.* V. **Anglican.** ♦ 2o *N.* et *adj.* Qui se conforme aux usages, aux traditions, aux coutumes. V. **Traditionaliste.** *Esprit, morale conformiste.* ◇ ANT. **Anticonformiste, non-conformiste ; dissident.**

CONFORMITÉ [kɔ̃fɔʀmite]. *n. f.* (1361 ; bas lat. *conformitas*). ♦ 1o Caractère de ce qui est conforme. V. **Accord, analogie, concordance, convenance, ressemblance, similitude.** *Conformité d'une chose avec une autre, de deux choses. Être en conformité de goûts, d'inclinations, de sentiments.* V. **Affinité, sympathie, union.** — *En conformité de* (vieilli) ; *en conformité avec.* V. **Conformément (à).** « *Ça se serait fait en conformité avec mes plans* » (ROMAINS). ♦ 2o *Vx.* Le fait de se conformer. V. **Adhésion, soumission.** *La conformité aux usages établis. La conformité à la religion dominante.* V. **Conformisme.** ◇ ANT. **Désaccord, opposition.**

CONFORT [kɔ̃fɔʀ]. *n. m.* (Comfort, 1815 ; angl. *comfort,* de l'a. fr. *confort* « aide, réconfort », de *conforter* « réconforter »). Tout ce qui contribue au bien-être, à la commodité de la vie matérielle. V. **Bien-être, commodité.** *L'amour du confort. Le confort d'un appartement. Le confort moderne. Avoir tout le confort. Se plaindre du manque de confort.* — Fig. « *Nous appelons confort intellectuel l'ensemble des commodités qui* (assurent) *le bien-être de l'esprit* » (AYMÉ). ◇ Par appos. (*Néol.*) *Pneu confort,* qui assure un meilleur confort à l'automobiliste. ◇ ANT. **Inconfort.**

CONFORTABLE [kɔ̃fɔʀtabl(ə)]. *adj.* (1628, rare av. XIXe ; angl. *comfortable.* V. **Confort**). ♦ 1o (Choses). Qui procure, présente du confort. *Maison confortable. Mener une vie confortable.* ♦ Aisé, bourgeois, douillet. *Un siège, un fauteuil confortable.* ◇ Fig. Qui assure un bien-être, une tranquillité psychologique. *Il est plus confortable de penser que vous n'êtes pas coupable.* — (Nombre, somme). De nature à assurer la sécurité. *Jouir d'une retraite confortable.* ♦ 2o (Personnes). *Vx* (parfois repris de nos jours). Qui est confortablement installé, à l'aise. « *Bourgeois confortables* » (GAUTIER). « *Je me sentais confortable près de lui* » (BEAUVOIR). ◇ ANT. **Désagréable, incommode, inconfortable.**

CONFORTABLEMENT [kɔ̃fɔʀtabləmɑ̃]. *adv* (XVIIIe ; de *confortable*). D'une manière confortable. *Être installé confortablement pour manger. Confortablement payé.* V. **Grassement.**

CONFORTER [kɔ̃fɔʀte]. *v. tr.* (fin Xe ; lat. ecclés. *confortare,* de *fortis* « fort »). ♦ 1o *Vx.* Réconforter, raffermir moralement. ♦ 2o (XIIIe). *Vx.* Donner des forces physiques à (qqn ; un organe). ♦ 3o *Mod.* (1972). Donner des forces à (un régime politique, une thèse, etc.). ◇ Raffermir (qqn) dans une opinion. *Être conforté dans son analyse, son interprétation.*

CONFRATERNEL, ELLE [kɔ̃fʀatɛʀnɛl]. *adj.* (1829 ; de *con-,* et *fraternel*). Qui a rapport aux relations entre confrères. *Amitié confraternelle. Émulation, rivalité confraternelle.*

CONFRATERNITÉ [kɔ̃fʀatɛʀnite]. *n. f.* (1283 ; de *fraternité*). *Didact.* Bonnes relations entre confrères.

CONFRÈRE [kɔ̃fʀɛʀ]. *n. m.* (XIIIe ; lat. médiév. *confrater*).

Celui qui appartient à une société, à une compagnie, considéré par rapport aux autres membres. V. **Collègue, consœur.** *Mon cher confrère. Médecin estimé de ses confrères.*

CONFRÉRIE [kɔ̃fʀeʀi]. *n. f.* (XIIIᵉ; de *confrère*). ♦ 1º *Relig.* Association pieuse de laïques. V. **Communauté, congrégation.** ♦ 2º *Vieilli.* Association, corporation.

CONFRONTATION [kɔ̃fʀɔ̃tɑsjɔ̃]. *n. f.* (1463; « limite », 1346; lat. médiév. *confrontatio*). Action de confronter des personnes ou des choses. V. **Comparaison.** *Confrontation de deux textes. Confrontation de témoins, de l'accusé avec les témoins.* — Fig. « *Cette confrontation désespérée entre l'interrogation humaine et le silence du monde* » (CAMUS). ◇ ANT. *Isolement, séparation.*

CONFRONTER [kɔ̃fʀɔ̃te]. *v. tr.* (1660; « être attenant », 1344; lat. médiév. *confrontare*, de *frons* « front »). ♦ 1º Mettre en présence (des personnes) pour comparer leurs affirmations. *Dr. Confronter les témoins entre eux, les témoins avec le prévenu.* — (Au passif et au p. p.). *Être confronté avec quelqu'un.* (Emploi critiqué) *Être confronté à quelque chose* (difficulté, problème...), être obligé d'y faire face. ♦ 2º *Par ext.* Comparer d'une manière suivie. *Confronter deux textes.* V. **Collationner.** *Confronter les déclarations de qqn avec ses écrits.* ◇ ANT. *Isoler, séparer.*

CONFUCIANISME [kɔ̃fysjanism(ə)]. *n. m.* (1878; de *Confucius*). Doctrine philosophique et religieuse du philosophe chinois. *Confucius.*

CONFUCIANISTE [kɔ̃fysjanist(ə)]. *n. et adj.* (XXᵉ; de *Confucius*). Qui professe le confucianisme. *Théologie confucianiste.*

CONFUS, USE [kɔ̃fy, yz]. *adj.* (v. 1120; « tué, perdu, ruiné », XIIᵉ; lat. *confusus*, p. p. de *confundere*. V. **Confondre**). ♦ 1º Qui est embarrassé par pudeur, par honte. V. **Déconcerté, honteux, penaud, piteux, troublé.** *Confus d'être pris sur le fait. Demeurer tout confus. Être confus de sa méprise, de son erreur.* — *Absolt. Je suis confus,* marque le regret de ce qui arrive par notre faute. V. **Désolé, ennuyé, navré.** ◇ Qui a le sentiment de ne pas mériter qqch. (éloges, récompenses). V. **Gêné.** *Vous êtes trop aimable, je suis confus.* ♦ 2º (XIIIᵉ). Dont les éléments sont mêlés de façon telle qu'il est impossible de les distinguer. V. **Désordonné, indistinct, pêle-mêle.** — *Amas confus :* chaos, tohu-bohu. *Mélange, amalgame confus.* — *Spécialt.* (Bruits, sons) *Bruit confus de voix* (brouhaha). *Cris confus. Murmure confus.* V. **Bourdonnement, chuchotement.** ♦ 3º (1671). Qui manque de clarté. V. **Amphigourique, embrouillé, équivoque, incertain, indécis, indéterminé, indistinct, obscur, vague.** « *Le souvenir confus d'un rêve terrible et singulier* » (DAUD.). « *Encore engourdi, les idées confuses* » (LARBAUD). *Style, langage confus.* V. **Alambiqué, entortillé, filandreux, nébuleux.** *Discours confus.* V. **Galimatias.** *Une affaire, une situation confuse.* V. **Écheveau, imbroglio.** ◇ *Un esprit confus.* ◇ ANT. *Clair, distinct, net, précis.*

CONFUSÉMENT [kɔ̃fyzemɑ̃]. *adv.* (1573; *confusement*, 1213; de *confus*). D'une manière confuse. V. **Indistinctement.** *Objets entassés confusément.* V. **Pêle-mêle.** *Percevoir confusément. Parler confusément.* V. **Inintelligiblement.** *Comprendre confusément qqch.* V. **Obscurément, vaguement.** ◇ ANT. *Clairement, nettement.*

CONFUSION [kɔ̃fyzjɔ̃]. *n. f.* (1080, « ruine, défaite »; lat. *confusio.* V. **Confus**). ♦ I. (Déb. XIIᵉ). Trouble qui résulte de la honte, de l'humiliation, d'un excès de pudeur ou de modestie. V. **Dépit, embarras, gêne, honte, trouble.** *Être couvert de confusion. Rougir de confusion. Remplir qqn de confusion, par un reproche sévère, par des éloges.* — *À la confusion de,* à la honte de, au grand dépit de. ♦ II. ♦ 1º (1370). État de ce qui est confus. V. **Désordre, trouble.** *Mettre la confusion dans une assemblée, dans les rangs d'une armée. Une confusion indescriptible.* V. **Brouillamini, chaos, embrouillamini, embrouillement, fouillis, imbroglio, mélange, méli-mélo, pêle-mêle, salade.** « *Il voyait sous ses yeux une confusion de toits pressés* » (FLAUB.). ♦ *Situation confuse, embrouillée* (souvent mêlée de violences). V. **Anarchie, bouleversement, désordre, désorganisation, ébranlement, trouble.** *Confusion politique.* ♦ 2º (XVIIᵉ). Manque de clarté, d'ordre dans ce qui touche les opérations de l'esprit. *Confusion des idées.* V. **Désordre, indécision, obscurité, vague.** *Faire un plan pour éviter toute confusion. Jeter la confusion dans les esprits.* V. **Désarroi, trouble.** — *Psycho.* (1900) *Confusion mentale :* état mental pathologique, accidentel ou chronique, dans lequel le malade présente des troubles perceptifs, mnémoniques et intellectuels. V. **Démence** (précoce). ♦ 3º (XVIIᵉ). Action de confondre entre elles deux personnes ou deux choses. V. **Erreur, méprise.** *Confusion de noms, de dates, de personnes. Une grossière confusion.* ♦ 4º *Dr. Confusion des pouvoirs*. Confusion des peines :* non-cumul des peines au cas de concours d'infractions (V. **Cumul**). *Bénéficier d'une confusion des peines,* et, ellipt., *d'une confusion.* ◇ Réunion sur une même personne, de deux qualités

juridiques qui s'éteignent. ◇ *Confusion de parts ou de paternité*.* ◇ ANT. *Assurance, désinvolture. Clarté, distinction, netteté, ordre, précision.*

CONFUSIONNEL, ELLE [kɔ̃fyzjɔnɛl]. *adj.* (XXᵉ; de *confusion*). *Psycho.* Propre à la confusion mentale.

CONFUSIONNISME [kɔ̃fyzjɔnism(ə)]. *n. m.* (1945; de *confusion*). ♦ 1º *Psycho.* État de la pensée syncrétique, chez l'enfant, où tout se mêle, alterne et fusionne. ♦ 2º *Polit.* Le fait d'entretenir la confusion dans les esprits.

CONGA [kɔ̃ga]. *n. f.* (v. 1950; mot esp. des Antilles). Danse cubaine d'origine africaine à quatre temps, avec trois pas rectilignes et le quatrième en diagonale.

CONGAÏ ou **CONGAYE** [kɔ̃gai, aj]. *n. f.* (fin XIXᵉ; annamite *con gaï* « la fille »). Femme annamite (au temps de la colonisation).

CONGE [kɔ̃ʒ]. *n. m.* (1545; lat. *congius*). ♦ 1º Mesure de capacité (3 litres 25) chez les Romains. ♦ 2º S'est dit de divers récipients. — Récipient de cuivre pour la préparation des liqueurs.

CONGÉ [kɔ̃ʒe]. *n. m.* (*Cumgiet,* Xᵉ; lat. *commeatus* « action de s'en aller », de *meare* « circuler »). ♦ I. ♦ 1º (Vx sauf dans les loc. : *Prendre, donner congé*). Autorisation, permission de partir. *Donner congé à qqn. Prendre congé :* saluer les personnes à qui l'on doit du respect, avant de les quitter. V. **Adieu** (faire ses adieux). « *Je voudrais prendre congé de moi-même. Je me suis décidément assez vu* » (GIDE). ♦ 2º (XVᵉ, milit.). Permission de s'absenter, de quitter un service, un emploi, un travail. *Congé de maladie, de convalescence.* V. **Repos.** *Congé annuel.* V. **Vacances.** *Congé d'un militaire. — Congés payés,* auxquels les salariés ont droit annuellement. *Par ext.* Les salariés en vacances (T. péj. dans la bouche des bourgeois, après les lois sociales de 1937). ♦ 3º (XIIIᵉ). *Avec le poss.* Autorisation de cesser, invitation à quitter un service à gages. V. **Renvoi.** *Un domestique qui demande son congé. Son patron lui donnera son congé* (Cf. Ses huit jours). V. **Congédier.** ♦ 4º (1611). Acte par lequel une partie fait connaître à l'autre sa volonté de ne pas continuer un contrat de louage. *Donner congé à un locataire. Accepter le congé.* ◇ *Jugement par défaut obtenu contre le demandeur qui ne s'est pas présenté à l'audience. Défaut-congé.* ♦ 5º Autorisation de transporter une marchandise soumise à l'impôt indirect (après payement : différent de *Acquit-à-caution*). *Mar. Congé de navigation.* V. **Passeport.** *Le congé fait partie des papiers de bord.* ◇ ANT. *Activité, embauchage, occupation, travail.* ♦ II. (1680; lat. *commeatus* « passage »). Moulure concave, en quart de cercle (V. **Cavet**) raccordant deux saillies d'un élément d'architecture.

CONGÉDIABLE [kɔ̃ʒedjabl(ə)]. *adj.* (1869; *congéable*, 1570; de *congédier*). Qui peut être congédié.

CONGÉDIEMENT [kɔ̃ʒedimɑ̃]. *n. m.* (1842; de *congédier*). Action de congédier. V. **Congé, renvoi.** — Octroi d'un congé.

CONGÉDIER [kɔ̃ʒedje]. *v. tr.* (fin XIVᵉ; it. *congedare,* de *congedo,* du fr.; a remplacé *congeer, congier;* de *congé*). ♦ 1º Inviter à se retirer, à s'en aller. V. **Éconduire, expédier** (fam.). « *Il le congédia d'une tape amicale sur la joue* » (DAUD.). — *Fig.* Chasser, éloigner. « *Congédier la passion et la raison, c'est tuer la littérature* » (BAUDEL.). ♦ 2º *Spécialt.* Congédier un salarié, un employé, un domestique. V. **Chasser, licencier, remercier, renvoyer, révoquer;** et les *pop.* Balancer, débarquer, saquer, vider. ◇ ANT. *Convoquer, inviter. Embaucher, engager.*

CONGELABLE [kɔ̃ʒlabl(ə)]. *adj.* (XVIᵉ, repris 1800; de *congeler*). Qui peut être congelé. *Liquide facilement congelable.*

CONGÉLATEUR [kɔ̃ʒelatœʀ]. *n. m.* (1845; de *congeler*). ♦ 1º *Vx.* Réfrigérateur. ♦ 2º *Mod.* Partie d'un réfrigérateur où se forme la glace, à température d'environ — 15º, et où les aliments se congèlent. V. **Freezer.** — Armoire pour la congélation des aliments. V. *aussi* Chambre (froide). ♦ 3º *Adj.* (Pêche). Se dit d'un navire qui dispose d'installations frigorifiques pour conserver les produits de la pêche. *Chalutier congélateur.*

CONGÉLATION [kɔ̃ʒelɑsjɔ̃]. *n. f.* (v. 1320; lat. *congelatio*). ♦ 1º Passage de l'état liquide à l'état solide par refroidissement (à pression constante) ou par abaissement de pression. *Point de congélation de l'eau :* 0 ºC, sous la pression atmosphérique. ◇ *Par ext.* V. **Coagulation.** *Congélation de l'huile.* ♦ 2º Action de soumettre un produit au froid (plus vif que la réfrigération) pour le conserver. *Congélation de la viande.* ◇ ANT. *Dégel, fusion, liquéfaction.*

CONGELER [kɔ̃ʒle]. *v. tr.;* conjug. *geler* (1265; lat. *congelare*). ♦ 1º Faire passer à l'état solide par l'action du froid. V. **Figer, geler, solidifier.** *Congeler de l'alcool.* — *Pronom. L'eau se congèle à 0º* en augmentant de volume. ♦ 2º *Cour.* Soumettre au froid pour conserver. *Viande congelée, bœuf congelé* (V. **Surgelé**). ♦ 3º Désorganiser les chairs, en parlant d'un froid excessif. *Congeler les pieds.* V. **Geler, glacer.** ◇ ANT. *Dégeler, fondre, liquéfier.*

CONGÉNÈRE [kɔ̃ʒenɛʀ]. *adj.* et *n.* (1526; lat. *congener*, rac. *genus* « genre »). ♦ 1° *Didact.* Qui appartient au même genre, à la même espèce. *Plantes, animaux congénères.* « *Son origine* (du Rhin) *est congénère à ces peuples du Nord* » (CHATEAUB.). — *Anat.* Muscles *congénères* (ou *agonistes*), qui concourent à un même mouvement (*opposé à* antagonistes). V. Conjugué. ♦ 2° N. *Cet animal et ses congénères.* — *Par ext.* (cour.) *Lui et ses congénères.* V. Pareil, semblable.

CONGÉNITAL, ALE, AUX [kɔ̃ʒenital, o]. *adj.* (1784; du lat. *congenitus* « né avec »). ♦ 1° (*Opposé à* acquis). Qui est présent à la naissance; dont l'origine se situe pendant la vie intra-utérine. *Maladie, malformation congénitale.* V. Héréditaire, inné. ♦ 2° *Fig.* Inné. « *L'optimisme congénital* » *des Américains* (SIEGFRIED). — *Fam. C'est un crétin congénital.*

CONGÉNITALEMENT [kɔ̃ʒenitalmɑ̃]. *adv.* (1852; de *congénital*). D'une manière congénitale, innée.

CONGÈRE [kɔ̃ʒɛʀ]. *n. f.* (1869; très antérieur dans les dialectes (Centre; Alpes); lat. *congeries*, de *congerere* « accumuler »). Amas de neige entassée par le vent.

CONGESTIF, IVE [kɔ̃ʒɛstif, iv]. *adj.* (1833; de *congestion*). Qui a rapport à la congestion. *État congestif d'un organe.*

CONGESTION [kɔ̃ʒɛstjɔ̃]. *n. f.* (v. 1400; lat. *congestio*, de *congerere* « accumuler »). Afflux de sang dans une partie du corps. V. Tension, turgescence. *Congestion cérébrale :* coup de sang, transport au cerveau. *Congestion pulmonaire. Congestion active*, due à une inflammation. *Congestion passive.* V. Stase.

CONGESTIONNER [kɔ̃ʒɛstjɔne]. *v. tr.* (1833; de *congestion*). ♦ 1° Produire une congestion, un afflux de sang dans les vaisseaux d'un organe. « *Son rire de bon vivant congestionnait ses pommettes* » (MART. du G.). *Avoir le visage congestionné, être congestionné.* V. Rouge. ♦ 2° *Fig.* Encombrer. *Congestionner une rue, une route.* V. Embouteiller. ⊗ ANT. Décongestionner. *Pâle, blême.*

CONGLOMÉRAT [kɔ̃glɔmeʀa]. *n. m.* (1818; de *conglomérer*). ♦ 1° Roche détritique formée par des fragments arrachés à une roche préexistante et agglomérés par un ciment. V. Aggloméré. *Conglomérats à éléments anguleux* (V. Brèche 2), *roulés* (V. Poudingue). ♦ 2° *Fig.* (1896). V. Agglomération, agglutination. « *Les conglomérats de coteries se défaisaient et se reformaient* » (PROUST). ♦ 3° *Écon.* (1968; amér. *conglomerate*). Réunion d'entreprises offrant des produits ou services différents, entre les mains d'un même groupe financier. ⊗ ANT. *Désagrégation, dispersion, éparpillement.*

CONGLOMÉRATION [kɔ̃glɔmeʀasjɔ̃]. *n. f.* (1829; de *conglomérer*). *Didact.* Action de conglomérer.

CONGLOMÉRER [kɔ̃glɔmeʀe]. *v. tr.; conjug. céder* (1721; *congloméré*, 1686; lat. *conglomerare*, de *glomus* « pelote »). *Didact.* Amasser, réunir en une seule masse. V. Agglomérer, agglutiner, conglutiner, lier. ⊗ ANT. Désagréger, *disséminer, éparpiller, pulvériser.*

CONGLUTINANT, ANTE [kɔ̃glytinɑ̃, ɑ̃t] ou **CONGLUTINATIF, IVE** [kɔ̃glytinatif, iv]. *adj.* (XIXe, -XVIe; de *conglutiner*). *Méd.* Propre à conglutiner. Vx ou didact. *Remède conglutinant.* Subst. *Un conglutinant.*

CONGLUTINATION [kɔ̃glytinasjɔ̃]. *n. f.* (1314; lat. *conglutinatio*). Action de conglutiner; son résultat.

CONGLUTINER [kɔ̃glytine]. *v. tr.* (1314; lat. *congluatinare*). Vx ou littér. Faire adhérer deux ou plusieurs corps par le moyen d'une substance visqueuse. V. Coller, souder. ◇ Rendre (un liquide) visqueux, gluant. V. Épaissir. ⊗ ANT. Dissocier, séparer. *Éclaircir, fluidifier.*

CONGOLAIS, AISE [kɔ̃gɔlɛ, ɛz]. *adj.* et *n. m.* (v. 1900; *congolan*, XIXe; de *Congo*). Du Congo. ◇ *N. m.* Gâteau à la noix de coco.

CONGRATULATION [kɔ̃gʀatylasjɔ̃]. *n. f.* (1468; lat. *congratulatio*, rac. *gratus.* V. Gré). Vx ou *plaisant.* Action de congratuler. V. Compliment; félicitation. « *Cette journée où ne cessèrent visites, congratulations, transports de cadeaux et de vœux* » (BOSCO).

CONGRATULER [kɔ̃gʀatyle]. *v. tr.* (1355; lat. *congratulari*, de *gratulari* « féliciter ». V. Gré). Vx ou *plaisant.* Faire un compliment de félicitation. V. Complimenter, féliciter. — SE CONGRATULER. *v. pron.* Échanger des compliments. *Ils se sont longuement congratulés.* ⊗ ANT. Critiquer.

CONGRE [kɔ̃gʀ(ə)]. *n. m.* (XIIIe; lat. *conger*). Poisson de mer (*Murénidés*), au corps cylindrique, sans écailles (anguille de mer). *Forme larvaire du congre.* V. Leptocéphale.

CONGRÉER [kɔ̃gʀee]. *v. tr.* (1773; a. fr. *conreer* « arranger », d'apr. *gréer*). Mar. *Congréer un cordage :* le garnir d'un filin afin de remplir les vides entre les torons.

CONGRÉGANISTE [kɔ̃gʀeganist(ə)]. *adj.* et *n.* (1680; de *congrégation*, d'apr. *organiste*, etc.). D'une congrégation. *École congréganiste :* religieuse. ⊗ ANT. Laïque.

CONGRÉGATION [kɔ̃gʀegasjɔ̃]. *n. f.* (XVIe; « réunion », XIIe; lat. *congregatio*, rac. *grex* « troupeau »). ♦ 1° Compagnie de prêtres, de religieux, de religieuses. V. Communauté, ordre. *La congrégation de l'Oratoire. La loi sur les congréga-*

tions (1901). *D'une congrégation.* V. Congréganiste. — *Par anal.* Confrérie de dévotion, mise sous l'invocation de la Vierge, d'un saint. ♦ 2° À la cour de Rome, Comité de cardinaux, d'ecclésiastiques, chargé d'examiner certaines affaires. *Congrégation de l'Index, de la Propagande, des Rites.* ♦ 3° Organisation ecclésiastique au sein du protestantisme. ♦ 4° *Fig.* Assemblée, société.

CONGRÉGATIONALISME [kɔ̃gʀega(a)sjɔnalism(ə)]. *n. m.* (1878; de *congrégation*, 3°). Système dans lequel chaque paroisse protestante est autonome.

CONGRÈS [kɔ̃gʀɛ]. *n. m.* (1611; « union sexuelle », XVIe; lat. *congressus* « réunion »). ♦ 1° *Hist.* Réunion diplomatique où les représentants de plusieurs puissances règlent certaines questions internationales. V. Conférence. *Congrès de Vienne* (1815), *de Paris* (1856). *Assembler, ouvrir un congrès international pour la paix.* ♦ 2° (1774; angl. *congress*). Corps législatif des États-Unis d'Amérique. *Une chambre des représentants et un sénat composent le Congrès.* ♦ 3° Réunion de personnes qui se rassemblent pour échanger leurs idées ou se communiquer leurs études. *Congrès et colloques*. Congrès de sociologie. Congrès eucharistique. Congrès de médecins, de juristes.*

CONGRESSISTE [kɔ̃gʀesist(ə)]. *n.* (1869; de *congrès*). Personne qui prend part à un congrès.

CONGRU, UE [kɔ̃gʀy]. *adj.* (fin XIIIe; lat. *congruus* « convenable »). ♦ 1° *Vx.* Qui convient exactement à une situation donnée. V. Convenable, pertinent. « *Après une attente congrue dans les salons* » (FRANCE). ♦ 2° Mod. *Portion congrue :* pension que le bénéficiaire d'une paroisse donnait au curé. — *Par ext.* Revenu, traitement à peine suffisant pour subsister. *Réduire qqn à la portion congrue.* ♦ 3° Math. *Nombres congrus, par rapport à un troisième*, dont la différence est divisible par ce dernier (module). V. Congruence. ⊗ ANT. Incongru.

CONGRUENCE [kɔ̃gʀyɑ̃s]. *n. f.* (1846; « convenance », XVe; de *congru*). Math. ♦ 1° Caractère de deux nombres congrus. ♦ 2° Égalité de figures géométriques (dites *congruentes*). ◇ *Congruence de droites :* famille de droites à deux paramètres.

CONGRÛMENT [kɔ̃gʀymɑ̃]. *adv.* (XIVe; de *congru*). *Littér.* D'une manière congrue. V. Convenablement, correctement.

CONICINE. *n. f.* (1834). V. CICUTINE.

CONICITÉ [kɔnisite]. *n. f.* (1833; de *conique*). *Didact.* Forme conique, propre au cône.

CONIDIE [kɔnidi]. *n. f.* (1846; du gr. *konis* « poussière »). *Bot.* Spore exogène des champignons (reprod. asexuée).

CONIFÈRE [kɔnifɛʀ]. *n. m.* (1523; adj. lat. *conifer*, de *conus* « cône », et *-fère*). *Bot.* (1809). Plante d'une important famille de gymnospermes, comprenant surtout des arbres dont les organes reproducteurs sont des chatons (mâles) et des cônes* (femelles); var. *Coniférales;* sous-familles : Abiétinées, cupressinées, taxinées. *Principaux conifères.* V. Araucaria, cèdre, épicéa, ginkgo, if, mélèze, pin, sapin, séquoia, thuya. Cour. *Forêts de conifères.* V. Résineux.

CONIQUE [kɔnik]. *adj.* et *n. f.* (1626; gr. *kônikos*). ♦ 1° Qui a la forme d'un cône. V. Conicité. *Engrenage, pignon conique.* ♦ 2° *Géom.* Qui appartient au cône. *Section conique.* N. f. *Courbe qui résulte de la section d'un cône par un plan* (circonférence, ellipse, hyperbole, parabole).

CONIROSTRE [kɔniʀɔstʀə]. *adj.* et *n.* (1809; de *cône*, et lat. *rostrum* « bec »). *Zool.* Qui a le bec court et conique.

CONJECTURAL, ALE, AUX [kɔ̃ʒɛktyʀal, o]. *adj.* (v. 1300; de *conjecture*). Qui est fondé sur les conjectures. *Science conjecturale.* ⊗ ANT. Certain, constant, positif.

CONJECTURALEMENT [kɔ̃ʒɛktyʀalmɑ̃]. *adv.* (1488; de *conjectural*). *Didact.* Par conjecture.

CONJECTURE [kɔ̃ʒɛktyʀ]. *n. f.* (1246; lat. *conjectura*). Opinion fondée sur des probabilités. V. Hypothèse, supposition; soupçon. *Conjecture sur l'avenir.* V. Présomption, prévision, pronostic. *En être réduit aux conjectures. Se perdre en conjectures*, envisager de nombreuses hypothèses, être perplexe.

CONJECTURER [kɔ̃ʒɛktyʀe]. *v. tr.* (XIIIe; bas lat. *conjecturare*). Croire, juger par conjecture. V. Présumer, soupçonner, supposer. *Conjecturer l'issue d'un événement.* « *Je dirai volontiers ce que je suis, je me tairai sur ce que j'ai conjecturé* » (ROUSS.). — *Absolt. Conjecturer sur ce qu'on ignore.* V. Augurer, deviner.

CONJOINT, OINTE [kɔ̃ʒwɛ̃, wɛ̃t]. *adj.* et *n.* (XIIe, « ami »; de l'a. fr. *conjoindre;* lat. *conjungere*). ♦ 1° *Adj.* Joint avec; uni. *Problèmes conjoints.* — Dr. *Personnes conjointes :* liées par des intérêts communs. *Legs conjoint :* fait conjointement. — Mus. *Degré conjoint* (qui précède ou suit immédiatement). ♦ 2° N. (1413). Personne jointe (à une autre) par les liens du mariage. V. Époux. *Le conjoint, -, son conjoint. Les deux conjoints. Les futurs conjoints :* les fiancés. ⊗ ANT. Disjoint, divisé, séparé.

CONJOINTEMENT [kɔ̃ʒwɛ̃tmɑ̃]. *adv.* (1254; de *conjoint*).

D'une manière conjointe. V. **Concert** (de), **concurremment, ensemble, simultanément.** *Agir conjointement avec qqn.* ◇ ANT. *Part* (à), **séparément.**

CONJONCTEUR [kɔ̃ʒɔ̃ktœʀ]. *n. m.* (1868; de *conjonction,* d'apr. *disjoncteur*). *Électr.* Interrupteur automatique pour fermer un circuit. V. **Coupleur.** *Conjoncteur-disjoncteur.*

CONJONCTIF, IVE [kɔ̃ʒɔ̃ktif, iv]. *adj. (Conjoinctive,* 1372; lat. *conjunctivus).* ♦ 1° *Anat.* Qui unit des parties organiques. — (1863) *Tissu conjonctif :* qui occupe les intervalles entre les organes ou entre les éléments d'un organe. *Fibres, cellules conjonctives.* ◇ *La membrane conjonctive.* V. **Conjonctive.** ♦ 2° (XIVᵉ). *Gram.* Qui réunit deux mots, deux parties d'un discours. *Particules conjonctives :* les conjonctions. *Locutions conjonctives,* jouant le rôle de conjonctions (ex. : *bien que*). ◇ ANT. *Disjonctif.*

CONJONCTION [kɔ̃ʒɔ̃ksjɔ̃]. *n. f.* (v. 1160; lat. *conjunctio*). I. ♦ 1° (v. 1300). Action de joindre. V. **Rencontre, réunion, union.** « *Le style d'un peintre est dans cette conjonction de la nature et de l'histoire* » (CAMUS). ♦ 2° (XIIIᵉ). *Astron.* Rencontre de deux planètes dans une ligne droite, par rapport à un point de la Terre. *Conjonction des planètes en astrologie.* V. **Aspect.** — *Absolt.* Rencontre de la Lune avec le Soleil dans un même point du zodiaque. — (ANT. *Opposition).*

II. (XIVᵉ). *Gram.* Partie du discours qui sert à joindre deux mots ou groupes de mots. *Conjonctions de coordination* (copulatives), qui, entre des mots ou des propositions de même fonction, marquent l'union *(et),* l'opposition (ex. : *mais, pourtant),* l'alternative ou la négation (ex. : *ni, ou),* la conséquence *(donc),* la conclusion *(ainsi, enfin). Conjonctions de subordination,* qui établissent une dépendance entre les éléments qu'elles unissent *(comme, quand, que,* etc.). ◇ ANT. *Disjonction,* **séparation.**

CONJONCTIVAL, ALE, AUX [kɔ̃ʒɔ̃ktival, o]. *adj.* (1869; de *conjonctive). Méd.* Relatif à la conjonctive.

CONJONCTIVE [kɔ̃ʒɔ̃ktiv]. *n. f.* (XIVᵉ; V. *Conjonctif).* Membrane muqueuse transparente qui tapisse l'intérieur des paupières et les unit au globe oculaire sur lequel elle se continue jusqu'à la cornée. *Appliquer un collyre sur la conjonctive.*

CONJONCTIVITE [kɔ̃ʒɔ̃ktivit]. *n. f.* (1832; de *conjonctive).* Inflammation de la conjonctive. *Conjonctivite granuleuse.* V. **Trachome.**

CONJONCTURE [kɔ̃ʒɔ̃ktyʀ]. *n. f.* (XIVᵉ; a. fr. *conjoincture,* refait d'apr. lat. *conjunctus).* Situation qui résulte d'une rencontre de circonstances et qui est considérée comme le point de départ d'une évolution, d'une action. V. **Cas, état, occasion, occurrence, situation.** *Conjoncture favorable, difficile. Profiter de la conjoncture. Dans la conjoncture présente.* ◇ *Étude de conjoncture :* étude d'une situation occasionnelle *(opposé à* structure) en vue d'une prévision. ◇ *Par ext.* « *Branche de la connaissance qui étudie les moyens de formuler des appréciations et au besoin des prévisions sur la situation économique* » (A. SAUVY).

CONJONCTUREL, ELLE [kɔ̃ʒɔ̃ktyʀɛl]. *adj.* (v. 1960; de *conjoncture).* De la conjoncture économique. ◇ ANT. **Structurel.**

CONJONCTURISTE [kɔ̃ʒɔ̃ktyʀist(ə)]. *n. m.* (1960; de *conjoncture). Écon.* Spécialiste des problèmes de conjoncture économique.

CONJUGABLE [kɔ̃ʒygabl(ə)]. *adj.* (1829; de *conjuguer).* Qui peut être conjugué.

CONJUGAISON [kɔ̃ʒygɛzɔ̃]. *n. f.* (XIIᵉ; lat. gram. *conjugatio).* ♦ 1° Ensemble des formes verbales; tableau ordonné de toutes les formes d'un verbe suivant les voix *(conjugaison active, passive, réfléchie,* et en latin *déponente),* les modes, les temps, les personnes, les nombres. *Conjugaison régulière, irrégulière. Les trois groupes de conjugaisons de la langue française :* 1ᵉʳ : celui des verbes en -er; 2ᵉ : celui des verbes en -ir (part. prés. -issant); 3ᵉ : tous les autres. *Conjugaison défective.* — Groupe des verbes ayant des formes communes. ♦ 2° Le fait de conjuguer *(rare). La conjugaison de leurs efforts.* ♦ 3° *Biol.* Mode de reproduction sexuée, chez les micro-organismes unicellulaires, caractérisée par l'union de deux individus semblables se comportant comme des gamètes (distinct de la *fécondation).* ◇ Union des chromosomes homologues lors de la mitose. ◇ ANT. *Dispersion,* **éparpillement, opposition.**

CONJUGAL, ALE, AUX [kɔ̃ʒygal, o]. *adj.* (v. 1300; lat. *conjugalis).* Relatif à l'union entre le mari et la femme. V. **Matrimonial.** *Amour, foyer conjugal. Union conjugale.* V. **Mariage.**

CONJUGALEMENT [kɔ̃ʒygalmã]. *adv.* (XVIᵉ; de *conjugal).* D'une manière conjugale. V. **Maritalement.**

CONJUGUÉ, ÉE [kɔ̃ʒyge]. *adj. et n.* (1690; « marié », 1596; V. *Conjuguer).* ♦ 1° Joint, combiné avec. *Influences conjuguées. Leurs efforts conjugués.* ♦ 2° (1753). *Feuilles conjuguées :* feuilles composées, dont les folioles s'opposent deux à deux. ♦ 3° *Machines conjuguées :* dont le travail est simultané et concourt à une fin commune. ♦ 4° *Math.*

Entre lesquels il existe une correspondance. *Points conjugués,* divisant un segment de droite selon une division harmonique*. — Opt. Le point objet et son image sont conjugués.* ♦ 5° *Anat.* Se dit de structures participant à la même fonction ou formées par la réunion de deux parties symétriques. *Nerfs conjugués.* V. **Congénère.** ♦ 6° *N. f. pl.* CONJUGUÉES, algues d'eau douce, vertes *(Chlorophycées),* sans spores, à reproduction sexuée *(conjugaison).*

CONJUGUER [kɔ̃ʒyge]. *v. tr.* (1572; lat. *conjugare* « unir »). ♦ 1° (1596). Joindre ensemble. V. **Combiner, unir.** « *Ces deux provinces de France, qui conjuguent en moi leurs contradictoires influences* » (GIDE). ♦ 2° Réciter ou écrire la conjugaison de (un verbe). — *Pronom.* passif. *Le verbe* manger *se conjugue avec l'auxiliaire* avoir. ◇ ANT. *Disperser,* **opposer.**

CONJUNGO [kɔ̃ʒɔ̃go]. *n. m.* (1670; mot lat. « j'unis »). *(Plaisant).* Mariage. « *À cette époque, la profession de philosophe n'était pas compatible avec le conjungo* » (HENRIOT).

CONJURATEUR, TRICE [kɔ̃ʒyʀatœʀ, tʀis]. *n.* (v. 1470: de *conjurer). Rare.* ♦ 1° Personne qui dirige une conjuration. V. **Conspirateur.** ♦ 2° Personne qui conjure (1°). *Anc.* var. CONJUREUR [kɔ̃ʒyʀœʀ].

CONJURATION [kɔ̃ʒyʀasjɔ̃]. *n. f.* (1160, « serment »; lat. *conjuratio).* ♦ 1° *(Fin* XIIᵉ). Rite, formule pour chasser les démons (V. **Adjuration, charme, exorcisme**) ou pratique magique pour combattre les influences maléfiques. *Il* « *voyait bien qu'elle faisait une conjuration au feu follet* » (SAND). ♦ 2° (1470). Entreprise concertée secrètement contre l'État, le souverain, par un groupe de personnes que lie un serment. V. **Complot, conspiration.** *Le chef et l'âme* (V. **Conjurateur**), *les affiliés* (V. **Conjuré**) *d'une conjuration.* « *Le prince était l'âme, sinon le chef, d'une vaste conjuration* » (MÉRIMÉE). *La conjuration d'Amboise.* — *Par ext.* Action concertée de plusieurs personnes; coalition, ligue. *La conjuration des mécontents. C'est une conjuration!* ◇ ANT. *Maléfice,* **sortilège.**

CONJURÉ, ÉE [kɔ̃ʒyʀe]. *n.* (1213; lat. *conjuratus.* V. *Conjurer).* Membre d'une conjuration. *Les conjurés ont préparé un attentat contre le chef de l'État.*

CONJURER [kɔ̃ʒyʀe]. *v. tr.* (980, « prier »; lat. *conjurare* « jurer ensemble »).

I. ♦ 1° (XIIᵉ). Écarter (les esprits malfaisants) par des prières, des pratiques magiques. V. **Charmer, chasser, exorciser.** « *Une vieille oraison qu'on me faisait réciter dans mon enfance, pour conjurer les démons de la nuit* » (BOSCO). ♦ 2° *(Fin* XVIᵉ). Détourner, dissiper *(une* menace), écarter (un danger). *Conjurer un péril, le mauvais sort.* « *Un danger semble très évitable quand il est conjuré* » (PROUST). ♦ 3° Prier avec instance. V. **Adjurer, implorer, supplier.** *Je vous conjure de me croire; je vous en conjure.*

II. ♦ 1° (XIIIᵉ). *Vx.* Préparer par un complot (la ruine, la perte de qqn, spécialt. d'un chef). *Conjurer la perte, la mort d'un tyran.* V. **Comploter, conspirer, tramer; conjuration, conjuré.** *Absolt.* « *Les ennemis de Rome conjuraient contre elle* » (MONTESQ.). ♦ 2° *Pronom.* Mod. *Les républicains se conjurèrent contre César. Fig.* « *Les circonstances allaient se conjurer pour nous rejeter dans le désordre* » (BAINVILLE). V. **Unir (s').** ◇ ANT. *Attirer, évoquer, invoquer.*

CONNAISSABLE [kɔnɛsabl(ə)]. *adj.* (1677; *conuisable,* XIIIᵉ; de *connaître).* Qui peut être connu. « *Il reste l'univers absurde ... dont l'impérieuse présence n'est à l'échelle de rien qui soit connu ou connaissable* » (CL. MAURIAC).

CONNAISSANCE [kɔnɛsɑ̃s]. *n. f. (Conoissance,* XIᵉ; de *connaître).*

I. ♦ 1° Le fait ou la manière de connaître*. *La connaissance d'un objet.* V. **Conscience; compréhension, représentation.** *Arriver à la connaissance précise de qqch. Connaissance sensorielle; connaissance intuitive.* V. **Impression, intuition, sensation, sentiment.** *Connaissance relative. Connaissance exacte, profonde.* V. **Certitude, compréhension.** *Connaissance abstraite, spéculative; pratique, expérimentale* (V. **Expérience, pratique**). « *Toute connaissance est une réponse à une question* » (BACHELARD). ◇ *Absolt.* Philo. *Théorie de la connaissance :* des rapports entre le sujet (qui connaît) et l'objet. ◇ *Spécial. Connaissance des Temps :* éphémérides du Bureau des longitudes. ♦ 2° *Loc. Avoir connaissance de.* V. **Connaître, savoir.** *Venir à la connaissance de :* être appris de. *À ma connaissance :* autant que je sache. *Prendre connaissance* (d'un texte, etc.). ♦ 3° (XIIᵉ). *Vx.* Faculté de connaître propre à un être vivant. V. **Discernement, entendement, intelligence.** « *Pourquoi ma connaissance est-elle bornée?* » (PASC.). « *Si les bêtes ont de la connaissance* » (FÉN.). ♦ 4° (XVIIᵉ). *Dans des loc.* Le fait de sentir, de percevoir. V. **Conscience, sentiment.** *Avoir toute sa connaissance.* V. **Lucidité.** *Perdre connaissance.* Tomber, rester sans connaissance : s'évanouir, être évanoui. *Reprendre connaissance* (V. **Esprit**). ♦ 5° (XVIIᵉ). *Les connaissances* (sens objectif) : ce qui est connu, ce que l'on sait, pour l'avoir appris. V. **Acquis, culture, éducation, érudition, instruction, savoir, science.**

Connaissances acquises. Posséder des connaissances sur qqch. V. **Clarté, lumière, teinture.** *Il n'a que des connaissances élémentaires, sommaires sur ce sujet.* V. **Aperçu, élément, idée, notion, rudiment.** *Approfondir, enrichir ses connaissances par l'étude. Agrandir le cercle, le champ, étendre la sphère de ses connaissances. Ensemble des connaissances.* V. **Encyclopédie.** « *Les connaissances nous suivent tout le reste de notre vie, nous sont toujours utiles* » (STENDHAL). — (Sing. collectif) *Dans toutes les branches de la connaissance.* V. **Savoir, science.** ♦ 6° *Dr.* Droit de connaître et de juger. V. **Compétence.** *Connaissance d'une cause par un tribunal.* — Fig. et cour. *En connaissance de cause :* avec raison et justesse, à bon escient. V. **Judicieusement, sciemment.** II. (XII°). *Vx.* Preuve, marque. *Vén.* Traces laissées par la bête chassée. III. ♦ 1° (*Déb.* XVII°). Relation qui s'établit entre personnes. *Faire connaissance avec qqn.* V. **Contact** (entrer en), **lier** (se), **rencontrer.** *J'ai fait connaissance avec lui, j'ai fait sa connaissance.* Absolt. *Nous avons fait connaissance. Renouer connaissance :* reprendre des relations interrompues. *Faire faire connaissance à deux personnes.* V. **Introduire, présenter.** ◇ DE CONNAISSANCE. *Une personne, un visage de connaissance. Nous sommes entre gens de connaissance.* — Par ext. *En pays de connaissance :* dans un lieu où l'on connaît des gens. ♦ 2° (1656). UNE CONNAISSANCE : *une personne que l'on connaît.* V. **Relation.** *Ce n'est ni un ami, ni un camarade, c'est une simple connaissance. Faire de nouvelles connaissances dans une réunion.* — Par ext. *Faire connaissance avec qqch.* V. **Découverte.** « *Faire la connaissance d'une ville* » (CAMUS).
◇ ANT. *Doute, ignorance, inconscience, inexpérience. Inconnu.*

CONNAISSEMENT [kɔnɛsmɑ̃]. *n. m.* (1643, *mar.*; « connaissance », XII°; de *connaître*). *Cour.* Reçu des marchandises expédiées par voie maritime. — *Par ext.* Contrat de transport maritime d'une marchandise.

CONNAISSEUR, EUSE [kɔnɛsœr, øz]. *n.* et *adj.* (XII°, repris XVII°; de *connaître*). ♦ 1° *N.* Personne qui se connaît à qqch., y est experte. V. **Amateur.** *Être connaisseur en vins. Un grand, un fin connaisseur. Regarder, juger en connaisseur.* — *Fém.* (1659). (Rare) *C'est une fine connaisseuse.* « *Le jeu, assez cruel, d'une connaisseuse en plaisirs de l'esprit* » (COLETTE). ♦ 2° *Adj.* (XIX°). *Un coup d'œil connaisseur.* « *Il contempla son paquetage d'un air connaisseur* » (MAC ORLAN). *Elle est très connaisseuse.* ◇ ANT. *Ignorant, incompétent, profane.*

CONNAÎTRE [kɔnɛtr(ə)]. *v. tr.* : *je connais, il connaît, nous connaissons; je connaissais; je connus; que je connaisse (Conoistre,* XI°; *lat. cognoscere).* Avoir présent à l'esprit un objet réel ou vrai (concret ou abstrait) ; physique ou mental) ; être capable de former l'idée, le concept, l'image de. « *On peut connaître tout, excepté soi-même* » (STENDHAL). I. CONNAÎTRE UNE CHOSE. ♦ 1° Se faire une idée de. *Connaître un fait. Connaître un mot.* V. **Savoir.** *Connaître les tenants et aboutissants d'une affaire. Faire connaître une chose, une idée.* V. **Apprendre.** *Faire connaître son sentiment :* l'exprimer, le manifester. ◇ *Vx. Connaître que.* V. **Savoir, voir.** ♦ 2° Avoir dans l'esprit en tant qu'objet de pensée analysé. *Il connaît assez bien l'œuvre de Hugo. Connaître un texte, une œuvre à fond, par cœur. Il ne connaît pas grand-chose à l'aviation. Il n'y connaît rien.* — Loc. fam. *Je ne connais que ça,* se dit quand on n'arrive pas à se rappeler quelque chose qu'on sait. ◇ Pouvoir faire usage de ; être devenu habile en. *Connaître une méthode, son métier. Connaître l'allemand.* V. **Savoir.** — *Fig.* et fam. *Il connaît la musique*. *En connaître un rayon*. *Connaître la chanson*. *Connaître comme sa poche*. ◇ Vieilli. *Se connaître à* (qqch.) ; mod. *S'y connaître :* être très compétent. V. **Entendre** (s'y). « *Un vieux singe qui s'y connaissait en grimaces* » (MAUROIS). — Loc. « *...ou je ne m'y connais pas* » : se dit pour appuyer une assertion où l'on s'estime compétent. — (Avec la négation). *Ne pas connaître grand-chose à* (un sujet). *Il n'y connaît rien.* ♦ 3° Avoir vécu, ressentir. V. **Éprouver, expérimenter, ressentir.** *Connaître la faim, les privations, l'humiliation.* ◇ *Connaître un lieu :* y être allé. *Vous connaissez Venise?* ♦ 4° (*Choses*). Avoir. *Sa charité ne connaît pas de bornes.* « *Ses portraits connurent des fortunes diverses* » (MAUROIS). ♦ 5° *Ne connaître que; ne pas connaître :* tenir compte de. V. **Admettre, considérer, préoccuper** (se). *Il ne connaît que son devoir, que la consigne. Il ne connaît pas la pitié.* ♦ 6° Trans. indir. *Connaître de :* avoir compétence pour juger. *Le tribunal de commerce ne connaît pas des causes civiles.* II. CONNAÎTRE QQN. ♦ 1° Être conscient de l'existence de (qqn). *Je ne connais pas cet auteur, je n'en ai jamais entendu parler. Je le connais de nom.* ♦ 2° Être capable de reconnaître ; savoir l'identité de. *Je connais cette tête-là. Je vous connaissais de vue avant qu'on ne nous présente.* ♦ 3° Avoir des relations sociales avec (V. **Connaissance**). *Chercher à connaître une personne.* — Pronom. *Ils se sont connus en Italie.* V. **Rencontrer** (se). ♦ 4° (Style biblique) *Connaître une femme :* avoir des relations charnelles avec elle. ♦ 5° Se

faire une idée de la personnalité de qqn. V. **Apprécier, comprendre, juger.** « *Vous ne me connaissez pas encore. Vous me faites grand tort de juger de moi par les autres* » (MOL.). ♦ 6° Pronom. *Se connaître :* être capable de se juger. « *Connais-toi toi-même* » (trad. de SOCRATE). *Vx. L'homme* « *se connaît misérable* » (PASC.) : sait qu'il est misérable. ◇ Loc. *Il ne se connaît plus :* il est en colère (jusqu'à en perdre conscience). III. (*Vx*). Trouver en qqch. ou qqn ce qu'on connaît déjà. V. **Reconnaître.** *C'est au fruit que l'on connaît l'arbre.* « *À l'œuvre on connaît l'artisan* » (LA FONT.).
◇ ANT. *Douter, ignorer, méconnaître, renier.* *Dédaigner, négliger.*

CONNARD, ARDE. V. CONARD.

CONNASSE. V. CONASSE.

CONNE. V. CON.

CONNEAU [kɔno]. *n. m.* (XX°; XVI°, *connaut, connaude;* de *con*). Très fam. et *vulg.* Imbécile, sot. V. **Conard.** « *On s'échine pendant trois mois, on perd sa jeunesse et sa beauté à discuter avec de sombres conneaux* [...] » (DUTOURD).

CONNECTER [kɔn(n)ɛkte]. *v. tr.* (1780; lat. *connectere*). *Techn.* Unir par une connexion, mettre en liaison (deux ou plusieurs appareils électriques). *Connecter un calculateur périphérique à une unité centrale.* V. **Brancher.** ◇ ANT. *Couper, débrancher, isoler, séparer.*

CONNECTEUR [kɔn(n)ɛktœr]. *n. m.* (1799; de *connecter*). *Techn.* Appareil de connexion. *Connecteur téléphonique.* ◇ *Électr.* Prise à broches* multiples.

CONNECTIF, IVE [kɔn(n)ɛktif, iv]. *adj.* et *n. m.* (1799; de *connecter*). ♦ 1° *Vx.* Qui sert à unir. ♦ 2° *N. m.* Nerf réunissant les ganglions. — *Bot.* Organe qui réunit les deux loges de l'anthère dans certaines plantes. ◇ *Log.* Opérateur qui lie des propositions. *Connectif binaire.*

CONNERIE [kɔnri]. *n. f.* (XX°; de *con*, fig. « imbécile ». (Cf. *Conart*, XIII°); lat. *cunnus*). *Vulg.* Imbécillité, absurdité. *Tout ça c'est des conneries!* V. **Bêtise.** « *Quelle connerie, la guerre* » (PRÉVERT). *C'est de la connerie!, c'est bête; c'est faux.* — Action, parole inepte. *Faire, dire des conneries.*

CONNÉTABLE [kɔnetabl(ə)]. *n. m.* (Cunestable, XII°; bas lat. *comes stabuli* « comte de l'étable »). *Hist.* Grand officier de la couronne, chef suprême de l'armée.

CONNEXE [kɔn(n)ɛks(ə)]. *adj.* (1290; lat. *connexus,* de *connectere* « lier ensemble »). Qui a des rapports étroits avec autre chose. V. **Analogue, dépendant, joint, lié, uni, voisin.** *Affaires, matières, idées, sciences connexes. Causes connexes :* jugées par un même tribunal en raison de leur connexité. ◇ ANT. *Indépendant, séparé.*

CONNEXION [kɔn(n)ɛksjɔ̃]. *n. f.* (1361; de *connexe*). Le fait d'être connexe ; rapport entre choses connexes. V. **Affinité, analogie, cohérence, liaison, union.** « *Le nombre des connexions qui en rattachent les parties* (du monde actuel) *ne cesse de croître* » (VALÉRY). ◇ *Électr.* Liaison d'un appareil à un circuit. V. **Câblage; connecteur.**

CONNEXITÉ [kɔn(n)ɛksite]. *n. f.* (1410; de *connexe*). *Didact.* Qualité de ce qui est connexe. V. **Connexion.** ◇ ANT. *Indépendance, séparation.*

CONNIVENCE [kɔn(n)ivɑ̃s]. *n. f.* (XVI°; bas lat. *conniventia,* de *connivere* « cligner les yeux »). Entente secrète. ♦ 1° *Vieilli.* Complicité qui consiste à cacher la faute de qqn. « *Je pourrais aisément compter sur la connivence du premier président* » (VOLT.). ♦ 2° *Mod.* Accord tacite. V. **Entente, intelligence.** *Agir, être de connivence avec* (Cf. Être de mèche*). *Un sourire de connivence.* « *De furtives et tacites connivences les liaient* » (MART. du G.).

CONNIVENT, ENTE [kɔn(n)ivɑ̃, ɑ̃t]. *adj.* (1753; lat. *connivere* « rapprocher les paupières »). V. **Connivence.** *Sc. nat.* Qui tend à se rapprocher, forme des replis. *Feuilles conniventes. Valvules conniventes de la muqueuse intestinale humaine.*

CONNOTATION [kɔn(n)ɔtasjɔ̃]. *n. f.* (XVII°; de *connoter*). ♦ 1° *Philo.* (*Opposé à* dénotation). Propriété d'un terme de désigner en même temps que l'objet certains de ses attributs. Ensemble des caractères de l'objet désigné par un terme. V. **Compréhension.** ♦ 2° *Ling.* Sens particulier d'un mot, d'un énoncé qui vient s'ajouter au sens ordinaire selon la situation ou le contexte.

CONNOTER [kɔn(n)ɔte]. *v. tr.* (déb. XVI°, repris angl.; du lat. *cum, et notare*). ♦ 1° *Philo.* Renvoyer par une connotation. « *Tout nom dénote des sujets et connote les qualités appartenant à ces sujets* » (GOBLOT). ♦ 2° *Ling.* Signifier par connotation.

CONNU, UE [kɔny]. *adj.* (XIII°; V. **Connaître**). I. (*Choses*). ♦ 1° Qui existe en tant qu'objet de pensée, n'est pas inconnu. V. **Découvert, pénétré, révélé.** *Cette nouvelle déjà connue* (publiée) *a reçu confirmation. Le monde connu.* — Subst. *Le connu et l'inconnu.* ♦ 2° Que la majorité connaît, sait. V. **Répandu.** *Chose, idée très connue.* V. **Notoire, proverbial; commun.** *C'est bien connu.* V. **Évident.**

II. (*Personnes*). Qui a une grande réputation. V. **Célèbre.** *Un homme connu dans les milieux littéraires. Être connu comme..., en tant que...* Loc. fam. *Il est connu comme le loup blanc. Ni vu ni connu :* se dit d'une personne qui a fait qqch. sans se faire remarquer. ◊ ANT. **Inconnu, obscur.**

CONOÏDE [kɔnɔid]. *adj.* (1556; gr. *kônoidês*). Qui a la forme d'un cône. — *Math. Surface conoïde.* Subst. *Un conoïde :* surface engendrée par une droite qui s'appuie à une droite fixe, reste parallèle à un plan fixe et satisfait à une troisième condition.

CONOPÉE [kɔnɔpe]. *n. m.* (1903; 1882, *conopé;* gr. *kônôpéion* « tente »). *Liturg.* Voile qui enveloppe le tabernacle d'un autel.

CONQUE [kɔ̃k]. *n. f.* (1375; lat. *concha,* gr. *konkhê* « coquille »). ♦ 1° Grande coquille concave (bivalves). *Conque marine. Vénus portée par une conque.* — *Myth.* Coquille en spirale dont les tritons se servaient comme trompe. ♦ 2° *Anat.* Cavité de l'oreille externe où prend naissance le conduit auditif. ♦ 3° Fig. « *Il se retourne, la main en conque sur son oreille poilue* » (GENEVOIX).

CONQUÉRANT, ANTE [kɔ̃kerɑ̃, ɑ̃t]. *n. et adj.* (1160; de *conquérir*). ♦ 1° Personne qui fait des conquêtes par les armes. V. **Conquistador, guerrier, vainqueur.** *Guillaume le Conquérant. Alexandre, le grand conquérant.* — Adj. *Les nations conquérantes.* ♦ 2° Personne qui séduit les cœurs, les esprits. ♦ 3° Adj. Fam. *Un air conquérant :* prétentieux. un peu fat.

CONQUÉRIR [kɔ̃keRiR]. *v. tr.;* conjug. *acquérir* (*Conquerre,* 1080; lat. pop. °*conquærere,* class. *conquirere* « chercher à prendre », d'apr. *quærere* « chercher »). ♦ 1° Acquérir par les armes, soumettre par la force. V. **Assujettir, dominer, soumettre, subjuguer, vaincre.** *Conquérir une place forte, un pays, un empire.* ◊ Obtenir en luttant. *Conquérir le pouvoir; un marché.* ♦ 2° Fig. Acquérir une forte influence sur. V. **Attacher** (s'), **attirer, capter, captiver, charmer, dominer, envoûter, gagner, séduire, soumettre, subjuguer; reconquérir.** *Conquérir les cœurs. Conquérir l'estime de ses supérieurs. Conquérir une femme* (Cf. pop. *Avoir, tomber*). « *Il y a peu de plaisir à conquérir des gens qui ne veulent pas être conquis* » (P.-L. COURIER). ♦ 3° SE CONQUÉRIR. *v. pron.* « *La culture ne s'hérite pas; elle se conquiert* » (MALRAUX). ◊ ANT. **Abandonner, perdre.**

CONQUÊT [kɔ̃kɛ]. *n. m.* (XIIᵉ; de *conquérir*). *Dr.* V. **Acquêt.**

CONQUÊTE [kɔ̃kɛt]. *n. f.* (fin XIIᵉ; lat. pop. °*conquæsita.* V. **Conquérir**). ♦ 1° Action de conquérir. V. **Appropriation, assujettissement, domination, prise, soumission.** *Faire la conquête d'un pays. La conquête de l'espace par les astronautes.* Loc. *À la conquête de...,* à la découverte de. ◊ Action de lutter pour obtenir. *La conquête du pouvoir, du succès. La conquête d'un droit.* ◊ Ce qui est conquis. *Conserver, étendre ses conquêtes. Affermir, assurer ses conquêtes.* ♦ 2° Fig. Action d'amener les autres à soi, de les séduire; pouvoir sur ceux que l'on a conquis. *La conquête des âmes, des cœurs.* V. **Séduction, soumission.** *Il a fait sa conquête :* il l'a séduit, il lui a plu. ♦ 3° Fam. Personne séduite, conquise. *Vous avez vu sa dernière conquête?* ◊ ANT. **Abandon, défaite, perte, soumission.**

CONQUIS, ISE [kɔ̃ki, iz]. *adj.* (V. **Conquérir**). ♦ 1° Pris par une conquête. *Garder le terrain conquis.* Loc. *Se conduire comme en pays conquis :* avec impudence. ♦ 2° Soumis, dominé. *Spécialt.* Séduit. « *Aucune femme... n'est conquise une fois pour toutes* » (DAUD.). ◊ ANT. **Résistant; insoumis, indifférent.**

CONQUISTADOR [kɔ̃kistadɔʀ]. *n. m.* (1841; mot esp. « conquérant »). *Hist.* Nom donné aux aventuriers espagnols qui allèrent conquérir l'Amérique. *Des conquistadores* [kɔ̃kistadɔʀɛs] ou *conquistadors.* « *Il n'est plus question, comme pour les conquistadors, de découvrir chaque soir des étoiles nouvelles* » (A. SAUVY).

CONSACRANT [kɔ̃sakʀɑ̃]. *adj. m.* (1690; de *sacrer*). *Relig.* Qui consacre. *Évêque consacrant,* qui consacre un autre évêque. ◊ *Prêtre consacrant.* V. **Célébrant.** — Subst. *Le consacrant.*

CONSACRÉ, ÉE [kɔ̃sakʀe]. *adj.* (XIVᵉ; V. **Consacrer**). ♦ 1° Qui a reçu une consécration religieuse. V. **Saint.** *Hostie consacrée. Terre consacrée* (d'un cimetière). ♦ 2° (1704). Habituel, ratifié (par l'usage). *Terme consacré. Selon la formule consacrée.*

CONSACRER [kɔ̃sakʀe]. *v. tr.* (XIIᵉ; lat. *consecrare.* V. **Sacrer.** ♦ 1° Rendre sacré en dédiant à Dieu (V. **Consécration**). *Consacrer un temple à Jupiter. Consacrer une église, un autel, un calice.* V. **Bénir.** *Consacrer un évêque* (V. **Sacrer**), *un prêtre* (V. **Ordre, ordonner**). — *Spécialt. Consacrer l'hostie, le vin au cours de la messe.* V. **Consécration.** ◊ Par ext. Donner, offrir à Dieu. *Consacrer un enfant à Dieu à la Sainte Vierge.* V. **Vouer.** *Consacrer sa vie à Dieu.* — Pronom. *Se consacrer à Dieu.* ♦ 2° Destiner (qqch.) à un usage.

V. **Affecter, appliquer, dédier, destiner, dévouer, donner, vouer.** *Consacrer sa jeunesse à l'étude. Consacrer son énergie à une tâche. Combien de temps pouvez-vous me consacrer?* V. **Accorder.** « *Je t'ai élevée, je t'ai consacré ma vie* » (CHARDONNE). — Pronom. *Se consacrer à une tâche, à une œuvre. Elle s'est consacrée à ses enfants.* ♦ 3° *Littér.* Rendre saint, sacré. *Consacrer un lieu par le sang des martyrs.* V. **Sanctifier.** ♦ 4° Rendre durable. V. **Affermir, confirmer, entériner, ratifier, sanctionner.** *Consacrer un abus. Consacrer une coutume par l'usage.* ◊ ANT. **Profaner, violer. Abolir, annuler, invalider. Abandonner.**

CONSANGUIN, INE [kɔ̃sɑ̃gɛ̃, in]. *adj.* (v. 1300; lat. *consanguineus,* de *sanguis* « sang »). Qui est parent du côté du père. *Frère consanguin, sœur consanguine.* — Subst. *Les consanguins.* — *Par ext.* Se dit d'êtres ayant un ascendant commun. V. **Consanguinité.** *Union consanguine.* V. **Croisement** (consanguin). ◊ ANT. **Cognat, germain, utérin.**

CONSANGUINITÉ [kɔ̃sɑ̃gɥinite]. *n. f.* (1277; lat. *consanguinitas*). Lien qui unit les enfants issus du même père. *Degré de consanguinité.* V. **Filiation.** — *Par ext.* Toute parenté.

CONSCIEMMENT [kɔ̃sjamɑ̃]. *adv.* (fin XIXᵉ; de *conscient*). D'une façon consciente. « *Il ne trichait guère avec lui-même; du moins pas consciemment* » (MART. du G.). ◊ ANT. **Inconsciemment.**

CONSCIENCE [kɔ̃sjɑ̃s]. *n. f.* (fin XIIᵉ; lat. *conscientia* « connaissance ». V. **Conscient**). Faculté qu'a l'homme de connaître sa propre réalité et la juger; cette connaissance.

I. *Conscience psychologique.* ♦ 1° Connaissance immédiate de sa propre activité psychique. « *La seule façon d'exister, pour la conscience, est d'avoir conscience d'exister* » (SARTRE). *Conscience claire, obscure. Conscience marginale. État de conscience. Fait de conscience.* « *Avoir conscience, c'est sentir qu'on sent* » (GOBLOT). ◊ *Conscience de soi, du moi.* « *Une conscience intime de notre existence :* voilà le plaisir » (BALZ.). ◊ *Par ext.* Faculté d'avoir une connaissance de soi. *La conscience et les sens.* ◊ *Psycho.* La partie de la vie, de l'activité psychique dont le sujet a une connaissance intuitive. V. **Conscient** (3°). *Sentiment inconscient qui arrive à la conscience, pénètre dans le champ de la conscience* (opposé à l'inconscient). ◊ *Psychan.* Prise de conscience, accès à la conscience de sentiments refoulés, déterminants de la conduite. ♦ 2° *Philo.* Acte ou état dans lequel le sujet se connaît en tant que tel et se distingue de l'objet qu'il connaît. « *Toute conscience est conscience de quelque chose* » (SARTRE). ♦ 3° *Cour.* (*Loc.*). Toute connaissance immédiate, spontanée. *Avoir conscience de qqch.* V. **Pressentir, ressentir, sentir.** *Il a conscience de son talent, de son mérite, de sa force. Prendre conscience d'une chose.* V. **Apercevoir** (s'). *La prise de conscience d'une situation dramatique.* — *Conscience collective. Conscience de classe.* ♦ 4° Les opinions, convictions, croyances. *Respecter la liberté de conscience.*

II. (*Conscience morale*). ♦ 1° Faculté ou fait de porter des jugements de valeur morale sur ses actes. *Une conscience droite, intègre, pure.* « *Les scrupules qui harcèlent les consciences tourmentées* » (MAURIAC). *Cas*, scrupule de conscience. Fam. Avoir une conscience élastique :* peu exigeante. *La voix de la conscience. Parler, agir selon sa conscience. Examen de conscience. Directeur de conscience :* confesseur. *Par acquit de conscience :* pour se tranquilliser. *Avoir la conscience en paix, en repos. Capituler, composer, transiger avec sa conscience. Libérer, soulager sa conscience* (par des aveux, des remords, le repentir). *Avoir de la conscience.* V. **Honnêteté.** *Un homme de conscience, de haute conscience.* V. **Probité, courage.** *Vous aurez cela sur la conscience. Il a une faute, un poids sur la conscience :* il a qqch. à se reprocher. — Loc. *La main sur la conscience :* en toute sincérité. *Sur mon honneur et sur ma conscience.* « *Parlerai-je, Monsieur, selon ma conscience* » (MOL.). — *En conscience :* en vérité, en toute franchise, honnêtement. *Je vous le dis en conscience. En mon âme et conscience* (formule de serment). *Objecteur* de conscience.* ♦ 2° *Bonne conscience :* état de celui qui estime (souvent à tort) n'avoir rien à se reprocher. *Avoir, se donner bonne conscience.* ◊ *Mauvaise conscience :* conscience morale douloureuse, sentiment pénible d'avoir mal agi. ♦ 3° *Conscience professionnelle :* l'honnêteté, le soin, la minutie que l'on apporte à l'exécution de son travail. V. **Consciencieux.** *Mettre beaucoup de conscience dans son travail.*

◊ ANT. **Inconscience, inconscient. Malhonnêteté.**

CONSCIENCIEUSEMENT [kɔ̃sjɑ̃sjøzmɑ̃]. *adv.* (v. 1570; de *consciencieux*). D'une manière consciencieuse. *S'acquitter consciencieusement de son travail.*

CONSCIENCIEUX, IEUSE [kɔ̃sjɑ̃sjø, jøz]. *adj.* (v. 1500; de *conscience*). ♦ 1° Qui obéit à la conscience morale, qui est toujours d'accord avec conscience. V. **Honnête.** *Consciencieux jusqu'au scrupule.* V. **Délicat, scrupuleux.** *Employé consciencieux.* V. **Attentif, exact, travailleur.** ♦ 2° Qui est fait avec conscience. « *Une visite consciencieuse lui avait montré...* » (ROMAINS). ◊ ANT. **Indélicat, malhonnête. Bâclé.**

CONSCIENT, ENTE [kɔ̃sjɑ̃, ɑ̃t]. *adj.* et *n.* (1754 ; lat. *consciens*, de *conscire* « avoir conscience », de *scire* « savoir »). ♦ 1° *(Personnes).* Qui a conscience (I) de ce qu'il fait ou éprouve. *L'homme est un être conscient.* — Spécialt. Qui est lucide, connaît et juge soi-même et le monde extérieur. « *On a vu des hommes conscients accomplir leur tâche au milieu de la plus stupide des guerres* » (CAMUS). ◇ *Conscient de :* qui a un sentiment aigu de (ce qui le concerne). *Il est conscient de ses responsabilités, de sa valeur, de la situation.* ♦ 2° *(Choses).* Dont on a conscience (I). « *Ces mouvements... s'ils étaient conscients, n'étaient qu'à peu près volontaires* » (GIDE). *États conscients.* ♦ 3° *N. m.* L'ensemble des faits psychiques dont on a conscience. ⊗ ANT. *Inconscient, subconscient.*

CONSCRIPTION [kɔ̃skʀipsjɔ̃]. *n. f.* (1789 ; bas lat. *conscriptio*. V. **Conscrit**). Inscription, sur les rôles de l'armée, des jeunes gens atteignant l'âge légal pour le service militaire. V. **Enrôlement, recensement, recrutement.**

CONSCRIT [kɔ̃skʀi]. *adj.* et *n. m.* (1355, *pères conscrits*, du lat. *patres conscripti*, lat. *conscriptus*, de *conscribere* « enrôler », de *scribere* « écrire »). ♦ 1° *Adj.* Antiq. rom. *Pères conscrits :* les membres du Sénat. ♦ 2° (1789). *N. m.* Inscrit au rôle de la conscription. — Soldat nouvellement recruté. V. **Recrue ; bleu** *(fam.).* *Les conscrits de la classe 1930.* ◇ *Fam.* Homme inexpert. V. **Bleu, novice.** *Il s'est laissé manœuvrer comme un conscrit.*

CONSÉCRATION [kɔ̃sekʀasjɔ̃]. *n. f.* (XIIᵉ ; lat. *consecratio*. V. **Consacrer**). ♦ 1° Action de consacrer, dédicace à la divinité. *Consécration d'un temple, d'un autel.* — Cathol. *Consécration d'une église au culte.* V. **Bénédiction, dédicace.** *Consécration d'un évêque.* V. **Onction, sacre.** ♦ 2° Action par laquelle le prêtre consacre le pain et le vin, à la messe. *L'élévation suit la consécration.* ♦ 3° Action de sanctionner, de rendre durable. V. **Confirmation, sanction, ratification, validation.** *La consécration du temps* (par le temps). *La consécration d'une œuvre par le succès. Cet événement fut la consécration de sa théorie.* V. **Apothéose, triomphe, victoire.** ⊗ ANT. *Violation. Abolition, annulation.*

CONSÉCUTIF, IVE [kɔ̃sekytif, iv]. *adj.* (fin XVᵉ ; lat. *consecutus*, de *consequi* « suivre »). ♦ 1° Se dit de choses qui se suivent dans le temps (surtout), dans l'espace ou selon un ordre notionnel. *Pendant six jours consécutifs. Des périodes consécutives d'activité et de détente. Des neurones consécutifs. Deux angles consécutifs. Nombres consécutifs ; valeurs consécutives.* — Mus. *Octaves, quintes consécutives.* ♦ 2° *Consécutif à* (1845) : qui suit, résulte de. V. **Résultant.** *Accidents, phénomènes consécutifs à une maladie. La fatigue consécutive à un effort violent.* ♦ 3° Gram. *Proposition consécutive,* ou ellipt., *consécutive,* n. f., qui exprime une conséquence*. ♦ 4° Log., docum. *Relation consécutive,* « *dénotant les rapports d'interdépendance dynamique entre choses (causalité, variations concomitantes, etc.)* » [CROS-GARDIN]. *Syn.* **RELATION DE CONSÉCUTION** (4°). ⊗ ANT. *Annonciateur, antécédent, discontinu.*

CONSÉCUTION [kɔ̃sekysjɔ̃]. *n. f.* (1265 ; du lat. *consecutio* « action de suivre »). ♦ 1° Didact. Suite, enchaînement. *Consécution de sons, d'images.* — Psycho. *vx* (XVIIᵉ). Suite de représentations empiriques et sans lien rationnel (opposé à *conséquence*). V. **Association.** *Consécution empirique.* — Log. « *La conjonction ou la consécution constante* » (G. MARCEL). ♦ 2° *Log., docum.* V. **Consécutif** (4°). « *Les relations de consécution sont multiples et diversement orientées : de la cause à l'effet, de la fin au moyen, de la condition à la conséquence, etc.* » (J.-L. DESCAMPS).

CONSÉCUTIVEMENT [kɔ̃sekytivmɑ̃]. *adv.* (1373 ; de *consécutif*). ♦ 1° Immédiatement après ; sans interruption. V. **Immédiatement.** *Il eut consécutivement deux accidents :* coup sur coup ; à la file. *Trois termes pris consécutivement dans une série.* ♦ 2° *Consécutivement à,* par suite de. *Consécutivement à la hausse du prix du papier, certains périodiques diminuent leurs tirages.*

CONSEIL [kɔ̃sɛj]. *n. m.* (980 ; lat. *consilium* « délibération, projet, conseil »). **I.** Ce qui tend à diriger, à inspirer la conduite, les actions. ♦ 1° Opinion donnée à qqn sur ce qu'il doit faire. V. **Admonition, avertissement, avis, exhortation, incitation, instigation, proposition, recommandation, suggestion.** « *L'expérience instruit plus sagement que le conseil* » (GIDE). *Conseil judicieux, prudent, sage. Dangereux, mauvais conseil. Conseil intéressé, désintéressé. Conseil d'ami. Donner un bon conseil, donner conseil à qqn.* V. **Conseiller.** *Prendre, demander conseil à qqn :* le consulter. *Faire qqch. sur le conseil de qqn.* ◇ *Un homme de bon conseil :* sage, avisé. ♦ 2° Incitation qui résulte de qqch.* (événement, tendance). *Les conseils de la colère, de la haine.* V. **Impulsion.** « *Tous les conseils que vous donne l'expérience* » (JALOUX). PROV. *La nuit porte conseil :* il faut attendre au lendemain pour prendre une décision délicate. ♦ 3° (XIIᵉ). *Vx.* Résolution mûrement pesée. V. **Pari, résolution.** « *Le conseil le plus prompt est le plus salutaire* » (RAC.).

♦ 4° *Vx.* Les principes qui dirigent une personne. V. **Principe, vue.**
II. (XIIᵉ). La personne auprès de laquelle on prend avis. V. **Conseiller.** ♦ 1° *Vx.* « *Cet homme si sage, le conseil de toute une ville* » (LA BRUY.). ♦ 2° Mod. *(Appos.).* Personne qui en assiste une autre dans la direction de ses affaires. *Ingénieur-conseil. Avocat-conseil.* ♦ 3° Dr. *Conseil judiciaire :* la personne désignée par justice pour gérer les biens d'un prodigue ou d'un faible d'esprit. *Conseil de tutelle,* désignée par le père pour assister la mère tutrice. — *Conseil fiscal.*

III. (1080). Réunion de personnes qui délibèrent, donnent leur avis sur des affaires publiques ou privées. V. **Assemblée, chambre, réunion juridiction, tribunal.** *Réunir, assembler un conseil. Les membres, le président d'un conseil. Conseil suprême, supérieur. Le conseil siège, délibère.* — *Tenir conseil :* s'assembler pour délibérer. V. **Concerter** (se), **consulter** (se). ◇ Hist. *Conseil du roi :* nom de plusieurs institutions de l'Ancien Régime. — *Conseil des Anciens, des Cinq-Cents :* créés par la Constitution de l'an III (1795). — *Conseil national de la Résistance* (C.N.R.), créé en 1943 à Paris. ◇ Dr. pub. *Conseil d'État,* faisant fonction d'assemblée consultative auprès du gouvernement, en matière administrative, et de tribunal administratif central. *Conseiller, maître des requêtes, auditeur au Conseil d'État.* — *Conseil des ministres :* réunion des ministres sous la présidence du chef de l'État. (Au Canada, *Conseil exécutif*). À Ottawa, *Conseil législatif,* chambre haute. *Conseil de cabinet,* sous la présidence du président du conseil (ministère). — *Conseil économique et social,* assemblée consultative. *Conseil constitutionnel,* formé de membres élus et des anciens présidents de la République (pour veiller à la constitutionnalité des lois organiques, règlements, élections). ◇ *Conseils généraux,* assemblées délibérantes composées de membres élus dans chaque département. *Le préfet et le conseil général.* — *Conseils municipaux,* composés de membres élus, chargés de régler les affaires de la commune. ◇ *Conseils supérieurs,* organismes consultatifs, disciplinaires. *Conseil supérieur de la Magistrature, de l'Éducation nationale, de la Sécurité sociale.* ◇ Dr. intern. pub. *Conseil de Sécurité,* de l'Organisation des Nations Unies. ◇ Milit. *Conseils de guerre,* remplacés en 1926 par les tribunaux militaires (se dit encore). *Passer en conseil de guerre.* — *Conseil de révision,* tribunal administratif chargé de se prononcer sur l'aptitude au service militaire. — Mar. *Conseil des prises,* statuant sur la validité des prises maritimes. ◇ Dr. privé. *Conseil d'administration :* dans une société anonyme, réunion d'actionnaires désignés par les statuts ou par l'assemblée générale pour gérer les affaires de la société. — *Conseils des prud'hommes :* juridictions d'arbitrage chargées de juger les conflits individuels du travail. — *Conseil de famille :* assemblée constituant l'un des organes de la tutelle des mineurs et interdits et de la curatelle. ◇ *Conseil de discipline :* sorte de tribunal faisant respecter la discipline dans certains corps constitués, etc. — Spécialt. *Conseil de discipline d'un lycée. Passer en conseil de discipline.* — *Conseil de l'Ordre des avocats.*

CONSEILLER [kɔ̃seje]. *v. tr.* (Xᵉ ; lat. pop. °*consiliare*, class. *consiliari.* V. **Conseil**). ♦ 1° Indiquer à qqn (ce qu'il doit faire ou ne pas faire). *Conseiller qqch. à qqn.* V. **Inspirer, proposer, recommander, suggérer.** *Je vous conseille la prudence.* ◇ *Trans. indir. Conseiller (à qqn) de* (et l'infinitif). V. **Presser ; engager, inciter, pousser** (à). « *Il se soumit à tout ce qu'on lui conseilla de faire* » (SAND). « *La prudence me conseilla de ne laisser voir aucune inquiétude* » (MÉRIMÉE). ♦ 2° Guider (qqn) en lui indiquant ce qu'il doit faire. *Conseiller un ami dans l'embarras.* V. **Avertir, aviser, conduire, diriger, guider.** *Vous avez été conseillé, mal conseillé.* ⊗ ANT. *Déconseiller, défendre, détourner, dissuader, interdire.* **Consulter, interroger.**

CONSEILLER, ÈRE [kɔ̃seje, kɔ̃sejɛʀ]. *n.* (Conseillier, Xᵉ ; lat. *consiliarius*). ♦ 1° Personne qui donne des conseils. V. **Conducteur, directeur** *(fig.),* **guide, inspirateur, instigateur** et aussi **Conseiller.** *Un sage, un bon conseiller.* — Par ext. *La colère est mauvaise conseillère.* « *Orgueil ! le plus fatal des conseillers humains* » (MUSS.). ◇ Spécialt. *Conseiller, conseillère d'orientation* (scolaire, professionnelle), personne habilitée à juger de la meilleure orientation (scolaire, professionnelle) à donner à un adolescent d'après ses aptitudes et ses dispositions caractérielles. ♦ 2° Membre de certains conseils (III). *Conseillers d'État :* les membres hiérarchiquement les plus élevés du Conseil d'État. *Conseiller de préfecture.* — Au Canada, *Conseiller municipal :* personne qui siège à un conseil municipal (on dit aussi *Échevin*). ◇ Juge de certaines cours judiciaires, de certains tribunaux administratifs. *Conseiller à la cour d'appel. Conseiller à la Cour de cassation ; à la Cour des comptes. Conseiller économique et social.*

CONSEILLEUR, EUSE [kɔ̃sejœʀ, øz]. *n.* (XIIᵉ, « celui qui conseille quelque chose » (à). *vx. conseiller*). V. Syn. de *Conseiller.* Mod. (1808) *Les conseilleurs ne sont pas les* *payeurs :* ceux qui conseillent qqch. n'en supportent pas les conséquences.

CONSENSUEL, ELLE [kɔ̃sɑ̃sɥɛl]. *adj.* (xviiie ; de *consensus*). *Dr.* Formé par le seul consentement des parties. *Accord, contrat consensuel.*

CONSENSUS [kɔ̃sɛ̃sys]. *n. m.* (v. 1833 ; physiol., 1855 ; *consens*, xvie ; mot lat. « accord »). *Didact.* Accord entre personnes ; consentement (1°).

CONSENTANT, ANTE [kɔ̃sɑ̃tɑ̃, ɑ̃t]. *adj.* (xiie ; de *consentir*). Qui consent, accepte. « *La jeune Adèle, soupirante, mais consentante, dut se résigner* » (COURTELINE).

CONSENTEMENT [kɔ̃sɑ̃tmɑ̃]. *n. m.* (xiie ; de *consentir*). ♦ 1° *Vieilli.* « Assentiment accordé à une assertion » (MALE-BRANCHE). — Spécialt. *Consentement universel.* V. **Accord, consensus.** ♦ 2° Acquiescement donné à un projet ; décision de ne pas s'y opposer. V. **Acceptation, accord, agrément, approbation, assentiment, permission.** *Donner, accorder, refuser son consentement. Contrat par consentement mutuel, réciproque.* V. **Consensuel.** *Se marier sans le consentement de ses parents.* « *Ce n'est pas l'amour qui fait le mariage mais le consentement* » (CLAUDEL). ◇ ANT. **Désaccord. Interdiction, opposition, refus.**

CONSENTIR [kɔ̃sɑ̃tiʀ]. *v. tr.;* conjug. *partir* (xe ; lat. *consentire*).
I. ♦ 1° *Consentir à* (trans. indir.) : accepter qu'une chose se fasse, ne pas l'empêcher. V. **Accéder, acquiescer, prêter** (se), **souscrire.** *Les parents ont consenti au mariage* : ils l'ont accepté, autorisé (V. **Permettre**). *Consentir avec réticence.* V. **Céder, résigner** (se). *J'y consens avec plaisir, de bon cœur.* — « *Elle l'aimait trop pour consentir à lui causer des peines* » (SAND). *Je consens à ce qu'il y aille.* PROV. *Qui ne dit mot consent :* qui n'exprime pas son opinion est supposé consentir. ♦ 2° *Intrans. Mar.* Céder, se courber (mât, pièce de bois). « *Cette vergue a fortement consenti* » (LITTRÉ).
II. *V. tr. dir.* ♦ 1° *Accepter* (qqch.). Vx. « *L'amitié le consent* » (CORN.) : le permet. Mod. *Consentir que.* V. **Admettre, permettre.** ♦ 2° *Mod.* Accorder (un avantage) à qqn. « *Les permissions qui m'avaient été consenties par ma mère, et ma grand'mère* » (PROUST). — *Dr. Consentir un prêt, un délai.* V. **Accorder, octroyer.**
◇ ANT. **Empêcher, interdire, opposer (s'), refuser.**

CONSÉQUEMMENT [kɔ̃sekamɑ̃]. *adv.* (xive ; de *conséquent*). ♦ 1° *Vx.* Avec esprit de suite. ♦ 2° *Conséquemment à :* par suite, en conséquence de.

CONSÉQUENCE [kɔ̃sekɑ̃s]. *n. f.* (v. 1240 ; lat. *consequentia*). ♦ 1° Suite qu'une action, un fait entraîne. V. **Contrecoup, effet, réaction, résultat, retentissement, séquelle, suite.** *Conséquence indirecte.* V. **Rejaillissement, ricochet.** *Conséquences sérieuses, graves. Qu'est-ce que cela aura pour conséquence? Cela peut avoir d'heureuses conséquences. Entrevoir, prévoir les conséquences de qqch. Événement gros de conséquences. Avoir pour conséquence. Amener, emporter, entraîner, impliquer des conséquences.* V. **Accompagner (s'), occasionner.** *Accepter, subir les conséquences de sa faute* (Cf. *Comme on fait son lit on se couche ; au bout du fossé, la culbute ; qui s'y frotte, s'y pique ; quand le vin est tiré, il faut le boire). Cela ne tire pas à conséquence :* c'est sans inconvénient. « *Toutes les morales sont fondées sur l'idée qu'un acte a des conséquences qui le légitiment ou l'oblitèrent* » (CAMUS). ◇ DE CONSÉQUENCE : important, grave. *Affaire de grande conséquence, de peu de conséquence.* — *Une personne de conséquence :* une personnalité. *Homme de peu de conséquence :* de peu de poids. — *Sans conséquence :* sans suite fâcheuse ; qui ne mérite pas l'attention. ♦ 2° *Log.* Ce qui découle d'un principe. V. **Conclusion, déduction.** *Conséquences exactes, erronées. Conséquence nécessaire.* V. **Corollaire.** *Ceci posé, il s'ensuit telle conséquence. Par voie de conséquence.* — *Gram. Proposition de conséquence ou consécutive :* qui marque une relation entre une cause (la principale) et un effet (la consécutive). ♦ 3° *Loc. adv.* EN CONSÉQUENCE : comme il convient. *Agir en conséquence.* — Pour cette raison, par suite. V. **Donc.** « *La poésie est permet subjective...; en conséquence l'on peut écrire n'importe quoi* » (FLAUB.). — *Loc. prép.* EN CONSÉQUENCE DE. *En conséquence de vos ordres.* V. **Conformément** (à). ◇ ANT. *Cause, condition, principe ; prémisse.*

CONSÉQUENT, ENTE [kɔ̃sekɑ̃, ɑ̃t]. *adj.* (1361 ; lat. *consequens*, p. prés. de *consequi* « suivre »). ♦ 1° Qui agit ou raisonne avec esprit de suite. V. **Logique.** *Être conséquent avec ses principes, dans ses actions.* ♦ 2° Qui fait suite logiquement à qqch. V. **Conforme.** « *Prendre un parti très conséquent à mes principes* » (ROUSS.). — *Spécialt. Log. Le terme conséquent*, et subst. *Le conséquent* (par rapport à *Antécédent*) : conclusion tirée d'un syllogisme. — *Gram.* Qui suit. *Relatif conséquent.* — *Math.* Second terme d'un rapport. — *Mus. Partie conséquente*, et subst. *La conséquente* : la seconde partie d'une fugue. — *Géogr. Rivière conséquente*, qui s'écoule parallèlement au pendage des couches, dans un relief à côte. *Percée conséquente*, faite par

une rivière conséquente. ♦ 3° *Loc. adv.* PAR CONSÉQUENT : comme suite logique. V. **Ainsi, dès (lors), donc, partant.** ♦ 4° *Fam.* Important. « *Conséquent pour considérable est un barbarisme* » (LITTRÉ). ◇ ANT. *Absurde, incohérent, inconséquent.*

CONSERVATEUR, TRICE [kɔ̃sɛʀvatœʀ, tʀis]. *n. et adj.* (1361 ; lat. *conservator*). Qui conserve. ♦ 1° *N.* (xve). Personne préposée à la garde de qqch. V. **Gardien.** *Conservateur d'une bibliothèque, d'un musée*, qui administre et organise la bibliothèque, le musée. *Conservateur des eaux et forêts :* le principal agent de l'administration forestière. *Conservateur des hypothèques :* fonctionnaire chargé de l'inscription et de la publication des hypothèques, des actes translatifs de propriété. ♦ 2° *Polit.* (fin xviiie ; angl.). *Parti conservateur*, défenseur de l'ordre social, des idées et des institutions du passé. Subst. *Les conservateurs :* la droite. « *La République sera conservatrice, ou elle ne sera pas* » (THIERS). ◇ Au Canada, *Le parti conservateur.* Subst. Membre du parti conservateur [au fédéral]. Au Québec, Membre du parti de l'Union nationale. ◇ En Angleterre. Cf. **Tory.** ♦ 3° (*Choses*). Qui garde en bon état de conservation les aliments. *Produit conservateur.* Subst. *Un conservateur.* ◇ ANT. *Novateur, progressiste, révolutionnaire.*

CONSERVATION [kɔ̃sɛʀvasjɔ̃]. *n. f.* (fin xiiie ; lat. *conservatio*). ♦ 1° Action de conserver, de maintenir intact ou dans le même état. V. **Entretien, garde, maintien, préservation, protection, sauvegarde.** *Être chargé de la conservation d'un monument. Instinct de conservation* (de soi-même, de sa propre vie). ◇ (Concret) *Conservation de matières organiques par la stérilisation. Moyens de conservation et de stockage* (emballage, entrepôt, magasin). *Conservation par le froid* (congélation, réfrigération), *par la chaleur* (cuisson, déshydratation, dessiccation), *par le fumage, l'emploi d'antiseptiques.* ◇ *Techn. Conservation des sols*, moyens mis en œuvre pour empêcher l'érosion des sols. ♦ 2° Charge de conservateur. *Conservation des hypothèques.* ♦ 3° État de ce qui est conservé. V. **Maintien.** *État de parfaite conservation.* ◇ ANT. *Altération, détérioration, gaspillage, perte.*

CONSERVATISME [kɔ̃sɛʀvatism(ə)]. *n. m.* (1851 ; de *conservateur*). État d'esprit des conservateurs, de ceux qui sont hostiles à une évolution. *Conservatisme politique, social, religieux.* V. **Conformisme, traditionalisme.**

1. CONSERVATOIRE [kɔ̃sɛʀvatwaʀ]. *adj.* (1361 ; de *conserver*). *Dr.* Qui a pour but de conserver. *Acte, mesure conservatoire. Saisie conservatoire* (opposé à *exécutoire*).

2. CONSERVATOIRE [kɔ̃sɛʀvatwaʀ]. *n. m.* (1778 ; « hospice », 1714 ; it. *conservatorio*, de *conservare* « conserver »). ♦ 1° *Conservatoire de musique et de déclamation*, et absolt. *Le Conservatoire*, fondé à Paris en 1789 pour maintenir la tradition des arts dramatique et musical. — *Par ext.* École qui forme les musiciens, les comédiens. *Élève du Conservatoire. Un premier prix du Conservatoire.* ♦ 2° *Conservatoire des arts et métiers :* établissement fondé en 1794, pour conserver les collections concernant l'histoire des sciences et des techniques, et qui dispense un enseignement.

CONSERVE [kɔ̃sɛʀv(ə)]. *n. f.* (1393 ; de *conserver*). I. *Vx.* Tout aliment préparé pour être conservé (fumé, séché, etc.). *Mod.* Substance alimentaire conservée dans un récipient hermétiquement fermé. *Boîte de conserve. De conserve :* préparé et mis en boîte pour être conservé. *Bœuf de conserve* (corned-beef, singe (*fam.*). *Lait de conserve*, en poudre, condensé. — EN CONSERVE : en boîte (opposé à frais). *Les petits pois en conserve. Mettre en conserve.* ◇ Plur. *Faire, préparer des conserves.* — *Collect. L'industrie de la conserve.* V. **Conserverie.** ◇ *Plaisant. Mettre en conserve :* garder indéfiniment. *La musique en conserve :* les disques. *On ne va pas en faire des conserves.*
II. *Mar.* (de *conserver* « naviguer en gardant à vue »). *Loc. Naviguer de conserve :* suivre la même route. — *Loc. adv. Fig.* DE CONSERVE. V. **Ensemble.** *Aller de conserve :* en compagnie. *Agir de conserve :* d'accord avec qqn. Cf. *De concert.*
III. *N. f. pl.* (1680). Lunettes pour ménager la vue.

CONSERVÉ, ÉE [kɔ̃sɛʀve]. *adj.* (1721 ; V. **Conserver**). *Personne bien conservée :* qui ne paraît pas son âge. « *Elle n'était pas mal conservée, en dépit de ses quarante ans* » (BLOY).

CONSERVER [kɔ̃sɛʀve]. *v. tr.* (842 ; lat. *conservare*). ♦ 1° Maintenir en bon état, préserver de l'altération, de la destruction. V. **Entretenir, garantir, garder, maintenir, préserver, protéger, sauvegarder, sauver.** *Lunettes pour conserver la vue.* V. **Ménager.** *Conserver son teint, sa souplesse. Conserver des produits alimentaires, des denrées périssables.* V. **Conserve.** *Pronom. Ces fruits ne se conservent pas.* ◇ Maintenir dans un certain état. « *Le saphir préserve de la peur et conserve les membres vigoureux* » (HUYSMANS). ♦ 2° Ne pas laisser disparaître ; faire durer. V. **Garder.** *Conserver un souvenir.* V. **Entretenir.** « *Un tiroir où elle conservait des* *reliques de son passé* » (MART. du G.). *L'histoire conserve la mémoire des grands hommes.* V. **Immortaliser.** Pronom. *Les monuments anciens qui se sont conservés.* V. **Rester, subsister.** ◊ Garder pour soi. *Conserver sa place. Se conserver des ressources.* V. **Réserver** (se). ♦ 3° *Par ext.* Ne pas perdre. V. **Garder.** *Il n'a conservé aucun de ses enfants. Conserver ses cheveux. Conserver sa beauté. Conserver son calme. Conserver sa tête, toute sa tête :* son sang-froid, ou, en parlant d'un vieillard, ses facultés mentales. *Conserver ses illusions. Il ne conserve que quelques-uns de ses livres.* ◊ ANT. Abandonner, aliéner, altérer, casser, céder, dépenser, détériorer, détruire, dilapider, dissiper, perdre.

CONSERVERIE [kɔ̃sɛʀvəʀi]. *n. f.* (1942; de *conserver*). ♦ 1° Fabrique, usine de conserves alimentaires. ♦ 2° Industrie des conserves.

CONSERVEUR [kɔ̃sɛʀvœʀ]. *n. m.* (1960; de *conserve*; Cf. Conserverie). *Techn.* Industriel de la conserve alimentaire.

CONSIDÉRABLE [kɔ̃sideʀabl(ə)]. *adj.* (1564; de *considérer*). ♦ 1° *Vieilli.* Qui attire la considération à cause de son importance, de sa valeur. V. **Éminent, notable, remarquable.** *Homme considérable. Position, situation considérable.* ♦ 2° (1668). Très important (grandeur, quantité). V. **Grand** énorme, gros, immense, important, imposant. *Dépense considérable. Sommes considérables. Travail considérable.* ◊ ANT. *Faible, insignifiant, petit.*

CONSIDÉRABLEMENT [kɔ̃sideʀabləmɑ̃]. *adv.* (1675; de *considérable*). En grande quantité. V. **Abondamment,** beaucoup, énormément.

CONSIDÉRANT [kɔ̃sideʀɑ̃]. *n. m.* (1792; de *considérer*). *Dr.* Considération qui motive un décret, une loi, un jugement. ment. V. **Attendu, motif.**

CONSIDÉRATION [kɔ̃sideʀasjɔ̃]. *n. f.* (XIIe; lat. *consideratio*). ♦ 1° Action d'examiner avec attention. V. **Attention, étude, examen.** *Digne de considération. Sans considération de personne.* V. **Acception.** *Prendre en considération :* tenir compte de. *Prise en considération d'un projet.* ♦ 2° *Plur.* Observations sur un sujet. V. **Observation, réflexion, remarque.** *Présenter des considérations sur. Se perdre en considérations.* ♦ 3° Motif, raison que l'on considère pour agir. *Diverses considérations l'ont porté à cette démarche. Je ne puis entrer dans ces considérations. — Loc. prép.* EN CONSIDÉRATION DE : en tenant compte de, par égard pour. *En considération de son passé militaire, on l'a relâché.* V. **Nom** (au nom de). ♦ 4° *Par ext.* Estime que l'on porte à qqn. V. **Déférence, égard, estime.** *Considération respectueuse.* V. **Révérence, vénération.** *Considération que vaut un emploi, que confère une qualité. Jouir de la considération générale.* V. **Crédit,** renommée. *Avoir la considération de ses chefs.* « *L'estime vaut mieux que la célébrité, la considération vaut mieux que la renommée* » (CHAMFORT). ◊ (Dans une formule de politesse) *Agréez l'assurance de ma considération distinguée.* ◊ ANT. Déconsidération, dédain, ignorance, mépris.

CONSIDÉRER [kɔ̃sideʀe]. *v. tr.;* conjug. *céder* (1150; lat. *considerare;* a. fr. *consirer*). ♦ 1° Regarder attentivement. V. **Contempler, observer.** *Considérer avec dédain ou arrogance.* V. **Toiser.** *Considérer un édifice, un tableau.* « *Loin de chercher l'occasion de regarder les gens à la dérobée* (il) *les considérait le plus souvent bien en face* » (ROMAINS). ♦ 2° Envisager, par un examen attentif, critique. V. **Apprécier, étudier, examiner, observer, peser.** *Considérer le pour et le contre, impartialement.* V. **Balancer.** *Considérer une chose sous tous ses aspects. Tout bien considéré. — Spécialt.* Envisager, pour en tenir compte ultérieurement. V. **Égard** (avoir égard à), garde (prendre garde à). *Un point à considérer. Considérez son âge.* ♦ 3° (*Surtout au passif*). Faire cas de (qqn). V. **Estimer, révérer, vénérer.** *Un homme que l'on considère beaucoup. Le besoin d'être considéré.* ♦ 4° CONSIDÉRER COMME. V. **Juger, tenir** (pour), **traiter** (de). *Les soldats le considéraient comme un père.* « *Les camarades le considéraient non comme des héros, mais comme des traîtres* » (MAUROIS). *Il se considère comme un personnage.* ◊ ANT. Déconsidérer, dédaigner, ignorer, mépriser.

CONSIGNATAIRE [kɔ̃siɲatɛʀ]. *n. m.* (1690; de *consigner*). ♦ 1° Dépositaire d'une somme consignée. — *Dr. admin.* Préposé à la garde des dépôts et consignations. ♦ 2° Négociant, firme commerciale qui reçoit en dépôt des marchandises. V. **Commissionnaire, mandataire.** — *Mar.* Négociant à qui l'armateur adresse un navire pendant son passage dans un port. V. **Agent** (maritime), **transitaire.**

CONSIGNATION [kɔ̃siɲasjɔ̃]. *n. f.* (1396; de *consigner*). ♦ 1° *Dr.* Dépôt dans une caisse publique de sommes ou valeurs dues à un créancier qui ne peut ou ne veut pas les recevoir. *Caisse des dépôts et consignations.* ◊ *Dr. admin.* Remise de sommes ou valeurs à une caisse publique en garantie d'engagements d'un particulier envers l'État, une personne publique. V. **Cautionnement.** ♦ *Somme, valeur consignée.* ♦ 2° *Comm.* Remise d'une marchandise à un négociant (consignataire) pour qu'il la vende. V. **Commission** (2°). *Marchandises en consignation.* ♦ 3° *Cour.* Action

de consigner un emballage. *Par ext.* Consigne (4°). ◊ ANT. *Retrait.*

CONSIGNE [kɔ̃siɲ]. *n. f.* (fin XVe, rare av. 1740; de *consigner*). ♦ 1° (1740). Instruction stricte donnée à un militaire, un gardien, sur ce qu'il doit faire. V. **Ordre.** *Donner, transmettre la consigne. C'est la consigne.* V. **Règlement.** *Observer, respecter la consigne. Ne connaître que la consigne.* « *Le capitaine commandant la garnison passa les consignes à son successeur* » (MAC ORLAN). *— Par ext.* Toute instruction. ♦ 2° (1803). Défense de sortir par punition. *Soldats en consigne.* V. **Consigner.** *Donner quatre heures de consigne à un élève, un écolier.* V. **Colle** *(fam.)*, retenue. ♦ 3° (1877). Service chargé de la garde des bagages déposés provisoirement dans une gare; lieu où les bagages sont déposés. *Mettre sa valise à la consigne. Bulletin de consigne. Consigne automatique,* armoire métallique munie d'un système mécanique d'ouverture. *— Par ext. Consigne d'un aérodrome, d'une gare routière,* etc. ♦ 4° Somme remboursable versée à celui qui consigne un emballage. *Un franc de consigne.*

CONSIGNER [kɔ̃siɲe]. *v. tr.* (1345, « délimiter »; lat. *consignare* « sceller »). ♦ 1° (1402). Remettre une somme en dépôt, en garantie. V. **Déposer.** *Consigner une somme d'argent, des valeurs au greffe, à la caisse des dépôts. — Comm.* Adresser à un consignataire. *Consigner un navire.* ♦ 2° (1690). Mentionner, rapporter par écrit, *spécialt.* dans une pièce officielle. V. **Constater, enregistrer, rapporter,** relater. *Consigner au procès-verbal. Consigner une réflexion, une pensée sur un carnet.* V. **Écrire, noter.** ♦ 3° (XVe, repris 1743). Empêcher (qqn) de sortir par mesure d'ordre, par punition. V. **Retenir.** *Milit. Consigner un soldat au quartier. Soldat consigné,* et subst. *L'appel des consignés.* ◊ *Consigner un élève indiscipliné. Consigné le jeudi après-midi* (Cf. *fam.* Collé). ♦ 4° (*Déb. XXe*). Interdire l'accès de. *La police a consigné la salle.* « *La taule sera consignée aux légionnaires* » (MAC ORLAN). *Consigner sa porte à qqn :* lui interdire d'entrer. ♦ 5° *Ch. de fer.* Mettre à la consigne. *Consigner ses bagages.* ♦ 6° Facturer (un emballage) en s'engageant à reprendre et à rembourser. *Emballages non consignés* (dits emballages perdus). ◊ ANT. Déconsigner, retirer, omettre, taire. Délivrer, libérer.

CONSISTANCE [kɔ̃sistɑ̃s]. *n. f.* (déb. XVe; de *consister*). ♦ 1° État d'un corps relativement à sa solidité, à la cohésion de ses parties. V. **Corps, dureté, fermeté, solidité.** *La consistance de la boue, de la cire, d'un mélange. Consistance dure, élastique, pâteuse. — Absolt.* État d'un liquide qui devient pâteux, s'épaissit, se coagule. *Prendre consistance. Donner de la consistance à.* ♦ 2° *Fig.* État de ce qui est ferme, solide. V. **Fermeté, force, solidité, stabilité.** *Un bruit sans consistance.* V. **Crédit, fondement.** *Caractère, esprit sans consistance :* sans fermeté, irrésolu. « *Les tremblants symptômes d'un amour sans consistance* » (SUPERVIELLE). ◊ ANT. Inconsistance.

CONSISTANT, ANTE [kɔ̃sistɑ̃, ɑ̃t]. *adj.* (1560; de *consister*). ♦ 1° Qui a de la consistance. V. **Cohérent, dur, ferme, solide.** *Sauce, bouillie consistante.* V. **Épais, visqueux.** ◊ *Fig. Argument consistant :* solide. ♦ 2° *Log.* (1957, de l'angl.). *Système consistant,* théorie dans laquelle deux formules contraires ne peuvent être démontrées à la fois. ◊ ANT. Inconsistant.

CONSISTER [kɔ̃siste]. *v. intr.* (XVe; « avoir de la consistance », XIVe; lat. *consistere* « se tenir ensemble »). Être constitué par; avoir son essence, ses propriétés (dans). ♦ 1° *Consister en, dans.* V. **Composer** (se). *Ce bâtiment consiste en tant d'appartements.* V. **Comporter, comprendre.** *— Consister dans le fait de.* V. **Résider.** *En quoi consiste votre projet?* « *Le bonheur ou le malheur consistent dans une certaine disposition d'organes* » (MONTESQ.). ♦ 2° *Consister à* (et inf.). « *La libéralité consiste moins à donner beaucoup qu'à donner à propos* » (LA BRUY.).

CONSISTOIRE [kɔ̃sistwaʀ]. *n. m.* (1190; bas lat. *consistorium* « assemblée »; de *consistere.* V. Consister). *Relig.* ♦ 1° *Cathol.* Assemblée de cardinaux convoqués par le pape pour s'occuper des affaires générales de l'Église (V. Concile). ♦ 2° *Consistoire protestant, israélite :* assemblée de ministres du culte et de laïques élus pour diriger les affaires d'une communauté religieuse (V. Synode).

CONSISTORIAL, ALE, AUX [kɔ̃sistɔʀjal, o]. *adj.* et *n.* (XVe; de *consistoire*). *Relig.* Qui appartient à un consistoire. *Jugement consistorial.* — *N. m.* Membre du consistoire.

CONSŒUR [kɔ̃sœʀ]. *n. f.* (v. 1700, « femme membre d'une confrérie »; de *sœur, d'apr. confrère*). Féminin de *confrère* (souvent iron.). V. **Collègue, confrère.**

CONSOLABLE [kɔ̃sɔlabl(ə)]. *adj.* (v. 1500; lat. *consolabilis*). Qui peut être consolé. *Son chagrin sera aisément consolable.* ◊ ANT. Inconsolable.

CONSOLANT, ANTE [kɔ̃sɔlɑ̃, ɑ̃t]. *adj.* (1470; de *consoler*). Propre à consoler. V. **Apaisant, calmant, réconfortant.** *Pensée, parole consolante. Nouvelle consolante. Il est consolant de se dire que...* ◊ ANT. Attristant, désolant, navrant.

CONSOLATEUR, TRICE [kɔ̃sɔlatœʀ, tʀis]. *n.* (1265;

lat. *consolator*). ♦ 1° *Littér.* Personne qui console, qui cherche à consoler. Cathol. *La consolatrice des affligés :* la Sainte Vierge. ♦ 2° *Mod.* Adj. V. **Consolant.** « *Elle lui jeta... un regard d'ange consolateur* » (GAUTIER). « *La religion chrétienne est principalement consolatrice* » (GIDE).

CONSOLATION [kɔ̃sɔlɑsjɔ̃]. *n. f.* (fin XIᵉ; lat. *consolatio*). ♦ 1° Soulagement apporté à la douleur, à la peine de qqn. V. **Adoucissement, apaisement, réconfort, soulagement.** *Donner, apporter la consolation. Chercher une consolation dans l'étude. Paroles de consolation. Consolation à du Périer,* stances de Malherbe. ♦ 2° Sujet d'allégement d'une peine. V. **Dédommagement, joie, plaisir, satisfaction.** « *C'est une consolation de laisser promener ses idées dans l'antiquité et à six mille lieues de son trou* » (VOLT.). — *Prix de consolation.* ♦ 3° La personne qui console, peut consoler. V. **Consolateur; appui.** *Son fils est sa seule consolation.* « *Venez, vous serez ma consolation dans cette solitude* » (FÉN.). ◇ ANT. *Affliction, chagrin, désespoir, malheur, peine, tourment.*

CONSOLE [kɔ̃sɔl]. *n. f.* (1565; de *sole* « poutre »; étym. pop. sur *consoler, consolider*). ♦ 1° *Archit.* Moulure saillante en forme de volute ou d'S, et qui sert de support. V. **Corbeau.** *Console d'une corniche, d'un balcon. Construction sur consoles.* V. **Encorbellement.** « *Les saillies de poutres formant console* » (ROMAINS). — Constr. *Grue à console.* V. **Cantilever.** ♦ 2° (1640). Table-applique, à pieds en console. *Console Empire, Directoire.* ♦ 3° *Mus.* Partie supérieure d'une harpe. — Meuble placé devant le buffet d'un orgue, qui comporte les claviers, registres, pédalier. ♦ 4° (mil. XXᵉ; par anal. de forme). *Inform.* Élément périphérique ou terminal d'un ordinateur, permettant de recevoir des informations et d'émettre des questions et des consignes vers l'unité centrale. *Console à visualisation cathodique.* V. aussi **Télétype, terminal.** ◇ HOM. Formes du v. *Consoler.*

CONSOLER [kɔ̃sɔle]. *v. tr.* (XIIIᵉ; lat. *consolare*). ♦ 1° Soulager (qqn) dans son chagrin, dans sa douleur. V. **Apaiser, calmer, guérir, soulager** *distraire, rasséréner, réconforter, remonter (fam.).* « *Quand on l'est* (heureux), *il reste beaucoup à faire : à consoler les autres* » (RENARD). *On ne peut se consoler de sa peine, il ne se laisse pas consoler.* V. **Inconsolable.** « *Ceux qui consolèrent ne sont pas toujours consolés* » (MICHELET). — (*Choses*) Apporter un réconfort, une compensation à. « *Ma fille, ton bonheur me console de tout* » (RAC.). « *Ce souvenir le consola de bien des regrets* » (GIRAUDOUX). — Absolt. *Cette idée console de bien des peines. Le temps console.* ♦ 2° Alléger (un sentiment douloureux, une situation pénible). *Consoler l'affliction, la douleur de qqn.* V. **Adoucir, bercer, endormir.** *Il console leurs jours d'infortune.* ♦ 3° SE **CONSOLER.** *v. pron.* Recevoir de la consolation, être consolé. *Plus facile de se consoler des autres que de se consoler soi-même* » (MALRAUX). — Récipr. *Ils se sont consolés* (entre eux). ◇ ANT. *Accabler, affliger, attrister, chagriner, désoler, navrer, tourmenter.*

CONSOLIDATION [kɔ̃sɔlidɑsjɔ̃]. *n. f.* (1314, « cicatrisation »; de *consolider*). ♦ 1° (1754). *Méd.* Rapprochement et soudure de parties os) accidentellement séparées. *Consolidation d'une fracture.* ◇ Stabilisation d'une maladie, d'une liaison. ♦ 2° (1789). Le fait de consolider (2°). *Consolidation de rentes, de valeurs,* conversion de titres remboursables à court terme en titre à long terme ou perpétuels. *Consolidation de la dette flottante. Consolidation d'un compte ou d'un bilan.* ♦ 3° Action de consolider, de rendre solide. V. **Affermissement, renfort, réparation, stabilisation.** *Consolidation d'un mur, d'un ciel de mine.*

CONSOLIDÉ, ÉE [kɔ̃sɔlide]. *adj. et n.* (1768; angl. *consolidated annuities,* même co. que *consolider**). Fin. Garanti. (Dans un groupe d'entreprises). *Compte d'exploitation ou bilan consolidé,* où sont éliminés les avoirs et les dettes de chaque entreprise par la mise en commun des comptes. — Adj. *Rentes consolidées. Tiers consolidé :* fonds réduit au tiers de sa valeur de 1797. — *N. m. pl.* (1835) CONSOLIDÉS : fonds publics de la dette d'Angleterre. *Le cours des consolidés,* en Bourse.

CONSOLIDER [kɔ̃sɔlide]. *v. tr.* (1314, « cicatriser »; XIVᵉ, « unir, joindre »; lat. *consolidare,* de *solidus.* V. **Solide**). ♦ 1° (XVIᵉ). Rendre plus solide, plus stable. V. **Affermir, étayer, fortifier, raffermir, renforcer, soutenir, stabiliser.** *Consolider un édifice, une charpente, un mur.* ◇ (*Abstrait*) Rendre solide, durable. V. **Cimenter, confirmer, enraciner, implanter.** *Consolider une alliance, un traité. Le régime ne s'est pas consolidé.* « *V. Hugo assoit, consolide ainsi cette formidable popularité où il mourut* » (THIBAUDET). ♦ 2° (1789). V. **Consolidé.** *Consolider une rente, un emprunt, un bilan.* ◇ ANT. *Abattre, affaiblir, démolir, ébranler, miner, saper.*

CONSOMMABLE [kɔ̃sɔmabl(ə)]. *adj.* (1758; autre sens, 1580; de *consommer*). Qui peut être consommé. *Cette viande n'est consommable que bouillie.*

CONSOMMATEUR, TRICE [kɔ̃sɔmatœr, tris]. *n.* (1525; lat. ecclés. *consummator*).

I. *Théol.* Personne qui achève, consomme (1°). « *Jésus, le consommateur de la foi* » (BIBLE).

II. *Cour.* (1745; de *consommer,* II). ♦ 1° Personne qui utilise des marchandises, des richesses, pour la satisfaction de ses besoins. *Besoins des consommateurs. Les fournisseurs et les consommateurs.* V. **Acheteur, client.** ♦ 2° Personne qui prend une consommation dans un café, un restaurant. — (ANT. *Producteur.*)

CONSOMMATION [kɔ̃sɔmasjɔ̃]. *n. f.* (XIIᵉ; lat. ecclés. *consummatio*).

I. Action d'amener une chose à son plein accomplissement. V. **Achèvement, couronnement, fin, terminaison.** *La consommation du mariage :* l'union charnelle. *Jusqu'à la consommation des siècles,* jusqu'à la fin des temps. « *Jusqu'à la mort de la mort* » (J. de MAISTRE). *Consommation d'une infraction.* V. **Perpétration.**

II. (XVIIᵉ; de *consommer,* II). ♦ 1° Action de faire des choses un usage qui les détruit ou les rend ensuite inutilisables. *Faire une grande consommation de papier à lettres, d'électricité.* — *Consommation d'essence, d'huile* (d'une automobile). ◇ *Écon.* Utilisation des biens et des services. V. **Usage.** « *La consommation n'est pas une destruction de matière, mais une destruction d'utilité* » (J.-B. SAY). — (1968). *Biens de consommation,* biens dont l'utilisation détermine la satisfaction immédiate d'un besoin (opposés à *biens de production**). *Société de consommation,* type de société où le système économique pousse à consommer et suscite des besoins dans les secteurs qui lui sont profitables. *Coopérative* de consommation.* ♦ 2° (1837). Ce qu'un client commande au café. V. **Boisson, rafraîchissement.** *Régler les consommations.* ◇ ANT. *Commencement, début. Production.*

CONSOMMÉ, ÉE [kɔ̃sɔme]. *adj. et n. m.* (1361; V. **Consommer**). ♦ 1° *Adj.* Parvenu à un degré élevé de perfection. V. **Accompli, achevé, parfait.** *Diplomate consommé. Habileté consommée.* ♦ 2° *N. m.* Bouillon de viande concentré. *Un consommé de poulet.*

CONSOMMER [kɔ̃sɔme]. *v. tr.* (XIIᵉ; lat. *consummare* « faire la somme »).

I. Mener (une chose) au terme de son accomplissement. *Consommer son œuvre.* V. **Achever, couronner, parfaire** terminer. *Consommer un forfait, un crime, un attentat.* V. **Accomplir, commettre, perpétrer.** « *Consommer sa ruine* » (BALZ.). « *Elle consommait son martyre dans la pénombre... d'une prison* » (BLOY).

II. (XVIᵉ; « détruire, consumer », XVᵉ). ♦ 1° Amener (une chose) à destruction en utilisant une substance, en faire un usage qui la rend ensuite inutilisable. V. **User (de), utiliser.** *Consommer ses provisions. Consommer des aliments.* V. **Absorber, boire, manger, nourrir** (se nourrir de). *Consommer du combustible, de l'électricité.* V. **Brûler, consumer, employer.** Absolt. *Des bouches inutiles qui consomment sans produire.* ♦ 2° Intrans. Prendre une consommation au café. *Consommer à la terrasse, au comptoir.* ♦ 3° (*Choses*). User (du combustible, etc.). *Cette voiture consomme trop d'essence;* absolt. *consomme trop.* ◇ ANT. *Commencer, laisser. Produire.*

CONSOMPTIBLE [kɔ̃sɔ̃ptibl(ə)]. *adj.* (1585; repr. XIXᵉ, var. *consumptible;* lat. *consumptibilis.* V. **Consumer**). *Dr.* Dont on ne peut se servir sans le détruire. *Biens, produits consomptibles par le premier usage.*

CONSOMPTIF, IVE [kɔ̃sɔ̃ptif, iv]. *adj.* (v. 1390; du lat. *consumptus*). *Méd.* Relatif à la consomption.

CONSOMPTION [kɔ̃sɔ̃psjɔ̃]. *n. f.* (1314, « action de consumer »; lat. *consumptio.* V. **Consumer**). ♦ 1° (1521). Vx ou littér. Le fait d'être consumé. ♦ 2° (1677). *Méd.* Amaigrissement et dépérissement observés dans toute maladie grave et prolongée. V. **Affaiblissement, épuisement, langueur.** Vx. Tuberculose pulmonaire. « *Le mal qu'on appelait encore à cette époque la consomption* » (FRANCE). ◇ ANT. *Conservation. Santé, vigueur; rétablissement.*

CONSONANCE [kɔ̃sɔnɑ̃s]. *n. f.* (1155; lat. *consonantia,* de *sonus* « son »). ♦ 1° *Mus.* Ensemble de sons (accord) considéré dans la musique occidentale (et traditionnelle) comme agréable à l'oreille (*opposé à* dissonance). *Consonances parfaites* (V. **Octave, quinte, unisson**), *imparfaites* (V. **Sixte, tierce**), *mixte* (V. **Quarte**). Par anal. En peinture, *les tons « ont leurs dissonances et leurs consonances* » (TAINE). ♦ 2° Uniformité ou ressemblance du son final de deux ou plusieurs mots. V. **Assonance, rime.** ♦ 3° Succession, ensemble de sons. *Un nom aux consonances harmonieuses, bizarres.* « *Le langage de ce pays semble toujours une suite de consonances incertaines, nasillardes* » (LOTI). ◇ ANT. *Dissonance.*

CONSONANT, ANTE [kɔ̃sɔnɑ̃, ɑ̃t]. *adj.* (1175; lat. *consonans,* de *consonare* « résonner ensemble »). Qui produit une consonance; est formé de consonances. *Intervalles, accords consonants.* — *Phrases consonantes.* ◇ ANT. *Dissonant.*

CONSONANTIQUE [kɔ̃sɔnɑ̃tik]. *adj.* (1907; de *consonne*). *Phonét.* Des consonnes. *Système consonantique* (*opposé à* vocalique).

CONSONANTISME [kɔ̃sɔnãtism(ə)]. *n. m.* (1907; de *consonne*). *Phonét.* Système des consonnes d'une langue (*opposé à* vocalisme).

CONSONNE [kɔ̃sɔn]. *n. f.* (1529; lat. gram. *consona* « dont le son se joint à »). ♦ 1° Phonème (bruit — consonnes *sourdes* — ou son et bruit) produit par le passage de l'air à travers la gorge, la bouche, formant obstacles. *Consonnes occlusives* (orales; nasales), *constrictives* (d'apr. le mode d'articulation). *Consonnes bilabiales* (p, b), *labio-dentales* (f, v), *dentales* (t, d), *alvéolaires* (s, z), *palatales, vélaires* (k, g). V. *aussi* Semi-consonne. ♦ 2° Lettre représentant une consonne. *Consonnes géminées,* identiques, qui se suivent dans un mot.

CONSORT [kɔ̃sɔʀ]. *n. et adj. m.* (1392, « complice »; lat. *consors* « qui partage le sort »). ♦ 1° N. m. pl. *Untel et consorts :* et ceux qui agissent avec lui; et les gens de même espèce (souvent *péj.*). ◇ *Dr.* Plaideurs ayant un intérêt commun à un procès (*liticonsorts*). ♦ 2° Adj. (1669). *Prince consort :* époux d'une reine, quand il ne règne pas lui-même.

CONSORTIAL, ALE, AUX [kɔ̃sɔʀsjal, o]. *adj.* (1876; de *consortium*). *Écon.* D'un consortium. « *Nous ne pouvons à l'égard de nos actionnaires, envisager un crédit consortial plus élevé que le montant de dépôts à rembourser* » (MALRAUX).

CONSORTIUM [kɔ̃sɔʀsjɔm]. *n. m.* (1869; mot angl., du lat. « association »). Groupement d'entreprises. *Des consortiums d'achat* (V. **Comptoir**). *Consortium bancaire,* pour la réalisation de crédits consortiaux. (V. **Consortial**).

CONSOUDE [kɔ̃sud]. *n. f.* (v. 1200; bas lat. *consolida,* de *consolidare* « affermir », à cause de ses propriétés). Plante des lieux humides (*Borraginacées*), herbe haute utilisée autrefois en médecine (astringente). « *Un rouge-gorge qui boit dans la feuille d'une grande consoude* » (GENEVOIX).

CONSPIRATEUR, TRICE [kɔ̃spiʀatœʀ, tʀis]. *n.* (1302; de *conspirer*). Personne qui conspire. V. **Comploteur, conjuré**. *Arrêter un conspirateur. Prendre un air de conspirateur.* — Adj. *Menées conspiratrices.*

CONSPIRATION [kɔ̃spiʀasjɔ̃]. *n. f.* (1160; lat. *conspiratio*). ♦ 1° Accord secret entre deux ou plusieurs personnes en vue de renverser le pouvoir établi. V. **Complot, conjuration, machination**. *Fomenter, ourdir, préparer, tramer une conspiration. Tremper dans une conspiration. L'âme, le chef d'une conspiration.* ♦ 2° Entente dirigée contre qqn ou qqch. V. **Association, brigue, cabale, intrigue, ligue**. *Conspiration du silence.* « *Une conspiration d'économie unissait les consommateurs contre l'avidité des producteurs* » (MAUROIS).

CONSPIRER [kɔ̃spiʀe]. *v.* (XIIᵉ; lat. *conspirare* « souffler ensemble »). ♦ 1° V. tr. *Vieilli.* Poursuivre secrètement, avec d'autres (un but commun). *Conspirer la mort de qqn.* V. **Méditer, ourdir, projeter, tramer**. *Conspirer la ruine de l'État.* V. **Comploter**. ♦ 2° V. intr. *Mod.* Préparer une conspiration ou y participer. *Conspirer contre la République.* « *Quand M. de Talleyrand ne conspire pas, il trafique* » (CHATEAUB.). ♦ 3° *Trans. indir.* (À). Contribuer au même effet. V. **Concourir, tendre** (à). « *Tout conspire, tout concourt à faire de moi un paysan* » (PÉGUY).

CONSPUER [kɔ̃spɥe]. *v. tr.* (1530, « cracher sur »; repris 1743; lat. *conspuere* « cracher sur »). Manifester bruyamment, publiquement et en groupe contre (qqn ou qqch.). V. **Bafouer, huer**. *Conspuer un orateur.* ◇ ANT. *Acclamer, applaudir.*

CONSTABLE [kɔ̃stabl(ə)]. *n. m.* (1777; mot angl., de l'a. fr. *conestable*. V. **Connétable**). En Angleterre, Officier de police. *Sergent de ville.*

CONSTAMMENT [kɔ̃stamã]. *adv.* (1355; de *constant*). D'une manière constante, continuelle. V. **Fréquemment, incessamment, invariablement, toujours**. *Être constamment malade.* « *L'art est constamment au-dessous de la nature* » (MUSS.). ◇ ANT. *Jamais, quelquefois, rarement.*

CONSTANCE [kɔ̃stãs]. *n. f.* (déb. XIIIᵉ; de *constant*). ♦ 1° *Vieilli.* Force morale, fermeté d'âme qui permet de garder l'empire sur soi-même. V. **Courage, énergie, fermeté, force, résolution**. *Souffrir, endurer son mal avec constance.* « *La constance n'est-elle pas la plus haute expression de la force ?* » (BALZ.). ♦ 2° *Littér.* Persévérance dans ce que l'on entreprend. *Travailler avec constance. La constance d'un amour; la constance en amour.* V. **Fidélité**. — *Fam.* Patience. *Vous avez de la constance de l'attendre si longtemps!* ♦ 3° Qualité de ce qui ne cesse d'être le même. V. **Continuité, invariabilité, permanence, persistance, régularité**. *La constance d'un phénomène.* « *Cette constance de la nature à reproduire toujours de la même façon ses plus infimes détails* » (LOTI). ◇ ANT. *Inconstance; changement, instabilité, variabilité.*

CONSTANT, ANTE [kɔ̃stã, ãt]. *adj.* (1355; *constans,* XIIIᵉ; lat. *constans,* de *constare* « s'arrêter »). ♦ 1° *Vx.* Qui fait preuve de constance, de fermeté d'âme. V. **Courageux, ferme**. « *Suzanne offrit une âme constante à la plus noire calomnie* » (MASSILLON). ♦ 2° *Littér.* Qui est persévérant. V. **Assidu, obstiné, opiniâtre, persévérant**. *Être constant dans la poursuite d'un but.* « *Un travail constant, soutenu* » (BALZ.).

♦ 3° (XVIIᵉ). Qui persiste dans l'état où il se trouve; qui ne s'interrompt pas. V. **Continuel, durable, permanent, persistant**. *Préoccupation constante. Souci constant. Manifester un intérêt constant.* V. **Soutenu**. « *Cette humanité si constante dans sa nature et si variable dans ses apparences* » (DUHAM.). — *Math. Quantité constante.* V. **Invariable**. Subst. V. **Constante**. ♦ 4° *Rare. Il est constant que..., c'est un fait constant :* assuré, avéré. V. **Certain**. ◇ ANT. *Inconstant; changeant, instable, variable.*

CONSTANTAN [kɔ̃stãtã]. *n. m.* (déb. XXᵉ; o. i.). Alliage de cuivre et de nickel dont la résistance électrique varie peu avec la température.

CONSTANTE [kɔ̃stãt]. *n. f.* (1699; de *constant,* dans *quantité constante*). *Sc.* Quantité qui garde la même valeur; nombre indépendant des variables. — *Phys. Constante de Planck, constante universelle.* ◇ *Psycho. Constante personnelle,* rapport de l'âge mental et de l'âge chronologique d'un sujet, dans les tests d'intelligence.

CONSTAT [kɔ̃sta]. *n. m.* (fin XIXᵉ; mot lat., 3ᵉ pers. de *constare* « constater »). Procès-verbal dressé par un huissier ou sur ordre de justice pour décrire un état de fait. *Constat d'huissier. Constat d'adultère.* — *Fig.* Ce par quoi on constate qqch. *Dresser un constat d'échec.*

CONSTATATION [kɔ̃statasjɔ̃]. *n. f.* (1586, rare av. XIXᵉ; de *constater*). ♦ 1° Action de constater pour attester. V. **Observation**. *La constatation d'un fait. Procéder aux constatations d'usage.* V. **Examen**. « *Le rédacteur ramena sa réponse à pure constatation de fait* » (COURTELINE). ♦ 2° *Fait constaté et relaté, servant de preuve,* de raison. *Les constatations d'une enquête.*

CONSTATER [kɔ̃state]. *v. tr.* (1726; lat. *constat* « il est certain »; de *constare*). ♦ 1° Établir par expérience directe la vérité, la réalité de; se rendre compte de. V. **Apercevoir, enregistrer, éprouver, établir, noter, observer, reconnaître, sentir, voir**. *Constater un fait, la réalité d'un fait. Constater une erreur.* V. **Découvrir**. *Vous pouvez constater vous-même, par vous-même qu'il n'est pas venu.* « *On n'explique pas une vocation, on la constate* » (CHARDONNE). ♦ 2° Consigner ce qu'on a constaté. *Constater par procès-verbal.* V. **Consigner**. *Constater l'état authentique d'une pièce* (authentifier, certifier). ◇ ANT. *Négliger, omettre, oublier.*

CONSTELLATION [kɔ̃ste(ɛl)lasjɔ̃]. *n. f.* (1265; lat. *constellatio,* de *stella* « étoile »). ♦ 1° Groupe apparent d'étoiles qui présente un aspect reconnaissable. *La constellation de la Grande Ourse, du Lion. Influence des constellations sur les destinées humaines, d'après l'astrologie.* — *Fig. Être né sous une heureuse constellation.* V. **Étoile**. ♦ 2° *Littér.* Groupe d'objets brillants. *Constellation de lumières.* — Groupe de personnes illustres. V. **Pléiade**.

CONSTELLÉ, ÉE [kɔ̃ste(ɛl)le]. *adj.* (1519, « aérien »; lat. *constellatus,* de *constellatio*). ♦ 1° *Astrol. Anneau constellé :* anneau magique fabriqué sous l'influence d'une constellation. ♦ 2° (1752; probabl. it. *costellato*). Parsemé d'étoiles, d'objets brillants. *Robe constellée de paillettes.* « *La splendeur constellée de la plaine champenoise* » (DUHAM.).

CONSTELLER [kɔ̃ste(ɛl)le]. *v. tr.* (1838; de *constellé,* ou de *constellation*). Couvrir, parsemer d'étoiles, de points brillants.

CONSTERNANT, ANTE [kɔ̃stɛʀnã, ãt]. *adj.* (1845; de *consterner*). Qui consterne.

CONSTERNATION [kɔ̃stɛʀnasjɔ̃]. *n. f.* (1512; lat. *consternatio*). Le fait de consterner; état de qui est consterné. V. **Abattement, accablement, chagrin, désolation, douleur, épouvante, étonnement, mélancolie, tristesse, stupéfaction, stupeur**. *Nouvelle qui jette la consternation dans un groupe. Lire la consternation sur les visages.* En 1940, « *la France était encore reployée sur sa douleur et frappée de consternation* » (DUHAM.). ◇ ANT. *Joie.*

CONSTERNER [kɔ̃stɛʀne]. *v. tr.* (1355; lat. *consternare* « abattre »). Jeter brusquement dans un abattement profond. V. **Abattre, accabler, anéantir, atterrer, désoler, navrer, stupéfier, terrasser**. *Cette nouvelle m'a consterné.* — Au p. p. *Air, visage consterné.* V. **Abattu**. « *Ce malheur, dont elle aurait dû être honteuse et consternée* » (MAURIAC). ◇ ANT. *Réjouir.*

CONSTIPANT, ANTE [kɔ̃stipã, ãt]. *adj.* (1843, de *constiper*). Qui constipe.

CONSTIPATION [kɔ̃stipasjɔ̃]. *n. f.* (fin XIIIᵉ; de *constiper*). Difficulté dans l'évacuation des selles. *Aliments qui produisent de la constipation.* ◇ ANT. *Diarrhée.*

CONSTIPER [kɔ̃stipe]. *v. tr.* (*Constipé,* XIVᵉ; *costiver* XIVᵉ; lat. *constipare* « serrer »). ♦ 1° Causer la constipation. Absolt. *Certains aliments astringents constipent.* — Au p. p. *Il est constipé.* — Subst. *Les constipés. Remèdes pour constipés.* ♦ 2° *P. p. adj.* (fam.). CONSTIPÉ, ÉE, anxieux, contraint; embarrassé. ◇ ANT. *Relâcher.*

CONSTITUANT, ANTE [kɔ̃stitɥã, ãt]. *adj.* et *n.* (1476, « celui qui confère un droit »; de *constituer*). ♦ 1° (1752) Qui entre dans la constitution d'un tout. V. **Composant,**

constitutif. *Parties constituantes d'un corps. Éléments constituants d'un mélange.* V. **Ingrédient.** ◊ Ling. *Constituants d'une phrase,* éléments organisés en arbre dans l'analyse structurale d'une phrase. ♦ 2° (*Constituant* « électeur », v. 1770). Adj. *Assemblée constituante,* chargée de faire une constitution. N. f. *La Constituante,* l'Assemblée de 1789 à laquelle succéda la Législative. N. m. *Les constituants :* membres de cette assemblée. ♦ 3° *N. f.* (1968). Université ou institut de recherches faisant partie de l'université du Québec. *Les constituantes de Montréal, Trois-Rivières, Chicoutimi, Rimouski.*

CONSTITUÉ, ÉE [kɔ̃stitɥe]. *adj.* (1611, *rente constituée.* V. **Constituer**). ♦ 1° (1690). *Dont la constitution physique est bonne ou mauvaise. Un enfant bien constitué.* ♦ 2° *Autorités constituées; corps constitués :* établis par la constitution.

CONSTITUER [kɔ̃stitɥe]. *v. tr.* (h. XIII°, « s'établir »; lat. *constituere,* de *statuere.* V. **Statuer**). ♦ 1° (1361). *Dr.* Établir (qqn) dans une situation légale. V. **Faire, instituer.** *Il l'a constitué son héritier.* — Pronom. *Il s'est constitué prisonnier. Se constituer partie civile*.* V. **Porter** (se). ◊ *Vieilli.* Placer (qqn) à un poste, dans une situation où il est responsable de qqch. V. **Mettre** (à la tête), placer, préposer. *Constituer qqn à la garde des enfants.* ♦ 2° (1549). *Dr.* Créer (qqch.) à l'intention de qqn. *Constituer une rente, une dot à qqn.* ♦ 3° (1690). Concourir, avec d'autres éléments, à former un tout. V. **Composer, faire, former.** *Parties qui constituent un tout. Lois qui constituent une théorie.* — Par ext. Former l'essence de, être. V. **Consister** (en). *Cette action constitue un délit.* « *La légion étrangère de Dar Riffien constitue une troupe solide* » (MAC ORLAN). ◊ *Au p. p.* CONSTITUÉ DE*, PAR* (plusieurs choses). ♦ 4° (1829). *Par ext.* Organiser, créer (une chose complexe). V. **Édifier, élaborer, monter, organiser.** *Constituer une société commerciale. Constituer un ministère. Le gouvernement constitué par M. X. Constituer une seconde fois.* V. **Reconstituer.** ◊ ANT. **Destituer.** Décomposer; défaire, abattre, renverser.

CONSTITUTIF, IVE [kɔ̃stitytif, iv]. *adj.* (1488 ; « qui établit une constitution »; de *constituer*). ♦ 1° (1550). Qui établit juridiquement qqch. *Titre constitutif de propriété.* ♦ 2° Qui entre dans la composition de. V. **Constituant.** *Les éléments constitutifs de l'eau.* — Qui constitue l'essentiel de.

CONSTITUTION [kɔ̃stitysjɔ̃]. *n. f.* (XII°, « loi » et sens I, 1°; lat. *constitutio* « institution »). I. ♦ 1° *Dr.* Action d'établir légalement. V. **Établissement, institution.** *Constitution de rente de pension.* — *Constitution de partie civile :* demande de dommages-intérêts formulée par celui qui se prétend victime d'une infraction. — *Constitution d'avoué, d'avocat :* désignation. ♦ 2° (XVI°). Manière dont une chose est composée. V. **Arrangement, composition, disposition, forme, organisation, structure, texture.** *Constitution d'un corps, d'une substance.* ◊ Ensemble des caractères congénitaux somatiques et psychologiques d'un individu. V. **Caractère, complexion, conformation, personnalité, tempérament.** *Forte, robuste constitution. Une constitution malingre, chétive.* « *La force de sa constitution résista jusqu'à la fin. Un corps et une âme ainsi bâtis semblent de granit* » (TAINE). ♦ 3° (XIII°, « création » » (du monde). Action de constituer un ensemble; son résultat. V. **Composition, construction, création, édification, élaboration, fondation, formation, organisation.** *La constitution d'une société, d'un club sportif.*
II. (1683). ♦ 1° Charte, textes fondamentaux qui déterminent la forme du gouvernement d'un pays. *Constitution coutumière. Constitution écrite. Voter une constitution. Réviser, réformer la constitution. Constitution monarchique, républicaine* (V. **Régime**). « *Nous ne dépendons point des constitutions et des chartes, mais des instincts et des mœurs* » (FRANCE). *Loi conforme à la constitution.* V. **Constitutionnel.** ♦ 2° Loi fondamentale. *Les constitutions apostoliques ou papales.* V. **Bulle.** *Les Novelles, constitutions de Justinien.* ♦ 3° *Constitution civile du clergé :* organisation du clergé français, décrétée par la loi du 12 juillet 1790. ◊ ANT. **Annulation, décomposition, désorganisation, dissolution.**

CONSTITUTIONNALISER [kɔ̃stitysjɔnalize]. *v. tr.* (1830; de *constitutionnel*). *Dr.* Donner un caractère constitutionnel à (un texte législatif).

CONSTITUTIONNALITÉ [kɔ̃stitysjɔnalite]. *n. f.* (1798 ; de *constitutionnel*). Caractère de ce qui est conforme à la constitution. *Contrôle de la constitutionnalité des lois.*

CONSTITUTIONNEL, ELLE [kɔ̃stitysjɔnɛl]. *adj.* (v. 1760; de *constitution*).
I. Qui constitue, forme l'essence de qqch. — Qui tient à la constitution (physique, psychologique, générale) de qqn. *Faiblesse constitutionnelle. Type constitutionnel.*
II. (1775). ♦ 1° Qui est soumis à une constitution. *Monarchie constitutionnelle* (V. **Parlementaire**). ◊ Conforme à la constitution. *Cette loi n'est pas constitutionnelle.* Par ext. *Conseil constitutionnel,* organisme chargé de veiller au contrôle

de la constitutionnalité des lois. ◊ Relatif à la constitution d'un État. *Loi constitutionnelle.* V. **Organique.** ♦ 2° Partisan de la constitution. *Le parti constitutionnel.* — Subst. *Les constitutionnels.* ♦ 3° *Droit constitutionnel,* qui étudie les constitutions, la structure et le fonctionnement du pouvoir politique (branche du droit public).
◊ ANT. **Anticonstitutionnel, inconstitutionnel.**

CONSTITUTIONNELLEMENT [kɔ̃stitysjɔnɛlmɑ̃]. *adv.* (1776; de *constitutionnel*). D'une manière conforme à la constitution. ◊ ANT. **Anticonstitutionnellement.**

CONSTRICTEUR [kɔ̃striktœr]. *adj. m.* (fin XVII°; lat. *constrictor,* de *constringere* « serrer »). ♦ 1° *Anat.* Se dit des muscles qui resserrent circulairement un organe. *Muscles constricteurs du pharynx.* — Subst. *Un constricteur.* V. **Sphincter.** ♦ 2° *Boa constricteur* (1845), ou CONSTRICTOR [kɔ̃striktɔr] (1754), qui étreint sa proie dans ses anneaux.

CONSTRICTION [kɔ̃striksjɔ̃]. *n. f.* (1306; lat. *constrictio,* de *constringere*). *Didact.* Action de resserrer en pressant tout autour. V. **Contraction, étranglement, resserrement.** *Constriction du pharynx. Constriction des vaisseaux sanguins.* V. **Vaso-constricteur.**

CONSTRUCTEUR, TRICE [kɔ̃stryktœr, tris]. *adj. et n. m.* (XIV°; bas lat. *constructor,* de *construere*). ♦ 1° Celui qui construit qqch. V. **Ingénieur.** *Constructeur de chaudières, de moteurs. Constructeur mécanicien. Constructeur d'automobiles, de navires.* ◊ Celui qui construit des édifices. V. **Architecte, bâtisseur.** « *Nos constructeurs des grandes époques ont toujours conçu leurs édifices d'un seul jet* » (VALÉRY). Appos. *La société constructrice.* ♦ 2° Adj. *Animaux constructeurs.* ♦ 3° *Fig. Un constructeur d'empire.* ◊ ANT. **Destructeur.**

CONSTRUCTIF, IVE [kɔ̃stryktif, iv]. *adj.* (1487, repris 1863; lat. *constructivus,* de *construere*). Capable de construire; *fig.* d'élaborer, de créer. V. **Créateur.** *Un esprit constructif.* ◊ Positif. *Une proposition, une critique constructive.* ◊ ANT. **Destructif; négatif.**

CONSTRUCTION [kɔ̃stryksjɔ̃]. *n. f.* (1130; lat. *constructio,* de *construere.* V. **Construire**). ♦ 1° Action de construire. V. **Assemblage, édification, érection.** *La construction d'une maison, d'un mur; d'un navire.* ◊ Ensemble des techniques qui permettent de construire, de bâtir. *La construction et l'architecture.* — DE CONSTRUCTION : qui sert à la construction. *Matériaux de construction* (béton, bois, brique, ciment, métal, mortier, pierre, plâtre, tuile). ◊ *Jeu de construction,* formé d'éléments que l'on peut assembler pour construire un ensemble. ◊ Industrie qui construit certains objets. *Les constructions navales, aéronautiques. La construction mécanique européenne.* ♦ 2° (1636). Ce qui est construit, bâti. V. **Bâtiment, bâtisse, édifice, immeuble, installation, maison, monument, ouvrage.** « *Les autres constructions avaient subsisté, en se transformant* » (ROMAINS). *Plans, devis d'une construction. Construction en éléments préfabriqués. Fondations, éléments d'une construction :* assise, charpente, cloison, comble, couverture, mur, gros œuvre, etc. ♦ 3° *Fig.* (XVII°). Action de composer, d'élaborer une chose abstraite. V. **Composition, élaboration.** *Construction d'un roman, d'une thèse, d'un poème.* « *La construction du dogme orthodoxe* » (CAMUS). ◊ Ce qui est élaboré. V. **Système.** *C'est une simple construction de l'esprit.* ◊ *Géom.* Figure construite. ♦ 4° (Déb. XIII°). *Gram.* Place relative des mots dans la phrase (V. **Syntaxe**). « *L'on écrit régulièrement depuis vingt années; l'on est esclave de la construction* » (LA BRUY.). ◊ Suite d'éléments linguistiques conforme à un schéma. V. **Locution, tour.** ◊ ANT. **Démolition, destruction.**

CONSTRUCTIVISME [kɔ̃stryktivism(ə)]. *n. m.* (v. 1925; du rad. de *constructif*). ♦ 1° *Hist.* de l'art. Mouvement artistique tendant à substituer une plastique de plans et de lignes assemblées, à une plastique des masses. *Constructivisme russe* (1920). ♦ 2° *Didact.* Théorie qui considère un objet de pensée comme « construit ». « *Règles techniques d'un constructivisme* » (PIAGET).

CONSTRUCTIVISTE [kɔ̃stryktivist(ə)]. *n. m.* (du rad. de *constructif*). *Hist.* de l'art. Adepte du constructivisme*.

CONSTRUIRE [kɔ̃strɥir]. *v. tr.*; conjug. *conduire* (1466; lat. *construere,* de *struere* « élever »; Cf. **Détruire**). ♦ 1° Bâtir, suivant un plan déterminé, avec des matériaux divers. V. **Bâtir, édifier, élever, ériger; reconstruire.** *Construire une maison, un immeuble. Construire un pont sur une rivière.* V. **Jeter.** *Art de construire.* V. **Construction; crépir, maçonner.** ◊ Faire un objet complexe. V. **Fabriquer.** *Construire un navire, des automobiles, des machines.* ♦ 2° (*Abstrait*). Faire exister (un système complexe) en organisant des éléments mentaux. *Construire un roman, un poème, une pièce de théâtre.* V. **Agencer, arranger, assembler, composer, créer.** *Construire un système, une théorie.* V. **Édifier, élaborer, forger, imaginer.** « *Ce que la seule logique construit reste artificiel et contraint* » (GIDE). ◊ *Géom.* Tracer (une figure) selon un schéma. *Construire un triangle rectangle, un cercle tangent à un autre.* ♦ 3° (1530; *construire un mot,* XIII°). Organiser (un énoncé) en disposant les éléments (mots) selon un ordre déterminé (règles; norme). *Construire une phrase.* V. **Construction.** ◇ ANT. *Défaire, démolir, détruire, renverser.*

CONSUBSTANTIALITÉ [kɔ̃sypstɑ̃sjalite]. *n. f.* (XIIIᵉ; lat. ecclés. *consubstantialitas*). *Théol. chrét.* Unité et identité de substance des personnes de la Trinité (V. **Coexistence**).

CONSUBSTANTIATION [kɔ̃sypstɑ̃sjasjɔ̃]. *n. f.* (1567; lat. ecclés. *consubstantiatio*). Présence réelle, simultanée du corps et du sang de Jésus-Christ dans le pain et le vin de l'eucharistie.

CONSUBSTANTIEL, IELLE [kɔ̃sypstɑ̃sjɛl]. *adj.* (1390; lat. ecclés. *consubstantialis*). ♦ **1°** *Théol. chrét.* Qui est un par la substance. *Le Fils est consubstantiel au Père, avec le Père. D'une manière consubstantielle* (adv. : *consubstantiellement*). ♦ **2°** Coexistant, inséparable.

CONSUL [kɔ̃syl]. *n. m.* (XIIᵉ; mot lat.). ♦ **1°** Nom donné aux deux magistrats qui exerçaient l'autorité suprême, sous la République. ♦ **2°** *(Moyen âge).* Magistrat municipal du Midi de la France. *Consuls de Toulouse.* V. **Capitoul.** — Juge choisi parmi les marchands. ♦ **3°** Nom des trois magistrats auxquels la constitution de l'an VIII avait confié le gouvernement de la République française (1799 à 1804). *Bonaparte, premier consul.* ♦ **4°** *Mod.* (1690). Agent chargé par un gouvernement de la défense des intérêts de ses nationaux et de diverses fonctions administratives dans un pays étranger (V. **Vice-consul**). *Consul de France.*

CONSULAIRE [kɔ̃sylɛr]. *adj.* (1355; lat. *consularis*). ♦ **1°** *Antiq. rom.* Relatif aux consuls. *Faisceaux consulaires. Comices consulaires,* pour l'élection des consuls. ♦ **2°** *Ancien.* Juridiction consulaire : juridiction des juges consuls. — *Mod.* Juge consulaire, juge élu d'un tribunal de commerce. *Palais consulaire.* ♦ **3°** Relatif au gouvernement des trois consuls (an VIII). *Régime consulaire.* V. **Consulat.** ♦ **4°** *Mod.* Relatif à un consulat dans un pays étranger. *Agent consulaire. Remplir des fonctions consulaires.*

CONSULAT [kɔ̃syla]. *n. m.* (1246; lat. *consulatus*). ♦ **1°** *Antiq., Hist.* Dignité, fonction de consul (1°, 2°). Temps pendant lequel un consul exerçait sa charge. *Le consulat de Cicéron.* ♦ **2°** Gouvernement des trois consuls institué par la Constitution de l'an VIII; le temps qu'il dura. *L'époque du Consulat* (1799-1804). *Histoire du Consulat et de l'Empire,* de Madelin. ♦ **3°** *Mod.* Charge de consul dans une ville étrangère. *Obtenir le consulat de Beyrouth, de New York.* — Résidence du consul, bureaux et services qu'il dirige. *Aller au consulat pour obtenir un visa.*

CONSULTABLE [kɔ̃syltabl(ə)]. *adj.* (1660; de *consulter*). Que l'on peut consulter (II, 2°). *Le manuscrit est consultable à la Bibliothèque nationale. Un ouvrage sans index est peu consultable.* ◇ ANT. *Inconsultable.*

CONSULTANT, ANTE [kɔ̃syltɑ̃, ɑ̃t]. *adj.* (1584; adj. part. de *consulter*). ♦ **1°** Personne qui donne des consultations. V. **Conseil.** *Avocat consultant. Médecin consultant,* que l'on appelle en consultation (*opposé à* médecin traitant). *Subst. Le consultant.* ♦ **2°** *Vieilli.* Celui qui demande une consultation. *« Des possibilités et des limitations du consultant* [en psychanalyse] *»* (LAGACHE).

CONSULTATIF, IVE [kɔ̃syltatif, iv]. *adj.* (1608; de *consulter*). Que l'on consulte; qui est constitué pour donner des avis mais non pour décider; *Comité consultatif. Assemblée consultative.* — Par ext. *Avoir voix* consultative dans une assemblée.* ◇ ANT. *Délibératif. Souverain.*

CONSULTATION [kɔ̃syltasjɔ̃]. *n. f.* (1355; lat. *consultatio*). Action de consulter. ♦ **1°** Réunion de personnes qui délibèrent sur une affaire, un cas. *Consultation de spécialistes. « Il est en consultation avec d'autres médecins »* (ROUSS.). ♦ **2°** (XVIᵉ). Action de prendre avis. *Consultation populaire. Consultation de l'opinion.* V. **Enquête, plébiscite, référendum, vote.** — Par anal. *Consultation d'un ouvrage, d'un document. Dictionnaire d'une consultation facile.* ♦ **3°** Action de donner avis, en parlant du savant, de l'avocat, du médecin que l'on consulte. *Consultation d'un expert, d'un graphologue. Donner une consultation.* — *Par ext.* (1636) Avis donné (par l'avocat, le médecin). ♦ **4°** *Méd.* Examen d'un malade par un médecin dans son cabinet; informations et conseils donnés par un médecin, en général lors d'un examen. *Cabinet, heures de consultation. Aller à la consultation. Consultation par téléphone. À l'hôpital « notre service assurait la consultation externe »* (DUHAM.).

CONSULTE [kɔ̃sylt(ə)]. *n. f.* (1845; it. *consulta*). ♦ **1°** Ancienne assemblée administrative en Italie, en Suisse. ♦ **2°** *Mod.* En Corse, Large assemblée se réunissant pour traiter d'une question d'intérêt général.

CONSULTER [kɔ̃sylte]. *v.* (1410; lat. *consultare*). I. *V. intr.* (Fin XVᵉ). *Méd.* Examiner un cas en délibérant avec d'autres. V. **Conférer.** *« Nous avions été consulter, dans une espèce de clinique »* (DUHAM.). ◇ *Vx.* Examiner, réfléchir. *« Je ne consulte pas pour suivre mon devoir »* (CORN.). II. *V. tr.* (1636). ♦ **1°** Demander avis, conseil à (qqn). V. **Interroger, questionner.** *Consulter un ami, ses parents. Consulter un avocat, un médecin, un expert. Consulter qqn*

sur, au sujet de qqch. Consulter l'opinion. V. **Sonder.** *Cet homme doit être consulté* (Cf. Il a voix au chapitre). ♦ **2°** Regarder (qqch.) pour y chercher des éclaircissements, des explications, des renseignements, des indices. *Consulter les auteurs; consulter un manuel, un traité.* V. **Compulser, examiner, référer** (se référer à). *Ouvrage à consulter. « Antoine consulta son agenda, puis l'indicateur »* (MART. du G.). *Consulter sa montre, une boussole.* ♦ **3°** Se laisser guider par. V. **Interroger; écouter, suivre.** *Ne consulter que son devoir, sa conscience. « En toutes choses, il faut consulter la raison autant que l'amitié »* (SAND).
◇ ANT. *Conseiller, répondre. Écarter, négliger.*

CONSULTEUR [kɔ̃syltœr]. *n. m.* (v. 1470, « personne consultée »; de *consulter*). Relig. *Consulteur du Saint-Office :* théologien chargé par le pape de donner son avis sur une question de foi, de discipline.

CONSUMABLE [kɔ̃symabl(ə)]. *adj.* (XIVᵉ; de *consumer*). Qui peut être consumé, brûlé. *Matières consumables.*

CONSUMER [kɔ̃syme]. *v. tr.* (XIIᵉ; lat. *consumere* « détruire »; Cf. Consommer). ♦ **1°** (XIIᵉ). *Littér.* Épuiser complètement les forces de (qqn). V. **Abattre, épuiser, fatiguer, ronger, user.** *La passion, le chagrin le consume.* ◇ (XVIIᵉ). *La maladie, la fièvre qui le consumait.* ◇ Pronom. *Se consumer :* épuiser sa santé, ses forces. *Il se consume de douleur. « Il ne pouvait plus guère travailler, tant il se consumait et s'affaiblissait »* (SAND). V. **Dépérir.** ♦ **2°** (XVᵉ-XVIᵉ). *Vx* ou *littér.* Dissiper complètement (l'argent; des aliments (V. **Consommer**); le temps, etc.). *« Il consume son bien en des aumônes et son corps par la pénitence »* (LA BRUY.). *« Un jour de larmes consume plus de forces qu'un an de travail »* (LAMART.). *Consumer son temps, sa vie dans l'étude. « Ces trois années, mon père les avait consumées en des efforts d'esprit »* (DUHAM.). ♦ **3°** (1546). *Cour.* Détruire par le feu. V. **Brûler, calciner, dévorer, embraser.** *Le feu a consumé tout un quartier.* V. **Incendier.** *« Le corps était déjà consumé par les flammes »* (FÉN.). ◇ ANT. *Fortifier; conserver, entretenir; éteindre.*

CONTACT [kɔ̃takt]. *n. m.* (1586; didact., av. XIXᵉ; lat. *contactus*, rac. *tangere* « toucher ». V. **Tact**). ♦ **1°** Position, état relatif de corps qui se touchent. *Adhérence, attouchement, contiguïté. Contact fugitif, prolongé. Point de contact.* V. **Tangence.** *Certaines maladies se communiquent par le contact.* V. **Contagieux.** *Contacts entre deux personnes.* V. **Attouchement, effleurement; caresse.** — *Être, entrer en contact.* V. **Appliquer, joindre, toucher.** *Au contact de l'air.* ♦ **2°** *Électr. Contact électrique :* entre conducteurs, et permettant le passage du courant. ◇ Dispositif permettant l'allumage d'un moteur à explosion. *Établir, mettre le contact. Clef de contact. Couper le contact.* — *La commande du contact. Appuyer sur le contact.* ♦ **3°** (XIXᵉ, répandu sous l'infl. de l'angl.). Relation entre personnes. V. **Rapport, relation.** *« Le désir du contact, du coudoiement »* (MAUPASS.). *« Dès le premier contact avec les gens »* (CHARDONNE). V. **Rencontre.** *Les contacts humains.* — *Spécialt.* (XXᵉ; espionnage). *Avoir un contact.* ◇ *En contact avec :* en relation. *Entrer, se mettre en contact avec qqn.* — *Au contact de qqn :* sous son influence. — *Prendre contact avec qqn. Prise de contact.* (V. **Communication, rapprochement, rencontre**). ◇ Milit. *Entrer en contact avec l'ennemi. Établir, rompre le contact* (V. **Combat**). ♦ **4°** (mil. XXᵉ; de l'angl. *contact lenses*). *Lentilles, verres de contact :* verres correcteurs de la vue qui s'appliquent sur l'œil (verres cornéens). ◇ ANT. *Éloignement, séparation.*

CONTACTER [kɔ̃takte]. *v. tr.* (1842, répandu v. 1940; de *contact,* d'apr. angl.). Prendre contact avec (qqn). Mot rejeté par les puristes. V. **Rencontrer, toucher.**

CONTACTEUR [kɔ̃taktœr]. *n. m.* (1929; de *contact*). *Électr.* Interrupteur, appareil établissant un contact.

CONTAGE [kɔ̃taʒ]. *n. m.* (1863; lat. *contagium*. V. Contagion). *Méd.* Cause matérielle de la contagion. ◇ HOM. Comptage.

CONTAGIEUX, EUSE [kɔ̃taʒjø, øz]. *adj.* (v. 1300; lat. *contagiosus*). ♦ **1°** Qui se communique par la contagion (V. **Contage; contagion**). *Maladie, fièvre contagieuse.* V. **Transmissible.** *Propagation d'une maladie contagieuse, épidémique. « Les maladies seules sont contagieuses, et rien d'exquis ne se propage par contact »* (GIDE). ♦ **2°** Qui favorise la contagion, agent de contagion. *Miasmes contagieux* (V. **Malsain, pestilentiel**). *Cet homme est contagieux.* Subst. *Un contagieux.* ♦ **3°** Qui se communique facilement. V. **Communicable.** *« La trahison n'est pas contagieuse, mais le martyre est épidémique »* (MAUROIS). *Rire, enthousiasme contagieux.* V. **Communicatif.** ◇ ANT. *Incommunicable, intransmissible.*

CONTAGION [kɔ̃taʒjɔ̃]. *n. f.* (1330; lat. *contagio,* rac. *tangere* « toucher »). ♦ **1°** Transmission d'une maladie à une autre personne (bien portante), par contact direct ou par l'intermédiaire d'un contage (V. **Communication, contamination, infection, transmission**). *S'exposer à la contagion.*

Précautions, défenses contre la contagion (mise en quaran-taine, cordon sanitaire). — *Par ext.* Maladie contagieuse; épidémie. *Les ravages de la contagion. Pendant la contagion.* ♦ 2° Imitation involontaire. V. **Propagation, transmission.** *Contagion du rire, du bâillement.* « *La contagion des fureurs populaires est parfois si grande et si rapide...* » (MICHELET).

CONTAGIONNER [kɔ̃taʒjɔne]. *v. tr.* (1835; de *conta-gion*). *Rare.* Transmettre par contagion. V. **Contaminer, infecter.** *Un pestiféré peut contagionner toute une ville.*

CONTAGIOSITÉ [kɔ̃taʒjozite]. *n. f.* (1515; de *conta-gieux*). *Méd.* Caractère d'une maladie contagieuse.

CONTAINER [kɔ̃tɛnɛʁ]. *n. m.* (1923; mot angl. « réci-pient; contenant »). *Anglicisme.* Caisse métallique pour le transport (V. **Cadre**), le parachutage de marchandises, de matériel militaire. — *Recomm. offic.* CONTENEUR*.

CONTAMINATEUR, TRICE [kɔ̃taminatœʁ, tʁis]. *adj.* et *n. m.* (1561, « celui qui altère, endommage »). *Méd.* Propre à transmettre une maladie (surtout vénérienne).

CONTAMINATION [kɔ̃taminasjɔ̃]. *n. f.* (1495; lat. *contaminatio*). ♦ 1° Souillure résultant d'un contact impur. ◇ (Fin XIXᵉ) *Mod.* Envahissement (d'un objet, d'une surface, d'un milieu) par des micro-organismes pouvant causer une infection* lorsqu'en pénétrant dans un organisme vivant, ils s'y multiplient et provoquent des troubles (V. **Contage, contagion**), par des polluants. *Contamination de l'eau d'une rivière.* V. **Pollution.** — Présence anormale d'une substance radioactive dans un milieu. ♦ 2° *Fig.* Souillure morale. ♦ 3° (1906). *Ling.* V. **Analogie.** *Contamination d'un mot par un autre.* ◇ ANT. *Purification.*

CONTAMINER [kɔ̃tamine]. *v. tr.* (1213), lat. *contami-nare*). ♦ 1° Souiller par un contact impur. *Méd.* Polluer (en parlant de micro-organismes, en général pathogènes). V. **Infecter.** *Au p. p.* Envahi par des micro-organismes et, de ce fait, capable de transmettre une infection. *Eau contaminée. Linges contaminés.* ♦ 2° *Fig.* Salir, souiller, « *Le mensonge parlementaire, contaminant le langage même..., tourne, rôde* ». (PÉGUY). ◇ ANT. *Assainir, guérir, purifier.*

CONTE [kɔ̃t]. *n. m.* (1190; de *conter*). ♦ 1° *Vx.* Récit de faits réels. *Histoire.* ♦ 2° (XVIᵉ). Récit de faits, d'aven-tures imaginaires, destiné à distraire. V. **Fiction.** *Contes oraux* (V. **Histoire, récit**), *écrits. Petit conte.* V. **Nouvelle.** *Contes en vers* (ex. : *La Fontaine), en prose. Contes,* de Perrault, de Voltaire. *Les Contes fantastiques,* d'Hoffmann. *Contes du lundi,* de Daudet. *Trois Contes,* de Flaubert. — *Contes philo-sophiques, satiriques.* ◇ *Loc. Conte de fées :* récit merveilleux. *Fig.* Aventure, fait étonnant et charmant. V. **Chanson, fable, sornette.** « *Ce sont là des contes à dormir debout* » (MOL.). — On dit plutôt *Histoire*.* ◇ HOM. *Compte, comte.*

CONTEMPLATEUR, TRICE [kɔ̃tɑ̃platœʁ, tʁis]. *n.* (1355; lat. *contemplator*). Personne qui contemple. « *Plus un contemplateur a l'âme sensible...* » (ROUSS.). V. **Contemplatif, rêveur.**

CONTEMPLATIF, IVE [kɔ̃tɑ̃platif, iv]. *adj.* (1160; lat. *contemplativus*). ♦ 1° Qui se plaît dans la contemplation, la méditation. *Esprit contemplatif.* « *Son âme était contempla-tive, il vivait plus par la pensée que par l'action* » (BALZ.). ♦ 2° *Relig.* Ordre *'contemplatif,* ordre religieux voué à la méditation. *Religieux contemplatif,* religieux cloîtré. Mys-tique. — *Subst.* Un contemplatif. ◇ ANT. *Actif, pratique, réaliste.*

CONTEMPLATION [kɔ̃tɑ̃plasjɔ̃]. *n. f.* (1190; lat. *contem-platio*). Action de contempler. ♦ 1° Le fait de s'absorber dans l'observation attentive (de qqn, qqch.). *La contemplation du ciel, de la mer. En contemplation.* « *Il se perdit dans la contemplation du mur de la courette* » (MART. du G.). ♦ 2° Concentration de l'esprit sur les sujets intellectuels ou reli-gieux. V. **Méditation.** *Être plongé, s'abîmer dans la contem-plation. Les contemplations,* œuvre de V. Hugo. ◇ *Relig.* Communion de l'âme avec Dieu. V. **Extase, mysticisme.** « *La contemplation est la fin dernière de l'âme humaine* » (BLOY).

CONTEMPLATIVEMENT [kɔ̃tɑ̃plativmɑ̃]. *adv.* (XIIIᵉ; de *contemplatif*). *Rare.* D'une manière contemplative.

CONTEMPLER [kɔ̃tɑ̃ple]. *v. tr.* (1265; lat. *contemplari*). Considérer attentivement; s'absorber dans l'observation de. *Contempler un monument, un spectacle. Contempler avec admiration, ravissement.* « *Je la contemplais avec cette horreur qui me saisit quand je prends, chez une créature humaine, la présence de la bête* » (DUHAM.). ◇ SE CONTEMPLER. *v. pron.* S'absorber dans la contemplation de soi-même. *Narcisse se contemplait dans l'eau d'une fontaine.* V. **Mirer** (se).

CONTEMPORAIN, AINE [kɔ̃tɑ̃pɔʁɛ̃, ɛn]. *adj.* (XVᵉ; lat. *contemporaneus;* de *tempus* « temps »). ♦ 1° *Contem-porain de :* qui est du même temps que. *Être contemporain de qqn. Subst. Je ne suis pas son contemporain :* je n'ai pas le même âge que lui. ♦ 2° *Absolt.* Qui est de notre temps. V. **Actuel, moderne.** *Étudier les auteurs contemporains, la litté-rature contemporaine. Histoire moderne et contemporaine.* ◇ ANT. *Antérieur, postérieur. Ancien.*

CONTEMPORANÉITÉ [kɔ̃tɑ̃pɔʁaneite]. *n. f.* (1798; du lat. *contemporaneus). Rare.* Simultanéité d'existence. ◇ ANT. *Antériorité, postériorité.*

CONTEMPTEUR, TRICE [kɔ̃tɑ̃ptœʁ, tʁis]. *n.* (1499; lat. *contemptor). Littér.* Personne qui méprise, dénigre (qqn, qqch.). V. **Critique, dénigreur.** *Les contempteurs de la morale.* « *La masse s'incorpore même ses contempteurs* » (CHAR-DONNE). ◇ ANT. *Laudateur.*

CONTENANCE [kɔ̃tnɑ̃s]. *n. f.* (1080, sens II; de *contenir*). **I.** ♦ 1° (XIIIᵉ). Superficie (d'un champ; d'un terrain). *Cette propriété a une contenance totale, est d'une contenance de cent hectares.* ♦ 2° (XVIIᵉ). Quantité de ce qu'un réci-pient (V. **Contenant**) peut contenir. V. **Capacité, contenu, mesure.** *Contenance d'une bouteille, d'une barrique, d'un réservoir. Contenance d'un navire.* V. **Tonnage.** *Caisse d'une grande contenance.*

II. (De *contenir* « se comporter », en a. fr.). Manière de se tenir, de se présenter. V. **Air, allure, attitude, maintien, mine.** *Contenance assurée, ferme, fière.* V. **Aplomb, assurance, prestance.** *Contenance humble, modeste, embarrassée, gênée.* « *Avec la contenance gênée de l'homme tombé mal à propos dans une discussion* » (COURTELINE). « *Je m'efforçais de garder une contenance aimable* » (BOSCO). — *Loc. Se donner, prendre une contenance :* se donner un maintien, déguiser son embar-ras. *Perdre contenance :* être subitement déconcerté, confus; se démonter, se troubler. V. **Décontenancer.** *Faire bonne contenance :* ne pas se déconcerter, garder son sang-froid, et *par ext.* Montrer du courage, de la fermeté. *Faire bonne contenance devant l'ennemi.*

CONTENANT [kɔ̃tnɑ̃]. *n. m.* (XVIᵉ; de *contenir*). Ce qui contient qqch. V. **Récipient.** *Le contenant et le contenu.* ◇ ANT. *Contenu.*

CONTENEUR [kɔ̃tnœʁ]. *n. m.* (1956, proposé pour rem-placer *container;* de *contenir*). Équivalent français officiel de l'anglicisme *container*.* « *Les jambes du train d'atter-rissage sont suffisamment écartées pour qu'un conteneur soit installé* » (*Science et Vie*).

CONTENEURISER [kɔ̃tnœʁize]. *v. tr.* (v. 1970; de *conteneur*). Mettre (des marchandises) en conteneurs. (*Jour-nal offic.,* 18-7-73). — (*Dér.* CONTENEURISATION, *n. f.*).

CONTENIR [kɔ̃tniʁ]. *v. tr.;* conjug. *tenir* (XIIᵉ; lat. *conti-nere;* Cf. Tenir).
I. ♦ 1° Avoir, comprendre en soi, dans sa capacité, son étendue, sa substance. V. **Renfermer.** *Cette terre contient du sable. Ce minerai contient une forte proportion de métal. Une grande enveloppe contenant le courrier. Une armoire contenant du linge.* V. **Enfermer.** *Le jardin « contenait un rond de gazon sous un cèdre, une petite charmille* » (CHARDONNE). ♦ 2° (1530). Avoir une capacité de. V. **Mesurer, tenir.** *La barrique bordelaise contient 225 litres. Salle qui contient, peut contenir deux mille spectateurs.* V. **Recevoir.** — Avoir une étendue de. *Ce domaine contient cent hectares.* V. **Étendre** (s'étendre sur). ♦ 3° *Vx.* Avoir (un certain nombre d'éléments). V. **Compter.** *Ce dictionnaire contient plus de deux mille pages et de qua-rante mille articles.* ♦ 4° (*Abstrait*). V. **Renfermer.** *Que contient cette lettre? Ce mémoire contient tous les détails.* V. **Embrasser, inclure.** *Ce livre contient bien des erreurs.* V. **Comporter, receler.** *L'idée d'effet contient celle de cause.* V. **Impliquer.** ♦ 5° Empêcher d'avancer, de s'étendre; faire tenir dans certaines limites. V. **Assujettir, borner, empri-sonner, endiguer, enfermer, enserrer, limiter, maîtriser, maîntenir, retenir, tenir.** *Contenir la foule, les manifestants. Contenir l'ennemi, le tenir en échec.* ◇ *Contenir ses larmes, ses san-glots.* V. **Refouler, réprimer.** *Contenir son émotion, sa surprise, sa colère.* V. **Dominer, refréner.** « *La joie va m'inonder le cœur et j'en contiens la violence* » (ST-EXUP.).
II. SE CONTENIR. *v. pron.* (1530). Ne pas exprimer un senti-ment fort. V. **Contrôler** (se), **dominer** (se), **maîtriser** (se), **modérer** (se), **retenir** (se). « *Hélas ! il faut se modérer, se contenir, trouver des phrases atténuées* » (ROMAINS). ◇ ANT. *Exclure. Céder.* — (Pron.). *Exprimer; éclater, lâcher.*

CONTENT, ENTE [kɔ̃tɑ̃, ɑ̃t]. *adj.* (fin XIIIᵉ; lat. *conten-tus,* de *continere.* V. **Contenir**). Satisfait. ♦ 1° *Content de qqch.* — *Vx.* Comblé, qui n'a plus besoin d'autre chose. « *Qui vit content de rien possède toute chose* » (BOIL.). — *Subst. m.* (Fin XVᵉ) Avoir son content, être comblé. ◇ *Mod.* V. **Enchanté, ravi, satisfait.** *Je suis assez content de mon acquisition :* elle me plaît* assez. *Être content d'une décision :* l'approuver. « *Une femme qu'on serait... content de quitter* » (ROMAINS). *Nous sommes contents qu'il fasse beau, de ce qu'il fasse beau. — On est bien endetté, il emprunte à nos amis :* il ne lui suffit pas de (Cf. *Non seulement).* ♦ 2° *Content de qqn :* satisfait de son comportement. « *Soldats, je suis content de vous* » (BONAPARTE). ◇ *Content de soi :* satisfait de soi, de ses actes; *spécialt.* Suffisant, vaniteux. *Le vrai bour-geois « est content de lui, et facilement content des autres* » (JOUBERT). ♦ 3° *Absolt. Vx.* Comblé (par son sort, les circonstances). *Mod.* Qui éprouve un plaisir (motivé par une raison précise). V. **Gai, heureux.** *Je suis content, très* *content. Il n'a pas l'air content : il a l'air fâché.* ◇ ANT. Ennuyé, insatisfait, mécontent, triste. — HOM. Comptant.

CONTENTEMENT [kɔ̃tɑ̃tmɑ̃]. *n. m.* (1468 ; de *content*). ♦ 1° Action de satisfaire les besoins, de contenter. V. Satisfaction. *Le contentement des sens.* V. Assouvissement. « *Oui; l'intérêt de tous, avant le contentement d'un seul* » (GIDE). ♦ 2° État de celui qui ne désire rien de plus, rien de mieux que ce qu'il a. V. Aise, bonheur, félicité, joie, plaisir, ravissement, satisfaction. « *Le signe le plus assuré du vrai contentement d'esprit est la vie retirée* » (ROUSS.). ◇ ANT. Chagrin, contrariété, ennui, mécontentement.

CONTENTER [kɔ̃tɑ̃te]. *v. tr.* (1314 ; de *content*). ♦ 1° Rendre (qqn) content en lui donnant ce qu'il désire. V. Combler, satisfaire. *Contenter ses parents, ses maîtres. On ne saurait contenter tout le monde.* V. Plaire (à). *Faire des concessions, des arrangements pour contenter qqn. Contenter qqn qui réclame.* V. Apaiser, calmer, exaucer. *Un rien le contente.* V. Suffire (à). *Facile, difficile à contenter.* « *Je suis donc content de toi et je te voudrais te contenter pareillement* » (SAND). ◇ Par ext. *Contenter son envie, sa curiosité.* V. Assouvir. « *En trois années, elle avait contenté une seule de ses envies* » (ZOLA). ♦ 2° SE CONTENTER. *v. pron.* Être satisfait (de qqch.), ne rien demander de plus ni de mieux. V. Accommoder (s'), arranger (s'). *Se contenter d'un repas par jour. Se contenter de ce qu'on a.* « *Je ne veux pas me contenter de connaissances vagues* » (FUSTEL de COUL.). ◇ *Se contenter de faire qqch.*, ne faire que. V. Borner (se). *Je me contenterai de vous dire ceci. Pour réponse, elle s'est contentée de sourire.* — Iron. *Ne vous contentez pas de balayer autour des meubles!* ◇ ANT. Attrister, contrarier, mécontenter.

CONTENTIEUX, EUSE [kɔ̃tɑ̃sjø, øz]. *adj.* et *n. m.* (1257 ; de *contentiosus* « querelleur »). ♦ 1° Dr. Qui est, ou qui peut être l'objet d'une discussion devant les tribunaux. V. Contesté, litigieux. *Affaire contentieuse. Juridiction contentieuse* (*opposé à* gracieux). ♦ 2° N. m. (1797). Ensemble des litiges susceptibles d'être soumis aux tribunaux. *Contentieux administratif, commercial.* Par ext. *Contentieux :* service qui s'occupe des affaires litigieuses (dans une entreprise). *Chef du contentieux.* ♦ 3° Vx. Qui soulève des débats, des discussions.

CONTENTIF, IVE [kɔ̃tɑ̃tif, iv]. *adj.* (1752 ; « qui contient », fin XIVᵉ ; du lat. *contentus*). *Méd.* Qui maintient en place. *Appareil contentif.*

1. **CONTENTION** [kɔ̃tɑ̃sjɔ̃]. *n. f.* (déb. XIIIᵉ ; Cf. a. fr. *contençon:* lat. *contentio*, de *contendere* « lutter »). ♦ 1° Vx. Débat, dispute. ♦ 2° (XIVᵉ). Tension des facultés intellectuelles appliquées à un objet. V. Application, attention, concentration, contrainte, effort. *Contention d'esprit.*

2. **CONTENTION** [kɔ̃tɑ̃sjɔ̃]. *n. f.* (1771 ; lat. méd. *contentio*). ♦ 1° Chir. Action de maintenir, par des moyens artificiels, des organes accidentellement déplacés. « *Un excellent appareil pour la contention des fractures de la cuisse* » (DUHAM.). ♦ 2° Psychiatr. Immobilisation (de malades mentaux) par divers moyens (camisole, ceinture, etc.).

1. **CONTENU, UE** [kɔ̃tny]. *adj.* (V. Contenir, I, 5°). *Que l'on se retient d'exprimer.* « *Rien n'était plus propre à me toucher que cette émotion contenue* » (GIDE). ◇ ANT. Exprimé, violent.

2. **CONTENU** [kɔ̃tny]. *n. m.* (XVIᵉ ; de *contenir*). ♦ 1° Ce qui est dans un contenant. *Le contenu d'un récipient.* V. Contenance. *L'étiquette indique la nature du contenu. Contenu d'un camion, d'un bateau* (chargement). *Boire le contenu d'un verre* (boire un verre) ; *manger le contenu d'une assiette* (une assiettée ; suff. *-ée*). ♦ 2° Fig. Substance, teneur. *Le contenu d'une lettre, d'un livre, d'une loi.* ♦ 3° Ling. Ce que signifie un signe. V. Signifié. *Le contenu et l'expression*. Analyse du contenu*, analyse sémantique. *Deux synonymes ont même contenu.* ◇ ANT. Contenant

CONTER [kɔ̃te]. *v. tr.* (1080 ; de *computare*. V. Compter). ♦ 1° Vx ou région. Exposer par un récit. V. Dire, narrer, peindre, raconter, rapporter, relater. *Contez-nous la chose en détail, comment la chose est arrivée.* « *Elle avait entendu conter que certaines maladies laissent derrière elles la folie pour guérison* » (ZOLA). — Iron. *Allons, contez-nous vos malheurs.* V. Raconter. ♦ 2° Dire une histoire imaginaire pour amuser. V. Conteur. « *Si Peau d'âne m'était conté, j'y prendrais un plaisir extrême* » (LA FONT.). ♦ 3° Dire une chose inventée pour abuser. *Que me contez-vous là? Contez cela à d'autres.* ◇ EN CONTER à qqn. V. Abuser, tromper. *Il nous en conte !* : il se moque de nous. *Il ne s'en laisse pas conter, il ne faut pas lui en conter* : on ne l'abuse pas facilement. ♦ 4° Conter fleurette à une femme : lui tenir des propos galants. ◇ HOM. Compter, comté.

CONTESTABLE [kɔ̃tɛstabl(ə)]. *adj.* (1611 ; de *contester*). Qui peut être contesté. V. Discutable, douteux. *Le fait est contestable. Vous avez sur la question des idées contestables.* ◇ ANT. Assuré, certain, incontestable, sûr.

CONTESTANT, ANTE [kɔ̃tɛstɑ̃, ɑ̃t]. *adj.* et *n.* (1690 ; de *contester*). Rare. Celui qui conteste. V. Contestataire.

Contestants de tous bords. Personnalité contestante. (Dr.). *Les parties contestantes.*

CONTESTATAIRE [kɔ̃tɛstatɛʀ]. *adj.* et *n.* (1968 ; de *contestation*). Qui s'oppose par la contestation*. *Étudiants contestataires. Prêtres contestataires.* — *Les contestataires.*

CONTESTATION [kɔ̃tɛstasjɔ̃]. *n. f.* (fin XIVᵉ ; lat. *contestatio*). ♦ 1° Le fait de contester qqch. ; discussion sur un point contesté. V. Controverse, débat, discussion, objection. *Élever une contestation sur un point. Il y a matière, sujet à contestation. Contestation d'un droit, d'une qualité.* V. Dénégation, désaveu, litige, procès. « *Des détails qui ne sont pas nécessaires et prêtent à contestation* » (B. CONSTANT). — *Absolt.* (1968). *Attitude de remise en cause des idées reçues dans un groupe social ; refus de l'idéologie régnante. Porter la contestation.* V. Contestataire. ♦ 2° Vive opposition. *Entrer en contestation avec qqn.* V. Altercation, démêlé, différend, dispute, opposition, querelle. *Arbitre qui tranche une contestation.*

CONTESTE (SANS) [sɑ̃kɔ̃tɛst(ə)]. *loc. adv.* (1656 ; n. f., 1558 ; de *contester*). Sans contredit, sans discussion possible. V. Assurément, incontestablement. *Shakespeare est, sans conteste, le plus grand dramaturge anglais.*

CONTESTER [kɔ̃tɛste]. *v. tr.* (1338 ; prov. *contestar*, 1140 ; lat. jur. *contestari* « plaider en produisant des témoins »). ♦ 1° Mettre en discussion (le droit, les prétentions de qqn). V. Discuter, révoquer (en doute). *Contester le titre, la succession de qqn. On lui conteste le droit.* V. Dénier, refuser. *Contester la compétence d'un tribunal.* V. Récuser. ♦ 2° Mettre en discussion, en doute. V. Controverser, discuter, nier. *Contester un fait. Contester la vérité d'une nouvelle, la justesse d'un raisonnement.* « *Je trouve naturel que le génie... ne soit contesté de personne* » (AYMÉ). *Je ne conteste pas qu'il réussisse, qu'il réussira.* — Au p. p. *Cette théorie est très contestée.* V. Discuté. — Intrans. *Il aime contester.* V. Chicaner, contredire, controverse, discuter. « *Je ne conteste jamais; je ne réfute personne* » (STE-BEUVE). *Contester sur qqch.* — Spécial. (1968). *Faire de la contestation*, être contestataire*.* ◇ ANT. Admettre, approuver, attester, avérer, avouer, certifier, concéder, croire, reconnaître. — Incontesté.

CONTEUR, EUSE [kɔ̃tœʀ, øz]. *n.* (Conteor, 1155 ; de *conter*). ♦ 1° Vx. Personne qui conte qqch. V. Narrateur. ♦ 2° Mod. Personne qui compose, dit ou écrit des contes. *Un excellent conteur. Les poètes conteurs.* ◇ HOM. Compteur.

CONTEXTE [kɔ̃tɛkst(ə)]. *n. m.* (1539 ; lat. *contextus* « assemblage », de *contexere* « tisser avec »). ♦ 1° Ensemble du texte qui entoure un élément de la langue (mot, phrase, fragment d'énoncé) et dont dépend son sens, sa valeur. *Éclaircir un passage par le contexte. Se reporter au contexte.* ♦ 2° Ensemble des circonstances dans lesquelles s'insère un fait. *Le contexte physiologique d'une conduite. Contexte politique, familial. Dans tel ou tel contexte.* — (Avec un subst.). *Dans le contexte de l'économie mondiale.*

CONTEXTUEL, ELLE [kɔ̃tɛkstɥɛl]. *adj.* (1963 ; de *contexte*). Ling. Relatif au contexte* (1°). *Sens contextuel.*

CONTEXTURE [kɔ̃tɛkstyʀ]. *n. f.* (XIVᵉ ; du lat. *contextus*). ♦ 1° Vieilli. Composition d'une œuvre ; arrangement des parties. V. Structure. ♦ 2° (1690). Manière dont les éléments d'un tout organique complexe se présentent. V. Agencement, constitution, organisation, structure. « *La contexture des différents plans de fibres musculaires* » (CONDORCET). — *La contexture des fibres d'une étoffe, d'un tissu.* V. Armure, entrecroisement, texture.

CONTIGU, UË [kɔ̃tigy]. *adj.* (mil. XIVᵉ ; lat. *contiguus*, de *contingere* « toucher »). ♦ 1° Qui touche à autre chose. V. Accolé, attenant, avoisinant. *Deux jardins contigus* (V. Mitoyen). « *Une vaste galerie contiguë à son cabinet* » (FRANCE). ♦ 2° (Abstrait). *Idées contiguës* : proches, voisines. *Traiter des sujets contigus.* ◇ ANT. Distant, éloigné, séparé. Différent, opposé.

CONTIGUÏTÉ [kɔ̃tigɥite]. *n. f.* (XVᵉ ; de *contigu*). ♦ 1° État de ce qui est contigu. V. Contact, mitoyenneté, proximité, voisinage. « *La contiguïté de cultures différentes* » (PROUST). ♦ 2° (Abstrait). *Contiguïté des idées.* V. Analogie, rapport. ◇ ANT. Distance, éloignement, séparation. Opposition.

CONTINENCE [kɔ̃tinɑ̃s]. *n. f.* (fin XIIᵉ ; de *continent*). État d'une personne qui s'abstient de tout plaisir charnel. *La continence volontaire, considérée comme vertu.* V. Ascétisme, chasteté, pureté. ◇ ANT. Incontinence, intempérance.

1. **CONTINENT, ENTE** [kɔ̃tinɑ̃, ɑ̃t]. *adj.* (1160 ; lat. *continens, continere* « contenir »). ♦ 1° Vx. Qui observe, pratique la continence. V. Chaste, pur. ♦ 2° Méd. Se dit d'un sphincter qui fonctionne normalement (anus, vessie). ◇ ANT. Incontinent.

2. **CONTINENT** [kɔ̃tinɑ̃]. *n. m.* (1671 ; *terre continente*, 1532 ; lat. *continere* « tenir ensemble »). Grande étendue de terre limitée par un ou plusieurs océans. *L'Ancien Continent :* l'Europe, l'Asie et l'Afrique. *Le Nouveau Continent :* les deux Amériques. *Le continent australien.* — (XVIIIᵉ)

Retourner sur le continent (par rapport à une île).
CONTINENTAL, ALE, AUX [kɔ̃tinɑtal, o]. *adj.* (1781; de *continent*). Relatif à un continent. *Climat continental :* des terres éloignées de l'influence océanique (grands écarts de température; pluies assez fortes en été). *Plateau continental*, partie du relief sous-marin proche des côtes. — *Spécialt.* Qui appartient au continent européen. *Les puissances continentales. Blocus continental.*
CONTINENTALITÉ [kɔ̃tinɑtalite]. *n. f.* (mil. XX*e*; de *continental*). *Didact.* Caractère de ce qui est continental. — *Spécialt.* Ensemble de caractères du climat* continental. ◇ ANT. *Insularité.*
CONTINGENCE [kɔ̃tɛ̃ʒɑ̃s]. *n. f.* (déb. XIV*e*; de *contingent*). ♦ 1° *Philo.* Caractère de ce qui est contingent. V. *Éventualité.* ♦ 2° *Cour.* Les contingences : les choses qui peuvent changer, qui n'ont pas une importance capitale. *Ne pas se soucier des contingences. Les contingences de la vie quotidienne :* les événements terre-à-terre. ◇ ANT. *Nécessité.*
CONTINGENT, ENTE [kɔ̃tɛ̃ʒɑ̃, ɑ̃t]. *adj. et n. m.* (1361; lat. *contingens*, p. prés. de *contingere* « arriver par hasard », de *tangere* « toucher »). I. ♦ 1° Adj. *Philo.* Qui peut se produire ou non. V. *Accidentel, casuel, conditionnel, éventuel, fortuit, incertain, occasionnel* (opposé à *nécessaire*). *Événement contingent, chose contingente*, soumis au hasard. *Un être contingent :* qui peut être ou ne pas être. ♦ 2° *Cour.* Sans importance; non essentiel. « *Les faits contingents de leur vie; ... les petits faits* » (GIDE).
II. *N. m.* (1690). Effectif des appelés au service militaire pour une période déterminée. V. *Classe. Fournir un contingent. Appel d'un contingent.* ♦ 2° *Dr.* Quantité de marchandises autorisées à l'importation. — Part des charges d'une collectivité. ♦ 3° Part que chacun apporte ou reçoit. *Apporter son contingent à une œuvre nationale.* V. *Contribution, lot, part.* « *Chacun de nous reçoit son contingent de tragique* » (GIDE).
CONTINGENTEMENT [kɔ̃tɛ̃ʒɑ̃tmɑ̃]. *n. m.* (1922; de *contingenter*). Action de contingenter; son résultat. V. *Répartition. Contingentement des importations.* V. *Limitation.*
CONTINGENTER [kɔ̃tɛ̃ʒɑ̃te]. *v. tr.* (1922; de *contingent*, II, 2°). Fixer un contingent à. V. *Limiter.* — *Denrées contingentées :* dont la circulation et la vente ne sont pas libres.
CONTINU, UE [kɔ̃tiny]. *adj. et n. m.* (1272; lat. *continuus*, de *continere* « tenir ensemble »). ♦ 1° Qui n'est pas interrompu dans le temps. V. *Constant, continuel, incessant, ininterrompu, persistant. Mouvement continu. Un bruit continu. Une suite, une série continue de désastres. Fournir un effort, un travail continu.* V. *Assidu, opiniâtre, soutenu, suivi.* « *Agir, c'est une création perpétuelle* » (JALOUX). « *Le doute était pour lui une souffrance continue, une obsession* » (MAUROIS). — *Électr. Courant continu.* — *Mus. Basse continue.* V. *Continuo.* — *Techn. Métier continu. Poêle, four à feu continu.* ◇ *Loc. À jet continu.* ◇ *Journée continue :* horaire de travail ne comportant qu'une brève interruption pour le repas. ♦ 2° Composé de parties non séparées; perçu comme un tout. *Ligne, fonction continue d'une variable.* ♦ 3° N. m. *Didact.* Ce qui est sans lacune, ne présente pas de parties séparées. — Math. *Puissance du continu*, puissance de l'ensemble des nombres réels, des points d'une droite. — *Cour. En continu :* d'une seule traite (papier). ◇ ANT. *Coupé, discontinu, divisé, entrecoupé, intermittent, interrompu, sporadique.*
CONTINUATEUR, TRICE [kɔ̃tinɥatœʀ, tʀis]. *n.* (1579; de *continuer*). Personne qui continue ce qu'une autre a commencé. *Mazarin, le continuateur de Richelieu.* V. *Successeur.* ◇ ANT. *Devancier.*
CONTINUATION [kɔ̃tinɥasjɔ̃]. *n. f.* (1283; lat. *continuatio*). ♦ 1° Action de continuer qqch. V. *Poursuite, suite. Se charger de la continuation d'une œuvre.* — *Fam. Bonne continuation !* souhait adressé à qqn qui semble se plaire à ce qu'il fait, dans sa situation. ♦ 2° Le fait d'être continué. V. *Prolongation, prolongement.* « *Je compte sur la continuation de notre amitié sérieuse* » (STE-BEUVE). *Dr. Affaire en continuation.* ◇ ANT. *Arrêt, cessation, interruption.*
CONTINUEL, ELLE [kɔ̃tinɥɛl]. *adj.* (1190; de *continu*). Qui dure sans interruption ou se répète à intervalles rapprochés. V. *Constant, continu, perpétuel, sempiternel. Pluie continuelle. Faire des efforts continuels.* « *Une pensée profonde est en continuel devenir* » (CAMUS). ◇ ANT. *Interrompu, momentané, rare.*
CONTINUELLEMENT [kɔ̃tinɥɛlmɑ̃]. *adv.* (XIV*e*; *continuelment*, 1160; de *continuel*). D'une manière continuelle. V. *Arrêt* (sans), *cesse* (sans), *constamment, continûment, relâche* (sans), *répit* (sans), *temps* (tout le temps), *toujours* (Cf. À chaque instant, à tout moment, à longueur de journée). *Travailler continuellement. Nous avons continuellement des réclamations.*
CONTINUER [kɔ̃tinɥe]. *v.* (1160; lat. *continuare* « tenir ensemble »).

I. *V. tr.* ♦ 1° Faire ou maintenir encore, plus longtemps; ne pas cesser (ce qui est commencé). V. *Persévérer* (à, dans), *poursuivre. Continuer ses études, ses travaux, ses démarches. Continuer une œuvre, une tâche jusqu'à son achèvement. Continuer une tradition.* V. *Perpétuer.* — *Ellipt.* Poursuivre ou reprendre une occupation. *Continuez! On continue.* ◇ *Trans. indir.* CONTINUER À, CONTINUER DE (et inf.). *Continuer à parler, de parler.* « *Continuez de chanter et de souffrir; c'est le plus noble état* » (STE-BEUVE). — *Il continue à boire.* V. *Persister.* ◇ *Poursuivre* (ce qui a été commencé par un autre). *Continuer la politique de ses prédécesseurs.* V. *Reprendre.* Par ext. *Mazarin continua Richelieu.* ♦ 2° Prolonger dans l'espace. V. *Étendre, pousser, prolonger. Continuer une ligne, une droite. Continuer une allée, une route.* ♦ 3° *Vx.* Maintenir dans ses fonctions. « *On le continua dans son commandement, dans son gouvernement* » (ACAD.).
II. *V. intr.* ♦ 1° Ne pas s'arrêter; occuper encore une durée. V. *Durer. La pluie continue, ne cesse pas. La guerre ne continuera pas longtemps. La fête, la séance continue.* « *Dans la vie, rien ne se résout; tout continue* » (GIDE). ♦ 2° S'étendre plus loin. V. *Prolonger* (se), *poursuivre* (se). *Cette route continue jusqu'à Paris. Chaîne de montagnes qui continue jusqu'à la mer.* ◇ *Se continuer.* v. pron. (même sens). ◇ ANT. *Abandonner, arrêter, discontinuer, interrompre, suspendre.*
CONTINUITÉ [kɔ̃tinɥite]. *n. f.* (1390; de *continu*). Caractère de ce qui est continu. V. *Constance, enchaînement, permanence, persistance. La continuité d'une action.* — *Principe de la continuité de l'État.* Assurer *la continuité d'une entreprise* (V. *Maintien*), *d'une tradition, d'une espèce* (V. *Perpétuation*). « *Grâce à la continuité d'un labeur sans distraction* » (SAND). ◇ *Solution de continuité.* V. *Coupure, séparation; rupture; hiatus.* ◇ ANT. *Discontinuité, interruption, suspension.*
CONTINÛMENT [kɔ̃tinymɑ̃]. *adv.* (1302; de *continu*). D'une manière continue. *Travailler, agir continûment :* d'une manière constante, soutenue (plus actif que *continuellement*). — *Filet d'eau qui tombe continûment :* sans interruption.
CONTINUO [kɔ̃tinɥo]. *n. m.* (XX*e*; mot it. « continu »). *Mus. Basse continue.*
CONTINUUM [kɔ̃tinɥɔm]. *n. m.* (1921; mot lat. « le continu »). ♦ 1° *Phys.* Ensemble d'éléments homogènes. « *Une poutre est un continuum de bois* » (P. SCHAEFFER). *Le continuum espace-temps :* espace dont la quatrième dimension est le temps (relativité). ♦ 2° *Didact.* Objet ou phénomène dont on ne peut considérer une partie que par abstraction.
CONTONDANT, ANTE [kɔ̃tɔ̃dɑ̃, ɑ̃t]. *adj.* (1503; de l'a. v. *contondre*, lat. *contundere* « frapper ». V. *Contusion*). *Didact.* Qui blesse, meurtrit sans couper ni percer. « *Le meurtrier a dû se servir à la fois d'une arme contondante et d'une arme tranchante* » (ROMAINS). ◇ ANT. *Coupant, tranchant.*
CONTORSION [kɔ̃tɔʀsjɔ̃]. *n. f.* (1314; bas lat. *contorsio*, class. *contortio*, de *torquere*, « tordre »). ♦ 1° *Vx.* Mouvement violent par lequel se tordent et se contractent les membres. V. *Contraction, convulsion, torsion.* — *Mod.* Attitude acrobatique; mouvement volontaire et anormal de parties du corps. V. *Contorsionniste. Les contorsions d'un acrobate.* V. *Acrobatie.* ♦ 2° Attitude outrée, gestes affectés. V. *Grimace. Contorsions d'un employé obséquieux.* V. *Manière.* — (Abstrait) *Les contorsions d'un manœuvrier, d'un homme politique.*
CONTORSIONNER (SE) [kɔ̃tɔʀsjɔne]. *v. pron.* (1845; de *contorsion*). Faire des contorsions (1° ou 2°). V. *Contourner* (se); *affecter, grimacer, poser.*
CONTORSIONNISTE [kɔ̃tɔʀsjɔnist(ə)]. *n.* (v. 1860; de *contorsion*). Acrobate spécialisé dans les contorsions.
CONTOUR [kɔ̃tuʀ]. *n. m.* (1642; it. *contorno*, de *contornare* « contourner ». V. *Contourner*). ♦ 1° Limite extérieure d'un objet, d'un corps. V. *Bord, bordure, délinéament, limite, périmètre, périphérie, tour. Le contour d'une table, d'un tapis, d'une forêt. Contour précis, net, imprécis. Esquisser, tracer, estomper les contours d'une figure.* V. *Courbe, ligne.* « *Une bande noire aux contours précis* » (MAUROIS). ◇ *Les contours d'un corps humain.* V. *Courbe, galbe, forme, ligne. Contour d'un visage.* V. *Profil. Le corps, dont tous les contours sont doux, dont toutes les courbes séduisent* (MAUPASS.). « *Le menton un peu avancé, mais d'une irréprochable pureté de contour* » (LOTI). ◇ *Contour apparent*, limite extérieure d'un objet, telle qu'elle est perçue par un observateur, selon sa situation par rapport à cet objet. ♦ 2° Aspect de ce qui est contourné. *Les contours d'un fleuve, d'une route de montagne.* V. *Détour, lacet, méandre.*
CONTOURNÉ, ÉE [kɔ̃tuʀne]. *adj.* (1605, « dirigé vers ». V. *Contourner*). ♦ 1° Qui présente des courbes et des contre-courbes; *péj.* Qui a un contour trop compliqué. « *Les glaces convexes, les panneaux bombés et les sophas contournés* » (RIMBAUD). *Pieds contournés.* V. *Tors.* ♦ 2° Affecté et compliqué. *Style, raisonnement contourné.* V. *Tarabiscoté.* ♦ 3° *Blas.* Dont la tête est tournée vers la gauche. *Au lion contourné.*

CONTOURNER [kɔ̃tuʀne]. *v. tr.* (1548; it. *contornare* « dessiner des contours »). ♦ 1° *Rare.* Tracer, façonner les contours de. *Contourner des volutes, des arabesques; un vase.* ♦ 2° *Cour.* Faire le tour de, passer autour. *Fleuve qui contourne la ville. Contourner les positions de l'ennemi.* V. **Éviter, tourner.** — Fig. *Contourner la loi.* V. **Tourner.**

CONTRA-. Élément, du lat. *contra* « contre; en sens contraire ». V. **Contre-** 2.

CONTRACEPTIF, IVE [kɔ̃tʀaseptif, iv]. *adj. et n. m.* (1955; angl. *contraceptive,* de *contra,* et *conceptive* « de la conception »). ♦ 1° Se dit d'un produit qui a des propriétés anticonceptionnelles*. *Gelée contraceptive. Pilule contraceptive.* V. **Pilule.** — *N. m.* Ce produit. *L'usage des contraceptifs. Contraceptif féminin, masculin; oral, local. Les contraceptifs et les préservatifs.* ♦ 2° *Plus généralt.* Qui constitue une contraception*, rend les rapports sexuels inféconds. *Les méthodes, les pratiques contraceptives. Les préservatifs* sont contraceptifs.* Par ext. *Propagande contraceptive.*

CONTRACEPTION [kɔ̃tʀasɛpsjɔ̃]. *n. m.* (1965; de l'angl. *contraception;* de *contra-,* et *conception*). Ensemble des moyens employés pour provoquer l'infécondité chez la femme ou chez l'homme. *Contrôle* des naissances et contraception. Méthodes de contraception.* V. **Contraceptif.** *Liberté de la contraception.*

CONTRACTANT, ANTE [kɔ̃tʀaktɑ̃, ɑ̃t]. *adj.* (1472; de *contracter*). *Dr.* Qui contracte, qui s'engage par contrat. *Les parties contractantes.* — Subst. *Les contractants.* Polit. *Les hautes parties contractantes.*

CONTRACTE [kɔ̃tʀakt(ə)]. *adj.* (XVIᵉ; lat. *contractus*). *Gram. gr.* Qui renferme des contractions.

CONTRACTÉ, ÉE [kɔ̃tʀakte]. *adj.* (1784, géom. V. **Contracter** 2). ♦ 1° Qui est tendu, crispé. *Muscles contractés. Traits contractés.* ◊ *Ne soyez pas si contracté : décontractez-vous.* Fig. et fam. Inquiet, tendu. ♦ 2° *Ling.* Formé de deux éléments réunis en un seul. Au, du, *formes contractées* de à le, de le. *Gram. gr.* V. **Contracte.**

1. CONTRACTER [kɔ̃tʀakte]. *v. tr.* (1361; lat. jur. *contractus,* de *contrahere* « resserrer »). ♦ 1° S'engager par un contrat, une convention, à satisfaire (une obligation), à respecter (des clauses). *Contracter une alliance. Contracter mariage, une assurance.* — Absolt. *Contracter par-devant notaire.* — Cour. *Contracter des obligations, une dette envers qqn,* en acceptant ses bienfaits. ♦ 2° (1576). Acquérir, prendre (une habitude, un sentiment). V. **Acquérir, gagner, prendre.** *Contracter une habitude, une manie, un vice.* « *Il avait contracté sous le harnois plus d'une habitude de soudard* » (Hugo). — Attraper (un mal, une maladie). *Contracter une maladie, un rhume.* ◊ **Ant. Dissoudre, rompre.**

2. CONTRACTER [kɔ̃tʀakte]. *v. tr.* (1740; lat. *contractus,* de *contrahere.* V. **Contracter** 1). Réduire dans sa longueur, son volume. V. **Diminuer, raccourcir, réduire, resserrer, tasser.** *Le froid contracte les corps.* Spécialt. *Contracter les muscles.* V. **Raidir, tendre.** *L'émotion contracte sa gorge.* « *Le sourire pétrifié qui contractait son visage* » (Hugo). ◊ **SE CONTRACTER.** *v. pron. Le cœur se contracte et se dilate alternativement.* V. **Contraction.** ◊ **Ant. Dilater, gonfler.** **Décontracter, détendre.**

CONTRACTILE [kɔ̃tʀaktil]. *adj.* (1755; du lat. *contractus.* V. **Contracter**). *Physiol.* Qui peut être contracté. *Fibre, muscle contractile. Organe contractile.*

CONTRACTILITÉ [kɔ̃tʀaktilite]. *n. f.* (fin XVIIIᵉ; de *contractile*). *Physiol.* Propriété que possèdent certains tissus organiques de changer de forme, de se contracter.

CONTRACTION [kɔ̃tʀaksjɔ̃]. *n. f.* (1256; lat. *contractio,* de *contrahere.* V. **Contracter**). ♦ 1° *Vx.* Diminution du volume d'un corps, sans modification de sa masse. *Contraction par le froid, la pression.* — *Physiol.* Diminution de volume ou de longueur d'un muscle, d'un organe; spécialt. Réaction du muscle. *Contractions fibrillaires* (V. **Fibrillation**). *Contraction prolongée* (V. **Contracture, tétanie**). *Contraction brève* (V. **Crispation**). *Contraction anormale, violente.* V. **Convulsion, crampe, spasme, trismus.** *Contraction du cœur.* V. **Systole.** — Cour. *Contractions des muscles du visage.* V. **Crispation, rictus.** *La contraction de son visage trahissait sa colère.* « *Les muscles de son visage n'ont plus les mêmes contractions que dans le sommeil* ».(Romains). — *Contractions d'une femme qui accouche.* V. **Douleur** (1°). ♦ 2° (XVIᵉ). Réduction par soudure de deux éléments linguistiques. V. **Contracte, contracté.** ◊ **Ant. Dilatation, expansion, extension. Décontraction, distension, relâchement.**

CONTRACTUEL, ELLE [kɔ̃tʀaktɥɛl]. *adj. et n.* (1596; du lat. *contractus.* V. **Contrat**). *Dr.* ♦ 1° Stipulé par contrat. *Obligation contractuelle.* ♦ 2° *Agent contractuel,* agent non fonctionnaire coopérant à un service public. V. **Auxiliaire.** *N. Cour. Un contractuel, une contractuelle* : agent de police contractuel (qui relève les infractions aux règles de stationnement). ◊ **Ant. Unilatéral.**

CONTRACTURE [kɔ̃tʀaktyʀ]. *n. f.* (1611; lat. *contractura*). ♦ 1° *Archit.* Rétrécissement de la partie supérieure d'une colonne. ♦ 2° (1808). *Méd.* Contraction prolongée et involontaire d'un ou plusieurs muscles. V. **Crampe, spasme, tétanie.**

CONTRACTURER [kɔ̃tʀaktyʀe]. *v. tr.* (1837; archit., 1845; de *contracture* (2°). Causer la contracture.

CONTRADICTEUR [kɔ̃tʀadiktœʀ]. *n. m.* (v. 1350; *contraditor,* v. 1200; lat. *contradictor.* V. **Contredire**). Celui qui contredit. V. **Adversaire, interrupteur, objecteur, opposant.** *Mon honorable contradicteur. Un contradicteur courtois; acharné. Dr.* Parties opposées, dans un jugement contradictoire. ◊ **Ant.** Approbateur, partisan.

CONTRADICTION [kɔ̃tʀadiksjɔ̃]. *n. f.* (XIIᵉ; lat. *contradictio.* V. **Contredire**). ♦ 1° Action de contredire qqn; échange d'idées entre ceux qui se contredisent. V. **Contestation, démenti, dénégation, négation, objection, opposition, réfutation.** « *La contradiction, la plus subtile peut-être de toutes les forces spirituelles* » (Camus). *Il ne supporte pas la contradiction. Apporter, porter la contradiction dans un débat.* « *Un mécontentement perpétuel qui devenait de la rage à la plus légère contradiction* » (Bloy). ◊ *Esprit de contradiction* : disposition à contredire, à s'opposer. ♦ 2° *Vx.* Empêchement, obstacle (qui s'oppose à qqch.). « *Là, rien ne trahissait la vie. Une seule puissance régnait sans contradiction* » (Balz.). ♦ 3° *Log.* Relation entre deux termes, deux propositions qui affirment et nient le même élément de connaissance. V. **Antinomie, incompatibilité, inconséquence.** *Il y a contradiction entre A est vrai et A n'est pas vrai. Principe de non-contradiction* : d'identité. ◊ *Cour.* Absurdité, invraisemblance. *Un tissu de contradictions.* ◊ *Par ext.* Caractère de ce qui réunit des éléments incompatibles. « *Plus on voit ce monde, et plus on le voit plein de contradictions et d'inconséquences* » (Volt.). *Être en proie à des contradictions. Les contradictions internes d'un système.* ◊ **Ant. Accord, approbation, concordance, entente, identité, unanimité.**

CONTRADICTOIRE [kɔ̃tʀadiktwaʀ]. *adj.* (1361; lat. *contradictorius.* V. **Contredire**). ♦ 1° Qui contredit une affirmation. V. **Contraire, opposé.** *Affirmation contradictoire à telle autre.* — *Où il y a contradiction, discussion. Débat, examen contradictoire. Réunion politique contradictoire. Dr. Jugement, arrêt contradictoire* entre des parties (contradicteurs) qui ont comparu (*opposé à* par défaut). ♦ 2° Qui implique contradiction, incompatibilité. V. **Antinomique, incompatible, inconséquent; absurde, impossible.** *Passions, tendances contradictoires. Influences contradictoires.* « *Les récits différents et même contradictoires, faits des mêmes événements par des témoins oculaires* » (Ste-Beuve). ◊ **Ant.** Cohérent, concordant, identique, pareil, semblable, unanime.

CONTRADICTOIREMENT [kɔ̃tʀadiktwaʀmɑ̃]. *adv.* (1538; de *contradictoire*). D'une manière contradictoire. *Dr.* En présence des parties (*opposé à* par défaut). « *Que Fabrice soit jugé contradictoirement (ce qui veut dire lui présent)* » (Stendhal).

CONTRAIGNABLE [kɔ̃tʀɛɲabl(ə)]. *adj.* (1463; de *contraindre*). *Dr.* Qui peut être contraint par voie de droit.

CONTRAIGNANT, ANTE [kɔ̃tʀɛɲɑ̃, ɑ̃t]. *adj.* (1370; *constreignant,* XIIIᵉ; de *contraindre*). Qui contraint. *Une obligation, une nécessité contraignante.* V. **Astreignant, désagréable, ennuyeux, pénible.**

CONTRAINDRE [kɔ̃tʀɛ̃dʀ(ə)]. *v. tr.;* conjug. *craindre* (*Constreindre,* 1190; lat. *constringere* « serrer »). ♦ 1° *Vx* ou *littér.* Exercer une action contraire à. V. **Contenir, empêcher, entraver, gêner, retenir.** *Contraindre ses passions, ses tendances.* V. **Comprimer, refouler, refréner, réprimer.** « *Il contraint son humeur, parle, agit contre ses sentiments* » (La Bruy.). ♦ 2° *Vx.* Forcer (qqn) à agir contre sa volonté. V. **Forcer, obliger.** *Contraindre qqn à agir contre son gré.* V. **Acculer, entraîner, pousser.** *Les circonstances l'ont contraint de faire cela.* V. **Presser.** *Décidez librement, je ne veux pas vous contraindre.* « *Nul ne peut être contraint à faire ce qu'elle* (la loi) *n'ordonne pas* » (Déclar. dr. hom.). *Dr.* Obliger par voie de droit. V. **Contrainte.** *Contraindre par voie de justice.* ♦ 3° **SE CONTRAINDRE.** *v. pron.* V. **Retenir** (se). *Se contraindre devant qqn. Se contraindre à faire qqch.* V. **Forcer** (se). *Il n'aime pas se contraindre.* ◊ **Ant.** Aider, permettre; libérer.

CONTRAINT, AINTE [kɔ̃tʀɛ̃, ɛ̃t]. *adj.* (XIVᵉ; de *contraindre*). ♦ 1° Qui est gêné, mal à l'aise; n'est pas naturel. *Air contraint, mine contrainte.* V. **Embarrassé, emprunté, forcé, gauche, gêné.** *Sourire contraint. Posture, démarche, manière contrainte.* « *Ses regards étaient lents, ses gestes contraints, son attitude morne* » (France). ♦ 2° *Loc. Contraint et forcé,* sous la contrainte. *Nous n'avons accepté que contraints et forcés* [kɔ̃tʀɛ̃efɔʀse]. ◊ **Ant.** Naturel.

CONTRAINTE [kɔ̃tʀɛ̃t]. *n. f.* (XIIᵉ; de *contraindre*). ♦ 1° Violence exercée contre qqn; entrave à la liberté d'action. V. **Coercition, force, pression, violence.** User de contrainte. *Empêcher d'agir par la contrainte* : contraindre. *Il ne ferait librement ou par contrainte* : de gré ou de force. *Agir sous la contrainte.* ♦ 2° Règle obligatoire. *Contrainte sociale, morale.* V. **Discipline, loi.** ◊ Gêne, retenue; le fait de se contraindre. « *Il pleura sans aucune contrainte ni honte* »

(LOTI). ♦ 3° *Littér.* État de celui à qui l'on fait violence. V. **Asservissement, captivité, esclavage, oppression, servitude, sujétion.** *Vivre, tenir (qqn) dans la contrainte.* ♦ 4° *Dr.* Acte de poursuite, mandement destiné à permettre à l'administration de recourir aux voies d'exécution contre un débiteur. *Contrainte administrative, ministérielle.* — Procéd. civ. *Contrainte par corps* : emprisonnement destiné à contraindre un débiteur à remplir ses engagements (en cas d'infraction à la loi pénale). ♦ 5° *Mécan.* Grandeur qui caractérise l'intensité des forces de contact superficielles. *Contrainte de traction, de cisaillement.* ◇ ANT. *Affranchissement, libération, liberté. Aisance, laisser-aller, naturel.*

CONTRAIRE [kɔ̃tRɛR]. *adj.* et *n. m.* (XIIᵉ; lat. *contrarius*). ♦ 1° Qui présente la plus grande différence possible, en parlant de deux choses du même genre; qui s'oppose à. V. **Antinomique, antithétique, contradictoire, incompatible, inverse, opposé;** préf. A-(2), anti-, contra-, contre-, dé-, in-. *Deux opinions contraires. Son attitude est contraire à la morale, à la raison. Mots de sens contraire.* V. **Antonyme.** « *Le cœur concilie les choses contraires, et admet les incompatibles* » (LA BRUY.). — Log. *Propositions contraires.* V. **Contradictoire.** ◇ De sens opposé. « *La mer qui est le jouet de tous les vents contraires* » (FÉN.). — Mus. *Mouvement contraire* (une partie ascendante, une descendante). ♦ 2° Qui, en s'opposant, gêne le cours d'une chose. V. **Adverse, antagoniste, défavorable, hostile, nuisible, préjudiciable.** *Un sort, un destin contraire.* Vieilli. *Ces excès sont contraires à sa santé,* et absolt. *Le vin lui est contraire.* ♦ 3° *N. m.* Ce qui est opposé (logiquement). V. **Antithèse, opposition.** *Le contraire de qqch. Faire le contraire de ce que l'on dit. Soutenir, prouver le contraire. C'est tout le contraire.* « *Les deux contraires* (l'inspiration et le travail journalier) *ne s'excluent pas plus que tous les contraires qui constituent la nature* » (BAUDEL.). — *C'est le contraire d'un honnête homme* : c'est une canaille. ♦ 4° *Loc. adv.* AU CONTRAIRE : contrairement, d'une manière opposée. V. **Contrairement, contre (par), opposé** (à l'), **revanche** (en). *Il ne pense pas à lui; au contraire il est très dévoué. Bien au contraire. Tout au contraire.* « *Je vis bien que je lui déplaisais; mon camarade au contraire; il était de la famille* » (P.-L. COUR.). — *Loc. prép.* AU CONTRAIRE DE : d'une manière opposée à. *Au contraire de ses concurrents, il s'est enrichi.* ◇ ANT. *Même, pareil, semblable. Favorable, propice.*

CONTRAIREMENT [kɔ̃tRɛRmɑ̃]. *adv.* (1558; de *contraire*). D'une manière contraire, opposée, inverse. *Agir contrairement à ses décisions.* « *Contrairement à ce qu'elle imaginait déjà, il ne nous était rien arrivé* » (PROUST).

CONTRALTO [kɔ̃tRalto]. *n. m.* (1767; mot it. « près *(contra)* de *l'alto* »). Mus. La plus grave des voix de femme. *La voix d'homme la plus aiguë est plus basse que la voix de contralto.* ◇ Celle qui a cette voix. *Des contraltos.* « *Elle avait des inflexions de contralto, caressantes et graves* » (MART. du G.).

CONTRAPONTISTE, -PUNTISTE [kɔ̃tRapɔ̃tist(ə)]. *n. m.* (1835, -1820; Cf. *Contrepointiste,* fin XVIIIᵉ; it. *contrappuntista,* de *contrappunto* « contrepoint »). Mus. Compositeur qui use des règles du contrepoint.

CONTRAPUNTIQUE [kɔ̃tRapɔ̃tik]. *adj.* (1929; de l'it. *contrappunto.* V. **Contrepoint.** Mus. Qui utilise le contrepoint; du contrepoint.

CONTRARIANT, ANTE [kɔ̃tRaRjɑ̃, ɑ̃t]. *adj.* (1361; de *contrarier*). ♦ 1° Qui est porté à contrarier. *Homme, esprit contrariant. Personne d'humeur contrariante.* ♦ 2° (1787). Qui contrarie. *Comme c'est contrariant!* V. **Agaçant, ennuyeux, fâcheux.** *Une pluie bien contrariante.* ◇ ANT. *Agréable. Opportun.*

CONTRARIÉ, ÉE [kɔ̃tRaRje]. *adj.* (V. **Contrarier**.) ♦ 1° Combattu. *Projet contrarié.* « *Le genre de malheur que porte dans l'âme un amour contrarié* » (STENDHAL). ♦ 2° Ennuyé ou fâché. *Avoir l'air contrarié.*

CONTRARIER [kɔ̃tRaRje]. *v. tr.* (XIIᵉ; lat. *contrariare*). ♦ 1° Avoir une action contraire, aller contre, s'opposer à (qqch.). V. **Barrer, combattre, contrecarrer, déranger, entraver, gêner, freiner, nuire** (à), **résister** (à). *Contrarier les desseins, les idées, les projets de qqn. La tempête contrariait la marche du navire. Contrarier les mouvements de l'ennemi.* « *Le sort, qui semblait contrarier leur passion, ne fit que l'animer* » (ROUSS.). ♦ 2° Causer du dépit, du mécontentement à (qqn) en s'opposant à lui. V. **Agacer, blesser, chagriner, chicaner, désoler, embêter, ennuyer, fâcher, mécontenter.** *Il cherche à vous contrarier.* — (Choses) *Rendre inquiet, mal à l'aise. Les nouvelles l'ont contrarié; cette histoire me contrarie un peu.* V. **Chicaner, chiffonner, embêter, tarabuster** (Cf. *Faire faire du mauvais sang*.*) ♦ 3° Faire alterner des objets pour obtenir des effets de contraste. *Contrarier les couleurs.* « *Ces horizons estompés qui fuient en se contrariant* » (BALZ.). *Feuilles de bois dont les veines sont opposées, contrariées.* ◇ ANT. *Aider,* • *favoriser; contenter, réjouir.*

CONTRARIÉTÉ [kɔ̃tRaRjete]. *n. f.* (1160; lat. *contrarietas*). ♦ 1° *Vx.* Opposition entre des choses contraires. V.

Contradiction. ♦ 2° *Mod.* Déplaisir causé par une opposition, et *par ext.* par ce qui chagrine. V. **Agacement, déception, déplaisir, irritation, mécontentement, souci.** *Éprouver une vive contrariété.* « *Il réprima un geste de contrariété* » (COURTELINE). ◇ ANT. *Insouciance, satisfaction.*

CONTRAROTATIF, IVE [kɔ̃tRaRɔtatif, iv]. *adj.* (Néol.; de *contra-,* et *rotatif*). Mécan. *Organes contrarotatifs* : qui tournent en sens inverse.

CONTRASTANT, ANTE [kɔ̃tRastɑ̃, ɑ̃t]. *adj.* (1787; de *contraster*). Qui contraste. *Figures contrastantes. Effets contrastants.*

CONTRASTE [kɔ̃tRast(ə)]. *n. m.* (1671; « lutte, contestation », 1580; it. *contrasto,* lat. *contrastare* « se tenir *(stare)* contre »). Opposition de deux choses dont l'une fait ressortir l'autre. V. **Antithèse, opposition.** *Contraste frappant, saisissant. Faire ressortir un contraste. Effet de contraste.* V. **Relief.** ◇ Opt. *Contraste des couleurs,* dû au rapprochement d'objets colorés différemment. *Contraste d'une image optique* : variation de l'éclairement à l'intérieur de cette image. *Contraste de phase.* — Télév. *Rapport des brillances entre parties claires et sombres de l'image. Régler le contraste.* — Méd. *Substance de contraste* : pour rendre certains organes ou tissus opaques aux rayons X. ◇ (Abstrait) *Contrastes d'idées, de sentiments.* « *Il est certains esprits auxquels déplaisent les violents contrastes* » (BALZ.). ◇ *Par contraste* : par l'opposition avec son contraire. ◇ ANT. *Accord, analogie, identité.*

CONTRASTÉ, ÉE [kɔ̃tRaste]. *adj.* (1673; de *contraster*). Qui présente des contrastes. *Couleurs contrastées.*

CONTRASTER [kɔ̃tRaste]. *v.* (1669; « lutter », 1543; réfect. a. fr. *contrester,* d'apr. it. *contrastare*). ♦ 1° *V. tr.* Mettre en contraste. *Il sait contraster son sujet.* ♦ 2° *V. intr.* (1740). Être en contraste; s'opposer d'une façon frappante. V. **Opposer** (s'), **ressortir.** *Contraster très vivement* (V. **Trancher**), *désagréablement* (V. **Détonner**). *Des couleurs, des expressions qui contrastent entre elles.* « *La prudence du fils contrastait étrangement avec l'heureuse audace du père* » (MÉRIMÉE). ◇ ANT. *Accorder, unifier.*

CONTRAT [kɔ̃tRa]. *n. m.* (1361; lat. *contractus*). ♦ 1° Convention par laquelle une ou plusieurs personnes « s'obligent, envers une ou plusieurs autres, à donner, à faire ou à ne pas faire qqch. » (CODE CIV.). V. **Convention, pacte.** *Contrat synallagmatique,* ou *bilatéral,* dans lequel les contractants s'obligent réciproquement. V. **Échange, louage, société, vente.** *Contrat unilatéral.* V. **Cautionnement, dépôt, mandat, prêt, promesse.** — *Contrat à titre gratuit.* V. **Donation, libéralité.** *Contrat à titre onéreux,* qui assujettit chacune des parties à donner ou à faire qqch. *Contrat consensuel* : produit par le seul consentement des parties. *Contrat réel* : produit par la livraison effective de l'objet du contrat. *Contrats et quasi-contrats.* — *Contrat de mariage,* qui fixe le régime des biens des époux pendant le mariage. *Contrat de travail* : se rapportant au louage de services et au louage d'industrie. *Contrat de transport. Contrat collectif* : passé avec un groupe de personnes (V. **Concordat, convention, syndicat.** *Contrat administratif* : concession, marché de travaux publics). *Partis au contrat,* ceux qui s'engagent. ◇ *Validité d'un contrat. Vices des contrats* : dol, erreur, violence; lésion. *Clauses d'un contrat. Stipulé par contrat.* V. **Contractuel.** *Passer un contrat. Approuver, ratifier, valider un contrat. Exécuter un contrat.* ♦ 2° Acte qui enregistre cette convention. V. **Instrument.** *Contrat authentique, sous-seing privé. Rédiger un contrat en bonne et due forme. Les articles d'un contrat. Le notaire a dressé le contrat.* V. **Instrumenter.** *Signer un contrat. Contrat d'assurance.* V. **Police.** ♦ 3° *Par anal. Contrat social* (1762, ROUSSEAU) : convention entre les gouvernants et les gouvernés, ou entre les membres d'une société. V. **Pacte.** ♦ 4° *Bridge contrat. Réaliser son contrat* : le nombre de levées à quoi l'on s'était engagé. ♦ 5° (Néol.). *Réaliser, remplir son contrat* : ce qu'on avait promis, ce qu'on avait fait attendre de soi.

CONTRAVENTION [kɔ̃tRavɑ̃sjɔ̃]. *n. f.* (XIVᵉ; du bas lat. *contravenire.* V. **Contrevenir**). ♦ 1° *Dr.* Infraction aux prescriptions d'une loi, d'un règlement, d'un contrat. *Être en contravention* (V. **Contrevenant**). ♦ 2° *Cour.* Infraction que les lois punissent d'une simple peine de police, et *spécial.* d'une amende; cette amende. *Attraper une contravention pour infraction au code de la route. L'agent lui a donné, lui a flanqué une contravention.* V. **Contredanse.** — Procès-verbal de cette infraction. *Dresser contravention. Trouver une contravention sur sa pare-brise.* V. **Papillon.**

CONTRAVIS [kɔ̃tRavi]. *n. m.* (v. 1900; de *contre* et *avis*). Avis contraire au précédent.

1. **CONTRE** [kɔ̃tR(ə)]. *prép., adv.* et *n. m.* (842; lat. *contra* « en face de »).

I. *Prép.* et *adv.* 🅐 Marque la proximité, le contact. V. **Auprès** (de), **face** (en face de), **près** (de), **sur.** — *Pousser le lit contre le mur. Il est étendu contre terre. Se serrer contre qqn. Lancer une pierre contre une vitre.* « *En posant le verre, il le fit tinter contre la carafe* » (MART. du G.). *Joue*

contre joue. — Adv. *Prenez la rampe, appuyez-vous contre.*
Tout contre : très près. *Vous cherchez bien loin et il est là tout*
contre. Là-contre. V. **Ici.** *Ci-contre :* en regard. *Consulter le*
tableau ci-contre. **Ⓑ** (*L'opposition*). ♦ 1° À l'opposé de,
dans le sens contraire à. *Nager contre le courant. Agir contre*
son habitude. V. **Contrairement** (à). *Contre toute attente :*
contrairement à ce qu'on attendait. *Aller contre* (qqch.).
V. **Contrarier, desservir, infirmer.** — Adv. « *On ne peut aller*
là-contre » (MOL.) ; on ne peut rien dire contre cela. ◇ Loc.
adv. PAR CONTRE : au contraire, en revanche. *Le magasin est*
assez exigu, par contre il est bien situé : en compensation.
♦ 2° En dépit de. V. **Malgré, nonobstant.** *Contre toute appa-*
rence, c'est lui qui a raison. Naviguer contre vents et marées;
fig. En dépit des obstacles. — *Envers et contre tout :* en dépit
de tout. — « *Riant comme une personne qui fait contre mauvaise*
fortune bon cœur » (SAND). ♦ 3° En opposition à, dans la
lutte avec (*spécialt.* après les verbes *combattre, lutter,* etc.).
V. **Avec.** *Se battre, être en colère contre qqn. Comploter contre*
l'État. Être contre, se dresser contre qqch. ou qqn. V. **Combat-**
tre, condamner, désapprouver, opposer (s'). « *Celui qui n'est*
pas avec moi est contre moi » (BIBLE). — Adv. *Voter pour ou*
contre. ◇ *Avoir qqch. contre :* ne pas approuver entièrement,
ne pas aimer. *Avez-vous qqch. contre cette doctrine, contre le*
régime actuel? V. **Objection.** *Je n'ai rien contre lui. La chance*
est contre moi. Fam. *Il a tout le monde contre lui.* ♦ 4° Pour
se défendre de. *S'abriter contre la pluie. Elle est équipée contre*
le mauvais temps. S'assurer contre l'incendie. Sirop contre la
toux. ♦ 5° En échange de. *Je te donne mon briquet contre*
ton couteau de poche. Envoi contre remboursement. — (Proportion, comparaison) *Parier cent contre un. La résolution a*
été votée à quinze voix contre neuf.
II. *N. m.* Ce qui est opposé à, défavorable à. ♦ 1°
(Employé avec *le pour*). *Le pour et le contre. Peser le pour*
et le contre avant de prendre une décision : les avantages et
les inconvénients. *Il y a du pour et du contre.* ♦ 2° Billard.
Faire un contre : se dit lorsque la boule touchée est repoussée
par la bande sur la boule qui vient de la toucher. — Escr.
Parade à un dégagement. — Cartes. Action de contrer.
◇ ANT. *Loin. Conformément, selon, suivant. Avec, pour.*
2. CONTRE-. Élément, tiré du lat. *contra* (verbes et substantifs) qui signifie « opposé, contraire ». V. **Anti-, para-.** REM.
Contre- reste invariable. *Des contre-allées, des contre-digues,*
etc.
CONTRE-ALIZÉ [kɔ̃tralize]. *n. m.* (1863 ; de *contre-,*
et *alizé*). Mar. Vent qui souffle en sens inverse de l'alizé.
CONTRE-ALLÉE [kɔ̃trale]. *n. f.* (1700 ; de *contre-,* et
allée). Allée latérale, parallèle à la voie principale. *Garer*
sa voiture dans la contre-allée.
CONTRE-AMIRAL, AUX [kɔ̃tramiral, o]. *n. m.* (XVIIe ;
de *contre-,* et *amiral*). Officier général de la marine, immédiatement au-dessous du vice-amiral. *Des contre-amiraux.*
CONTRE-APPEL [kɔ̃trapɛl]. *n. m.* (XIIe ; de *contre-,* et
appel). Milit. Second appel pour vérifier le premier.
CONTRE-ASSURANCE [kɔ̃trasyrɑ̃s]. *n. f.* (XXe ; de
contre-, et *assurance*). Seconde assurance (chez un autre
assureur) qui en garantit une première.
CONTRE-ATTAQUE [kɔ̃tratak]. *n. f.* (1842 ; de *contre-,*
et *attaque*). Brusque mouvement offensif d'une troupe
attaquée. V. **Contre-offensive.**
CONTRE-ATTAQUER [kɔ̃tratake]. *v. tr.* (fin XIXe ; de
contre-attaque). Faire une contre-attaque.
1. CONTREBALANCER [kɔ̃trəbalɑ̃se]. *v. tr.;* conjug.
placer (1549 ; de *contre-,* et *balancer*). ♦ 1° Faire équilibre à.
V. **Compenser, équilibrer.** *Poids qui en contrebalance un autre.*
♦ 2° Égaler en force, en valeur, en mérite. *Les avantages*
contrebalancent les inconvénients.
2. CONTREBALANCER (S'EN) [kɔ̃trəbalɑ̃se]. *v. pron.*
(XXe ; de *s'en balancer* « s'en moquer », d'apr. *s'en contre-*
ficher, s'en contrefoutre). Fam. Se moquer éperdument de...
« *Tu parles si je m'en balance et contrebalance de ses menaces!* »
(BEAUVOIR).
CONTREBANDE [kɔ̃trəbɑ̃d]. *n. f.* (1512 ; it. *contrabbando*
« contre le ban »). Introduction clandestine, dans un pays,
de marchandises prohibées ou dont on ne règle pas les droits
de douane, d'octroi. V. **Fraude.** *Marchandises de contrebande,*
introduites en contrebande. V. **Interlope.** *Faire la contrebande*
du tabac, des armes. ◇ La marchandise elle-même. *Navire*
chargé de contrebande. Vendre, acheter de la contrebande.
CONTREBANDIER, IÈRE [kɔ̃trəbɑ̃dje, jɛr]. *n.* (1715 ;
de *contrebande*). Personne qui fait de la contrebande. *Suivre*
un chemin de contrebandiers, dans la¹ montagne. Adj. *Navire*
contrebandier.
CONTREBAS (EN) [ɑ̃kɔ̃trəba]. *loc. adv.* (XIVe ; de
contre-, et *bas*). À un niveau inférieur. « *La chaumière se trou-*
vant en contrebas de ce chemin » (LOTI). *Une route en contre-*
bas. ◇ ANT. *Contre-haut* (en).
CONTREBASSE [kɔ̃trəbas]. *n. f.* (1512 ; it. *contrabbasso*).
♦ 1° Le plus grand et le plus grave des instruments à archet
(abrév. *Basse*). *Tenir la contrebasse dans un quatuor.* ♦ 2°

Musicien qui joue de la contrebasse. V. **Bassiste, contre-**
bassiste.
CONTREBASSISTE [kɔ̃trəbasist(ə)]. *n.* (1842 ; de *contre-*
basse). Musicien qui joue de la contrebasse (V. **Bassiste**).
CONTREBASSON [kɔ̃trəbasɔ̃]. *n. m.* (1821 ; de *contre-,*
et *basson*, d'apr. *contrebasse*). Instrument analogue au basson,
à l'octave inférieure.
CONTREBATTERIE [kɔ̃trəbatri]. *n. f.* (1580 ; de *contre-*
battre, d'apr. *batterie*). Milit. Tir contre l'artillerie, les batteries de l'ennemi.
CONTREBATTRE [kɔ̃trəbatr(ə)]. *v. tr.;* conjug. *battre*
(XIIe ; de *contre-,* et *battre*). Atteindre par un tir de contrebatterie.
CONTREBUTER ou **CONTREBOUTER** [kɔ̃trəbyte,
bute]. *v. tr.* (1523 ; de *contre-,* et *buter*). Archit. Soutenir (une
poussée) par un contrefort, un pilier (*contreboutant*).
CONTRECARRER [kɔ̃trəka(a)re]. *v. tr.* (1541 ; de l'a. fr.
contrecarre « opposition »). Faire obstacle à (qqn, qqch.),
par une opposition directe. V. **Opposer** (s'); **contrarier,**
résister. *Contrecarrer qqn* (vieilli). *Contrecarrer les projets,*
les plans de qqn. Volonté, vocation contrecarrée. ◇ ANT.
Aider, favoriser.
CONTRECHAMP [kɔ̃trəʃɑ̃]. *n. m.* (XXe ; de *contre-,* et
champ). Cinéma, télév., photo. Prise de vue dans le sens opposé
à celui d'une autre prise (*champ*) ; plan ainsi filmé. ◇ HOM.
Contrechant.
CONTRE-CHANT [kɔ̃trəʃɑ̃]. *n. m.* (XVIIIe ; de *contre-*
et *chant*). Mus. Phrase mélodique sur les harmonies du
thème, et jouée en même temps que lui (contrepoint). ◇
HOM. *Contrechamp.*
CONTRECHÂSSIS [kɔ̃trəʃasi]. *n. m.* (1694 ; de *contre-,*
et *châssis*). Techn. Châssis appliqué contre un autre châssis.
CONTRECLEF [kɔ̃trəklɛf]. *n. f.* (1754 ; de *contre-,* et
clef). Archit. Voussoir qui touche la clef de voûte.
1. CONTRECŒUR (À) [akɔ̃trəkœr]. *loc. adv.* (1393 ;
de *contre-,* et *cœur*). Malgré soi, avec répugnance (Cf. *Contre*
son gré, à son corps défendant, à regret). *Faire une chose à*
contrecœur. ◇ ANT. *Cœur* (de bon, de grand, de tout cœur),
volontiers.
2. CONTRECŒUR [kɔ̃trəkœr]. *n. m.* (XIIIe ; de *contre-,*
et *cœur*). ♦ 1° Fond de cheminée (V. **Contre-feu**) et plaque
de fonte appliquée sur ce fond. *Contrecœur décoré d'armoiries.*
♦ 2° Techn. Rail couché à l'intérieur d'un croisement de
voie ferrée.
CONTRECOUP [kɔ̃trəku]. *n. m.* (1560 ; de *contre-,*
et *coup*). ♦ 1° Vx. Répercussion d'un coup, d'un choc.
V. **Choc** (en retour), **ricochet.** *Le contrecoup d'une balle.*
♦ 2° Mod. (XVIIe). Événement qui se produit en conséquence
indirecte d'un autre. V. **Conséquence, effet, réaction, suite.**
Subir le contrecoup d'un désastre. « *Toute révolution politique*
a son contrecoup dans une révolution artistique » (R. ROLLAND).
Par contrecoup.
CONTRE-COURANT [kɔ̃trəkurɑ̃]. *n. m.* (1789 ; de
contre-, et *courant*). ♦ 1° Courant secondaire qui se produit
en sens inverse d'un autre courant. ♦ 2° Mar. *Naviguer à*
contre-courant : en remontant le courant. « *Ceux qui luttent*
contre leur époque et nagent à contre-courant » (MAUROIS).
CONTRE-COURBE [kɔ̃trəkurb(ə)]. *n. f.* (1854 ; de
contre-, et *courbe*). Courbe concave accolée à une courbe
convexe (en archit., décoration, etc.).
CONTRE-CULTURE [kɔ̃trəkyltyr]. *n. f.* (1972 ; de
contre-, et *culture*). Littér. (Péj.). Forme parodique de culture
propre à anéantir toute culture. « *On démystifie Malraux*
ou Gide. Une contre-culture est née. On fera des thèses sur
Lucky Luke et son message » (Les Nouvelles littéraires, 21-8-
1972).
CONTREDANSE [kɔ̃trədɑ̃s]. *n. f.* (1626 ; altér. angl.
country-dance « danse de campagne »). ♦ 1° Danse où les
couples de danseurs se font vis-à-vis et exécutent des figures.
V. **Quadrille.** *La contredanse se danse généralement à huit*
personnes. ◇ Par ext. Air sur lequel on exécute cette danse.
Jouer une contredanse. ♦ 2° Fam. (1901, jeu de mots). Contravention.
CONTRE-DÉNONCIATION [kɔ̃trədenɔ̃sjasjɔ̃]. *n. f.*
(1863 ; de *contre-,* et *dénonciation*). Dr. Acte extra-judiciaire
par lequel le saisissant porte à la connaissance du tiers saisi
l'assignation en validité adressée par lui au saisi.
CONTRE-DIGUE [kɔ̃trədig]. *n. f.* (1839 ; de *contre-,*
et *digue*). Ouvrage destiné à consolider la digue principale.
CONTREDIRE [kɔ̃trədir]. *v. tr.;* conjug. *dire,* sauf (*vous*)
contredisez (XIIe ; « refuser », Xe ; lat. *contradicere*). ♦ 1°
S'opposer à (qqn) en disant le contraire de ce qu'il dit. V.
Démentir, réfuter ; contradiction. *Contredire qqn. Contredire*
un témoin. « *Il prit plaisir à contredire son frère — mais sur*
un ton conciliant » (MART. du G.). Absolt. *Aimer à contre-*
dire. V. **Critiquer.** Pronom. *Ils se contredisent sans cesse.* V.
Disputer (se). ◇ *Contredire le témoignage de qqn. Contredire*
une assertion, une déclaration. V. **Nier.** ♦ 2° Aller à l'encontre de. V. **Démentir.** *Les événements ont contredit ses*

prédictions, ses espérances. ◇ ANT. Approuver. Accorder (s'), entendre (s').

CONTREDIT [kɔ̃tʀədi]. *n. m.* (XIIᵉ, « contradiction, opposition »; de *contredire*). ♦ 1° *Dr.* Pièce qu'une des parties oppose à celles que fournit la partie adverse. *Contredit de compétence.* ♦ 2° *Littér.* (1541). Affirmation que l'on oppose à ce qui a été dit. V. **Contradiction, objection.** *Affirmation sujette à contredit. Sauf contredit.* ♦ 3° *Loc. adv.* Cour. SANS CONTREDIT : sans qu'il soit possible d'affirmer le contraire. V. **Assurément, certainement.** *Il est, sans contredit, le meilleur* : sans conteste.

CONTRÉE [kɔ̃tʀe]. *n. f.* (XIIᵉ; lat. pop. *contrata (regio)*, de *contra* « pays en face »). *Vieilli* ou *région.* Étendue de pays. V. **Pays; parage, région.** *Contrée riche, fertile; pauvre, déserte. La peste « règne dans une contrée »* (STENDHAL). *Dans nos contrées.* ◇ HOM. Contrer.

CONTRE-ÉCROU [kɔ̃tʀekʀu]. *n. m.* (1870; de *contre-*, et *écrou*). Écrou que l'on visse à bloc au-dessus d'un autre écrou pour empêcher le desserrage.

CONTRE-ÉLECTROMOTRICE [kɔ̃tʀelektʀɔmɔtʀis]. *adj. f.* (XXᵉ; de *contre-*, et *électromoteur*). *Force contre-électromotrice* : qui s'oppose à celle du courant direct (quotient de la puissance électrique absorbée par l'intensité du courant). *Abrév.* f. c. e. m.

CONTRE-EMPREINTE [kɔ̃tʀɑ̃pʀɛ̃t]. *n. f.* (1845; de *contre-*, et *empreinte*). *Géol.* Relief (dépôt d'argile, etc.) dans une empreinte en creux.

CONTRE-ENQUÊTE [kɔ̃tʀɑ̃kɛt]. *n. f.* (1734; de *contre-*, et *enquête*). Enquête pour vérifier les résultats d'une autre enquête.

CONTRE-ÉPAULETTE [kɔ̃tʀepolɛt]. *n. f.* (1786; de *contre-*, et *épaulette*). Plaque d'épaule (sans franges), sur un uniforme.

CONTRE-ÉPREUVE [kɔ̃tʀepʀœv]. *n. f.* (1676; de *contre-*, et *épreuve*). ♦ 1° *Grav.* Épreuve tirée sur une estampe fraîchement imprimée. ♦ 2° Épreuve inverse en vue de vérifier si les résultats d'une première épreuve sont exacts. V. **Vérification.** « *Un expérimentateur qui demande à des contre-épreuves la vérification de ce qu'il a supposé* » (PROUST).

CONTRE-ESPIONNAGE [kɔ̃tʀɛspjɔnaʒ]. *n. m.* (fin XIXᵉ; de *contre-*, et *espionnage*). Action d'espionner des espions. *Faire du contre-espionnage.* ◇ Organisation chargée de la surveillance des espions des puissances étrangères en territoire national.

CONTRE-ESSAI [kɔ̃tʀese]. *n. m.* (1870; de *contre-*, et *essai*). Second essai pour contrôler les résultats d'un premier. V. **Contre-épreuve.**

CONTRE-EXEMPLE [kɔ̃tʀɛgzɑ̃pl(ə)]. *n. m.* (v. 1965; de l'amér. *counter-example*). *Didact.* Exemple qui illustre le contraire de ce qu'on veut démontrer, cas particulier qui va à l'encontre d'une thèse. *Ceci reste à discuter, je peux vous fournir des contre-exemples.*

CONTRE-EXPERTISE [kɔ̃tʀɛkspɛʀtiz]. *n. f.* (1869; de *contre-*, et *expertise*). Expertise destinée à en contrôler une autre.

CONTRE-EXTENSION [kɔ̃tʀɛkstɑ̃sjɔ̃]. *n. f.* (déb. XVIIᵉ; de *contre-*, et *extension*). *Chir.* Action opposée à l'extension et qui consiste à retenir fixe et immobile la partie supérieure d'un membre luxé ou fracturé, au cours d'une réduction par extension.

CONTREFAÇON [kɔ̃tʀəfasɔ̃]. *n. f.* (XIIIᵉ; de *contrefaire*, d'apr. *façon*; var. *contrefaction*, lat. *factio*). Action de contrefaire une œuvre littéraire, artistique, industrielle au préjudice de son auteur, de son inventeur; résultat de cette action. V. **Contre-épreuve, copie, falsification, imitation, pastiche, plagiat.** *La contrefaçon d'un livre, d'un produit.* ◇ *Contrefaçon de monnaie, de billets de banque.* V. **Faux** (On dit aussi CONTREFACTION [kɔ̃tʀəfaksjɔ̃]. *Délit de contrefaçon.*

CONTREFACTEUR [kɔ̃tʀəfaktœʀ]. *n. m.* (1754; de *contrefaction*). *Dr.* Celui qui est coupable de contrefaçon frauduleuse. V. **Faussaire.**

CONTREFAIRE [kɔ̃tʀəfɛʀ]. *v. tr.;* conjug. *faire* (XIIᵉ; bas lat. *contrafacere* « imiter »). *Littér.* ♦ 1° Reproduire par imitation (qqn ou qqch.). V. **Calquer, copier, imiter, mimer, reproduire.** *Contrefaire qqn. Contrefaire la voix, les gestes de qqn.* ◇ (1549) Copier ou évoquer pour tourner en dérision. V. **Caricaturer, parodier, pasticher, singer.** « *Il faut empêcher les enfants de contrefaire les gens ridicules* » (FÉN.). ♦ 2° (XVIᵉ). *Vieilli.* Feindre (un état, un sentiment) pour tromper. V. **Simuler.** *Contrefaire la folie, la douleur.* ♦ 3° Imiter frauduleusement. V. **Contrefaçon; altérer, falsifier.** *Contrefaire une monnaie, une signature.* ♦ 4° Changer, modifier l'apparence (de qqch.) pour tromper. V. **Déguiser, dénaturer.** *Contrefaire son écriture. Contrefaire sa voix.* ♦ 5° Rendre difforme. V. **Altérer, décomposer, défigurer; déformer.** « *Des corps de baleine, par lesquels les nôtres* (femmes) *contrefont leur taille* » (ROUSS.). ◇ HOM. Contre-fer.

CONTREFAIT, AITE [kɔ̃tʀəfɛ, ɛt]. *adj.* (XIIIᵉ; V. **Contrefaire**). Rendu difforme. *Homme au corps contrefait.* ♦ *Dif-*

---

forme, malbâti. « *Il avait je ne sais quoi de contrefait dans sa taille, sans aucune difformité particulière* » (ROUSS.).

CONTRE-FER [kɔ̃tʀəfɛʀ]. *n. m.* (*Contreferre*, XVᵉ; de *contre-*, et *fer*). *Techn.* Partie d'un outil qui double le fer. *Le contre-fer d'un rabot.* ◇ HOM. Contrefaire.

CONTRE-FEU [kɔ̃tʀəfø]. *n. m.* (1531; de *contre-*, et *feu*). ♦ 1° Plaque métallique garnissant le fond d'une cheminée. V. **Contrecœur.** ♦ 2° Feu allumé pour circonscrire un incendie de forêt.

CONTRE-FICHE [kɔ̃tʀəfiʃ]. *n. f.* (1690; de *contre-*, et *fiche*). *Techn.* Pièce de charpente soutenant ou reliant une pièce verticale (contrefort).

CONTREFICHER (SE) [kɔ̃tʀəfiʃe]. *v. pron.* (1839; de *contre-*, et *se ficher*). *Pop.* Se moquer complètement (de). *Il s'en contrefiche.* V. **Contrefoutre (se).**

CONTRE-FIL ou **CONTREFIL** [kɔ̃tʀəfil]. *n. m.* (1540; de *contre-*, et *fil*). Sens contraire à la normale. V. **Contre-poil, rebours.**

CONTRE-FILET [kɔ̃tʀəfilɛ]. *n. m.* (XXᵉ; de *contre-*, et *filet*). Morceau de bœuf correspondant aux lombes. *Grillade dans le contre-filet.* V. **Faux-filet.**

CONTREFORT [kɔ̃tʀəfɔʀ]. *n. m.* (XIIIᵉ; de *contre-*, et *fort*). ♦ 1° Pilier, saillie, mur massif servant d'appui à un autre mur qui supporte une charge. V. **Arc-boutant.** *Les contreforts d'une terrasse, d'une voûte.* « *Sans les contreforts plaqués contre les parois, l'édifice croulerait* » (TAINE). ♦ 2° (1572). Pièce de cuir qui renforce le derrière d'une chaussure. ♦ 3° (1835). Chaîne de montagnes latérales qui semblent servir d'appui à une chaîne principale. *Les contreforts des Alpes.*

CONTREFOUTRE (SE) [kɔ̃tʀəfutʀ(ə)]. *v. pron.* (1790; de *contre-*, et *se foutre*). *Pop.* Se moquer complètement (de). *Je m'en contrefous* : cela m'est bien égal. V. **Contreficher (se).**

CONTRE-FUGUE [kɔ̃tʀəfyg]. *n. f.* (1680; de *contre-*, et *fugue*). *Mus.* (Vx). Fugue inversée.

CONTRE-HAUT (EN) [ɑ̃kɔ̃tʀəo]. *loc. adv.* (1701; de *contre-*, et *haut*). À un niveau supérieur. *Regarder en contre-haut. Maison en contre-haut d'une route.* ◇ ANT. Contrebas.

CONTRE-HERMINE [kɔ̃tʀɛʀmin]. *n. f.* (1690; de *contre-*, et *hermine*). *Blas.* Fourrure constituée à l'inverse de l'hermine, par un fond de sable semé de mouchetures d'argent.

CONTRE-INDICATION [kɔ̃tʀɛ̃dikasjɔ̃]. *n. f.* (1697; de *contre-*, et *indication*). *Méd.* Circonstance qui empêche d'appliquer un traitement. *Les contre-indications d'un traitement, d'un médicament* : les cas où il ne faut pas l'appliquer.

CONTRE-INDIQUER [kɔ̃tʀɛ̃dike]. *v. tr.* (1836; de *contre-*, et *indiquer*). ♦ 1° *Méd.* Donner une contre-indication. *Contre-indiquer un remède. Ce traitement est contre-indiqué.* ♦ 2° Cour. CONTRE-INDIQUÉ, ÉE. *adj.* Qui ne convient pas, est dangereux (dans un cas déterminé). V. **Déconseillé.**

CONTRE-JOUR [kɔ̃tʀəʒuʀ]. *n. m.* (1615; de *contre-*, et *jour*). Éclairage d'un objet recevant de la lumière en sens inverse de celui du regard. *Être éclairé par le contre-jour. Tableau placé dans le contre-jour. Des effets de contre-jour* (en photo). ◇ *Loc. adv.* À CONTRE-JOUR : en tournant le dos à la lumière.

CONTRE-LAME [kɔ̃tʀəlam]. *n. f.* (1966; de *contre-*, et *lame*). Lame, vague qui vient en sens contraire (à un mouvement de l'eau). « *Puis survenait la contre-lame qui rebondissait sur la muraille du large* » (LE CLÉZIO).

CONTRE-LETTRE [kɔ̃tʀəlɛtʀ(ə)]. *n. f.* (XIIIᵉ; de *contre*, et *lettre*). *Dr.* Acte secret annulant, modifiant les dispositions stipulées dans un premier acte ostensible et leurs effets.

CONTREMAÎTRE [kɔ̃tʀəmɛtʀ(ə)]. *n. m.* (déb. XVᵉ; de *contre-*, et *maître*). Celui qui est responsable d'une équipe d'ouvriers. V. **Chef** (d'équipe), **porion** (mines), **prote** (imprimerie). ◇ *Fém.* (XXᵉ) Contremaîtresse [kɔ̃tʀəmɛtʀɛs]. ◇ ANT. Apprenti.

CONTREMANDER [kɔ̃tʀəmɑ̃de]. *v. tr.* (1175; de *contre-*, et *mander*). ♦ 1° Vx. Avertir (qqn) de ne pas exécuter un ordre qu'on lui a donné. ♦ 2° *Littér.* Annuler un ordre. V. **Annuler, décommander.** *Pétion « contramanda la revue »* (MICHELET). ◇ ANT. Confirmer.

CONTRE-MANIFESTANT, ANTE [kɔ̃tʀəmanifɛstɑ̃, ɑ̃t]. *n.* (v. 1870; de *contre-*, et *manifestant*). Personne qui prend part à une contre-manifestation.

CONTRE-MANIFESTATION [kɔ̃tʀəmanifɛstasjɔ̃]. *n. f.* (1848; de *contre-*, et *manifestation*). Manifestation organisée pour faire échec à une autre.

CONTRE-MANIFESTER [kɔ̃tʀəmanifɛste]. *v. intr.* (v. 1870; de *contre-*, et *manifester*). Prendre part à une contre-manifestation.

CONTREMARCHE [kɔ̃tʀəmaʀʃ(ə)]. *n. f.* (1626; de *contre-*, et *marche*). ♦ 1° Marche qu'on fait faire à une armée dans le sens opposé à celui qu'elle suivait. ♦ 2° (1784). Hauteur de chaque marche d'un escalier. *Par ext.* La partie verticale qui forme cette hauteur.

CONTREMARQUE [kɔ̃tʀəmaʀk(ə)]. *n. f.* (1443; de *contre-*, et *marque*). ♦ 1° Seconde marque qu'on applique sur un ballot de marchandises, sur les objets d'or et d'argent.

♦ 2° Ticket délivré à ceux qui s'absentent pendant une représentation, afin qu'ils aient le droit de rentrer (à l'entracte, *par ex.*). *Réclamez une contremarque avant de quitter la salle.*

CONTRE-MESURE [kɔ̃trəmzyr]. *n. f.* (fin XIXe; de *contre-*, et *mesure*). ♦ 1° Mesure contraire à une autre mesure. ♦ 2° Mus. *À contre-mesure* : sans respecter la mesure, à contretemps. *Jouer à contre-mesure.*

CONTRE-MINE [kɔ̃trəmin]. *n. f.* (XIVe; de *contre-*, et *mine*). Mine pratiquée pour éventer ou détruire une mine de l'ennemi.

CONTRE-MINER [kɔ̃trəmine]. *v. tr.* (1404; de *contre-*, et *miner*). Protéger en creusant des contre-mines. *Contreminer les abords d'une ligne fortifiée.* — *Fig. et vx.* Parer, par une action secrète, les effets d'une intrigue hostile.

CONTRE-MUR [kɔ̃trəmyr]. *n. m.* (1371; de *contre-*, et *mur*). Petit mur bâti contre un autre mur, contre une terrasse, pour servir d'appui, de contrefort.

CONTRE-OFFENSIVE [kɔ̃trɔfɑ̃siv]. *n. f.* (XXe; de *contre-*, et *offensive*). Contre-attaque exécutée par une grande unité, en vue d'enlever à l'ennemi l'initiative des opérations.

CONTRE-ORDRE. V. Contrordre.

CONTRE-PAL [kɔ̃trəpal]. *n. m.* (1551; de *contre-*, et *pal*). Blas. Pal divisé en deux moitiés, l'une d'émail et l'autre de métal.

CONTREPARTIE [kɔ̃trəparti]. *n. f.* (1262, « adversaire »; de *contre-*, et *partie*). ♦ 1° (1723). Double d'un registre sur lequel toutes les parties d'un compte sont inscrites. — Écritures qui servent de vérification. ♦ 2° Sentiment, avis contraire. *Soutenir la contrepartie d'une opinion* : prendre le contre-pied. ♦ 3° (XXe). Chose qui s'oppose à une autre en la complétant ou en l'équilibrant. V. **Compensation.** « *Le défaut avait pour contrepartie une qualité précieuse* » (PROUST). *En contrepartie.* V. Contre (par), échange (en), revanche (en). ◊ Bourse. Opération de celui (*contrepartiste*) qui se porte vendeur ou acheteur contre son client (au lieu d'exécuter ses ordres). « *Jouant sur les deux tableaux, faisant ce qu'on appelle en termes de coulisse de la contrepartie...* » (PROUST).

CONTRE-PAS [kɔ̃trəpɑ]. *n. m.* (1606, « ancienne danse espagnole »; de *contre-*, et *pas*). Milit. Demi-pas pour reprendre le pas cadencé, sur le bon pied.

CONTRE-PASSER [kɔ̃trəpɑse]. *v. tr.* (1836; « surpasser », v. 1170; de *contre-*, et *passer*). Comm. ♦ 1° Repasser une lettre de change à la personne de qui on la reçoit. ♦ 2° (1842). Rectifier (une écriture) au grand livre, au journal (*contrepassation*).

CONTRE-PENTE ou **CONTREPENTE** [kɔ̃trəpɑ̃t]. *n. f.* (1694; de *contre-*, et *pente*). Pente opposée à une autre pente. *Contre-pentes d'une colline, d'une montagne. À contre-pente.*

CONTRE-PERFORMANCE [kɔ̃trəperfɔrmɑ̃s]. *n. f.* (*Néol.*: de *contre-*, et *performance*). Sport. Mauvaise performance, résultat anormalement faible. *Après une série de contre-performances, ce coureur a abandonné la compétition.*

CONTREPET [kɔ̃trəpɛ]. *n. m.* (1947; d'apr. *contrepèterie*). ♦ 1° Art de résoudre les contrepèteries ou d'en faire de nouvelles. « *L'art de contrepet* » (L. ÉTIENNE). ♦ 2° Contrepèterie.

CONTREPÈTERIE [kɔ̃trəpetri]. *n. f.* (1582; de l'a. fr. *contrepéter* « rendre un son pour un autre »). Interversion des lettres ou des syllabes d'un ensemble de mots spécialement choisis, afin d'en obtenir d'autres dont l'assemblage ait également un sens, de préférence burlesque ou grivois. V. **Contrepet.** Ex. : *Femme folle à la messe* pour *femme molle à la fesse* (RABELAIS).

CONTRE-PIED [kɔ̃trəpje]. *n. m.* (1561; de *contre-*, et *pied*). ♦ 1° Vén. Fausse piste suivie par les chiens. ♦ 2° Cour. Ce qui est diamétralement opposé à (une opinion, un comportement). V. **Contraire, contrepartie, inverse, opposé.** *Vos opinions sont le contre-pied des siennes.* « *Prendre en tout le contre-pied de ce qui est raisonnable* » (MAURIAC). *Prendre le contre-pied d'une attitude, d'une affirmation.* ♦ 3° Sports. *Être à contre-pied* : sur le mauvais pied (pour une action). *La balle l'a surpris à contre-pied.*

CONTRE-PLACAGE [kɔ̃trəplakaʒ]. *n. m.* (1922; de *contre-plaqué*). Fabrication du contre-plaqué par application de feuilles de bois des deux côtés d'un panneau (les fibres du bois étant perpendiculaires).

CONTRE-PLAQUÉ [kɔ̃trəplake]. *n. m.* (1915, *adj.*; de *contre-*, et *plaquer*). Bois formé de plaques minces collées, à fibres opposées. V. **Contre-placage.** *Du contre-plaqué.*

CONTRE-PLONGÉE [kɔ̃trəplɔ̃ʒe]. *n. f.* (1946; de *contre-*, et *plongée*). Cinéma, télév. Prise de vue faite de bas en haut (à l'inverse de la plongée). *Séquence filmée en contre-plongée.*

CONTREPOIDS [kɔ̃trəpwa(ɑ)]. *n. m.* (fin XIIe; de *contre-*, et *poids*). ♦ 1° Poids qui fait équilibre à un autre poids. *Contrepoids d'une horloge. Faire contrepoids.* V. **Contrebalancer, équilibrer.** « *Et cette barrière avec un bloc de pierre*

pour faire le contrepoids » (MART. du G.). ♦ 2° Ce qui équilibre, neutralise. V. **Compensation, contrepartie, équilibre.** *Servir de contrepoids.* « *Son réalisme intellectuel* (de l'Europe) *apporte un contrepoids au dynamisme anglo-saxon* » (SIEGFRIED).

CONTRE-POIL (À) [akɔ̃trəpwal]. *loc. adv.* (XIIIe; de *contre-*, et *poil*). Dans le sens inverse du sens naturel des poils (à rebrousse-poil). *Les chats détestent qu'on les caresse à contre-poil.* ◊ *Fig. et fam. Prendre qqn à contre-poil* : maladroitement, en l'irritant.

CONTREPOINT [kɔ̃trəpwɛ̃]. *n. m.* (1398; de *contre-*, et *point* « note », les notes étant figurées par des points). ♦ 1° Mus. Art de composer de la musique en superposant des dessins mélodiques. *L'harmonie combine des notes disposées verticalement* (accords), *le contrepoint des notes qui se succède suivant un dessin horizontal soumis à des règles. Contrepoint à deux, à huit parties. Apprendre l'harmonie et le contrepoint.* V. **Contrapuntiste.** — *Par ext.* Composition faite d'après les règles du contrepoint. ♦ 2° Fig. Motif secondaire qui se superpose à qqch., en ayant une réalité propre. *Les comédiens « juxtaposent au texte une espèce de contrepoint déclamatoire* » (BLOY). *La musique doit fournir un contrepoint aux images d'un film.* ◊ *Loc. prép. En* CONTREPOINT, simultanément et indépendamment, mais comme une sorte d'accompagnement. *En contrepoint de...* « *Il aurait fallu que la pièce se déroulât en contrepoint de la vie simple et normale du couple humain* » (MAURIAC).

CONTRE-POINTE [kɔ̃trəpwɛ̃t]. *n. f.* (1825; de *contre-*, et *pointe*). ♦ 1° Escrime au sabre où l'on combine les coups d'estoc et de taille. ♦ 2° (1838). Partie tranchante de l'extrémité du dos d'un sabre.

CONTREPOISON [kɔ̃trəpwazɔ̃]. *n. m.* (v. 1500; de *contre-*, et *poison*). Substance destinée à combattre, à neutraliser l'effet d'un poison. V. **Antidote.** *Administrer un contrepoison.* ◊ *Fig.* V. **Remède.** *Chercher un contrepoison à une doctrine subversive.*

CONTRE-PORTE [kɔ̃trəpɔrt(ə)]. *n. f.* (1690, fortif.; de *contre-*, et *porte*). Porte légère, généralement capitonnée, qui double une porte. *Des contre-portes.* — *Par ext.* Face intérieure d'une porte aménagée pour recevoir des accessoires. *Contre-porte d'un réfrigérateur, d'une machine à laver. Contre-porte de voiture.*

CONTRE-PRÉPARATION [kɔ̃trəpreparasjɔ̃]. *n. f.* (1967; de *contre-*, et *préparation*). Milit. Bombardement destiné à neutraliser une préparation d'artillerie.

CONTRE-PROJET ou **CONTREPROJET** [kɔ̃trəprɔʒe]. *n. m.* (1828; de *contre-*, et *projet*). Projet que l'on oppose à un autre projet sur la même question. *Proposer un contre-projet.*

CONTRE-PROPAGANDE [kɔ̃trəprɔpagɑ̃d]. *n. f.* (XXe; de *contre-*, et *propagande*). Propagande destinée à détruire les effets d'une autre propagande. « *Amorcer une contre-propagande clandestine* » (SARTRE).

CONTRE-PROPOSITION ou **CONTREPROPOSITION** [kɔ̃trəprɔpozisjɔ̃]. *n. f.* (1771; de *contre-*, et *proposition*). Proposition qu'on fait pour l'opposer à une autre. *Des contre-propositions.*

CONTREPUBLICITÉ ou **CONTRE-PUBLICITÉ** [kɔ̃trəpyblisite]. *n. f.* (XXe; de *contre-*, et *publicité*). ♦ 1° Publicité destinée à lutter contre une autre publicité. « *Corriger la publicité à la télévision par une contre-publicité permettant à chacun de juger* » (A. SAUVY). ♦ 2° Publicité qui a un effet contraire à son objet, qui nuit à ce qu'elle veut vanter. *Ce slogan, cette affiche leur fait de la contrepublicité; est une contrepublicité.*

CONTRER [kɔ̃tre]. *v.* (1845; de *contre*). ♦ 1° V. intr. Cartes. Défier l'adversaire de réaliser sa demande, son contrat. *Réussir un chelem, au bridge.* V. **Surcontrer.** ♦ 2° V. tr. Fam. S'opposer avec succès à (qqn). *Il a contré son interlocuteur. Se faire contrer* — à qqch.: *Contrer une attaque.* ◊ HOM. Contrée.

CONTRE-RAIL [kɔ̃trəraj]. *n. m.* (1841; de *contre-*, et *rail*). Second rail placé contre le rail normal aux passages à niveau, aux croisements.

CONTRE-RÉFORME [kɔ̃trərefɔrm(ə)]. *n. f.* (v. 1920; de *contre-*, et *réforme*). Hist. Réforme catholique qui succéda à la Réforme pour s'y opposer. *Les Jésuites, artisans de la contre-réforme.*

CONTRE-RÉVOLUTION [kɔ̃trərevɔlysjɔ̃]. *n. f.* (1790; de *contre-*, et *révolution*). Mouvement politique, social, destiné à combattre une révolution.

CONTRE-RÉVOLUTIONNAIRE [kɔ̃trərevɔlysjɔnɛr]. *adj.* (1790; de *contre-*, et *révolutionnaire*). Favorable à la contre-révolution. — *Subst.* Partisan d'une contre-révolution.

CONTRESCARPE [kɔ̃trɛskarp(ə)]. *n. f.* (1550; de *contre-*, et *escarpe*). Fortif. Pente du mur extérieur d'un fossé, du côté de la campagne (V. **Glacis**). *Rue de la Contrescarpe, à Paris.*

CONTRESEING [kɔ̃trəsɛ̃]. *n. m.* (1355; de *contre-*, et *seing*). *Dr.* Deuxième signature destinée à authentifier la signature principale, ou à marquer un engagement solidaire. V. **Contre-signer**.

CONTRESENS [kɔ̃trəsɑ̃s]. *n. m.* (1560; de *contre-*, et *sens*). ♦ 1° Interprétation contraire à la signification véritable. *Faire un contresens et des faux-sens dans une traduction, une version.* ♦ 2° *Fig.* Mauvaise interprétation. V. **Erreur**. *Son interprétation de Hamlet est un contresens.* ♦ 3° Sens inverse. *Prendre le contresens d'une étoffe.* ◇ *Loc. adv.* À CONTRESENS : dans un sens contraire au sens naturel, normal. V. **Envers** (à l'), **rebours** (à), **travers** (de travers). *Interpréter à contresens.* « *Elle perd tout en chemin. Et à contresens. Son missel au marché. Son cache-corset à l'église* » (GIRAUDOUX). ◇ ANT. *Exactitude.*

CONTRESIGNATAIRE [kɔ̃trəsiɲatɛr]. *adj.* et *n. m.* (1838; 1763 *contresigneur*; de *contre-*, et *signataire*). Personne qui contresigne un acte, appose un contreseing. *Un contresignataire.* — *Autorité contresignataire.*

CONTRESIGNER [kɔ̃trəsiɲe]. *v. tr.* (1415; de *contre-*, et *signer*). Apposer un contreseing. *Décret contresigné par un ministre.*

CONTRE-SUJET [kɔ̃trəsyʒɛ]. *n. m.* (1838, « contre-fugue »; de *contre-*, et *sujet*). *Mus.* Second ou troisième sujet d'une fugue.

CONTRE-TAILLE [kɔ̃trətɑj]. *n. f.* (XVIᵉ; de *contre-*, et *taille*). ♦ 1° *Comm.* Seconde taille servant de contrôle. ♦ 2° (1754). *Grav.* Chacune des tailles qui croisent les premières tailles sur une planche de cuivre; le trait qui en résulte sur l'estampe.

CONTRETEMPS [kɔ̃trətɑ̃]. *n. m.* (1559; de *contre-*, et *temps*; Cf. it. *A contrattempo*). ♦ 1° Événement, circonstance qui s'oppose à ce que l'on attendait. V. **Accident, accroc, complication, difficulté, empêchement, ennui**. *Un fâcheux contretemps.* « *Il fallut remettre la partie, et les contretemps qui survinrent m'empêchèrent de l'exécuter* » (ROUSS.). ◇ *Loc. adv.* À CONTRETEMPS : mal à propos, au mauvais moment. V. **Inopportunément**. *Arriver à contretemps* (Cf. Comme des cheveux sur la soupe, un chien dans un jeu de quilles). ♦ 2° *Mus.* Action d'attaquer un son sur un temps faible, ou sur la partie faible d'un temps, le temps fort ou la partie forte du temps suivant étant formé d'un silence. *Le contretemps, l'anacrouse et la syncope sont attaqués sur le temps faible.* ◇ ANT. *Arrangement, facilité.*

CONTRE-TERRORISME [kɔ̃trətɛrɔrism(ə)]. *n. m.* (v. 1960; de *contre-*, et *terrorisme*). Lutte violente contre le terrorisme (par les mêmes méthodes). *Partisans du contre-terrorisme* ou *contre-terroristes* [kɔ̃trətɛrɔrist(ə)].

CONTRE-TIMBRE [kɔ̃trətɛ̃br(ə)]. *n. m.* (1816; de *contre-*, et *timbre*). *Dr.* Nouveau timbre apposé sur le papier timbré.

CONTRE-TIRER [kɔ̃trətire]. *v. tr.* (1586; de *contre-*, et *tirer*). *Vx.* Calquer. *Mod.* Tirer en contre-épreuve.

CONTRE-TORPILLEUR [kɔ̃trətɔrpijœr]. *n. m.* (fin XIXᵉ; de *contre-*, et *torpilleur*). Navire de guerre très rapide, de tonnage réduit (jusqu'à 3 000 t), destiné à attaquer des bâtiments ennemis au canon ou à la torpille. V. **Destroyer**.

CONTRE-TRANSFERT [kɔ̃trətrɑ̃sfɛr]. *n. m.* (XXᵉ; de *contre-*, et *transfert*). *Psychan.* « Ensemble des réactions inconscientes de l'analyste à la personne de l'analysé et plus particulièrement au transfert* de celui-ci » (LAPLANCHE et PONTALIS).

CONTRETYPE [kɔ̃trətip]. *n. m.* (fin XIXᵉ; de *contre-*, et *type*). Cliché négatif inversé. — Copie d'une épreuve ou d'un cliché photographique.

CONTRE-UT [kɔ̃tryt]. *n. m.* (XXᵉ; de *contre-*, et *ut*). Note plus élevée d'une octave que l'ut supérieur du registre normal. *Contre-ut de trompette.* On emploie aussi *Contre-ré, contre-mi*, etc.

CONTRE-VAIR [kɔ̃trəvɛr]. *n. m.* (1636; de *contre-*, et *vair*). *Blas.* Fourrure analogue au vair, mais où les petites pièces de même métal (argent) et de même couleur (azur) sont opposées par la pointe, au lieu d'être alternées.

CONTRE-VALEUR [kɔ̃trəvalœr]. *n. f.* (1842; de *contre-*, et *valeur*). *Fin.* Valeur échangée contre une autre.

CONTREVALLATION [kɔ̃trəva(l)lɑsjɔ̃]. *n. f.* (1678; de *contre-*, et lat. *vallatio* « retranchement »). *Vieilli.* Fossé, retranchement autour d'une place forte.

CONTREVENANT, ANTE [kɔ̃trəvnɑ̃, ɑ̃t]. *adj.* et *n.* (1611; de. *contrevenir*). Qui contrevient à un règlement. *Les contrevenants seront punis de prison.*

CONTREVENIR [kɔ̃trəvnir]. *v. tr. indir.* : conjug. *venir* (1331; lat. médiév. *contravenire*. V. **Contravention**). *Dr.* ou *littér.* Agir contrairement (à une prescription, à une obligation). V. **Déroger, désobéir, enfreindre, transgresser, violer**. *Contrevenir à la loi, au règlement.* « *Il avait dû contrevenir aux justes règles du manger et du boire* » (DUHAM.).

CONTREVENT [kɔ̃trəvɑ̃]. *n. m.* (1642; autres sens, XVᵉ; de *contre-*, et *vent*). ♦ 1° Grand volet extérieur qui sert à garantir la fenêtre des intempéries. V. **Volet; jalousie, persienne**. *Ouvrir, fermer les contrevents.* « *Une maison*

blanche avec des contrevents verts » (ROUSS.). ♦ 2° Dans une charpente, Pièce de bois oblique destinée à renforcer les fermes.

CONTREVENTEMENT [kɔ̃trəvɑ̃tmɑ̃]. *n. m.* (1694; mar., XVIᵉ; de *contrevent*, 2°). *Techn.* Assemblage de charpente destiné à lutter contre les déformations. *Entretoise de contreventement.*

CONTRE-VÉRITÉ ou **CONTREVÉRITÉ** [kɔ̃trəverite]. *n. f.* (1620; de *contre-*, et *vérité*). ♦ 1° Antiphrase. *Contre-vérité ironique* (V. **Ironie**). ♦ 2° (*Fin* XIXᵉ). Assertion visiblement contraire à la vérité.

CONTRE-VISITE [kɔ̃trəvizit]. *n. f.* (1680; de *contre-*, et *visite*). Nouvelle visite destinée à contrôler les résultats d'une première inspection. *Spécialt.* Seconde visite médicale.

CONTRE-VOIE (À) [akɔ̃trəvwa]. *loc. adv.* (1928; de *contre-*, et *voie*). *Ch. de fer.* ♦ 1° Dans le sens inverse de la marche normale. ♦ 2° *Descendre à contre-voie* : du mauvais côté, à l'opposé du quai.

CONTRIBUABLE [kɔ̃tribɥabl]. *n.* (1401; de *contribuer*). Personne qui paye des contributions, des impôts. V. **Assujetti**. *Répartition de l'impôt entre les contribuables. Contribuables de l'ancienne France.* V. **Censitaire, corvéable, taillable**.

CONTRIBUER [kɔ̃tribɥe]. *v. tr. indir.* (déb. XIVᵉ; lat. *contribuere* « fournir pour sa part »). CONTRIBUER À : aider à l'exécution d'une œuvre commune; avoir part (à un résultat). V. **Concourir, coopérer, participer**. *Contribuer au succès d'une entreprise. L'argent ne fait pas le bonheur, mais il y contribue.* — *Spécialt.* Payer sa part d'une dépense ou d'une charge commune. ◇ ANT. **Abstenir** (s'), **contrarier**.

CONTRIBUTIF, IVE [kɔ̃tribytif, iv]. *adj.* (1594; du lat. *contributio*). *Dr.* Qui concerne une contribution. *Part contributive.*

CONTRIBUTION [kɔ̃tribysjɔ̃]. *n. f.* (1317; lat. *contributio*). ♦ 1° Part que chacun donne pour une charge, une dépense commune. V. **Cotisation, écot, part, quote-part, tribut**. *Voilà ma contribution.* ◇ En matière d'impôt, Ce que chacun paye à l'État. V. **Impôt, imposition**. *Lever, percevoir une contribution. Payer des contributions.* V. **Contribuable**. *Contributions directes* : directement établies sur les personnes et les biens. *Contributions indirectes* : établies sur les objets de consommation. V. **Droit**. *Registre des contributions* (matrice, rôle). *Contribution des commerçants*. V. **Patente**. — *Par ext.* Administration chargée de la répartition et du recouvrement des contributions. *Être dans les contributions. Fonctionnaires des contributions* (V. **Contrôleur, receveur; percepteur**). ♦ 2° Collaboration à une œuvre commune. V. **Aide, appoint, apport, concours, tribut**. *Apporter sa contribution à une science. Contribution à l'étude de...* (titre d'ouvrage). ◇ *Mettre à contribution* : utiliser les services de (qqn, qqch.). « *Nous vous mettrons même à contribution pour vous faire un peu de musique* » (LOTI). ◇ ANT. *Abstention, entrave, obstacle.*

CONTRISTER [kɔ̃triste]. *v. tr.* (XIIᵉ; lat. *contristare*; Cf. Triste). *Littér.* Causer de la tristesse à (qqn). V. **Affliger, attrister, chagriner, fâcher, navrer**. « *Paphnuce était surpris et contristé de l'incroyable ignorance de cet homme* » (FRANCE). ◇ ANT. *Ravir, réjouir.*

CONTRIT, ITE [kɔ̃tri, it]. *adj.* (1190; lat. *contritus* « broyé »). ♦ 1° *Relig.* Qui est profondément touché du sentiment de ses péchés. V. **Pénitent, repentant**. *Un cœur contrit.* ♦ 2° *Cour.* Qui marque le repentir. *Air contrit.* V. **Chagrin, penaud**. *Contenance, mine contrite.* ◇ ANT. *Impénitent.*

CONTRITION [kɔ̃trisjɔ̃]. *n. f.* (XIIᵉ; lat. *contritio*). ♦ 1° *Relig.* Douleur vive et sincère d'avoir offensé Dieu. *Contrition parfaite. Acte de contrition.* V. **Confession, pénitence**. ♦ 2° *Littér.* Remords, repentir. ◇ ANT. *Endurcissement, impénitence.*

CONTRÔLABILITÉ [kɔ̃trolabilite]. *n. f.* (de *contrôlable*). *Didact.* Fait d'être contrôlable. « *On étudie, après en avoir donné une définition, la contrôlabilité du système* » (*La Recherche*, juin 1972).

CONTRÔLABLE [kɔ̃trolabl(ə)]. *adj.* (1907; de *contrôler*). Qui peut être contrôlé. ◇ ANT. *Incontrôlable.*

CONTROLATÉRAL, ALE, AUX [kɔ̃trolateral, o]. *adj.* (1912; de *contre-*, et *latéral*). *Méd.* Situé du côté opposé. *Lésion, paralysie controlatérale*, dont l'effet atteint le côté opposé à celui où se trouve la lésion nerveuse.

CONTRÔLE [kɔ̃trol]. *n. m.* (1422; *contre-rôle* « registre tenu en double », 1367; de *contre-*, et *rôle*). I. ♦ 1° Vérification (d'actes, de droits, de documents). V. **Inspection, pointage, vérification**. *Contrôle d'une comptabilité, d'une caisse. Contrôle des billets de chemin de fer, de théâtre. Contrôle des pièces d'identité par la police.* — *Spécialt. Contrôle des finances publiques. Contrôle des dépenses et des recettes. Le contrôle administratif et juridictionnel de la Cour des comptes.* ◇ *Corps de contrôle* (armée, marine, aéronautique) : les fonctionnaires qui veillent aux intérêts du Trésor.

◇ Tout examen, pour surveiller ou vérifier. *Exercer un contrôle sévère, vigilant, sur la conduite de qqn.* V. **Censure, critique.** *Accepter une assertion, sans contrôle.* ◇ *Contrôle continu,* dans les universités, système de présence et de travaux obligatoires qui remplace celui des examens. ♦ 2° (1802; du sens étymol.). *Milit.* État nominatif des personnes qui appartiennent à un corps. *Être rayé des contrôles.* ♦ 3° (1740). Marque du poinçon de l'État (sur un objet d'orfèvrerie). ♦ 4° Bureau où se fait un contrôle; corps des contrôleurs. **II.** (xxᵉ; de l'angl. *control* « direction, commande, conduite, maîtrise »). ♦ 1° (angl. *self-control*). Le fait de se maîtriser. *Le contrôle de soi. Il n'a plus, il a perdu son contrôle.* V. **Contrôler (se).** ♦ 2° (angl. *birth-control*). *Contrôle des naissances* (1933), libre choix d'avoir ou non des enfants grâce aux méthodes contraceptives. V. **Contraception.** ♦ 3° Loc. *Perdre le contrôle* (d'un véhicule), se dit d'un conducteur qui ne peut plus ni le diriger ni l'arrêter. « *Elle perdait le contrôle de sa machine...* » (MONTHERLANT). V. *aussi* **Conduite.** ♦ 4° (aéronaut.) *Tour* de contrôle.*

CONTRÔLER [kɔ̃trole]. *v. tr.* **I.** (xvᵉ; *contre-roller* « écrire sur un rôle », 1310; de *contrôle*). ♦ 1° Soumettre à un contrôle. V. **Examiner, inspecter, pointer, vérifier.** *Contrôler les comptes. Contrôler des billets de chemin de fer. Contrôler un texte sur l'original.* V. **Collationner.** ♦ 2° (V. **Contrôle,** 3°). Poinçonner (les objets d'or ou d'argent). **II.** (xxᵉ; V. **Contrôle II**). ♦ 1° Maîtriser; dominer. *Contrôler ses réactions.* — SE CONTRÔLER. *v. pron.* (1910). Rester maître de soi. V. **Contenir (se), contraindre (se), maîtriser (se).** ♦ 2° Avoir sous sa domination, sa surveillance. *Armée, puissance qui contrôle une région stratégique. Société commerciale qui en contrôle une autre.*

CONTRÔLEUR, EUSE [kɔ̃trolœr, øz]. *n.* (1320; *contre-rollour,* 1310; de *contrôle*). ♦ 1° Personne qui exerce un contrôle, une vérification. V. **Inspecteur, vérificateur.** *Contrôleur des Finances. Contrôleur des contributions.* ◇ *Contrôleur des chemins de fer. Contrôleur d'autobus. Contrôleur de la navigation aérienne,* chargé du contrôle et de la direction des mouvements d'un avion. V. **Aiguilleur** (du ciel). ♦ 2° Appareil de réglage, de contrôle. V. **Mouchard.** *Contrôleur de ronde* (d'un veilleur de nuit). *Contrôleur de marche, de vitesse.* — *Contrôleur d'une locomotive électrique* (anglicisme CONTROLLER, n. m.).

CONTRORDRE [kɔ̃trɔrdr(ə)]. *n. m.* (1688; de *contre-* et *ordre*). Révocation d'un ordre donné. *Il y a contrordre. Partez, sauf contrordre.*

CONTROUVÉ, ÉE [kɔ̃truve]. *adj.* (p. p. de *controuver* « imaginer », xᵉ; lat. pop. **contropare,* de **tropare.* V. **Trouver**). Inventé; qui n'est pas exact. V. **Apocryphe, mensonger.** *Fait controuvé pour perdre un innocent. Nouvelle controuvée : inventée de toutes pièces.* ◇ ANT. **Authentique, vrai.**

CONTROVERSABLE [kɔ̃trɔversabl(ə)]. *adj.* (1845; de *controverser*). Qui est sujet à controverse. *Opinion, question controversable.* V. **Discutable.** ◇ ANT. **Incontestable.**

CONTROVERSE [kɔ̃trɔvers(ə)]. *n. f.* (1332; lat. *controversia* « choc »). Discussion suivie sur une question, une opinion. V. **Discussion, polémique.** *Soulever, provoquer une vive controverse. Controverse théologique, scientifique.*

CONTROVERSÉ, ÉE [kɔ̃trɔverse]. *adj.* (1611; de *controverser*). Qui fait l'objet d'une controverse. V. **Discuté.** *Une théorie très controversée.*

CONTROVERSER [kɔ̃trɔverse]. *v. tr.* (1660; de *controverser*). *Rare.* Débattre un point de doctrine, une question, dans une controverse. V. **Argumenter, discuter.** *Théologiens qui controversent un dogme.* Intrans. *Controverser avec passion.* ◇ ANT. **Admettre.**

CONTROVERSISTE [kɔ̃trɔversist(ə)]. *n.* (1656; de *controverser*). *Relig.* Personne qui traite des matières de controverse religieuse.

CONTUMACE [kɔ̃tymas]. *n. f. et adj.* (xIIIᵉ; lat. *contumacia* « orgueil »). ♦ 1° N. f. Refus que fait un prévenu de comparaître devant le tribunal où il est appelé (V. **Défaut**). *Rare,* sauf dans *par contumace. Il a été condamné à mort par contumace. État de contumace.* ♦ 2° Adj. Didact. CONTUMACE ou CONTUMAX [kɔ̃tymaks] : se dit de l'accusé en état de contumace. V. **Absent, défaillant.** « *L'Évêque et le Vice-Inquisiteur le déclarent contumace* » (HUYSMANS). ◇ ANT. **Contradictoire.**

CONTUS, USE [kɔ̃ty, yz]. *adj.* (1503; lat. *contusus,* de *contundere* « meurtrir »). *Didact.* Qui présente, qui a subi une contusion. *Plaie contuse.* « *Le conducteur n'est pas nécessairement blessé, ni même contus* » (DUHAM.). V. **Contusionné.**

CONTUSION [kɔ̃tyzjɔ̃]. *n. f.* (1314; lat. *contusio,* de *contundere*). Lésion produite par un choc, sans qu'il y ait déchirure de la peau. V. **Bleu, bosse, ecchymose, meurtrissure.** *Légère contusion.*

CONTUSIONNER [kɔ̃tyzjɔne]. *v. tr.* (1819; p. p. 1795; de *contusion*). Blesser par contusion. V. **Meurtrir.** *Accident qui contusionne le corps. Jambe, bras contusionné.*

CONURBATION [kɔnyrbasjɔ̃]. *n. f.* (1929; de *con-* « autour », et lat. *urbs* « ville »). *Géogr.* Agglomération formée d'une ville et de ses banlieues, ou de villes voisines réunies.

CONVAINCANT, ANTE [kɔ̃vɛ̃kɑ̃, ɑ̃t]. *adj.* (1657; de *convaincre*). Qui est propre à convaincre. *Démonstration, preuve convaincante. Cet argument est convaincant.* V. **Concluant, décisif, probant.** « *La lettre pathétique et convaincante que vous nous avez envoyée* » (VOLT.). *Ce n'est pas très convaincant.* — *(Personnes)* Qui convainc, éloquent. ◇ HOM. *Convainquant* (p. prés. de *convaincre*).

CONVAINCRE [kɔ̃vɛ̃kr(ə)]. *v. tr.; conjug.* **vaincre** (xIIᵉ; lat. *convincere.* V. **Conviction**). ♦ 1° Amener (qqn) à reconnaître la vérité d'une proposition ou d'un fait. V. **Persuader.** *Convaincre qqn de qqch. Convaincre un sceptique, un incrédule. Se laisser convaincre.* « *Moi, qui ai tant parlé, avec le désir insatiable de convaincre* » (VALÉRY). « *Parlant pour se convaincre soi-même autant que son fils* » (MAURIAC). ♦ 2° *Convaincre (qqn) de :* donner des preuves de (sa faute, sa culpabilité); amener (qqn) à reconnaître qu'il est coupable. *Convaincre qqn d'imposture, de trahison. Il a été convaincu de mensonge.*

CONVAINCU, UE [kɔ̃vɛ̃ky]. *adj.* (1677; V. **Convaincre**). Qui possède, qui exprime la conviction de. *Il est convaincu de ne pas se tromper.* — *Absolt.* (fin xIXᵉ) Sûr de son opinion. *En êtes-vous convaincu?* V. **Certain, persuadé, sûr.** *Parler d'un ton convaincu.* V. **Assuré, éloquent, pénétré.** ◇ ANT. **Sceptique; incrédule.**

CONVALESCENCE [kɔ̃valesɑ̃s]. *n. f.* (xIVᵉ; bas lat. *convalescentia.* V. **Convalescent**). Période de transition entre la fin de la période active d'une maladie et le retour à la santé. *Être, entrer en convalescence :* aller mieux. *État, période de convalescence. Maison de convalescence.* V. **Repos.** « *Pour bien réussir une convalescence, il y faut la complicité du printemps* » (GIDE).

CONVALESCENT, ENTE [kɔ̃valesɑ̃, ɑ̃t]. *adj.* (v. 1400; lat. *convalescens,* p. prés. de *convalescere* « reprendre des forces »). Qui est en convalescence. *Il est encore convalescent.* V. **Faible.** — Subst. *Un convalescent, une convalescente.* ◇ ANT. *Malade.*

CONVECTION ou **CONVEXION** [kɔ̃veksjɔ̃]. *n. f.* (1890; lat. *convectum,* de *vehere* « transporter »). Mouvement d'un fluide dû à une variation de la température. — *Météo.* Montée des masses d'air échauffées au contact du sol. ◇ ANT. **Advection.**

CONVENABLE [kɔ̃vnabl(ə)]. *adj.* (v. 1150; de *convenir*). ♦ 1° Littér. Qui convient, est approprié. V. **Adéquat, ad hoc, conforme, congru, convenant, expédient, idoine, pertinent, propre, propos (à).** *Un parti convenable.* V. **Sortable.** *Choisir le moment convenable.* V. **Favorable, opportun, propice.** *Vx. Convenable à.* V. **Adapté.** Mod. « *Je ne suis pas dans les dispositions convenables pour recueillir mon passé dans le calme* » (CHATEAUB.). ♦ 2° Fam. Suffisant, acceptable). *Un salaire convenable, à peine convenable.* ♦ 3° Cour. Conforme aux règles, aux conventions de la bienséance. V. **Correct, décent, digne, honnête, honorable.** *Des manières convenables. Une tenue, une mise convenable.* — Fam. *C'est une personne très convenable :* comme il faut. V. **Bien.** « *C'était une jeune fille excessivement convenable* » (CHARDONNE). ◇ ANT. **Déplacé, incongru, inconvenant, incorrect, inopportun, intempestif, malséant.**

CONVENABLEMENT [kɔ̃vnabləmɑ̃]. *adv.* (v. 1150; de *convenable*). D'une manière convenable. ♦ 1° Vx. Opportunément. ♦ 2° Fam. D'une manière acceptable. *Il est payé convenablement.* ♦ 3° Correctement. *Un homme pauvre, mais convenablement vêtu.*

CONVENANCE [kɔ̃vnɑ̃s]. *n. f.* (xIIᵉ; de *convenir*). ♦ 1° Littér. Caractère de ce qui convient à sa destination. V. **Accord, adéquation, affinité, conformité, harmonie, pertinence, rapport.** *Convenance d'humeur, de caractère, de goût entre deux époux, deux amis.* « *Tout a ses convenances et ses rapports dans la nature* » (CHATEAUB.). ♦ 2° Ce qui convient à qqn. V. **Goût.** *Consulter les convenances de qqn. Prendre un congé pour des raisons de convenance personnelle.* ◇ *Trouver* (qqn, qqch.) à sa convenance : à son goût. V. **Gré.** « *En attendant d'avoir trouvé un gîte à sa convenance* » (ROMAINS). ♦ 3° *Les convenances :* ce qui est en accord avec les usages, les bienséances. V. **Bienséance, usage.** *Observer, respecter les convenances. Braver, blesser les convenances. Contraire aux convenances :* inconvenant. ◇ ANT. **Disconvenance, impropriété.**

CONVENIR [kɔ̃vnir]. *v. tr. indir.; conjug.* **venir** (xIᵉ; lat. *convenire* « venir avec »). **I.** *Auxil. Avoir.* ♦ 1° (xIIIᵉ). CONVENIR À *(qqch.).* Être convenable (1°) pour; être approprié à (qqch.), aux choses qui conviennent à la circonstance. V. **Aller, seoir.** « *Le prénom d'Isaac convenait d'emblée à son profil, à sa barbe d'émir* » (MART. du G.). V. **Cadrer** (avec), **correspondre.** — *Cela pourra convenir, cela conviendra.* ♦ 2° CONVENIR À *(qqn).*

Vx. Être approprié à son état, sa situation. ◊ *Mod.* (déb. XIXᵉ) Être agréable ou utile (à qqn) ; être conforme à son goût. V. **Agréer, aller, arranger, plaire, sourire** et *fam.* **Botter, chanter.** *Cela me convient parfaitement. Cette chambre me convient à peu près, je m'en accommoderai.* ♦ 3° IL CONVIENT (*de* et l'inf.). *Impers.* (XIᵉ, *covient* « il faut »). Être conforme aux usages, aux nécessités, aux besoins. V. **Propos** (être à), « *Il convenait de se taire jusqu'à ce que certaines obscurités fussent éclaircies* » (HUGO). Cf. *Il faut*... ◊ IL CONVIENT QUE (et subj.). « *Il convient que la raison entreprenne sur le sentiment* » (FRANCE). *Il convient que vous y alliez* : vous devez y aller, il vous appartient d'y aller, c'est votre rôle. ♦ 4° SE CONVENIR. *v. pron. (Récipr.).* Être approprié l'un à l'autre ; se plaire mutuellement. « *Deux créatures qui ne se conviennent pas* » (CHATEAUB.).
II. *Auxil.* (qqch.). Auxil. *Être* (littér.) ou *avoir.* ♦ 1° *(Sujet sing.).* Reconnaître la vérité de ; tomber d'accord sur. V. **Avouer, concéder, confesser, dire, reconnaître.** « *Je suis âne, il est vrai, j'en conviens, je l'avoue* » (LA FONT.). *Vous devriez en convenir.* Vieilli. « *Il feint, s'il est convenu d'un fait, de ne s'en plus souvenir* » (LA BRUY.). Mod. *Il en a convenu. Il faut convenir qu'il a raison.* V. **Admettre.** ♦ 2° *(Sujet plur.).* Faire un accord, s'accorder sur. V. **Entendre** (s'). *Ils conviennent de partir ensemble.* V. **Décider.** *Convenir d'un lieu de rendez-vous.* V. **Arranger, arrêter, régler.** ◊ Vieilli ou littér. « *Après une longue délibération, nous sommes convenus qu'il achètera un petit vaisseau tout équipé* » (LESAGE). « *Dans le parc de Saint-Leu, où les deux jeunes gens étaient convenus d'aller* » (BALZ.). Mod. « *J'ai convenu de mon tort de trop bonne grâce* » (ROUSS.). « *Une tristesse dont il n'eût jamais convenu* » (MAURIAC). ◊ Passif. *Il a été convenu que* : on a décidé que. — COMME CONVENU : comme il a été décidé. *Nous vous rejoindrons demain, comme convenu* (Cf. *Comme prévu*).
◊ ANT. *Disconvenir, opposer* (s').

CONVENT [kɔ̃vɑ̃]. *n. m.* (1866 ; mot angl., lat. *conventus* « réunion »). Assemblée générale de francs-maçons.

CONVENTION [kɔ̃vɑ̃sjɔ̃]. *n. f.* (XIVᵉ ; lat. *conventio*, de *venire* « venir »).
I. ♦ 1° *Dr.* Accord de deux ou plusieurs personnes portant sur un fait précis. V. **Arrangement, compromis, contrat, engagement, entente, marché, pacte, traité.** *Convention expresse, tacite. Signature d'une convention.* « *Les conventions légalement formées tiennent lieu de loi à ceux qui les ont faites* » (CODE CIV.). — *Conventions internationales, diplomatiques, militaires, commerciales.* V. **Accord, alliance, concordat, entente, pacte, protocole, traité.** ◊ Spécialt. *Convention collective* : accord entre salariés et employeurs réglant les conditions de travail. ◊ Clause particulière d'un accord. V. **Article, disposition, stipulation.** *Ceci n'est pas dans les conventions.* ♦ 2° (XVIIIᵉ). Ce qui résulte d'un accord réciproque, d'une règle acceptée (et non de la nature). *Les conventions sociales,* et ellipt. *Les conventions* : ce qu'il est convenu de penser, de faire, dans une société. V. **Convenance.** « *La jeunesse est un temps pendant lequel les conventions sont, et doivent être, mal comprises* » (VALÉRY). ◊ Ce qui est admis par un accord tacite (V. **Conventionnel**). *Les conventions du théâtre, de l'opéra, du roman.* V. **Procédé.** « *Au théâtre, ce qui sort de la convention paraît faux. Le théâtre vit de conventions* » (GIDE). ◊ *Philo.* Principe choisi par décision volontaire pour la commodité d'une description systématique. *Conventionnalisme.* ♦ 3° (1762). *Loc. adv.* DE CONVENTION : qui est admis par convention. V. **Conventionnel, convenu.** *Un langage de convention.* — *Péj.* Conforme aux conventions sociales ; peu sincère. « *Un masque de convention, des sentiments de convention* » (GAUTIER). « *Des phrases toutes faites, n'exprimant que des sentiments de convention* » (GIDE).
II. ♦ 1° (1688 ; puis 1776 ; angl.). Assemblée exceptionnelle réunie pour établir ou modifier une constitution. V. **Constituant(e).** *La Convention nationale,* et ellipt. *La Convention* (1792-1795). ♦ 2° *(États-Unis).* Congrès d'un parti pour désigner son candidat à la présidence. *La convention démocrate.*

CONVENTIONNALISME [kɔ̃vɑ̃sjɔnalism(ə)]. *n. m.* (1922 ; de *convention*, d'apr. *conventionnel*, et *-isme*). ♦ 1° Caractère conventionnel, préférence pour ce qui est conventionnel. *Le conventionnalisme de ses idées.* ♦ 2° *Philo.* Doctrine qui considère tous les principes comme des conventions.

CONVENTIONNÉ, ÉE [kɔ̃vɑ̃sjɔne]. *adj.* (1615 ; « convenu par contrat », 1550 ; repris v. 1958 ; de *convention*). Mod. Lié par une convention un accord avec la Sécurité sociale. *Médecin conventionné.*

CONVENTIONNEL, ELLE [kɔ̃vɑ̃sjɔnɛl]. *adj.* et *n. m.* (1453 ; de *convention*).
I. ♦ 1° Qui résulte d'une convention. *Acte, clause conventionnelle. Valeur conventionnelle de la monnaie.* V. **Arbitraire.** *Signe, caractère conventionnel. Langage conventionnel.* V. **Procédé.** ♦ 2° Conforme aux conventions sociales ; peu naturel, peu sincère. *Formule conventionnelle de politesse. Il a des idées très conventionnelles.* ♦ 3° (Mil. XXᵉ ; angl. *conventional*).

Anglicisme. *Armement conventionnel* : non atomique. *Moyens conventionnels* : classiques.
II. *N. m.* (1792). *Les conventionnels :* les membres de la Convention.

CONVENTIONNELLEMENT [kɔ̃vɑ̃sjɔnɛlmɑ̃]. *adv.* (1636 ; de *convention*). ♦ 1° Par convention. ♦ 2° (1762). D'une manière conventionnelle.

CONVENTIONNEMENT [kɔ̃vɑ̃sjɔnmɑ̃]. *n. m.* (v. 1958 ; de *conventionné*). Accord entre médecins et organismes d'État.

CONVENTUALITÉ [kɔ̃vɑ̃tɥalite]. *n. f.* (1690 ; de *conventuel*). *Relig.* État des personnes qui vivent en communauté.

CONVENTUEL, ELLE [kɔ̃vɑ̃tɥɛl]. *adj.* (1249 ; lat. ecclés. *conventualis*). Qui appartient à une communauté religieuse. V. **Communautaire.** *Assemblée conventuelle. Maison conventuelle.* V. **Couvent.** *La vie conventuelle.*

CONVENU, UE [kɔ̃vny]. *adj.* et *n.* (1690 ; *covenu* « assigné », 1483 ; V. **Convenir**). ♦ 1° Qui est le résultat d'un accord, d'une convention. *Chose convenue.* V. **Décidé.** — *Langage convenu. Mot convenu. Prix convenu.* ♦ 2° *Péj.* Conforme à une convention (littéraire, sociale). V. **Artificiel, banal, conventionnel.** N. m. *Stendhal « ne supporte le convenu en rien »* (STE-BEUVE).

CONVERGENCE [kɔ̃vɛʁʒɑ̃s]. *n. f.* (1671 ; de *convergent*). ♦ 1° Le fait de converger. *La convergence de deux lignes, de deux rayons lumineux. Opt. Convergence d'une lentille* (inverse de la distance focale). ♦ 2° *Fig.* Action d'aboutir au même résultat, de tendre vers un but commun. V. **Concours.** *La convergence des efforts, des volontés.* ♦ 3° *Math.* Propriété d'une série dont la somme des termes est un nombre fini.
◊ ANT. *Divergence.*

CONVERGENT, ENTE [kɔ̃vɛʁʒɑ̃, ɑ̃t]. *adj.* (1611 ; lat. *convergens.* V. **Converger**). ♦ 1° Qui converge. *Lignes convergentes. Miroir convergent. Lentille convergente* : qui fait converger les rayons lumineux. ♦ 2° Qui tend au même résultat, se rapproche des autres. *Des efforts convergents.* « *Il y a des maladies qui commencent lentement par des malaises légers et convergents* » (MAUROIS). ◊ ANT. *Divergent.*

CONVERGER [kɔ̃vɛʁʒe]. *v. intr.* ; conjug. *bouger* (1720 ; bas lat. *convergere,* de *vergere* « incliner vers »). ♦ 1° Se diriger (vers un point commun). V. **Concentrer** (se), concourir. *Les rayons lumineux traversant une lentille convergent au foyer* (V. **Convergence**). *Point où convergent plusieurs routes.* V. **Aboutir, rencontrer** (se). « *Et tous font converger leurs piques sur Roland* » (HUGO). ◊ Par ext. « *Aussitôt les regards convergèrent sur le Pilote* » (MART. du G.). ♦ 2° *(Abstrait ; XIXᵉ)*. Tendre au même résultat ; aller vers se rapprocher. *Leurs théories convergent.* ◊ ANT. *Diverger.*

CONVERS, ERSE [kɔ̃vɛʁ, ɛʁs(ə)]. *adj.* (1190 ; lat. ecclés. *conversus* « retourné, inversé, converti »). ♦ 1° *Relig. Frère convers, sœur converse* : personne qui, dans un monastère ou un couvent, se consacre aux travaux manuels. V. **Lai, servant.** ♦ 2° *Log.* Se dit d'une relation non symétrique dont les propositions sont inversées. *Implication converse* (p est impliqué par q).

CONVERSATION [kɔ̃vɛʁsasjɔ̃]. *n. f.* (1537 ; « relation, rapports, genre de vie », 1160 ; lat. *conversatio* « fréquentation »). ♦ 1° Échange de propos (naturel, spontané) ; ce qui se dit dans un tel échange. V. **Entretien.** *Conversation entre deux personnes.* V. **Dialogue, tête-à-tête.** *Conversation familière.* V. **Badinage, bavardage.** *Engager, commencer une conversation. Ranimer, soutenir, alimenter la conversation. Détourner la conversation. Éviter un sujet de conversation* (Cf. *Ne pas parler de corde dans la maison d'un pendu*). *Les banalités de la conversation.* « *La conversation fut languissante* » (FLAUB.). *Avoir une longue conversation avec un ami. Faire la conversation avec qqn ; à qqn* (fam.). *Il a fait les frais de la conversation* : on n'a parlé que de lui. — *Avoir une courte conversation téléphonique.* V. **Communication.** ♦ 2° Entretien entre personnes responsables, en petit nombre et souvent à huis clos. *Conversations secrètes, diplomatiques.* ♦ 3° Langue familière utilisée dans un entretien. *Dans la conversation courante.* ◊ *La conversation de qqn* : sa manière de parler ; ce qu'il dit dans la conversation. « *La conversation de Charles était plate comme un trottoir de rue* » (FLAUB.). — *Fam. Avoir de la conversation* : avoir toujours qqch. à dire ; parler avec aisance.

CONVERSER [kɔ̃vɛʁse]. *v. intr.* (XVIIᵉ ; « demeurer, vivre quelque part », XIᵉ ; puis « vivre avec quelqu'un, fréquenter », XIIᵉ ; lat. *conversari* « fréquenter »). Parler avec (une ou plusieurs personnes) d'une manière spontanée, dans les relations sociales habituelles. V. **Causer, deviser, entretenir** (s'), **parler.** *Converser familièrement.* V. **Bavarder, blaguer** *(fam.). Je trouvai « ma mère conversant avec un vieillard »* (FRANCE). ◊ ANT. *Taire* (se).

CONVERSION [kɔ̃vɛʁsjɔ̃]. *n. f.* (1190 ; lat. *conversio* « action de se tourner vers (Dieu) », de *convertere.* V. **Convertir**). ♦ 1° Le fait de passer d'une croyance considérée comme fausse à la vérité présumée. *Conversion d'un païen, d'un athée au christianisme.* V. **Adhésion.** *Conversion au bouddhisme, à l'islamisme.* « *Ma conversion ne regarde personne,* *répétait-il. C'est affaire entre Dieu et moi* » (GIDE). ◊ (1675) Retour à une meilleure conduite. *La conversion du pécheur.* ◊ Adhésion à une opinion. *Conversion au libéralisme, au communisme.* ♦ 2° *Vx* (1611). Le fait de se changer en autre chose. V. **Changement, métamorphose, mutation, transformation.** *Les alchimistes croyaient à la conversion des métaux en or.* « *La conversion du gouvernement en despotisme* » (ROUSS.). ◊ Mod. *Conversion des poids et mesures en unités nouvelles.* — Fin. *Conversion d'une somme d'argent liquide en valeurs; d'un billet de banque en or* (V. **Convertible**). *Conversion de rente :* remplacement d'une dette publique par une autre produisant un intérêt moindre. *Conversion de titre à court terme en titre à long terme.* V. **Consolidation.** — Absolt. *Conversion de titre :* changement d'une valeur mobilière de la forme nominative à la forme au porteur. — *Écon.* Adaptation (d'une personne, d'une entreprise) à une nouvelle activité sociale par suite de la suppression ou de la dispersion de l'ancienne. V. **Reconversion.** ◊ Math. *Conversion des fractions ordinaires en fractions décimales.* ◊ Log. (1662) Permutation des termes d'une proposition (donnant une nouvelle proposition). ◊ *Inform.* Changement de code* (d'un mot, d'un message). ♦ 3° (*h.* XIIe; XIVe). Milit. Mouvement tournant effectué dans un but tactique. *La troupe effectua une conversion.* — Sports. Demi-tour sur place effectué par un skieur. ♦ 4° *Psychan.* Somatisation* d'un conflit psychique. *Hystérie de conversion.*

CONVERTI, IE [kɔ̃vɛʀti]. *adj. et n.* (1310; V. **Convertir**). Qui a passé d'une croyance (religion) à une autre (considérée comme vraie). *Des païens convertis. Un converti.* — Loc. *Prêcher un converti :* tenter de convaincre une personne déjà convaincue.

CONVERTIBILITÉ [kɔ̃vɛʀtibilite]. *n. f.* (XIIIe, repr. 1845; de *convertible*). Fin. Qualité de ce qu'on peut convertir. *Convertibilité d'une rente. Non-convertibilité d'un billet* (cours forcé).

CONVERTIBLE [kɔ̃vɛʀtibl(ə)]. *adj. et n. m.* (1265; lat. *convertibilis*). ♦ 1° *Vx* ou *littér.* Qui peut être converti, changé. V. **Convertir** (2°). *L'eau est convertible en vapeur.* ♦ 2° Fin. Qui peut être l'objet d'une conversion. *Rente convertible* ou *convertissable.* ♦ 3° (*De l'angl.*). Se dit d'un meuble, d'un appareil ménager, etc. Qui peut être transformé pour un autre usage. *Canapé convertible.* Subst. *Un convertible.* ◊ N. m. Avion à propulsion horizontale ou verticale. ◊ ANT. *Immuable, inchangeable, inconvertible.*

CONVERTIR [kɔ̃vɛʀtiʀ]. *v. tr.* (980; lat. *convertere* « se tourner vers »). ♦ 1° Amener (qqn) à croire, à adopter une croyance, une religion (considérée comme vraie). *Convertir les païens au christianisme. Convertir un sceptique à la foi.* « *Le peuple de tout temps a converti les rois* » (P.-L. COURIER). ◊ Par anal. Faire adhérer à une opinion. V. **Amener, gagner, rallier.** *Il s'est converti à votre avis, à votre opinion* (V. **Adopter**). « *On avait en réalité converti bien peu d'hommes au socialisme* » (PÉGUY). ◊ SE CONVERTIR. *v. pron.* Adopter une croyance en abandonnant ce qui est considéré comme une erreur. ♦ 2° *Vx* ou *littér.* (XIIe). Changer (une chose) en une autre. V. **Transformer, transmuter.** « *Il convertit un lingot de plomb en or* » (HUYSMANS). ◊ Mod. *Convertir sa fortune, ses biens en espèces.* V. **Réaliser.** *Convertir une rente, un titre* (V. **Conversion**, 2°). — Agric. *Convertir une terre en blés.* « *Le sol avait été converti en prairies* » (CHATEAUB.). ◊ SE CONVERTIR. *v. pron.* (Écon.). Opérer une conversion*. ♦ 3° Log. *Convertir une proposition.* V. **Conversion** (4°). ◊ ANT. *Détourner. Abandonner, opposer* (s').

CONVERTISSABLE [kɔ̃vɛʀtisabl(ə)]. *adj.* (v. 1390; de *convertir*). Rare. Qui peut être converti. V. **Convertible.**

CONVERTISSAGE [kɔ̃vɛʀtisaʒ]. *n. m.* (1929; de *convertisseur*). Métall. Transformation de la fonte en acier au convertisseur.

CONVERTISSEMENT [kɔ̃vɛʀtismɑ̃]. *n. m.* (XIIIe; de *convertir*). Fin. Action de convertir. *Convertissement de monnaies.*

CONVERTISSEUR [kɔ̃vɛʀtisœʀ]. *n. m.* (1530; de *convertir*). ♦ 1° Rare. Celui qui opère des conversions (1°). « *Son habituelle et innocente joie de convertisseur* » (PÉGUY). ♦ 2° (1872). Cornue basculante où l'on transforme la fonte en acier par oxydation du carbone, en y insufflant de l'air comprimé. V. **Convertissage.** *Convertisseurs Bessemer* (V. **Bessemer**, Thomas). ◊ Appareil de meunerie transformant en farine les gruaux. ◊ Électr. Machine qui modifie la nature d'un courant électrique. — *Convertisseur d'images* (électronique).

CONVEXE [kɔ̃vɛks(ə)]. *adj.* (1361; lat. *convexus*). Courbé, arrondi en dehors. V. **Bombé, renflé.** *Lentille, miroir convexe.* — Géogr. *Rive convexe,* qui forme une avancée de terre (dans une courbe de la rivière). ◊ *Surface, courbe convexe,* située tout entière du même côté d'un plan tangent. *Polygone convexe.* ◊ ANT. *Concave.*

CONVEXITÉ [kɔ̃vɛksite]. *n. f.* (1450; lat. *convexitas*). État d'un corps convexe. V. **Bombement, cambrure, courbure.**

Convexité d'un couvercle. V. **Bouge** (I). *Convexité de la colonne vertébrale.*

CONVICT [kɔ̃vikt]. *n. m.* (1796; mot angl., lat. *convictus* « convaincu d'un crime »). Criminel emprisonné ou déporté, en droit anglais. *Les premiers colons d'Australie furent des convicts.*

CONVICTION [kɔ̃viksjɔ̃]. *n. f.* (1579; lat. imp. *convictio,* de *convincere.* V. **Convaincre**). ♦ 1° *Vieilli.* Preuve établissant la culpabilité de qqn. *Conviction de mensonge.* ◊ Mod. *Pièce à conviction :* objet à la disposition de la justice pour fournir un élément de preuve dans un procès pénal. ♦ 2° (XVIIe). Acquiescement de l'esprit fondé sur des preuves évidentes; certitude qui en résulte. V. **Adhésion, assurance, certitude, confiance, croyance.** *Parler avec conviction et chaleur. J'en ai la conviction* (Cf. *J'en mettrais ma main au feu*). ◊ *Fam.* Sérieux. *Jouer son rôle avec une conviction comique.* « *Il tenait son emploi avec la plus grande conviction* » (DAUD.). ◊ UNE CONVICTION : une opinion ferme. *Il agit selon ses convictions personnelles.* ◊ ANT. *Doute, scepticisme.*

CONVIER [kɔ̃vje]. *v. tr.* (1125; lat. pop. °*convitare,* d'apr. *invitare*). ♦ 1° Inviter (à un repas, une réunion). V. **Inviter, prier.** *Convier qqn à une réception, à une soirée.* « *Ces réunions... où toujours les mêmes sont conviés* » (CHARDONNE). ♦ 2° (1364, *convier de*). Fig. V. **Engager, exciter, inciter, induire, inviter, solliciter.** *Convier qqn à faire qqch. Le beau temps convie à la promenade.*

CONVIVE [kɔ̃viv]. *n.* (XVe; lat. *conviva*). Personne invitée à un repas en même temps que d'autres. V. **Commensal, hôte, invité.** *D'agréables convives.* « *La salle à manger se prêtait à recevoir de nombreux convives* » (ROMAINS).

CONVOCABLE [kɔ̃vɔkabl(ə)]. *adj.* (1845; de *convoquer*). Qui peut être convoqué.

CONVOCATION [kɔ̃vɔkasjɔ̃]. *n. f.* (1341; lat. *convocatio*). Action de convoquer. V. **Appel.** *Convocation urgente. Convocation de l'Assemblée nationale. Convocation adressée aux parties pour comparaître devant une juridiction.* V. **Assignation.** *Convocation d'un concile.* V. **Indiction.** *Se rendre, répondre à une convocation.* — Par ext. Lettre, feuille de convocation. *Convocation à un examen* (fam. *Collante. n. f.*).

CONVOI [kɔ̃vwa]. *n. m.* (1160; de *convoyer*). ♦ 1° *Vx.* Le fait d'accompagner en groupe; cortège. *Mod.* Cortège funèbre (V. **Enterrement, funérailles, obsèques**). *Le convoi, le service et l'enterrement.* « *Un convoi, c'est-à-dire les parents et les plus proches voisins d'un mort* » (LOTI). ♦ 2° (Déb. XVIIe). Ensemble de voitures militaires, de navires faisant route sous la protection d'une escorte. *Dresser une embuscade sur le passage d'un convoi. Convoi de troupes.* ♦ 3° Groupe de véhicules qui font route ensemble, se dirigent vers le même point. *Diriger un convoi sur tel port. À tel endroit, le convoi se fractionna. Convoi de nomades traversant le désert.* V. **Caravane.** ♦ 4° (v. 1847). Spécialt. *Convoi (de chemin de fer).* V. **Train.** *Détourner un convoi. Ajouter une rame au convoi.* ♦ 5° Groupe important de personnes qu'on achemine vers une destination. *Convois de prisonniers, de réfugiés.*

CONVOIEMENT [kɔ̃vwamɑ̃] ou **CONVOYAGE** [kɔ̃vwajaʒ]. *n. m.* (XIIIe, -1929; de *convoyer*). Action de convoyer.

CONVOITER [kɔ̃vwate]. *v. tr.* (1306; *convoitier,* XIIe; lat. pop. °*cupidietare,* de *cupiditas.* V. **Cupidité**). Désirer avec avidité (une chose disputée ou qui appartient à autrui). *Convoiter le bien d'autrui, un héritage, la première place.* V. **Ambitionner, briguer, envier, guigner.** « *Vous épousiez ma fille, et convoitiez ma femme!* » (MOL.). — Absolt. « *L'homme vicieux n'aime point, il convoite : il a faim et soif de tout* » (LAMENNAIS). ◊ ANT. *Dédaigner, mépriser, refuser, repousser.*

CONVOITEUR, EUSE [kɔ̃vwatœʀ, øz]. *n.* (1390; de *convoiter*). Rare. Personne qui convoite. *Convoiteur du bien d'autrui.*

CONVOITISE [kɔ̃vwatiz]. *n. f.* (1373; *covoitise,* XIIe; de *convoiter*). Désir immodéré de posséder une chose. V. **Appétence, ardeur, avidité, envie.** *Convoitise des richesses.* V. **Cupidité.** *Convoitise de la chair.* V. **Concupiscence.** *Regarder avec convoitise :* couver, dévorer des yeux, du regard. « *Savoir distinguer le mouvement qui vient des convoitises du mouvement qui vient des principes* » (HUGO). ◊ ANT. *Indifférence, répulsion.*

CONVOLER [kɔ̃vɔle]. *v. intr.* (1481; lat. *convolare* « voler vers », en dr. « se remarier »). Vx ou plaisant. *Convoler (en justes noces) :* se marier, se remarier.

CONVOLUTÉ, ÉE [kɔ̃vɔlyte]. *adj.* (1835; lat. *convolutus,* de *convolvere* « rouler autour »). Bot. Roulé sur soi-même ou autour de qqch. *Les feuilles convolutées du bananier.*

CONVOLVULACÉES [kɔ̃vɔlvylase]. *n. f. pl.* (1839; de *convolvulus*). Famille de plantes (Dicotylédones gamopétales), arbrisseaux ou herbes généralement volubiles, aux fleurs à cinq pétales soudés. V. **Convolvulus, jalap, liseron, patate, volubilis.**

CONVOLVULUS [kɔ̃vɔlvylys]. *n. m.* (1545; lat. *convolvolus,* de *convolvere* « enrouler »). Liseron. « *Au milieu des*

buissons verts éclatait la clochette d'un convolvulus » (BALZ.).
CONVOQUER [kɔ̃vɔke]. *v. tr.* (1355 ; lat. *convocare*, rac. *vox* « voix »). ♦ 1° Appeler à se réunir. V. **Assembler**. *Convoquer une assemblée pour telle date. Convoquer les candidats à un examen. Convoquer les parties devant le juge, devant les tribunaux.* V. **Assigner, ajourner, citer**. *Convoquer par lettre, par téléphone.* ♦ 2° Faire venir (une seule personne) auprès de soi. *Le directeur m'a convoqué dans son bureau.*

CONVOYAGE. V. CONVOIEMENT.

CONVOYER [kɔ̃vwaje]. *v. tr.* ; conjug. *broyer* (XIIᵉ ; bas lat. *conviare* « se mettre en route avec », rac. *via* « route »). Accompagner pour protéger. V. **Escorter**. *Blindés, avions qui convoient un transport de troupes, de munitions. Navires marchands convoyés par des bateaux de guerre.*

CONVOYEUR [kɔ̃vwajœʀ]. *n. m.* (1835 ; de *convoyer*). ♦ 1° *Mar.* Bâtiment qui en convoie d'autres. ♦ 2° (1907) Fonctionnaire chargé d'accompagner un transport et de veiller sur lui. ♦ 3° Transporteur automatique. *Tapis roulant faisant fonction de convoyeur.*

CONVULSÉ, ÉE [kɔ̃vylse]. *adj.* (1598 ; lat. méd. *convulsus*, de *convellere* « arracher »). Contracté par des convulsions. « *Je retrouve Philippe... le visage convulsé, secoué* » (GIDE).

CONVULSER [kɔ̃vylse]. *v. tr.* (*Se convulser*, 1829 ; du précéd.). Agiter, tordre par des convulsions. V. **Contracter, crisper, tirailler**. *Son visage se convulsait. La peur convulsait ses traits.*

CONVULSIF, IVE [kɔ̃vylsif, iv]. *adj.* (1546 ; de *convulsion*). *Méd.* Caractérisé par des convulsions. *Maladies convulsives :* chorée, épilepsie. *Toux convulsive.* ◊ *Cour.* Qui a le caractère mécanique, involontaire et violent des convulsions. V. **Spasmodique ; nerveux**. *Agitation convulsive. Effort, geste, mouvement convulsif. Rire convulsif. Sanglots convulsifs.*

CONVULSIFIANT, ANTE [kɔ̃vylsifjɑ̃, ɑ̃t]. *adj.* (1864 ; de *convulsion*). *Méd.* Qui provoque des convulsions.

CONVULSION [kɔ̃vylsjɔ̃]. *n. f.* (1538 ; lat. méd. *convultio*. V. **Convulsé**). ♦ 1° *Méd.* Contraction violente, involontaire et saccadée des muscles. V. **Spasme**. *Convulsions toniques :* qui mettent les muscles dans un état de rigidité durable. *Convulsions cloniques :* où les contractions se succèdent à un rythme irrégulier. *Se tordre dans les convulsions.* « *La violence des convulsions décrut : les mouvements épileptiformes s'espacèrent* » (MART. du G.). ◊ *Par exagér. Cour.* Mouvement violent. *Convulsions de colère.* ♦ 2° Agitation violente ; trouble soudain. V. **Bouleversement, crise, secousse, soubresaut, spasme**. « *Les sociétés humaines cherchent à travers des convulsions dramatiques, une formule de vie sociale* » (DUHAM.).

CONVULSIONNAIRE [kɔ̃vylsjɔnɛʀ]. *n.* (1735 ; de *convulsion*). Personne qui a des convulsions. — *Hist. Les convulsionnaires :* jansénistes fanatiques qui étaient pris de convulsions sur la tombe du diacre Pâris au cimetière de Saint-Médard.

CONVULSIONNER [kɔ̃vylsjɔne]. *v. tr.* (1783 ; de *convulsion*). *Méd.* Donner des convulsions à. ◊ *Cour.* (au p. p.) *Visage convulsionné.* V. **Convulsé**.

CONVULSIVEMENT [kɔ̃vylsivmɑ̃]. *adv.* (1829 ; de *convulsif*). D'une manière convulsive. *S'agiter, rire, pleurer convulsivement.*

COOBLIGÉ, ÉE [kɔɔbliʒe]. *n.* (1596 ; de *co-*, et *obligé*). *Dr.* Personne qui est obligée avec d'autres en vertu d'un contrat.

COOCCUPANT, ANTE [kɔɔkypɑ̃, ɑ̃t]. *n.* et *adj.* (1877 ; de *co-*, et *occupant*). *Dr.* Qui occupe en même temps que d'autres (Cf. Colocataire).

COOCCURRENCE [kɔɔkyʀɑ̃s]. *n. f.* (mil. XXᵉ ; de *co-*, et *occurrence*). *Ling.* Occurrence* de plusieurs unités déterminées dans un même contexte (Adj. *Cooccurrent*).

COOLIE [kuli]. *n. m.* (*Culi*, 1575 ; *coly, coulie*, XVIIᵉ ; mot angl., hindou *kolī*, peuplade de l'Inde). Travailleur, porteur chinois ou hindou. *Des coolies.* ◈ HOM. **Coulis**.

COOPÉRANT [kɔɔpeʀɑ̃]. *n. m.* (1967 ; de *coopérer*). *Écon.* Spécialiste chargé par un pays industrialisé, au titre de la coopération*, d'aider un autre pays à s'industrialiser.

COOPÉRATEUR, TRICE [kɔɔpeʀatœʀ, tʀis]. *n.* (1516 ; bas lat. *cooperator*). Personne qui travaille avec qqn. V. **Associé, collaborateur**. *Adj. Agent coopérateur.* ◊ *Membre d'une coopérative.*

COOPÉRATIF, IVE [kɔɔpeʀatif, iv]. *adj.* (1845 ; *cause coopérative*, méd. 1550 ; de *coopération*). Qui est fondé sur la coopération, la solidarité. *Système coopératif.* ◊ (*Personnes*). Qui est prêt à coopérer. *Il s'est montré très coopératif.*

COOPÉRATION [kɔɔpeʀasjɔ̃]. *n. f.* (1488 ; lat. *cooperatio*). ♦ 1° Action de participer à une œuvre commune. V. **Collaboration**. *Apporter sa coopération à une entreprise.* V. **Accord, aide, appui, concours, contribution**. « *En toute coopération est, en quelque sorte, dépendant de ses collaborateurs et solidaire avec eux* » (STE-BEUVE). ♦ 2° (1828). *Écon.* Système coopératif. *Société de coopération.* V. **Association ; coopératif**. ♦ 3° Politique par laquelle un pays apporte sa

contribution au développement économique. culturel de nations moins développées. V. **Aide**. *Ministère de la Coopération.*

COOPÉRATISME [kɔɔpeʀatism(ə)]. *n. m.* (1907 ; de *coopération*). *Écon.* Système économique qui attribue un rôle important aux coopératives.

COOPÉRATIVE [kɔɔpeʀativ]. *n. f.* (mil. XIXᵉ, de *coopératif*). Société coopérative, entreprise où les droits de chaque associé (*coopérateur*) à la gestion sont égaux et où le profit est réparti entre eux. V. **Association, mutuelle**. *Coopérative d'achat, de vente. Coopérative de production ; coopératives agricoles. Coopérative vinicole.* — *Coopérative de consommation :* association de consommateurs supprimant les intermédiaires du commerce. — (1972). *Coopérative de commerçants,* en vue d'organiser en commun leurs achats et différents services (gestion, publicité...). ◊ *La* COOPÉ(rative) [kɔpe], nom donné à certains magasins de vente (qui ne sont généralement pas de vraies coopératives).

COOPÉRER [kɔɔpeʀe]. *v. intr.* (1525 ; bas lat. *cooperari*). Opérer conjointement avec qqn. V. **Associer** (s'), **collaborer, concourir, contribuer, participer**. — Trans. indir. *Coopérer à une entreprise.*

COOPTATION [kɔɔptasjɔ̃]. *n. f.* (1639 ; « admission par exception, par privilège » ; lat. *cooptatio*). *Mod.* (fin XIXᵉ). Nomination d'un membre nouveau, dans une assemblée, par les membres qui en font déjà partie.

COOPTER [kɔɔpte]. *v. tr.* (v. 1710 ; lat. *cooptare* « choisir »). Admettre par cooptation.

COORDINATEUR, TRICE [kɔɔʀdinatœʀ, tʀis]. *n.* et *adj.* (1955 ; de *coordination*). Celui, celle qui coordonne. V. **Coordonnateur**. *Jouer le rôle de coordinateur dans une entreprise.* — *Élément coordinateur. Intelligence coordinatrice* (ou *coordonnatrice*).

COORDINATION [kɔɔʀdinasjɔ̃]. *n. f.* (1361 ; bas lat. *coordinatio*, de *ordinatio* « mise en ordre »). ♦ 1° Agencement des parties d'un tout selon un plan logique, pour une fin déterminée. V. **Organisation**. *Coordination des opérations d'une troupe. Coordination du rail et de la route.* — *Anat. Coordination des mouvements :* combinaison des contractions des muscles en vue d'une action bien ordonnée, cohérente. ♦ 2° (XVIIIᵉ). *Gram. Conjonction de coordination,* liant des éléments lexicaux (mots) ou syntactiques (propositions) de même nature ou fonction (Et, ou, donc, or, ni, mais, car). ◈ ANT. *Confusion, désordre, incoordination.*

COORDINENCE [kɔɔʀdinɑ̃s]. *n. f.* (mil. XXᵉ ; lat. *coordinare*). *Chim.* Nombre des atomes qui sont proches voisins d'un autre atome, dans un édifice atomique (molécule, ion ou cristal).

COORDONNATEUR, TRICE [kɔɔʀdɔnatœʀ, tʀis]. *adj.* et *n.* (1863 ; de *coordonner*). Qui coordonne. *Bureau coordonnateur.* V. **Coordinateur**. — *Aviat.* Agent chargé d'établir le plan d'occupation des aires de trafic.

COORDONNÉ, ÉE [kɔɔʀdɔne]. *adj.* (1802 ; V. **Coordonner**). ♦ 1° Organisé avec. *Actions coordonnées.* — S'accordant avec, assorti avec. *Draps et serviettes coordonnés.* Subst. *Les coordonnés sont à la mode.* ♦ 2° *Ling.* Relié par une conjonction de coordination*, ou un adverbe (aussi, pourtant). *Propositions coordonnées ;* subst. *des coordonnées.*

COORDONNÉES [kɔɔʀdɔne]. *n. f. pl.* (1754 ; de *co-*, et *ordonnée*). ♦ 1° *Math.* Éléments qui déterminent la position d'un point par rapport à un système de référence, sur un plan (abscisse, ordonnée) ou dans l'espace (abscisse, ordonnée, cote). *Coordonnées cartésiennes. Coordonnées sphériques.* Sing. *Une coordonnée :* un de ces éléments. ◊ *Coordonnées géographiques :* système figuré des méridiens et parallèles (latitude ; longitude). ♦ 2° *Fig.* et *Fam.* Élément qui permet de situer, de préciser (qqch.). *Donnez-moi vos coordonnées :* votre adresse, le calendrier de vos déplacements, etc.

COORDONNER [kɔɔʀdɔne]. *v. tr.* (1771 ; de *co-*, et *ordonner*). Disposer selon certains rapports en vue d'une fin. V. **Agencer, arranger, combiner, ordonner, organiser**. *Coordonner entre elles les dispositions d'une loi. Coordonner une chose à une autre, avec une autre.* « *Le groupement social qui nous rassemble, qui coordonne nos activités* » (MART. du G.). ◈ ANT. *Désorganiser.*

COPAHU [kɔpay]. *n. m.* (*Copa-ü*, 1578 ; mot tupi du Brésil, répandu XVIIᵉ : *coupahu*, 1654). Oléorésine extraite de divers copayers.

COPAIN, INE [kɔpɛ̃, in]. *n.* (1838 ; forme de *compain*, 1080 ; V. **Compagnon**). *Fam.* Personne avec qui on entretient des relations familières et amicales (V. **Ami**), éventuellement irrégulières et superficielles (V. **Camarade**). *Un copain de classe, de bureau, de voyage, de vacances... Un vieux copain. Son meilleur copain. Je l'ai su par une copine. Sortir avec les copains, entre copains.* V. **Copinage, copinerie**. *Salut ! les copains. Ce n'est qu'un copain,* ni un véritable ami, *ni un amant. Adj. Il n'est pas très copains* (emploi critiqué), *copain(-)copain* (Cf. Ami(-)ami). « *Même pas un baiser dans le style copain-copain* » (ARNOTHY).

COPAL [kɔpal]. *n. m.* (1588; esp., mot aztèque du Mexique *copalli*). Résine fournie par des arbres tropicaux, utilisée dans la fabrication des vernis.

COPARTAGE [kɔpaʀtaʒ]. *n. m.* (1834; de *co-*, et *partage*). *Dr.* Partage entre plusieurs personnes.

COPARTAGEANT, ANTE [kɔpaʀtaʒɑ̃, ɑ̃t]. *n.* et *adj.* (1690; de *co-*, et *partageant*). *Dr.* Qui participe à un partage. *Les héritiers copartageants.*

COPARTICIPANT, ANTE [kɔpaʀtisipɑ̃, ɑ̃t]. *adj.* et *n.* (1874; de *co-*, et *participant*). *Dr.* Qui participe avec d'autres à une entreprise.

COPARTICIPATION [kɔpaʀtisipasjɔ̃]. *n. f.* (v. 1860; de *co-*, et *participation*). *Dr.* Participation en commun.

COPAYER ou **COPAÏER** [kɔpaje]. *n. m.* (1786; de *copahu*). Arbre de grande taille des régions tropicales d'Amérique et d'Afrique. *Le copahu est extrait des copaïers d'Amérique. « Forêt sèche à châtaigniers [...] et à copayers qui sont de grands arbres sécrétant un baume »* (LÉVI-STRAUSS).

-COPE. Élément du gr. *kopto* « je coupe » (*ex. :* apocope, syncope).

COPEAU [kɔpo]. *n. m.* (*Cospel*, v. 1220; du gr. *coispel* (XIIᵉ), lat. pop. °*cuspellus*, class. *cuspis* « pointe »). Éclat, morceau détaché d'une pièce de bois par un instrument tranchant. *Copeaux de hêtre, de sapin. Brûler des copeaux.* — Par anal. *Copeaux d'acier, de cuivre.*

COPÉPODES [kɔpepɔd]. *n. m. pl.* (1845; gr. *kope* « poignée », et *-pode*). *Zool.* Sous-classe de petits crustacés marins (abondant dans le plancton). — *Sing. Un copépode.*

COPERMUTER [kɔpɛʀmyte]. *v. tr.* (1829; *com-*, 1611; de *co-*, et *permuter*). Échanger. *Hist.* Échanger des bénéfices ecclésiastiques.

COPERNICIEN, IENNE [kɔpɛʀnisjɛ̃, jɛn]. *adj.* et *n.* (1754; de *Copernic*). *Hist. sc.* Relatif à Copernic, à son système. *Révolution copernicienne :* bouleversement des théories astronomiques dont Copernic fut l'initiateur, avec son système héliocentrique. *Par ext.* Toute innovation considérée comme fondamentale.

COPIAGE [kɔpjaʒ]. *n. m.* (1863; de *copier*). Le fait de copier (dans un examen), d'imiter servilement.

COPIE [kɔpi]. *n. f.* (1270; lat. *copia*. V. *Copieux*). I. (v. 1270). ♦ 1° Reproduction d'un écrit. V. **Calque, double, épreuve, fac-similé, imitation, photocopie, reproduction.** *Copie exacte, fidèle. Pour copie conforme. Copie collationnée à, sur, avec l'original. Copie d'un diplôme. Posséder plusieurs copies d'un texte.* — *Dr. Copie d'un contrat, d'une pièce officielle, d'un acte.* V. **Ampliation, duplicata.** *Copie d'un acte judiciaire ou notarié.* V. **Expédition, grosse.** *Copie d'un acte de vente, d'hypothèque.* V. **Inscription, transcription.** *Expédier, délivrer une copie.* ♦ 2° (1677). Écrit sur lequel on compose. V. **Manuscrit.** *Copie manuscrite, dactylographiée. Donner, fournir de la copie à l'imprimeur.* — Fam. *Journaliste en mal de copie :* qui manque de sujet d'article. *Pisseur de copie.* ♦ 3° (1835). Devoir qu'un écolier rédige au net et qu'il remet à ses professeurs. V. **Devoir.** *« Des leçons à préparer et des copies à corriger pendant quarante ans »* (ROMAINS). *Ramasser les copies après une épreuve, une composition.* — Feuille double de format d'écolier. II. (XVIIᵉ). ♦ 1° Reproduction d'une œuvre d'art originale. V. **Contrefaçon, imitation, reproduction.** *Copie d'un tableau. Copie réduite.* V. **Réduction; maquette.** ◊ Exemplaire d'un film de cinéma. *Faire tirer vingt copies.* ♦ 2° Imitation (spécialt., d'une œuvre). *Ce livre n'est qu'une pâle copie.* V. **Plagiat.** *« L'œuvre de Shakespeare est absolue... et veut rester sans copie »* (HUGO). ♦ 3° *Vieilli.* Personne qui reproduit ou imite les manières, les paroles d'une autre. V. **Réplique.** *C'est la copie de son père.* ◊ ANT. *Modèle, original.*

COPIER [kɔpje]. *v. tr.* (1339; de *copie*). ♦ 1° Reproduire (un écrit). V. **Calquer, recopier, reproduire, transcrire,** *Copier fidèlement un texte, un passage important.* V. **Noter, relever.** *Copier de la musique. Copier qqch. au propre, au net.* Dr. *Copier un acte.* V. **Expédier, grossoyer.** ◊ (1863) Reproduire frauduleusement (le texte d'un livre, le devoir d'un autre). *Il a copié le manuel.* — *Il a copié son voisin. Il a copié sur son voisin. Il copie.* V. **Tricher.** ♦ 2° (1636). Reproduire (une œuvre d'art). V. **Imiter.** *Copier un maître. « On n'a plus sous les yeux que les œuvres des anciens maîtres, et on les copie »* (TAINE). ◊ Reproduire exactement. *« La mission de l'art est moins pas de copier la nature, mais de l'exprimer! »* (BALZ.). ♦ 3° (1657). Imiter (qqn, ses manières). V. **Contrefaire, mimer.** *« Il vivait dans l'ombre de cet homme extraordinaire, imitant ses façons de parler, copiant, sans le vouloir, la silhouette fameuse »* (DUHAM.). ◊ ANT. *Créer, inventer.*

COPIEUR, COPIEUSE [kɔpjœʀ, jøz]. *n. m.* (1863; de *copier*). ♦ 1° *Scol.* Élève qui copie sur ses camarades ou sur ses livres de classe. — *Péj.* Celui, celle qui copie (servilement). ♦ 2° Syn. de *photocopieur**.

COPIEUSEMENT [kɔpjøzmɑ̃]. *adv.* (XIVᵉ; de *copieux*).

D'une manière copieuse. V. **Beaucoup; abondamment, considérablement.** *Manger, boire copieusement.*

COPIEUX, EUSE [kɔpjø, øz]. *adj.* (1365; lat. *copiosus*, de *copia* « abondance »). Abondant. *Repas copieux.* V. **Ample, plantureux.** *« Nous leur apportâmes une copieuse quantité de bouteilles »* (LESAGE). V. **Bon, grand.** *« Le remerciant d'un copieux pourboire »* (ROMAINS). V. **Généreux.** ◊ *« Des publications copieuses et illustrées avec magnificence »* (DUHAM.). V. **Prolixe, riche.** ◊ ANT. *Frugal; mesquin, pauvre; petit.*

COPILOTE [kɔpilɔt]. *n.* (1960; de *co-*, et *pilote*). *Aviat.* Pilote auxiliaire.

COPINAGE [kɔpinaʒ]. *n. m.* (1960; de *copiner*). Fait de copiner, d'être copain. V. **Copinerie, 1°.**

COPINE [kɔpin]. *n. f.* (1895). Fém. de *copain*.

COPINER [kɔpine]. *v. intr.* (1928; de *copin*. V. **Copain**). *Fam.* Avoir des relations de camaraderie. *Copiner avec une bande de jeunes.*

COPINERIE [kɔpinʀi]. *n. f.* (1936; de *copin*). *Fam.* ♦ 1° Relations de copains. ♦ 2° Ensemble de copains. *Ils ont invité toute la copinerie.*

COPISTE [kɔpist(ə)]. *n.* (XVᵉ; de *copie*). ♦ 1° Personne dont le travail est de copier des manuscrits, de la musique. V. **Clerc, scribe.** *Faute de copiste. Un mauvais copiste.* ♦ 2° Imitateur des œuvres d'un autre. V. **Contrefacteur, pasticheur, plagiaire.** *« Une incontestable dextérité de copiste et de démarqueur »* (BLOY). ◊ ANT. *Auteur, créateur.*

COPLANAIRE [kɔplanɛʀ]. *adj.* (v. 1900; de *co-*, et lat. *planus*). *Géom.* Situé dans un même plan. *Droites coplanaires.*

COPOLYMÈRE [kɔpɔlimɛʀ]. *n. m.* (v. 1960; de *co-*, et *polymère*). *Chim.* Macromolécule constituée par deux ou plusieurs sortes de « motifs » monomères.

COPOSSÉDER [kɔpɔsede]. *v. tr.* (fin XIXᵉ; de *co-*, et *posséder*). *Dr.* Posséder (une chose) en même temps que d'autres possesseurs.

COPRA ou **COPRAH** [kɔpʀa]. *n. m.* (*Copra*, 1602; du malabar *kopparah*). Amande de coco décortiquée. *Huile de coprah.*

COPRÉSIDENCE [kɔpʀezidɑ̃s]. *n. f.* (1966; de *co-*, et *présidence*). Présidence assurée conjointement par les représentants de plusieurs organismes ou gouvernements.

COPRÉSIDENT, ENTE [kɔpʀezidɑ̃, ɑ̃t]. *n.* (1965; de *co-*, et *président*). Personne (ou puissance) participant à une coprésidence.

COPRIN [kɔpʀɛ̃]. *n. m.* (1845; du gr. *kopros* « excrément »). Champignon jaune, de petite taille et de durée éphémère, qui pousse sur le fumier.

COPRO-. Élément, du gr. *kopros* « excrément ».

COPRODUCTION [kɔpʀɔdyksjɔ̃]. *n. f.* (1953; de *co-*, et *production*). *Cin.* Production (d'un film) par plusieurs producteurs (*coproducteurs*) souvent de nationalités différentes; ce film. *Une coproduction franco-italienne.*

COPROLALIE [kɔpʀɔlali]. *n. f.* (1922; de *copro-*, et gr. *lallein* « parler »). *Méd.* Tendance morbide à utiliser des mots scatologiques.

COPROLITHE [kɔpʀɔlit]. *n. m.* (1845; de *-lithe*). *Géol.* Concrétions formées de matières fécales durcies.

COPROLOGIE [kɔpʀɔlɔʒi]. *n. f.* (1868; de *-logie*). *Biol.* Analyse des matières fécales.

COPROPHAGE [kɔpʀɔfaʒ]. *adj.* (fin XVIIIᵉ; de *-phage*). *Didact.* Qui se nourrit d'excréments. *Insecte coprophage.*

COPROPHILE [kɔpʀɔfil]. *adj.* (1846; de *copro-*, et *-phile*). *Biol.* Se dit d'organismes (surtout bactéries) vivant dans les excréments.

COPROPRIÉTAIRE [kɔpʀɔpʀijetɛʀ]. *n.* (XVIIIᵉ; de *copropriété*). Propriétaire en copropriété. *L'assemblée des copropriétaires.*

COPROPRIÉTÉ [kɔpʀɔpʀijete]. *n. f.* (1775; de *co-*, et *propriété*). Propriété de plusieurs personnes sur un seul bien. *Copropriété indivise où chaque propriétaire a une quote-part.* V. **Indivision.** *Partage d'une copropriété en parts divises.*

COPTE [kɔpt(ə)]. *adj.* et *n.* (*Cofte*, 1665; du gr. *aiguptios* « égyptien »). ♦ 1° N. Chrétien d'Égypte. ♦ 2° *Adj.* Qui se rapporte aux Coptes. *Langue copte* et subst. *Le copte* (langue liturgique). V. **Égyptien,** 1°. « *Le copte, l'idiome de transition qui s'est parlé en Égypte depuis l'introduction du christianisme, qui est éteint maintenant »* (CHAMPOLLION).

COPULATIF, IVE [kɔpylatif, iv]. *adj.* (1361; lat. *copulativus*, de *copulare* « unir »). *Gram.* et *log.* Qui marque une liaison entre les termes ou les propositions. *Conjonction copulative.* ◊ ANT. *Alternatif, disjonctif.*

COPULATION [kɔpylasjɔ̃]. *n. f.* (XIIIᵉ; lat. *copulatio* « union »). Accouplement du mâle et de la femelle.

COPULE [kɔpyl]. *n. f.* (XVᵉ « copulation »; lat. *copula*). *Log.* (1752). Le verbe d'un jugement en tant qu'il exprime une relation entre le sujet et le prédicat. *L'assertion réside dans la copule.* — *Ling.* Ce qui lie le « sujet » à l' « attribut » (*ex. :* le v. être).

COPYRIGHT [kɔpiʀajt]. *n. m.* (1830; mot angl. « droit de copie »). Droit exclusif que détient un auteur ou son représentant à exploiter pendant une durée déterminée une œuvre littéraire ou artistique.

1. **COQ** [kɔk]. *n. m. (Coc, 1138; onomat. d'apr. le cri du coq; a éliminé l'a. fr. jal, lat. gallus). ♦ 1° Oiseau de basse-cour, mâle de la poule. Le coq et les poules. Crête, oreillons, barbillons du coq. Plumage du coq (camail, duvet ou bouffant, rémiges, lancettes, faucilles (queue). Le chant du coq (V. Coquerico). Au chant du coq : au point du jour. — Coq de Cochinchine, coq huppé, coq frisé. Coq de combat. Combat de coqs. Jeune coq. V. Coquelet, poulet. Coq châtré. V. Chapon. Cuis. Coq au vin. — Le coq gaulois, symbole national. ◇ Image d'un coq, sur le clocher d'une église. ◇ Loc. Avoir des jambes de coq, grêles. Être rouge comme un coq. ♦ 2° Fig (1549). Celui qui est le plus admiré (des femmes). C'est le coq du village. ♦ 3° COQ EN PÂTE (être comme un) : être soigné, dorloté. « Tu vis là, chez moi, comme un chanoine, comme un coq en pâte, à te goberger » (FLAUB.). ♦ 4° Boxe (1936). Poids coq : catégorie de boxeurs (50 kg 800-53 kg 520). ♦ 5° (XVIe). Nom de divers oiseaux (mâles de gallinacées, etc.). Coq faisan. Coq de bruyère. V. Tétras; grouse. Coq de roche. V. Rupicole. Coq de marais. V. Gélinotte. Coq héron. V. Huppe. ◇ HOM. V. Coq (2).

2. **COQ** [kɔk]. *n. m.* (1671; néerl. kok ou it. cuoco, du lat. coquus « cuisinier »). Mar. Cuisinier à bord d'un navire. Maître-coq : le cuisinier en chef. V. Queux. ◇ HOM. Coq (1); coke, coque.

COQ-À-L'ÂNE [kɔkalɑn]. *n. m. invar.* (1532; de coq à l'âne). Passage sans transition et sans motif d'un sujet à un autre. Faire un coq-à-l'âne. (On dit aussi Passer du coq à l'âne.)

COQUART ou **COQUARD** [kɔkaʀ]. *n. m.* (1883; de cocarde, altér. d'apr. coque). Pop. (Vieilli) Coup sur l'œil; œil poché.

-COQUE. Élément, du gr. kokkos « grain » (ex. : gonocoque, staphylocoque, streptocoque).

COQUE [kɔk]. *n. f.* (1265; onomat. enfantine, ou lat. coccum « excroissance »).

I. ♦ 1° Vx ou littér. Enveloppe extérieure calcaire d'un œuf d'oiseau. Poussin qui brise sa coque. Mod. Œuf à la coque : œuf de poule cuit quelques minutes à l'eau bouillante, dans sa coque. ♦ 2° (XIIIe). Enveloppe rigide. Coque d'amande, de noisette, de noix, de noix de coco : enveloppe ligneuse de ces fruits. V. Coquille. Vx. Coque d'huître : coquille. ♦ 3° (1751). Coquillage comestible (mollusque bivalve). ♦ 4° (1832). Cheveux, rubans gonflés en forme de coque (d'œuf). « D'imposantes coques de cheveux » (LOTI).

II. ♦ 1° (1834). Coque de navire. Ensemble de la membrure et du revêtement extérieur. V. Carcasse, corps. Partie renflée de la coque. V. Ventre. Partie immergée de la coque. V. Carène. « Las de radoubs, et laissant les vieilles coques pour les neuves, il s'institua constructeur de navires » (VALÉRY). ♦ 2° Carcasse du corps d'un avion. ♦ 3° Auto. Bâti rigide qui remplace le châssis et la carrosserie. (V. Monocoque). ◇ HOM. Coke, coq (1 et 2).

COQUECIGRUE [kɔksigʀy]. *n. f.* (1534; p.-ê. de coqgrue, croisé avec ciguë). Vx. Baliverne, absurdité.

COQUELET [kɔklɛ]. *n. m.* (1790; de coq). Cuis. Jeune coq. V. Poulet. Coq au vin blanc.

COQUELEUX [kɔklø]. *n. m.* (XXe s.; de coq). Région. (Nord, Belgique). Éleveur de coqs de combat.

COQUELICOT [kɔkliko]. *n. m.* (Coquelicoq, 1544; onomat. du cri du coq, d'apr. la crête. V. Coquerico) ♦ 1° Petit pavot sauvage à fleur d'un rouge vif qui croît dans les champs. V. Ponceau. Rouge comme un coquelicot, rouge de confusion, ou de timidité. ♦ 2° Confis. Bonbon parfumé au coquelicot.

COQUELUCHE [kɔklyʃ]. *n. f.* (1414, « capuchon »; o.i., p.-ê. même rad. que lat. cucullus). ♦ 1° (XVe, « grippe »; d'apr. coq à cause de la toux). Maladie contagieuse, caractérisée par une toux convulsive. Enfant atteint de coqueluche. Quintes de la coqueluche, évoquant le chant du coq. ♦ 2° (XVIIe; Cf. Béguin). Être la coqueluche de : être aimé, admiré de. « Beau, vigoureux, gaillard, la coqueluche des femmes » (FRANCE).

COQUELUCHEUX, EUSE [kɔklyʃø, øz]. *n. et adj.* (1868; de coqueluche). Atteint de coqueluche. De la coqueluche. Toux coquelucheuse.

COQUEMAR [kɔkmaʀ]. *n. m.* (1281; bas lat. cucuma). Bouilloire à anse.

COQUERELLE [kɔkʀɛl]. *n. f.* (1771; de coque). Blas. Nom des noisettes dans leur capsule verte, réunies par trois.

COQUERICO [kɔkʀiko]. *n. m.* (Coquelico, 1552; onomat. du chant du coq). Cri du coq (On dit aussi COCORICO [kɔkɔʀiko]. Pousser des coquericos éclatants.

COQUERIE [kɔkʀi]. *n. f.* (1845; angl. cookery. V. Coq 2). Mar. Cuisine à bord ou à terre. ◇ HOM. Cokerie.

COQUERON [kɔkʀɔ̃]. *n. m.* (1736; angl. cook-room).

Techn. (Navig.). Compartiment extrême de la coque, servant souvent de citerne à eau. Coqueron-arrière. Coqueron-avant.

COQUET, ETTE [kɔkɛ, ɛt]. *adj.* (XVe; de cochet (XIIIe), coquet « petit coq »; de coq). ♦ 1° Qui cherche à plaire aux personnes du sexe opposé. Se montrer coquet, empressé auprès des femmes. Femme coquette. « Elle était née coquette, … elle se mit à poursuivre et à dompter les amoureux » (MAUPASS.). — Subst. Vieilli. Un coquet. Mod. Une coquette, celle qui recherche les hommages masculins. Manège, agaceries de coquette. V. Coquetterie. — Théât. Rôle de grande coquette, de jeune femme élégante et séduisante. Fig. Jouer les grandes coquettes : chercher à séduire. ♦ 2° Qui veut plaire par sa mise, qui a le goût de la toilette, de la parure. Petite fille coquette. Homme trop coquet. V. Dandy. Petite Parisienne coquette. V. Élégant. Ibsen « est coquet; il a le soin de sa personne » (SUARÈS). ♦ 3° Qui a un aspect plaisant, soigné. Parure, coiffure coquette. Logement, mobilier coquet. Il habite une coquette petite ville. ♦ 4° Fam. D'une importance assez considérable. V. Gentil, joli, rondelet. Magot, cadeau héritage assez coquet. Atteindre un total, un chiffre plutôt coquet. Il en a coûté la coquette somme de…

COQUETER [kɔkte]. *v. intr.*; conjug. jeter (1611; de coquet « petit coq »). ♦ 1° Se pavaner, faire des grâces. V. Minauder, poser. « La petite bonne, qui coquetait et faisait des grâces pour le monsieur » (MAUPASS.). V. Flirter, marivauder. ♦ 2° Fig. et vieilli. Flirter. « Certains intellectuels allèrent jusqu'à coqueter avec l'anarchie » (LECOMTE).

1. **COQUETIER** [kɔktje]. *n. m.* (1307; de coq). Vx. Marchand d'œufs, de volailles en gros. V. Volailler.

2. **COQUETIER** [kɔktje]. *n. m.* (1524; de coque). Petite coupe dans laquelle on met un œuf pour le manger à la coque.

COQUETIÈRE [kɔktjɛʀ]. *n. f.* (1786; de coque). Ustensile où l'on met à cuire les œufs à la coque.

COQUETTEMENT [kɔkɛtmɑ̃]. *adv.* (XIXe; de coquet). D'une manière coquette. Béret coquettement posé sur l'oreille. Maison coquettement meublée.

COQUETTERIE [kɔkɛtʀi]. *n. f.* (1651; de coquet). ♦ 1° Vieilli. Souci de se faire valoir pour plaire. Se mettre en frais de coquetterie. V. Amabilité. ◇ La coquetterie de : le goût affecté pour. « La coquetterie des opinions rares » (LECOMTE). ♦ 2° Souci de plaire aux personnes de l'autre sexe, comportement qui en résulte. V. Galanterie, séduction. Être en coquetterie avec une femme. V. Flirt. « C'est l'esprit que la vanité de plaire nous donne, et qu'on appelle… la coquetterie » (MARIVAUX). « Sa douce adresse à gagner les cœurs, disons le mot, sa coquetterie » (STE-BEUVE). ◇ Une coquetterie : acte de coquette. J'ai su « combien mes coquetteries vous ont fait souffrir » (BALZ.). — Fig. et fam. Avoir une coquetterie dans l'œil : loucher légèrement. ♦ 3° Goût de la toilette, désir de plaire par sa mise. Par ext. La coquetterie d'une robe, d'une coiffure. V. Chic, élégance.

COQUILLAGE [kɔkijaʒ]. *n. m.* (1573; de coquille). ♦ 1° Mollusque marin pourvu d'une coquille. V. Testacé (Bigorneau, buccin, clovisse, cône, coque (I, 3°), couteau, huître, moule, palourde, triton, trompette). Coquillages comestibles. V. Fruit (fruit de mer). ♦ 2° Par ext. La coquille elle-même. Collier de coquillages. Coquillage doré, nacré, rosé, irisé. « Ce coquillage qui m'offre un développement combiné des thèmes simples de l'hélice et de la spire » (VALÉRY).

COQUILLARD [kɔkijaʀ]. *n. m.* (XVe; de coquille). Hist. Nom d'une bande de voleurs (qui portaient à leur collet une coquille comme les pèlerins). ◇ HOM. Coquillart.

COQUILLART [kɔkijaʀ]. *n. m.* (1723; « qui porte une coquille », XVIe; de coquille). Minér. Calcaire renfermant des coquilles fossiles. ◇ HOM. Coquillard.

COQUILLE [kɔkij]. *n. f.* (XIIe; lat. conchylium; gr. kogkhulion, avec infl. de la rac. coccum « excroissance »).

I. ♦ 1° Enveloppe calcaire qui recouvre le corps de la plupart des mollusques, des brachiopodes, des foraminifères, de quelques crustacés. V. Carapace, coque, coquillage, écaille, test; conchylien. Mollusques à coquille. V. Ostracé, testacé. Coquille élevée des mollusques lamellibranches, des brachiopodes. Coquille enroulée du limaçon, de l'escargot. Spires, volutes, lèvres, opercule d'une coquille. Coquille à charnière. La coquille des mollusques est sécrétée par le manteau. — Fig. Rentrer dans sa coquille (comme l'escargot) : se replier sur soi. Sortir de sa coquille. — Coquille Saint-Jacques : coquille d'un mollusque du genre peigne (appelée ainsi parce que les pèlerins de Saint-Jacques-de-Compostelle la fixaient à leur manteau et à leur chapeau). V. Coquillard. Coquille Saint-Jacques : le mollusque comestible lui-même. ♦ 2° Motif ornemental représentant une coquille. Coquille de bénitier, de fontaine : vasque en forme de coquille. Petit ornement en quart-de-rond. Stèle, fronton orné d'une coquille. Coquille d'une commode Louis XV. ♦ 3° Se dit d'objets creux évoquant une coquille, un coquillage. ◇ (XVIe). Coquille d'épée : collerette concave qui protège la main, près de la garde. ♦ (1694) Coquille d'escalier : le dessous, en forme d'hélice (Cf. Limaçon). ◇ (XIXe) Récipient creux. Coquille à hors-d'œuvre.

— Plat servi dans une coquille, un ramequin. *Coquille de beurre :* noix de beurre moulée en forme de coquille. ◊ *Méd.* Plâtre amovible. — **II.** (1538; de *coque*). Enveloppe dure des noix, noisettes, etc.; enveloppe calcaire des œufs d'oiseaux (tend à remplacer *Coque,* I, 1° et 2°). *La coquille de cet œuf est fêlée. Jeter les coquilles vides.* Appos. *Une peinture coquille d'œuf :* d'un blanc à peine teinté. — *Coquille de noix; fig.* Petit bateau, barque. *Il « s'embarque sur la même coquille de noix »* (BALZ.). — **III.** (1754). Faute typographique, lettre substituée à une autre. *Épreuve pleine de coquilles. Corriger une coquille.*

COQUILLETTES [kɔkijɛt]. *n. f. pl.* (XXᵉ; « petite coquille », XIIIᵉ; de *coquille*). Pâtes alimentaires en forme de petits coudes.

COQUILLIER, IÈRE [kɔkije, jɛʀ]. *adj. et n. m.* (1752; « en forme de coquille », 1549; de *coquille*). ♦ **1°** *Minér.* Qui contient de nombreuses coquilles fossiles. *Calcaires coquilliers.* V. **Conchylien.** ♦ **2°** (XXᵉ). *Techn.* Qui concerne les coquillages comestibles. *L'industrie coquillière.* V. **Conchyliculture.** ♦ **3°** (1743). N. m. Collection de coquilles.

COQUIN, INE [kɔkɛ̃, in]. *n. et adj.* (XIIᵉ; « gueux, mendiant »; du rad. de *coq;* Cf. Coquet; acquérir). ♦ **1°** *Vx.* Personne vile, capable d'actions blâmables. V. **Bandit, canaille, faquin, fripon, gredin, gueux, maraud, maroufle, pendard, vaurien** (*vx,* pour la plupart). *« C'est mon coquin de fils qui aura mis la main dessus »* (DANCOURT). ♦ **4°** *Mod.* Personne qui a de la malice, de l'espièglerie. *Petit coquin !* V. **Garnement.** Fig. *« Ses coquins d'yeux noirs »* (SAND). ◊ *Adj.* (Enfants) *Cette petite fille est bien coquine.* V. **Espiègle, malicieux.** ♦ **5°** COQUIN DE SORT : juron méridional.

COQUINEMENT [kɔkinmɑ̃]. *adv.* (fin. XVIᵉ; de *coquin, ine*). D'une manière coquine (1°), avec coquinerie.

COQUINERIE [kɔkinʀi]. *n. f.* (XIIIᵉ; de *coquin*). *Vx* ou littér. Action de coquin. V. **Canaillerie, friponnerie.** *Commettre des coquineries.* — Caractère du coquin. *« Le péché, la coquinerie, la crapule »* (SUARÈS).

1. COR [kɔʀ]. *n. m.* (*Corn,* 1080 (V. **Corne**); lat. *cornu*). — **I.** ♦ **1°** (1080). *Ancienn.* Instrument à vent (formé à l'origine d'une corne évidée, percée) servant à faire des signaux, des appels. V. **Corne, trompe.** *Le cor de Roland.* V. **Olifant.** ♦ **2°** *Mod.* Instrument à vent en métal, contourné en spirale et terminé par une partie évasée. *Le pavillon, l'embouchure d'un cor. Cor de chasse* (lang. cour.); les chasseurs disent *Trompe. « J'aime le son du cor, le soir au fond des bois »* (VIGNY). ◊ *Loc. Chasser à cor et à cri,* avec le cor et les chiens. — Fig. *À* COR ET À CRI. *Réclamer, demander, vouloir qqch. à cor et à cri :* en insistant. ♦ *Mus. Cor d'harmonie :* instrument d'orchestre en ut, qui peut changer de tonalité (par corps de rechange). *Cor à piston ou cor chromatique,* en fa. *Classe de cor au Conservatoire.* — *Par ext.* Corniste. ♦ **3°** (1810). *Cor anglais :* hautbois* alto. — *Cor de basset,* clarinette basse. — **II.** (v. 1375). *Plur.* Ramifications des bois du cerf. V. **Andouiller, bois.** *Un cerf de dix cors.* Ellipt. *Le cerf dix cors a atteint sept ans.* Absolt. *Un vieux dix cors.*

2. COR [kɔʀ]. *n. m.* (1753; du précéd. « dur comme la corne »). Petite tumeur dure siégeant en général au-dessus des articulations des phalanges des orteils. V. **Callosité, durillon, oignon.** *Cor au pied. Cor entre les doigts de pied.* V. **Œil-de-perdrix.** *Soigner un cor par excision, par un topique* (V. **Coricide**), *chez un pédicure.* ◊ HOM. **Corps.**

COR-. Var. de *Con-* (correspondre).

CORACOÏDE [kɔʀakɔid]. *adj.* (1541; du gr. *korax, akos* « corbeau », et -*oïde*). *Anat.* Apophyse coracoïde : de forme pointue, qui termine le bord supérieur de l'omoplate.

CORAIL, AUX [kɔʀaj, o]. *n. m.* (1416; *coral,* XIIᵉ; lat. *corallium,* gr. *korallion*). ♦ **1°** Polypier à support calcaire rouge ou blanc (*cælentérés, antozoaires.* V. **Coralliaires**). *Les coraux groupés en colonies peuvent former des récifs.* V. **Atoll.** ♦ **2°** La matière calcaire qui forme les coraux, appréciée en bijouterie. *Corail mort ou pourri* (noir), *corail vivant* (rouge), *corail blanc. Collier de corail.* ♦ **3°** *Littér. De corail :* vermeil. *Lèvres de corail.* — Appos. *Couleur corail.* ◊ *Serpent corail,* très venimeux, jaune et rouge. ♦ **4°** Partie rouge du mollusque de certaines coquilles Saint-Jacques ».

CORAILLEUR [kɔʀajœʀ]. *n. m.* (1679; de *corail*). Celui qui pêche le corail ou qui le travaille. — *Au fém.* (Rare). CORAILLEUSE.

CORALLIAIRES [kɔʀaljɛʀ]. *n. m. pl.* (1834; du lat. *corallium*). *Zool.* Ancien nom des anthozoaires* (V. **Hydro-, octocoralliaires**).

CORALLIEN, IENNE [kɔʀaljɛ̃, jɛn]. *adj.* (1869; du lat. *corallium*). Formé de coraux. *Formations coralliennes :* îles et récifs madréporiques. — *Subst. Géol. Le corallien,* étage moyen du jurassique supérieur, formé en grande partie de calcaires coralliens.

CORALLIFÈRE [kɔʀalifɛʀ]. *adj.* (1845; lat. *corallium,* et

-*fère*). *Didact.* Qui porte des coraux. *Bancs, îlots corallifères. « Des atolls corallifères »* (BOMBARD).

CORALLINE [kɔʀalin]. *n. f.* (1567; de l'a. adj. *corallin* « d'un rouge de corail ». V. **Corail**). Algue marine (*Floridées*) qui forme des buissons roses, riches en calcaires.

CORAN [kɔʀɑ̃]. *n. m.* (1657; *Alcoran,* XIVᵉ; mot arabe). Livre sacré des Musulmans contenant la doctrine islamique. *Fig.* Livre de chevet. V. **Bible.** *« Le recueil des bulletins de la Grande Armée et le Mémorial de Sainte-Hélène complétaient son coran »* (STENDHAL).

CORANIQUE [kɔʀanik]. *adj.* (1877; de *coran*). Qui a rapport au Coran. *« Le fade poème biblique, ou plutôt coranique, de Joseph »* (RENAN). *École coranique,* où l'on enseigne le Coran.

CORBEAU [kɔʀbo]. *n. m.* (XIIᵉ; var. *corbel,* de l'a. fr. *corp, corbe* « corbeau »; lat. *corvus*). — **I.** ♦ **1°** Nom de plusieurs oiseaux (*Passereaux, Corvidés*) à plumage noir ou gris. *Le grand corbeau a plus de 60 cm de long. Corbeau freux. Corbeau corneille.* V. **Choucas, corneille, freux.** *Cri du corbeau.* V. **Crailler, croasser.** *Petit du corbeau.* V. **Corbillat.** *Noir comme un corbeau :* très noir, très brun. *Couleur aile de corbeau. Le corbeau et le renard,* fable de La Fontaine. *« Des bandes de corbeaux, quittant les lierres et les trous des ruines, descendaient sur les guérets »* (CHATEAUB.). ◊ *Zool.* Grand corbeau (corvus corax), opposé à corneille, freux. ♦ **2°** *Pop. (Vieilli).* Prêtre. — Auteur de lettres anonymes. *« Le Corbeau »,* film de H. Clouzot. Homme avide et sans scrupule. V. **Rapace, requin.** *Les Corbeaux,* comédie d'Henri Becque.

CORBEILLE [kɔʀbɛj]. *n. f.* (XIIᵉ; bas lat. *corbicula,* de *corbis*). — **I.** ♦ **1°** Panier léger. V. **Ciste** (*antiq.*), **manne.** *Corbeille d'osier, de jonc, de vannerie. Corbeille formant berceau.* V. **Moïse.** Spécial. *Corbeille à ouvrage* en vannerie, tissu, où l'on met un ouvrage de dames en cours. *Corbeille à pain,* pour présenter le pain sur la table. *Corbeille à papier,* ustensile de bureau. ◊ *Par méton.* Contenu d'une corbeille. *Une corbeille de fruits.* ◊ *Fig.* (1762) *Corbeille de mariage :* ensemble des présents offerts par le fiancé à sa fiancée (*par ext.* Les cadeaux offerts aux nouveaux mariés). ♦ **2°** *Archit.* (1694). Partie du chapiteau entre l'astragale et le tailloir qui, dans le chapiteau corinthien, rappelle une corbeille d'acanthes. ♦ **3°** (1798). Massif de fleurs, rond ou ovale. ♦ **4°** (1869). *À la Bourse,* Espace circulaire entouré d'une balustrade et réservé aux agents de change. V. **Parquet.** ◊ *Dans une salle de spectacle,* Balcon immédiatement au-dessus de l'orchestre. V. **Mezzanine.** — **II.** Dans des noms de fleurs, CORBEILLE D'ARGENT (arabette), D'OR (thlaspi).

CORBILLARD [kɔʀbijaʀ]. *n. m.* (1798; « coche de Corbeil », 1680; *corbillat,* déb. XVIᵉ). Voiture servant à transporter les morts jusqu'à leur sépulture (au XVIIᵉ s., grand carrosse où la suite d'un prince suivait des funérailles). *Draperies noires d'un corbillard.* — Fourgon mortuaire automobile.

CORBILLAT [kɔʀbija]. *n. m.* (XVIᵉ; de *corbeau*). *Rare.* Petit du corbeau.

CORBILLON [kɔʀbijɔ̃]. *n. m.* (Corbellon, XIIᵉ; de *corbeille*). *Vx.* Petite corbeille. *Le corbillon du pain bénit.* — *Fig.* (1803). Jeu de société où chacun doit répondre par une rime en *on* à la question *« Que met-on dans mon corbillon ? ».*

CORBIN [kɔʀbɛ̃]. *n. m.* (XIIᵉ; lat. *corvinus,* de *corvus* « corbeau »). *Vx.* Corbeau. — V. **Bec-de-corbin.**

CORBLEU ! [kɔʀblø]. *interj.* (*Corbieu,* XVᵉ; euphém. pour *corps de Dieu*). Ancien juron.

CORDAGE [kɔʀdaʒ]. *n. m.* (1358; de *corde*). — **I.** Nom générique des liens servant au gréement et à la manœuvre de machines ou d'engins. V. **Corde; brayer, guiderope, guinderesse, lusin.** *Attacher, tirer, hisser avec un cordage.* ◊ *Mar.* V. **Filin.** *Cordage de chanvre, de jute, d'acier. Fils de caret tordus en torons commis ensemble pour obtenir des cordages de grosseurs différentes* (V. **Bitord, câble, grelin, guinderesse, lusin**). *Cordage noir :* goudronné. *Cordage blanc. Garnir un cordage avec du fil, du filin,* etc. (V. **Congréer**). *Cordages réunis pour une épissure. Cordage en patte d'oie :* se terminant par plusieurs branches. *Cordage mobile.* V. **Manœuvre.** *Partie libre* (« courante »), *fixe* (« dormante ») *d'un cordage. Amarrer, lover un cordage. Cordages à bord d'un navire.* V. **Amure, balancine, bosse, bouline, cargue, cravate, draille, drisse, drosse, écoute, enflèchure, erse, estrope, étai, gambe, garcette, gerseau, hauban, haussière, laguis, marguerite, pantoire, ride, sous-barbe, suspente, trévire.** *Cordage de traction* (V. **Élingue, ralingue, saisine**), *de maintien* (V. **Retenue, sauvegarde**). — **II.** ♦ **1°** (1265; de *corder*). Manière de mesurer du bois à la corde. ♦ **2°** (XXᵉ). Pose des cordes d'une raquette de tennis. — Ensemble de ces cordes.

CORDE [kɔʀd(ə)]. *n. f.* (XIᵉ; lat. *chorda,* gr. *khordé* « boyau »). — **I.** Ⓐ *Sens général* (XIIᵉ). Réunion de brins d'une matière textile tordus ensemble. V. **Cordage, cordon.** *Corde souple,* *résistante. Petite corde.* V. **Cordelette**, *ficelle. Grosse corde.* V. **Câble.** *Corde pour lier* (V. **Lien**), *suspendre, tirer, manœuvrer* (V. **Manœuvre**). *Attacher très serré avec une corde.* V. **Ligoter.** *Accrocher, nouer une corde; tendre une corde.* « *Les Péruviens transmettaient les principaux faits à la postérité par les nœuds qu'ils faisaient à des cordes* » (VOLT.). V. **Quipos.** *Fabrication des cordes.* V. **Corderie, cordier.** — *Corde de puits. Corde d'une balançoire. Ascensionnistes reliés par une corde.* V. **Cordée.** *Corde à linge.* V. **Étendage, étendoir.** *Corde servant à tirer des lignes droites au sol.* V. **Cordeau.** *Corde pour mener un chien* (V. **Laisse**), *un animal de trait* (V. **Licou**). *Corde à nœud coulant pour capturer les animaux sauvages.* V. **Lasso.** *Corde que l'on porte en ceinture.* V. **Cordelière, cordon.** *Corde qui sert à frapper.* V. **Fouet.** *Objets confectionnés en corde. Échelle de corde. Tapis de corde. Chaussures à semelle de corde.* ◇ *Spécialt. Mesurer du bois à la corde.* V. **Corder.** *Par ext. Une corde de bois :* environ 4 stères. ◇ *Avoir une cravate comme une corde :* tortillée. ◇ *Par ext.* Lien, fil (de toute matière). *Une corde à linge en matière plastique.* Ⓑ *(Emplois spéciaux).* ♦ 1° (XIᵉ; corde servant à envoyer des projectiles). *Corde d'arc, d'arbalète. Tendre, bander la corde d'un arc.* ◇ *Loc. fig.* (XIIIᵉ) *Avoir plus d'une corde, plusieurs cordes à son arc :* avoir des ressources pour parvenir à ses fins. — *Tirer sur la corde :* abuser d'un avantage, de la patience d'une personne. — (1690) *Géom.* Segment d'une ligne droite coupant une circonférence ou un cercle. *Corde qui sous-tend un arc.* ♦ 2° Lien que l'on passe autour du cou de qqn pour le pendre (Cf. *fam.* Cravate de chanvre). *On prétend que la corde de pendu porte bonheur.* — *Par ext.* (1690) Supplice de la potence. V. **Pendaison.** *Condamner à la corde. Homme de sac et de corde :* filou, scélérat. — Fig. et fam. *Se mettre la corde au cou :* se mettre dans une situation pénible de dépendance; se marier. *Parler de corde dans la maison d'un pendu :* faire une allusion maladroite. ♦ 3° (1675). Trame d'une étoffe, devenue visible par l'usure. *Vêtement qui montre la corde, usé jusqu'à la corde* (V. **Limé**, **râpé**). « *User jusqu'à la corde nos vêtements cent fois reprisés* » (DUHAM.). — Fig. *Un argument usé jusqu'à la corde.* V. **Rebattu.** ♦ 4° (1863). Corde qui, dans les hippodromes, limite intérieurement la piste. *Tenir la corde :* rester près de la corde. ◇ *Auto. Prendre un virage à la corde :* en serrant de très près le bord de la route. « *Quand Joseph doublait une voiture puissante, quand il prenait, à la corde, dans le ruisseau, un tournant difficile* » (DUHAM.). ♦ 5° (1538). Corde sur laquelle les acrobates font des exercices. *Danseur de corde.* V. **Funambule.** Fig. *Être sur la corde raide :* dans une situation délicate. ◇ (1845) *Corde à sauter :* corde munie de poignées que l'on fait tourner. *Saut à la corde.* ◇ *Gym. Corde lisse, corde à nœuds,* servant à grimper. ◇ *Boxe. Cordes du ring,* qui le limitent. *Être envoyé dans les cordes.*

II. (XIᵉ). ♦ 1° *Mus.* Boyau, crin, fil métallique tendu qui rend les sons sur certains instruments. *Instruments à cordes et instruments à vent. Instruments à cordes grattées, pincées* (guitare), *frappées* (piano), *frottées* (violon, violoncelle. V. **Archet**). *Tendre les cordes d'un violon au moyen des chevilles. Corde la plus fine d'un violon* (V. **Chanterelle**), *la plus grosse* (V. **Bourdon**). *Passage joué en double corde.* ♦ 2° Fig. Ce qui vibre, ce qui est sensible. *Faire vibrer, toucher la corde sensible :* parler à une personne de ce qui la touche le plus. « *Ces fous si étrangement raisonnables nous font rire en touchant les mêmes cordes en nous* » (BERGSON). ♦ 3° (1922). *Les cordes d'un orchestre :* les instruments à cordes, le quatuor. V. **Alto, contrebasse, violon, violoncelle.**

III. *Par anal.* ♦ 1° *Cordes vocales :* replis musculo-membraneux du larynx, entre lesquels se trouve la glotte, et qui constituent l'organe essentiel de la phonation (sons produits par vibration). V. **Voix.** ◇ Fig. *Ce n'est pas dans mes cordes :* ce n'est pas de ma compétence. ◇ *Corde du tympan :* nerf qui longe le tympan. ♦ 2° (1694). Saillie provoquée par la tension d'un muscle. *Corde cervicale.* — *Par anal.* Engorgement de l'urètre lors d'une blennorragie. ♦ 3° (1847). *Corde* (ou *chorde*) *dorsale :* cordon cellulaire des vertébrés primitifs, et première ébauche de la colonne vertébrale chez l'embryon.

CORDÉ, ÉE [kɔrde]. *adj.* (1808; lat. *cor, cordis* « cœur »). Qui a la forme d'un cœur schématisé. *Coquillage cordé.* ◇ HOM. **Corde, corder, cordés.**

CORDEAU [kɔrdo]. *n. m.* (XIIᵉ; var. *cordel;* de *corde*). ♦ 1° Petite corde que l'on tend entre deux points pour obtenir une ligne droite. *Cordeau de jardinier. Tracer une rue au cordeau. Aligner au cordeau un mur, une rangée d'arbres.* — Fig. *Au cordeau :* de façon nette et régulière. « *J'arrange au cordeau chaque mot* » (D'ALEMB.). ♦ 2° Mèche d'une mine. *Cordeau Bickford. Cordeau détonant :* tube rempli de mélinite. ♦ 3° Ligne de fond pour la pêche fluviale.

CORDÉE [kɔrde]. *n. f.* (1580; de *corde*). ♦ 1° Ce qui peut être entouré d'une corde; mesure que donne cette corde. *Une cordée de fagots.* ♦ 2° (Fin XIXᵉ). *Spécialt.* Groupe d'alpinistes attachés par une corde, pour faire une ascension. *Premier de cordée :* celui qui mène la caravane. — Fig. « *Il n'est de camarades que s'ils s'unissent dans la même cordée* »

(ST-EXUP.). ♦ 3° *Pêche.* Petite ficelle attachée à une ligne de fond (V. **Cordeau**), et qui porte les hameçons. ◇ HOM. **Cordé, corder, cordés.**

CORDELER [kɔrdəle]. *v. tr.;* conjug. *appeler* (1512; *cordelé,* 1350; de *cordel, cordeau*). Tordre en forme de corde. V. **Corder, cordonner.** *Cordeler ses cheveux :* les natter très fin.

CORDELETTE [kɔrdəlɛt]. *n. f.* (1375; de *cordel.* V. **Cordeau**). Corde fine.

CORDELIER, IÈRE [kɔrdəlje, jɛr]. *n.* (XIIIᵉ; de *cordelle*). Religieux, religieuse de l'ordre de Saint-François d'Assise (V. **Franciscain**) qui porte pour ceinture une corde à trois nœuds. — *Hist. Club des Cordeliers,* fondé par Danton, Marat et C. Desmoulins dans l'ancien couvent des Cordeliers de Paris (1790).

CORDELIÈRE [kɔrdəljɛr]. *n. f.* (fin XIVᵉ; de *cordelier*). ♦ 1° Corde à plusieurs nœuds, cordon servant de ceinture. *Cordelière tressée.* — *Par ext.* Cordon. « *Elle nouait et dénouait la cordelière de son sac* » (CHARDONNE). ♦ 2° *Archit.* Moulure sculptée en forme de corde.

CORDER [kɔrde]. *v. tr.* (XIIᵉ; de *corde*). ♦ 1° Tordre, rouler en corde. V. **Cordeler, cordonner, tortiller.** *Corder du chanvre, du crin, du tabac.* ♦ 2° Lier avec une corde. *Corder une malle.* V. **Cercler.** ◇ Mesurer en entourant d'une corde. *Corder du bois.* ♦ 3° Garnir de cordes une raquette de tennis. ◇ HOM. **Cordé, cordée, cordés.**

CORDERIE [kɔrd(ə)ri]. *n. f.* (XIIIᵉ; de *cordier*). ♦ 1° Industrie de la fabrication des cordes et cordages. *Corderie métallique* (câblerie). ♦ 2° Atelier, usine où l'on fabrique des cordes, cordages, ficelles.

CORDÉS [kɔrde]. *n. m. pl.* (XXᵉ; de *corde,* III, 3°). Groupe des animaux à corde dorsale *(Procordés; Vertébrés).* ◇ HOM. **Cordé, cordée, corder.**

CORDI-. Élément, du lat. *cor, cordis* « cœur ».

CORDIAL, IALE, IAUX [kɔrdjal, jo]. *adj. et n. m.* (1314; lat. *cordialis,* de *cor* « cœur »). ♦ 1° Qui réconforte, stimule. V. **Remontant, stimulant, tonique.** *Remède cordial, potion cordiale.* ◇ *N. m.* (XVIIᵉ) *Administer un cordial à un malade. Prendre un cordial.* — Fig. « *L'enthousiasme est un cordial* » (HUGO). ♦ 2° (XVᵉ). *Cour.* Qui vient du cœur. V. **Affectueux, amical, bienveillant, chaleureux, sincère, spontané, sympathique.** *Accueil cordial. Sentiments cordiaux. Manières cordiales.* — *Hist. Entente cordiale.* — *Un homme affectueux et cordial :* qui parle sincèrement et agit avec cœur. — *Par antiphr. Il lui voue une antipathie, une haine cordiale.* ◇ ANT. **Affaiblissant, débilitant.** Froid, indifférent, insensible. Antipathique, hostile.

CORDIALEMENT [kɔrdjalmã]. *adv.* (1398; de *cordial*). D'une manière cordiale, spontanée. *Il lui a parlé cordialement en ami. Cordialement vôtre; cordialement* (formule d'amitié, en fin de lettre). — *Par antiphr.* Haïr, détester qqn cordialement : avec force, de tout cœur. ◇ ANT. **Froidement.**

CORDIALITÉ [kɔrdjalite]. *n. f.* (XVᵉ; de *cordial*). Affection, sympathie, qui se manifeste avec simplicité. V. **Chaleur, sympathie.** « *Des gens dont la cordialité est un peu rude et l'hospitalité si amicale* » (CHARDONNE). ◇ ANT. **Froideur, hostilité.**

CORDIER [kɔrdje]. *n. m.* (1240; de *corde*). ♦ 1° Celui qui fabrique des cordes, des cordages. ♦ 2° *Mus.* Partie du violon où s'attachent les cordes.

CORDIFORME [kɔrdiform(ə)]. *adj.* (1802; de *cordi-* et *-forme*). *Didact.* En forme de cœur. V. **Cordé.** — *Bot. Feuille cordiforme.*

CORDILLÈRE [kɔrdijɛr]. *n. f. (Cordilière,* 1611; esp. *cordillera,* du rad. de *corde*). Chaîne de montagnes. *Cordillère des Andes.*

CORDITE [kɔrdit]. *n. f.* (1890; mot angl., de *cord* « corde »). *Techn.* Poudre sans fumée, pressée à la filière.

CORDON [kɔrdɔ̃]. *n. m.* (XIIᵉ; de *corde*). **I.** ♦ 1° Petite corde servant à divers usages (attache, ornement, tirage). V. **Aiguillette, brandebourg, cordelière, cordonnet, dragonne, frange, ganse, lacet, lacs, lien, passepoil, soutache, toron.** *Attacher, lier, nouer avec un cordon, avec des cordons. Faire passer un cordon dans une coulisse. Cordon de fil, de soie. Cordons d'un tablier, d'un bonnet. Les cordons du poêle*.* — *Cordons d'un chapeau :* ruban, tissu dont on entoure la forme du chapeau. — *Liturg.* Longue cordelière dont le prêtre se ceint pour célébrer la messe. ◇ *Cordons d'une bourse.* Fig. *Tenir les cordons de la bourse.* ◇ *Cordons de souliers.* V. **Lacet.** Fig. « *Il n'est pas digne de dénouer les cordons de ses souliers* » (BIBLE). ◇ *Cordons de tirage. Cordon de sonnette, de rideaux.* V. **Embrasse, tirette.** ♦ 2° *Ancienn.* Petite corde permettant au concierge, au portier, d'ouvrir à ceux qui veulent entrer ou sortir. *Cordon, s'il vous plait !* ♦ 3° *Cordon Bickford.* V. **Cordeau.**

II. (1671). *Cordon d'un ordre de chevalerie :* large ruban qui sert d'insigne aux membres de certains ordres. « *Cette multitude... à qui un cordon en impose plus qu'un bon ouvrage* » (D'ALEMB.). *Grand cordon de la Légion d'honneur :* écharpe

que porte le titulaire du grade de grand-croix de la Légion d'honneur. *Cordon bleu*, de l'ordre du Saint-Esprit. — Fig. et fam. (1814) CORDON-BLEU : cuisinière très habile. *Sa femme est un véritable cordon-bleu.*
III. *Par anal.* ♦ 1° *Anat.* (1668). *Cordon ombilical*, qui rattache le fœtus au placenta. *Couper le cordon. Cicatrice de cordon ombilical.* V. **Nombril.** ◊ *Cordon nerveux, médullaire.* ◊ *Cour.* Tendon saillant. « *La pomme d'Adam saillante entre deux cordons tendineux* » (MART. du G.). — *Bot.* Filet qui joint l'ombilic de la graine au placenta. V. **Funicule.** ♦ 2° Série de plusieurs choses alignées. V. **File, ligne, rangée.** ◊ (XVIIᵉ) *Cordon de troupes.* « *Des carabiniers échelonnés en un cordon interminable* » (LOTI). *Cordon sanitaire* : ligne de postes de surveillance. ♦ 3° (1611). Moulure décorative peu saillante. « *Les angles et les cordons de pierre à chaque étage sont de granit taillé en pointes de diamant* » (BALZ.). ◊ Bord façonné d'une pièce de monnaie. *Bordure du cordon.* V. **Carnèle.** ♦ 4° *Géogr. Cordon littoral* : bande de terre qui émerge à peu de distance d'une côte. *Cordon sablonneux. Lagune derrière un cordon littoral.*
CORDON-BLEU. V. CORDON (II).
CORDONNER [kɔʀdɔne]. *v. tr.* (XIIᵉ; de *cordon*). Tordre en cordon. V. **Corder.** *Cordonner de la soie, des cheveux* (V. **Tresser**).
CORDONNERIE [kɔʀdɔnʀi]. *n. f.* (XVIᵉ; *cordouannerie*, 1236; de *cordouan, cordoan.* V. **Cordonnier**). ♦ 1° Métier, commerce du cordonnier. ♦ 2° Boutique, atelier du cordonnier. *Faire réparer ses chaussures à la cordonnerie.*
CORDONNET [kɔʀdɔne]. *n. m.* (1515; de *cordon*). ♦ 1° Petit cordon, petite tresse. *Cordonnet servant de ganse. Spécialt.* Gros fil de soie à trois brins servant à faire les boutonnières. ♦ 2° (1754). Marque empreinte sur la tranche d'une monnaie. V. **Cordon, listel.**
CORDONNIER, IÈRE [kɔʀdɔnje, jɛʀ]. *n.* (v. 1255; *cordonier*, XIIIᵉ; d'apr. *corde, cordon*, de l'a. fr. *cordoan*, cuir de *Cordoue*). ♦ 1° *Ancienn.* Fabricant et marchand de chaussures. V. **Bottier, chausseur, savetier.** PROV. *Les cordonniers sont toujours les plus mal chaussés.* ♦ 2° *Mod.* Artisan qui répare, entretient les chaussures. *Le cordonnier ressemelle les souliers. Matériel du cordonnier.* V. **Saint-crépin.** Alène, *fil, marteau, tranchet de cordonnier.*
CORÉEN, ENNE [kɔʀeɛ̃, ɛn]. *adj. et n.* (XVIIIᵉ; de *Corée*). De Corée. *Populations coréennes. Les Coréens.* — *N. m.* Langue monosyllabique parlée en Corée.
CORÉGONE [kɔʀegɔ(o)n]. *n. m.* (1839; lat. mod., du gr. *korê* « pupille », et *gonia* « angle »). Genre de poissons de lac (*Salmonidés*). V. **Féra, lavaret.**
CORELIGIONNAIRE [kɔʀeliʒjɔnɛʀ]. *n.* (1828; de *co-*, et *religion*). Personne qui professe la même religion qu'une autre.
CORÉOPSIS [kɔʀeɔpsis]. *n. m.* (*Coreopes*, 1839; lat. mod., du gr. *koris* « punaise », et *opsis* « apparence »). Plante (*Composacées*) à fleurs richement colorées, dont les graines évoquent une punaise.
CORIACE [kɔʀjas]. *adj.* (1549; *corias*, XVᵉ; lat. *coriaceus*, de *corium* « cuir »). ♦ 1° Qui est dur comme du cuir. V. **Ferme.** *Chair, viande coriace* (carne, semelle). ♦ 2° *Fig.* Qui ne cède pas. V. **Dur.** *Il est coriace en affaires. Caractère coriace* : difficile, entêté, tenace. « *L'air coriace et renfrogné* » (GIDE). ◊ ANT. **Mou, tendre; doux, souple.**
CORIANDRE [kɔʀjɑ̃dʀ(ə)]. *n. f.* (XIIIᵉ; gr. *koriandron*, par le lat.). Plante méditerranéenne (*Ombelliféracées*) dont le fruit séché aromatique est employé comme assaisonnement dans la fabrication de liqueurs.
CORICIDE [kɔʀisid]. *n. m.* (1868; de *cor*, et *-cide*). Préparation qu'on applique sur les cors* aux pieds, pour les détruire.
CORINDON [kɔʀedɔ̃]. *n. m.* (1795; *corind*, XVIIᵉ; du télougou (Inde). Pierre précieuse très dure, alumine cristallisée diversement colorée par des oxydes métalliques. V. **Aigue-marine, améthyste, rubis, saphir, topaze.** *Spécialt. Corindon granulaire* utilisé comme abrasif. V. **Émeri.**
CORINTHIEN, IENNE [kɔʀɛtjɛ̃, jɛn]. *adj. et n.* (1553; du lat. *Corinthus* « Corinthe », ville grecque). Se dit de l'ordre d'architecture grecque, caractérisé par un chapiteau orné de deux rangs de feuilles d'acanthe entre lesquelles s'élèvent des volutes. — *Par ext. Colonne corinthienne, temple corinthien* : de style corinthien.
CORMIER [kɔʀmje]. *n. m.* (XIIIᵉ; de *corme;* lat. pop. °*corma*, mot gaul.). Nom régional du sorbier.
CORMORAN [kɔʀmɔʀɑ̃]. *n. m.* (XIVᵉ; *cormare(n)g*, XIIᵉ; a. fr. *corp* « corbeau », et *marenc* « marin »). Oiseau palmipède au plumage sombre, bon plongeur (utilisé pour la pêche, au Japon). « *Les cormorans qui vont comme de noirs crieurs* » (HUGO).
CORNAC [kɔʀnak]. *n. m.* (*Cornaca*, 1637; mot esp. ou port., du cingalais). ♦ 1° Celui qui est chargé des soins et de la conduite d'un éléphant. ♦ 2° *Fig.* et *fam.* Personne

qui introduit, guide qqn (un personnage officiel, etc.). *Servir de cornac à qqn* (le « *cornaquer* »).
CORNACÉES [kɔʀnase]. *n. f. pl.* (1845; du lat. *cornus.* V. **Cornouille**). *Bot.* Famille de plantes dialypétales (Cornouiller aucuba).
CORNAGE [kɔʀnaʒ]. *n. m.* (1834; de *corner*). Râle laryngotrachéal que les chevaux, les ânes poussifs font entendre en respirant. V. **Sifflage.** ◊ (1852). *Méd.* Bruit qui se produit lors de l'inspiration en cas de rétrécissement de la glotte (*par ex.* dans le croup).
CORNALINE [kɔʀnalin]. *n. f.* (*Corneline*, XIIᵉ; de *corne* « fruit du cornouiller », lat. *cornus*). Variété de calcédoine translucide, rouge. V. **Calcédoine.**
CORNARD [kɔʀnaʀ]. *n. m.* (1608; « niais », 1265; de *corne*). *Pop.* Celui dont la femme est infidèle. V. **Cocu.**
CORNE [kɔʀn(ə)]. *n. f.* (XIIᵉ; lat. *cornu.* V. **Cor**). ♦ 1° Excroissance épidermique, conique et dure, sur la tête de certains animaux. *Cornes frontales des ruminants. Corne nasale du rhinocéros. Cornes annelées, droites, enroulées, lyriformes. Cornes persistantes et creuses des bovidés. Cornes ramifiées et massives du cerf, du chevreuil.* V. **Andouiller, bois, ramure.** *Cornes petites et pleines de la girafe, cachées sous la peau. Qui a des cornes.* V. **Encorné, longicorne.** *Transpercer à coups de corne.* V. **Encorner.** *Taureau à cornes sciées, boulées.* — *Spécialt. Bêtes à cornes* : bœufs, vaches, chèvres. — *Myth. Cornes de licorne.* ◊ *Fig. Prendre le taureau par les cornes* : prendre de front les difficultés. *Faire, montrer les cornes à qqn* : geste moqueur ou injurieux, les doigts figurant une paire de cornes. — *Fam. Avoir, porter des cornes* : être trompé (mari, femme). V. **Cocu, cornard.** ◊ *Loc. fig.* CORNE DE CERF : le plantain. — CORNES DE GAZELLE : gâteau oriental en forme de corne. ♦ 2° Substance compacte composée de cellules mortes imprégnées de kératine (ongles, cornes, sabots, griffes, bec des oiseaux, fanons de baleine, écailles de tortue). *Rendre dur comme la corne.* V. **Racornir.** — *Peigne de corne. Boutons en corne.* « *Les manches des couteaux, tous en corne travaillée* » (BALZ.). ◊ CORNE À CHAUSSURES : chausse-pied (fait de corne, à l'origine). ♦ 3° Objet fait d'une corne (1°) creuse. *Corne d'abondance*.* ◊ Instrument sonore. *Corne d'appel, de berger, de chasse.* V. **Bouquin, cor, cornet, trompe.** — *Par anal. Corne d'automobile.* V. **Avertisseur; corner.** *Mar. Corne de brume.* ♦ 4° (1599). Appendice assimilé à une corne (1°). *Cornes d'un escargot, d'une limace* : les pédicules qui supportent les yeux. — *Vipère à cornes.* V. **Céraste.** *Cornes de cerf-volant.* ♦ 5° (*Corn*, XIIᵉ). Angle saillant ou proéminence. *Cornes d'un chapeau.* V. **Bicorne, tricorne.** *Faire une corne à une carte de visite, à la page d'un livre.* — *Corne d'un bois.* V. **Coin.** *Poteau cornier, à la corne d'un champ. Les cornes de la lune.* — *Mar.* Vergue oblique. *La corne d'artimon.* — *Fortif. Ouvrage à cornes.* — *Techn. Corne d'une enclume.* — *Bot.* Proéminence de certaines fleurs. — *Anat. Cornes du larynx, de l'os hyoïde.* ◊ Pli fait au coin du papier, d'un carton (V. **Corner**; pli).
CORNÉ, ÉE [kɔʀne]. *adj.* (1829; de *corne*, 2°). Qui a la consistance dure de la corne. ◊ HOM. **Cornée, corner.**
CORNED-BEEF [kɔʀnbif]. *n. m.* (1716; mot angl., *corned* « salé », et *beef* « bœuf »). Viande de bœuf en conserve. V. **Singe.**
CORNÉE [kɔʀne]. *n. f.* (1314; lat. *cornea*, de *tunica cornea*). *Anat.* Tunique antérieure et transparente de l'œil. V. **Kérat(o)-.** *Altérations de la cornée* (albugo, kératocèle, leucome). ◊ HOM. **Corné, corner.**
CORNÉEN, ENNE [kɔʀneɛ̃, ɛn]. *adj.* (1864; de *cornée*). *Anat.* De la cornée. *Lentilles cornéennes* : verres optiques de contact, qu'on applique sur la cornée.
CORNEILLE [kɔʀnɛj]. *n. f.* (XIIIᵉ; lat. pop. °*cornicula*, de *cornix*). Oiseau du genre corbeau (*corvus*), plus petit que le grand corbeau, à queue arrondie et plumage terne. V. **Corbeau, choucas.** *Corneille mantelée, grise, cendrée. Corneille noire ou corneille emmaillée. La corneille craille, croasse.* — *Loc. Bayer** aux corneilles.
CORNÉLIEN, IENNE [kɔʀneljɛ̃, jɛn]. *adj.* (1761; *corneillien*, 1657; de *Corneille*). Qui appartient à Pierre Corneille. *La tragédie cornélienne.* — *Fig.* Qui évoque ses héros, ses tragédies. *Un héros cornélien* : qui fait passer son devoir au-dessus de tout. *Situation cornélienne* : conflit entre le sentiment et le devoir.
CORNEMENT [kɔʀnəmɑ̃]. *n. m.* (XIVᵉ; de *corner*). ♦ 1° État des oreilles qui cornent. V. **Bourdonnement.** ♦ 2° Bruit d'une corne, d'une trompe. *Cornement d'un tuyau d'orgue.*
CORNEMUSE [kɔʀnəmyz]. *n. f.* (XIIIᵉ; de *cornemuser*, de *corner*, et *muser*). Instrument de musique à vent composé d'un sac de cuir dans lequel on souffle par un *tuyau porte-vent*, et de deux ou trois tuyaux percés de trous pour émettre les sons. *Cornemuse bretonne* (V. **Biniou**), *écossaise* (V. **Pibrock**).
CORNEMUSEUR [kɔʀnəmyzœʀ]. *n. m.* (v. 1300; de *cornemuser*). Joueur de cornemuse. Var. région. CORNEMUSEUX [kɔʀnəmyzø].

CORNER [kɔʀne]. *v.* (xιᵉ, « sonner du cor » ; de *corn* « cor », *corne*).
I. (xιιᵉ ; de *corne*, 3⁰). ♦ **1⁰** *V. intr.* Sonner d'une corne, d'une trompe. *L'automobiliste corne.* ◊ *Fig. et fam. Corner aux oreilles de* qqn, lui parler très fort ; lui ressasser qqch. *La radio « nous cornait dans les oreilles que la France avait demandé l'armistice »* (SARTRE). — *Trans.* (xvιᵉ) *Corner une nouvelle.* V. **Claironner.** ♦ **2⁰** Faire un bruit sourd, prolongé. *Les oreilles me cornent.* V. **Bourdonner, siffler, sonner.**
II. (1829 ; de *corne*, 5⁰). *V. tr.* Plier en forme de corne ; relever un coin. *Corner les pages d'un livre. Corner une carte de visite.*
◊ HOM. *Corné, cornée.*

CORNER [kɔʀnɛʀ]. *n. m.* (1903 ; « syndicat des spéculateurs », 1907 ; mot angl. « coin »). *Football.* Faute commise par un joueur qui a envoyé le ballon derrière la ligne de but de son équipe. — Coup accordé à l'équipe adverse à la suite de cette faute. *Le corner est tiré d'un angle du terrain.*

CORNET [kɔʀnɛ]. *n. m.* (xιιιᵉ ; de *corne*, 3⁰). ♦ **1⁰** *Vx.* Petit cor ou petite trompe. *Cornet de vacher.* — *Mod.* (1836). *Cornet à pistons :* instrument analogue à la trompette, mais plus court (V. **Bugle**). *Jouer du cornet.* V. **Cornettiste.** — *Par ext.* Un des jeux de l'orgue. ♦ **2⁰** *(Déb. xvιᵉ).* Objet en forme de corne ; récipient conique. *Cornet de papier :* papier roulé en cône et susceptible de contenir qqch. *Cornet de dragées.* — *Cornet à dés :* godet qui sert à agiter et à jeter les dés. ◊ Ancien. *Cornet acoustique :* pavillon pour aider l'ouïe des sourds. ◊ *Anat. Cornets du nez :* lames osseuses contournées des fosses nasales. ♦ **3⁰** *Pop. Se mettre* qqch. *dans le cornet :* manger.

CORNETTE [kɔʀnɛt]. *n. f.* et *m.* (1352 ; de *corne*). ♦ **1⁰** Ancienne coiffure de femme. — *Mod.* Coiffure de certaines religieuses. ♦ **2⁰** (xvᵉ). Ancien. Étendard de cavalerie. — *N. m.* L'officier qui portait cet étendard ♦ **3⁰** *Mar.* Long pavillon à deux pointes. ♦ **4⁰** Variété de scarole* aux feuilles enroulées.

CORNETTISTE [kɔʀnetist(ə)]. *n.* (1869 ; de *cornet*). Joueur de cornet à pistons.

CORNIAUD [kɔʀnjo]. *n. m.* (1845 ; var. de *corneau*, 1665 ; de *corne* « coin » : chien bâtard, fait au coin des rues). ♦ **1⁰** Chien mâtiné. ♦ **2⁰** *Fam.* Imbécile. — *Adj. Ce qu'il peut être corniaud!*

1. CORNICHE [kɔʀniʃ]. *n. f.* (1528 ; it. *cornice ;* du lat. *cornu.* V. **Corne**). ♦ **1⁰** Partie saillante qui couronne un édifice, destinée à protéger de la pluie les parties sous-jacentes. *La corniche, la frise, l'architrave forment l'entablement. Ressaut, larmier d'une corniche. Console, cartatide soutenant une corniche.* — *Par ext.* Ornement en saillie sur un mur, un meuble, autour d'un plafond. ♦ **2⁰** Saillie naturelle surplombant un escarpement. — *Route dominant un à-pic. La petite, la moyenne et la grande Corniche de la Côte d'Azur.*

2. CORNICHE [kɔʀniʃ]. *n. f.* (1881 ; de *cornichon*, fig.). *Arg. scol.* Classe préparatoire à Saint-Cyr.

CORNICHON [kɔʀniʃɔ̃]. *n. m.* (1651 ; « petite corne », 1549). ♦ **1⁰** Petit concombre cueilli avant maturité et utilisé comme condiment, conservé dans du vinaigre. *Bocal de cornichons.* ♦ **2⁰** (1808). Niais, imbécile, que l'on dupe facilement. *« Espèces de mufles, tas de marsupiaux, graine de cornichons! »* (BLOY). ◊ (1865) Élève de corniche (2).

CORNIER, IÈRE [kɔʀnje, jɛʀ]. *adj.* (1676 ; de *corne*). Qui est au coin, à l'angle. *Poteau cornier d'une charpente.*

CORNIÈRE [kɔʀnjɛʀ]. *n. f.* (xιιᵉ, « coin ». V. **Corne**). ♦ **1⁰** (1636). Rangée de tuiles pour l'écoulement des eaux à la jonction de deux combles. ♦ **2⁰** (1723). Pièce en équerre qui renforce les angles d'un coffre, d'une presse d'imprimeur.

CORNILLON [kɔʀnijɔ̃]. *n. m.* (1845 ; de *corne*, 1⁰). *Zool.* Squelette de la corne des ruminants (prolongement du crâne).

CORNIQUE [kɔʀnik]. *adj.* (1869 ; du rad. de *Cornouailles*, angl. *cornish*). De Cornouailles. *Légendes corniques. Subst. Le cornique,* dialecte celtique.

CORNISTE [kɔʀnist(ə)]. *n. m.* (1836 ; de *cor*). Joueur de cor.

CORNOUILLE [kɔʀnuj]. *n. f.* (1539 ; a. fr. *cornolle,* xιιιᵉ ; du lat. *corna,* plur. n. féminisé de *cornum*). Fruit du cornouiller. *La cornouille est rouge et acidulée.*

CORNOUILLER [kɔʀnuje]. *n. m.* (*Cornellier,* 1175 ; de *cornolle.* V. **Cornouille**). Arbre commun dans les haies, les bois. *Cornouiller mâle,* à fruits comestibles (cornouilles). *Cornouiller femelle ou sanguin* dont le bois rougit en vieillissant.

CORNU, UE [kɔʀny]. *adj.* (xιιᵉ ; lat. *cornutus*). ♦ **1⁰** Qui a des cornes. *Bête cornue. Diable cornu.* ♦ **2⁰** *Vx.* Raisons, idées, visions cornues.* V. **Biscornu.** ♦ **3⁰** Qui a la forme d'une corne, présente des saillies en forme de corne. *Blé cornu,* dont les épis présentent des ergots. V. **Ergoté.** ◊ HOM. *Cornue.*

CORNUE [kɔʀny]. *n. f.* (1405 ; de *cornu*). ♦ **1⁰** Récipient à col étroit, long et courbé, qui sert à distiller. *Le col,*

la panse d'une cornue. ♦ **2⁰** *Techn.* Four à distiller. ◊ HOM. *Cornu.*

COROLLAIRE [kɔʀɔ(l)lɛʀ]. *n. m.* (*Corellaire,* 1370 ; lat. *corollarium* « petite couronne »). ♦ **1⁰** *Log.* Proposition dérivant immédiatement d'une autre. ◊ *Math.* Conséquence directe d'un théorème déjà démontré. V. **Déduction.** ♦ **2⁰** *Cour.* Conséquence, suite naturelle.

COROLLE [kɔʀɔl]. *n. f.* (1749 ; lat. *corolla,* de *corona* « couronne »). Ensemble des pétales d'une fleur. *Le calice et la corolle forment le périanthe*. Corolle hypogyne, labiée, bilabiée, papilionacée.*

CORON [kɔʀɔ̃]. *n. m.* (1220, « bout », mot du Nord, de *cor, corn* « coin » (V. **Corne**) ; sens mod. en Wallonie, xιxᵉ, vulgarisé par Zola, 1885). Maison d'habitation de mineurs ; quartier formé par un groupe de ces maisons.

CORONAIRE [kɔʀɔnɛʀ]. *adj.* (1560 ; lat. *coronarius,* de *corona*). *Anat.* Disposé en couronne. V. **Coronal.** *Artères coronaires ; grande veine coronaire* (du cœur). — D'une couronne (II, 3⁰).

CORONAL, ALE, AUX [kɔʀɔnal, o]. *adj.* (1314 ; lat. *coronalis*). *Astron.* De la couronne solaire. *Les gaz coronaux.*

CORONARIEN, IENNE [kɔʀɔnaʀjɛ̃, jɛn]. *adj.* (1897 ; de *coronaire*). *Méd.* Des artères coronaires. *Spasmes coronariens* (angine* de poitrine).

CORONARITE [kɔʀɔnaʀit]. *n. f.* (1897 ; du rad. de *coronaire,* et *-ite*). *Méd.* Lésion des artères coronaires du cœur, spécialt. les lésions d'artériosclérose.

CORONELLE [kɔʀɔnɛl]. *n. f.* (xιvᵉ ; lat. *corona* « couronne »). Serpent du genre couleuvre.

CORONER [kɔʀɔnœʀ]. *n. m.* (1685 ; mot angl., de l'a. normand *coroneor,* de *couronne*). Officier de police judiciaire dans les pays anglo-saxons.

CORONILLE [kɔʀɔnij]. *n. f.* (1700 ; esp. *coronilla* « petite couronne »). Plante aux fleurs disposées en ombelles axillaires à longs pédoncules *(Papilionacées).*

CORONOGRAPHE [kɔʀɔnɔgʀaf]. *n. m.* (1931 ; du lat. *corona,* et *-graphe*). *Astron.* Instrument d'étude de la couronne solaire.

COROZO [kɔʀozo]. *n. m.* (1842 ; esp. de l'Équateur « fruit d'un palmier »). Matière blanche tirée de la noix d'un palmier et dite ivoire végétal. *Boutons de corozo.*

CORPORAL, AUX [kɔʀpɔʀal, o]. *n. m.* (1264 ; lat. ecclés. *corporale,* de *corpus* « corps » (de Jésus-Christ). Linge consacré, rectangulaire, que le prêtre étend sur la pierre d'autel au commencement de la messe pour y déposer le calice et la patène.

CORPORATIF, IVE [kɔʀpɔʀatif, iv]. *adj.* (1842 ; du lat. médiév. *corporari.* V. **Corporation**). Des corporations. *Mouvement, système corporatif.*

CORPORATION [kɔʀpɔʀasjɔ̃]. *n. f.* (1530 ; angl. *corporation* « réunion, corps constitué » ; du lat. médiév. *corporari* « se former en corps »). ♦ **1⁰** *Hist.* Association d'artisans, groupés en vue de réglementer leur profession et de défendre leurs intérêts. V. **Communauté, corps, métier.** *Délégués des corporations* (V. **Jurande**). *Corporation de marchands.* V. **Gilde, hanse.** ♦ **2⁰** L'ensemble des personnes qui exercent le même métier, la même profession. V. **Corps, métier, ordre.** *Corporation des notaires.*

CORPORATISME [kɔʀpɔʀatism(ə)]. *n. m.* (1913 ; d'après *corporation*). Doctrine qui préconise les groupements professionnels du type des corporations.

CORPORATISTE [kɔʀpɔʀatist(ə)]. *adj.* Relatif au corporatisme. Subst. *Un corporatiste,* un adepte du corporatisme.

CORPOREL, ELLE [kɔʀpɔʀɛl]. *adj.* (1190 ; lat. *corporalis*). V. **Corporal.** ♦ **1⁰** *Didact.* Qui a un corps. *Nature corporelle.* V. **Matériel.** *Dr. Bien corporel :* chose matérielle. ♦ **2⁰** Relatif au corps. V. **Physique.** *Châtiment corporel. Punition corporelle. Besoin corporel.* V. **Naturel.** — V. *« Je ne dédaigne* (pas) *l'exercice corporel »* (DUHAM.). ◊ ANT. *Incorporel, intellectuel, spirituel.*

CORPORELLEMENT [kɔʀpɔʀɛlmã]. *adv.* (1190 ; de *corporel*). *Didact.* D'une manière corporelle. V. **Matériellement, physiquement.** ◊ ANT. *Spirituellement.*

CORPS [kɔʀ]. *n. m.* (xιιᵉ ; *cors,* ιxᵉ ; lat. *corpus*).
I. La partie matérielle des êtres animés. ♦ **1⁰** L'organisme humain, opposé à l'esprit, à l'âme. V. **Chair.** *« L'âme, disait-il, est la substance ; le corps, l'apparence »* (FRANCE). *Loc. Se donner corps et âme* [kɔʀzeam] *à* qqn, *à* qqch. *Appartenir corps et âme à* qqn. — *Avoir le corps malade.* — Fig. (Vx). *Femme, fille folle de son corps* (fille libertine). ◊ (xιιᵉ) *Le corps humain après la mort.* V. **Cadavre.** *Levée du corps. Mettre, porter un corps en terre.* — Spécialt. *Le corps du Christ.* V. **Eucharistie.** *Corps et sang de Jésus-Christ.* ◊ Sc. V. **Organisme.** *Étude du corps humain.* V. Anatomie, anthropologie, anthropométrie, physiologie. *Les parties du corps : membres* (bras, avant-bras, main, cuisse, jambe, pied), *tête* (crâne, cou, face), *tronc* (épaule, buste, poitrine, sein, dos, thorax, hanche, ceinture, bassin, abdomen, ventre) ; *peau, muscles, squelette ; humeurs, sang.* ◊ *Cour.* L'aspect

extérieur du corps humain. *Les lignes du corps. Les attitudes, les gestes, les mouvements du corps. La santé du corps. Trembler, frissonner de tout son corps. Beau corps. Corps bien bâti, bien constitué, bien proportionné.* « *Un corps souffreteux, amaigri, languissant, exténué* » (TAINE). « *Ce corps souple, frais et parfumé* » (FRANCE). *La hauteur du corps.* V. **Taille.** *Une âme saine dans un corps sain* (lat. *Mens sana in corpore sano*). — Fam. *N'avoir rien dans le corps* : n'avoir pris aucune nourriture. *Un aliment qui tient au corps* : nourrissant. *Pleurer toutes les larmes de son corps.* ◇ À BRAS-LE-CORPS. ◇ CORPS À CORPS [kɔrakɔr]. *loc. adv.* En serrant le corps d'un autre contre le sien (dans la lutte). *Combattre, lutter corps à corps.* Subst. (1907) *Un corps à corps, lutte corps à corps. Se jeter dans le corps à corps* : dans la mêlée, dans la bataille. — Fig. *Affronter corps à corps la réalité, ses passions.* V. **Front** (de). ♦ 2° (XIIᵉ). *Spécialt.* Le tronc, *opposé à membres. Une grosse tête sur un petit corps. Entrer dans l'eau jusqu'au milieu du corps*, à mi-corps*. ♦ 3° (XIIᵉ). *Par ext.* Partie de certains vêtements qui recouvrent le corps au niveau du torse ou de la ceinture. V. **Corsage, corset.** *Corps de jupe ; de robe. Corps de baleine. Corps d'armure, de cuirasse.* ♦ 4° (*En loc.*). Homme, individu. *Garde du corps.* — Dr. *Contrainte par corps. Prise de corps.* Fam. *C'est un drôle de corps* : un curieux personnage. Loc. *À son corps défendant* : malgré soi, à contrecœur. « *Je n'ai jamais versé le sang d'un homme qu'à mon corps défendant !* » (BALZ.). — *Se jeter à corps perdu dans une entreprise* : avec fougue, impétuosité. « *Je me jetai à corps perdu dans ma passion* » (DAUD.).

II. (XIIIᵉ). ♦ 1° Partie principale. *Le corps d'un bâtiment, opposé à aile, avant-corps. Corps de logis.* V. **Logis.** — *Corps de bibliothèque, d'armoire. Corps de pompe* : le cylindre. ♦ 2° Calligr. *Corps d'une lettre* : le trait principal qui dessine, qui forme la lettre. — Typogr. *Corps d'une lettre* : la dimension d'un caractère d'imprimerie (mesurée en points). *La force des corps d'un caractère.* ◇ *Corps d'une lettre, d'un article*, le texte même de la lettre, de l'article, sans les indications secondaires. ♦ 3° *Navire perdu corps et biens* : le navire lui-même et les marchandises. ♦ 4° (1835). Dr. *Le corps du délit* (lat. *corpus delicti*).

III. (XIIIᵉ). Objet matériel. ♦ 1° *Corps céleste.* V. **Astre.** ♦ 2° (XVIᵉ). Tout objet matériel caractérisé par ses propriétés physiques. *Volume, masse d'un corps. La chute des corps*, étudiée en mécanique. *La substance des corps.* V. **Matière.** « *Qui donc irait faire grief au physicien d'isoler la pesanteur des autres qualités des corps qu'il étudie et de négliger le parfum, la couleur* » (PAULHAN). — Vx. *Les petits corps* : les atomes. ◇ Chim. *Corps simple.* V. **Élément.** *Corps composé.* ◇ Phys. *Corps* NOIR : corps absorbant toutes les radiations qu'il reçoit et, chauffé, émettant également toutes les radiations. ♦ 3° Élément anatomique étudiable isolément (organe, etc.). *Corps calleux, jaune, strié, vitré. Corps thyroïde.* V. **Glande.** ◇ *Introduction d'un corps étranger dans l'organisme.* ♦ 4° Math. Anneau dont les éléments non neutres pour la première loi de composition interne forment un groupe par rapport à la seconde.

IV. (Abstrait). ♦ 1° Groupe formant un ensemble organisé sur le plan des institutions. V. **Assemblée, association, communauté, compagnie, ensemble, organe, société.** — *Le corps politique.* V. **État.** *Le corps électoral* : l'ensemble des citoyens exerçant la fonction électorale. — *Les corps constitués* : les organes de l'Administration et les tribunaux. *Les grands corps de l'État. Corps de la magistrature.* V. **Justice.** *Corps municipal.* V. **Municipalité.** — *Corps diplomatique.* ◇ *Le corps de l'Église. Le corps mystique* : union spirituelle de tous les chrétiens dans leur foi en Jésus-Christ. ♦ 2° Hist. *Les corps du commerce et de l'industrie. Corps de marchands.* V. **Communauté, corporation, métier.** *Corps de commerce.* V. **Compagnie.** ♦ 3° Mod. Se dit de compagnies, ordres, administrations. *Corps diplomatique. Corps enseignant* (V. **Enseignement**). *Corps des Mines, des Ponts et Chaussées.* — *Avoir l'esprit de corps* : se sentir solidaire du groupe auquel on appartient. ♦ 4° Milit. Unité administrativement indépendante (bataillon, régiment). *Se rendre au corps. Rejoindre son corps. Chef de corps.* — *Corps d'armée* : formé de plusieurs divisions. ◇ *Corps de garde*.* ♦ 5° (Danse). *Corps de ballet.* V. **Ballet.** ♦ 6° Recueil de textes, d'ouvrages. V. **Corpus.** *Corps des lois.* V. **Ensemble.** — *Un corps de doctrines.* V. **Système.**

V. (XVIᵉ). Consistance, épaisseur plus ou moins grande. V. **Épaisseur, force.** *Ce papier a du corps.* V. **Main.** ◇ *Vin qui prend du corps.* V. **Corsé.**

VI. Loc. fig. (de I ou de V). *Donner corps, du corps à des idées* : les rendre fortes ou les incarner. ◇ *Prendre corps* (V. **Forme, tournure**) : prendre un aspect sensible, réel. ◇ *Faire corps* (avec) : adhérer, ne faire qu'un.

◇ HOM. Cor.

CORPS-MORT [kɔrmɔr]. *n. m.* (1732 ; « cadavre », héritage » en a. fr. (1309) ; de *corps*, et *mort*). Mar. Ancre mouillée à poste fixe. *S'amarrer à un corps-mort.*

CORPULENCE [kɔrpylɑ̃s]. *n. f.* (1538 ; « forme du corps », 1330 ; lat. *corpulentia*, de *corpus* « corps »). Ampleur du corps humain (taille, grosseur). *Il est de forte corpulence.* V. **Embonpoint.** Absolt. « *De la corpulence, sans véritable obésité* » (ROMAINS). ◇ ANT. **Maigreur.**

CORPULENT, ENTE [kɔrpylɑ̃, ɑ̃t]. *adj.* (1468 ; lat. *corpulens*, de *corpus* « corps »). Qui est d'une forte corpulence. V. **Gras, gros.** ◇ ANT. **Maigre.**

CORPUS [kɔrpys]. *n. m.* (1863 ; « hostie », 1642 ; mot lat. « corps »). ♦ 1° Dr. Recueil de pièces, de documents concernant une même discipline. *Corpus d'inscriptions latines et grecques.* ♦ 2° Ling. Ensemble limité des éléments (énoncés) sur lesquels se base l'étude d'un phénomène linguistique.

CORPUSCULAIRE [kɔrpyskylɛr]. *adj.* (1721 ; de *corpuscule*). ♦ 1° Philo. *Vx.* Relatif aux corpuscules de matière. ♦ 2° Mod. Phys. Relatif aux constituants ultimes (discontinus) de la matière, de l'énergie. *Théorie corpusculaire de la lumière.*

CORPUSCULE [kɔrpyskyl]. *n. m.* (1555 ; « petit corps humain », XIVᵉ ; lat. *corpusculum*). ♦ 1° Philo. *Vx.* Petite parcelle de matière (atome, molécule). ♦ 2° Anat. Nom de petits éléments anatomiques. *Corpuscules du tact.* ♦ 3° Phys. Élément, constituant discret. V. **Corpusculaire.**

CORRAL [kɔral]. *n. m.* (Coral, 1860 ; mot esp. « basse-cour »). Enclos où l'on parque le bétail (bœufs, taureaux), dans certains pays. ◇ HOM. **Choral.**

CORRASION [kɔr(r)azjɔ̃]. *n. f.* (Néol. ; du lat. *corradere* « racler », suff. d'apr. *érosion*). Géogr. Érosion éolienne par les grains de sable.

CORRECT, ECTE [kɔrɛkt, ɛkt(ə)]. *adj.* (1512 ; lat. *correctus*, de *corrigere*). ♦ 1° Qui respecte les règles, dans un domaine déterminé. *Copie correcte* : conforme à l'original. V. **Conforme, exact, fidèle ; bon.** *Phrase grammaticalement correcte. Dessin correct* : qui observe certaines règles arbitrairement définies. « *Je lui dois* (à Fontanes) *ce qu'il y a de correct dans mon style* » (CHATEAUB.). — Pop. (en réponse) *Vous avez gagné l'épreuve.* — *Correct !* V. **Exact.** ♦ 2° Conforme aux usages, aux mœurs. *Bienséant, convenable, décent. Conduite correcte. Cela n'est pas correct venant d'un inférieur. Une tenue correcte est de rigueur.* ♦ 3° Conforme à la morale, à la justice. « *Il était convenable, il était juste, il était correct de nous prévenir* » (PÉGUY). *Il n'a pas été correct avec lui. Correct en affaires, parfaitement correct.* V. **Honnête, régulier, scrupuleux.** ♦ 4° Fam. Qui, sans présenter de graves fautes, n'est pas remarquable par sa qualité. V. **Honnête, moyen, passable.** *Un hôtel modeste, mais correct.* ◇ ANT. **Faux, incorrect, inexact, mauvais. Fautif, indécent, ridicule.**

CORRECTEMENT [kɔrɛktəmɑ̃]. *adv.* (1402 ; de *correct*). Sans faute, d'une manière correcte. *Écrire, parler correctement. Dessiner correctement.* — *Agir ; s'habiller correctement.*

CORRECTEUR, TRICE [kɔrɛktœr, tris]. *n.* (1539 ; 1275, relig. ; lat. *corrector*). ♦ 1° Personne qui corrige en relevant les fautes et en sanctionne. *Sévère correcteur. Le jury des correcteurs du baccalauréat.* V. **Examinateur.** ♦ 2° (1680). Personne qui corrige les épreuves d'imprimerie. *Chef-correcteur ; correcteur-réviseur.* ♦ 3° Dispositif de correction. *Correcteur de tonalité. Correcteur gazométrique.* — Adj. *Roue correctrice, dispositif correcteur.* — *Verres* correcteurs.*

CORRECTIF, IVE [kɔrɛktif, iv]. *adj. et n. m.* (1361 ; lat. médiév. *correctivus*). I. Adj. ♦ 1° Qui a le pouvoir de corriger. *Gymnastique corrective.* ♦ 2° *Substance corrective*, que l'on ajoute à un médicament pour en adoucir, en modifier l'action. — Subst. *Un correctif.* II. N. m. ♦ 1° Terme par lequel on atténue l'expression. V. **Adoucissement, atténuation.** ♦ 2° Antidote, contrepartie. « *La bonne humeur est ainsi le correctif de toute philosophie* » (RENAN).

◇ ANT. **Aggravant, excitant.**

CORRECTION [kɔrɛksjɔ̃]. *n. f.* (XIIIᵉ ; lat. *correctio*). I. Action de corriger. ♦ 1° *Vx.* Action de corriger, de changer en mieux, de ramener à la règle. V. **Amélioration, amendement, perfectionnement, réforme.** *La correction des fautes, des abus. La correction des mœurs, des habitudes.* ◇ *Maison de correction*, ancien établissement chargé du redressement* des mineurs délinquants (remplacé par *centre d'éducation surveillée*). V. **Correctionnel.** ♦ 2° Changement que l'on fait à un ouvrage pour l'améliorer. V. **Modification, rectification, reprise, retouche.** *Corrections de forme, de fond. Pièce de théâtre reçue à correction*, à condition que l'auteur y fera certains changements. *Manuscrit chargé de corrections.* V. **Biffure, rature, surcharge.** ◇ Typogr. Indication des fautes de composition, des changements à effectuer sur une épreuve d'imprimerie. *Correction d'épreuves. Signes de correction. Corrections d'auteur.* — Exécution matérielle des changements indiqués sur épreuve. — Ensemble des travaux, du personnel exigé par la correction des textes. *La rédaction et la correction d'un journal.* ◇ Action de corriger des devoirs, les épreuves d'un examen, d'un concours. *La correction de l'écrit n'est*

pas terminée. ♦ 3º Opération qui rend exact. *Correction d'une observation.* — Mar. *Correction des compas. Correction de dérive.* — Techn. *Came, roue de correction, de compensation.* ♦ 4º Phrase, locution destinée à atténuer ce que l'on vient de dire. V. **Correctif.** — *Sauf correction* (loc. adv.) : sauf erreur, si je ne me trompe. « *Il me semble, sauf correction, que ceci ne vous regarde pas* » (P.-L. COUR.). ♦ 5º *(Du sens* 1º*).* Châtiment corporel ; coups donnés à qqn. V. **Châtiment, punition, raclée, volée.** *Si tu n'es pas sage, tu vas recevoir une correction !*
II. (1680). ♦ 1º Qualité de ce qui ne s'écarte pas des règles, de ce qui est correct. *Correction d'une traduction* (V. Conformité, exactitude, fidélité, justesse) ; *du langage, du style* (V. **Pureté**). ♦ 2º Comportement correct (2º, 3º). *Être d'une parfaite correction.* V. **Bienséance, décence, politesse.** *Correction en affaires.* V. **Honnêteté, scrupule.** « *La correction est une forme de la droiture* » (SUARÈS).
✧ ANT. **Aggravation** ; **récompense. Incorrection, impolitesse, inconvenance.**

CORRECTIONNALISER [kɔʀɛksjɔnalize]. *v. tr.* (1823 ; de *correctionnel*). Dr. Transformer par voie légale ou judiciaire un crime en délit correctionnel (transformation appelée CORRECTIONNALISATION [kɔʀɛksjɔnalizasjɔ̃]).

CORRECTIONNEL, ELLE [kɔʀɛksjɔnɛl]. *adj. et n. f.* (XVe ; de *correction*). Dr. Qui a rapport aux actes qualifiés de délits par la loi. *Peine correctionnelle. Tribunal de police correctionnelle* (*opposé à* criminelle *et* de simple police). ◇ *N. f.* Fam. LA CORRECTIONNELLE : le tribunal correctionnel. *Passer en correctionnelle.*

CORRÉGIDOR [kɔʀeʒidɔʀ]. *n. m.* (1655 ; mot esp., de *corregir* « corriger »). Hist. Premier magistrat d'une ville espagnole.

CORRÉLATIF, IVE [kɔʀelatif, iv]. *adj.* (1355 ; lat. scolast. *correlativus*). Qui est en corrélation, qui présente une relation logique avec autre chose. V. **Correspondant, relatif.** — *Obligation corrélative,* dépendant de l'accomplissement d'une autre obligation. — *Termes corrélatifs :* qui sont en relation de mutuelle dépendance. Subst. *Le corrélatif :* le premier de ces termes (ex. : Autant (*corrélatif*) que (*relatif*) ; assez pour).
✧ ANT. **Autonome, indépendant.**

CORRÉLATION [kɔʀelasjɔ̃]. *n. f.* (1606 ; lat. scolast. *correlatio*). ♦ 1º Philo. Rapport entre deux phénomènes qui varient en fonction l'un de l'autre. V. **Correspondance, interdépendance, réciprocité.** ◇ Statist. *Coefficient de corrélation :* nombre mesurant le degré de dépendance de deux variables entre elles. V. **Covariance.** ♦ 2º Cour. Lien, rapport réciproque. « *Tout ici demeure en corrélation très étroite* » (GIDE).
✧ ANT. **Autonomie, indépendance.**

CORRÉLATIONNEL, ELLE [kɔʀelasjɔnɛl]. *adj.* (1951 ; de *corrélation*). Didact. Qui concerne une corrélation. « *Une étude corrélationnelle et factorielle* » (PALMADE).

CORRÉLATIVEMENT [kɔʀelativmɑ̃]. *adv.* (1660 ; de *corrélatif*). D'une manière corrélative.

CORRÉLER [kɔʀele]. *v. tr. ;* conjug. *céder* (mil. XXe ; de *corrélation,* d'apr. l'angl. *to correlate*). Statist. Établir une corrélation entre deux phénomènes : être en corrélation avec (qqch.). *Phénomènes faiblement corrélés.*

CORRESPONDANCE [kɔʀɛspɔ̃dɑ̃s]. *n. f.* (v. 1270 ; de *correspondre*).
I. ♦ 1º Log. Rapport logique entre un terme donné (V. **Antécédent**) et un ou plusieurs termes (V. **Conséquent**) déterminés par le premier. ◇ *Opérateur* permettant d'associer les éléments d'un premier ensemble à ceux d'un second. *Correspondance univoque, biunivoque ; correspondance réciproque.* V. **Application, fonction, rapport, réciprocité, relation ; courbe, dépendance, diagramme, liaison.** — *Théorie des correspondances,* suivant laquelle, dans l'univers composé de règnes analogues, chaque élément correspond à un élément d'un autre règne. *Correspondances,* sonnet de Baudelaire. ♦ 2º Cour. Rapport de conformité. V. **Accord, affinité, analogie, conformité, corrélation, harmonie, ressemblance.** *Correspondance d'idées, de sentiments entre deux personnes.* V. **Accord, intimité, union.** *Ils sont en parfaite correspondance d'idées.* — Vieilli. Accord entre personnes. « *Une harmonie et une correspondance parfaite entre un père et un précepteur* » (ROUSS.). — *Correspondance des temps.* V. **Concordance.** *Correspondance entre les parties d'un édifice, les plans, les lignes d'un tableau.* V. **Équilibre, proportion, symétrie.**
II. (1675 ; « relations », XVIe). ♦ 1º Relation par écrit entre deux personnes ; échange de lettres. V. **Courrier.** *Avoir, entretenir une correspondance avec qqn.* V. **Écrire.** *Les règles de la correspondance commerciale.* « *Une correspondance affectueuse, mais espacée* » (MART. du G.). ◇ *Les lettres qui constituent la correspondance. La correspondance de Madame de Sévigné, de Stendhal. Dépouiller, lire, relire sa correspondance.* V. **Courrier.** ◇ Dans un périodique, Rubrique où l'on publie des lettres, des communications. V. **Courrier.** « *Elle avait longtemps collaboré à la petite correspondance des journaux de modes* » (MONTHERLANT). ◇ *Cahier, carnet de*

correspondance, où sont consignées les notes d'un élève, les appréciations des professeurs et qui doit être transmis aux parents. ♦ 2º (XVIIe). Vx. Communication entre plusieurs lieux. « *Quel rapport, quel commerce, quelle correspondance peut-il y avoir entre nous et des globes éloignés de notre terre d'une distance si effroyable?* » (MOL.). ◇ *Mod.* (1843). Relation commode entre deux moyens de transport de même nature ou différents. V. **Changement.** *Un autocar assurera la correspondance à la gare.* — Le moyen de transport qui assure la correspondance (chemin de fer, autocar). *Attendre la correspondance.*
✧ ANT. **Désaccord, discordance, opposition.**

CORRESPONDANCIER, IÈRE [kɔʀɛspɔ̃dɑ̃sje, jɛʀ]. *n.* (1929 ; de *correspondance*). Employé(e) chargé(e) de la correspondance, dans une entreprise commerciale. V. **Rédacteur.**

CORRESPONDANT, ANTE [kɔʀɛspɔ̃dɑ̃, ɑ̃t]. *adj. et n.* (v. 1350 ; de *correspondre*).
I. *Adj.* Qui a un rapport avec qqch. ; qui y correspond*. V. **Relatif.** *Les éléments correspondants de deux séries, de deux systèmes.* V. **Homologue.** — Géom. *Angles correspondants,* formés par deux parallèles et une sécante et qui sont l'un interne, l'autre externe, du même côté de la sécante (et égaux).
II. (1615). ♦ 1º Personne avec qui l'on entretient des relations épistolaires. *Avoir des correspondants dans plusieurs pays. Un correspondant fidèle, régulier. Ce banquier est le correspondant du Comptoir d'escompte.* ♦ 2º (1634). Personne employée par un journal, une agence d'informations pour envoyer des nouvelles d'un lieu éloigné (V. **Envoyé, représentant**). *Correspondant diplomatique. Correspondant de guerre. De notre correspondant(e) permanent(e) à Washington.* ♦ 3º Membre d'une société savante qui réside dans un autre lieu et n'assiste pas régulièrement aux séances. Appos. *Membre correspondant de l'Institut.* ♦ 4º (1819). Personne chargée de veiller sur un enfant qui fait ses études comme interne dans un établissement. *Charles Bovary « avait pour correspondant un quincaillier qui le faisait sortir une fois par mois* » (FLAUB.).
✧ ANT. **Antagoniste, dissemblable, opposé.**

CORRESPONDRE [kɔʀɛspɔ̃dʀ(ə)]. *v. ;* conjug. *rendre* (1355 ; lat. scolast. *correspondere,* de *respondere.* V. **Répondre**).
I. ♦ 1º *V. tr. indir.* (à). Être en rapport de conformité (avec qqch.), être conforme, se rapporter (à). V. **Accorder (s'), aller, harmoniser (s').** *L'an I de l'hégire correspond à l'an 622 de l'ère chrétienne. Cette nouvelle ne correspond pas à ce que l'on m'avait dit ; ceci ne correspond pas à la réalité. Votre théorie ne correspond à rien : n'est fondée sur rien.* « *Tout ce qu'elle disait, tout ce qu'elle faisait, correspondait à ce qu'on attendait d'elle* » (MART. du G.). ♦ 2º (1690). Pronom. récipr. *Ces éléments, ces idées ne se correspondent pas :* ne correspondent pas les uns aux autres.
II. *V. intr.* (1669). ♦ 1º Avoir des relations par lettres (avec qqn). *Nous avons cessé de correspondre.* V. **Écrire (s').** *Correspondre avec qqn.* ♦ 2º Avoir des relations, des communications. V. **Communiquer.** *Ces deux pièces correspondent.* V. **Commander.** *Mers qui correspondent par un détroit, un canal.*
III. *V. pron.* (1690) [même sens que II, 2º]. *Ces deux pièces se correspondent.* ◇ (Éléments abstraits). Être en correspondance (I, 1º). *Éléments de deux ensembles qui se correspondent. Se correspondre terme à terme.*
✧ ANT. **Opposer (s').**

CORRIDA [kɔʀida]. *n. f.* (fin XIXe ; mot esp.). ♦ 1º Course de taureaux. *Des corridas.* ♦ 2º Pop. (1902). Dispute, lutte ; série de difficultés, agitation. *Quelle corrida !*

CORRIDOR [kɔʀidɔʀ]. *n. m.* (XVIIIe ; *corridour,* fortif., XVIe ; it. *corridore* « (galerie) où l'on *court* »). ♦ 1º Passage couvert mettant en communication plusieurs pièces d'un même étage. V. **Couloir, passage.** *Long, étroit corridor. Au fond du corridor, à droite.* ♦ 2º Délimitation géographique faisant communiquer une enclave avec l'extérieur. V. **Couloir.** *Le corridor polonais* (1918-1939).

CORRIGÉ [kɔʀiʒe]. *n. m.* (1834 ; de *corriger*). Devoir donné comme modèle. V. **Modèle, plan, solution.**

CORRIGER [kɔʀiʒe]. *v. tr. ;* conjug. *bouger* (1268 ; lat. *corrigere* « redresser », de *regere.* V. **Régir**). ♦ 1º Ramener à la règle (ce qui s'en écarte). V. **Amender, redresser, réformer, relever, reprendre.** *Corriger les défauts, les vices de qqn. Corriger son mauvais caractère.* « *Nous essayons de nous faire honneur des défauts que nous ne voulons pas corriger* » (LA ROCHEF.). « *Les crimes, les vices que l'état social corrige ou dissimule* » (FRANCE). ♦ 2º Supprimer (les fautes, les erreurs) ; rendre meilleur en supprimant les fautes. *Corriger complètement une œuvre, un travail.* V. **Refondre, remanier, reprendre, réviser, revoir.** *Corriger un texte en biffant, en raturant, en modifiant.* « *Corriger les mots bêtes, les redites, les fautes de français* » (SAND). *Corriger une hypothèse, une idée, en fonction d'expériences nouvelles. Corriger une idée préconçue.* ◇ Typogr. *Corriger des épreuves d'imprimerie. Corriger une* *morasse, une forme.* V. **Correction** (I 2°); **correcteur.** ◇ *Corriger des devoirs d'écoliers.* « *Des leçons à préparer et des copies à corriger pendant quarante ans* » (ROMAINS). ♦ 3° Rendre exact ou plus exact. V. **Rectifier.** *Corriger une observation.* — Mar. *Corriger la route d'un bâtiment :* rectifier les erreurs provenant de la dérive. ♦ 4° Ramener à la mesure (qqch. d'excessif) par une action contraire. V. **Adoucir,** atténuer, compenser, équilibrer, neutraliser, pallier, réparer, tempérer. *Corriger le sort, l'injustice du sort. Corriger l'effet d'une parole trop dure* (V. **Correctif**). « *La beauté de son regard corrigeait cet excès de grâce* » (HUGO). ♦ 5° *Vieilli.* Ramener (qqn) à la règle; traiter avec sévérité pour supprimer les défauts (réprimander ou punir). « *Il n'appartient qu'à elle* (la religion) *et d'instruire et de corriger les hommes* » (PASC.). — Mod. *Corriger qqn d'un défaut.* Pronom. *Il s'est corrigé de sa paresse.* V. **Défaire** (se), guérir (se). ♦ Infliger un châtiment corporel, donner des coups. V. **Battre.** *Il s'est fait corriger d'importance.* ◇ ANT. *Altérer, corrompre, gâter, pervertir. Aggraver, envenimer, exciter. Épargner, récompenser.*

CORRIGEUR, EUSE [kɔriʒœr, øz]. *n.* (XIV°, « correcteur »; de *corriger*). *Imprim.* Typographe qui exécute la correction des fautes relevées par le correcteur (surtout en monotype).

CORRIGIBLE [kɔriʒibl(ə)]. *adj.* (fin XIII°; du lat. *corrigere*). *Rare.* Qui peut être corrigé. V. **Améliorable,** modifiable, rectifiable, réparable. ◇ ANT. *Incorrigible.*

CORROBORATION [kɔrɔbɔrasjɔ̃]. *n. f.* (XIII°; bas lat. *corroboratio*). *Rare.* Action de corroborer; son résultat. V. **Confirmation.**

CORROBORER [kɔrɔbɔre]. *v. tr.* (1326; lat. *corroborare,* rac. *robur* « force »). Donner appui, ajouter de la force à (une idée, une opinion). V. **Appuyer,** confirmer, renforcer. « *Elle n'avait pas fait une action... qui ne corroborât ce jugement qu'il avait porté sur elle* » (BOURGET). ◇ ANT. *Démentir, infirmer.*

CORRODANT, ANTE [kɔrɔdɑ̃, ɑ̃t]. *adj.* (XVI°; de *corroder*). Qui a la propriété de corroder. *Substance corrodante.* V. **Corrosif.** — Subst. *Les acides sont des corrodants.*

CORRODER [kɔrɔde]. *v. tr.* (1314; lat. *corrodere,* de *rodere.* V. **Ronger**). Détruire lentement, progressivement, par une action chimique. V. **Attaquer,** consumer, désagréger, ronger. *Les acides corrodent les métaux.* ◇ *Fig.* Détériorer, user. *L'inquiétude corrode l'âme.* V. **Miner,** ronger.

CORROI [kɔrwa]. *n. m.* (*Conrei* « soin », 1155; de l'a. fr. *conreer.* V. **Corroyer**). Préparation donnée à une substance battue, étirée et foulée. *Spécialt.* Préparation donnée au cuir. V. **Apprêt, corroyage.**

CORROIERIE [kɔrwari]. *n. f.* (*Couroierie,* 1207; V. **Corroyer**). ♦ 1° Industrie du corroyeur. V. **Corroyage.** ♦ 2° Atelier, usine où l'on corroie les cuirs.

CORROMPRE [kɔrɔ̃pr(ə)]. *v. tr.;* conjug. *rompre* (XI°; lat. *corrumpere.* V. **Rompre**).

I. (v. 1260). ♦ 1° Altérer en décomposant. *La chaleur corrompt la viande.* V. **Avarier,** décomposer, gâter, pourrir, putréfier. « *Des marécages qui corrompaient l'air* » (RAYNAL). V. **Empoisonner,** infecter, vicier. ♦ 2° *Littér.* Altérer, gâter, troubler (un sentiment heureux). « *Rien ne corrompit la joie de Landry* » (SAND). ◇ Altérer en éloignant d'un état premier, jugé meilleur: *L'usage corrompt certains mots.* « *La multiplication des ouvrages médiocres corrompt le goût* » (CONDORCET). Pronom. « *L'amour humain s'altère, se corrompt et meurt* » (MAURIAC). *Vx.* Déformer, trahir (la pensée d'un auteur).

II. (*Moral*). ♦ 1° Altérer ce qui est sain, honnête, dans l'âme. V. **Avilir,** dénaturer, dépraver, pervertir, souiller, tarer; démoraliser. *Corrompre la jeunesse.* V. **Perdre,** séduire. « *Afin de le corrompre* (le peuple), *on le peint corrompu* » (P.-L. COUR.). — Absolt. « *Le plaisir de corrompre est un de ceux qu'on a le moins étudié* » (GIDE). ♦ 2° (XIII°). Engager (qqn) par des dons, des promesses ou par la persuasion, à agir contre sa conscience, son devoir. V. **Acheter,** circonvenir, gagner, soudoyer, stipendier, suborner. *Corrompre un témoin.* « *Ceux que l'on peut corrompre ne valent jamais d'être corrompus* » (MIRABEAU). ◇ ANT. *Assainir, purifier; améliorer, corriger, perfectionner.*

CORROMPU, UE [kɔrɔ̃py]. *adj.* (V. **Corrompre**). ♦ 1° Altéré, en décomposition. ♦ 2° *Fig.* Goût, jugement corrompu. V. **Faux,** mauvais. ◇ (*Moral*) *Une jeunesse corrompue.* V. **Dépravé,** dissolu. *Conscience corrompue.* « *La nature des hommes est corrompue et déchue de Dieu* » (PASC.). V. **Bas,** mauvais, vil. « *La société était corrompue et impudente* » (SAND). ♦ 3° *Littér.* Qu'on a corrompu, qu'on peut corrompre (II, 2°). V. **Vénal.** ◇ ANT. *Frais. Pur, vertueux; intègre.*

CORROSIF, IVE [kɔr(r)ozif, iv]. *adj.* (XIII°; lat. *corrosivus*). ♦ 1° Qui corrode; qui a la propriété de corroder. V. **Brûlant,** caustique, mordant. *Les acides sont corrosifs.* *Antiseptique corrosif.* Subst. *Les corrosifs.* ♦ 2° *Fig.* Qui semble mordre, attaquer; qui ronge, détruit. V. **Destructif.** *Une œuvre corrosive.* V. **Acerbe,** caustique, virulent. « *Une ironie corrosive et impitoyable* » (DUHAM.).

CORROSION [kɔr(r)ozjɔ̃]. *n. f.* (1314; lat. *corrosio*). ♦ 1° Action de corroder; son résultat. V. **Brûlure,** désagrégation, destruction, usure. *Corrosion par un acide.* — *Géol.* Dissolution produite par les eaux de ruissellement. V. **Érosion,** ravinement. ♦ 2° *Fig.* Destruction.

CORROYAGE [kɔrwajaʒ]. *n. m.* (1838; de *corroyer*). ♦ 1° Ensemble des opérations que l'on fait subir aux cuirs après le tannage pour les assouplir. V. **Hongroyage.** ♦ 2° Soudure ou forgeage à chaud de barres, de tôles métalliques.

CORROYER [kɔrwaje]. *v. tr.;* conjug. *noyer* (XIV°; de l'a. fr. *conreer* « préparer »; avoir soin de »; XI°; lat. pop. °*conredare,* gotique *garêdan* « réfléchir à »; prendre soin de »). *Techn.* Préparer (qqch.). ♦ 1° *Corroyer le cuir :* l'apprêter. *Peaux corroyées.* ♦ 2° Forger ensemble ou souder à chaud (du métal). ♦ 3° Dégrossir (du bois) au rabot.

CORROYEUR [kɔrwajœr]. *n. m.* (*Conreeur,* XIII°; V. **Corroyer**). Ouvrier qui corroie les cuirs.

CORRUPTEUR, TRICE [kɔryptœr, tris]. *n. et adj.* (XIV°; lat. *corruptor.* V. **Corrompre**). ♦ 1° N. *Vx.* Personne qui altère ce qu'il y a de sain, d'honnête. « *Un lâche, un corrupteur, un traître l'a séduite* » (DUCIS). V. **Séducteur.** — Mod. Personne qui soudoie, achète qqn. *Le corrupteur et les témoins corrompus ont été punis.* ♦ 2° Adj. *Littér.* Qui corrompt moralement. V. **Malfaisant,** nuisible. *Des spectacles corrupteurs.* « *La force corruptrice des pierreries et de l'or* » (GAUTIER).

CORRUPTIBLE [kɔryptibl(ə)]. *adj.* (1265; lat. *corruptibilis*). *Vx* ou *didact.* Qui peut être corrompu. *Matière corruptible.* V. **Décomposable,** putrescible. *Conscience corruptible. Homme corruptible.* V. **Vénal.** « *Des juges ignorants et corruptibles* » (LESAGE). ◇ ANT. *Incorruptible.*

CORRUPTION [kɔrypsjɔ̃]. *n. f.* (1119; lat. *corruptio*). ♦ 1° (1170). Altération de la substance par décomposition. V. **Décomposition,** pourriture, putréfaction. ♦ 2° *Littér.* Altération du jugement, du goût, du langage. V. **Corrompre** (I, 2°). « *La délicatesse d'esprit est une corruption... longue à acquérir et que ne possèdent jamais les peuples jeunes* » (GONCOURT). ♦ 3° Le fait de corrompre moralement; état de ce qui est corrompu. V. **Avilissement,** perversion, souillure, vice. *Corruption des mœurs.* V. **Dérèglement.** « *Les hommes sont tous pareils, enragés de vice et de corruption* » (DAUD.). ♦ 4° Moyens que l'on emploie pour faire agir qqn contre son devoir, sa conscience; fait de se laisser corrompre. *Tentative de corruption. La corruption électorale est un délit. Corruption de fonctionnaire.* ◇ ANT. *Assainissement, purification. Amélioration, correction, édification, moralisation, perfectionnement, pureté.*

CORSAGE [kɔrsaʒ]. *n. m.* (XVIII°; « buste, taille », XII°; de *corps*). Vêtement féminin qui recouvre le buste. V. **Blouse,** caraco, casaquin (*vx*), chemisette, chemisier, guimpe, jersey. *Corsage à manches, sans manches. Corsage montant, décolleté. Corsage en soie, en nylon.* — *Corsage d'une robe.* V. **Haut.** *Robe à corsage monté.*

CORSAIRE [kɔrsɛr]. *n. m.* (*Corsari,* fin XVI°; it. *corsaro,* de *corsa* « course »). ♦ 1° Ancienn. Navire armé en course par des particuliers, avec l'autorisation du gouvernement. — Le capitaine qui commandait ce navire. *Jean Bart, Surcouf sont de célèbres corsaires.* ♦ 2° Aventurier, pirate. Spécialt. *Les corsaires barbaresques.* ♦ 3° *Vx.* Homme dur et impitoyable. ♦ 4° Adj. Mod. *Pantalon corsaire,* serré au-dessous du genou.

CORSE [kɔrs(ə)]. *adj. et n.* (XVI°; « les Corses », *corsesque,* XVI°; lat. *Corsica*). De Corse. *Populations corses. Bandits corses prenant le maquis. Vendetta corse.* — N. m. Dialecte italien parlé en Corse.

CORSÉ, ÉE [kɔrse]. *adj.* (1819, « épais »; V. **Corser**). ♦ 1° *Vin corsé :* qui a du montant. ♦ 2° Relevé, épicé. *Une sauce très corsée.* ♦ 3° *Fig. Affaire, histoire corsée.* V. **Salé,** scabreux. « *Une intrigue aussi corsée* » (GIDE).

CORSELET [kɔrsəlɛ]. *n. m.* (XII°, « petit corps »; de *corps*). ♦ 1° (1450). Cuirasse légère. ♦ 2° (XVI°). Vêtement féminin (costumes folkloriques) qui serre la taille et se lace sur le corsage. ♦ 3° (1546). *Sc. nat.* Partie antérieure du thorax, chez les coléoptères, les hémiptères et les orthoptères. V. **Prothorax.**

CORSER [kɔrse]. *v. tr.* (XVI° « prendre au corps »; « renforcer », 1860; de *corps*). ♦ 1° Donner du corps, de la consistance. *Corser du vin,* en y ajoutant de l'alcool. ♦ 2° *Fig.* (1869). *Corser l'action d'une pièce, l'intrigue d'un drame, d'un roman :* la renforcer, en accroître l'intérêt. — Pronom. *L'affaire, l'histoire se corse :* elle se complique, devient plus importante, plus intéressante. ◇ ANT. *Édulcorer, modérer, tempérer.*

CORSET [kɔrsɛ]. *n. m.* (1829; « courte veste, corsage », v. 1272; de *corps*). ♦ 1° Gaine baleinée et lacée, en tissu résistant, qui serre la taille et le ventre des femmes. V. **Ceinture,** gaine. *Baleines de corset.* ◇ *Corset orthopédique, médical,* qui maintient l'abdomen, le thorax ou redresse la colonne vertébrale. ♦ 2° Pièce de certains costumes provinciaux qui se lace sur le corsage. *Corset de velours des Alsaciennes.*

V. **Corselet**. ♦ 3° Loc. métaph. *Corset de fer*, ce qui enserre, opprime.

CORSETER [kɔʀsəte]. *v. tr.;* conjug. *acheter* (1869; de *corset*). ♦ 1° *Rare*. Revêtir d'un corset. ♦ 2° *Fig.* Donner un cadre rigide à. V. **Guindé, serré, enserré.** Au p. p. « *Un sonnet aussi corseté* » (AYMÉ).

CORSETIER, IÈRE [kɔʀsətje, jɛʀ]. *n.* (1842 au fém.; de *corset*). Personne qui fait ou vend des corsets.

CORSO [kɔʀso]. *n. m.* (1869; it. *corso* « avenue ». V. **Cours**). Défilé de chars, lors d'une fête. *Un corso fleuri.*

CORTÈGE [kɔʀtɛʒ]. *n. m.* (1622; it. *corteggio*, de *corteggiare* « faire la cour »). ♦ 1° Suite de personnes qui en accompagnent une autre pour lui faire honneur dans une cérémonie. V. **Suite**. *Cortège entourant un haut personnage*. V. **Appareil, état-major**. *Cortège funèbre*. — *Se former en cortège*. ♦ 2° Tout groupe organisé qui avance. V. **Défilé, procession.** ♦ 3° *Métaph.* Suite « *Et quand la nuit, guidant son cortège d'étoiles* » (LAMART.).

CORTÈS [kɔʀtɛs]. *n. f. pl.* (1659; mot esp.; plur. de *corte* « cour »). Assemblée représentative en Espagne et au Portugal.

CORTEX [kɔʀtɛks]. *n. m.* (1896; mot lat. « écorce »). *Anat.* ♦ 1° Partie externe périphérique (*cortex cérébral, rénal*). Absolt. *Le cortex* : l'écorce cérébrale. V. **Cortical**. *Cortex surrénal.* V. **Corticosurrénale.** ♦ 2° Partie externe des organes végétaux ou animaux qui a une structure concentrique.

CORTICAL, ALE, AUX [kɔʀtikal, o]. *adj.* (1545; du lat. *cortex, -icis* « écorce »). ♦ 1° *Bot.* Qui appartient à l'écorce. *Couches corticales.* ♦ 2° *Anat. Substance corticale du cerveau* : substance externe et grise qui enveloppe la substance blanche. V. **Cortex**. *Cellules corticales. Aires corticales.* ♦ 3° (XXᵉ). *Hormones corticales*, sécrétées par la cortico-surrénale.

CORTICOÏDES [kɔʀtikɔid]. *n. m. pl.* (mil. XXᵉ; du lat. *cortex, icis*, et *-oïde*). *Biol.* Hormones sécrétées par le cortex des glandes surrénales (V. **Corticosurrénale**).

CORTICOSTÉROÏDE [kɔʀtikosteʀɔid]. *n. m.* (mil. XXᵉ; de *cortex*, et *stéroïde*). *Biochim.* Nom général des hormones produites par la partie corticale de la glande surrénale et, *par ext.* des dérivés synthétiques de ces hormones.

CORTICOSURRÉNALE [kɔʀtikosyʀ(ʀ)enal]. *n. f.* (XXᵉ; du rad. de *cortex*, et *surrénale*). *Anat.* Périphérie de la glande surrénale (cortex) dont les hormones sont des régulateurs du métabolisme. Adj. *Hormones corticosurrénales.* V. **Corticoïdes cortisone.** — (On dit aussi CORTICOSURRÉNALIEN, IENNE [kɔʀtikosyʀ(ʀ)enaljɛ̃, jɛn]. *Insuffisance corticosurrénalienne*).

CORTICOTHÉRAPIE [kɔʀtikoteʀapi]. *n. f.* (1959; de *cortex, -icis*, et *-thérapie*). *Méd.* Emploi thérapeutique des hormones corticosurrénales, notamment la cortisone.

CORTISONE [kɔʀtizɔn]. *n. f.* (1950; mot angl. du rad. de *cortex* (*corticostérone*). Hormone du cortex surrénal, employée en thérapeutique.

CORTON [kɔʀtɔ̃]. *n. m.* (fin XIXᵉ; de *Aloxe-Corton*). Vin renommé de Bourgogne.

CORUSCANT, ANTE [kɔʀyskɑ̃, ɑ̃t]. *adj.* (XVIᵉ; lat. *coruscans* « brillant »). *Vx.* Brillant, éclatant. « *Des lits ornés de bouquets coruscants* » (DUHAM.).

CORVÉABLE [kɔʀveabl(ə)]. *adj.* (1704; de *corvée*). Assujetti à la corvée. *Taillable et corvéable à merci*. — Subst. *Les corvéables.*

CORVÉE [kɔʀve]. *n. f.* (1160; lat. pop. *corrogata·(opera)* « travail sollicité », de *corrogare* « convoquer (*rogare*) ensemble »). ♦ 1° *Dr. anc.* Travail gratuit que les serfs, les roturiers devaient au seigneur. V. **Prestation**. *Astreint à la corvée*. V. **Corvéable.** ♦ 2° (XVᵉ). *Fig.* Obligation ou travail pénible et inévitable. *Quelle corvée!* ♦ 3° (1835). Travail que font à tour de rôle les hommes d'un corps de troupe, les membres d'une communauté. V. **Besogne, service, travail.** *Être de corvée. Homme de corvée.* « *Les corvées quotidiennes de ravitaillement* » (MAC ORLAN). — *Par ext.* Les hommes qui accomplissent la corvée. *La corvée de soupe vient d'arriver.* ♦ 4° *Région.* (Canada). Travail en commun, entre voisins ou amis, occasionnel et gratuit. *Faire une corvée.*

CORVETTE [kɔʀvɛt]. *n. f.* (1476; moy. néerl. *korver* « bateau chasseur »). ♦ 1° *Mar. Ancienn.* Navire de guerre intermédiaire entre le brick et la frégate. ◇ Petit bâtiment d'escorte (1939-1945). ♦ 2° *Capitaine* de corvette.*

CORVIDÉS [kɔʀvide]. *n. m. pl.* (1842; du lat. *corvus* « corbeau »). Famille d'oiseaux (*Passereaux*) assez grands, comprenant les corbeaux* (V. aussi **Choucas, corneille, freux**), les pies*, les geais*.

CORYBANTE [kɔʀibɑ̃t]. *n. m.* (1375; gr. *korubas, -antos*). *Antiq.* gr. Prêtre de la déesse Cybèle.

CORYMBE [kɔʀɛ̃b]. *n. m.* (1545; gr. *korumbos*). *Bot.* Inflorescence dans laquelle les pédicelles (de longueur inégale) s'élèvent en divergeant de sorte que leurs fleurs se trouvent sur un même plan. « *Cet arbuste auprès duquel je*

me suis baigné avant-hier. *Corymbe de petites fleurs blanc rosé* » (GIDE).

CORYPHÉE [kɔʀife]. *n. m.* (1556; gr. *koruphaios*, de *koruphê* « tête »). *Didact.* ♦ 1° Chef du chœur dans les pièces du théâtre antique. ♦ 2° Celui qui tient le premier rang dans un parti, une secte, une société. V. **Chef, guide.** ♦ 3° *Danse.* Danseur d'opéra d'un échelon inférieur au premier danseur.

CORYZA [kɔʀiza]. *n. m.* (*Coryse*, 1398; *corysa*, 1655; gr. *koruza* « écoulement nasal »). *Méd.* Inflammation de la muqueuse des fosses nasales (rhume de cerveau).

COSAQUE [kɔzak]. *n. m.* (1624; *cozacque*, 1578; russe *kosak*). ♦ 1° Cavalier de l'armée russe. *Une sotnia, troupe de cent cosaques.* ♦ 2° *Fam.* (Vieilli). *C'est un cosaque* : une brute.

COSÉCANTE [kɔsekɑ̃t]. *n. f.* (1708; de *co-*, et *sécante*). Ligne trigonométrique, l'inverse du sinus* (*cosec*).

COSIGNATAIRE [kɔsiɲatɛʀ]. *n.* et *adj.* (1876, de *co-*, et *signataire*). Une, des personnes qui signent en commun un acte. *Les cosignataires d'un contrat.*

COSINUS [kɔsinys]. *n. m.* (*Co-sinus*, 1717; de *co-*, et *sinus*). Fonction faisant correspondre à l'angle de deux axes la mesure de la projection orthogonale sur l'un, d'un vecteur unitaire porté par l'autre; sinus* de l'angle complémentaire (V. **Trigonométrie**).

-COSME. Élément, du gr. *kosmos* « monde » (*ex.* : macrocosme, microcosme).

COSMÉTIQUE [kɔsmetik]. *adj.* et *n. m.* (1555; gr. *kosmêtikos* « relatif à la parure », de *kosmos*). ♦ 1° *Didact.* Qui est propre aux soins de beauté. ♦ 2° *Cour. N. m.* (mil. XIXᵉ; « fard », 1690). Produit servant à fixer et lustrer la chevelure. V. **Brillantine, laque.** « *Ses cheveux... qu'il peigne soigneusement en les fixant par un peu de cosmétique* » (ROMAINS).

COSMÉTIQUER [kɔsmetike]. *v. tr.* (1876; de *cosmétique*). Enduire de cosmétique. « *Sa forte moustache blonde, très cosmétiquée* » (DAUD.).

COSMÉTOLOGIE [kɔsmetɔlɔʒi]. *n. f.* (XXᵉ; de *cosmétique*), et *-logie*). Étude de ce qui a trait aux produits cosmétiques (composition, fabrication et mode d'emploi).

COSMÉTOLOGUE [kɔsmetɔlɔg]. *n.* (1970; de *cosmétologie*). Spécialiste de la cosmétologie.

COSMIQUE [kɔsmik]. *adj.* (1390; gr. *kosmikos*, de *kosmos*). ♦ 1° *Philo.* De l'univers matériel. *Les espaces cosmiques.* ♦ 2° (1863). Du monde extra-terrestre (*cosmos*). *Les corps cosmiques.* V. **Astral**. *Vaisseau cosmique ou spatial*.* ◇ *Sc. Rayons cosmiques* : rayonnement de grande énergie, étudié sur terre par ses effets ionisants sur les atomes de l'atmosphère, et d'origine cosmique inconnue.

COSMO-. Élément, du gr. *kosmos* « ordre », d'où « univers ».

COSMODROME [kɔsmodʀom]. *n. m.* (1964; de *cosmos* (2°), d'apr. *aérodrome*). Base de lancement d'engins* spatiaux (en Union Soviétique).

COSMOGONIE [kɔsmɔgɔni]. *n. f.* (1585; gr. *kosmogonia*; de *cosmo-*, et *-gonie*). Théorie (scientifique ou mythique) expliquant la formation de l'univers, ou de certains objets célestes.

COSMOGONIQUE [kɔsmɔgɔnik]. *adj.* (1824; de *cosmogonie*). De la cosmogonie.

COSMOGRAPHIE [kɔsmɔgʀafi]. *n. f.* (1512; gr. *kosmographia*; de *cosmo-*, et *-graphie*). Astronomie descriptive (*spécialt.* du système solaire).

COSMOGRAPHIQUE [kɔsmɔgʀafik]. *adj.* (1542; de *cosmographie*). De la cosmographie.

COSMOLOGIE [kɔsmɔlɔʒi]. *n. f.* (1582; gr. *kosmologia*). Étude, science des lois physiques de l'univers.

COSMOLOGIQUE [kɔsmɔlɔʒik]. *adj.* (1582; de *cosmologie*). Relatif à la cosmologie.

COSMONAUTE [kɔsmonot]. *n.* (1961; de *cosmos* (2°), d'apr. *astronaute*). Voyageur de l'espace, occupant d'un véhicule spatial.

COSMOPOLITE [kɔsmɔpɔlit]. *adj.* (1560; gr. *kosmopolitês*, de *politês* « citoyen »). ♦ 1° *Vx.* Qui se considère comme citoyen de l'univers; qui vit indifféremment dans tous les pays. Subst. « *Paris est la ville du cosmopolite* » (BALZ.). ♦ 2° *Mod.* Qui s'accommode de tous les pays, de mœurs nationales variées. *Une existence cosmopolite.* ◇ Qui comprend des personnes de tous les pays; qui subit des influences de nombreux pays (*opposé à* national). « *Un grouillement cosmopolite inimaginable* » (LOTI). *Ville cosmopolite.*

COSMOPOLITISME [kɔsmɔpɔlitism(ə)]. *n. m.* (1823; *cosmopolite*, 1739; de *cosmopolite*). Disposition à vivre en cosmopolite.

COSMOS [kɔsmɔs]. *n. m.* (1863; mot gr. V. **Cosmo-**). ♦ 1° *Philo.* L'univers considéré comme un système bien ordonné. ♦ 2° (*D'apr. le russe*). Espace extra-terrestre. *Envoyer une fusée dans le cosmos* (V. **Cosmodrome, cosmonaute**).

COSSARD, ARDE [kɔsar, ard(ə)]. *n.* et *adj.* (1898; o. i.). *Pop.* Paresseux. ◇ ANT. *Travailleur.*

1. COSSE [kɔs]. *n. f.* (XIᵉ; lat. pop. °*cocea*, class. *cochlea*). ♦ 1° Enveloppe qui renferme les graines de certaines légumineuses. V. **Gousse.** *Cosse de haricots, de fèves, de pois. Ôter un légume de la cosse.* V. **Écosser.** ♦ 2° *Électr.* Anneau métallique, à l'extrémité d'un conducteur, destiné à être fixé sur une borne.

2. COSSE [kɔs]. *n. f.* (1899; de *cossard*). *Pop.* Paresse. *Il a une de ces cosses!*

COSSER [kɔse]. *v. intr.* (1560; it. *cozzare*). *Rare.* Se heurter de la tête (béliers).

COSSETTE [kɔsɛt]. *n. f.* (v. 1340; de *cosse*). *Vx.* ♦ 1° Petite cosse. ♦ 2° *Techn.* Lamelle de betterave à sucre, ou racine de chicorée.

COSSU, UE [kɔsy]. *adj.* (XIVᵉ; p.-ê. fig. de *fèves cossues* « qui portent beaucoup de *cosses* »). Qui a une large aisance. V. **Riche.** *C'est un homme cossu. Bourgeois cossu. — Par ext.* Qui dénote l'aisance, l'opulence. « *Château ou maison bourgeoise très cossue* » (ROMAINS). ◇ ANT. *Pauvre.*

COSSUS [kɔsys]. *n. m.* (1868; mot lat.). Insecte lépidoptère dont la chenille ronge le bois *(gâte-bois ou rongebois).*

COSTAL, ALE, AUX [kɔstal, o]. *adj.* (XVIᵉ; du lat. *costa* « côte »). *Anat.* Qui appartient aux côtes. *Muscles costaux. Région costale.* ◇ HOM. *Costaud* (au plur.) Costaud.

COSTARD ou **COSTAR** [kɔstar]. *n. m.* (1926; *costo*, 1889; de *cost(ume)*, et suff. *-ard*). *Pop.* Costume d'homme.

COSTAUD ou **COSTEAU** [kɔsto]. *adj.* et *n. m.* (1881; *costel* « souteneur », 1846; romani *cochto* « solide »). *Pop.* Fort, robuste. *Un homme costaud.* « *Quelques carrures de costauds* » (ROMAINS). *Au fém.* COSTAUDE (rare) ou COSTAUD. *Elle est rudement costaud!* « *La belle-mère est d'une délicatesse adorable; frêle d'apparence, mais costaude en vérité* » (ARNOTHY). *— Par ext.* Solide (choses). ◇ ANT. *Faible.*

COSTIÈRE [kɔstjɛr]. *n. f.* (1869; a. fr. *costiere* « côté », v. 1200; de *coste*. V. **Côté**). Vide pratiqué dans le plancher d'un théâtre pour le passage et la disposition des décors.

COSTUME [kɔstym]. *n. m.* (1747; « apparence extérieure réglée par la coutume », 1662; it. *costume* « coutume »). ♦ 1° Manière de se vêtir particulière à un pays, une époque, une condition. V. **Accoutrement, habillement, habit, vêtement.** *Costumes nationaux.* ♦ 2° Pièces d'habillement qui constituent un ensemble. V. **Vêtement; tenue.** *Costume d'apparat, de cérémonie. Théât. Le décor et les costumes sont très réussis. Répéter une pièce en costume. — Bal en costume.* V. **Costumé.** ◇ *Cour.* Vêtement d'homme composé d'une veste, d'un pantalon et parfois d'un gilet. V. **Complet; costard** (*arg.*). *Se faire faire un costume sur mesure. Costume de confection.* ◇ *Fam. En costume d'Adam* : tout nu.

COSTUMÉ, ÉE [kɔstyme]. *adj.* (1787; de *costume*). Vêtu d'un déguisement, d'un costume de théâtre. ◇ *Bal costumé*, où les danseurs sont costumés.

COSTUMER [kɔstyme]. *v. tr.* (1808; de *costumé*). Revêtir d'un costume, d'un déguisement. V. **Habiller, vêtir; déguiser.** *Pronom. Il se costume en pierrot.*

COSTUMIER, IÈRE [kɔstymje, jɛr]. *n.* (1801; de *costume*). Personne qui fait, vend ou loue des costumes de théâtre, qui s'occupe des costumes d'une représentation.

COSY [kozi] ou **COSY-CORNER** [kozikɔrnœr]. *n. m.* (1922, -1929; 1906 « coin de pièce »; mot angl. « confortable »). *Vx.* Divan muni d'une étagère et en toute place généralement dans l'encoignure d'une pièce. « *La poignante nostalgie... des abat-jour tamisants, des plantes vertes et des cosys* » (MALLET-JORIS).

COTANGENTE [kɔtãʒãt]. *n. f.* (1721; de *co-*, et *tangente*). *Trigon.* Inverse de la tangente (*cotg*).

COTATION [kɔtasjɔ̃]. *n. f.* (1530, « imposition »; repris XXᵉ; de *coter*). Action de coter. *Cotation des titres en Bourse.* V. **Cote, cours.**

COTE [kɔt]. *n. f.* (1390; lat. médiév. *quota*, de *quota pars* « part qui revient à chacun »). ♦ 1° Montant d'une cotisation, d'un impôt demandé à chaque contribuable. *Cote mobilière.* ◇ *Fig. Cote mal taillée* : répartition approximative; compromis, transaction. ♦ 2° (v. 1600). Marque servant à un classement. *Pièce sous la cote A, B, 3, 4.* ♦ 3° (1784). Constatation officielle des cours (d'une valeur, d'une monnaie) qui se négocient par l'intermédiaire d'agents qualifiés (*spécialt.* en Bourse). V. **Cotation, cours.** *— Par ext.* Tableau indicateur des cours officiels. *Valeurs admises à la cote de la Bourse. Actions inscrites à la cote. — Titre hors-cote,* qui se négocie par des intermédiaires autres que les agents de change. ♦ 4° (1877). *Cote d'un cheval* : estimation de la chance de victoire. ◇ *La cote d'un devoir.* V. **Note.** *Cote d'amour* : appréciation d'un candidat, basée sur une estimation de sa valeur morale, sociale. ◇ *Fam. Avoir la cote,* être apprécié, estimé. ♦ 5° (1799). Chiffre indiquant une dimension (en géométrie descriptive), un niveau (en topographie). *La cote 206* : le point qui, sur la carte, est coté 206.* V. **Altitude.** ◇ *Cote d'alerte* : niveau d'un cours d'eau au delà duquel commence l'inondation; *fig.* point critique. ◇ HOM. *Cotte.*

CÔTE [kot]. *n. f.* (*Coste*, XIᵉ; lat. *costa* « côté »). I. ♦ 1° Os plat du thorax, de forme courbe, qui s'articule sur la colonne vertébrale et le sternum. *Les douze paires de côtes,* délimitant la cage thoracique. *Côtes vraies. Fausses côtes,* qui s'articulent par leur cartilage sur le sternum. *Côtes flottantes,* les deux dernières paires, qui ne sont attachées qu'à la colonne vertébrale. V. **Costal.** *Artères et nerfs des côtes.* V. **Intercostal.** ◇ *Loc. On lui voit les côtes, on lui compterait les côtes* : il est très maigre. — *Fam. Avoir les côtes en long* : être paresseux, être courbaturé, moulu. — *Se tenir les côtes* : rire démesurément. — *La côte d'Adam* : selon la Genèse, la côte de laquelle Dieu forma Ève. — ◇ *Bouch. Côte de bœuf, de veau, de mouton.* V. **Côtelette; entrecôte.** *Côtes découvertes. Plat de côte.* ♦ 2° (XIIIᵉ; de *coste* « côté du corps »). CÔTE À CÔTE : l'un à côté de l'autre. *Marcher côte à côte.* « *Gravées sur sa tombe, deux dates côte à côte* » (GIRAUDOUX). ♦ 3° (1530, « ridelle »). Partie saillante de divers objets. *Côte de coupole. Côte de dôme.* — Listel qui sépare les cannelures d'une colonne. ◇ *Grosse nervure d'une feuille. Côte de choux, de salade.* — Division naturellement marquée sur certains fruits. *Côte de melon.* ◇ *Rayure saillante d'un tissu, d'un tricot. Étoffe, velours à côtes.* V. **Côtelé.** *Bas à côtes.*

II. ♦ 1° (v. 1150). Pente qui forme l'un des côtés d'une colline. V. **Coteau.** *Côte fertile, plantée de vigne, de bois. Les côtes du Rhône,* coteaux plantés de vignobles. *À mi-côte* : au milieu de la côte. ♦ 2° *Géogr.* Relief formé par un talus (front) et par un plateau en pente douce à l'opposé (revers), dans une zone à couches alternées dures et tendres. *Relief de côtes.* ♦ 2° Route en pente. V. **Montée, pente, raidillon.** *Monter la côte. Vitesse en côte d'une automobile.* ♦ 3° (1530). Rivage de la mer. V. **Bord, littoral, rivage.** *Côte sablonneuse.* V. **Plage.** *Côte escarpée.* V. **Falaise.** *Côte basse, marécageuse, accore. Les côtes de France. La côte d'Azur,* et ellipt. *La Côte. Route qui longe la Côte.* V. **Corniche.** *Navire qui va à la côte* : s'échoue. *Côte dangereuse.* — *Fig. Être à la côte* : être sans ressources, sans argent.

COTÉ, ÉE [kɔte]. *adj.* (1869, « admis en Bourse ». V. **Coter**). ♦ 1° (1888). Qui a une bonne cote, qui a la cote (4°). V. **Estimé.** *Être bien coté dans une assemblée.* ♦ 2° (1922). Caractérisé par des cotes (5°). *Croquis coté.*

CÔTÉ [kote]. *n. m.* (1080; lat. pop. °*costatum* « partie du corps où sont les côtes ». V. **Côte**). ♦ 1° Région des côtes (de l'aisselle à la hanche). V. **Flanc.** *Recevoir un coup dans le côté. Point de côté* : douleur aiguë ressentie au-dessous des côtes. *La partie droite ou gauche de tout le corps. Se coucher sur le côté. Porter l'épée au côté.* ◇ *À mes (vos, ses) côtés* : près de moi (vous, lui). « *Son sommeil qui la surprenait parfois sur l'herbe, à mes côtés* » (MAURIAC). ♦ 2° (XIIᵉ; *Choses*). Partie qui est à droite ou à gauche. V. **Latéral.** *Le milieu et les côtés. S'asseoir sur les côtés de la cheminée. Monter dans une voiture par le côté gauche. Les côtés de la route.* V. **Bas-côté.** *Liturg. rom. Le côté de l'épître* (droite), *de l'évangile* (gauche). *Les côtés d'un navire.* V. **Bord, flanc; bâbord, tribord.** *Côté sous le vent.* — *Théât. Côté cour, côté jardin* : le côtés droit et gauche de la scène. — *Côté avions* (sur un aérodrome). ◇ *Après* DE. *Mettez-vous de ce côté, de l'autre côté. Il habite de l'autre côté de la rue* : en face. *Regarder d'un côté, une chaise; de l'autre, l'armoire.* ♦ 3° (XIIIᵉ). Limite extérieure, ligne ou surface qui constitue la limite d'une chose. V. **Face, ligne, pan.** *Les quatre côtés d'un carré* (V. **Quadrilatère**). *Figure à trois côtés.* V. **Triangulaire.** *Les côtés d'une pyramide. Le bon, le beau côté d'une étoffe.* V. **Endroit.** *Le mauvais côté.* V. **Envers.** *Le beau côté d'une médaille* ou *côté face.* V. **Avers.** *Le mauvais côté.* V. **Revers.** *Les deux côtés d'une feuille de papier.* V. **Recto, verso.** ♦ 4° (*Abstrait*; XVIIᵉ). Manière dont les choses se présentent. V. **Aspect.** *Les bons et les mauvais côtés d'une entreprise.* V. **Contre, pour** (le pour et le contre). *Prendre une chose par le bon côté, par son côté* : avec optimisme. « *Le côté simple et naturel des choses ne se révèle à moi qu'après tous les autres* » (GAUTIER). « *Vous voilà à peu près fixés sur un des côtés de la question* » (COURTELINE). — *Les bons côtés de qqn.* V. **Qualité.** *Les petits côtés de qqn.* V. **Défaut, petitesse, travers.** « *Il n'est pas de belle cause, ni de bonnes gens, qui n'offrent des côtés ridicules* » (R. ROLLAND). ♦ 5° *Après* DE. V. **Endroit, partie, point.** *De ce côté-ci; de ce côté-là* : par ici, par là. — *De tout côté, de tous côtés, de toute part, partout. Courir de tous côtés,* çà et là. *De côté et d'autre,* par-ci, par-là. ◇ *Du côté de (sens concret)* : dans la direction de (avec mouvement) ou aux environs de (sans mouvement). *Il est parti du côté opposé au vôtre.* « *Du côté de chez Swann* » (PROUST). « *Il jetait parfois les yeux du côté de Jerphanion* » (ROMAINS). — *Se placer du côté de la fenêtre.* V. **Près** (de). ◇ (*Sens abstrait*) *De mon côté* : en ce qui me concerne; quant à moi; pour ma part. *De mon côté, j'essaie-*

rai de vous aider. « Laissez-moi faire; agissez de votre côté » (MOL.). Fam. De ce côté, il n'a rien à craindre : dans ce domaine. — Spécialt. V. **Parti; camp**. « La guerre peut être juste de deux côtés à la fois » (BENDA). Comptez sur lui, il est de votre côté. Mettre les rieurs de son côté. — (1280) V. **Parenté, ligne**. Parent du côté du père, du côté maternel. — Spécialt. Être né du côté gauche. V. **Bâtard**. ◇ Fam. CÔTÉ, suivi d'un nom sans article. En ce qui concerne, se rapporte à... Côté argent, tout va bien. Côté distractions, on ne se plaint pas. V. **Question**. ◇ Loc. adv. DE CÔTÉ. **A** De biais, de travers. Marcher de côté. Tournez-vous de côté. « Un jeune homme frétillant, le feutre posé de côté sur la tête » (MAC ORLAN). **B** Sur le côté. Se jeter de côté : un écart. **C** À l'écart ou en réserve. Laisser de côté. V. **Négliger, oublier**. Il a laissé son travail de côté pour vous voir. Mettre qqch. de côté, de l'argent de côté. V. **Économiser**. Ellipt. Le plaisir de « mettre de côté » (MAURIAC) : d'économiser. ♦ 6° Loc. adv. À CÔTÉ : à une distance proche. Il demeure à côté, tout à côté, tout près. La maison à côté, les gens d'à côté. V. **Proche, voisin**. — Passons à côté : dans la pièce voisine. Nous serons mieux à côté pour bavarder. Le coup est passé à côté, et ellipt. À côté! V. **Raté**. ◇ Un à-côté. V. **À-côté**. ◇ Loc. prép. À CÔTÉ DE. V. **Auprès (de), contre, près (de)**. Se placer, marcher à côté de qqn. Le salon est à côté de la salle à manger. — (Abstrait) Vos ennuis ne sont pas graves à côté des miens. V. **Comparaison (en)**. — Passer à côté d'une difficulté, et ne pas la voir. Vous êtes resté à côté de la question : hors du sujet. ◇ ANT. Poitrine, dos. Centre, milieu.

COTEAU [kɔto]. n. m. (1627; costel, v. 1130; cousteau, XVIᵉ; de côte). ♦ 1° Petite colline. V. **Colline, monticule**. Au pied du coteau. Les flancs, les versants d'un coteau. ♦ 2° Versant, pente d'une colline.

CÔTELÉ, ÉE [ko(ə)tle]. adj. (Costelé, XIIᵉ; de côte). Qui est couvert de côtes (tissu). Étoffe, velours côtelé : à côtes.

CÔTELETTE [ko(ə)tlɛt]. n. f. (XIVᵉ; de côte, I, 1°). ♦ 1° Bouch. Côte des animaux de taille moyenne (mouton, porc). Côtelette d'agneau, de porc. Manche de côtelette. Côtelettes découvertes : celles qui sont sous l'épaule. ♦ 2° Fam. Côte (humaine).

COTER [kɔte]. v. tr. (Vᵉ; de cote). ♦ 1° Marquer d'une cote (les pièces d'un dossier, les pages d'un registre). V. **Cote** (2°); **noter, numéroter**. ♦ 2° (1834). Indiquer le cours de (une valeur, une marchandise). V. **Cote** (3°); **estimer, évaluer**. Coter la rente, le change. Valeur cotée en Bourse. ◇ Coter un devoir d'élève. V. **Noter**. ◇ Faire plus ou moins de cas de (qqn, qqch.). V. **Apprécier, estimer; coté**. ♦ 3° (1863). Marquer les mesures sur (un plan, une carte). Coter une carte géographique : indiquer les cotes de niveau. Coter un dessin industriel. V. **Cote** (5°).

COTERIE [kɔtRi]. n. f. (1660; « association de paysans », 1376; de cotier, rac. germ. kote « cabane »; Cf. Cottage). (1688). Souvent péj. Réunion de personnes soutenant ensemble leurs intérêts. V. **Association, caste, chapelle, clan, clique, secte, tribu**. Coterie dirigée contre un personnage important. V. **Cabale, camarilla**. Coterie secrète. V. **Mafia**. Coterie littéraire, politique. « Les écoles, les sectes ne sont autre chose que des associations de médiocrités » (DELACROIX).

COTHURNE [kɔtyRn(ə)]. n. m. (v. 1500; lat. cothurnus, gr. kothornos). ♦ 1° Antiq. Chaussure montante à semelle très épaisse (spécialt. au théâtre). ♦ 2° Littér. Le cothurne, symbole du genre tragique (opposé à socque, brodequin).

COTICE [kɔtis]. n. f. (XIIIᵉ; de costice « ruban »; de coste « côte »; pièce en longueur »). Blas. Bande étroite traversant diagonalement l'écu.

COTIDAL, ALE, AUX [kɔtidal, o]. adj. (1878; mot angl., de co-, et tidal « de la marée »). Géogr. Courbe cotidale, passant par les points où la marée a lieu à la même hauteur.

CÔTIER, IÈRE [kotje, jɛR]. adj. (1690; costier en pente raide », 1539; de côte). Qui est relatif aux côtes, au bord de la mer. Navigation côtière. V. **Bornage, cabotage**. Bateau côtier, et subst. Un côtier. — Fleuve côtier : dont la source est proche de la côte. Région côtière.

COTIGNAC [kɔtiɲa(k)]. n. m. (1530; coudoignac, 1398; prov. codonat, de codonh « coing »; cot-, d'apr. lat. cotoneum). Confiture de coings, d'Orléans.

COTILLON [kɔtijɔ̃]. n. m. (1461; de cotte). ♦ 1° Ancienn. Jupon. « Cotillon simple et souliers plats » (LA FONT.). ♦ 2° Loc. Aimer, courir le cotillon : rechercher la compagnie des femmes. ♦ 3° (fin XVIIᵉ « danse collective avec cotillon »). Réunion accompagnée de danses et de jeux avec accessoires (chapeaux, serpentins, confettis, etc.). Objets pour bals et cotillons.

COTINGA [kɔtɛ̃ga]. n. m. (1765; d'un dial. amér.). Oiseau exotique, au plumage richement coloré.

COTIR [kɔtiR]. v. tr. (1265, « heurter »; lat. pop. °cottire « heurter ». V. **Cosser**). Vx ou région. (1690). Meurtrir (des fruits). Fruits cotis par la grêle.

COTISANT, ANTE [kɔtizɑ̃, ɑ̃t]. adj. et n. (mil. XXᵉ; de cotiser). Qui verse une cotisation.

COTISATION [kɔtizasjɔ̃]. n. f. (1515; de cotiser). ♦ 1° Imposition ou collecte d'argent. V. **Cotiser** (se). Souscrire à une cotisation. ♦ 2° (XVIIIᵉ). Quote-part. Payer, verser, envoyer sa cotisation. « Un cercle où il ne payait, comme seulement de lettres, qu'une cotisation très réduite » (ROMAINS). — Cotisation de Sécurité sociale, cotisation saisie sur le salaire de chaque assuré* social, versée par son employeur ou par lui-même à la Sécurité sociale. Cotisation de l'assuré et cotisation patronale.

COTISER (SE) [kɔtize]. v. pron. et intrans. (1587; cotiser qqn. 1513; de cote). I. V. pron. SE COTISER. Contribuer, chacun pour sa part, à réunir une certaine somme en vue d'une dépense commune. Se cotiser pour offrir un cadeau d'anniversaire à qqn. II. V. intr. COTISER. Ils ont tous cotisé : ils se sont cotisés. As-tu cotisé pour le cadeau? ◇ V. intr. Verser une somme régulière (V. **Cotisation**), à un organisme, une organisation, en échange des avantages qu'ils garantissent. Cotiser à un club. Cotiser à la Sécurité sociale. Oublier de cotiser.

COTON [kɔtɔ̃]. n. m. (fin XIIᵉ; it. cottone; de l'arabe qoton). ♦ 1° Filaments soyeux qui entourent les graines du cotonnier. Coton d'Égypte. V. **Jumel**. Balle de coton égrené. Industrie (filature, tissage) du coton. V. **Cotonnade**. Tissu de coton (andrinople, batiste, calicot, cellular, coutil, cretonne, éponge, finette, futaine, linon, lustrine, madapolam, nankin, nansouk, percale, pilou, piqué, plumetis, satinette, shirting, tarlatane, vichy, voile, zéphyr). Velours, voile, gabardine de coton. Matelas, couverture de coton. Chemise, bas de coton. ◇ Fil de coton. Coton à broder, à repriser. Coton mercerisé*. Coton perlé. ♦ 2° Coton hydrophile, dont on a éliminé les substances grasses et résineuses. V. **Ouate**. Fam. Morceau de coton. Mettre un coton sur une plaie. ◇ Fig. Élever un enfant dans du coton, en l'entourant de soins excessifs. « Cette éducation ridicule dans du coton » (N. SARRAUTE). ♦ 3° Loc. (1846). Filer un mauvais coton : être dans une situation dangereuse (au physique : santé; ou au moral : situation, réputation). — Avoir les jambes, les bras en coton : être très faible. ♦ 4° Adj. (attribut). Pop. (1771; des loc. jeter un vilain coton « se cotonner », filer un mauvais coton). Difficile, ardu. C'est coton, ce problème!

COTONNADE [kɔtɔnad]. n. f. (1615, « charpie »; de coton). Étoffe fabriquée avec du coton.

COTONNER (SE) [kɔtɔne]. v. pron. (XIIIᵉ; de coton). Se couvrir d'un léger duvet ressemblant aux filaments de coton. Lainage qui se cotonne.

COTONNEUX, EUSE [kɔtɔnø, øz]. adj. (1552; de coton). ♦ 1° Couvert d'un duvet. Feuille, tige cotonneuse. Fruit cotonneux. V. **Duveté, tomenteux**. ♦ 2° Semblable à de la ouate. « Des nuages cotonneux » (GAUTIER). Fig. Un style cotonneux : mou. — « Un gros bruit cotonneux » (SARTRE) : assourdi.

COTONNIER, IÈRE [kɔtɔnje, jɛR]. n. m. et adj. (1562; de coton). ♦ 1° N. m. Arbrisseau (Malvacées) aux fleurs jaunes ou pourpres, aux graines entourées de poils soyeux (V. **Coton**) qui fournissent aussi une huile alimentaire. ♦ 2° (1837). Adj. Qui a rapport au coton. Syndicat cotonnier. Industrie, coopérative cotonnière. ♦ 3° (1869) N. m. Ouvrier qui travaille le coton.

COTON-POUDRE [kɔtɔ̃pudR(ə)]. n. m. (1854; de coton, et poudre). Explosif formé de nitrocellulose (Syn. Fulmicoton).

CÔTOYER [kotwaje]. v. tr.; conjug. noyer (XIIᵉ; de côte). ♦ 1° Vx. Aller côte à côte avec. Côtoyer une armée. ♦ 2° Aller le long de. V. **Border, longer**. ♦ 3° Fig. Se rapprocher de. V. **Frôler; coudoyer**. « Il aimait frauder, tourner les règlements, côtoyer la légalité » (DUHAM.) Cela côtoie le ridicule.

COTRE [kɔtR(ə)]. n. m. (1780; angl. cutter « qui coupe » (l'eau). Petit navire à un seul mât.

COTRET [kɔtRɛ]. n. m. (Costerez, 1298; de coste. V. **Côte**. Vx. Petit fagot de bois court et de grosseur moyenne. Loc. Être sec comme un cotret. « Laide, sèche comme un cotret » (FLAUB.).

COTTAGE [kɔtɛdʒ(ə)]; kɔtaʒ]. n. m. (1754; mot angl. V. **Coterie**. Petite maison de campagne élégante, de style rustique.

COTTE [kɔt]. n. f. (1138; frq. °kotta). ♦ 1° Ancienn. Tunique. ◇ Cotte d'armes : casaque qui se mettait sur la cuirasse. Cotte de mailles : armure défensive à mailles métalliques. V. **Haubert**. ♦ 2° Vx. Jupe courte, plissée à la taille. Petite cotte de dessous. V. **Cotillon**. « Elle relevait sa jupe, et ses cottes de futaine noire » (SUARÈS). ♦ 3° Vêtement de travail, pantalon montant sur la poitrine. V. **Bleu, combinaison, salopette**. Ouvriers en cotte bleue. ◇ HOM. Cote.

COTUTELLE [kɔtytɛl]. n. f. (1868; de co-, et tutelle). Dr. Fonction dévolue au mari d'une tutrice (CODE CIV.).

COTUTEUR, TRICE [kɔtytœR, tRis]. n. (XVIᵉ; de co-, et tuteur). Dr. Personne chargée avec une autre de la tutelle d'un mineur.

COTYLE [kɔtil]. *n. f.* (1503; gr. *kotulé*). Anat. V. Cotyloïde.

COTYLÉDON [kɔtiledɔ̃]. *n. m.* (1314; gr. *kotulêdon* « creux, cavité »). ♦ 1° *Embryol.* Chacun des segments polygonaux, délimités par des cloisons, à la surface utérine du placenta humain ou animal. ♦ 2° *Bot.* (XVIIIᵉ). Feuille ou lobe séminal qui naît sur l'axe de l'embryon (réserve nutritive de la plantule). *Les phanérogames angiospermes sont à un ou deux cotylédons* (V. **Mono-, dicotylédone**).

COTYLOÏDE [kɔtilɔid]. *adj.* (1721; de *cotyle*). Anat. En forme de cupule. *Cavité cotyloïde* (ou *cotyle*) : cavité de l'os coxal dans laquelle s'articule la tête du fémur (adj. COTYLOÏDIEN, IENNE [kɔtylɔidjɛ̃, jɛn]).

COU [ku] ou *(vx)* **COL** [kɔl]. *n. m.* (Col, XIᵉ; lat. *collum*). ♦ 1° Partie du corps de certains vertébrés qui unit la tête au tronc. *Cou des oiseaux, des mammifères.* « *Le héron au long bec emmanché d'un long cou* » (LA FONT.). ◇ (Homme) *Devant* (V. **Gorge**), *arrière* (V. **Nuque**) *du cou.* — Anat. *Relatif au cou.* V. **Cervical.** *Vertèbres du cou* (atlas, axis). *Artères* (carotide), *veines* (jugulaire), *glandes* (thymus, thyroïde) *du cou. Cartilage saillant du cou.* V. **Pomme** (d'Adam). — Cour. *Avoir un long cou. Cou engoncé dans les épaules. Cou de taureau,* large, puissant. *Cou de cygne,* long, souple. « *La chair de leurs cous blancs brodés de mèches folles* » (RIMBAUD). — *Partie du vêtement qui entoure le cou.* V. **Col, collerette, encolure.** *Robe qui dégage le cou.* V. **Décolleté.** *Envelopper le cou dans un cache-col, un tour de cou. Ouvrir un bijou, un pendentif au cou.* V. **Chaîne, collier.** ◇ LOC. *Sauter, se jeter, se pendre au cou de qqn* : l'embrasser avec effusion. *Serrer le cou.* V. **Étrangler.** *Tordre le cou* : donner la mort par strangulation. *Tordre le cou à un poulet. Mettre à qqn la corde au cou* : pour le pendre. *Couper le cou* : trancher la tête. V. **Décapiter; décollation.** Fig. *Se rompre, se casser le cou* (le *col*) : se blesser, perdre ses avantages. V. *aussi* **Casse-cou.** — *Laisser, mettre la bride sur le cou* : lâcher les rênes d'un cheval; *fig.* laisser toute liberté à qqn. — *Prendre ses jambes à son cou* : faire de grandes enjambées en se sauvant; partir au plus vite. — *Être dans l'eau, dans le bain jusqu'au cou.* Fig. (XVᵉ) *Jusqu'au cou* : complètement. *Endetté jusqu'au cou.* ♦ 2° Par anal. *Le cou ou le col d'une bouteille, d'une cruche* : le goulot. — Fig. et pop. *Casser le cou à une bouteille.* ♦ 3° *Cou-rouge* : le rouge-gorge. *Cou-tors* : le torcol. ⊗ HOM. *Coup, coût.*

COUAC [kwak]. *n. m.* (1530; onomat.). Son faux et discordant. V. **Canard.** *Trompette qui fait un couac.*

COUARD, ARDE [kwar, ard(ə)]. *adj. et n.* (1080; de *coe* « queue »; « qui a la queue basse »). Littér. ou région. Qui est lâchement peureux. V. **Capon, lâche, poltron.** « *Je hais l'idéalisme couard, qui détourne les yeux des misères de la vie* » (R. ROLLAND). ◇ ANT. **Courageux.**

COUARDISE [kwardiz]. *n. f.* (1080; de *couard*). Vx. Caractère de celui qui est couard. V. **Lâcheté, poltronnerie.**

COUCHAGE [kuʃaʒ]. *n. m.* (1657; de *coucher*). ♦ 1° Action de coucher, de se coucher. *Le couchage des troupes.* ♦ 2° Par ext. Ensemble des objets qui servent au coucher. *Matériel de couchage.* V. **Literie.** *Sac de couchage,* pour le campement. V. **Duvet.**

COUCHAILLER [kuʃaje]. *v. intr.* (XXᵉ; de *coucher*, II, 3°, et suff. *-ailler*). Fam. Avoir des aventures sans lendemain. V. **Coucher**, II, 3° (se dit surtout d'une femme).

COUCHANT, ANTE [kuʃɑ̃, ɑ̃t]. *adj. et n. m.* (XIIᵉ; de *coucher*). Qui se couche. ♦ 1° (XIIᵉ). *Soleil couchant* : près de disparaître dans l'horizon. « *Les clochers que le soleil couchant ensanglantait de ses feux* » (CHATEAUB.). ◇ (XVIIᵉ) N. m. Le côté de l'horizon où le soleil se couche (V. **Occident, ouest, ponant**) son aspect. — *Maison exposée au couchant.* « *Au couchant rouge encore* » (SUARÈS). ♦ 2° (1624). *Chien* couchant. Fig. *Faire le chien couchant* : être servile.

COUCHE [kuʃ]. *n. f.* (XIIᵉ; de *coucher*). I. ♦ 1° Vx ou *poét.* Lit. *Partager la couche de qqn. Couche nuptiale.* « *Je me confonds à la douce chaleur de ma couche* » (VALÉRY). ♦ 1° (1505). Linge dont on enveloppe les bébés au-dessous de la ceinture. V. **Lange, pointe.** *Emmailloter un bébé dans ses couches. Couche-culotte.* ♦ 3° (1505). COUCHES : alitement de la femme qui accouche. V. **Accoucher.** *Être en couches.* — *Enfantement. Couches laborieuses, pénibles.* ◇ *Fausse-couche* : avortement.

II. ♦ 1° (1268). Substance plus ou moins épaisse étalée sur une surface. V. **Croûte, enduit, pellicule.** *Couche de peinture, de vernis. Couche d'argent, d'or, de platine.* V. **Argenture, dorure, platinage.** *Étaler une couche de beurre sur une tartine.* « *C'est à peine si l'on voyait sa figure sous une voilette et une couche de poudre* » (CHARDONNE). ◇ Fig. et pop. *Avoir, en tenir une couche* : faire preuve d'une grande sottise. ♦ 2° *Hortic.* (1538). Carré de fumier mêlé à la terre pour favoriser la croissance de certaines plantes. V. **Planche, semis.** *Châssis de couche. Champignons de couche.* ♦ 3° *Disposition d'éléments en zones superposées.* V. **Lit.** — Géol. *Assise, banc, formation, lit, strate. Couches horizontales, inclinées, parallèles. Couche sédimentaire.* V. **Alluvion, sédi-**ment. *Couches stratifiées. Couche de calcaire, d'argile.* — Par ext. V. **Région, sphère.** *Couches de l'atmosphère.* ♦ 4° (1872). Fig. Catégorie, classe. *Les couches sociales.* ♦ 5° *Phys.* Niveau caractérisant l'état d'un certain nombre d'électrons liés à un noyau.

III. (de *couché* « horizontal »). ♦ 1° *Plaque de couche d'un fusil* (1680, *couche*), semelle de la crosse. ♦ 2° *Arbre* de *couche* : pièce de transmission.

COUCHÉ, ÉE [kuʃe]. *adj.* (V. **Coucher**). ♦ 1° Étendu sur un lit, et *par ext.* sur quoi que ce soit. *Être couché sur un brancard. Rester couché. Être couché à terre, inanimé.* V. **Gésir.** « *Debout ou couché, disait-il* » (MART. du G.). ♦ 2° Courbé, incliné, penché. *Blés couchés. Écriture couchée.* — Géol. *Pli couché.* ♦ 3° *Papier couché* : papier enduit d'une couche fine de plâtre, de kaolin (pour la reproduction d'illustrations).

1. COUCHER [kuʃe]. *v.* (Couchier, 1080; lat. *collocare* « placer, étendre »). I. *V. tr.* ♦ 1° Mettre au lit. *Coucher un enfant. Coucher un malade.* V. **Aliter.** — Par ext. *Je ne peux pas vous coucher* : je ne peux pas vous offrir de lit. ◇ *Coucher qqn sur le carreau.* V. **Terrasser.** ♦ 2° (XVᵉ). Rapprocher de l'horizontale ce qui est naturellement vertical. V. **Courber, incliner, pencher.** *Coucher une échelle le long d'un mur.* « *Le violoniste couchant sa joue sur son violon* » (ROMAINS). *La tempête coucha le bateau.* « *Le vent couchait la pluie presque horizontalement, comme des épis de blé* » (RENARD). ◇ *Coucher un fusil en joue* : l'ajuster à l'épaule et contre la joue pour tirer. V. **Épauler.** Par ext. *Coucher qqn en joue* : le viser. ♦ 3° (1283) Fig. Mettre par écrit. V. **Consigner, inscrire, porter.** *Coucher une clause, un article dans un acte, un contrat. Coucher qqn sur son testament.*

II. *V. intr.* (XIᵉ). ♦ 1° S'étendre pour prendre du repos. *Coucher dans un lit, dans des draps, sur un matelas. Coucher à plat, sans oreiller. Coucher sur le dos, sur le côté. Coucher tout habillé. Chambre à coucher.* — Spécialt. *Allez coucher* : se dit à un chien que l'on veut éloigner. V. **Dormir, gîter.** *Coucher chez soi, chez des amis, à l'hôtel. Coucher dehors* (V. **Découcher**). Fig. et fam. *Un nom à coucher dehors* : difficile à prononcer et à retenir. *Coucher sous la tente. Coucher sous les ponts, à la belle étoile.* ♦ 3° *Coucher avec qqn* : partager son lit, sa chambre avec lui. Fam. *Coucher ensemble.* — Absolt. *Coucher, avoir des relations sexuelles avec qqn. Elle couche avec tout le monde.* Absolt. *Coucher,* avoir des relations sexuelles. « *Tout le monde couche, non?* » (ARAGON).

III. *V. pron.* (XIᵉ). ♦ 1° Se mettre au lit (pour se reposer, dormir). V. **Allonger** (s'), **étendre** (s'); Cf. *fam.* *Aller au dodo, au page. Se bâcher, se pager, se pageoter, se pagnoter, se pieuter, se plumarder, mettre la viande* (ou *se mettre*) *dans les bâches, les toiles. Se coucher à plat ventre. Malade, il a dû se coucher.* V. **Aliter.** — *Se coucher tôt.* Fam. *Se coucher comme les poules* : de très bonne heure. *C'est l'heure de se coucher.* — Fig. et fam. *Allez vous coucher* : laissez-moi tranquille; fichez-moi la paix. *Va te coucher!* PROV. *Comme on fait son lit on se couche* : il faut subir les conséquences de ses actes. ♦ 2° S'étendre, se courber (par qqch.). *Les rameurs se couchent sur les avirons. Chien qui se couche à la chasse.* V. **Couchant.** — *Se coucher à terre en témoignage d'adoration.* V. **Prosterner** (se). ◇ *Le navire se couche sur le flanc.* V. **Renverser** (se). ♦ 3° (Soleil, astres). Descendre sous l'horizon. V. **Couchant, couche** (2). *Le soleil se couchera dans une heure.*

◇ ANT. *Lever; dresser.*

2. COUCHER [kuʃe]. *n. m.* (XIIᵉ; de *coucher* 1). ♦ 1° Action de se coucher. *C'est l'heure du coucher.* « *Au coucher des oiseaux* » (COLETTE). — Hist. *Le coucher du roi* : réception qui précédait son coucher. *Le petit coucher.* ♦ 2° (1694). Le fait de coucher dans un lieu. *Il ne paya rien pour son coucher.* V. **Gîte.** *Le coucher et la nourriture.* ♦ 2° (1564). Moment où un astre descend et se cache sous l'horizon. *Au coucher du soleil.* V. **Crépuscule; couchant.** *Un coucher de soleil.* Peint. *Tableau qui représente le coucher du soleil.* ◇ ANT. *Lever.*

COUCHERIE [kuʃri]. *n. f.* (1760; de *coucher*). Pop. Commerce charnel. « *Des liaisons sans amitié et des coucheries sans amour* » (CHAMFORT).

COUCHETTE [kuʃɛt]. *n. f.* (XIVᵉ; de *couche*). ♦ 1° Petit lit. « *Deux couchettes d'enfants, sans matelas* » (FLAUB.). ♦ 2° Mar. Lit de bord escamotable. *Cabine à un lit et une couchette.* — Ch. de fer. *Compartiment à couchettes* (différent de wagon-lit).

COUCHEUR, EUSE [kuʃœr, øz]. *n.* (XVIᵉ; de *coucher*). Loc. *fig.* (1832). *Mauvais coucheur* : personne de caractère difficile. V. **Hargneux, querelleur.**

COUCHIS [kuʃi]. *n. m.* (1694; de *coucher* « étaler »). Techn. ♦ 1° Lit de sable, de terre où l'on dispose un pavage. ♦ 2° *Couchis de lattes d'un plancher.* V. **Lattis.**

COUCHOIR [kuʃwar]. *n. m.* (1680; de *coucher*). Techn. Palette du doreur (pour « coucher » l'or). V. **Couche.**

COUCI-COUÇA [kusikusa]. *loc. adv.* (altér. d'apr. *comme ci, comme ça,* de *coussi coussi* (1648) ; it. *cosi cosi* « ainsi ainsi »). *Fam.* À peu près, ni bien ni mal. *Comment allez-vous? Couci-couça.*

COUCOU [kuku]. *n. m.* (fin XIIe ; lat. *cuculus,* onomat. ; Cf. Cocu).
I. *N.* ♦ 1° Oiseau grimpeur, de la taille d'un pigeon, au plumage gris cendré barré de noir. *La femelle du coucou pond ses œufs dans le nid des bruants, des bergeronnettes, des fauvettes.* « *Vous allez encore entendre le coucou. C'est le plus simple et le plus monotone des chants d'oiseaux* » (DUHAM.). ♦ 2° (1835). *Pendule à coucou,* et ellipt. *Un coucou :* pendule dont la sonnerie imite le cri du coucou. ♦ 3° Nom courant de la primevère sauvage, à haute tige et fleurs jaunes. ♦ 4° (v. 1800). Ancienne voiture publique à deux roues. *Mod.* Avion d'un modèle ancien. *Les coucous de la guerre de 14.*
II. *Exclam.* (XVIIe). Cri des enfants qui jouent à cache-cache. *Coucou, me voilà!*

COUCOUMELLE [kukumɛl]. *n. f.* (1836 ; prov. mod. *coucoumèlo*). Oronge blanche (champignon).

COUDE [kud]. *n. m.* (XIVe ; *code,* XIIIe ; *keute,* XIIe ; lat. *cubitus*). ♦ 1° Partie du membre supérieur, saillante lorsque l'avant-bras est fléchi, située en arrière de l'articulation du bras et de l'avant-bras. V. **Cubital** (*anat.* partie du membre supérieur correspondant à l'articulation entre le bras et l'avant-bras). *Le coude et la saignée* du bras. Du coude.* V. **Cubital.** *S'appuyer sur le coude.* V. **Accouder** (s'). *Coudes au corps :* les coudes serrés contre les flancs (pour courir). *Donner un coup de coude à qqn, pousser qqn du coude pour l'avertir. Se frotter les mains dans l'eau jusqu'au coude.* ◇ *Fig.* et *fam. Se fourrer le doigt dans l'œil jusqu'au coude :* se tromper lourdement. *Lever le coude :* boire beaucoup. — *L'huile de coude :* l'énergie. *Mettre de l'huile de coude pour parvenir à un résultat.* — *Ne pas se moucher du coude :* être prétentieux. ◇ *Coude à coude :* très proche l'un de l'autre. *Travailler coude à coude,* côte à côte. — *Subst. Un coude à coude fraternel.* — *Fig. Se serrer les coudes :* s'entraider. ◇ *Jouer des coudes,* pour se frayer un passage à travers une foule. — *Fig.* Manœuvrer aux dépens des autres. « *Une société où, pour s'avancer, il fallait jouer des coudes* » (FRANCE). ♦ 2° (1352 ; armure). *Par ext.* Partie de la manche d'un vêtement, qui recouvre le coude. *Veste trouée, lustrée aux coudes.* ♦ 3° (1611). Angle saillant que présentent certains objets. V. **Angle, saillie.** *Arbre de transmission à deux coudes. Coude d'une baïonnette. — Coudes d'une rivière. Coude d'une route.* V. **Détour, méandre.** « *Brusquement, à un coude du chemin* » (ZOLA). V. **Courbe, tournant.** — *Plur.* Pâtes alimentaires en forme de coude.

COUDÉ, ÉE [kude]. *adj.* (V. **Couder**). Qui présente un coude. *Tuyau, levier coudé.* ◇ HOM. **Couder.**

COUDÉE [kude]. *n. f.* (*Coltee* XIIe ; de *coude*). ♦ 1° *Ancienn.* Mesure de longueur (50 cm). — *Fig. Dépasser qqn de cent coudées* (en valeur). ♦ 2° (1611). *Avoir ses coudées franches :* la liberté d'agir. ◇ HOM. **Couder.**

COU-DE-PIED [kudpje]. *n. m.* (XIIe ; de *cou,* et *pied*). Partie antérieure et supérieure du pied, entre la cheville et la base des os métatarsiens.

COUDER [kude]. *v. tr.* (1493 ; de *coude*). Plier en forme de coude. V. **Plier.** *Couder une barre de fer.* ◇ ANT. **Redresser.** — HOM. **Coudé, coudée.**

COUDOIEMENT [kudwamã]. *n. m.* (1832 ; de *coudoyer*). Action de coudoyer, contact. « *Les coudoiements familiers vous donnent seulement l'illusion de la fraternité humaine* » (MAUPASS.).

COUDOYER [kudwaje]. *v. tr. ;* conjug. *noyer* (1588 ; de *coude*). ♦ 1° *Vx.* Heurter qqn du coude. *Mod.* Passer fréquemment près de. V. **Frôler.** *Coudoyer des inconnus dans la foule.* « *Il se laissait coudoyer par une foule assez sale* » (GIRAUDOUX). ♦ 2° *Fig.* Être en contact avec. V. **Côtoyer.** « *Il n'est idée ni phrase « reçue » où la bêtise ne coudoie la méchanceté* » (PAULHAN).

COUDRAIE [kudrɛ]. *n. f.* (XIIe ; de *coudre* « coudrier »). Terrain planté de coudriers (noisetiers).

COUDRE [kudʀ(ə)]. *v. tr. :* je *couds,* il *coud, nous cousons* ; je *cousais* ; je *coudrai* ; je *coudrais* ; *cousu, que je couse* ; *que je cousisse* ; *cousant* ; *cousu* (XIIe ; lat. pop. °*cosere,* class. *consuere,* de *suere* « coudre »). Assembler au moyen d'un fil passé dans une aiguille. ♦ 1° (Tissu, étoffe). *Coudre une pièce, un bouton à un vêtement. Coudre une marque sur du linge. Coudre deux morceaux de tissus. Coudre ce qui était décousu.* V. **Recoudre ; raccommoder.** ◇ *Coudre une robe, un vêtement :* assembler, coudre ses éléments. V. **Couture ; monter.** *Vêtement cousu à la main.* V. **Cousu** (main). — *Absolt. Savoir coudre. Personnes dont le métier est de coudre.* V. **Couturière ; tailleur.** *Coudre à la main ; à la machine* (V. **Piquer**). *Machine à coudre* (à main, à pied, électrique). *Dé à coudre.* ♦ 2° *Techn. Coudre les cahiers d'un livre.* V. **Brocher.** *Coudre une semelle.* V. **Piquer.** — *Chir. Coudre une plaie :* la fermer au moyen d'un fil. V. **Suturer.** ◇ ANT. **Découdre.**

COUDRIER [kudʀje]. *n. m.* (1503 ; de l'a. fr. *coudre,* n. m. ; lat. pop. °*colurus,* class. *corylus*). Autre nom du noisetier*. *Baguette de coudrier du sourcier. Plantation de coudriers.* V. **Coudraie.**

COUENNE [kwan]. *n. f.* (1265 ; lat. pop. °*cutinna ;* de *cutis* « peau »). ♦ 1° Peau de porc, flambée et raclée. ♦ 2° *Pop.* Injure. *Quelle couenne!* ♦ 3° *Méd.* Altération de la peau, d'une membrane.

COUENNEUX, EUSE [kwanø, øz]. *adj.* (1655 ; de *couenne*). Qui ressemble à la couenne. — *Méd.* Qui est couvert d'une couenne. *Angine couenneuse.* V. **Membraneux.**

1. COUETTE [kwɛt]. *n. f.* (*Coute,* XIIe ; lat. *culcita* « oreiller ». V. **Courtepointe**). ♦ 1° *Région.* Lit de plumes. *Coucher sur une couette.* ♦ 2° (XVIIe). *Techn.* Pièce de métal sur laquelle pivote un arbre. V. **Crapaudine.** — Pièce sur laquelle s'élève la charpente d'un navire en bois.

2. COUETTE [kwɛt]. *n. f.* (XIIIe ; de *queue*). *Vx.* Petite queue. *Fam.* Mèche ou touffe de cheveux retenue par une barrette, un lien. *Coiffure à couettes.*

COUFFE [kuf] *n. f.* ou **COUFFIN** [kufɛ̃]. *n. m.* (1666, -1841 ; prov. mod. *coufo.* bas lat. *cophinus* « panier, » par l'arabe). Grand cabas. — Le contenu d'une couffe. « *Il prit une couffe de raisins* » (FLAUB.).

COUFIQUE ou **KÛFIQUE** [kufik]. *adj.* (1845 ; de *Coufa, Kûfa,* ville d'Irak). *Écriture coufique,* dont se servaient les Arabes avant le quatrième siècle de l'hégire.

COUGUAR [kug(w)aʀ] ou **COUGOUAR** [kugwaʀ]. *n. m.* (1761 ; port. *cucuarana,* du tupi *susuarana,* d'apr. *jaguar*). Autre nom moins courant du *puma.*

COUIC! [kwik]. *interj.* (attesté 1809). Onomatopée imitant un petit cri, un cri étranglé. — *Par ext.* Mot qui symbolise le fait de tordre le cou. « *La serine est partie et le mâle a attrapé la cerise : couic, terminé* » (FERNIOT).

COUILLE [kuj]. *n. f.* (XIIe ; *coil ;* lat. pop. *colea,* lat. class. *coleus*). *Vulg.* Testicule. *Loc. Il n'a pas de couilles,* il est mou, lâche. *Couille molle,* homme sans courage. — *Partir en couilles,* se gaspiller, ne pas aboutir.

COUILLON [kujɔ̃]. *n. m.* (XIIIe ; lat. pop. °*coleo, -onis,* de *coleus* « sac de cuir »). ♦ 1° *Vx.* Testicule. ♦ 2° (XVIe). *Fig.* (*très fam.*). Imbécile. V. **Con.** *Quel pauvre couillon! C'est un brave couillon.* — *Région.* (Midi). *Il est un peu couillon.* — Au fém., COUILLONNE.

COUILLONNADE [kujɔnad]. *n. f.* (*coyonnade,* 1592 ; de *couillon*). *Très fam.* Niaiserie, imbécillité, acte ou parole de couillon (2°). V. **Connerie.** *Il a encore fait, dit une couillonnade. C'est de la couillonnade.*

COUILLONNER [kujɔne]. *v. tr.* (1656 ; de *couillon*). Tromper, duper. *Se faire couillonner.* « *Pauvre papa, empoisonné par ses souvenirs de Verdun et une fois de plus couillonné* » (BORY).

COUINEMENT [kwinmã]. *n. m.* (fin XIXe ; de *couiner*). Cri bref et aigu de certains mammifères (lièvre, lapin...). « *Les mots d'un seul homme sont pareils à des couinements de rat* » (LE CLÉZIO).

COUINER [kwine]. *v. intr.* (fin XIXe ; onomat.). *Fam.* Pousser de petits cris (V. **Couinement**). — *Par ext.* (pers.). *Trans.* et *pop.* Dire sur un ton aigu. V. **Piailler.**

COULAGE [kulaʒ]. *n. m.* (fin XVIe, mar. ; de *couler*). ♦ 1° (XIXe). Action de couler (II, 1°). *Coulage de la lessive.* V. **Blanchissage.** — *Coulage d'une statue, d'un métal en fusion. Coulage et moulage du verre. Coulage de pièces céramiques.* V. **Barbotine.** ♦ 2° *Fig.* et *fam.* (1863). Gaspillage, chapardage. *Maîtresse de maison qui se plaint du coulage.* — *Tenir compte du coulage dans une entreprise.*

1. COULANT, ANTE [kulã, ãt]. *adj.* (XIIe, *porte colant* « à coulisse » ; de *couler,* II, 2°). ♦ 1° *Vx.* Qui glisse. V. **Coulissant.** *Mod. Nœud coulant,* formant une boucle qui se resserre quand on tire. ♦ 2° (1538). Qui coule facilement. *Vin coulant :* léger et agréable à boire. ♦ 3° (1559). *Fig.* Qui semble se faire aisément, sans effort. V. **Agréable, aisé, facile.** *Style coulant.* ♦ 4° *Fam.* Accommodant, facile. *Professeur qui se montre coulant.* V. **Indulgent.** ◇ ANT. **Serré. Difficile. Sévère.**

2. COULANT [kulã]. *n. m.* (XVIe ; de *couler*). ♦ 1° Pièce qui glisse le long de qqch. V. **Anneau.** *Coulant d'une ceinture.* ♦ 2° *Bot.* Rejeton d'une plante rampante. *Le coulant des fraisiers.* V. **Stolon.**

1. COULE [kul]. *n. f.* (*Cole,* XIIe ; lat. *cuculla.* V. **Cagoule**). Vêtement à capuchon porté par certains religieux.

2. COULE (A LA) [alakul]. *loc. adv.* (1866 ; de *couler*). *Pop. Être à la coule :* au courant, averti (Cf. *pop.* Affranchi) ; bien connaître son affaire. *Un type à la coule.*

COULÉ [kule]. *n. m.* (1736 ; de *couler*). ♦ 1° *Mus.* Passage sans interruption d'une note à l'autre. V. **Liaison.** *Le coulé s'indique par une courbe horizontale* ⌢. ♦ 2° (1762). Pas de danse glissé. ♦ 3° *Billard.* Coup par lequel une bille doit en toucher une autre de manière à pouvoir la suivre.

COULÉE [kule]. *n. f.* (1500, « glissade » ; de *couler*).

♦ 1° (1845). Action de jeter en moule. *La coulée d'un métal. Surveiller la coulée.* — Masse de matière en fusion que l'on verse dans un moule. *Trou de coulée.* ♦ 2° Action de s'écouler; son résultat. *Une coulée de lave.* V. **Flot.**

COULEMELLE [kulmɛl]. *n. f.* (fin XVIe; lat. *columella*). Nom commun de la lépiote (champignon).

COULER [kule]. *v. (Coler,* XIIe; lat. *colare).*
I. *V. intr.* Ⓐ ♦ 1° (XIIe). Se déplacer, se mouvoir naturellement (liquides). V. **Écouler** (s'), **fluer.** *Eau qui coule d'une source.* V. **Jaillir, sourdre.** *Couler fort, à flots.* V. **Ruisseler.** *Rivière qui coule lentement, vers un fleuve* (V. **Affluer, confluer**). *Eau qui coule d'un robinet, d'un tonneau.* V. **Déverser** (se), **dégouliner, dégoutter, répandre** (se). ♦ 2° S'échapper au dehors (humeurs). Littér. *Laisser couler ses larmes :* épancher ses pleurs. — *Sang qui coule d'une blessure. Le sang coule dans les veines.* V. **Circuler.** — Fig. *Faire couler le sang :* être la cause d'une guerre, d'un massacre. *Le sang a coulé :* il y a eu des blessés. — *La sueur coulait sur son front,* « *lui coulait du front* » (SAND). ♦ 3° Fig. *L'argent lui coule des doigts.* V. **Glisser, fuir.** — Littér. *Le temps coule.* V. **Écouler** (s'), **fuir, glisser, passer.** « *L'homme n'a point de port, le temps n'a point de rive; Il coule, et nous passons!* » (LAMART.). ♦ 4° Loc. *Couler de source :* être la conséquence normale. V. **Découler.** « *Cette idée-mère une fois arrêtée, tout le reste a coulé de source* » (BRILLAT-SAV.). ♦ 5° (1611). Avorter à la floraison (arbres fruitiers, vigne). Ⓑ (XVe). Laisser échapper un liquide. *Tonneau qui coule de toutes parts.* V. **Fuir, vider** (se). *Stylo qui coule :* qui laisse échapper l'encre. — *Nez qui coule :* duquel s'écoulent des humeurs. Ⓒ (1527, *couler bas*). S'enfoncer dans l'eau. *Le navire a coulé à pic.* V. **Sombrer.** « *Les naufragés qui coulent dans les eaux noires et profondes* » (LOTI). Cf. *ci-dessous* (II, 4°).

II. *V. tr.* ♦ 1° (1690). « filtrer », XIIe). Faire passer un liquide d'un lieu à un autre. V. **Verser.** *Couler la lessive. Couler un liquide à travers un filtre, un linge,* passer. ◇ (1680) Jeter dans le moule (une matière en fusion). V. **Mouler.** *Couler de la cire, du bronze.* — Typogr. *Couler une matière dans l'empreinte d'une forme.* V. **Clicher.** — Fig. *Couler sa pensée dans les mots :* la mettre en forme (comme un moule). ◇ Spécialt. (Faire fondre [un métal]). *Couler une bielle*,* faire fondre l'alliage dont elle est chemisée et sans lequel elle ne peut fonctionner. ♦ 2° (XIIIe; V. **Coulisse**). Faire passer doucement, en un lieu dans un autre. V. **Glisser, passer.** « *Il coule sans bruit sa clef dans la serrure* » (FRANCE). ◇ Fig. « *Elle était venue lui couler à l'oreille un mot de recommandation* » (FRANCE). « *Il coule vers elle un sourire, un regard* » (ROMAINS) : Cf. En coulisse. ◇ *Couler un pas de danse.* V. **Coulé.** — Billard. *Couler une bille.* V. **Coulé.** ♦ 3° (Cf. Le temps coule). *Couler une vie heureuse, des jours heureux.* V. **Passer.** — Fam. *Se la couler douce :* mener une vie heureuse, sans complication (ne pas s'en faire). ♦ 4° Faire s'enfoncer dans l'eau (un navire). *Couler son propre navire.* V. **Saborder.** ◇ Fig. Perdre dans l'estime d'autrui. *On l'a coulé.*

III. (De II, 2°) **SE COULER.** *v. pron.* Passer d'un lieu à un autre, sans faire de bruit. V. **Glisser** (se). « *En se coulant le long des murs* » (BALZ.). — *Se couler dans son lit. Se couler adroitement dans la foule.* V. **Faufiler** (se). *Se couler doucement, furtivement, sans bruit.* V. **Introduire** (s'), **pénétrer.**

COULEUR [kulœr]. *n. f. (Color,* 1080; lat. *color, oris).*
I. ♦ 1° Caractère d'une lumière, de la surface d'un objet (indépendamment de sa forme), selon l'impression visuelle particulière qu'elles produisent *(une couleur, les couleurs);* propriété que l'on attribue à la lumière, aux objets de produire une telle impression *(la couleur). La couleur, les couleurs d'un objet.* V. **Coloris, nuance, teinte, ton; chromo-.** *Couleur claire; foncée; franche, vive. Couleur tendre, pâle, passée. Couleur changeante* (moirure, reflet). *D'une seule couleur.* V. **Monochrome, uni; camaïeu, grisaille.** *D'une couleur.* V. **Bariolé, bigarré, chamarré, chiné, diapré, jaspé, moucheté, multicolore, panaché, polychrome.** « *Les parfums, les couleurs et les sons se répondent* » (BAUDEL.). — *D'une couleur de violette.* Adj. *Des rubans couleur chair, couleur paille.* ◇ Sc. *La sensation de couleur est fonction des propriétés physiques de la lumière* (longueur d'onde) *et de sa diffusion. La lumière blanche* (solaire) *est décomposée par le prisme en couleurs dites spectrales* (violet, indigo, bleu, vert, jaune, orangé, rouge). *Couleurs fondamentales :* jaune, rouge et bleu. — *Trouble dans l'appréciation des couleurs* (daltonisme). V. **Coi.** fig. *Juger d'une chose, parler de qqch. comme un aveugle des couleurs. Des goûts et des couleurs il ne faut pas disputer.* ◇ Spécialt. *Porter les couleurs d'une dame :* inclure dans son costume les couleurs qu'elle affectionne. — Courses. *Les jockeys portent les couleurs d'une écurie.* Sports. *Les couleurs d'un club.* ◇ *Couleurs du blason.* V. **Émail; azur, gueules, sable, sinople; hermine, vair, contre-hermine, contre-vair.** ♦ 2° (1376). Les zones colorées d'un drapeau. *Les couleurs nationales. Les trois couleurs* (françaises). — Mar. et Armée. *Les couleurs.* V. **Drapeau, pavillon.** *Envoyer, hisser les couleurs.*

Aux couleurs! Amener les couleurs : faire descendre le drapeau. ♦ 3° (1694). Chacune des quatre marques, aux cartes. V. **Carreau, cœur, pique, trèfle.** *Avoir les quatre couleurs dans son jeu.* — Spécialt. V. **Atout.** *Jouer dans la couleur. Annoncer la couleur* (proposer aux autres joueurs une couleur qui servira d'atout). Fig. et fam. *Annoncez la couleur :* dites ce que vous avez à dire. ♦ 4° (XIe). *Les couleurs :* carnation rose de la figure. *Perdre ses couleurs. Reprendre des couleurs.* ◇ *Être haut en couleur :* avoir un teint très coloré. — *Changer de couleur,* par émotion, colère : blanchir, pâlir, rougir. ◇ *Homme, femme, de couleur,* qui n'appartient pas à la race blanche (se dit surtout des Noirs). ♦ 5° Teintes, coloris employés dans un tableau. *Le fondu des couleurs. Couleurs contrastées, opposées. Gamme, harmonie, symphonie de couleurs.* V. **Palette.** — *Couleur générale d'un tableau :* l'impression d'ensemble donnée par le coloris. *Couleur locale* (Cf. *ci-dessous,* 6°). — *Les arts de la couleur.* V. **Peinture; émail, fresque, mosaïque, tapisserie.** ♦ 6° *Couleur locale :* couleur propre à chaque objet, indépendant de la distribution des lumières et des ombres. — Fig. Ensemble des traits extérieurs caractérisant les personnes et les choses dans un lieu, dans un temps donné. *L'abus de la couleur locale, du pittoresque. Un paysage, une scène qui font très couleur locale.* V. **Pittoresque.**

II. (XIIe). Toute couleur autre que blanc, noir ou gris; spécialt. Couleur vive. *Aimer la couleur, les couleurs. Vêtements noirs ou de couleur. Laver le blanc et la couleur. Film, carte postale en couleurs* (opposé à : en noir).

III. Substance que l'on applique sur un objet pour produire la sensation de couleur. V. **Colorant, pigment; peinture, teinture; badigeon, enduit, fard, gouache, lavis, pastel.** *Couleurs végétales, animales. Couleurs délayées, à l'huile, à l'eau, à la colle.* — *Marchand de couleurs.* V. **Droguiste.** — Peint. *Broyer, préparer les couleurs. Couleurs en tube. Tube de couleur. Crayon de couleur. Boîte de couleurs.* — *Appliquer, étaler la couleur.* V. **Colorer, peindre.** ◇ Spécialt. (T. de coiffure). *Faire la couleur,* appliquer une couleur (V. **Coloration**) sur les cheveux. *Se faire faire la couleur.*

IV. Fig. ♦ 1° Aspect produisant une impression comparable à celle que la couleur donne aux yeux. *Exposer qqch. sous de fausses couleurs. Couleur du style.* V. **Brillant, éclat, force, véracité, vivacité.** *Style sans couleur :* terne. « *Les détails qu'elle donnait avaient de la couleur* » (MART. du G.). ♦ 2° Apparence, aspect particulier que prennent les choses suivant les circonstances. *Brusquement, le récit prend une couleur tragique. — La couleur du temps :* la nature des circonstances. ♦ 3° (1820). Caractère propre à une opinion. V. **Teinte.** *Ce journal est d'une couleur politique indécise.* ♦ 4° Vieilli. Apparence, raison fallacieuse que l'on donne à une chose, à une action pour la déguiser. V. **Motif, prétexte, raison.** *Peindre l'avenir d'une entreprise sous de belles couleurs, sous des couleurs flatteuses.* — Loc. prép. SOUS COULEUR DE : avec l'apparence de, sous le prétexte de. *Attaquer sous couleur de se défendre.* ◇ 5° Fam. *On n'en voit pas la couleur :* l'apparence. ◇ *En faire voir de toutes les couleurs :* faire subir.

COULEUVRE [kulœvr(ə)]. *n. f.* (fin XIIe; lat. pop. °*colobra,* class. *colubra*). ♦ 1° Serpent non venimeux commun dans nos régions. *Couleuvre à collier dite serpent d'eau. Couleuvre lisse. Couleuvre d'Esculape.* « *Une tête noire, un collier jaune, ce n'est qu'une couleuvre d'eau* » (GENEVOIX). ♦ 2° Fig. *Avaler des couleuvres :* subir des affronts sans protester (infl. de *avaler,* « croire »). Croire n'importe quoi.

COULEUVREAU [kulœvro]. *n. m.* (XVIe; de *couleuvre*). Rare. Petit de la couleuvre.

COULEUVRINE [kulœvrin]. *n. f. (Coulevrine,* v. 1400; de *couleuvre*). Ancien canon dont le tube était long et effilé. « *Voilà vos longues couleuvrines Qui soufflent du feu sur mes eaux!* » (HUGO).

COULIS, ISSE [kuli, is] *adj. et n. m. (Couleis,* XIIe; de *couler).*
I. ♦ *Vent coulis,* air qui se glisse par les ouvertures; courant d'air.
II. *N. m.* (XIIe). ♦ 1° Cuis. Produit résultant de la cuisson concentrée de substances alimentaires passées au tamis. *Coulis de tomates. Coulis d'écrevisses.* V. **Bisque.** ♦ 2° Plâtre, mortier, métal fondu qu'on fait couler dans les joints pour les garnir. ▷ HOM. **Coolie.**

COULISSANT, ANTE [kulisɑ̃, ɑ̃t]. *adj.* (XXe; de *coulisser*). Qui glisse sur les coulisses. *Porte coulissante* (ou *à coulisse*).

COULISSE [kulis]. *n. f.* (XIIIe; de *coulis* « qui glisse »). ♦ 1° Support ayant une rainure le long de laquelle une pièce mobile peut glisser. V. **Glissière.** *Fenêtre, porte, placard à coulisse.* — Le volet qui glisse sur la rainure. *Ouvrir, fermer une coulisse.* — Techn. Organe en forme de glissière. *Pièce glissant sur une coulisse.* V. **Curseur.** *Pied à coulisse.* — Spécialt. Organe servant à renverser la vapeur, sur une machine. — Mus. *Trombone à coulisse.* ♦ (1802) Cout. Ourlet ou rempli qu'on fait à un vêtement, une étoffe, pour y passer un cordon, un lacet de serrage. ◇ Fig. *Faire des yeux en coulisse,* laisser glisser le regard obliquement, à la dérobée. *Un regard en coulisse.* V. **Coin.** ♦ 2° (1694). Rainure le long de laquelle glissent les châssis des décors. ◇ *La coulisse, les coulisses,* partie d'un théâtre située sur les côtés et en arrière de la scène, derrière les décors, et qui est cachée aux spectateurs. *Le machiniste, l'électricien sont dans les coulisses.* — Fig. *Se tenir dans la coulisse :* se tenir caché, ne pas se laisser voir. « *Ce qui se passe réellement dans la coulisse* » (ROMAINS). *Les coulisses de la politique.* V. **Dessous, secret.** ♦ 3° (1841). Vx. *Bourse.* Le marché des valeurs non cotées où des courtiers non autorisés font office d'agents de change (V. **Coulissier**).

COULISSEAU [kuliso]. n. m. (fin XVᵉ ; de *coulisse*). Petite coulisse. — Pièce qui se déplace dans une coulisse. *Coulisseau d'ascenseur.*

COULISSER [kulise]. v. (1690 ; de *coulisse*). ♦ 1° V. tr. Garnir de coulisses. *Coulisser un rideau, un tiroir. Jupe coulissée.* ♦ 2° V. intr. Glisser sur coulisses. *Porte qui coulisse.* V. **Coulissant.**

COULISSIER [kulisje]. n. m. (1815 ; de *coulisse*). Vx. Courtier en valeurs mobilières.

COULOIR [kulwaʀ]. n. m. (1376 ; de *couler* « glisser » ; « passoire pour *couler* un liquide », XIᵉ). ♦ 1° Passage étroit et long, servant de dégagement pour aller d'une pièce à l'autre. V. **Corridor, galerie, passage.** « *Un couloir, surtout s'il est long, nous attire* » (BOSCO). ◇ *Couloirs d'une assemblée politique. Conversations, intrigues de couloir :* qui ont lieu autour de la salle des séances. ◇ *Couloir d'un wagon de chemin de fer. Voyageurs entassés dans le couloir.* ♦ 2° Passage étroit (V. **Canal, conduit**). *Couloir où passe le film dans un appareil de projection.* ♦ 3° Passage étroit sur le terrain. V. **Détroit, goulet.** *Fleuve encaissé dans un profond couloir.* V. **Gorge.** — Ravin à flanc de montagne. ♦ 4° Zone étroite et allongée (passage). *Couloir aérien.* ♦ 5° *Tennis.* Une des deux bandes situées de part et d'autre du rectangle formant la partie médiane du court. *Les couloirs ne sont utilisés que dans le double.* — *Ski.* Figure d'un slalom, comprenant 2, 3 ou 4 portes horizontales. — *Courses.* Bande longitudinale d'une piste de course, réservée à un seul coureur dans les courses de vitesse. *Le couloir extérieur.*

COULOMB [kulɔ̃]. n. m. (1881 ; du nom du physicien *Coulomb*). Unité égale à la quantité d'électricité transportée en *une seconde* par un courant d'une intensité *d'un ampère.* Symb. C.

COULOMMIERS [kulɔmje]. n. m. (XXᵉ ; nom de ville). Fromage à pâte fermentée.

COULPE [kulp(ə)]. n. f. (*Colpe,* Xᵉ ; lat. *culpa.* V. **Coupable**). Vx. Péché. Mod. *Battre sa coulpe,* témoigner son repentir ; s'avouer coupable.

COULURE [kulyʀ]. n. f. (1315 ; de *couler*). ♦ 1° Mouvement d'un liquide qui s'écoule, et, *par ext.,* traînée d'une matière molle qui a coulé. « *Coulures de bougie* » (DRUON). — Spécialt. (1690) *Techn.* Partie du métal passant à travers les joints du moule, pendant la fonte. ♦ 2° Accident qui empêche la fécondation de la fleur, le plus souvent en faisant couler le pollen. V. **Avortement.** *Coulure de la vigne* (V. **Millerandage**).

COUMARINE [kumaʀin]. n. f. (1836 ; de *coumarou,* nom d'arbre (1614) ; mot de la Guyane). Substance odorante extraite du fruit du *coumarou* (fève tonka).

COUP [ku]. n. m. (*Colp,* 1080 ; lat. pop. *colpus,* class. *colaphus,* gr. *kolaphos*).

I. Mouvement par lequel un corps vient en heurter un autre ; impression produite par ce qui heurte. V. **Choc, ébranlement, heurt, tamponnement.** *Coup sec, violent. Coup très léger, petit coup. Donner un coup de poing sur la table, un coup de coude à qqn. Frapper les trois coups* (au théâtre). *Se donner un coup contre un meuble.* V. **Cogner** (se). ♦ 1° Choc brutal que l'on fait subir à qqn pour faire mal. *Donner un coup, des coups.* V. **Battre, frapper.** *En venir aux coups ; se donner, échanger des coups :* se battre. *Rendre coup pour coup. Rouer de coups. Frapper qqn à coups redoublés. Une avalanche, une grêle de coups.* « *Il avait été arrêté, bourré de coups* » (MART. du G.). *Donner* (pop. *Flanquer, foutre*)*, recevoir* (pop. *déguster, encaisser, morfler, ramasser*) *un coup, des coups, sur la tête, les doigts...* V. **Bourrade, calotte, claque, gifle, horion, soufflet, tape ;** *fam. et pop.* **Beigne, châtaigne, gnon, marron, mornifle, pain, ramponneau, taloche, tarte.** *Volée de coups.* V. **Dégelée, dérouillée, frottée, peignée, pile, raclée, ratatouille, rossée, torgniole, tournée, trempe, tripotée.** V. *aussi* **Sévices, traitement** (mauvais traitements), *voie* (voies de fait). *Coup noir de coups.* V. **Bleu, bosse, contusion, meurtrissure.** *Coup de poing, de pied :* donné avec le poing, le pied. *Coups de bâton* (bastonnade)*, de botte, de fouet. Coups sur les fesses* (fessée)*, sur l'œil* (coquard, *pop.*). — *Frapper un animal à coups de pied, de fouet.* Sports. *Coups de poing, en boxe* V. *aussi* **Coup-de-poing.** *Coups autorisés et coups défendus. Coup bas,* donné plus bas que la ceinture. Fig. Procédé déloyal. — Loc. *Compter les coups :*

faire l'arbitre ; être neutre. — (Coups donnés par les animaux) *Coup de bec, de corne, de griffe, de patte, de pied, de queue, de sabot.* ◇ Geste par lequel on tente de blesser l'adversaire à l'arme blanche. *Coup d'épée*, de sabre.* V. **Botte, estocade.** *Coup fourré.* ◇ Loc. fig. *Coup de bambou, de barre, de bec,* etc. V. **Bambou, barre, bec, boutoir, dent, épingle, fouet, griffe, marteau, masse, massue, patte, pied, tête** (coup de). *Coup de grâce*.* ♦ 2° (XIVᵉ). Décharge d'une arme à feu ; ses effets (action du projectile). *Coup de feu.* V. **Décharge, détonation.** *Coups de canon, de fusil.* V. **Canonnade, fusillade, salve, tir.** *Tirer des coups de fusil.* V. **Tirer ; canarder.** *Le coup est parti. Revolver à six coups.* « *Le coup passa si près que le chapeau tomba* » (HUGO). « *Une flamme rougeâtre éclaira les étangs. Un coup de feu partit, un coup long chargé d'étincelles* » (BOSCO). — (Chasse) *Coup double :* coup qui tue deux pièces de gibier. — Fig. *Faire coup double :* obtenir un double résultat par un seul effort. ♦ 3° Fig. Acte, action qui frappe qqn. V. **Attaque, atteinte ; blessure.** Littér. « *À l'honneur de tous deux il porte un coup mortel* » (CORN.). — *Frapper, porter un grand coup.* V. **Frapper, porter.** *Donner le dernier coup, le coup décisif, le coup de grâce.* V. **Abattre, anéantir.** *Fam. Tenir le coup,* résister à la fatigue, à des attaques, à des soucis. V. **Supporter.** *Accuser le coup ;* avoir une réaction face à une attaque de l'adversaire. *En prendre un coup :* être atteint au moral ou au physique. *Prendre un coup de vieux* (II, 1°). — *Coup du destin. Coup de Trafalgar,* accident désastreux. Fam. COUP DUR, accident, ennui grave, pénible. — (Chasse) *Coup fourré :* sous la menace, l'action, l'effet. *Être sous le coup d'une condamnation.* V. **Encourir.** « *Un malade sans cesse sous le coup d'une attaque* » (MAUROIS). ♦ 4° Bruit d'un choc, d'un coup. *Entendre un coup sec.*

II. ♦ 1° Mouvement de telle ou telle partie du corps de l'homme ou d'un animal. *Coup d'aile* (V. **Battement**)*, de collier*. *Coup de coude, de genou, de reins. Coup de gosier d'un chanteur. Coup de gueule.* — *Coup d'œil*:* regard bref. ◇ Fig. *Coup de main, d'épaule, de pouce.* V. **Aide, appui, secours.** *Donner un coup de main à qqn.* Milit. COUP DE MAIN : attaque exécutée à l'improviste, avec hardiesse et promptitude. ♦ 2° Mouvement d'un objet, d'un outil qu'on manie, d'un instrument. *Coup d'archet. Coup de balai, de brosse, de chiffon, d'éponge, de torchon,* nettoyage rapide avec le balai, etc. *Donner un coup à,* nettoyer sommairement. *Coup de peigne, de crayon. Coup de barre* (de gouvernail). *Coup de filet du pêcheur. Coup de bistouri du chirurgien. Coup de cognée, de hache du bûcheron. Coup de pioche du terrassier. Coup de marteau, de masse. Coup de frein. Coup de volant. Coup d'accélérateur* (au fig., impulsion). *Coup de chapeau*.* (V. **Salut**)*. Coup de fil, coup de téléphone. Fam. Avoir un bon coup de fourchette,* manger beaucoup. — *Coup de main. En mettre, en ficher un coup :* travailler dur. ◇ À COUP DE : à l'aide de. *Traduire un texte à coups de dictionnaire.* « *Les universités se disputent les professeurs à coups de billets de banque* » (DUHAM.). ◇ Spécialt. Fonctionnement d'un appareil sonore. *Coup de gong, de sifflet, de sonnette. Les douze coups de midi. Au coup, sur le coup de midi :* midi sonnant. ♦ 3° Action brusque, soudaine ou violente d'un élément, du temps : impression qu'elle produit. *Coup d'air, de chaleur, de foudre, de froid, de mer, de soleil, de tonnerre, de vent* (au fig., *Arriver, repartir en coup de vent*). — Mar. *Coup de roulis, de tangage. Coup de chien* (tempête subite). ♦ 4° (XIIIᵉ). Le fait de lancer (les dés) ; action d'un joueur (jeux de hasard, jeux d'adresse). *Jouer sa fortune sur un coup de dés.* « *Un coup de dés, jamais, n'abolira le hasard* » (MALLARMÉ). — (Billard, cartes, tennis) *Coup adroit, bien joué.* Tennis. COUP DROIT, qui consiste à frapper la balle avec la face de la raquette, après rebond (*opposé à* volée, revers). — (Football, rugby) *Coup franc*, Coup d'envoi*.* — *À tous les coups l'on gagne ! Réussir un beau coup, un coup heureux. Marquer* les coups.* Par anal. *Coup de Bourse.* — *Avoir, attraper le coup, avoir le coup pour faire qqch.* V. **Tour, truc.** — *Discuter* le coup.* ♦ 5° (Fin XIVᵉ). Quantité absorbée en une fois. *Boire un coup de trop.* « *Il respira un grand coup* » (MART. du G.). Pop. *Je te paye un coup, le coup* (de vin).

III. (XIᵉ ; du jeu : II, 4°). ♦ 1° Action subite et hasardeuse. *Coup de chance :* action réussie par hasard, *par ext.* Hasard heureux. — *Coup d'audace. Tenter, risquer le coup. Réussir, manquer son coup.* « *Mes pareils à deux fois ne se font point connaître. Et pour leurs coups d'essai veulent des coups de maître* » (CORN.). — *Réussir un beau coup.* Iron. V. **Sottise.** — *Coup d'État*, de théâtre*.* — *Mauvais coup. Manigancer, préparer son coup. Coup monté,* prémédité. *C'est lui qui a fait le coup. Manquer, rater son coup. Un coup de Jarnac :* perfide, déloyal. — *Coup de tête, coup de folie, de désespoir.* ♦ 2° Loc. ◇ (Pop.) *Être, mettre dans le coup :* participer, faire participer à l'action ; être, mettre au courant (de ce qu'il faut savoir). *Il n'est pas dans le coup :* il ignore ce qui se passe. — *Être hors du coup :* ne pas être concerné, ne pas s'intéresser à (qqch). « *Nous nous intéressâmes modérément à l'affaire [...]. Nous ne nous considérions cependant pas que nous étions hors du coup* » (BEAUVOIR). —

Fam. *Expliquer le coup* : commenter des faits, donner des explications. ◇ *Être aux cent coups* : très inquiet. *Faire les quatre cents coups* : mener une vie agitée, dissipée. ♦ 3° (XIII°). Au sens de *fois* (dans les loc.). *Du premier coup. Du coup, d'un seul coup, tout d'un coup.* « *Il faut travailler avec acharnement, d'un coup* » (GIDE). « *Pour le coup, la colère lui donnait le ton de la fermeté* » (STENDHAL). *À tous les coups, à tous coups* : chaque fois, à tout propos, toujours. *Du même coup* : par la même action, à la même occasion. *Ce coup-ci c'est le bon.* — Vx. *Encore un coup, encore une fois.* ♦ 4° Désignant une action rapide, faite en une fois. COUP SUR COUP : sans interruption, l'un après l'autre. AU COUP PAR COUP, se dit d'une opération, d'une politique menée par une suite d'actions séparées. *Régler les problèmes au coup par coup, par des actions* « ponctuelles ». — SUR LE COUP : immédiatement. — APRÈS COUP : plus tard, après. — À COUP SÛR : sûrement, infailliblement. — TOUT D'UN COUP, TOUT À COUP : brusquement, soudain. « *L'amour, croyait-elle, devait arriver tout à coup avec de grands éclats et des fulgurations* » (FLAUB.).

♦ HOM. *Cou, coût.*

COUPABLE [kupabl(ə)]. *adj. et n.* (XII° ; lat. *culpabilis*, rac. *culpa*. V. **Coulpe**). ♦ 1° Qui a commis une faute. V. **Fautif.** *Être coupable d'un délit* (V. **Délinquant**), *d'un crime* (V. **Criminel**). *Se rendre coupable d'une faute. S'avouer coupable. L'accusé est reconnu, déclaré coupable. Plaider coupable* : reconnaître la culpabilité de l'accusé, mais essayer de l'atténuer. *Non coupable* : innocent. *Plaidez-vous coupable, ou non coupable?* ◇ Psycho. *Se sentir coupable.* V. **Culpabilité.** ♦ 2° (Choses). V. **Blâmable, condamnable, délictueux, fautif, pendable, punissable, répréhensible.** *Commettre une action coupable. Desseins, désirs coupables.* V. **Honteux, inavouable, indigne, infâme, mauvais.** *Un amour coupable.* V. **Illicite, illégitime.** *Il a envers ses enfants une faiblesse coupable.* ♦ 3° N. *Rechercher, trouver les coupables. Le coupable et ses complices. Il vaut mieux hasarder de sauver un coupable que de condamner un innocent* (VOLT.). ◇ Fam. V. **Responsable.** *Vous cherchez l'auteur de cette plaisanterie? C'est moi le coupable. Le grand coupable de sa ruine, c'est le jeu.* ♦ ANT. **Innocent.**

COUPAGE [kupaʒ]. *n. m.* (1302, « action de couper »; de *couper*). Techn. (1835). Action de mélanger les liquides différents. *Coupage de l'alcool. Vins de coupage.*

COUPAILLER [kupaje]. *v. tr.* (de *couper* et suff. péj. -*ailler*). Couper maladroitement.

COUPANT, ANTE [kupɑ̃, ɑ̃t]. *adj.* (1538; de *couper*). ♦ 1° Qui coupe. V. **Aigu, tranchant.** *Lame coupante. Herbe coupante.* Géom. *Plan coupant.* V. **Sécant.** ◇ Subst. *Le coupant* : le fil. ♦ 2° Fig. Autoritaire. *Ton coupant.* V. **Bref, tranchant.** « *Une voix coupante de monsieur qui ne se trompe jamais* » (SARTRE).

COUP-DE-POING [kudpwɛ̃]. *n. m.* (1890; « coup » 1538; de *coup*, et *poing*). ♦ 1° Arme de main, masse métallique percée pour le passage des doigts. *Coup-de-poing américain.* — Fig. en appos. *Une politique coup-de-poing*, qui procède d'une manière violente et soudaine. ♦ 2° Préhist. Silex taillé pour servir d'arme. *Des coups-de-poing.*

1. COUPE [kup]. *n. f.* (fin XII° ; lat. *cuppa;* V. **Cuve**). ♦ 1° Verre à boire, ordinairement plus large que profond, et reposant sur un pied. *Coupe de cristal. Par ext.* Le contenu. *Boire une coupe de champagne.* — Récipient à pied très bas. V. **Jatte.** *Servir une coupe de crème, de compote.* V. **Compotier.** *Poser une coupe sur une soucoupe.* — Loc. fig. *Boire la coupe* (le calice) *jusqu'à la lie.* PROV. *Il y a loin de la coupe aux lèvres* : les projets, les promesses et les réalisations sont deux choses bien différentes. ♦ 2° (1851). Prix qui récompense le vainqueur d'une compétition sportive, d'un championnat. — La compétition elle-même. *La coupe Davis* (tennis). *Coupe de France de football. Finale de la Coupe du monde.*

2. COUPE [kup]. *n f* (v. 1100, « tracé de la voile »; de *couper*). ♦ 1° (v. 1375). Rare. Action de couper, de tailler. *Étoffe dure à la coupe* : qui résiste au ciseau. ◇ Sylvic. Action d'abattre des arbres, dans une forêt. Étendue de forêt à abattre. *Coupe dans une forêt communale.* V. **Affouage.** *Choix des arbres à conserver dans une coupe.* V. **Balivage, réserve.** — *Coupe sombre* ou *d'ensemencement* : opération qui consiste à n'enlever qu'une partie des arbres pour permettre l'ensemencement de nouveaux arbres. — Fig. *Coupe sombre*, suppression importante. *On a fait une coupe sombre dans le personnel de l'entreprise* : on a licencié beaucoup d'employés. — *Coupe réglée* : abattage périodique d'une portion de bois déterminée. *Mettre un bois en coupe réglée.* Fig. *Mettre en coupe réglée* : imposer indûment des prélèvements périodiques, des sacrifices onéreux. ◇ (1640) Manière dont on taille l'étoffe, le cuir, pour en assembler les pièces. *Suivre des cours de coupe. Vêtement de bonne coupe.* ◇ *Coupe de cheveux.* V. **Taille.** *Une coupe et un shampoing.* ♦ 2° Ce qui est coupé. *Coupe de bois* : le bois coupé. *Coupe de tissu.* V. **Coupon.** ♦ 3° Fig. Contour, forme. V. **Découpe.** « *Cette coupe de visage que l'ampleur du menton rend presque carrée* »

(BALZ.). ♦ 4° Endroit où une chose a été coupée. V. **Tranche.** *Ce drap est beau à la coupe. Coupe d'un tronc d'arbre scié. Examiner une coupe de tissu, une coupe histologique au microscope.* ◇ (1681) Représentation graphique, dessin d'un objet qu'on suppose coupé par un plan. *Coupe d'un navire, d'une maison. Plan en coupe. Coupe perpendiculaire.* V. **Profil.** *Coupe en long, en travers.* ♦ 5° (XVI°). Distribution des repos dans la phrase. *Coupe d'un vers.* V. **Césure.** ♦ 6° (1675). Division d'un jeu de cartes en deux paquets. ◇ *Être, se trouver sous la coupe de qqn* : être le premier à jouer, après le joueur qui a coupé; *fig.* Être dans la dépendance de qqn. *Tomber sous la coupe de qqn.*

COUPÉ [kupe]. *n. m.* (1718 ; de *couper*). ♦ 1° Ancienn. Voiture fermée à quatre roues, et généralement à deux places. — Compartiment de diligence. « *Dans le coupé d'une vieille diligence de campagne* » (LOTI). ♦ 2° Pas de danse.

COUPÉ, ÉE [kupe]. *adj. et n. m.* (V. **Couper**). ♦ 1° Tranché, sectionné. *Blés coupés. Cheveux coupés.* — *Cheval coupé* : châtré. ◇ Archit. *Pan coupé* : surface qui remplace l'angle à la rencontre de deux pans de mur. ♦ 2° Qui a telle coupe (vêtement). *Une veste bien coupée.* ♦ 3° Divisé, interrompu. *Communications coupées. Route coupée.* V. **Barré.** ◇ Blas. *Écu coupé* : divisé par le milieu horizontalement. *N. m.* Cette division. *Le coupé et le parti.* ♦ 4° *Balle coupée*, frappée de telle sorte qu'elle rebondisse anormalement.

COUPE-CHOUX [kupʃu]. *n. m. invar.* (1863 ; *frère coupe-choux*, 1642; de *couper*, et *choux*). Fam. Sabre court.

COUPE-CIGARE(S) [kupsigaʀ]. *n. m. invar.* (1869; de *couper*, et *cigare*). Instrument pour couper les bouts des cigares, avant de les fumer.

COUPE-CIRCUIT [kupsiʀkɥi]. *n. m. invar.* (1892; de *couper*, et *circuit*). Appareil qui interrompt un circuit électrique par la fusion d'un de ses éléments (V. **Fusible**) lorsque le courant est trop important, en cas de court-circuit, etc. V. **Plomb** (les plombs).

COUPE-COUPE [kupkup]. *n. m. invar.* (XX°; de *couper*). Sabre pour couper les branches, ouvrir une voie dans la forêt vierge. V. **Machette.**

COUPÉE [kupe]. *n. f.* (1783; de *couper*). Mar. Ouverture dans la muraille d'un navire et qui permet l'entrée ou la sortie du bord. *Échelle de coupée. Être reçu à la coupée.*

COUPE-FEU [kupfø]. *n. m. invar.* (1882; de *couper*, et *feu*). Espace libre ou obstacle artificiel destiné à interrompre la propagation des incendies (forêts, etc.).

COUPE-FILE [kupfil]. *n. m. invar.* (1890; de *couper*, et *file*). Carte officielle de passage, et priorité. *Coupe-file d'un journaliste.*

COUPE-GORGE [kupgɔʀʒ(ə)]. *n. m. invar.* (XVI° ; « coutelas », XIII° ; de *couper*, et *gorge*). Lieu, passage dangereux, fréquenté par des malfaiteurs. *Cette impasse est un vrai coupe-gorge.*

COUPE-JAMBON [kupʒɑ̃bɔ̃]. *n. m. invar.* (de *couper*, et *jambon*). Machine employée en charcuterie pour débiter en tranches le jambon désossé.

COUPE-JARRET [kupʒaʀɛ]. *n. m. invar.* (1588 ; de *couper*, et *jarret*). Vx ou plaisant. Bandit, assassin. *Des coupe-jarrets.*

COUPE-LÉGUMES [kuplegym]. *n. m. invar.* (1845; de *couper*, et *légume*). Instrument servant à couper les légumes en menus morceaux.

COUPELLATION [kupe(ɛl)lasjɔ̃]. *n. f.* (1788 ; de *coupeller* (XVI°), de *coupelle*). Techn. Opération par laquelle on isole l'or, l'argent contenu dans un alliage au moyen de la coupelle (séparation du mélange liquide par oxydation).

COUPELLE [kupɛl]. *n. f.* (1431 ; de *coupe*). ♦ 1° Petite coupe. ♦ 2° Techn. Creuset fait avec des os calcinés utilisé pour la coupellation. *Or, argent de coupelle* : épuré à la coupelle.

COUPE-PAPIER [kuppapje]. *n. m. invar.* (1869; de *couper*, et *papier*). Instrument (lame de bois, d'os, de corne) servant à couper le papier. *Couper les pages d'un livre avec un coupe-papier.*

COUPER [kupe]. *v. tr.* (XII° ; de *coup* « diviser d'un coup »).

I. **A** *Concret.* ♦ 1° Diviser (un corps solide) avec un instrument tranchant; séparer en tranchant. « *Je coupe les ficelles au lieu de dénouer les nœuds* » (COLETTE). *Couper* (qqch.) *avec un couteau, des ciseaux, une hache.* Loc. fig. *À couper au couteau* : très dense (brouillard). *Couper l'extrémité pour rendre plus court.* V. **Écourter, raccourcir.** *Couper en tronçons* (tronçonner), *en segments* (segmenter). *Couper par petits morceaux, en tranches minces* (émincer, hacher). *Couper un morceau de.* V. **Ôter.** *Couper les bords, les défauts* (barbes, etc.). V. **Ébarber, émarger, rogner.** *Couper du bois. Couper un arbre.* V. **Abattre.** *Couper la cime* (V. **Écimer, étêter**), *les branches* (V. **Ébrancher, élaguer, émonder**) *d'un arbre. Couper de l'herbe, du foin. Couper les blés.* V. **Moissonner; faucher.** — Fig. et fam. *Couper l'herbe* sous *les pieds de qqn.* V. le devancer. ◇ (Aliments) *Couper le pain. Couper de la viande.* V. **Découper, dépecer, hacher.** ◇ *Couper un organe, un membre.*

V. **Amputer, charcuter, mutiler**; et *suff.* **-Tomie**. — *Couper la tête, la gorge. Couper le cou du condamné.* V. **Décapiter, guillotiner, décollation**. — *Fig. Donner sa tête à couper* : affirmer avec conviction. — *Absolt. Couper dans le vif* : tailler, trancher dans la chair vive pour extirper un mal; *fig.* Prendre des mesures énergiques pour régler une affaire. ◇ *Couper les cheveux* (de, à qqn). V. **Tailler**; **coupe**. *Aller chez le coiffeur se faire couper les cheveux. Couper ras.* V. **Raser, tondre**. — *Loc. fig. Couper les cheveux* en quatre.* ◇ (1671) *Cout.* Préparer des morceaux de tissu à assembler pour en faire un vêtement. V. **Coupe; tailler.** *Reste d'une étoffe que l'on coupe.* V. **Chute, recoupe.** *Personne qui coupe les étoffes.* V. **Coupeur, couturier, tailleur.** ♦ 2° *Intrans.* Être tranchant. *Les éclats de verre coupent* : sont coupants. *Ce couteau ne coupe plus, il faut l'affûter.* ♦ 3° Blesser (Cf. *Se couper*). *Cet enfant a coupé son frère à la main.* ♦ 4° Donner une impression de coupure. *Le froid coupe les mains, les lèvres.* V. **Gercer.** *Bise qui coupe le visage.* V. **Cingler, fouetter.** Ⓑ ♦ 1° Diviser en plusieurs parties. V. **Fractionner, partager, scinder.** *Ligne sécante qui coupe une surface. Couper une pièce par une cloison. Fossés, talus, haies qui coupent les champs.* V. **Morceler.** ◇ **Séparer.** *Couper une armée de ses bases.* ♦ 2° Passer au milieu, au travers de (qqch). V. **Traverser.** *Ce chemin en coupe un autre.* V. **Croiser; intersection.** *Absolt. Couper à travers champs* : passer par le plus court chemin. ♦ 3° Enlever (une partie d'un texte). *Couper qqch. dans un discours.* V. **Retrancher.** « *Tu trouveras des points de suspension çà et là. J'ai coupé quelques redondances* » (ROMAINS). ♦ 4° Interrompre (une action, un discours). *Couper sa journée par une sieste, en faisant la sieste. Elle travaillait* « *en coupant son travail des soins du ménage* » (MICHELET). V. **Entrecouper.** *Couper une communication téléphonique.* V. **Interrompre.** *Je vous coupe la parole* (V. **Ôter, retirer**). *Pop. Couper le sifflet, la chique. Ça vous le coupe!* : cela vous étonne. *Couper l'appétit, la faim.* — *Couper la fièvre* : la faire tomber. *Couper le souffle*.* ♦ 5° Arrêter, barrer. *Couper le chemin à qqn* : passer devant lui. *Couper la retraite à l'ennemi.* — *Couper les voies ferrées, les ponts* : les rendre impraticables; *au fig.* Cesser, suspendre les relations. V. **Rompre.** — *Fig. Couper le crédit, les vivres à qqn* : ne plus lui donner de subsides. V. **Bloquer.** *Couper le mal à la racine*.* ♦ 6° Interrompre le passage de. *Couper l'eau, la vapeur, le courant. Couper l'allumage, le contact, les gaz. Coupez!* arrêtez la prise de vue, la prise de son. *Couper le son.* Ⓒ *Par ext.* ♦ 1° (1610). Mélanger à un autre liquide. V. **Coupage.** *Couper son vin* : l'additionner d'eau. *Couper avec de l'alcool. Couper du lait.* V. **Mouiller.** ♦ 2° (1680, jeu de paume). *Couper une balle de tennis* : la renvoyer de telle sorte qu'elle rebondisse anormalement. ♦ 3° (1640). *Couper un jeu de cartes* : le diviser en deux paquets. V. **Coupe** (2). *Absolt. C'est à vous de couper.* — Prendre l'atout. *Je coupe le carreau*; *ellipt. Je coupe.*

II. *Trans. indir.* ♦ 1° (1861). **COUPER À.** *Fam.* Éviter. *Couper à une corvée* : y échapper. *Il n'y coupera pas.* ♦ 2° (Fin XVIᵉ; de *le couper court à qqn*). **COUPER COURT À** : faire cesser, suspendre. « *Je coupe court à la citation, qui devient trop vive* » (TAINE).

III. SE COUPER. *v. pron.* ♦ 1° Se blesser avec un instrument tranchant. V. **Entailler** (s'); **coupure**. *Il s'est coupé au doigt, à la main. Se couper en se rasant. Fig. Il se couperait en quatre pour lui* : il lui est entièrement dévoué. ♦ 2° *Par ext. Cette étoffe se coupe* : elle s'use dans les plis. ♦ 3° (*Passif*) Être coupé. ◇ SE COUPER DE (qqn). Perdre le contact avec (qqn). *La huitième division s'est coupée du gros des troupes.* ♦ 4° Être sécant, s'entrecroiser. *Ces deux routes se coupent avant le village.* ♦ 5° *Fig. et fam.* Se contredire par inadvertance après avoir menti, laisser échapper ce qu'on voulait cacher. V. **Trahir** (se).

◇ ANT. **Lier, rassembler, réunir. Rapprocher, unir.**

COUPE-RACINES [kupʀasin]. *n. m. invar.* (1832; de *couper*, et *racine*). Instrument pour trancher les racines. V. **Rhizotome.**

COUPERET [kupʀɛ]. *n. m.* (1328; de *couper*). ♦ 1° Couteau à large lame pour trancher ou hacher la viande. V. **Hachoir.** ♦ 2° *Le couperet de la guillotine. Absolt. Le couperet.* ♦ 3° *Techn.* Outil d'acier pour couper les filets d'émail.

COUPEROSE [kupʀoz]. *n. f.* (XIIIᵉ « sulfate »; sens méd., XVIᵉ; adapt. lat. médiév. *cupri rosa* « rose de cuivre »). ♦ 1° Nom ancien de divers sulfates. *Couperose blanche* (de zinc), *bleue* (de cuivre), *verte* (de fer). ♦ 2° (1478). Inflammation chronique des glandes cutanées de la face, caractérisée par des pustules peu étendues, séparées, environnées d'une auréole rosée (V. **Acné**). « *Les traces de couperose aux pommettes et aux ailes du nez* » (ROMAINS).

COUPEROSÉ, ÉE [kupʀoze]. *adj.* (XVᵉ; de *couperose*). *Méd.* Atteint de couperose. *Cour.* Qui a le visage rouge par plaques, dont on voit les vaisseaux sanguins. *Teint, visage couperosé.*

COUPEUR, EUSE [kupœʀ, øz]. *n.* (1283; de *couper*). ♦ 1° Personne dont la profession est de couper les étoffes, les cuirs. V. **Tailleur.** *Une habile coupeuse. Coupeur en peausserie, en ganterie.* — Ouvrier découpant les tôles à la cisaille. ◇ *Ouvrier* (ère) qui coupe les grappes pendant la vendange. *Les coupeurs et les porteurs.* ♦ 2° *Coupeur de* : personne qui coupe (qqch.). *C'est un coupeur de cheveux* en quatre.*

COUPE-VENT [kupvã]. *n. m. invar.* (1894; de *couper*, et *vent*). ♦ 1° Dispositif en angle aigu, pour réduire la résistance de l'air (à l'avant des locomotives). *Fam. Avoir un profil, un nez en coupe-vent.* ♦ 2° *Région.* (Canada; d'apr. l'amér. *wind-breaker*). Blouson dont le tissu protège contre le vent.

COUPLAGE [kuplaʒ]. *n. m.* (1754; « partie d'un train de bois »; de *coupler*). Fait de coupler; son résultat. ◇ *Techn.* Assemblage de pièces mécaniques fonctionnant ensemble. ◇ (XXᵉ) Réunion d'éléments, producteurs ou utilisateurs de courant électrique. *Couplage de dynamos, d'alternateurs.* ◇ Interaction de deux phénomènes physiques. *Couplage entre deux signaux électriques.* ◇ ANT. **Découplage.**

COUPLE [kupl(ə)]. *n.* (*Cople*, 1190; lat. *copula* « lien, liaison »).

I. *N. f.* ♦ 1° *Vén.* Lien servant à attacher ensemble deux ou plusieurs animaux de même espèce. ♦ 2° *Vx.* Deux choses de même espèce. « *Une bonne couple de soufflets* » (SÉV.). *Je m'arrêterai* « *à Nancy une couple de journées* » (DUHAM.).

II. *N. m.* ♦ 1° (XIIᵉ). Le mari et la femme, un homme et une femme réunis. *Former un beau couple. Couple bien, mal assorti.* « *Les danses s'interrompirent, les couples se dénouaient* » (JALOUX). *Un couple de pigeons de perruches* : le mâle et la femelle. ♦ 2° *Région.* (au sens I). *Un couple d'heures* : deux heures. ♦ 3° *Mar.* (1643). *Couple de construction* : section transversale de la carène au droit d'une membrure du navire. — Pièce courbe montant de la quille au plat-bord. ♦ 4° *Mécan.* (XIXᵉ). Ensemble de deux forces parallèles égales entre elles, de sens contraire. *Moment d'un couple. Couple moteur.* ◇ *Phys. Couple thermoélectrique* (thermocouple). ♦ 5° *Alg.* Ensemble de deux éléments appelés respectivement première et deuxième composante.

COUPLÉ [kuple]. *n. m.* (1949; du p. p. de *coupler*, substantivé). *Turf.* Mode de pari où l'on parie sur deux chevaux. *Couplé gagnant, placé.*

COUPLER [kuple]. *v. tr.* (XIIᵉ; lat. *copulare* « réunir »). ♦ 1° *Vén.* Attacher avec une couple. *Chiens couplés.* ♦ 2° Assembler deux à deux. V. **Accoupler.** *Coupler des roues de wagon. Bielles couplées. Mar. Coupler deux bateaux, deux péniches.*

COUPLET [kuplɛ]. *n. m.* (XVIᵉ; prov. *cobla* « couple de vers »; « pièces métalliques réunies par des charnières », 1364; de *couple*). Chacune des parties d'une chanson comprenant généralement un même nombre de vers, et séparées par le refrain (V. **Stance, strophe**). *Chanson de deux, trois couplets.* ◇ *Plur.* Chanson. *Faire des couplets satiriques. Des couplets de circonstance.*

COUPLEUR [kuplœʀ]. *n. m.* (v. 1900; de *coupler*). *Techn.* Dispositif d'accouplement, de couplage.

COUPOIR [kupwaʀ]. *n. m.* (XIVᵉ; de *couper*). *Techn.* Outil servant à couper des corps durs.

COUPOLE [kupɔl]. *n. f.* (1666; it. *cupola*; lat. *cupula* « petite cuve »). ♦ 1° Voûte hémisphérique d'un dôme surmontant un édifice. V. **Dôme.** *La coupole de Saint-Pierre de Rome. La lanterne d'une coupole. La coupole de l'Institut, et par ext. L'Institut lui-même. Être reçu sous la Coupole* : à l'Académie française. ◇ *Coupole d'un observatoire*.* ♦ 2° *Milit.* Tourelle cuirassée surmontée d'une calotte.

COUPON [kupɔ̃]. *n. m.* (fin XIIᵉ; de *couper*). ♦ 1° Reste d'une pièce d'étoffe. *Coupons en solde.* — Pièce d'étoffe roulée. ♦ 2° *Fin.* Feuillet que l'on détache d'un titre et sur la présentation duquel l'établissement émetteur paye les intérêts, les dividendes. *Coupon de rente, d'action.* ♦ 3° Carte correspondant à l'acquittement d'un droit.

COUPURE [kupyʀ]. *n. f.* (1398; de *couper*). ♦ 1° Blessure faite par un instrument tranchant. *Coupure au doigt, au visage.* V. **Balafre, entaille, estafilade, incision, taillade.** *Se faire une coupure.* V. **Couper** (se). « *Il se faisait des coupures aux mains en taillant son crayon* » (FRANCE). ♦ 2° Ouverture (crevasse, fossé) qui sépare, fait obstacle. V. **Brèche, fossé, fracture.** ♦ 3° (*Abstrait*). Séparation nette, brutale. V. **Cassure, fossé.** *Il sentit* « *la coupure entre son passé et l'avenir* » (MART. du G.). ◇ *Alg.* Partition de l'ensemble des nombres rationnels en deux classes disjointes permettant de définir un nombre rationnel ou irrationnel. *La coupure entre les nombres rationnels positifs dont le carré est inférieur ou supérieur à 3 définit le nombre irrationnel* : *racine carrée de 3.* ♦ 4° Suppression d'une partie d'un ouvrage, d'une pièce de théâtre, d'un film. V. **Suppression; censure.** « *Peut-être quelques coupures au second acte seraient-elles nécessaires pour arriver moins lentement à l'action* » (STE-BEUVE). ♦ 5° *Coupures de journaux* : articles découpés. « *J'ai des albums pleins de coupures de journaux qui parlaient de vous* » (LOTI). ♦ 6° (1791). Billet de banque représentant une fraction du billet type.

Une coupure de dix francs. ♦ 7° Interruption (du courant électrique, du gaz, de l'eau). *Il y aura une coupure de quatre heures à cinq heures.* ♦ 8° Pop. *Connaître la coupure :* l'expédient. ◇ ANT. Addition. Unité. Continuité.

COUQUE [kuk]. *n. f.* (1836; néerl. *koek;* Cf. Cake) (Nord, Belgique). Pain d'épice.

COUR [kuʀ]. *n. f.* (*Cort,* 1080; *cour,* xvᵉ; lat. pop. *cortis, curtis;* class. *cohors, cohortis* « cour de ferme » confondu avec lat. *curia).*
I. Espace découvert, clos de murs ou de bâtiments et dépendant d'une habitation. *Cour d'honneur d'un château.* V. Avant-cour. *Cour intérieure d'une maison.* V. Patio; atrium *(antiq.). Au fond de la cour. Ma chambre « donnait sur une cour de service »* (FRANCE). *Maison bâtie entre cour et jardin.* Théât. *Côté cour* (opposé à côté jardin). — *Cour d'une école, cour de récréation.* ◇ *Cour de ferme.* V. Basse-cour. ◇ *Ancienn.* Rue en cul de sac. *La Cour des Miracles,* quartier des truands, des voleurs. Fig. *Une cour des miracles : un lieu mal famé, peuplé de mendiants, de voleurs.* ◇ *(Belgique).* Toilettes (souvent situées au fond de la cour). *Aller à la cour.*
II. (xIIᵉ, *cort).* ♦ 1° Résidence du souverain et de son entourage. *Aller à la cour. La noblesse de cour,* par oppos. *à la noblesse provinciale :* la noblesse qui vivait près du souverain. — (Au xvIIᵉ) Les manières de Versailles, considérées comme les meilleures. *La cour et la ville.* ♦ 2° (1573). L'entourage du souverain. V. Courtisan. *La cour de Louis XIV. Toute la cour assistait à la cérémonie.* ◇ Loc. *La cour du roi Pétaud* (lat. *peto,* « je demande »), allus. à l'époque où les mendiants se nommaient un roi qui n'avait guère d'autorité sur ses sujets. V. Pétaudière. ♦ 3° Le souverain et ses ministres. — Loc. *Être bien en cour :* avoir la faveur du roi, et *au fig. Être bien introduit auprès de qqn.* ◇ Le gouvernement du souverain. *« Bonaparte venait de faire des arrangements avec la cour de Rome »* (CHATEAUB.). ♦ 4° Cercle de personnes empressées autour d'une autre en vue d'obtenir ses faveurs. *Femme qui a une cour d'admirateurs.* V. Cercle, cortège, suite. *La cour d'un homme puissant.* ◇ Loc. *Faire la cour à qqn :* chercher à obtenir ses faveurs. — *Faire la cour à une femme :* se montrer assidu, galant auprès d'elle pour lui plaire (Cf. *Conter fleurette). « Il me fit la cour, une cour timide et profondément tendre »* (MAUPASS.).
III. (xIIIᵉ, *court).* ♦ 1° Hist. Assemblées des vassaux du roi. V. Conseil (du roi), **parlement.** *Cour de parlement* : section judiciaire de la cour du roi. ♦ 2° COUR D'AMOUR : société provençale de personnes des deux sexes qui traitait et jugeait des questions de galanterie. ♦ 3° *Mod.* Tribunal. *Messieurs, la Cour !* expression par laquelle on annonce l'entrée des magistrats dans l'enceinte du tribunal. ◇ COUR D'APPEL : juridiction permanente du second degré, chargée de juger les appels formés contre les décisions rendues par les juridictions inférieures. *Juge, conseiller à la cour d'appel.* — *Cour d'assises.* — *Cour de cassation.* ◇ COUR DES COMPTES : corps administratif chargé de contrôler l'observation des règles de la comptabilité publique dans l'exécution des budgets. *Conseiller maître, conseiller référendaire, auditeur à la Cour des comptes.* ◇ *Cour martiale. Haute cour de justice* ou HAUTE COUR : tribunal élu par l'Assemblée nationale et chargé de juger le Président et les ministres en cas de faute très grave. ◇ *Cour internationale de justice.*
◇ HOM. Courre, cours, court; formes du v. courir.

COURAGE [kuʀaʒ]. *n. m.* (1080; de *cor, cœur,* au fig.). ♦ 1° *Vx.* Force morale; dispositions du cœur. V. Cœur, sentiment. *« Détrompez vous deur, fléchissez son courage »* (RAC.). ♦ 2° Ardeur, énergie dans une entreprise. *Avoir du courage à l'étude. Entreprendre qqch. avec courage. Donner, redonner du courage :* encourager, remonter le moral *(fam.). Perdre courage :* abandonner, céder. ♦ 3° *Cour.* Fermeté devant le danger, la souffrance. V. **Bravoure, cran, stoïcisme.** *Courage physique. Combattre, se battre avec courage.* V. Héroïsme, vaillance. *Un courage téméraire.* V. Audace, hardiesse, intrépidité, témérité. *« Le courage nourrit les guerres, mais c'est la peur qui les fait naître »* (ALAIN). ◇ *N'écouter que son courage. Prendre son courage à deux mains :* se décider malgré la difficulté, la peur, la timidité. ♦ 4° *Le courage de faire qqch. :* la volonté plus ou moins cruelle. V. Dureté. *« Il faut avoir le courage d'abandonner ses enfants »* (CHARDONNE). *Je n'ai pas le courage de lui refuser cette aide.* ◇ ANT. Faiblesse, lâcheté, poltronnerie.

COURAGEUSEMENT [kuʀaʒøzmɑ̃]. *adv.* (xIIIᵉ; de *courageux).* D'une manière courageuse. *Se battre courageusement.* V. Bravement. *Répondre courageusement.* V. Fermement, résolument. *Supporter courageusement l'infortune.* V. Vaillamment.

COURAGEUX, EUSE [kuʀaʒø, øz]. *adj.* (xIIᵉ; de *courage).* ♦ 1° Qui a du courage; agit malgré le danger ou la peur. V. Brave, fort, résolu, stoïque, vaillant, valeureux; audacieux, casse-cou, héroïque, indomptable, intrépide, téméraire. *« Il était naturellement courageux... comme tant de timides »* (MALRAUX). ◇ Qui a du courage (2°), de l'énergie. *Il n'est pas très courageux pour l'étude.* ♦ 2° Qui manifeste

du courage. *Attitude, conduite courageuse. Une réponse courageuse.* V. Crâne, hardi. ◇ ANT. Faible, lâche, peureux, poltron. Craintif, timide, timoré.

COURAILLER [kuʀaje]. *v. intr.* (1842; de *courir). Fam.* Mener une vie frivole, légère. V. Coureur (4°).

COURAMMENT [kuʀamɑ̃]. *adv.* (*Curanment,* xIIᵉ; de *courant).* ♦ 1° Sans difficulté, avec aisance, naturel. V. Aisément, facilement. *Parler couramment une langue étrangère.* ♦ 2° D'une façon habituelle, ordinaire. V. **Communément, généralement, habituellement, ordinairement.** *Ce mot s'emploie couramment. Cela se fait, se dit couramment.* ◇ ANT. Difficilement. Rarement.

1. COURANT, ANTE [kuʀɑ̃, ɑ̃t]. *adj.* (xIᵉ; de *courir).* ♦ 1° Qui court. *Chien courant.* ◇ *Eau courante.* V. Courant (2). *Spécial.* Eau distribuée par tuyaux. *Chambre, appartement avec l'eau courante.* ◇ Par ext. (1829) MAIN COURANTE : rampe parallèle à celle de l'escalier, et fixée au mur. — *Main courante :* registre sur lequel on inscrit rapidement les opérations commerciales. ◇ Mar. *Manœuvres courantes :* dont une seule extrémité est amarrée par les hommes. ♦ 2° Qui est présent, qui s'écoule au moment où l'on parle. V. **Cours** (en cours); actuel. *L'année courante.* Comm. *Le cinq, le dix courant;* le cinq, le dix de ce mois. *Fin courant :* la fin du mois. ◇ *Les affaires courantes* (opposé à affaires extraordinaires). *Expédier les affaires courantes.* ♦ 3° Qui a cours* d'une manière habituelle. V. **Banal, commun, habituel, normal, ordinaire, usuel.** *Le langage courant. Cette méthode est de pratique courante. « On vend de bonnes qualités courantes, des marques connues »* (CHARDONNE). — *Monnaie courante* (fig. *C'est monnaie* courante). ♦ 4° COMPTE COURANT : compte bancaire entre deux personnes ou deux sociétés effectuant des opérations réciproques et qui conviennent de transformer leurs créances et leurs dettes en articles de débit et de crédit dont le solde sera seul exigible. ◇ ANT. *Extraordinaire, inhabituel, rare.*

2. COURANT [kuʀɑ̃]. *n. m.* (déb. xIIIᵉ; de *courir).* ♦ 1° Mouvement de l'eau, d'un liquide. *Le courant de l'eau.* V. Fil; cours. *Un courant rapide, impétueux, dangereux* (V. Rapide, torrent). *Suivre, remonter le courant.* Fig. *Il remonte le courant :* il réagit. ◇ *Les courants marins, sous-marins. Le Gulf Stream,* courant maritime chaud de l'Atlantique. *Courant alternatif* ou *courant de marée.* ♦ 2° COURANT D'AIR. V. Bouffée, vent. *Craindre les courants d'air. « J'ai horreur des courants d'air. Vous n'auriez pas un paravent? »* (ST-EXUP.). — Météo. *Courants atmosphériques* (de conduction, de convection, etc.). *Par anal.* (Loc. fig. et fam.). *Se déguiser en courant d'air :* s'esquiver. ♦ 3° (1806). Le COURANT (*électrique*) : déplacement d'électricité dans un conducteur. V. Électricité. *Courant continu, alternatif. Fréquence, intensité d'un courant. Courant triphasé, polyphasé. Couper, rétablir, inverser le courant. Coupure de courant. Prise* de courant.* ♦ 4° (xIXᵉ). Déplacement orienté. *Courant de populations* (émigration, immigration). — (Abstrait) *Les courants de l'opinion.* V. Mouvement. *« Déterminer un courant historique »* (BLOY). V. Évolution. *Fam. Le courant passe :* une entente s'établit (entre deux ou plusieurs personnes). ♦ 5° Cours d'une durée. *Le courant de la semaine. Il a écrit dans le courant du mois.* ♦ 6° (1780). AU COURANT : informé. *Mettre, tenir qqn au courant.* V. Avertir, renseigner (sur). *Se mettre au courant :* s'informer de l'état d'une question, d'une situation. *Est-ce qu'il est au courant?* V. Savoir. *Cette revue est bien au courant :* elle est au fait de l'actualité. *« Pour se tenir au courant, il prit un abonnement à la Ruche médicale »* (FLAUB.). ♦ 7° *Au courant de la plume* (en écrivant) : sans effort, spontanément. V. Fil (au).

COURANTE [kuʀɑ̃t]. *n. f.* (xIVᵉ; de *courir).* ♦ 1° *Pop.* Diarrhée. ♦ 2° *Mus.* (1578). Danse française sur air à trois temps. ◇ Cet air, en vogue au xvIIᵉ s. et utilisé dans la suite* instrumentale au xvIIIᵉ s.

COURBARIL [kuʀbaʀil]. *n. m.* (1640; mot des Caraïbes; o. i.). Arbres des régions tropicales dont le bois est utilisé en ébénisterie et la résine *(Courbarine)* pour la fabrication des vernis.

COURBATU, UE [kuʀbaty]. *adj.* (xvᵉ; de *court,* et *battu* « battu à bras raccourci »). *Littér.* Qui ressent une lassitude extrême dans tout le corps. V. Courbaturé, moulu. *« Je me couchais, le soir, heureux, courbatu, mort de saine lassitude »* (DUHAM.).

COURBATURE [kuʀbatyʀ]. *n. f.* (xvIᵉ; prov. *courbaduro* « courbure », d'apr. *court battu*). Sensation de fatigue douloureuse due à un effort prolongé ou à un état fébrile. V. Lassitude. *Ressentir une courbature dans les membres, le dos. « Le sommeil secoué des wagons avec des douleurs dans la tête et des courbatures dans les membres »* (MAUPASS.).

COURBATURÉ, ÉE [kuʀbatyʀe]. *adj.* (v. 1840; V. Courbaturer). Qui ressent des courbatures. V. Courbatu. *« Il était courbaturé après ces quelques heures d'insomnie »* (MAUPASS.).

COURBATURER [kuʀbatyʀe]. *v. tr.* (1836; de *courba-*

ture). Donner une courbature à. V. **Ankyloser.** ◊ ANT. *Délasser, détendre, reposer.*

COURBE [kuʀb(ə)]. *adj.* et *n. f.* (XVe; *corp, corbe*, adj., XIIe; lat. *curvus*). ♦ 1° *Adj.* Qui change de direction sans former d'angles; qui n'est pas droit. V. **Arqué, arrondi, bombé, busqué, cambré, cintré, circulaire, contourné, courbé, enroulé, galbé, incurvé, infléchi, ondulé, onduleux, rebondi, recourbé, renflé, rond, sinueux, tordu, tors, voûté,** et préf. **Curvi-.** « *L'océan et ses longues vagues courbes* » (CHARDONNE). ◊ *Géom.* Qui a les caractères d'une courbe géométrique. *Ligne, surface courbe. Espace* courbe.* ♦ 2° *N. f.* (fin XVIIe; « branche tordue », XIIe; sens techn., XIVe-XVIIe). Ligne courbe. *Courbes décoratives.* V. **Arabesque, arc, boucle, coude, feston, méandre, ondulation, sinuosité, spirale, volute.** *La courbe des sourcils.* V. **Courbure.** « *Le dos divin après la courbe des épaules* » (RIMBAUD). *La route fait une courbe.* V. **Tournant.** ◊ *Géom.* Lieu des positions successives d'un point qui se meut d'après une loi déterminée. *Courbe plane,* dont tous les points sont dans un même plan. *Courbe gauche ou dans l'espace. Sommet, foyer, axe d'une courbe. Tangente à une courbe. Inflexion d'une courbe :* endroit où elle change de sens. *Différentes courbes :* caustique, chaînette, cycloïde, développante, développée, ellipse, ellipsoïde, enveloppe, enveloppée, épicycloïde, focale, hélice, hyperbole, lemniscate, parabole, sinusoïde, spirale. *Courbes fermées :* cercle, ellipse, ovale.* ◊ Ligne représentant la loi, l'évolution d'un phénomène (V. **Graphique;** et suff. **-Gramme**). *Courbe de température. Courbe de la production, des salaires, des prix.* ◊ *Géogr. Courbe de niveau :* ligne qui joint tous les points d'une même altitude. *Les courbes de niveau permettent la représentation du relief sur les cartes.* — Mar. *Courbe loxodromique.* ◊ ANT. *Droit, rectiligne. Droite.*

COURBÉ, ÉE [kuʀbe]. *adj.* (V. **Courber**). Rendu ou devenu courbe. *Un vieillard courbé.* V. **Cassé.** « *Ils fuyaient tout courbés, rasant le sol* » (LOTI).

COURBEMENT [kuʀbəmã]. *n. m.* (1478; de *courber*). Rare. Action de courber; fait de se courber.

COURBER [kuʀbe]. *v. tr.* (*Corber*, fin XIIe; lat. *curvare*). ♦ 1° Rendre courbe (ce qui est droit). V. **Plier, arquer, arrondir, bomber, busquer, cintrer, couder, fléchir, gauchir, gondoler, incurver, infléchir, pencher, plier, recourber, replier, tordre, voûter.** *Courber une branche. Courber au feu une barre de fer.* ♦ 2° Pencher en abaissant. *La vieillesse l'a courbé. Courber le front, la tête sur un livre.* V. **Incliner.** Il « *incline devant Dieu des épaules que, le reste du temps, le labour courbe vers la terre* » (SUARÈS). — Fig. *Courber la tête, le front.* V. **Céder, obéir, soumettre** (se). *Refuser de courber la tête devant une autorité.* ♦ 3° *Courber qqn sous sa loi, sous sa volonté.* V. **Assujettir, dominer.** ♦ 4° *Intrans.* Devenir courbe. V. **Ployer.** *Courber sous le poids, le faix.* ♦ 5° SE COURBER, v. pron. Être, devenir courbe. — (Choses) « *La cataracte... se courbe en fer à cheval* » (CHATEAUB.). — (Personnes) Se baisser. « *Il entra, obligé de se courber en deux comme un gros ours* » (LOTI). — Spécialt. *Se courber pour saluer.* V. **Courbette; incliner** (s'). *Se courber en signe d'humiliation.* V. **Prosterner** (se). — Fig. et littér. Se soumettre. ◊ ANT. *Dresser, raidir, redresser. Relever* (se).

COURBETTE [kuʀbɛt]. *n. f.* (XVIe; it. *corbetta;* d'apr. *courbe*). ♦ 1° *Manège.* Saut dans lequel le cheval lève et fléchit les deux membres antérieurs sous le ventre. ♦ 2° (Déb. XVIIe). Action de s'incliner exagérément, avec une politesse obséquieuse. V. **Révérence, salut.** — Fig. *Faire des courbettes à, devant qqn :* donner des marques serviles de déférence, de soumission. V. **Bassesse, platitude.** *Nous allons « faire des risettes et des courbettes aux gens que nous voulons fuir* » (DUHAM.).

COURBURE [kuʀbyʀ]. *n. f.* (1547; de *courber*). ♦ 1° Forme de ce qui est courbe. *Courbure d'une ligne, d'une surface.* V. **Arrondi, cambrure, cintrage, galbe, inflexion.** *Courbure rentrante* (V. **Concavité**), *sortante* (V. **Convexité**). *Double courbure, courbure en S* (V. **Torsion**). *Courbure d'une voûte* (voussure). « *Un nez d'une courbure aquiline dont le bout se rabattait un peu bec-crochu* » (GAUTIER). Géom. *Rayon de courbure en un point :* rayon du cercle osculateur. ♦ 2° Partie, chose courbe. *La courbure des reins.* ◊ ANT. *Raideur.*

COURCAILLET [kuʀkajɛ]. *n. m.* (XVIe; de *courcailler*. V. **Carcailler**). Cri de la caille. — Appeau imitant ce cri.

COURÇON, COURSON [kuʀsɔ̃] *n. m.*, **COURSONNE** [kuʀsɔn]. *n. f.* (*Courchon,* 1316; de *court*). Branche d'arbre fruitier que l'on a été taillée court pour que la sève s'y concentre.

COURETTE [kuʀɛt]. *n. f.* (av. 1854; de *cour*). Petite cour.

COUREUR, EUSE [kuʀœʀ, øz]. *n.* (fin XIIe; de *courir*). ♦ 1° Personne qui court. *Un coureur rapide, infatigable.* — *Oiseaux coureurs,* ou subst. COUREURS. *n. m. pl.* Ordre d'oiseaux aux ailes rudimentaires, aux pattes puissantes. V. **Autruche, casoar, dronte, émeu.** ♦ 2° Sports. *N. m.* Celui qui participe à une course sportive (avec une précision). *Coureur à pied. Coureur de fond, de demi-fond. Coureur de 110 mètres haies.* — *Coureur cycliste :* coureur sur route, sur

piste (V. **Pistard, routier**). *Maillot de coureur.* Pop. *Baisse la tête, t'auras l'air d'un coureur.* — *Coureur automobile, motocycliste.* ♦ 3° COUREUR DE. *Vx.* Personne qui parcourt (un lieu). (1686). Au Canada (*Hist.*), *Coureur de (des) bois :* chasseur et trappeur. — Mod. *Coureur de bals, de cafés :* celui qui fréquente habituellement les bals, ... « *Un coureur de tavernes et de mauvais lieux* » (ROUSS.). *Coureur de dot*.* ♦ 4° *N. m.* Celui qui court de femme en femme. V. **Débauché; courailler.** *Un vieux coureur.* V. **Galant.** — COUREUSE. *n. f.* Fille, femme de mœurs légères, débauchée. *C'est une petite coureuse.* — Adj. *Elle est un peu coureuse.*

COURGE [kuʀʒ(ə)]. *n. f.* (*Cohourge,* 1390; altér. de *coorde, cohourde,* lat. *cucurbita;* V. **Gourde**). ♦ 1° Plante potagère (*Cucurbitacées*), cultivée pour ses fruits généralement comestibles (V. **Pépon**) appelés courges (2°), citrouilles, potirons. ♦ 2° Le fruit de la courge. *Manger des courges* (V. **Courgette**). ♦ 3° Pop. Imbécile, « gourde ».

COURGETTE [kuʀʒɛt]. *n. f.* (XXe; de *courge*). Nom donné au fruit de certaines variétés de courges, récoltées au début de leur développement. *Courgettes farcies.*

COURIR [kuʀiʀ]. *v. : je cours, tu cours, il court, nous courons, vous courez, ils courent; je courais; je courus, nous courûmes; je courrai; je courrais; cours, courons, courez; que je coure, qu'il coure, que nous courions; que je courusse* (inus.); *courant; couru, courue* (XIIIe; a remplacé l'a. fr. *courre,* lat. *currere.* V. **Courre**).

I. *V. intr.* Ⓐ (*Êtres animés*). ♦ 1° Aller, se déplacer par une suite d'élans, en reposant alternativement le corps sur l'une puis l'autre jambe, et d'un train généralement plus rapide que la marche. V. **Course; filer, galoper, trotter; bondir, élancer** (s'); Cf. les *pop.* Caleter, carapater (se); cavaler, foncer, pédaler, tracer, trisser; et les *loc.* Jouer des flûtes; avoir le feu au derrière, le diable à ses trousses; prendre ses jambes à son cou. *Courir à toutes jambes, de toutes ses forces, ventre à terre, tête baissée. Courir à perdre haleine,* comme un *dératé. Courir à fond de train. Courir pour s'enfuir.* V. **Détaler.** — *Courir sus à l'ennemi. Courir au-devant de qqn. Courir après qqn,* pour le rattraper. ♦ 2° Spécialt. Disputer une épreuve de course. *Courir dans une compétition d'athlétisme.* ◊ *Faire courir un cheval,* le faire participer à une course. ♦ 3° Aller vite, sans précisément courir. V. **Dépêcher** (se), **empresser** (s'), **hâter** (se), **précipiter** (se), **presser** (se). *Ce n'est pas la peine de courir, nous avons le temps.* « *Va, cours, vole et nous venge* » (CORN.). — *Faire qqch. en courant :* à la hâte, précipitamment. ◊ Aller rapidement (quelque part) : atteindre qqch. le plus vite possible. *Je prends ma voiture et je cours chez vous; j'y cours. Les gens courent à ce spectacle* (V. **Affluer**); *on y court. Cet acteur fait courir tout Paris.* V. **Attirer.** *Courir d'aventure en aventure.* « *Quand on court après l'esprit, on attrape la sottise* » (MONTESQ.). — Fam. *Courir après qqn :* le rechercher avec assiduité. V. **Presser, importuner.** *Courir après une femme :* la poursuivre de ses assiduités. « *Une femme est comme votre ombre; courez après, elle vous fuit; fuyez-la, elle court après vous* » (MUSS.). ◊ (Semi-auxiliaire, suivi de l'inf.). *Je cours acheter du pain.* ◊ Absolt. *Il vaut mieux tenir que courir* (Cf. Un tiens vaut mieux que deux tu l'auras). Fam. *Tu peux toujours courir !* attendre (se dit d'un souhait qui ne se réalisera pas, ou pour refuser qqch.). PROV. « *Rien ne sert de courir, il faut partir à point* » (LA FONT.). Ⓑ (*Choses*). ♦ 1° Se mouvoir avec rapidité. « *De grandes ombres noires couraient sur les eaux vertes* » (MAUROIS). V. **Glisser.** « *Le vent qui courait sur la neige était glacial* » (BARRÈS). *L'eau qui court.* V. **Couler, écouler** (s'). *Faire courir, laisser courir sa plume sur le papier :* écrire au courant de la plume. ♦ 2° (Navire). Faire route. V. **Cingler, filer.** *Courir à terre, au large. Courir largue, vent arrière.* ♦ 3° Être répandu, passer de l'un à l'autre. V. **Circuler, communiquer** (se), **propager** (se), **répandre** (se). *Faire courir une nouvelle.* V. **Colporter.** *Le bruit court que... :* on dit que... « *La légende court, se répand, s'enjolive* » (DAUD.). Impers. *Il court un bruit sur elle.* ♦ 4° (1396; *Temps*). Suivre son cours, se passer. V. **Continuer, passer.** *L'année, le mois qui court.* V. **Cours** (en). *Par le temps qui court : dans le temps où nous sommes.* V. **Actuellement.** — Spécialt. *L'intérêt de cette rente court à partir de tel jour :* sera compté à partir de ce jour. ◊ Fam. *Laisser courir :* laisser faire, laisser aller (Cf. Laisser tomber). ♦ 5° S'étendre, se prolonger au long de qqch. *Le chemin court le long de la berge.*

II. *V. tr.* ♦ 1° (XIIIe). Poursuivre à la course, chercher à attraper. Vx. « *Les petits enfants me courent dans la rue* » (CORN.). Chasse. *Courir le cerf, le sanglier.* V. **Courre.** Loc. fig. *Il ne faut pas courir deux lièvres à la fois :* poursuivre deux buts en même temps. ♦ 2° Sports. Participer à (une épreuve de course). *Courir le cent mètres. Ce cheval a couru le grand prix.* ♦ 3° Rechercher avec ardeur, empressement. V. **Chercher, poursuivre, rechercher.** *Courir les honneurs. Courir le cachet.* ♦ 4° Aller, s'exposer au-devant de. *Courir les aventures.* ◊ *Courir un danger :* y être exposé. *Courir risque, le risque de. Courir sa chance.* V. **Essayer, tenter.** ♦ 5° (XIVe). Parcourir, sillonner. *Courir la ville, les rues. Courir les bois,* *la campagne.* V. **Battre.** *Courir le monde.* V. **Voyager.** — Loc. fig. *Courir les rues :* être répandu, banal, commun. *Ce genre d'esprit court les rues.* ◆ 6° Fréquenter assidûment. V. **Hanter.** *Courir les théâtres, les bals.* —*Courir les filles; courir le jupon.* V. **Courailler ; coureur** (4°). ◆ 7° Pop. (1902). *Courir qqn,* l'ennuyer (Cf. Casser les pieds, cavaler). « *Il m'court, avec ses boniments* » (CARCO). *Il commence à me courir ! Tu nous cours !*

COURLIS [kuʀli] ou **COURLIEU** [kuʀljø]. n. m. (XVIᵉ ; *courlieus,* XIIIᵉ ; o. i., p.-ê. mot expressif). Oiseau échassier migrateur, à long bec courbe, qui vit près de l'eau. *Grand courlis,* bécasse de mer.

COURONNE [kuʀɔn]. n. f. (*Corone,* XIᵉ ; lat. *corona,* mot gr.). **I.** Cercle destiné à ceindre la tête. ◆ 1° Cercle de fleurs, de feuillages, qu'on met autour de la tête comme parure ou marque d'honneur. *Couronne de chêne, de laurier. Couronne de fleurs d'oranger* que portaient les jeunes filles qui se mariaient. *Tresser des couronnes au vainqueur.* ◇ *Antiq. rom.* Signe de mérite militaire ou civique. *Couronne triomphale. Couronne civique.* ◇ Fig. et littér. Récompense, signe d'honneur. *Donner, décerner une couronne à qqn.* ◆ 2° Cercle de métal qu'on met autour de la tête comme insigne d'autorité, de dignité. V. **Diadème.** *Couronne de prince; de duc, ducale; de baron* (V. **Tortil**). *Couronne fermée,* dont le cercle est surmonté d'ornements qui couvrent la tête. *Seules les couronnes royale et impériale sont fermées. La triple couronne :* la tiare du pape. V. **Tirègne.** ◇ Blas. *Couronne héraldique,* ornement extérieur de l'écu. ◇ Évang. *La couronne d'épines* que l'on mit par dérision à Jésus-Christ qui s'était appelé roi des Juifs. *Les génies* « *portent toutes les couronnes, y compris celle d'épines* » (HUGO). ◆ 3° La puissance, la dignité royale, impériale. V. **Royauté, souveraineté.** *Donner la couronne à qqn.* V. **Couronner.** *Aspirer, prétendre à la couronne. Héritier présomptif de la couronne. Le trésor; les joyaux, les perles de la couronne.* — *Discours de la couronne,* prononcé par le souverain à l'ouverture d'une session législative. *État gouverné par un roi, un empereur.* V. **Empire, monarchie.** *La couronne de France, d'Angleterre.*

II. Par anal. ◆ 1° (1080). Tonsure circulaire sur le haut de la tête. ◆ 2° *En couronne :* en cercle. *Greffe, taille en couronne. Veines en couronne :* coronaires. ◆ 3° Objet circulaire ; ensemble de choses disposées en cercle, en anneau. *Couronne funéraire. Ni fleurs ni couronnes* (se dit d'une cérémonie, d'un enterrement très simple). ◇ Pain en forme d'anneau. ◇ Techn. *Couronne de lumière :* servant à porter des lampes (dans une église). — Mar. Cercle métallique entourant le cabestan. V. **Barbotin.** — Auto. Se dit de pignons dentés en forme de couronne. *Couronne d'embrayage. Couronne de différentiel.* — Trépan annulaire pour forage. ◇ Bot. Cercle formé par l'étui médullaire de certains végétaux. — Réunion des appendices qui surmontent la gorge de la corolle ou du périanthe. ◇ Anat. Partie de la dent qui sort de la gencive. *Base de la couronne.* V. **Collet.** — (1846). Cour. Capsule métallique dont on entoure une dent plombée pour la consolider, ou une dent saine pour y fixer un bridge. — Vétér. Partie inférieure du paturon. — Mus. Trait en demicercle surmontant le point d'orgue. ◆ 4° (XVIᵉ). Ce qui entoure d'un cercle lumineux. V. **Anneau, auréole, halo.** *Couronne d'une aurore boréale :* son foyer. ◇ Astron. (1858). *Couronne solaire :* atmosphère diffuse entourant le Soleil (observable pendant les éclipses ou à l'aide du coronographe). ◆ 5° Littér. (fin XVIᵉ). Ce qui entoure et ornant (Cf. Couronner, II, 2°).

COURONNÉ, ÉE [kuʀɔne]. adj. (V. Couronner). ◆ 1° Qui porte, qui a reçu une couronne. *Lauréat, ouvrage couronné.* — *Tête couronnée :* souverain, souveraine. ◆ 2° Qui a une plaie circulaire au genou. *Cheval couronné.* — Par ext. *Genou couronné,* qui porte les traces d'une chute.

COURONNEMENT [kuʀɔnmã]. n. m. (XIIᵉ ; de *couronner*). ◆ 1° Cérémonie dans laquelle on couronne un souverain. V. **Sacre.** *Couronnement d'un roi, d'un empereur.* ◆ 2° Ce qui termine et orne le sommet, le faîte d'un édifice, d'un meuble). *Couronnement d'un édifice* (V. **Comble**), *d'un meuble* (V. **Corniche**), *d'une colonne* (V. **Chapiteau; abaque, tailloir**), *d'un mur* (V. **Entablement**), *d'un toit* (V. **Pignon**). ◆ 3° Fig. Ce qui achève, rend complet. V. **Accomplissement, achèvement, perfection.** *Ce succès fut le couronnement de sa carrière.* « *La musique est le couronnement, la suprême fleur des arts* » (MICHELET). ◆ 4° Taille en forme de couronne. ◇ Lésion d'un cheval couronné. ◇ ANT. *Abdication, déposition.* Commencement, début.

COURONNER [kuʀɔne]. v. tr. (*Coroner,* Xᵉ ; lat. *coronare*). **I.** ◆ 1° Ceindre, coiffer d'une couronne. *Couronner une jeune fille de fleurs.* — Spécialt. Ceindre d'une couronne en signe de distinction honorifique, de récompense. *Les anciens couronnaient les vainqueurs des jeux.* ◇ (1680) Décerner un prix, une récompense à (qqn). *Couronner le lauréat.* — *Couronner un livre, un ouvrage.* ◆ 2° Proclamer (qqn)

souverain en ceignant d'une couronne. V. **Sacrer.** *Le jour où le roi fut couronné* (V. **Couronnement**). **II.** ◆ 1° Orner, entourer (la tête) comme fait une couronne (V. **Coiffer; auréoler**). *Un bandeau, un diadème couronnait son front.* V. **Ceindre.** « *La blancheur de ses cheveux couronnait, comme un diadème, son front jeune* » (MART. du G.). ◆ 2° Littér. Entourer, ceindre comme d'une couronne. Pronom. « *Les sommets se couronnent avec gravité de chênes verts* » (FROMENTIN). « *Salut, bois couronnés d'un reste de verdure !* » (LAMART.). ◆ 3° Littér. (XVIᵉ). Achever en complétant, en rendant parfait. « *Ceux dont une honorable vieillesse couronne une vie sans reproches* » (ROUSS.). V. **Accomplir, achever, conclure, parachever, parfaire.** Iron. *Et pour couronner le tout il arrive en retard.* ◆ 4° Tailler (un arbre) en couronne. ◆ 5° Blesser au genou. « *Après avoir couronné son poney, il s'était creusé aux genoux deux plaies* » (GIRAUDOUX). Pronom. *Il s'est couronné en tombant.*

◇ ANT. *Découronner. Détrôner, renverser.* Commencer.

COURRE [kuʀ]. v. tr. (XIᵉ ; lat. *currere.* V. Courir). ◆ 1° Vén. Poursuivre une bête. V. **Chasser, poursuivre.** « *M. le duc préfère courre la bête noire* » (GENEVOIX). ◆ 2° Cour. *Chasse à courre,* qui se fait avec les chiens courants et à cheval. ◇ HOM. V. **Cour.**

COURRIER [kuʀje]. n. m. (v. 1300, puis 1464 ; it. *corriere,* de *correre.* V. Courir). ◆ 1° Ancienn. Celui qui précédait les voitures de poste pour préparer les relais. *Le préposé qui portait les lettres en malle-poste. L'affaire du courrier de Lyon.* — Porteur de dépêches. V. **Estafette, messager.** — Fig. et littér. Messager, avant-courrier. ◆ 2° Mod. Transport des dépêches, des lettres, des journaux. V. **Poste.** *Courrier maritime, aérien. Courrier Sud,* œuvre de Saint-Exupéry. *Je vous réponds par retour du courrier.* ◆ 3° (XVIIIᵉ). Ensemble des lettres, dépêches, journaux envoyés ou à envoyer. *Le courrier est arrivé. Je passe prendre mon courrier. Distribuer le courrier. Faire adresser son courrier chez... Lire son courrier. Faire son courrier.* V. **Correspondance.** « *Gurau trouva un peu de courrier, qu'on avait glissé sous sa porte : des imprimés, quelques prospectus, et une lettre* » (ROMAINS). ◆ 4° (1631). Titre de certains journaux. *Le courrier de l'Ouest.* ◇ Article, chronique d'un journal. V. **Article, chronique.** *Courrier mondain. Courrier de la Bourse. Courrier littéraire. Courrier du cœur,* où les lecteurs font part de leurs problèmes et demandent des conseils.

COURRIÉRISTE [kuʀjeʀist(ə)]. n. (v. 1850-60 ; de *courrier,* 4°). Journaliste qui fait la chronique, le courrier. *Courriériste théâtral.*

COURROIE [kuʀwa(a)]. n. f. (*Correie,* 1080 ; lat. *corrigia*). Bande étroite d'un matière souple et résistante servant à lier, attacher. *Courroie de cuir, de caoutchouc.* V. **Attache, lanière, sangle.** *Boucler, nouer, serrer une courroie. Courroie que l'on passe sur l'épaule pour porter qqch.* V. **Bandoulière, bretelle.** *Courroies du harnais.* V. **Étrivière, licou, longe, mancelle, martingale, porte-étriers, rêne, sous-ventrière.** — *Courroie de transmission, courroie sans fin,* qui transmet, par frottement, le mouvement d'une poulie à une autre. *Courroie de ventilateur* (auto).

COURROUCER [kuʀuse]. v. tr.; conjug. *placer* (*Corocier,* fin XIᵉ ; bas lat. °*corruptiare,* de *corrumpere* « aigrir »). Littér. Mettre en colère, irriter. V. **Courroux.** Pronom. « *C'est contre le péché que son cœur se courrouce* » (MOL.). *Avoir un air courroucé.* ◇ ANT. *Apaiser, calmer, pacifier, rassurer.*

COURROUX [kuʀu]. n. m. (1250 ; *corropt,* Xᵉ ; de *courroucer*). Littér. Irritation véhémente contre un offenseur. V. **Colère, emportement, fureur.** « *Ce mot qui, chez nous, exprime le courroux, le désespoir, la rébellion* » (DUHAM.). — Fig. et poét. « *Comme Neptune de son trident apaise les flots en courroux* » (FÉN.).

COURS [kuʀ]. n. m. (1080 ; lat. *cursus* « course, cours »). **I.** ◆ 1° (v. 1320). Écoulement continu de l'eau des fleuves, des rivières, des ruisseaux. *Cours rapide, impétueux.* V. **Courant.** *Arrêter, barrer, détourner le cours de la rivière. Descendre, remonter le cours du fleuve. Cours supérieur, inférieur d'un fleuve.* ◆ 2° (1754). COURS D'EAU. V. **Fleuve, rivière, ruisseau, torrent.** *Cours d'eau qui se jette dans un autre.* V. **Affluent.** *Cours d'eau qui traverse, arrose une région. Cours d'eau navigables, flottables. Canal qui double un cours d'eau.* ◆ 3° Loc. (fin XVIIᵉ). *Donner cours, libre cours à ses larmes :* les laisser couler. *Donner libre cours à sa fureur, à sa douleur, à sa joie :* ne plus la contenir. V. **Exhaler.** « *Il put même y donner libre cours à ses qualités incisives* » (STE-BEUVE). **II.** ◆ 1° (XIIᵉ). Mouvement réel ou apparent d'un astre. V. **Course.** *Cours du Soleil, de la Lune.* ◆ 2° (v. 1170). Suite continue d'une chose dans le temps. V. **Déroulement, développement, enchaînement, succession, suite.** *Le cours des saisons. Le cours de la vie. Le cours des événements. Suivre son cours :* évoluer normalement. *Le cours que prend une affaire.* V. **Tournure.** *Dans le cours de l'ouvrage.* V. **Courant.** « *Le temps nous engloutit et continue tranquillement son cours* » (CHATEAUB.). ◇ Au, EN COURS (DE). V. **Durant,**

pendant. *Au cours de sa carrière. En cours de carrière. L'année en cours. Affaires en cours.*
III. ♦ 1° (xvᵉ). Circulation régulière d'une marchandise, d'une monnaie, pour une valeur déterminée. *Cours des monnaies. Cours légal, forcé.* — *Par ext.* Prix auquel sont négociées des marchandises, des valeurs. V. **Cote, prix, taux.** *Acheter, vendre au cours du marché, de la place, de la Bourse. Au cours du jour,* et absolt. *au cours. Cours du change. Les cours sont en baisse, en hausse.* « *Les cours des valeurs à Wall-Street montaient à des hauteurs prodigieuses* » (BAIN-VILLE). ♦ 2° (1671). *Avoir cours,* avoir valeur légale. *Ces pièces n'ont plus cours. Fig.* Être reconnu, utilisé. V. **Crédit, vogue.** *Ces usages n'ont plus cours.* V. **Exister.**
IV. ♦ 1° (xivᵉ). Enseignement suivi sur une matière déterminée. *Par ext.* L'une des leçons. V. **Conférence, leçon.** *Cours de chimie, d'algèbre, de littérature. J'ai ce matin un cours de physique. Donner, faire un cours.* V. **Classe.** *Suivre un cours en Sorbonne. Cours par correspondance.* ♦ 2° Degré des études suivies. *Cours élémentaire, moyen, supérieur. Cours complémentaire. Cours du soir :* enseignement post-scolaire facultatif. ◇ Établissement scolaire, généralement privé. *Cours de jeunes filles. Cours de vacances.* ♦ 3° Spécialt. Livre reproduisant les leçons d'un cours. V. **Manuel, traité.** *Cours de science illustré, polycopié.*
V. (1680; de l'a. fr. *cours* « voyage en mer »). Loc. *Voyage au long cours :* longue traversée. *Capitaine au long cours,* qui commande un navire qui navigue au long cours (V. **Long-courrier**).
VI. (xviiᵉ; it. *corso.* V. **Corso**). Avenue servant de promenade. *Le Cours-la-Reine* (Paris); *le cours Mirabeau* (Aix). ◈ HOM. *Cour, courre, court;* formes du v. *courir.*

COURSE [kurs(ə)]. *n. f.* (fin xivᵉ; *corse,* xiiiᵉ, p. p. fém. de *courir,* d'apr. it. *corsa*).
I. ♦ 1° Action de courir; mode de locomotion dans lequel les phases d'appui unilatéral sont séparées par un intervalle. V. **Courir.** — *Prendre sa course. Au pas de course. S'arrêter en pleine course. Rattraper, distancer qqn à la course. Être à bout de course :* épuisé. *Fig.* « *Elle n'en pouvait plus, à bout de course, recrue de fatigue* » (MAURIAC). ♦ 2° Sports. (1538). Épreuve de vitesse; compétition sur une distance, un parcours donné. ◇ *Course à pied. Course sur cent mètres, de cent mètres* (Cf. Un cent mètres). *Course de vitesse* (100 m, 200 m, 400 m). V. **Sprint.** *Course de fond, de demi-fond. Course en terrain varié.* V. **Cross-country.** *Course de relais.* ◇ (1771) *Course de chevaux.* V. **Critérium, omnium.** *Course de plat. Course d'obstacles. Steeple-chase. Course de trot. Course attelée* (V. **Sulky**). — *Champ de courses :* hippodrome, turf. *Aller aux courses :* jouer, parier aux courses. V. **Pari, tiercé; bookmaker.** *Écurie de courses.* — *Course de lévriers* (cyno-drome). — *Courses de bicyclettes.* V. **Cyclisme.** *Course cycliste. Course sur piste, sur route. Course sur un circuit* (V. **Tour**). — *Courses de motos. Courses d'automobiles. Course de côte.* ◇ Alpin. Excursion d'un alpiniste en montagne. V. **Ascension.** *Course avec guide, sans guide.* ◇ *Fig.* Loc. fam. *Être dans la course :* être au courant, savoir ce qu'il faut faire, ce qui se fait (Cf. Dans le coup). *Il n'est plus dans la course.* Cf. Il est dépassé. ♦ 3° (Trad. esp. *corrida*). *Course de taureaux.* V. **Corrida.**
II. (Déb. xviiᵉ). ♦ 1° Action de parcourir un espace. V. **Parcours, trajet.** *Faire une longue course en montagne.* V. **Excursion, marche, promenade, randonnée.** *Prix, tarif de la course* (en taxi). ♦ 2° Allée et venue d'un commissionnaire. V. **Coursier.** « *Je puis avoir besoin de vous envoyer en courses à n'importe quel moment de la journée* » (ROMAINS). *Par ext.* Achats. *Aller faire les courses dans les magasins.* V. **Achat, commission.** ♦ 3° Mar. Action de parcourir le pays, la mer, pour faire du pillage. V. **Incursion.** *Guerre de course. Faire la course* (V. **Corsaire**). ♦ 4° *Fig.* (Choses). V. **Cours, mouvement.** *La course d'un projectile. La course des nuages dans le ciel.* « *Pourquoi suspendre la course de ma main sur ce papier?* » (COLETTE). — *La course du temps, des jours.* V. **Fuite, succession, suite.** ♦ 5° Techn. Mouvement d'un organe mécanique. *Course rectiligne d'un piston.* V. **Va-et-vient.** *L'alésage et la course du piston servent à calculer la cylindrée. À bout de course. Piston à mi-course.*
◈ ANT. Arrêt, immobilité.

1. COURSIER [kursje]. *n. m.* (xiiᵉ; de *cours, course* en a. fr.). Littér. Grand et beau cheval de bataille, de tournoi. « *J'aimais les fiers coursiers, aux crinières flottantes* » (HUGO).

2. COURSIER, IÈRE [kursje, jɛr]. *n.* (fin xixᵉ; de *course*). Personne chargée de faire les courses dans une administration, un hôtel. V. **Chasseur, commissionnaire.**

COURSIVE [kursiv]. *n. f.* (1687; *coursie,* 1485; it. *corsiva* (dial. *corsia*) « passage »). Mar. Couloir étroit à l'intérieur d'un navire.

COURSON, COURSONNE. V. **Courçon.**

1. COURT, COURTE [kur, kurt(ə)]. *adj.* et *adv. (Cort,* 1080; lat. *curtus*).
I. Adj. ♦ 1° Qui a peu de longueur d'une extrémité à l'autre (relativ. à la taille normale ou par compar. avec une autre chose). *Herbe courte.* V. **Ras.** *Robe courte, qui laisse voir le genou. Rendre court, plus court* (V. **Écourter, raccourcir**). *Nez court et plat* (V. **Petit**). *Jambes courtes. Être court de jambes.* V. **Courtaud.** « *C'était un gros petit homme, chauve, court de bras, de jambes, de cou, de nez, de tout* » (MAUPASS.). — *La ligne droite est le plus court chemin d'un point à un autre. Aller par le plus court chemin.* V. **Direct; raccourci.** Absolt. *Prendre le plus court.* — *Tirer à la courte paille*.* — *Faire la courte échelle*.* — *Avoir la vue courte :* ne pas voir de loin; *fig.* N'avoir pas assez de prévoyance, de sagacité. *Un homme à courtes vues :* borné, obtus. ♦ 2° Qui a peu de durée. V. **Bref, éphémère, fugace, fugitif, passager, provisoire, temporaire, transitoire.** *Trouver le temps court. Les jours de l'hiver sont courts.* « *La vie est courte, mais l'ennui l'allonge* » (RENARD). *Un court moment.* V. **Apparition.** *Avoir un court entretien.* (Œuvres) *Livre, récit, roman très court.* V. **Bref, laconique, rapide.** *Exposé court et complet.* V. **Concis, dense.** ♦ 3° *Avoir la mémoire courte :* oublier vite. — *Avoir l'haleine, la respiration courte, le souffle court :* s'essouffler facilement et très vite. ♦ 4° Qui est rapproché dans le temps. *À court terme :* pour un avenir rapproché. ♦ 5° Prompt, rapide. *Le plus court expédient.* — *Rester, revenir avec sa courte honte,* après avoir essuyé un affront, un refus. V. **Juste.** ♦ 6° *Fam.* Insuffisant. *Cent francs, c'est un peu court.* V. **Juste.**
II. Adv. (Tenir court, 1213). ♦ 1° De manière à rendre court. *Il lui coupa les cheveux court.* « *Des cheveux coupés court et frisés* » (COLETTE). ♦ 2° Loc. fig. *Couper court à un entretien :* l'interrompre au plus vite. « *Mon départ était le seul moyen de couper court à cette intrigue sans issue* » (GAUTIER). — *Tourner court :* faire un brusque changement de direction. *Fig.* Passer d'une chose à une autre sans transition. — *Demeurer, rester, se trouver court :* manquer d'idées, d'à-propos. *Demeurer court devant les objections, les arguments.* V. **Coi.** ♦ 3° TOUT COURT : sans rien d'autre. ♦ 4° DE COURT. *Prendre qqn de court :* à l'improviste; ne pas lui laisser le temps pour agir. ♦ 5° À COURT, À COURT DE. *Être à court d'argent :* en manquer. *Il s'est tu, à court d'arguments, d'idées.* V. **Faute (de).** « *J'avance pas à pas, peinant, à court de souffle, de joie, de ferveur* » (GIDE).
◈ ANT. Allongé, grand, long; durable, prolongé. — HOM. *Cour, courre, cours;* formes de *courir.*

2. COURT [kur]. *n. m.* (v. 1894; mot angl., de l'a. fr. *court* « cour »). Terrain aménagé pour le tennis. ◈ HOM. V. **Court** (1).

COURTAGE [kurtaʒ]. *n. m. (Couratage,* 1248; de *courtier*). ♦ 1° Profession du courtier. *Faire le courtage maritime. Courtage en valeurs mobilières.* ♦ 2° Commission destinée à rémunérer une opération de courtage.

COURTAUD, AUDE [kurto, od]. *adj.* (1439; de *court*). ♦ 1° *Chien, cheval courtaud :* à qui l'on a coupé la queue et les oreilles. Subst. *Un courtaud.* ♦ 2° Cour. De taille courte, épaisse. « *Des gens du peuple : patauds, courtauds et lourdauds d'échoppe et de ferme* » (TAINE). Subst. *Un gros courtaud* (vieilli).

COURTAUDER [kurtode]. *v. tr.* (1718; de *courtaud*). Rendre courtaud un cheval, un chien. *Cheval courtaudé.*

COURT-BOUILLON [kurbujɔ̃]. *n. m.* (1651; de *court,* et *bouillon*). Bouillon composé d'eau, de vin blanc, d'épices et de beurre, dans lequel on fait cuire du poisson. *Des courts-bouillons.*

COURT-CIRCUIT [kursirkɥi]. *n. m.* (1903; de *court,* et *circuit*). Électr. Mise en relation de deux points à potentiel différent (par un conducteur de résistance négligeable). *Machine, va-et-vient en court-circuit.* V. aussi **Dérivation.** — Cour. Accident (interruption du courant par fusion des « plombs ») qui résulte d'un court-circuit. V. **Court-jus.** Pl. *Des courts-circuits.*

COURT-CIRCUITER [kursirkɥite]. *v. tr.* (xxᵉ; de *court-circuit*). ♦ 1° Mettre en court-circuit. V. **Shunter** (anglicisme). ♦ 2° Fig. et fam. Laisser de côté (un intermédiaire normal) en passant par une voie plus rapide.

COURT-COURRIER [kurkurje]. *adj.* (1965; de *court,* et *courrier*). Se dit des avions de transport à courtes distances. — Subst. *Des court-courriers.* ◈ ANT. Long-courrier.

COURTEPOINTE [kurtəpwɛ̃t]. *n. f.* (fin xiiᵉ; altér. de *coutepointe,* lat. *culcita puncta,* d'apr. *court*). Couverture de lit ouatée et piquée. V. **Couvre-pied.**

COURTIER, IÈRE [kurtje, jɛr]. *n. m. (Coretier,* 1268; *courratier,* xiiiᵉ-xviiᵉ; prov. *corratier* « coureur »). Agent, intermédiaire. ♦ 1° Dr. comm. Commerçant qui fait profession de s'entremettre pour ses clients dans les transactions commerciales, immobilières. *Courtiers libres.* V. **Agent, commissionnaire, placier, représentant.** *Courtier de marchandises inscrits, assermentés. Courtier en vins.* ◇ *Courtiers en valeurs mobilières :* intermédiaires qui jouaient le rôle d'agents de change pour les valeurs non cotées. V. **Coulissier.**

♦ 2° *Fig.* et *vx.* Intermédiaire, entremetteur. « *Les courtiers de galanterie* » (LESAGE).

COURTILIÈRE [kuʀtiljɛʀ]. *n. f.* (1547 ; « jardinière », XIIᵉ ; de *courtil ;* bas lat. °*cohortile,* de *cohors.* V. **Court**). Insecte orthoptère sauteur appelé aussi *taupe-grillon.*

COURTINE [kuʀtin]. *n. f.* (fin XIIᵉ ; bas lat. *cortina* « tenture »). ♦ 1° *Vx.* Rideau de lit. « *Les courtines de son lit étaient closes* » (SAND). — *Liturg.* Tenture disposée derrière un autel. ◊ (Fin XIXᵉ ; it. *cortina*) Tenture de porte. ♦ 2° *Fortif.* (XVIᵉ). Mur rectiligne, compris entre deux bastions. « *J'avais en perspective les créneaux de la courtine opposée* » (CHATEAUB.).

COURTISAN [kuʀtizɑ̃]. *n. m.* (1472 ; it. *cortigiano,* de *corte* « cour »). ♦ 1° Celui qui est attaché à la cour, qui fréquente la cour d'un souverain, d'un prince. « *Il avait la grâce, l'adresse et l'expérience d'un courtisan consommé* » (MÉRIMÉE). ♦ 2° *Fig.* Celui qui cherche à plaire aux puissants, aux gens influents par des manières obséquieuses, flatteuses. V. **Flatteur ; adulateur, louangeur.** *Manières de courtisan.* — Adj. *Poète courtisan. Manières courtisanes.* ◊ ANT. *Hautain, indépendant.*

COURTISANE [kuʀtizan]. *n. f.* (1537 ; *courtisienne,* déb. XVIᵉ ; de *courtisan*). *Ancienn.* ou *littér.* Femme de mauvaise vie, d'un rang social assez élevé. *Les courtisanes grecques :* Laïs, Phryné, Thaïs. V. **Hétaïre.** — *Par ext.* Demi-mondaine. « *L'amour terrible, désolant et honteux, l'amour maladif des courtisanes* » (BAUDEL.).

COURTISANERIE [kuʀtizanʀi]. *n. f.* (1538 ; de *courtisant*). *Vieilli.* Conduite de courtisan. V. **Adulation, flatterie.**

COURTISER [kuʀtize]. *v. tr.* (1554 ; de *courtisan,* remplace a. fr. *courtoyer ;* de l'a. fr. *court* « cour »). ♦ 1° Faire sa cour à (qqn) en vue d'obtenir quelque faveur. V. **Aduler, flatter, louanger** (Cf. Lécher les bottes, faire du plat à). *Courtiser les grands, les riches.* ♦ 2° Faire la cour à (une femme), chercher à plaire. *Il* « *eût souhaité qu'elle fût à la fin de son deuil, afin de pouvoir la courtiser et la faire danser* » (SAND).

COURT-JOINTÉ, ÉE [kuʀʒwɛ̃te]. *adj.* (1661 ; de *court,* adv., et *joint ;* Cf. Jointure). Qui a le paturon court (cheval), les jambes courtes (faucon).

COURT-JUS [kuʀʒy]. *n. m.* (v. 1914 ; de *jus,* pour « courant »). *Pop.* Court-circuit.

COURTOIS, OISE [kuʀtwa, waz]. *adj.* (*Corteis,* 1080 ; de l'a. fr. *court* « cour »). ♦ 1° *Moy. âge.* *Littérature, poésie courtoise,* pratiquée dans les cours seigneuriales et qui exalte subtilement l'amour (V. **Troubadour**). ♦ 2° Qui parle et agit avec une civilité raffinée. V. **Affable, aimable, civil, gracieux, honnête, poli.** *Un homme courtois.* ◊ Qui manifeste de la courtoisie. *Une réclamation courtoise. Un refus courtois.* « *Il me convenait bien plutôt d'aborder de façon courtoise la dame* » (FRANCE). ◊ ANT. *Discourtois, grossier, impoli.*

COURTOISEMENT [kuʀtwazmɑ̃]. *adv.* (1080 ; de *courtois*). D'une manière courtoise. *Répondre, s'adresser à qqn courtoisement.*

COURTOISIE [kuʀtwazi]. *n. f.* (fin XIIᵉ ; de *courtois*). Politesse raffinée. V. **Affabilité, civilité, politesse.** « *Mon cher ami, avait dit le pacha avec cet air de courtoisie parfaite des Turcs de bonne naissance...* » (LOTI).

COURT-VÊTU, UE [kuʀvety]. *adj.* (1660 ; de *court,* adv., et *vêtu*). Dont le vêtement est court. *Des femmes court-vêtues.*

COURU, UE [kuʀy]. *adj.* (2ᵉ moitié XVIIᵉ ; V. **Courir**). ♦ 1° Recherché. *C'est un spectacle très couru.* ♦ 2° *Fam. C'est couru :* prévu. V. **Certain, sûr.**

COUSCOUS [kuskus]. *n. m.* (*Coucoussou,* 1556 ; *couchou,* 1505 ; arabe *kouskous*). Semoule roulée en grains servie avec de la viande, des légumes et des sauces piquantes. *Manger le couscous, un couscous.*

COUSETTE [kuzɛt]. *n. f.* (1865 ; de *coudre* 2). *Fam.* Jeune apprentie couturière (V. **Arpette ; midinette**).

COUSEUR, EUSE [kuzœʀ, øz]. *n.* (XIIIᵉ ; de *coudre*). *Techn.* Personne qui coud. ◊ COUSEUSE. *n. f.* Ouvrière qui coud les cahiers dans les ateliers de brochure. V. **Brocheuse.** (1863 « machine à coudre »). Machine à coudre industrielle.

1. COUSIN, INE [kuzɛ̃, in]. *n.* (1080 ; abrév. du lat. *consobrinus*). Se dit des enfants et des descendants de personnes qui sont frères et sœurs. *Cousins germains :* ayant un grand-père (ou une grand-mère) commun. *Cousin germain du père ou de la mère* (oncle, tante à la mode de Bretagne). *Cousins issus de germains* (enfants de cousins). *Mon cousin. Mon cher cousin. Le Cousin Pons, La Cousine Bette,* romans de Balzac. — *Par ext.* Parent conjoint de cousin. *Des cousins éloignés. Ils sont un peu cousins.* ◊ *Mon cousin :* titre que le roi de France donnait à quelques hauts personnages. — Loc. prov. *Le roi n'est pas son cousin :* il est très prétentieux.

2. COUSIN [kuzɛ̃]. *n. m.* (1551 ; *cussin,* XIIᵉ ; lat. pop.

°*culicinus,* de *culex*). Insecte diptère, une des espèces courantes de moustique*.

COUSINAGE [kuzinaʒ]. *n. m.* (XIIᵉ ; de *cousin*). *Vieilli.* Parenté entre cousins. — L'ensemble des parents, des cousins.

COUSINER [kuzine]. *v. intr.* (1560 ; de *cousin*). *Vieilli.* Appeler qqn cousin. — Agir familièrement (avec qqn).

COUSSIN [kusɛ̃]. *n. m.* (*Coissin,* 1190 ; lat. pop. °*coxinum* « coussin de branche » *(coxa).* ♦ 1° Pièce d'une matière souple, cousue et remplie, servant à supporter quelque partie du corps. V. **Carreau, coussinet, oreiller.** *Les coussins d'un fauteuil, d'un canapé, d'un divan. Les coussins d'un siège d'automobile.* « *Il revoit le divan, le coin où il s'est mis, les coussins où il s'est appuyé* » (ROMAINS). ◊ *Région.* (Belgique). Oreiller. ♦ 2° *Techn.* Dispositif rappelant la forme ou la destination d'un coussin. V. **Bourrelet, coussinet.** *Coussin d'un collier d'attelage :* la partie rembourrée. *Coussin d'air*.*

COUSSINET [kusinɛ]. *n. m.* (XIIIᵉ ; de *coussin*). ♦ 1° Petit coussin. « *La paille qui sert de coussinet aux genoux des lavandières* » (SAND). ♦ 2° (1676). *Archit.* Partie remplie d'un chapiteau dorique, qui s'enroule en volutes des deux côtés de la colonne. ♦ 3° (1863). Pièce cylindrique creuse placée dans un support (palier) et qui soutient une extrémité du tourillon de l'arbre. *Coussinet en bronze, en alliage antifriction. Coussinet de tête de bielle.* — *Coussinet de rail :* pièce sur laquelle repose le rail. « *Maheu fit sauter des coussinets de fonte* » (ZOLA).

COUSU, UE [kuzy]. *adj.* (V. **Coudre**). ♦ 1° Joint par une couture. *Feuillets cousus et collés.* *Loc. fig. Finesse cousue de fil* blanc. — *Garder bouche* cousue. *Être tout cousu d'or :* très riche. ♦ 2° *Fam. Cousu main :* à la main. *Des gants cousus main.* — *Pop. C'est du cousu main :* de première qualité. ♦ 3° *Blas.* Pièce honorable cousue : appliquée émail sur émail ou métal sur métal.

COÛT [ku]. *n. m.* (*Cost,* XIIᵉ ; de *coûter*). Somme que coûte une chose. V. **Montant, prix.** *Coût d'une marchandise, d'un service. Le coût de la vie augmente. Indices du coût de la vie. Coût de production,* directement lié à l'activité productive d'une industrie (à l'exclusion des frais généraux). ◊ *Fig.* V. **Prix.** *Le coût d'une imprudence.* ◊ HOM. *Cou, coup.*

COÛTANT [kutɑ̃]. *adj. m.* (1679 ; *coustant* « coûteux », XIIIᵉ ; de *coûter*). *Prix coûtant :* prix qu'une chose a coûté. *Revendre à prix coûtant :* sans bénéfice.

COUTEAU [kuto]. *n. m.* (*Coltel,* XIIᵉ ; lat. *cultellus,* de *culter.* V. **Coutre**). ♦ 1° Instrument tranchant servant à couper, composé d'une lame et d'un manche. *Couteau pointu. Manche, poignée de couteau en bois, en corne, en ivoire. Lame de couteau en acier. Fil, morfil, pointe, tranchant d'un couteau : la lame. Affûter, aiguiser, repasser les couteaux.* « *C'est avec son couteau qu'il exerçait tous les arts de la vie* » (FRANCE). *Fabrication des couteaux.* V. **Coutellerie.** *Fig. Visage en lame de couteau :* très émacié. — *Brouillard à couper au couteau.* ◊ *Couteaux pour les usages domestiques. Couteau de poche,* ou *couteau pliant,* dont la lame rentre dans le manche. V. **Canif.** *Couteau pliant à plusieurs lames et divers outils* (tire-bouchon, ouvre-bouteille, etc.). — *Couteau de table. Couteau inoxydable. Couteau à poisson, à fromage, à dessert. Poser les couteaux sur les porte-couteau. Couteau à beurre. Couteau à pain.* — *Couteau de cuisine. Grand couteau.* V. **Coutelas, couperet.** *Couteau à découper. Couteau à légumes. Couteau pour éplucher* (épluchoir). ◊ *Arme.* V. **Coutelas, navaja, poignard, surin** (*arg.*). *Couteau à cran d'arrêt. Tirer le couteau* (de sa gaine). — *Fig.* (1680). *Être à couteaux tirés :* en guerre ouverte. — *Jouer du couteau :* se battre au couteau. *Coup de couteau. Enfoncer, plonger, planter un couteau dans le ventre. Fig. Mettre le couteau sur (sous) la gorge :* contraindre par la menace. — *Spécial. Couteau de chasse,* pour achever le cerf, le sanglier. — *Par ext.* Instrument de supplice. *Le couteau du bourreau.* V. **Hache.** *Couteau de la guillotine.* V. **Couperet.** ◊ *Couteau de chirurgie.* V. **Bistouri, scalpel.** « *Quand les chirurgiens ont décidé l'amputation, ils n'attendent pas un mois pour prendre le couteau* » (DUHAM.). ♦ 2° Nom de certains outils et instruments. *Couteau à papier :* lame de bois, d'ivoire pour couper les pages d'un livre (V. **Coupe-papier**). *Couteau mécanique de charcutier* (Cf. **Coupe-jambon**). *Couteau de boulanger* (Cf. **Coupe-pâte**). *Couteau à pierre,* de marbrier. *Couteau de vitrier, à mastiquer, à démastiquer. Couteau de peintre,* à reboucher, à enduire. *Absolt.* Petite truelle de peintre (bx-arts). *Peindre au couteau.* ♦ 3° *Par anal. Couteau de balance :* arête du prisme triangulaire qui porte le fléau. — Plume droite (garniture de chapeau de femme). ♦ 4° (1754). *Manche de couteau* ou *couteau :* coquillage bivalve. V. **Solen.**

COUTEAU-SCIE [kutosi]. *n. m.* (*Couteau* & *scie,* 1723 ; de *couteau,* et *scie*). Couteau dont la lame porte des dents, et qu'on utilise pour couper le pain, les aliments. *Des couteaux-scies.*

COUTELAS [kutlɑ]. *n. m.* (*Coutelasse*, 1410; it. *coltellaccio*). Grand couteau à lame large et tranchante. — Épée courte à un seul tranchant.

COUTELIER, IÈRE [kutəlje, jɛʀ]. *n.* (1160; *de couteau*). Personne qui fabrique, vend des couteaux et autres instruments tranchants (V. **Coutellerie**).

COUTELLERIE [kutɛlʀi]. *n. f.* (1268; *de coutelier*). ♦ 1° Industrie, fabrication des couteaux et autres instruments tranchants; produits de cette industrie. *Coutellerie fine. Coutellerie en ciseaux, rasoirs, en instruments de chirurgie.* — *Grosse coutellerie.* V. **Taillanderie.** ♦ 2° Lieu où l'on fabrique, où l'on vend la coutellerie. *Travailler dans une coutellerie.*

COÛTER [kute]. *v.* (*Coster*, XIIe; lat. *constare* « être fixé », en lat. pop. « avoir pour prix »). **I.** V. intr. et tr. indir. (*Coûter à qqn*). ♦ 1° Nécessiter le paiement d'une somme pour être obtenu. V. **Revenir, valoir.** *Somme que coûte une chose* (V. **Coût, montant, prix**). *Combien cela coûte-t-il? Qu'est-ce que cela coûte? Les cent mille francs que cette maison m'a coûté. Ne rien coûter :* être gratuit. *Coûter peu :* être bon marché. *Coûter cher,* et pop. *Coûter chaud :* être cher, coûteux. *Coûter les yeux de la tête :* être hors de prix, très cher.* — *Fam. Ça coûtera ce que ça coûtera :* peu importe le prix. — *Absolt.* Être cher. *Les meubles de style, cela coûte.* ♦ 2° *Par ext.* Causer, entraîner des frais, des dépenses. « *De tous les luxes, la femme est celui qui coûte le plus cher* » (MAUPASS.). « *L'affaire, au pis aller, ne coûtait plus rien* » (ROMAINS). *Cette habitude lui coûte cher. Fig. Cela pourrait vous coûter cher, vous attirer des ennuis.*
II. (XIIe). *Fig.* ♦ 1° V. tr. Causer (une peine, un effort). *Ce départ lui a coûté bien des larmes. Les efforts que ce travail lui a coûtés.* « *Mes manuscrits raturés, barbouillés, et même indéchiffrables attestent la peine qu'ils m'ont coûtée* » (ROUSS.). ◊ Causer (une perte). V. **Ôter, ravir.** *Coûter la vie :* faire mourir. *Cela lui coûta sa tranquillité.* — *Impers. Il vous en coûtera la vie* (vous le paierez de votre vie). « *Je coûtai la vie à ma mère, et ma naissance fut le premier de mes malheurs* » (ROUSS.). ♦ 2° V. intr. et tr. indir. (à). Être pénible, difficile. « *Le premier pas leur coûte* » (LOTI). *Il n'y a que le premier pas qui coûte. Impers. Il m'en coûte de vous l'avouer.* ♦ 3° *Loc. Coûte que coûte :* à tout prix, quels que soient les efforts à faire, les peines à supporter. « *Il devait, coûte que coûte, rentrer à Paris dans la nuit* » (MART. du G.).

COÛTEUSEMENT [kutøzmɑ̃]. *adv.* (1863; *de coûteux*). D'une manière coûteuse. *Ils sont logés trop coûteusement pour leurs moyens.* ◈ ANT. *Économiquement.*

COÛTEUX, EUSE [kutø, øz]. *adj.* (v. 1190; *de coûter*). ♦ 1° Qui coûte cher; qui cause de grandes dépenses. V. **Cher, dispendieux, onéreux, ruineux.** *Les voyages sont coûteux. Une entreprise coûteuse.* ♦ 2° *Fig.* et *littér.* Qui exige des sacrifices. Qui a des conséquences fâcheuses. V. **Dangereux.** ◈ ANT. *Économique, gratuit, marché* (bon).

COUTIL [kuti]. *n. m.* (*Keutie*, XIIIe; *de coute,* anc. forme de *couette*). Toile croisée et serrée, en fil ou coton. *Housse de coutil pour la confection des matelas. Pantalon de coutil.*

COUTRE [kutʀ(ə)]. *n. m.* (1160; *de culter.* V. **Couteau**). Fer tranchant fixé à l'avant du soc de la charrue pour fendre la terre.

COUTUME [kutym]. *n. f.* (*Custume,* fin XIe; lat. pop. *°cosetudine,* class. *consuetudinem*). Façon d'agir établie par l'usage. V. **Habitude, mœurs, tradition, usage.** ♦ 1° Dans une collectivité, Manière à laquelle la plupart se conforment. *Vieille, ancienne coutume.* V. **Tradition.** *Coutume passagère.* V. **Mode.** « *Le mur qui tient enfermé dans la coutume saintongeaise le jardin et l'habitation* » (CHARDONNE). *Les coutumes d'un peuple, d'une société. Mœurs et coutumes des Lapons. Us** *et coutumes.* ♦ 2° *Dr.* Habitude collective d'agir, transmise de génération en génération. *La coutume est fondée sur la tradition et elle peut être transmise oralement. La coutume a force de loi. La coutume, source du droit. Pays de coutume* (vx). V. **Coutumier.** ◊ *Par ext.* Recueil de droit coutumier. ♦ 3° *Vx* ou *littér.* V. **Habitude.** « *La coutume est une seconde nature* » (PASC.). « *Les coutumes de l'esprit* » (COCTEAU). *Mod. Loc. prov. Une fois n'est pas coutume :* changer une fois sa manière de faire est une exception qui n'engage pas l'avenir; faites une exception. — *Avoir coutume de :* être accoutumé à, avoir l'habitude de. « *Il n'avait pas coutume de manquer la messe, et se mit en route avec les autres* » (SAND). ◊ *Loc. adv. De coutume* (surtout employé dans les comparatifs). V. **Habitude** (d'), **habituellement, ordinaire** (d'), *ordinairement*. *Il est moins aimable que de coutume. Comme de coutume.* ◈ ANT. *Exception, innovation, nouveauté.*

COUTUMIER, IÈRE [kutymje, jɛʀ]. *adj.* et *n. m.* (1157; *de coutume*). ♦ 1° *Vx.* Qui a coutume de faire qqch. « *Je suis coutumière De payer toute la première* » (LA FONT.). *Mod. Être coutumier du fait* (souvent *péj.*). ♦ 2° Que l'on fait d'ordinaire. V. **Habituel, ordinaire.** *Les travaux*

coutumiers. « *On dirait qu'elle répugne à tout ce qui n'est pas coutumier* » (GIDE). ♦ 3° *Droit coutumier :* ensemble de règles juridiques que constituent les coutumes. *Pays de droit coutumier,* et absolt. *Pays coutumier.* ♦ 4° *N. m.* (1396). Recueil des coutumes d'une province, d'un pays. « *Plusieurs articles de nos codes et de nos coutumiers* » (FRANCE). ◈ ANT. *Exceptionnel, inaccoutumé, inattendu.*

COUTURE [kutyʀ]. *n. f.* (*Costure,* 980; lat. pop. *°consutura,* de *consuere* « coudre »). **I.** ♦ 1° Action, art de coudre. *Faire de la couture. Points de couture pour assembler, pour froncer* (faufilage), *pour border* (surfil), *pour raccommoder, pour orner.* V. **Point.** — *Adj.* Exécuté selon les méthodes de la couture. *Imperméable façon couture. Veste couture* (opposé à *tailleur*). ◊ *Ouvrage de couture. Elle est penchée sur sa couture.* ♦ 2° (« *Atelier de couturière* », 1680). Profession de ceux qui confectionnent des vêtements féminins. *Travailler, être dans la couture. Branches, annexes de la couture :* bonneterie, confection, lingerie, mode. ◊ Profession de couturier. *Maison de couture,* entreprise qui emploie un personnel assez important à la confection de vêtements et d'accessoires féminins. *La haute couture parisienne :* les grands couturiers. *En appos. Un vêtement couture, haute couture.*
II. ♦ 1° Assemblage de deux morceaux d'étoffe, de tricot, de cuir, de fourrure par une suite de points exécutés avec du fil et une aiguille. V. **Montage, raccord.** *Coutures d'un vêtement, d'une chaussure, d'un rideau. Couture à la main, à la machine* (V. **Piqûre**). *Faire une couture à grands points.* V. **Bâti.** *Couture apparente, couture sellier :* qu'on a laissée à l'endroit. *Ressortir, reprendre une couture. Ouvrir une couture :* aplatir les dépassants de chaque côté de la piqûre. *Couture anglaise, couture plate ou rabattue* (qui dissimulent les dépassants). *Couture de bas, qui la ferme derrière la jambe. Bas sans coutures.* ◊ *Loc. fig. Examiner sur toutes les coutures :* dans tous les sens, très attentivement. — *Battre à plate couture ou à plates coutures :* complètement. ♦ 2° (XIIIe). *Par anal.* Cicatrice allongée. V. **Balafre.** *Il a le visage marqué de plusieurs coutures.*

COUTURÉ, ÉE [kutyʀe]. *adj.* (1787; *de couturer* « coudre », XVe, *fig.*). Marqué de cicatrices, balafré. *Visage tout couturé.*

COUTURIER [kutyʀje]. *n. m.* (1213, « tailleur » (V. **Couturière**); repris 1874; *de couture*). **I.** Personne qui dirige une maison de couture, crée des modèles, les fait présenter par des mannequins et exécuter dans ses ateliers sur les commandes des clients; cette maison. *Collection d'un couturier :* ensemble de vêtements et d'accessoires de mode généralement inspirés d'une même idée, qui se renouvelle chaque saison. « *Des mannequins des grands couturiers, belles filles, portant bien la toilette* » (FRANCE). **II.** *Adj.* et *n. m.* (v. 1560; du sens de « tailleur »). Muscle fléchisseur de la jambe sur la cuisse et de la cuisse sur le bassin.

COUTURIÈRE [kutyʀjɛʀ]. *n. f.* (v. 1200; *de couture*). ♦ 1° Celle qui coud, qui exécute, à son propre compte, des vêtements de femme. *Machine à coudre, boîte à coudre, ciseaux de couturière.* ◊ *Spécialt.* Ouvrière d'une maison de couture. V. **Coupeuse, essayeuse, finisseuse, main** (petite). *Jeune couturière.* V. **Arpète, cousette, midinette.** ♦ 2° (Ellipt. de *répétition des couturières*). Dernière répétition avant la générale* (où les couturières font en principe les dernières retouches aux costumes). *Être invité à la couturière d'une pièce de théâtre.*

COUVAIN [kuvɛ̃]. *n. m.* (1690; *couvin,* XIVe; *de couver*). Amas d'œufs d'abeilles ou d'autres insectes. *Par ext.* Dans une ruche, les rayons qui contiennent les œufs et les larves.

COUVAISON [kuvɛzɔ̃]. *n. f.* (1542; *de couver*). Vieilli. Temps pendant lequel les oiseaux couvent leurs œufs.

COUVÉE [kuve]. *n. f.* (*Covee,* XIIe; *de couver*). ♦ 1° Ensemble des œufs couvés par un oiseau. V. **Couver.** *Ces poussins sont de la même couvée.* ♦ 2° Les petits qui viennent d'éclore. V. **Nichée.** *Goupil « détruisit dans les blés en herbe des couvées de perdrix et de cailles* » (PERGAUD). — *Fig.* et *fam. Famille nombreuse.* ◈ HOM. *Couver.*

COUVENT [kuvɑ̃]. *n. m.* (*Covent, convent* « assemblée », XIIe; lat. *conventus;* Cf. Conventuel). ♦ 1° Maison dans laquelle des religieux ou des religieuses vivent en commun. V. **Communauté; abbaye, béguinage, chartreuse; cloître, monastère, prieuré, trappe.** *Couvent de carmélites, de chartreux, de dominicains. Règles d'un couvent. Supérieur, Mère supérieure d'un couvent. Cloître, chapelle, parloir d'un couvent.* — *Entrer au couvent :* dans les ordres. ♦ 2° *Par ext.* de ceux qui composent la communauté. V. **Frère, moine, religieux, sœur.** *Tout le couvent s'assembla.* ♦ 3° (XVIIIe). Pensionnat de jeunes filles dirigé par des religieuses. *Élever une jeune fille au couvent.*

COUVENTINE [kuvɑ̃tin]. *n. f.* (1925; *de couvent*). Religieuse qui vit dans un couvent. — Jeune fille élevée dans un couvent.

COUVER [kuve]. *v.* (XIIe; lat. *cubare* « être couché »).

I. *V. tr.* ♦ 1° *(Oiseaux).* Se tenir pendant un certain temps sur des œufs pour les faire éclore. V. **Couvaison, couvée.** *Couvoir, nichoir, nid où l'oiseau couve ses œufs. Appareil pour couver artificiellement les œufs.* V. **Couveuse, incubateur.** — Absolt. « *Elle bâtit un nid, pond, couve et fait éclore* » (LA FONT.). ♦ 2° *Fig. Couver qqn,* l'entourer de soins attentifs. « *Cette douceur maternelle qui me couvait durant les heures* » (SAND). — (1690) *Couver des yeux* : regarder avec complaisance ou convoitise. ♦ 3° (XIIIᵉ). Entretenir, nourrir, préparer mystérieusement, sourdement. *Couver des projets de vengeance.* V. **Tramer.** ♦ 4° *Couver une maladie* : porter en soi les germes (V. **Incubation**). « *Qu'a donc maman? Elle est malade. Elle « couve quelque chose* » (DUHAM.).

II. (XIIᵉ). *V. intr.* Être entretenu sourdement jusqu'au moment de se découvrir, de paraître. *Le feu couve sous la cendre.* — *Fig.* (Travail latent de qqch. qui se prépare) *Ce complot couvait depuis longtemps.* « *En Vendée, le fanatisme religieux, qui couvait depuis deux ans, éclata* » (JAURÈS).

◇ HOM. **Couvée.**

COUVERCLE [kuvɛʀkl(ə)]. *n. m.* (XIIᵉ ; lat. *coopperculum,* de *cooperire* « couvrir »). Pièce mobile qui s'adapte à l'ouverture d'un récipient pour le fermer. *Couvercle d'une boîte, d'un coffre. Couvercle à charnière. Lever, soulever, mettre, visser le couvercle. Couvercle d'un plat* (couvre-plat), *d'une soupière, d'un pot de confiture. Couvercle d'un poêle.* ◇ *Mécan.* Fermeture du piston vers le haut (*opposé à* fond).

1. COUVERT [kuvɛʀ]. *n. m.* (XIIᵉ, « logement, retraite » ; part. subst. de *couvrir*).

I. Ce qui couvre. ♦ 1° (XVIᵉ, « toit »). Logement où l'on est protégé des intempéries. *Donner le couvert à qqn. Le vivre et le couvert. Il leur faut édifier « des cités de fortune, s'assurer à tout prix le couvert* » (DUHAM.). ♦ 2° (1285). Abri, ombre que donne le feuillage. « *Ils avaient pénétré sous le couvert des pins* » (MAURIAC). *Par ext.* Massif d'arbres qui donnent de l'ombre. *Couvert végétal.* ♦ 3° À COUVERT DE (loc. prép.) ; À COUVERT (*loc. adv.*) : dans un lieu où l'on est couvert, protégé. V. **Abri** (à l'abri de). *À couvert de la pluie. À couvert de l'ennemi. Julien « fit à couvert une cinquantaine de pas, et se remit à fuir* » (STENDHAL). *Se mettre à couvert.* V. **Abriter** (s'), **garantir** (se), **protéger** (se), **réfugier** (se). « *M. Poincaré tient surtout à mettre notre responsabilité à couvert* » (MART. du G.) : à la dégager. — Comm. *Être à couvert* : avoir des garanties sûres. ♦ 4° SOUS LE COUVERT DE (1699, « sous l'adresse, le nom de qqn », en parlant d'un envoi). *Fig.* Sous la responsabilité ou la garantie de (qqn) ; sous l'apparence, le prétexte de (qqch.). « *Chargé, sous le couvert d'une mission très restreinte, de surveiller les pourparlers* » (MADELIN).

II. (v. 1570). Tout ce dont on couvre la table, la nappe pour le repas. *Mettre, dresser le couvert* : la nappe, les assiettes, verres, serviettes, fourchettes, cuillers et couteaux. « *Sur un tapis de Turquie Le couvert se trouva mis* » (LA FONT.). ◇ (1616) *Spécialt.* Les ustensiles de table à l'usage de chaque convive. *Une table de douze couverts. Avoir toujours son couvert mis chez qqn* : être certain d'y être toujours reçu. ◇ *La cuiller et la fourchette. Couvert d'argent. Une douzaine de couverts. Coffret à couverts* : ménagère.

2. COUVERT, ERTE [kuvɛʀ, ɛʀt(ə)]. *adj.* (V. **Couvrir**). Qu'on a couvert. ♦ 1° Qui a un vêtement. *Bien couvert; chaudement couvert.* ◇ *Couvert de.* « *Le paysan est vieux, trapu, couvert de haillons* » (SAND). ◇ *Spécialt.* Qui a un chapeau sur la tête. *Restez couvert* : gardez votre chapeau. ♦ 2° Qui a sur lui, au-dessus de lui (qqch.). « *Je l'ai vu, tout couvert de sang et de poussière* » (CORN.). *Les bus « peinturlurés, couverts d'inscriptions comme un mur d'affiches* » (ROMAINS). ◇ *Ciel couvert* (de nuages). V. **Bouché, nuageux.** *Allée couverte* : taillée en berceau. ♦ 3° Caché. *Visage couvert d'un masque. Fig. et vx.* Dissimulé, secret. *Un « ennemi couvert* » (RAC.). ◇ *Mod. Mots couverts* : qui cachent un sens différent de celui qu'ils expriment. *Vous le lui direz à mots couverts* : en termes voilés. ♦ 4° Abrité, protégé par qqn. *De toute façon, vous êtes couvert.* ◇ ANT. **Découvert, ouvert.**

COUVERTE [kuvɛʀt(ə)]. *n. f.* (1752 ; de *couvrir*). *Techn.* Émail dont est revêtue la faïence, la porcelaine, et qui est composé de substances facilement vitrescibles. *On peint sur la couverte.*

COUVERTURE [kuvɛʀtyʀ]. *n. f.* (1155 ; bas lat. *coopertura,* de *cooperire.* V. **Couvrir**).

I. (*Concret*). ♦ 1° Ce qui forme la surface extérieure du toit d'un bâtiment. *Couverture de chaume. Couverture en tuiles, en ardoises. Couvreur qui répare, pose la couverture.* ♦ 2° (XIIᵉ). Pièce de toile, de drap, qu'on dresse ou qu'on étend pour recouvrir. *Couverture imperméabilisée sur des marchandises.* V. **Bâche.** *Couverture de voyage* : dont on s'enveloppe en voyage pour se garantir du froid. V. **Plaid.** ◇ *Spécialt.* (plus cour.) *Couverture de lit,* et absolt. *Couverture,* qu'on place sur les draps, qu'on borde sous le matelas, et qui recouvre le lit (V. **Courtepointe, couvre-lit, couvre-pied**).

« *Il essaya de rafistoler son lit, de reborder les couvertures saccagées* » (HUYSMANS). — *Couverture chauffante,* couverture de lit munie d'un dispositif électrique chauffant. — Fig. *Amener, tirer la couverture à soi* : s'approprier la meilleure ou la plus grosse part d'une chose. ♦ 3° Ce qui couvre, recouvre un livre, un cahier. *Couverture cartonnée, toilée.* V. **Cartonnage.** *Couverture brochée.* V. **Brochage.** — Enveloppe dont on recouvre un livre pour le protéger. V. **Couvre-livre, jaquette, liseuse.** *Couverture d'un cahier.* V. **Protège-cahier.**

II. (*Abstrait*). ♦ 1° (XIIᵉ). *Vx* ou *littér.* Ce qui sert à cacher, à dissimuler. V. **Couvert, déguisement, prétexte.** « *L'affectation des sentiments louables n'est pas la seule couverture des mauvais* » (PROUST). ♦ 2° Ce qui sert à couvrir, protéger. *Troupes de couverture* : chargées de couvrir, de défendre une zone. — *Zone de protection.* V. **Tampon.** « *Toute une couverture s'était ainsi créée, de républiques forgées par la France* » (MADELIN). ♦ 3° *Fin.* Garantie donnée pour assurer le paiement d'une dette. V. **Provision.** « *Assurer une large couverture du risque que vous prendriez* » (ROMAINS). ♦ 4° Le fait de couvrir (I, 7°) un événement, pour un journaliste.

COUVEUSE [kuvøz]. *n. f.* (1542 ; de *couver*). ♦ 1° Poule qui couve. *Une bonne couveuse.* ♦ 2° (1858). *Couveuse artificielle* : sorte d'étuve où l'on fait éclore les œufs. V. **Couvoir, incubateur.** ◇ *Par anal.* Appareil permettant de maintenir à une température constante les enfants nés avant terme ou débiles. V. **Incubateur.** *Mettre un prématuré en couveuse.*

COUVI [kuvi]. *adj. m.* (*Couveïs,* XIIIᵉ ; de *couver*). *Région.* Se dit d'un œuf gâté pour avoir été couvé ou gardé trop longtemps. *Des œufs couvis.*

COUVOIR [kuvwaʀ]. *n. m.* (1564 ; de *couver*). *Agric.* Local où se fait l'incubation des œufs (naturelle ou par couveuse).

COUVRANT, ANTE [kuvʀɑ̃, ɑ̃t]. *adj.* (1901 ; de *couvrir*). ♦ 1° Qui couvre, protège. « *Or rien ne peut se faire d'efficace à cet égard* [...] *tant que la masse couvrante, la jetée protectrice, ne sera pas construite* » (LYAUTEY). ♦ 2° Qui couvre sans laisser voir le dessous. *Peinture couvrante. Fond de teint couvrant.* ◇ ANT. **Transparent.**

COUVRE-CHEF [kuvʀəʃɛf]. *n. m.* (XIIᵉ ; de *couvrir,* et *chef* « tête »). *Par plaisant.* Ce qui couvre la tête. V. **Chapeau, coiffure.** *Des couvre-chefs.*

COUVRE-FEU [kuvʀəfø]. *n. m.* (1260 ; de *couvrir,* et *feu*). ♦ 1° Signal qui indique l'heure de rentrer chez soi et parfois d'éteindre les lumières. *Des couvre-feux.* ♦ 2° Interdiction de sortir après une heure fixée (mesure de police). *Décréter le couvre-feu.*

COUVRE-JOINT [kuvʀəʒwɛ̃]. *n. m.* (1863 ; de *couvrir,* et *joint*). Ce qui recouvre et cache les joints dans les ouvrages de maçonnerie ou de menuiserie. *Poser des couvre-joints.*

COUVRE-LIT [kuvʀəli]. *n. m.* (1863 ; de *couvrir,* et *lit*). Pièce d'étoffe, couverture légère servant de dessus-de-lit. *Des couvre-lits.*

COUVRE-LIVRE [kuvʀəlivʀ(ə)]. *n. m.* (XXᵉ ; de *couvrir,* et *livre*). Tout ce qui sert à recouvrir un livre. V. **Couverture.** *Des couvre-livres.*

COUVRE-NUQUE [kuvʀənyk]. *n. m.* (1845 ; de *couvrir,* et *nuque*). Pièce adaptée à la coiffure pour protéger la nuque. *Des couvre-nuques.*

COUVRE-PIED(S) [kuvʀəpje]. *n. m.* (1697 ; de *couvrir,* et *pied*). Couverture qui recouvre le lit pour l'orner et cacher le dessous. V. **Dessus-de-lit.** *Des couvre-pieds.*

COUVRE-PLAT [kuvʀəpla]. *n. m.* (1688 ; de *couvrir,* et *plat*). Couvercle dont on recouvre un plat (on dit aussi *Dessus-de-plat*). *Des couvre-plats.*

COUVREUR [kuvʀœʀ]. *n. m.* (1268 ; de *couvrir*). Ouvrier qui fait ou répare les toitures des maisons. *Le couvreur fixe les ardoises, les tuiles sur les voliges.*

COUVRIR [kuvʀiʀ]. *v. tr.* : *je couvre, nous couvrons; je couvris; je couvris; je couvrirai; couvre; que je couvre; que je couvrisse* (inus.); *couvrant; couvert* (1080 ; lat. *cooperire*). Revêtir d'une chose, d'une matière pour cacher, fermer, orner, protéger.

I. ♦ 1° Garnir (un objet) en disposant qqch. dessus. V. **Recouvrir.** *Couvrir un plat, une marmite* (V. **Couvercle**). *Couvrir un lit d'un dessus-de-lit, d'un couvre-pied* (V. **Couverture**). *Couvrir un toit d'ardoises, de chaume, de paille, de tuiles* (V. **Couvreur**). *Couvrir des marchandises.* V. **Bâcher.** *Couvrir un objet d'un enduit, d'un revêtement. Couvrir un livre* (V. **Couvre-livre**). *Couvrir un meuble d'une housse.* V. **Envelopper.** — Jeu. *Couvrir une carte* : mettre une carte sur une autre, ou de l'argent sur sa carte. ◇ (*Choses*) Être disposé sur. *Housse qui couvre un fauteuil.* « *La toile qui couvrait son corps était si souple et si diaphane* » (GAUTIER). « *Des moquettes épaisses couvrirent les parquets* » (CHARDONNE). ♦ 2° Parsemer d'une grande quantité. V. **Éparpiller, parsemer, répandre.** *Couvrir une tombe de fleurs* : la fleurir. *Couvrir de boue un passant* : l'éclabousser. *Fig. Couvrir qqn de boue. Couvrir qqn de caresses, de baisers. Couvrir d'or, d'argent. On l'a couvert de huées, d'injures.* V. **Accabler, combler.**

« *Vingt minutes on le couvrit de gloire* » (COURTELINE). ◊ *(Choses)* Être éparpillé, répandu sur. *Les feuilles couvrent le sol.* V. **Joncher.** *Des nuages couvraient le ciel. L'eau montait et couvrait les champs.* V. **Inonder, submerger.** « *La foule désœuvrée couvrait la jetée* » (LOUYS). « *Les huit cartouchières à chargeurs qui leur couvraient la poitrine et le ventre* » (MAC ORLAN). ◊ Parcourir (une distance) *Les coureurs ont couvert les cent premiers kilomètres en tant d'heures.* ♦ 3° (XIIᵉ). Cacher en mettant qqch. par-dessus, autour. *Couvrir d'un voile.* V. **Voiler.** « *Couvrez ce sein que je ne saurais voir* » (MOL.). — (Choses) *Masque, voile qui couvre un visage. Cela couvre un mystère, une énigme.* V. **Receler.** ◊ Par ext. *Couvrir la voix.* V. **Dominer, étouffer.** *L'orchestre couvre la voix des chanteurs.* « *La rumeur des écluses couvre mes pas* » (RIMBAUD). — *Couvrir sa marche* : la dérober aux regards de l'ennemi. *Fig.* Cacher sa conduite, ses démarches, ses vues. — *Couvrir son jeu* : tenir ses cartes de telle sorte que les autres joueurs ne puissent les voir. ◊ *Fig.* V. **Cacher, celer, déguiser.** « *Il faut bien couvrir le vice d'une apparence agréable, autrement il ne plairait pas* » (LESAGE). « *Ne pas couvrir de ce nom* (le devoir) *sa propre mauvaise humeur* » (R. ROLLAND). ◊ *Vx* ou *littér.* V. **Compenser, effacer, racheter, réparer;** *Cf.* ci-dessous (5°). « *Non, vous voulez en vain couvrir son attentat* » (RAC.). « *Vous les couvrez généreusement, ces vieux défauts* » (GIDE). ♦ 4° Interposer (qqch.) comme défense, protection. V. **Garantir, protéger.** *Couvrir qqn de son corps. Couvrir ses arrières. Une forte armée couvre les frontières. Le pavillon* couvre la marchandise.* ♦ 5° Abriter (qqn) par son autorité, sa protection. *Le chef couvre toujours ses subordonnés, ses aides.* (V. **Justifier.**) « *Il couvrait encore sa complice* » (BALZ.). ♦ 6° *Comm.* et *Fin.* Donner une couverture. V. **Garantir; approvisionner, payer, régler, rembourser.** *Couvrir un agent de change. Prière de nous couvrir par chèque. Couvrir ses frais.* — *Couvrir un emprunt, une souscription,* souscrire la somme demandée. ♦ 7° (angl. *to cover*). Assurer l'information concernant (un événement, un fait d'actualité). *Les journalistes qui couvrent la réunion au sommet.* ♦ 8° (XIIIᵉ). S'accoupler avec la femelle (Animaux). V. **Accoupler (s'), monter, saillir, servir.** *Faire couvrir une jument, une chienne.*

II. SE COUVRIR. *v. pron.* ♦ 1° S'envelopper d'un vêtement. V. **Vêtir (se); emmitoufler** (s'). *Il fait froid, il faut se couvrir davantage.* ◊ *Spécialt.* Mettre sur sa tête qqch. qui coiffe. V. **Coiffer** (SE). *Absolt.* Mettre son chapeau. *Couvrez-vous, je vous prie.* — *Fig. Se couvrir de gloire, de ridicule.* ♦ 2° Se remplir. *La place se couvrit de curieux.* « *Le ciel se couvrit de nuages gris* » (CHARDONNE). *Absolt. Le ciel se couvre.* V. **Assombrir** (s'), **charger** (se), **obscurcir** (s'). *Fig. L'horizon se couvre* : des difficultés, des événements graves se préparent. ♦ 3° S'abriter, se cacher, ou se retrancher. *Se couvrir de l'autorité d'un grand personnage. Se couvrir d'un prétexte.*

◊ ANT. Découvrir, dégager, dégarnir, dévoiler.

COVALENCE [kɔvalɑ̃s]. *n. f.* (XXᵉ; de *co-,* et *valence*). Sc. *Covalence simple* : liaison formée par une paire d'électrons mis en commun (appelée *doublet*). *Covalences multiples* : plusieurs paires d'électrons mis en commun.

COVARIANCE [kɔvaʁjɑ̃s]. *n. f.* (1941; de *co-,* et *variance*). *Statist.* Moyenne des produits de deux variables centrées sur leurs espérances mathématiques et servant à définir leur coefficient de corrélation*.

COVENANT [kɔvnɑ̃]. *n. m.* (1640; mot angl., de l'a. fr. *covenant* (1160). Pacte (en hist. anglaise). *Le covenant de 1588 entre les presbytériens d'Écosse.*

COVENDEUR [kɔvɑ̃dœʁ]. *n. m.* (1673; de *co-,* et *vendeur*). *Dr.* Celui qui vend une chose conjointement avec un autre.

COVER-GIRL [kɔvœʁɡœʁl]. *n. f.* (1946; mot anglo-amér., de *cover* « couverture », et *girl* « fille »). *Anglicisme.* Jeune fille, jeune femme qui pose pour les photographies d'illustrés (Cf. Pin-up girl). *Des cover-girls.*

COW-BOY [kawbɔj, kɔbɔj]. *n. m.* (1905; mot angl., « garçon des vaches »). Gardeur de troupeaux de bovins, dans l'ouest des États-Unis, personnage essentiel de la légende de l'Ouest. *Film de cow-boys* (V. Western).

COW-POX [ko(aw)pɔks]. *n. m.* (v. 1828; angl. *cow* « vache », et *pox* « variole »). Éruption qui se manifeste sur les trayons des vaches, et qui contient le virus vaccin, préservatif de la variole.

COXAL, ALE, AUX [kɔksal, o]. *adj.* (1827; lat. *coxa* « cuisse »). *Anat.* Relatif à la hanche. *Os coxal* (ou *iliaque**).

COXALGIE [kɔksalʒi]. *n. f.* (déb. XIXᵉ; lat. *coxa* « cuisse », gr. *algos* « douleur »). *Méd.* Douleur ou maladie de la hanche; tuberculose de l'articulation *coxo-fémorale* (de la hanche).

COXALGIQUE [kɔksalʒik]. *adj.* (1863; de *coxalgie*). *Méd.* Relatif à la coxalgie; atteint de coxalgie. — *Subst. Un, une coxalgique.*

COXARTHROSE [kɔksaʁtʁoz]. *n. f.* (1959; du lat. *coxa*

« cuisse », et *arthrose*). *Pathol.* Arthrose de l'articulation de la hanche.

COYAU [kɔjo]. *n. m.* (*Coiel, coiaux,* 1304; de *coe* « queue »). *Techn.* Pièce de bois placée horizontalement sous l'arêtier d'un comble.

COYOTE [kɔjɔt]. *n. m.* (1867; aztèque du Mexique *coyotl*). Mammifère carnivore d'Amérique, voisin du Chacal.

C. Q. F. D. [sekyɛfde]. Abréviation de *Ce qu'il fallait démontrer.*

Cr Symbole chimique du *chrome*.*

CRABE [kʁɑb]. *n. m.* (déb. XIIᵉ; fém. jusqu'au XVIIIᵉ; moy. néerl. *krabbe*). ♦ 1° Nom courant de plusieurs crustacés décapodes (araignée de mer, calappe, dromie, étrille, maïa, porcellane, portune, tourteau ou poupart). *La carapace, les pinces du crabe. Panier de crabes. Fig.* Ensemble de personnes qui se nuisent, se haïssent mutuellement. — *Fig. Marcher en crabe* : de côté. ♦ 2° *Pop.* Individu ridicule, têtu. « *Aragon traite... les littérateurs de crabes* » (PAULHAN). ♦ 3° Véhicule à chenilles.

CRABIER [kʁɑ(a)bje]. *n. m.* (1740; de *crabe*). *Crabier* ou *héron crabier* : héron qui se nourrit de petits crabes.

CRABOT, CRABOTAGE. V. CLABOT, CLABOTAGE.

CRAC ! [kʁak]. *interj.* (1492; onomat. V. **Craquer.**) Mot imitant un bruit sec (choc, rupture), ou évoquant une chose brusque. ◊ HOM. Crack. Craque (formes de *craquer*). *Krach.*

CRACHAT [kʁaʃa]. *n. m.* (1260; de *cracher*). ♦ 1° Salive, mucosité rejetée par la bouche (Cf. *pop.* Glaviot, graillon, molard). — *Fig. Se noyer dans un crachat* : se laisser arrêter par la moindre difficulté. ♦ 2° *Fig.* et *fam.* (v. 1820). Plaque, insigne d'un grade supérieur. V. **Décoration.** « *Les Dignitaires s'étageaient, couverts de rubans, de crachats et de plaques honorifiques* » (L. TAILHADE).

CRACHÉ, ÉE [kʁaʃe]. *adj.* (XVᵉ; V. **Cracher.**) *Tout craché* (après un n., un pron.) : très ressemblant. *C'est son père tout craché. C'est lui tout craché :* on le reconnaît bien là.

CRACHEMENT [kʁaʃmɑ̃]. *n. m.* (XIIIᵉ; de *cracher*). ♦ 1° Action de cracher. V. **Expectoration.** *Crachement de sang.* V. **Hémoptysie.** ♦ 2° *Fig.* (1863). Projection de gaz, de vapeurs, d'étincelles. *Crachement de flammes.* ♦ 3° Crépitement d'un haut-parleur.

CRACHER [kʁaʃe]. *v.* (XIIᵉ; *craquier,* v. 1100; lat. pop. **craccare,* onomat.).

I. *V. intr.* ♦ 1° Projeter de la salive, des mucosités (V. **Crachat**) de la bouche. V. **Crachoter** (Cf. *pop.* Glavioter, graillonner, molarder). *Cracher par terre. Défense de cracher.* « *Ils se tapèrent dans la main, crachèrent de côté pour indiquer que l'affaire était faite* » (MAUPASS.). ♦ 2° *Fig.* et *fam. Cracher sur qqch.* : exprimer un violent mépris. *Il ne crache pas sur l'alcool* : il l'aime bien. *Cracher sur qqn.* V. **Calomnier, insulter, outrager.** ♦ 3° Cette plume, ce stylo crache : l'encre en jaillit et éclabousse le papier. ♦ 4° Émettre des crépitements. *Haut-parleur, radio qui crache.* V. **Crachoter.**

II. *V. tr.* ♦ 1° Lancer (qqch.) de la bouche. *Cracher du sang. Cracher l'eau que l'on a dans la bouche.* V. **Rejeter.** — *Loc. Cracher ses poumons,* tousser en crachant du sang. ♦ 2° *Fig. Cracher les injures.* V. **Proférer.** « *Il cracha sur moi toutes les malédictions des prophètes* » (FLAUB.). ♦ 3° *Fam.* (de la loc. *cracher au bassinet* : donner une quête). Donner (de l'argent); payer. V. **Casquer.** ♦ 4° Émettre en lançant. *Volcan qui crache de la lave. Dragon qui crache du feu, des flammes.* « *La suie que crachaient sans arrêt cinquante petits tuyaux de poêle* » (DUHAM.).

CRACHEUR, EUSE [kʁaʃœʁ, øz]. *adj.* et *n.* (1538; de *cracher*). *Rare.* Qui crache beaucoup.

CRACHIN [kʁaʃɛ̃]. *n. m.* (fin XIXᵉ; mot dial. de l'Ouest; de *cracher*). Pluie fine et serrée.

CRACHINER [kʁaʃine]. *v. tr.* (1908; de *crachin*). Faire du crachin. *Il commence à crachiner.* V. **Bruiner, pleuvoter.**

CRACHOIR [kʁaʃwaʁ]. *n. m.* (1548; de *cracher*). Petit récipient muni d'un couvercle dans lequel on peut cracher. ◊ *Fig.* et *fam. Tenir le crachoir* : parler sans arrêt. « *Fauvet conservait le crachoir* » (DUHAM.). — *Tenir le crachoir à qqn* : l'écouter sans pouvoir placer un mot.

CRACHOTANT, ANTE [kʁaʃɔtɑ̃, ɑ̃t]. *adj.* (XXᵉ; de *crachoter*). Qui crachote. — *Par anal.* « *La source crachotante des frontières* » (GASCAR).

CRACHOTEMENT [kʁaʃɔtmɑ̃]. *n. m.* (1694; de *crachoter*). Action, fait de crachoter.

CRACHOTER [kʁaʃɔte]. *v. intr.* (1660; *cracheter,* 1578; de *cracher*). Cracher souvent et peu. ◊ Émettre des crépitements (V. **Cracher,** I, 4°).

CRACHOUILLER [kʁaʃuje]. *v. tr.* et *intr.* (1924; de *cracher,* et suff. péj.). *Fam.* V. **Crachoter.** « *J'émergeai, crachouillant une eau qui sentait le roui* » (BAZIN).

CRACK [kʁak]. *n. m.* (1854; mot angl. « fameux », de *to crack* « craquer, se vanter »). ♦ 1° Poulain préféré, dans une écurie de course. ♦ 2° *Fam. C'est un crack* : un sujet remarquable. V. **As.** *C'est un crack en mathématiques.* ◊ HOM. Crac, craque, krach.

CRACKER [kʀakœʀ ou kʀakɛʀ]. *n. m.* (XIXᵉ; mot angl., de *to crack* « craquer »). *Amér.* Petit biscuit salé et croustillant. *Des crackers.*

CRACKING [kʀakiŋ]. *n. m.* (1922; mot angl., de *to crack* « briser »). Anglicisme désignant un procédé de raffinage du pétrole. V. **Craquage.**

CRACRA [kʀakʀa]. *adj. invar.* (déb. XXᵉ; de *crasseux*). *Fam.* Crasseux. V. **Crado.** « *Il y a des séminaristes qui sont singulièrement cracra* » (QUENEAU).

CRADO [kʀado]. *adj. invar.* (1935; de *crasseux*). *Fam.* Très sale, crasseux. V. **Cracra.** *Elle est plutôt crado!* — Var. CRADOT.

CRAIE [kʀɛ]. *n. f.* (*Croie*, XIIᵉ; *crée* déb. XIVᵉ; lat. *creta* « argile »). ♦ 1° Nom de diverses variétés de calcaires (terrains crétacés). *Craie blanche*, faite de calcaire presque pur (carbonate de calcium, $CaCO_3$). *Craie argileuse ou marneuse.* V. **Marne.** *Falaise de craie. Caves champenoises creusées dans la craie. Terrains de craie.* V. **Crayeux, crétacé** (1°). ♦ 2° Calcaire réduit en poudre et moulé (en bâtons) pour écrire, tracer des signes. *Bâton de craie pour écrire au tableau noir. Craie de tailleur, de charpentier :* pour tracer des traits sur le tissu, le bois. V. *aussi* **Crayon** *(étym.).*

CRAILLER [kʀaje]. *v. intr.* (XVIᵉ; onomat.). Crier, en parlant de la corneille. V. **Croasser.**

CRAINDRE [kʀɛ̃dʀ(ə)]. *v. tr.* : *je crains, tu crains, il craint; nous craignons, vous craignez, ils craignent; je craignais, nous craignions; je craignis, nous craignîmes* (inus.); *je craindrai, nous craindrons; je craindrais, nous craindrions; crains, craignons, craignez; que je craigne, que nous craignions; que je craignisse* (inus.); *craignant; craint, crainte* (Criembre, 1080; refait d'apr. les v. en *-aindre*; lat. pop. °*cremere*, altér. de *tremere* « trembler », d'apr. un mot gaul. en *cr-*). ♦ 1° Envisager (qqn, qqch.) comme dangereux, nuisible, et en avoir peur. V. **Appréhender, redouter.** *Craindre le danger. Il ne craint pas la mort. Craindre le ridicule, les responsabilités. Il ne viendra pas, je le crains. Ne craignez rien.* « *Il ne craignait ni les remords, ni la honte, mais il craignait la police* » (MAC ORLAN). *On le craint. Il sait se faire craindre.* « *Qu'ils me haïssent, pourvu qu'ils me craignent!* » *c'est bien un mot d'ambitieux* » (ALAIN). *Craindre son père, Dieu* V. **Respecter, révérer.** « *Je crains Dieu, cher Abner, et n'ai point d'autre crainte* » (RAC.). *Il ne craint ni Dieu ni diable :* il n'a peur de rien. — Absolt. *Craindre pour la vie de qqn.* V. **Trembler.** ♦ 2° CRAINDRE QUE (suivi du subj.). *Je crains qu'il ne soit mort.* « *Comme s'il craignait qu'un feuillet (de la lettre) ne s'en échappât* » (CHARDONNE). *Il est à craindre que cet élève n'échoue à l'examen.* — (Sans ne) « *Elle le croyait malade et craignait qu'il le devînt davantage* » (FRANCE). — (Interrogation, négation) *Je ne crains pas qu'il réplique. Craignez-vous qu'il vienne?* « *Tu crains pas qu'il n'envoie des échos aux journaux?* » (PAGNOL). ♦ 3° CRAINDRE DE (suivi de l'inf.). *Il craint d'être découvert. Il craint de mourir.* V. **Peur** (avoir peur de). « *Je ne crains pas d'affirmer :* je n'hésite pas à affirmer. ♦ 4° Être sensible à. *Ces arbres craignent le froid, l'humidité :* le froid, l'humidité leur sont nuisibles. — Ellipt. « *Craint l'humidité, la chaleur* », formule qu'on inscrit sur l'emballage d'une marchandise périssable. ◊ ANT. *Affronter, braver, désirer, espérer, mépriser, oser, rechercher, souhaiter.*

CRAINTE [kʀɛ̃t]. *n. f.* (*Criente*, XIIIᵉ; de *craindre;* a remplacé *crieme*, de *criembre*. V. **Craindre**). ♦ 1° Sentiment par lequel on craint (qqn ou qqch.); appréhension inquiète. V. **Angoisse, anxiété, appréhension, effroi, émoi, épouvante, frayeur, frousse, inquiétude, obsession, peur, terreur, trac.** « *L'espérance et la crainte sont inséparables* » (LA ROCHEF.). « *Un trouble mêlé de désirs et de craintes* » (FRANCE). *Crainte morbide.* V. **Phobie.** *Mouvement de crainte. Soyez sans crainte à ce sujet. N'ayez crainte : il viendra. Obéir par crainte. Approcher de qqch. avec crainte.* V. **Craintivement.** — *La crainte du châtiment, du gendarme. Crainte de Dieu. Crainte révérencielle* (théol.). ♦ 2° DANS LA CRAINTE DE ; CRAINTE DE. *loc. prép.* devant un nom de chose ou un inf. *Dans la crainte de son départ. Dans la crainte d'échouer.* « *Les persécutés redoutaient de voir leurs amis, crainte de les compromettre* » (CHATEAUB.). ◊ DE CRAINTE QUE. *loc. conj.* suivie du subj. avec *ne* explétif. *De crainte qu'on ne vous entende.* ◊ ANT. *Audace, bravoure, courage, décision, désir, souhait.*

CRAINTIF, IVE [kʀɛ̃tif, iv]. *adj.* (1398; de *crainte*). Qui est sujet à la crainte (occasionnellement ou, surtout, habituellement). V. **Angoisse, anxieux, effarouché, effrayé, inquiet, peureux, timoré.** *Caractère, naturel craintif.* V. **Inquiet, sauvage.** « *Apprivoiser les animaux, surtout ceux qui sont craintifs et sauvages* » (ROUSS.). ◊ Qui manifeste de la crainte. « *Ses yeux craintifs de chienne couchante* » (MAURIAC). ◊ ANT. *Assuré, audacieux, brave, courageux, décidé, résolu.*

CRAINTIVEMENT [kʀɛ̃tivmɑ̃]. *adv.* (1420; de *craintif*). D'une manière craintive. *Agir, parler craintivement.*

CRAMBE [kʀãb] ou **CRAMBÉ** [kʀãbe]. *n. m.* (1545; lat. *crambe*, gr. *krambê* « chou »). Plante (*Cruciféracées*) cultivée pour ses pétioles comestibles (on l'appelle *Chou marin*).

CRAMER [kʀame]. *v. tr.* (mot région. du Centre, v. dial. de *cremer* (XVIᵉ); lat. *cremare* « brûler »). ♦ 1° Brûler légèrement. *Cramer un rôti. Cramer du linge en le repassant.* V. **Roussir.** Intrans. *Les nouilles ont cramé.* V. **Attacher.** ♦ 2° Pop. Brûler, se consumer. *Toute la bicoque a cramé.*

CRAMIQUE [kʀamik]. *n. m.* (1380 *cramiche;* moy. néerl. *cramicke*). Région. (Belgique). Pain au lait et au beurre, garni de raisins de Corinthe.

CRAMOISI, IE [kʀamwazi]. *adj.* (*Cremoisi*, 1298; arabe *qirm'zi* « rouge de kermès »). ♦ 1° Qui est d'une couleur rouge foncé, tirant sur le violet. *Soie cramoisie.* « *Une chape de velours cramoisi, souveraine* » (HUYSMANS). ♦ 2° Très rouge (teint, peau). *Teint cramoisi. Devenir cramoisi* (d'émotion, de honte, de dépit).

CRAMPE [kʀãp]. *n. f.* (XIᵉ; *cramp*, adj., XIIIᵉ; frq. °*kramp;* Cf. all. *krampf* « courbé ». V. **Crampon**). Contraction douloureuse, involontaire et passagère d'un muscle ou d'un groupe de muscles. *Avoir une crampe au mollet.* ◊ *Crampe d'estomac :* douleur gastrique due à la contracture des muscles de la paroi de l'estomac.

CRAMPILLON [kʀãpijɔ̃]. *n. m.* (1949; de *crampon*). *Techn.* Clou recourbé à deux pointes parallèles. V. **Cavalier.**

CRAMPON [kʀãpɔ̃]. *n. m.* (1269; frq. °*krampo* « courbé »; Cf. **Crampe**). ♦ 1° *Techn.* Pièce de métal recourbée, servant à saisir, attacher, assembler. V. **Agrafe, crochet, grappin, griffe, harpon.** ♦ 2° (1611). Bout recourbé des fers d'un cheval. *Crampons d'un cheval ferré à glace.* ◊ *Chaussures à crampons*, munies de clous, de petits cylindres de cuir, caoutchouc, etc., destinés à empêcher de glisser. *Progresser avec des crampons* (Cramponner). ♦ 3° (1835). *Bot.* Racine adventive de fixation. *Les crampons du lierre.* ♦ 4° (1869). *Fam.* Personne importune et tenace. *Quel crampon!* Adj. invar. (Cf. *fam.* Collant).

CRAMPONNEMENT [kʀãpɔnmã]. *n. m.* (1873; de *cramponner*). Action de cramponner, de se cramponner. « *Une certaine obstination, certaine force de cramponnement qui me retenait secrètement de lâcher prise* » (GIDE).

CRAMPONNER [kʀãpɔne]. *v. tr.* (XVᵉ; de *crampon*). ♦ 1° *Techn.* Fixer, retenir, saisir avec un crampon. *Cramponner les pierres d'un mur. Assembler deux pièces de bois en les cramponnant.* ♦ 2° *Fig.* Fixer, retenir avec force. ◊ *Fam. Cramponner qqn.* V. **Importuner, obséder, retenir** (Cf. *fam.* Coller). « *Telle femme dont nous ne dirons pas qu'elle nous aime mais qu'elle nous cramponne* » (PROUST). ♦ 3° *Cour.* SE CRAMPONNER. *v. pron.* S'accrocher, s'attacher comme par un crampon. « *La joubarbe se cramponne dans le ciment* » (CHATEAUB.). ◊ Se tenir fermement. V. **Accrocher (s'), agripper (s'), retenir (se), tenir (se).** *Se cramponner au bras, au cou de qqn.* « *Le soufflait l'alcool et se cramponnait pour ne pas tomber* » (BLOY). ◊ *Fig. Se cramponner à une idée, à un espoir.* « *Le Petit Chose ne veut pas mourir. Il se cramponne à la vie, au contraire, et de toutes ses forces* » (DAUD.). ♦ 4° (Au p. p.). Blas. *Croix cramponnée*, dont les extrémités sont représentées munies de crampons. ◊ ANT. *Arracher, défaire, détacher, séparer. Lâcher, laisser.*

CRAMPONNET [kʀãpɔnɛ]. *n. m.* (1611; de *crampon*). *Techn.* Pièce de métal où se déplace le pêne d'une serrure.

CRAN [kʀã]. *n. m.* (1546; *cren*, XIIᵉ; d'un v. *crener* (*crenede* « dentelée », XIIᵉ); gaul. °*crinare.* V. **Créneau.**)

I. ♦ 1° Entaille faite à un corps dur et destinée à accrocher à arrêter qqch. V. **Coche** (1), **encoche, entaille.** *Les crans ei les dents d'une crémaillère. Hausser d'un cran les taquets d'une étagère.* ◊ *Fig.* (1672). V. **Degré.** *Monter, hausser; baisser d'un cran :* passer à qqch. de supérieur, d'inférieur (V. **Augmenter, diminuer**). *Avancer, monter d'un cran dans une situation.* ♦ 2° *Spécialt.* Entaille où s'engage la tête de gâchette d'une arme à feu. *Crans de l'abattu, de l'armé, de sûreté. Couteau à cran d'arrêt.* « *On entendit le claquement sec des crans de sûreté des couteaux ouverts tout d'un coup* » (MAC ORLAN). ♦ 3° Entaille servant de repère. *Cran de mire du fusil d'une arme à feu. L'œilleton a le même usage que le cran de mire.* — *Imprim.* Entaille faite sur le côté d'une lettre pour que le compositeur puisse la placer dans le bon sens. ♦ 4° Trou servant d'arrêt dans une sangle, une courroie. « *Il serra sa ceinture d'un cran* » (MAC ORLAN). ♦ 5° Ce qui forme comme une entaille, un repli. — Géogr. *Le cran d'Écalles* (dépression d'une falaise). — *Cour.* Forme ondulée donnée aux cheveux. *Le coiffeur lui a fait un cran.*

II. (*Abstrait*). ♦ 1° *Fam.* (v. 1900). V. **Audace, courage, énergie** (Cf. *pop.* Culot, estomac). « *Ceux qui ont le cran de dire « non » ne doivent être peu nombreux* » (MART. du G.). ♦ 2° (De I, 2°). *Être à cran :* prêt à se mettre en colère. V. **Exaspéré** (Cf. À bout de nerfs).

1. CRÂNE [kʀɑn]. *n. m.* (1314; lat. médiév. *cranium*, gr. *kranion*). ♦ 1° *Anat.* et *cour.* Boîte osseuse renfermant l'encéphale et *spécialt.*, ensemble des os de la tête (sauf mandibule et hyoïde). *Les os du crâne* (occipital, sphénoïde, temporal, pariétal, frontal, ethmoïde) *et ceux de la face* (vomer, maxillaire, unguis, palatin, malaire, os du nez et des cornets inférieurs). *Os surnuméraires du crâne.* V. **Wormien.** *Forme du crâne.* V. **Brachycéphale, dolichocéphale.** V.-**Céphale, cranio-.** *Parties externes du crâne.* V. **Péricrâne.** — *Se briser, se fendre le crâne. Fracture du crâne. Chirurgie du crâne.* — *Crâne humain.* ♦ 2° *Cour.* Tête, sommet de la tête. *Crâne chauve, pelé. Avoir un crâne haut, puissant (crâne olympien).* V. **Front.** *Avoir mal au crâne.* V. **Céphalée, migraine.** — *Fig. Avoir le crâne étroit :* peu de moyens intellectuels. *Bourrer le crâne ; bourrage* de crâne.*

2. **CRÂNE** [kʀan]. *adj.* (1787; du précéd.). *Vieilli.* Qui a, qui montre du courage, de la bravoure. V. **Brave, courageux, décidé.** ◇ ANT. *Peureux, poltron.*

CRÂNEMENT [kʀanmã]. *adv.* (1845; de *crâne* 2). *Vieilli.* D'une manière crâne. V. **Bravement, courageusement.** *Il fit face crânement. Le torse crânement bombé.* V. **Fièrement.**

CRANER [kʀane]. *v. tr.* (1845; de *cran*). *Techn.* V. **Cranter.**

CRÂNER [kʀane]. *v. intr.* (1845; de *crâne* 2) *Fam.* Affecter la bravoure, le courage, la décision. V. **Fanfaronner, poser** (Cf. Faire le malin, le mariole, le dur). — *Par ext.* Prendre un air fat, vaniteux. *Il crâne parce qu'il est tout fier d'avoir gagné.* Cf. La ramener. « *Vous avez une boutique, vous rêvez de crâner devant le quartier* » (ZOLA). ◇ ANT. *Trembler*; et *(pop.) Dégonfler* (se).

CRÂNERIE [kʀanʀi]. *n. f.* (1798; de *crâne* 2). *Vieilli.* Manière d'agir de celui qui tient à montrer du courage. V. **Audace, bravade, fierté.** « *Le regard était droit, flambant de crânerie* » (MART. du G.). ◇ ANT. *Poltronnerie.*

CRÂNEUR, EUSE [kʀanœʀ, øz]. *n. et adj.* (1862; de *crâne* 2, ou de *crâner*). *Fam.* Personne qui crâne, pose à l'important. V. **Prétentieux, vaniteux.** *Faire le crâneur.* V. **Malin.** Adj. *Elle est un peu crâneuse.* ◇ ANT. *Simple; modeste.*

CRÂNIEN, IENNE [kʀanjɛ̃, jɛn]. *adj.* (1812; de *crâne*). Qui a rapport au crâne. (1833) *Boîte crânienne. Voûte crânienne. Os crâniens. Nerfs crâniens :* qui partent de l'encéphale.

CRANI(O)-. Élément, du gr. *kranion* « crâne ».

CRANIOLOGIE [kʀanjɔlɔʒi]. *n. f.* (1819; de *cranio-*, et -*logie*). Étude du crâne humain sous tous ses aspects (forme, structure, développement).

CRANTER [kʀɑ̃te]. *v. tr.* (1933; *craner*, 1845; de *cran*; Cf. Créner). *Techn.* Pratiquer des crans à. *Cranter une roue, un pignon.*

CRAPAUD [kʀapo]. *n. m. (Crapot, crapaut*, XIIᵉ; de *crape* « ordure », de *escraper* « nettoyer, racler »; frq. °*krappon*). ♦ 1° Batracien anoure, à tête large, au corps trapu recouvert d'une peau verruqueuse. *Le crapaud, insectivore, est utile dans les jardins. Crapaud de terre. Crapaud des marais. Cri du crapaud, coassement.* « *Les crapauds, par tout l'horizon, lançaient leur note métallique et courte* » (MAUPASS.). *Il est laid comme un crapaud :* très laid. — *Loc. prov. La bave du crapaud n'atteint pas la blanche colombe.* ♦ 2° *Par anal.* CRAPAUD se dit de certains animaux remarquables par leur laideur. *Crapaud de mer.* V. **Baudroie, scorpène.** ♦ 3° (1847). *Fam.* Gamin (Cf. Crapoussin). ♦ 4° *Techn.* Défaut dans un diamant, dans une pierre précieuse. — *Artill.* Affût de mortier plat et sans roues (Cf. Crapouillot). ♦ 5° *Cour.* (Appos.). *Fauteuil crapaud :* bas et ramassé. — *Piano crapaud;* ellipt. *crapaud :* petit piano à queue (« quart de queue »).

CRAPAUDINE [kʀapodin]. *n. f.* (XIIIᵉ; de *crapaud*). ♦ 1° Pierre précieuse provenant de la pétrification des dents fossiles d'un poisson (on la croyait extraite de la tête du crapaud). ♦ 2° (1743). *Cuis. Poulet, pigeon à la crapaudine,* que l'on fait rôtir sur le gril, après les avoir aplatis. ♦ 3° (1606). *Techn.* Sorte de métal dans lequel entre le gond d'une porte. V. **Couette** (2°). — *Par ext.* Pivot d'un arbre vertical. ◇ (1762) Plaque ou grille qui arrête les ordures, les animaux à l'entrée d'un bassin, d'un réservoir.

CRAPAÜTER ou **CRAPAHUTER** [kʀapayte]. *v. intr.* (1939, arg. de St-Cyr « faire de la gymnastique »; de *crapaud*, prononcé [kʀapay], d'abord « appareil de gymnastique » (1889), puis « marche; exercice » (1939; *crapahuter* d'apr. *chahuter*). *Arg. milit.* Marcher, progresser dans un terrain accidenté, difficile.

CRAPOUILLOT [kʀapujo]. *n. m.* (1880; de *crapaud* « canon trapu »; Cf. *Crapaudeau*, XVᵉ). Petit mortier de tranchée utilisé pendant la guerre de 1914-18.

CRAPOUSSIN, INE [kʀapusɛ̃, in]. *n.* (1752; de *crapaud*, av. infl. de *poussin*). *Fam.* et *vieilli.* Personne petite et trapue. ◇ *Gamin.*

CRAPULE [kʀapyl]. *n. f.* (1318; lat. *crapula* « ivresse »). ♦ 1° *Vx.* Débauche grossière, ivrognerie. « *C'était un ancien maître d'école tombé dans la crapule* » (FLAUB.). ♦ 2° *Vieilli.* Ceux qui ont des mœurs dissolues et malhonnêtes. V. **Canaille, pègre.** « *Il a le malheur... de se complaire parmi la crapule* » (GONCOURT). ♦ 3° *Mod.* Individu très malhonnête. V. **Bandit, canaille, escroc, voleur.** *C'est une crapule.* Adj. « *Un pratiquant peut être crapule, mais jamais tout à fait de la*

même façon qu'un autre » (ROMAINS). ◇ ANT. *Honnête.*

CRAPULERIE [kʀapylʀi]. *n. f.* (1863; de *crapule*). Malhonnêteté et bassesse. V. **Canaillerie.**

CRAPULEUSEMENT [kʀapyløzmã]. *adv.* (1781; de *crapuleux*). D'une manière crapuleuse.

CRAPULEUX, EUSE [kʀapylø, øz]. *adj.* (XIVᵉ, repris 1740; de *crapule*). ♦ 1° *Vieilli.* Qui se plaît, qui vit dans la crapule (1°). V. **Débauché, vicieux.** ♦ 2° *Littér.* Qui est relatif à la crapule. « *Les débauches nocturnes et les fêtes crapuleuses de la cour* » (DIDER.). « *Un plaisir sadique de se mêler à une vie crapuleuse* » (PROUST). — *Cour. Un crime crapuleux.*

CRAQUAGE [kʀakaʒ]. *n. m.* (v. 1960; de *craquer*, pour traduire *cracking*). *Techn.* Procédé de raffinage pétrolier par modification moléculaire d'une fraction du mélange (sous l'effet de la chaleur, de la pression et parfois d'un catalyseur).

CRAQUE [kʀak]. *n. f.* (1826; de *craquer* « mentir », 1649). *Pop.* Hâblerie, mensonge par exagération. *Il nous a raconté des craques.* ◇ HOM. V. **Crac.**

CRAQUELAGE [kʀaklaʒ]. *n. m.* (1863; de *craqueler*). *Techn.* Opération par laquelle on obtient la porcelaine craquelée.

CRAQUELÉ, ÉE [kʀakle]. *adj.* (v. 1750; V. **Craqueler**). Qui présente un fin réseau de fissures sur sa surface. *Émail craquelé.*

CRAQUÈLEMENT ou **CRAQUELLEMENT** [kʀakɛlmã]. *n. m.* (1907; de *craquelé*). État de ce qui est craquelé. Apparition de craquelures.

CRAQUELER [kʀakle]. *v. tr.*; conjug. *appeler* (1789; de *craquer*). Fendiller (une surface polie). *Craqueler de la porcelaine, une poterie.* — *Par anal. La terre se craquelle sous l'effet de la sécheresse.* « *Le chemin craquelé par la chaleur* » (JAMMES). ◇ ANT. *Glacer, lisser.*

CRAQUELIN [kʀaklɛ̃]. *n. m.* (1265; moy. néerl. *crakeline*). Biscuit qui craque sous la dent.

CRAQUELURE [kʀaklyʀ]. *n. f.* (1863; de *craqueler*). Fendillement du vernis, de l'émail d'une porcelaine, d'un tableau. *Réseau de craquelures.*

CRAQUEMENT [kʀakmã]. *n. m.* (1553; de *craquer*). Bruit sec (d'une chose qui se rompt, éclate, etc.). *Le craquement d'une poutre, d'un plancher, d'une boiserie, d'une branche qui casse. On entend des craquements sinistres. Le craquement des feuilles sèches sous les pieds.*

CRAQUER [kʀake]. *v. intr.* (1546; rad. onomat. *crac*).
I. ♦ 1° Produire un bruit sec. « *Le bois mort craque sous les pieds* » (SAND). *Bonbon qui craque sous les dents.* V. **Croquer.** *Faire craquer ses doigts,* en tirant sur les articulations. Spécialt. *Faire craquer une allumette,* et trans. *Craquer une allumette,* en la frottant. ◇ *Par ext.* V. **Déchirer** (se), *défaire* (se). *Les coutures ont craqué sous l'effort.* Trans. *Fam. Craquer un bas :* le faire craquer. ♦ 2° *Plein à craquer :* à éclater. « *Des villes pleines à craquer, où l'on couche dans les hangars* » (ST-EXUP.). ♦ 3° (1718). Être ébranlé, menacer ruine. *Le ministère craque. Projet qui craque.* V. **Échouer, écrouler** (s'). ◇ *(Personnes).* Avoir une grave défaillance physique, nerveuse. *Il est surmené et sur le point de craquer.* V. **Effondrer** (s').
II. (1967). *Techn.* Traiter (un produit pétrolier) par craquage*.

CRAQUÈTEMENT ou **CRAQUETTEMENT** [kʀakɛtmã]. *n. m.* (1568; de *craqueter*). Action de craqueter. ♦ 1° *Méd.* Spasme de la mâchoire qui fait crisser, claquer les dents. ♦ 2° (1843). Cri de la cigogne, de la grue. ◇ Bruit de la cigale.

CRAQUETER [kʀakte]. *v. intr.*; conjug. *jeter* (1538; dimin. de *craquer*). ♦ 1° Produire des craquements répétés. *Le sel craquette dans le feu.* ♦ 2° Crier, en parlant de la cigogne, de la grue. ◇ Faire bruire ses élytres, en parlant de la cigale.

CRASE [kʀaz]. *n. f.* (1613; gr. *krasis* « mélange »). ♦ 1° *Gram. gr.* Contraction de syllabes (syllabes finale et initiale de deux mots joints) : *kago, pour* kaï *et* ego. *Opposé à diérèse.* ♦ 2° *Méd. Crase sanguine,* étude des propriétés coagulantes du sang. — *Vieilli.* Composition des humeurs organiques. V. **Dyscrasie.**

CRASH [kʀaʃ]. *n. m.* (mil. XXᵉ; mot angl., de *to crash* « s'écraser »). *Anglicisme. Aviat.* Atterrissage forcé d'un avion, train rentré.

CRASPEC [kʀaspɛk]. *adj. invar.* (1948; dér. arg. de *crasseux*). *Pop. Crasseux.* V. **Crado.**

CRASSANE [kʀasan]. *n. f.* (*Crasane*, 1690; de *Crazannes*, village de Saintonge). Sorte de poire fondante.

1. **CRASSE** [kʀas]. *adj. f.* (1130; lat. *crassus* « épais, gras »). ♦ 1° *Anc. méd. Humeur crasse :* épaisse, visqueuse. ♦ 2° *Mod. Fig. Ignorance crasse :* grossière, dans laquelle on se complaît. V. **Grossier, lourd.**

2. **CRASSE** [kʀas]. *n. f.* (XIVᵉ; de *crasse* 1).
I. ♦ 1° Couche de saleté qui se forme sur la peau, le linge, les objets. V. **Ordure, saleté.** *Mains couvertes de crasse. Remplir de crasse.* V. **Encrasser.** *Enlever la crasse :* laver,

décrasser, curer. « *Il est sale avec lyrisme. Il a l'air de suer la crasse, de la produire, de la sécréter* » (DUHAM.). — (ANT. Propreté). ♦ 2° *Techn.* Scorie d'un métal en fusion (V. Crassier). — Résidus des métaux quand on les frappe sur l'enclume. ♦ 3° *Méd.* (cour.). *Crasse sénile,* tache brunâtre, rugueuse, de la peau, apparaissant après la cinquantaine, surtout au visage et aux mains.
II. (1843 ; 1826 « défaut de politesse »). *Faire une crasse à qqn :* une indélicatesse. V. **Saleté, vacherie** (Cf. Jouer un sale tour, un tour de cochon).

CRASSEUX, EUSE [krasø, øz]. *adj.* (XIII° ; de *crasse*). Qui est couvert de crasse, très sale. V. **Malpropre, sale.** *Cheveux, linge crasseux. Une chemise crasseuse. Un escalier crasseux et puant.* « *Il était devenu très misérable, crasseux, pouilleux* » (DUHAM.). Cf. *pop.* Craca, crado, craspec.

CRASSIER [krasje]. *n. m.* (1751 ; de *crasse*, 2°). Amoncellement des scories de hauts fourneaux. V. **Terril.**

CRASSULACÉES [krasylase]. *n. f. pl.* (fin XVIII° ; du lat. bot. *crassula.* V. **Crassule**). Famille de plantes dicotylédones comprenant des herbes ou sous-arbrisseaux, à feuilles charnues (bulliarde, crassule, joubarde, ombilic).

CRASSULE [krasyl]. *n. f.* (XIV° ; lat. *crassula,* de *crassus* « gras »). Plante grasse ornementale à fleurs rouges *(Crassulacées),* aux nombreuses variétés.

-CRATE, -CRATIE, -CRATIQUE. Éléments, du gr. *kratos* « force, puissance » (*ex. :* aristocrate ; autocrate ; bureaucratie ; démocratique ; ploutocratie).

CRATÈRE [krater]. *n. m.* (XV° ; lat. *crater,* gr. *krater*). ♦ 1° *Antiq.* Vase à deux anses, en forme de coupe, dans lequel on mêlait le vin et l'eau. ♦ 2° *Mod.* (1570). *Par anal.* Dépression située en général à la partie supérieure d'un volcan, et par laquelle s'échappent des matières en fusion (fumerolles, laves, cendres, blocs et bombes volcaniques). *Lac de cratère* (dans un cratère éteint). ♦ 3° *Techn.* Ouverture pratiquée à la partie supérieure d'un fourneau de verrier.

CRATERELLE [kratrɛl]. *n. f.* (1846 ; lat. bot. *craterella,* dimin. de *crater.* V. **Cratère**). Champignon comestible en forme d'entonnoir *(Basidiomycètes).* Syn. Trompette-des-morts.

CRATÉRIFORME [krateriform(ə)]. *adj.* (1846 ; lat. *crater,* i-, et *-forme*). *Didact.* En forme de coupe.

CRAVACHE [kravaʃ]. *n. f.* (1790 ; all. *Karbatsche,* du polonais ; du turc *qyrbâtch* « fouet de cuir »). Badine flexible généralement terminée par une mèche, et dont se servent les cavaliers. V. **Houssine,** jonc, stick. *Coup de cravache.* Fig. *À la cravache :* brutalement.

CRAVACHER [kravaʃe]. *v. tr.* (1842 ; de *cravache*). Frapper à coups de cravache. *Cravacher un cheval.* — *Absolt.* Forcer son cheval à aller vite. *Il a fini la course en cravachant.* Fig. et fam. Travailler d'arrache-pied pour atteindre le but qu'on s'est proposé. *Cravacher dur.*

CRAVATE [kravat]. *n. f.* (1651, « bande de linge que les cavaliers *croates* portaient autour du cou » ; forme francisée de *Croate*). ♦ 1° (XVII°). Bande d'étoffe, généralement étroite et longue, que les hommes et parfois les femmes nouent autour de leur cou (Spécialt. *Mod.* Cravate d'homme étroite, qui se passe sous le col de chemise et se noue par-devant. V. **Régate** (*Cravate* ne se dit pas des lavallières*, des nœuds papillon*, etc.). *Il aime mieux les nœuds papillon que les cravates. Cravate de soie, de rayonne, de laine. Nœud de cravate. Épingle de cravate. Fixe cravate. Cravate unie, à rayures, bariolée.* ◇ Bande d'étoffe, insigne de haute décoration. *Cravate de commandeur de la Légion d'honneur.* · ◇ Plaisant. *Cravate de chanvre :* corde de pendu. ♦ 2° *Par anal. La cravate d'un drapeau :* ornement de soie brodée qu'on attache au haut d'une lance, à la hampe d'un drapeau. — *Mar.* Cordage qui entoure un mât, une ancre. ♦ 3° *Lutte.* Coup par lequel on essaye de faire subir au menton de l'adversaire un mouvement de torsion (V. **Cravater**). ♦ 4° *Loc. fam.* S'en jeter un (un verre) *derrière la cravate.* V. **Boire.**

CRAVATER [kravate]. *v. tr.* (1823 ; de *cravate*). ♦ 1° Entourer d'une cravate. — Attaquer (qqn) en le prenant et en le serrant par le cou. ♦ 2° *Pop.* Tromper, abuser (qqn) en lui racontant des mensonges. V. **Bluffer.** *Il nous a cravatés.* Prendre, attraper (qqn).

CRAVE [krav]. *n. m.* (1771 ; même rad. que *cravant* « oie sauvage », p.-ê. gaul. °*crogo*). Oiseau des montagnes *(Corvidés)* voisin du choucas.

CRAWL [krol]. *n. m.* (1908 ; mot angl.). Nage rapide qui consiste en un battement continu des jambes et un tirage alternatif des bras. *Nager le crawl. Les compétitions de nage libre se disputent en crawl.*

CRAWLER [krole]. *v. intr.* (1933 ; de *crawl*). Nager le crawl. *Dos crawlé :* nagé en crawl.

CRAWLEUR [krolœr]. *n. m.* (1933 ; de *crawl*). Nageur de crawl.

CRAYEUX, EUSE [krɛjø, øz]. *adj.* (XIII° ; de *craie*). Qui est de la nature de la craie. *Terrain, sol crayeux. Marne crayeuse.* — Qui est de la couleur de la craie. *Blanc crayeux. Il a un teint crayeux.*

CRAYON [krɛjɔ̃]. *n. m. (Croion,* « sol crayeux », 1309 ; de *craie*). ♦ 1° (1528). Petit morceau de divers minerais (d'abord la craie) propre à écrire, à dessiner. V. **Charbon, fusain, graphite, pastel, plombagine.** *Crayon noir. Crayon d'ardoise. Crayon de couleur.* V. **Craie, ocre, sanguine.** *Crayon gras, lithographique.* ◇ *Cour.* Petite baguette, généralement en bois, servant de gaine à une longue mine (le *crayon,* 1°). *Crayon noir* ou *crayon Conté. Écrire, dessiner au crayon.* V. **Crayonner.** *Tailler, affûter un crayon. Boîte de crayons de couleur.* — *Crayon en métal,* dont la mine est guidée automatiquement. V. **Stylomine.** — *Par ext. Crayon à bille :* stylo* à bille. *Crayon feutre,* stylo à encre grasse, où la plume est remplacée par une pointe en feutre. V. **Marqueur.** ♦ 2° (1833). Bâtonnet. *Crayon hémostatique. Crayon de nitrate d'argent,* servant aux cautérisations. — *Crayon de rouge à lèvres.* V. **Bâton, tube.** *Crayon à sourcils, pour les yeux.* ♦ 3° Manière de dessiner. *Avoir le crayon ferme, large, facile.* ◇ *Dessin fait au crayon,* et *spécialt.* Portrait. *Les crayons de cet artiste sont très recherchés.*

CRAYONNAGE [krɛjɔnaʒ]. *n. m.* (1790 ; de *crayonner*). Dessin au crayon. ◇ Action de crayonner.

CRAYONNER [krɛjɔne]. *v. tr.* (1584 ; de *crayon*). ♦ 1° Dessiner, écrire au crayon, avec du crayon (le plus souvent de façon sommaire). *Crayonner des notes, un croquis.* V. **Tracer.** « *Ces gribouillages, qu'on crayonne distraitement pendant qu'on écoute quelqu'un* » (ROMAINS). ♦ 2° *Littér.* Marquer les grandes lignes, les traits essentiels. V. **Ébaucher, esquisser.** « *Le tableau dont je vous crayonne un trait* » (P.-L. COUR.).

CRÉANCE [kreãs]. *n. f.* (fin XI° ; de *creire,* anc. forme de *croire,* ou lat. pop. °*credentia*). ♦ 1° *Vx* ou *loc.* La foi de croire ou la vérité de qqch. V. **Croyance, foi.** « *Ils croyaient cela... d'une créance indéracinable* » (PÉGUY). — *Mod. Trouver créance :* être cru. *Donner créance à une chose :* la rendre croyable, vraisemblable. *Donner, ajouter créance :* donner, ajouter foi. « *Les récits de Marco Polo... méritent notre créance* » (BAUDEL.). ♦ 2° *Vx.* Confiance qu'une personne inspire. « *Perdre toute créance dans les esprits* » (PASC.). — *Mod. Lettre* de créance. ♦ 3° (XII° ; repris 1700). Droit en vertu duquel une personne (V. **Créancier**) peut exiger qqch. de qqn (V. **Obligation**), et *spécialt.* Une somme d'argent. V. **Gage, hypothèque, nantissement, sûreté.** *Créance certaine :* dont la validité ne fait pas de doute. *Créance alimentaire. Créance hypothécaire, privilégiée, chirographaire. Créance exigible,* dont l'exécution peut être réclamée actuellement. *Créance liquide,* dont le chiffre est exactement déterminé. — *Par ext.* Le titre établissant la créance. ◇ ANT. Méfiance, scepticisme. Dette.

CRÉANCIER, IÈRE [kreãsje, jɛr]. *n.* (XII° ; de *créance*). Titulaire d'une créance ; personne à qui il est dû de l'argent. *Saisie par créancier,* saisie-arrêt. *Créancier à terme. Classement, collocation, ordre des créanciers. Créancier privilégié :* qui tient de la loi le privilège d'être payé avant les autres. *Créancier chirographaire,* ne bénéficiant d'aucune garantie particulière. — *Être poursuivi par ses créanciers. Payer, satisfaire ses créanciers.* « *Je suis bourrelé de remords et de créanciers* » (HUGO). *Adj. Les nations créancières de dettes de guerre.* ◇ ANT. Débiteur.

CRÉATEUR, TRICE [kreatœr, tris]. *n. et adj.* (1119 ; lat. *creator*). ♦ 1° N. m. *Relig.* Celui qui crée, qui tire qqch. du néant. V. **Dieu; démiurge.** *Le créateur du ciel et de la terre. Le créateur de l'homme. Absolt. Adorer le Créateur.* — *Adj. Divinité créatrice. Il tenait* « *l'existence d'un principe créateur pour assez probable* » (FRANCE). ♦ 2° L'auteur d'une chose nouvelle. V. **Auteur, fondateur, inventeur, novateur, promoteur.** *Le créateur d'un genre littéraire, d'une théorie scientifique.* « *Le créateur que nous supposons à une œuvre, comme une cause qui ne pouvait engendrer que cet effet* » (VALÉRY). ◇ *Spécialt. Le créateur, la créatrice d'un rôle :* le premier, la première interprète. ◇ *Absolt. Un créateur :* celui qui crée, en art (*opposé* à imitateur, suiveur, etc.). *Créateur de villes, d'empires.* V. **Architecte, bâtisseur, constructeur, pionnier.** ♦ 3° *Comm. Le créateur d'un produit.* V. **Producteur.** *La maison X... est la créatrice exclusive de ce modèle.* ♦ 4° *Adj.* Qui crée, invente. *Esprit, cerveau créateur. Imagination, sensibilité créatrice. L'Évolution créatrice,* ouvrage de Bergson (1907). « *Ta mémoire et tes sens ne seront que la nourriture de ton impulsion créatrice* » (RIMBAUD). ◇ ANT. Destructeur.

CRÉATIF, IVE [kreatif, iv]. *adj.* (XIV°, t. de méd. « qui a la vertu de créer » ; du rad. de *création;* repris v. 1960 d'apr. l'angl. *creative*). Qui est d'esprit inventif, qui a de la créativité*. *Personne créative.* Qui favorise la création. *Génie créatif. Entreprise créative.*

CRÉATINE [kreatin]. *n. f.* (1823 ; du gr. *kreas, atos* « chair »). *Biochim.* Substance protidique présente dans les muscles, le cerveau et le sang et qui joue un rôle important dans l'énergétique musculaire.

CRÉATININE [kʀeatinin]. *n. f.* (1863 ; de *créatine*). *Biochim.* Dérivé de la créatine formé dans les muscles, présent dans le sang et éliminé par l'urine.

CRÉATION [kʀeasjɔ̃]. *n. f.* (v. 1200 ; lat. *creatio*). ♦ 1º *(Relig.)*. Action de donner l'existence, de tirer du néant. *La création de l'homme. La création du monde, de l'univers*, et absolt. *La création :* le fait par lequel le monde a acquis l'existence, si l'on admet qu'il a commencé dans le temps. *Récit de la création, dans la religion chrétienne.* V. **Genèse.** *Depuis la création du monde.* V. **Commencement, origine.** « *L'idée de création, l'idée sous laquelle on conçoit que, par un seul acte de volonté, une chose vient à l'existence* » (Rouss.). — *Théol. Création continuée :* l'action par laquelle Dieu conserve le monde dans l'existence. ♦ 2º L'ensemble des choses créées ; le monde, considéré comme créé. V. **Monde, nature, univers.** *Les merveilles de la création. Toutes les plantes de la création :* toutes les plantes possibles. ♦ 3º Action de faire, d'organiser une chose qui n'existait pas encore. V. **Conception, élaboration, invention.** *Création d'une société, d'un établissement.* V. **Fondation, formation.** *Création de nouveaux emplois. Ils font partie de l'entreprise depuis sa création.* V. **Commencement, début.** *Création d'idées nouvelles.* V. **Apparition, naissance, survenance.** ◇ *Spécialt.* Le fait de créer une œuvre (art, littér.). « *De toutes les écoles de la patience et de la lucidité, la création est la plus efficace* » (Camus). ◇ *Théât. Création d'un rôle :* première interprétation d'un rôle. *Par ext.* (1849) Le rôle. *Création d'une pièce, d'un spectacle :* première (ou nouvelle) mise en scène. ♦ 4º Ce qui est créé. *Les plus belles créations de l'homme. Les créations de l'art.* V. **Œuvre ; ouvrage.** ◇ *Comm.* Nouvelle fabrication ; modèle inédit. « *Toutes les dernières créations de vos grands couturiers* » (Loti). ◇ ANT. Abolition, anéantissement, destruction. Contrefaçon, copie, imitation. Néant.

CRÉATIVITÉ [kʀeativite]. *n. f.* (av. 1965; de *créatif*). Pouvoir de création, d'invention. « *Libérer la créativité des masses, comme on dit quand on veut impressionner* » (Giroud).

CRÉATURE [kʀeatyʀ]. *n. f.* (fin XIᵉ ; lat. *creatura*). ♦ 1º Être qui a été créé, tiré du néant. « *Cette espèce bizarre de créatures qu'on appelle le genre humain* » (Fontenelle). *Spécialt.* L'homme, *opposé à* Créateur, Dieu. ♦ 2º *Créature humaine,* l'homme. « *Toute créature humaine est un être différent en chacun de ceux qui la regardent* » (France). ◇ *Une créature :* un être humain. V. **Personne.** « *Des types, des créatures figées dans un métier, dans un vice, dans une manie* » (Mauriac). — (Avec un adj. fém.). Femme. *Une belle, une bonne créature. Une pauvre, une misérable créature. Quelle sotte créature!* (XVIIᵉ) *Péj.* Femme méprisable. ♦ 3º (XVIᵉ ; empr. it.). *Fig.* Personne qui tient sa fortune, sa position de qqn à qui elle est dévouée. *Favori, protégé. C'est une créature du ministre, du dictateur.* ◇ ANT. Auteur, créateur. Dieu.

CRÉCELLE [kʀesɛl]. *n. f.* (*Cresselle,* 1175 ; probabl. lat. pop. °*crepicella,* class. *crepitacillum* « claquette », de *crepitare* « craquer »). ♦ 1º Moulinet de bois formé d'une planchette mobile qui tourne bruyamment autour d'un axe (instrument liturgique ; jouet, etc.). *Bruit de crécelle :* sec et aigu. — *Fig.* « *La crécelle infatigable du grillon* » (France). ♦ 2º *Fig. Voix de crécelle :* aiguë, désagréable. ◇ *Personne* bavarde et à la voix désagréable. *Quelle crécelle!*

CRÉCERELLE [kʀɛ(e)sʀɛl]. *n. f.* (*Cresserelle,* 1120 ; Cf. le précéd.). Petit rapace diurne. *Appos.* « *Quelque petit rapace, un émouchet, un faucon crécerelle* » (Bosco).

CRÈCHE [kʀɛʃ]. *n. f.* (1150 ; frq. °*krippia*). ♦ 1º *Vx* et littér. Mangeoire pour les bestiaux. V. **Auge, râtelier.** *Les crèches d'une bergerie.* ◇ *Cour. Absolt.* La crèche où Jésus fut placé à sa naissance, dans l'étable de Bethléem, selon la tradition de Noël*. *Par ext.* Petit édifice représentant l'étable de Bethléem. *Les crèches sont exposées dans les églises, de Noël à l'Épiphanie. Les personnages de la crèche.* V. **Santon.** *L'âne et le bœuf de la crèche.* ♦ 2º (1867). Établissement, asile destiné à recevoir dans la journée les enfants de moins de trois ans. V. **Pouponnière.** « *Des femmes qui viennent déposer leurs enfants à la crèche* » (Mart. du G.). ♦ 3º (1905 ; « lit », 1793). *Pop.* Chambre, endroit.

CRÉCHER [kʀeʃe]. *v. intr.* (1921 ; de *crèche,* 3º). *Pop.* Habiter, loger. « *Il demanda :* « *Où c'est que je vais crécher, cette nuit?* » (Sartre).

CRÉDENCE [kʀedɑ̃s]. *n. f.* (1536 ; « croyance », v. 1360 ; it. *credenza* « confiance », dans la loc. *fare la credenza* « faire l'essai » (des mets, des boissons). ♦ 1º Buffet de salle à manger dont les tablettes superposées servent à poser les plats, la verrerie. V. **Desserte, dressoir.** ♦ 2º *Liturg. cathol.* Console sur laquelle on dépose les burettes, le bassin servant pour la messe. *Autel flanqué de deux crédences.*

CRÉDIBILITÉ [kʀedibilite]. *n. f.* (1651 ; lat. *credibilitas,* de *credere* « croire »). Ce qui fait qu'une chose mérite d'être crue ; caractère de ce qui est croyable. V. **Possibilité, vrai-**

semblance ; et *aussi* Crédit, créance (mériter). « *La crédibilité est l'une des qualités nécessaires au roman* » (Maurois). ◇ ANT. *Impossibilité, incrédibilité, invraisemblance.*

CRÉDIBLE [kʀedibl(ə)]. *adj.* (1965 ; de *crédibilité,* d'apr. l'angl. *credible*). *Anglicisme.* Qui est digne de crédibilité, mérite d'être cru. V. **Croyable, vraisemblable.** *Rendre crédible une information.*

CRÉDIRENTIER, IÈRE [kʀediʀɑ̃tje, jɛʀ]. *n. et adj.* (1877 ; de *crédit,* et *rentier*). *Dr.* Créancier d'une rente. ◇ ANT. Débirentier.

CRÉDIT [kʀedi]. *n. m.* (1491 ; lat. *creditum,* de *credere* « croire »).
I. ♦ 1º *Vx.* Confiance qu'inspire qqn ou qqch. « *Des gens à qui l'on peut donner quelque crédit* » (Mol.). — Mod. FAIRE CRÉDIT à *(qqn) :* s'y fier, compter sur lui. *Fig.* « *Cette confiance du médecin qui fait crédit à la nature et à la fièvre plus qu'à ses remèdes* » (Chardonne). ♦ 2º *Littér.* Influence dont jouit une personne ou une chose auprès de qqn, par la confiance qu'elle inspire. V. **Ascendant, autorité, empire, influence, pouvoir.** *Être en crédit, en grand crédit, jouir d'un grand crédit auprès de qqn.* V. **Faveur.** *Il n'a plus aucun crédit.* « *Vous avez la bonté de compter sur ce que vous appelez mon crédit* » (Ste-Beuve). *Une incapacité* « *de jauger son crédit dans le cœur et l'esprit d'autrui* » (Gide). — *Cette idée a du crédit dans son esprit. Cette opinion acquiert du crédit dans tel milieu.* V. **Force, importance.**
II. *(Empr. it.).* Confiance dans la solvabilité de qqn. ♦ 1º *Loc.* À CRÉDIT : sans exiger de paiement immédiat (opposé à : au comptant). *Vendre, vente à crédit :* à terme, au tempérament. ♦ FAIRE CRÉDIT à *(qqn) :* ne pas exiger un paiement immédiat. ♦ 2º (1636). Confiance qu'inspire qqn ; réputation de solvabilité. *Avoir du crédit. Faire crédit à qqn.* ♦ 3º Opération par laquelle une personne met une somme d'argent à la disposition d'une autre ; *par ext.* Cette somme. V. **Prêt ; avance.** *Établissement de crédit.* V. **Banque.** *Crédit bancaire. Ouverture de crédit :* engagement de prêt. *Crédit agricole, commercial, foncier, hôtelier, industriel, maritime. Crédit garanti par gage, hypothèque, cautions. Crédit à long terme, à moyen terme, à court terme. Instruments de crédit ; lettre de crédit.* V. **Titre, valeur ; effet** (de commerce) ; **billet, warrant.** — *Crédit de campagne :* avance aux entreprises pour un achat de matières premières agricoles. *Crédit documentaire :* contrat par lequel un banquier accepte de régler le prix d'une marchandise au vendeur contre remise de documents attestant la livraison. *Crédit d'impôt. Société de crédit différé,* pour l'acquisition d'un logement neuf. — *Ellipt.* Nom donné à divers établissements de crédit. *Le Crédit Foncier de France,* qui consent des prêts sur immeubles. *Crédit municipal :* nom des anciens Monts-de-piété. ♦ 4º (1845). *Fin.* Se dit des sommes allouées sur un budget pour un usage déterminé. *Crédits budgétaires. Vote des crédits. Crédits extraordinaires.* ♦ 5º *Compt.* Partie d'un compte où sont inscrites les sommes remises ou payées à qqn. V. **Avoir.** *Balance du crédit et du débit.* ♦ 6º (mil. XXᵉ ; mot amér.). Au Canada, *Unité* de valeur dans l'enseignement universitaire. ◇ ANT. *Discrédit. Défiance, méfiance. Débit, doit.*

CRÉDIT-BAIL [kʀedibaj]. *n. m.* (1966 ; de *crédit,* et *bail*). *Écon.* Forme de location portant sur des biens à usage professionnel, et dont le locataire peut, aux termes du contrat, devenir propriétaire (trad. de l'angl. *leasing*). *Acheter des locaux en crédit-bail.*

CRÉDITER [kʀedite]. *v. tr.* (1671 ; de *crédit*). Rendre qqn créancier d'une certaine somme que l'on porte au crédit de son compte. — *Par ext. Créditer un compte de telle somme.* ◇ ANT. *Débiter.*

CRÉDITEUR, TRICE [kʀeditœʀ, tʀis]. *n.* (1723 ; de *créditer* ; « créancier », XIIIᵉ ; de *crédit*). Personne qui a des sommes portées à son crédit. — Adj. *Compte créditeur. Solde créditeur d'un bilan.* ◇ ANT. *Débiteur.*

CRÉDITISTE [kʀeditist(ə)]. *n.* (1930 ; de *crédit* [*social*]). *(Canada).* Partisan de la doctrine économique du crédit social [Major C. F. Douglas]. — (1935). Membre du *Parti du crédit social* ou [1963] du *Ralliement des créditistes.*

CREDO [kʀedo]. *n. m.* (XIIIᵉ ; mot lat. « je crois », par lequel commence le symbole des apôtres). ♦ 1º *Relig.* Symbole des apôtres, contenant les articles fondamentaux de la foi catholique. *Dire, chanter le Credo. Par ext. Le credo d'une religion.* ♦ 2º *Par ext.* (1771). Principes sur lesquels on fonde son opinion, sa conduite. V. **Foi, principe, règle.** *Il nous a exposé son credo politique.*

CRÉDULE [kʀedyl]. *adj.* (1393 ; lat. *credulus,* de *credere* « croire »). Qui croit très facilement ; qui a une confiance aveugle en ce qu'il entend ou lit. V. **Candide, confiant, naïf, simple ;** et *fam.* Gobeur, gogo, jobard. « *La haine ainsi que l'amour rend crédule* » (Rouss.). *L'amour nous rend* « *à la fois plus défiants et plus crédules* » (Proust). *Vous êtes trop crédule.* ◇ ANT. *Défiant, incrédule, sceptique, soupçonneux.*

CRÉDULEMENT [kʀedylmɑ̃]. *adv.* (1544 ; de *crédule*). D'une manière crédule.

CRÉDULITÉ [kʀedylite]. *n. f.* (fin XIIᵉ; lat. *credulitas*. V. **Crédule**). Grande facilité à croire sur une base fragile. V. **Candeur, confiance, bonhomie, naïveté.** *Un charlatan qui abuse de la crédulité du public.* « *Un être facile à tromper, et qu'elle méprisait pour sa crédulité* » (FRANCE). ◇ ANT. **Incrédulité, scepticisme.**

◆ **CRÉER** [kʀee]. *v. tr.* (mil. XIIᵉ; *crier*, 1120; lat. *creare*). ◆ 1º *Relig.* Donner l'être, l'existence, la vie; tirer du néant. V. **Faire, former.** *Dieu créa le ciel et la terre.* ◆ 2º Faire, réaliser (qqch. qui n'existait pas encore). V. **Composer, concevoir, élaborer, imaginer, inventer, produire.** *Créer une science, un genre littéraire. Créer une belle œuvre.* « *On ne triomphe du temps qu'en créant des choses immortelles* » (CHATEAUB.). *Créer une idée, un rêve.* V. **Élaborer.** Pronom. « *La situation doit se créer peu à peu* » (ROMAINS). Absolt. *L'artiste, le poète créent. La joie de créer.* « *Tout créé, excepté celui qui signe et endosse l'œuvre* » (VALÉRY). « *Créer, aussi, c'est donner une forme à son destin* » (CAMUS). ◇ *Créer une institution, une entreprise.* V. **Constituer, établir, fonder, instituer, organiser.** *Créer une ville* (V. **Bâtir, édifier, élever**), *un empire. Créer un emploi.* — Nommer à un nouvel emploi. *Créer un juge assesseur.* — (1844) *Créer un rôle* : en être le premier interprète. *Créer un spectacle* : l'organiser, le mettre en scène. ◆ 3º Être la cause de. V. **Causer, engendrer, occasionner, produire, provoquer, susciter.** *La fonction crée l'organe. Le capitalisme* « *ne se conforme pas aux besoins : il les a presque tous créés* » (CHARDONNE). ◇ SE CRÉER (qqch.) : susciter pour soi-même. V. **Imaginer.** *Se créer des illusions, des besoins.* « *On rêve... on se crée sa chimère* » (LACLOS). *Se créer une clientèle.* V. **Faire (se).** ◆ 4º *Comm.* Fabriquer ou mettre en vente un produit nouveau. *Créer un modèle de haute couture. La maison X... a créé et lancé ce produit.* ◇ ANT. **Abolir, abroger, anéantir, annihiler, détruire.**

CRÉMAILLÈRE [kʀemajɛʀ]. *n. f.* (1549; *carmeillère*, XIIIᵉ; de *cramail, cremail*; lat. pop. °*cramaculus*, de °*cremasculus*, gr. *kremastêr* « qui suspend »). ◆ 1º Tige de fer munie de crans qui permettent de la suspendre à différentes hauteurs dans une cheminée. « *Une cheminée... laissait pendre à une crémaillère, une marmite* » (LAMART.). — Fig. et fam. *Pendre la crémaillère* : célébrer par un repas son installation dans un nouveau logement. ◆ 2º (1680). *Techn.* Pièce munie de crans, qui sert à relever ou à baisser une partie mobile. *Crémaillères d'une bibliothèque à rayons mobiles.* — *Spécialt.* Tige rectiligne à crans qui s'engrènent dans une roue dentée pour transformer un mouvement de rotation continu en un mouvement rectiligne continu, ou inversement. *Cric à crémaillère. Automobile avec direction à crémaillère. Chemin de fer à crémaillère* : à rail denté.

CRÉMANT [kʀemɑ̃]. *adj. et n. m.* (1846; de *crémer*). Vin de Champagne à mousse légère.

CRÉMATION [kʀemasjɔ̃]. *n. f.* (XIIIᵉ; rare av. 1823; lat. *crematio*, de *cremare* « brûler »). Action de brûler le corps des morts. V. **Incinération.**

CRÉMATISTE [kʀematist(ə)]. *n. m.* (1960; lat. *crematio*). Adepte de l'incinération des morts. V. **Crémation.** — Adj. *Mouvement crématiste.*

CRÉMATOIRE [kʀematwaʀ]. *adj.* (1879; *crematorium*, n. m., 1882; du lat. *cremare* « brûler »). Qui a rapport à la crémation. *Four crématoire*, où l'on réduit les corps en cendres. — Subst. *La fumée des crématoires.*

CRÈME [kʀɛm]. *n. f. et adj.* (*Craime*, fin XIIᵉ; *cresme*, fin XIIIᵉ; gaul. *crama*, croisé avec *chrisma*. V. **Chrême**). ◆ 1º Matière grasse du lait dont on fait le beurre. *Crème fraîche. Fromage à la crème. Séparer la crème du lait.* V. **Écrémer; écrémeuse.** — *Cuis. Crème fouettée*, dite aussi *crème Chantilly*, fortement émulsionnée. *Fraises à la crème.* ◇ *Par ext.* Pellicule qui se forme à la surface du lait qu'on a fait bouillir. ◆ Fig. et fam. *C'est la crème des hommes* : le meilleur des hommes. *Il fréquente des gens douteux : ce n'est pas la crème.* V. **Gratin.** ◆ 3º (1802). Entremets composé ordinairement de lait et d'œufs. *Crème fortement battue.* V. **Mousse.** *Crème pâtissière. Crème anglaise. Crème renversée. Crème au beurre. Tarte à la crème* (V. **Flan**); *fig.* V. **Tarte.** *Chou à la crème. Crème glacée.* V. **Glace, parfait.** ◇ *Crème de riz, d'avoine* : bouillie de céréales cuites, aromatisée. ◇ Liqueur de consistance sirupeuse. *Crème de banane.* ◆ 4º Préparation utilisée dans la toilette et les soins de la peau. *Crème à raser. Crème de beauté. Crème fond de teint.* ◇ *Pharm. Crème* (dermique). Préparation molle, moins grasse que la pommade, renfermant une importante quantité d'eau, utilisée comme excipient pour divers produits médicamenteux. ◇ Se dit de produits d'entretien, à base de cire ou d'oléine (V. **Pâte**). *Crème pour chaussures.* V. **Cirage.** ◆ 5º *Adj. invar.* D'une couleur jaune blanchâtre légèrement teintée de jaune. *Des gants crème.* « *Un papier vergé d'un ton crème* » (CHARDONNE). ◆ 6º *Appos.* (1898) *CAFÉ CRÈME* : café additionné d'un peu de crème (plus souvent de lait). — *Masc.* (ellipt.) *Un grand crème et des croissants.* ◇ HOM. **Chrême.**

CRÉMER [kʀeme]. *v. intr.;* conjug. *céder* (1585; de *crème*). *Rare.* Se couvrir de crème, en parlant du lait. Par anal. *Mousse qui crème* (V. **Crémant**). — *Trans.* Donner la couleur de la crème. *Dentelle crémée.*

CRÉMERIE [kʀemʀi]. *n. f.* (1845; de *crème*). Magasin où l'on vend les produits laitiers. V. **Beurrerie, laiterie.** ◇ Petit restaurant. ◇ *Fam. Changer de crémerie* : aller ailleurs. « *On s'emmerde ici... Si on allait dans une autre crémerie?* » (MAUROIS).

CRÉMEUX, EUSE [kʀemø, øz]. *adj.* (1572; de *crème*). ◆ 1º Qui contient beaucoup de crème. *Lait crémeux.* ◆ 2º Qui a la consistance, l'aspect de la crème.

CRÉMIER, IÈRE [kʀemje, jɛʀ]. *n.* (1762; de *crème*). Commerçant(e) qui vend de la crème et aussi du lait, du beurre, du fromage, des œufs (Cf. l'abrév. B.O.F.). V. **Beurrier** (vx), **laitier.**

CRÉMONE [kʀemɔn]. *n. f.* (1724; p.-ê. du rad. de *crémaillère*, ou de la ville de *Crémone*). Espagnolette composée d'une tige de fer qu'on hausse ou qu'on baisse en faisant tourner une poignée.

CRÉNAGE [kʀenaʒ]. *n. m.* (1835; de *créner*). Action de créner*.

CRÉNEAU [kʀeno]. *n. m.* (*Crenel*, 1190; du lat. *crena*. Cran). I. ◆ 1º Ouverture pratiquée au sommet d'un rempart, d'une tour, et qui servait à la défense. *Merlons et embrasure du créneau. Créneau mâchicoulis. Château, mur à créneaux.* V. **Crénelé.** ◆ 2º Ouverture d'un parapet de tranchée, d'une muraille, pour viser et tirer. V. **Meurtrière.** ◆ 3º (Astronautique). *Créneau de lancement.* V. **Fenêtre** (de lancement). II. (mil. XXᵉ). ◆ 1º Espace disponible entre deux espaces occupés. *Créneau entre deux voitures en stationnement.* ◆ 2º (Abstrait). Place disponible sur le marché économique. *Créneaux commerciaux.* ◇ Temps disponible. *Spécialt.* (radio, télé). Temps d'antenne réservé à une personne ou un groupe de personnes. *Créneaux réservés aux grandes formations politiques.*

CRÉNELAGE [kʀe(e)naʒ]. *n. m.* (1723; de *créneler*). *Techn.* Cordon, sur l'épaisseur d'une pièce de monnaie, d'une médaille. V. **Grènetis.**

CRÉNELÉ, ÉE [kʀɛ(e)nle]. *adj.* (1160; V. **Créneler**). ◆ 1º Garni de créneaux. *Mur crénelé.* ◇ *Blas. Écu crénelé.* ◆ 2º *Sc. nat.* Dont le bord est découpé. *Feuille crénelée.*

CRÉNELER [kʀe(e)nle]. *v. tr.;* conjug. *appeler* (XIIᵉ; de *créneau*). ◆ 1º Munir de créneaux. *Créneler une muraille, un parapet.* ◆ 2º Entailler en disposant des crans. V. **Denteler.** *Créneler une roue pour un engrenage.* — *Créneler une pièce de monnaie* : faire un cordon sur son épaisseur.

CRÉNELURE [kʀɛ(e)nlyʀ]. *n. f.* (XIVᵉ; de *créneler*). Découpure en forme de créneaux. V. **Dentelure.** *Crénelures de la feuille de chêne.*

CRÉNER [kʀene]. *v. tr.;* conjug. *céder* (1539; lat. *crena*. V. **Cran**). *Imprim.* Évider la partie qui déborde le corps d'une lettre. — Marquer d'un cran une entaille, la tige d'une lettre.

CRÉNOTHÉRAPIE [kʀenɔteʀapi]. *n. f.* (1910; gr. *krêné* « source », et -*thérapie*). *Méd.* Traitement par les eaux de source.

CRÉOLE [kʀeɔl]. *n.* (1670; altér. de *criolle, criollo, -a*, 1643; esp. *criollo*). Personne de race blanche, née dans les colonies intertropicales (Antilles). *Un, une créole.* ◇ *Ling.* Système linguistique mixte provenant du contact du français, de l'espagnol, du portugais, de l'anglais, du néerlandais avec des langues indigènes ou importées (Antilles) et devenu langue maternelle d'une communauté (*opposé à pidgin* et à *sabir*). *Le créole d'Haïti, de la Guadeloupe, de la Martinique. Les créoles anglais de la Jamaïque, des États-Unis. Les créoles portugais, néerlandais. Parler créole.* — Adj. *Parlers, langues créoles.*

CRÉOLISER (SE) [sǝkʀeɔlize]. *v. pron.* (de *créole*). ◇ *Ling.* Prendre certains caractères du créole, en parlant de la langue d'où provient le parler. Au p. p. *Français, espagnol créolisé.* — *Dér.* CRÉOLISATION, *n. f.*

CRÉOSOTE [kʀeozɔt]. *n. f.* (1832; gr. *kreas* « chair », et *sôzein* « conserver »). Liquide huileux, transparent, désinfectant, qui contient du phénol et du crésol; extrait du goudron (*spécialt.* lorsqu'il est obtenu par distillation sèche du bois : hêtre, etc.). *Injecter de la créosote dans le bois, pour le conserver* (*créosoter* le bois; opération du *créosotage*).

CRÊPAGE [kʀepaʒ]. *n. m.* (1723; de *crêper*). ◆ 1º Apprêt d'une étoffe pour en faire un crêpe. ◆ 2º (Fin XIXᵉ). *Fam. Crêpage de chignon* : bataille entre femmes; violente dispute. ◇ (1922) Action de crêper (I) les cheveux.

1. CRÊPE [kʀep]. *n. f.* (XIIIᵉ; *cresp*, adj., XIIᵉ; lat. *crispus* « frisé »). *Fine galette fine pâte liquide composée de lait, de farine et d'œufs, que l'on a fait frire, saisir dans une poêle ou sur une plaque (*plaque à crêpes* ou *crêpier*). *Crêpe* bretonne. *Crêpe à la confiture. Crêpes flambées. Faire sauter des crêpes.*

2. CRÊPE [kʀɛp]. *n. m.* (1357; de l'adj. *cresp.* V. Crêpe 1). ♦ 1° Tissu léger de soie, de laine fine, auquel on fait subir un certain apprêt suivi d'une compression. *Crêpe de soie,* dont les fils de chaîne sont très tordus. *Crêpe de Chine. Crêpe marocain,* tissu épais à grain cannelé. *Crêpe georgette,* souple, transparent. *Crêpe satin.* ◊ Morceau de crêpe noir, que l'on porte en signe de deuil. *Voile de crêpe.* Absolt. *Porter un crêpe,* à la coiffure, au revers de la veste, en brassard. « *Il avait gardé à son chapeau le crêpe de l'enterrement de Jacques* » (GIRAUDOUX). ♦ 2° Caoutchouc laminé en feuilles servant à faire des semelles de chaussure. *Chaussures à semelles de crêpe,* appos. *à semelles crêpe.*

CRÊPELÉ, ÉE [kʀɛ(e)ple]. *adj.* (*Crespelé,* XVIᵉ; *crêpelu,* 1560; de *crêper).* Frisé à très petites ondulations (cheveux). Cf. Crépu. « *Tes cheveux crespelés* (sic), *ta peau de mulâtresse* » (BAUDEL.).

CRÊPELURE [kʀɛ(e)plyʀ]. *n. f.* (1569; de *crêpeler).* Rare. État des cheveux crêpelés ou crépus.

CRÊPER [kʀepe]. *v. tr.* (1523; probabl. XIVᵉ *(crepeüre)*; lat. *crispare* « friser »). I. ♦ 1° Rebrousser (les cheveux) de manière à les faire gonfler. *Des cheveux crêpés.* ♦ 2° SE CRÊPER. *v. pron. Cheveux qui commencent à se crêper.* V. Onduler. ◊ Fig. et fam. *Se crêper le chignon :* se battre, se prendre aux cheveux, en parlant des femmes. II. *Techn.* Préparer le crêpe en faisant subir une torsion à la chaîne. *Crêper une étoffe.*

CRÊPERIE [kʀepʀi]. *n. f.* (1929; de *crêpe,* 1). Endroit où l'on fait, où l'on consomme des crêpes. *Manger dans une crêperie bretonne.*

CRÉPI [kʀepi]. *n. m.* (1528; de *crépir).* Couche de plâtre, de ciment grossièrement raboteux, dont on revêt une muraille. *Faire un crépi.* V. Crépir.

CRÉPIER, IÈRE [kʀepje, kʀepjɛʀ]. *n.* (1863; fém.; de *crêpe* 1). Marchand(e) de crêpes.

CRÉPINE [kʀepin]. *n. f.* (1390; *crespine* « collerette », 1265; de *crêpe* 2). ♦ 1° Frange de passementerie ouvragée. « *Des crépines et des franges d'or* » (ST-SIM.). ♦ 2° (XIVᵉ). Membrane graisseuse et transparente (épiploon) qui enveloppe les viscères du veau, du porc. V. Coiffe. ♦ 3° Tôle perforée servant à arrêter les corps étrangers à l'ouverture d'un tuyau.

CRÉPINETTE [kʀepinɛt]. *n. f.* (1740; « ouvrage de passementerie », 1265; de *crépine).* Saucisse plate entourée d'un morceau de crépine.

CRÉPIR [kʀepiʀ]. *v. tr.* (*Crespir* « friser », fin XIIᵉ; « rendre (la surface du mur) grenue », XIVᵉ; de *cresp-.* V. Crêpe 1). Garnir une muraille d'un crépi (V. **Rustiquer**; **recrépir**). *Crépir un mur.* « *Le mur du jardin était crépi à chaux et à sable* » (SAND).

CRÉPISSAGE [kʀepisaʒ]. *n. m.* (1810; de *crépir).* Action de crépir un mur. *Crépissage à la truelle* ou *trullisation.* ◊ État d'une surface crépie (ou *crépissure,* n. f.).

CRÉPITATION [kʀepitasjɔ̃]. *n. f.* (1560; bas lat. *crepitatio).* ♦ 1° Le fait de crépiter; bruit de ce qui crépite. V. **Crépitement.** *Crépitation du feu.* « *Mille crépitations inusitées font ressembler les arbres à des êtres animés* » (SAND). ♦ 2° *Méd. Crépitation osseuse :* bruit que font entendre les fragments d'un os fracturé quand ils frottent l'un contre l'autre. — (1833). *Crépitation pulmonaire :* bruit produit par l'air dans les alvéoles du poumon dans certains états pathologiques (pneumonie, œdème aigu).

CRÉPITEMENT [kʀepitmɑ̃]. *n. m.* (1869; de *crépiter).* Cour. Crépitation. *Le crépitement du feu.* « *Le crépitement régulier d'une mitrailleuse* » (DORGELÈS).

CRÉPITER [kʀepite]. *v. intr.* (XVᵉ, rare av. XVIIIᵉ; lat. *crepitare).* Faire entendre une succession de bruits secs. *Le feu crépite.* V. **Grésiller**, **pétiller.** *Les applaudissements crépitaient.*

CRÉPON [kʀepɔ̃]. *n. m.* (*Crespon,* v. 1550; de *crêpe* 2). Crêpe épais.

CRÉPU, UE [kʀepy]. *adj.* (1175; de *crêpe).* Frisé naturellement en touffes serrées (cheveux). *Ses cheveux « pareils à une mer crépue* » (ZOLA). *Cheveux crépus et laineux de certains Noirs.*

CRÉPUSCULAIRE [kʀepyskylɛʀ]. *adj.* (1705; de *crépuscule).* ♦ 1° Littér. Du crépuscule (2°). *Lumière, lueur crépusculaire.* « *Un jour crépusculaire où certaines nuances prennent plus d'éclat* » (CHARDONNE). ♦ 2° *Animaux crépusculaires :* qui ne sortent qu'au crépuscule. *Les papillons crépusculaires.*

CRÉPUSCULE [kʀepyskyl]. *n. m.* (*h.* XIIIᵉ « aube »); lat. *crepusculum,* de *creperus* « douteux »). ♦ 1° Vx. Lueur qui précède le lever du soleil. V. **Aube**, **aurore.** « *C'était l'heure où le jour chasse le crépuscule* » (HUGO). ◊ Mod., littér. *Le crépuscule du matin.* ♦ 2° (1596). Lumière incertaine

qui succède immédiatement au coucher du soleil. V. **Brune**; **déclin**, **tombée** (du jour). *Au crépuscule, à l'heure du crépuscule,* à la nuit tombante (Cf. Entre chien et loup). V. **Crépusculaire.** « *Le crépuscule encor jette un dernier rayon* » (LAMART.). « *Le crépuscule se faisait nuit* » (MAURIAC). ♦ 3° *Fig.* et *littér.* Déclin, fin. *Le crépuscule d'un empire.* V. **Décadence.** *Le crépuscule de la vie.* V. **Vieillesse.** *Les Chants du crépuscule,* recueil de poèmes de Victor Hugo. *Le Crépuscule des Dieux,* opéra de Wagner.

CRESCENDO [kʀeʃɛndo; kʀeʃɛdo]. *adv.* et *n. m. invar.* (1775; mot it. « en croissant », de *crescere* « croître »). ♦ 1° *Mus.* En augmentant progressivement l'intensité sonore. V. **Rinforzando.** *Ce passage doit être exécuté crescendo.* — N. m. *Un crescendo. Des crescendo.* ♦ 2° Par anal. En augmentant, en croissant (des sons). — Subst. V. **Amplification**, **hausse**, **montée.** « *Mon père élevait la voix. C'était un crescendo bien contenu, une gradation savante* » (DUHAM.). ◊ ANT. Decrescendo.

CRÉSOL [kʀezɔl]. *n. m.* (1869; de *cré(o)s-(ote),* et *-ol).* Chim. Chacun des phénols dérivés du toluène et utilisés comme désinfectants (V. **Crésyl**). *Ortho-, métha-, para-crésol.*

CRESSON [kʀesɔ̃]. *n. m.* (1130; frq. **kresso;* Cf. all. *Kresse;* av. infl. de *croître).* Plante herbacée vivace, à tige rampante et à feuilles découpées en lobes arrondis *(Crucifé-racées),* cultivée pour ses parties vertes comestibles. *Cresson de fontaine :* cresson charnu, cresson à feuilles minces, cresson gaufré. *Culture du cresson de fontaine dans des cressonnières. Salade de cresson.* ◊ Par anal. *Cresson alénois.* V. **Passe-rage.** — *Cresson des prés,* amer. V. **Cressonnette.**

CRESSONNETTE [kʀesɔnɛt]. *n. f.* (1924; de *cresson).* Nom courant de la cardamine* ou *cresson des prés.*

CRESSONNIÈRE [kʀesɔnjɛʀ]. *n. f.* (1286; de *cresson).* Lieu baigné d'eau où l'on cultive le cresson.

CRÉSUS [kʀezys]. *n. m.* (1540; lat. *Crœsus,* gr. *Kroisos,* roi de Lydie, célèbre par ses richesses). Homme extrêmement riche. *C'est un Crésus* (plus souv. : *il est riche comme Crésus).*

CRÉSYL [kʀezil]. *n. m.* (fin XIXᵉ; marque déposée; de *crés[ol],* et *-yl).* Solution désinfectante à base de crésol.

CRÊT [kʀɛ]. *n. m.* (XIIIᵉ; repris XXᵉ, en géogr.; mot dial. du Jura. V. Crête). Escarpement rocheux qui borde une combe. ◊ HOM. Craie.

CRÉTACÉ, ÉE [kʀetase]. *adj.* et *n. m.* (1735; lat. *cretaceus,* de *creta* « craie »). ♦ 1° *Vx.* Qui contient de la craie. V. **Crayeux.** ♦ 2° Qui correspond à une période géologique de la fin du secondaire, au cours de laquelle se sont formés (notamment) les terrains à craie. *Terrains crétacés, couches crétacées.* ◊ N. m. *Le crétacé.*

CRÊTE [kʀɛt]. *n. f.* (*Creste,* XIIᵉ; lat. *crista,* a. prov. *cresta).* ♦ 1° Excroissance charnue, rouge, dentelée, sur la tête de certains gallinacés. *Crête de coq.* — Fig. et vieilli. *Lever la crête :* être arrogant. *Rabaisser la crête à un insolent* (Cf. Le caquet). ◊ *Zool.* Excroissance tégumentaire sur la tête (oiseaux, batraciens). ♦ 2° (v. 1200). Ligne de faîte d'une montagne. « *Les sommets dont les crêtes dessinaient une immense ligne dentelée* » (MAUPASS.). — Sommet d'un mur, d'une construction (V. **Parapet**). « *Il vit sur la crête du rempart un gros pigeon* » (FLAUB). *Crête d'un toit :* les tuiles faîtières. V. **Faîte.** ◊ *Géogr.* Ligne de partage des eaux. ♦ 3° *Anat.* Partie saillante et allongée. *La crête du tibia.* ◊ *Sc.* (Fig.). Valeur maximale atteinte par une *crête* sur un graphique). ♦ 4° *Cour.* Arête supérieure d'une vague, d'une lame. *Des vagues aux crêtes frangées d'écume.*

CRÊTÉ, ÉE [kʀete]. *adj.* (*Cresté,* XIIᵉ; de *crête).* Zool. Qui porte une crête.

CRÊTE-DE-COQ [kʀɛtdəkɔk]. *n. f.* (1611; Cf. Creste à géline, 1539; de *crête, de,* et *coq).* ♦ 1° Nom courant de plusieurs plantes (sainfoin, rhinanthe). ♦ 2° (1834). *Méd.* Excroissances (papillomes) d'origine vénérienne.

CRÉTELLE [kʀetɛl]. *n. f.* (1786; de *crête).* Nom courant d'une graminée. *La crételle des prés.*

CRÉTIN, INE [kʀetɛ̃, in]. *n.* (1754; valaisan *crétin,* var. de *chrétien* « innocent »). ♦ 1° Personne atteinte de crétinisme. V. **Idiot**, goitreux. « *C'est une espèce d'« innocente », de crétine, de « demeurée* » (PROUST). ♦ 2° Personne stupide. V. **Idiot**, imbécile, sot, stupide. *Quel crétin! Bande de crétins!* — Adj. *Il est vraiment crétin.*

CRÉTINERIE [kʀetinʀi]. *n. f.* (XXᵉ; de *crétin).* Action de crétin (2°). V. **Bêtise**, sottise.

CRÉTINISANT, ANTE [kʀetinizɑ̃, ɑ̃t]. *adj.* (*Néol.*; de *crétiniser).* Qui rend bête, crétinise. V. **Abêtissant.** *Une lecture crétinisante.*

CRÉTINISATION [kʀetinizasjɔ̃]. *n. f.* (XXᵉ; de *crétiniser).* Action de crétiniser. V. **Abêtissement.**

CRÉTINISER [kʀetinize]. *v. tr.* (1834; de *crétin).* Rendre crétin (2°). V. **Abêtir**, abrutir.

CRÉTINISME [kʀetinism(ə)]. *n. m.* (1784; de *crétin).* ♦ 1° Forme de débilité mentale et de dégénérescence physique en rapport avec une insuffisance thyroïdienne, et souvent accompagnée de goitre. ♦ 2° *Par ext.* Grande bêtise. V. **Idiotie, imbécillité, sottise, stupidité.**

CRÉTOIS, OISE [kʀetwa, waz]. *adj.* et *n.* (XVIIᵉ; de *Crète*, lat. *Creta*). De l'île de Crète. *Art crétois* (antiq.). N. m. *Le crétois*, langue parlée dans la Crète antique.

CRETONNE [kʀətɔn]. *n. f.* (1723; de *Creton*, village de l'Eure). Toile de coton très forte. « *Les deux fenêtres et leurs rideaux de cretonne à fleurs* » (CHARDONNE).

CREUSAGE [kʀøzaʒ] ou **CREUSEMENT** [kʀøzmɑ̃]. *n. m.* (1716,-1295; de *creuser*). Action de creuser; son résultat. *Le creusement d'un canal.*

CREUSER [kʀøze]. *v.* (*Croser*, 1190; de *creux*).
I. *V. tr.* ♦ 1° Rendre creux en enlevant de la matière. V. **Évider, trouer.** *La mer creuse les falaises.* **Affouiller, caver.** — Faire un trou, des trous dans. *Creuser la terre* (V. **Défoncer, piocher**) *pour chercher* (V. **Fouiller, fouir**). ◊ Fig. SE CREUSER *la tête, la cervelle*, faire un grand effort de réflexion, de mémoire. « *Les idées me manquent, j'ai beau me creuser la tête, il n'en jaillit rien* » (FLAUB.). Absolt. *Se creuser*, réfléchir intensément. ♦ 2° Fig. (1869). *Creuser l'estomac*, donner faim. Absolt. *Le grand air creuse.* ♦ 3° Donner une forme concave. *Creuser la taille.* V. **Cambrer.** *Creuser un décolleté.* V. **Échancrer.** *La maladie lui a creusé les joues, les yeux. Visage creusé de rides*, aux rides profondes. ♦ 4° Fig. Approfondir. *Creuser une idée.* « *Ne creusez pas trop les consciences. Vous trouveriez souvent au fond de la sévérité l'envie, au fond de l'indulgence la corruption* » (HUGO).
II. *V. tr.* Faire (qqch.) en enlevant de la matière. *Creuser un trou, une fosse, une tranchée, un sillon, un canal. Fleuve qui creuse son lit. Creuser un tunnel* (V. **Ouvrir**), *un puits* (V. **Foncer**). « *Les terrassiers commenceraient à creuser tout de suite les fondations de l'hôtel* » (ROMAINS). « *Un animal paresseux, dans les bois les plus sombres, et qui s'y creuse une demeure souterraine* » (BUFF.). — Fig. *Creuser sa fosse, sa tombe* : être cause de sa propre mort. — *Creuser un abîme entre deux personnes.* V. **Désunir, séparer.** — *Creuser son sillon* : poursuivre son œuvre avec persévérance.
III. SE CREUSER. *v. pron.* ♦ 1° Devenir creux, affecter une forme creuse. *Ses joues se creusent.* ♦ 2° Se former (trou). Fig. *Abîme qui se creuse entre deux personnes.*
IV. *V. intr.* Faire, approfondir un trou. *Creuser dans la terre. Il faut creuser plus profond.* « *Plus on creuse avant dans son âme, plus on ose exprimer une pensée très secrète, plus on tremble lorsqu'elle est écrite* » (STENDHAL).
◊ ANT. **Bomber, combler.**

CREUSET [kʀøze]. *n. m.* (1549; altér. a. fr. *croisuel* « lampe », gallo-rom. *°croseolus*, par attract. de *creux* et changt. de suffixe). ♦ 1° Récipient qui sert à faire fondre ou calciner certaines substances et qu'on utilise en chimie, dans l'industrie. *Creuset en terre, en porcelaine, en platine, en plombagine, en graphite. Creuset de verrerie* : destiné à recevoir le verre fondu. *Passer une substance par le creuset. Épurer au creuset. Mélanger des corps dans un creuset. Petit creuset pour séparer l'or ou l'argent en alliage avec un autre métal.* V. **Coupelle.** ♦ 2° *Fig.* Lieu où diverses choses se mêlent, se fondent. « *Le théâtre est un creuset de civilisation. C'est un lieu de communion humaine* » (HUGO). ◊ Moyen d'épuration. *Le creuset du temps, de la souffrance.* V. **Épreuve.** « *Ton âme généreuse Qui s'épurait encore au creuset du malheur* » (VOLT.). ♦ 3° Spécialt. Partie inférieure d'un haut fourneau où se trouve le métal en fusion.

CREUX, EUSE [kʀø, øz]. *adj.* et *n.* (1265; *crues*, XIIᵉ; lat. pop. *°crossus, °crosus*; o. gaul.).
I. *Adj.* ♦ 1° Qui est vide à l'intérieur. V. **Évidé, vide.** *Tige creuse, arbre creux. Os creux. Balle creuse. Dent creuse, trouée par une carie.* — Iron. *Il n'y a pas de quoi se boucher une dent creuse : il n'y a rien à manger.* — *Ventre, estomac creux* : vide. *Avoir l'estomac creux* : avoir faim. *Avoir le nez creux*; avoir du flair, deviner. ◊ Par ext. *Tissu creux* : dont le tissage est lâche. ◊ *Viande creuse* : aliment insuffisant (fig.). « *Le renoncement, c'est très beau; n'empêche que si l'humanité ne vivait que de cette viande creuse, elle serait encore dans les cavernes* » (DUHAM.). ♦ 2° *Son creux* : celui d'un objet creux sur lequel on frappe. Adv. *Sonner creux.* ♦ 3° Fig. Vide de sens. *Paroles creuses.* V. **Futile, vain.** *Discours creux* : verbiage. *Jugement, raisonnement creux*, peu solide. « *Les lettres, privées des sciences, sont creuses, car la science est la substance des lettres* » (FRANCE). « *Les mots sonores sont aussi les plus creux* » (GIDE). ♦ 4° *Heures creuses* : pendant lesquelles les activités sont ralenties. *Il ne passe que peu de trains de banlieue dans les heures creuses.* « *Il partageait sa pièce-atelier avec deux collègues qui, aux heures creuses, s'adonnaient à d'autres travaux, ou plaisirs* » (LECOMTE). ♦ 5° Qui présente une courbe rentrante, une concavité. *Surface creuse.* V. **Concave, rentrant.** *Assiette creuse*, qui peut contenir des liquides. *Pli creux*, qui forme un creux en s'ouvrant. *Mer creuse*, qui se creuse en longues et hautes lames. — Par ext. *Chemin creux*, en

contre-bas. V. **Encaissé.** — *Visage creux, joues creuses.* V. **Amaigri, maigre.** *Yeux creux.* V. **Cave, enfoncé.**
II. *N. m.* ♦ 1° Vide intérieur dans un corps. V. **Cavité, enfoncement, trou.** *Sonner le creux*, produire le son d'un objet creux frappé.* ◊ Fig. *Avoir un creux dans l'estomac* : avoir faim. — *Avoir un bon creux*, une voix de basse profonde, bien timbrée. ♦ 2° Partie concave. V. **Concavité.** *Présenter des creux et des bosses. Creux de la main*, le milieu de la paume (ANT. **Dos**). *Creux de l'épaule. Creux de l'estomac* : partie du buste au-dessous du sternum. ◊ *Le creux d'une vague.* Fig. *Être dans le creux de la vague*, au plus bas de son succès, de sa réussite. — Mar. Profondeur entre deux lames, de la crête à la base. *Mer d'un mètre de creux.* — *Ski* (par oppos. à *bosse*). V. **Cuvette.**
◊ ANT. **Plein. Convexe, bombé, renflé. Bosse, proéminence, saillie.**

CREVAISON [kʀəvɛzɔ̃]. *n. f.* (1856; h. XIIIᵉ; de *crever*). ♦ 1° Action de crever; son résultat. *Crevaison d'un pneu de bicyclette, d'automobile.* V. **Éclatement, trou.** *Réparer une crevaison avec une rustine.* ♦ 2° Fig. *Pop.* V. **Mort; crève.** — *Par ext.* V. **Fatigue.** *On a fait dix kilomètres à pied, quelle crevaison!*

CREVANT, ANTE [kʀəvɑ̃, ɑ̃t]. *adj.* (fin XIXᵉ; « qui ennuie », 1857; de *crever*). ♦ 1° *Pop.* Qui fait crever, mourir de fatigue. V. **Épuisant, fatigant, tuant.** *C'est un travail crevant.* ♦ 2° *Pop.* Qui fait crever, éclater de rire. V. **Amusant, drôle.** *Il est crevant avec ce chapeau-là.* ◊ ANT. **Reposant. Triste.**

CREVARD, ARDE [kʀəvaʀ, aʀd(ə)]. *n.* et *adj.* (1907; « moribond », 1861; de *crever*). *Pop.* Personne malingre.

CREVASSE [kʀəvas]. *n. f.* (v. 1150; lat. pop. *°crepacia*, de *crepare* « craquer »). ♦ 1° Fente profonde à la surface d'une chose. V. **Fente, fissure.** *Crevasse d'un mur.* V. **Lézarde.** *Crevasse dans le sol.* V. **Anfractuosité, cassure, craquelure, faille.** « *La terre était toute fendillée par des crevasses, qui faisaient, en la divisant, comme des dalles monstrueuses* » (FLAUB.). *Crevasse des glaciers* : cassure étroite et profonde dans la glace. *Tomber dans une crevasse.* ♦ 2° *Méd.* Fissure enflammée de la peau ou au pourtour des orifices naturels (bouche, anus). V. **Engelure, gerçure.** *Avoir des crevasses aux mains.*

CREVASSER [kʀəvase]. *v. tr.* (fin XIVᵉ; de *crevasse*). Faire des crevasses. *Le froid crevasse le sol, les mains.* V. **Craqueler, fendiller, fendre, fissurer, gercer, lézarder.** SE CREVASSER. v. pron. *Le sol, le mur se crevasse. Sol crevassé.*

CRÈVE [kʀɛv]. *n. f.* (1902; de *crever*). *Pop.* La mort. *Attraper la crève*, attraper du mal, *spécialt.* prendre dangereusement froid. « *On attrape la crève!* » (COLETTE).

CREVÉ, ÉE [kʀəve]. *adj.* et *n.* (V. Crever). ♦ 1° Qui a crevé, présente une déchirure, une crevaison. *Pneu crevé.* « *Je m'en allais, les poings dans mes poches crevées* » (RIMBAUD). ♦ 2° Mort (animal, plante). *Un chien crevé.* — Fam. (vx), pop. (mod.) « *J'aime mieux te voir crevée que de te voir à un autre* » (MOL.). ♦ 3° Fam. Très fatigué. *Je suis complètement crevé.* ♦ 4° *N. m.* (XVIIᵉ). Fente aux manches qui laisse apercevoir la doublure, ornement à la mode sous François Iᵉʳ.

CRÈVE-CŒUR [kʀɛvkœʀ]. *n. m. invar.* (*Crievecuer*, XIIᵉ; de *crever*, et *cœur*). Grand déplaisir mêlé de dépit. V. **Désappointement, peine, supplice.** « *Quel crève-cœur ça devait être pour ce pauvre homme de quitter toutes ces choses* » (DAUD.). *Le crève-cœur*, poème d'Aragon. ◊ ANT. **Joie, soulagement.**

CRÈVE-LA-FAIM [kʀɛvlafɛ̃]. *n. m. invar.* (1877; de *crever*, et *faim*). *Fam.* Miséreux qui ne mange pas à sa faim.

CREVER [kʀəve]. *v.*; conjug. *lever* (Xᵉ; *crever les yeux*; lat. *crepare* « craquer »).
I. *V. intr.* (XIIᵉ). ♦ 1° S'ouvrir en éclatant, par excès de tension. V. **Éclater.** *Nuage qui crève. Bulle qui crève. Sac trop plein qui risque de crever. Abcès qui crève.* V. **Percer.** — *Faire crever du riz* : le faire gonfler à l'eau bouillante jusqu'à ce que les grains s'ouvrent. *Le pneu de sa bicyclette, de sa voiture a crevé* (V. **Crevaison**), et absolt. *Il a roulé six mois sans crever.* V. **Increvable.** — Fig. *Affaire qui crève dans les mains* : qui échoue, qui rate. V. **Claquer** (*fam.*). ♦ 2° *Par ext.* Être sur le point d'éclater; être trop gonflé, trop plein. *Crever d'embonpoint, de graisse.* — Fig. *Crever d'argent.* V. **Regorger.** *Crever d'orgueil, de jalousie, de dépit. C'est à crever de rire*, à éclater de rire. V. **Crevant.** ♦ 3° *Par ext.* (XIIIᵉ). Mourir, en parlant d'un animal, d'une plante. *Arrosez cette plante, ou elle crèvera.* — En parlant d'une personne (*fam.* jusqu'au XVIIIᵉ s.; *pop.* de nos jours). *Il va crever.* V. **Mourir; clamser, claquer** (Cf. Attraper la crève). « *C'est l'heure de payer ton terme, ou d'aller crever dans la rue* » (BLOY). — Fam. *Il fait une chaleur à crever. Crever de froid.* « *Je crève d'ennui* » (VIGNY). *Crever de faim* : mourir de faim, être dans la misère. *Crever la faim*, même sens (1877). Pop. *La crever* : avoir très faim. *Je la crève.* V. **Sauter** (je la saute).

II. *V. tr.* ♦ 1° Faire éclater une chose gonflée ou tendue. *Crever un pneu en le perçant.* V. **Déchirer**, percer. *Crever un ballon, un tambour, un papier d'emballage. Crever les yeux à qqn.* V. **Éborgner.** ♦ 2° *Fig. Crever les yeux*, être bien en vue, tout proche ; *par ext.* Être évident. V. **Sauter** (aux yeux). « *L'évolution de la France vers la guerre crève les yeux* » (MART. du G.). — *Crever le cœur*, faire de la peine. V. **Crève-cœur.** *Crever l'écran*. Crever le plafond*.* ♦ 3° (Déb. XVIIᵉ). Exténuer par un effort excessif. *Crever un cheval.* — (*Personnes*, 1680) *Fam. Ce travail vous crève.* V. **Claquer**, épuiser, fatiguer, tuer ; crevant. *Pronom. Se crever au travail.* — « *Je me crevais la santé à faire du commerce* » (AYMÉ).

CREVETTE [kʀəvɛt]. *n. f.* (1530 ; forme norm. de *chevrette*). Petit crustacé marin, ou d'eau douce (V. **Gammare**), amphipode ou décapode, dont certaines espèces sont comestibles : *crevette rose* (V. **Bouquet**), *grise* (V. **Salicoque**). *Filet à crevettes* : crevettier, puche, truble. *Éplucher, décortiquer, manger des crevettes.*

CREVETTIER [kʀəvɛtje]. *n. m.* (1877 ; *crevettière*, 1863 ; de *crevette*). ♦ 1° Filet à crevettes. ♦ 2° Bateau qui fait la pêche à la crevette.

CRÈVE-VESSIE [kʀɛvvesi]. *n. m. invar.* (1783 ; de *crever*, et *vessie*). Appareil destiné à mettre en évidence la pression atmosphérique.

CRI [kʀi]. *n. m.* (*Criz*, Xᵉ ; subst. verb. de *crier*). ♦ 1° Son perçant émis par la voix. V. **Éclat** (de voix). *Jeter, pousser des cris.* V. **Crier.** *Pousser des cris de paon, perçants. Un long cri. Étouffer un cri. Cri aigu, déchirant, strident ; étouffé, inarticulé, plaintif, sourd. Cri de surprise, de joie, de triomphe ; de fureur, de colère, de douleur* (V. **Gémissement**, grognement, hurlement, plainte). — *Cri du nouveau-né.* V. **Vagissement.** ♦ 2° Parole(s) prononcée(s) très fort, sur un ton aigu. *Cri d'alarme, d'appel, de détresse. Cri de guerre.* — *Spécial.* Annonce des marchands ambulants. « *Dans les grandes artères retentissaient les cris des vendeurs de journaux* » (MART. du G.). *Cris de protestation, d'indignation.* V. **Braillement, clameur, criaillerie, exclamation, gueulement, haro, huée, tollé, vocifération.** — *Cris d'approbation.* V. **Acclamation, bis, bravo, hourra, ovation, vivat.** — *Jeter les hauts cris*, protester véhémentement. — *À cor et à cri.* V. **Cor.** ◇ (1892). *Fig. et fam. Le dernier cri de la mode*, sa toute dernière nouveauté. *Ce chapeau est du dernier cri.* « *Un établissement hydrominéral, dernier cri* » (ROMAINS). ♦ 3° *Par ext.* Opinion manifestée hautement. *Les cris des opprimés. Cri d'amour.* « *Un cri général, un crescendo public, un chorus universel de haine et de proscription* » (BEAUMARCH.). ♦ 4° *Fig.* Mouvement intérieur de la conscience. V. **Appel, voix.** *Le cri de la conscience. C'est le cri du cœur*, l'expression non maîtrisée d'un sentiment sincère. ♦ 5° *Didact.* Son émis par la voix des animaux, variant avec les espèces. *Le cri du chat est le miaulement.* — *Cour.* Se dit surtout des oiseaux, et des animaux dont le cri n'a pas de nom. *Les hirondelles « lançaient leur cri comme une fusée* » (LOTI). ♦ 6° *Par anal.* Bruit aigre et peu harmonieux. *Le cri de la lime.* V. **Crissement, frottement.** « *Le cri d'une étoffe de soie qui devait être une robe de femme* » (BALZ.). ◇ ANT. *Silence.*

CRIAILLEMENT [kʀi(j)ajmɑ̃]. *n. m.* (1611 ; de *criailler*). *Rare.* Cri (2°) désagréable.

CRIAILLER [kʀi(j)aje]. *v. intr.* (1564 ; de *crier*). ♦ 1° Crier sans cesse, se plaindre fréquemment et d'une façon désagréable (V. **Rouspéter**). ♦ 2° Crier (oie, perdrix, faisan, paon, pintade).

CRIAILLERIE [kʀi(j)ajʀi]. *n. f.* (v. 1580 ; de *criailler*). Plainte, cri répété sur des sujets anodins. V. **Plainte, protestation, querelle, récrimination.** « *Ce qui nourrit les criailleries des enfants, c'est l'attention qu'on y fait, soit pour leur céder, soit pour les contrarier* » (ROUSS.).

CRIANT, ANTE [kʀijɑ̃, ɑ̃t]. *adj.* (1677 ; de *crier*). Qui fait protester. *Injustice criante.* V. **Choquant**, révoltant. — Très manifeste. « *La fin de Candide est pour moi la preuve criante d'un génie de premier ordre* » (FLAUB.).

CRIARD, ARDE [kʀijaʀ, aʀd(ə)]. *adj.* (1495 ; de *crier*). ♦ 1° Qui crie (1° et 2°) désagréablement. *Un enfant criard.* V. **Braillard, gueulard.** « *Les Peaux Rouges criards les avaient pris pour cibles* » (RIMBAUD). ♦ 2° Aigu et désagréable. *Sons criards. Voix criarde.* V. **Aigu**, discordant, perçant. « *Un phonographe criard* » (CHARDONNE). ♦ 3° *Par anal.* Qui choque la vue. *Couleur criarde*, trop vive. « *Des filles aux cheveux jaunes... traînaient sur les frais gazons le mauvais goût criard de leurs toilettes* » (MAUPASS.). V. **Tapageur.** ♦ 4° *Dettes criardes*, dont le paiement est sollicité avec insistance, importunité. ◇ ANT. *Silencieux. Agréable, harmonieux. Sobre.*

CRIBLAGE [kʀiblaʒ]. *n. m.* (1573 ; de *cribler*). Action de passer au crible. V. **Calibrage, triage.** *Le criblage du grain.* — Triage mécanique du minerai, par grosseur des morceaux.

CRIBLE [kʀibl(ə)]. *n. m.* (fin XIIIᵉ ; lat. pop. *criblum*, class. *cribrum*). ♦ 1° Instrument percé d'un grand nombre

de trous, et qui sert à trier des objets de grosseur inégale. V. **Claie, grille, passoire, sas, tamis.** *Passer au crible.* V. **Cribler.** *Crible mécanique.* V. **Calibreuse, trieuse.** ♦ 2° *Fig. Passer une idée, une opinion au crible* : l'examiner avec soin, pour distinguer le vrai du faux, le bon du mauvais. *Le critique « peut soumettre les faits au crible de son analyse* » (DANIEL-ROPS). ◇ ANT. *Mélanger, mêler.*

CRIBLÉ, ÉE. *adj.* V. **CRIBLER** (2°).

CRIBLER [kʀible]. *v. tr.* (XIIIᵉ ; lat. pop. *criblare*, class. *cribrare*). ♦ 1° Passer au crible. V. **Sasser, tamiser, trier.** *Cribler du charbon, du minerai. Cribler des fruits.* V. **Calibrer, trier.** ♦ 2° *Par anal.* Percer de trous, comme un crible. *Cribler une cible de flèches.* P. p. adj. *Corps criblés de blessures. Visage criblé par la petite vérole.* — *Fig. Être criblé de dettes* : en avoir beaucoup. V. **Accabler.** « *En deux mois, la maison fut criblée de dettes* » (DAUD.). ◇ ANT. *Mélanger, mêler.*

CRIBLEUR, EUSE [kʀiblœʀ, øz]. *n.* (1556 ; de *cribler*). *Techn.* Personne qui crible. ◇ *N. f.* (1877) Machine à cribler. V. **Crible.**

CRIBLURE [kʀiblyʀ]. *n. f.* (XIVᵉ ; de *cribler*). Résidu des grains passés au crible. *Donner des criblures aux volailles.*

CRIC [kʀik]. *n. m.* (1447 ; p.-ê. moy. all. *kriec, krich*). Appareil à crémaillère et à manivelle permettant de soulever à une faible hauteur certains fardeaux très lourds. V. **Treuil ; cabestan, levier, vérin.** *Cric à manivelle. Cric hydraulique. Cric à vis. Cric d'automobile.* ◇ HOM. *Crique.*

CRIC-CRAC [kʀikkʀak]. *interj.* (1690 ; onomat.). Exprime le bruit soudain d'une chose qui se déchire.

CRICKET [kʀikɛt]. *n. m.* (1728 ; mot angl. « bâton »). Sport britannique, qui se pratique avec des battes de bois et une balle. *Le base-ball américain dérive du cricket.*

CRICOÏDE [kʀikɔid]. *adj.* (XVIIIᵉ ; gr. *krikoeidês*, de *krikos* « anneau »). *Anat.* En forme d'anneau. *Cartilage cricoïde*, et subst. *Le cricoïde* : anneau cartilagineux qui occupe la partie inférieure du larynx.

CRI-CRI [kʀikʀi]. *n. m. invar.* (XVIᵉ ; onomat.). Cri du grillon ou de la cigale. ◇ *Par ext.* Nom familier du grillon. *Des cri-cri.* ˙

CRIÉE [kʀije]. *n. f.* (1130 ; de *crier*). *Vente à la criée* et *par ext. Criée* : vente publique aux enchères de biens meubles ou immeubles (V. **Enchère**). « *Hier, au marché, vente à la criée de viande d'hippopotame* » (GIDE). *Chambre des criées.* ◇ HOM. *Crier.*

CRIER [kʀije]. *v.* (1080 ; lat. pop. *°critare*, contract. de *quiritare* « appeler les citoyens au secours »).
I. *V. intr.* ♦ 1° Jeter un ou plusieurs cris. V. **Beugler, brailler, bramer, égosiller (s'), époumoner (s'), gueuler, hurler.** *Enfant qui crie.* V. **Pleurer.** *Crier de douleur.* V. **Gémir.** *Crier comme un beau diable, comme un enragé, un fou, un damné, comme un putois, un veau. Crier comme un sourd* : crier fort. *Crier à tue-tête. Il crie comme si on l'écorchait.* ◇ *Pousser son cri* (animaux et *spécialt.* oiseaux) « *L'oiseau crie ou chante* » (VALÉRY). ♦ 2° Parler fort, élever la voix au cours d'une conversation, d'une discussion. V. **Brailler, gueuler** (*pop.*), hurler. *Il ne sait pas parler sans crier.* « *On peut discuter sans hurler. D'ordinaire on ne crie que quand on a tort* » (GIDE). ♦ 3° Manifester son mécontentement à qqn sur un ton élevé. V. **Criailler, fâcher (se), gronder, invectiver, protester, récrier (se), tempêter.** *Crier contre qqn, après qqn. Tes parents vont crier. Crier à l'injustice.* V. **Dénoncer.** *Crier à l'oppression, au scandale.* ♦ 4° (*Choses*). Produire un bruit aigre, désagréable. V. **Crisser, grincer.** *Les gonds de la porte, l'essieu de la roue crient. Étoffe qui crie sous la main.* « *La maison crie sous le vent comme un bateau* » (PROUST).
II. *V. tr.* ♦ 1° Dire à qqn d'une voix forte. V. **Gueuler, hurler.** *Il lui cria de se taire. Crier des injures à qqn. Crier un ordre.* V. **Donner.** *Crier grâce.* « *Je l'ai vu courir comme un fou. Il a crié qu'il allait manquer son train* » (CHARDONNE). ◇ *Fig.* Faire hautement connaître. *Crier la vérité, son innocence.* V. **Affirmer, clamer, proclamer.** *Crier une nouvelle, un secret sur les toits.* V. **Publier, répandre, trompeter.** « *Vous pensez bien qu'ils n'iraient pas le crier sur les toits* » (ROMAINS). ♦ 2° Annoncer à haute voix par la voie publique pour vendre (V. **Crieur**). « *Des camelots traversaient le carrefour en criant des éditions spéciales* » (MART. du G.). Dr. *Crier des meubles*, les vendre à la criée. *Crier une vente.* ♦ 3° *Fig. Crier famine, crier misère* : se plaindre de la faim, de la misère. *Crier au miracle.* V. **Admirer, étonner (s').** *Crier vengeance.* V. **Réclamer ; exiger.** ◇ ANT. *Chuchoter, murmurer.* — HOM. *Criée.*

CRIEUR, EUSE [kʀijœʀ, øz]. *n.* (XIIᵉ, *crieur public* : de *crier*). Marchand ambulant qui annonce en criant ce qu'il vend. « *Les aboiements des crieurs de journaux* » (MART. du G.). — *Anciennt. Crieur public* : personne chargée d'annoncer à haute voix, des proclamations publiques.

CRIME [kʀim]. *n. m.* (1160 ; lat. *crimen* « accusation »). ♦ 1° *Sens large.* Manquement très grave à la morale, à la loi. V. **Attentat, délit, faute, forfait, infraction, mal, péché.** *Crime* *contre nature*, qui outrage la nature. « *L'intérêt que l'on accuse de tous nos crimes, mérite souvent d'être loué de nos bonnes actions* « (LA ROCHEF.). « *Ô Liberté, que de crimes on commet en ton nom!* » (Mᵐᵉ ROLAND). ♦ 2° Spécialt. *Dr.* Infraction que les lois punissent d'une peine afflictive ou infamante (*opposé à* contravention *ou à* délit). *Les crimes sont jugés par la cour d'assises.* V. Assises. *Être jugé coupable d'un crime. Crime contre la chose publique. Crime contre la sûreté de l'État.* V. Attentat, complot, espionnage, trahison. *Crime contre la paix publique.* V. Faux, forfaiture (concussion, corruption, abus d'autorité). *Crimes contre les particuliers.* V. Assassinat, empoisonnement, meurtre,... *Crime contre les mœurs.* V. Attentat. *Crime contre les propriétés.* V. Vol; escroquerie, fraude. ♦ 3° *Cour.* Assassinat, meurtre. *Ce n'est pas un accident, c'est un crime. Théâtre, arme du crime. Victime d'un crime. Crime crapuleux, passionnel. Crime parfait,* dont l'auteur ne peut être découvert. « *Il aurait donc semblé que le crime avait eu le vol pour mobile* » (ZOLA). PROV. *Le crime ne paie pas.* ♦ 4° *Par exagér.* Faute blâmable que l'on grossit. *C'est un crime d'avoir abattu de si beaux arbres.* « *Il vous fait un crime des choses les plus innocentes* » (FÉN.). *Ce n'est pas un grand crime :* ce n'est pas bien grave. ◇ ANT. *Exploit, prouesse.*

CRIMINALISER [kʀiminalize]. *v. tr.* (1584; du lat. *criminalis* « criminel »). *Dr.* Faire passer de la juridiction civile ou correctionnelle à la juridiction criminelle. *Criminaliser une affaire.*

CRIMINALISTE [kʀiminalist(ə)]. *n.* (1660; du lat. *criminalis* « criminel »). *Dr.* Juriste spécialisé dans le droit criminel.

CRIMINALISTIQUE [kʀiminalistik]. *n. f.* (1922; de *criminaliste*). Didact. (*Dr.*). Science d'application de toutes les techniques d'investigation policière à l'identification d'un coupable. *Laboratoire de criminalistique.*

CRIMINALITÉ [kʀiminalite]. *n. f.* (1546; du lat. *criminalis* « criminel »). ♦ 1° Rare. Caractère de ce qui est criminel. ♦ 2° Ensemble des actes criminels dont on considère la fréquence et la nature, l'époque et le pays où ils sont commis, leurs auteurs. *Régression de la criminalité. Science de la criminalité.* V. Criminologie.

CRIMINEL, ELLE [kʀiminɛl]. *adj. et n.* (1080; lat. *criminalis*, de *crimen* « crime »). ♦ 1° Qui est coupable d'une grave infraction à la morale, à la loi. *Par ext. Desseins criminels. — Fam. Par exagér. C'est criminel d'attacher ce chien, de jeter ce vin.* Subst. *Un criminel, une criminelle.* ♦ 2° *Dr.* Qui est coupable d'un crime (2°). V. Coupable, incendiaire, malfaiteur, meurtrier, voleur. *Le criminel et ses complices. Condamnation, exécution d'un criminel. Criminel de guerre,* qui commet des atrocités au cours d'une guerre. — *Fam.* (*Par exagér.*) *Voilà le criminel.* ♦ 3° *Cour. N. m. et f.* Personne coupable de meurtre. V. Assassin, meurtrier. *Le criminel a laissé des indices; est en fuite.* ♦ 4° *Dr.* Relatif aux actes délictueux et à leur répression (V. Pénal). *Droit criminel. Code d'instruction criminelle,* (actuellement *Code pénal*). *Juridiction criminelle.* V. Assises (cour d'assises). *Science criminelle. N. m.* Juridiction criminelle. *Avocat au criminel. Poursuivre qqn au criminel.* ◇ ANT. *Innocent, juste, légitime, vertueux.*

CRIMINELLEMENT [kʀiminɛlmɑ̃]. *adv.* (XIIIᵉ; de *criminel*). ♦ 1° D'une manière criminelle. *Agir criminellement.* ♦ 2° *Dr.* Devant une juridiction criminelle. *Poursuivre criminellement.*

CRIMINOLOGIE [kʀiminɔlɔʒi]. *n. f.* (1890; du lat. *criminalis*, et *-logie*). Science de la criminalité; étude des causes et des manifestations du phénomène criminel.

CRIMINOLOGISTE ou **CRIMINOLOGUE** [kʀiminɔlɔʒist(ə)] ou [kʀiminɔlɔg]. *n.* (XXᵉ; de *criminologie*). Personne qui s'occupe de criminologie.

CRIN [kʀɛ̃]. *n. m.* (XIIᵉ; lat. *crinis* « cheveu », lat. pop. « crin »). ♦ 1° Poil long et rude qui pousse au cou et à la queue de certains animaux, spécialement des chevaux. *Crins de l'encolure.* V. Crinière. « *Pendus aux crins de nos chevaux* » (FROMENTIN). ♦ 2° Ce poil utilisé à divers usages. *Crin plat,* employé pour les balais, les pinceaux, les archets et les cordes d'instruments de musique. *Crin de ligne pour pêcher.* V. Florence. — *Étoffes de crin.* V. Cilice; crinoline, étamine. *Rembourrage de crin. Matelas, oreiller de crin.* ♦ 3° Par anal. *Crin végétal,* se dit des fibres de certains végétaux (V. Agave, palmier (nain), phormium, tampico, tillandsie) préparées pour remplacer le crin animal. ♦ 4° Fig. (1840). *À tous crins* (du cheval qui a tous ses crins), complet, ardent, énergique. *Révolutionnaire à tous crins,* ou à *tout crin.* — *Être comme un crin,* revêche, de mauvaise humeur. — Par ext. *Quel crin!* ◇ HOM. Formes de Craindre.

CRINCRIN [kʀɛ̃kʀɛ̃]. *n. m.* (1661; onomat.). *Fam.* Mauvais violon. « *On entendait toujours le crincrin du ménétrier qui continuait à jouer dans la campagne* » (FLAUB.).

CRINIÈRE [kʀinjɛʀ]. *n. f.* (1556; de *crin*). ♦ 1° Ensemble des crins qui garnissent le cou de certains animaux. *Crinière*

du lion, du cheval. « *J'aimai les fiers coursiers, aux crinières flottantes* » (HUGO). ◇ Par ext. *Crinière d'un casque :* touffe de crins fixés à l'apex du casque et qui sert d'ornement. ♦ 2° *Fam.* Chevelure abondante. « *Ce nouvel Adonis, à la blonde crinière* » (BOIL.).

CRINOÏDES [kʀinɔid]. *n. m. pl.* (1846; gr. *crinoeides* « en forme de lis »). *Zool.* Classe d'animaux échinodermes marins, munis de cirres, qui vivent pour la plupart attachés au fond de la mer par un pédoncule.

CRINOLINE [kʀinɔlin]. *n. f.* (1829; it. *crinolino* « crinlin »). ♦ 1° Vx. Étoffe à trame de crin. ♦ 2° Par ext. (1856). Jupe de dessous, garnie de baleines et de cercles d'acier flexibles, que les femmes portaient pour faire bouffer les robes (V. Panier). *Robe à crinoline.* « *Les femmes... imitant toutes, à l'envi, l'impératrice Eugénie... balançant leurs crinolines énormes* » (FRANCE).

CRIOCÈRE [kʀijɔsɛʀ]. *n. m.* (1762; du gr. *krios* « bélier », et *kéras* « corne »). *Zool.* Insecte coléoptère (*Chrysomélidés*), nuisible aux plantes. *Criocère de l'asperge, du lis.*

CRIQUE [kʀik]. *n. f.* (1336, normand; a. scand. *kriki*). Enfoncement du rivage où les petits bâtiments peuvent se mettre à l'abri. V. Anse, baie, calanque. ◇ HOM. Cric.

CRIQUET [kʀikɛ]. *n. m.* (fin XIIᵉ; onomat.). Insecte volant et sauteur, herbivore (*Orthoptères acridiens*), de couleur grise ou brune, très vorace, appelé fréquemment et abusivement sauterelle. *Stridulation du criquet. Les criquets pèlerins se rassemblent en nuées pour voyager et font disparaître toute végétation sur leur passage.* « *À perte de vue les champs étaient couverts de criquets, de criquets énormes, gros comme le doigt* » (DAUD.).

CRIS-CRAFT. V. CHRISTCRAFT.

CRISE [kʀiz]. *n. f.* (1503; *crisin*, h. XIVᵉ; lat. méd. *crisis*, gr. *krisis* « décision »). ♦ 1° *Méd.* Moment d'une maladie caractérisé par un changement subit et généralement décisif, en bien ou en mal. V. Phase (critique). ◇ *Cour.* Accident qui atteint une personne en bonne santé apparente, ou aggravation brusque d'un état chronique. V. Accès, attaque, atteinte, poussée. *Être pris d'une crise. Crise d'appendicite, d'asthme. Crise cardiaque, rhumatismale. Crise d'épilepsie.* « *Suivre, jour à jour, crise par crise, le rythme régulier et continu de l'aggravation* » (MART. du G.). ♦ 2° *Par ext.* Manifestation émotive soudaine et violente. *Crise de nerfs.* Fig. et fam. *Faire prendre à qqn une crise de nerfs,* et ellipt. *Une crise :* l'agacer, l'énerver. — *Piquer une crise de colère, de rage. Ma mère « affligea mon enfance par des accès de mélancolie et des crises de larmes* » (FRANCE). « *Au sortir de ces aberrations, il tombait dans des crises de dégoût* » (R. ROLLAND). — *Crise morale, religieuse.* ♦ 3° *Par anal.* (1690). Phase grave dans l'évolution des choses, des événements, des idées. V. Perturbation, rupture (d'équilibre). *Période de crise.* V. Phase (critique). *Crises économiques* (V. Difficulté, impasse, marasme, récession). *Crise agricole. La crise américaine de 1929. Crise génératrice de chômage. — Crise politique. Crise du pouvoir. Crise ministérielle :* période pendant laquelle le ministère démissionné n'est pas remplacé par un nouveau. — *Crise diplomatique, internationale.* V. Tension; conflit. — *Crise de la moralité.* V. Chute. *La crise de la conscience européenne,* de Hazard. V. Ébranlement, malaise, trouble. ◇ ANT. *Latence, rémission. Accalmie, calme, équilibre. Prospérité. Abondance, épanouissement.*

CRISPANT, ANTE [kʀispɑ̃, ɑ̃t]. *adj.* (1845; de *crisper*). Qui crispe, agace, impatiente. V. Agaçant, énervant, irritant. « *Le crispant maniérisme de Marie Pickford* » (GIDE).

CRISPATION [kʀispasjɔ̃]. *n. f.* (1743; de *crisper*). ♦ 1° Mouvement de contraction qui diminue la surface d'un objet et la plisse, la ride. *Crispation d'un morceau de cuir, sous l'action du feu.* ♦ 2° *Méd.* Contraction involontaire, brève et à peine perceptible, de certains muscles (signe de nervosité, d'émotion). V. Contraction, contracture, frisson, spasme, tétanie. ♦ 3° *Cour.* Mouvement d'agacement, d'impatience, d'irritation. *Donner des crispations à qqn.* V. Crispant. *Les crispations de l'opinion publique.* ◇ ANT. Détente.

CRISPER [kʀispe]. *v. tr.* (v. 1650; lat. *crispare* « friser, rider ». V. Crêper). ♦ 1° Contracter en ridant la surface. V. Crispation; convulser, rider. *Le froid crispe la peau. Le feu crispe le parchemin.* ♦ 2° Contracter les muscles. *Angoisse, douleur qui crispe le visage.* Pronom. *Sa figure se crispe.* ◇ Au p. p. *Visage crispé.* — Fig. Qui trahit un état de tension. *Stylo crispé.* — Se refermer, s'agripper convulsivement (mains). « *Sa main se crispa sur la mantille blanche dont elle avait voilé ses cheveux* » (MART. du G.). — *Poing crispé.* ♦ 3° (1829). Fig. et fam. Causer une vive impatience. V. Agacer, impatienter, irriter. *Il a le don de me crisper.* V. Crispant. ◇ ANT. *Détendre; apaiser.*

CRISPIN [kʀispɛ̃]. *n. m.* (1825; nom d'un valet de comédie, 1654; it. *Crispino*). ♦ 1° Ancienn. Type de valet de comédie. *Jouer les crispins.* ♦ 2° Manchette de cuir cousue à certains gants et destinée à protéger le poignet. *Gants à crispin d'escrimeur, de motocycliste.*

CRISS [kʀis]. *n. m.* (1529 ; malais *kris*). Poignard malais à lame sinueuse.

CRISSEMENT [kʀismã]. *n. m.* (1567 ; de *crisser*). Action de crisser. V. **Grincement**. « *Le crissement soyeux des roues sur l'asphalte sec* » (MART. du G.).

CRISSER [kʀise]. *v. intr.* (1549 ; frq. °*krisan* « craquer »). Produire un bruit de frottement (objets durs et lisses). V. **Grincer**. *Crisser des dents. Gravier qui crisse sous les pas.* V. **Craquer**. « *Il s'arrêta pour écouter les roues ferrées qui crissaient dans les silex* » (MART. du G.).

CRISTAL [kʀistal]. *n. m.* (1080 ; lat. *crystallis*, gr. *krustallos* « glace »). ♦ 1° Minéral naturel transparent et dur (semblable à la glace) ; spécialt. Quartz hyalin. *Un morceau de cristal, de cristal de roche. — Cristal d'Islande.* V. **Spath**. *Le cristal, symbole de pureté, de solidité.* « *Le style est comme le cristal ; sa pureté fait son éclat* » (HUGO). — Fig. et poét. *Une âme, un cœur de cristal.* V. **Limpide, pur.** ♦ 2° (XIVe). Variété de verre (verre au plomb) plus transparent et plus lourd que le verre ordinaire. *Fabrication, travail du cristal.* V. **Cristallerie**. *Cristal de Bohême, de Baccarat. — Boule de cristal d'une voyante. — Le son clair du cristal heurté* (V. **Cristallin**). Fig. *Une voix de cristal.* « *Une voix frêle et cristallard, une voix revenue au cristal de l'enfance* » (HUYSMANS). ◇ Plur. LES CRISTAUX [kʀisto] : les objets de cristal. « *Les cristaux de la table et les verreries du grand lustre* » (ROMAINS). ♦ 3° Fig. et littér. Eau ou glace pure. « *Dans le cristal d'une fontaine* » (LA FONT.). « *Les plus hautes cascades déroulent leur nappe de cristal* » (PROUST). ♦ 4° Sc. (XVIIe ; à cause de la ressemblance des sels cristallisés avec les roches naturelles : le *cristal* (1°) est formé de cristaux de silice pure). Substance qui se solidifie sous une forme géométrique définie (définie par l'un des *systèmes cristallins*). *Cristal cubique, prismatique, en aiguille. Structure interne des cristaux (réseaux cristallins).* Électr. *Oscillateur à cristal* (de quartz). ◇ Cour. Élément des cristallisations de liquide (eau, etc.) qui se déposent sur une surface. « *Des cristaux de glace fleurissaient les vitres des fenêtres* » (FRANCE). ♦ 5° Fam. CRISTAUX : carbonate de sodium en cristaux, utilisé pour nettoyer. Pop. (faute) *Acheter du cristau*(x) : pour *des cristaux*.

CRISTALLERIE [kʀistalʀi]. *n. f.* (1745 ; de *cristal*). ♦ 1° Fabrication d'objets en cristal. V. **Gobeleterie, verrerie.** — Fabrique d'objets en cristal. ♦ 2° Ensemble d'objets en cristal. *Cristallerie de Baccarat.*

CRISTALLIN, INE [kʀistalɛ̃, in]. *adj. et n. m.* (*Cieux cristallins*, 1247 ; lat. *crystallinus*). ♦ 1° (XVIe). Clair, transparent comme le cristal. V. **Clair, limpide, pur, transparent.** *Eaux cristallines.* ◇ *Son cristallin :* aussi pur et clair que celui que rend le cristal (2°). « *D'une voix cristalline qui chantait sur les fins des mots* » (HUYSMANS). ♦ 2° Anat. (1680 ; *humeur cristalline*, XIVe). N. m. LE CRISTALLIN : le milieu important des milieux transparents de l'œil, formant « une lentille biconvexe placée en arrière de la pupille » (TESTUT). — *L'accommodation, modification de la courbure du cristallin par le muscle ciliaire. Suivant la courbure du cristallin, l'œil est dit myope, hypermétrope, presbyte, astigmate.* ♦ 3° Sc. (XVIIe). Des cristaux (4°) ; relatif à un état solide où la disposition des atomes produit des formes géométriques définies (*opposé à* amorphe). *Réseau cristallin :* disposition régulière des atomes d'un cristal. *Systèmes cristallins :* triclinique ; binaire ou monoclinique ; orthorhombique ; ternaire ou rhomboédrique ; quadratique ; hexagonal ; cubique (selon les axes). — *Roche cristalline :* formée de cristaux.

CRISTALLINIEN, IENNE [kʀistalinjɛ̃, jɛn]. *adj.* (1855 ; de *cristallin*). Du cristallin (2°). *Astigmatisme cristallinien. Fibres cristalliniennes.*

CRISTALLISABLE [kʀistalizabl(ə)] *adj.* (1836 ; de *cristalliser*). Susceptible de prendre l'état cristallin.

CRISTALLISANT, ANTE [kʀistalizã, ãt]. *adj.* (1845 ; de *cristalliser*). ♦ 1° Qui est en cours de cristallisation. ♦ 2° Qui provoque la cristallisation.

CRISTALLISATION [kʀistalizasjɔ̃]. *n. f.* (1651 ; de *cristalliser*). ♦ 1° Sc. Phénomène par lequel un corps passe à l'état de cristaux. *Cristallisation naturelle, artificielle. Cristallisation par fusion* (ex. : soufre), *par sublimation* (ex. : iode), *par dissolution et évaporation* (ex. : chlorure de sodium). *Cristallisation fractionnée.* ♦ 2° Concrétion de cristaux. V. **Arborisation**. *De belles cristallisations.* ♦ 3° Fig. et littér. (1822). Action de se cristalliser en parlant des sentiments, des idées. *Cristallisation des souvenirs.* « *Ce que j'appelle cristallisation, c'est l'opération de l'esprit, qui tire de tout ce qui se présente la découverte que l'objet aimé a de nouvelles perfections* » (STENDHAL). ◇ ANT. *Désagrégation, éparpillement.*

CRISTALLISÉ, ÉE [kʀistalize]. *adj.* (XVIIe ; V. **Cristalliser**). *Sucre cristallisé, en petits cristaux.*

CRISTALLISER [kʀistalize]. *v.* (1620 ; de *cristal*). ♦ 1° *V. tr.* Faire passer (un corps) à l'état de cristaux. *Cristalliser un sel par dissolution.* V. **Cristallisation**. — Pronom. « *Les sels dissous dans l'eau se cristallisent* » (BUFF.). ◇ *V. intr.*

Passer à l'état cristallin. *Substance qui cristallise lentement, qui cristallise sous une, deux, trois formes* (isomorphe, dimorphe, trimorphe). ♦ 2° V. tr. *Fig. et littér.* (1845). Rassembler des éléments épars en un tout cohérent ; rendre fixe, stable ce qui était fluide. V. **Concrétiser, fixer, stabiliser.** *Les événements ont brusquement cristallisé la menace de guerre.* « *La nécessité a ainsi cristallisé d'un coup un projet qui restait fluide* » (ROMAINS). — Pronom. « *Un dieu humain et charitable qui s'est cristallisé dans les âmes* » (DUHAM.). ◇ *V. intr.* Se préciser, en parlant de sentiments, d'idées. « *Toute sa vie sentimentale a cristallisé autour d'une image maternelle* » (THIBAUDET). « *Autour d'une œuvre de circonstance, tout un destin cristallisait* » (MAURIAC). ◇ ANT. *Désorganiser.*

CRISTALLISOIR [kʀistalizwaʀ]. *n. m.* (1846 ; de *cristalliser*). Chim. Récipient en verre dans lequel on peut effectuer une cristallisation. *Par ext.* Récipient en verre à bords bas, utilisé dans les laboratoires.

CRISTALLITE [kʀistalit]. *n. f.* (fin XIXe ; de *cristall(in)*, et *-ite*). Minér. Élément microscopique cristallisé que l'on rencontre dans les roches éruptives. — Ensemble des cristaux élémentaires contenus dans la cellulose.

CRISTALLO-. Élément, tiré du gr. *krustallos* « cristal ».

CRISTALLOGÉNIE [kʀistalɔʒeni]. *n. f.* (1846 ; de *cristallo-*, et *-génie*). Étude de la cristallisation, de la formation des cristaux.

CRISTALLOGRAPHIE [kʀistalɔgʀafi]. *n. f.* (1772 ; de *cristallo-*, et *-graphie*). Science qui traite des formes cristallines (minéralogie). — (Adj. CRISTALLOGRAPHIQUE [kʀistalɔgʀafik], 1846).

CRISTALLOÏDE [kʀistalɔid]. *adj. et n.* (1541). ♦ 1° Vieilli. Qui ressemble à un cristal. ♦ 2° (1707). N. f. Fine membrane enveloppant le cristallin (appelée aussi *capsule du cristallin*). ♦ 3° N. m. Substance qui, en solution, peut traverser une membrane semi-perméable (*opposé à* colloïde).

CRISTALLOPHYLLIEN, IENNE [kʀistalɔfiljɛ̃, jɛn]. *adj.* (1863 ; de *cristallo-*, et gr. *phullon* « feuille »). ♦ 1° Vieilli. Dont la structure est cristalline et feuilletée (roches). V. **Métamorphique.** ♦ 2° Géol. Se dit des terrains transformés par métamorphisme général.

CRISTE-MARINE. *n. f.* V. **CRITHME**.

CRITÈRE [kʀitɛʀ] ou (vx) **CRITÉRIUM** [kʀiteʀjɔm]. *n. m.* (fin XVIIIe, -1653 ; lat. scolast. *criterium*, du gr. *kritêrion*, de *krinein* « discerner »). ♦ 1° Philo. Caractère, signe qui permet de distinguer une chose, une notion ; de porter sur un objet un jugement d'appréciation. « *L'expérience, c'est-à-dire (le) critérium des faits* » (Cl. BERNARD). *Un critère sûr.* ♦ 2° Cour. Ce qui sert de base à un jugement. « *Le seul critérium de la beauté d'un portrait* » (MAUROIS). — *Son seul critère est l'avis de son père. Le style n'est pas le seul critère pour juger de la valeur d'une œuvre.* — Absolt. Preuve ou raison. *Ce n'est pas un critère.*

CRITÉRIUM [kʀiteʀjɔm]. *n. m.* (1878 ; Cf. le précéd.). Sports. Épreuve sportive servant à classer, éliminer les concurrents. V. **Compétition, épreuve, sélection.** *Critérium cycliste.* — Hippisme. *Le critérium des deux ans* (*opposé à* omnium).

CRITHME [kʀitm(ə)]. *n. m.* (1836 ; lat. *crithmum*, gr. *krethmon*). Plante (*Ombellifèracées*) qui croît sur le littoral, dans les sables, les rochers (on l'appelle *Criste-marine* [kʀistəmaʀin], *perce-pierre*).

CRITICAILLER [kʀitikaje]. *v. intr.* (XXe ; de *critiquer*). Fam. Critiquer, blâmer sans raison.

CRITICISME [kʀitisism(ə)]. *n. m.* (1828 ; de *critique*). Philo. Doctrine fondée sur la critique de la valeur de la connaissance. — Spécialt. Doctrine de Kant.

CRITIQUABLE [kʀitikabl(ə)]. *adj.* (1737 ; de *critique*). Qui mérite d'être critiqué. V. **Attaquable, discutable.** *Son attitude est plus que critiquable, elle est blâmable, condamnable.* ◇ ANT. *Louable.*

1. CRITIQUE [kʀitik]. *adj.* (*Cretique*, 1372 ; bas lat. *criticus*, gr. *kritikos*, de *krinein* « juger comme décisif ». V. **Crise**.) ♦ 1° Méd. Qui a rapport à une crise ; qui décide de l'issue d'une maladie. — Jour, phase critique. *La période critique de l'épidémie est maintenant passée.* ◇ Temps, âge critique (spécialt. la ménopause). ♦ 2° (1762). Qui décide du sort de qqn ; qui amène un changement important. V. **Décisif ; crucial.** *Se trouver dans une situation critique. Chemin* critique. V. **Dangereux, difficile, grave.** « *Nous sommes dans un âge critique, c'est-à-dire un âge où coexistent nombre de choses incompatibles* » (VALÉRY). ♦ 3° Sc. Où se produit un changement important d'état, par ex.). *Point critique :* état limite entre l'état liquide et l'état gazeux. *Pression, température, volume critique. Masse critique, masse minimale de matière fissile nécessaire à une réaction nucléaire en chaîne.* Par ext. État correspondant à un seuil. *Point critique d'une maladie.*

2. CRITIQUE [kʀitik]. *n. et adj.* (1580, lat. *criticus*; Cf. le précéd.).
I. *N. f.* Examen d'un principe, d'un fait, en vue de porter

sur lui un jugement d'appréciation, d'un point de vue esthétique ou philosophique. **Ⓐ** Jugement esthétique. ♦ 1° Art de juger les ouvrages de l'esprit, les œuvres littéraires, artistiques. *Critique dramatique, artistique, musicale.* « *La critique est aisée, et l'art est difficile* » (DESTOUCHES). « *Par lui, et par lui seul* (Ste-Beuve), *la critique est devenue la dixième Muse* » (THIBAUDET). ♦ 2° Jugement porté sur un ouvrage de l'esprit, sur une œuvre d'art. V. **Analyse, appréciation, examen, jugement.** *Faire la critique d'une pièce de théâtre, d'un roman, d'un ouvrage scientifique.* V. **Compte** (compte rendu). *Son livre a eu de bonnes, de mauvaises critiques.* ♦ 3° L'ensemble de ceux qui font la critique, des critiques (II). *L'ensemble de la critique a bien accueilli son livre.* **Ⓑ** Jugement intellectuel, moral. *Examen de la valeur de qqn. Critique de la connaissance, de la vérité. La Critique de la raison pure; la Critique de la raison pratique; la Critique du jugement, ouvrages de Kant* (V. **Criticisme**). *Exercer une critique sévère sur soi-même.* V. **Autocritique.** *Critique d'un texte, quant à son contenu (critique interne), à son origine (externe). Critique philologique* : critique externe de l'authenticité, du sens d'un texte sur le plan philologique. *Critique historique.* — *Faire la critique de qqch.* **Ⓒ** ♦ 1° Action de critiquer; tendance de l'esprit à émettre des jugements sévères, défavorables. V. **Attaque, blâme, censure, condamnation.** *La critique et la louange. Prêter, donner prise à la critique.* V. **Critiquable.** *Sa conduite mérite une dure critique.* ♦ **Réprimande** ; **observation, remarque, remontrance, reproche.** *Faire la critique de* (V. **Procès**). « *L'expérience de la louange et de la critique, du doux et de l'amer* » (VALÉRY). ♦ 2° Jugement défavorable. *Une critique sévère, violente.* V. **Diatribe, éreintement, vitupération.** *Critique spirituelle.* V. **Raillerie.** *Ne pas admettre, ne pas supporter les critiques. Critiques justes, fondées.* « *Les critiques que vous formulez à mon endroit* » (MART. du G.). ◇ *Par ext.* Ce qui fait ressortir indirectement, par comparaison, les défauts de qqch. *Sa conduite est la meilleure critique de leur attitude.*

II. *N. m.* (1637). Personne qui exerce la critique, qui juge. ♦ 1° Celui qui juge des ouvrages de l'esprit, des œuvres d'art. V. **Commentateur.** *Critique littéraire, critique d'art. Critique de cinéma. Critique éclairé. Critique sévère* (V. **Censeur**), *indulgent.* « *Le bon critique est celui qui raconte les aventures de son âme au milieu des chefs-d'œuvre* » (FRANCE). « *Ce ne sont pas les critiques qui font les livres* » (BERNANOS). ♦ 2° *Vx.* Celui qui critique, condamne. V. **Censeur, contempteur.**

III. *Adj.* (1667). ♦ 1° Qui décide de la valeur, des qualités et des défauts des ouvrages de l'esprit, des œuvres d'art. *Analyses, appréciations, considérations, jugements critiques. Dissertation, éloge critique.* ♦ 2° Qui examine la valeur logique d'une assertion, l'authenticité d'un texte. *Examen critique. Annotations, notes, remarques critiques. Étude, bibliographie critique. Édition critique* : établie soigneusement après critique des textes originaux. *Appareil, apparat critique.* — *Esprit critique* : qui n'accepte aucune assertion sans s'interroger d'abord sur sa valeur (Cf. **Doute méthodique, libre examen**). *L'esprit critique d'un historien, d'un sociologue. Manquer d'esprit critique.* « *Un esprit critique vaut par l'action qu'il exerce* » (MAURRAS). ◇ *D'un œil* **CRITIQUE.** V. **Curieux, observateur, soupçonneux.** ♦ 3° Qui critique (2°), est porté à critiquer. V. **Négatif.** *Il s'est montré très critique. Esprit critique* : esprit prompt à critiquer. « *Un esprit critique destructeur, cruel, agressif* » (CHARDONNE). ◇ ANT. (du I) *Crédulité, croyance, foi, naïveté.* — *Admiration, apologie, approbation, compliment, éloge, flatterie, louange.* — (du II) **Admirateur.** — (du III) *Crédule, naïf.* — *Admiratif, élogieux, flatteur, laudatif. Constructif, positif* (esprit).

CRITIQUER [kʀitike]. *v. tr.* (1611; de *critique*). ♦ 1° Faire l'examen (des ouvrages d'art ou d'esprit) pour en faire ressortir les qualités et les défauts. V. **Critique** (I, 1°); **analyser, discuter, étudier, examiner, juger.** ♦ 2° Émettre un jugement faisant ressortir les défauts des personnes et des choses. V. **Blâmer, censurer, condamner, contredire, désapprouver, réprouver, trouver** (à redire), **vitupérer** ; et les *fam.* et *pop.* **Arranger, bêcher, chiner, débiner, éreinter, esquinter, étriller, sabrer, taper** (sur). *Critiquer avec violence. Critiquer injustement.* V. **Calomnier.** *Critiquer le gouvernement. Critiquer tout le monde. Il a peur de se faire critiquer.* ◇ ANT. *Admirer, aduler, apprécier, approuver, féliciter, flatter, louer, préconiser.*

CRITIQUEUR [kʀitikœʀ]. *n. m.* (v. 1590; de *critiquer*). Qui a la manie de critiquer. ◇ ANT. *Louangeur.*

CROASSEMENT [kʀɔasmɑ̃]. *n. m.* (1549; de *croasser*). Action de croasser. « *Les corbeaux filaient au loin à tire-d'aile en poussant des croassements de rappel* » (PERGAUD).

CROASSER [kʀɔase]. *v. intr.* (*Croescer*, XVᵉ); onomat.). Crier, en parlant du corbeau, de la corneille (Ne pas confondre avec *Coasser*).

CROC [kʀɔ]. *n. m.* (fin XIIᵉ; frq. °*krok*). ♦ 1° Instrument muni d'un ou de plusieurs crochets et qui sert à pendre qqch. V. **Crochet, grappin.** *Croc de boucherie. Croc de cuisine.*

♦ 2° Longue perche ou instrument terminé par un crochet. *Croc à fumier, à pommes de terre* (V. **Fourche**). *Croc de palan, de remorque* (mar.). ♦ 3° (v. 1650). Dent pointue de certains animaux (V. **Canine**). *Les crocs d'un chien. Découvrir, montrer ses crocs.* « *Un rictus découvrit ses crocs, éclatants sous les babines noirâtres* » (GENEVOIX). *Fig. et fam. Avoir les crocs* (les dents) : très faim. ♦ 4° *Moustaches en crocs,* moustaches recourbées. « *L'autre superbement retroussé Le bout de sa moustache en croc* » (GAUTIER).

CROC-EN-JAMBE [kʀɔkɑ̃ʒɑ̃b]. *n. m.* (1565; de *croc,* et *jambe*). ♦ 1° Manière de faire tomber qqn en lui tirant une jambe avec le pied. V. **Croche-pied.** ♦ 2° *Fig.* Manière adroite et déloyale de supplanter qqn. « *Tous ses collègues n'auront qu'une pensée, celle de lui faire un croc-en-jambe, de s'emparer de sa place* » (DUHAM.). ◇ *Des crocs-en-jambe* [kʀɔkɑ̃ʒɑ̃b].

CROCHE [kʀɔʃ]. *n. f.* (1680; *crouche,* 1611; de l'adj. *croche* « crochu » (1540), ou du subst. *croche* « crochet », XIIIᵉ; de *croc*). *Mus.* Note dont la queue porte un crochet et qui vaut la moitié d'une noire (*symb.* 8 : le huitième de la ronde). *Double, triple, quadruple croche* : croche portant deux, trois, quatre crochets et valant la moitié, le quart, le huitième de la croche.

CROCHE-PIED [kʀɔʃpje]. *n. m.* (XXᵉ; de *crocher,* et *pied*). Le fait d'accrocher au passage la jambe de qqn avec le pied, pour le faire tomber. V. **Croc-en-jambe.** *Des croche-pieds.*

CROCHER [kʀɔʃe]. *v. tr.* (fin XIIᵉ; de *croc*). *Vx.* Accrocher. ◇ *Mod. Mar.* Saisir avec un croc, un crochet. *Crocher un palan.* Absolt. *V. L'ancre croche.* V. **Fixer** (se), **tenir.** Saisir fortement (lang. des marins). « *Je croche mes mains sur le plat-bord* » (LOTI). ◇ ANT. *Lâcher.*

CROCHET [kʀɔʃɛ]. *n. m.* (fin XIIᵉ; de *croc*). I. ♦ 1° Pièce de métal recourbée, pour prendre ou retenir qqch. *Crochet de fer, d'acier. Crochet de boucherie,* servant à suspendre la viande. V. **Croc, pendoir.** *Crochet de bureau,* tige recourbée sur laquelle on enfile des feuilles. *Crochets d'un attelage de wagons.* ♦ 2° Attache mobile servant à fixer, à maintenir qqch. V. **Agrafe, croc, patte.** *Clou à crochet.* V. **Piton.** *Pendre un tableau à un crochet. Accrocher un plat sur un mur à l'aide d'un crochet.* V. **Accroche-plat.** ♦ 3° Instrument présentant une extrémité recourbée. *Crochet à fumier.* V. **Croc; fourche.** *Crochet de chiffonnier.* *Crochet armé d'un croc. Crochet de serrurier.* V. **Passe-partout, rossignol.** *Ouvrir une porte à l'aide d'un crochet.* V. **Crocheter.** *Crochet à boutons.* V. **Tire-boutons.** ◇ *Vx.* CROCHETS : châssis du portefaix. V. **Crocheteur.** — *Loc. fig. Mod.* (1808) *Être, vivre aux crochets de qqn* : à ses dépens, à ses frais. ♦ 4° *Spécialt.* (1835). Tige dont l'extrémité recourbée retient le fil qui doit passer dans la maille. « *Elle ne cessait de faire des couvertures de laine au crochet* » (CHARDONNE). *Par ext. Travail au crochet. Faire du crochet.* ♦ 5° Dent à extrémité recourbée (*crochet à venin des reptiles*) ; pièce recourbée (insectes ; arachnides). II. (*Par ext. et fig.*). ♦ 1° (1690, « accolade »). Signe graphique, parenthèse à extrémité en angle droit : [...]. *Mettre un mot entre crochets.* ♦ 2° *Archit.* Ornement en forme de feuille à extrémité recourbée. ♦ 3° (1778). Détour brusque. *La route fait un crochet. Faire un crochet pour éviter un obstacle.* ♦ 4° (1911). Coup de poing où le bras frappe vers l'intérieur, en se pliant. *Envoyer un crochet du droit.* ♦ 5° (1931, un crochet attrapant sur scène le candidat malheureux). *Crochet radiophonique, radio-crochet* : concours public (de chant, etc.) où les gagnants sont désignés par le public.

CROCHETABLE [kʀɔʃtabl(ə)]. *adj.* (1845; de *crocheter*). Que l'on peut crocheter. *Serrure crochetable.* ◇ ANT. *Incrochetable.*

CROCHETAGE [kʀɔʃtaʒ]. *n. m.* (1808; de *crocheter*). Action de crocheter une serrure.

CROCHETER [kʀɔʃte]. *v. tr.;* conjug. *acheter* (1457; de *crochet*). ♦ 1° Ouvrir une porte, la serrure d'un meuble avec un crochet. « *On lui montre le bandit crochetant sa porte* » (SAND). ♦ 2° Piquer avec un crochet. *Crocheter de vieux chiffons dans une poubelle.*

1. **CROCHETEUR** [kʀɔʃtœʀ]. *n. m.* (1440; de *crochet*). Celui qui crochète les serrures, qui force les portes en vue de voler.

2. **CROCHETEUR** [kʀɔʃtœʀ]. *n. m.* (1539; de *crochet*). Ancien. Celui qui portait des fardeaux, à l'aide d'un crochet. « *Quand on lui demandait* (à Malherbe) *son avis de quelque mot français, il renvoyait ordinairement aux crocheteurs du Port-au-Foin, et disait que c'étaient ses maîtres pour le langage* » (RACAN). V. **Porteur, portefaix.**

CROCHU, UE [kʀɔʃy]. *adj.* (fin XIIᵉ; de *croc*). ♦ 1° Qui est recourbé en forme de croc. ♦ 2° Courbé, recourbé. « *Une petite vieille, au nez crochu, à l'œil encore vif* » (ROMAINS). *Des mains, des doigts crochus.* — *Fig. et fam. Avoir les mains crochues* : être avide. « *L'Envie aux doigts crochus, au teint* *pâle et livide* » (BEAUMARCH.). ♦ 2° Hist. philo. *Les atomes crochus :* dans la philosophie de Démocrite, Atomes qui s'accrochent les uns aux autres pour constituer les corps. *Fig. et fam.* Se dit des affinités, des sympathies profondes entre personnes. ◊ ANT. *Droit.*

CROCO [kʀɔko]. *n. m.* V. CROCODILE, 2°.

CROCODILE [kʀɔkɔdil]. *n. m.* *(Cocodrille,* XIIᵉ; lat. *crocodilus,* gr. *krokodeilos).* ♦ 1° Grand reptile à fortes mâchoires, à quatre courtes pattes *(Crocodiliens),* qui vit dans les fleuves des régions chaudes. *Crocodile du Nil. Le crocodile vagit.* ◊ *Fig. Larmes de crocodile :* larmes hypocrites pour émouvoir et tromper. ♦ 2° Peau de crocodile traitée. *Sac en crocodile.* ◊ Abrév. fam. *Croco* [kʀɔko]. *Un portefeuille en croco.* ♦ 3° (1881). Appareil placé entre les rails d'une voie de chemin de fer pour donner un signal sonore au passage d'un convoi.

CROCODILIENS [kʀɔkɔdiljɛ̃]. *n. m. pl.* (1839; adj., 1575; de *crocodile).* Ordre de reptiles des régions chaudes, caractérisés par de fortes et longues mâchoires et par un revêtement cuirassé. V. **Alligator, caïman, crocodile, gavial.**

CROCUS [kʀɔkys]. *n. m.* (1372; mot lat.; gr. *krokos* « safran »). Plante herbacée à bulbe *(Iridacées)* dont une espèce est le safran. ◊ Fleur printanière de cette plante.

CROIRE [kʀwa(ɑ)ʀ]. *v. : je crois, nous croyons; je croyais, nous croyions; je crus, nous crûmes; je croirai; je croirais; crois, croyons, croyez; que je croie, qu'il croie, que nous croyions; que je crusse, que nous crussions; croyant; cru (Credre,* Xᵉ; *creire,* 1080; lat. *credere).*
I. *V. tr. dir.* ♦ 1° Tenir pour véritable, donner une adhésion de principe à. V. **Accepter, admettre, penser.** *Croire une histoire, un conte. Je crois ce que vous dites. Ne croyez rien de ce qu'il vous raconte. Il ne croit que ce qu'il voit. À ce que je crois :* à mon avis, à ce qu'il me semble. *« Ce que la bouche s'accoutume à dire, le cœur s'accoutume à le croire »* (BAUDEL.). *« Je ne le crois pas, dit-il, j'en suis certain »* (MAUROIS). — *Faire croire qqch. à qqn.* V. **Convaincre, persuader, prouver.** *Croire naïvement, sottement une histoire.* V. **Avaler, gober.** ◊ *Sens fort.* Donner son plein assentiment à une vérité; avoir la certitude morale de. *« Nous savons bien que nous mourrons, mais nous ne le croyons pas »* (BOURGET). ♦ 2° Tenir (qqn) pour sincère, véridique; ajouter foi à ce qu'il dit. V. **Fier** (se ... à). *Vous pouvez croire cet homme. Croire qqn sur parole. Me croira qui voudra, mais...* — Fam. *Je vous crois! je te crois!* je pense ainsi, c'est évident! (Cf. Et comment!). ♦ 3° EN CROIRE : s'en rapporter à (qqn). *Si vous m'en croyez, vous ne lui prêterez pas ce livre. À l'en croire, s'il faut l'en croire, tout est perdu.* — *Si j'en crois ce qu'on raconte.* V. **Fier** (se ... à). — Loc. *Ne pas en croire ses yeux, ses oreilles :* s'étonner de ce qu'on voit (ou entend) jusqu'à en douter. *« Je n'en pouvais croire mes oreilles (C'est là une expression tout usée, mais une figure admirable) »* (VALÉRY). ♦ 4° CROIRE QUE : considérer comme vraisemblable ou probable. V. **Considérer, estimer, figurer (se), imaginer (s'), juger, penser, présumer, supposer** (que). *« Je crois que le ciel a permis Pour nos péchés cette infortune »* (LA FONT.). *« Si vous pleurez, je crois que je vais mourir de chagrin »* (SAND). *Cf. Il me semble* que. *Je crois que oui, je crois que non. Il croit que tous pensent comme lui. Nous lui avons fait croire que nous serions absents. J'ai tout lieu de croire que. Je ne crois pas qu'il viendra. Je ne crois pas qu'il vienne. « Je n'aurais jamais cru que l'on pût tant souffrir »* (MUSS.). *On croirait qu'il dort* (mais il ne dort pas). V. **Dire** (on dirait). ◊ *Il est à croire qu'il n'a jamais rien lu* (il est probable que...). *J'aime à croire.* V. **Espérer, souhaiter.** *Je vous prie de croire que je ne dirai rien :* vous pouvez être sûr que... ♦ 5° CROIRE et l'inf. : sentir, éprouver comme vrai (ce qui ne l'est pas absolument). V. **Estimer, juger, penser.** *« J'ai cru sentir le temps s'arrêter dans mon cœur »* (MUSS.). *« On croit pardonner et ce n'est que faiblesse »* (LARBAUD). *« Nous croyons être acteurs, nous sommes spectateurs »* (MAUROIS). ♦ 6° CROIRE (QQN, QQCH.) et attribut. V. **Estimer, imaginer, supposer, tenir** (pour). *On l'a cru mort. « Nous croyons les autres plus heureux qu'ils ne sont »* (MONTESQ.). *On croit ce pays à la veille de la guerre. Je le crois homme de parole.* ◊ SE CROIRE. *v. pron.* (et attribut) V. **Estimer (s'), imaginer (s').** *Il se croit plus fort, plus malin qu'il n'est. Tu te crois fin, intelligent! Il se croit poli. « Je me suis crue à l'abri de l'outrage »* (SAND). *Il se croit qqch.; il se prend pour un grand homme :* il se prend pour. *Qu'est-ce qu'il se croit, celui-là?* il est bien prétentieux.
II. *V. tr. indir.* (À; EN). ♦ 1° *Croire à une chose :* la tenir pour réelle, vraisemblable ou possible. *Croire en une chose :* lui accorder adhésion intellectuelle et morale. V. **Fier** (se...à). *Croire aux promesses de qqn.* V. **Compter** (sur). *Ne plus croire à rien. « La culture positive de Vincent le retenait de croire au surnaturel »* (GIDE). *Il n'y croit pas.* — Fam. *Il y croit dur comme fer :* vraiment, fermement. — *Le médecin crut à une pneumonie :* pensa que ce pouvait être une pneumonie. ♦ 2° CROIRE EN (qqn) : avoir confiance en lui. V. **Compter** (sur), **fier** (se ... à), **rapporter** (s'en rapporter à).

Il croit en ses amis. « Il faut croire en soi » (SUARÈS). ♦ 3° CROIRE À : considérer comme probable, imminent. *Croire à la guerre :* à la possibilité d'une guerre. ♦ 4° Être persuadé de l'existence et de la valeur de (tel dogme, tel être religieux). *Croire à l'Évangile, au Messie.* — *Croire au père Noël*, au barbu.* ◊ CROIRE EN DIEU : avoir la foi religieuse. *« Il faut croire en Dieu pour être sauvé »* (ROUSS.).
III. *V. intr. (Sens fort).* ♦ 1° Avoir une attitude d'adhésion intellectuelle. *Il croit sans comprendre. « On vous dit quelquefois : Ceci est un fait... C'est dire : Croyez »* (VALÉRY). ♦ 2° Avoir la foi religieuse. (V. **Croyant**). *« Pour que Pascal supportât la vie, il était nécessaire qu'il crût »* (SUARÈS). ◊ ANT. *Douter; contester, démentir, discuter; nier, protester.* — HOM. Formes du v. *croître.*

CROISADE [kʀwazad]. *n. f.* (xvᵉ; réfection de *croisée* et *croisement,* employés dans ce sens, d'apr. it. *crociata,* esp. *cruzada).* ♦ 1° Hist. Expédition entreprise par les chrétiens coalisés pour délivrer les Lieux saints qu'occupaient les musulmans. V. **Guerre** (sainte). *Partir pour la croisade, en croisade.* ♦ 2° Tentative pour diriger l'opinion dans une lutte. V. **Campagne.** *Croisade contre l'alcoolisme. « Elle qui avait tant prêché aux autres la croisade féministe »* (LOTI).

CROISÉ, ÉE [kʀwaze]. *adj. et n. m.* (1559, « garni de croix ». V. Croiser).
I. *Adj.* ♦ 1° Disposé en croix, qui se croisent. *Bâtons croisés.* — *Rester les bras croisés; fig.* Rester à ne rien faire. ◊ *Tissu croisé.* Subst. *Du croisé :* tissu où le croisement des fils est très serré. ◊ *(Vêtements)* Dont les bords croisent. *Veste croisée* (opposé à *veste droite).* ♦ 2° Fig. *Rimes croisées :* rimes qui alternent. *Vers croisés.* — *Mots* croisés.* ◊ *Feux croisés :* feux qui proviennent de divers points mais qui convergent vers le même but. ♦ 3° Qui est le résultat d'un croisement, qui n'est pas de race pure. V. **Hybride, mâtiné, métis, métissé;** et aussi **Bâtard.** *Race croisée. Une famille « non croisée de sang étranger »* (LOTI).
II. *(XIIᵉ). N. m.* Celui qui prenait la croix pour combattre les infidèles. V. **Croisade.** *L'armée des croisés.*
◊ HOM. *Croiser.*

CROISÉE [kʀwaze]. *n. f.* (XIIIᵉ, « transept »; de *croiser).* ♦ 1° (v. 1500). Point où deux choses se coupent (à angle droit ou presque). *Croisée des fils d'un réticule de lunette.* ◊ Spécialt. Carrefour. *Se rencontrer à la croisée des chemins.* ◊ Archit. *Croisée d'ogives*. Croisée du transept :* croisement du transept et de la nef. ♦ 2° (1690; 1508, « montants de pierre en croix »). Châssis vitré, ordinairement à battant, qui ferme une fenêtre. *Ouvrir, fermer la croisée.* — Par ext. La fenêtre elle-même. *« Les branches et la pluie se jettent à la croisée de la bibliothèque »* (RIMBAUD). V. **Fenêtre.** ◊ HOM. *Croiser.*

CROISEMENT [kʀwazmã]. *n. m.* (1539; « croisade », XIIIᵉ; de *croiser).* ♦ 1° Action de disposer en croix, de faire se croiser; fait de se croiser; disposition croisée. *Croisement des fils d'un tissu. Croisement des jambes. Le croisement de deux voitures sur une route. « En bien des points, tout croisement est difficile, voire impossible, au passage d'un car »* (DUHAM.). ♦ 2° Point où se coupent deux ou plusieurs voies. V. **Croisée, intersection.** *Croisement d'un chemin et d'un autre, avec un autre. Absolt. Vous vous arrêterez au croisement.* V. **Carrefour.** ♦ 3° Biol. (1829). Méthode de reproduction par fécondation réalisée sélectivement entre individus (animaux ou plantes) d'une même espèce ou d'espèces voisines. V. **Hybridation, métissage; mâtiner.** *Améliorer une race de bovins par des croisements.* ◊ *Croisement consanguin* (chez l'homme). Union féconde entre individus apparentés, pouvant avoir chez les enfants des caractères défavorables, non apparents chez les parents. *« Des croisements d'hérédités ancestrales inconnues »* (LOTI).

CROISER [kʀwaze]. *v.* (1080; de *croix).*
I. *V. tr.* ♦ 1° Disposer (deux choses) l'une sur l'autre, en forme de croix. *Croiser les jambes. Croiser les bras :* ramener les bras sur la poitrine. *Se croiser les bras; fig.* Rester dans l'inaction. — Par ext. *Croiser un habit, une écharpe :* les disposer de manière que les côtés passent l'un sur l'autre. ♦ 2° (1835). *Croiser le fer :* engager les épées, et *aussi* Se battre à l'épée. *Au fig. :* entrer en lutte (avec qqn), s'opposer (à qqn). — *Croiser la baïonnette :* présenter pointe en avant la baïonnette fixée au fusil. ♦ 3° (1660). Passer au travers d'une ligne, d'une route. V. **Couper, traverser.** *La voie ferrée croise la route.* — Par ext. Passer à côté de, en allant en sens contraire. *Train qui en croise un autre sur une double voie. Croiser qqn dans la rue.* — Par ext. *Ma lettre a dû croiser la vôtre.* ♦ 4° Accoupler des animaux d'espèces, races différentes. V. **Hybrider, mâtiner, métisser.** *Croiser deux races de chevaux. Croiser une race avec une autre.* — Faire un croisement (de plantes).
II. *V. intr.* ♦ 1° (1690). Passer l'un sur l'autre (en parlant des bords d'un vêtement). *Faire croiser un vêtement. Veste qui croise trop.* ♦ 2° Mar. Couper la route à un navire sur son avant. ◊ Aller et venir dans un même parage, en parlant

d'un navire. V. **Croisière.** *La flotte croise dans la Manche, sur les côtes.* **III. SE CROISER.** *v. pron.* ♦ 1° Être ou se mettre en travers l'un sur l'autre. *Deux chemins qui se croisent à angle droit.* — Se ramener l'un sur l'autre en double (vêtements). ♦ 2° Passer l'un à côté de l'autre en allant dans une direction différente ou opposée. V. **Rencontrer (se).** ♦ 3° S'accoupler par croisement. *Le loup peut se croiser avec le chien.* ♦ 4° S'engager dans une croisade. *Saint Louis se croisa.*
◊ HOM. Croisé, croisée.

CROISETTE [kʀwazɛt]. *n. f.* (1175; de *croix*). ♦ 1° Petite croix (nom d'une célèbre promenade de Cannes, du nom du cap de la Croisette). ♦ 2° *Bot.* Variété de gaillet.

CROISEUR [kʀwazœʀ]. *n. m.* (1690; de *croiser*). *Mod.* Navire de guerre rapide, armé de canons et destiné à éclairer les escadres, à surveiller les routes maritimes. *Croiseur léger de 5 000 tonnes environ. Croiseur lourd, de 10 000 tonnes.*

CROISIÈRE [kʀwazjɛʀ]. *n. f.* (1678, « escadre »; de *croiser*). ♦ 1° *Mar.* (1696). Action de croiser, en parlant de navires de guerre qui surveillent des parages déterminés. ♦ 2° *Cour.* Voyage effectué par un paquebot, un navire de plaisance. *Croisière en Grèce. Partir en croisière.* Par anal. *Croisière aérienne :* voyage d'agrément organisé, par avion. ♦ *Loc.* VITESSE DE CROISIÈRE, la meilleure allure moyenne pour un navire ou un avion sur une longue distance. ◊ Fig. *Vitesse, rythme, allure de croisière :* le meilleur rythme après une période de rodage. *Atteindre sa vitesse de croisière.* « *Ces laboratoires et d'autres travaillaient à un rythme qu'on appelle couramment de croisière* » (A. SAUVY).

CROISILLON [kʀwazijɔ̃]. *n. m.* (1375; de *croix*). ♦ 1° La traverse d'une croix. *Les deux croisillons inégaux de la croix de Lorraine.* — *Archit.* Le transept d'une église. ♦ 2° Barre qui partage une baie, un châssis de fenêtre. — *Plur.* Boiseries qui se croisent pour maintenir de petits carreaux, dans les fenêtres anciennes. *Fenêtre à croisillons.*

CROISSANCE [kʀwasɑ̃s]. *n. f.* (1190; lat. *crescentia*). ♦ 1° Le fait de croître, de grandir (organisme). V. **Développement, poussée.** *Enfant arrêté dans sa croissance. Croissance rapide, hâtive. Maladie de croissance.* ♦ 2° (*Choses*). V. **Accroissement, augmentation, développement, progression.** *Croissance d'une ville. Croissance économique,* accroissement de la production nationale des biens et des services. « *La passion, à un certain point de sa croissance, nous tient* » (MAURIAC). ◊ ANT. Atrophie, décroissance, décroissement, diminution.

1. CROISSANT [kʀwasɑ̃]. *n. m.* (XIIᵉ, « temps pendant lequel la Lune croît »; de *croître*). ♦ 1° Forme échancrée de la Lune pendant qu'elle croît et décroît. *Croissant de lune. Cornes du croissant.* ♦ 2° (1260). La forme du croissant de lune. « *Les cheveux ramenés en croissants le long des tempes* » (HUYSMANS). *Fer en croissant de la faucille.* ◊ *Spécialt.* Emblème de l'empire turc, de la religion musulmane. *La lutte de la croix et du croissant. Le croissant rouge,* équivalent de la croix rouge, en pays musulman. ◊ *Blas.* Pièce héraldique. ♦ 3° *Cour.* (1863; d'apr. all. *Hornchen,* nom donné à ces pâtisseries, à Vienne, après la victoire sur les Turcs, en 1689). Petite pâtisserie feuilletée, salée, en forme de croissant. *Prendre un café et un croissant au petit déjeuner.*

2. CROISSANT, ANTE [kʀwasɑ̃, ɑ̃t]. *adj.* (1265; de *croître*). Qui croît, s'accroît. *Le nombre croissant des naissances. En nombre croissant. Avec une colère croissante.*

CROÎT [kʀwa]. *n. m.* (XIIᵉ; de *croître*). *Agric., Dr.* Augmentation d'un troupeau par les petits qui naissent chaque année. ◊ HOM. Croix; formes de croire et de croître.

CROÎTRE [kʀwatʀ(ə)]. *v. intr. :* je crois, tu croîs, il croît, nous croissons, vous croissez, ils croissent; je croissais, nous croissions; je crûs, nous crûmes (inus.); je croîtrai, nous croîtrons; je croîtrais, nous croîtrions; que je croisse, que nous croissions; que je crûsse, que nous crûssions (inus.); crois; croissant; crû (Creistre, 1080; lat. *crescere*). ♦ 1° Grandir progressivement jusqu'au terme du développement normal, en parlant des êtres organisés. V. **Développer (se), grandir, pousser; croissance.** *Les végétaux croissent lentement.* — Fig. *Mauvaise herbe croît toujours :* se dit, par plaisanterie, des enfants qui grandissent beaucoup. ◊ *Littér.* (des animaux, des personnes). V. **Grandir.** « *Les bessons* (jumeaux) *croissaient à plaisir sans être malades* » (SAND). — *Loc. Ne faire que croître et embellir :* se dit d'une chose qui augmente en bien, et iron. en mal (V. **Empirer**). « *Sa sottise tous les jours ne fait que croître et embellir* » (MOL.). *Croître en beauté,* acquérir en grandissant plus de beauté. ♦ 2° (*Choses*). Devenir plus grand, plus nombreux. V. **Augmenter, développer (se).** *Croître en nombre, en volume, en étendue.* V. **Agrandir (s'), étendre (s'), gagner, grossir.** *La fonte des neiges fait croître la rivière.* V. **Crue.** « *Son exaltation ne cessa de croître* » (MAC ORLAN). V. **Accroître (s').** ◊ *T. bibl. Croissez et multipliez-vous :* augmentez en nombre. ♦ 3° Pousser naturellement (végétaux). V. **Pousser, venir.** *Les pays où croissent la vigne et l'oli-*

vier. ◊ ANT. *Baisser, décliner, décroître, diminuer.* — HOM. Formes de croire.

CROIX [kʀwa]. *n. f.* (*Croiz,* Xᵉ; lat. *crux, crucis*). ♦ 1° Gibet fait d'un poteau coupé par une traverse et sur lequel on attachait les criminels pour les faire mourir. *Le supplice de la croix. Mettre, attacher, clouer qqn sur la croix, en croix.* ♦ 2° *Spécialt.* Le gibet sur lequel Jésus-Christ fut mis à mort. *Jésus monta au Calvaire en portant sa croix. Le mystère de la Croix,* le sacrifice de la Croix : le mystère de la rédemption des hommes par la mort de Jésus-Christ sur la croix. *Le scandale de la croix :* ce qui, dans ce mystère, semble absurde aux incroyants. ◊ (1845) *Le chemin de la Croix :* les quatorze tableaux qui illustrent les scènes du chemin parcouru par Jésus portant sa croix. V. **Station.** *Faire le chemin de la Croix, un chemin de croix :* s'arrêter et prier devant chacun de ces tableaux. ◊ Fig. *Porter sa croix :* supporter ses épreuves avec la résignation et la foi de Jésus-Christ. *Chacun a sa croix, porte sa croix :* chacun a ses souffrances à supporter. V. **Calvaire, épreuve.** ◊ *Le signe de la croix :* signe que l'on fait en portant la main droite au front, à la poitrine, puis à l'épaule gauche et à l'épaule droite. V. **Signer (se).** ◊ Symbole du christianisme. *La lutte de la croix et du croissant.* V. **Croisade.** ♦ 3° Ornement en bois ou en métal qui figure une croix (symbole de Jésus-Christ crucifié, etc.). *Traverse, bras, branches de la croix.* V. **Croisillon.** *Croix ancrée. Croix ansée* ou *potencée. Croix pattée,* à extrémités évasées. *Croix fleuronnée* ou *tréflée. Croix de Lorraine,* à double croisillon. *Croix grecque,* à branches égales. *Croix de Malte. Croix de Saint-André,* qui figure un X. *Croix gammée* (V. **Svastika**). — *Croix latine,* dont la branche inférieure est plus longue que les trois autres. *Église construite en forme de croix latine.* ◊ *Relig. chrét.* Représentation de Jésus sur la croix. V. **Crucifix.** *Croix érigée sur un chemin, sur une élévation.* V. **Calvaire.** *Croix funéraire,* qu'on place sur une tombe. *Croix processionnelle. C'est la croix et la bannière*.* — *Croix pectorale :* que les évêques portent sur la poitrine. ◊ Bijou en forme de croix. V. **Jeannette.** *Croix de diamants.* ♦ 4° (XIIᵉ). Signe en forme de croix. *La croix que portaient les croisés. Blas.* Pièce en forme de croix. ♦ 5° (1802). Décoration de divers ordres de chevalerie. *La croix de Malte. La croix du Saint-Esprit.* — *Cour. Croix de la Légion d'honneur.* Absolt. « *Il n'a pas encore la croix et serait jaloux d'obtenir cette distinction* » (STE-BEUVE). *La grand-croix :* la décoration la plus élevée de l'Ordre. N. m. *Grand-croix :* celui qui a le grade le plus élevé. ◊ *Croix de guerre :* médaille conférée aux soldats qui se sont distingués au cours d'une guerre. ♦ 6° CROIX-ROUGE, insigne de neutralité depuis la Convention de Genève de 1864. — *La Croix-Rouge :* organisme d'entraide et de secours. *Le comité international de la Croix-Rouge à Genève.* ♦ 7° (XIVᵉ). Marque formée de deux traits croisés. *Faire une croix au bas d'un acte* (en guise de signature). *Marquer qqch. d'une croix.* — Fig. et fam. *Faire une croix sur qqch. :* y renoncer définitivement. — *Point de croix,* point de broderie. ◊ EN CROIX (V. **Croiser, entrecroiser**) *Les pétales des crucifères sont disposés en croix. Chemins qui se coupent en croix.* V. **Croisement.** *Avoir, mettre les bras en croix.* ♦ 9° *Loc. Bot. Croix de Saint-Jacques,* espèce d'amaryllis. *Croix de Jérusalem :* plante d'ornement. — Astron. *Croix du Sud :* constellation de l'hémisphère austral. ◊ HOM. Croît. Formes de croire et de croître.

CROMLECH [kʀɔmlɛk]. *n. m.* (1785, trad. de l'angl.; mot gallois et bret. « pierre en courbe »). *Archéol.* Enceinte de monolithes verticaux (V. **Menhir**) appartenant à l'âge de pierre.

CROMORNE [kʀɔmɔʀn(ə)]. *n. m.* (1636; all. *Krummhorn* « cor courbe »). Ancien instrument de musique à vent, en bois et à anche double. *Le cromorne est une quinte au-dessous du hautbois et son timbre rappelle celui de la clarinette.* ◊ *Mod.* Un des jeux de l'orgue.

CROQUANT [kʀɔkɑ̃]. *n. m.* (1594; o. i., probabl. de *croc* ou *croquer*). ♦ 1° *Hist.* Paysan révolté sous Henri IV et Louis XIII. ♦ 2° *Péj.* (1603). Paysan.

CROQUANT, ANTE [kʀɔkɑ̃, ɑ̃t]. *adj.* (v. 1670; de *croquer*). Qui croque sous la dent. *Cornichons croquants.*

CROQUE AU SEL (À LA) [alakʀɔksɛl]. *loc. adv.* (1740; de *croquer,* et *sel*). Cru, et sans autre assaisonnement que du sel.

CROQUEMBOUCHE [kʀɔkɑ̃buʃ]. *n. m.* (*Croque-en-bouche,* 1845; V. **Croquer**). Pâtisserie, pièce montée formée de petits choux à la crème, caramélisés.

CROQUE-MITAINE [kʀɔkmitɛn]. *n. m.* (1820; de *croquer,* et *mitaine* « gant », p.-ê. d'apr. néerl. *metjen,* all. *mädchen* « jeune fille », « petite fille »). Personnage imaginaire qu'on évoque pour effrayer les enfants et s'en faire obéir. *Viens te coucher ou j'appelle le croque-mitaine !* ◊ *Plaisant.* Personne très sévère qui fait peur à tout le monde. *C'est un vrai croque-mitaine. Des croque-mitaines.*

CROQUE-MONSIEUR [kʀɔkməsjø]. *n. m. invar.* (1918;

de *croquer*, et *monsieur*). Entremets chaud fait de pain de mie grillé, au jambon et au fromage. « *Elle avait commandé... des « croque-Monsieur » et des œufs à la crème* » (PROUST).

CROQUE-MORT [kʀɔkmɔʀ]. *n. m.* (1788 ; de *croquer* « faire disparaître », et *mort*, n. m.). *Fam.* Employé des pompes funèbres chargé du transport des morts au cimetière. « *Les croque-morts allaient le coucher dans la bière* « (BLOY). ◊ *Avoir une figure de croque-mort* : avoir un air sinistre (Cf. Faire une figure d'enterrement).

CROQUENOT [kʀɔkno]. *n. m.* (1866 ; p.-ê. de *croquer*, au sens de *craquer*). *Pop.* Gros soulier.

CROQUER [kʀɔke]. *v.* (XIIIᵉ, onomat. ; XVᵉ « voler » ; de *croc* 1).
I. *V. intr.* Faire un bruit sec, en parlant des choses que l'on broie à vec les dents. V. **Craquer**. *Salade, fruit vert qui croque.* V. **Croquant**. « *J'aimerais mieux mordre le fer d'une pioche que de manger un haricot qui croque sous la dent* » (RENARD).
II. *V. tr.* (XIVᵉ). *Broyer sous la dent* (ce qui fait un bruit sec). *Pastille à laisser fondre dans la bouche sans la croquer. Chocolat à croquer* (opposé à chocolat à cuire). Intrans. *Croquer dans une pomme*, mordre. ♦ 2º *Vieilli*. Manger à belles dents. *Chat qui croque une souris.* ◊ Mod. *Croquer de l'argent* : dépenser beaucoup. V. **Dilapider**, dissiper, gaspiller. *Croquer un héritage. Il croque un argent fou.* V. *pop.* **Claquer**. ♦ 3º (o. i.). *Croquer le marmot.* V. **Marmot**. ♦ 4º (1650). *Peint.* Prendre rapidement sur le vif (un site, un personnage) en quelques coups de crayon, de pinceau. V. **Dessiner**, ébaucher, esquisser : **croquis**. — *Par anal.* Noter, indiquer brièvement l'essentiel. *Croquer un personnage dans un livre.* V. **Camper**, caricaturer. ◊ *Fig.* et *fam. Personne jolie, mignonne à croquer* : très jolie. « *On appelle, en termes d'atelier, croquer une tête, en prendre une esquisse. De là le mot : elle est jolie à croquer* » (BALZ.). Ellipt. *Elle est à croquer avec ce manteau-là.*
◊ ANT. Fondre. Sucer.

1. CROQUET [kʀɔkɛ]. *n. m.* (1642 ; de *croquer*). *Région.* Biscuit mince, sec et croquant, aux amandes.

2. CROQUET [kʀɔkɛ]. *n. m.* (1835 ; mot angl., altér. du fr. *crochet*). Jeu qui consiste à faire passer des boules de bois sous des arceaux au moyen d'un maillet, selon un trajet déterminé par des règles. *Faire une partie de croquet.*

3. CROQUET [kʀɔkɛ]. *n. m.* (v. 1935 ; var. de *crochet*). Petit galon formant des dents, utilisé comme ornement en couture.

CROQUETTE [kʀɔkɛt]. *n. f.* (1740 ; de *croquer*). ♦ 1º Boulette de pâte, de hachis qu'on fait frire dans l'huile après l'avoir trempée dans un jaune d'œuf et enrobée de farine ou de chapelure. *Croquettes de pommes de terre, de volaille.* ♦ 2º Petit disque de chocolat.

CROQUEUR, EUSE [kʀɔkœʀ, øz]. *n. et adj.* (1548 ; de *croquer*). Qui croque, mange avidement (qqch.). *Un vieux renard* « *Grand croqueur de poulets* » (LA FONT.). ◊ *Fig.* et *fam. Une croqueuse de diamants* : femme entretenue qui dilapide l'argent, les bijoux.

CROQUIGNOLE [kʀɔkiɲɔl]. *n. f.* (1545 ; de *croquer*). Petit biscuit croquant.

CROQUIGNOLET, ETTE [kʀɔkiɲɔlɛ, ɛt]. *adj.* (XXᵉ ; *croquignole*, n. m., 1869 ; de *croquignole*). *Fam.* Mignon. *Ce col de dentelle est croquignolet.*

CROQUIS [kʀɔki]. *n. m.* (1752 ; de *croquer*). ♦ 1º Esquisse rapide (le plus souvent au crayon, à la plume). V. **Crayon**, dessin, ébauche, esquisse ; **croquer**. *Par ext.* Dessin rapide. *Croquis d'un journal de mode.* « *Il tira un crayon de sa poche et dessina un croquis sur le journal* » (CHARDONNE). ♦ 2º *Géom. Croquis coté.* V. **Épure**.

CROSKILL [kʀɔskil]. *n. m.* (1890 ; *croskillage*, 1877 ; du nom de l'inventeur). *Agric.* Rouleau qui sert à briser les mottes de terre. V. **Brise-mottes**.

CROSNE [kʀon]. *n. m.* (1882 ; de *Crosnes*, village de Seine-et-Oise (Essonne), où la plante fut cultivée). Plante (*Labiacées*) à tubercules comestibles, originaire du Japon. — Petit tubercule de cette plante, à goût voisin du salsifis.

CROSS-COUNTRY [kʀɔskuntʀi] ou *fam.* **CROSS** [kʀɔs]. *n. m.* (1885 ; mot angl. de *across* « à travers », et *country* « campagne »). Course à pied en terrain varié, avec des obstacles. V. *aussi* Cyclo-cross.

1. CROSSE [kʀɔs]. *n. f.* (1080 ; frq. °*krukkja*, avec infl. de *croc*). ♦ 1º Bâton pastoral d'évêque ou d'abbé dont l'extrémité supérieure se recourbe en volute. *La mitre et la crosse sont les symboles du pouvoir épiscopal.* ♦ 2º Bâton recourbé utilisé dans certains jeux pour pousser la balle. *Crosse de golf, de hockey.* ♦ 3º Bout recourbé. *Crosse d'un violon* : partie recourbée qui porte les chevilles. — *Crosse de piston* : extrémité de la tige. — Anat. *Crosse de l'aorte. Crosse de bœuf* : morceau de boucherie qui vient immédiatement au-dessous du gîte. — « *Les crosses de fougères, feutrées d'un duvet délicat* » (GENEVOIX). ♦ 4º Partie postérieure d'une arme à feu portative. *Appuyer la crosse du fusil contre l'épaule pour tirer. Assommer qqn à coups de*

crosse. — *Milit. Mettre, lever la crosse en l'air* : se rendre.
2. **CROSSES** [kʀɔs]. *n. f. pl.* (1881 ; de *crosser* « se plaindre », 1790 ; o. i., infl. de *crosser*, 2º). *Pop. Chercher des crosses à qqn*, lui chercher querelle. ◊ HOM. Crosse, cross.

CROSSÉ [kʀɔse]. *adj.* (1461 ; de *crosse* 1). *Relig.* Qui a le droit de porter la crosse (dans l'expression *abbé crossé et mitré*).

CROSSER [kʀɔse]. *v. tr.* (XIIᵉ ; de *crosse*). ♦ 1º *Rare.* Pousser avec une crosse. *Crosser une balle, une pierre.* ♦ 2º (1790). *Pop.* et *vieilli.* Malmener.

CROSSETTE [kʀɔsɛt]. *n. f.* (1564 ; de *crosse*). *Agric.* Jeune branche taillée en forme de crosse, pour faire des boutures (vigne, figuier).

CROSSOPTÉRYGIENS [kʀɔsɔpteʀiʒjɛ̃]. *n. m. pl.* (1875 ; lat. sc. *crossopterygii* [Huxley, 1861], du gr. *krossos* « frange », et *pterux*. V. **Ptère**). *Zool.* Ordre de poissons très primitifs, représenté par des fossiles de l'ère primaire et par le cœlacanthe*.

CROTALE [kʀɔtal]. *n. m.* (1596 ; lat. *crotalum*, gr. *krotalon*). ♦ 1º *Antiq.* Sorte de cliquette employée dans le culte de Cybèle et pour accompagner la danse. « *Au rythme de la flûte et d'une paire de crotales* » (FLAUB.). ♦ 2º (1806 ; lat. sc.). Serpent (*Solénoglyphes*) très venimeux, qui porte au bout de la queue une succession de cônes creux produisant un bruit de crécelle, d'où son nom de *serpent à sonnette*.

CROTON [kʀɔtɔ̃]. *n. m.* (1808 ; gr. *krotôn*). Arbuste (*Euphorbiacées*) dont les graines renferment une huile toxique. *Huile de croton.*

CROTTE [kʀɔt]. *n. f.* (fin XIIᵉ ; frq. °*krotta*). ♦ 1º Fiente globuleuse de certains animaux. *Crottes de brebis, de chèvre, de lapin. Crotte de cheval.* V. **Crottin**. — *Par ext.* Tout excrément solide. « *Aux cabinets, ce petit saligaud pousse sa crotte de côté, par crainte des éclaboussures* » (GIDE). ◊ *Fam. Crotte!* interjection par laquelle on manifeste son impatience, son dépit (Cf. Merde !). — *Fam. Crotte de bique* : chose sans valeur. *C'est de la crotte de bique. Il ne se prend pas pour une crotte, pour la crotte (de bique).* ◊ (T. d'affection) *Ma crotte, ma petite crotte.* ♦ 2º *Crotte de chocolat* : bonbon de chocolat. ♦ 3º (1603). Boue des chemins, des rues. V. **Fange**, saleté ; **crotter**. Fig. « *Il demeurait les pieds dans la crotte* » (HUYSMANS) : dans la misère.

CROTTER [kʀɔte]. *v.* (fin XIIIᵉ ; de *crotte*). ♦ 1º V. tr. *Vieilli.* Salir de crotte (3º). V. **Maculer**, souiller. *Crotter un parquet avec des chaussures sales.* — Pronom. *Se crotter* : se salir avec de la boue. — *Vêtement crotté, tout crotté.* V. **Sale**. ♦ 2º V. intr. *Vulg.* Faire des crottes. ◊ ANT. Décrotter.

CROTTIN [kʀɔtɛ̃]. *n. m.* (1344 ; de *crotte*). ♦ 1º Excrément des équidés, des ovins. « *Les moineaux s'ébattaient en troupes pour picorer le crottin* » (FRANCE). ♦ 2º Petit fromage de chèvre de forme arrondie. « *Les secs petits crottins de Chavignol* » (Cl. MAURIAC).

CROUILLAT ou **CROUYA**, **CROUILLE** [kʀuja, kʀuj]. *n. m.* (1917 ; ar. *khouya* « frère »). *Pop.* et *injurieux.* Africain du Nord. « *J'ai entendu Suzanne qui disait au crouille : Pas ici, Ali* » (SIMONIN).

CROULANT, ANTE [kʀulɑ̃, ɑ̃t]. *adj. et n.* (1611 ; *crolant* « tremblant », XIIᵉ ; de *crouler*). ♦ 1º Qui menace ruine. *Des murs croulants.* ♦ 2º N. m. (1944). *Fam.* Personne âgée ou d'âge mûr (dans le lang. des jeunes). « *Ce n'est pas rigolo de se promener avec les croulants (les parents)* » (QUENEAU).

CROULE [kʀul]. *n. f.* (1863 ; de *crouler* « crier » (bécasses), XVIᵉ « roucouler » de l'all. *grillen* « crier » ; Cf. Grelot). *Chasse.* Moment où les bécasses « croulent », rappellent, à la tombée du jour. *Chasser le pigeon à la croule.* ◊ *Chasse* à la bécasse, lors du passage de printemps.

CROULER [kʀule]. *v. intr.* (*Crodler, croller* « secouer violemment » ; vaciller », XIᵉ ; lat. pop. °*corrotulare* « faire rouler » ; Cf. Grouiller). ♦ 1º (XIIIᵉ). Tomber en s'affaissant, ou menacer de tomber (construction, édifice). V. **Abattre** (s'), affaisser (s'), ébouler (s'), écrouler (s'), effondrer (s'). *Cette maison croule. Masse de neige qui croule* (V. **Avalanche**). « *Une seule pierre arrachée de cet édifice, l'ensemble croule fatalement* » (RENAN). ◊ *Par exagér. Salle de spectacle qui croule sous les applaudissements.* V. **Ébranler** (être ébranlé). ♦ 2º *Fig.* S'effondrer. *Faire crouler un projet.* V. **Détruire**, renverser, ruiner. « *Si la Société est telle que vous la dépeignez, il faut qu'elle croule !* » (HUYSMANS). ◊ ANT. Dresser, redresser, relever, résister, tenir.

CROUP [kʀup]. *n. m.* (1777 ; mot angl. dial., p.-ê. onomat.). *Laryngite pseudo-membraneuse, généralement de nature diphtérique. Cet enfant est mort du croup.* — *Faux croup* : spasme du larynx. ◊ HOM. Croupe.

CROUPADE [kʀupad]. *n. f.* (1642 ; de *croupe*). *Équit.* Saut dans lequel le cheval relève les jambes de derrière jusque sous le ventre.

CROUPE [kʀup]. *n. f.* (1080 ; frq. °*kruppa*). ♦ 1º Partie postérieure arrondie qui s'étend des hanches à l'origine de la queue de certains animaux (cheval). V. **Derrière**, fesse. ◊ EN CROUPE : à cheval et sur la croupe, derrière la personne en selle. *Prendre qqn en croupe.* ◆ 2° (XIIᵉ). *Fam.* Fesses, derrière (humain). V. **Accroupir** (s'), **croupetons** (à). « *La nature l'avait affligé d'une croupe de houri, qui se dandinait... dès qu'il pressait le pas* » (MART. du G.). ◆ 3° (v. 1400). Sommet arrondi d'une colline, d'une montagne. « *Une rangée de maisons assises sur la croupe de la colline* » (BALZ.). ◇ ANT. Poitrail. Fond, vallée. — HOM. Croup.

CROUPETONS (À) [akʀupt5]. *loc. adv.* (XVᵉ, à *crope-tons*; de *croupe*). Dans une position accroupie. V. **Accroupir** (s'). « *Il se tint à croupetons... pour souffler sur la flamme* » (DUHAM.).

CROUPI, IE [kʀupi]. *adj.* (1549; V. Croupir). *Eau croupie :* devenue fétide pour avoir séjourné sans couler.

CROUPIER [kʀupje]. *n. m.* (1690, « associé d'un joueur »; *cavalier croupier* « qui monte en croupe », 1651; de *croupe*). *Mod.* (1797). Employé d'une maison de jeu, qui tient le jeu, paie et ramasse l'argent pour le compte de l'établissement.

CROUPIÈRE [kʀupjɛʀ]. *n. f.* (1155; de *croupe*). Longe de cuir que l'on passe sous la queue d'un cheval, d'un mulet, et qui, fixée au bât, empêche celui-ci de remonter sur le garrot. V. **Bacul, culeron.** ◆ 2° (*Fig.* d'une loc. milit.). Vieilli. *Tailler des croupières à qqn :* lui susciter des difficultés, des embarras; faire obstacle à ses projets. « *Je crains que Laurence ne nous taille encore des croupières!* » (BALZ.).

CROUPION [kʀupj5]. *n. m.* (v. 1460; de *croupe*). ◆ 1° Extrémité postérieure du corps de l'oiseau, composée des dernières vertèbres dorsales et supportant les plumes de la queue (V. **Uropygial**). *Morceau délicat au-dessus du croupion d'une volaille.* V. **Sot-l'y-laisse.** ◆ 2° Plaisant. Le derrière humain. V. **Croupe.** ◆ 3° *Hist.* (trad. angl.). *Le Parlement Croupion* : convoqué par Charles Iᵉʳ en 1640, dissous par Cromwell en 1653 et rappelé à deux reprises.

CROUPIR [kʀupiʀ]. *v. intr.* (fin XIIᵉ, « être accroupi »; sens 1°, XVIᵉ; de *croupe*). ◆ 1° (*Personnes*). Demeurer (dans un état pénible, mauvais). *Croupir dans la paresse, l'oisiveté, le vice.* V. **Moisir, pourrir.** *Croupir dans l'ignorance.* V. **Encroûter** (s'). « *C'est ainsi qu'ils vivaient, non! qu'ils croupissaient ensemble, rivés au même fer, couchés dans le même ruisseau* » (DAUD.). ◆ 2° (1635; 1549 « eau croupie »). Rester sans couler et se corrompre (liquide); demeurer dans l'eau stagnante. V. **Corrompre** (se), **moisir, pourrir, stagner.** *Eau qui croupit au fond d'une mare.* « *Au milieu des bas-fonds où croupissait un reste d'eau* » (MAUPASS.).

CROUPISSANT, ANTE [kʀupisã, ãt]. *adj.* (1550; de *croupir*). Qui croupit. *Eaux croupissantes.* V. **Stagnant.** — Fig. *Vie croupissante.* V. **Inactif.**

CROUPISSEMENT [kʀupismã]. *n. m.* (1610 [liquides]; de *croupi*). Littér. Action de croupir.

CROUPON [kʀup5]. *n. m.* (XIIIᵉ; de *croupe*). *Techn.* Peau du bœuf, dont on a retranché les parties minces de la tête et du ventre (V. **Cuir**).

CROUSTADE [kʀustad]. *n. f.* (1723; prov. mod. *crous-tado*, de *crousto* « croûte »). ◆ 1° Croûte frite et croquante. ◆ 2° Pâté à croûte croquante. *Croustade de homard.*

CROUSTILLANT, ANTE [kʀustijã, ãt]. *adj.* (1751, sens 2°; de *croustiller*). ◆ 1° (1832). Qui croustille, craque sous la dent comme une croûte de pain frais. ◆ 2° Qui est amusant, léger, grivois. V. **Piquant.** *Une histoire croustillante. Des détails assez croustillants* (on a dit *Croustilleux*).

CROUSTILLER [kʀustije]. *v. intr.* (1869; de *croustillant*; v. tr., « manger la croûte », déb. XVIᵉ; de *crouste, croûte*). Croquer sous la dent (sans résister autant que ce qui croque*). *Des biscuits qui croustillent.* V. **Croustillant.**

CROÛTE [kʀut]. *n. f.* (*Croste*, fin XIIᵉ; lat. *crusta*). I. ◆ 1° Partie extérieure du pain, durcie par la cuisson. *Manger la croûte et laisser la mie. Croûte de pain râpée.* V. **Chapelure.** *Croûte frite* (V. **Croustade**). — *Par ext.* (1740) *Des croûtes de pain :* des restes de pain, souvent secs et durcis. V. **Croûton.** « *Un homme qui trempait des croûtes de pain dans une fontaine* » (LESAGE). ◇ *Fig.* et *pop.* (1878) *Casser la croûte.* V. **Manger.** *Il « attend le matin pour casser une croûte* » (VALLÈS). *Gagner sa croûte :* sa nourriture, sa vie. ◆ 2° (1611). Pâte cuite qui enveloppe un pâté, un vol-au-vent. *Pâté en croûte. La croûte d'un pâté.* ◆ 3° *Cuis.* Plat qui comporte des croûtes de pain, des tranches de pâte cuite, etc. *Croûte au fromage, aux champignons.* ◆ 4° Partie superficielle du fromage (qui ne se mange paʃ). *Croûte rouge* (région.), fromage de Hollande.

II. (1314, en *méd.*). *Par ext.* ◆ 1° Partie superficielle durcie. *Croûte de tartre autour d'un tonneau.* V. **Dépôt.** *Croûte calcaire.* ◇ Couche de terre durcie qui se forme à la surface du sol, en période de sécheresse. — Géol. *La croûte terrestre :* la partie superficielle du globe terrestre. V. **Écorce.** ◆ 2° *Méd.* Lamelle irrégulière formée sur une lésion de la peau par dessèchement de sang, pus ou sérosité. V. **Escarre, squame.** *Faire tomber la croûte d'une plaie.* ◆ 3° *Fig.* Ce qui recouvre superficiellement qqch. V. **Couche, croûte de culture.** V. **Vernis.** « *Une croûte d'ignorance et d'avarice* » (MIRABEAU). ◆ 4° (1730, « tableau faux », puis « tableau

noirci, encroûté »). *Fam.* Mauvais tableau. *Ce peintre ne fait que des croûtes. Croûte non apprêtée. Sac en croûte.* ◆ 6° (1845). *Fig.* et *fam.* Personne bornée, encroûtée dans la routine. *C'est une vieille croûte.* V. **Croûton.** *Quelle croûte!* V. **Imbécile.**

CROÛTER [kʀute]. *v. intr.* (1890; de [*casser la*] *croûte*). *Pop.* Manger. « *Il n'a pas dû déjeuner pour mieux croûter ce soir à nos dépens* » (QUENEAU).

CROÛTEUX, EUSE [kʀutø, øz]. *adj.* (1377; de *croûte*). Qui a des croûtes. — Méd. *Eczéma croûteux.*

CROÛTON [kʀut5]. *n. m.* (1596; de *croûte*). ◆ 1° L'extrémité d'un pain long. *Manger le croûton.* ◆ 2° Petite croûte utilisée en cuisine. *Croûtons à l'ail.* — Petit morceau de pain frit. *Omelette, épinards aux croûtons.* ◆ 3° Personne arriérée, d'esprit borné. V. **Croûte.** « *Un vieux croûton comme vous !* » (AYMÉ).

CROWN-GLASS [kʀo(aw)nglas]. *n. m.* (1776; mots angl. « verre (*glass*) de couronne »). Verre blanc, très transparent, servant à faire des lentilles d'optique.

CROYABLE [kʀwajabl(ə)]. *adj.* (XVIᵉ; réfection de *créable;* de *croire*). Qui peut ou doit être cru (*choses*). *C'est à peine croyable, ce n'est pas croyable.* V. **Imaginable, possible.** ◇ ANT. Impensable, incroyable, inimaginable, invraisemblable.

CROYANCE [kʀwajãs]. *n. f.* (1361, réfection de *créance;* de *croire*). ◆ 1° L'action, le fait de croire une chose vraie, vraisemblable ou possible. V. **Certitude, confiance, conviction, foi.** *La croyance à la grandeur de l'homme.* « *La croyance qu'on pourra revenir vivant du combat* » (PROUST). Vx. *Avoir la croyance que...,* croire. « *Puis-je à de tels discours donner quelque croyance?* » (CORN.). V. **Crédit.** ◇ *Spécialt.* Le fait de croire (II, 4°). *Croyance en Dieu.* V. **Foi.** « *La croyance dans l'absurdité de l'existence* » (CAMUS). ◆ 2° Ce que l'on croit (spécialt. en matière religieuse). *Croyances religieuses.* V. **Conviction, foi.** *Respecter toutes les croyances.* V. **Doctrine, dogme.** « *Une croyance est l'œuvre de notre esprit. Elle est humaine, et nous la croyons Dieu* » (FUSTEL de COUL.). — *Croyances superstitieuses.* V. **Superstition.** ◇ ANT. Doute, défiance, incroyance; ignorance. Agnosticisme, scepticisme.

CROYANT, ANTE [kʀwajã, ãt]. *adj.* (1190; de *croire*). ◆ 1° Qui a une foi religieuse. V. **Dévot, mystique, pieux, religieux.** *Il n'est plus croyant,* il a perdu la foi. *Il est croyant, mais pas bigot*. « *Croyante, elle l'était bien en peu; pratiquante plutôt* » (LOTI). ◆ 2° Subst. *Un croyant.* V. **Fidèle.** *Les vrais croyants.* ◇ *Spécialt. Les croyants :* nom que se donnent les musulmans. *Le commandeur des croyants* (V. **Calife**). ◇ ANT. Agnostique, athée, incrédule, incroyant, infidèle, mécréant, sceptique.

C.R.S. [seeres]. *n. m.* (1960; sigle). Abrév. de Compagnie* républicaine de sécurité. *Des patrouilles de C.R.S. Les C.R.S.*

1. CRU [kʀy]. *n. m.* (1307; de *crû,* p. p. de *croître*). ◆ 1° Vx. Ce qui croît dans une région; la région elle-même. ◇ *Mod.* Vignoble. *Les grands crus de France. Les vins du cru :* du terroir lui-même. *Un vin de grand cru.* ◇ Ellipt. *Un grand cru.* V. **Vin.** *Les meilleurs crus du Bordelais. Bouilleur de cru.* V. **Bouilleur.** ◆ 2° *Fig.* (1573). *De son cru, de son propre cru, de son invention propre.* « *Coras lui dit : La pièce est de mon cru* » (RAC.). « *Les nouvelles qu'il raconterait de son cru* » (ROMAINS). — HOM. Cru (2). Crue. — Formes de *croire* et *croître.*

2. CRU, UE [kʀy]. *adj.* (XIIᵉ; lat. *crudus* « saignant », de *cruor*). ◆ 1° Qui n'est pas cuit (aliment). *Oignons, abricots crus. Aliments que se mangent crus.* V. **Crudité.** *Bifteck presque cru.* V. **Bleu, saignant.** — Fig. *Vouloir avaler, manger qqn tout cru :* être furieux contre lui. — Subst. *Le cru et le cuit.* ◆ 2° (1260). Qui n'a pas subi la préparation nécessaire (matière première). *Chanvre, cuir, métal cru. Toile, soie crue.* V. **Écru.** ◆ 3° Qui rien n'atténue (couleur, lumière) V. **Brutal.** *Lumière crue. Couleur crue,* qui tranche violemment sur le reste. V. **Vif.** « *Le vert universel de la campagne n'est ni cru, ni monotone* » (TAINE). ◆ 4° (XVᵉ). Exprimé sans ménagement. *Réponse crue.* V. **Brutal, désobligeant.** *Dire la chose toute crue. Faire une description crue.* V. **Réaliste.** « *Accepter dans l'occasion le mot cru, rejeter le mot sale* » (HUGO). ◇ Qui choque les bienséances. V. **Choquant, grivois, leste, libre, licencieux, salé.** *Histoires, plaisanteries un peu crues.* — Adv. V. **Crûment.** *Parler cru. Je vous le dis tout cru, je ne mâche pas mes mots.* ◆ 5° À CRU (*loc. adv.*) : en portant sur la chose même. *Constructions à cru :* qui reposent sur le sol, sans fondation. *Monter à cru :* sans selle. V. **Poil** (à). « *Trois cavaliers montant à cru de chevaux* » (ARAGON). ◇ ANT. Cuit. Déguisé, tamisé, voilé. — HOM. Cru (1). Crue. Formes de *croire* et *croître.*

CRUAUTÉ [kʀyote]. *n. f.* (XIIᵉ; lat. *crudelitas;* V. **Cruel**). ◆ 1° Tendance à faire souffrir. V. **Barbarie, dureté, férocité, inhumanité, méchanceté, sadisme, sauvagerie.** *Affreuse, horrible, odieuse cruauté. Cruauté impitoyable, raffinée. Traiter qqn avec cruauté.* « *Le crime des crimes, qui est la cruauté* » (SUARÈS). — *Cruauté mentale :* qui s'exerce sur le plan psychologique. *Elle accuse son mari de cruauté mentale.* ◇ Caractère de ce qui trahit cette tendance. *La cruauté d'un geste, d'un acte.* « *Le bas de la figure d'une admirable cruauté* » (BARRÈS). ◇ Férocité de certains animaux. « *Nous avons renchéri sur la cruauté des bêtes féroces* » (FRANCE). ♦ 2° *Vieilli.* En parlant d'une femme qui fait souffrir ceux qui l'aiment. V. **Indifférence, insensibilité, rigueur.** ♦ 3° *(Choses).* Caractère de ce qui est inexorablement nuisible. V. **Dureté, hostilité, inclémence, rigueur, rudesse.** *La cruauté du sort, du destin, de la fortune.* « *La cruauté stupide de la mort* » (LOTI). « *Une nature hostile jusqu'à la cruauté* » (MAC ORLAN). ♦ 4° *Une, des cruauté(s) :* action cruelle. V. **Atrocité.** *Ils supportèrent les cruautés du tyran.* V. **Excès, injustice.** *C'est une injustice et une cruauté.* — *Spécialt.* (Vx) *Les cruautés d'une femme.* V. **Rigueur.** ◇ ANT. *Bienveillance, bonté, charité, clémence, pitié.*

CRUCHE [kʀyʃ]. *n. f.* (XIII⁰ ; *cruie,* XII⁰ ; frq. °*kruka*). ♦ 1° Récipient, souvent de grès ou de terre, à col étroit, à large panse, à deux anses. V. **Cruchon.** *Cruche vernissée. Cruche à eau. La cruche cassée,* tableau de Greuze. ◇ Loc. prov. *Tant va la cruche à l'eau* (qu'à la fin elle casse) : à s'exposer à un danger, on finit par le subir. ◇ Contenu d'une cruche. « *Une cruche de vin de Falerne se vendait cent deniers romains* » (MONTESQ.). ♦ 2° *Fam.* (1633). Personne niaise, bête et ignorante. *C'est une vraie cruche; quelle cruche!* V. **Imbécile.**

CRUCHON [kʀyʃɔ̃]. *n. m.* (XIII⁰ ; de *cruche*). Petite cruche, son contenu. *Boire un cruchon de vin.*

CRUCI-. Élément, du lat. *crux, crucis* « croix » (ex. : *cruciverbiste*).

CRUCIAL, ALE, AUX [kʀysjal, o]. *adj.* (1560 ; lat. *crucialis,* de *crux.* V. **Croix**). ♦ 1° *Didact.* Fait en croix. *Incision cruciale.* ♦ 2° *Philo. Expérience cruciale* (experimentum crucis, de F. Bacon : expérience de la croix, *par allus.* aux poteaux indicateurs des carrefours) : qui permet de confirmer ou de rejeter une hypothèse, sert de critère. V. **Démonstratif.** ♦ 3° (1911 ; repris angl.). Fondamental, très important. V. **Capital, critique, décisif.** *Année, question cruciale. Point crucial.* V. **Délicat.**

CRUCIFÉRACÉES [kʀysifeʀase]. *n. f. pl.* (XX⁰ ; *cruciférinées,* fin XIX⁰ ; de *crucifère*). *Bot.* Famille de plantes dicotylédones dialypétales comprenant des herbes annuelles dont les fleurs ont quatre pétales disposés en croix ; le fruit est une silique (*ex. :* alliaire, cardamine, chou, cresson, giroflée, moutarde, navet, passerage, radis, raifort, thlaspi).

CRUCIFÈRE [kʀysifɛʀ]. *adj.* (1701 ; lat. chrét. *crucifer* « qui porte une croix »). *Bot.* (1762). Qui a une fleur à pétales en croix. — *N. f. pl.* V. **Cruciféracées.** ◇ *Archit.* Qui porte une croix. *Chapiteau crucifère.*

CRUCIFIÉ, ÉE [kʀysifje]. *adj.* (V. **Crucifier**). ♦ 1° Mis en croix. ◇ *Subst. Le crucifié :* Jésus-Christ. ♦ 2° *Fig.* Supplicié, torturé. *Une attitude crucifiée :* douloureuse.

CRUCIFIEMENT [kʀysifimɑ̃]. *n. m.* (1175 ; de *crucifier*). ♦ 1° Action de crucifier, supplice de la croix. *Le crucifiement de saint Pierre.* — *Absolt.* Le crucifiement du Christ. V. **Crucifixion.** ♦ 2° *Relig.* Pratique mortifiante, douleur, épreuve poussée à l'extrême. V. **Martyre, mortification, supplice.** *Le crucifiement de la chair, de la volonté.*

CRUCIFIER [kʀysifje]. *v. tr.* (1119 ; lat. *crucifigere* « fixer sur la croix », d'apr. les v. en -*fier*). ♦ 1° Attacher (un condamné) sur la croix pour s'y faire mourir. *Jésus fut crucifié sur le Calvaire.* ♦ 2° *Relig., Myst.* Faire souffrir intensément. V. **Martyriser, mortifier, supplicier, torturer.** « *Nous devons crucifier en nous le vieil homme* » (BOSS.).

CRUCIFIX [kʀysifi]. *n. m.* (1138 ; lat. ecclés. *crucifixus.* p. p. de *crucifigere*). Croix sur laquelle est figuré Jésus crucifié. V. **Christ** (2°), *croix. Un crucifix d'ivoire. Présenter le crucifix à un mourant.*

CRUCIFIXION [kʀysifiksjɔ̃]. *n. f.* (v. 1500 ; lat. ecclés. *crucifixio, ionis*). Crucifiement du Christ. — *Par ext.* Sa représentation en peinture, en sculpture... « *Les crucifixions des Primitifs* » (HUYSMANS).

CRUCIFORME [kʀysifɔʀm(ə)]. *adj.* (fin XVII⁰ ; de *cruci-* et *-forme*). En forme de croix. *Plan cruciforme d'une église.*

CRUCIVERBISTE [kʀysivɛʀbist(ə)]. *n.* (1959 ; de *cruci-* et lat. *verbum* « mot »). Amateur de mots croisés. V. **Mots-croisiste.**

CRUDE AMMONIAC [kʀudamɔnjak]. *n. m.* (1890 ; mots angl. « ammoniaque crue »). *Techn.* Résidu du gaz d'éclairage, employé comme engrais.

CRUDITÉ [kʀydite]. *n. f.* (1398 ; « caractère indigeste », puis (XVI⁰) « état de ce qui n'est pas mûr » ; lat. *cruditas* « indigestion »). ♦ 1° (1596). *Rare.* État de ce qui est cru, non cuit. ◇ *Cour. Plur.* Légumes, fruits consommés crus. « *Son goût allait d'abord aux crudités, aux crevettes* » (ROMAINS). *Assiette de crudités.* ♦ 2° (1754). *Fig. Crudité des couleurs, des ombres, de la lumière.* « *Le ciel gardait sa crudité, tandis que la ville s'assombrissait* » (LARBAUD). ♦ 3° (XVIII⁰). Caractère cru (4°). *Crudité d'une des-*

cription, d'une expression. V. **Brutalité, réalisme.** « *Michel-Ange décrit avec une crudité singulière d'expressions, ses angoisses d'amour* » (R. ROLLAND). ◇ ANT. *Douceur. Délicatesse, réserve.*

CRUE [kʀy]. *n. f.* (*Creue,* XIII⁰ ; p. p. fém. de *croître*). ♦ 1° Élévation du niveau dans un cours d'eau, un lac; niveau maximum d'un cours d'eau. *La crue des eaux.* V. **Montée.** *Les crues périodiques du Nil. Rivière en crue.* ♦ 2° (1743). *Didact.* Croissance. *La crue d'une plante.* ◇ ANT. (1°) *Baisse, décrue, étiage, retrait.* — HOM. *Cru* (adj.). — *Cru* (n. m.). — Formes de *croire* et de *croître.*

CRUEL, ELLE [kʀyɛl]. *adj.* (*Crudel,* X⁰; lat. *crudelis,* de *crudus* (V. **Cru**), au fig. « qui aime le sang »). ♦ 1° Qui prend plaisir à faire, à voir souffrir. V. **Barbare, dur, féroce, impitoyable, inhumain, méchant, sadique, sanguinaire, sauvage.** *Homme cruel* (V. **Boucher, bourreau, brute, cannibale, monstre, ogre, persécuteur, tigre, tortionnaire**). *Parents cruels.* V. **Dénaturé, indigne.** *Être cruel avec les animaux.* « *Femme impure! L'ennui rend ton âme cruelle* » (BAUDEL.). ◇ Qui tue sans nécessité. *Bête cruelle. Le tigre est cruel.* ♦ 2° Qui dénote de la cruauté; qui témoigne de la cruauté des hommes. *Action, parole cruelle. Joie cruelle.* V. **Mauvais.** « *Il est dur, il a l'air cruel* » (SUARÈS). *Un mot cruel.* V. **Féroce.** — *Bataille, guerre cruelle.* V. **Acharné, sanglant.** « *La Révolution s'est montrée pour lui le plus cruel des régimes* » (HUYSMANS). ♦ 3° *Par exagér.* (*Littér.*). Qui fait souffrir par sa dureté, sa sévérité. V. **Dur, implacable, inflexible, inexorable, intolérant, rigide, sévère.** *Père cruel.* Vx. « *C'est cette vertu même, à nos désirs cruelle* » (CORN.). ◇ *Femme cruelle :* insensible. « *Les femmes aiment beaucoup qu'on les appelle cruelles* » (BEAUMARCH.). *Subst. et vx.* « *Lui qui n'avait jamais rencontré de cruelle* » (GAUTIER) : qui avait séduit toutes les femmes. ♦ 4° *(Choses).* Qui fait souffrir en manifestant une sorte d'hostilité. *Destin, sort cruel.* V. **Implacable, inexorable.** *La vie* « *est souvent dure et parfois injuste et cruelle* » (FRANCE). ◇ Qui fait souffrir, qui est l'occasion d'une souffrance. V. **Affligeant, affreux, atroce, douloureux, dur, épouvantable, insupportable, pénible.** *Une peine, une perte cruelle. C'est une cruelle épreuve pour lui.* V. **Malheureux, triste.** ◇ ANT. *Bienveillant, bienfaisant, bon, doux, humain, indulgent.*

CRUELLEMENT [kʀyɛlmɑ̃]. *adv.* (XII⁰ ; de *cruel*). ♦ 1° D'une manière cruelle. V. **Férocement, méchamment.** *Traiter qqn cruellement.* V. **Brutalement, durement, rudement.** ♦ 2° D'une façon douloureuse, pénible. V. **Douloureusement, durement, péniblement.** *Souffrir cruellement.* V. **Affreusement, atrocement.** « *J'ai trop cruellement pensé à toi dans les tortures de l'absence* » (FRANCE). ◇ ANT. *Doucement, humainement, tendrement.*

CRUENTÉ, ÉE [kʀyɑ̃te]. *adj.* (1878 ; *cruenter* « ensanglanter », XIV⁰ ; du lat. *cruentus* « sanglant », de *cruor* « sang »). *Méd.* Saignant, qui a perdu son revêtement cutané. *Plaie cruentée :* imprégnée de sang, à vif.

CRUISER [kʀuzœʀ]. *n. m.* (1879 ; mot angl. « croiseur »). *Anglicisme.* Petit yacht prévu pour la navigation en mer.

CRÛMENT [kʀymɑ̃]. *adv.* (*Cruement,* 1433 ; de *cru*). ♦ 1° D'une manière crue (4°), sèche et dure, sans ménagement. V. **Brutalement, durement, net (tout), rudement, sèchement.** « *Les deux amies se disaient crûment leurs moindres pensées sans prendre de détours dans l'expression* » (BALZ.). ♦ 2° *Éclairer crûment :* d'une lumière crue.

CRUOR [kʀyɔʀ]. *n. m.* (1819 ; mot lat. « sang »). *Physiol.* Partie du sang qui se coagule (globules), *opposé à* sérum. Caillot formé par les globules et la fibrine.

CRURAL, ALE, AUX [kʀyʀal,o]. *adj.* (1560 ; lat. *cruralis,* de *crus, cruris* « jambe »). *Anat.* Qui appartient à la cuisse. *Artère crurale; arcade crurale.* V. **Fémoral.**

CRUSTACÉ, ÉE [kʀystase]. *adj. et n. m.* (1721 ; lat. sav., de *crusta* « croûte »). ♦ 1° Vx. *Adj.* Recouvert d'une enveloppe crustacée. ♦ 2° *Mod. N. m. pl.* Les CRUSTACÉS, animaux arthropodes ovipares, au corps formé de segments munis chacun d'une paire d'appendices, à respiration branchiale, à carapace chitineuse. *Métamorphoses des crustacés. Crustacés inférieurs (Entomostracés) :* daphnie, phyllopodes, cirripèdes (anatife, balane), copépodes. *Crustacés supérieurs (Malacostracés) :* cloporte, crabe, crevette, écrevisse, homard, langouste, langoustine, pagure. Au sing. *Un crustacé.* ◇ *Cour.* Se dit des crustacés aquatiques comestibles (crabes, crevettes, écrevisses, homards, langoustes). *Assiette de crustacés.*

CRUZEIRO [kʀuzejʀo]. *n. m.* (1942 ; mot port., de *cruz* « croix »). Unité monétaire du Brésil.

CRYO-. Élément, du gr. *kruos* « froid ».

CRYOGÈNE [kʀijɔʒɛn]. *adj.* (v. 1900 ; de *cryo-*, et *-gène*). *Phys.* Qui produit du froid. *Mélange cryogène,* d'eau et d'un sel soluble. V. **Réfrigérant.**

CRYOGÉNIE [kʀijɔʒeni]. *n. f.* (XX⁰ ; de *cryo-*, et *-génie*). *Phys.* Production des basses températures.

CRYOLITHE [kʀijɔlit]. *n. f.* (1808 ; de *cryo-*, et *-lithe*). Fluorure naturel d'aluminium et de sodium, très fusible.

CRYOLOGIE [kʀijɔlɔʒi]. *n. f.* (v. 1870; de *cryo-*, et *-logie*). *Sc.* Physique du froid.

CRYOMÉTRIE [kʀijɔmetʀi]. *n. f.* (v. 1900; de *cryo-*, et *-métrie*). *Phys.* Mesure des températures de congélation.

CRYOSCOPIE [kʀijɔskɔpi]. *n. f.* (1890; de *cryo-*, et *scopie*). Partie de la physique qui étudie les lois de la congélation des solutions. ◊ Méthode pour la détermination des poids moléculaires, par mesure de l'abaissement du point de congélation (*méthode cryoscopique* [kʀijɔskɔpik]).

CRYOSTAT [kʀijɔsta]. *n. m.* (XXᵉ; de *cryo-*, et *-stat;* Cf. Rhéostat). *Didact. (Phys.).* Appareil permettant de maintenir des températures basses et constantes à l'aide d'un gaz liquéfié.

CRYOTHÉRAPIE [kʀijɔteʀapi]. *n. f.* (1907; de *cryo-*, et *thérapie*). *Méd.* Traitement par le froid.

CRYOTURBATION [kʀijɔtyʀbasjɔ̃]. *n. f.* (1952; de *cryo-*, et lat. *turbare;* Cf. Perturbation). *Géol.* Modification du sol sous l'effet du gel, par solifluxion*.

CRYPTE [kʀipt(ə)]. *n. f.* (*Cripte*, XIVᵉ; lat. *crypta;* Cf. Grotte).
I. *Cour.* Caveau souterrain servant de sépulcre dans certaines églises. V. Hypogée. *La crypte de la basilique de Saint-Denis contient les restes des derniers Bourbons.* ◊ *Archit.* Chapelle souterraine (souvent plus ancienne que l'église sous laquelle elle se trouve). « *On pénétrait, en dessous, par une porte de cave, dans une crypte. Celle-là datait du onzième siècle* » (HUYSMANS).
II. *Didact. (Anat.).* Cavité de forme irrégulière à la surface d'un organe. *Cryptes amygdaliennes.*

CRYPTIQUE [kʀiptik]. *adj.* (1576; lat. *crypticus*, du gr. *kruptos* « caché ». V. Crypto-).
I. *Didact.* ♦ 1° Qui vit, se trouve dans les grottes. « *Palais cryptique* » (GAUTIER). ♦ 2° *Anat.* Qui a rapport aux cryptes des muqueuses. *Angine cryptique.*
II. *Didact.* ou *littér.* Caché, secret. V. Occulte.

CRYPTO-. Élément, du gr. *kruptos* « caché ».

CRYPTOCOMMUNISTE [kʀiptɔkɔmynist(ə)]. *adj.* et *n.* (v. 1950; de *crypto-*, et *communiste*). *Polit.* Partisan occulte du communisme. « *On accusait Dubreuilh tantôt d'être un cryptocommuniste, tantôt un suppôt de Wall Street* » (BEAUVOIR).

CRYPTOGAME [kʀiptɔgam]. *adj.* et *n. m.* ou *f.* (1783; lat. sc., de *crypto-*, et *-game*). *Bot.* Se dit des plantes qui ont les organes de la fructification peu apparents (V. Spore). *Les champignons sont des plantes cryptogames.* ◊ N. m. *Les cryptogames :* un des deux embranchements du règne végétal (*opposé à* phanérogames). *Cryptogames vasculaires :* fougères, équisétinées, lycopodinées. V. Ptéridophytes. *Cryptogames cellulaires :* algues, champignons, cyanophytes, bactéries. V. Thallophytes.

CRYPTOGAMIQUE [kʀiptɔgamik]. *adj.* (1811; de *cryptogame* « état des plantes cryptogames »). *Vx.* Des plantes cryptogames. *Mod. Maladies cryptogamiques :* toutes les affections parasitaires des végétaux provoquées par les champignons. *Produits contre les affections cryptogamiques.* V. Anticryptogamique.

CRYPTOGÉNÉTIQUE [kʀiptɔʒenetik]. *adj.* (1933; de *crypto-*, et *génétique*). *Méd.* D'origine inconnue. *Maladie, trouble cryptogénétique.*

CRYPTOGRAMME [kʀiptɔgʀam]. *n. m.* (1846; de *crypto-*, et *-gramme*). Ce qui est écrit en caractères secrets, en code, en langage chiffré. V. Cryptographie. *Chiffrer ou cryptographier* [kʀiptɔgʀafje], *déchiffrer ou décrypter un cryptogramme.*

CRYPTOGRAPHIE [kʀiptɔgʀafi]. *n. f.* (1625, lat. sc. *cryptographia;* Cf. *Crypto-*, et *-graphie*). Code graphique déchiffrable par l'émetteur et le destinataire seulement. *Procédés de cryptographie :* signes conventionnels, modification de l'ordre, de la disposition des signes, remplacement des signes. V. Chiffre.

CRYPTOGRAPHIQUE [kʀiptɔgʀafik]. *adj.* (1771; de *cryptographie*). Qui se rapporte à la cryptographie, qui utilise la cryptographie. *Message cryptographique.*

Cs Symbole chimique du *caesium**.

CSARDAS, ou **CZARDAS** [ks[gz]aʀdas]. *n. f.* (1890; mot hongrois). Danse hongroise, composée d'une partie lente et d'une partie rapide. — Musique sur laquelle elle se danse. *Les czardas de Brahms.*

CTÉNAIRES [ktenɛʀ] ou **CTÉNOPHORES** [ktenɔfɔʀ]. *n. m. pl.* (XXᵉ; -1839; du lat. sc., gr. *ktenos* « peigne »). Animaux pélagiques (*Cœlentérés*), transparents, à symétrie bilatérale, à organes locomoteurs en forme de palettes. Au sing. *Un cténaire, un cténophore.*

Cu Symbole chimique du *cuivre**.

CUBAGE [kybaʒ]. *n. m.* (1783; de *cuber*). ♦ 1° Évaluation d'un volume; action de cuber. ♦ 2° *Cour.* Volume évalué. *Le cubage d'air de cette pièce est insuffisant pour trois personnes.*

CUBAIN, AINE [kybɛ̃, ɛn]. *adj.* (1869; de *Cuba*). De Cuba. Subst. *Les Cubains.*

CUBATURE [kybatyʀ]. *n. f.* (1714; lat. sc., de *cubare.* V. Cuber). *Géom.* Transformation (d'un volume) en un cube de volume égal.

CUBE [kyb]. *n. m.* (XIIIᵉ, adj.; n. m., v. 1360; lat. *cubus*, gr. *kubos* « dé à jouer »). ♦ 1° *Géom.* Solide à six faces carrées égales. V. Hexaèdre (régulier). *Le cube est un parallélépipède rectangle dont toutes les arêtes sont égales. Volume d'un cube :* produit de trois facteurs égaux à la mesure de l'arête. *En forme de cube.* V. Cubique. ◊ *Cour.* Objet cubique ou parallélépipède. « *Ces blocs de ciment, ces cubes hideux* » (SARRAUTE). — *Jeu de cubes :* ensemble de cubes en bois avec lesquels les enfants font des constructions. Ensemble de cubes dont chaque face est recouverte d'un morceau d'image qu'on peut recomposer. ♦ 2° *Par appos.* Se dit d'une mesure qui exprime le volume d'un corps (il s'écrit 3 et se lit « cube »). *Mètre cube* (m³), *centimètre cube* (cm³). *Salle de 120 m³.* V. Cubage. *Cylindrée de 1 500 cm³.* ♦ 3° *Math.* Cube d'un nombre : produit de trois facteurs égaux à ce nombre. V. Puissance. *Le cube de 2 est 8; a³ est le cube de a. Élever au cube.* ♦ 4° (1867). *Arg. des écoles.* Élève qui suit la même classe pour la troisième fois.

CUBÈBE [kybɛb]. *n. m.* (XIIIᵉ; lat. médiév. *cubeba*, arabe *kebâba*). Arbuste voisin du poivrier *(piper cubeba)*, dont les fruits contiennent un principe médicinal.

CUBER [kybe]. *v.* (1549; de *cube*). ♦ 1° V. tr. *Techn.* Évaluer un volume en unités cubiques. V. Jauger, mesurer. *Cuber des bois de construction.* — *Math.* Élever au cube, à la puissance trois. V. Cube. *Cuber un nombre, un binôme.* ♦ 2° V. intr. Avoir le volume de. *Cette citerne cube 200 litres.* ♦ 3° *Des files de sapins cubant leurs deux mètres* » (BAZIN). ♦ 3° *Fig.* et *fam.* Représenter une grande quantité. *Si vous évaluez les frais vous verrez que cela cube.*

CUBILOT [kybilo]. *n. m.* (1841; altér. angl. *cupilo, cupelow*, var. dial. (Sheffield) de *cupola* « four à coupole » : la coupole, qui conduisait à la cheminée, a disparu dans les fours modernes). *Métall.* Fourneau à creuset de métal pour la préparation de la fonte de seconde fusion.

CUBIQUE [kybik]. *adj.* et *n. f.* (v. 1360; lat. *cubicus*, gr. *kubikos.* V. Cube). ♦ 1° Du cube. *Forme cubique d'une caisse. Maison cubique.* ◊ *Minéral.* Système cubique : ensemble des formes de cristaux dérivées du cube (le réseau cristallin possède 4 axes ternaires). *Cristal cubique.* ◊ N. f. *Une cubique :* courbe tangente ou gauche du troisième degré. ♦ 2° *Arithm.* et *Alg.* Racine cubique d'un nombre : nombre qui, élevé au cube (à la puissance 3), donne ce nombre. *La racine cubique de 8 est 2; la racine cubique de a est* $\sqrt[3]{a}$.

CUBISME [kybism(ə)]. *n. m.* (1908; de *cube*). École d'art, florissante de 1910 à 1930, qui se proposait de représenter les objets décomposés en éléments géométriques simples (rappelant le cube) sans restituer leur perspective.

CUBISTE [kybist(ə)]. *adj.* et *n.* (v. 1910; de *cubisme*). Qui a rapport au cubisme. *Peinture, toile cubiste. Les cubistes.*

CUBITAL, ALE, AUX [kybital, o]. *adj.* (1478; lat. *cubitalis*, pris comme adj. de *coude*). *Anat.* Qui appartient au cubitus ou au coude (peu us.). *Nerf cubital, artère cubitale. Os cubital.* V. Cubitus.

CUBITIÈRE [kybitjɛʀ]. *n. f.* (1846; du lat. *cubitus*). *Archéol.* Pièce des anciennes armures qui protégeait le coude. « *Des genouillères et des cubitières jaillissait une pointe d'acier* » (GAUTIER).

CUBITUS [kybitys]. *n. m.* (1541; mot lat. V. Coude). *Anat.* Le plus gros des deux os de l'avant-bras dont l'extrémité s'articule avec l'humérus au niveau du coude. V. Radius. *Fracture du cubitus.*

CUBOÏDE [kybɔid]. *n. m.* (1708; XVIᵉ, *cyboïde*, A. Paré; du gr. *kuboeidès*). *Anat.* Os de la première rangée du tarse, situé du côté externe du cou-de-pied, en avant du calcanéum. ◊ *Adj.* (1869). Qui a la forme d'un cube.

CUCUL [kyky]. *adj.* (XXᵉ; de *cul*). *Fam.* Niais, un peu ridicule. *Il est cucul, ce film. Cucul la praline* (renforcement plaisant). On écrit parfois *Cucu.*

CUCULLE [kykyl]. *n. f.* (1308; lat. ecclés. *cuculla*). *Didact.* Capuchon de moine.

CUCURBITACÉES [kykyʀbitase]. *n. f. pl.* (1721; lat. sc., de *cucurbita* « courge »). Famille de plantes dicotylédones gamopétales, à tiges rampantes ou volubiles, dont le fruit est une péponie ou pépon. V. Coloquinte, concombre, courge (citrouille, potiron), melon, pastèque. Au sing. *Une cucurbitacée.*

CUCURBITE [kykyʀbit]. *n. f.* (XIVᵉ; lat. *cucurbita* « courge »). *Didact.* Partie inférieure de l'alambic, à panse renflée.

CUCURBITIN ou **CUCURBITAIN** [kykyʀbitɛ̃]. *n. m.* (1752, -1762; *cubitins*, XIVᵉ; du lat. *cucurbita;* Cf. Cucurbitacées). *Méd. (Pop.).* Chacun des anneaux du strobile d'un ténia qui, bourré d'œufs, rappelle par sa forme celle d'un pépin de citrouille et est rejeté hors de l'intestin.

CUEILLAISON [kœjɛzɔ̃]. *n. f.* (1832; de *cueillir*). ♦ 1° *Littér.* Action de cueillir (surtout fig.). « *La cueillaison d'un rêve* » (MALLARMÉ). ♦ 2° Époque où l'on cueille les fruits.

CUEILLETTE [kœjɛt]. *n. f.* (XIIIᵉ, *cueilloite*; lat. *collecta*, p. p. de *colligere*. V. **Cueillir**.) ♦ 1° Action de cueillir. *La cueillette des cerises, des pommes, des olives. Cueillette manuelle, mécanique du coton.* V. **Récolte**. « *Il court les bois et les collines pour la cueillette de ses plantes* » (BOSCO). ◊ *Par ext.* Les fleurs ou les fruits que l'on a cueillis. *Une belle cueillette.* ♦ 2° *Sociol.* Ramassage des produits végétaux comestibles (dans les groupes humains qui ignorent la culture). *Ils vivent de pêche, de chasse et de cueillette.*

CUEILLEUR, EUSE [kœjœʀ, øz]. *n.* (1270; de *cueillir*). ♦ 1° Personne qui cueille. *Des cueilleuses de fruits.* ♦ 2° CUEILLEUSE *n. f.* Machine qui permet de détacher mécaniquement les capsules du cotonnier.

CUEILLIR [kœjiʀ]. *v. tr.* : *je cueille, nous cueillons; je cueillais, nous cueillions; je cueillis, nous cueillîmes; je cueillerai; que je cueille, que nous cueillions; que je cueillisse; cueillant; cueilli* (1080, aussi « accueillir, recueillir »; lat. *colligere*). ♦ 1° Détacher (une partie d'un végétal de la tige. *Cueillir des fleurs. Cueillir les fruits.* V. **Cueillette**; **récolter**.) ♦ 2° *Métaph.* et *fig.* Prendre. V. **Moissonner, ramasser, récolter, recueillir**. *Cueillir des lauriers* : remporter des succès éclatants. *Cueillir un baiser.* V. **Dérober**. « *Cueillez, cueillez votre jeunesse* » (RONSARD). « *Je les cueille toutes maintenant dans mon souvenir, ces pensées* » (PROUST). ♦ 3° *Fam.* (1878). *Cueillir* (qqn) : le prendre aisément au passage. *Cueillir un voleur.* V. **Pincer**. *Il est venu nous cueillir à la gare.* V. **Accueillir**.

CUEILLOIR [kœjwaʀ]. *n. m.* (1322; de *cueillir*). Instrument consistant en un long bâton armé de cisailles pour couper les fruits des hautes branches. ◊ Corbeille de cueillette.

CUESTA [kwɛsta]. *n. f.* (1925; mot esp. « côte »). *Géogr.* Plateau structural à double pente asymétrique. V. **Côte**.

CUI-CUI [kɥikɥi]. *onomat.* et *n. m. invar.* (1869, *cuic*; onomat.). *Fam.* Pépiement d'oiseau.

CUILLER ou **CUILLÈRE** [kɥijɛʀ]. *n. f.* (XIIᵉ; lat. *cochlearium* « ustensile à manger les escargots » *(cochlea)*. ♦ 1° Ustensile de table ou de cuisine formé d'un manche et d'une partie creuse, qui sert à transvaser ou à porter à la bouche les aliments liquides ou peu consistants. *Manche, cuilleron, dos de la cuiller. Cuiller d'argent, de bois. Cuiller et fourchette assorties.* V. **Couvert**. *Cuiller à dessert, ou à entremets. Cuiller à café, à moka ou petite cuiller. Cuiller à moutarde. Cuiller à pot.* V. **Louche, pochon**. Loc. *En deux coups de cuiller à pot**. ◊ *Contenu d'une cuiller.* V. **Cuillerée**. *Prenez une cuiller à café de cette potion matin et soir.* — *Fam.* (lang. enf.). *Une cuillère (ou une cuillerée) pour maman, une cuillère pour papa*, se dit à un petit enfant pour l'inciter à manger. ♦ 2° *Techn.* Ustensile de forme analogue utilisé dans diverses professions. *Cuiller de verrier, de plombier, d'ajusteur.* V. **Casse**. *Pêcher à la cuiller* : avec une sorte de petite cuiller sans manche garnie d'hameçons. — Pièce qui maintient la goupille d'une grenade. « *Leurs propres grenades, dont la cuiller était dégagée* » (MALRAUX). ♦ 3° Loc. (fam. et pop.). *Serrer la cuiller* : serrer la main. V. **Pince**. — *Faire une chose en deux coups de cuiller à pot* : très vite. — *Être à ramasser à la cuiller* : être en piteux état. « *Je devais avoir l'air « d'être à ramasser à la cuillère* » (Cl. SIMON). — *Ne pas y aller avec le dos de la cuiller* : agir sans modération.

CUILLERÉE [kɥij(e)ʀe]. *n. f.* (XIVᵉ; de *cuiller*). La quantité contenue dans une cuiller. *Prendre une cuillerée de sirop. Cuillerée à dessert, à soupe, à café. Une cuillerée pour papa, pour maman* : formule d'encouragement à manger, adressée aux jeunes enfants.

CUILLERON [kɥijʀɔ̃]. *n. m.* (1352; de *cuiller*). La coupe ovale ou ronde qui est au bout du manche d'une cuiller.

CUIR [kɥiʀ]. *n. m.* (*Quir*, 1080; lat. *corium*). ♦ 1° *Vieilli* ou *plaisant.* La peau de l'homme. « *Ils ont la tête rasée jusqu'au cuir* » (LA BRUY.). « *Il était de stature moyenne, nerveux, brun de poil et de cuir* » (DUHAM.). Loc. *Tanner* le cuir à qqn.* — Mod. *Le cuir chevelu* : la peau du crâne qui porte les cheveux. ♦ 2° (XIIᵉ). Peau des animaux séparée de la chair, tannée et préparée. V. **Peau**. *Grain d'un cuir. Cuir lisse. Cuir souple. Cuir de bœuf, de vache* (V. **Croupon, vachette**), *de veau* (V. **Box-calf, vélin**), *de chèvre* (V. **Maroquin**), *de mouton* (V. **Basane, chagrin**), *de reptiles* (V. **Crocodile, lézard, serpent**). *Cuir brut, ou cuir vert*, mis au tannage. *Cuir corroyé. Travail du cuir par les corroyeurs, fouleurs, tanneurs. Apprêter, chamoiser, chromer, écharner, fouler, gaufrer, greneler, lisser, vernir les cuirs. Cuir en croûte*. Cuir suédé.* V. **Daim**. *Cuir bouilli*. Objets en cuir* (faits par le bourrelier, le cordonnier, le sellier ; vendus par le maroquinier). *Semelles de cuir. Livre relié en cuir.* — Spécialt. *Cuir à rasoir* : bande de cuir pour donner le fil aux rasoirs. — *Rond de cuir.* V. **Rond-de-cuir**.

◊ *Cuir artificiel* : toile enduite de cellulose. ♦ 3° Peau de certains animaux (dure comme le cuir, 2°). « *Le cuir d'un chameau de Tartarie* » (BLOY). ♦ 4° (1783). *Fig.* et *fam.* Faute de langage qui consiste à lier les mots de façon incorrecte (*ex.* : Les chemins de fer [z] anglais [lɛʃmɛdfɛʀzɑ̃glɛ]). *Faire un cuir.* ◊ HOM. **Cuire**.

CUIRASSE [kɥiʀas]. *n. f.* (1418; *curasse*, XIIIᵉ; d'une langue romane (it. *corazza*, a. catalan *cuyrasse*, etc.), lat. *coriaceus*, d'apr. *cuir*). ♦ 1° Arme défensive qui recouvre le buste. V. **Armure, corselet, cotte**. *Cavalier portant la cuirasse.* V. **Cuirassier**. *Le devant* (V. **Plastron**), *le dos* (V. **Dossière**) *de la cuirasse.* ◊ *Le défaut de la cuirasse*, l'intervalle entre le bord de la cuirasse et les pièces qui s'y joignent; *fig.* L'endroit faible, le côté sensible de qqn ou de qqch. *Chercher, trouver le défaut de la cuirasse.* ♦ 2° *Fig.* Défense, protection. « *Une triple cuirasse de froideur indulgente, d'ordre poussé jusqu'aux minuties, et de politesse* » (SUARÈS). ♦ 3° *Mar.* Revêtement d'acier qui protège les navires de guerre contre l'effet des projectiles. V. **Blindage**; **cuirassé**. ♦ 4° Tégument protecteur de certains animaux. V. **Carapace, test**. *Cuirasse écailleuse des poissons dits cuirassés.*

CUIRASSÉ, ÉE [kɥiʀase]. *adj.* (1611; de *cuirasse*). ♦ 1° Revêtu d'une cuirasse. — Spécialt. (1860) *Navire cuirassé. Croiseur cuirassé.* — Subst. (fin XIXᵉ) UN CUIRASSÉ : navire de guerre de gros tonnage, fortement blindé et armé d'artillerie lourde. *Coupoles, tourelles de cuirassé. Cuirassé lourd.* V. **Dreadnought**. ♦ 2° *Fig.* Armé, bardé, endurci, protégé. *Cuirassé contre les passions.* « *Un homme sorti de si bas, étant cuirassé contre les humiliations* » (R. ROLLAND).

CUIRASSEMENT [kɥiʀasmɑ̃]. *n. m.* (1876; de *cuirasser*). Action de cuirasser un navire, un ouvrage fortifié. — Par *ext.* La cuirasse elle-même.

CUIRASSER [kɥiʀase]. *v. tr.* (1636; de *cuirasse*). Armer, revêtir d'une cuirasse. V. **Armer, barder, blinder**. ◊ SE CUIRASSER. *v. pron.* Se revêtir d'une cuirasse. — *Fig.* Se *cuirasser contre* (qqch.), se protéger contre (qqch.), se rendre insensible à (qqch.). V. **Aguerrir** (s'), **endurcir** (s'), **fortifier** (se). *Se cuirasser contre les affronts, les injures.* « *Quand on ne peut se soustraire à la douleur, on fait en sorte de se cuirasser contre elle* » (DUHAM.).

CUIRASSIER [kɥiʀasje]. *n. m.* (1577, *cuirachier*; de *cuirasse*). ♦ 1° *Ancienn.* Cavalier protégé par une cuirasse. ♦ 2° *Milit.* Soldat d'un régiment de grosse cavalerie. — Par *ext. Le cinquième cuirassier* (régiment de cuirassiers).

CUIRE [kɥiʀ]. *v.*; conjug. *conduire* (xᵉ, fig.; lat. pop. °*cocere*, de *coquere*).

I. *V. tr.* ♦ 1° (XIᵉ). Rendre propre à l'alimentation par le feu, la chaleur. V. **Cuisson**. *Cuire de la viande, des légumes. Cuire le pain* : le faire. « *Embrochez la bête, cuisez la bête, j'ai faim, moi!* » (JARRY). *Cuire des aliments sur un fourneau, une cuisinière, un réchaud. Cuire au four, au gril, à la broche, au bain-marie. Cuire à feu doux, à petit feu, à grand feu. Ustensiles pour cuire les aliments; art de les préparer. Les faire cuire.* V. **Cuisine**. *Cuire à l'eau. Cuire à l'étouffée, à l'étuvée. Cuire avec une matière grasse.* V. **Frire**. *Cuire à sec.* V. **Griller, rôtir**. *Salade à cuire, fruits à cuire* : qui ne peuvent être consommés que cuits. *Chocolat à cuire* : qui doit être utilisé pour préparer la boisson du même nom, pour la pâtisserie. — *Par ext.* Transformer un corps quelconque par l'action du feu, dans un but déterminé. *Cuire une poterie.* V. **Cuit** (terre cuite). *Cuire la porcelaine.* « *Des fours au mazout pour cuire le bleu* » (CHARDONNE). ◊ *Fig.* et *fam. Être dur à cuire* : opposer une grande résistance. Substant. « *Notre colonel, qui était ce qu'on nomme un dur à cuire* » (VIGNY). V. **Dur**. ♦ 2° Opérer la cuisson, en parlant de la source de chaleur ou de ce qui permet de cuire. *Ce four cuit bien la pâtisserie.* « *Elle cuit mal les légumes* (cette eau) » (ROMAINS).

II. *V. intr.* ♦ 1° Devenir propre à l'alimentation par l'action du feu. *Les pâtes doivent cuire dans beaucoup d'eau. Faire cuire deux fois* (V. **Recuire**). *Laisser cuire vingt minutes. Viande qui cuit dans son jus. La soupe cuit doucement, à petit feu.* V. **Frissonner, mijoter, mitonner**. *Cuire à gros bouillons.* V. **Bouillir**. *Cuire trop fort.* V. **Attacher, brûler, cramer**. *Aliment qui cuit bien* : facile à cuire. ♦ 2° *Fig.* Être exposé à une grande chaleur. « *Paris cuisait au feu d'un dimanche d'août* » (MART. du G.). *Fam. Cuire dans son jus*, et absolt. *Cuire* : avoir très chaud. *Ouvrez les fenêtres, on cuit là-dedans!* V. **Étouffer**. ♦ 3° *(Cuire à qqn).* Produire une sensation d'échauffement, de brûlure. V. **Brûler**. *Les mains lui cuisent d'avoir pétri des boules de neige. Les yeux me cuisent.* V. **Piquer**. PROV. *Trop gratter cuit, trop parler nuit.* ◊ *En cuire à qqn* : entraîner des ennuis pour lui. *Il pourrait vous en cuire* « *Fais à ta tête, père Ubu, il t'en cuira* » (JARRY). ◊ HOM. **Cuir**.

CUISANT, ANTE [kɥizɑ̃, ɑ̃t]. *adj.* (1160; p. prés. de *cuire*).

I. ♦ 1° *Rare.* Qui produit une sensation douloureuse analogue à celle d'une brûlure. *Une blessure cuisante. Un froid cuisant.* V. **Âpre, mordant**. ♦ 2° *Fig. Cour.* Qui provoque une douleur, une peine très vive. *Une déception, une blessure cuisante.* V. **Aigu, brûlant, douloureux, vif.** *Remarque, réflexion cuisante.* V. **Blessant, caustique, cinglant, virulent.** « *L'amour est la cause de nos maux les plus cuisants* » (FRANCE). **II.** (1690; « qui sert à cuire », 1324). *Région.* Qui cuit facilement. *Des haricots cuisants.* ◇ ANT. **Adoucissant, doux.**

CUISEUR [kɥizœʀ]. *n. m.* (1960; de *cuire*). Récipient où l'on fait cuire (des aliments) en grande quantité. Cf. **Autocuiseur.**

CUISINE [kɥizin]. *n. f.* (fin XIIᵉ; lat. *cocina*, de *coquina*, de *coquere* « cuire »). ♦ **1°** Pièce d'une habitation, dans laquelle on prépare et fait cuire des aliments pour les repas. « *Une petite cuisine d'une merveilleuse propreté : toute peinte, ripolinée; le fourneau à gaz en émail* » (BOSCO). *Évier, gardemanger, cuisinière, réfrigérateur d'une cuisine. Table, buffet, chaises, éléments de cuisine. Ustensiles de cuisine* (casseroles, poêles, etc.). *Batterie de cuisine. Couteau de cuisine. Pièce attenante à la cuisine et réservée aux mêmes usages.* V. **Arrièrecuisine, office, souillarde.** *Manger à la cuisine. Fig. Parler un latin de cuisine.* ◇ Par ext. *Cuisine portative. Cuisine roulante de l'armée. Cuisine de poupée.* ♦ **2°** Préparation des aliments; art d'apprêter les aliments. V. **Culinaire** (art), **gastronomie.** « *La cuisine est le plus ancien des arts* » (BRILLATSAV.). *Faire la cuisine.* V. **Cuisiner.** *Cuisine au beurre, à l'huile. Les recettes de la cuisine chinoise. Cuisine bourgeoise**. *Personne qui sait bien faire la cuisine.* V. **Cordon** (-bleu). *Livre, recettes de cuisine.* — *Opérations de cuisine :* assaisonner, confire, cuire, découper, entrelarder, éplucher, farcir, flamber, fouetter, fourrer, frire, garnir, griller, larder, lier, mariner, parer, pocher, revenir (faire), rôtir, saisir, sauter (faire), etc. *Sel de cuisine :* sel gris ou gros sel. — *Spécialt.* La préparation des aliments consommés immédiatement (à l'exclusion de la pâtisserie, confiserie, des conserves). ◇ (XVIIIᵉ) *Fig.* et *fam.* Manœuvre, intrigue louche. *La cuisine électorale, parlementaire.* ♦ **3°** Aliments préparés qu'on sert aux repas. V. **Chère, manger** *(fam.)*, **ordinaire, repas, table** (Cf. *pop.* Bouffe, bouffetance, cuistance, frichti, fricot, popote, tambouille). *S'occuper de la cuisine. Amateur de bonne cuisine.* V. **Gourmet.** *Cuisine soignée, fine. Cuisine de restaurant, de cantine.* ♦ **4°** *Par ext.* Personnel qui travaille à la cuisine.

CUISINÉ, ÉE [kɥizine]. *adj.* (XXᵉ; V. **Cuisiner**). Préparé selon les règles de la cuisine. *Des crudités et des plats cuisinés. Ce charcutier vend des plats cuisinés à réchauffer.*

CUISINER [kɥizine]. *v.* (XIIIᵉ; de *cuisine*). ♦ **1°** *V. intr.* Faire la cuisine. *Elle cuisine bien.* ♦ *V. tr.* Préparer, accommoder. *Cuisiner de bons petits plats.* ◇ (1881) Fig. et fam. *Cuisiner qqn :* l'interroger, chercher à obtenir de lui des aveux par tous les moyens. « *On le questionne, on le cuisine : sans résultats* » (MART. du G.).

CUISINETTE [kɥizinɛt]. *n. f.* (1973; de *cuisine*). Partie d'une pièce utilisée comme cuisine (recomm. offic. pour remplacer l'anglicisme *kitchenette**).

1. CUISINIER, IÈRE [kɥizinje, jɛʀ]. *n.* (v. 1200; de *cuisine*). ♦ **1°** Personne qui a pour fonction de faire la cuisine. V. **Bonne, chef, coq, domestique, maître-queux, rôtisseur** (Cf. *pop.* Cuistancier, cuistot). *Bonnet de cuisinier. Tablier de cuisinière. Les comptes de la cuisinière. Habile cuisinier.* V. **Cordon** (-bleu). *Mauvais cuisinier.* V. **Gargotier, gâte-sauce.** **Aide-cuisinier.** V. **Marmiton.** ◇ *Par ext.* Personne qui sait faire la cuisine. *Elle est très bonne cuisinière.* ♦ **2°** (1690). *N. m.* Livre de cuisine. *Le cuisinier français.*

2. CUISINIÈRE [kɥizinjɛʀ]. *n. f.* (fin XIXᵉ; « rôtissoire », 1771; de *cuisinier,* 1°). Fourneau de cuisine servant à chauffer, à cuire les aliments. *Cuisinière à charbon, à gaz. Cuisinière électrique. Four, foyer, pot, bain-marie d'une cuisinière.*

CUISSAGE [kɥisaʒ]. *n. m.* (XVIᵉ; de *cuisse*). *Féod. Droit de cuissage,* droit qu'avait le seigneur de mettre la jambe dans le lit de la mariée la première nuit de noces, et, dans certaines localités, de passer cette première nuit avec elle.

CUISSARD [kɥisaʀ]. *n. m.* (1642; 1571, *cuissart,* de *cuisse*). ♦ **1°** Partie de l'armure qui couvrait la cuisse. ♦ **2°** Garniture de protection de la cuisse. *Cuissard de coureur cycliste.*

CUISSARDES [kɥisaʀd]. *n. f. pl.* (de *cuisse*). Bottes qui emboîtent la cuisse jusqu'à l'aine. Adj. *Bottes cuissardes.*

CUISSE [kɥis]. *n. f.* (*Quisse,* 1080; lat. *coxa* « hanche », puis « cuisse »). ♦ **1°** Partie du membre inférieur qui s'articule à la hanche et va jusqu'au genou. V. **Crural.** *Os de la cuisse.* V. **Fémur.** *L'aine sépare la cuisse de l'abdomen. Vêtement qui recouvre les cuisses, qui arrive à mi-cuisse.* ◇ (Animaux) *Cuisse du cheval, du mouton.* V. **Gigot.** *Cuisse du bœuf.* V. **Culotte, quasi.** *Cuisse du cochon.* V. **Jambon.** *Cuisse de chevreuil, gigue. Manger une cuisse de poulet.* V. **Pilon.** ♦ **2°** *Loc. Fam. Se croire sorti de la cuisse de Jupiter* (par allus. à Bacchus, enfermé dans la cuisse de Jupiter), se croire de très haute naissance, être très orgueilleux. — *Loc. adj. (Vx. ou plais.). Cuisse de nymphe émue,* d'un rose incarnadin. « *Un pantalon collant cuisse de nymphe émue* » (ARAGON).

CUISSEAU [kɥiso]. *n. m.* (v. 1650; de *cuissot*). Partie du veau dépecé (boucherie), du dessous de la queue au rognon. ◇ HOM. *Cuissot.*

CUISSE-MADAME [kɥismadam]. *n. f.* (*Cuissedame,* 1611; de *cuisse,* et *madame*). Variété de poire de forme allongée et de couleur fauve. *Des cuisses-madame.*

CUISSON [kɥis5]. *n. f.* (XIIIᵉ; lat. *coctio, onis,* de *coquere,* avec infl. de *cuire*). ♦ **1°** Action de cuire; préparation des aliments par le feu, la chaleur. *Cette viande demande une cuisson prolongée. Cuisson des sucres, des sirops* (ou *cuite*). *La cuisson du pain par le boulanger. Degré, temps de cuisson.* ♦ **2°** Préparation de certaines substances par le feu. *Cuisson industrielle. Cuisson des briques, des poteries, de la porcelaine.* ♦ **3°** Sensation analogue à une brûlure; douleur cuisante.

CUISSOT [kɥiso]. *n. m.* (fin XIIᵉ; de *cuisse*). ♦ **1°** *Vx.* Cuissard d'armure. ♦ **2°** Cuisse du gros gibier. *Cuissot de chevreuil, de sanglier.* ◇ HOM. *Cuisseau.*

CUISTANCE [kɥistãs]. *n. f.* (fin XIXᵉ; de *cuisine,* p.-ê. d'apr. *becquetance*). *Pop.* Cuisine (2° et 3°). *Faire la cuistance.*

CUISTOT [kɥisto]. *n. m.* (fin XIXᵉ; du précéd.). *Fam.* Cuisinier professionnel (surtout dans une communauté).

CUISTRE [kɥistʀ(ə)]. *n. m.* (1622; a. fr. *quistre,* nominat. de *coistron* « marmiton », bas lat. *°coquistro* « officier chargé de goûter les mets »). *Littér.* Pédant vaniteux et ridicule. « *Des cuistres qui prétendraient donner des règles pour écrire* » (FRANCE). *Adj. Il est un peu cuistre.*

CUISTRERIE [kɥistʀəʀi]. *n. f.* (1869; de *cuistre*). Pédantisme, procédés de cuistre. « *Vive la dissertation française, la cuistrerie n'est pas morte* » (J.-R. BLOCH).

CUIT, CUITE [kɥi, kɥit]. *adj.* (V. **Cuire**). ♦ **1°** Qui a subi la cuisson afin d'être consommé (*opposé* à *cru*). *Artichauts cuits. Aliment cuit à point, bien cuit. Aliment trop cuit* (V. **Brûlé, calciné, cramé**). *Bœuf peu cuit.* V. **Bleu, saignant.** *Légumes cuits au beurre. Des « truffes noires, que l'on mange cuites sous la cendre »* (CHARDONNE). — *Vin cuit,* épaissi par évaporation d'une partie du moût. *Vin cuit servi comme apéritif.* ♦ **2°** Qui a subi la cuisson pour un usage particulier. *Terre cuite.* ♦ **3°** *Loc. fig.* (1675; « ruiné », XVIᵉ). *Être cuit :* être pris, vaincu, battu (Cf. Fait, fichu, refait). ◇ *C'est tout cuit :* c'est réussi d'avance. « *Vous, vous êtes la femme d'un type célèbre, c'est du tout cuit* » (BEAUVOIR). Cf. *C'est dans la poche.*

CUITE [kɥit]. *n. f.* (XIIIᵉ; de *cuit*). ♦ **1°** *Techn.* Cuisson de certaines substances. *Cuite de la porcelaine. Donner une seconde cuite* (recuire). ♦ **2°** *Fam.* (1864; de *cuit* « ivre », dès 1660). *Prendre une cuite, une bonne cuite :* s'enivrer (*fam. Se cuiter*). *Il a sa cuite.*

CUITER (SE) [kɥite]. *v. pron.* (1869; de *cuite,* 2°). *Fam.* Prendre une cuite, s'enivrer. V. **Saler** (se). « *Tu auras tout le temps de dormir et même de te cuiter* » (VAILLAND).

CUIVRAGE [kɥivʀaʒ]. *n. m.* (1877; de *cuivrer,* 1°). *Techn.* Action de cuivrer.

CUIVRE [kɥivʀ(ə)]. *n. m.* (1160; lat. *°coprium, cuprium,* class. *cyprium, æs cyprium* « bronze de Chypre »). ♦ **1°** *Corps simple* (Symb. Cu; p. at. 63,54; n° at. 29), métal rouge, fusible à 1084 °C, très malléable et ductile, bon conducteur électrique (densité. 8,95). *Minerais de cuivre.* V. **Cuprifère;** *azurite, chalcopyrite, chalcosine, cuprite, malachite.* — Par ext. *Cuivre gris :* sulfure complexe à l'état natif. *Mine de cuivre. Alliages de cuivre.* V. **Airain, argentan, bronze, chrysocale, constantan, laiton, maillechort, pacfung, tombac.** — *Oxydes de cuivre :* oxyde cuivreux Cu_2O (oxyde rouge) et cuivrique (CuO). *Sulfate de cuivre* ($CuSO_4$) *employé en viticulture dans la bouillie bordelaise.* — *Cuivre embouti, repoussé. Casseroles en cuivre.* « *Les cuves et les appareils de cuivre rouge ont une couleur riche* » (CHARDONNE). *Clochette, cymbale en cuivre. Cuivre employé en bijouterie.* V. **Clinquant, paillon.** *Gravure sur cuivre.* V. **Chalcographie.** ♦ **2°** (*plur.*). Objets en cuivre. **Les cuivres :** ensemble d'instruments de cuisine, d'objets d'ornement en cuivre, en laiton. *Astiquer, faire briller les cuivres. Faire les cuivres* (fam.). « *Il nous enseigna l'emploi du tripoli pour le polissage des cuivres* » (FRANCE). — *Planches de cuivre gravées. Acheter les cuivres des illustrations d'un livre.* ◇ Ensemble des instruments à vent en cuivre employés dans l'orchestre. V. **Cor, trombone, trompette.** *Orchestre de cuivres.* V. **Fanfare.**

CUIVRÉ, ÉE [kɥivʀe]. *adj.* (1587, « en cuivre »; sens mod., 1783; de *cuivre*). ♦ **1°** Qui a la couleur rougeâtre du cuivre. *Reflets cuivrés. Les Indiens d'Amérique ont la peau cuivrée.* V. aussi **Bronzé, hâlé.** ♦ **2°** Qui a un timbre éclatant comme un instrument de cuivre. *Voix cuivrée et chaude.*

CUIVRER [kɥivʀe]. *v. tr.* (1723; de *cuivre*). ♦ **1°** *Techn.* Recouvrir de cuivre la surface de. ♦ **2°** Donner une teinte cuivrée. « *La glace qui les mord, le soleil qui les cuivre* » (BAUDEL.)

CUIVREUX, EUSE [kɥivʀø, øz]. *adj.* (1580; de *cuivre*). ♦ **1°** *Vx.* Qui contient du cuivre. *Alliage cuivreux.* ♦ **2°** *Chim.*

mod. Se dit d'un composé de cuivre monovalent. *Oxyde cuivreux* (Cu₂O), ou *cuprite.*

CUIVRIQUE [kɥivʀik]. *adj.* (1845; de *cuivre*). Chim. Composé de cuivre bivalent. *Sels cuivriques.*

CUL [ky]. *n. m.* (XIIIᵉ; lat. *culus*; Cf. Acculer, basculer, bousculer, culbuter, culotte, éculé, reculer). ♦ 1° Pop. Derrière. V. **Arrière-train, croupe, derrière, fesse, fondement, postérieur** (Cf. *pop.* Croupion, lune, panier, pétard, train, verre de montre). — *Tomber sur le cul. Il en est resté sur le cul* : très étonné. *Renverser cul par-dessus tête.* V. **Basculer, culbuter.** Vulg. *Le trou du cul* : l'anus. — *Taper le cul par terre, faire un tape-cul.* Fig. *Se taper le cul par terre* (de rire). — *Donner, recevoir des coups de pied au cul. Botter le cul. Avoir le feu* au cul.* — *Lécher le cul à qqn* : le flatter bassement. On dit aussi *C'est un lèche-cul.* — *Être comme cul et chemise* : être inséparables. — Vulg. *En avoir plein le cul* : en avoir assez (Cf. Plein le dos, jusque-là, par-dessus la tête). *Se casser* le cul. Péter plus haut que son cul* : « viser trop haut » (ACAD.). — Arg. milit. *Tirer au cul* : travailler le moins possible sous de mauvais prétextes, en simulant. *C'est un tire-au-cul.* V. **Tire-au-flanc.** ◇ *Animaux* (s'emploie avec sa valeur triviale, dans des comp.) *Cul-doré* (bombyx), *cul-rouge* (pic épeiche), etc. V. **Cul-blanc.** ♦ 2° Par ext. *Faux cul, Cul* se disait d'une sorte de tournure que les femmes portèrent à diverses époques. ♦ 3° Pop. T. d'injure. V. **Crétin, idiot, imbécile.** *Quel cul!* Adj. *Ce qu'il est cul! Un peu cul.* V. **Cucul.** ♦ 4° Par anal. (emploi non vulgaire). Fond de certains objets. *Cul de bouteille, de verre, de pot.* — *Faire cul sec en buvant* : vider le verre d'un trait. — *Cul d'artichaut* : le fond, la partie qui porte le foin. V. *aussi* **Cul-de-basse-fosse, cul-de-four, cul-de-jatte, cul-lampe, cul-de-sac.** ◇ HOM. Q.

CULASSE [kylas]. *n. f.* (*Culace*, 1573; de *cul*). ♦ 1° Extrémité postérieure du canon d'une arme à feu. *Culasse d'un fusil, d'un canon. Charger par la culasse. Culasse mobile* : pièce d'acier contenant le système de percussion et qui ferme l'orifice postérieur des fusils et canons. *Bloc de culasse.* ♦ 2° Partie supérieure du cylindre d'un moteur à combustion ou à explosion, dans laquelle les gaz sont comprimés. *Moteur à culasse rapportée. Joint de culasse.* ♦ 3° Techn. (*Joaillerie*). Partie inférieure d'une pierre précieuse.

CUL-BLANC [kyblɑ̃]. *n. m.* (1555; de *cul,* et *blanc*). Nom courant d'oiseaux à croupion blanc (le traquet motteux; un pétrel).

CULBUTAGE [kylbytaʒ]. *n. m.* (1853; de *culbuter*). Rare. Action de culbuter.

CULBUTE [kylbyt]. *n. f.* (1493; de *culbuter*). ♦ 1° Tour qu'on fait en mettant la tête en bas et les jambes en haut, de façon à retomber de l'autre côté. V. **Cabriole, galipette, roulé-boulé.** *Prendre appui sur les mains et la tête pour faire la culbute.* ◇ Natation. Manière de virer et se retournant sur soi-même (en compétition, par ex.). ♦ 2° Chute où l'on tombe brusquement à la renverse. V. **Dégringolade.** *Se rompre le cou en faisant une culbute dans l'escalier.* ◇ Fig. et fam. *Faire la culbute* : tomber dans la ruine. *Ce banquier a fait la culbute.* V. **Banqueroute, faillite, ruine.** *La culbute d'un ministère.* V. **Chute.** — Loc. prov. « *Au bout du fossé, la culbute! Le monde va droit à la crise, à la catastrophe inévitable* » (MART. du G.). ♦ 3° Fig. Comm. *Faire la culbute* (du double mouvement de la culbute), revendre qqch. au double du prix d'achat.

CULBUTER [kylbyte]. *v.* (*Culebuter*, 1480; de *cul,* et *buter*).
I. *V. intr.* Faire une culbute (2°), tomber à la renverse. V. **Basculer, dégringoler, tomber.** *Voiture qui culbute.* V. **Capoter, renverser** (se), **verser.** *Embarcation qui culbute.* V. **Chavirer.**
II. *V. tr.* ♦ 1° Faire tomber brusquement (qqn). V. **Renverser.** *Pousser qqn pour le culbuter.* ♦ 2° Bousculer, pousser. *Culbuter l'ennemi.* V. **Défaire, enfoncer, repousser.** *Il a tout culbuté sur son passage.* V. **Bouleverser, démolir.** — Fig. V. **Renverser, repousser.** *Culbuter le ministère.* « *Ce Shakespeare enjambe les convenances, il culbute Aristote* » (HUGO). « *Une vérité d'accent qui culbute les objections* » (GIDE). ♦ 3° Vulg. *Culbuter une femme,* pour la posséder sexuellement.

CULBUTEUR [kylbytœʀ]. *n. m.* (1599, « acrobate »; de *culbuter*). ♦ 1° (1876; adj. 1860). Dispositif servant à faire basculer un récipient, un wagon, un levier. V. **Basculeur.** Spécialt. *Culbuteur de wagonnets à benne mobile* : sorte de heurtoir. ♦ 2° (1907). Dans un moteur à explosion, levier oscillant placé au-dessus des cylindres et servant à ouvrir et à fermer les soupapes. *Tiges de culbuteur. Moteur à culbuteurs.*

CUL-DE-BASSE-FOSSE [kydbɑsfos]. *n. m.* (1688; *cul de fosse,* 1555; de *cul, bas,* et *fosse*). Cachot souterrain. « *Bonaparte m'aurait jeté dans un cul-de-basse-fosse pour le reste de ma vie* » (CHATEAUB.). *Des culs-de-basse-fosse.*

CUL-DE-FOUR [kydfuʀ]. *n. m.* (XIVᵉ; de *cul,* et *four*). Archit. Voûte formée d'une demi-coupole (quart de sphère). *Abside romane voûtée en cul-de-four. Des culs-de-four.*

CUL-DE-JATTE [kydʒat]. *adj. et n.* (1640; de *cul,* et

jatte). Infirme qui n'a plus de jambes. *Des culs-de-jatte.*

CUL-DE-LAMPE [kydlɑ̃p]. *n. m.* (XVᵉ; de *cul,* et *lampe*). Archit. Ornement dont la forme rappelle le dessous d'une lampe d'église. *Cul-de-lampe servant de console, d'encorbellement. Des culs-de-lampe.* ◇ Vignette gravée à la fin d'un chapitre, et dont la forme triangulaire rappelle le fond des lampes d'église. *Cul-de-lampe historié.*

CUL-DE-PORC [kydpɔʀ]. *n. m.* (1754; altér. de *cul-de-pot,* d'apr. *porc,* var. *cul de port,* 1687). Nœud de marine. *Des culs-de-porc.*

CUL-DE-POULE (EN) [ɑ̃kydpul]. *n. m.* (XVIᵉ; « ulcère »; *faire le cul-de-poule,* 1660; de *cul,* et *poule*). Loc. *Bouche en cul-de-poule* : qui s'arrondit et se resserre en faisant une petite moue. « *Ce chapeau à la main et aux lèvres un sourire en cul-de-poule* » (A. ALLAIS).

CUL-DE-SAC [kydsak]. *n. m.* (déb. XIIIᵉ; de *cul,* et *sac*). ♦ 1° Rue sans issue. V. **Impasse.** « *Un dédale inextricable de ruelles, de carrefours et de culs-de-sac* » (HUGO). — *Couloir, galerie se terminant en cul-de-sac.* ♦ 2° Fig. Carrière, entreprise sans issue, qui ne mène à rien. *Cette situation est un cul-de-sac.* V. **Impasse.**

CULÉE [kyle]. *n. f.* (1355; de *cul*). Massif de maçonnerie destiné à contenir la poussée d'un arc, d'une arche, d'une voûte. *La culée d'un arc-boutant.* V. **Contrefort.** — Spécialt. Butée d'un pont.

CULER [kyle]. *v. intr.* (1687; « frapper au cul », 1482; de *cul*). Mar. Aller en arrière. V. **Reculer.** *Nager à culer!*

CULERON [kylʀɔ̃]. *n. m.* (1611; de *cul*). Partie de la croupière sur laquelle repose la queue d'un cheval harnaché.

CULEX [kylɛks]. *n. m.* (XVIIIᵉ, Linné; mot lat.). Nom scientifique du moustique appelé *Cousin* (*Culicidés* [kyliside]).

CULIÈRE [kyljɛʀ]. *n. f.* (XIIIᵉ; de *cul*). Sangle fixée au derrière du cheval pour empêcher le harnais de glisser.

CULINAIRE [kylinɛʀ]. *adj.* (1546; lat. *culinarius,* de *culina* « cuisine »). Qui a rapport à la cuisine (2°). V. **Gastronomique.** *Art culinaire. Recettes culinaires. Préparations culinaires.*

CULMINANT, ANTE [kylminɑ̃, ɑ̃t]. *adj.* (1708, astron.; lat. *culminans.* V. **Culminer.**) ♦ 1° Qui atteint sa plus grande hauteur. *Astre qui passe à son point culminant.* ♦ 2° (1835). Qui domine. *Point culminant d'une chaîne de montagnes.* ◇ Fig. *Point culminant.* V. **Apogée, comble, faîte, maximum, sommet, summum, zénith.** « *La Convention est peut-être le point culminant de l'histoire* » (HUGO). ◇ ANT. *Bas, inférieur.*

CULMINATION [kylminasjɔ̃]. *n. f.* (v. 1600, fig.; lat. *culminatio,* de *culminare.* V. **Culminer.**) Didact. Passage d'un astre à son point culminant.

CULMINER [kylmine]. *v. intr.* (1751; lat. médiév. *culminare,* de *culmen* « comble »). ♦ 1° Astron. Passer par le point le plus élevé au-dessus de l'horizon, en parlant d'un astre. *Étoile, planète qui culmine.* ♦ 2° Atteindre une hauteur plus grande. *Montagne, pic qui culmine au-dessus des sommets voisins.* V. **Dominer, surplomber.** — Fig. (fin XIXᵉ) Atteindre son maximum, son point culminant. V. **Plafonner.** ◇ ANT. *Baisser, descendre.*

CULOT [kylo]. *n. m.* (1319, « fond, sac »; de *cul*). ♦ 1° Partie inférieure de certains objets. V. **Fond.** Spécialt. (1680) Partie inférieure d'une lampe d'église, d'un bobéchon. Ornement architectural. ◇ Fond métallique. *Le culot de la cartouche contient la capsule. Culot d'obus, de bombe.* Électr. *Culot d'une lampe.* — Auto. *Culot de bougie.* ♦ 2° (1690). Ce qui s'amasse au fond d'un récipient. V. **Dépôt, résidu.** — Résidu métallique au fond d'un creuset. *Culot de centrifugation* (la partie la plus dense). ◇ Résidu qui se forme au fond d'une pipe. V. **Culotter.** ◇ Géol. (XXᵉ) *Culot volcanique* : ancienne cheminée remplie de laves, que l'érosion a épargnée (elle forme alors une cheminée dressée). ♦ 3° (1606). Fig. et vieilli. V. **Dernier.** Dernier enfant d'une famille. V. **Benjamin.** ◇ Élève qui est le dernier de sa classe ; le dernier reçu à un concours. ♦ 4° Fam. (1879; Cf. l'évolution du mot *aplomb*). V. **Aplomb, audace, effronterie, toupet.** *Avoir du culot. Quel culot! Il ne manque pas de culot! Il a un sacré culot.* V. **Culotté** (2). « *Jamais nous n'aurions eu le « culot » de déranger nos aînés* » (GIDE). ◇ ANT. *Haut. Sommet. Timidité-retenue.*

CULOTTAGE [kylɔtaʒ]. *n. m.* (1845; de *culotter*). Action de culotter une pipe. ◇ État de ce qui est culotté, noirci.

CULOTTE [kylɔt]. *n. f.* (1593; *haut de chausses à la culotte,* 1515; de *cul*). ♦ 1° Vêtement masculin de dessus qui couvre de la ceinture aux genoux (d'abord serré aux genoux) et dont la partie inférieure est divisée en deux éléments habillant chacun une cuisse (*opposé à* pantalon; Cf. Les sans-culottes). V. **Chausse** (haut-de-chausses), **grègue.** Mod. et fam. *Des culottes. Culottes courtes.* V. **Short.** *Les jambes, le fond d'une culotte. User ses fonds de culotte sur les bancs de l'école. Boutons de culotte.* — *Culotte de cheval. Culotte de golf.* V. **Knickerbocker.** — V. *aussi* **Jupe-culotte.** — *Culotte de peau,* que portaient autrefois les militaires. Fig. et par dénigr. *Une vieille culotte de peau :* un militaire borné. V. **Baderne**. ◇ (Incluant les pantalons) *Acheter à un enfant des culottes longues.* V. **Pantalon**. Loc. *Attraper qqn par le fond de la culotte.* Vulg. *Baisser, poser culotte.* — Fam. *Trembler dans sa culotte :* avoir très peur. — Fig. et fam. *Dans ce ménage, c'est la femme qui porte la culotte :* c'est elle qui commande. « *Dans le ménage, c'était le mari qui portait les jupes et la femme les culottes* » (PROUST). ♦ 2° Vêtement féminin de dessous qui couvre le bas du tronc, avec deux ouvertures pour les jambes. V. **Slip**. *Entre-jambe d'une culotte. Gaine-culotte.* ◇ *Culotte de bain* (hommes, enfants). V. **Caleçon**. — *Culotte de bébé. Couche-culotte.* ♦ 3° *Boucher.* Partie de la cuisse du bœuf, de l'échine au filet. ♦ 4° Fam. (1842). Perte importante au jeu. *Prendre une culotte.*

1. **CULOTTÉ, ÉE** [kylɔte]. adj. (1832; de *culotter* 2). ♦ 1° *Pipe culottée :* dont le fourneau est couvert d'un dépôt noir. « *Une superbe pipe en écume admirablement culottée* » (MAUPASS.). ♦ 2° Noirci par un dépôt quelconque. *Cuir culotté.*

2. **CULOTTÉ, ÉE** [kylɔte]. adj. (1792, repris fin XIXe; de *culot*, 2°). Fam. Qui a du culot. V. **Effronté, gonflé** *(fam.).*

1. **CULOTTER** [kylɔte]. v. tr. (1792, p. p.; de *culotte*). Vêtir d'une culotte ; mettre une culotte à. Pronom. *Se culotter.* « *Votre majesté Est mal culottée* » (Chanson du roi Dagobert). ◇ ANT. *Déculotter.*

2. **CULOTTER** [kylɔte]. v. tr. (1823; de *culot*). *Culotter une pipe :* garnir son fourneau, à force de la fumer, d'une sorte de dépôt noir. *Une pipe bien culottée.*

CULOTTIER, IÈRE [kylɔtje, jɛʀ]. n. (1790; de *culotte*). Personne qui confectionne les culottes, des pantalons.

CULPABILISATION [kylpabilizasjɔ̃]. n. f. (1970; de *culpabiliser*). Le fait de culpabiliser* ; son résultat. « *Il y a une entreprise de démoralisation de la France, de culpabilisation de la France* » (O.R.T.F., 31-01-1970). ◇ ANT. *Déculpabilisation.*

CULPABILISER [kylpabilize]. v. tr. (1966; lat. *culpabilis*). Psychan. Donner un sentiment de culpabilité à. *Cette mort dont il se sent responsable le culpabilise. Se sentir culpabilisé.* — Par ext. *Culpabiliser l'opinion.* On emploie aussi CULPABILISANT, ANTE, adj. — V. **Culpabilisation**. ◇ ANT. *Déculpabiliser.*

CULPABILITÉ [kylpabilite]. n. f. (1791; lat. *culpabilis*. V. **Coupable**). ♦ 1° État de celui qui est coupable. *Nier sa culpabilité. Établir la culpabilité d'un accusé. Culpabilité morale.* « *La culpabilité de l'humanité, presque chaque humain la porte* » (GIRAUDOUX). ♦ 2° Psycho. *Sentiment de culpabilité,* sentiment par lequel on se sent coupable, qu'on le soit réellement ou non (V. **Autopunition**). « *Ma jalousie infantile a engendré à la mort de mon frère un sentiment de culpabilité* » (BEAUVOIR). ◇ ANT. *Innocence.*

CULTE [kylt(ə)]. n. m. (1570, var. *cult*; lat. *cultus*, p. p. de *colere* « adorer »). ♦ 1° Hommage religieux rendu à la divinité ou à un saint personnage. *Culte de Dieu, des Saints* (culte de latrie et de dulie, relig. cathol.). *Rendre un culte à la divinité.* « *Le culte que Dieu demande est celui du cœur* » (ROUSS.). — *Le culte de la cité* (antiq.), *du feu, des morts.* « *Le culte du Démon n'est pas plus insane que celui de Dieu* » (HUYSMANS). *Culte de la Raison, de l'Être suprême.* ♦ 2° Pratiques réglées par une religion, pour rendre hommage à la divinité. V. **Liturgie; office, pratique, rite, service**. *Ministre du culte.* V. **Prêtre; clergé, pasteur, rabbin**. *Édifice consacré au culte.* V. **Temple; chapelle, église, mosquée, synagogue**. *Instruments, cérémonies du culte. Le denier* du culte.* — *Culte catholique, protestant, musulman,* etc. Dr. *La liberté des cultes. Le ministre des cultes* (avant la loi de 1905 sur la séparation des Églises et de l'État). ♦ 3° Spécial. et absolt. Service religieux protestant. *Assister au culte. Présider le culte.* ♦ 4° Par ext. Religion. V. **Confession**. *Changer de culte. Abandonner le culte, revenir au culte de ses pères.* ♦ 5° Fig. Admiration mêlée de vénération, que l'on voue à qqn ou à qqch. V. **Adoration, amour, attachement, dévouement, vénération**. *Rendre, vouer un culte à qqn.* V. **Honorer**. *Avoir un culte pour ses parents.* Proudhon « *eut de tout temps pour sa mère un dévouement, un culte dont il ne trahissait que l'essentiel* » (STE-BEUVE). *Le culte de la personnalité*.* — *Avoir le culte de la patrie, de la justice, du passé, de la tradition.* « *Elle m'initia au culte de la grâce et de la vénusté* » (FRANCE). — *Avoir le culte de l'argent.* ◇ ANT. *Indifférence. Haine.*

CUL-TERREUX [kytɛʀø]. n. m. (1869; de *cul*, et *terreux*). Fam. et péj. Paysan. *Des culs-terreux.*

-CULTEUR. Élément, du lat. *cultor* « qui cultive ».

CULTISME [kyltism(ə)]. n. m. (1823; esp. *cultismo,* du lat. *cultus* « cultivé »). Hist. littér. Affectation du style, mise à la mode au début du XVIIe s. par certains écrivains espagnols (Gongora). V. **Gongorisme**.

CULTIVABLE [kyltivabl(ə)]. adj. (1308; de *cultiver*). Qui peut être cultivé, produire des récoltes. *Espace cultivable.* ◇ ANT. *Incultivable.*

CULTIVATEUR, TRICE [kyltivatœʀ, tʀis]. n. (v. 1360; de *cultiver*). ♦ 1° Personne qui cultive la terre, exploite une terre. V. **Agriculteur, fermier, métayer, paysan, planteur, vigneron**. *Un riche cultivateur. Les petits cultivateurs.* — Adj. *Peuple cultivateur.* ♦ 2° N. m. (1796). Machine aratoire, équipée de petits socs réversibles servant au labour superficiel. V. **Charrue**.

CULTIVÉ, ÉE [kyltive]. adj. (1538; V. **Cultiver**). ♦ 1° Travaillé par la culture (Cf. Mis en valeur). *Terres cultivées.* — Qu'on a fait pousser. *Plantes cultivées.* ♦ 2° Qui a de la culture, une instruction générale bien assimilée. *Esprit cultivé.* V. **Érudit, lettré**. *Des gens peu cultivés.* ◇ ANT. *Inculte.*

CULTIVER [kyltive]. v. tr. (v. 1200; lat. médiév. *cultivare,* de *cultus* p. p. de *colere* « cultiver »). ♦ 1° Travailler (la terre) pour lui faire produire des végétaux utiles aux besoins de l'homme. V. **Bêcher, défricher, fertiliser, labourer, planter, semer; agriculture**. *Cultiver un champ, un coin de terre.* « *Cela est bien dit, répondit Candide, mais il faut cultiver notre jardin* » (VOLT.). Pronom. *Cette terre se cultive facilement.* ♦ 2° Soumettre (une plante) à divers soins en vue de favoriser sa venue ; faire pousser, venir. V. **Faire** *(fam.* Faire du blé), **soigner**. *Cultiver la vigne, des céréales.* « *Il était bien préférable, pour obtenir un bon rendement, de ne cultiver que deux variétés de pommes* » (DUHAM.). ◇ (Cultiver les abeilles, 1869). Soigner, élever (certains animaux inférieurs ou fixés). « *Parmi les coquillages les plus goûtés, certains sont cultivés* » (LAMBERT). ♦ 3° Fig. (1538). Former par l'éducation, l'instruction. V. **Éduquer, former, perfectionner**. *Cultiver l'intelligence, les bonnes dispositions d'un enfant. Cultiver un goût, un don.* « *Il aimait peu cultiver en lui les humeurs sombres et le soupçon* » (ROMAINS). ♦ 4° Fig. S'intéresser à (qqch.), consacrer son temps, ses soins à. V. **Adonner (s'), intéresser (s')**. *Cultiver les sciences.* « *M. et Mme Dupin cultivèrent ensemble les lettres et la musique* » (MAUROIS). ♦ 5° Entretenir des relations amicales avec (qqn). *Cultiver ses relations.* V. **Soigner**. *C'est une relation, c'est un homme à cultiver, qu'il est prudent de cultiver.* « *Je la cultivai, je sus lui plaire* » (BALZ.). ♦ 6° SE CULTIVER. v. pron. Cultiver son esprit, son intelligence. *Avoir le souci de se cultiver.*

CULTUEL, ELLE [kyltɥɛl]. adj. (1872; de *culte;* Cf. Rituel). Du culte ; relatif au culte. *Édifices cultuels. Associations cultuelles.*

CULTURAL, ALE, AUX [kyltyʀal, o]. adj. (1846; de *culture*). Relatif à la culture des terres, du sol. *Procédés culturaux, façons culturales.*

CULTURALISME [kyltyʀalism(ə)]. n. m. (mil. XXe; de *culturel,* 2°, d'apr. l'angl.). Doctrine sociologique qui fait apparaître l'action du milieu « culturel » (des formes acquises de comportement) sur l'individu. « *Le dialogue entre le biologisme et le culturalisme est plein d'enseignements pour la pathologie psychosomatique* » (DELAY). — On emploie aussi CULTURALISTE, adj. et n.

-CULTURE. Élément, du lat. *cultura* « culture ».

1. **CULTURE** [kyltyʀ]. n. f. (1509; a. fr. *couture,* XIIe; lat. *cultura*).

I. ♦ 1° Action de cultiver la terre; ensemble des opérations propres à tirer du sol les végétaux utiles à l'homme et aux animaux domestiques. V. **Agriculture**. *Culture d'un champ d'un verger, d'une exploitation. Travaux de culture.* V. **Agricole**. — *Pays de petite, de moyenne, de grande culture. Culture familiale.* — *Culture irriguée. Culture sèche* (dry farming). *Culture mécanique* ou *motoculture.* ♦ 2° Par ext. *Terres cultivées. L'étendue des cultures.* « *Fermes, coteaux, cyprès, cultures, routes étroites* » (BOSCO). ♦ 3° Action de cultiver (un végétal). V. **Arboriculture, floriculture, horticulture, sylviculture, viticulture**. *Cultures des céréales, de la vigne; culture fruitière; culture maraîchère. Cultures tropicales. Culture en serre. Culture hâtée, forcée :* usage de méthodes artificielles pour obtenir des récoltes en dehors des saisons normales. *Culture intensive*; culture extensive*.* — *Culture alterne* ou *rotation de culture.* V. **Assolement**. *Culture spécialisée.* V. **Monoculture**. ◇ Par anal. Action de cultiver* certains animaux fixés. *Culture des moules, des huîtres.* Cf. *Mytiliculture, ostréiculture.*

II. (1878). *Culture microbienne* (ou *bactérienne*) : procédé consistant à faire croître des micro-organismes en milieu approprié; les micro-organismes ainsi obtenus. *Bouillon de culture.* V. **Bouillon**. — *Culture de tissus,* multiplication de cellules provenant d'un fragment de tissu vivant, obtenue artificiellement sur des milieux nutritifs adéquats.

2. **CULTURE** [kyltyʀ]. n. f. (v. 1550; de *culture* 1) ♦ 1° (v. 1550). Développement de certaines facultés de l'esprit par des exercices intellectuels appropriés. Par ext. Ensemble des connaissances acquises qui permettent de développer le sens critique, le goût, le jugement. V. **Connaissance, éducation, formation, instruction, savoir**. « *La culture, c'est ce qui reste quand on a tout oublié* » (HERRIOT). *Une vaste, une haute, une forte, une solide culture. Un homme dépourvu de culture.* V. **Inculte**. — (Dans un domaine particulier) *Culture philosophique, littéraire, scientifique, artistique.*

Culture classique (Cf. Humanités). *Culture générale :* dans les domaines considérés comme nécessaires à tous (en dehors des spécialités, des métiers). — *Maison* de la culture. — Culture de masse,* diffusée au sein d'une société par des moyens d'information massifs (mass media) et correspondant à une idéologie. ♦ 2° Ensemble des aspects intellectuels d'une civilisation. *La culture gréco-latine. Culture occidentale, orientale. La culture française.* ♦ 3° Didact. Ensemble des formes acquises de comportement, dans les sociétés humaines. V. **Culturel** (2°) ; culturalisme. ♦ 4° CULTURE PHYSIQUE : développement méthodique du corps par des exercices appropriés et gradués. V. **Culturisme,** éducation (physique), gymnastique. *Séances de culture physique.* « *La culture physique semblait depuis quelque temps devoir le dispenser du régime* » (ROMAINS). ◊ ANT. *Friche, jachère. Ignorance.*

CULTUREL, ELLE [kyltyʀɛl]. *adj.* (1929 ; de *culture* (II), d'apr. all. *kulturell*). ♦ 1° Qui est relatif à la culture, à la civilisation dans ses aspects intellectuels. *Les revendications culturelles des minorités ethniques. Communauté à la recherche d'une identité culturelle. Relations culturelles. Attaché culturel auprès d'un gouvernement étranger. Mission culturelle de l'*U.N.E.S.C.O. *Centre* culturel.* ♦ 2° Didact. (mil. XXᵉ ; angl. *cultural*). Relatif aux formes acquises de comportement, et non pas à l'hérédité biologique. *Facteurs naturels et facteurs culturels. Milieu culturel.*

CULTURISME [kyltyʀism(ə)]. *n. m.* (v. 1965 ; de *culture*). Culture physique analytique où l'on fait travailler certains groupes musculaires pour les développer de façon apparente. *Le culturisme est à base de barres, poids et haltères.*

CULTURISTE [kyltyʀist(ə)]. *adj.* et *n. m.* (v. 1965 ; de *culturisme*). Qui concerne le culturisme. *Méthodes culturistes.* — *Un culturiste.*

CUMIN [kymɛ̃]. *n. m.* (*Comin,* 1260 ; lat. *cuminum,* gr. *kuminon,* d'o. orientale). ♦ 1° Plante (*Ombelliféracées*) originaire du Levant, à graines aromatiques. *Cumin des prés,* V. **Carvi.** ♦ 2° Graines de carvi utilisées comme assaisonnement. *Fromage de Munster au cumin.*

CUMUL [kymyl]. *n. m.* (1692 ; de *cumuler*). Action de cumuler. Dr. *Cumul d'actions :* faculté d'exercer simultanément ou successivement plusieurs actions en justice, ayant rapport au même fait juridique. *Cumul du possessoire et du pétitoire. Cumul des peines :* système en vertu duquel, en cas de pluralité d'infractions, les peines encourues s'additionnent. — Admin. et cour. *Cumul de fonctions, de charges :* réunion en une même personne de plusieurs fonctions publiques ou mandats électifs et des traitements ou émoluments qui y sont attachés. *Cumul de traitements,* par une personne occupant ou ayant occupé plusieurs emplois. *Impossibilité de cumul* (V. **Incompatibilité**). — *Cumul des responsabilités,* recherche, par la victime, de la faute de l'État ou de son agent. ◊ ANT. *Indépendance, séparation.*

CUMULARD [kymylaʀ]. *n. m.* (1821 ; de *cumuler,* et suff. péj. *-ard*). Péj. Personne qui cumule les emplois, les avantages auxquels elle ne devrait pas avoir droit.

CUMULATIF, IVE [kymylatif, iv]. *adj.* (1690 ; de *cumuler,* et *-atif*). Qui fait double emploi (dr.). *Donation cumulative.* ◊ Qui s'ajoute. *Facteurs cumulatifs* (biol.) ; *processus cumulatifs* (écon.).

CUMULER [kymyle]. *v. tr.* (1355 ; lat. *cumulare.* V. **Combler**). Dr. Réunir en sa personne (plusieurs choses différentes). *Cumuler des droits, dans une succession. Cumuler deux fonctions.* V. **Cumul.** Cour. *Cumuler deux places, deux traitements.* Absolt. *Il cumule.* ◊ ANT. *Dissocier, séparer.*

CUMULO-NIMBUS [kymylɔnɛ̃bys]. *n. m.* (1891 ; de *cumulus,* et *nimbus*). Météo. Amas de grands nuages sombres.

CUMULO-STRATUS [kymylɔstʀatys]. *n. m.* (1830 ; de *cumulus,* et *stratus*). V. **Strato-cumulus.**

CUMULO-VOLCAN [kymylɔvɔlkɑ̃]. *n. m.* (1907 ; lat. *cumulus,* et *volcan*). Géol. Volcan dont la lave sort et se solidifie en formant un dôme.

CUMULUS [kymylys]. *n. m.* (1830 ; mot lat. « amas »). Gros nuage arrondi ayant des parties vivement éclairées.

CUNÉIFORME [kyneifɔʀm(ə)]. *adj.* (1560 ; du lat. *cuneus* « coin », et *-forme*). Didact. Qui a la forme d'un coin. ♦ 1° Anat. *Os cunéiformes :* se dit des trois os de la seconde rangée du tarse. Subst. *Les cunéiformes.* ♦ 2° (1813). *Écriture cunéiforme :* écriture des Assyriens, des Mèdes, des Perses formée de signes en fer de lance ou en clous diversement combinés. *Caractères cunéiformes.*

CUNICULICULTURE ou **CUNICULTURE** [kynikylikyltyʀ, kynikyltyʀ]. *n. f.* (1922-1916 ; du lat. *cuniculus* « lapin » et *-culture*). Didact. Élevage du lapin domestique.

CUNNILINGUS [kynilɛgys]. *n. m.* (mot lat., du rad. de *cunnus,* et de *lingere* « lécher »). Didact. Pratique sexuelle qui met la bouche au contact des parties génitales féminines (V. **Bucco-génital ;** fellation).

CUPIDE [kypid]. *adj.* (1371 ; lat. *cupidus,* de *cupere* « désirer »). Littér. Qui est avide d'argent. V. **Âpre, avide, rapace.**

Un homme d'affaires cupide. Âme cupide. V. **Mercenaire.** ◊ ANT. *Désintéressé, généreux.*

CUPIDEMENT [kypidmɑ̃]. *adv.* (1583 ; de *cupide*). Littér. D'une manière cupide.

CUPIDITÉ [kypidite]. *n. f.* (1398 ; lat. *cupiditas.* V. **Cupide**). Désir immodéré de l'argent, des richesses. V. **Âpreté, avidité, convoitise, rapacité.** — Par ext. « *La surprise des nourritures nouvelles excitait la cupidité des estomacs* » (FLAUB.). ◊ ANT. *Désintéressement, détachement, générosité.*

CUPRI-, CUPRO-. Éléments, du lat. *cuprum* « suivre ».

CUPRIFÈRE [kypʀifɛʀ]. *adj.* (1842 ; de *cupri-* et *-fère*). Didact. Qui renferme du cuivre. V. **Cuprique.** *Terrain, minerai cuprifère.*

CUPRIQUE [kypʀik]. *adj.* (1845 ; du lat. *cuprum* « cuivre »). Didact. Qui est relatif au cuivre ; qui est de la nature du cuivre. *Bouillie cuprique. Protéide cuprique.*

CUPRITE [kypʀit]. *n. f.* (1869 ; du lat. *cuprum* « cuivre »). Cuivre oxydulé (Cu_2O) ou sous-oxyde de cuivre naturel.

CUPRO-. V. **Cupri-.**

CUPRO-ALLIAGE [kypʀɔaljaʒ]. *n. m.* (XXᵉ ; de *cupro-* et *alliage*). Techn. Alliage à base de cuivre (ex. : le *cupro-aluminium*).

CUPRO-AMMONIACAL, ALE, AUX [kypʀɔamɔnjakal, o]. *adj.* (1890 ; de *cupro-,* et *ammoniacal*). *Liqueur cuproammoniacale :* dissolution ammoniacale d'oxyde de cuivre, utilisée pour l'imperméabilisation de certains corps (papier, voile).

CUPRO-NICKEL [kypʀɔnikɛl]. *n. m.* (1933 ; de *cupro-,* et *nickel*). Alliage de cuivre et de nickel.

CUPULE [kypyl]. *n. f.* (1611 ; lat. *cupula* « petit tonneau », confondu avec *cuppa* « coupe »). Bot. Assemblage soudé de bractées formant une petite coupe et qui se couvre d'émergences écailleuses ou épineuses. V. **Induvie.** *La cupule d'un gland.*

CUPULIFÉRACÉES [kypyliferase]. *n. f. pl.* (XXᵉ ; de *cupule,* et suff. *-fère, -acées*). Famille de plantes dicotylédones apétales, arbres ou arbrisseaux vivaces dont le fruit est enveloppé par une cupule : charme, châtaignier, chêne, coudrier ou noisetier, hêtre.

CURABLE [kyʀabl(ə)]. *adj.* (XIIIᵉ ; lat. médiév. *curabilis.* V. **Cure**). Qui peut être guéri. V. **Guérissable.** *Malade, maladie curable* (subst. : *curabilité*). ◊ ANT. *Incurable.*

CURAÇAO [kyʀaso]. *n. m.* (1810 ; nom d'une île des Antilles). Liqueur faite avec de l'eau-de-vie, de l'écorce d'oranges amères et du sucre.

CURAGE [kyʀaʒ]. *n. m.* (1328 ; de *curer*). ♦ 1° Action de curer ; son résultat. *Le curage du bassin a été mal fait.* ♦ 2° Chir. Évacuation du contenu d'une cavité au moyen des doigts. — Excision de l'ensemble des éléments d'une région. *Curage ganglionnaire* (dans un cancer généralisé). V. **Curetage.**

CURAILLON [kyʀajɔ̃] ou **CURETON** [kyʀtɔ̃]. *n. m.* (1903, *curaton,* Huysmans, 1718 « détenu qui disait le bénédicité » ; de *curé* et suff. dimin. péj.). Péj. Prêtre. V. **Curé.**

CURARE [kyʀaʀ]. *n. m.* (1758 ; mot d'une lang. des Antilles). Poison de couleur noirâtre, extrait de diverses plantes du genre strychnos, dont se servent les peuplades de l'Amérique du Sud tropicale pour empoisonner leurs flèches. « *Le curare détermine la mort par la destruction de tous les nerfs moteurs, sans intéresser les nerfs sensitifs* » (Cl. BERNARD). *Emploi du curare en anesthésie.*

CURARISANT, ANTE [kyʀaʀizɑ̃, ɑ̃t]. *adj.* et *n.* (1890, n. ; de *curare*). Méd. Se dit de toute substance qui agit sur les nerfs moteurs, comme le fait le curare. V. **Paralysant.**

CURARISATION [kyʀaʀizasjɔ̃]. *n. f.* (1879 ; de *curare*). Méd. Traitement par le curare ou les curarisants. ◊ Intoxication par le curare ou les agents curarisants (appelée parfois *curarisme*).

CURATELLE [kyʀatɛl]. *n. f.* (XIVᵉ ; lat. médiév. *curatela,* de *curatio ;* d'apr. *tutela.* V. **Curateur**). Dr. Charge de curateur. *Mineur placé sous la curatelle de son oncle. Avoir la curatelle d'une succession.* — Spécialt. Régime sous lequel sont administrés les biens d'un mineur émancipé (V. **Émancipation**).

CURATEUR, TRICE [kyʀatœʀ, tʀis]. *n.* (1287 ; lat. jur. *curator,* de *curare* « prendre soin de »). Dr. Personne qui a la charge d'assister un mineur émancipé dans certains actes, d'administrer les biens ou de veiller aux intérêts d'une autre personne. — Spécialt. *Curateur à la personne d'un aliéné.* — *Curateur à succession vacante,* chargé de gérer une succession vacante et de la liquider. — *Curateur ad hoc,* nommé pour une affaire particulière.

CURATIF, IVE [kyʀatif, iv]. *adj.* (1314 ; du lat. *curare,* au sens méd. « soigner »). Qui est propre à la guérison ; relatif à la cure d'une maladie. *Traitement curatif. Remède curatif, opposé à remède préservatif.*

CURCULIONIDÉS [kyʀkyljɔnide]. *n. m. pl.* (1839 ; du lat. *curculio* « charançon »). Famille d'insectes coléoptères appelés charançons.

CURCUMA [kyʀkyma]. *n. m.* (1559; mot. esp., de l'arabe *kourkoum* « safran »). Plante *(Scitaminacées)*, à rhizome tubéreux, appelée aussi *safran des Indes* en raison d'une matière colorante jaune, la curcumine, qu'elle contient. *Le curcuma sert à la fabrication du cari.*

1. CURE [kyʀ]. *n. f.* (1080; lat. *cura* « soin »). ♦ 1° *Vx.* Soin, souci. Mod. *N'avoir cure d'une chose. Il n'en a cure :* il ne s'en soucie pas, il n'en tient pas compte. *Il « n'avait cure de ces dangers-là »* (SAND). ♦ 2° (XVIᵉ). Traitement médical d'une certaine durée; méthode thérapeutique particulière. V. **Traitement.** *« Je vois deux cures possibles; elles ont la même valeur médicale »* (MAUROIS). ◊ *Cour.* Traitement dans une station thermale (V. **Saison**). *Faire une cure à Vichy. — Par ext.* En parlant de l'usage abondant que l'on fait de qqch. par hygiène ou pour se soigner. V. **Régime.** *Faire une cure de raisin, une cure uvale. Cure d'air. Il lui faudrait une cure de repos.*

2. CURE [kyʀ]. *n. f.* (XIIᵉ; lat. *cura*, d'apr. *curé*). ♦ 1° Fonction de curé. *Demander, obtenir une cure.* ◊ (1789) Paroisse. *Une cure de village.* ♦ 2° (1496). Résidence du curé. V. **Presbytère.** *Cure située à côté de l'église.*

CURÉ [kyʀe]. *n. m.* (fin XIIIᵉ; lat. ecclés. *curatus* « chargé d'une paroisse », de *curare* « prendre soin »). ♦ 1° Prêtre placé à la tête d'une paroisse. *Le curé et ses paroissiens. L'abbé X, curé de telle paroisse. Monsieur le curé. Prêtre chargé d'aider le curé.* V. **Vicaire.** *Résidence du curé.* V. **Cure,** presbytère. *Revenu d'un curé.* V. **Casuel.** *Journal d'un curé de campagne,* roman de Bernanos. ♦ 2° *Fam.* (souvent péj.). *Prêtre catholique.* V. **Abbé.** *Les curés :* le clergé. *Il veut se faire curé :* il veut être prêtre. *Bouffer du curé :* être anticlérical. ◊ HOM. **Curée, curer.**

CURE-DENT ou **CURE-DENTS** [kyʀdã]. *n. m.* (1416; de *curer,* et *dent*). Petit instrument pour se curer les dents. *« Les hommes n'ont plus de tenue. À la terrasse des cafés ils réclament des cure-dents »* (GIRAUDOUX).

CURÉE [kyʀe]. *n. f.* (XVᵉ; *cuirée,* v. 1360; de *cuir* « peau » (du cerf). ♦ 1° *Vén.* Portion de la bête que l'on donne aux chiens de chasse après qu'elle est prise. *Donner la curée aux chiens.* ◊ *Par ext.* Le fait de donner la curée; le moment où on la donne. *Sonner la curée; fig.* Moment où qqn est accablé, achevé. ♦ 2° (XVIᵉ). Ruée vers les places, le butin, etc. *La curée des places. Se ruer à la curée.* ◊ HOM. **Curé, curer.**

CURE-ONGLES [kyʀɔ̃gl(ə)]. *n. m. invar.* (1893; de *curer,* et *ongles*). Instrument pour se nettoyer le dessous des ongles.

CURE-OREILLE [kyʀɔʀɛj]. *n. m.* (1416; de *curer,* et *oreille*). Instrument, petite spatule, pour se nettoyer l'intérieur de l'oreille. *Des cure-oreilles.*

CURE-PIPE ou **CURE-PIPES** [kyʀpip]. *n. m.* (1802; de *curer,* et *pipe*). Instrument servant à gratter, à nettoyer le fourneau d'une pipe. *Des cure-pipes.*

CURER [kyʀe]. *v. tr.* (XIIᵉ; « prendre soin de »; lat. *curare*). Mod. Nettoyer (qqch.) en raclant. *Curer un fossé, un canal. Curer un puits, une citerne. Outils servant à curer.* V. **Curette.** — *Région. Curer une casserole, un chaudron.* V. **Récurer.** ◊ *Se curer les dents :* retirer au moyen d'un cure-dent, ou d'un objet analogue, les fragments de nourriture logés dans la denture. — *Se curer les oreilles :* retirer le cérumen sécrété dans le conduit de l'oreille externe. *Se curer les ongles.* V. **Nettoyer.** ◊ ANT. **Encrasser, salir.** — HOM. **Curé, curée.**

CURETAGE [kyʀtaʒ] ou **CURETTAGE** [kyʀɛtaʒ]. *n. m.* (fin XIXᵉ; de *cureter*). ♦ 1° *Méd.* Opération qui consiste à nettoyer avec une curette une cavité naturelle (utérus, cavité articulaire), ou pathologique (abcès), ou une plaie infectée. — *Cour.* Nettoyage de l'utérus après une fausse couche. ♦ 2° Élimination de bâtiments vétustes et sans intérêt archéologique, des quartiers d'une ville.

CURETER [kyʀte]. *v. tr.;* conj. *jeter* (fin XIXᵉ; de *curette*). *Méd.* Faire un curetage.

CURETON. *n. m.* V. **CURAILLON.**

CURETTE [kyʀɛt]. *n. f.* (1451; de *curer*). ♦ 1° Outil formé d'un manche muni d'une racle à l'une de ses extrémités, et servant à curer, à racler, à nettoyer. V. **Racle, raclette.** ♦ 2° *Méd.* Petite cuillère à long manche servant à nettoyer l'intérieur d'une cavité (V. **Curetage**) ou à creuser un os ou un cartilage.

CURIAL, ALE, AUX [kyʀjal, o]. *adj.* (XVIIᵉ; adj., XIIIᵉ; lat. *curialis,* d'apr. le sens de *cure* 2). *Rare.* D'une cure. *La maison curiale.* V. **Presbytère.**

1. CURIE [kyʀi]. *n. f.* (1538; lat. *curia*). ♦ 1° *Antiq. rom.* Division de la tribu chez les Romains. *Romulus partagea le peuple romain en trois tribus, et chaque tribu en dix curies.* — Sénat de Rome, et *par ext.* des villes municipales. ♦ 2° (1863; it. *curia*). Ensemble des administrations qui constituent la Cour de Rome, le gouvernement pontifical. *La curie romaine,* et absolt. *La curie. Cardinal de curie.* ◊ HOM. **Curry.**

2. CURIE [kyʀi]. *n. m.* (1910; du nom de Marie et Pierre *Curie*). Ancienne unité de mesure de l'activité d'une substance radioactive (pratiquement on utilisait surtout le *milli-* et le *microcurie*). *Le curie a été remplacé (1975) par le becquerel*.* ◊ HOM. **Curry.**

CURIETHÉRAPIE [kyʀiteʀapi]. *n. f.* (1922; de *Curie,* n. pr., et *-thérapie*). *Méd.* Traitement médical par les corps radioactifs (radium, thorium X). V. **Radiumthérapie.**

CURIEUSEMENT [kyʀjøzmã]. *adv.* (v. 1580; « soigneusement », XIIᵉ; de *curieux*). ♦ 1° *Rare.* Avec curiosité. *Il nous a interrogés curieusement.* ♦ 2° *Cour.* D'une manière curieuse (II). V. **Bizarrement, étrangement.**

CURIEUX, EUSE [kyʀjø, øz]. *adj.* et *n.* (v. 1125; lat. *curiosus* « qui a soin de »).

I. ♦ 1° *Vx.* Qui a soin, souci de qqch. V. **Intéressé.** — Qui recherche, rassemble des objets rares, précieux. *Il est curieux de tableaux.* — *N. m.* V. **Amateur, collectionneur.** *Le cabinet, les collections d'un curieux.* ♦ 2° *Mod.* Qui est désireux (de voir, de savoir). *Curieux de connaître, d'apprendre.* V. **Avide; anxieux, désireux.** *« Les gens du monde et les ignorants, curieux de connaître des jouissances exceptionnelles »* (BAUDEL.). *« Badaud insatiable et curieux de tout, assoiffé de musique, de théâtre, de lectures »* (LECOMTE). (Sans compl.) *Esprit curieux :* qui ne néglige aucune occasion de s'instruire. *« Son intelligence était si curieuse qu'il m'adressait à chaque moment des questions »* (FLAUB.). ♦ 3° *Cour.* (Sans compl.). Qui cherche à connaître ce qui ne le regarde pas. V. **Indiscret.** *Vous êtes trop curieux.* Subst. *Petite curieuse !* ♦ 4° *N.* Personne qui s'intéresse à qqch. par simple curiosité. *Un attroupement de curieux.* V. **Badaud.** *Écarter, éloigner les curieux. « Moi qui suis un curieux, un fureteur »* (PROUST).

II. (XVIIᵉ; *Choses*). Qui pique la curiosité; qui attire et retient l'attention. V. **Amusant, attachant, bizarre, drôle, étonnant, étrange, singulier, surprenant.** *C'est une chose curieuse. Ce qui est curieux, c'est que... Subst. Le curieux de la chose... Par une curieuse coïncidence. Des pièces curieuses ont enrichi sa collection.* V. **Rare.** — (Personnes) *C'est un homme curieux, un original.* Loc. *Ne me regardez pas comme une bête curieuse.*

◊ ANT. **Indifférent. Discret, banal, commun, ordinaire, quelconque.**

CURIOSITÉ [kyʀjozite]. *n. f.* (*Curioseté,* fin XIIᵉ; lat. *curiositas* « soin »).

I. ♦ 1° *Vx.* Soin, souci qu'on a de qqch. Spécialt. *Vieilli.* Goût du « curieux », de l'amateur. *Objets de curiosité :* de collection. ♦ 2° *Mod.* Tendance qui porte à apprendre, à connaître des choses nouvelles. V. **Appétit, soif** (de connaître). *Contenter, satisfaire, rassasier sa curiosité. « L'art d'enseigner n'est que l'art d'éveiller la curiosité des jeunes âmes »* (FRANCE). *La science est « une longue et systématique curiosité »* (MAUROIS). — *La curiosité de* (qqch.). *« La curiosité douloureuse, inlassable que j'avais des lieux où Albertine avait vécu, de ce qu'elle avait pu faire..., des mots qu'elle avait dits »* (PROUST). ♦ 3° Désir de savoir les secrets, les affaires d'autrui. V. **Indiscrétion.** *La curiosité est un vilain défaut. Il a été puni de sa curiosité.* ♦ 4° *Une, des curiosité(s) :* besoin de savoir une chose particulière. *Avoir des curiosités malsaines.*

II. (XVᵉ). Chose curieuse (II); *spécialt.* Objet recherché par les curieux, les amateurs. V. **Nouveauté, rareté.** *Magasin de curiosités. Cet objet n'est pas beau, ce n'est qu'une curiosité.*

◊ ANT. **Incuriosité, indifférence. Discrétion, réserve.**

CURISTE [kyʀist(ə)]. *n.* (1899; de *cure* 1). Personne qui fait une cure thermale.

CURIUM [kyʀjɔm]. *n. m.* (1945; de *Curie,* n. pr., et suff. *-ium*). Élément radioactif (n° at. 96). Symb. Cm.

CURLING [kœʀliŋ]. *n. m.* (1792; répandu XXᵉ; mot angl., de *to curl* « enrouler »). Sport d'hiver qui consiste à faire glisser un palet sur la glace. — Terrain où l'on pratique ce sport.

CURRICULUM VITÆ [kyʀikylɔmvite]. *n. m. invar.* (fin XIXᵉ; mots lat. « course de la vie »). Ensemble des indications relatives à l'état civil, aux capacités, aux diplômes et aux activités passées d'une personne. *Établir son curriculum vitæ.*

CURRY. V. **CARI.**

CURSEUR [kyʀsœʀ]. *n. m.* (1562; « messager », XIVᵉ; lat. *cursor*). *Techn.* ♦ 1° Petit index qui glisse dans une coulisse sur une règle, un compas, une hausse de pointage, un rhéostat, un potentiomètre. ♦ 2° (1820). Fil qui traverse le champ d'un micromètre.

CURSIF, IVE [kyʀsif, iv]. *adj.* (1792; *coursif,* 1532; lat. médiév. *cursivus,* de *currere* « courir »). ♦ 1° Qui est tracé à main courante. *« On appelle cursive toute écriture représentant une forme rapide d'une écriture plus lente »* (M. COHEN). *Lettres cursives.* Subst. *La cursive.* V. **Anglaise.** *Écrire en cursive.* ♦ 2° *Fig.* V. **Bref, rapide.** *Style cursif.*

CURSUS [kyʀsys]. *n. m.* (mil. XXᵉ; d'abord en médecine; mot lat. « cours »). *Didact.* Ensemble des études dans une matière. *Le cursus médical en France dure au minimum sept ans.*

CURULE [kyʀyl]. *adj.* (XIVᵉ; lat. *curulis*). *Antiq. rom. Chaise curule :* siège d'ivoire réservé aux premiers magistrats de Rome. *Magistrats, édiles curules,* qui avaient droit à la chaise curule.

CURV(I)-. Élément, du lat. *curvus* « courbe ».

CURVILIGNE [kyʀviliɲ]. *adj.* (1613; de *curvi-*, et *ligne*; remplace *courbeline* (XVIe). *Didact.* Qui est formé par des lignes courbes. V. **Arrondi, courbe, incurvé.** *Polygone curviligne. Angle curviligne.* ◈ ANT. **Droit. Rectiligne.**

CURVIMÈTRE [kyʀvimɛtʀ(ə)]. *n. m.* (1874; de *curvi-*, et *mètre*). Instrument servant à mesurer la longueur des lignes courbes.

CUSCUTE [kyskyt]. *n. f.* (XIVe; lat. médiév. *cuscuta*, de l'arabe *kâchouth*). Plante *(Cuscutacées)* herbacée, volubile, dépourvue de chlorophylle et parasite d'autres végétaux (luzerne, céréales).

CUSPIDE [kyspid]. *n. f.* (1839; lat. *cuspis, idis* « pointe »). ♦ 1o *Bot.* Pointe aiguë d'un végétal. *Valvule à trois cuspides* (V. **Tricuspide**). ♦ 2o *Anat.* Pointes des molaires et des prémolaires, sur la face triturante en contact avec la dent opposée.

CUSTODE [kystɔd]. *n. f.* (1361; lat. *custodia* « garde »). ♦ 1o *Relig.* Boîte où le prêtre enferme l'hostie pour l'exposer, la transporter. ♦ 2o (1680), « accoudoir d'un carrosse ». Panneau latéral arrière de la carrosserie d'une automobile. *Glaces de custode.*

CUTANÉ, ÉE [kytane]. *adj.* (1546; du lat. *cutis* « peau »). *Anat.* Qui appartient à la peau. V. **Dermique, épidermique.** *Tissus cutanés. Affection, maladie cutanée.* V. **Dermatose.**

CUTICULE [kytikyl]. *n. f.* (1534; lat. *cuticula* « petite peau »). ♦ 1o *Zool.* Membrane externe de certains animaux (insectes, crustacés), qui contient de la chitine. ♦ 2o *Bot.* Pellicule, riche en cutine, qui revêt la tige et les feuilles des plantes. ♦ 3o *Anat.* Couche très mince de peau, membrane ou pellicule qui recouvre une structure anatomique. *Cuticule de l'émail dentaire, du poil.*

CUTINE [kytin]. *n. f.* (1878; lat. *cutis* « peau »). *Bot.* Substance provenant de la transformation de la membrane cellulosique des cellules et qui constitue la cuticule.

CUTIRÉACTION [kytiʀeaksjɔ̃]. *n. f.* (1907; lat. *cutis* « peau », et *réaction*). Réaction cutanée inflammatoire provoquée par l'introduction dans la peau d'un produit (végétal ou animal, toxine bactérienne) auquel un sujet peut être sensibilisé et qui sert à déceler certaines maladies (tuberculose, par ex.). *Des cutiréactions.* — Par abrév. *Faire une cuti. Cuti positive. Cuti négative.*

CUVAGE [kyvaʒ] *n. m.* ou **CUVAISON** [kyvɛzɔ̃]. *n. f.* (XIIIe,-1842; de *cuver*; Cf. *Cuvaige*, XIIe; de *cuve*). Séjour et fermentation du moût de raisin dans les cuves. V. **Vinification.**

CUVE [kyv]. *n. f.* (XIIe; lat. *cupa*. V. **Coupe**). ♦ 1o Grand récipient de bois ou de maçonnerie utilisé pour la fermentation du raisin. *Douves d'une cuve. Retirer le moût des cuves.* ♦ 2o Récipient de forme analogue, destiné à différents usages. *Cuve de teinturier, de blanchisseur.* V. **Baille, baquet, cuveau, cuvier, échaudoir.** *Cuve à tanner. Cuve d'un lave-vaisselle, d'un réfrigérateur.* ◇ *Photo. Cuve à laver; cuve à développement.* V. **Bac.** — *Chim. Cuve à mercure.*

CUVEAU [kyvo]. *n. m.* (XIIe; de *cuve*). *Région.* Petite cuve.

CUVÉE [kyve]. *n. f.* (1220; de *cuve*). ♦ 1o Quantité de vin qui se fait à la fois dans une cuve. *Ces tonneaux sont de la même cuvée. Vin de la première, de la seconde cuvée.* ♦ 2o Produit de toute une vigne.

CUVELAGE [kyvlaʒ] ou **CUVELLEMENT** [kyvɛlmɑ̃]. *n. m.* (1756,-1776; de *cuveler*). ♦ 1o Action d'introduire dans un puits artésien le tube qui en garnit les parois. ♦ 2o **CUVELAGE,** Boisage d'un puits de mine (action et résultat). *Souvarine « constata une déformation très grave de la cinquième passe du cuvelage »* (ZOLA). ◇ Ensemble des tubes d'acier que l'on descend dans les puits de pétrole pour en consolider les parois.

CUVELER [kyvle]. *v. tr.; conjug. appeler* (1758, « blanchir le linge »; de *cuve*). Garnir d'un cuvelage (un puits artésien; un puits de mine).

CUVER [kyve]. *v.* (1373; de *cuve*). ♦ 1o *V. intr.* Séjourner dans la cuve pendant la fermentation. V. **Cuvage.** *Faire cuver le vin.* ♦ 2o *V. tr. Fig. et fam. Cuver son vin :* dissiper son ivresse en dormant, en se reposant. V. **Digérer.** « *Avant de les emmener cuver leur vin dans les locaux disciplinaires* » (MAC ORLAN). *Par anal. On le laissa cuver sa colère.*

CUVETTE [kyvɛt]. *n. f.* (XIIe; de *cuve*). ♦ 1o (1680). Récipient portatif large, peu profond, à bords évasés, arrondis, qui sert principalement à la toilette. *Cuvette de porcelaine, de faïence, de plastique. Un broc et une cuvette assortis.* ◇ Partie d'un lavabo, où coule l'eau. ◇ *Cuvette des cabinets,* absolt. *La cuvette.* ♦ 2o (1835). Petit récipient rempli de mercure où plonge un baromètre. — *Par ext.* Renflement de la partie inférieure du tube d'un baromètre. ♦ 3o *Techn.* Plaque de métal incurvée qui recouvre en arrière le mouvement d'une montre. — *Cuvette d'un roulement à billes. Cuvette de percussion d'une culasse de fusil.* ♦ 4o (Fin XIXe). *Géogr.* Dépression fermée de tous côtés. V. **Bassin, creux, dépression.**

◇ *Ski. Les bosses et les cuvettes (ou creux) d'une pente neigeuse.*

CUVIER [kyvje]. *n. m.* (XIIe; de *cuve*). *Ancienn.* ou *région.* Cuve pour faire la lessive.

CV. Abréviation de *cheval-vapeur* (V. **HP**) ou de *cheval fiscal.*

Cx [seiks]. *n. m.* Coefficient de traînée, de résistance à l'avancement, en aérodynamique.

CYAN(O)-. Élément, du gr. *kuanos* « bleu sombre ».

CYANAMIDE [sjanamid]. *n. f.* (1858; de *cyan-*, et *amide*). *Chim.* Corps dérivant de l'ammoniac par substitution du groupe CN à un atome d'hydrogène. *Spécialt. Cyanamide calcique,* engrais artificiel.

CYANHYDRIQUE [sjanidʀik]. *adj.* (1854; de *cyano-*, et *hydrique*). *Chim. Acide cyanhydrique,* produit de la combinaison de l'hydrogène avec le cyanogène. V. **Prussique.** *L'acide cyanhydrique, liquide incolore, est un poison violent.*

CYANOGÈNE [sjanoʒɛn]. *n. m.* (1815; de *cyano-*, et *-gène*). *Chim.* Gaz incolore toxique (C_2N_2).

CYANOPHYCÉES [sjanofise]. *n. f. pl.* (1885; de *cyano-*, et gr. *phukos* « algue »). *Bot.* Algues bleues possédant en général de la chlorophylle associée à un pigment bleu.

CYANOSE [sjanoz]. *n. f.* (1831; gr. *kyanos* « bleu ». V. **Cyano-**). *Méd.* Coloration bleue, quelquefois noirâtre ou livide de la peau, produite par différentes affections (troubles circulatoires). *Spécialt.* Maladie bleue.

CYANOSER [sjanoze]. *v. tr.* (1835; de *cyanose*). *Didact.* Marquer, colorer de cyanose. — *Au p. p. Visage cyanosé.*

CYANURATION [sjanyʀasjɔ̃]. *n. f.* (1907; de *cyanure*). Extraction de l'or par dissolution dans une solution de cyanure de potassium, par réduction du produit avec du zinc et filtrage.

CYANURE [sjanyʀ]. *n. m.* (1815; du rad. de *cyanogène*, et suff. *-ure*). Sel de l'acide cyanhydrique. *Cyanure de potassium, de zinc, d'or, de mercure. Tous les cyanures sont toxiques.*

CYBERNÉTICIEN, IENNE [sibɛʀnetisjɛ̃, jɛn]. *n. et adj.* (v. 1950; de *cybernétique*). Spécialiste de la cybernétique.

CYBERNÉTIQUE [sibɛʀnetik]. *n. f.* (v. 1945; angl. *cybernetics,* d'o. gr.; « science du gouvernement », 1836; gr. *kubernêtikê,* de *kubernaô;* Cf. **Gouverner**). Science constituée par l'ensemble des théories relatives aux communications et à la régulation dans l'être vivant et la machine. *Applications de la cybernétique au moyen de l'électronique* (V. **Bionique, électronique; ordinateur,** et *aussi* **asservissement, commande, information, rétroaction, signal, système**). — Adj. *Moyens cybernétiques.*

CYCAS [sikas]. *n. m.* (1808; lat. sc; altér. gr. *koikas,* accus. plur. de *koix* « palmier d'Égypte »). Plante gymnosperme *(Cycadées),* arbre ou arbuste exotique, à port de palmier.

CYCLABLE [siklabl(ə)]. *adj.* (1898; de *cycler* « faire du vélo », vx, et *-able*). Réservé aux bicyclettes et aux vélomoteurs (voie). *Piste cyclable d'une route.*

CYCLAMEN [siklamɛn]. *n. m.* (XIVe; mot lat.; du gr. *kuklaminos*). Plante *(Primulacées)* herbacée, vivace, à rhizome tubéreux, dont les fleurs mauves ou blanches très décoratives sont portées par un pédoncule recourbé en crosse. *Le cyclamen, fleur de montagne.* — *Par ext.* Parfum tiré du cyclamen; couleur mauve propre à cette fleur. *Robe cyclamen.*

CYCLANE [siklan]. *n. m.* (1946; de *cycl*(ique), et suff. *-ane;* Cf. **Propane**). Hydrocarbure cyclique saturé.

-CYCLE. Élément, du gr. *kuklos* « cercle » (*ex. :* bicycle, hémicycle, motocycle).

1. CYCLE [sikl(ə)]. *n. m.* (1534; lat. *cyclus,* du gr. *kuklos*). ♦ 1o *Chron.* Période d'un nombre déterminé d'années à la fin de laquelle certains phénomènes astronomiques se reproduisent dans le même ordre. V. **Cercle, révolution.** *Cycle solaire :* période de vingt-huit ans, à la fin de laquelle les dates des différents jours de l'année reviennent aux mêmes jours de la semaine. *Cycle lunaire,* qui ramène les lunaisons (19 ans). ♦ 2o (XIXe). *Cour.* Suite de phénomènes se renouvelant dans un ordre immuable sans solution de continuité. *Le cycle des saisons, des heures. Le cycle liturgique. Phases d'un cycle. Cycle économique. Sc.* Série de changements subis par un système, qui le ramène à son état primitif. V. **Boucle.** *Cycles d'un phénomène périodique. La fréquence d'un courant alternatif se mesure en hertz*, cycles par seconde.* — *Cycle du carbone, de l'azote* (dans la nature). *Cycle biologique.* — *Cycle de Carnot :* cycle réversible idéal des transformations dans une machine thermique. *Cycle d'un moteur à explosion,* à quatre temps (admission, compression, combustion, échappement) ou à deux temps. *Cycle de Bethe,* série de réactions nucléaires de l'atome de carbone (expliquant par ex. les hautes températures des étoiles). — *Géol. Cycle d'érosion,* dans une région émergée, comprenant les stades dits de *jeunesse,* de *maturité* et de *sénilité.* — *Biol. Cycles physiologiques. Cycle menstruel.* ♦ 3o (1839). *Littér.* Série de poèmes épiques ou romanesques se déroulant autour d'un même sujet

et où l'on retrouve plus ou moins les mêmes personnages. *Le cycle épique troyen. Les trois grands cycles du moyen âge :* antique, carolingien, breton. ♦ **4°** (1902). *Cycle d'études. Premier cycle* (6e, 5e, 4e), *second cycle* (jusqu'au baccalauréat), dans l'enseignement secondaire.
2. **CYCLE** [sikl(ə)]. *n. m.* (1889 ; angl. *cycle;* Cf. le précéd.). Tout véhicule à deux (ou trois) roues mû par la pression des pieds (V. **Bicyclette, tandem, tricycle**) ou par un petit moteur (V. **Cyclomoteur, vélomoteur**). « *Le magasin de cycles qui me l'avait donnée en location* (ma bicyclette) » (AYMÉ). — *Par ext.* Industrie du cyclisme.
CYCLIQUE [siklik]. *adj.* (1679 ; *écrivain cyclique,* 1578 ; de *cycle*). ♦ **1°** Relatif à un cycle astronomique, chronologique. *Année cyclique.* ♦ **2°** Qui se reproduit suivant un cycle. *Phénomènes cycliques. Crise cyclique.* ♦ **3°** Littér. D'un cycle littéraire. *Poèmes cycliques.* — Mus. *Œuvre cyclique,* où un thème reparaît dans chaque mouvement. ♦ **4°** Chim. Se dit de composés organiques dont la molécule forme une chaîne fermée (une « roue »).
CYCLISME [siklism(ə)]. *n. m.* (1889 ; de *cycle*). Pratique de la bicyclette, du tandem. *Spécialt.* Sport de la bicyclette. *Cyclisme professionnel,* comportant *courses sur route* (avec compétition par équipes et « *luttes contre la montre* ») et *courses sur pistes* (V. **Vélodrome**), avec épreuves de *vitesse,* de *fond* (endurance), de *demi-fond,* derrière *entraîneur* et à *l'américaine.*
CYCLISTE [siklist(ə)]. *adj.* et *n.* (1885 ; abrév. de *bicycliste*). ♦ **1°** Adj. Qui concerne le sport de la bicyclette (V. **Cyclisme**). *Courses, coureurs, champions cyclistes.* ♦ **2°** Subst. Personne qui va à bicyclette (Cf. **Bicycliste,** vx). *Être renversé par un cycliste.*
CYCLO-. Élément, du gr. *kuklos* « cercle ».
CYCLO-CROSS [siklɔkrɔs]. *n. m.* (1949 ; de *cycle,* et *cross* (country) ; Cf. **Moto-cross**). *Sport.* Épreuve de cyclisme en terrain accidenté.
CYCLOÏDAL, ALE, AUX [siklɔidal, o]. *adj.* (1701 ; de *cycloïde*). *Géom.* Qui appartient à la cycloïde. *Courbe cycloïdale,* décrite par un point fixe d'un cercle qui roule sans glisser sur un autre cercle ; *pendules cycloïdaux,* dont le mobile décrit un arc de cycloïde.
CYCLOÏDE [siklɔid]. *n. f.* (1640 ; du gr. *kuklos* « cercle »). *Géom.* Courbe décrite par un point fixe d'un cercle qui roule sans glisser sur une droite (*Roulette de Pascal*).
CYCLOMOTEUR [siklɔmɔtœr]. *n. m.* (v. 1945 ; de *cycle,* et *moteur*). Bicyclette à moteur (moins de 50 cm³). V. **Vélomoteur.**
CYCLOMOTORISTE [siklɔmɔtɔrist(ə)]. *n.* (v. 1950 ; de *cyclomoteur*). Personne qui roule en cyclomoteur. *Les motocyclistes et les cyclomotoristes.*
CYCLONAL, ALE, AUX [siklɔnal, o]. *adj.* (1863 ; de *cyclone*). *Météo.* D'un cyclone (zone de basses pressions). *Aire cyclonale.* — Cyclonique. *Pluies cyclonales.*
CYCLONE [siklon]. *n. m.* (1860 ; mot angl., du gr. *kuklos* « cercle »). ♦ **1°** Météo. Tempête caractérisée par le mouvement giratoire convergent et ascendant du vent autour d'une zone de basse pression où il a été attiré violemment d'une zone de haute pression. V. **Tempête; hurricane, ouragan, tornade, typhon.** *Cyclone tropical,* qui se forme sur les mers tropicales. ◇ La zone de basse pression elle-même, ou *aire cyclonale* (*opposé à* anticyclone). *Différence de pression entre le cyclone et l'anticyclone.* V. **Gradient.** ♦ **2°** *Cour.* Bourrasque en tourbillon ; vent très violent. ♦ **3°** Fig. Cette personne est un cyclone : elle bouleverse tout, étourdit tout le monde. *Arriver comme un cyclone,* en cyclone. V. **Trombe** (en), **vent.** « *Cyclone de hurlements et de gestes* » (H. TROYAT). ♦ **4°** Techn. Appareil qui entraîne violemment dans un fluide des déchets, des particules, etc. *Spécialt.* Appareil de lavage des fines* de charbon. ◇ ANT. **Calme;** anticyclone.
CYCLONIQUE [siklɔnik]. *adj.* (1878 ; de *cyclone*). Météo. Qui accompagne un cyclone (tempête). *Pluies cycloniques.*
CYCLOPE [siklɔp]. *n. m.* (XVe ; *ciclope,* 1372 ; gr. *kuklôps,* géant monstrueux n'ayant qu'un œil au milieu du front). ♦ **1°** Se dit de ceux qui forgent un travail considérable. V. **Titan.** *Travail de cyclopes :* œuvre gigantesque (V. **Cyclopéen**). ♦ **2°** Biol. Monstre à œil unique. ♦ **3°** Petit crustacé d'eau douce (*Copépodes*).
CYCLOPÉEN, ÉENNE [siklɔpeɛ̃, ɛn]. *adj.* (1808, *cyclopien,* 1370 ; de *cyclope*). ♦ **1°** Qui se rapporte aux cyclopes. *Les légendes cyclopéennes. Murs cyclopéens, constructions cyclopéennes :* enceinte et monuments de l'époque mycénienne. ♦ **2°** *Cour.* Énorme, gigantesque. *Travail cyclopéen.* « *Un formidable massif, un enchevêtrement de monts cyclopéens* » (VAN DER MEERSCH).
CYCLO-POUSSE [siklɔpus]. *n. m.* (1966 ; de *cyclo-,* et *pousse* [V. **Pousse-pousse**]). Pousse*-pousse tiré par un cycliste. « *Il connaissait Phnom Penh* [...] *son trafic vibrant de klaxons, engorgé de cyclo-pousses* » (COURCHAY).
CYCLORAMEUR [siklɔramœr]. *n. m.* (XXe ; de *cycle,*

et *rameur*). Tricycle d'enfant, dirigé avec les pieds et mû par la force des bras.
CYCLOSTOME [siklɔstɔm]. *n. m.* (1819 ; lat. sc., de *cyclo-,* et *stoma* « bouche »). *Zool.* Vertébré aquatique voisin des poissons, à squelette cartilagineux, sans mâchoire inférieure (*ex. :* lamproie).
CYCLOTHYMIE [siklɔtimi]. *n. f.* (1909 ; mot all. (1882), du gr. *kuklos,* et *thumos* « état d'esprit »). *Méd.* Anomalie ou constitution psychique qui fait alterner les périodes d'excitation (instabilité, euphorie) et de dépression (apathie, mélancolie).
CYCLOTHYMIQUE [siklɔtimik]. *adj.* et *n.* (1923 ; de *cyclothymie*). *Méd.* De la cyclothymie. — Atteint de cyclothymie.
CYCLOTOURISME [siklɔturism(ə)]. *n. m.* (av. 1909 ; de *cyclo-,* et *tourisme*). Tourisme à bicyclette. *La Fédération française de Cyclotourisme.* — On emploie aussi CYCLOTOURISTE *adj.* et *n.* [1909].
CYCLOTRON [siklɔtrɔ̃]. *n. m.* (v. 1930 ; de *cyclo-,* et (*élec*)*tron*). Accélérateur circulaire de particules lourdes. *Cyclotron à modulation de fréquence* ou *Synchrocyclotron.*
CYGNE [siɲ]. *n. m.* (XIIIe ; *cine,* fin XIIe ; lat. pop. *cicinus,* de *cyenus,* gr. *kuknos*). ♦ **1°** Grand oiseau palmipède remarquable par la blancheur de son plumage (exception faite d'une espèce d'Australie au cou noir), par la longueur de son cou flexible. *Cygne domestique. Cygne chanteur à bec noir :* le cygne sauvage. *Une blancheur de cygne :* une blancheur éclatante. — *Un cou de cygne,* un cou long et flexible. ♦ **2°** Loc. fig. *Le chant du cygne* (d'apr. la légende du chant merveilleux du cygne mourant) : le dernier chef-d'œuvre. ◇ *Fig.* Surnom d'auteurs. *Le cygne de Mantoue* (Virgile), *de Cambrai* (Fénelon). ♦ **3°** Duvet de cygne. *Manteau garni de cygne.* ♦ **4°** Col de cygne : tuyau ou tube recourbé. — *Bec de cygne :* robinet dont la forme évoque un bec de cygne. — HOM. **Signe.**
CYLINDRAGE [silɛ̃draʒ]. *n. m.* (1765 ; de *cylindrer*). *Techn.* Passage sous un cylindre ou entre deux cylindres. *Le cylindrage d'une étoffe.* Compression par un rouleau. *Cylindrage du macadam.*
CYLINDRAXE ou **CYLINDRE-AXE** [silɛ̃draks(ə)]. *n. m.* (1908 ; de *cylindre,* et *axe*). *Anat.* Axone.
CYLINDRE [silɛ̃dr(ə)]. *n. m.* (déb. XIVe ; lat. *cylindrus,* gr. *kulindros*). ♦ **1°** Solide engendré par une droite qui se déplace parallèlement à elle-même en s'appuyant sur une courbe (directrice). *Cylindre de révolution,* dont la directrice est un cercle. *Directrice, génératrice du cylindre. Diamètre du cylindre.* V. **Calibre.** *Volume du cylindre* ($\pi R^2 H$). V. **Cylindrée.** ♦ **2°** Rouleau employé pour soumettre certains corps à une pression uniforme. V. **Meule, rouleau.** *Les « cylindres broyeurs qui triturent la pâte humide »* (CHARDONNE). *Cylindre de laminoir. Cylindre à fouler, à lustrer, à moirer, à imprimer les étoffes.* V. **Calandre.** *Cylindre d'un rouleau compresseur.* ◇ (av. 1867). Enveloppe cylindrique, dans laquelle se meut le piston d'une machine à vapeur, d'un moteur à explosion. *Machine à plusieurs cylindres.* V. **Compound.** *Moteurs à deux cylindres opposés. Cylindres en ligne,* en V. **Chemise,** soupapes d'un cylindre. — Fam. (1914 ; *n. m.,* 1906). *Une six cylindres :* une automobile à six cylindres. ♦ **3°** *Bureau à cylindre :* bureau sur lequel s'adapte un couvercle cylindrique. ♦ **4°** Biol. Masse microscopique de substance protéique, qui se forme dans des tubes urinifères et en prend la forme. *Cylindres urinaires. Présence de cylindres dans les urines* (cylindrurie).
CYLINDRÉE [silɛ̃dre]. *n. f.* (1906 ; de *cylindre,* 2°). Volume des cylindres d'un moteur (produit de l'alésage par la course et par le nombre de cylindres). *Voiture de 1 500 cm³ de cylindrée.* Ellipt. *Une grosse, une petite cylindrée.*
CYLINDRER [silɛ̃dre]. *v. tr.* (1765 ; de *cylindre*). ♦ **1°** Donner la forme d'un cylindre à. *Tour à charioter pour cylindrer une pièce. Cylindrer du papier :* le mettre en rouleau. ♦ **2°** Faire passer sous un rouleau. *Cylindrer le linge, pour le fouler, le lustrer.* V. **Calandrer.** *Cylindrer une route.*
CYLINDREUR, EUSE [silɛ̃drœr, øz]. *n.* (1817 ; de *cylindrer*). *Techn.* Ouvrier(ère) chargé(e) d'un cylindrage.
CYLINDRIQUE [silɛ̃drik]. *adj.* (1596 ; de *cylindre*). Qui a la forme d'un cylindre (bobine, tambour, tube, etc.). *Colonne cylindrique; rouleau cyli.:drique.* — Géom. *Surface cylindrique,* engendrée par une *génératrice* parallèle à une direction fixe qui s'appuie sur une courbe plane (*directrice*).
CYMAISE. V. **CIMAISE.**
CYMBALAIRE [sɛ̃balɛr]. *n. f.* (XVe ; Lat. *cymbalaria*). *Bot.* Variété de linaire aux feuilles rondes lobées.
CYMBALE [sɛ̃bal]. *n. f.* (fin XIIe ; lat. *cymbalum,* gr. *kumbalon*). Chacun des deux disques de cuivre ou de bronze, légèrement coniques au centre, qui composent un instrument de musique à percussion. *Une paire de cymbales. Coup de cymbales.*
CYMBALIER [sɛ̃balje] ou (*rare*) **CYMBALISTE** [sɛ̃ba

list(ə)]. *n. m.* (1671,-1845; de *cymbale*). Musicien qui joue des cymbales.

CYMBALUM [sɛbalɔm] ou **CZIMBALUM** [tʃimbalɔm]. *n. m.* (1890; hongrois *czimbalom*, du lat. *cymbalum*, par une langue romane; Cf. it. *Cembalo*). Instrument à cordes d'acier tendues, frappées par de petits maillets, utilisé dans la musique populaire hongroise.

CYME [sim]. *n. f.* (1771; lat. *cyma* « cime »). *Bot.* Mode d'inflorescence où des pédoncules nés d'un même endroit de la tige se ramifient selon une loi définie (*ex. : myosotis*). ◇ HOM. *Cime.*

CYNÉGÉTIQUE [sineʒetik]. *adj.* et *n. f.* (1750; gr. *kunêgetikos*, de *kunêgetein* « chasser avec une meute »; de *kunes* « chien ». V. Cyno-). *Didact.* Qui se rapporte à la chasse. — N. f. *La cynégétique*, l'art de la chasse. *Traité de cynégétique.*

CYNIPIDÉS [sinipide]. *n. m. pl.* (1885; de *cynips*). *Zool.* Famille d'insectes hyménoptères (V. Cynips).

CYNIPS [sinips]. *n. m.* (1790; gr. *kuôn, kunos* « chien », et *ips* « insecte rongeur »). Insecte hyménoptère *(Cynipidés)* qui forme sur les feuilles de chêne des galles sphériques *(galle du Levant* ou *noix de galle). Le cynips gallicole, parasite de l'églantier et du rosier* (V. Bédégar).

CYNIQUE [sinik]. *adj.* (XIVᵉ; lat. *cynicus* « du chien », d'o. gr.). ♦ 1° *Antiq., Philo.* Qui appartient à l'école philosophique d'Antisthène et de Diogène qui prétendaient revenir à la nature en méprisant les conventions sociales, l'opinion publique et la morale communément admise. *L'école cynique.* — Subst. *Les cyniques.* ♦ 2° (XVIIᵉ, « impudent, effronté »). *Péj.* et *cour.* Qui exprime sans ménagement des sentiments, des opinions contraires à la morale reçue, aux bienséances morales. V. Brutal, immoral, impudent. *Un individu cynique* et subst. *Un cynique. Attitude cynique.* « *L'homme qui pense, s'il a de l'énergie et de la nouveauté dans ses saillies, vous appelez cynique* » (STENDHAL). Par ext. « *Une société cynique et féroce* » (HUYSMANS). ◇ ANT. *Conformiste, timide.*

CYNIQUEMENT [sinikmɑ̃]. *adv.* (1537; de *cynique*). D'une manière cynique.

CYNISME [sinism(ə)]. *n. m.* (v. 1740; bas lat. *cynismus*, gr. *kunismos.* V. Cynique). ♦ 1° Philosophie cynique; doctrine des philosophes cyniques. ♦ 2° *Cour.* (Déb. XIXᵉ, « impudence »). Attitude cynique; tendance à prendre une telle attitude. V. Brutalité, immoralité. « *Je ne parle même pas de son cynisme ... de son affectation d'immoralité* » (ROMAINS). ◇ ANT. *Conformisme. Retenue, scrupule.*

CYN(O)-. Élément, du gr. *kuôn, kunos* « chien ».

CYNOCÉPHALE [sinɔsefal]. *n. m.* (1372; lat. *cynocephalus*, d'o. gr. (Cf. *Cyno-*, et *-céphale*); gr. *kunokephalos* « à tête de chien »). Singe à museau fortement allongé comme celui d'un chien. V. Babouin, drill, hamadryas, mandrill.

CYNODROME [sinɔdʀom]. *n. m.* (v. 1938; de *cyno-*, et *-drome*). Piste aménagée pour les courses de lévriers.

CYNOGLOSSE [sinɔglɔs]. *n. f.* (XVᵉ; lat. sc., d'o. gr.; Cf. *Cyno-*, et *-glosse*). Plante *(Borraginacées)* à feuilles rugueuses (langues de chien), à belles fleurs.

CYNOPHILE [sinɔfil]. *adj.* et *n.* (1846; de *cyno-*, et *-phile*). *Didact.* Qui aime les chiens.

CYON [sjɔ̃]. *n. m.* (fin XIXᵉ; gr. *kuôn*). *Rare.* Genre de chien sauvage d'Asie. ◇ HOM. *Scion.*

CYPÉRACÉES [sipeʀase]. *n. f. pl.* (fin XVIIIᵉ; lat. *cyperos*, gr. *kupeiros* « souchet »). Famille de plantes monocotylédones comprenant des herbes vivaces ou annuelles à port de graminées, à rhizome traçant. V. Carex (ou laîche), linairegrette, papyrus, souchet.

CYPHO-SCOLIOSE [sifɔskɔljoz]. *n. f.* (1883; de *cyphose*, et *scoliose*). *Méd.* Déformation de la colonne vertébrale, associant les traits de la cyphose et de la scoliose.

CYPHOSE [sifoz]. *n. f.* (1771; gr. *kuphôsis* « courbure »). *Méd.* Déviation de la colonne vertébrale avec convexité postérieure. V. Bosse, gibbosité.

CYPRÈS [sipʀɛ]. *n. m.* (XIIᵉ; bas lat. *cypressus*, lat. *cupressus*, du gr.). Arbre de la famille des conifères *(Cupressinées)*, à feuillage vert sombre, à forme droite et élancée. *Rangée, allée de cyprès.* « *Les cyprès élevaient leurs quenouilles noires* » (FRANCE). « *Les cyprès dressaient leurs campaniles muets* » (JALOUX).

CYPRIÈRE [sipʀijɛʀ]. *n. f.* (1744; de *cyprès*). *Rare.* Bois planté de cyprès. « *Sur la médaille de ciel monta la fusée noire d'un cyprès, puis deux, puis trois, puis toute une cyprière* » (GIONO).

CYPRIN [sipʀɛ̃]. *n. m.* (1783; lat. *cyprinus*, gr. *kuprinos* « carpe »). *Zool.* Poisson de la famille de la carpe. V. Cyprinidés. ◇ *Cyprin doré* ou *cyprin*, poisson scientifiquement appelé *carassius.* V. Carassin. *Le cyprin doré est appelé couramment poisson rouge; on le conserve dans des bassins,*

des aquariums. « *Les cyprins noirs, mous et dentelés comme des oriflammes* » (MALRAUX).

CYPRINIDÉS [sipʀinide]. *n. m. pl.* (*Cyprinide*, 1846; de *cyprin*). Famille de poissons physostomes, vivant presque tous en eau douce (ablette, barbeau, brème, carassin, carpe, gardon, goujon, ide, tranche, vairon, vandoise). — Sing. *Un cyprinidé* ou *cyprin.*

CYPRIOTE [sipʀijɔt]. *adj.* et *n.* (1843; de *cypre*, lat. *Cyprus* « Chypre »). De Chypre.

CYRILLIQUE [siʀil(l)ik]. *adj.* (1842; de *Cyrille*). *Alphabet cyrillique :* l'alphabet slave, attribué à saint Cyrille de Salonique. *Le russe, l'ukrainien, le bulgare, le serbe s'écrivent en caractères cyrilliques.*

CYST(I)-, CYSTO-. Éléments, du gr. *kustis* « vessie » (organe et sac).

CYSTECTOMIE [sistɛktɔmi]. *n. f.* (*Cystotomie*, 1617; de *cyst-*, et *-ectomie*). *Chir.* Ablation de la vessie.

CYSTICERQUE [sistiseʀk(ə)]. *n. m.* (1819; lat. sc., du gr. *kustis* « vessie », et *kurkos* « queue »). *Zool.* Ténia à son dernier stade larvaire, formant une vésicule de 1 cm de diamètre contenant le scolex du futur ver.

CYSTINE [sistin]. *n. f.* (apr. 1810; du gr. *kustis* « vessie »). *Biochim.* Acide aminé soufré constituant la forme oxydée de la cystéine, présent dans de nombreuses protéines (surtout les scléroprotéines : kératine de la peau, des cheveux et des ongles).

CYSTIQUE [sistik]. *adj.* (1560; du gr. *kustis* « vessie »). *Anat.* Relatif à la vésicule biliaire ou *(moins cour.)* à la vessie. *Bile cystique :* provenant de la vésicule biliaire et conduite de la vésicule biliaire au duodénum par le canal cholédoque. *Calculs cystiques.*

CYSTITE [sistit]. *n. f.* (1803; *Cystitis*, 1795; lat. sc., du gr. *kustis* « vessie »). Inflammation aiguë ou chronique de la vessie. *Cystite disséquante, incrustée.*

CYSTOGRAPHIE [sistɔgʀafi]. *n. f.* (1959, Garnier; de *cysto-*, et (radio)*graphie*). Radiographie de la vessie.

CYSTOCOPE [sistɔskɔp]. *n. m.* (1842; de *cysto-*, et *-scope*). Instrument qui permet de regarder dans la vessie, après cathétérisme de l'urètre.

CYSTOSCOPIE [sistɔskɔpi]. *n. f.* (1846; de *cysto-*, et *-scopie*). Examen de la vessie au cystoscope.

CYSTOTOMIE [sistɔtɔmi]. *n. f.* (1617; de *cysto-*, et *-tomie*). *Chir.* Incision de la vessie. *N. B.* Ne pas confondre avec *Cystostomie* (n. f.) [sistɔstɔmi] : abouchement de la vessie avec la paroi abdominale.

-CYTE. Élément, du gr. *kutos* « cavité, cellule » (*ex. :* lymphocyte).

CYTISE [sitiz]. *n. m.* (1563; *cythison*, déb. XVIᵉ; lat. *cytisus*, d'o. gr.). Arbrisseau vivace aux fleurs en grappes jaunes (*Papilionacées*). *Le cytise scoparius est appelé genêt à balai.* « *Un cytise, dans une encoignure, balance avec ravissement ses grappes d'or* » (DUHAM.).

CYT(O)-. Élément, du gr. *kutos* « cavité, cellule ».

CYTODIAGNOSTIC [sitɔdjagnɔstik]. *n. m.* (1900, Widal et Ravaut; de *cyto-*, et *diagnostic*). *Pathol.* Diagnostic établi après examen au microscope de frottis ou de cellules provenant de liquides organiques.

CYTOGÉNÉTICIEN, IENNE [sitɔʒenetisjɛ̃, jɛn]. *adj.* (de *cyto-*, et *généticien, ienne*). *Didact.* Spécialiste de la cytogénétique.

CYTOGÉNÉTIQUE [sitɔʒenetik]. *n. f.* (1855; de *cyto-*, et *génétique*). *Biol.* Partie de la génétique* appliquée à l'observation microscopique de la cellule et notamment des chromosomes.

CYTOLOGIE [sitɔlɔʒi]. *n. f.* (1890; de *cyto-*, et *-logie*). Partie de la biologie générale qui étudie la cellule vivante, sous tous ses aspects (structure, propriétés, activité, évolution).

CYTOLOGIQUE [sitɔlɔʒik]. *adj.* (XXᵉ; de *cytologie*). *Biol.* Relatif à la cytologie. *Examen cytologique.*

CYTOLOGISTE [sitɔlɔʒist(ə)]. *n. m.* (1897; de *cytologie*). *Biol.* Spécialiste de la cytologie. « *La prodigieuse architecture de la cellule reproductrice, telle que nous la révèlent aujourd'hui l'observation des cytologistes et l'expérimentation des généticiens* » (J. ROSTAND).

CYTOLYSE [sitɔliz]. *n. f.* (1905; de *cyto-*, et *-lyse*). *Pathol.* Destruction d'une cellule vivante par dissolution des éléments dont elle est formée.

CYTOPLASME [sitɔplasm(ə)]. *n. m.* (1878; de *cyto-*, et (proto)*plasme*). *Biol.* Protoplasme de la cellule à l'exclusion du noyau, de structure très complexe, comprenant le cytoplasme fondamental et les organites (mitochondries, vacuoles, granulations). *Le cytoplasme* « *constitue le milieu nécessaire à la croissance et à la multiplication des gènes* » (J. ROSTAND).

CYTOPLASMIQUE [sitɔplasmik]. *adj.* (1899; de *cytoplasme*). Du cytoplasme.

CZAR. V. Tsar.

CZIMBALUM. V. Cymbalum.

D

D [de]. *n. m.* ♦ 1° Quatrième lettre et troisième consonne de l'alphabet. *Le d est une occlusive dentale sonore* [d] *qui s'assourdit en liaison : un grand homme* [œ̃gʀɑ̃tɔm]. ♦ 2° *Fam. Système D :* le système des gens *débrouillards.* ♦ 3° Chiffre romain, représentant le nombre cinq cents : cinq mille, s'il est surmonté d'un trait (D̄); cinquante mille, s'il y a deux traits (D̿). ♦ 4° *Mus.* Ancien nom de la note *ré.* ♦ 5° *Chim.* D, symb. du *deutérium**. ♦ 6° *d* (minuscule), abrév. de *déci.*

1. **D'.** *prép. élidée.* V. DE (1).
2. **D'.** *art. indéf. élidé, art. partit. élidé.* V. DE (2).

DA (OUI) [wida]. *interj.* (XVIᵉ; contract. de *dis va,* double impératif). Vx ou plaisant. *Oui-da! :* oui bien sûr.

DAB ou **DABE** [dab]. *n. m.* (1827, 1628 « roi »; de *dabo* « maître du logis »). *Arg.* Père. *Grand-dab, beau-dab :* grand-père, beau-père. *Les dabes :* les parents.

D'ABORD. *loc. adv.* V. ABORD.

DA CAPO [dakapo]. *loc. adv.* (déb. XVIIIᵉ; it. « depuis le commencement »). *Mus.* Locution indiquant qu'il faut reprendre le morceau depuis le début.

D'ACCORD. V. ACCORD.

DACRON [dakʀɔ̃]. *n. m.* (v. 1955; nom déposé). Fibre textile, polyester fabriqué sous licence américaine. V. Tergal.

DACRYO-. Élément savant, du gr. *dakru* « larme ».

-DACTYLE. Élément, du gr. *daktulos* « doigt » (*ex. :* artiodactyles).

DACTYLE [daktil]. *n. m.* (XIVᵉ; lat. *dactylus,* d'o. gr. « doigt »). ♦ 1° *Poés. ant.* Pied formé d'une syllabe longue suivie de deux brèves (par allus. aux doigts, qui ont une grande phalange et deux petites). ♦ 2° (XVIᵉ). *Bot.* Graminée fourragère des régions tempérées.

DACTYLIQUE [daktilik]. *adj.* (XVIᵉ; *daptilique,* 1466; de *dactyle*). Qui se rapporte au dactyle. *Hexamètre dactylique : a)* formé de dactyles ou de spondées, le cinquième pied étant toujours un dactyle, le dernier pied un spondée ou un trochée. V. Spondaïque. *b)* dont le dernier pied est un dactyle.

DACTYLO-. Élément, du gr. *daktulos* « doigt ».

DACTYLOGRAPHE [daktilɔgʀaf] (vx) ou **DACTYLO** [daktilo]. *n. f.* (fin XIXᵉ, -déb. XXᵉ; *dactylographe* « clavier pour sourds-muets et aveugles », 1836; « machine à écrire », 1873; de *dactylo-,* et *-graphe*). ♦ 1° Personne dont la profession est d'écrire ou de transcrire les textes, en se servant de la machine à écrire (ne se dit guère que des femmes). *Dactylo qui tape une lettre à la machine.* De bonnes *dactylos.* — V. Sténodactylo. ◇ En attribut. *Êtes-vous dactylo?* (peut se dire d'un homme). ♦ 2° *Région.* (Canada). N. m. Machine à écrire. « *Puis il s'est redressé, un pied sur le dactylographe qui en gémit, l'autre sur la couverture* » (GODBOUT). — REM. Cet emploi tend à disparaître.

DACTYLOGRAPHIE [daktilɔgʀafi]. *n. f.* (v. 1900; « action de s'exprimer par le toucher », 1833; de *dactylographe*). ♦ 1° Technique d'écriture mécanique, à la *machine à écrire.* Abrév. *Elle apprend la dactylo.* ♦ 2° (v. 1957). Texte dactylographié. « *[...] la dactylographie d'une conférence de presse* » (MAURIAC).

DACTYLOGRAPHIER [daktilɔgʀafje]. *v. tr.* (1907; de *dactylographie*). Écrire en dactylographie. V. Taper (*cour.*). *Dactylographier une lettre.* — Au p. p. *Texte dactylographié.* ◇ ANT. *Manuscrit.*

DACTYLOGRAPHIQUE [daktilɔgʀafik]. *adj.* (v. 1900; autre sens, 1843; de *dactylographie*). Qui se rapporte à la dactylographie.

DACTYLOLOGIE [daktilɔlɔʒi]. *n. f.* (1797; de *dactylo-,* et *-logie*). Vx. Langage digital, inventé par l'abbé de l'Épée, à l'usage des sourds-muets.

DACTYLOSCOPIE [daktilɔskɔpi]. *n. f.* (1907; de *dactylo-,* et *-scopie*). Didact. Procédé d'identification par les empreintes digitales (anthropométrie judiciaire).

DADA [dada]. *n. m.* (XVIᵉ; p.-ê. de *dia*). ♦ 1° Cheval (langage enfantin). *À dada,* à cheval. ♦ 2° (1776; trad. angl. *hobby horse*). Fig. et fam. Sujet favori, idée à laquelle

on revient sans cesse. V. Manie, marotte; idée (fixe). *Enfourcher son dada.* ♦ 3° Dénomination adoptée par un mouvement artistique et littéraire révolutionnaire en 1916. *Le surréalisme est issu de Dada.* « DADA *naquit d'une révolte qui était commune à toutes les adolescences* » (TZARA). — Adj. *Le mouvement dada.* V. Dadaïsme.

DADAIS [dadɛ]. *n. m.* (1642; *dadée,* 1585; onomat.). Garçon niais et de maintien gauche. V. Niais, nigaud, sot. *Qui est ce dadais ridicule?* — Plus souvent. *Grand dadais.* « *Allons donc, grand dadais, est-ce qu'on se tient comme cela?* » (DIDER.).

DADAÏSME [dadaism(ə)]. *n. m.* (1916; de *dada*). L'école, le mouvement dada.

DAGUE [dag]. *n. f.* (déb. XIIIᵉ, « poignard »; prov. *daga,* p.-ê. lat. pop. °*daca* « épée dace »). ♦ 1° Épée courte, que l'on portait au côté droit. ♦ 2° *Vén.* Défense de sanglier. ◇ Premiers bois en forme de petites cornes courbes et unies que portent les cerfs, les daims vers la seconde année (V. Daguet).

DAGUERRÉOTYPE [dagɛʀeɔtip]. *n. m.* (1838; de *Daguerre,* l'inventeur, et *-type*). Procédé primitif de la photographie, par lequel l'image de l'objet était fixée sur une plaque métallique. — *Par méton.* L'instrument employé pour obtenir cette image; l'image. *Collection de daguerréotypes.*

DAGUET [dagɛ]. *n. m.* (fin XVIᵉ; de *dague,* 2°). Jeune cerf ou jeune daim qui est dans sa deuxième année et dont les *dagues* poussent.

DAHIR [daiʀ]. *n. m.* (1933; mot arabe). Décret du roi du Maroc.

DAHLIA [dalja]. *n. m.* (1804; de *Dahl,* botaniste suédois). Plante ornementale (*Composacées*) à tubercules, dont les fleurs simples ou doubles ont des couleurs riches et variées; sa fleur. *Cueillir des dahlias.*

DAHOMÉEN, ENNE [daɔmeɛ̃, ɛn]. *adj.* et *n.* (fin XIXᵉ; *dahoman, -mian* au XIXᵉ). Du Dahomey.

DAIGNER [deɲe]. *v. tr.* (Xᵉ; lat. *dignari* « juger digne ». V. Dédaigner). Consentir à (faire qqch.) soit en faveur d'une personne qui n'en paraît pas indigne, soit parce qu'on ne juge pas cette chose indigne de soi. V. Condescendre (à). « *Nous dûmes patienter presque trois heures d'horloge avant que les officiers préposés à ces divers services daignassent se déranger* » (DUHAM.). *Daignez agréer mes hommages,* formule de respect.

DAIM [dɛ̃]. *n. m.* (XIIIᵉ; bas lat. °*damus,* class. *dama*). ♦ 1° Mammifère ruminant ongulé (*Cervidés*) aux andouillers supérieurs larges et aplatis et à la robe tachetée. *Bois du daim.* V. Andouiller, perche. *Cri du daim.* V. Bramement. *Femelle du daim.* V. Daine. *Jeune daim* (ou *daneau*) *qui pousse son premier bois.* V. Daguet. ♦ 2° Ancienn. Peau préparée de cet animal. ◇ Mod. Se dit du cuir suédé. *Chaussures de daim. Veste de daim.*

DAÏMIO [daimjo]. *n. m.* (1870; mot jap.). Membre de l'aristocratie militaire qui, du IXᵉ s. à la révolution de 1868, domina au Japon.

DAINE, DINE [dɛn, din]. *n. f.* (1387; de *daim*). Rare. Femelle du daim.

DAIQUIRI [dajkiʀi ou dekiʀi]. *n. m.* (1954, répandu v. 1973; mot amér., du nom d'un quartier de El Caney, à Cuba). Cocktail fait de rhum blanc, de citron vert et de sucre.

DAIS [dɛ]. *n. m.* (XVIᵉ; « table », 1160; lat. *discus* « disque » ou « plateau »). ♦ 1° Ouvrage (de bois, de tissu) fixé ou soutenu de manière à ce qu'il s'étende comme un plafond au-dessus d'un autel ou de la place d'un personnage éminent (chaire, lit, trône). *Dais surmontant un lit.* V. Ciel (de lit); baldaquin. *Lambrequin d'un dais.* « *Le trône du sultan est placé sous un dais rouge et or* » (LOTI). ◇ Fig. *Un dais de feuillage.* ♦ 2° Pièce d'étoffe tendue, soutenue par de petits montants, sous laquelle on porte parfois le saint sacrement. ♦ 3° Voûte saillante au-dessus d'une statue. ◇ HOM. *Dès, dey.*

DAL [dal]. *n. m.* (1884; *dail,* 1829; arg., probabl. de

daye dan daye « lon-lan-lère » [1644], paroles d'une chanson).
Loc. QUE DAL [k(ə)dal]. *Pop.* Rien. *N'y voir, n'y entraver que dal* : n'y rien voir, n'y rien comprendre. — On écrit aussi *Dalle.*

DALAÏ-LAMA [dalailama]. *n. m.* (1699 ; mot mongol). V. **Lama.**

DALEAU. V. DALOT.

DALLAGE [dalaʒ]. *n. m.* (1831 ; de *daller*). ♦ 1° Action de daller. ♦ 2° Ensemble des dalles d'un pavement. *Dallage de marbre.*

DALLE [dal]. *n. f.* (1319 ; mot norm., de l'anc. scand. *daela* « gouttière »). ♦ 1° Plaque de pierre dure, de marbre, etc., destinée au pavement du sol, au revêtement. « *De belles grandes dalles de granit gris* » (GIDE). « *Faisant sonner sous sa canne les dalles du parvis* » (MART. du G.). *Dalle funèbre* : pierre recouvrant une tombe. ♦ 2° *Arg.* ou *pop.* (dans des loc.). V. **Gorge, gosier.** *Se rincer la dalle,* boire. *Avoir la dalle en pente* : aimer à boire. ♦ 3° *Arg. Que dalle.* V. **Dal.**

DALLER [dale]. *v. tr.* (1319 ; de *dalle*). Revêtir de dalles. *Daller une salle.* — *Cuisine dallée.*

DALLEUR [dalœr]. *n. m.* (1877 ; de *daller*). Ouvrier qui pose les dalles.

DALMATE [dalmat]. *adj. et n.* (lat. *dalmatius*). De Dalmatie. N. m. *Le dalmate* : langue romane ancienne, parlée en Dalmatie.

DALMATIEN [dalmasjɛ̃]. *n. m.* (1961 ; de l'anglo-amér. *dalmatian*). Chien à poil ras, de taille moyenne, à robe blanche tachetée de noir ou de brun, autrefois nommé *petit danois, chien de Dalmatie.*

DALMATIQUE [dalmatik]. *n. f.* (XIIᵉ ; lat. ecclés. *dalmatica* « blouse en laine de Dalmatie »). ♦ 1° Ancienn. Riche tunique à manches amples et courtes des empereurs romains, de certains souverains et grands personnages. ♦ 2° *Liturg.* Chasuble réservée aux diacres et aux sous-diacres. ◇ Ornement de soie porté par l'évêque sous la chasuble.

DALOT ou **DALEAU** [dalo]. *n. m.* (1690 ; de *dalle*). ♦ 1° Trou dans la paroi d'un navire pour l'écoulement des eaux. ♦ 2° *Techn.* Petit aqueduc en maçonnerie pratiqué dans un remblai pour l'écoulement des eaux.

DALTONIEN, IENNE [daltɔnjɛ̃, jɛn]. *adj.* (1827 ; de *Dalton*). Atteint de daltonisme. Subst. *Un daltonien.*

DALTONISME [daltɔnism(ə)]. *n. m.* (1841 ; de *Dalton,* physicien angl.). Anomalie de la vue, qui consiste dans l'absence de perception de certaines couleurs ou dans la confusion de couleurs (surtout rouge et vert).

DAM [dã]. *n. m.* (842 ; lat. *damnum.* V. **Damner**). ♦ 1° *Vx.* V. **Dommage, préjudice.** — *Loc. mod. Au dam, au grand dam de* (qqn). « *Jouir de certains privilèges au grand dam et à la colère des non-nantis* » (DUHAM.). ♦ 2° *Théol.* Châtiment des réprouvés, qui consiste à être éternellement privé de la vue de Dieu. V. **Damnation.** *Peine du dam.* ◈ ANT. *Avantage.* — HOM. *Dans, dent.*

DAMAGE [damaʒ]. *n. m.* (1870 ; de *damer*). *Techn.* Action de damer la terre ; son résultat.

DAMALISQUE [damalisk(ə)]. *n. m.* (1929 ; *damalis,* 1846 ; *damaliscus,* 1902 ; du lat. sav. *damaliscus,* grec *damalis* « génisse »). Genre d'Antilopidés du Nord-Est de l'Afrique équatoriale, qui comporte cinq espèces, aux cornes en forme de lyre.

DAMAN [damã]. *n. m.* (1808 ; mot arabe). Petit mammifère ongulé (*Hyraciens*) ayant l'apparence d'une marmotte et vivant par petites bandes en Afrique et en Asie Mineure.

DAMAS [dama]. *n. m.* (XIVᵉ ; de *Damas,* ville de Syrie ; Cf. *Damasquiner*). ♦ 1° Étoffe tissée et dont les mêmes dessins apparaissent à l'endroit en satin sur fond de taffetas et à l'envers en taffetas sur fond de satin. *Damas broché.* — *Par anal.* Tout tissu dont les dessins brillants sur fond mat à l'endroit se retrouvent mats sur fond brillant à l'envers. *Linge de table en damas.* V. **Damassé.** ♦ 2° Acier d'alliage (dit *damassé*) qui présente un beau moiré. — *Par ext.* (1820) Sabre dont la lame est recouverte de cet acier. ♦ 3° *Arbor.* Prunus utilisé comme porte-greffe.

DAMASQUINAGE [damaskinaʒ]. *n. m.* (1611 ; *damasquiner*). ♦ 1° Art de damasquiner. ♦ 2° Travail, aspect de ce qui est damasquiné (on dit aussi DAMASQUINURE [damaskinyr]).

DAMASQUINER [damaskine]. *v. tr.* (1553 ; de *damasquin* « de Damas »). Incruster dans (une surface métallique) un filet d'or, d'argent, de cuivre formant un dessin. — Adj. *Acier damasquiné. Couteau à manche damasquiné.*

DAMASQUINEUR [damaskinœr]. *n. m.* (1558 ; de *damasquiner*). Ouvrier dont le métier est de damasquiner.

DAMASSÉ, ÉE [damase]. *adj.* (fin XIVᵉ ; V. **Damasser**). Tissé comme le damas. *Nappe damassée.* — Subst. m. Étoffe de lin ou de coton tissée comme le damas.

DAMASSER [damase]. *v. tr.* (1386 ; de *damas*). Fabriquer en façon de damas.

DAMASSURE [damasyr]. *n. f.* (1611 ; de *damasser*). Travail, aspect d'un tissu damassé.

1. **DAME** [dam]. *n. f.* (XIIᵉ ; lat. *domina* « maîtresse »). I. ♦ 1° *Féod.* Titre donné à toute femme détentrice d'un droit de souveraineté ou de suzeraineté. *Haute et puissante dame.* « *La Dame de Monsoreau* », roman d'A. Dumas. *Le chevalier et sa dame. Ballade des Dames du temps jadis* (Villon). Mod. et plaisant. *La dame de ses pensées.* V. **Dulcinée.** ◇ Par anal. *Dame du Ciel* : la Sainte Vierge. V. **Notre-Dame.** ♦ 2° Femme de haute, de bonne naissance. *Les belles dames* (fam.) : les femmes de la haute société, aux toilettes élégantes. *Agir en grande dame,* avec noblesse, délicatesse. *La première dame de France* : la femme du président de la République. — *Dame d'œuvres, dame de charité, dame patronnesse* : femme du monde qui se consacre à des œuvres de bienfaisance, qui patronne des fêtes de charité. — *Dame de compagnie.* V. **Compagnie.** ♦ 3° Femme mariée. *Est-ce une dame ou une jeune fille?* — *Dr. Le sieur X contre la dame Y.* V. **Madame.** *Fam. Ma petite dame, ma bonne dame.* ◇ Religieuse de certaines congrégations ; chanoinesse. ♦ 4° Personne adulte du sexe féminin, dans le langage courtois. V. **Femme.** *Qui est ce monsieur, cette dame? Coiffeur pour dames.*

II. *Fig.* ♦ 1° (XVIᵉ). Une des pièces maîtresses dans certains jeux. ◇ (*Échecs*). Deuxième pièce en importance après le roi, qui se déplace d'un nombre indéterminé de cases selon les directions médianes et diagonales du damier. « *On n'annonce pas l'échec à la dame* » (F. LE LIONNAIS). V. **Reine.** ◇ *Jeu de dames,* qui se joue à deux, avec quarante pions, sur un damier de cent cases. — (1562). Pion qui, parvenu sur la dernière rangée à partir de son camp, a été surmonté d'un autre et peut avancer, reculer, prendre en diagonale à toute distance. — *Aller à dame* : se dit, dans ces deux jeux, d'un pion qui parvient sur la dernière rangée du damier opposée à son camp. V. **Damer** (1°). ◇ (*Trictrac*) Chacune des rondelles avec lesquelles on joue. ◇ (*Cartes*) Chacune des quatre cartes où est figurée une reine. *Pallas, la dame de pique.* « *Je prends avec la dame* » (PAGNOL). ♦ 2° (1755). Hie de paveur (l'ouvrier la prend par les deux anses pour la soulever comme un danseur soulève sa danseuse). V. *aussi* **Demoiselle, damer** (2°). — *Pop. Aller à dame* : tomber. ♦ 3° *Mar.* (1783). Creux pratiqué sur le bord d'une embarcation pour y encastrer l'aviron ; appareil servant à retenir ce dernier. V. **Tolet.**

2. **DAME!** [dam]. *interj.* (1665 ; a. fr. *par Nostre Dame!*). *Fam.* et *région.* Exclamation qui suppose, entre ce qui la précède et ce qui la suit, une relation logique (conséquence, cause, explication). V. **Foi** (ma foi), **pardi.** *Ils sont partis?* — *Dame oui!*

DAME-D'ONZE-HEURES [damd5zœr]. *n. f.* (1846 ; de *dame* (I), et *onze heures*). Nom donné à l'ornithogale en ombelle dont les fleurs s'épanouissent vers onze heures du matin.

DAME-JEANNE [damʒan]. *n. f.* (1694 ; prov. mod. *damajano*). Sorte de bonbonne. V. **Jaqueline.** *Des dames-jeannes clissées.* « *L'excellent vin du cru renfermé dans des dames-jeannes de la grandeur de trois bouteilles* » (CHATEAUB.).

DAMER [dame]. *v. tr.* (1562 ; de *dame*). ♦ 1° (*Dames, échecs*). Transformer en dame, ou en une figure de son camp, un pion qui a atteint la dernière rangée du damier, de l'échiquier. — Absolt. *Pion qui dame,* qui parvient sur la dernière rangée. ◇ *Fig. Damer le pion à qqn* : l'emporter sur lui, le surpasser, répondre victorieusement à ses attaques. ♦ 2° *Techn.* ou *littér.* (1834). Tasser le sol (terre, pavés, béton, neige) avec une dame ou hie* et, *par ext.,* avec tout autre engin. « *Je la recouvrais de terre que je damais des deux pieds* » (COLETTE).

DAMIER [damje]. *n. m.* (1548 ; de *dame*). ♦ 1° Plateau divisé en cent carreaux alternativement blancs et noirs (V. **Case**), sur lesquels on pousse les pions du jeu de dames. (V. **Échiquier, tablier.** ♦ 2° Surface divisée en carrés égaux, de couleur ou d'aspect différent. « *Il y avait là comme un damier blanc et noir de lumière et d'ombre, aux cases nettement coupées* » (ZOLA). ◇ *Carreaux réguliers. Tissu en damier.* V. **Carreau.**

DAMNABLE [danabl(ə)]. *adj.* (XIIᵉ ; de *damner*). ♦ 1° *Théol.* Qui mérite la damnation ou qui peut la faire encourir. *Opinion damnable.* ♦ 2° Qui mérite la réprobation. *Coutumes damnables.* V. **Condamnable.** ◈ ANT. *Salvateur ; louable.*

DAMNATION [da(α)nasjɔ̃]. *n. f.* (1190 ; lat. ecclés. *damnatio*). Condamnation aux peines de l'enfer ; ces peines. V. **Châtiment, peine, supplice.** *La damnation de Faust,* œuvre musicale de Berlioz. « *Qu'importe l'éternité de la damnation à qui a trouvé dans une seconde l'infini de la jouissance?* » (BAUDEL.). — Littér. *Enfer et damnation! Mort et damnation!* imprécation de colère ou de désespoir. ◈ ANT. *Salut.*

DAMNÉ, ÉE [dane]. *adj. et n.* (Xᵉ ; de *damner*). ♦ 1° (Attribut ou épithète avant le n.) Condamné aux peines de l'enfer. — *Fam. Être l'âme damnée de qqn* : lui être dévoué jusqu'à encourir la damnation pour lui. — N. (1160) *Les damnés.* V. **Réprouvé.** *Le supplice des damnés.* V. **Dam, feu ; enfer.**

Souffrir comme un damné : d'une manière abominable.
♦ **2°** *Adj.* (avant le nom). *Fam.* Qui cause de l'humeur
(obstacle, désagrément). V. **Malencontreux, maudit, sale,
satané.** « *Je crains que cet enfant-là ne prenne la fièvre si
nous restons dans ce damné brouillard* » (SAND). ◇ ANT.
Élu; béni, providentiel.

DAMNER [dɑne]. *v. tr.* (xe; lat. ecclés. *damnare*, en lat.
class. « condamner »). ♦ **1°** Condamner aux peines de l'enfer.
« *Dieu aurait-il fait le monde pour le damner?* » (PASC.).
♦ **2°** *(Choses).* Conduire à la damnation. « *Vous avez
commis plus de meurtres qu'il n'en faudrait pour damner tous
les saints du Paradis* » (JARRY). ◇ *Fam. Faire damner qqn :*
le mettre dans une colère qui lui vaudrait d'être damné.
V. **Impatienter, tourmenter.** ◇ *Pronom. Se damner,* faire
en sorte d'être damné. — *Fam. Se damner pour qqn,* par
amour. ◇ ANT. **Sauver.**

DAMOISEAU [damwazo]. *n. m.* (xiie; lat. pop. *°dom(i)ni-
cellus,* dimin. de *dominus* « seigneur »). ♦ **1°** *Ancienn.* Titre
du jeune gentilhomme qui n'était pas encore chevalier.
♦ **2°** *Plaisant.* Jeune homme qui fait le beau et l'empressé
auprès des femmes.

DAMOISELLE [damwazɛl]. *n. f.* (xiiie; *dameisele,* fin ixe;
lat. pop. *dominicella,* de *domina* « dame »). *Vx* et *hist.* Au
Moyen Âge, jeune fille noble ou femme d'un damoiseau. V.
Demoiselle (I).

DAN [dan]. *n. m.* (v. 1960; mot jap.). Au judo, chacun
des dix grades supérieurs à la ceinture noire. *Judoka
ayant une de ces grades, ceinture* noire. *Il est troisième dan.*

DANAÏDE [danaid]. *n. f.* (1808; nom mythologique, gr.
Danaïdes). Papillon diurne d'Afrique aux couleurs éclatantes.

DANCING [dɑsiŋ]. *n. m.* (v. 1919; angl. *dancing-house*
« maison de danse »). Établissement public où l'on danse.
Aller au dancing.

DANDIN [dɑdɛ̃]. *n. m.* (1526; déverbal de *dandiner*).
Vx. Homme niais, de contenance gauche.

DANDINEMENT [dɑdinmɑ]. *n. m.* (1725; de *dandiner*).
Action de se dandiner, mouvement qui en résulte. V. **Balancement, déhanchement.** « *Le dandinement monotone d'une
mule au trot* » (LOTI).

DANDINER [dɑdine]. *v. tr.* (1512; a. fr. *dandin* « clochette »). ♦ **1°** *Rare.* Balancer gauchement d'un côté et
de l'autre. « *Les filles dandinent leurs tailles serrées* » (LOTI).
♦ **2°** *Cour.* SE DANDINER. *v. pron.* Se balancer gauchement.
« *Il commençait de se dandiner d'une jambe sur l'autre en
cherchant son chapeau* » (DUHAM.).

DANDINETTE [dɑdinɛt]. *n. f.* (v. 1902; de *dandiner*).
♦ **1°** Technique de pêche à la ligne où l'on attire le poisson
par le va-et-vient d'un leurre. *Pêcher à la dandinette.* ♦ **2°**
Ce leurre lui-même.

DANDY [dɑdi]. *n. m.* (1817; mot angl.). Homme qui se
pique d'une suprême élégance dans sa mise et ses manières
(type d'élégant du xixe s.). *Des dandys.* « *Le dandy doit avoir
un air conquérant, léger, insolent* » (CHATEAUB.). ◇ *Littér.*
Adepte du dandysme.

DANDYSME [dɑdism(ə)]. *n. m.* (1830; de *dandy*). *Littér.*
Manières élégantes, raffinement du dandy (au xixe s.). « *Le
dandysme n'est pas... un goût immodéré de la toilette et de
l'élégance matérielle. Ces choses ne sont que le parfait
dandy qu'un symbole de la supériorité aristocratique de son
esprit* » (BAUDEL.).

DANGER [dɑʒe]. *n. m.* (*Dangier* « état de celui qui est à
la merci de qqn », xiie; lat. pop. *°dominiarium* « pouvoir de
dominer », de *dominus* « maître »). Ce qui menace ou compromet la sûreté, l'existence d'une personne ou d'une chose;
situation qui en résulte. V. **Péril; menace, risque.** *Danger
imminent. Danger de mort. Danger public* (se dit aussi d'une
personne : *Cet automobiliste est un danger public*). — *La
Patrie est en danger. Sa vie, ses jours sont en danger. Mettre
en danger la réputation, les intérêts de qqn.* V. **Compromettre.**
— *Courir un danger.* V. **Risque; exposer (s'), risquer.** *Il y a du
danger à passer par là. Signal d'un danger.* V. **danger.** V.
Alarme, alerte. *Attention, danger! Aimer, mépriser, craindre
le danger. Conjurer, éviter, fuir un danger. Échapper au danger :
se tirer d'affaire. Il est hors de danger. Abri contre le danger :
asile, refuge, sauvegarde.* — *Fam. Il n'y a pas de danger*
(d'une chose qui n'arrivera sûrement pas). *Pas de danger
qu'il y revienne!* — *Le danger de,* constitué par. « *Ne fallait-il
pas prémunir la jeune fille contre les dangers d'une éducation
par trop conventionnelle?* » (ROMAINS). ◇ *Spécialt., Mar.*
(1701). Tout obstacle (banc, récif...) qui menace la sûreté
de la navigation. ◇ ANT. **Sécurité, sûreté, protection.**

DANGEREUSEMENT [dɑʒrøzmɑ]. *adv.* (1539; de
dangereux). D'une manière dangereuse. *Être dangereusement
blessé, malade.* V. **Gravement, grièvement.** *Vivre dangereusement :* dans le risque.

DANGEREUX, EUSE [dɑʒrø, øz]. *adj.* (fin xiie, « difficile »; de *danger*). ♦ **1°** Qui constitue un danger, présente
du danger, expose à un danger. V. **Périlleux, redoutable.**

Maladie dangereuse. V. **Grave.** *Chemin dangereux.* Fig. *Vous
vous engagez sur un terrain dangereux.* V. **Brûlant, difficile,
glissant.** — *Pente, tournant dangereux.* V. **Traître.** *Zone dangereuse d'un front. Dangereux pour l'avenir.* V. **Menaçant,
redoutable.** *Aventure, entreprise dangereuse.* V. **Aventureux,
hasardé, hasardeux, risqué, téméraire.** *Un jeu dangereux, qui
risque de mal finir. Doctrines, lectures dangereuses.* V. **Immoral, malsain, mauvais.** *Il est dangereux de se pencher au
dehors.* ♦ **2°** *(Personnes).* Qui a pouvoir de nuire, à qui on
ne peut se fier. V. **Méchant, redoutable.** *Dangereux criminel.
Un fou dangereux. Vos concurrents sont peu dangereux. Un
dangereux séducteur.* ◇ *(Animaux)* Qui s'attaque à l'homme
(piqûre, morsure). *La vipère est dangereuse.* ◇ ANT. **Avantageux, bon, sûr.** *Inoffensif.*

DANIEN, IENNE [danjɛ̃, jɛn]. *adj. et n. m.* (1846; du
lat. *Dania* « Danemark »). *Géol.* Relatif à l'étage le plus
élevé du crétacé supérieur. — *N. m.* Cet étage lui-même. *Le
danien se situe au-dessus du sénonien.*

DANOIS, OISE [danwa, waz]. *adj. et n.* (xiie, *hache
danoise;* lat. mod., du danois). Du Danemark. *Le danois :*
langue germanique parlée au Danemark (et en Norvège
jusqu'au xviiie s.). ◇ (1811) Chien de grande taille, à tête
allongée et à poil court, originaire du Danemark.

DANS [dɑ] *prép.* (*Denz,* adv., xiie; a remplacé *en* comme
prép.; lat. pop. *de intus,* renforcement de *intus* « dedans »).
Préposition indiquant la situation d'une personne, d'une
chose par rapport à ce qui la contient (V. **Inter-, intra-**).
♦ **1°** Marque le lieu. *Objet rangé dans une boîte. Être dans
Paris. Entrer dans ce théâtre :* à l'intérieur de. *Monter dans
une voiture.* V. **En.** *S'asseoir dans un fauteuil. Lire sur une
affiche, dans un livre, dans un journal.* — *Apercevoir qqn
dans la foule.* V. **Milieu** (au); **parmi, sein** (au). *Vivre dans ses
meubles.* — Fig. *Entrer dans un complot. C'est dans ses
projets.* V. **Partie** (faire). *On trouve cette idée dans l'œuvre
de Descartes,* et par ext. *C'est dans Descartes.* V. **Chez.**
On l'admire dans tout ce qu'il fait. V. **En.** « *C'est dans son
impuissance que l'homme a trouvé le point d'appui, la prière* »
(HUGO). ♦ **2°** Marque la manière. *Être dans une mauvaise
position. Tomber dans la misère.* « *Une nymphe souriante
dans tout l'éclat de la blanche nudité* » (GAUTIER). — *Agir
dans les règles.* V. **Après** (d'), **selon.** *Littér. Dans la perfection.* V. **À.** *Maison construite dans tel style.* — *Dans l'attente,
dans le but, dans l'espoir de. Mot pris dans tel sens.* V. **Avec.**
« *Adieu. — Dans quel dessein vient-elle de sortir?* » (RAC.).
♦ **3°** Marque le temps, indique un moment, une époque.
V. **Cours** (au cours de), **lors** (de), **pendant.** *Cela lui arriva
dans son enfance. Ce sera fait dans les délais convenus.* ◇
Pour reporter à une date future. V. **Ici** (d'ici). *Quand partez-
vous? Dans quinze jours, quinze jours après celui-ci. Dans
une minute, dans un instant :* bientôt. ♦ **4°** DANS LES, marquant l'approximation : un chiffre voisin de. *Cela coûte dans
les deux cents francs.* V. **Environ, près** (à peu près). ◇ ANT.
Hors (de). — HOM. *Dam, dent.*

DANSABLE [dɑsabl(ə)]. *adj.* (1846; de *danse*). Qui peut
être dansé. ◇ ANT. **Indansable.**

DANSANT, ANTE [dɑsɑ, ɑt]. *adj.* (xviie; de *danseur*).
♦ **1°** Qui danse. *Un chœur dansant.* Fig. *Un reflet dansant
de lumière.* ♦ **2°** Qui est propre à faire danser. *Musique
dansante.* ♦ **3°** Pendant lequel on danse (*loc.*). *Thé dansant.
Soirée dansante.*

DANSE [dɑs]. *n. f.* (xiie; de *danser*). ♦ **1°** Action de
danser. Suite expressive de mouvements du corps exécutés
selon un rythme, le plus souvent au son de musique et suivant un art, une technique ou un code social plus ou moins
explicite. *Entrer dans la danse. Exécuter une danse. Musique
de danse. Pas, figure de danse. Chaussons de danse.* V. **Pointe.**
Cours de danse. — *Danse exécutée par une personne* (V. **Danseur**), *un couple, un groupe de personnes.* — *Danse rituelle,
danse guerrière, danse de fécondité. Danse profane.* — *Danse
folklorique. Danse russe. Danse du ventre. Danse espagnole.*
V. **Fandango, jota, séguedille, zapateado.** — *Danse rythmique,
danse acrobatique :* qui participe de la gymnastique, de l'acrobatie. ◇ *Spécialt.* Art de la danse, un des beaux-arts. « [...]
la Danse [...] *n'est que l'action de l'ensemble du corps humain
[...] transposée dans un monde, dans une sorte d'espace-temps,
qui n'est plus tout à fait le même que celui de la vie pratique* »
(VALÉRY). *Danse classique. Danse d'expression.* V. **Chorégraphie, orchestique; ballet.** — *Personne chargée d'organiser
la danse.* V. **Chorège, chorégraphe, maître de danse** (maître de
ballet). ◇ *Danse des bals.* Réunions consacrées à la danse.
V. **Bal, dancing, sauterie, surprise-party.** *Piste de danse.
Orchestre de danse. Ouvrir la danse :* la commencer. *Danses
anciennes.* V. **Bourrée, branle, cancan, carmagnole, chacone,
chahut, chaîne** (anglaise), **contredanse, cotillon, courante,
gaillarde, galop, gavotte, gigue, loure, mazurka, menuet,
passacaille, passe-pied, pastourelle, polka, quadrille, redowa,
rigaudon, ronde, scottish, shimmy, tambourin.** *Danses modernes.*
V. **Be-bop, biguine, blues, boston, cake-walk, charleston,
fox-trot, java, jerk, marche, mambo, one-step, paso doble,
rock, rumba, samba, slow, swing, tango, twist, valse.** « *Les*

danses s'interrompirent, les couples se dénouaient, et l'on cessa de voir tourner les monstres bicéphales » (JALOUX). ♦ 2° Musique sur laquelle on danse ou on peut danser. *Musique inspirée d'un rythme de danse. Les danses norvégiennes de Grieg.* ♦ 3° Fig. et fam. *Entrer en danse :* entrer en action, participer à qqch. V. **Course, scène.** Péj. *Mener la danse :* diriger une action collective. ◇ Pop. *Donner une danse à qqn :* lui administrer une correction; lui faire une réprimande. ♦ 4° *Par anal.* Série de mouvements rythmés qui évoquent la danse. *Danse des feuilles, des vagues.* — (1754). *Danse de Saint-Guy :* chorée. ◈ HOM. **Dense.**

DANSER [dãse]. *v.* (*Dencier,* fin XIIe; frq. °*dintjan* « se mouvoir de-ci de-là »).
I. *V. intr.* ♦ 1° Exécuter une danse (Cf. *arg.* Gambiller, guincher, en suer une); se mouvoir avec rythme, en accord avec une musique, un type de mouvement réglé. « [...] *Cette personne qui danse s'enferme, en quelque sorte, dans une durée qu'elle engendre* » (VALÉRY). *Danser en mesure. Apprendre à danser. Maître à danser* (ancienn.) : professeur de danse. *Danser sur un air, une musique. Air à danser* (vx) : musique de danse. *Endroits publics où l'on danse :* bal, bastringue, boîte de nuit, cabaret, dancing, guinguette. *Danser avec un cavalier, une cavalière.* — *Faire danser,* danser avec (une femme); jouer d'un instrument afin qu'on puisse danser. Fig. et *fam.* Contraindre (qqn) à l'esquive par des coups, des menaces. « *Mon petit maître à danser, je vous ferois danser comme il faut* » (MOL.). — PROV. *Quand le chat* n'est pas là les souris dansent.* — Loc. *fig.* (Fam.) *Danser devant le buffet*.* — *Ne pas savoir sur quel pied danser :* ne savoir que faire, hésiter. ♦ 2° *Par anal.* Se mouvoir, remuer d'une manière rythmée. « *Plus léger qu'un bouchon, j'ai dansé sur les flots* » (RIMBAUD). « *Il darda sur son*
II. *V. tr.* Exécuter (une danse). *Danser une valse.* Pronom. *Le menuet ne se danse plus.*

DANSEUR, EUSE [dãsœʀ, øz]. *n.* (1440; de *danser*). ♦ 1° Personne dont la profession est la danse. ◇ *Danseur, danseuse classique. Ordre hiérarchique des danseurs et danseuses :* élève, second quadrille, premier quadrille, coryphée, petit sujet, grand sujet, première danseuse et premier danseur, étoile. *Danseuse très jeune.* V. **Rat.** *Danseur de ballet.* V. **Ballerine.** *Tunique, tutu de danseuse.* ◇ *Danseur, danseuse de corde.* V. **Acrobate, funambule.** ◇ *Danseuse orientale.* V. **Almée, bayadère.** ◇ Mod. *Danseur à, de claquettes.* V. **Claquette.** *Danseuse de music-hall.* V. **Girl.** *Danseuse de cabaret.* V. **Entraîneuse, taxi-girl.** *Danseur mondain,* qui a les mêmes fonctions que l'entraîneuse. ♦ 2° *Par anal.* (Cyclisme). EN DANSEUSE : position du cycliste qui pédale debout en balançant le corps à droite et à gauche. « *Bien qu'il montât debout sur les pédales, nous ne pensâmes pas au joli terme de « monter en danseuse* » (R. VAILLAND). ♦ 3° Personne qui danse avec un ou une partenaire. V. **Cavalier** (cavalière). *Couples de danseurs qui évoluent sur la piste. Être bonne danseuse.*

DANSOT(T)ER [dãsɔte]. *v. intr.* (av. 1660; de *danser*). Fam. Danser médiocrement; danser un peu.

DANTESQUE [dãtɛsk(ə)]. *adj.* (1834; de *Dante*). Qui a le caractère sombre et sublime de l'œuvre de Dante. *Poésie dantesque. Vision dantesque.* V. **Effroyable.**

DAPHNÉ [dafne]. *n. m.* (1552; mot gr.). Arbuste à fleurs rouges ou blanches odorantes (*Daphnoïdées*) qui croît dans les bois des régions montagneuses. V. **Sainbois.**

DAPHNIE [dafni]. *n. f.* (1808; lat. sav. *daphnia,* de *daphné*). Petit crustacé d'eau douce (*Cladocères*) appelé communément *puce d'eau. Les daphnies servent de nourriture aux poissons d'aquarium.*

DARAISE [daʀɛz]. *n. f.* (1808; o. i.). Techn. Déversoir d'un étang.

DARBOUKA ou **DERBOUKA** [daʀbuka, dɛʀbuka]. *n. f.* (1859; *derbouka,* 1847; de l'arabe algér. *derbouka*). Tambour arabe fait d'une peau tendue sur l'extrémité pansue d'un tuyau de terre cuite, plus rarement de métal.

DARCE. V. **DARSE.**

1. DARD [daʀ]. *n. m.* (1080; lat. *dardus,* du frq. °*darod*). ♦ 1° Ancienne arme de jet, composée d'une hampe de bois garnie à l'une de ses extrémités d'une pointe de fer. V. **Lance, pique.** — *Mar.* Petit harpon. ♦ 2° *Archit.* Ornement en forme de fer de lance, qui sépare les oves. ♦ 3° *Par anal.* (1811). Organe pointu et creux de certains animaux servant à piquer l'adversaire et à lui inoculer un venin. V. **Aiguillon.** *Dard d'une abeille, d'un scorpion.* ◇ *Par ext.* Langue pointue (inoffensive) des serpents. ♦ 4° (1870). *Arbor.* Rameau à fruits, très court, du poirier et du pommier.

2. DARD [daʀ]. *n. m.* (1197, *dars;* du gaul. *darsus*). Nom vulgaire de la vandoise.

DARDER [daʀde]. *v. tr.* (XVe; de *dard*). ♦ 1° Ancienn. Frapper avec un dard. *Mod.* (Une arme, un objet) comme on ferait d'un dard. « *Julien darda contre eux ses flèches* » (FLAUB.). ♦ 2° *Cour.* Lancer (ce qui est assimilé à un dard, une flèche). V. **Jeter, lancer.** « *Le soleil dardait à plomb ses rayons poudreux* » (NERVAL). « *Il darda sur son*

compagnon un regard tellement précis qu'Antoine se sentit rougir » (MART. du G.). — *Par ext.* V. **Dresser.** « *Des centaines de cierges dardaient dans l'air bleu des encens les fers dorés de leurs lances* » (HUYSMANS).

DARE-DARE [daʀdaʀ]. *loc. adv.* (1642; o. i.). Fam. Promptement. V. **Hâte** (en toute hâte), **précipitamment, promptement, vite.** *Accourir dare-dare.* « *Si vous aviez à me proposer un meilleur sujet tout prêt pour cette semaine, je le prendrais dare-dare* » (STE-BEUVE).

DARIOLE [daʀjɔl]. *n. f.* (1385; p.-ê. altér. de *doriole,* de *doré*). Flan léger au beurre et aux œufs.

DARIQUE [daʀik]. *n. f.* (1547; de *Darius,* roi des Perses). Antiq. Monnaie d'or des anciens Perses.

DARNE [daʀn(ə)]. *n. f.* (1528; bret. *darn* « morceau »). Tranche de gros poisson. *Une darne de colin.*

DARSE ou **DARCE** [daʀs(ə)]. *n. f.* (XVe; génois, *darsena,* arabe *dâr-sinâ'a* « maison de travail »). Bassin abrité, dans un port méditerranéen. *La grande darse de Toulon.* « *Dans cette darse où ni vent ni pluie n'agitaient une mer captive* » (BOSCO).

DARTOIS [daʀtwa]. *n. m.* (1878; o. i., p.-ê. de la famille d'Artois). Gâteau feuilleté, à la frangipane ou aux confitures, dit aussi *Gâteau à la Manon.*

DARTRE [daʀtʀ(ə)]. *n. f.* (XVIe; *dertre,* XIIIe; bas lat. *derbita,* mot gaul.). Vieilli. Affection de la peau caractérisée par une fine desquamation. Syn. PITYRIASIS.

DARTREUX, EUSE [daʀtʀø, øz]. *adj.* (XVe; de *dartre*). Qui est de la nature des dartres. *Affection dartreuse.* ◇ Couvert de dartres. *Enfant dartreux.*

DARTROSE [daʀtʀoz]. *n. f.* (XXe; de *dartre*). Didact. Maladie cryptogamique de la pomme de terre.

DARWINIEN, IENNE [daʀwinjɛ̃, jɛn]. *adj.* (1864 par l'it.; de *Darwin*). Relatif à la théorie de Darwin. V. **Darwinisme.**

DARWINISME [daʀwinism(ə)]. *n. m.* (1867 par l'all.; de *Darwin,* savant angl. 1809-1882). Théorie exposée par Darwin (dans *De l'origine des espèces,* 1859) selon laquelle les espèces sont issues les unes des autres selon les lois de la sélection* naturelle, effet de la lutte pour la vie (V. **Évolutionnisme, transformisme**). *Darwinisme et lamarckisme.*

DARWINISTE [daʀwinist(ə)]. *adj.* et *n.* (1867 par l'all.; de *Darwin*). Qui soutient, défend la doctrine darwinienne.

DASYURE [dazjyʀ]. *n. m.* (1796; du gr. *dasus* « velu », et *oura* « queue »). Zool. Mammifère océanien à queue velue (*Marsupiaux*) appelé aussi *macroure.*

DATABLE [databl(ə)]. *adj.* (déb. XIXe; de *dater*). Auquel on peut attribuer une date certaine. *Document aisément datable.* ◈ ANT. Indatable.

DATAGE [dataʒ]. *n. m.* (1961; de *dater*). Action de mettre une date sur un document. V. **Datation** (1°).

DATAIRE [dateʀ]. *n. m.* (1611; lat. ecclés. *datarius*). Relig. cathol. Officier du Vatican chargé de présider à l'expédition des dispenses, rescrits, etc.

DATATION [datasjɔ̃]. *n. f.* (fin XIXe; de *dater*). ♦ 1° Action de dater, de mettre la date (sur une pièce). *Datation et signature d'un acte de vente.* V. **Datage.** ♦ 2° Attribution d'une date. *Datation d'un fossile à l'aide du carbone 14.* — *Par ext.* Date attribuée.

DATCHA [datʃa]. *n. f.* (1926; répandu v. 1962; mot russe). Maison de campagne russe, aux portes d'une grande ville.

DATE [dat]. *n. f.* (1283; lat. médiév. *data (littera)* « lettre donnée », premiers mots de la formule indiquant la date où un acte avait été rédigé). ♦ 1° Indication du jour du mois (V. **Quantième**), et de l'année (V. **Millésime**) où un acte a été passé, où un fait s'est produit. *Indiquer la date.* V. **Dater.** *À quelle date? quel jour? Chercher une date à l'aide d'un calendrier. En date du... La date du... Date postérieure* (V. **Postdate**), *antérieure* (V. **Antidate**) *à la date réelle. Prendre date :* fixer avec qqn la date d'un rendez-vous. *Date de naissance.* — *Date d'un contrat. Date de paiement d'un billet.* V. **Échéance, terme.** ♦ 2° L'époque, le moment où un événement s'est produit; indication de cette époque. V. **An, année, époque, moment, période, temps.** *Science des dates, de l'ordre des événements.* V. **Chronologie.** *Une amitié de vieille date,* ancienne. *Ils se connaissent de longue date :* depuis longtemps. *Une connaissance de fraîche date :* récente. — *Faire date :* marquer un moment important, faire époque. — *Fig. Être le premier en date :* avoir priorité sur qqn, pour une raison d'antériorité. ◈ HOM. **Datte.**

DATER [date]. *v.* (1367; de *date*). ♦ 1° *V. tr.* Mettre la date sur (un écrit, un acte). « *Diderot ne datait jamais ses lettres* » (ROUSS.). *Lettre datée du 8. Dater un contrat, un testament. Mettre une fausse date.* V. **Antidater, postdater.** ♦ 2° *V. tr.* Attribuer une date. *Dater l'apparition d'un mot, une pièce archéologique.* ♦ 3° *V. intr.* DATER DE : avoir commencé d'exister, avoir eu lieu (à telle époque). V. **Remonter (à).** *Ce traité date du XVIIe siècle. Cela ne date pas d'hier,* ce n'est pas récent, c'est ancien. ◇ Loc. prép. *À dater de,* à partir de. V. **Compter, partir (à).** *Votre traitement vous sera* *versé à dater d'aujourd'hui.* ♦ 4° V. intr. *Absolt.* Faire date. V. **Marquer.** *Cet événement date dans sa vie :* il a de l'importance à ses yeux. ◇ Être démodé. *Costume qui date.*

DATERIE [datʀi]. *n. f.* (1666 ; lat. ecclés. *dataria.* V. **Dataire**). *Relig. cathol.* Office de dataire. — Chancellerie de la cour pontificale où s'expédient divers actes.

DATEUR, EUSE [datœʀ, øz]. *adj. et n. m.* (1933 ; de *dater*). Qui sert à dater. *Timbre dateur.* ◇ *N. m.* **DATEUR.** *Timbre dateur.* — (1969). Dispositif qui indique la date sur le cadran d'une montre.

1. DATIF [datif]. *n. m.* (XIIIe ; lat. *dativus (casus)* « cas attributif » ; de *dare* « donner »). Dans les langues à déclinaison, Cas servant à marquer le complément d'attribution.

2. DATIF, IVE [datif, iv]. *adj.* (1440 ; lat. *dativus,* de *dare* « donner »). *Dr. Tuteur datif :* nommé par le conseil de famille.

DATION [dɑsjɔ̃]. *n. f.* (1278 ; *datio,* de *dare* « donner »). *Dr.* Action de donner. *Dation de tuteur, de curateur. Dation de mandat.* — *Dation en paiement,* mode d'extinction d'une obligation suivant lequel le débiteur fournit à son créancier une prestation différente de celle primitivement convenue.

DATTE [dat]. *n. f.* (XIIIe ; *dade,* fin XIIe ; prov. *datil,* lat. *dactylus,* gr. *daktulos* « doigt »). Fruit comestible du dattier. *Régime de dattes. Datte fraîche.* — *Datte sèche. Datte fourrée.* ◇ HOM. *Date.*

DATTIER [datje]. *n. m.* (*Dadier,* XIIIe ; de *datte*). Palmier d'Afrique du Nord et du Moyen-Orient qui donne des dattes. Par appos. *Palmier dattier.*

DATURA [datyʀa]. *n. m.* (1597 ; hindi *dhatura,* par le port.). Solanacée des régions chaudes et tempérées originaire de l'Inde, toujours toxique *(alcaloïdes),* dont plusieurs espèces sont utilisées comme narcotique (V. **Stramonium**) et comme plantes ornementales. « *Une cigarette de datura* » (MAC ORLAN).

DAUBE [dob]. *n. f.* (1640 ; it. *addobbo* « assaisonnement »). Manière de faire cuire certaines viandes à l'étouffée dans un récipient fermé (V. **Daubière**). *Bœuf en daube.* — *Par ext.* La viande accommodée de cette manière. *Servir une daube.*

1. DAUBER [dobe]. *v.* (1552 ; « garnir », 1265 ; lat. *dealbare* « blanchir », de *albus* « blanc »). ♦ 1° V. tr. *Vx* ou *littér.* Railler, dénigrer (qqn) ; se moquer. « *On m'a dit qu'on va le dauber, lui et toutes ses comédies, de la belle manière* » (MOL.). ♦ 2° V. intr. *Vx* ou *littér.* « *Me voilà à dauber sur le prochain* » (J.-R. BLOCH).

2. DAUBER [dobe]. *v. tr.* (1803 ; de *daube*). *Cuis.* Accommoder (une viande) en daube.

DAUBEUR, EUSE [dobœʀ, øz]. *adj. et n.* (1650 ; de *dauber* 1). ♦ 1° *Vx.* Qui se plaît à dauber les autres. ♦ 2° N. *Techn.* Celui qui aide le forgeron à battre le fer.

DAUBIÈRE [dobjɛʀ]. *n. f.* (déb. XIXe ; de *daube*). Ustensile muni d'une couvercle sur lequel on peut mettre des charbons allumés, et où l'on fait cuire des viandes en daube. V. **Braisière.**

1. DAUPHIN [dofɛ̃]. *n. m.* (*Daufin,* XIIe ; bas lat. *dalfinus,* class. *delphinus,* gr. *delphis*). Mammifère marin carnivore *(Cétacés),* dont la tête se prolonge en forme de bec armé de dents. V. **Épaulard, souffleur.** *Les dauphins vivent en troupe.* « *Les dauphins sont tout bonnement de petits cachalots que les marins appellent des oies de mer* » (FRANCE). ◇ Représentation schématisée de cet animal. *Bras de fauteuil à dauphins.* — *Spécialt.* Extrémité recourbée d'un tuyau de descente pluviale.

2. DAUPHIN [dofɛ̃]. *n. m.* (1349 ; titre de seigneur du Dauphiné, XIIIe ; de *Dauphiné*). Fils aîné des rois de France. *Le Grand Dauphin :* le fils de Louis XIV. ◇ (1953) Successeur choisi par un chef d'État, une personnalité importante.

DAUPHINE [dofin]. *n. f.* (1680 ; de *Dauphin*). *Hist.* La femme du Dauphin. *Madame la Dauphine.*

DAUPHINELLE [dofinɛl]. *n. f.* (1786 ; du gr. *delpinion,* suff. *-elle;* ph- d'apr. *dauphin*). Plante ornementale (fleurs bleues, roses, blanches) appelée communément *pied d'alouette (Renonculacées).*

DAUPHINOIS, OISE [dofinwa, waz]. *adj. et n. m.* (1839 ; de *Dauphiné*). Du Dauphiné, province française. *Gratin dauphinois.* Subst. *Les Dauphinois.* — N. m. *Le dauphinois :* ensemble des dialectes romans parlés dans le nord du Dauphiné.

DAURADE ou **DORADE** [dɔʀad]. *n. f.* (1556,-1539 ; prov. *daurada* « doré »). Poisson téléostéen à reflets dorés ou argentés, des mers chaudes ou tempérées. ◇ *Spécialt.* Poisson de la famille des *Sparidés,* estimé en cuisine. *Daurade au four.*

DAVANTAGE [davɑ̃taʒ]. *adv.* (1360 ; de *d'avantage*). ♦ 1° (Modifiant un verbe). Plus. *Il en voudrait davantage. Il n'en sait pas davantage. Il l'aime comme un frère, sinon davantage.* — *Bien davantage. Davantage encore.* ◇ Modifiant le pronom *le,* représentant un adj. *Il est intelligent, mais il l'est davantage.* ♦ 2° Plus longtemps. *Ne restez pas davantage.* « *Gardes, obéissez sans tarder davan-*

tage » (RAC.). ♦ 3° *Vx* ou *littér.* Le plus « *Je ne sais qui de nous deux cette conversation oppressait davantage* » (GIDE). ♦ 4° *Vx* ou *littér.* DAVANTAGE DE : plus de. « *Je n'aime plus que deux ou trois livres, à peine davantage de tableaux* » (PROUST). ◇ *Mod.* DAVANTAGE QUE : plus que. « *La qualité des applaudissements importe bien davantage que leur nombre* » (GIDE). « *Rien ne dérange davantage une vie que l'amour* » (MAURIAC). ◇ ANT. *Moins.*

DAVIER [davje]. *n. m.* (1540 ; dimin. a. fr. *david* [davi], outil de menuisier). ♦ 1° *Techn.* Outil de menuisier, de tonnelier, formé d'une barre de fer recourbée en crampon à l'une de ses extrémités. ♦ 2° Pince à longs bras de leviers et à mors très courts (chirurgie osseuse, dentaire). « *Dur et salutaire comme le davier du dentiste* » (BALZ.).

dB Symbole du *décibel**.

D. B. O. [debeo]. *n. f.* (1970 ; abrév. de « demande biochimique en oxygène »). Quantité d'oxygène nécessaire à la biodégradation des matières organiques contenues dans une eau. *D. B. O. 3 :* mesure effectuée en trois jours.

D.C.A. [desea]. *n. f.* (1933 ; abrév. de « Défense contre avions »). Défense antiaérienne. *Canon de D.C.A.*

D.C.O. [deseo]. *n. f.* (v. 1972 ; abrév. de « demande chimique en oxygène »). Quantité d'oxygène absorbable par les matières oxydables présentes dans une eau.

D.D.T. [dedete]. *n. m.* (v. 1945 ; abrév. de Dichloro-Diphényl Trichloréthane). Insecticide organique utilisé en prophylaxie, toxique pour l'homme. ◇ SYN. *Clofénotane.*

1. DE [d(ə)]. *prép.* (842 ; lat. class. *de* qui s'est substitué en bas lat. à l'emploi du génitif). Mot invariable qui sert à établir des rapports variés entre deux mots ou groupes de mots. REM. *De* s'élide généralement en *d'* devant une voyelle ou un *h* muet, se contracte en *du* avec l'article *le,* et en *des* avec l'article *les.* V. **Des, du.** — *Phonét.* Le [ə] tombe parfois dans des expressions très courantes.

Ⓐ *Préposition à sens analysable.* I. (Après un verbe ou un nom). Marque l'origine concrète ou abstraite (parfois opposé à À). ♦ 1° LIEU, PROVENANCE. *Venir de l'école. Sortir de chez soi. Aller de Paris à Marseille. L'avion de Berlin* (opposé à l'*avion pour...*). *D'où êtes-vous? De Normandie, du Havre.* « *Des toits, des porches, des fenêtres, les insurgés tiraient* » (MALRAUX). — (Loc.) *De bouche à oreille*. De vous à moi*.* — (Abstrait) *Savoir qqch. de source sûre. Se tirer d'embarras, d'affaire. De là à l'épouser...* ◇ *Spécialt.* Particule nobiliaire qui relie le nom de famille au titre, à l'appellation ou au prénom. *Pierre de Ronsard. Jean de La Fontaine. Monsieur de Pourceaugnac. Duc de Talleyrand* (avec le nom de famille seul, on ne garde la particule *de* que devant voyelle ou *h* muet : *d'Aubigné; d'Harcourt;* ou devant les noms d'une syllabe : *de Thou;* « *un portrait de de Gaulle* » (ARNOUX). Mais : *La Fontaine, les frères Goncourt*). ♦ 2° TEMPS. À partir de (tel moment). *Du 1er janvier au 31 décembre.* « *Ce n'est que d'aujourd'hui qu'elle s'est résolue à l'accepter* » (MOL.). ◇ DURÉE. V. **Pendant.** *Ne rien faire de la journée. Travailler de nuit.* ♦ 3° ORIGINE FIGURÉE. Cause. *Être puni de ses fautes.* V. **Pour.** *Mourir de faim. Dommages de guerre. Blanc de peur; heureux de voyager.* ◇ *Amenant une proposition.* (verbe à l'ind. ou au subj.). *Nous sommes contrariés de ce qu'il fait, de ce qu'il fasse mauvais temps.* « *Ellénore éprouva quelque joie de ce que je paraissais plus tranquille* » (B. CONSTANT). — Amenant un infinitif. *Nous sommes heureux de sortir ce soir.* ◇ MOYEN, INSTRUMENT. V. **Avec.** *Être armé d'un bâton.* « *Tandis que de ses mains osseuses, elle égratigne son chapelet* » (MUSS.). *Coup de bâton.* ♦ 4° MANIÈRE. *Citer de mémoire. Agir de concert. Accepter de grand cœur. De l'avis de tous.* V. **Selon, suivant.** ♦ 5° MESURE. *Avancer d'un pas. Retarder de cinq minutes.* « *Il paya avec un billet de cent dollars* » (MALRAUX). ◇ DE... EN. Marque l'intervalle. *Compter de dix en dix. De place en place.* ◇ Dans une approximation : *Elle pouvait avoir de quarante à quarante-cinq ans* (mais : *quatre ou cinq ans*). ♦ 6° (Introd. un nom de personne). AGENT, AUTEUR. *Œuvres de Bossuet. Système de Taylor,* et ellipt. *Système Taylor.* — *Spécialt.* (voix passive) *Être aimé de sa femme. Se faire détester de tout le monde.* V. **Par.**

II. Marque des relations d'appartenance, la possession.

♦ 1° APPARTENANCE. *Le fils de Pierre* (Cf. Son* fils). *La famille de notre ami.* — *Les livres de Pierre :* qui lui appartiennent. *Le style de Flaubert.* « *Ils firent quelques pas sur le sable du jardin* » (MALRAUX). ♦ 2° QUALITÉ, DÉTERMINATION. *La couleur du ciel. Le prix d'une maison. La valeur d'une idée. La bonté de Pierre. L'amour de Pierre :* qu'il ressent pour qqn (peut vouloir dire l'amour qu'on ressent pour lui; Cf. *ci-dessous,* B, 1°). — MATIÈRE. *Pâté de foie. Sac de papier.* V. **En.** *Tas de sable.* — GENRE, ESPÈCE. *Objet de luxe. Couteau de cuisine. Robe de bal.* — *Regard de pitié, yeux de haine. Littér. Le Dieu de majesté :* majestueux. « *Des yeux d'ardeur et de passion* » (MAURIAC) : ardents et passionnés. — CONTENU. *Verre d'eau. Paquet de cigarettes.* — (Avec un collectif) *Troupeau de moutons. Collection de timbres.* — CONTENANT (*De* et article). a) Totalité de l'ensemble. *Les hommes de l'assemblée ; les moutons d'un troupeau. Toutes les cigarettes du paquet sont fumées.* b) Partie d'un ensemble. *La moitié d'une somme. La plupart des hommes. Un de nous. C'est le seul de ses amis qui lui soit fidèle.* V. **Entre, parmi.** *Il est de mes amis.* ◊ *Un des... plus** (et adj.). — *Spécialt.* Dans la construction du superlatif relatif. *Le plus travailleur des deux. La meilleure de tous. Le moins bon de l'année.* ◊ *De se met entre deux noms répétés* (le plus souvent le second au plur.), pour souligner la perfection, l'excellence. *C'est l'as des as.* V. **Entre, parmi.** *Le Cantique des cantiques. Voilà le fin du fin.* ♦ 3° (Après un adj.). LIMITATION. *Être rouge de figure :* avoir seulement la figure rouge. *Large d'épaules.*

Ⓑ La fonction grammaticale primant le sens. ♦ 1° Pour introduire l'OBJET d'une action, la destination. ◊ Après les verbes transitifs indirects. *Se souvenir de qqn. Douter de la vérité. Parler de tout* (REM. Ne pas confondre cette construction avec : *manger de tout* où *de* est article partitif). ◊ Après les verbes transitifs employés indirectement. *Penser du mal de qqn.* V. **Propos** (à propos de), **sujet** (au sujet de). *Chapitre qui traite de la mode,* et ellipt. « *De la mode* » (LA BRUY.). ◊ Après le nom. *La taille des arbres. La pensée de la mort. Abus de confiance.* ◊ Après l'adjectif. *Être avide de richesse. Amoureux de la première venue.* ♦ 2° APPOSITION (après le nom). *La ville de Paris. Ce maladroit d'un Tel. Le mot de liberté* (ou le mot liberté). ♦ 3° ATTRIBUT (avec les v. *traiter, qualifier). Il qualifie ce journal de tendancieux. Traiter qqn de menteur.* — (Gallicisme) Fam. *Comme* de juste.* — (Emphatique) *Ce ciel est d'un bleu !* « *La robe est d'un réussi !* » (ZOLA). « *Il trouvait ça d'un mauvais !* » (QUENEAU). — Vieilli. *Être de, que de :* être à la place de. « *Si j'étais de Philippe, je montrerais moins de patience* » (Fr. AMBRIÈRE). ♦ 4° DEVANT UN INFINITIF (inf. sujet). *Il est ennuyeux de rester chez soi. C'est à nous d'y aller.* — Inf. compl. d'objet d'un v. trans.) *Cessez de parler.* « *Lopez proposait d'emporter les bustes à Madrid* » (MALRAUX). « *Plutôt mourir que d'y renoncer* » (AYMÉ). ◊ Infinitif à valeur active (de narration). *Et les enfants de sauter et de crier* (se mirent à sauter et crier). « *Et l'ivrogne de se diriger vers la porte et de sortir* » (MALRAUX). ♦ 5° DEVANT UN ADJECTIF, PARTICIPE PASSÉ OU ADVERBE. ◊ Emploi facultatif. *Nous avons trois jours de libres* (ou trois jours libres). *Encore un carreau de cassé* (ou un carreau cassé). « *Il y avait eu six mille barbares de tués* » (FLAUB.). — (Fam.) *Et de deux, et de trois...* ◊ Emploi obligatoire. — AVEC EN : *En voici une de terminée. Il y en a deux de cassés.* — AVEC NE... QUE. *Il n'y a de beau que le vrai.* — Devant un adv. *Cinq minutes de plus.* — Devant un pron. indéfini. *Quelques-uns seulement de blessés. Quoi de neuf ? rien de nouveau.*

2. DE [d(ə)], **DU** [dy] (pour *de le*), **DE LA** [d(ə)la], **DES** [de] *(de les).* art. partitif (XIII°; de la prép. *de).* Article précédant les noms de choses qu'on ne peut compter. ♦ 1° Devant un nom concret. *Boire du vin. Couper du bois. Manger des épinards* (dans *manger des gâteaux, des* est le plur. de *un).* ♦ 2° Devant un nom concret nombrable auquel on donne la valeur d'une espèce. *Manger du lapin.* « *Dans tout ancien professeur, il y a de l'apôtre* » (BOURGET). ♦ 3° Devant un nom abstrait. *Éprouver de la répulsion. Jouer de la musique,* et par ext. *Jouer du Rameau. C'est du Valéry.* ♦ 4° Vx. DE, devant adj., remplaçant *du, de la, des.* « *Il faut manger de bon gros bœuf, de bon gros porc* » (MOL.). « *J'ai le plus grand plaisir, dit-il, à jouer de bonne musique* » (DUHAM.)

DÉ-, DES-, DES-, ou **DÉS-.** Élément, du lat. *dis-,* qui indique l'éloignement, la séparation, la privation.

1. DÉ [de]. *n. m.* (1190 ; lat. *datum* « pion de jeu », p. p. de *dare* « donner »). ♦ 1° Petit cube dont chaque face est marquée de un à six. *Dé pipé,* truqué pour qu'il tombe de préférence sur un côté déterminé. *Cornet à dés,* pour agiter et jeter les dés. *Jeux de dés : le jacquet, le poker d'as, le trictrac se jouent avec les dés.* ◊ Fig. *Coup de dés :* affaire qu'on laisse au hasard. « *Un coup de dés jamais n'abolira le hasard* » (MALLARMÉ). « *Celui qui a mis sa vie entière sur un coup de dé* (sic) » (MUSS.). ◊ *Les dés sont jetés :* la résolution est prise et l'on s'y tiendra quoi qu'il advienne (Cf. Le sort en est jeté). ♦ 2° Partie cubique d'un piédestal. — Cube de pierre, cheville ou tampon cubique, etc. ◊ Cuis. Petit morceau cubique. *Couper des carottes en dés.* ◊ HOM. D, des.

2. DÉ [de]. *n. m.* (*Deel,* XIV° ; *dé,* d'apr. *dé* (1) ; lat. pop. °*ditale* pour *digitale ;* rac. *digitus* « doigt »). Petit étui cylindrique, à surface piquetée, destiné à protéger le doigt qui pousse l'aiguille. *Dé à coudre.* ◊ Fam. DÉ À COUDRE : verre à boire très petit. ◊ HOM. D, des.

DEAD-HEAT [dɛ(e)dit]. *n. m.* (1841 ; angl. *dead* « mort, e », et *heat* « course »). *Hipp.* Dans une course de chevaux, arrivée simultanée de deux ou plusieurs concurrents. (Ellipt.) *Une dead-heat :* épreuve terminée par un dead-heat.

DÉAMBULATION [deãbylasjɔ̃]. *n. f.* (1492, repr. v. 1870 ; lat. *deambulatio*) *Vx* ou *rare.* Action de déambuler. V. **Marche, promenade.** « *Cette déambulation d'aveugle* »

(MART. du G.). — Spécialt. *(Psychiatr.).* Tendance à marcher, à errer sans arrêt.

DÉAMBULATOIRE [deãbylatwaʀ]. *adj.* et *n. m.* (XV°, adj., « de la marche » ; lat. *deambulatorius.* V. Déambuler.) ♦ 1° Adj. *Vx.* Relatif à la promenade. « *Les nuits déambulatoires* » (GAUTIER). ♦ 2° N. m. (« parvis, cloître » ; repr. mil. XIX°). *Archit.* Galerie qui tourne autour du chœur d'une église et relie les bas-côtés.

DÉAMBULER [deãbyle]. *v. intr.* (1492, repr. XX° ; lat. *deambulare*). Marcher sans but précis, selon sa fantaisie. V. **Errer, promener** (se). « *Nous devisions en déambulant au long des trottoirs* » (DUHAM.)

DEB. V. DÉBUTANTE.

DÉBÂCLE [debakl(ə)]. *n. f.* (1690 ; de *débâcler*). ♦ 1° Rupture de la couche de glace dont les morceaux sont emportés par le courant. V. Dégel. ♦ 2° Fuite soudaine. *Le front percé, ce fut la débâcle.* V. **Débandade, déroute.** *Retraite qui s'achève en débâcle. La débâcle,* roman de Zola. — Effondrement soudain. *C'est la débâcle pour son entreprise.* V. **Faillite, ruine.** *La débâcle d'une fortune.* ◊ ANT. Embâcle.

DÉBÂCLER [debakle]. *v.* (1415 ; de *dé-,* et *bâcler.* V. Bâcler). ♦ 1° V. tr. *Vx.* Ôter la barre de fermeture (bâcle). ♦ 2° V. intr. Se dit d'une rivière gelée dont la glace se fractionne et est emportée par le courant. V. **Débâcle.** ◊ ANT. Bâcler.

DÉBAGOULER [debagule]. *v.* (1547 ; de *bagou*). ♦ 1° V. intr. *Pop.* et *vx.* Vomir. ♦ 2° V. tr. Fig. et fam. V. **Proférer.** « *On va recommencer à débagouler les mêmes inepties* » (FLAUB.).

DÉBÂILLONNER [debajɔne]. *v. tr.* (v. 1842 ; de *dé-,* et *bâillonner*). ♦ 1° *Fig.* Rendre la liberté de parole à (qqn). « *Quand l'Italie sera-t-elle débâillonnée ?* » (STENDHAL). ♦ 2° *Au pr.* Ôter un bâillon. ◊ ANT. Bâillonner.

DÉBALLAGE [debalaʒ]. *n. m.* (1670 ; de *déballer*). ♦ 1° Action de déballer. Son résultat. *Spécialt.* Commerce d'objets déballés et exposés pour être vendus. — Par ext. *(Fam.)* Accumulation de choses disposées sans ordre. *Quel déballage !* ♦ 2° Fam. Aveu, confession sans retenue. « *J'ai continué mon déballage, je lui ai expliqué* » (MART. du G.).

DÉBALLASTAGE [debalastaʒ]. *n. m.* (1974 ; de *dé-,* et *ballastage*). *Mar.* Vidange des ballasts. *Station portuaire de déballastage.*

DÉBALLER [debale]. *v. tr.* (1480 ; de *dé-,* et *balle* 2). ♦ 1° Sortir et étaler (ce qui était dans un contenant : caisse, paquet, colis). *Déballer des marchandises. Ouvrir sa valise et déballer ses affaires.* ♦ 2° Fam. Exposer (ce qui était caché). Cf. Vider son sac. *Il aime bien déballer ses petits secrets.* « *Paul s'expliqua, déballant toute la vérité* » (COCTEAU). ◊ ANT. Emballer.

DÉBALLONNER (SE) [debalɔne]. *v. pron.* (1927 ; de *dé-,* et *ballon,* dans *pneu ballon*). Fam. et *péj.* Reculer, par manque de courage, devant l'exécution d'un projet. V. **Dégonfler** (se).

DÉBALOURDER [debaluʀde]. *v. tr.* (1961 ; de *dé-,* et *balourd*). *Techn.* Supprimer le balourd de (un mécanisme).

DÉBANDADE [debãdad]. *n. f.* (1586 ; de *débander* 2 ; d'apr. it. *sbandata).* ♦ 1° Le fait de disperser rapidement et en tous sens. V. **Débâcle, déroute, dispersion, fuite, ruée.** « *Ce fut une débandade folle avec des cris et des rires* » (LOTI). ♦ 2° *Loc adv.* À LA DÉBANDADE : en se débandant ; par ext. Dans la confusion (Cf. En pagaille). *Tout va à la débandade :* à vau l'eau. « *Les masures bâties à la débandade le long de la route* » (ZOLA). ◊ ANT. Discipline, ordre.

1. DÉBANDER [debãde]. *v. tr.* (fin XII° ; de *dé-,* et *bander ;* Cf. Bande 1). ♦ 1° Ôter la bande de. Débander une plaie. *On lui débanda les yeux.* ♦ 2° Détendre ce qui est bandé. *Son arc s'est débandé.* ◊ Intrans. (1690). *Vulg.* Cesser d'être en érection.

2. DÉBANDER [debãde]. *v. tr.* (v. 1559 ; de *dé-,* et *bande* 2 ; d'apr. it. *sbandare*). *Vx.* Mettre (une troupe) en désordre, disperser. — *(Au p. p.)* Littér. « *Ce n'était point de la troupe, mais des hordes débandées* » (MAUPASS.). ◊ Mod. SE DÉBANDER. *v. pron.* Rompre les rangs et se disperser. *L'armée se débanda devant l'ennemi. En se débandant :* à la débandade. ◊ ANT. Rallier, rassembler.

DÉBAPTISER [debatize]. *v. tr.* (1564 ; de *dé-,* et *baptiser*). Priver (qqn) de son nom pour lui en donner un autre. — Par anal. « *Le passage Tocanier fut débaptisé et reçut, avec le nom de Claude Tillier, la dignité de rue* » (DUHAM.).

DÉBARBOUILLAGE [debaʀbujaʒ]. *n. m.* (1588 ; de *débarbouiller*). Action de se débarbouiller ; nettoyage (souvent rapide). « *Les débarbouillages hâtifs avec le coin d'une serviette* » (COLETTE).

DÉBARBOUILLER [debaʀbuje]. *v. tr.* (1549 ; de *dé-,* et *barbouiller*). ♦ 1° Nettoyer la figure pour enlever ce qui salit, ce qui barbouille. V. **Laver.** *Débarbouiller un enfant.*

Pronom. « *Les matins pour se débarbouiller, il tirait un seau d'eau* » (ALAIN-FOURNIER). ♦ 2° *Fam.* (Croisement avec *Débrouiller*). Tirer d'affaire, d'embarras. *Laissez-le se débarbouiller tout seul.*

DÉBARBOUILLETTE [debaʀbujɛt]. *n. f.* (probabl. fin XIXᵉ ; *débarbouilloir*, n. m. et *débarbouilloire*, n. f., XIXᵉ ; mot canadien, de *débarbouiller*). Au Canada, petite serviette de toilette carrée, en tissu-éponge (correspond au *gant de toilette* utilisé en France). *Syn.* CARRÉ-ÉPONGE.

DÉBARCADÈRE [debaʀkadɛʀ]. *n. m.* (1783 ; *débarcadour*, 1687 ; de *débarquer*, d'apr. *embarcadère*). Lieu aménagé pour l'embarquement et le débarquement. V. **Appontement, embarcadère, quai.** « *Sur la rivière, un ponton de débarcadère affleurait la berge* » (FRANCE).

DÉBARDAGE [debaʀdaʒ]. *n. m.* (1690 ; de *débarder*). *Mar.* ou *Techn.* Action de débarder ; son résultat.

DÉBARDER [debaʀde]. *v. tr.* (déb. XVIᵉ ; de *dé-*, et *bard* « décharger d'un bard »). ♦ 1° *Mar.* Décharger à quai (d'abord, le bois de flottage). ♦ 2° *Techn.* Transporter (des bois) hors de la coupe. Transporter (la pierre) hors de la carrière. ◇ ANT. *Charger.*

DÉBARDEUR, EUSE [debaʀdœʀ, øz]. *n.* (1528 ; *débarder*). ♦ 1° Personne qui décharge (et charge) un navire, une voiture. V. **Docker, porteur.** — *Par ext.* DÉBARDEUR, *n. m.* (1846 ; « costume des débardeurs », repris v. 1973). Tricot court, collant, sans col ni manches et très échancré, porté à même la peau ou comme un gilet. « [...] *le tricot qu'elle est en train d'achever* [...] « *débardeur* » *vert et groseille* » (MALLET-JORIS). ♦ 2° *Techn.* Ouvrier qui débarde (2°).

DÉBARQUÉ, ÉE [debaʀke]. *adj. et n.* (fin XVIᵉ ; V. *Débarquer*). ♦ 1° Qui vient de débarquer (II). ♦ 2° N. *Un nouveau débarqué* : une personne qui vient d'arriver.

DÉBARQUEMENT [debaʀkəmã]. *n. m.* (*Des-*, 1642 ; *désembarquement*, 1542 ; de *débarquer*). ♦ 1° Action de débarquer, de mettre à terre les passagers ou les marchandises (V. **Déchargement**). *Formalités de débarquement.* ♦ 2° Action d'une personne qui débarque. *On l'a arrêté à son débarquement.* ♦ 3° *Spécialt.* Opération militaire consistant à mettre à terre un corps expéditionnaire embarqué et destiné à agir en territoire ennemi. V. **Descente.** *Troupes de débarquement.* « *Le débarquement américain en Afrique du Nord* » (GAXOTTE). ◇ ANT. *Embarquement.*

DÉBARQUER [debaʀke]. *v.* (1564 ; *désembarquer*, XVIᵉ ; de *dé-*, et *barque*).
I. *V. tr.* ♦ 1° Faire sortir d'un navire, mettre à terre. V. **Décharger**; et *aussi* **Débarcadère, débarquement**. *Débarquer les passagers, les marchandises. Débarquer une cargaison de bois.* V. **Débarder.** *Spécialt. Débarquer un corps expéditionnaire sur les côtes ennemies.* ♦ 2° *Fig. et fam. Débarquer* (qqn). V. **Congédier, destituer, écarter.** *Débarquer un ministre incapable. Il s'est fait débarquer.* V. **Vider** (*fam.*).
II. *V. intr.* ♦ 1° Quitter un navire, descendre à terre. *Tous les passagers ont débarqué à Marseille.* — *Spécialt. L'ennemi n'a pas pu débarquer* : il n'a pu prendre pied. ♦ 2° *Mar.* Cesser de faire partie de l'équipage d'un navire (se dit d'un marin). ♦ 3° *Fam. Débarquer chez qqn* : arriver à l'improviste. ♦ 4° *Fig. et fam.* Ignorer un fait récent, les circonstances d'une situation (comme si l'on rentrait d'un lointain voyage). *Il n'est au courant de rien : il débarque!*
◇ ANT. *Embarquer.*

DÉBARRAS [debaʀa]. *n. m.* (1789 ; de *débarrasser*). ♦ 1° *Fam.* Délivrance de ce qui embarrassait. « *Si je m'étais noyé, bon débarras pour moi et pour les autres!* » (CHATEAUB.). *Ouf, quel débarras!* ♦ 2° (1864). Endroit où l'on remise les objets qui encombrent ou dont on se sert peu. V. **Grenier, remise.** ◇ ANT. *Embarras.*

DÉBARRASSER [debaʀase]. *v. tr.* (1584 ; de *dé-*, et rad. de *embarrasser* (pour *desembarrasser*), d'apr. it. *sbarazzare*). Dégager ou ôter ce qui embarrasse. *Débarrasser le chemin, la voie.* V. **Déblayer, dégager, désobstruer.** *Débarrasser une pièce, un meuble des objets qui l'encombrent* : les enlever. — Absolt. *Vous pouvez débarrasser* : enlever le couvert de la table. — Loc. *Débarrasser le plancher*.* ◇ *Débarrasser qqn de son chapeau, de son manteau.* Par plaisant. *Des voleurs l'ont débarrassé de son argent* (V. **Délester**). *Débarrasser d'un poids, d'une charge.* V. **Décharger, soulager.** « *Je ne puis vous débarrasser de cette tumeur morale, comme je vous débarrasserais d'une tumeur physique* » (MAUROIS). ◇ SE DÉBARRASSER. *v. pron. Se débarrasser d'un objet encombrant ou inutile. Se débarrasser d'un vêtement.* V. **Ôter, quitter.** *Se débarrasser d'une affaire.* V. **Liquider, vendre.** « *La peine que nous avons à nous débarrasser d'une idée toute faite* » (PAULHAN). — *Se débarrasser de qqn* : l'éloigner, l'expulser, ou par euphém. le faire mourir. *Se débarrasser d'un ennemi.* ◇ ANT. *Embarrasser, entraver, gêner.*

DÉBARRER [debaʀe]. *v. tr.* (XIIᵉ ; de *dé-*, et *barrer*). *Vx* ou *techn.* Ôter la barre (ou les barres) de... *Débarrer une porte.*

-DÉBAT. Élément de mots composés (ex. : *des conférences-débats, un dîner-débat, une émission-débat*).

DÉBAT [deba]. *n. m.* (XIIIᵉ ; de *débattre*). ♦ 1° Action de débattre une question, de la discuter. V. **Contestation, discussion, explication, polémique.** *Débat vif, passionné, orageux. Être en débat sur une question. Éclaircir le débat. Entrer dans le vif, dans le cœur du débat* : aborder le point le plus important ou le plus délicat. « *Il eût mal supporté que Denise rouvrît le débat* » (MAUROIS). ◇ Discussion organisée et dirigée. *Conférence suivie d'un débat. Débat télévisé.* ♦ 2° *Fig.* Combat intérieur, psychologique, d'arguments qui s'opposent. *Débat intérieur. Débat de conscience.* V. **Cas.** *Débat cornélien.* ♦ 3° (*Plur.*). Discussion des assemblées politiques. *Débats parlementaires. Secrétaire des débats. Lire le compte rendu des débats dans le Journal officiel.* ◇ *Dr.* Procès. *Spécialt.* Phase du procès « qui débute par les plaidoiries des avocats et les conclusions du Ministère public et qui prend fin par la *clôture des débats* prononcée par le Président avant de rendre le jugement » (CAPITANT).

DEBATER [de(i)batœʀ]. *n. m.* (1830, répandu v. 1954 ; mot angl. ; francis. *débatteur*, 1967, rare). Anglicisme. *Polit., journal.* Orateur qui excelle aux débats, aux discussions publiques. — La forme française DÉBATTEUR est recommandable.

DÉBÂTER [debate]. *v. tr.* (1474 ; de *dé-*, et *bât*). Débarrasser (une bête de somme) de son bât. *Débâter un âne.*

DÉBÂTIR [debatiʀ]. *v. tr.* (*Desbatir* « détruire », XIIIᵉ ; de *dé-*, et *bâtir*). *Cout.* (1846). Découdre le bâti de. *Débâtir une jupe.*

DÉBATTEMENT [debatmã]. *n. m.* (1950 ; de *battement ;* l'a. fr. *debattement* « action de battre », vient de *débattre*). *Techn.* Espace entre la carrosserie et l'essieu d'une automobile.

DÉBATTEUR. *n. m.* V. DEBATER.

DÉBATTRE [debatʀ(ə)]. *v. tr.; conjug. battre* (XIIIᵉ ; « battre fortement », XIᵉ ; de *dé-*, et *battre*). ♦ 1° Examiner contradictoirement avec un ou plusieurs interlocuteurs. *Débattre une question.* V. **Agiter, discuter, examiner; débat.** *Ils ont débattu la chose entre eux. Débattre un prix.* V. **Marchander.** *Débattre les conditions d'un pacte, d'un accord.* V. **Négocier.** — (Au p. p.) « *Tout débattu, tout bien pesé* » (LA FONT.). — Absolt. « *Ils distinguent, débattent, jugent, critiquent* » (SARTRE). ♦ 2° SE DÉBATTRE. *v. pron.* Lutter, en faisant beaucoup d'efforts pour se défendre, résister, se dégager. V. **Agiter** (s'), **démener** (se). *Se débattre comme un beau diable, comme un possédé, comme un forcené. Nageur qui se débat contre le courant.* ◇ *Fig. Se débattre contre les difficultés de la vie.* V. **Battre, colleter** (se... avec). *Des jours « où l'on se débat en vain contre tout ce qui est bas et vil* » (MAUROIS). ◇ ANT. *Céder.*

DÉBAUCHAGE [deboʃaʒ]. *n. m.* (v. 1900 ; de *débaucher*). Le fait de débaucher (I) des employés, des ouvriers.

DÉBAUCHE [deboʃ]. *n. f.* (1499 ; de *débaucher*). ♦ 1° Excès condamnable dans la jouissance des plaisirs sensuels. V. **Déportement, dévergondage, inconduite, intempérance, libertinage, licence, luxure, vice.** *Vivre dans la débauche et l'ivrognerie* (Cf. Mener une vie de bâton de chaise, faire la noce*, la bombe. V. **Débauché**). *Actes, partie de débauche.* V. **Bamboula, bordée, bringue, foire, orgie, partie** (*pop.* partouse). *Débauche bruyante, scènes de débauche.* V. **Bacchanales, saturnales.** *Lieu de débauche. Excitation des mineurs à la débauche.* V. **Prostitution.** « *Le grand plaisir du débauché, c'est d'entraîner à la débauche* » (GIDE). — Au plur. (*Vx* ou *plaisant.*) *Acte de débauche.* ♦ 2° *Fig.* Usage déréglé de qqch. V. **Abus, excès, intempérance.** *L'auteur se livre à des débauches d'imagination.* — *Une débauche de couleurs.* V. **Étalage, luxe, profusion, surabondance.** « *C'est une débauche de poésie dramatique, une orgie de beautés sublimes!* » (DUHAM.). ◇ ANT. *Austérité, chasteté, décence, vertu. Modération.*

DÉBAUCHÉ, ÉE [deboʃe]. *adj. et n.* (1539 ; adj. part. de *débaucher*). Qui vit dans la débauche. *Ce jeune homme est dissipateur et débauché.* ◇ *Un bohème ivrogne et débauché.* V. **Fille.** « *Tel qui se flatte d'être corrompu et voleur n'est que débauché et fripon* » (CHATEAUB.). — N. *Un, une débauché(e).* V. **Bambocheur, coureur, libertin, noceur, viveur.** ◇ ANT. *Ascète, austère. Chaste, rangé, vertueux.*

DÉBAUCHER [deboʃe]. *v. tr.* (v. 1300, *se débaucher* « faire défection », probabl. de *dé-*, et *bau* « dégrossir du bois » (V. **Ébaucher**), puis « fendre, séparer »).
I. (Opposé à *Embaucher*; repr. XIXᵉ). Détourner (qqn) d'un travail, d'une occupation, de ses engagements ; provoquer à la défection, à la grève. *Débaucher un ouvrier, un domestique. Dans l'espoir de débaucher quelques éléments intéressants du petit clan et de les agréer à son propre salon* » (PROUST). ◇ Renvoyer (des ouvriers) faute de travail. V. **Congédier, licencier, renvoyer.**
II. (XVᵉ). *Vieilli.* Détourner (qqn) de ses devoirs, l'entraî-

ner à l'inconduite. V. **Corrompre, dépraver, dévergonder, pervertir.** ◇ *Fam.* Détourner (qqn) de ses occupations ou de ses habitudes pour un divertissement honnête. *Se faire débaucher par un camarade.*
◇ ANT. **Embaucher.** *Moraliser, redresser.*

DÉBECTER ou **DÉBÉQUETER** [debɛkte]. *v. tr.* (1892; « vomir », 1883; de *dé-*, et *béqueter* « manger », de *bec*). *Pop.* Dégoûter. « [...] *le vichy-fraise me débecte* » (QUENEAU). — *Par ext.* Déplaire. *Votre comportement me débecte. Ça me débecte.*

DÉBENZOLAGE [debɛ̃zɔlaʒ]. *n. m.* (1922; de *débenzoler*). *Techn.* Opération par laquelle on débenzole le gaz.

DÉBENZOLER [debɛ̃zɔle]. *v. tr.* (1922; de *dé-*, et *benzol*). *Techn.* Traiter (le gaz de houille) pour en enlever le benzol. *Gaz débenzolé.*

DÉBÉQUETER. *v. tr.* V. DÉBECTER.

DÉBET [debɛ]. *n. m.* (1441; du lat. *debet* « il doit »). *Fin.* Ce qui reste dû après l'arrêté d'un compte. *Le débet d'un compte.* — *Spécialt.* Dette envers l'État ou une collectivité publique. *Arrêt de débet. Mise en débet d'un comptable public.*

DÉBILE [debil]. *adj. et n.* (v. 1265; lat. *debilis*). ♦ 1° Qui manque de force physique, d'une manière permanente. V. **Faible, fragile, frêle, malingre.** *Un enfant débile.* V. **Rachitique.** *Un vieillard débile.* V. **Cacochyme, égrotant.** « *Un corps débile affaiblit l'âme* » (ROUSS.). ♦ 2° *(Abstrait).* Sans aucune vigueur. V. **Faible, chancelant, impuissant.** « *L'esprit humain est débile; il s'accommode mal de la vérité toute pure* » (R. ROLLAND). ♦ 3° *N. Un débile (mental)*: personne atteinte de débilité* (3°) (âge mental entre 7 et 10 ans). — *Fam. (adj. et n.).* Imbécile, idiot. *Mais tu es complètement débile !* V. **Taré.** ◇ ANT. **Fort, vigoureux.**

DÉBILEMENT [debilmɑ̃]. *adv.* (fin XVᵉ; de *débile*). *Rare.* D'une manière débile.

DÉBILITANT, ANTE [debilitɑ̃, ɑ̃t]. *adj.* (1581; de *débiliter*). Qui affaiblit. *Un climat débilitant.* — *Fig.* Démoralisant. *Une atmosphère débilitante.*

DÉBILITÉ [debilite]. *n. f.* (XIIIᵉ; lat. *debilitas*). ♦ 1° *Vieilli.* État de celui qui est débile. V. **Asthénie, faiblesse.** « *Ma santé est très mauvaise, et ma débilité de poitrine est revenue* » (STE-BEUVE). ♦ 2° *(Abstrait).* Extrême faiblesse. ♦ 3° *Psycho. Débilité mentale* : « *Pauvreté et faiblesse native des facultés intellectuelles* » (POROT). *Débilité légère* (âge mental au-dessus de 7 ans). ◇ ANT. **Force.**

DÉBILITER [debilite]. *v. tr.* (1308; lat. *debilitare*). Rendre débile, très faible. V. **Affaiblir.** — *Absolt.* « *Il y a des eaux qui désencrassent, mais qui en même temps débilitent* » (ROMAINS). — *Fig.* Démoraliser. ◇ ANT. **Fortifier, tonifier.**

DÉBILLARDER [debijarde]. *v. tr.* (1752; de *dé-*, et *billard.* V. **Bille** 2). *Techn.* Couper (une pièce de bois) diagonalement.

DÉBINE [debin]. *n. f.* (1808; de *débiner*). *Pop.* Misère. V. **Dèche, purée** *(fam.).* Être, tomber dans la débine.

1. DÉBINER [debine]. *v. tr.* (1790; p.-ê. de *biner;* Cf. *Bêcher*). *Fam.* Décrier, dénigrer. « *Entre littérateurs, on peut s'aimer tout en se débinant* » (RENARD). V. **Médire, déblatérer.** *Action de débiner qqn* : débinage. *Celui qui débine* : débineur.

2. DÉBINER (SE) [debine]. *v. pron.* (1852; *débiner,* v. intr., 1834; mot dial., p.-ê. de *biner* « fuir », rouchi, wallon). *Fam.* Se sauver, s'enfuir, partir. « *Tous les civils des patelins, qui ont les foies, vont se débinent !* » (MART. du G.).

DÉBIRENTIER, IÈRE [debirɑ̃tje, jɛʀ]. *n.* (1663; de *débit,* et *rentier*). *Dr.* Débiteur d'une rente *(opposé à crédirentier).*

1. DÉBIT [debi]. *n. m. (Debite,* XVIᵉ; de *débiter).* ♦ 1° Écoulement continu des marchandises par la vente au détail. *Article d'un faible débit, d'un bon débit.* ◇ *Par méton.* (1829) *Débit de tabac* : endroit où l'on vend du tabac. *Débit de boissons* : endroit où l'on vend des boissons à consommer sur place. V. **Café, bar, bistro.** ♦ 2° (1754; de *débiter* 1, 1°). Opération par laquelle on débite (le bois). V. **Débitage.** *Débit d'un chêne en planches.* ♦ 3° (v. 1650, « fait de raconter »). Manière d'énoncer, de réciter. V. **Élocution.** « *Le monotone débit des acteurs égalise le texte* » (GIDE). ♦ 4° (1846). Volume de liquide écoulé par unité de temps. ◇ *Physiol. Débit cardiaque,* quantité de sang expulsée en une minute par chacun des deux ventricules cardiaques. *Le débit d'une rivière, d'une source. Débit horaire.* ♦ 5° *(Par anal.* de 4° et *ext.* de 3°). Quantité produite par unité de temps. *Débit faible, élevé* (d'une voie de circulation, etc.). *Débit d'informations, de paroles.* V. **Cadence.**

2. DÉBIT [debi]. *n. m.* (1723; lat. *debitum* « dette », de *debere* « devoir »). Compte des sommes dues par une personne à une autre. *Mettre une dépense au débit de qqn :* la lui faire supporter. « *Il est juste que je mette ces frais-là à son débit* » (ROMAINS). ◇ *Compt.* Partie d'un compte, à gauche du crédit*, où figurent les sommes dont augmente

un compte d'actif, et dont diminue un compte de passif. V. **Doit.** *Inscrire, porter au débit. Différence entre le débit et le crédit :* solde, balance. ◇ *Comm.* Enregistrement immédiat d'une vente. *Faites faire votre débit et passez à la caisse.* ◇ ANT. **Crédit;** *avoir.*

DÉBITABLE [debitabl(ə)]. *adj.* (1863; de *débiter* 1 et 2). **I.** Qui peut être découpé en morceaux. *Bois débitable en planches.* **II.** Qui peut être rendu débiteur. *Compte débitable.*

DÉBITAGE [debitaʒ]. *n. m.* (1794; de *débiter* 1). Opération par laquelle on débite du bois, etc. V. **Débit** (1, 2°).

DÉBITANT, ANTE [debitɑ̃, ɑ̃t]. *n.* (1731; de *débiter* 1, 2°). *Vx.* Détaillant. ◇ *Mod.* Personne qui tient un débit. *Débitant de boissons, de tabac.*

1. DÉBITER [debite]. *v. tr.* (1387; de *dé-*, et *bitte* « billot », mot scand.). ♦ 1° Découper (du bois, et *par ext.* toute autre matière) en morceaux tout prêts à être employés. V. **Diviser, partager.** *Débiter un chêne à la scie, en planches. Scie à débiter. Débiter des plaques d'ardoises. Débiter un bœuf, un mouton.* ♦ 2° (1464). Écouler (une marchandise) par la vente au détail. V. **Vendre.** « *Une affreuse baraque de planches où l'on débitait du genièvre aux mineurs* » (BERNANOS). ♦ 3° *Vieilli.* Énoncer en détaillant. V. **Dire, raconter.** ◇ *Mod. Péj.* Dire à la suite (des choses incertaines, inopportunes). V. **Dégoiser** *(pop.). Débiter des lieux communs, des fadaises.* « *Je commençais à débiter mon mensonge en tremblant* » (DAUD.). « *Cela permet de débiter des banalités artistiques* » (MAUPASS.). ◇ *Spécialt.* Dire en public (un texte déjà étudié). *Débiter sa plaidoirie, son sermon.* V. **Prononcer, réciter.** *Débiter avec emphase.* V. **Déclamer.** « *Comme vous débitez tout cela d'une haleine! On dirait que c'est une phrase apprise par cœur* » (GAUTIER). ♦ 4° (1838; du sens 2°). Fournir, faire s'écouler (une quantité de fluide dans un temps donné). *Cette fontaine débite mille litres à l'heure. Le courant débité par la dynamo.* — *Par ext.* (1968). Permettre le passage en un temps donné d'une certaine quantité de personnes, de choses. « *Les téléskis débitent 2 600 skieurs à l'heure* » (*Le Monde*, 6-1-1968). ♦ 5° (1838). Produire. *Cette usine débite deux cents voitures par jour.* V. **Sortir.**

2. DÉBITER [debite]. *v. tr.* (1723; de *débit* 2). Rendre (qqn) débiteur d'une certaine somme que l'on porte au débit de son compte. *Débiter qqn d'une somme.* Par ext. *Débiter un compte de telle somme. Débiter qqn. Débiter un client, dans un magasin.* ◇ ANT. **Créditer.**

1. DÉBITEUR, TRICE [debitœʀ, tʀis]. *n.* (1239; lat. *debitor, debitrix.* V. **Débiter** 2. A remplacé *detteur*). ♦ 1° Personne qui doit qqch. *(spécialt.* de l'argent) à qqn. *Débiteur d'une somme prêtée, avancée.* V. **Consignataire, dépositaire, emprunteur.** *Débiteur d'une rente.* V. **Débirentier.** *La contrainte par corps ou emprisonnement du débiteur insolvable* (peine abolie). — *Adj. Solde débiteur d'un compte, d'un bilan.* ♦ 2° *Fig.* Personne qui a une dette morale. *Je serai toujours votre débiteur pour le service que vous m'avez rendu.* ◇ ANT. **Créancier, créditeur, prêteur.**

2. DÉBITEUR, EUSE [debitœʀ, øz]. *n.* (1611; de *débiter* 1). ♦ 1° *Péj. et vx.* Personne qui débite (des nouvelles, des sottises). ♦ 2° (1793). *Vx.* Commerçant, détaillant. ♦ 3° Ouvrier qui débite (du bois, etc.). *Débiteurs d'une ardoisière.* ♦ 4° *Techn.* Appareil qui débite qqch. *Débiteuse pour le sciage du marbre. Débiteur de caméra :* magasin qui débite la pellicule vierge.

3. DÉBITEUR, EUSE [debitœʀ, øz]. *n.* (1897, *débitrice;* de *débiter* 2). *Comm.* Dans un magasin, employé(e) chargé(e) de débiter les clients. « *Dans le langage commercial,* la débitrice *est celle qui est en dette* [...] *la* débiteuse *est l'employée chargée de comptabiliser les achats* » (DUPRÉ).

DÉBITMÈTRE [debimɛtʀ(ə)]. *n. m.* (1948; de *débit,* et *mètre*). *Techn.* Instrument pour mesurer le débit.

DÉBLAI [deblɛ]. *n. m.* (1641; de *déblayer*). ♦ 1° Action de déblayer, et *spécialt.* d'enlever les terres, les décombres pour niveler, creuser (V. **Terrassement**). *Travaux de déblai.* ♦ 2° *Par ext.* (souvent plur.). Les terres, les décombres enlevés. *Enlever les déblais.*

DÉBLAIEMENT [deblɛmɑ̃]. *n. m.* (1775; de *déblayer*). Opération par laquelle on déblaie (1°) un lieu, un passage. ◇ ANT. **Remblayage.**

DÉBLATÉRER [deblateʀe]. *v. intr.;* conjug. *céder* (1798; lat. *deblaterare* « bavarder »). Parler longtemps et avec violence (contre qqn, qqch.). V. **Déclamer** (contre), **médire** (de), **vitupérer.** « *Elle déblatérait contre le café que personne n'aimait, suivant elle* » (CHATEAUB.).

DÉBLAYAGE [deblɛjaʒ]. *n. m.* (1872; de *déblayer*). Action de déblayer *(fig.).* « *Je suis dans la liquidation et dans le déblayage de nos affaires* » (STE-BEUVE).

DÉBLAYER [deblɛje]. *v. tr.;* conjug. *payer (Debloyer,* 1388; *desblaer* « moissonner; enlever le blé », XIIᵉ; de *dé-,* et *blé).* ♦ 1° Débarrasser (un endroit) de ce qui encombre,

obstrue. V. **Dégager**. *Déblayer l'entrée, la porte, le chemin.*
— *Spécialt.* Faire des travaux de terrassement pour aplanir
un terrain. V. **Déblai**. « *Cinq terrassiers rejetaient les bonnes
terres, déblayant un espace de dix-huit pieds* » (BALZ.). ♦ 2°
Métaph. Déblayer le terrain : faire disparaître les premiers
obstacles avant d'entreprendre. V. **Aplanir, balayer, préparer**. « *Une fois le terrain déblayé, je m'en tirerai toujours* »
(MAURIAC). ◇ Fig. *Déblayer sa correspondance, un travail :*
trier, préparer. ◈ ANT. **Remblayer**.

DÉBLOCAGE [deblɔkaʒ]. *n. m.* (1819; de *débloquer*).
♦ 1° Action de débloquer (qqch.). *Le déblocage des freins,
des crédits, des salaires.* — Fig. (1970). *Déblocage d'une
situation politique, sociale.* ◇ *Psycho.* (1951). Levée d'inhibitions affectives. ♦ 2° *Pop.* Le fait de débloquer (II). ◈ ANT.
Blocage.

DÉBLOQUER [deblɔke]. *v.* (XVIe; de *dé-*, et *bloquer*).
I. *V. tr.* ♦ 1° *Vx.* Dégager du blocus ennemi. *Débloquer
la ville, la place.* ♦ 2° *Imprim.* (1754). Enlever (une lettre
bloquée) pour la remplacer. ♦ 3° Remettre en marche
(une machine, un rouage bloqué). — *Par ext.* Remettre en
circulation, en vente, en exercice. *Débloquer des marchandises, des denrées. Débloquer un compte en banque.* ◇ *Fig.*
(1963). Lever les obstacles qui bloquent une situation. « *Le
Marché commun a débloqué les problèmes agricoles* » (*Le
Monde*, 6-8-1963). **II.** *V. intr.* (1915; du sens de « ouvrir, lâcher »; Cf. *Débloquer les vannes*). *Pop.* Dire des sottises. V. **Divaguer** (Cf.
vulg. **Déconner**).
◈ ANT. **Bloquer**.

DÉBOBINER [debɔbine]. *v. tr.* (1933; de *dé-*, et *bobine*).
Dérouler (ce qui était en bobine). *Techn.* Démonter les enroulements de (un dispositif électrique). ◈ ANT. **Embobiner**.

DÉBOIRE [debwaR]. *n. m.* (1468; de *dé-*, et *boire*). ♦ 1°
Vx. Arrière-goût désagréable (après boire). *Il « en avait encore
le déboire à la bouche* (d'une médecine) » (ROUSS.). ♦ 2°
(XVIe). *Fig. et mod.* (surtout plur.). Impression pénible laissée
par l'issue fâcheuse d'un événement dont on avait espéré
mieux. V. **Déception, déconvenue, désillusion**. *Éprouver,
essuyer des déboires.* *Littér.* « *De la résignation, du déboire* »
(GIDE). — *Par ext.* Événement fâcheux. V. **Échec, ennui,
épreuve**. *Il a eu de nombreux déboires dans ses affaires.* ◈
ANT. **Réussite, satisfaction, succès**.

DÉBOISAGE [debwazaʒ]. *n. m.* (XXe; de *déboiser*).
Techn. Action de déboiser* (2°). ◈ ANT. **Boisage**.

DÉBOISEMENT [debwazmã]. *n. m.* (av. 1846; de *déboiser*). Action de déboiser; son résultat. *Le déboisement à
outrance expose le sol à toute l'intensité des phénomènes
d'érosion.* ◈ ANT. **Boisement, reboisement**.

DÉBOISER [debwaze]. *v. tr.* (1826; de *dé-*, et *boiser*). ♦
1° *Cour.* Dégarnir (un terrain) des bois qui le recouvrent.
*Déboiser une colline. Montagnes qui se déboisent, montagnes
déboisées.* ♦ 2° *Techn.* Défaire le boisage d'une galerie de
mine. ◈ ANT. **Boiser, reboiser**.

DÉBOÎTEMENT [debwatmã]. *n. m.* (1530; de *déboîter*).
Déplacement d'un os de son articulation. V. **Entorse, foulure,
luxation**. ◇ (1869) Action de déboîter (II).

DÉBOÎTER [debwate]. *v.* (1545; de *dé-*, et *boîte*).
I. *V. tr.* ♦ 1° Faire sortir de ce qui emboîte. *Déboîter
une porte :* la faire sortir de ses gonds. V. **Démonter**. *Déboîter
des tuyaux :* les séparer les uns des autres lorsqu'ils sont
emboîtés. V. **Disjoindre**. ♦ 2° *Méd.* Sortir (un os) de l'articulation. V. **Démancher, désarticuler, luxer**. *Chute qui déboîte
l'épaule. Il s'est déboîté l'épaule.* — (ANT. **Emboîter, remboîter**).
II. *V. intr.* (1869, milit.). Sortir de sa place (dans une
colonne) pour se porter sur le côté. *Par ext.* Sortir d'une file
(voitures).

DÉBONDER [debɔ̃de]. *v. tr.* (XVe; de *dé-*, et *bonde*). ♦ 1°
Ouvrir en retirant la bonde. *Débonder une barrique, un réservoir.* — *Le tonneau s'est débondé.* « *Comme diminue l'eau
dans une baignoire débondée* » (AYMÉ). ♦ 2° *Fig. Débonder
son cœur*, ou absolt. *Débonder :* donner libre cours à des
sentiments longtemps contenus. V. **Éclater**. « *Le petit débonda
son cœur. Il dit qu'il était laid* » (R. ROLLAND). ♦ *Pronom.
Se débonder.* V. **Épancher (s'), soulager (se)**. « *Subitement,
il se débonda, épandant au hasard des mots, ses plaintes* »
(HUYSMANS).

DÉBONNAIRE [debɔnɛR]. *adj.* (1080; de *de bonne aire*
« de bonne race »). *Vieilli* ou *littér.* D'une bonté poussée
à l'extrême, un peu faible. *Prince débonnaire.* V. **Clément,
indulgent, paternel**. *Humeur débonnaire.* V. **Doux, pacifique,
patient.** — *Mari débonnaire.* V. **Complaisant.** ◇ *Cour. Un
air débonnaire.* V. **Bonasse, inoffensif.** ◈ ANT. **Dur, méchant,
sévère, terrible.**

DÉBONNAIREMENT [debɔnɛRmã]. *adv.* (1167; de
débonnaire). *Littér.* D'une manière débonnaire.

DÉBONNAIRETÉ [debɔnɛRte]. *n. f.* (1242; de *débonnaire*). *Littér.* Caractère de celui qui est débonnaire, de ce
qui est débonnaire. V. **Bénignité, bonté, faiblesse.** « *Faudra-t-il*

*que tout Verrières fasse des gorges chaudes sur ma débonnai-
reté?* » (STENDHAL). ◈ ANT. **Dureté, méchanceté, sévérité.**

DÉBORD [debɔR]. *n. m.* (1558; de *déborder*). ♦ 1° *Région.*
Action de déborder, crue. ♦ 2° Liséré qui dépasse le bord
dans la doublure d'un vêtement. V. **Dépassant.**

DÉBORDANT, ANTE [debɔRdã, ãt]. *adj.* (1869; de
déborder). Qui déborde (*fig.*). *Joie débordante.* V. **Expansif,
exubérant.** *Être débordant de vie, de santé.* V. **Pétulant, vif.**
Activité débordante. « *Je me sens expansif, abondant et débordant* » (FLAUB.). ◇ *Milit. Mouvement débordant.*

DÉBORDÉ, ÉE [debɔRde]. *adj.* (XVe; V. **Déborder**).
♦ 1° *Rare.* Dont l'eau est sortie. « *Quand un fleuve débordé
s'avance, on peut élever des digues* » (RENAN). ♦ 2° *Fig.*
et *cour. Être débordé de travail, de requêtes, de visites.* V.
Submergé. « *Il jouait le monsieur débordé de besogne* » (COUR-
TELINE). *Absolt.* « *Moins débordé, ce serait à lui de veiller
à tout* » (GIDE). ♦ 3° *Dépassé. Ligne débordée par l'ennemi.
Fig.* V. **Dépassé.** *Être débordé par les événements.* ♦ 4°
Détaché du bord. Drap débordé. Lit débordé. Malade débordé.
◈ ANT. **Inoccupé. Bordé.**

DÉBORDEMENT [debɔRdəmã]. *n. m.* (XVe; de *déborder*).
♦ 1° Le fait de déborder. *Débordement d'un torrent, d'un
fleuve.* V. **Crue, inondation.** « *Le brusque débordement d'un
liquide laissé trop longtemps sur le feu* » (COURTELINE). ♦ 2°
Le fait de déborder en abondance. *Débordement de paroles,
d'injures.* V. **Bordée, déluge, flot, torrent.** *Débordement de
joie, d'enthousiasme.* V. **Effusion, explosion.** *Débordement de
vie, de sève.* V. **Exubérance, surabondance.** « *Un débordement
de mâle tendresse* » (FRANCE). ◇ *Plur.* Excès, débauche.
« *Pour ses débordements, j'en ai chassé Julie* » (CORN.).
♦ 3° Action de déborder *(milit.). Débordement sur la gauche.
Manœuvre de débordement et d'encerclement* (Cf. **Mouvement
tournant**).

DÉBORDER [debɔRde]. *v.* (XIVe; de *dé-*, et *bord*).
I. *V. intr.* ♦ 1° Répandre une partie de son contenu par-
dessus bord. *Fleuve, rivière qui déborde à l'époque des crues.
Les pluies ont fait déborder l'étang. Verre plein à déborder.*
— *Loc. fig. C'est la goutte d'eau qui fait déborder le vase :*
la petite chose pénible qui vient s'ajouter au reste et qui fait
qu'on ne supporte plus l'ensemble. ◇ *Métaph. Cœur qui
déborde :* qui éprouve le besoin de s'épancher. « *Le silence
est pénible lorsque le cœur déborde* » (GIDE). ◇ *Déborder de :*
être plein, rempli (d'un sentiment, d'un principe qui s'exprime
dans le comportement). *Déborder de vie, d'esprit. Cœur qui
déborde de tendresse, de reconnaissance.* ♦ 2° *(Du contenu).*
Se répandre par-dessus bord. V. **Couler, échapper (s'),
répandre (se).** *L'eau a débordé du vase. Les eaux du fleuve
ont débordé.* ◇ *Fig. Faire déborder qqn :* le pousser à bout
au point de le faire sortir de lui-même. V. **Déchaîner (se),
éclater, exploser.**
II. *V. tr.* ♦ 1° *Dépasser* (le bord); aller au delà de. V.
Franchir. « *Le flot des maisons déborde, ronge, use et efface
cette enceinte* » (HUGO). — *Être en saillie, avancer sur (qqch.).
Cette maison déborde les autres.* — (Abstrait) *Déborder le
cadre de la question.* V. **Dépasser.** *Une passion qui « déborde
le métier et l'intérêt* » (ROMAINS). ◇ *Milit. Déborder le front
ennemi, l'aile droite.* V. **Contourner, dépasser, tourner.** ♦ 2°
Détacher le bord. Déborder un drap, une couverture : les
tirer du bord du lit, de dessous le matelas. *Mar. Déborder
une embarcation :* l'éloigner du bord du navire ou du quai
où elle est accostée. ♦ 3° Dégarnir de sa bordure. *Déborder
une jupe.* — *Déborder un lit :* tirer les draps, les couvertures
de dessous les bords du matelas. *Par ext. Déborder un malade,
un enfant. Se déborder en dormant.*
◈ ANT. **Contenir. Border, reborder.**

DÉBOSSELER [debɔsle]. *v. tr.*; conjug. **bosseler**. V.
Appeler (1846; de *dé-*, et *bosseler*). *Techn.* Supprimer les
bosses de (*Débosseler une pièce d'argenterie.* ◈ ANT. **Bosseler.**

DÉBOTTÉ ou **DÉBOTTER** [debɔte]. *n. m.* (XVIIIe; V.
Débotter). *Vx.* Le moment où on se débotte. — *Loc. mod.
Au débotté :* au moment où l'on arrive, sans prépara-
tion.

DÉBOTTER [debɔte]. *v. tr.* (fin XIIe; de *dé-*, et *botte*).
Retirer les bottes de (qqn). « *Le nain le déchaussa ou débota
et puis le déshabilla* » (SCARRON). — SE DÉBOTTER. *v. pron.*
Quitter ses bottes. ◈ ANT. **Botter.**

DÉBOUCHAGE [debuʃaʒ]. *n. m.* (1870; de *déboucher*).
Action de déboucher* (1). *Débouchage d'une bouteille.*
◈ ANT. **Bouchage.**

DÉBOUCHÉ [debuʃe]. *n. m.* (1723; V. **Déboucher**). ♦ 1°
(1770). Issue qui permet de passer d'un lieu resserré dans un
lieu plus ouvert. *Déboucher d'une vallée, d'un défilé. « L'autobus
« fit une longue station au débouché de la rue de Clichy »*
(AYMÉ). ♦ 2° (1723). Moyen d'écouler un produit, d'assurer
son exportation, sa vente. « *Ce qu'en terme de commerce on
appelle des débouchés, des moyens d'effectuer l'échange des
produits* » (J.-B. SAY). *Sa production ne trouve pas de débouchés.* ◇ Voie, port qui assure l'écoulement d'un produit. ◇

Lieu où une industrie, un pays trouve des débouchés pour ses produits (V. **Marché**). ◆ 3° (XVIIIᵉ). Fig. *Débouchés offerts par une carrière* : perspectives qu'elle ouvre, situations qu'elle peut donner. ◇ ANT. *Barrière, impasse.*

DÉBOUCHEMENT [debuʃmã]. *n. m.* (1740; de *déboucher*). Action de déboucher (un passage; un conduit). V. Désobstruction, débouchage.

1. DÉBOUCHER [debuʃe]. *v. tr.* (1539; de *dé-*, et *bouche*). ◆ 1° Débarrasser de ce qui bouche. Vx. « *J'attends que tous ces Messieurs aient débouché la porte* » (MOL.). V. **Dégager, désobstruer.** — Mod. *Déboucher un conduit, un tuyau, une pipe, un lavabo.* ◆ 2° Débarrasser de son bouchon. V. **Ouvrir; décapsuler.** *Déboucher une bouteille avec un tire-bouchon.* ◇ ANT. *Boucher, engorger, reboucher.*

2. DÉBOUCHER [debuʃe]. *v. intr.* (1640; de *dé-*, et *bouche*). ◆ 1° Passer d'un lieu resserré dans un lieu plus ouvert. DÉBOUCHER DE..., DANS..., SUR... *Déboucher d'un défilé dans la plaine, d'un sous-bois dans une clairière, d'une petite rue dans une grande artère.* « *Débouchant de la forêt de Villers-Cotterets, des centaines de chars ouvrirent une brèche* » (MAUROIS). *Bateau qui débouche d'un canal.* V. **Débouquer.** ◆ 2° (D'une voie, d'un passage). Aboutir à un lieu ouvert ou à une artère plus large. V. **Donner** (sur), **tomber** (dans). *La rue « débouchait sur une place immense »* (HUGO). ◆ 3° Fig. (v. 1954). Aboutir, mener à, ouvrir (sur). V. **Parvenir.** « *Là où la lutte pour l'indépendance a débouché sur une révolution sociale* » (*Le Monde*, 27-4-1963). « *Les problèmes de stratégie vont déboucher dans la métaphysique* » (*Vie et Langage*, octobre 1969). ◇ ANT. *Engager* (s').

DÉBOUCHOIR [debuʃwaʀ]. *n. m.* (1754; de *déboucher* 1). Instrument qui sert à déboucher. *Débouchoir à ventouse.* ◇ Techn. Outil de lapidaire.

DÉBOUCLER [debukle]. *v. tr.* (XVIᵉ, « dégager une rivière »; *desbocler* « enlever la bosse du bouclier », 1160; V. **Boucle**, 1°). ◆ 1° Ouvrir en détachant l'ardillon. V. **Dégrafer.** « *Geste classique, ils débouclèrent le ceinturon* » (MAC ORLAN). ◆ 2° (1732). Défaire les boucles de cheveux de (qqn). V. **Défriser.** *La pluie l'avait toute débouclée.* ◇ ANT. *Boucler.*

DÉBOULÉ [debule]. *n. m.* (1870; V. **Débouler**). ◆ 1° Danse. Mouvement tournant, par une série de pivotements sur les pointes ou les demi-pointes. ◇ Sports. Course, charge rapide et puissante. ◆ 2° Loc. adv. AU DÉBOULÉ (ou *au déboulé*) : à la sortir du gîte, du terrier. *Tirer un lapin au déboulé.*

DÉBOULER [debule]. *v. intr.* (1793, « déguerpir »; de *dé-*, et *boule*). Tomber de haut en bas et rouler comme une boule. *Par ext.* Descendre comme en roulant. Trans. *Débouler l'escalier.* — (Choses) « *Les ordures déboulèrent de la boîte métallique* » (QUENEAU).

DÉBOULONNAGE [debulɔnaʒ] ou **DÉBOULONNEMENT** [debulɔnmã]. *n. m.* (1877,-1877; de *déboulonner*). Action de déboulonner* (1° et 2°); état de ce qui est déboulonné.

DÉBOULONNER [debulɔne]. *v. tr.* (1871; de *dé-*, et *boulonner*). ◆ 1° Démonter (ce qui était boulonné). *Déboulonner une pièce mécanique. La colonne Vendôme fut déboulonnée sous la Commune.* ◆ 2° Fig. et fam. Déposséder (qqn) de sa place, de son poste (V. **Démolir, renverser, vider**); détruire le prestige de (qqn), comme si on déboulonnait sa statue. *Un « journal humoristique ultra, créé pour déboulonner Jules Verne »* (GIDE). ◇ ANT. *Boulonner.*

DÉBOUQUEMENT [debukmã]. *n. m.* (1694; de *débouquer*). Mar. Action de débouquer. Extrémité d'un canal ou d'une passe.

DÉBOUQUER [debuke]. *v. intr.* (1678; de *dé-*, et *bouque* (v. 1400), du prov. *bouca*; V. **Bouche**). Mar. Sortir de l'embouchure d'un canal. V. **Déboucher.** ◇ ANT. *Embouquer.*

DÉBOURBAGE [debuʀbaʒ]. *n. m.* (1846; de *débourber*). Techn. Opération par laquelle on débourbe un minerai.

DÉBOURBER [debuʀbe]. *v. tr.* (1564; de *dé-*, et *bourbe*). ◆ 1° Débarrasser de sa bourbe. *Débourber un étang, un canal.* V. **Curer, draguer.** ◆ 2° Retirer de la bourbe. *Débourber un tombereau.* — Fig. et vieilli. Tirer (qqn) d'un mauvais pas. ◇ ANT. *Embourber, envaser.*

DÉBOURBEUR [debuʀbœʀ]. *n. m.* (1870, « ouvrier »; de *débourber*). Techn. Appareil qui enlève la bourbe d'un minerai, la boue d'une racine.

DÉBOURGEOISÉ, ÉE [debuʀʒwaze]. *adj.* (1834; de *débourgeoiser* « défaire des manières bourgeoises », 1700; de *dé-*, et *bourgeois*). Qui a perdu ses habitudes bourgeoises. « *Nous sommes des Rezeau débourgeoisés qui n'ont aucune envie de réintégrer la caste* » (BAZIN). ◇ ANT. *Embourgeoisé.*

DÉBOURRAGE [debuʀaʒ]. *n. m.* (1858; de *débourrer* I). Techn. ◆ 1° Action de débourrer (I). *Débourrage mécanique des cardes. Débourrage des peaux. Débourrage d'un cheval.* ◆ 2° Déchets provenant du travail de la laine.

DÉBOURREMENT [debuʀmã]. *n. m.* (v. 1890; de *débourrer*, II). Arbor. Action de débourrer (plantes arbustives, et spécialt. la vigne).

DÉBOURRER [debuʀe]. *v.* (1346, rare av. XVIIᵉ; de *dé-* et *bourrer*).
I. *V. tr.* ◆ 1° Débarrasser de la bourre, du poil. *Débourrer le cuir.* V. **Dépiler, ébourrer.** ◆ 2° Débarrasser de ce qui bourre. *Débourrer une pipe* : en ôter le tabac. *Débourrer une banquette.* ◆ 3° (Équit.). *Débourrer un poulain* : en faire le dressage préparatoire.
II. *V. intr.* Arbor. Sortir de la « bourre », éclore (bourgeons). *La vigne débourre.*
◇ ANT. *Bourrer, rembourrer.*

DÉBOURS [debuʀ]. *n. m.* (fin XVIᵉ; de *débourser*). Somme déboursée. V. **Dépense, frais.** ◇ ANT. *Rentrée.*

DÉBOURSEMENT [debuʀsəmã]. *n. m.* (1508; de *débourser*). Action de débourser. Le déboursement d'une somme. (V. **Débours**).

DÉBOURSER [debuʀse]. *v. tr.* (XIIIᵉ; de *dé-*, et *bourse*). Tirer de sa bourse, de son portefeuille, et *par ext.* de son avoir (une certaine somme). V. **Dépenser, payer, verser;** et *pop.* **Casquer, cracher, lâcher.** *Obtenir une chose sans rien débourser, sans débourser un sou* (sans bourse délier, gratis).

DÉBOUSSOLER [debusɔle]. *v. tr.* (1961; de *boussole*, dans *perdre la boussole**). Fam. Désorienter* (qqn), faire qu'il ne sache plus où il en est. *Son échec l'a déboussolé.* — P. p. adj. « *Le réquisitoire [...] parle de ' patriotisme déboussolé et dévoyé '* » (*Le Monde*, 8-1-1963).

DEBOUT [dəbu]. *adv.* (1539; « bout à bout », 1190; de *de-*, et *bout*). ◆ 1° (Choses). Verticalement; sur l'un des bouts. *Mettre, dresser un meuble debout. Une table, un tonneau debout. Mettre du bois debout* : dans le sens des fibres. ◆ 2° (Personnes). Sur ses pieds (*opposé à* assis, couché). *Se tenir, rester debout. Se mettre debout.* V. **Lever** (se), **dresser** (se). « *Debout, planté comme un piquet, sans remuer ni pied ni patte* » (ROUSS.). « *Elle se mit debout avec effort* » (MAURIAC). — Interj. *Debout!* : ordre par lequel on invite qqn à se lever, à partir. *Debout! là-dedans :* levez-vous! Fig. « *Debout les morts! À cet appel les blessés se redressent. Ils chassent l'envahisseur* » (BARRÈS). ◇ Levé. *Être debout à 6 heures du matin. Il va mieux, il est déjà debout :* guéri, rétabli (Cf. Sur pied). — Loc. *Dormir debout, tout debout :* éprouver un violent besoin de dormir au point de s'assoupir sans être couché. Fig. *Conte à dormir debout*, extravagant. — *Mourir debout*, en pleine activité, dans l'exercice de ses fonctions. ◆ 3° *Être debout, être encore debout :* se dresser, être en bon état (mur, construction); résister à la destruction. *Cette muraille est toujours debout.* — Fig. *Cette vieille institution tient encore debout.* « *Le veau d'or est toujours debout* » (BARBIER et CARRÉ). — (Abstrait) *Tenir debout* (souv. négatif) : être solide. *Argument qui ne tient pas debout :* qui ne respecte pas les règles de la logique. *Théorie qui ne tient pas debout :* insoutenable. « *Sous le jour commercial, votre projet ne tient pas debout* » (DUHAM.). ◆ 4° Adj. Dr. *Magistrature debout :* le ministère public, qui parle debout (*opposé à* magistrature assise). ◇ Mar. *Vent debout :* dont la direction est contraire à celle que suit le navire. ◇ ANT. *Assis, couché. Malade. Détruit, renversé, ruiné.*

DÉBOUTÉ [debute]. *n. m.* (1690; V. **Débouter**). Dr. Acte par lequel un plaideur est déclaré mal fondé en sa demande. V. **Rejet.**

DÉBOUTEMENT [debutmã]. *n. m.* (1846; de *débouter*). Dr. Action de rejeter la demande (de qqn).

DÉBOUTER [debute]. *v. tr.* (XIIIᵉ; *deboter* « repousser », Xᵉ; de *dé-*, et *bouter*). Dr. Rejeter par jugement, par arrêt, la prétention de (qqn). *Le tribunal l'a débouté de sa demande. Débouter un plaideur de son appel.*

DÉBOUTONNAGE [debutɔnaʒ]. *n. m.* (attesté mil. XXᵉ; de *déboutonner*). Action de (se) déboutonner. ◇ ANT. *Boutonnage.*

DÉBOUTONNER [debutɔne]. *v. tr.* (XVᵉ; de *dé-*, et *boutonner*). ◆ 1° Ouvrir en dégageant les boutons de la boutonnière. V. **Défaire.** *Déboutonner son pardessus. Son gilet est déboutonné.* Loc. fig. *Rire à ventre déboutonné :* sans retenue (Cf. À gorge déployée). ◆ 2° Escr. *Déboutonner un fleuret :* en ôter le bouton. ◆ 3° Pronom. SE DÉBOUTONNER : déboutonner ses vêtements. — Fig. Parler librement, sans réserve; dire tout ce que l'on pense. V. **Abandonner** (s'). *Il « s'étale, se déboutonne »* (GIDE). ◇ ANT. *Boutonner.*

DÉBRAGUETTER [debʀagete]. *v. tr.* (1535; *desbraguetter*, et *braguette*). Fam. Ouvrir la braguette de (...). ◇ ANT. *Rebraguetter.*

DÉBRAILLÉ, ÉE [debʀaje]. *adj. et n. m.* (1549; de *dé-*, et a. fr. *braiel, brail*; de *braie*). ◆ 1° Dont les vêtements sont en désordre, ouverts. *Tenue, mise débraillée.* « *Toujours débraillée et décoiffée* » (ROUSS.). — *Un air débraillé, une allure débraillée.* V. **Négligé.** ◇ N. m. *Le débraillé de sa tenue.*

♦ 2° *Fig. Des manières débraillées. Conversation débraillée :* libre, sans retenue. ◊ ANT. Correct, décent, strict.

DÉBRAILLER (SE) [debʀɑje]. *v. pron.* (1680; *débrailler,* XVIᵉ; V. **Débraillé**). *Fam.* Se découvrir la poitrine d'une manière indécente, en ouvrant ses vêtements. *Se débrailler en public.* — Fig. *La conversation se débraille :* elle perd toute retenue, toute décence.

DÉBRANCHEMENT [debʀɑ̃ʃmɑ̃]. *n. m.* (1890; de *débrancher*). Action de débrancher (des wagons; un appareil électrique).

DÉBRANCHER [debʀɑ̃ʃe]. *v. tr.* (1890; de *dé-,* et *brancher; desbranchier* (1409) vient de *branche*). ♦ 1° Séparer et trier (les wagons). V. **Trier.** ♦ 2° *Électr.* (XXᵉ). Interrompre (un circuit) en supprimant une connexion, un branchement. *Cour.* Arrêter (un appareil électrique) en supprimant son branchement. *Débrancher un fer à repasser.* ♦ 3° (Compl. de personnes). *Fam.* Détourner l'attention de (qqn). *Pronom.* « *Les clichés s'enclenchaient, entrelardés de ' Moi, je ', et Jean se débrancha* » (COURCHAY). V. **Décrocher.** ◊ ANT. Accrocher, brancher.

DÉBRAYAGE [debʀɛjaʒ]. *n. m.* (1870; de *débrayer; désembrayage,* 1838). ♦ 1° Le fait de débrayer. ♦ 2° Cessation du travail; mouvement de grève.

DÉBRAYER [debʀɛje]. *v. tr.* (1870; a remplacé *désembrayer* (1846), de *dés-,* et *embrayer*). ♦ 1° *Mécan.,* Techn. Séparer (une pièce mobile) de l'arbre moteur. *Absolt.* Interrompre la liaison entre une pièce, un mécanisme et l'arbre moteur. ◊ *Cour.* (*Auto.*) Interrompre la liaison entre le moteur et les roues. *Débrayer, passer les vitesses et embrayer.* ♦ 2° *Intrans. Pop.* Cesser le travail dans une usine. *On débraye à 6 heures.* V. **Arrêter (s'), sortir.** *Les ouvriers ont débrayé ce matin :* ils ont cessé le travail, se sont mis en grève.

DÉBRIDÉ, ÉE [debʀide]. *adj.* (1466; de *dé-,* et *bride*). Sans retenue. *Fig.* V. **Déchaîné, effréné.** *Imagination débridée.* « *La sensualité débridée, triomphante* » (TAINE). ◊ ANT. Contenu, discipliné, modéré, retenu.

DÉBRIDEMENT [debʀidmɑ̃]. *n. m.* (1803; de *débrider*). ♦ 1° Action de débrider. *Débridement d'une plaie.* ♦ 2° *Fig.* V. **Déchaînement.** « *Au déchaînement des forces de la matière correspond le débridement des instincts de violence* » (DANIEL-ROPS).

DÉBRIDER [debʀide]. *v. tr.* (XVIᵉ; de *dé-,* et *brider*). ♦ 1° Ôter la bride (à un cheval, une bête de somme). — Absolt. et fig. *Sans débrider :* sans s'arrêter. « *Il avait dormi sans débrider jusqu'à neuf heures* » (E. ABOUT). ♦ 2° *Par anal.* Dégager (qqch.) de ce qui serre comme une bride. *Chir. Débrider une hernie, une plaie. Débrider un abcès.* V. **Inciser, ouvrir.** — Cuis. *Débrider une volaille :* couper les fils dont on l'a entourée pour la faire cuire. ◊ ANT. Brider.

DÉBRIS [debʀi]. *n. m.* (1549; de *débriser,* XIIᵉ). ♦ 1° *Cour.* (rare au sing.). Reste d'un objet brisé, d'une chose en partie détruite. V. **Fragment, morceau.** *Les débris d'un vase. Débris de bouteille.* V. **Tesson.** « *Comme aux débris épars d'un vaisseau submergé* » (HUGO). — *Débris de bois.* V. **Copeau, sciure.** *Débris de métal, de vieilles machines.* V. **Ferraille.** ◊ Reste de ce qui est en partie consommé. — *Spécialt.* V. **Déchet, détritus, résidu.** « *D'un peu partout, des odeurs de débris, de balayures* » (ROMAINS). ♦ 2° *Vx.* Restes (d'un mort); ruines (d'un édifice). « *L'ange rassembla les débris de nos corps* » (LA FONT.). V. **Cendre(s), ossement(s).** Carthage « *Vit sur ses murs détruits Marius malheureux Et ces deux grands débris se consolaient entre eux* » (DELILLE). ♦ 3° *Fig.* et *littér.* V. **Reste.** *Les débris d'un État, d'un royaume, d'une institution.* — *Les débris d'une armée :* ce qui en reste après la défaite. *Réunir les débris de sa fortune, de son héritage.* ♦ 4° *Pop.* Un vieux débris, une personne âgée.

DÉBROCHAGE [debʀɔʃaʒ]. *n. m.* (1842; de *débrocher*). Action de débrocher (un livre).

DÉBROCHER [debʀɔʃe]. *v. tr.* (fin XIVᵉ; de *dé-,* et *broche*). ♦ 1° Retirer de la broche (une volaille, une viande). ♦ 2° (1842). Défaire la brochure d'un livre. ◊ ANT. Embrocher. Rebrocher.

DÉBROUILLAGE [debʀujaʒ]. *n. m.* (1855; de *débrouiller*). ♦ 1° Le fait de se débrouiller. « *L'opportunisme le plus cynique,... (le) débrouillage le plus artiste* » (SIEGFRIED). V. **Débrouillardise.** ♦ 2° Débrouillement.

DÉBROUILLARD, ARDE [debʀujaʀ, aʀd(ə)]. *adj.* (1872; de *débrouiller*). *Fam.* Qui sait se débrouiller, se tirer facilement d'affaire. V. **Adroit, habile, malin, roublard.** *C'est un garçon débrouillard.* — *Subst. C'est un débrouillard.* ◊ ANT. Empoté, gauche, maladroit.

DÉBROUILLARDISE [debʀujaʀdiz]. *n. f.* (1937; de *débrouillard*). Qualité d'une personne débrouillarde (On dit aussi DÉBROUILLE [debʀuj], *n. f.*). V. D (système D).

DÉBROUILLEMENT [debʀujmɑ̃]. *n. m.* (1611; de *débrouiller*). Action de débrouiller, de démêler.

DÉBROUILLER [debʀuje]. *v. tr.* (1549; de *dé-,* et *brouiller*). I. ♦ 1° Démêler (ce qui est embrouillé). V. **Démêler, distinguer, séparer, trier.** *Débrouiller les fils d'un écheveau.* V. **Dévider.** ♦ 2° *Fig.* Tirer de la confusion; tirer au clair. V. **Démêler, éclaircir.** *Débrouiller un cas compliqué, les affaires de qqn.* « *J'aime passionnément le mystère, parce que j'ai toujours l'espoir de le débrouiller* » (BAUDEL.). ♦ 3° *Fam. Débrouiller qqn :* lui apprendre à se tirer d'affaire, à se débrouiller. *Débrouiller un élève,* lui apprendre les choses essentielles. II. SE DÉBROUILLER (attesté 1863). *v. pron.* ♦ 1° Se tirer facilement d'une difficulté, d'une situation confuse. *Se débrouiller au milieu de, entre des difficultés.* ♦ 2° *Fam. Absolt.* Se comporter habilement, se tirer d'affaire, d'embarras. V. **Débarbouiller (se), sortir** (s'en sortir). Cf. *pop.* Démerder (se). *Apprendre à se débrouiller tout seul. Débrouillez-vous :* ne comptez pas sur une aide. *Que chacun se débrouille avec ce qu'il a.* V. **Arranger** (s'). « *Je trouve beaucoup plus beau de se débrouiller tout seul* » (DUHAM.). *Il sait se débrouiller.* V. **Débrouillard.**

◊ ANT. Brouiller, confondre, embrouiller, emmêler, mêler.

DÉBROUSSAILLANT [debʀusajɑ̃]. *n. m. et adj.* (1968; de *débroussailler*). *Techn.* (*Agric.*) Se dit d'un agent chimique destructif des plantes ligneuses, destiné au débroussaillement.

DÉBROUSSAILLEMENT [debʀusajmɑ̃]. *n. m.* (1877; de *débroussailler*). Action de débroussailler; son résultat.

DÉBROUSSAILLER [debʀusaje]. *v. tr.* (1876; de *dé-,* et *broussaille*). Débarrasser (un terrain) des broussailles. V. **Défricher, dégager, éclaircir, essarter.** *Débroussailler un chemin de terre.* Fig. *Débroussailler une question difficile.* V. **Débrouiller.**

DÉBUCHÉ ou **DÉBUCHER** [debyʃe]. *n. m.* (*Débucher,* 1771; V. **Débucher**). Moment où la bête débuche. *Sonner le débuché.*

DÉBUCHER [debyʃe]. *v.* (*Desbuschier,* fin XIIᵉ; de *dé-,* et *bûche;* Cf. **Débusquer**). ♦ 1° V. intr. (*Chasse*). Sortir du bois, du taillis (gros gibier). V. **Déboucher.** *Le cerf a débuché.* ♦ 2° V. tr. Faire sortir une bête du bois. V. **Débusquer.** « *Pour débucher les lièvres, on battait du tambour* » (FLAUB.). — Fig. (*Rare*) Chasser, déloger. V. **Débusquer.** ◊ ANT. Embûcher, rembucher.

DÉBUDGÉTISATION [debydʒetizasjɔ̃]. *n. f.* (1953; de *dé-,* et *budgétisation*). *Écon.* Transfert de charges supportées par le budget de l'État à un organisme disposant de ressources propres. « *La débudgétisation, ajoute-t-il [Edgar Faure], constitue un progrès par rapport à la budgétisation* » (*Combat,* 6-11-1953).

DÉBUDGÉTISER [debydʒetize]. *v. tr.* (1966; de *dé-,* et *budgétiser*). *Écon.* Opérer la débudgétisation de. « *Certaines catégories de sommes débudgétisées n'ont fait que 'glisser des caisses de l'État dans d'autres caisses publiques'* » (*Le Monde,* 15-12-1966).

DÉBUSQUER [debyske]. *v. tr.* (XVIᵉ; de *débucher,* d'apr. *embusquer*). ♦ 1° Chasser (le gibier) du bois. V. **Débucher.** *Il « frappait avec le bout de son fusil sur les ceps, comme pour débusquer un lièvre* » (CHATEAUB.). « *Le sanglier débusqué fila* » (MAUPASS.). — Intrans. (*Gibier*) Sortir du bois. ♦ 2° Faire sortir de sa position, de son refuge. V. **Chasser, déloger.** ◊ ANT. Embusquer.

DÉBUT [deby]. *n. m.* (1642, « premier coup au jeu »; de *débuter*). ♦ 1° (1664). Commencement. *Le début d'un entretien, d'un discours, d'un livre.* V. **Entrée** (en matière), **exorde.** *Du début.* V. **Initial.** *Le début d'une carrière, d'une activité. Absolt. Appointements de début.* — (Temps) *Le début du jour.* V. **Aube, aurore, matin.** *Le début de la semaine, du mois, de l'année. Au début du siècle. Du début à la fin. Tout au début, au tout début; dès le début.* ♦ 2° *Les débuts* de qqn, sa première apparition à la scène. *Faire ses débuts à la Comédie-Française.* — Première tentative (dans une activité quelconque). *Faire ses débuts dans le monde.* V. **Débuter.** *Des débuts éblouissants.* ◊ ANT. Clôture, conclusion, dénouement, fin, terme.

DÉBUTANT, ANTE [debytɑ̃, ɑ̃t]. *adj. et n.* (1767; de *débuter*). Personne qui débute. V. **Apprenti, commençant, novice.** « *Comme un débutant, arrivé à la onzième heure* » (STE-BEUVE). ◊ (1930; de l'amér., lui-même du fr.) *N. f.* Jeune fille qui sort pour la première fois dans la haute société. (*Abrév.*) Anglicisme. *Bal des* débs [deb(s)].

DÉBUTER [debyte]. *v. intr.* (v. 1650, *débuter à qqn* « lui adresser la parole »; 1549 « jouer le premier coup »; p.-ê. *débuter* « pousser » ou *de* **buter** « heurter, viser »; de *dé-,* et *but*). ♦ 1° (*Personnes*). Faire ses premiers pas dans une carrière. V. **Commencer.** *Débuter dans la vie.* « *Dans le crime il suffit qu'une fois on débute* » (BOIL.).

◊ Commencer à paraître sur la scène, à l'écran, etc. — *Débuter dans le monde :* faire son entrée dans le monde. ♦ 2° *(Choses).* Commencer. *Discours qui débute par une citation.* « *Le motif en notes détachées, par lequel débute l'allégro* » (BERLIOZ). ◊ ANT. Achever, conclure, finir, terminer.

DÉCA [deka]. *n. m.* (V. DÉCAFÉINER).

DÉCA-. Élément, du gr. *deka* « dix ».

DEÇÀ [dəsa]. *adv.* et *loc. prép.* (*De ça,* XII⁰; de *dé-,* et *ça*). ♦ 1° *Vx.* De ce côté-ci (*opposé à* delà). *Aller, courir deçà et delà, deçà, delà.* « *Les gens que j'ai rencontrés deçà et delà dans le monde* » (LOTI). ♦ 2° *Mod.* EN DEÇÀ DE [ãdsad(ə)]. *loc. prép.* De ce côté-ci de. *Fig. Rester en deçà de la vérité,* ne pas l'atteindre. — *Vx. Au deçà de.* « *Vérité au deçà des Pyrénées, erreur au delà* » (PASC.). ◊ ANT. Delà (au delà de).

DÉCACHETER [dekaʃte]. *v. tr.;* conjug. cacheter. V. Jeter (*Descacheter,* déb. XVI⁰; de *dé-,* et *cacheter*). Ouvrir (ce qui est cacheté). *Décacheter une lettre. Action de décacheter* (décachetage). ◊ ANT. Cacheter.

DÉCADAIRE [dekadɛʀ]. *adj.* (1808; de *décade*). De la décade (du calendrier républicain).

DÉCADE [dekad]. *n. f.* (1355; lat. *decas, -adis;* gr. *deka.* V. Déca-). **I.** ♦ 1° Période de dix jours. *La décade républicaine :* espace de dix jours qui remplaçait la semaine, dans le calendrier républicain de 1793 (V. Décadaire, décadi). ♦ 2° (*Condamné par l'Acad.* comme anglicisme, mais attesté en français). Période de dix ans. V. Décennie. « *En ce temps (je parle de la dernière décade du XIXe siècle)* » (DUHAM.). **II.** Chacune des parties d'un ouvrage composée de dix livres ou chapitres. *Les décades,* de Tite-Live.

DÉCADENCE [dekadãs]. *n. f.* (1413; lat. médiév. *decadentia,* de *cadere* « tomber »). ♦ 1° Acheminement vers la ruine. V. Abaissement, affaiblissement, affaissement, chute, déclin, déchéance, décrépitude, dégénérescence, dégradation. *Considérations sur les causes de la grandeur des Romains et de leur décadence,* ouvrage de Montesquieu. *Grandeur et décadence de César Birotteau,* roman de Balzac. *Être, tomber en décadence.* V. Baisser, déchoir. « *Chaque école poétique a ses phases, son cours, sa croissance, sa décadence* » (STE-BEUVE). — *Spécialt.* Les derniers siècles de l'Empire romain. *Les poètes de la décadence.* ♦ 2° (Concret). *Vx.* Dégradation d'une construction. V. Ruine. ◊ ANT. Croissance, épanouissement, montée, progrès.

DÉCADENT, ENTE [dekadã, ãt]. *adj.* (1516, repr. au XIX⁰; lat. médiév. *decadens.* V. Décadence). ♦ 1° Qui est en décadence. *Période, époque décadente. Art décadent. Monarchie décadente. Peuple décadent.* ♦ 2° (v. 1882). Se dit de l'école littéraire pessimiste qui prépara le Symbolisme. *L'école décadente. Poètes décadents :* représentants du *décadentisme,* ou *décadisme.* Subst. *Les décadents tchèques.*

DÉCADI [dekadi]. *n. m.* (1793; de *déca-,* d'apr. *lundi*). *Hist.* Dixième jour de la décade républicaine.

DÉCAÈDRE [dekaɛdʀ(ə)]. *adj.* et *n.* (1801; de *déc010-,* et *-èdre*). ♦ 1° *Adj.* Qui a dix faces. ♦ 2° *N. m.* Solide de dix faces.

DÉCAFÉINER [dekafeine]. *v. tr.* (1911; de *dé-,* et *caféine*). Traiter (le café) pour enlever la caféine. *Café décaféiné.* — Subst. *Un décaféiné.* — Abrév. fam. DÉCA [deka]. *Je prendrai un déca.*

DÉCAGONAL, ALE, AUX [dekagɔnal, o]. *adj.* (1801; de *décagone*). *Didact.* Qui a la forme d'un décagone. *Figure décagonale. Prismes décagonaux.*

DÉCAGONE [dekagɔn]. *n. m.* (1652; de *déca-,* et *-gone*). Polygone qui a dix angles et dix côtés. *Un décagone régulier.* Adj. *Bassin décagone.*

DÉCAGRAMME [dekagʀam]. *n. m.* (1789; de *déca-,* et *gramme*). *Rare.* Poids de dix grammes.

DÉCAISSEMENT [dekɛsmã]. *n. m.* (1877; de *décaisser*). Action de décaisser (de l'argent); son résultat. *Décaissement de fonds. D'importants décaissements.* ◊ ANT. Encaissement.

DÉCAISSER [dekese]. *v. tr.* (1701; de *dé-,* et *caisse*). ♦ 1° Retirer (qqch.) d'une caisse. *Décaisser des marchandises.* V. Déballer. ♦ 2° Tirer d'une caisse (une somme d'argent). V. Payer. ◊ ANT. Encaisser.

DÉCALAGE [dekalaʒ]. *n. m.* (1845; de *décaler*). ♦ 1° Action de décaler; son résultat. *Décalage d'un meuble.* ♦ 2° Le fait de décaler (2°) dans l'espace, le temps; écart temporel ou spatial. *Décalage des lignes de départ, sur une piste de stade.* ♦ 3° *Fig.* Manque de correspondance, défaut d'adaptation entre deux choses, deux faits. V. Écart, désaccord, rupture. « *Un décalage, et comme une rupture des rapports entre le mot et le sens, entre le signe et l'idée* » (PAULHAN). ◊ ANT. Accord, adaptation, concordance, conformité.

DÉCALAMINAGE [dekalaminaʒ]. *n. m.* (1929; de *décalaminer*). *Techn.* Action de décalaminer; son résultat.

DÉCALAMINER [dekalamine]. *v. tr.* (1929; de *dé-,* et

calamine). *Techn.* Ôter la calamine déposée sur les parois métalliques (d'un cylindre, d'un moteur).

DÉCALCIFIANT, ANTE [dekalsifjã, ãt]. *adj.* (1949; de *décalcifier*). Qui décalcifie. *Régime décalcifiant.*

DÉCALCIFICATION [dekalsifikasjõ]. *n. f.* (1911; de *décalcifier*). Diminution de la quantité de calcium d'un tissu, d'un organe, d'un organisme. — Spécialt. *Décalcification osseuse.*

DÉCALCIFIER [dekalsifje]. *v. tr.* (1911; de *dé-,* et rad. de *calcium*). Priver d'une partie de son calcium. *L'abus du citron décalcifie l'organisme.* — Pronom. *Organisme qui se décalcifie.*

DÉCALCOMANIE [dekalkɔmani]. *n. f.* (1840; de *décalquer,* et *manie*). Procédé par lequel on transporte sur une surface à décorer des images dessinées sur un support de papier. *Faire de la décalcomanie.* — *Par ext.* Ces images.

DÉCALER [dekale]. *v. tr.* (1615; de *dé-,* et *caler* 2). ♦ 1° Enlever la cale, les cales de (qqch.). ♦ 2° Déplacer un peu de la position normale. V. Avancer, reculer; changer. *Décaler toutes les choses d'une rangée, en avant, en arrière.* ◊ (Temps) *Décaler un horaire. Décaler d'une heure tous les trains.*

DÉCALITRE [dekalitʀ(ə)]. *n. m.* (1795; de *déca-,* et *litre*). Mesure de capacité qui vaut dix litres. — *Par ext.* Récipient contenant un décalitre. *Un double décalitre.* Son contenu.

DÉCALOGUE [dekalɔg]. *n. m.* (1455; lat. *decalogus,* du gr.). Les dix commandements gravés sur les tables, que Dieu donna à Moïse sur le Sinaï. V. Loi. *Les préceptes du décalogue.*

DÉCALOTTER [dekalɔte]. *v. tr.* (1791; de *dé-,* et *calotte*). Enlever la calotte de (qqch.). — Par anal. « *Nous décalottâmes deux, trois bouteilles* » (CENDRARS).

DÉCALQUAGE [dekalkaʒ]. *n. m.* (1870; de *décalquer*). Action de décalquer.

DÉCALQUE [dekalk(ə)]. *n. m.* (1837; de *décalquer*). Reproduction par décalquage. — *Fig.* « *Donner un décalque musical d'une œuvre littéraire* » (LICHTENBERGER). V. Imitation.

DÉCALQUER [dekalke]. *v. tr.* (1691; de *dé-,* et *calquer*). Reporter le calque de (qqch. : dessin, tableau) sur un support (papier, toile, étoffe, etc.). V. Imprimer.

DÉCALVANT, ANTE [dekalvã, ãt]. *adj.* (1878; de *dé-,* et lat. *calvus* « chauve »). *Rare.* Qui rend chauve.

DÉCAMÈTRE [dekamɛtʀ(ə)]. *n. m.* (1795; de *déca-,* et *-mètre*). Mesure de longueur valant dix mètres. — *Décamètre d'arpenteur :* chaîne d'arpenteur de dix mètres de longueur.

DÉCAMPER [dekãpe]. *v. intr.* (v. 1550, *descamper,* 1532; de *dé-,* et *camp*). ♦ 1° *Vx* ou *plaisant.* Lever le camp. *L'armée décampa pendant la nuit.* ♦ 2° S'en aller précipitamment. V. Décaniller *(pop.),* déguerpir, détaler, enfuir (s'), fuir, sauver (se). Cf. Ficher le camp. *Décampez d'ici!* — *Vieilli.* Partir (sans idée de fuite) « *Monsieur d'Hauteserre décampait au lever du soleil, il allait surveiller ses ouvriers* » (BALZ.).

DÉCAN [dekã]. *n. m.* (1839; lat. *decanus*). *Astron.* (vx) ou *Astrol.* Chacune des trois dizaines de degrés comptées par chaque signe du zodiaque. *Le premier décan du Scorpion.*

DÉCANAL, ALE, AUX [dekanal, o]. *adj.* (1476; du lat. *decanus*). *Didact.* Relatif au doyen, au décanat. *Arrêté décanal.*

DÉCANAT [dekana]. *n. m.* (1650; lat. ecclés. *decanatus,* de *decanus.* V. Doyen). *Didact.* Dignité, fonction de doyen. *Le décanat d'une église cathédrale.* — Durée de cette fonction.

DÉCANILLER [dekanije]. *v. intr.* (1792; p.-ê. de *dé-,* et lyonnais *canille* « jambe », de *canne*). Fam. Décamper, partir.

DÉCANTATION [dekãtasjõ]. *n. f.* ou **DÉCANTAGE** [dekãtaʒ]. *n. m.* (1690, lat. des alchimistes *decanthatio;* 1842, de *décanter*). Action de décanter; son résultat. Cf. Clarification; centrifugation; lavage d'un minerai.

DÉCANTER [dekãte]. *v. tr.* (1701; lat. des alchim. *decanthare,* de *canthus* « bec de cruche »). Séparer par gravité (un liquide) des matières solides ou liquides qu'il contient en suspension et qu'on laisse déposer. V. Clarifier, épurer, centrifuger. — Absolt. *Mettre à décanter.* Pronom. *Vin qui se décante.* ◊ *Fig. Décanter ses idées :* se donner un temps de réflexion pour mieux comprendre. V. Éclaircir. « *Peu à peu ses réflexions se décantaient* » (ROMAINS). ◊ ANT. Mélanger.

DÉCANTEUR, EUSE [dekãtœʀ, øz]. *n.* (1878; de *décanter*). *Techn.* Appareil servant à décanter. — N. m. *Décanteur industriel.* — N. f. Déshydrater des boues à l'aide de *décanteuses.*

DÉCAPAGE [dekapaʒ] ou **DÉCAPEMENT** [dekapmã]. *n. m.* (1768, 1693; de *décaper*). Action de décaper; son résultat. *Décapage chimique, mécanique* (aux abrasifs). V.

Ponçage. *Décapement d'une chaussée.* — REM. Seul *décapage* est courant.

DÉCAPANT [dekapã]. *n. m.* (1929 ; de *décaper*). Produit servant à décaper. *Cour.* Agent chimique de décapage. (*Décapant mécanique :* V. **Abrasif**).

DÉCAPELER [dekaple]. *v. tr.* ; conjug. *appeler* (1783 ; de *dé-*, et *capeler*). *Mar.* Dépouiller (les mâts, les vergues) de leur gréement.

DÉCAPER [dekape]. *v. tr.* (1742 ; XVIᵉ *deschaper* « ôter la chape » ; de *dé-*, et *cape*). ◆ 1° Mettre à nu (une surface métallique) en enlevant les dépôts d'oxydes, de sels, les corps gras, etc. qui la couvrent. V. **Dérocher, poncer.** *Décaper un cuivre à graver.* ◇ Fig. « *Décaper la littérature de ses rouilles diverses, de ses croûtes* » (QUENEAU). ◆ 2° *Par ext.* Débarrasser (une surface) d'une couche de matière qui la couvre. *Décaper des boiseries peintes, un parquet sale.* — *Spécialt.* (1898). *Décaper une chaussée :* en nettoyer la surface pour un nouveau revêtement.

DÉCAPEUR [dekapœʀ]. *n. m.* (1845 ; de *décaper*). Ouvrier qui décape les métaux.

DÉCAPEUSE [dekapøz]. *n. f.* (1948 ; de *décaper*). Engin de terrassement destiné à racler les surfaces. — *Recomm. offic.* pour *Scraper.*

1. DÉCAPITALISER [dekapitalize]. *v. tr.* (1846 ; de *dé-*, et *capitale*). Retirer à (une ville) le statut de capitale.

2. DÉCAPITALISER [dekapitalize]. *v. tr.* (1870 ; de *dé-*, et *capitaliser*). ◆ 1° Retirer la valeur de capital à (des intérêts, des valeurs). ◆ 2° Retirer tout ou partie du capital investi dans une entreprise. « *Décapitaliser l'entreprise sans la décapiter* » (*Le Monde*, 4-1-1963).

DÉCAPITATION [dekapitasjɔ̃]. *n. f.* (1392 ; de *décapiter*). Action de décapiter. *Être condamné à la décapitation.*

DÉCAPITER [dekapite]. *v. tr.* (1320 ; lat. médiév. *decapitare*, de *caput* « tête »). ◆ 1° Trancher la tête de (qqn). V. **Décoller**; couper (la tête), guillotiner. « *Nous lui mettrions le cou sur un rail, de manière à ce que le premier train le décapitât* » (ZOLA). Au p. p. *Un cadavre décapité.* ◆ 2° Par anal. *Décapiter un arbre :* enlever la partie supérieure. V. **Découronner, écimer, étêter.** — *Cours d'eau décapité par capture**. ◆ 3° Fig. Détruire ce qui est à la tête de (qqch.). V. **Abattre, détruire.** *Décapiter un complot.* « *Ils décapitent le civisme* » (PÉGUY).

DÉCAPODES [dekapɔd]. *n. m. pl.* (1804 ; lat. sc., du gr. V. **Déca-**, et *-pode*). ◆ 1° Sous-ordre de mollusques céphalopodes possédant huit bras disposés en couronne autour de la bouche et deux autres bras plus longs (tentacules). V. **Calmar, seiche.** ◆ 2° Ordre de crustacés caractérisés par trois paires de pattes-mâchoires et cinq paires de pattes ambulatoires. *Décapodes brachyures. Principaux types de décapodes :* crabe, crevette, écrevisse, homard, langouste, langoustine, pagure ou bernard-l'ermite.

DÉCAPOLE [dekapɔl]. *n. m.* (1839, n. f. 1803 ; de *déca-*, et gr. *polis* « ville »). *Hist.* Association, groupe de dix villes.

DÉCAPOTABLE [dekapɔtabl(ə)]. *adj.* (1929 ; de *décapoter*). Qui peut être décapoté. *Voiture, cabriolet décapotable.* — *Subst. Une décapotable.*

DÉCAPOTER [dekapɔte]. *v. tr.* (1929 ; de *dé-*, et *capote*). Enlever la capote (et *par ext.* le toit mobile) de. *Décapoter sa voiture.* V. **Découvrir.**

DÉCAPSULAGE [dekapsylaʒ]. *n. m.* (1929 ; de *décapsuler*). Action de décapsuler (une bouteille). ◇ ANT. **Capsulage.**

DÉCAPSULATION [dekapsylasjɔ̃]. *n. f.* (1922 ; de *dé-*, et *capsule*). *Chir.* Résection de la capsule d'un organe.

DÉCAPSULER [dekapsyle]. *v. tr.* (1929 ; de *dé-*, et *capsule*). ◆ 1° Enlever la capsule de. V. **Ouvrir.** *Décapsuler une bouteille.* ◆ 2° Opérer par décapsulation. *Décapsuler un rein.*

DÉCAPSULEUR [dekapsylœʀ]. *n. m.* (1961 ; de *décapsuler*). Ouvre-bouteilles pour enlever les capsules.

DÉCAPUCHONNER [dekapyʃɔne]. *v. tr.* (1864 ; de *dé-*, et *capuchon*). Ôter le capuchon de. *Décapuchonner un stylo.* ◇ ANT. **Capuchonner.**

DÉCARBONATER [dekaʀbɔnate]. *v. tr.* (1846 ; de *dé-*, et *carbonate*). *Chim.* Retirer l'acide carbonique. *Chaux décarbonatée.*

DÉCARBURANT, ANTE [dekaʀbyʀã, ãt]. *adj.* (v. 1870 ; de *décarburer*). *Chim.* Qui a la propriété de décarburer.

DÉCARBURATION [dekaʀbyʀasjɔ̃]. *n. f.* (1846 ; de *décarburer*). *Techn.* Action de décarburer la fonte par affinage ; son résultat.

DÉCARBURER [dekaʀbyʀe]. *v. tr.* (1839 ; de *dé-*, et *carbure*). *Techn.* Enlever le carbone contenu dans (certains métaux). *Décarburer la fonte :* pour la transformer en fer ou en acier.

DÉCARCASSER (SE) [dekaʀkase]. *v. pron.* (1821 ; de *dé-*, et *carcasse*). *Fam.* Se donner beaucoup de peine pour parvenir à un résultat. V. **Démener (se).**

DÉCARCÉRATION [dekaʀseʀasjɔ̃]. *n. f.* (1974 ; avec *dé-*, d'apr. *incarcération*). *Techn.* Dégagement de prisonniers accidentels (d'un véhicule, etc.).

DÉCAROTTAGE [dekaʀɔtaʒ]. *n. m.* (1973 ; de *dé-*, et *carotte*). *Techn.* Démoulage d'une carotte* (4°).

DÉCARRELER [dekaʀle]. *v. tr.* ; conjug. *carreler.* V. **Appeler** (*Descarreler*, 1642 ; de *dé-*, et *carreau*). Ôter les carreaux de. *Faire décarreler une cuisine.* ◇ ANT. **Carreler, recarreler.**

DÉCARTELLISATION [dekaʀte(ɛl)lizasjɔ̃]. *n. f.* (1945 ; de *dé-*, et *cartel*). *Écon., Hist.* Dissolution de cartels de producteurs. *Décartellisation de l'industrie allemande, après la Seconde Guerre mondiale.* ◇ ANT. **Cartellisation.**

DÉCASYLLABE [dekasil(l)ab] ou **DÉCASYLLABIQUE** [dekasi(l)labik] *adj.* (1752,-1762 ; de *déca-*, et *syllabe, syllabique*). Qui a dix syllabes. *Vers décasyllabe.* — *Subst.* Poème écrit en décasyllabes.

DÉCATHLON [dekatlɔ̃]. *n. m.* (1933 ; av. *déca-*, d'apr. *pentathlon*). Compétition masculine d'athlétisme regroupant dix épreuves disputées successivement par les mêmes athlètes (*décathloniens*).

DÉCATI, IE [dekati]. *adj.* (1846, sens pr. V. **Décatir**, fig.). *Fam.* Éprouvé par l'âge ; qui a perdu sa fraîcheur, sa beauté. « *Elle se sentait joliment changée et décatie* » (ZOLA).

DÉCATIR [dekatiʀ]. *v. tr.* (1754 ; de *dé-*, et *catir*). ◆ 1° *Techn.* Débarrasser (une étoffe) du lustre que lui ont donné les apprêts. V. **Délustrer.** ◆ 2° Fig. Pronom. *Se décatir* (1860). Perdre sa fraîcheur ; vieillir. V. **Décati.** « *Sylvain commence à se décatir* » (BLOY). ◇ ANT. **Catir, lustrer.**

DÉCATISSAGE [dekatisaʒ]. *n. m.* (1815 ; de *décatir*). *Techn.* Opération par laquelle on décatit une étoffe. ◇ ANT. **Catissage.**

DÉCATISSEUR, EUSE [dekatisœʀ, øz]. *n. et adj.* (1832 ; de *décatir*). Qui effectue le décatissage (ouvrier, machine).

DÉCAUSER [dekoze]. *v. tr.* (de *dé-*, et *causer* « parler »). *Région.* (Belgique). Dire du mal de... V. **Dénigrer, médire.**

DECAUVILLE [dekovil]. *n. m.* (fin XIXᵉ ; nom de l'inventeur). Chemin de fer à voie étroite.

DÉCAVAILLONNER [dekavajɔne]. *v. tr.* (1872 ; de *dé-*, et *cavaillon*). *Agric.* Labourer les cavaillons* (à l'aide d'une *décavaillonneuse*).

DÉCAVÉ, ÉE [dekave]. *adj.* et *n.* (1819 ; V. **Décaver**). ◆ 1° *Joueur décavé.* V. **Ruiné.** *Il est complètement décavé.* ◆ 2° (1870). N. *Un décavé :* un joueur décavé.

DÉCAVER [dekave]. *v. tr.* (1819 ; de *dé-*, et *cave* 3). *Jeu.* Gagner toute la cave d'un joueur. *Décaver son adversaire en deux coups.* — SE DÉCAVER. *v. pron.* Perdre sa cave, au jeu.

DÉCÉDER [desede]. *v. intr.* ; conjug. *céder* ; auxil. *être* (fin XVᵉ ; lat. *decedere* « s'en aller »). *Dr., Admin.* Mourir (personnes). *Il est décédé depuis dix ans.* V. **Mort.** *Décédé le...* — Au p. p. « *Quelques photographies d'individus décédés* » (ROMAINS).

DÉCELABLE [de(ɛ)slabl(ə)]. *adj.* (1922 ; de *déceler*). Qui peut être décelé.

DÉCÈLEMENT [deselmã]. *n. m.* (1564 ; de *déceler*). *Rare.* Le fait de déceler. ◇ HOM. **Descellement.**

DÉCELER [de(ɛ)sle]. *v. tr.* ; conjug. *lever* (XVIᵉ ; de *dé-*, et *celer*). ◆ 1° Découvrir, mettre en évidence (ce qui était celé, caché). V. **Découvrir, dévoiler, révéler.** *Déceler un secret, une intrigue.* « *Ses pieds nus, ses genoux que la robe décèle* » (VIGNY). « *Il a une sorte de don pour déceler leur malice occulte* » (MAURIAC). — *Déceler une fuite de gaz.* V. **Détecter, trouver.** ◆ 2° (*Choses*). Faire connaître, être l'indice de. V. **Annoncer, démontrer, indiquer, manifester, montrer, prouver, révéler, signaler, trahir.** *Cette végétation décèle la présence de carbonate de chaux dans le sol.* « *Ce serrement de la gorge, ce spasme de la poitrine qui décèlent le désarroi produit dans notre système nerveux par un choc trop intense* » (BOURGET). ◇ ANT. **Cacher, celer.**

DÉCÉLÉRATION [deseleʀasjɔ̃]. *n. f.* (XXᵉ ; de *dé-*, et *accélération*). Accélération négative d'un mouvement retardé, réduction de la vitesse d'un mobile.

DÉCEM-. Élément, du lat. *decem* « dix ».

DÉCEMBRE [desãbʀ(ə)]. *n. m.* (mil. XIIᵉ ; lat. *decembris (mensis)*). Le douzième et dernier mois de l'année grégorienne. *Dans le calendrier romain, décembre était le dixième mois. Le mois de décembre. Le 25 décembre.* V. **Noël.** *Le coup d'État du 2 décembre.*

DÉCEMMENT [desamã]. *adv.* (XVIᵉ ; de *décent*). ◆ 1° D'une manière décente. *Se tenir, s'exprimer décemment.* ◆ 2° Par ext. *Je ne pouvais pas refuser cette offre.* V. **Raisonnablement.** ◆ 3° Correctement. « *L'on m'avait appris à réciter à peu près décemment les vers* » (GIDE).

DÉCEMVIR [desɛmvir]. *n. m.* (1355; lat. *decemvir*). *Antiq. rom.* Membre d'un collège composé de dix personnes. — Magistrat chargé d'administrer la justice en l'absence du préteur.

DÉCEMVIRAL, ALE, AUX [desɛmviral, o]. *adj.* (1355; de *décemvir*). *Antiq.* Qui est relatif à la charge de décemvir. *Collège décemviral. Édits décemviraux.*

DÉCEMVIRAT [desɛmvira]. *n. m.* (1355; de *décemvir*). *Antiq.* Dignité de décemvir. — Période pendant laquelle Rome fut soumise au gouvernement des décemvirs. *Le décemvirat dura deux ans.*

DÉCENCE [desɑ̃s]. *n. f.* (XIIIᵉ; lat. *decentia*, de *decere* « convenir »). Respect de ce qui touche les bonnes mœurs, les convenances (*spécialt.* en matière sexuelle). « *Elle parlait de tout, même devant des enfants, sans jamais blesser la décence* » (ZOLA). V. Bienséance, pudeur. *Garder une certaine décence. Blesser, choquer la décence. Être vêtu avec décence.* V. Modestie. ◊ Réserve, discrétion. « *Une discrétion qui n'est que de la décence le retient* » (GIDE). ◊ Tact. *Vous pourriez avoir la décence de vous taire après ce que vous avez fait.* ◊ ANT. Effronterie, inconvenance, indécence, obscénité; indiscrétion; cynisme.

DÉCENNAL, ALE, AUX [dese(ɛn)nal, o]. *adj.* (1540; lat. *decennalis*, de *decem* « dix », et *annus* « année »). ♦ 1º Qui dure dix ans. *Magistrature décennale.* ♦ 2º Qui revient tous les dix ans. *Prix décennal.* — *Subst. Les décennales* : fêtes instituées par les empereurs romains.

DÉCENNIE [dese(ɛn)ni]. *n. f.* (1888; de *décennal*). Période de dix ans. Cf. Décade.

DÉCENT, ENTE [desɑ̃, ɑ̃t]. *adj.* (XVᵉ; lat. *decens*, de *decere.* V. Décence). ♦ 1º Qui est conforme à la décence. V. Bienséant, convenable. *Tenue décente.* V. Discret, modeste, pudique, réservé. ♦ 2º Qui est décent, pudique ou poli et discret. « *La société décente, où chacun sait tenir son quant-à-soi* » (MUSS.). ♦ 3º Acceptable (Cf. Correct). *Elle joue du piano d'une manière décente.* V. Décemment. ◊ ANT. Incongru, inconvenant, incorrect, indécent, licencieux, malséant, obscène. — HOM. (du fém.) Descente.

DÉCENTRAGE [desɑ̃traʒ]. *n. m.* (1876; de *décentrer*). Le fait de décentrer; état de ce qui est décentré. *Décentrage d'un objectif.*

DÉCENTRALISATEUR, TRICE [desɑ̃tralizatœr, tris]. *adj.* (1845; de *décentraliser*). Qui est relatif à la décentralisation. *Politique décentralisatrice.* — *Subst. Les décentralisateurs* : ceux qui sont partisans d'une politique décentralisatrice.

DÉCENTRALISATION [desɑ̃tralizasjɔ̃]. *n. f.* (1829; de *décentraliser*). Action de décentraliser; son résultat. *Décentralisation administrative* : par laquelle la gestion administrative d'une région est remise à des autorités locales élues (et non à des agents nommés par le pouvoir central; Cf. Déconcentration). — *Décentralisation industrielle.*

DÉCENTRALISER [desɑ̃tralize]. *v. tr.* (1834; de *dé-*, et *centraliser*). Rendre plus autonome (ce qui est centralisé). — *Spécialt.* Donner le pouvoir de décision, de gestion administrative locale, à des collectivités territoriales, à des personnes publiques élues par les administrés. ◊ Pronom. Déplacer tout ou partie des services d'une société, d'une entreprise... située dans un grand centre). *Décentraliser une société parisienne en installant des bureaux, des ateliers en banlieue, en province.* Pronom. *Se décentraliser.*

DÉCENTREMENT [desɑ̃trəmɑ̃] *n. m.* ou **DÉCENTRATION** [desɑ̃trasjɔ̃]. *n. f.* (1907-1863; de *décentrer*). *Opt.* Défaut d'alignement des centres des lentilles d'un appareil optique. Action de décentrer un objectif (pour que son axe ne soit pas au centre du cliché). Action à *décentrement.*

DÉCENTRER [desɑ̃tre]. *v. tr.* (1863; de *dé-*, et *centrer*). Déplacer le centre de. — Pronom. *Objectif se décentrant en hauteur.* — Fig. « *La psychanalyse décentre [...] la constitution du monde fantasmatique par rapport à la conscience* » (RICŒUR).

DÉCEPTION [desɛpsjɔ̃]. *n. f.* (XIXᵉ; « tromperie », XIIᵉ; lat. *deceptio*, de *decipere.* V. Décevoir). Le fait d'être déçu. V. Déboire, déconvenue, désappointement, désenchantement, désillusion, mécompte. *Causer, éprouver une déception.* « *Cette tristesse du retour qui ressemble à une grande déception* » (GONCOURT). ◊ Ce qui déçoit. « *Ce visiteur encore inconnu, qui serait peut-être une déception* » (ROMAINS). ◊ ANT. Contentement, satisfaction.

DÉCERCLER [desɛrkle]. *v. tr.* (XIIᵉ; de *dé-*, et *cercler*). *Techn.* Enlever les cercles de (un tonneau, une cuve).

DÉCÉRÉBRER [deserebre]. *v. tr.*; conjug. *céder* (v. 1950; de *dé-*, et lat. *cerebrum* « cerveau »). *Physiol.* Enlever ou détruire l'encéphale de (un animal); sectionner le névraxe au niveau du mésencéphale. *Décérébrer une grenouille.* — P. p. adj. *(Fig.).* DÉCÉRÉBRÉ, ÉE, *adj.* (1923). Comme privé de ses facultés intellectuelles. « *Des élites décérébrées* »

(CÉSAIRE). V. Décerveler. — Dér. DÉCÉRÉBRATION [deserebrasjɔ̃], *n. f.*

DÉCERNER [desɛrne]. *v. tr.* (1318; lat. *decernere* « décider, décréter »). ♦ 1º Vx. Décréter ordonner juridiquement. ◊ Mod. Dr. *Décerner un mandat d'arrêt, de dépôt.* ♦ 2º Mod. (XVIᵉ). Accorder à qqn (une récompense, une distinction). V. Accorder, adjuger, attribuer, donner.

DÉCERVELAGE [desɛrvəlaʒ]. *n. m.* (1900, Jarry; de *décerveler*). Action de décerveler*. Fig. « *Comme tous les grands du régime, elle se livre [...] à l'indispensable opération du décervelage* » (Le Monde, 27-4-1960).

DÉCERVELER [desɛrvəle]. *v. tr.* (XIIIᵉ, repris v. 1888 par JARRY; de *dé-*, et *cervelle*). *Fam.* Faire sauter la cervelle. *Machine à décerveler.* — Fig. Rendre stupide. V. Décérébrer.

DÉCÈS [desɛ]. *n. m.* (fin XIᵉ; lat. *decessus*, de *decedere.* V. Décéder). Dr., Admin. Mort naturelle d'une personne. *Constatation du décès. Acte de décès.* — Cour. *Fermé pour cause de décès.*

DÉCEVANT, ANTE [desvɑ̃, ɑ̃t]. *adj.* (XIIᵉ, « trompeur »; de *décevoir*). Qui déçoit. ♦ 1º Vx. V. Mensonger, trompeur. « *Ai-je pu résister au charme décevant?* » (RAC.). « *Accoudée dans une pose décevante* » (BALZ.) : séductrice. ♦ 2º Mod. Qui ne répond pas à ce qu'on espérait. *Un voyage décevant. Une lecture décevante.*

DÉCEVOIR [desvwar]. *v. tr.*; conjug. *recevoir* (XIIᵉ; lat. *decipere* « tromper »). ♦ 1º Vx. Tromper, séduire par une apparence engageante, par qqch. de spécieux. V. Abuser, attraper, leurrer. ♦ 2º Mod. Littér. (XVIIᵉ). Ne pas répondre à (une attente). *Décevoir la confiance, l'attente, les espérances de qqn.* ◊ Cour. (XIXᵉ) Tromper (qqn) dans ses espoirs; donner une impression moins agréable que l'impression attendue. *Cet élève m'a déçu.* « *Venise avait déçu Jacques comme un décor gondolé à force de servir* » (COCTEAU). « *Les objets ne déçoivent pas; ils donnent toujours exactement le plaisir que l'on attend d'eux* » (MAUROIS). ◊ ANT. Contenter, enchanter, satisfaire. Répondre (à l'attente).

DÉCHAÎNÉ, ÉE [deʃene]. *adj.* (1ʳᵉ moitié XVIIᵉ; V. Déchaîner). ♦ 1º Déclenché dans toute sa violence. *Les vents, les flots déchaînés.* V. Démonté, furieux, impétueux. *Passions déchaînées.* ♦ 2º (Personnes). Très excité; qu'on ne peut arrêter. *Cet enfant est déchaîné.*

DÉCHAÎNEMENT [deʃɛnmɑ̃]. *n. m.* (1671; de *déchaîner*). Action de déchaîner, de se déchaîner; son résultat. *Le déchaînement des éléments. Le déchaînement des flots, de la tempête.* V. Fureur. — (Sentiments, passions) V. Emportement, explosion, soulèvement, transport. *Le déchaînement de la colère, de la violence, de la haine.* « *Une effusion, un déchaînement de tendresse* » (DUHAM.). ◊ Spécialt. Fureur, emportement. « *Le déchaînement général des hypocrites et des fanatiques contre la malheureuse philosophie* » (D'ALEMB.). ◊ ANT. Apaisement.

DÉCHAÎNER [deʃene]. *v. tr.* (1665; « délivrer des chaînes », XIIᵉ (V. Désenchaîner); de *dé-*, et *chaîne*). ♦ 1º Donner libre cours à (une force). *Déchaîner la tempête. Déchaîner les passions, la colère.* V. Déclencher, exciter, provoquer, soulever. *Déchaîner l'hilarité générale, l'enthousiasme d'une foule. Déchaîner l'opinion contre qqn.* V. Ameuter. « *Déchaîner partout à la fois une campagne ouverte, officielle, retentissante* » (MART. du G.). ♦ 2º SE DÉCHAÎNER. *v. pron.* Se déclencher, commencer avec violence. *La tempête s'était déchaînée.* « *Tous les bas instincts se déchaînant, les crimes se multipliaient* » (MADELIN). ◊ (Personnes) Se mettre en colère, s'emporter (contre qqn). — *Il s'est déchaîné contre les députés de la majorité.* ◊ ANT. Apaiser, calmer, contenir, maîtriser.

DÉCHANT [deʃɑ̃]. *n. m.* (1164; de *dé-*, et *chant.* d'apr. lat. médiév. *discantus*). Hist. mus. Mélodie ou contrepoint qui était écrit au-dessus du plain-chant.

DÉCHANTER [deʃɑ̃te]. *v. intr.* (1220, « exécuter un déchant »; de *dé-*, et *chanter*). *Fam.* Changer de ton; rabattre de ses prétentions, de ses espérances, perdre ses illusions. *Il commence à déchanter.*

DÉCHAPERONNER [deʃaprɔne]. *v. tr.* (XVIᵉ; de *dé-*, et *chaperon*). *Techn.* Enlever le chaperon de.

DÉCHARGE [deʃarʒ(ə)]. *n. f.* (1330, « déchargement »; de *dé-*, et *charge.* V. Charge). I. ♦ 1º Vx. Action de décharger (I). — Mar. V. Déchargement. ♦ 2º Lieu où l'on décharge. — Mod. (1690) *Décharge publique* : où l'on dépose, où l'on jette des ordures, des déblais. ♦ 3º Techn. (V. Décharger, I, 3º). Tuyau de décharge : par lequel s'écoule un trop-plein. ◊ Typogr. Feuille de papier destinée à absorber l'excès d'encre des caractères. ♦ 4º Archit. (1680). Diminution de la charge, du poids (seult. dans la décharge). *Voûte de décharge d'un pont. Arc de décharge.*

II. (1365; de *décharger*, II). ♦ 1º Dr. Libération d'une obligation, d'une dette; acte qui atteste cette libération (V. Quittance). *Décharge de mandat. Décharge de l'obligation alimentaire. Décharge définitive*, par laquelle la Cour

des comptes déclare quitte un comptable. ◆ 2° Le fait de lever les charges qui pèsent sur un accusé (dans *à... décharge*). *Témoin à décharge* : qui dépose à l'appui de la défense. *Il faut dire, à sa décharge...* : pour l'excuser.
III. (1677). ◆ 1° Le fait de décharger (III) une arme à feu. *Spécialt.* Tir simultané de plusieurs armes. V. **Fusillade, salve, volée**. *Les cavaliers passèrent « en faisant une décharge générale qui nous couvrit de poudre »* (FROMENTIN). ◆ 2° *Par anal.* Brusque diminution d'un potentiel électrique (baisse de charge). *Décharge électrique.* ◇ « *Le corps de l'enfant sillonné par des décharges nerveuses sautait sous les draps* » (MART. du G.).
◇ ANT. **Charge. Chargement.**

DÉCHARGEMENT [deʃaʀʒəmɑ̃]. *n. m.* (fin XIIIᵉ; de *décharger*). ◆ 1° Action de décharger un navire, une voiture, une bête de somme, et *par ext.* les marchandises. V. **Débarquement**. *Commencer le déchargement d'une cargaison. Déchargement d'un wagon, des colis d'un wagon. Lieu de déchargement* : appontement, débarcadère, quai. *Temps réservé au déchargement d'un navire* : estarie, jour de planches. ◆ 2° *Déchargement d'une arme à feu* : action d'en retirer la charge, de la désarmer. ◇ ANT. **Chargement**.

DÉCHARGEOIR [deʃaʀʒwaʀ]. *n. m.* (1574; de *décharger*, I, 3°). *Techn.* Conduit pour l'écoulement d'un trop-plein.

DÉCHARGER [deʃaʀʒe]. *v. tr. (Deschargier*, fin XIIᵉ; de *dé-*, et *charger).*
I. Enlever la charge. ◆ 1° Débarrasser de sa charge (une personne, un navire, une voiture, une bête de somme). *Décharger un porteur de son fardeau.* « *On se préparait à décharger l'éléphant* » (VOLT.). ◇ Enlever (un chargement). V. **Débarder, débarquer**. *Décharger des marchandises, du bois. Appareils de levage pour décharger.* ◇ *Décharger une arme* : en enlever la charge. *Le pistolet est déchargé* (Cf. le sens III, 2°). ◆ 2° (1611). Ôter un poids, un fardeau qui surcharge. *Décharger une poutre qui fléchit.* ◆ 3° *Techn.* Débarrasser d'un excès, d'un trop-plein. ◇ *Absolt. Étoffe qui décharge.* V. **Déteindre**. ◇ *Fam.* (fig.). *Décharger sa rate, sa bile* : laisser libre cours à sa colère, à sa mauvaise humeur. *Décharger sa colère sur qqn.* ◆ 4° *Électr.* (1775). Diminuer la charge électrique de.
II. *Fig.* (1287). ◆ 1° Débarrasser ou libérer (qqn) d'une charge, d'une obligation, d'une responsabilité. V. **Dispenser, libérer**. *Être déchargé d'un travail. Décharger un contribuable.* V. **Exonérer** (d'impôt). ◇ Dispenser d'un travail, en le faisant soi-même. « *Ses employés le déchargent de presque tout* » (ROMAINS). *Pronom. Il s'est déchargé de certains travaux sur ses collaborateurs.* ◆ 2° Libérer d'une accusation. *Décharger un accusé.* V. **Blanchir, disculper, innocenter, justifier**. ◆ 3° *Décharger sa conscience.* V. **Libérer, soulager**. *Décharger son cœur* (vx) : s'épancher, se confier.
III. (XIIIᵉ). ◆ 1° *Vx*. Assener (un coup). — *Littér. Il « décharge sur lui un regard foudroyant, capable d'assommer un buffle »* (DAUD.). ◆ 2° (1553). Faire partir (une arme à feu). « *Ils déchargeaient leurs pistolets dans les portes »* (SAND). V. **Tirer**.
IV. *V. intr.* (v. 1650). Éjaculer.
◇ ANT. **Charger, surcharger. Aggraver, augmenter. Accuser, condamner.**

DÉCHARGEUR [deʃaʀʒœʀ]. *n. m.* (XIIᵉ; de *décharger*). *Vx.* Celui qui décharge les marchandises. V. **Porteur; docker**. *Déchargeur aux halles* (Cf. Fort* de la Halle).

DÉCHARNÉ, ÉE [deʃaʀne]. *adj.* (XIIIᵉ; V. **Décharner**). ◆ 1° Qui n'a plus de chair. *Squelette décharné.* ◆ 2° *Cour.* Très maigre. V. **Amaigri, étique**. *Visage décharné. Bras, doigts décharnés.* ◆ *Fig.* « *Une de ces collines décharnées qui bossuent les landes* » (GAUTIER). V. **Aride, sec.** ◇ ANT. **Gras.**

DÉCHARNER [deʃaʀne]. *v. tr.* (XIIᵉ; de *dé-*, et *charn.* V. **Chair**). *Vx.* ◆ 1° Dépouiller de la chair. *Décharner un cadavre.* ◆ 2° Amaigrir. « *Cette maladie l'a complètement décharné* » (ACAD.).

DÉCHAUMAGE [deʃomaʒ]. *n. m.* (av. 1845; de *déchaumer*). Action de déchaumer.

DÉCHAUMER [deʃome]. *v. tr.* (1732; de *dé-*, et *chaume*). Débarrasser (le sol) du chaume ou des plantes nuisibles qui l'envahissent.

DÉCHAUMEUSE [deʃomøz]. *n. f.* (1929; *déchaumeur*, 1870; de *déchaumer*). Charrue légère polysoc pour le déchaumage.

DÉCHAUSSAGE [deʃosaʒ]. *n. m.* (1907; de *déchausser*). Action de déchausser (les plantes); mise à nu, aux racines par la gelée.

DÉCHAUSSÉ, ÉE [deʃose]. *adj.* (1225; V. **Déchausser**). ◆ 1° Qui n'a plus de chaussure(s). *Pied déchaussé. Spécialt. Carmes déchaussés.* V. **Déchaux**. ◆ 2° Qui se déchausse (2°). *Dent déchaussée.* — *Mur déchaussé* : dont les fondations sont dégradées.

DÉCHAUSSEMENT [deʃosmɑ̃]. *n. m.* (1538; de *déchaus-

ser*). Le fait de se déchausser (mur; dent); état de ce qui est déchaussé.

DÉCHAUSSER [deʃose]. *v. tr. (Deschalcier*, XIIᵉ; lat. pop. °*discalceare*. V. **Chausser**). ◆ 1° Enlever les chaussures de (qqn). *Son valet de chambre le déchausse.* V. **Débotter**. *Pronom.* « *Ici, c'est comme dans les mosquées; on se déchausse en entrant* » (GIDE). ◆ 2° Dénuder, dégarnir à la base. *Déchausser un arbre, une plante* : en mettre à découvert le pied et les racines. — *Déchausser un mur* : enlever la terre autour des fondations. — *Pronom. Dent qui se déchausse,* qui n'est plus bien maintenue par la gencive dans l'alvéole dentaire, et finit par tomber. ◇ ANT. **Chausser.**

DÉCHAUSSEUSE [deʃosøz]. *n. f.* (fin XIXᵉ; de *déchausser*). *Agric.* Petite charrue pour déchausser les pieds de vigne.

DÉCHAUSSOIR [deʃoswaʀ]. *n. m.* (1387; de *déchausser*). *Agric.* Outil pour déchausser les arbres. V. **Houe.**

DÉCHAUX [deʃo]. *adj.* (XVIᵉ; *descaus*, fin XIIᵉ; V. **Déchausser**). *Relig.* Se dit de religieux qui ont les pieds nus dans des sandales. *Carmes déchaux.*

DÈCHE [dɛʃ]. *n. f.* (1835; probabl. de *déchoir*, ou de *déchéance*). *Pop.* Manque d'argent, grande gêne. V. **Débine, misère, pauvreté**. *Être dans la dèche.*

DÉCHÉANCE [deʃeɑ̃s]. *n. f.* (1190; de *déchoir*). ◆ 1° Le fait de déchoir; état de celui qui est déchu. V. **Abaissement, chute, décadence, déclin, dégradation, disgrâce**. « *Dans la décroissance, dans la déchéance des mœurs politiques et privées* » (PÉGUY). « *Avec quoi l'homme se consolera-t-il d'une déchéance? sinon avec ce qui l'a déçu* » (GIDE). — *Déchéance physique* : affaiblissement anormal. V. **Décrépitude, vieillissement**. ◆ 2° *Dr.* Perte d'un droit ou d'une fonction, à titre de sanction. *Déchéance de l'autorité parentale. Proclamer la déchéance d'un souverain* (V. **Déposition**). ◇ ANT. **Ascension, progrès, redressement.**

DÉCHET [deʃɛ]. *n. m.* (*Déchié*, 1283, p. p. de *déchoir; déchiet*, XVᵉ, par confus. avec *il déchet* « il déchoit »). ◆ 1° *Vx* ou *loc.* Perte, diminution qu'une chose subit dans l'emploi qui en est fait. V. **Déperdition, perte**. « *Le moindre déchet leur est de conséquence* (aux pauvres) » (BOSS.). — *Mod. Il y a du déchet. Comm. Déchet de route, de freinte* (admis au cours d'un transport). ◆ 2° Ce qui tombe d'une matière qu'on travaille. V. **Chute, copeau, débris, épluchure, résidu, rognure, scorie**. *Déchets de fonte, d'étoffe, de viande.* ◆ 3° Résidu inutilisable (et en général sale ou encombrant). *Des pleines poubelles de déchets.* ◇ *Déchets radioactifs,* résidus de combustion dans les réacteurs nucléaires, contenant des substances radioactives dangereuses. ◆ 4° *Physiol.* Résidu. *Déchets de la nutrition.* ◆ 5° *Fig.* Personne déchue, méprisable. *C'est un déchet de l'humanité, un pauvre déchet.*

DÉCHIFFONNER [deʃifɔne]. *v. tr.* (1870; de *dé-*, et *chiffon*). Remettre en état (ce qui est chiffonné). V. **Défriper, défroisser.**

DÉCHIFFRABLE [deʃifʀ(ə)bl]. *adj.* (XVIIᵉ; de *déchiffrer*). Qui peut être déchiffré. ◇ ANT. **Indéchiffrable.**

DÉCHIFFRAGE [deʃifʀaʒ]. *n. m.* (1922; de *déchiffrer*). Action de déchiffrer (*spécialt.* de la musique).

DÉCHIFFREMENT [deʃifʀəmɑ̃]. *n. m.* (1593; de *déchiffrer*). Action de déchiffrer (une écriture, un message chiffré dont on connaît le code). « *Les abréviations et les lettres effacées rendaient difficile le déchiffrement* » (BOSCO).

DÉCHIFFRER [deʃifʀe]. *v. tr.* (XVᵉ; de *dé-*, et *chiffre*). ◆ 1° Lire (ce qui est écrit en chiffres), traduire en clair. *Déchiffrer un message, une dépêche diplomatique. Déchiffrer un télégramme dont on n'a pas la clef.* V. **Décoder, décrypter**. ◆ 2° Parvenir à lire, à comprendre (un texte, des signes écrits). « *Champollion a déchiffré ces hiéroglyphes* » (CHATEAUB.). — Lire (une mauvaise écriture, un texte presque illisible). *Écriture difficile à déchiffrer.* ◆ 3° *Déchiffrer de la musique* : la lire à première vue (V. **Déchiffrage**). *Déchiffrer un morceau. Absolt. Elle ne sait pas déchiffrer.* ◆ 4° *Fig.* Comprendre (ce qui était obscur, caché). V. **Découvrir, démêler, éclaircir**. *Déchiffrer une intrigue.* « *Elle déchiffrait sur ma figure le dépit d'être dérangé* » (MAURIAC). ◇ *Déchiffrer qqn.* V. **Deviner, expliquer, pénétrer**. ◇ ANT. **Chiffrer. Obscurcir.**

DÉCHIFFREUR, EUSE [deʃifʀœʀ, øz]. *n.* (XVIᵉ; de *déchiffrer*). Personne qui déchiffre. *Déchiffreur de manuscrits, de dépêches.*

DÉCHIQUETAGE [deʃiktaʒ]. *n. m.* (fin XIVᵉ; de *déchiqueter*). Action de déchiqueter; son résultat.

DÉCHIQUETÉ, ÉE [deʃikte]. *adj.* (*Deschaquetay*, 1348; V. **Déchiqueter**). En lambeaux. *Bot.* Dont le bord est inégalement découpé. *Feuille déchiquetée.*

DÉCHIQUETER [deʃikte]. *v. tr.; conjug. jeter* (1338; probabl. a. fr. *eschiqueté* « découpé en cases comme un échiquier »). ◆ 1° Déchirer irrégulièrement en petits morceaux. V. **Déchirer, taillader, tailler**. *Déchiqueter une étoffe. Déchiqueter de la viande à belles dents.* ◆ 2° *Fig.* Mettre en pièces.

« *Un impitoyable besoin d'analyser, de critiquer, qui lui faisait déchiqueter, mettre en pièces, son impératif moral* » (R. ROLLAND).

DÉCHIQUETEUR, EUSE [deʃiktœʀ, øz]. *n.* (v. 1950; « celui qui déchiquette » 1529; de *déchiqueter*). Techn. Nom de machines servant à fragmenter.

DÉCHIQUETURE [deʃiktyʀ]. *n. f.* (1578; de *déchiqueter*). Découpure, taillade (surtout d'une étoffe).

DÉCHIRANT, ANTE [deʃiʀɑ̃, ɑ̃t]. *adj.* (1611, rare av. XVIIIᵉ; adj. part. de *déchirer*). Qui déchire le cœur, qui émeut fortement. V. **Douloureux.** *Spectacle déchirant.* V. **Navrant.** *Des cris déchirants.* V. **Aigu,** perçant. « *J'éprouvai la douleur déchirante et toute l'horreur de l'adieu sans retour* » (B. CONSTANT). « *Deux notes plaintives se firent entendre. Elles devinrent déchirantes, humaines, inhumaines* » (COCTEAU). ◊ ANT. *Gai, heureux.*

DÉCHIRÉ, ÉE [deʃiʀe]. *adj.* (1185; de *déchirer*). ♦ 1° Qu'on a déchiré, qui s'est déchiré. *Chemise déchirée.* — *Muscle déchiré.* ♦ 2° Qui souffre moralement, éprouve un déchirement (2°). *Il est déchiré.* ♦ 3° Qui est tragiquement divisé. *Le pays est déchiré.*

DÉCHIREMENT [deʃiʀmɑ̃]. *n. m.* (1120; de *déchirer*). ♦ 1° Action de déchirer; son résultat. *Le déchirement d'une étoffe.* — (1721) *Déchirement d'un muscle, d'une fibre.* V. **Déchirure, lacération.** « *Le taureau, mal habitué encore au déchirement lacérant des banderilles* » (PEYRÉ). ♦ 2° *Fig.* Grande douleur morale avec impression de rupture intérieure (notamment par des séparations). V. **Arrachement, chagrin, douleur.** « *Le déchirement d'une première séparation* » (ROUSS.). « *Ils tenaient presque à tout : le sacrifice de chaque objet était un petit déchirement* » (LOTI). ♦ 3° Division brutale au sein d'une communauté. V. **Discorde, division, trouble.** *L'Europe est en proie à de grands déchirements.*

DÉCHIRER [deʃiʀe]. *v. tr.* (XIIᵉ; frq. °*skerjan* « gratter »). I. *V. tr.* ♦ 1° Mettre en pièces ou faire une ouverture en tirant des deux côtés opposés, sans se servir d'un instrument tranchant. V. **Déchiqueter, lacérer; dilacérer.** *Déchirer une étoffe, de la toile, ses habits.* — *Déchirer le voile; fig.* Découvrir la vérité. V. **Lacérer.** *Déchirer une lettre.* — *Se déchirer un muscle,* se rompre des fibres musculaires. — *Spécialt.* Érafler, écorcher. *Les épines lui ont déchiré le bras.* ◊ *Fig. Un cri perçant déchira le silence.* V. **Fendre, percer, rompre, traverser.** « *Un coq ridicule déchira le silence. Il avait un cri furieux* » (JAMMES). ♦ 2° Causer une vive douleur physique. *Toux qui déchire la poitrine.* « *Un miaulement de cor lui déchire le tympan* » (MART. du G.). ◊ *Fig.* Causer un déchirement moral. V. **Affliger, arracher, fendre** (le cœur), **meurtrir, tourmenter.** « *Celle que le remords déchire et que la honte écrase* » (ROUSS.). « *On rêve peu à ceux qu'on a perdus, tant que leur perte nous déchire* » (R. ROLLAND). Absolt. *Un spectacle qui déchire.* V. **Déchirant.** ♦ 3° *Fig.* Causer de tragiques divisions. V. **Diviser.** *La guerre civile a déchiré le pays. Église déchirée par le schisme.* ♦ 4° Critiquer, attaquer férocement pour détruire. V. **Calomnier, diffamer.** « *Au dehors de l'assemblée, la presse le déchirait* » (Mirabeau) (*avec une étrange fureur* » (HUGO).

II. SE DÉCHIRER. *v. pron.* ♦ 1° Devenir déchiré, se fendre. *Sa robe s'est déchirée en s'accrochant.* V. **Déchirure.** ◊ *Par ext.* « *La nue se déchire et l'éclair trace un rapide losange de feu* » (CHATEAUB.). ♦ 2° Se faire réciproquement du mal, de la peine avec violence et cruauté. *Des amants qui se déchirent.* V. **Entre-déchirer** (s').

◊ ANT. *Consoler, pacifier, réconcilier.*

DÉCHIRURE [deʃiʀyʀ]. *n. f.* (1250; de *déchirer*). Rupture, fente faite en déchirant. V. **Accroc, éraillure, fente.** *Elle a fait une déchirure à sa robe.* — Rupture ou ouverture irrégulière dans les tissus, les chairs. *Déchirure d'un muscle.* « *Une balle avait dévié et fait le tour des côtes avec une déchirure hideuse* » (HUGO). V. **Éraflure, plaie.** ◊ *Fig.* Trouée. « *Une déchirure bleue s'ouvrait dans la nuée* » (ZOLA).

DÉCHLORURER [deklɔʀyʀe]. *v. tr.* (1933; de *dé-*, et *chlorure*). Chim., Méd. Débarrasser des chlorures. *Régime alimentaire déchloruré,* dépourvu de chlorure de sodium.

DÉCHOIR [deʃwaʀ]. *v. intr. : je déchois, tu déchois, il déchoit, nous déchoyons, vous déchoyez, ils déchoient; je déchus; je décherrai (vx) ou je déchoirai; que je déchoie; que je déchusse; déchu; pas d'imparfait ni de p. prés.* (1080; lat. pop. °*decadere,* de °*cadere* « tomber »). *Vx* ou *littér. sauf à l'inf.* et au *p. p.* Tomber dans un état inférieur à celui où l'on était. V. **Abaisser** (s'), **dégrader** (se), **descendre, tomber.** *Déchoir de sa grandeur, de son rang, de son rang.* V. **Déclasser** (se), **déroger, rétrograder.** *Il est déchu de ses privilèges.* V. **Déchu.** « *Sujet à ce singulier point d'honneur qui consiste à ne pas déchoir aux yeux de son public* » (BALZ.). « *La noblesse se perd par le travail. Un métier fait déchoir* » (HUGO). *Vous pouvez accepter sans déchoir* (moralement). « *L'idée de déchoir physiquement à ses yeux lui était quand*

même insupportable » (LOTI). V. **Baisser, décliner, vieillir.** — (Choses) *Sa popularité, sa fortune commence à déchoir, a beaucoup déchu.* ◊ ANT. **Élever** (s'), monter.

DÉCHRISTIANISATION [dekʀistjanizasjɔ̃]. *n. f.* (1877; de *déchristianiser*). Action ou fait de (se) déchristianiser; son résultat.

DÉCHRISTIANISER [dekʀistjanize]. *v. tr.* (1792; de *dé-*, et *christianiser*). Éloigner du christianisme (un pays, un groupe humain). — Pronom. *Se déchristianiser.* — P. p. adj. *Dans un monde déchristianisé...*

DÉCHRONOLOGIE [dekʀɔnɔlɔʒi]. *n. f.* (1958; de *dé-*, et *chronologie*). Didact. Présentation qui ne tient pas compte de l'ordre chronologique. *Déchronologie dans le découpage d'un film.* Cf. Flash-back.

DÉCHU, UE [deʃy]. *adj.* (1307; V. Déchoir). Qui n'a plus (une position supérieure, un avantage). *Prince déchu de son trône* (V. **Dépossédé**), *prince déchu. Père déchu de l'administration des biens de ses enfants mineurs.* V. **Déchéance.** — *Relig. chrét.* Privé de l'état de grâce. *Ange déchu.* « *La concupiscence dont l'humanité déchue est pétrie* » (MAURIAC).

DÉCI-. Élément, du lat. *decimus* « dixième partie ». (*Dans les symboles : d*).

DÉCIBEL [desibɛl]. *n. m.* (1933; de *déci-*, et *bel*). Dixième partie d'un bel, unité de puissance sonore.

DÉCIDABILITÉ [desidabilite]. *n. f.* (v. 1957; de *décidable*). Log. Caractère d'un système décidable*.

DÉCIDABLE [desidabl(ə)]. *adj.* (1957; de *décider*). *Log.* Se dit d'un système hypothético-déductif dont on peut déterminer par un procédé effectif *(méthode de décision)* qu'une proposition quelconque est démontrable. (*Syn. :* RÉSOLUBLE). — *Par ext.* Se dit des propositions elles-mêmes. ◊ ANT. *Indécidable.*

DÉCIDÉ, ÉE [deside]. *adj.* (déb. XVIIIᵉ; de *décider*. V. aussi **Décider,** IV). ♦ 1° Qui n'hésite pas pour prendre un parti. V. **Déterminé, ferme, hardi, résolu, volontaire.** *Un homme décidé.* — Par ext. *Un air décidé.* V. **Crâne.** *Une allure décidée.* ♦ 2° Arrêté par décision. *C'est une chose décidée, c'est chose décidée.* V. **Arrêté, fixé, réglé, résolu.** ◊ *Par ext.* Qui n'est pas douteux. V. **Certain, net.** « *Un goût décidé pour les ouvrages des anciens* » (MONTESQ.). ◊ ANT. *Hésitant, indécis, irrésolu, perplexe. Incertain.*

DÉCIDÉMENT [desidemɑ̃]. *adv.* (1762; de *décidé*). ♦ 1° *Vx.* D'une manière décidée. V. **Résolument.** ♦ 2° Mod. *(Adv. de phrase).* D'une manière certaine, décisive, définitive. *Décidément, je n'ai pas de chance! Décidément, cette femme est folle.* V. **Définitif** (en définitive), **manifestement.**

DÉCIDER [deside]. *v. tr.* (1403; lat. *decidere* « trancher »). I. *V. tr. dir.* ♦ 1° *Vx* ou *didact.* Porter un jugement, adopter une conclusion définitive sur (un point en litige). V. **Régler, résoudre, trancher.** *Décider un point de droit.* ♦ 2° Arrêter, déterminer (ce qu'on doit faire); prendre la décision (3°) de. V. **Arrêter, fixer.** « *Quand les chirurgiens ont décidé l'amputation, ils n'attendent pas un mois pour prendre le couteau* » (DUHAM.). — Absolt. Prendre les décisions. « *C'est moi qui mène la barque, c'est moi qui décide* » (MAURIAC). — DÉCIDER QUE. *Il décide qu'il n'ira pas travailler.* « *L'assemblée décidait que l'échafaud serait dressé de nouveau sur la place de la Révolution* » (FRANCE). ♦ 3° Amener (qqn à agir). *Décider qqn à faire qqch.* V. **Convaincre, entraîner, persuader, pousser.** *Je n'ai pu le décider à partir.* « *Il n'y a que cette raison-là qui puisse me décider à te quitter* » (SAND).

II. *V. tr. indir.* DÉCIDER DE QQCH. *(Personnes).* Disposer en maître par son action ou son jugement. *Le chef de l'État décide de la paix et de la guerre. L'arbitre décidera de la régularité des coups.* V. **Arbitrer, juger.** — (Choses) Déterminer, être la cause principale. « *Un méridien décide de la vérité* » (PASC.). *Les actions les plus décisives de notre vie, je veux dire : celles qui risquent le plus de décider de tout notre avenir* » (GIDE). ◊ DÉCIDER DE, suivi de l'inf. : prendre la résolution, la détermination de. *Ils ont décidé de partir. Décidons de nous retrouver à huit heures.*

III. SE DÉCIDER. *v. pron.* ♦ 1° *(Passif).* Être tranché, résolu. *La question s'est décidée après une longue discussion.* ♦ 2° Se décider à, prendre la décision de. V. **Déterminer** (se), **résoudre** (se). *Se décider à une opération. Il se décida enfin à partir* » (MART. du G.). ♦ 3° Absolt. Prendre une décision. « *Il faut se décider, agir et se taire* » (B. CONSTANT). *Allons, décidez-vous!* ♦ 4° Se décider pour, donner la préférence à. V. **Choisir, opter, prononcer** (se). — (ANT. Hésiter).

IV. *Au passif.* ÊTRE DÉCIDÉ, a, avoir pris la décision de, être fermement déterminé à. V. **Résolu.** *Il est décidé à partir. J'y suis décidé.* « *La société secrète de gens décidés à tout* » (ROMAINS). V. **Prêt.** *Je suis bien décidé à ce qu'il parte.*

DÉCIDEUR [desidœʀ]. *n. m.* (1969; de *décider*, probabl. d'apr. l'angl. *decider*). Polit., Admin. Personne physique ou morale ayant le pouvoir de décision (en matière d'environnement, d'aménagement du territoire). « *Les vrais problèmes sont ailleurs* [...] *dans la sphère des ' décideurs '* (*banquiers et promoteurs*) » (*Nouv. Obs.*, 28-8-1972). — Adject. *Organisme décideur.*

DÉCIDUALE [desiduɑl]. *n. f.* (1961; du lat. *decidua* « qui tombe »). *Méd.* Syn. de *caduque* (V. **Caduc** 3°).

DÉCIGRADE [desigʀad]. *n. m.* (1922; de *déci-*, et *grade*). Dixième partie d'un grade. Abrév. *dgr.*

DÉCIGRAMME [desigʀam]. *n. m.* (1795; de *déci-*, et *gramme*). Dixième partie d'un gramme. Symb. dg.

DÉCILAGE [desilaʒ]. *n. m.* (1951; de *décile*). *Statist.* Division d'un ensemble ordonné de données statistiques en dix classes d'effectif égal (déciles*, 2°). Calcul des déciles (1°). Cf. Centilage.

DÉCILE [desil]. *n. m.* (1947; du lat. *decem*). *Statist.* ♦ 1° Chacune des neuf valeurs de la variable au-dessous desquelles se classent respectivement 10 %, 20 %, ...90 % des éléments d'une distribution statistique. *Le 5ᵉ décile se confond avec la médiane.* ♦ 2° Chacune des dix parties, d'effectif égal, d'un ensemble statistique ordonné. Cf. Centile, quartile.

DÉCILITRE [desilitʀ(ə)]. *n. m.* (1795; de *déci-*, et *litre*). Dixième partie d'un litre. Abrév. *dl.*

DÉCIMAL, ALE, AUX [desimal, o]. *adj.* et *n. f.* (1746; de *décime*). *Arithm.* Qui procède par dix; qui a pour base le nombre dix. *Numération décimale*, dans laquelle les unités vont en croissant ou en décroissant de dix en dix. *Nombre décimal* : composé d'une partie entière et d'une partie décimale. *3,25 est un nombre décimal. Logarithmes* décimaux.* — *Système décimal* : système de poids et mesures dans lequel les multiples et les sous-multiples des unités sont des puissances décimales des unités. V. **Métrique** (système métrique). ◊ *N. f.* Chacun des chiffres placés après la virgule, dans un nombre décimal. *3,25 a deux décimales; 2 est la première, 5 la seconde décimale.* — Au Canada (comme dans les pays anglo-saxons), les décimales suivent le point (3.25; $ 10,000.30).

DÉCIMALISER [desimalize]. *v. tr.* (1907; de *décimal*, d'apr. l'angl. *to decimalize*). *Didact.* Appliquer le système décimal (à une mesure, un ensemble de mesures). « *50 à 75 % du commerce* (*britannique*) *seront décimalisés dès lundi* » (*Le Monde*, 9-2-1971). — DÉCIMALISATION [desimalizɑsjɔ̃]. *n. f.*

DÉCIMALITÉ [desimalite]. *n. f.* (1877; de *décimal*). *Didact.* Caractère décimal.

DÉCIMATION [desimɑsjɔ̃]. *n. f.* (XVIᵉ; « dîme », XIIᵉ; lat. *decimatio*). *Antiq. rom.* Action de décimer; son résultat. *Ville condamnée à la décimation.*

DÉCIME [desim]. *n.* (XIIIᵉ; lat. *decimus* « dixième »). ♦ 1° *N. f.* Sous l'Ancien Régime, Taxe perçue par le roi sur les revenus du clergé. ♦ 2° *N. m.* (1795). *Rare.* Dixième partie du franc; dix centimes. ◊ *Dr. fisc.* Majoration d'un dixième (un décime par franc) sur un impôt, une amende fiscale.

DÉCIMER [desime]. *v. tr.* (XVᵉ; lat. *decimare* « de *decem* « dix »). ♦ 1° *Antiq. rom.* Mettre à mort une personne sur dix, désignée par le sort. « *Comme il n'était pas possible de faire mourir tous les coupables, on les décimait par le sort* » (ROLLIN). ♦ 2° *Cour.* (1820). Faire périr un grand nombre de personnes. V. **Détruire, exterminer.** *Les guerres modernes déciment les populations civiles.*

DÉCIMÈTRE [desimɛtʀ(ə)]. *n. m.* (1793; de *déci-*, et *mètre*). Dixième partie d'un mètre. Symb. dm. ◊ *Règle* graduée en centimètres et en millimètres, et mesurant un ou deux décimètres. *Un double décimètre.*

DÉCIMÉTRIQUE [desimetʀik]. *adj.* (1846; de *décimètre*). *Sc.* De l'ordre d'un décimètre. *Ondes décimétriques.*

DÉCINTRAGE [desɛ̃tʀaʒ] ou **DÉCINTREMENT** [desɛ̃tʀəmɑ̃]. *n. m.* (1863-1808; de *décintrer*). *Techn.* Action de décintrer; son résultat. *Décintrage d'une arcade.*

DÉCINTRER [desɛ̃tʀe]. *v. tr.* (1690; de *dé-*, et *cintrer*). *Techn.* Retirer d'une voûte (les cintres qui ont servi à la construire).

DÉCISIF, IVE [desizif, iv]. *adj.* (1413; lat. *decisivus*, de *decidere*. V. **Décider**). ♦ 1° (*Choses*). Qui décide. V. **Capital, déterminant, important, prépondérant.** *Dr. Jugement décisif* (V. **Décisoire**). *La pièce décisive d'un procès.* — Qui résout une difficulté, entraîne, tranche un débat. V. **Concluant, convaincant, irréfutable, péremptoire.** *Un argument décisif.* ◊ Qui conduit à un résultat définitif, capital. *Bataille décisive,* qui met fin au combat. *Le coup décisif* : qui décide de la victoire. V. **Définitif, dernier.** *Intervention décisive.* « *La compagnie eut une influence décisive sur l'organisation du clergé français* » (RENAN). *Le moment décisif approche. Mots décisifs.* ♦ 2° (*Personnes*). *Vx.* V. **Décidé.** — Par ext. *Prononcer un ordre d'un ton décisif.* ◊ ANT. *Accessoire, négligeable. Hésitant.*

DÉCISION [desizjɔ̃]. *n. f.* (1314; lat. jur. *decisio*). ♦ 1° Action de décider (I, 1°). de juger un point litigieux. V.

Délibération, jugement. Soumettre une question délicate à la décision de qqn. La décision appartient à l'arbitre. V. **Arbitrage.** ♦ 2° Jugement qui apporte une solution. V. **Arrêt, conclusion, décret, édit, ordonnance, règlement, résolution, sentence, verdict.** *Décision judiciaire. Les décisions des tribunaux* (V. **Jurisprudence**). *Décision exécutoire*. Décision administrative, ministérielle. Les organes de décision d'une entreprise.* — Acte unilatéral du président de la Vᵉ République.* ♦ 3° Fin de la délibération dans un acte volontaire de faire ou de ne pas faire une chose. V. **Choix, conclusion, détermination, parti, résolution.** *Prendre une décision.* V. **Décider.** *Prendre la décision de ne pas fumer. Sa décision est prise. Décision irrévocable. Ne pas hésiter à prendre une décision énergique* (Cf. Sauter le pas, ne faire ni une ni deux, trancher dans le vif). *Forcer une décision. Obliger qqn à prendre une décision* (Cf. Mettre au pied du mur). — Spécialt. *Cybern.* Choix du comportement optimal en fonction des informations disponibles. *Théorie de la décision et théorie des jeux.* V. **Stratégie.** *Organes de décision,* ensemble des circuits d'un calculateur où s'élaborent les choix. ♦ 4° Qualité qui consiste à ne pas s'attarder inutilement dans la délibération et à ne pas changer sans motif ce qu'on a décidé. V. **Caractère, fermeté, volonté.** *Agir avec décision. Il a de la décision.* ♦ 5° *Techn.* (*Milit.*). Document relatant des ordres. ♦ 6° *Log.* *Problème de la décision* : question de la décidabilité* d'un système. ◊ ANT. *Hésitation, indécision.*

DÉCISIONNEL, ELLE [desizjɔnɛl]. *adj.* (1969; de *décision*). *Didact.* De décision.

DÉCISIVEMENT [desizivmɑ̃]. *adv.* (XVIᵉ; de *décisif*). *Rare.* D'une manière décisive. *Juger décisivement.*

DÉCISOIRE [desizwaʀ]. *adj.* (XIVᵉ; lat. *decisorius*, de *decidere*. V. **Décider**). *Dr.* Qui décide, entraîne la décision dans un procès. *Serment décisoire* : déféré par l'une des parties à l'adversaire pour en faire dépendre la solution du litige.

DÉCLAMATEUR, TRICE [deklamatœʀ, tʀis]. *n. m.* et *adj.* (1519; de *déclamer*). ♦ 1° *Antiq. rom.* Rhéteur qui composait et déclamait des exercices oratoires. ♦ 2° *Mod.* et *péj.* Celui qui parle (un discours, des vers) en déclamant. « *Il est abstrait ou déclamateur* » (LA BRUY.).

DÉCLAMATION [deklamɑsjɔ̃]. *n. f.* (XVᵉ; de *déclamer*). ♦ 1° Art de déclamer. V. **Éloquence, oratoire** (art oratoire). *Professeur de chant et de déclamation. Avoir une bonne déclamation.* « *La déclamation exige d'articuler parfaitement, de prononcer clairement et de dire juste* » (JOUVET). ♦ 2° Par ext. Emploi de phrases pompeuses, emphatiques (semblables à celles qu'un artiste déclame). *Tomber dans la déclamation.* V. **Emphase, enflure.** « *Je ne parle pas de Lamartine dont la redondante déclamation est ennuyeuse* » (L. DAUD.). ◊ Phrase pompeuse, emphatique, déclamée. « *Il entama ensuite de longues déclamations sur la gravité de mes nouveaux devoirs* » (DAUD.).

DÉCLAMATOIRE [deklamatwaʀ]. *adj.* (1549; de *déclamer*). Qui est pompeux, emphatique. *Ton, style déclamatoire.* ◊ ANT. *Naturel, sobre.*

DÉCLAMER [dekla(ɑ)me]. *v.* (1542; lat. *declamare.* V. **Clamer**). ♦ 1° *V. tr.* Réciter à haute voix en marquant, par les intonations qu'exige le sens, l'accent grammatical et l'accent oratoire. *Déclamer des vers* (V. **Scander**), *un poème, un discours.* « *Souvent elle le priait de lui dire des vers; Léon les déclamait d'une voix traînante* » (FLAUB.). — Absolt. « *Il déclamait à tue-tête* » (CHATEAUB.). ◊ *Péj.* Dire (qqch.) sur le ton de la déclamation. ♦ 2° *V. intr.* DÉCLAMER CONTRE. *Littér.* Parler avec violence (contre qqn ou qqch.). V. **Invectiver.** « *Tandis que vous déclamez contre la fortune et ma négligence* » (ROUSS.).

DÉCLARATIF, IVE [deklaʀatif, iv]. *adj.* (XIVᵉ; lat. *declarativus*). ♦ 1° *Dr.* Qui donne déclaration de qqch. *Jugement déclaratif d'absence. Acte, titre déclaratif.* ♦ 2° *Gram. Verbe déclaratif,* qui énonce un jugement (ex. : affirmer, annoncer, déclarer, juger).

DÉCLARATION [deklaʀɑsjɔ̃]. *n. f.* (XIIIᵉ; lat. *declaratio*). ♦ 1° Action de déclarer; discours ou écrit par lequel on déclare. *Faire une déclaration. Selon sa propre déclaration :* selon ce qu'il a dit lui-même. V. **Aveu, dire, parole.** *Faire une déclaration publique, solennelle, sous serment. Déclaration de principes.* V. **Manifeste, proclamation, profession** (de foi). *Sensationnelles déclarations d'un témoin* (V. **Révélation**). « *Je réitérai ma déclaration devant le commissaire* » (FRANCE). « *Déclaration des droits de l'homme et du citoyen* » (1791). — *Déclaration des droits* : document précédant une constitution, qui énonce les droits et libertés reconnus aux citoyens. ♦ 2° Aveu qu'on fait à une personne de l'amour qu'on éprouve pour elle. *Une déclaration d'amour. Faire une* (*sa*) *déclaration à qqn; des déclarations enflammées.* « *Il se torturait à découvrir par quel moyen lui faire sa déclaration* » (FLAUB.). ♦ 3° *Dr.* et *cour.* Action de déclarer l'existence d'une situation de fait ou de droit; affirmation orale ou écrite de cette action. *Déclaration de faillite. Déclaration d'utilité publique. Déclarations d'état civil (décès, naissance), de changement de domicile. Déclaration d'absence. — Déclaration en douane.* « *Avez-vous rempli et signé la déclaration concernant les objets que vous comptez soumettre à la douane?* » (DUHAM.). *Déclaration d'assurance. Faire sa déclaration d'impôts, des revenus imposables.* ◊ Action de déclarer (la guerre), commencement des hostilités, dont un pays prend l'initiative. *Déclaration de guerre.*

DÉCLARATOIRE [deklaʀatwaʀ]. *adj.* (1483; de *déclarer*). *Dr.* Qui déclare, juridiquement. *Acte déclaratoire.*

DÉCLARÉ, ÉE [deklaʀe]. *adj.* (XVIIe; V. *Déclarer*). Qui se veut tel, s'est fait connaître comme tel. *Un athée déclaré. Être l'ennemi déclaré de qqn.* V. **Juré.**

DÉCLARER [deklaʀe]. *v. tr.* (XIIIe; lat. *declarare*). ♦ 1° Faire connaître (un sentiment, une volonté, une vérité) d'une façon expresse, manifeste. V. **Affirmer, annoncer, dévoiler, proclamer, publier, révéler, signaler, signifier.** — *Déclarer ses sentiments, ses intentions à qqn. Déclarer son amour* (V. **Déclaration,** 2°). — *Déclarer la guerre à un pays,* lui faire savoir qu'on commence les hostilités contre lui. *Déclarer son ignorance.* V. **Avouer, reconnaître.** *Revenir sur ce qu'on a déclaré.* V. **Rétracter** (se). ◊ (Avec attribut) *On l'a déclaré coupable.* « *Il avait déclaré délicieux les premiers de ces chastes rendez-vous* » (ROMAINS). — *Je le déclare mon héritier.* ◊ DÉCLARER QUE (avec l'indicatif). V. **Assurer, prétendre.** *Je déclare que je n'accepterai aucun compromis. Il a déclaré que c'était faux.* ♦ 2° Faire connaître (à une autorité) l'existence de (une chose, une personne, un fait). *Déclarer des marchandises à la douane :* signaler les marchandises tarifées que l'on passe, afin de payer les droits. *N'avez-vous rien à déclarer? — Employeur qui déclare ses employés* (à la Sécurité sociale). — *Déclarer ses revenus* (au fisc). V. **Déclaration.** — *Déclarer une naissance, un décès. Déclarer un enfant à la mairie.* ♦ 3° SE DÉCLARER. *v. pron.* Ⓐ Donner son avis. *Il ne veut pas se déclarer sur ce point.* V. **Expliquer** (s'), **prononcer** (se). ◊ *Se déclarer pour, contre,* faire savoir qu'on prend parti pour, contre. *Je me déclare pour ce candidat.* ◊ (Avec attribut) Se dire (tel). *Il se déclare lésé dans cette affaire.* ◊ Déclarer son amour, faire sa déclaration. *Un amoureux timide qui n'ose se déclarer.* Ⓑ Commencer à se manifester (phénomène dangereux). *L'incendie s'est déclaré vers minuit. La grippe, la fièvre s'est déclarée.*

DÉCLASSÉ, ÉE [deklase]. *adj.* (1834; V. **Déclasser**). ♦ 1° Qui n'appartient plus à sa classe sociale, mais à une classe inférieure. *Subst.* (1856) *C'est un déclassé.* ♦ 2° *Sports.* Qu'on a déclassé. Qui est en compétition avec d'autres d'une classe inférieure. ♦ 3° *(Ch. de fer)* Dont on a modifié la classe. *Billet, wagon déclassé.* ♦ 4° Qu'on a déclassé (2°). *Monument, hôtel déclassé.*

DÉCLASSEMENT [deklasmɑ̃]. *n. m.* (1836; de *déclasser*). Action de déclasser, de se déclasser; son résultat. « *Quelqu'un qui choisissait ses fréquentations en dehors de sa « classe » sociale, subissait à ses yeux un fâcheux déclassement* » (PROUST). *Dr. admin.* Décision administrative par laquelle un bien ou un objet quitte la catégorie juridique soumise à un régime particulier, pour retomber dans le droit commun.

DÉCLASSER [deklase]. *v. tr.* (1813, « retirer de l'inscription maritime »; de *dé-,* et *classer*). I. ♦ 1° Faire sortir (qqn) de sa classe sociale, *spécialt.* pour une classe inférieure. *De telles occupations, de tels goûts vous déclassent.* *Pronom. Se déclasser. — Sports.* Faire rétrograder dans le classement final d'une épreuve, pour pénaliser une faute. ♦ 2° Faire passer (qqch.) dans une catégorie inférieure. *Déclasser un hôtel trop vétuste.* ♦ 3° *(Ch. de fer). Déclasser un voyageur :* le faire passer dans une classe différente de celle qu'il avait d'abord choisie. II. (De *classer*). Déranger (des objets classés). *Déclasser des papiers, des livres.* V. **Déplacer, déranger.**

◊ ANT. **Reclasser.**

DÉCLAVETER [deklavte]. *v. tr.* (1933; de *dé-,* et *clavette*). *Techn.* Défaire en enlevant les clavettes.

DÉCLENCHE [deklɑ̃ʃ]. *n. f.* (1899; de *déclencher*). *Techn.* Appareil servant à séparer deux pièces d'une machine pour permettre le libre mouvement de l'une d'elles. V. **Déclencheur.**

DÉCLENCHEMENT [deklɑ̃ʃmɑ̃]. *n. m.* (1864; de *déclencher*). ♦ 1° Action de déclencher; son résultat. *Le déclenchement du chien d'un fusil armé.* ♦ 2° *Fig.* « *Le déclenchement d'une révolution* » (MART. du G.).

DÉCLENCHER [deklɑ̃ʃe]. *v. tr.* (1732; de *dé-,* et *clenche*). ♦ 1° *Techn.* Manœuvrer la déclenche d'un assemblage pour séparer deux pièces liées d'une machine. — *Cour.* Déterminer par l'intermédiaire d'un mécanisme relativement simple la production d'un phénomène plus complexe. *Déclencher la sonnerie d'une horloge.* ♦ 2° *Fig.* (XXe). Mettre en mouvement, déterminer brusquement une action, un phénomène. V. **Déterminer, entraîner, provoquer.** « *Toute punition, tout reproche déclenchaient en lui une crise dangereuse* » (MAU-

ROIS). — *Déclencher l'offensive.* V. **Commencer, lancer.** « *S'il est facile de déclencher une révolution, il est difficile de l'arrêter dans ses excès* » (MADELIN). — Pronom. *L'attaque se déclencha.*

DÉCLENCHEUR [deklɑ̃ʃœʀ]. *n. m.* (1893; de *déclencher*). *Techn.* Pièce ou organe destiné à séparer des pièces enclenchées (V. **Déclenche**) ou à déclencher un mécanisme.

DÉCLÉRICALISER [dekleʀikalize]. *v. tr.* (1873; de *dé-,* et *clérical*). ♦ 1° *Vx.* Rendre moins clérical* (2°). ♦ 2° *Relig.* (v. 1966). Confier (une paroisse, un organisme) à des laïcs, quant aux services qui ne relèvent pas strictement du clergé. ◊ DÉCLÉRICALISATION [dekleʀikalizasjɔ̃]. *n. f.*

DÉCLIC [deklik]. *n. m.* (1510; de l'a. v. *décliquer;* de *cliquer,* onomat.). ♦ 1° Mécanisme de déclenchement. *Faire jouer un déclic. Chronomètre à déclic.* ♦ 2° Bruit sec produit par ce qui se déclenche.

DÉCLIN [deklɛ̃]. *n. m.* (1080; de *décliner*). État de ce qui diminue, commence à régresser. *Être sur son déclin. Le déclin du jour.* V. **Crépuscule.** *Le soleil est à son déclin.* V. **Couchant.** — *Le déclin de la vie, de l'âge.* V. **Vieillesse.** « *Le commencement et le déclin de l'amour se font sentir par l'embarras où l'on est de se trouver seuls* » (LA BRUY.). — *Le déclin et la chute de l'empire romain. Déclin d'une civilisation, d'un art.* V. **Décadence.** ◈ ANT. **Épanouissement, essor, progrès.**

DÉCLINABLE [deklinabl(ə)]. *adj.* (XIVe; de *décliner*). *Gram.* Susceptible d'être décliné (I, 2°). ◊ ANT. **Indéclinable.**

DÉCLINAISON [deklinɛzɔ̃]. *n. f.* (1220; de *décliner*). ♦ 1° *Hist. philo.* Déviation spontanée des atomes (*Clinamen*), dans la philosophie d'Épicure. ♦ 2° *Astron.* Arc de méridien céleste compris entre un astre et l'équateur céleste. *La déclinaison d'un astre. La déclinaison et l'ascension droite :* les deux coordonnées équatoriales d'un astre. ♦ 3° *Déclinaison magnétique :* angle existant, en un lieu et un temps donnés, entre la direction du nord géographique et celle du nord magnétique. ♦ 4° *Gram.* Ensemble des formes (V. **Désinence**) que prennent les noms, pronoms et adjectifs des langues à flexion, suivant les nombres, les genres et les cas. *Les cinq déclinaisons latines. Les noms de la seconde déclinaison.*

DÉCLINANT, ANTE [deklinɑ̃, ɑ̃t]. *adj.* (1690; de *décliner*). Qui est sur son déclin. *Forces déclinantes.*

DÉCLINATION [deklinasjɔ̃]. *n. f.* ou **DÉCLINEMENT** [deklinmɑ̃]. *n. m.* (XIVe, astron.,-XVIe; de *décliner*). ♦ 1° Action de décliner. ♦ 2° *Vx.* Pente.

DÉCLINATOIRE [deklinatwaʀ]. *adj. et n. m.* (XIVe; de *décliner*). ♦ 1° *Dr.* Se dit d'un moyen allégué par l'une des parties, pour contester la compétence d'une juridiction et faire renvoyer la cause devant une autre. *Exceptions, moyens déclinatoires.* — Subst. *Élever un déclinatoire.* ♦ 2° *N. m.* Boussole d'arpenteur qui sert à orienter un plan par rapport à la direction nord-sud. Syn. **Déclinateur** [deklinatœʀ].

DÉCLINER [dekline]. *v.* (1080, « détourner »; lat. *declinare*). I. *V. tr.* ♦ 1° *Dr.* Écarter (une juridiction, la compétence d'un tribunal). *Décliner la compétence d'un juge.* V. **Déclinatoire, renvoi.** — *Cour.* Repousser (ce qui nous est proposé, attribué). *Décliner une invitation, un honneur.* V. **Refuser.** — *Décliner toute responsabilité.* V. **Rejeter.** ♦ 2° Donner à (un nom, un pronom, un adjectif) toutes ses désinences, suivant les nombres, les genres et les cas. *Décliner rosa, dominus.* — Pronom. *Cet adjectif se décline sur la 3e déclinaison.* ♦ 3° *Fig. Décliner ses noms, prénoms, titres et qualités.* V. **Dire, énoncer.** II. *V. intr.* ♦ 1° *Astron.* S'éloigner de l'équateur de la sphère céleste, en parlant des astres. — *Magnét.* S'écarter du nord géographique, en parlant de l'aiguille aimantée. ♦ 2° *Cour.* Être dans son déclin. V. **Baisser, diminuer, tomber.** « *Le jour; si bref en cette saison, commença à décliner* » (BARRÈS). « *À mesure que l'année décline* » (FROMENTIN). — *Malade dont les forces déclinent chaque jour.* V. **Affaiblir, décroître.** *Son état va en déclinant.* V. **Empirer.** « *Ma santé, au lieu de se rétablir, déclina* » (CHATEAUB.). — Par ext. « *D'instant en instant, Jean Valjean déclinait. Il baissait* » (HUGO).

◊ ANT. **Accepter. Croître, épanouir** (s'), **progresser.**

DÉCLIQUETAGE [dekliktaʒ]. *n. m.* (1878; de *décliqueter*). *Techn.* Action de décliqueter; son résultat.

DÉCLIQUETER [deklikte]. *v. tr.;* conjug. *jeter* (1754; de *dé-,* et *cliquet*). *Techn.* Dégager le cliquet de. *L'engrenage s'est décliqueté.*

DÉCLIVE [dekliv]. *adj. et n. f.* (XVIe; lat. *declivis,* de *clivus* « pente »). ♦ 1° *Adj.* Qui présente un plan incliné. *Terres déclives :* en pente. *La partie déclive d'un toit.* ♦ 2° *Anat., méd.* Qui indique le point le plus bas (d'un organe, d'une partie du corps, d'une lésion). ♦ 3° *Subst. fém.* Loc. *En déclive,* en pente.

DÉCLIVITÉ [deklivite]. *n. f.* (1487; lat. *declivitas*). ♦ 1°

État de ce qui est en pente. *Déclivité d'un terrain.* V. **Inclinaison, pente.** ♦ 2° *Par ext.* Pente. *Les déclivités d'une route.*

DÉCLOISONNEMENT [deklwazɔnmɑ̃]. *n. m.* (1963; de *décloisonner*). Action de décloisonner; son résultat. ◊ ANT. *Cloisonnement.*

DÉCLOISONNER [deklwazɔne]. *v. tr.* (1963; de *dé-*, et *cloison*). Ôter des cloisons* (4°) administratives, économiques, psychologiques, etc. « [...] *décloisonner les différents ordres d'enseignement* » (*Le Monde*, 5-9-1963).

DÉCLORE [deklɔr]. *v. tr.; conjug. clore* (1080; de *dé-*, et *clore*). Vieilli. Enlever la clôture de. *Déclore un champ.* ◊ ANT. *Clore.*

DÉCLOUER [deklue]. *v. tr.* (fin XIIe; de *dé-*, et *clouer*). Défaire (ce qui est cloué). *Déclouer une caisse.* V. **Ouvrir.** ◊ ANT. *Clouer.*

DÉCOCHAGE [dekɔʃaʒ]. *n. m.* (1929; de *décocher* 2). Techn. Démoulage d'une pièce de fonderie par destruction du moule. *Sable de décochage.*

DÉCOCHEMENT [dekɔʃmɑ̃]. *n. m.* (1550; de *décocher*). Rare. Action de décocher (*pr.* et *fig.*).

1. **DÉCOCHER** [dekɔʃe]. *v. tr.* (XIIe; de *dé-*, et *coche* « entaille »). ♦ 1° Lancer avec un arc, une arme de trait. *Décocher une flèche.* — *Par ext.* Lancer par une brusque détente. *Décocher un coup à qqn.* ♦ 2° Fig. Envoyer comme une flèche. *Décocher un trait de satire.* « *La soubrette lui avait décoché une œillade incendiaire* » (GAUTIER).

2. **DÉCOCHER** [dekɔʃe]. *v. tr.* (1929; de *dé-*, et *coche; Cf. *dèscocheter* « ôter le sabot de la coche »). Techn. Faire l'opération du décochage.

DÉCOCTION [dekɔksjɔ̃]. *n. f.* (XIIIe; bas lat. *decoctio*, de *coquere* « cuire »). ♦ 1° Action de faire bouillir dans un liquide (une substance) pour en extraire les principes solubles. V. **Infusion, macération.** ♦ 2° Liquide ainsi obtenu (on dit aussi *un décocté*). V. **Tisane.** *Décoction d'écorce de noyer servant à la teinture.* ♦ 3° Fig. et fam. *Une décoction de coups de bâton.*

DÉCODAGE [dekɔdaʒ]. *n. m.* (1959; de *décoder*). Didact. Action de décoder*. — Spécialt. (*Biol.*). Déchiffrement et exécution du « *programme génétique* » par une cellule. ◊ ANT. *Codage, encodage.*

DÉCODER [dekɔde]. *v. tr.* (1959; de *dé-*, et *code*, d'apr. l'angl. *to decode*). Didact. Traduire (dans un autre code, en langage clair) un message formulé en code*. ◊ Analyser le contenu d'un message* (selon le *code* partagé par l'émetteur et le récepteur). — Spécialt. (*Ling.*). Analyser ou saisir intuitivement le sens d'un énoncé (en langue naturelle). V. **Comprendre.** ◊ ANT. *Coder, encoder.*

DÉCODEUR [dekɔdœr]. *n. m.* (v. 1968; de *décoder*). Didact. Système fonctionnel (appareil ou personne) effectuant un décodage*. *Décodeur stéréophonique.* — (Ling.). *Le locuteur est l'émetteur et l'encodeur du message, l'auditeur son récepteur-décodeur.* ◊ ANT. *Encodeur.*

DÉCOFFRAGE [dekɔfraʒ]. *n. m.* (1948; de *décoffrer*). Techn. Action de décoffrer.

DÉCOFFRER [dekɔfre]. *v. tr.* (1948; « sortir d'un coffre », 1225; de *dé-*, et *coffrer*). Techn. Enlever (un ciment, un béton) de son coffrage. ◊ ANT. *Coffrer.*

DÉCOIFFEMENT [dekwafmɑ̃] ou **DÉCOIFFAGE** [dekwafaʒ]. *n. m.* (1671,-1891; de *décoiffer*). Action de décoiffer.

DÉCOIFFER [dekwafe]. *v. tr.* (XIIIe; de *dé-*, et *coiffer*). ♦ 1° Rare. Ôter ce qui coiffe, le chapeau. *Se décoiffer.* V. **Découvrir** (se). — Techn. *Décoiffer une fusée, un obus*, en enlever la coiffe. ♦ 2° Déranger la coiffure, l'ordonnance des cheveux de (qqn). *Le vent l'a décoiffée.* V. **Dépeigner.** *Être décoiffé.* ◊ ANT. *Recoiffer.*

DÉCOINCEMENT [dekwɛ̃smɑ̃] ou **DÉCOINÇAGE** [dekwɛ̃saʒ]. *n. m.* (1870, -Néol.; de *décoincer*). Action de décoincer (2°); son résultat. ◊ ANT. *Coincement.*

DÉCOINCER [dekwɛ̃se]. *v. tr.; conjug. placer* (1863; de *dé-*, et *coincer*). ♦ 1° Techn. Enlever le coin* (1°); ou ôter (un objet) de dessus un coin. ♦ 2° Dégager (ce qui est coincé, bloqué). V. **Débloquer.** ◊ ANT. *Coincer.*

DÉCOLÉRER [dekɔlere]. *v. intr.; conjug. céder* (h. déb. XVIe; 1835; de *dé-*, et *colère*). *Ne pas décolérer :* ne pas cesser d'être en colère. Fig. « *Le vent d'est s'était acharné après nous, et la mer ne décolérait pas* » (DAUD.).

DÉCOLLAGE [dekɔlaʒ]. *n. m.* (1870; de *décoller*). ♦ 1° Action de décoller (*trans.*). V. **Décollement.** ♦ 2° Action de décoller (*intrans.*), de quitter le sol. *Décollage d'un avion. Ne pas fumer pendant le décollage.* ◊ Fig. (1963, Écon., d'apr. l'amér. *take off*). Démarrage économique; fait de décoller (III, 3°). « *La région du Bas-Rhône vient d'amorcer son décollage économique* » (*Entreprise*, 27-6-1970). ◊ ANT. *Recollage. Atterrissage.*

DÉCOLLATION [dekɔlasjɔ̃]. *n. f.* (1268; lat. jur. *decol-*

latio; de *decollare*, rac. *collum* « cou »). Action de couper la tête d'une personne. « *La décollation de saint Jean-Baptiste* » (Sév.).

DÉCOLLEMENT [dekɔlmɑ̃]. *n. m.* (1635; de *décoller*). Action de décoller, état de ce qui est décollé. — *Méd.* Séparation d'un organe, ou d'une partie d'organe, des régions anatomiques qui lui sont normalement adhérentes. *Décollement de la rétine.*

DÉCOLLER [dekɔle]. *v.* (1382; de *dé-* et *coller*). I. *V. tr. dir.* ♦ 1° Détacher ce qui est collé. *Décoller un timbre-poste.* — Pronom. *Affiche qui se décolle.* — Fam. *Oreilles décollées*, qui s'écartent de la tête (Cf. En feuille de chou). — *Méd.* Ne plus adhérer. *La rétine s'est décollée.* ♦ 2° Fig. et pop. *Décoller qqn*, ne plus le coller, l'importuner. *Il ne nous a pas décollés une minute.* — (ANT. Coller).

II. *V. tr. indir.* ♦ 1° Fam. S'en aller, partir (s'emploie négativement). *Il ne décolle pas d'ici. Pas moyen de le faire décoller.* ♦ 2° Se détacher de... (au propre et au fig.). Skieur qui décolle du tremplin. *L'avion décolle de la piste.* V. ci-dessous, III, 3°. ◊ Sports. Se détacher des autres concurrents dans une course, etc. *Le cycliste a décollé du peloton.* ◊ Fig. *Décoller de la réalité.* Quitter le réel pour l'imaginaire.

III. *V. intr.* ♦ 1° Fam. Maigrir. *Ce qu'il a décollé, depuis sa maladie!* ♦ 2° (1907). Quitter le sol, en parlant d'un avion (opposé à atterrir). V. **Envoler** (s'). *L'avion de New York vient de décoller.* ♦ 3° Fig. (1962, Écon., d'apr. l'amér. *to take off*). Prendre son essor économique; sortir d'une phase de stagnation, du sous-développement. « *Un plan capable de faire ' décoller ' les économies africaines* » (R. DUMONT). — *Par ext.* Discipline, science qui décolle.

DÉCOLLETAGE [dekɔltaʒ]. *n. m.* (1846; de *décolleter*). Action de décolleter. ♦ 1° Agric. *Décolletage des racines cultivées (à la décolleteuse).* ♦ 2° (1876). Action de décolleter (une robe), de se décolleter. *Décolletage hardi.* — *Par ext.* Décolleté. « *La dentelle qui bordait le décolletage de sa robe* » (COLETTE). ♦ 3° (1907). Techn. Fabrication de pièces métalliques tournées à partir de barres métalliques (ou de couronnes de fil) et pouvant comporter des perçages, des filetages, des taraudages.

DÉCOLLETÉ, ÉE [dekɔlte]. *adj.* et *n. m.* (fin XVIIe; V. *Décolleter*). ♦ 1° *Adj.* Qui laisse voir le cou et une partie de la gorge, du dos. *Robe décolletée devant, dans le dos.* Par ext. *Femme très décolletée.* ♦ 2° N. m. (1898). Bords d'un vêtement par où passe la tête, lorsqu'ils dégagent le cou et une partie de la gorge, du dos. *Elle préfère les encolures montantes aux décolletés profonds. Décolleté en pointe; décolleté carré, bateau. Être en grand décolleté* (avec une robe de soirée). — *Par ext.* (1922) Les chairs laissées nues par le décolleté. *Elle a un beau décolleté.* ◊ ANT. *Montant.*

DÉCOLLETER [dekɔlte]. *v. tr.; conjug. jeter* (1265; de *collet*, dimin. de *col*). ♦ 1° Laisser le cou, la gorge, les épaules de (qqn) à nu. *Cette robe la décollette trop.* — Pronom. *Se décolleter*, porter un vêtement décolleté. ♦ 2° (1700). Couper (un vêtement) de manière à ce qu'il dégage le cou. V. **Échancrer.** ♦ 3° Agric. Couper la partie supérieure de (racines alimentaires) pour empêcher le développement du bourgeon. *Décolleter des betteraves.* ♦ 4° Techn. Travailler par décolletage* (3°). *Décolleter un boulon. Tour à décolleter.*

DÉCOLLETEUR, EUSE [dekɔltœr, øz]. *n.* (1907; de *décolleter*). Techn. ♦ 1° Ouvrier, ouvrière qui fait du décolletage. ♦ 2° N. f. Machine à décolleter les racines. ◊ Machine à décolleter.

DÉCOLONISATION [dekɔlɔnizasjɔ̃]. *n. f.* (1952; de *dé-*, et *colonisation*). Cessation pour un pays de l'état de colonie; processus par lequel une colonie devient indépendante. (V. **Indépendance**). — *Par ext.* (1963). Libération de groupes humains ou de secteurs socio-économiques tenus pour exploités de façon coloniale. ◊ ANT. *Colonisation.*

DÉCOLONISER [dekɔlɔnize]. *v. tr.* (1963; de *dé-*, et *coloniser*). Permettre, effectuer la décolonisation de (un pays, un peuple colonisé, et *par ext.* un groupe humain, un secteur socio-économique considéré comme colonisé). *Décoloniser la province.* — P. p. adj. *Les pays décolonisés d'Afrique.* — Subst. *Les décolonisés.*

DÉCOLORANT, ANTE [dekɔlɔrɑ̃, ɑ̃t]. *adj.* et *n. m.* (1792; de *décolorer*). Qui décolore. — N. m. *L'eau de javel est un décolorant. Décolorant pour les cheveux, à base d'eau oxygénée.* ◊ ANT. *Colorant.*

DÉCOLORATION [dekɔlɔrasjɔ̃]. *n. f.* (v. 1370; lat. *decoloratio*). Action de décolorer; perte de la couleur. *Décoloration des cheveux.* — *Par ext.* Opération du coiffeur qui décolore les cheveux. *Se faire faire une décoloration.*

DÉCOLORER [dekɔlɔre]. *v. tr.* (1080; lat. *decolorare*). I. ♦ 1° Altérer, effacer la couleur de. *Le soleil a décoloré les rideaux.* ♦ 2° SE DÉCOLORER. *v. pron.* Perdre sa couleur. **Déteindre, faner** (se), **passer, ternir.**

II. Décolorer (les cheveux), leur ôter la couleur. *Se faire décolorer.* V. **Décoloration.**
◊ ANT. *Colorer, teindre, teinter.*

DÉCOMBRES [dekɔ̃bʀ(ə)]. *n. m. pl.* (1611; « action de *décombrer* », de *combre* « barrage de rivière », 1404; o. gaul.). Amas de matériaux provenant d'un édifice détruit. V. **Gravats, ruine.** *Blessé enterré sous les décombres. Plante qui croît dans les décombres.* V. **Rudéral.**

DÉCOMMANDER [dekɔmɑ̃de]. *v. tr.* (mil. XIVᵉ; de *dé-*, et *commander*). Annuler la commande de (une marchandise). *Décommander une robe.* ◊ Différer ou supprimer (une invitation). *Décommander un repas,* par ext. *des invités.* — *Se décommander,* annuler un rendez-vous. « *Si je me décommandais* » (SARRAUTE).

DÉCOMMETTRE [dekɔmɛtʀ(ə)]. *v. tr.; conjug. commettre.* V. **Mettre** (1863; de *dé-*, et *commettre*). Mar. Détordre (un cordage) pour en séparer les torons. ◊ ANT. *Commettre.*

DÉCOMPENSATION [dekɔ̃pɑ̃sɑsjɔ̃]. *n. f.* (1959; de *dé-*, et *compensation*). Méd. Faillite des mécanismes régulateurs à la suite de laquelle les troubles dus à une maladie provoquent des perturbations très graves dans l'organisme (ces perturbations étant normalement compensées). *Décompensation d'un diabète, d'une maladie cardiaque.*

DÉCOMPENSÉ, ÉE [dekɔ̃pɑ̃se]. *adj.* (1953; de *dé-*, et *compensé*). Méd. Se dit d'une affection organique dont les mécanismes physiologiques de compensation* ne suffisent plus à contre-balancer les effets. *Diabète décompensé.* ◊ ANT. *Compensé.*

DÉCOMPLÉTER [dekɔ̃plete]. *v. tr.; conjug. compléter.* V. **Céder** (1779; de *dé-*, et *compléter*). Rare. Rendre incomplet. *La perte de cette pièce a décomplété sa collection.*

DÉCOMPLEXER [dekɔ̃plɛkse]. *v. tr.* (1962; de *dé-*, et *complexe*). Fam. Libérer des inhibitions, de ses complexes (au sens courant du « complexe d'infériorité »). V. **Décontracter, défouler.** *P. p. adj.* V. **Décontracté.** — *Fig.* Ôter une gêne. « *Cette marocanisation* [...] *décomplexe l'économie marocaine* » (*Le Monde,* 30-11-1962). ◊ ANT. *Complexer, inhiber.*

DÉCOMPOSABLE [dekɔ̃pozabl(ə)]. *adj.* (déb. XVIIᵉ; de *décomposer*). Qui peut être décomposé (1º). ◊ ANT. *Simple.*

DÉCOMPOSER [dekɔ̃poze]. *v. tr.* (1541; de *dé-*, et *composer*). ♦ 1º Diviser, séparer en éléments. V. **Dissocier, diviser, séparer.** — Chim. *Décomposer de l'eau par électrolyse.* — Phys. *Le prisme décompose la lumière solaire en ses couleurs fondamentales.* — Mécan. *Décomposer une force, un mouvement* (en ses composantes). ◊ *Fig.* Ramener (une conception abstraite) à ses éléments. V. **Analyser, disséquer, dissocier, diviser, réduire, résoudre, scinder, séparer.** *Ils* « *devront donc décomposer le problème total en des problèmes partiels de plus en plus simples* » (Cl. BERNARD). — Effectuer (un mouvement complexe) lentement afin de montrer les éléments. *Décomposer un pas de danse, un mouvement de gymnastique.* « *Décomposant sa chute, l'inscrivant au ralenti dans nos yeux* » (GIRAUDOUX). ♦ 2º Altérer chimiquement (une substance organique). V. **Altérer, corrompre, gâter, putréfier.** *La chaleur décompose les matières animales.* Pronom. *Cadavre qui se décompose.* V. **Pourrir.** *Gibier qui commence à se décomposer.* V. **Faisander.** ♦ 3º Altérer passagèrement (les traits du visage). V. **Altérer, troubler.** *La souffrance décompose ses traits.* Pronom. *Son visage se décomposa de terreur.* V. **Convulser.** Au p. p. adj. *Il est décomposé,* pâle et défait. ◊ ANT. *Combiner, composer, synthétiser.*

DÉCOMPOSITION [dekɔ̃pozisjɔ̃]. *n. f.* (1694; de *décomposer,* d'apr. *composition*). ♦ 1º Séparation d'un corps, etc., en ses éléments. V. **Division, séparation.** *Décomposition chimique. Décomposition de la lumière par le prisme.* — *Fig.* V. **Analyse.** *Décomposition d'un raisonnement.* ♦ 2º Altération d'une substance organique, chimique, ordinairement suivie de putréfaction. V. **Corruption, gangrène, pourriture.** *Cadavre en décomposition.* ◊ *Fig. La décomposition d'une société.* V. **Désagrégation, dissolution.** « *Cette révolution-là, elle porterait dans l'œuf son germe de décomposition* » (MART. du G.). ◊ ANT. *Combinaison, composition, synthèse. Conservation.*

DÉCOMPRESSER [dekɔ̃pʀese]. *v. tr.* (1966; de *dé-*, et *compresser*). Techn. Cesser ou diminuer la compression de; réduire la pression d'un gaz. V. **Décomprimer, détendre.** ◊ ANT. *Compresser.*

DÉCOMPRESSEUR [dekɔ̃pʀesœʀ]. *n. m.* (1907; de *dé-*, et *compresseur*). Techn. Appareil permettant la pression normale d'un gaz comprimé. — *Dans un moteur à explosion,* Soupape supprimant la compression dans les cylindres. ◊ ANT. *Compresseur.*

DÉCOMPRESSION [dekɔ̃pʀesjɔ̃]. *n. f.* (1868; de *dé-*, et *compression*). ♦ 1º Action de décomprimer; cessation ou diminution de la compression, de la pression d'un gaz. V. **Détente, dilatation, expansion.** ♦ 2º Méd. Technique destinée

à réduire la pression anormale exercée sur un organe. *Décompression cardiaque,* par évacuation d'un épanchement de sang du péricarde. ◊ Réduction progressive de la pression, dans un caisson où travaille un sujet, pour éviter un retour trop brutal à la pression atmosphérique normale (accidents dits maladie des caissons).

DÉCOMPRIMER [dekɔ̃pʀime]. *v. tr.* (1864; de *dé-*, et *comprimer*). Faire cesser ou diminuer la compression. *Décomprimer de l'air.* V. **Décompresser.** ◊ ANT. *Comprimer.*

DÉCOMPTE [dekɔ̃t]. *n. m.* (XIIᵉ; de *décompter*). ♦ 1º Ce qu'il y a à déduire sur une somme qu'on paie. V. **Déduction, réduction.** *Faire le décompte :* calculer ce qu'il y a à rabattre. — Fig. *Trouver, éprouver du décompte :* être désillusionné, en rabattre. V. **Déception, désillusion, mécompte.** ♦ 2º Décomposition d'une somme, d'un ensemble en ses éléments de détail. V. **Compte** (2º). Fig. « *La poésie populaire ne s'est pas astreinte à la rime, ni au décompte syllabique* » (THIBAUDET).

DÉCOMPTER [dekɔ̃te]. *v.* (XIIᵉ; de *dé-*, et *compter*). ♦ 1º *V. tr.* Déduire, rabattre d'une somme. V. **Retrancher, soustraire.** ♦ 2º *V. intr.* Horlog. Sonner en désaccord avec l'heure qu'indiquent les aiguilles. *Pendule qui décompte.* ◊ ANT. *Ajouter.*

DÉCONCENTRATION [dekɔ̃sɑ̃tʀasjɔ̃]. *n. f.* (1929; de *dé-*, et *concentration*). ♦ 1º Admin. Système dans lequel le pouvoir de décision est exercé par des agents et organismes locaux, résidant sur place mais soumis à l'autorité centrale (à la différence de la décentralisation*). *Le régime administratif français résulte d'un compromis entre centralisation, déconcentration et décentralisation.* ♦ 2º Chim. Diminution de la concentration d'une substance. ◊ ANT. *Concentration, centralisation.*

DÉCONCENTRER [dekɔ̃sɑ̃tʀe]. *v. tr.* (v. 1964; de *dé-*, et *concentrer*). ♦ 1º Provoquer une déconcentration* administrative (Cf. Décentraliser). *Déconcentrer l'autorité ministérielle.* ♦ 2º Diminuer la concentration de. *Déconcentrer une zone urbaine saturée.* ♦ 3º Cesser de concentrer (son attention), et se concentrer. *Déconcentrer son attention.* — Pronom. *Se déconcentrer.* ◊ ANT. *Concentrer, centraliser.* (1º).

DÉCONCERTANT, ANTE [dekɔ̃sɛʀtɑ̃, ɑ̃t]. *adj.* (mil. XIXᵉ; de *déconcerter*). Qui déconcerte. V. **Déroutant, embarrassant, surprenant.** *Attitude déconcertante.* V. **Bizarre, étonnant, imprévu, inattendu, troublant.** *Nouvelles contradictoires et déconcertantes.* ◊ ANT. *Banal, rassurant.*

DÉCONCERTER [dekɔ̃sɛʀte]. *v. tr.* (XVIᵉ; *desconcerter,* XVᵉ; de *dé-*, et *concerter*). ♦ 1º Vx. Déranger un accord. — Littér. Empêcher la réalisation de (un projet). V. **Déjouer.** « *D'un train à déconcerter toute espèce de poursuite* » (BALZ.). ♦ 2º Cour. Faire perdre contenance à (qqn); jeter dans l'incertitude de ce qu'il faut faire, dire ou penser. V. **Confondre, décontenancer, démonter, dérouter, désarçonner, désorienter, embarrasser, interdire, surprendre, troubler.** *Il se laisse déconcerter facilement.* « *Cet homme timide, qu'un mot badin déconcertait, qu'un regard de femme faisait rougir* » (ROUSS.). ◊ ANT. *Encourager, rassurer.*

DÉCONDITIONNEMENT [dekɔ̃disjɔnmɑ̃]. *n. m.* (1959; de *dé-*, et *conditionnement*). Physiol. Méthode permettant de supprimer un conditionnement réflexe par la mise en jeu de stimuli désagréables appliqués simultanément à ceux qui créent le conditionnement.

DÉCONDITIONNER [dekɔ̃disjɔne]. *v. tr.* (1964; de *dé-*, et *conditionner*). Soustraire aux effets d'un conditionnement* psychologique. « *Déconditionner l'opinion américaine* » (*Nouv. Obs.,* 7-2-1968). ◊ ANT. *Conditionner, intoxiquer.*

DÉCONFIT, ITE [dekɔ̃fi, it]. *adj.* (XIIIᵉ; de *déconfire,* v. tr. (1080), « défaire, battre »; de *dé-*, et *confire* « préparer »). 1 ♦ Vx. Battu, défait. ♦ 2º Fig. Penaud, dépité. *Air déconfit, mine déconfite. Rester tout déconfit.* ◊ ANT. *Triomphant.*

DÉCONFITURE [dekɔ̃fityʀ]. *n. f.* (XIIᵉ, « défaite totale »; de *déconfire.* V. **Déconfit**) ♦ 1º Fam. Déchéance, ruine morale. *La déconfiture d'un parti politique.* « *Cette maladroite attaque de Henri Béraud tourne à sa déconfiture* » (GIDE). ♦ 2º Fam. Ruine financière entière. V. **Banqueroute, faillite.** *Déconfiture d'un banquier. Être, tomber en déconfiture.* — Dr. Situation d'un débiteur (qui n'est pas commerçant) hors d'état de payer ses créanciers. « *En cas de faillite ou de déconfiture du mari* » (CODE CIV.). ◊ ANT. *Succès, triomphe.*

DÉCONGÉLATION [dekɔ̃ʒelasjɔ̃]. *n. f.* (1893; de *dé-*, et *congélation*). ♦ 1º Changement d'état physique d'un corps congelé, quand il est ramené à des températures supérieures à son point de congélation*. *Décongélation d'un terrain aquifère, après fonçage d'un puits avec congélation.* ♦ 2º Action de décongeler. *Décongélation d'aliments surgelés.* ◊ ANT. *Congélation.*

DÉCONGELER [dekɔ̃ʒle]. *v. tr.* (1907; de *dé-*, et *congeler*). Ramener (un corps congelé) à une température supérieure à 0 ºC. *Décongeler de la viande.* ◊ ANT. *Congeler.*

DÉCONGESTIF, IVE [dekɔ̃ʒɛstif, iv]. *adj.* et *n. m.*

(av. 1970; de *dé-*, et *congestif*). *Méd.* Qui atténue ou fait disparaître une congestion. — *Subst. Un décongestif.*

DÉCONGESTION [dekɔ̃ʒɛstjɔ̃]. *n. f.* (1965; de *dé-*, et *congestion*). Action de décongestionner* (2°). Résultat de cette action. (On dit aussi DÉCONGESTIONNEMENT [dekɔ̃-ʒɛstjɔnmɑ̃]. *n. m.*). ◇ ANT. *Encombrement, engorgement.*

DÉCONGESTIONNER [dekɔ̃ʒɛstjɔne]. *v. tr.* (1874; de *dé-*, et *congestionner*). ♦ 1° Faire cesser la congestion de. *Décongestionner les poumons.* ♦ 2° *Fig.* V. **Dégager.** *Décongestionner une rue en établissant un sens unique.* ◇ ANT. *Congestionner.*

DÉCONNECTER [dekɔnɛkte]. *v. tr.* (1943; de *dé-*, et *connecter*, p.-ê. d'apr. l'angl. *to disconnect*). ♦ 1° *Électr.* Supprimer une connexion*, dans un circuit électrique. Cf. **Débrancher.** ♦ 2° (1968). Séparer. « *Peut-on [...] continuer à envisager l'enseignement en lui-même et le déconnecter du monde* [...] *où l'on a à gagner sa vie?* » (*Le Monde*, 17-12-1968). ◇ ANT. *Connecter, relier.*

DÉCONNER [dekɔne]. *v. intr.* (fin XIXᵉ; de *dé-*, et *con*). *Vulg.* Dire des absurdités, des « conneries » *(vulg.).* V. **Débloquer.** « *Ce que je pouvais déconner, pardon : dire des bêtises quand j'étais môme* » (QUENEAU).

DÉCONNEXION [dekɔnɛksjɔ̃]. *n. f.* (1954; *déconnection*, 1951; de *dé-*, et *connexion*, d'apr. l'angl. *deconnection*). ♦ 1° Suppression d'une liaison organique. *Déconnexion neuro-végétative* (par paralysie pharmaco-dynamique des centres nerveux). ♦ 2° *Électr.* Action de déconnecter*; son résultat. ♦ 3° Séparation de choses connexes. ◇ ANT. *Connexion, liaison.*

DÉCONSEILLER [dekɔ̃seje]. *v. tr.* (1138; de *dé-*, et *conseiller*). Conseiller de ne pas faire. V. **Détourner, dissuader.** *Déconseiller à qqn qqch., de faire qqch. Il me l'a déconseillé. C'est tout à fait déconseillé,* contre-indiqué. ◇ ANT. *Conseiller, recommander.*

DÉCONSIDÉRATION [dekɔ̃siderasjɔ̃]. *n. f.* (1797; de *dé-*, et *considération*). *Littér.* Perte de la considération. V. **Discrédit.** *Jeter la déconsidération sur qqn.*

DÉCONSIDÉRER [dekɔ̃sidere]. *v. tr.* (1790; de *dé-*, et *considérer*). Priver de la considération, de l'estime. V. **Couler** *(fam.),* **discréditer, perdre** (de réputation). *Ce scandale l'a déconsidéré.* — *Pronom. Il se considère par sa mauvaise conduite.* Au p. p. *Il est complètement déconsidéré auprès de ses amis.*

DÉCONSIGNER [dekɔ̃siɲe]. *v. tr.* (1870; de *dé-*, et *consigner*). ♦ 1° Affranchir de la consignation. *Déconsigner des troupes.* ♦ 2° (v. 1900). Retirer de la consigne. *Déconsigner une valise.* ♦ 3° *(Néol.).* Rembourser le prix de la consigne (d'un emballage). *Déconsigner une bouteille.*

DÉCONTAMINATION [dekɔ̃taminasjɔ̃]. *n. f.* (v. 1961; de *dé-*, et *contamination*). Action de décontaminer*; son résultat. Élimination ou atténuation des effets d'une contamination (radioactive, chimique...). *Indice de décontamination d'une substance radioactive.* ◇ ANT. *Pollution.*

DÉCONTAMINER [dekɔ̃tamine]. *v. tr.* (v. 1961; de *dé-*, et *contaminer*). Éliminer ou atténuer les effets d'une contamination* sur (qqn, qqch.). *Décontaminer les victimes d'une irradiation accidentelle. Décontaminer une rivière polluée par des agents chimiques.* V. **Dépolluer.** ◇ ANT. *Contaminer. Polluer.*

DÉCONTENANCER [dekɔ̃tnɑ̃se]. *v. tr.* (1549; de *dé-*, et *contenance*). ♦ 1° Faire perdre contenance à (qqn). V. **Déconcerter, démonter; embarrasser, intimider.** *Il décontenance ses adversaires par son aplomb. Il est tout décontenancé.* « *Ces derniers mots achevèrent de décontenancer Frédéric* » (FLAUB.). ♦ 2° SE DÉCONTENANCER. *v. pron.* Perdre contenance. *Il se décontenance facilement.* ◇ ANT. *Encourager, rassurer.*

DÉCONTRACTÉ, ÉE [dekɔ̃trakte]. *adj.* (v. 1950; V. **Décontracter**). ♦ 1° Relâché (muscle). ♦ 2° Détendu. *Restez décontracté.* V. **Souple.** ♦ 3° *Fig.* et *fam.* Insouciant, sans crainte ni angoisse. Cf. **Décomplexé.** *Un style de play-boy décontracté.* — *Péj.* Sans-gêne. ◇ **Libre,** détendu, dégagé. Qui marque de l'aisance, de la désinvolture. *Allure, tenue décontractée. Conduite décontractée (d'une voiture).* ◇ ANT. *Contracté, tendu, Soucieux. Contraint, embarrassé, guindé.*

DÉCONTRACTER [dekɔ̃trakte]. *v. tr.* (1897; de *dé-*, et *contracter*). ♦ 1° Faire cesser la contraction musculaire de. V. **Détendre, relâcher.** *Décontracter ses muscles.* ♦ 2° (v. 1950). SE DÉCONTRACTER. *v. pron.* Se détendre. V. **Relaxer** (anglicisme). *Décontractez-vous pour bien exécuter ce mouvement. Se décontracter avant un examen.* ◇ ANT. *Contracter, crisper, raidir, tendre.*

DÉCONTRACTION [dekɔ̃traksjɔ̃]. *n. f.* (v. 1950; de *dé-*, et *contraction*). ♦ 1° Relâchement du muscle succédant à la contraction. V. **Relâchement.** ♦ 2° Détente du corps. V. **Relaxation** (angl.). ♦ 3° *Fig.* Souplesse, naturel, désinvolture. « *Faire prendre pour la 'décontraction' voulue ce*

qui n'est que laisser-aller, impuissance...» (*La Semaine Radio-télévision,* 27-1-1968). ◇ ANT. *Contraction, contrainte.*

DÉCONVENUE [dekɔ̃vny]. *n. f.* (XIIᵉ; de *dé-*, et *convenu;* de *convenir*). Désappointement causé par un insuccès, une mésaventure, une erreur. V. **Déception, dépit, humiliation.** *Éprouver une grande déconvenue.* « *Joseph sut dissimuler son amère déconvenue au public* » (MADELIN). ◇ ANT. *Triomphe.*

DÉCOR [dekɔʀ]. *n. m.* (*Décore,* 1530; de *décorer*). ♦ 1° Ce qui sert à décorer un édifice, un intérieur. V. **Décoration.** *Décor somptueux. Boudoir avec décor Louis XV.* ♦ 2° Représentation figurée du lieu où se passe l'action (théâtre, cinéma, télévision). *Décor figuré, en trompe-l'œil.* V. **Toile** (de fond) *Décor praticable.* V. **Practicable. Montant, portant, châssis, toile d'un décor. Changement de décors.** « *La richesse des costumes et l'éclat des décors étouffent le drame* » (FRANCE). — *Fig. Changement de décor :* changement de circonstances, évolution brusque d'une situation. ♦ 3° *Par ext.* Aspect extérieur du milieu dans lequel se produit un phénomène, vit un être. V. **Ambiance, atmosphère, cadre, milieu.** *Un décor de verdure, de montagnes.* V. **Paysage.** « *La voir descendre d'un train, dans le décor d'une gare* » (ROMAINS). — *Fam.* (Véhicules) *Entrer dans le décor,* quitter accidentellement la route.

DÉCORATEUR, TRICE [dekɔʀatœʀ, tʀis]. *n.* (fin XVIᵉ; de *décorer*). ♦ 1° Personne qui fait des travaux de décoration. *Décorateur d'intérieurs, d'appartements.* V. **Ensemblier.** *Appos. Peintre décorateur, tapissier décorateur.* ♦ 2° Personne qui exécute ou dirige l'exécution des décors, pour un spectacle. *Décorateur de théâtre, de cinéma.*

DÉCORATIF, IVE [dekɔʀatif, iv]. *adj.* (1478; de *décorer*). ♦ 1° Destiné à décorer. *Peinture, sculpture décorative. Motifs décoratifs.* V. **Ornemental.** — ARTS DÉCORATIFS : arts appliqués aux choses utilitaires, *aussi* nommés arts appliqués, arts industriels (*ex. :* ameublement, costume, orfèvrerie, céramique, tapisserie, mosaïque). V. **Design, esthétique** (industrielle). — *L'école, le musée des Arts décoratifs* (fam. *Les Arts déco* [aʀdeko]). *Style Art déco.* ♦ 2° Qui décore bien : *Plante décorative.* — *Invité décoratif,* qui relève l'éclat d'une réunion. ♦ 3° *(Péj.).* Agréable, mais accessoire, gratuit, peu important. *Jouer, en société, un rôle purement décoratif.*

DÉCORATION [dekɔʀasjɔ̃]. *n. f.* (1393; bas lat. *decoratio,* de *decorare.* V. **Décorer**). ♦ 1° Action, art de décorer. V. **Embellissement, ornementation.** *L'ensemblier qui a effectué la décoration de son appartement.* ♦ 2° L'ensemble de ce qui décore, de ce qui sert à décorer. V. **Ornement.** *La décoration d'une église.* « *Une décoration du Second Empire subsistait encore au plafond et aux murs* » (ROMAINS). ♦ 3° (1740). Insigne d'un ordre honorifique. V. **Chaîne, cordon, crachat** *(fam.),* **croix, étoile, médaille, palme, plaque, rosette, ruban.** *Remise de décorations. Porter une décoration en sautoir, à la boutonnière. Poitrine couverte de décorations.*

DÉCORDER [dekɔʀde]. *v. tr.* (XIIᵉ; de *dé-*, et *corder*). ♦ 1° *Techn.* Défaire une corde en séparant les brins tordus. V. **Décommettre.** ♦ 2° Détacher la corde de. *Décorder une malle, des bestiaux.* ◇ SE DÉCORDER. *v. pron.* (1941). *Alpin.* Se délacher de la cordée (*opposé à* s'encorder). ◇ ANT. *Corder.*

DÉCORER [dekɔʀe]. *v. tr.* (1361; lat. *decorare,* de *decus, oris* « ornement »). ♦ 1° Pourvoir d'accessoires destinés à embellir, à rendre plus agréable. V. **Agrémenter, embellir, enjoliver, orner, parer.** *Décorer un appartement, une vitrine.* — Agrémenter, embellir un lieu (objets décoratifs). *Tableaux qui décorent un salon.* ♦ 2° *Fig.* Couvrir d'une apparence trompeuse et séduisante. V. **Honorer, parer, revêtir.** « *Une de ces gentilhommières que les villageois décorent du nom de château* » (GAUTIER). ♦ 3° Attribuer, remettre à (qqn) une décoration, l'insigne d'un ordre, d'une distinction honorifique. *Décorer un soldat d'une médaille.* V. **Médailler.** *Décorer de la Croix de guerre.* — *Absolt. Il va être décoré* (de la Légion d'honneur). Au p. p. adj. « *Les gens décorés qu'il rencontrait sur le boulevard lui portaient un coup au cœur* » (MAUPASS.). *Subst. Un décoré.*

DÉCORNER [dekɔʀne]. *v. tr.* (XVIᵉ; de *dé-*, et *corne*). ♦ 1° Dégarnir de ses cornes. — *Fam. Il fait un vent à décorner les bœufs :* très fort. ♦ 2° Redresser ce qui est corné. *Décorner la page d'un livre.*

DÉCORTICAGE [dekɔʀtikaʒ]. *n. m.* (1870; de *décortiquer*). Opération par laquelle on dégage un grain, une graine de son enveloppe. *Décorticage du riz, des amandes.*

DÉCORTICATION [dekɔʀtikasjɔ̃]. *n. f.* (1747; lat. *decorticatio*). ♦ 1° Action de décortiquer, de dépouiller de son écorce. *Décortication d'un arbre à la raclette.* ♦ 2° *Méd.* Opération par laquelle on sépare un organe de son enveloppe fibreuse. *Décortication du cœur, du rein.* — *Spécialt.* Ablation totale ou partielle du cortex cérébral.

DÉCORTIQUÉ, ÉE [dekɔʀtike]. *adj.* (1961; de *dé-*, et *cortex,* d'apr. *décortiquer**). *Physiol.* Qui a subi une ablation (totale ou partielle) du cortex* (1°). *Chien, chat décortiqué.* ◇ HOM. Formes du v. *Décortiquer.*

DÉCORTIQUER [dekɔʀtike]. *v. tr.* (1826; lat. *decorticare*, de *cortex, corticis* « écorce »). ♦ 1° Dépouiller (une tige, une racine) de son écorce; séparer (un fruit, une graine) de son enveloppe. — Au p. p. *Amandes, arachides décortiquées.* ◊ *Par ext.* Dépouiller un crustacé de sa carapace. *Acheter des crevettes décortiquées.* ♦ 2° *Fig.* (1907). Analyser à fond, minutieusement (pour expliquer, interpréter). Cf. Éplucher. *Décortiquer un texte.*

DÉCORUM [dekɔʀɔm]. *n. m. sing.* (1594; lat. *decorum*, de *decere* « convenir »). Ensemble des règles qu'il convient d'observer pour tenir son rang dans une bonne société. V. **Bienséance, cérémonial, protocole.** *Observer le décorum. Être soucieux du décorum.* « *Ici, pour le décorum, il faut se séparer de nos femmes* » (LOTI). ◊ *Apparat officiel.* V. **Étiquette.** *Décorum royal.* « *Ce maître voudra cependant faire régner l'étiquette et le décorum, endosser la soie et l'hermine* » (MADELIN).

DÉCOTE [dekɔt]. *n. f.* (1953; de *dé-*, et *cote*). ♦ 1° *Fisc.* Exonération appliquée à une contribution. ♦ 2° *Fin.* (1969). Évaluation (d'une monnaie, d'une valeur boursière) inférieure à un cours de référence.

DÉCOUCHER [dekuʃe]. *v. intr.* (1579; trans., « lever », 1190; de *dé-*, et *coucher*). Coucher hors de chez soi; rester absent une nuit entière. « *Lantier n'était pas rentré. Pour la première fois, il découchait* » (ZOLA).

DÉCOUDRE [dekudʀ(ə)]. *v. tr.; conjug. coudre* (XIIᵉ; de *dé-*, et *coudre*). ♦ 1° Défaire (ce qui est cousu). *Découdre une doublure, un bouton.* — *Pronom. Le sac s'est décousu.* V. **Décousu.** ♦ 2° *Vén.* Déchirer le ventre par une blessure en long. *Cerf qui découd un chien.* ◊ *Par anal. Intrans.* Cour. (XVIIᵉ) EN DÉCOUDRE : V. **Battre** (se), lutter. *Il est toujours prêt à en découdre,* à en venir aux mains. ◊ ANT. Coudre.

DÉCOULER [dekule]. *v. intr.* (XIIᵉ; de *dé-*, et *couler*). ♦ 1° *Vx* ou *littér.* Couler peu à peu en s'échappant. V. **Dégoutter, écouler** (s'). « *Tout cela ne vaut pas le poison qui découle De tes yeux* » (BAUDEL.). ♦ 2° *Cour.* S'ensuivre par développement naturel. V. **Déduire** (se), dériver, émaner, procéder, provenir, résulter, venir (de). *Effets qui découlent d'une cause. Les résultats qui en découlent.* ◊ ANT. Causer, entraîner, provoquer.

DÉCOUPAGE [dekupaʒ]. *n. m.* (1497; de *découper*). ♦ 1° Action de découper. *Découpage d'une volaille, d'un gâteau. Découpage de la viande.* V. **Débitage, dépeçage, équarrissage.** *Découpage d'une image en carton.* — *Techn. Découpage des tôles à la cisaille, au burin. Découpage au chalumeau; à la presse.* ♦ 2° Image, figure destinée à être découpée. *Acheter des découpages à un enfant.* — *Figure découpée. Faire des découpages.* ♦ 3° (1917; 1891, au théâtre). *Cinéma.* Division du scénario en scènes (V. **Séquence**) numérotées. *Le scénario ainsi détaillé.* ♦ 4° *Découpage électoral,* division (d'un État, d'une région) en circonscriptions électorales. *Partis d'opposition défavorisés par le découpage électoral.*

DÉCOUPE [dekup]. *n. f.* (1870; de *découper*). Taille décorative pratiquée dans un vêtement. *Découpes d'un chemisier. Blue-jean bicolore à découpes.*

DÉCOUPÉ, ÉE [dekupe]. *adj.* (XIIIᵉ; V. **Découper**). ♦ 1° Qu'on a découpé (2°). *Journal découpé. Par ext. Clocher découpé à jour.* — *Bot. Feuille découpée,* dont les bords irréguliers présentent des formes aiguës, en dents de scie. ♦ 2° (XVIᵉ, « extrait »). Qu'on a découpé (3°), détaché aux ciseaux. *Article découpé* (V. **Découpure**). *Papiers découpés et collés* (V. **Collage**).

DÉCOUPER [dekupe]. *v. tr.* (1190, « couper »; de *dé-*, et *couper*). ♦ 1° Diviser en morceaux, en coupant ou en détachant (une pièce de viande qu'on sert à table). *Découper un gigot, un poulet. Absolt. Couteau, fourchette à découper.* ♦ 2° Couper régulièrement, suivant un contour, un tracé. V. **Chantourner.** *Scie à découper.* ♦ 3° *Par ext.* Détacher avec des ciseaux en suivant le contour (les figures). *Découper une figurine de carton. Découper un article dans un journal.* « *Il s'était interrompu de découper avec les ciseaux maternels les maximes dans une édition populaire d'Épictète* » (MAURIAC). *Fig.* Détacher, profiler. « *À l'horizon, les Alpilles découpaient leurs crêtes fines* » (DAUD.). ♦ 4° SE DÉCOUPER SUR. *v. pron.* Se détacher avec des contours nets. « *Les feuillages immobiles se découpaient nettement sur le fond bleu du ciel* » (BALZ.).

DÉCOUPEUR, EUSE [dekupœʀ, øz]. *n.* (XIIᵉ; de *découper*). *Techn.* ♦ 1° Ouvrier, ouvrière qui découpe. *Découpeur de bois de placage.* ♦ 2° *N. f.* Machine à découper le bois; les tissus; à diviser la laine. *Découpeuse à bois,* scie à découper.

DÉCOUPLAGE [dekuplaʒ]. *n. m.* (mil. XXᵉ; de *dé-*, et *coupler*). *Techn.* Élimination d'un couplage parasite (entre deux signaux, deux émissions radioélectriques).

DÉCOUPLÉ, ÉE [dekuple]. *adj.* (XIIIᵉ; V. **Découpler**).

♦ 1° *Vén.* Détaché (chiens couplés). ♦ 2° *Fig. Vx.* Qui a de l'aisance dans les mouvements. « *Des enfants adroits et découplés* » (ROUSS.). — *Par ext.* (1690) Mod. BIEN DÉCOUPLÉ, de belle taille, bien bâti. « *Un garçon robuste, d'assez haute taille, bien découplé* » (ROMAINS).

DÉCOUPLER [dekuple]. *v. tr.* (1130; de *dé-*, et *coupler.* V. **Chasse**). Détacher (des chiens couplés) pour qu'ils courent après la bête. *Le veneur découple les chiens. Absolt. Dès qu'on fut arrivé, on découpla.*

DÉCOUPOIR [dekupwaʀ]. *n. m.* (1754; de *découper*). *Techn.* ♦ 1° Instrument pour découper. ♦ 2° Taillant d'une machine à découper.

DÉCOUPURE [dekupyʀ]. *n. f.* (XIIIᵉ; de *découper*). ♦ 1° Action de découper (une étoffe, du papier); son résultat. V. **Découpage.** *Découpure fine, élégante, gracieuse.* ♦ 2° État, forme de ce qui est découpé; bord découpé. *Découpures d'une guirlande, d'une broderie, d'une dentelle.* V. **Feston.** ◊ Sinuosité. *Les découpures d'une côte rocheuse.*

DÉCOURAGEANT, ANTE [dekuʀaʒã, ãt]. *adj.* (1763; de *décourager*). Propre à décourager, à rebuter. V. **Affligeant, décevant, démoralisant, désespérant.** *Nouvelle décourageante.* ◊ (Personnes) *Enfant décourageant par son inertie. Vous êtes décourageant.* ◊ ANT. Encourageant, réconfortant.

DÉCOURAGEMENT [dekuʀaʒmã]. *n. m.* (XIIᵉ; de *décourager*). État de celui qui est découragé; perte du courage, de l'énergie. V. **Abattement, accablement, cafard, démoralisation, désenchantement, écœurement.** *Se laisser aller au découragement. Renoncer par découragement.* « *Cette crise de lassitude n'était pas une crise de découragement* » (BARTHOU). ◊ ANT. Courage, énergie, espérance.

DÉCOURAGER [dekuʀaʒe]. *v. tr.* (1283; de *dé-*, et *courage*). ♦ 1° Rendre (qqn) sans courage, sans énergie, ni envie d'action. V. **Abattre, accabler, dégoûter, démonter, démoraliser, désenchanter, écœurer, lasser, rebuter.** *Décourager qqn. Nouvelle qui décourage* (Cf. Couper, briser bras et jambes). *Pronom.* SE DÉCOURAGER. — Au p. p. *Être découragé :* abattu, triste. ♦ 2° *Décourager qqn de :* lui ôter l'envie, le désir de. *Vous m'avez découragé de travailler. Décourager qqn d'une entreprise hasardeuse.* V. **Détourner, dissuader.** — (Sans compl.) *L'Amérique* « *décourage le voyageur. Elle exigerait du touriste une fortune à dissiper* » (DUHAM.). ♦ 3° Diminuer, arrêter. « *Froid et hautain, il décourageait la familiarité* » (MADELIN). ◊ ANT. Encourager, réconforter.

DÉCOURONNEMENT [dekuʀɔnmã]. *n. m.* (1863; de *découronner*). *Rare.* Action de découronner.

DÉCOURONNER [dekuʀɔne]. *v. tr.* (1160; de *dé-*, et *couronne*). ♦ 1° Priver de la couronne. *La révolution découronna le roi.* — *Fig.* « *De quel droit viennent-ils découronner nos gloires?* » (HUGO). ♦ 2° *Fig.* Dépouiller de ce qui couronne; enlever le sommet, la cime de. *Arbre découronné par la tempête.* ◊ ANT. Couronner.

DÉCOURS [dekuʀ]. *n. m.* (XIIᵉ; lat. *decursus* « course sur une pente »). ♦ 1° *Astron.* Période de décroissance de la Lune. ♦ 2° *Méd.* Période de déclin d'une maladie. « *J'étais fiévreux, bien que le mal fût dans le décours* » (DUHAM.).

DÉCOUSU, UE [dekuzy]. *adj.* (XVIᵉ; V. **Découdre**). ♦ 1° Dont la couture a été défaite. *Ourlet décousu.* ♦ 2° *Fig.* Qui est sans suite, sans liaison. V. **Incohérent, inconséquent.** *Conversation décousue* (Cf. À bâtons rompus). ◊ *Subst.* (1760). « *Le décousu et l'absurdité de la rédaction* » (MÉRIMÉE). V. **Désordre, incohérence.** ◊ ANT. Cousu. Cohérent, logique, suivi.

DÉCOUSURE [dekuzyʀ]. *n. f.* (1611; de *découdre*). ♦ 1° *Vx.* Partie décousue d'une étoffe, d'un vêtement. *La décousure d'une manche.* ♦ 2° *Vén.* Blessure, plaie faite à un chien par le sanglier, le cerf (V. **Découdre**).

1. DÉCOUVERT, ERTE [dekuvɛʀ, ɛʀt(ə)]. *adj.* (V. **Découvrir**). Qui n'est pas couvert. *Femme aux épaules découvertes. Avoir la tête découverte. Fig. À visage découvert :* sans masque, sans détour. V. **Franchement, ouvertement.** « *J'ai vu pour la première fois, à visage découvert, ma vieille ennemie ne se rejoignent pas par le haut. Terrain découvert* (V. **Esplanade**). *Lieu découvert.* V. **Dénudé.**

2. DÉCOUVERT [dekuvɛʀ]. *n. m.* (1387; de *découvrir*). ♦ 1° *Rare.* Terrain découvert. *Atteindre un découvert.* ♦ 2° (1846). *Comm.* Ensemble des avances consenties par une banque. *Le découvert d'une caisse, d'un compte.* « *En voyant toutes les entreprises privées vivre à crédit, avec de gros découverts* » (DUHAM.). — *Découvert du Trésor :* ensemble des créances que le Trésor doit prendre en charge. ◊ *Assurances.* Excédent de la valeur d'une chose assurée sur la valeur couverte par l'assurance.

3. DÉCOUVERT (À) [adekuvɛʀ]. *loc. adv.* (XIIᵉ; de *découvrir*). Dans une position qui n'est pas couverte, protégée. *Se trouver à découvert dans la campagne* (Cf. En rase campagne; à ciel ouvert; en plein champ). *La mer laisse* *le rivage à découvert.* ♦ 2° *Fig.* V. **Clairement, franchement, ouvertement.** *Agir à découvert :* sans dissimulation ni artifice. *Montrer son cœur à découvert.* ♦ 3° (1690). *Comm.* Sans garanties immédiates. *Crédit à découvert.* — Sans fournir immédiatement le prix. *Vendre à découvert.*

DÉCOUVERTE [dekuvɛʀt(ə)]. *n. f.* (*Descoverte,* fin XIIᵉ; de *découvrir*). V. **Invention,** dr. I. ♦ 1° Action de découvrir ce qui était ignoré, inconnu. *Découverte d'un trésor. La découverte de l'Amérique par Christophe Colomb. Voyage de découverte.* V. **Exploration, recherche, reconnaissance.** « *La découverte que l'oncle a faite du secret de notre mariage* » (MOL.). « *La découverte que l'objet aimé a de nouvelles perfections* » (STENDHAL). ◊ *Loc. adv.* À LA DÉCOUVERTE : dans le but d'explorer, de découvrir. *Aller, partir à la découverte* (Cf. À l'aventure). *Fig. Aller à la découverte de nouveaux thèmes d'inspiration.* ♦ 2° *Spécialt.* Action de faire connaître un objet, un phénomène caché ou ignoré (mais préexistant); ce qui est ainsi révélé. *La découverte scientifique. Une découverte; la découverte de la radioactivité. L'invention* « *est une découverte dans le monde de l'esprit* » (L. de BROGLIE). II. *Techn.* (1870). Élément d'arrière-plan en trompe-l'œil d'un décor scénique, cinématographique (*dit aussi, au théâtre,* pantalon). *Le tournage en décors réels a supplanté les procédés des découvertes, agrandissements photographiques ou maquettes, et des transparences*.*

DÉCOUVREUR [dekuvʀœʀ]. *n. m.* (XVIᵉ; « éclaireur », explorateur », XIIIᵉ; de *découvrir*). Celui qui découvre. V. **Inventeur, savant.** *Un découvreur génial.* « *Si le Découvreur* (Colomb) *réussit dans sa merveilleuse entreprise* » (ARAGON).

DÉCOUVRIR [dekuvʀiʀ]. *v. tr.;* conjug. *couvrir* (*Descouvrir,* XIIᵉ; bas lat. *discooperire*). I. *V. tr.* **A** (*Concret*). ♦ 1° Dégarnir de ce qui couvre. *Découvrir un plat, un panier en ôtant le couvercle.* V. **Ouvrir.** *Découvrir une voiture en soulevant la capote.* V. **Décapoter.** — (Choses) « *Le courant d'air, soulevant la pèlerine, découvrait un bras en écharpe* » (MART. du G.). ♦ 2° Laisser voir; montrer. *Robe qui découvre le dos.* V. **Dénuder.** « *Riant et découvrant des mâchoires superbes* » (COCTEAU). ♦ 3° (1681). *Absolt. La mer découvre :* elle se retire et laisse le rivage à sec. ♦ 4° Priver de ce qui protège. V. **Exposer.** *Découvrir une frontière.* — *Fig. Découvrir le flanc aux attaques.* V. **Prêter** (le flanc). — (*Échecs*) Dégager les pièces qui en protègent une autre. *Découvrir imprudemment son roi.* **B** (*Abstrait*). ♦ 1° (XIIᵉ). Faire connaître ce qui est caché. V. **Apprendre, dévoiler, divulguer, exposer, montrer, publier, révéler.** *Découvrir ses projets, ses plans à un ami.* V. **Trahir** (se). — *Découvrir son cœur qu'on voulait cacher.* V. **Avouer, confesser.** « *Tu vois, Gil Blas, que je te découvre mon cœur... je t'ai choisi pour mon confident* » (LESAGE). — *Découvrir son* (fig.) : laisser connaître ses intentions. ♦ 2° (XVIᵉ). Apercevoir, voir d'un lieu (ce qu'on ne verrait pas d'un autre). *Du haut de la colline, on découvre la mer.* — Commencer d'apercevoir; apercevoir tout à coup. « *Bonheur de découvrir soudain ce visage si cher parmi les inconnus qui descendaient du train* » (MAUROIS). ♦ 3° (1614). Arriver à connaître (ce qui était resté caché ou ignoré). V. **Trouver.** *Chercher à découvrir le mystère.* V. **Deviner, pénétrer.** *Découvrir un trésor, une mine, une source. Découvrir la cause d'une maladie.* V. **Déceler, détecter, dépister.** *Il ne parviendra jamais à en découvrir la cause.* V. **Apprendre, comprendre, connaître, saisir.** « *Nous ne découvrons que notre propre pensée dans la pensée d'autrui* » (FRANCE). *J'ai découvert l'homme qu'il vous faut.* V. **Dénicher** (fam.). *Découvrir une qualité, un caractère à qqn. J'ai découvert que.* V. **Comprendre, trouver.** « *Vous allez bientôt découvrir pourquoi j'insiste* » (MART. du G.). ◊ *Spécialt.* (Sciences) Parvenir à connaître et faire connaître (un phénomène, un être qui était caché ou ignoré). V. **Découvrir** *un microbe, un virus au microscope; un astéroïde au télescope. Découvrir par l'observation, par le calcul.* — *Absolt.* « *Découvrir ou créer, n'est-ce pas même chose?... On trouve ce qu'on invente, on découvre ce qu'on crée, ce qu'on rêve* » (R. ROLLAND). ♦ 4° Parvenir à connaître (ce qui était délibérément caché ou qu'on cachait). *Craindre, éviter d'être découvert.* V. **Surprendre.** *Découvrir un secret. Découvrir un complot, une machination, une intrigue.* V. **Éventer;** dénoncer. ◊ (*Métaph.* du sens I) *Découvrir le pot aux roses :* découvrir le secret, le mystère de quelque affaire, de quelque intrigue. II. SE DÉCOUVRIR. *v. pron.* ♦ 1° Ôter ce dont on est couvert (*spécialt.* les vêtements). V. **Dénuder** (se), **déshabiller** (se), **dévêtir** (se). *En avril, ne te découvre pas d'un fil.* — *Le malade s'est découvert en dormant.* ♦ 2° Ôter son chapeau, sa coiffure. *Se découvrir en entrant dans une église.* ♦ 3° (*Temps*). Devenir plus clair, moins couvert. *Le ciel se découvre.* V. **Dégager** (se), **éclaircir** (s'), **éclairer** (s'). ♦ 4° S'exposer. *Cette armée se découvre trop.* ♦ 5° Déclarer sa pensée. *Il se découvrit à ses amis.* V. **Confier** (se). ♦ 6° *Se*

découvrir soi-même. V. **Connaître** (se). « *Quand on est enfant on se découvre, on découvre lentement l'espace de son corps* » (VALÉRY). ◊ ANT. **Couvrir. Cacher, dissimuler.**

DÉCRASSAGE [dekʀasaʒ] ou **DÉCRASSEMENT** [dekʀasmɑ̃]. *n. m.* (v. 1900,-fin XVIIIᵉ; de *décrasser*). Action de décrasser.

DÉCRASSER [dekʀase]. *v. tr.* (1476; de *dé-*, et *crasse*). ♦ 1° Débarrasser de la crasse. V. **Laver, nettoyer.** *Décrasser du linge :* en ôter la crasse dans une première eau. ◊ *Fig.* « *Je me plonge avec délices dans l'antiquité. Cela me décrasse des temps modernes* » (FLAUB.). ♦ 2° Débarrasser (qqn) de son ignorance, de sa grossièreté. V. **Dégrossir.** *Il commence à se décrasser un peu.* ◊ ANT. **Encrasser;** salir.

DÉCRÉDITER [dekʀedite]. *v. tr.* (1572; de *dé-*, et *crédit*). *Vx.* Priver (qqn) du crédit, de la considération. V. **Discréditer.** *Ces écrits* « *que mes ennemis me prêtaient pour me décréditer et m'avilir* » (ROUSS.).

DÉCRÉMENT [dekʀemɑ̃]. *n. m.* (1946; angl. *decrement,* lat. *decrementum*). Sc. (*Math.*). Diminution de la valeur d'une fonction pour un accroissement donné de la variable. — *Inform.* Mesure de l'amortissement d'un signal. ◊ ANT. **Incrément.**

DÉCRÊPAGE [dekʀepaʒ]. *n. m.* (1960; de *dé-*, et *crêpage*). Traitement capillaire consistant à rendre lisses des cheveux crépus. « *Ebony* [revue américaine] *avec des pages de publicité pour perruques et décrêpages* » (COURCHAY).

DÉCRÊPER [dekʀepe]. *v. tr.* (v. 1961; de *dé-*, et *crêper*). ♦ 1° Rendre lisses (des cheveux crépus); faire un décrêpage. ♦ 2° Lisser (des cheveux crêpés). ◊ ANT. **Crêper.**

DÉCRÉPIR [dekʀepiʀ]. *v. tr.* (1857; de *dé-*, et *crépir*). Dégarnir du crépi. *Décrépir un mur lézardé. Façade décrépie.*

DÉCRÉPISSAGE [dekʀepisaʒ]. *n. m.* (1857; de *décrépir*). *Rare.* Action de décrépir. *Le décrépissage d'un mur.*

DÉCRÉPIT, ITE [dekʀepi, it]. *adj.* (fin XIVᵉ, fém.; lat. *decrepitus*). Qui est dans la décrépitude, dans une extrême déchéance physique. V. **Usé, vieux.** *Vieillard décrépit et cassé. Une vieille décrépite.* ◊ HOM. **Décrépi** (de *décrépir*).

DÉCRÉPITATION [dekʀepitasjɔ̃]. *n. f.* (1690; de *décrépiter,* de *dé-*, et *crépiter*). Sc. nat. Éclatement ou fendillement de cristaux sous l'effet de la chaleur (par dilatation de l'eau contenue en eux); bruit qui en résulte.

DÉCRÉPITUDE [dekʀepityd]. *n. f.* (fin XIVᵉ; de *décrépit*). ♦ 1° *Vieilli.* État de déchéance, de grand affaiblissement physique, qui provient d'une extrême vieillesse. V. **Sénilité, caducité.** ♦ 2° *Mod.* V. **Décadence.** « *La décrépitude et la décadence de l'Inde brahmanique* » (LOTI). ◊ ANT. **Jeunesse,** vigueur.

DECRESCENDO [dekʀeʃɛndo]. *adv.* (XVIIIᵉ; mot. it. « en décroissant »; de *decrescere*). *Mus.* En diminuant progressivement l'intensité d'un son. V. **Diminuendo.** *Subst. invar. Un decrescendo.* ◊ *Fig.* et *fam.* En décroissant. *Sa réputation, son talent va decrescendo.* ◊ ANT. **Crescendo.**

DÉCRET [dekʀɛ]. *n. m.* (1190; lat. *decretum* « décision, sentence », de *decernere;* Cf. Décerner). ♦ 1° *Relig.* Acte de l'autorité ecclésiastique. ◊ Recueil d'anciens canons des conciles, des constitutions des Papes et des sentences des Pères (base du Droit canon). V. **Décrétale.** ♦ 2° (1789). *Cour.* Décision écrite émanant du pouvoir exécutif dans le cadre tracé par la constitution, et soumis au contreseing ministériel. V. **Arrêté; ordonnance.** *Décret présidentiel. Décret pris après consultation du Conseil d'État. Décret portant règlement d'Administration publique.* V. **Règlement.** *Le décret est publié au Journal officiel.* ♦ 3° *Littér.* Décision, volonté d'une puissance supérieure. *Les décrets de la Providence.* V. **Arrêt, décision, loi, ordre.** *Les décrets du sort, du destin.* — *Les décrets de la mode, du bon goût.*

DÉCRÉTALE [dekʀetal]. *n. f.* (v. 1260; lat. ecclés. *decretalis*). *Hist. relig.* Lettre du pape, réglant une question de discipline ou d'administration. — Au plur. DÉCRÉTALES : recueil de ces lettres.

DÉCRÉTER [dekʀete]. *v. tr.* (XIVᵉ; de *décret*). ♦ 1° *Vx.* Lancer un décret (1°) contre (qqn). *Mod.* « *Carnot, décrété d'arrestation, fut averti à temps* » (MADELIN). ♦ 2° Ordonner par un décret. *Décréter la guerre. Décréter par une nomination, la mobilisation.* ♦ 3° Décider avec autorité. *Décréter qu'on fera qqch.* « *Clotilde décréta qu'il fallait veiller* » (MART. du G.).

DÉCRET-LOI [dekʀɛlwa]. *n. m.* (1926; de *décret,* et *loi*). Décret pris par un gouvernement et qui a la force juridique d'une loi. *Les décrets-lois de la IIIᵉ République.* V. **Ordonnance.**

DÉCREUSAGE [dekʀøzaʒ]. *n. m.* (1791; de *décreuser*). *Techn.* Action de décreuser*; son résultat. (*On dit aussi* décruage, décrusage).

DÉCREUSER [dekʀøze]. *v. tr.* (1690; du dauphinois *descreusa* [dɛskʀøza] « décruer »). *Techn.* Lessiver un fil textile brut (*dit cru, écru*) avant tissage, teinture. — *Spécialt.*

Lessiver le fil de soie grège pour le dépouiller de sa gaine de séricine (grès). (*On dit aussi* décruer, décruser).

DÉCRI [dekʀi]. *n. m.* (xvᵉ; de *décrier*). *Vx.* Perte de réputation, d'estime. V. Défaveur, discrédit.

DÉCRIER [dekʀije]. *v. tr.* (xiiiᵉ; de *dé-*, et *crier*). Littér. Attaquer, rabaisser dans sa réputation. V. Calomnier, dénigrer. *Décrier la conduite de qqn.* — *Cour.* (passif. et p. p.) « *Présentement nul n'est décrié pour ses vices; on n'est diffamé que par ses vertus* » (CHATEAUB.). *Zola* « *décrié injustement par ceux qui ne l'ont jamais lu* » (DUHAM.). ◇ ANT. Célébrer, louer, prôner, vanter.

DÉCRIRE [dekʀiʀ]. *v. tr.; conjug. écrire* (*Descrire,* 1160; lat. *describere,* d'apr. *écrire*). ♦ 1° Représenter dans son ensemble, par écrit ou oralement. V. Dépeindre, exposer, peindre, raconter, représenter, retracer. *Décrire par le détail, en détail.* V. Détailler. *Décrire une plante, un animal. Décrire un paysage.* « *Journée délicieuse. J'en gâterais le plaisir en la décrivant* » (STENDHAL). — *Absolt. L'art de décrire.* V. Description. ♦ 2° Tracer ou suivre (une ligne courbe). *L'oiseau décrit des cercles. La route décrit une courbe.*

DÉCROCHAGE [dekʀɔʃaʒ]. *n. m.* (1884; de *décrocher*). ♦ 1° Action, fait de décrocher. *Levier de décrochage.* ♦ 2° *Milit.* Mouvement de repli, de recul. V. Désengagement. — *Par ext.* Fait d'interrompre une activité, une relation. ♦ 3° *Techn., Radio.* (v. 1955). Interruption d'un relai. *Station qui diffuse, en décrochage, ses propres émissions.* — *Aviat.* Chute de la portance, due à un décollement d'air à l'extrados. — *Astronaut.* (1969). Abandon d'une orbite (par un vaisseau spatial). *Décrochage de l'orbite lunaire.*

DÉCROCHEMENT [dekʀɔʃmã]. *n. m.* (1636; de *décrocher*). État de ce qui est décroché. *Géol.* Écart entre deux terrains qui ne sont plus au même niveau.

DÉCROCHER [dekʀɔʃe]. *v.* (v. 1220; de *dé-*, et *croc*). I. *V. tr.* ♦ 1° Détacher (une chose qui était accrochée). *Décrocher une casserole, des rideaux.* V. Dépendre. ◇ *Spécialt.* Décrocher le récepteur téléphonique (*opposé à* Raccrocher). « *Un déclic... On a décroché* » (SARRAUTE). ◇ *Loc.* Bâiller à se décrocher la mâchoire. — *Décrocher la timbale :* atteindre le prix au jeu du mât de Cocagne; *fig.* Atteindre un but difficile. ♦ 2° *Fig.* et *fam.* Atteindre, obtenir. V. Dégoter, dénicher. *Décrocher une bonne situation.* ♦ 3° *Fig.* Détacher, séparer. — *Fin.* Dissocier une valeur d'une autre. *Décrocher le dollar de l'or* (Cf. Parité). — *Sports.* Distancer. *Cycliste qui décroche le peloton dans une échappée.* V. Décoller. — *Astronaut.* Faire quitter son orbite à (un vaisseau spatial). II. *V. intr.* ♦ 1° *Milit.* Rompre le contact; se retirer. V. Reculer, replier (se). ◇ *Par ext.* (Fam.). Abandonner ou suspendre une activité; renoncer à poursuivre un effort. (Cf. Dételer). « *Camus, écœuré, désespéré, avait décroché* » (GIROUD). ♦ 2° DÉCROCHER DE : se détacher de; se désolidariser de. *Décrocher d'un parti politique.* ♦ 3° *Radio* (1954). En parlant d'un émetteur, Interrompre un relai pour diffuser ses propres émissions; faire un décrochage*. ♦ 4° *Aviat.* En parlant d'un avion, Perdre la portance nécessaire à la sustentation. ◇ ANT. Accrocher, raccrocher; attacher, pendre.

DÉCROCHEZ-MOI-ÇA [dekʀɔʃemwasa]. *n. m. invar.* (1842; de *décrocher*). Boutique de fripier. *Des* « *choses chères, portées comme si elles avaient été achetées au décrochez-moi-ça* » (Cl. SIMON).

DÉCROISER [dekʀwaze]. *v. tr.* (xviᵉ; de *dé-*, et *croiser*). Faire cesser d'être croisé. *Décroiser les bras, les jambes. Décroiser les fils d'un métier. Action de décroiser* (décroisement [dekʀwazmã]). ◇ ANT. Croiser.

DÉCROISSANCE [dekʀwasãs]. *n. f.* (1260; de *décroître*; Cf. Croissance). État de ce qui décroît. V. Déclin, diminution. *La décroissance de la natalité.* ◇ ANT. Croissance.

DÉCROISSANT, ANTE [dekʀwasã, ãt]. *adj.* (1276; de *décroître*). Qui décroît. *Classer des nombres par ordre décroissant.* « *Des hauts, des bas, d'amplitude décroissante* » (MAUROIS). ◇ ANT. Croissant.

DÉCROISSEMENT [dekʀwasmã]. *n. m.* (v. 1200; de *décroître*). *Rare.* Mouvement de ce qui décroît. V. Diminution. *Décroissement des jours. Décroissement de la Lune.* V. Décroît. ◇ ANT. Augmentation, croissance.

DÉCROÎT [dekʀwa(a)]. *n. m.* (*Decreis,* xiiᵉ; subst. verb. de *décroître*). *Astron.* Décroissement de la Lune, lorsqu'elle entre dans son dernier quartier. *La Lune est dans, sur son décroît.*

DÉCROÎTRE [dekʀwa(a)tʀ(ə)]. *v. intr.; conjug. croître,* sauf *décru* [sans accent circonflexe]. (*Decroistre,* 1160; lat. pop. *°discrescere*). Diminuer progressivement. V. Baisser, diminuer. *Le niveau de la rivière décroît lentement. Les eaux ont décru, sont décrues. Ses forces décroissent chaque jour.* V. Affaiblir (s'), amoindrir (s'). *La fièvre décroît.* V. Tomber. « *Il la regarde s'éloigner... La silhouette décroît* » (ROMAINS). ◇ ANT. Accroître (s'), augmenter, croître, grandir.

DÉCROTTAGE [dekʀɔtaʒ]. *n. m.* (1845; de *décrotter*). Action de décrotter; son résultat.

DÉCROTTER [dekʀɔte]. *v. tr.* (v. 1300; de *dé-*, et *crotte* « boue »). ♦ 1° Nettoyer en ôtant la boue. *Décrotter des chaussures.* ♦ 2° (1807). Manger jusqu'à l'os. Cf. Nettoyer. Manger, consommer beaucoup. ◇ ANT. Crotter, salir.

DÉCROTTEUR [dekʀɔtœʀ]. *n. m.* (*Descroteur,* 1534; de *décrotter*). ♦ 1° Celui qui fait métier de décrotter les chaussures. V. Cireur. ♦ 2° *Agric.* Machine pour nettoyer les racines, les tubercules.

DÉCROTTOIR [dekʀɔtwaʀ]. *n. m.* (1483; de *décrotter*). Lame de fer servant à décrotter les chaussures, à enlever la boue collée aux semelles. « *Leur pied a buté dans un décrottoir* » (ROMAINS).

DÉCRUAGE [dekʀyaʒ]. *n. m.* (1793; de *décruer*). V. Décreusage.

DÉCRUE [dekʀy]. *n. f.* (xviᵉ; subst. particip. de *décroître*). ♦ 1° Baisse du niveau des eaux (après une crue). *Attendre la décrue pour traverser un fleuve. La décrue a été d'un mètre en deux jours.* ♦ 2° *Fig.* Décroissance, décroissement. V. Baisse, diminution.

DÉCRUER [dekʀye]. *v. tr.* (1669; de *dé-*, et *cru*). V. Décreuser.

DÉCRUSAGE [dekʀyzaʒ]. *n. m.* (1845; de *décruser*). V. Décreusage.

DÉCRUSER [dekʀyze]. *v. tr.* (1690; du prov. *descrusá* « décruer »). V. Décreuser.

DÉCRYPTAGE [dekʀiptaʒ]. *n. m.* ou **DÉCRYPTEMENT** [dekʀiptəmã]. *n. m.* (1962,-1929; de *décrypter*). Action de décrypter*. V. Décodage.

DÉCRYPTER [dekʀipte]. *v. tr.* (1929; de *dé-*, et gr. *kruptos* « caché »). Traduire (des messages chiffrés dont on ne possède pas la clef). Restituer le sens d'un texte obscur. V. Déchiffrer, décoder.

DÉÇU, UE [desy]. *adj.* (1185; V. Decevoir). ♦ 1° Non réalisé, trompé. *Espoirs déçus.* ♦ 2° (*Personnes*) Qui a éprouvé une déception. « *Comme une femme déçue qui va pleurer* » (ROMAINS).

DÉCUBITUS [dekybitys]. *n. m.* (xviiiᵉ; lat. *decubitus*). *Didact.* Position du corps reposant sur un plan horizontal. *Décubitus dorsal.*

DÉCUIVRER [dekɥivʀe]. *v. tr.* (mil. xxᵉ; de *dé-*, et *cuivre*). *Techn.* Débarrasser (une surface) du cuivrage, d'un dépôt de cuivre (par dissolution, électrolyse); opération du DÉCUIVRAGE [dekɥivʀaʒ].

DE CUJUS [dekyʒys]. *n. m.* (xviiiᵉ; mots lat. de *cujus successio agitur* : « celui de la succession de qui il s'agit »). *Dr.* Testateur. *La volonté du cujus.*

DÉCULASSER [dekylase]. *v. tr.* (1842; de *dé-*, et *culasse*). *Techn.* Enlever la culasse de (une arme à feu). *Déculasser un fusil.*

DÉCULOTTAGE [dekylɔtaʒ]. *n. m.* (1895; de *déculotter*). Action de déculotter, de se déculotter.

DÉCULOTTÉE [dekylɔte]. *n. f.* (1949; de *déculotter*). *Fam.* Défaite humiliante. « *C'est la dérouillée..., c'est la déculottée, la fessée !* » (SARTRE).

DÉCULOTTER [dekylɔte]. *v. tr.* (1739; de *dé-*, et *culotte*). Enlever la culotte, le pantalon de (qqn). *Déculotter un enfant.* — SE DÉCULOTTER. *v. pron.* Enlever sa culotte, son pantalon. — *Fig.* et *fam.* Adopter une attitude servile, humiliante. ◇ ANT. Culotter.

DÉCULPABILISATION [dekylpabilizasjɔ̃]. *n. f.* (1966; de *déculpabiliser*). Action de déculpabiliser; son résultat. ◇ ANT. Culpabilisation.

DÉCULPABILISER [dekylpabilize]. *v. tr.* (v. 1968; de *dé-*, et *culpabiliser*). ♦ 1° Libérer (qqn) d'un sentiment de culpabilité. ♦ 2° Ôter (à qqch.) son caractère de faute. « *Cette loi sur l'avortement déculpabilise toute une série de situations [...] considérées comme criminelles abstraitement* » (O.R.T.F., 20-6-1970). ◇ ANT. Culpabiliser.

DÉCULTURATION [dekyltyʀasjɔ̃]. *n. f.* (v. 1963; de *dé-*, et *culture*, d'apr. *acculturation*). *Ethnol.* Dégradation de l'identité culturelle d'un groupe ethnique. Cf. Ethnocide. — *Par ext.* Abandon, rejet de certaines normes culturelles. ◇ ANT. Acculturation.

DÉCUPLE [dekypl(ə)]. *adj.* (1350; lat. *decuplus,* de *decem* « dix »). Qui vaut dix fois une quantité donnée. *100 est décuple de 10.* ◇ *Subst. Le décuple :* une quantité décuple d'une autre. ◇ ANT. Dixième.

DÉCUPLEMENT [dekypləmã]. *n. m.* (1870; de *décupler*). Action de décupler; son résultat. *Un décuplement d'énergie.*

DÉCUPLER [dekyple]. *v. tr.* (1584; de *décuple*). ♦ 1° Rendre dix fois plus grand. *Décupler une somme. Il* « *avait plusieurs fois décuplé sa fortune* » (MART. du G.). ♦ 2° *Fig.* Augmenter considérablement. *La colère décuplait ses* *forces.* ♦ 3° *Intrans.* Devenir dix fois plus grand. *L'indice du coût de la vie a décuplé.*

DÉCURION [dekyʀjɔ̃]. *n. m.* (1559; lat. *decurio*). *Antiq. rom.* Chef d'un groupe de dix soldats ou de dix citoyens (décurie). Magistrat municipal.

DÉCURRENT, ENTE [dekyʀɑ̃, ɑ̃t]. *adj.* (1786; lat. *decurrens* « qui court le long de »). Bot. *Feuilles décurrentes :* dont le limbe se prolonge le long de la tige.

DÉCUSCUTEUSE [dekyskytøz]. *n. f.* (1946; de *dé-, cuscute,* et suff. *-euse*). *Agric.* Trieur servant à débarrasser la semence des graines de cuscute.

DÉCUSSÉ, ÉE [dekyse]. *adj.* (1839; lat. *decussatus*). *Sc. nat.* Disposé en croix. *Feuilles décussées :* feuilles opposées dont les paires se coupent à angle droit.

DÉCUVAGE [dekyvaʒ] *n. m.* ou **DÉCUVAISON** [dekyvɛzɔ̃]. *n. f.* (1785,-1845 ; de *décuver*). *Techn.* Action de décuver ; son résultat. V. **Transvasement.** ◇ ANT. *Cuvage.*

DÉCUVER [dekyve]. *v. tr.* (1611; de *dé-,* et *cuve*). *Techn.* Mettre (le raisin, le vin) hors de la cuve. ◇ ANT. *Encuver.*

DÉDAIGNABLE [dedɛɲabl(ə)]. *adj.* (*Desdaignable,* XIIIe ; de *dédaigner*). *Surtout au nég.* Qui ne mérite pas d'être pris en considération. *Cet avantage n'est pas dédaignable :* n'est pas à dédaigner. ◇ ANT. *Estimable.*

DÉDAIGNER [dedɛɲe]. *v. tr.* (déb. XIIe; de *dé-,* et *daigner*). ♦ 1° Considérer avec dédain ; repousser, rejeter avec mépris (V. **Mépriser**) ; *par ext.* Négliger (Cf. Faire fi, faire bon marché de). *« Il ne faut dédaigner personne. Il ne faut jamais rien dédaigner. Les petites gens, les petits profits »* (GIDE). *Il ne dédaigne pas un bon repas* (Cf. *fam.* Il ne crache pas dessus). *Ce n'est pas à dédaigner. Dédaigner les injures, les menaces :* n'en pas tenir compte. ♦ 2° *Trans. indir.* Littér. **DÉDAIGNER DE** (suivi de l'inf.). *Il dédaigne de répondre.* ◇ ANT. *Apprécier, cas (faire), considérer, désirer, estimer.*

DÉDAIGNEUSEMENT [dedɛɲøzmɑ̃]. *adv.* (1220; de *dédaigneux*). D'une manière dédaigneuse. *Regarder dédaigneusement. Traiter dédaigneusement qqn.*

DÉDAIGNEUX, EUSE [dedɛɲø, øz]. *adj.* (1175; de *dédaigner*). Qui a ou exprime du dédain. V. **Altier, distant, fier, hautain, méprisant.** *C'est un homme dédaigneux. Réponse dédaigneuse. Une bonté légèrement dédaigneuse.* V. **Condescendant, protecteur.** *« Son front pâle et ses lèvres dédaigneuses insultaient à ces hommes »* (BALZ.). *« Papa souriait faiblement, l'air lointain, dédaigneux »* (DUHAM.). V. **Supérieur.** ◇ *Subst.* *Faire le dédaigneux :* dédaigner, ne pas faire cas de qqch. ◇ **DÉDAIGNEUX DE :** qui dédaigne, néglige. *Dédaigneux de plaire. « Une âme dédaigneuse des chocs et des accidents »* (R. de GOURMONT). ◇ ANT. *Admiratif, respectueux.*

DÉDAIN [dedɛ̃]. *n. m.* (*Desdaing,* 1160 ; de *dédaigner*). ♦ 1° Le fait de dédaigner ; mépris exprimé. V. **Arrogance, hauteur, mépris.** *Un dédain hautain, ironique, narquois, railleur. Moue de dédain. Répondre avec dédain. Considérer avec dédain, toiser, regarder du haut de la grandeur.* V. **Orgueil, superbe.** *Sourire de dédain.* V. **Dérision.** — *Dédain pour, de :* mépris ou indifférence. *« Son dédain pour la philosophie perçait à chaque mot ; c'était un perpétuel sarcasme »* (RENAN). *« Ce Yann, avec son dédain des filles, son dédain de l'argent, son dédain de tout »* (LOTI). ♦ 2° Vx ou littér. *Les dédains :* les manifestations de dédain. ◇ ANT. *Admiration, considération, déférence, estime, respect.*

DÉDALE [dedal]. *n. m.* (1555; lat. *Dædalus,* gr. *Daidalos,* nom du constructeur légendaire du labyrinthe de Crète). ♦ 1° Lieu où l'on risque de s'égarer à cause de la complication des détours. V. **Labyrinthe.** *Un « dédale inextricable de ruelles, de, carrefours et de culs-de-sac, qui ressemble à un écheveau de fil brouillé par un chat »* (HUGO). ♦ 2° (*Abstrait*). Ensemble de choses embrouillées. V. **Complication, confusion.** *« Il s'égara dans un dédale d'incertitudes et de contradictions »* (FRANCE).

DÉDALÉEN, ÉENNE [dedaleɛ̃, ɛɛn]. *adj.* (1862; de *dédale*). Littér. Qui tient du dédale. V. **Inextricable.** *Réseau dédaléen de rues.*

1. DEDANS [d(ə)dɑ̃]. *prép.* et *adv.* (*Dedenz,* XIe ; de *de,* et *dans*). ♦ 1° Vx. *Prép.* de lieu. À l'intérieur de. V. **Dans.** *« J'en voyais et dehors et dedans nos murailles »* (RAC.). ♦ 2° *Adv.* de lieu. À l'intérieur. V. **Intérieurement.** *Vous attendrai-je dehors ou dedans? Avez-vous mis le chèque dans l'enveloppe? Oui, il est dedans. « Un trésor est caché dedans »* (LA FONT.). *Pop. Mettre, foutre dedans :* mettre en prison, consigner. — *Il va lui rentrer dedans :* le heurter violemment ; se précipiter sur lui pour le battre. — *Fam. Mettre, ficher qqn dedans :* le tromper. ♦ 3° *Loc. adv.* **LÀ-DEDANS :** à l'intérieur de ce lieu, en cet endroit. *Il est caché là-dedans. Il y a du vrai là-dedans.* ◇ **DE DEDANS :** de l'intérieur. *Quand on vient de dedans, il fait plus froid encore.* ◇ **EN DEDANS :** vers l'intérieur. *Vide en dedans* (V. **Creux**). *Cette villa est mieux en dehors qu'en dedans.* — *Vers le côté intérieur. Marcher les pieds en dedans.* — *Loc. prép. En dedans de.* ◇ ANT. *Dehors.*

2. DEDANS [dədɑ̃]. *n. m.* (XVIe ; du précéd.). ♦ 1° Partie intérieure. *Le dedans d'une maison, d'une boîte. Ce bruit vient du dedans. « Le drame d'Ibsen est héroïque par le dedans »* (SUARÈS). — *Fig.* L'âme, le cœur (*opposé à corps, ou monde extérieur*). *« Rien du dedans n'éclairait les dehors de cette femme »* (BARBEY). ♦ 2° *Loc. adv.* **AU-DEDANS** ou **AU DEDANS :** à l'intérieur, dedans (1). — *Loc. prép. Au-dedans de :* à l'intérieur de. *« Les sentiments gardés trop longtemps au dedans de nous »* (BARBEY). ◇ ANT. *Extérieur.*

DÉDICACE [dedikas]. *n. f.* (XIVe ; *ducaze* « fête patronale », fin XIIe ; Cf. Ducasse ; lat. ecclés. *dedicatio* « consécration », de *dedicare.* V. **Dédier**). ♦ 1° Liturg. Consécration d'une église, d'une chapelle au culte divin. — Action de placer une église sous l'invocation d'un saint. — *Relig. jud.* Consécration du temple de Jérusalem. ♦ 2° Consécration d'un monument à un personnage, et *par ext.* Inscription qui la relate. ♦ 3° (1613). Hommage qu'un auteur fait de son œuvre à qqn, par une inscription imprimée en tête de l'ouvrage. *« Cet homme qui mendiait dans les dédicaces adulatrices l'aumône des riches financiers »* (LAMART.). V. **Dédier.** — *Cour.* Formule manuscrite sur un livre, une photographie pour en faire hommage à qqn. V. **Dédicacer; envoi.**

DÉDICACER [dedikase]. *v. tr.* (1836; de *dédicace*). Dédier (un livre) en y écrivant un envoi. *L'auteur dédicacera son ouvrage. Livre dédicacé à un ami.*

DÉDICATAIRE [dedikatɛʀ]. *n.* (1902; du lat. *dedicatio*). Personne à qui on adresse une dédicace (3°).

DÉDICATOIRE [dedikatwaʀ]. *adj.* (1542; du lat. *dedicatio*). Qui contient la dédicace imprimée d'un livre, d'un ouvrage d'art. *Épître dédicatoire.*

DÉDIER [dedje]. *v. tr.* (1131; lat. ecclés. *dedicare* « consacrer »). ♦ 1° Consacrer au culte divin, mettre sous l'invocation d'un saint (une église, un autel). V. **Consacrer; dédicace.** *Hercule « dédia un temple à Jupiter »* (RAC.). ♦ 2° *Fig.* Mettre un (ouvrage) sous le patronage de qqn, par une inscription imprimée ou gravée sur l'œuvre. ♦ 3° *Par ext.* V. **Consacrer, dévouer, offrir, vouer.** *Dédier ses efforts à l'intérêt public. « Les deux cercles de l'enfer dédiés au mensonge »* (SUARÈS). ◇ HOM. Formes du v. **dédire.**

DÉDIFFÉRENCIER (SE) [dedifeʀɑ̃sje]. *v. pron.* (1920; de *dé-,* et *différencier*). *Biol.* En parlant d'une cellule, d'un tissu, Perdre tout ou partie de ses caractères spécifiques. *Cellules qui, cultivées in vitro, se dédifférencient.* — P. p. adj. *Cellule dédifférenciée gardant son potentiel d'histogénèse.* (*Dér.* Dédifférenciation, *n. f.*). ◇ ANT. *Différencier (se).*

DÉDIRE [dediʀ]. *v. tr.* (*je dédis, nous dédisons, vous dédisez;* impér. : *dédis, dédisez;* autres formes conjug. *Dire* (*Desdire,* fin XIIe; de *dé-,* et *dire*). ♦ 1° V. Vx. Désavouer les paroles, la conduite de (qqn). V. **Contredire, démentir, désavouer.** *Se permettre de dédire un supérieur. « Je n'ai pas osé le dédire »* (MARIVAUX). ♦ 2° *Mod.* **SE DÉDIRE.** *v. pron.* Se rétracter, dire le contraire de ce que l'on a affirmé précédemment. V. **Contredire** (se), *démentir (se), rétracter* (se). *Se dédire d'une affirmation. « Lorsqu'on a tort avec ses subalternes, on se garde surtout de se dédire »* (P.-L. COUR.). — Ne pas suivre sa parole ; ne pas suivre sa décision. *Se dédire d'une promesse, d'un engagement.* V. **Manquer** (à), *révoquer. « Mais quand ce choix est fait, on se n'en dédit plus »* (CORN.). — *Pop. Cochon qui s'en dédit,* formule qui accompagne un serment. ◇ ANT. *Confirmer, maintenir, tenir* (sa parole). — HOM. Formes du v. **dédier.**

DÉDIT [dedi]. *n. m.* (*Desdit,* fin XIIe ; de *dédire*). ♦ 1° Rare. Action de se dédire ; révocation d'une parole donnée. V. **Rétractation, révocation.** ♦ 2° *Dr.* Faculté de ne pas exécuter son engagement ou d'en interrompre l'exécution (en abandonnant une certaine somme). *Contrat comportant un dédit. Abandonner les arrhes versées, en cas de dédit.* — *Cour.* Le montant de l'indemnité. *Payer son dédit.*

DÉDOMMAGEMENT [dedɔmaʒmɑ̃]. *n. m.* (v. 1300; de *dédommager*). ♦ 1° Réparation d'un dommage. V. **Compensation, indemnité, réparation.** *Demander, obtenir une somme d'argent en dédommagement de, à titre de dédommagement.* ♦ 2° *Fig.* Ce qui compense un dommage. V. **Compensation, consolation.** *« Le châtiment de l'injustice et le dédommagement de la souffrance »* (SAND). *Ce sera un dédommagement à, pour vos peines.*

DÉDOMMAGER [dedɔmaʒe]. *v. tr.*; conjug. *bouger* (1283; de *dé-,* et *dommage*). ♦ 1° Indemniser (qqn) d'un dommage subi. V. **Indemniser, payer.** *Dédommager d'une perte, d'un manque.* ♦ 2° Donner une compensation à (qqn). *Comment pourrai-je jamais vous dédommager?* V. **Remercier.** *« Vous serez dédommagé de ces menues misères par l'affable hospitalité de vos hôtes »* (DUHAM.). ◇ Pronom. *Se dédommager de ses pertes.*

DÉDORAGE [dedɔʀaʒ]. *n. m.* (1870; de *dédorer*). *Techn.* Action de dédorer; son résultat.

DÉDORÉ, ÉE [dedɔʀe]. *adj.* (XVe; V. **Dédorer**). Qui a perdu sa dorure. — *Fig. Aristocratie dédorée :* ruinée.

DÉDORER [dedɔʀe]. *v. tr.* (fin XIIIᵉ; de *dé-*, et *dorer*). Ôter la dorure de (qqch.). — SE DÉDORER. *v. pron.* Perdre sa dorure. ◇ ANT. *Dorer.*

DÉDOUANEMENT [dedwanmã] ou **DÉDOUANAGE** [dedwanaʒ]. *n. m.* (1900,-1900; de *dédouaner*). ♦ 1° Action de dédouaner (une marchandise); son résultat. ♦ 2° *Fig.* Justification, réhabilitation. *Les « limites de la bonne conscience et du dédouanement intérieur »* (Le Monde, 7-12-1966).

DÉDOUANER [dedwane]. *v. tr.* (1835; de *dé-*, et *douane*). ♦ 1° Faire sortir (une marchandise) de l'entrepôt de la douane en accomplissant certaines formalités. ♦ 2° *Fig.* Relever (une personne physique ou morale) du discrédit dans lequel elle était tombée, la blanchir*. « *Il y a un tas de crapules que vous dédouanez en douce* » (BEAUVOIR). Pronom. *Il cherche à se dédouaner par sa gentillesse.*

DÉDOUBLAGE [dedublaʒ]. *n. m.* (1846; de *dédoubler*). Techn. ♦ 1° Action d'enlever un doublage, une doublure. ♦ 2° *Dédoublage de l'alcool*, action d'abaisser le degré d'un alcool en y ajoutant de l'eau.

DÉDOUBLEMENT [dedubləmã]. *n. m.* (déb. XVIIIᵉ; de *dédoubler*). ♦ 1° Action de dédoubler; son résultat. *Le dédoublement d'un train.* ♦ 2° *Psycho. Dédoublement de la personnalité* : état d'un sujet qui présente deux types de comportement : l'un normal et adapté, l'autre pathologique, présentant un caractère d'automatisme. — *Occult.* État de celui qui a le pouvoir de se dédoubler. ◇ *Cour.* Le fait d'avoir deux comportements différents, deux ensembles de traits de caractères. *Chaque homme « qui s'efforce vers un idéal nous offre un exemple de ce dédoublement »* (GIDE).

DÉDOUBLER [deduble]. *v. tr.* (*Desdoubler*, 1429; repr. XVIIIᵉ; de *dé-*, et *doubler*). ♦ 1° *Rare.* Défaire (ce qui est double) en ramenant à l'unité. ♦ 2° (1611). Enlever la doublure de. *Dédoubler un manteau.* ♦ 3° *Cour.* Partager en deux. V. **Diviser, partager.** *Dédoubler un régiment. Dédoubler une classe,* dans une école. — *Dédoubler un train, un convoi* : faire partir successivement deux trains au lieu d'un. — *Dédoubler un fil de fer, un fil de laine.* V. SE DÉDOUBLER. *v. pron.* Être dédoublé; se séparer en deux. *Les montagnes « se dédoublaient par la base dans l'eau immobile »* (LOTI). — *Psycho.* Perdre l'unité de sa personnalité psychique. V. **Dédoublement.** — *Cour. Je ne peux pas me dédoubler* : être à deux endroits à la fois. ◇ ANT. *Doubler.*

DÉDRAMATISER [dedʀamatize]. *v. tr.* (1965; de *dé-*, et *dramatiser*). Ôter à la représentation de qqch. le caractère dramatique. Réduire les proportions de. Cf. **Dépassionner,** minimiser. *Dédramatiser la mort.* — Absolt. *« Moi, j'essaie de dé-dramatiser »* (M. SAINT-LÔ). *Dér.* Dédramatisation, *n. f.* ◇ ANT. *Dramatiser.*

DÉDUCTIBILITÉ [dedyktibilite]. *n. f.* (1963; de *déductible*). Fin. Caractère de ce qui est déductible.

DÉDUCTIBLE [dedyktibl(ə)]. *adj.* (1931; du rad. lat. *deduct-*, et *-ible*). Fin. Qu'on peut déduire* (I).

DÉDUCTIF, IVE [dedyktif, iv]. *adj.* (1846; lat. *deductivus*, de *deducere*). Philo. Qui procède par déduction. V. **Démonstratif, discursif.** *Raisonnement déductif,* qui présente un caractère rigoureux et aboutit à une conclusion nécessaire (V. **Syllogisme**). *Méthode déductive.* ◇ ANT. *Inductif, intuitif.*

DÉDUCTION [dedyksjɔ̃]. *n. f.* (1361; lat. *deductio*). I. *Comm. et cour.* Action de soustraire une somme d'une autre. V. **Décompte, défalcation, retranchement, soustraction.** *Faire déduction des arrhes versées. Somme qui entre en déduction de...* — Spécialt. *Dr. fisc.* Dans le calcul de la base imposable, retranchement effectué dans des conditions particulières déterminées (*à distinguer de* Abattement). *Déduction forfaitaire pour frais professionnels.*
II. (*Abstrait*) Procédé de pensée par lequel on conclut de propositions prises pour prémisses, à une proposition qui en résulte, en vertu de règles logiques. V. **Démonstration; raisonnement, syllogisme.** *« La puissance de déduction qui fait le savant »* (BALZ.). *« Il me paraît bien difficile de séparer nettement l'induction et la déduction »* (Cl. BERNARD). ◇ *Cour.* Raisonnement rigoureux; action de déduire, de conclure. *Vos déductions sont un peu hasardeuses.* V. **Conclusion.**

DÉDUIRE [dedyiʀ]. *v. tr.* (fin XIᵉ; lat. *deducere* « faire descendre »). I. Retrancher (une certaine somme) d'un total à payer. V. **Décompter, défalquer, retenir.** — *Déduire d'un compte les sommes déjà versées. Déduire ses frais.* — (ANT. Additionner, ajouter). II. (XVIᵉ). ♦ 1° *Vx.* Exposer en détail et suivant un ordre. V. **Développer.** *« Il ne faut pas moins d'adresse à réduire un grand sujet, qu'à en déduire un petit »* (CORN.). ♦ 2° *Mod.* Conclure en partant de propositions prises pour prémisses. V. **Démontrer.** *Déduire et induire.* « *Quand l'expérimentateur déduira des rapports simples de phénomènes précis »* (Cl. BERNARD). — *Cour.* Conclure, décider ou trouver (qqch.) par un raisonnement, à titre de conséquence. *De ce que vous exposez, on peut déduire que...* : il ressort, il résulte que...

Pronom. *La solution se déduit naturellement de l'hypothèse* : découle. — Au p. p. *« Ses raisonnements irréprochablement déduits avaient l'expérience contre eux »* (BERGSON).

DÉDUIT [dedyi]. *n. m.* (1160; de *déduire* « divertir, amuser », en a. fr.). *Vx.* Divertissement. Jeux amoureux.

DÉESSE [dees]. *n. f.* (XIIᵉ; lat. *dea,* suff. *-esse*). ♦ 1° Divinité féminine. *Vénus* (lat.), *Aphrodite* (gr.) *déesse de l'amour; Minerve* (lat.), *Athéna* (gr.) *déesse de la sagesse. Les déesses-mères. La déesse aux cent bouches* : la Renommée. ♦ 2° Personnage allégorique féminin. *La déesse de la Liberté. La déesse Raison.* ♦ 3° Loc. *Allure de déesse* : d'une grâce souveraine. — *Port de déesse,* majestueux et imposant. — Fig. *« Cette sorte de déesse humaine, délicate, dédaigneuse, exigeante et hautaine »* (MAUPASS.). ◇ ANT. *Mortel* (mortelle).

DE FACTO [defakto]. *loc. adv.* (fin XIXᵉ; mots lat. « de fait »). Dr. De fait et non de droit. *Reconnaître un gouvernement de facto.* ◇ ANT. *De jure.*

DÉFAILLANCE [defajɑ̃s]. *n. f.* (1190; de *défaillir*). ♦ 1° *Vx.* État de ce qui fait défaut. ♦ 2° (1549). Diminution importante et momentanée des forces physiques, état de malaise, syncope. V. **Évanouissement, faiblesse.** *Avoir une défaillance. Tomber en défaillance* (se trouver mal). ◇ *Méd.* Insuffisance fonctionnelle d'un organe. ◇ (Au moral) *J'ai souvent « de grandes défaillances d'âme »* (STE-BEUVE). ♦ 3° (*Choses*). Faiblesse, incapacité. *Devant la défaillance des pouvoirs publics. Défaillance mécanique, humaine.* ♦ 4° Loc. *Sans défaillance* : sans défaut, qui agit ou fonctionne sans faiblesse. *« Une mémoire sans défaillance »* (MAUROIS). ♦ 5° *Dr.* Défaut d'exécution, au terme fixé, d'une clause contractuelle. ◇ ANT. *Énergie, fermeté, force, puissance, stabilité.*

DÉFAILLANT, ANTE [defajɑ̃, ɑ̃t]. *adj.* (1130; de *défaillir*). ♦ 1° *Vx* ou *dr.* Qui fait défaut, qui manque. *Ligne défaillante,* qui s'éteint faute d'héritiers. — Qui manque à comparaître en justice. *Témoin défaillant.* ♦ 2° (*Des forces physiques ou morales*). Qui s'affaiblit, décline, vient à manquer. V. **Chancelant, faible.** *Mémoire, raison défaillante.* — (*Personnes*) Qui défaille. *Il « soutint jusqu'à la portière son amie pâle et encore défaillante »* (MAUPASS.). ◇ ANT. *Comparant* (dr.). *Ferme, fort.*

DÉFAILLIR [defajiʀ]. *v. intr.* ; conjug. **assaillir,** sauf (vx) au défaus, il défaut ; je défaudrai ; futur (mod.) je défaillerai ou je défaillirai (ex. *« Son secours qui ne défaut point »* (COLETTE). *« À les voir je défaille »* (GIRAUDOUX). « *Je ne défaillerai pas »* (PSICHARI). (1080; de *dé-*, et *faillir*). ♦ 1° *Vx.* Faire défaut, manquer. ♦ 2° *Mod.* (XVIᵉ). Perdre momentanément ses forces physiques, tomber en défaillance. V. **Évanouir** (s'), **pâmer** (se) ; **mal** (se trouver mal); *fam.* Tourner de l'œil; tomber dans les pommes. *Défaillir de faim, d'effroi. « Elle défaillait, en proie à une syncope »* (BOURGET). ♦ 3° (*Choses*). S'affaiblir, décliner, diminuer. *Ses forces défaillent de jour en jour. « Toute la volonté défaille, toute pensée s'arrête »* (MAUPASS.). ♦ 4° *Littér.* Faiblir, manquer à son devoir. *J'accomplirai ma tâche sans défaillir.* ◇ ANT. *Maintenir* (se). *Remonter* (se). *Augmenter, redoubler.*

DÉFAIRE [defɛʀ]. *v. tr.* ; conjug. **faire** (*Desfaire,* 1080; de *dé-*, et *faire*).
I. *V. tr.* ♦ 1° Changer (une chose) de manière qu'elle cesse d'être faite, construite, élaborée, sans en détruire les éléments. *Défaire un mur pierre par pierre* (V. **Abattre, démolir, renverser**). *Défaire ce qui était assemblé, cloué, monté.* V. **Déclouer, démonter, dévisser.** *Défaire une corde* (V. **Décorder, détortiller**), *une natte* (V. **Dénatter**), *un nœud* (V. **Dénouer**), *un paquet* (V. **Ouvrir**). *« Femmes, éternelles Pénélopes, qui défont le jour ce qu'elles ont tissé la nuit »* (MONTHERLANT). — (Abstrait) *Défaire un contrat, un mariage.* V. **Rompre.** *« Tout ce que l'un a fait, l'autre le peut défaire »* (CORN.). ♦ 2° Supprimer l'ordre, l'arrangement de (qqch.). ♦ 3° Déclasser, déranger. *Défaire sa valise, ses bagages* : en défaire le contenu. V. **Déballer.** *Défaire la table* (opposé à mettre la table). *Défaire son lit.* ♦ 3° Détacher, dénouer (les pièces d'un vêtement, d'un ajustement). V. **Détacher.** *Défaire sa cravate* : en défaire le nœud (V. **Dénouer**). *Défaire une courroie, une sangle. « Défaire les boutons, les agrafes, les rubans »* (ROMAINS). ♦ 4° *Vx* ou littér. *Défaire* (qqn) *de* : délivrer de ce qui gêne. V. **Débarrasser, délivrer.** ♦ 5° *Littér.* Mettre en déroute. V. **Battre, enfoncer.** *« Il défit, en champ clos, tous ceux qui se proposèrent »* (FLAUB.).
II. SE DÉFAIRE. *v. pron.* ♦ 1° Cesser d'être fait, arrangé, élaboré. *Nœud lâche, desserré qui se défait. Couture qui se défait. Ma coiffure s'est défaite.* — Fig. *Les destinées se font et se défont.* ♦ 2° Se débarrasser (de). V. **Débarrasser** (se), **délivrer** (se). *Se défaire d'un importun, d'un fâcheux* : l'éliminer. *Se défaire d'un employé.* V. **Congédier, renvoyer.** — *Se défaire de qqch.* V. **Abandonner, débarrasser** (se), **jeter, rejeter.** *Se défaire d'un défaut.* V. **Corriger** (se), **perdre.** *« Défaites-vous d'une détestable habitude »* (BALZ.).

◊ *Spécialt.* Se débarrasser (de qqch.) en vendant. V. **Échanger, séparer** (se), **vendre.** *Je ne veux pas m'en défaire.*

◊ ANT. *Faire; assembler, fabriquer, monter; établir; consolider.* **Attacher.** *Tenir; conserver, garder.*

DÉFAIT, AITE [defɛ, ɛt]. *adj.* (1185; V. **Défaire).** ♦ 1° Qui n'est plus fait, arrangé. *Nœud défait. Cheveux défaits. Lit défait.* V. **Désordre** (en). ♦ 2° Qui semble épuisé. V. **Abattu, amaigri, exténué.** *Visage défait :* pâle, décomposé. *Mine défaite.* « *Un homme agité ou défait toujours en frisson, ou en sueur* » (SUARÈS). ♦ 3° Vaincu, mis en déroute. *Débris d'une armée défaite.* ◊ ANT. **Fait, ordre** (en). **Fort;** *florissant, gaillard.* **Vainqueur, victorieux.** — HOM. **Défet.**

DÉFAITE [defɛt]. *n. f.* (1475; autre sens 1273; aussi « action de se débarrasser » et « excuse, mauvaise raison », XVIIᵉ; *subst. part.* de *défaire*). ♦ 1° Échec subi par une armée; perte d'une bataille. V. **Échec, revers.** *Défaite qui se change en déroute.* V. **Débâcle, débandade, fuite.** — Perte d'une guerre. *La défaite de 1871.* ♦ 2° Échec. « *La défaite momentanée de l'idéal pacifiste* » (MART. du G.). *Défaite électorale.* « *Un homme d'action n'est pas déshonoré par une défaite* » (ROMAINS). ◊ ANT. **Succès, triomphe, victoire.**

DÉFAITISME [defetism(ə)]. *n. m.* (1915, mot forgé en fr. et en russe par un écrivain russe; cf. précéd.). Manque de confiance dans l'issue victorieuse d'une guerre; opinion de ceux qui préconisent l'abandon de la lutte, la cessation des hostilités. — *Par ext.* V. **Pessimisme.** « *Elle était prête à sombrer dans un amer défaitisme* » (BEAUVOIR). ◊ ANT. **Confiance, patriotisme, résistance.**

DÉFAITISTE [defetist(ə)]. *adj. et n.* (1915; Cf. le précéd.; de *défaite*). Relatif au défaitisme. *Propos défaitistes.* « *Je ne suis pas défaitiste : je constate la défaite* » (SARTRE). — *N.* Partisan du défaitisme. ◊ ANT. **Optimiste, patriote, résistant.**

DÉFALCATION [defalkɑsjɔ̃]. *n. f.* (1307; lat. médiév. *defalcatio,* de *defalcare*). Action de défalquer. V. **Déduction.** *Défalcation faite des frais, il vous reste tant.*

DÉFALQUER [defalke]. *v. tr.* (1384; lat. médiév. *defalcare* « couper avec la faux » *(falx).* Retrancher d'une somme, d'une quantité. V. **Déduire.** *Défalquer ses frais généraux de la recette brute pour obtenir le bénéfice net.* ◊ ANT. **Ajouter, augmenter.**

DÉFANANT [defanɑ̃]. *n. m.* (v. 1972; de *dé-,* et *fane,* ou de *défaner* [dial., XIXᵉ]). *Agric.* Produit chimique destiné à la destruction des fanes de tubercules (DÉFANAGE [defanaʒ]; *n. m.*).

DÉFATIGUER [defatige]. *v. tr.* (1836; de *dé-,* et *fatiguer*). Ôter la fatigue ou l'impression de fatigue. V. **Délasser.** *Dormir ne le défatigue pas.* « *J'ai pris une fumigation de sureau pour me défatiguer la voix* » (M. DORVAL). *Absolt. Une douche peut défatiguer. Se défatiguer en jouant.* ◊ ANT. **Fatiguer.**

DÉFAUFILER [defofile]. *v. tr.* (1863; de *dé-,* et *faufiler*). *Cout.* Défaire (ce qui était faufilé). ◊ ANT. **Faufiler.**

1. **DÉFAUSSER** [defose]. *v. tr.* (1846; de *dé-,* et *fausser*). Redresser (ce qui a été faussé). *Défausser une clef.* ◊ ANT. **Fausser.**

2. **DÉFAUSSER (SE)** [defose]. *v. pron.* (1792; de *dé-,* et *faux*). *Jeu.* Se débarrasser d'une carte inutile ou dangereuse à conserver. *Il s'est défaussé à trèfle. Se défausser de l'as de carreau.*

DÉFAUT [defo]. *n. m.* (XIIIᵉ; anc. p. p. de *défaillir*). I. ♦ 1° Absence de ce qui serait nécessaire ou désirable. V. **Carence, faute, manque, pénurie.** *Défaut d'accord, d'harmonie, de proportion.* V. **Déséquilibre, discordance, disproportion.** *Défaut d'attention.* « *Le défaut d'exercice est fatal aux enfants* » (BALZ.). « *Il sentit que le défaut de maturité de leur esprit se trahissait dans tout ce qu'ils disaient* » (LARBAUD). ◊ **FAIRE DÉFAUT.** V. **Manquer.** *Les forces m'ont fait défaut.* V. **Abandonner, trahir.** « *Toujours la sagesse fait défaut par quelque endroit* » (FRANCE). ◊ *Sc.* (*Opposé à* excès). *Math.* Différence en moins d'une quantité à une autre. *Total approché par défaut.* — *Fig.* « *Si je pèche par excès, ils pèchent par défaut* » (CHATEAUB.). ◊ *Phys. Défaut de masse* : différence entre le poids atomique d'un atome et son nombre de masse (positive quand le poids isotopique est supérieur au nombre de masse). ♦ 2° *Le défaut de la cuirasse,* de *l'armure* : l'endroit le plus faible. ♦ 3° *Dr.* Situation d'une partie à un procès, qui y demeure, volontairement ou non, étrangère. V. **Contumace, défaillance.** *Condamnation, jugement par défaut,* décision rendue contre une partie non comparante et non représentée. — DÉFAUT-CONGÉ [defok5ʒe] : accordé au défendeur quand le demandeur ne vient pas soutenir sa demande à l'audience. ♦ 4° *Loc. prép.* AU DÉFAUT DE (VX); À DÉFAUT DE : dans le cas d'un manque de. V. **Faute** (à), lieu (au lieu de). *Engager tel employé à défaut d'un autre.* « *Il aurait trouvé dans ce travail, à défaut de joie, la paix de l'esprit* » (FRANCE). ♦ 5° EN DÉFAUT. *Vén. Mettre les chiens en défaut* : les induire en erreur. V. **Dépister.** — *Fig. Être en défaut* : manquer à ses engagements (V. **Faillir**)

ou commettre une erreur (V. **Tromper** (se). *Mettre, prendre, surprendre, trouver qqn en défaut.* V. **Manquement.** « *Cette compétence jamais en défaut* » (MART. du G.). II. ♦ 1° (1608; de *il faut* « il manque »). Imperfection physique. V. **Anomalie, difformité, mal, malformation, tare** (*Défaut* est plus faible que ces mots). *Défaut de conformation.* V. **Vice.** « *Même les petits défauts de sa figure, une marque de petite vérole, par exemple* » (STENDHAL). ♦ 2° Détail irrégulier, partie imparfaite, défectueuse dans une matière ou un ouvrage. *Défauts d'une étoffe. Ce diamant a un léger défaut.* V. **Crapaud.** *Défaut du bois* (les nœuds), *d'un acier, d'un alliage* (les pailles). « *Si l'astronome s'obstine à prendre pour un lac de la lune le défaut de sa lunette* » (PAULHAN). « *Le vendeur est tenu de la garantie des défauts cachés de la chose vendue* » (CODE CIV.). ♦ 3° (*Opposé à* qualité). Imperfection morale, comportement habituel ou tendance condamnable (moins grave que *vice, péché*). V. **Faiblesse, imperfection, mal, travers.** *Avoir de nombreux défauts. La curiosité est un vilain défaut. De gros, de petits défauts. Se corriger de ses défauts.* — *Ouvrage qui dépeint les défauts du temps* (V. **Ridicule, travers**). « *La fourmi n'est pas prêteuse : C'est là son moindre défaut* » (LA FONT.) : elle en a bien d'autres, encore plus grands. « *Sous prétexte que la perfection n'est pas de ce monde, ne gardez pas soigneusement tous vos défauts* » (RENARD). ♦ 4° Ce qui est insuffisant, médiocre ou mauvais dans une œuvre, une activité. V. **Imperfection; faiblesse, faute, maladresse, tache, tare.** *Relever les défauts d'un poème, d'une œuvre.* « *Un sonnet sans défaut vaut seul un long poème* » (BOIL.). — *Défauts d'une théorie, d'un système.* V. **Inconvénient.** ◊ *Les défauts d'un auteur.*

◊ ANT. **Abondance, excès. Mérite, perfection, qualité, vertu.**

DÉFAVEUR [defavœʀ]. *n. f.* (XVᵉ; de *dé-,* et *faveur*). Perte de la faveur, de l'estime; disposition défavorable. V. **Décri, discrédit, disgrâce,** *S'attirer la défaveur de l'opinion, du public.* V. **Défiance, hostilité, inimitié.** *Être en défaveur, auprès de qqn.* « *J'étais indépendant, j'étais sans fortune et poète, triple titre à la défaveur* » (VIGNY). ◊ ANT. **Faveur.**

DÉFAVORABLE [defavɔʀabl(ə)]. *adj.* (1468; de *dé-,* et *favorable*). Qui n'est pas favorable; qui désavantage ou risque de désavantager. *Conditions, circonstances défavorables.* V. **Adverse, contraire, désavantageux, mauvais, nuisible, opposé.** *Examinateur défavorable à un candidat.* V. **Hostile.** *Avis, opinion défavorable.* ◊ ANT. **Favorable.**

DÉFAVORABLEMENT [defavɔʀabləmɑ̃]. *adv.* (1752; de *défavorable*). D'une manière défavorable. ◊ ANT. **Favorablement.**

DÉFAVORISER [defavɔʀize]. *v. tr.* (1468; de *dé-,* et *favoriser*). Priver (qqn) d'un avantage (consenti à un autre ou qu'on aurait pu lui consentir). V. **Désavantager, desservir, frustrer, handicaper.** *Cette mesure, cette loi nous défavorise par rapport à nos concurrents. Candidat défavorisé.* ◊ ANT. **Avantager, favoriser.**

DÉFÉCATION [defekɑsjɔ̃]. *n. f.* (1754; lat. *defæcatio.* V. **Déféquer).** ♦ 1° *Chim.* Clarification (d'un liquide). ♦ 2° *Physiol.* Expulsion des matières fécales (ou *fèces*).

DÉFECTIF, IVE [defɛktif, iv]. *adj.* (déb. XVIIᵉ; « défectueux », 1341; lat. *defectivus,* de *deficere* « faire défaut »). *Gram.* Se dit des verbes qui ne possèdent pas, dans l'usage réel, toutes les formes du type de conjugaison auquel ils appartiennent. *Choir, clore, quérir* sont des verbes *défectifs.*

DÉFECTION [defɛksjɔ̃]. *n. f.* (1772; « éclipse », XIIIᵉ; lat. *defectio,* de *deficere*). Abandon d'une cause, d'un parti auquel on appartient. V. **Désertion.** *Défection générale, massive.* V. **Débandade, déroute.** *Faire défection :* abandonner. « *Il redoutait la trahison des uns et la défection des autres* » (PÉGUY). ◊ ANT. **Fidélité. Ralliement.**

DÉFECTUEUSEMENT [defɛktɥøzmɑ̃]. *adv.* (1380; de *défectueux*). *Rare.* D'une manière défectueuse. V. **Imparfaitement, mal.** ◊ ANT. **Bien.**

DÉFECTUEUX, EUSE [defɛktɥø, øz]. *adj.* (1336; lat. médiév. *defectuosus,* de *deficere*). ♦ 1° Qui n'a pas les qualités requises; qui présente des imperfections, des défauts. V. **Imparfait, insuffisant, mauvais.** *Raisonnement défectueux.* V. **Boiteux, incorrect, vicieux.** *Machine défectueuse, outil défectueux.* « *L'installation est aussi rudimentaire et défectueuse que possible* » (ROMAINS). ♦ 2° *Dr.* Qui manque des conditions, des formes requises. *Jugement défectueux.* ◊ ANT. **Correct, exact, irréprochable, parfait.**

DÉFECTUOSITÉ [defɛktɥozite]. *n. f.* (XVᵉ; lat. *defectuositas.* V. **Défectueux).** État de ce qui est défectueux. V. **Défaut, imperfection, insuffisance, lacune, vice.**

DÉFENDABLE [defɑ̃dabl(ə)]. *adj.* (1265; de *défendre*). Qui peut être défendu. *Cette position, cette ville n'est pas défendable sans artillerie.* — *Fig. La thèse qu'il soutient n'est pas défendable.* V. **Soutenable.** *Cette conduite est défendable.* V. **Justifiable.** ◊ ANT. **Indéfendable.**

DÉFENDEUR, DERESSE [defɑ̃dœʀ, dʀɛs]. *n.* (XIIᵉ; de *défendre*). *Dr.* Personne contre qui une demande en justice est formulée. *Défendeur en appel.* V. **Intimé.** ◊ ANT. *Demandeur; appelant.*

DÉFENDRE [defãdʀ(ə)]. *v. tr.; conjug. rendre* (1080; lat. *defendere*).
I. ♦ 1° Aider, protéger (qqn) contre une attaque en se battant. V. **Secourir, soutenir.** *Défendre un allié contre l'envahisseur. Don Quichotte* « *voulait être un chevalier, défendre les faibles et pourfendre les méchants* » (MAUROIS). — Par ext. *Défendre sa (propre) vie. Défendre chèrement sa vie* (Cf. **Vendre cher sa vie**). À SON CORPS DÉFENDANT (en se défendant soi-même) : à contrecœur, malgré soi. *Il a accepté à son corps défendant.* ♦ 3° Soutenir (qqn) contre les accusations, les attaques; intervenir en faveur de. *L'avocat a bien défendu son client.* V. **Plaider** (pour). « *Défendre (un innocent) avant que personne songe à l'attaquer* » (PAULHAN). ♦ 4° *Défendre* (qqn) *contre, de* (un danger, un mal, etc.). « *Et la garde qui veille aux barrières du Louvre N'en défend point nos rois* » (de la mort) » (MALHERBE). ♦ 5° Fig. *Défendre l'honneur, la renommée de qqn contre les médisants. Défendre une théorie, une opinion, un parti* (Cf. Prendre fait et cause, prendre parti pour). *Défendre son point de vue, ses idées.*
II. ♦ 1° Interdire (un lieu) par la force, les armes. V. **Garder, interdire.** *Une division défend la frontière.* V. **Couvrir** (4°). *Défendre une position pied à pied, sans esprit de recul.* V. **Tenir.** — Au p. p. *Pays mal défendu.* ◊ En parlant des choses qui servent à la défense. *Le poste est défendu par deux mitrailleuses.* ♦ 2° (Choses). *Défendre de* : garantir, préserver, protéger contre. *Des rideaux défendent la chambre du soleil.*
III. Enjoindre à qqn de ne pas faire (qqch.). V. **Interdire, prohiber, proscrire.** *Son père lui défend de sortir. Il défendit qu'on passât par là. Défendre l'alcool, le tabac à un malade. La loi, la religion défend le meurtre.* V. **Condamner.** ◊ Au p. p. *Il est strictement défendu de fumer; c'est défendu.* V. **Défense** (de). Adj. *Le fruit défendu.*
IV. SE DÉFENDRE. *v. pron.* ♦ 1° Résister à une attaque. V. **Lutter, résister.** *Se défendre les armes à la main. Se défendre pied à pied* : disputer le terrain. *Se défendre comme un lion.* V. **Battre** (se). *Se défendre en attaquant.* V. **Riposter.** « *Quand on est en péril de mort toutes les armes sont bonnes pour se défendre* » (CLAUDEL). *Pop.* Être apte à faire qqch. (Cf. Être à la hauteur). *Il se défend bien en affaires.* « *Oh! moi je me défends* » (GENET) : je réussis à peu près (Cf. Ça va). ♦ 2° Se justifier. *Se défendre contre une accusation.* V. **Réfuter, répondre.** ◊ Littér. « *Vous vous défendez d'être médecin* » (MOL.) : vous niez l'être, vous refusez de l'admettre. ♦ 3° (*Choses*). Se justifier, résister à la critique. « *Un seul mot d'ordre : d'ordre. Cela peut se défendre* » (MAURIAC). V. **Défendable.** ♦ 4° (*Personnes*). SE DÉFENDRE DE... , CONTRE... : se protéger, s'abriter. V. **Garantir** (se), préserver (se), protéger (se). *Se défendre du froid, de la pluie.* — *Se défendre des (contre les) mauvaises tentations.* ◊ SE DÉFENDRE DE... (et *inf.*). V. **Empêcher** (s'), interdire (s'), refuser (se). *Il se défend de conclure.* V. **Garder** (se). « *L'homme qui assiste son semblable se défend mal de devenir son ami* » (COLETTE). « *Antoine ne put se défendre de sourire* » (MART. du G.).
◊ ANT. **Attaquer.** *Accuser. Autoriser, ordonner, permettre.*

DÉFENDS. V. DÉFENS.
DÉFENDU. V. DÉFENDRE.

DÉFENESTRATION [defɑnɛstʀɑsjɔ̃]. *n. f.* (XIXᵉ; du lat. *de-*, et *fenestra* (dès 1260 en angl.); Cf. a. fr. *Défenestrer* « enlever les fenêtres », XVIᵉ). ♦ 1° Hist. *La défenestration de Prague* (1618), épisode qui fut à l'origine de la guerre de Trente Ans (les conseillers du roi furent jetés par les fenêtres par les protestants). *Fam.* Action de jeter par la fenêtre (on emploie aussi le v. *Défenestrer* [defɑnɛstʀe]). ♦ 2° Méd. *légale.* Chute accidentelle ou intentionnelle d'une personne tombant d'une fenêtre située à un niveau élevé (on dit aussi *précipitation*).

DÉFENS ou **DÉFENDS** [defɑ̃]. *n. m.* (XIIᵉ; lat. *defensus*, p. p. de *defendere.* V. **Défense.** ♦ 1° Vx. Défense. ♦ 2° *Bois en défens* : bois jeune, dont l'entrée est défendue aux bestiaux ou dont les coupes sont interdites).

1. **DÉFENSE** [defɑ̃s]. *n. f.* (fin XIᵉ; lat. *defensa*; Cf. le précéd.).
I. ♦ 1° Action de défendre qqn en se battant. *La défense d'un homme attaqué.* V. **Protection.** *Aller, courir à la défense de qqn.* V. **Aide, rescousse, secours.** — Action de défendre (II) un lieu contre les ennemis. *La défense de la ville, du pays.* ◊ Action de se défendre ou de défendre un lieu (combat individuel ou guerre). V. **Résistance.** *Défense énergique, obstinée. Ligne, position de défense. Moyen, arme de défense.* V. **Défensif.** *Ouvrage de défense.* V. **Abri, fortification, retranchement.** ◊ Ensemble des moyens militaires utilisés pour défendre un pays. DÉFENSE NATIONALE : ensemble des moyens visant à assurer l'intégrité d'un territoire national contre les attaques de l'étranger. *Ministère de la Défense nationale.* — *Défense contre avions* : ensemble des moyens de

défense opposés aux attaques aériennes (artillerie, aviation d'interception, radar). V. **D.C.A.** — *Défense passive* : moyens de protection contre les bombardements aériens. ◊ *Sports.* Action, manière de défendre son camp. Ensemble des joueurs chargés de cette opération. ♦ 2° Fig. Action de défendre, de protéger, de soutenir qqn, qqch. V. **Protection, sauvegarde.** *La défense d'un idéal. La* « *Défense de l'Esprit des Lois* » de Montesquieu. *La* « *Deffence* (défense) *et illustration de la langue française* » de J. du Bellay (V. **Apologie**). *Prendre la défense du faible, de l'opprimé.* ♦ 3° Le fait de se défendre (*fig.*), de résister. ◊ Dr. *Légitime défense* par laquelle un acte interdit par la loi pénale est excusé, quand il a été accompli pour se protéger d'une agression. — Fig. « *Plus Mirbel se laissait emporter et moins l'abbé lui opposait de défense* » (MAURIAC). *Moyens de défense.* — Fam. *Ne pas avoir de défense* : être incapable de résister aux sollicitations, de répondre aux railleries. ◊ Physiol. *La défense de l'organisme,* contre l'invasion des corps étrangers (microbes), l'infection. — Psycho. *Instinct de défense. Réflexe de défense.* Psychan. *Les défenses,* mécanismes inconscients par lesquels l'ego rejette certains éléments affectifs, certaines pulsions. ♦ 4° Action de défendre qqn ou de se défendre contre une accusation. *Prendre la défense d'un enfant en faute* (prendre fait et cause pour). « *Non : rien à dire pour sa défense; pas même une raison à fournir* » (MAURIAC), à sa décharge, pour l'excuser. ◊ Dr. Le fait de se défendre avant d'être jugé. *Droit de la défense. Système de défense. Un avocat assurera la défense de l'accusé.* — Par ext. Représentation en justice des intérêts des parties. V. **Avocat, défenseur.** *La parole est à la défense* (opposé à accusation). *Actes en demandes* et actes en défenses.* V. **Demandeur, défendeur.** ♦ 5° Ce qui sert à défendre, à se défendre. *Les défenses d'une ville.* V. **Fortification.** ◊ Techn. Engin destiné à protéger la coque d'un navire lors d'un accostage. *Pneus servant de défenses.* — Dispositif protecteur d'une côte, d'un ouvrage d'art exposés à la mer. *Défense du cap de la Hève.* ◊ Fig. et littér. *Institutions servant de défense contre la tyrannie, contre l'anarchie.* V. **Abri, bouclier, rempart.**
II. Le fait de défendre (III), d'interdire. V. **Interdiction, prohibition.** « *On chargea le poète de chaînes. On l'accabla de défenses bizarres et de lui intima des prohibitions* » (VALÉRY). *Vieilli. Faire défense à qqn de faire qqch.* V. **Défendre** (III). *Mod. Défense de fumer; défense d'afficher. Défense absolue, expresse. Défense d'entrer sous peine d'amende.*
◊ ANT. **Agression, attaque, offensive.** *Abandon, désertion, fuite. Autorisation, permission.*

2. **DÉFENSE** [defɑ̃s]. *n. f.* (XVIᵉ; du précéd. « ce qui sert à se défendre »). Dent très saillante (chez quelques animaux). *Défenses du sanglier* (canines inférieures), *du morse* (canines supérieures). Spécialt. *Défense (d'éléphant)* : incisive très développée en arc de cercle. « *Tes bras sont arrondis comme deux défenses d'ivoire* » (LOUYS).

DÉFENSEUR [defɑ̃sœʀ]. *n. m.* (*Defenseor,* 1213; remplace *défendeur* au XVIᵉ; lat. *defensor,* de *defendere*). ♦ 1° Celui qui défend qqn ou qqch. contre ceux qui l'attaquent. V. **Champion, protecteur, soutien.** *Les défenseurs d'une ville assiégée, de la patrie. Défenseur des faibles, des opprimés.* V. **Redresseur** (de torts). *Défenseur du bon droit, de la justice, de la liberté.* « *Liberté, liberté chérie Combats avec tes défenseurs* » (La Marseillaise). ◊ *Défenseur de la foi* : titre décerné à Henri VIII d'Angleterre par Léon X. ♦ 2° Fig. Personne qui soutient une cause, une doctrine. V. **Apôtre, avocat, champion, partisan, soutien, tenant.** *Défenseur d'une opinion.* ♦ 3° Dr. Personne chargée de soutenir les intérêts d'une partie, devant le tribunal. V. **Défense** (I). *Donner un défenseur à un accusé.* V. **Avocat.** ◊ ANT. **Agresseur, assaillant.** *Déserteur. Accusateur, adversaire.*

DÉFENSIF, IVE [defɑ̃sif, iv]. *adj.* (XIVᵉ; lat. médiév. *defensivus,* de *defendere*). Qui est fait pour la défense. *Armes défensives. Alliance défensive et offensive.* Fig. « *Sans doute l'expression du regard demeurait-elle trop fermée, presque défensive* » (ROMAINS). ◊ ANT. **Agressif, offensif.**

DÉFENSIVE [defɑ̃siv]. *n. f.* (XIVᵉ; du précéd.). Attitude de défense; disposition à se défendre sans attaquer. « *La défensive, après les épreuves des deux guerres mondiales, semble tout à fait condamnée* » (DUHAM.). ◊ (1690) *Être, se tenir sur la défensive* : prêt à répondre à toute attaque sans attaquer soi-même (V. **Méfiant**). ◊ ANT. **Attaque, offensive.**

DÉFENSIVEMENT [defɑ̃sivmɑ̃]. *adv.* (1834; de *défensif*). Dans un but défensif.

DÉFÉQUER [defeke]. *v.* (1573; lat. *defæcare* « débarrasser de la lie », de *fæx* « lie »). ♦ 1° V. tr. Chim. Opérer la défécation; le filtrage de. V. **Clarifier, épurer, filtrer.** *Déféquer une liqueur par précipitation.* ♦ 2° V. intr. Physiol. Expulser les matières fécales; aller à la selle. V. **Chier** (*vulg.*), faire.

DÉFÉRENCE [deferɑ̃s]. *n. f.* (1392; de *déférer*). Considération très respectueuse que l'on témoigne à qqn.

V. **Respect.** *Traiter qqn avec déférence. Faire qqch. par déférence pour qqn.* V. **Égard.** ◇ ANT. *Arrogance, insolence, irrespect.*

DÉFÉRENT, ENTE [deferɑ̃, ɑ̃t]. *adj.* (XVIᵉ; lat. *deferens*, p. prés. de *deferre.* V. **Déférer**).
I. *Sc.* Qui porte, qui conduit vers l'extérieur. *Anat. Canal déférent :* canal excréteur des testicules. *Bot.* Canal de circulation de la sève.
II. (1690). Qui a, qui témoigne de la déférence. V. **Respectueux.** *Être, se montrer déférent envers, à l'égard de qqn.* « *Étienne, bien loin d'escamoter les tournures déférentes, mettait du zèle à user de la troisième personne* » (ROMAINS). — (ANT. *Arrogant, effronté, insolent, irrespectueux*).

DÉFÉRER [defere]. *v. tr.;* conjug. *céder* (XVIᵉ; lat. *deferre* « porter », bas lat. « faire honneur »). ♦ 1º *Dr.* Porter (une affaire), traduire (un accusé) devant l'autorité judiciaire compétente. *Déférer un coupable à la justice.* V. **Citer, traduire.** *Déférer une affaire à un tribunal.* V. **Saisir** (le tribunal). ♦ 2º *Vx.* Accorder (une dignité, un commandement) en vertu d'une autorité. V. **Conférer, décerner.** *Les Romains déférèrent les honneurs divins à de nombreux empereurs.* ♦ 3º *Trans. indir. Mod.* Céder (à qqn) par respect. *Déférer à qqn, au jugement. à la décision de qqn.* V. **Acquiescer, céder, obéir, obtempérer, rapporter** (s'en), **remettre** (s'en), **soumettre** (se). « *Je défèrai donc à son vœu* » (LECOMTE). ◇ ANT. *Refuser, résister.* — HOM. *Déferrer.*

DÉFERLAGE [defɛʀlaʒ]. *n. m.* (XVIIIᵉ; de *déferler*, 1º). *Mar.* Action de déferler (une voile, un pavillon).

DÉFERLANT, ANTE [defɛʀlɑ̃, ɑ̃t]. *adj.* (1897; de *déferler*). Qui déferle. *Vague déferlante.* Fig. *Les armées déferlantes de l'envahisseur.*

DÉFERLEMENT [defɛʀləmɑ̃]. *n. m.* (1891; de *déferler*, 2º). Action de déferler; résultat de cette action. *Le déferlement des vagues sur les brisants.* — Fig. *Le déferlement des barbares en Gaule. Un déferlement d'enthousiasme.* V. **Vague.**

DÉFERLER [defɛʀle]. *v.* (Defrelée, 1578; de *dé-*, et *ferler* sous la forme *fresler*). ♦ 1º V. *tr. Mar.* Déployer (une voile, un pavillon). V. **Déployer, larguer; déferlage.** « *Ses voiles étaient à demi déferlées* » (CHATEAUB.). ♦ 2º V. *intr.* (1787). Se dit des vagues qui se brisent en écume en roulant sur elles-mêmes. « *Au-dessous d'eux, la mer très calme déferlait faiblement sur les galets de la grève* » (LOTI). ◇ *Fig.* Se déployer avec force, avec impétuosité, comme une vague. *Les manifestants déferlèrent sur la place. L'enthousiasme déferle.*

DÉFERRAGE [defɛʀaʒ] *n. m.,* **DÉFERREMENT** [defɛʀmɑ̃] *n. m.* ou **DÉFERRURE** [defɛʀyʀ]. *n. f.* (1870, -XIVᵉ,-1611; de *déferrer*). Action de déferrer; son résultat.

DÉFERRER [defeʀe]. *v. tr.* (déb. XIIᵉ; de *dé-*, et *ferrer*). Dégarnir (une chose) du fer qui y avait été appliqué. *Déferrer une caisse, une porte :* enlever les ferrures. — *Déferrer un prisonnier :* lui retirer les fers qu'il a aux mains et aux pieds (V. **Déchaîner, désenchaîner**). — *Déferrer un cheval :* lui retirer le fer ou les fers qu'il a aux sabots. ◇ ANT. *Ferrer.* — HOM. *Déférer.*

DÉFERVESCENCE [defɛʀvesɑ̃s]. *n. f.* (1870; du lat. *defervescere* « cesser de bouillonner »). ♦ 1º *Chim.* Diminution de l'effervescence. ♦ 2º *Méd.* (1877). Période de décroissance de la température, au cours d'une maladie fébrile.

DÉFET [defɛ]. *n. m.* (*Defect*, XIVᵉ; lat. *defectus* « manque »). Feuille superflue et dépareillée d'un ouvrage imprimé. ◇ HOM. *Défait.*

DÉFEUILLAISON [defœjɛzɔ̃]. *n. f.* (1803; de *défeuiller*). *Didact.* Chute des feuilles. V. **Défoliation.** ◇ ANT. *Feuillaison, pousse.*

DÉFEUILLER [defœje]. *v. tr.* (fin XIIIᵉ; de *dé-*, et *feuille*). *Littér.* Dépouiller de ses feuilles. V. **Effeuiller.** Pronom. *Arbres qui se défeuillent.* Au p. p. « *La campagne, encore riante, mais défeuillée en partie* » (ROUSS.). Par ext. *Rose défeuillée :* qui a perdu ses pétales.

DÉFEUTRER [deføtʀe]. *v. tr.* (1870; de *dé-*, et *feutre*). *Techn.* Traiter la laine cardée par doublage et étirage afin d'obtenir un ruban régulier. *Le ruban défeutré est ensuite peigné.* — *Dér.* **DÉFEUTRAGE** [deføtʀaʒ]. *n. m.*

DÉFI [defi]. *n. m.* (1526; de *défier*). ♦ 1º Action de défier, en combat singulier, à une compétition ; notification de cet acte. *Lancer, jeter un défi.* V. **Gant** (jeter le gant). *J'accepte le défi.* ♦ 2º *Par ext.* Déclaration provocatrice par laquelle on signifie à qqn qu'on le tient pour incapable de faire une chose. *Mettre qqn au défi de faire qqch.* (Cf. **Mettre** au pied du mur, prendre au mot). *Je relève le défi* (V. **Chiche !**). ♦ 3º Refus de s'incliner devant qqn ou qqch.; refus de se soumettre. « *Je considère ce défi comme un défi à mon autorité. Un défi au danger, au bon sens.* » ♦ 4º (v. 1965, d'apr. l'angl.). *Anglicisme.* Obstacle extérieur ou intérieur qu'une civilisation doit surmonter dans son évolution. « *Dans les sociétés comme pour les hommes il n'y a pas de croissance sans défi* » (J.-J. SERVAN-SCHREIBER). ◇ ANT. *Soumission.*

DÉFIANCE [defjɑ̃s]. *n. f.* (XVIᵉ; « défi », 1160; de *se défier*). Sentiment d'une personne qui se défie. V. **Crainte, doute, méfiance, prudence, suspicion.** *Accueillir une nouvelle avec défiance.* V. **Incrédulité, réserve, scepticisme.** *Inspirer, éveiller la défiance, mettre en défiance* (Cf. Mettre la puce à l'oreille). « *Son attitude obséquieuse aurait suffi à me mettre en défiance* » (MAURIAC). ◇ ANT. *Confiance.*

DÉFIANT, ANTE [defjɑ̃, ɑ̃t]. *adj.* (XVIᵉ; de *défier*). Qui se défie, qui est porté à se défier d'autrui. V. **Circonspect, méfiant, ombrageux, soupçonneux.** « *C'est le propre de l'amour de nous rendre à la fois plus défiants et plus crédules* » (PROUST). Par ext. *Air défiant.* ◇ ANT. *Confiant.*

DÉFIBRAGE [defibʀaʒ]. *n. m.* (1877; de *défibrer*). *Techn.* Action de défibrer; son résultat.

DÉFIBRER [defibʀe]. *v. tr.* (1877; de *dé-*, et *fibre*). *Techn.* Dépouiller de ses fibres. *Défibrer la canne à sucre. Défibrer le bois pour faire du papier.*

DÉFIBREUR, EUSE [defibʀœʀ, øz]. *n.* (1877; de *défibrer*). *Techn.* ♦ 1º Ouvrier, ouvrière dont le travail consiste à défibrer le bois. ♦ 2º *N. m.* Machine à défibrer le bois.

DÉFIBRILLATEUR [defibʀijatœʀ]. *n. m.* (1960; de *défibrillation*, et suff. *-eur*). *Méd.* Appareil électrique servant à réaliser une défibrillation*.

DÉFIBRILLATION [defibʀijasjɔ̃]. *n. f.* (v. 1960; de *dé-*, et *fibrillation*). *Méd.* Intervention visant à rétablir un rythme cardiaque normal chez un patient atteint de fibrillation*. *Défibrillation par chocs électriques au moyen d'un défibrillateur.*

DÉFICELER [defisle]. *v. tr.;* conjug. *ficeler.* V. **Appeler** (1705; de *dé-*, et *ficeler*). Dégager (un objet) des ficelles qui l'attachent. *Déficeler un paquet.* V. **Déballer, défaire.** ◇ ANT. *Ficeler.*

DÉFICIENCE [defisjɑ̃s]. *n. f.* (1907; de *déficient*). ♦ 1º Insuffisance organique ou mentale. ♦ 2º *Par ext.* Faiblesse, insuffisance. « *Proust n'est nullement aveugle aux déficiences des Guermantes* » (MAUROIS). V. **Limite.**

DÉFICIENT, ENTE [defisjɑ̃, ɑ̃t]. *adj.* (1587; lat. *deficiens*, p. prés. de *deficere* « manquer »). ♦ 1º Qui présente une déficience. *Organisme déficient. Intelligence déficiente.* V. **Faible, insuffisant.** *Cet enfant est déficient.* ♦ 2º Insuffisant. *Une argumentation déficiente.*

DÉFICIT [defisit]. *n. m.* (fin XVIIIᵉ; sens lat. 1589; mot lat. « (la chose) manque »). *Fin.* et *cour.* Ce qui manque pour équilibrer les recettes avec les dépenses. V. **Dette, manque, perte.** *Un déficit de plusieurs millions. Déficit budgétaire. L'État est en déficit. Combler un déficit.* ◇ *Sc.* Manque qui déséquilibre. *Déficit psychologique.* ◇ ANT. *Excédent. Bénéfice.*

DÉFICITAIRE [defisitɛʀ]. *adj.* (1909; de *déficit*). Qui solde par un déficit. *Budget déficitaire.* ◇ Insuffisant. *Récolte déficitaire.* Par ext. *Année déficitaire en blé, en vin.* ◇ ANT. *Bénéficiaire.*

1. **DÉFIER** [defje]. *v. tr.* (1080; de *dé-*, et *fier*). ♦ 1º Inviter à venir se mesurer comme adversaire. V. **Provoquer.** *Défier qqn en combat singulier. Défier un ami aux échecs. Défier un champion pour son titre* (V. **Challenger**). ♦ 2º Mettre (qqn) au défi, en demeure de faire qqch., en laissant entendre qu'on l'en croit incapable. *Je vous défie de faire mieux, je vous en défie.* « *Je la défie de fournir un signalement qui tienne debout* » (ROMAINS). ♦ 3º (*Choses*). N'être aucunement menacé par. *Prix qui défient toute concurrence.* « *Sa réputation défiait la calomnie* » (BARBEY). V. **Désarmer.** ♦ 4º *Fig.* Refuser de se soumettre à. V. **Affronter, braver.** *Défier l'autorité, la mort.* « *Il faut défier l'avenir si l'on ne veut pas être réduit à le redouter* » (DUHAM.). ◇ ANT. *Céder* (à).

2. **DÉFIER (SE)** [defje]. *v. pron.* (XVIᵉ; de *fier*, d'apr. lat. *diffidare*). *Littér.* Avoir peu de confiance en; être, se mettre en garde contre. V. **Garder** (se), **méfier** (se). « *Les femmes se défient trop des hommes en général et pas assez en particulier* » (FLAUB.). Se défier de soi-même : avoir peu de confiance en soi, en ses capacités. V. **Douter.** *Je me défie de mes premiers mouvements.* ◇ ANT. *Fier* (se).

DÉFIGURATION [defigyʀasjɔ̃]. *n. f.* (1877; « état de ce qui est défiguré », 1260; de *défigurer*). *Rare.* Action de défigurer (qqn). ◇ V. **Défigurement** (2º).

DÉFIGUREMENT [defigyʀmɑ̃]. *n. m.* (1897; de *défigurer*). ♦ 1º État d'une personne défigurée. « *Défigurement bizarre et triste* » (BLOY). ♦ 2º Action de défigurer (la réalité); état de ce qui est défiguré. *Le défigurement d'un texte traduit.*

DÉFIGURER [defigyʀe]. *v. tr.* (1119; de *dé-*, et *figure* « forme »). ♦ 1º Rendre méconnaissable en altérant la forme, l'aspect. **Abîmer, altérer, changer, enlaidir, gâter.** « *De ces larmes désagréables qui défigurent un visage* » (MOL.). « *Notre malheureux jardin était tout défiguré par l'automne* » (DUHAM.). ◇ (D'après *figure* « visage ») Abîmer le visage de (Cf. *fam.* Abîmer le portrait). *Des victimes « défigurées par de hideuses blessures, sans plus qu'une moitié de visage* »

(GIDE). *Être défiguré par la variole.* ♦ 2° *Fig.* Donner une reproduction ou description fausse de. V. **Dénaturer, transformer.** *Défigurer les faits, la vérité.* V. **Altérer, caricaturer, travestir.** *Défigurer la pensée, les intentions de qqn.* V. **Fausser.** « *Orner la vérité par des fables, c'est en effet la défigurer* » (ROUSS.). ◇ ANT. Embellir; respecter, restituer.

DÉFILAGE [defilaʒ]. *n. m.* (1784; de *défiler* 1). *Techn.* Action de défiler (2°); son résultat. *La charpie est obtenue par le défilage de la toile.*

DÉFILÉ [defile]. *n. m.* (1643; de *défiler* 2). ♦ 1° Couloir naturel très encaissé et si resserré qu'on n'y peut passer qu'à la file (V. **Couloir, passage**). *Défilé entre deux montagnes. Surprendre l'ennemi à la sortie d'un défilé.* ♦ 2° (XVIII°). Manœuvre des troupes qui défilent (V. **Défiler** 2). *Assister au défilé du 14-Juillet.* ◇ Par ext. Toute marche de personnes, de voitures disposées en colonne, en file. V. **Colonne, cortège, file.** *Défilé de manifestants. Défilé religieux.* V. **Procession.** *Défilé aux flambeaux.* V. **Retraite.** — *Fig.* « *Un éclatant défilé de souvenirs magnifiques* » (MAUPASS.). — *Par ext.* V. **Succession.** *Un défilé ininterrompu de visiteurs.* ◇ HOM. Défiler (1 et 2).

1. **DÉFILEMENT** [defilmã]. *n. m.* (1785; de *défiler* 1). *Milit.* Possibilité de se mettre à couvert (en étant protégé par un accident de terrain, une construction); protection, mise à couvert. « *Avec un bon défilement, on doit tenir un certain temps* » (P.-L. COUR.).

2. **DÉFILEMENT** [defilmã]. *n. m.* (v. 1959; « défilé* (2°) » 1843; de *défiler** 1, 3°). Passage, déroulement continu. *Vitesse de défilement d'un film à la projection, à la prise de vues. Défilement d'une bande enregistrée.*

1. **DÉFILER** [defile]. *v. tr.* (XIII°; de *dé-*, et *fil*). ♦ 1° Défaire, détacher une chose enfilée (désenfiler). *Défiler un collier.* ♦ 2° *Techn.* Défaire fil à fil. V. **Effiler, effilocher.** *Défiler des chiffons,* pour en faire de la pâte à papier. ♦ 3° *Milit.* Disposer (des troupes, un ouvrage) de manière à les soustraire à l'enfilade du feu ennemi. ◇ SE DÉFILER. *v. pron.* Se mettre à l'abri du feu ennemi (V. **Défilement**). — *Fig.* et *fam.* (1860) Se cacher ou se récuser au moment critique. V. **Dérober** (se). *Je comptais sur eux : ils se sont tous défilés.* « *Sans doute ils se défileront par la suite, nieront avoir rien vu* » (GIDE). ◇ ANT. Enfiler. Exposer (s'). — *Hom.* Défilé.

2. **DÉFILER** [defile]. *v. intr.* (1648; de *dé-*, et *filer*). ♦ 1° Marcher en file. *Défiler deux par deux.* « *Tous les ouvriers défilaient devant lui, un après l'un, silencieux* » (MART. du G.). ◇ Passer en colonne devant un chef militaire. *Défiler musique en tête.* V. **Défilé.** ◇ Passer solennellement l'un derrière l'autre, devant des spectateurs. ♦ 2° *Par ext.* Se succéder sans interruption. *Les visiteurs avaient défilé toute la journée. Fig.* « *Ce sont ces heures misérables qui défilent aujourd'hui devant mes yeux* » (DAUD.). ♦ 3° Passer de manière continue. *Faire défiler une bande magnétique devant une tête de lecture.* ◇ HOM. Défilé.

DÉFILEUSE [defiløz]. *n. f.* (1846; de *défiler* 1). *Techn.* Machine qui fait le défilage.

DÉFINI, IE [defini]. *adj. et n. m.* (XVII°; de *définir*). ♦ 1° Qui est défini (1°). *Mot bien défini.* — *N. m. Log.* Le *défini* : le concept (représenté par un mot), qui est défini dans une définition. « *La définition doit s'appliquer à tout le défini et au seul défini* » (GOBLOT). ♦ 2° Qui est défini (2°). ♦ 3° V. **Déterminé, précis.** *Avoir une tâche bien définie à remplir. Dans des proportions définies.* — *Gram.* Article *défini,* qui se rapporte (en principe) à un objet particulier, déterminé (*masc.* le, *fém.* la, *plur.* les). — *Passé défini.* V. **Parfait, passé** (simple). ◇ ANT. Indéfini, indéterminé.

DÉFINIR [definir]. *v. tr.* (1425; lat. *definire,* rac. *finire* « finir »). ♦ 1° Déterminer par une formule précise (V. **Définition**) l'ensemble des caractères qui appartiennent à un concept. *On définit un concept et on décrit un objet.* « *La dissimulation n'est pas aisée à bien définir* » (LA BRUY.). *Définir un mot* : donner sa signification, ses significations. ♦ 2° *Par ext.* Caractériser (une chose, une personne particulière). *Une sensation difficile à définir.* V. **Indéfinissable.** « *Ne formez pas l'idée de votre tristesse, ne la définissez pas* » (MAUROIS). *Il l'a vite définie : une paresseuse.* ♦ 3° Préciser l'idée de. V. **Déterminer.** *Nous y parviendrons dans des conditions qui restent à définir. Demander au gouvernement de définir sa position.*

DÉFINISSABLE [definisabl(ə)]. *adj.* (fin XVII°; de *définir*). Que l'on peut définir. ◇ ANT. Indéfinissable.

DÉFINISSANT [definisã]. *n. m.* (v. 1951; de *définir*). *Didact.* ♦ 1° Second membre d'une définition (1°, philo. ou ling.); énoncé servant à définir, *Un définissant de définissant est ici* « *énoncé servant à définir* ». *Équivalence entre le définissant et le défini.* ♦ 2° *Ling.* Mot lexical qui fait partie d'une définition. *Les définissants de définissant sont ici* « mot », « faire partie », « définition ».

DÉFINITEUR [definitœr]. *n. m.* (1646; lat. ecclés. *definitor*). *Relig.* Dans certains ordres, Celui qui est délégué aux chapitres de son ordre pour assister le général ou le provincial dans l'administration de l'ordre.

DÉFINITIF, IVE [definitif, iv]. *adj.* (XII°; de *définir*). ♦ 1° Qui est fixé de manière qu'il n'y ait plus à revenir sur la chose. V. **Déterminé, fixe, irrémédiable, irrévocable.** *Les résultats définitifs d'un examen. Édition définitive d'une œuvre. Sa résolution, leur séparation est définitive.* — *Par ext.* Qui résout totalement un problème. *On a publié un article définitif sur cette question.* ◇ *Fam.* Subst. Le *définitif* : ce qui ne sera plus changé. *Faire du définitif.* ♦ 2° *Loc. adv.* EN DÉFINITIVE : après tout, tout bien considéré, en dernière analyse. V. **Décidément, définitivement, finalement** (Cf. Au bout du compte, en fin de compte, tout compte fait). « *Créer, en définitive, est la seule joie digne de l'homme* » (DUHAM.). ◇ ANT. Momentané, provisoire.

DÉFINITION [definisjɔ̃]. *n. f.* (XII°; de *définir*). ♦ 1° *Philo.* Proposition dont le premier membre est le terme à définir, le second étant composé de termes connus qui permettent de déterminer les caractères du premier. *Définition exacte, fausse. Définition caractéristique* : par genre prochain et différence spécifique. « *La définition est un jugement qui a pour sujet et pour attribut deux concepts équivalents* » (GOBLOT). ◇ *Math.* Convention logique. V. **Hypothèse, principe, règle.** *Cette proposition est vraie par définition* : par suite des conventions logiques qui ont été initialement acceptées. ◇ *Ling.* Action de définir (une unité du lexique : mot, expression). — Ensemble formé par le terme défini (sujet) et le prédicat définissant (V. **Définissant,** 2°). — *Spécialt.* Le prédicat seul; formule brève correspondant à un concept reconnaissable, et capable d'en susciter l'élaboration. *Définition d'un mot, d'un mot dans un sens.* ♦ 2° Action de caractériser. V. **Description.** « *La nation française est particulièrement difficile à définir ; et c'est là même un élément assez important de sa définition que cette propriété d'être difficile à définir* » (VALÉRY). ♦ 3° Action de préciser une idée, de déterminer. *Théol.* Action de déterminer le sens d'un point de dogme; résultat de cette action. *Les définitions des conciles.* ♦ 4° *Telev.* Nombre fixe de lignes par lesquelles l'image est analysée.

DÉFINITIONNEL, ELLE [definisjɔnɛl]. *adj.* (v. 1970; de *définition*). *Didact.* ♦ 1° Relatif à la définition. ♦ 2° Qui constitue une définition. V. **Définitoire.**

DÉFINITIVEMENT [definitivmã]. *adv.* (XVI°; de *définitif*). ♦ 1° D'une manière définitive. V. **Invariablement, irrémédiablement, irrévocablement.** *Il est parti définitivement* : pour toujours. ♦ 2° Pour en finir. *Définitivement, que voulez-vous en faire?* V. **Décidément, définitive** (en).

DÉFINITOIRE [definitwar]. *adj.* (v. 1961; de *définir,* d'apr. l'ital. *definitorio,* Croce). *Didact.* De définition. (Cf. Définitionnel.)

DÉFLAGRANT, ANTE [deflagrã, ãt]. *adj.* (1870; de *déflagrer*). *Techn.* Qui déflagre. *Matières déflagrantes.*

DÉFLAGRATEUR [deflagratœr]. *n. m.* (1846; de *déflagrer*). *Techn.* Appareil destiné à mettre le feu à des matières déflagrantes.

DÉFLAGRATION [deflagrasjɔ̃]. *n. f.* (1691; lat. *deflagratio,* rac. *flagrare* « brûler »). *Chim.* Combustion vive d'un corps, accompagnée d'explosion, et de projection de matières enflammées. *La déflagration d'un explosif.* ◇ *Cour.* Explosion. « *La déflagration a fait sauter une porte-fenêtre de la chambre* » (GIDE).

DÉFLAGRER [deflagre]. *v. intr.* (1870; de *déflagration*). *Chim., Techn.* S'enflammer en explosant.

1. **DÉFLATION** [deflasjɔ̃]. *n. f.* (1909; de l'all. *Deflation* [Walther, 1891]; du lat. *deflare* « enlever en soufflant »). *Géol.* Ablation éolienne des matériaux meubles et secs. Cf. Corrosion, érosion. *Rôle de la déflation dans le relief désertique.* — *Cuvettes de déflation,* où se déposent les matériaux transportés par le vent.

2. **DÉFLATION** [deflasjɔ̃]. *n. f.* (v. 1920; de l'angl. *deflation,* même sens, au pr. « dégonflement »). *Écon.* et *cour.* Freinage ou résorption totale de l'inflation (par des mesures visant à la diminution de la masse monétaire, à la réduction de la demande par rapport à l'offre, etc.). *La déflation est un facteur de récession* économique. ◇ ANT. Inflation.

DÉFLATIONNISTE [deflasjɔnist(ə)]. *n. et adj.* (1953; de *déflation** 2). *Écon.* ♦ 2° *N. m.* Partisan d'une politique de déflation (2). ♦ 2° *Adj.* Qui se rapporte ou tend à la déflation (2). *Mesures déflationnistes.* ◇ ANT. Inflationniste.

DÉFLÉCHIR [defleʃir]. *v.* (v. 1778; *desflechier* « détourner », XIII°; du lat. *deflectere,* d'apr. *fléchir*). *Didact.* ♦ 1° *V. tr.* Modifier la direction de. — *P. p. adj. Faisceau de particule: défléchi.* ◇ SYN. Dévier.

DÉFLECTEUR [deflektœr]. *n. m.* (1890; du lat. *deflectere* « fléchir »). ♦ 1° *Mar.* Appareil servant à déterminer la déviation des compas des navires. ♦ 2° *Techn.* (1921). Appareil servant à changer la direction d'un courant gazeux.

♦ 3° (Mil xxᵉ). *Cour.* Petit volet orientable d'une vitre de portière d'automobile, servant à aérer.

DÉFLEURI, IE [deflœʀi]. *adj.* (1690; de *défleurir*). *Littér.* Qui a perdu ses fleurs. « *Un buisson d'aubépines défleuries, hélas, depuis la fin du printemps* » (PROUST). ◇ ANT. **Fleuri.**

DÉFLEURIR [deflœʀiʀ]. *v.* (xivᵉ; de *dé-*, et *fleurir*). *Littér.* ♦ 1° *V. intr.* Perdre ses fleurs. V. **Faner** (se), **flétrir** (se). « *Je viens d'entendre choir sur la table voisine les pétales d'une rose qui n'attendait, elle aussi, que d'être seule pour défleurir* » (COLETTE). ♦ 2° *V. tr.* Enlever les fleurs. V. **Déflorer** (1°). — *Par anal.* Abîmer (un fruit) en enlevant le velouté. *Défleurir des pêches en les manipulant.* ◇ ANT. **Refleurir. Fleurir.**

DÉFLEXION [defleksjɔ̃]. *n. f.* (1754; *deflection* « mouvement tournant », xviᵉ s.; du lat. *deflectere* « détourner »). *Didact.* et *techn.* ♦ 1° *Phys.* Déviation d'un faisceau lumineux ou d'un autre rayonnement. V. **Diffraction, dispersion.** ♦ 2° *Méd.* Position du fœtus en extension, à l'accouchement. ♦ 3° *Méd.* Dans un électrocardiogramme, Déviation du tracé par rapport à la ligne isoélectrique. ♦ 4° *Psychan.* Détournement inconscient de l'attention. Cf. **Distraction.** ♦ 5° *Aviat.* Changement de direction des filets d'air derrière un empennage.

DÉFLORAISON [deflɔʀɛzɔ̃], **DÉFLEURAISON** [deflœʀɛzɔ̃]. *n. f.* (1863,-1802; de *déflorer*, *défleurir*). *Littér.* et *Bot.* Chute des fleurs.

DÉFLORATION [deflɔʀasjɔ̃]. *n. f.* (1314; lat. *defloratio*). Action de déflorer (une fille vierge). Rupture de l'hymen (2).

DÉFLORER [deflɔʀe]. *v. tr.* (1437; lat. *deflorare*). ♦ 1° *Vx.* Dépouiller de sa fleur. V. **Déflorir.** — *Fig.* Enlever la fraîcheur, la nouveauté. V. **Gâter.** *Déflorer un sujet,* en le traitant d'une manière maladroite ou incomplète. « *Je craignais de déflorer les moments heureux que j'ai rencontrés, en les décrivant* » (STENDHAL). ♦ 2° Faire perdre la virginité à (Cf. **Rendre femme**).

DÉFLUENT [deflyɑ̃]. *n. m.* (v. 1956; de *défluer* « couler vers le bas » [vx], lat. *defluere*, d'apr. *affluent*, *confluent*). *Géogr.* Bras formé par diffluence* d'un cours d'eau. *Les défluents d'un delta.*

DÉFLUVIATION [deflyvjasjɔ̃]. *n. f.* (v. 1956; de *dé-*, et rad. du lat. *fluvius* « fleuve »; Cf. *fluvio-*). *Géogr.* Changement de lit d'un fleuve, ou d'un défluent deltaïque, dans la plaine de niveau* de base. *Défluent formé par défluviation, à la suite d'une crue.* V. **Diffluence, divagation.**

DÉFOLIANT [defɔljɑ̃]. *adj.* et *n. m.* (v. 1966; de l'amér. *defoliant*). *Didact.* — *Adj.* Qui provoque la défoliation. — *N. m.* Produit chimique destiné à la défoliation. V. **Herbicide.** *Territoires dévastés par les défoliants et le napalm.*

DÉFOLIATION [defɔljasjɔ̃]. *n. f.* (1801 [Fourcroy]; du lat. *defoliare* « défeuiller »). ♦ 1° *Bot.* Chute des feuilles d'un arbre. V. **Défeuillaison.** ♦ 2° (v. 1966; d'apr. l'amér.). Destruction artificielle massive des feuilles d'arbres et de surfaces végétales (au moyen de défoliants).

DÉFOLIER [defɔlje]. *v. tr.; conjug. méfier* (v. 1966; du lat. *defoliare* « défeuiller », d'apr. l'amér. *to defoliate*). Provoquer la défoliation (2°). — *Absolt.* « *On débarquait, on bombardait, on défoliait* » (*L'Express,* 27-3-1967).

DÉFONÇAGE [defɔ̃saʒ] ou **DÉFONCEMENT** [defɔ̃smɑ̃]. *n. m.* (1846,-1653; de *défoncer*). Action de défoncer; son résultat. *Agric.* Labour à grande profondeur (40 à 60 cm).

DÉFONCE [defɔ̃s]. *n. f.* (v. 1972; de *défoncer* [se]). *Fam.* (arg. de la drogue). Sorte d'ivresse éprouvée après l'absorption de certains hallucinogènes. Cf. **Voyage.** « *Des quartiers où somnolent, entre deux défonces, les drogués* » (*Nouv. Obs.,* 22-10-1973).

DÉFONCÉ, ÉE [defɔ̃se]. *adj.* (fin xviᵉ; de *défoncer*). ♦ 1° Brisé, abîmé par enfoncement. « *Un sommier défoncé* » (ROMAINS). ♦ 2° Qui présente de grandes inégalités, de larges trous. *Route, chaussée défoncée.*

DÉFONCER [defɔ̃se]. *v. tr.; conjug. placer* (xivᵉ; de *dé-*, et *foncer*). ♦ 1° *Techn.* Enlever le fond de (une caisse, un tonneau). *Défoncer une caisse à coups de marteau.* ♦ 2° *Cour.* Briser, abîmer par enfoncement. *Défoncer une porte.* V. **Enfoncer.** *Défoncer un siège, un sommier.* V. **Éventrer.** ♦ 3° *Défoncer un terrain :* le labourer profondément. — *Creuser.* « *Un terrain vague est défoncé par les excavateurs* » (ROMAINS). ♦ 4° *Mécan.* Façonner à la défonceuse (une pièce de bois). ♦ 5° *Fam.* (v. 1969, arg. de la drogue). Provoquer l'état hallucinatoire recherché (en parlant d'un hallucinogène). ◇ SE DÉFONCER. *v. pron.* Atteindre en se droguant un état d'ivresse hallucinatoire (ou un état comparable, par d'autres moyens). « *De jeunes toxicomanes qui se défoncent avec n'importe quoi* » (*Nouv. Obs.,* 20-10-1973). — P. p. adj. « *L'homme défoncé ne comprenait pas ce qu'on lui voulait* » (COURCHAY).

DÉFONCEUSE [defɔ̃søz]. *n. f.* (1860; de *défoncer*). ♦ 1° *Agric.* Puissante charrue employée pour le défoncement des

terres. ♦ 2° *Mécan.* Machine-outil servant à l'usinage des pièces en bois. ♦ 3° *Tr. pub.* Défonceuse portée, engin de terrassement muni de dents massives, destiné à défoncer profondément le sol. (*Recomm. offic.* pour Ripper).

DÉFORCER [defɔʀse]. *v. tr.; conjug. placer* (*déforcir* 1360; de *dé-*, et *force*). *Région.* (Belgique). Ôter les forces morales, déprimer. — *Adj. Il est tout déforcé.*

DÉFORESTATION [defɔʀɛstasjɔ̃]. *n. f.* (1877; de l'amér. *deforestation*). *Techn.* Action de détruire une forêt; son résultat. Cf. **Déboisement.**

DÉFORMANT, ANTE [defɔʀmɑ̃, ɑ̃t]. *adj.* (mil. xxᵉ; de *déformer*). Qui déforme (1°). « *Des glaces déformantes reflètent en long et en large les passants* » (BEAUVOIR).

DÉFORMATEUR, TRICE [defɔʀmatœʀ, tʀis]. *adj.* (1846; de *déformer*, d'apr. *formateur*). *Littér.* Qui déforme (2°). *Une interprétation déformatrice.*

DÉFORMATION [defɔʀmasjɔ̃]. *n. f.* (xivᵉ; lat. *deformatio,* de *forma* « forme »). Action de déformer, et de se déformer. Altération de la forme. *Déformation des corps soumis à des forces.* ◇ (*Abstrait*) *Votre compte rendu est une déformation de la pensée de l'auteur.* — *Déformation professionnelle,* habitude, manières de penser prises dans l'exercice d'une profession, et abusivement appliquées à la vie courante. ◇ *Méd.* Modification anormale et non congénitale de la forme (d'une partie du corps ou d'un organe). V. **Difformité, infirmité.** ◇ ANT. **Redressement.**

DÉFORMER [defɔʀme]. *v. tr.* (1265; lat. *deformare,* rac. *forma* « forme »). ♦ 1° Altérer la forme de. V. **Altérer, transformer.** *Déformer une pièce de bois, de fer.* V. **Courber, distordre, gauchir, tordre.** *Prisme, miroir qui déforme les images. Déformer ses chaussures en marchant.* « *Un veston déformé et taché* » (MAURIAC). V. **Avachi, fatigué.** « *Le beau visage d'adolescent était déformé par la graisse.* » (MAC ORLAN). ◇ *Pronom. Se déformer,* perdre sa forme. *La planche s'est déformée sous le poids. Qui ne se déforme pas.* V. **Indéformable.** ♦ 2° Altérer en changeant. *Déformer un fait en le racontant.* V. **Défigurer, dénaturer.** *Lectures qui déforment le goût.* V. **Corrompre, dépraver, gâter.** *Absolt. Un enseignement qui déforme plus qu'il ne forme.* — *Au p. p. Il est complètement déformé par son métier.* V. **Déformation** (professionnelle). ◇ ANT. **Reformer, redresser.**

DÉFOULEMENT [defulmɑ̃]. *n. m.* (1949; de *dé-*, et [*re*]*foulement** [2°]; « foulage, reflux », xvᵉ). *Psychan.* Accession libératrice à la conscience de représentations (liées à une pulsion) maintenues jusque-là dans l'inconscient. Cf. **Abréaction, catharsis, décharge.** ◇ *Cour.* Fait de se défouler. ◇ ANT. **Refoulement.**

DÉFOULER [defule]. *v. tr.* (1958; d'apr. *défoulement*). *Fam.* ♦ 1° (*Choses*). Permettre, favoriser le défoulement. « *L'automobile [...] instrument à défouler* » (*Elle,* 31-3-1958). ♦ 2° (*Personnes*). SE DÉFOULER. *v. pron.* Donner libre cours à des impulsions ordinairement réprimées. Faire une dépense d'énergie vitale. ◇ ANT. **Contraindre** (se).

DÉFOURNAGE [defuʀnaʒ] ou **DÉFOURNEMENT** [defuʀnəmɑ̃]. *n. m.* (1877,-1845; de *défourner*). *Techn.* Action de défourner.

DÉFOURNER [defuʀne]. *v. tr.* (v. 1300; de *dé-*, et *four*). *Techn.* Tirer d'un four. *Défourner du pain, des poteries.* ◇ ANT. **Enfourner.**

DÉFOURNEUR, EUSE [defuʀnœʀ, øz]. *n.* (1929; de *défourner*). *Techn.* ♦ 1° *N. m.* Ouvrier chargé des opérations de défournage. ♦ 2° *N. f.* Machine servant à défourner.

DÉFRAÎCHI, IE [defʀeʃi]. *adj.* (mil. xixᵉ; de *défraîchir*). Qui a perdu sa fraîcheur, qui n'a plus l'aspect, l'éclat du neuf. « *Leur élégance un peu fripée et défraîchie* » (GAUTIER). ◇ ANT. **Frais, pimpant.**

DÉFRAÎCHIR [defʀeʃiʀ]. *v. tr.* (1863; de *dé-*, et *frais*). *Rare.* Dépouiller de sa fraîcheur. V. **Faner, flétrir.** ◇ *Cour.* SE DÉFRAÎCHIR. *v. pron.* Perdre sa fraîcheur (couleur, étoffe, vêtement). ◇ ANT. **Rafraîchir.**

DÉFRANCHI, IE [defʀɑ̃ʃi]. *adj.* (*disfranki, disfranchi* xixᵉ; de *franc* « assuré »). *Région.* (Belgique). Qui a perdu son assurance, est intimidé.

DÉFRAYER [defʀeje]. *v. tr.; conjug. payer* (*Deffroyer,* 1378; de *dé-*, et *frais* « faire les frais »). ♦ 1° Décharger (qqn) de ses frais. V. **Payer.** *Être défrayé de tout.* « *Il fallut bien avouer l'état de mes finances. Merceret se chargea de me défrayer* » (ROUSS.). ♦ 2° *Fig. Défrayer la conversation :* en faire tous les frais, soit par la part qu'on y prend, soit parce qu'on en est l'objet. — *Par ext.* Être le sujet essentiel ou unique de. *Il a défrayé la chronique ces temps derniers.* « *Des aventures à défrayer un roman picaresque* » (GONCOURT).

DÉFRICHAGE [defʀiʃaʒ] ou **DÉFRICHEMENT** [defʀiʃmɑ̃]. *n. m.* (1518,-1486; de *défricher*). Action de défricher; son résultat. *Les grands défrichements du XIIᵉ siècle, en Europe. Le défrichement des forêts, des landes. Labour de défrichement.*

DÉFRICHER [defʀiʃe]. *v. tr.* (1356; de *dé-*, et *friche*). Rendre propre à la culture (une terre en friche) en détruisant la végétation spontanée. *Défricher une forêt* (V. Déboiser), *une lande* (V. Débroussailler, essarter). ◇ Fig. *Défricher le champ, le terrain, le domaine d'une science.* V. Déblayer, débrouiller, préparer. « *C'est un terrain* (les maladies nerveuses et mentales) *où il reste encore tant à défricher* » (MART. du G.).

DÉFRICHEUR [defʀiʃœʀ]. *n. m.* (1541; de *défricher*). Celui qui défriche. V. Pionnier.

DÉFRIPER [defʀipe]. *v. tr.* (1723; de *dé-*, et *friper*). Remettre en état (ce qui est fripé). V. Déchiffonner, défroisser. *Défriper un vêtement en le mettant sur un cintre.* ◇ ANT. Friper.

DÉFRISEMENT [defʀizmɑ̃]. *n. m.* (1836; de *défriser*). Rare. Action de défriser (1° et 2°).

DÉFRISER [defʀize]. *v. tr.* (XVIIᵉ; de *dé-*, et *friser*). ♦ 1° Défaire la frisure de. *Le temps humide défrise les cheveux.* *Le coiffeur lui a défrisé les cheveux* (naturellement frisés). ♦ 2° (1839). Fig. et fam. Déplaire, contrarier, décevoir (en parlant d'un fait, d'une action). *Il y a qqch. qui me défrise. Ça vous défrise?* ◇ ANT. Friser.

DÉFROISSABLE [defʀwasabl(ə)]. *adj.* (1964; de *défroisser*). Qui peut être aisément défroissé. *Tissu défroissable.*

DÉFROISSER [defʀwase]. *v. tr.* (v. 1948; de *dé-*, et *froisser*). ♦ 1° Remettre en état (ce qui est froissé 3°). V. Déchiffonner, défriper. « *Une enveloppe toute chiffonnée qu'elle défroissa, aplatit de deux tapes* » (SIMON). Pronom. *Cette robe ne se défroissera jamais.* ♦ 2° Littér. SE DÉFROISSER. *v. pron.* D'un organe froissé (1°), se remettre en état. « *Bientôt* [...] *ses côtes se défroisseraient, son genou s'assouplirait* » (COURCHAY). ◇ ANT. Froisser.

DÉFRONCER [defʀɔ̃se]. *v. tr.* (XIIIᵉ; de *dé-*, et *froncer*). Défaire ce qui était froncé. ◇ ANT. Froncer.

DÉFROQUE [defʀɔk]. *n. f.* (*Defroc*, 1540; de *défroquer*). ♦ 1° Objets et vieux habits qu'un religieux laisse en mourant. *La défroque d'un moine appartient au Père abbé.* ♦ 2° Cour. Vieux vêtements qu'on abandonne lorsqu'on les juge hors d'usage. V. Frusque, guenille, haillon, hardes. — Vieux vêtements, portés ou non. *Qu'est-ce que c'est que cette défroque?*

DÉFROQUÉ, ÉE [defʀɔke]. *adj.* (XVᵉ; V. Défroquer). Qui a abandonné l'état de moine ou de prêtre. Subst. *Un défroqué.*

DÉFROQUER [defʀɔke]. *v.* (XVᵉ; de *dé-*, et *froc*). ♦ 1° V. *tr.* Faire quitter le froc, l'habit ecclésiastique à (qqn). ♦ 2° SE DÉFROQUER. *v. pron.* Abandonner l'état ecclésiastique. *Luther se défroqua.* ♦ 3° V. *intr.* Se défroquer. « *Cet homme qui, étant entré dans les ordres, défroqua parce que sa cellule donnait sur un mur* » (CAMUS).

DÉFRUITER [defʀɥite]. *v. tr.* (av. 1902; *se deffruicter* « perdre ses fruits » 1232; de *dé-* et *fruit*). Techn. Enlever le goût de fruit à. *Défruiter de l'huile d'olive.*

DÉFUNT, UNTE [defœ̃, œ̃t]. *adj.* et *n.* (XIIIᵉ; lat. *defunctus*, p. p. de *defungi* « accomplir sa vie »). ♦ 1° Littér. Qui est mort. V. Décédé, mort. *Sa défunte mère. Défunt son frère.* V. Feu. ◇ N. m. et f. *Les enfants de la défunte. Prière pour les défunts.* ◇ 2° Littér. Fig. V. Passé, révolu. « *Leurs amours défunts* » (BAUDEL.). ◇ ANT. Vivant.

DÉGAGÉ, ÉE [degaʒe]. *adj.* (V. Dégager). ♦ 1° Qui n'est pas recouvert, encombré. *Ciel dégagé, sans nuages. Nuque, front dégagé,* que les cheveux, les vêtements laissent à nu. *Vue dégagée,* large et libre. ♦ 2° Qui a de la liberté, de l'aisance. *Démarche dégagée.* Fig. *Un air, un ton dégagé.* V. Cavalier, désinvolte, léger, libre. ◇ ANT. Couvert, engoncé, gauche, gêné.

DÉGAGEMENT [degaʒmɑ̃]. *n. m.* (déb. XVᵉ; de *dégager*). ♦ 1° Action de dégager ce qui est en gage. *Dégagement d'effets déposés au mont-de-piété.* — Fig. *Dégagement d'une parole, d'une promesse :* action d'obtenir que la parole, la promesse soient rendues. ◇ Spécialt. (Polit., 1958). Pour un État, fait de se libérer d'engagements contractés envers un autre État. Cf. Désengagement. « *Le terme 'dégagement' confirme la volonté du chef de l'État de sortir* [...] *d'une situation qui empêche la France d'assumer ses autres missions* » (Le Monde 7-9-1961). ♦ 2° Action de faire sortir, de libérer. *Dégagement des blessés ensevelis sous les décombres.* — Escr. Action de dégager le fer. — Méd. Dans un accouchement, ensemble des processus qui permettent le passage du fœtus au niveau du détroit inférieur et de l'orifice vulvaire. ♦ 3° Action de dégager ce qui embarrasse, obstrue. *Dégagement de la voie publique.* V. Déblaiement. — Sports. Action de dégager la balle. ♦ 4° Partie d'un appartement qui sert de passage, de communication d'une pièce à une autre. *Corridor, couloir. Cette maison manque de dégagements.* ◇ Espace libre. *Il y a un grand dégagement devant notre maison. Dégagement d'un véhicule au-dessus du sol* (Garde au sol). — Ch. de fer. *Voie de dégagement :* voie de garage. — *Autoroute* de dégagement.* ♦ 5° Action de sortir, de se dégager. V. Émanation, production, sortie. *Dégagement*

de gaz carbonique, de vapeur. Combinaison chimique qui se fait avec dégagement de chaleur. ◇ ANT. Engagement, dépendance; absorption.

DÉGAGER [degaʒe]. *v. tr.;* conjug. *bouger* (1190; de *dé-*, et *gage.* V. Gage).

I. ♦ 1° Retirer ce qui avait été donné en gage, en hypothèque, en nantissement. *Dégager sa montre du mont-de-piété.* — Fig. *Dégager sa parole :* la reprendre après l'avoir imprudemment engagée. *Dégager sa responsabilité,* faire savoir qu'on ne se tient pas pour responsable, qu'on désapprouve. *Je dégage toute responsabilité dans cette affaire.* ♦ 2° Libérer ce qui est engagé (en ôtant ce qui enveloppe, retient). *Dégager un bouton de boutonnière. Dégager un blessé des décombres.* V. Délivrer, tirer. « *J'essayais de dégager ma main de celle de mon père* » (DAUD.). V. Ôter, retirer. — (Escr.) *Dégager le fer,* et absolt. *Dégager :* détacher son arme de celle de son adversaire et la passer à droite ou à gauche de celle-ci. — Danse. Faire glisser un pied sur le sol après avoir libéré la jambe correspondante du poids du corps. *Dégagez !* ◇ Par ext. Rendre plus libre, donner de l'aisance à (en parlant d'un vêtement). *Encolure qui dégage la tête.* ♦ 3° Laisser échapper (un fluide, une émanation). V. Émettre, exhaler, produire, répandre. *Les plantes dégagent du gaz carbonique.* « *Des rangées d'arbustes dégageaient leurs parfums faibles et doux* » (GAUTIER). ♦ 4° Isoler (un élément, un aspect) d'un ensemble. V. Extraire, tirer. *Dégager la morale des faits :* la mettre en évidence. « *C'est l'expérience qui dégagera les lois* » (ST-EXUP.).

II. ♦ 1° Soustraire à (une obligation). V. Affranchir, libérer. *Dégager qqn de sa parole, de sa promesse :* lui rendre sa parole, sa promesse. *Dégager qqn d'une charge, d'une dette, d'une obligation.* V. Décharger, dégrever, dispenser, exonérer, soustraire. ♦ 2° Débarrasser de ce qui encombre. *Dégagez la table, pour qu'on puisse écrire. Dégager la voie publique.* V. Déblayer, désencombrer. Fam. (sujet de personne) *Allons, dégagez !* partez, circulez. ♦ 3° Envoyer (la balle) le plus loin possible (football, etc.).

III. SE DÉGAGER. *v. pron.* ♦ 1° Libérer son corps de ce qui l'enveloppe, le retient. V. Délivrer (se), dépêtrer (se), tirer (se). *Se dégager de ses liens, d'une étreinte. Faire des efforts pour se dégager.* « *En se dégageant doucement de ses bras* » (SAND). ♦ 2° Se libérer (d'une obligation). *Se dégager d'une promesse.* — Se libérer d'une contrainte morale. « *Se dégager des routines où les a maintenus toute leur carrière* » (GIDE). ♦ 3° Devenir libre de ce qui encombre. *La rue se dégage peu à peu. Le ciel se dégage, les nuages, le brouillard s'en vont.* V. Découvrir (se), éclaircir (s'). *Mon nez se dégage.* ♦ 4° Sortir d'un corps. V. Émaner, exhaler (s'), répandre (se), sortir. *Émanations, odeur qui se dégagent d'un corps.* ◇ Fig. « *Cette légère rumeur qui se dégage toujours du silence de la foule* » (HUGO). « *Une sorte de poésie se dégageait de tout son être* » (GIDE). ♦ 5° Se faire jour. *La vérité se dégage peu à peu.* V. Manifester (se). *Il se dégage de l'étude des faits que...* V. Ressortir, résulter.

◇ ANT. Engager, engoncer. Absorber. Encomber.

DÉGAINE [degɛn]. *n. f.* (1611; « action de dégainer », XVIᵉ; de *dégainer*). Fam. Tournure ridicule, bizarre (V. Allure). *Quelle dégaine !* « *Son mari ! comme si on avait des airs avec cette dégaine !* » (ZOLA).

DÉGAINER [degɛne]. *v. tr.* (*Deswainer*, XIIIᵉ; de *dé-*, et *gaine.* V. Gaine). Tirer (une arme blanche) de son fourreau, de sa gaine. *Dégainer son épée.* — Absolt. Mettre l'épée à la main pour se battre. *Par ext.* Sortir son pistolet de l'étui. ◇ ANT. Rengainer.

DÉGANTER [degɑ̃te]. *v. tr.* (1355; de *dé-*, et *gant*). Ôter les gants de. *Déganter la main droite. Se déganter :* ôter ses gants. *Main dégantée.* ◇ ANT. Ganter.

DÉGARNIR [degaʀniʀ]. *v. tr.* (1080; de *dé-*, et *garnir*). ♦ 1° Dépouiller totalement ou en partie, de ce qui remplit, garnit. V. Vider. *Dégarnir une boite de bonbons, une vitrine. Dégarnir un compte en banque.* — Milit. Ôter les soldats de. *On ne peut dégarnir cette place, ce front.* ♦ 2° SE DÉGARNIR. *v. pron.* Perdre une partie de ce qui garnit. *Après le spectacle, la salle se dégarnit rapidement.* V. Vider (se). *Ses tempes se dégarnissent :* ses cheveux tombent. — Au p. p. « *Son front dégarni et ses tempes grisonnantes* » (ROMAINS). ◇ ANT. Garnir, pourvoir.

DÉGASOLINAGE. V. DÉGAZOLINAGE.

DÉGASOLINER. V. DÉGAZOLINER.

DÉGÂT [dega]. *n. m.* (1360; de l'a. v. *degaster* « dévaster »). V. Gâter. ♦ Dommage résultant d'une cause violente. V. Casse, dégradation, destruction, détérioration, dévastation, dommage; méfait, ravage, ruine. *La gelée, la grêle ont fait de grands dégâts dans les vignobles. Pillage avec dégâts.* V. Déprédation. *Constater, estimer les dégâts.* — Fam. *Il y a du dégât.* — Fig. *Limiter les dégâts,* éviter le pire. « *Il s'agit de limiter les dégâts, de sauver ce qui peut encore être sauvé* » (SARRAUTE). ◇ ANT. Réparation.

DÉGAUCHIR [degoʃiʀ]. *v. tr.* (XVIᵉ; de *dé-*, et *gauchir*). *Techn.* Rendre unie, droite (la surface d'une pierre, d'une pièce de menuiserie ou de charpente). V. **Aplanir, raboter, redresser.** *Dégauchir une planche au rabot.* ◇ ANT. *Gauchir.*

DÉGAUCHISSEMENT [degoʃismɑ̃] ou **DÉGAUCHIS-SAGE** [degoʃisaʒ]. *n. m.* (1513,-XIXᵉ; de *dégauchir*). *Techn.* Action de dégauchir.

DÉGAUCHISSEUSE [degoʃisøz]. *n. f.* (1890; de *dégauchir*). *Techn.* Machine servant à dégauchir, sorte de raboteuse mécanique.

DÉGAZAGE [degazaʒ]. *n. m.* (1929; de *dégazer*). *Techn.* ♦ 1° Expulsion des gaz contenus dans une substance, un espace. *Dégazage d'une eau. Dégazage d'une galerie de mine grisouteuse.* ♦ 2° Extraction des hydrocarbures gazeux ou volatils contenus dans un produit pétrolier. ♦ 3° Nettoyage des citernes et des soutes d'un pétrolier, pour en ôter les résidus d'hydrocarbures.

DÉGAZER [degaze]. *v.* (1846; de *dé-*, et *gaz*). I. *V. tr.* *(Chim.).* Expulser les gaz contenus dans (un liquide, un solide). II. *V. intr.* (v. 1971). Procéder au dégazage (3°). *Pétrolier surpris en train de dégazer en mer.*

DÉGAZOLINAGE ou **DÉGASOLINAGE** [degazɔlinaʒ]. *n. m.* (1948,-1961; de *dégazoliner*). *Techn.* Traitement destiné à extraire d'un gaz naturel humide les hydrocarbures condensables qu'il contient. *Dégazolinage par le froid.*

DÉGAZOLINER ou **DÉGASOLINER** [degazɔline]. *v. tr.* (1948,-1961; de *dé-*, et *gazoline, gasoline*). *Techn.* Traiter par dégazolinage (un gaz naturel humide). — P. p. adj. *Gaz sec, dégazoliné, expédié sur les centres de consommation.*

DÉGAZONNAGE [dega(a)zɔnaʒ] ou **DÉGAZONNE-MENT** [dega(a)zɔnmɑ̃]. *n. m.* (1922,-1863; de *dégazonner*). Action de dégazonner.

DÉGAZONNER [dega(a)zɔne]. *v. tr.* (1863; de *dé-*, et *gazon*). Enlever le gazon de. ◇ ANT. *Gazonner.*

DÉGEL [deʒɛl]. *n. m.* (1265; de *dégeler*). ♦ 1° Fonte naturelle de la glace et de la neige, lorsque la température s'élève. *C'est le dégel. Brusque dégel d'un cours d'eau.* V. **Débâcle.** — *Barrière de dégel.* V. **Barrière.** ♦ 2° *Fig.* Détente, adoucissement. « *Je me rappelle ce dégel de tout mon être sous ton regard* » (MAURIAC). ♦ 3° Reprise de l'activité (politique, économique, sociale) après une période de stagnation. ♦ 4° Fait de dégeler (I, 3°). Cf. **Déblocage.** ◇ ANT. *Gel.*

DÉGELÉE [de(ɛ)ʒle]. *n. f.* (1845; de *dégeler*). Volée (de coups). *Une dégelée de coups de bâton.*

DÉGELER [deʒle]. *v.; conjug. geler* (1265; de *dé-*, et *geler*). I. *V. tr.* ♦ 1° Faire fondre (ce qui est gelé ou figé). — *Fam.* Réchauffer. *Je n'arrive pas à me dégeler les pieds.* ♦ 2° *Dégeler qqn; dégeler une assemblée* : lui faire abandonner sa froideur, sa réserve. V. **Dérider.** « *Ma mère l'irritait beaucoup par les constants efforts qu'elle faisait pour le dégeler* » (GIDE). — *Dégeler l'atmosphère d'une réunion* : la détendre, la réchauffer. — Pronom. *Se dégeler.* ♦ 3° Débloquer, remettre en circulation, en mouvement. *Dégeler des crédits, des dossiers en souffrance.* ♦ 4° Détendre, débloquer (une situation politique, sociale, psychologique). II. *V. intr.* Cesser d'être gelé. *Le lac commence à dégeler.* — *Faire dégeler un produit congelé.* ◇ Impers. *Il dégèle.* ◇ ANT. *Congeler, geler. Figer. Bloquer.*

DÉGÉNÉRATIF, IVE [deʒeneʀatif, iv]. *adj.* (v. 1950; de *dégénérer*). *Didact.* Qui se rapporte à la dégénérescence. *Rhumatisme dégénératif.*

DÉGÉNÉRATION [deʒeneʀasjɔ̃]. *n. f.* (XVᵉ; rare av. déb. XVIIIᵉ; bas lat. *degeneratio* « dégénération, dégénérescence ». V. **Dégénérer**). *Vx.* Le fait de perdre les qualités naturelles de sa race; état qui en résulte. V. **Dégénérescence.**

DÉGÉNÉRÉ, ÉE [deʒeneʀe]. *adj.* (fin XVIIIᵉ; de *dégénérer*). ♦ 1° *Vx.* Qui a perdu les qualités de sa race. ♦ 2° *Méd.* Qui est atteint d'anomalies congénitales graves, notamment psychiques, intellectuelles. — *Par ext.* Fam. *Il est un peu dégénéré.* Cf. **Taré.** ♦ 3° Subst. (1891). *Un, une dégénéré(e).* V. **Débile, idiot, imbécile** (psycho. et cour.).

DÉGÉNÉRER [deʒeneʀe]. *v. intr.* (1361; lat. *degenerare*, rac. *genus, generis* « race »). ♦ 1° *Littér.* Perdre les qualités naturelles de sa race. V. **Abâtardir** (s'). « *Les mariages entre parents qui peuvent affaiblir les faibles et les faire dégénérer* » (MICHELET). — *Spécialt. Vx.* Avoir moins de valeur, de vertu, que ceux dont on est issu. V. **Déchoir.** *Son fils a dégénéré.* ◇ *Par ext.* Perdre ses qualités. V. **Appauvrir** (s'), **avilir** (s'), **baisser, déchoir, dégrader** (se), **perdre, pervertir** (se), **tomber.** « *Tout est si bien sortant des mains de l'Auteur des choses, tout dégénère entre les mains de l'homme* » (ROUSS.). ♦ 2° *Dégénérer en* : se transformer (en ce qui est pis). V. **Tourner.** *Dispute qui dégénère en rixe.* « *Les soucis d'un trône perdu dégénèrent en tracasseries de ménage* » (CHATEAUB.). *Son rhume dégénère en bronchite.* ◇ ANT. *Améliorer, régénérer.*

DÉGÉNÉRESCENCE [deʒeneʀesɑ̃s]. *n. f.* (1799; de *dégénérer*). ♦ 1° Le fait de dégénérer (1°), de perdre les qualités de sa race. V. **Abâtardissement.** ♦ 2° *Fig.* Perte des qualités, état de ce qui se dégrade. *Dégénérescence de la moralité publique.* V. **Déclin, dégradation.** ♦ 3° (1857). *Méd.* Modification pathologique (d'un tissu, d'un organe) avec perturbations de leurs fonctions. *Dégénérescence calcaire, colloïde, graisseuse, pigmentaire.* ♦ 4° *Dégénérescence mentale* : nom donné autrefois à l'idiotie, l'imbécillité. ◇ ANT. *Amélioration, progrès.*

DÉGERMER [deʒɛʀme]. *v. tr.* (1877; de *dé-*, et *germe*). Enlever le germe de. *Dégermer des pommes de terre. Dégermer de l'orge.*

DÉGINGANDÉ, ÉE [deʒɛ̃gɑ̃de]. *adj.* (fin XVIᵉ; *déhingander* « disloquer », 1546; a. fr. *hinguer* « se diriger », croisé avec *ginguer* « gigoter »). *Fam.* Qui a qqch. de disproportionné dans sa haute taille et de disloqué dans la démarche. « *Un peu dégingandé, comme un enfant grandi trop vite, flexible, délicat* » (GIDE). ◇ ANT. *Râblé, trapu.*

DÉGIVRAGE [deʒivʀaʒ]. *n. m.* (1949; de *dégivrer*). Action de dégivrer. *Réfrigérateur à dégivrage automatique.*

DÉGIVRER [deʒivʀe]. *v. tr.* (1948; de *dé-*, et *givre*). Enlever le givre. *Dégivrer un réfrigérateur. Dégivrer une glace d'automobile, les ailes d'un avion.*

DÉGIVREUR [deʒivʀœʀ]. *n. m.* (1949; de *dégivrer*). Appareil pour enlever le givre.

DÉGLAÇAGE [deglasaʒ] ou **DÉGLACEMENT** [deglasmɑ̃]. *n. m.* (1890,-1907; de *déglacer*). Action de déglacer.

DÉGLACER [deglase]. *v. tr.; conjug. glacer.* V. **Placer** (XVᵉ; de *dé-*, et *glace*). ♦ 1° *Rare.* Débarrasser de la glace. *Déglacer une route.* ♦ 2° *Techn. Déglacer du papier* : en enlever le lustre. ♦ 3° *Déglacer une sauteuse* : mouiller et réchauffer la pellicule laissée au fond par une cuisson au gras (pour préparer une sauce). — Absolt. *On déglace du bouillon.* ◇ ANT. *Glacer.*

DÉGLACIATION [deglasjasjɔ̃]. *n. f.* (1956; de *dé-*, et *glaciation*). *Géogr.* Phase de récession d'un appareil glaciaire. ◇ ANT. *Englacement.*

DÉGLINGUER [deglɛ̃ge]. *v. tr.* (1842; altér. de *déclinquer*, de *clin*). *Fam.* Disloquer. V. **Démolir, désarticuler.** *Déglinguer sa chaise. Bicyclette toute déglinguée.*

DÉGLUER [deglye]. *v. tr.* (1538; *desgluer*, 1213; de *dé-*, et *glu*). *Littér.* Ôter de la glu, ôter la glu de. ◇ *Fig., pronom.* SE DÉGLUER DE (1690). Se tirer de (une situation embarrassante, accaparante). Cf. **Dépêtrer** (se) et *fam.* **Dépatouiller** (se). ◇ ANT. *Engluer.*

DÉGLUTINATION [deglytinasjɔ̃]. *n. f.* (1951; de *dé-*, et *agglutination*). *Ling.* Séparation d'éléments d'une même forme (ex. : *la griotte* pour *l'agriotte*). Opposé à *agglutination.*

DÉGLUTIR [deglytiʀ]. *v. tr.* et *intr.* (1839; bas lat. *deglutire* « avaler »). Faire franchir l'isthme du gosier à (la salive, les aliments). V. **Avaler.** « *Il renverse le cou, la déglutit* (la baie) *avec effort; son gosier se gonfle au passage* » (GENEVOIX).

DÉGLUTITION [deglytisjɔ̃]. *n. f.* (1560; du bas lat. *deglutire* « avaler »). *Didact.* Action de déglutir; mouvement par lequel on déglutit.

DÉGOBILLER [degɔbije]. *v. tr.* et *intr.* (1611; de *dé-*, et *gober*). *Fam.* V. **Vomir; dégueuler** *(vulg.).* *Dégobiller son repas.* — Fig. « *Facéties dégobillées par d'innumérables générations de gueules identiques* » (BLOY).

DÉGOISER [degwaze]. *v.* (XVIᵉ; « chanter », XIIIᵉ; de *dé-*, et *gosier*). ♦ 1° *V. tr. Fam.* et *péj.* Débiter. *Dégoiser d'interminables discours. Qu'est-ce qu'il dégoise?* V. **Dire.** ♦ 2° *V. intr. Fam.* et *péj.* Parler. *Il n'a pas fini de dégoiser.*

DÉGOMMAGE [degɔmaʒ]. *n. m.* (1771, techn.; de *dégommer*). ♦ 1° Action de dégommer. ♦ 2° *Fam.* (1842). Destitution.

DÉGOMMER [degɔme]. *v. tr.* (1653; de *dé-*, et *gomme*). ♦ 1° Débarrasser (une chose) de la gomme dont elle est enduite. *Dégommer une enveloppe.* ♦ 2° *Fam.* (1832). Destituer d'un emploi; faire perdre une place. V. **Renverser; vider** *(fam.).* « *Il a dégomma le champion* » (QUENEAU). ◇ ANT. *Gommer.*

DÉGONFLAGE [degɔ̃flaʒ]. *n. m.* (1893; de *dégonfler*). ♦ 1° Action de dégonfler. ♦ 2° *Fam.* (1929). Fait de se dégonfler (2°). « *Il y en a qui font les malins... mais au dernier moment, c'est le dégonflage* » (AYMÉ).

DÉGONFLE [degɔ̃fl(ə)]. *n. f.* (1940; de *[se] dégonfler*). Le fait de se dérober, d'user de faux-fuyants.

DÉGONFLÉ, ÉE [degɔ̃fle]. *adj.* (1765; V. **Dégonfler**). ♦ 1° Qui est vidé de son air. *Pneu dégonflé* : à plat*. ♦ 2° Sans courage, lâche. — N. « *Il n'avait pas envie de passer pour un dégonflé* » (AYMÉ).

DÉGONFLEMENT [degɔ̃fləmɑ̃]. *n. m.* (1790; de *dégonfler*). Le fait de perdre l'air, de se dégonfler; son résultat.

DÉGONFLER [degɔ̃fle]. v. (1558 ; de dé-, et gonfler).
I. V. tr. ♦ 1° Faire cesser d'être gonflé. *Dégonfler un ballon. Le pneu s'est dégonflé.* Cf. Crever. ◇ Fig. Dénoncer (des prétentions exagérées). « *Dégonfler le 'bluff' officiel* » (*L'Humanité*, 18-9-1963). — Rabaisser, minimiser (la portée de qqch.). « *'Dégonfler' l'importance de la convention salariale* » (*La Croix*, 7-1-1970). — Spécialt. *Dégonfler les prix :* les faire baisser. ♦ 2° SE DÉGONFLER. v. pron. *Fam.* Manquer de courage, d'énergie au moment d'agir. V. Flancher, mollir ; peur (avoir). — Dér. DÉGONFLARD [degɔ̃flar]. n. m. V. Dégonfle.
II. V. intr. Cesser d'être gonflé. *Avec les compresses, sa paupière a dégonflé.* V. Désenfler.
◈ ANT. Gonfler, regonfler. Enfler.

DÉGORGEMENT [degɔrʒəmɑ̃]. n. m. (1548 ; de dégorger). Action de dégorger, fait de se dégorger. ♦ 1° Écoulement d'un liquide, des humeurs qui engorgent. V. Écoulement, épanchement, évacuation. *Dégorgement de la bile.* ♦ 2° Le fait de vider, de se vider. *Dégorgement d'une gouttière, d'un canal, d'un égout.* ♦ 3° Techn. (1690). Traitement par lequel on débarrasse certaines matières premières des impuretés. *Dégorgement des laines, des cuirs.* — Opération consistant à ôter le dépôt des vins préparés suivant la méthode champenoise. ◇ *On dit aussi* DÉGORGEAGE [degɔrʒaʒ]. ◈ ANT. Engorgement.

DÉGORGEOIR [degɔrʒwar]. n. m. (1690 ; de dégorger). ♦ 1° Issue par laquelle un trop-plein se dégorge. *Le dégorgeoir d'un étang.* ♦ 2° Techn. Outil de forgeron servant à couper et à façonner les pièces à chaud. ◇ Ciseau à bois servant à dégager les mortaises. ♦ 3° Appareil destiné à retirer l'hameçon de la gorge d'un poisson. ♦ 4° Endroit où l'on met dégorger qqch.

DÉGORGER [degɔrʒe]. v. ; conjug. *bouger* (1299, se dégorger ; « dire, exprimer ; chanter, parler » en a. fr. ; de dé-, et gorge).
I. V. tr. ♦ 1° Faire sortir de soi (un liquide, etc.). V. Déverser, évacuer. *Egout qui dégorge de l'eau sale.* Fig. *Cinq ou six rues « dégorgeaient à chaque instant de nouveaux flots de têtes »* (HUGO). ♦ 2° (1611). Vider de son trop-plein ; déboucher pour permettre de se vider. *Dégorger un évier, un égout.* V. Purger. ♦ 3° Techn. Débarrasser (qqch.) des matières étrangères. V. Laver, nettoyer, purifier. *Dégorger du cuir.* ◇ Cuis. Faire tremper (de la viande, des abats) pour débarrasser du sang, des impuretés.
II. V. intr. (XVIᵉ). ♦ 1° Déborder, répandre son contenu de liquide. V. Déverser (se). *L'égout dégorge dans ce collecteur.* — Fig. « *La fureur d'Hérodias dégorgea en un torrent d'injures* » (FLAUB.). ♦ 2° Rendre un liquide. *Faire dégorger des sangsues.* — (Dans une préparation culinaire) *Faire dégorger des escargots, des concombres :* faire rendre l'eau.
III. SE DÉGORGER. v. pron. Épancher ses eaux. *Rivière qui se dégorge dans un fleuve. Réservoir qui se dégorge dans un bassin.* V. Vider (se).
◈ ANT. Absorber, boucher, engorger, gorger, remplir.

DÉGOTER ou **DÉGOTTER** [degɔte]. v. (déb. XVIIᵉ, « déplacer la pierre appelée *go* » ; celtique *gal* « caillou » ; Cf. Galet). V. tr. *Fam.* ♦ 1° *Vx* (XVIIIᵉ). Déposséder (qqn) d'un poste. V. Chasser, renvoyer. ♦ 2° Mod. V. Découvrir, trouver. *Impossible de le dégoter nulle part. Où avez-vous dégoté ce bouquin ?* ♦ 3° V. intr. *Pop.* Avoir tel air, telle allure. *Elle dégotte bien, mal.* V. Marquer. Absolt. « *Il dégote, Crouïa-Bey... ah! qu'il est beau!* » (QUENEAU).

DÉGOUDRONNER [degudrɔne]. v. tr. (1870 ; de dé-, et goudronner). Techn. Enlever le goudron de. ◈ ANT. Goudronner.

DÉGOULINADE [degulinad]. n. f. (1961 ; de dégouliner). Liquide qui dégouline, coule lentement ; sa trace. *Il y a des dégoulinades sur les murs.*

DÉGOULINEMENT [degulinmɑ̃]. n. m. (1884 ; de dégouliner). Le fait de dégouliner. « *Le lent dégoulinement des dalots* » (BOSCO).

DÉGOULINER [deguline]. v. intr. (1737, dial. de l'Ouest ; de dé-, et goule. V. Gueule). Couler lentement, goutte à goutte ou en filet. « *La pluie qui frappe le visage, qui dégouline dans le cou* » (ROMAINS).

DÉGOUPILLER [degupije]. v. tr. (1863 ; de dé-, et goupille). Enlever la goupille de. « *Il soupesa sa première grenade, dégoupillée* » (MALRAUX). ◈ ANT. Goupiller.

DÉGOURDI, IE [degurdi]. adj. (XVIᵉ ; V. Dégourdir). Qui n'est pas gêné pour agir ; qui est habile et actif. *Il n'est pas très dégourdi.* V. Malin. — Subst. *C'est un dégourdi.* Iron. *En voilà un dégourdi! Quelle dégourdie!* ◈ ANT. Engourdi, gauche, gourd, maladroit.

DÉGOURDIR [degurdir]. v. tr. (XIIᵉ ; de dé-, et gourd). ♦ 1° Faire sortir de l'engourdissement. « *Cela vous réchauffera les pieds et dégourdira les jambes* » (GAUTIER). ♦ 2° Par ext. *Dégourdir de l'eau :* la chauffer légèrement (*dégourdissage*). ♦ 3° Fig. Débarrasser (qqn) de sa timidité, de

sa gêne. V. Délurer, déniaiser, dessaler. ◇ SE DÉGOURDIR. v. pron. « *Il allait avoir seize ans vers la fin d'août, il était temps pour lui de se dégourdir un peu* » (LARBAUD). ◈ ANT. Engourdir.

DÉGOURDISSEMENT [degurdismɑ̃]. n. m. (1552 ; de dégourdir). Action de dégourdir* (1°) ; son résultat. *Le dégourdissement des doigts.* ◈ ANT. Engourdissement.

DÉGOÛT [degu]. n. m. (1560 ; de dégoûter). ♦ 1° Manque de goût, d'appétit, entraînant une réaction de répugnance. V. Anorexie, inappétence ; répugnance, répulsion. *Avoir des haut-le-cœur, des nausées de dégoût. Il a un véritable dégoût pour la viande.* V. -Phobie. *Manger jusqu'au dégoût.* V. Indigestion, satiété. *Moue de dégoût* (Cf. Fi!, pouah!). *Ivich « fit une grimace de dégoût : — Que c'est mauvais, dit-elle* » (SARTRE). ♦ 2° (1636). Aversion que l'on éprouve pour qqch. V. Aversion, éloignement, exécration, horreur, répugnance, répulsion. « *Cela fait frissonner d'horreur ou soulever le cœur de dégoût* » (DIDER.). « *Le désir et le dégoût sont les deux colonnes du temple du Vivre* » (VALÉRY). *Avoir du dégoût pour qqch.* ◇ Aversion, répugnance (physique ou morale) pour qqn. V. Haine, horreur. « *Un dégoût, une haine atroce de moi-même* » (GIDE). ♦ 3° Absence complète d'attrait pour qqch. ; fait de se désintéresser par lassitude. « *Le mal de René, c'est le dégoût de la vie, l'inaction et l'abus du rêve* » (STE-BEUVE). V. Désenchantement, écœurement, lassitude, spleen. ◇ Vx. Cessation du goût, du plaisir que procure qqch. « *Les amours meurent par le dégoût et l'oubli les enterre* » (LA BRUY.). ♦ 4° UN DÉGOÛT, *les dégoûts :* sentiment de répugnance ou de lassitude. « *C'est dans l'absolue ignorance de notre raison d'être qu'est la racine de notre tristesse et de nos dégoûts* » (FRANCE). ◈ ANT. Goût, appétit, attrait, désir, envie, plaisir.

DÉGOÛTAMMENT [degutamɑ̃]. adv. (1790 ; de dégoûtant). D'une manière dégoûtante. *Il mange dégoûtamment.*

DÉGOÛTANT, ANTE [degutɑ̃, ɑ̃t]. adj. (1642 ; de dégoûter). ♦ 1° Qui inspire du dégoût, de la répugnance, par son aspect physique. V. Déplaisant, écœurant, ignoble, immonde, infect, innommable, laid, repoussant, répugnant (Cf. *pop.* Dégueulasse). *Plat dégoûtant.* V. Immangeable. « *Vous mettez des grenouilles dans vos poches? Mais c'est dégoûtant!* » (FRANCE). « *C'est dégoûtant ici ; un coup de balai, s'il vous plaît!* » (COURTELINE). V. Sale. *Fam. Tu es sale dégoûtant.* ♦ 2° Qui inspire du dégoût par sa laideur morale. V. Abject, honteux, ignoble, odieux, révoltant. *C'est dégoûtant, ce qu'il a fait là ; c'est un type dégoûtant.* — *Fam.* Grossier, scatologique ou obscène. *Raconter des histoires dégoûtantes.* V. Cochon, sale. — Subst. *Vous êtes un dégoûtant, un vieux dégoûtant.* — ◈ ANT. Appétissant, désirable, propre, ragoûtant. Correct, propre (fig.), sérieux.

DÉGOÛTATION [degutasjɔ̃]. n. f. (1856 ; de dégoûter). *Fam.* ♦ 1° Dégoût, répugnance. *Pousser « plusieurs 'Pouah!'... en signe de dégoûtation* » (COURTELINE). ♦ 2° Chose qui dégoûte ; extrême saleté. *Nettoyez votre chambre : c'est une dégoûtation.*

DÉGOÛTÉ, ÉE [degute]. adj. (v. 1380 ; de dé-, et goût). ♦ 1° Qui éprouve facilement du dégoût (spécialt. pour la nourriture). V. Délicat, difficile. Subst. *Faire le dégoûté :* se montrer difficile (sans raison). ◇ *Il n'est pas dégoûté :* il se contente de n'importe quoi ; *fig.* il est sans scrupules, sans délicatesse. ♦ 2° Qui éprouve du dégoût. V. Écœuré. « *L'horrible spectacle que peut donner à un homme dégoûté la foule humaine qui s'amuse* » (MAUPASS.). ♦ 3° DÉGOÛTÉ DE : qui n'a pas ou plus de goût pour. V. Blasé, déçu (par), las, lassé. « *Un vivant dégoûté de vivre* » (MUSS.). ◈ ANT. V. Dégoûter.

DÉGOÛTER [degute]. v. tr. (XVᵉ, se dégoûter ; de dé-, et goût. V. Dégoûté). ♦ 1° Ôter l'appétit à (qqn). ◇ Mod. Donner de la répugnance, du dégoût. « *Les mets les plus exquis me dégoûtent* » (FÉN.). ◇ Mod. Donner de la répugnance, du dégoût. ♦ 2° Inspirer de la répugnance par son aspect. *Cet insecte me dégoûte.* Absolt. « *Un homme mal habillé, sale, et qui dégoûte* » (LA BRUY.). ◇ Inspirer de l'aversion par sa laideur morale. V. Répugner, révolter. *Ce bonhomme est un menteur et un lâche : il me dégoûte.* ♦ 3° DÉGOÛTER DE. *Vx.* Priver de tout attrait, de toute estime pour (qqch.). V. Éloigner. « *La plupart des amis dégoûtent de l'amitié, et la plupart des dévots dégoûtent de la dévotion* » (LA ROCHEF.). ◇ Mod. Ôter l'envie de... « *Enfin c'était les travaux à dégoûter du travail* » (BALZ.). *Elle a fini par me dégoûter du homard.* Loc. plais. *Si vous n'aimez pas ça, n'en dégoûtez pas les autres!* ♦ 4° SE DÉGOÛTER. v. pron. Prendre en dégoût. *Se dégoûter d'un plat, de qqn.* V. Lasser (se). *Les « gens de petite origine qui se dégoûtent du milieu où ils sont nés* » (COLETTE). ◈ ANT. Attirer, charmer, plaire, tenter ; supporter, tolérer. — HOM. Dégoutter.

DÉGOUTTER [degute]. v. intr. (déb. XIIᵉ ; de dé-, et goutte). ♦ 1° Couler goutte à goutte. *La pluie dégoutte le long du mur.* V. Ruisseler. *La sueur lui dégoutte du front.* V. Dégouliner, suinter, tomber. ♦ 2° Laisser tomber goutte à goutte. *Cheveux qui dégouttent de pluie.* Au p. prés. « *M. Ballanche, tout dégouttant de pluie, disant... « Je suis comme un poisson dans l'eau »* (CHATEAUB.). ◇ HOM. Dégoûter; dégoûtant.

DÉGRADANT, ANTE [degʀadɑ̃, ɑ̃t]. *adj.* (1792; de *dégrader*). Qui abaisse moralement. V. **Avilissant.** « *La prosternation dégradante devant la médiocrité de l'individu, devant la bêtise ou l'ignorance* » (ST-EXUP.).

DÉGRADATEUR [degʀadatœʀ]. *n. m.* (1891; de *dégrader*). *Phot.* Cache servant à obtenir des images dégradées (V. **Dégrader** 2).

1. **DÉGRADATION** [degʀadasjɔ̃]. *n. f.* (1495, « dégradation ecclésiastique »; bas lat. *degradatio*). ♦ 1° Destitution infamante d'un grade, d'une dignité. *Dégradation militaire,* qui entraîne la privation du grade et la déchéance personnelle (supprimée en France en 1965). ♦ 2° (XVIᵉ). *Rare.* Le fait d'abaisser moralement, de se dégrader. V. **Abaissement, avilissement, déchéance.** ♦ 3° (1680). Détérioration (d'un édifice, d'une propriété, d'un site). V. **Dégât, délabrement, dommage, mutilation.** *Dégradations causées par le temps.* — *Dr. Dégradation de monuments :* détérioration volontaire d'édifices ou monuments (délit). — *Dégradation de l'environnement :* son altération. Cf. Nuisance, pollution. ◇ *Géogr.* Processus naturel ou provoqué, destructeur de l'équilibre d'un sol entre profil, végétation et milieu. Cf. Appauvrissement, érosion. ♦ 4° Détérioration graduelle (d'une situation politique, économique ou sociale). *Dégradation du climat international.* ♦ 5° *Phys. Dégradation de l'énergie :* transformation de l'énergie en formes de moins en moins utilisables (moins aptes à fournir du travail mécanique). *Dégradation de l'énergie mécanique en énergie calorifique.* ◇ ANT. Réhabilitation. Amélioration. Réfection, réparation. Régénération (sol).

2. **DÉGRADATION** [degʀadasjɔ̃]. *n. f.* (1660; de *dégrader* (2), et it. *digradazione*). ♦ 1° Affaiblissement graduel, continu (de la lumière, des couleurs). « *Une insensible dégradation du clair au moins clair et à l'obscur* » (GIDE). ♦ 2° Passage progressif, continu.

DÉGRADÉ [degʀade]. *n. m.* (XIVᵉ; de *dégrader* 2). ♦ 1° Affaiblissement ou modification progressive d'une couleur, d'un éclairage. *Des effets de dégradé.* ♦ 2° *Cin.* (XXᵉ). Procédé par lequel on fait varier l'intensité lumineuse de l'image.

1. **DÉGRADER** [degʀade]. *v. tr.* (1190; bas lat. *degradare,* de *gradus* « degré »). ♦ 1° Destituer (qqn) d'une manière infamante de sa dignité, et *mod.* de son grade. *Dégrader civiquement qqn; dégrader publiquement un officier.* ♦ 2° *Fig.* et *littér.* Faire perdre sa dignité, son honneur à (qqn). V. **Abaisser, avilir, déchoir, déshonorer, rabaisser.** ◇ *Cour.* SE DÉGRADER. *v. pron.* Déchoir, s'avilir. *Il se dégrade en acceptant ce compromis.* — Perdre ses qualités intellectuelles et morales. V. **Baisser, tomber.** « *Comme c'est triste de voir les êtres qu'on chérit se dégrader peu à peu* » (FLAUB.). ♦ 3° Rabaisser (qqch.), en diminuer les qualités, réellement ou en esprit. V. **Déformer, rabaisser, ridiculiser.** « *Nos arlequins de toute espèce imitent le beau pour le dégrader* » (ROUSS.). ♦ 4° Détériorer (un édifice, une propriété, un objet). V. **Abîmer, endommager, mutiler.** « *Quiconque aura détruit, abattu, mutilé ou dégradé des monuments, statues... sera puni d'un emprisonnement* » (CODE PÉN.). ◇ (Sujet de chose) V. **Affouiller, ronger, saper.** « *Les eaux dégradent toujours les rochers et mettent chez vous un peu de terre meuble* » (BALZ.). ♦ 5° SE DÉGRADER (*Choses*). Perdre sa valeur, ses qualités. *Phys. L'énergie se dégrade selon le principe de Carnot.* V. **Dégradation** (1, 4°). ◇ ANT. Réhabiliter. Améliorer, convertir, épanouir, réparer.

2. **DÉGRADER** [degʀade]. *v. tr.* (1651; it. *digradare,* rac. *grado* « degré »). Affaiblir, diminuer progressivement un ton, une couleur. V. **Fondre.** *Tons qui se dégradent.* — (Au p. p.) « *Les tons fondus et doucement dégradés, les ombres pénétrées de lumière* » (TAINE).

DÉGRAFER [degʀafe]. *v. tr.* (1564; de *dé-,* et *agrafer*). Défaire, détacher ce qui est agrafé. « *Il dégrafa son manteau* » (FLAUB.). — SE DÉGRAFER. *v. pron.* Se défaire. *Sa robe s'est dégrafée.* — *Dégrafer ses vêtements.* ◇ ANT. Agrafer, attacher.

DÉGRAISSAGE [degʀɛsaʒ]. *n. m.* (1754; de *dégraisser*). Action de dégraisser; son résultat. *Le dégraissage d'un vêtement.* V. **Nettoyage.**

DÉGRAISSANT, ANTE [degʀɛsɑ̃, ɑ̃t]. *adj.* et *n. m.* (1864; de *dégraisser*). Qui dégraisse. — *Spécialt.* Qui enlève les taches de graisse ou la graisse. — **Détachant.**

DÉGRAISSER [degʀese]. *v. tr.* (XIIIᵉ; de *dé-,* et *graisse*). ♦ 1° Enlever la graisse de. *Dégraisser un bœuf, un porc* (V. **Délarder**). ♦ 2° Débarrasser (qqch.) de la couche de graisse qui recouvre. *Dégraisser un bouillon, une sauce.* ♦ 3° Nettoyer de ses taches de graisse. V. **Laver, nettoyer.** *Donner un costume à dégraisser.* V. **Détacher.** ♦ 4° *Agric.*

Dépouiller (la terre) de l'humus, de la terre grasse. ♦ 5° *Techn. Dégraisser une pièce de bois :* la dégrossir. V. **Démaigrir.** ♦ 6° *Fam.* (fin XVIᵉ). Débarrasser d'un excédent présumé de biens. *Dégraisser le budget du ménage.* ◇ (1974). Alléger les frais, effectuer des économies (notamment en licenciant le personnel). ◇ ANT. Graisser; tacher

DÉGRAISSEUR, EUSE [degʀɛsœʀ, øz]. *n.* (1552; de *dégraisser*). Personne dont le métier est de dégraisser les vêtements. V. **Teinturier.**

DÉGRAS [degʀɑ]. *n. m.* (1723; de *dégraisser*). *Techn.* Mélange de corps gras et d'acide servant au traitement des cuirs et peaux.

DÉGRAVOIEMENT [degʀavwamɑ̃]. *n. m.* (1694; de *dégravoyer*). Action de l'eau qui sape une construction ou enlève les graviers.

DÉGRAVOYER [degʀavwaje]. *v. tr.;* conjug. *noyer* (1694; de *dé-,* et *gravois.* V. **Gravat**). ♦ 1° Déchausser (un mur, une construction) en parlant de l'eau courante. V. **Dégrader, saper.** ♦ 2° (1845). Débarrasser (le lit d'un cours d'eau) des graviers.

DEGRÉ [dəgʀe]. *n. m.* (*Degret,* fin XIᵉ; de *dé-,* et lat. *gradus;* Cf. a. fr. Gré, greis).
I. *Concret* (XIIᵉ; « escalier », XIᵉ). *Littér.* Marche d'un escalier. *Degré de pierre, de marbre.* « *Je gravis d'un pas lourd les degrés de mon escalier* » (FRANCE). ◇ *Fig.* et *littér. Monter, gravir un degré du trône.*

II. *Abstrait.* Chacun des états, dans une série d'états réels ou possibles. Ⓐ Chacune des positions dans une hiérarchie, un système de valeurs. ♦ 1° (v. 1120). Niveau, position dans un ensemble hiérarchisé. V. **Échelon.** *Les degrés de l'échelle sociale.* V. **Classe, niveau, position, rang.** *Le plus bas degré, le plus haut degré de la hiérarchie sociale. Parvenir au plus haut degré de la gloire :* au sommet. « *Les degrés, à l'intérieur d'une profession.* V. **Échelon, grade.** « *Ces artisans qui franchissent... les trois degrés d'apprentis, de compagnons, de maîtres* » (HUYSMANS). *Degrés d'un tribunal dans la hiérarchie.* ♦ 2° *Vx.* Grade, diplôme de l'enseignement. *Prendre, avoir tous ses degrés.* ♦ 3° (XVIᵉ) État, dans une évolution. V. **Échelon, stade.** « *Ainsi que la vertu, le crime a ses degrés* » (RAC.). ◇ *Le premier, le dernier, le plus haut degré de qqch :* son état de développement. *Méd. Brûlure du second degré.* ◇ *Loc. À (tel ou tel) degré.* « *Je suis très bon enfant jusqu'à un certain degré* » (FLAUB.). V. **Point.** *Il est avare au plus haut degré.* V. **Si, tellement.** « *Au degré d'exaltation où il s'était parvenu* » (RENAN). ◇ *Loc. adv.* PAR DEGRÉ ou PAR DEGRÉS. V. **Graduellement, progressivement, successivement; échelon** (par), **étape** (par), **palier** (par). *S'avancer par degrés vers un but.* V. **Acheminer** (s'). « *L'amour qui croît peu à peu et par degrés* » (LA BRUY.). ♦ 4° *Par ext.* État intermédiaire. V. **Gradation, nuance.** « *Il y a des degrés entre les pauvres comme entre les riches* » (CHATEAUB.). Ⓑ Dans un système organisé, et sans idée de hiérarchie, de valeur. ♦ 1° (v. 1220). Proximité relative dans la parenté. *Degrés de parenté. Le fils et le père sont parents au premier degré; le petit-fils et le grand-père, au second degré.* ♦ 2° *Gram. Degrés de comparaison ou de signification :* les trois formes de l'adjectif; *positif; comparatif; superlatif.* ♦ 3° *Math.* Exposant de la puissance à laquelle une variable se trouve élevée, dans un monôme. *Le degré d'un polynôme est le degré de son monôme composant du plus haut degré. Équation du premier, du second degré,* dont l'inconnue est à la première, à la seconde puissance. *Polynôme du troisième degré en x.* ♦ 4° *Techn. Degré de fin d'une monnaie.* V. **Titre.**

III. *Unité.* ♦ 1° (1265). La 180ᵉ partie de l'angle plat, ou la 360ᵉ partie de la circonférence (Abrév. *d* ou °). *Angle de 360 degrés,* ou angle plein. *Angle de 180 degrés,* ou angle plat. *Angle de 90 degrés,* ou angle droit. ◇ *Géogr. La longitude et la latitude d'un point à la surface de la Terre s'évaluent en degrés. Un arc de méridien vaut un degré, quand l'angle au centre vaut un degré* (V. **Coordonnées**). ♦ 2° (XVIIᵉ). *Mus.* Nom donné à chacun des sons de l'échelle diatonique (V. **Dominante, médiante, sensible, tonique**). *Les degrés de la gamme.* V. **Note.** *Degré conjoint :* intervalle d'un seul degré entre deux notes, tenu à la portée. *Degré disjoint :* intervalle de plusieurs degrés entre deux notes. ♦ 3° *Sc.* (1685). Chacune des divisions d'une échelle de mesure. *Diviser en degrés.* V. **Graduer.** *Degrés d'un baromètre.* ◇ *Cour.* Division d'une échelle de température. *Degré Réaumur, degré Fahrenheit.* — (En France, au Canada [1975]). *Degré centigrade, Celsius :* centième de la différence entre la température de la glace fondante (0°) et celle de l'eau bouillante (100°). *La température a baissé d'un degré. Le thermomètre marque trente degrés à l'ombre. Les degrés Celsius correspondent aux (degrés Fahrenheit -32) 5/9.* ◇ *Degré absolu,* degré Kelvin. ◇ *Degré densimétrique (degré Baumé).* — *Degré en alcool d'un liquide. Degré de concentration d'un alcool :* proportion d'alcool pur, nombre de cm³ d'alcool pur par 100 cm³ de mélange. V. **Poids, titre.** *Alcool à 90 degrés. Vin de 11, de 12 degrés.*

Degré alcoolique d'une liqueur. ◊ Fig. « *Le degré zéro de l'écriture* » (R. BARTHES).

DÉGRÉER [degʀee]. *v. tr. (Desagreer*, XVIIe; de *dé-*, et *gréer). Mar.* Dégarnir (un navire) de ses agrès, mâts supérieurs, vergues, manœuvres dormantes et courantes. ◊ ANT. Gréer.

DÉGRESSIF, IVE [degʀesif, iv]. *adj.* (1906; du lat. *degressus*, de *degredere* « descendre »). Qui va en diminuant. *Tarif, taux dégressif.* — *Impôt dégressif*, dont le taux s'atténue à la base. ◊ ANT. Progressif.

DÉGRESSIVITÉ [degʀesivite]. *n. f.* (1961; de *dégressif*). Caractère de ce qui est dégressif. *La dégressivité d'un impôt.*

DÉGRÈVEMENT [degʀɛvmɑ̃]. *n. m.* (1733; de *dégrever*). Action de dégrever. *Loi portant dégrèvement d'impôt. Accorder, prononcer un dégrèvement.* V. **Décharge, réduction, remise.**

DÉGREVER [degʀəve]. *v. tr. (Degraver* « décharger », 1319; repris 1792; de *dé-*, et *grever). Décharger de ce qui grève; alléger, atténuer la charge fiscale. *Dégrever un contribuable.* V. **Exempter, exonérer.** *Dégrever une industrie, un produit.* ◊ ANT. Alourdir, grever.

DÉGRINGOLADE [degʀɛ̃gɔlad]. *n. f.* (1804; de *dégringoler). Fam.* Action de dégringoler; son résultat. V. **Chute, culbute.** Fig. *La dégringolade d'une entreprise.* V. **Décadence, ruine.** *La dégringolade des cours en Bourse.* V. **Chute.**

DÉGRINGOLER [degʀɛ̃gɔle]. *v. (Desgringueler*, fin XVIe; de *dé-*, et a. fr. *gringoler* (1583), de *gringole* « colline », du moy. néerl. *crinc* « courbure »). ♦ 1° *V. intr.* Descendre précipitamment. V. **Rouler, tomber; débouler** *(fam.)*, **dévaler.** *Dégringoler d'un toit, d'une pente. Il a dégringolé dans l'escalier.* V. **Culbuter.** — Fig. « *Les affaires sont bien près du marasme, la Bourse dégringole* » (SARTRE). ◊ *Par ext.* S'étendre en pente raide. « *Un joli bois de pins dégringole devant moi jusqu'au bas de la côte* » (DAUD.). ♦ 2° *V. tr.* Descendre très rapidement. *Dégringoler une pente.* « *Il arrive qu'un gamin dégringole les étages quatre à quatre* » (ROMAINS). ◊ ANT. Grimper, monter, remonter.

DÉGRISEMENT [degʀizmɑ̃]. *n. m.* (1829; de *dégriser*). Action de dégriser, fait de se dégriser. État d'une personne dégrisée.

DÉGRISER [degʀize]. *v. tr.* (1775; de *dé-*, et *gris*). ♦ 1° Tirer (qqn) de l'état d'ivresse. V. **Désenivrer** (Cf. *pop.* Dessoûler). *Il s'est vite dégrisé.* « *Il était dégrisé assurément; car... ses yeux étaient clairs* » (LOTI). ♦ 2° Fig. Détruire les illusions, l'enthousiasme, l'exaltation de (qqn). V. **Désillusionner.** *Il « se trouve tout dégrisé de son courage de la veille* » (NERVAL). ◊ ANT. Enivrer, griser.

DÉGROSSER [degʀose]. *v. tr. (Desgrosser*, XIVe; de *dé-*, et *gros). Techn.* Dégrosser un lingot d'or, d'argent : le faire passer par la filière. V. **Étirer.**

DÉGROSSIR [degʀosiʀ]. *v. tr.* (1611; de *dé-*, et *gros*; d'apr. *grossir*). ♦ 1° Travailler (qqch.) de manière à donner sa forme définitive, enlever le plus gros. V. **Dégraisser** (5°), **délarder** (2°), **démaigrir.** *Dégrossir une poutre, une pièce de bois.* « *Avant que le statuaire ait dégrossi son bloc de marbre* » (DIDER.). ♦ 2° Fig. V. **Ébaucher.** *Dégrossir un travail, un ouvrage.* V. **Débrouiller.** « *La partie théorique... est pâteuse, pesante, mal dégrossie* » (GIDE). ♦ 3° Fam. *Dégrossir qqn* : lui donner les rudiments de formation, de savoir-vivre. *Dégrossir un élève.* V. **Débrouiller.** *Il se dégrossit.* — Au p. p. « *De petits rustres mal dégrossis, brutaux et canailles* » (SARTRE). ◊ ANT. Fignoler, finir. Abêtir.

DÉGROSSISSAGE [degʀosisaʒ] ou **DÉGROSSISSEMENT** [degʀosismɑ̃]. *n. m.* (1799,-1578; de *dégrossir*). Action de dégrossir; résultat de cette action. — *Techn.* Début de l'étirage au laminoir (V. **Dégrosser**).

DÉGROUILLER (SE) [degʀuje]. *v. pron.* (1900; de *dé-*, et (se) *grouiller). Fam.* (lang. des écoliers). Se dépêcher. V. **Grouiller (se), magner (se).** — Absolt. *Dégrouille!*

DÉGUENILLÉ, ÉE [degnije]. *adj.* (1694; de *dé-*, et *guenille*). Qui est vêtu de guenilles. V. **Dépenaillé, haillonneux, loqueteux.** « *L'un d'eux, très jeune, déguenillé, comme un clochard* » (MART. du G.). — Subst. *Une troupe de déguenillés.*

DÉGUERPIR [degɛʀpiʀ]. *v.* (déb. XIIe; de *dé-*, et a. fr. *guerpir*, frq. °*werpon*). ♦ 1° *V. tr. Anc. dr.* Abandonner la propriété, la possession de (un immeuble) pour se soustraire à une servitude. V. **Délaisser.** *Déguerpir un héritage.* ♦ 2° *V. intr. Cour.* Abandonner précipitamment la place. V. **Décamper, enfuir** (s'), **filer, fuir, sauver (se).** *Faire déguerpir qqn.* V. **Chasser.** *L'ennemi a déguerpi.* « *L'ordre a été reçu tout à coup, fort inopinément, de déguerpir, de partir sans rien emporter* » (GIDE). ◊ ANT. Demeurer, installer (s'), rester.

DÉGUERPISSEMENT [degɛʀpismɑ̃]. *n. m. (Dégarpissement*, 1308; de *déguerpir). Dr.* Abandon volontaire ou forcé d'une propriété, d'un héritage; sommation de déguerpir. V. **Délaissement.** ◊ *Rare.* Action de déguerpir.

DÉGUEULASSE [degœ(ø)las]. *adj.* (1867; de *dégueuler). Vulg.* Sale, répugnant au physique ou au moral. *Ces cabinets sont dégueulasses! C'est franchement dégueulasse ce qu'il a fait là.* V. **Moche.** Par ext. *Un temps dégueulasse*, un très sale temps. *C'est un travail dégueulasse*, très mal fait, très mauvais. Fam. *C'est pas dégueulasse* : c'est très bon; très réussi (Cf. *C'est pas cochon**). — Subst. *C'est un dégueulasse.* V. **Salaud.**

DÉGUEULER [degœle]. *v.* (1493; de *dé-*, et *gueule). Pop.* et *vulg.* Vomir. V. **Dégobiller** *(pop.).* — *Dér.* DÉGUEULATOIRE [degœlatwaʀ]. *adj.* Qui fait dégueuler. — DÉGUEULIS [degœ(ø)li]. *n. m.* Ce qu'on dégueule.

DÉGUISÉ, ÉE [degize]. *adj.* (v. 1260; V. Déguiser). ♦ 1° Revêtu d'un déguisement. ◊ Fig. « *Ce qui paraît générosité n'est souvent qu'une ambition déguisée* » (LA ROCHEF.). ♦ 2° *Fruits déguisés*, préparés au sucre, fourrés aux amandes (dattes, pruneaux, cerises, etc.). *Fruits déguisés servis comme petits fours.*

DÉGUISEMENT [degizmɑ̃]. *n. m.* (fin XIIe; de *déguiser*). ♦ 1° Action de déguiser, fait de se déguiser. V. **Travestissement.** ♦ 2° Ce qui sert à déguiser qqn. *Un déguisement de carnaval, de bal masqué.* « *Il ne reconnaissait jamais les femmes; il disait que chaque robe nouvelle est un autre déguisement et qu'elles n'ont jamais fini de se travestir* » (MAURIAC). ♦ 3° Fig. *(Vx* ou *littér.).* Action de cacher, de modifier pour tromper. V. **Artifice, dissimulation, fard, feinte.** *Parler sans déguisement* : ouvertement, franchement. « *Les hommes droits et simples qui agissent sans déguisement* » (FÉN.). ◊ ANT. Franchise, sincérité, vérité.

DÉGUISER [degize]. *v. tr.* (fin XIIe; de *dé-*, et *guise* « manière d'être »). ♦ 1° Vêtir (qqn) de manière à rendre méconnaissable. V. **Accoutrer, affubler, travestir.** *Déguiser un homme en femme.* « *Supposez un original qui s'habille aujourd'hui à la mode d'autrefois... nous disons que la personne se déguise (comme si tout vêtement ne déguisait pas)* » (BERGSON). ♦ 2° Modifier pour tromper. V. **Cacher, camoufler, changer, dissimuler, maquiller.** *Déguiser son visage. Déguiser sa voix.* V. **Contrefaire, dénaturer.** *Déguiser son écriture.* ♦ 3° (Abstrait). *Littér.* Cacher sous des apparences trompeuses. *Déguiser la vérité.* V. **Arranger, couvrir.** *Déguiser sa pensée.* V. **Envelopper.** *Ils « n'emploient que des paroles pour déguiser leurs pensées* » (VOLT.). *Des paroles « sous lesquelles je tâchais de déguiser mon énervement* » (PROUST). ◊ *Vx.* Dissimuler. « *Seigneur, je ne vous puis déguiser ma surprise* » (RAC.). « *Je ne puis déguiser que j'ai peine à vous suivre* » (CORN.). Absolt. *Vx.* « *Parle sans déguiser* » (LA FONT.). ♦ 4° *Cour.* SE DÉGUISER. *v. pron.* S'habiller de manière à être méconnaissable. V. **Travestir.** « *Je m'étais déguisé en clochard* » (ROMAINS). — Loc. *Se déguiser en courant** *d'air.* V. ANT. (du sens 3°) : Dire, montrer, reconnaître.

DÉGURGITER [degyʀʒite]. *v. tr.* (1839; de *dé-*, et [in]*gurgiter*). Restituer intact (ce qu'on avait ingurgité). Cf. Régurgiter. Fig. *Il dégurgite tout ce qu'il a appris, à son oral d'examen.* ◊ ANT. Ingurgiter.

DÉGUSTATEUR [degystatœʀ]. *n. m.* (1793; du rad. de *dégustation*). Celui dont le métier est de déguster les vins.

DÉGUSTATION [degystasjɔ̃]. *n. f.* (1519; lat. *degustatio*, de *gustare* « goûter »). Action de déguster. *Dégustation de vins. Dégustation de coquillages, d'huîtres.*

DÉGUSTER [degyste]. *v. tr.* (1802; lat. *degustare*; Cf. Dégustation). ♦ 1° Goûter (un vin, une liqueur) pour juger de la qualité. ♦ 2° Boire ou manger avec grand plaisir. Apprécier (une boisson, un aliment). V. **Savourer.** *Déguster un bon vin, un vieil alcool.* V. **Se délecter, se régaler de** (qqch.). *Une interview « que j'ai dégustée dans le train qui m'amenait de Saint-Étienne* » (ROMAINS). ♦ 3° Pop. *Déguster des coups* et absolt. *Déguster.* V. **Supporter, subir.** « *Si j'avais eu le malheur de rentrer sans rien, qu'est-ce que je dégustais!* » (AYMÉ).

DÉHALER [deale]. *v. tr.* (déb. XVe; de *dé-*, et *haler). Mar.* Déplacer (un navire) au moyen de ses amarres (opération du *déhalage*). *Déhaler un navire hors d'une passe.* — Pronom. « *Ils amenèrent les embarcations pour mouiller des ancres, essayer de se déhaler* » (LOTI).

DÉHANCHÉ, ÉE [deɑ̃ʃe]. *adj.* (XVIe; de *dé-*, et *hanche*). ♦ 1° Qui se déhanche, se dandine. ♦ 2° Vétér. *Cheval déhanché*, dont la hanche est déplacée (fracture). ♦ 3° Qui se déhanche (2°).

DÉHANCHEMENT [deɑ̃ʃmɑ̃]. *n. m.* (1693; de se *déhancher*). ♦ 1° Mouvement d'une personne qui se déhanche. « *Le déhanchement souple et vigoureux des grands coureurs* » (LOTI). ♦ 2° Position d'un corps qui se déhanche (2°). *Le déhanchement d'une statue.* V. **Hanché.**

DÉHANCHER (SE) [deɑ̃ʃe]. *v. pron.* (XVIe; de *dé-*, et *hanche*). ♦ 1° Se balancer sur ses hanches en marchant. V. **Dandiner (se), tortiller (se).** *Un diable d'homme « qui se déhanche en marchant avec des airs d'acrobate* » (FROMEN-

TIN). ♦ 2° Faire reposer le poids du corps sur une hanche (l'autre étant légèrement fléchie).

DÉHARNACHER [deaʁnaʃe]. *v. tr.* (*Desharnaquier*, fin XIVᵉ; *deshernechier* « ôter les cordes qui serraient les voiles sur les vergues, v. 1155; de *dé-*, et *harnacher*). Ôter le harnais de (un cheval). — SE DÉHARNACHER, *v. pr.* (1845). *Fig.* et *fam.* Se débarrasser de vêtements ou d'accessoires encombrants ou gênants. ◇ ANT. *Harnacher.*

DÉHISCENCE [deisɑ̃s]. *n. f.* (1798; Cf. le suivant). *Bot.* Ouverture d'organes déhiscents. « *C'est l'époque de la déhiscence, le fruit s'ouvre et les graines sautent* » (DUHAM.). ◇ ANT. *Indéhiscence.*

DÉHISCENT, ENTE [deisɑ̃, ɑ̃t]. *adj.* (1798; lat. bot. *dehiscens,* de *dehiscere* « s'ouvrir »). *Bot.* Se dit des organes clos (anthères, fruits) qui s'ouvrent d'eux-mêmes pour livrer passage à leur contenu. *Le colchique, l'iris, le pavot, le tabac ont des fruits déhiscents.* ◇ ANT. *Indéhiscent.*

DEHORS [dəɔʁ]. *prép., adv.* et *n. m.* (XIIᵉ; *defors,* Xᵉ; lat. pop. *deforis,* de *foris.* V. **Fors, hors**).
I. ♦ 1° *Vx. Prép.* À l'extérieur de, hors. « *Dieu n'est ni dedans, ni dehors le monde* » (FÉN.). ♦ 2° Mod. *Adv.* À l'extérieur; hors du lieu, de la chose dont il s'agit. V. **Extérieurement; ailleurs, loin.** *Aller dehors :* sortir. *Rester, coucher dehors :* à l'extérieur, en plein air, à la belle étoile. *Je serai dehors toute la journée :* hors de chez moi. — *Fig. Mettre, jeter* et pop. *Ficher, flanquer, foutre) qqn dehors :* chasser, congédier, renvoyer.
II. *N. m.* (XVIᵉ). ♦ 1° La partie extérieure, l'aspect extérieur. V. **Extérieur.** *Le dehors de cette boîte, de ce récipient.* « *Ce fond* (de verre) *astucieusement grossi pour le dehors, rétréci pour le dedans* » (ROMAINS). ◇ L'extérieur, par rapport à un lieu (ville, pays). *Les affaires,* « *les combats* » (BOSS.) *du dehors.* ♦ 2° Par ext. LE DEHORS, et plus souvent LES DEHORS : l'apparence extérieure de qqn. V. **Air, apparence, aspect.** *Un dehors aimable, gracieux.* « *Montcornet a les dehors d'un héros de l'antiquité* » (BALZ.). « *Assez pervers pour affecter les dehors d'une tendresse qu'il n'éprouvait pas* » (FRANCE). ♦ 3° Mouvement en dehors. *En patinage,* Mouvement semi-circulaire vers l'extérieur.
III. (1169, *au dehors*). *Adv.* et *prép.* (Dans des loc.). ♦ 1° *De dehors, par dehors :* de, par l'extérieur. ◇ EN DEHORS : vers l'extérieur. « *Les jambes molles; les pieds en dehors* » (ROMAINS). — *Loc. prép.* EN DEHORS DE : hors de, à l'extérieur de. *Fig. C'est en dehors de la question.* V. **Côté** (à). *Se tenir en dehors d'un débat :* à l'écart. ♦ 2° AU-DEHORS ou AU DEHORS : à l'extérieur. V. **Extérieurement, loin.** *Le récipient se brisa et le contenu se répandit au dehors.* — *Dans l'apparence extérieure.* « *Homme auguste au dedans, ferme au dehors, ayant En lui toute la gloire* » (HUGO). — *Loc. prép.* AU DEHORS DE : à l'extérieur de. *Au dehors de ce pays.* ◇ ANT. *Dans, dedans, intérieurement. Fond, intérieur.*

DÉHOUILLER [deuje]. *v. tr.* (1870; *déhouillement,* 1863; de *dé-,* et *houille*). *Techn.* Enlever entièrement la houille de. *Déhouiller une couche, un filon.*

DÉICIDE [deisid]. *n.* et *adj.* (1585; lat. chrét. *deicida,* d'apr. *homicida.* V. **Homicide**). *Didact.* ♦ 1° *N. m.* Meurtre de Dieu. *Spécialt.* La crucifixion du Christ. ◇ *Par ext.* Suppression, destruction d'un culte, d'une religion. *Quelques révolutions ont* « *pratiqué le régicide et le déicide* » (CAMUS). ♦ 2° *N.* et *adj.* Meurtrier de Dieu. *Peuple déicide.* — *Par ext.* Destructeur de la religion, de la foi.

DÉICTIQUE [deiktik]. *adj.* et *n. m.* (v. 1951; formation savante, du gr. *deiktikos* « démonstratif », du gr. *deixis* « désignation », employé dans le lang. didact.). *Ling.* Qui sert à montrer, à désigner un objet singulier. *Ceci est un mot déictique.* — N. m. *Les déictiques dépendent de l'instance du discours, de l'énonciation.*

DÉIFICATION [deifikɑsjɔ̃]. *n. f.* (1375; lat. *deificatio*). Action de déifier; son résultat. *La déification des empereurs romains.*

DÉIFIER [deifje]. *v. tr.* (1265; lat. *deificare*). ♦ 1° Considérer comme Dieu. V. **Diviniser.** *Les Romains déifièrent la plupart de leurs empereurs.* ♦ 2° Rendre (qqn, qqch.) l'objet d'un culte. V. **Adorer, exalter, idolâtrer, vénérer.** « *J'ai mis en philosophe déifier aussi la gloire et diviniser ce fléau de Dieu* » (CHATEAUBR.). « *Impossible d'aimer la créature sans la déifier* » (MAURIAC).

DÉISME [deism(ə)]. *n. m.* (1669; du lat. *deus.* V. **Dieu**). Position philosophique de ceux qui admettent l'existence d'une divinité, sans accepter de religion révélée ni de dogme. ◇ ANT. *Athéisme.*

DÉISTE [deist(ə)]. *n.* (1564; du lat. *deus.* V. **Dieu**). Personne qui professe le déisme. « *Le déiste seul peut faire tête à l'athée, le superstitieux n'est pas de sa force* » (DIDER.). *Adj. Certains philosophes français du XVIIIᵉ s. étaient déistes.*

DÉITÉ [deite]. *n. f.* (1119; lat. chrét. *deitas;* de *deus*). *Littér.* Divinité mythique; dieu ou déesse. *Les déités grecques.*

DÉJÀ [deʒa]. *adv. de temps* (de *des ja,* 1265; de *des (dé-),* et a. fr. *ja* « tout de suite », lat. *jam;* Cf. *Jadis,* jamais). ♦ 1° Dès l'heure présente, dès maintenant. *Il a déjà fini son travail. Il est déjà quatre heures.* ◇ Dès lors, dès ce temps, en parlant du passé ou de l'avenir. *Il était déjà marié à ce moment-là. Quand il arriva, son ami était déjà parti.* « *Il a déjà très bien conscience de sa supériorité d'homme* » (MART. DU G.). — *Loc. adv. D'ores et déjà.* V. **Ores.** ♦ 2° Auparavant, avant. *Je l'ai déjà rencontré ce matin.* ♦ 3° *Fam.* Renforçant une constatation. *C'est déjà bien beau. Ce n'est déjà pas si mal.* — En fin de phrase, pour réitérer une question dont on a oublié la réponse. *Comment vous appelez-vous, déjà?* ◇ ANT. *Après, ensuite.*

DÉJANTER [deʒɑ̃te]. *v. tr.* (1611, « enlever la jante de », repris v. 1945; de *dé-,* et *jante*). Faire sortir (un pneu) de la jante. *Son pneu s'est déjanté.*

DÉJAUGER [deʒoʒe]. *v. intr.* (1834; de *dé-,* et *jauge*). *Mar.* S'élever sur l'eau au-dessus de la ligne de flottaison (navire). *Péniche déjaugée de 1 m.* — *Un hydravion déjauge progressivement au décollage.*

DÉJÀ(-)VU. V. **VU.**

DÉJECTION [deʒɛksjɔ̃]. *n. f.* (1538; lat. méd. *dejectio* « action de jeter dehors »). ♦ 1° *Méd.* Évacuation des matières fécales par l'intestin. *Plur.* Les matières évacuées. V. **Excrément.** ♦ 2° *Géol.* Matières rejetées par les volcans. V. **Projection.** ◇ *Géogr. Cône de déjection,* ou *déjections :* cône alluvionnaire déposé par un torrent.

DÉJETÉ, ÉE [deʒte]. *adj.* (XVIIᵉ; de *déjeter*). ♦ 1° Dévié de sa position normale. *Mur déjeté. Taille déjetée.* ♦ 2° (mil. XXᵉ, en parlant des personnes). Qui est déformé, abîmé, diminué physiquement (âge, maladie, travail, soucis, etc.). *Je l'ai trouvé bien déjeté.* V. **Décati.** ♦ 3° *Région.* (Belgique). *Fam.* En désordre. *C'est déjeté, chez eux!* ◇ ANT. *Droit; forme* (en)*, sémillant; ordonné, soigné.*

DÉJETER [deʒte]. *v. tr.;* conjug. *jeter* (XIIᵉ; « expulser »; sens mod., 1660; de *dé-,* et *jeter*). Écarter de sa direction naturelle; de sa position normale. V. **Courber, déformer, dévier.** *Le vent a déjeté tous les arbres.* Pronom. *Sa colonne vertébrale, sa taille s'est déjetée.* ◇ ANT. *Redresser.*

1. DÉJEUNER [deʒœne]. *v. intr.* (*Desjeûner* « rompre le jeûne », fin XIIᵉ; lat. pop. °*disjunare,* d'abord *disjejunare*). ♦ 1° Prendre le petit déjeuner, le déjeuner du matin. *Il est parti travailler sans déjeuner.* On dit familièrement *Petit-déjeuner,* v. intr. « prendre le petit déjeuner ». ♦ 2° (A remplacé *Dîner*). Prendre le repas du milieu de la journée. *Nous avons déjeuné au restaurant. Inviter qqn à déjeuner. Les Espagnols déjeunent tard. Il* « *déjeunait sur le pouce d'une carcasse, d'une tranche de confit froid* » (MAURIAC).

2. DÉJEUNER [deʒœne]. *n. m.* (XIIᵉ; du v. *déjeuner*). ♦ 1° *Vieilli* ou *région.* (Nord, Belgique). Repas du matin. ◇ PETIT DÉJEUNER (pour distinguer du sens 2°) : ce même repas. *Prendre du café au lait et des croissants pour le petit déjeuner.* ♦ 2° Repas du milieu du jour (*déjeuner* a remplacé *dîner,* comme *dîner* a remplacé *souper*). *Déjeuner d'affaires. Déjeuner buffet.* V. **Lunch.** *Déjeuner sur l'herbe.* V. **Pique-nique.** ♦ 3° Les mets du déjeuner (surtout 2°). V. **Repas.** *Un bon déjeuner, arrosé de vins fins.* ♦ 4° Ensemble formé par la tasse et la soucoupe assortie (pour le *petit déjeuner*). ♦ 5° *Fig.* DÉJEUNER DE SOLEIL : étoffe dont la couleur passe vite, et *par anal.* Ce qui ne dure pas longtemps (objet, sentiment, résolution, entreprise).

DÉJOUER [deʒwe]. *v. tr.* (XIIIᵉ; « cesser de jouer », 1119; de *dé-,* et *jouer*). Faire échouer (le jeu, les manœuvres de qqn). V. **Confondre, contrecarrer.** *Déjouer une intrigue, un complot.* — *Par ext. Déjouer la surveillance.* V. **Tromper.** *Déjouer les plans d'un adversaire.* « *Félicité invariablement déjouait leurs astuces* » (FLAUB.). « *Le hasard déjoua toute précaution* » (MART. DU G.). ◇ ANT. *Appuyer, seconder, soutenir.*

DÉJUCHER [deʒyʃe]. *v.* (XIIIᵉ; de *dé-,* et *jucher*). *Agric.* ♦ 1° *V. intr.* Quitter le juchoir, en parlant d'une poule. ♦ 2° *V. tr. Déjucher une poule :* lui faire quitter le juchoir.

DÉJUGER (SE) [deʒyʒe]. *v. pron.;* conjug. *juger.* V. **Bouger** (1845; *déjuger qqn* « condamner », 1120; de *dé-,* et *juger*). Revenir sur le jugement qu'on avait exprimé, sur le parti qu'on avait pris. V. **Changer** (d'avis). *Il s'est déjugé et a annulé sa décision pour en prendre une contraire.* ◇ ANT. *Persévérer, persister.*

DE JURE [deʒyʁe]. *loc. adj.* et *adv.* (fin XIXᵉ; mots lat. « de droit »). *Dr.* Présomption *juris et jure* : présomption légale à laquelle on ne peut rien opposer. — *Reconnaissance de jure d'un gouvernement* (opposé à *de facto*).

DELÀ [dəla]. *prép.* et *adv.* (1175; de *de-,* et *là*).
I. *Prép. de lieu.* ♦ 1° *Vx.* Plus loin que. « *Porter delà les mers ses hautes destinées* » (CORN.). ♦ 2° *Mod.* PAR DELÀ. *Par delà les mers. Par delà le bien et le mal* (trad. de Nietzsche). « *Les familles d'esprit unies par les liens secrets et qui se*

retrouvent avec constance par delà les temps, par delà les lieux » (FOCILLON).
II. *Adv. de lieu* (dans des loc.). ♦ 1° *Littér.* DEÇÀ, DELÀ : de côté et d'autre. V. **Deçà.** ♦ 2° *Loc. adv.* PAR DELÀ ou PAR-DELÀ : de l'autre côté. *Contournez le champ et attendez-nous par delà.* ◇ EN DELÀ [ãdla] : un peu plus loin, à l'extérieur. V. **Dehors.** *Restez sur la ligne de départ et ne vous mettez pas en delà.* ♦ 3° *Cour.* AU-DELÀ ou AU DELÀ [odla] : plus loin. « *La courbure de la terre qui seule empêchait de voir au delà* » (LOTI). ◇ *Loc. prép.* AU DELÀ DE. *L'Islande est au delà de l'Écosse. S'en aller au delà des mers. Fig. Ce que je vais vous dire est au delà de tout ce que vous pouvez imaginer, de toute imagination. Au delà de telle quantité, de telle somme* : quand on a dépassé cette quantité, cette somme. ◈ ANT. *Deçà. Dans. Moins.*

DÉLABIALISER [delabjalize]. *v. tr.* (v. 1900 [*Lexis*]; de *dé-*, et *labialiser*). *Phonét.* Ôter le caractère labial (à un phonème labial). — *Pronom.* SE DÉLABIALISER, perdre le caractère labial. (*Dér.* DÉLABIALISATION, *n. f.*). ◈ ANT. *Labialiser.*

DÉLABRÉE, ÉE [delabʀe]. *adj.* (1561; V. **Délabrer**). ♦ 1° Qui est en ruine, en mauvais état. *Un* « *pauvre manoir délabré, effondré, tombant en ruine au milieu du silence et de l'oubli* » (GAUTIER). *Par ext.* « *Une vieille femme dont les vêtements délabrés étaient en parfaite harmonie avec la maison* » (BALZ.). ♦ 2° *Fig. Santé délabrée.* « *Sans moi vos affaires... étaient fort délabrées* » (MOL.). ◈ ANT. *Ferme, robuste, solide.*

DÉLABREMENT [dela(a)bʀəmã]. *n. m.* (1689; de *délabrer*). État de ce qui est délabré. V. **Ruine; dégradation, vétusté.** *Le délabrement d'un édifice. Dans un tel état de délabrement.* ◇ *Fig.* Mauvais état. *Le délabrement de sa santé, de ses affaires.* ◈ ANT. *Force, prospérité, solidité.*

DÉLABRER [delabʀe]. *v. tr.* (1690; prov. *deslabrar* « déchirer »). ♦ 1° *Rare.* Mettre (une chose) en mauvais état par usure, vétusté ou défaut d'entretien. V. **Abîmer, dégrader, détériorer.** *Le temps a délabré cet édifice.* ◇ *Fig.* V. **Gâter, ruiner.** *Délabrer sa santé par des excès.* ♦ 2° *Cour.* SE DÉLABRER. *v. pron.* Devenir en mauvais état, menacer ruine. *La maison se délabre.* — *Fig.* « *Ma santé se délabre au point que... il faut que j'aille voir et consulter Tronchin* » (ROUSS.).

DÉLABYRINTHER [delabiʀɛte]. *v. tr.* (1932; de *dé-*, et *labyrinthe*). *Littér.* Démêler, élucider. « *Ces personnages [...] qui nous délabyrinthent nos sentiments* » (ARTAUD).

DÉLACER [dela(a)se]. *v. tr.; conjug. lacer.* V. **Placer** (1080; de *dé-*, et *lacer*). ♦ 1° Desserrer ou retirer (une chose lacée). *Délacer un corset. Délacer ses chaussures avant de les ôter.* V. **Dénouer.** ♦ 2° Desserrer le corset, le corsage de (qqn). « *Voulez-vous que l'on vous délace ?* » (MOL.). ◈ ANT. *Lacer.* — HOM. *Délasser.*

DÉLAI [delɛ]. *n. m.* (1172; de l'a. fr. *deslaier* « différer »). ♦ 1° Temps accordé pour faire qqch. *Travail exécuté dans le délai fixé.* « *D'après le barème des délais réglementaires, il devrait être grand-officier* » (MONTHERLANT). — *Inform. Délai d'attente,* temps de réponse maximal d'une unité. ◇ Temps nécessaire à l'exécution de qqch. *Délai d'allumage de combustibles.* ♦ 2° Prolongation de temps accordée pour faire qqch. V. **Prolongation, répit, sursis.** *Se donner un délai pour décider d'une chose : s'accorder des délais par paresse :* renvoyer, remettre au lendemain, retarder. ◇ SANS DÉLAI : sur-le-champ, tout de suite, sans attendre. *Immédiatement et sans délai.* « *Il faut l'attaquer sans ambages, sans délai, délibérément* » (GIDE). ♦ 3° Temps à l'expiration duquel on sera tenu de faire une certaine chose. V. **Remise, sursis.** *Marchandise à payer dans un délai de 30 jours* (V. **Crédit**). *Agir dans les délais, en temps utile. Expiration d'un délai :* échéance, terme. V. **Préfixion.** — *Dr. Délai de grâce,* accordé par le créancier au débiteur. *Délai d'ajournement :* donné au défenseur pour comparaître en justice. — *Délai de préavis* ou DÉLAI-CONGÉ : délai que doivent respecter employeur et employé entre la dénonciation d'un contrat et sa cessation effective. — *Délai franc :* qui ne comprend ni le jour du point de départ ni le jour d'expiration. — *Assignation à bref délai :* à trois jours francs. *Cour.* À BREF DÉLAI : dans un avenir très proche.

DÉLAINAGE [delɛnaʒ]. *n. m.* (1886; de *délainer*). *Techn.* Opération consistant à enlever la laine des peaux de moutons, de chèvres. *L'industrie mazamétaine du délainage.*

DÉLAINER [delene]. *v. tr.* (1886; « retirer la laine d'une greffe », 1863; *deslané* « privé de sa laine », 1226; de *dé-*, et *laine*). *Techn.* Enlever la laine (des peaux de moutons, de chèvres), de sorte qu'elle soit utilisable par l'industrie textile.

DÉLAISSÉ, ÉE [delese]. *adj.* (XII°; V. **Délaisser**). ♦ 1° (*Personnes*). Laissé sans secours, sans affection. *Enfant délaissé, épouse délaissée. Mourir délaissé.* V. **Abandonné.** ◇ *Dont on ne s'occupe pas, qu'on néglige.* « *Elle se souvenait d'avoir été une enfant malheureuse et délaissée* » (SAND). ♦ 2° (*Choses*). Abandonné. *Une profession un peu délaissée.*

DÉLAISSEMENT [delɛsmã]. *n. m.* (1274; de *délaisser*). ♦ 1° *Rare.* Action de délaisser, fait d'être délaissé. V. **Abandon, désertion.** « *Jésus au milieu de ce délaissement universel* » (PASC.). ◇ *Dr.* Abandon d'un bien, d'un droit. V. **Cession, déguerpissement, renonciation.** *Délaissement d'un héritage.* ♦ 2° État d'une personne abandonnée, délaissée, sans appui ni secours. V. **Isolement.** « *Une impression horrible d'isolement, de délaissement* » (MAUPASS.). ◈ ANT. *Aide, appui, soutien, secours.*

DÉLAISSER [delese]. *v. tr.* (déb. XII°; de *dé-* et *laisser*). ♦ 1° Laisser (qqn) sans secours ou sans affection. V. **Abandonner.** *Il savait* « *qu'il y avait une personne pour laquelle Landry le délaissait* » (SAND). V. **Lâcher** (*fam.*), laisser, quitter. *Délaisser qqn en ne s'en occupant pas.* V. **Désintéresser** (se), négliger. ♦ 2° Abandonner (une activité). *Délaisser un travail ennuyeux. Délaisser les sciences pour les lettres.* V. **Déserter.** ♦ 3° *Dr.* Renoncer à la possession de (qqch.). ◈ ANT. *Conserver, garder. Aider, entourer, secourir.*

DÉLAITER [delete]. *v. tr.* (1826; de *dé-*, et *lait*). Débarrasser le beurre du petit lait qu'il contient (opération du DÉLAITAGE [deletaʒ]).

DÉLAITEUSE [deletøz]. *n. f.* (1890; de *délaiter*). *Techn.* Machine qui sert à délaiter.

DÉLARDEMENT [delaʀdəmã]. *n. m.* (1694; de *délarder*). *Techn.* Action de délarder (1° et 2°); son résultat.

DÉLARDER [delaʀde]. *v. tr.* (1690; de *dé-*, et *lard*). ♦ 1° Enlever le lard de (un porc). V. **Dégraisser.** *Cuis.* Dégarnir (un morceau lardé, ou piqué) de ses lardons. ♦ 2° *Techn.* Diminuer l'épaisseur de; enlever l'arête vive de (Cf. *Dégraisser, 5°*). ◈ ANT. *Larder.*

DÉLASSANT, ANTE [delasã, ãt]. *adj.* (1863; de *délasser*). Qui délasse le corps ou l'esprit. *Un exercice délassant, une promenade délassante.* V. **Reposant.** *Une lecture délassante.* V. **Amusant, distrayant, récréatif.** ◈ ANT. *Fatigant.*

DÉLASSEMENT [delasmã]. *n. m.* (1475; de *délasser*). ♦ 1° Le fait de se délasser (physiquement ou intellectuellement). V. **Détente, loisir, récréation, repos.** *Avoir besoin de délassement.* « *Un changement d'ouvrage est un véritable délassement* » (ROUSS.). ♦ 2° Ce qui délasse. V. **Amusement, distraction, divertissement.** *La lecture, la musique sont des délassements.* ◈ ANT. *Fatigue. Travail.*

DÉLASSER [delase]. *v. tr.* (XIV°, rare av. XVI°; de *dé-*, et *las;* Cf. **Lasser**). Tirer de l'état de lassitude, de fatigue. V. **Détendre, reposer.** « *Semblable au voyageur délassé par un bain* » (BALZ.). *Écouter de la musique délasse l'esprit. Sa gaieté nous délasse.* V. **Changer, distraire, divertir.** « *La rêverie me délasse et m'amuse, la réflexion me fatigue et m'attriste* » (ROUSS.). — *Absolt. La lecture délasse.* « *Quand on arrivait du dehors, la fraîcheur de l'escalier délassait* » (FLAUB.). ◇ SE DÉLASSER. *v. pron.* Se reposer en se distrayant. ◈ ANT. *Fatiguer, lasser.* — HOM. *Délacer.*

DÉLATEUR, TRICE [delatœʀ, tʀis]. *n.* (1539; lat. *delator,* de *deferre* « dénoncer », p. p. *delatus*). Personne qui dénonce pour des motifs méprisables. V. **Dénonciateur, espion, traître** (Cf. *pop.* Donneur, mouchard, mouton). *Adj.* (rare) : « *Son art de tronquer les textes de ses adversaires, sa manie délatrice...* » (*L'Express,* 19-6-1967).

DÉLATION [delasjɔ̃]. *n. f.* (1549; lat. *delatio;* Cf. le précéd.). Dénonciation inspirée par des motifs méprisables. V. **Calomnie, dénonciation, médisance.** *Faire une délation :* dénoncer, donner (*pop.*), trahir, vendre. *Développer* « *comme font toutes les dictatures, un ignoble esprit de délation et de discorde* » (DUHAM.).

DÉLAVAGE [delavaʒ]. *n. m.* (1845; de *délaver*). *Techn.* Action de délaver.

DÉLAVÉ, ÉE [delave]. *adj.* (XVI°; V. **Délaver**). ♦ 1° Dont la couleur est, ou semble trop étendue d'eau. V. **Décoloré, fade, pâle.** *Le ciel est d'un bleu délavé,* et ellipt. *Ciel délavé.* « *Le bleu délavé de ses yeux froids* » (JALOUX). ♦ 2° Qui a été trempé, imbibé d'eau. *Terre délavée.* ◈ ANT. *Soutenu. Sec.*

DÉLAVER [delave]. *v. tr.* (v. 1585; « salir », XIII°; « purifier », 1398; de *dé-*, et *laver*). ♦ 1° Enlever ou éclaircir avec de l'eau (une couleur étendue sur du papier). V. **Laver.** *Jean bleu délavé.* ♦ 2° Imbiber d'eau. V. **Détremper.** *L'inondation a délavé les terres.*

DÉLAYAGE [delɛjaʒ]. *n. m.* (1836; de *délayer*). ♦ 1° Action de délayer (on dit aussi DÉLAYEMENT [delɛjmã], 1549). *Délayage de la farine.* — État de ce qui est délayé; ce qui est délayé. ♦ 2° (1870). *Fig. et fam.* Le fait d'exposer trop longuement; exposé délayé. *Faire du délayage. Il n'y a que du délayage, dans ce genre de littérature.* V. **Longueurs, remplissage, verbiage.** ◈ ANT. *Brièveté, concision, laconisme.*

DÉLAYÉ, ÉE [delɛje]. *adj.* (1805; V. **Délayer**). *Fig.* Diffus, prolixe. *Subst. C'est du délayé.* ◈ ANT. *Concis, dense.*

DÉLAYER [delɛje]. *v. tr.; conjug. payer* (XIII°; lat. pop. °*delicare,* de *deliquare* « clarifier, transvaser »). ♦ 1° Détremper (une substance) dans un liquide. V. **Diluer, dissoudre, étendre, fondre.** *Délayer de la farine dans de l'eau pour faire une pâte. Délayer à chaud, à froid.* — *Délayer de la chaux* (V. **Couler**), *du plâtre, du mortier* (V. **Gâcher**). ♦ 2º (1766). Fig. *Délayer une pensée, une idée, un discours,* l'exposer trop longuement, de manière diffuse. V. **Noyer, paraphraser.** (Cf. *fam.* Allonger la sauce, mettre de la sauce).

DELCO [delko]. *n. m.* (v. 1950; marque déposée : initiales de la Dayton Engineering Laboratories Company). Système d'allumage (V. **Allumeur**, 3º) d'un moteur à explosion, utilisant une bobine d'induction; cette bobine.

DELEATUR [deleatyʀ]. *n. m. invar.* (1797; mot lat. « qu'il soit effacé »). *Typogr.* Signe ressemblant à un delta grec minuscule (δ) et servant à indiquer sur les épreuves d'imprimerie qu'il faut supprimer qqch.

DÉLÉATURER [deleatyʀe]. *v. tr.* (1914; de *deleatur*). *Rare.* Supprimer par un deleatur. « *La préface que j'avais écrite pour les* Caves, *et que j'ai déléaturée sur épreuves* » (GIDE).

DÉLÉBILE [delebil]. *adj.* (1823; lat. *delebilis,* de *delere* « qu'il soit effacé »). *Rare.* Qui peut s'effacer. *Encre délébile.* ◇ ANT. **Indélébile, ineffaçable.**

DÉLECTABLE [delektabl(ə)]. *adj.* (1170; lat. *delectabilis;* a remplacé *délitable. Littér.* Qui délecte, qui est très agréable. V. **Délicieux, exquis.** *Mets délectable.* V. **Délicat, friand, savoureux.** « *La fraîcheur du soir nous était délectable* » (GIDE). ◇ ANT. **Mauvais.**

DÉLECTATION [delektasjɔ̃]. *n. f.* (v. 1120; lat. *delectatio*). ♦ 1º Plaisir que l'on savoure. V. **Délice, jouissance, volupté.** *Déguster un mets, une boisson avec délectation.* « *Une délectation infinie l'envahissait, plaisir tout mêlé d'amertume* » (FLAUB.). ♦ 2º *Théol.* Plaisir qu'on prend à faire qqch. « *La délectation victorieuse de la grâce* » (MAURIAC). V. **Ravissement.** ◇ DÉLECTATION MOROSE : sentiment agréable qu'éprouve celui qui se complaît dans une tentation. V. **Complaisance.** ◇ ANT. **Dégoût.**

DÉLECTER [delɛkte]. *v. tr. et pron.* (1340; lat. *delectare;* a remplacé *delitier, delit,* v. 1120). ♦ 1º V. tr. *Vx ou littér.* Remplir (qqn) d'un plaisir savouré avec délices. V. **Charmer, flatter, régaler, réjouir.** « *Ce qui délectait ainsi mon jeune précepteur, c'était le spectacle même du jeu de la vie* » (FROMENTIN). ♦ 2º (v. 1361). *Cour.* SE DÉLECTER. *v. pron.* Prendre un très grand plaisir (à qqch.). V. **Goûter, jouir** (de), **plaire** (se), **régaler** (se), **réjouir** (se), **repaître** (se), **savourer.** *Je me suis délecté à l'écouter parler.* « *Quand je rêve... je me délecte assez souvent de ce dont ma veille sagement se prive* » (COLETTE). ◇ ANT. **Dégoûter. Détester.**

DÉLÉGANT, ANTE [delegɑ̃, ɑ̃t]. *n.* (1846; lat. *delegans,* p. prés. de *delegare* « déléguer »). *Dr.* Personne qui délègue (*opposé à* **délégataire**).

DÉLÉGATAIRE [delegatɛʀ]. *n.* (1839; de *déléguer,* d'apr. *légataire). Dr.* Personne à qui l'on délègue une chose (*opposé à* **délégant**).

DÉLÉGATION [delegasjɔ̃]. *n. f.* (XIIIᵉ; de *delegatio* « procuration »).
I. ♦ 1º Commission qui donne à qqn le droit d'agir au nom d'un autre. V. **Mandat, procuration, représentation.** *Personne qui agit par délégation, en vertu d'une délégation.* V. **Délégué.** ◇ (*Enseignement*) Emploi de maître auxiliaire, non titulaire. « *Quelques leçons particulières, une délégation au lycée Victor-Duruy* » (BEAUVOIR). ♦ 2º Acte par lequel on délègue qqn. ♦ 3º (*Choses*). Attribution, transmission pour un objet déterminé. *Délégation de pouvoir à qqn.* ◇ *Dr.* Opération par laquelle une personne (V. **Délégué**) fait ou s'oblige à faire une prestation à une autre (V. **Délégataire**) qui l'accepte sur l'ordre d'une troisième (V. **Délégant**). *Délégation d'une créance.* — *Par ext.* Acte par lequel on transmet une créance; titre de cette créance. *Délégation de cent mille francs. Délégation de solde* (des militaires à leur famille).
II. (1878). Ensemble des personnes déléguées. *Faire partie d'une délégation. Réunir, envoyer une délégation. Recevoir une délégation. Président d'une délégation.* — *Spécialt.* Assemblée délibérante. *Délégation spéciale* (XXᵉ) : commission administrative chargée d'administrer temporairement une commune.

DÉLÉGUÉ, ÉE [delege]. *n. et adj.* (XIVᵉ, adj.; v. 1534, n.; V. **Déléguer**). ♦ 1º Personne qui a commission* de représenter les intérêts d'une personne, d'un groupe, avec éventuellement pouvoir d'agir. V. **Commissaire, émissaire, envoyé, mandataire, représentant.** *Nommer, désigner un délégué. Délégué à un congrès international. Délégué du personnel. Délégué syndical.* ◇ *Délégué du peuple à une assemblée.* V. **Député, parlementaire.** « *Le député d'Orléans est exactement le délégué d'Orléans à soutenir les intérêts orléanais contre les délégués des autres circonscriptions* » (PÉGUY). ♦ 2º Personne chargée d'exercer une fonction administrative à la place d'un titulaire. — (1966). *Délégué militaire départe-*

mental, chargé de représenter le général commandant la division militaire, dans l'exercice de certaines fonctions (remplace l'ancien commandant de subdivision). ◇ ANT. **Commettant; mandant, titulaire.**

DÉLÉGUER [delege]. *v. tr.* (déb. XIVᵉ; lat. *delegare*). ♦ 1º Charger (qqn) d'une fonction, d'une mission, en transmettant son pouvoir. V. **Commettre, députer, envoyer, mandater.** *Déléguer un représentant à une assemblée.* ◇ Charger (qqn) d'accomplir envers un autre une obligation qu'il avait envers vous. *Déléguer un débiteur.* V. **Délégation** (I, 3º). ♦ 2º Transmettre, confier (une autorité, un pouvoir) pour un objet déterminé. *Déléguer son autorité, son pouvoir, sa compétence à qqn.* ◇ « *Il délègue sa femme, à Brest, sa solde et ses chevrons, tout ce qu'il gagne* » (LOTI). ◇ ANT. **Représenter.**

DÉLESTAGE [delɛstaʒ]. *n. m.* (1681; de *délester*). Action de délester. ◇ ANT. **Chargement, lestage.**

DÉLESTER [delɛste]. *v. tr.* (1681; *delaster,* 1593; de *dé-,* et *lester*). ♦ 1º Décharger de son lest. V. **Alléger.** *Délester un navire, un aérostat, une fusée spatiale.* ♦ 2º Débarrasser d'un fardeau. V. **Décharger.** « *Elle portait un panier de bûches. Il s'empressa de la délester* » (MART. du G.). — *Pronom.* (fin XIXᵉ). *Fam. Se délester.* ◇ (1870). *Fig. et iron.* V. **Voler.** *Son fils l'a délesté d'une partie de sa fortune.* ♦ 3º (XXᵉ). *Électr.* Opérer une coupure de courant momentanée dans certains secteurs d'un réseau. ♦ 4º Décongestionner la circulation en fermant momentanément l'accès à une voie routière. ◇ ANT. **Charger, lester.**

DÉLÉTÈRE [deletɛʀ]. *adj.* (1538; gr. *délêtêrios* « nuisible »). ♦ 1º Qui met la santé, la vie en danger. — *Cour. Gaz délétère.* V. **Asphyxiant, irrespirable, nocif, nuisible, toxique.** « *Sa femme... fut asphyxiée par les gaz délétères* » (DANIEL-ROPS). ♦ 2º (1863). *Fig. et littér.* Néfaste, nuisible. « *Une trace du passage de Vintras et de son action délétère sur la paix publique* » (BARRÈS). ◇ ANT. **Salubre, sain.**

DÉLÉTION [delesjɔ̃]. *n. f.* (XXᵉ; lat. *deletio* « destruction »). *Biol.* Rupture d'un chromosome avec perte d'un élément, constituant une cause de mutation.

DÉLIBÉRANT, ANTE [deliberɑ̃, ɑ̃t]. *adj.* (1690; de *délibérer*). Qui délibère (*opposé à* **consultatif**). *Assemblée délibérante.*

DÉLIBÉRATIF, IVE [deliberatif, iv]. *adj.* (v. 1327; lat. *deliberativus*). Qui a qualité pour voter, décider dans une délibération (*opposé à* **consultatif**). V. **Décisif.** *Avoir voix délibérative dans une assemblée.*

DÉLIBÉRATION [deliberasjɔ̃]. *n. f.* (XIIIᵉ; lat. *deliberatio*). ♦ 1º Action de délibérer avec d'autres personnes. V. **Conseil, débat, discussion, examen.** *Mettre une question en délibération. Délibération d'une assemblée, d'un jury.* ♦ 2º *Par ext.* Résultat de la délibération. V. **Décision, résolution.** *Les délibérations prises par l'assemblée.* ♦ 3º Examen conscient et réfléchi avant de décider s'il faut accomplir ou non un acte connu comme possible. V. **Réflexion.** *Décision prise après mûre délibération.* « *Il s'imaginait qu'on choisit la personne qu'on aime après mille délibérations* » (PROUST).

DÉLIBÉRATOIRE [deliberatwaʀ]. *adj.* (1863; de *délibérer*). *Didact.* Relatif à la délibération. *Examen délibératoire.*

DÉLIBÉRÉ, ÉE [delibeʀe]. *adj. et n. m.* (1451; V. **Délibérer**). ♦ 1º Adj. Qui a délibéré; qui a été délibéré. V. **Conscient, intentionnel, réfléchi, volontaire, voulu.** « *Ne sois jamais insolent que par volonté délibérée* » (ALAIN). — *De propos délibéré :* exprès, à dessein. V. **Délibérément.** ♦ 2º *Par ext.* Qui a de la délibération, de la résolution. V. **Assuré, décidé.** « *Faisant appel à tout mon courage, j'entrai dans notre chambre d'un air délibéré* » (DAUD.). ♦ 3º *N. m.* (1655). *Dr.* Phase de l'instance au cours de laquelle les magistrats se concertent avant de rendre leur décision. *Mettre une affaire en délibéré.* — (1690). Le jugement lui-même. ◇ ANT. **Involontaire; contraint, soumis.**

DÉLIBÉRÉMENT [deliberemɑ̃]. *adv.* (1386; de *délibéré*). ♦ 1º Après avoir délibéré, réfléchi. V. **Consciemment, intentionnellement, volontairement.** *C'est délibérément que nous acceptons cette responsabilité.* ♦ 2º De manière décidée, sans hésitation. V. **Résolument.** *Répondre délibérément à une remontrance.* ◇ ANT. **Involontairement.**

DÉLIBÉRER [delibeʀe]. *v.* (XIIIᵉ; lat. *deliberare*).
I. *V. intr.* ♦ 1º Discuter avec d'autres personnes en vue d'une décision à prendre. V. **Conseil** (tenir conseil), **consulter** (se). *Les membres du jury se retirent pour délibérer.* « *J'ai délibéré avec vous sur les façons de vous encercler* » (ROMAINS). ♦ 2º *Littér.* Réfléchir sur une décision à prendre, peser le pour et le contre. V. **Réfléchir.** *Il a longuement délibéré avant d'accepter.* V. **Hésiter, tergiverser.**
II. *V. tr. indir.* DÉLIBÉRER DE : décider par un débat, une délibération. V. **Décider.** « *Les chefs de famille délibéraient entre eux des affaires publiques* » (ROUSS.). « *Le gouvernement délibérait de fuir* » (MADELIN).

DÉLICAT, ATE [delika, at]. *adj.* (1492; lat. *delicatus.* V. **Délié**). ♦ 1° *Littér.* Qui plaît par la qualité, la douceur, la finesse. *Parfum délicat. Couleur, teinte délicate. Nourriture délicate.* V. **Fin, raffiné.** *Plaisirs délicats.* V. **Recherché.** ♦ 2° (1580). Dont l'exécution, par son adresse, sa finesse, fait apprécier les moindres nuances. V. **Élégant, gracieux, joli, mignon.** *Dentelle délicate. — Par ext.* V. **Léger; élégant.** *Le toucher délicat d'un pianiste. La touche délicate d'un peintre.* ♦ 3° (XVIe). Que sa finesse rend sensible aux moindres influences extérieures. V. **Fin, fragile, sensible.** *Peau, fleur délicate.* ◇ *Enfant délicat.* V. **Faible.** ♦ 4° (1580). Dont la subtilité, la complexité rend l'appréciation, la compréhension ou l'exécution difficile. V. **Difficile, embarrassant, malaisé.** *Problème délicat, question délicate.* V. **Complexe, compliqué, subtil.** *La nuance est si délicate qu'elle risque de vous échapper. S'engager dans une entreprise délicate.* V. **Dangereux, périlleux, scabreux.** *Une situation délicate. Opération chirurgicale délicate.* ♦ 5° (*Personnes*). Qui apprécie les moindres nuances; qui est doué d'une grande sensibilité. *Esprit délicat.* V. **Délié, fin, pénétrant, raffiné, sensible, subtil.** *Lecteur délicat.* ♦ 6° (*Personnes*). Que sa grande sensibilité rend difficile à contenter. V. **Exigeant.** *Il ne faut pas être si délicat.* V. **Difficile.** ◇ *Subst. Faire le délicat, la délicate.* « *Les délicats sont malheureux. Rien ne saurait les satisfaire* » (LA FONT.). ♦ 7° Qui est doué d'une grande sensibilité morale. *Une conscience délicate.* V. **Probe, scrupuleux.** *Il est peu délicat en affaires. Un ami délicat et réservé.* ◇ *Par ext.* Qui dénote de la délicatesse. *C'est une attention délicate de sa part. Le procédé n'est guère délicat.*
◇ ANT. **Grossier. Robuste. Facile, simple. Balourd, épais. Vulgaire, indélicat.**

DÉLICATEMENT [delikatmã]. *adv.* (1373; de *délicat*). D'une manière délicate. ♦ 1° Avec finesse et précision. *Objet délicatement ciselé.* V. **Finement.** ♦ 2° Avec douceur et légèreté, sans appuyer. V. **Légèrement.** *Saisir délicatement un papillon par les ailes. Effleurer délicatement.* ♦ 3° D'une manière raffinée, recherchée. V. **Élégamment, subtilement.** « *En fait d'amour, on fait délicatement des choses grossières* » (MARIVAUX). ♦ 4° *Littér.* Avec délicatesse morale. *Il a délicatement refusé cette faveur.* ◇ ANT. **Grossièrement. Brutalement. Lourdement. Indélicatement.**

DÉLICATESSE [delikatɛs]. *n. f.* (1539; de *délicat*, p.-ê. d'apr. it. *delicatezza*). ♦ 1° *Littér.* Qualité de ce qui est délicat (1°). V. **Agrément, douceur, finesse, recherche.** *Délicatesse d'un mets. — Délicatesse d'un coloris. Délicatesse des traits d'un visage.* V. **Joliesse.** ♦ 2° Finesse et soin dans l'exécution. V. **Adresse, élégance, habileté, raffinement.** ◇ *Légèreté et précision dans la prise, le toucher. Saisir un objet fragile avec délicatesse.* V. **Délicatement.** « *Philippe la prit dans ses bras avec cette délicatesse qui révèle la force* » (FRANCE). ♦ 3° Caractère de ce qui est fin, ténu, fragile. V. **Finesse, ténuité.** *La délicatesse et la blancheur de sa peau. Délicatesse d'une dentelle.* ♦ 4° *Vieilli.* Caractère de ce qui est délicat (4°), difficile. V. **Complexité, difficulté, subtilité.** « *Des personnes qui soient capables de sentir les délicatesses d'un art* » (MOL.). *Cette affaire est d'une délicatesse qui commande la plus grande prudence.* ♦ 5° Aptitude à sentir, à juger finement. V. **Sensibilité.** *Délicatesse de goût, de jugement.* ◇ Qualité de ce qui est senti, pensé, fait ou exprimé d'une manière délicate. V. **Élégance, finesse.** *Délicatesse du langage, du style.* ♦ 6° *Rare.* Caractère d'une personne difficile à contenter. ♦ 7° Sensibilité morale dans les relations avec autrui, juste appréciation de ce qui peut choquer, peiner. V. **Discrétion, tact; scrupule.** *Se taire par délicatesse. Manque de délicatesse. Par ext.* Qualité d'une action, d'une pensée qui en témoigne. *La délicatesse de ses manières, de ses procédés.* ◇ Attention délicate. V. **Amabilité, gentillesse, prévenance.** « *Il avait des attentions, des petits soins, des délicatesses pour moi* » (MAUPASS.). ◇ ANT. **Grossièreté, laideur. Lourdeur, maladresse. Robustesse; brutalité. Facilité, simplicité. Vulgarité. Brutalité, indélicatesse.**

DÉLICE [delis]. *n.* (1120; lat. *delicium*).
I. **DÉLICES.** *n. f. pl.* (lat. *deliciæ*). Plaisir qui ravit, transporte. V. **Blandice, charme, jouissance, plaisir.** *Les délices de l'amour, de la campagne. Lieu de délices.* V. **Éden, eldorado, paradis.** « *Je regardais ces délices les étoiles* » (MAUPASS.). *Faire ses délices de qqch.*, y prendre un grand plaisir. — *Loc. Les délices de Capoue :* délices où l'on s'amollit, *par allusion* aux quartiers d'hiver qu'Annibal prit à Capoue après la victoire de Cannes et qui amollirent son armée.
II. *N. m.* (lat. *delicium*). Plaisir vif et délicat. V. **Félicité, joie.** *Quel délice, de vivre ici! — Fam. Ce rôti est un délice.* V. **Régal.** « *A cette heure-là, en été, manger des mûres est un délice* » (BOSCO).
◇ ANT. **Horreur, supplice.**

DÉLICIEUSEMENT [delisjøzmã]. *adv.* (v. 1265; de *délicieux*). D'une manière délicieuse. *Il fait délicieusement bon. Être délicieusement ému.* ◇ (1674). D'une manière char-

mante. *Jouer délicieusement du piano.* ◇ ANT. **Affreusement, horriblement. Désagréablement.**

DÉLICIEUX, IEUSE [delisjø, jøz]. *adj.* (v. 1190; lat. *deliciosus*). ♦ 1° Qui est extrêmement agréable, procure des délices. V. **Agréable, exquis.** *Impression, sensation délicieuse.* V. **Divin, merveilleux.** — (1695). *Par ext.* V. **Charmant.** *Robe, toilette délicieuse. Une femme délicieuse.* ♦ 2° *Spécialt.* Très agréable au goût, aux sens. V. **Délectable, délicat, exquis.** *Mets, fruits délicieux. Un délicieux parfum.* ◇ ANT. **Affreux, horrible, mauvais; déplaisant. Insipide.**

DÉLICTUEUX, EUSE [deliktɥø, øz]. *adj.* (1863; de *délit*, sur le lat. *delictum*). *Dr.* Qui a le caractère d'un délit. (On dit aussi DÉLICTUEL, ELLE [deliktɥɛl], mil. XXe). *Fait délictueux.* ◇ ANT. **Légal, licite.**

1. DÉLIÉ, ÉE [delje]. *adj. et n. m.* (1181; adapt. lat. *delicatus*, avec infl. de *délier*). ♦ 1° *Littér.* Qui est d'une grande minceur, d'une grande finesse. V. **Fin, grêle, menu, mince.** *Fil délié. Taille déliée.* V. **Élancé, mince, souple, svelte.** ◇ *Cour. N. m.* (1706) *Un délié :* la partie fine et déliée d'une lettre (*opposé à* plein). *Les pleins et les déliés d'une écriture à la plume.* ♦ 2° (1580). *Fig. Un esprit délié :* qui a beaucoup de pénétration, de finesse, subtil. ◇ ANT. **Épais, gros, lourd.**

2. DÉLIÉ, ÉE [delje]. *adj. et n. m.* (1611; de *délier*). ♦ 1° Qui n'est plus lié. *Cordons déliés.* ♦ 2° *Fig.* Qui a une grande agilité. *Ce pianiste a les doigts déliés. — N. m. Avoir un bon délié. — Avoir la langue déliée* (1688) : avoir une grande facilité d'élocution, être bavard. ◇ ANT. **Lié. Embarrassé, malhabile.** — HOM. **Délier.**

DÉLIEMENT [delimã]. *n. m.* (1596; théol., 1190; de *délier*). *Rare.* Action de délier; son résultat.

DÉLIER [delje]. *v. tr.* (v. 1160; de *dé-*, et *lier*). ♦ 1° Dégager de ce qui lie. V. **Détacher.** *Délier un fagot, une gerbe. Délier les mains d'un prisonnier.* V. **Libérer.** — Défaire le nœud de. V. **Dénouer.** *Délier une corde, des rubans. Fig. N'être pas digne de délier le cordon des souliers de qqn* : lui être très inférieur. — (1690). *Sans bourse délier :* sans rien payer. V. **Gratis.** ◇ (1656). *Fig. Délier la langue de qqn* : le faire parler. *Le vin lui a délié la langue.* Pronom. « *Les langues se délient étrangement* » (PROUST). — *Avoir la langue* bien déliée, bien pendue. ♦ 2° *Fig.* Libérer d'un engagement, d'une obligation. V. **Affranchir, dégager, délivrer, libérer, relever.** *Délier qqn d'une promesse. Se délier d'un serment :* reprendre sa parole. ◇ *Théol.* Absoudre. *Délier un fidèle d'un péché.* ◇ ANT. **Lier; attacher.** — HOM. **Délié.**

DÉLIGNIFIER [delinifje]. *v. tr.* (XXe; de *dé-*, et *lignifié*). *Techn.* Traiter (le bois, les fibres végétales lignifiées) en supprimant la lignine. *Dér.* DÉLIGNIFICATION *(n. f.).*

DÉLIMITATION [delimitasjõ]. *n. f.* (1773; lat. *delimitatio*). Action de délimiter; son résultat. *Délimitation des frontières. Délimitation de champs.* V. **Bornage.** ◇ *Fig.* « *La délimitation réelle, de ce qui est vrai d'avec ce qui est faux* » (PÉGUY).

DÉLIMITER [delimite]. *v. tr.* (1773; lat. *delimitare*). Déterminer en traçant les limites. V. **Limiter, marquer.** *Délimiter la frontière entre deux États. — Par ext.* Former la limite de. V. **Borner, limiter.** *Clôtures qui délimitent une propriété.* ◇ (1863). *Fig. Délimiter les attributions d'un envoyé, d'une commission.* V. **Caractériser, définir, fixer.** *Délimiter son sujet.* V. **Circonscrire, restreindre.** ◇ ANT. **Élargir; déborder.**

DÉLIMITEUR [delimitœr]. *n. m.* (1968; de *délimiter*). *Inform.* Caractère (I) qui limite une suite de caractères et qui n'en est pas membre.

DÉLINÉAMENT [delineamã]. *n. m.* (h. 1560; 1835; de *délinéer*, d'apr. *linéament*). *Didact.* Contour, ligne, tracé.

DÉLINÉAMENTER [delineamãte]. *v. tr.* (1928; de *délinéament*). V. **Délinéer.** *Didact.* Tracer les contours, les linéaments (de qqch.). V. **Dessiner.** — Au p. p. *Une figure nettement délinéamentée.*

DÉLINÉER [deline]. *v. tr.* (1845; lat. *delineare* « esquisser », rac. *linea* « ligne »). *Didact.* Tracer d'un trait le contour (d'un objet).

DÉLINQUANCE [delɛ̃kãs]. *n. f.* (1926; de *délinquant*). Conduite caractérisée par des délits répétés, considérée surtout sous son aspect social. V. **Criminalité.** *Rapport de la délinquance et de l'alcoolisme. Délinquance juvénile.*

DÉLINQUANT, ANTE [delɛ̃kã, ãt]. *n. et adj.* (XIVe; p. prés. du v. *délinquer* (vx), lat. *delinquere* « commettre une faute »). *Dr. et cour.* Personne contrevenant à une règle de droit pénal, qui s'expose, de ce fait, à des poursuites. V. **Coupable.** *Délinquant primaire*, personne qui commet un premier délit (*opposé à* récidiviste). *Les jeunes délinquants.* — *Adj.* (1945) *L'enfance délinquante.*

DÉLIQUESCENCE [delikesãs]. *n. f.* (1757; de *déliquescent*). ◇ 1° *Didact.* Propriété qu'ont certaines substances solides de se liquéfier lentement par absorption progressive de l'humidité atmosphérique. V. **Liquéfaction.** État qui en résulte. ♦ 2° *Fig.* et *fam.* (v. 1880). Décadence complète ; perte de la force, de la cohésion. V. **Décomposition, décrépitude, ruine.** *Tomber en déliquescence. Régime, société en déliquescence.*

DÉLIQUESCENT, ENTE [delikesã, ãt]. *adj.* (mil. XVIII⁰ ; lat. *deliquescens,* de *deliquescere* « se liquéfier »). ♦ 1° *Didact.* Qui peut fondre par déliquescence. ♦ 2° *Fig.* et *cour.* V. **Décadent.** *Mœurs déliquescentes. Auteur déliquescent.* « *Toutes ces subtilités de mandarin déliquescent me semblent bien vaines* » (PROUST). — *Fam.* V. **Décrépit, ramolli.** *Il est bien déliquescent.*

DÉLIRANT, ANTE [deliʀã, ãt]. *adj.* (1789 ; de *délirer*). ♦ 1° Qui présente les caractères du délire. *Fièvre délirante. Idées délirantes,* celles qu'ont les malades en délire. V. **Désordonné, extravagant.** — *Par ext. Un malade délirant.* — *Subst. Un délirant.* ♦ 2° *Fig.* Qui manque de mesure, très exubérant. *Cet écrivain a une imagination délirante.* V. **Déréglé, effréné, extravagant, fou.** « *Les explosions d'une joie presque délirante* » (MADELIN). *Un public délirant (d'enthousiasme).* — *Totalement déraisonnable, sans rapport avec la réalité. Exiger cela, c'est délirant !*

DÉLIRE [deliʀ]. *n. m.* (1537 ; lat. *delirium*). ♦ 1° État d'un malade qui émet des idées fausses, en totale opposition avec la réalité ou l'évidence, généralement centrées sur un thème personnel (V. **Confusion** (mentale), **divagation, égarement, hallucination).** *Avoir le délire, accès de délire. Méd. Délire onirique. Délire alcoolique. Délire de persécution, de grandeur* (mégalomanie). *Délire hallucinatoire. Délire collectif ; délire inducteur, délire induit.* — *Cour.* Par ext. *C'est du délire,* c'est de la folie, c'est déraisonnable. ♦ 2° (av. 1709). Agitation, exaltation causée par les émotions, les passions, les sensations violentes. V. **Exultation, frénésie, surexcitation, transport.** « *Le délire d'une imagination échauffée* » (ROUSS.). « *Cet amour paternel allait jusqu'au délire* » (BALZ.). — Vieilli. *Délire poétique.* V. **Inspiration.** ◊ Enthousiasme exubérant, qui passe la mesure. *Foule en délire. Quand il apparut en scène, ce fut du délire.* « *Si j'agite ma main vers des enfants, c'est un délire, des trépignements frénétiques* » (GIDE). ◈ ANT. *Lucidité, sens* (bon sens).

DÉLIRER [deliʀe]. *v. intr.* (déb. XVI⁰ ; lat. *delirare* « sortir du sillon », rac. *lira* « sillon »). ♦ 1° (1772). Être en proie à une émotion qui trouble l'esprit. *Délirer de joie.* ♦ 2° (1870). *Fam.* Avoir le délire, être en délire. V. **Divaguer, extravaguer.** *Le malade délire.* Par ext. *Il délire !* V. **Dérailler, déraisonner.**

DÉLIRIUM TREMENS [deliʀjɔmtʀemɛ̃s]. *n. m.* (1819 ; en angl. 1813 ; mots lat. « délire tremblant »). *Méd.* Délire aigu accompagné d'agitation et de tremblement et qui est particulier aux alcooliques.

DÉLISSAGE [delisaʒ]. *n. m.* (1765 ; de *délisser*). *Techn.* Tri et découpage des chiffons pour fabriquer la pâte à papier.

DÉLISSER [delise]. *v. tr.* et *intr.* (1767 ; de *dé-,* et *lisser*). *Techn.* Opérer le délissage de (chiffons).

1. **DÉLIT** [deli]. *n. m.* (*Delict,* déb. XIV⁰ ; lat. *delictum,* de *delinquere*). V. **Délinquant.**
I. *Cour.* Tout fait illicite. V. **Faute, forfait.** *Commettre un délit. Délit contre la société, contre la morale.* V. **Manquement.** *Délit puni par la loi.* — *Dr. Délit* ou *délit civil,* tout fait illicite d'où naît un dommage. « *Tout délit entraîne réparation* » (CODE CIV.). — *Spécialt.* Ce fait illicite lorsqu'il est intentionnel (*opposé à quasi-délit*).
II. *Dr. pén.* et *cour.* ♦ 1° (Sens large). *Délit* ou *délit pénal :* toute infraction à la loi, punie par elle. V. **Contravention, crime, infraction.** *Coupable de délit.* V. **Délinquant.** *Acte constituant un délit. Délit de droit commun. Délit politique. Délit de presse. Délit d'audience.* — *Délit de fuite.* ◊ *Le corps du délit :* le fait matériel qui constitue le délit, indépendamment des circonstances, et *par ext.* l'objet qui constitue le délit et sert à le constater. ◊ FLAGRANT DÉLIT : infraction qui est en train ou qui vient de se commettre. *Flagrant délit d'adultère.* Fig. et cour. *Prendre qqn en flagrant délit :* prendre sur le fait, en parlant d'un acte blâmable ou regrettable. « *Les gens qu'on honore ne sont que des fripons qui ont eu le bonheur de n'être pas pris en flagrant délit* » (STENDHAL). « *Être pris en flagrant délit d'inexactitude* » (ROMAINS). ♦ 2° (Sens restreint). *Délit* ou *délit correctionnel,* infraction que les lois punissent de peines correctionnelles (*opposé à contravention* et à *crime*).
2. **DÉLIT** [deli]. *n. m.* (1694 ; de *déliter*). *Techn.* ♦ 1° *Maçonn.* Position d'une pierre dans un sens différent de celui du lit. ♦ 2° (1754). Fente, joint, veine dans une pierre suivant le sens des couches de stratification. *Délits d'un bloc d'ardoise.*

DÉLITAGE [delitaʒ] ou **DÉLITEMENT** [delitmã]. *n. m.* (1846 ; de *déliter*). *Techn.* ♦ 1° Action de changer la litière des vers à soie. ♦ 2° (1818). Action de déliter les pierres. On dit aussi **DÉLITATION** [delitasjɔ̃].

DÉLITER [delite]. *v. tr.* (XIV⁰, pronom. ; de *dé-,* et *lit*).

♦ 1° *Maçonn.* Poser (une pierre) en délit. ♦ 2° Diviser (une pierre) dans le sens des couches de stratification. V. **Cliver.** ♦ 3° *Déliter les vers à soie :* changer les feuilles de mûrier qui leur servent de litière. ♦ 4° SE DÉLITER. *v. pron. Didact.* Se désagréger en absorbant l'humidité. *La chaux se délite.* V. **Délitescence** (2). ◊ *Fig.* et *littér.* V. **Décomposer** (se), **désagréger** (se). « *Et maintenant que le cénacle de ses fidèles s'est délité sous l'action du temps* » (BARRÈS).

1. **DÉLITESCENCE** [delitesãs]. *n. f.* (XVI⁰ ; lat. *delitescere* « se cacher »). *Méd.* Disparition rapide d'une tumeur, d'une éruption sans qu'elle se reproduise sur un autre point du corps, comme dans la *métastase.*

2. **DÉLITESCENCE** [delitesãs]. *n. f.* (1846 ; de *délitescent*). *Didact.* Action par laquelle un corps se délite. V. **Désagrégation.** *Délitescence de la chaux.*

DÉLITESCENT, ENTE [delitesã, ãt]. *adj.* (XIX⁰ ; de *déliter*). *Didact.* Qui a la propriété de se déliter.

DÉLIVRANCE [delivʀãs]. *n. f.* (XII⁰, « accouchement » ; de *délivrer*). ♦ 1° Action de délivrer ; son résultat. V. **Libération.** *Délivrance d'un prisonnier. Délivrance d'un pays occupé.* ♦ 2° *Fig.* Fin d'une gêne, d'un mal, d'un tourment ; impression agréable qui en résulte. V. **Soulagement.** « *À chaque attaque, il se tient prêt et il attend le moment de sa délivrance* » (BOSS.) ; *sa mort.* « *Tu ne peux imaginer cette délivrance après l'aveu, après le pardon... une sorte de desserrement délicieux* » (MAURIAC). ♦ 3° Accouchement. « *Quand approcha le temps de sa délivrance, elle partit pour Paris avec son mari* » (MAUROIS). — Phase de l'accouchement correspondant à l'expulsion du placenta, après la sortie du fœtus. ♦ 4° Action de délivrer, de remettre (qqch.). V. **Livraison, remise.** *Délivrance d'un certificat, d'un passeport. Dr.* « *La délivrance est le transport de la chose vendue en la puissance et possession de l'acheteur* » (CODE CIV.). ◈ ANT. *Captivité, détention.*

DÉLIVRE [delivʀ(ə)]. *n. m.* (1611 ; autre sens, 1305 ; de *délivrer*). *Méd. (Vieilli).* Le placenta* et les membranes fœtales expulsés après la sortie du fœtus.

DÉLIVRER [delivʀe]. *v. tr.* (XI⁰ ; bas lat. *deliberare,* class. *liberare* « mettre en liberté », d'apr. *livrer*).
I. ♦ 1° Rendre libre. V. **Libérer.** *Délivrer un prisonnier, un esclave. Délivrer un captif en payant rançon.* V. **Racheter.** ♦ 2° *Délivrer qqn de,* le dégager de (pour le libérer). *Délivrer un captif de ses chaînes.* — *Fig.* Rendre libre en écartant, en supprimant. V. **Débarrasser, libérer.** *Délivrer qqn d'un importun, d'un rival. Délivrer qqn d'une maladie* (V. **Guérir**), *d'un péril ; d'une obligation ; d'une crainte.* ♦ 3° Pronom. Se délivrer, se dégager de. *Parvenir à se délivrer de ses liens.* V. **Libérer.** Fig. « *Elle suffoque, sans arriver à se délivrer par un sanglot* » (ROMAINS). — (Au p. p.) « *Ces idées obsédantes dont je n'arrivais que rarement à me sentir délivré* » (DUHAM.).
II. (XIII⁰). ♦ 1° *Comm., Admin.* Remettre (qqch.) à qqn. V. **Livrer, remettre.** *Délivrer un brevet, un certificat, un reçu. Le médecin délivre une ordonnance. Délivrer des marchandises consignées.* ♦ 2° Pronom. Être délivré. *Le bureau où se délivrent les passeports.*
◈ ANT. *Détenir, emprisonner, enchaîner. Garder.*

DÉLIVREUR [delivʀœʀ]. *n. m.* (1734 ; « libérateur, défenseur », en anc. fr. ; de *délivrer*).
I. *Rare.* Personne qui délivre (qqch.). *Manège.* Domestique chargé de donner l'avoine aux chevaux.
II. *Techn.* Dans les machines à carder, appareil distribuant la matière à travailler. *Délivreurs supérieur, inférieur :* cylindres qui se trouvent placés à la sortie de tout dispositif d'étirage. — En appos. *Cylindres délivreurs* ou *étireurs.*

DÉLOGEMENT [delɔʒmã]. *n. m.* (1538 ; sens milit., XIV⁰ ; de *déloger*). ♦ 1° *Vx.* Action de déménager. V. **Déménagement.** ♦ 2° Action de déloger* (2°).

DÉLOGER [delɔʒe]. *v. ; conjug. loger.* ♦ 1° *Vx.* Bouger (XIII⁰ ; *deslogier,* fin XII⁰ ; de *dé-,* et *loger*). ♦ 1° *V. intr.* Quitter brutalement son logement, sa place, pour aller s'établir ailleurs. V. **Déguerpir, déménager, partir ; bagage** (plier bagage). *Déloger de chez soi. Délogez de là !* V. **Décamper.** ◊ *Région.* (Belgique). Découcher. ♦ 2° (1657). *V. tr.* Faire sortir (qqn) du lieu qu'il occupe. V. **Chasser, expulser, vider** (*pop.*). *Déloger un locataire.* — Par ext. *Déloger l'ennemi de ses positions. Déloger un lièvre de son terrier.* V. **Débusquer.** ◈ ANT. *Installer.*

DÉLOT [delo]. *n. m.* (1530 ; dimin. de *dé* 2). *Techn.* Doigtier de cuir de calfat ou d'ouvrier en filet.

DÉLOYAL, ALE, AUX [delwajal, o]. *adj.* (XV⁰ ; *desleal, desloial,* v. 1175 ; de *dé-,* et *loyal*). Qui n'est pas loyal. V. **Faux, félon, fourbe, hypocrite, malhonnête, perfide, traître, trompeur.** *Contradicteur déloyal.* V. **Captieux, chicaneur.** *Ami déloyal.* V. **Infidèle.** *Être déloyal envers un parti, une cause.* V. **Renégat, traître.** ◊ Qui dénote un manque de loyauté, de bonne foi. *Procédé déloyal. Concurrence déloyale.* — (Boxe) *Coups déloyaux :* ceux qui atteignent l'adversaire au-dessous de la ceinture, et qui sont interdits par les règlements (coups bas). ◈ ANT. *Loyal.*

DÉLOYALEMENT [delwajalmɑ̃]. *adv.* (1487; *desloiaument*, fin XIIᵉ; *desleialment*, 1170; de *déloyal*). *Rare.* D'une manière déloyale. V. **Perfidement**. *Agir déloyalement.* ⊗ ANT. *Loyalement.*

DÉLOYAUTÉ [delwajote]. *n. f.* (XIVᵉ; *desleauté*, XIIᵉ; de *loyauté*). ♦ 1° Manque de loyauté. V. **Fausseté, félonie, fourberie, hypocrisie, malhonnêteté, perfidie, traîtrise**. *Faire acte de déloyauté. — Par ext. Déloyauté d'un procédé.* ♦ 2° Action déloyale. *C'est une déloyauté.* V. **Trahison**. ⊗ ANT. *Loyauté.*

DELPHINIDÉS [dɛlfinide]. *n. m. pl.* (1846; du lat. *delphinus* « dauphin »). Famille de Cétacés *(Odontocètes)*, munis de dents et dépourvus de fanons, à laquelle appartiennent le dauphin, le marsouin.

DELPHINIUM [dɛlfinjɔm]. *n. m.* (1694; gr. *delphinion* « dauphinelle »). *Bot.* V. **Dauphinelle, pied-d'alouette**.

DELTA [dɛlta]. *n. m.* (*Delta du Nil*, XIIIᵉ; de *delta* « lettre grecque »). ♦ 1° Quatrième lettre de l'alphabet grec, ainsi figurée : Δ (majuscule); δ (minuscule). *En forme de delta.* V. **Deltoïde, triangulaire**. *Avion à ailes en delta* (ou *à ailes-delta*). *Aile-delta* ou *deltaplane.* ◊ *Phys. nucl. Rayon* delta* (I, 2°). ♦ 2° (Par anal. de forme). Dépôt d'alluvions émergeant à l'embouchure d'un fleuve et le divisant en bras de plus en plus ramifiés (V. **Deltaïque**). *Le delta a sa pointe en amont. Le delta du Nil. La Camargue ou delta du Rhône.*

DELTACISME [dɛltasism(ə)]. *n. m.* (1933; de *delta* [Δ], lettre grecque). *Méd.* Défaut de prononciation portant sur les lettres *d* et *t.*

DELTACORTISONE [dɛltakɔʀtizɔn]. *n. f.* (1959; de *delta* « lettre grecque », et *cortisone*). *Chim.* et *méd.* Dérivé de la cortisone possédant une activité anti-inflammatoire plus puissante (appelée aussi *prednisone*).

DELTAÏQUE [dɛltaik]. *adj.* (1854; de *delta*). *Géogr.* Qui a rapport à un delta. *Plaine deltaïque. Le riz, culture deltaïque.*

DELTOÏDE [dɛltɔid]. *adj.* et *n.* (1560; gr. *deltoeidès* « en forme de delta »). *Anat.* Se dit du muscle triangulaire de l'épaule qui relie l'humérus à la clavicule et à l'omoplate, qui éloigne le bras du thorax, latéralement, en avant et en arrière. — *Subst. Le deltoïde.*

DELTOÏDIEN, IENNE [dɛltɔidjɛ̃, jɛn]. *adj.* (1846; de *deltoïde*). *Anat.* Qui se rapporte au muscle deltoïde. *Artère deltoïdienne. Ligament deltoïdien.*

DÉLUGE [delyʒ]. *n. m.* (1175; lat. *diluvium* « inondation »). ♦ 1° Envahissement de la terre par les eaux, selon la Bible. *L'arche de Noé échappa au déluge.* — *Loc. fig. Remonter au déluge, être d'avant le déluge*, être très ancien. V. **Désuet, suranné; antédiluvien**. *Après moi (nous) le déluge!* se dit d'une catastrophe postérieure à sa propre mort, dont on se moque; *par ext.* se dit lorsqu'on profite du présent, sans souci du lendemain. ♦ 2° Pluie très abondante, diluvienne*. V. **Averse, cataracte, trombe**. « *Au bout de six jours de déluge, la pluie diminua d'intensité* » (BOSCO). — *Par anal. Déluge de larmes, de sang.* V. **Flot, pluie, torrent**. *Déluge de paroles, de louanges, de compliments.* V. **Avalanche, déferlement, flux**.

DÉLURÉ, ÉE [delyʀe]. *adj.* (1790; forme dial. de *déleurré* « qui ne se laisse plus prendre au *leurre* »). Qui a l'esprit vif et avisé, qui est habile à se tirer d'embarras. V. **Dégourdi, éveillé, malin**. *Un enfant déluré. — Air déluré.* V. **Dégagé, éveillé, fripon, malin, vif**. ◊ *Péj.* D'une hardiesse excessive, provocante. V. **Effronté**. *C'est une fille bien délurée.* ⊗ ANT. *Empoté, endormi, niais.*

DÉLURER [delyʀe]. *v. tr.* (dial. 1787, pour *déleurrer* « détromper »; de *dé-*, et *leurre*). *Rare.* Rendre vif, éveillé, malin, débrouillard. V. **Dégourdir, déniaiser**. — *Péj.* Rendre effronté. V. **Dévergonder**.

DÉLUSTRAGE [delystraʒ]. *n. m.* (XXᵉ; de *délustrer*). *Techn.* Opération consistant à délustrer un tissu, un vêtement.

DÉLUSTRER [delystʀe]. *v. tr.* (XVIIᵉ; de *dé-*, et *lustre*). Enlever le lustre, le brillant de (un tissu). « *Pourquoi ne fait-il pas porter plus souvent ses costumes au teinturier pour les faire détacher, nettoyer, délustrer?* » (SARRAUTE).

DÉLUTAGE [delytaʒ]. *n. m.* (1839; de *déluter*). *Techn.* Action de déluter.

DÉLUTER [delyte]. *v. tr.* (mil. XVIIᵉ; de *dé-*, et *lut*). *Techn.* Ôter le lut de. *Déluter un vase.* ◊ *Par ext.* Ôter le coke de. *Déluter les cornues.*

DÉMAGNÉTISATION [demaɲetizasjɔ̃]. *n. f.* (1870; de *démagnétiser*). *Sc.* ♦ 1° Action de démagnétiser. ♦ 2° (v. 1945). Dispositif de protection individuelle des navires contre les mines magnétiques. ⊗ ANT. *Aimantation.*

DÉMAGNÉTISER [demaɲetize]. *v. tr.* (1870; de *dé-*, et *magnétiser*). *Sc.* Détruire l'aimantation de. ⊗ ANT. *Aimanter, magnétiser.*

DÉMAGOGIE [demagɔʒi]. *n. f.* (1791; *démagogisme*, n. m., 1796; gr. *dêmagôgía*). ♦ 1° Politique par laquelle on flatte, excite, exploite les passions des masses. ♦ 2° État politique dans lequel la multitude commande au pouvoir. « *La démagogie s'introduit quand, faute de commune mesure, le principe d'égalité s'abâtardit en principe d'identité* » (ST-EXUP.).

DÉMAGOGIQUE [demagɔʒik]. *adj.* (1790; gr. *dêmagôgikos*). Qui appartient à la démagogie, relève de la démagogie. *Politique, discours, mesure démagogique.* « *Ils succombent à la terreur électorale, à la psychose démagogique, au désir de conserver à tout prix leur mandat* » (DUHAM.).

DÉMAGOGUE [demagɔg]. *n. m.* (1790; *h. 1361-1688*, sens gr.; gr. *dêmagôgós* « meneur de peuple, chef d'un parti populaire »). Politicien qui flatte les masses pour gagner et exploiter leur faveur. *Le démagogue est le pire ennemi de la démocratie.* — *Adj. Orateur, politicien démagogue.*

DÉMAIGRIR [demegʀiʀ]. *v. tr.* (1680; de *dé-*, et *maigrir*). *Techn.* Rendre moins épais. V. **Amincir, dégraisser, dégrossir**. *Démaigrir une poutre.*

DÉMAIGRISSEMENT [demegʀismɑ̃]. *n. m.* (1676; de *démaigrir*). ♦ 1° *Techn.* Action de démaigrir; son résultat. V. **Amincissement**. Partie ainsi enlevée au bois, à la pierre. ♦ 2° Perte de sable qu'une plage subit par l'action des courants marins.

DÉMAILLAGE [demajaʒ]. *n. m.* (1907; de *démailler*). Action de démailler; son résultat.

DÉMAILLER [demaje]. *v. tr.* (1080; de *maille*). ♦ 1° Défaire en rompant les mailles. *Pronom. Son bas s'est démaillé.* V. **Filer**. ♦ 2° (1907). *Mar.* Défaire (une chaîne) en séparant les maillons. ⊗ ANT. *Remailler.*

DÉMAILLOTER [demajɔte]. *v. tr.* (1276; de *dé-*, et *maillot*). Débarrasser (un enfant) du maillot. « *Il démaillota l'enfant et le regarda dans tous les sens* » (MAUROIS). ⊗ ANT. *Emmailloter.*

DEMAIN [d(ə)mɛ̃]. *adv.* et *n. m.* (XIIᵉ; lat. *de mane* « à partir du matin »). V. aussi **Lendemain; après-demain**). *I.* Le jour suivant immédiatement celui où l'on parle, ou celui où l'on est censée parler la personne dont on rapporte les paroles. ♦ 1° *Adv. Je dois le voir demain. Demain matin. Demain dans la matinée; à cinq heures.* — *Loc. div. Demain il fera jour* : rien ne presse d'agir aujourd'hui. « *Je ne fais plus rien de la journée. Demain il fera jour* » (MÉRIMÉE). — *Demain on rase gratis* (inscription de l'enseigne d'un barbier), se dit pour souligner l'inanité d'un espoir, d'une promesse. *Fam. C'est pas demain la veille* : ce n'est pas pour bientôt. ♦ 2° *Nominal. Demain est jour férié. Vous avez demain, tout demain, pour réfléchir.* — *Après une prép. À DEMAIN, nous nous reverrons demain. Au revoir, à demain, à demain soir! Il ne faut pas remettre à demain ce qu'on peut faire le jour même. Restez jusqu'à demain. D'ici à demain, d'ici demain le temps peut changer. À partir de demain. Demain en huit. C'est pour demain.*
II. Par ext. Dans un avenir plus ou moins proche. ♦ 1° *Adv. Plus tard.* « *Aujourd'hui dans le trône, et demain dans la boue* » (CORN.). ♦ 2° *Nominal. L'avenir.* « *De quoi demain sera-t-il fait?* » V. **Futur**. *Le monde de demain.* — *N. m. Littér.* « *Une France qui regarde déjà vers les demains prestigieux!* » (AYMÉ).
⊗ ANT. *Aujourd'hui. Présent.*

DÉMANCHEMENT [demɑ̃ʃmɑ̃]. *n. m.* (1611; de *démancher*). *n. m.* Action de démancher; son résultat.

DÉMANCHER [demɑ̃ʃe]. *v.* (1549; au p. p. *desmangié*, XIIIᵉ; de *dé-*, et *manche*). ♦ 1° *V. tr.* Séparer de son manche. *Démancher une hache. Outil démanché.* ♦ 2° (av. 1559). *Fam. Déglinguer, disloquer. Se démancher le bras.* ♦ 3° (1798). *V. intr. Mus.* Retirer la main gauche du manche d'un instrument à cordes pour la porter sur le chevalet de manière à tirer les sons les plus aigus. — *Subst. Le démanché* : le jeu dans lequel on démanche. ♦ 4° (1808). SE DÉMANCHER. *v. pron.* Se donner beaucoup de mal (pour organiser qqch.). V. **Quatre** (se mettre en quatre), **remuer** (se). *Il se démanche pour nous faire plaisir.* ⊗ ANT. (de 1°) : *Emmancher.*

DEMANDE [d(ə)mɑ̃d]. *n. f.* (1190; de *demander*). *I.* ♦ 1° Action de demander, de faire connaître à qqn ce qu'on désire obtenir de lui. V. **Désir, souhait.** « *Leur première volonté, leur première demande c'est la paix* » (ROMAINS). *Humble demande.* V. **Imploration, prière, quête, requête, supplique**. *Demande impérative.* V. **Commandement, ordre, sommation**. *Demande faite avec insistance.* V. **Réclamation, revendication**. *Demande d'emploi.* V. **Candidature.** — *Faire demande* : adresser, formuler, présenter une demande. — *Satisfaire à une demande.* *Répondre favorablement à une demande. Faire qqch. sur la demande de qqn.* *À la demande générale.* ◊ *Écrit exprimant une demande.* V. **Pétition, placet.** *Rédiger, adresser, poster une demande. Dossier des demandes.* ♦ 2° *Demande en mariage* : démarche par laquelle on demande une jeune fille en mariage à ses parents. *Son père, son oncle est venu faire la demande en mariage,* et *absolt. la demande.* ♦ 3° *Comm.* Commande.

Livrer sur demande. ◊ L'ensemble des commandes; la quantité des produits ou services demandés par les acheteurs. *Il y a eu une grosse demande de charbon cet hiver.* ◊ *Écon.* La quantité d'un produit ou d'un service que des acheteurs sont disposés à prendre à un prix donné. *La loi de l'offre et de la demande.* ♦ 4° *Dr.* Action par laquelle on s'adresse à un tribunal pour faire reconnaître l'existence d'un droit; acte, écrit qui formule cette action. *Qui concerne une demande.* V. **Rogatoire.** *Former une demande en divorce; en dommages-intérêts. — Demande principale,* portant sur le fond du litige. *Demande accessoire,* conséquence de la demande principale. *Demande additionnelle, alternative, connexe, nouvelle, préjudicielle, reconventionnelle. Demande subsidiaire,* formée à titre éventuel au cas où la demande principale ne serait pas reçue. *Demande en renvoi* (devant un autre tribunal). ♦ 5° *Cartes.* Annonce par laquelle on s'engage à réaliser un contrat (bridge). II. *Vieilli.* Action de demander, de chercher à savoir. V. **Question.** « *Croyez-vous que l'habit m'aille bien? — Belle demande!* » (MOL.). Mod. *Leçon par demandes et réponses.* ◊ ANT. *Réponse.*

DEMANDÉ, ÉE [d(ə)mɑ̃de]. *adj.* (1690; V. **Demander**). Qui fait l'objet de demandes. *Article demandé,* en vogue.

DEMANDER [d(ə)mɑ̃de]. *v. tr.* (1080; lat. *demandare* « confier », de *mandare* « mander », « solliciter »), en lat. pop. V. **Mander**). I. ♦ 1° Faire connaître à qqn (ce qu'on désire obtenir de lui); exprimer (un désir, un souhait) de manière à en provoquer la réalisation. *Demander qqch. à qqn. Il lui a demandé son stylo. Demander une faveur avec humilité.* V. **Implorer, prier, supplier; quémander, quêter, solliciter.** *Demander son dû avec force, insistance.* V. **Prétendre** (à), **réclamer, requérir, revendiquer.** *— Demander à qqn sa protection. Demander aide, assistance, secours.* « *Un service amusant à rendre ne saurait être ennuyeux à demander* » (GIDE). *Demander un emploi, un poste.* V. **Briguer, postuler.** *Demander l'aumône :* mendier. « *Je vous demande de l'argent et non pas des conseils* » (VOLT.). *— Spécialt.* Indiquer (ce que l'on veut gagner). *Il demande tant de l'heure, tant par mois. — Demander la permission, l'autorisation de faire qqch. Demander pardon :* s'excuser. *Demander raison d'un affront. Demander la tête d'un coupable :* sa mise à mort. *S'enfuir sans demander son reste.* — *Absolt.* « *J'eus pourtant besoin de tout, mais réfractaire au* « *quiconque demande reçoit* », *je ne demandais pas* » (COLETTE). ◊ DEMANDER À (et inf.). « *M. de Charlus demanda à s'asseoir sur un fauteuil* » (PROUST). « *M. Thibault ne demandait qu'à se laisser convaincre* » (MART. du G.) : n'avait envie de. *— (Avec un objet indirect) Rare. Il « m'a demandé à voir ce que j'écrivais* » (GIDE). ◊ DEMANDER DE (et inf.) « *Cette fois je vous demande de me répondre* » (MONTHERLANT). **Commander, enjoindre, ordonner, sommer.** « *Je ne t'ai pas demandé de venir* » (SARTRE). — (Sujets différents) *Je vous demande de m'en aller.* ◊ DEMANDER QUE (et subj.). *Je demande que vous m'écoutiez. —* (Faute) *Demander à ce que...* ♦ 2° Réclamer par une demande* en justice. V. **Requérir.** *Demander des dommages-intérêts.* ♦ 3° *Fam.* Vouloir, avoir envie de. V. **Désirer, rechercher, souhaiter.** *On l'a changé de poste pour le punir, mais il ne demandait que ça.* « *Tant mieux, c'est ce que je demande* » (MOL.). ◊ NE PAS DEMANDER MIEUX QUE : consentir volontiers; être content, ravi. *Je ne demande pas mieux d'aller le voir. Je ne demande pas mieux qu'il vienne* (construction logique : *que qu'il vienne*). ♦ 4° Prier de donner, d'apporter (qqch.). V. **Réclamer.** *Demander un article à un commerçant* (V. **Commander**). *Demander la note, l'addition. Demander sa voiture.* ♦ 5° Faire venir, faire chercher (qqn). *Demander un médecin. Descendez, on vous demande.* ◊ Faire savoir qu'on a besoin de (qqn). *On demande un livreur.* V. **Engager.** ◊ *Spécialt. Demander une jeune fille :* la demander pour femme (on dit aussi *Demander en mariage; demander la main de*). ♦ 6° Faire connaître (ce qu'on attend de qqn). V. **Attendre** (de), **compter** (sur). *Demander à qqn plus qu'il n'en peut faire; lui demander beaucoup.* « *Pour obtenir moins de l'humanité, il faut lui demander plus* » (RENAN). — *Fam. Il ne faut pas lui en demander trop :* on ne peut pas exiger beaucoup de lui. ◊ (Compl. de chose) « *On ne demandait pourtant pas beaucoup de la vie* » (GIDE). ♦ 7° (*Choses*). Avoir pour condition de succès, de réalisation. V. **Exiger, nécessiter, réclamer, requérir.** « *Toutes les affaires qui demandent de la réputation de probité* » (FÉN.). *Votre proposition demande réflexion. Le voyage demande trois heures.* ◊ DEMANDER À (et inf.). *Les couleurs* « *demandent à être regardées plus attentivement qu'ailleurs* » (LARBAUD). II. Interroger. ♦ 1° (1080). *Vx. Demander une question.* V. **Poser.** ♦ 2° *Mod.* Essayer de savoir, de connaître (en interrogeant qqn). *Demander son chemin. Je vous demande comment vous vous appelez. Je vous demande quand et pourquoi il est parti. Il lui a demandé si elle viendrait. — Fam. Je ne te demande pas l'heure qu'il est,* mêle-toi de ce qui te regarde. ◊ *Fam.*

Je vous demande; je vous le demande; je vous demande un peu! marque l'étonnement, la réprobation. ♦ 3° SE DEMANDER. *v. pron.* Se poser une question à soi-même. *Je me demande ce qu'il va faire.* V. **Chercher, hésiter, réfléchir.** « *Perplexe, il se demandait s'il allait les accompagner* » (ALAIN-FOURNIER). *On se demande pourquoi il a agi ainsi.* V. **Ignorer.** ◊ ANT. *Obtenir, prendre, recevoir. Décommander. Répondre.*

DEMANDEUR, DERESSE [d(ə)mɑ̃dœʀ, dʀɛs]. *n.* (1283; de *demander*). ♦ 1° *Vx.* Personne qui demande qqch., qui demande fréquemment. V. **Quémandeur, solliciteur.** « *La vue d'un demandeur lui donne des convulsions* (à l'Avare) » (MOL.). ♦ 2° *Dr.* Plaideur qui a l'initiative du procès. V. **Demande** (I, 4°). *Demandeur en appel.* V. **Appelant.** *Les codemandeurs d'une demande collective.* ◊ ANT. *Défendeur, intimé.*

DÉMANGEAISON [demɑ̃ʒɛzɔ̃]. *n.f.* (1492; de *démanger*). ♦ 1° Sensation qu'on éprouve au niveau de l'épiderme, et qui incite à se gratter. V. **Irritation, prurit.** *Démangeaison agréable.* V. **Chatouillement.** « *Se grattant soudain parce qu'elle aurait une démangeaison...* » (ROMAINS). ♦ 2° (1762). Fig. et fam. *Avoir une démangeaison de* (et inf.) : avoir une envie, une idée. « *Cette démangeaison de parler qui vide parfois le cœur des gens solitaires* » (ZOLA).

DÉMANGER [demɑ̃ʒe]. *v. intr.* (XVIᵉ; « ronger » (vermine, corrosif, maladie), v. 1300; de *dé-* au sens d'accomplissement, et *manger*). ♦ 1° Faire ressentir une démangeaison. *Le bras, la jambe lui démange.* ♦ 2° Par métaph. *Le poing, la main lui démange :* il a envie de frapper, de se battre. *— La langue lui démange :* il a grande envie de parler. « *Ursule à qui la langue démangeait d'avoir à répandre cette nouvelle* » (BALZ.). ◊ Causer une envie irrépressible. *Ça me démange de lui dire son fait.* « *J'en mourais d'envie... ça me démangeait* » (SARRAUTE).

DÉMANTÈLEMENT [demɑ̃tɛlmɑ̃]. *n. m.* (1576; de *démanteler*). Action de démanteler; son résultat.

DÉMANTELER [demɑ̃tle]. *v. tr.;* conjug. *geler* (1563; de *dé-*, et a. fr. *manteler,* de *mantel* « manteau »). ♦ 1° Démolir les murailles, les fortifications de. V. **Abattre, démolir, raser.** *Démanteler un fort.* « *La corniche toute démantelée par l'infiltration des eaux pluviales* » (GAUTIER). ♦ 2° (1851). Fig. Abattre, détruire. « *Les grandes monarchies qu'avaient démantelées les guerres de Napoléon* » (VILLEMAIN). ◊ ANT. *Fortifier, reconstruire.*

DÉMANTIBULER [demɑ̃tibyle]. *v. tr.* (1611, d'apr. *démanteler;* altér. de *démantibulé,* 1552; de *dé-*, et *mandibule*). Fam. Démolir, défaire de manière à rendre inutilisable; mettre en pièces. V. **Casser, déglinguer, démonter, disloquer.** *Démantibuler un meuble.* — Au p. p. adj. « *Des charpentes abattues, des bancs boiteux, des stalles démantibulées* » (CHATEAUB.). ◊ ANT. *Arranger, réparer.*

DÉMAQUILLANT, ANTE [demakijɑ̃, ɑ̃t]. *adj.* et *n. m.* (1960; de *démaquiller*). Qui sert à démaquiller. *Lait démaquillant, crème démaquillante.* ◊ N. m. *Les démaquillants.*

DÉMAQUILLER [demakije]. *v. tr.* (1837, arg. « défaire »; fin XIXᵉ, théâtre; de *dé-*, et *maquiller*). Enlever le maquillage, le fard de. *Démaquiller un acteur. Démaquiller ses yeux. Se démaquiller* (dér. DÉMAQUILLAGE [demakijaʒ]).

DÉMARCAGE. V. **DÉMARQUAGE.**

DÉMARCATIF, IVE [demaʀkatif, iv]. *adj.* (1863; de *démarcation*). *Didact.* Qui sert à limiter; qui sert de démarcation.

DÉMARCATION [demaʀkasjɔ̃]. *n. f.* (1700; p.-ê. esp. *demarcacion,* de *demarcar* « marquer ». V. **Démarquer**). ♦ 1° Action de limiter; ce qui limite. V. **Délimitation, frontière, limitation, séparation.** « *Ne pas reconnaître de frontière fixe, de démarcation absolue, entre la terre et l'océan* » (PROUST). *Ligne de démarcation :* frontière. *La ligne de démarcation* qui, de 1940 à 1942, délimitait en France la zone occupée par les Allemands et la zone libre. ♦ 2° Ce qui sépare nettement deux choses. V. **Limite.** *La démarcation des partis politiques.* « *Cette ligne de démarcation entre l'être et le non-être, je m'applique à la tracer partout* » (GIDE).

DÉMARCHAGE [demaʀʃaʒ]. *n. m.* (1948; de *démarche*). Recherche de clients à domicile. V. **Démarcheur; porte** (à porte).

DÉMARCHE [demaʀʃ(ə)]. *n. f.* (XVᵉ; de l'a. v. *démarcher* « fouler aux pieds », v. 1120). ♦ 1° Manière de marcher. V. **Air, allure, marche, pas, port.** *Démarche aisée, assurée, digne, majestueuse.* « *Comparant sa démarche engourdie aux foulées élastiques de son fils* » (MART. du G.). ♦ 2° (*Abstrait*). Manière d'agir. V. **Attitude, comportement, conduite.** « *L'allure, la démarche, les comportements, les frissons de cette humanité* » (DUHAM.). ◊ Manière de progresser. *La démarche de la pensée, du raisonnement. Démarche intellectuelle.* V. **Chemin, cheminement.** ♦ 3° (1671). Tentative auprès de qqn pour réussir une entreprise, mener à bien une affaire. V. **Demande, requête, sollicitation.** *Faire des démarches. Démarches occultes, malhonnêtes.* V. **Agissement,**

intrigue, tractation. « *Effaré à l'idée des démarches à faire pour se procurer un permis* » (DAUD.). « *La démarche que je tente auprès de vous est de mon initiative pure* » (ROMAINS).

DÉMARCHEUR, EUSE [demaʀʃœʀ, øz]. *n.* (1911; de *démarche*). Personne chargée de faire des démarches. *Spécialt.* Employé d'une maison financière, chargé de placer des valeurs. ◇ Vendeur qui sollicite la clientèle à domicile (V. Démarchage). « *Une serviette de démarcheur ou de représentant* » (Cl. SIMON).

DÉMARIER [demaʀje]. *v. tr. (Desmarier,* XIIIᵉ; de *dé-,* et *marier*). ♦ 1º *Vx.* Séparer juridiquement (les époux). *Pronom.* « *Elle prend le parti de se démarier, plutôt que de passer le reste de sa vie avec un homme qu'elle hait* » (SÉV.). V. **Divorcer.** ♦ 2º *Agric.* Démarier des betteraves : éclaircir un semis en arrachant certains plants.

DÉMARQUAGE ou **DÉMARCAGE** [demaʀkaʒ]. *n. m.* (1870; de *démarquer*). ♦ 1º Action de démarquer (2º); son résultat. *Ce livre n'est qu'un démarquage servile.* ♦ 2º Démarque (1º). ♦ 3º *Sports.* Action de démarquer (4º).

DÉMARQUE [demaʀk(ə)]. *n. f.* (1732, jeu; de *démarquer*). ♦ 1º *Jeux.* Partie où l'un des joueurs diminue le nombre de ses points d'une quantité égale à celle des points marqués par l'adversaire. ♦ 2º *Comm.* Le fait de démarquer des marchandises, de les mettre en solde.

DÉMARQUER [demaʀke]. *v.* (1550; de *dé-,* et *marque*). I. *V. tr.* ♦ 1º Priver de sa marque, de ses marques. *Démarquer du linge :* en découdre la marque. *Démarquer de l'argenterie :* en faire disparaître la marque gravée. ♦ 2º (1866). *Fig.* Reproduire (comme en ôtant la marque d'origine). V. **Copier, plagier.** — Par ext. *Démarquer un auteur étranger.* ♦ 3º *Comm.* Baisser le prix d'un article (en changeant la marque). *Démarquer des articles pour les solder.* ♦ 4º *Sports.* Libérer (un joueur) du marquage adverse. « *L'avant, démarqué pour un instant, change de pied* » (J. PRÉVOST). *Pronom.* (1948). *Se démarquer.* ♦ 5º (1963; du sens précédent). Prendre ses distances par rapport à qqn; tenter de se distinguer avantageusement de lui. « *Assurant ici la continuité, s'efforçant là de 's'efforçant là de 'se démarquer' de son prédécesseur* » (*Le Monde,* 9-11-1963). II. *V. intr. (Cheval).* Ne plus présenter dans la dentition des marques indiquant l'âge.

DÉMARQUEUR [demaʀkœʀ]. *n. m.* (1867; de *démarquer,* I, 2º). Copiste, plagiaire. « *Une incontestable dextérité de copiste et de démarqueur* » (BLOY).

DÉMARRAGE [demaʀaʒ]. *n. m.* (1721; de *démarrer*). Action de démarrer. *Mar. Démarrage d'un navire. Cour.* Le démarrage d'une voiture. *Démarrage en trombe. Démarrage en côte. Sports* (en parlant d'un coureur). *Un démarrage foudroyant. Double démarrage,* nouvelle accélération suivant un démarrage. ◇ (mil. XXᵉ). *Fig.* V. **Départ, réussite.** *Le démarrage d'une entreprise, d'une campagne électorale.* « *Grâce au démarrage foudroyant du 'miracle allemand'...* » (*L'Express,* 3-10-1966). ◇ ANT. Amarrage; arrêt.

DÉMARRER [demaʀe]. *v.* (1559; « *rompre accidentellement ses amarres (pour un navire)* », *v. pron.,* 1491; de *dé-,* et a. fr. *marrer.* V. **Amarrer**). I. *V. tr.* ♦ 1º (1573). *Mar.* Larguer les amarres de (un navire). *Démarrer une embarcation.* ♦ 2º *Rare.* Mettre en marche, en mouvement. *Il n'a pas réussi à démarrer sa voiture.* ♦ 3º *Fam.* V. **Commencer, entreprendre.** *Démarrer un travail.* II. *V. intr.* ♦ 1º (1559). *Mar.* Rompre ses amarres, quitter le port. « *Le paquebot venait de démarrer* » (MART. du G.). ♦ 2º (1622). *Fig. Démarrer de* : quitter, ne veut pas démarrer de son projet. V. **Démordre.** ♦ 3º (fin XIXᵉ). *Cour.* Commencer à rouler, partir. *La voiture démarra brusquement.* ◇ *Sports.* Accélérer brusquement pour distancer ses concurrents. ◇ (1948). *Fig.* Se mettre à marcher, réussir. *Son affaire commence à démarrer. Ça démarre lentement.* V. **Partir.**

◇ ANT. Amarrer. Demeurer, rester; arrêter (s'), mouiller, stopper.

DÉMARREUR [demaʀœʀ]. *n. m.* (1908; de *démarrer*). Appareil servant à mettre en marche un moteur (à explosion ou à réaction). *Appuyer sur le démarreur. Démarreur pour appareil électrique, pour moteurs d'auto, de locomotive, d'avion.*

DÉMASCLER [demaskle]. *v. tr.* (1876; prov. *desmascla,* proprem. « *émasculer* »). *Techn.* Débarrasser (le chêne liège) de la première écorce, ou liège mâle, qui est sans valeur (opération du DÉMASCLAGE [demasklaʒ]).

DÉMASQUER [demaske]. *v. tr.* (1554; de *dé-,* et *masque*). ♦ 1º Enlever le masque de (qqn). ♦ 2º (1680). *Fig.* Faire connaître (qqn) pour ce qu'il est, sous les apparences trompeuses. V. **Confondre, découvrir.** « *Démasquer un terrible bandit et le livrer à la justice* » (MAC ORLAN). *Pronom. Il s'est enfin démasqué.* ♦ 3º *Milit. Démasquer une batterie :* découvrir une batterie et la mettre en état de tirer. *Fig. Cour. Démasquer ses batteries :* dévoiler ses intentions secrètes. ◇ ANT. *Masquer. Cacher, dissimuler.*

DÉMASTIQUER [demastike]. *v. tr.* (1699; de *dé-,* et *mastic*). *Techn.* Débarrasser (qqch.) du mastic (opération du DÉMASTIQUAGE ou DÉMASTICAGE [demastikaʒ], 1863).

DÉMÂTAGE [demataʒ]. *n. m.* (1783; *démâtement,* 1680; de *démâter*). *Mar.* Action de démâter; fait d'être démâté.

DÉMÂTER [demate]. *v. tr.* (fin XVIᵉ; de *dé-,* et *mât*). Priver (un navire) de ses mâts. *Bateau démâté par la tempête. Démâter un navire à coups de canon.* Intrans. *(Mar.)* Perdre ses mâts. *Le navire risquait de démâter.*

DÉMATÉRIALISATION [demateʀjalizasjɔ̃]. *n. f.* (1938; de *dématérialiser*). *Phys. nucl.* Disparition des particules matérielles (d'un corps) accompagnée d'apparition d'énergie.

DÉMATÉRIALISER [demateʀjalize]. *v. tr.* (av. 1938; « *détourner des doctrines matérialistes* », 1826; « *séparer une essence des matières grossières* », 1803; de *dé-,* et *matériel*). ♦ 1º Rendre immatériel*. — Donner un aspect irréel. — *Au p. p. adj.* Qui n'a plus d'existence matérielle. « *Pourquoi ne pas admettre que flottaient dans l'espace des êtres dématérialisés, cherchant à s'exprimer?...* » (MAUROIS). ♦ 2º (mil. XXᵉ). *Phys. nucl.* Détruire les particules matérielles de (un corps). V. **Dématérialisation.** — *Ville dématérialisée par une explosion atomique.* V. **Désatomisé.**

D'EMBLÉE. V. **EMBLÉE.**

DÈME [dɛm]. *n. m.* (1808; gr. *dêmos* « *peuple* »). *Antiq. gr.* Nom des bourgs de l'Attique.

DÉMÉCHAGE [demeʃaʒ]. *n. m.* (mil. XXᵉ; de *dé-,* et *mèche*). *Méd.* Enlèvement d'une mèche* (I, II). *Déméchage d'une plaie, d'une dent infectée.*

DÉMÊLAGE [demɛlaʒ]. *n. m.* (1836; de *démêler*). ♦ 1º Action de démêler; son résultat. — On dit aussi DÉMÊLEMENT [demɛlmɑ̃], 1611; « *dénouement d'une intrigue* », XVIᵉ). ♦ 2º *Techn.* Le fait d'orienter les fibres textiles. ♦ 3º *Techn.* Mélange d'eau chaude et de malt (brasserie).

DÉMÊLÉ [demele]. *n. m.* (1474; de *démêler*). Affaire compliquée dans laquelle chacun veut avoir raison. V. **Altercation, contestation, débat, discussion, dispute, litige, querelle.** *Ils ont eu un démêlé à propos d'héritage.* — *Souvent pl.* Difficulté. « *La justice, avec qui elle a eu, autrefois, des démêlés* » (MAURIAC). ◇ ANT. *Accord, entente.*

DÉMÊLER [demele]. *v. tr.* (XIIᵉ; de *dé-,* et *mêler*). ♦ 1º Séparer (ce qui était emmêlé). *Démêler les cheveux.* *Coiffer, peigner. Il « m'aidait à démêler ma ligne quand elle se trouvait prise dans les ronces* » (DUHAM.). ♦ 2º *(Abstrait).* Débrouiller, éclaircir (une chose compliquée). *Ils veulent* « *démêler les confusions où s'embrouillent les esprits superficiels* » (RENAN). Vx. « *Démêlez la vertu d'avec ses apparences* » (MOL.). V. **Distinguer.** ♦ 3º *Littér.* Avoir qqch. à démêler avec qqn : à discuter, à débattre (V. **Démêlé**). *Il ne veut rien avoir à démêler avec lui.* ♦ 4º *Vieilli. Pronom.* Se démêler d'un embarras, d'une difficulté. V. **Débrouiller** (se), **sortir** (se), **tirer** (se). *Se démêler d'un mauvais pas.* « *Il fallait la maturité de César pour se démêler de tant d'intrigues* » (VOLT.). ◇ ANT. *Brouiller, embrouiller, emmêler, mélanger, mêler.*

DÉMÊLOIR [demelwaʀ]. *n. m.* (1771; de *démêler*). *Vx.* Peigne à grosses dents servant à démêler les cheveux. — (1802). Instrument servant à démêler.

DÉMÊLURE [demelyʀ] *n. f.* ou **DÉMÊLURES.** *n. f. pl.* (v. 1900-1877; de *démêler*). Petite touffe de cheveux enlevée par le peigne, le démêloir. « *Un petit nœud de démêlure d'un beau blond* » (DUHAM.).

DÉMEMBREMENT [demɑ̃bʀəmɑ̃]. *n. m.* (v. 1265; de *démembrer*). Action de démembrer (2º); état de ce qui est démembré. V. **Division, lotissement, morcellement, partage, séparation.** *Démembrement d'une province, d'une commune. Le démembrement de la propriété. Les démembrements de l'Administration.* ◇ ANT. *Remembrement, unification.*

DÉMEMBRER [demɑ̃bʀe]. *v. tr. (Desmembrer,* 1080; de *dé-,* et *membre*). ♦ 1º Dépecer (un animal) en arrachant ses membres. *Démembrer un animal, un cerf.* « *On écorche, on taille, on démembre Messire loup* » (LA FONT.). ♦ 2º (fin XIIᵉ). *Fig.* Diviser en parties (ce qui forme un tout, ce qui devrait rester entier). V. **Découper, morceler, partager.** *Démembrer un domaine, une grande propriété.* « *La paix, qui fut le célèbre traité de Verdun, démembra l'Empire* » (BAINVILLE). ◇ ANT. *Rassembler, remembrer, unifier.*

DÉMÉNAGEMENT [demenaʒmɑ̃]. *n. m.* (1611; de *déménager*). Action de déménager. *Faire son déménagement. Entreprise de déménagement. Cadre, fourgon, voiture, camion de déménagement.* « *Ces déplacements, ces déménagements d'un quartier à l'autre* » (ROMAINS). ♦ *Fam.* Le mobilier déménagé. *Votre déménagement est arrivé.* ◇ ANT. *Emménagement.*

DÉMÉNAGER [demenaʒe]. *v.* (1611; *desmanagier,* « *porter hors de la maison* », mil. XIIIᵉ; de *dé-,* et *ménage*). ♦ 1º *V. tr.* Transporter (des objets) d'un logement dans un autre. *Déménager tous ses meubles. Déménager ses livres.* —

(1764). Par ext. « *Des huissiers déménagent la maison de monsieur et de madame* » (VOLT.). ♦ 2° *V. intr.* (1668). Changer de logement. *Nous déménageons à la fin de l'année.* — *Déménager à la cloche de bois* : en cachette. ◊ *Fam. Faire déménager qqn* : le faire sortir du lieu où il est, le chasser. ♦ 3° (*Déménager la tête*, 1798). *Fig. et fam.* V. **Déraisonner.** *Tu déménages!* ⊗ ANT. Emménager, installer (s').

DÉMÉNAGEUR [demenaʒœʀ]. *n. m.* (1863; de *déménager*). Celui dont le métier est de faire des déménagements.

DÉMENCE [demɑ̃s]. *n. f.* (1381; lat. *dementia*. V. **Dément**). ♦ 1° *Dr. et cour.* Ensemble des troubles mentaux graves. V. **Aliénation, folie.** « *La démence de ce fou de Corinthe, convaincu que le soleil était uniquement fait pour l'éclairer — lui seul* » (GONCOURT). ♦ 2° *Par ext. Cour.* Conduite extravagante. V. **Aberration, délire, égarement, folie.** *C'est de la démence, de la pure démence d'agir ainsi.* ♦ 3° *Psycho.* Déchéance progressive et irréversible des activités psychiques, mentales. *Démence sénile, traumatique.* ◊ DÉMENCE PRÉCOCE : ensemble de troubles mentaux très graves qui altèrent la structure mentale, entre la puberté et la maturité (hébéphrénie, *démence paranoïde*, schizophrénie). ⊗ ANT. Équilibre, raison.

DÉMENER (SE) [demne]. *v. pron.; conjug. mener.* V. **Lever** (v. 1130; *démener* « agiter », 1080; de *dé-*, et *mener*). ♦ 1° S'agiter violemment. V. **Agiter** (s'), **remuer** (se). *Se démener comme un beau diable.* ♦ 2° (v. 1530). *Fig.* Faire sans relâche de nombreux et grands efforts pour parvenir à un résultat. V. **Dépenser** (se). « *Ils se démenaient tous, changeant, chavirant l'arrimage* » (LOTI). *Il faut se démener pour réussir.*

DÉMENT, ENTE [demɑ̃, ɑ̃t]. *adj. et n.* (XVᵉ, rare av. XIXᵉ; 1863); lat. *demens*, rac. *mens* « esprit »). ♦ 1° *Dr. et cour.* Aliéné, fou. — N. *Un dément.* « *D'un sensible, elle* (l'automobile) *fait un nerveux et d'un nerveux un dément* » (DUHAM.). *Les déments sont juridiquement des incapables majeurs.* ♦ 2° (*h. fin XVᵉ, rare av. XIXᵉ*). Déraisonnable, extravagant, insensé. « *Cette idée me paraissait démente* » (DUHAM.). — *Quel monde! C'est dément.* V. **Fou.** *Formidable 3°*, **terrible.** ♦ 3° (1863). *Psycho.* Atteint de démence (3°). N. *La plupart des déments sont des vieillards.*

DÉMENTI [demɑ̃ti]. *n. m.* (XVᵉ; de *démentir*). Action de démentir; ce qui dément qqch. V. **Contradiction, dénégation, déni, désaveu.** *Donner, opposer un démenti formel à une nouvelle, une accusation. Son témoignage reste sans démenti.* — (1863). Ce qui va à l'encontre; est en opposition avec. « *Aussi la nature donne-t-elle à chaque pas des démentis à toutes vos lois* » (BALZ.). ⊗ ANT. Attestation, confirmation, ratification.

DÉMENTIEL, IELLE [demɑ̃sjɛl]. *adj.* (1883; de *dément, démence*). ♦ 1° *Cour.* De la démence (1°); *par ext.* Absurde, fou. *C'est un projet absolument démentiel.* ♦ 2° *Psycho.* De la démence (3°); relatif aux déments (3°).

DÉMENTIR [demɑ̃tiʀ]. *v. tr.; conjug. mentir.* V. **Partir** (1080; de *dé-*, et *mentir*). ♦ 1° Contredire (qqn) en prétendant qu'il n'a pas dit la vérité. V. **Contredire, dédire, désavouer.** *Démentir formellement un témoin.* « *N'allez pas nous démentir, Bazile, en disant qu'il n'est pas votre élève* » (BEAUMARCH.). ♦ 2° Prétendre (qqch.) contraire à la vérité. V. **Nier.** *Démentir un bruit, une nouvelle, un témoignage, un écrit. — Ne démentez rien de ce que je dirai* » (SAND). ♦ 3° (1580). Contredire par sa propre conduite, par ses actes. « *La honte d'être si peu conséquent à moi-même, de démentir si tôt et si haut mes propres maximes* » (ROUSS.). ◊ (*Choses*) Aller à l'encontre de. V. **Contredire, infirmer.** *Elle avait « des traits d'une excessive douceur, que ne démentait pas la belle nuance grise de ses yeux* » (BALZ.). ◊ *Littér.* Décevoir, tromper. « *L'événement n'a point démenti mon attente* » (RAC.). ◊ SE DÉMENTIR *v. pron.*, v. 1175. Cesser. « *Un intérêt qui ne s'est pas démenti pendant quatre années* » (FROMENTIN). ⊗ ANT. Affirmer, appuyer, attester, certifier, confirmer, ratifier.

DÉMERDER (SE) [demɛʀde]. *v. pron.* (v. 1900; de *dé-*, et *merde*). *Vulg.* Se débrouiller. « *Il était temps qu'il se démerde pour gagner sa croûte* » (QUENEAU). *Il se démerde, il est démerdeur* [demɛʀdœʀ], **démerdard** [demɛʀdaʀ].

DÉMÉRITE [demeʀit]. *n. m.* (XIIIᵉ-XIVᵉ; de *démériter*, ou *mérite*). *Littér.* Ce qui fait qu'on démérite, que l'on attire sur soi la désapprobation, le blâme. *Où est son démérite dans cette affaire?* V. **Faute, tort.** « *Un phénomène tel qu'il entraîne inévitablement le mérite ou le démérite* » (PAULHAN). ⊗ ANT. Mérite.

DÉMÉRITER [demeʀite]. *v. intr.* (XIIIᵉ; de *dé-*, et *mérite*). ♦ 1° (1636). Agir de manière à encourir le blâme, la désapprobation des autres. *Vx. Démériter de qqn* : perdre son estime, sa bienveillance. *Mod. Démériter auprès de qqn, aux yeux de qqn.* — *Absolt. Il n'a jamais démérité. En quoi ai-je démérité?* ♦ 2° (1694). *Théol.* Agir de manière à encourir un châtiment divin, la perte de la grâce. ⊗ ANT. Mériter.

DÉMESURE [deməzyʀ]. *n. f.* (v. 1131, rare entre XVIIᵉ

(1660) et déb. XIXᵉ (1826); de *dé-*, et *mesure*). Manque de mesure, exagération des sentiments ou des attitudes. V. **Excès, outrance.** « *Cette démesure* (de Bonaparte) *qui répugne tant à un Talleyrand* » (MADELIN). ⊗ ANT. Mesure, modération, pondération.

DÉMESURÉ, ÉE [deməzyʀe]. *adj.* (1080; de *dé-*, et *mesuré*). ♦ 1° Qui dépasse la mesure ordinaire. V. **Énorme, immense.** *Un empire démesuré.* V. **Colossal, gigantesque.** ♦ 2° (*Abstrait*). D'une très grande importance, intensité; très grand*. V. **Énorme, exagéré, excessif, extraordinaire, gigantesque, immense, infini.** *Orgueil démesuré. Il a des prétentions démesurées.* « *Julien fut saisi d'une envie démesurée de...* » (STENDHAL). ⊗ ANT. Modéré, moyen, ordinaire, petit.

DÉMESURÉMENT [deməzyʀemɑ̃]. *adv.* (1080; de *démesuré*). D'une manière démesurée. V. **Énormément, immensément.** « *Les bougies démesurément longues dont on se sert en Norvège* » (BALZ.). « *Elle s'exagérait démesurément mes bonnes qualités* » (FRANCE).

1. DÉMETTRE [demɛtʀ(ə)]. *v. tr.; conjug. mettre* (1538; « ôter, emporter », XIIIᵉ; de *dé-*, et *mettre*). Déplacer (un os, une articulation). V. **Disloquer, luxer.** « *Il lui a démis le poignet* » (SÉV.). *Pronom.* (v. 1560). *Elle « sauta par la fenêtre et se démit le pied* » (VOLT.).

2. DÉMETTRE [demɛtʀ(ə)]. *v. tr.* (av. 1407; *pronom.*, 1283; du lat. *dimittere* « congédier, renvoyer de »). ♦ 1° Retirer (qqn) d'un emploi, d'un poste, d'une charge. V. **Casser, chasser, déplacer, destituer, renvoyer.** *Démettre qqn de son emploi, de ses fonctions.* ♦ 2° (1835). *Dr.* V. **Débouter.** *Démettre qqn de son appel.* ♦ 3° SE DÉMETTRE. *v. pron.* (v. 1283) « renoncer à, se libérer de », 1155). Quitter ses fonctions (volontairement ou sous une contrainte). V. **Abandonner, abdiquer, démissionner, partir; démission.** *Se démettre de ses fonctions.* « *Il faudra se soumettre ou se démettre* » (GAMBETTA) : céder ou abandonner. — *Fig.* « *J'accepterai tout ce que vous voudrez, sauf de me démettre de ce qui est ma fonction d'homme* » (MART. du G.) : abandonner, renoncer à. ⊗ ANT. Remettre, replacer. Accepter, garder, rester.

DÉMEUBLER [demœble]. *v. tr.* (1549; *desmobler* « dépouiller de ses biens », XIIIᵉ; de *dé-*, et *meuble*). Dégarnir (une pièce, une maison) de ses meubles. V. **Déménager, vider.** *Au p. p. Appartement démeublé.* V. **Vide.** ⊗ ANT. Meubler, remeubler.

DEMEURANT (AU) [odəmœʀɑ̃]. *loc. adv.* (v. 1464; de *demeurant, adj.* (XIIᵉ), puis *n. m.; de demeurer*). *Littér., Didact.* Pour ce reste (à dire); en ce qui concerne le reste; tout bien considéré. V. **Ailleurs** (d'), **fond** (au), **reste** (au), **somme** (en), **tout** (après). « *Malfaisant, pipeur, buveur, batteur de pavés, au demeurant le meilleur fils du monde* » (RABELAIS). « *Au demeurant, rien de moins apprêté, de plus spontané* » (GIDE).

DEMEURE [dəmœʀ]. *n. f.* (XIIᵉ; de *demeurer*). I. *Vx* ou *loc.* ♦ 1° *Vx.* Le fait de demeurer, de tarder. V. **Délai, retard.** « *Voyons donc ce que c'est, sans plus longue demeure* » (CORN.). ♦ 2° (XIIIᵉ). EN DEMEURE (DE). *Dr.* Responsable du retard dans l'exécution de son obligation. *Mettre un débiteur en demeure* (de payer). *Mise en demeure* : sommation, commandement. ◊ *Cour. Mettre qqn en demeure d'exécuter ses engagements* : enjoindre, sommer. *C'est une véritable mise en demeure.* V. **Ultimatum.** ◊ *Il y a* (il n'y a pas) *péril en la demeure* : le moindre retard entraînerait (n'entraînerait pas) d'inconvénient. ♦ 3° (fin XVIIIᵉ). *Loc. adv.* À DEMEURE : en permanence, d'une manière stable. *S'installer à demeure à la campagne.*

II. ♦ 1° (mil. XVIᵉ). *Vieilli* ou *littér.* Lieu construit dans lequel on vit. V. **Domicile, foyer, gîte, habitation, logement, logis, maison, résidence, séjour.** *Établir sa demeure en province.* — *Mod.* Maison généralement belle ou importante. *Une demeure seigneuriale.* V. **Château.** « *Elle avait exploré, pièce par pièce, les profondeurs de la vieille demeure* » (BOSCO). ♦ 2° *Fig. et littér. La dernière demeure.* V. **Tombeau.** *Accompagner qqn à sa dernière demeure.*

DEMEURÉ, ÉE [dəmœʀe]. *adj. et n.* (déb. XXᵉ; V. **Demeurer**). Intellectuellement retardé; innocent (*région.*). « *C'est une espèce d'« innocente », de crétine, de « demeurée* » (PROUST). *Fam.* Inintelligent. « *Était-elle tout à fait sotte? ou une demeurée?* » (BEAUVOIR).

DEMEURER [dəmœʀe]. *v. intr.* (*Demourer*, 1080; lat. *demorari* « tarder », d'où « séjourner, habiter »). ♦ 1° *Vieilli* ou *littér.* S'arrêter, rester en quelque endroit. V. **Rester.** « *Demeurez au logis, ou changez de climat* » (LA FONT.). *On l'a retenu, il a demeuré* (vx), *il est demeuré* (vieilli) *plus longtemps qu'il ne pensait.* « *Il était demeuré là jusqu'à la nuit noire* » (BOURGET). ◊ *Mod. Il ne peut pas demeurer en place, en repos* : rester tranquille. — *Fig. Nous sentions « certain besoin de ne pas demeurer en reste, en arrière, à l'écart* » (GIDE). ◊ *Loc. EN DEMEURER LÀ* : ne pas donner suite à une affaire (Cf. En rester là). — (*Choses*) *Les choses en demeurèrent là.* ♦ 2° Mettre du temps (à). V. **Rester,**

tarder. **Demeurer longtemps à table, à sa toilette.** V. **Attarder** (s'). Vx. « *Vous saurez Que je n'ai demeuré qu'un quart d'heure à le faire* » (MOL.). ♦ 3° (Avec l'auxil. *Avoir*). Habiter, faire sa demeure. V. **Habiter, loger, résider.** *Nous avons demeuré à Paris pendant plusieurs années. Demeurer rue Molière, numéro 12, au numéro 12.* ♦ 4° (*Choses*). Continuer d'exister. V. **Durer, maintenir** (se), **persister, rester, subsister.** « *Ces heures divines qui demeurent au fond de notre mémoire* » (BARRÈS). « *Rien ne demeure plus des jours de grandes vacances* » (JAMMES). ♦ 5° (Avec l'auxil. *Être*). Continuer à être (dans un état, une situation). — (Personnes) *Ils sont demeurés à l'état sauvage.* — Avec un attribut. « *Les hommes naissent et demeurent libres et égaux en droits* » (DÉCLAR. DR. HOM.). « *Je serais toujours demeuré étranger à cette vanité* » (RENAN). *Il est demeuré court*. J'en demeure d'accord* avec vous.* — (Choses) « *Et l'Agora demeura vide* » (LOUYS). « *Pour des raisons qui me sont toujours demeurées obscures* » (DUHAM.). ♦ 6° (*Choses*). DEMEURER À (qqn) : rester la propriété de. *Cette maison lui est demeurée de ses parents.* ◇ ANT. *Partir, sortir. Changer, quitter. Disparaître.*

DEMI, IE [d(ə)mi]. *adj., n. et adv.* (fin XIᵉ ; lat. pop. °*dimedius*, class. *dimidius* refait sur *medius*). **I.** *adj.* Qui est la moitié d'un tout. ◇ Précédant un nom (invar. et avec trait d'union). V. **Demi-.** ◇ ET DEMI (après un nom) [ɛdmi] : et la moitié. *Une douzaine et demie* (une douzaine et une demi-douzaine). *Un centimètre et demi.* « *Il est minuit et demi* » (DUHAM.). « *À midi et demie* » (DUHAM.). — Fig. *(Vx)* Plus grand encore. PROV. *À trompeur, trompeur et demi.*
II. *Adv.* (XIIIᵉ). Devant un adj., un p. p. ou un nom exprimant une qualité, auquel il est rattaché par un trait d'union. *Boîte demi-pleine, demi-remplie ;* à moitié (V. **Mi-**). « *Un amateur de jardinage, Demi-bourgeois, demi-manant* » (LA FONT.). — *Par ext.* À peu de chose près. V. **Presque.** « *Les réverbères agités, dont la lumière demi-éteinte vacillait* » (CHATEAUB.).
III. *Nominal.* ♦ 1° N. (n. f., v. 1190 ; n. m., 1690). La moitié d'une unité. V. **Moitié.** *Un demi ou 0,5 ou 1/2. Trois demis.* — La moitié d'un objet. *Vous prenez un pain? une baguette? — Non, un demi, une demie seulement.* ♦ 2° (1900). N. m. Verre de bière (qui contenait à l'origine un demi-litre). *Prendre, boire un demi.* « *Je boirais bien un autre demi, mais pas panaché, un vrai demi de vraie bière* » (QUENEAU). ♦ 3° (av. 1450). N. f. Une demi-heure (après une heure quelconque). *Nous partirons à la demie. Il faut « que la demie de sept heures ait sonné* » (COLETTE). ♦ 4° N. m. (1900). *Sports.* Joueur placé entre les arrières et les avants. *Demi d'ouverture,* chargé de lancer l'offensive ; *demi de mêlée,* qui lance le ballon dans la mêlée (au rugby).
IV. *Loc. adv.* (1534). À DEMI [admi]. Devant un adj. ou un p. p. V. **Mi-, semi-.** *À demi nu.* « *Une vieille embarcation de la douane, à demi pontée* » (DAUD.). — *Par ext.* **Partiellement, presque.** *Êtes-vous satisfait? —* (1580). À demi. « *Brave qui n'est pas bon n'est brave qu'à demi* » (HUGO). ◇ Après un verbe. *Ouvrir un tiroir à demi. Je ne l'estime qu'à demi.* — *Par ext.* Faire qqch. à demi. V. **Imparfaitement.** « *Ceux qui font les révolutions à demi ne font que creuser leurs tombeaux* » (ST-JUST). — (HOM. Admis.)
◇ ANT. *Complet, entier, un; complètement, totalement.*
DEMI-. Élément, de l'adj. *demi,* qui désigne la division par deux (*demi-douzaine*) ou le caractère incomplet, imparfait (*une demi-conscience*). V. **Semi-.** REM. *Demi-* est invariable.

DEMIARD [dəmiaʀd]. *n. m.* (moy. fr. *demion* « 1/2 pinte »; dial. norm. « 1/4 de litre » [Eure], « 1/4 de chopine » [Bray, Caux, Havre], du lat. *dimidius* « demi »). *Mod.* (Canada). Mesure de capacité pour les liquides, valant la moitié d'une chopine* ou le quart d'une pinte* (soit 0,284 litre). *Un demiard de crème.*
DEMI-BAS [d(ə)miba]. *n. m. invar.* (fin XVIᵉ ; de *demi-,* et *bas*). Bas qui ne monte qu'à mi-jambe ; chaussette montante. V. **Chaussette, mi-bas.**
DEMI-BOTTE [d(ə)mibɔt]. *n. f.* (fin XIXᵉ ; escrime, 1690; de *demi-,* et *botte*). Botte qui ne monte qu'à mi-mollet. V. **Bottine.** *Demi-bottes à revers.*
DEMI-BOUTEILLE [d(ə)mibutɛj]. *n. f.* (1826; de *demi-,* et *bouteille*). Petite bouteille contenant environ 37 cl. V. **Fillette** (pop.). *Une demi-bouteille de bourgogne, de bordeaux* (souvent abrégé en *Une demi* suivi du cru, de la marque : *Une demi Vichy. Une demi Château-Margaux*).
DEMI-BRIGADE [d(ə)mibʀigad]. *n. f.* (1793; de *demi-,* et *brigade*). Régiment français des premières guerres de la Révolution. ◇ *Mod.* Réunion de deux ou trois bataillons sous les ordres d'un colonel.
DEMI-CERCLE [d(ə)misɛʀkl(ə)]. *n. m.* (1538; *demy cercle,* v. 1327; de *demi-,* et *cercle*). ♦ 1° Moitié d'un cercle limitée par le diamètre (180 degrés). *Table en demi-cercle.* V. **Demi-lune.** ♦ 2° Instrument en forme de demi-cercle servant à mesurer les angles. V. **Graphomètre, rapporteur.**
DEMI-CIRCULAIRE [d(ə)misiʀkylɛʀ]. *adj.* (1690; de

demi-cercle, et *circulaire*). En forme de demi-cercle. V. **Semicirculaire.** *Salles demi-circulaires.*
DEMI-CLEF [d(ə)miklɛ]. *n. f.* (1694; de *demi-,* et *clef*). *Mar.* Nœud d'un cordage qui consiste à faire passer le brin libre sous le brin tendu autour de l'objet attaché.
DEMI-COLONNE [d(ə)mikɔlɔn]. *n. f.* (1690; de *demi-,* et *colonne*). *Archit.* Colonne engagée de la moitié de son diamètre. *Façade ornée de demi-colonnes.*
DEMI-DEUIL [d(ə)midœj]. *n. m.* (1762; de *demi-,* et *deuil*). Deuil moins sévère qui suit le grand deuil, ou que l'on prend lorsque le défunt est un parent éloigné. *Les couleurs de demi-deuil sont : noir, blanc, gris, violet, mauve.* Ellipt. *Robe demi-deuil.* ◇ (1909 ; *côtelette de veau en demi-deuil,* 1758). *Cuis. Poularde demi-deuil,* servie avec une sauce blanche aux truffes.
DEMI-DIEU [d(ə)midjø]. *n. m.* (XIIIᵉ ; lat. *semideus,* de *demi-,* et *dieu*). Personnage mythologique issu d'une mortelle et d'un dieu, d'une déesse et d'un mortel, ou divinisé pour ses exploits. V. **Héros.**
DEMI-DOUZAINE [d(ə)miduzɛn]. *n. f.* (1534; de *demi-,* et *douzaine*). Moitié d'une douzaine ou six unités. *Une demi-douzaine d'huîtres.* — Approximativement six choses de même nature. *Une demi-douzaine d'amis.*
DEMI-DROITE [d(ə)midʀwat]. *n. f.* (1922; de *demi-,* et *droite*). *Géom.* Portion de droite limitée à un point appelé origine. *La demi-droite* OX.
DEMIE. *n. f.* V. **Demi.**
DÉMIELLER [demjele]. *v. tr.* (1776; de *dé-,* et *miel*). Enlever le miel de (la cire).
DEMI-FIN, FINE [d(ə)mifɛ̃, fin]. *adj.* (1834; de *demi-,* et *fin*). Intermédiaire entre gros et fin. V. **Mi-fin.** *Petits pois demi-fins. Aiguilles demi-fines.* ◇ *Techn.* Qui contient la moitié de son poids d'alliage. *Bijouterie demi-fine.* — *Subst. m.* (1870). Alliage d'or. *Bracelet en demi-fin.*
DEMI-FINALE [d(ə)mifinal]. *n. f.* (XXᵉ ; de *demi-,* et *finale*). *Sports.* Avant-dernière épreuve d'une coupe, d'une compétition. *Notre équipe a remporté la demi-finale.*
DEMI-FINALISTE [d(ə)mifinalist(ə)]. *n.* (XXᵉ ; de *demi-finale*). *Sports.* Personne, équipe admise à participer à une demi-finale.
DEMI-FOND [d(ə)mifɔ̃]. *n. m.* (1907; de *demi-,* et *fond*). *Sports. Course de demi-fond :* de moyenne distance (entre 800 et 3 000 m). Cf. Fond, grand fond (*opposé à* vitesse [course de]).
DEMI-FRÈRE [d(ə)mifʀɛʀ]. *n. m.* (XVᵉ ; de *demi-,* et *frère*). Frère par le père ou la mère seulement. *Demi-frère de même père* (frère consanguin), *de même mère* (frère utérin).
DEMI-GROS [d(ə)migʀo]. *n. m. invar.* (1754; de *demi-,* et *gros*). Commerce intermédiaire entre la vente en gros et la vente au détail. *Maison qui fait le demi-gros.*
DEMI-GROSSISTE [d(ə)migʀosist(ə)]. *n.* (XXᵉ ; de *demi-gros*). Commerçant qui fait le demi-gros.
DEMI-HEURE [d(ə)mijœʀ]. *n. f.* (av. 1654; de *demi-,* et *heure*). Moitié d'une heure ou trente minutes. *Attendez une demi-heure. Il passe un autobus toutes les demi-heures.* V. **Demie.**
DEMI-JOUR [d(ə)miʒuʀ]. *n. m.* (XVIIᵉ ; de *demi-,* et *jour*). Clarté faible comme celle de l'aube ou du crépuscule. V. **Crépuscule, pénombre.** « *Un demi-jour rougeâtre tombant de haut ne formait plus qu'une sorte de brouillard lumineux* » (FROMENTIN). *Des demi-jour(s).*
DEMI-JOURNÉE [d(ə)miʒuʀne]. *n. f.* (1690; de *demi-,* et *journée*). Moitié d'une journée, matinée ou après-midi. *Faire des demi-journées de couture à domicile.*
DÉMILITARISATION [demilitaʀizasjɔ̃]. *n. f.* (fin XIXᵉ ; de *démilitariser*). Action de démilitariser. *Démilitarisation d'un pays.* V. **Désarmement.** ◇ ANT. *Armement, militarisation.*
DÉMILITARISER [demilitaʀize]. *v. tr.* (1871; de *dé-,* et *militariser*). Priver (une collectivité, un pays, une zone) de sa force militaire. V. **Désarmer.** « *Le traité de Versailles avait démilitarisé la rive gauche du Rhin* » (BAINVILLE). ◇ ANT. *Militariser; armer.*
DEMI-LITRE [d(ə)militʀ(ə)]. *n. m.* (1846; de *demi-,* et *litre*). Moitié d'un litre.
DEMI-LONGUEUR [d(ə)milɔ̃gœʀ]. *n. f.* (1933; de *demi-,* et *longueur*). *Sports. Gagner d'une demi-longueur :* de la moitié de la longueur du cheval, du bateau, dans une course.
DEMI-LUNE [d(ə)milyn]. *n. f.* (XVIᵉ ; de *demi-,* et *lune*). ♦ 1° *Fortif.* Ouvrage extérieur, autrefois demi-circulaire, aujourd'hui triangulaire. ♦ 2° Espace en forme de demi-cercle devant un bâtiment, une entrée, à un carrefour. ♦ 3° *Adj. invar.* Demi-circulaire (meubles). *Table, commode demi-lune.*
DEMI-MAL [d(ə)mimal]. *n. m.* (1835; de *demi-,* et *mal*). Inconvénient moins grave que celui qu'on prévoyait. *Est-il blessé? — Non, il n'y a que demi-mal* (inus. au pl.).
DEMI-MESURE [d(ə)mim(ə)zyʀ]. *n. f.* (h. 1580; 1812; de *demi-,* et *mesure*). ♦ 1° *Techn.* Moitié d'une mesure. *Demi-mesure de graines.* ♦ 2° *Cour.* Moyen insuffisant, provisoire,

transitoire. V. **Compromis.** « *Les ruses, les mensonges, les trahisons, les demi-mesures qui dans le danger de la patrie sont l'équivalent de la trahison* » (JAURÈS). ♦ 3° Ce qui est incomplet, insuffisant. *C'est tout ou rien : il a horreur des demi-mesures.* ♦ 4° (mil. XXᵉ s.). Confection de costumes d'homme d'après les mesures principales. *Demi-mesure et sur mesure. S'habiller en demi-mesure.*

DEMI-MONDAINE [d(ə)mimɔ̃dɛn]. *n. f.* (1867; de *demi-monde*). Femme du demi-monde, de mœurs légères. V. **Courtisane** (*pop.* Poule). [On emploie plus rarement DEMI-MONDAIN, AINE, *adj.* Qui appartient au demi-monde].

DEMI-MONDE [d(ə)mimɔ̃d]. *n. m.* (1855; de *demi-*, et *monde*). Société de femmes légères, de mœurs équivoques, et de ceux qui les fréquentent.

DEMI-MORT, MORTE [d(ə)mimɔʀ, mɔʀt(ə)]. *adj.* (1549; à *demi mort*, 1538; de *demi-*, et *mort*). À moitié mort, très mal en point. *Ils sont demi-morts de froid* (Cf. À demi* mort).

DEMI-MOT [d(ə)mimo]. *n. m.* (1654; de *demi-*, et *mot*). ♦ 1° *Littér.* Mot choisi dans le dessein d'atténuer une expression trop brutale. V. **Euphémisme**) ou de dissimuler sa pensée. « *Après avoir cherché des demi-mots pour mitiger l'annonce fatale...* » (STENDHAL). ♦ 2° *Loc. adv.* (1538). Cour. À DEMI-MOT [admimo] : sans qu'il soit nécessaire de tout exprimer. *Comprendre une lettre à demi-mot.*

DÉMINAGE [deminaʒ]. *n. m.* (v. 1945; de *déminer*). Opération par laquelle on démine un terrain.

DÉMINER [demine]. *v. tr.* (XXᵉ; de *dé-*, et *mine*). Débarrasser (un terrain, une zone, une partie de la mer) des mines qui en interdisent l'accès.

DÉMINÉRALISATION [demineʀalizasjɔ̃]. *n. f.* (1907; de *déminéraliser*). ♦ 1° *Méd.* Élimination excessive des substances minérales nécessaires à l'organisme (chez les vieillards, certains malades). *Déminéralisation par élimination du calcium.* V. **Décalcification.** ♦ 2° (1956). *Techn.* Élimination des sels minéraux contenus dans l'eau (au moyen d'échangeurs d'ions).

DÉMINÉRALISER [demineʀalize]. *v. tr.* (XIXᵉ; de *dé-*, et *minéral*, d'apr. *minéraliser*). ♦ 1° *Méd.* Faire perdre les sels minéraux à (l'organisme). — Pronom. *Son organisme se déminéralise : il se déminéralise.* ♦ 2° (1966). Éliminer de l'eau les sels minéraux.

DÉMINEUR [deminœʀ]. *n. m.* (v. 1945; de *déminer*). Technicien du déminage.

DEMI-PAUSE [d(ə)mipoz]. *n. f.* (1740; de *demi-*, et *pause*). *Mus.* Silence qui équivaut à la moitié d'une pause (égal à une blanche) et qui est représenté par un petit trait sur la troisième ligne de la portée.

DEMI-PENSION [d(ə)mipɑ̃sjɔ̃]. *n. f.* (1609; de *demi-*, et *pension*). ♦ 1° Pension partielle, dans laquelle on ne prend qu'un repas. *Prendre la demi-pension dans un hôtel.* ♦ 2° *Demi-pension dans un établissement scolaire :* pension qui ne comporte que le repas de midi (*opposé à* externat, internat).

DEMI-PENSIONNAIRE [d(ə)mipɑ̃sjɔnɛʀ]. *n.* (1798; de *demi-pension*, et *pensionnaire*). Élève qui prend le repas de midi dans un établissement scolaire (*opposé à* externe, interne).

DEMI-PIÈCE [d(ə)mipjɛs]. *n. f.* (1866; de *demi-*, et *pièce*). La moitié d'une pièce d'étoffe sortant de la fabrique. — Fût de vin d'environ 110 litres.

DEMI-PIROUETTE [d(ə)mipiʀwɛt]. *n. f.* (1690; de *demi-*, et *pirouette*). *Équit.* Figure de haute école consistant en un demi-tour sur les hanches.

DEMI-PLACE [d(ə)miplas]. *n. f.* (fin 1840; de *demi-*, et *place*). Place à moitié prix (transports, spectacles) dont bénéficient certaines catégories de personnes. V. **Demi-tarif.** *Prenez deux demi-places et une place entière.*

DEMI-PLAN [d(ə)miplɑ̃]. *n. m.* (1922; de *demi-*, et *plan*). Portion de plan limitée par une droite de ce plan.

DEMI-POINTE [d(ə)mipwɛ̃t]. *n. f.* (1935; de *demi-*, et *pointe*). *Choreg.* Position du pied soulevé reposant sur les phalanges à plat, comme lorsqu'on marche sur la pointe des pieds (sur les *pointes**, les phalanges sont verticales).

DEMI-PORTION [d(ə)mipɔʀsjɔ̃]. *n. f.* (XXᵉ; de *demi-*, et *portion*). *Fam.* et *péj.* Personne petite, insignifiante (qui n'aurait droit qu'à la moitié d'une portion ou repas).

DEMI-PRODUIT [d(ə)mipʀɔdɥi]. *n. m.* (1935; de *demi-*, et *produit*). *Écon.* Produit qui doit subir un nouveau traitement avant d'être utilisé; produit semi-fini.

DEMI-QUART [d(ə)mikaʀ]. *n. m.* (1678; de *demi-*, et *quart*). Moitié d'un quart, ou 62,5 g (demi-quart de la livre). *Un demi-quart de beurre.*

DEMI-QUEUE [d(ə)mikø]. *adj.* et *n. m. invar.* (XXᵉ; « futaille », 1680; de *demi-*, et *queue*). Piano demi-queue, de grandeur intermédiaire entre le piano à queue et le piano droit. V. **Crapaud.** — N. m. *Jouer sur un demi-queue.*

DEMI-RELIURE [d(ə)miʀəljyʀ]. *n. f.* (1835; de *demi-*, et *reliure*). Reliure où seul le dos du livre est en peau, les plats étant recouverts de papier ou de tissu.

DEMI-RONDE [d(ə)miʀɔ̃d]. *n. f.* (1890; de *demi-*, et *rond*,

adj.). *Techn.* Lime dont une face est plate et l'autre arrondie.

DÉMIS, ISE [demi, iz]. *adj.* (1580, « détruit ». V. **Démettre**). Déplacé, luxé (os, articulation). *Remettre en place un poignet démis.*

DEMI-SAISON [d(ə)misɛzɔ̃]. *n. f.* (1870; de *demi-*, et *saison*). L'automne ou le printemps. *Vêtement de demi-saison :* ni trop léger, ni trop chaud.

DEMI-SANG [d(ə)misɑ̃]. *n. m. invar.* (1870; de *demi-*, et *sang*). Cheval issu de reproducteurs dont un seul est de pur sang (*opposé à* pur-sang).

DEMI-SEL [d(ə)misɛl]. *adj.* et *n. m. invar.* (1878 [*porc*] au demi-sel, 1742; de *demi-*, et *sel*).
I. Qui n'est que légèrement salé. « *Cette fraîche assiettée de beurre demi-sel* » (HUYSMANS). — *Fromage demi-sel*, subst. (1929). *Un demi-sel :* fromage gras et frais légèrement salé.
II. (1894, « homme qui exerce un métier régulier mais vit aussi de proxénétisme »; de [*beurre*] *demi-sel*, proprem. « ni salé, ni pas salé »). *Arg.* et *péj.* Homme, garçon qui affecte d'être du milieu sans se comporter comme le milieu l'exige. — *Par ext.* Lâche.

DEMI-SŒUR [d(ə)misœʀ]. *n. f.* (1424; de *demi-*, et *sœur*). Sœur par le père ou la mère seulement (V. **Demi-frère**).

DEMI-SOLDE [d(ə)misɔld]. *n.* (répandu v. 1815; de *demi-*, et *solde*). ♦ 1° *N. f.* Solde réduite d'un militaire en non-activité. ♦ 2° *N. m. invar. Un demi-solde :* militaire qui touche une demi-solde (*spécialt.* Soldat de l'Empire, sous la Restauration).

DEMI-SOMMEIL [d(ə)misɔmɛj]. *n. m.* (v. 1697; de *demi-*, et *sommeil*). État intermédiaire entre le sommeil et l'état de veille. V. **Somnolence.**

DEMI-SOUPIR [d(ə)misupiʀ]. *n. m.* (1611; de *demi-*, et *soupir*). *Mus.* Silence dont la durée est égale à la moitié d'un soupir, ou un demi-temps (représenté par un signe en forme de 7 sur la troisième ligne de la portée).

DÉMISSION [demisjɔ̃]. *n. f.* (1338; lat. *demissio* « action d'abaisser », pour servir de dér. à *démettre*). ♦ 1° Acte par lequel on se démet d'une fonction, d'une charge, d'une dignité; rupture, par le salarié, de son contrat de travail. *Il vient de donner sa démission. Accepter, recevoir la démission de qqn. Démission collective d'une assemblée. — Démission !* cri hostile à l'adresse d'un homme politique, d'un responsable. ♦ 2° (fin XVIᵉ). *Fig.* Acte par lequel on renonce à qqch. V. **Abandon**, abdication, renonciation. « *À votre âge, on ne donne pas ainsi sa démission de toute activité dans la vie* » (STE-BEUVE). ◇ ANT. Maintien.

DÉMISSIONNAIRE [demisjɔnɛʀ]. *n.* et *adj.* (XVIIIᵉ; de *démission*). ♦ Personne qui vient de donner sa démission. — *Adj. Ministre démissionnaire.*

DÉMISSIONNER [demisjɔne]. *v. intr.* (1793; de *démission*). ♦ 1° Donner sa démission, résigner ses fonctions. V. **Démettre** (se), retirer (se). ◇ *Trans. Iron.* On l'a démissionné : renvoyé. ♦ 2° *Fig.* et *fam.* Renoncer à qqch. V. **Abandonner, abdiquer, renoncer.** *Si je ne réussis pas du premier coup, je démissionne.*

DEMI-TARIF [d(ə)mitaʀif]. *n. m.* (XXᵉ; de *demi-*, et *tarif*). Tarif réduit de moitié. *Place* (V. **Demi-place**), *billet, abonnement à demi-tarif* ou *adj. demi-tarif.*

DEMI-TEINTE [d(ə)mitɛ̃t]. *n. f.* (1676; de *demi-*, et *teinte*). ♦ 1° Teinte qui n'est ni claire ni foncée. *Peinture exécutée en demi-teintes.* ♦ 2° Sonorité adoucie. *Chanter en demi-teinte.*

DEMI-TIGE [d(ə)mitiʒ]. *n. f.* (1732; de *demi-*, et *tige*). *Arbor.* Arbre fruitier dont on a arrêté la croissance.

DEMI-TON [d(ə)mitɔ̃]. *n. m.* (1671; *Demy-ton*, XVIᵉ; de *demi-*, et *ton*). Le plus petit intervalle entre deux degrés conjoints. *Il y a un demi-ton entre mi et fa, si et do. Demi-ton diatonique* (formé par deux notes portant des noms différents), *chromatique* (formé par deux notes portant le même nom). *Signe d'altération qui hausse* (V. **Dièse**), *abaisse* (V. **Bémol**) *une note d'un demi-ton.*

DEMI-TOUR [d(ə)mituʀ]. *n. m.* (1608; déb. XVIᵉ s. en parlant des choses; de *demi-*, et *tour*, n. m.). ♦ 1° *Milit. cour.* Moitié d'un tour que l'on fait sur soi-même. *Demi-tour à droite; demi-tour, droite !* « *Il salua, exécuta un demi-tour rapide* » (MAC ORLAN). ♦ 2° *Par ext. Faire demi-tour :* retourner sur ses pas.

DÉMIURGE [demjyʀʒ(ə)]. *n. m.* (1823; *demiourgon*, 1546; lat. *demiurgus*, gr. *dêmiourgos* « architecte »). ♦ 1° *Philo. anc.* Nom donné par les Platoniciens au dieu architecte de l'Univers. ♦ 2° *Littér.* Créateur, animateur d'un monde.

DEMI-VIE [d(ə)mivi]. *n. f.* (av. 1970; de *demi-*, et *vie*). *Didact.* Temps que met une grandeur décroissante pour arriver à la moitié de sa valeur initiale. *Demi-vie d'une substance radioactive* (période radioactive d'un radioélément).

DEMI-VIERGE [d(ə)mivjɛʀʒ(ə)]. *n. f.* (1894, M. PRÉVOST; de *demi-*, et *vierge*). Jeune fille vierge de mœurs très libres.

DEMI-VOLTE [d(ə)mivɔlt(ə)]. *n. f.* (1690; de *demi-*, et *volte*). *Équit.* Mouvement dans lequel le cheval opère un demi-tour suivi d'une oblique. *Demi-volte renversée :* oblique suivie d'un demi-tour.

DEMI-WATT [d(ə)miwat]. *n.* (xxᵉ ; de *demi-*, et *watt*). ♦ 1° *N. m.* Moitié d'un watt. ♦ 2° N. f. *Techn.* Lampe électrique à atmosphère gazeuse, ne consommant en principe que 0,5 watt par bougie.

DÉMOBILISABLE [demɔbilizabl(ə)]. *adj.* (av. 1922 [sans doute 1914-18] ; de *démobiliser*). Qui doit être officiellement démobilisé. ◇ ANT. *Mobilisable.*

DÉMOBILISATEUR, TRICE [demɔbilizatœʀ, tʀis]. *adj.* (attesté mil. xxᵉ ; de *démobiliser*). *Milit.* Où l'on procède à la démobilisation. *Un centre démobilisateur.* — (v. 1963). *Fig., Polit.* Qui est propre à démobiliser. *L'attitude du syndicat a eu un effet démobilisateur sur la base.*

DÉMOBILISATION [demɔbilizasjɔ̃]. *n. f.* (1870 ; de *démobiliser*). Action de démobiliser. *Procéder à la démobilisation générale.* — (v. 1962). *Fig. Polit.* Fait de démobiliser (les masses, l'opinion) ; effet qui en résulte. *Démobilisation de l'opinion.* ◇ ANT. *Mobilisation.*

DÉMOBILISER [demɔbilize]. *v. tr.* (av. 1870 ; dr., 1826 ; de *dé-*, et *mobiliser*). Rendre à la vie civile (des troupes mobilisées). *Les soldats sont démobilisés à la cessation des hostilités.* Au p. p. *Soldats démobilisés.* Subst. *Un démobilisé.* ◇ Absolt. *La France démobilise.* — (xxᵉ). Fig. *Polit.* Priver (les militants, les masses) de toute combativité, cesser ou empêcher de mobiliser pour la défense d'une cause. ◇ ANT. *Appeler, mobiliser.*

DÉMOCRATE [demɔkʀat]. *n. et adj.* (1785 ; h. *1785* ; de *démocratie*, d'apr. *aristocrate*). ♦ 1° Partisan de la démocratie, de ses principes et de ses institutions. *Un, une démocrate convaincu(e).* — Adj. *Un esprit démocrate* (V. Républicain). « J.-J. Rousseau, *philosophe démocrate et libre penseur* » (VILLEMAIN). ♦ 2° (Aux États-Unis). *Le Parti démocrate* (déb. xixᵉ), l'un des deux grands partis politiques américains (*opposé à* Parti républicain). *Subst.* Membre, électeur de ce parti. *Les démocrates et les républicains.* ◇ ANT. *Aristocrate, monarchiste ; fasciste.*

DÉMOCRATE-CHRÉTIEN, IENNE [demɔkʀatkʀetjɛ̃, jɛn]. *n. et adj.* (1960 ; de *démocrate*, et *chrétien*). *Polit.* Des partis chrétiens partisans de la démocratie.

DÉMOCRATIE [demɔkʀasi]. *n. f.* (1361 ; gr. *dêmokratia*, de *dêmos* « peuple » . V. -Crate). ♦ 1° Doctrine politique d'après laquelle la souveraineté doit appartenir à l'ensemble des citoyens ; organisation politique (souvent, la république) dans laquelle les citoyens exercent cette souveraineté. *La démocratie antique, grecque. La démocratie repose sur le respect de la liberté et de l'égalité des citoyens.* — *Démocratie directe :* où le peuple exerce directement sa souveraineté. *Démocratie représentative :* où le peuple élit des représentants. « *Le suffrage universel est donc la démocratie elle-même* » (LAMART.). *Démocratie parlementaire, présidentielle. Démocratie socialiste.* ♦ 2° État pourvu d'institutions démocratiques ; État organisé suivant les principes de la démocratie. *Les démocraties libérales. Démocratie autoritaire, représentative. Les démocraties populaires se réclament de la doctrine marxiste.* ◇ ANT. *Aristocratie, monarchie, oligarchie ; fascisme, totalitarisme.*

DÉMOCRATIQUE [demɔkʀatik]. *adj.* (1361 ; gr. *dêmokratikos.* V. **Démocratie**). ♦ 1° Qui appartient à la démocratie (doctrine ou organisation politique). *Principes, théories démocratiques.* V. **Égalitaire.** *Institutions démocratiques. République démocratique.* « *En régime démocratique... Pour que tout marche, il faut que chacun apporte son effort* » (DANIEL-ROPS). ♦ 2° Conforme à la démocratie ; aux intérêts du peuple. *Esprit démocratique. Loi démocratique.* ♦ 3° Du peuple ; qui n'est pas de l'aristocratie. V. **Plébéien.** « *Les poètes classiques usaient d'une langue démocratique, celle de tout le monde* » (AYMÉ). ♦ 4° (Au Canada). *Le Nouveau Parti Démocratique* (1961 ; succédant au P.S.D. [1932], sigle de *Parti Social Démocratique*). Parti de tendance socialiste. Abrév. N.P.D. [ɛnpede]. *n. m.* ◇ ANT. *Aristocratique, monarchique, oligarchique ; antidémocratique, fasciste.*

DÉMOCRATIQUEMENT [demɔkʀatikmã]. *adv.* (1579 ; de *démocratique*). D'une façon démocratique. *Être démocratiquement élu au suffrage universel.*

DÉMOCRATISATION [demɔkʀatizasjɔ̃]. *n. f.* (fin xviiiᵉ ; de *démocratiser*). Action de démocratiser ; son résultat.

DÉMOCRATISER [demɔkʀatize]. *v. tr.* (1365 ; de *démocratique*). ♦ 1° Introduire la démocratie dans. ♦ 2° Rendre démocratique, populaire.

DÉMODÉ, ÉE [demɔde]. *adj.* (1827 ; de *dé-*, et *mode*). Qui n'est plus à la mode. *Vêtement, objet démodé.* V. **Désuet, suranné, vieillot** (Cf. Passé de mode). « *Ce nom de Mélanie a je ne sais quoi de vieillot, de démodé* » (DUHAM.). ◇ *Théories, procédés démodés.* V. **Archaïque, dépassé, périmé.** ◇ (Personnes) « *Le moyen d'avoir raison dans l'avenir est, à certaines heures, de savoir se résigner à être démodé* » (RENAN). ◇ ANT. *Mode (à la). Avant-garde (d').*

DÉMODER [demɔde]. *v. tr.* (1856 ; de *mode*). *Rare.* Mettre hors de mode. *Cour.* SE DÉMODER. *v. pron.* Passer de mode, n'être plus à la mode.

DEMODEX [demɔdɛks]. *n. m.* (1870 ; lat. mod. du gr. *dêmos* « graisse », et *dex* « ver »). Ver parasite (*Acariens*), qui vit dans l'orifice des follicules pilo-sébacés de la face.

DÉMODULATION [demɔdylasjɔ̃]. *n. f.* (v. 1930 ; de *dé-*, et *modulation*). *Techn. (Radio.).* Reconstitution d'un signal qui modulait une onde porteuse. ◇ ANT. *Modulation* (3°).

DÉMODULER [demɔdyle]. *v. tr.* (1953 ; de *dé-*, et *moduler*). *Radio, Électronique.* Reconstituer le signal original d'une onde porteuse modulée par ce signal (*Dér.* DÉMODULATEUR, TRICE, adj., DÉMODULATION, n. f.). ◇ ANT. *Moduler* (3°).

DÉMODULOMÈTRE [demɔdylɔmɛtʀ(ə)]. *n. m.* (1973 ; de *démoduler*, d'après *modulomètre*). *Radio., électronique.* Dispositif servant à mesurer les qualités de modulation de fréquence ou d'amplitude en partant d'un courant modulé.

DÉMOGRAPHE [demɔgʀaf]. *n.* (1861 ; de *démographie*). Spécialiste de la démographie.

DÉMOGRAPHIE [demɔgʀafi]. *n. f.* (1855 ; gr. *dêmos* « peuple », et *-graphie*). Étude statistique des collectivités humaines. *Éléments de statistique humaine, ou Démographie comparée,* ouvrage de Guillard (1855). *Tables de mortalité, natalité, nuptialité données par la démographie.* — (1972). Étude quantitative des populations humaines ou animales et de leurs variations.

DÉMOGRAPHIQUE [demɔgʀafik]. *adj.* (1861 ; de *démographie*). Qui appartient à la démographie ; qui est envisagé sous l'aspect de la démographie. *Phénomène démographique. Bilan démographique.* ◇ *Par ext.* De la population (du point de vue du nombre). *Poussée démographique.*

DEMOISELLE [d(ə)mwazɛl]. *n. f.* (v. 1283 ; *damisele*, 1080 ; *Damoiselle*, xiiᵉ-xiiiᵉ ; de *domnizelle*, fin ixᵉ ; lat. pop. *dominicella*, de *domina* « dame »).
I. *Ancienn.* Jusqu'au xviiiᵉ s. Jeune fille noble ou femme mariée de petite noblesse. V. **Dame.** « *Ah! qu'une jeune Demoiselle est une étrange affaire* » (MOL.).
II. *Mod.* (1690). ♦ 1° Femme célibataire. *Rester demoiselle.* V. **Fille.** *La pension est dirigée par deux demoiselles* (Cf. Vieille fille). ◇ *Courtois ou iron.* Jeune fille. *Quand ces demoiselles voudront bien m'écouter. Ces demoiselles se croient tout permis.* ◇ *Région. Votre demoiselle :* votre fille (Cf. Mademoiselle). ♦ 2° (xixᵉ). DEMOISELLE D'HONNEUR : jeune fille attachée à la personne d'une souveraine. *Par anal.* Jeune fille qui accompagne la mariée. *Les demoiselles d'honneur et les garçons d'honneur ouvrent le cortège derrière les mariés.* ◇ *Demoiselle de compagnie :* jeune fille, femme célibataire attachée au service d'une dame. ◇ *Par ext.* Personne (mariée ou non) attachée à un établissement. *Demoiselle de magasin. Les demoiselles du téléphone.*
III. *Fig.* ♦ 1° (1665). Nom courant de la libellule. « *La verte demoiselle aux ailes bigarrées* » (HUGO). ♦ 2° *Zool. Demoiselle de Numidie.* V. **Grue.** ♦ 3° *Techn.* Outil de paveur. V. **Dame, hie.** ♦ 4° Pièce de bois tourné qui sert à ouvrir les doigts des gants neufs.

DÉMOLIR [demɔliʀ]. *v. tr.* (1383 ; lat. *demoliri*, rac. *moles* « masse »).
I. *Démolir qqch.* ♦ 1° Défaire (une construction) en abattant pièce à pièce. V. **Abattre, démanteler, détruire, raser, renverser.** *Démolir un mur, un bâtiment. Démolir un vieux quartier pour dégager un édifice historique, pour faire de nouvelles constructions.* « *Celui qui démolit les masures, met les rues à l'alignement* » (ROMAINS). — Au p. p. *Ville démolie par un bombardement.* ♦ 2° *Fig.* Détruire entièrement. *Démolir une doctrine, un système. Démolir l'autorité, l'influence, le crédit de qqn.* V. **Détruire, saper, supprimer.** « *La science avait démoli sa foi* » (HUGO). ♦ 3° Mettre (qqch.) en pièces ; rendre inutilisable. V. **Abîmer, bousiller** (*pop.*), **briser, casser, déglinguer** (*fam.*), **démantibuler, démonter, détraquer** (*fam.*). *Démolir une voiture, un appareil de radio. Cet enfant démolit tous ses jouets.* ◇ Mettre en mauvais état. V. **Esquinter** (*fam.*). « *Ils m'ont démoli l'estomac !* » (MART. du G.).
II. *Démolir qqn.* ♦ 1° *Fam.* Mettre hors de combat, en frappant. V. **Battre** (*pop.* Abîmer le portrait, arranger, casser la gueule, rentrer dedans, etc.). *Démolir qqn dans une rixe. Se faire démolir.* ◇ Fatiguer (Cf. *fam.* Mettre à plat). « *Il n'est pas très bien ; la chaleur et le travail combinés l'ont démoli* » (MAUROIS). ♦ 2° Ruiner le crédit, la réputation, l'influence de (qqn). V. **Perdre, ruiner.** *Démolir un concurrent.* ◇ ANT. *Bâtir, construire, reconstruire ; créer, élaborer. Arranger, réparer.*

DÉMOLISSAGE [demɔlisaʒ]. *n. m.* (1882 ; de *démolir*). Action de démolir (surtout II). *Le démolissage d'un écrivain dans un article.*

DÉMOLISSEUR, EUSE [demɔlisœʀ, øz]. *n.* (1547, rare av. xviiiᵉ ; de *démolir*). ♦ 1° Personne qui démolit un bâti-

ment. « *Une équipe de démolisseurs* » (ROMAINS). ♦ **2°** *Fig.*
Personne qui démolit une idée, une doctrine. V. **Destructeur.**
◇ ANT. **Constructeur. Bâtisseur.**

DÉMOLITION [demɔlisjɔ̃]. *n. f.* (XIVᵉ; lat. *demolitio;* Cf.
Démolissement, 1377). ♦ **1°** Action de démolir une construction. *Chantier de démolition.* ◇ *Fig.* Destruction. « *Toute
synthèse nouvelle sort d'une analyse critique préliminaire :
une phase de démolition la précède et la prépare* » (Ed. LE
ROY). ♦ **2°** *Plur.* Matériaux des constructions démolies.
V. **Décombres, éboulis, gravats, ruine(s).** *Cadavres retrouvés
sous les démolitions.* ◇ ANT. **Construction, reconstruction.**

DÉMON [demɔ̃]. *n. m.* (XVIᵉ; *demoygne,* XIIIᵉ; lat. *dæmo-
nium;* lat. ecclés. *dæmon,* gr. *daimôn* « génie protecteur,
dieu »).
I. ♦ **1°** *Myth.* (XVIᵉ). Être surnaturel, bon ou mauvais,
inspirateur de la destinée d'un homme, d'une collectivité.
V. **Dieu, esprit, génie.** — *Le démon familier de Socrate :*
génie, voix qui, selon Socrate, lui dictait toutes ses résolutions.
♦ **2°** *Vx* ou *littér.* Puissance, force spirituelle; inspiration.
C'est son mauvais démon, son démon familier. « *Cette sinistre
puissance : le démon de la solitude* » (MICHELET).
II. *Cour.* (terminologie relig. jud. et chrét.). ♦ **1°** Ange
déchu, révolté contre Dieu, et dans lequel repose l'esprit
du mal. V. **Diable, incube, succube.** *Évocation des démons
par la magie, l'occultisme. Des démons* « *erraient autour des
solitaires, afin de les induire en tentation* » (FRANCE). ♦ **2°**
Spécialt. LE DÉMON : Satan, prince des démons, chef des
anges révoltés contre Dieu. *Le démon, appelé aussi Belzébuth,
Lucifer,* désigné par : l'esprit malin, le malin, l'esprit du mal,
le maudit, le mauvais, le prince des ténèbres, le roi des
enfers, le tentateur. *Le démon tenta Ève sous la forme du
serpent. Être habité, possédé du démon.* V. **Démoniaque.**
« *La culture positive de Vincent le retenait de croire au surnaturel; ce qui donnait au démon de grands avantages* » (GIDE).
◇ *Loc. fig.* « *Il a de l'esprit comme un démon* » (MOL.)
beaucoup d'esprit. ♦ **3°** (1653). Personne néfaste, méchante.
Cette femme est un vrai démon. V. **Furie, harpie.** — *Par ext.
Il a un garçon qui est un petit démon :* très espiègle. V. **Diable.**
♦ **4°** LE DÉMON DE : personnification d'une mauvaise tentation, d'un défaut. *Le démon du jeu; de la curiosité.* — *Le
démon de midi* (BIBLE), tentation de nature affective et sexuelle
qui s'empare des humains vers le milieu de leur vie.

DÉMONE [demɔn]. *n. f.* (déb. XIXᵉ; déjà n. m. 1365; de
démon). *Littér.* Génie femelle. « *Ma démone, ou comme
un mauvais génie, se replongea dans l'abîme* » (CHATEAUB.).

DÉMONÉTISATION [demɔnetizasjɔ̃]. *n. f.* (1795; de
démonétiser). ♦ **1°** Action de démonétiser. ♦ **2°** *Fig.* Discrédit.

DÉMONÉTISER [demɔnetize]. *v. tr.* (1794; de *dé-,* et
lat. *moneta* « monnaie »). ♦ **1°** Retirer (une monnaie) de
la circulation. *Démonétiser les pièces d'or.* ♦ **2°** *Fig.* Démonétiser qqn. V. **Déprécier, discréditer.** *Sa théorie est un peu
démonétisée.*

DÉMONIAQUE [demɔnjak]. *adj. et n.* (*Démoniacle,*
XIIIᵉ; lat. ecclés. *dæmoniacus*). ♦ **1°** *Adj. et n.* Possédé du
démon. « *La guérison d'un démoniaque, faite par l'invocation
du nom de Jésus* » (PASC.). ♦ **2°** *Adj.* Digne du démon,
d'un démon. V. **Diabolique, satanique.** *Une action d'un
machiavélisme démoniaque.*

DÉMONISME [demɔnism(ə)]. *n. m.* (XVIIIᵉ; de *démon*).
Didact. Croyance aux démons (I), aux génies.

DÉMONOLOGIE [demɔnɔlɔʒi]. *n. f.* (fin XVIᵉ; de
démon, et *-logie*). *Didact.* Étude du démon, des démons
(sciences occultes, myth. et relig.).

DÉMONOMANIE [demɔnɔmani]. *n. f.* (1580, « recherche
enragée du diable » ; 1625; relig., de *démon,* et *manie*).
Psycho. *Vieilli* (1834). Délire dans lequel le malade se croit
possédé par les démons.

DÉMONSTRATEUR, TRICE [demɔ̃stratœr, tris]. *n.*
(XIVᵉ, rare av. XVIIIᵉ; lat. *demonstrator*). ♦ **1°** Personne qui
démontre, enseigne un procédé, le fonctionnement d'un
mécanisme. Fig. « *L'art n'est pas un démonstrateur invincible* »
(SAND). ♦ **2°** (XXᵉ). Personne qui explique le fonctionnement
d'un mécanisme pour en faire la publicité et tenter de le
vendre. « *Avec sa voix de phonographe et son sourire de démonstrateur qui s'excuse de vous déranger* » (Cl. SIMON). ◇ *Techn.*
Dans l'industrie, celui qui est chargé d'appliquer à titre
d'exemple les normes exigées des ouvriers.

DÉMONSTRATIF, IVE [demɔ̃stratif, iv]. *adj.* (v. 1327;
lat. *demonstrativus*). ♦ **1°** Qui démontre, sert à démontrer. V.
Apodictique. *Argument démonstratif. Preuve, raison démonstrative.* V. **Convaincant.** ♦ **2°** Qui sert à montrer. *Genre
démonstratif* (rhét.) : celui des trois genres d'éloquence qui
a pour objet la louange ou le blâme. ◇ *Gram. Adjectif
démonstratif :* qui sert à montrer la personne ou la chose
désignée par le nom auquel il est joint. V. **Ce.** — *Pronom
démonstratif,* qui désigne un être, un objet, représente un
nom, une idée. V. **Ce; celui; ceci, cela, ça.** — *Subst. Les*

démonstratifs. ♦ **3°** (1863). *(Personnes).* Qui manifeste vivement les sentiments qu'elle éprouve ou veut paraître éprouver. V. **Communicatif, expansif, exubérant, ouvert.** *Une personne démonstrative. Enfant peu démonstratif.* ◇ ANT. **Froid,
renfermé, réservé, taciturne.**

DÉMONSTRATION [demɔ̃strasjɔ̃]. *n. f.* (1361; « action
de montrer » ; a remplacé *demostraison;* lat. *demonstratio,*
de *demonstrare;* V. **Démontrer**). ♦ **1°** (v. 1155). Opération
mentale qui établit une vérité (preuve, induction). *Démonstration* (preuve) *d'un absurde.* ◇ *Log.* (*opposé à* preuve).
Raisonnement déductif destiné à établir la vérité d'une
proposition à partir de prémisses considérées comme vraies.
V. **Déduction.** *Démonstration mathématique* ou *déduction
constructive. Principes de la démonstration :* axiome, définition, hypothèse, postulat, principe. « *Aucun savant digne
de ce nom ne confond la vision d'une vérité avec la démonstration d'une vérité* » (RIBOT). ◇ *Par ext.* Tout ce qui sert à
démontrer. V. **Preuve; argument, justification.** *Les faits sont
la meilleure démonstration de ce que j'avance.* ♦ **2°** Action
de montrer, d'expliquer par des expériences les données
d'une science, le fonctionnement d'un appareil. V. **Expérience.** *Démonstration publique. Démonstration d'un professeur.* ◇ *Spécialt.* Démonstration faite par un vendeur
(V. **Démonstrateur**). ♦ **3°** Signes extérieurs volontaires qui
manifestent les dispositions, les intentions, les sentiments.
V. **Étalage, manifestation, marque, protestation, témoignage.**
Démonstrations de joie, d'amitié. « *La mère Liébard, en
apercevant sa maîtresse, prodigua les démonstrations de joie* »
(FLAUB.). ♦ **4°** Manœuvre de forces armées destinée à
intimider l'ennemi ou à lui donner le change. *Démonstration
terrestre, aérienne, navale.*

DÉMONSTRATIVEMENT [demɔ̃strativmɑ̃]. *adv.*
(1282; de *démonstratif*). D'une manière démonstrative et
convaincante. *Prouver démonstrativement.*

DÉMONTABLE [demɔ̃tabl(ə)]. *adj.* (1870; de *démonter*).
Qui peut être démonté (3°); qui est fabriqué de manière à
pouvoir être démonté et remonté facilement. *Jouet démontable. Pièces anatomiques démontables.* V. **Clastique.** ◇ ANT.
Indémontable.

DÉMONTAGE [demɔ̃taʒ]. *n. m.* (1838; de *démonter*).
Action de démonter (3°).

DÉMONTANT, ANTE [demɔ̃tɑ̃, ɑ̃t]. *adj.* (1893; de
démonter, 2°). *Fam.* Qui déconcerte, démonte (par son
attitude, son langage, son caractère insolite). *Vous êtes
réellement démontant de cynisme* ! V. **Déconcertant, déroutant.**

DÉMONTÉ, ÉE [demɔ̃te]. *adj.* (V. **Démonter**). ♦ **1°** *Cavalier démonté :* jeté à bas ou privé de sa monture. ♦ **2°** Dont
on a démonté les éléments en pièces détachées. ♦ **3°** *Mer
démontée :* bouleversée par la tempête. V. **Agité, houleux.**
◇ ANT. **Calme.**

DÉMONTE-PNEU [demɔ̃t(ə)pnø]. *n. m.* (1901; de *démonter,* et *pneu*). Levier destiné à retirer un pneumatique de sa
jante. *Des démonte-pneus.*

DÉMONTER [demɔ̃te]. *v. tr.* (*Desmonter,* fin XIIᵉ; de
dé-, et *monter*). ♦ **1°** Jeter (qqn) à bas de sa monture. V.
Désarçonner. *Le cheval démonta son cavalier.* ♦ **2°** *Fig.*
Étonner au point de faire perdre l'assurance. V. **Déconcerter,
décontenancer, interloquer, renverser.** *Cette objection le
démonta.* « *L'aplomb de ce petit me démontait* » (GIDE).
Pronom. *Il ne s'est pas démonté pour si peu.* ♦ **3°** Défaire
(un tout, un assemblage) en séparant les éléments. V. **Désassembler.** *Démonter un échafaudage, une machine, une pendule.*
Fig. « *Douter, c'est démonter et remonter les idées comme
des rouages* » (ALAIN).

DÉMONTRABLE [demɔ̃trabl(ə)]. *adj.* (*Demonstrable,*
v. 1265; de *démontrer*). Qui peut être démontré. *Proposition
démontrable.* ◇ ANT. **Indémontrable.**

DÉMONTRER [demɔ̃tre]. *v. tr.* (XVIᵉ; *demonstrer,* Xᵉ;
demostrer « montrer » ; lat. *demonstrare* « montrer,
démontrer »). ♦ **1°** Établir la vérité de (qqch.) d'une manière
évidente et rigoureuse. V. **Établir, prouver.** *Démontrer une
proposition, un théorème. Démontrer par des arguments
convaincants, des preuves indiscutables.* Fam. *Démontrer
par A plus B :* rigoureusement. Pronom. « *L'infini des Nombres existe et ne se démontre pas* » (BALZ.). ◇ *Log.* Prouver
par démonstration (déduction). ♦ **2°** Fournir une preuve
de, faire ressortir. V. **Établir, indiquer, montrer, prouver,
révéler.** *Ces faits démontrent la nécessité d'une réforme.*

DÉMORALISANT, ANTE [demɔralizɑ̃, ɑ̃t]. *adj.* (1863;
de *démoraliser*). Qui démoralise. ♦ **1°** *Littér.* Qui rend immoral. « *L'abondance de l'or, l'augmentation de la puissance,
entraînent leurs conséquences ordinaires, démoralisantes* »
(DANIEL-ROPS). ♦ **2°** (XXᵉ). *Cour.* Qui est de nature à décourager. *Un échec démoralisant.* V. **Décourageant, déprimant.**
◇ ANT. **Moralisateur. Encourageant, réconfortant.**

DÉMORALISATEUR, TRICE [demɔralizatœr, tris]. *n.
et adj.* (1797; de *démoraliser*). ♦ **1°** *Littér.* Qui pousse à
l'immoralité. V. **Corrupteur.** ♦ **2°** (XXᵉ). Qui tend

à décourager. *Propagande démoralisatrice.* V. **Défaitiste.**

DÉMORALISATION [demɔralizasjɔ̃]. *n. f.* (1796; de *démoraliser*). ♦ 1° Action de démoraliser; perte du sens moral. « *Toutes ces pratiques odieuses, qui manifestent la démoralisation d'une société* » (DUHAM.). ♦ 2° (XXe). Action de donner mauvais moral, d'enlever le courage. *Démoralisation d'une armée.* V. **Découragement.** ◇ ANT. *Moralisation. Encouragement, exaltation.*

DÉMORALISER [demɔralize]. *v. tr.* (1795; de *dé*-, et *moral*, d'apr. *moraliser*). ♦ 1° *Vx* ou *littér.* Ôter le sens moral; rendre immoral. V. **Corrompre.** « *Celui qui démoralise un peuple peut être l'auteur direct des désastres qui peuvent arriver à ce peuple* » (PÉGUY). ♦ 2° (1800). Ôter le moral, le courage à. V. **Abattre, décourager, démonter, désorienter.** *Propagande défaitiste qui démoralise l'armée.* Pronom. Se décourager. *Les porteurs de l'expédition* « *se démoralisent et s'encouragent à l'insoumission* » (GIDE). ◇ ANT. *Moraliser; édifier. Encourager, exhorter, galvaniser, remonter.*

DÉMORDRE [demɔrdr(ə)]. *v. tr. indir.* (XIVe, « cesser de mordre »; de *dé*-, et *mordre*). DÉMORDRE DE (surtout nég.) : renoncer. V. **Abandonner, renoncer.** *Ne pas démordre de son avis. Il prit* « *la résolution de s'enfuir la nuit suivante, et rien ne put l'en faire démordre* » (ROUSS.). *Il n'en démordra pas :* il est très entêté.

DÉMOTIQUE [demɔtik]. *adj. et n. m.* (1835; « *démocratique* », v. 1361; gr. *dêmotikos*, de *dêmos* « peuple »). Se dit de la langue parlée et de l'écriture cursive vulgaire des anciens Égyptiens (simplification de l'écriture hiératique).

DÉMOTIVÉ, ÉE [demɔtive]. *adj.* (XXe; de *dé*-, et *motivé*). *Ling.* Se dit d'un terme complexe (dérivé, composé) qui n'a plus de motivation* (dont les éléments et leur sens ne sont plus perçus : ex. *Courage*, de *Cœur*), ou d'un mot qui devient homonyme d'un autre auquel il n'est plus raccroché par le sens.

DÉMOTORISATION [demɔtɔrizasjɔ̃]. *n. f.* (1971; de *dé*-, et *motorisation*). Le fait de renoncer volontairement à posséder une voiture particulière. « *Le taux de 'démotorisation' — rapport entre ceux qui suppriment leur voiture et ceux qui sont tout ou ont été motorisés — est en moyenne de 12,3 % pour l'ensemble de la population (française)* » (*Le Monde*, 19-6-1971). ◇ ANT. *Motorisation.*

DÉMOUCHETER [demuʃte]. *v. tr.* (1838; de *dé*-, et *moucheté*). Dégarnir (un fleuret) de sa mouche. Au p. p. *Fleuret démoucheté.*

DÉMOULAGE [demulaʒ]. *n. m.* (1838; de *démouler*). Action de démouler. *Le démoulage d'un gâteau.*

DÉMOULER [demule]. *v. tr.* (1765; « disloquer », 1534; de *dé*-, et *moule*). Retirer du moule. *Démouler une statue en plâtre.* ◇ ANT. *Mouler.*

DÉMOULEUR [demulœr]. *n. m.* (1973; de *démouler*). Dispositif permettant de démouler. *Démouleur automatique de glaçons.*

DÉMOUSTICATION [demustikasjɔ̃]. *n. f.* (1963; de *démoustiquer*). Élimination des moustiques et de leurs larves. *La démoustication du littoral.*

DÉMOUSTIQUER [demustike]. *v. tr.* (v. 1960; de *dé*-, et *moustique*). Débarrasser (un lieu) des moustiques.

DÉMULTIPLICATEUR, TRICE [demyltiplikatœr, tris]. *n. m. et adj.* (1929; de *démultiplier*, d'apr. *multiplicateur*). *Mécan.* Système de transmission qui assure une réduction de vitesse avec une augmentation de force. *Moteur à démultiplicateur.* Adj. *Organe démultiplicateur.*

DÉMULTIPLICATION [demyltiplikasjɔ̃]. *n. f.* (1929; de *démultiplier*, d'apr. *multiplication*). Rapport de réduction de vitesse. *Démultiplication des pignons d'une boîte de vitesses.*

DÉMULTIPLIER [demyltiplije]. *v. tr.* (1929; de *dé*-, et *multiplier*). Réduire la vitesse de (dans la transmission d'un mouvement). Adj. *Pignons démultipliés.*

DÉMUNIR [demynir]. *v. tr.* (1564; de *dé*-, et *munir*). Dépouiller (d'une chose essentielle). V. **Dégarnir, dépouiller.** *Démunir une place forte d'une partie de ses effectifs, de ses munitions.* Pronom. *Se démunir de son argent.* V. **Dessaisir** (se), **perdre.** — (Sans compl. indir.) *Je ne veux pas me démunir. — Être démuni d'argent,* à court d'argent. Absolt. *J'étais complètement démuni.* V. **Fauché.** ◇ ANT. *Munir.*

DÉMUSELER [demyzle]. *v. tr.* (1832; de *dé*-, et *museler*). Dégager, libérer (un animal) de sa muselière. *Démuseler un chien de garde après l'avoir attaché.* ◇ ANT. *Museler.*

DÉMYSTIFIANT, ANTE [demistifjɑ̃, ɑ̃t]. *adj.* (v. 1960; de *démystifier*). Qui démystifie. *Analyse démystifiante.* ◇ ANT. *Mystifiant.*

DÉMYSTIFICATEUR, TRICE [demistifikatœr, tris]. *adj. et n. m.* (v. 1960; de *démystifier*, d'après *mystificateur*). Personne qui démystifie. ◇ ANT. *Mystificateur.*

DÉMYSTIFICATION [demistifikasjɔ̃]. *n. f.* (1957; de *démystifier*). Opération par laquelle une mystification collective est dévoilée, et ses victimes détrompées. « *La démys-*

tification, pour employer un mot qui commence à s'user » (R. BARTHES). Cf. *Démythification.* ◇ ANT. *Mystification.*

DÉMYSTIFIER [demistifje]. *v. tr.* (v. 1955; de *dé*-, et *mystifier*). Détromper les victimes d'une mystification collective, d'un mythe. ◇ ANT. *Mystifier.*

DÉMYTHIFICATION [demitifikasjɔ̃]. *n. f.* (1963; de *démythifier*). Action de démythifier. Cf. *Démystification.* « *Et si la démythification conduisait au pessimisme?* » (*L'Express*, 19-2-1973).

DÉMYTHIFIER [demitifje]. *v. tr.* (1959; de *dé*-, et *mythe*, d'apr. *démystifier*). Supprimer en tant que mythe. *Démythifier une notion.* ◇ S'emploie, par souci étymologique, au sens de DÉMYSTIFIER. — Au p. p. « *Démythifiée par sa diffusion de plus en plus large, la machine électronique...* » (*Le Monde*, 3-10-1970).

DÉNASALISATION [denazalizasjɔ̃]. *n. f.* (1906; de *dénasaliser*). *Phonét.* Passage d'un phonème nasal au phonème oral correspondant. *Ex. :* plein [plɛ̃] et en plein air [ɑ̃plener]. ◇ ANT. *Nasalisation.*

DÉNASALISER [denazalize]. *v. tr.* (1838; de *dé*-, et rad. *nasal*). Rendre un (phonème nasal) oral. ◇ ANT. *Nasaliser.*

DÉNATALITÉ [denatalite]. *n. f.* (1923; de *dé*-, et *natalité*). *Didact.* Diminution des naissances. V. **Dépopulation.**

DÉNATIONALISATION [denasjɔnalizasjɔ̃]. *n. f.* (1854; de *dénationaliser*). ♦ 1° *Vieilli.* Action de dépouiller du caractère national. ♦ 2° *Mod.* (mil. XXe). Action de dénationaliser une entreprise. Cf. *Désétatisation.* ◇ ANT. *Nationalisation.*

DÉNATIONALISER [denasjɔnalize]. *v. tr.* (v. 1800; de *dé*-, et *nationaliser*). ♦ 1° *Vieilli.* Faire perdre le caractère national. — *Se dénationaliser :* perdre sa nationalité. ♦ 2° (1954). Restituer à la propriété privée (une entreprise nationalisée). Cf. *Désétatiser.* ◇ ANT. *Nationaliser.*

DÉNATTER [denate]. *v. tr.* (1680; de *dé*-, et *natter*). Défaire les nattes de. *Dénatter ses cheveux.* ◇ ANT. *Natter.*

DÉNATURALISER [denatyralize]. *v. tr.* (1743; de *dé*-, et *naturaliser*). Priver des droits acquis par naturalisation (dér. DÉNATURALISATION [denatyralizasjɔ̃] : 1834). ◇ ANT. *Naturaliser.*

DÉNATURANT, ANTE [denatyrɑ̃, ɑ̃t]. *adj. et n.* (1873; de *dénaturer*). Qui dénature. *Produit dénaturant.*

DÉNATURATION [denatyrasjɔ̃]. *n. f.* (1859; de *dénaturer*). ♦ 1° Action de dénaturer une substance, d'en changer les caractéristiques. ♦ 2° *Techn.* Dénaturation de l'alcool, du sel, du sucre : action d'ajouter à ces produits des substances qui les rendent impropres à l'alimentation afin de les réserver à des usages industriels.

DÉNATURÉ, ÉE [denatyre]. *adj.* (XIIIe; V. **Dénaturer.**) ♦ 1° Qui a subi la dénaturation. *Alcool, sel, sucre dénaturé.* ♦ 2° Altéré jusqu'à perdre les caractères considérés comme naturels, chez l'homme. *Goûts dénaturés.* V. **Dépravé, pervers.** — *Mœurs dénaturées.* ◇ *Parents dénaturés :* qui négligent de remplir leurs devoirs à l'égard de leurs enfants. V. **Cruel.** « *L'abandon de ses enfants la fit regarder comme une mère dénaturée* » (B. CONSTANT).

DÉNATURER [denatyre]. *v. tr.* (fin XIIe; de *dé*-, et *nature*). ♦ 1° *Rare.* Changer, altérer la nature de (qqch.). V. **Altérer, vicier.** « *Un fût plein, que le printemps moisi dénature et qui de vin tourne en vinaigre* » (COLETTE). ◇ *Techn.* Faire subir la dénaturation à; rendre impropre à la consommation pour l'homme. ♦ 2° *(Abstrait).* Changer la nature de, donner une fausse apparence à. *Dénaturer un fait, un événement.* V. **Déformer, fausser.** *Dénaturer la pensée, les paroles, les écrits de qqn, par une fausse interprétation.* V. **Contrefaire, défigurer, déformer, travestir.**

DÉNAZIFIER [denazifje]. *v. tr.* (v. 1945; de *dé*-, et *nazi*). Débarrasser des influences nazies. (Dér. DÉNAZIFICATION [denazifikasjɔ̃], *n. f.*).

DENDRITE [dɛ̃(ɑ̃)drit]. *n. f.* (1732; du gr. *dendron* « arbre »). ♦ 1° *Minér.* Arborisation ramifiée de bioxyde de manganèse. ◇ Arbre fossile (du DENDROLITHE [dɛ̃(ɑ̃)drɔlit]). ♦ 2° *Anat.* (Fin XIXe). Prolongement du cytoplasme de la cellule nerveuse, en général plus court que l'axone* (V. **Neurone.**)

DENDRITIQUE [dɛ̃(ɑ̃)dritik]. *adj.* (1846; de *dendrite*). ♦ 1° *Minér.*, *Anat.* Qui présente des dendrites. *Cellules dendritiques.* ♦ 2° Par anal. *(Géogr.).* Se dit d'un réseau fluvial très dense, ramifié régulièrement.

DENDRO-, -DENDRON. Éléments, du gr. *dendron* « arbre » (ex. : *rhododendron*).

DÉNÉBULER [denebyle] ou **DÉNÉBULISER** [denebylize]. *v. tr.* (1973,-1959; de *dé*-, et lat. *nebula* « brouillard »). *Techn.* Dissiper artificiellement le brouillard, en particulier sur un aéroport. « *Même s'il y avait de la brume, l'utilisation d'une machine à dénébuler doit permettre de suivre les courses de ski dans les meilleures conditions de visibilité* » (*Revue Municipale de Grenoble*, 6-1966). *Dér.*

DÉNÉBULATION [denebylɑsjɔ̃] ou DÉNÉBULISATION [denebylizɑsjɔ̃] (1960,-1967) n. f.

DÉNÉGATION [denegɑsjɔ̃]. n. f. (XIVe; lat. *denegatio*). ♦ 1° Action de dénier (qqch.); paroles de déni. V. **Contestation, démenti, déni, désaveu, négation.** *Malgré ses dénégations, on le crut coupable.* « Mr. Pitkin bat des paupières et remue la tête en signe de dénégation » (DUHAM.). ♦ 2° Dr. Refus de reconnaître l'exactitude d'une affirmation de l'adversaire, au cours d'une instance. *Dénégation d'écriture* : refus du défendeur de se reconnaître l'auteur d'une écriture, d'une signature. ♦ 3° Psychan. Refus de reconnaître comme sien un désir, un sentiment jusque-là refoulé, mais que le sujet parvient à formuler. ◊ ANT. *Aveu, reconnaissance.*

DÉNÉGATOIRE [denegatwaʀ]. adj. (1846; de *dénégation*). Dr. Qui a le caractère de la dénégation ◊ ANT. *Approbatif.*

DÉNEIGEMENT [denɛʒmɑ̃]. n. m. (mil. XXe; de *déneiger*). Déblaiement de la neige qui bloque une piste, une route, une voie ferrée.

DÉNEIGER [deneʒe]. v. tr. (déb. XXe; « fondre » [en parlant de la neige], 1558; de *dé-*, et *neige*). Débarrasser (un lieu, en particulier une voie de communication) de la neige. — Au p. p. adj. DÉNEIGÉ, ÉE, où la neige a fondu, a été déblayée. ◊ ANT. *Enneigé.*

DÉNERVATION [denɛʀvɑsjɔ̃]. n. f. (1959; de *dé-*, et *énerver*, suff. *-ation*). Chir. Syn. de *énervation** (2°).

DENGUE [dɛ̃g]. n. f. (1855; mot esp. « minauderie »). Maladie infectieuse virale des régions tropicales, subtropicales et méditerranéennes, transmise par la piqûre des moustiques, caractérisée par un état fébrile soudain, des douleurs musculaires et articulaires donnant une démarche raide d'apparence affectée. ◊ HOM. *Dingue.*

DÉNI [deni]. n. m. (XIIIe; de *dénier*). ♦ 1° Vx ou littér. Action de dénier. V. **Dénégation.** « *Il exprime ses plus injustifiables dénis avec une telle conviction* » (GIDE). ♦ 2° Dr. *Déni de justice* : refus de la part d'un juge de remplir un acte de sa fonction. — Cour. *Déni (de justice)*, refus de rendre justice à qqn, d'être juste, équitable envers lui. V. **Injustice.** « *Je souffre du déni de certains. Oui, cette obstination dans le refus, la volontaire incompréhension, la haine* » (GIDE). ♦ 3° Psychan. *Déni (de la réalité)* : refus de reconnaître une réalité dont la perception est traumatisante pour le sujet. ◊ ANT. *Acceptation, admission, aveu, reconnaissance.*

DÉNIAISER [denjɛze]. v. tr. (1549, « tromper »; de *dé-*, et *niais*). ♦ 1° (1596). Vieilli. Rendre (qqn) moins niais, moins gauche. V. **Débrouiller, dégourdir, dégrossir.** *Ce voyage l'a un peu déniaisé.* — Pronom. « *Afin de me déniaiser, je suis résolu de voir un peu le monde* » (VOITURE). ♦ 2° (XVIIIe, au p. p.). Fam. *Déniaiser un jeune homme, une jeune fille* : lui faire perdre son innocence. V. **Dessaler.** — DÉNIAISÉ, ÉE, p. p. et adj. « *La Merceret, plus jeune et moins déniaisée que la Giraud, ne m'a jamais fait des agaceries aussi vives* » (ROUSS.).

DÉNICHER [deniʃe]. v. (1552; *desnichier*, 1180; de *dé-*, et *niche, nicher*).
I. V. tr. ♦ 1° Enlever d'un nid (les oiseaux, les œufs). ◊ Fig. Faire sortir de sa cachette. *On finira bien par dénicher le voleur.* ♦ 2° Cour. Découvrir à force de recherches. V. **Découvrir, trouver.** *Dénicher un appartement, une situation.* « *Je dénichai et lus en cachette des articles de médecine* » (DUHAM.).
II. V. intr. ♦ 1° Rare. Abandonner son nid. V. **Partir.** *Les hirondelles ont déniché dès les premiers froids.* ♦ 2° Fig. et vx. Se retirer avec précipitation de quelque lieu. V. **Enfuir (s'), partir, sauver (se).** « *Vous dénicherez à l'instant de la ville* » (MOL.).

DÉNICHEUR, EUSE [deniʃœʀ, øz]. n., fém. rare (1628; de *dénicher*). ♦ 1° Personne, enfant qui enlève les oiseaux de leur nid. ♦ 2° (1863). Fig. Personne qui sait découvrir (des objets rares). *Dénicheur d'antiquités, de bibelots, de livres rares.*

DÉNICOTINISATION [denikɔtinizɑsjɔ̃]. n. f. (1922; de *dé-*, et *nicotine*, suff. *-ation*). Didact. Procédé permettant de réduire la teneur en nicotine du tabac.

DÉNICOTINISER [denikɔtinize]. v. tr. (1907; de *dé-*, et *nicotine*). Retirer la nicotine de. *Cigarettes dénicotinisées.*

DÉNICOTINISEUR [denikɔtinizœʀ]. n. m. (Néol.; de *dénicotiniser*). Filtre qui retient une partie de la nicotine du tabac.

DENIER [dənje]. n. m. (XIe; lat. *denarius*). ♦ 1° Ancienne monnaie romaine, valant d'abord dix as, puis seize. *Les trente deniers de Judas.* ♦ 2° Ancienne monnaie française, valant la deux-cent-quarantième partie de la livre. Fam. Vx. *N'avoir pas un denier* : pas d'argent. V. **Sou.** *La commune « pourra payer ses contributions sans qu'il en coûte un denier aux habitants* » (BALZ.). — *Ancien.* Somme d'argent, d'un capital. *Argent placé au denier 20* : à intérêt du vingtième (5 %). ♦ 3° (XVe; *denier à Dieu*; « légère contri-

bution pour des œuvres de charité », v. 1283; *denier de saint Pierre*, v. 1190). Somme en tribut. — (1906) *Denier du culte* : somme d'argent versée chaque année par les catholiques au curé de leur paroisse pour subvenir aux besoins du culte. ♦ 4° Plur. (en loc.). (1273). DE SES DENIERS : son propre argent. *Je l'ai payé de mes deniers.* ◊ *Les deniers publics* : les revenus de l'État. ♦ 5° Dans le commerce de la soie, poids de 0,05 g; unité de finesse du fil, de la fibre. *On classe les fils de soie d'après le nombre de deniers pour 450 mètres (nombre de grammes par 9 000 m). Bas de trente deniers.*

DÉNIER [denje]. v. tr. (fin XIIe; *deneier*, v. 1160; lat. *denegare*, de *negare*. V. **Nier**). ♦ 1° Vx. Refuser de reconnaître comme vrai (un fait, une assertion). V. **Contester, nier.** ◊ Mod. Refuser de reconnaître comme sien. *Il dénie sa faute, sa responsabilité.* ♦ 2° Refuser injustement d'accorder. *Dénier qqch. à qqn.* « *Nous ne voulons donc pas dénier aux artistes le droit de sonder les plaies de la société* » (SAND). ◊ ANT. *Avouer, confirmer. Donner.*

DÉNIGRANT, ANTE [denigʀɑ̃, ɑ̃t]. adj. (1747; de *dénigrer*). Qui dénigre (choses). « *Le scepticisme dénigrant et stérile* » (PASTEUR). ◊ ANT. *Laudatif.*

DÉNIGREMENT [denigʀəmɑ̃]. n. m. (1527; de *dénigrer*). Action de dénigrer. V. **Attaque, critique, médisance.** « *La malveillance et le dénigrement sont les deux caractères de l'esprit français* » (CHATEAUB.). ◊ Rare. Paroles de dénigrement. « *De tels dénigrements, au lieu de m'accabler, m'exaltent* » (GIDE). ◊ PAR DÉNIGREMENT. *Ce mot ne s'emploie plus aujourd'hui que par dénigrement* : péjorativement. ◊ ANT. *Éloge, louange.*

DÉNIGRER [denigʀe]. v. tr. (1558; lat. *denigrare* « noircir »). S'efforcer de « noircir », de faire mépriser (qqn, qqch.) en attaquant, en niant les qualités. V. **Attaquer, calomnier, critiquer, débiner** (fam.), **décrier, déprécier, discréditer, rabaisser.** « *J'ai loué des sots, j'ai dénigré les talents* » (VOLT.). ◊ ANT. *Approuver, louer, vanter.*

DÉNIGREUR, EUSE [denigʀœʀ, øz]. n. et adj. (1781; de *dénigrer*). Rare. Celui, celle qui dénigre. V. **Contempteur, détracteur.** — Adj. *Esprit dénigreur.* ◊ ANT. *Admirateur.*

DÉNITRIFICATION [denitʀifikɑsjɔ̃]. n. f. (1922; de *dé-*, et *nitrification*). Sc. Phénomène par lequel une substance se dénitrifie. ◊ Décomposition des protides, des nitrates dans le sol (par l'action bactérienne).

DÉNITRIFIER [denitʀifje]. v. tr. (1908; de *dé-*, et *nitrifier*). Sc. Retirer l'azote de (une substance, un sol).

DÉNIVELÉE, n. f., ou **DÉNIVELÉ** n. m. [denivle]. (v. 1950; de *déniveler*). Techn. Différence de niveau, d'altitude entre deux points (spécial. armée et objectif). V. **Dénivellation** (2°). « *Les remontées mécaniques partiraient de l'altitude 1 450 vers les sommets, soit 1 200 mètres de dénivelée* » (Le Monde, 2-3-1966).

DÉNIVELER [denivle]. v. tr.; conjug. *appeler* (1847; de *dé-*, et *niveler*). Faire cesser d'être de niveau. *Déniveler un terrain, un jardin.* ◊ ANT. *Niveler.*

DÉNIVELLATION [denivel(l)ɑsjɔ̃] n. f. ou **DÉNIVELLEMENT** [denivɛlmɑ̃]. n. m. (1847,-1858; de *déniveler*). ♦ 1° Action de déniveler; son résultat. *La dénivellation d'une route.* ♦ 2° Différence de niveau (V. **Dénivelée**). *Les dénivellations (dénivellements, rare) d'une région montagneuse.* V. **Inégalité.**

DÉNOMBRABLE [denɔ̃bʀabl(ə)]. adj. (XVIe; « innombrable », 1170; de *dénombrer*). Qu'on peut dénombrer, compter. V. **Nombrable.** — Math., Log. *Ensemble dénombrable*, dont les éléments peuvent être mis en correspondance biunivoque* avec les éléments de l'ensemble des nombres entiers. *L'ensemble des points d'une droite n'est pas dénombrable.* ◊ ANT. *Innombrable.*

DÉNOMBREMENT [denɔ̃bʀəmɑ̃]. n. m. (1538; dr. féod. 1329; de *dénombrer*). Action de dénombrer (des personnes, des choses); son résultat. V. **Compte, énumération, inventaire, recensement.** *Dénombrement d'une population. Méthodes de dénombrement en statistique.*

DÉNOMBRER [denɔ̃bʀe]. v. tr. (1530; lat. *denumerare*, d'apr. *nombrer*). Faire le compte de; énoncer (chaque élément) en comptant. V. **Compter, énumérer, inventorier, recenser.** *Dénombrer les habitants d'une ville.* « *Des causes si diverses, si multiples si ténues, qu'il paraît enfantin de chercher à les dénombrer* » (GIDE).

DÉNOMINATEUR [denɔminatœʀ]. n. m. (1484; lat. *denominator*). Arithm. Celui des deux termes d'une fraction qui indique en combien de parties l'unité a été divisée. *Numérateur et dénominateur.* ◊ *Dénominateur commun*, celui que l'on obtient en réduisant plusieurs fractions au même dénominateur, correspondant au plus petit commun multiple* des dénominateurs des fractions. — (1964). Fig. *Point commun à des choses, des phénomènes ou des personnes.*

DÉNOMINATIF, IVE [denɔminatif, iv]. adj. (XVe; lat.

denominativus, de *nomen* « nom »). *Gram.* Qui sert à nommer, à désigner. *Terme dénominatif.* — Subst. *Les dénominatifs.*

DÉNOMINATION [denɔminasjɔ̃]. *n. f.* (1377; *denominacion* « proposition », xiiiᵉ; lat. *denominatio*, de *nomen* « nom »). Désignation d'une personne ou d'une chose individuelle par un nom. ◊ *Nom affecté à une chose.* V. **Appellation, désignation, nom.** « *Il faut donner une dénomination nouvelle aux départements* » (Mirabeau). ◊ *Dénomination commune* : désignation d'une préparation pharmaceutique par un nom adopté d'un commun accord par les autorités compétentes nationales et internationales (distincte de la *marque déposée*).

DÉNOMMER [denɔme]. *v. tr.* (xiiᵉ; « décrire », 1160; lat. *denominare*. V. **Nommer**). ♦ 1º *Dr.* Nommer (une personne) dans un acte. V. **Nommer.** *Témoin dénommé dans un acte d'accusation.* ♦ 2º Donner un nom à (une personne, une chose). V. **Nommer.** — *Par ext.* Renvoyer à (un objet, une classe d'objets) par le sens. V. **Désigner.** « *Les termes qui les dénomment* (les objets) » (Joubert).

DÉNONCER [denɔ̃se]. *v. tr.*; conjug. *placer* (*Denuntier*, 1190; lat. *denuntiare* « faire savoir »). ♦ 1º *Vx.* Faire savoir officiellement, annoncer, proclamer. V. **Publier.** — *Dr.* Donner avis d'un acte de procédure aux tiers. ◊ *Mod.* Annoncer la rupture de. V. **Annuler, rompre.** *Dénoncer l'armistice. Dénoncer un traité, un contrat, une convention.* ♦ 2º *Cour.* Faire connaître (une mauvaise action). *Dénoncer un crime, des abus.* « *L'homme peut s'autoriser à dénoncer l'injustice totale du monde et revendiquer alors une justice totale* » (Camus). ◊ *Par ext.* Signaler (qqn) comme coupable. V. **Accuser, trahir, vendre;** *moucharder. Dénoncer qqn à la police. Dénoncer ses complices.* Pronom. *Il s'est dénoncé à la police.* ♦ 3º (Sujet de chose). *Littér.* Faire connaître, révéler (qqch.). *Fig.* V. **Annoncer, dénoter, indiquer, montrer, trahir.** « *Tout chez Gabrielle Darras dénonçait une personne de la haute bourgeoisie française* » (Bourget). ◊ ANT. *Cacher, taire.* Confirmer (un accord). *Défendre.*

DÉNONCIATEUR, TRICE [denɔ̃sjatœr, tris]. *n.* (1328; lat. *denuntiator*. V. **Dénoncer**). Personne qui dénonce qqn à la justice. V. **Délateur, indicateur, mouchard.** — Adj. *Lettre dénonciatrice.* ◊ *Personne qui attaque en révélant. Le dénonciateur des injustices.*

DÉNONCIATION [denɔ̃sjasjɔ̃]. *n. f.* (v. 1260; lat. *denuntiatio*. V. **Dénoncer**).
I. ♦ 1º *Vx.* Action de dénoncer, de faire savoir officiellement. V. **Avis, notification.** ♦ 2º Annonce de la fin d'un accord. V. **Annulation, rupture.** *Dénonciation d'un traité, d'un armistice.* ♦ 3º Signification extrajudiciaire d'un acte à une personne qui y a intérêt.
II. Action de dénoncer (une mauvaise action). *Par ext.* Action de dénoncer qqn. V. **Accusation, délation, trahison.** *Dénonciations calomnieuses.* « *Fourré à la Bastille sur la dénonciation d'un Jésuite* » (Volt.).

DÉNOTATION [denɔtasjɔ̃]. *n. f.* (1460; *denotacion*, 1412; de *dénoter*). ♦ 1º Le fait de dénoter; ce qui dénote. ♦ 2º *Log.* Désignation en extension*; classe des objets possédant les mêmes caractéristiques et auxquels peut renvoyer un concept (*opposé à* connotation*). ♦ 3º (v. 1960). *Ling.* Élément invariant non-subjectif de signification, *opposé à* connotation*.

DÉNOTER [denɔte]. *v. tr.* (1361; « noter, remarquer », 1160; lat. *denotare.* V. **Noter**). Indiquer, désigner par quelque caractéristique. V. **Annoncer, dénoncer, désigner, indiquer, marquer, montrer, signifier, supposer.** « *Cet accent qui dénote l'intégrité morale* » (Ste-Beuve). « *Toutes ces peintures... dénotaient de la façon la plus évidente, pour un œil exercé, la plus belle période de l'art égyptien* » (Gautier). ♦ 2º *Log.* Désigner en extension*. ♦ 3º *V. tr. et intr.* (v. 1960). *Ling.* Signifier par le renvoi à une réalité univoque (*opposé à* connoter).

DÉNOUEMENT [denumɑ̃]. *n. m.* (1611, « action de dénouer », *dénouement de la langue*, 1580; de *dénouer*). ♦ 1º (1636). Ce qui termine, dénoue une intrigue, une action au théâtre (Cf. Le nœud de l'action). V. **Achèvement, conclusion, fin, solution, terme.** « *Personne ne peut deviner le dénouement de cette tragédie* » (Volt.). ♦ 2º *Cour.* Ce qui dénoue une affaire difficile; la manière dont elle se termine. *Un heureux dénouement. Brusquer le dénouement.* ◊ ANT. *Commencement, début, exposition.*

DÉNOUER [denwe]. *v. tr.* (xiiᵉ; de *dé-*, et *nouer*). ♦ 1º Défaire (un nœud, une chose nouée). V. **Délier, détacher.** *Dénouer une corde, un ruban.* « *Il dénoua la longe qui pendait à l'arçon* » (Barrès). Pronom. « *Les beaux cheveux se sont dénoués* » (Romains) : défaits. ♦ 2º *Fig. et vx.* Délier. *Dénouer la langue* : faire parler. ♦ 3º (1549). *Fig.* Démêler, éclaircir (une difficulté, une intrigue). V. **Démêler, éclaircir, résoudre.** « *Le drame qui dénoua cette double existence* » (Balz.). « *Il était temps que la mort vînt dénouer une situation tendue à l'excès* » (Renan). Pronom. « *La passion, comme le drame,*

vit de combat et se dénoue par la mort* » (Suarès). ◊ ANT. *Nouer, renouer; attacher, lier.*

DÉNOYAUTER [denwajote]. *v. tr.* (1922; de *noyau*). Séparer (un fruit) de son noyau. V. **Énucléer.** *Dénoyauter des prunes pour en faire des confitures* (*Appareil à dénoyauter* : Dénoyauteur [denwajotœr]). Dér. DÉNOYAUTAGE [denwajotaʒ], *n. m.* 1929 (on dit aussi Énoyautage).

DÉNOYER [denwaje]. *v. tr.*; conjug. *noyer* (xxᵉ; de *dé-*, et *noyer*). *Techn.* Dégager (une galerie, une mine noyée). Opération du Dénoyage [denwajaʒ].

DENRÉE [dɑ̃re]. *n. f.* (xiiiᵉ; *denerée* xiiᵉ; de *denier* « marchandise de la valeur d'un denier »). ♦ 1º Tout produit servant à l'alimentation de l'homme ou du bétail. V. **Aliment, comestible, subsistance, vivres.** *Cette épicerie vend des denrées de consommation courante. Conservation des denrées périssables.* — *Denrées alimentaires* : destinées à l'alimentation de l'homme. V. **Provision.** ♦ 2º *Fig. Une denrée rare* : une chose, une qualité précieuse qui se rencontre rarement.

DENSE [dɑ̃s]. *adj.* (xiiiᵉ; lat. *densus* « épais »). ♦ 1º Qui est compact, épais. *Brouillard dense.* V. **Impénétrable.** *Le feuillage dense des arbres.* V. **Abondant, serré, touffu.** ◊ *Une foule dense* : nombreuse et rassemblée. ♦ 2º *(Abstrait).* Qui renferme beaucoup d'éléments en peu de place (paroles, écrits). *Style dense.* V. **Concis, condensé, ramassé.** ♦ 3º (xviiᵉ). *Phys.* Qui a telle masse relativement au volume. V. **Lourd;** *densité. L'eau est plus dense que l'air. La vapeur d'eau est moins dense que l'air.* ◊ ANT. *Clair, clairsemé, rare, raréfié.* — HOM. *Danse.*

DENSIFICATION [dɑ̃sifikasjɔ̃]. *n. f.* (mil. xxᵉ; de *densifier*).
I. *Techn.* Action de densifier (le bois).
II. (1973). *Démogr. Géogr.* Augmentation de la densité (de la population de l'habitat).

DENSIFIER [dɑ̃sifje]. *v. tr.* (mil. xxᵉ; de *dense*).
I. *Techn.* Augmenter la densité (du bois) en le soumettant à de grandes pressions sur toute sa surface. *Hêtre densifié.*
II. *V. intr. et tr.* (1970). *Démogr., géogr.* Augmenter en densité. « *Le tissu urbain n'est pas encore densifié* » (*L'Express*, 13-4-1970).

DENSIMÈTRE [dɑ̃simɛtr(ə)]. *n. m.* (1870; de *dense*, et *-mètre*). Instrument de mesure des densités des liquides. V. **Alcoomètre, aréomètre, pèse-acide.**

DENSIMÉTRIE [dɑ̃simetri]. *n. f.* (1877; de *dense* et *-métrie*). *Didact.* Technique des mesures de densité.

DENSIMÉTRIQUE [dɑ̃simetrik]. *adj.* (1877; de *densimétrie*). *Didact.* Qui se rapporte à la densimétrie.

DENSITÉ [dɑ̃site]. *n. f.* (xiiiᵉ; lat. *densitas* « épaisseur »). ♦ 1º Qualité de ce qui est dense. V. **Compacité, épaisseur, force.** *Densité d'un brouillard.* « *Le lac a la densité du mercure, son éclat mort* » (Mart. du G.). — (xxᵉ). *Densité de population*, nombre moyen d'habitants par unité de surface (par km²). *Artill. Densité d'un tir.* ♦ 2º (xviiᵉ). *Phys.* Rapport qui existe entre la masse d'un certain volume d'un corps homogène et celle d'un même volume d'eau à 4 °C (ce rapport est égal à la *masse volumique*). *Densité moyenne d'un corps non homogène.* ◊ *Par anal. Densité gazeuse* d'un gaz ou d'une vapeur (par rapport à l'air, à l'oxygène ou à l'hydrogène). ♦ 3º *Électr. Densité de courant*, intensité de courant traversant une surface unitaire. — *Phys., Phot. Densité optique*, caractérisant le noircissement de la plaque photographique. — *Écon. Densité de valeurs*, évaluation des risques de réassurance*, d'après les risques antérieurs couverts dans une zone ou un territoire déterminé.

DENT [dɑ̃]. *n. f.* (1080; masc. jusq. xivᵉ; lat. *dens dentis*).
I. ♦ 1º *(Chez l'homme).* Un des organes annexes de la bouche, de couleur blanchâtre, durs et calcaires, implantés sur le bord libre des deux maxillaires supérieur et inférieur. *On mâche, on mastique, on mord avec les dents. Les 32 dents de l'homme. Ensemble des dents.* V. **Dentition, denture.** *Différentes sortes de dents.* V. **Canine, incisive, molaire, prémolaire.** *Les dents s'implantent verticalement dans les arcades alvéolaires des maxillaires. Les dents du haut, du bas. Collet, couronne, racine; émail, ivoire, pulpe des dents. Enfant qui fait, perce ses dents. Dents de lait* : les premières dents des enfants, destinées à tomber vers l'âge de sept ans. *Dents permanentes, ou dentition définitive. Dents de sagesse* : les quatre troisièmes molaires qui apparaissent généralement assez tardivement. *Faire ses dents, se dit d'un enfant dont les dents commencent à pousser. Perdre ses dents. Bouche sans dents.* V. **Édenté.** — *Dents blanches, éclatantes* (Cf. poét. *Perle*). *Des petites dents.* V. **Quenotte.** « *Dans ses mâchoires ouvertes de vis briller des dents pareilles à des crocs de carnassiers* » (Fromentin). — *Se laver les dents* (V. **Dentifrice**). *Brosse à dents. Se nettoyer, se curer les dents. V. **Cure-dents.** — *Maladie des dents.* V. **Carie, pyorrhée.** *Des dents gâtées. Une dent creuse. Dent qui branle, qui se déchausse. Mal, rage de dents. Se faire soigner les dents chez le dentiste. Se faire arracher une dent. Des dents artificielles ou fausses dents.*

V. **Bridge, couronne, dentier. ♦ 2°** (Autres mammifères). *Les dents d'un chien, du loup* (V. **Croc**), *du sanglier, de l'éléphant* (V. **Défense**). — *Dents carnassières,* et subst. *Les carnassières.* ◊ (Autres animaux) *Dents des poissons sélaciens.* — *Zool.* Tige calcaire de la mâchoire de l'oursin. ◊ *Loc. Il se décidera à faire son travail quand les poules auront des dents* : jamais. ◊ *Se faire les dents,* aiguiser ses dents, en parlant des rongeurs. — *Fig.* S'aguerrir. « *Jean se sentait dissoudre dans ce milieu non acide. Rien pour se faire les dents. Rien qui vous cogne au cœur* » (COURCHAY). ♦ **3°** *Loc. Serrer les dents,* en pressant la mâchoire inférieure contre la mâchoire supérieure. *Serrer les dents de douleur, de colère.* — *Prendre le mors* * *aux dents.* — *Ne pas desserrer les dents* : se taire obstinément. *Cela fait grincer les dents.* — *Claquer des dents de froid, de peur, de fièvre.* « *Il était parvenu à une telle tension nerveuse qu'il claquait des dents* » (MART. du G.). — *Montrer les dents* (comme pour mordre). V. **Menacer**. *Se casser les dents,* échouer. — *Avoir, garder une dent contre qqn* : de l'animosité, du ressentiment. « *Un homme* (le dentiste) *contre lequel — c'est le cas de le dire — j'avais une dent* » (BERGSON). — *Avoir la dent dure* : être très sévère, dur dans la critique. ◊ *Pop. Avoir la dent* : avoir faim. « *Vous dînez ici? — Je veux, répondit Pierrot. J'ai une de ces dents* » (QUENEAU). — *Avoir les dents longues* : avoir très faim; *fig.* Être avide d'argent, d'honneur, avoir de grandes prétentions. ◊ À **BELLES DENTS**. *Mordre à belles dents. Fig. Déchirer qqn à belles dents.* V. **Calomnier, critiquer, médire.** ◊ DU BOUT DES DENTS : sans mordre franchement, sans plaisir. *Il y goûta du bout des dents. Fig.* À regret, avec dégoût. *Accepter du bout des dents.* ◊ COUP DE DENT : morsure. ◊ SOUS LA DENT. *N'avoir rien à se mettre sous la dent* : rien à manger. *Il mange tout ce qui lui tombe sous la dent.* ◊ ENTRE LES DENTS. *Tenir un cigare entre les dents.* — *Grommeler, murmurer, parler, répondre entre ses dents* : peu distinctement, sans ouvrir la bouche. « *Il ne dormait pas; je l'entendais marmotter entre ses dents* » (DAUD.). ◊ JUSQU'AUX DENTS. *Être armé* * *jusqu'aux dents* (Cf. De pied en cap). ◊ SUR LES DENTS. *Être sur les dents* : accablé, épuisé (p.-ê. du cheval fatigué, qui appuie ses dents sur le mors). — Par ext. *Être sur les dents* : très occupé, surmené. « *Nous sommes tous sur les dents; car il n'y a guère de troupes fraîches pour chaque nouvelle bataille* » (STE-BEUVE). ◊ ŒIL POUR ŒIL, DENT POUR DENT. V. **Œil**.

II. Objet ou forme pointue. ♦ **1°** *Découpure pointue;* saillant de cette découpure. V. **Indentation; dentelé.** *Les dents d'une feuille.* ♦ **2°** *Techn.* Gros clou servant à fixer une charpente. — *Cour.* Chacun des éléments allongés et pointus d'un instrument, d'une pièce de mécanisme. *Les dents d'une herse, d'un rateau. Les dents d'une fourche.* V. **Fourchon.** — *Les dents d'une scie.* Lame de couteau en dents de scie. *Dents d'une roue, d'un engrenage, d'un pignon.* V. **Came, cran, denté, denture.** *Dents d'un peigne.* ◊ *Loc. En dents de scie* : en présentant des pointes aiguës et des creux. — *Électr. Courant ou tension en dents de scie,* forme d'onde périodique* utilisée pour le balayage* (2°) horizontal des tubes de télévision. ♦ **3°** Sommet d'une montagne formant une découpure aiguë. V. **Aiguille, crête, pic.** *La Dent du Midi.*
◊ HOM. *Dam, dans.*

1. DENTAIRE [dɑ̃tɛʀ]. *n. f.* (1572; lat. *dentaria* « jusquiame », remède contre le mal de dents). Plante herbacée, vivace, à tige souterraine, qui croît dans les bois des régions montagneuses *(Crucifèracées).*

2. DENTAIRE [dɑ̃tɛʀ]. *adj.* (1700; lat. *dentarius*). Qui est relatif aux dents. *Abcès, fluxion dentaire. Formule dentaire,* schématisant la disposition des dents, selon les espèces. *Pulpe dentaire,* partie interne d'une dent (chambre pulpaire) contenant les vaisseaux et les nerfs assurant la sensibilité de la dent. — *Plaque dentaire* : pellicule acide qui attaque l'émail des dents et est cause de carie dentaire. — *Chirurgie dentaire. Les soins dentaires. Prothèse dentaire.* — *École dentaire,* où l'on forme les dentistes. Ellipt. *Faire Dentaire.*

DENTAL, ALE, AUX [dɑ̃tal, o]. *adj.* (1503; de *dent*). ♦ **1°** *Vx.* Qui est relatif aux dents. V. **Dentaire** (2). ♦ **2°** (1857). Se dit des consonnes qui se prononcent en appliquant la langue sur les dents. *D* [d], *T* [t] *sont des consonnes dentales.* N. f. *Une dentale :* une consonne dentale.

DENT-DE-LION [dɑ̃dəljɔ̃]. *n. f.* (1596; adapt. lat. médiév. *dens leonis*). Autre nom du pissenlit (à cause des feuilles dentées). V. **dents-de-lion.**

DENT-DE-LOUP [dɑ̃dlu]. *n. f.* (1676, « sorte de clou », de *dent,* et *loup*). *Techn.* Pièce mécanique dentée, permettant d'accoupler deux axes par l'extrémité. *Des dents-de-loup.*

DENTÉ, ÉE [dɑ̃te]. *adj.* (XVᵉ; de *dent*). ♦ **1°** *Sc. nat.* Pourvu de dents *(opposé à* édenté). ♦ **2°** *Fig.* Dont le bord présente des saillies pointues, aiguës. *Roue dentée. Feuille dentée.*

DENTÉE [dɑ̃te]. *n. f.* (av. 1559; « coup sur les dents », XIIᵉ; de *dent*). *Vén.* Coup de dent donné par le chien au gibier. ◊ Coup des défenses du sanglier (V. **Décousure**).

DENTELAIRE [dɑ̃tlɛʀ]. *n. f.* (1752; lat. bot. *dentelaria,* de *dens, dentis.* V. **Dent**). Plante des rocailles, à fleurs violettes *(Plombaginacées),* dont la racine était utilisée contre le mal de dents.

DENTELÉ, ÉE [dɑ̃tle]. *adj.* (1545; de *den:*). ♦ **1°** Qui présente des dents, des indentations. *Côte dentelée.* — *Bot. Feuille dentelée* ou *dentée.* — *Blas. Pièces dentelées.* ♦ **2°** *Anat.* (XVIᵉ). *Muscle dentelé* : qui s'attache aux côtes. *Subst. Le grand dentelé* : le muscle abaisseur de l'omoplate. « *Sous les flancs bien enveloppés... on devine les dentelés et les côtes* » (GAUTIER). ◊ ANT. *Lisse.*

DENTELER [dɑ̃tle]. *v. tr.;* conjug. *appeler* (XVIᵉ; de *dent*). Découper le bord de (qqch.) en forme de dents de scie. V. **Découper; créneler.** *Machine à denteler.* — *Pronom.* « *Ici le roc s'est dentelé comme une tour* » (BALZ.).

DENTELLE [dɑ̃tɛl]. *n. f.* (1549; « petite dent », XIVᵉ; de *dent*). ♦ **1°** Tissu très ajouré sans trame ni chaîne, orné de dessins opaques variés, et qui présente généralement un bord en forme de dents. *Dentelle de coton, de soie, de nylon. Réseau, fond* ou *champ d'une dentelle* : la partie uniforme, par opposition aux *ornements. Col, jabot, robe de dentelle.* ◊ *Porter des dentelles* : des garnitures en dentelle. « *Une robe de soie noire, assez décolletée, avec... des dentelles, des guipures* » (ROMAINS). ◊ *Dentelle à la main,* à *l'aiguille* ou *point. Variétés de dentelle à l'aiguille* : point coupé, point* de Venise, point Renaissance, point d'Alençon. *La dentelle aux fuseaux* se fait avec un petit métier portatif (V. **Carreau, tambour**), *des fuseaux,* un carton troué selon le dessin à obtenir. *Variétés de dentelle au fuseau* : Chantilly, Malines, mignonnette, Valenciennes. *Dentelle à la machine,* à *la mécanique.* ◊ Par ext. *Dentelle chimique* (ou broderie chimique). ♦ **2°** Tout ce qui rappelle la dentelle par l'aspect ajouré, la finesse. *Dentelle de papier,* pour l'emballage de la confiserie. « *L'architecture élégante et raffinée fait rêver une dentelle* » (TAINE). — En appos. *Crêpes dentelle,* très fines. — Vignette utilisée en typographie.

DENTELLERIE [dɑ̃tɛlʀi]. *n. f.* (1870; de *dentelle*). *Rare.* Fabrication, commerce de la dentelle.

DENTELLIER, IÈRE [dɑ̃tə(ɛ)lje, jɛʀ]. *n.* et *adj.* (1647, *n. f.;* de *dentelle*). ♦ **1°** Personne qui fait de la dentelle (rare au masc.). *La dentellière,* peinture de Vermeer. ♦ **2°** (1700). *N. f.* Machine à confectionner la dentelle. ♦ **3°** *Adj.* (1864). *Industrie dentellière,* de la dentelle.

DENTELURE [dɑ̃tlyʀ]. *n. f.* (1467; de *dent*). ♦ **1°** Découpure en forme de dents. — *Archit.* Ouvrage dentelé (V. **Crénelure**). ♦ **2°** *Bot.* Dents fines des bords d'une feuille. ♦ **3°** Sommets en dents de scie. « *Les montagnes libyques découpaient sur le ciel pur leurs dentelures calcaires* » (GAUTIER).

DENTICULE [dɑ̃tikyl]. *n. m.* (1545; lat. *denticulus*). ♦ **1°** *Archit.* Ornement en forme de dent. *Les denticules d'une corniche corinthienne.* ♦ **2°** (1864). *Méd.* Petite dent surnuméraire, accolée à une dent normale ou située entre deux dents.

DENTICULÉ, ÉE [dɑ̃tikyle]. *adj.* (1690, blas.; de *denticule*). *Archit.* Qui est garni de denticules. « *Le pignon denticulé en marches d'escalier* » (GAUTIER).

DENTIER [dɑ̃tje]. *n. m.* (1829; « mâchoire », fin XVIᵉ; « partie du heaume », 1611; de *dent*). ♦ **1°** Appareil formé d'une série de dents artificielles que l'on porte dans la bouche. V. **Râtelier.** ♦ **2°** (XXᵉ). *Techn.* Ensemble des dents (d'une machine); pièce mécanique qui supporte des dents. V. **Denture** (2°).

DENTIFRICE [dɑ̃tifʀis]. *n. m.* (1560; lat. *dentifricium;* de *fricare* « frotter »). Préparation propre à nettoyer et à blanchir les dents. *Tube de dentifrice.* — Adj. *Pâte, poudre, savon, eau dentifrice.*

DENTINE [dɑ̃tin]. *n. f.* (1855; mot angl.; de *dens, dentis*). *Anat.* Ivoire des dents.

DENTIROSTRES [dɑ̃tiʀɔstʀ(ə)]. *n. m. pl.* (1808, « passereaux à bec dentelé »; lat. *dens, dentis* « dent », et *-rostre*). Sous-ordre de passereaux à mandibule supérieure échancrée *(ex.* : bergeronnette, corneille, corbeau, étourneau, fauvette, geai, grive, merle, mésange, pie, roitelet, rossignol).

DENTISTE [dɑ̃tist(ə)]. *n.* (1735; de *dent*). Praticien qui soigne les dents. *Les barbiers-chirurgiens ont fait longtemps office de dentistes* (Cf. Arracheur de dents). — *Mod.* Praticien diplômé légalement autorisé à soigner les dents, à effectuer des interventions chirurgicales dentaires (en Suisse, *médecin dentiste;* en France, *chirurgien dentiste*) et *par ext.* à traiter aussi les maladies de la bouche et des mâchoires (V. **Stomatologiste**). *Aller chez son, sa dentiste.* — *Cabinet de dentiste. Fauteuil de dentiste. La fraise, la roulette, le davier du dentiste.* — *Légist. Dentiste conseil,* chirurgien dentiste habilité à l'expertise dentaire par le Conseil de l'Ordre des chirurgiens dentistes.

DENTISTERIE [dɑ̃tistəʀi]. *n. f.* (1898; de *dentiste*). Étude et pratique médico-chirurgicale des soins dentaires. *Syn.* MÉDECINE DENTAIRE, ODONTO-STOMATOLOGIE.

DENTITION [dãtisjɔ̃]. *n. f.* (déb. XVIIIᵉ; lat. *dentitio*). ♦ 1° *Didact.* Formation et éruption des dents depuis la première enfance jusqu'à la fin de l'adolescence. ♦ 2° *Cour.* Ensemble des dents. V. **Denture**. *Elle les croquait* (ces petits pains) «*héroïquement, malgré sa détestable dentition*» (FLAUB.).

DENTO-. premier élément de mots didactiques, tiré de *dent*. Ex. : Dento-cutané, ée. *adj.* (XXᵉ). Relatif à une dent et à la peau. *Douleur dento-cutanée*. — Dento-dentaire: *adj.* (XXᵉ). Relatif à l'effet d'une dent sur une autre dent. — Dento-facial, ale, aux. *Adj.* (XXᵉ). De l'appareil dentaire et de la face. *Orthopédie dento-faciale*.

DENTURE [dãtyʀ]. *n. f.* (fin XIVᵉ; de *dent*). ♦ 1° *Littér.* et *didact.* Ensemble des dents d'une personne, d'un animal. V. **Dentition**. «*L'un d'eux fait une fluxion et nous lui soignons sa denture*» (DUHAM.). ♦ 2° (1752). *Techn.* Ensemble des saillies d'une roue dentée. ♦ 3° (XXᵉ). *Chir. dent.* Appareillage dentaire.

DÉNUCLÉARISATION [denykleaʀizasjɔ̃]. *n. f.* (v. 1957; de *dénucléariser*). *Didact.* Action de dénucléariser*; son résultat. V. **Désatomisation**. «*Un traité sur l'internationalisation et la dénucléarisation de l'espace et des corps célestes*» (*Le Figaro*, 22-12-1966).

DÉNUCLÉARISER [denykleaʀize]. *v. tr.* (v. 1957; de *dé-*, *nucléaire*, et suff. *-iser*). *Didact.* Diminuer ou supprimer la fabrication et le stockage des armes nucléaires (dans un pays, une région). V. **Désatomiser**. «*Empêcher la prolifération des armes* [nucléaires] *et* '*dénucléariser*' *les grandes puissances elles-mêmes*» (*Le Monde*, 21-1-1965). — P. p. adj. «*Une zone* '*dénucléarisée*' » (*Le Monde*, 5-2-1963).

DÉNUDATION [denydasjɔ̃]. *n. f.* (1374; bas lat. *denudatio* «action de mettre à nu»). Action de dénuder. ◇ *Méd.* Action de mettre à nu un organe, un tissu, une dent, par incision ou par opération; état qui en résulte. ◇ *Cour.* État d'un arbre dépouillé de son écorce, de son feuillage.

DÉNUDÉ, ÉE [denyde]. *adj.* (déb. XIXᵉ; V. **Dénuder**). ♦ 1° À nu. *Bras dénudés*. ♦ 2° Dégarni. *Crâne dénudé*, chauve. *Sol dénudé : sans végétation*.

DÉNUDER [denyde]. *v. tr.* (1120, *denudare*; Cf. *Dénuer*). Mettre à nu; dépouiller (qqch.) de ce qui recouvre naturellement. V. **Découvrir**, **dépouiller**. *Une robe qui dénude le dos, les bras*. Pronom. *Les gens qui se dénudent sur les plages*, qui se mettent presque nus. *Fig.* Priver de vêtements. «*Si mon vêtement dénude autrui, j'irai nu*» (GIDE). ◇ Par ext. *Dénuder un câble sous caoutchouc*. ◇ ANT. *Couvrir, recouvrir; garnir*.

DÉNUÉ, ÉE [denɥe]. *adj.* (XIIIᵉ; V. **Dénuer**). ♦ 1° DÉNUÉ DE. V. **Démuni**, **dépouillé**, **dépourvu**, **privé** (de). *Être dénué de tout*. V. **Manquer**. — (Abstrait) *Il est dénué d'esprit, d'imagination*. V. **Sans**. *Ce livre est dénué d'intérêt*. «*Tout en repoussant cette opinion, comme dénuée de fondement*» (FRANCE). ♦ *Littér.* misérable. «*Cet hospice, destiné aux vieillards indigents... aux femmes dénuées au moment de leurs couches*» (BALZ.).

DÉNUEMENT [denymã]. *n. m.* (XIVᵉ; de *dénuer*). État de celui qui est dénué du nécessaire. V. **Besoin**, **misère**, **pauvreté**. *Être dans un grand dénuement*. «*Ne plus posséder d'argent, ce n'est qu'une des étapes du dénuement*» (COLETTE). — *Fig. Un grand dénuement moral*.

DÉNUER (SE) [denɥe]. *v. pron.* (XIIᵉ, v. tr.; lat. *denudare*). *Littér.* Se priver (de). *Il s'est dénué de tout pour nourrir ses enfants*.

DÉNUTRITION [denytʀisjɔ̃]. *n. f.* (1870; de *dé-*, et *nutrition*). *Didact.* Ensemble de troubles caractérisant une insuffisance, une carence importante d'éléments nutritifs, avec excès de la désassimilation sur l'assimilation. V. **Malnutrition**. *Les maladies de la dénutrition, dans les pays pauvres*.

DÉODORANT [deɔdɔʀã]. *n. m.* et *adj.* (1966; de *déodorer*, vx, « désodoriser », d'apr. l'angl. *deodorant*). *Anglicisme*. Désodorisant* pour la toilette.

DÉONTOLOGIE [deɔ̃tɔlɔʒi]. *n. f.* (1825, trad. J. Bentham; gr. *deon, -ontos* « devoir », et *-logie*). *Didact.* Théorie des devoirs, en morale. — Spécialt. *Déontologie médicale :* ensemble des règles et des devoirs professionnels du médecin. *Cottard* «*par déontologie s'abstenait de critiquer ses confrères*» (PROUST).

DÉONTOLOGIQUE [deɔ̃tɔlɔʒik]. *adj.* (1846; de *déontologie*). *Didact.* De la déontologie médicale. *Code déontologique des médecins, des pharmaciens*.

DÉPAILLAGE [depajaʒ]. *n. m.* (1864; de *dépailler*). Action de dépailler; son résultat.

DÉPAILLER [depaje]. *v. tr.* (1864; «épuiser les champs», 1758; de *dé-*, et *paille*). Dégarnir de sa paille. Pronom. *Cette chaise se dépaille*. — *Siège dépaillé*. ◇ ANT. *Pailler*, *rempailler*.

DÉPALISSER [depalise]. *v. tr.* (1599; de *dé-*, et *palisser*). Défaire un palissage*. ◇ ANT. *Palisser*.

DÉPANNAGE [depanaʒ]. *n. m.* (1918; de *dépanner*). ♦ 1° Réparation de ce qui était en panne. *Voiture de dépannage*. V. **Dépanneuse**. ♦ 2° Action de tirer d'embarras en rendant un service.

DÉPANNER [depane]. *v. tr.* (1922; de *dé-*, et *panne*). ♦ 1° Réparer (un mécanisme en panne). *Dépanner une voiture, un appareil de télévision*. — Par ext. *Un mécanicien est venu nous dépanner*. ♦ 2° *Fam.* Tirer (qqn) d'embarras. *Il a des ennuis, nous tâcherons de le dépanner*.

DÉPANNEUR, EUSE [depanœʀ, øz]. *n. m.* (1916; de *dé-*, et *panne*). Professionnel (mécanicien, électricien, etc.) chargé du dépannage. — *Adj*. Qui dépanne.

DÉPANNEUSE [depanøz]. *n. f.* (1929; de *voiture dépanneuse*, de *dépanner*). Voiture de dépannage qui peut remorquer, sur les soulevant, les automobiles en panne. — *Dépanneuse lourde*, véhicule lourd de dépannage.

DÉPAQUETAGE [depaktaʒ]. *n. m.* (1811; de *dépaqueter*). *Rare.* Action de dépaqueter.

DÉPAQUETER [depakte]. *v. tr.;* conjug. *jeter* (1487; de *dé-*, et *paquet*). Défaire (un paquet); retirer (le contenu d'un paquet). ◇ ANT. *Empaqueter*.

DÉPARAFFINAGE [depaʀafinaʒ]. *n. m.* (v. 1955; de *dé-*, et *paraffine*). *Techn.* Extraction de la paraffine du pétrole brut.

DÉPARASITER [depaʀazite]. *v. tr.* (av. 1970; de *dé-*, et *parasiter*). Débarrasser des parasites (un objet, un individu, un local).

DÉPAREILLÉ, ÉE [depaʀeje]. *adj.* (*Despareillé*, 1355; V. **Dépareiller**). ♦ 1° Qui n'est pas complet (collection, série). «*Ils aiment mieux que tout soit dépareillé, mais qu'aucun lot ne l'emporte sur l'autre*» (MAURIAC). ♦ 2° Qui n'est plus avec les autres objets qui formaient une paire, une collection. *Un volume dépareillé des œuvres complètes de Hugo*. *Un chandelier dépareillé*. ◇ ANT. *Complet; assorti*.

DÉPAREILLER [depaʀeje]. *v. tr.* (1690; *despareiller*, fin XIIᵉ; *despareiller*, 1611; de *dé-*, et *pareil*). Rendre incomplet (un ensemble, une série de choses assorties ou semblables). V. **Désassortir**. *Un domestique* «*avait cassé un verre à pied et dépareillé une de ses douzaines*» (STENDHAL). ◇ ANT. *Apparier*, *assortir*.

DÉPARER [depaʀe]. *v. tr.* (1660; *desparer* «dégarnir de ce qui pare», fin XIᵉ; de *dé-*, et *parer*). Nuire à la beauté, au bon effet de. V. **Enlaidir**. *Cette construction dépare le quartier*. «*Toute parure lui nuit, tout ce qui la cache la dépare*» (LACLOS). — *Fig.* Gâter (surtout au négatif) *Cette pièce ne déparerait pas sa collection*. ◇ ANT. *Cadrer, convenir*.

DÉPARIER [depaʀje]. *v. tr.* (v. 1600; de *dé-*, et *parier*, rac. *paire*). ♦ 1° *Rare*. Ôter l'une des deux choses qui forment une paire. V. **Dépareiller**. *Déparier des gants, des souliers*. ♦ 2° Séparer un couple d'animaux. V. **Désapparier**. ◇ ANT. *Apparier*, *assortir*.

DÉPARLER [depaʀle]. *v. intr.* (1867; « médire de, blâmer », v. tr., v. 1160; de *dé-*, et *parler*). *Vieilli* ou *didact.* Parler à tort et à travers, sans discernement; divaguer. «*Deux cas cliniques qui présentaient* [...] *de graves perturbations du langage. L'un des enfants 'déparlait', et ne se faisait pas entendre*» (DOLTO, 1956).

1. DÉPART [depaʀ]. *n. m.* (1552; *deport*, 1213; de l'a. fr. *départir* «s'en aller». V. **Partir**. ♦ 1° Action de partir. *Départ en voyage*. *Fixer son départ, le jour, l'heure du départ*. *Préparatifs de départ : prêt à partir. Départ d'un avion* (V. **Décollage**, **envol**), *d'un bateau* (V. **Appareillage**, **partance**). *Tableau des départs et des arrivées* (gares, aérodromes). *Le départ du courrier*. ♦ 2° *Sports*. *Ligne de départ*. *Signal du départ*. *Starter qui donne le départ*. *Donner, prendre le départ*. — *Fig.* V. **Démarrer**. «*Prendre le départ pour une course à la puissance sidérurgique*» (GUILLAIN, 1969). *Faire ou prendre un bon (mauvais) départ*. «*À peine lancée en librairie, 'Modesty Blaise' a pris un départ foudroyant*» (*L'Express*, 23-8-1965). *Faux départ*. ♦ 3° Le lieu d'où l'on part. *Départ des grandes lignes. Quai du départ*. ♦ 4° Le fait de quitter un lieu, une situation. *Exiger le départ d'un fonctionnaire, d'un employé*. V. **Démission**, **licenciement**. ♦ 5° Commencement d'une action, d'une série, d'un mouvement. V. **Commencement**, **début**, **origine**. «*Le gaz sulfureux empêche le départ de la fermentation du vin dans la cuve*» (ROMAINS). *Au départ*, au début. *Nous n'avions pas prévu cela au départ. De départ*, initial. *L'idée de départ. Les conditions de départ*. ◇ *Techn. Signal de départ*, signal sonore ou visuel indiquant le commencement d'un enregistrement. ◇ *Point de départ d'une intrigue, d'un complot. Point de départ d'un sujet à développer, d'une ligne de conduite*. ◇ ANT. *Arrivée; aboutissement, fin*.

2. DÉPART [depaʀ]. *n. m.* (XIIIᵉ; de *départir* «partager». V. **Départir** (se). *Loc. Faire le départ entre deux choses* (abstraites) : les séparer, les distinguer nettement. *Vieilli*. *Faire le départ du bien et du mal*.

DÉPARTAGER [depaʀtaʒe]. *v. tr.* (1690; de *dé-*, et *partager*). ♦ 1° Faire cesser le partage ou l'égalité des voix, des suffrages, par un suffrage nouveau qui établit une majorité. *Départager les votes.* Par ext. *Question subsidiaire pour départager les gagnants d'un concours.* ♦ 2° *Par ext.* Choisir entre (deux opinions, deux méthodes, deux camps). V. **Arbitrer.** *Venez nous départager.* ♦ 3° *Littér.* Faire le départ entre, séparer. « *Un filet haut tendu qui départage les deux camps* » (GIDE). « *Le besoin de juger, de départager les bons et les méchants* » (SIEGFRIED).

DÉPARTEMENT [departəmã]. *n. m.* (1120, « groupe de personnes »; « division administrative », xve; de *départir*). ♦ 1° Chacune des parties de l'administration des affaires de l'État dont s'occupe un ministre. *Département ministériel.* V. **Ministère.** *Département de l'Intérieur, des Affaires étrangères.* ◇ En Suisse, les principales subdivisions du pouvoir exécutif, fédéral ou cantonal. Division d'une administration placée sous l'autorité d'un haut fonctionnaire. *Les départements des antiquités au musée du Louvre.* — Au Canada, certains grands services de l'administration. ◇ *Département d'État (Department of State)*, ministère des Affaires étrangères des États-Unis; au Canada, Ministère provisoire créé pour un besoin particulier. ♦ 2° (1789). Division administrative du territoire français placée sous l'autorité du préfet qu'assiste un Conseil général. *Le département de la Seine, du Pas-de-Calais. Chef-lieu du département.* V. **Préfecture.** *Subdivisions du département.* V. **Arrondissement, canton, commune.** *Commun à plusieurs départements.* V. **Interdépartemental.**

DÉPARTEMENTAL, ALE, AUX [departəmãtal, o]. *adj.* (1792; de *département*). Qui appartient au département. *Commission départementale. Route départementale.*

DÉPARTEMENTALISER [departəmãtalize]. *v. tr.* (mil. XXe; de *département*, d'après *étatiser, nationaliser*). ♦ 1° *Admin.* Donner à (une ancienne colonie, à un territoire) le statut de *département* (2°). ♦ 2° (1972). *Admin.* Attribuer aux départements une compétence qui relevait antérieurement de l'État ou d'une autre collectivité publique. (*Dér.* **DÉPARTEMENTALISATION** [departəmãtalizasjɔ̃]. *n. f.*).

DÉPARTIR [departir]. *v. tr.; conjug. partir* (1080; de *partir*, vx, « partager »). ♦ 1° *Littér.* Attribuer en partage (une tâche, une faveur). V. **Accorder, distribuer, impartir.** « *L'homme à qui fut départie la tâche surhumaine d'avertir Israël* » (DANIEL-ROPS). ♦ 2° SE DÉPARTIR DE (1646; « séparer de », au propre, XIIe). *v. pron.* Se séparer de, abandonner (surtout une attitude). V. **Abandonner, renoncer** (à). « *Une sorte de formalité cordiale, dont elle ne se départait point, décourageait l'ironie* » (GIDE). « *Sans regarder Jacques, sans se départir de son impassibilité* » (MART. du G.). V. **Sortir** (de). ◇ ANT. Conserver, garder.

DÉPASSANT [depasã]. *n. m.* (1922; de *dépasser*). *Cout.* Ornement qui dépasse la partie du vêtement à laquelle il est adapté.

DÉPASSÉ, ÉE [depase]. *adj.* (1690; V. Dépasser). ♦ 1° Qu'un rival a dépassé, dont le but a été mieux atteint, mieux réalisé par un autre. *Vous êtes bien dans ce domaine.* V. **Battu.** ♦ 2° Qu'on a abandonné, parce qu'on a trouvé mieux depuis. *Des théories dépassées.* V. **Démodé, périmé.** ♦ 3° Qui ne peut plus maîtriser la situation. V. **Débordé.** *Il est complètement dépassé.* ◇ ANT. Actuel, nouveau.

DÉPASSEMENT [depasmã]. *n. m.* (1856; de *dépasser*). ♦ 1° Action de dépasser. *Le dépassement des automobiles en marche est interdit dans cette agglomération.* Absolt. Cour. *Dépassement dangereux.* ♦ 2° *Compt.* Excédent de dépenses sur un budget, un devis, un compte. *Dépassement de crédit.* ♦ 3° (xxe). Action de dépasser (6°). « *L'idée de dépassement, d'accomplissement, ou, pour les chrétiens, de rédemption* » (DANIEL-ROPS).

DÉPASSER [depase]. *v. tr.* (1155, « aller plus loin que »; de *dé-*, et *passer*). ♦ 1° Laisser en arrière, derrière soi en allant plus vite. V. **Devancer, distancer, doubler, gratter** (fam.), **passer.** « *L'équipage doucement en dépasse un autre, sans que s'altère l'harmonie du trot* » (ROMAINS). *Dépasser un véhicule. Il est interdit de dépasser sur ce pont.* — Pronom. *Les coureurs cherchent à se dépasser,* l'un cherche à dépasser l'autre (1691). Aller plus loin que (qqch.). *Dépasser l'endroit où il fallait s'arrêter. Dépasser un cap.* ♦ 3° (1835). Aller plus loin en quantité; être plus long, plus haut, plus grand. *Dépasser qqn de la tête; être plus grand que lui d'une tête. Maison qui dépasse l'alignement.* V. **Déborder, mordre** (sur), **saillir, sortir** (de). *Cela ne dépassera pas mille francs.* V. **Excéder.** *Un entretien qui dépasse dix minutes.* ◇ Intrans. ou absolt. Être trop long, plus long. *Sa jupe dépasse une peu de son manteau; elle dépasse.* ♦ 4° (1803). Être plus, faire plus (qu'un autre) dans un domaine. *Dépasser qqn en violence, en cruauté.* V. **Surpasser.** « *S'il avait eu ce don-là, Hugo aurait dépassé Shakespeare* » (FLAUB.). ♦ 5° (Fin XVIIIe). Aller au delà de (certaines limites). V. **Excéder, outre-passer.** *Dépasser les instructions reçues. Dépasser ses attributions en empiétant sur celles d'autrui. Dépasser les bornes, les limites de la bienséance.* V. **Franchir, passer.**

Cela dépasse la mesure. V. **Comble** (c'est un comble). — Aller au delà de ce qui était attendu, plus loin qu'on ne l'avait prévu. *Les mots ont dépassé sa pensée. Le succès a dépassé notre attente.* « *Une chose vraiment terrible, dépassant mes prévisions les plus pessimistes* » (LOTI). — Aller au delà de ce qui est possible ou imaginable. *Cela dépasse mes forces, mes moyens, ma compétence.* « *L'incapacité pratique de ces braves gens dépassait toute imagination* » (RENAN). Absolt. *Cela le dépasse,* c'est trop difficile pour lui; *ou bien* il ne peut l'imaginer, l'admettre. V. **Dérouter, étonner.** ♦ 6° V. pron. (*Réfl.*). Faire effort pour sortir de soi-même, vers une transcendance. « *Les plus grands efforts de l'homme pour se dépasser sont vains, si, au delà de soi-même, c'est encore soi qu'il recherche et non une réalité supérieure* » (DANIEL-ROPS). ♦ 7° (Passif). Être dépassé par les événements. V. **Dépassé** (3°). ◇ ANT. Inférieur (être inférieur à).

DÉPASSIONNER [depasjɔne]. *v. tr.* (1804 pronom.; « éteindre la passion de qqn », XVIe; de *dé-*, et *passion*). Rendre moins passionné (une discussion, un débat, une question). « *Les efforts* [du Premier ministre turc] *pour 'dépassionner' le problème de Chypre* » (*Le Monde*, 14-10-1965). *Dépassionner le débat.*

DÉPATOUILLER (SE) [depatuje]. *v. pron.* (*Se despatoüiller*, 1640; de *patouiller*, dér. de *patte*). *Fam.* Se dépêtrer d'un bourbier.

DÉPATRIER [depatrije]. *v. tr.* (XIXe, région., « expatrier »; de *patrie*). *Littér.* Priver (qqn) de patrie, en faire un sans-patrie. — Pronom. « *L'homme peut s'expatrier, mais il ne peut pas se dépatrier* » (MART. du G.).

DÉPAVAGE [depavaʒ]. *n. m.* (1832; de *dépaver*). Action de dépaver. *Dépavage d'une rue.* ◇ ANT. **Pavage.**

DÉPAVER [depave]. *v. tr.* (XIIIe; de *dé-*, et *paver*). Dégarnir de pavés. *Dépaver une rue.* ◇ ANT. **Paver.**

DÉPAYSÉ, ÉE [depeize]. *adj.* (*Despaisié*, XIIIe; V. **Dépayser**). Mal à l'aise, par changement de décor, de milieu, d'habitudes. V. **Perdu.** « *Je me sens toujours très dépaysé dans ce Paris où tout est nouveau pour moi* » (MART. du G.).

DÉPAYSEMENT [depeizmã]. *n. m.* (XVIe; de *dépayser*). ♦ 1° *Vx.* Action d'exiler. ♦ 2° *Mod.* État d'une personne dépaysée (1838). — En bonne part. Changement agréable d'habitudes. *Rechercher le dépaysement.*

DÉPAYSER [depeize]. *v. tr.* (1210; « déguiser », XVIIe; de *dé-*, et *pays*). ♦ 1° *Vx.* Faire changer de pays, de lieu, de milieu. V. **Déraciner, exiler.** « *On ne les dépayserait pas impunément... c'est qu'ils aiment ce sol arrosé de leurs sueurs* » (SAND). ♦ 2° *Mod.* Mettre mal à l'aise par changement de décor, de milieu, d'habitudes. V. **Dérouter, désorienter; dépaysé.** « *Le quartier des gares le dépaysera encore plus que l'autre* » (ROMAINS).

DÉPEÇAGE [depəsaʒ] ou **DÉPÈCEMENT** [depɛsmã]. *n. m.* (1842,-1160; de *dépecer*). Action de dépecer. *Dépeçage d'un mouton.* Fig. *Dépècement d'un pays.* V. **Démembrement.**

DÉPECER [depəse]. *v. tr.* (1080; de *dé-*, et *pièce*, a. fr. *pèce*). Mettre en pièces, en morceaux (un animal). « *Ils tiraient à eux les morceaux de viande... dans la pose paisible des lions lorsqu'ils dépècent leur proie* » (FLAUB.). *Boucher qui dépèce un bœuf.* V. **Couper, débiter, découper.** ◇ Fig. *Dépecer un territoire.* V. **Démembrer.**

DÉPECEUR, EUSE [depəsœr, øz]. *n.* (1752; *despecierre*, XIIIe; de *dépecer*). Personne qui dépèce.

DÉPÊCHE [depɛʃ]. *n. f.* (1671; « lettre patente », 1460; de *dépêcher*). ♦ 1° Lettre concernant les affaires publiques. *Une dépêche diplomatique.* ♦ 2° Communication officielle ou privée transmise par voie rapide. V. **Avis, lettre, message, missive.** *Dépêche en clair. Dépêche chiffrée. Dépêche diplomatique.* ◇ (1800) *Dépêche télégraphique,* et absolt. *Dépêche.* V. **Câble, câblogramme, télégramme, télex.** « *Quand je reçois une dépêche, je ne peux pas l'ouvrir sans un frisson de terreur* » (DAUD.).

DÉPÊCHER [depeʃe]. *v. tr.* (*Despeechier*, 1225; « débarrasser », jusqu'au XVIIe; de *dé-*, et rad. d'*empêcher*). ♦ 1° Envoyer (qqn) en hâte pour porter un message. V. **Expédier.** *Dépêcher un messager. Il m'a dépêché auprès de vous pour avoir votre réponse.* ♦ 2° (1490). SE DÉPÊCHER. *v. pron.* Se hâter, faire vite. V. **Empresser** (s'), **hâter** (se), **presser** (se). Cf. les *pop.* Se grouiller, se manier. *Il s'est dépêché de finir. Dépêchez-vous.* « *Leste comme un perdreau, elle trotte, elle se dépêche* » (DAUD.). ◇ ANT. Lambiner, traîner.

DÉPEIGNÉ, ÉE [depeɲe]. *adj.* (v. 1320, repris 1883; V. **Dépeigner**). Dont les cheveux sont en désordre.

DÉPEIGNER [depeɲe]. *v. tr.* (h. XIIIe; repris fin XIXe; de *dé-*, et *peigner*). Décoiffer (2°), déranger l'arrangement des cheveux de (qqn).

DÉPEINDRE [depɛ̃dr(ə)]. *v. tr.; conjug. peindre* (mil. XVIe; *dépaindre*, h. XIIIe; « couvrir de couleur », v. 1212;

lat. *depingere*, d'apr. *peindre*). Décrire et représenter par le discours. V. **Brosser, décrire, peindre, représenter.** *Il est bien tel qu'on me l'a dépeint. Dépeindre une scène.* V. **Raconter.**

DÉPENAILLÉ, ÉE [depənaje; depnaje]. *adj.* (1546; de *dé-*, et (vx) *penaille* « tas de loques », dér. anc. de *pan*). *Fam.* Qui est en lambeaux, en loques. « *Son drapeau dépenaillé tourné à la loque déteinte* » (COURTELINE). « *Une bible toute dépenaillée* » (FRANCE). ◇ Qui est en haillons; dont la mise est tout à fait négligée. V. **Débraillé.** « *Il était tout dépenaillé, pieds nus, jambes nues, la chemise en lambeaux* » (LOTI).

DÉPENDANCE [depãdãs]. *n. f.* (1339; de *dépendre* 1). ♦ 1° Rapport qui fait qu'une chose dépend d'une autre. V. **Corrélation, enchaînement, interdépendance, liaison, solidarité.** « *Je sens, entre tous les faits que m'offre la vie, des dépendances si subtiles qu'il me semble toujours qu'on n'en saurait changer un seul sans modifier l'ensemble* » (GIDE). ♦ 2° *Par ext.* Terre, bâtiment dépendant d'un domaine, d'un bien immeuble. *Féod. Le fief servant, dépendance du fief dominant. Dépendances d'un hôtel, d'un château.* V. **Annexe, communs.** « *Immeuble composé d'un vaste bâtiment, de nombreuses dépendances et de plusieurs hectares de terrain* » (ROMAINS). ♦ 3° (1636). Le fait pour une personne de dépendre de qqn ou de qqch. V. **Asservissement, assujettissement, chaîne, esclavage, obédience, obéissance, servitude, soumission, subordination, sujétion, vassalité,** *Mettre, tenir dans la dépendance.* « *Être dans la dépendance, sous la dépendance de qqn.* V. **Coupe, empire, joug.** « *L'indépendance fut toujours mon désir et la dépendance ma destinée* » (VIGNY). ◈ ANT. **Indépendance. Autonomie, liberté.**

DÉPENDANT, ANTE [depãdã, ãt]. *adj.* (1355; de *dépendre* 1). Qui dépend de qqn ou de qqch. V. **Subordonné.** *Ces deux choses sont dépendantes l'une de l'autre.* V. **Interdépendant.** *Être dépendant de qqn.* V. **Soumis** (à). *Être dans une position dépendante.* V. **Inférieur.** ◈ ANT. **Autonome, indépendant, libre.**

DÉPENDEUR, EUSE [depãdœR, øz]. *n.* (1260; de *dépendre* 2). *Rare.* Personne qui dépend ce qui est pendu. *Pop. Dépendeur d'andouilles,* homme très grand et ridicule.

1. **DÉPENDRE** [depãdR(ə)]. *v. tr. indir.; conjug. rendre* (1160; lat. *dependere* « pendre de », d'où « se rattacher à »). ♦ 1° DÉPENDRE DE : ne pouvoir se réaliser sans l'action ou l'intervention (d'une personne, d'une chose). V. **Procéder, provenir, résulter.** *L'effet, la conséquence dépend de la cause. Termes qui dépendent les uns des autres* (V. **Corrélatif**). *L'issue de la bataille dépend de cette manœuvre.* V. **Reposer** (sur), **tenir** (à). *Sa venue dépend de vous. Si cela ne dépendait que de moi!* (ce serait facile). *Cela dépend des circonstances, des conditions* (V. **Conditionnel**). *Ellipt. Est-ce que tu viendras? Ça dépend :* peut-être. — *Impers. Il dépend de* (qqn) suivi de l'infinitif ou de *que.* « *Son observation inexacte... il dépend de nous de la recommencer* » (PAULHAN). ♦ 2° **Appartenir.** « *Il dépend d'une note écrite que ce secret soit ou non dérobé au néant* » (MART. du G.). ♦ 2° (1459). *Par ext.* Faire partie de qqch. V. **Appartenir.** *Ce parc dépend de la propriété. Féod. Terre qui dépend d'un fief.* V. **Mouvoir** *(vx). Territoires qui dépendent de la France. Dépendre de telle juridiction, de telle administration.* V. **Compétence; relever, ressortir** (à). ♦ 3° (XVIᵉ). Être sous l'autorité, la domination, l'emprise. *Ne dépendre de personne, ne dépendre que de soi* (Cf. Être son maître). « *Les femmes n'ont pas de morale, elles dépendent pour leurs mœurs de ceux qu'elles aiment* » (MAUROIS). *Pays qui dépend économiquement d'un autre.*

2. **DÉPENDRE** [depãdR(ə)]. *v. tr.; conjug. pendre.* V. **Rendre** (XIIᵉ; de *dé-*, et *pendre*). Retirer ce qui est pendu. V. **Décrocher, détacher.** *Dépendre un tableau.* — *Dépendre une personne* (qui s'est pendue). ◈ ANT. **Accrocher, pendre, suspendre.**

DÉPENS [depã]. *n. m. pl.* (XVIIᵉ; *despans* « dépense », 1175; lat. *dispensum,* de *dispendere* « dépenser »). ♦ 1° AUX DÉPENS DE (qqn) : en faisant payer, supporter la dépense par. V. **Compte** (sur le compte de), **frais** (aux frais de). *Vivre aux dépens d'autrui. Je l'ai hébergé et il vit à mes dépens.* V. **Charge** (à la), **crochet** (au). « *Apprenez que tout flatteur vit aux dépens de celui qui l'écoute* » (LA FONT.). — Fig. En faisant subir quelque dommage à qqn. « *Tout bonheur me paraît haïssable qui ne s'obtient qu'aux dépens d'autrui* » (GIDE). *S'amuser, rire aux dépens de qqn* : en faire un objet de dérision ou de blâme. — *Apprendre, savoir qqch. à ses dépens,* par une expérience cuisante. « *Tout ce que je sais, je l'ai appris à mes dépens* » (LOTI). ◇ *Aux dépens de* (qqch.) : en sacrifiant qqch. V. **Détriment** (au), **prix** (au). « *Les bourgeons terminaux se développent toujours aux dépens des autres* » (GIDE). « *Je défendrai sa vie aux dépens de mes jours* » (RAC.). ♦ 2° *Dr.* (XVIIᵉ). Frais judiciaires à la charge de la partie qui succombe. *Être condamné aux dépens. Payer les dépens.*

DÉPENSE [depãs]. *n. f.* (*Despanse*, 1175; lat. *dispensa,* p. p. fém. de *dispendere.* V. **Dépens**). **I.** Action de dépenser. ♦ 1° Emploi d'argent; *spécialt.*

à des fins autres que le placement. V. **Frais.** *Dépense de mille francs. Faire, engager une dépense pour un achat.* Par ext. *Faire la dépense d'un meuble. Dépense utile; dépense voluptuaire* *; grosse, folle dépense. Dépense imprévue.* V. **Extra, faux-frais.** *Dépense du ménage. Contribuer à une dépense.* V. **Contribution, cotisation, écot, participation, quote-part.** *Argent de poche pour les menues dépenses. Carnet de dépenses, sur lequel on inscrit le chiffre de ses dépenses.* — *Faire face à la dépense.* V. **Payer.** *Couvrir une dépense* : fournir une somme équivalente. *Équilibrer dépenses et revenus* (Cf. *fam. Joindre les deux bouts). Avoir l'initiative de la dépense* (Cf. *Tenir les cordons de la bourse). Ne pas regarder à la dépense :* dépenser sans compter. *Goût des dépenses.* V. **Dissipation, luxe, prodigalité.** *Pousser qqn à la dépense. Qui entraîne de grandes dépenses.* V. **Coûteux, dispendieux, onéreux.** *Regarder à la dépense :* être économe. ◇ *Spécialt. Compt.* Sortie d'argent (V. **Débours, décaissement, sortie**), et *par ext.* Compte sur lequel on inscrit la dépense. *Colonne des dépenses.* V. **Débit.** *Excédent des dépenses sur les recettes.* V. **Déficit, perte.** ◇ *Fin. Dépenses publiques* faites par les personnes publiques (État, départements, communes, établissements publics) dans un but d'utilité publique. V. **Charge, finance; budget.** ◇ *Écon. Dépense nationale,* ensemble des dépenses de consommation des particuliers et du secteur public, des investissements productifs et du solde du commerce extérieur pour l'ensemble d'un pays au cours d'une année. ♦ 2° *Fig. Usage, emploi de qqch. Dépense de temps. Dépense physique; dépense de forces; dépense nerveuse, énergétique.* — *Péj. Il a fait une inutile dépense d'esprit et d'érudition pour nous éblouir.* V. **Étalage, exhibition, montre.** ◇ *Par ext. Techn.* Quantité d'une matière consommée. V. **Consommation.** *La dépense d'essence d'une automobile.*

II. (Fin XIIIᵉ; « *cave* », v. 1120). *Dans un établissement, une communauté.* Lieu où l'on reçoit et où l'on distribue les objets en nature, où se fait le paiement des gens de services et des fournisseurs. V. **Office.** ◇ *Dans une maison. Vx* ou *région.* Lieu où l'on range les provisions destinées à la table. « *Ces pommes étaient au fond d'une dépense* » (ROUSS.).

◈ ANT. **Économie, gain, revenu. Crédit, recette, rentrée.**

DÉPENSER [depãse]. *v. tr.* (mil. XIVᵉ; a éliminé *dépendre*; de *dépense*). ♦ 1° Employer de l'argent. *Dépenser une somme. Dépenser tant par mois. Ne pas dépenser un sou.* V. **Débourser.** *Dépenser beaucoup* (Cf. *Vivre sur un grand pied,* comme un prince, faire le grand seigneur, mener grand train). *Dépenser sans compter, trop.* V. **Dilapider, dissiper, gaspiller** (Cf. *fam. Jeter l'argent par les fenêtres). « Le père dépense au cabaret tout son avoir* » (LOTI). *Absol.* V. **Dépensier** (2°). « *Les uns dépensent, les autres gagnaient* » (BAUDELAIRE). *Pronom.* (passif) *C'est fou ce qu'il se dépense dans cette maison.* ♦ 2° (XXᵉ). Consommer telle quantité de carburant, d'électricité, d'énergie pour un moteur, un appareil, un véhicule. *Une voiture qui dépense peu d'essence.* — V. **Consommer.** « *Il dépensait un stère de bois, et lésinait sur une allumette* » (R. ROLLAND). ♦ 3° *Fig.* Employer (son temps, ses efforts). « *Il ne dépensait plus maladroitement ses forces* » (ZOLA). V. **Consommer.** *Dépenser des trésors d'ingéniosité pour parvenir à ses fins.* V. **Déployer, prodiguer.** « *La faute des hommes supérieurs est de dépenser leurs années à se rendre dignes de la faveur* » (BALZ.). ♦ 4° SE DÉPENSER. *v. pron.* (av. 1850). Faire des efforts. V. **Démener** (se). *Se dépenser physiquement :* se donner beaucoup de mouvement. *Il se dépense trop.* V. **Fatiguer** (se); *mal* (se donner du mal). « *Ils se dépensent en bravades grossières, par orgueil désespéré* » (MAURIAC). ◈ ANT. **Amasser, économiser, épargner. Ménager.**

DÉPENSIER, IÈRE [depãsje, jɛR]. *adj. et n.* (v. 1131; de *dépense*). ♦ 1° *N.* Personne qui tient la dépense dans une communauté. *Dépensier d'un couvent.* ♦ 2° (XVᵉ). *Cour.* Qui aime dépenser, qui dépense excessivement. *Jeune homme dépensier, subst.* — V. **Dissipateur.** ◇ *Fig. et littér. Dépensier de :* qui dépense (3°). « *Les hommes, qui sont si follement dépensiers de leur sang* » (DANIEL-ROPS). ◈ ANT. **Avare, économe.**

DÉPERDITION [depɛRdisjɔ̃]. *n. f.* (1314; de *deperdere,* d'apr. *perdition*). ♦ 1° Destruction graduelle d'une partie des molécules d'un corps. *Opération chimique qui se fait sans déperdition de substance.* ◇ (1823). *Cour. Déperdition de chaleur, de lumière, d'électricité, de force.* V. **Diminution, perte.** — *Déperdition de forces au cours d'une maladie.* V. **Affaiblissement, dépérissement, épuisement.** ◈ ANT. **Augmentation, recrudescence.**

DÉPÉRIR [depeRiR]. *v. intr.* (1235; lat. *deperire.* V. **Périr**). ♦ 1° S'affaiblir par consommation graduelle. *Cet enfant dépérit faute de grand air, de soins.* V. **Affaiblir** (s'), **anémier** (s'), **consumer** (se), **languir.** — *Plante qui dépérit faute d'arrosage, de soleil :* qui perd sa vigueur, se dessèche. V. **Atrophier** (s'), **étioler** (s'), **faner** (se). — *Par ext. Santé qui dépérit peu à peu.* V. **Altérer** (s'), **délabrer** (se), **détériorer** (se). « *Je sens dépérir mes forces et mes facultés* » (BALZ.). ♦ 2° *Fig.* S'acheminer vers la ruine, la destruction. V. **Mourir**. *Affaire qui dépérit, qui va à la faillite.* V. **Péricliter**. « *Si l'Europe doit voir périr ou dépérir sa culture* » (VALÉRY). ◇ ANT. Développer (se), épanouir (s').

DÉPÉRISSANT, ANTE [depeʀisɑ̃, ɑ̃t]. *adj.* (av. 1832; p. prés. de *dépérir*). Qui dépérit. *Arbre dépérissant.*

DÉPÉRISSEMENT [depeʀismɑ̃]. *n. m.* (déb. XVIe; de *dépérir*). ♦ 1° *Didact.* État de ce qui dépérit. *État de dépérissement d'une personne.* V. **Affaiblissement, amaigrissement, anémie, épuisement, langueur**. *Dépérissement d'une plante.* V. **Étiolement**. ♦ 2° *Fig.* V. **Décadence, diminution, ruine**. « *Le système d'instruction publique... responsable du dépérissement de l'esprit scientifique* » (RENAN). ◇ ANT. Accroissement, développement, épanouissement. Essor.

DÉPERSONNALISATION [depeʀsɔnalizasjɔ̃]. *n. f.* (1898; de *dépersonnaliser*). ♦ 1° *Littér., didact.* Action d'ôter la personnalité, de rendre impersonnel; état qui en résulte. « *Cette dépersonnalisation poétique qui me fait ressentir les joies et les douleurs d'autrui* » (GIDE). ♦ 2° *Psychiatr.* Impression de ne plus être soi-même, en tant que personne physique et personnalité psychique, fréquente dans de nombreux états délirants (notamment dans la schizophrénie). V. **Déréalisation**. ♦ 3° (av. 1957). Action d'enlever à qqch. une empreinte personnelle trop apparente. ◇ ANT. Personnalisation.

DÉPERSONNALISER [depeʀsɔnalize]. *v. tr.* (1891; de *dé-*, et *personnel*). *Littér., didact.* Ôter la personnalité; rendre impersonnel. « *Le thème de la femme dépersonnalisée par la docilité à des normes commerciales inspirées* » (*Le Monde*, 5-10-1966). — (v. 1960). Rendre banal, anonyme. « *Le système hollywoodien dépersonnalise toute intrigue, désactualise tout problème, aseptise tout conflit* » (*Nouveau Candide*, 17-10-1966). *Dépersonnaliser le commandement, le pouvoir, le conflit.* — SE DÉPERSONNALISER. *v. pron.* Perdre, abandonner sa personnalité. — (v. 1967). Devenir banal, anonyme. « *C'était comme si ce logement qu'il avait fini par aimer, s'était tout à coup dépersonnalisé* » (J. L. MARTIN VIGIL). ◇ ANT. Affirmer (s'), personnaliser.

DÉPÊTRER [depetʀe]. *v. tr.* et *pron.* (v. 1300; de *dé-*, et (em)*pêtrer*). ♦ 1° *Vx.* Dégager les pieds d'un animal d'une entrave. — *Mod.* Dégager les pieds empêtrés d'une personne, d'un animal. V. **Débarrasser, tirer**. Pronom. « *Il ne pourrait se dépêtrer de cette eau bourbeuse* » (MAURIAC). ♦ 2° *Fig.* Dégager d'un lien, d'un embarras, d'une difficulté. V. **Sortir, tirer**. « *Pour le dépêtrer d'un engagement si dangereux* » (SÉV.). — *Pronom.* (1538) Se tirer (d'une situation), se dégager (de qqn). « *De pseudo-amitiés dont aujourd'hui je ne peux me dépêtrer sans peine* » (GIDE). ◇ ANT. Empêtrer.

DÉPEUPLÉ, ÉE [depœple]. *adj.* (1471; V. **Dépeupler**). Qui a perdu ses habitants. *Village dépeuplé.* V. **Abandonné, désert**. ◇ *Fig.* V. **Vide**. « *Un seul être vous manque et tout est dépeuplé* » (LAMART.). ◇ ANT. Surpeuplé.

DÉPEUPLEMENT [depœpləmɑ̃]. *n. m.* (1584; « dévastation », mil. XVe; de *dépeupler*). Action de dépeupler; son résultat. *Dépeuplement d'un pays.* V. **Dépopulation**. *Le dépeuplement des campagnes au profit des villes s'est accru avec le développement de l'industrie.* ◇ *Par anal.* (Animaux) *Dépeuplement d'une forêt, d'un étang.* — *Par ext.* *Dépeuplement d'une forêt* : coupe des arbres. V. **Déboisement**. ◇ ANT. Repeuplement.

DÉPEUPLER [depœple]. *v. tr.* (v. 1580; « ravager », 1343; de *peupler*). ♦ 1° Dégarnir d'habitants (une région, une agglomération). *La famine, les épidémies ont dépeuplé le pays.* — Pronom. « *Dans toute contrée où la population on doit tôt ou tard mourir de faim* » (ROUSS.). ♦ 2° *Par anal.* Dégarnir (un lieu) d'animaux qui y vivent naturellement. *Dépeupler un étang, une chasse.* — Pronom. *Garenne qui se dépeuple.* — Dégarnir de plants. *Dépeupler une forêt.* V. **Éclaircir**. ♦ 3° *Par ext.* Vider provisoirement un endroit de ses occupants. Pronom. « *L'entresol s'était entièrement dépeuplé... les joueurs avaient été dîner* » (MART. du G.). ◇ ANT. Repeupler, surpeupler.

DÉPHASAGE [defazaʒ]. *n. m.* (1929; de *déphaser*). ♦ 1° *Phys.* Différence de phase entre deux phénomènes alternatifs de même fréquence. ♦ 2° (mil. XXe). *Fig., fam.* Le fait d'être déphasé.

DÉPHASÉ, ÉE [defaze]. *adj.* (XXe; de *dé-*, et *phase*). ♦ 1° *Phys.* Qui présente une différence de phase avec une autre grandeur alternative de même fréquence. ♦ 2° (v. 1950). *Fig., fam.* Qui n'est pas en accord, en harmonie avec la réalité présente. *Ses projets n'ont plus de sens, il est déphasé.*

DÉPHASER [defaze]. *v. tr.* (XXe; de *dé-*, et *phase*). ♦ 1° *Phys.* Produire le déphasage de. ♦ 2° *Fig.* Provoquer chez qqn un décalage par rapport à l'évolution d'un milieu, d'une situation. *Un long séjour à l'étranger risquerait de le déphaser.*

DÉPHOSPHORATION [defɔsfɔʀasjɔ̃]. *n. f.* (XXe; de *dé-*, et *phosphore*). *Techn.* Opération métallurgique par laquelle on élimine le phosphore de la fonte et de l'acier.

DÉPHOSPHORER [defɔsfɔʀe]. *v. tr.* (1891; *p. p.*, 1882; de *dé-*, et *phosphore*). *Techn.* Dépouiller de son phosphore. *Déphosphorer la fonte.*

DÉPIAUTER [depjote]. *v. tr.* (1864; *dépiotter*, déb. XIXe; de *piau*, forme dial. de *peau*). *Fam.* Dépouiller (un animal) de sa peau. V. **Écorcher**. *Dépiauter un lapin.* ◇ *Par ext.* Dépouiller de sa peau, d'une enveloppe adhérente. V. **Éplucher**. — *Fig.* Éplucher (un texte).

DÉPICAGE. V. DÉPIQUAGE.

DÉPIGEONNAGE [depiʒɔnaʒ]. *n. m.* (1964; de *dé-*, et *pigeon*). Opération destinée à débarrasser les grandes villes des pigeons. *Le dépigeonnage de Paris.* (On dit aussi DÉPIGEONNISATION [depiʒɔnizasjɔ̃]. *n. f.*, 1974).

DÉPIGMENTATION [depigmɑ̃tasjɔ̃]. *n. f.* (XXe; de *dé-*, et *pigment*). *Biol., méd.* Perte ou suppression du pigment* (1°) d'un tissu, notamment de la peau.

DÉPILAGE [depilaʒ]. *n. m.* (1846; de *dépiler*). *Techn.* Action de dépiler les peaux. V. **Débourrage**.

DÉPILATION [depilasjɔ̃]. *n. f.* (XIIIe; de *dépiler*). *Méd.* Action de dépiler; chute des poils (V. **Épilation**). — *Cour.* Action d'éliminer les poils superflus.

DÉPILATOIRE [depilatwaʀ]. *adj.* et *n. m.* (1390; *dépilatif, ive*, 1721; *dépilant, ante*, 1870; de *dépiler*). Qui fait tomber, supprime les poils. V. **Épilatoire**. *Crème dépilatoire*, et subst. *Un dépilatoire* : mélange caustique qui détruit temporairement le poil.

1. **DÉPILER** [depile]. *v. tr.* (1560; lat. *depilare*, de *pilus* « poil ». V. **Épiler**). ♦ 1° *Méd.* Faire tomber le poil. *C'est la fièvre typhoïde qui l'a ainsi dépilé.* — *Cour.* Éliminer les poils superflus. V. **Épiler**. ♦ 2° *Techn.* *Dépiler les peaux* : enlever les poils en raclant avec un couteau rond avant de tanner les peaux. V. **Débourrer**.

2. **DÉPILER** [depile]. *v. tr.* et *intr.* (1816; de *dé-*, et *pile*). *Techn.* Abattre les piliers de houille qu'on a laissés dans une couche épaisse pour soutenir le ciel de la couche pendant l'extraction. — *Dér.* **Dépilement** [depilmɑ̃]. *n. m.* (1816).

DÉPIQUAGE ou **DÉPICAGE** [depikaʒ]. *n. m.* (1791; de *dépiquer* 2). *Agric.* Action d'égrener les épis des céréales (en les foulant, les roulant, ou les battant).

1. **DÉPIQUER** [depike]. *v. tr.* (1835; « piquer », XIIIe; de *dé-*, et *piquer*). ♦ 1° *Cout.* Défaire les piqûres de. V. **Découdre**. *Dépiquer une jupe.* ♦ 2° *Agric.* (1863). Ôter (un plant) d'une couche pour le repiquer en pleine terre. *Dépiquer des plants de laitue.*

2. **DÉPIQUER** [depike]. *v. tr.* (1785; prov. mod. *depica*, rac. *espigo* « épi »). *Agric.* Égrener les épis des céréales. V. **Battre**. *Dépiquer le blé, le riz.*

DÉPISTAGE [depistaʒ]. *n. m.* (1945; de *dépister*). Action de dépister qqn, qqch. *Dépistage d'un malfaiteur.* — *On pratique la cuti pour le dépistage de la tuberculose.*

DÉPISTER [depiste]. *v. tr.* (1737; de *piste*).
I. ♦ 1° Découvrir à la piste. *Dépister un sanglier.* ◇ *Par anal.* Retrouver (qqn) en suivant sa trace. V. **Découvrir, rattraper, retrouver**. *Dépister un criminel.* « *On n'a pas encore importé en Turquie le commissaire de police français, qui vous dépiste en trois heures* » (LOTI). ♦ 2° (XXe). *Fig.* Rechercher systématiquement et découvrir ce qui est peu apparent, ce qu'on dissimule. V. **Déceler, découvrir**. *Dépister une maladie.* « *Toujours attentifs à dépister quelque ruse chez le partenaire* » (DUHAM.).
II. (1834). Détourner la piste, mettre en défaut. *Dépister la police.* V. **Semer**. « *Une ruse destinée à dépister les soupçons* » (PROUST). V. **Déjouer**.

DÉPIT [depi]. *n. m.* (XVIIe; « mépris », XIIe; lat. *despectus* « mépris »). ♦ 1° Chagrin mêlé de colère, dû à une déception personnelle, un froissement d'amour-propre. V. **Aigreur, amertume, désappointement, jalousie, rancœur, ressentiment**. *Avoir, éprouver du dépit.* V. **Enrager, rager**. *Concevoir du dépit de qqch.* *La réussite de son rival lui cause du dépit. Faire qqch. par dépit.* « *Je vois bien, Marie, que je te déplais, dit Germain avec dépit* » (SAND). — *Dépit amoureux* : bouderie provoquée par la froideur qu'on croit découvrir chez la personne aimée. ♦ 2° *Loc. prép.* EN DÉPIT DE (*dépit* au sens ancien de « mépris ») : sans tenir compte de. V. **Malgré, nonobstant**. *Il a agi en dépit de mes conseils.* « *Je veux qu'en dépit de sa bassesse vous le preniez en pitié* » (MAURIAC). — *En dépit du bon sens* : très mal. *Cette affaire est dirigée en dépit du bon sens.* ◇ ANT. Joie, satisfaction. Conformément, grâce (à).

DÉPITÉ, ÉE [depite]. *adj.* (XVIIe; V. **Dépiter**). Qui éprouve du dépit. « *Un peu dépitée du mépris que Landry paraissait faire d'elles* » (SAND). *Il est tout dépité. Un air dépité.* ◇ ANT. Comblé.

DÉPITER [depite]. *v. tr.* (déb. XVIIe; « mépriser », 1272; de *dépit*). Causer, donner du dépit à (qqn). V. **Chagriner, contrarier, décevoir, désappointer, froisser**. *Son récent échec* *au concours l'a dépité.* Pronom. *Se dépiter :* éprouver, concevoir du dépit. « *Je me dépitai de telle sorte contre l'ingratitude du siècle* » (MOL.). ◇ ANT. *Combler, satisfaire; réjouir* (se).

DÉPLACÉ, ÉE [deplase]. *adj.* (1701; V. **Déplacer**). ♦ 1° Qui n'est pas à sa place, qui est dérangé. *Meuble, livre déplacé.* ♦ 2° *Fig.* Qui n'est pas dans le lieu, dans la situation appropriée. V. **Inopportun, malvenu**. *Sa présence à la cérémonie était déplacée.* « *Tu compromets ta carrière pour un scrupule honorable, mais déplacé* » (CHARDONNE). ◇ Qui manque aux convenances, qui est de mauvais goût. V. **Incongru, inconvenant, incorrect, insolent, malséant, scabreux**. *Tenir des propos déplacés. Démarche, intervention, question déplacée.* ♦ 3° (v. 1945; angl. *displaced person*). *Personne déplacée,* qui a dû quitter son pays lors d'une guerre, d'un changement de régime politique. ◇ ANT. *2°) Bienvenu, opportun.*

DÉPLACEMENT [deplasmã]. *n. m.* (XVIᵉ; de *déplacer*). ♦ 1° Action de déplacer, de se déplacer (choses); mouvement qui fait passer un objet d'une place à une autre. *Déplacement d'un meuble. Déplacement d'air.* V. **Courant** (d'air). — *Méd. Déplacement d'un organe* (qui a accidentellement quitté sa position normale). V. **Descente, rétroversion**. *Déplacement d'un os.* V. **Déboîtement**. ♦ 2° *Mar. Déplacement d'un navire :* le poids du volume d'eau dont un navire tient la place lorsqu'il flotte. *Croiseur de 10 000 tonnes de déplacement.* ♦ 3° Action de déplacer (qqn), de faire changer de poste. *Déplacement d'un fonctionnaire.* V. **Changement, mutation**. — Action de faire vivre ailleurs (un groupe humain). ♦ 4° Action de se déplacer (personnes), d'aller d'un lieu à un autre. *Les déplacements sont pénibles aux vieilles gens. Moyen de déplacement.* V. **Locomotion**. — *Spécialt. Cour.* Voyage auquel oblige un métier, une charge (soit entre le domicile et le lieu de travail, soit entre lieux de travail). *Être en déplacement. Frais, indemnités de déplacement.* ♦ 5° *Géom.* Transformation (telle que la translation, la rotation) conservant l'égalité des figures. ♦ 6° *Psychan.* Transfert total ou partiel, par voies associatives, de l'énergie psychique investie dans une représentation sur une autre (objet phobique, substitut, formations de l'inconscient). *Libre déplacement,* mobilité de l'énergie investie, spécifique des processus inconscients. ◇ ANT. *Immobilité, maintien.*

DÉPLACER [deplase]. *v. tr.* (1404; de *dé-*, et *place*). **I.** *V. tr.* ♦ 1° Changer (une chose) de place. *Déplacer des objets.* V. **Bouger, déménager**. *Déplacer en transportant, en poussant, en tirant, en soulevant. Objet qui peut être déplacé* (amovible, roulant). « *Elle modifia l'arrangement de sa chambre, déplaça des meubles* » (MART. du G.). « *Je hais le mouvement qui déplace les lignes* » (BAUDEL.). *Déplacer ce qui était en ordre.* V. **Déranger, intervertir**. ◇ *Navire qui déplace 1 000 tonnes.* V. **Déplacement**. ◇ *Fig. Déplacer la question, le problème.* Changer le point sur lequel porte la difficulté. « *C'est déplacer la question, non la résoudre* » (GIDE). ♦ 2° Faire changer (qqn) de poste. *Déplacer un fonctionnaire.* V. **Muter**. Faire changer (un groupe) de lieu, de pays.

II. SE DÉPLACER. *v. pron.* ♦ 1° *(Choses).* Changer de place. *L'air se déplace des régions de haute pression à celles de basse pression.* ♦ 2° *(Êtres vivants).* Quitter sa place. V. **Bouger, circuler, déranger** (se). *Défense de se déplacer pendant les cours. Sans se déplacer :* en restant sur place. ◇ Changer de place, de lieu. V. **Avancer, marcher, mouvoir** (se). « *L'aisance rythmée de son pas, qui lui donnait l'air de danser dès qu'elle se déplaçait* » (MART. du G.). *Les poissons se déplacent à l'aide de nageoires.* — *Voyager (spécialt.* Faire un déplacement). *Il se déplace qu'en avion.* ◇ ANT. *Laisser, maintenir, remettre, replacer, rétablir. Rester (en place).*

DÉPLAFONNEMENT [deplafɔnmã]. *n. m.* (mil. XXᵉ; de *dé-*, et *plafonnement*). *Admin.* Suppression du plafond* d'un crédit, d'une cotisation. *Déplafonnement des bases de cotisations en vigueur (à la Sécurité sociale) à dater du 1ᵉʳ octobre 1967.* ◇ ANT. *Plafonnement.*

DÉPLAFONNER [deplafɔne]. *v. tr.* (mil. XXᵉ; de *dé-*, et *plafonner*). *Admin.* Opérer le déplafonnement. « *Déplafonner le régime d'assurance vieillesse des artisans* » (*L'Express,* 23-12-1968). ◇ ANT. *Plafonner.*

DÉPLAIRE [deplɛR]. *v. tr. indir.;* conjug. *plaire* (1160; lat. pop. °*displacere,* de *placere* « plaire »). DÉPLAIRE À : ♦ 1° Ne pas plaire; causer du dégoût, de l'aversion. V. **Dégoûter**. *Cet aliment me déplaît.* V. **Répugner**. *Œuvre, style qui déplaît au public.* V. **Rebuter, ennuyer**. — Absolt. « *Ce qui plaît aujourd'hui déplaît en peu de jours* » (ST-ÉVREMOND). — Impers. *Il me déplaît d'agir ainsi, il m'est désagréable, pénible.* V. **Coûter**. « *Tout ce qu'il me déplaisait de redire* » (GIDE). — *Personne qui déplaît.* V. **Antipathique**. *Il me déplaît souverainement.* « *Je crus m'apercevoir que je ne lui déplaisais pas* » (ROUSS.), que je lui plaisais. ♦ 2° Causer une irritation passagère. V. **Blesser, choquer, contrarier, fâcher, froisser, gêner, importuner, indisposer, offenser, offusquer, peiner, vexer**. *Il a tout fait pour nous déplaire.* « *Je vous dirai tout net que cette liberté me déplaît excessive-*

ment » (BEAUMARCH.). — *Iron. Ne vous en déplaise :* quoi que vous en pensiez, que cela vous plaise ou vous déplaise. *N'en vous déplaise à son mari, à son orgueil.* V. **Dépit** (en dépit de), *malgré.* « *Moi, n'en déplaise à ces messieurs, je suis de ceux pour qui le superflu est le nécessaire* » (GAUTIER). ♦ 3° *V. pron.* Ne pas se trouver bien (là où l'on est). V. **Mal** (être mal). *Elle s'est déplu dans cette maison. Se déplaire à la campagne.* ◇ ANT. *Plaire, séduire; ravir. Plaire (se).*

DÉPLAISANT, ANTE [deplɛzã, ãt]. *p. prés.* et *adj.* (1190, aussi « mécontent »; de *déplaire*). ♦ 1° Qui ne plaît pas. V. **Désagréable, dégoûtant, répugnant**. *Personne déplaisante.* V. **Disgracieux; antipathique**. ♦ 2° Qui contrarie. V. **Agaçant, blessant, contrariant, désagréable, ennuyeux, fâcheux, gênant, irritant, pénible**. *Bruit déplaisant. Réflexion déplaisante.* V. **Désobligeant**. ◇ ANT. *Agréable, attrayant, charmant, plaisant.*

DÉPLAISIR [deplezirR]. *n. m.* (XIIIᵉ; de *plaisir*). ♦ 1° *Vx.* Chagrin. « *Je vois, sous une apparente sérénité, les déplaisirs cachés qui t'assiègent* » (ROUSS.). ♦ 2° *Mod.* Impression désagréable (surtout en compl. de manière). V. **Amertume, contrariété, mécontentement**. *À mon grand déplaisir, je m'aperçus qu'il était parti. C'est avec déplaisir que... Il fait ce travail sans déplaisir.* ◇ ANT. *Plaisir, satisfaction.*

DÉPLANIFICATION [deplanifikasjɔ̃]. *n. f.* (1966; de *dé-,* et *planification*). *Écon.* Suppression de la planification ou du dirigisme. ◇ ANT. *Planification.*

DÉPLANTAGE [deplãtaʒ] *n. m.* ou *(rare)* **DÉPLANTATION** [deplãtasjɔ̃]. *n. f.* (1892,-1831; de *déplanter*). Action de déplanter.

DÉPLANTER [deplãte]. *v. tr.* (1306; de *dé-,* et *planter*). Ôter de terre pour planter ailleurs. ♦ 1° *Déplanter de jeunes plants pour les repiquer.* V. **Dépiquer** (1). — Par ext. *Déplanter un piquet.* ♦ 2° Dégarnir de ce qui est planté. *Déplanter un massif.* ◇ ANT. *Planter, replanter.*

DÉPLANTOIR [deplãtwaR]. *n. m.* (1642; de *déplanter*). *Agric.* Outil en forme de truelle avec lequel on déplante les végétaux de petite taille.

DÉPLÂTRAGE [deplatRaʒ]. *n. m.* (1836; de *déplâtrer*). Action de déplâtrer.

DÉPLÂTRER [deplatRe]. *v. tr.* (1601; de *plâtrer*). Ôter le plâtre de. *Déplâtrer un mur.* ◇ *Chir. Déplâtrer un membre :* le libérer du plâtre qui le soutenait.

DÉPLÉTION [deplesjɔ̃]. *n. f.* (1870; lat. *depletio*). ♦ 1° *Sc.* Diminution de la quantité de qqch. « *Si le nombre de cétacés captures annuellement reste très élevé, il tend néanmoins à diminuer par suite de la déplétion des stocks* » (J. DORST). — *Méd.* Diminution ou disparition d'un liquide, *spécialt.* de sang, accumulé dans un organe; état d'épuisement qui en résulte. — (1960). *Géol.* Dépréciation de la valeur d'un gisement de pétrole résultant de son exploitation. ♦ 2° (1973). *Phys.* Hétérogénéité d'un astre traduisant une diminution locale de son champ de gravitation. ◇ ANT. *Augmentation; réplétion.*

DÉPLIAGE [deplijaʒ] ou **DÉPLIEMENT** [deplimã]. *n. m.* (XXᵉ,-1549; de *déplier*). Action de déplier.

DÉPLIANT, ANTE [deplijã, ãt]. *n. m.* et *adj.* (1876; de *déplier*). ♦ 1° *N. m.* Album d'images qui se déplient. Feuille, page d'un format plus grand que celui du livre où elle est insérée et qu'on déplie pour consulter. *Dépliant physiogique d'un livre d'histoire.* — (1946) Prospectus plié plusieurs fois. *Les volets d'un dépliant.* ♦ 2° *Adj.* Qui se déplie. V. **Pliant**. *Fauteuil dépliant formant canapé.*

DÉPLIER [deplije]. *v. tr.* (1538; de *dé-,* et *plier*). Étendre ce qui était plié. *Déplier une serviette. Déplier une carte routière.* ◇ Par ext. *Déplier sa marchandise :* la sortir, l'étaler pour la montrer. V. **Déballer**. ◇ SE DÉPLIER. *v. pron.* S'étendre. *Parachute qui se déplie en sortant du bourgeon. Parachute qui se déplie pendant le saut.* V. **Ouvrir** (s'). — *(Passif)* Pouvoir être déplié. ◇ ANT. *Plier.*

DÉPLISSAGE [deplisaʒ]. *n. m.* (1842; de *déplisser*). Action de déplisser.

DÉPLISSER [deplise]. *v. tr.* (1611; de *plisser*). Défaire les plis de (une étoffe, un vêtement). Pronom. *Cette jupe se déplisse facilement.* — Défaire les faux plis à (une étoffe, un papier). V. **Défriper, défroisser**. ◇ ANT. *Plisser.*

DÉPLOIEMENT [deplwamã]. *n. m.* (1538; de *déployer*). ♦ 1° Action de déployer; état de ce qui est déployé. *Déploiement des voiles.* V. **Déferlage**. *Manœuvre de déploiement d'une armée.* ♦ 2° (1798). Étalage, démonstration. *Déploiement de forces militaires.* V. **Démonstration, exhibition**. — *Un grand déploiement d'amabilité.*

DÉPLOMBAGE [deplɔ̃baʒ]. *n. m.* (1842; de *déplomber*). *Techn.* Action d'enlever le sceau de plomb. *Déplombage d'un compteur électrique, d'un ballot de marchandises.* ◇ Action de déplomber une dent.

DÉPLOMBER [deplɔ̃be]. *v. tr.* (1838; de *dé-,* et *plomber*).

Techn. Dégarnir du sceau de plomb. *Déplomber un colis.*
◇ Ôter le plombage de. *Déplomber une dent.*

DÉPLORABLE [deplɔʀabl(ə)]. *adj.* (XVᵉ ; de *déplorer*).
♦ 1° *Vx.* Qui est à plaindre. V. **Malheureux, pitoyable.**
Mod. (Choses) Qui mérite d'être déploré. V. **Attristant,
navrant, pénible, triste.** *Situation, fin déplorable. On nous
l'a ramené dans un état déplorable.* V. **Lamentable, piteux.**
♦ 2° *Cour.* Très regrettable. V. **Désastreux, fâcheux.** *Incident, initiative, contretemps déplorable.* « *Le monde calomnie
avec une déplorable facilité* » (MAUPASS.). « *Il est déplorable
que la Révolution française ait eu de si maladroits accou-
cheurs* » (HUGO). ♦ 3° Très mauvais. V. **Blâmable, détestable, exécrable, lamentable.** *Goût, exemple, tenue, conduite,
gestion déplorable.* « *Cette déplorable façon de gouverner* »
(ST-SIM.). — Par ext. *Professeur, juge déplorable* (Cf. Au-
dessous de tout). ◇ ANT. **Enviable; béni, inespéré. Excellent,
remarquable.**

DÉPLORABLEMENT [deplɔʀabləmã]. *adv.* (1690 ; de
déplorable). D'une manière déplorable.

DÉPLORER [deplɔʀe]. *v. tr.* (XIIᵉ ; lat. *déplorare*). ♦ 1°
Pleurer sur, s'affliger à propos de (qqch.). *Déplorer les
malheurs de qqn.* V. **Pitié** (avoir) ; **compatir** (à). *Déplorer la
perte de qqn.* ♦ 2° *Cour.* Regretter beaucoup. *Déplorer un événement.* « *Combien je déplore, monsieur, d'avoir à vous gâter
les illusions où vous vous complaisez!* » (COURTELINE). « *Il
déplorait que sa préoccupation de cicerone le gênât pour
savourer la présence de Marie* » (ROMAINS). ◇ ANT. **Féliciter**
(se), **réjouir** (se).

DÉPLOYER [deplwaje]. *v. tr.* ; conjug. *ployer.* V. **Noyer**
(XIIᵉ ; de *dé-*, et *ployer*). ♦ 1° Développer dans toute son
extension (une chose qui était pliée). *Déployer les voiles d'un
bateau.* V. **Déferler, tendre.** *Oiseau qui déploie ses ailes.* V.
Étendre, ouvrir. *Déployer une carte, une étoffe.* V. **Déplier,
dérouler.** Pronom. *Drapeau qui se déploie au vent.* ◇ *Loc.
Rire à gorge déployée,* rire aux éclats, d'un rire qui gonfle
la gorge. ♦ 2° (1538 : troupes). *Par ext.* Disposer sur une
plus grande étendue. *Déployer un assortiment d'outils, de
bijoux :* les étaler sur la table. — *Déployer des troupes, une
armée.* Pronom. *Troupes qui se déploient pour combattre.* —
Par anal. *Le cortège se déploie.* ♦ 3° *Fig.* (XVIᵉ, XVIIᵉ). Montrer
dans toute son étendue. *Déployer ses richesses. Déployer
tout un cérémonial.* V. **Exhiber, montrer, étalage ; parade**
(faire). — *Déployer un grand courage, toute son énergie, des
trésors d'ingéniosité.* V. **Employer, manifester, prodiguer,
user** (de). « *Conquis par les allures cordiales de Napoléon,
qui déploya, ce sont des instants, toutes ses ressources de séduction* »
(MADELIN). ◇ ANT. **Ployer; plier, replier, rouler; cacher,
mesurer.**

DÉPLUMÉ, ÉE [deplyme]. *adj.* (V. **Déplumer**). ♦ 1°
Qui a perdu ses plumes, ses plumes. ♦ 2° *Fam.* Qui perd
ses cheveux. *Crâne déplumé.* V. **Chauve.** « *Un homme entre
deux âges, grisonnant et déplumé* » (DAUD.).

DÉPLUMER [deplyme]. *v. tr.* (1265 ; de *dé-*, et *plume,
plumer*). ♦ 1° *Rare.* Dépouiller de ses plumes (un oiseau
vivant). ♦ 2° *V. pron.* Perdre ses plumes naturellement. *Les
oiseaux se déplument au moment de la mue.* — *Fam.* (1864)
Perdre ses cheveux. *Il commence à se déplumer.*

DÉPOÉTISER [depɔetize]. *v. tr.* (1852 ; de *dé-*, et *poétiser*).
Priver de tout caractère poétique. « *Une technicité qui n'est
pas sans déplaire le sujet* » (R. PINGET).

DÉPOINTER [depwɛ̃te]. *v. tr.* (1877 ; *despointier*, 1226,
« altérer » une règle ; de *dé-*, et *point, pointer*). *Artill.* Déplacer (une pièce) de sa position de pointage. ◇ ANT. **Pointer.**

DÉPOITRAILLÉ, ÉE [depwatʀaje]. *adj.* (1876 ; de *dé-*, et
poitrail). *Fam.* Qui porte un vêtement largement ouvert sur
la poitrine. V. **Débraillé.**

DÉPOLARISANT, ANTE [depɔlaʀizã, ãt]. *adj.* (1815 ;
de *dépolariser*). *Électr.* Qui supprime la polarisation (d'une
pile). Subst. *Les corps oxydants agissent comme dépolarisants.*

DÉPOLARISATION [depɔlaʀizasjɔ̃]. *n. f.* (1842 ; de
dépolariser). ♦ 1° *Opt.* Résolution de la lumière polarisée.
♦ 2° *Électr.* Processus inverse de la polarisation, tendant à
annuler la force contre-électromotrice. *Les corps oxydants*
(oxygne, bioxyde de manganèse) *permettent la dépolarisation d'une pile.* ♦ 3° *Physiol.* Diminution de la différence de
potentiel (de la tension électrique) entre deux points d'un tissu
vivant ou entre les deux faces (interne et externe) d'une
membrane vivante. ♦ 4° *Fig.* Phénomène inverse de la
polarisation. ◇ ANT. **Polarisation.**

DÉPOLARISER [depɔlaʀize]. *v. tr.* (1842 ; de *dé-*, et
polariser). *Électr.* Supprimer la polarisation de.

DÉPOLIR [depɔliʀ]. *v. tr.* (1613 ; de *dé-*, et *polir*). Enlever
le poli, l'éclat de. *Dépolir l'or, l'argent.* V. **Amatir.** Pronom.
Cette glace se dépolit peu à peu. V. **Ternir** (se). ◇ *Au p. p.*
Cour. **VERRE DÉPOLI :** verre translucide.

DÉPOLISSAGE [depɔlisaʒ]. *n. m.* (1809 ; de *dépolir*).
Techn. Action de dépolir ; son résultat. — On dit aussi
DÉPOLISSEMENT [depɔlis(ə)mã], 1838.

DÉPOLITISATION [depɔlitizasjɔ̃]. *n. f.* (1955 ; de *dépolitiser*). Action de dépolitiser ; son résultat. *Dépolitisation
des syndicats.* ◇ ANT. **Politisation.**

DÉPOLITISER [depɔlitize]. *v. tr.* (v. 1955 ; de *dé-*, et
politiser). Ôter tout caractère politique à. *Il faudra dépolitiser le débat pour aboutir à un accord.* ◇ ANT. **Politiser.**

DÉPOLLUER [depɔlɥe]. *v. tr.* (v. 1970 ; de *dé-*, et *pollution*). Diminuer ou supprimer la pollution de (un lieu, un
site urbain, industriel, etc.). V. **Épurer.** ◇ ANT. **Polluer.**

DÉPOLLUTION [depɔlysjɔ̃]. *n. f.* (1961 ; de *dé-*, et
pollution). Action de dépolluer ; son résultat. V. **Épuration.**
« *Dans une économie de croissance exponentielle, c'est toujours
la pollution qui a une longueur d'avance sur la dépollution* »
(*Nouv. Obs.*, 21-8-1972). ◇ ANT. **Pollution.**

DÉPONENT, ENTE [depɔnã, ãt]. *adj.* et *n. m.* (1520 ;
lat. *deponens*). Se dit d'un verbe latin à forme passive et
sens actif.

DÉPOPULATION [depɔpylasjɔ̃]. *n.f.* (v. 1361 ; lat. *depo-
pulatio*). Action de se dépeupler (par excédent des décès sur
les naissances), état d'un pays dépeuplé. V. **Dépeuplement.**
◇ ANT. **Repopulation.**

1. DÉPORT [depɔʀ]. *n. m.* (1765 ; « amusement », XIIᵉ ;
de *déporter*). *Dr.* Démission d'un arbitre.

2. DÉPORT [depɔʀ]. *n. m.* (1852 ; de *dé-*, d'apr. *report*).
♦ 1° (*Bourse*). Somme payée par les vendeurs qui reportent*
(1, II, 2°) leur position aux prêteurs de titres, dans le cas où
le nombre des titres reportés est supérieur à celui de ceux
à faire reporter. ♦ 2° *Fin.* Somme à déduire du prix des
devises achetées à terme, lorsque le cours du comptant est
supérieur à celui du terme. ♦ 3° (1973). *Télécomm.* Transmission des informations provenant des radars. ◇ ANT.
Report.

DÉPORTANCE [depɔʀtãs]. *n. f.* (1974 ; de *dé-*, et *portance*). *Techn.* Portance* aérodynamique négative (d'une
voiture, d'un avion).

DÉPORTATION [depɔʀtasjɔ̃]. *n.f.* (1455 ; lat. *deportatio*).
♦ 1° *Dr.* Peine politique afflictive et infamante qui consiste
dans le transport définitif du condamné hors du territoire
continental français. V. **Exil, relégation.** *Crime politique puni
de déportation.* ♦ 2° (v. 1942). *Cour.* Internement dans un
camp de concentration à l'étranger. *Les Nazis organisèrent
la déportation des Juifs, des résistants, en Allemagne* (V.
Déporté).

DÉPORTÉ, ÉE [depɔʀte]. *adj.* et *n.* (1791, adj. ; 1835,
n. ; de *déporter*). ♦ 1° Qui a subi la peine de la déportation.
— N. « *Vous êtes joliment délicats pour bêcher et piocher
comme font les déportés à Cayenne* » (VIGNY). ♦ 2° (v. 1942).
Interné à l'étranger dans un camp de concentration. N.
*Camp de déportés. La plupart des déportés furent exterminés
par les Nazis. Ancien déporté et prisonnier de guerre.*

DÉPORTEMENT [depɔʀtəmã]. *n. m.* (XIIIᵉ ; de *déporter*).
♦ 1° *Vx.* Conduite. ◇ *Mod. Au plur.* Écart de conduite,
excès. V. **Débauche.** « *Des femmes leurs de leurs passions et leurs
déportements ont rendues illustres : Médée, Didon, Phèdre* »
(LARBAUD). ♦ 2° (XXᵉ). Le fait d'être déporté, en parlant
d'un véhicule. *Violent déportement.* V. **Écart, embardée.**

DÉPORTER [depɔʀte]. *v. tr.* (fin XIIIᵉ, pron. : « s'amuser »,
XIIᵉ ; lat. *deportare* « emporter »). ♦ 1° V. pron. *Dr.* Se
récuser. *Juge qui se déporte.* ♦ 2° (1791 ; d'apr. lat. *deportare*
« exiler »). Infliger la peine de déportation à. *Déporter les
auteurs d'un attentat.* ◇ (v. 1942). Envoyer à l'étranger
dans un camp de concentration. *Les Juifs furent déportés
par centaines de milliers en Allemagne.* ♦ 3° (déb. XXᵉ). Dévier
de sa direction, entraîner hors de sa route, de sa trajectoire.
V. **Dévier.** *Le vent l'a déporté sur le bas-côté de la route.*
« *Déporté vers la droite, il se trouva bloqué contre les maisons* »
(MART. du G.). ◇ ANT. **Rapatrier.**

DÉPOSANT, ANTE [depozã, ãt]. *n.* (1392 ; de *déposer*).
♦ 1° *Dr.* Personne qui fait une déposition en justice. ♦ 2°
(1636). Personne qui fait un dépôt. *Le nombre des déposants
à la Caisse d'épargne.* ◇ ANT. **Dépositaire.**

DÉPOSE [depoz]. *n. f.* (1836 ; *déposage*, n. m., 1750 ;
de *déposer* 2). *Techn.* Action de déposer, de défaire ce qui a
été fixé. *Dépose d'un châssis, d'une serrure.*

1. DÉPOSER [depoze]. *v. tr.* (XIIᵉ ; lat. *deponere*, d'apr.
poser).
I. Dépouiller (qqn) de l'autorité souveraine. V. **Destituer.**
Déposer un roi, un empereur, un pape.
II. ♦ 1° Poser (une chose que l'on portait). *Déposer un
fardeau.* *Défense de déposer des ordures. Déposer sa carte
chez qqn. Déposer une gerbe sur une tombe.* V. **Mettre, placer.**
— *Fig.* V. **Abandonner.** *Déposer les armes :* cesser le combat.
Déposer le masque : cesser de dissimuler. *Déposer la couronne, le pouvoir :* abdiquer, se démettre. ◇ *Par ext.* Mettre,
laisser (qqn quelque part). « *Mon père nous proposa de nous
déposer ma grand-mère et moi au théâtre* » (PROUST). ♦ 2°
Se dit des liquides qui laissent aller au fond les parties solides

qu'ils tiennent en suspension. *Les crues déposent du limon.* Absolt. *Cette liqueur dépose.* V. **Décanter** (se), **précipiter.** — Pronom. *La poussière se dépose sur les meubles. Laisser reposer du vin pour que la lie se dépose.* ♦ 3° Mettre en lieu sûr, en dépôt. V. **Confier, mettre, remettre.** *Déposer ses bagages à la consigne. Déposer des marchandises à l'entrepôt, en consignation.* V. **Consigner, emmagasiner, entreposer.** *Déposer de l'argent à la banque.* V. **Verser.** — Sans compl. indir. *Il vient déposer de l'argent. Déposer une marque de fabrique.* — Au p. p. *Marque* déposée* (V. **Dépôt**). Fig. *Déposer une plainte en justice.* — Dr. comm. *Déposer son bilan,* pour un commerçant, se déclarer en faillite. ♦ 4° Instrans. Déclarer ce que l'on sait d'une affaire. V. **Témoigner.** *Déposer contre* (V. **Charger**), *en faveur de qqn.* ◊ ANT. *Retirer.*

2. DÉPOSER [depoze]. *v. tr.* (1836; de *dé-*, et *poser*). Ôter ce qui a été posé à une place déterminée. V. **Enlever,** ôter. *Déposer un tableau, des rideaux* (V. **Dépose**).

DÉPOSITAIRE [depoziteʀ]. *n.* (XIVᵉ; lat. jur. *depositarius*). ♦ 1° Personne à qui l'on confie un dépôt. *Dépositaire d'un trésor, d'une lettre.* ◊ Commerçant qui vend des marchandises qui lui ont été confiées par un déposant. V. **Stockiste.** *Être le seul dépositaire d'une marque pour une place.* V. **Concessionnaire.** ♦ 2° Fig. Personne qui reçoit, possède qqch. V. **Gardien.** *Faire de qqn le dépositaire d'un secret.* V. **Confident.** *« Le joyeux défi de ceux qui se sentent avec sérénité les seuls dépositaires du Vrai »* (MART. du G.). — Dr., Admin. *Dépositaire de l'autorité publique :* agent qui détient et exerce des pouvoirs de puissance publique. *Dépositaire public :* fonctionnaire ou officier ministériel chargé de la gestion d'un dépôt public ou du maniement de deniers, de valeurs mobilières. ◊ ANT. *Déposant.*

DÉPOSITION [depozisjɔ̃]. *n. f.* (XIIᵉ; lat. jur. *depositio*). ♦ 1° Déclaration que fait sous la foi du serment la personne qui témoigne en justice. V. **Témoignage.** *Faire, signer sa déposition. Recueillir une déposition. « Les lois qui font périr un homme sur la déposition d'un seul témoin sont fatales à la liberté »* (MONTESQ.). ♦ 2° Action de déposer un souverain. V. **Déchéance, destitution.** *« On préparait à Stamboul la déposition du sultan Mourad, et le sacre d'Abd-ul-Hamid »* (LOTI). ♦ 3° Arts. *Dépositions de croix,* se dit de représentations du corps de Jésus-Christ après la descente de croix. ◊ ANT. *Investiture.*

DÉPOSSÉDER [depɔsede]. *v. tr.;* conjug. *posséder.* V. **Céder** (1461; de *dé-*, et *posséder*). Priver (qqn) de la possession (d'une chose). V. **Dépouiller, dessaisir, frustrer, priver.** *Déposséder qqn de ses biens, de sa charge. Il a été injustement dépossédé de sa place* (V. **Évincer, supplanter**). *Roi dépossédé.* V. **Déchu.** ◊ ANT. *Donner, rendre.*

DÉPOSSESSION [depɔsesjɔ̃]. *n. f.* (1690; de *déposséder,* d'apr. *possession*). Didact. Action de déposséder; son résultat. *Dépossession d'un privilège.*

DÉPÔT [depo]. *n. m.* (*Depost,* XIVᵉ; lat. jur. *depositum*). ♦ 1° Action de déposer. *Dépôt d'une gerbe sur une tombe.* — Spécialt. Action de confier à la garde de qqn, de placer dans un lieu sûr. V. **Remise.** *Dépôt d'un manteau au vestiaire. Dépôt d'un testament chez un notaire. Dépôt bancaire. Banque de dépôt et d'escompte.* V. **Versement.** — Dépôt de marques de fabrique : qui entraîne la protection légale des marques dites *déposées.* — *Dépôt légal :* le fait de remettre aux agents de l'État des exemplaires de toute production littéraire ou artistique destinés aux collections nationales. ◊ Dr. Contrat par lequel on reçoit la chose d'autrui, à la charge de la garder et de la restituer en nature. ◊ *Mandat de dépôt,* ordre du juge d'instruction pour faire incarcérer un prévenu. ♦ 2° Ce qui est confié au dépositaire. *Confier un dépôt à qqn. Dépôts bancaires :* les fonds déposés en banque. — Littér. *« La royauté est un dépôt qui doit être transmis, comme toute chose héréditaire, par le fait de la naissance »* (RENAN). *C'est un dépôt sacré.* ◊ Dr. Ce qui sert de garantie. V. **Cautionnement, consignation, couverture, gage, garantie, provision.** *Caisse des dépôts et consignations.* ♦ 3° Lieu où l'on dépose certaines choses. *Dépôt public.* — Dépôt de marchandises. V. **Entrepôt, magasin, stock.** *« Des dépôts de carburants avaient pris feu »* (GIDE). *Dépôt d'ordures* (V. **Dépotoir**). ◊ Lieu où l'on laisse les locomotives, les tramways, les autobus. V. **Garage.** ◊ Prison où sont gardés les prisonniers de passage. *Conduire un prévenu au dépôt.* ♦ 4° Particules solides qui se déposent au fond d'un liquide impur au repos. V. **Boue.** *Dépôt dans un liquide où se fait une précipitation chimique.* V. **Précipité.** *Dépôt dans une chaudière.* V. **Incrustation, tartre.** *Dépôt des vins.* V. **Lie.** *Il y a du dépôt.* ◊ Géol. Couche de matières minérales laissée à la surface du globe par les eaux, l'érosion. V. **Alluvion, sédiment.** ◊ Phys. *Dépôt actif,* substance solide radio-active qui se dépose sur les corps soumis à un rayonnement radioactif. ◊ ANT. *Retrait.*

DÉPOTAGE [depɔtaʒ] ou **DÉPOTEMENT** [depɔtmɑ̃].

n. m. (1842; de *dépoter*). Action de dépoter; son résultat.

DÉPOTER [depɔte]. *v. tr.* (1613; de *dé-*, et *pot*). ♦ 1° Changer (un liquide) de vase. V. **Transvaser.** ♦ 2° Ôter (une plante) d'un pot pour la replanter. V. **Transplanter.** *Dépoter un géranium.*

DÉPOTOIR [depɔtwaʀ]. *n. m.* (1836; de *dépoter,* rac. *pot*). ♦ 1° Lieu destiné à recevoir les matières de vidange. V. **Vidoir.** — Techn. Usine où l'on traite les matières excrémentielles provenant des vidanges. ♦ 2° Cour. (infl. de *déposer, dépôt*). Lieu où l'on dépose des ordures. *« Un terrain vague que toute la rue utilisait comme dépotoir »* (MAC ORLAN). Fig. et fam. Endroit où l'on met des objets de rebut. *Cette pièce est le dépotoir.*

DÉPOUILLE [depuj]. *n. f.* (1190, *despuoille* « vêtement laissé »; de *dépouiller*). I. ♦ 1° (1573). Peau enlevée à un animal. *Dépouille d'un lion.* — Spécialt. Peau que les serpents et certains insectes perdent lors de leur mue. ♦ 2° (XVIᵉ). Fig. et littér. *Dépouille (mortelle) :* le corps humain après la mort. V. **Cadavre.** ♦ 3° Loc. (techn.). Forme de dépouille, taille donnée à la dent qui doit recevoir une couronne. II. DÉPOUILLES (*despouilles,* v. 1120). Tout ce qu'on enlève à l'ennemi sur le champ de bataille. V. **Trophée.** *Dépouilles opimes*.* Par ext. *S'arracher les dépouilles d'un mourant :* se disputer les dignités, les fonctions, les biens qui lui appartiennent encore.

DÉPOUILLÉ, ÉE [depuje]. *p. p.* et *adj.* (V. **Dépouiller**). ♦ 1° Qui a perdu ses feuilles (arbre). V. **Dénudé.** ◊ *Vin dépouillé,* débarrassé des particules solides en suspension (Cf. **Décanté**). — Vin qui a perdu de sa richesse en alcool. *« Les bordeaux très vieux ou qui, sans être vieux, sont très dépouillés »* (MAURIAC). ♦ 2° (Abstrait). *Dépouillé de :* qui n'a pas de. V. **Dénué.** *« Plus dépouillé de mérites, plus désarmé que personne au monde »* (MAURIAC). *Une originalité dépouillée d'affectation.* ♦ 3° (1519). *Style dépouillé :* style sans aucun ornement (littérature ou Bx-arts). V. **Sévère, sobre.** *Ce livre « était aussi dépouillé qu'un constat »* (GIDE). ◊ ANT. *Garni, orné.*

DÉPOUILLEMENT [depujmɑ̃]. *n. m.* (1190, « dépouille »; de *dépouiller*). ♦ 1° (Fin XVIIᵉ, « renoncement »). Action de priver qqn de ses biens; état de celui qui est dépouillé. V. **Privation.** *Dépouillement volontaire par ascèse.* V. **Détachement, renoncement.** *Vivre dans le dépouillement.* ♦ 2° (1723). Examen minutieux (de documents). *Dépouillement d'une correspondance, d'un rapport. « Le dépouillement des auteurs classiques »* (LITTRÉ). — *Dépouillement des votes :* ensemble des opérations pour l'établissement des résultats du scrutin. *Procéder au dépouillement du scrutin.*

DÉPOUILLER [depuje]. *v. tr.* (*Despoilier,* XIIᵉ; lat. *despoliare,* rac. *spolia.* V. **Spolier**). I. ♦ 1° (XIIIᵉ, « quitter sa vieille peau »). Enlever la peau de (un animal). V. **Dépiauter, écorcher.** *Dépouiller un lièvre, une anguille.* ♦ 2° Dégarnir de ce qui couvre. V. **Dégager, dégarnir, dénuder.** *Dépouiller qqn de ses vêtements,* les lui enlever. V. **Déshabiller, dévêtir.** *Dépouiller un poisson de ses écailles, un arbre de ses branches. « Les petits bois ombreux frissonnent sous le vent qui les dépouille »* (BARRÈS). V. **Défeuiller.** ♦ 3° (1487). Déposséder (qqn) en enlevant ce qu'il a. V. **Dévaliser, voler;** et pop. **Plumer, tondre.** Absolt. *Dépouiller qqn,* le priver de ses biens, de ses revenus. V. **Priver, spolier.** *« Jacques ne voudrait pas dépouiller les enfants de sa sœur »* (SAND). *Dépouiller qqn de son emploi* (V. **Évincer**), *de ses droits* (V. **Déshériter**). — Fig. *« Une intelligence qui dépouillait toujours les choses de leur valeur secrète »* (MART. du G.). ♦ 4° (1690). Analyser, examiner minutieusement (un document). *Dépouiller son courrier. Dépouiller un livre,* et par ext. *un auteur :* le lire en prenant des notes. — *Dépouiller un scrutin :* faire le compte des suffrages après le vote. II. (XIIᵉ, *fig.*). ♦ 1° Littér. Abandonner, ôter (ce qui couvre). V. **Arracher, enlever, quitter, perdre, retirer.** *« Graziella avait dépouillé ses vêtements de lourde laine »* (LAMART.). *« Un insecte dépouille sa dernière enveloppe larvaire »* (DUHAM.). ♦ 2° Fig. et littér. V. **Renoncer** (à). *Dépouiller l'orgueil. « Je me surprends à dépouiller quelque ancienne idée pour rentrer dans la vérité des choses »* (GUIZOT). — Relig. *Dépouiller le vieil homme :* se défaire des inclinations de la nature corrompue. III. SE DÉPOUILLER. *v. pron.* ♦ 1° Ôter. *Se dépouiller de ses vêtements.* ◊ Perdre. *Les arbres se dépouillent de leur feuillage.* Absolt. *« Ses dernières feuilles tombaient comme mes amies; sa cime se dépouillait comme ma tête »* (CHATEAUB.). ♦ 2° Se défaire (de), abandonner. *Se dépouiller de ses biens, en faveur de qqn.* Fig. abstrait. *« Mon sentiment se dépouilla presque aussitôt de ce qu'il avait d'abord pu avoir de charnel »* (GIDE). *« Je cherche à me dépouiller de mes affections et à n'être qu'un froid philosophe »* (STENDHAL). V. **Renoncer** (à).

◊ ANT. *Garnir, revêtir. Mettre, revêtir. Garder.*

DÉPOURVU, UE [depuʀvy]. *adj.* (*Desporveu*, 1190; de *dé-*, et *pourvu*; *dépourvoir* (vx), 1530). ♦ 1° **DÉPOURVU DE**, qui n'a pas de. V. **Sans**. *Fleur dépourvue de corolle. Dépourvu d'ornement.* V. **Nu**. *Dépourvu de qualités.* V. **Dénué**. *Dépourvu d'argent, de ressources,* ou absolt. *Dépourvu.* V. **Sou** (sans le). *Acte dépourvu de méchanceté.* V. **Exempt, pur**. — **ÊTRE DÉPOURVU DE...** V. **Manquer** (de). *Ceux qui ont des diplômes et ceux qui en sont dépourvus.* ♦ 2° (*A dépourvu*, XVᵉ). *Loc. adv.* **AU DÉPOURVU** : dans un moment où l'on est dépourvu des ressources nécessaires. *Prendre qqn au dépourvu.* — *Par ext.* Sans que les gens soient préparés, avertis. V. **Improviste** (à l'). *Votre question me prend tellement au dépourvu.* « *Il me fera peut-être, au dépourvu, des questions scabreuses* » (Rouss.). ◈ ANT. *Doté, muni, nanti.*

DÉPOUSSIÉRAGE [depusjeʀaʒ]. *n. m.* (1908; de *dépoussiérer*). Opération par laquelle on dépoussière.

DÉPOUSSIÉRER [depusjeʀe]. *v. tr.* (1908; de *dé-*, et *poussière*). Débarrasser de sa poussière (un lieu, une pièce, une chose) par des moyens mécaniques. *Dépoussiérer un appartement, un tapis.* — *Fig.* Renouveler. « *La réforme engagée est destinée à 'dépoussiérer' la radio régionale* » (*Le Monde* 21-11-1969). ◈ ANT. *Empoussiérer.*

DÉPOUSSIÉREUR [depusjeʀœʀ]. *n. m.* et *adj.* (1929; de *dépoussiérer*). *Techn.* Appareil ou dispositif qui absorbe les poussières, notamment à l'intérieur des machines. *Dépoussiéreurs centrifuges (hydrauliques, mécaniques, électrostatiques) d'une centrale thermique.*

DÉPRAVANT, ANTE [depʀavã, ãt]. *adj.* (av. 1836; de *dépraver*). *Littér.* Qui déprave.

DÉPRAVATION [depʀavasjɔ̃]. *n. f.* (XVᵉ; Cf. *Dépravité*, 1786; lat. *depravatio*). ♦ 1° *Vieilli.* Déviation contraire à la nature, à la norme. V. **Altération, corruption**. « *Je ne puis excuser cette dépravation de goût* » (Lesage). *Dépravation des mœurs*, abaissement de la moralité. *Spécialt.* Débauche. ♦ 2° *Mod.* Goût dépravé. *C'est de la dépravation!* V. **Vice**. *Dépravation sexuelle.* V. **Perversion**.

DÉPRAVÉ, ÉE [depʀave]. *adj.* (XIIIᵉ, « altéré »; de *dépraver*). ♦ 1° Anormal (en parlant d'un goût). V. **Perverti**. « *Le goût dépravé dans les aliments, est de choisir ceux qui dégoûtent les autres hommes* » (Volt.). — *Contre nature*, qui n'est pas conforme à la nature. « *L'homme qui médite est un animal dépravé* » (Rouss.). ♦ 2° *Vieilli.* Corrompu moralement. *Mœurs dépravées.* « *C'est dans les siècles les plus dépravés qu'on aime les leçons de la morale la plus parfaite* » (Rouss.). ♦ 3° (XIXᵉ). *Personne dépravée*, et subst. *un, une dépravée, personne immorale (vx).* ◈ *Mod.* (XXᵉ) *Personne qui a des goûts dépravés.* V. **Pervers, vicieux**. ◈ ANT. *Normal, sain.*

DÉPRAVER [depʀave]. *v. tr.* (1212, « altérer »; lat. *depravare*, de *pravus* « mauvais »). ♦ 1° *Vx* ou *littér.* Altérer, faire dévier de la nature, de la norme. *Dépraver le jugement, le goût.* V. **Corrompre, gâter, fausser, pervertir**. — *Spécialt.* Avilir par des pratiques coupables. « *Tu dépraves l'institution du mariage* » (Balz.). V. **Dégrader, profaner**. *Pronom.* « *Les mœurs vont se dépravant de jour en jour* » (Hugo). ♦ 2° (XIXᵉ). Amener (qqn) à désirer le mal, à s'y complaire. V. **Corrompre, pervertir**. *Dépraver un adolescent. Les mauvais exemples l'ont dépravé.*

DÉPRÉCATION [depʀekasjɔ̃]. *n. f.* (1120; lat. *deprecatio*). *Relig.* Prière faite avec soumission, pour détourner un malheur, pour obtenir le pardon d'une faute.

DÉPRÉCIATEUR, TRICE [depʀesjatœʀ, tʀis]. *n.* (1705; de *déprécier*). Personne qui déprécie (2°). V. **Contempteur, détracteur**.

DÉPRÉCIATIF, IVE [depʀesjatif, iv]. *adj.* (1908; de *déprécier*). *Ling.* Qui déprécie, tend à déprécier. V. **Péjoratif**. *Valeur dépréciative du suffixe -ard.* « *Si le terme de mise en scène a pris avec l'usage ce sens dépréciatif* » (Artaud). ◈ ANT. *Laudatif, majoratif, mélioratif.*

DÉPRÉCIATION [depʀesjasjɔ̃]. *n. f.* (1779; de *déprécier*). Action de déprécier, de se déprécier; état de ce qui est déprécié. *Dépréciation des marchandises, de l'or, de l'argent.* V. **Avilissement, baisse, dévalorisation**. *L'inflation entraîne la dépréciation de la monnaie et conduit à la dévaluation.* ◈ ANT. *Hausse, revalorisation.*

DÉPRÉCIER [depʀesje]. *v. tr.* (1762; lat. *depretiare*, de *pretium* « prix »).
I. *V. tr.* ♦ 1° Diminuer la valeur, le prix de. *Déprécier une marchandise.* V. **Avilir**. — *Fig. Défauts, dégradations qui déprécient un ouvrage.* V. **Abîmer**. ♦ 2° Ne pas apprécier à sa valeur réelle. Chercher à déconsidérer. V. **Critiquer, débiner** (*pop.*), décrier, dénigrer, dépriser, discréditer, méjuger, mépriser, mésestimer, rabaisser, ravaler. « *Les enfants ont toujours une tendance soit à déprécier, soit à exalter leurs parents* » (Proust). *Déprécier l'œuvre d'un confrère.* « *Il ne lui en voulait pas de déprécier les choses qu'il estimait le plus* » (Larbaud).
II. **SE DÉPRÉCIER**. *v. pron.* ♦ 1° Perdre de sa valeur. *Cet*

article se déprécie en ce moment. V. **Baisser, diminuer**. *Monnaie qui se déprécie* : dont le pouvoir d'achat baisse (V. **Dévaloriser**). — *Fig.* « *Mes punitions, à force d'être prodiguées, se déprécièrent* » (Daud.). ♦ 2° Émettre sur soi-même ou émettre réciproquement des jugements défavorables. *Il a la manie de se déprécier. Ils se déprécient réciproquement.* ◈ ANT. *Valoriser; apprécier; admirer, surestimer, vanter.*

DÉPRÉDATEUR, TRICE [depʀedatœʀ, tʀis]. *n.* et *adj.* (v. 1285; bas lat. *deprædator*; de *præda* « proie »). *Littér.* Personne qui commet des déprédations. *Déprédateurs des deniers publics.* — *Adj.* (1768) *Ministre déprédateur.* ◈ ANT. *Bienfaiteur, protecteur. Intègre.*

DÉPRÉDATION [depʀedasjɔ̃]. *n. f.* (1308, rare av. XVIIᵉ; bas lat. *deprædatio*, de *præda* « proie »). ♦ 1° Vol ou pillage accompagné de dégâts. *Déprédations commises par des émeutiers, des armées d'invasion.* V. **Dévastation**. ◈ *Abusiv.* (mil. XXᵉ). Dommage matériel causé aux biens d'autrui, aux biens publics. V. **Dégradation, destruction, détérioration**. *Les déprédations causées par les émeutiers, les touristes.* ♦ 2° (1690). Exaction, acte malhonnête commis dans l'administration, la gestion de qqch. V. **Détournement, dilapidation, malversation, prévarication**. *Déprédation des biens de l'État, des biens d'un pupille.* ♦ 3° (XVIIIᵉ). *Didact.* Exploitation de la nature sans souci de pourvoir au renouvellement de ce qu'on détruit (plantes ou animaux).

DÉPRENDRE (SE) [depʀɑ̃dʀ(ə)]. *v. pron.; conjug. prendre* (XIVᵉ; au p. p., « dénué », v. 1160; de *dé-*, et *prendre*). *Littér.* (*Abstrait*). Se dégager de ce qui retient. V. **Dégager** (se), **détacher** (se). *Se déprendre d'une personne, d'une habitude, des liens d'un attachement.* ◈ ANT. *Attacher* (s'). *Éprendre* (s').

DÉPRESSIF, IVE [depʀesif, iv]. *adj.* (1856; de *dépression*). ♦ 1° *Didact.* Qui enfonce, déprime. ♦ 2° *Fig.* Qui abat. ♦ 3° *Psycho.* Relatif à la dépression. *États dépressifs cycliques.* V. **Cyclothymie**. ◈ ANT. *Exaltant, remontant.*

DÉPRESSION [depʀesjɔ̃]. *n. f.* (1314; lat. *depressio* « enfoncement », de *depressus*, p. p. de *deprimere*). V. **Déprimer**), ♦ 1° Abaissement, enfoncement produit par une pression de haut en bas ou par toute autre cause. V. **Affaissement**. *Par ext.* Enfoncement, concavité. V. **Creux**. — *Géogr.* Se dit des parties effondrées de la surface du globe situées au-dessous du niveau de la mer et généralement occupées par elle. V. **Bassin, cuvette, fosse**. ♦ 2° *Météo. Dépression barométrique* : abaissement de la colonne de mercure dans le baromètre, par suite d'une diminution de la pression atmosphérique. *Dépression atmosphérique ou cyclonale.* V. **Cyclone**. *Absolt. Une dépression centrée sur le Nord des îles Britanniques.* ♦ 3° (1870). État mental pathologique caractérisé par de la lassitude, du découragement, de la faiblesse, de l'anxiété. V. **Asthénie, mélancolie, neurasthénie; déprime** (*fam.*). « *Elle a ses moments de dépression, ses crises de larmes* » (Sarraute). *Dépression mentale* (méd.). — *Cour. Dépression nerveuse* : crise d'abattement. ♦ 4° *Crise caractérisée par le fléchissement de la consommation, la chute des cours, la dépréciation des marchandises, le ralentissement des affaires.* V. **Crise, récession**. ◈ ANT. *Élévation, éminence, soulèvement; anticyclone. Euphorie, exaltation, excitation.*

DÉPRESSIONNAIRE [depʀesjɔnɛʀ]. *adj.* (1941; de *dépression*). *Météo.* Qui est le siège d'une dépression atmosphérique. *Zone dépressionnaire.*

DÉPRESSURISER [depʀesyʀize]. *v. tr.* (v. 1966; de *dé-*, et *pressuriser*). *Aviat., Astronautique.* Faire perdre la pression normale (d'un avion, d'un véhicule spatial) obtenue par pressurisation*. — *Dér.* **DÉPRESSURISATION** [depʀesyʀizasjɔ̃]. *n. f.* ◈ ANT. *Pressuriser.*

DÉPRIMANT, ANTE [depʀimã, ãt]. *adj.* (1787; de *déprimer*). Qui déprime (2°). *Climat déprimant.* V. **Affaiblissant, débilitant**. *Atmosphère morne et déprimante.* « *Les discours déprimants qu'il se tient à lui-même* » (Alain). V. **Démoralisant**. ◈ ANT. *Remontant.*

DÉPRIME [depʀim]. *n. f.* (1973; de *déprimer*). *Fam.* État de dépression* psychologique. V. **Asthénie, mélancolie, neurasthénie**. « *Si l'on se sent menacé par la « déprime »... »* (*Nouv. Obs.*, 21-04-1973).

DÉPRIMER [depʀime]. *v. tr.* (1355; lat. *deprimere* « presser de haut en bas »). ♦ 1° Abaisser ou incurver (par une pression exercée de haut en bas, etc.). V. **Affaisser, enfoncer**. — *Au p. p. Front déprimé*, présentant une concavité. ♦ 2° *Fig.* Affaiblir physiquement ou moralement. *Cette nouvelle inattendue l'a complètement déprimé.* V. **Abattre, décourager, démoraliser; dépression**. « *Les questions d'argent qui m'exaltaient naguère me dépriment aujourd'hui* » (Gide). *Je l'ai trouvé très déprimé.* ◈ ANT. *Bomber. Remonter, revigorer; exalter, réjouir.*

DÉPRISE [depʀiz]. *n. f.* (1967; de *déprendre* [se]). *Didact.* Action de se déprendre (*fig.*). « *J'ai appelé dessaisissement ou déprise le mouvement (l'« aventure de la réflexion » dans le freudisme) auquel me contraint la systématique freudienne* » (Ricœur).

DÉPRISER [depʀize]. *v. tr.* (v. 1361; *desprisier*, v. 1175 ; de *dé-*, et *priser*). *Littér.* Apprécier au-dessous de son prix, de sa valeur. V. **Déprécier, mésestimer, sous-estimer.** *Dépriser l'œuvre de qqn, dépriser un auteur.* « *Ce poète déprise les mots* » (VALÉRY). ◇ ANT. Surestimer.

DE PROFUNDIS [depʀɔfɔ̃dis]. *n. m.* (XVIᵉ ; lat. « des profondeurs »). Le sixième des sept psaumes de la Pénitence, qui commence par ces mots, et que l'on dit dans les prières pour les morts. *Chanter un* De profundis. « *Les échos de vos* De profundis » (BAUDEL.).

DÉPROLÉTARISER [depʀɔletaʀize]. *v. tr.* (XXᵉ ; de *dé-*, et *prolétariser*). *Didact.* Faire perdre les caractères du prolétariat à (un milieu, un groupe social). « *Il s'agit d'achever de déprolétariser Paris* » (*Nouv. Obs.*, 4-12-1972). *Dér.* DÉPRO-LÉTARISATION [depʀɔletaʀizasjɔ̃], *n. f.* ◇ ANT. Prolétariser.

DÉPUCELER [depysle]. *v. tr.; conjug. appeler* (XIIᵉ ; de *dé-*, et *pucelle*). *Vulg.* Déflorer.

DEPUIS [dəpɥi]. *prép.* (XIIᵉ ; de *de*, et *puis*). À partir de.
I. TEMPS. ♦ 1° À partir d'un moment passé. *Depuis le 15 mars :* à partir du quinze mars jusqu'à aujourd'hui. *Depuis le matin jusqu'au soir.* V. **De** (du matin au soir). *Depuis quand êtes-vous là? Depuis mardi.* Iron. *Depuis quand est-il permis d'entrer sans frapper ?* — *Depuis lors :* depuis ce moment-là. — Adv. *Nous l'avons vu dimanche, mais pas depuis.* ◇ *Par ext.* À partir d'une époque, d'un événement passé. *Depuis la Révolution. Depuis sa mort.* — Par ext. « *Les plus grands penseurs, depuis Aristote* » (BERGSON). Loc. conj. DEPUIS QUE. *Nous sommes sans nouvelles depuis qu'il est parti.* — Adv. *Il est parti après la guerre et nous ne l'avons pas revu depuis.* V. **Suite** (par la suite). *Depuis, nous sommes inquiets.* ♦ 2° Pendant la durée passée qui sépare du moment dont on parle. *On vous cherche depuis dix minutes :* il y a dix minutes qu'on vous cherche. *Nous ne nous sommes pas vus depuis des siècles.* V. **Voilà.** *Depuis longtemps, depuis toujours. Depuis peu :* dernièrement, récemment. — (Emphatique) *Depuis le temps que... il y a si longtemps.*
II. ESPACE. ♦ 1° DEPUIS... JUSQU'À : de cet endroit à tel autre. V. **De.** *Les Pyrénées s'étendent depuis l'Atlantique jusqu'à la Méditerranée.* « *Depuis le moelleux arrondi des épaules jusqu'à la pointe de genou qui fait saillie sous le châle de soie* » (MART. DU G.). *Depuis le haut jusqu'en bas, de haut en bas.* ♦ 2° (XXᵉ). DEPUIS employé seul, marque la provenance avec une idée de continuité. V. **De, dès** (II). « *La famille, depuis le perron, nous observait* » (MAURIAC). *Abusiv.* (radio, télé) souvent employé pour *de. Transmis depuis Marseille.*
III. (*h. v. 1360*). Par anal. DEPUIS... JUSQU'À exprime une succession ininterrompue dans une série. *Depuis le premier jusqu'au dernier, depuis le début jusqu'à la fin.* « *Depuis Madame Rivals jusqu'à la vieille servante, tout le monde...* » (DAUD.). — *Ellipt.* Comm. *Costumes depuis 200 francs* (Cf. À partir de).
◇ ANT. Jusqu'à ; auparavant.

DÉPULPER [depylpe]. *v. tr.* (1869; de *dé-*, et *pulpe*). *Techn.* ♦ 1° Réduire en pulpe (des betteraves, etc.). ♦ 2° (1948). Ôter la pulpe de. — DÉPULPÉ, ÉE. *p. p. et adj.* Dont on a ôté la pulpe. — *Spécialt.* En parlant de la pulpe dentaire. « *Une carie [...] externe :* celle des dents mortes et *dépulpées* » (P. L. ROUSSEAU).

DÉPURATIF, IVE [depyʀatif, iv]. *adj. et n. m.* (1792; de *dépurer*). Qui purifie l'organisme, en favorisant l'élimination des toxines, des déchets organiques. V. **Diaphorétique, diurétique, purgatif, sudorifique.** ◇ N. m. *La bourrache est un dépuratif.*

DÉPURATION [depyʀasjɔ̃]. *n. f.* (1265; de *dépurer*). *Didact.* Action de dépurer; son résultat.

DÉPURER [depyʀe]. *v. tr.* (XIIᵉ; lat. *depurare*, de *purus* « pur »). *Didact.* Rendre plus pur. V. **Épurer, purifier.** *Dépurer le sang. Dépurer un métal.*

DÉPUTATION [depytasjɔ̃]. *n. f.* (1433; bas lat. *deputatio* « délégation »). ♦ 1° Envoi d'une ou plusieurs personnes chargées d'un message, d'une mission. V. **Ambassade, délégation, mission.** — *Par ext.* Les personnes envoyées en députation. *Une députation de six personnes.* ♦ 2° (1789). Fonction de député (*spécialt.* en parlant du mandat parlementaire et représentatif). V. **Mandat.** *Candidat à la députation.*

DÉPUTÉ [depyte]. *n. m.* (1369; lat. *deputatus* « représentant de l'autorité »). ♦ 1° Celui qui est envoyé (par une nation, une assemblée, un souverain) pour remplir une mission particulière. V. **Ambassadeur, délégué, envoyé, légat, mandataire, représentant.** *La mission d'un député.* ♦ 2° Celui qui est nommé, généralement par élection, pour faire partie d'une assemblée délibérante. V. **Représentant.** *Les députés du clergé, de la noblesse et du tiers état aux États généraux.* — *Spécialt.* (1789) En France, Personne élue pour faire partie de la chambre législative de la nation. V. **Élu, parlementaire.** *L'élection des députés. La Chambre des députés* ou *Assemblée nationale. Réunion des députés et des sénateurs.*

V. **Parlement.** *L'irresponsabilité, l'inviolabilité des députés : l'immunité parlementaire. Suppléant d'un député. Elle est député communiste* (parfois *députée,* rare). *Député-maire, député qui est aussi maire.*

DÉPUTER [depyte]. *v. tr.* (v. 1265; lat. *deputare* « tailler », par ext. « assigner, estimer », avec infl. de *député*). Envoyer (qqn) comme député. V. **Déléguer, envoyer, mandater.** *Députer un ambassadeur. Députer des représentants à une assemblée.*

DER (*la der des ders*) [ladɛʀdedɛʀ]. *n. f.* V. DERNIER (I, 2°).

DÉRACINEMENT [deʀasinmɑ̃]. *n. m.* (XVᵉ ; de *déraciner*). ♦ 1° Action de déraciner (1); état de ce qui est déraciné. V. **Arrachement.** *Le déracinement des arbres.* — Fig. *Déracinement d'un préjugé.* V. **Extirpation.** ♦ 2° Action de déraciner (2°), état des gens déracinés. *Le déracinement des hommes arrachés à leur pays d'origine.* V. **Déportation, exil, expatriation.** ◇ ANT. *Enracinement.*

DÉRACINER [deʀasine]. *v. tr.* (1243; de *dé-*, et *racine*). ♦ 1° Arracher ce qui tient au sol par des racines. V. **Arracher, enlever.** *L'orage a déraciné plusieurs arbres.* — Fig. *Déraciner un abus, une erreur.* V. **Extirper, détruire.** « *Un amour monstrueux, inavouable, et que pourtant l'on ne peut déraciner de son cœur* » (GAUTIER). V. **Indéracinable.** ♦ 2° (Fin XIXᵉ). Déraciner qqn : l'arracher de son pays d'origine, de son milieu habituel. V. **Déporter, exiler, expatrier.** Au p. p. subst. *Les déracinés,* roman de Barrès. ◇ ANT. *Enraciner; enfoncer.*

DÉRADER [deʀade]. *v. intr.* (1529 ; de *dé-*, et *rade*). Mar. Se dit d'un navire que la tempête contraint de quitter une rade.

DÉRAGER [deʀaʒe]. *v. intr.* (1870; de *dé-*, et *rage*). Sortir de sa colère. ◇ ANT. *Enrager.*

DÉRAIDIR [deʀediʀ]. *v. tr.* (XVᵉ; de *dé-*, et *raidir*). Faire cesser d'être raide. V. **Assouplir, dégourdir.** *Déraidir ses membres.* — (1829). *Fig.* Adoucir, rendre plus malléable. *Déraidir un caractère.* — Pronom. « *Dans le vestibule, il se déraidit, allant jusqu'à m'aider à mettre ma veste...* » (BAZIN). ◇ ANT. *Raidir; endurcir.*

DÉRAILLEMENT [deʀajmɑ̃]. *n. m.* (1839; de *dérailler*). ♦ 1° Le fait de dérailler; accident de chemin de fer. *Le déraillement a causé cinq morts et quarante blessés.* ♦ 2° Fig. (1870). Action ou fait de dérailler* (2°), de sortir du bon sens. « *Le déraillement presque immédiat des pensées et des sensations. Je déraille. Mes images défilent* » (H.-F. REY).

DÉRAILLER [deʀaje]. *v. intr.* (Derayer, 1838; de *dé-*, et *rail*). ♦ 1° Sortir des rails, en parlant d'un wagon, d'un train. *Faire dérailler un train. Les wagons ont déraillé et se sont renversés.* ♦ 2° (1858). *Fig.* Aller de travers. « *Son geste déraillait, cherchait la carafe ailleurs que sur la chaise* » (COCTEAU). ◇ *Fam.* S'écarter du bon sens. V. **Déraisonner, divaguer.**

DÉRAILLEUR [deʀajœʀ]. *n. m.* (1922; de *dérailler*). Dispositif permettant de faire passer la chaîne d'une bicyclette sur un autre pignon, en faisant sortir (« dérailler ») la chaîne du premier pignon. *Le levier d'un dérailleur. Dérailleur à trois, quatre vitesses.* (V. Braquet.) — *Ch. de fer.* Dispositif permettant de faire passer un wagon d'une voie à l'autre (changement de vitesse).

DÉRAISON [deʀezɔ̃]. *n. f.* (XIVᵉ; *desraison,* v. 1175; de *dé-*, et *raison*). *Vx* ou *littér.* Manque de raison dans les paroles ou la conduite. V. **Démence, folie, inconséquence.** ◇ ANT. *Raison.*

DÉRAISONNABLE [deʀezɔnabl(ə)]. *adj.* (déb. XIVᵉ; *desrenable,* XIIIᵉ; de *dé-*, et *raisonnable*). *Cour.* Qui n'est pas raisonnable. V. **Absurde, bête, excessif, insensé, irrationnel.** *Conduite déraisonnable. Décision déraisonnable.* V. **Irréfléchi.** « *Les femmes inspirent l'amour, bien qu'il soit déraisonnable de les aimer* » (FRANCE). ◇ ANT. *Raisonnable; normal, sensé.*

DÉRAISONNABLEMENT [deʀezɔnabləmɑ̃]. *adv.* (XIVᵉ; *desraisonnablement,* fin XIIIᵉ; de *déraisonnable*). D'une manière déraisonnable. *Se conduire déraisonnablement.* ◇ ANT. *Raisonnablement.*

DÉRAISONNEMENT [deʀezɔnmɑ̃]. *n. m.* (fin XVIIᵉ; de *déraisonner*). ♦ 1° Vx. Action de déraisonner. ♦ 2° (1856). *Rare.* Faux raisonnement.

DÉRAISONNER [deʀezɔne]. *v. intr.* (*Desresonner,* XIIIᵉ; repris 1740; de *dé-*, et *raison,* d'apr. *raisonner*). *Littér.* Tenir des propos dépourvus de raison, de bon sens. V. **Délirer, déménager** (fam.), **dérailler, divaguer, extravaguer, radoter.** « *Le souci de se montrer intelligent le fait déraisonner sans cesse* (de Gourmont) » (GIDE).

DÉRAMER [deʀame]. *v. intr.* (XXᵉ; on disait *contre-ramer;* de *dé-*, et *rame*). *Région.* Manœuvrer les rames à contresens; propulser un canot en poussant sur les rames au lieu de tirer.

DÉRANGEMENT [deʀɑ̃ʒmɑ̃]. *n. m.* (1636; de *déranger*). Action de déranger; son résultat. ♦ 1° Mise en désordre. V. **Bouleversement, chambardement, déplacement, désorganisation, remue-ménage.** *Causer du dérangement dans les* *papiers, les affaires de qqn.* ♦ 2° État de ce qui est dérangé. Désordre dans les affaires, dans l'état d'une fortune. V. **Perturbation.** — Vieilli. *Dérangement d'esprit* (V. **Déséquilibre**), *de conduite* (V. **Dérèglement**). ♦ 3° Spécialt. Action de déranger qqn, d'introduire un changement dans ses occupations, ses habitudes. V. **Gêne, trouble.** *Le moindre dérangement lui est désagréable.* « *Je le ferais déposer chez vous* (ce livre), *ce qui vous épargnerait un nouveau dérangement* » (ROMAINS). ♦ 4° (1835). *Rare.* Dérèglement (d'un mécanisme, d'une machine). — Cour. *La ligne* (téléphonique) *est en dérangement.* ◊ ANT. *Arrangement, ordre, rangement; règlement.*

DÉRANGER [deʁɑ̃ʒe]. *v. tr.; conjug.* **ranger.** V. **Bouger** (1596; *desrengier*, 1080; de *dé-*, et *rang*). ♦ 1° Déplacer de son emplacement assigné; mettre en désordre (ce qui était rangé). V. **Bouleverser, chambarder, déplacer, désorganiser.** *Déranger des papiers, les livres d'une bibliothèque.* V. **Déclasser.** *La bousculade a dérangé ses vêtements.* V. **Défaire.** ♦ 2° Changer de manière à troubler le fonctionnement, l'action. *L'orage a dérangé le temps* (rare). V. **Détraquer.** — Cour. « *Son chagrin lui dérange quelquefois l'esprit* » (VOLT.). Au p. p. *Il a le cerveau, l'esprit un peu dérangé.* V. **Troublé.** — *Ce repas lui a dérangé l'estomac.* ♦ 3° *Vx.* Détourner (qqn) du droit chemin; faire cesser d'être « rangé ». V. **Dévoyer, pervertir.** « *Cette jeune fille qui vous dérange, qui fait que vous épargnerait à votre parole* » (MARIVAUX). « *Un jeune gars qui peut se déranger... devenir un mauvais garnement* » (SAND). ♦ 4° (1740). Cour. Gêner (qqn) dans son travail, ses occupations. V. **Distraire, ennuyer, gêner, importuner, troubler.** *Excusez-moi de vous déranger; si je vous dérange. Ne vous dérangez pas, je reviendrai tantôt. Vous pouvez fumer; ça ne me dérange pas.* « *Jamais nous n'aurions eu le « culot » de déranger nos aînés pour leur faire lire de maladroits essais et solliciter d'eux des conseils* » (GIDE). — Pronom. (fin XVII°) SE DÉRANGER : quitter sa place, ses occupations, etc. « *Je ne me suis pas dérangée pour de l'argent, et si j'ai pris la peine de venir vous soigner, ce n'est pas pour être mal reçue* » (SAND). *Ne vous dérangez pas pour moi.* ◊ ANT. *Arranger, classer, ordonner, organiser, ranger; ajuster, régler.*

DÉRAPAGE [deʁapaʒ]. *n. m.* (fin XIX°; de *déraper*). I. ♦ 1° Le fait de déraper; son résultat. *Faire un dérapage sur une route mouillée.* ♦ 2° (mil. XX°). *Ski.* Glissement latéral volontaire du skieur. ♦ 3° *Aviat.* Virage exécuté avec l'inclinaison suffisante pour que l'avion dérape vers l'extérieur (*opposé à glissement*, glissade sur l'aile). II. *Fig.* Le fait de déraper* (II).

DÉRAPER [deʁape]. *v. intr.* (*Desrapper* « arracher », déb. XVII°; mar., 1739; prov. *derapa*, de *rapar* « saisir », du germ. °*hrapon*). I. ♦ 1° *Mar.* En parlant d'une ancre, Quitter prise sur le fond et laisser dériver le navire. — Par ext. *Navire qui dérape :* qui chasse sur son ancre. ♦ 2° *Cour.* (Fin XIX°). Glisser sur le sol, en parlant des roues (d'une automobile, d'une bicyclette). V. **Chasser, glisser, patiner.** *Il a dérapé et fait un tête à queue. Ces pneus empêchent de déraper.* V. **Antidérapant.** ♦ 3° (mil. XX°). *Techn.* Effectuer un dérapage* (2°, 3°). II. (v. 1965). *Fig.* Échapper au contrôle des dirigeants, surtout en économie; s'écarter des prévisions, de normes établies.

DÉRASER [deʁaze]. *v. tr.* (1870; *desraser* « raser », 1527; de *dé-*, et *ras*). *Techn.* Abaisser le niveau, enlever le sommet de. *Déraser un mur* (enlever [deʁazmɑ̃]).

DÉRATÉ, ÉE [deʁate]. *n.* (1743, adj., « gai, rusé, fin »; de *dérater* (1535) « enlever la rate » (pour supprimer la bile noire; pour faire courir plus vite les chevaux). *Mod.* (1835) *Courir comme un dératé :* très vite.

DÉRATISATION [deʁatizasjɔ̃]. *n. f.* (1907; de *dé-*, et *rat*). Action de dératiser; son résultat.

DÉRATISER [deʁatize]. *v. tr.* (1908; de *dé-*, et *rat*). Débarrasser (un lieu) des rats.

DÉRAYER [deʁɛje]. *v. intr. et tr.; conjug.* **payer** (1836; *desrayer* « perdre ses rayons » (roue), 1694; de *dérayure*, d'apr. *rayer*). *Agric.* Tracer le dernier sillon d'un champ ou d'une planche, formant la séparation.

DÉRAYURE [deʁejyʁ]. *n. f.* (*Deraïure*, 1680; de *dé-*, et *rayure*). *Agric.* Sillon ou raie qui sépare deux champs labourés et qui sert aussi à l'écoulement des eaux superficielles.

DERBOUKA. V. **DARBOUKA.**

DERBY [dɛʁbi]. *n. m.* (1829; mot angl., du nom de lord *Derby* qui organisa cette course, 1780). ♦ 1° Grande course de chevaux qui a lieu chaque année à Epsom, en Angleterre. *Le derby d'Epsom.* — *Derby français :* course de chevaux qui a lieu en France, à Chantilly. ♦ 2° (1900). Chaussure dont les quartiers sont lacés. ♦ 3° (1914, en angl.). Rencontre entre deux villes voisines (football).

DÉRÉALISER [deʁealize]. *v. tr.* (déb. XX°; de *déréel*,

d'après *réaliser*). *Didact.* Faire perdre le caractère du réel, les rapports normaux avec le réel. « *Le jeu, en déréalisant notre vie, achevait de nous convaincre qu'elle ne nous contenait pas* » (BEAUVOIR). *Dér.* DÉRÉALISANT, ANTE [deʁealizɑ̃, ɑ̃t], *adj.; DÉRÉALISATION* [deʁealizasjɔ̃], *n. f.*

DERECHEF [dəʁəʃɛf]. *adv.* (1160; de *de-, re-*, et *chef*), *Vx* ou *littér.* Une seconde fois; encore une fois. « *Michel attira derechef mon attention sur les singularités du panneau* » (HENRIOT).

DÉRÉEL, ELLE [deʁeɛl]. *adj.* (av. 1939 [trad. de Bleuler]; de *dé-*, et *réel*). *Psychopathol., didact.* Qui est détaché du réel (pensée), n'est plus en accord avec lui. *Pensée déréelle* ou *déréistique* (all. *dereistisch*). V. **Autistique.**

DÉRÉGLÉ, ÉE [deʁegle]. *adj.* (1538, « démesuré »; *desreglé* « qui ne suit pas la règle », fin XV°; V. **Dérégler**). ♦ 1° (1694). Dont l'ordre, le fonctionnement a été troublé. *Machine, mécanisme déréglé. Appétit, estomac déréglé.* V. **Dérangé.** *Pouls déréglé.* V. **Irrégulier.** ♦ 2° Qui est hors de la règle, de l'équilibre (intellectuel, moral, etc.). *Vie déréglée. Mœurs déréglées.* V. **Désordonné, libertin.** « *Elle disciplinait ma vie mal réglée, ou plutôt déréglée* » (FROMENTIN). ♦ Excessif, démesuré. *Ambition, imagination déréglée.* « *Cette exubérance fastueuse et déréglée de création musicale* » (R. ROLLAND). ◊ ANT. *Raisonnable, réglé, sage.*

DÉRÈGLEMENT [deʁɛgləmɑ̃]. *n. m.* (fin XVI°; *desriglement*, 1450; de *dérégler*). État de ce qui est déréglé. ♦ 1° (1694). Désordre, dérangement du fonctionnement. V. **Bouleversement, dérangement, détraquement.** *Le dérèglement d'une machine, d'un mécanisme.* V. **Dérèglement de l'esprit.** V. **Déséquilibre.** ♦ 2° (XVI°). Vieilli. Le fait de s'écarter des règles de la morale, de l'équilibre et de la mesure. V. **Désordre, licence.** « *Ceux qui sont dans le dérèglement disent à ceux qui sont dans l'ordre que ce sont eux qui s'éloignent de la nature* » (PASC.). ♦ 3° Vieilli. *Un, les dérèglement(s) :* acte qui témoigne d'une vie déréglée. « *Des libertins, « après avoir scandalisé le monde par leurs dérèglements* » (LESAGE). ◊ ANT. *Règle; arrangement, mesure, ordre.*

·**DÉRÉGLER** [deʁegle]. *v. tr.* (1636; *Desreigler*, 1280; de *dé-*, et *régler*). ♦ 1° Faire qu'une chose ne soit plus réglée; mettre en désordre. V. **Bouleverser, déranger, détraquer, troubler.** *L'orage a déréglé le temps. Dérégler un mécanisme délicat, une montre.* Fig. « *Les poisons de la fatigue ont vite fait de dérégler la fragile mécanique de l'âme* » (DUHAM.). ♦ 2° (1690). Troubler l'ordre moral de. *Dérégler les mœurs, la conduite.* ◊ ANT. *Régler; arranger, ranger, réparer.*

DÉRÉLICTION [deʁeliksjɔ̃]. *n. f.* (XVI°; lat. *derelictio*). *Relig.* État de l'homme qui se sent abandonné, isolé, privé de tout secours divin. V. **Délaissement.** ◊ ANT. *Aide, consolation.*

DÉRIDAGE [deʁidaʒ]. *n. m.* (1972; de *dé-*, et *ride*). *Chir.* Traitement esthétique chirurgical qui consiste à retendre la peau du visage pour faire disparaître les rides et autres traces de vieillissement (peut remplacer l'anglicisme *Lifting*).

DÉRIDER [deʁide]. *v. tr.* (1539, « enlever les rides de »; de *dé-*, et *ride*). *Mod.* (1572). Rendre moins soucieux, moins triste (comme si on enlevait les rides du front). *Il est difficile à dérider; rien ne le déride.* V. **Égayer, réjouir.** — (Littér.) « *Il ne peut dérider son front devant ses inférieurs* » (VIGNY). ◊ SE DÉRIDER. *v. pron.* Sourire; rire. *Il ne s'est pas déridé de la soirée.* ◊ ANT. *Attrister, chagriner.*

DÉRISION [deʁizjɔ̃]. *n. f.* (XIII°; bas lat. *derisio*, de *deridere* « se moquer de »). ♦ 1° Mépris qui incite à rire, à se moquer de (qqn, qqch.). V. **Dédain, ironie, mépris, persiflage, raillerie, risée, sarcasme.** *Dire qqch. par dérision. Rire, gestes de dérision.* « *Le ton dominant de l'institution était la dérision de toute sensibilité et l'exaltation des plus rudes vertus* » (LARBAUD). « *Pour les intellectuels, je n'ai que mépris et dérision* » (DUHAM.). TOURNER EN DÉRISION : se moquer d'une manière méprisante. ♦ 2° Chose insignifiante, dérisoire. *Dix francs! c'est une dérision.* ◊ ANT. *Considération, déférence, estime, respect.*

DÉRISOIRE [deʁizwaʁ]. *adj.* (v. 1327; bas lat. *derisorius*, de *deridere* « se moquer de »). ♦ 1° *Vx.* Qui est dit ou fait par dérision; méprisant, moqueur. ♦ 2° *Mod.* (1862). Qui est si insuffisant que cela semble une moquerie (Cf. Ridicule). V. **Insignifiant, minime, piètre.** *Un salaire dérisoire.* ♦ 3° Qui mérite d'être tourné en ridicule. « *Une pitié lui venait au cœur devant ce dérisoire ennemi* » (GENEVOIX). « *Aucune objection, aucun adversaire ne lui semblait négligeable ou dérisoire* » (MONDOR). ◊ ANT. *Respectueux; important.*

DÉRISOIREMENT [deʁizwaʁmɑ̃]. *adv.* (1468; de *dérisoire*). *Littér.* D'une manière dérisoire (2°).

DÉRIVATIF, IVE [deʁivatif, iv]. *adj. et n. m.* (XV°; lat. *derivatus*, de *rivus* « ruisseau »). ♦ 1° Qui opère une dérivation. *Anc. méd.* Révulsif. ◊ Ling. *Suffixe dérivatif.* ♦ 2° Cour. N. m. (1810). Ce qui permet de détourner l'esprit de ses préoccupations. V. **Distraction, divertissement.** « *Pour-*

quoi avez-vous pris comme dérivatif à votre douleur la culture des muscles? » (LOTI).

1. DÉRIVATION [deʀivasjɔ̃]. *n. f.* (1314; lat. *derivatio*, de *rivus*). ♦ 1° Action de dériver un cours d'eau. V. **Détour**, **détournement**. *Barrage pour la dérivation des eaux. Canal de dérivation.* ◇ *Partie dérivée d'un cours d'eau.* « *L'entretien des dérivations, des rigoles et des canaux* » (DEMANGEON). ◇ *Par anal.* Action de dériver de son cours naturel, l'écoulement de (un flux). *Spécialt.* Action de dériver la circulation routière aux heures de pointe. — *Par ext.* Voie de circulation vers laquelle sont dérivées les voitures en cas de besoin. V. **Déviation**. *Emprunter une dérivation pour éviter un bouchon.* ◇ *Psycho.* Détournement de forces psychiques de leur voie naturelle. ♦ 2° *Dérivation propre.* Procédé de formation de mots nouveaux par modification (addition, suppression ou remplacement) d'un morphème (suffixe) par rapport à une base (radical). *Dérivation régressive, par suppression de suffixe* (chant, de chanter). ◇ *Dérivation savante par l'addition de suffixes latins ou grecs.* ◇ *Dérivation impropre*, qui se fait sans modification de forme, par changement de catégorie (le moi, *du pronom* moi; le pourquoi, *de l'adverbe* pourquoi). ♦ 3° *Méd.* Déviation du sang ou d'un liquide organique hors de leur circuit habituel. *Abcès de dérivation ou de fixation*, créé artificiellement pour déplacer les microbes d'un foyer inflammatoire vers une région moins importante. ♦ 4° *Sc. Math.* Recherche de la dérivée d'une fonction. — *Électr.* Communication entre deux points d'un circuit, au moyen d'un second conducteur (montage en parallèle*). V. **Court-circuit**, **shunt**. *Circuits en dérivation*, circuits électriques ou magnétiques bifurqués entre lesquels le courant ou le flux magnétique se partage. — *Techn.* Dédoublement d'un circuit de fluide. — Dispositif permettant d'envoyer un fluide dans une direction déterminée.

2. DÉRIVATION [deʀivasjɔ̃]. *n. f.* (1690; de *dériver* 2). ♦ 1° *Mar, aviat.* Action de dériver, sous la poussée du vent, d'un courant. V. **Dérive**. ♦ 2° *Artill.* Action de s'écarter de sa trajectoire, sous l'influence de sa rotation ou de la résistance de l'air. *Correction de dérivation.* (V. **Dérive**, 3°).

DÉRIVE [deʀiv]. *n. f.* (1671; de *dériver* 2). ♦ 1° Déviation d'un navire, d'un avion par rapport à sa route, sous l'effet des vents ou des courants. V. **Dérivation**. *Angle de dérive. Dérive sur bâbord, sur tribord.* — *Navire en dérive*, désemparé et emporté au gré des vents et des courants. ◇ *Fig. Être, aller à la dérive.* Entreprise qui va à la dérive, qui n'est plus guidée, conduite (Cf. À vau l'eau). « *Gise, qui se sentait aller à la dérive, se reprend aussitôt* » (MART. du G.). ◇ (XXᵉ) *Dérive des continents*, théorie de Wegener selon laquelle les continents flotteraient à la surface d'une masse visqueuse. ♦ 2° Dispositif qui empêche un navire, un avion de dériver. *Aileron vertical immergé* (navire). *Gouvernail de direction* (avion). *Appareil à double dérive* (V. **Empennage**). ♦ 3° *Artill.* Distance dont il faut déplacer la hausse d'un canon pour corriger la déviation. *Lecture de la dérive sur l'appareil de pointage* ou *correction de dérivation.* ♦ 4° *Sc.* Variation lente et continue d'une grandeur. — *Électr.* Variation dans le temps des caractéristiques électriques d'un montage. *Dérive de paramètres.*

DÉRIVÉ, ÉE [deʀive]. *adj.* (XIVᵉ; V. **Dériver**). Qui provient d'une dérivation. *Mot dérivé.* Chim. *Corps, produits dérivés d'un autre.* ◇ Math. *Fonction dérivée.* ◇ Électr. *Courant dérivé*, courant électrique traversant une ou plusieurs dérivations. V. **Dérivée**.

DÉRIVÉ [deʀive]. *n. m.* (1780; de *dérivé*). ♦ 1° Mot dérivé. Dérivation (2) *est un dérivé de* dériver (2). ♦ 2° Produit dérivé. *Les dérivés de la houille.* Spécialt. Chim. Substance préparée en partant d'une autre substance et qui conserve en général la structure de la première. ♦ 3° Math. *Dérivé d'un ensemble :* ensemble de ses points d'accumulation. ◇ HOM. Dérivée, dériver.

DÉRIVÉE [deʀive]. *n. f.* (1839; de *dériver*). Math. *Dérivée d'une fonction d'une variable :* limite vers laquelle tend le rapport de l'accroissement de cette fonction à l'accroissement de la variable lorsque celui-ci tend vers zéro. *Dérivées successives, partielles, logarithmiques, géométriques. La dérivée d'une fonction en un point est égale à la pente de la tangente au point correspondant de la courbe représentative de cette fonction.* ◇ HOM. Dérivé, dériver.

1. DÉRIVER [deʀive]. *v. tr.* (1120; lat. *derivare*, de *rivus* « ruisseau »). **I.** *V. tr. dir.* ♦ 1° Détourner (des eaux) de leur cours pour leur donner une nouvelle direction. V. **Détourner**, **dévier**. *Dériver un cours d'eau, les eaux d'une source.* — *Par anal.* Faire dériver. *Dériver sa mauvaise humeur sur (vers) quelqu'un* (qui n'en est pas l'objet). ♦ 2° *Gram.* Tirer par dérivation. ♦ 3° (1870). Math. *Dériver une fonction :* en calculer la dérivée. **II.** *Dériver* (DE). *V. tr. indir.* ♦ 1° Avoir son origine dans. V. **Découler**, **émaner**, **provenir**, **venir**. *Mot qui dérive de l'arabe, du grec, du latin.* ♦ 2° Découler, provenir

(de). « *Ces froides justices qui font dériver les conséquences des principes* » (CHATEAUB.). « *Je vous jure qu'il faut se tromper, et que rien d'excellent ne peut dériver de l'expérience d'autrui* » (VALÉRY).

2. DÉRIVER [deʀive]. *v. intr.* (1578; de l'angl. *to drive*, par croisement avec le précéd.). ♦ 1° S'écarter de sa direction, en parlant d'un navire (V. **Dérive**). Par anal. *Avion qui dérive.* ♦ 2° *Fig.* S'abandonner, être sans volonté, sans énergie. « *Je suis détaché... je dérive. Quelle force m'entraîne?* » (MAURIAC).

3. DÉRIVER [deʀive]. *v. tr.* (XIIIᵉ-XIVᵉ; de *dé-*, et *river*). *Techn.* Défaire ce qui est rivé (On dit aussi DÉRIVETER [deʀivte], 1923. ◇ HOM. Dérivé, dérivée.

DÉRIVEUR [deʀivœʀ]. *n. m.* (1864; de *dériver* 2). ♦ 1° Voile de mauvais temps. ♦ 2° Bateau muni d'une dérive.

DERMATITE [deʀmatit] ou **DERMITE** [deʀmit]. *n. f.* (1836,-1855; lat. méd. *dermatitis*, gr. *derma*, et *-ite*). Méd. Inflammation de la peau.

DERMATO-, DERM(O)-. Éléments, du gr. *derma, dermatos* « peau ».

DERMATOLOGIE [deʀmatɔlɔʒi]. *n. f.* (1836; de *dermato-* et *-logie*). Partie de la médecine qui étudie et soigne les maladies de la peau.

DERMATOLOGISTE [deʀmatɔlɔʒist(ə)] ou **DERMATOLOGUE** [deʀmatɔlɔg]. *n.* (1845,-1870; de *dermatologie*). Spécialiste de la dermatologie.

DERMATOSE [deʀmatoz]. *n. f.* (1832; lat. méd. *dermatosis*, du gr. *derma* « peau »). Méd. Maladie de la peau.

DERME [deʀm(ə)]. *n. m.* (1611; gr. *derma* « peau »). Anat. Couche profonde de la peau, recouverte par l'épiderme* et formée de tissu conjonctif. *Face superficielle du derme*, hérissée de papilles. *Partie profonde du derme.* V. **Hypoderme**.

-DERME, -DERMIE. Éléments, du gr. *derma* « peau » (ex. : *épiderme, pachyderme*).

DERMESTE [deʀmɛst(ə)]. *n. m.* (1827; lat. zool., du gr. *derma* « peau- », et *esthein* « manger »). Insecte coléoptère (*Dermestidés*) dont les larves vivent de matières animales desséchées.

DERMIQUE [deʀmik]. *adj.* (1846; de *derme*). Anat. Du derme. *Tissu dermique.*

DERMITE. V. **Dermatite**.

DERMO-. V. **Dermato-**.

DERMOGRAPHIE [deʀmɔgʀafi]. *n. f.* (1897; de *dermo-* et *-graphie*). Méd. Réaction de la peau qui rougit et se tuméfie à l'endroit où l'on exerce un léger frottement avec une pointe émoussée.

DERMOPUNCTURE ou **DERMOPONCTURE** [deʀmɔpɔ̃ktyʀ]. *n. f.* (1974; de *dermo-*, et lat. *punctura* « piqûre »). Didact. Méthode thérapeutique dérivée de l'acupuncture*, consistant à utiliser les aiguilles très fines sur les nerfs à fleur de peau.

DERMOTROPE [deʀmɔtʀɔp]. *adj.* (1948; de *dermo-* et *-trope*). Didact. Se dit de substances, microbes, etc., se fixant électivement sur la peau et les muqueuses.

DERNIER, IÈRE [deʀnje, jɛʀ]. *adj. n.* (Derrenier, fin XIIᵉ; a. fr. *derrain*, refait sur *premier;* lat. pop. °*deretranus*, class. de *retro*. V. **Derrière**).

I. ♦ 1° Adj. (Avant le nom). Qui vient après tous les autres, après lequel il n'y en a pas d'autre. *Décembre est le douzième et dernier mois de l'année. Dernier train, dernière édition* (de la journée). Ellipt. « *Le type brandissait des journaux en murmurant :* « Paris-Soir, *dernière* » (SARTRE). *Dernières nouvelles. Être à sa dernière heure; rendre le dernier soupir. — Faire une chose pour la dernière fois. Ce n'est pas la première fois et ce ne sera pas la dernière. Lire un livre jusqu'à la dernière page.* V. **Final**. *Mettre la dernière main à un ouvrage. Dépenser jusqu'à son dernier sou. À la dernière extrémité.* V. **Extrême, ultime**. *Dernière chance, dernière carte. Faire un dernier effort.* V. **Suprême**. — *Avoir le dernier mot. En dernière analyse, en dernier ressort.* ◇ (Après le nom) *Jugement dernier.* ◇ (Attribut) *Il est dernier, il est arrivé bon dernier.* ♦ 2° Nominal. *Marcher le dernier* (Cf. Cfore, fermer la marche). *C'est le dernier de la file. Il est parmi les cinq derniers. Les premiers seront les derniers* (allus. biblique). *Être le dernier de la classe :* celui auquel on a décerné la dernière place. V. **Culot**. *Le Dernier des Mohicans*, roman de F. Cooper. « *Une guerre est toujours la dernière des guerres* » (GIRAUDOUX), pop. *La der des ders.* ♦ 3° Loc. adv. EN DERNIER : à la fin, après tous les autres. *Nous nous occuperons de lui en dernier. Cela vient en dernier.*

II. Extrême. ♦ 1° Le plus haut, le plus grand. *Au dernier point, au dernier degré. Protester avec la dernière énergie. Vx ou littér.* « *On dit qu'avec Bélise il est du dernier bien* » (MOL.). « *Se permettre une réflexion pareille... était peut-être du dernier goujat* » (ROMAINS). ♦ 2° Le plus bas, le pire. *Une marchandise de dernière qualité, de dernier choix, de dernier ordre.* — Nominal. « *On la traite comme la dernière* *des dernières* » (RENARD). ◇ *Région.* (Belgique). Fam. *Le dernier de tout,* le comble, la fin de tout.

III. Qui est le plus proche du moment présent. *Ces derniers temps. L'an dernier, l'année dernière, mercredi dernier.* V. **Passé.** *Nouvelles de la dernière heure. La dernière guerre. S'habiller selon la dernière mode; c'est le dernier cri.* ◇ (Nominal) *Jean est son dernier. Le petit dernier.* V. **Benjamin.** — *Oui, répondit ce dernier :* celui dont on vient de parler. ◈ ANT. **Initial, premier.** V. **Futur, prochain.**

DERNIÈREMENT [dɛrnjɛrmɑ̃]. *adv.* (1294; de *dernier,* III). Depuis peu de temps, ces derniers temps. V. **Récemment.** *Il est venu nous voir tout dernièrement.*

DERNIER-NÉ [dɛrnjene], **DERNIÈRE-NÉE** [dɛrnjɛrne]. *n.* (1961; de *dernier,* et *né*). Enfant qui, dans une famille, est né le dernier. V. **Benjamin, cadet.** *Les derniers-nés sont souvent plus choyés que leurs frères et sœurs.* « *Poil de Carotte... Elle donne ce petit nom d'amour à son dernier-né* » (RENARD). — (1694). *(Choses).* Le plus récent, le dernier modèle. *La dernière-née des grandes unités de surface.* ◈ ANT. **Aîné.**

DERNY [dɛrni]. *n. m.* (mil. XXᵉ; nom de l'inventeur). Cyclomoteur qui entraîne les coureurs cyclistes, dans certaines courses. *Course derrière derny.*

DÉROBADE [derɔbad]. *n. f.* (1889; *à la dérobade,* 1549; de *dérober*). ♦ 1º *Équit.* Action de se dérober, en parlant d'un cheval. ♦ 2º *Cour.* Action de s'échapper, de fuir, de reculer devant une obligation, un engagement. V. **Échappatoire, faux-fuyant, pirouette** *(fam.),* **reculade.** « *Rien ne m'est plus difficile qu'un geste qui peut paraître une dérobade* » (GIDE).

DÉROBÉ, ÉE [derɔbe]. *adj.* (XVIᵉ; V. **Dérober**). ♦ 1º Pris, volé. *Receler des objets dérobés.* ♦ 2º (1603). *Escalier dérobé, porte dérobée :* qui permet de sortir d'une maison ou d'y entrer sans être vu. V. **Secret.** ♦ 3º (1864). *Agric. Culture dérobée,* culture de quelques semaines pratiquée dans l'intervalle des cultures principales.

DÉROBÉE (À LA) [aladerɔbe]. *loc. adv.* (1549; de *dérobé*). En cachette; furtivement, secrètement, subrepticement. « *Je m'avisai de mettre à la dérobée une pincée de poivre sur la part de tarte à la crème* » (FRANCE). *Regarder qqn à la dérobée* (opposé à : en face).

DÉROBER [derɔbe]. *v. tr.* (*Desrober,* fin XIIᵉ; de l'a. fr. *rober,* frq. °*raubôn;* Cf. all. *rauben* « dépouiller »).
I. *V. tr.* ♦ 1º *Littér.* S'emparer furtivement de ce qui appartient à autrui. V. **Voler** *(plus cour.).* *Dérober un portefeuille, une montre, un bijou, un vêtement.* ♦ 2º *Fig.* Obtenir (qqch.) par des moyens peu honnêtes. V. **Extorquer, prendre.** *Dérober un secret.* V. **Surprendre.** *Dérober un baiser :* embrasser qqn par surprise. V. **Prendre, voler.** ♦ 3º *(Choses).* Empêcher de voir, masquer à la vue. V. **Cacher, dissimuler, masquer, voiler.** « *Le plus grand danger des idées c'est de dérober souvent le spectacle des réalités* » (DUHAM.). ♦ 4º *Littér.* Cacher ou éloigner de qqn. V. **Enlever, ôter, retirer, soustraire.** « *Son regard rencontre rarement le mien, que je dérobe* » (COLETTE). « *Elle voulut m'embrasser, mais je dérobai mon front* » (MAURIAC).
II. SE DÉROBER. *v. pron.* ♦ 1º (XVIᵉ). SE DÉROBER À : éviter d'être vu, pris par (qqn). V. **Échapper, soustraire (se).** *Se dérober aux regards.* V. **Cacher (se), dissimuler (se).** « *Il exige qu'au lieu de se dérober à la police, il aille à sa rencontre* » (ROMAINS). V. **Éviter, fuir.** *Fig. Se dérober à son devoir, à ses obligations, à son travail.* V. **Manquer** (à). « *Je me dérobe au travail, commence à la fois six livres* » (GIDE). « *Elle avait compris la question et ne s'y dérobait pas* » (MART. du G.). V. **Éluder, esquiver.** ◇ *Absolt.* Éviter de répondre, de réagir, d'agir. « *Plus le Conseil de la Commune se dérobe, plus les hommes d'action le pressent* » (JAURÈS). ♦ 2º *Absolt.* S'éloigner, s'écarter de qqn. V. **Dégager (se), refuser (se), retirer (se).** « *Il lui prit le bras comme jadis. Elle ne se dérobait pas, ne marquait aucun refus, aucun recul* » (ROMAINS). ♦ 3º *(Choses).* *Se dérober sous :* s'effondrer. V. **Manquer.** *Elle* « *croyait sentir les tapis, le parquet se dérober sous ses genoux* » (LOTI). « *Il était tellement tremblant que ses genoux se dérobaient sous lui* » (STENDHAL) : qu'il était près de tomber.
◈ ANT. **Rendre, restituer. Livrer, montrer. Affronter.**

DÉROCHAGE [derɔʃaʒ]. *n. m.* (1838; de *dérocher*). *Techn.* Action de dérocher un métal.

DÉROCHEMENT [derɔʃmɑ̃]. *n. m.* (1890; *desrochement* « démolition », 1472; de *dérocher*). *Techn.* Action de dérocher le lit d'une rivière, un terrain.

DÉROCHER [derɔʃe]. *v.* (*Desrochier,* XIIᵉ; de *dé-,* et *roche*).
I. *V. intr.* (XIIᵉ; repris déb. XXᵉ). *Alpin.* Lâcher prise et tomber d'une paroi rocheuse. V. **Dévisser.** — Plus cour. SE DÉROCHER, *v. pron.*
II. *V. tr. Techn.* ♦ 1º (1671). Nettoyer (la surface d'un métal) des corps gras, des oxydes. V. **Décaper; dérochage.** *Dérocher au moyen de borax, d'acide sulfurique.* ♦ 2º Dégager

(un chenal, le lit d'une rivière, un terrain) des rochers qui encombrent. V. **Dérochement.**

DÉROCTAGE [derɔktaʒ]. *n. m.* (1960; de *dé-,* et rad. bas lat. *rocc-* « pierre », d'après fr. région. *rocter* « dégrossir une pierre en en ébauchant la taille »). *Techn.* Action de briser de gros blocs de pierre. *(Syn.* de préconcassement). *Déroctage sous-marin.*

DÉRODER [derɔde]. *v. tr.* (1870; de *dé-,* et lat. *rodere* « ronger »). *Arbor.* Éclaircir (une forêt en abattant les arbres qui dépérissent, les souches). *Déroder une coupe.*

DÉROGATION [derɔgasjɔ̃]. *n. f.* (1408; lat. *derogatio*). Le fait de déroger à une loi, à une convention, à une règle. V. **Infraction, violation.** « *La dérogation aux lois d'hérédité commise par la Révolution de Juillet* » (RENAN). ◈ ANT. **Conformité, observance.**

DÉROGATOIRE [derɔgatwaʀ]. *adj.* (1341; lat. *derogatorius*). *Dr.* Qui contient, qui constitue une dérogation. V. **Contraire.** *Acte dérogatoire, clause dérogatoire au droit commun.* ◈ ANT. **Conforme.**

DÉROGER [derɔʒe]. *v. tr. indir.* (1361; lat. *derogare,* de *rogare* « demander »). ♦ 1º *Dr.* DÉROGER À : manquer à l'observation d'une loi, à l'application d'une règle, d'une convention. V. **Contrevenir.** *Déroger à la loi.* V. **Enfreindre.** « *On ne peut déroger, par des conventions particulières, aux lois qui intéressent l'ordre public* » (CODE CIV.). V. **Transgresser, violer.** ♦ 2º *Ancienn. Déroger à noblesse,* perdre ses privilèges. *Déroger :* perdre les privilèges de la noblesse par l'exercice d'une profession incompatible avec elle (l'acte qui faisait déroger était appelé DÉROGEANCE [derɔʒɑ̃s]. ♦ 3º *Littér.* Faire une chose indigne de sa position, de ses principes, etc. *Déroger à son rang, à sa naissance, à ses convictions.* V. **Manquer.** ◇ *Absolt.* V. **Abaisser (s'), condescendre, déchoir.** *Il croirait déroger en faisant ce métier.* « *Elle savait très bien voir les petites gens sans déroger* » (CHATEAUB.). ◈ ANT. **Conformer (se conformer à), obéir (à), observer, respecter, suivre, garder, tenir (son rang).**

DÉROUGIR [deruʒiʀ]. *v. tr. et intr.* (1636; *desrougir,* déb. XIIIᵉ; de *dé-,* et *rougir*). Faire perdre ou perdre la couleur rouge (au sujet d'une personne ou d'une chose). — *Fig. et région.* (Canada). *Ça ne dérougit pas!,* s'emploie au Canada au plus fort des périodes de pointe qui se prolongent au travail, dans le commerce, le tourisme, etc. ◈ ANT. **Rougir.**

DÉROUILLÉE [deruje]. *n. f.* (1926; de *dérouiller,* 2º). *Pop.* Action de « dérouiller », de battre ou d'être battu. V. **Coup, volée.** *Prendre, recevoir une dérouillée, la dérouillée.* — On dit aussi DÉROUILLE [deruj], 1934.

DÉROUILLER [deruje]. *v. tr.* (1565; *desroiller,* v. intr., 1196; de *dé-,* et *rouille*). ♦ 1º *Rare.* Débarrasser de sa rouille. *Dérouiller un canon de fusil.* ◇ (XVIᵉ) *Cour.* En parlant d'une faculté physique ou intellectuelle. V. **Dégourdir.** *Dérouiller sa mémoire.* V. **Réveiller.** — *Se dérouiller les jambes en marchant.* ♦ 2º (1924). *Pop.* V. **Battre.** *Tu s'est fait dérouiller.* « *À ton arrivée au dépôt, je serai là pour te dérouiller la gueule* » (AYMÉ). ◇ *Intrans.* Être battu, puni. *Qu'est-ce qu'il a dérouillé!* ◈ ANT. **Rouiller.**

DÉROULAGE [derulaʒ]. *n. m.* (1870; de *dérouler*). ♦ 1º *Déroulement.* ♦ 2º *Techn.* Détachage mécanique d'une feuille de bois à la surface d'une pièce cylindrique. *L'industrie du sciage et du déroulage (placages et contreplaqués).*

DÉROULEMENT [derulmɑ̃]. *n. m.* (1704; de *dérouler*). ♦ 1º Action de dérouler. *Déroulement d'un parchemin.* V. **Développement.** *Déroulement d'un câble, d'une pelote de ficelle.* ♦ 2º Le fait de se dérouler, de se déployer. *Déroulement des vagues sur la plage; déroulement d'une fumée.* ◇ Absolt. « *Devant nous la Seine se déroulait ondulante* » ♦ 3º (1859). *Fig.* Le fait de se succéder dans le temps. V. **Écoulement, enchaînement, succession, suite.** *Le déroulement de l'action dans une pièce de théâtre, un film.* « *Il devine, tant bien que mal, le déroulement des faits* » (MART. du G.). ◈ ANT. **Enroulement**

DÉROULER [derule]. *v. tr.* (1538; de *dé-,* et *rouler*). ♦ 1º *Défaire, étendre ce qui était roulé.* V. **Déployer, développer, étaler.** *Dérouler une pièce d'étoffe, une bobine de fil.* V. **Dévider.** *Dérouler un store, une carte.* — Pronom. « *Le boa se déroule et siffle* » (GAUTIER). ◇ *Techn.* Opérer le déroulage du bois. ♦ 2º *(Choses).* Étaler sous le regard. *L'incendie* « *Déroule autour des mâts son ardente spirale* » (HUGO). — Pronom. « *Devant nous la Seine se déroulait ondulante* » (MAUPASS.). ♦ 3º *Fig.* Montrer, développer successivement. *Le film déroule son intrigue dans sa mémoire.* « *Elle déroule toutes nos paroles, tous nos silences, nos regards, nos gestes* » (COLETTE). ◇ SE DÉROULER : prendre place dans le temps, en parlant d'une suite ininterrompue d'événements, de pensées. V. **Écouler (s'), passer (se).** « *Plus ce récit se déroulait, plus il semblait attacher nos simples auditeurs* » (LAMART.). « *Elle* (la vie) *se déroule, toujours pareille, avec* *la mort au bout* » (MAUPASS.). ◇ ANT. *Enrouler, rouler; envelopper, replier.* — *Arrêter (s').*

DÉROULEUR [deʀulœʀ]. *n. m.* (1968; de *dérouler*). *Techn.* Dispositif permettant l'enroulement et le déroulement d'une bande magnétique en vue de l'écriture ou de la lecture, dans un calculateur électronique. V. **Enregistreur, magnétophone.**

DÉROULEUSE [deʀuløz]. *n. f.* (1929; de *dérouler*). *Techn.* ♦ 1° Dispositif sur lequel on enroule et déroule un câble, du fil téléphonique. ♦ 2° Machine qui effectue le déroulage du bois. V. **Raboteuse.**

DÉROUTAGE. V. **DÉROUTEMENT.**

DÉROUTANT, ANTE [deʀutɑ̃, ɑ̃t]. *adj.* (1846; de *dérouter*). Qui déroute (3°). V. **Déconcertant.** *Une question déroutante, inattendue.*

DÉROUTE [deʀut]. *n. f.* (1541; de l'a. fr. *desroter* (V. **Dérouter**), de *route* « bande d'hommes »; Cf. **Routier**). ♦ 1° Fuite désordonnée de troupes battues ou prises de panique. V. **Débâcle, débandade.** *Mettre l'ennemi en déroute.* V. **Bousculer, enfoncer.** « *C'était un Espagnol de l'armée en déroute* » (HUGO). « *Cette laborieuse retraite aurait pu se changer en déroute* » (MÉRIMÉE). ♦ 2° (*Abstrait;* 1643). Confusion, désordre. « *Il y a des déroutes d'idées comme il y a des déroutes d'armées* » (HUGO). « *Ma belle sérénité du mois d'octobre est en déroute* » (DUHAM.). ◇ ANT. *Résistance. Ordre.*

DÉROUTEMENT [deʀutmɑ̃] ou **DÉROUTAGE** [deʀutaʒ]. *n. m.* (1636,-XXᵉ; mar.; de *dérouter*). Changement de la route qu'un navire, un avion aurait dû suivre. *Déroutement par suite d'une avarie.*

DÉROUTER [deʀute]. *v. tr.* (*h.* XIIIᵉ; *desroter* «s'enfuir», XIIᵉ; de *dé-*, et *route*). ♦ 1° *Vx.* Égarer (qqn) de sa route. « *Quelque petite maison assez éloignée pour dérouter les importuns* » (ROUSS.). ♦ 2° Mod. *Dérouter un navire* : le faire changer d'itinéraire, de destination. *La compagnie a dérouté tel avion, tel convoi.* ♦ 3° Rendre (qqn) incapable de réagir, de se conduire comme il faudrait. V. **Confondre, déconcerter.** *Dérouter un candidat par des questions inattendues.* « *La musique déroute ceux qui ne la sentent point* » (R. ROLLAND).

DERRICK [de(e)ʀik]. *n. m.* (1861; mot angl., d'un nom propre). *Anglicisme.* Bâti métallique supportant le trépan qui sert à forer les puits de pétrole. *Les derricks.* — *Recomm. offic.* Tour de forage ou tour.

1. DERRIÈRE [deʀjɛʀ]. *prép.* et *adv.* (*Deriere,* 1080; bas lat. *de retro,* de *retro* « en arrière »; *derrière,* sous l'infl. de *derrain.* V. **Dernier**). Du côté opposé au visage, à la face, au côté visible.

I. *Prép.* ♦ 1° En arrière, au dos de. V. **Arrière (en), dos (au), revers (au);** préf. **Rétro-.** *Derrière la maison, derrière le mur. Se cacher derrière qqn. Avoir les mains derrière le dos. Cacher qqch. derrière soi. Il disparut derrière une éminence; derrière le tournant.* V. **Après.** ◇ *Fig. Derrière son apparente cordialité, on devine de la haine.* — *Loc. prép.* DE DERRIÈRE, PAR DERRIÈRE. *Il sortit de derrière la haie. Passez par derrière cette maison.* — *Fig. Pensées, idées de derrière la tête* : arrière-pensée. — *Fam. Être toujours derrière le dos* de qqn, derrière qqn* : surveiller tout ce qu'il fait. *Il ne sait rien faire tout seul, il faut toujours être derrière lui.* ♦ 2° Si la suite de. *Marcher l'un derrière l'autre.* V. **Après** (Cf. À la queue leu leu; en file indienne). *Il resta seul derrière la colonne.* ◇ *Fig. Laisser loin derrière soi* : dépasser, surpasser. — *Il a tous ses partisans derrière lui* : ils le soutiennent, le suivent. — *Il faut bien toujours derrière lui* : le surveiller.

II. *Adv.* ♦ 1° Du côté opposé à la face, à l'endroit; en arrière. *Vêtement qui se boutonne derrière. Il est resté derrière, loin derrière.* — *Mettre, tourner un vêtement sens devant derrière* : à l'envers. ♦ 2° *Loc. adv.* PAR DERRIÈRE : par l'arrière, par le côté opposé au visage, à la face. *Attaquer, poignarder qqn par derrière* (dans le dos). *Il dit du mal de lui par derrière.*

◇ ANT. *Devant. Avant* (en), *premier* (en).

2. DERRIÈRE [deʀjɛʀ]. *n. m.* (1459; du précéd.). ♦ 1° Le côté opposé au *Devant,* la partie postérieure. V. **Arrière, dos, fond, revers, verso.** *Le derrière d'une maison* : la partie opposée à la façade. *Il est logé sur le derrière de l'immeuble.* — Plur. *Passer par les derrières.* — *Les roues de derrière.* V. **Arrière.** *Les pattes, le train de derrière.* ◇ *Porte de derrière* : pratiquée sur le derrière d'un bâtiment. ♦ 2° Au plur. *Les derrières d'une armée* : les derniers corps d'une armée en mouvement; le côté auquel l'armée tourne le dos. *Protéger, assurer ses derrières.* ♦ 3° Partie du corps de l'homme et de certains animaux qui comprend les fesses et le fondement. V. **Arrière-train, cul** *(pop.),* **fessier, postérieur** (Cf. *arg.* Derje, derche). *S'asseoir, tomber sur le derrière. Botter le derrière.* « *M. le baron chassa Candide du château à grands coups de pieds dans le derrière* » (VOLT.). ◇ ANT. *Avant, devant, endroit, façade, face, dessus.*

DÉRURALISATION [deʀyʀalizasjɔ̃]. *n. f.* (1972; de *dé-,* et *rural*). *Démogr.* Dépeuplement progressif des milieux ruraux.

DERVICHE [dɛʀviʃ]. *n. m.* (1653; *derviz, derviss,* 1546; persan *dervich* « pauvre »). Religieux musulman appartenant à une confrérie. *Derviche persan, syrien. Derviche tourneur.* « *Des vieux derviches, avec leurs bonnets de mages, qui psalmodiaient en route* » (LOTI).

DES- ou **DÉS-.** *préf.* V. **DÉ-.**

1. DES [de]. (de *de,* prép., et *les,* art. déf. au plur.). Article défini plur. contracté : *de les.* V. **DE** (1).

2. DES [de]. (de *de* [2], art., et *les*). Article partitif exprimant une partie d'une chose au pluriel. V. **De** (2).

3. DES [de]. *art. indéf.* (XIIIᵉ; *des* précéd., a remplacé *uns, unes*). Article indéfini, pluriel de UN, UNE. ♦ 1° Devant un nom commun. *Un livre, des livres.* « *Des ambulanciers, qui portent des blessés couchés sur des civières* » (MALRAUX). ◇ *Des hommes très beaux* : de beaux hommes ou *des beaux hommes. Il y en avait de grands, des grands et des petits.* ♦ 2° Devant un nom propre (qui prend la valeur d'un nom). « *Quand un pays a eu des Jeanne d'Arc et des Napoléon* » (MAUPASS.). ♦ 3° *Fam.* Devant un nom de nombre (même devant *un*), avec une valeur emphatique. *Il soulève des cinquante kilos comme un rien.* « *Il y a des endroits où vous avez jusqu'à des un mètre, un mètre cinquante d'eau* » (ROMAINS). ◇ HOM. *D, dé.*

DÈS [de]. *prép.* (1080; lat. pop. *de ex,* renforcement de *ex* « hors de »).

I. *Temps.* ♦ 1° Immédiatement, à partir d'un moment donné. V. **Depuis.** *Dès cette époque, dès ce moment.* V. **Déjà.** *Se lever dès l'aube. Dès maintenant, dès à présent.* V. **Désormais.** « *Cueillez dès aujourd'hui les roses de la vie* » (RONSARD). *Vous viendrez me voir dès mon retour. Dès l'abord,* immédiatement. ◇ (XXᵉ). Dans l'ordre, la hiérarchie. V. **Partir** (à partir de). *Dès l'assistanat, le professeur est considéré comme membre du corps universitaire.* ♦ 2° *Loc. adv.* DÈS LORS : dès ce moment, aussitôt. *Dès lors, il décida de partir.* — *Fig.* En conséquence. V. **Conséquemment, donc.** *Il a fourni un alibi : dès lors on peut reconnaître son innocence.* ◇ *Loc. conj.* DÈS LORS QUE : dès l'instant où, et *fig.* étant donné que, puisque. ◇ 3° *Loc. conj.* DÈS QUE : dès l'instant où. *Dès qu'il paraît. Dès que je fus parti.* « *Seigneur, vous serez roi dès que vous voudrez l'être* » (VOLT.). « *J'appartiens à la tristesse, dès que ne m'accapare plus le travail* » (GIDE).

II. *Prép. de lieu.* À partir de, depuis. *Dès l'entrée, dès la porte.* « *Dès le seuil, on entendait battre l'horloge* » (M. ARLAND). ◇ ANT. *Avant; après.* — HOM. *Dais, dey.*

DÉSABONNEMENT [dezabɔnmɑ̃]. *n. m.* (1856; de *désabonner*). Action de désabonner, de se désabonner. ◇ ANT. *Abonnement.*

DÉSABONNER [dezabɔne]. *v. tr.* (1840; de *dés-,* et *abonner*). Faire cesser d'être abonné. *Veuillez me désabonner. Se désabonner.* ◇ ANT. *Abonner.*

DÉSABUSÉ, ÉE [dezabyze]. *adj.* (mil. XVIIᵉ; de *dés-,* et *abusé*). ♦ 1° *Vx* ou *littér.* Détrompé. ♦ 2° *Mod.* (1800). Qui a perdu ses illusions. *Un philosophe désabusé.* — *Attitude, expression, moue désabusée.* V. **Déçu, dégoûté.** « *Le coup d'œil exact et désabusé du connaisseur à qui on montre un bijou faux* » (PROUST). Subst. *Les désabusés.* ◇ ANT. *Enthousiaste, naïf.*

DÉSABUSEMENT [dezabyzmɑ̃]. *n. m.* (1674; de *désabuser*). *Littér.* Action de désabuser, de se désabuser. *Dégoût.* « *Cette Nation... était, sur ce point, arrivée à un désabusement voisin du mépris* » (MADELIN).

DÉSABUSER [dezabyze]. *v. tr.* (XVIᵉ; de *dés-,* et *abuser*). *Vx* ou *littér.* Tirer (qqn) de l'erreur, de l'illusion qui l'abuse. V. **Désenchanter, détromper.** « *Je vois, je sais, je crois, je suis désabusé* » (CORN.). « *Il faut que le monde vous désabuse du monde* » (BOSS.) : vous désillusionne à son propos (V. **Détourner**). ◇ ANT. *Abuser, tromper.*

DÉSACCLIMATER [dezaklimate]. *v. tr.* (1870; de *dés-,* et *acclimater*). Faire cesser d'être acclimaté. ◇ ANT. *Acclimater.*

DÉSACCORD [dezakɔʀ]. *n. m.* (1160; repris XVIIIᵉ; de *dés-,* et *accord*). Manque d'accord. ♦ 1° (*Personnes*). Le fait de n'être pas d'accord; état de personnes qui s'opposent. V. **Brouille, désunion, différend, discorde, dissension, dissentiment, fâcherie, inimitié, mésentente, mésintelligence, zizanie.** *Un léger désaccord; un sérieux, un grave désaccord. Être, se trouver en désaccord avec qqn sur qqch. Le désaccord entre les époux les amena à se séparer, à divorcer. Le désaccord entre deux partis.* V. **Division, scission.** « *Il sentait entre elle et lui un désaccord si intolérable qu'il simulait aussitôt une excessive froideur* » (MART. du G.). ♦ 2° (*Choses*). Le fait de ne pas s'accorder, de ne pas aller ensemble. V. **Contrariété, contraste, discordance, incompatibilité, opposition.**

Désaccord choquant, flagrant entre une théorie et les faits. « *Ma condition d'écolier formait avec mes dispositions morales des désaccords si ridicules...* » (FROMENTIN). « *En désaccord avec son temps — c'est là ce qui donne à l'artiste sa raison d'être* » (GIDE). ◈ ANT. Accord.

DÉSACCORDÉ, ÉE [dezakɔrde]. *adj.* (XVe; V. Désaccorder). ♦ 1° *Littér.* Dont l'harmonie est rompue. « *Tout est désaccordé. Plus d'ensemble, plus d'unité, plus de beauté* » (DIDER.). ♦ 2° Qui n'est plus accordé (instrument de musique). *Piano désaccordé.* V. Faux. ◈ ANT. Harmonieux. Juste.

DÉSACCORDER [dezakɔrde]. *v. tr.* (déb. XIVe; de dés-, et *accorder*). ♦ 1° *Rare.* Mettre en désaccord. V. Brouiller, fâcher, opposer. *Ce sont des questions d'intérêt matériel qui ont désaccordé leurs deux familles.* ♦ 2° Détruire l'accord de (un instrument de musique). *La chaleur, l'humidité désaccorde les pianos.* — *Pronom.* Perdre son accord. ♦ 3° Rompre l'accord, l'harmonie entre les éléments. *Pronom.* « *Sur une route sonore s'accorde, puis se désaccorde pour s'accorder encore, le trot de deux chevaux* » (COLETTE). ◈ ANT. Accorder, réconcilier.

DÉSACCOUPLER [dezakuple]. *v. tr.* (1220; de dés-, et *accoupler*; Cf. Découpler). ♦ 1° *Vén.* Séparer (des choses qui étaient par couples, par paires). *Désaccoupler des chiens de chasse.* V. Découpler. ♦ 2° *Techn.* Supprimer une liaison mécanique, électrique. ◈ ANT. Accoupler.

DÉSACCOUTUMANCE [dezakutymɑ̃s]. *n. f.* (v. 1265; de dés-, et *accoutumance*). *Littér.* Action de se désaccoutumer; perte d'une accoutumance*. V. Désadaptation. ◈ ANT. Accoutumance.

DÉSACCOUTUMER [dezakutyme]. *v. tr.* (fin XIIe; dés-, et *accoutumer*). Faire perdre une coutume, une habitude à (qqn). V. Déshabituer. *Il faut se désaccoutumer de mentir, de voler.* — *Pronom.* « *Mademoiselle s'était désaccoutumée de songer à eux* » (MART. du G.). ◈ ANT. Accoutumer, habituer.

DÉSACIÉRER [dezasjere]. *v. tr.* (1842; de dés-, et *aciérer*). *Techn.* Opération consistant à enlever l'aciérage* (2°) sur un produit métallique. ◈ ANT. Aciérer.

DÉSACRALISATION [desakralizasjɔ̃]. *n. f.* (mil. XXe; de désacraliser). *Didact.* Action de désacraliser; son résultat. « *Le mouvement de la désacralisation de la nature s'est accompagné de la recherche d'un nouveau sacré* » (J. DUQUESNE). ◈ ANT. Sacralisation.

DÉSACRALISER [desakralize]. *v. tr.* (1949; de dé-, et *sacral*). *Didact.* Dépouiller du caractère sacral, ne plus considérer comme sacré. ◈ ANT. Sacraliser.

DÉSADAPTATION [dezadaptasjɔ̃]. *n.f.* (1907; de dés-, et *adaptation*). *Didact.* Perte de l'adaptation. V. Désaccoutumance. ◈ ANT. Adaptation.

DÉSADAPTÉ, ÉE [dezadapte]. *adj.* (1933; V. Désadapter). *Didact.* Qui n'est plus adapté (à son milieu), par suite d'une évolution psychologique. V. Inadapté. « *Un garçon solitaire, désadapté, paresseux* » (SARTRE). ◈ ANT. Adapté.

DÉSADAPTER [dezadapte]. *v. tr.* (1929; de dés-, et *adapter*). *Didact.* Faire cesser l'adaptation de. *Pronom. Se désadapter d'un milieu.* ◈ ANT. Adapter.

DÉSAÉRÉ, ÉE [dezaere]. *adj.* (*Néol.*; de dés-, et *aérer*; Cf. a. fr. *Desairié* « égaré », XIVe). *Techn.* D'où l'air a été retiré. *Béton désaéré.*

DÉSAÉRER [dezaere]. *v. tr.* (1948; de dés-, et *aérer*). *Techn.* Éliminer l'air d'une substance. *Désaérer du béton.* — *Dér.* DÉSAÉRATION [dezaerasjɔ̃], *n. f.*

DÉSAFFECTATION [dezafektasjɔ̃]. *n. f.* (1876; de *désaffecter*). *Dr.* Action de désaffecter (un immeuble). ◈ ANT. Affectation.

DÉSAFFECTÉ, ÉE [dezafɛkte]. *adj.* (fin XIXe; V. Désaffecter). Qui n'est plus affecté (à un service public). *Église, école désaffectée.* — Qui a perdu sa destination première. « *Léon avait baptisé... la pièce voisine laboratoire; c'était une salle de bains désaffectée* » (MART. du G.).

DÉSAFFECTER [dezafɛkte]. *v. tr.* (1876; de dés-, et *affecter*). *Dr.* Faire cesser, changer l'affectation de (un immeuble). *Désaffecter une école, une caserne.* ◈ ANT. Affecter.

DÉSAFFECTION [dezafɛksjɔ̃]. *n. f.* (1787; de dés-, et *affection*). Perte de l'affection, de l'attachement que l'on éprouvait. V. Détachement. *La désaffection du peuple pour le régime.* « *Les hommes souffrent parfois de la désaffection féminine* » (LECOMTE). ◈ ANT. Attachement.

DÉSAFFECTIONNER (SE) [dezafɛksjɔne]. *v. pron.* (XVIIIe; de dés-, et *affectionner*). *Vx.* Cesser d'avoir de l'attachement pour. *Se désaffectionner de qqn, de qqch.* V. Détacher (se). ◈ ANT. Attacher (s').

DÉSAFFILIER [dezafilje]. *v. tr.* (1872; de dés- et *affilier*). *Didact.* Faire cesser une affiliation. — *Pronom.* Se retirer d'une affiliation. — *Dér.* DÉSAFFILIATION [dezafiljasjɔ̃]. *n. f.* ◈ ANT. Affilier.

DÉSAGRAFER [dezagrafe]. *v. tr.* (XVIIe; de dés-, et *agrafer*). Enlever les agrafes de (un vêtement). Ouvrir en défaisant les agrafes. *Désagrafer une robe.* V. Dégrafer. — SE DÉSAGRAFER. *v. pron.* Ouvrir, ôter un vêtement en le désagrafant. ◈ ANT. Agrafer.

DÉSAGRÉABLE [dezagreabl(ə)]. *adj.* (1265; de dés-, et *agréable*). ♦ 1° *(Choses).* Qui déplaît, dont on déplaisir. V. Déplaisant, mauvais, pénible. *C'est une impression très désagréable.* V. Douloureux, insupportable, intolérable. « *J'eus une sorte de frisson désagréable* » (MAUPASS.). *Ce n'est pas désagréable : c'est assez bon. Odeur désagréable.* — *Chose désagréable à voir, à entendre.* « *Il est toujours désagréable de recevoir des lettres anonymes* » (DUHAM.). — *Cette corvée lui a été bien désagréable.* ♦ 2° *(Personnes; 1265).* Qui se conduit de manière à choquer, blesser, irriter les autres. *Il est très désagréable.* V. Acariâtre, atrabilaire, bourru, désobligeant, hargneux, impoli, insupportable. *Il a été assez désagréable avec moi, très désagréable.* V. Odieux. ◈ ANT. Agréable, beau; aimable, charmant.

DÉSAGRÉABLEMENT [dezagreabləmɑ̃]. *adv.* (XIVe; de désagréable). D'une manière désagréable; par une impression désagréable. *Être désagréablement surpris. Il nous a répondu désagréablement.* ◈ ANT. Agréablement.

DÉSAGRÉGATION [dezagregasjɔ̃]. *n. f.* (1798; de désagréger). ♦ 1° Destruction par séparation des parties agrégées. V. Morcellement, pulvérisation. *Désagrégation d'une pierre friable.* ♦ 2° *(Abstrait; av. 1865).* V. Décomposition, désintégration, écroulement. *Louis-Philippe « sentait sous ses pieds une désagrégation redoutable, qui n'était pourtant pas une mise en poussière, la France étant plus France que jamais* » (HUGO). « *Les désagrégations continues de l'oubli* » (PROUST). — *Spécialt. Désagrégation mentale psychique* : trouble de la synthèse mentale; schizophrénie. V. Dissociation (mentale). *Désagrégation de la personnalité, du moi.* ◈ ANT. Agrégation, cohésion, force, solidité.

DÉSAGRÉGER [dezagreʒe]. *v. tr.* (1798; de dés- et *agréger*). ♦ 1° Décomposer (qqch.) en séparant les parties liées, agrégées. « *Comme les cases sont en torchis, l'eau désagrège le bas des murs* » (GIDE). V. Dissoudre, pulvériser. *Roche qui se désagrège.* ♦ 2° (1870). Décomposer (qqch.) en détruisant la cohésion, l'unité. V. Disloquer, morceler. *Désagréger les résistances.* V. Détruire. « *En Angleterre une démolition insensible pulvérise et désagrège perpétuellement les lois et les coutumes* » (HUGO). *Pronom. Tout son système de défense s'est désagrégé.* V. Écrouler (s'). ◈ ANT. Agréger, agglomérer.

DÉSAGRÉMENT [dezagremɑ̃]. *n. m.* (1642; de dés-, et *agrément*). Chose désagréable; sujet de contrariété. V. Contrariété, difficulté, ennui, souci. « *Si je me reproche quelque chose, c'est de vous avoir causé du désagrément* » (SAND). *Je prévois pour vous bien des désagréments.* ◈ ANT. Agrément, plaisir.

DÉSAIMANTER [dezemɑ̃te]. *v. tr.* (1864; de dés-, et *aimanter*). *Techn.* Supprimer l'aimantation, le champ magnétique de. *Une pièce de fer désaimantée* (opération de la DÉSAIMANTATION [dezemɑ̃tasjɔ̃]). *n. f.*, 1858. ◈ ANT. Aimanter.

DÉSALIÉNATION [dezaljenasjɔ̃]. *n. f.* (XXe; de dés-, et *aliénation*). *Didact.* Fin, cessation de l'aliénation* (mentale ou sociale). ◈ ANT. Aliénation.

DÉSALIÉNER [dezaljene]. *v. tr.* (av. 1965; de dés-, et *aliéner*). Faire cesser l'aliénation, libérer. — DÉSALIÉNÉ, ÉE. *p. p. et adj.* « *Le scandale d'un homme désaliéné qui s'engage pleinement et qui parle en son nom propre, refusant d'utiliser la protection de son rôle social et de ses connaissances scientifiques* » (M. PAGÈS). ◈ ANT. Aliéner.

DÉSALIGNEMENT [dezalinmɑ̃]. *n. m.* (1842; de désaligner). Action de désaligner; perte ou absence d'alignement. *Désalignement des maisons d'une rue.* — (1973). *Astronautique. Désalignement de la poussée,* « défaut d'alignement du centre de gravité d'un véhicule spatial et de la résultante des forces de poussée, provoqué par des déplacements de l'un ou de l'autre » *(J. O.).* ◈ ANT. Alignement.

DÉSALIGNER [dezaline]. *v. tr.* (1842; de dés-, et *aligner*). Détruire l'alignement. — DÉSALIGNÉ, ÉE. *p. p. et adj.* Qui n'a pas d'alignement. *Maisons désalignées d'une rue ancienne.* ◈ ANT. Aligner.

DÉSALTÉRANT, ANTE [dezalterɑ̃, ɑ̃t]. *adj.* (XVIIIe; de désaltérer). Qui désaltère. *Le thé est très désaltérant.*

DÉSALTÉRER [dezaltere]. *v. tr.; conjug. céder* (1549; de dés-, et *altérer*). ♦ 1° Apaiser la soif de (qqn). V. Abreuver. *Désaltérer un malade, un blessé : le faire boire.* — *Pronom. Se désaltérer :* boire. « *Un agneau se désaltérait Dans le courant d'une onde pure* » (LA FONT.). — *Absolt. Une boisson chaude désaltère souvent mieux qu'une boisson glacée.* ♦ 2° *Fig.* V. Combler, soulager. « *Une soif de bonheur... (qui) ne peut jamais être désaltérée!* » (MART. du G.). —

« *Après tant d'abstraction... il m'a été doux de me désaltérer dans le réel* » (FLAUB.). ◇ ANT. Altérer, assoiffer.

DÉSAMBIGUÏSER [dezăbigɥize]. *v. tr.* (XXᵉ; de *dés-*, et *ambigu*). *Ling.* et *log.* Faire cesser l'ambiguïté d'un énoncé en ne retenant qu'un seul sens. *Contexte qui désambiguïse une phrase, un mot. Dér.* DÉSAMBIGUÏSATION [dezăbigɥizasjɔ̃]. *n. f.*

DÉSAMIDONNER [dezamidɔne]. *v. tr.* (XXᵉ; de *dés-* et *amidon*). *Techn.* Enlever l'amidon de (tissu de coton et certains articles de lingerie). *Dér.* DÉSAMIDONNAGE [dezamidɔnaʒ]. *n. m.* ◇ ANT. Amidonner.

DÉSAMORÇAGE [dezamɔrse]. *n. m.* (1863; de *désamorcer*). Action de désamorcer; de se désamorcer. Arrêt du courant dans une dynamo. ◇ ANT. Amorçage.

DÉSAMORCER [dezamɔrse]. *v. tr.*; conjug. *placer* (1863; de *dés-*, et *amorcer*). ♦ 1° Enlever l'amorce de. *Désamorcer un pistolet.* ♦ 2° Interrompre le fonctionnement de (ce qui devait être amorcé). *La pompe est désamorcée.* ♦ 3° (XXᵉ). *Fig.* Enlever tout caractère menaçant, neutraliser. « *... donner à une comédie de Goldoni un style purement « italien* » [...], *c'est désamorcer la subversion aiguë des rapports civiques, en un mot c'est mystifier* » (BARTHES). *Une réunion à quatre pour désamorcer le conflit.* ◇ ANT. Amorcer.

DÉSAPPARIER [dezapaʀje]. *v. tr.* (1808; de *dés-*, et *apparier*). Séparer (des animaux appariés, les deux éléments d'une paire). V. **Déparier** (2°). *Phys. Désapparier les deux électrons d'une paire.* ◇ ANT. Apparier.

DÉSAPPOINTÉ, ÉE [dezapwɛ̃te]. *adj.* (1761; angl., *disappointed*, de l'a. fr. *désappointer* « destituer », lui-même de *dés-* et *appointer*). Qui n'a pas obtenu ce qu'il attendait; dont les espérances sont trompées et qui en est déçu*. *Il est tout désappointé.* « *Il fronça le sourcil et se retourna d'un air désappointé* » (SAND). V. **Dépité.**

DÉSAPPOINTEMENT [dezapwɛ̃tmã]. *n. m.* (1783; empr. angl.; au XIVᵉ « destitution ». V. **Désappointé**). État d'une personne désappointée. *Cacher son désappointement.* ◇ Sensation éprouvée par celui qui est désappointé. V. **Déception.** « *Je n'en sentis pas moins, le rideau tombé, un désappointement que ce plaisir que j'avais tant désiré n'eût pas été plus grand* » (PROUST). ◇ ANT. Contentement, satisfaction. Consolation.

DÉSAPPOINTER [dezapwɛ̃te]. *v. tr.* (h. 1530; 1761; angl. *to disappoint* « décevoir », de l'a. fr. *désappointer* « destituer », XIVᵉ; V. **Désappointé**). Décevoir; rendre désappointé. *Je ne voudrais pas vous désappointer.* ◇ ANT. Contenter, satisfaire. Combler.

DÉSAPPRENDRE [dezapʀã(d)ʀ]. *v. tr.* (1290; de *dés-*, et *apprendre*). *Littér.* Oublier (ce qu'on a appris). *Il a désappris tout ce qu'il savait.* « *Je n'obtiens rien, et j'ai désappris d'exiger* » (GIDE). ◇ ANT. Rappeler (se).

DÉSAPPROBATEUR, TRICE [dezapʀɔbatœʀ, tʀis]. *adj.* (1748; de *désapprouver*, d'apr. *approbateur*). Qui désapprouve, marque la désapprobation. V. **Improbateur.** *Air, murmure, ton désapprobateur.* ◇ ANT. Approbateur.

DÉSAPPROBATION [dezapʀɔbasjɔ̃]. *n. f.* (1783; de *désapprouver*, d'apr. *approbation*). Action de désapprouver. V. **Improbation, réprobation.** *Murmure de désapprobation.* « *Nous restions silencieux pour lui marquer une désapprobation qui ne pouvait être... qu'indirecte et muette* » (MAUROIS). ◇ ANT. Approbation.

DÉSAPPROUVER [dezapʀuve]. *v. tr.* (1535; de *dés-*, et *approuver*). Juger d'une manière défavorable; trouver mauvais. V. **Condamner, critiquer.** *Désapprouver un projet, une entreprise, une démarche. La foule désapprouva bruyamment.* V. **Huer, protester, siffler.** *Il ne désapprouve pas que vous veniez* : il l'admet. « *Des sottises et des inepties que ma raison désapprouvait et que mon cœur désavouait* » (ROUSS.). ◇ ANT. Approuver.

DÉSAPPROVISIONNEMENT [dezapʀɔvizjɔnmã]. *n. m.* (1873; de *désapprovisionner*). *Rare.* Action de désapprovisionner. ◇ ANT. Approvisionnement.

DÉSAPPROVISIONNER [dezapʀɔvizjɔne]. *v. tr.* (1798; de *dés-*, et *approvisionner*). ♦ 1° Priver de son approvisionnement. ♦ 2° *Désapprovisionner une arme à feu* : vider le magasin de ses cartouches. ◇ ANT. Approvisionner.

DÉSARÇONNER [dezaʀsɔne]. *v. tr.* (XIIᵉ; de *dés-*, et *arçon*). ♦ 1° Mettre hors des arçons, jeter à bas de la selle. V. **Démonter.** « *Le premier chevalier qui courut contre lui le désarçonna* » (VOLT.). ♦ 2° *Fig.* Confondre (qqn) dans une discussion, mettre à bout d'arguments. V. **Démonter.**

DÉSARGENTÉ, ÉE [dezaʀʒãte]. *adj.* (1611, *flambeau désargenté*. V. **Désargenter**). *Fam.* (1640). Qui n'a plus d'argent, est démuni* d'argent. V. **pop. Raide.** *Je suis un peu désargenté ce moment.* « *Les petits bourgeois désargentés* » (BEAUVOIR). ◇ ANT. Argenté (fam.), riche.

DÉSARGENTER [dezaʀʒãte]. *v. tr.* (1611; de *dés-*, et *argenter*). ♦ 1° Dégarnir de la couche d'argent qui recouvre la surface. *Les couverts se désargentent à la longue.* ♦ 2° *Fam.* et *rare.* Priver de son argent. *Ces dépenses m'ont un peu désargenté.* V. **Désargenté.**

DÉSARMANT, ANTE [dezaʀmã, ãt]. *adj.* (XXᵉ; de *désarmer*, II, 2°). Qui enlève toute sévérité, qui pousse à l'indulgence. *Une naïveté désarmante.* V. **Touchant.**

DÉSARMEMENT [dezaʀməmã]. *n. m.* (1594; de *désarmer*). ♦ 1° Action de désarmer. *Désarmement d'une garnison qui capitule. Désarmement d'une forteresse.* ◇ Réduction ou suppression des armements. *Désarmement progressif des grandes puissances. Conférences du désarmement.* ◇ ANT. Armement. ♦ 2° *Mar. Désarmement d'un navire* : mise en réserve d'un navire auquel on enlève les appareils de navigation et les approvisionnements. *Bassin de désarmement.* ◇ ANT. Armement.

DÉSARMER [dezaʀme]. *v. tr.* (1080; aussi « dépouiller, déshabiller » en a. fr.; de *dés-*, et *armer*). **I.** ♦ 1° Enlever ses armes à (qqn). *L'écuyer aidait le seigneur à se désarmer* : à se débarrasser de son armure. — (Par la force) *Désarmer un malfaiteur.* ◇ Limiter ou supprimer les armements, les effectifs militaires de. *Désarmer un pays.* V. **Démilitariser.** *Absolt. Convention des grandes puissances pour désarmer.* ♦ 2° (1674). *Mar. Désarmer un navire* : le garder en réserve, amarré dans un port, après avoir débarqué le personnel, le matériel. V. **Déséquiper.** *Absolt. On désarme dans tous les ports.* ♦ 3° Faire cesser d'être à la position de l'armement. *Désarmer un fusil, un revolver*, soit en le déchargeant, soit en plaçant le cran de sûreté. *Désarmer une mine*, en ôtant le percuteur. V. **Désamorcer.** — *Désarmer un déclenchement.*
II. (XVIIᵉ). *Fig.* ♦ 1° *Vx* ou *littér.* Supprimer, rendre inefficace (un sentiment hostile). *Désarmer la haine, la colère.* ♦ 2° Rendre moins sévère, pousser à l'indulgence. V. **Adoucir, fléchir, toucher.** *Sa candeur, son rire me désarment. Absolt.* « *Les injures révoltent, l'ironie fait rentrer les gens en eux-mêmes, la gaieté désarme* » (VOLT.). *Il était désarmé par tant d'inconscience.* ♦ 3° *Intrans.* Céder, cesser (d'un sentiment hostile, violent). « *Il avait éveillé dans cette femme une haine qui ne désarmerait jamais* » (MAURIAC).
◇ ANT. Armer.

DÉSARRIMAGE [dezaʀimaʒ]. *n. m.* (1836; de *désarrimer*). *Techn.* Déplacement ou glissement du chargement d'un navire, d'un véhicule de transport.

DÉSARRIMER [dezaʀime]. *v. tr.* (1736; de *dés-* et *arrimer*). *Techn.* Déranger (les marchandises arrimées). ◇ ANT. Arrimer.

DÉSARROI [dezaʀwa(ɑ)]. *n. m.* (XIIIᵉ; de l'a. fr. *desarroyer, desareer* « mettre en désordre ». V. **Arroi**). ♦ 1° *Vx.* Désorganisation complète. V. **Confusion, désordre.** « *Je trouvai les chemins et les postes en grand désarroi* » (ST-SIM.). ♦ 2° (1732, *esprit en désarroi*). *Mod.* Trouble moral. V. **Désordre, trouble.** « *La surprise serait grande chez l'ennemi — partant, le désarroi* » (MADELIN). « *Un désarroi de sa volonté dont il eut soudain honte* » (BOURGET). V. **Angoisse, détresse, égarement.** ◇ *Être en plein désarroi, en grand désarroi.* ◇ ANT. Ordre; assurance, fermeté.

DÉSARTICULATION [dezaʀtikylasjɔ̃]. *n. f.* (1813; *dearticulation*, 1645; de *désarticuler*). Action de désarticuler; résultat de cette action. *Désarticulation d'un membre.* — *Fig.* et *littér. Désarticulation budgétaire.*

DÉSARTICULER [dezaʀtikyle]. *v. tr.* (1778; de *dés-*, et *articuler*). ♦ 1° Faire sortir (un os) de son articulation. V. **Déboîter, démettre.** *L'os de l'épaule s'est désarticulé.* ♦ 2° *Chir.* Amputer dans l'articulation. *Désarticuler la cuisse.* ♦ 3° *Rare.* Plier (les membres, etc.) en tous sens. — *Pronom. Clown qui se désarticule.* — *Au p. p. Pantin désarticulé.* ◇ (av. 1890). *Fig.* et *littér.* Défaire une construction artificielle.

DÉSASSEMBLAGE [dezasãblaʒ]. *n. m.* (1846; de *désassembler*). *Techn.* Action de désassembler ou de se désassembler. ◇ ANT. Assemblage.

DÉSASSEMBLER [dezasãble]. *v. tr.* (XIIIᵉ; de *dés-*, et *assembler*). *Techn.* Défaire (des pièces qui étaient assemblées). V. **Désunir, disjoindre.** *Désassembler les montants d'un meuble.* V. **Démonter.** ◇ ANT. Assembler, monter.

DÉSASSIMILATION [dezasimilasjɔ̃]. *n. f.* (1843; de *désassimiler*). *Physiol.* Phénomène par lequel les substances organiques complexes assimilées par les cellules d'un organisme vivant se transforment en produits plus simples qui en sont éliminés.

DÉSASSIMILER [dezasimile]. *v. tr.* (1853; de *dés-*, et *assimiler*). *Didact.* ♦ 1° Produire la désassimilation de. ♦ 2° Priver de ses parties assimilables.

DÉSASSORTIMENT [dezasɔrtimã]. *n. m.* (1826; fig., 1689; de *désassortir*). *Rare.* État de ce qui est désassorti. ◇ ANT. Assortiment.

DÉSASSORTIR [dezasɔrtiʀ]. *v. tr.* (1629; de *dés-*, et *assortir*). ♦ 1° Priver (un ensemble de choses assorties) d'une partie de ses éléments. V. **Dépareiller.** — *Au p. p. Service désassorti* : incomplet. ♦ 2° (1812). *Désassortir un* *marchand, un magasin,* le démunir de son assortiment de marchandises. V. **Dégarnir.** ◇ ANT. *Réassortir.*

DÉSASTRE [dezastʀ(ə)]. *n. m.* (1546; it. *disastro*; de *disastro*, astrol., « né sous une mauvaise étoile »). ♦ 1º Événement funeste, malheur très grave. Dégât, ruine qui en résulte. V. **Calamité, cataclysme, catastrophe, fléau, malheur.** *Désastre irréparable. Désastre qui frappe une famille, un pays. Cette défaite fut un désastre. Poème sur le désastre de Lisbonne* (un terrible tremblement de terre), de Voltaire. « Hitler, alors qu'il eût pu arrêter la guerre avant le désastre total, a voulu le suicide général » (CAMUS). ♦ 2º Échec complet, entraînant de graves conséquences. *Désastre financier, commercial.* V. **Banqueroute, déconfiture, faillite.** *Nous courons au désastre.* ♦ 3º *Par exagér.* Erreur, insuccès (Cf. Catastrophe). *La représentation de cette pièce fut un désastre.* V. **Four.** « Il réparait les désastres causés par le goût triste et voyant de Mᵐᵉ Montessuy » (FRANCE). ◇ ANT. *Bonheur, réussite, succès.*

DÉSASTREUSEMENT [dezastʀozmã]. *adv.* (1787; de *désastreux*). Rare. D'une manière désastreuse.

DÉSASTREUX, EUSE [dezastʀø, øz]. *adj.* (fin XVIᵉ; it. *disastroso*. V. **Désastre**). ♦ 1º *Vieilli.* Qui constitue un désastre. V. **Catastrophique, funeste.** « Ô nuit désastreuse! Ô nuit effroyable! » (BOSS.). ♦ 2º *Mod.* Malheureux, mauvais; fâcheux. ◇ ANT. *Favorable, heureux.*

DÉSATELLISATION [desatelizasjɔ̃]. *n. f.* (v. 1955; de *dés–*, et *satellisation*). Polit. Libération de l'état de satellite* (3º). « Des pays européens et sud-américains en cours de 'désatellisation' » (*Le Monde*, 28-11-1964). ◇ ANT. *Satellisation.*

DÉSATOMISATION [dezatɔmizasjɔ̃]. *n. f.* (1968; de *désatomiser*). Didact. Action de désatomiser*; son résultat. V. **Dénucléarisation.**

DÉSATOMISER [dezatɔmize]. *v. tr.* (v. 1957; de *dés–*, et *atome*). Didact. Priver (un pays, une région...) de tout armement atomique. V. **Dénucléariser.** — Adj. : « Créer une zone démilitarisée ou, du moins, désatomisée » (*Le Monde*, 20-5-1966).

DÉSAVANTAGE [dezavɑ̃taʒ]. *n. m.* (1290; de *dés–*, et *avantage*). Condition d'infériorité. V. **Handicap, inconvénient.** *Le désavantage d'une position. Cette situation présente quelques désavantages.* V. **Désagrément.** ◇ *Voir qqn à son désavantage,* le voir sous un jour défavorable. *Se montrer à son désavantage.* — *Ces améliorations « tournaient à mon désavantage »* (GIDE) : me désavantageaient. ◇ ANT. *Avantage.*

DÉSAVANTAGER [dezavɑ̃taʒe]. *v. tr.* (1507; de *désavantage*). Faire subir un désavantage à, mettre en désavantage. V. **Handicaper.** *La position désavantageait nos troupes. Désavantager un héritier au profit d'un autre.* V. **Frustrer, léser.** ◇ ANT. *Avantager.*

DÉSAVANTAGEUSEMENT [dezavɑ̃taʒøzmã]. *adv.* (1611; de *désavantageux*). D'une manière désavantageuse. ◇ ANT. *Avantageusement.*

DÉSAVANTAGEUX, EUSE [dezavɑ̃taʒø, øz]. *adj.* (1498; de *dés–*, et *avantageux*). Qui cause ou peut causer un désavantage. V. **Défavorable.** *Position désavantageuse. Clause de contrat désavantageuse. Je sentais « que toute association inégale est toujours désavantageuse au parti faible »* (ROUSS.). ◇ ANT. *Avantageux.*

DÉSAVEU [dezavø]. *n. m.* (1283; de *désavouer*). ♦ 1º Parole ou acte par lequel on désavoue ce qu'on a dit ou fait. V. **Dénégation, palinodie, rétractation.** *Désaveu public d'une opinion, d'une doctrine.* V. **Apostasie, reniement.** ◇ Dr. *Désaveu de paternité :* acte par lequel un mari dénie la paternité de l'enfant né de sa femme. ♦ 2º Le fait de désavouer qqn. *Encourir le désaveu de ses chefs, de l'opinion.* V. **Condamnation.** ◇ ANT. *Aveu. Approbation, confirmation, reconnaissance.*

DÉSAVOUER [dezavwe]. *v. tr.* (1265; de *dés–*, et *avouer*). ♦ 1º Ne pas vouloir reconnaître pour sien. V. **Nier, renier.** *Désavouer un ouvrage.* « Plus je suis près de se désavouer (mes paroles), plus cassant, net et péremptoire est le ton de ma voix... » (GIDE). Dr. *Désavouer la paternité d'un enfant :* déclarer qu'on n'en est pas le père. *Désavouer un enfant.* ♦ 2º Rétracter. *Désavouer une opinion qu'on avait soutenue. Désavouer les propos qu'on avait tenus.* ♦ 3º Déclarer qu'on n'a pas autorisé (qqn) à agir comme il l'a fait. *Désavouer un mandataire, un ambassadeur.* ♦ 4º Refuser son approbation à. V. **Désapprouver.** *Désavouer la conduite de qqn.* V. **Blâmer; condamner, réprouver.** « Je répugne à désavouer les lois de mon pays, surtout devant un étranger » (DUHAM.). ◇ ANT. *Approuver, avouer, confirmer, reconnaître.*

DÉSAXÉ, ÉE [dezakse]. *adj. et n.* (fin XIXᵉ; V. **Désaxer**). Qui n'est pas dans son état normal. *Il est un peu désaxé.* — N. *C'est un désaxé.* V. **Déséquilibré.** ◇ ANT. *Équilibré.*

DÉSAXER [dezakse]. *v. tr.* (fin XIXᵉ; de *dés–*, et *axe*). ♦ 1º Écarter, faire sortir de l'axe. *Désaxer un cylindre. Roue désaxée.* ♦ 2º *Fig.* Faire sortir de l'état normal, habituel.

V. **Déséquilibrer, égarer.** « Ce qui a désaxé ce gentil Hervé, c'est peut-être une de ces avitaminoses mystérieuses » (DUHAM.). ◇ ANT. *Axer. Adapter, équilibrer.*

DESCELLEMENT [desɛlmã]. *n. m.* (1768; de *desceller*). Action de desceller. *Descellement d'un cachet, d'une pierre.* ◇ HOM. *Décèlement.*

DESCELLER [desele]. *v. tr.* (fin XIIᵉ; de *dé–*, et *sceller*). ♦ 1º Défaire (ce qui est scellé) en brisant le sceau, le cachet. V. **Ouvrir.** *Desceller un acte.* ♦ 2º Arracher, détacher (ce qui est fixé dans la pierre). *Desceller une grille.* « Je commençai par faire desceller l'écriteau » (DUHAM.). ◇ HOM. *Desseller.*

DESCENDANCE [desɑ̃dɑ̃s]. *n. f.* (1283; de *descendre*). ♦ 1º Rare. Le fait de descendre d'une personne, d'une famille. V. **Extraction, filiation.** *Ils sont de la même descendance.* V. **Origine.** ♦ 2º *Cour.* Ensemble des descendants. V. **Génération, lignée, postérité, progéniture.** *Il a une nombreuse descendance.* ◇ ANT. *Ascendance.*

DESCENDANT, ANTE [desɑ̃dɑ̃, ɑ̃t]. *adj. et n.* (v. 1260; de *descendre*). ♦ 1º Qui descend, est issu d'un ancêtre. *Ligne descendante* (opposé à *ascendante*). N. Personne qui est issue d'un ancêtre. V. **Enfant, petit-enfant; descendance.** « Ces deux descendants d'Ève et d'Adam, ces œuvres de vos mains, ô mon Dieu! » (BAUDEL.). ♦ 2º (XVIᵉ). Qui descend (dans des expressions). *Marée descendante,* qui découvre le rivage. — Milit. *Garde descendante :* celle qui est relevée par la garde montante. — Anat. *Côlon descendant.* ♦ 3º (Abstrait). *Gamme descendante :* suite des tons de la gamme du plus élevé au plus bas. — Math. *Progression descendante :* celle dont les termes vont en décroissant. ◇ ANT. *Ascendant, montant.*

DESCENDERIE [desɑ̃dʀi]. *n. f.* (1758; de *descendre*). Techn. Galerie en pente (mines); plan incliné où l'on remonte des matériaux.

DESCENDEUR, EUSE [desɑ̃dœʀ, øz]. *n.* (1913; de *descendre*). ♦ 1º Sports. Cycliste ou skieur particulièrement brillant en descente. ♦ 2º Alpin. Ustensile qui, dans les descentes en rappel, évite le frottement de la corde contre le corps; appareil permettant de se freiner.

DESCENDRE [desɑ̃dʀ(ə)]. *v.* (1080; lat. *descendere*). I. *V. intr.* Auxiliaire *Être* ou (vx) *Avoir.* ⒶPersonnes. ♦ 1º Aller du haut vers le bas. *Descendre lentement,* en marchant. *Descendre en courant,* en tombant. V. **Dégringoler, dévaler.** *Descendre d'un arbre, d'une montagne.* « Les autres sont descendus au ravin » (FROMENTIN). « Descends au fond du puits si tu veux voir les étoiles » (GIDE). *Descendre* (d'un étage) *par l'ascenseur, par l'escalier.* — Loc. *Descendre dans la rue :* aller manifester. — Littér. *Descendre au tombeau :* mourir. « Tyrans, descendez au cercueil » (CHÉNIER). *Descendre en parachute.* ♦ 2º *Par anal.* Aller vers le Sud. « Nous partons demain de Nogent, en nous descendons rapidement jusqu'à Arles et Marseille » (FLAUB.). « (Un Écossais) 'descend' à Londres et ouvre un snack-bar » (*Paris-Match*, 23-3-1968). ◇ *Descendre en ville :* aller vers la ville. ♦ 3º *Par ext. Descendre chez des parents, des amis.* V. **Loger.** « L'hôtel de l'Étoile où Froissart descendit avec messire Espaing de Lyon » (CHATEAUB.). ♦ 4º Cesser d'être monté. *Descendre de cheval.* — Cesser d'être dans (un véhicule), en sortir (souvent en allant vers le bas). « Les légionnaires descendent des camions, par grappes » (MAC ORLAN). *Descendre du train en marche.* V. **Sauter.** *Vous descendez à la prochaine?* — *Descendre à terre* (d'un navire). V. **Débarquer.** ♦ 5º *Spécialt.* Faire irruption (V. **Descente**). *Les Lombards descendirent en Italie.* V. **Envahir.** — *La police est descendue dans cet hôtel,* pour perquisitionner, faire une rafle. ♦ 6º *Fig.* Aller vers ce qui est considéré comme plus bas. *Descendre en soi-même, dans sa conscience.* V. **Entrer.** « Apprends à te connaître et descends en toi-même » (CORN.). — *Descendre jusqu'à la familiarité :* aller jusqu'à. V. **Condescendre, consentir** (à). ◇ S'abaisser. « Le mot descendre est, dans le sentiment populaire comme dans la langue poétique et le patois des savants, à jamais compromis avec les idées d'avilissement, de défaite et de trépas » (DUHAM). *Je n'aurais pas cru capable de descendre à une telle bassesse.* V. **Abaisser** (s'), **ravaler** (se). ◇ Quitter un rang, un poste élevé. *Descendre de haut.* V. **Déchoir.** « Et monté sur le faîte, il aspire à descendre » (CORN.). ♦ 7º *Descendre dans le détail, jusqu'aux détails :* examiner successivement des choses de moins en moins importantes, générales. « Cette patience qui descend jusqu'au moindre détail des spécialités » (BALZ.). ⒷChoses. ♦ 1º Aller de haut en bas. *Les impuretés du liquide descendent au fond du vase.* V. **Déposer** (se). *Les cours d'eau descendent vers la mer.* V. **Couler.** *Astre qui descend sur l'horizon.* V. **Baisser, coucher** (se). *L'avion commence à descendre.* « Sa pomme d'Adam montait et descendait comme un piston dans un cylindre » (MAC ORLAN). ◇ *La nuit descend* (V. **Tomber**) : elle s'établit en paraissant venir du haut (l'horizon restant clair au couchant). ♦ 2º S'étendre de haut en bas. « Un vaste pardessus raglan... qui lui descendait presque jusqu'aux pieds » (ROMAINS). ◇ *Par anal.* Aller vers le Sud. « Nul ne sait très bien dans la capitale (Alger) jusqu'où 'descendent' les nouvelles routes goudronnées dans le Sud » (*Le Figaro*, 8-2-1967). ♦ 3° Aller en pente. V. **Incliner, pencher.** *Colline qui descend en pente douce. Les jardins* « *descendent par étages, en obéissant aux chutes naturelles du terrain* » (BALZ.). ♦ 4° Diminuer de niveau. V. **Baisser.** *L'eau commence à descendre.* V. **Décroître.** *La marée, la mer descend.* V. **Retirer** (se). *Le thermomètre est descendu de quatre degrés depuis hier.* ◊ Par anal. *Les prix descendent.* V. **Diminuer.** ◊ *Son, gamme qui descend de l'aigu au grave. Ma voix ne peut descendre plus bas.* Ⓖ Fig. *(Personnes).* Tenir son origine, être issu de. V. **Venir** (de); **descendance.** « *Les Montesquiou descendent d'une ancienne famille... Ils descendent tellement qu'ils sont dans le quatorzième dessous* » (PROUST). « *On dit souvent que l'Homme descend du Singe. Cette assertion n'a pas de sens précis* » (J. ROSTAND).

II. *V. tr.* (Auxiliaire *Avoir*). ♦ 1° Aller en bas, vers le bas de. *Descendre un escalier, une rue, une montagne.* « *J'ai remonté, descendu et remonté le grand canal* » (CHATEAUB.). « *Il descendit quatre à quatre l'escalier de granit* » (LOTI). ♦ 2° Porter de haut en bas. « *Des palans enlevaient des fardeaux, tandis que des grues descendaient des pierres* » (CHATEAUB.). *Descendre des meubles d'un camion.* ◊ Par ext. *Fam.* Faire descendre (qqn). *Je vous descendrai en ville, à votre porte.* V. **Déposer.** ◊ Par ext. *Fam.* Faire descendre (qqch.) *dans le tube digestif, avaler.* V. **Descente** (III, 4°, fig. et pop.). « *Quand tout est terminé, elle descend son demi-panaché d'un seul élan* » (QUENEAU). ♦ 3° *Fam.* Faire tomber; abattre. *Descendre une perdrix en plein vol. La D.C.A. a descendu un avion.* Pop. *Descendre un malfaiteur d'un coup de revolver.* V. **Tuer.** « *C'était un brave homme; il a été descendu par un boulet à Waterloo* » (VIGNY). — Fig. et fam. *Descendre* (qqn) *en flamme* : l'attaquer violemment.

◈ ANT. *Grimper, monter. Dresser* (se), *élever* (s'), *hausser.*

DESCENSEUR [desɑ̃sœʀ]. *n. m.* (1876; de *descendre,* d'apr. *ascenseur).* Rare, sauf dans *Ascenseur descenseur* : ascenseur pouvant être utilisé à la descente.

DESCENTE [desɑ̃t]. *n. f.* (1304; de *descendre*). **I.** (De *descendre,* I). Ⓐ *(Personnes).* ♦ 1° Action de descendre, d'aller d'un lieu élevé dans un autre plus bas. *Descente rapide.* V. **Chute, dégringolade.** *Descente dans un puits, une mine, un gouffre. Descente en parachute. Descente en skis. Il est meilleur en descente* (cycliste, skieur). V. **Descendeur.** « *La descente de ces rapides* (de l'Ohio) *n'est ni dangereuse, ni difficile* » (CHATEAUB.). — *À la descente* : en descendant. « *J'irai les prendre à leur descente d'omnibus, ou à une sortie de métro* » (ROMAINS). ♦ 2° (XVIIᵉ). *Spécialt.* Attaque brusque de troupes débarquées en territoire ennemi. V. **Coup** (de main), **débarquement, incursion, irruption, raid.** *Descente sur une côte.* ◊ Sports. *Descente dans le camp adverse.* ◊ Dr. *Descente de justice, de police* : recherche, perquisition, rafle. *Descente sur les lieux* : mesure d'instruction destinée à faire des constatations matérielles. — Fam. *Faire une descente dans une boîte de nuit.* Ⓑ *(Choses). Descente de la mer qui se retire. Avion qui commence sa descente pour se poser. Descente en vol plané.* ◊ Méd. *Déplacement de haut en bas d'un organe.* V. **Chute, prolapsus, ptôse.** *Descente de l'utérus.* — Cour. Hernie.

II. (De *descendre,* II). Action de déposer une chose, de la porter en bas. *Descente d'un tableau. Descente d'une pièce de vin à la cave, de marchandise dans la cale.* ◊ *Descente de croix* : représentation de Jésus-Christ qu'on détache de la croix. V. **Déposition.** *La Descente de croix,* de Rubens.

III. Ce qui descend, va vers le bas. ♦ 1° Chemin, pente par laquelle on descend. *Descente rapide, vertigineuse. Descente douce. Freiner dans les descentes. Au bas de la descente.* ◊ Galerie où l'on descend. V. **Descenderie.** ♦ 2° (1676). Mar. Passage muni d'échelle qui permet d'aller d'un pont à un autre, au-dessous du pont principal. — Archit. Rampe d'escalier. — Tuyau d'écoulement des eaux. *La descente reçoit l'eau du chéneau.* Dans le même sens : *tuyau de descente.* ♦ 3° (1837). *Descente de lit* : petit tapis sur lequel on pose les pieds en descendant du lit. V. **Carpette.** ♦ 4° Fig. et pop. *Avoir une bonne descente* (de gosier) : ingurgiter beaucoup. V. **Descendre** (II, 2°, *fam.*).

◈ ANT. *Ascension, montée. Côte.* — HOM. *Décente.*

DÉSCHISTEUR [deʃistœʀ]. *n. m.* (XXᵉ; de *dés-,* et *schiste*). Techn. Appareil automatique, à air soufflé ou à eau, qui débarrasse le charbon du schiste et des impuretés, en utilisant les différences de densité.

DESCRIPTEUR [deskʀiptœʀ]. *n. m.* (1464; repris 1839; lat. *descriptor.* V. **Décrire**). ♦ 1° Didact. Celui qui décrit. *Cet écrivain a de grandes qualités de descripteur.* ♦ 2° Sc. *(Inform.).* Ensemble de signes, de format* codifié, servant à décrire de manière optimale un fichier, un lexique (V. **Mot**).

DESCRIPTIBLE [deskʀiptibl(ə)]. *adj.* (1845; probabl. d'apr. *indescriptible).* Rare. Qui peut être décrit. ◈ ANT. *Indescriptible.*

DESCRIPTIF, IVE [deskʀiptif, iv]. *adj.* et *n. m.* (XVᵉ; repris 1787; du lat. *descriptus,* p. p. de *describere).* ♦ 1° Qui

décrit, qui évoque concrètement des objets réels. *Poésie descriptive.* « *Style descriptif : style scientifique. Le contraire même de la poésie* » (MAX JACOB). *Musique descriptive.* ♦ 2° *Géométrie descriptive* : technique de représentation plane des figures de l'espace, inventée par Monge. ♦ 3° Qui s'attache à décrire son objet, sur la base de faits observables. *Anatomie descriptive.* ◊ *Linguistique descriptive,* qui se donne pour objet les énoncés réalisés dans un corpus et se borne à la description structurale d'un état de langue (V. **Synchronie**), sans référence à son évolution, sans hypothèses intuitives, sans intentions normatives. Cf. *Distributionnel* (analyse). ◊ Anthrop. *Terme descriptif,* terme combinant plusieurs termes élémentaires pour décrire un lien de parenté, comme, en français, « frère de la mère de X... », pour « oncle de X ». ♦ 4° Subst. *Techn.* Document qui décrit précisément au moyen de plans, schémas et légendes. V. **Plan.**

DESCRIPTION [deskʀipsjɔ̃]. *n. f.* (1160; lat. *descriptio*). ♦ 1° Action de décrire : énumération des caractères de qqch. *Description orale, écrite. Faire, donner une description de qqch., de qqn. Description exacte, fidèle, précise. Description d'une personne.* V. **Portrait, signalement.** *Description d'un événement.* V. **Exposé.** « *Tu sais que les belles choses ne souffrent pas de description* » (FLAUB.). — Spécialt. Inventaire sommaire. ♦ 2° Dans une œuvre littéraire, Passage qui évoque la réalité concrète. *Description vivante, pittoresque, monotone, banale.* ♦ 3° (1690). Dr. État de biens saisis ou inventoriés. ♦ 4° (mil. XXᵉ). Ling. Représentation structurelle des constituants de la phrase, des morphèmes et des phonèmes.

DESCRIPTIVISME [deskʀiptivism(ə)]. *n. m.* (mil. XXᵉ; de *descriptif,* d'après amér. *descriptivism* [Bloomfield, 1926]). Ling. Linguistique descriptive*. V. **Distributionnel.**

DÉSÉCHOUER [dezeʃwe]. *v. tr.* (1835; de *dés-,* et *échouer*). Mar. Remettre à flot (un navire échoué). V. **Renflouer.** *Dér.* DÉSÉCHOUAGE [dezeʃwaʒ] ou DÉSÉCHOUEMENT [dezeʃumɑ̃]. *n. m.* ◈ ANT. *Échouer.*

DÉSÉGRÉGATION [desegʀegasjɔ̃]. *n. f.* (1964; de *dé-* et *ségrégation*). Suppression de la ségrégation raciale, de ses effets. ◈ ANT. *Ségrégation.*

DÉSEMBOBINER [dezɑ̃bɔbine]. *v. tr.* (XXᵉ; de *dés-,* et *embobiner*). Dérouler (une bobine); défaire (ce qui était enroulé sur une bobine). ◈ ANT. *Embobiner.*

DÉSEMBOURBER [dezɑ̃buʀbe]. *v. tr.* (1740; de *dés-,* et *embourber*). Faire sortir de la boue. *La charrette* « *est bien lourde à désembourber* » (FLAUB.).

DÉSEMBOURGEOISER [dezɑ̃buʀʒwaze]. *v. tr.* (XXᵉ; de *dés-,* et *embourgeoiser*). Enlever le caractère bourgeois à (qqn). *Il s'est un peu désembourgeoisé.*

DÉSEMBOUTEILLER [dezɑ̃buteje]. *v. tr.* (1965; de *dés-,* et *embouteiller*). Faire cesser d'être embouteillé (une route, une ligne téléphonique). ◈ ANT. *Embouteiller* (3°).

DÉSEMPARÉ, ÉE [dezɑ̃paʀe]. *adj.* (fin XIVᵉ; V. **Désemparer**). ♦ 1° *Navire désemparé,* qui a subi des avaries l'empêchant de manœuvrer. ♦ 2° (XXᵉ). Qui ne sait plus où il en est, qui ne sait plus que dire, que faire. V. **Déconcerté, décontenancé.** *Il est tout désemparé depuis que sa femme est partie.* « *Un gouvernement désemparé, qui ne sait répondre aux questions qu'en levant les bras au ciel* » (ROMAINS).

DÉSEMPARER [dezɑ̃paʀe]. *v. tr.* (1364, « démanteler »; de *dés-,* et *emparer* « fortifier »). ♦ 1° Mar. (1694). Mettre (un navire) hors d'état de servir. *Désemparer un bâtiment ennemi.* ♦ 2° Vx. Abandonner (un endroit). ◊ Mod. Intrans. SANS DÉSEMPARER : sans s'interrompre. *Ils ont travaillé la nuit entière sans désemparer.*

DÉSEMPLIR [dezɑ̃pliʀ]. *v.* (1190; de *dés-,* et *emplir*). ♦ 1° V. tr. Rare. Vider en partie. — Se DÉSEMPLIR. *v. pron. La salle se désemplit peu à peu.* ♦ 2° V. intr. (À la forme négative). *Ne pas désemplir* : être constamment plein. — Cour. « *Sa boutique ne désemplissait pas* » (AYMÉ). ◈ ANT. *Emplir.*

DÉSENCADRER [dezɑ̃kadʀe]. *v. tr.* (1870; de *dés-,* et *encadrer*). Enlever le cadre de. *Tableau désencadré.* « *Vous désencadrerez la glace de l'armoire* » (GIRAUDOUX). On dit aussi DÉCADRER [dekadʀe], 1809. ◈ ANT. *Encadrer.*

DÉSENCHAÎNER [dezɑ̃ʃene]. *v. tr.* (XVIᵉ; de *dés-,* et *enchaîner*). Débarrasser, délivrer de ses chaînes (*déchaîner* ne se dit plus, dans ce sens). ◈ ANT. *Enchaîner.*

DÉSENCHANTEMENT [dezɑ̃ʃɑ̃tmɑ̃]. *n. m.* (1554; de *désenchanter*). ♦ 1° Action de désenchanter, de faire cesser le charme. ♦ 2° Mod. (1803). État de celui qui a perdu ses illusions, qui a été déçu. V. **Déception, dégoût, désillusion.** « *Un goût d'amertume, une sensation de désenchantement* » (MAUPASS.). ◈ ANT. *Enchantement. Enthousiasme, joie.*

DÉSENCHANTER [dezɑ̃ʃɑ̃te]. *v. tr.* (1260; de *dés-,* et *enchanter*). ♦ 1° Vx ou littér. Rompre l'enchantement, faire cesser le charme de. *Ne croyons pas* « *que le christianisme ait désenchanté la vie* » (CHATEAUB.). « *Des palais... désenchantés* » (MONTESQ.). ♦ 2° (1802). Désenchanter (qqn), le faire revenir de ses illusions. V. **Décevoir, désappointer,**

désillusionner. — Au p. p. *Cour.* Qui a perdu son enthousiasme, ses illusions. V. **Blasé, déçu, las.** *Il est désenchanté de tout.* « *Un sourire... tristement tendre, céleste et désenchanté* » (PROUST). Subst. « *Les désenchantées* », de Loti. ◇ ANT. *Charmer, émerveiller, enchanter, enthousiasmer; embellir.*

DÉSENCLAVER [dezãklave]. *v. tr.* (1870; de *dés-*, et *enclaver*). Faire cesser d'être enclavé, d'être une enclave. — (v. 1960). Rompre l'isolement d'une région, d'une ville, par l'amélioration des communications maritimes, aériennes, routières, téléphoniques, etc. — Pronom. « *En luttant pour l'énergie bon marché, la Bavière s'est 'désenclavée'* » (*Le Monde*, 30-9-1969). — *Dér.* DÉSENCLAVEMENT [dezãklavmã]. *n. m.* ◇ ANT. *Enclaver.*

DÉSENCOMBREMENT [dezãkɔ̃brəmã]. *n. m.* (1845; de *désencombrer*). Action de désencombrer; son résultat. *Le désencombrement des centraux téléphoniques.* ◇ ANT. *Encombrement.*

DÉSENCOMBRER [dezãkɔ̃bre]. *v. tr.* (fin 1170; de *dés-*, et *encombrer*). Faire cesser d'être encombré. « *La nécessité de désencombrer la voie publique des immondices* » (BLOY). ◇ ANT. *Encombrer.*

DÉSENCRASSER [dezãkrase]. *v. tr.* (XXᵉ; de *dés-*, et *encrasser*). Nettoyer en enlevant la crasse. — *Fig.* « *Il y a des eaux qui désencrassent, mais qui en même temps débilitent* » (ROMAINS). ◇ ANT. *Encrasser.*

DÉSÉNERVER [dezenɛrve]. *v. tr.* (1907; de *dés-*, et *énerver*). Faire cesser d'être énervé. V. **Calmer.**

DÉSENFLER [dezãfle]. *v. intr.* (1138; de *dés-*, et *enfler*). Cesser d'être enflé. ◇ ANT. *Enfler.*

DÉSENFUMER [dezãfyme]. *v. tr.* (1845; de *dés-*, et *enfumer*). Chasser la fumée de. *Désenfumer une pièce. Dér.* DÉSENFUMAGE [dezãfymaʒ]. *n. m.* ◇ ANT. *Enfumer.*

DÉSENGAGEMENT [dezãgaʒmã]. *n. m.* (1465, dr.; de *désengager*). Action de désengager, de se désengager. *Politique de désengagement* (d'une alliance). ◇ ANT. *Engagement.*

DÉSENGAGER [dezãgaʒe]. *v. tr.* (1462; de *dés-*, et *engager*). Faire cesser d'être engagé; retirer d'un engagement. *Se désengager d'une obligation.* ◇ ANT. *Engager.*

DÉSENGORGER [dezãgɔrʒe]. *v. tr.* (1872; de *dés-*, et *engorger*). Faire cesser d'être engorgé. *Désengorger un tuyau.*

DÉSENGOURDIR [dezãgurdir]. *v. tr.* (mil. XVIᵉ; de *dés-*, et *engourdir*). V. **Dégourdir.** ◇ ANT. *Engourdir.*

DÉSENGRENER [dezãgrəne]. *v. tr.* (fin XVIIIᵉ; de *dés-*, et *engrener*). *Techn.* Faire cesser d'être engrené.

DÉSENIVRER [dezãnivre]. *v.* (1170; de *dés-*, et *enivrer*). *Littér.* ♦ 1° *V. tr.* Faire passer l'ivresse. *L'air pur le désenivra.* V. **Dessoûler.** ♦ 2° *V. intr.* Cesser d'être ivre. *Il ne désenivre pas.* ◇ ANT. *Enivrer.*

DÉSENNUYER [dezãnɥije]. *v. tr.;* conjug. *ennuyer.* V. **Appuyer** (Se désennuyer, déb. XVᵉ; de *dés-*, et *ennuyer*). Faire cesser l'ennui de. V. **Amuser, délasser, distraire, divertir.** *Désennuyer qqn.* « *Espionner désennuie de servir* » (HUGO). Absolt. *Le cinéma désennuie.* — SE DÉSENNUYER. *v. pron.* « *Afin de se désennuyer, Frédéric changeait de place* » (FLAUB.). ◇ ANT. *Ennuyer.*

DÉSENRAYER [dezãreje]. *v. tr.;* conjug. *enrayer.* V. **Payer** (1694; de *dés-*, et *enrayer*). *Techn.* Réparer (une arme enrayée).

DÉSENSABLER [dezãsable]. *v. tr.* (1964; de *dés-*, et *ensabler*). Dégager (ce qui était ensablé). ◇ ANT. *Ensabler.*

DÉSENSIBILISATEUR [desãsibilizatœr]. *n. m.* (XXᵉ; de *désensibiliser*). *Didact.* Produit qui diminue la sensibilité d'une émulsion photographique.

DÉSENSIBILISATION [desãsibilizasjɔ̃]. *n. f.* (1929; de *désensibiliser*). *Didact.* ♦ 1° *Phot.* Diminution de la sensibilité d'une émulsion. ♦ 2° (1926). *Méd.* Suppression de la sensibilisation aux substances qui peuvent provoquer un choc anaphylactique ou une allergie. V. **Accoutumance** (2°). — « *Méthode de désensibilisation, c'est-à-dire de tolérance progressivement induite du receveur (de cœur) envers les antigènes* » (*Le Monde*, 1-7-1967).

DÉSENSIBILISER [desãsibilize]. *v. tr.* (1929; de *dé-*, et *sensibiliser*). *Didact.* ♦ 1° *Phot.* Diminuer la sensibilité de (une émulsion photographique). ♦ 2° *Méd.* Pratiquer une désensibilisation* (2°) sur (un organisme). ◇ *Psychiatr.* Faire devenir (qqn) insensible à l'agression (au moyen d'un agent thérapeutique ou d'une psychothérapie). ♦ 3° *Fig.* Rendre (qqn) moins sensible à (qqch.). *Désensibiliser l'opinion publique sur un problème.*

DÉSENSORCELER [dezãsɔrsəle]. *v. tr.;* conjug. *appeler* (1538; de *dés-*, et *ensorceler*). Faire cesser d'être ensorcelé. ◇ ANT. *Ensorceler.*

DÉSENTOILAGE [dezãtwalaʒ]. *n. m.* (1870; de *désentoiler*). Action de désentoiler; son résultat.

DÉSENTOILER [dezãtwale]. *v. tr.* (1864; de *dés-*, et *entoiler*). Enlever la toile, l'entoilage de. *Désentoiler un tableau et le réentoiler avant de le restaurer.* ◇ ANT. *Entoiler.*

DÉSENTORTILLER [dezãtɔrtije]. *v. tr.* (1611, au p. p.; de *dés-*, et *entortiller*). Détortiller. ◇ ANT. *Entortiller.*

DÉSENTRAVER [dezãtrave]. *v. tr.* (1642; de *dés-*, et *entraver*). Libérer de ses entraves. ◇ ANT. *Entraver.*

DÉSENVASER [dezãvaze]. *v. tr.* (1870; de *dés-*, et *envaser*). ♦ 1° Débarrasser de la vase. *Désenvaser un bassin.* ♦ 2° Sortir de la vase. ◇ ANT. *Envaser.*

DÉSÉPAISSIR [dezepesir]. *v. tr.* (1572; *despaissir*, XIVᵉ; de *dés-*, et *épaissir*). Rendre moins épais. *Désépaissir les cheveux.* ◇ ANT. *Épaissir.*

DÉSÉQUILIBRANT, ANTE [dezekilibrã, ãt]. *adj.* (XXᵉ; de *déséquilibrer*). Qui déséquilibre (au propre et au fig.). *Facteur déséquilibrant dans la vie d'une personne.* ◇ ANT. *Équilibrant.*

DÉSÉQUILIBRE [dezekilibr(ə)]. *n. m.* (1899; de *dés-*, et *équilibre*). ♦ 1° Absence d'équilibre. V. **Instabilité.** *Déséquilibre de forces, de valeurs. Il y a déséquilibre entre l'offre et la demande.* V. **Disproportion, inégalité.** — *Méd.* Trouble de l'équilibre, pendant la marche ou dans la station debout. ♦ 2° État psychique qui se manifeste par l'impossibilité de mener une vie harmonieuse, par les difficultés d'adaptation, des changements d'attitude immotivés, des réactions associales. ◇ ANT. *Équilibre.*

DÉSÉQUILIBRÉ, ÉE [dezekilibre]. *adj.* (fin XIXᵉ; V. *Déséquilibrer*). Qui n'a pas ou n'a plus son équilibre mental. *Il est un peu déséquilibré.* — Subst. *C'est un déséquilibré.* V. **Névrosé.** « *Les déséquilibrés d'une même espèce sont portés... à se rechercher les uns les autres* » (BERGSON).

DÉSÉQUILIBRER [dezekilibre]. *v. tr.* (1878; de *dés-*, et *équilibrer*). ♦ 1° Faire perdre l'équilibre à (qqch., qqn). « *Il courait à travers la chambre d'hôtel en donnant dans le vide des coups énormes qui le déséquilibraient* » (SARTRE). ♦ 2° Causer un déséquilibre mental. *Cette dernière épreuve l'a complètement déséquilibré.* ◇ ANT. *Équilibrer.*

DÉSÉQUIPER [dezekipe]. *v. tr.* (1732; de *dés-*, et *équiper*). ♦ 1° *Mar.* Désarmer (un navire). ♦ 2° Enlever l'équipement de. — Pronom. « *Ayant posé son fusil au râtelier d'armes... (il) fit un bond, sans se déséquiper, jusqu'à la maison de Kadidja* » (MAC ORLAN). ◇ ANT. *Équiper.*

1. DÉSERT, ERTE [dezer, ɛrt(ə)]. *adj.* (1080, sens mod., et « abandonné »; lat. *desertus*). ♦ 1° Sans habitants. *Île déserte.* V. **Inhabité.** *Campagne déserte.* V. **Désolé, désertique, sauvage.** « *À mesure qu'on approche de Port-Royal, le pays se fait plus désert* » (SUARÈS). — Peu fréquenté. *Quartier retiré, désert.* ♦ 2° Privé provisoirement de ses occupants. V. **Abandonné, dépeuplé, déserté, vide.** « *Notre-Dame est aujourd'hui déserte, inanimée, morte* » (HUGO). *Le château « était désert, mais non abandonné* » (GAUTIER). ◇ ANT. *Habité, peuplé; fréquenté, passant. Occupé, plein.*

2. DÉSERT [dezer]. *n. m.* (v. 1170; bas lat. *desertum*, lat. class. *deserta*).
I. ♦ 1° *Vx.* Tout lieu inhabité. « *Voici le plus beau désert qu'on puisse voir, n'admirez-vous pas ces ruisseaux qui tombent des montagnes, ces rochers escarpés?* » (FÉN.). ♦ 2° Par ext. *Vieilli.* Lieu écarté, peu fréquenté. « *Et fuir dans un désert le reste des humains* » (MOL.). — *Mod.* (Influence du sens II) « *Une ville de province est un désert sans solitude* » (MAURIAC). — Loc. *Prêcher dans le désert :* sans être entendu. — *Traversée du désert.* Par allusion à la Bible, longue période d'isolement du pouvoir (pour un homme politique, un parti). « *De Gaulle n'a pas oublié les conditions dans lesquelles il a quitté les affaires de l'État en 1946, pour entamer une ' traversée du désert ' qui allait durer douze ans* » (*Le Monde*, 30-3-1969). ♦ 3° (*Abstrait*). Néant, solitude. « *Le désert de l'amour* », de Mauriac.
II. *Géogr. et cour.* Zone très sèche, aride et inhabitée. *Déserts froids. Déserts chauds. Désert du Sahara, du Kalahari, de Gobi. Désert de sable.* V. **Erg.** *Désert de pierres.* V. **Hamada.** *Points d'eau, végétation dans le désert.* V. **Oasis.** *Nomades, caravanes de chameaux qui traversent le désert.* « *Le Sud! Le désert, les nomades, les terres inexplorées* » (MAUPASS.).

DÉSERTER [dezɛrte]. *v. tr.* (XIIᵉ; « rendre un lieu désert », v. 1050; de *désert* 1). ♦ 1° Abandonner (un lieu où l'on devrait rester). V. **Abandonner, quitter.** « *Il désertait de plus en plus, pour ce métier, l'atelier en plein vent du charpentier* » (LOTI). *Déserter son poste.* — (Au p. p.) *Village désert par ses habitants.* ♦ 2° Absolt. (XVIIᵉ; repris it.). Abandonner l'armée sans permission. V. **Désertion.** *Une bonne partie de l'armée a déserté. Des « jeunes soldats qui, pris en enrôlés, désertent et rejoignent ces réfractaires* » (MADELIN). ♦ 3° *Fig.* Renier, trahir. « *Je comprends qu'on déserte une cause pour savoir ce qu'on éprouvera à en servir une autre* » (BAUDEL.). ♦ 4° (*Choses*). Abandonner (qqn). « *Cette âme aimante que tout, sauf Dieu, désertait* » (GIDE). V. **Délaisser.** ◇ ANT. *Rester, revenir. Rallier, rejoindre.*

DÉSERTEUR [dezɛrtœr]. *n. m.* (1253, « celui qui part »;

de *déserter*). ♦ 1° (XVIIe). Soldat qui déserte ou qui a déserté. V. **Insoumis**. *Déserteur qui passe à l'ennemi.* V. **Transfuge**. *Lois contre les déserteurs.* ♦ 2° *Fig.* et *littér.* Celui qui abandonne une foi, une cause. V. **Apostat, renégat**. ◇ ANT. *Défenseur, fidèle.*

DÉSERTIFICATION [dezɛʀtifikasjɔ̃] ou **DÉSERTISA-TION** [dezɛʀtizasjɔ̃]. *n. f.* (1960,-1973 ; de *désert* 2). ♦ 1° *Géogr.* Transformation d'une région en désert sous l'action de facteurs climatiques ou humains. ♦ 2° *Fig.* Disparition de toute activité humaine dans une région peu à peu désertée. V. **Déserter** (2°).

DÉSERTION [dezɛʀsjɔ̃]. *n. f.* (1361, « abandon » ; lat. *desertio*). ♦ 1° (XVIIe). Action de déserter, de quitter l'armée sans autorisation (V. **Insoumission**). *Désertion en temps de paix, en temps de guerre. Désertion à l'étranger* (en quittant le pays) ; *désertion en présence de l'ennemi ; désertion à l'ennemi* (en passant dans l'armée ennemie). V. **Trahison**. ♦ 2° *Fig.* Action de déserter une cause, un parti. V. **Abandon, reniement**. ◇ ANT. *Fidélité, ralliement.*

DÉSERTIQUE [dezɛʀtik]. *adj.* (fin XIXe ; de *désert* 2, II). ♦ 1° Qui appartient au désert. *Climat désertique. Plante désertique.* ♦ 2° Qui a certains caractères du désert. V. **Aride, inculte**. ◇ ANT. *Fertile.*

DÉSESCALADE [dezɛskalad]. *n. f.* (v. 1960 ; de *dés-*, et *escalade*). *Didact.* Opération inverse de l'escalade*, dans les domaines militaire, diplomatique, social, etc. « *La 'désescalade' pourra se définir comme un relâchement progressif des mesures militaires draconiennes précédemment prises. Elle est une forme particulière de 'désengagement' » (La Croix*, 3-5-1970).

DÉSESPÉRANCE [dezɛspeʀɑ̃s]. *n. f.* (1160, repris 1801 ; de *dés-*, et *espérance*). *Littér.* État de celui qui n'a aucune espérance, qui a perdu foi, confiance. V. **Désespoir**. « *Une pénétrante expression de découragement et de désespérance* » (FRANCE). ◇ ANT. *Espérance.*

DÉSESPÉRANT, ANTE [dezɛspeʀɑ̃, ɑ̃t]. *adj.* (fin XVIIe ; de *désespérer*). ♦ 1° *Littér.* Qui jette dans le désespoir, qui désole. V. **Désolant, navrant**. « *Que d'images effrayantes et désespérantes!* » (BOURDALOUE). ♦ 2° *Cour.* Qui fait perdre espoir, qui lasse. V. **Décourageant**. *Cet enfant est désespérant, nous n'en ferons jamais rien.* « *L'autre m'avançait qu'avec une désespérante lenteur* » (GIDE). ♦ 3° Désagréable, fâcheux. *Il fait un temps désespérant.* ◇ ANT. *Consolant, encourageant. Agréable.*

DÉSESPÉRÉ, ÉE [dezɛspeʀe]. *adj.* (v. 1170, n. V. **Désespérer**). ♦ 1° Qui est livré, réduit au désespoir. « *Il faut se dire que j'étais désespéré oui, dégoûté de tout* » (DUHAM.). ◇ Subst. *Un désespéré.* « *Ceux qui viennent au monde pauvres et nus sont toujours des désespérés* » (VIGNY). *Le Désespéré*, roman de Léon Bloy. — *Spécialt.* Suicidé. *On repêcha le corps du désespéré.* ♦ 2° *Par exagér.* Désolé, fâché, navré. *Je suis désespéré de vous avoir fait attendre si longtemps.* ♦ 3° (1572). Qui exprime le désespoir. V. **Triste**. *Regard, appel désespéré.* « *Les plus désespérés sont les chants les plus beaux* » (MUSS.). ♦ 4° *Par ext.* Extrême ; dicté par le danger. *C'est un parti désespéré. Tentative désespérée.* « *Chaque État épouvanté se tenait... constamment prêt à des mesures désespérées* » (VIGNY). ♦ 5° Qui ne laisse aucune espérance. *La situation des armées est désespérée.* — *Spécialt.* En parlant de la santé. « *J'ai forcé la dose, sciemment. Le cas était désespéré* » (MART. du G.). ◇ ANT. *Confiant, consolé, heureux.*

DÉSESPÉRÉMENT [dezɛspeʀemɑ̃]. *adv.* (av. 1549 ; *desespereement*, v. 1180 ; de *désespéré*). ♦ 1° De manière désespérée, avec désespoir. « *Il regrettait désespérément chaque soir les tendresses, les petits soins et les baisers* » (MAUPASS.). Par ext. *La salle restait désespérément vide* : il n'y avait plus d'espoir qu'elle se remplisse. ♦ 2° Avec acharnement. « *Nous luttons d'arrache-pied, nous luttons désespérément contre...* » (PÉGUY).

DÉSESPÉRER [dezɛspeʀe]. *v.* (v. 1155 ; var. *desperer* ; de *dés-*, et *espérer*).
I. ♦ 1° *V. tr. indir.* DÉSESPÉRER DE : perdre l'espoir en. « *Jamais on n'a douté de sa parole ni désespéré de sa clémence* » (BOSS.). *Désespérer de faire qqch. Nous désespérons de pouvoir jamais y aller. Il ne désespère pas de réussir un jour.* — *Littér. Désespérer que...* suivi du subjonctif. *Nous commençons à désespérer qu'il aille mieux. Je ne désespère pas qu'il réussisse, qu'il ne réussisse.* ♦ 2° *V. intr.* Cesser d'espérer. *Il ne faut pas désespérer, tout s'arrangera.* V. **Décourager** (se). — (ANT. *Espérer*).
II. *V. tr.* ♦ 1° *Vieilli.* Réduire (qqn) au désespoir, affliger cruellement. V. **Affliger, chagriner, décourager, désoler**. *La mort de ses parents l'a désespéré.* V. **Accabler**, décevoir. V. **Désoler**. « *Les gens qui m'aiment par intérêt me désespèrent* » (DUHAM.). ♦ 2° (av. 1778). Lasser, qui décourage. « *Elle est d'une adresse à désespérer un diplomate* » (BALZ.). V. **Désespérant** (3°). ♦ 2° SE DÉSESPÉRER. *v. pron.* (v. 1175).

S'abandonner au désespoir. V. **Désoler** (se). — (ANT. *Consoler, réconforter*)

DÉSESPOIR [dezɛspwaʀ]. *n. m.* (déb. XIIIe ; *desespeir*, XIIe ; de *dés-*, et *espoir*). ♦ 1° Perte d'un espoir ou de tout espoir ; état de qui n'a plus d'espoir. V. **Désespérance**. *Le savant « s'oublie dans les délices d'un calme désespoir* » (FRANCE). « *La vérité sur la vie, c'est le désespoir* » (VIGNY). ♦ 2° (mil. XVIe). Affliction extrême et sans remède : état de celui qui n'a pas d'espoir. V. **Affliction, chagrin, désolation, détresse**. *Se plonger, se jeter, sombrer dans le désespoir. S'abandonner au désespoir.* « *Ô rage, ô désespoir, ô vieillesse ennemie!* » (CORN.). « *J'étais en proie à un sombre désespoir* » (FRANCE). « *Le désespoir a ses degrés... De l'accablement on monte à l'abattement, de l'abattement à l'affliction, de l'affliction à la mélancolie* » (HUGO). ◇ Au plur. *Les désespoirs* : les moments, les accès de désespoir. « *Je m'abîmais dans des désespoirs inexplicables* » (CHATEAUB.). ♦ 3° *Par exagér.* Ce qui cause une grande contrariété. *Cet enfant est le désespoir, fait le désespoir de ses parents.* ◇ *Être au désespoir* : regretter vivement. *Je suis au désespoir de n'avoir pu vous rendre service.* ♦ 4° *Faire le désespoir de qqn* : le contrarier en lui montrant une impossibilité. « *Le poli de ses casseroles faisait le désespoir des autres servantes* » (FLAUB.). ◇ *Le désespoir de* (qqn) : ce que qqn ne peut arriver à faire, à imiter, à réussir. « *Phryné, désespoir du pinceau d'Apelle et du ciseau de Praxitèle* » (CHATEAUB.). — Loc. *Désespoir des peintres* : la saxifrage, plante à fleurs délicates. ♦ 5° Loc. adv. (1835). *En désespoir de cause* (d'abord *de*.) : comme dernière tentative et sans grand espoir de succès. ◇ ANT. *Confiance, espérance, espoir, foi. Consolation, joie.*

DÉSÉTATISER [dezetatize]. *v. tr.* (v. 1966 ; de *dés-*, et *étatiser*). *Écon., Polit.* Réduire la part de gestion et de financement de l'État (Cf. Dénationaliser). Dér. DÉSÉTATISATION [dezetatizasj5]. *n. f.* ◇ ANT. *Étatiser.*

DÉSEXUALISER [dezɛksɥalize]. *v. tr.* (1972) *désexualisé* « qui a changé de sexe », fin XVIIIe ; de *dé-*, et *sexualiser*). *Psycho., Psychan.* Ôter le caractère sexuel à (un comportement, un sentiment, une interprétation). ◇ ANT. *Sexualiser.*

DÉSHABILLAGE [dezabijaʒ]. *n. m.* (1877 ; de *déshabiller*). Action de déshabiller, de se déshabiller. *Déshabillage des mannequins.*

DÉSHABILLÉ [dezabije]. *n. m.* (1627 ; de *déshabiller*). ♦ 1° *Vx.* Tenue légère que l'on porte chez soi dans l'intimité. *En déshabillé* : au *fig.* sans apprêt. ♦ 2° *Mod.* Vêtement féminin d'étoffe légère, plus luxueux que le peignoir ou la robe de chambre. V. **Saut** (de lit). « *Un déshabillé de Chantilly noir, arachnéen* » (MAUROIS).

DÉSHABILLER [dezabije]. *v. tr.* (fin XIVe ; de *dés-*, et *habiller*). ♦ 1° Dépouiller (qqn) de ses vêtements. V. **Dévêtir**. *Déshabiller un enfant pour le mettre au lit.* — *Déshabiller qqn du regard* : par la pensée. ♦ 2° *Fig.* Mettre à nu. V. **Découvrir, démasquer, montrer**. « *Quelle est l'essentielle fonction du poète comique à l'égard de l'homme? C'est de le déshabiller* » (FAGUET). ♦ 3° SE DÉSHABILLER. *v. pron.* Enlever ses habits. *Se déchausser et se déshabiller pour se coucher. Se déshabiller dans une cabine de bain.* ◇ *Spécialt.* Ôter les vêtements destinés à être portés au dehors (chapeau, manteau, gants, etc.). V. **Défaire** (se). *Se déshabiller au vestiaire.* ◇ ANT. *Habiller.*

DÉSHABITUER [dezabitɥe]. *v. tr.* (1530 ; p. p., 1468 ; de *dés-*, et *habituer*). Faire perdre une habitude à (qqn). V. **Désaccoutumer**. *Déshabituer qqn de l'alcool.* « *Sa vie solitaire... l'avait déshabitué des épanchements* » (MART. du G.). — SE DÉSHABITUER. *v. pron.* Se défaire d'une habitude. *Se déshabituer des cigarettes, de fumer.* ◇ ANT. *Accoutumer, habituer.*

DÉSHERBAGE [dezɛʀbaʒ]. *n. m.* (1907 ; de *désherber*). Action de désherber.

DÉSHERBANT, ANTE [dezɛʀbɑ̃, ɑ̃t]. *adj.* et *n. m.* (XXe ; de *désherber*). Qui désherbe, fait mourir la mauvaise herbe. *Poudre désherbante.* — *N. m.* Produit désherbant. V. **Herbicide**.

DÉSHERBER [dezɛʀbe]. *v. tr.* (1874 ; de *dés-*, et *herbe*). Enlever les mauvaises herbes de. V. **Sarcler**. *Désherber les allées d'un parc, un champ cultivé.* Absolt. *Le jardinier est en train de désherber.*

DÉSHÉRENCE [dezeʀɑ̃s]. *n. f.* (1285 ; de l'a. fr. *hoir* « héritier »). *Dr.* Absence d'héritiers pour recueillir une succession qui est en conséquence dévolue à l'État. *Succession en déshérence, qui tombe en déshérence.*

DÉSHÉRITÉ, ÉE [dezeʀite]. *adj.* et *n.* (V. **Déshériter**). ♦ 1° Privé d'héritage. ♦ 2° Privé d'avantages, de biens. « *Il se croit déshérité, trahi, abandonné de tous* » (DUHAM.). ◇ *N.* (1864) Personne désavantagée par la nature, les circonstances. « *Les plus déshérités plaisent quelquefois ; les plus séduisants échouent* » (MAUROIS). ◇ ANT. *Héritier ; comblé ; doué.*

DÉSHÉRITER [dezeʀite]. *v. tr.* (v. 1160 ; de *dés-*, et *hériter*). ♦ 1° Priver (qqn) de la succession sur laquelle il pouvait compter. *Menacer un parent de le déshériter.* ♦ 2° *Fig.* Priver des avantages naturels. V. **Désavantager.** *La nature l'a bien déshérité.* ◇ ANT. *Avantager, combler.*

DÉSHONNÊTE [dezɔnɛt]. *adj.* (XIIIe ; de *dés-*, et *honnête*). Contraire à la pudeur, aux bienséances. V. **Inconvenant, indécent, obscène.** *Gestes, paroles, pensées déshonnêtes.* V. **Malhonnête, vilain** *(fam.).* ◇ ANT. *Convenable, décent, honnête.*

DÉSHONNÊTEMENT [dezɔnɛtmã]. *adv.* (v. 1230 ; de *déshonnête*). *Rare.* De manière déshonnête. ◇ ANT. *Décemment.*

DÉSHONNÊTETÉ [dezɔnɛtte]. *n. f.* (XIVe ; de *déshonnête*). *Vx.* Inconvenance, indécence. ◇ ANT. *Décence.*

DÉSHONNEUR [dezɔnœR]. *n. m.* (1080 ; de *dés-*, et *honneur*). ♦ 1° Perte de l'honneur. V. **Honte, ignominie, indignité, infamie, opprobre.** « *Le déshonneur est dans l'opinion des hommes, l'innocence est en nous* » (DIDER.). « *Je me tue pour échapper au déshonneur* » (ROMAINS). *Il n'y a pas de déshonneur à avouer sa pauvreté.* ♦ 2° Ce qui cause le déshonneur. *Souffrir un déshonneur. Obtenir réparation d'un déshonneur.* ◇ ANT. *Honneur.*

DÉSHONORANT, ANTE [dezɔnɔRã, ãt]. *adj.* (1748 ; de *déshonorer*). Qui déshonore. *Conduite déshonorante.* V. **Avilissant, honteux.** ◇ ANT. *Digne, honorable.*

DÉSHONORER [dezɔnɔRe]. *v. tr.* (1190 ; de *dés-*, et *honorer*). ♦ 1° Porter atteinte à l'honneur de (qqn). V. **Avilir, déconsidérer, déprécier, discréditer, flétrir, salir, souiller.** *Déshonorer qqn, porter atteinte à sa réputation par des insultes, des médisances, des calomnies.* Il a déshonoré sa famille. Cette action l'a déshonoré. « *On accepte bien de souffrir, mais pas d'être déshonoré* » (GIDE). — *Loc.* Il se croirait déshonoré de travailler de ses mains. — *Absolt.* « *Ce qui déshonore est funeste : un soufflet ne vous fait physiquement aucun mal, et cependant il vous tue* » (CHATEAUB.). « *Les honneurs déshonorent* » (FLAUB.). ♦ 2° *Spécialt.* Déshonorer *une femme, une jeune fille : la séduire, abuser d'elle.* ♦ 3° *Littér.* Faire tort à (qqch.). V. **Défigurer, dégrader.** « *Quittez ce lieu que vous déshonorez de votre ignoble présence !* » (COURTELINE). V. **Souiller.** — *Déshonorer un édifice par des restaurations maladroites.* V. **Abîmer, déparer.** « *L'escalier de pierre... était déshonoré de poussière, de crachats et de feuilles de salade* » (FRANCE). ♦ 4° SE DÉSHONORER. *v. pron.* Perdre l'honneur, se couvrir d'opprobre. « *Les petites gens qui ont de l'honneur valent mieux que les grandes gens qui se déshonorent* » (BALZ.). ◇ ANT. *Exalter, glorifier, honorer.*

DÉSHUILER [dezɥile]. *v. tr.* (1863 ; de *dés-*, et *huiler*). Enlever l'huile de. *Déshuiler la laine.* V. **Dégraisser, dessuinter.** ◇ ANT. *Huiler.*

DÉSHUMANISER [dezymanize]. *v. tr.* (1647 ; de *dés-*, et *humaniser*). Faire perdre le caractère humain, la condition d'homme. « *Son silence même ajoutait à l'exception de son cas, le déshumanisait* » (GENET). — *Au p. p.* : « *Je crois que je mourrai non de vieillesse, mais étouffé par ce monde déshumanisé* » (MAURIAC). — *Dér.* DÉSHUMANISANT, ANTE [dezymanizã, ãt], *adj. ;* DÉSHUMANISATION [dezymanizasjɔ̃], *n. f.* ◇ ANT. *Humaniser* (2° et 3°).

DÉSHYDRATATION [dezidRatasjɔ̃]. *n. f.* (1844 ; de *déshydrater*). *Didact.* ♦ 1° Opération par laquelle on déshydrate. V. **Dessiccation.** ♦ 2° Fait de perdre une partie de son eau (se dit d'un organisme, d'un tissu organique). ◇ ANT. *Hydratation.*

DÉSHYDRATÉ, ÉE [dezidRate]. *adj.* (1864 ; V. **Déshydrater**). Privé de son eau ou d'une partie de son eau. *Légumes déshydratés* (pour la conserve). — *Organisme déshydraté ; peau déshydratée.* ◇ *Fam.* Desséché, assoiffé. *Je suis complètement déshydraté.*

DÉSHYDRATER [dezidRate]. *v. tr.* (1864 ; de *dés-*, et *hydrater*). *Didact.* Enlever l'eau de. V. **Dessécher, sécher.** *Déshydrater partiellement du gypse pour obtenir du plâtre. Déshydrater les légumes.* — SE DÉSHYDRATER. *v. pron. Méd.* Perdre l'eau nécessaire à l'organisme. *Il s'est déshydraté lors de sa dernière maladie.* — *Au p. p.* (Fam.). Desséché, assoiffé. *Je suis complètement déshydraté.*

DÉSHYDROGÉNATION [dezidRɔʒenasjɔ̃]. *n. f.* (1839 ; de *déshydrogéner*). ♦ 1° *Chim.* Action de déshydrogéner ; son résultat. ♦ 2° *Biochim.* Oxydation d'une molécule organique par départ de l'hydrogène, sous l'effet d'enzymes *(déshydrogénases).* ◇ ANT. *Hydrogénation.*

DÉSHYDROGÉNER [dezidRɔʒene]. *v. tr.* (1846 ; de *dés-*, et *hydrogène*). *Chim.* Enlever l'hydrogène de. *Déshydrogéner un corps.* ◇ ANT. *Hydrogéner.*

DÉSHYPOTHÉQUER [dezipɔteke]. *v. tr.* (1846 ; de *dés-*, et *hypothéquer*). *Dr.* Faire cesser d'être hypothéqué. ◇ ANT. *Hypothéquer.*

DÉSIDÉRABILITÉ [dezideRabilite]. *n. f.* (fin XIXe ; *désirabilité*, 1883 ; du lat. *desiderium*). *Écon.* Utilité économique. « *Le mot désidérabilité* (conviendrait mieux) *parce qu'il se rattache au latin desiderium qui n'exprime rien d'autre que le désir* » (Ch. GIDE).

DESIDERATA [dezideRata]. *n. m. pl.* (1783 ; plur. du mot lat. neutre *desideratum*). ♦ 1° *Didact.* Lacune que présente une science, une institution, un livre, etc. *La neurologie a ses desiderata.* Le sing. DESIDERATUM [dezideRatɔm] se rencontre dans la langue didactique (dep. 1858). ♦ 2° *Cour.* *Veuillez nous faire connaître vos desiderata :* ce dont vous regrettez le défaut, l'absence. V. **Revendication.**

DESIGN [dizajn, dezajn]. *n. m.* (v. 1965 ; mot angl. « dessin, plan, esquisse »). *Anglicisme.* Esthétique* industrielle appliquée à la recherche de formes nouvelles et adaptées à leur fonction (pour les objets utilitaires, les meubles, l'habitat en général). V. **Stylisme.** « *Le ' design '* [...] *doit être la conjonction d'une idée esthétique du créateur, d'une réalisation industrielle, d'un réseau de distribution et des goûts d'une clientèle* » (*Le Monde,* 12-6-1971). — *Adj.* D'un esthétisme moderne et fonctionnel. *Des meubles design.*

DÉSIGNATIF, IVE [deziɲatif, iv]. *adj.* (1611 ; bas lat. *designativus*). Qui désigne, sert à désigner.

DÉSIGNATION [deziɲasjɔ̃]. *n. f.* (XIVe, repris XVIIe ; lat. *designatio*). ♦ 1° Action de désigner. *Désignation d'une personne par son nom, son titre. Désignation des marchandises sur leur étiquette.* ♦ 2° Le fait de désigner une chose, un concept dans le langage. *Tel mot, telle expression n'est pas une désignation courante de la chose.* V. **Appellation, dénomination.** ♦ 3° Action de choisir, d'élire qqn. V. **Choix, élection, nomination.** *Désignation d'un délégué, d'un successeur.* ◇ ANT. *Révocation.*

DESIGNER [dizajnœR ou dezajnœR]. *n. m.* (1969 ; de *design,* d'apr. l'amér. *designer*). *Américanisme.* Spécialiste du design*. V. **Dessinateur, styliste** (2°). « *Il y a deux sortes de personnes : les stylistes et les designers, ou plutôt les créateurs. Les premiers habillent une mécanique, font œuvre de carrossiers ; les seconds créent une forme et lui adaptent une mécanique* » (*Son Magazine,* févr. 1971). — *Par ext.* Décorateur* moderne, qui adopte le style « design ».

DÉSIGNER [deziɲe]. *v. tr.* (1377, rare av. XVIe ; *désiner,* v. 1265 ; lat. *designare,* de *signum* « signe »).
I. ♦ 1° Indiquer de manière à faire distinguer de tous les autres (par un geste, une marque, un signe). V. **Marquer, montrer, signaler.** *Désigner un objet, un endroit en le montrant.* « *Du petit doigt, elle désignait un endroit sur la carte* » (ROMAINS). *Cette allusion le désigne clairement. Désigner qqn par son nom, par un diminutif.* V. **Appeler, dénommer, nommer.** ♦ 2° DÉSIGNER QQN À (l'attention, l'admiration, etc.). V. **Signaler.** « *Les titres mêmes qui le désignent à la faveur du Haut Personnel Administratif* » (COURTELINE). ♦ 3° Être le signe linguistique de. V. **Représenter, signifier.** *Cette expression désigne les gens qui... V. **Appliquer, qualifier.** « *Une institution est quelquefois expliquée par le mot qui la désigne* » (FUSTEL).
II. ♦ 1° (1690). Choisir (qqn) pour une activité, un rôle, une dignité. V. **Appeler, choisir, nommer.** *Il a été désigné pour entreprendre les recherches. Désigner par un vote.* V. **Élire.** *Désigner pour représenter.* V. **Déléguer.** — (Au p. p.) *Le président désigné a été investi.* ♦ 2° (Sujet de chose). **Destiner** (à), **qualifier.** *Ses qualités le désignent pour ce rôle.* — *Il est tout désigné pour remplir ce rôle :* nul n'est plus qualifié que lui.

DÉSILICIAGE [desilisjaʒ]. *n. m.* (1959 ; de *dé-, silice,* et suff. *-age*). *Techn.* Élimination de la silice des eaux industrielles.

DÉSILLUSION [dezil(l)yzjɔ̃]. *n. f.* (1834 ; de *dés-,* et *illusion*). Perte d'une illusion. V. **Déboire, déception, désappointement, désenchantement, mécompte.** « *J'ai rarement éprouvé des désillusions, ayant eu peu d'illusions* » (FLAUB.). *Quelle désillusion !* ◇ ANT. *Illusion.*

DÉSILLUSIONNEMENT [dezil(l)yzjɔnmã]. *n. m.* (1828 ; de *désillusionner*). Action de faire perdre les illusions à quelqu'un ; fait d'être désillusionné, d'éprouver une désillusion.

DÉSILLUSIONNER [dezil(l)yzjɔne]. *v. tr.* (1828, p. p. ; de *dés-,* et *illusionner*). Faire perdre une illusion à (qqn). V. **Décevoir, désappointer.** *Il a été bien désillusionné.* ◇ ANT. *Illusionner.*

DÉSINCARNÉ, ÉE [dezɛ̃kaRne]. *adj.* (1891 ; de *dés-,* et *incarné*). ♦ 1° *Spirit.* Privé de son corps, de son enveloppe charnelle. ♦ 2° *Cour.* Qui néglige ou méprise les choses matérielles (souv. iron.).

DÉSINCARNER [dezɛ̃kaRne]. *v. tr.* (v. 1922 ; de *désincarné*). *Littér.* (Rare). Faire cesser d'être incarné. *Désincarner un personnage.* — SE DÉSINCARNER. *v. pron.* Se dégager de son enveloppe charnelle. — *Fig.* S'éloigner de la réalité. « *Tout son effort tend à se désincarner* » (VAILLAND). ◇ ANT. *Incarner, réincarner.*

DÉSINCRUSTANT, ANTE [dezɛ̃kRystã, ãt] *adj.* (1878 ; de *désincruster*). ♦ 1° *Techn.* N. m. Mélange chimique (soude, chlorure de baryum, chaux) destiné à empêcher la formation des incrustations dans les chaudières, les radiateurs (V. **Détartrant**). ♦ 2° Adj. *Substances désincrus-tantes.*

DÉSINCRUSTATION [dezɛ̃kʀystasjɔ̃]. *n. f.* (1878; de *désincruster*). *Techn.* Action de désincruster une chaudière, un radiateur.

DÉSINCRUSTER [dezɛ̃kʀyste]. *v. tr.* (1878; de *dés-*, et *incruster*). Nettoyer en débarrassant des incrustations, des dépôts. V. **Détartrer**. — *Cour.* Nettoyer les pores de (la peau). ◇ ANT. *Entartrer; encrasser.*

DÉSINENCE [dezinɑ̃s]. *n. f.* (XIVe; lat. médiév. *desinentia*, de *desinere* « finir »). ♦ 1° *Ling.* Élément variable qui s'ajoute au radical, au thème pour produire les formes d'un paradigme (V. **Flexion, inflexion, terminaison**). *En latin, les cas des mots se distinguent par leur désinence. Désinences verbales.* ♦ 2° *Bot.* Manière dont certains organes se terminent.

DÉSINENTIEL, ELLE [dezinɑ̃sjɛl]. *adj.* (1864; de *désinence*). *Ling.* Qui est relatif aux désinences. *Le latin est une langue désinentielle :* elle présente des désinences.

DÉSINFECTANT, ANTE [dezɛ̃fɛktɑ̃, ɑ̃t]. *adj. et n.* (1812; de *désinfecter*). ♦ 1° *Adj.* Qui sert à désinfecter. *Produit désinfectant. Substance désinfectante.* ♦ 2° *N. m.* (1820). *Un désinfectant. Désinfectants servant à chasser les mauvaises odeurs.* V. **Désodorisant**. « *Je détestais mon hôtel, son odeur de désinfectant et de dollars* » (BEAUVOIR). — *Méd.* Substance à propriétés antiseptiques, utilisée pour détruire les germes pathogènes.

DÉSINFECTER [dezɛ̃fɛkte]. *v. tr.* (1556; de *dés-*, et *infecter*). Traiter en effectuant une désinfection. V. **Assainir, purifier, stériliser**. *Désinfecter la chambre d'un malade contagieux. Désinfecter une plaie, une blessure.* ◇ ANT. *Infecter.*

DÉSINFECTEUR [dezɛ̃fɛktœʀ]. *adj. et n. m.* (1834; de *désinfecter*). Qui sert à désinfecter. *Appareil désinfecteur.*

DÉSINFECTION [dezɛ̃fɛksjɔ̃]. *n. f.* (1630; de *dés-*, et *infection*). Destruction, par des procédés chimiques ou physiques, de germes infectieux se trouvant hors de l'organisme, à la surface du corps. V. **Antisepsie, asepsie, assainissement, stérilisation**. *Désinfection d'une plaie, d'un champ opératoire. Désinfection d'une salle d'hôpital, de vêtements.* ◇ ANT. *Infection.*

DÉSINSECTISATION [dezɛ̃sɛktizasjɔ̃]. *n. f.* (mil. XXe; de *dés-*, et *insecte*). *Didact.* Destruction systématique des insectes (mouches, moustiques, punaises, cafards...). *Agents de désinsectisation* (tels que gaz sulfureux, pétrole et D.D.T.).

DÉSINTÉGRATION [dezɛ̃tegʀasjɔ̃]. *n. f.* (1871; de *désintégrer*). ♦ 1° Action de désintégrer; son résultat. V. **Désagrégation, destruction**. ◇ *Spécialt.* Transformation des atomes d'un élément par transformation de la structure de leurs noyaux. V. **Fission, radioactivité, transmutation**. *Désintégration de la matière, spontanée ou provoquée.* ◇ *Géol.* Décomposition des roches sous l'influence d'agents atmosphériques. ♦ 2° *Fig.* Destruction complète.

DÉSINTÉGRER [dezɛ̃tegʀe]. *v. tr.* (1878; de *dés-*, et *intégrer*). ♦ 1° *Didact.* Défaire l'intégrité d'un tout. V. **Désagréger, détruire**. ♦ 2° *Phys.* et *cour.* Transformer (la matière) en énergie, partiellement (V. **Radioactivité**) ou totalement (V. **Annihilation**). Pronom. *Se désintégrer.* ♦ 3° *Fig.* Détruire complètement. « *Dans sa tête, l'impression que quelque chose allait exploser, se désintégrer* » (Cl. SIMON).

DÉSINTÉRESSÉ, ÉE [dezɛ̃teʀese]. *adj.* (XVIe; de *désintéresser*). ♦ 1° *Vx.* Qui n'a, qui ne porte aucun intérêt matériel ou moral à qqch. V. **Indifférent**. *Être désintéressé du monde.* V. **Détaché**. ♦ 2° *Mod.* (1665). Qui n'agit pas par intérêt personnel. V. **Détaché, généreux**. *C'est un homme parfaitement désintéressé.* V. **Bénévole, gratuit**. *Donner un avis, un conseil désintéressé.* « *Je ne nie pas qu'il y ait, de par le monde, des actions nobles, généreuses, et même désintéressées* » (GIDE). ◇ Qui ne répond pas à des considérations d'intérêt. V. **Gratuit**. *Recherches désintéressées. La science pure* (recherche « fondamentale »). ◇ *Subst.* « *Le bourgeois a la haine du gratuit, du désintéressé* » (GIDE). ♦ 4° Objectif, impartial. *Le scepticisme « suppose un examen profond et désintéressé* » (DIDER.). ◇ ANT. *Attaché, avare, avide, cupide, égoïste, intéressé, sordide.*

DÉSINTÉRESSEMENT [dezɛ̃teʀesmɑ̃]. *n. m.* (1657; de *désintéresser*). ♦ 1° Détachement de tout intérêt personnel. V. **Altruisme, détachement, générosité**. *Un entier, un parfait désintéressement. Agir avec désintéressement.* « *L'étude assidue de deux langues mortes est, dans un siècle sordide, preuve de désintéressement.* » (DUHAM.). ♦ 2° (XXe). Action de désintéresser qqn. V. **Compensation, dédommagement, indemnisation, réparation**. *Désintéressement des créanciers.* ◇ ANT. *Attachement, avidité, cupidité, intérêt.*

DÉSINTÉRESSER [dezɛ̃teʀese]. *v. tr.* (1552; de *dés-*, et *intéresser*). ♦ 1° Rendre (qqn) étranger à une affaire en l'indemnisant ou en lui payant ce qui lui est dû. V. **Contenter, dédommager, indemniser, payer**. *Désintéresser ses créanciers.* ♦ 2° (1690) SE DÉSINTÉRESSER DE (qqch.). *v. pron.* Ne plus

porter intérêt (à). *Se désintéresser de ses affaires, de son travail.* V. **Négliger**. « *Les crimes impunis dont l'opinion publique avait fini par se désintéresser* » (MAC ORLAN). — *Il s'est complètement désintéressé de son fils.* ◇ ANT. *Intéresser, préoccuper (se).*

DÉSINTÉRÊT [dezɛ̃teʀɛ]. *n. m.* (1831; de *se désintéresser*, d'apr. *intérêt*). *Littér.* État de l'esprit qui se désintéresse de qqch., perd l'intérêt qu'il y prenait. V. **Indifférence**. ◇ ANT. *Intérêt.*

DÉSINTOXICATION [dezɛ̃tɔksikasjɔ̃]. *n. f.* (1922; de *dés-*, et *intoxication*). ♦ 1° *Méd.* Traitement qui a pour but de guérir une intoxication, et *(cour.)* d'obtenir d'un alcoolique ou d'un toxicomane qu'il se désaccoutume progressivement de l'alcool ou des stupéfiants. *Cure de désintoxication.* ◇ *Fig.* Opération inverse de l'intoxication* (2°). ♦ 2° Action de désintoxiquer (2°). ◇ ANT. *Intoxication.*

DÉSINTOXIQUER [dezɛ̃tɔksike]. *v. tr.* (1922; de *dés-*, et *intoxiquer*). ♦ 1° Guérir (qqn) d'une intoxication. — Spécialt. *Désintoxiquer un alcoolique, un toxicomane.* — SE DÉSINTOXIQUER. *v. pron.* Suivre une cure de désintoxication. ◇ (v. 1965). *Fig.* Mettre fin à une intoxication* (2°). « *On en appelle à un peuple qu'on a abruti ou laissé abrutir de propagande, de publicité, de télévision. Le remède serait de le désintoxiquer* » (*Le Monde*, 25-11-1965). ♦ 2° Débarrasser de ses toxines (V. **Détoxication**). *La campagne désintoxique le citadin. Partir en forêt se désintoxiquer.* ◇ ANT. *Intoxiquer.*

DÉSINVESTIR [dezɛ̃vɛstiʀ]. *v. tr.* (1846; « cesser d'investir [d'un pouvoir] », 1829; v. pron. « se débarrasser », fin XVIe; de *dés-*, et *investir*). Cesser d'investir. ♦ 1° *Milit.* *Désinvestir une place.* ♦ 2° *Écon.* Réduire ou supprimer les investissements dans un secteur. ♦ 3° *Intrans.* *Psychan.* Cesser d'investir* (III, 2°). ◇ ANT. *Investir.*

DÉSINVESTISSEMENT [dezɛ̃vɛstismɑ̃]. *n. m.* (1846; de *désinvestir*). Action de désinvestir; son résultat. ◇ ANT. *Investissement.*

DÉSINVOLTE [dezɛ̃vɔlt(ə)]. *adj.* (fin XVIIe, n. m.; it. *disinvolto*; esp. *desenvuelto* « développé »). ♦ 1° Qui est à l'aise, dégagé dans ses attitudes, ses mouvements. V. **Aisé, dégagé**. « *On les reconnaissait à leur teint plus bronzé, à leurs allures plus désinvoltes* » (LOTI). ♦ 2° (XXe). Qui fait montre d'une liberté un peu insolente, d'une légèreté excessive. *Il est un peu trop désinvolte avec ses supérieurs.* V. **Sans-gêne**. « *La façon désinvolte dont vous parlez de la mort de votre père, dans votre lettre, m'a outré* » (MONTHERLANT). ◇ ANT. *Maladroit; sérieux.*

DÉSINVOLTURE [dezɛ̃vɔltyʀ]. *n. f.* (1813; it. *disinvoltura*. V. **Désinvolte**). Attitude, tenue, tournure désinvolte. V. **Abandon, laisser-aller, légèreté**. *Répondre avec désinvolture* (V. **Impertinence**). *Agir avec désinvolture.* V. **Sans-gêne**. « *Les intellectuels le regardent s'embourber dans la pire sottise avec une admirable désinvolture* » (DUHAM.). ◇ ANT. *Retenue, rigueur, sérieux.*

DÉSIR [deziʀ]. *n. m.* (fin XIIe; de *désirer*). ♦ 1° Prise de conscience d'une tendance vers un objet connu ou imaginé; cette tendance. V. **Appétence, appétit, aspiration, attirance, attrait, besoin, convoitise, envie, faim, goût, inclination, intention, passion, penchant, souhait, tendance, tentation, visée, vœu**. « *Le plaisir imaginé s'appelle désir* » (RICŒUR). « *Ses désirs étaient toujours si impérieux qu'il ne pouvait jamais de leur exécution* » (MART. du G.). — *Désir fugitif, momentané.* V. **Caprice, curiosité, fantaisie**. *Désir ardent, exaspéré, fou, passionné. Des yeux brillants de désir. Un cri de désir. Exprimer, formuler un désir.* V. **Souhait, vœu**. *Vos désirs sont pour moi des ordres. On cherche à satisfaire tous ses désirs, ses moindres désirs.* « *La possession d'une chose en donne des idées plus justes que le désir* » (RIVAROL). *Prendre ses désirs pour des réalités :* s'imaginer que la réalité est conforme à ce qu'on souhaite. ◇ *Absolt.* La force qui pousse à désirer. « *Même l'intelligence ne fonctionne pleinement que sous l'impulsion du désir* » (CLAUDEL). ◇ DÉSIR DE suivi de l'infinitif. *Le désir de réussir, de commander :* ambition. *Désir de savoir :* curiosité. *Il brûle du désir de vous plaire. Des têtes « qu'animait un vif désir de déplaire* » (GAUTIER). *Le désir de faire, de réussir.* V. **Volonté, vouloir**. « *Ce désir de vivre qui renaît en nous chaque fois que nous prenons de nouveau conscience de la beauté et du bonheur* » (PROUST). ♦ 2° *Spécialt.* Tendance consciente aux plaisirs charnels. V. **Concupiscence, libido**. « *Le miracle de l'amour humain, c'est que, sur un instinct très simple, le désir il, construit les édifices de sentiments les plus complexes et les plus délicats* » (MAUROIS). ♦ 3° *Littér.* L'objet même du désir. « *Tous vos désirs, Esther, vous seront accordés* » (RAC.). ◇ ANT. *Dédain, indifférence, mépris, peur, répulsion.*

DÉSIRABILITÉ [deziʀabilite]. *n. f.* (1883; de *désirable*). *Didact.* Caractère désirable. — *Écon.* V. **Désidérabilité**.

DÉSIRABLE [deziʀabl(ə)]. *adj.* (XIIe; de *désirer*). ♦ 1° Qui mérite d'être désiré; qui excite le désir. V. **Appétissant, attrayant, enviable, intéressant, séduisant, souhaitable, ten-**

tant. « *Le seul progrès désirable consiste dans l'amélioration des âmes* » (RENAN). ♦ 2° Qui inspire un désir charnel. *Femme désirable.* ◇ ANT. *Indésirable, indifférent, repoussant.*

DÉSIRER [deziʀe]. *v. tr.* (fin XIᵉ; lat. *desirare* « regretter l'absence de »). ♦ 1° Tendre consciemment vers (ce que l'on aimerait posséder), éprouver le désir de. V. **Ambitionner, aspirer** (à), **chercher, convoiter, demander, espérer, exiger, incliner** (vers), **prétendre** (à), **rechercher, rêver, souhaiter, soupirer** (après), **tendre** (à, vers), **tenir** (à). *Désirer ardemment qqch. Il ne désire pas le rencontrer. Que désirez-vous? Si vous le désirez* (Cf. Si le cœur vous en dit, si ça vous chante). PROV. *Cœur qui soupire n'a pas ce qu'il désire.* « *Il ne faudrait vouloir qu'une chose... Mais moi, je désire tout; alors je n'obtiens rien* » (GIDE). — *Il ne désire rien de plus. N'avoir plus rien à désirer :* être comblé. — Absolt. « *Désirer avec force, c'est presque posséder* » (FRANCE). ◇ DÉSIRER QUE suivi du subjonctif. *Elle désire qu'il vienne la voir.* « *Elle trouva qu'il n'avait pas assez d'esprit, et désira qu'il en eût davantage* » (LA BRUY.). ◇ *Vx* ou *littér.* DÉSIRER DE suivi de l'infinitif. « *Elles désirent de plaire* » (LA BRUY.). « *Jamais elle n'avait désiré de plaire* » (MAURIAC). Mod. (sans DE) *Je désire m'entretenir avec vous.* V. **Vouloir.** ♦ 2° LAISSER À DÉSIRER : être incomplet, imparfait. *Ce travail laisse à désirer :* ses manières *laissent à désirer.* ♦ 3° SE FAIRE DÉSIRER : se montrer peu pressé de satisfaire le désir que les autres ont de nous voir (souvent *iron.*). « *Au revoir..., et ne te fais pas trop désirer* » (QUENEAU). ♦ 4° *Spécialt.* Éprouver des désirs amoureux ou sensuels. V. **Convoiter.** *Désirer une femme.* ♦ 5° *Vx.* *Désirer qqch. à qqn :* souhaiter (du bien) à qqn. V. **Vouloir.** « *C'est le bien qu'à tous deux Polyeucte désire* » (CORN.). ◇ ANT. *Craindre, dédaigner, mépriser.*

DÉSIREUX, EUSE [deziʀø, øz]. *adj.* (*Desidros,* fin XIᵉ; de *désirer*). Qui désire. Vx. *Désireux de gloire, d'honneurs, de richesses. Désireux des biens d'autrui :* envieux, jaloux. ◇ Mod. *Désireux de* (et l'inf.), qui veut, a envie de. « *Il se montre extraordinairement anxieux et désireux d'acquérir certaines qualités qui sont à l'opposé de sa nature* » (GIDE). ◇ ANT. *Dédaigneux. Indifférent, méprisant.*

DÉSISTEMENT [dezistəmɑ̃]. *n. m.* (1564; de *désister*). ♦ 1° *Dr.* Abandon volontaire d'un droit, d'un avantage. V. **Renoncement.** *Désistement d'action :* par lequel le demandeur signifie qu'il abandonne ses prétentions. ♦ 2° *Polit.* et *cour.* Retrait de candidature à une élection. *Le désistement du candidat républicain.* ◇ ANT. *Maintien.*

DÉSISTER (SE) [deziste]. *v. pron.* (1358; lat. *desistere*). ♦ 1° *Dr.* Renoncer à (une poursuite, une action en justice). V. **Abandonner, départir** (se), **renoncer.** *Se désister d'une action.* ♦ 2° Absolt. (*Polit.* et *cour.*). Renoncer à briguer un mandat lorsqu'on n'a pas été élu au premier tour. V. **Retirer** (se). *Se désister en faveur de qqn.* ◇ ANT. *Maintenir.*

DESMAN [desmɑ̃]. *n. m.* (1763; du suédois *desmanratta* « rat musqué »). Petit mammifère (*Insectivores*) au pelage soyeux, dont les mœurs sont semblables à celles de la loutre. *Desman des Pyrénées, de Russie.*

DÉSOBÉIR [dezɔbeiʀ]. *v. tr. indir.* (1265; de *dés-*, et *obéir*). DÉSOBÉIR À : ♦ 1° Ne pas obéir (à qqn), en refusant de faire ce qu'il commande ou en faisant ce qu'il défend. V. **Opposer** (s'), **rebeller** (se), **résister, révolter** (se). *Désobéir à ses parents, à ses chefs.* — Absolt. *Ces enfants ont désobéi.* — (Passif) « *La mère ne souffrait pas que l'héritier fût désobéi en rien* » (ROUSS.). ♦ 2° Par ext. Désobéir à un ordre, à la loi. V. **Contrevenir; enfreindre, transgresser, violer.** ◇ ANT. *Obéir, respecter.*

DÉSOBÉISSANCE [dezɔbeisɑ̃s]. *n. f.* (1283; de *désobéir*). Action de désobéir. V. **Indiscipline, insoumission, insubordination, rébellion, résistance, révolte.** ◇ ANT. *Obéissance.*

DÉSOBÉISSANT, ANTE [dezɔbeisɑ̃, ɑ̃t]. *adj.* (1283; de *désobéir*). Qui désobéit (ne se dit guère que des enfants). V. **Indiscipliné, indocile, insubordonné.** *Enfant désobéissant.* ◇ ANT. *Obéissant.*

DÉSOBLIGEANCE [dezɔbliʒɑ̃s]. *n. f.* (1798; de *désobliger*). *Littér.* Disposition à désobliger (qqn). *Son extrême désobligeance.* ◇ ANT. *Obligeance.*

DÉSOBLIGEANT, ANTE [dezɔbliʒɑ̃, ɑ̃t]. *adj.* (1658; de *désobliger*). Qui désoblige, froisse les autres; peu aimable. V. **Désagréable.** *Il a été désobligeant envers nous. Faire une réponse, une remarque désobligeante.* ◇ ANT. *Aimable, obligeant.*

DÉSOBLIGER [dezɔbliʒe]. *v. tr.* (1636; « délier d'une obligation », 1307; de *dés-*, et *obliger*). Indisposer (qqn) par des actions ou des paroles qui froissent l'amour-propre. V. **Déplaire, froisser, indisposer, peiner, vexer.** *Vous me désobligeriez beaucoup en refusant.* « *Il est juste que ce qu'on ne désoblige pas ceux qu'on raconte* » (COCTEAU). ◇ ANT. *Obliger.*

DÉSOBSTRUCTION [dezɔpstʀyksjɔ̃]. *n. f.* (1846; de *désobstruer*, d'apr. *obstruction*). *Rare.* Action de désobstruer;

son résultat. ◇ *Chir.* Opération qui consiste à enlever d'une cavité ou d'un conduit les matières qui les bouchent. *Désobstruction d'un vaisseau* (on dit aussi *désoblitération*).

DÉSOBSTRUER [dezɔpstʀye]. *v. tr.* (1798; de *dés-*, et *obstruer*). *Techn.* Débarrasser de ce qui obstrue, de ce qui bouche. V. **Déboucher, dégager, désencombrer, désengorger, vider.** *Désobstruer un passage, une conduite, un canal.* ◇ ANT. *Obstruer; boucher.*

DÉSOCCUPÉ, ÉE [dezɔkype]. *adj.* (1579, repris XXᵉ; it. *disoccupato*; de *dés-*, et *occupé*). *Rare.* Qui n'a plus d'occupation, de travail. V. **Chômeur, oisif.** ◇ ANT. *Occupé.*

DÉSODORISANT, ANTE [dezɔdɔʀizɑ̃, ɑ̃t]. *adj.* et *n. m.* (1910; de *désodoriser*). Qui désodorise, absorbe les mauvaises odeurs. Subst. *Désodorisant pour la toilette.* V. **Déodorant.** *Utiliser un désodorisant contre les odeurs domestiques.*

DÉSODORISER [dezɔdɔʀize]. *v. tr.* (1910; *déodoriser,* 1886; de *dés-*, et rad. *odor.* V. **Odeur**). Dépouiller (un corps) de son odeur au moyen d'un traitement approprié; enlever les mauvaises odeurs au moyen d'une substance chimique, d'un produit parfumé.

DÉSŒUVRÉ, ÉE [dezœvʀe]. *adj.* (1692; de *dés-*, et *œuvre*). Qui ne fait rien et ne cherche pas à s'occuper. V. **Inactif, inoccupé, oisif.** *Un enfant désœuvré.* — Subst. « *Des tas de désœuvrés qui, ne sachant que faire de leur temps, prodiguaient le mien sans aucun scrupule* » (ROUSS.). ◇ ANT. *Actif, affairé, occupé.*

DÉSŒUVREMENT [dezœvʀəmɑ̃]. *n. m.* (1748; de *désœuvré*). État d'une personne désœuvrée. V. **Inaction, inoccupation, oisiveté.** *Faire qqch. par désœuvrement,* pour passer le temps. « *Comme il n'avait aucun travail, son désœuvrement renforçait sa tristesse* » (FLAUB.). ◇ ANT. *Activité, occupation.*

DÉSOLANT, ANTE [dezɔlɑ̃, ɑ̃t]. *adj.* (1718; de *désoler*). ♦ 1° *Littér.* Qui désole, qui cause une grande affliction. V. **Affligeant, consternant, navrant.** *Nouvelle désolante.* ♦ 2° *Cour.* Qui contrarie. V. **Contrariant, ennuyeux.** *Il fait bien mauvais temps, c'est désolant!* ◇ ANT. *Consolant, réjouissant.*

DÉSOLATION [dezɔlasjɔ̃]. *n. f.* (XIIᵉ; bas lat. *desolatio*). ♦ 1° *Littér.* Action de désoler, de ravager un pays; son résultat. V. **Destruction, dévastation, ravage, ruine.** « *Ils pleuraient la mort de leurs proches et la désolation de leur pays* » (FLÉCH.). — (Bible) *L'abomination de la désolation.* V. **Abomination.** *Ils « s'étaient voilé la face en criant à l'abomination de la désolation!* » (GAUTIER). ♦ 2° *Extrême affliction.* V. **Affliction, consternation, détresse, peine.** *Cette nouvelle l'a plongé dans la désolation.* « *Le cri de la désolation absolue et de l'effroi* » (HUYSMANS). ◇ ANT. *Consolation.*

DÉSOLÉ, ÉE [dezɔle]. *adj.* (v. 1355; V. **Désoler**). ♦ 1° Désert et triste. « *Un endroit désolé, consumé de soleil* » (FROMENTIN). ♦ 2° Affligé, éploré. *Une mère désolée. Avoir l'air désolé.* ♦ 3° Par exagér. Cour. Être désolé, regretter. *Je suis désolé de ne vous avoir fait attendre. Désolé, je ne puis vous renseigner :* excusez-moi. ◇ ANT. *Riant; joyeux, réjoui; ravi.*

DÉSOLER [dezɔle]. *v. tr.* (v. 1330; lat. *desolare* « laisser seul », d'où « ravager »). ♦ 1° *Vx* ou *littér.* Ruiner, transformer en solitude par des ravages. V. **Dévaster, ravager, ruiner.** *Pillards qui désolent la campagne.* « *Les notices sur les fléaux qui ont désolé l'humanité, sur les dates fatidiques, sur l'an mil, la peste, les Huns* » (GIRAUDOUX). ♦ 2° Causer une affliction extrême à. V. **Affliger, attrister, consterner, navrer.** *La mort de cet ami le désole. Cet échec me désole.* Pronom. (1692). *Elle se désole de ne pouvoir vous aider.* ◇ Contrarier. *Ce contretemps, ce retard me désole.* ◇ ANT. *Réjouir, ravir.*

DÉSOLIDARISER [desɔlidaʀize]. *v. tr.* (1907; de *dés-*, et *solidariser*). ♦ 1° V. tr. *Rare.* Rompre les liens de solidarité avec, entre. V. **Désunir, diviser.** ♦ 2° SE DÉSOLIDARISER. v. pron. *Cour.* Cesser d'être solidaire. *Se désolidariser de, d'avec ses collègues.* V. **Abandonner, séparer** (se). « *Je ne me désolidariserai pas d'une défaite qui, souvent, m'humiliera* » (ST-EXUP.). V. **Désavouer.** ◇ ANT. *Unir, solidariser* (se).

DÉSOPERCULER [dezɔpɛʀkyle]. *v. tr.* (1878; de *dés-*, et *opercule*). *Apic.* Ouvrir les alvéoles de (en enlevant l'opercule avec le couteau spécial dit **DÉSOPERCULATEUR** [dezɔpɛʀkylatœʀ]). *Rayon de miel désoperculé.*

DÉSOPILANT, ANTE [dezɔpilɑ̃, ɑ̃t]. *adj.* (1842; en méd., *n. m.,* 1658; de *désopiler*). Qui fait rire de bon cœur. V. **Histoire, farce désopilante.** — *Cet acteur est désopilant.*

DÉSOPILER [dezɔpile]. *v. tr.* (1542; « ouvrir », de *dés-*, et *a. fr.* *opiler* « obstruer »; lat. *oppilare*). ♦ 1° *Méd. Vx.* Désobstruer. — *Fig.* (1690) *Désopiler la rate* (de la bile* noire). ♦ 2° Absolt. Mod. *Désopiler :* exciter la gaieté, faire rire, réjouir. ◇ Pronom. *Se désopiler :* rire beaucoup.

DÉSORBITER [dezɔʀbite]. *v. tr.* (v. 1830, intr.; 1853, *se désorbiter;* de *dés-*, et *orbite*). ♦ 1° Faire sortir de son orbite. — Pronom. Sortir de son orbite. — DÉSORBITÉ, ÉE, sorti de son orbite (astre); exorbité (œil). **Dér.** DÉSORBITATION, [dezɔʀbitasjɔ̃], n. f. ♦ 2° (1881). Fig. Faire sortir de son milieu, de ses habitudes. — DÉSORBITÉ, ÉE, sorti de ses habitudes, qui ne sait plus ce qu'il fait, où il en est. V. Désorienté.

DÉSORDONNÉ, ÉE [dezɔʀdɔne]. adj. (v. 1220; de dés-, et ordonné). ♦ 1° Littér. Qui n'est pas conforme à la règle, à la morale, au bon ordre. Conduite, vie désordonnée. V. Agité, déréglé, dissolu. Imagination désordonnée. V. Débridé, vagabond. Dépenses désordonnées. V. Effréné, excessif. ♦ 2° (1538). Qui est en désordre; où il y a du désordre. Combat désordonné. V. Confus, indistinct. Fuite désordonnée (V. Débandade). ♦ 3° h. XIVᵉ; (Fin XIXᵉ). Cour. Qui manque d'ordre, ne range pas ses affaires. Maîtresse de maison négligente et désordonnée. — Subst. C'est un désordonné. ◇ ANT. Moral. Modéré. Ordonné, rangé.

DÉSORDRE [dezɔʀdʀ(ə)]. n. m. (1377, « querelles »; de dés-, et ordre). ♦ 1° (1530). Absence d'ordre. Mettre qqch. en désordre, du désordre quelque part. V. Bouleverser, chambarder, chambouler, déranger, mélanger, mêler. Tout est en désordre (Cf. Pêle-mêle, sens dessous dessous). Choses, pièce en désordre. Quel désordre! V. Fouillis, pagaïe. Un savant désordre, un désordre voulu, désordre d'objets destiné à rompre la monotonie du décor, à donner du naturel. Vx. Réparer le désordre de sa toilette. ◇ Désordre des idées, incohérence, manque de logique. V. Confusion. « Le désordre de ma pensée reflète le désordre de ma maison » (GIDE). — Désordre dans les affaires publiques, dans l'administration de qqch. V. Désorganisation, gabegie. ♦ 2° Spécialt. Trouble dans un fonctionnement. V. Altération, perturbation, trouble. Désordre fonctionnel. ♦ 3° (1535). Littér. Absence de règle, de morale. V. Dérèglement, dissipation, licence. Vivre dans le désordre. ◇ Conduite déréglée, débauche. « Les grands désordres jettent aux grandes dévotions » (ZOLA). ♦ 4° Absence d'ordre ou rupture de l'ordre, de la discipline dans un groupe, une communauté. V. Anarchie. Semer le désordre dans les rangs d'une armée. « Comme tout le monde a son billet pris d'avance, l'entrée s'effectue sans le moindre désordre » (GAUTIER). Assemblée où règne le désordre (V. Pétaudière). ◇ Plur. Manifestation d'indiscipline, trouble qui interrompt la tranquillité publique, l'ordre social. V. Agitation, bagarre, émeute, trouble. De graves désordres ont éclaté. ◇ ANT. Ordre, organisation. Cohérence.

DÉSORGANISATEUR, TRICE [dezɔʀganizatœʀ, tʀis]. adj. et n. (1792; de désorganiser). Qui désorganise. Principe désorganisateur. ◇ ANT. Organisateur.

DÉSORGANISATION [dezɔʀganizasjɔ̃]. n. f. (1764; de désorganiser). Action de désorganiser; son résultat. V. Désordre, trouble. Nation en complète désorganisation. Désorganisation d'une administration, d'une armée. V. Désagrégation. ◇ Pathol. Altération grave de la structure (d'un tissu ou d'un organe) pouvant entraîner la perte des fonctions. ◇ ANT. Organisation.

DÉSORGANISER [dezɔʀganize]. v. tr. (1764; p. p., v. 1570; de dés-, et organiser). Détruire l'organisation de. Le cancer désorganise les tissus qu'il envahit. ◇ Fig. V. Déranger, troubler. Désorganiser les plans de qqn. ◇ Pronom. « Le régime féodal se désorganise, tandis que le régime monarchique n'est pas encore constitué » (SEIGNOBOS). V. Désagréger. Le parti est désorganisé. ◇ ANT. Organiser.

DÉSORIENTATION [dezɔʀjɑ̃tasjɔ̃]. n. f. (1876; de désorienter). Rare. Action de désorienter; son résultat. — Méd. Désorientation spatio-temporelle, perte du sens de l'orientation dans l'espace et dans le temps. ◇ ANT. Orientation.

DÉSORIENTÉ, ÉE [dezɔʀjɑ̃te]. adj. (1636; de désorienter). Qui ne sait plus où il en est, ce qu'il doit faire. V. Dépaysé, embarrassé, hésitant, indécis, perdu. « Désorienté, hébété, amputé de ses habitudes » (COURTELINE). « Il était tout désorienté d'avoir gain de cause sans lutte » (MART. du G.).

DÉSORIENTER [dezɔʀjɑ̃te]. v. tr. (1617; de dés-, et orienter). ♦ 1° (1690). Faire cesser d'être orienté. Désorienter une lunette astronomique. — Faire perdre la direction à suivre. V. Égarer. Pronom. « Il remonta le chemin jusqu'à la Croix-au-Lièvre, et il en fit le tour les yeux fermés pour se désorienter » (SAND). ♦ 2° (1617). Rendre hésitant sur ce qu'il faut faire, sur le comportement à avoir. V. Déconcerter, embarrasser, troubler. « Une certaine coquetterie maligne et railleuse désoriente encore plus les soupirants » (ROUSS.). ◇ ANT. Orienter, rassurer.

DÉSORMAIS [dezɔʀmɛ]. adv. (XIIᵉ; de dés-, or « maintenant », et mais « plus »). À partir du moment actuel (s'emploie pour un comportement à venir ou avec un attribut). V. Avenir (à l'avenir), dorénavant. Désormais je ne l'écouterai plus. Les portes seront désormais fermées après 5 h.

DÉSORPTION [desɔʀpsjɔ̃]. n. f. (1960; de dé-, et absorption). Sc. Phénomène inverse de l'absorption et de l'adsorption.

DÉSOSSÉ, ÉE [dezose]. adj. (V. Désosser) ♦ 1° Dont on a ôté les os. Dinde désossée et farcie. ♦ 2° Par ext. (1874). Dont les membres sont mous et souples, comme sans os.

V. Désarticulé, disloqué. ◇ Fig. Sans charpente, sans rigidité. V. Lâche, mou. « Un christianisme désossé en quelque sorte, sans charpente » (RENAN). ◇ ANT. Rigide, solide.

DÉSOSSEMENT [dezosmɑ̃]. n. m. (1798; de désosser). Action de désosser, de se désosser.

DÉSOSSER [dezose]. v. tr. (v. 1350; de dés-, et os). Ôter l'os, les os de. Désosser une épaule de mouton. — Par anal. Désosser un poisson : en ôter les arêtes. ◇ Fig. et pronom. V. Désarticuler (se). Acrobate qui se désosse.

DÉSOXYDANT, ANTE [dezɔksidɑ̃, ɑ̃t]. adj. et n. m. (1864; de désoxyder). Qui désoxyde. Un désoxydant. V. Réducteur. ◇ ANT. Oxydant.

DÉSOXYDATION [dezɔksidasjɔ̃]. n. f. (1805; désoxidation, 1794; de désoxyder). Chim., Métall. Action de désoxyder. V. Désoxygénation, réduction. (II, 3°). ◇ ANT. Oxydation.

DÉSOXYDER [dezɔkside]. v. tr. (1797; désoxidation, 1794; de dés-, et oxyde). Chim., Métall. Ôter l'oxyde (et par ext. la rouille) de. V. Réduire. Désoxyder un métal. ◇ ANT. Oxyder.

DÉSOXYGÉNATION [dezɔksiʒenasjɔ̃]. n. f. (1789; de désoxygéner). Didact. ♦ 1° Action de désoxygéner; son résultat. V. Désoxydation, réduction (II, 3°). ♦ 2° Élimination artificielle ou accidentelle de l'oxygène dissous dans l'eau. ◇ ANT. Oxygénation.

DÉSOXYGÉNER [dezɔksiʒene]. v. tr. (1789; de dés-, et oxygène). Didact. Enlever tout ou partie de l'oxygène contenu dans une substance. V. Désoxyder, réduire (II, 5°). Au p. p. : Le sang de la partie droite du cœur est désoxygéné. ◇ ANT. Oxygéner.

DÉSOXYRIBONUCLÉASE [dezɔksiʀibɔnykleaz]. n. f. (1967; de désoxyribo(se), et nucléase). Biol. Enzyme qui catalyse l'hydrolyse des acides désoxyribonucléiques. Cf. Ribonucléase.

DÉSOXYRIBONUCLÉIQUE [dezɔksiʀibɔnykleik]. adj. (1960; de désoxyribo(se), et nucléique). Biochim. Se dit d'acides présents sous forme de nucléoprotéines dans les noyaux cellulaires et porteurs de caractères génétiques. — (Abrév. cour. A.D.N.). Cf. Ribonucléique.

DÉSOXYRIBOSE [dezɔksiʀiboz]. n. m. (v. 1960; de dés-, oxy-, et ribose). Biochim. Ose* de formule $C_5 H_{10} O_4$, de structure analogue au ribose mais comportant, au niveau du deuxième atome de carbone, un atome d'hydrogène au lieu d'un groupement hydroxyle.

DESPERADO [dɛsperado]. n. m. (1924; de l'angl. desperado, 1647; empr. à l'esp. desperado, adj. « désespéré »). Hors-la-loi qui est prêt à tout, n'ayant plus rien à perdre. « Quelque desperado, proie du remords ou du spleen, vestige d'un âge romantique révolu » (BARTHES). Des desperados.

DESPOTE [dɛspɔt]. n. m. (fin XIIᵉ; gr. despotês « maître »). ♦ 1° Souverain qui gouverne avec une autorité arbitraire et absolue. V. Tyran. « J'appelle tyran l'usurpateur de l'autorité royale et despote l'usurpateur du pouvoir souverain » (ROUSS.). ♦ 2° Fig. Personne qui exerce une autorité tyrannique. Cet enfant est un despote. « La vie familiale autour du génial despote (Hugo) ne devait pas être légère tous les jours » (HENRIOT). — Adj. Mari despote. V. Despotique.

DESPOTIQUE [dɛspɔtik]. adj. (XIVᵉ; gr. despotikos). ♦ 1° Qui est propre au despote. V. Tyrannique. Souverain despotique. « Il y a trois espèces de gouvernements : le républicain, le monarchique et le despotique » (MONTESQ.). V. Arbitraire. ♦ 2° Fig. et littér. « Vous avez sur ses vers un pouvoir despotique » (BOIL.) : absolu. Caractère despotique. ◇ ANT. Libéral.

DESPOTIQUEMENT [dɛspɔtikmɑ̃]. adv. (XIVᵉ; de despotique). D'une manière despotique. Gouverner despotiquement.

DESPOTISME [dɛspɔtism(ə)]. n. m. (1678; de despote). ♦ 1° Pouvoir absolu, arbitraire et oppressif du despote. Despotisme oriental. Le despotisme de Napoléon. — Polit. Despotisme éclairé, doctrine politique des philosophes du XVIIIᵉ s., selon laquelle le souverain doit gouverner selon les lumières de la raison. ◇ Forme de gouvernement dans lequel tous les pouvoirs sont réunis dans les mains d'un seul. V. Absolutisme, dictature, tyrannie. Combattre le despotisme. « Le pire de tous les despotismes, c'est le gouvernement militaire » (ROBESPIERRE). ♦ 2° Toute autorité tyrannique. « C'est de l'inique despotisme des pères que viennent les vices et les malheurs des enfants » (ROUSS.). ◇ ANT. Démocratie, libéralisme. Faiblesse.

DESQUAMATION [dɛskwamasjɔ̃]. n. f. (1732; du lat. desquamare, rac. squama « écaille »). ♦ 1° Méd. Élimination des couches superficielles de l'épiderme sous forme de petites lamelles (squames). V. Exfoliation, pellicule (2°), Desquamation consécutive à la scarlatine. ♦ 2° Techn. Action de desquamer* (2°); son résultat. ♦ 3° Géol. Enlèvement, chute de pellicules ou de minces écailles rocheuses.

DESQUAMER [dɛskwame]. v. tr. ou intr. (1836; lat.

desquamare). ♦ 1° *V. intr. Méd.* En parlant de la peau, se détacher par squames, écailles. V. Peler. — Pronom. *La peau se desquame après la scarlatine.* ♦ 2° *V. tr.* Débarrasser (l'épiderme) des cellules mortes. *Produit propre à desquamer la peau du visage* ou DESQUAMANT [deskwamã] *n. m.* et *adj.*

DESQUELS, DESQUELLES [dekɛl]. *pron. rel.* V. LEQUEL.

DESSABLEMENT [desablamã]. *n. m.* (XXᵉ; de *dessabler).* ♦ 1° *Techn.* Action de dessabler; son résultat. On dit aussi DESSABLAGE [desablaʒ]. ♦ 2° *Techn.* Traitement des eaux usées consistant à en éliminer les matières minérales en suspension. ◇ ANT. *Ensablement.*

DESSABLER [desable]. *v. tr.* (1765; de *dés-,* et *sable).* Ôter le sable de. V. Désensabler. ◇ ANT. *Ensabler.*

DESSAISIR [desezir]. *v. tr.* (v. 1155; de *dés-,* et *saisir).* ♦ 1° *Dr.* Enlever à (qqn) ce dont il est saisi. *Dessaisir un tribunal d'une affaire.* ♦ 2° *V. pron. Se dessaisir de...* se déposséder de, remettre, confier volontairement. *Je ne peux, je ne veux pas m'en dessaisir.* V. Abandonner, céder, donner, remettre, renoncer (à).

DESSAISISSEMENT [desezismã]. *n. m.* (1609; de *dessaisir).* *Dr.* Action de dessaisir, de se dessaisir. *Jugement de dessaisissement à l'égard d'un failli.* ◇ Action de se dessaisir (d'un état de conscience). Cf. *Déprise.*

DESSAISONALISER [desezɔnalize]. *v. tr.* (1972; de *dé-,* et *saison,* d'apr. l'angl. *to deseasonalize).* *Écon., Admin., Statistique.* Apporter une correction à certains éléments statistiques pour éliminer les distorsions résultant des variations saisonnières. *Dér.* DESSAISONALISATION [desezɔnali zasjɔ̃]. *n. f.*

DESSALEMENT [desalmã] *n. m.,* ou **DESSALAISON** [desalɛzɔ̃] *n. f.* (Techn.), ou **DESSALAGE** [desalaʒ]. *n. m.* (1764, -1845, 1877; de *dessaler).* Action de dessaler; son résultat. — *Géol. : Le dessalement du pétrole brut. Le dessalement des eaux saumâtres ou salées* (Cf. Dessalure). — *Agric. Le dessalage d'un terrain.*

DESSALER [desale]. *v. tr.* (1393; *dessalé,* XIIIᵉ; de *dés-,* et *saler).* ♦ 1° Rendre moins salé ou faire cesser d'être salé. *Dessaler de la morue en la faisant tremper.* Intrans. (1680). *Mettre des harengs à dessaler.* Pronom. *L'eau de mer se dessale par distillation.* ♦ 2° (1880). *Fig.* et *fam.* Rendre moins niais, plus déluré. V. Dégourdir, déniaiser. — Pronom. *Il commence à se dessaler.* — Au p. p. (1585) *Elle est bien dessalée.* V. Affranchi, dégourdi, déluré. ♦ 3° *V. intr.* (Arg. des plaisanciers, 1935; de l'arg. parisien « boire », v. 1830; « noyer », 1878; Cf. Boire la tasse). Se renverser (en parlant du bateau); renverser son bateau (*Dér.* DESSALAGE). ◇ ANT. *Saler.* — (du p. p.) : Empoté, niais.

DESSALURE [desalyr]. *n. f.* (1973; de *dé(s)-,* et *salure).* *Géol.* Dilution de l'eau de mer par un apport naturel d'eau douce. Cf. *Dessalement.*

DESSANGLER [desãgle]. *v. tr.* (1530; *descengler,* v. 1165; de *dés-,* et *sangle).* Enlever ou détendre les sangles de. *Dessangler un cheval.* Pronom. *Le cheval s'est dessanglé.* ◇ ANT. *Sangler.*

DESSAOULER. *v.* V. Dessoûler.

DESSÉCHANT, ANTE [deseʃã, ãt]. *adj.* (1555; de *dessécher).* ♦ 1° Qui dessèche. *Vent desséchant.* ♦ 2° Qui rend insensible. *Fig.* (1870). *Doctrines, études desséchantes.*

DESSÈCHEMENT [deseʃmã]. *n. m.* (1503; de *dessécher).* ♦ 1° Action de dessécher; état d'une chose desséchée. Déshydratation, dessiccation. *Dessèchement de la peau.* « *Le degré de dessèchement du bois fait beaucoup à sa résistance* » (BUFF.). ♦ 2° Maigreur d'une personne desséchée. ♦ 3° *Fig.* Perte de la faculté de s'émouvoir, de s'attendrir. V. Endurcissement. « *Un dessèchement affreux du cœur a entraîné l'oblitération de la conscience* » (MADELIN). ◇ ANT. *Humidification, hydratation. Fraîcheur, sensibilité.*

DESSÉCHER [deseʃe]. *v. tr.* (Deschier, v. intr., 1170; de *dés-,* et *sécher).* ♦ 1° Rendre sec (ce qui contient naturellement de l'eau). V. Sécher. *Chaleur, vent qui dessèche la végétation.* V. Brûler, calciner, griller, hâler, rôtir. « *Le froid desséchait la peau des visages et gerçait les lèvres* » (MAC ORLAN). *Dessécher des plantes médicinales, des fruits.* V. Déshydrater; dessiccation. — Pronom. *La peau se dessèche au soleil. Sa bouche se dessèche d'émotion.* ♦ 2° Rendre maigre. « *Le vent de feu du désir l'avait desséché depuis longtemps* » (GAUTIER). Au p. p. *Vieillard desséché.* V. Décharné, étique. ◇ Pronom. Maigrir. *Fig.* et *fam.* « *Elle n'était pas fille à se dessécher de chagrin* » (SAND). V. Languir. ♦ 3° Rendre insensible, faire perdre à (qqn) la fraîcheur, la faculté de s'émouvoir. V. Endurcir, racornir. « *Pas d'ironie! Elle vous dessèche et dessèche la victime* » (Max JACOB). ◇ Pronom. « *J'ai peur de me dessécher à force de science* » (FLAUB.). ◇ ANT. *Mouiller, humidifier. Attendrir, émouvoir.*

DESSEIN [desɛ̃]. *n. m.* (v. 1265; « dessin » jusqu'au XVIIIᵉ; de *desseigner* (V. Dessiner), d'apr. l'it. *disegno).* ♦ 1° Idée que l'on forme d'exécuter qqch. V. But, désir, détermination, intention, objet, projet, propos, résolution, visée,

volonté, vue. *Avoir des desseins secrets.* « *J'ai formé le dessein de vous proposer quelques remarques sur l'usage de la langue française* » (DUHAM.). *Nourrir de noirs, de coupables desseins. Grands desseins.* « *Les desseins de la Providence étant impénétrables* » (CAMUS). « *Dans le dessein d'humilier tout le monde* » (SUARÈS). « *Que Drot eût un dessein sur moi, n'était-ce pas étrange?* » (BOSCO). ◇ *Loc. adv.* À DESSEIN : avec intention, de propos délibéré. V. Exprès. *Il l'a fait à dessein. C'est à dessein que je n'ai pas répondu.* — *Loc. prép.* À DESSEIN DE : dans l'intention, en vue de. « *C'est peut-être à dessein de vous entretenir* » (RAC.). ◇ HOM. *Dessin.*

DESSELLER [desele]. *v. tr.* (XIIᵉ; de *dés-,* et *seller).* Ôter la selle de. *Desseller un cheval.* ◇ ANT. *Seller.* — HOM. *Desceller.*

DESSERRAGE [deseraʒ]. *n. m.* (1794; de *desserrer).* Action de desserrer. *Desserrage d'une vis. Coin de desserrage.* ◇ ANT. *Serrage.*

DESSERREMENT [desermã]. *n. m.* (XXᵉ; de *desserrer).* Le fait de se desserrer. « *Épanouissement de la poitrine; desserrement des tempes* » (ROMAINS).

DESSERRER [desere]. *v. tr.* (XIIᵉ; de *dés-,* et *serrer).* ♦ 1° Relâcher (ce qui était serré). V. Défaire. *Desserrer sa ceinture d'un cran. Desserrer une vis, un écrou* (V. Dévisser). *Desserrer sa prise, son étreinte.* ◇ Pronom. *Se desserrer,* devenir moins serré. *L'écrou s'est desserré.* *Fig.* « *Peu à peu, l'étau s'est desserré* » (MART. du G.). ♦ 2° (XIIIᵉ; repris 1656). *Desserrer les dents :* ouvrir la bouche. — *Ne pas desserrer les dents,* ne rien dire. V. Taire (se). « *Chaque fois qu'il desserre les dents, il a l'air de vous faire une grâce* » (LOTI). ◇ ANT. *Serrer.* — HOM. Formes du v. *desservir.*

DESSERT [desɛr]. *n. m.* (1540, jusqu'au XVᵉ « action de desservir la table »; de *desservir* 2). ♦ 1° *Vx.* Dernier service d'un repas, comportant fromages, pâtisserie, fruits. « *Un dessert sans fromage est une belle à qui il manque un œil* » (BRILLAT-SAV.). ♦ 2° *Mod.* Mets sucré, fruits, pâtisserie servis de nos jours après le fromage (en France). *On apporta de nombreux desserts. Priver un enfant de dessert. Vin de dessert.* — *Par ext.* Moment de la fin du repas. *Ils sont arrivés au dessert.*

1. DESSERTE [desɛrt(ə)]. *n. f.* (XIIᵉ; de *desservir* 1). ♦ 1° Service assuré par un prêtre; fonctions attachées au service d'une cure, d'une chapelle, etc. (V. Desservant). ♦ 2° (1838). (*Voie, moyen de transport).* Le fait de desservir une localité. V. Service. *Desserte d'un port par voie ferrée. Voie de desserte.* — *Chemin de desserte.*

2. DESSERTE [desɛrt]. *n. f.* (fin XIXᵉ; « mets desservis », XIVᵉ; de *desservir* 2). Meuble où l'on met les plats, les couverts qui ont été desservis. V. Crédence, dressoir. « *Léon ôt découpait gravement un melon sur le marbre de la desserte* » (MART. du G.).

DESSERTIR [desertir]. *v. tr.* (1751; *dessartir* « défaire », XIIᵉ; de *dés-,* et *sertir).* Enlever (une pierre précieuse) de sa monture. *Dessertir un brillant de son chaton.* ◇ ANT. *Sertir.*

DESSERTISSAGE [desertisaʒ]. *n. m.* (1870; de *dessertir).* *Techn.* Action de dessertir. ◇ ANT. *Sertissage.*

DESSERVANT [deservã]. *n. m.* (1322, rare av. XVIIIᵉ). L'ecclésiastique qui dessert une cure, une chapelle, une paroisse. V. Curé.

1. DESSERVIR [deservir]. *v. tr.; conjug. servir.* V. Partir (XIᵉ; lat. *deservire).* ♦ 1° Faire le service de (une cure, une chapelle, une paroisse). *C'est le vicaire qui dessert les hameaux les plus éloignés.* ♦ 2° (1859). Faire le service de (un lieu, une localité) en parlant d'une voie de communication, d'un moyen de transport. *Le chemin de fer ne dessert pas encore ce village.* V. Passer (par). *Un omnibus dessert toutes les gares de la ligne.* V. Arrêter (s'arrêter à). *Ville bien desservie,* reliée aux autres par de nombreux moyens de transport. V. 3° (1890). *Par ext.* Donner dans, faire communiquer. « *À droite de l'entrée, une petite porte desservait la cuisine et ses dépendances* ». (ROMAINS). ◇ HOM. Formes du v. *desserrer.*

2. DESSERVIR [deservir]. *v. tr.* (de *dés-,* et *servir).* ♦ 1° Débarrasser (une table) des plats, des couverts qui ont été servis. *Desservir la table.* Absolt. *Vous pouvez desservir.* ♦ 2° (fin XVᵉ). Rendre un mauvais service à (qqn). V. Nuire. *Desservir qqn auprès de ses amis. Une « promptitude de jugement qui lui fait honneur, mais qui la dessert* » (BALZ.). Pronom. *Il s'est desservi par sa franchise.* ◇ ANT. *Servir.* Appuyer, seconder. — HOM. Formes du v. *desserrer.*

DESSICCATIF, IVE [desikatif, iv]. *adj.* et *n.* (1534; *dissicatif,* XIVᵉ; lat. *desiccativus,* rac. *siccus* « sec »). *Techn.* Qui a la propriété de dessécher. Subst. (1754). *Méd.* Se dit d'un médicament qui, appliqué sur une plaie, en absorbe le pus ou les sérosités. V. Siccatif.

DESSICCATION [desikasjɔ̃]. *n. f.* (XVIᵉ; h. XIVᵉ; lat. *desiccatio).* *Didact.* ♦ 1° Action de dessécher (les gaz, les solides), opération par laquelle on les prive de l'humidité qu'ils renferment. V. Déshydratation, lyophilisation. *Dessiccation par l'acide sulfurique, des solides par étuvage, le séchage au four. Dessiccation des fruits, du lait* (lait en poudre). ♦ 2° (1870). *Agric.* Perte de l'eau que renferme le sol. *La* *dessiccation des terres argileuses.* ◇ ANT. *Hydratation, imbibition.*

DESSILLER [desije]. *v. tr.* (*Déciller*, XIIIᵉ ; de *ciller*, a. fr. « coudre les paupières d'un oiseau de proie pour le dresser »). Séparer les paupières qui étaient jointes. *Dessiller les yeux :* les ouvrir. — Fig. *Dessiller les yeux de qqn, à qqn :* l'amener à voir, à connaître ce qu'il ignorait ou voulait ignorer. V. **Ouvrir** (les yeux) ; **désabuser, détromper, éclairer.** « *L'on commence à dessiller les yeux du peuple sur les superstitions* » (VOLT.). — *Pronom.* S'ouvrir. « *Alors mes yeux se dessillèrent ; je sentis mon malheur* » (ROUSS.).

DESSIN [desɛ̃]. *n. m.* (XVᵉ ; de *dessiner* (V. **Dessiner**), d'apr. l'it. *disegno ;* var. *dessein* jusqu'au XVIIIᵉ). ♦ 1º Représentation ou suggestion des objets sur une surface, à l'aide de moyens graphiques ; *par ext.* Toute œuvre d'art formée d'un ensemble de signes graphiques organisant une surface. *Lignes, tracé, traits d'un dessin. Dessin qui représente un paysage. Perspective d'un dessin. Les dessins de Léonard de Vinci ; de Degas. Dessins d'enfants. Dessin abstrait.* — *Dessin au trait, dessin ombré. Dessin à un crayon.* V. **Crayon, fusain, sanguine.** *Dessin au pinceau, à la plume ; à l'encre de Chine. Dessin lavé.* V. **Lavis, sépia.** *Dessin gravé.* V. **Gravure, pointe-sèche.** *Dessin imprimé. Tissu à dessins.* V. **Motif.** *Dessin rapide, esquissé.* V. **Croquis, ébauche, esquisse, schéma.** *Dessin soigné, fignolé, léché. Dessin humoristique, accompagné d'une légende. Dessin publicitaire. Dessins sur la peau.* V. **Tatouage.** ◇ Cinéma (1916) DESSIN ANIMÉ ou DESSINS ANIMÉS [desɛ̃anime] : film cinématographique réalisé en partant d'une suite de dessins représentant les phases successives du mouvement d'un corps. — Branche de l'art, de l'industrie cinématographique relative à ce genre de films. V. **Animation** (film d'). ◇ Loc. fam. (1951). *Faire un dessin à qqn,* expliquer davantage, en mettant les points sur les i*. « *Tu vois pas ça, toi dans ta tête?... Le cafard?... T'entends?... Le cafard? Faut te faire un dessin?* » (CÉLINE). ♦ 2º L'art qui enseigne et utilise la technique, les procédés propres à organiser une surface par des moyens graphiques. *Dessin et peinture*. École, professeur, leçon de dessin. Il est doué pour le dessin. Papier à dessin* (bristol, torchon). « *Le Dessin n'est pas la forme, il est la manière de voir la forme* » (DEGAS). ♦ 3º (*Opposé à* couleur). Les Éléments graphiques d'un tableau, d'une tapisserie, etc. *Le dessin de cette fresque n'en vaut pas la couleur.* ♦ 4º La façon de dessiner ; le style d'un dessin. *Un dessin habile, mais froid.* ♦ 5º Représentation linéaire, exacte et précise, de la forme des objets, dans un but scientifique, industriel ; technique de cette représentation. *Dessin graphique. Dessin géométrique. Dessin par projection* (V. **Projection**, stéréographie). — *Dessin industriel.* V. **Épure** ; relevé (de plan). *Dessin de face, de profil, en élévation. Dessin coté.* V. **Croquis.** *Échelle d'un dessin. Table à dessin.* — *Dessin d'architecture* (V. **Plan**). ♦ 6º Grands traits d'un ouvrage. Fig. V. **Canevas, conception, plan, projet.** *Dessin d'ensemble d'un ouvrage.* ◇ Mus. *Dessin mélodique :* la disposition générale d'une phrase musicale. ♦ 7º *Par anal.* Aspect linéaire et décoratif des formes naturelles : contour, figure, forme, ligne. *Le dessin d'un visage.* V. **Coupe.** « *Il s'applique à suivre le dessin des veines jusqu'au poignet mince* » (MART. du G.). — Contour d'un objet, lignes d'un ornement. *Le dessin d'une fenêtre, d'une ferronnerie.* ◇ HOM. **Dessein.**

DESSINATEUR, TRICE [desinatœʀ, tʀis]. *n.* (1664 ; de *dessin*, d'apr. l'it. *disegnatore*). ♦ 1º Personne qui pratique habituellement l'art du dessin. *Un bon dessinateur. Dessinateur humoristique.* V. **Caricaturiste.** *Dessinateur illustrateur de livres. Dessinatrice de mode.* V. **Modéliste.** *Dessinateur de publicité.* ♦ 2º (v. 1778). Peintre chez qui la couleur est négligée ou subordonnée à la forme (*opposé à* coloriste). *Ce peintre est plutôt dessinateur que coloriste.* ♦ 3º (1690). Personne qui fait des dessins industriels ou d'architecture ; des dessins décoratifs pour tissus, papiers, etc. *Dessinateur industriel. Dessinateur en tissu, en bijouterie, etc. Dessinateur de meubles.* Cf. l'anglicisme **Designer**, *in.* ◇ **DESSINATEUR** (**TRICE**)-**CARTOGRAPHE**, spécialiste du dessin en cartographie.

DESSINÉ, ÉE [desine]. *adj.* (V. **Dessiner**). ♦ 1º Représenté par le dessin, tracé. ♦ 2º *Loc.* (XXᵉ). BANDE DESSINÉE. V. **Bande** (I. 2º).

DESSINER [desine]. *v. tr.* (1664 ; *desseigner, dessigner,* 1459 ; altér. de l'it. *disegnare,* d'apr. lat. *designare*). ♦ 1º Représenter ou suggérer par le dessin. *Dessiner un paysage.* V. **Représenter, reproduire, tracer.** *Dessiner qqch. sur le vif, rapidement.* V. **Crayonner, croquer, ébaucher, esquisser.** — *Absolt. Dessiner au crayon, à la plume, au pinceau. L'art de dessiner.* V. **Dessin.** *Mal dessiner.* V. **Gribouiller, griffonner.** « *Il dessine de mémoire, et non d'après le modèle* » (BAUDEL.). — *Spécialt.* Traiter les formes d'un tableau, plutôt que la couleur. *Ce peintre dessine soigneusement. Tableau bien dessiné.* ◇ Techn. Archit. Représenter par le dessin graphique. *Dessiner un plan.* V. **Dresser, lever.** ♦ 2º (1809, au pronom.) *Par anal.* Rendre apparents, faire

ressortir les contours, le dessin. V. **Accuser, indiquer.** *Vêtement qui dessine les formes du corps. Bouche bien dessinée,* d'une jolie forme, bien nette. ◇ **Former** (un dessin). V. **Former, présenter, tracer.** *La dessine une suite de courbes.* « *Deux ou trois ibis... dessinaient leur silhouette grêle sur le bleu qui leur servait de fond* » (GAUTIER). — *Pronom.* SE DESSINER, paraître avec un contour net. V. **Détacher** (se), **ressortir.** *Ombre qui se dessine sur un mur.* V. **Profiler** (se). *Un sourire se dessina sur ses lèvres.* Fig. (1864). *Projets qui commencent à se dessiner.* V. **Préciser** (se), **tournure** (prendre). ◇ ANT. **Estomper.**

DESSOLEMENT [desɔlmɑ̃]. *n. m.* (1700 ; de *dessoler* 2). Agric. Action de dessoler un champ. ◇ ANT. **Assolement.**

1. DESSOLER [desɔle]. *v. tr.* (fin XIIᵉ ; de *dés-,* et *sole*). Techn. Débarrasser de la sole, de la partie inférieure du sabot. *Dessoler un cheval.*

2. DESSOLER [desɔle]. *v. tr.* (1357 ; de *dés(as)soler*). Agric. Changer l'ordre des cultures d'une terre. (Syn. *Dessaisonner*). ◇ ANT. **Assoler.**

DESSOUDER [desude]. *v. tr.* (1165 ; de *dés-,* et *souder*). Ôter la soudure de. — *Pronom.* SE DESSOUDER : se défaire, en parlant de ce qui était soudé. ◇ ANT. **Souder.**

DESSOÛLER ou **DESSAOULER** [desule]. *v.* (1557 ; de *dés-,* et *soûler*). ♦ 1º V. tr. *Fam.* Tirer (qqn) de l'ivresse. V. **Désenivrer.** *On l'a dessoûlé en lui jetant de l'eau à la figure. La peur l'a dessoûlé.* Pronom. « *Rabe, la démarche incertaine et la tête malade pour s'être dessoûlé trop vite* » (MAC ORLAN). ♦ 2º V. intr. Cesser d'être soûl. *Il ne dessoûle pas :* il est toujours ivre. ◇ ANT. **Soûler.**

1. DESSOUS [d(ə)su]. *prép. et adv.* (1080 ; de *de,* prép., et *sous*). Mot indiquant la position d'une chose sous une autre (*opposé à* DESSUS).
I. Prép. de lieu (*Vx,* employé seul). V. **Sous.** — *Mod.* DE DESSOUS. « *Jean Tournier était occupé à extraire les cadavres et les blessés de dessous les décombres* » (GIDE). — PAR-DESSOUS. *Passer par-dessous la clôture.* — Fig. et fam. *Faire qqch. par-dessous la jambe.* V. **Jambe.**
II. *Adv. de lieu.* À la face inférieure, dans la partie inférieure. *Le prix du vase est marqué dessous. Bras dessus bras dessous. Sens* dessus dessous :* renversé. — PAR-DESSOUS. *Baissez-vous et passez par-dessous.* — EN DESSOUS : sur, contre la face inférieure. *Soulevez ce livre, le billet est en dessous.* — Fig. *Rire en dessous :* en dissimulant son rire. V. **Cape** (sous cape). *Regarder en dessous :* sans lever franchement les yeux, sournoisement. « *Pinette, le front bas, regardait Longin par en dessous* » (SARTRE). *Agir en dessous :* hypocritement. — CI-DESSOUS : sous ce qu'on vient d'écrire, plus loin, plus bas. V. **Infra.** *Vous trouverez ci-dessous les indications nécessaires.* — LÀ-DESSOUS : sous cet objet, cette chose. *Le chat s'est caché là-dessous.* — Fig. *Il a offert de m'aider : il y a qqch. là-dessous :* cela cache, cela dissimule qqch.
◇ ANT. **Sur ; dessus, haut** (en).

2. DESSOUS [d(ə)su]. *n. m.* (XVᵉ ; du précéd.). ♦ 1º Face inférieure de qqch. ; ce qui est plus bas que qqch. *Le dessous des pieds, des bras.* — *Le dessous d'une assiette.* V. **Envers.** *L'étage du dessous.* V. **Inférieur.** *Les gens du dessous sont bruyants.* V. **Bas** (d'en bas). *Vêtements de dessous :* qui se portent sous ceux que l'on voit. V. **Sous-vêtement.** ♦ 2º Nom de certains objets qui se placent sous qqch. (pour isoler, protéger). *Dessous de bouteille.* V. **Dessous-de-plat.** ♦ Nom donné à certaines choses cachées. *Le dessous des cartes, du jeu.* — Par anal. *Les dessous de la politique.* V. **Secret.** — UN DESSOUS DE TABLE : argent que donne secrètement un acheteur au vendeur dont il veut obtenir un avantage. V. **Gratification.** *Dessous de table.* ♦ 3º *Absolt.* Plur. LES DESSOUS (fin XIXᵉ) : vêtements de dessous féminins (soutien-gorge, culotte, porte-jarretelles, chemise, combinaison). V. **Linge, lingerie.** *Porter des dessous en dentelle.* ♦ 4º Peint. *Le dessous :* la première couche de peinture d'une toile. ♦ 5º Loc. *Sous le théâtre,* étages à plancher mobile disposés sous la scène. — Fig. *Être dans le troisième dessous, le trente-sixième dessous :* dans une très mauvaise situation. ♦ 6º Fig. *Avoir le dessous :* être dans un état d'infériorité dans une lutte, une discussion. V. **Désavantage.** ♦ 7º *Loc. adv.* AU-DESSOUS : en bas. *Il n'y a personne au-dessous.* « *L'écho des petits scandales d'au-dessous, d'au-dessus, d'à-côté en suite à travers les murs* » (COURTELINE). — Moins. *Vous en trouverez à mille francs et au-dessous.* V. **Inférieur.** « *Jamais* (Racine) *n'ira plus loin qu'Alexandre et qu'Andromaque. Bajazet est au-dessous* » (SÉV.). ◇ *Loc. prép.* AU-DESSOUS DE : plus bas que, en bas de (V. **Infra-, sous-**). *Jupe au-dessous du genou. Cinq degrés au-dessous de zéro.* V. **Moins.** *Les femmes ne peuvent se marier au-dessous de quinze ans. Vendre, acheter un objet au-dessous de sa valeur.* — Fig. *Inférieur à. Notre condition est au-dessous de la nôtre.* — *Être au-dessous de sa tâche :* n'être pas capable, pas digne de l'assumer (Cf. Ne pas être à la hauteur). — *Être au-dessous de tout :* n'être capable de rien, n'avoir aucune valeur (personne, œuvre). ◊ ANT. *Dessus. Avantage, supériorité.*

DESSOUS-DE-BOUTEILLE [d(ə)sudbutɛj]. V. DESSOUS (2. 2°).

DESSOUS-DE-BRAS [d(ə)sudbʀɑ]. *n. m. invar.* (1929; de *dessous*, et *bras*). Cercle de tissu imperméable destiné à protéger les vêtements de la transpiration aux aisselles.

DESSOUS-DE-PLAT [d(ə)sudpla]. *n. m. invar.* (1898; de *dessous*, et *plat*). Support, plateau sur lequel on pose les plats pour éviter de brûler ou de tacher la nappe.

DESSOUS-DE-TABLE (ou *Dessous de table*) [d(ə)sudtabl] V. DESSOUS (2, 2°).

DESSUINTAGE [desɥɛtaʒ]. *n. m.* (1803; de *dessuinter*). Techn. Action de dessuinter.

DESSUINTER [desɥɛte]. *v. tr.* (1826; de *dés-*, et *suint*). Techn. Débarrasser du suint. V. Dégraisser, déshuiler. Dessuinter de la laine avant de la filer.

1. DESSUS [d(ə)sy]. *prép., adv. (Desur, desuz, XIᵉ; de de, prép., et sur ou sus).* Mot indiquant la position d'une chose sur une autre (*opposé à* DESSOUS).
I. Prép. de lieu (*Vx*, employé seul). V. Sur. — *Mod.* DE DESSUS. *Ôtez-moi cela de dessus la table.* — PAR-DESSUS. *Sauter par-dessus un obstacle. Fig. Par-dessus tout :* spécialement, principalement. V. Surtout. *Je vous recommande par-dessus tout d'être prudent.* — *Fam. Avoir par-dessus la tête de (qqch.),* ne plus pouvoir supporter, avoir assez de. *J'en ai par-dessus la tête, de toutes ces comédies.* — *Par-dessus le marché :* en plus.
II. Adv. de lieu. À la face supérieure (*opposé à* dessous), à la face extérieure (*opposé à* dedans). *Prenez l'enveloppe, l'adresse est marquée dessus. Ce siège est solide, vous pouvez vous asseoir dessus.* — *Bras* dessus bras dessous.* — *Sens* dessus dessous.* — Exprimant l'idée de contact. *Relevez votre robe, pour ne pas marcher dessus. Sauter, taper, tirer, tomber dessus. « Paraît que la division de cavalerie a ordre de se faire bousiller pour les empêcher de nous tomber dessus ! »* (MART. du G.). — *Tout contre. Vous cherchez votre stylo et vous avez le nez dessus. Mettre le doigt dessus :* deviner. *Mettre la main dessus.* V. Saisir; trouver. — PAR-DESSUS. *Sauter par-dessus.* — EN DESSUS : sur le dessus. *Tissu écossais en dessus et uni en dessous.* — CI-DESSUS : au-dessus de ce qu'on vient d'écrire, plus haut. V. Supra. — LÀ-DESSUS : sur cela. *Écrivez là-dessus.* — *Fig.* À ce sujet, sur ce sujet. *« J'ai fait là-dessus quelques vers »* (MOL.). *Comptez là-dessus !* — *Là-dessus, il nous quitta brusquement :* alors, sur ce.
◊ ANT. *Sous; dessous; bas (en).*

2. DESSUS [d(ə)sy]. *n. m.* (XVIᵉ; du précéd.). ♦ 1° Face, partie supérieure de qqch. *Le dessus de la main, d'une table, d'une armoire. Dessus d'un tissu.* V. Endroit. *L'étage du dessus; les voisins du dessus.* V. Haut (d'en haut). *Fig. Le dessus du panier :* ce qu'il y a de meilleur (Cf. La crème, le gratin). ♦ 2° DESSUS DE... Nom de certains objets qui se placent sur qqch. (pour protéger, garnir). *Dessus de plateau, de buffet, de cheminée en tissu.* V. Napperon; et Dessus-de-lit, dessus-de-plat. ♦ 3° *Par ext. Dessus d'un théâtre :* étages au-dessus de la scène et dans lesquels peuvent remonter les décors. ◊ Mus. Le registre le plus haut (*opposé à* basse). *Vieilli.* Personne qui chante le dessus. V. Soprano, ténor. ♦ 4° *Fig. Avoir, prendre, reprendre le dessus.* V. Avantage, prééminence, supériorité. *Avoir le dessus dans un combat, dans une discussion.* V. Gagner, vaincre. *« Votre frère l'emporte et Phèdre a le dessus »* (RAC.). — *Spécialt. Prendre, reprendre le dessus* (sur une douleur physique ou morale). V. Relever (se), remettre (se). *« Elle passait pour une veuve qui était en train de reprendre le dessus »* (AYMÉ). ♦ 5° *Loc. adv.* AU-DESSUS : en haut. *Les chambres sont au-dessus.* — *Spécialt.* Pour indiquer une supériorité nombrable. V. Plus. *La température atteint 40° et au-dessus.* — *Fig.* V. Meilleur, mieux. *Il n'y a rien au-dessus.* ◊ *Loc. prép.* AU-DESSUS DE : plus haut que, en haut de. V. préf. Super-, sur-, sus-. *L'avion est au-dessus de la Méditerranée.* — *L'Ain se jette dans le Rhône au-dessus de Lyon* (en amont de Lyon). — *Spécialt.* V. Plus (à plus de, de plus de, pour plus de...). *Les enfants au-dessus de quinze ans ne sont pas admis. Vendre au-dessus du cours.* — *Fig.* V. Supérieur (à). *Le colonel est au-dessus du capitaine* (en grade). *« Vous savez bien ce que vous êtes au-dessus des autres; vous avez de la tête, du jugement »* (SÉV.). *Être au-dessus de* (qqch.), dominer une situation, être supérieur à; mépriser. *Ces critiques ne le gênent pas il est au-dessus de tout cela* (Cf. Cela ne l'atteint pas, ne l'effleure pas). ◊ ANT. *Dessous. Désavantage, infériorité.*

DESSUS-DE-LIT [d(ə)sydli]. *n. m. invar.* (1870; de *dessus 2*, et *lit*). Grand morceau d'étoffe, généralement adapté à la forme d'un lit, pour en recouvrir complètement la literie. *Un dessus-de-lit en velours, en soie.* V. Couvre-lit.

DESSUS-DE-PLAT [d(ə)sydpla]. *n. m. invar.* (XXᵉ; de *dessus 2*, et *plat*). Couvercle dont on recouvre un plat. V. Couvre-plat. *Des dessus-de-plat.*

DESSUS-DE-PORTE [d(ə)sydpɔʀt(ə)]. *n. m. invar.*

(1653; de *dessus*, et *porte*). Décoration sculptée ou peinte au-dessus du chambranle d'une porte.

DÉSTALINISATION [destalinizasjɔ̃]. *n. f.* (1956; de *dé-*, *Staline*, et suff.). Le fait de rejeter les méthodes autoritaires propres à Staline et le « culte de la personnalité ». *Les premières mesures de déstalinisation ont suivi le XXᵉ Congrès du parti communiste (fév. 1956) et se sont étendues à d'autres pays communistes.* (On emploie aussi le v. *Déstaliniser.*)

DESTIN [dɛstɛ̃]. *n. m.* (1160, « projet »; de *destiner*). ♦ 1° Puissance qui, selon certaines croyances, fixerait de façon irrévocable le cours des événements. V. Destinée, fatalité, fatum *(littér.).* La mythologie grecque faisait du destin une puissance supérieure aux dieux. Pour les chrétiens, la notion de providence* a remplacé celle du destin. *« Je me livre en aveugle au destin qui m'entraîne »* (RAC.). *« Les hommes ont inventé le destin, afin de lui attribuer les désordres de l'univers, qu'ils ont pour devoir de gouverner »* (R. ROLLAND). ♦ 2° Ensemble des événements contingents (V. Hasard) ou non (V. Fatalité) qui composent la vie d'un être humain, considérés comme résultant de causes distinctes de sa volonté. V. Destinée, étoile, sort. *On n'échappe pas à son destin!* (Cf. *C'était écrit, c'était fatal). Il eut un destin tragique :* une fin (ou une vie) tragique. *Tournant du destin.* ◊ *Par ext. Ce qu'il adviendra de qqch.* V. Avenir, fortune, sort. *Le destin d'un ouvrage littéraire. Le destin d'une civilisation.* ♦ 3° Le cours de l'existence considéré comme pouvant être modifié par celui qui la vit. V. Existence, vie. *« Nous tissons notre destin, nous le tirons de nous comme l'araignée sa toile »* (MAURIAC).

DESTINATAIRE [dɛstinatɛʀ]. *n.* (1829; de *destiner*). Personne à qui s'adresse un envoi. *Destinataire d'un colis, d'une lettre. L'adresse du destinataire. « Des paperasses, que le concierge chargea Daniel de remettre, en mains propres, à leur destinataire »* (MART. du G.). — (*mil.* XXᵉ). *Ling.* Celui à qui s'adresse le message linguistique, le récepteur. V. Allocutaire, auditeur, interlocuteur (2°). ◊ ANT. *Expéditeur; destinateur.*

DESTINATEUR [dɛstinatœʀ]. *n. m.* (*mil.* XXᵉ; de *destiner*). *Ling.* L'auteur du message linguistique adressé au destinataire. V. Émetteur, locuteur, sujet (parlant). ◊ ANT. *Destinataire.*

DESTINATION [dɛstinasjɔ̃]. *n. f.* (XIIᵉ; lat. *destinatio*). ♦ 1° Ce pour quoi une personne ou une chose est faite. V. Fin, finalité. *La destination de l'homme sur la terre.* V. Destinée, mission, vocation; raison (d'être). *Destination d'un édifice.* V. Affectation. *Cet appareil n'a pas d'autre destination.* V. Emploi, usage, utilisation. *Destination d'une somme d'argent.* — *Dr. Immeuble par destination.* ♦ 2° Lieu où l'on doit se rendre; lieu où une chose est adressée. V. But, direction. *Partir pour une destination lointaine, inconnue.* — À DESTINATION, *Arriver, parvenir, être rendu à destination. Train, avion à destination de Marseille.* ◊ ANT. *Origine.*

DESTINÉE [destine]. *n. f.* (v. 1131; de *Destin* (1°)). ♦ 1° V. Destin (2°). *« Quand les infortunés ne savent à qui s'en prendre de leurs malheurs, ils s'en prennent à la destinée, qu'ils personnifient »* (ROUSS.). ♦ 2° *Destin particulier d'un être* (V. Destin (2°); *sort). Tenir entre ses mains le destinée de qqn. « Voici des milliers de siècles que notre pauvre humanité accomplit sa destinée sur la terre »* (MART. du G.). ◊ *Ce à quoi une personne est destinée, semble l'être.* V. Destination, vocation. *« Mon père se faisait de l'âme humaine et de sa destinée une idée sublime »* (FRANCE). *« C'est sa destinée d'être parfaitement aimée »* (SÉV.). ◊ *Par ext. Avenir, sort de qqch. La destinée qui était réservée à cette œuvre.* ♦ 3° (1640). Vie, existence. V. Destin (3°). *Littér. Finir sa destinée :* mourir. *Unir sa destinée à qqn :* s'unir à lui, l'épouser. *« Vous êtes à l'âge où l'on se décide; plus tard, on subit le joug de la destinée qu'on s'est faite »* (LAMENNAIS).

DESTINER [destine]. *v. tr.* (1160; lat. *destinare*). DESTINER (qqn, qqch.) à. ♦ 1° V. Fixer la destinée de qqn. V. Prédestiner, promettre. *Destiner un jeune homme à une jeune fille. « Cette persuasion que nous avons trouvé l'être que la nature avait destiné pour nous »* (B. CONSTANT). ♦ 2° *Cour.* Fixer d'avance (pour être donné à qqn). V. Assigner, attribuer, garder, réserver. *Je vous destine ce poste, cet emploi. Le triste sort qui lui est destiné. Je ne sais quel accueil il me destine.* V. Préparer. *Par ext. Cette remarque vous était destinée, était pour vous, vous concernait.* ♦ 3° (Mil. XVIᵉ). Fixer d'avance pour être employé (à un usage). V. Affecter, appliquer, réserver. *Je destine cette somme à l'achat d'un costume. Un édifice destiné au culte.* *Par ext. Son talent le destine à éveiller la curiosité.* ♦ 4° (1580). Affecter (qqn) à un emploi, à une occupation, à un état. *Son père le destine à la magistrature.* — *Par ext. Son talent le destine à une carrière brillante.* — V. pron. (plus cour.) *« Il continue toujours à s'instruire et paraît se destiner à la diplomatie »* (STE-BEUVE).

DESTITUER [dɛstitɥe]. *v. tr.* (XVᵉ; « écarter », 1322; lat. *destituere*). Priver (qqn) de sa charge, de sa fonction, de son emploi. V. Casser, congédier, démettre, déposer, licencier, limoger, renvoyer, révoquer (Cf. Mettre à pied, à la retraite, relever de ses fonctions). *Destituer un officier de son commandement.* V. **Dégrader.** *Destituer un souverain.* V. **Détrôner.** *Magistrat destitué de ses fonctions. Destituer le tuteur d'un enfant* (V. **Destitution**). ◇ ANT. *Nommer, réintégrer.*

DESTITUTION [dɛstitysjɔ̃]. *n. f.* (1316; lat. *destitutio*). Révocation disciplinaire ou pénale. V. **Déposition,·disgrâce, licenciement, renvoi, révocation.** *La dégradation civique entraîne la destitution de toutes fonctions. — Destitution d'un officier.* V. **Cassation** (2°), **dégradation.** — (XXᵉ). Dr. *Destitution de la tutelle,* par laquelle le conseil de famille décide de priver le tuteur de ses fonctions. ◇ ANT. *Nomination.*

DÉSTOCKER [dɛstɔke]. *v. tr. et intr.* (1966; de *dé(s)-,* et *stocker*). Écon. Faire diminuer les stocks par leur mise en vente. « *(Des organismes)... freinent la baisse des cours en stockant et modèrent la hausse en déstockant* » (J.-P. COURTHÉOUX). *Dér.* **DÉSTOCKAGE** [dɛstɔkaʒ] *n. m.* ◇ ANT. **Stocker.**

DESTRIER [dɛstrije]. *n. m.* (1080; a. fr. *destre* « main droite »·(V. **Dextre**), le destrier étant conduit de la main droite par l'écuyer, quand le chevalier ne le montait pas). Cheval de bataille au moyen âge (*opposé à palefroi,* cheval de cérémonie). « *Ça, qu'on selle, Écuyer, Mon fidèle Destrier* » (HUGO).

DESTROYER [dɛstrwaje, dɛstrɔjœr]. *n. m.* (1893; mot angl. de *to destroy* « détruire »). Désignation anglaise du contre-torpilleur. V. **Contre-torpilleur.** ◇ (1941) S'est dit de certains avions de combat à long rayon d'action.

DESTRUCTEUR, TRICE [dɛstryktœr, tris]. *n. et adj.* (1420; lat. *destructor*). ♦ 1° Personne qui détruit. V. **Démolisseur, dévastateur.** *Les Romains, destructeurs de Carthage.* ♦ 2° *Adj.* Qui détruit (V. **Destructif**). *Fléau destructeur; guerre destructrice.* V. **Meurtrier.** *Action destructrice d'une substance.* ◇ *Fig. Idée, philosophie destructrice.* V. **Subversif.** ◇ ANT. *Constructif, créateur.*

DESTRUCTIBLE [dɛstryktibl(ə)]. *adj.* (1764; lat. sav. *destructibilis*). Qui peut être détruit. *Matière destructible.* ◇ ANT. *Indestructible.*

DESTRUCTIF, IVE [dɛstryktif, iv]. *adj.* (1372, rare av. XVIIᵉ; bas lat. *destructivus*). Qui a la vertu, le pouvoir de détruire (V. **Destructeur**). *Pouvoir destructif d'un explosif.*

DESTRUCTION [dɛstryksjɔ̃]. *n. f.* (déb. XIIᵉ; lat. *destructio*). Action de détruire; son résultat. ♦ 1° Action de jeter bas, de faire disparaître (une construction). *Destruction d'une ville par un incendie, par les bombardements. Moyens, engins de destruction,* les armes. ◇ *Par ext.* Résultat de cette action. *Le pays a subi de terribles destructions.* V. **Dégât, dévastation, dommage.** ♦ 2° Action d'altérer profondément (une substance). *Destruction des tissus organiques par certains acides.* ♦ 3° Action d'ôter la vie à des êtres vivants. *Destruction d'une armée.* V. **Anéantissement.** *Destruction des Juifs par les nazis.* V. **Extermination, génocide, massacre.** ◇ *Destruction des insectes, des rats.* ♦ 4° Action de faire disparaître, de démolir, de mettre au rebut, de déchirer, etc. *Destruction d'un contrat, de papiers compromettants.* ♦ 5° Le fait de se dégrader jusqu'à disparaître. « *La fin même des choses, la ruine et la destruction par le temps* » (FROMENTIN). V. **Dégradation.** ◇ ANT. *Construction, création, édification.*

DESTRUCTIVITÉ [dɛstryktivite]. *n. f.* (1842; de *destructif*). Méd., Psychiatr. Besoin incoercible de destruction. *Destructivité à caractère collectif* (dans les révolutions, guerres).

DÉSTRUCTURATION [dɛstryktyrasjɔ̃]. *n. f.* (v. 1960; de *déstructurer*). Didact. Action de déstructurer; fait de se déstructurer; état qui en résulte. Psycho. *Déstructuration de la perception. Déstructuration de la personnalité.* ◇ ANT. *Structuration.*

DÉSTRUCTURER [dɛstryktyre]. *v. tr.* (v. 1960; de *dé-,* et *structurer*). Didact. Faire disparaître la structure de (qqch.). — SE DÉSTRUCTURER. *v. pron.* Perdre sa structure. ◇ ANT. *Structurer.*

DÉSUBJECTIVISER [dɛsybʒɛktivize]. *v. tr.* (1951; de *dé-,* et *subjectif*). Rare. Faire sortir (qqn) de sa subjectivité, faire accéder à l'objectivité. « [...] *l'effort de l'éducation première devrait tendre à désubjectiver l'enfant* [...] » (GIDE).

DÉSUET, ÈTE [des(z)ɥɛ, ɛt]. *adj.* (fin XIXᵉ; lat. *desuetus*). Tombé en désuétude. V. **Démodé, suranné, vieux.** *Coutume désuète. Expression désuète.* V. **Obsolète, périmé.** « *Deux poèmes médiocres du symbolisme le plus désuet* » (ROMAINS). « *Il était sensible au charme romantique et désuet des gravures* » (MAUROIS). V. **Vieillot.** ◇ ANT. *Moderne.*

DÉSUÉTUDE [desɥetyd]. *n. f.* (1596, rare av. XVIIIᵉ; lat. *desuetudo*). Abandon où est tombé une chose dont on a cessé depuis longtemps de faire usage. S'emploie surtout dans *tomber en désuétude.* « *Une loi tombée en désuétude, mais dont l'observance subsistait dans les provinces où tout s'abolit lentement* » (BALZ.). ◇ ANT. *Usage, vigueur* (en).

DÉSULFITER [desylfite]. *v. tr.* (1922; de *dé-,* et *sulfite*). Agric. Débarrasser (les moûts, les vins) de l'anhydride sulfureux provenant du sulfitage.

DÉSULFURER [desylfyre]. *v. tr.* (1836; de *dé-,* et *sulfure*). Chim. et Techn. Débarrasser (une substance) du soufre qu'elle contient. *Désulfurer la fonte, les produits pétroliers.* — *Dér.* DÉSULFURATION [desylfyrasjɔ̃], *n. f.* (1836).

DÉSUNI, IE [dezyni]. *adj.* (1594; V. Désunir). ♦ 1° Séparé par un désaccord. *Famille, couple désuni.* ♦ 2° *Cheval désuni,* dont le mouvement des membres antérieurs et postérieurs n'est pas synchrone. — « *C'est un beau cheval dont le pas est presque toujours désuni* » (VOLT.). — *Sports.* Dont les mouvements ne sont plus coordonnés. *Coureur désuni après le saut d'une haie.* « *Dans l'allure désunie de la fin* (de l'épreuve) » (J. PRÉVOST). ◇ ANT. *Uni.*

DÉSUNION [dezynjɔ̃]. *n. f.* (1479; de *désunir,* sur le modèle de *union*). Désaccord entre personnes qui devraient être unies. *Désunion d'un couple, d'une famille. Désunion dans un parti.* ◇ ANT. *Union.*

DÉSUNIR [dezynir]. *v. tr.* (1418; de *dés-,* et *unir*). ♦ 1° *Rare.* Faire cesser l'union, la jonction de. V. **Désassembler, détacher, séparer.** *Désunir les ais d'une cloison.* V. **Disjoindre, disloquer.** — *Pronom.* (Sports) *Se désunir,* se dit d'un athlète dont les mouvements perdent leur coordination. ◇ Séparer (des personnes unies) « *S'il* (Polyeucte) *vous a désunis, sa mort va vous rejoindre* » (CORN.). ♦ 2° *Cour.* Faire cesser l'union morale, jeter le désaccord entre. *Désunir une famille, un ménage.* V. **Brouiller.** « *Le sort pourra bien nous séparer, mais non pas nous désunir* » (ROUSS.). ◇ ANT. *Unir.*

DÉSYNCHRONISER [desɛ̃krɔnize]. *v. tr.* (mil. XXᵉ; de *dé-,* et *synchroniser*). Techn. Faire cesser le synchronisme de..., faire que plusieurs éléments synchroniques ne le soient plus. ◇ ANT. *Synchroniser.*

DÉTACHABLE [detaʃabl(ə)]. *adj.* (1845; de *détacher* 1). Qu'on peut détacher (1). *Coupons détachables.*

1. DÉTACHAGE [detaʃaʒ]. *n. m.* (XXᵉ; de *détacher* 1). Action de détacher (1), se séparer ce qui était attaché.

2. DÉTACHAGE [detaʃaʒ]. *n. m.* (1870; de *détacher* 2). Action d'enlever les taches. V. **Nettoyage.**

DÉTACHANT [detaʃɑ̃]. *n. m.* (XXᵉ; de *détacher* 2). Produit qui enlève les taches.

DÉTACHÉ, ÉE [detaʃe]. *adj.* (XIIᵉ; V. Détacher 1). ♦ 1° Qui n'est plus attaché; qui n'attache plus. *Lien, ruban détaché, dénoué.* ♦ 2° Séparé d'un tout. PIÈCES DÉTACHÉES, servant au remplacement des pièces usagées d'un mécanisme. *Marchand d'accessoires et de pièces détachées.* ♦ 3° (1640). Qui a ou qui exprime du détachement (1°). « *Un ton froid, détaché, extérieur* » (PAULHAN). V. **Désinvolte, indifférent.** *Il répondit d'un petit air détaché.* ♦ 4° Qui n'est pas lié. Mus. *Notes détachées* (V. **Piqué**). Subst. *Un détaché.* V. **Staccato.** ♦ 5° *Fonctionnaire détaché,* affecté provisoirement à d'autres fonctions que les siennes. ◇ ANT. *Attaché, noué; passionné.* — HOM. *Détacher* (1 et 2).

DÉTACHEMENT [detaʃmɑ̃]. *n. m.* (1613; de *détacher* 1). ♦ 1° Action de se détacher, état de celui qui n'est plus Vx ou littér. « *Le détachement des plaisirs* » (BOSS.). V. **Abandon, renoncement.** *Le détachement de soi, du monde* (relig.). V. **Oubli.** ◇ *Mod.* (Absolt.) *Détachement par manque d'intérêt.* V. **Désintérêt, indifférence, insensibilité.** *Répondre, parler avec détachement, en affectant le détachement.* V. **Désinvolture, insouciance.** « *Un détachement intérieur se faisait qui le déliait de lui* » (FLAUB.). « *Cette indifférence,... ce détachement total qui la sépare du monde et de son être même* » (MAURIAC). — (ANT. *Attachement*). ♦ 2° (1671). Petit groupe de soldats détachés du gros de la troupe pour un service spécial. *Détachement chargé de la surveillance* (V. **Patrouille**), *d'un convoi* (V. **Escorte**), *d'un coup de main* (V. **Commando**), *de couvrir l'armée à l'avant* (V. **Avant-garde**), *sur les côtés* (V. **Flanc-garde**), *à l'arrière* (V. **Arrière-garde**). ♦ 3° (XXᵉ). Admin. Situation d'un fonctionnaire provisoirement affecté à d'autres fonctions. *Être en détachement.*

1. DÉTACHER [detaʃe]. *v. tr.* (*Destachier,* v. 1160; de *attacher,* par changement de préfixe; de l'a. fr. *tache* « agrafe »).

I. *V. tr.* ♦ 1° Dégager (qqn, qqch.) de ce qui attachait ou de ce qui était attaché avec. V. **Délier, dénouer.** *Détacher qqn.* V. **Désenchaîner, libérer.** *Détacher des vêtements.* V. **Déboutonner, dégrafer, délacer.** *Détacher un papier collé.* V. **Décoller.** — DÉTACHER DE... : séparer en détachant. « *Des affiches que le vent détacha d'un mur* » (ROMAINS). ◇ *Par ext.* Défaire (ce qui tient plusieurs choses attachées). *Détacher une épingle, une chaîne.* ♦ 2° Séparer, enlever (ce qui adhérait naturellement). *Détacher les pétales d'une fleur* (V. **Effeuiller**), *les feuilles d'un arbre* (V. **Défeuiller**). *Détacher de l'arbre un fruit, une fleur.* V. **Cueillir.** ♦ 3° Éloigner (qqn, qqch.) de ce avec quoi il était en contact. *Détacher les mains des hanches.* ◇ *Vieilli.* Donner (un coup). *Détacher un coup de poing, un coup de pied.* V. **Décocher.** *La mule pensait* « *au joli coup de sabot qu'elle allait lui détacher le lendemain matin* » (DAUD.). ♦ 4° Enlever (un élément) d'un ensemble. *Détacher un maillon, un chaînon d'une chaîne.*

Détacher une remorque, un wagon d'un convoi. Détachez suivant le pointillé. V. **Découper.** ◇ (Abstrait) *Détacher un pays, un domaine d'un autre* (V. **Séparer**). ♦ 5° **Détourner.** *Ne pouvoir détacher ses yeux, ses regards, ses pensées, son attention de...* V. **Détourner, distraire.** « *Je ne pouvais détacher mes yeux de son visage* » (PROUST). — Littér. *Les principes « qui détachent de la vie, de la fortune, de la gloire »* (DIDER.). V. **Arracher, éloigner ; détachement** (1°). ♦ 6° Faire partir (qqn) loin d'autres personnes pour faire qqch. *Détacher qqn au-devant d'un hôte, en ambassade.* V. **Déléguer, dépêcher, députer, envoyer.** *Détacher une estafette.* ◇ *Détacher qqn à* (qqn) : le lui envoyer. *Diderot « commença par me détacher Deleyre »* (ROUSS.). ◇ *Affecter provisoirement (un fonctionnaire) à un autre service.* V. **Détachement** (3°). « *Ne donnez pas votre démission, faites-vous seulement détacher de votre corps* » (BALZ.). *Il s'est fait détacher, il est détaché* (V. **Détaché,** 5°). ♦ 7° Faire apparaître nettement sur un fond. V. **Découper.** « *La lumière de la lune... détacha sur le ciel qui semblait noir le profil plus noir des branches* » (PERGAUD). — Typogr. Distinguer par des caractères spéciaux. *Mettre une citation, une locution en italique pour la détacher* (du texte). ♦ 8° Ne pas lier. *Détacher ses lettres en écrivant. Détacher nettement les syllabes.* V. **Articuler, marteler.** — Mus. *Détacher les notes :* les exécuter sans les lier. V. **Détaché.**

II. SE DÉTACHER. *v. pron.* (XIIIᵉ). ♦ 1° *(Concret).* Cesser d'être attaché. *Le chien s'est détaché.* ◇ Se séparer. *Fruits qui se détachent de l'arbre.* V. **Tomber.** « *L'humidité filtrait à travers les pierres moisies de la voûte, et à intervalles égaux une goutte d'eau s'en détachait* » (HUGO). ◇ Sports. *Coureur qui se détache du peloton* (en allant plus vite). ♦ 2° Apparaître nettement en sortant. « *Deux longues mèches se détachaient capricieusement des crépelures* » (GAUTIER). V. **Saillir, sortir.** ◇ Apparaître nettement comme en sortant d'un fond. V. **Découper** (se), **ressortir, trancher.** « *Une figure de Benozzo Gozzoli, se détachant sur un fond verdâtre* » (PROUST). ♦ 3° Ne plus être attaché par le sentiment, l'intelligence, à. *Ils se détachent l'un de l'autre :* ils s'aiment de moins en moins. *Se détacher par l'absence.* V. **Oublier** (s'). *Se détacher des plaisirs.* V. **Désintéresser** (se), renoncer. « *Elle n'eut pas à se détacher, n'ayant pas connu l'attachement* » (MAURIAC). ◈ ANT. **Attacher, rattacher ; assembler, fixer, joindre, lier, unir.**

2. **DÉTACHER** [detaʃe]. *v. tr.* (1501 ; de *tache*). Débarrasser d'une, de plusieurs taches. V. **Dégraisser, nettoyer.** *Donner au teinturier un costume à détacher.* V. **Détacheur.** *Détacher au savon, à la benzine.* ◈ ANT. **Tacher.** — HOM. *Détaché.*

DÉTACHEUR, EUSE [detaʃœʀ, øz]. *n. et adj.* (1680 ; de *détacher*). ♦ 1° Celui qui détache, nettoie les vêtements. V. **Dégraisseur, teinturier.** « *Ils devaient être lavés (ses vêtements) ou envoyés chez le détacheur* » (Cl. SIMON). ♦ 2° Par appos. *Flacon détacheur :* contenant un produit détachant.

DÉTAIL [detaj]. *n. m.* (XIIᵉ, *vendre à détail ;* de *détailler*). ♦ 1° Le fait de livrer, de vendre ou d'acheter par petites quantités ce qu'on a acheté en gros. *Commerce, magasin de détail. Marchand qui fait le gros et le détail. Le marchand fait le débit d'une marchandise. Prix de détail :* de la marchandise vendue au détail. ♦ 2° Fig. Action de considérer un ensemble dans ses éléments, un événement dans ses particularités. *Relation d'un fait avec le détail des circonstances.* V. **Énumération.** *Faire le détail d'un inventaire, d'un compte.* « *Pour bien savoir les choses, il faut en savoir le détail* » (LA ROCHEF.). ◇ *Les éléments. Entrer, se perdre dans le détail.* V. **Accessoire.** ◇ *Loc. adv.* EN DÉTAIL : dans toutes ses parties, toutes ses particularités. *Racontez-nous cela en détail* (Cf. Par le menu). ♦ 3° Milit. (dans l'expr. *de détail*). *Service destiné à assurer la vie administrative* (habillement, matériel, solde) *d'une unité. Officier de détail. Revue de détail :* inspection du matériel, de l'habillement, de l'administration d'une unité. ♦ 4° Cour. Élément non essentiel dans un ensemble ; circonstance particulière. V. **Circonstance, élément, particularité.** *Petit détail ; détail sans importance, insignifiant.* V. **Bagatelle, bêtise, brouille, vétille.** *Connaître les moindres détails, tous les détails.* « *Il dut lui donner mille détails de toute sorte, ces détails minutieux où se complait la curiosité jalouse et subtile des femmes* » (MAUPASS.). *Travailler, soigner les détails* (dans une œuvre) : ciseler, fignoler, lécher. *Il y a quelques détails amusants, poétiques dans ce film.* ◇ *C'est un détail :* c'est une chose sans importance. ◈ ANT. **Ensemble.** *Gros* (en gros).

DÉTAILLANT, ANTE [detajɑ̃, ɑ̃t]. *n.* (1649 ; a remplacé *détailleur,* XIIIᵉ ; de *détailler*). Vendeur au détail (V. **Commerçant, débitant, marchand**). *Le grossiste ou le demi-grossiste approvisionne le détaillant.* — Par appos. *Marchand détaillant.*

DÉTAILLER [detaje]. *v. tr.* (XIIᵉ, « couper en morceaux », puis sens 1° ; de *dé-,* et *tailler*). ♦ 1° Vendre (une marchandise) par petites quantités, au détail. *Détailler une denrée, une marchandise achetée en gros.* ♦ 2° Littér. Considérer, exposer (qqch.) avec toutes ses particularités. « *Après avoir détaillé les raisons d'espérance* » (CHATEAUB.). V. **Énumérer.** ◇

Cour. DÉTAILLÉ, ÉE. *p. p. et adj. Récit détaillé.* V. **Circonstancié.** *Exposé détaillé et complet sur une question, minutieux, précis.* — (ANT. Schématique, sommaire).

DÉTALER [detale]. *v. intr.* (fin XVIᵉ ; « retirer de l'étal, de l'étalage », 1553 ; de *dé-,* et *étal*). Fam. S'en aller au plus vite. V. **Décamper, enfuir** (s'), **fuir.** *Il « détalait d'une telle vitesse que ses sandales lui donnaient la fessée »* (FRANCE). « *Les Ribeyrol remontèrent en auto sans perdre une minute et détalèrent* » (DUHAM.). V. **Filer.**

DÉTARTRAGE [detaʀtʀaʒ]. *n. m.* (1870 ; de *détartrer*). Élimination du tartre (d'un radiateur, d'un conduit, etc.). ◇ *Action de détartrer les dents.*

DÉTARTRANT, ANTE [detaʀtʀɑ̃, ɑ̃t]. *adj. et n. m.* (1929 ; de *détartrer*). Qui empêche ou diminue la formation de tartre dans les conduits, les chaudières, les radiateurs d'automobiles. V. **Désincrustant.** *Substance détartrante.* — N. m. *Un détartrant,* produit détartrant.

DÉTARTRER [detaʀtʀe]. *v. tr.* (1870 ; de *dé-,* et *tartre*). Débarrasser du tartre. V. **Désincruster.** *Détartrer une chaudière, le radiateur d'un moteur.* ◇ *Se faire détartrer les dents par le dentiste.* ◈ ANT. **Entartrer.**

DÉTARTREUR [detaʀtʀœʀ]. *n. m.* (1908 ; de *détartrer*). Techn. Appareil servant à détartrer les tonneaux ou des chaudières à vapeur.

DÉTAXATION [detaksasjɔ̃]. *n. f.* (1960 ; de *détaxer*). Action de détaxer ; son résultat. *Demander une détaxation.* ◈ ANT. Taxation.

DÉTAXE [detaks(ə)]. *n. f.* (1864 ; de *détaxer*). ♦ 1° Vx. V. **Détaxation.** ♦ 2° Dr. fisc. Aménagement des impôts indirects. ♦ 3° Remboursement d'une taxe perçue à tort. *Détaxe postale.*

DÉTAXER [detakse]. *v. tr.* (1845 ; de *dé-,* et *taxer*). Réduire ou supprimer l'impôt sur. *Détaxer une denrée, un produit.* ◈ ANT. Taxer.

DÉTECTER [detɛkte]. *v. tr.* (1931 ; angl. *to detect ;* Cf. Détecteur, détection). Déceler l'existence (d'un corps, un phénomène caché). — Par ext. V. **Déceler, découvrir, révéler.**

DÉTECTEUR, TRICE [detɛktœʀ, tʀis]. *n. m. et adj.* (1870, « pièce d'une serrure de sûreté » ; lat. *detector,* de *detegere* « découvrir »). ♦ 1° Appareil servant à déceler, à révéler la présence d'un corps, un phénomène caché (gaz, radiation, phénomène électrique, vibration, etc.). *Détecteur d'ondes :* appareil révélant le passage d'ondes électriques. *Détecteur de Branly ou Cohéreur. Détecteurs d'amplitude* (détecteurs magnétiques). V. **Démodulateur.** *Détecteur d'énergie* (détecteurs à cristaux, à valve). — Adj. *Lampe détectrice.* ◇ Milit. *Détecteur de mines :* appareil fonctionnant par résonance magnétique, et l'on utilise pour déceler les mines terrestres. ◇ Phys. *Détecteur de particules.* ◇ Techn. *Détecteur d'approche :* appareil servant à détecter l'approche de l'objet surveillé en provoquant une variation du champ électrique et à déclencher l'alarme. ♦ 2° Celui qui décèle, qui détecte. Matelot, officier breveté détecteur. Littér. Celui qui découvre. « *Certains médecins sont des détecteurs, ils ne songent qu'au diagnostic* » (DUHAM.).

DÉTECTION [detɛksjɔ̃]. *n. f.* (1933 ; de l'angl. *to detect*). Action de détecter. *Détection des gaz toxiques. Détection des mines de guerre ; des nappes de pétrole. Détection sous-marine. Détection électromagnétique par radar.* — *Détection à distance (télédétection).*

DÉTECTIVE [detɛktiv]. *n. m.* (1871 ; *détectif,* 1867 ; angl. *detective,* de *to detect* « découvrir », du lat. *detegere*). ♦ 1° En Angleterre, Policier chargé des enquêtes, des investigations. *Les détectives de Scotland Yard* (Cf. Inspecteur de police). ♦ 2° Vieilli (sauf dans *détective privé*). Personne chargée d'enquêtes policières privées. *Agence de détectives privés.*

DÉTEINDRE [detɛ̃dʀ(ə)]. *v. ;* conjug. *teindre.* V. **Peindre** (Desteindre, 1220 ; lat. pop. °distingere. V. **Teindre**). ♦ 1° V. tr. Faire perdre sa couleur, sa teinture. *Déteindre une étoffe au chlore. Le soleil déteint les tissus.* ♦ 2° V. intr. (1636). Perdre sa couleur. V. **Décolorer** (se). *Cette étoffe déteint facilement.* ◇ DÉTEINDRE SUR... : communiquer une partie de sa couleur, de sa teinture à. *Cette gravure a déteint sur la page suivante.* V. **Baver.** — (1845). Fig. Avoir de l'influence sur. V. **Influencer, marquer.** « *Les époques déteignent sur les hommes qui les traversent* » (BALZ.).

DÉTELAGE [dɛ(e)talaʒ]. *n. m.* (1836 ; de *dételer*). Action de dételer (une bête de trait). ◈ ANT. Attelage.

DÉTELER [dɛ(e)tle]. *v. ;* conjug. *appeler (Desteler,* fin XIIᵉ ; de *dé-,* et *atteler*). ♦ 1° V. tr. Détacher (une bête attelée). *Le cocher dételle son cheval.* Absolt. *Faire deux étapes sans dételer.* — Par ext. *Dételer une voiture, une charrue :* dételer les bêtes qui la tiraient. ♦ 2° V. intr. (1845). Fig. Cesser de faire qqch. V. **Arrêter** (s'), **relâcher** (se). *Il a travaillé toute la journée sans dételer.* ◇ *Se ranger,* adopter un mode de vie plus calme. « *Le baron Hulot d'Ervy passait pour s'être rangé,* *pour avoir dételé, selon l'expression du premier chirurgien de Louis XV* » (BALZ.). ◇ ANT. Atteler.

DÉTENDEUR [detɑ̃dœʀ]. *n. m.* (1890; de *détendre*). Appareil servant à détendre un gaz conservé sous pression, avant sa sortie. *Détendeur d'une bouteille d'air comprimé.* ◇ Réfrigérateur utilisant l'abaissement de température résultant de la détente d'un gaz.

DÉTENDRE [detɑ̃dʀ(ə)]. *v. tr.;* conjug. *tendre* (déb. XIIᵉ; de *dé-*, et *tendre*).
I. ♦ 1° Relâcher ce qui était tendu. *Détendre un arc, un ressort* (V. **Débander**). « *Il contractait et détendait les jambes comme une grenouille de dissection* » (MART. du G.). Pronom. *Corde, ressort qui se détend brusquement.* ♦ 2° Faire cesser l'état de tension de (Cf. *ci-dessous,* 3°). *Détendre son esprit.* V. **Relâcher**. — Pronom. *L'esprit se détend après un tel effort.* ♦ 3° SE DÉTENDRE (1870) : se délasser, se reposer en supprimant les causes de tension. *Détendez-vous!* laissez-vous aller (V. **Décontracter**). « *Lui se détendait, s'abandonnait* » (MAURIAC). ♦ 4° (1907). Phys. *Détendre un gaz* : en diminuer la pression. V. **Détente**. ♦ 5° Chim. Étendre ou diluer (une solution).
II. (1501). Vieilli. Défaire, détacher (ce qui était tenture). *Détendre un baldaquin.* ◇ Par ext. Dégarnir des tentures. « *Partout les salles étaient détendues* » (CHATEAUB.). ◇ ANT. Tendre, contracter. Comprimer. Attacher, poser.

DÉTENDU, UE [detɑ̃dy]. *adj.* (XIIᵉ, carreau détendu « flèche lancée »; V. **Détendre**). Qui n'est plus tendu. *Ressort détendu. Corps, muscle détendu.* ◇ *Esprit détendu.* V. **Calme**, **euphorique**. « *Ces visages détendus, abandonnés dans le sommeil* » (DAUD.). *Une atmosphère très détendue et même amicale.*

DÉTENIR [detniʀ]. *v. tr.;* conjug. *tenir.* V. **Venir** (1188; de *tenir,* d'apr. lat. *detinere*). ♦ 1° Garder, tenir en sa possession. V. **Garder**, **posséder**; **détenteur**. *Détenir des objets en gage. Détenir illégalement, détenir un objet volé.* V. **Receler**. ◇ (Abstrait) V. **Avoir**, **posséder**. *Détenir un secret. Détenir le pouvoir.* « *Il détenait les moyens de leur fermer la bouche* » (MAURIAC). *Détenir le record du monde.* ♦ 2° Garder, retenir (qqn) en captivité (V. **Détenu**). *Détenir un délinquant en prison après l'avoir arrêté.* ◇ ANT. Donner, laisser, perdre; délivrer, libérer.

DÉTENTE [detɑ̃t]. *n. f.* (fin XIVᵉ; de *détendre*). Action de détendre; son résultat. ♦ 1° Relâchement de ce qui est tendu. *Détente d'un arc, d'un ressort.* Les « *jambes et (les) pieds dont la détente énergique lancera tout l'homme en avant pour la course et pour le saut* » (TAINE). Sports. Capacité d'effectuer un mouvement rapide, instantané (se dit d'un athlète, au moment du saut, d'un lancer, etc.). *Il a une belle détente. Travailler la détente ou en force.* ♦ 2° Dans les armes à feu. *Pièce qui sert à faire partir le coup. La détente du fusil est un levier coudé, qui sert à abaisser la tête de gâchette, libérant ainsi le chien et le percuteur. Appuyer sur la détente* (on dit abusiv. *gâchette*). — Fig. et fam. *Personne dure à la détente :* personne avare, qui laisse difficilement partir l'argent. *Je lui ai demandé d'intervenir pour moi, mais il se fait prier : il est dur à la détente.* ♦ 3° Pièce d'une pendule, d'une horloge, qui déclenche la sonnerie. V. **Déclic**. ♦ 4° Phys. Expansion d'un gaz précédemment soumis à une pression. *La détente d'un gaz fournit un travail mécanique et produit un refroidissement du gaz.* ◇ Dans un moteur, Période pendant laquelle le gaz augmente de volume, diminuant de pression; troisième temps du cycle des moteurs à explosion. ♦ 5° Relâchement d'une tension intellectuelle, morale, nerveuse; état agréable qui en résulte. *Détente après une crise.* V. **Délassement**, **relâche**, **relaxation**, **rémission**, **répit**, **repos**. « *Puis il éprouva une détente, comme s'il avait eu en deux secondes le temps de faire le tour de la situation* » (ROMAINS). V. **Soulagement**. *Ces enfants ont besoin d'une détente* (V. **Distraction**, **récréation**). — *Permission de détente.* ◇ (XXᵉ) Diminution de la tension internationale. *Politique de coexistence et de détente.* ◇ ANT. Contraction, distension, tension. Compression.

DÉTENTEUR, TRICE [detɑ̃tœʀ, tʀis]. *n.* (1320; lat. jur. *detentor,* de *detinere.*). V. **Détenir**. Personne qui détient qqch. *Détenteur illégal. Détenteur d'un objet volé.* V. **Receleur**. *Détenteur d'armes, de munitions.* « *Un secret, bien gardé par ses détenteurs* » (COLETTE). *La détentrice d'un prix, d'un record.* ◇ Dr. *Tiers détenteur :* l'acquéreur d'un immeuble hypothéqué ou grevé d'un privilège, lorsqu'il n'est pas tenu à la dette.

DÉTENTION [detɑ̃sjɔ̃]. *n. f.* (1287, repris XVIᵉ; lat. *detentio,* de *detinere*). V. **Détenir**. ♦ 1° Le fait de détenir qqch., de l'avoir à sa disposition. *Détention d'armes. Détention de titres.* ◇ Le fait d'avoir une chose à sa disposition sans en être ni s'en prétendre le possesseur. *Détention ou possession précaire d'un bien par un locataire, un créancier gagiste.* ♦ 2° Action de détenir qqn; état d'une personne détenue. V. **Captivité**, **emprisonnement**. *Arrestation et détention d'un*

criminel. *Détention arbitraire.* ◇ Dr. pén. *Peine politique, afflictive et infamante, privative de liberté.* ◇ *Détention préventive :* incarcération d'un individu inculpé de crime, de délit, pendant l'instruction préparatoire. ◇ ANT. Abandon; perte. Délivrance, libération.

DÉTENU, UE [detny]. *adj. et n.* (XVIIIᵉ; V. **Détenir**). Qui est maintenu en captivité. *Coupable, criminel détenu en prison. Inculpé arbitrairement détenu.* — N. *Un détenu, une détenue.* V. **Prisonnier**. *Détenu politique; de droit commun.*

DÉTERGENT, ENTE [deteʀʒɑ̃, ɑ̃t]. *adj.* (1611; anc. méd. « qui nettoie (une plaie) »; lat. *detergens,* p. prés. de *detergere* « nettoyer »). ♦ 1° Qui nettoie en entraînant par dissolution les impuretés. ♦ 2° (XXᵉ). Subst. *Un détergent,* produit de lessive, de nettoyage. V. **Détersif**.

DÉTERGER [deteʀʒe]. *v. tr.;* conjug. *bouger* (1538; lat. *detergere* « nettoyer »). Techn. Enlever (les souillures, les salissures) d'une surface en les dissolvant, par modification de leurs propriétés d'étalement, de mouillage, etc. (*détergence*). V. **Détersif**.

DÉTÉRIORATION [deteʀjɔʀasjɔ̃]. *n. f.* (XVᵉ, repris XVIIIᵉ; bas lat. *deterioratio,* de *deterior* « pire »). ♦ 1° Action de détériorer, de se détériorer; son résultat. V. **Avarie**, **dégât**, **dégradation**, **dommage**, **ruine**. *Détérioration d'un appareil, d'une machine. Détérioration de marchandises.* ♦ 2° Fig. *Détérioration de la qualité.* V. **Abaissement**, **baisse**. *Détérioration des conditions de vie, de l'environnement.* ♦ 3° Psychiatr. *Détérioration mentale,* affaiblissement des facultés mentales. ◇ ANT. Réparation; entretien.

DÉTÉRIORER [deteʀjɔʀe]. *v. tr.* (1411; bas lat. de *deteriorare,* de *deterior* « pire »). ♦ 1° Mettre (une chose) en mauvais état, de sorte qu'elle ne puisse plus servir. V. **Abîmer**, **casser**, **dégrader**, **démolir**, **endommager**, et (*fam. et pop.*) **Amocher**, **déglinguer**, **esquinter**. *Détériorer un appareil, une machine.* V. **Détraquer**. *L'humidité détériore les tentures.* Pronom. *Se détériorer.* S'altérer. — Au p. p. *Du vieux matériel détérioré.* V. **Usé**. ♦ 2° Fig. *Détériorer sa santé par des excès.* V. **Délabrer**. *Ces ignominies « risquent de détériorer sans remède l'humanité même* » (PÉGUY). V. **Corrompre**, **dépraver**, **pervertir**. — Pronom. V. **Dégénérer**, **dégrader** (se), **dépérir**. « *Cette mélancolie des gens qui ont été beaux, recherchés, aimés et qui se détériorent tous les jours* » (MAUPASS.). ◇ ANT. Améliorer, réformer. Raccommoder, réparer, entretenir.

DÉTERMINABLE [detɛʀminabl(ə)]. *adj.* (XVIIIᵉ; « déterminé », fin XIIᵉ; de *déterminer*). Qui peut être déterminé, précisé. *Grandeur déterminable.* ◇ ANT. Indéterminable.

DÉTERMINANT, ANTE [detɛʀminɑ̃, ɑ̃t]. *adj. et n. m.* (av. 1662; de *déterminer*).
I. *Adj.* Qui détermine; qui permet de déterminer. *Motif déterminant. Cause déterminante.*
II. *N. m.* ♦ 1° Vx (1877). Gram. Élément ajouté à un radical. V. **Morphème**. — Mod. Mot qui en détermine un autre; complément du déterminé. Cf. **Détermination**[1] (1°). — (XXᵉ). Ling. Constituant du syntagme nominal dépendant du nom (article, adjectif et complément du nom); *spécialt.* Se dit de la classe de morphèmes grammaticaux portant les marques du genre et du nombre du nom qu'ils actualisent (articles, adjectifs possessifs, démonstratifs, indéfinis, numéraux, interrogatifs...). ♦ 2° Math. Nombre défini par un algorithme sur une matrice carrée d'ordre n, introduit en vue de résoudre un système d'équations linéaires. ♦ 3° Facteur déterminant (en général). — Biol. *Théorie des déterminants* (Weismann), selon laquelle l'hérédité devait être regardée comme la somme d'un certain nombre de déterminants. — Philo., Psycho. *Déterminants de la conduite, du comportement :* causes psychologiques déterminantes.

DÉTERMINATIF, IVE [detɛʀminatif, iv]. *adj.* (v. 1460 « qui détermine »; de *déterminer*). ♦ 1° (fin XVIIᵉ s.). Gram. Qui détermine, précise le sens d'un mot. *Adjectif déterminatif :* déterminant qui introduit sous un aspect particulier le nom qu'il précède. *On appelle adjectifs déterminatifs les adjectifs numéraux, possessifs, démonstratifs et certains adjectifs indéfinis (opposé à qualificatif).* Subst. *Un déterminatif.* ◇ *Complément déterminatif* (d'un nom, d'un adjectif, d'un adverbe) : complément qui subordonne au nom, à l'adjectif, etc., le plus souvent par une préposition, pour en limiter l'extension. Ex. : *Un manteau d'hiver. Il est incapable de cela.* ♦ 2° Log. *Proposition déterminative :* proposition incidente qui restreint le terme auquel elle se rapporte (*opposé à explicative*).

DÉTERMINATION [detɛʀminasjɔ̃]. *n. f.* (XIVᵉ; lat. *determinatio*) ♦ 1° Action de déterminer, de délimiter avec précision; état de ce qui est déterminé. V. **Caractérisation**, **définition**, **délimitation**, **fixation**, **limitation**. *Détermination de la longitude, de la latitude d'un lieu.* V. **Estimation**. ◇ Math. *Action de déterminer les inconnues d'un problème.* ◇ Ling. Le fait de déterminer (un terme). *Spécialt.* Individualisation du substantif (précédé alors par un *déterminatif*). ♦ 2° Philo. Relation entre deux éléments de connaissance, de telle façon que, de la connaissance du premier, il est possible de déterminer le second. *La détermination d'un phénomène* (soumis au *déterminisme*). *La détermination d'un acte humain, par le milieu.* ♦ 3° *Cour.* Résultat psychologique de la décision. V. **Intention, parti, résolution.** *Sa détermination était bien arrêtée.* « *Je pris et rejetai mille déterminations, fis et défis mille plans* » (DUHAM.). ◇ Attitude de celui qui agit sans hésitation, selon les déterminations qu'il a prises. V. **Décision, fermeté, résolution.** *Agir avec détermination.* ◇ ANT. *Indétermination; imprécision, vague. Indécision, irrésolution.*

DÉTERMINÉ, ÉE [detɛʀmine]. *adj. et n. m.* (XIVe; V. **Déterminer**). ♦ 1° Qui a été précisé, défini. V. **Arrêté, certain, précis.** « *Il faut une quantité déterminée de force pour soulever un poids déterminé* » (BALZ.). — *Substantif déterminé. Terme déterminé.* N. *Le déterminé et le déterminant.* ♦ 2° Qui se détermine, se décide. V. **Décidé, résolu.** *C'est un homme déterminé.* V. **Hardi, intrépide.** *Un air déterminé.* ♦ 3° *Philo.* Soumis au déterminisme. *Phénomènes entièrement déterminés.* ◇ ANT. *Indéfini, indéterminé. Craintif, hésitant.*

DÉTERMINER [detɛʀmine]. *v. tr.* (1119; lat. *determinare* « marquer les limites de ». V. **Terme**). ♦ 1° Indiquer, délimiter avec précision. V. **Caractériser, définir, délimiter, établir, évaluer, fixer, marquer, préciser, spécifier.** *Déterminer le sens d'un mot. Déterminer les détails d'une entreprise, d'une expédition.* V. **Régler.** *Cette distance est difficile à déterminer.* V. **Apprécier, calculer, estimer, évaluer, mesurer.** — *Déterminer la date, le lieu* (localiser, situer). *Déterminer qui est l'auteur d'un texte.* ◇ *Philo.* Spécifier les caractères compréhensifs d'un concept. V. **Caractériser, définir.** ◇ *Math. Déterminer les racines d'une équation.* ◇ (Sujet de chose) *Ling., Log.* Rapporter (un terme, un concept) à une situation précise. *Terme qui en détermine un autre* (déterminant, déterminatif); *terme déterminant* (le *déterminé*). ♦ 2° Entraîner la décision de la volonté. V. **Décider; amener, conduire, engager, entraîner, inciter, persuader, porter, pousser.** *Ses amis l'ont déterminé à partir.* « *Rien ne le détermine à préférer les unes aux autres (les idées), il demeure donc dans la perplexité* » (BUFF.). ◇ *Pronom.* SE DÉTERMINER à : prendre la détermination, la décision de. V. **Décider** (se), **résoudre** (se), **vouloir.** ♦ 3° (*Choses*) Être la cause de : être à l'origine de (un phénomène, un effet). V. **Causer; amener, conditionner, entraîner, produire, provoquer.** *Je crois « que les progrès de l'industrie déterminent à la longue quelque adoucissement dans les mœurs* » (FRANCE). ◇ *Conditions qui déterminent l'action humaine* (V. **Déterminisme**). ◇ ANT. (du 2°) *Détourner, empêcher* (de).

DÉTERMINISME [detɛʀminism(ə)]. *n. m.* (1836; all. *Determinismus*, fin XVIIIe). ♦ 1° Ordre des faits suivant lequel les conditions d'existence d'un phénomène sont déterminées, fixées absolument de telle façon que, ces conditions étant posées, le phénomène ne peut pas ne pas se produire. *Le déterminisme, fondement de l'induction.* « *Il y a un déterminisme absolu dans toutes les sciences* » (Cl. BERNARD). — *Déterminisme psychologique. Déterminisme historique.* ♦ 2° Doctrine philosophique suivant laquelle tous les événements, et en particulier les actions humaines, sont liés et déterminés par la totalité des événements antérieurs. ◇ ANT. *Indéterminisme, hasard. Liberté.*

DÉTERMINISTE [detɛʀminist(ə)]. *adj.* (1836; du précéd.). Qui est relatif au déterminisme. *Hypothèse déterministe. Philosophie déterministe.* — *Subst.* Partisan du déterminisme. ◇ ANT. *Indéterministe.*

DÉTERRAGE [detɛʀaʒ]. *n. m.* (1888; « action de retirer de terre », 1874; de *déterrer*). ♦ 1° *Agric.* Action de soulever de terre le soc d'une charrue. ♦ 2° (1911). Action de chasser certaines bêtes dans leur terrier.

DÉTERRÉ, ÉE [detɛʀe]. *n.* (V. **Déterrer**). *Avoir un air, une mine de déterré*, un visage pâle, défait, comme celui d'un cadavre. « *Et le matin on se revoit avec des figures de déterrés* » (FLAUB.).

DÉTERREMENT [detɛʀmã]. *n. m.* (1596; de *déterrer*). Action de déterrer un objet, un cadavre. *Déterrement d'un mort.* V. **Exhumation.** ◇ ANT. *Enterrement.*

DÉTERRER [detɛʀe]. *v. tr.* (v. 1160; de *dé-*, et *terre*). ♦ 1° Retirer de terre (ce qui s'y trouvait enfoui). *Déterrer un arbre, un pieu.* V. **Arracher.** « *Les hommes qui se faisaient tuer en déterrant des obus* » (DUHAM.). — *Spécialt. Déterrer un mort.* V. **Exhumer.** ♦ 2° (XVIe). *Fig.* Découvrir (ce qui était caché). V. **Dénicher.** « *Je déterrai dans les archives de l'ambassade une lettre* » (CHATEAUB.). — Tirer de l'oubli. V. **Ressortir, ressusciter.** « *Elle enfouissait ses griefs et c'est en les déterrait des semaines après* » (MAURIAC). ◇ ANT. *Enfouir, enterrer. Cacher.*

DÉTERREUR [detɛʀœʀ]. *n. m.* (1672; de *déterrer*). ♦ 1° Celui qui déterre. *Un déterreur de cadavres.* ♦ 2° (1911). Chasseur pratiquant le déterrage* (2°).

DÉTERSIF, IVE [detɛʀsif, iv]. *adj. et n.* (1538; lat. *detersus*, p. p. de *detergere*. V. **Déterger**). ♦ 1° *Méd.* Remède qui nettoie une plaie et en favorise la cicatrisation. V. **Dessiccatif,**

détergent. — Fig. « *Si encore la douleur était un antiseptique des délits futurs ou un détersif des fautes passées* » (HUYSMANS). ♦ 2° *Mod.* Qui nettoie, en dissolvant les impuretés. V. **Détergent.** *Produit détersif* (savon, lessive, etc.). — N. *Un détersif* (ou détergent).

DÉTERSION [detɛʀsjɔ̃]. *n. f.* (1560; lat. méd. *detersio*). ♦ 1° *Méd.* Action de nettoyer une plaie au moyen de détersifs*. V. **Désinfection.** ♦ 2° *Techn.* Action d'un détersif (2°).

DÉTESTABLE [detɛstabl(ə)]. *adj.* (1308; lat. *detestabilis*). ♦ 1° *Vx.* Qu'on doit détester, haïr. V. **Abominable, exécrable, haïssable, méprisable, odieux.** « *On verra de David l'héritier détestable Abolir tes honneurs, profaner ton autel* » (RAC.). ♦ 2° (1663). Très désagréable ou très mauvais. *Quel temps détestable!* V. **Affreux, vilain.** *Être d'une humeur détestable.* V. **Exécrable, mauvais.** « *Qui est froid écrivain dit détestable auteur* » (BOIL.). ◇ ANT. *Admirable, louable. Agréable; bon.*

DÉTESTABLEMENT [detɛstabləmã]. *adv.* (1383; de *détestable*). D'une manière détestable, très mal. *Il joue détestablement.* ◇ ANT. V. **Bien.**

DÉTESTATION [detɛstasjɔ̃]. *n. f.* (XIVe; lat. *detestatio*). ♦ 1° *Vx* ou *littér.* Le fait de détester (qqn). V. **Horreur.** « *Si vous voyiez l'horreur, la détestation, la haine qu'on a ailleurs pour le gouverneur* » (SÉV.). ♦ 2° *Relig.* La détestation du péché. V. **Exécration.**

DÉTESTER [detɛste]. *v. tr.* (1462; lat. *detestari* « prendre les dieux à témoin »). ♦ 1° *Vx.* Maudire. ♦ 2° *Mod.* Avoir de l'aversion pour. V. **Abhorrer, exécrer, réprouver.** *Détester le mensonge, la calomnie.* ◇ *Détester qqn.* V. **Abominer, haïr** (Cf. *fam.* Ne pas pouvoir souffrir, voir, sentir qqn; *pop.* Avoir qqn dans le nez, ne pas pouvoir le blairer). « *Allons, Marie, ne me déteste pas, je ne suis pas un méchant homme* » (SAND). *Ils se détestent. Va-t-en, je te déteste!* ♦ 3° (1580). Ne pas pouvoir endurer, supporter. « *Il déteste le laisser-aller, le bruit, la poussière et les coups de coude* » (SUARÈS). *Elle déteste les enfants.* ◇ *Ne pas détester qqch.* : aimer assez, trouver agréable, avoir un faible, de la complaisance pour. « *En outre, il ne déteste pas l'excitation que donne au milieu de la matinée un verre de vin blanc, ou même un quinquina* » (ROMAINS). ◇ *Détester faire* (ou *de faire*) *qqch.*, avoir horreur de. *Il déteste attendre.* « *Elle se console d'avoir oublié ses cigarettes, détestant de fumer dans le noir* » (MAURIAC). ◇ ANT. *Admirer, adorer, aimer.*

DÉTIRER [detiʀe]. *v. tr.* (mil. XIIe; de *tirer*). *Rare.* Étendre en tirant. V. **Étirer.** — SE DÉTIRER. *v. pron.* (1808). Allonger ses membres fatigués, engourdis. V. **Étirer** (s').

DÉTIREUSE [detiʀøz]. *n. f.* (1890; de *détirer*). *Techn.* Machine qui sert à élargir les tissus.

DÉTONANT, ANTE [detɔnã, ãt]. *adj.* (1729; de *détoner*). Qui est susceptible de détoner. *Explosif détonant*, dont la vitesse de décomposition est supérieure au km/s. *Mélange détonant*, mélange de gaz capables de s'enflammer et de détoner.

DÉTONATEUR [detɔnatœʀ]. *n. m.* (1874; de *détoner*). Amorce (capsule ou autre) qui fait détoner un explosif. ◇ (v. 1966). *Fig.* Fait, événement qui déclenche une action (militaire, politique, etc.).

DÉTONATION [detɔnasjɔ̃]. *n. f.* (1676; de *détoner*). Bruit soudain et violent de ce qui détone. V. **Déflagration, explosion.** *Détonation d'une bombe, d'un obus.* V. **Éclatement.** « *Avant-hier, explosion dans le port; c'est un cargo chargé de munitions qui saute. La plus forte détonation que j'aie entendue* » (GIDE). — *Sc.* Mécanisme par lequel se propage à de très grandes vitesses certaines explosions (*Syn.* Onde explosive).

DÉTONER [detɔne]. *v. intr.* (1680; lat. *detonare*, de *tonare* « tonner »). Exploser avec bruit (par combustion rapide, réaction chimique violente, détente d'un gaz) et avec une grande vitesse de décomposition. *Faire détoner un mélange gazeux.* ◇ HOM. **Détonner.**

DÉTONIQUE [detɔnik]. *n. f.* (1973; de *détoner*, d'apr. l'angl. *detonics*). *Chim., Phys.* Science qui a pour objet l'étude des composés explosifs.

DÉTONNER [detɔne]. *v. intr.* (1611; de *ton*, au sens mus.). ♦ 1° *Mus.* Sortir du ton. *Tous les chanteurs ont détonné d'un demi-ton, quand l'accompagnement s'est arrêté.* ◇ *Cour.* Chanter faux. ♦ 2° *Fig.* Ne pas être dans le ton, ne pas être en harmonie. *Intellectuel qui détonne dans un milieu paysan.* V. **Trancher.** *Ce fauteuil Empire détonne dans un salon moderne.* « *Il y a, dans toute œuvre immense, des chapitres qui détonnent* » (MAUROIS). ◇ ANT. *Accorder* (s'), *harmoniser* (s'). — HOM. **Détoner.**

DÉTORDRE [detɔʀdʀ(ə)]. *v. tr.*; conjug. *tordre* (XIIe; de *dé-*, et *tordre*). Remettre dans son premier état ce chose qu'on avait tordue. *Détordre du linge. Câble qui se détord.* ◇ ANT. *Tordre.*

DÉTORS, ORSE [detɔʀ, ɔʀs(ə)]. *adj.* (v. 1560, repris

1790; p. p. de *détordre*). *Techn.* Qui n'est plus tors. *Fil détors.*

DÉTORTILLER [detɔʀtije]. *v. tr.* (*Destorteillier*, XIIᵉ; de *dé*-, et *tortiller*). Défaire ce qui est tortillé. *Détortiller une ficelle, des fils emmêlés.* ◇ ANT. **Tortiller.**

DÉTOUR [detuʀ]. *n. m.* (*Destor* « lieu écarté », XIIᵉ; de *détourner*). ♦ 1º (XIIIᵉ). Tracé qui s'écarte du chemin direct (voie, cours d'eau). V. **Angle, boucle, coude, courbe, tournant.** *Rivière qui fait un large détour.* V. **Méandre, sinuosité.** *Le chemin fait plusieurs détours avant d'arriver au village. Au détour du chemin, du sentier :* à l'endroit où il tourne. V. **Tournant.** « *Tous deux sont embusqués au détour du chemin* » (HUGO). ♦ 2º Action de parcourir un chemin plus long que le chemin direct qui mène au même point; ce chemin. *Coupez par ici, cela vous évitera un détour de plus d'un kilomètre. J'ai fait un détour pour vous dire bonjour.* V. **Crochet.** *Détour obligatoire, dans la circulation, pour cause de travaux.* V. **Déviation.** ♦ 3º *Fig.* (*destour* « subterfuge », 1226). Moyen indirect de faire ou d'éluder qqch. V. **Biais, faux-fuyant, ruse, subterfuge.** *Les femmes « usent de longs détours pour venir à leur but »* (FÉN.). « *Il se lança dans un long développement avec toutes sortes de distinguos et de détours* » (ROMAINS). V. **Circonlocution, périphrase.** *Pas tant de détours, au fait!* V. **Histoire, phrase.** ◇ *Sans détour :* simplement, sans ambages. ◇ ANT. **Raccourci.**

DÉTOURAGE [detuʀaʒ]. *n. m.* (v. 1940; de *détourer*). ♦ 1º *Techn.* Opération par laquelle on donne à une pièce en cours d'usinage le contour exact imposé par le dessin. ♦ 2º *Grav., Phot.* Délimitation du contour du sujet sur un cliché.

DÉTOURER [detuʀe]. *v. tr.* (v. 1940; de *dé*-, et *tour*). *Techn.* Effectuer le détourage* de. — Au p. p. *Cliché détouré.*

DÉTOURNÉ, ÉE [detuʀne]. *adj.* (fin XIIIᵉ; V. **Détourner**). ♦ 1º Qui n'est pas direct, qui fait un détour. *Sentier, chemin détourné.* ♦ 2º *Fig.* (v. 1660). Se dit d'un moyen indirect. *Prendre des moyens détournés pour parvenir à ses fins.* V. **Détour.** « *Ce n'est que par faiblesse qu'on prend des chemins détournés et qu'on a recours à la ruse* » (FÉN.). ♦ 3º (1718). Qui n'est pas exprimé directement. *Reproche détourné :* qui ne s'adresse pas directement à qqn, mais qui le concerne. *Allusion détournée.* V. **Indirect.** ◇ ANT. **Direct.**

DÉTOURNEMENT [detuʀnəmɑ̃]. *n. m.* (h. XIIIᵉ, *destournement* « endroit écarté »; de *détourner*). Action de détourner. ♦ 1º (1538). Action de changer le cours, la direction. *Détournement d'un cours d'eau.* V. **Dérivation.** ◇ (v. 1967). Action de contraindre l'équipage d'un avion de ligne à changer de destination. V. **Déroutage.** « *Le droit international ignore la 'piraterie' aérienne. Les organisations internationales parlent de 'détournement illicite d'aéronef'* » (*Le Monde*, 12-9-1970). ♦ 2º (1549). *Dr.* Action de soustraire à son profit. *Détournement de fonds, de valeurs, etc :* fait de disposer indûment de ce que l'on détient à titre précaire. V. **Malversation, vol.** *Le détournement constitue un abus de confiance. Elle « ne tarda pas à connaître la kyrielle de ses noirceurs : détournements d'arrérages, ventes de bois dissimulées* » (FLAUB.). ◇ *Dr. admin. Détournement de pouvoir.* ◇ *Détournement d'actif :* action de soustraire une partie de ses biens aux poursuites de ses créanciers (cas de banqueroute frauduleuse). ♦ 3º (1836). *Dr. Détournement de mineur :* action de soustraire une personne mineure à l'autorité de ceux qui en avaient la garde. V. **Enlèvement, rapt.** — *Cour.* Séduction d'une mineure, d'un mineur par une personne majeure.

DÉTOURNER [detuʀne]. *v. tr.* (1080, fig.; de *dé*-, et *tourner*).

I. ♦ 1º (XIVᵉ). Changer la direction de (qqch.). *Détourner un cours d'eau.* V. **Dériver.** *Détourner un convoi de son itinéraire.* V. **Dérouter.** — Pronom. *Rivière qui se détourne de son cours.* Fig. « *Il y a des moments où notre destinée se détourne soudain de sa ligne première* » (CHATEAUB.). ♦ 2º Changer le cours de. « *Il eut l'air de ne pas comprendre et détourna la conversation* » (FLAUB.). *Détourner l'attention de qqn.* V. **Distraire.** *Détourner les soupçons sur une autre personne.* V. **Éloigner.** ♦ 3º Écarter (qqn du chemin à suivre). *Détourner qqn de sa route.* V. **Dérouter.** Pronom. *Se détourner de sa route par erreur.* V. **Dévier, égarer (s'), fourvoyer (se).** ◇ *Fig. Détourner qqn d'une occupation, de son travail.* V. **Arracher (à), déranger, distraire, écarter, éloigner.** *Rien ne le détourne de son travail. Détourner du droit chemin, du devoir.* V. **Dévoyer.** *Détourner qqn d'un projet, d'une résolution :* l'y faire renoncer. V. **Dissuader.** *M. Thiers ne se laisse point détourner du but* » (STE-BEUVE). « *La vraie philosophie détourne des religions et pousse à la religion* » (HUGO).

II. (1538). Tourner d'un autre côté pour éviter. *Détourner les yeux, ses regards, son visage.* « *Quand je les regardais, elles détournaient la tête* » (FRANCE). SE DÉTOURNER. *Se détourner pour ne pas voir* (ce qui est répugnant, gênant, effrayant, *pour ne pas être vu* (par pudeur, pour cacher son émotion; pour éviter qqn). « *Elle se détourna,*

et d'un air indifférent et dédaigneux, se plaça de côté » (PROUST).

III. (1380). Soustraire à son profit. V. **Détournement** (2º). *Détourner des fonds, des valeurs.* V. **Distraire, soustraire, voler.**

◇ ANT. (du II) : **Encourager, inciter, pousser.**

DÉTOXICATION [detɔksikasjɔ̃]. *n. f.* (mil. XXᵉ; de *dé*- et (in)*toxication*). *Physiol.* Action de détoxiquer; son résultat. — Élimination des toxiques par un organisme.

DÉTOXIQUER [detɔksike]. *v. tr.* (av. 1954; de *dé*-, et (in)*toxiquer*). *Physiol.* Supprimer les effets nocifs, toxiques de (une substance). *Détoxiquer le venin d'un serpent pour s'en servir comme vaccin.*

DÉTRACTER [detʀakte]. *v. tr.* (1372; de *détracteur*). *Littér.* Chercher à rabaisser. V. **Dénigrer, déprécier.** *Détracter les mérites de qqn.* ◇ ANT. **Louer, vanter.**

DÉTRACTEUR, TRICE [detʀaktœʀ, tʀis]. *n.* (XIVᵉ; lat. *detractor*, de *detrahere* « tirer en bas »). Personne qui cherche à rabaisser le mérite de qqn, la valeur de qqch. V. **Accusateur, critique, dépréciateur.** *Les détracteurs d'un homme politique, d'une doctrine politique.* V. **Adversaire, ennemi.** « *Ces détracteurs d'un homme supérieur, si avides de chercher ses défauts* » (CONDORCET). — Adj. « *Un fanatisme détracteur des vertus païennes* » (DIDER.). ◇ ANT. **Admirateur, partisan.**

DÉTRACTION [detʀaksjɔ̃]. *n. f.* (XIIᵉ; lat. *detractio* « dénigrement »). *Littér.* Action de rabaisser le mérite de qqn, la valeur de qqch. V. **Critique, dénigrement.** *Détraction d'une personne, d'une doctrine.* ◇ ANT. **Apologie.**

DÉTRAQUÉ, ÉE [detʀake]. *adj. et n.* (XVIᵉ; V. **Détraquer**). ♦ 1º Dérangé dans son fonctionnement. *Fig. et fam. Santé détraquée.* ♦ 2º *Spécialt.* Avoir le cerveau détraqué. V. **Dérangé, troublé.** « *Les feux follets de son imagination détraquée* » (RENAN). — N. (Fin XIXᵉ) *C'est un détraqué.* V. **Déséquilibré, fou, malade.** ◇ ANT. **Normal, sain.**

DÉTRAQUEMENT [detʀakmɑ̃]. *n. m.* (fin XVIᵉ; de *détraquer*). Action de détraquer; fait de se détraquer; état de ce qui est détraqué. V. **Dérangement, dérèglement.** *Détraquement d'un mécanisme.* — *Fig.* **Désordre, désorganisation.** « *Dans ce détraquement presque universel de la Société* » (STE-BEUVE).

DÉTRAQUER [detʀake]. *v. tr.* (XVIᵉ; « détourner de la piste », 1464; de *dé*-, et *trac* « trace ». V. **Traquer**). ♦ 1º (D'abord : faire perdre les bonnes allures à (un cheval). Déranger dans son mécanisme, dans son fonctionnement. V. **Déglinguer, dérégler, détériorer.** *Détraquer un moteur.* « *Notre poste de radio est détraqué* » (GIDE). ♦ 2º Par anal. *Fam.* Déranger. *Se détraquer l'estomac, les nerfs.* Fig. et fam. *Cela lui a détraqué le cerveau.* V. **Brouiller, troubler.** — Fig. et pronom. *Le temps se détraque, se gâte.* ◇ ANT. **Arranger, réparer.**

1. DÉTREMPE [detʀɑ̃p]. *n. f.* (1308; « action de détremper », v. 1220; de *détremper* 1). *Peint.* Couleur délayée dans de l'eau additionnée d'un agglutinant (gomme, colle, œuf). *Peindre en, à la détrempe.* ◇ Ouvrage fait avec cette couleur. *Les détrempes, ou peintures « a tempera »* V. **Gouache.** ◇ *Coller à la colle.*

2. DÉTREMPE [detʀɑ̃p]. *n. f.* (1722; de *détremper* 2). *Techn.* Opération par laquelle on enlève la trempe de l'acier.

1. DÉTREMPER [detʀɑ̃pe]. *v. tr.* (mil. XIIᵉ s.; bas lat. *distemperare* « délayer »). Amollir ou délayer en mélangeant avec un liquide. V. **Délayer.** *Détremper des couleurs. Détremper de la chaux, du mortier.* — *Détrempé,* très mouillé et amolli. « *La terre des allées, détrempée par la pluie, empêchait les chevaux d'avancer* » (CHATEAUB.).

2. DÉTREMPER [detʀɑ̃pe]. *v. tr.* (1692; de *dé*-, et *tremper*). *Techn.* Faire perdre sa trempe à (l'acier). Fig. « *Les deux années passées dans une quiétude confortable l'avaient évidemment détrempé* » (AYMÉ). ◇ amolli.

DÉTRESSE [detʀɛs]. *n. f.* (*Destrece* « passage étroit », fin XIᵉ; lat. pop. °*districia* « étroitesse », de *districtus* « serré », rac. *distringere*, de *stringere*. V. **Étreindre**). ♦ 1º Sentiment d'abandon, de solitude, d'impuissance que l'on éprouve dans une situation poignante (besoin, danger, souffrance). V. **Affliction, angoisse, désarroi.** « *Une détresse accablante l'envahit, une sensation affreuse de solitude et d'impuissance* » (GENEVOIX). *Une âme en détresse.* ♦ 2º Situation poignante, très pénible. V. **Adversité, danger, dénuement, disgrâce, indigence, infortune, malheur, misère.** *Être dans la détresse. La détresse des déshérités.* « *Je n'avais aucune raison sérieuse de penser qu'Hélène, chez elle, souffrît de privations. La détresse n'y était pas arrivée à ce point* » (ROMAINS). ♦ 3º Situation périlleuse d'un navire. V. **Perdition.** *Signal de détresse. Appel radiotélégraphique de détresse.* V. **S.O.S.** *En détresse :* en perdition. — *Avion en détresse.* ◇ ANT. **Paix, quiétude, tranquillité. Bien-être, prospérité, sécurité.**

DÉTRIMENT [detʀimɑ̃]. *n. m.* (1236; lat. *detrimentum*, de *deterere.* V. **Détritus**). *Vx.* Dommage, préjudice, tort. *Mod.* À (mon, son...) DÉTRIMENT; AU DÉTRIMENT DE : au désavantage, au préjudice de. « *Comme Antipas jurait qu'il ferait* *tout pour l'Empereur, Vitellius ajouta :* — « *Même au détriment des autres?* » (FLAUB.). ◇ ANT. Avantage.

DÉTRITIQUE [detʀitik]. *adj.* (1842; du lat. *detritus*). *Géol.* Se dit des sédiments provenant du remaniement (désagrégation mécanique) de roches antérieures. *Roches détritiques.* V. Clastique.

DÉTRITUS [detʀitys]. *n. m.* (1753; a remplacé *détriment;* lat. *detritus* « broyé, usé », de *deterere* « user en frottant »). ♦ 1o *Géol. (Vx).* Débris de roches (V. **Détritique**). ♦ 2o (Mil. XIXe; d'abord didact.). *Mod.* Se dit de tous matériaux réduits à l'état de débris inutilisables. V. **Rebut.** « *Les détritus, les déchets de la vie* (d'un organisme) » (DUHAM.). — *Cour.* Ordures. « *Un courant d'air traversa la salle et éparpilla les détritus* » (MART. du G.). — *Spécialt.* (Méd.). Déchet provenant de la nécrose d'un tissu à la suite d'un traumatisme ou d'une infection.

DÉTROIT [detʀwa]. *n. m.* (*Destreit* « défilé », 1080; lat. *districtus;* V. **Détresse**). ♦ 1o (XVIe). Bras de mer entre deux terres rapprochées et qui fait communiquer deux mers. V. **Bras, manche;** et *aussi* **Chenal.** *Le pas de Calais, détroit entre la France et la Grande-Bretagne. Détroit du Bosphore, des Dardanelles.* ♦ 2o (1834). *Anat.* Chacun des deux rétrécissements normaux du bassin osseux. *Détroit supérieur,* qui sépare le grand du petit bassin. *Détroit inférieur,* ouverture inférieure du petit bassin.

DÉTROMPER [detʀɔ̃pe]. *v. tr.* (1611; de *dé-,* et *tromper*). Tirer (qqn) d'erreur. V. **Désabuser.** *Vous avez une opinion dont je veux vous détromper* (ACAD.). « *Les événements détrompent souvent mes prévisions* » (DUHAM.). ◇ SE DÉTROMPER. *v. pron.* Revenir sur une erreur. *Détrompez-vous,* n'en croyez rien (ce que vous dites). ◇ ANT. Tromper.

DÉTROMPEUR [detʀɔ̃pœʀ]. *n. m.* (v. 1970; de *détromper*). *Techn.* Appareil permettant d'éviter une fausse manœuvre (inversion des pôles positif et négatif, etc.).

DÉTRÔNER [detʀone]. *v. tr.* (1584; de *dé-,* et *trône*). ♦ 1o Déposséder de la souveraineté, du trône. V. **Déposer, destituer.** « *Si l'homme a des tyrans, il le doit détrôner* » (VOLT.). ♦ 2o *Fig.* Déposséder de la prééminence, de son crédit. V. **Discréditer, éclipser, effacer.** « *La valse d'un coup d'aile a détrôné la danse* » (MUSS.). ◇ ANT. Couronner, proclamer.

DÉTROQUER [detʀɔke]. *v. tr.* (1875; mot région. [Saintonge], de *troque,* 1842; *troche,* 1776; gr. *trokhos* « coquille ronde »). *Techn.* Séparer (les jeunes huîtres) des autres en les décollant au couteau. *Les huîtres sont détroquées puis étalées dans des parcs.* — *Dér.* DÉTROQUAGE [detʀɔkaʒ], *n. m.*

DÉTROUSSER [detʀuse]. *v. tr.* (*Destrosser* « défaire ce qui est troussé, empaqueté », d'où « dépouiller de ses bagages », XIIe; de *dé-,* et *trousser*). *Vx* ou *plaisant.* Dépouiller (qqn) de ce qu'il porte, en usant de la violence. V. **Voler.** *Détrousser un passant, un voyageur.*

DÉTROUSSEUR [detʀusœʀ]. *n. m.* (1489; de *détrousser*). *Vx* ou *plaisant.* Celui qui détrousse. V. **Voleur.** *Détrousseur de grand chemin.* V. **Brigand.**

DÉTRUIRE [detʀɥiʀ]. *v. tr.; conjug. conduire* (1080; lat. pop. °*destrugere,* refait sur *destruere; Cf.* Traire). ♦ 1o Défaire entièrement, jeter bas (une construction). V. **Abattre, démolir, raser, renverser, ruiner.** *Détruire un bâtiment, un édifice, un mur. Détruire les fondements.* V. **Miner, saper.** « *Le roi fit détruire jusqu'aux pierres et aux fondements matériels de Port-Royal* » (ST-SIM.). *Détruire une ville par bombardement terrestre, aérien. Détruire de fond en comble (Cf.* Ne pas laisser pierre sur pierre). — Au p. p. *Ville détruite.* ♦ 2o *Par ext.* Altérer jusqu'à faire disparaître. V. **Anéantir, annihiler, supprimer.** *Détruire par le feu.* V. **Brûler, incendier** (Cf. Réduire en cendres). *Détruire en brisant, en écrasant.* V. **Briser, casser, démolir, pulvériser** (Cf. Mettre en pièces). *Les Russes décampèrent* « *détruisant tout sur leur route pour retarder au moins les Suédois* » (VOLT.). *Détruire une lettre, un document. Les substances caustiques, les acides détruisent les tissus organiques.* V. **Attaquer, corroder.** « *Le temps qui détruit tout* » (LA FONT.). ♦ 3o Supprimer un être vivant en ôtant sa vie. V. **Tuer.** *Un fléau, une épidémie détruit la population d'un village.* V. **Exterminer.** *Une fusillade détruisit la moitié de la section.* V. **Massacrer.** ◇ SE DÉTRUIRE. *v. pron.* Il a tenté de se détruire. V. **Suicider** (se), **tuer** (se). ♦ 4o *Fig.* Défaire entièrement (ce qui est établi, organisé, élaboré). V. **Anéantir, supprimer.** *Détruire un régime politique, social.* V. **Abattre, renverser.** *Détruire la rébellion.* V. **Étouffer, juguler.** *Détruire un usage, une institution.* V. **Abolir, annuler.** « *Beaucoup d'hommes avaient intérêt à détruire une organisation sociale qui n'avait pour eux aucun bienfait* » (FUSTEL de COUL.). *Détruire un argument, une théorie.* V. **Éliminer, renverser.** *Cela détruit votre thèse.* Pronom. « *On ne peut pas demander au capitalisme de se détruire soi-même* » (MART. du G.). ◇ *Détruire une illusion.* V. **Dissiper, enlever.** *Cette mésaventure détruisit tous ses espoirs. Détruire l'orgueil, les*

prétentions de qqn. V. **Abattre.** « *Soutenir la piété jusqu'à la superstition, c'est la détruire* » (PASC.). ♦ 5o *Absolt.* (*Opposé à construire, créer, faire*). « *Pour vivre, il faut détruire* » (BUFF.). « *Le besoin de détruire est encore plus puissant que l'espoir de construire* » (MART. du G.). ♦ 6o SE DÉTRUIRE. *v. pron. Récipr.* Se détruire réciproquement; avoir une action contraire. V. **Combattre** (se), **nuire** (se). *Effets qui se détruisent.* « *Le propre de tout ce qui est vraiment beau est de subsister en soi sans se détruire réciproquement et sans se nuire* » (STE-BEUVE). ◇ ANT. Bâtir, construire, édifier. Créer, faire. Établir, fonder; conserver.

DETTE [dɛt]. *n. f.* (1160; lat. *debita,* plur. neutre devenu n. fém. en lat. pop.; de *debere* « devoir »). Ce qu'une personne doit à une autre. V. **Devoir.** ♦ 1o Obligation pour une personne (V. **Débiteur**) à l'égard d'une autre (V. **Créancier**), de faire ou de ne pas faire qqch., et *spécialt.* de payer une somme d'argent. *Capital principal d'une dette :* somme constituant la dette (*opposé à* intérêts). *Contracter, faire des dettes.* V. **Devoir, endetter** (s'). *Être en dette avec qqn.* « *Elle avait plus de dettes qu'il n'y a de trous dans un crible* » (SAND). *Être criblé, perdu de dettes. Payer, rembourser une dette.* PROV. *Qui paye ses dettes s'enrichit.* Ancien. *Prison pour dettes.* — *Échéance d'une dette. Garantie d'une dette :* gage, *nantissement* (chose); *caution* (personne). *Reconnaissance de dette. Dette inscrite dans un compte.* V. **Débet, droit, dû, passif, solde.** *Dette hypothécaire; dette privilégiée. Dette de jeu.* fém. *pop. Dette d'honneur,* qu'on ne peut faire valoir en justice. ♦ 2o *Fin. Dette publique* ou *Dette de l'État :* ensemble des dettes qui doivent être soldées par les deniers publics. — *Spécialt. Dette publique,* ensemble des obligations résultant d'engagements financiers contractés par l'État (V. **Emprunt**). *La dette extérieure comprend la dette commerciale* (emprunts souscrits sur des marchés étrangers, engagements envers des banques étrangères) *et la dette politique* (avances consenties par un gouvernement étranger). — *Dette perpétuelle,* dont le remboursement peut être indéfiniment différé sous réserve du paiement des intérêts. *Dette remboursable,* dont l'échéance est déterminée. *La dette remboursable comprend la dette à court terme ou dette flottante, la dette à long terme, et la dette viagère. La dette à long terme forme, avec la dette perpétuelle, la dette consolidée.* ♦ 3o *Fig.* Devoir qu'impose une obligation contractée envers qqn. V. **Engagement, obligation.** *Acquitter une dette de reconnaissance.* « *C'est une dette de justice et d'amitié que je serai bien heureux de payer* » (STE-BEUVE). ◇ ANT. Créance, crédit; actif, avoir.

DÉTUMESCENCE [detymɛsɑ̃s]. *n. f.* (1792; de *dé-,* et *tumescence*). *Méd.* Diminution de volume (d'un organe, d'une tumeur); fin de la tumescence. ◇ ANT. Tumescence.

D.E.U.G. [døg]. *n. m.* (1973; sigle). Diplôme d'études universitaires générales, couronnant le premier cycle de l'enseignement supérieur.

DEUIL [dœj]. *n. m.* (*Dueil,* XVe; *dol,* Xe; *doel, duel,* XIIe; bas lat. *dolus,* de *dolere* « souffrir »). ♦ 1o Douleur, affliction que l'on éprouve de la mort de qqn. *Sa mort plongea dans un deuil cruel. Pays plongé dans le deuil. Jour de deuil.* ◇ *Fig.* et *littér.* **Affliction, tristesse.** *La nature est en deuil :* son aspect est désolé, lugubre, triste. « *Une déception précoce, un deuil secret du cœur, leur a gâté l'univers* » (FRANCE). ♦ 2o Mort d'un être cher. V. **Perte.** *Il venait d'avoir plusieurs deuils dans sa famille.* ♦ 3o Signes extérieurs du deuil, consacrés par l'usage. *Vêtements de deuil* (noirs, gris, sombres, dans notre civilisation). *Porter le deuil.* Fig. *Il porte le deuil de ses illusions :* ses illusions sont mortes. « *Dans ses vêtements comme dans son cœur, elle prit le grand deuil et ne le quitta jamais* » (DAUD.). — EN DEUIL. *Être en grand deuil, en demi-deuil* (V. **Demi-deuil**). *Fam. Avoir les ongles en deuil :* noirs, sales. ♦ 4o *Temps durant lequel on porte le deuil.* « *Ils la choisirent noire, Gaud n'ayant pas fini le deuil de son père* » (LOTI). ♦ 5o Cortège funèbre. V. **Enterrement.** *Mener, conduire le deuil.* ♦ 6o *Fam.* Faire son deuil d'une chose : se résigner à en être privé. « *Il avait bien fallu qu'il s'inclinât, qu'il fît son deuil de ses projets* » (COURTELINE). *Tu peux en faire ton deuil!* ◇ ANT. Bonheur.

DEUS EX MACHINA [deysɛksmakina]. *n. m.* (1846; mots latins : « un dieu (descendu) *au moyen d'une machine* », au théâtre). *Au théâtre* (et fig. *dans la vie courante*), Personnage, événement dont l'intervention peu vraisemblable apporte un dénouement inespéré à une situation sans issue ou tragique.

DEUTÉR(O)-. Élément de mots savants, du gr. *deuteros* « deuxième ».

DEUTÉRIUM [døteʀjɔm]. *n. m.* (XXe; de *deutér(o)-,* et *-ium*). *Chim.* Isotope de l'hydrogène, ou hydrogène lourd (masse at. 2), composant de *l'eau lourde* (symb. D).

DEUTÉROCANONIQUE [døteʀɔkanɔnik]. *adj.* (1732; de *deutéro-,* et *canonique*). *Théol.* Se dit de certains livres saints qui n'ont été considérés comme canoniques qu'après les autres. *Livres deutérocanoniques :* Tobie, Judith, la Sagesse, l'Ecclésiastique, Macchabées (I, II), Daniel et Esther (fragments).

DEUTÉRON [døtɛʀɔ̃] ou **DEUTON** [døtɔ̃]. *n. m.* (1949; de *deutérium*, d'apr. *neutron*). Noyau de l'atome de deutérium (un proton et un neutron).

DEUTSCHE MARK [dɔjtʃmaʀk ou døtʃmaʀk]. *n. m.* (1948; mot all.). Unité monétaire principale (DM) de la République fédérale d'Allemagne, divisée en 100 pfennigs.

DEUX [dø]. *adj. et n. m.* (*Dous, deux*, XIIᵉ; lat. *duo*, accus. *duos*).

I. *Adj. numéral cardinal invar.* ♦ 1° Un plus un. *Les deux yeux* [ledøzjø], *les deux infinis. Les deux côtés de la rue. Deux cents. Deux cinquièmes. — Ils sont venus tous deux, tous les deux. À deux.* V. **Duo**. *Qui comporte deux éléments.* V. *préf.* **Ambi-, amphi-, bi-, di-;** *double. Deux choses semblables.* V. **Paire.** *Deux fois plus.* V. **Double.** *Être deux, vivre à deux.* « *Même dans l'amour, même en étant deux, on ne veut pas être deux, on ne veut rester seul* » (MONTHERLANT). — *Loc. adj.* (vulg.). *De mes deux* (testicules), s'emploie avec un nom par insulte, mépris, dérision. *Va donc, inspecteur de mes deux !* « *Billevesées, bagatelles et bibleries de mes deux* » (QUENEAU). ♦ 2° (Emplois stylistiques). Pour indiquer une multiplicité (*opposé à un*, un seul). V. **Plusieurs.** *Il n'y a pas deux poids et deux mesures. Un tiens vaut mieux que deux tu l'auras. Deux sûretés valent mieux qu'une.* — Pour indiquer la différence, la distance (*opposé à le même*). V. **Différent.** *L'amour et l'amitié, cela fait deux.* — Pour indiquer un petit nombre (*opposé à beaucoup de, nombreux*). V. **Quelque.** « *À moi, comte, deux mots* » (CORN.). *C'est à deux pas d'ici, vous y serez en deux secondes. Faire qqch. en deux temps, trois mouvements.* ♦ 3° *Par ext.* (Comme adj. numéral ordinal invar.). V. **Deuxième, second.** *Numéro deux. À la puissance deux.* V. **Carré.** *Tome deux.* Ellipt. *Le deux décembre; tous les deux du mois.*

II. *N. m.* ♦ 1° Le nombre deux (2). *Un et un font deux; deux et deux font quatre.* Loc. *Ceci est clair comme deux et deux font quatre : c'est simple et évident. Deux à deux. Deux par deux. Couper en deux.* — *Nous sommes les deux* (date). ◇ Carte à jouer marquée de deux points. *Le deux de trèfle.* Côté d'un dé, d'un domino, etc., marqué de deux points. *Le double deux.* ◇ Danse class. *Pas de deux*, exécuté par deux danseurs. ♦ 2° Loc. *En moins de deux* (fam.) : très vite. « *En moins de deux, il nous a flanqué la fessée* » (SARTRE). — *Ne faire ni une ni deux* (fam.) : se décider rapidement, sans tergiverser. — *Entre les deux* : ni ceci, ni cela; à moitié. *Fait-il chaud ou froid? Entre les deux.* — *À nous deux* : faisons ce que nous avons à faire ensemble. *Spécialt.* Menace proférée à l'intention d'un rival, d'un ennemi. PROV. *Jamais deux sans trois* : ce qui arrive deux fois a toute chance d'arriver une troisième fois. ♦ 3° Chiffre qui représente ce nombre. *Le deux romain* (II); *le deux arabe* (2) [lədøaʀab].

DEUX-DEUX (À) [adødø]. *loc. adj.* (XIXᵉ; de *deux*). Mus. *Mesure à deux-deux* (2/2) : à deux temps, ayant une blanche par temps.

DEUX-HUIT (À) [adøɥit]. *loc. adj. et n. m. invar.* (XIXᵉ; de *deux*, et *huit*). Mus. *Mesure à deux-huit* (2/8) : à deux temps, ayant une croche par temps.

DEUXIÈME [døzjɛm]. *adj. et n.* (XIVᵉ; de *deux*). Qui succède au premier. V. **Second.** ♦ 1° Adj. numéral ordinal. *Le deuxième chapitre d'un livre.* V. **Deux.** *Le deuxième étage*, et ellipt. *Habiter au deuxième. Un deuxième classe, un simple soldat. Le Deuxième Bureau*.* ♦ 2° N. m. et f. *Arriver le deuxième. Elle est née la deuxième.* ♦ 3° (Dans les nombres composés où on n'emploie jamais *second*). *Vingt-deuxième.*

DEUXIÈMEMENT [døzjɛmmɑ̃]. *adv.* (1740; de *deuxième*). En deuxième lieu. V. **Secundo.**

DEUX-MATS [døma]. *n. m. invar.* (1864; de *deux*, et *mât*). Navire à voile à deux mâts.

DEUX-PIÈCES [døpjɛs]. *n. m. invar.* (1949; de *deux*, et *pièce*). ♦ 1° Ensemble féminin comprenant une jupe et une veste du même tissu, porté comme une robe. *Un deux-pièces en soie imprimée.* ♦ 2° Maillot de bains formé d'un slip et d'un soutien-gorge. V. **Bikini.** ♦ 3° (v. 1950). Appartement de deux pièces. *Un deux-pièces cuisine.*

DEUX-POINTS [døpwɛ̃]. *n. m. invar.* (1572; de *deux*, et *point*). Signe de ponctuation, formé de deux points superposés (:), placé avant une explication, une énumération.

DEUX-PONTS [døpɔ̃]. *adj. et n. m. invar.* (1864, mar.; de *deux*, et *pont*). À deux ponts. *Un Bréguet deux-ponts.* Subst. *Un deux-ponts.*

DEUX-QUATRE [døkatʀ(ə)]. *n. m. invar.* (1736; de *deux*, et *quatre*). Mus. Mesure à deux temps, ayant une noire par temps (2/4).

DEUX-ROUES [døʀu]. *n. m. invar.* (v. 1960; de *deux*, et *roue*). Véhicule à deux roues. *Les deux-roues :* les bicyclettes, cyclomoteurs, vélomoteurs, motos, scooters.

DEUX-SEIZE (À) [adøsɛz]. *loc. adj. et n. m. invar.* (XIXᵉ; de *deux*, et *seize*). Mus. *Mesure à deux seize* (2/16) :

à deux temps, avec une double croche par temps.

DEUX-TEMPS [døtɑ̃]. *adj. et n. m.* (1872; de *deux*, et *temps*). ♦ 1° Mus. Mesure à deux temps qui s'écrit comme une mesure à quatre temps. ♦ 2° (1959). À deux temps (moteur). *Moteur deux-temps.* N. m. *Carburant pour les deux-temps.*

DEUZIO [døzjo]. *adv.* (XXᵉ; de *deux*, d'apr. *primo, secondo, tertio*, etc.). Fam. Deuxièmement, secondo. « *D'abord* [...] *c'est pas vrai et, deuzio, i* [ils] *comprendront pas* » (QUENEAU).

DÉVALER [devale]. *v.* (*Desvauler*, v. 1155; de *dé-*, et *val*). ♦ 1° *V. intr.* Aller vers le bas, brutalement ou très rapidement. V. **Descendre, rouler, tomber.** *Rochers, laves qui dévalent de la montagne.* « *Des ribambelles de petits ânes chargés de sacs montant et dévalant le long des chemins* » (DAUD.). ◇ (1690) Être en pente raide. V. **Descendre.** « *Le terrain dévale, cet endroit, par une pente abrupte* » (FLAUB.). ♦ 2° *V. tr.* Descendre rapidement. V. **Dégringoler.** *Il dévalait l'escalier quatre à quatre. La voiture dévalait la pente à tombeau ouvert.* ♦ 3° *V. tr. Vx.* Transporter (qqch.) en bas. V. **Descendre.** « *Un sac que je remplissais de fruits, et que je dévalais ensuite à terre avec une corde* » (ROUSS.). ◈ ANT. **Monter, remonter.**

DÉVALISER [devalize]. *v. tr.* (1546; de *dé-*, et *valise*). Voler à (qqn) tout ce qu'il a sur lui, avec lui. V. **Voler.** *Des cambrioleurs l'ont entièrement dévalisé. Se faire dévaliser.* — (1870). Par ext. *Dévaliser une maison.* V. **Cambrioler.**

DÉVALORISATION [devalɔʀizasjɔ̃]. *n. f.* (1929; de *dévaloriser*). ♦ 1° Diminution de valeur. V. **Dépréciation.** *L'inflation entraîne la dévalorisation et conduit à la dévaluation.* ♦ 2° (1955). Fig. *La dévalorisation de soi-même. La dévalorisation d'une religion.* ◈ ANT. **Valorisation, revalorisation.**

DÉVALORISER [devalɔʀize]. *v. tr.* (1929; de *dé-*, et *valoriser*). V. **Valeur.** ♦ 1° Diminuer la valeur (*spécialt.* de la monnaie fiduciaire). V. **Déprécier, dévaluer.** Pronom. *Monnaie qui se dévalorise. Marchandise dévalorisée*, qui a perdu de sa valeur. — ♦ 2° (1955). Fig. Déprécier. *Dévaloriser le talent.* ◈ ANT. **Valoriser; revaloriser.**

DÉVALUATION [devalɥasjɔ̃]. *n. f.* (1929; angl. *devaluation*, d'apr. *évaluation*). Abaissement de la valeur légale d'une monnaie par une nouvelle définition du rapport de l'unité monétaire avec l'or, l'argent ou une monnaie étrangère. *Dévaluations du franc* (1928, 1936, 1938, ...). *Dévaluation de la livre en 1931, du dollar en 1933.* — Fig. Perte de valeur, de crédit. ◈ ANT. **Réévaluation.**

DÉVALUER [devalɥe]. *v. tr.* (1935; p. p. adj., 1903; angl. *devaluate* (fin XIXᵉ), d'apr. *évaluer*). Effectuer la dévaluation de. *Dévaluer le franc. Dévaluer une monnaie dépréciée, dévalorisée. — Monnaie dévaluée.* ◇ Fig. (surtout au p. p.) Dévaloriser. *Ses théories, ses idées sont un peu dévaluées.* ◈ ANT. **Réévaluer.**

DEVANÂGARI [devanagari] ou **NÂGARI** [nagaʀi]. *n. f.* [ancienn. *masc.*] *et adj.* (1846; mot sanscrit, hindi, de *deva* « dieu », et *nâgari* « de la ville »). Forme d'écriture du sanscrit demeurée usuelle (type *brahmi*).

DEVANCEMENT [dəvɑ̃smɑ̃]. *n. m.* (1704; « fait d'être devancé », déb. XIVᵉ; de *devancer*). Action de devancer. Milit. *Devancement d'appel* : engagement volontaire avant l'appel de sa classe (désigné ainsi depuis 1923). *Engagé volontaire par devancement d'appel.*

DEVANCER [dəvɑ̃se]. *v. tr.* (XIIᵉ; de *devant*, d'apr. *avancer*). ♦ 1° Être devant (d'autres qui avancent), laisser derrière soi). V. **Dépasser, distancer, semer** (pop.). ♦ 2° Être avant, quant au rang, au mérite, à la supériorité, dans la recherche commune du même but. V. **Dépasser, primer, surpasser.** *Cet élève a devancé ses concurrents de plusieurs points au concours. Devancer tous ses rivaux.* ♦ 3° Arriver avant (qqn) dans le temps. V. **Précéder.** *Nous nous avons devancés au rendez-vous.* — Littér. *Devancer l'aurore, le jour* : se lever avant l'aube. « *Celui qui devance son soleil... doit s'attendre à peu de suffrages* » (DIDER.). ◇ Précéder (qqn) dans l'accomplissement d'une chose. *J'allais dire la même chose, mais vous m'avez devancé.* ♦ 4° Aller au devant de. *Devancer une objection. Devancer les désirs de qqn.* V. **Prévenir.** ♦ 5° Par ext. (qqch.) en avance. *Devancer l'appel* : s'engager dans l'armée avant d'avoir l'âge d'y être appelé. « *Ils avaient décidé qu'il demanderait à « devancer l'appel* » (LOTI). — *Devancer la date d'un paiement.* V. **Anticiper.** ◈ ANT. **Succéder, suivre.**

DEVANCIER, IÈRE [dəvɑ̃sje, jɛʀ]. *n.* (v. 1260; de *devancer*). Personne qui en a précédé une autre, dans ce qu'elle fait. V. **Prédécesseur.** *Marcher sur les traces des devanciers. Galilée fut le devancier de Newton.* ◈ ANT. **Successeur.**

1. **DEVANT** [d(ə)vɑ̃]. *prép. adv.* (XIᵉ, *davant*, fin Xᵉ; comp. anc. de *avant*).

I. *Prép.* ⓐ *Prép. de lieu.* ♦ 1° Du même côté que le visage d'une personne, que la face, le côté visible ou accessible d'une chose. En face de. V. **Avant** (en), **face** (en), **vis-à-vis.** *Ne vous mettez pas devant moi, je ne vois rien. Être assis devant un bon repas.* « *Quelques autos stationnaient devant la*

grande porte de l'hôtel » (MAC ORLAN). — DE DEVANT.
« *Ôtez-vous de devant mes yeux* » (MOL.). ♦ 2° *Par ext.*
En présence de. *Comparaître devant ses juges. Pleurer devant
tout le monde. S'incliner devant qqn. Ne dites pas cela devant
lui.* — (Dr.) *Par-devant (le) notaire*, en sa présence. — Par
ext. *Tous les hommes sont égaux devant la loi.* V. **Égard** (à
l'égard de). « *Cette sorte de malaise devant la misère d'autrui* »
(MAURIAC). ♦ 3° Dans la direction qui est en face d'une
personne, d'une chose ; à l'avant de. *Fuir devant celui qui
vous poursuit. Aller droit devant soi.* — Fig. *Avoir du temps,
de l'argent devant soi* : ne pas être au bout du temps, des
ressources dont on dispose. « *Ils ne font que des projets à
court terme, comme s'ils n'avaient devant eux que cinq ou
six ans* » (SARTRE). **B** *Prép. de temps* (Vx). V. **Avant.** PROV.
La poule ne doit point chanter devant le coq.

II. *Adv.* — **A** *Adv. de lieu.* Du côté du visage d'une personne, de la face d'une chose ; en avant. *Il marche devant.*
V. **Tête** (en tête). *Vêtement qui se ferme devant. Passez
devant* : passez le premier. — Mar. *Être vent devant* : présenter la proue du bâtiment au vent (Cf. Vent debout). Loc.
adv. *Sens devant derrière.* V. **Sens.** — *Par-devant* : du côté
qui est devant. *Voiture endommagée par-devant.* **B** *Adv.
de temps* (Vx). V. **Auparavant.** Mod. et littér. *Comme devant,
comme avant.* « *Les ailes de son moulin allaient toujours
leur train comme devant* » (DAUD.). PROV. *Être Gros-Jean
comme devant* : se retrouver tel qu'on était auparavant, avoir
été dupé.
◇ ANT. *Derrière.*

2. **DEVANT** [d(ə)vã]. *n. m.* (fin XIᵉ ; du précéd.). ♦ 1° La
partie qui est placée devant. *Chambres sur le devant. Pattes
de devant* (d'un animal). V. **Antérieur.** — Cout. *Point de
devant* : point le plus simple qui consiste à piquer dessus et
dessous en avançant l'aiguille. — *Devant d'une maison.*
V. **Façade.** *Devant d'un bateau, d'une voiture.* V. **Avant.**
Le devant d'une chemise. ♦ 2° Vén. *Prendre le devant, les
devants* : rechercher la voie de la bête en avant de l'endroit
où le défaut a lieu. ◇ *Fig. Devancer qqn ou qqch. pour agir
avant ou l'empêcher d'agir.* V. **Devancer.** ♦ 3° *Loc. prép.*
AU-DEVANT DE : à la rencontre de. *Nous irons au-devant de
vous.* — Fig. *Aller au-devant du danger* : s'exposer témérairement. *Aller au-devant des désirs, des souhaits de qqn* :
les combler avant qu'il les exprime. V. **Prévenir.** ◇ ANT.
Arrière, derrière, dos. — HOM. *Devant* (p. prés. de *devoir*).

DEVANTURE [d(ə)vãtyR]. *n. f.* (1642 ; « devant », XIIIᵉ ;
de *devant*). ♦ 1° Façade, revêtement du devant d'une boutique. V. **Façade.** *Faire repeindre, refaire la devanture d'un
magasin.* ♦ 2° *Par ext.* Étalage des marchandises, soit à la
vitrine, soit dehors. V. **Étalage, vitrine.** *Regarder les devantures des magasins.*

DÉVASTATEUR, TRICE [devastatœR, tRis]. *n. et adj.*
(1502, rare av. XVIIIᵉ ; lat. *devastator*). ♦ 1° *Rare.* Personne
qui dévaste. V. **Destructeur, vandale.** ♦ 2° *Adj.* Qui dévaste.
Torrent dévastateur. « *Je croyais ne pouvoir aimer que d'une
manière sauvage, dévastatrice, à la Byron* » (GIDE).

DÉVASTATION [devastasjɔ̃]. *n. f.* (1502, rare av. XVIIIᵉ ;
lat. *devastatio*). Action de dévaster. V. **Destruction, pillage,
ruine**) ; son résultat. (V. **Dégât, ravage**). *Les dévastations de
la guerre.* « *L'état de dévastation où se trouvait son manoir* »
(GAUTIER).

DÉVASTER [devaste]. *v. tr.* (Xᵉ ; rare av. XVIIIᵉ ; lat.
devastare « piller, ravager »). Ruiner (un pays) en détruisant
totalement les richesses. V. **Désoler, détruire, raser, ravager,
ruiner.** *Les barbares dévastaient les pays qu'ils envahissaient.
Les cultures ont été dévastées par la grêle. Les guerres ont
dévasté cette région. Provinces dévastées.* — Fig. « *L'amour
dévaste les âmes où il règne* » (CHATEAUB.).

DÉVEINE [devɛn]. *n. f.* (1854 ; de *dé-*, et *veine*). Fam.
Malchance. *Être dans la déveine. Quelle déveine !* V. **Guigne,
poisse.** ◇ ANT. *Veine.*

DÉVELOPPABLE [devlɔpabl(ə)]. *adj.* (1808 ; de *développer*) Qui peut être développé. — Géom. *Surface développable*, qui peut être projetée sur un plan.

DÉVELOPPANTE [devlɔpãt]. *n. f.* (1675 ; de *développer*).
Géom. *Développante d'une courbe* : courbe qui admet cette
courbe comme développée.

DÉVELOPPATEUR [devlɔpatœR]. *n. m.* (mil. XXᵉ ; de
développer). Phot. Produit utilisé pour le développement
photographique. *L'hydroquinone est un développateur pour
clichés durs.*

DÉVELOPPÉ [devlɔpe]. *n. m.* (fin XIXᵉ ; de *développer*).
♦ 1° Chorégr. Mouvement d'une jambe repliée se développant dans différentes élévations et directions. ♦ 2° (1933) —
Sports. Mouvement par lequel l'athlète soulève en deux
temps l'haltère qu'il doit tenir à bout de bras. ◇ HOM. *Développée, développer.*

DÉVELOPPÉE [devlɔpe]. *n. f.* (1675 ; de *développer*).
Math. Enveloppe des normales à une courbe. ◇ HOM. *Développé, développer.*

DÉVELOPPEMENT [devlɔpmã]. *n. m.* (XVᵉ, répandu
XVIIᵉ-XVIIIᵉ ; de *développer*). ♦ 1° (Concret). *Rare.* Action
de donner toute son étendue à. V. **Déployer, dérouler.** *Développement d'une pièce d'étoffe.* — Géom. (1694) Extension,
sur un plan, de la surface d'un corps solide. V. **Projection.**
Développement d'un cube. ◇ (1907). Cour. Distance développée par un tour de pédale d'une bicyclette. — Action de
développer une pellicule photographique. *Développement et
tirage.* ♦ 2° (1755). Action de se développer (organisme,
organe). V. **Croissance, épanouissement.** *Développement d'un
embryon, d'une plante. Être arrêté, gêné dans son développement. Développement exagéré d'un organe.* V. **Hypertrophie.**
Développement des germes, des microbes. — Par ext. *Développement intellectuel. Développement humain.* — *Pays,
région en voie de développement*, dont l'économie n'a pas
atteint le niveau de l'Amérique du Nord, de l'Europe occidentale, etc. (euphémisme créé pour remplacer *Sous-développé**). ♦ 3° Progrès, en extension ou en qualité. *Développement du commerce, d'une affaire.* V. **Essor, extension.**
Développement des sciences. V. **Progrès.** « *Le but du monde
est le développement de l'esprit* » (RENAN). *Développement
d'une religion, d'un parti politique.* V. **Rayonnement** ; **expansion.** ◇ *Par ext.* Plur. Suite, prolongement. *Les développements d'une affaire.* ♦ 4° (av. 1842). Exposition détaillée d'un
sujet. V. **Exposé** ; **détail.** « *Il se lança dans un long développement* » (ROMAINS). *Entrer dans des développements superflus.*
— *Développement d'un thème* (mus.). ♦ 5° Américanisme.
(de l'amér. *development* « mise au point »). Phase de la
fabrication d'un produit, d'un matériel, qui suit sa conception
et qui se termine à la réalisation des têtes de série. *Étude et
développement d'un matériel d'armement.* ◇ ANT. *Enveloppement ; enroulement, repliement. Déclin, régression. Résumé.*

DÉVELOPPER [devlɔpe]. *v. tr.* (fin XIIᵉ ; de l'a. fr. *voloper*,
bas lat. *faluppa* « balle de blé », avec infl. de *volvere*).

I. ♦ 1° *Rare.* Enlever ce qui enveloppe (qqch.). V. **Défaire.**
Développer un paquet. ♦ 2° *Rare.* Étendre ce qui est plié,
enroulé. V. **Déployer, dérouler, étaler.** *Développer un coupon
de tissu.* ◇ Donner toute son étendue à. *Armée qui développe ses ailes.* V. **Déployer, étendre.** ◇ Géom. (1694) Représenter sur un plan les diverses faces d'un solide. V. **Projeter.** — Math. (XVIIIᵉ) Alg. *Développer une fonction, une
série* : trouver les différents termes qu'elle renferme. *Développer une expression algébrique* : effectuer les opérations
indiquées. ◇ *Vélo qui développe 7 mètres* : qui parcourt une
distance de 7 mètres lorsque les pédales font un tour complet.
— Phot. et cour. (1865, *faire développer l'image*). *Développer
un cliché, une pellicule* : faire apparaître les images fixées sur
la pellicule, au moyen de procédés chimiques. *Donner une
pellicule à développer.* ♦ 3° Fig. Faire croître ; donner de
l'ampleur à. *Développer le corps par des exercices physiques.*
— *Développer l'intelligence d'un enfant.* V. **Cultiver, éduquer,
former.** « *Chaque art développe en nous quelques qualités
nouvelles* » (MICHELET). *Il va développer son affaire* : lui
donner de l'extension. V. **Agrandir.** ♦ 4° (1671). Exposer
en détail, étendre en donnant plus de détails. V. **Éclaircir,
expliquer, exposer, traiter.** *Développer un argument, un plan,
un chapitre. Développer sa pensée.* « *Ces romanciers avaient
développé cette fable, la rendant encore plus séduisante* »
(MAC ORLAN).

II. SE DÉVELOPPER. *v. pron.* ♦ 1° Se déployer. *Armée
qui se développe en ordre de bataille.* ♦ 2° Se dérouler dans
toute son étendue. *Les méandres du fleuve se développent
dans la plaine.* — Fig. *Raisonnement qui se développe logiquement.* V. **Découler, déduire** (se). ♦ 3° Croître, s'épanouir
(êtres vivants). *Plante qui se développe.* « *Les bourgeons terminaux se développent toujours aux dépens des autres* »
(GIDE). « *Voyant sa fille se développer avec tant de charmes* »
(BERNARD. de ST-P.). V. **Épanouir.** — Au p. p. *Corps bien
développé. Poitrine très développée.* V. **Gros.** « *Une certaine
tempérance morale est nécessaire pour que certains talents se
développent* » (TAINE). — Prendre de l'extension, de l'importance. *L'affaire s'est développée grâce à une augmentation de
capital.*
◇ ANT. *Envelopper ; enrouler ; atrophier, réduire, restreindre ;
abréger, résumer. Baisser, décliner, régresser.* — HOM. *Développé, développée.*

1. **DEVENIR** [dəvniR]. *v. intr.* ; conjug. *venir* (1080 ; lat.
devenire « arriver », bas lat. « devenir »). Verbe d'état
s'employant avec un attribut. ♦ 1° Passer d'un état à (un
autre), commencer à être (ce qu'on n'était pas). *Devenir vieux.
Il est devenu riche et célèbre. Il devient fou.* « *Elle le croyait
malade et craignait qu'il le devînt davantage* » (FRANCE).
*Devenir général, ministre. Elle est devenue sa femme. L'entre-
prise devient prospère. La situation devenait difficile.* ♦ 2° Être
dans tel ou tel état, avoir tel ou tel sort, tel ou tel résultat
(dans les phrases interrogatives ou dubitatives). *Qu'allons-
nous devenir ? J'ignore ce que peut devenir cette chose.* Donner,
être. *Que deviendra sa fortune après sa mort ? Que sont devenues
vos belles résolutions ?* — *Que voulez-vous devenir ?* quelle

carrière voulez-vous suivre? « *Que deviendrais-je sans le rire?
Il me purge de mes dégoûts. Il m'aère* » (COCTEAU). ◇ V.
Faire. *Qu'est devenue cette personne?* où est-elle? que fait-
elle? *Qu'étiez-vous donc devenu? Nous vous cherchions depuis
une heure.* « *Il y a bien longtemps que je l'ai perdu de vue.
Qu'est-il devenu, au fait?* » (SARRAUTE). *Qu'est devenu mon
chapeau?* où est-il passé? ◇ Fam. *Que devenez-vous? Qu'est-
ce que vous devenez?* Se dit pour demander des nouvelles d'une
personne qu'on n'a pas vue depuis quelque temps. ♦
3° Absolt. *Philo.* Changer, évoluer. « *Nous sommes parce
que nous devenons* » (DANIEL-ROPS). ◇ ANT. Rester.
2. **DEVENIR** [dəvniʀ]. *n. m.* (1864; de *devenir* 1). Le
passage d'un état à un autre; la suite des changements.
V. **Changement.** *La conscience est en perpétuel devenir.*
V. **Évolution, mouvement.** *Philosophie du devenir.* ◇ ANT.
Immobilité, stabilité.

DÉVERBAL, AUX [deveʀbal, o]. *n. m.* (XXᵉ; de *verbe*).
Ling. Nom formé à partir du radical d'un verbe (comme
portage de *porter*) et plus *spécialt.* nom dérivé qui est formé
sans suffixe (comme *bouffe* de *bouffer*). V. **Déverbatif.**

DÉVERBATIF [deveʀbatif]. *n. m.* (XXᵉ; de *verbe*). *Ling.*
Forme dérivée d'un verbe (comme *portage* fait sur *porter*)
et plus *spécialt.* verbe dérivé d'un verbe. V. **Déverbal.**

DÉVERGONDAGE [deveʀgɔ̃daʒ]. *n. m.* (1792; de *se
dévergonder*). ♦ 1° Conduite dévergondée, relâchée. V.
Débauche, immoralité, libertinage, licence, vice. « *Il réfléchissait avec une affliction sincère au dévergondage de la
jeunesse, au relâchement des mœurs* » (MART. du G.). ♦ 2° Fig.
Dévergondage d'esprit, d'imagination : excès d'un esprit
déréglé; écarts à l'imagination. « *L'oubli des saines doctrines
et le dévergondage romantique* » (GAUTIER). ◇ ANT. Austérité,
sagesse; mesure.

DÉVERGONDÉ, ÉE [deveʀgɔ̃de]. *adj.* (1160; de *dé-*,
et a. fr. *vergonde*, var. de *vergogne*). Qui est sans pudeur,
sans vergogne (honte) dans son inconduite. V. **Débauché,
libertin, licencieux.** *Jeunes gens dévergondés.* Subst. (XVᵉ)
Une dévergondée. ◇ Par ext. (Choses) *Vie dévergondée.*
« *La conversation dura encore quelque temps, la plus folle et
la plus dévergondée du monde* » (GAUTIER). ◇ ANT. Austère,
sage.

DÉVERGONDER (SE) [deveʀgɔ̃de]. *v. pron.* (1530; tr.,
XVᵉ; de *dévergondé*). Devenir dévergondé.

DÉVERGUER [deveʀge] ou **DÉSENVERGUER** [dezã-
veʀge]. *v. tr.* (1771, -1783; de *dé-*, et *vergue*;-de *dés-*, et *enverguer*). Ôter les vergues à. *Déverguer un navire.* ◇ ANT.
Enverguer.

DÉVERNIR [deveʀniʀ]. *v. tr.* (1653; de *dé-*, et *vernir*).
Ôter le vernis de. *Dévernir une table. Dévernir un tableau.*
(*Dér.* **DÉVERNISSAGE** [deveʀnisaʒ] *n. m.*). ◇ ANT. Vernir.

DÉVERROUILLAGE [deveʀujaʒ]. *n. m.* (1929; de *déverrouiller*). ♦ 1° Action de déverrouiller (une porte). ♦
2° Ouverture de la culasse d'une arme à feu. ◇ ANT. Verrouillage.

DÉVERROUILLER [deveʀuje]. *v. tr.* (XVIᵉ; desveroillier,
v. 1160; de *dé-*, et *verrouiller*). ♦ 1° Ouvrir en tirant le
verrou. *Déverrouiller une porte.* ♦ 2° (1948). *Déverrouiller
une arme*, procéder au déverrouillage. ◇ ANT. Verrouiller.

DEVERS [dəveʀ]. *prép.* (1080; de *de*, et *vers*). ♦ 1° Vx.
Du côté de. V. **Vers.** ♦ 2° Mod. et rare. PAR-DEVERS (loc.
prép.) : par-devant. *Se pourvoir par-devers le juge.* — (1606).
En la possession de. *Avoir, garder des documents par-devers
soi.*

DÉVERS [deveʀ]. *n. m.* (1676, aussi adj.; lat. *deversus*
« tourné vers le bas »). L'inclinaison, la pente (de qqch.).
Dévers d'une pièce de bois. ◇ (1676). *Ch. de fer.* Inclinaison
transversale de la voie dans les courbes pour combattre la
force centrifuge. — Relèvement du bord extérieur d'une
route dans un virage.

DÉVERSEMENT [deveʀsəmã]. *n. m.* (1801; de *déverser*).
Action de déverser un liquide; action de se déverser (liquide).

DÉVERSER [deveʀse]. *v. tr.* (1755; de *dé-*, et *verser*).
♦ 1° Faire couler un liquide d'un lieu dans un autre. V.
Répandre, verser. (Rare à l'actif) *Déverser l'eau d'une écluse
dans un bassin.* — *Cour.* Pronom. *L'eau se déverse dans le
bassin.* V. **Jeter** (se). ♦ 2° Par ext. Déposer, laisser tomber
en versant. *Déverser du sable sur un chantier.* V. **Décharger.**
Les avions ont déversé des tonnes de bombes sur l'objectif.
♦ 3° Fig. Laisser sortir, répandre en grandes quantités,
à flots. *Chaque train déverse des flots de voyageurs.* « *Les
innombrables romans que la librairie française déverse chaque
jour sur le marché des deux mondes* » (GIDE). *Déverser
sa bile, sa rancune, son mépris.* V. **Épancher, répandre.** « *Des
lettres où je déversais tous mes enthousiasmes de la journée,
toutes mes haines, surtout!* » (MART. du G.). ◇ ANT. Retenir.

DÉVERSOIR [deveʀswaʀ]. *n. m.* (1673; de *déverser*).
Orifice par lequel s'écoule le trop-plein d'un canal, d'un
réservoir. V. **Évacuation, vanne.** *Déversoir d'un barrage, d'un
étang* (V. **Daraise**). — *Déversoir d'orage.* — Fig. « *Vous êtes

heureux, vous autres, les poètes, vous avez un déversoir dans
vos vers* » (FLAUB.).

DÉVÊTIR [devetiʀ]. *v. tr.;* conjug. *vêtir* (*Desvestir*, 1160;
de *dé-*, et *vêtir*). ♦ 1° Dépouiller (qqn) de tout ou partie
de ses vêtements. V. **Déshabiller; dénuder.** *Dévêtir un enfant,
un blessé.* ♦ 2° *V. pron.* Enlever ses vêtements. — *Spécialt.*
Porter moins de vêtements. *Se dévêtir quand il fait chaud.*
V. **Découvrir** (se). ◇ ANT. Vêtir; couvrir (se).

DÉVIANCE [devjãs]. *n. f.* (1968; de *déviant*). *Didact.*
Caractère de ce qui dévie *(fig.)*, de ce qui s'écarte d'une
norme. — *Psycho.* Comportement qui échappe aux règles
admises par la société.

DÉVIANT, ANTE [devjã, ãt]. *adj. et n.* (1968; du p.
prés. de *dévier*). Qui dévie. *Position déviante du corps.* —
Fig. *Opinion, attitude déviante* (par rapport à l'opinion
communément reçue ou orthodoxe). — Subst. (rare au fém.).
Psycho. Personne dont le comportement s'écarte de la
norme sociale admise.

DÉVIATEUR, TRICE [devjatœʀ, tʀis]. *adj. et n. m.*
(1861; de *dévier*, d'apr. bas lat. *deviator*). ♦ 1° *Didact.* Qui
produit une déviation. *Forces déviatrices s'exerçant sur un
projectile.* ♦ 2° *N. m.* Dispositif permettant le freinage à
l'atterrissage des avions à réaction *(techn.).*

DÉVIATION [devjasjɔ̃]. *n. f.* (v. 1300; bas lat. *deviatio*).
I. Action de dévier (1°). ♦ 1° Action de sortir de la direction normale; son résultat. *Déviation d'un projectile :* son écart
du plan de tir. V. **Dérivation** (2). *Déviation d'un navire, d'un
avion.* V. **Dérive.** — *Déviation de l'aiguille aimantée* (magnétisme). — *Déviation d'un rayon lumineux quand il effleure un
corps opaque* (V. **Diffraction**), *ou quand il change de milieu*
(V. **Réfraction**). ♦ 2° Changement anormal de position
dans le corps. *Déviation d'un organe, de l'utérus.* V. **Inversion.**
Déviation de la colonne vertébrale. V. **Déformation; cyphose,
lordose, scoliose.** ♦ 3° Fig. Mauvais changement dans une
ligne de conduite ou de doctrine. V. **Aberration, déviationnisme, écart.**
II. ♦ 1° Action de dévier (un projectile, un véhicule).
Déviation des véhicules pour cause de travaux. ♦ 2° Chemin
que doivent prendre les véhicules déviés. *Il faut « détourner
les voitures de certaines voies mal praticables, tracer des déviations* » (DUHAM.).

DÉVIATIONNISME [devjasjɔnism(ə)]. *n. m.* (1952; de
déviation). Attitude qui s'écarte de la doctrine, chez les
membres d'un parti politique. ◇ ANT. Orthodoxie.

DÉVIATIONNISTE [devjasjɔnist(ə)]. *adj.* (v. 1956; de
déviation). Qui s'écarte de la doctrine du parti. — Subst.
Les déviationnistes de droite, de gauche. ◇ ANT. Orthodoxe.

DÉVIDAGE [devidaʒ]. *n. m.* (1700; de *dévider*). Action
de dévider. « *Attentif à maintenir l'écheveau bien tendu... et
à guider le dévidage* » (MART. du G.). ◇ ANT. Enroulement.

DÉVIDER [devide]. *v. tr.* (*Desvuidier*, fin XIᵉ; de *dé-*, et
vider). ♦ 1° Mettre en écheveau (le fil qui est sur la bobine)
ou sur les bobines d'un métier à filer). *Dévider du fil. Machine
à dévider; rouet.* — Dévidoir. Mettre en pelote (un écheveau). *Par ext.* Dérouler. *Dévider une bobine de fil. Dévider
un cordage.* V. **Filer.** Pronom. « *Tant l'écheveau du temps
lentement se dévide !* » (BAUDEL.). ♦ 2° (1830). Faire passer
entre ses doigts. « *Une des femmes, l'Irlandaise, dévidait
éperdument son rosaire* » (HUGO). Fig. et fam. *Dévider son
chapelet, son écheveau :* raconter, débiter tout ce qu'on a à
dire. ◇ ANT. Enrouler, renvider, rouler.

DÉVIDEUR, EUSE [devidœʀ, øz]. *n.* (XVᵉ; *desvoideur*,
v. 1380; de *dévider*). Personne qui dévide le fil, la laine.

DÉVIDOIR [devidwaʀ]. *n. m.* (XIIIᵉ; de *dévider*). ♦ 1° Instrument dont on se sert pour dévider. V. **Aspe.** « *Un grand
dévidoir, dont les deux tourettes d'osier, mobiles, tendaient
un écheveau de laine rouge* » (ZOLA). *Dévidoir des cordiers.*
V. **Carret, touret.** ♦ 2° Chariot à tambour pour enrouler
des tuyaux d'arrosage. — Treuil pour enrouler un câble
(V. **Cabestan**). — *Pêch.* Plioir à lignes. Grand moulinet à
manivelle.

DÉVIER [devje]. *v.* (1361, rare av. fin XVIIIᵉ; lat. *deviare*,
de *via* « voie »). ♦ 1° *V. intr.* Se détourner, être détourné
de sa direction, de sa voie. *Dévier de son chemin.* V. **Écarter**
(s'), **errer, obliquer.** *La tempête fit dévier le navire* (V. **Déporter, dériver, dérouter**). *La balle a dévié.* ◇ *Fig.* *Dévier de
ses principes.* « *Il avait trop réfléchi... pour que des « criailleries » le fissent dévier de son projet* » (MADELIN). *La doctrine
a dévié.* ♦ 2° *V. tr.* Écarter de la direction normale. *Dévier
la circulation* (V. **Déviation**). *Milieu réfringent, prisme qui
dévie les rayons lumineux.* ◇ ANT. Redresser, remettre (dans
la voie).

DEVIN, DEVINERESSE [dəvɛ̃, dəvinʀɛs]. *n.* (v. 1119,
lat. pop. °*devinus*, class. *divinus*). Personne qui prétend
découvrir ce qui est caché, prédire l'avenir par des moyens
qui ne relèvent pas d'une connaissance naturelle ou ordinaire.
V. **Divination; astrologue, augure** (1), **mage, magicien, prophète, pythie, pythonisse, sibylle, sorcier, visionnaire, voyant.**

Consulter un devin. — Fig. et fam. *Je ne suis pas devin :* je ne puis savoir, deviner, prévoir cela.

DEVINABLE [d(ə)vinabl(ə)]. *adj.* (1846 ; de *deviner*). Qui peut être deviné. V. **Prévisible.** ◇ ANT. *Imprévisible.*

DEVINER [d(ə)vine]. *v. tr.* (1160 ; lat. pop. °*devinare*, class. *divinare*). ♦ 1° *Rare.* Révéler, comme fait un devin. ♦ 2° *Cour.* Parvenir à connaître par conjecture, supposition, intuition. V. **Découvrir, entrevoir, flairer, imaginer, pressentir,** **soupçonner, subodorer.** *Deviner un secret. Deviner la pensée, les intentions de qqn. Je devine où il veut en venir.* V. **Douter** (se douter de), **voir.** « *Je m'épuisais en conjectures pour deviner quelle pouvait être cette occupation* » (ROUSS.). *Devinez qui m'a écrit ; vous ne trouverez jamais!* — *Par ext.* Littér. *Deviner qqn,* percer ses intentions, ses souhaits. ♦ 3° Trouver le mot, la solution d'une énigme (V. **Devinette**). *Œdipe devina l'énigme du Sphinx.* V. **Résoudre, trouver.** *Je ne devine pas* (Cf. Je donne ma langue au chat).

DEVINETTE [d(ə)vinɛt]. *n. f.* (1864 ; de *deviner*). Question dont il faut deviner (3°) la réponse. V. **Charade, énigme, logogriphe, rébus.** *Poser, proposer une devinette.* — *Plur.* Jeu où l'on pose des questions. *Jouer aux devinettes.*

DÉVIRER [devire]. *v. tr.* (1674 ; de *dé-*, et *virer*). Mar. Tourner en sens contraire. *Dévirer le cabestan.*

DÉVIRGINISER [deviRʒinize]. *v. tr.* (1829 ; *desvirgener*, XIIIᵉ ; de *vierge*, d'après *virginité*). *Littér.* ou *plaisant.* Faire perdre sa virginité à. V. **Déflorer, dépuceler.**

DÉVIRILISER [deviRilize]. *v. tr.* (1808 ; « châtrer », 1585 ; de *dé-*, et *viriliser*). *Psycho.* Ôter au caractère et au comportement (de l'homme) sa virilité. V. **Efféminer.** — *Dér.* DÉVIRILISATION [deviRilizasjɔ̃], *n. f.* ◇ ANT. *Masculiniser, viriliser.*

DEVIS [d(ə)vi]. *n. m.* (XIIIᵉ ; « propos », XIIᵉ ; de *deviser*). État détaillé des travaux à exécuter avec l'estimation des prix. *Devis d'un peintre, d'un imprimeur. Devis descriptif,* indiquant le détail des travaux, la nature des matériaux, les délais d'exécution. *Devis estimatif :* contenant l'évaluation des prix. *Demander, établir un devis.*

DÉVISAGER [devizaʒe]. *v. tr.* ; conjug. *bouger* (1803 ; « défigurer », 1539 ; de *dé-*, et *visage*). Regarder (qqn) avec attention, avec insistance. V. **Regarder; fixer.** *Dévisager qqn d'une manière impertinente, indiscrète.* « *Comme les jeunes filles passaient le long de la grande cour ovale,... chacun de nous les dévisage* » (LARBAUD).

DEVISE [d(ə)viz]. *n. f.* (XVᵉ, « signe distinctif » ; « division », XIᵉ ; de *deviser*). ♦ 1° Formule qui accompagne l'écu dans les armoiries. *Devise inscrite dans un cartouche.* V. **Légende.** — *Par ext.* Figure emblématique expliquée par une sentence, une légende. *La devise de Louis XIV.* ♦ 2° (1676). Paroles exprimant une pensée, un sentiment, un mot d'ordre. « *Liberté, Égalité, Fraternité* », *devise de la République française. Devise d'une maison de commerce* (V. **Slogan**). — *Par ext.* Règle de vie, d'action. « *Plutôt souffrir que mourir, C'est la devise des hommes* » (LA FONT.). ♦ 3° Fin (1842). Tout moyen de paiement à l'étranger négociable dans un pays. V. **Change.** — *Cour.* Valeur commerciale sur l'étranger, servant de moyen de transfert des capitaux d'un pays dans un autre. *Prix des devises étrangères.* V. **Change.** *Cours officiel des devises.*

DEVISER [dəvize]. *v. intr.* (XVᵉ ; « partager », d'où « mettre en ordre » et fig. « raconter », XIIᵉ ; lat. pop. *devisare*, de *dividere.* V. **Diviser**). *Littér.* S'entretenir familièrement. V. **Converser, parler.** *Nous devisions gaiement.*

DÉVISSABLE [devisabl(ə)]. *adj.* (XXᵉ ; de *dévisser*). Qu'on peut dévisser. ◇ ANT. *Indévissable.*

DÉVISSAGE [devisaʒ]. *n. m.* (1870 ; de *dévisser*). ♦ 1° Action de dévisser. *Le dévissage d'une planchette.* ♦ 2° *Alpin.* Le fait de dévisser, de tomber.

DÉVISSÉ [devise]. *n. m.* (XXᵉ ; p. p. substantivé de *dévisser*). *Sports.* Mouvement exécuté avec un poids amené à l'épaule et élevé à la verticale, en inclinant le corps du côté opposé au poids.

DÉVISSER [devise]. *v.* (1768 ; de *dé-*, et *visser*). ♦ 1° *V. tr.* Défaire (ce qui est vissé). *Dévisser le bouchon d'un tube,* par ext. *un tube.* ♦ 2° *V. intr.* Lâcher prise et tomber (alpinisme). V. **Dérocher.** ◇ *Fam.* S'en aller, partir. *Il n'a pas dévissé de toute l'après-midi.* V. **Décoller.** « *Levadoux avait dévissé depuis plus d'une heure* » (VIAN). ◇ Fam. *Dévisser son billard**. ◇ ANT. *Visser, revisser; fermer.*

DE VISU [devizy]. *loc. adv.* (1721, loc. jur. ; mots latins). Après l'avoir vu, pour l'avoir vu. *Se rendre compte de visu. Ils « s'assurent de visu que la loi du maigre est fidèlement observée* » (PROUDHON).

DÉVITALISATION [devitalizasjɔ̃]. *n. f.* (1922 ; de *dévitaliser*). Action de dévitaliser. *Dévitalisation d'une dent à couronner.*

DÉVITALISER [devitalize]. *v. tr.* (1842 ; de *dé-*, et *vital*). Priver (une dent) de son tissu vital (pulpe dentaire).

DÉVITAMINÉ, ÉE [devitamine]. *adj.* (1948 ; de *dévitaminer* « faire perdre les vitamines »). *Didact.* Dont on a enlevé les vitamines. *Substance dévitaminée.* — Qui a perdu ses vitamines. *Aliments dévitaminés.* ◇ ANT. *Vitaminé.*

DÉVITRIFICATION [devitRifikasjɔ̃]. *n. f.* (1803 ; de *dévitrifier*). *Techn.* Action de dévitrifier. ◇ ANT. *Vitrification.*

DÉVITRIFIER [devitRifje]. *v. tr.* (1803 ; de *dé-*, et *vitrifier*). *Techn.* Ôter au verre sa transparence par l'action prolongée de la chaleur. ◇ ANT. *Vitrifier (se).*

DÉVOIEMENT [devwamɑ̃]. *n. m.* (XIIᵉ ; de *dévoyer*). *Archit.* Déviation, inclinaison d'un tuyau de cheminée, de descente.

DÉVOILEMENT [devwalmɑ̃]. *n. m.* (1606 ; de *dévoiler*). Action de dévoiler, de se dévoiler. — *Fig. Dévoilement des mystères.* V. **Révélation.**

DÉVOILER [devwale]. *v. tr.* (1440, fig. ; de *dé-*, et *voiler*). ♦ 1° (XVIᵉ). Enlever le voile de (qqn), ce qui cache (qqch.). V. **Découvrir.** *Dévoiler une femme. Dévoiler une statue que l'on inaugure.* — *Pronom. Musulmane qui se dévoile.* — *Femme dévoilée,* qui ne porte pas ou ne porte plus le voile. ♦ 2° *Fig.* Découvrir (ce qui était secret). V. **Découvrir, révéler.** *Il ne veut pas dévoiler ses intentions. Le devin prétend dévoiler l'avenir* (V. **Prédire**). *Dévoiler un secret, un complot, un scandale. Dévoiler la fausseté, la perfidie de qqn.* V. **Démasquer; nu** (mettre à nu). — *Pronom.* Se montrer, se manifester, devenir connu. V. **Apparaître, paraître.** *Le mystère se dévoile peu à peu.* ◇ ANT. *Cacher, voiler.* **Taire.**

1. DEVOIR [d(ə)vwaR]. *v. tr.* : je dois, tu dois, il doit, nous devons, vous devez, ils doivent ; je devais ; je dus, nous dûmes ; je devrai ; je devrais ; que je doive ; que je dusse ; devant ; dû, due, dus, dues (Dift, « il doit », 842 ; deveir, XIᵉ ; lat. debere).

I. ♦ 1° Avoir à payer (une somme d'argent), à fournir (qqch. en nature) à qqn. *Il me doit dix mille francs.* « *Un pauvre journal d'opinion, ... qui doit je ne sais combien à l'imprimeur* » (ROMAINS). *Payer ce que l'on doit* (V. **Dette**). *Celui qui doit de l'argent* (V. **Débiteur**), *à qui l'on doit* (V. **Créancier**). *L'argent qui m'est dû.* V. **Dû.** ♦ 2° Être redevable (à qqn ou à qqch.) de ce qu'on possède. V. **Tenir** (de). *Il lui doit tout. Il lui doit sa situation. Il ne veut devoir rien à personne. Devoir son surnom à un trait de caractère. Devoir la vie à qqn :* avoir été sauvé par lui, et *aussi* être né de. *Ceux à qui il doit le jour :* ses parents. *Les romantiques doivent beaucoup à J.-J. Rousseau. Être dû à,* avoir pour cause. *Sa réussite est due au hasard.* — *Devoir de* (et inf.). *Je lui dois d'être en vie, c'est grâce à lui que je suis en vie.* ♦ 3° Être tenu à (qqch.) par la loi, les convenances, l'honneur, l'équité, la morale. *Un fils doit le respect à son père. Avec les honneurs qui lui sont dus. Je lui dois bien cela,* il le mérite pour les services qu'il m'a rendus. *Se devoir de* (et inf.). *Je me dois de le prévenir, c'est mon devoir de le prévenir.*

II. *Suivi d'un infinitif.* ♦ 1° Être dans l'obligation de (faire qqch.). V. **Avoir** (à). Cf. Être tenu, obligé de ; il faut. *Il doit terminer ce travail ce soir. Il a cru devoir refuser. Que devons-nous faire? Vous auriez dû me prévenir. Ce sont des choses qu'on doit savoir. Les choses ne doivent pas en rester là.* — (Obligation de la morale) *Tu as agi comme tu devais agir,* et ellipt. *comme tu le devais, comme tu devais.* ◇ Être conduit nécessairement à. *Il n'arrive que ce qui doit arriver.* — (Futur du passé) *Cela devait arriver !* j'avais prédit ce qui arrive. *Il devait mourir deux jours plus tard,* il est mort deux jours après celui dont je parle (Cf. Il allait mourir, il mourra). « *Ces raffinements de théologie qui devaient bientôt remplir le monde de disputes stériles* » (RENAN). ♦ 2° *Par ext.* Avoir l'intention de. V. **Penser.** *Je dois partir demain. Nous devions l'emmener avec nous mais il est tombé malade.* ♦ 3° Marquant la vraisemblance, la probabilité, l'hypothèse. — Dans le présent. *On doit avoir froid dans un tel pays,* je pense, je crois, je suppose qu'on a froid. *Il doit être grand maintenant et aller à l'école.* « *Ils ne doivent pas trouver les gens de notre âge très appétissants* » (DUHAM.). — (Par politesse) *Vous devez vous tromper,* vous vous trompez, selon moi. — Dans le passé. *Il ne devait pas être bien tard quand il est parti. Il a dû se tromper ou il doit s'être trompé. Vous deviez normalement gagner.* ♦ 4° À l'imparfait du subjonctif. *Littér.* Quand même, quand bien même. « *Je ne me chargerais pas d'un enfant maladif et cacochyme, dût-il vivre quatre-vingts ans* » (ROUSS.). *Dussé-je y consacrer ma fortune. Dussent mille dangers me menacer; fermer.*

III. SE DEVOIR. *v. pron.* ♦ 1° (*Réfl.*). Être obligé de se consacrer à. *Se devoir à sa patrie, à ses enfants.* ♦ 2° (Pass. impers.). *Comme il se doit :* comme il le faut, ou *fam.* comme c'était prévu.

2. DEVOIR [d(ə)vwaR]. *n. m.* (fin XIIᵉ ; de *devoir* 1). ♦ 1° L'obligation morale considérée en elle-même, et indépendamment de son application particulière. V. **Loi** (morale), **obligation.** *Le sentiment du devoir. Agir par devoir* : au nom du devoir moral. « *Fidèle par tendresse, par devoir, par fierté* » (COLETTE). *Un homme de devoir :* qui respecte l'obligation morale. ♦ 2° Ce que l'on doit faire ; obligation morale particulière, définie par le système moral que l'on accepte, par la loi, les convenances, les circonstances. V. **Charge, fonction, obligation, office, responsabilité, tâche, travail.** *Accomplir, faire, remplir, suivre son devoir. Devoirs envers soi-même, envers son prochain. Assumer tous les devoirs d'un rôle, d'une charge. Devoir pénible.* V. **Corvée.** *Il est de mon devoir de...* (et inf.). *Se faire un devoir de... Son devoir lui commande d'agir ainsi.* « *Publiez votre pensée. Ce n'est pas un droit, c'est un devoir* » (P.-L. COUR.). « *La fidélité au serment passait encore pour un devoir ; aujourd'hui, elle est devenue si rare qu'elle est regardée comme une vertu* » (CHATEAUB.). — *Manquer à son devoir. Négliger ses devoirs.* — *Devoir professionnel,* attaché à une profession. — *Devoir conjugal,* obligation d'accepter les relations sexuelles avec le conjoint. — *Les devoirs du citoyen. Faire son devoir de citoyen.* V. **Voter.** *Devoirs religieux, envers Dieu.* — *Devoirs mondains.* V. **Obligation.** ◊ SE METTRE EN DEVOIR DE, se disposer à. « *Les vieilles cérémonies se mirent en devoir de garder le foyer* » (SAND). ♦ 3° *Au plur.* V. **Civilité, hommage, respect.** *Présenter ses devoirs à qqn. Aller rendre ses devoirs à qqn.* — *Hommage que l'on doit rendre à une personne qui vient de mourir. Rendre à qqn les derniers devoirs :* l'accompagner à sa dernière demeure (V. **Funérailles**). ♦ 4° *Exercice scolaire qu'un professeur fait faire à ses élèves.* V. **Composition, épreuve, interrogation** (écrite). *Il fait ses devoirs à l'étude, à la maison. Corriger les devoirs. Devoirs du soir. Devoirs de vacances.* ◊ ANT. **Droit.**

DÉVOISÉ, ÉE [devwaze]. *adj.* (1951 ; de *dé-,* et *voisé*). *Phonét.* Se dit d'une consonne ayant perdu sa sonorité. ◊ ANT. **Voisé.**

DÉVOLTAGE [devɔltaʒ]. *n. m.* (1908 ; de *dévolter*). *Techn.* Action de dévolter. ◊ ANT. **Survoltage.**

DÉVOLTER [devɔlte]. *v. tr.* (1908 ; de *dé-,* et *volt*). *Techn.* Diminuer le voltage de. *Dévolter un circuit.* ◊ ANT. **Survolter.**

DÉVOLU, UE [devɔly]. *adj. et n. m.* (1355 ; lat. *devolutus,* de *devolvere* « dérouler, faire passer à »). ♦ 1° *Acquis,* échu par droit. *Succession dévolue à l'État, faute d'héritiers. Droits héréditaires dévolus au degré subséquent.* V. **Dévolution.** — *Par ext.* V. **Réservé.** « *Voilà comment la récompense due au talent est dévolue à la nullité* » (BALZ.). ♦ 2° *N. m.* (1549). *Dr. canon* (Vx). *Bénéfice vacant par dévolu :* bénéfice dont la nomination était dévolue au Pape, par suite de l'incapacité, de l'indignité du possesseur.* ◊ *Mod. Jeter son dévolu sur une personne, sur une chose :* fixer son choix sur elle, manifester la prétention de l'obtenir. V. **Prétendre** (à). « *N'était-ce pas elle qui, dès sa première rencontre avec Antoine, avait jeté son dévolu sur lui ?* » (MART. du G.).

DÉVOLUTIF, IVE [devɔlytif, iv]. *adj.* (XVIᵉ ; du lat. *devolutus*). *Didact.* Qui fait que l'on devient dévolu.

DÉVOLUTION [devɔlysjɔ̃]. *n. f.* (1385 ; lat. médiév. *devolutio.* V. **Dévolu**). Passage de droits héréditaires au degré subséquent par renonciation du degré précédent, ou à une ligne par extinction de l'autre. *Dévolution successorale.* — *La guerre de Dévolution* (1667-1668), entreprise par Louis XIV au nom des droits de Marie-Thérèse sur les Pays-Bas.

DEVON [dəvɔ̃]. *n. m.* (1907 ; mot angl., du comté de *Devonshire*). Appât articulé ayant l'aspect d'un poisson, d'un insecte, etc., et qui est muni de plusieurs hameçons.

DÉVONIEN, IENNE [devɔnjɛ̃, jɛn]. *adj. et n. m.* (1837 ; angl. *devonian* (1837, en géol.) « du Devon », comté où l'on commença à étudier ces terrains). *Géol.* Qui appartient à la période géologique de l'ère primaire allant du silurien au carbonifère. *Terrain dévonien, formation dévonienne.* — N. m. *Le dévonien,* cette période. *Développement des faunes et des flores terrestres au dévonien.*

DÉVORANT, ANTE [devɔrɑ̃, ɑ̃t]. *adj.* (XIVᵉ ; de *dévorer*). ♦ 1° *Vx.* Qui dévore (une proie). V. **Vorace.** *Bêtes dévorantes.* — *Mod. Par ext. Une faim dévorante :* qui excite à manger beaucoup. V. **Avide.** — *Fig.* « *La curiosité des jeunes âmes est dévorante et réclame sans cesse de nouveaux aliments* » (DUHAM.). V. **Insatiable.** ♦ 2° Qui consume, détruit. *Un feu dévorant.* — *Fig. Passion dévorante.* V. **Ardent, brûlant.** « *Les dévorantes douleurs de la jalousie* » (BALZ.).

DÉVORATEUR, TRICE [devɔratœr, tris]. *adj.* (fin XVᵉ ; *dévorateur,* 1308 ; de *dévorer*). *Littér.* Qui dévore (6°). *Passion dévoratrice.* V. **Dévorant.**

DÉVORER [devɔre]. *v. tr.* (1120 ; lat. *devorare*). ♦ 1° Manger en déchirant avec les dents. *Le lion, le tigre dévore sa proie. Saturne dévore ses enfants.* ◊ Manger entièrement. *Les chenilles ont dévoré les feuilles du rosier.* — *Par exagér. Être dévoré par les moustiques.* ♦ 2° *(Personnes).* Manger avidement, gloutonnement. V. **Engloutir, engouffrer.** « *Il a dévoré une savoureuse portion de veau, généreusement lardée* » (MART. du G.). — *Absolt.* « *Il dévorait comme un loup affamé* » (MÉRIMÉE). ◊ *Fig.* Lire avec avidité. « *Il lit beaucoup, dévore livre après livre avec une avidité juvénile* » (GIDE). ♦ 3° *Dévorer des yeux :* regarder avec avidité ce que l'on désire

ardemment, ce qui intéresse passionnément. V. **Convoiter, dévisager.** « *Je dévorais d'un œil ardent les belles personnes* » (ROUSS.). ♦ 4° Faire disparaître rapidement en consumant. V. **Anéantir, consumer, détruire.** « *Nous crûmes l'un et l'autre que les flammes dévoraient l'édifice* » (FRANCE). *Fig. Cela dévore tout mon temps.* V. **Absorber, prendre.** ♦ 5° Dépenser rapidement. V. **Dilapider, dissiper.** « *L'héritier prodigue paye de superbes funérailles et dévore le reste* » (LA BRUY.). — Prendre avidement des richesses de. V. **Piller.** « *Elle a livré la France aux hommes d'argent, qui depuis cent ans la dévorent* » (FRANCE). ♦ 6° Faire éprouver une sensation pénible, un trouble violent à (qqn). V. **Consumer, ronger, tourmenter.** *La soif, le mal qui le dévore.* « *L'impatience me dévorait : à tous les instants je consultais ma montre* » (B. CONSTANT). « *La jalousie, c'était ces flambées soudaines qui la dévoraient* » (MART. du G.). *Être dévoré de remords.*

DÉVOREUR, EUSE [devɔrœr, øz]. *n. et adj.* (XIIᵉ ; de *dévorer*). Personne qui dévore* (2°). *Dévoreurs de viande.* « *Cette dévoreuse de livres* » (SÉV.). — Qui dévore* (4°). *Dévoreur de pellicule. Dévoreuse de crédits.* — Adj. *Progrès dévoreur.*

DÉVOT, OTE [devo, ɔt]. *adj. et n.* (1190 ; lat. ecclés. *devotus* « dévoué à Dieu »). ♦ 1° Qui est sincèrement attaché à la religion et à ses pratiques. V. **Fervent, pieux, pratiquant, religieux.** *Les personnes dévotes.* « *Ah ! pour être dévot, je n'en suis pas moins homme* » (MOL.). — *Péj.* V. **Bigot.** « *Il dédaignait tout ce qui n'était pas la religion du cœur. Les vaines pratiques des dévots, le rigorisme extérieur l'avaient pour mortel ennemi* » (RENAN). ◊ Vieilli ou péj. *Un dévot, une vieille dévote.* — *Vx. Faux dévot :* qui affecte hypocritement une dévotion outrée. V. **Cafard, cagot, pharisien, tartufe.** ♦ 2° Qui a le caractère de la dévotion. V. **Pieux.** *Introduction à la vie dévote,* œuvre de saint François de Sales. ◊ ANT. **Impie.**

DÉVOTEMENT [devɔtmɑ̃]. *adv.* (v. 1138 ; de *dévot*). *Vieilli.* D'une manière dévote. *Prier dévotement.*

DÉVOTION [devosjɔ̃]. *n. f.* (1160 ; lat. ecclés. *devotio.* V. **Dévot**). ♦ 1° Attachement sincère et fervent à la religion et à ses pratiques. V. **Ferveur, piété.** *Être plein de dévotion. Objets de dévotion.* — *Péj. Être confit en dévotion.* — *La fausse dévotion,* dévotion simulée. V. **Bigoterie, tartuferie.** ♦ 2° *Plur.* Pratique de dévotion. V. **Culte, exercice** (spirituel), **prière.** *Faire ses dévotions :* remplir ses devoirs religieux, se confesser, communier, prier. ♦ 3° Culte particulier que l'on rend à un saint, à un lieu saint. *La dévotion à la Sainte Vierge.* ◊ *Fig. Il a une véritable dévotion pour sa fiancée.* V. **Adoration, vénération.** *Avoir une grande dévotion pour Racine, pour Rimbaud.* ♦ 4° *Être à la dévotion de qqn :* lui être tout dévoué. ◊ ANT. **Indifférence, impiété.**

DÉVOUÉ, ÉE [devwe]. *adj.* (mil. XVIIᵉ ; V. **Dévouer**). Qui consacre tous ses efforts à servir qqn, à lui être agréable. *C'est l'ami le plus dévoué.* V. **Fidèle, loyal, serviable, sûr.** *Serviteur dévoué.* V. **Empressé, zélé.** « *Une femme dévouée qui leur fait tiédir leur flanelle* » (DUHAM.). — (Formules de politesse) *Votre dévoué, votre tout dévoué. Veuillez croire à mes sentiments dévoués,* formules par lesquelles on termine une lettre. ◊ ANT. **Égoïste, indifférent.**

DÉVOUEMENT [devumɑ̃]. *n. m.* (XVᵉ-XVIᵉ ; de *dévouer*). ♦ 1° Action de sacrifier sa vie, ses intérêts à une personne, à une communauté, à une cause. V. **Abnégation, don** (de soi), **héroïsme, sacrifice.** « *Le dévouement des Spartiates aux Thermopyles. Dévouement d'un savant à son œuvre.* ♦ 2° *Cour.* Disposition à servir, à se dévouer pour qqn. V. **Bienveillance, bonté.** *Soigner qqn avec beaucoup de dévouement.* V. **Affection, amour, cœur.** *Besoin de dévouement. Un dévouement sans borne, absolu, aveugle, spontané. Dévouement à un parti.* V. **Loyalisme.** *Vous pouvez compter sur mon entier dévouement.* V. **Attachement.** ◊ ANT. **Égoïsme, indifférence.**

DÉVOUER [devwe]. *v. tr.* (1559 ; lat. *devovere*). ♦ 1° *Vx.* Vouer. V. **Consacrer, offrir.** « *On dévouait aux Dieux infernaux quiconque passerait le Rubicon* » (MONTESQ.). ♦ 2° SE DÉVOUER. *v. pron. Se dévouer à* (vieilli) : se consacrer entièrement à. *Se dévouer corps et âme à une noble cause. Les femmes se sont dévouées à des êtres souffrants, dégradés, criminels, qu'elles veulent consoler, relever, racheter* » (BALZ.). — *Mod. Absolt.* Faire une chose pénible (effort, privation) au profit d'une personne, d'une cause. V. **Sacrifier** (se). *Il est toujours prêt à se dévouer. Elle s'est dévouée pour le soigner. Fam. Personne ne veut aller chercher le pain ? Allons, dévouons-toi !* ♦ 3° *Être dévoué à qqn :* être prêt à le servir, lui être acquis. *Il lui est entièrement dévoué, tout dévoué :* il est à sa dévotion.

DÉVOYÉ, ÉE [devwaje]. *adj. et n.* (XIIᵉ ; V. **Dévoyer**). Qui est sorti du droit chemin, s'est dévoyé. *Jeune homme dévoyé.* ◊ N. *Un(e) jeune dévoyé(e) :* jeune homme, jeune fille qui a commis des actes répréhensibles. V. **Délinquant.**

DÉVOYER [devwaje]. *v. tr. ;* conjug. *noyer* (1155, intr. ; de *dé-,* et *voie*). *Littér.* Détourner du droit chemin, de la morale. V. **Pervertir**. « *Ils accusaient sa liaison de l'avoir* « *dévoyé* », *en attendant qu'il se* « *déclassât* » *complètement* » (PROUST). — *Cour.* Pronom. *Se dévoyer.* V. **Dévoyé**.

DÉWATTÉ, ÉE [dewate]. adj. (1929 ; de *dé-*, et *watt*). Électr. *Courant déwatté*, courant alternatif déphasé, en quadrature avec la tension, dont la puissance ne fournit pas de watts. V. **Réactif**. *Composante déwattée.*

DEXTÉRITÉ [dɛkstedite]. n. f. (1504 ; lat. *dexteritas*, de *dexter*. V. **Dextre**). Adresse des mains ; délicatesse, aisance dans l'exécution de qqch. V. **Adresse, agilité, légèreté**. *Manier le pinceau avec dextérité. Il* « *saisit la bourse avec une dextérité d'escamoteur et la fit disparaître comme par enchantement* » (GAUTIER). ◇ *Fig.* Adresse d'esprit pour mener une affaire à bien. V. **Art, habileté**. « *On ne pouvait assez louer son incroyable dextérité à traiter les affaires les plus délicates* » (BOSS.). ◇ ANT. *Gaucherie, lourdeur, maladresse.*

DEXTRALITÉ [dɛkstʀalite]. n. f. (1959 ; de *dextre*). Didact. Le fait d'être droitier.

DEXTRE [dɛkstʀ(ə)]. n. f. (1080 ; aussi adj., XIVᵉ ; lat. *dextera*, fém. de *dexter* « qui est à droite »). Vx ou *plaisant*. Main droite. « *Pradonet et lui se serrant cordialement la dextre* » (QUENEAU). ◇ ANT. *Senestre ; gauche.*

DEXTRINE [dɛkstʀin]. n. f. (1833 ; de *dextre* : cette substance en solution étant *dextrogyre*). Nom donné à des hydrates de carbone ($C_6H_{10}O_5$)n, provenant de la dégradation exercée par les acides sur l'amidon. *La dextrine commerciale, substance gommeuse, amorphe, transparente, très soluble dans l'eau, sert d'apprêt en teinturerie.*

DEXTRINISATION [dɛkstʀinizasjɔ̃]. n. f. (XXᵉ ; de *dextrine*). Chim., Techn. Transformation en dextrine.

DEXTRO-. Élément, du lat. *dexter* « droite ».

DEXTROCARDIE [dɛkstʀɔkaʀdi]. n. f. (1907 ; de *dextro-*, et *-cardie*). Méd. Déplacement du cœur vers la droite.

DEXTROGYRE [dɛkstʀɔʒiʀ]. adj. (1864 ; de *dextro-*, et *-gyre*). Chim. Qui dévie à droite le plan de la lumière polarisée. *La dextrine est dextrogyre. Cristal dextrogyre.* ◇ ANT. *Lévogyre.*

DEXTRORSUM [dɛkstʀɔʀsɔm]. adj. invar. et adv. (1890 ; mot lat.). Sc. Qui va dans le sens des aiguilles d'une montre (de gauche à droite). V. **Sens**. *Fil enroulé dextrorsum.* ◇ ANT. *Senestrorsum.*

DEXTROSE [dɛkstʀoz]. n. m. (1898 ; de *dextro-*, et *-ose*). Syn. de *Glucose*.

DEY [dɛ]. n. m. (*Day*, 1628 ; turc *dâi* « oncle », titre honorifique). Ancien chef du gouvernement d'Alger (1671-1830). ◇ HOM. *Dais, dès.*

DI-. Élément, du gr. *di-* « deux fois ».

DIA-. Élément, du gr. *dia-* signalant « séparation, distinction » (ex. : *diacritique*) ou « à travers » (ex. : *dialyse*).

DIA ! [dja]. interj. (*Diai*, 1570 ; anc. forme de *da*. V. **Da**). Cri des charretiers pour faire aller leurs chevaux à gauche (*opposé à* hue, pour les faire aller à droite). — *Fig. et fam. L'un tire à hue et l'autre à dia :* en sens contraire ; en employant des moyens qui se contrarient.

DIABÈTE [djabɛt]. n. m. (*Dizabete*, XVᵉ ; lat. médiév. *diabetes*, gr. *diabêtês* « qui traverse », à cause de l'émission surabondante d'urine). Méd. ◆ **1°** Tout état pathologique s'accompagnant d'une élimination excessive d'urine, avec soif intense. *Diabète insipide*, en rapport avec une perturbation hormonale de l'hypophyse. ◆ **2°** *Diabète sucré*, cour. *Diabète :* maladie liée à un trouble de l'assimilation des glucides, avec présence de sucre dans le sang (hyperglycémie) et dans les urines (glycosurie).

DIABÉTIQUE [djabetik]. adj. (XIVᵉ, rare av. XVIIIᵉ ; de *diabète*). Qui se rapporte au diabète. *Coma diabétique.* Qui est atteint du diabète. *Personne diabétique*, et subst. *Un(e) diabétique. Régime pour diabétique.*

DIABÉTOLOGUE [djabetɔlɔg]. n. (mil. XXᵉ ; de *diabète*, et *-logue*). Didact. Médecin spécialiste du diabète.

DIABLE [djabl(ə)]. n. m. (*Diaule*, fin IXᵉ ; lat. ecclés. *diabolus*, gr. *diabolos* « qui désunit »). I. ◆ **1°** Démon*, personnage représentant le mal, dans la tradition populaire. *Oreilles pointues, cornes, ailes, pieds fourchus, longue queue des diables, dans l'iconographie populaire.* *Petit diable.* V. **Diablotin**. *Le diable boiteux*, roman de Lesage. ◆ **2°** *Le diable :* le prince des démons ou des diables. V. **Démon**. *Le Diable et le Bon Dieu*, pièce de J.-P. Sartre. « *Nous nous efforçons de croire que tout ce qu'il y a de mauvais sur la terre vient du diable* » (GIDE). ◇ *Loc. Ne connaître, ne craindre ni Dieu ni diable. Signer un pacte avec le diable. Donner, vendre son âme au diable. Se faire l'avocat* du diable. Avoir le diable au corps :* faire le mal avec assurance, et *fig.* Déployer une activité exceptionnelle, une énergie, une vivacité surhumaines. *La beauté* du diable.* ◇ *Faire le diable à quatre* (par allus. aux diableries à quatre personnages) : faire beaucoup de bruit, et *fig.* Se démener pour obtenir ou empêcher qqch. *S'agiter comme un diable, un beau diable :* se démener. ◇ *Tirer le diable par la queue :* avoir peine à

vivre dans de maigres ressources (Cf. Ne pas pouvoir joindre les deux bouts). *L'idéal, ce serait* « *que les gens qui vous approchent aient l'impression que vous tirez le diable par la queue* » (ROMAINS). ◇ *C'est bien le diable si… :* ce serait bien étonnant, extraordinaire. « *C'est bien le diable si ne trouve pas dans ce village un bistrot où je pourrai casser la croûte* » (ROMAINS). ◇ *C'est le diable*, voilà l'ennui, la difficulté. « *Eh bien, c'est le diable pour y arriver* » (DAUD.). — *Ce n'est pas le diable :* ce n'est pas difficile (Cf. Ce n'est pas terrible). ◇ Vx ou plaisant. *Que le diable l'emporte* se dit de qqn dont on veut se débarrasser. — *Le diable m'emporte si*, serment qui renforce l'idée exprimée. *Le diable m'emporte si j'y comprends un mot :* je n'y comprends rien. ◆ *3°* *Fig.* AU DIABLE : très loin. *Habiter au diable. Demeurer, être situé au diable vauvert* (allus. au château de Vauvert), ou fam. *au diable vert.* « *C'est dans le territoire de Reillanne, au diable vert* » (GIONO). — *Envoyer qqn au diable, à tous les diables, aux cinq cents diables*, le renvoyer, le repousser avec colère ou impatience. V. **Rabrouer, rebuter, rembarrer** (fam.). *Allez au diable !* ellipt. *Au diable les importuns !* ◇ À LA DIABLE : sans soin, de façon désordonnée. *Travail fait à la diable :* bâclé. « *Je passai, à la diable, un affreux petit examen nommé baccalauréat* » (FRANCE). ◇ DU DIABLE : extrême, excessif. *Il fait un froid, un vent du diable. Dans le même sens. Un vacarme de tous les diables.* ◇ EN DIABLE : très, terriblement. *Il est paresseux en diable.* « *La lettre, affectueuse, point trop familière, et spirituelle en diable* » (AYMÉ). ◆ *4°* Interj. (exprimant la surprise, l'étonnement admiratif ou indigné). V. **Diantre**. *Diable ! C'est un peu cher. Ah, diable ! J'oubliais le principal ! Où diable est-il caché ?* « *Que diable allait-il faire dans cette galère ?* » (MOL.). « *Eh ! je n'en mourrai pas, que diable !* » (COLETTE).

II. (av. 1549). *Fig.* Personne, chose que l'on compare à un diable. ◆ *1°* Vx. Personne méchante, dangereuse comme un diable. « *Quelque diable fit une satire cruelle sur Madame, le comte de Guiche* » (ST-SIM.). ◆ *2°* Mod. Jeune personne vive, emportée, turbulente, insupportable. *Cet enfant est un vrai diable.* V. **Diablotin**. *Un bon petit diable*, titre de la comtesse de Ségur. *Adj. Il est bien diable.* V. **Turbulent**. ◆ *3°* (En bonne part). *Un* PAUVRE DIABLE : homme malheureux, pauvre, pitoyable. V. **Malheureux, misérable**. « *Toute une bande de pauvres diables en train de piocher dans les thurnes* (chambres) » (ROMAINS). ◇ *Un bon diable :* brave homme (bon bougre). — *Un grand diable :* homme très grand, dégingandé. *Un grand diable d'Anglais.* ◆ *4°* DIABLE DE (valeur d'adj.). Bizarre, singulier ou mauvais. V. **Drôle**. *Diable d'homme. Une diable d'affaire.* « *Cette diable de fille-là* » (MÉRIMÉE).

III. Nom de certaines choses (par métaph. pop., etc.). ◆ *1°* (1846). Petit chariot à deux roues qui sert à transporter des caisses, des sacs, etc. « *Des diables à la gare de Dunkerque, des wagonnets à Lens, des chariots à Anzin, j'ai fait que ça toute ma vie* » (SARTRE). ◆ *2°* Filet fixe pour pêcher le hareng l'hiver. ◆ *3°* Jouet formé d'une boîte, de laquelle surgit, grâce à un ressort, un petit diable. ◆ *4°* *Diable de mer.* V. **Baudroie, scorpène**.

DIABLEMENT [dja(a)bləmɑ̃]. adv. (XVIᵉ ; de *diable*). Fam. Très. V. **Bougrement, drôlement, rudement, terriblement**. *Ce travail est diablement difficile. Il est diablement fort sur ce sujet.* « *Madame Sévère trouva qu'il était diablement beau garçon* » (SAND).

DIABLERIE [dja(a)bləʀi]. n. f. (XIIIᵉ ; de *diable*). ◆ *1°* Sorcellerie qui fait intervenir le diable. V. **Maléfice, sortilège**. ◆ *2°* Vx. Intrigue secrète et dangereuse. *Il y a quelque diablerie là-dessous.* V. **Machination, manigance**. ◆ *3°* Mod. Parole, action pleine de turbulence, de malice. *Ces enfants ne cessent d'inventer mille diableries pour se distraire.* V. **Espièglerie**. ◆ *4°* Hist. littér. Mystère* dans lequel des diables sont en scène.

DIABLESSE [djablɛs]. n. f. (v. 1320 ; de *diable*). ◆ *1°* Diable femelle. V. **Démone**. ◆ *2°* Fig. et vx. Femme acariâtre, méchante et rusée. ◇ (XXᵉ) Par ext. Femme très active, remuante, pétulante.

DIABLOTIN [dja(a)blɔtɛ̃]. n. m. (1534 ; de *diable*). ◆ *1°* Petit diable. *Le diable escorté de diablotins.* ◆ *2°* Fig. Jeune enfant très espiègle. *Qu'est-ce que ces diablotins ont encore manigancé ?* ◆ *3°* (1877). Petit pétard enroulé dans une papillote avec un bonbon et une devise. ◆ *4°* Larve de l'empuse, insecte voisin de la mante.

DIABOLIQUE [dja(a)blɔlik]. adj. (XIIIᵉ ; « inspiré par le diable », v. 1180 ; lat. ecclés. *diabolicus*, gr. *diabolikos*). ◆ *1°* Qui tient du diable. *Pouvoir diabolique.* V. **Démoniaque**. Subst. *Les diaboliques*, nouvelles de Barbey d'Aurevilly. ◆ *2°* Qui rappelle les attributs physiques ou moraux du diable. *Un sourire, un visage diabolique.* V. **Méchant, sarcastique**. *Invention, machination diabolique :* pleine de ruse et de méchanceté. V. **Infernal, pervers, satanique**. « *Les mille ressources diaboliques et les inventions quelquefois cruelles de leur enfantine méchanceté* » (MAC ORLAN).

DIABOLIQUEMENT [djabɔlikmɑ̃]. adv. (1482 ; de *dia-*

bolique). D'une manière diabolique. *Il a agi diaboliquement.*

DIABOLO [djabɔlo]. *n. m.* (1906; de *diable*, d'apr. it. *diavolo*).

I. Jouet comprenant une bobine formée de deux cônes opposés par le sommet, et deux baguettes reliées par une ficelle que l'on tend plus ou moins sous la bobine pour la lancer et la rattraper.

II. (1953). Boisson, mélange de limonade et d'un sirop. *Diabolo menthe.*

DIACÉTYLMORPHINE [diasetilmɔrfin] ou **DIAMORPHINE** [diamɔrfin]. *n. f.* (1953,-1960; de *di-, acétyl*(e), et *morphine*). Chim. V. Héroïne, 2.

DIACHROMIE [djakrɔmi]. *n. f.* (1910; de *dia-*, et *chromie*). Phot. Procédé de virage* (3) par teinture sur mordançage*.

DIACHRONIE [djakrɔni]. *n. f.* (av. 1913; de *dia-*, et *-chronie*). Ling. Évolution des faits linguistiques dans le temps. *Diachronie et synchronie.*

DIACHRONIQUE [djakrɔnik]. *adj.* (av. 1913; de *diachronie*). Ling. De la diachronie. *Étude diachronique.* V. Historique.

DIACHYLON [djakilɔ̃] ou **DIACHYLUM** [djakilɔm]. *n. m.* (*Diaculon*, XIVe; lat. méd., du gr. *dia khulôn* « au moyen de sucs »). Méd. Emplâtre agglutinatif employé comme résolutif. ◇ Toile enduite de cet emplâtre (V. Sparadrap).

DIACIDE [diasid]. *adj. et n. m.* (1948; de *di-*, et *acide*). Chim. Corps ayant deux fonctions acide. V. Biacide.

DIACLASE [djaklaz]. *n. f.* (1879; 1870 en minér.; gr. *diaklasis* « brisure en deux »). Géol. Fissure à travers une couche sédimentaire.

DIACODE [djakɔd]. *adj.* (1747; *diacodion*, XVIe; lat. méd. *diacodion*, du gr. *dia kôdeion* « au moyen de têtes de pavot »). Méd. *Sirop diacode*, à base d'opium, extrait de têtes de pavot blanc.

DIACONAL, ALE, AUX [djakɔnal, o]. *adj.* (XIVe; lat. ecclés. *diaconalis*). Qui a rapport aux diacres, au diaconat. *Ornements diaconaux.*

DIACONAT [djakɔna]. *n. m.* (XIVe; lat. ecclés. *diaconatus*). Le second des ordres majeurs dans la liturgie catholique, premier dans celle des orthodoxes.

DIACONESSE [djakɔnɛs]. *n. f.* (XIVe; lat. ecclés. *diaconissa*). ♦ 1° Hist. Fille ou veuve qui, dans l'Église primitive, recevait l'imposition des mains et était chargée de certaines fonctions ecclésiastiques. ♦ 2° (*Dans le protestantisme*). Femme vivant en communauté et se consacrant à des œuvres de charité.

DIACOUSTIQUE [djakustik]. *n. f.* (1732; de *dia-*, et *acoustique*). Partie de l'acoustique qui concerne la réfraction des sons.

DIACRE [djakʀ(ə)]. *n. m.* (v. 1283; *Diacne*, v. 1170; lat. ecclés. *diaconus*, gr. *diakonos* « serviteur »). ♦ 1° Ancienn. Dans l'Église primitive, Titre donné aux fidèles chargés de la distribution des aumônes. *Saint Étienne, l'un des premiers diacres. Chef du collège des diacres.* V. Archidiacre. ◇ (1877). *Par anal.* Dans les églises protestantes, Appellation des fidèles qui ont la charge des aumônes. ♦ 2° Clerc qui a reçu le diaconat mais n'a pas encore été admis à la prêtrise. ♦ 3° *Cardinal-diacre.* V. Cardinal.

DIACRITIQUE [djakritik]. *adj.* (1842; gr. *diakritikos* « qui distingue »). Sc. Qui sert à distinguer, à caractériser. — *Signes diacritiques :* signes graphiques (points, accents) destinés à empêcher la confusion entre des mots homographes. *Les accents des mots à, dû, où, sont des signes diacritiques. Signes diacritiques des langues arabe, hébraïque.*

DIADÈME [djadɛm]. *n. m.* (1180; lat. *diadema*, gr. *diadêma*). ♦ 1° Riche bandeau qui, dans l'antiquité, était l'insigne du pouvoir monarchique. *Fig.* La dignité royale ou impériale. ♦ 2° Bijou féminin en forme de couronne, de cercle, que l'on pose sur les cheveux. — Disposition des cheveux en diadème (natte, torsade). « *Elle avait au-dessus de son front un magnifique diadème de cheveux* » (BALZ.). ♦ 3° (1864). *Épeire diadème*, espèce courante d'épeire* qui porte une triple croix blanche sur l'abdomen.

DIADOQUE [djadɔk]. *n. m.* (fin XIXe; gr. *diadokhos* « successeur »). Hist. Nom donné aux généraux qui se disputèrent l'empire d'Alexandre. ◇ *Mod.* Titre du prince héritier de Grèce.

DIAGNOSE [djagnoz]. *n. f.* (1669; gr. *diagnosis* « discernement »). ♦ 1° *Méd.* Connaissance qui s'acquiert par l'observation des signes diagnostiques. ♦ 2° (1877). *Biol.* Détermination des caractéristiques d'une espèce animale ou végétale. *Linné est « un nomenclateur, un faiseur de diagnoses »* (J. ROSTAND).

DIAGNOSTIC [djagnɔstik]. *n. m.* (1759; de *diagnostique*). Action de déterminer une maladie d'après ses symptômes (V. Sémiologie). *Erreur de diagnostic.* « *Nonobstant pronostics et diagnostics, la nature s'était amusée à sauver le malade à la barbe du médecin* » (HUGO). ◇ *Fig.* Prévision, hypothèse tirée de signes. ◇ *Inform.* Méthode de recherche et de correction des erreurs, dans un programme* d'ordinateur.

DIAGNOSTIQUE [djagnɔstik]. *adj.* (1584; gr. *diagnôstikos* « apte à reconnaître »). *Méd.* Qui sert à déterminer une maladie. *Signes diagnostiques du cancer.*

DIAGNOSTIQUER [djagnɔstike]. *v. tr.* (1836; de *diagnostique*). Reconnaître en faisant le diagnostic. *Diagnostiquer une typhoïde.* ◇ (XXe). *Fig.* Prévoir ou déceler d'après des signes. *Les experts hésitent à diagnostiquer une crise économique.*

DIAGNOSTIQUEUR [djagnɔstikœr]. *n. m.* (1881; de *diagnostiquer*). Médecin dont le diagnostic est très sûr. « *À ce grand savant, à ce diagnostiqueur infaillible* » (DAUD.).

DIAGONAL, ALE, AUX [djagɔnal, o]. *adj.* (XIIIe; lat. *diagonalis*; de *diagonus*, gr. *diagônos* « ligne tracée d'un angle à l'autre »). *Géom.* Se dit de ce qui joint les sommets opposés d'un parallélépipède. *Arcs diagonaux.*

DIAGONALE [djagɔnal]. *n. f.* (1561; du précéd.). ♦ 1° Ligne diagonale. *Diagonales d'un polygone, d'un rectangle, d'un carré. Tracer, mener les diagonales.* « *Nous plierons par la diagonale les deux moitiés du carré* » (ROUSS.). *La diagonale d'un tissu.* V. Biais. ♦ 2° EN DIAGONALE. *Traverser une rue en diagonale :* en biais, obliquement. « *Les pas qui traversaient la cour en diagonale* » (GREEN). — Fig. et fam. *Lire en diagonale :* lire très rapidement, parcourir.

DIAGONALEMENT [djagɔnalmã]. *adv.* (1611; *diagonellement*, 1503; de *diagonal*). En diagonale.

DIAGRAMME [djagram]. *n. m.* (h. 1584; 1767; gr. *diagramma* « dessin »). ♦ 1° Tracé géométrique sommaire des parties d'un ensemble et de leur disposition les unes par rapport aux autres. V. Plan, schéma. *Diagramme d'une fleur.* ♦ 2° Tracé destiné à présenter sous une forme graphique le déroulement et les variations d'un ou de plusieurs phénomènes. V. Courbe, graphique. *Diagramme de la fièvre, de la natalité, du chiffre des importations.* ♦ 3° Log., Math. *Diagramme de Wenn*, représentation graphique d'opérations (intersection, réunion,...) effectuées sur des ensembles* (3°).

DIAGRAPHE [djagraf]. *n. m.* (1836; de *dia-*, et *-graphe*, d'apr. le précéd.). Sc. Instrument grâce auquel on peut reproduire l'image d'un objet, par le principe de la chambre claire.

DIAGRAPHIE [djagrafi]. *n. f.* (1864; de *dia-*, et *-graphie*). ♦ 1° Art de dessiner au moyen d'un diagraphe. ♦ 2° (1961). *Géol.* Enregistrements électriques, acoustiques, gammamétriques effectués au cours des forages.

DIALCOOL [dialkɔl] ou **DIOL** [diɔl]. *n. m.* (1948; de *di-*, et *alcool*). Chim. V. Glycol.

DIALECTAL, ALE, AUX [djalɛktal, o]. *adj.* (1870; de *dialecte*). D'un dialecte. *Variantes dialectales d'un mot. Forme dialectale*, ou DIALECTALISME [djalɛktalism(ə)].

DIALECTE [djalɛkt(ə)]. *n. m.* (1550; lat. *dialectus*, gr. *dialektos*). Variété régionale d'une langue. V. Parler. *Les dialectes de la Grèce antique* (attique, dorien, éolien, ionien). *Le wallon, dialecte français de Belgique. Les dialectes normand, picard. Le dialecte de l'Ile-de-France, devenu la langue française.*

DIALECTICIEN, IENNE [djalɛktisjɛ̃, jɛn]. *n.* (fin XIIe; de *dialectique*, d'apr. *dialecticus*). Personne qui emploie les procédés de la dialectique dans ses raisonnements. V. Logicien. « *Le sophiste se contente des apparences, le dialecticien de la preuve* » (JOUBERT). *Jaurès « apparaissait comme un dialecticien merveilleux* » (PÉGUY).

DIALECTIQUE [djalɛktik]. *n. f. et adj.* (1160; adj.; lat. *dialectica*, gr. *dialektikê* « art de discuter »).

I. *N. f.* (XIIe). ♦ 1° Ensemble des moyens mis en œuvre dans la discussion en vue de démontrer, réfuter, emporter la conviction (V. Argumentation, logique, raisonnement). *Une dialectique rigoureuse, serrée, subtile, vicieuse.* « *Il s'était fait un jeu de la façon de penser du peuple. Il en avait la dialectique lente, le bon sens raisonneur* » (R. ROLLAND). ♦ 2° *Philo.* Dans Platon, Art de discuter par demandes et réponses. V. Dialogue, maïeutique. ◇ Au moyen âge, La logique formelle (*opposé à* rhétorique). ◇ Chez Kant, Logique de l'apparence. ♦ 3° *Mod.* D'après Hegel, Marche de la pensée reconnaissant l'inséparabilité des contradictoires (thèse et antithèse), que l'on peut unir dans une catégorie supérieure (synthèse). ◇ Dynamisme de la réalité, qui évolue sans cesse de la même manière que la pensée chez Hegel. « *La dialectique* (chez Marx) *est considérée sous l'angle de la production et du travail, au lieu de l'être sous l'angle de l'esprit* » (CAMUS).

II. *Adj.* ♦ 1° Qui opère par la dialectique (de la pensée). *Méthode dialectique. Marche dialectique de la pensée. Le matérialisme historique et dialectique de Marx.* ♦ 2° (De la matière, du réel). *Marx dit « que la réalité est dialectique »* (CAMUS).

DIALECTIQUEMENT [djalɛktikmã]. *adv.* (1549; de *dialectique*). D'une manière dialectique; en employant les procédés de la dialectique.

DIALECTOLOGIE [djalɛktɔlɔʒi]. *n. f.* (1881; de *dialecte*, et *-logie*). Étude linguistique des dialectes, faite par les *dialectologues* [djalɛktɔlɔg] (adj. *dialectologique*).

DIALOGIQUE [djalɔʒik]. *adj.* (xvɪᵉ; lat. *dialogicus*, o. gr.). Didact. Qui est en forme de dialogue. *Écrits dialogiques de Platon.*

DIALOGUE [djalɔg]. *n. m. (Dialoge*, xɪᵉ, repris 1580; lat. *dialogus*, gr. *dialogos*, rac. *logos). ♦ 1º* Entretien entre deux personnes. V. **Colloque, conversation,** tête (à tête). *Dialogue vif,* animé. *Les deux interlocuteurs ont eu un long dialogue. ♦ 2º* Ensemble des paroles qu'échangent les personnages d'une pièce de théâtre, d'un film, d'un récit; manière dont l'auteur fait parler ses personnages. *Ce dialogue manque de vérité.* « *Platon n'écrit pas en vers et joue de la plus souple des formes d'expression, qui est le dialogue* » (VALÉRY). *Dialogue de film. ♦ 3º* Ouvrage littéraire en forme de conversation (V. **Dialogique**). *Dialogue des morts,* de Lucien, de Fénelon, de Fontenelle. *♦ 4º Inform.* loc. adj. *De dialogue,* se dit d'un mode de traitement de l'information permettant un dialogue entre l'ordinateur et l'utilisateur. ⊗ ANT. Monologue.

DIALOGUER [djalɔge]. *v.* (1717; de *dialogue). ♦ 1º V. intr.* Avoir un dialogue (avec qqn). V. **Conserver, entretenir** (s'), **parler.** Fig. « *Un écho dialogue avec l'écho voisin* » (HUGO). *♦ 2º V. tr.* Mettre en dialogue. *Dialoguer un roman pour le porter à l'écran.* « *Ces pièces* (Électre et Rhadamiste) *étant mal dialoguées et mal écrites* » (VOLT.).

DIALOGUISTE [djalɔgist(ə)]. *n.* (1948; *dialogiste,* xvɪᵉ; de *dialogue*). Auteur du dialogue d'un film, d'une émission télévisée. *Le scénariste et le dialoguiste.*

DIALYPÉTALE [djalipetal]. *adj.* et *n. f.* (1845; gr. *dialuein* « séparer », et *pétale*). Bot. *♦ 1º* Se dit des fleurs et des plantes dont la corolle est faite de pétales séparés (*opposé à* **Gamopétale**). *♦ 2º* DIALYPÉTALES. *n. f. pl.* Sous-classe de végétaux angiospermes, dicotylédones comprenant les plantes dont les fleurs ont une corolle formée de pétales séparés jusqu'à la base (*ex. :* cruciféracées, rosacées). Au sing. *Une dialypétale.*

DIALYSE [djaliz]. *n. f.* (1842; 1750 en grammaire; gr. *dialusis* « séparation »). *♦ 1º Chim.* Séparation, par diffusion à travers une paroi poreuse, de substances mélangées en phase liquide. *♦ 2º Méd. Dialyse péritonéale :* méthode consistant à débarrasser le sang des produits toxiques accumulés à la suite d'une perturbation grave de la fonction rénale, par irrigation massive de solutions entraînant avec elles ces produits. V. **Rein** (artificiel).

DIALYSER [djalize]. *v. tr.* (1864; de *dialyse*). Sc. Opérer la dialyse de.

DIALYSEUR [djalizœʀ]. *n. m.* (1864; de *dialyser*). Sc. Dispositif pour effectuer la dialyse.

DIAMAGNÉTIQUE [djamagnetik]. *adj.* (xɪxᵉ; de *dia-,* et *magnétique*). Sc. Se dit d'une substance qui, dans un champ magnétique, prend une aimantation proportionnelle au champ et dirigée en sens inverse (magnétisme dû à un changement dans le mouvement des électrons).

DIAMAGNÉTISME [djamagnetism(ə)]. *n. m.* (1864; de *dia-,* et *magnétisme*). Sc. Ensemble de phénomènes offerts par les corps diamagnétiques.

DIAMANT [djamɑ̃]. *n. m.* (xɪɪᵉ; lat. *adamas, -antis.* V. **Aimant**). *♦ 1º* Pierre précieuse, la plus brillante et la plus dure de toutes, le plus souvent incolore. *Chim.* Forme naturelle, cristalline et allotropique du carbone à indice de réfraction et pouvoir de dispersion très élevés. *Le diamant raye tous les corps sans être rayé. Variété de diamant.* V. **Bort, carbonado.** *Poudre de diamants.* V. **Égrisée.** *Diamant jaune* (V. **Jargon**). *Qui rappelle le diamant.* V. **Adamantin.** *Diamantaire, lapidaire qui taille les diamants* (V. **Brillanter, cliver, facetter, tailler**). *Diamant taillé.* V. **Brillant, rose.** *Un diamant d'une belle eau. Évaluation du diamant suivant son poids en carats. Défauts d'un diamant.* V. **Crapaud, gendarme, jardinage.** — *Diamant monté seul.* V. **Solitaire.** *Bijou, parure, rivière de diamants.* « *Les blanches scintillations des diamants qui tremblaient en aigrettes dans les chevelures* » (FLAUB.). « *La bague était un diamant d'une extraordinaire pureté, taillé en émeraude* » (MAUROIS). Abrév. pop. (1901) *Diam* [djam]. *♦ 2º Techn.* Instrument au bout duquel est enchâssée une pointe de diamant et qui sert à couper le verre, les glaces. *Diamant de vitrier, de miroitier.* « *La vitre qu'une main rompait d'un diamant silencieux* » (MAURIAC). *♦ 3º* Fig. et *poét.* Ce qui brille, étincelle. « *Le gel cède à regret ses derniers diamants* » (VALÉRY). *♦ 4º Archit.* Se dit de pierres qui, dans les parements, sont taillées à facette comme des diamants. *Bossage à pointes de diamant.*

DIAMANTAIRE [djamɑ̃tɛʀ]. *n. m.* et *adj.* (1680; de *diamant). ♦ 1º Techn.* Qui a l'éclat du diamant. *Pierre diamantaire. ♦ 2º N. m.* Celui qui taille ou vend des diamants. V. **Lapidaire; joaillier.**

DIAMANTÉ, ÉE [djamɑ̃te]. *adj.* (1782; de *diamant*). *♦ 1º* Garni de diamants. Par plaisant. « *Une main tendue...*

copieusement diamantée » (QUENEAU). *♦ 2º* Garni d'une pointe de diamant.

DIAMANTER [djamɑ̃te]. *v. tr.* (1823; de *diamanté*). Orner, couvrir de diamants. — Faire briller comme un diamant.

DIAMANTIFÈRE [djamɑ̃tifɛʀ]. *adj.* (1856; de *diamant,* et *-fère*). Qui contient du diamant. *Sable, gîte diamantifère.*

DIAMANTIN, INE [djamɑ̃tɛ̃, in]. *adj.* (xvɪᵉ; de *diamant*). Qui a l'éclat ou la durée du diamant. V. **Adamantin.**

DIAMÉTRAL, ALE, AUX [djametʀal, o]. *adj.* (xɪɪɪᵉ; de *diamètre*). Qui appartient au diamètre. *Ligne diamétrale. Plans diamétraux.*

DIAMÉTRALEMENT [djametʀalmɑ̃]. *adv.* (xɪvᵉ; de *diamétral*). *♦ 1º* Selon le diamètre. *Les deux pôles sont diamétralement opposés. ♦ 2º* Cour. (1588). *Diamétralement opposés.*V. **Absolument, entièrement, radicalement.** *Opinions, intérêts diamétralement opposés.*

DIAMÈTRE [djamɛtʀ(ə)]. *n. m.* (xɪɪɪᵉ; lat. *diametrus,* gr. *diametros;* Cf. *Dia-,* et *mètre). ♦ 1º* Ligne droite qui passe par le centre d'un cercle, d'une sphère. *Rapport de la circonférence au diamètre.* V. **Pi.** *Demi-diamètre.* V. **Rayon.** *Géom.* (Incluant le sens courant) *Diamètre d'une courbe :* le lieu rectiligne des milieux des cordes parallèles à une direction donnée. *♦ 2º* La plus grande largeur ou grosseur d'un objet cylindrique ou arrondi. *Le diamètre d'un arbre. Diamètre d'un tube.* V. **Calibre.** *♦ 3º Diamètre apparent d'un astre :* angle sous lequel on le voit.

DIAMIDE [djamid]. *n. m.* (1898; de *di-,* et *amide*). Chim. Corps ayant deux fonctions amide*.

DIAMIDOPHÉNOL [djamidɔfenɔl]. *n. m.* (fin xɪxᵉ; gr. *di-, amine,* et *phénol*). Chim. Corps cristallisé incolore dérivé du pyrogallol et dont le chlorhydrate est utilisé en photographie comme révélateur, sous le nom d'*amidol*. — REM. Les chimistes préfèrent la forme DIAMINOPHÉNOL [djaminɔfenɔl] (d'après *amine*).

DIAMINE [djamin]. *n. f.* (1877; de *di-,* et *amine*). Chim. Corps ayant deux fonctions amine*.

DIANE [djan]. *n. f.* (1555; esp. *diana;* rac. *dia* « jour »). *Vx* ou *littér.* Batterie de tambour, sonnerie de clairon ou de trompette pour réveiller les soldats, les marins. V. **Réveil.** *Battre, sonner la diane.* « *La diane chantait dans les cours des casernes* » (BAUDEL.).

DIANTRE [djɑ̃tʀ(ə)]. *interj.* (xvɪɪᵉ; n. m., 1524; altér. de *diable*). Vieilli. Juron, exclamation qui marque l'affirmation, l'imprécation, l'admiration, l'étonnement. V. **Diable.** *Diantre que c'est cher!* « *Comment diantre se trouvait-il que Tartarin de Tarascon n'eût jamais quitté Tarascon?* » (DAUD.).

DIANTREMENT [djɑ̃tʀəmɑ̃]. *adv.* (xvɪɪᵉ; de *diantre*). Vx. V. **Diablement.**

DIAPASON [djapazɔ̃]. *n. m.* (déb. xɪxᵉ, rare av. xvɪɪᵉ; mot lat., gr. *dia pasôn (khordôn)* « par toutes » (les cordes). *♦ 1º Mus.* Étendue des sons que parcourt une voix ou un instrument, du plus grave au plus élevé. V. **Registre.** *♦ 2º* (xvɪɪᵉ). Petit instrument d'acier, en forme de fourche, qui donne le *la* lorsqu'on le fait vibrer (*la* 3 = 440 périodes). « *Mon oreille exercée, comme le diapason d'un accordeur* » (PROUST). ◇ Petit instrument à vent en forme de sifflet qui sert au même usage. *♦ 3º* (1691). Fig. Degré auquel se trouvent, à un moment donné, les dispositions d'une personne, d'un groupe. V. **Niveau, ton.** — (Surtout *au, à un diapason*). *Il n'est plus au diapason* (de la situation). *Être, se mettre au diapason de qqn :* se conformer, s'adapter à sa manière de voir, de sentir. « *Les deux enfants avaient monté leurs sentiments à un diapason tel qu'il leur était impossible de les y maintenir dans la réalité* » (R. ROLLAND).

DIAPÉDÈSE [djapedɛz]. *n. f.* (1560; gr. *diapédêsis,* de *dia,* et *pêdân* « jaillir »). Méd. Migration des leucocytes à travers la paroi des capillaires.

DIAPHANE [djafan]. *adj.* (1361; gr. *diaphanês* « transparent »). *♦ 1º* Qui laisse passer à travers soi les rayons lumineux sans laisser distinguer la forme des objets. V. **Translucide.** *♦ 2º Littér.* et *fig.* V. **Transparent.** *Eau diaphane. Des mains diaphanes :* blanches et à la peau fine. ⊗ ANT. Obscur, opaque.

DIAPHANÉITÉ [djafaneite]. *n. f.* (1335; de *diaphane*). Littér. Propriété de ce qui est diaphane.

DIAPHANOSCOPIE [djafanɔskɔpi]. *n. f.* (1908; de *dia-,* gr. *phainein* « briller » Cf. **Diaphane** , et *-scopie*). Méd. Procédé qui consiste à éclairer certaines parties du corps (*spécial.* les sinus de la face) pour les examiner par transparence.

DIAPHONIE [djafɔni]. *n. f.* (1953; xɪɪᵉ, T. de musique; du gr. *diaphônia* « discordance »). Techn. Défaut de transmission des signaux dans un appareil, une ligne téléphonique, un enregistrement, dû à un transfert partiel d'énergie à un autre circuit.

DIAPHORÈSE [djafɔʀɛz]. *n. f.* (1741; gr. *diaphorêsis*). *Méd.* Transpiration abondante.

DIAPHORÉTIQUE [djafɔʀetik]. *adj.* (1372; gr. *diapho-*

retikos. V. **Diaphorèse**). *Méd.* Qui active la transpiration. V. **Sudorifique**. *Médicament diaphorétique.* — Subst. *Un diaphorétique.*

DIAPHRAGMATIQUE [djafʀagmatik]. *adj.* (1560; de *diaphragme*). *Anat.* Qui a rapport au diaphragme.

DIAPHRAGME [djafʀagm(ə)]. *n. m.* (1314; lat. méd. d'o. gr. *diaphragma* « séparation, cloison »). ♦ 1° *Anat.* Muscle large et mince qui sépare le thorax de l'abdomen. *Hoquet provoqué par de brusques contractions du diaphragme. Relatif au diaphragme.* V. **Phrénique.** ◇ Plan musculaire et aponévrotique représentant une séparation transversale au niveau d'une région déterminée. *Diaphragme pelvien.* ♦ 2° *Méd.* Contraceptif mécanique (pour la femme), formé d'un capuchon souple destiné à recouvrir la partie du col de l'utérus qui fait saillie au fond du vagin. V. **Pessaire.** — *Bot.* Cloison transversale qui sépare les graines dans les fruits capsulaires. ♦ 3° *Archit. Mur diaphragme :* mur transversal de soutien, entre deux travées (dans certaines églises romanes). ♦ 4° Membrane vibrante de certains appareils acoustiques. *Diaphragme de haut-parleur, de microphone, de phonographe.* ♦ 5° (1690, opt.; fin XIXe, phot.). Disque opaque percé d'une ouverture réglable, pour faire entrer plus ou moins de lumière. *Diaphragme d'un appareil photographique. Diaphragme iris,* formé de lamelles.

DIAPHRAGMER [djafʀagme]. *v. tr.* (1877, opt.; de *diaphragme,* 5°). Munir (un appareil d'optique) d'un diaphragme. — *Intrans.* Régler l'ouverture du diaphragme.

DIAPHYSE [djafiz]. *n. f.* (XVIe; gr. *diaphusis* « séparation naturelle, interstice »). *Anat.* Tronçon moyen dans les os longs. *Diaphyse du fémur.* — *Adj.* (1870). **DIAPHYSAIRE** [djafizɛʀ].

DIAPOSITIVE [djapozitiv]. *n. f.* (1909; de *dia-,* et *positif*). *Cour.* (répandu v. 1950). Photocopie positive destinée à la projection. *Passer des diapositives en couleur. Classeur pour diapositives* (Abrév. fam. *Diapo*).

DIAPRÉ, ÉE [djapʀe]. *adj.* (XIVe; V. **Diaprer**). De couleur variée et changeante. *Étoffe diaprée.* V. **Chatoyant.** *Papillon diapré. Lumière diaprée.* « *Nous nous éprenions de ce grand pays monotone, de son vide diapré, de son silence* » (GIDE). ◇ ANT. **Uni.**

DIAPRER [djapʀe]. *v. tr.* (*Diasprer,* XIIe; a. fr. *diaspre* « sorte de drap à fleurs »; lat. médiév. *diasprum,* altér. de *jaspis* « jaspe »). *Littér.* Nuancer, parer de couleurs variées. ◇ Émailler d'ornements divers. « *Que toute chose s'irise, que toute beauté se revête et se diapre de mon amour* » (GIDE).

DIAPRURE [djapʀyʀ]. *n. f.* (*Diapreure,* 1360; de *diapré*). État de ce qui est diapré, couleurs variées.

DIARRHÉE [djaʀe]. *n. f.* (1560; *diarrie,* 1372; lat. méd. *diarrhœa,* gr. *diarrhoia* « écoulement »; Cf. -Rhée). Évacuation fréquente de selles liquides (Cf. aussi *pop.* Chiasse, courante, foire). *Douleur accompagnant la diarrhée.* V. **Colique.** *Diarrhées infantiles. Avoir la diarrhée.* V. **Gastro-entérite.** ◇ ANT. **Constipation.**

DIARRHÉIQUE [djaʀeik]. *adj.* (1835; *diarroïque,* 1827; de *diarrhée*). *Méd.* Qui a rapport à la diarrhée. *Selles diarrhéiques. Qui est atteint de diarrhée. Malade diarrhéique.* Subst. *Un diarrhéique.*

DIARTHROSE [djaʀtʀoz]. *n. f.* (1560; gr. *diarthrôsis,* de *arthron* « articulation »). *Anat.* Articulation mobile qui permet aux os des mouvements étendus. *Capsule fibreuse, cartilages, synovie d'une diarthrose* (ex. : genou).

DIASCOPE [djaskɔp]. *n. m.* (1940; de *dia-,* et *-scope*). ♦ 1° *Techn.* Instrument d'optique utilisé dans les engins blindés. Cf. **Périscope.** ♦ 2° *Méd.* Appareil comportant une plaque de verre, utilisé pour l'examen des lésions superficielles de la peau. ♦ 3° (1961). *Techn.* Appareil de projection pour les diapositives et les documents transparents.

DIASCOPIE [djaskɔpi]. *n. f.* (1961; de *dia-,* et *-scopie*). ♦ 1° *Didact.* Projection de documents transparents. ♦ 2° *Méd.* V. **Diaphanoscopie.**

DIASPORA [djaspɔʀa]. *n. f.* (1909; du gr. *diaspora* « dispersion »). *Hist. relig.* Terme par lequel on désigne la dispersion à travers le monde antique des Juifs exilés de leur pays. — (1968). *Par ext.* Dispersion (d'une ethnie). *La diaspora tchèque, arabe, basque.*

DIASTASE [djastaz]. *n. f.* (1814; « luxation », 1752; gr. *diastasis* « séparation »). *Chim.* Nom générique des systèmes d'origine naturelle jouant dans les milieux animaux et végétaux le rôle de catalyseur dans les réactions très diverses (décompositions hydrolithiques, oxydatives, coagulatrices, etc.). — *Méd., biol.* Vx. Terme remplacé par *enzyme** pour désigner les catalyseurs biologiques protéiniques et par *amylase** pour les enzymes provoquant l'hydrolyse de l'amidon.

DIASTASIQUE [djastazik]. *adj.* (1868; de *diastase*). *Chim.* Relatif à la diastase. *Action diastasique de la ptyaline.* V. **Enzymatique.**

DIASTOLE [djastɔl]. *n. f.* (1541; v. 1340 en grammaire; gr. *diastolê* « dilatation »). *Physiol.* Mouvement de dilatation

du cœur et des artères qui alterne avec le mouvement de contraction (systole). ◇ ANT. **Systole.**

DIASTOLIQUE [djastɔlik]. *adj.* (1546; de *diastole*). *Physiol.* Relatif à la diastole. *Souffle diastolique. Bruit diastolique du cœur :* le second bruit du cœur qui correspond à la fin de la systole et au début de la diastole.

DIATHÈQUE [djatɛk]. *n. f.* (1971; de *dia-*[*positive*], et *-thèque*). *Techn.* Collection de diapositives. — Meuble ou pièce où sont conservées les diapositives.

DIATHERMANE [djatɛʀman], **DIATHERME** [dja-tɛʀm(ə)] ou **DIATHERMIQUE** [djatɛʀmik]. *adj.* (1838,- 1929,-1855; du gr. *dia,* et *thermos* « chaud »). *Phys.* Qui transmet les radiations calorifiques. *Le mica est diathermane.*

DIATHERMANÉITÉ [djatɛʀmaneite] ou **DIATHER-MANSIE** [djatɛʀmɑ̃si]. *n. f.* (1836; de *diathermane*). *Phys.* Propriété des corps diathermanes.

DIATHERMIE [djatɛʀmi]. *n. f.* (1922; de *dia-,* et *-thermie*). *Méd.* Méthode thérapeutique qui utilise des courants électriques alternatifs de haute fréquence pour échauffer les tissus *(diathermie médicale)* ou pour les détruire *(diathermie chirurgicale).* V. **Électrocautère, électrocoagulation.**

DIATHÈSE [djatɛz]. *n. f.* (1560; gr. *diathesis* « disposition »). *Méd.* Disposition générale d'une personne à être atteinte, simultanément ou successivement, par des affections présumées de même origine, mais avec des manifestations différentes.

DIATHÉSIQUE [diatezik]. *adj.* (1855; de *diathèse*). *Méd.* Qui appartient à une diathèse. *Affection diathésique.*

DIATOMÉE [djatɔme]. *n. f.* (1846; gr. *diatomos* « coupé en deux »). Algue brune (*Phéophycées*) unicellulaire microscopique, qui croît dans les eaux douces ou salées, et dont la membrane est entourée d'une coque siliceuse. *Les diatomées contribuent à former le plancton végétal.*

DIATOMIQUE [djatɔmik]. *adj.* (1866; de *di-,* et *atomique*). *Chim.* Se dit d'un corps dont la molécule est formée de deux atomes.

DIATOMITE [djatɔmit]. *n. f.* (1948; de *diatomée*). *Minér.* Roche constituée par des débris de diatomées, employée industriellement pour ses propriétés absorbantes et abrasives.

DIATONIQUE [djatɔnik]. *adj.* (XIVe; lat. *diatonicus,* du gr. *dia* « par », et *tonos* « ton »). Qui procède par tons et demi-tons consécutifs *(opposé à* chromatique). *Échelle, gamme diatonique.* ◇ ANT. **Disjoint.**

DIATONIQUEMENT [djatɔnikmɑ̃]. *adv.* (1587; de *diatonique*). Par degrés diatoniques.

DIATRIBE [djatʀib]. *n. f.* (1734; « critique », 1558; lat. *diatriba,* gr. *diatribê* « discussion d'école »). Critique amère, violente, le plus souvent sur un ton injurieux. V. **Attaque,** factum, libelle, pamphlet, satire. *Se lancer dans une longue diatribe contre qqn.* « *Il mêle à la violence de ses diatribes une pitié indulgente* » (PROUST). ◇ ANT. **Apologie, éloge.**

DIAULE [djol]. *n. f.* (1776; du gr. *dis* « deux », et *aulos* « flûte »). *Antiq.* Flûte double des Grecs. — Air joué avec cet instrument. — *Adj.* Flûte diaule.

DIAZOÏQUE [diazɔik]. *adj.* et *n. m.* (1870; de *di-* « deux », et *azote*). *Chim.* Se dit de composés doublement azotés (formule RN = NR') utilisés dans la fabrication des colorants.

DIBASIQUE [dibazik]. *adj.* (1960; de *di-,* et *basique*). *Chim.* V. **Bibasique.**

DIBROM(O)-. (de *di-,* et *brome*). *Chim.* Préfixe indiquant la présence, dans une molécule, de deux atomes de brome* (2).

DICÉTO-. (de *di-,* et abrév. de *acétone*). *Chim.* Préfixe indiquant la présence, dans une molécule, de deux fonctions cétone.

DICHLOR(O)-. (de *di-,* et *chlore*). *Chim.* Préfixe indiquant la présence, dans une molécule, de deux atomes de chlore.

DICHOTOME [dikɔtɔm]. *adj.* (1752; gr. *dikhotomos,* de *dikha* « en deux parties ». V. **-Tome**). ♦ 1° *Astron. Lune dichotome,* à moitié éclairée par le Soleil. ♦ 2° (1787). *Bot.* Se dit d'un organe d'une plante divisé en deux par bifurcation. *Tige dichotome du gui.*

DICHOTOMIE [dikɔtɔmi]. *n. f.* (1750; gr. *dikhotomia*). ♦ 1° *Astron.* Phase de la Lune pendant laquelle une seule moitié du son disque est visible. ♦ 2° (1803). *Bot.* Mode de division par deux des rameaux et des pédoncules sur la tige. ♦ 3° (1907). *Méd.* Partage illicite d'honoraires entre un médecin et son confrère appelé en consultation. ♦ 4° *Littér.* et *cour.* Division, subdivision binaire (entre deux éléments qu'on sépare nettement et qu'on oppose). — *Par ext.* Toute opposition binaire d'éléments abstraits complémentaires. *Tri par dichotomie,* où les éléments sont rangés par couple*.

DICHOTOMIQUE [dikɔtɔmik]. *adj.* (1838; de *dichotomie*). ♦ 1° *Bot.* Qui se divise par bifurcation. ♦ 2° *Didact.* Qui procède par divisions et subdivisions binaires*. *Méthode, classification dichotomique.* — (1968). *Psycho. Test dichotomique,* qui ne permet que les réponses *oui, non.*

DICHROÏQUE [dikʀɔik]. *adj.* (1870; de *dichroïsme*). *Phys.* Qui présente des phénomènes de dichroïsme. *Miroir dichroïque.* — *Bot.* Se dit de plantes dont les fleurs sont de deux couleurs.

DICHROÏSME [dikʀɔism(ə)]. *n. m.* (1836; gr. *dikhroos* « de deux couleurs »). *Phys.* Propriété qu'ont certaines substances de paraître de couleurs différentes suivant leur épaisseur, l'inclinaison des rayons.

DICHROMATIQUE [dikʀɔmatik]. *adj.* (1853; gr. *di-*, et *khrôma, atos* « couleur »). *Phys.* Qui présente deux couleurs à la fois.

DICLINE [diklin]. *adj.* (1798; gr. *di-*, et *klinê* « lit »). *Bot.* Se dit des plantes à fleurs unisexuées.

DICO. *n. m* V. DICTIONNAIRE.

DICOTYLÉDONE [dikɔtiledɔn]. *adj.* et *n.* (1763; de *di-*, et *cotylédon*). *Bot.* Qui a deux lobes ou cotylédons. — *N. f. pl.* Classe des végétaux phanérogames angiospermes comprenant les plantes à ovaire renfermant deux cotylédons dans la plantule (embryon) de leur graine. *Les dicotylédones se divisent en trois sous-classes.* V. **Apétale, dialypétale, gamopétale.** *Sing. Une dicotylédone.*

DICROTE [dikʀɔt]. *adj. m.* (1754; gr. *dikrotos*, de *di-*, et *krotos* « bruit »). *Méd. Pouls dicrote*, marqué par deux pulsations pour chaque battement cardiaque.

DICTAME [diktam]. *n. m.* (1552; *ditan*, XIIᵉ; lat. *dictamnum*, gr. *diktamnon*). ♦ 1° Plante aromatique, espèce d'origan. *Le dictame était considéré autrefois comme un puissant vulnéraire.* ♦ 2° *Fig. Poét.* V. **Adoucissement, baume.** « *Tous les dictames saints qui calment la souffrance* » (HUGO).

DICTAPHONE [diktafɔn]. *n. m.* (1935; de *dicter*, et *-phone;* marque déposée). Magnétophone* servant à la dictée du courrier.

DICTATEUR, TRICE [diktatœʀ, tʀis]. *n.* (1213; lat. *dictator*). ♦ 1° *Antiq. rom.* Magistrat extraordinaire nommé dans les circonstances critiques avec un pouvoir illimité (pour six mois, en principe). *César, dictateur à vie.* ♦ 2° *Mod.* Celui qui, après s'être emparé du pouvoir, l'exerce sans contrôle. V. **Autocrate, despote, tyran.** « *Le dictateur demeure enfin seul possesseur de la plénitude de l'action. Il absorbe toutes les valeurs dans la sienne, réduit aux siennes toutes les vues* » (VALÉRY). *Dictateur fasciste.* — *Fig.* Faire le dictateur. V. **Despote, tyran.** *Ton, allure de dictateur.* V. **Impérieux, souverain.**

DICTATORIAL, IALE, IAUX [diktatɔʀjal, jo]. *adj.* (1777; de *dictatorial, d'apr.* « sénatorial »). Qui appartient au dictateur, qui a rapport à la dictature. *Pouvoirs dictatoriaux.* *Fig. Ton dictatorial.* V. **Impérieux, tranchant.**

DICTATORIALEMENT [diktatɔʀjalmã]. *adv.* (1869; de *dictatorial*). À la manière d'un dictateur.

DICTATURE [diktatyʀ]. *n. f.* (XIIIᵉ; lat. *dictatura*). ♦ 1° Magistrature extraordinaire, la plus élevée de toutes (V. Dictateur) chez les Romains. *Les proscriptions sous les dictatures de Marius, de Sylla.* ♦ 2° (1847). *Mod.* Concentration de tous les pouvoirs entre les mains d'un individu, d'une assemblée, d'un parti, d'une classe. V. **Absolutisme, autocratie.** *La dictature de Cromwell, de la Convention. Dictature militaire.* V. **Caporalisme, césarisme.** « *Les Jacobins avaient eu plus d'un an de dictature illimitée* » (MICHELET). — *Les dictatures du XXᵉ s.* V. **Fascisme, nazisme.** « *Il est remarquable que la dictature soit à présent contagieuse, comme le fut jadis la liberté* » (VALÉRY). ◇ *Dictature du prolétariat* dans les régimes socialistes. ♦ 3° (av. 1741). *Fig.* Pouvoir absolu, suprême. *Dictature littéraire.* V. **Tyrannie; autoritarisme.** « *Toute la philosophie de cette dictature industrielle et commerciale aboutit à ce dessein impie : imposer à l'humanité des besoins, des appétits* » (DUHAM.). ◇ ANT. **Anarchie, démocratie.**

DICTÉE [dikte]. *n. f.* (1680; p. p. de *dicter*). ♦ 1° Action de dicter. *Écrire, prendre sous la dictée.* — *Fig.* Prendre une décision, parler, agir sous la dictée des circonstances, des événements. « *Leurs leçons de bonté et de moralité, qui me semblaient la dictée même du cœur et de la vertu* » (RENAN). ♦ 2° *Spécial.* Exercice scolaire, dictée, par le maître, d'un texte que les élèves s'efforcent de transcrire avec l'orthographe correcte. *Par ext.* Le texte lui-même, sa transcription. *Dictée d'écolier. Relire, corriger la dictée. Avoir trois fautes dans sa dictée.* — *Dictée musicale :* exercice consistant à noter des phrases musicales au fur et à mesure qu'on les entend.

DICTER [dikte]. *v. tr.* (XVᵉ; *diter*, XIIᵉ; lat. *dictare*, de *dicere* « dire »). ♦ 1° Dire (qqch.) à haute voix en détachant les mots ou les membres de phrases, pour qu'une autre personne les écrive ou les répète au fur et à mesure. *Dicter aux élèves le sujet d'une dissertation, l'énoncé d'un problème. Dicter une lettre à son secrétaire. Dicter ses instructions. Système permettant de noter rapidement ce qui est dicté.* V. **Sténographie, sténotypie.** ♦ 2° Indiquer en secret, à l'avance, à qqn (ce qu'il doit dire ou faire). *Dicter à qqn la conduite qu'il doit tenir. Son attitude, ses réponses nous ont été dictées :* on lui a fait la leçon. ◇ (Sujet de chose) V. **Inspirer, provoquer.** *L'attitude de nos adversaires dictera la nôtre.* V.

Commander, conditionner, décider (de). « *Quel chagrin t'a dicté cette parole amère* » (MUSS.). ♦ 3° Stipuler et imposer. V. **Prescrire, régler.** *Dicter la paix :* en décider les conditions sans admettre que l'adversaire les discute. *Dicter ses conditions.* V. **Diktat.** « *Des plénipotentiaires qui* imposeraient *des volontés,* dicteraient *les clauses* » (MADELIN). ◇ ANT. *Exécuter, obéir (à), suivre.*

DICTION [diksjɔ̃]. *n. f.* (XIIᵉ, « expression »; lat. *dictio*). ♦ 1° *Vx* (XVIIᵉ). Manière de dire, quant au choix et à l'agencement des mots. « *Une diction naïve, franche, populaire et riche, comme celle de La Fontaine* » (P.-L. COUR.). V. **Style.** ♦ 2° *Mod.* Manière de dire, de débiter un discours, des vers, etc. V. **Débit, élocution.** *Professeur de diction.* « *Il avait une diction très nette et chantante* » (ROMAINS). « *Quant à la diction, mère de la Poésie, j'observe que le français, bien parlé, ne chante presque pas* » (VALÉRY).

DICTIONNAIRE [diksjɔnɛʀ]. *n. m.* (1539, *Dictionnaire françois-latin* de R. Estienne; on disait *Thésaurus* pour les dictionnaires en une seule langue; lat. médiév. *dictionarium*, de *dictio* « action de dire »). ♦ 1° Recueil de mots rangés dans un ordre convenu qui donne une définition ou des informations sur les signes. *Dictionnaire alphabétique; dictionnaire conceptuel* (mots rangés par idées qu'ils expriment). *Chercher un mot dans un dictionnaire. Consulter un dictionnaire. Liste des mots d'un dictionnaire.* V. **Nomenclature.** *Dictionnaire ne donnant que les mots principaux* (V. **Lexique, vocabulaire**), *les mots difficiles ou peu connus* (V. **Glossaire**). *Entrée, article d'un dictionnaire.* ◇ *Dictionnaire général. Dictionnaire de la langue :* donnant les mots d'une langue commune et leurs emplois. *Technique de la confection des dictionnaires.* V. **Lexicographie.** *Définitions des mots d'un dictionnaire. Dictionnaires français* (Furetière, l'Académie, Littré, Dictionnaire général, Robert). « *L'usage contemporain est le premier et principal objet d'un dictionnaire* » (LITTRÉ). *Dictionnaire de l'ancienne langue française* de Godefroy. *Dictionnaire anglais d'Oxford.* — *Dictionnaire encyclopédique :* contenant des renseignements sur les choses, les idées (et non sur la langue), et traitant les noms propres. V. **Encyclopédie.** ◇ *Dictionnaire en plusieurs langues. Dictionnaire bilingue,* qui donne la traduction d'un mot d'une langue dans une autre en tenant compte des sens, des emplois. *Dictionnaire français-anglais, anglais-français. Faire un thème, une version à l'aide d'un dictionnaire. Traduire à coups de dictionnaire* (abrév. scol. *dico* [diko]). ◇ *Dictionnaires spécialisés* (Aspects de la langue commune) *Dictionnaire des synonymes, antonymes, homonymes; dictionnaire étymologique, orthographique. Dictionnaire de locutions, de proverbes. Dictionnaire des rimes. Le Dictionnaire analogique* de Boissière. — (Langues spéciales) *Dictionnaire de la philosophie, de la médecine.* V. **Vocabulaire.** *Dictionnaire de la musique,* de J.-J. Rousseau. *Dictionnaire des conventions, des signaux.* V. **Code, répertoire.** — *Dictionnaire d'un auteur.* V. **Lexique** (Lexique de Molière, etc.). *Dictionnaire des mots employés dans la Bible.* V. **Concordance.** — (Recueils de noms propres, de faits) *Dictionnaire historique, géographique. Le Dictionnaire des idées reçues* ou « Catalogue des idées chic », de Flaubert. ◇ *(Néol.)* Série des unités lexicales codifiées (mots, locutions) mises en mémoire dans une machine à traduire. ♦ 2° *Le dictionnaire d'une époque, d'une personne :* la somme des mots qu'elle emploie. V. **Vocabulaire.** ♦ 3° *Fig.* (D'une personne qui sait tout). *C'est un vrai dictionnaire, un dictionnaire vivant!* V. **Bibliothèque, encyclopédie.**

DICTON [diktɔ̃]. *n. m.* (1477; var. *dictum*, XVIᵉ; lat. *dictum* « sentence »). Sentence passée en proverbe. V. **Adage, parole, pensée.** « *Tous les jolis dictons, proverbes ou adages, dont nos paysans de Provence passementent leurs discours* » (DAUD.).

-DIDACTE. Élément, du gr. *didaskein* « enseigner » (ex. : *autodidacte*).

DIDACTIQUE [didaktik]. *adj.* (1554; gr. *didaktikos*, de *didaskein* « enseigner »). Qui vise à instruire, qui a rapport à l'enseignement. *Ouvrages didactiques.* — *Hist. littér. Le genre didactique :* genre littéraire où l'auteur s'efforce d'instruire sous une forme agréable et poétique. « *L'Art poétique* » d'Horace, de Boileau, chefs-d'œuvre du genre didactique. ◇ *Mod.* Qui appartient à la langue des sciences et des techniques. *Terme didactique,* inusité dans la langue courante (abrév. *Didact.,* dans cet ouvrage). *Avoir une façon didactique de s'exprimer.*

DIDACTIQUEMENT [didaktikmã]. *adv.* (1754; de *didactique*). D'une manière didactique.

DIDACTYLE [didaktil]. *adj.* (1803; de *di-*, et *-dactyle*). *Zool.* Qui a deux doigts.

DIDASCALIE [didaskali]. *n. f.* (av. 1825; gr. *didaskalia* « enseignement »). *Antiq.* Chez les Grecs, Instructions du poète dramatique à ses interprètes.

DIDUCTION [didyksjɔ̃]. *n. f.* (1843; 1556, « longueur »; du lat. *diductio*, de *diducere* « mener en diverses directions »). *Physiol.* Mouvement latéral de la mâchoire inférieure. *Rôle de la diduction dans la physiologie des ruminants.*

DIDYME [didim]. *adj. et n. m.* (1538; *dindime*, en anat., 1478; *didimme*, 1520; gr. *didumos* « jumeau »). ♦ 1° *Bot.* Formé de deux parties plus ou moins arrondies et accouplées. *Racine didyme.* ♦ 2° *Chim. N. m.* Métal qu'on trouve dans un certain nombre de minéraux avec le cérium et le lanthane.

DIÈDRE [djɛdʀ(ə)]. *adj. et n. m.* (1783; de *di-*, et *-èdre*). ♦ 1° Adj. *Géom.* Qui est déterminé par la rencontre de deux plans. *Angle dièdre.* ♦ 2° *N. m.* Figure formée par deux demi-plans issus d'une droite (l'arête du dièdre).

DIÉLECTRIQUE [djelɛktʀik]. *adj. et n. m.* (1862; de *dia-*, et *électrique*). *Phys. Adj. et n. m.* Qui ne conduit pas le courant électrique (vide, air, mica). V. **Isolant**. *La permittivité* d'un diélectrique.*

DIENCÉPHALE [diɑ̃sefal]. *n. m.* (XXᵉ; de *di-*, et *encéphale*). ♦ 1° *Anat.* Partie de l'encéphale située entre les hémisphères cérébraux, comprenant le thalamus, l'épithalamus (dont l'épiphyse) et l'hypothalamus (appelée aussi *cerveau intermédiaire*). ♦ 2° *Embryol.* L'une des cinq vésicules cérébrales dont dérivent les ébauches oculaires, le thalamus, l'épithalamus, l'hypothalamus, l'épiphyse et le lobe nerveux de l'hypophyse.

DIENCÉPHALIQUE [diɑ̃sefalik]. *adj.* (1961; de *diencéphale*). *Anat.* Relatif au diencéphale. *Centres diencéphaliques.*

DIÉRÈSE [djeʀɛz]. *n. f.* (1529; lat. gram. *diaeresis*, gr. *diairesis* « division »). ♦ 1° *Phonét.* Dissociation des éléments d'une diphtongue. ♦ 2° *Méd.* (1841). Séparation accidentelle ou chirurgicale de tissus sans perte de substance. ◇ ANT. *Contraction, synérèse.*

DIERGOL [djɛʀɡɔl] ou **BIERGOL** [biɛʀɡɔl]. *n. m.* (1968; de *di-* ou *bi-*, et *ergol; Cf.* Ergie). *Astronaut.* Propergol* composé de deux ergols.

DIÈSE [djɛz]. *n. m.* (1556; var. *diésis*, fém. jusq. XVIIᵉ; lat. *diesis*, mot gr. « intervalle »). Signe d'altération accidentelle élevant d'un demi-ton chromatique la note devant laquelle il est placé (♯). ◇ *Dièse, dièses à la clef* déterminant la tonalité du morceau en altérant toutes les notes situées sur la ligne ou dans l'intervalle qu'ils désignent (V. **Armature**). *Il y a deux dièses à la clef (fa et do) en ré majeur. Double dièse.* ♦ Adj. *Jouer un do dièse au lieu d'un do naturel.* ◇ ANT. *Bécarre. Naturel.*

DIESEL [djezɛl]. *n. m.* (1913; *moteur Diesel*, du nom de l'inventeur, 1858-1913). ♦ 1° Moteur à combustion interne, dans lequel l'allumage est obtenu par compression (Cf. Moteur à huile lourde, à injection). *Diesel à deux temps, quatre temps. Des diesels.* — Appos. *Moteur diesel; camion diesel.* — Semi-diesel, où la compression moins élevée nécessite un allumage électrique. ♦ 2° (1943) *Un diesel* : un véhicule à moteur diesel. ◇ *Diesel-électrique* (1961), *n. m.* Locomotive électrique dont la puissance est donnée par un moteur diesel qui entraîne une génératrice électrique alimentant les moteurs.

DIÉSÉLISTE [djezelist(ə)]. *n. m.* (1966; de *diesel*). Mécanicien spécialisé dans l'étude, l'entretien, etc. des moteurs diesels.

DIÉSER [djeze]. *v. tr.* conjug. *céder* (1732; *diésé*, 1704; de *dièse*). Placer un dièse devant une note pour la hausser. *En sol majeur, il faut diéser les fa. Note diésée.*

DIES IRAE [djesiʀe]. (1870; mots lat. « jour de colère », par lesquels commence l'une des cinq proses du missel romain, chantée à l'office des morts). Air sur lequel se chante le *Dies irae. Berlioz a utilisé le thème du* Dies irae *dans la* Symphonie fantastique.

1. **DIÈTE** [djɛt]. *n. f.* (XIIIᵉ; lat. méd. *diæta*, gr. *diaita* « genre de vie »). ♦ 1° *Méd.* Régime alimentaire particulier, prescrit par le médecin, soit limitant ou excluant, soit comprenant un apport enrichi de certains aliments. V. **Diététique, régime**. *Diète lactée; diète végétale.* ♦ 2° *Méd. et Cour.* (XVIᵉ). Abstention momentanée, plus ou moins complète, d'aliments, sur prescription médicale. V. **Abstinence**. *Mettre un malade à la diète.* ◇ Privation de nourriture. V. **Jeûne**. *« Peu à peu, la diète l'eût fait venir, car, à seize ans, on ne peut pas faire longtemps diète »* (SAND).

2. **DIÈTE** [djɛt]. *n. f.* (1512; lat. médiév. *dieta* « jour assigné », de *dies* « jour », pour traduire l'all. *Tag;* Cf. Landtag, Reichstag). *Hist.* Se dit d'assemblées politiques, dans certains pays d'Europe (Allemagne, Suède, Pologne, Suisse, Hongrie). *Les diètes de la Confédération germanique furent dissoutes en 1866. Luther comparut devant la diète de Worms* (1521).

DIÉTÉTICIEN, IENNE [djetetisjɛ̃, jɛn]. *n.* (1945; de *diététique*). Spécialiste de la diététique.

DIÉTÉTIQUE [djetetik]. *adj. et n.f.* (1549; lat. *diæteticus*, d'o. gr.). ♦ 1° *Adj.* Relatif à un régime alimentaire, surtout restrictif. V. **Diète**. *Aliment diététique. Facteurs diététiques et facteurs hygiéniques.* ♦ 2° *N. f.* Ensemble des règles à suivre pour une alimentation bien équilibrée (rations alimentaires, apport calorique). ◇ *Méd.* Ensemble des principes et des méthodes de réalisation des régimes alimentaires conçus pour les malades.

DIÉTÉTISTE [djetetist(ə)]. *n.* (1966; de *diététique*). *Didact.* Médecin qui préconise de traiter les malades uniquement par des moyens diététiques. — *Par ext.* Diététicien.

DIEU [djø]. *n. m.* (*Deo*, IXᵉ-Xᵉ; *deu, dieu*, XIᵉ-XIIᵉ; lat. *deus*). Principe d'explication de l'existence du monde, conçu comme un être personnel, selon les modalités particulières aux croyances, aux religions. V. **Divinité, esprit, être** (être suprême).

Ⓐ (Dans le *monothéisme*). DIEU. ♦ 1° (Sans article; avec la majuscule). Dieu personnel unique de la civilisation chrétienne et biblique. *« Au commencement Dieu créa le ciel et la terre »* (BIBLE). *Noms donnés à Dieu (Bible) :* Yahweh (Jéhovah), le Roi des rois, l'Éternel, le Très-Haut, etc. *Dieu est Père, Fils et Saint-Esprit.* V. **Trinité**. *Le Verbe de Dieu.* V. **Logos, verbe**. *Le fils de Dieu.* V. **Christ.** *L'Homme-Dieu. La mère de Dieu :* la Vierge. *La voix de Dieu. Le doigt, le bras, la main de Dieu. Le royaume de Dieu.* V. **Ciel, paradis.** *« Pour que Dieu nous réponde, adressons-nous à lui. Il est juste, il est bon; sans doute il nous pardonne »* (MUSS.). *— Je crois en Dieu.* V. **Credo**. *Recommander son âme à Dieu :* se préparer à mourir. *Invoquer le nom de Dieu. Culte de latrie que l'on doit à Dieu seul. Un homme de Dieu,* personne consacrée à Dieu; *aussi* saint homme *chez* prov. *L'homme propose, Dieu dispose. Ce que femme veut, Dieu le veut. Chacun pour soi et Dieu pour tous. « Si Dieu n'existait pas, il faudrait l'inventer »* (VOLT.). ♦ 2° (*Avec l'article).* L'Être suprême, considéré en général ou par rapport à la tradition chrétienne. *Le Dieu de la Bible, Dieu d'Abraham; le dieu des armées. « Le Dieu des chrétiens est un Dieu qui fait sentir à l'âme qu'il est son unique bien »* (PASC.). *Le vrai Dieu.* ◇ LE BON DIEU, expression familière et affective. *Prier le bon Dieu. Le bon Dieu vous récompensera. Recevoir le bon Dieu.* V. **Communier; eucharistie**. *Fig.* (D'un hypocrite) *On lui donnerait le bon Dieu sans confession.* ◇ *Le dieu de Platon, des anciens.* V. **Démiurge, logos**. *Croire en un dieu.* ♦ 3° Loc. DIEU SAIT... Pour appuyer une affirmation ou une négation. *Dieu sait si je dis la vérité. Pour exprimer l'incertitude. Dieu sait ce que nous ferons demain. Cela va Dieu sait comme :* mal. *— Dieu m'est témoin que. — Devant Dieu et devant les hommes :* formule de serment. ♦ Expressions par lesquelles la personne qui parle fait intervenir Dieu ou souhaite qu'il intervienne. *À la grâce de Dieu. Dieu vous aide! Dieu vous bénisse! Dieu vous entende! Que Dieu vous le rende! Dieu le veuille! Que Dieu ait son âme! Dieu m'en garde! Dieu me pardonne! Dieu me damne! Dieu merci! Dieu soit loué! Plût à Dieu, au ciel! S'il plaît à Dieu. À Dieu ne plaise.* Pop. *C'est pas Dieu possible! À-Dieu-vat* [adjøva(t)], *se dit au moment du départ (mar.).* ♦ 4° Interj. *Dieu! Ah, mon Dieu! Bon Dieu! Grand Dieu! Dieu du ciel!* — Jurons. *Nom de Dieu! Bon Dieu! Bon Dieu de bon Dieu! Dieu(x) de dieu(x)!* (V. **Tudieu, ventrebleu** *(vx).)*

Ⓑ (XIIᵉ; dans le *polythéisme*). UN DIEU, LES DIEUX : être(s) supérieur(s), doué(s) d'un pouvoir sur l'homme et d'attributs particuliers. ♦ 1° Dans les grandes religions antiques. V. **Divinité; déesse, démon, esprit, être, génie, principe**. *Histoire des dieux.* V. **Mythologie**. *Ensemble des dieux d'une religion.* V. **Panthéon**. *Les dieux égyptiens, assyriens. Les dieux de la Grèce. Les douze dieux de l'Olympe* (six déesses et six dieux) : *Apollon* (Phoîbos en gr.), *dieu du Parnasse, des Arts, du Soleil; Jupiter* (Zeus), *le père des hommes et des dieux; Mars* (Arès), *dieu de la guerre; Mercure* (Hermès), *dieu des marchands et des voleurs; Neptune* (Poséidon), *dieu des mers; Vulcain* (Héphaïstos), *dieu du feu et du métal. Les dieux de la famille, protecteurs du foyer domestique.* V. **Lare, mânes, pénates**. *Les dieux et les héros.* V. **Demi-dieu**. ♦ 2° (Forces impersonnelles). *Le dieu tribal du mana.* ♦ 3° Image d'un dieu ou d'une force divinisée. V. **Idole**. ♦ 4° (Loc. fig.; *des dieux antiques*). *Un dieu tutélaire :* un protecteur. ◇ *C'est un homme aimé des dieux,* se dit de qqn doué de talents, et que la chance favorise. *Il est beau comme un dieu* (grec) : très beau. *Jurer ses grands dieux :* jurer solennellement. ♦ 5° *Fig.* Personne (ou chose) divinisée. *Les dieux de la terre :* les rois, les souverains, les puissants de la terre. *« Pour tout le XVIIᵉ siècle, Descartes a été vraiment un dieu »* (FAGUET). *— Fig. Faire de qqch. son dieu,* en faire l'objet d'un culte. *« Le Dieu du monde, C'est le Plaisir »* (NERVAL).

DIFFA [difa]. *n. f.* (1857; mot arabe). Réception des hôtes de marque, accompagnée d'un repas, chez les musulmans d'Afrique du Nord.

DIFFAMANT, ANTE [difa(a)mɑ̃, ɑ̃t]. *adj.* (1690; de *diffamer*). Qui diffame. V. **Diffamatoire, infamant**. *Paroles diffamantes.*

DIFFAMATEUR, TRICE [difa(a)matœʀ, tʀis]. *n. et adj.* (XIVᵉ; de *diffamer*). Personne qui diffame. V. **Calomniateur**.

DIFFAMATION [difa(a)masjɔ̃]. *n. f.* (XIIIᵉ; bas lat. *diffa-*

matio). Action de diffamer. V. **Calomnie, médisance.** *Diffamation d'un adversaire, d'un ennemi. Extorsion sous menace de diffamation :* chantage. ◇ Écrit, parole diffamatoire. *Les diffamations des journaux.* ◇ *Dr.* « Toute allégation ou imputation d'un fait qui porte atteinte à l'honneur ou à la considération de la personne ou du corps auquel le fait est imputé » (LOI du 29 juill. 1881). ◈ ANT. *Apologie, louange.*

DIFFAMATOIRE [difa(ɑ)matwaʀ]. *adj.* (XIVe ; du rad. de *diffamatio*). Qui a pour but la diffamation ; qui tend à porter atteinte à la réputation, à l'honneur (de qqn). *Allégation, imputation diffamatoire. Libelles, pamphlets diffamatoires.*

DIFFAMÉ, ÉE [difa(ɑ)me]. *adj.* (XIIIe ; V. **Diffamer**). *Blas.* (1690). Privé d'une pièce honorable (d'une arme). Privé de sa queue (d'un animal héraldique). *Au lion diffamé.*

DIFFAMER [difa(ɑ)me]. *v. tr.* (1268 ; lat. *diffamare*, de *fama* « renommée »). Chercher à porter atteinte à la réputation, à l'honneur (de qqn). V. **Attaquer, calomnier, décrier, discréditer, médire** (de). *Diffamer un adversaire. Diffamer injustement un honnête homme.* — *Dr.* Commettre une diffamation en imputant à qqn un fait vrai ou faux. ◈ ANT. *Encenser, exalter, honorer, louer, prôner, vanter.*

DIFFÉRÉ, ÉE [difeʀe]. *adj.* (XIVe ; V. **Différer**). Fait ou remis, renvoyé à un moment ultérieur. *Crédit différé.* — *Émission différée de télévision, donnée après avoir été faite et non en même temps.* Subst. (v. 1945) *Émission en différé* (opposé à en direct). ◇ *Inform. Traitement* différé* (par oppos. à *traitement en temps réel*).

DIFFÉREMMENT [difeʀamɑ̃]. *adv.* (*Differemment*, XIVe ; de *différent*). D'une manière différente. V. **Autrement.** *Il n'est pas de votre avis, il pense différemment.* « Je ne dis pas de différents hommes, je dis les mêmes, qui jugent si différemment » (LA BRUY.). V. **Diversement.** ◈ ANT. *Identiquement, indistinctement.*

DIFFÉRENCE [difeʀɑ̃s]. *n. f.* (1160 ; lat. *differentia*). ♦ 1o Caractère *(une différence)* ou ensemble des caractères *(la différence)* qui distingue une chose d'une autre, un être d'un autre ; relation d'altérité entre ces choses, entre ces êtres. V. **Dissemblance, dissimilitude, distinction, écart, particularité.** *Préfixes marquant la différence.* V. **Dis-, hétéro-.** *Différence légère, imperceptible.* V. **Nuance.** *Différence considérable, importante, notable, sensible ; différence essentielle, totale* (Cf. C'est le jour et la nuit). *Différences empêchant plusieurs choses de s'accorder, d'aller ensemble.* V. **Antinomie, antithèse, contradiction, contrariété, contraste, incompatibilité, opposition ; désaccord, discordance, incohérence.** *Différence entre deux états successifs.* V. **Changement, variation.** *Différence entre deux versions d'un texte.* V. **Variante.** — *Différence d'interprétation. Différence d'opinions.* V. **Différend, dissidence, divergence, division.** *Différence d'âge, de caractère, de classe entre deux personnes.* « J'ai assez vécu pour voir que différence engendre haine » (STENDHAL). *La différence qui existe entre eux. Ils se ressemblent avec cette différence que... La différence entre deux choses, d'une chose à une autre. Il y a une grande différence entre le prix que l'opinion donne aux choses et celui qu'elles ont réellement* (ROUSS.). — *Faire la différence entre deux choses :* la percevoir, la sentir. V. **Départ, distinction, partage, distinguer.** *Il ne fait pas de différence entre eux.* — Loc. prép. *À la différence de,* se dit pour opposer des personnes, des choses différentes. — Loc. conj. *À la différence que :* avec cette différence que. ♦ 2o *Log. Différence* ou *Différence spécifique :* caractère qui distingue une espèce des autres espèces du même genre. *La définition caractéristique se fait par genre prochain et différence spécifique.* ♦ 3o Quantité qui, ajoutée à une quantité, donne une somme égale à une autre. *Différence entre deux grandeurs. Différence en plus* (V. **Excédent, excès, supplément**), *en moins* (V. **Défaut, manque**). — Spécialt. *Différence d'une fonction :* variation d'une fonction pour une variation donnée d'une variable (V. **Différentiel**). ◇ (Sommes d'argent) *Voilà déjà mille francs, vous paierez la différence.* V. **Complément ; appoint, reste, solde.** — *Bourse.* Dans les opérations à terme, Écart positif ou négatif entre le cours de la négociation et celui de l'exécution du marché. ♦ 4o *Log., Math. Différence de deux ensembles A et B,* ensemble (A-B), constitué par les éléments de A qui n'appartiennent pas à B. — *Différence symétrique de deux ensembles A et B,* ensemble (A Δ B), formé par les éléments de A n'appartenant pas à B et les éléments de B n'appartenant pas à A. ◈ ANT. *Analogie, conformité, égalité, identité, ressemblance, similitude.*

DIFFÉRENCIATEUR, TRICE [difeʀɑ̃sjatœʀ, tʀis]. *adj.* (1922 ; de *différenciation*). Qui différencie. « Refuser aux influences externes toute action différenciatrice » (J. ROSTAND).

DIFFÉRENCIATION [difeʀɑ̃sjɑsjɔ̃]. *n. f.* (1827 ; de *différencier*). ♦ 1o Action de se différencier (se dit d'éléments semblables qui deviennent différents, ou d'éléments dissemblables dont les différences s'accentuent). V. **Transformation.** *Différenciation fonctionnelle.* « *Le progrès de la matière vivante*

consiste dans une différenciation des fonctions » (BERGSON). — *Biol.* Acquisition de propriétés fonctionnelles différentes par les cellules semblables issues de la segmentation de l'œuf. ♦ 2o Action de différencier. V. **Distinction, séparation.** *L'expérimentateur* « *procède par différenciation, c'est-à-dire qu'il sépare successivement chacun de ces corps un à un* » (Cl. BERNARD). ◈ ANT. *Dédifférenciation ; assimilation, identification, rapprochement, réunion.* — HOM. *Différentiation.*

DIFFÉRENCIÉ, ÉE [difeʀɑ̃sje]. *adj.* (1611 ; V. **Différencier**). Qui a subi une différenciation. *Tissus, organes différenciés.*

DIFFÉRENCIER [difeʀɑ̃sje]. *v. tr.* (1395 ; lat. scolast. *differentiare*). ♦ 1o Marquer, faire apparaître la différence entre (deux ou plusieurs choses, êtres). V. **Distinguer.** ♦ 2o Apercevoir, établir une différence, opérer la différenciation entre. *Différencier deux espèces auparavant confondues.* V. **Distinguer, séparer.** ♦ 3o *Math.* Calculer la différentielle de (var. **Différentier**). ♦ 4o SE DIFFÉRENCIER. *v. pron.* Être caractérisé par telle ou telle différence. V. **Distinguer** (se), **différer.** « *Fontenelle se différencie profondément des écrivains frivoles* » (STE-BEUVE). ◇ Devenir différent ou de plus en plus différent. V. **Distinguer** (se). *Les cellules se différencient.* ◇ Se rendre différent. *Les joueurs de l'équipe A ont revêtu un maillot rouge pour se différencier de leurs adversaires.* ◈ ANT. *Assimiler, confondre, identifier, rapprocher.*

DIFFÉREND [difeʀɑ̃]. *n. m.* (1360, écrit -*ent* ; *différens*, 1640 ; *diferend*, 1680, de *différent*). Désaccord résultant d'une différence d'opinions, d'une opposition d'intérêts entre deux ou plusieurs personnes. V. **Contestation, démêlé, désaccord, discussion, dispute, querelle.** *Avoir un différend avec qqn. Être en différend. Différend réglé à l'amiable par un compromis.* ◈ ANT. *Accommodement, accord, réconciliation.* HOM. *Différent, différant* (p. prés. de *Différer*). *Différend.*

DIFFÉRENT, ENTE [difeʀɑ̃, ɑ̃t]. *adj.* (v. 1611 ; lat. *differens*). ♦ 1o Qui diffère ; qui présente une différence par rapport à une autre personne, une autre chose. V. **Autre, dissemblable, distinct.** *Complètement, essentiellement différent ; différent à tous points de vue.* V. **Contraire, opposé.** « *Il arrive qu'une route offre des aspects tellement différents à l'aller et au retour que le promeneur qui rentre croit se perdre* » (COCTEAU). *Avis différents, opinions différentes.* V. **Divergent.** *Ses idées sont bien différentes des vôtres.* V. **Éloigné.** *Quantités différentes.* V. **Inégal.** *Qui est devenu différent.* V. **Changé, méconnaissable, modifié, transformé.** « *Qu'est-ce que le talent du comédien? L'art de paraître différent de ce qu'on est* » (ROUSS.). « *Toute créature humaine est un être différent en chacun de ceux qui la regardent* » (FRANCE). — Qui a un caractère, un comportement différent. « *Si nous n'étions si différents, nous n'aurions pas si grand plaisir à nous entendre* » (GIDE). ♦ 2o *Plur.* (avant le nom). Distincts. *Différentes personnes me l'ont dit.* V. **Divers, plusieurs.** ◈ ANT. *Analogue, identique, même, pareil, semblable. Un; seul.* — HOM. *Différant* (p. prés. de *Différer*). *Différend.*

DIFFÉRENTIATION [difeʀɑ̃sjɑsjɔ̃]. *n. f.* (1839 ; de *différentier*). *Math.* Opération destinée à obtenir la différentielle d'une fonction. *Pour les fonctions explicites, la différentiation mène au calcul de la dérivée.* ◈ HOM. *Différenciation.*

DIFFÉRENTIEL, ELLE [difeʀɑ̃sjɛl]. *adj. et n.* (XVIe ; bas lat. *differentialis*). *Didact.* Relatif aux différences ou aux variations. ♦ 1o *Math. Calcul différentiel :* partie des mathématiques qui a pour objet l'étude des variations infiniment petites des fonctions. *Le calcul différentiel constitue avec le calcul intégral le calcul infinitésimal* (analyse mathématique). — *Équation différentielle :* relation entre une fonction, une variable dont elle dépend et les dérivées de la fonction. ◇ DIFFÉRENTIELLE. *n. f.* Partie principale de l'accroissement d'une fonction pour un accroissement infiniment petit de la variable. ♦ 2o *Mécan. Mouvement différentiel :* qui résulte de la combinaison (somme ou différence) de deux mouvements produits par la même force. *Le palan différentiel, la vis différentielle fournissent un mouvement différentiel.* — *Engrenage différentiel :* combinaison d'engrenages par lesquels on transmet à un arbre rotatif un mouvement composé, équivalant à la somme ou à la différence de deux mouvements.* ◇ (1908). Subst. LE DIFFÉRENTIEL, engrenage différentiel réunissant les deux moitiés d'essieu d'un véhicule automobile. *L'arbre de transmission transmet le mouvement à la couronne du différentiel.* ♦ 3o *Psychologie différentielle :* étude comparative des différences psychologiques entre les individus humains. *Stimulus différentiel. Seuil différentiel.* ♦ 4o *Comm. Droit différentiel :* taxe douanière variable selon la provenance des marchandises. *Tarif différentiel* (de transport) : non proportionnel aux distances.

DIFFÉRENTIER [difeʀɑ̃sje]. *v. tr.* (1754 ; var. de *différencier*). *Math.* V. **Différencier** (3o).

1. DIFFÉRER [difeʀe]. *v. intr.* ; conjug. *céder* (1314 ; lat. *differe*). ♦ 1o Être différent, dissemblable. V. **Différencier** (se), **distinguer** (se), **opposer** (s'). *Ils diffèrent en un point, sur tous les points. Ils ne diffèrent que par ce trait. Mon opinion* *diffère sensiblement de la sienne.* V. **Diverger.** « *C'est parce que tu diffères de moi que je t'aime* » (GIDE). « *Le microbe différait légèrement du bacille de la peste* » (CAMUS). ♦ 2° *Absolt.* Varier, avoir des aspects dissemblables. V. **Combien la notion de l'honneur diffère suivant les pays et les âges!** » (GIDE). ◇ ANT. Ressembler (se); confondre (se).

2. DIFFÉRER [difeʀe]. *v. tr.;* conjug. *céder* (v. 1350; lat. *differre*). ♦ 1° Remettre à un autre temps; éloigner l'accomplissement, la réalisation de (qqch.). V. **Remettre,** renvoyer, repousser, retarder, surseoir. *Différer une affaire, une démarche. Différer un paiement, une échéance. Différer le jugement d'un procès par des procédés dilatoires.* « *Les bonnes résolutions ne gagnent pas à être différées* » (ROMAINS). ♦ 2° *Littér.* Différer de faire, à faire. V. **Tarder.** ◇ *Absolt.* V. **Atermoyer, attendre, temporiser.** *Partez sans différer, sans plus différer.* « *Mais ne différez point : chaque moment vous tue* » (RAC.). ◇ ANT. Avancer, hâter.

DIFFICILE [difisil]. *adj.* (1330; lat. *difficilis*). ♦ 1° Qui n'est pas facile; qui ne se fait qu'avec effort, avec peine. V. **Ardu, dur, laborieux, malaisé, pénible,** et *par exagér.* **Impossible, infaisable.** *Affaire, entreprise, opération, travail difficile. Manœuvre longue et difficile. Difficile à* (et *inf.*). *Cela est difficile à faire, à réussir. Ce n'est pas si difficile. Quel âge peut-il avoir? C'est difficile à dire. Il est difficile, il m'est difficile d'en parler.* « *Que tout me paraît difficile! J'avance pas à pas, peinant* » (GIDE). « *Le proverbe dit que toutes les belles choses sont difficiles* » (ALAIN). Subst. « *Le difficile dans la vie, c'est de prendre au sérieux longtemps de suite la même chose* » (GIDE). ♦ 2° Qui demande un effort intellectuel, des capacités (pour être compris, résolu). *Passage, texte difficile.* V. **Compliqué, confus, embrouillé, ésotérique, impénétrable, inextricable, mystérieux, obscur.** *Le russe est plus difficile que l'espagnol, pour un Français. Auteur difficile : dont les écrits sont difficiles à comprendre. Morceau de musique difficile* (à exécuter). *Rôle difficile* (à jouer). « *La critique est aisée, et l'art est difficile* » (DESTOUCHES). « *La langue française est difficile. Elle répugne à certaines douceurs* » (COCTEAU). *Problème difficile* (Cf. *Jeu.* Coton, trapu). ♦ 3° Qui présente quelque danger, une incommodité (accès passage). *Lieu d'abord, d'accès difficile. Chemin, route, voie difficile.* V. **Escarpé, impraticable, inaccessible; dangereux, périlleux.** ♦ 4° Qui donne du tourment. V. **Douloureux, pénible, triste.** *Position, situation difficile.* V. **Délicat, embarrassant.** *Il y eut un moment difficile dans sa vie* (Cf. Un mauvais moment). *Avoir des débuts difficiles.* ♦ 5° *(Personnes).* Qui n'est pas aisé, agréable à fréquenter. *Personne difficile.* V. **Acariâtre, contrariant, exigeant, intraitable, irascible;** et *aussi* **Difficultueux.** *Enfant difficile* (à élever). *Humeur, caractère difficile.* V. **Dur, mauvais, ombrageux.** « *Votre fille n'est pas si difficile que cela* » (MOL.). ◇ *Difficile à vivre.* ♦ 6° *(Personnes).* Qui n'est pas facilement satisfait, de goûts exigeants. V. **Exigeant; délicat, raffiné.** *Être, se montrer difficile sur la nourriture.* « *Il ne faut pas être difficile sur les repas, lorsqu'on est si près de Sparte* » (CHATEAUB.). ◇ *Subst.* **Faire le (la) difficile** (Cf. Faire la petite bouche; faire le dégoûté). ◇ ANT. Facile; agréable, aisé, commode, simple. Accommodant, aimable, conciliant.

DIFFICILEMENT [difisilmã]. *adv.* (XVᵉ; de *difficile*). D'une manière difficile; non sans peine. V. **Malaisément.** *Il y parvint difficilement.* « *Les lignes qui suivaient étaient difficilement lisibles* » (CAMUS). ◇ *Rare. Apprendre, travailler difficilement :* avec difficulté. V. **Laborieusement, péniblement.** ◇ ANT. Facilement.

DIFFICULTÉ [difikylte]. *n. f.* (XIIIᵉ; lat. *difficultas*). ♦ 1° Caractère de ce qui est difficile; ce qui rend qqch. difficile. *Difficulté d'une entreprise, d'un travail. Difficulté d'un texte.* V. **Obscurité.** *Difficulté d'un cas, d'un problème.* V. **Complexité, complication, subtilité.** « *La difficulté du métier commençait à lui en donner le goût* » (MAUROIS). *Ce travail est pour lui sans difficulté.* — *Absolt. Aimer la difficulté.* ♦ 2° **DIFFICULTÉ À** (et *inf.*). V. **Embarras, gêne, mal, peine.** *Difficulté à s'exprimer. Il a de la difficulté à comprendre cela.* — *Vx* avec DE. « *Je sens une difficulté d'être* ». *C'est ce que répond Fontenelle, centenaire, lorsqu'il va mourir* » (COCTEAU). ♦ 3° Ce qu'il y a de difficile en qqch.; chose difficile. V. **Contrariété, embarras, empêchement, ennui, obstacle, problème, résistance, tracas, traverse;** *fig.* et *fam.* **Accroc, aria, bec, cheveu, épine, os, pépin.** *Difficultés matérielles, financières, sentimentales.* « *Diviser chacune des difficultés que j'examinais en autant de parcelles qu'il se pourrait* » (DESCARTES). *Surmonter, vaincre les difficultés. Éluder, tourner la difficulté. Nous aurons de grandes difficultés à le décider* (Cf. Ce sera la croix et la bannière). « *Les difficultés, loin d'être une raison pour la détourner d'une entreprise, la lui rendaient encore plus attrayante* » (STENDHAL). ◇ *Cela ne fait aucune difficulté, c'est facile, possible.* ◇ *Spécialt. Passage difficile, obscur, dans un texte. Les difficultés de Tacite.* — *Passage difficile d'exécution, dans un morceau de musique.* « *Comme un virtuose exécutant des difficultés* » (LOTI). ♦ 4° *Raison allé-*

guée, opposition soulevée contre qqch. V. **Objection; chicane, contestation, opposition.** *Faire des difficultés.* V. **Embarras.** *Il n'a pas fait de difficultés pour venir.* ♦ 5° **EN DIFFICULTÉ,** dans une situation difficile. *Être en difficulté. Mettre qqn en difficulté.* « *Le roi de France était en difficulté avec l'Église* » (BAINVILLE). ◇ ANT. Aisance, facilité, simplicité.

DIFFICULTUEUX, EUSE [difikyltɥø, øz]. *adj.* (1584; de *difficulté*, d'apr. *majestueux*). *Vx.* Qui est enclin à soulever des difficultés. V. **Chicaneur, pointilleux.** *Homme, esprit difficultueux.* « *Des difficultés! Oh! ma comtesse n'est point difficultueuse* » (LESAGE). ◇ ANT. Accommodant, facile.

DIFFLUENCE [diflyãs]. *n. f.* (1846; de *diffluent*). ♦ 1° *Didact.* Caractère de ce qui est diffluent. ♦ 2° *Géogr.* Division d'un cours d'eau en plusieurs branches. ◇ *Diffluence d'un glacier* qui, poussé par la pression des glaces d'amont, remonte une vallée affluente et rejoint un autre glacier après avoir passé un col.

DIFFLUENT, ENTE [diflyã, ãt]. *adj.* (mil. XVIᵉ; lat. *diffluens*, p. prés. de *diffluere* « s'écouler en divers sens ». V. **Affluent.** *Didact.* Qui s'écoule, se répand. *Tissus diffluents :* ramollis, à consistance quasi liquide. ◇ ANT. Ferme.

DIFFORME [difɔʀm(ə)]. *adj.* (XIIIᵉ; lat. médiév. *difformis,* de *deformis,* rac. *forma* « forme »). Qui n'a pas la forme et les proportions naturelles (se dit surtout du corps humain). V. **Contrefait, déformé, déjeté, infirme, monstrueux.** *Membre difforme.* « *Quand il tira cet enfant du sac, il le trouva bien difforme... Le pauvre petit diable avait... le tête dans les épaules, la colonne vertébrale arquée, le sternum proéminent, les jambes torses* » (HUGO). ◇ ANT. Beau, normal, régulier.

DIFFORMITÉ [difɔʀmite]. *n. f.* (XIVᵉ; lat. médiév. *difformitas,* de *deformitas*). ♦ 1° Défaut grave de la forme physique, en général congénital, anomalie dans les proportions. V. **Déformation, gibbosité, infirmité, malformation, monstruosité.** « *Rembrandt, le plus grand peintre de cette race, n'a reculé devant aucune des laideurs et des difformités physiques* » (TAINE). ◇ *Fig.* et *littér.* Anomalie. « *C'est une grande difformité dans la nature qu'un vieillard amoureux* » (LA BRUY.). ♦ 2° *Rare.* Caractère de ce qui est difforme. *La difformité de son visage.* ◇ ANT. Beauté, norme, perfection, régularité, symétrie.

DIFFRACTER [difʀakte]. *v. tr.* (1842; de *diffraction*) *Phys.* Produire la diffraction de.

DIFFRACTION [difʀaksjɔ̃]. *n. f.* (1666; du lat. *diffractus,* p. p. de *diffringere* « mettre en morceaux »). *Phys.* Phénomène optique de déviation des rayons lumineux, au voisinage de corps opaques. V. **Déflexion, dispersion.** — *Par ext.* Phénomène analogue pour d'autres rayonnements. *Diffraction des rayons X sur un réseau cristallin.*

DIFFUS, USE [dify, yz]. *adj.* (1361; lat. *diffusus,* de *diffundere* « répandre »). ♦ 1° Qui est répandu dans toutes les directions. « *Telle douleur physique diffuse, s'étendant par irradiation dans ces régions extérieures à la partie malade* » (PROUST). « *Sa pensée diffuse erra, comme ses regards, sans qu'il pût la fixer* » (MART. du G.). ◇ *Spécialt. Lumière diffuse :* due à une réflexion irrégulière. *Chaleur diffuse.* ◇ *Phonét.* Se dit des voyelles dont le spectre de fréquence est réparti en deux bandes (*opposé* à compact). ♦ 2° (Abstrait). *Littér.* Qui délaye sa pensée. V. **Abondant, prolixe, verbeux.** *Un style « diffus, lâche et traînant* » (BUFF.). — *Par ext. Écrivain, orateur diffus.* ◇ ANT. Bref, concis, laconique, précis.

DIFFUSÉMENT [difyzemã]. *adv.* (1373; de *diffus*). *Rare.* D'une manière diffuse. Parler, écrire diffusément.

DIFFUSER [difyze]. *v. tr.* (XVᵉ, rare av. XIXᵉ; de *diffus*). ♦ 1° Répandre dans toutes les directions. V. **Disperser, propager, répandre.** Pronom. « *Par les fenêtres grandes ouvertes, l'or de ce soleil au déclin se diffusait partout* » (LOTI). *Sc.* (1861) Provoquer la diffusion de. ♦ 2° Émettre, transmettre par ondes hertziennes (V. **Radiodiffusion**). *Ondes sonores diffusées par T.S.F. Discours, concert diffusé en direct, en différé.* ♦ 3° *Fig.* (XXᵉ). Répandre dans le public. *Diffuser une nouvelle. Diffuser des idées, des sentiments.* — *Par ext.* Distribuer (un ouvrage de librairie). *Éditeur qui diffuse des livres.* « *Des imprimeurs de la ville diffuseraient de nombreux exemplaires des textes qui circulaient* » (CAMUS). ◇ ANT. Concentrer.

DIFFUSEUR [difyzœʀ]. *n. m.* (fin XIXᵉ; de *diffuser*). ♦ 1° *Techn.* Appareil qui sert à l'extraction du jus sucré des betteraves. — *Auto.* (1921) Partie du carburateur où se produit la pulvérisation de l'essence. V. **Venturi.** ◇ *Appareil d'éclairage qui ne laisse passer qu'une lumière diffuse.* ♦ 2° Celui qui diffuse. *Cet éditeur est le diffuseur de nos ouvrages.* « *La déchéance du livre, comme grand diffuseur de la connaissance* » (DUHAM.).

DIFFUSIBLE [difyzibl(ə)]. *adj.* (1843; de *diffuser*). *Didact.* Qui peut se diffuser. *Les hormones « substances diffusibles* » (J. ROSTAND).

DIFFUSION [difyzjɔ̃]. *n. f.* (1587; lat. *diffusio;* de *diffundere*). ♦ 1° Action de se répandre, de se diffuser. *Phys.* Phénomène par lequel les diverses parties d'un fluide deviennent homogènes (en composition, température, etc.) en se répartissant également dans une enceinte. *Diffusion des gaz. Diffusion à travers une paroi poreuse* (osmose), *par des orifices capillaires* (effusion). *Diffusion des solutions. Diffusion thermique.* ◇ Dissémination des rayons lumineux produits par transmission à travers un milieu trouble (par diffraction), gazeux ou condensé (à densité irrégulière). ♦ 2° *Physiol.* Dissémination (d'une substance) dans l'organisme. ♦ 3° (1953). *Cour.* Diffusion d'ondes sonores. *Émetteur de radio qui assure la diffusion d'un programme, d'un bulletin d'informations.* V. **Émission, transmission, radiodiffusion.** ♦ 4° *Fig.* Le fait de se répandre. V. **Expansion, invasion, propagation.** *Diffusion des richesses.* V. **Distribution.** *Diffusion des connaissances humaines, de l'instruction.* V. **Vulgarisation.** *L'influence « qu'il exerce immédiatement sur le public par la première diffusion de ses écrits »* (DUHAM.). — Spécialt. *Diffusion des ouvrages en librairie.* V. **Diffuser; diffuseur.** ♦ 5° (1956). *Diffusion de l'impôt,* incidence fiscale de la prise en charge partielle par le contribuable de l'impôt qui pourrait être répercuté sur les consommateurs. ◆ ANT. *Concentration, convergence.*

DIGAMMA [digam(m)a]. *n. m.* (1771 ; mot gr.). Lettre de l'alphabet grec archaïque, qui correspond au son [w].

DIGÉRER [diʒeʀe]. *v. tr.;* conjug. *céder* (fin XIVe ; « calmer », 1361 ; « mettre en ordre », jusq. XVIIe ; lat. *digerere* « distribuer »). ♦ 1° Faire la digestion de. — *Cour.* Assimiler facilement, normalement (les aliments). V. **Assimiler.** *Il ne digère que les légumes. Digérer péniblement un repas.* — Absolt. *Il digère mal.* ♦ 2° (XVIIe). *Fig.* Mûrir par la réflexion, par un travail intellectuel propre à la digestion. V. **Assimiler.** *Digérer une pensée, une lecture.* Absolt. *« Il faut digérer. Oui. C'est dans la digestion des connaissances que réside le talent »* (Max JACOB). ♦ 3° (XVIIe). *Fam.* Supporter patiemment (qqch. de fâcheux). V. **Endurer, souffrir; avaler.** *C'est bien dur à digérer. « Son indifférence pour Marie, je ne peux pas la digérer »* (MAURIAC).

DIGEST [dajʒɛst; diʒɛst]. *n. m.* (1949 ; mot amér. « résumé »). *Anglicisme.* Résumé, condensé d'un livre ; publication formée de tels condensés. *« Les pays s'inondent réciproquement de « Digests » c'est-à-dire, comme le nom l'indique, de littérature déjà digérée, de chyle littéraire »* (SARTRE). ◇ HOM. *Digeste* (1 et 2).

1. DIGESTE [diʒɛst(ə)]. *n. m.* (1262 ; lat. *digesta,* de *digerre;* Cf. Digérer). *Dr. rom.* Recueil des décisions des jurisconsultes, composé par ordre de l'empereur Justinien. V. **Code, répertoire.**

2. DIGESTE [diʒɛst(ə)]. *adj.* (1949 ; d'apr. *indigeste;* Cf. a. fr. *Digest* « qui a digéré », XIIIe, *digeste* « digéré », XVIe). *Comm.* (mot critiqué). Qui se digère facilement. V. **Digestible.**

DIGESTEUR [diʒɛstœʀ]. *n. m.* (1752 ; du lat. *digestus*). *Techn.* Autoclave dont on se sert pour cuire, dissoudre certaines substances à haute température.

DIGESTIBILITÉ [diʒɛstibilite]. *n. f.* (1846 ; de digestible). Qualité d'un aliment digestible.

DIGESTIBLE [diʒɛstibl(ə)]. *adj.* (1314, rare av. XVIIIe ; lat. *digestus,* de *digerere*). Qui peut être facilement digéré. *Aliment très digestible.* V. **Léger.** ◆ ANT. *Indigeste.*

DIGESTIF, IVE [diʒɛstif, iv]. *adj.* (1260 ; du lat. *digestus,* de *digerere*). ♦ 1° Qui contribue à la digestion. *Appareil digestif* (bouche, gosier, œsophage, estomac, intestin). *Tube digestif.* ♦ 2° Relatif à la digestion. *Trouble digestif.* ♦ 3° Qui facilite la digestion. *Liqueur, tisane digestive.* ◇ (XVIe) Subst. *Un digestif :* un alcool, une liqueur.

DIGESTION [diʒɛstjɔ̃]. *n. f.* (1265 ; lat. *digestio.* V. Digérer). ♦ 1° *Physiol.* Ensemble des transformations que subissent les aliments dans le tube digestif avant d'être assimilés (V. **Assimilation, nutrition**). *Phénomènes mécaniques de la digestion :* préhension ; ingestion ; mastication ; déglutition. *Transformations des aliments lors de la digestion :* dissolution et désintégration sous l'effet d'enzymes (salive ; sucs gastrique et pancréatique), émulsion des graisses par la bile, résorption sous forme de chyle. *Digestion pénible, laborieuse, difficile, lente :* bradypepsie, dyspepsie (V. **Indigestion**). *Il but « une tasse de camomille, afin de faciliter la digestion »* (ROMAINS). ◇ *Cour.* Moment où l'on digère ; état de celui qui a absorbé de la nourriture et la digère. *« Tout en fumant il se laissait aller au bienfaisant engourdissement de la digestion »* (MAC ORLAN). ♦ 2° *Chim.* Dissolution d'une substance dans un liquide à haute température ou extraction de certains éléments de cette substance. V. **Décoction, macération.** *La digestion peut se faire à l'autoclave* (V. **Digesteur**).

DIGIT [didʒit ou diʒit]. *n. m.* (1968 ; de l'angl. *digit* « nombre »). *Anglicisme. Inform.* ♦ 1° Symbole graphique représentant un nombre entier. V. **Chiffre; bit** (dans un système binaire). ♦ 2° Élément d'un ensemble conventionnel de symboles graphiques (lettres, chiffres ou autres signes et symboles discrets) qu'on utilise pour constituer, représenter des données et pour transmettre les ordres d'exécution d'opérations. V. **Caractère I, 1°.**

1. DIGITAL, ALE, AUX [diʒital, o]. *adj.* (1776; lat. *digitalis,* de *digitus* « doigt »). Qui appartient aux doigts. *Artères, veines digitales. Empreintes* digitales. La carte d'identité porte les empreintes digitales.* ◇ HOM. *Digitale.*

2. DIGITAL, ALE, AUX [diʒital, o]. *adj.* (1968; de l'angl. *digit* « nombre », du lat. *digitus* « doigt »). *Anglicisme.* (*Math., Inform.*). ♦ 1° *Calcul, code digital,* dans lequel on utilise la numérotation binaire. — *Recomm. offic.* **Binaire*.** ♦ 2° Relatif aux digits, aux quantités mesurées sous forme discrète* (II). — *Recomm. offic.* **Numérique*.** ◇ ANT. *Analogique.*

DIGITALE [diʒital]. *n. f.* (1545; lat. *digitalia;* Cf. le précéd.). Plante herbacée vénéneuse (*Scrofulariacées*) à tige ordinairement simple portant une longue grappe de fleurs pendantes à corolle en forme de doigtier. *Digitale pourprée,* dite *gant de Notre-Dame, doigt de la Vierge.* ◇ HOM. *Digital.*

DIGITALINE [diʒitalin]. *n. f.* (1827; de digitale). Glucoside extrait des feuilles de la digitale pourprée. *La digitaline est un poison violent. Usage médical de la digitaline.*

DIGITALISER [diʒitalize]. *v. tr.* (1970; de digital 2). *Anglicisme. Math., Inform.* Codifier ou convertir en numérique des informations données sous forme de grandeurs continues. V. **Chiffrer.** Au p. p. : *Données, signaux digitalisés.*

DIGITÉ, ÉE [diʒite]. *adj.* (1771; lat. *digitus* « doigt »). *Hist. nat.* Qui est découpé en forme de doigts, qui présente des prolongements. *Feuille digitée.*

DIGITI- (du lat. *digitus* « doigt »). *Sc.* Préfixe signifiant « doigt » et entrant dans la composition de mots savants.

DIGITIFORME [diʒitifɔʀm(ə)]. *adj.* (1842; lat. *digitus,* et *forme*). *Didact.* Qui a la forme d'un doigt.

DIGITIGRADE [diʒitigʀad]. *adj.* (1804; de *digitus,* et *-grade*). *Zool.* Qui marche en appuyant sur les doigts (la plante du pied ne pose pas sur le sol). *Opposé à* plantigrade. *Carnassiers digitigrades* (chat, chien, civette, hyène, martre). Subst. *Les digitigrades.*

DIGIT(O)-, (I)-. Élément, du lat. *digitus* « doigt ».

DIGNE [diɲ]. *adj.* (1050; lat. *dignus*). I. Avec un compl. ♦ 1° Qui mérite (qqch.). *Personne digne d'admiration. Coupable digne d'un châtiment. Tout homme digne de ce nom. Objet digne d'intérêt, d'attention. Témoin digne de foi. « Aux vertus qu'on exige dans un domestique, Votre Excellence connaît-elle beaucoup de maîtres qui fussent dignes d'être valets ? »* (BEAUMARCH.). — *Il n'est pas digne de votre pardon :* il en est indigne. V. **Être digne de.** V. **Valoir** (que). *« Je ne suis plus digne que tu m'appelles »* (GIDE). ♦ 2° Qui est en accord, en conformité (avec qqn ou qqch.). V. **Approprié, convenable.** *Cette action est digne de son courage.* V. **Conforme** (à). *Roman digne d'un grand écrivain. « Créer, en définitive, est la seule joie digne de l'homme »* (DUHAM.). *Avoir un adversaire digne de soi. Voilà un garçon qui est bien digne de son père,* et par inversion *C'est le digne fils de son père :* il est comme son père (souvent *péj.*).

II. *Absolt.* ♦ 1° (Avant le nom). *Vieilli* ou *littér.* Qui mérite l'estime. *Un digne homme :* un brave homme. V. **Honnête, méritant.** *Il fut le digne représentant de la France.* V. **Honorable, parfait.** *« Jamais plus digne main ne fit plus digne ouvrage »* (CORN.). ♦ 2° (Déb. XIXe). Qui a de la dignité. V. **Dignité** (II, 2°). *Personne digne :* qui a le respect de soi-même, ou qui affecte de l'avoir dans ses manières. *Il sut rester digne en cette circonstance.* Iron. *Il était très digne dans ce costume. — Avoir un air digne :* plein de gravité, de retenue. V. **Grave, respectable** (souvent *iron.*). ◇ ANT. *Indigne. Familier.*

DIGNEMENT [diɲmã]. *adv.* (1185; de *digne*). D'une manière digne. ♦ 1° *Vieilli.* Selon ce qu'on mérite. *Vous serez dignement récompensé de cette action.* V. **Justement.** ♦ 2° Comme il faut, avec dignité. V. **Honorablement, noblement.** *La mère « continua, dans le deuil de son cœur, à s'occuper d'eux dignement »* (HENRIOT). ◇ ANT. *Indignement.*

DIGNITAIRE [diɲitɛʀ]. *n. m.* (1718; *dignitère,* 1525; de *dignité*). Personne revêtue d'une dignité (I). V. **Autorité.** *Un dignitaire de l'Église. « Des dignitaires de toute sorte qui se rendent à la prière, des officiers surtout, des généraux, des maréchaux »* (LOTI).

DIGNITÉ [diɲite]. *n. f.* (fin XIe ; de *dignitas*). I. Fonction, titre ou charge qui donne à qqn un rang éminent. *Les plus hautes, les plus grandes dignités. Être élevé à la dignité de... Conférer une dignité, installer dans une dignité* (V. **Investiture, promotion**). *Personne revêtue d'une dignité.* V. **Dignitaire.**

II. ♦ 1° Respect que mérite qqn. *Dignité de l'homme* comparé aux autres êtres. V. **Grandeur, noblesse.** *Principe de la dignité de la personne humaine :* selon lequel un être humain doit être traité comme une fin en soi. *« Toute la dignité de l'homme est en la pensée »* (PASC.). *« La seule dignité de l'homme est la révolte tenace contre sa condition »* (CAMUS). ♦ 2° Respect de soi. V. **Amour-propre, fierté, honneur.** *Avoir de la dignité. Manquer de dignité. « Sa dignité hautaine qui... l'avait maintenue honnête et solitaire »* (LOTI). ◇ Allure, comportement qui traduit ce sentiment. *Avoir de la dignité dans ses manières :* une gravité qui inspire le respect. V. **Noblesse, réserve, retenue.** « *Elle eut une dignité de reine offensée* » (ZOLA). *Garder son calme et sa dignité.* ◇ ANT. *Bassesse, indignité, veulerie ; familiarité, laisser-aller, vulgarité.*

DIGON [digɔ̃]. *n. m.* (1678 ; de *diguer* « faire une digue »). ♦ 1° *Mar.* Hampe portant une flamme, un pavillon. ♦ 2° (1769). Fer barbelé ajusté à une perche, servant à harponner les poissons plats à basse mer. V. **Harpon ; angon, foëne.**

DIGRAMME [digʀam]. *n. m.* (1870 ; de *di-*, et *gramme*). *Ling.* Groupe de deux lettres pour représenter un seul son, comme *in* [ɛ̃] dans *matin* ou *ch* [ʃ] dans *chat.*

DIGRAPHIE [digʀafi]. *n. f.* (v. 1900 ; de *di-*, et *-graphie*). *Compt.* Comptabilité en partie double.

DIGRESSION [digʀɛsjɔ̃]. *n. f.* (1190 ; lat. *digressio*, de *digredi* « s'éloigner »). ♦ 1° Développement oral ou écrit qui s'écarte du sujet. *Faire une digression.* V. **Parenthèse.** « *Les digressions trop longues ou trop fréquentes rompent l'unité du sujet* » (VAUVEN.). ♦ 2° *Astron.* Éloignement apparent d'une planète par rapport au Soleil.

DIGUE [dig]. *n. f.* (1360 ; *dike*, 1373 ; du moy. néerl. *dijc*). ♦ 1° Longue construction destinée à contenir les eaux (V. **Endiguer**). *Digues fluviales. Digue de retenue d'eau dans le voisinage d'une écluse.* V. **Chaussée, levée.** — *Digue faisant une avancée en mer.* V. **Jetée, môle.** *Digue à claire-voie.* V. **Estacade.** *Digue d'où l'on embarque.* V. **Embarcadère.** *Digue en pleine mer.* V. **Brise-lames.** ♦ 2° *Fig.* Ce qui contient, retient, arrête une force, un mouvement. V. **Barrière, frein, obstacle.** « *Le flot accumulé, renversant toutes les digues du devoir et de la loi* » (TAINE).

DIHYDR(O)- (de *di-*, et *hydr*[o]-). *Chim.* Préfixe indiquant l'addition, dans une molécule, de deux atomes d'hydrogène.

DIHYDROXY- ou **DIOXY-** (de *di-*, et *(hydr*[o]*)*, et *oxyle*). *Chim.* Préfixe indiquant la présence, dans une molécule, de deux substitutions par un radical hydroxyle*.

DIKTAT [diktat]. *n. m.* (1932 ; mot all. « chose dictée », o. lat.). Chose imposée, en politique internationale.

DILACÉRATION [dilaseʀasjɔ̃]. *n. f.* (1419 ; lat. *dilaceratio*). *Didact.* Action de dilacérer. V. **Lacération.** ◇ *Méd.* Déchirement faite avec violence. « *Le perfectionnement des engins de dilacération* » (DUHAM.).

DILACÉRER [dilaseʀe]. *v. tr.* ; conjug. *céder* (1561, *dilazerer*, v. 1155 ; lat. *dilacerare*). V. **Lacérer.** *Didact.* Mettre en pièces. *Dilacérer un acte.*

DILAPIDATEUR, TRICE [dilapidatœʀ, tʀis]. *adj. et n.* (déb. XVᵉ, rare av. fin XVIIIᵉ ; de *dilapider*). Qui dilapide. V. **Dépensier, dissipateur, prodigue.** *Fouquet, dilapidateur des finances publiques.* ◇ ANT. *Amasseur, économe.*

DILAPIDATION [dilapidɑsjɔ̃]. *n. f.* (1465 ; lat. *dilapidatio*). Action de dilapider. *Dilapidation d'un héritage.* V. **Dissipation.** ◇ *Gaspillage.* « *Une politique de dilapidation forcenée des richesses naturelles du monde* » (SIEGFRIED). ◇ ANT. *Accumulation, conservation, économie, épargne.*

DILAPIDER [dilapide]. *v. tr.* (1220 ; lat. *dilapidare*). Dépenser (des biens) de manière excessive et désordonnée. *Dilapider sa fortune, son patrimoine.* V. **Croquer** (*fam.*), *dissiper, gaspiller, manger.* « *J'étais pareil au fils prodigue, qui va dilapidant de grands biens* » (GIDE). *Fig.* V. **Gaspiller.** « *Les peuples qui jouissent de la vie en dilapidant la joie* » (SUARÈS). ◇ ANT. *Accumuler, amasser, épargner.*

DILATABILITÉ [dilatabilite]. *n. f.* (1731 ; de *dilatable*). Propriété que possèdent les corps de pouvoir se dilater. *Grande dilatabilité des gaz.*

DILATABLE [dilatabl(ə)]. *adj.* (XVIᵉ ; de *dilater*) Qui peut se dilater. V. **Expansible.** *Corps dilatable.*

DILATANT, ANTE [dilatɑ̃, ɑ̃t]. *adj.* (XVIᵉ ; p. prés. de *dilater*). *Adj.* Qui dilate.

DILATATEUR, TRICE [dilatatœʀ, tʀis]. *adj. et n. m.* (1611 ; de *dilater*). *Adj. Anat.* Qui a pour fonction de dilater. *Muscles dilatateurs.* — *N. m. Chir.* Instrument servant à maintenir béants les bords d'une incision, d'une plaie, ou à élargir un canal ou un orifice.

DILATATION [dilatɑsjɔ̃]. *n. f.* (1314 ; lat. *dilatatio*). ♦ 1° *Cour.* Action de dilater ; fait de se dilater. V. **Extension, gonflement, grossissement.** *Dilatation d'un ballon, d'un pneu qu'on gonfle. Mouvement de dilatation* (V. **Diastole**) *et de contraction du cœur. Dilatation d'un vaisseau ou vaso-dilatation. Dilatation de la pupille.* ♦ 2° *Méd.* Augmentation pathologique du volume (d'un organe creux). *Dilatation cardiaque, gastrique.* — *Chir.* Élargissement, au moyen d'un instrument (V. **Dilatateur**) ou des doigts, du calibre (d'un conduit). ♦ 3° *Phys.* Augmentation de volume d'un corps sous l'action de la chaleur, sans changement de nature de ce corps. *Dilatation d'un solide. Coefficient de dilatation cubique :* augmentation de volume de l'unité de volume pour une élévation de température de 1 °C. *Dilatation d'un liquide, d'un gaz.* ◇ ANT. *Compression, contraction.*

DILATER [dilate]. *v. tr.* (1361 ; lat. *dilatare* « élargir »,

de *latus* « large »). ♦ 1° Augmenter le volume de (qqch.). *La chaleur dilate les corps. L'atropine dilate la pupille.* V. **Agrandir.** « *La joie de pouvoir enfin se gorger à l'aise dilatait tous les yeux* » (FLAUB.). « *Gomez l'aspira largement* (un parfum) *en dilatant ses narines* » (SARTRE). V. **Ouvrir ; gonfler.** ◇ *Fig. Espérance, joie qui dilate le cœur.* V. **Épanouir.** — *Fam. Plaisanterie qui dilate la rate.* ♦ 2° SE DILATER. *v. pron.* Augmenter de volume. V. **Gonfler, grossir.** *Rails qui se dilatent sous l'action de la chaleur. Le cœur se dilate et se contracte.* ◇ *Fig. Son cœur se dilate de joie.* ◇ ANT. *Comprimer, condenser, contracter, resserrer, rétrécir.*

DILATOIRE [dilatwaʀ]. *adj.* (1283 ; lat. jur. *dilatorius*, de *dilatus*, p. p. de *differre.* V. **Différer**). *Dr.* Qui tend à retarder par des délais, à prolonger un procès. *Se servir de moyens dilatoires.* ◇ *Cour.* Qui vise à différer, à gagner du temps. *Réponse dilatoire.*

DILATOMÈTRE [dilatɔmɛtʀ(ə)]. *n. m.* (1877 ; de *dilater*, et *-mètre*). *Sc.* Appareil mesurant les changements de volume.

DILECTION [dilɛksjɔ̃]. *n. f.* (1160 ; lat. *dilectio*, de *diligere* « chérir »). *Relig.* Amour tendre et spirituel. *La dilection du prochain.* — *Littér.* « *Clotilde répondait avec une telle sollicitude d'amour, un accent de dilection si pénétrant et si pur* » (BLOY).

DILEMME [dilɛm]. *n. m.* (1570 ; bas lat. *dilemma*, gr. *dilêmma.* V. **Lemme**). ♦ 1° *Philo.* Raisonnement dont la majeure* contient une alternative à deux ou plusieurs termes (différents ou contradictoires) menant à une même conclusion. ♦ 2° (1948). Alternative contenant deux propositions contraires ou contradictoires et entre lesquelles on est mis en demeure de choisir. V. **Alternative.** *Comment sortir de ce dilemme ?* « *La culpabilité de Dreyfus, ou bien l'infamie de l'état-major : voilà dans quel dilemme imbécile on a enfermé ces officiers* » (MART. du G.).

DILETTANTE [diletɑ̃t]. *n.* (1740 ; mot it. « celui qui s'adonne à un art par plaisir » ; p. prés. de *dilettare* « délecter »). ♦ 1° Amateur passionné de musique. V. **Mélomane.** *Des dilettanti* (*vx*) ou *des dilettantes.* — *Par ext.* Amateur d'art, de littérature. « *Le dilettante n'a pas de tempérament personnel, puisqu'il n'existe rien et qu'il aime tout* » (HUYSMANS). ♦ 2° *Cour.* Personne qui s'occupe d'une chose en amateur. *Faire son travail en dilettante. Adj.* « *Je ne suis pas assez dilettante pour accepter de gâcher mon temps* » (ROMAINS).

DILETTANTISME [diletɑ̃tism(ə)]. *n. m.* (1821 ; de *dilettante*). Caractère du dilettante (2°). *Faire qqch. par dilettantisme, avec dilettantisme.* V. **Amateurisme.**

DILIGEMMENT [diliʒamɑ̃]. *adv.* (1282 ; *diligentement*, fin XIIᵉ, de *diligent*). D'une manière diligente ; avec soin et célérité. « *Qu'il fasse les choses aussi diligemment qu'il le pourra* » (RAC.).

DILIGENCE [diliʒɑ̃s]. *n. f.* (fin XIIᵉ ; lat. *diligentia* « soin, attention »). ♦ 1° *Vx.* Soin attentif, appliqué. ◇ *Dr. À la diligence d'un tel :* sur la demande, sur l'initiative, à la requête d'un tel. ♦ 2° *Vx* ou *littér.* Activité empressée, dans l'exécution d'une chose. V. **Célérité, empressement, zèle.** « *En effet, quelle diligence ! en neuf heures l'ouvrage est accompli* » (BOSS.). — *Faire diligence.* V. **Dépêcher (se), hâter (se).** — *Vx. En diligence :* vite. « *Prince, que tardez-vous ? Partez en diligence* » (RAC.). ♦ 3° (1680). Voiture à chevaux qui servait à transporter des voyageurs. V. **Coche, omnibus, patache.** *L'impériale d'une diligence. Conducteur de diligence :* postillon. « *J'avais pris la diligence de Beaucaire, une bonne vieille patache* » (DAUD.).

DILIGENT, ENTE [diliʒɑ̃, ɑ̃t]. *adj.* (fin XIIᵉ ; lat. *diligens* « attentif, zélé »). ♦ 1° *Vx.* Qui s'applique avec soin à ce qu'il fait. V. **Appliqué, assidu, zélé.** « *Celle-ci est adroite, soigneuse, diligente et surtout fidèle* » (MOL.). ◇ Qui montre de l'application. *Soins diligents.* « *Une diligente attention aux moindres besoins de la république* » (LA BRUY.). ♦ 2° *Vieilli* ou *littér.* Qui montre une activité empressée, de la célérité dans l'exécution d'une chose. V. **Actif, empressé, expéditif, prompt, rapide.** *Il recevait* « *les soins d'une secrétaire diligente, d'une dame qui répondait à presque toutes les lettres* » (DUHAM.). ◇ ANT. *Lent, négligent, paresseux.*

DILUER [dilɥe]. *v. tr.* (h. XVᵉ ; 1824 ; lat. *diluere* « laver, détremper »). ♦ 1° Délayer, étendre (une substance) dans un liquide quelconque. V. **Délayer, étendre, mouiller, noyer.** « *Un apport constant d'eau douce dilue le sel* » (GIDE). — Au p. p. *Alcool dilué :* étendu d'eau. *Par ext.* « *Une teinte pâle, diluée dans la pluie suspendue* » (BARRÈS). ♦ 2° *Fig.* Affaiblir, atténuer. « *Ces torrents de musique indiscrète... diluent sa force, détruisent la sainte solitude et le trésor des secrètes pensées* » (R. ROLLAND). ◇ ANT. *Condenser, décanter.*

DILUTION [dilysjɔ̃]. *n. f.* (1836 ; lat. *dilutio.* V. **Diluer**). Action de diluer ; son résultat.

DILUVIAL, ALE, AUX [dilyvjal, o]. *adj.* (1846 ; lat. *diluvium*). *Géol.* Qui appartient au diluvium.

DILUVIEN, IENNE [dilyvjɛ̃, jɛn]. *adj.* (1764 ; du lat.

diluvium « inondation ». V. **Déluge**). ♦ 1º Qui a rapport au déluge. *Époque diluvienne. Eaux diluviennes.* « *Comme la mer diluvienne qui a baigné les flancs de l'antique montagne* » (NERVAL). Vx. *Terrains diluviens.* V. **Diluvial.** ♦ 2º Cour. *Pluie diluvienne :* très abondante. V. **Torrentiel; déluge.** « *Des pluies diluviennes et brèves s'abattirent sur la ville* » (CAMUS).

DILUVIUM [dilyvjɔm]. *n. m.* (1856; *diluvion*, 1846; angl. *diluvium* (1819); mot lat. « déluge »). *Géol.* Ensemble des alluvions des fleuves formés à l'époque quaternaire.

DIMANCHE [dimãʃ]. *n. m.* (*Diemenche*, 1119; lat. ecclés. *dies dominicus* « jour du Seigneur »). Jour consacré à Dieu, au repos, dans les civilisations chrétiennes. V. **Dominical** (repos). *Le dimanche, considéré comme le premier jour de la semaine* ou *comme opposé à la semaine, aux jours ouvrables.* « *Le dimanche n'est pas un jour normal, physiologique, c'est un hiatus, une solution de continuité dans la trame des jours vivants* » (DUHAM.). — *Les dimanches de l'Avent. Dimanches de Carême. Le dimanche des Rameaux. Le dimanche de Pâques, de Pentecôte.* ◊ *La promenade du dimanche. Passer le dimanche en famille. Les habits, le costume du dimanche* (V. **Endimancher**). PROV. *Tel qui rit vendredi, dimanche pleurera.* ◊ *Fam.* DU DIMANCHE, se dit de personnes qui agissent en amateurs, sans expérience. *Un chauffeur du dimanche.* « *Certes, un peintre du dimanche copierait mal la Joconde* » (MALRAUX).

DÎME [dim]. *n. f.* (*Disme*, XIIᵉ; lat. *decima*, de *decimus* « dixième »). *Hist.* Impôt, fraction variable de la récolte prélevée par l'Église. *Payer la dîme, les dîmes des blés, du vin. Abolition des dîmes par la Révolution de 1789.* — *Fig. Lever, prélever une dîme sur qqch. :* en prélever, en détourner une partie de la valeur.

DIMENSION [dimãsjɔ̃]. *n. f.* (1425; lat. *dimensio*, de *metiri* « mesurer »).

I. ♦ 1º Grandeur réelle, mesurable, qui détermine la portion d'espace occupée par un corps. V. **Étendue, grandeur, grosseur.** *Dimension relative.* V. **Proportion.** « *Notre âme est jetée dans le corps, où elle trouve nombre, temps, dimensions* » (PASC.). *Des objets de toutes les dimensions.* V. **Taille.** ◊ (v. 1965). *Écon.* Taille requise pour qu'une entreprise soit viable. ♦ 2º Grandeur mesurable, selon une direction ou par rapport aux autres dimensions. *Mesurez ce tissu dans sa plus grande dimension* (dans la longueur). ◊ Grandeur qui mesure un corps dans une direction. V. **Mesure, mensuration.** *Noter, prendre, relever les dimensions. Les dimensions d'un corps.* V. **Largeur, longueur; épaisseur, hauteur, profondeur.** — *Les dimensions d'une propriété, d'un domaine. Dimension d'un livre* (V. **Format**), *d'un tube* (V. **Calibre**), *d'une chaussure* (V. **Pointure**). ◊ *Sociol.* Composante d'un fait social. ♦ 3º *Géom.* Grandeur réelle qui, seule ou avec d'autres, détermine la position d'un point. *Les dimensions d'un espace. Espace à une dimension* (ligne droite), *à deux dimensions* (plan), *à trois dimensions. Solide à trois dimensions.* — *Espace à quatre, à n dimensions. La quatrième dimension,* d'après la théorie de la relativité : le temps. ◊ Cour. « *La conquête de la troisième dimension* » (MALRAUX) *par la peinture :* de la profondeur* (par la perspective). ♦ 4º *Phys.* Formule de dimensions : rapport de deux grandeurs dont dépend une autre grandeur (*ex. :* v = L/T).

II. *Fig.* ♦ 1º (XXᵉ; de I, 1º. Cf. au XVIIIᵉ. *Prendre les dimensions de qqn,* le juger d'après ses attitudes, son comportement. *Importance. Comment a-t-il pu commettre une sottise, une faute de cette dimension?* V. **Grosseur, taille.** — (v. 1966). *Prendre la (les) dimension(s) de qqch.,* savoir discerner son importance. — Loc. adj. *À la (aux) dimension(s) de,* approprié à, à la mesure* de. *La télévision a fait un effort qui n'est* « *peut-être pas à la dimension de notre époque* » (*L'Express*, 12-9-1966). — *Prendre la (les) dimension(s) de,* devenir. « *La première greffe (d'un cœur humain) a pris dimension d'une aventure nationale* » (*L'Express*, 6-5-1968). ♦ 2º (1951; de I, 2º et 3º). Aspect dynamique et significatif d'une chose. « *La révolte est une des dimensions essentielles de l'homme* » (CAMUS). ◊ Axe de signification. « *L'auteur fait coïncider les dimensions du concret et du symbolique, de la sensualité et du mythe* » (*Nouv. Obs.*, 23-11-1966).

DIMENSIONNEL, ELLE [dimãsjɔnɛl]. *adj.* (1875; de *dimension*). *Didact.* Relatif aux dimensions (I). *Techn. Caractéristiques, normes dimensionnelles d'un objet, d'une pièce.*

DIMENSIONNER [dimãsjɔne]. *v. tr.* (v. 1950; de *dimension*). *Techn.* Calculer les dimensions (I) en fonction d'un usage. — *Recomm.* V. **Proportionner.** « *Les accès à l'autoroute ont été bien dimensionnés* » (*Guide Dunlop*, 1966). — *Adj. :* « *Un très lourd volant, largement dimensionné* » (*Revue du son*, 1966).

DIMÉTHYL- (de *di-*, et *méthyle*). *Chim.* Préfixe indiquant la présence, dans une molécule, de deux substitutions par un radical méthyle*.

DIMINUÉ, ÉE [diminɥe]. *adj.* (1365; V. **Diminuer**). ♦ 1º Rendu moins grand. *Quantité diminuée.* « *La mairie devait faire face avec un personnel diminué, à des obligations*

écrasantes » (CAMUS). V. **Réduit.** — *Archit. Colonne diminuée,* qui va se rétrécissant de bas en haut. — *Mus. Intervalles diminués,* rendus plus petits. *Ut dièse-si bémol est une septième diminuée.* — *Tricot diminué :* dont la forme résulte des diminutions et non d'un assemblage de parties. ♦ 2º (*Personnes*). Amoindri, affaibli, bas. « *Lorsque je serai physiquement et moralement diminué par l'âge ou par la maladie* » (MART. du G.). « *La vieille châtelaine, depuis son attaque, semblait fort diminuée* » (MAUROIS).

DIMINUENDO [diminɥe(ɛn)do]. *adv.* (1838; mot it. « en diminuant », lat. *diminuere*). *Mus.* En diminuant progressivement l'intensité des sons. V. **Decrescendo.** — *Subst. Un diminuendo.* ◊ ANT. Crescendo.

DIMINUER [diminɥe]. *v.* (1265; lat. *diminuere* « mettre en morceaux, briser »).

I. *V. tr.* ♦ 1º Rendre plus petit (une grandeur). V. **Amoindrir, réduire.** *Diminuer la longueur* (V. **Raccourcir**), *la largeur* (V. **Rétrécir**), *la hauteur* (V. **Abaisser**). *Diminuer le volume.* V. **Comprimer, concentrer, rapetisser, réduire.** *Diminuer la durée.* V. **Abréger, écourter.** *Diminuer la vitesse, l'intensité.* V. **Modérer.** *Diminuer les prix.* V. **Abaisser, baisser, réduire.** « *Il disposerait ainsi d'une certaine fraction de capital, sans diminuer ses revenus* » (ROMAINS). — *Spécialt.* Réduire le nombre de mailles de (un tricot). ♦ 2º (De ce qui n'est pas mesurable). Rendre moins grand, moins fort. *Diminuer l'ardeur, l'enthousiasme, le courage de qqn.* V. **Abattre, amortir, modérer, rabattre, ralentir.** *La maladie a diminué ses forces.* « *Ou les mots dépassent la pensée ou ils la diminuent* » (RENARD). « *Par la durée, les plaisirs du corps sont diminués et les peines augmentées* » (STENDHAL). *Pronom.* « *Son amitié pour Lucien s'était diminuée* » (BALZ.). ♦ 3º Réduire les mérites, la valeur de (qqn). *Prendre plaisir à diminuer autrui.* V. **Abaisser, avilir, dénigrer, déprécier, discréditer, humilier, rabaisser.** *Pronom.* Se diminuer. « *Qui se défend se diminue* » (JAURÈS). V. **Abaisser** (s'), **déchoir.**

II. *V. intr.* Devenir moins grand, moins considérable. V. **Baisser, décroître, perdre.** ♦ 1º (Avec l'aux. *avoir* pour indiquer l'action). *La chaleur a diminué aujourd'hui.* — *Diminuer de longueur, de largeur, de hauteur, de grosseur.* V. **Raccourcir, rétrécir; rapetisser.** *Les réserves diminuent.* « *Le pain, la viande froide, le beurre, diminuaient à vue d'œil* » (MART. du G.). *Les prix diminuent.* V. **Baisser, tomber.** *Cet article a diminué de prix.* ◊ *Ses forces ont diminué.* V. **Décliner, faiblir.** *Sa colère diminue.* V. **Calmer** (se), **céder, décliner, tomber.** *Son crédit commence à diminuer.* V. **Déchoir, décroître.** *Aller en diminuant.* V. **Decrescendo.** « *On vit la circulation diminuer progressivement jusqu'à devenir à peu près nulle* » (CAMUS). ♦ 2º (Avec l'auxil. *être* pour indiquer l'état qui résulte de l'action accomplie). *Littér. La chaleur est diminuée par rapport au mois d'août.*

◊ ANT. Augmenter; accroître, agrandir, ajouter, amplifier, croître, grandir, grossir.

DIMINUTIF, IVE [diminytif, iv]. *adj.* et *n. m.* (XIVᵉ; de *diminuer*). ♦ 1º *Ling.* Qui donne, ajoute une idée de petitesse, souvent avec une nuance affective (hypocoristique ou péj.). *Suffixe diminutif qu'on ajoute au radical.* — *Subst. Un diminutif :* mot formé d'une racine et d'un suffixe diminutif. *Tablette est le diminutif de* table, *jupon de* jupe, *pâlot de* pâle. ♦ 2º Nom propre formé de la même manière, indiquant de la familiarité, de l'affection chez celui qui l'emploie. *Pierrot, Louison sont les diminutifs de* Pierre *et de* Louise. *Par ext.* Se dit aussi de *Jojo* pour *Georges, Riton* pour *Henri,* etc. ◊ ANT. Augmentatif.

DIMINUTION [diminysjɔ̃]. *n. f.* (v. 1260; de *diminuer*). Action de diminuer; son résultat. V. **Amoindrissement, baisse, décroissance, décroissement, réduction.** *La diminution du nombre des décès. Diminution graduelle, progressive. Diminution brutale.* V. **Chute.** ◊ (De ce qui n'est pas mesurable) *Diminution d'un mal. Diminution des forces, de l'énergie.* V. **Affaiblissement, déperdition.** ◊ Action de diminuer le nombre de mailles, notamment en en travaillant deux à la fois (crochet, tricot). ◊ *Rhét.* Figure par laquelle on dit moins pour faire entendre plus. V. **Exténuation, litote.** ◊ ANT. Augmentation; accroissement, amplification, croissance, crue.

DIMISSOIRE [dimiswar]. *n. m.* (XVIᵉ; lat. *dimissorius* « qui renvoie »; de *dimittere*). *Relig.* Lettre d'un évêque qui autorise un clerc de son diocèse à recevoir des ordinations dans un autre diocèse (on dit aussi *Lettre dimissoriale*).

DIMORPHE [dimɔrf(ə)]. *adj.* (1841; de *di-*, et *-morphe*). ♦ 1º *Didact.* Qui peut prendre deux formes différentes. *Les fourmis femelles sont dimorphes.* ♦ 2º *Chim.* Qui peut se cristalliser dans deux systèmes cristallins différents. *Le soufre, corps dimorphe.*

DIMORPHISME [dimɔrfism(ə)]. *n. m.* (1841; de *dimorphe*). *Didact.* Caractère des organes, des corps des animaux dimorphes. *Dimorphisme saisonnier* (pelage d'été et pelage d'hiver). *Dimorphisme sexuel,* aspect différent du mâle et de la femelle d'une même espèce (*par ex.* du lion qui porte une crinière et de la lionne qui n'en porte pas).

DINANDERIE [dinādʀi]. *n. f.* (1387; de *dinandier*). *Comm.* Ustensiles de cuivre jaune (vaisselle, pots, chandeliers). *Pièces de dinanderie.* V. **Chaudronnerie** (d'art).

DINANDIER [dinādje]. *n. m.* (fin XIIIe; de *Dinant*, ville de Belgique célèbre par ses cuivres). *Vieilli.* Fabricant, marchand de dinanderie.

DINAR [dinaʀ]. *n. m.* (1740; lat. *denarius* « denier »). ♦ 1o *Ancienn.* Monnaie d'or arabe. ♦ 2o (XXe). *Mod.* Unité monétaire de la Yougoslavie; de la Tunisie; de l'Algérie.

DÎNATOIRE [dinatwaʀ]. *adj.* (XVIe; de *dîner*). *Goûter dînatoire* : goûter abondant et tardif, qui sert de dîner.

DINDE [dɛ̃d]. *n. f.* (1600; de *coq d'Inde, poule d'Inde*, nom donné aux XIVe-XVe à la pintade originaire d'Abyssinie). ♦ 1o (Appliqué au dindon, découvert au Mexique par les Espagnols). Femelle du dindon. *Dinde rôtie. Dinde de Noël.* ♦ 2o *Fig.* Femme stupide. *Quelle petite dinde!*

DINDON [dɛ̃dɔ̃]. *n. m.* (fin XVIe; de *dinde*; d'abord « petit de la dinde », puis le mâle). ♦ 1o Grand oiseau de basse-cour, originaire d'Amérique, dont la tête et le cou, dépourvus de plumes, sont recouverts d'une membrane granuleuse, rouge violacé, avec caroncules rouges à la base des mandibules; *spécialt.* le mâle (*opposé à* dinde). *Dindon faisant la roue. Se pavaner, se rengorger comme un dindon.* — Au plur. *Les dindons* : mâles et femelles. *Troupeau de dindons.* ♦ 2o *Fig. Être le dindon de la farce* : la victime, la dupe.

DINDONNEAU [dɛ̃dɔno]. *n. m.* (1651; de *dindon*). Petit de la dinde.

DINDONNER [dɛ̃dɔne]. *v. tr.* (1837; de *dindon*, 2o). Abuser, duper avec facilité. *Mari, amant dindonné*, trompé.

1. DÎNER [dine]. *v. intr.* (fin XIe, « prendre le repas du matin »; lat. pop. °*disjunare* « rompre le jeûne »). ♦ 1o *Vx* ou *région.* Prendre le repas de midi. V. **Déjeuner.** ♦ 2o *Cour.* Prendre le repas du soir. *Nous dînons à huit heures. Inviter, garder, avoir qqn à dîner. Dîner aux chandelles.* « *Il est déjà un peu tard pour aller dîner en ville, encore un peu tôt pour se rendre au spectacle* » (ROMAINS). PROV. *Qui dort dîne* : le sommeil fait oublier la faim.

2. DÎNER [dine]. *n. m.* (XIe, « repas du matin »; de *dîner* 1). ♦ 1o *Vx* ou *région.* Repas de midi. « *À onze heures et demie, on sonnait le dîner que l'on servait à midi* » (CHATEAUB.). ♦ 2o Repas du soir. *L'heure du dîner. Dîner de famille, de fiançailles, d'affaires.* ◊ (v. 1965). Accompagné d'une activité ou d'une manifestation. *Dîner-débat, -colloque, -concert, -spectacle.* ♦ 3o Les plats, les mets du dîner. *Dîner fin, copieux.* « *À sept heures, on servit le dîner* » (FLAUB.).

DÎNETTE [dinɛt]. *n. f.* (XVIe; de *dîner* 2). ♦ 1o Petit repas, parfois simulé, que les enfants s'amusent à faire entre eux. ◊ *Par ext.* Petit repas intime. *Faire la dînette.* ♦ 2o *Dînette de poupée* : service de table servant de jouet aux enfants.

DÎNEUR, EUSE [dinœʀ, øz]. *n.* (1609; de *dîner*). Personne qui prend part à un dîner. « *Les dîneurs entraient lentement dans la grande salle de l'hôtel* » (MAUPASS.).

DING [diŋ]. *interj.* (XVIe; *din, dint*). Onomatopée évoquant un tintement, un coup de sonnette. — *Ding, ding, dong!* [diŋ dɛ̃g d5(g)], onomatopée évoquant la sonnerie d'un carillon.

DINGHY ou **DINGHIE** [diŋgi]. *n. m.* (1946; *dinghi*, 1870; mot angl., du hindi). *Anglicisme.* Canot pneumatique de sauvetage.

1. DINGO [dɛ̃go]. *n. m.* (1789; mot angl. (1789), d'un parler australien). Mammifère carnivore d'Australie, qui a l'aspect d'un grand renard.

2. DINGO [dɛ̃go]. *adj. et n. m.* (*Dingot*, fin XIXe; de *dingue*). *Fam.* Fou. V. **Cinglé, dingue.** *Elle est complètement dingo!* « *Il n'y a pas de dingos dans ta famille* » (QUENEAU).

DINGUE [dɛ̃g]. *adj. et n.* (1915; o. i.; p.-ê. de *dengue**; Cf. arg. *la dingue* « paludisme » (1890); ou de *dinguer*). — *Fam.* Fou, dingo. *Il est un peu dingue, complètement dingue. On devrait t'envoyer chez les dingues.* — *Fam.* Remarquable par sa bizarrerie, sa nouveauté. Cf. Fou. *Un spectacle, une soirée dingue. C'était dingue!* ◊ HOM. Dengue.

DINGUER [dɛ̃ge]. *v. intr.* (1833; p.-ê. rad. onomat. *din-, ding-*, exprimant le balancement (des cloches, etc.). *Fam.* (Après un verbe). Tomber. « *J'eus un éblouissement et m'en allai dinguer au pied d'un marronnier* » (GIDE). ◊ *Envoyer dinguer* : repousser violemment, et fig. éconduire sans ménagement. « *Si c'était moi qui avais voulu les lui présenter, ce qu'il m'aurait envoyé dinguer* » (PROUST).

DINGUERIE [dɛ̃gʀi]. *n. f.* (1967; de *dingue*). *Fam.* Caractère d'une personne, d'un comportement dingue. — *Action de dingue. Encore une de ses dingueries!*

DINORNIS [dinɔʀnis]. *n. m.* (1843; lat. mod. *dinornis* (1843, Owen), du gr. *deinos* « terrible », et *ornis* « oiseau »). *Paléont.* Oiseau fossile de la fin du tertiaire, coureur de très grande taille qui vivait en Australie.

DINOSAURE [dinozɔʀ]. *n. m.* (1845; lat. mod. *dinausaurus* (1841, Owen), du gr. *deinos* « terrible », et *sauros* « saurien). *Cour.* Énorme animal de l'ère secondaire, de l'ordre des *Dinosauriens*.

DINOSAURIENS [dinozɔʀjɛ̃]. *n. m. pl.* (1841; angl. *dinosaurian*, de *dinosaurus*. V. **Dinosaure**). *Paléont.* Ordre de reptiles fossiles de taille gigantesque, caractéristique de la période secondaire (*ex.* : atlantosaure, brontosaure, diplodocus, mégalosaure).

DINOTHÉRIUM [dinoteʀjɔm]. *n. m.* (1837; lat. mod. (1829, Kamp); du gr. *deinos* « terrible », et *thêrion* « animal »). *Paléont.* Genre de mammifères fossiles de l'ordre des *Proboscidiens* (sortes d'éléphants à grandes défenses) localisés dans le miocène, en Europe et en Asie.

DIOCÉSAIN, AINE [djosezɛ̃, ɛn]. *adj. et n.* (mil. XIIIe; de *diocèse*). Qui est relatif à un diocèse; qui appartient à un diocèse. *L'évêque diocésain* (V. **Ordinaire**). *Œuvres diocésaines.* ◊ *Subst.* (v. 1534). Personne qui fait partie d'un diocèse. *Mandement de l'évêque à ses diocésains.*

DIOCÈSE [djosɛz]. *n. m.* (fin XIIe; fém. jusq. XVIe; gr. *dioikêsis* « administration »). ♦ 1o Circonscription ecclésiastique placée sous la juridiction d'un évêque ou d'un archevêque. *Les 87 diocèses de France. L'église d'un diocèse.* V. **Cathédrale.** *Tribunal d'un diocèse.* V. **Officialité.** *Assemblée d'ecclésiastiques chargés des affaires d'un diocèse.* V. **Synode.** ♦ 2o (Repris. lat. *diœcesis*). *Antiq.* Circonscription administrée par un « vicaire de l'empereur ».

DIODE [djɔd]. *n. f.* (XXe; de *di-*, et *-ode*; Cf. Cathode). *Techn.* Composant* électronique redresseur* de courant alternatif. V. **Valve.** *Diode à filament*, tube à vide à deux électrodes. *Diode à cristal*, constituée par la jonction de deux semi-conducteurs de type différent. V. **Transistor.**

DIOÏQUE [djɔik]. *adj. et n. m.* (1778; *dioïke*, 1768; lat. bot. *diœcia*, du gr. *di-* « deux », et *oikia* « maison »). *Bot.* Se dit des plantes à fleurs unisexuées chez lesquelles les fleurs mâles et les fleurs femelles sont sur deux pieds distincts. (S'oppose à Monoïque, unisexué.)

DIONÉE [djone]. *n. f.* (1786; lat. bot. *dionæa* « (plante) de Dioné », mère de Vénus). Plante carnivore d'Amérique (*Droséracées*), dont la feuille, bordée de longs cils et tapissée de poils sécrétant un liquide visqueux, emprisonne les insectes.

DIONYSIAQUE [djonizjak]. *adj.* (1762; gr. *dionusiakos*, de *Dionysos* « Bacchus). ♦ 1o *Antiq. gr.* Qui est relatif à Dionysos (Bacchus). *Le culte dionysiaque.* Subst. *Les dionysiaques* : fêtes en l'honneur de Bacchus célébrées au printemps et en automne (on dit aussi DIONYSIES [djonizi]). V. **Bacchanale.** ♦ 2o *Littér.* Propre à l'inspiration, à l'enthousiasme. « *Si la poésie est dionysiaque par ses origines, elle est apollinienne dès qu'elle est poésie* » (H. DELACROIX).

DIOPTRE [djɔptʀ(ə)]. *n. m.* (1547; gr. *dioptrion*). *Phys.* Surface optique séparant deux milieux de réfringence inégale.

DIOPTRIE [djɔptʀi]. *n. f.* (1887; du rad. de *dioptre*). Puissance d'une lentille ayant un mètre de distance focale dans un milieu dont l'indice de réfraction est 1 (unité de *vergence* : *symb.* δ).

DIOPTRIQUE [djɔptʀik]. *n. f. et adj.* (1626; gr. *dioptrikê*, de *diorân* « voir à travers »). *Phys.* Partie de l'optique qui traite des phénomènes de réfraction. *La Dioptrique*, de Descartes. ◊ Adj. *Instrument dioptrique. Le système dioptrique de l'œil.*

DIORAMA [djɔʀama]. *n. m.* (1822; d'apr. *panorama*, préf. gr. *dia* « à travers »). Tableau vertical où sont peints des figures, des paysages diversement éclairés (à la mode au XIXe s.). « *Les fenêtres de son salon donnaient sur des dioramas exécutés d'une façon merveilleuse et de l'illusion la plus complète* » (GAUTIER).

DIORITE [djɔʀit]. *n. f.* (1817; du gr. *diorizein* « distinguer »). *Géol.* Roche éruptive granitoïde, formée de cristaux de feldspath (couleur blanche) et d'amphibole (couleur verte).

DIOSCORÉACÉES [djɔskɔʀease]. *n. f. pl.* (*Dioscorées*, 1843; lat. mod., de *dioscorea*). Famille de plantes monocotylédones, herbacées ou ligneuses, à tubercules (*ex.* : igname, tamier).

DIOXYDE [di(j)ɔksid]. *n. m.* (1869; de *di-*, et *oxyde*). *Chim.* V. **Bioxyde.**

DIPÉTALE [dipetal]. *adj.* (1779; de *di-*, et *pétale*). *Bot.* Qui a deux pétales.

DIPHASÉ, ÉE [difaze]. *adj.* (fin XIXe; de *di-*, et *phase*). *Électr.* Qui présente deux phases. *Courant diphasé.*

DIPHTÉRIE [difteʀi]. *n. f.* (1855; *diphtérite*, 1821; du gr. *diphtera* « membrane »). Maladie contagieuse endoépidémique, causée par le bacille de Lœffler, caractérisée par la formation de pseudo-membranes sur certaines muqueuses (larynx, pharynx) et par des manifestations toxiques dues à la toxine diphtérique.

DIPHTÉRIQUE [difteʀik]. *adj.* (*Diphtérique*, 1835; de *diphtérie*). Relatif à la diphtérie. *Angine diphtérique* (ou angine couenneuse). ◊ *Subst.* Malade atteint de diphtérie. *Un, une diphtérique.*

DIPHTONGAISON [dift5gɛz5]. *n. f.* (1864; de *diphtonguer*). Le fait de se diphtonguer. *Diphtongaison du* [e] *de pedem en* [je] (pied).

DIPHTONGUE [dift5g]. *n. f.* (*Ditongue*, XIIIᵉ; lat. gram. *diphtongus*, gr. *diphthoggos* « double son »). ♦ 1° *Phonét.* Voyelle dont la tenue comporte un changement d'articulation produisant une variation de timbre. *La diphtongue peut être considérée comme formée d'une voyelle et d'une demi-consonne. Diphtongue ascendante, croissante* ou *fausse diphtongue*, où la semi-consonne est le premier élément (ex. : *pied, lui*, où le *i*, [j], le *u* [ɥ] sont des semi-consonnes). *Diphtongue descendante, décroissante*, où la semi-consonne est le second élément (ex. l'angl. *take*, où le *a* est une diphtongue; le fr. *travail*). ♦ 2° *Cour.* (*Abusiv.*). Hiatus (chaos, paysan) formé de deux voyelles.

DIPHTONGUER [dift5ge]. *v. tr.* (1550; de *diphtongue*). Faire devenir diphtongue; donner la valeur d'une diphtongue à. Pronom. *Se diphtonguer* : prendre la valeur d'une diphtongue. — Au p. p. *Voyelle diphtonguée*.

DIPL-, DIPLO-. Élément du gr. *diplos* « double ».

DIPLOCOQUE [diplɔkɔk]. *n. m.* (1892; de *diplo-*, et gr. *kokkos* « graine »). *Biol.* Bactérie sphérique formée de deux éléments groupés.

DIPLODOCUS [diplɔdɔkys]. *n. m.* (1890; lat. sc.; Cf. *Diplo-*, et gr. *dokos* « poutre », à cause des os doubles de ses vertèbres). Reptile dinosaurien, dont on a trouvé les ossements fossiles dans le jurassique supérieur des montagnes Rocheuses. *Le diplodocus atteignait parfois 25 mètres de longueur.*

DIPLOÉ [diplɔe]. *n. m.* (1539; gr. *diploê* « chose double »). *Anat.* Tissu spongieux compris entre les deux lames dures des os de la boîte crânienne.

DIPLOÏDE [diplɔid]. *adj.* (1949; de *diplo-*, et *oïde*). *Biol.* Se dit du noyau cellulaire, de la cellule qui possède normalement un double assortiment de chromosomes semblables [2n] (*opposé à* haploïde).

DIPLOMATE [diplɔmat]. *n. m.* (1792; de *diplomatique*, d'apr. *aristocrate*). ♦ 1° *N. m.* Celui qui est chargé par un gouvernement de fonctions diplomatiques, de négociations avec un gouvernement étranger. V. **Ambassadeur, attaché, chargé** (d'affaires), **légat, ministre, nonce, résident, secrétaire; émissaire, envoyé, négociateur, parlementaire, plénipotentiaire.** *Diplomate de carrière. Le diplomate représente son gouvernement auprès de l'étranger, négocie avec l'étranger, renseigne son pays, en protège les ressortissants. Une femme diplomate.* ♦ 2° *N. et adj.* (1789). Personne qui sait mener une affaire avec tact; habile, subtil dans les relations sociales. V. **Circonspect, habile, rusé, subtil.** *Elle n'est pas assez diplomate pour les réconcilier.* ♦ 3° *N. m.* Gâteau fait de biscuits à la cuiller, de fruits confits et d'une crème parfumée au rhum, au kirsch.

DIPLOMATIE [diplɔmasi]. *n. f.* (1791; de *diplomatique*, d'apr. *aristocratie*). ♦ 1° Branche de la politique qui concerne les relations entre les États : représentation des intérêts d'un gouvernement à l'étranger, administration des affaires internationales, direction et exécution des négociations entre États (V. **Ambassade, chancellerie, mission;** et *aussi* **Consulat**). *C'est à la diplomatie de résoudre ce différend.* ◇ *Carrière diplomatique; ensemble des diplomates.* V. **Carrière** (absolt.). *Entrer dans la diplomatie. Se destiner à la diplomatie. Personnel de la diplomatie.* V. **Diplomate.** ♦ 2° (1845). *Fig.* Habileté, tact dans la conduite d'une affaire. V. **Adresse, circonspection, doigté, finesse, habileté, tact.** « *Partout où il faut de la souplesse, de la diplomatie, de l'intrigue même, il* (le Latin) *est à son affaire* » (SIEGFRIED).

DIPLOMATIQUE [diplɔmatik]. *adj. et n. f.* (1708; n. f., 1681; du lat. sc. *diplomaticus*. V. **Diplôme**).
I. *Didact.* ♦ 1° *Adj.* Relatif aux diplômes, aux chartes (V. **Diplôme,** 1°). *Écritures diplomatiques* : en usage dans les diplômes. ♦ 2° *N. f.* LA DIPLOMATIQUE : science qui a pour objet les diplômes, l'étude de leur âge, de leur authenticité, de leur valeur. V. **Paléographie.**
II. *Cour.* (1726, « relatif aux diplômes, aux documents internationaux »). ♦ 1° Relatif à la diplomatie. *Histoire diplomatique. Relations diplomatiques* (Cf. Relations internationales, affaires étrangères, extérieures). *Complications, incidents diplomatiques. Correspondance, courrier, dépêche, valise diplomatique. Note diplomatique. Intervenir par la voie diplomatique. Être chargé d'une mission diplomatique. Cérémonial, protocole diplomatique.* Spécial. *Caractère diplomatique* : caractère des personnes qui représentent leur pays, qui incarnent la souveraineté de l'État et son envoie. *Agent diplomatique,* diplomate. *Corps diplomatique* et *corps consulaire.* ♦ 2° *Fig.* (Des actions, des manières). *Adroit, habile.* « *Je lui ai demandé l'autre bourse. — Aïe! ce n'est pas diplomatique* » (MUSS.). — (ANT. **Maladroit, grossier**).

DIPLOMATIQUEMENT [diplɔmatikmã]. *adv.* (1788; de *diplomatique*). ♦ 1° Par, selon la diplomatie. « *Tout ce qui se trame diplomatiquement depuis deux ans, commence*

à inquiéter sérieusement Berlin » (MART. du G.). ♦ 2° (av. 1850). D'une manière habile, avec diplomatie (2°).

DIPLÔME [diplom]. *n. m.* (1732; *diplomat* « décret », 1617; lat. *diploma*, mot gr. « plié en deux »). ♦ 1° *Ancienn.* Pièce officielle établissant un droit, un privilège. V. **Acte, charte, patente.** *Diplôme impérial, royal. Déchiffrer de vieux diplômes, établir leur authenticité* (V. **Diplomatie** (1°), **paléographie**). ♦ 2° *Mod.* (1829). Acte qui confère et atteste un titre, un grade. *Diplôme d'enseignement; diplôme de bachelier, de licence.* V. **Baccalauréat, brevet, certificat, doctorat, licence,** et *fam.* **Parchemin, peau d'âne.** *Examen, concours pour l'obtention du diplôme. Diplômes exigés pour obtenir un poste, une place. Dire qqch.* Spécialt. *Diplôme d'études supérieures. Diplôme de fin d'études. Diplôme de l'École des langues orientales, de l'Institut d'études politiques. Diplôme d'infirmière; d'interprète.* ◇ *Diplôme d'honneur,* décerné à un exposant (V. **Médaille, prix**). ◇ Écrit attestant un diplôme. « *Un diplôme encadré de noir* » (BOSCO). ♦ 3° *Examen,* concours que l'on passe avant d'obtenir le diplôme. *Se présenter à un diplôme. Passer un diplôme.* Spécialt. *Diplôme d'études supérieures* (abrév. D.E.S.), et absolt. *Diplôme* : décerné, après examen d'un mémoire, à des licenciés qui se destinent à l'agrégation. « *Et mon diplôme! pensa-t-il tout à coup. Car il y aurait, par-dessus le marché, cette mauvaise plaisanterie : le diplôme d'études supérieures* » (SARTRE).

DIPLÔMÉ, ÉE [diplome]. *adj. et n.* (1841; de *diplôme*). Qui a obtenu un diplôme. *Infirmière diplômée.* — *Spécialt.* Qui a obtenu un diplôme d'études supérieures. ◇ *Subst.* *Les diplômés d'une grande école.*

DIPLÔMER [diplome]. *v. tr.* (1878; de *diplôme*). Décerner un diplôme à. *Le jury les a tous diplômés.*

DIPLOPIE [diplɔpi]. *n. f.* (1792; du gr. *diploos* « double », et du rad. de *ops, opos* « œil »). *Méd.* Trouble du sens de la vue, consistant dans la perception de deux images pour un seul objet.

DIPNEUMONE [dipnømɔn] ou **DIPNEUMONÉ, ÉE** [dipnømɔne]. *adj.* (1846; de *di-*, et *poumon*). *Zool.* Qui possède deux poumons ou sacs pulmonaires. *Poisson, araignée dipneumone.*

DIPNEUSTES [dipnøst(ə)]. *n. m. pl.* (1890, adj. et n. m.; lat. mod. *dipneusta*, du gr. *di-*, et *pneuein* « respirer »). *Zool.* Ordre de poissons d'eau douce, avec à branchies et poumons. Sing. *Un dipneuste.*

DIPODE [dipɔd]. *n. m. et adj.* (1839; de *di-*, et *-pode*). *Zool.* Qui a deux membres, deux organes comparés à des pieds.

DIPOLAIRE [dipɔlɛʀ]. *adj.* (v. 1950; de *dipôle*, d'apr. *polaire*). *Phys. Moment dipolaire* : produit d'une des charges d'un dipôle par la distance qui sépare ces charges.

DIPÔLE [dipol]. *n. m.* (v. 1950; de *di-*, et *pôle*). *Phys.* Ensemble formé par deux charges électriques ou magnétiques ponctuelles, égales et de signes opposés, situées à faible distance.

DIPSACÉES [dipsase]. *n. f. pl.* (1721; lat. *dipsacus* « cardère »). *Bot.* Famille de plantes dicotylédones gamopétales (*ex.* : cardère, scabieuse). — Sing. *Une dipsacée.*

DIPSOMANE [dipsɔman]. *adj. et n.* (1870; du suiv.). *Méd.* Atteint de dipsomanie. On dit aussi DIPSOMANIAQUE [dipsɔmanjak], mil. XXᵉ.

DIPSOMANIE [dipsɔmani]. *n. f.* (1864; gr. *dipsa* « soif », et *mania* « folie »). *Méd.* Impulsion morbide à boire des liquides alcooliques avec excès et par accès.

1. **DIPTÈRE** [diptɛʀ]. *adj.* (1694; gr. *dipteros*). Se dit d'un édifice antique présentant une double rangée de colonnes autour du *naos. Temple diptère.*

2. **DIPTÈRES** [diptɛʀ]. *n. m. pl.* et *adj.* (1791; lat. sc. *diptera*, mot gr.). ♦ 1° Ordre d'insectes à métamorphoses complètes, à deux ailes, dont la tête est munie de pièces buccales en forme de trompe, servant à piquer, à sucer. *Diptères à longues antennes* (Nématocères : V. **Moustique**), *à courtes antennes* (Brachycères : V. **Mouche**). Sing. *Un diptère.* ♦ 2° *Adj.* Qui a deux ailes (insecte).

DIPTYQUE [diptik]. *n. m.* (fin XVIIᵉ; lat. *diptycha*, gr. *diptukha* « tablettes pliées en deux »). ♦ 1° *Antiq.* Tablettes doubles sur lesquelles on écrivait avec un stylet. *Diptyques consulaires.* ♦ 2° (1838). Tableau pliant formé de deux volets pouvant se rabattre l'un sur l'autre. *Diptyque florentin de la Renaissance.* ♦ 3° *Fig.* Se dit d'une œuvre (littéraire, artistique) en deux parties. « *Telle est la première partie de mon aventure qui sera, si vous le permettez, un diptyque* » (BLOY).

1. **DIRE** [diʀ]. *v. tr.* : *je dis, nous disons, vous dites, ils disent; je disais; je dirai; je dirais; dis, disons, dites; que je dise, que vous disiez; que je disse; disant; dit* (Xᵉ; lat. *dicere*).
I. Émettre (les sons d'un langage). *Dire un mot, quelques mots, quelques paroles.* V. **Articuler, émettre, proférer, prononcer.** *Dire qqch. entre ses dents, à voix basse. Dire à l'oreille, tout bas.* V. **Chuchoter, souffler.** *Dire tout haut, tout fort* (V. **Crier**). — *Sans mot dire* : sans parler, en silence. « *Je*

n'ouvrirai plus la bouche. Je ne dirai plus un mot » (DUHAM.).

II. Exprimer, communiquer (la pensée, les sentiments, les intentions) par la parole. ♦ 1° V. **Exprimer; communiquer.** *Dire qqch. à qqn. Dire ses projets, ce qu'on veut faire.* V. **Dévoiler, expliquer.** *Dire oui, non, bonjour, au revoir. Dire des choses sensées, des bêtises. Il dit être malade, avoir besoin d'argent. Il dit qu'il est malade, qu'il a besoin d'argent. Il dit qu'il serait venu s'il avait pu. Elle a dit qu'elle viendrait; elle dit qu'elle viendra. Je ne dis pas qu'il l'ait fait :* j'hésite à l'affirmer. *Dites-moi qui vous êtes, comment vous vous appelez, où vous allez, etc. J'ai qqch. à vous dire. « Voilà ce que j'avais à dire sur cet article »* (ROUSS.). — *Il n'a dit cela à personne; il ne l'a dit qu'à moi.* V. **Confier.** *Il l'a dit à tout le monde, en public.* V. **Publier.** *Je vous l'ai dit cent fois.* V. **Répéter.** *Dire la même chose* (qu'un autre), *dire le contraire. J'irai jusqu'à dire que. J'ose le dire. Il ne sait plus que dire, plus quoi dire. Je te dis qu'il est venu.* V. **Affirmer, assurer.** — *Que dites-vous? Qu'est-ce que tu dis? Vous dites?* (Cf. **Comment?** plaît-il?). — *Dire la vérité. Toute vérité n'est pas bonne à dire.* — (Avec **penser**) *« Il n'est pas nécessaire de penser ce qu'on dit, mais il faut penser à ce qu'on dit : c'est plus difficile »* (RENARD). *Dire ce qu'on pense. — À ce qu'il dit :* selon ses paroles. *D'après ce qu'il dit.* V. **Prétendre.** — *Il sait ce qu'il dit :* il parle à bon escient, en connaissance de cause. *Il ne sait pas ce qu'il dit :* il dit n'importe quoi. ◇ **VOULOIR DIRE :** avoir l'intention d'exprimer. *Qu'est-ce qu'il a voulu dire?* (Cf. ci-dessous, IV). ◇ Loc. div. *Dire son fait*, ses vérités, ses quatre vérités* à quelqu'un. À vrai dire,* véritablement. *— C'est beaucoup dire :* c'est exagéré. — *C'est tout dire :* il n'y a rien à ajouter. — *Pour tout dire :* en somme, en résumé. — Fam. *Ce n'est pas une chose à dire :* il vaudrait mieux ne pas en parler. — *Cela va sans dire :* la chose est évidente; il est inutile d'en parler (Cf. **Cela va de soi**). *« Pourquoi dire que nous agirons selon le droit public? Cela va sans dire! » Je lui répondis que si cela allait bien sans le dire, cela irait bien mieux en le disant »* (TALLEYRAND). — Fam. *Ce n'est pas, c'est pas pour dire, mais le coup est réussi* (Cf. **Sans me vanter**). — *Cela vous plaît à dire,* exprime que l'on n'est pas d'accord sur ce qui vient d'être dit. *La solution est satisfaisante? Cela vous plaît à dire. — C'est vous qui le dites. — Ce disant :* en disant cela. *Ceci dit :* ayant dit ces mots. *Ceci dit, il s'en alla* (Cf. **Sur ce**). — *(Cela) Soit dit en passant :* à propos d'autre chose. *Entre nous soit dit :* confidentiellement. — Fam. *C'est moi qui vous le dis,* s'emploie pour renforcer une affirmation. *Nous allons bien rire, c'est moi qui vous le dis. — Je vous l'avais dit, je l'avais bien dit :* prévu. — *Il faut vous dire que,* introduit une explication, un éclaircissement. — Fam. *Je ne vous dis que cela,* il est inutile d'en dire plus (suivant le ton, exprime l'admiration, l'étonnement, la menace). *Il a donné une réception... Je ne vous dis que ça ! — Je ne vous le fais pas dire :* vous en parlez spontanément (dans une discussion, pour souligner que qqn vient d'apporter, volontairement ou non, un argument en faveur de la thèse qu'on soutient). — Fam. *Ne pas l'envoyer dire à quelqu'un,* lui dire en termes non équivoques, une chose en face. — *À qui le dites-vous !* exprime que celui qui parle connaît, a éprouvé ce dont il s'agit aussi bien que l'interlocuteur. — *C'était donc ça ! Vous m'en direz tant !* (Cf. **Je comprends maintenant ! Ah, voilà !**). — Fam. *Tu l'as dit,* marque l'approbation. *Tu l'as dit, bouffi !* ◇ En incise. Fam. *Allons-nous-en, dirent les invités. Je suis décidé, vous dis-je.* ◇ À l'impératif, comme interjection, pour renforcer une question, etc. *Dites-donc, vous, là-bas ! Dites-moi ce que vous en pensez.* Pop. *Eh, dis donc ! Non, mais, dis !* ◇ Pronom. **SE DIRE :** dire à soi-même. *Je me disais : il faut partir; je me disais qu'il fallait partir, je me faisais cette réflexion.* ♦ 2° Décider, convenir de (qqch.). *Venez un de ces jours, disons lundi.* V. **Décider.** — *À l'heure dite :* à l'heure fixée. — *Voilà qui est dit, c'est dit :* c'est convenu, entendu. *Ce qui est dit est dit. — Tenez-vous-le pour dit !* (Cf. **N'y revenez pas, inutile d'insister**). *Tout est dit,* la chose est réglée (Cf. **Les jeux sont faits**). *Il a gagné la première manche, mais tout n'est pas dit.* — *Dire* (décider) *et faire. Aussitôt dit, aussitôt fait; aussitôt dit, aussitôt fait :* la chose a été réalisée sans délai. *C'est plus facile à dire qu'à faire :* il est plus facile de parler d'une chose que de la faire. ♦ 3° Exprimer (une opinion). *Dire son avis, son idée, son opinion, sa pensée.* V. **Donner, émettre, professer.** *Je vais vous dire ce que je pense de lui. Dire du bien, du mal de qqch. Que vont en dire les gens?* V. **Qu'en-dira-t-on.** *Avoir son mot à dire sur qqch.* ♦ 4° Par ext. Avoir une opinion, être tenté de croire. V. **Juger, penser.** *Qu'en dites-vous?* (Pop.). *« Après tout, ce que j'en dis, moi j'm'en fous »* (QUENEAU). *Que diriez-vous d'une promenade?* ◇ *Dire que,* exprime l'étonnement, l'indignation, la surprise. *Dire qu'il n'a pas encore vingt ans !* (Cf. **Quand on pense que**). — *Qui l'eût dit?* qui aurait pu le penser, le croire? ◇ **ON DIRAIT QUE** (avec l'indicatif) : on penserait, on croirait. V. **Croire.** *On dirait qu'il vient chez nous.* V. **Sembler** (il semble). *« On dirait que le ciel*

est soumis à sa loi » (BOIL.). — Littér. *Vous diriez, on dirait d'un fou :* il se conduit, il parle comme s'il était fou. *« On dirait d'une main qui se pose sur mon épaule »* (MAURIAC). — Cour. *On dirait un fou, un homme ivre. Ce poisson ressemble à de la viande, on dirait de la viande.* — Pronom. *On se dirait en France :* on se croirait. ♦ 5° Raconter (un fait, une nouvelle). V. **Conter, narrer, raconter.** *Je vais vous dire la nouvelle. Dire à qqn ce qu'il est mort? Je vais le dire à ma mère !* V. **Rapporter.** *« Vous me devez une histoire... Je vais vous la dire, répondit Genestas »* (BALZ.). — *Je me suis laissé dire que,* j'ai entendu dire, mais sans y ajouter entièrement foi, que. *Je me suis laissé dire qu'il allait venir.* — *Dire l'avenir; dire la bonne aventure.* V. **Prédire.** — *Mon petit doigt me l'a dit* (pour parler aux enfants de ce qu'on a appris à leur insu). — *On dit : le bruit court. On dit qu'il est mort. Il a réélu, dit-on* (V. **On-dit**). ♦ 6° Exprimer (sa volonté). V. **Commander, ordonner.** *Allez lui dire de venir, qu'il vienne* (V. **Avertir, demander**). *Je vous avais dit d'agir autrement.* V. **Conseiller, recommander.** *Qui vous a dit de faire cela?* — Absolt. Littér. *Vous n'avez qu'à dire* (V. **Parler**). Cour. *J'ai dit !* obéissez. ◇ *Ne pas se le faire dire deux fois :* faire qqch. avec empressement (Cf. **Ne pas se faire prier**). ♦ 7° (Dans les tours particuliers). Énoncer une objection. V. **Objecter.** *Qu'avez-vous à dire à cela? Il y a beaucoup à dire là-dessus.* V. **Redire.** *Rien à dire, ça va. Il n'y a pas à dire :* il n'y a aucune objection à faire, on doit reconnaître le fait. *« Il n'y a pas à dire, c'est bien compris, c'est moderne »* (FRANCE). *Vous avez beau dire et beau faire. Vous avez beau dire, c'est lui qui a raison.* V. **Protester.** — *Quoi qu'on dise :* malgré tout ce qu'on peut dire. PROV. *Bien faire et laisser dire,* il faut faire ce qu'on croit bien sans se soucier des critiques. ♦ 8° Lire, réciter. *Cet acteur a très bien dit cette réplique. Dire un poème, des vers.* V. **Déclamer.** — Absolt. *Cet acteur dit bien, dit juste.* ◇ Spécialt. *Dire la messe. Dire son bréviaire, ses prières. Dire son chapelet.* ♦ 9° Absolt. (aux cartes). Parler, annoncer. *C'est à vous de dire.* ♦ 10° V. DIRE *(Passif) :* être employé (terme, expression). *Cela ne se dit plus.*

III. Exprimer par le langage (écrit ou oral). ♦ 1° Exprimer par écrit. V. **Écrire.** *Je vous ai dit dans ma lettre que. « Dans mes écrits, j'ai eu d'une sincérité absolue... je n'ai rien dit que ce que je pense »* (RENAN). ◇ Exprimer par le livre, par la publication. *Je ne sais ce que dit Taine à ce sujet. Qu'en dit Littré? Il le dit en toutes lettres.* — Par ext. De l'écrit lui-même) *La loi, le code dit que.* V. **Porter, stipuler.** ♦ 2° (Avec un adv. ou une expression adverbiale). Rendre plus ou moins bien une pensée; faire entendre plus ou moins clairement qqch. (par la parole ou l'écrit). V. **Exprimer.** *Dire qqch. en peu de mots; dire carrément, crûment. Il l'a mal dit et n'a pas été compris. — Il ne croit pas si bien dire :* il ne sait pas que ce qu'il dit correspond tout à fait à la réalité. — *Pour ainsi dire,* approximativement, à peu près. — Fam. *Comme qui dirait. — Autrement dit :* en d'autres termes. — *Pour mieux dire,* s'emploie comme correctif. ♦ 3° Employer telles formes linguistiques pour exprimer qqch. *Il ne faut pas dire « se rappeler de qqch. ». Comment dites-vous cela en espagnol? Comme on dit* (pour mettre en valeur une expression, une locution à laquelle l'usage a donné un sens particulier). *Il est, comme on dit, fauché comme les blés.* — (Fam.) *Comme l'autre.* ◇ *Si j'ose dire* (pour s'excuser de la bizarrerie, de l'audace d'une expression). ◇ *Qui dit* (emploie l'expression) *fils à papa* dit (exprime) *jeune homme gâté, paresseux. « Qui dit froid écrivain dit détestable auteur »* (BOIL.). ♦ 4° Exprimer, révéler (qqch. de nouveau, de personnel) en parlant d'un penseur, d'un écrivain. *« Tout est dit, et l'on vient trop tard depuis plus de sept mille ans qu'il y a des hommes, et qui pensent »* (LA BRUY.). *« N'a-t-on pas coutume de poser à tous les jeunes gens qui se proposent d'écrire cette question de principe : « Avez-vous quelque chose à dire? »* (SARTRE).

IV. *Fig.* ♦ 1° Faire connaître, exprimer par un signe, une manifestation quelconque. V. **Dénoter, exprimer, manifester, marquer, montrer.** *Son silence dit beaucoup, en dit long.* — *Horloge, pendule qui dit l'heure exacte.* ♦ 2° Par ext. Avoir tel aspect. *« Sans soins et sans repos nocturne, que disait mon visage? »* (COLETTE). Fam. *Qu'est-ce que ça dit? quelle allure, quelle valeur cela a-t-il? Cela ne dit rien,* n'a l'air de rien, ne fait aucun effet (Cf. **Ne ressemble à rien**). ♦ 3° *Dire qqch.* (à...). V. **Plaire, tenter.** *Est-ce que cela vous dit?* vous plaît, vous plairait? *Si cela vous disait, nous irions nous promener. Cela ne me dit rien. « D'autres* (femmes) *qui ne me disaient rien »* (PROUST). *Cela ne me dit rien qui vaille,* me paraît louche, dangereux. ♦ 4° **VOULOIR DIRE.** V. **Signifier.** *Que veut dire cette phrase latine? « Une locution qui dit bien ce qu'elle veut dire »* (SARTRE), qui exprime parfaitement sa signification. *Que veut dire ton retard? — Qu'est-ce à dire?* que signifient vos paroles, vos actes? ◇ V. **C'est-à-dire.**

◇ ANT. *Cacher, dissimuler, omettre, taire.*

2. **DIRE** [diʀ]. *n. m.* (XVᵉ; du précéd.). ♦ 1° (Dans cer-

tains emplois). Ce qu'une personne dit, déclare, rapporte. V. **Affirmation, déclaration, parole.** *Leurs dires ne sont pas concordants. Au dire, selon le dire de,* d'après, selon. — Dr. *Le dire des témoins. Au dire de l'expert.* ♦ 2° *Dr.* Mémoire remis par une partie à des experts. — Observations consignées sur le cahier des charges d'une vente aux enchères. *Consigner un dire.*

DIRECT, ECTE [diʀɛkt, ɛkt(ə)]. *adj. et n. m.* (XIIIe, rare av. XVIe; lat. *directus,* de *dirigere* « diriger »). *Adj.* ♦ 1° Qui est en ligne droite, sans détour. V. **Droit, rectiligne.** *Route directe. C'est le chemin le plus direct pour arriver à la ville.* — *Succession généalogique en ligne directe.* ♦ 2° *Fig.* Sans détour. *Attaque, accusation directe. Des propos, des reproches directs. Faire une allusion directe. Contact direct. Prendre une part directe dans une affaire. Ses chefs directs. La cause directe d'un phénomène.* V. **Prochain.** « *Les hommes de révolution n'auraient pas plus de responsabilité, directe ou indirecte, dans une guerre européenne que dans un tremblement de terre* » (ROMAINS). ◇ *Dr. Action directe :* action qu'une personne exerce en son nom personnel contre un ayant cause de son propre co-contractant et en passant par-dessus ce dernier. ◇ *Complément direct,* construit sans préposition. ◇ *Discours direct,* rapporté dans sa forme originale, sans termes de liaison, après un verbe de parole (et, dans la langue écrite, placé entre guillemets). Ex. *Il a dit* : « *Je l'ai vu hier...* » par opposition au discours indirect* comportant des transpositions. Dans le même sens, *Style direct.* ♦ 4° Qui se fait dans un sens déterminé (*opposé à* rétrograde). *Mouvement direct des planètes.* — Log. (*Opposé à* inverse) *Proposition directe. Raison* directe.* ♦ 5° Qui ne s'arrête pas (ou peu). *Train direct. Voiture directe pour Londres.* — *N. m.* ♦ 1° Boxe. *Coup droit. Un direct du gauche.* ♦ 2° EN DIRECT (*radio, télév.*) : transmis sans enregistrement, au moment même (*opposé à* différé). ◇ *Préférer le direct.*

◈ ANT. *Indirect; détourné, oblique, sinueux. Contraire. Réfléchi, rétrograde. Inverse.*

DIRECTEMENT [diʀɛktəmã]. *adv.* (XIVe; de *direct*). ♦ 1° D'une manière directe; en droite ligne, sans détour. V. **Droit** (tout droit). *Vous rentrez directement chez vous, ou vous faites des courses?* — Fig. *Cela ne vous regarde pas directement.* ♦ 2° Entièrement (opposé). V. **Diamétralement.** *Deux caractères qui s'opposent directement. Des opinions directement contraires.* ♦ 3° Sans intermédiaire. V. **Immédiatement.** *Directement du producteur au consommateur.* « *Le comportement de chacun... est directement affecté par le climat* » (SIEGFRIED). « *La personnalité du lecteur est alors directement mise en cause* » (VALÉRY). ◈ ANT. *Indirectement.*

DIRECTEUR, TRICE [diʀɛktœʀ, tʀis]. *n. et adj.* (fin XVe; lat. *director*).

I. *N.* ♦ 1° Personne qui dirige, est à la tête (spécialt. d'une entreprise). V. **Administrateur, chef, patron, président.** *Directeur général d'une société. Président-directeur général. Directeur commercial, administratif, technique. Directeur du personnel. Directeur de journal, de revue.* — *Avoir le titre, la fonction de directeur. Le bureau, le cabinet du directeur.* — Admin. *Le directeur de cabinet du ministre. Les directeurs généraux des ministères* : les directeurs de bureaux. *Directeur général des P. et T. — Directrice d'un lycée, d'un collège* (on dit *proviseur, principal,* pour les hommes). *Directeur d'école,* d'une école primaire. ♦ 2° Hist. Chacun des cinq membres du Directoire. ♦ 3° *Directeur de conscience, directeur spirituel,* et ellipt. *Directeur :* prêtre qui dirige certaines personnes en matière de morale et de religion. V. **Confesseur.** *Prendre un directeur de conscience.*

II. *Adj.* ♦ 1° Qui dirige. V. **Dirigeant.** *Comité directeur.* ♦ 2° Fig. *L'idée directrice d'un ouvrage. Avoir un principe directeur.* — Artill. *Plan directeur :* carte très détaillée. — Géom. *Plan directeur d'un conoïde,* auquel la génératrice droite doit demeurer constamment parallèle. *Ligne directrice.* V. **Directrice.** — Techn. *Roue directrice d'une bicyclette. Bielle directrice.*

DIRECTIF, IVE [diʀɛktif, iv]. *adj.* (1282; *adj. et n. m.* « règle » [Cf. Directive]; du lat. sav. *directus* « direct »).

I. ♦ 1° Didact. Qui dirige, imprime une direction, une orientation, mais sans l'imposer (Cf. Directeur, I). ♦ 2° (v. 1968; amér. *directive* [LEWIN et LIPPITT], 1938). Se dit d'un chef qui prend seul toutes les décisions relatives à la conception et à l'exécution du programme d'action d'un groupe. V. **Autocratique.** — *Attitude, méthode directive.* V. **Autoritaire.** — Psycho., psychan. *Questionnaire, entretien directif, non*-directif.* ♦ II. (1961). Techn. Se dit d'un dispositif (antenne, haut-parleur, microphone) dont l'efficacité est beaucoup plus grande dans une ou plusieurs directions privilégiées. V. **Directionnel.** — *Effet directif.* V. **Directivité.**

◈ ANT. (de I). *Démocratique; actif* (1°).

DIRECTION [diʀɛksjɔ̃]. *n. f.* (1327; lat. *directio*).

I. ♦ 1° Action de diriger (I), de conduire. *Assumer la direction des travaux.* V. **Organisation.** *On lui a confié la*

direction de l'entreprise, de la société. V. **Gestion.** — *Être chargé de la direction d'un groupe, d'une équipe.* V. **Animation, conduite.** — « *Quatre ou cinq mois d'un travail assidu... sous la direction d'un professeur avisé, laborieux* » (GREEN). V. **Autorité, surveillance.** ♦ 2° (1771). Fonction, poste de directeur (V. **Commandement, présidence**). *Être nommé à la direction du personnel.* « *Je refusais la direction de l'infirmerie* » (MART. du G.). *Donner une direction à qqn.* V. **Directorat.** *Pendant sa direction,* pendant la durée de sa direction. ◇ Le ou les directeurs d'une entreprise. *Demander à parler à la direction. S'adresser à la direction du journal.* ◇ Bâtiments, bureaux du ou des directeurs. *Aller à la direction.* ♦ 3° Ensemble des services confiés à un directeur. V. **Service.** *Direction de l'Enseignement primaire, secondaire. Il y avait « la direction artistique..., le service technique, la direction du matériel* » (AYMÉ). ♦ 4° *Vx.* Fonction d'un directeur spirituel. « *Une nouvelle convertie vivant sous la direction d'un prélat* » (ROUSS.).

II. (1690, en astrol. et mécan.; répandu XVIIIe). ♦ 1° Astrol. Calcul par lequel on détermine la date d'un événement futur (la direction (I) des événements) par le rapport de points du ciel. ♦ 2° Sc. (1690, « verticale »). Ligne suivant laquelle un corps se meut, une force s'exerce. *La direction, le sens, l'intensité d'une force.* — Spécialt. Caractère commun à toutes les droites, à tous les plans parallèles, qui caractérise la façon dont un point de ce plan, de cette droite peut tendre vers l'infini. *Chaque direction comprend deux sens* opposés. *Direction orientée* (dans un des deux sens). V. **Axe.** ♦ 3° (Fin XVIIIe). Cour. Orientation; voie à suivre pour aller à un endroit. V. **Azimuth, ligne, orientation.** *Quelle direction a-t-il prise? Chercher sa direction.* V. **Orienter** (s'). *Changer de direction :* tourner. *Changement de direction :* détour, déviation, inflexion; bifurcation, croisement. « *Il retourne sur ses pas. Il reprend la direction de la rive gauche* » (ROMAINS). REM. Dans cette acception *Direction* signifie soit *direction et sens,* soit *sens* (la direction nord-sud); dans la langue scientifique cet emploi est abusif. — Dans la signalisation routière canadienne : sens unique. ◇ *Dans la direction de...* En *direction de...* V. **Vers.** — *Train en direction de Paris,* à destination de. « *Ils s'ébranlent lentement dans la direction du Sud, derrière le peloton des officiers supérieurs* » (MART. du G.). *Dans toutes les directions* : en avant, en arrière; en haut, en bas; à droite, à gauche. ♦ 4° Fig. *Donner une bonne direction à une affaire.* V. **Orientation.** *Imprimer une direction nouvelle à l'opinion.* ◇ Orientation donnée à des recherches, à des travaux. *Faire des expériences dans une direction nouvelle.* ♦ 5° Ensemble des mécanismes qui permettent de guider les roues d'une voiture, d'une automobile (volant, vis sans fin, levier de commande, barre d'accouplement; V. **Timonerie.** *Jeu dans la direction. Direction à vis, à crémaillère. Direction douce, dure, démultipliée.*

DIRECTIONNEL, ELLE [diʀɛksjɔnɛl]. *adj.* (1953; de *direction,* II). Techn. Qui émet ou reçoit dans une seule direction (syn. *Unidirectionnel*). *Antenne directionnelle.* — Recomm. offic. *Directif* (II).

DIRECTIVE [diʀɛktiv]. *n. f.* (1890; de l'adj. *directif, ive* (XIIIe), « qui a pour objet de diriger »). *Surtout plur.* Indication, ligne de conduite donnée par une autorité (politique, militaire, religieuse). V. **Instruction, ordre.** *Donner des directives. Demander, recevoir des directives de ses chefs.* « *Il y avait lieu aussi de le juger, d'influer sur lui, de lui donner ses directives* » (HENRIOT). — *Plur.* (v. 1974). Techn. Marche à suivre comportant souvent des indications chiffrées.

DIRECTIVISME [diʀɛktivism(ə)]. *n. m.* (XXe; de *directif*, I). Didact. *(Péj.).* Direction* (I, 1°) autoritaire, doctrinale (imposée par un mouvement, un organisme d'expression collective, sociale...). *Tomber dans le directivisme. Le dirigisme est un directivisme économique.*

DIRECTIVITÉ [diʀɛktivite]. *n. f.* (XXe; de *directif,* II). Phys. Direction préférentielle dans laquelle se développe un phénomène d'émission ou de réception d'une onde sonore ou électrique.

DIRECTOIRE [diʀɛktwaʀ]. *n. m.* (XVe; lat. *directorium,* de *directus.* V. **Direct**).

I. *Vx.* Ce qui permet de diriger. — Liturg. (fin XVIIe). Livret où sont indiqués les offices de chaque jour de l'année liturgique. V. **Ordo.**

II. (1762). ♦ 1° Ancienn. Conseil (ou tribunal) élu, chargé d'une direction administrative. ♦ 2° Hist. (1795). Dans la Constitution de l'an III, Conseil de cinq membres (V. **Directeur**), chargé du pouvoir exécutif (1795 à 1799). ◇ *Par ext.* Le régime politique en France, durant cette période. *Les mœurs du Directoire.* — *Le style Directoire,* le style de cette époque. — Par appos. *Une commode Directoire.* ♦ 3° Dr. comm. (1966). Organe collégial chargé de la gestion des sociétés anonymes.

DIRECTORAT [diʀɛktɔʀa]. *n. m.* (XVIIe; de *directeur.* Cf. Rectorat). Rare. Fonction de directeur; durée de cette fonction. V. **Direction.**

DIRECTORIAL, IALE, IAUX [diʀɛktɔʀjal, jo]. *adj.* (*h. XVIIᵉ;* Cf. Directeur, directoire). **I.** (1796; de *directoire*). *Hist.* Du Directoire. « *Le régime directorial achevait de se dissoudre* » (MADELIN). **II.** (*h. XVIIᵉ-1829; directoral,* 1685 ; de *directeur*). *Cour.* D'un directeur. *Les bureaux directoriaux.*

DIRECTRICE [diʀɛktʀis]. *n. f.* (1846; de *ligne directrice*). *Géom.* Courbe sur laquelle s'appuient les génératrices du cylindre, du cône. — Droite perpendiculaire à l'axe d'une conique et associée à un point de cet axe (foyer). ◊ HOM. *Directrice* (fém. de *Directeur*).

DIRHAM [diʀam] ou **DIRHEM** [diʀɛm]. *n. m.* (1959 ; mot arabe désignant une ancienne mesure de poids arabe, perse et turque, du gr. *drachma.* V. **Drachme**). Unité monétaire du Maroc.

DIRIGEABLE [diʀiʒabl(ə)]. *adj.* (1789; de *diriger*). Ballon *dirigeable,* qu'on peut diriger (*opposé à* libre). — *Subst. Un dirigeable.* V. **Aérostat, zeppelin.**

DIRIGEANT, ANTE [diʀiʒɑ̃, ɑ̃t]. *adj.* et *n.* (1835; de *diriger*). ♦ 1° Qui dirige. *Les classes dirigeantes :* les classes sociales qui exercent le pouvoir ou qui influencent le gouvernement. « *Une classe dirigeante et efficace, mais sans valeur* » (MALRAUX). ♦ 2° *N.* (v. 1900). Personne qui dirige. *Les dirigeants d'une entreprise.* V. **Administrateur, directeur, gérant.** *Les dirigeants d'un mouvement, d'un parti.* V. **Animateur, chef, meneur, responsable.**

DIRIGÉ, ÉE [diʀiʒe]. *p. p. adj.* (1690; V. Diriger). ♦ 1° Qui est mené, conduit par un chef, une autorité. *Affaire mal dirigée.* ♦ 2° *Adj.* (1932). *Économie dirigée* (*opposé à* libéral). V. **Dirigisme.**

DIRIGER [diʀiʒe]. *v. tr.;* conjug. *bouger* (1495 ; lat. *dirigere* « aligner, ordonner »). Faire aller selon une manière, un ordre, pour obtenir un résultat. **I.** ♦ 1° Conduire, mener (une entreprise, une opération, des affaires) comme maître ou chef responsable. V. **Gouverner; administrer, conduire, gérer, mener, organiser, régir.** *Diriger les affaires publiques. Diriger une usine, une société :* être à sa tête (V. **Directeur**). *Diriger des travaux. Diriger un théâtre, une école. Diriger une action collective.* V. **Mener.** — *Diriger un débat, une discussion* — *Par ext.* Avoir l'initiative de. *Il veut tout diriger.* V. **Régenter.** ♦ 2° Conduire l'activité de (qqn). *Diriger des ouvriers. Diriger un groupe, une équipe.* V. **Mener.** — *Absolt.* Apprendre à diriger, savoir diriger. « *Manuel avait appris de Ximénès comment on commande, il apprenait maintenant comment on dirige* » (MALRAUX). ♦ 3° Exercer une action, une influence sur (qqn). *Diriger un élève.* V. **Suivre.** — *Diriger le travail, les études de qqn.* — *Spécialt. Diriger la conscience de qqn.* V. **Directeur** (de conscience). ◊ *Diriger ses mouvements, ses instincts :* les contrôler par la volonté. ♦ 4° (*Sujet de chose*). Exercer une influence sur; entraîner. V. **Mener, pousser.** « *Cet accablement que vous cause la répétition de la même vie, lorsqu'aucun intérêt ne la dirige, et qu'aucune espérance ne la soutien* » (FLAUB.). V. **Guider, inspirer.**

II. (XVIIᵉ, « faire observer un point directement opposé »). Faire aller dans une direction (II). ♦ 1° Guider (qqch.) dans une certaine direction (avec une idée de déplacement, de mouvement). V. **Conduire, guider, manœuvrer.** *Diriger un véhicule, une voiture, un avion* (V. **Piloter**). « *Il embarrassait tellement les bras de son père que celui-ci ne pouvait plus ni soutenir ni diriger le cheval* » (SAND). — **DIRIGER CONTRE, SUR, VERS.** *Diriger un colis sur Paris.* V. **Envoyer, expédier.** *Diriger un convoi vers telle ville.* V. **Acheminer, amener.** *Littér. Diriger ses pas vers.* V. **Aller.** ◊ *Envoyer dans une direction;* orienter de manière à envoyer. *Diriger une lumière,* par ext. *une lampe de poche sur qqn, qqch.* V. **Braquer.** *Ils « dirigent sur les pages notées la mince lumière de leurs lanternes* » (BARRÈS). — *Diriger ses yeux, son regard vers.* V. **Porter, tourner.** *Diriger son attention sur.* V. **Regarder.** ♦ 2° SE **DIRIGER.** *v. pron. Se diriger.* V. **Aller, avancer** (s'), **marcher, rendre** (se rendre à). « *Et l'ivrogne de se diriger vers la porte et de sortir* » (MALRAUX). *Bateau qui se dirige vers le port, vers le rivage.* V. **Cingler, voguer.** ◊ ANT. **Obéir, suivre. Abandonner, laisser.**

DIRIGISME [diʀiʒism(ə)]. *n. m.* (1930; de *diriger*). Système économique dans lequel l'État assume la direction des mécanismes économiques, d'une manière provisoire et en conservant les cadres de la société capitaliste (à la différence du *Socialisme*). ◊ ANT. **Libéralisme.**

DIRIGISTE [diʀiʒist(ə)]. *adj.* et *n.* (v. 1930; V. Dirigisme). Partisan du dirigisme. *Les pays dirigistes.* — Du dirigisme. *Méthodes dirigistes.*

DIRIMANT, ANTE [diʀimɑ̃, ɑ̃t]. *adj.* (1701; du lat. *dirimere* « annuler »). *Dr. Empêchement dirimant :* qui met obstacle à la célébration d'un mariage, ou qui, si le mariage a déjà été célébré, l'annule.

DIS-. Élément, du lat. *dis* indiquant la séparation, la différence, le défaut.

DISACCHARIDE [disakaʀid]. *n. m.* (1949 ; de *di-,* et saccharide). Sucre formé par condensation de deux monosaccharides avec élimination d'une molécule d'eau.

DISANT. V. **SOI-DISANT.**

DISCAL, ALE, AUX [diskal, o]. *adj.* (xxᵉ ; du lat. *discus*). *Méd.* Relatif à un disque, *spécialt.* à un disque intervertébral. *Hernie discale.* ◊ HOM. **Discale.**

DISCALE [diskal]. *n. f.* (1754 ; it. *discalo* « déchet »). *Comm.* Déchet dans le poids d'une marchandise transportée ou emmagasinée en vrac, sans emballage (V. **Freinte**). ◊ HOM. *Discal.*

DISCARTHROSE [diskaʀtʀoz]. *n. f.* (1959 ; de *disque,* et *arthrose*). *Pathol.* Lésion dégénérative d'un ou de plusieurs disques intervertébraux. *Affaissement des vertèbres par discarthrose.*

DISCERNABLE [disɛʀnabl(ə)]. *adj.* (xviᵉ ; de *discerner*). Qui peut être discerné, perçu, senti. « *Un accent qui n'était pas provincial, ni toujours nettement discernable et localisable* » (DUHAM.). ◊ ANT. **Indiscernable.**

DISCERNEMENT [disɛʀnəmɑ̃]. *n. m.* (1532 ; de *discerner*). ♦ 1° *Vx.* Action de séparer, de mettre à part ; séparation, et *fig.* distinction. ♦ 2° *Littér.* Opération de l'esprit par laquelle on distingue deux ou plusieurs objets de pensée. V. **Discrimination, distinction.** *Le discernement de la vérité d'avec l'erreur. Discernement des nuances.* ♦ 3° *Absolt. Cour.* Disposition de l'esprit à juger clairement et sainement des choses. V. **Jugement, sens** (bon sens). *Manquer de discernement. Agir sans discernement.* V. **Circonspection, prudence, réflexion.** « *Après l'esprit de discernement, ce qu'il y a au monde de plus rare, ce sont les diamants et les perles* » (LA BRUY.). ◊ ANT. **Confusion.**

DISCERNER [disɛʀne]. *v. tr.* (XIIIᵉ, « séparer » ; lat. *discernere* « séparer, distinguer »). ♦ 1° Percevoir distinctement (un objet) de manière à éviter toute confusion. V. **Distinguer, identifier, percevoir, reconnaître.** *Discerner la présence de qqn. dans l'ombre. Mal discerner les couleurs.* V. **Voir.** *Discerner un bruit lointain.* V. **Entendre, percevoir.** *Discerner une douleur vague.* V. **Ressentir, sentir.** « *Il demeura « dans cet état de confuse béatitude, avant de discerner par quelle partie de son corps... s'insinuait cette tiède sensation de bien-être* » (MART. du G.). ♦ 2° Se rendre compte précisément de la nature, de la valeur de (qqch.); faire la distinction entre (deux choses mêlées, confondues). V. **Démêler, différencier, distinguer, séparer.** *Discerner le vrai du faux, le vrai d'avec le faux.* « *Discernez-vous si mal le crime et l'innocence?* » (RAC.). *Absolt.* « *Aimer aide à discerner, à différencier* » (MAUROIS). — *Discerner nettement la cause d'un phénomène.* V. **Identifier, isoler, reconnaître.** *Discerner une nuance subtile dans un texte.* ♦ 3° Apprécier, deviner, saisir, sentir. « *Elle discernait immédiatement, à des signes insaisissables pour nous, toute vérité que nous voulions lui cacher* » (PROUST). ◊ ANT. **Confondre, mêler.**

DISCIPLE [disipl(ə)]. *n. m.* (*Deciple,* XIIᵉ ; lat. ecclés. *discipulus,* en lat. class. « élève »). ♦ 1° Personne qui reçoit l'enseignement d'un maître. V. **Écolier, élève.** *Aristote, disciple de Platon. Les disciples de Jésus-Christ,* qui l'ont accompagné durant sa vie publique (V. **Apôtre**). *Jean,* le *disciple bien-aimé.* ♦ 2° Personne qui adhère aux doctrines d'un maître, dans le domaine philosophique, moral ou religieux. V. **Adepte, partisan, tenant.** *Disciple d'Épicure, de Rabelais, de Hegel. Elle a été un de ses disciples.* ◊ ANT. **Maître.**

DISCIPLINABLE [disiplinabl(ə)]. *adj.* (1389 ; de *discipliner*). Qui peut être discipliné. *Enfant peu disciplinable.* « *L'enfant léger, joueur et rebelle, change, est disciplinable et doux* » (MICHELET).

DISCIPLINAIRE [disiplinɛʀ]. *adj.* et *n. m.* (*h. 1611;* 1835 ; de *discipline*). Qui se rapporte à la discipline, et *spécialt.* aux sanctions. *Mesures disciplinaires. Pouvoirs disciplinaires,* d'un conseil de discipline. *Peine, sanction disciplinaire :* qui regarde une faute contre la discipline. ◊ *Milit. Locaux disciplinaires d'une caserne. Bataillon disciplinaire :* compagnie de discipline*. Par ext. N. m.* Soldat de ce bataillon. *Une compagnie de disciplinaires.*

DISCIPLINAIREMENT [disiplinɛʀmɑ̃]. *adv.* (1846 ; de *disciplinaire*). Suivant les règles de la discipline.

DISCIPLINE [disiplin]. *n. f.* (1080; lat. *disciplina*). ♦ 1° « punition, ravage, douleur », en a. fr.; lat. *disciplina*). ♦ 1° (XIVᵉ). Sorte de fouet fait de cordelettes ou de petites chaînes utilisé pour se flageller, se mortifier. *Des coups de discipline.* « *Laurent, serrez ma haire avec ma discipline* » (MOL.). ♦ 2° (XVIᵉ). *Vx.* Instruction, direction morale, influence. « *Démocrite, après avoir demeuré longtemps sous la discipline de Leucippe* » (FÉN.). ♦ 3° *Mod.* (1409). Se dit des diverses branches de la connaissance. V. **Art, étude, matière, science.** *Quelles disciplines enseignez-vous?* « *Un ensemble de spécialités (médicales) qui participent des disciplines scientifiques fort nombreuses* » (DUHAM.). ♦ 4° *Cour.* Règle de conduite commune aux membres d'un corps, d'une collectivité et destinée à y faire régner le bon ordre ; *par ext.* Cette règle (V. **Loi, règle, règlement**). *Discipline sévère, rigoureuse, de fer. Enfreindre la discipline. Ce professeur fait régner la discipline dans sa classe. Censeur des études, surveillant général* *chargé de la discipline dans un lycée. Discipline militaire :* règle d'obéissance dans l'armée fondée sur la subordination. « *Le beau préambule au Service Intérieur, que j'admirais à l'égal de certains morceaux de Bossuet :* « *La discipline faisant la force principale des armées, il importe que tout supérieur obtienne de ses subordonnés une obéissance entière et une soumission de tous les instants* » (MAUROIS). ◊ *Conseil de discipline* (d'un établissement d'enseignement ; d'un corps de magistrats, etc.) chargé de sanctionner les infractions à la discipline. ◊ *Compagnie de discipline :* unité où sont envoyés les militaires qui ont encouru de graves punitions. ♦ 5° *Règle de conduite que l'on s'impose. S'astreindre à une discipline sévère.* « *Cela exige une forte discipline de l'esprit* « (RENAN). ◈ ANT. **Anarchie, désordre, indiscipline.**

DISCIPLINÉ, ÉE [disipline]. *adj.* (V. **Discipliner**). Qui observe la discipline. *Soldats disciplinés.* V. **Obéissant, soumis.** « *Écoliers disciplinés et dociles.* « *Les communistes sont disciplinés... ils obéissent aux délégués militaires* » (MALRAUX). ◈ ANT. **Indiscipliné.**

DISCIPLINER [disipline]. *v. tr.* (1190, « châtier » ; de *discipline*). ♦ 1° (XIVe). Accoutumer à la discipline ; donner le sens de l'ordre, du devoir, de l'obéissance à. V. **Assujettir, soumettre.** *Discipliner une classe. Discipliner une armée.* ♦ 2° Plier à une discipline intellectuelle ou morale. V. **Éduquer.** « *La religion et les beaux-arts disciplinent les instincts rebelles* » (MAUROIS). ♦ 3° Fig. *Discipliner les cheveux,* les maintenir bien coiffés (surtout en parlant d'un produit). ◈ ANT. **Révolter.**

DISC (DISK ou **DISQUE)-JOCKEY** [diskʒɔkɛ]. *n. m.* (v. 1965 ; mot amér.). Anglicisme. Animateur qui présente à la radio les disques de variétés, de jazz, etc. — Recomm. *offic.* **Animateur.**

DISCO-. Élément, tiré de *disque* (4°).

DISCOBOLE [diskɔbɔl]. *n. m.* (1556 ; gr. *diskobolos* « lanceur de disques »). ♦ 1° Antiq. Athlète qui pratiquait l'art de lancer le disque ou le palet. *Le Discobole,* œuvre du sculpteur grec Myron. ♦ 2° Mod. et *littér.* Lanceur de disque.

DISCOGRAPHIE [diskɔgrafi]. *n. f.* (1962 ; de *disco-,* et *-graphie,* d'apr. *bibliographie*). Art de cataloguer les enregistrements sur disques* (4°). — Répertoire de disques (4°). *Discographie de Beethoven, du jazz Nouvelle-Orléans.*

DISCOGRAPHIQUE [diskɔgrafik]. *adj.* (1957 ; de *disco-,* et *-graphique*). Relatif à la discographie ; aux enregistrements sur disques* (4°). « *Les productions scéniques et discographiques* » (L'Express, 15-1-1968).

DISCOÏDE [diskɔid] ou **DISCOÏDAL, ALE, AUX** [diskɔidal, o]. *adj.* (1808,-1864 ; gr. *diskos* « disque », et *-oïde*). Sc. Qui a la forme d'un disque. *Corpuscule discoïde.*

DISCOMYCÈTES [diskɔmisɛt]. *n. m. pl.* (1892 ; gr. *diskos* « disque », et *-mycètes*). Bot. Groupe de champignons (*Ascomycètes*), au mycélium généralement cloisonné, à périthèce ayant l'aspect d'un disque ou d'une coupe (*ex. :* morille, truffe). Sing. *Un discomycète.* Syn. **DISCALES,** *n. f. pl.*

DISCONTACTEUR [diskɔtaktœr]. *n. m.* (1974 ; de *dis* (*joncteur*), et *contacteur*). Électr. Appareil remplissant la double fonction de disjoncteur* et de contacteur*.

DISCONTINU, UE [diskɔtiny]. *adj. et n.* (1361, repris XIXe ; lat. médiév. *discontinuus*). ♦ 1° Qui n'est pas continu, qui offre des solutions de continuité. V. **Coupé, divisé.** Math. (1864). *Fonction discontinue. Quantité discontinue* (V. **Discret, dénombrable**). N. m. *Le discontinu.* ◊ (v. 1960). Ling. *Morphème** (*), *constituant* *discontinu,* réparti sur deux ou plusieurs points non contigus de l'énoncé, comme en fr. *ne et pas* constituant la négation dans *Ils ne veulent pas.* ♦ 2° Qui n'est pas continuel. V. **Intermittent, momentané, temporaire.** *Effort, mouvement, bruit discontinu.* ◈ ANT. **Continu.**

DISCONTINUATION [diskɔtinɥasjɔ]. *n. f.* (v. 1355 ; lat. médiév. *discontinuatio*). Rare. Action de discontinuer ; état de ce qui est discontinu. V. **Cessation, interruption, suspension.** — Dr. *Discontinuation des poursuites.* ◈ ANT. **Continuation, continuité.**

DISCONTINUER [diskɔtinɥe]. *v.* (1398 ; *descontinuer,* 1314 ; lat. médiév. *discontinuare*). ♦ 1° V. *tr. Littér.* Ne pas continuer (une chose commencée). V. **Cesser, interrompre, suspendre.** « *Mme Dupin trouvait mes visites trop fréquentes et me priait de les discontinuer* » (ROUSS.). ♦ 2° V. intr. (*Choses*). Cesser pour un temps. — *Cour.* SANS DISCONTINUER : sans arrêt. *Il pleut sans discontinuer depuis hier. Il a parlé deux heures sans discontinuer.* ◈ ANT. **Continuer.**

DISCONTINUITÉ [diskɔtinɥite]. *n. f.* (1775 ; de *discontinu,* d'apr. *continuité*). Absence de continuité. « *Proust n'accepte pas cette idée « de la discontinuité du moi* » (MAUROIS). — Math. Valeur de la variable pour laquelle une fonction n'est pas continue. ◈ ANT. **Continuité.**

DISCONVENANCE [diskɔvnɑs]. *n. f.* (1488 ; de *disconvenir*). *Littér.* Défaut de convenance, de rapport. V. **Désaccord, disproportion, incompatibilité.** *Disconvenances*

d'âge, de condition. Je « *ne voyais point entre elle et moi de disconvenance* » (ROUSS.). ◈ ANT. **Accord, convenance.**

DISCONVENIR [diskɔvnir]. *v. tr. indir. ;* conjug. *venir* (attesté 1521 ; lat. *disconvenire*). DISCONVENIR DE (en emploi négatif) : ne pas convenir. V. **Nier.** *Je n'en disconviens pas :* je l'admets. « *On en tombe d'accord, je n'en disconviens pas* » (MOL.). « *Je ne puis disconvenir que ce mot ne soit juste* » (JOUBERT). ◈ ANT. **Avouer, convenir** (de), **reconnaître.**

DISCOPATHIE [diskɔpati]. *n. f.* (1959 ; de *disque,* et *-pathie*). *Méd.* Toute affection (surtout dégénérative) d'un disque intervertébral.

DISCOPHILE [diskɔfil]. *adj. et n.* (1932 ; de *disco-,* et *-phile*). Amateur de musique enregistrée ; collectionneur de disques. V. **Disque** (3°).

DISCOPHILIE [diskɔfili]. *n. f.* (mil. XXe ; du précéd.). Goûts du discophile.

DISCORDANCE [diskɔrdɑs]. *n. f.* (1165, « dissension » ; a. fr. *descordance.* V. **Discordant**). ♦ 1° (mil. XVIe). Défaut d'accord, d'harmonie. *Discordance des caractères, des esprits, des opinions.* V. **Mésintelligence.** *Discordance de couleurs.* « *Un accord parfait continu... Mais tout notre univers est en proie à la discordance, a-t-il ajouté tristement* » (GIDE). ♦ 2° (1864). Géol. *Discordance de stratification :* discontinuité dans la structure des strates. ◈ ANT. **Accord, concordance.**

DISCORDANT, ANTE [diskɔrdɑ, ɑt]. *adj.* (XIIe ; a. fr. *descordant,* de *descorder,* refait d'apr. le lat. *discordare*). ♦ 1° Qui manque d'harmonie, qui ne s'accorde pas. V. **Incompatible, opposé.** *Caractères discordants. Couleurs discordantes.* V. **Criard.** *Instruments de musique discordants.* V. **Dissonant, faux.** *Voix discordantes. La pintade* « *ne cesse de jeter un cri discordant* » (RENARD). ♦ 2° Géol. *Stratifications discordantes :* dont les irrégularités, l'absence de parallélisme (*discordance*) révèlent une lacune de sédimentation ou des mouvements tectoniques. ◈ ANT. **Concordant.**

DISCORDE [diskɔrd(ə)]. *n. f.* (1160 ; lat. *discordia*). *Littér.* Dissentiment violent et durable qui oppose des personnes. V. **Désaccord, dissension, mésintelligence.** « *La France est un pays où le bon cœur éclate par accès, dans les plus violentes discordes* » (MICHELET). *Entretenir, semer la discorde.* ◊ *Myth.* Personnage symbolisant la discorde, la haine. « *Tu verras de loin dans les villes Mugir la Discorde aux cents voix* » (HUGO). Loc. *Brandon de discorde :* sujet de dissension. *Pomme de discorde :* sujet de discussion et de division (Allusion à la pomme que Pâris remit à Vénus, suscitant ainsi la haine de Junon et de Minerve). ◈ ANT. **Accord, concorde, entente.**

DISCORDER [diskɔrde]. *v. intr.* (XIIe ; a. fr. *descorder,* d'apr. lat. *discordare*). Vx ou rare. Être en désaccord ; jurer. — Mus. (1740) Être discordant. ◈ ANT. **Concorder.**

DISCOTHÉCAIRE [diskɔtekɛr]. *n.* (v. 1971 ; de *discothèque* 1°, d'apr. *bibliothécaire*). Personne chargée du fonctionnement d'une discothèque de prêt.

DISCOTHÈQUE [diskɔtɛk]. *n. f.* (1932 ; de *disco-,* et *-thèque*). ♦ 1° Collection de disques* (4°). Meuble, édifice destiné à contenir des disques. ◊ (v. 1960). Organisme de prêt de disques. *La Discothèque de France. Discothèque universitaire.* ♦ 2° (v. 1960). Lieu de réunion (V. **Club**) où l'on peut danser au son d'une musique enregistrée.

DISCOUNT [diskaunt ou diskunt]. *n. m.* (1964 ; mot angl. *discount* « remise », « escompte » (XVIIIe), du fr. *décompte*). Anglicisme. ♦ 1° Rabais sur un prix, abattement. V. **Réduction** (III, 2°), **remise** (I, 4°). ♦ 2° Magasin où l'on pratique une formule de réduction maximale des services, des frais d'exploitation et des prix. Appos. *Magasin discount.* V. **Casser** (les prix).

DISCOUREUR, EUSE [diskurœr, øz]. *n.* (XVIe ; de *discourir*). Personne qui aime à discourir.

DISCOURIR [diskurir]. *v. intr. ;* conjug. *courir* (1539 ; *discurre,* XIIe ; lat. *discurrere* « courir çà et là »). ♦ 1° Vx. S'entretenir. V. **Bavarder.** « *Eux discourant, pour tromper le chemin, De chose et d'autre* » (LA FONT.). ♦ 2° Mod. Parler sur un sujet en le développant longuement. V. **Disserter, haranguer, pérorer** (Cf. *pop.* Baratiner, laïusser). « *On a dit de Nicole qu'il excellait à discourir sur des sujets de morale* » (STE-BEUVE). Absol. et péj. « *Le palabreur recommençait de discourir, les yeux au plafond* » (DUHAM.).

DISCOURS [diskur]. *n. m.* (1503 ; lat. *discursus,* d'apr. *cours*). ♦ 1° Vieilli. Propos que l'on tient. V. **Conversation, dialogue, entretien.** *Le discours qu'il m'a tenu.* « *C'est à vous, s'il vous plaît, que ce discours s'adresse* » (MOL.). *Discours futiles, frivoles.* V. **Babil, bavardage, palabre, tartine** (*fam.*). — Mod. (opposé à *action, fait, preuve*) *Cela aura plus d'effet que tous les discours. Assez de discours, des faits !* ♦ 2° Cour. Développement oratoire fait devant une réunion de personnes. V. **Allocution, causerie, conférence, exposé, harangue, improvisation, laïus** (*fam.*), **proclamation, speech** (*angl.*), **topo** (*fam.*). En matière religieuse on dit *sermon**, *prêche,* etc. *Discours à la louange, pour la défense, la justification de qqn.*

V. **Apologie, éloge, panégyrique, plaidoyer.** *Discours qui accuse.* V. **Catilinaire, philippique, réquisitoire.** — *Faire, lire, improviser, prononcer un discours. Discours prononcé du haut de la chaire* (ex cathedra), *d'une tribune. Discours radiodiffusé.* « *Il se remémorait jusque dans le détail ce discours qu'il avait improvisé* » (ROMAINS). *Discours politique. Discours inaugural,* qui ouvre une session, un cours. V. **Leçon.** *Discours de clôture. Discours du trône. Les discours d'une campagne électorale. Discours-programme d'un ministre. Discours de réception,* prononcé par un nouvel académicien. *Introduction, exposition, développement, conclusion d'un discours.* ♦ 3° (1637). Écrit littéraire didactique qui traite d'un sujet en le développant méthodiquement. V. **Exposé, traité.** *Le Discours de la méthode,* de Descartes. ♦ 4° (v. 1613). Expression verbale de la pensée. V. **Parole; langage.** *Les parties du discours :* les catégories grammaticales traditionnelles (nom, article, adjectif, pronom, verbe, adverbe; préposition, conjonction, interjection). ◇ *Rhét.* La suite des paroles ordonnées qui constituent un discours, un sermon. *Les six parties traditionnelles du discours.* V. **Exorde, proposition; narration, preuve, réfutation; péroraison.** « *C'est la suite du discours qui fit seulement comprendre... que, par un procédé oratoire habile, le Père avait donné en une seule fois, comme on assène un coup, le thème de son prêche entier* » (CAMUS). ◇ (déb. XXᵉ). *Ling.* Exercice de la faculté du langage. V. **Parole** (II, 2°). — *Tout énoncé* (2°) linguistique observable (phrase et suite de phrases prononcées; texte écrit), par opposition au système abstrait que constitue la langue** (II). — *Discours rapporté, direct*, indirect*,* cité après un verbe de parole. ◇ *Ling., Psychan. Analyse de (du) discours,* prenant pour unité d'observation la phrase ou une unité plus étendue. V. **Énonciation, stylistique.** ♦ 5° *Philo., Log.* Pensée discursive*, raisonnement (*opposé à* intuition). — *L'univers du discours :* l'ensemble du contexte.

DISCOURTOIS, OISE [diskuʀtwa, waz]. *adj.* (*Descourtois,* 1416; it. *discortese.* V. **Courtois**). Qui n'est pas courtois. V. **Grossier, impoli, incivil, rustre.** *Paroles, manières discourtoises.* « *La situation politique de l'Espagne rendait les policiers méfiants, discourtois et prétentieux* » (MAC ORLAN). ◇ ANT. **Courtois, poli.**

DISCOURTOISEMENT [diskuʀtwazmã]. *adv.* (XVIᵉ; de *discourtois*). *Rare.* De façon discourtoise. ◇ ANT. **Courtoisement.**

DISCOURTOISIE [diskuʀtwazi]. *n. f.* (1555; *descourtoisie,* XVᵉ; it. *discortesia*). *Vx.* Manque de courtoisie. V. **Incivilité.** ◇ ANT. **Courtoisie.**

DISCRÉDIT [diskʀedi]. *n. m.* (1719; it. *discredito.* V. **Crédit**). ♦ 1° Diminution, perte du crédit dont jouissait une valeur. *Discrédit des assignats.* V. **Baisse.** ♦ 2° Diminution de la confiance, de l'estime dont jouissait une personne, une idée. V. **Déconsidération, défaveur.** *Jeter le discrédit sur qqn.* « *L'impopularité et le discrédit de ces Directeurs* (les membres du Directoire) » (MADELIN). *Être en discrédit auprès de qqn.* V. **Crédit, considération, faveur.**

DISCRÉDITER [diskʀedite]. *v. tr.* (1572; de *discrédit*). ♦ 1° Faire tomber la valeur, le crédit de (qqch.). *Discréditer un papier-monnaie, une signature.* ♦ 2° (1672). Discréditer qqn, en portant atteinte à sa réputation, en le calomniant. V. **Déconsidérer, décrier, déniger, déprécier.** *Discréditer un rival. Je* « *crois que celui qui parle présentement dans ce sens perd sa voix; qui pis est : il la discrédite* » (GIDE). *Cette théorie est complètement discréditée.* ◇ (XVIIIᵉ) SE DISCRÉDITER. *v. pron.* Perdre de son crédit. *Il s'est discrédité dans l'esprit de son chef.* ◇ ANT. **Accréditer, vanter.**

DISCRET, ÈTE [diskʀɛ, ɛt]. *adj.* (1160, au sens du lat. médiév. *discretus* « capable de discerner »). **I.** (XVIᵉ). ♦ 1° Qui témoigne de retenue, se manifeste peu dans les relations sociales, n'intervient pas dans les affaires d'autrui. V. **Circonspect, réservé, retenu.** *C'est une personne discrète : elle ne se mêlera pas de vos affaires et ne vous posera guère de questions. Il est trop discret pour abuser de vos bontés.* V. **Délicat.** ◇ *Par ext.* Qui n'attire pas l'attention, qui ne se fait guère remarquer. *Faire un reproche, un compliment discret.* V. **Modéré.** *Allusion discrète.* « *Ce fut un regard discret, d'œil à œil* » (BALZ.). *Faire une cour discrète à qqn. Vêtements, bijoux discrets. Le gris est une couleur discrète.* V. **Distingué, sobre.** — *Endroit, coin discret :* retiré et tranquille. ♦ 2° Se dit de qqn qui sait garder les secrets qu'on lui confie. « *Tu es une fille discrète, nous avons des secrets ensemble* » (BALZ.). « *L'homme dont on cite les amours n'est jamais un homme bien discret* » (MAUPASS.). (ANT. **Indélicat, indiscret; criard, voyant**).

II. (1484; « différent » en moy. fr.; lat. class. *discretus* « séparé »). ♦ 1° *Math.* Quantité discrète, composée d'éléments séparés (*opposé à* continue). V. **Discontinu.** *Les nombres sont des quantités discrètes.* V. **Digital** (2°), **numérique** (opposé à *Analogique*). ◇ (déb. XXᵉ). Ling., Sémiot. *Unité discrète,* isolable par l'analyse et indécomposable à son niveau hiérarchique. ♦ 2° *Méd.* Se dit d'une

éruption dont les éléments sont espacés (*opposé à* confluent).

DISCRÈTEMENT [diskʀɛtmã]. *adv.* (1160; de *discret*). D'une manière discrète, qui n'attire pas l'attention. *Faire qqch. discrètement* (Cf. *fam.* En cachette, en catimini, en douce). *Regarder discrètement qqn :* à la dérobée. *Faire discrètement allusion à qqch.* « *Antoine, discrètement, semblait rester à l'écart* » (MART. du G.). *S'habiller discrètement.* V. **Sobrement.** ◇ Sans dire ce qui doit être tu. « *Sylvain, qui avait bien discrètement gardé le secret de son frère* » (SAND). ◇ ANT. **Ostensiblement; indiscrètement.**

DISCRÉTION [diskʀesjɔ̃]. *n. f.* (1160; lat. *discretio* « discernement »). **I.** *Vx.* Discernement; pouvoir de décider. *S'en remettre à la discrétion de qqn :* s'en rapporter à sa sagesse, à sa compétence. ◇ *Mod. Être à la discrétion de qqn :* dépendre entièrement de lui, être en son pouvoir. « *Vous êtes en notre pouvoir, à notre discrétion* » (HUGO). V. **Discrétionnaire.** — *Loc. adv. Cour.* À DISCRÉTION : comme on le veut, autant qu'on le veut. V. **Volonté** (à). *Manger, boire à discrétion* (Cf. À gogo). *Servez-vous à discrétion. Vin à discrétion.*

II. (XVIᵉ). ♦ 1° Retenue dans les relations sociales. V. **Décence, délicatesse, réserve, retenue, tact.** *Il a trop de discrétion pour vous rendre visite sans prévenir.* « *Une discrétion, une peur de s'imposer, de gêner, une pudeur de sentiment, une réserve perpétuelle* » (R. ROLLAND). « *Il s'efface, par discrétion, pudeur et crainte de me gêner* » (GIDE). ♦ 2° Qualité consistant à savoir garder les secrets d'autrui. « *Il me faut une impénétrable discrétion et un silence absolu* » (MAUPASS.). *Discrétion assurée.* ◇ ANT. **Impudence, sans-gêne. Indélicatesse, indiscrétion.**

DISCRÉTIONNAIRE [diskʀesjɔnɛʀ]. *adj.* (1794; de *discrétion,* I). Qui est laissé à la discrétion (I), qui confère à qqn la libre décision. *Pouvoir discrétionnaire du président des assises.* — *Par ext.* V. **Arbitraire, illimité.** « *Le poète a des pouvoirs discrétionnaires* » (DUHAM.). ◇ ANT. **Limité.**

DISCRÉTOIRE [diskʀetwaʀ]. *n. m.* (1620; de *discret*). *Relig.* Assemblée de religieux ou de religieuses composant le conseil du supérieur ou de la supérieure d'un couvent. — *Par ext.* Lieu où se tient le conseil.

DISCRIMINANT, ANTE [diskʀiminã, ãt]. *adj. et* **n.** *m.* (1877; lat. *discriminare,* de *discrimen* « point de séparation »). ♦ 1° *Didact.* Qui établit une séparation, une discrimination. « *Nous n'avons plus aujourd'hui la barricade discriminante* » (PÉGUY). ♦ 2° N. m. *Alg.* Fonction des coefficients d'une équation algébrique qui sert à la résolution d'une équation entière. *Le discriminant d'une équation du 2° degré* (b² — 4 ac) *indique si elle a deux racines, une racine double ou pas de racine réelle.*

DISCRIMINATION [diskʀiminasjɔ̃]. *n. f.* (1877; lat. *discriminatio* « séparation »). ♦ 1° *Psycho.* Action de distinguer l'un de l'autre deux objets de pensée concrets. V. **Distinction.** — *Littér.* Action de discerner, de distinguer les choses les unes des autres avec précision. « *Une discrimination... entre l'essentiel et le superflu* » (HENRIOT). ♦ 2° *Cour.* Le fait de séparer un groupe social des autres en le traitant plus mal. *Cette loi s'applique à tous sans discrimination,* de façon égalitaire. V. **Distinction.** *Discrimination raciale.* V. **Ségrégation.** ◇ ANT. **Confusion, mélange. Égalité.**

DISCRIMINATOIRE [diskʀiminatwaʀ]. *adj.* (v. 1950; de *discrimination*). Qui tend à distinguer un groupe humain des autres, à son détriment. *Mesures discriminatoires.*

DISCRIMINER [diskʀimine]. *v. tr.* (1899; lat. *discriminare*). Faire la discrimination entre. V. **Distinguer, séparer.** *Jules Bertaut a* « *judicieusement discriminé les créatures et les écrivains du second et du troisième rayon* » (HENRIOT).

DISCULPATION [diskylpasjɔ̃]. *n. f.,* XVIᵉ; de *disculper.* *Rare.* Action de disculper, de se disculper. ◇ ANT. **Accusation, inculpation.**

DISCULPER [diskylpe]. *v.* (*Descouper,* XIIᵉ; *discoulper,* 1555; de *coulpe*; refait au XVIIᵉ (1675) d'apr. *culpa*). ♦ 1° *V. tr.* Prouver l'innocence de (qqn). *Disculper qqn à qui on impute une faute à tort.* V. **Blanchir, innocenter, justifier.** *Disculper un ami des accusations dirigées contre lui. Document qui disculpe un accusé.* « *Hommes de France, cette naïve grandeur d'âme disculpe toute l'humanité de son plus grand crime* » (DUHAM.). ♦ 2° SE DISCULPER. *v. pron.* Se justifier, s'excuser. *Se disculper auprès de qqn, aux yeux de qqn.* « *Je ne suis pas juge d'instruction pour que vous essayiez de vous disculper devant moi* » (GREEN). ◇ ANT. **Accuser, incriminer, inculper.**

DISCURSIF, IVE [diskyʀsif, iv]. *adj.* (XVIᵉ; lat. scolast. *discursivus,* de *discursus* « discours »). ♦ 1° *Log.* Qui tire une proposition d'une autre par une série de raisonnements successifs (*opposé à* intuitif). *Méthode discursive. Connaissance discursive.* « *L'intelligence discursive, c'est-à-dire celle qui s'exprime par discours et mots* » (MAUROIS). ♦ 2° Qui ne s'astreint pas à une continuité rigoureuse, qui procède par digressions. « *Ce récit tout linéaire (je veux dire : sans épaisseur), uniquement discursif* » (GIDE).

DISCUSSION [diskysjɔ̃]. *n. f.* (1120; lat. *discussio.* V. Discuter). ♦ 1° Action de discuter, d'examiner (qqch.), seul ou avec d'autres. V. **Examen.** *Discussion d'une équation. Discussion d'un point de doctrine. L'authenticité de ce texte est sujette à discussion, donne matière à discussion. Discussion d'un projet de loi, du budget à l'Assemblée.* ♦ 2° Le fait de discuter (une décision), de s'y opposer par des arguments. *Allons, obéissez, et pas de discussion ! Ordres à exécuter sans discussion.* ♦ 3° Action de discuter (4°). Échange d'arguments, de vues contradictoires. V. **Conversation, débat, délibération, échange** (de vues). *Discussion entre deux, plusieurs personnes sur, au sujet de... Discussion portant sur des détails.* V. **Argutie, ergotage, logomachie.** *Discussion byzantine*. — Prendre part à la discussion. Soulever une discussion; soutenir un point de vue lors d'une discussion. « Quand la discussion... avait été longue, diffuse, obstinée, le Premier consul savait la résumer, la trancher d'un seul mot »* (THIERS). *« La discussion est impossible, avec qui prétend non pas chercher, mais posséder la vérité »* (R. ROLLAND). *— Loc. prov. De la discussion jaillit la lumière :* c'est par un échange de points de vue, une confrontation des idées, qu'on peut approcher de la vérité. ♦ 4° (1704). *Par ext.* Vive contestation. V. **Altercation, contestation, controverse, différend, dispute, explication, querelle.** *Ils ont eu ensemble une violente discussion. Antoine « se souvenait de la discussion orageuse qu'il avait eue avec M. Thibault »* (MART. du G.). ◇ ANT. *Acceptation. Accord, entente.*

DISCUTABLE [diskytabl(ə)]. *adj.* (1791; « qui peut être discuté (1°) », 1791; de *discuter*). ♦ 1° Qu'on peut discuter (2°), dont la valeur n'est pas certaine. V. **Attaquable, contestable, controversable.** *Raison, affirmation, opinion, méthode discutable. Il le dit, mais c'est fort discutable.* ♦ 2° (*Euphémisme*). Critiquable, plutôt mauvais. V. **Douteux.** *C'est d'un goût discutable.* ◇ ANT. *Évident. Incontestable, indiscutable.*

DISCUTAILLER [diskytaje]. *v. intr.* (1881; de *discuter*). *Péj.* Discuter.

DISCUTÉ, ÉE [diskyte]. *adj.* (1690; V. **Discuter**). ♦ 1° Qui soulève des discussions, sur quoi personne n'est d'accord; controversé, critiqué. *Théorie très discutée. « Nous nous piquons à nos opinions avec d'autant plus de violence que nous les sentons plus discutées ou plus douteuses »* (PAULHAN). ♦ 2° *Un homme très discuté :* dont la valeur est mise en cause, les actes critiqués. ◇ ANT. *Indiscuté.*

DISCUTER [diskyte]. *v.* (XIIIᵉ; lat. *discutere* « agiter »). ♦ 1° V. *tr.* Examiner (qqch.) par un débat, en étudiant le pour et le contre. V. **Agiter, débattre, controverser, critiquer.** *Discuter un point litigieux, une question, une opinion. Discuter un projet de loi.* Pronom. *Cette affaire se discute en conseil des ministres.* V. **Traiter** (se). *« La jeune femme n'essaya pas de discuter en elle-même la vraisemblance du propos »* (ROMAINS). ♦ 2° Mettre en question, considérer comme peu certain, peu fondé. *Discuter l'existence, la vérité de qqch.* V. **Contester, douter.** *Il « manifestait une autorité que nul ne songeait d'ailleurs à discuter »* (DUHAM.) : à mettre en cause. ♦ 3° *Spécialt.* Opposer des arguments à (une décision), refuser d'exécuter. *Vous n'avez pas à discuter mes ordres.* — Absolt. *Ne discutez pas* (Cf. *Pas de discussion*). ♦ 4° (1829). *V. intr.* Parler avec d'autres en échangeant des idées, des arguments sur un même sujet. *Discuter d'un point, sur un point avec qqn. Discuter en réunion.* V. **Conférer, conseil** (tenir conseil). *Discuter avec l'ennemi.* V. **Négocier, parlementer, traiter.** *Discuter de politique. Discuter politique. « Il n'avait aucune envie de discuter métaphysique avec ce brave Paterson »* (MART. du G.). *Discuter sur des détails.* V. **Discutailler, épiloguer, ergoter.** *On ne peut pas discuter avec lui, il est de mauvaise foi. Discuter âprement.* V. **Disputer** (se). Fam. et trans. *Discuter le coup, le bout de gras.* V. **Bavarder.**

DISCUTEUR, EUSE [diskytœr, øz]. *n. et adj.* (XIVᵉ; de *discuter*). *Rare.* Qui aime la discussion. V. **Raisonneur.** *« Croyez-vous qu'on fait tant son discuteur quand on vient de traverser... »* (GIONO).

DISERT, ERTE [dizɛr, ɛrt(ə)]. *adj.* (1321; lat. *disertus*). *Littér.* Qui parle avec facilité et élégance. V. **Éloquent.** *« Il était disert et savant »* (PROUST).

DISERTEMENT [dizɛrtəmã]. *adv.* (v. 1282; de *disert*). *Rare.* De façon diserte. V. **Éloquemment.**

DISETTE [dizɛt]. *n. f.* (*Disiète*, XIIIᵉ; o. i., p.-ê. gr. *disektos* « année bissextile, malheureuse »). ♦ 1° Manque (de choses nécessaires). V. **Besoin, défaut, manque, pénurie, rareté.** *Disette d'eau, de vivres. Disette d'argent. « Les Parisiens seraient forcés, par la disette des vivres, à se rendre... »* (VOLT.). ◇ *Fig. Il y a disette d'idées nouvelles.* V. **Indigence.** *Il peut « dans la disette où l'on est... devenir le premier écrivain de la Revue »* (STE-BEUVE). ♦ 2° *Spécialt.* Manque de vivres. V. **Famine.** *Année de disette. « La disette dégénéra en famine universelle »* (VOLT.). ◇ ANT. *Abondance.*

DISETTEUX, EUSE [dizetø, øz]. *adj. et n.* (1213; de *disette*). *Vx.* Qui manque du nécessaire. V. **Indigent,**

nécessiteux, pauvre. ◇ ANT. *Aisé, fortuné, nanti, riche.*

DISEUR, EUSE [dizœr, øz]. *n.* (1233; de *dire*). ♦ 1° DISEUR DE : personne qui dit habituellement des choses d'un genre particulier (dans quelques locutions). — *Diseur, diseuse de bonne aventure :* personne qui prédit l'avenir (V. **Chiromancien, devin, voyante**). *« Les diseurs d'horoscopes... profitent de l'ambition des crédules esprits »* (MOL.). — Péj. *Diseur de bons mots :* celui qui dit des bons mots en toute occasion. *« Diseurs de bons mots, mauvais caractère »* (PASC.) : celui qui préfère nuire à autrui plutôt que de renoncer à un trait d'esprit est mauvais (phrase citée de nos jours sans être bien comprise). ♦ 2° Absolt. et vx. *Un beau diseur, un diseur :* celui qui affecte de bien parler. V. **Chute, déchéance, destitution.** ♦ 3° Personne qui récite, déclame (dans l'expression : *C'est un fin, un excellent diseur*).

DISGRÂCE [disgrɑs]. *n. f.* (1539; it. *disgrazia.* V. **Grâce**). ♦ 1° Perte des bonnes grâces, de la faveur d'une personne dont on dépend. V. **Défaveur.** *« Lorsque tout tremble devant le tyran, et qu'il est aussi dangereux d'encourir sa faveur que de mériter sa disgrâce »* (CHATEAUB.). — *Par ext.* État de celui qui a encouru la disgrâce. *La disgrâce de Fouquet.* ♦ 2° *Vx.* Événement malheureux. V. **Infortune, malheur.** *Pour comble de disgrâce.* V. **Détresse, misère.** *« Ah, malheur ! Ah, disgrâce ! »* (MOL.). ♦ 3° *Littér.* Manque de grâce. V. **Disgracieux; laideur.** *« Cette architecture anguleuse et décolorée dont m'apparaissait pour la première fois la disgrâce rébarbative »* (GIDE). ◇ ANT. *Faveur, grâce. Beauté, grâce.*

DISGRACIÉ, IÉE [disgrasje]. *adj. et n.* (1546; it. *disgraziato* « malheureux »). ♦ 1° Qui n'est plus en faveur, qui est tombé en disgrâce. *Un ministre disgracié, destitué. « L'ambassadeur disgracié, le chef de bureau mis brusquement à la retraite... l'amoureux éconduit »* (PROUST). ♦ 2° *Fig.* Peu favorisé, mal partagé. V. **Défavorisé.** *Être disgracié de la nature, par la nature.* ◇ *Absolt.* V. **Disgracieux, ingrat, laid.** *« Elle haussa vers lui son visage tendre et disgracié »* (SARTRE). ◇ ANT. *Favorisé.*

DISGRACIER [disgrasje]. *v. tr.* (1552; de *disgracié*). Priver (qqn) de la faveur qu'on lui accordait. *Disgracier un ministre.* V. **Destituer, renvoyer.** ◇ ANT. *Favoriser, protéger.*

DISGRACIEUSEMENT [disgrasjøzmã]. *adv.* (1752; de *disgracieux*). *Rare.* De manière disgracieuse. ◇ ANT. *Gracieusement.*

DISGRACIEUX, IEUSE [disgrasjø, jøz]. *adj.* (1578; repris XVIIIᵉ; it. *disgrazioso.* V. **Gracieux**). Qui n'a aucune grâce. *Maintien, geste disgracieux. Ornement, assemblage disgracieux.* V. **Laid.** *Visage disgracieux.* V. **Ingrat.** *« Une élocution naturellement disgracieuse et embarrassée »* (HENRIOT). V. **Déplaisant, désagréable.** ◇ ANT. *Gracieux. Agréable, aimable.*

DISHARMONIE [dizarmɔni]. *n. f.* (XXᵉ; de *dis-*, et *harmonie*). Absence d'harmonie (entre les parties, des éléments). *Disharmonie de sons, de couleurs.* V. **Discordance.** *Fig. Disharmonie des sentiments.* ◇ ANT. *Harmonie.* HOM. *Dysharmonie.*

DISJOINDRE [diʒwɛ̃dr(ə)]. *v. tr.;* conjug. *joindre* (1361; réfection de *desjoindre* (déb. XIIᵉ); de *dé-*, et *joindre*, d'apr. lat. *disjungere*). ♦ 1° Écarter les unes des autres (des parties jointes entre elles). V. **Désassembler, désunir, détacher, diviser, séparer.** *Disjoindre les ais d'une cloison.* V. **Déboîter, démonter.** Pronom. *« Toute cette membrure qui était la Médée (un bateau) se disjoignait peu à peu, en gémissant sous l'effort terrible »* (LOTI). ♦ 2° *Fig.* Séparer. *Disjoindre deux sujets, deux questions.* V. **Isoler.** — *Dr. Disjoindre deux causes :* les séparer pour les juger chacune à part. ◇ ANT. *Joindre; rapprocher, réunir.*

DISJOINT, OINTE [disʒwɛ̃, wɛ̃t]. *adj.* (1370; de *disjoindre*). ♦ 1° Qui n'est pas, n'a pas été ou n'est plus joint. *Vieux perron aux marches disjointes.* ♦ 2° Dont les éléments sont disjoints. *« Par toutes les fissures d'un ciment disjoint »* (RENAN). ♦ 3° *Fig.* Qui n'est pas conjoint. V. **Séparé.** *Questions bien disjointes :* qui n'ont rien à voir ensemble. V. **Différent, distinct.** — *Mus. Degré disjoint,* intervalle de plusieurs degrés entre deux notes. ◇ ANT. *Conjoint.*

DISJONCTEUR [disʒɔ̃ktœr]. *n. m.* (1888; du lat. *disjunctum,* sup. de *disjungere* « disjoindre »). *Électr.* Interrupteur automatique. *Le disjoncteur coupe le courant quand celui-ci est trop fort ou quand la tension est trop basse.* V. **Conjoncteur-disjoncteur.**

DISJONCTIF, IVE [disʒɔ̃ktif, iv]. *adj.* (1534; lat. *disjunctivus*). Qui disjoint, isole deux éléments logiques. — *Gram. Particule, conjonction disjonctive.* Subst. *Les disjonctives* ou, *soit que, tantôt... tantôt. Propositions disjonctives.* — *Log.* Se dit d'un jugement qui affirme une alternative. *Le dilemme* est un syllogisme disjonctif.* Subst. *Une disjonctive :* une alternative disjonctive (*opposé à* alternative exclusive). ◇ ANT. *Conjonctif, copulatif.*

DISJONCTION [disʒɔ̃ksjɔ̃]. *n. f.* (XIIIᵉ; lat. *disjunctio*). ♦ 1° Action de disjoindre (des idées); son résultat. V.

Désunion, écartement, séparation. *Disjonction de deux questions. Les procédés logiques, grammaticaux de disjonction* (V. **Disjonctif**). ♦ 2° (1690). *Dr.* Séparation de deux ou plusieurs causes. *Disjonction d'un article de projet de loi, sa séparation de l'ensemble pour en faire ultérieurement l'examen.* ♦ 3° (1864). *Log.* Proposition disjonctive inclusive (une au moins des deux propositions est vraie) ou exclusive (une seule des deux est vraie). V. **Ou**; **somme** (logique) [symbole V]. ◇ ANT *Jonction; conjonction.*

DISLOCATION [dislɔkɑsjɔ̃]. *n. f.* (1314; lat. méd. *dislocatio*). ♦ 1° Le fait de se disloquer, état de ce qui est disloqué. ◇ *Méd.* Déplacement anormal, en général par traumatisme (d'un organe ou d'une partie du corps). *Dislocation d'une articulation.* V. **Déboîtement, désarticulation, entorse, foulure, luxation.** ♦ 2° Le fait de se disloquer (2°); disjonction, séparation violente. *Dislocation des pièces d'une machine. Dislocation d'une voiture qui a roulé dans le ravin. Géol.* « *Les dislocations peuvent être des ploiements de couches sans cassure, ou bien il peut y avoir cassure et déplacement. Dans le premier cas on parle de* plissements, *dans le second, de* failles » (MARTONNE). ◇ Par anal. *La dislocation du cortège s'opéra au rond-point.* V. **Dispersion.** ♦ 3° *Fig.* (1580). *Dislocation d'un empire.* V. **Démembrement, désagrégation, dissolution.** ◇ ANT. *Jonction, union.*

DISLOQUER [dislɔke]. *v. tr.* (1545; lat. méd. *dislocare* « déboîter »). ♦ 1° Déplacer violemment (les parties d'une articulation). V. **Déboîter, démantibuler, démettre, désarticuler.** — Par ext. *Disloquer le bras, l'épaule.* V. **Démancher.** *Se disloquer l'épaule.* — Pronom. « *La Débardeuse se disloquait comme un clown* » (FLAUB.). V. **Contorsionner** (se), **tordre** (se). ♦ 2° (1588). Séparer violemment, sortir de leur place normale (les parties d'un ensemble). V. **Désunir.** *Disloquer les rouages, les éléments d'une machine, d'une pièce d'artillerie.* V. **Déranger, détraquer, fausser.** — Par ext. Séparer les éléments de. *Disloquer une machine, des meubles.* V. **Briser, casser, démolir.** *Disloquer un empire* (V. **Démembrer**), *un État, un système.* Pronom. *Cortège qui se disloque.* V. **Dissoudre, séparer** (se). « *Salomon à peine mort, son royaume se disloque* » (DANIEL-ROPS). ◇ ANT. **Assembler**, emboîter, monter, remettre.

DISPARAÎTRE [disparɛtr(ə)]. *v. intr.*; conjug. *paraître.* V. **Connaître**; auxil. *Avoir,* ou *être (*vieilli ou *littér. :* pour indiquer l'état. *Il est disparu depuis dix ans).* (1606; de *dis-,* et *paraître;* remplace a. fr. *disparoir,* XIIIᵉ).
I. Ne plus être vu ou visible. ♦ 1° Cesser de paraître, d'être visible. V. **Aller** (s'en), **évanouir** (s'), **évaporer** (s'). *Le soleil* « *plonge enfin parmi les collines et disparaît* » (FROMENTIN). V. **Cacher** (se). « *La brume subtile où toutes les formes apparaissaient et disparaissaient soudainement* » (LARBAUD). V. **Évanouir** (s'), **fondre** (se). « *Les voitures disparurent, l'une après l'autre, derrière le tournant* » (SARTRE). ◇ Être caché, dissimulé par. V. **Cacher** (se), **dissimuler** (se). *La maison disparaît sous la verdure.* « *Les deux panneaux en relief disparaissaient sous des dessins à la plume* » (FLAUB.). ♦ 2° (1650; *Personnes*). S'en aller. V. **Fuir, partir, retirer** (se). *Disparaître sans laisser de traces. Disparaître furtivement, discrètement.* V. **Éclipser** (s'), **esquiver** (s'). « *Il disparaissait avec les jeunes filles, quand une visite arrivait* » (CHARDONNE). « *Si j'avais disparu, est-ce qu'il serait parti à ma recherche?* » (ROMAINS). ◇ En parlant d'objets qu'on ne peut retrouver. *Mes gants ont disparu.* V. **Égarer** (s'). *Il ne trouve plus ses dossiers : ils n'ont pas disparu tout seuls.* V. **Envoler** (s'), **volatiliser** (se). ♦ 3° FAIRE DISPARAÎTRE (qqn, qqch.) : le soustraire à la vue; enlever, cacher. V. **Escamoter.** *Faire disparaître un document compromettant.*
II. (Fin XVIIᵉ). Cesser d'être, d'exister. ♦ 1° (*Êtres vivants*). V. **Éteindre** (s'), **mourir.** *Marins qui disparaissent en mer.* V. **Perdre** (se). *Toutes ces personnes ont disparu.* ♦ 2° (*Choses*). *Navire qui disparaît en mer.* V. **Couler** (bas), **perdre** (se), **périr, sombrer.** — *Le brouillard a disparu vers dix heures.* V. **Dissiper** (se). *La rougeur de son visage commence à disparaître.* V. **Effacer** (s'). « *Un petit pli, entre les sourcils, se forme et disparaît, reparaît et s'efface* » (MART. du G.). ♦ 3° (Abstrait). *Ses craintes, ses soucis ont disparu en un clin d'œil.* V. **Dissiper** (se), **effacer** (s'), **évanouir** (s'). *Cette mode a disparu, est disparue depuis longtemps. Dialecte qui commence à disparaître.* V. **Perdre** (se). « *La force des peuples barbares tient à leur jeunesse et disparaît avec elle* » (HUGO). V. **Diminuer, disparu** (s'), **tarir.** *Tout finit par disparaître.* V. **Passer.** ♦ 4° FAIRE DISPARAÎTRE (qqch.). V. **Anéantir, détruire, enlever, effacer, supprimer.** *Le temps a fait disparaître cette inscription. Médicament qui fait disparaître les maux de tête, la fièvre.* V. **Chasser.** ◇ *Faire disparaître un obstacle, une difficulté, un doute.* V. **Dissiper, lever, résoudre, vaincre.** ◇ ANT. *Apparaître, paraître, reparaître; montrer* (se). *Commencer, demeurer, être, rester.*

DISPARATE [disparat]. *adj.* et *n. f.* (1655; lat. *disparatus* « inégal »).
I. *Adj.* Qui n'est pas en accord, en harmonie avec ce qui l'entoure; dont la diversité est choquante. V. **Discordant, divers, hétéroclite, hétérogène.** *Couleurs, ornements disparates qui jurent.* « *Nous avons étalé jusqu'ici sur la table des éléments variés et singulièrement disparates* » (SIEGFRIED). ◇ Dont les éléments sont disparates. *Un mobilier disparate.*
II. *N. f.* (fin XVIIᵉ; esp. *disparate,* n. m.). *Vx.* Défaut d'harmonie, dissemblance choquante (entre deux ou plusieurs choses). V. **Différence, disparité.** « *Il y avait en moi de telles disparates, ma condition d'écolier formait avec mes dispositions morales des désaccords si ridicules* » (FROMENTIN). *Il* « *ne souffrit pas trop de la disparate entre la caserne et la famille* » (MAUROIS). ◇ ANT. *Assorti, harmonieux, homogène. Conformité, harmonie, unité.*

DISPARITÉ [disparite]. *n. f.* (v. 1300; lat. *disparilitas,* d'apr. *parité*). Absence d'accord, d'harmonie entre les éléments; caractère disparate. V. **Contraste, disparate** (II), **dissemblance, dissonance, diversité, hétérogénéité.** *Il s'assimilait* « *des éléments de toutes provenances, parfois assez disparates, et dont la disparité ne le choquait ni ne le gênait* » (G. PARIS). *Ces vues... qui compensent aux yeux des parents l'extrême disparité d'âge* » (DIDER.). ◇ ANT. *Accord, conformité, parité.*

DISPARITION [disparisjɔ̃]. *n. f.* (1559; de *disparaître,* d'apr. *apparition*). Action de disparaître; son résultat. ♦ 1° Le fait de n'être plus visible. *Disparition du Soleil à l'horizon, d'un astre* (coucher; éclipse, occultation). ♦ 2° Action de partir d'un lieu, de ne plus se manifester. V. **Départ, retraite.** « *C'est cela, la paix : la disparition de tous ces braillards belliqueux* » (LÉAUTAUD). ◇ Absence inexplicable. *La disparition de l'enfant remonte à huit jours. Constater la disparition d'une grosse somme d'argent.* ♦ 3° Action de disparaître en cessant d'exister. V. **Mort; fin, suppression.** *Disparition d'espèces préhistoriques.* — *La disparition d'une civilisation* (V. **Effacement**). — *Disparition de troubles organiques.* ◇ ANT. *Apparition, réapparition.*

DISPARU, UE [dispary]. *adj.* (1673; V. *Disparaître*). ♦ 1° Qui a cessé d'être visible. « *Il n'avait pu apercevoir que le profil au un dernier pli de robe, aussitôt disparu* » (GAUTIER). ♦ 2° Qui a cessé d'exister. *Marin disparu en mer.* « *Dans un monde, hélas! disparu, où les hommes circulaient librement* » (SIEGFRIED). ◇ *Subst.* (1907) *Mort,* défunt. *Notre chère disparue.* ◇ *Spécialt.* Soldat qui, dans une guerre, est considéré comme mort sans qu'on sache s'il n'ait pu être établi. *Être porté disparu.* ◇ ANT. *Visible. Vivant.*

DISPATCHER [dispatʃœr, -ɛr]. *n. m.* (1945; mot. angl., du suivant). Anglicisme. Celui qui s'occupe d'un « dispatching ». — *Recomm. offic.* Régulateur*.

DISPATCHING [dispatʃiŋ]. *n. m.* (part. prés. substantivé; mot angl., 1945, de *to dispatch* « répartir »). Anglicisme. Organisme central qui assure la régulation du trafic (ch. de fer, avions), la répartition de l'énergie électrique, etc. *(techn.).* — *Recomm. offic.* Poste de distribution, de commande.

DISPENDIEUSEMENT [dispɑ̃djøzmɑ̃]. *adv.* (1843; de *dispendieux*). D'une manière dispendieuse. *Vivre dispendieusement.* ◇ ANT. *Économiquement.*

DISPENDIEUX, IEUSE [dispɑ̃djø, jøz]. *adj.* (h. 1327, 1584; 1709; bas lat. *dispendiosus,* de *dispendium* « dépense »). Qui exige une grande dépense. V. **Cher, coûteux, onéreux.** *Une façon de vivre dispendieuse. Besoins, goûts dispendieux.* ◇ ANT. *Économique.*

DISPENSABLE [dispɑ̃sabl(ə)]. *adj.* (v. 1536; de *dispense*). Jur. *Cas dispensable,* pour lequel on peut obtenir une dispense.

DISPENSAIRE [dispɑ̃sɛr]. *n. m.* (1775, à propos de l'Angleterre; 1827, à propos de la France; angl. *dispensary;* a. fr. *dispensaire* [1573] « recueil de formules », de *dispenser*). Établissement (public ou privé) où l'on donne gratuitement des soins courants et où on assure le dépistage et la prévention de certaines maladies à caractère social. *Dispensaire antituberculeux.*

DISPENSATEUR, TRICE [dispɑ̃satœr, tris]. *n.* (1190; lat. *dispensator* « intendant »). Personne qui dispense, qui distribue. V. **Distributeur, répartiteur.** « *Je suppliai le dispensateur de toutes grâces d'accorder à l'orphelin le bonheur* » (CHATEAUB.). « *Les banques centrales, dispensatrices des devises* » (SIEGFRIED).

DISPENSE [dispɑ̃s]. *n. f.* (1488; de *dispenser*). ♦ 1° Autorisation spéciale, donnée par l'autorité ecclésiastique de faire ce qui est défendu ou de ne pas faire ce qui est prescrit. V. **Autorisation, exemption, permission.** *Demander, obtenir, accorder une dispense.* « *On n'a point pour la mort de dispenses de Rome* » (MOL.). *Il a eu sa dispense du pape.* ♦ 2° *Cour. Dispense du service militaire. Dispense de scolarité ou d'examen. Dispense d'âge pour passer un examen,* autorisation de le passer avant l'âge légal. *Dispense de certaines obligations civiles.* V. **Immunité; franchise.** *Dispense de droits, d'impôts.* — (1864). Pièce établissant la dispense accordée à qqn. V. **Dérogation, exonération.** ◇ ANT. *Obligation.*

DISPENSER [dispɑ̃se]. *v. tr.* (1283; lat. *dispensare* « distribuer »). ♦ 1° Distribuer (en parlant de personnes, de puissances supérieures). V. **Accorder, départir, distribuer, donner, répandre.** *Dispenser des bienfaits.* « *Cette ville a quelque chose d'ensorcelant, et dispense un charme* » (HENRIOT). « *Cette lumière triomphante que dispense un soleil déjà méridional* » (SIEGFRIED). ♦ 2° (XVIᵉ). DISPENSER DE... : libérer (qqn d'une obligation, de faire). V. **Exempter.** *Dispenser qqn d'impôts.* V. **Décharger, exonérer.** *Dispenser d'un devoir, d'un vœu.* V. **Dégager, soustraire** (à). ◇ (*Sujet de chose*) « *Le bon sens qui dispense de savoir* » (RENARD). « *Ne pas comprendre n'a jamais dispensé de juger* » (R. ROLLAND). ◇ Par politesse, pour demander la permission de ne pas faire qqch. ou feindre de s'excuser d'une abstention. *Dispensez-moi de vous raccompagner.* — Par euphém. *Dispensez-moi de vos réflexions.* V. **Épargner, grâce** (faire grâce de). *Je vous dispense à l'avenir de vos visites* : je vous défends de revenir me voir. ♦ 3° SE DISPENSER. *v. pron.* S'exempter de...; se soustraire à (une obligation). *Se dispenser de ses devoirs.* — Se permettre de ne pas faire (qqch.). *Se dispenser de travailler.* « *On ne peut se dispenser de juger : c'est une nécessité, pour vivre* » (R. ROLLAND). ◇ ANT. **Assujettir, astreindre, contraindre, exiger, forcer, obliger.**

DISPERSAL [dispɛʀsal]. *n. m.* (v. 1960; mot angl. *to disperse* « disséminer », lat. *dispergere*). Anglicisme. Aire de stationnement cimentée pour les avions, dans une base aérienne.

DISPERSEMENT [dispɛʀsəmɑ̃]. *n. m.* (1877; de *disperser*). Rare. État de ce qui est dispersé. Action de disperser, le fait de se disperser. V. **Dispersion, éparpillement.**

DISPERSER [dispɛʀse]. *v. tr.* (1495; lat. *dispersus*, p. p. de *dispergere* « répandre çà et là »). ♦ 1° Jeter, répandre çà et là. V. **Disséminer, dissiper, éparpiller, parsemer, répandre, semer.** *Disperser les débris de qqch.* « *Ce grand vent aura vite dispersé ta cendre* » (BÉDIER). *Le vent disperse la brume.* V. **Dissiper.** ♦ 2° Répartir çà et là, en divers endroits, de divers côtés. V. **Diviser, répartir, séparer.** *Disperser une collection. Disperser le tir.* — Pronom. *La foule se dispersa après le spectacle.* V. **Partir; égailler** (s'). ◇ Fig. *Disperser ses efforts, ses forces, son attention* : les faire porter sur plusieurs points, sur plusieurs objets à la fois. V. **Émietter, éparpiller.** — Pronom. *Se disperser* : s'occuper à des activités trop diverses. ♦ 3° Repousser, écarter. *Disperser l'ennemi.* V. **Balayer, chasser, débander.** *Ils* « *avaient fait évacuer la place et dispersé la foule* » (LOTI). ◇ ANT. **Agglomérer, assembler, centraliser, concentrer, masser, rassembler, réunir.**

DISPERSIF, IVE [dispɛʀsif, iv]. *adj.* (1855; de *disperser*). Sc. Qui provoque une dispersion d'une radiation. *Milieu dispersif.*

DISPERSION [dispɛʀsjɔ̃]. *n. f.* (XIIIᵉ, rare av. XVIIᵉ; lat. *dispersio*, de *dispersus*). ♦ 1° Action de disperser, de se disperser; état de ce qui est dispersé. V. **Dissémination, division, éparpillement.** *La dispersion des cendres par le vent. La dispersion des pièces d'une collection.* ◇ Phys. *Dispersion de la lumière* : décomposition d'une lumière formée de radiations de différentes longueurs d'ondes en spectre. *Dispersion de la lumière blanche par un prisme ou un réseau de diffraction.* V. **Diffusion.** — Balist. *Dispersion de tir. Rectangle de dispersion*, dans lequel se répartissent 99 % des points d'impact. — Chim. État d'une solution colloïdale, en suspension dans un milieu où elle est insoluble. *Milieu de dispersion.* ◇ *Dispersion d'une armée, d'une flotte.* V. **Débandade, déroute.** *La dispersion des Juifs* (diaspora). V. **Séparation.** ◇ Fig. *La dispersion de l'esprit* : son application à différents sujets. V. **Dissipation, éparpillement.** *La dispersion des efforts, des forces, de la pensée.* « *Je voudrais lire tout, à la fois. Danger de la dispersion* » (GIDE). ◇ ANT. **Rassemblement. Réunion. Concentration.**

DISPONIBILITÉ [disponibilite]. *n. f.* (1492; rare av. 1790; de *disponible*). État de ce qui est disponible. ♦ 1° (*Choses*). Dr. *La disponibilité des biens* : la faculté d'en disposer, de les aliéner librement. — Plur. *disponibilités* : actif dont on peut immédiatement disposer (*opposé à* immobilisations). V. **Fonds** (de roulement); **espèces.** ♦ 2° (*Personnes*). Situation administrative de certains fonctionnaires, écartés provisoirement de leurs fonctions, mais qui conservent leur grade, leur droit à la retraite. — Situation d'un militaire maintenu ou renvoyé dans ses foyers avant l'expiration de la durée légale, bien qu'il demeure apte au service actif. — *Par ext.* Ensemble des militaires qui sont en état de disponibilité. ♦ 3° État de ce qui est disponible (3°). *Disponibilité d'esprit.* « *Le désœuvrement, cette disponibilité totale* » (MAURIAC). ◇ ANT. **Indisponibilité.**

DISPONIBLE [dispɔnibl(ə)]. *adj.* (XIVᵉ, dr.; répandu XIXᵉ; lat. médiév. *disponibilis*, de *disponere* « disposer »). ♦ 1° Dont on peut disposer (*choses*). V. **Libre.** *Nous avons deux places disponibles. Appartement disponible.* — Dr. *Somme, valeurs disponibles d'une entreprise.* V. **Disponibilité, réserve.** *Quotité disponible*, opposée à la part réservatrice, en matière successorale. ♦ 2° (*Personnes*). *Officier, fonctionnaire disponible*, qui n'est pas en activité, mais demeure toujours à la disposition de l'armée, de l'administration. ♦ 3° Dont l'action, le jugement, les sentiments peuvent se modifier librement; qui n'est lié ou engagé par rien. « *Je disais que chaque nouveauté doit nous trouver toujours tout entiers disponibles* » (GIDE). — (1956). Ling. *Vocabulaire disponible*, en réserve dans la mémoire, avec une faible fréquence d'emploi (Cf. Passif). ◇ ANT. **Engagé, indisponible, occupé; actif.**

DISPOS, OSE [dispo, oz]. *adj.* (1465; de l'it. *disposto*, d'apr. *disposer*). Qui est en bonne disposition pour agir. V. **Agile, alerte, allègre, forme** (en forme), **gaillard, ingambe, léger.** « *Quand je suis venu ici, j'étais frais et dispos, et me voilà roué, brisé, comme si j'avais fait dix lieues* » (DIDER.). *Esprit dispos.* ◇ ANT. **Abattu, fatigué, lourd, malade.**

DISPOSANT, ANTE [dispozɑ̃, ɑ̃t]. *n.* (1459; subst. part. de *disposer*). Dr. Personne qui fait une disposition par donation entre vifs, ou par testament. V. **Donataire, testateur.**

DISPOSÉ, ÉE [dispoze]. *adj.* (1370, *bien, mal disposé* « en bonne, mauvaise santé ». V. **Disposer**). ♦ 1° Arrangé, placé. *Fleurs disposées avec goût. Objets disposés symétriquement.* ♦ 2° Être disposé à, être préparé à, avoir l'intention de. V. **Prêt** (à). *Nous sommes tout disposés à vous rendre service.* ♦ 3° Être bien, mal disposé pour, envers qqn : être dans de bonnes, de mauvaises dispositions envers lui. *Il est bien disposé à votre égard.* V. **Bienveillant, favorable.** — Absolt. *Être bien, mal disposé* : être de bonne, de mauvaise humeur. V. **Train** (être, n'être pas en train).

DISPOSER [dispoze]. *v.* (1180, « décider de »; lat. *disponere*; francisé d'apr. *poser*). **I.** *V. tr. dir.* ♦ 1° (1452). Arranger, mettre dans un certain ordre. *Disposer des fleurs dans un vase, les couverts sur la table.* V. **Arranger, mettre, placer, répartir.** *Disposer symétriquement des objets. Disposer en ligne* (V. **Aligner**), *en croix* (V. **Croiser**), *en cercle*, etc. « *On disposa devant le poêle le guéridon, le fauteuil et une chaise* » (ROMAINS). V. **Installer.** *Disposer ses troupes autour d'une place de guerre.* ♦ 2° (XVIᵉ, « prédisposer »). DISPOSER (QQN) À... : préparer psychologiquement (qqn à qqch.). V. **Préparer.** *Disposer un malade à mourir, à la mort. Disposer qqn à une mauvaise nouvelle.* — Engager (qqn à faire qqch.). V. **Décider, déterminer, engager, inciter, pousser.** *Nous l'avons disposé à vous recevoir.* « *Un sentiment réfléchi et paisible qui dispose chaque citoyen à s'isoler de la masse de ses semblables* » (TOCQUEVILLE). ♦ 3° SE DISPOSER (À). *v. pron.* Se mettre en état, en mesure de; être sur le point de. *Je me disposais à partir quand il est arrivé.* V. **Préparer** (se). « *Apprenez que votre tuteur se dispose à vous épouser demain* » (BEAUMARCH.).

II. *V. tr. indir.* (XVᵉ). DISPOSER DE. ♦ 1° Avoir à sa disposition, avoir la possession, l'usage de. V. **Jouir** (de), **servir** (se servir de), **user, utiliser.** *Il dispose d'une voiture. Vous pouvez en disposer, je n'en ai plus besoin.* V. **Prendre.** *L'argent dont l'entreprise dispose* (V. **Disponibilité**). *Il peut se le permettre, avec les moyens dont il dispose.* V. **Avoir.** *Je ne dispose que de quelques minutes.* « *Je dispose en maître de la nature entière* » (ROUSS.). — Dr. *Disposer d'une terre, d'un bien*, par vente, par donation, par testament. V. **Aliéner, jouir.** *Les mineurs ne peuvent disposer de leurs biens.* ♦ 2° *Disposer de qqn*, en faire ce que l'on veut, s'en servir comme on le veut. « *C'est à vous de disposer de moi selon vos volontés* » (MOL.). — Absolt. *Vous pouvez disposer* (de vous) : je ne vous retiens pas, partez (à un inférieur).

III. *V. intr.* (XVIᵉ). Prendre des dispositions. V. **Décider, décréter, dicter, prescrire, régler.** *La loi ne dispose que pour l'avenir. Disposer par testament.* PROV. *L'homme propose, Dieu dispose.*

DISPOSITIF [dispozitif]. *n. m.* (1314, adj., « qui prépare »; du lat. *dispositus.* V. **Disposer**). ♦ 1° Dr. Énoncé final d'un jugement qui contient la décision du tribunal (*opposé aux* « motifs » du jugement). ◇ Par ext. *Le dispositif d'une loi, d'un décret, d'un arrêté* (*opposé à* préambule, considérants). ♦ 2° (v. 1860). Techn. et cour. Manière dont sont disposés les pièces, les organes d'un appareil; le mécanisme lui-même. V. **Machine, mécanisme.** *Dispositif de sûreté. Dispositif d'accord. Dispositif de commande, de manœuvre.* « *On ne désespère pas de pouvoir des créatures mécaniques de dispositifs qui auraient la valeur de nos sens* » (DUHAM.). ♦ 3° Milit. Ensemble de moyens disposés conformément à un plan. *Dispositif d'attaque, de défense.* « *Gallieni commençait à déployer son dispositif* » (DUHAM.).

DISPOSITION [dispozisjɔ̃]. *n. f.* (XIIᵉ; lat. *dispositio.* V. **Disposer**). ♦ 1° Action de disposer, de mettre dans un certain ordre; résultat de cette action. *Une disposition régulière d'objets.* V. **Ordre, arrangement.** *La disposition des massifs, des ornements.* V. **Arrangement, répartition.** *Disposition des pièces d'un appartement.* V. **Distribution.** *Disposition des matériaux d'une maçonnerie.* V. **Appareil.** ♦ 2° *Au plur.* Moyens, précautions par lesquels on se dispose à qqch.

V. Arrangement, décision, mesure, préparation, résolution. *Prendre ses dispositions pour partir en voyage. J'ai pris toutes les dispositions nécessaires* (V. **Précaution**). ♦ 3° DISPOSITION À : *tendance à. Disposition à contracter une maladie.* **V. Prédisposition.** *Disposition à éprouver des émotions. Disposition des prix à la hausse.* ♦ 4° État d'esprit passager. **V. État.** *Dans, en (telle) disposition. Il est dans une disposition à croire tout ce qu'on lui raconte. Être en bonne, en mauvaise disposition.* V. **Humeur** (être de bonne, de mauvaise humeur). *Plur.* Intentions envers qqn. *Être dans de bonnes dispositions à l'égard de qqn.* V. **Intention, sentiment.** ♦ 5° (XVIIᵉ). Aptitude à faire qqch. (en bien ou en mal). **V. Aptitude, don, facilité, faculté, goût, inclination, instinct, orientation, penchant, prédisposition, propension, tendance, vocation.** *Avoir des dispositions pour l'étude. Des dispositions innées, naturelles.* V. **Qualité.** *Il a toutes les dispositions pour réussir.* « *Le seul défaut de caractère qu'on lui trouve, c'est une disposition à des colères violentes* » (ROMAINS). ♦ 6° (Dans A... DISPOSITION). Faculté de disposer, pouvoir de faire ce que l'on veut (de qqn, de qqch.). **V. Pouvoir.** *Avoir à sa disposition.* **V. Posséder; main** (avoir en main, dans la main, sous la main). *L'argent, les valeurs qui sont à la disposition d'une société.* **V. Disponibilité.** *Les moyens mis à notre disposition. Laisser* (qqch.) *à la disposition de qqn.* **V. Abandonner, offrir.** « *Je l'ai fait recopier... Mais l'original est ici à votre disposition* » (ROMAINS). ◊ (Personnes) *Se tenir, se mettre, être à la disposition de qqn* : s'obliger à le servir, attendre ses ordres, être prêt à lui donner satisfaction. V. **Ordre** (être aux ordres de). *Je suis à votre entière disposition. Se mettre à la disposition de la police.* ◊ *Dr. Acte de disposition* (opposé à acte d'administration) : acte dont l'objet est de faire sortir du patrimoine un bien ou une valeur (V. **Aliénation**), ou acte qui crée un droit réel sur un bien (hypothèque, servitude). — « *Les particuliers ont le libre disposition des biens qui leur appartiennent* » (CODE CIV.). ♦ 7° Clause d'un acte juridique (d'un contrat, d'un testament, d'une donation). *Dispositions entre vifs.* « *À la fin de mes dispositions testamentaires, tu trouveras une liste de legs* » (MART. du G.). ♦ 5° Chacun des points que règlent une loi, un arrêté, un jugement. *La disposition que renferme cet article.* V. **Prescription.**

DISPROPORTION [dispRɔpɔRsjɔ̃]. *n. f.* (1549; de *dis-*, et *proportion*). Défaut de proportion, trop grande différence entre deux ou plusieurs choses. **V. Différence, disconvenance, disparité, inégalité.** *Disproportion d'âge, de taille, de fortune, de mérite entre deux personnes. La disproportion de la peine et de la punition.* « *C'est donc dans la disproportion de nos désirs et de nos facultés que consiste notre misère* » (ROUSS.). ◊ ANT. Proportion.

DISPROPORTIONNÉ, ÉE [dispRɔpɔRsjɔne]. *adj.* (1534; de *disproportion*). Qui manque de proportion. **V. Inégal.** *Récompense disproportionnée au mérite.* « *Une somme de travail grotesquement disproportionnée avec la somme d'argent qui en était le salaire* » (COURTELINE). — Absolt. *Taille disproportionnée.* **V. Démesuré.**

DISPUTAILLER [dispytɑje]. *v. intr.* (1596; de *disputer*, I, 1°). *Vx.* Disputer longuement et inutilement. V. **Discutailler, ergoter.**

DISPUTE [dispyt]. *n. f.* (1474; de *disputer*). ♦ 1° *Vx.* Discussion, lutte d'opinions, sur un point de doctrine. V. **Débat, discussion.** *Dispute par écrit.* V. **Polémique.** ♦ 2° (XVIIᵉ). *Mod.* Échange violent de paroles (arguments, reproches, insultes) entre personnes qui s'opposent. V. **Altercation** (fam.)**, bagarre, chamaillerie, conflit, controverse, démêlé, discussion, engueulade** (pop.)**, explication, heurt, prise** (de bec)**, querelle.** *Dispute d'amoureux. Dispute de ménage.* V. **Scène** (de ménage). *Sujet de dispute, d'une dispute. Dispute qui s'élève, éclate entre plusieurs personnes, qui se transforme en bagarre. Chercher la dispute.* V. **Attaquer, envenimer** (la discussion). Cf. **Chercher des crosses, chercher noise.** *Personne qui aime, qui provoque la dispute* (V. **Agressif, chicaneur**). *Inciter, pousser à la dispute* (Cf. **Mettre de l'huile sur le feu, semer la zizanie**). *Dispute qui laisse les adversaires irréconciliables.* V. **Brouille, brouillerie, fâcherie, rupture.** « *Le plaisir des disputes, c'est de faire la paix* » (MUSS.). ◊ ANT. **Accord, entente, paix, réconciliation.**

DISPUTER [dispyte]. *v.* (XIIᵉ; lat. *disputare* « discuter »). **I.** *V. tr. indir.* ♦ 1° *Vx* ou *litt.* Avoir une discussion. **V. Discuter.** *Disputer d'un sujet, sur un sujet avec qqn. Disputer d'une question.* **V. Débattre.** PROV. *Des goûts et des couleurs, il ne faut pas disputer.* ◊ *Vx.* Engager une lutte violente de paroles avec qqn. **V. Batailler.** « *Au lieu de disputer, discutons* » (BUFF.). ♦ 2° *Littér.* Être en concurrence, en rivalité (avec). **V. Rivaliser.** *Ces deux employés disputent de zèle.* **II.** *V. tr.* (1609). ♦ 1° Littér. *Le disputer en*, rivaliser de. « *Il n'est point de spectacle... qui puisse le disputer en magnificence à celui que vous venez de nous donner* » (MOL.). ♦ 2° Lutter pour la possession ou la conservation d'une chose à laquelle un autre prétend. *Disputer un poste à des rivaux, une femme à un ami.* V. **Brisées** (marcher, courir sur les bri-

sées de qqn). « *Cette victoire, si âprement disputée par un ennemi supérieur en nombre* » (MADELIN). Pronom. *Animaux qui se disputent une proie.* « *Les trois fils rebelles qui avant sa mort se disputent son héritage* » (BAINVILLE). — *Disputer le terrain* : le défendre pied à pied, avec acharnement contre l'ennemi. V. **Défendre.** ◊ Par ext. *Disputer une chose, une personne à qqch.* : tenter de l'arracher, de la soustraire à. « *En venant à Paris, lui-même, disputer aux lenteurs administratives son humble part du legs* » (COURTELINE). ♦ 3° Cour. *Disputer un match, un combat, un concours, un succès*, le faire en vue de remporter la victoire, le succès. ♦ 4° *Fam.* Réprimander (qqn). V. **Attraper, gronder.** « *Madame de Pontchartrain le disputa* » (ST-SIM.). **III.** Cour. SE DISPUTER. *v. pron.* ♦ 1° *(Récipr.).* Avoir querelle. *Personnes qui se disputent.* V. **Chamailler** (se)**, chicaner** (se)**, engueuler** (s', pop.)**, quereller** (se). *Se disputer avec un ami. Ils n'arrêtent pas de se disputer.* ♦ 2° *(Passif).* *Sports. Être disputé. Le match s'est disputé hier à Paris.*

DISQUAIRE ou **DISCAIRE** [diskɛR]. *n.* (1949; de *disque*, 4°). Marchand de disques. *Écouter un disque dans la cabine d'un disquaire.*

DISQUALIFICATION [diskalifikasjɔ̃]. *n. f.* (1784; de *disqualifier*). Action de disqualifier; son résultat.

DISQUALIFIER [diskalifje]. *v. tr.* (1784; empr. à l'angl. *to disqualify*; du fr. *qualifier*). ♦ 1° Exclure d'une course (un cheval qui ne répond pas aux conditions exigées par le règlement). — Par ext. Exclure d'une épreuve, en raison d'une infraction au règlement. *Disqualifier un boxeur pour coup bas.* ♦ 2° *Fig.* Frapper de discrédit (celui qui s'est rendu coupable d'une incorrection, d'un manquement aux devoirs de sa charge). V. **Déshonorer, discréditer.** ♦ 3° *Dr.* Exclure (une infraction) d'une catégorie et la réinsérer dans une autre. ◊ SE DISQUALIFIER. *v. pron.* Perdre son crédit; perdre tout titre à la place qu'on occupe en faisant preuve d'indignité, d'incapacité. *Il s'est disqualifié en tenant de pareils propos.* ◊ ANT. Qualifier.

DISQUE [disk(ə)]. *n. m.* (1555; lat. *discus* « palet »). ♦ 1° *Antiq.* Palet de pierre ou de fer que les athlètes grecs s'exerçaient à lancer (V. **Discobole**). ◊ *Mod.* Palet de bois cerclé de métal, pesant 1 972 g (hommes) que les athlètes lancent en pivotant sur eux-mêmes. *Lancer le disque.* ♦ 2° (XVIIᵉ). Surface visible de certains grands astres. *Le disque du Soleil, de la Lune.* ♦ 3° (1690, « verre de lunette »). Objets de forme ronde et plate (cercles, cylindres de peu de hauteur). — *Disque d'embrayage*, qui met en rapport le volant du moteur et l'arbre d'embrayage. *Freins à disques*, à mâchoires serrant un disque calé sur l'axe de la roue. ◊ *Anat.* (1852) *Disque intervertébral* : fibrocartilage situé entre les surfaces articulaires de deux corps vertébraux. — *Disques musculaires*, parties claires, alternant avec des parties sombres, des fibrilles d'un muscle strié. ◊ (1864) Signal formé d'une plaque tournante sur un support, qui indique par sa position et sa couleur apparente si la voie est libre. ◊ (1959). *Disque de stationnement*, dispositif pour indiquer les heures d'arrivée et de départ des véhicules, à utiliser dans certaines zones de stationnement à durée limitée. ♦ 4° (v. 1900). Plaque circulaire de matière variable (matière plastique; gomme laque, etc.) sur laquelle sont enregistrés des sons en minces sillons spiralés. *Gravure du son sur un disque.* V. **Enregistrement.** *Disque dur, disque souple. Disque microsillon de longue durée, à rotation lente.* V. **Microsillon.** *Faces; plages d'un disque. Passer un disque sur un tourne-disques.* « *Il mettait un disque sur le plateau du phonographe* » (BEAUVOIR). *Changeur de disques automatique. Collection de disques.* V. **Discothèque.** *Marchand de disques.* V. **Disquaire.** ◊ *Fig.* et *fam. Changer de disque* : parler d'autre chose. « *Il ne change pas souvent son disque, celui-là* » (QUENEAU). ♦ 5° Inform. *Disque magnétique*, support circulaire d'information d'une mémoire électronique. ♦ 6° *Math.* Ensemble de points intérieurs à un cercle comprenant ou non sa frontière *(disque fermé ou ouvert).*

DISRUPTIF, IVE [disRyptif, iv]. *adj.* (1877; lat. *disruptum*). *Électr.* Qui éclate. *Décharge disruptive*, produisant une étincelle qui dissipe une grande partie de l'énergie accumulée.

DISSECTEUR. V. DISSÉQUEUR.

DISSECTION [diseksjɔ̃]. *n. f.* (1538; lat. *dissectio*, de *dissecare* « couper »). Action de disséquer, de séparer et d'analyser méthodiquement les différentes parties d'un corps organisé. *La dissection du corps humain, d'un cadavre.* V. **Autopsie.** *Dissection pratiquée sur un animal vivant.* V. **Vivisection.** *Instrument de dissection* : érigne, scalpel. *Amphithéâtre, table de dissection.*

DISSEMBLABLE [disɑ̃blabl(ə)]. *adj.* (*Dessemblable*, XIIᵉ; de *dis-*, et *semblable*). Se dit de deux ou plusieurs personnes ou choses qui ne sont pas semblables, n'ayant entre elles des caractères communs. **V. Différent, disparate, divers.** *Ils sont trop dissemblables pour s'entendre.* « *Les feuilles dans une forêt, toutes dissemblables et leur ressemblance* » (FLAUB.). ◊ ANT. *Semblable.*

DISSEMBLANCE [disãblãs]. *n. f.* (1520; *Dessemblance* (XIIᵉ), de *dessembler*; d'apr. *ressemblance*). Manque de ressemblance entre des êtres, des choses; caractère de ce qui est dissemblable. V. **Différence, disparité, diversité, hétérogénéité, opposition.** *Dissemblance de forme. La dissemblance des races.* « *Il ne distinguait pas la dissemblance des sentiments sous la parité des expressions* » (FLAUB.). ◇ ANT. **Ressemblance.**

DISSÉMINATION [diseminɑsjɔ̃]. *n. f.* (1674; lat. *disseminatio*). Action de disséminer; son résultat. V. **Dispersion.** ◇ Dispersion (des graines). *La dissémination des graines, libérées par la déhiscence ou la putréfaction du fruit où elles étaient enfermées.* — *Méd. Dissémination des germes pathogènes, d'un cancer dans l'organisme.* V. **Généralisation, métastase.** ◇ Par ext. *La dissémination des troupes sur un territoire trop vaste.* V. **Éparpillement.** — Fig. *La dissémination des idées.* V. **Diffusion, propagation.**

DISSÉMINER [disemine]. *v. tr.* (1503, rare av. XVIIIᵉ; lat. *disseminare*, de *semen* « semence »). ♦ 1° Répandre en de nombreux points assez écartés. V. **Disperser, éparpiller, répandre, semer.** *Le vent dissémine les graines de certains végétaux.* ◇ Pathol. *Maladie, infection disséminée* (dans l'organisme, à partir d'un foyer initial). ♦ 2° *Par ext.* Disperser. *Disséminer les troupes dans les différents villages du pays.* Au. p. p. « *La matière littéraire n'a pas cessé d'être riche, mais elle me semble complètement disséminée* » (STE-BEUVE). Pronom. « *Auprès de l'église, quelques maisons étaient groupées; les autres, plus nombreuses, avaient préféré se disséminer aux environs* » (LOTI). ◇ ANT. Amasser, concentrer, grouper, réunir.

DISSENSION [disãsjɔ̃]. *n. f.* (1160; lat. *dissensio*, de *dissentire* « être en désaccord »). Division violente ou profonde de sentiments, d'intérêts, de convictions. V. **Déchirement, désaccord, discorde, dissentiment, divorce, mésintelligence, opposition.** *Dissensions intestines, domestiques, familiales, civiles. Mettre fin aux dissensions.* « *Nos dissensions s'évanouissent, et nous nous réveillons des dangers monstrueux qui nous représentent les uns aux autres* » (VALÉRY). ◇ ANT. Concorde, harmonie.

DISSENTIMENT [disãtimã]. *n. m.* (1580; *dissentiment*, XIVᵉ; du v. *dissentir* (vx), lat. *dissentire* « être en désaccord »). Différence dans la manière de juger, de voir, qui crée des heurts. V. **Conflit, désaccord.** *Il y a dissentiment entre nous sur ce point.* « *Maurice Barrès qui, après nos dissentiments de l'affaire Dreyfus, me donna des preuves émouvantes de cordialité* » (LECOMTE). ◇ ANT. Accord, assentiment, entente.

DISSÉQUER [diseke]. *v. tr.; conjug. céder* (1581; lat. *dissecare* « couper en deux »). ♦ 1° *Anat.* Diviser méthodiquement les parties d'une plante, d'un corps organisé (animal, cadavre d'un être humain), en vue de l'étudier la structure. « *Un cours d'anatomie que je fus obligé d'abandonner par l'horrible puanteur des cadavres qu'on disséquait* » (ROUSS.). ♦ 2° (1771). Analyser minutieusement et méthodiquement. V. **Éplucher.** *Disséquer un ouvrage.* « *Philosophes ou moralistes jugeaient, disséquaient ou raillaient toutes choses divines et humaines* » (VALÉRY).

DISSÉQUEUR [disekœr] ou **DISSECTEUR** [disɛktœr]. *n. m.* (1655,-1680; de *disséquer*). Rare. Celui qui dissèque.

DISSERTATION [disɛrtɑsjɔ̃]. *n. f.* (1645; lat. *dissertatio*). ♦ 1° Développement, le plus souvent écrit, portant sur un point de doctrine, sur une question donnée. V. **Discours, essai, étude, mémoire, traité.** « *J'ai lu deux ou trois cents dissertations sur ce grand objet* (l'âme); *elles ne m'ont jamais rien appris* » (VOLT.). ♦ 2° Exercice écrit que doivent rédiger les élèves des grandes classes des lycées et ceux des facultés de lettres, sur des sujets littéraires, philosophiques, historiques. V. **Composition.** *Sujet de dissertation* (abrév. scol. *dissert* [disɛrt]). *Corriger des dissertations.*

DISSERTER [disɛrte]. *v. intr.* (fin XVIIᵉ; lat. *dissertare*). Faire un développement écrit ou le plus souvent oral, sur une question, un sujet. V. **Discourir, traiter (de).** *Disserter sur la politique, de politique.* V. **Causer, parler.**

DISSIDENCE [disidãs]. *n. f.* (XVᵉ, rare av. fin XVIIIᵉ; lat. *dissidentia.* V. **Dissident**). ♦ 1° Action ou état de ceux qui se séparent d'une communauté religieuse, politique, sociale, d'une école philosophique. V. **Division, rébellion, révolte, schisme, scission, sécession, séparation.** *Être en dissidence.* ◇ *Par ext.* Groupe de dissidents. *Rejoindre la dissidence.* ♦ 2° Littér. Différence d'opinion. V. **Dissentiment, divergence.** « *Entre lui et le frère de celle qu'il aimait, des dissidences violentes d'opinion avaient éclaté* » (STE-BEUVE). ◇ ANT. Accord, concorde, union. — Conformisme.

DISSIDENT, ENTE [disidã, ãt]. *adj.* (1539, rare av. 1752; lat. *dissidens*, de *dissedere* « être en désaccord »). Qui est en dissidence, qui fait partie d'une dissidence. V. **Hérétique, hétérodoxe, non-conformiste, opposé, rebelle, révolté, schismatique, scissionnaire, séparatiste.** *Parti dissident.* — Subst. « *Ces dissidents persécutés deviendront persécuteurs, lorsqu'ils seront les plus forts* » (DIDER.). ◇ ANT. Orthodoxe.

DISSIMILATION [disimilɑsjɔ̃]. *n. f.* (fin XIXᵉ; de *dis-*, et

(as)similation). Ling. Différenciation de deux phonèmes identiques d'un mot (*ex. : l*ossigno*l* qui a donné rossigno*l*). ◇ ANT. Assimilation.

DISSIMILITUDE [disimilityd]. *n. f.* (XIIIᵉ; rare av. XVIᵉ; lat. *dissimilitudo* « différence »). *Didact.* Défaut de similitude, de ressemblance. V. **Différence, dissemblance.** ◇ ANT. Similitude.

DISSIMULATEUR, TRICE [disimylatœr, tris]. *n. et adj.* (1493; lat. *dissimulator*). Personne qui dissimule, sait dissimuler. « *De si subtils dissimulateurs et si féconds en expressions trompeuses* » (BOSS.).

DISSIMULATION [disimylɑsjɔ̃]. *n. f.* (1190; lat. *dissimulatio*). ♦ 1° Action de dissimuler; comportement d'une personne qui dissimule ses pensées, ses sentiments. *Agir avec dissimulation.* V. **Duplicité, hypocrisie, machiavélisme, sournoiserie.** « *La profonde dissimulation d'une âme énergique, qui ne laisse percer à l'extérieur aucun des sentiments qu'elle renferme* » (MÉRIMÉE). ◇ Cachotterie. ♦ 2° Action de dissimuler (de l'argent). Dr. *Dissimulation d'actif* : omission volontaire, par un commerçant en faillite, d'une partie de son actif, dans le bilan qu'il dépose. — *Dissimulation de bénéfices, de revenus dans une déclaration au fisc.* ◇ ANT. Franchise, simplicité, sincérité.

DISSIMULÉ, ÉE [disimyle]. *adj.* (XIVᵉ; V. **Dissimuler**). ♦ 1° Caché. « *Jamais imitation ne fut mieux dissimulée ni plus savante* » (BAUDEL.). — *Bénéfices dissimulés.* ♦ 2° Qui dissimule. V. **Cachottier, faux, hypocrite, renfermé, secret, sournois.** *Un enfant dissimulé.* — Subst. *C'est un dissimulé.* ◇ ANT. Confiant, franc, ouvert, sincère.

DISSIMULER [disimyle]. *v. tr.* (v. 1355; lat. *dissimulare*). I. *V. tr.* ♦ 1° Ne pas laisser paraître (ce qu'on pense, ce qu'on éprouve, ce qu'on sait : V. **Cacher, celer, taire**), ou chercher à en donner une idée fausse (V. **Déguiser, masquer**). *Dissimuler sa haine, sa jalousie, sa joie.* « *Il est plus difficile de dissimuler les sentiments que l'on a que de feindre ceux que l'on n'a pas* » (LA ROCHEF.). « *La parole a été donnée à l'homme pour dissimuler sa pensée* » (TALLEYRAND). *Dissimuler ses véritables projets.* V. **Cacher** (son jeu). *Dissimuler ses sentiments derrière un masque* : se composer un visage. *Dissimuler une nouvelle à qqn. Se dissimuler les périls d'une entreprise, refuser de les voir.* V. **Absolt.** V. **Feindre.** *Qui ne sait pas dissimuler, ne sait pas régner* (maxime de Louis XI). *À quoi bon dissimuler?* ◇ DISSIMULER QUE (avec subj. ou ind.) : cacher que. *Il dissimule qu'il fût au courant, qu'il était au courant de la chose.* Par euphém. *Je ne vous dissimulerai pas que cette solution ne me convient guère* : je vous fais savoir que. *Il ne se dissimule pas qu'il est perdu, il en est conscient, il l'accepte.* — (Avec condit.) *Je ne lui ai pas dissimulé que j'aurais préféré partir.* ♦ 2° Dérober, soustraire aux regards (une chose concrète). V. **Masquer, voiler.** *Tenture qui dissimule une porte.* « *Certaines modes en dissimulant aux yeux des hommes le corps tout entier des femmes donnaient jadis du prix à une robe effleurée* » (MAUROIS). ◇ Par ext. Rendre moins apparent, moins évident. V. **Atténuer.** *Dissimuler les défauts de la peau en se fardant.* ◇ *Dissimuler une partie de ses bénéfices dans sa déclaration fiscale.*

II. SE DISSIMULER. *v. pron.* ♦ 1° *(Réfl.)* (1864). Cacher sa présence ou la rendre très discrète. *Se dissimuler derrière un pilier. Chercher à se dissimuler* (Cf. Se faire tout petit). « *Miss Barnay se dissimule dans un éloquent silence* » (GIDE). ♦ 2° (Pass.). *Objet, sentiment qui ne se dissimule pas facilement* : qui n'est pas facile à dissimuler. ◇ ANT. Avouer, confesser. Exhiber, montrer.

DISSIPATEUR, TRICE [disipatœr, tris]. *n.* (1392; de *dissiper*). Personne qui dissipe son bien ou le bien qui lui est commis. V. **Dépensier, gaspilleur, prodigue.** — Adj. *Administration dissipatrice.* ◇ ANT. Économe.

DISSIPATION [disipɑsjɔ̃]. *n. f.* (1419, « dispersion »; de *dissiper*). ♦ 1° Action de dissiper en dépensant avec prodigalité. *Dissipation d'un patrimoine.* V. **Dilapidation.** « *Inconcevable dissipation par la main gauche des trésors péniblement gagnés par la main droite* » (DUHAM.). — *Par ext.* Folle dépense. ♦ 2° Le fait de porter attention sur d'autres choses que celle sur laquelle il faut se concentrer. V. **Distraction, éparpillement.** — *Par ext.* Mauvaise conduite d'un écolier qui s'amuse pendant les cours. V. **Indiscipline, turbulence.** « *Toutes les marques qui dénoncent sur un enfant laissé seul la désobéissance et la dissipation* » (GIRAUDOUX). ♦ 3° Littér. Débauche. *Vivre dans la dissipation.* « *Sa période de dissipation n'a jamais été une période d'impiété* » (GIRAUDOUX). ◇ ANT. Économie. Application, attention, concentration. Discipline. Sagesse.

DISSIPÉ, ÉE [disipe]. *adj. et n.* (XVIᵉ; V. **Dissiper**). ♦ 1° Qui manque d'application, est réfractaire à la discipline. *Enfant, élève dissipé.* V. **Indocile, turbulent.** ♦ 2° Littér. Frivole, déréglé. *Mener une vie dissipée.* V. **Dissolu.** ◇ ANT. Appliqué, attentif. Sérieux.

DISSIPER [disipe]. *v. tr.* (1170; lat. *dissipare* « disperser, détruire »). ♦ 1° Anéantir en dispersant. *Le soleil dissipe les nuages, les brouillards, les ténèbres.* V. **Chasser.** Pronom. *La brume se dissipe.* V. **Disparaître.** *Parfum qui se dissipe.* V. **Évaporer** (s'). ◇ *Fig. Dissiper un malaise. Dissiper un malentendu.* V. **Éclaircir.** *Dissiper les craintes, les soupçons, les doutes, les illusions de qqn.* V. **Ôter.** Pronom. « *Le malaise qu'il ressentait s'est dissipé* » (MART. du G.). *Ses inquiétudes se sont dissipées.* ♦ 2° Dépenser follement (tout ou partie d'un bien). V. **Dépenser, gaspiller, prodiguer.** *Dissiper son patrimoine, une fortune.* V. **Dévorer, dilapider.** « *Depuis trois ans, je dissipe en seigneur le bien modeste qu'il m'a laissé et qui pouvait suffire à ma vie* » (NERVAL). — Fig. et littér. *Dissiper sa santé, sa jeunesse, sa vie en débauches* (V. **Ruiner**). ♦ 3° (XVII°). Littér. *Dissiper qqn,* le distraire de ses occupations sérieuses par des futilités ; le détourner de la règle, du devoir. V. **Distraire.** « *Elle montrait plus de sagesse déjà que n'en ont la plupart des jeunes filles que le monde extérieur dissipe* » (GIDE). — Pronom. « *Il nous assure que vous aimez le travail, que vous ne vous dissipez point* » (RAC.). *Les élèves se dissipent en fin de journée.* ◇ ANT. **Accumuler, économiser.** Assagir.

DISSOCIABILITÉ [disɔsjabilite]. *n. f.* (1870 ; au sens de « état de corruption des liens sociaux » [1793], de *dissociable*). *Didact.* Qualité de ce qui est dissociable.

DISSOCIABLE [disɔsjabl(ə)]. *adj.* (1864 ; « séparable de la société », XVI° ; de *dissocier*). Qui peut être dissocié. *Les deux problèmes ne sont pas dissociables.* ◇ ANT. *Indissociable.*

DISSOCIATION [disɔsjasjɔ̃]. *n. f.* (XV° ; de *dissocier*). ♦ 1° Action de dissocier ; son résultat. *Dissociation d'une substance par l'action d'un liquide* (V. **Dissolution**), *de l'humidité* (V. **Déliquescence**). *Dissociation d'un composé chimique en ses éléments.* V. **Analyse.** ♦ 2° Séparation. *Dissociation de deux problèmes. La dissociation du moi dans le rêve.* ♦ 3° (1930). Psychiatr. *Dissociation mentale,* rupture de l'unité psychique, processus fondamental de la schizophrénie. V. **Désagrégation*** (psychique), **dysharmonie.** ◇ ANT. *Association, synthèse.*

DISSOCIER [disɔsje]. *v. tr.* (1495 ; lat. *dissociare*). ♦ 1° Séparer (des éléments qui étaient associés). V. **Désunir, séparer.** *Dissocier les molécules d'un corps, dissocier un corps.* V. **Désagréger, désintégrer.** Pronom. « *Ces rassemblements, parfois bien disparates, se dissociaient aussi vite* » (LECOMTE). V. **Défaire** (se). ♦ 2° (Abstrait). *Dissocier deux questions, deux causes juridiques* (V. **Disjoindre**). ◇ ANT. *Associer, rapprocher, réunir.*

DISSOLU, UE [disɔly]. *adj.* (1190 ; lat. *dissolutus,* p. p. de *dissolvere.* V. **Dissoudre**). Littér. Qui vit dans la dissolution (2°), le libertinage. V. **Corrompu, débauché, libertin.** « *Parmi tous ces hommes grossiers, libertins, dissolus* » (GAUTIER). *Par ext.* (plus cour.) *Vie dissolue. Mœurs dissolues.* V. **Déréglé, relâché.** ◇ ANT. *Austère, rangé, vertueux.*

DISSOLUBILITÉ [disɔlybilite]. *n. f.* (1641 ; de *dissoluble*). ♦ 1° Rare. Qualité d'un corps dissoluble. V. **Solubilité.** ♦ 2° Polit. Caractère de ce qui peut être dissous. *Dissolubilité d'une assemblée.* ◇ ANT. *Indissolubilité.*

DISSOLUBLE [disɔlybl(ə)]. *adj.* (XII° ; lat. *dissolubilis*). ♦ 1° Rare (1636 ; h. XIII°). Soluble. *Substance dissoluble.* ♦ 2° Polit. Qui peut être dissous. *Assemblée dissoluble.* ◇ ANT. *Indissoluble.*

DISSOLUTIF, IVE [disɔlytif, iv]. *adj.* (1372 ; lat. *dissolutivus*). Chim. Pharm. Vx. Qui dissout (2°).

DISSOLUTION [disɔlysjɔ̃]. *n. f.* (XII°, au fig. ; lat. *dissolutio,* de *dissolvere.* V. **Dissoudre**). ♦ 1° (1314). Décomposition d'un agrégat, d'un organisme par la séparation des éléments constituants. *Dissolution des matières animales, végétales.* « *L'anéantissement des caresses ne l'avait pas préparé à la dissolution éternelle* » (MAURIAC). ◇ Fig. *Dissolution d'un empire* (V. **Anéantissement, disparition, écroulement, ruine**), *d'un système. Société qui porte en elle des germes, des éléments de dissolution.* V. **Destruction.** — Dr. Action de mettre fin légalement. V. **Cessation, rupture.** *Dissolution du mariage* (V. **Divorce**), *du régime matrimonial. Prononcer la dissolution d'une assemblée* (V. **Dissoudre**). ♦ 2° Littér. Dérèglement des mœurs. V. **Corruption, débauche, immoralité, libertinage.** *Dissolution des mœurs.* V. **Dissolu.** ♦ 3° Passage en solution d'un solide, d'un liquide ou d'un gaz. V. **Soluté, solution.** *Dissolution cupro-ammoniacale.* ◇ Absolt. Colle au caoutchouc, obtenue par dissolution de caoutchouc dans un solvant organique, et utilisée pour la réparation des chambres à air.

DISSOLVANT, ANTE [disɔlvã, ãt]. *adj. et n. m.* (XVI° ; p. prés. de *dissoudre*). ♦ 1° Qui (adj.), forme une solution avec un corps. — N. m. Liquide qui dissout (un corps). V. **Solvant.** *Spécialt.* Produit pour ôter le vernis à ongles. ♦ 2° Fig. (XX°). Qui détruit les principes, les croyances. « *Des doctrines dissolvantes* » (MADELIN). V. **Subversif.**

DISSONANCE [disɔnãs]. *n. f.* (1320, repris 1628 ; bas lat. *dissonantia*). ♦ 1° Cour. Réunion de sons dont la simultanéité ou la succession est désagréable. — Mus. Intervalle ou accord qui appelle une consonance. *La seconde, la septième, le demi-ton chromatique et tous les intervalles augmentés ou diminués sont des dissonances. Résoudre une dissonance* : la faire suivre de l'accord consonant qu'elle appelle. ♦ 2° Fig. *Dissonances de tons dans un tableau, couleurs qui jurent entre elles.* V. **Discordance.** *Dissonance entre les principes et la conduite.* V. **Désaccord.** *Dissonances dans un caractère.* V. **Contradiction, disparate, opposition.** ◇ ANT. *Euphonie. Consonance. Accord, harmonie.*

DISSONANT, ANTE [disɔnã, ãt]. *adj.* (1450 ; de *dissoner*). Qui fait dissonance. *Sons dissonants.* V. **Discordant.** — Mus. *Accord dissonant* (ex. : accord de septième). V. **Dissonance.** « *Ces harmonies dissonantes, étranges, toujours tristes* » (LOTI). ◇ Fig. V. **Discordant.** ◇ ANT. *Concordant, harmonieux.*

DISSONER [disɔne]. *v. intr.* (1355, rare av. XVIII° ; lat. *dissonare*). Faire dissonance. ◇ Fig. et littér. V. **Jurer.** ◇ ANT. *Accorder* (s').

DISSOUDRE [disudʀ(ə)]. *v. tr.* ; conjug. *absoudre* (1190, fig. ; lat. *dissolvere* ; d'apr. *absoudre*). ♦ 1° *Vx* au concret. Décomposer (un agrégat, un organisme) par la séparation des parties. V. **Dissocier, détruire.** « *Il était persuadé qu'une comète viendrait dissoudre notre globe le 20 ou 21 de mai* » (VOLT.). Pronom. « *Dans une société qui se dissout et se recompose* » (CHATEAUB.). ◇ Dr. Mettre légalement fin à (une association). *Dissoudre un mariage.* V. **Annuler, rompre.** *Dissoudre un parti. Dissoudre l'Assemblée nationale. Assemblée dissoute.* ♦ 2° (v. 1600). Désagréger un corps solide ou gazeux au moyen d'un liquide (dissolvant) dans lequel se disséminent les molécules. *Substance que l'on peut dissoudre.* V. **Soluble.** *L'eau dissout lentement les roches, les calcaires. Sucre dissous dans l'eau.* Pronom. *Savon qui se dissout dans l'eau. Faire dissoudre du savon dans l'eau.* ◇ ANT. *Constituer, cristalliser, précipiter.*

DISSUADER [disɥade]. *v. tr.* (1355 ; lat. *dissuadere,* de *suadere* « persuader »). Amener (qqn) à renoncer à un projet, à faire qqch. V. **Détourner ; dégoûter.** « *Les conseils autorisés du capitaine Julian nous dissuadèrent de différer notre départ* » (GIDE). ◇ *Dissuader l'ennemi.* V. **Dissuasion.** ◇ ANT. *Persuader.*

DISSUASIF, IVE [disɥazif, iv]. *adj.* (1963 ; de *dissuader*). Milit. Propre à dissuader un ennemi d'attaquer. ◇ Relatif à toute forme de dissuasion*. « *La menace ne possède plus la vertu dissuasive...* » (*L'Express,* 25-10-1965). ◇ ANT. *Persuasif.*

DISSUASION [disɥazjɔ̃]. *n. f.* (XIV° ; lat. *dissuasio*). Action de dissuader ; son résultat. ◇ (Néol.) *Forces de dissuasion,* destinées non à attaquer, mais à dissuader l'adversaire d'attaquer.

DISSYLLABE [disil(l)ab] ou **DISSYLLABIQUE** [disil(l)abik]. *adj. et n. m.* (1529,-1550, repris XIX° ; de *di-,* et *syllabe, syllabique*). Se dit d'un mot, d'un vers de deux syllabes. — N. m. *Un dissyllabe.*

DISSYMÉTRIE [disimetri]. *n. f.* (*Dyssy-,* 1846 ; de *dys-,* et *symétrie*). Défaut de symétrie. V. **Asymétrie.** — Chim. *Dissymétrie moléculaire.* ◇ ANT. *Symétrie.*

DISSYMÉTRIQUE [disimetʀik]. *adj.* (*Dyssymétrique,* 1846 ; de *dissymétrie*). Qui présente de la dissymétrie. V. **Asymétrique.** Chim. *Atome dissymétrique.*

DISTAL, ALE, AUX [distal, o]. *adj.* (1933 ; mot angl. [1808], du lat. *distans* « éloigné »). Sc. Se dit de la partie la plus éloignée d'un point de référence dans un organisme, une structure. — Qui fonctionne à distance. *Le système olfactif est distal, le système gustatif proximal.* ◇ ANT. *Proximal.*

DISTANCE [distãs]. *n. f.* (1265 ; lat. *distantia*). ♦ 1° Longueur en ligne droite, longueur minimum qui sépare une chose d'une autre. V. **Écart, écartement, éloignement, espace, étendue, intervalle.** *Distance entre deux lieux. Distance d'un point à un autre, de la Terre à la Lune. Distance parcourue par qqn.* V. **Chemin, trajet.** *Franchir une distance. À une grande distance* (V. **Loin**), *à une faible distance* (V. **Près**). *Arbres plantés de distance en distance, à égale distance les uns des autres. À distance,* en étant éloigné, de loin. *Influence exercée à distance. Commande d'un appareil à distance.* V. **Télécommande.** — Géom. Longueur du segment de droite qui joint deux points. *Distance d'un point à une droite, à un plan. Distance de deux droites parallèles. Distance des points extrêmes d'un arc.* V. **Amplitude.** — Astron. *Distance apparente, distance angulaire de deux astres* : angle sous lequel on les observe de la Terre. — Opt. *Distance focale d'un miroir, d'une lentille.* ♦ 2° Spécialt. Espace qui sépare deux personnes. *Distance des coureurs entre eux.* V. **Avance, retard.** *Espace à parcourir* (dans une course). *Il ne tiendra pas la distance. Il est meilleur sur cette distance.* — *Prendre ses distances* : s'aligner en étendant le bras horizontalement, soit devant, soit latéralement. *Tenir qqn à distance, à distance convenable, respectueuse* : l'empêcher d'approcher. ◇ Fig.

Tenir à distance : tenir à l'écart; repousser la familiarité en se tenant dans la réserve. « *Julien répondait à tous d'un air sombre qui tenait à distance* » (STENDHAL). *Conserver, garder ses distances.* V. **Distant.** ♦ 3° *(Temps).* Écart entre deux moments. V. **Écart, éloignement, intervalle.** « *Ces deux livres terminés, à deux ans de distance* » (FROMENTIN). — *À distance,* d'un moment éloigné. *J'en juge mieux à distance.* ♦ 4° *Fig.* Différence notable de rang, de condition, de valeur qui sépare des personnes ou des choses. V. **Abîme.** « *Si nous pouvions mesurer la distance qui nous sépare de ceux que nous croyons le plus proches, nous aurions peur* » (COCTEAU). *Distance entre l'intention et la réalisation, le désir et la réalité.* ◇ ANT. Contiguïté. Familiarité, intimité. Égalité, similitude.

DISTANCER [distãse]. *v. tr.;* conjug. *placer* (1838; angl. *to distance).* **V. intr.** « être éloigné de », 1361; de *distance).* ♦ 1° Dépasser (ce qui avance) d'une certaine distance. V. **Dépasser, devancer, semer** *(fam.).* *Cheval qui distance les autres dans une course.* « *Il ralentit volontairement le pas, se laissa distancer par les deux hommes* » (MART. du G.). ◇ *Fig.* V. **Surpasser.** *Élève qui distance ses camarades. Se laisser distancer par un concurrent.* ♦ 2° *Courses.* Disqualifier (un coureur, un cheval), en le considérant comme dépassé, à cause d'une irrégularité relevée contre lui. ♦ 3° *Littér.* Établir une distance entre. V. **Éloigner, espacer.** « *Une légère brume azurée distançait les plans les plus proches* » (GIDE). ♦ 4° Pronom. *Se distancer.* V. **Distancier** (se).

DISTANCIATION [distãsjasjɔ̃]. *n. f.* (1960; de *distance* [Cf. Distancier] pour traduire l'all. *Verfremdungs[effekt]* de Brecht). ♦ 1° *Théâtre.* Attitude de l'acteur « prenant ses distances » avec son personnage, du spectateur, avec l'action dramatique. *Effet de distanciation.* ♦ 2° *Fig.* Recul pris par rapport à qqn, qqch. — *Ling.* Distance prise par le locuteur par rapport à sa propre énonciation. — *Didact.* Distance créée entre deux choses, deux phénomènes.

DISTANCIER (SE) [distãsje]. *v. pron.* (1963; de *distance,* d'après le lat. *distantia;* Cf. Distancier). *Didact.* Mettre une distance *(fig.)* entre soi et qqn, qqch. *Se distancier d'un maître, d'un allié, de son propre discours.* — Au p. p. adj. « *Il se construit froid, 'distancié', lucide, alors que règne partout l'esprit piou-piou* » (*Nouv. Obs.,* 17-9-1972). V. **Distanciation.**

DISTANT, ANTE [distã, ãt]. *adj.* (1361; lat. *distans,* de *distare* « être éloigné »). ♦ 1° Qui est à une certaine distance. V. **Éloigné, loin.** *Ces deux villes sont distantes l'une de l'autre d'environ vingt kilomètres.* — *Fig.* « *L'art est aussi distant du tumulte que de l'apathie* » (GIDE). ♦ 2° *(Personnes).* Qui garde ses distances, reste sur la réserve, décourage la familiarité. V. **Froid, réservé.** *Il s'est montré distant envers nous.* — *Un air distant.* ◇ ANT. Adjacent, contigu, proche, voisin. Affable, aimable, familier.

DISTENDRE [distãdʀ(ə)]. *v. tr.;* conjug. *tendre.* V. **Rendre** (1560); rare av. XVIIIe; lat. *distendere).* ♦ 1° Augmenter les dimensions de (qqch.) par la tension. V. **Étirer, tendre, tirer.** *Gaz intestinaux qui distendent l'abdomen.* V. **Ballonner.** — Pronom. *La peau se distend.* ♦ 2° Pronom. Se relâcher, être moins tendu, serré (liens). Fig. « *Il sentait bien se distendre les derniers liens qui retenaient son âme à ce monde* » (MART. du G.).

DISTENSION [distãsjɔ̃]. *n. f.* (XIVe; lat. *distensio).* ♦ 1° Augmentation de volume que subit un corps élastique sous l'effet d'une tension. V. **Allongement, élargissement, gonflement.** *Distension de la peau. Distension de l'estomac.* ♦ 2° Relâchement (d'un lien qui s'est allongé). *Distension d'une courroie, d'une corde.* ◇ ANT. Contraction, resserrement.

DISTHÈNE [distɛn]. *n. m.* (1801; de *di-,* et gr. *sthenos* « force »). *Minér.* Silicate anhydre d'alumine ($Al_2O_4SiO_2$).

DISTILLAT [distila]. *n. m.* (1908; de *distiller).* *Sc.* Produit d'une distillation.

DISTILLATEUR [distilatœʀ]. *n. m.* (XVIe; de *distiller).* Celui qui fabrique et vend les produits obtenus par la distillation. *Spécialt.* Fabricant d'eau-de-vie. *Distillateurs et bouilleurs de cru.*

DISTILLATION [distilɑsjɔ̃]. *n. f.* (1372; bas lat. *distillatio).* Procédé qui consiste à convertir en vapeur un liquide mêlé à un corps non volatil, ou des liquides mêlés, afin de les séparer. *Distillation dans un alambic. Les substances volatiles que libère la distillation sont recueillies par condensation (produits de distillation). Distillation fractionnée :* séparation d'un mélange de plusieurs liquides à points d'ébullition différents recueillis successivement. V. **Rectification.** *Extraire, purifier par distillation. Distillation des moûts, des mélasses, des fruits, des grains,* qui donne de l'eau-de-vie. *Distillation de plantes aromatiques* (V. **Essence**). *Produits de la distillation du bois, de la houille, des pétroles.*

DISTILLER [distile]. *v.* (XIIIe; lat. *distillare* « tomber goutte à goutte », rac. *stilla* « goutte »). **I. V. tr.** ♦ 1° Laisser couler goutte à goutte. V. **Sécréter.** « *Chaque plante distille par ses racines un poison pour la plante qui lui ressemble* » (GIDE). *Fig. Distiller son venin.* V. **Épancher, répandre.** « *Son enseignement distillait l'ennui* »

plus pur » (GIDE). ♦ 2° Soumettre (qqch.) à la distillation. V. **Rectifier, sublimer.** *Purifier de l'eau en la distillant. Eau distillée. Alcool obtenu en distillant de la betterave, des grains, des fruits* (V. **Eau-de-vie**). *Distiller du pétrole* (V. **Raffiner**), *du bois, de la houille.* ♦ 3° *Littér.* Élaborer (un suc). *L'abeille distille le miel.* ◇ *Fig.* Tirer l'essence d'une chose. V. **Raffiner.** « *La Rochefoucauld distille sa pensée* » (FAGUET). **II. V. intr.** *Sc.* ♦ 1° Couler goutte à goutte. *Liquide qui distille.* ♦ 2° Se séparer (d'un mélange) par distillation. *Le gas-oil commence à distiller vers 230°.*

DISTILLERIE [distilʀi]. *n. f.* (1784; de *distiller).* ♦ 1° Industrie qui s'occupe de la distillation industrielle, et spécialt. de la fabrication des eaux-de-vie. ♦ 2° Lieu où l'on fabrique les produits de la distillation.

DISTINCT, INCTE [distɛ̃(kt), distɛ̃kt(ə)]. *adj.* (1308; lat. *distinctus,* de *distinguere).* ♦ 1° Qui ne se confond pas avec qqch. d'analogue, de voisin. V. **Autre, différent, indépendant, séparé.** *Problèmes, domaines distincts.* « *La politique n'est pas distincte de la morale* » (FUSTEL de COUL.). *Idées claires et distinctes.* ♦ 2° Qui se perçoit nettement. *Le jour se lève, les montagnes sont de plus en plus distinctes.* V. **Visible.** *Parler d'une voix distincte.* V. **Clair, net.** ◇ ANT. Identique, même. Indistinct, confus.

DISTINCTEMENT [distɛ̃ktəmã]. *adv.* (XIIIe; de *distinct).* D'une manière distincte (2°). V. **Clairement, nettement.** *Voir, entendre distinctement. Parler distinctement,* en articulant bien. ◇ ANT. Confusément.

DISTINCTIF, IVE [distɛ̃ktif, iv]. *adj.* (1314; de *distinct).* Qui permet de distinguer. V. **Caractéristique, particulier, typique.** *Caractère distinctif d'une espèce. Attribut, signe, trait distinctif.* — (Déb. XXe). Ling. *Trait distinctif,* élément phonique minimal dont la présence ou l'absence dans la chaîne parlée entraîne, pour une langue donnée, un changement de sens, comme en fr. le trait nasal de ɛ̃ qui oppose *pain* [pɛ̃] et *paix* [pɛ]. V. **Trait** (II, 3°) *pertinent.* Cf. Opposition* (I, 4°).

DISTINCTION [distɛ̃ksjɔ̃]. *n. f.* (fin XIIe; lat. *distinctio).* ♦ 1° Action de distinguer, de reconnaître pour autre, différent. V. **Démarcation, différenciation, discrimination, séparation.** *Faire la distinction entre deux choses.* V. **Départ.** *La distinction du bien et du mal. Recevoir tout le monde sans distinction.* V. **Indistinctement.** « *Tous les Français étaient appelés, sans distinction de partis et d'origine, à collaborer à la grande œuvre de la réconciliation* » (MADELIN). — Action de séparer, dans une assertion que l'on discute, ce que l'on admet de ce que l'on n'admet pas. V. **Distinguo.** *Faire une distinction subtile. Se perdre dans les distinctions* (Cf. Couper les cheveux en quatre). ♦ 2° Le fait d'être distinct, séparé. V. **Division, séparation.** « *Les hommes naissent et demeurent libres et égaux en droits. Les distinctions sociales ne peuvent être fondées que sur l'utilité commune* » (DÉCLAR. DR. HOM.). ♦ 3° Ce qui établit une différence. *Créer des distinctions entre les personnes.* V. **Différence, préférence.** ♦ 4° *Par ext.* Supériorité qui place au-dessus du commun. V. **Mérite.** *Supériorité de sa naissance.* V. **Éclat, grandeur, noblesse.** *Une personne de distinction, de la plus haute distinction :* de haute naissance, d'un rang élevé ou de valeur éminente. V. **Mérite, talent, valeur.** ♦ 5° (XVIIe). Marque d'estime, honneur qui récompense le mérite. V. **Décoration, dignité, prérogative.** *Distinction honorifique. Il est promis aux plus hautes distinctions. Décerner, obtenir une distinction.* « *Content de son sort, il ne désirait ni fortune ni distinction* » (CONDORCET). ♦ 6° (Répandu XIXe). Élégance, délicatesse et réserve dans la tenue et les manières. *Avoir de la distinction.* V. **Distingué.** « *Les femmes ont du tact, de la distinction, une véritable élégance, dans beaucoup de familles paysannes* » (CHARDONNE). ◇ ANT. Confusion. Infériorité. Vulgarité.

DISTINGUABLE [distɛ̃gabl(ə)]. *adj.* (XVIIe, repris 1877; de *distinguer).* Que l'on peut distinguer (3° ou 4°).

DISTINGUÉ, ÉE [distɛ̃ge]. *adj.* (1670; distingué de « distinct de », XVIe; V. Distinguer). ♦ 1° *Littér.* Remarquable par son rang, son mérite. V. **Brillant, célèbre, éminent, supérieur.** *C'est l'un des peintres les plus distingués du siècle. Une société distinguée.* V. **Choisi, crème, élite.** ♦ 2° (En formule de politesse, à la fin d'une lettre). Qui est remarquable, spécial. *Recevez l'assurance de mes sentiments distingués, l'expression de ma considération distinguée.* ♦ 3° *Cour.* Qui a de la distinction (6°). *Votre amie est très distinguée.* — (Choses) *Manières distinguées. Toilette, mise distinguée. Air distingué.* « *Une grâce naturelle et fière se dégageait de toute sa petite personne* » (LOTI). — Fam. *Ce papier à lettres fait distingué.* ◇ ANT. Inférieur, médiocre, ordinaire, vulgaire.

DISTINGUER [distɛ̃ge]. *v. tr.* (1360; lat. *distinguere;* Cf. Distinter, XIIIe; V. **Distinct**). **I.** ♦ 1° Permettre de reconnaître (une personne ou une chose d'une autre), en parlant d'une différence constitutive, d'un trait caractéristique. V. **Caractériser, différencier, séparer.** *La raison distingue l'homme des animaux.* « *Tout ce qui distingue les hommes paraît peu de chose* » (VAUVEN.).

« *Un uniforme spécial qui les distinguait de la foule* » (MAC ORLAN). ♦ 2° Reconnaître (une personne ou une chose) pour distincte (d'une autre), selon des traits particuliers permettant de ne pas confondre. V. **Différencier, discriminer, isoler, séparer.** *On ne peut distinguer ces jumeaux l'un de l'autre.* « *Je suis d'une ignorance incroyable. Je ne distingue pas le seigle du blé, ni le peuplier du tremble* » (BALZ.). — *Distinguer le bien et le mal; le vrai du faux.* « *Dans cette sorte d'enfance de l'humanité, on peut déjà distinguer trois âges* » (FUSTEL DE COUL.). ♦ 3° (Mil. XVIIe). Mettre (qqn) à part des autres, en le remarquant comme supérieur. « *Je le distinguais, voilà tout; et distinguer un homme, ce n'est pas encore l'aimer* » (MARIVAUX). ♦ 4° Percevoir d'une manière distincte, sans aucune confusion, par l'un des cinq sens. *On commence à distinguer les montagnes.* V. **Apercevoir, discerner, reconnaître, voir.** « *On distingue peu à peu des objets dans l'obscurité, à mesure que les yeux s'y habituent* » (MONTHERLANT). *Distinguer qqn au milieu d'une foule. Distinguer les sons, les odeurs, les goûts.* « *Jacques distingua aussitôt, parmi d'autres, une voix qui avait un timbre spécial* » (MART. du G.). ◊ *Fig.* Percevoir. « *La grâce française où l'on distingue toujours la joie de bien jouer un rôle brillant* » (STENDHAL).
II. SE DISTINGUER. *v. pron.* ♦ 1° Se rendre distinct, différent de. V. **Différer, particulariser (se), séparer (se), singulariser (se).** « *Vérifier par quelle qualité propre, personnelle, il se distingue des autres* » (BAUDEL.). « *Les clairons et les tambours se distinguaient des autres soldats par un galon noir et rouge* » (MAC ORLAN). ♦ 2° S'élever au-dessus des autres, se faire connaître, remarquer, se rendre célèbre. V. **Illustrer (s'), signaler (se).** *Se distinguer par son savoir, ses exploits. Il se distingua pendant la guerre, dans telle bataille : il se couvrit d'honneur. Chercher à se distinguer.* « *À l'école primaire, puis au collège, l'enfant ne se distingua guère* » (MONDOR). *Fam. Quel bon gâteau! La cuisinière s'est distinguée.* — Par ext. *(Choses)* Être remarquable. *Son style se distingue par la pureté.* ♦ 3° Être perçu, discerné. V. **Apparaître, montrer (se), remarquer (se).** « *À l'horizon se distinguait maintenant la rive africaine* » (MAC ORLAN).
◊ ANT. *Confondre, identifier.*

DISTINGUO [distɛ̃go]. *n. m.* (1578; lat. scolast. *distinguo* « je distingue »). Action d'énoncer une distinction dans une argumentation; cette distinction. — *Fam.* « *Il se lança dans un long développement, avec toutes sortes de distinguos et de détours* » (ROMAINS).

DISTIQUE [distik]. *n. m. et adj.* (1546; *distichon,* 1510; gr. *distikhon,* de *dis-,* et *stikhos* « rangée, ligne, vers »). ♦ 1° *Antiq.* Réunion d'un hexamètre et d'un pentamètre. ♦ 2° Groupe de deux vers renfermant un énoncé complet.

DISTOMATOSE [distɔmatoz]. *n. f.* (1885; de *distome* (fin XIXe), de *dis-,* et gr. *stoma* « bouche »). *Méd.* Maladie parasitaire provoquée par les *distomes* [distɔm] ou *douves* pouvant infecter le foie, l'intestin, la bouche et le pharynx.

DISTORDRE [distɔrdr(ə)]. *v. tr.* (XVIe; lat. *distorquere*). *Rare.* Déformer par une torsion. *La bouche se distord dans l'attaque d'épilepsie.* V. **Tordre.**

DISTORSION [distɔrsjɔ̃]. *n. f.* (1538; lat. *distorsio*). ♦ 1° *Méd.* État d'une partie du corps qui se tourne d'un seul côté par le relâchement des muscles opposés, ou par la contraction des muscles correspondants. *Distorsion de la face.* ♦ 2° (1948). *Sc. et cour.* Aberration produite par les miroirs, les lentilles, et déformant les objets. ◊ *Déformation dans un courant téléphonique, accompagnée d'une altération du son.* ◊ *Radio.* Déformation d'un signal électrique. *Distorsion d'amplitude, de phase.* ♦ 3° (v. 1960). *Fig.* Déséquilibre entre plusieurs facteurs, entraînant une tension. *Distorsion entre un prix et la demande d'un produit.* « *Les distorsions entre l'école et la famille, génératrices de nombreuses inadaptations* » (*Le Monde,* 29-11-1968).

DISTRACTION [distraksjɔ̃]. *n. f.* (1335; lat. *distractio*). ♦ 1° *Vx* ou *Dr.* Action de distraire d'un ensemble; son résultat. V. **Prélèvement.** — *Dr.* Demande en distraction, présentée par un propriétaire dont le bien a été compris à tort dans une saisie. ♦ 2° (XVIIe). Manque d'attention habituel ou momentané aux choses dont on devrait normalement s'occuper, l'esprit étant absorbé par un autre objet. V. **Inattention.** *Son travail porte les traces de distraction, on ressent de sa distraction.* V. **Étourderie, inapplication.** « *Dans ma distraction, je n'avais pas vu une voiture qui s'avançait* » (PROUST). ◊ UNE DISTRACTION : action qui procède de la distraction; ce qui distrait. *Avoir des distractions.* V. **Absence.** *Commettre des distractions* (V. **Bévue, erreur, étourderie, inadvertance, oubli**). « *Les distractions des amoureux et celles des savants n'ont pas fini de faire rire* » (ARAGON). ♦ 3° (1653). Diversion apportée par une occupation propre à délasser l'esprit en l'amusant. V. **Dérivatif, diversion.** *Il faut à cet enfant un peu de distraction.* V. **Détente.** « *Un amour contrarié, auquel je te voulais échapper par la distraction* » (NERVAL). ◊ L'occupation qui apporte la distraction. V. **Amusement, divertissement.** *Le jeu, la promenade sont nos distractions*

quotidiennes. V. **Passe-temps.** ◊ ANT. *Application, attention, concentration.*

DISTRACTIVITÉ [distraktivite]. *n. f.* (1961; de *distraction*). *Psycho.* Incapacité à fixer son attention.

DISTRAIRE [distrɛr]. *v. tr.;* conjug. *traire* (1377; lat. *distrahere* « tirer en sens divers »; Cf. a. fr. *Detraire,* 1285). ♦ 1° *Littér.* Séparer d'un ensemble. V. **Détacher, séparer,** *Distraire une voiture d'un convoi, une pièce d'une collection.* V. **Prélever.** *Distraire d'un total.* V. **Retrancher, soustraire.** *Distraire une somme d'argent d'un dépôt.* V. **Détourner.** ♦ 2° *Vx.* Détourner (qqn) d'un projet, d'une résolution. V. **Dissuader.** « *Les Dieux de ce dessein puissent-ils le distraire!* » (RAC.). ♦ 3° (1588). Détourner (qqn) de l'objet auquel il s'applique, de ce dont il est occupé. *Distraire qqn de ses travaux, de ses occupations.* V. **Déranger.** « *Le plaisir d'être distrait un instant de ma douleur* » (STENDHAL). *Valéry « ne s'est jamais laissé distraire de soi par autrui* » (GIDE). — *Cet élève distrait sans cesse ses camarades.* V. **Dissiper.** — Par ext. *Distraire l'attention :* la détourner de son objet. ♦ 4° *Cour.* (XVIIIe). Faire passer le temps agréablement. V. **Amuser, désennuyer, divertir, égayer, récréer.** *Comment distraire nos hôtes?* « *Je ne sais s'il est vrai que les hommes de lettres se soient contentés jadis de distraire d'honnêtes gens* » (PAULHAN). ◊ *Pronom. Il a besoin de se distraire.* V. **Amuser (s'), détendre (se).** *Il faut vous distraire. Se distraire pour tromper son chagrin.* V. **Étourdir (s').** « *Il fit son livre tout au contraire pour se distraire et s'amuser, pour se divertir et non pour s'avertir* » (FRANCE). ◊ ANT. *Ennuyer.*

DISTRAIT, AITE [distrɛ, ɛt]. *adj.* (1662; « éloigné », XVIe; V. **Distraire**). ♦ 1° Absorbé par autre chose. *Il m'a paru distrait.* V. **Absent.** *Écouter d'une oreille distraite, ne pas être à ce qu'on vous dit.* V. **Inattentif.** *Regarder d'un œil distrait.* V. **Rêveur, vague.** « *Je me demande vraiment lequel!* disait-il, distrait comme s'il cherchait un mot croisé* » (GIRAUDOUX). « *La jeune fille se mit à manger d'un air distrait, presque égaré* » (DUHAM.). ♦ 2° Qui est ordinairement occupé d'autre chose que de ce qu'il fait, ou de ce qu'on lui dit. *Il est distrait, toujours dans la lune. Il est si distrait qu'il ne sait jamais où il a mis ses affaires.* V. **Étourdi.** — Subst. *Ménalque,* type du distrait, dans « *Les Caractères* » de La Bruyère. ◊ ANT. *Appliqué, attentif.*

DISTRAITEMENT [distrɛtmã]. *adv.* (1870; de *distrait*). De façon distraite. « *Les gribouillages qu'on crayonne distraitement peuvent avoir plus de sens* » (MART. du G.).

DISTRAYANT, ANTE [distrɛjã, ãt]. *adj.* (1539; de *distraire*). Avec quoi l'on peut se distraire, se détendre l'esprit. V. **Amusant, délassant, divertissant.** *Les romans policiers sont d'une lecture distrayante. Film distrayant.* ◊ ANT. *Ennuyeux.*

DISTRIBUABLE [distribɥabl(ə)]. *adj.* (fin XVIe; de *distribuer*). *Didact.* Qui peut être distribué. *Secours distribuable en nature. Bénéfice distribuable.*

DISTRIBUER [distribɥe]. *v. tr.* (*Distribuer,* 1248; lat. *distribuere*). ♦ 1° Donner à plusieurs personnes prises séparément (une partie d'une chose ou d'un ensemble de choses semblables). V. **Donner, partager, répartir.** *Distribuer des vêtements, des vivres aux soldats; distribuer à chacun sa ration.* « *Distribuer aux pauvres et à ma famille tout mon bien* » (FLAUB.). *Distribuer des prospectus, des tracts sur la voie publique. Appareil qui distribue des cigarettes* (V. **Distributeur**). *Distribuer des cartes aux joueurs. Distribuer les parts d'un bien aux ayants droit.* V. **Assigner, attribuer.** *Distribuer des postes, des titres.* V. **Dispenser.** *Distribuer des prix* (V. **Distribution**). — *Distribuer sa tâche, son travail à chacun.* — (1890). *Distribuer une pièce, un film,* en attribuer les rôles à des acteurs *(adj.* DISTRIBUÉ, ÉE, 1706). ♦ 2° Donner au hasard. V. **Dispenser, prodiguer.** *Distribuer des saluts, des coups de chapeau, des sourires.* « *Il nous distribuait les coups de férule* » (FRANCE). ♦ 3° Répartir dans plusieurs endroits. V. **Amener, conduire.** *Conduites qui distribuent l'eau dans une ville. Un escalier distribuait en tous sens des galeries tortueuses* (DUHAM.). *Pronom. Le sang se distribue dans l'organisme.* ◊ *Imprim. Distribuer les caractères :* les ranger dans la casse, les cassetins, après usage. ◊ *Techn., Télécomm. Distribuer les signaux de modulation.* V. **Distribution** (2°). ♦ 4° Répartir (plusieurs choses) d'une manière particulière, selon un certain ordre. V. **Arranger, organiser.** *Distribuer logiquement les points d'un exposé.* V. **Ordonner; coordonner.** *Composition picturale dans laquelle les masses sont bien distribuées.* ◊ *Distribuer des êtres vivants, des objets en espèces, en classes.* V. **Classer, diviser, ranger.** ♦ 5° *Distribuer un appartement* : le diviser en pièces différentes affectées à usage particulier. V. **Agencer.** *Appartement bien distribué. Distribuer au mieux son emploi du temps.* ◊ ANT. *Accaparer, rassembler, recueillir; récolter; centraliser, grouper, réunir.*

DISTRIBUTAIRE [distribɥtɛr]. *adj. et n.* (v. 1850; du rad. de *distribution*). *Dr.* Personne qui a reçu qqch. en distribution.

DISTRIBUTEUR, TRICE [distribɥtœr, tris]. *n.* (1361; bas lat. *distributor*). ♦ 1° Personne, chose qui distribue.

Distributeur de prospectus. Distributeur de films, personne dont le métier est de distribuer les copies des films aux cinémas. ◇ (1973). Agent d'une distribution* (1°, *techn.* et *télécomm.*). ♦ 2° Appareil servant à distribuer. — ◇ Mécanisme qui répartit entre les cylindres les étincelles fournies par l'allumage (auto). — *Distributeur de vapeur dans une machine :* régulateur de l'admission de la vapeur dans les cylindres. — *Distributeur d'engrais* (machine agricole). ◇ Appareil qui distribue qqch. au public. *Distributeur d'essence.* V. **Pompe.** — *Distributeur automatique :* appareil public qui distribue des objets en échange d'une pièce de monnaie glissée dans une fente. *Distributeur de friandises. Distributeur de billets de quai.*

DISTRIBUTIF, IVE [distribytif, iv]. *adj.* (1361 ; bas lat. *distributivus*). ♦ 1° Qui distribue (avec un nom de chose). *La poésie, pour Hugo, « distributive de châtiments et montrant aux peuples la voie de la Sagesse »* (HENRIOT). ◇ Dr. et cour. *Justice distributive :* celle qui donne à chacun la part qui lui revient (*opposé à* justice commutative). *Fam.* Sévérité équitable (distribution de coups, etc.). ♦ 2° (1835). *Log.* et *gram.* Qui, dans une répartition d'objets, désigne individuellement (*opposé à* collectif). *Chaque est un adjectif distributif.* ♦ 3° *Math.* Se dit d'une opération qui, effectuée sur le résultat d'une deuxième opération portant sur deux éléments, donne un résultat identique à celui qu'on obtiendrait en effectuant cette opération sur chacun des deux éléments et la deuxième opération sur les deux résultats partiels ainsi obtenus. *La multiplication est distributive par rapport à l'addition* $a \times (b + c) = (a \times b) + (a \times c)$.

DISTRIBUTION [distribysjɔ̃]. *n. f.* (fin XIIIᵉ ; lat. *distributio*). Action de distribuer ; son résultat. V. **Partage, répartition.** ♦ 1° Répartition à des personnes. *Distribution de vivres, de vêtements à des soldats. Distribution gratuite, dons. Distribution de prospectus d'objets publicitaires.* V. **Diffusion.** *Distribution gratuite de journaux, de brochures.* V. **Service.** *Distribution du travail, des tâches aux membres d'une équipe.* — ◇ (*Emplois spéciaux*) Service des postes exécuté par un facteur qui porte le courrier à domicile. *Il n'y a pas de distribution le dimanche.* ◇ *Distribution de cartes à jouer aux différents joueurs.* V. **Donne.** ◇ *Distribution des rôles d'une pièce de théâtre, d'un film, aux acteurs,* et par ext. *La distribution d'une pièce, d'un film :* l'ensemble des acteurs qui l'interprètent. *Une bonne distribution.* — *Distribution des films,* répartition des films dans les salles de cinéma. V. **Distributeur.** ◇ DISTRIBUTION DES PRIX : remise de prix aux concurrents les plus méritants. Cérémonie scolaire précédant les grandes vacances, au cours de laquelle on remet les prix, les récompenses aux meilleurs élèves. *« Aux distributions de prix, le général et le sous-préfet n'en finissaient pas de lui donner la main »* (AYMÉ). ◇ Écon. *Distribution des richesses :* ensemble des conditions suivant lesquelles a lieu la répartition des richesses entre les membres de la société. ♦ 2° Répartition à des endroits différents. *Distribution des eaux :* ensemble des moyens permettant d'approvisionner une ville en eau potable. *Distribution de l'électricité. Lignes de distribution.* ◇ *Distribution de la vapeur* (d'une machine, d'une chaudière). — *Auto.* Méthode suivant laquelle se font l'admission et l'échappement du fluide moteur (V. **Distributeur**). ◇ *Typogr.* Répartition des caractères dans leurs cassetins respectifs après utilisation. ♦ 3° Arrangement (de choses) selon un certain ordre. *Distribution des chapitres dans un livre.* V. **Ordonnance, ordre.** *« J'ai trouvé une certaine distribution pour le tableau... »* (POUSSIN). V. **Arrangement, disposition.** ◇ *Distribution de choses par classes, par groupes.* V. **Classement, classification.** *La distribution des mots dans la phrase, l'énoncé.* V. **Ordre, structure, syntaxe ; distributionnel.** ◇ *Anat.* Répartition des branches d'un vaisseau ou d'un nerf dans les organes ou régions qu'ils desservent. ♦ 4° Division selon une certaine destination. *Distribution d'un logement :* sa division en pièces distinctes et différentes. V. **Agencement.** ◈ ANT. *Ramassage, rassemblement, récupération.*

DISTRIBUTION(N)ALISME [distribysjɔnalism(ə)]. *n. m.* (v. 1960 ; de *distribution,* 3°, d'apr. l'amér. *distributionalism,* 1933). Ling. V. **Distributionnel.**

DISTRIBUTION(N)ALISTE [distribysjɔnalist(ə)]. *adj.* et *n.* (v. 1960 ; de *distribution,* 3°, d'apr. l'amér. *distributionalist* [Wells, Harris], 1947). Ling. Relatif à l'analyse distributionnelle*. — Tenant de cette linguistique.

DISTRIBUTIONNEL, ELLE [distribysjɔnɛl]. *adj.* (v. 1960 ; de *distribution,* 3°, de l'amér. *distributional* [Bloomfield], 1933). Ling. *Analyse, linguistique distributionnelle,* qui à partir de la segmentation des énoncés d'un corpus* (2°) en constituants* immédiats, redécomposés en constituants de rang inférieur jusqu'au niveau des unités minimales, étudie la distribution* (3°) et les conditions de co-occurrence* des unités relevées aux divers niveaux d'analyse. V. **Distribution(n)alisme.**

DISTRIBUTIVEMENT [distribytivmɑ̃]. *adv.* (1568 ; de *distributif*). *Log.* Dans un sens distributif.

DISTRIBUTIVITÉ [distribytivite]. *n. f.* (mil. XXᵉ ; de *distributif*). Math., Log. Caractère d'une opération qui est distributive* par rapport à une autre ; de termes distributifs.

DISTRICT [distrik(t)]. *n. m.* (1421 ; bas lat. *districtus* « territoire », de *distringere*). ♦ 1° *Hist.* Circonscription territoriale d'une juridiction. *Un juge ne peut juger hors de son district.* ♦ 2° (1789). Subdivision de département établie par la loi du 22 décembre 1789 ; arrondissement. *Chef-lieu de district.* ♦ 3° *Par ext.* Division territoriale, région. ♦ 4° (1959). *District urbain,* groupement administratif de communes formant une même agglomération ; Groupement administratif des communes voisines. *Le district du grand Paris.*

DISTYLE [distil]. *adj.* (1839 ; de *di-,* et *stulos* « colonne »). Archit. À deux colonnes. *Porte distyle.* ◇ HOM. Formes du v. *distiller.*

DIT, DITE [di, dit]. *adj.* et *n. m.* (V. **Dire**).
I. *Adj.* ♦ 1° *Surnommé. Louis XV, dit le Bien-Aimé.* — *Lieu dit.* V. **Lieudit.** ♦ 2° *Dr.* Joint à l'article défini, il sert à désigner ce dont on vient de parler. *Ledit acheteur. Ladite maison. Lesdits plaignants.*
II. *N. m.* (1249 ; « parole », 1226 ; « maxime », v. 1130. *Au moyen âge,* Genre littéraire, petite pièce traitant d'un sujet familier ou d'actualité. *Le Dit de l'Herberie. Le Dit de Pouille,* de Rutebeuf.

DITHYRAMBE [ditiʀɑ̃b]. *n. m.* (1540 ; lat. *dithyrambus,* d'o. gr.). ♦ 1° *Antiq. gr.* Poème lyrique, à la louange de Dionysos. ♦ 2° *Littér.* Éloge enthousiaste, parfois jusqu'à l'emphase. V. **Panégyrique.** *L'éloge qu'il en fit fut un vrai dithyrambe.* ◈ ANT. *Réquisitoire.*

DITHYRAMBIQUE [ditiʀɑ̃bik]. *adj.* (1568 ; lat. *dithyrambicus,* du gr. *dithurambikos*). ♦ 1° *Antiq.* Qui appartient au dithyrambe. *Poème dithyrambique.* ♦ 2° *Cour.* Qui loue, qui exalte avec emphase. *Louanges, paroles dithyrambiques. Article dithyrambique.* V. **Élogieux.** *Lebrun sa « s'exprimer sur l'homme et en des termes dithyrambiques »* (MADELIN).

DITO [dito]. *mot invar.* (1723 ; toscan *ditto,* it. *detto,* p. p. de *dire*). *Comm.* Déjà dit, de même (pour éviter la répétition d'un mot). V. **Idem, susdit.**

DIURÈSE [djyʀɛz]. *n. f.* (1750 ; lat. méd. *diuresis,* d'o. gr.). Méd. Élimination de l'urine.

DIURÉTIQUE [djyʀetik]. *adj.* et *n. m.* (XIVᵉ ; lat. méd. *diureticus,* d'o. gr.). Méd. et cour. Qui augmente la sécrétion urinaire. — N. m. *Un diurétique. La bourrache, le colchique, le fenouil, la digitale, la théobromine sont des diurétiques.*

DIURNAL, AUX [djyʀnal, o]. *n. m.* (1680 ; au sens de « diurne* » [2°], 1525 ; lat. *durnalis*). Relig. Livre de prières qui renferme spécialement l'office du jour.

DIURNE [djyʀn(ə)]. *adj.* (1425, rare av. XVIIIᵉ ; lat. *diurnus,* de *dies* « jour »). ♦ 1° *Didact.* Qui dure un jour ou vingt-quatre heures. Astron. *Le mouvement diurne :* mouvement apparent circulaire et uniforme des étoiles dans le ciel en 24 heures. ♦ 2° Qui se montre le jour (*opposé à* nocturne). *Rapaces diurnes :* qui ne volent que le jour. *Papillons diurnes,* et subst. *Les diurnes :* papillons qui ne volent qu'au grand jour. — Bot. *Plante, fleur diurne :* qui s'épanouit le jour et se ferme pendant la nuit. *La belle-de-jour est une fleur diurne.* ◈ ANT. *Nocturne.*

DIVA [diva]. *n. f.* (1833 ; it. *diva* « déesse »). *Vieilli.* Cantatrice en renom.

DIVAGATEUR, TRICE [divagatœʀ, tʀis]. *adj.* (1838 ; de *divaguer*). Rare. Qui divague (2°).

DIVAGATION [divagasjɔ̃]. *n. f.* (1577 ; de *divaguer*). ♦ 1° *Vx.* Action de divaguer, d'errer. Mod. *Divagation d'une rivière.* Dr. *Divagation des animaux domestiques, du bétail :* le fait que le propriétaire ou la personne qui en est responsable les laisse errer sur la voie publique ou sur les biens d'autrui. ♦ 2° Action de l'esprit qui erre en dehors d'un sujet précis. V. **Digression, élucubration, rêverie.** *Divagation d'un rêveur. Il « se perdait en des divagations, des flâneries sans fin »* (R. ROLLAND). ◇ Le fait de déraisonner. V. **Délire.** *Divagations d'un malade.* V. **Délire.**

DIVAGUER [divage]. *v. intr.* (1534 ; bas lat. *divagari* « errer çà et là »). ♦ 1° *Vx.* Errer. *« Je n'étais qu'une âme errante qui divaguait çà et là dans la campagne »* (LAMART.). — Mod. *Rivière qui divague :* qui sort de son lit pour couler ailleurs. — Dr. *Laisser divaguer des bestiaux hors de leur pâturage.* V. **Divagation.** ♦ 2° Penser, parler sans sujet précis, ne pas raisonner correctement. *« Je crois que je divague, répondit Germain ; c'est la faim qui me fait divaguer peut-être ! »* (SAND). ◇ Parler d'une manière absurde. V. **Débloquer** (pop.), **dérailler, déraisonner.** *Tu divagues!*

DIVAN [divɑ̃]. *n. m.* (1558 ; turc *diouan,* mot persan. V. **Douane**). ♦ 1° *Hist.* Salle garnie de coussins où se réunissait le Conseil du sultan. — Le Conseil lui-même. *« Le sultan, indigné, fit assembler un divan extraordinaire, et y parla lui-même »* (VOLT.). — *Par ext.* L'Empire ottoman. ♦ 2° (1812 ; « estrade à coussins », 1653 ; de l'arabe égyptien). Long siège sans dossier ni bras qui peut servir de lit de repos (le *canapé* a un dossier). « *Je me couchai sur un divan dans l'angle de la salle* » (CHATEAUB.). *Divan-lit* : divan qui se transforme en lit pour la nuit. *Divan surmonté d'une étagère.* V. Cosy.

DIVE BOUTEILLE [divbutɛj]. *n. f.* (1564; lat. *diva* « divine », et *bouteille*). *Vx* ou *plais.* Le vin (Cf. La bouteille). « *On eût dit un prêtre de Bacchus officiant et célébrant les mystères de la dive bouteille* » (GAUTIER).

DIVERGENCE [divɛRʒɑ̃s]. *n. f.* (1626; de *divergent*, d'apr. lat. *divergentia*). ♦ 1° État de ce qui diverge, de ce qui va en s'écartant. V. Dispersion, écartement. *Divergence des rayons lumineux réfléchis par un miroir convexe. Angle de divergence.* ♦ 2° Fig. *Divergence d'idées, d'opinions, de vues.* V. Désaccord, différence, écart. « *Le frère et la sœur ne portaient pas le même jugement sur le caractère de l'enfant..., cette divergence créait une entre eux un point de désaccord* » (MART. du G.). ♦ 3° Math. Propriété d'une série dont la somme des termes ne tend vers aucune limite. ♦ 4° Phys. nucl. Établissement dans un réacteur d'une réaction nucléaire en chaîne. ◇ ANT. Convergence. Accord, concordance.

DIVERGENT, ENTE [divɛRʒɑ̃, ɑ̃t]. *adj.* (1626; lat. *divergens*, de *divergere*). ♦ 1° Qui diverge, qui va en s'écartant. *Rayons divergents. Lignes, droites divergentes.* — Math. *Série divergente,* dont la somme des termes ne tend vers aucune limite finie. ◇ (XXᵉ). Par ext. *Lentille divergente :* qui fait diverger un faisceau parallèle de lumière (*ex.* : lentilles biconcaves). ◇ Qui s'éloigne. « *Un souvenir ne se prolonge que dans une direction divergente de l'impression avec laquelle il a coïncidé* » (PROUST). ♦ 2° (1792). Qui ne s'accorde pas. V. Différent, éloigné, opposé. *Idées, opinions, principes divergents. Interprétations divergentes d'un fait :* contradictoires. ◇ ANT. Convergent, concordant.

DIVERGER [divɛRʒe]. *v. intr.;* conjug. *bouger* (1720; lat. *divergere* « incliner »). ♦ 1° Aller en s'écartant de plus en plus (en parlant d'éléments rapprochés à leur point de départ). V. Écarter (s'). « *Ses rayons (du soleil) brisés par les troncs des arbres, divergeaient dans les ombres de la forêt, en longs gerbes lumineuses* » (BERNARD. de ST-P.). ◇ Fig. S'écarter de plus en plus (d'une origine commune, d'un type commun). ♦ 2° (1798). Être en désaccord. V. Contredire (se), opposer (s'). *Leurs interprétations divergent sur ce point.* ♦ 3° (mil. XXᵉ). Phys. nucl. Entrer en divergence* (4°). ◇ ANT. Converger.

DIVERS, ERSE [divɛR, ɛRs(ə)]. *adj.* (1119; lat. *diversus* « opposé », et par ext. « varié »). ♦ 1° *Vx* ou *littér.* Qui présente plusieurs aspects, plusieurs caractères différents, simultanément ou successivement. V. Changeant, composite, disparate, hétérogène, varié. « *Certes, c'est un sujet merveilleusement vain, divers et ondoyant que l'homme* » (MONTAIGNE). « *Sa terre* (de la France) *qui est diverse comme le peuple qui l'habite* » (VALÉRY). ♦ 2° Cour. *Au plur.* Qui présentent des différences intrinsèques et qualitatives, en parlant de choses que l'on compare. V. Différent, dissemblable, distinct, varié. *Les divers sens d'un mot. Pour les sujets les plus divers* (Cf. À bâtons rompus). « *Une ample comédie à cent actes divers* » (LA FONT.). « *Apportez-moi trois ou quatre bouteilles de votre eau, puisées à des heures diverses du jour et de la nuit* » (ROMAINS). *Choses diverses et mal assorties.* V. Disparate, hétéroclite. ◇ *Frais divers, dépenses diverses* (qui ne sont pas classés dans une rubrique précise), et subst. *Divers. Nourriture et logement : 5 000 francs : divers 2 000 francs.* ♦ 3° FAITS DIVERS : rubrique sous laquelle on groupe les incidents du jour : accidents, crimes, suicides, etc. (Cf. Chiens écrasés*). Au sing. *Un fait divers.* ♦ 4° *Au plur.* (devant un substantif). *Adj. indéfini.* V. Différent (2°), multiple, plusieurs, quelque. *Diverses personnes m'en ont parlé. En diverses occasions.* ◇ ANT. Homogène, identique, semblable, uniforme.

DIVERSEMENT [divɛRsəmɑ̃]. *adv.* (1119; de *divers*). D'une manière diverse, de plusieurs manières différentes. V. Différemment. *Fait diversement interprété par les commentateurs.* « *Les mots diversement rangés font un divers sens, et les sens diversement rangés font différents effets* » (PASC.).

DIVERSI-. Élément de mots, du lat. *diversus* « divers ».

DIVERSIFICATION [divɛRsifikasjɔ̃]. *n. f.* (XIIIᵉ; de *diversifier*). Action de diversifier, de se diversifier; son résultat. *La diversification du savoir.* Cf. Spécialisation. — (v. 1966). Écon. Le fait de varier les biens que l'on produit, vend ou achète, ou de mettre en œuvre de nouveaux produits ou services. — Didact. Le fait d'assurer des possibilités de choix dans l'enseignement (Cf. Cours, matières à option; *opposé à* programme unique), la recherche, la vie professionnelle. ◇ ANT. Unification, uniformisation.

DIVERSIFIER [divɛRsifje]. *v. tr.* (XIIIᵉ; lat. médiév. *diversificare*). Rendre divers. V. Varier. *Diversifier les attitudes, les poses des figures, dans un tableau.* — Pronom. « *La conception chrétienne du diable s'est... diversifiée au XIXᵉ s.* » (HENRIOT). — Au p. p. « *Une matière aussi vaste et aussi diversifiée que le sont les mœurs des hommes* » (LA BRUY.). ◇ ANT. Assimiler, unifier.

DIVERSIFORME [divɛRsifɔRm(ə)]. *adj.* (1846; de *diversi-*, et *-forme*). Didact. Dont la forme est variable (On dit aussi HÉTÉROMORPHE [eteRɔmɔRf(ə)].

DIVERSION [divɛRsjɔ̃]. *n. f.* (1314; bas lat. *diversio*, de *divertere* « détourner »). ♦ 1° Opération militaire destinée à détourner l'ennemi d'un point. *Opérer une diversion avant d'attaquer.* ♦ 2° Fig. Littér. Action qui détourne qqn de ce qui le préoccupe, le chagrine, l'ennuie. V. Dérivatif, distraction, divertissement. *Un travail régulier sera une diversion à son ennui.* « *Je souhaite une diversion qui m'arrache à moi-même* » (GIDE). ◇ *Faire diversion à :* détourner, distraire, divertir de. « *Nul répit, nulle relâche. Rien qui fasse diversion à ce labeur affolant* » (R. ROLLAND).

DIVERSITÉ [divɛRsite]. *n. f.* (1160; lat. *diversitas*). ♦ 1° Caractère, état de ce qui est divers (1° ou 2°). V. Hétérogénéité, pluralité, variété. *La diversité des goûts, des opinions.* — « *J'étais grisé par la diversité de la vie, qui commençait à m'apparaître, et par ma propre diversité* » (GIDE). ♦ 2° Divergence, écart, opposition. « *Une ressemblance qui se retrouve jusque dans les diversités des deux religions* » (B. CONSTANT). ◇ ANT. Concordance, ressemblance; monotonie, uniformité.

DIVERTICULE [divɛRtikyl]. *n. m.* (XVᵉ; lat. *diverticulum* « endroit écarté »). ♦ 1° Anat. et pathol. (1837). Cavité normale ou pathologique, en forme de poche, communiquant avec un organe creux ou un conduit. *Diverticule du côlon, de l'œsophage.* ♦ 2° Recoin. « *Une salle de restaurant qui se prolonge au fond par un diverticule* » (ARAGON). — Adj. DIVERTICULAIRE [divɛRtikylɛR].

DIVERTIMENTO [divɛRtimento]. *n. m.* (1951; mot it.). Mus. V. Divertissement (4°).

DIVERTIR [divɛRtiR]. *v. tr.* (v. 1400, « détourner »; lat. *divertere* « détourner »). ♦ 1° Vx. Détourner, éloigner. « *Elle qui l'a diverti de sa famille, qui nous l'a enlevé* » (BALZ.). ◇ Mod. (Dr.) Soustraire à son profit. V. Détourner (III), distraire, soustraire. *Divertir de l'argent remis en dépôt, une partie d'une succession.* ♦ 2° (XVIIᵉ). Vieilli. Détourner de ce qui occupe. V. Distraire. *Divertir qqn d'une occupation, d'un projet.* — Absolt. Détourner d'une préoccupation dominante, essentielle, ou jugée telle. « *Le monde « nous détourne de nous-même, nous divertit* » (MAURIAC). ♦ 3° Mod. Distraire en récréant. V. Amuser, égayer, récréer. *Le spectacle nous a bien divertis.* « *Je crois que l'art dramatique n'est estimable qu'autant qu'il a pour but d'instruire en divertissant* » (DESTOUCHES). *Sa bonne volonté et sa gaucherie me divertissent.* V. Réjouir. ◇ SE DIVERTIR. *v. pron.* Se distraire, se récréer. *Vous avez l'air de bien vous divertir.* V. Amuser (s'), rire. « *Il riait de tout et se divertissait lui-même de sa verve* » (MART. du G.). — *Se divertir à.* « *Il se divertissait à l'ahurir d'injures* » (COURTELINE). — *Se divertir de.* V. Moquer (se), rire. *Se divertir de l'embarras de qqn.* « *Je me suis diverti de tout ce qu'il m'a dit.* — *À la fin, il pourrait bien se divertir de vous* » (MARIVAUX). ◇ ANT. Ennuyer, importuner.

DIVERTISSANT, ANTE [divɛRtisɑ̃, ɑ̃t]. *adj.* (1637; de *divertir*). Qui divertit; qui distrait en récréant. V. Distrayant; amusant, plaisant, récréatif. *Spectacle divertissant.* « *Il n'est pas ennuyeux. Il est même divertissant. Avoue qu'il a de l'imprévu* » (DUHAM.). ◇ ANT. Ennuyeux, fastidieux, triste.

DIVERTISSEMENT [divɛRtismɑ̃]. *n. m.* (1494, « action de détourner »; de *divertir*). ♦ 1° Vx. Action de détourner, d'écarter. Dr. Détournement par un copartageant (cohéritier ou conjoint) d'une partie de la succession ou de la communauté. ♦ 2° Fig. et vieilli (1580). Action de détourner de ce qui occupe. V. Distraction. Absolt. Philo. Occupation qui détourne l'homme de penser aux problèmes essentiels qui devraient le préoccuper. « *Le divertissement nous amuse et nous fait arriver insensiblement à la mort* » (PASC.). ♦ 3° Mod. (1652). Action de divertir, de se divertir. V. Agrément, amusement, délassement, distraction, plaisir, récréation. *Il se livre à ce travail pour son divertissement personnel. Le public « veut avant tout son divertissement et son plaisir* » (STE-BEUVE). ◇ Moyen de se divertir. V. Distraction, jeu, passe-temps. *La chasse, la pêche sont ses divertissements favoris. Un divertissement coûteux.* ♦ 4° Mus. Au XVIIIᵉ s., Suite de petites pièces instrumentales destinées à l'exécution en plein air, pendant un repas. V. Aubade, sérénade. *Divertissement de Mozart.* — Partie épisodique de la fugue, séparant les expositions dans des tons voisins. — Ancienn. Petit opéra de circonstance, comportant des entrées de ballet; intermède chanté et danse. ◇ ANT. Recueillement, ouvrage, travail. Ennui.

DIVETTE [divɛt]. *n. f.* (1890; dimin. de *diva*). Vieilli. Chanteuse d'opérette ou de café-concert. « *La scène sur laquelle une divette venait débiter des fadeurs* » (GIDE).

DIVIDENDE [dividɑ̃d]. *n. m.* (1151; lat. *dividendus* « qui doit être divisé » de *dividere*). ♦ 1° Arithm. Nombre à diviser par un autre (appelé *diviseur*). *Le quotient exprime combien de fois le dividende contient le diviseur.* ♦ 2° (1742; *dividente* ou *dividend*, 1735). Fin. Quote-part des bénéfices réalisés par une entreprise, attribuée à chaque associé (*spécial.* Dans une société par actions). *Toucher, recevoir son dividende. Il « tient également pour argent gaspillé le* *dividende attribué aux actionnaires* » (CHARDONNE). — Spécialt. Quote-part des sommes provenant de la réalisation des biens d'un failli, attribuée à chacun des créanciers (CODE COMM.).

DIVIN, INE [divɛ̃, in]. *adj.* (XIVe; *devin*, 1119; lat. *divinus*). ♦ 1° Qui appartient à Dieu, aux dieux; qui vient de Dieu. *Caractère divin; essence, nature divine.* V. **Divinité.** *Bonté, justice divine. La divine Providence; la loi divine. Droit divin,* considéré comme révélé par Dieu aux hommes. « *L'homme, accoutumé à croire divin tout ce qui était puissant... »* (BOSS.). — (Christianisme) *Les Personnes divines :* les trois personnes de la Trinité. *Le divin enfant* [lədivinãfɑ̃] : l'enfant Jésus. *Le divin Messie, le divin Sauveur :* le Christ. ◇ Subst. : *Le divin :* ce qui vient d'une puissance surnaturelle, de Dieu (V. **Surnaturel**). « *Quand je vis l'Acropole, j'eus la révélation du divin* » (RENAN). ♦ 2° Qui est dû à Dieu, à un dieu. *Le culte, le service divin. L'office divin. L'amour divin* (opposé à l'amour profane). ♦ 3° (*Antiq.*). Mis au rang des dieux; divinisé. *Le divin Achille. Le divin Auguste.* ♦ 4° Excellent, parfait. V. **Céleste, parfait, sublime, suprême.** *Une poésie, une musique divine.* ◇ Vieilli. *Divine beauté.* « *Ah! divine princesse* » (RAC.). V. **Adorable, charmant.** ◇ Mod. Très agréable (personnes ; choses). « *Le tabac est divin, il n'est rien qui l'égale* » (Th. CORN.). *Il fait un temps divin.* V. **Délicieux.** ◈ ANT. *Diabolique, infernal; humain, terrestre; profane. Naturel. Mauvais.*

DIVINATEUR, TRICE [divinatœr, tris]. *n.* et *adj.* (XVe; bas lat. *divinator.* V. **Deviner**). ♦ 1° N. *Vx.* Personne qui pratique la divination. V. **Devin.** ♦ 2° *Adj.* Qui devine, qui prévoit ce qui doit arriver. *Puissance, science divinatrice.* V. **Divinatoire.** — Par ext. Instinct, esprit divinateur. V. **Pénétrant.** « *Pauline n'aura jamais tort. Elle règne dans la maison, compétente et divinatrice* » (CHARDONNE).

DIVINATION [divinɑsjɔ̃]. *n. f.* (XIIIe; lat. *divinatio.* V. **Deviner**). ♦ 1° Art de découvrir ce qui est caché par des moyens qui ne relèvent pas d'une connaissance naturelle. V. **Devin;** *astrologie, magie, occultisme, spiritisme,* et mots en -**Mancie.** *Divination de l'avenir.* V. **Oracle, prédiction, prophétie, révélation.** *Les anciens pratiquaient la divination par l'interprétation des signes* (divination artificielle) *ou par communication directe avec la divinité* (divination spontanée). V. **Augure.** « *Les divinations par les songes, des sortilèges* » (PASC.). ♦ 2° Faculté, action de deviner, de prévoir. V. **Clairvoyance, intuition, sagacité; conjecture, hypothèse, prévision.** « *Dans un tel effort pour faire revivre les hautes âmes du passé, une part de divination et de conjecture doit être permise* » (RENAN).

DIVINATOIRE [divinatwar]. *adj.* (1390; du rad. de *divination*). Relatif à la divination. *Art, science divinatoire. Baguette divinatoire des sourciers.*

DIVINEMENT [divinmã]. *adv.* (v. 1327; de *divin*). ♦ 1° Par l'action, par la vertu divine. « *L'Église ne cesse pas d'être divinement inspirée* » (GIDE). ♦ 2° D'une manière divine (4°), parfaite. V. **Excellemment, parfaitement, souverainement, suprêmement.** « *Un esprit médiocre croit écrire divinement* » (LA BRUY.). *Elle chante divinement, divinement bien. Il fait divinement beau.* ◈ ANT. *Mal* (2).

DIVINISATION [divinizasjɔ̃]. *n. f.* (1842; de *diviniser*). Action de diviniser; son résultat.

DIVINISER [divinize]. *v. tr.* (1580; de *divin*). ♦ 1° Attribuer l'essence, la nature divine à; mettre au rang des dieux. V. **Déifier.** — Au p. p. « *C'est un homme divinisé, un héros* » (FUSTEL DE COUL.). ◇ Par ext. Revêtir d'un caractère sacré, suprême. V. **Sanctifier.** « *Les païens ont divinisé la vie, les chrétiens ont divinisé la mort* » (STAËL). ♦ 2° Fig. Donner une grande valeur à. V. **Élever, exalter, glorifier.** « *Lorsqu'on ne peut effacer ses erreurs, on les divinise* » (CHATEAUB.). ◈ ANT. *Avilir, rabaisser.*

DIVINITÉ [divinite]. *n. f.* (1119; lat. *divinitas*). ♦ 1° Essence, nature de Dieu, de l'Être suprême. *La divinité du Verbe, de Jésus,* dans la religion chrétienne. « *L'homme dans l'état de grâce est «rendu comme semblable à Dieu, et participant de sa divinité* » (PASC.). *Les sociniens « ne reconnaissent point la divinité de Jésus-Christ »* (VOLT.). ♦ 2° Être divin. V. **Déesse, déité, dieu.** *Adorer, honorer la Divinité, une Divinité* (ou *une divinité*). « *Des peuples qui adoraient les fausses divinités* » (BOSS.). ♦ 3° Personne ou chose qu'on adore, que l'on considère comme une puissance surnaturelle. « *Cette fausse image de Gæthe... une sorte de divinité olympienne, impassible, insensible et imperturbée* » (GIDE).

DIVIS, ISE [divi, iz]. *adj.* et *n. m.* (1374, *par divis;* lat. *divisus,* p. p. de *dividere*). [1870] *Dr.* Partagé, divisé (*opposé à* indivis). *Propriétés divises.* — *n. m.* État d'un bien partagé entre plusieurs propriétaires. V. **Division.**

DIVISER [divize]. *v. tr.* (1190, rare av. XVIe; lat. *dividere,* d'apr. *devise.* V. **Deviser**).
I. Séparer en parties. ♦ 1° Séparer (une chose ou un ensemble de choses) en plusieurs parties. V. **Décomposer, dissocier, scinder, séparer, subdiviser; fractionner, fragmenter;** *émietter, morceler, partager, sectionner, tronçonner; casser, couper, disjoindre, fendre, rompre, trancher.* REM. *Diviser* est rare dans les emplois concrets (V. **Séparer; casser,** etc.). ◇ Cour. *Diviser une somme en plusieurs parts. Diviser un terrain, un domaine.* V. **Démembrer, lotir, morceler.** « *Depuis la dislocation de l'Empire de Charlemagne, l'Europe occidentale nous apparaît divisée en nations* » (RENAN). ◇ Partager (une quantité) en quantités égales plus petites. *Diviser la circonférence en 360 degrés.* V. **Graduer.** *On divise le mètre en décimètres, centimètres. L'année est divisée en mois.* — Chercher, calculer combien de fois une quantité (V. **Diviseur**) est contenue dans une autre (V. **Dividende**). V. **Division.** *Diviser un nombre par un autre* (opposé à multiplier). — Techn. *Machine à diviser,* machine servant à tracer des divisions équidistantes sur les instruments de précision. ♦ 2° Séparer (un ensemble abstrait, un objet de pensée) en éléments. *On divise le règne animal en classes, embranchements.* V. **Classer.** *Diviser un ouvrage littéraire en chapitres. Diviser un problème en une série de questions.* V. **Analyser.** *Diviser une tâche entre plusieurs ouvriers.* V. **Distribuer, répartir.** ♦ 3° SE DIVISER. *v. pron.* Se séparer en parties. *Attroupement qui se divise en plusieurs groupes.* V. **Disperser** (se), *éparpiller* (s'). *L'œuf se divise en cellules.* ◇ Être séparé en parties. *Route qui se divise.* V. **Bifurquer, ramifier** (se). *Le chapitre se divise en trois parties.*
II. (XVIe). Séparer d'autre chose. ♦ 1° Séparer (une personne, une chose) d'une autre ou de plusieurs autres. *Vx* (Concret) « *Les mers qui divisent la Grèce d'avec l'Italie* » (FÉN.) : on dit *séparer.* — Mod. (abstrait; avec un compl. au plur.) « *Ce qui divise le plus les êtres, c'est peut-être que les uns vivent surtout dans le passé et les autres seulement dans la minute présente* » (MAUROIS). ♦ 2° Semer la discorde, la désunion entre (des personnes, des groupes). V. **Brouiller, désunir, opposer.** *Oppositions qui divisent les esprits. Leurs opinions les divisent.* « *Lorsque deux factions divisent un empire* » (CORN.). « *Ces trois personnes réunies autour de cette lampe, que d'intérêts les divisaient!* » (GREEN). Pronom. « *Les juges se divisèrent sur des questions de droit* » (CHATEAUB.). Absolt. Loc. prov. *Diviser pour régner.* ◈ ANT. *Grouper, réunir, unir. Rapprocher, réconcilier.*

DIVISEUR [divizœr]. *n. m.* (1213; lat. *divisor*). ♦ 1° Nombre par lequel on en divise un autre, appelé *dividende.* — Nombre entier qui divise exactement un autre nombre entier. *Commun diviseur à plusieurs nombres entiers :* nombre entier qui les divise tous exactement. *Plus grand commun diviseur :* le plus grand nombre entier qui divise plusieurs nombres entiers exactement (*ex. :* 12, pour 48 et 60). — Par appos. *Nombre diviseur; fraction diviseur.* ♦ 2° Rare. Personne, force qui sème la division, la désunion. ◈ ANT. *Multiplicateur.*

DIVISIBILITÉ [divizibilite]. *n. f.* (XVe; *divisible*). Caractère de ce qui peut être divisé. *Divisibilité de la matière, de l'espace.* Math. *Caractères de divisibilité,* par lesquels on peut reconnaître qu'un nombre est divisible par un autre. ◈ ANT. *Indivisibilité.*

DIVISIBLE [divizibl(ə)]. *adj.* (1361; bas lat. *divisibilis*). Qui peut être divisé. *Pour Descartes, la matière est divisible à l'infini.* — Math. *Nombre divisible :* qui peut être divisé exactement. *Les nombres pairs sont divisibles par 2.* ◈ ANT. *Indivisible, insécable.*

DIVISION [divizjɔ̃]. *n. f.* (1120; lat. *divisio*). ♦ 1° Action de diviser; état de ce qui est divisé (V. **Dis-, -tomie**). *Division d'un corps en petites parties* (rare en emploi concret). V. **Diviser** (I, 1°, REM.); *coupure, déchirement, fission, fragmentation, morcellement, scission, section, sectionnement, segmentation, séparation.* — *Division en parts.* V. **Partage;** *distribution. Division d'un domaine, d'une propriété, d'une terre.* V. **Démembrement, lotissement, morcellement.** « *Le mal de cette division excessive des propriétés* » (BALZ.). *Division d'un territoire en circonscriptions, en secteurs.* V. **Découpage.** *Division de la circonférence en degrés.* V. **Graduation.** *Division du kilogramme en grammes.* ◇ Opération, calcul ayant pour but, connaissant le produit de deux facteurs (V. **Dividende**) et l'un deux (V. **Diviseur**), de trouver le facteur inconnu. (V. **Quotient**). *Si l'opération est possible, la division se fait exactement, sinon il y a un reste.* — Géom. *Suite de points situés sur une droite. Division harmonique, division semblable, homographique.* ◇ Séparation d'un objet de pensée en ses éléments. Absolt. *Division :* figure de rhétorique par laquelle on indique la manière dont sera divisé le discours. — *Division en classes.* V. **Classement, classification, subdivision.** ◇ (1778; répandu déb. XXe). Écon. DIVISION DU TRAVAIL : organisation économique consistant dans la décomposition et la répartition des tâches : spécialisation professionnelle des travailleurs; spécialisation des entreprises; division territoriale et internationale du travail; division du travail technique (V. **Taylorisme**). ♦ 2° Le fait de se diviser. *Division d'un cours d'eau en une multitude de bras.* — Biol. *Division cellulaire,* mode de reproduction des cellules. *Division directe ou indirecte.* V. **Méiose, mitose.** *Étudier la* *division du noyau.* ♦ 3° *Trait qui divise. Tracer des divisions sur une règle, sur un thermomètre* (V. **Graduation**). ◇ *Typogr.* Petit tiret que l'on place à la fin d'une ligne, après une partie d'un mot, pour indiquer que l'autre partie en est reportée à la ligne suivante. — *Trait d'union.* ♦ 4° Partie non séparée d'un tout concrètement divisé *(rare). Divisions d'une boîte, d'un récipient.* V. **Alvéole, case, casier, cellule, compartiment.** ◇ *Partie d'un tout abstraitement divisé. Divisions politiques, administratives d'un territoire.* V. **Circonscription; arrondissement, canton, commune, département, district, gouvernement, province, subdivision, zone.** *Divisions d'une unité de mesure. Divisions décimales, divisions centésimales :* chaque degré de l'échelle. — *Divisions d'un écrit, d'un livre.* V. **Alinéa, paragraphe, article, section, chapitre, titre, livre, tome, verset; acte, scène; chant, strophe.** — *Divisions du savoir humain; de la science.* V. **Branche, discipline, spécialité.** *Divisions d'une classification de sciences naturelles* (V. **Règne; embranchement, classe, ordre, famille, genre, espèce, variété, type**). ♦ 5° (1750; répandu XIXe). Grande unité militaire réunissant des corps de troupes (régiments) d'armes différentes et des services. *Division blindée. Division aéroportée,* comprenant des éléments parachutés. *État-major de division.* V. **Divisionnaire.** *Général de division.* ◇ Réunion d'unités navales, aériennes. ◇ *Admin.* Réunion de plusieurs bureaux sous la direction d'un *chef de division.* « *Mon père devint... chef de la deuxième division administrative* » (FRANCE). — Au Canada, Service intermédiaire entre la direction et la section. ◇ Dans un établissement d'enseignement, groupe d'élèves de même niveau à l'intérieur d'une même classe. ♦ 6° *Fig.* Séparation, opposition d'intérêts, de sentiments entre plusieurs personnes. V. **Désaccord, mésintelligence, rupture, scission.** *Mettre, semer la division dans une famille, dans les esprits.* « *Loin de moi surtout la pensée de jeter des semences de division dans la France* » (CHATEAUB.). ◇ ANT. **Groupement, rassemblement, réunion; individion. Ensemble, total. Accord, union.**

DIVISIONNAIRE [divizjɔnɛʀ]. *adj.* (1793; de *division*). ♦ 1° Qui correspond, qui appartient à une division. *Spécialt. Monnaie divisionnaire,* qui représente une division de l'unité monétaire. ♦ 2° D'une division (5°). *Services divisionnaires.* « *L'état-major divisionnaire était au complet* » (SARTRE). — Subst. *Un divisionnaire :* général de division. — *Commissaire de police divisionnaire,* subst. *un divisionnaire.*

DIVISIONNISME [divizjɔnism(ə)]. *n. m.* (XXe; de *divisionniste*). *Peint.* Procédé qui consiste à juxtaposer des touches de ton pur sur la toile. *Le divisionnisme est à la base de la technique impressionniste et pointilliste.*

DIVISIONNISTE [divizjɔnist(ə)]. *adj. et n.* (1908; de *division*). *Par ext.* Adepte du divisionnisme.

DIVORCE [divɔʀs(ə)]. *n. m.* (XIVe; lat. *divortium* « séparation »; de *dis-*, et *vertere* « tourner »). ♦ 1° Séparation d'intérêts, de sentiments, etc. V. **Désaccord, désunion, dissension, rupture, séparation.** *Il y a divorce entre la théorie et la pratique, entre les intentions et les résultats.* V. **Contradiction, divergence, opposition.** « *Le divorce de la vie pratique et de la pensée théorique* » (MAUROIS). ♦ 2° (XVIe, en parlant de l'antiquité, des païens; répandu fin XVIIIe). Rupture légale du mariage civil, du vivant des époux. *Divorce, introduit en France par la loi du 20 septembre 1792, supprimé en 1816, fut rétabli par la loi du 27 juillet 1884. Demander le divorce; prononcer le divorce. Le divorce de Pierre avec, d'avec sa femme. Divorce aux torts exclusifs, aux torts réciproques, divorce pour rupture de la vie commune. Divorce par consentement mutuel* (1976). ◇ ANT. **Accord, union. Mariage.**

DIVORCÉ, ÉE [divɔʀse]. *adj. et n.* (mil. XVIIIe, n.; *mariage divorcé* « rompu », 1390; V. **Divorcer**). Séparé par le divorce. *Il a épousé une divorcée.*

DIVORCER [divɔʀse]. *v. intr.;* conjug. *placer* (XIVe; de *divorce*). ♦ 1° Se séparer par le divorce (de l'autre époux). *Mélek, « ayant enfin divorcé avec un mari atroce »* (LOTI). « *L'héroïne avait divorcé d'avec un mari indigne* » (R. ROLLAND). — Absolt. *Il a décidé de divorcer.* V. **Séparer** (se). ♦ 2° *Fig. et rare.* Rompre avec. *Des écrivains ont exprimé « leur désir de voir l'Amérique ibérique divorcer de l'Europe »* (DUHAM.). Au p. p. « *Une science divorcée de la morale* » (MAUROIS). ◇ ANT. **Marier** (se), **unir** (s').

DIVULGATEUR, TRICE [divylgatœʀ, tʀis]. *n.* (1552; lat. *divulgator,* de *divulgare*). Personne qui divulgue. V. **Propagateur, révélateur.**

DIVULGATION [divylgasjɔ̃]. *n. f.* (1510; lat. *divulgatio,* de *divulgare*). Action de divulguer; son résultat. V. **Proclamation, propagation, publication, révélation.** *Divulgation d'un secret.* « *La divulgation des offres qu'on lui fait* » (BEAUMARCH.).

DIVULGUER [divylge]. *v. tr.* (XIVe; lat. *divulgare;* de *vulgus*). Porter à la connaissance du public. V. **Dévoiler, ébruiter, proclamer, publier, répandre** (Cf. Mettre au grand jour; crier sur les toits). *Divulguer un secret, une nouvelle. Les journaux ont divulgué l'entretien.* « *Un renseigné qui tire*

vanité des secrets qu'il détient et brûle de divulguer » (PROUST). ◇ ANT. **Cacher, dissimuler, taire.**

DIVULSION [divylsjɔ̃]. *n. f.* (XVIe; lat. *divulsio,* de *divellere* « arracher »). *Didact.* Action d'arracher avec violence. V. **Arrachement.** *Fracture par divulsion.*

DIX [dis]. *adj. et n.* (*Dis, diz,* 1080; lat. *decem*). I. Adj. numéral cardinal invariable ([di] devant un nom commençant par une consonne, [diz] devant un nom commençant par une voyelle, [dis] dans les autres cas). ♦ 1° Nombre (10). *Dix unités.* V. **Dizaine.** Formé de dix parties, de dix éléments. V. **Déca-.** *Dix fois plus.* V. **Décuple; décupler.** *Dix fois moins.* V. **Dixième; déci-.** *Les dix doigts des deux mains. Pièce de dix vers.* V. **Dizain.** *Ils étaient dix.* — *Qui dure dix ans.* V. **Décennal.** — En composition : *Dix mille* (10 000). *Dix-sept* [disɛt ou dissɛt]. — *Répéter, recommencer dix fois la même chose :* un grand nombre de fois. ♦ 2° Adj. (XVIe) numéral ordinal invariable. V. **Dixième.** *Page dix. Charles dix* (Charles X). *Il est dix heures, dix heures et quart.* — Ellipt. *Le dix du mois.* II. *N. m.* (pron. [dis]). (XIIe). ♦ 1° Le nombre 10. *Dix égale neuf plus un, deux fois cinq. Système procédant par dix.* V. **Décimal.** *Dix et dix font vingt.* — En composition. *Soixante et dix* ou plus souvent *soixante-dix* (70); *quatre-vingt-dix* (90). ◇ *Jeu.* Carte, dé, domino... marqué de dix signes. *Dix de carreau. Pop. Dix de der* (dernier). ◇ Note correspondant à dix points. *Dix sur dix. Cette composition sera notée sur dix.* ♦ 2° Le chiffre qui représente ce nombre. *Un dix arabe* (10), *un dix romain* (X). ◇ HOM. (de *dix* devant consonne) : **Dit,** et formes du v. *dire.*

DIX-HUIT [dizɥit. V. **Huit**]. *adj. et n.* (*Dis e uit,* XIIe; de *dix,* et *huit*). ♦ 1° Adj. numéral cardinal. Dix plus huit (18). *Dix-huit personnes. Il a dix-huit ans. Dix-huit mille* (18 000). *Dix-huit cents* (1 800) ou *mille huit cents.* — Adj. ordinal. *Dix-huitième. Louis dix-huit* (Louis XVIII). Ellipt. *Le dix-huit août.* ♦ 2° *N. m.* Le nombre 18. *Trois fois six font dix-huit.*

DIX-HUITIÈME [dizɥitjɛm]. *adj. et n.* (*Disuitime,* XIIIe *dis e uitme* « dix et huitième », v. 1170; de *dix-huit*). ♦ 1° Qui succède au dix-septième (dér. *dix-huitièmement*). Adj. numéral ordinal. *Le dix-huitième siècle. Subst. Être le dix-huitième, la dix-huitième sur une liste.* ♦ 2° Fraction d'un tout divisé également en dix-huit. *La dix-huitième partie.* ♦ 3° Ce qui est formé de dix-huit parties. — *Mus. (N. f.)* Intervalle formé de dix-huit degrés diatoniques (deux octaves et une quarte).

DIXIÈME [dizjɛm]. *adj. et n.* (*Disme,* XIIe; de *dix*). I. *Adj. et n. m.* ♦ 1° Adj. numéral ordinal. Qui succède au neuvième. *Le dixième siècle avant, après Jésus-Christ.* ◇ N. *Le dixième, la dixième.* ♦ 2° Qui est une des parties d'un tout divisé également en dix. *La dixième partie.* ◇ N. m. *Un dixième :* cette partie. *Les trois, les sept, les neuf dixièmes d'une quantité. Redevance du dixième de la récolte.* V. **Dîme.** — *Les neuf dixièmes :* la quasi-totalité. « *Les neuf dixièmes des gens ne comprennent pas rien à quoi que ce soit* » (LOTI). ◇ *Spécialt.* Impôt du dixième du revenu (distinct de la dîme), sous l'Ancien Régime. ◇ Billet de loterie nationale qui a la valeur d'un dixième du billet entier. *Chaque mois il achète un dixième.* II. *N. f. Mus.* Intervalle formé de dix degrés diatoniques (une octave et une tierce).

DIXIÈMEMENT [dizjɛmmɑ̃]. *adv.* (1503; de *dixième*). En dixième lieu, dans une énumération (On dit parfois *décimo*).

DIX-NEUF [diznœf]. *adj. et n.* (*dis e nuef,* XIIe; de *dix* et *neuf*). ♦ 1° Adj. numéral cardinal. Dix plus neuf (19). *Dix-neuf ans* [diznœvɑ̃]. *Dix-neuf cents francs :* mille neuf cents (1 900) ou *mille neuf cents.* — Adj. ordinal. *Page dix-neuf.* Ellipt. *Dix-neuf septembre.* ♦ 2° *N. m.* Le nombre formé de dix plus neuf. *Dix-neuf est un nombre premier.*

DIX-NEUVIÈME [diznœvjɛm]. *adj. et n.* (XVIe; *dis e novain,* XIIe). ♦ 1° Qui succède au dix-huitième. ♦ 2° Fraction d'un tout divisé également en dix-neuf.

DIX-SEPT [disɛt; dissɛt]. *adj. et n.* (*Dis e set,* XIIe). ♦ 1° Adj. numéral cardinal. Dix plus sept (17). *Dix-sept cents* (1 700). — Adj. ordinal. *Le numéro dix-sept.* ♦ 2° *N. m.* Nombre formé de dix plus sept.

DIX-SEPTIÈME [diz(s)ɛtjɛm]. *adj. et n.* (*Dis e setime,* XIIe; du précéd.). ♦ 1° Qui succède au seizième. *Le dix-septième* (siècle). ♦ 2° Fraction d'un tout divisé également en dix-sept.

DIZAIN [dizɛ̃]. *n. m.* (XVe; var. *dixain;* de *dix*). Pièce de poésie de dix vers. *Dizains de Marot, de Maurice Scève,* de Malherbe.

DIZAINE [dizɛn]. *n. f.* (1515; de *dix*). ♦ 1° *Arithm.* Groupe de dix unités (nombre). *Dix dizaines forment une centaine. Une dizaine de mille.* ♦ 2° Réunion de dix personnes, de dix choses de même nature. *Il compta « une dizaine de billets de mille francs »* (MAC ORLAN). ◇ *Par ext.* Quantité voisine de dix. *Ils étaient une dizaine, une bonne dizaine :* environ dix. *Il y a une dizaine d'années.* ♦ 3° Succession de dix grains d'un chapelet, entre deux gros grains. *Dire une dizaine de chapelet.*

DIZYGOTE [diziɡɔt]. *adj. et n. m.* (1959; de *di-*, et *zygote*). *Biol.* Se dit de chacun des jumeaux provenant de deux ovules différents (par oppos. à *monozygote* ou *univitellin*), et dont le patrimoine héréditaire n'est pas identique. — N. m. *Des dizygotes.*

DJAÏN, DJAÏNISME. V. JAÏN, JAÏNISME.

DJEBEL [dʒebɛl]. *n. m.* (1870; mot arabe « montagne »). Montagne, terrain montagneux, en Afrique du Nord.

DJELLABA [dʒɛl(l)aba]. *n. f.* (*Djellabia*, 1870; mot arabe du Maroc). Longue robe à manches longues et à capuchon, portée par les hommes et les femmes, en Afrique du Nord.

DJEMÂÂ [dʒemɑɑ]. *n. f.* (1870; mot arabe « assemblée »). Réunion de notables qui représentent un douar, en Afrique du Nord.

DJINN [dʒin]. *n. m.* (*Dgen*, 1671; *djinn*, 1760; mot arabe). Esprit de l'air, bon génie ou démon, dans les croyances arabes. *Les Djinns*, poème de Victor Hugo. ◇ HOM. *Gin.*

DO [do]. *n. m. invar.* (1767; it., syllabe sonore par laquelle les Italiens remplacèrent *ut* au XVIIᵉ). Troisième son de l'échelle fondamentale; premier son de la gamme naturelle. *Do naturel, do dièze, do bémol. Ton de do majeur / de do mineur. Dans la notation allemande, anglaise, do est désigné par C* (V. Ut). ◇ HOM. *Dos.*

DOCILE [dɔsil]. *adj.* (1495; lat. *docilis*, de *docere* « enseigner »). ♦ 1° *Vieilli. Docile à.* Qui a de la disposition à céder, à obéir. *Élève, écolier docile à ses maîtres, aux leçons de ses maîtres.* « *Soumis et docile à la critique quand elle lui paraissait juste* » (D'ALEMB.). ♦ 2° *Mod.* qui obéit facilement. *Enfant docile.* V. **Discipline, obéissant, sage.** — *Caractère docile.* V. **Disciplinable, doux, facile, flexible, maniable, souple.** *Répondre d'un ton, d'une voix docile.* V. **Soumis.** — *Animal, monture docile.* ◇ *Cheveux dociles,* qui se coiffent aisément. ◇ ANT. **Indocile; indiscipliné, rebelle, récalcitrant, rétif.**

DOCILEMENT [dɔsilmɑ̃]. *adv.* (1642; de *docile*). D'une manière docile. *Obéir docilement, sans faire d'objections.*

DOCILITÉ [dɔsilite]. *n. f.* (1480; lat. *docilitas*). Caractère de celui qui est docile. *Littér. Docilité à :* disposition à céder, à obéir à. « *Leur loi unique est la docilité aux impulsions* » (MAURIAC). *Docilité aux enseignements du maître.* ◇ *Cour.* Comportement soumis; tendance à obéir. V. **Obéissance, soumission.** *Enfant remarquable par sa docilité.* V. **Sagesse.** « *Au premier rang, le roi de Bavière qui, avec docilité, se résigne au servage* » (LECOMTE). ◇ ANT. **Indocilité; indiscipline, rébellion.**

DOCIMASIE [dɔsimazi]. *n. f.* (1754; gr. *dokimasia* « épreuve »). ♦ 1° *Antiq. gr.* Enquête à laquelle étaient soumis les fonctionnaires, à Athènes. ♦ 2° (1900). *Chim. (Vx)* Analyse quantitative des minerais métalliques. ♦ 3° (1837). *Méd. légale.* Épreuves spéciales pratiquées sur les organes d'un cadavre (foie, poumon, intestin) pour déterminer les circonstances de la mort.

DOCIMOLOGIE [dɔsimɔlɔʒi]. *n. f.* (1922, Piéron; répandu vers 1960; v. 1945, au Québec; du gr. *dokimê* « épreuve », et *-logie*). *Psycho.* Science et pratique du contrôle des connaissances* (5°). Cf. **Concours** (4°), **épreuve** (4°), **examen** (3°), **test** (2°); psychométrie.

DOCK [dɔk]. *n. m.* (1671, en parlant de l'Angleterre; *dogue*, 1679; mot angl.). ♦ 1° Vaste bassin entouré de quais et destiné au chargement et au déchargement des navires. — *Par ext.* Cale de construction, de réparations pour les navires, établie au bord des docks. V. **Bassin** (de radoub). *Dock de carénage, dock flottant.* ♦ 2° *Hangars, magasins situés en bordure du dock. Docks à blé.* V. **Entrepôt, silo.**

DOCKER [dɔkɛʀ]. *n. m.* (1899; mot angl.; du précéd.). Ouvrier qui travaille au chargement et au déchargement des navires. V. **Débardeur.** *Grève des dockers.*

DOCTE [dɔkt(ə)]. *adj.* (1532; *doct,* déb. XVIᵉ; lat. *doctus* « savant »). *Vieilli.* Qui possède des connaissances étendues, principalement en matière littéraire ou historique. V. **Érudit, instruit, savant.** « *Quant à savoir s'il a réussi à bien traduire son auteur, je le laisse à de plus doctes* » (STE-BEUVE). — Subst. *Les doctes :* les savants. « *Tout ce cours d'études au bout duquel on a coutume d'être reçu au rang des doctes* » (DESCARTES). ◇ ANT. **Ignorant.**

DOCTEMENT [dɔktəmɑ̃]. *adv.* (XVIᵉ; de *docte*). *Vx* ou *plaisant.* D'une manière docte. V. **Savamment.** *Parler doctement* (Cf. Parler comme un livre).

DOCTEUR [dɔktœʀ]. *n. m.* (1160; lat. *doctor*). I. (Le plus souvent avec un compl., pour le distinguer du sens II). ♦ 1° *Relig. Les docteurs de la loi,* qui interprétaient et enseignaient la loi judaïque. — *Les docteurs de l'Église :* les théologiens qui ont enseigné les dogmes du christianisme, et *spécialt.* les Pères. *Saint Ambroise, saint Augustin, docteurs de l'Église latine.* ♦ 2° *Vx.* Homme docte*. V. **Savant.** — *Péj.* « *Que m'importent les controverses, et les arguties des docteurs ?* » (GIDE). ♦ 3° Personne qui est promue au

plus haut grade universitaire dans une faculté. V. **Doctorat.** *Docteur ès lettres, ès sciences. Docteur en droit, en médecine* (voir le sens II). — (Sans compl.) *Titre de docteur. Il a fini sa thèse mais il n'est pas encore docteur. Elle est docteur ès sciences.*

II. (XIXᵉ). Personne qui possède le titre de docteur (3°) en médecine et qui exerce la médecine ou la chirurgie. V. **Médecin, toubib** (*fam.*). *Il, elle est docteur. Appeler, faire venir le docteur.* V. **Consulter.** « *Le docteur Knock, successeur du docteur Parpalaid* » (ROMAINS). — (D'une femme) *Le docteur Marie Dupont.* V. **Doctoresse.** — (Appellatif) *Bonjour, docteur.* Doc [dɔk]. *n. m.* (1953; de l'amér. *doc,* et abrév. de *docteur en médecine*). *Américanisme fam.* Cf. **Toubib.**

DOCTORAL, ALE, AUX [dɔktɔʀal, o]. *adj.* (fin XIVᵉ; de *docteur*). ♦ 1° *Didact.* Qui a rapport aux docteurs. ♦ 2° *Mod.* (*Péj.*). *Air, ton doctoral :* l'air, le ton grave, solennel de celui qui pontifie. V. **Doctrinaire, pédantesque.** « *Je prenais avec les femmes, par timidité et par orgueil, ce ton supérieur et doctoral qu'elles exècrent* » (MAURIAC). ◇ ANT. **Humble,** modeste.

DOCTORALEMENT [dɔktɔʀalmɑ̃]. *adv.* (1603; de *doctoral*). *Vx* ou *péj.* D'une façon doctorale. *Parler doctoralement.*

DOCTORAT [dɔktɔʀa]. *n. m.* (1575; lat. médiév. *doctoratus*). Grade de docteur (I, 3°). *Doctorat d'État. Doctorat ès lettres, ès sciences, en droit, en médecine. Doctorat du troisième cycle* (I, 4°). *Doctorat d'université. Thèse de doctorat.* — *Par ext.* Examen préliminaire au doctorat (en droit, en médecine). *Passer son doctorat.*

DOCTORESSE [dɔktɔʀɛs]. *n. f.* (1871; *doctrice,* 1695; « femme savante », XVᵉ; de *docteur*). *Vieilli.* Femme munie du diplôme de docteur en médecine. (On dit plutôt *docteur*). *Une doctoresse.*

DOCTRINAIRE [dɔktʀinɛʀ]. *n. et adj.* (déb. XVIIIᵉ; « doctrinal », XIVᵉ; de *doctrine*). ♦ 1° *Hist.* Homme politique dont les idées moitié libérales et moitié conservatrices étaient subordonnées à un ensemble de doctrines. *Guizot, Royer-Collard furent des doctrinaires.* — Adj. *École doctrinaire.* ♦ 2° Personne qui se montre étroitement attachée à une doctrine, à une opinion. V. **Dogmatique, systématique.** ♦ 3° *Adj.* Doctoral, sentencieux. « *Il parla à son tour d'un ton doctrinaire, avec l'emphase apprise dans les proclamations* » (MAUPASS.).

DOCTRINAL, ALE, AUX [dɔktʀinal, o]. *adj.* (XIIᵉ; bas lat. *doctrinalis*). Qui se rapporte à une doctrine, aux systèmes de doctrines. *Querelles doctrinales.*

DOCTRINE [dɔktʀin]. *n. f.* (1160, « science, savoir »; lat. *doctrina* « enseignement, science, doctrine »; rac. *docere* « enseigner »). ♦ 1° Ensemble de notions qu'on affirme être vraies et par lesquelles on prétend fournir une interprétation des faits, orienter ou diriger l'action. V. **Dogme, opinion, système, théorie, thèse.** *Une bonne, une saine doctrine. Doctrine fausse* (V. **Erreur, hérésie**). *Un corps de doctrine. Point de doctrine. Doctrine politique.* « *Quelle est sa doctrine ? Quelle est son étiquette ? À quel parti est-il affilié ?* » (MAUROIS). *Doctrines religieuses.* V. **Religion.** *Doctrines morales, philosophiques.* V. **Philosophie.** *Doctrine artistique, littéraire.* V. **École.** ♦ 2° *Dr.* Ensemble des travaux juridiques destinés à exposer ou à interpréter le droit (*opposé à législation et à jurisprudence*). *Les quatre sources du droit positif sont la loi, la coutume, la doctrine et la jurisprudence.* « *La doctrine joue dans la science du droit à peu près le même rôle que l'opinion publique en politique* » (PLANIOL). ♦ 3° *Doctrine chrétienne :* congrégation instituée pour catéchiser le peuple. — *Frères de la doctrine chrétienne* (ou Ignorantins) chargés de l'enseignement.

DOCUMENT [dɔkymɑ̃]. *n. m.* (« enseignement », XIIᵉ; lat. *documentum* « ce qui sert à instruire »; sens actuel issu de l'emploi jur. « *Titres et documents* »). ♦ 1° Tout écrit qui sert de preuve ou de renseignement. V. **Annales, archives, documentation, dossier, matériaux, papier, pièce.** *Document en un ou plusieurs exemplaires, photocopiés. Original, copie d'un document. Documents de première main.* V. **Source.** « *Les époques plus récentes et qui nous ont laissé des milliers de documents contradictoires* » (PAULHAN). — *Documents scientifiques. Classement de documents* (V. **Documentaliste, documentation**). ◇ *Cin. Document d'archives,* images cinématographiques puisées dans les archives. ♦ 2° Tout ce qui sert de preuve, de témoignage. *Objets saisis comme documents.* V. **Pièce** (à conviction). *Enregistrements, films utilisés comme documents.* « *Portraits, statues, allégories, autographes, médailles, frontispices, tous ces documents parlent aux yeux* » (HENRIOT). ♦ 3° *Dr. comm.* Pièce qui permet d'identifier une marchandise en cours de transport (Connaissement, police d'assurance, factures). ♦ 4° *Techn.* Projet entièrement élaboré d'une page illustrée, d'une affiche. V. **Maquette.** (*Doc.,* abrév.).

DOCUMENTAIRE [dɔkymɑ̃tɛʀ]. *adj. et n. m.* (1876; de *document*). ♦ 1° Qui a le caractère d'un document, repose sur des documents. *Ce livre présente un réel intérêt documen-*

taire. À titre documentaire, à titre de renseignement. ◆ **2° Comm.** *Crédit documentaire*, pour l'acquisition de marchandises dont les documents sont remis en gage au prêteur. *Traite* ou *effet documentaire*, qui accompagne les documents. ◆ **3° N. m.** (1929; *film documentaire*, 1924). Film instructif destiné à montrer des documents, des faits enregistrés et non élaborés pour l'occasion (*opposé à* film de fiction). *Documentaire sur la pêche à la baleine.* — Adj. « *Marc tâche de filmer des scènes documentaires* » (GIDE).

DOCUMENTALISTE [dɔkymãtalist(ə)]. *n.* (v. 1935; de *document*, d'apr. les dér. de mots en *-al* (*journaliste*, etc.). Personne qui réunit, classe, conserve et utilise des documents (1°) pour le compte d'une collectivité, d'un service public, etc.

DOCUMENTARISTE [dɔkymãtaʀist(ə)]. *n.* (1949; de *documentaire*). Auteur de films documentaires.

DOCUMENTATION [dɔkymãtasjɔ̃]. *n. f.* (1870; de *document*). ◆ **1°** Action de rechercher des documents pour appuyer une étude, une thèse; ensemble des documents recueillis. *Travail, fiches de documentation. Documentation riche, variée.* ◆ **2° Techn.** *Service de documentation. Documentation automatique* : informatique* documentaire.

DOCUMENTER [dɔkymãte]. *v. tr.* (1769; de *document*). ◆ **1°** Fournir des documents à. V. **Informer**. *Documenter qqn sur une question. Il est bien documenté.* Pronom. « *Pour ce livre de trois cents pages... Marchenoir s'était fait savant. Il s'était documenté jusqu'à la racine des cheveux* » (BLOY). ◆ **2°** Appuyer, étayer sur des documents. *Thèse solidement documentée.*

DODÉCA-. Élément, du gr. *dodeka* « douze ».

DODÉCAÈDRE [dɔdekaɛdʀ(ə)]. *n. m.* (1557; de *dodéca-*, et *-èdre*). *Géom.* Solide limité par douze pentagones. *Dodécaèdre régulier*, à faces égales.

DODÉCAGONAL, ALE, AUX [dɔdekagɔnal, o]. *adj.* (1787; de *dodécagone*). Qui a douze angles.

DODÉCAGONE [dɔdekagɔn]. *n. m.* (1690; de *dodéca-*, et *-gone*). *Géom.* Polygone de douze côtés.

DODÉCAPHONIQUE [dɔdekafɔnik]. *adj.* (1947; de *dodéca-*, et *phonique*, du gr. *phonos*). Qui utilise la série de douze sons. V. **Sériel.** « *La dernière pièce du recueil* (op. 23, de Schoenberg) *est bâtie sur une série de douze sons... Cette pièce est donc la première œuvre* dodécaphonique » (LEIBOWITZ).

DODÉCAPHONISME [dɔdekafɔnism(ə)]. *n. m.* (1948; Cf. le précéd.). Système musical atonal fondé sur l'emploi exclusif de la série de douze sons (dér. *dodécaphoniste*).

DODÉCASTYLE [dɔdekastil]. *adj.* (1864; de *dodéca-*, et gr. *stulos* « colonne »). *Archit.* Qui a douze colonnes de façade. *Temple dodécastyle.*

DODÉCASYLLABE [dɔdekasilab]. *n. m. et adj.* (h. 1555, rare av. XVIIIᵉ; de *dodéca-*, et *syllabe*). *Didact.* Qui a douze syllabes. *Vers*, mot *dodécasyllabe.*

DODELINEMENT [dɔdlinmã]. *n. m.* (1552; de *dodeliner*). Oscillation légère de la tête ou du corps.

DODELINER [dɔdline] ou (*vx*) **DODINER** [dɔdine]. *v.* (1532,-XIVᵉ; du rad. onomat. *dod-*). ◆ **1° V. intr.** Se balancer doucement. *Dodeliner de la tête, du corps.* « *Il s'endormait tout à coup en dodelinant la tête* » (SARTRE). ◆ **2° V. tr.** *Vx.* Balancer doucement. « *On amena le petit Calyste, elle le prit pour le dodeliner* » (BALZ.). V. **Bercer.**

DODINE [dɔdin]. *n. f.* (1373; de *dodiner*). *Cuis.* Sauce au blanc dans laquelle on incorpore le jus d'une volaille rôtie. *Dodine de canard.*

1. DODO [dɔdo]. *n. m.* (XVᵉ; onomat. tirée de *dormir*). Mot du langage enfantin. ◆ **1°** Sommeil. *Faire dodo* : dormir. « *Dodo, l'enfant do, L'enfant dormira tantôt* » (BÉRANGER). ◆ **2° Lit.** *Aller au dodo. Mettre un enfant au dodo.*

2. DODO [dɔdo]. *n. m.* (1663; du néerl. *dod-aers*). Autre nom du dronte, oiseau disparu.

DODU, UE [dɔdy]. *adj.* (v. 1470; o. i., p.-ê. onomat.). *Fam.* Qui est bien en chair. V. **Gras, potelé, rebondi, replet.** *Une poularde dodue.* « *Assez grand, dodu sans obésité, le teint fleuri* » (ROMAINS). *Des bras dodus.* ◇ ANT. **Étique, maigre, mince.**

DOGARESSE [dɔgaʀɛs]. *n. f.* (1691; *dogesse*, 1691; it. *dogaressa*, mot vénitien. V. **Doge**). *Hist.* Femme d'un doge. « *Elle se promenait dans ma chambre avec la majesté d'une dogaresse* » (PROUST).

DOG-CART [dɔgkaʀt]. *n. m.* (1858; mot angl. « charrette à chiens »). Voiture à deux roues élevées, dont la caisse était aménagée pour loger des chiens de chasse sous le siège. *Des dog-carts.*

DOGE [dɔʒ]. *n. m.* (1606; it. *doge*, mot vénitien; lat. *dux*, *ducis*). Chef électif de l'ancienne république de Venise ou de Gênes). *Épouse du doge.* V. **Dogaresse.** *Le palais des Doges. Le Bucentaure, navire du Doge.*

DOGGER [dɔgɛʀ]. *n. m.* (1890; de l'angl. [1822], attesté au XVIIᵉ pour désigner un minerai de fer). *Géol.* Jurassique* moyen.

DOGMATIQUE [dɔgmatik]. *adj.* (1537; lat. *dogmaticus*, d'o. gr.). ◆ **1°** Relatif au dogme. *Théologie dogmatique*, et subst. f. *La dogmatique* : science qui traite des dogmes. « *La théologie se divise en dogmatique et en morale* » (RENAN). *Par ext.* Traité de cette science. ◆ **2° Philo. ant.** Qui admet certaines vérités; qui affirme des principes (*opposé à* sceptique, pyrrhonien). *Philosophie dogmatique. Un philosophe dogmatique*, et subst. *Un dogmatique.* ◆ **3° Cour.** Qui exprime ses opinions d'une manière péremptoire. V. **Absolu, catégorique, doctrinaire, systématique.** *C'est un esprit dogmatique. Il est très dogmatique.* V. **Affirmatif.** — *Par ext. Ton dogmatique.* V. **Doctoral, pédant, prétentieux, sentencieux.** ◇ ANT. **Hésitant, modeste, tolérant.**

DOGMATIQUEMENT [dɔgmatikmã]. *adv.* (XVIIᵉ; de *dogmatique*). D'une manière dogmatique.

DOGMATISER [dɔgmatize]. *v. intr.* (XIIIᵉ; lat. ecclés. *dogmatizare*). ◆ **1° Relig.** Traiter du dogme, de la doctrine. ◆ **2° Fig.** et *didact.* Exprimer son opinion d'une manière absolue, sentencieuse, tranchante. *Pédant qui dogmatise sur tout.*

DOGMATISEUR [dɔgmatizœʀ]. *n. m.* (1586; de *dogmatiser*). *Péj.* et *vx.* Qui prend un ton dogmatique.

DOGMATISME [dɔgmatism(ə)]. *n. m.* (1580; de *dogmatique*). ◆ **1°** Caractère des croyances (religieuses, philosophiques) qui s'appuient sur des dogmes (dér. *dogmatiste*, 1558). ◆ **2° Cour.** Caractère de ce qui est dogmatique (3°) : personnes, idées.

DOGME [dɔgm(ə)]. *n. m.* (1570; lat. *dogma*, gr. *dogma*). ◆ **1°** Point de doctrine établi ou regardé comme une vérité fondamentale, incontestable (dans une religion, une école philosophique). V. **Article** (de foi), **croyance, doctrine.** *Les dogmes du christianisme.* — *Des dogmes politiques, littéraires, scientifiques.* « *Liberté, Égalité, Fraternité, ce sont des dogmes de paix et d'harmonie* » (HUGO). *Admettre comme un dogme que...* V. **Loi.** ◆ **2° Absolt.** LE DOGME : l'ensemble des dogmes d'une religion (*spécialt.* de la religion chrétienne). V. **Dogmatique.** *Formation du dogme. Enseigner le dogme.* V. **Théologie.**

DOGUE [dɔg]. *n. m.* (1392, angl. *dog* « chien »). Chien de garde trapu, à grosse tête, à fortes mâchoires, au museau écrasé. *Variétés de dogues.* V. **Bouledogue, carlin.** « *Ce loup rencontre un dogue aussi puissant que beau* » (LA FONT.). — Fig. *Avoir une humeur de dogue* : être de mauvaise humeur. — *C'est un dogue* : un homme hargneux, irascible.

DOIGT [dwa]. *n. m.* (*Dei*, XIᵉ; lat. pop. **ditus*, contract. de *digitus*).

I. ◆ **1°** Chacun des cinq prolongements qui terminent la main de l'homme. *Les cinq doigts de la main.* V. **Pouce, index, majeur** (ou *médius*), **annulaire, auriculaire** (ou *petit doigt*); et suff. *-Dactyle.* *Les doigts portent des ongles*. *Os des doigts.* V. **Phalange, phalangette, phalangine.** *Empreinte du doigt.* V. **Digital.** — *Doigts longs, courts, boudinés.* « *La demoiselle avait des doigts fins et blancs avec des ongles faits* » (SARTRE). *Adresse, agilité, légèreté des doigts.* V. **Doigté** (Cf. Avoir des doigts de fée). *Maladie, inflammation du doigt* (engelure, panaris). *Pansement du doigt.* V. **Poupée.** *Étui qui protège le doigt.* V. **Dé, doigtier.** — *Prendre, pincer, presser, serrer avec ses doigts. Pétrir dans ses doigts. Tenir entre ses doigts. Prendre une pincée avec ses doigts. Caresser, effleurer, palper, tâter, toucher avec ses doigts. Fourrer ses doigts partout* : toucher à tout. « *Ses doigts, glissant doucement sur les touches, esquissèrent un air de Schumann* » (MAUROIS). *Manger avec ses doigts* (Cf. Avec la fourchette d'Adam). *Lever le doigt* (pour demander la parole, etc.). — *Compter sur ses doigts.* ◇ Loc. *Vous avez mis le doigt sur la difficulté*, vous l'avez trouvée. *Mettre le doigt dans l'engrenage.* PROV. *Entre l'arbre et l'écorce, il ne faut pas mettre le doigt.* — *Y mettre les quatre doigts et le pouce* : saisir à pleine main, avidement. — Fig. *Toucher qqch. du doigt* : le voir clairement. *Toucher le doigt le but, la fin* : en être très près. *Faire toucher une chose du doigt* : convaincre qqn par des preuves palpables. « *Je voudrais essayer ici de faire sentir ce défaut, de le faire toucher du doigt* » (STE-BEUVE). — *Désigner, montrer du doigt, au doigt* (vieilli). « *Tu ne seras qu'un objet de risée; tu chercheras en vain une rue déserte où ceux qui passent ne te montrent pas du doigt* » (MUSS.). — *Se mordre les doigts* : en signe d'impatience, de contrariété. *Au fig.* Regretter, se repentir. « *Tu te mords les doigts de ton imprudence* » (FRANCE). — *Ne rien faire, ne rien savoir faire de ses dix doigts. Être comme les deux doigts de la main* : très unis. — *Avoir un morceau de musique dans les doigts* : l'exécuter de mémoire à la perfection. — *Se mettre, se fourrer le doigt dans l'œil* : se tromper grossièrement. — *Être obéi, servi au doigt et à l'œil* : exactement, ponctuellement. *Faire marcher qqn au doigt et à l'œil* (Cf. À la baguette). ◇ LE BOUT DU DOIGT. Fig. *Connaître, savoir qqch. sur le bout du doigt. Avoir de l'esprit jusqu'au bout des doigts.* ◇ PETIT DOIGT : l'auriculaire. « *Pendant qu'on trinquait j'ai remarqué qu'ils tenaient tous le petit doigt en l'air* » (AYMÉ). Loc. *Mon petit doigt me l'a dit* : je l'ai su (se dit à un enfant). *Ne pas remuer le petit*

doigt : ne pas faire le moindre effort. ◆ 2° Extrémité articulée des pieds, des pattes de certains animaux (et de la main du singe). *Les oiseaux « se servent de leurs doigts beaucoup plus que les mammifères »* (BUFF.). *Doigts munis de griffes.* ◆ 3° Par anal. *Les doigts d'un gant.* ◆ 4° Se dit de pièces ayant la forme d'un doigt. *Doigt de contact, d'encliquetage, d'entraînement. Doigt de came. Doigts de transfert.* ◆ 5° Fig. et littér. *L'aurore aux doigts de rose. Le doigt de Dieu :* la marque de sa volonté.
II. (*Doie, dea,* en a. fr.). Mesure approximative, équivalant à un travers de doigt. *Sa jupe est trop courte de trois doigts.* V. **Goutte.** — Fig. et fam. *Faire un doigt de cour à une femme.* V. **Brin.** ◇ *À un doigt de :* très près. *La balle est passée à un doigt du cœur. Il s'en est fallu d'un doigt* (V. **Cheveu**). *Être à deux doigts de la mort* (même sens). — ◇ HOM. *Doit* (n. m.); formes du v. *devoir.*
DOIGTÉ [dwate]. *n. m.* (1755; de *doigter*). ◆ 1° *Mus.* Choix et jeu des doigts dans l'exécution d'un morceau (avec un instrument à clavier, clefs, cordes, pistons ou trous). *Indiquer, étudier le doigté. Ce pianiste a un bon, un excellent doigté* (V. **Vélocité**). — *Par ext.* Adresse des doigts. *Le doigté d'une dactylo, d'un graveur.* ◆ 2° *Fig.* V. **Adresse, diplomatie, habileté, savoir-faire, tact.** *Ce genre d'affaire demande du doigté. « Avec un peu de doigté, le jeune roi aurait pu se sortir de ce mauvais pas »* (DANIEL-ROPS).
DOIGTER [dwate]. *v.* (1726; de *doigt*). *Mus.* ◆ 1° *V. intr.* Poser les doigts comme il convient pour jouer de certains instruments. V. **Doigté.** *Sa manière de doigter est incorrecte.* ◆ 2° *V. tr.* Exécuter (un morceau) en employant les doigts comme il convient. *Doigter un passage.* — Indiquer (le doigté) sur la partition.
DOIGTIER [dwatje]. *n. m.* (XIVᵉ; de *doigt*). Sorte de fourreau destiné à protéger un doigt. *Doigtier de cuir, de caoutchouc.*
DOIT [dwa]. *n. m.* (XVIIIᵉ; du v. *devoir*). *Compt.* Partie d'un compte établissant ce que doit le titulaire. V. **Débit** (2). — Dans la comptabilité en partie double, Montant de ce qu'un compte doit à un autre. V. **Passif.** ◇ ANT. *Avoir; actif, crédit.* — HOM. *Doigt.*
DOL [dɔl]. *n. m.* (1248; lat. *dolus* « ruse »). *Dr.* Manœuvres frauduleuses destinées à tromper qqn pour l'amener à passer un acte juridique. V. **Captation, fraude, tromperie.** *Le dol, vice du consentement. Contrat entaché de dol.* V. **Dolosif.**
DOLCE [dɔltʃe]. *adv.* (v. 1770; mot it. « doucement »). *Mus.* Mot indiquant qu'il faut donner une expression douce dans l'exécution.
DOLCE VITA [dɔltʃevita]. *loc. subst. f.* (1959; loc. it. « la belle vie », répandue en fr. après le film de Fellini, *La Dolce Vita*). Forme de vie oisive et aisée.
DOLCISSIMO [dɔltʃisimo]. *adv.* (fin XIXᵉ; mot it. « très doux »). *Mus.* D'une manière très douce.
DOLÉANCE [dɔleãs]. *n. f.* (1421; *douliance,* fin XIIᵉ; de l'a. fr. *douloir;* lat. *dolere* « souffrir »). *Vx au sing.* Plainte pour réclamer au sujet d'un grief ou pour déplorer des malheurs personnels. V. **Plainte, récrimination; réclamation, représentation.** *Faire, présenter ses doléances. « Il m'écrivit lettres sur lettres pleines de doléances et de griefs »* (ROUSS.). — Hist. *Les cahiers de doléances des états généraux de 1789.*
DOLEAU [dɔlo]. *n. m.* (1755; de *doler*). *Techn.* Hachette pour travailler les ardoises.
DOLENT, ENTE [dɔlã, ãt]. *adj.* (XIᵉ; lat. pop. °*dolentus,* class. *dolens,* de *dolere* « souffrir »; Cf. Doléance). ◆ 1° Littér. Qui est affecté par une souffrance physique, un mauvais état de santé. *« Il éprouvait à parer son corps dolent... une joie mélancolique »* (PROUST). ◆ 2° Qui se sent malheureux et cherche à se faire plaindre. *Il est toujours dolent.* ◆ 3° Qui exprime plaintivement une souffrance. *Un ton dolent.* V. **Plaintif.** *« Pâle et les traits tirés, les yeux dolents, la bouche grave »* (HUYSMANS). ◇ ANT. *Dispos. Gai, joyeux.*
DOLER [dɔle]. *v. tr.* (XIIᵉ; lat. *dolare*). *Vx* et *Techn.* Amincir ou aplanir avec un instrument tranchant (doleau, doloire).
DOLIC ou **DOLIQUE** [dɔlik]. *n. m.* (1786; *doliche,* XVIᵉ; gr. *dolikos* « haricot »). Genre de légumineuses de l'Amérique du Sud dont une espèce est dite « haricot noir ».
DOLICHO-. Élément du gr. *dolikhos* « long ».
DOLICHOCÉPHALE [dɔlikɔsefal]. *adj.* (1842; de *dolicho-,* et *-céphale*). Qui a la boîte crânienne allongée. *L'homme magdalénien était dolichocéphale.* — Subst. *Un, une dolichocéphale.* ◇ ANT. *Brachycéphale.*
DOLINE [dɔlin]. *n. f.* (v. 1900; mot slave, de *dole* « creux »). *Géogr.* Dans les pays de relief calcaire, Dépression fermée de forme ovale ou circulaire, parfois entourée d'escarpements.
DOLLAR [dɔlaʀ]. *n. m.* (1750; mot anglo-amér., du bas all. *daler;* Cf. all. *Thaler*). Unité monétaire (symb. : $) des États-Unis d'Amérique (1785), divisée en 100 cents.

Par appos. *La zone dollar. Eurodollar* (1966). *Arabo-dollar* (1973). *Pétro-dollar* (1973). ◇ Unité monétaire de quelques autres pays. *Dollar canadien* (1853), *libérien, malais.* — REM. Au Canada, on dit aussi PIASTRE.
DOLMAN [dɔlmã]. *n. m.* (1763; *Doloman* « costume turc », 1537; empr. par l'all. et le hongr. d'un mot turc). *Ancienn.* Veste à brandebourgs que ꝑortaient les hussards, les chasseurs à cheval.
DOLMEN [dɔlmɛn]. *n. m.* (1805; du breton *taol, tol* « table », et *men* « pierre »). Monument mégalithique, composé de pierres brutes agencées en forme de table gigantesque. *Alignements de dolmens et de menhirs. Suite de dolmens formant « allée couverte ». « Au pied du dolmin* (sic) *étaient appuyées deux autres pierres qui en soutenaient une troisième »* (CHATEAUB.).
DOLOIRE [dɔlwaʀ]. *n. f.* (XIIIᵉ; lat. pop. °*dolatoria,* de *dolare.* V. **Doler**). *Techn. Doloire de tonnelier :* sorte de hache qui sert à doler le bois des douves, des cerceaux de tonneaux. *Doloire de maçon :* sorte de pelle en fer pour gâcher le sable et la chaux.
DOLOMIE [dɔlɔmi] ou **DOLOMITE** [dɔlɔmit]. *n. f.* (1792; de *Dolomieu,* nom du naturaliste qui a découvert cette substance). ◆ 1° *Minéral.* Carbonate double naturel de calcium et de magnésium (MgCO₃, CaCO₃). ◆ 2° *Géol.* Roche composée de carbonate de chaux et contenant une forte proportion de carbonate de magnésie. — *Cour. Les Dolomites,* Alpes du Tyrol, composées de dolomites.
DOLOMITIQUE [dɔlɔmitik]. *adj.* (1864; de *dolomite*). *Sc.* Qui renferme de la dolomie. *Alpes dolomitiques. Calcaire dolomitique :* dont la composition est celle de la dolomie.
DOLORISME [dɔlɔrism(ə)]. *n. m.* (1919; du lat. *dolor*). *Didact.* Doctrine de l'utilité, de la valeur (morale) de la douleur. *Duhamel « donne en plein dans ce que j'appellerai le dolorisme, c'est-à-dire la théorie de l'utilité, de la nécessité de l'excellence de la douleur »* (P. SOUDAY).
DOLOSIF, IVE [dɔlɔzif, iv]. *adj.* (1864; du lat. *dolosus*). *Dr.* Qui tient du dol. *Manœuvres dolosives.*
DOM [dɔ̃]. *n. m.* (XVIᵉ; lat. *dominus* « seigneur »; Cf. a. fr. *Dam* « sire », XIIᵉ, *dan, dam* « seigneur », 1080). ◆ 1° Titre donné à certains religieux (bénédictins, chartreux, trappistes). ◆ 2° Titre donné aux nobles espagnols (*vx;* V. **Don**) et portugais. *Dom Garcie de Navarre,* comédie de Molière. ◇ HOM. *Don, donc, dont.*
D.O.M. Abréviation des mots latins *Deo optimo maximo* à Dieu très grand et très bon, formule de dédicace des édifices religieux.
D.O.M. [deoɛm ou dɔm] ou **D.O.M.-T.O.M.** [dɔmtɔm]. *n. m.* (1973; sigle). Département (Territoire) français d'outre-mer (1946).
DOMAINE [dɔmɛn]. *n. m.* (*Demaine,* fin XIᵉ; lat. *dominium* « propriété »). ◆ 1° Terre possédée par un propriétaire. V. **Bien, propriété, terre.** *Étendue d'un domaine. Bois, forêts, chasses, prairies, pâturages, métairies, fermes composant un domaine. Domaine vinicole.* V. **Clos.** *Petit domaine.* V. **Enclos.** *Domaine familial.* V. **Héritage, patrimoine.** *Les latifundia, grands domaines de l'Italie antique. Domaine féodal.* V. **Fief.** *Hist. Domaine de la couronne :* domaine d'abord confondu avec les possessions familiales du roi de France (sous les Capétiens), puis proclamé inaliénable (ordonnance de Moulins, 1566). ◇ *Dr. admin. Domaine de l'État,* et absolt. *Le Domaine :* les biens de l'État. *Domaine public :* les biens qui ne sont pas susceptibles d'appropriation privée (cours d'eau, rivages, routes, voies ferrées, casernes). — *Domaine privé :* biens de l'État non affectés à un service public, et régis par les principes de droit privé. — *Direction ou Administration générale de l'enregistrement et des domaines,* et ellipt. *Le Domaine. Rachat de possessions par le Domaine.* ◆ 2° *Loc. Tomber dans le domaine public,* se dit des œuvres littéraires, musicales, artistiques qui, après un temps déterminé par les lois, cessent d'être la propriété des auteurs ou de leurs héritiers. ◆ 3° *Fig.* Ce qui appartient à qqn, à qqch. *« Notre insuffisance d'esprit est précisément le domaine des puissances du hasard, des dieux et du destin »* (VALÉRY). ◇ Ce qu'embrasse un art, une science, un sujet, une idée. V. **Monde, univers.** *C'est le domaine de l'histoire.* V. **Cercle, champ, étendue.** *« La politique, c'est, par essence, le domaine des choses concrètes »* (MART. du G.). *Ce domaine est encore fermé aux savants.* V. **Sphère.** *Dans tous les domaines :* en toutes matières, dans tous les ordres d'idées, sur tous les points.* ◇ *Le domaine de qqn :* l'ensemble de ce qu'il connaît plus particulièrement. *L'art médiéval est son domaine.* V. **Matière, spécialité.** *Il est dans son domaine.* V. **Terrain** (sur son terrain). *Je ne puis vous renseigner, ce n'est pas de mon domaine.* V. **Compétence, rayon, ressort.** ◆ 4° *Math.* Région délimitée sur une frontière où se trouvent les éléments d'un ensemble. V. **Diagramme, espace, intervalle, surface.**
DOMANIAL, IALE, IAUX [dɔmanjal, jo]. *adj.* (XVIᵉ; lat. médiév. *domanialis*). *Dr.* Qui appartient à un domaine.

Ferme domaniale. — *Spécialt.* Qui appartient au domaine public. *Biens domaniaux. Forêts domaniales.*

DOMANIALITÉ [dɔmanjalite]. *n. f.* (1839 ; de *domanial*). *Dr.* Caractère de ce qui est domanial.

1. **DÔME** [dom]. *n. m.* (XVe ; it. *duomo*, lat. ecclés. *domus* « maison de Dieu »). Nom donné à l'église principale de certaines villes d'Italie et d'Allemagne. *Le dôme de Milan.*

2. **DÔME** [dom]. *n. m.* (*Dosme*, 1600 ; prov. *doma*, du gr. *dôma* « maison »). ◆ 1o Comble élevé, de forme arrondie surmontant certains grands édifices. *Dôme hémisphérique à base circulaire.* V. **Coupole.** *Dôme oriental, se rétrécissant brusquement vers la pointe.* V. **Bulbe.** *Dôme à pans coupés. Dôme surbaissé.* — *Le dôme du Panthéon, des Invalides.* « *Ce dôme est une armature d'acier artistique de quinze mille pieds de diamètre environ* » (RIMBAUD). ◆ 2o Littér. *Un dôme de feuillages, de verdure.* Poét. *Le dôme du ciel.* V. **Voûte.** « *Le dôme obscur des nuits, semé d'astres sans nombre* » (HUGO). — *Géogr.* Montagne peu élevée et arrondie. *Dôme volcanique. Le puy de Dôme.*

DOMESTICATION [dɔmεstikasjɔ̃]. *n. f.* (1836 ; de *domestiquer*). Action de domestiquer ; son résultat. *Domestication d'animaux sauvages.* V. **Apprivoisement.** *L'influence de Babylone s'exerçait* « *suivant toutes les nuances de l'autorité du protectorat ou de la domestication* » (DANIEL-ROPS). V. **Asservissement, assujettissement.** ◇ ANT. *Affranchissement, émancipation.*

DOMESTICITÉ [dɔmεstisite]. *n. f.* (1583 ; bas lat. *domesticitas*). ◆ 1o État, condition de domestique. V. **Engagement, service.** ◇ Ensemble des domestiques. *Domesticité d'une maison, d'un château.* V. **Personnel.** ◆ 2o Rare. Condition d'animal domestique.

DOMESTIQUE [dɔmεstik]. *adj.* et *n.* (1398 ; lat. *domesticus*, de *domus* « maison »).
I. *Adj.* ◆ 1o (*Vx*, sauf dans des expressions). Qui concerne la vie à la maison, en famille. « *L'état le plus naturel à l'homme qui étudie... est encore la vie domestique, régulière, intime* » (STE-BEUVE). *Travaux domestiques. Économie domestique. Affaire domestique ; ennuis, querelles domestiques.* V. **Familial, intime.** Antiq. *Les dieux domestiques :* ceux du foyer (lares, pénates). N. m. *Vx.* V. **Foyer, ménage.** « *Son domestique était réglé comme l'intérieur d'un monastère* » (FLAUB.). ◆ 2o (*Animaux*). Qui vit auprès de l'homme pour l'aider ou le distraire, et dont l'espèce, depuis longtemps apprivoisée se reproduit dans les conditions fixées par l'homme. *Le chien, le chat, le cheval sont des animaux domestiques.* — (*Opposé à* sauvage) *Renne domestique, renne sauvage.*
II. *N.* (XVIe). N. m. ◆ 1o Hist. Nom donné aux personnes de la maison du Roi, d'un prince, même s'ils étaient gentilshommes. V. **Familier** (*ex.* : bouteiller, chambellan, chambrier, échanson, écuyer, officier, page). ◆ 2o *N.* (Sens large). *Ancienn.* Personne employée pour le service, l'entretien de la maison ou le service matériel intérieur d'un établissement. V. **Bonne, boy, caمériste, chambrière** (*vx*), **chaouch, chasseur, chauffeur, cocher, cuisinier, femme** (de chambre), **fille** (de cuisine, de salle), **garçon** (de café, de courses, de salle), **garde, gardien, gouvernante, groom, intendant, jardinier, lad, laquais, laveuse, liftier, lingère, maître** (d'hôtel), **majordome, nourrice, nurse, plongeur, servante, serveur, serviteur, sommelier, soubrette, suivante** (*vx*), **valet** (de chambre, de ferme, de pied) ; V. *aussi* **Ancillaire.** *Ensemble des domestiques.* V. **Domestique, gens** (de maison), **personnel, service, suite.** *Suite de domestiques.* V. **Train.** *Domestiques d'une maison, d'un hôtel. Le logement des domestiques, dans un château.* — Spécialt. *Mod.* Personne chargée du service* personnel, chez un employeur. V. **Bonne, femme** (de chambre, de ménage) ; **cuisinier** (-ière) ; **valet** (de chambre). *Chercher une domestique.* V. **Servante.** — REM. *Domestique* est du lang. cour. ; on dit officiellement *employé(e) de maison, gens de maison.* ◇ Région. *Domestique de ferme :* ouvrier agricole non qualifié, journalier ; servante de ferme. ◇ Péj. *Il nous traite comme des domestiques. Je ne suis pas son domestique.* V. **Esclave, larbin, valet.** ◆ 3o *N. m.* Vx. *Par ext.* Ensemble des domestiques d'une maison. « *Son domestique était composé d'une femme de chambre..., d'un valet de son pays* » (ROUSS.). V. **Domesticité.**

DOMESTIQUER [dɔmεstike]. *v. tr.* (XVe ; de *domestique*). ◆ 1o Rendre domestique (une espèce animale sauvage). V. **Apprivoiser.** *L'homme a domestiqué le cheval vingt siècles avant l'ère chrétienne.* ◆ 2o Amener à une soumission totale, mettre dans la dépendance. V. **Asservir, assujettir.** « *Ils se soumirent les peuples avoisinants, qu'ils domestiquèrent* » (DANIEL-ROPS). V. **Affranchir, émanciper, libérer.**

DOMICILE [dɔmisil]. *n. m.* (1360 ; lat. *domicilium*, de *domus* « maison »). ◆ 1o Cour. Lieu ordinaire d'habitation. V. **Chez-soi, demeure, habitation, home, logement, maison, résidence.** « *Pour nous la maison est seulement un domicile, un abri* » (FUSTEL DE COUL.). *Être sans domicile* (Cf. À la rue). *Personne sans domicile :* nomade, vagabond. *Violation de domicile.* — Spécialt. *Abandonner, quitter le domicile*

conjugal, en parlant d'un des conjoints. — *Élire domicile :* se fixer dans un lieu pour y habiter. V. **Fixer** (se), **installer** (s). *Il a élu domicile au no 25 de la rue X.* ◇ *Loc. adv.* À DOMICILE : dans la demeure même de qqn. *Le facteur porte les lettres à domicile. Travailler à domicile :* chez soi. ◆ 2o *Dr.* Lieu où une personne a son principal établissement, demeure légale et officielle. *Une certaine fixité caractérise le domicile par rapport à la résidence. Changement de domicile. Certificat de domicile. Domicile d'une société.* V. **Siège.** Dr. *Élection de domicile :* choix d'un lieu par les parties pour l'exécution d'un acte, d'une convention. *Domicile de secours* (1959). Commune où doivent être versées les prestations d'aide sociale.

DOMICILIAIRE [dɔmisiljεR]. *adj.* (1540 ; de *domicile*). Qui a rapport au domicile. *Visite, perquisition domiciliaire :* faite dans le domicile de qqn par autorité de justice. « *On avait consigné des quartiers entiers pendant vingt-quatre heures afin de procéder à des vérifications domiciliaires* » (CAMUS).

DOMICILIATAIRE [dɔmisiljatεR]. *n. m.* (v. 1900 ; de *domiciliation*). *Dr., Fin.* Tiers au domicile de qui un chèque ou une lettre de change est payable (en général, un banquier).

DOMICILIATION [dɔmisiljasjɔ̃]. *n. f.* (1907 ; de *domicile*). *Dr.* Désignation du domicile où un effet est payable. *Domiciliation d'un chèque* (banque, bureau de chèques postaux). *Domiciliation bancaire.*

DOMICILIER [dɔmisilje]. *v. tr.* (1539 ; de *domicile*). ◆ 1o Admin. Assigner, fixer un domicile à. *On l'a domicilié par erreur à une adresse qui n'est pas la sienne.* ◇ DOMICILIÉ, ÉE. *p.* et *adj.* Qui a un domicile (qqpart). « *Si je me présentais pour voter à Paris, où on me dit domicilié* » (P.-L. COUR.). ◆ 2o (Banque). *Domicilier une traite.* V. **Domiciliation.**

DOMINANCE [dɔminɑ̃s]. *n. f.* (XVIe ; de *dominer*). ◆ 1o *Vx.* Fait de dominer (V. **Domination**), d'être dominant (V. **Prédominance**). ◆ 2o Mod. *Biol.* Prépondérance d'un gène ou d'un caractère dominant sur son *allélomorphe* (appelé *récessif*) chez un individu hétérozygote (V. **Génotype, hérédité, phénotype**).

DOMINANT, ANTE [dɔminɑ̃, ɑ̃t]. *adj.* (XIIIe ; de *dominer*). ◆ 1o Qui exerce l'autorité, domine sur d'autres. *Pays dominant, nation dominante.* Féod. *Fief dominant.* — Dr. *Fonds dominant*, immeuble au profit duquel existe une servitude (opposé à *fonds servant*). ◇ Biol. *Gène dominant*, qui réalise ses caractères en dominant le gène différent porté par l'autre chromosome de la paire (V. **Récessif**). V. **Hétérozygote.** ◆ 2o Qui est le plus important, l'emporte parmi d'autres. V. **Premier, prépondérant, principal.** *Signe, trait dominant ; propriété, qualité dominante.* V. **Déterminant.** « *Le trait dominant de ma nature... est une lucidité affreuse* » (MAURIAC). « *La vanité est la passion dominante de l'homme* » (MONTHERLANT). *Idée dominante d'un ouvrage, d'un système* (Cf. Clef de voûte). V. **Général.** *Vents dominants.* ◆ 3o Qui domine, surplombe, surmonte. V. **Culminant, élevé, éminent, haut, supérieur.** *Cet endroit est dans une position dominante.* — Fig. *Il occupe une position dominante* (Cf. Tenir le haut du pavé). ◇ ANT. *Inférieur ; accessoire, dépendant, secondaire.*

DOMINANTE [dɔminɑ̃t]. *n. f.* (1755, mus. ; du précéd.). ◆ 1o Ce qui est dominant, essentiel, caractéristique parmi plusieurs choses. *La dominante de son œuvre est l'ironie.* « *La dominante des fresques de Doura, c'est le rose* » (MALRAUX). ◆ 2o Mus. Le cinquième degré de la gamme diatonique ascendante. *L'accord parfait majeur comprend la tonique et la dominante du ton.* — *Septième de dominante*, accord majeur avec septième mineure, sur le cinquième degré d'une gamme. — SOUS-DOMINANTE [sudɔminɑ̃t]. *n. f.* Quatrième degré de la gamme (En ut, le fa). — SUS-DOMINANTE [sysdɔminɑ̃t]. *n. f.* Sixième degré de la gamme (En ut, le la).

DOMINATEUR, TRICE [dɔminatœR, tRis]. *n.* et *adj.* (XIIIe ; lat. *dominator*). ◆ 1o Littér. Personne ou puissance qui domine sur d'autres, qui commande souverainement. *Alexandre le Grand, dominateur de l'Asie.* V. **Conquérant, vainqueur.** *Dominateurs et esclaves.* V. **Despote, maître, oppresseur, tyran.** *L'Angleterre fut la dominatrice des mers.* ◆ 2o *Adj.* Qui domine, qui aime à dominer. *Pouvoir dominateur, force dominatrice.* « *Il y avait dans René quelque chose de dominateur qui s'emparait fortement de l'âme* » (CHATEAUB.). « *Elle avait un regard dominateur* » (CHARDONNE). ◇ ANT. *Esclave, serviteur.* Opprimé, soumis.

DOMINATION [dɔminasjɔ̃]. *n. f.* (1120 ; lat. *dominatio*). I. ◆ 1o Action de dominer ; autorité souveraine. V. **Autorité, empire, maîtrise, omnipotence, pouvoir, suprématie.** *Domination despotique, injuste, tyrannique.* V. **Joug, oppression, tyrannie.** « *C'est au nom de l'esprit européen... que l'Asie rejette aujourd'hui la domination de l'Europe* » (MALRAUX). *Être, vivre sous la domination de qqn :* dans l'esclavage, la sujétion. *Vivre sous la domination française, anglaise, sous une domination étrangère.* — *Une tentative de domination universelle* » (RENAN). ◆ 2o Le fait d'exercer une influence déterminante. *Domination spirituelle, morale.* V. **Emprise, influence.**

Il exerce sur tous une domination irrésistible. V. **Ascendant.**
— *Domination de soi-même.* V. **Maîtrise.** « *Enseigne-lui que
la domination de la vie ne va pas sans domination de soi-
même* » (MAURIAC).
II. LES DOMINATIONS. *n. f. pl.* Anges formant avec les
Vertus et les Puissances le premier chœur du second ordre,
dans la théologie catholique. « *L'éternelle fête Des Trônes,
des Vertus, des Dominations* » (BAUDEL.).
◊ ANT. *Liberté; indépendance. Obéissance; servitude, sujétion.*

DOMINER [dɔmine]. *v.* (Xᵉ ; lat. *dominari,* de *dominus*
« maître »).
I. *V. intr.* (DOMINER SUR, DANS...). ♦ 1° *Littér.* Commander
souverainement, avoir la suprématie (sur). V. **Régner.** *Nation,
puissance qui domine sur un continent. Le czar « partageait
avec Charles XII la gloire de dominer en Pologne* » (VOLT.).
— *Absolt. Il aime à dominer.* V. **Commander.** ♦ 2° Exercer
une influence qui l'emporte sur les autres. V. **Emporter** (l'),
prédominer, prévaloir, régner, triompher. *Il domine de très
loin sur ses collègues, dans cette assemblée.* ♦ 3° Être le plus
apparent, le plus fort, le plus important, parmi plusieurs
éléments. V. **Emporter** (l'), **prédominer.** *Les femmes dominent
dans cette assemblée* : il y a surtout des femmes. « *Elle n'aurait
pu dire ce qui dominait chez cet homme, la douceur ou la férocité* » (GREEN). « *La même foule où dominaient seulement les
pardessus et les écharpes* » (CAMUS). ♦ 4° *Vx.* Être plus haut
que les objets environnants. V. **Culminer.** *Une place forte
« qui, dominant sur ce lac, rendait son possesseur maître du
cours de la Neva* » (VOLT.).
II. *V. tr.* ♦ 1° Avoir, tenir sous sa suprématie, sous sa
domination. V. **Diriger, gouverner, régir, soumettre.** *Despote,
tyran qui domine un peuple.* V. **Asservir, subjuguer.** *Combattant, concurrent qui domine son adversaire.* V. **Surpasser.**
« *Vous vous laissez dominer, outrager, fouler aux pieds par une
poignée de drôles* » (R. ROLLAND). *Par ext. Le droit a
dominé la force.* V. **Primer.** « *Nous savons que nous sommes
faits pour dominer le monde et non pas le monde pour nous
dominer* » (CLAUDEL). ♦ 2° *Vx.* Être fort que ; avoir
une influence décisive sur. *Ce problème, cette question domine
toute l'affaire. Dominer un auditoire par son talent, son autorité.* V. **Subjuguer.** — *Dominer ses passions par un effort de
volonté.* V. **Contenir, contrôler, maîtriser, surmonter.** « *Sa
tête dominait son cœur* » (STENDHAL). *Dominer sa colère, sa
souffrance, son trouble.* « *Malgré son violent désir de dominer
sa douleur, des larmes roulèrent sur ses joues* » (BARRÈS). *Se
laisser dominer, être dominé par ses passions.* — *Dominer la
situation.* ◊ SE DOMINER, *v. pron.* Être ou se rendre maître
de soi, de ses réactions. ♦ 3° Avoir au-dessous de soi (dans
l'espace environnant). V. **Surplomber, surmonter.** *Monument,
belvédère qui domine une ville* (se dresse au-dessus). « *Le
jardin, suspendu en haut d'un mur, dominait l'avenue* » (CHAR-
DONNE). *Sa haute taille dominait la foule. Il domine ses voisins
de la tête.* V. **Dépasser.** ◊ *Fig. Écrivain qui domine son sujet :
qui est capable de le voir, de l'embrasser dans son ensemble.
Son œuvre domine toute la littérature de sa génération.*
◊ ANT. *Obéir, servir. Céder, fléchir, plier, succomber.*

1. DOMINICAIN, AINE [dɔminikɛ̃, ɛn]. *n.* (1546,-1680;
de *Dominique*). Religieux, religieuse de l'ordre des *Frères pré-
cheurs,* fondé au XIIIᵉ s. par saint Dominique. — *Adj. Le
costume dominicain.*

2. DOMINICAIN, AINE [dɔminikɛ̃, ɛn]. *adj.* (1877; de
Dominique, trad. fr. de *Domingo*). Qui est relatif à l'île de
Saint-Domingue. *La République dominicaine.*

DOMINICAL, ALE, AUX [dɔminikal, o]. *adj.* (1417;
bas lat. *dominicalis,* dimin. de *dominicus*). V. **Dimanche.**
♦ 1° Qui appartient au Seigneur. *L'oraison dominicale :* le
Pater, le Notre Père. ♦ 2° Qui a rapport au dimanche, jour
du Seigneur. *Repos dominical. Promenade dominicale.*

DOMINION [dɔminjɔn]. *n. m.* (1872; mot angl. « domination, puissance »), appliqué au Canada en 1867). Chacun
des États, aujourd'hui indépendants, qui composent l'Union
britannique, et dont la politique extérieure dépendait du
Royaume-Uni. *Chacun des dominions a pour souverain le roi
ou la reine d'Angleterre.*

DOMINO [dɔmino]. *n. m.* (1505; abrév. d'une express.
lat., p.-ê. *benedicamus domino* « bénissons le Seigneur »).
♦ 1° *Ancien.* Camail noir avec capuchon que les prêtres
portaient en hiver. ◊ (1739) Costume de bal masqué consistant en une robe flottante à capuchon; ce capuchon. « *Des
femmes du monde protégées, si elles y tenaient, par des dominos
et des loups* » (NERVAL). ♦ 2° *Mod.* (1771 ; à cause du fond
de bois noir, comparé au domino, 1°). Petite plaque noire en
dessous, dont le dessus est divisé en deux parties portant de
zéro à six points noirs. *Les dominos :* jeu formé de vingt-
huit de ces plaques que les joueurs assemblent selon des
règles. « *Cela finissait toujours par une partie de dominos, —
jeu spécialement silencieux et méditatif* » (NERVAL).

DOMINOTERIE [dɔminɔtri]. *n. f.* (1690; de *dominotier*).
Fabrication de papiers marbrés, coloriés (utilisés pour certains jeux de société : loto, jeu de l'oie).

DOMINOTIER, IÈRE [dɔminɔtje, jɛr]. *n.* (1540; de
domino « papier colorié, peint, marbré » dont les figures
étaient appelées *figures de domino, domino* (1°). ♦ 1° *Ancien.*
Fabricant de dominoterie*. ♦ 2° *Mod.* (de *domino,* 2°).
Façonneur spécialisé dans la confection des plaques d'os,
d'ivoire, qui recouvrent les dominos.

DOMISME [dɔmism(ə)]. *n. m.* (1960; mot créé par
Joannon, du lat. *domus* « demeure »). Science de la construction et de l'aménagement de l'habitation. Cf. Urbanisme.
« *Il* [le domisme] *concerne des questions particulières ou, si
l'on veut, privées. Au contraire l'urbanisme a trait aux questions
générales intéressant les organismes publics* » (J. BOYER).

DOMMAGE [dɔmaʒ]. *n. m.* (*Damage,* 1080; de *dam*).
♦ 1° Préjudice subi par qqn. V. **Atteinte, dam, détriment,
préjudice, tort.** *Dommage matériel,* qui porte atteinte à l'intégrité physique ou aux biens d'une personne. *Dommage
moral. Dommage causé avec intention de nuire* (délit). *Éprouver, subir un dommage. Réparer un dommage.* V. **Dédommager.**
◊ DOMMAGES-INTÉRÊTS (ou *dommages et intérêts*) : somme
due au créancier par le débiteur qui n'exécute pas son obligation. *Par ext.* Indemnité due par l'auteur d'un délit ou
d'un quasi-délit en réparation du préjudice causé. *Demander,
réclamer, obtenir des dommages-intérêts.* ♦ 2° *Dégât matériel*
causé aux choses. V. **Dégâts, ravage.** *Dommages que causent
aux cultures la grêle, la gelée, les inondations. Sinistre qui
provoque de grands dommages. Dommage subi par des marchandises* (V. **Avarie, perte**), *par un édifice* (V. **Détérioration,
endommagement**). ◊ DOMMAGES (DE GUERRE). *Dr. admin.*
Dommages causés aux biens des individus par les faits de
guerre et dont la réparation incombe à l'État. — *Dr. intern.*
Dommages causés à une nation par les faits de guerre et dont
la réparation incombe, en principe, à l'ennemi. « *L'Allemagne
...avait à réparer les dommages causés à autrui* » (BAINVILLE).
Par ext. Fam. Indemnité touchée pour ces dommages. ♦
3° (En emploi indéterminé). Chose fâcheuse. « *Il y a déjà
longtemps que je suis vieux. Le dommage est, non point de trop
durer, mais bien de voir tout passer autour de soi* » (FRANCE).
◊ *Cour. C'est dommage, c'est bien dommage.* V. **Fâcheux,
regrettable, triste.** « *La foule imite...; il serait dommage qu'elle
inventât* » (SUARÈS). « *C'est grand dommage.* — *Quel dommage
d'abattre de si beaux arbres!* (V. **Crime**). — *Ellipt. Dommage
que vous ne puissiez l'attendre! Dommage!* ◊ ANT. *Avantage,
bénéfice, profit. Bien, bonheur, heureux.*

DOMMAGEABLE [dɔmaʒabl(ə)]. *adj.* (*Dammageable,*
1314; de *dommage*). Qui cause du dommage. V. **Fâcheux,
nuisible, préjudiciable.** « *Les erreurs de la royauté... sont
dommageables à la nation entière* » (CHATEAUB.). ◊ ANT.
Profitable, utile.

DOMPTABLE [dɔtabl(ə)]. *adj.* (XIIᵉ ; de *dompter*). Rare.
Qui peut être dompté, soumis à la discipline. ◊ ANT. *Indomptable.*

DOMPTAGE [dɔtaʒ]. *n. m.* (1860; *domptement,* XIVᵉ ;
de *dompter*). Rare. Action de dompter, son résultat. V. **Dressage.**

DOMPTER [dɔte]. *v. tr.* (*Donter,* XIIᵉ ; lat. *domitare*).
♦ 1° Réduire à l'obéissance (un animal sauvage et dangereux). V. **Apprivoiser, assujettir, dresser.** *Dompter des fauves*
(V. **Dompteur**). ♦ 2° Soumettre à son autorité. V. **Asservir,
dominer, maîtriser, mater, réduire, soumettre, subjuguer,
terrasser, vaincre.** *Dompter des rebelles, des insoumis.* « *Cette
réputation que vous avez de dompter les enfants difficiles* »
(MAURIAC). ◊ *Par anal. Dompter les forces de la nature.
Dompter les eaux d'un fleuve.* V. **Domestiquer, maîtriser.**
◊ *Fig.* V. **Briser, juguler, maîtriser.** *Dompter un caractère.
Dompter ses passions, sa colère.* V. **Surmonter.** « *Celui qui
dompte son cœur vaut mieux que celui qui prend des villes* »
(BOSS.).

DOMPTEUR, EUSE [dɔtœr, øz]. *n.* (1213; de *dompter*).
Personne qui dompte. *Dompteur de chevaux. Dompteur de
bêtes féroces, de fauves* (V. **Belluaire**). — *Absolt. Dompteurs
d'un cirque, d'une ménagerie.*

1. DON [dɔ̃]. *n. m.* (1080; lat. *donum*). Action de donner;
la chose donnée. V. **Donation.** ♦ 1° Action d'abandonner
gratuitement à qqn la propriété ou la jouissance de qqch.
Faire un don à qqn. Faire don de qqch. à qqn. — *Fig. Le don
de son cœur, de sa main.* — *Le don de soi :* l'action de se dévouer
entièrement à qqn ou à qqch. V. **Dévouement, sacrifice.**
♦ 2° Ce qu'on abandonne à qqn sans rien recevoir de lui en
retour. V. **Cadeau, générosité, legs, libéralité, présent.** *Don
fait par charité.* V. **Aumône, bienfait.** *Don fait à l'occasion
du jour de l'an.* V. **Étrenne, gratification.** *Don pour s'acquérir
les faveurs de qqn.* V. **Bakchich, pot-de-vin, pourboire** (Cf.
Donner la pièce, graisser la patte). *Un don d'argent, en
argent, en espèces. Recevoir un don.*
♦ 3° Avantage naturel (considéré comme reçu de Dieu, de
la Fortune, de la nature). V. **Bénédiction, faveur, faveur,
grâce.** *Le ciel, Dieu l'a comblé de ses dons.* « *La foi est un don
de Dieu* » (PASC.). V. **Charisme.** — *Poét. Les dons de la terre :*
ses productions. *Les dons de Bacchus, de Flore :* la vendange,
les fleurs. ♦ 4° Disposition innée pour qqch. V. **Aptitude,**

art, capacité, facilité, génie, habileté, qualité, talent. *Avoir le don de la parole, de l'éloquence, de l'à-propos* : être doué* pour. *Don pour les sciences, les langues, le commerce.* V. **Bosse.** « *La province produit des hommes favorisés par les dons, par le talent, parfois par le génie* » (DUHAM.). ◇ Iron. *Il a le don de m'agacer.* « *Un faux air amical dont l'expression bien connue est le don de faire intérieurement pester un homme* » (BALZ.). ◇ HOM. *Donc (2), dont.*

2. DON [dɔ̃] *n. m.*, **DOÑA** [dɔɲa]. *n. f.* (1606; *dom*, 1594; *doint*, XVᵉ; *doña*, 1864, *donne*, 1547; mots esp., du lat. *dominus*). Titre d'honneur particulier aux nobles d'Espagne et qui se place ordinairement devant le prénom. V. **Dom.** *Don Juan. Don Quichotte. Doña Sol.* ◇ HOM. *Dom, don* (1), *donc, dont.*

DONACIE [dɔnasi]. *n. f.* (1791; lat. sc. *donacia*; gr. *donax, -akos* « roseau »). Insecte coléoptère *(Chrysomélidés)* dont l'adulte vit sur les plantes aquatiques.

DONATAIRE [dɔnatɛʀ]. *n.* (XIVᵉ; lat. *donatarius*). Dr. Personne à qui une donation est faite. ◇ ANT. *Donateur.*

DONATEUR, TRICE [dɔnatœʀ, tʀis]. *n.* (1320; lat. *donator*). ♦ 1° Personne qui fait un don, des dons à une œuvre. *Généreux donateur.* — Spécialt. Personne qui donne à une église un tableau, un vitrail sur lequel elle se fait le plus souvent représenter à genoux. « *Ma peinture, où, comme un donateur dans le coin du tableau, je me suis mis à genoux* » (GIDE). ♦ 2° Dr. Personne qui fait une donation. V. **Disposant.** ◇ ANT. *Donataire.*

DONATION [dɔnasjɔ̃]. *n. f.* (1235; a éliminé l'a. fr. *donaison;* lat. *donatio*). ♦ 1° Dr. et cour. Contrat « par lequel le donateur (ou disposant) se dépouille actuellement et irrévocablement de la chose donnée en faveur du donataire qui l'accepte » (CODE CIV.). V. **Aliénation** (à titre gratuit), **disposition, don, libéralité.** *Faire une donation par acte notarié, par don. Donation en avancement d'hoirie. Donation avec affectation à une œuvre d'intérêt social, de piété.* V. **Fondation.** ◇ **DONATION-PARTAGE,** par laquelle un ascendant partage, de son vivant, ses biens entre les descendants. ♦ 2° Acte qui constate le don. *Transcrire une donation.*

DONATISME [dɔnatism(ə)]. *n. m.* (1805; du suiv.). Hérésie qui entraîna un schisme dans l'Église d'Afrique au IVᵉ s.

DONATISTE [dɔnatist(ə)]. *n.* et *adj.* (1755; de *Donat,* évêque de Carthage et chef de secte, au IVᵉ s.). Partisan du donatisme. *L'hérésie donatiste; les donatistes.*

DONC [dɔ̃k] en tête de proposition ou devant voyelle; ailleurs dɔ̃]. *conj.* (*Dunc,* Xᵉ; *donc* et *donques,* jusqu'au XVIIᵉ; lat. imp. *dunc,* croisement de *dumque,* de *dum* « allons! », et *tunc* « alors »). ♦ 1° Conjonction qui sert à amener la conséquence, la conclusion de ce qui précède. V. **Conséquence** (en conséquence), **conséquent** (par conséquent), **partant, suite** (par suite). *Il était là tout à l'heure : il ne peut donc être bien loin. J'ai refusé; donc, inutile d'insister.* « *Je pense, donc je suis* », *cogito ergo sum* (DESCARTES). « *Si ce n'est toi, c'est donc ton frère* » (LA FONT.). ◇ Transition pour revenir à un sujet, après une digression. *Je disais donc que... Il se dirigea donc vers nous. Donc il avait réussi.* ♦ 2° S'emploie pour exprimer la surprise causée par ce qui précède ou ce que l'on constate, l'incrédulité. V. **Ainsi.** *Il voulait donc venir ici? Vous habitez donc là? Voilà donc la vérité! Allons donc! vous plaisantez! Qui donc?* ◇ Emphat. Pour renforcer une assertion, une injonction. *Taisez-vous donc! Venez donc par ici!* Fam. *Dites donc, vous là-bas!*

DONDAINE [dɔ̃dɛn]. *n. f.* (1864; v. 1360 « gros et court trait d'arbalète »; de l'onomat. *dond* [Cf. **Dodeliner**]). ♦ 1° Sorte de cornemuse usitée au Moyen Âge. ♦ 2° Onomat. en liaison avec *dondon* dans les refrains populaires. Cf. Faridondaine.

DONDON [dɔ̃dɔ̃]. *n. f.* (*Domdom,* 1579; onomat. qui exprime le balancement; Cf. **Dodeliner**). Fam. Grosse femme. *Une grosse dondon.*

DONJON [dɔ̃ʒɔ̃]. *n. m.* (1160; lat. pop. *°dominio* « tour du seigneur », de *dominus*). Tour principale qui dominait le château fort et formait le dernier retranchement de la garnison. *Le donjon de Vincennes.*

DON JUAN [dɔ̃ʒɥɑ̃]. *n. m.* (1814; personnage du théâtre espagnol devenu le type du séducteur). Séducteur sans scrupule. *Méfiez-vous, c'est un don Juan! Jouer les Don Juan* (ou *les don Juans*).

DONJUANESQUE [dɔ̃ʒɥanɛsk(ə)]. *adj.* (1851; du précéd.). Qui a le caractère de don Juan [DONJUANISME [dɔ̃ʒɥanism(ə)]]. *Des manœuvres donjuanesques.*

DONJUANISER ou **DON-JUANISER** [dɔ̃ʒɥanize]. *v. intr.* (1840; de *don Juan*). Rare et fam. Faire le don* Juan.

DONJUANISME ou **DON-JUANISME** [dɔ̃ʒɥanism(ə)]. *n. m.* (1864; de *don Juan*). Caractère, comportement d'un don Juan. — Psychiatr. Recherche pathologique de nouvelles conquêtes.

DONNANT, ANTE [dɔnɑ̃, ɑ̃t]. *adj.* (XVIIᵉ-XVIIIᵉ; de *donner*). ♦ 1° Vx. Qui aime à donner. *Il n'est guère donnant.* V. **Généreux.** « *Elle avait l'humeur donnante, comme elle disait* » (STE-BEUVE). ♦ 2° Mod. *Donnant, donnant,* en ne

donnant qu'à la condition de recevoir en échange. « *Le gouvernement, pour l'heure, a besoin de nous. Alors, donnant, donnant* » (MART. du G.).

DONNE [dɔn]. *n. f.* (1718; *done* « action de donner », XIIᵉ; de *donner*). Action de donner, de distribuer les cartes au jeu (V. **Distribution**). *À vous la donne. Fausse donne.* V. **Maldonne.** « *Jurassien a ramassé les cartes, il fait la donne* » (SARTRE).

DONNÉ, ÉE [dɔne]. *adj.* (V. **Donner**). ♦ 1° Qui a été donné. *Propriété donnée en dot. C'est donné* : c'est vendu à bon compte. « *Et si on vous disait le prix... Elle hoche la tête —— Ah! ça, en effet, c'est donné* » (SARRAUTE). ♦ 2° Connu, déterminé. *Nombres donnés dans l'énoncé d'un problème.* V. **Donnée.** *Quantités, grandeurs données. À une distance donnée, en un lieu donné.* ♦ 3° Loc. prép. ÉTANT DONNÉ. Invar. « *Étant donné l'amitié qui nous lie* » (RENARD). Avec accord. « *Étant données les circonstances présentes* » (ST-EXUP.). — Loc. conj. ÉTANT DONNÉ QUE (avec l'ind.) : en considérant que, puisque. *Étant donné qu'il ne vient pas, nous pouvons partir.* ♦ 4° Subst. *Le donné* : ce qui est immédiatement présenté à l'esprit *(opposé à ce qui est construit, élaboré).*

DONNÉE [dɔne]. *n. f.* (1771; de *donner*). ♦ 1° Sc. Ce qui est donné, connu, déterminé dans l'énoncé d'un problème, et qui sert à découvrir ce qui est inconnu. *Les données du problème.* ♦ 2° Ce qui est admis, connu ou reconnu, et qui sert de base à un raisonnement, de point de départ pour une recherche (Cf. Point de départ, élément de base). *Les données d'une science, d'une recherche expérimentale. Données statistiques. Manquer de données.* V. **Élément, renseignement.** « *Pour traiter l'ensemble du problème, nous devons le plus possible partir de données exactes* » (ROMAINS). — Psycho. Le donné* (4°). « *Les données immédiates de la conscience* » (BERGSON). — Inform. Représentation conventionnelle d'une information (fait, notion, ordre d'exécution) sous une forme (analogique ou digitale) permettant d'en faire le traitement automatique. ♦ 3° Élément fondamental (circonstances principales, caractères) sur lequel un auteur bâtit un ouvrage. *Les données d'un roman, d'une comédie.* ◇ HOM. *Donné, donner.*

DONNER [dɔne]. *v.* (842; lat. *donare* « faire un don »). **I.** *V. tr.* **Ⓐ** ♦ Mettre en la possession de qqn (DONNER À QQN). ♦ 1° Abandonner à qqn, dans une intention libérale ou sans rien recevoir en retour (une chose que l'on possède ou dont on jouit). V. **Allouer, bailler** (*vx*), **offrir; don, donation.** *Donner qqch. par testament* (V. **Léguer**). *Donner qqch. en récompense. Donner de l'argent, un pourboire, des étrennes à qqn. Donner des cadeaux à profusion.* V. **Prodiguer.** *Donner qqch. pour s'en débarrasser, s'en défaire.* « *On promet beaucoup pour se dispenser de donner* » (VAUVEN.). « *On dit communément* : « *La plus belle femme du monde ne peut donner que ce qu'elle a* »; *ce qui est très faux; elle donne toujours ce qu'on croit recevoir* » (CHAMFORT). Absolt. « *Qui donne aux pauvres prête à Dieu* » (HUGO). « *Donner est plus doux que recevoir* » (RENAN). — Dr. *Donner et retenir ne vaut* : règle de l'ancien droit, qui limite la révocation des donations. ◇ Par exagér. *Vendre très bon marché.* V. **Donné.** *On ne le vend pas, on le donne!* ♦ 2° *(Abstrait.)* Faire don de. *Donner son cœur* (à qqn). « *Il n'y a rien de meilleur, quand on aime, que de donner, de donner toujours, tout, tout, sa vie, sa pensée* » (MAUPASS.). *Il lui a donné son amitié. Donner sa vie, son sang pour sa patrie* : faire le sacrifice de sa vie. — *Donner son temps à.* V. **Consacrer, employer.** *Donner sa vie à une œuvre. Donner quelques instants à qqn.* V. **Accorder.** « *Jusqu'au dîner, Mᵐᵉ de Rênal n'eut pas un instant à donner à son prisonnier* » (STENDHAL). ♦ 3° DONNER (qqch.) POUR, CONTRE (qqch.) : céder en échange d'autre chose. V. **Céder, fournir, livrer.** *Donner qqch. contre, pour de l'argent.* V. **Vendre.** *Donner un cheval pour, contre un âne.* V. **Échanger, troquer.** *En donner à qqn pour son argent* (V. **Combler, satisfaire**). DONNER (qqch.) DE (qqch.). *Je vous en donne cent francs* (d'une marchandise). V. **Offrir.** ◇ Payer (qqn) une certaine somme. *Combien donne-t-il à ses ouvriers?* ◇ *Donner (qqch.) pour* (et inf.). *Je donnerais beaucoup pour savoir. Donner tout au monde pour...* V. **Abandonner, sacrifier.** « *Que n'aurais-je pas donné pour pouvoir dire au long cette fameuse règle des participes* » (DAUD.). ♦ 4° Confier (une chose) à qqn, pour un service. V. **Confier, remettre.** *Donner ses chaussures au cordonnier. Donner qqch. à* (et l'inf.). *Donner sa montre à réparer* : la confier pour qu'on la répare. *Donner une propriété à gérer.* **Ⓑ** Mettre à la disposition de (qqn). DONNER (À). ♦ 1° Mettre à la disposition, à la portée de. V. **Fournir, offrir, présenter, procurer.** *Voulez-vous donner les sièges aux invités?* V. **Apporter, approcher, avancer.** *Donner une lettre à son destinataire.* V. **Porter, remettre.** *Donnez-m'en un kilo de pommes. Donne-moi du pain. Donnez-m'en.* V. **Passer.** ◇ Spécialt. *Donner les cartes aux joueurs.* V. **Distribuer; donne.** Absolt. *C'est à vous de donner.* V. **Faire.** ◇ *Donner du travail à un chômeur. Donner de l'instruction à un enfant.* « *Donne-lui tout de même à boire, dit*

mon père » (HUGO). ◇ *Donner le bras à qqn.* V. **Offrir, tendre.**
Donner la main. Donner sa langue au chat. ♦ 2° Organiser et
offrir à des invités. *Donner un bal, une réception, une fête
(à des amis, des invités).* — (Sans compl. indir.) *Donner une
pièce de théâtre, un spectacle. On donne une comédie à ce théâtre.* V. **Jouer, représenter.** *Qu'est-ce qu'on donne cette semaine
au cinéma?* ♦ 3° Communiquer, exposer (qqch.) à qqn. V.
Communiquer, dire, exposer, exprimer. *Il nous a donné une
description de vive voix, par écrit. Je vais vous donner tous les
détails sur cette question. Donner la consigne.* V. **Passer.**
Voulez-vous me donner l'heure exacte? V. **Indiquer.** *Donner
son avis, son opinion. Donner la réplique à un comédien.
Donner des arguments, des explications. Donner la marche à
suivre.* V. **Montrer.** *Donner un prétexte, des raisons.* V. **Apporter, fournir.** Par ext. *Détails que donne un rapport.* ◇ *Soumettre (une question) à qqn, dans la loc. Je vous le donne
en mille : je suis sûr que vous ne trouverez pas.* ◇ *Faire
pour qqn. Donner une conférence, un cours (à des élèves).* —
Je vais vous donner lecture de cet acte. — *Donner (un) jugement.* V. **Rendre.** *Donner congé à qqn.* V. **Signifier.** ♦ 4° Transmettre par contagion. *Il lui a donné son rhume.* ♦ 5° Accepter
de mettre à la disposition, à la portée de qqn. V. **Accorder,
concéder, consentir, octroyer.** *Donnez-moi un peu de temps, de
répit.* V. **Laisser.** *Donner son accord, son aval, son consentement, sa signature. Donner sa parole (d'honneur) : jurer, promettre.* ◇ *Se donner du temps. Se donner du mal, de la peine.
Se donner du bon temps; s'en donner.* ◇ *Donner l'autorisation,
le moyen, l'occasion, la permission.* ◇ (Avec un compl. sans
article) *Donner audience à qqn. Donner acte*.* Fig. *Donner
libre cours à sa colère. Donner prise : prêter le flanc.* ♦ 6° (Avec
deux compl. de personnes). *Donner sa fille (en mariage) à un
jeune homme.* V. **Accorder.** « *Mon père m'a donné un mari* »
(chanson). SE DONNER *un maître, un roi :* élire, nommer. *Elle a
donné deux fils à son mari. La reine a donné un héritier au
trône.* ◇ Spécialt. *Donner un voleur à la police :* le dénoncer,
le livrer. Absolt. *me* V. **Dénoncer.** « *Avant de mourir, il
serait capable de me donner* » (MAC ORLAN). ♦ 7° DONNER
(À QQN) DE... suivi d'un infinitif. V. **Accorder, permettre.**
*Le ciel nous a donné de supporter ces épreuves. — (Au passif)
Être possible, permis.* « *Je raconterai plus tard, s'il m'est
donné de poursuivre cette narration* » (DUHAM.). ♦ 8° Assigner
à qqn., à qqch. (une marque, un signe, etc.). V. **Assigner,
fixer, imposer.** *Donner un nom à un enfant* (V. **Baptiser**)
Donner un titre à un ouvrage. ♦ 9° DONNER À suivi d'un
inf. *Donner une tâche à exécuter. On m'a donné cela à faire.*
— *Donner à entendre. Donner à deviner.* ⊜ Être
l'auteur, la cause de. ♦ 1° (Dans des loc.). V. **Faire.** *Donner
l'alarme, l'assaut* (V. **Livrer**), *la chasse. Donner des soins,
des encouragements, des consolations à un malheureux.* —
Donner le change. ◇ *Produire (une œuvre).* V. **Produire,
publier.** *Cet écrivain donne un roman par an.* « *Il donne un
chef-d'œuvre après un roman confus* » (SUARÈS). ♦ 2° Être la
cause de (personne; chose). V. **Causer, susciter** (le compl.
exprime un sentiment, un fait psychologique). *Cela me donne
envie de pleurer. Donner de l'embarras, des difficultés.* Fam.
*Donner du fil à retordre à ses parents. Cet enfant me donne
bien du souci. Donner du plaisir, de la joie. Cela vous donnera
l'occasion de...* V. **Fournir, procurer.** *Donner bonne, mauvaise
impression.* « *Savoir tirer de l'instant qui passe toutes les joies
qu'il peut donner* » (LOUŸS). « *Ça ne lui a pas donné le goût des
Sciences, mais ça lui a enlevé celui des Lettres* » (GIDE). *Ce
travail me donne chaud, soif.* — (Sans compl. indir.) *Cette
odeur donne la migraine. La marche donne l'appétit.* ◇ *Donner lieu, matière, occasion, sujet.* V. **Causer, provoquer.** ◇
Donner à rire, penser, etc. V. **Prêter.** ♦ 3° (Choses concrètes).
Sans compl. indir. Produire. *L'eau que donne une source.
Les fleurs, les fruits que donne un arbre. Cette vigne donne
trente hectolitres de vin à l'hectare.* V. **Rapporter, rendre.**
Absolt. *Le blé a peu donné cette année.* « *Dans deux ans ce
cépage donnera* » (DAUD.). ◇ *Instrument de musique qui
donne une note, qui donne le la.* V. **Émettre.** Fig. *Donner le la,
la note, le ton.* — Fam. Avoir pour conséquence, pour résultat. *Je me demande ce que ça va donner.* V. **Faire, rendre.**
♦ 4° Faire sentir (à qqn) l'effet de son action. V. **Appliquer.**
*Donner un baiser, donner l'accolade. Donner un coup, un
soufflet.* Ellipt. *Donner le fouet.* — *Donner un coup de poing.*
V. **Allonger.** ◇ Effectuer sur une chose (une opération qui
en modifie l'état). *Donner un coup de peigne, de balai, de lime.
Donner une couche de peinture à un banc.* ♦ 5° Conférer
(un caractère nouveau) à une personne ou à une chose par
une opération, une action qui la modifie. *Donner du corps,
de la fermeté, de la force, de la solidité :* consolider, corser.
Cet argument donne du poids, de la valeur à sa thèse. ◇ Loc.
Donner le jour, la vie à un enfant. V. **Engendrer.** *Donner
naissance*.* ◇ *Donner la mort :* mettre à mort, tuer. ♦ 6° (Abstrait). — Considérer (une qualité, un caractère) comme propre
à qqn, à qqch. V. **Accorder, attribuer, prêter, supposer.** *Vous
lui donnez des qualités qu'il n'a pas. Quel âge lui donnez-vous?
On lui donne vingt ans. Donner de la valeur, du prix, de l'importance.* V. **Attacher.** ◇ *Donner raison, donner tort à qqn :*

estimer qu'il a raison, tort. ◇ *Donner pour... :* présenter
comme étant. *Je vous le donne pour ce qu'il vaut. On le donne
pour coupable.* V. **Croire, supposer.** *Donner une chose pour
certaine, pour vraie.* V. **Prétendre.** « *Je vous la donne pour une
créature d'élite* » (BALZ.). — SE DONNER. *Se donner un air,
une contenance :* l'afficher, l'affecter. *Se donner pour un progressiste.*
II. *V. intr.* ♦ 1° Porter un coup (contre, sur). V. **Cogner,
frapper, heurter.** *Le navire alla donner sur les écueils.* ◇ *Donner de la tête contre le mur. Les cochons* « *grognaient rageusement en donnant de la tête contre la porte des soues* » (MAC
ORLAN). V. **Taper** (se). Fam. *Ne savoir où donner de la tête.*
◇ *Le soleil donne dans la pièce.* « *Quoique le soleil donnât
en plein dans la cour* » (GAUTIER). ♦ 2° Se porter (dans,
vers). V. **Engager** (s'), **jeter** (se), **tomber.** *Donner dans une
embuscade, dans un piège.* Fig. et fam. *Donner dans le panneau. Il* « *donne constamment dans les pièges qu'on lui tend* »
(CHATEAUB.). ◇ *Se laisser aller à.* V. **Adonner** (s'), **livrer** (se),
plaire (se). *Donner dans un défaut, dans le ridicule.* Fam. *Il
donne en plein, à fond dans... :* il s'y porte avec une ardeur
passionnée, inconsidérée, irréfléchie. « *Moréas donne un peu
lui aussi dans ce travers* » (GIDE). ♦ 3° Attaquer, charger,
combattre, engager. *L'armée va donner. Faire donner les
blindés.* « *Allons! faites donner la garde!* » cria-t-il » (HUGO).
♦ 4° DONNER SUR : être exposé, situé; avoir vue, accès sur.
Porte qui donne sur la rue, sur un jardin. « *Une chambre dont
les fenêtres donnaient sur la forêt* » (MAUROIS). ♦ 5° S'allonger, se distendre, en parlant d'un cordage, d'un tissu. *Cette
toile donne à l'usage.* V. **Prêter.** ♦ 6° DONNER DE la voix*
(se manifester par la voix). ◇ Mar. *Donner de la bande*.*
III. SE DONNER. *v. pron.* ♦ 1° Faire don de soi-même. V.
Consacrer (se), **dévouer** (se), **vouer** (se). *Se donner à Dieu.*
« *Elle se donnait à tous... elle s'évadait dans une grande charité
impersonnelle* » (SARTRE). *Se donner à sa patrie.* V. **Sacrifier**
(se). *Se donner à une cause, à un parti. Se donner au travail,
à l'étude.* V. **Adonner** (s'). — *Se donner en spectacle.* ◇ En
parlant d'une femme qui prend un mari (V. **Épouser**), ou qui
accorde ses faveurs. ♦ 2° (Passif). Être donné. *Cela ne se
vend pas, cela se donne.* — Avoir lieu, être représenté.
L' « *Avare* » *se donne à la Comédie-Française ce soir.* ♦
3° (Récipr.). V. **Échanger.** *Ils se donnèrent des coups, des
baisers. Ils se donnèrent le mot pour arriver en même temps.*
V. **Entendre** (s'). — *Se donner la main.*

⊛ ANT. Demander, réclamer, revendiquer. Accepter, recevoir.
Avoir, conserver, garder. Dénier, enlever, ôter, ravir, retirer,
soustraire, spolier, voler. HOM. Donné, donnée.

DONNEUR, EUSE [dɔnœʀ, øz]. *n.* (XIIᵉ; de *donner*).
♦ 1° DONNEUR DE : personne qui donne (qqch.). V. **Donateur.** « *Pour fermer la bouche une fois pour toutes à ces ineptes
donneurs d'avis* » (ROUSS.). — Comm. *Donneur d'ordre, d'aval,
de caution.* (1870). Jeu. *Joueur qui fait la donne.* ◇ DON-
NEUR DE SANG : personne qui donne son sang en vue d'une
transfusion. Absolt. *Groupe sanguin d'un donneur. Donneur
universel.* — (1968). Méd. Personne qui fait don d'un fragment
de tissu, d'un organe, en vue de son utilisation thérapeutique
ou d'une transplantation (ANT. Receveur). ♦ 2° (1901).
Absolt. Pop. *Personne qui donne qqn à la police.* V. **Délateur, dénonciateur, indicateur.** « *Malheur aux donneurs* » *que
elle... Elle les sent et elle est terrible* » (CARCO).

DON QUICHOTTE [dɔ̃kiʃɔt]. *n. m.* (1782; nom du héros
d'un roman de Cervantes). Homme généreux et chimérique
qui se pose en redresseur de torts, en défenseur des opprimés.
Jouer les don Quichottes.

DON-QUICHOTTISME [dɔ̃kiʃɔtism(ə)]. *n. m.* (v. 1835;
de *don Quichotte*). Disposition à faire le don Quichotte;
caractère, comportement d'un don Quichotte.

DONT [dɔ̃; -t- devant voyelle]. *pron.* (fin IXᵉ; lat. pop. *de
unde,* renforcement de *unde = d'où*). Pronom relatif des
deux genres et des deux nombres représentant une personne
ou une chose, et servant à relier une proposition correspondant à un complément introduit par *de.* V. **Lequel** (duquel),
qui (de qui).
I. Exprimant le complément du verbe. ♦ 1° Avec le sens
adverbial de *d'où* marquant la provenance, l'extraction,
l'éloignement. Où (d'où). *La chambre dont je sors. Les
mines dont on extrait la houille. Il s'installa* « *dans la chambre
dont Justin se retirait* » (DUHAM.). Fig. Pour marquer
l'origine, la descendance. « *Rentre dans le néant dont je t'ai
fait sortir* » (RAC.). « *La famille distinguée dont il sortait* »
(PROUST). ♦ 2° (Moyen, instrument, agent, manière). *Le
coup dont il fut frappé* (ACAD.) : par lequel. *Les maux dont
il a souffert. La manière dont elle est habillée.* — Au sujet
de qui, de quoi. *Cet homme dont je sais qu'il a été marié.* « *Un
luxe dont j'imagine aujourd'hui qu'il devait être affreux* »
(MAURIAC).
II. Exprimant l'objet. ♦ 1° (Objet du verbe). *L'homme
dont on parle. La maison dont je rêve.* — Avec un neutre, un
indéfini. *Il n'y a personne dont il le dise du bien. Voilà ce dont
il faut vous occuper. Rien ne se produit dont on puisse se réjouir.*

♦ 2° (Compl. de l'adjectif). *Le malheur dont vous êtes responsable.* « *Il a une application dont je suis content* » (LA BRUY.). — Avec un neutre, un indéfini. *C'est ce dont je suis fier.*
III. Exprimant le compl. de nom. ♦ 1° Possession, qualité, matière (compl. d'un nom ou d'un pronom). *Une plante dont les fleurs durent un jour. La maison dont on aperçoit la façade.* « *Elle dont la susceptibilité de paysanne fière se blessait d'un regard* » (ZOLA). « *Ce corps dont tous les contours sont doux* » (MAUPASS.). ◇ EMPLOIS FAUTIFS : avec un possessif dans la subordonnée. *La personne dont le cartable de son fils a été perdu.* — Avec un pron. pers. dans la subordonnée. *L'enfant dont les parents l'ont amené* (il faut dire *que ses parents ont amené*). — Dépendant d'un compl. introduit par une préposition. *L'homme dont je compte sur l'aide* (il faut dire *sur l'aide de qui je compte*). REM. *Dont* est souvent quand il dépend à la fois du sujet et du compl. de la subordonnée : « *L'autre, dont les cheveux flottent sur les épaules* » (FRANCE). ♦ 2° Partie d'un tout (compl. d'une expression partitive). ◇ Compl. d'un nom de nombre ou d'un indéfini numéral sujet. *Des livres dont trois sont reliés; dont une dizaine m'appartient.* ◇ Compl. d'un nom de nombre ou d'un indéfini numéral complément d'objet direct. *Des livres dont j'ai gardé une dizaine.* « *Ceci n'ira pas sans de terribles conséquences, dont nous ne connaissons encore que quelques-unes* » (CAMUS). ◇ Amenant une proposition sans verbe. *C'est un long texte dont voici l'essentiel. Quelques-uns étaient là, dont votre père* : parmi lesquels. « *Deux personnes attendent, dont Marcel Boulenger* » (ROMAINS). ◇ HOM. *Don* (1 et 2), *donc*.

DONZELLE [dɔ̃zɛl]. *n. f.* (v. 1130, « demoiselle »; sens péj. XVIIe, d'apr. it.; a. prov. *donzela*. V. Demoiselle). Jeune fille ou femme prétentieuse et ridicule.

DOPAGE [dɔpaʒ]. *n. m.* (1954; de *doper*, d'apr. l'angl. *doping*). ♦ 1° Action de doper, de se doper. V. Doping. ♦ 2° (1962). *Techn.* Action de doper (2°); son résultat. *Spécialt.* Action d'ajouter une impureté à un semi-conducteur pour modifier ses propriétés de conduction. ◇ ANT. *Antidopage.*

DOPANT [dɔpɑ̃]. *n. m.* et adj. (1955; de *doper*). ♦ 1° Substance chimique propre à doper, à dissiper (momentanément) la fatigue. V. Doping, excitant, stimulant. ♦ 2° *Techn.* Substance dont l'addition en faible quantité modifie ou renforce les propriétés d'un matériau, d'un corps. V. Additif. *Gaz dopant.*

DOPER [dɔpe]. *v. tr.* (1903; angl. *to dope* « faire prendre un excitant »). ♦ 1° Administrer un stimulant à. *Doper un cheval de course.* — Par ext. *Doper qqn* : lui faire prendre un excitant. V. Droguer 1. — Pronom. *Se doper avant un examen, une course.* — (1953). *Fig.* Augmenter la puissance, la qualité, le rendement de (qqch.). V. Stimuler. *Doper le commerce.* ♦ 2° (v. 1960). *Techn.* Ajouter une substance à un produit pour en améliorer les qualités. V. Dopant.

DOPING [dɔpiŋ]. *n. m.* (1903; mot angl., p. prés. de *to dope.* V. Doper). *Anglicisme.* ♦ 1° Se dit de l'emploi de certains excitants (V. Dopage) et de ces excitants eux-mêmes (V. Dopant). *Administrer, prendre un doping.* ♦ 2° (v. 1965). *Fig.* Moyen artificiel qui donne à qqn, à qqch, une force provisoire et souvent illusoire.

DORADE. *n. f.* V. DAURADE.

DORAGE [dɔraʒ]. *n. m.* (1752; de *dorer*). Action de dorer; son résultat. V. Dorure (2°).

DORÉ, ÉE [dɔre]. *adj.* et *n. f.* et *m.* (1080; de *dorer*). I. ♦ 1° Qui est recouvert d'une mince couche d'or. *Livre doré sur tranche. Argent doré* : vermeil. *Lettres dorées. Boutons dorés d'un uniforme,* boutons recouverts d'or ou boutons d'un métal jaune. ♦ 2° PROV. *Bonne renommée vaut mieux que ceinture dorée* (remplie d'or). ♦ 3° Qui a l'éclat, la couleur jaune cuivré de l'or. V. Ambre, jaune, mordoré. *Moissons dorées.* « *Ses cheveux étaient dorés* » (PROUST). *Le matin de septembre, rouge et doré comme une pêche de vigne* » (COLETTE). *Blond doré.* « *Une fillette toute dorée de peau et de poil* » (DUHAM.). ◇ *Carpes dorées. Carabe doré. Faisan doré. Pâtiss.* Recouvert d'une couche de jaune d'œuf délayé (avant d'être cuit au four). ♦ 4° *Fig. La Légende dorée* : histoire des saints écrite par Jacques de Voragine. ♦ 5° *La jeunesse dorée* : les jeunes gens de la riche bourgeoisie qui, après Thermidor, prirent part à la réaction contre la Terreur. — *Mod.* Jeunes gens riches, élégants et oisifs. *Les blousons dorés* : les « blousons noirs » de la jeunesse dorée.
II. ♦ 1° N. f. (1393). Poisson osseux des mers d'Europe (appelé aussi *jean-doré*). V. Saint-pierre. *Dorée d'étang,* tanche aux reflets dorés. ♦ 2° N. m. (*poisson doré,* 1664). Au Canada, Poisson d'eau douce à chair estimée. *Le doré noir et le doré jaune ou blanc.* « *Ils emplissaient les viviers de carpes, de brochets, de dorés, de maskinongés* » (L.-P. DESROSIERS). ◇ ANT. *Dédoré, terne.*

DORÉNAVANT [dɔrenavɑ̃]. *adv.* (*D'or en avant,* XIIe; de l'a. fr. *ore, or* « maintenant », *en,* et *avant*). À partir du moment présent, à l'avenir. V. Désormais. *Dorénavant, il*

viendra tous les dimanches. « *J'ai décidé de rire dorénavant le moins possible* » (MONTHERLANT).

DORER [dɔre]. *v. tr.* (1080; lat. imp. *deaurare,* de *aurare,* de *aurum* « or »). ♦ 1° Revêtir (un objet, une surface) d'une mince couche d'or. V. Redorer. *Dorer de la vaisselle. Dorer la tranche d'un livre. Dorer à petits fers, à petits filets. Dorer à froid.* — Par ext. Recouvrir d'ornements dorés. V. Chamarrer. ♦ 2° *Pharm.* Vx. *Dorer des pilules* : les revêtir d'une mince feuille d'or pour qu'on puisse les avaler sans en sentir le goût. — Fig. et mod. *Dorer la pilule à qqn* : lui faire accepter une chose désagréable au moyen de paroles aimables, flatteuses. V. Tromper. ♦ 3° *Littér.* Donner une teinte dorée à. « *Dès que l'aurore vint dorer l'horizon* » (FÉN.). « *Le soleil dorait les épis* » (FRANCE). *Le soleil a doré sa peau.* V. Bronzer, cuivrer. ♦ 4° *Spécialt. Pâtiss.* Rendre jaune en recouvrant de jaune d'œuf délayé, avant cuisson. *Dorer un gâteau.*

D'ORES ET DÉJÀ. V. ORES.

DOREUR, EUSE [dɔrœr, øz]. *n.* (fin XIIIe; de *dorer*). Personne dont le métier est de dorer. V. Dorure. *Doreur sur bois, sur métaux.* — Adj. *Ouvrier doreur.*

DORIEN, IENNE [dɔrjɛ̃, jɛn]. *adj.* et *n.* (XVIIe; du gr. *dôris*). De Doride, canton du sud-ouest de l'Asie Mineure. *Mus. Le mode dorien,* le mode le plus grave du plain-chant. — *Ling. Le dialecte dorien,* dialecte du grec ancien. Subst. « *La querelle du dorien et de l'ionique* » (CHATEAUB.).

DORIQUE [dɔrik]. *adj.* et *n. m.* (XVIe; lat. *doricus,* gr. *dôrikos*). Relatif aux Doriens. ◇ *Archit. L'ordre dorique, le dorique* (n. m.) : le premier et le plus simple des trois ordres d'architecture grecque. *Le Parthénon, les Propylées, le temple de Pæstum sont d'ordre dorique, sont doriques.*

1. **DORIS** [dɔris]. *n. f.* (1808; lat. sav., du gr., nom de la mère des Néréides). Mollusque gastéropode, sans coquille, caractérisé par la disposition des branchies en étoile.

2. **DORIS** [dɔris]. *n. m.* (*Dorî,* 1874; mot amér., 1798; o. i.). Embarcation que les terre-neuvas utilisent pour aller mouiller les lignes de fond.

DORLOTEMENT [dɔrlɔtmɑ̃]. *n. m.* (*h.* 1675; 1884; de *dorloter*). Action de dorloter. « *Il était si bien dans le dorlotement de cette chambre voluptueuse* » (DAUD.).

DORLOTER [dɔrlɔte]. *v. tr.* (XIIIe; *Dorloter* « friser », du XIVe au XVIe; de l'a. fr. *dorlot* « boucle de cheveux »; p.-ê. rad. *do-*; Cf. Dodeliner). Entourer de soins, de tendresse; traiter délicatement. V. Bouchonner, cajoler, caresser, mignoter, mitonner. *Dorloter son enfant. Être dorloté par sa femme. Se faire dorloter.* Pronom. « *Il ne faut pas rester à vous dorloter, tandis que votre mère se fatigue à vous servir* » (SAND).

DORMANT, ANTE [dɔrmɑ̃, ɑ̃t]. *adj.* et *n. m.* (XIIe; de *dormir*). ♦ 1° Rare. Qui dort. *Blas. Animal dormant.* « *Il éveillait les voluptés qu'elle portait dormantes en elle* » (FRANCE). ♦ 2° Qui n'est agité par aucun courant (eau). V. Immobile, stagnant. *Une eau dormante.* « *Sur le talus du fossé, de belles fleurs baignent leurs pieds dans une eau dormante et verte* » (BALZ.). ♦ 3° *Techn.* (1366, *pont dormant*). Qui ne bouge pas. V. Fixe. *Châssis, vitrage dormant* : qui ne s'ouvre pas. *Vantaux dormants* (opposé à *vantaux ouvrants*). *Pont dormant* (opposé à *pont-levis*). *Ligne dormante,* qui reste fixée dans l'eau sans que le pêcheur la tienne. — *Mar. Manœuvres dormantes,* qui ne sont jamais dérangées (opposé à *manœuvres courantes*). ◇ *N. m.* (1690) *Le dormant d'un châssis, d'une porte, d'une fenêtre* : la partie fixe de la menuiserie dans laquelle vient s'adapter la partie mobile du châssis, de la porte. — *Mar.* (1678) Partie fixe d'un cordage. Point fixe où le cordage est attaché. ◇ ANT. *Courant. Mobile, ouvrant.*

DORMEUR, EUSE [dɔrmœr, øz]. *n.* (XIVe; de *dormir*). ♦ 1° Personne en train de dormir. *Dormeur qui ronfle, qui rêve.* « *Dormeuse, amas doré d'ombres et d'abandons* » (VALÉRY). — Adj. *Poupée dormeuse,* dont les yeux se ferment quand elle est dans la position horizontale. ♦ 2° Personne qui dort beaucoup, aime à dormir. « *J'avais été jusque-là grand dormeur* » (ROUSS.). ♦ 3° Nom courant du tourteau (à cause de son immobilité). ♦ 4° DORMEUSE. *n. f.* Boucle d'oreille dont la perle ou le diamant, monté sur pivot, se fixe au lobe de l'oreille (opposé à *pendeloque*).

DORMIR [dɔrmir]. *v. intr.*: conjug. *partir* (1080; lat. *dormire*). ♦ 1° Être dans l'état de sommeil (Cf. *pop.* Pioncer, roupiller). *Il dort* (Cf. Il est dans les bras* de Morphée). *Dormir d'un profond sommeil, profondément, à poings fermés, comme un loir. Dormir d'un sommeil léger.* V. Sommeiller, somnoler. *Ne dormir que d'un œil. J'ai mal dormi* (Cf. Ne pas fermer l'œil, passer une nuit blanche). *Avoir envie de dormir. Dormir debout,* avoir sommeil. *Conte à dormir debout* : extravagant. *Commencer à dormir.* V. Assoupir (s'), endormir (s'). *Aller dormir.* V. Coucher (se). *Dormir très tard* (Cf. Faire la grasse matinée). *Dormir l'après-midi.* V. Sieste, somme). *Dormir dans son lit, sous la tente, à la belle étoile. Pièce où l'on dort.* V. Chambre (à coucher), dortoir. *Vous pouvez dormir tranquille, vous pouvez dormir sur vos deux oreilles* : soyez rassuré. PROV. *Ne réveillez pas le chat* *qui dort. — Qui dort dîne*. — La fortune vient en dormant :* elle arrive à celui qui ne fait rien pour l'obtenir. ◊ *Trans.* « *Dormez votre sommeil, riches de la terre, et demeurez dans votre poussière* » (BOSS.). ◊ *Par ext.* Se dit de la nature, d'une maison, d'un lieu pendant la nuit ou aux moments de moindre activité. « *Quelle âme inquiète veillait lorsque tout dormait autour d'elle?* » (GAUTIER). ♦ 2° Par anal. *Poét.* Se dit des morts. *Dormir du dernier sommeil.* V. **Reposer.** « *Les morts dorment en paix dans le sein de la terre* » (MUSS.). ♦ 3° *Fig.* Être dans l'inactivité. *Dormir sur son travail :* le faire lentement, sans courage. V. **Soporifique.** *Ce n'est pas le moment de dormir. — Laisser dormir qqch. :* ne pas s'en occuper. *Capitaux qui dorment :* qui ne rapportent pas d'intérêt. ♦ 4° En parlant des eaux stagnantes. V. **Dormant.** PROV. *Il n'est pire eau que l'eau qui dort :* il ne faut pas se fier à l'apparence tranquille des gens qui gardent leurs sentiments secrets. ◊ ANT. **Veiller. Agiter** (s'), **remuer.**

DORMITIF, IVE [dɔʀmitif, iv]. *adj.* (1545; de *dormir*). Vx. *Méd.* Qui provoque le sommeil. V. **Soporifique.** « *Pourquoi l'opium fait-il dormir?... Parce qu'il a une vertu dormitive* » (MOL.), cité pour ridiculiser une explication purement verbale.

DORMITION [dɔʀmisjɔ̃]. *n. f.* (*Dormicion*, v. 1400; lat. *dormitio*, de *dormire* « dormir »). *Théol. cathol.* Le dernier sommeil de la Vierge Marie, au cours duquel eut lieu son assomption.

DORSAL, ALE, AUX [dɔʀsal, o]. *adj.* et *n. f.* (1314; lat. médiév. *dorsalis*, class. *dorsualis*). ♦ 1° Qui appartient au dos; du dos (d'une personne, d'un animal). *L'épine dorsale. Les vertèbres dorsales. Décubitus dorsal. — Nageoires dorsales et nageoires ventrales.* ♦ 2° *Anat.* Du dos de la main, du pied, etc. *Région dorsale et région palmaire de la main.* ♦ 3° N. f. *Phonét.* Consonne qui s'articule au moyen du dos de la langue. ♦ 4° N. f. *Géogr.* Ligne faîtière d'une chaîne de montagnes. Par ext. *Dorsale barométrique,* ligne de hautes pressions.

DORSALGIE [dɔʀsalʒi]. *n. f.* (1959; de *dorsal,* et *-algie*). *Pathol.* Douleur localisée au dos.

DORSO-. Élément, du lat. *dorsum* « dos » (*ex. :* [Ling.] *Dorso-palatal* [adj.] : se dit d'une palatale* qui s'articule à la jonction du dos de la langue et du palais dur. — *Dorso-vélaire,* d'une vélaire* qui s'articule à la jonction du dos de la langue et du voile du palais.

DORTOIR [dɔʀtwaʀ]. *n. m.* (XIIᵉ; lat. *dormitorium* « chambre à coucher »). ♦ 1° Grande salle commune où dorment les membres d'une communauté. *Le dortoir d'un monastère, d'un collège. Dortoir de caserne.* V. **Chambrée.** « *Il me fallut donc coucher dans l'un des dortoirs communs. C'était une vaste galerie qui contenait une quarantaine de lits* » (NERVAL). ♦ 2° En appos. (v. 1955). *Cité-dortoir, ville-dortoir, banlieues-dortoirs, quartiers-dortoirs :* lieux (d'habitation) dont la fonction principale est de loger des personnes dont le lieu de travail est dans un centre voisin. *Y* « *n'est pas encore une ville mais ce n'est plus une 'commune-dortoir' sans personnalité et sans âme* » (*Le Figaro,* 13-1-1967).

DORURE [dɔʀyʀ]. *n. f.* (XIIᵉ; de *dorer*). ♦ 1° Couche d'or (généralement mince) appliquée sur certains objets. *Dorure d'un cadre de tableau.* « *Aucune dorure, aucun artifice n'arriverait à cet éclat inimitable de l'or épais et sans alliage* » (LOTI). — *Par ext.* Ornements dorés. *Uniforme couvert de dorures.* ◊ Par anal. *Pâtiss.* Préparation liquide servant à dorer la pâte. ♦ 2° *Techn.* Action de recouvrir certains corps d'une couche d'or (On dit aussi *dorage*). *Dorure sur bois, sur cuir, sur plâtre, sur métal. Ouvrier en dorure.* V. **Doreur.** *Dorure à la feuille ou à l'or en feuille, à l'or moulu. Dorure galvanoplastique. Dorure aux fers* (reliure).

DORYPHORE [dɔʀifɔʀ]. *n. m.* (1827; sens gr., 1752; gr. *doruphoros* « porte-lance »). Insecte coléoptère *(Chrysomélidés),* aux élytres rayés de noir, parasite des plants de pommes de terre dont il dévore les feuilles.

DOS [do]. *n. m.* (1080; lat. pop. *dossum,* class. *dorsum,* appliqué surtout aux animaux, et qui a éliminé *tergum*). **I.** ♦ 1° Partie du corps de l'homme qui s'étend des épaules jusqu'aux reins, de chaque côté de la colonne vertébrale. *Être large de dos.* V. **Carrure.** *Dos droit, voûté. Déformation du dos.* V. **Bosse, cyphose, lordose, scoliose.** Le « *dos plat qu'on voit aux nymphes des fontaines d'Italie* » (COLETTE). *Courber le dos* (ou *l'échine*); *fig.* Céder, se résigner. — Loc. fig. *Avoir bon dos,* se dit d'une personne ou d'une chose que l'on charge d'une responsabilité pour s'en décharger soi-même. *Sa mère a bon dos, son travail a bon dos,* ce sont de mauvais prétextes. — Fam. *En avoir plein le dos :* être excédé de qqn, qqch., en avoir assez. « *Je passe ma vie à me faire engueuler; j'en ai plein le dos, à la fin!* » (COURTELINE). — TOURNER LE DOS (à qqch., à qqn) : se présenter de dos. *Les acteurs ne doivent pas tourner le dos au public. Le dos tourné à la porte :* le dos faisant face à la porte. *Dès qu'il a le dos tourné, dès qu'il s'absente un instant. — Tourner le dos à qqn,* pour échapper ou pour couper court à un entretien; *au fig.* Cesser de le

fréquenter, en marque de réprobation, de dédain, de mépris. *Tous ses amis lui tournent le dos.* V. **Abandonner, dédaigner.** — Par ext. Marcher dans une direction opposée à celle que l'on veut ou que l'on doit prendre. *Le village n'est pas dans cette direction, vous lui tournez le dos.* « *Il lui semblait qu'en s'éloignant d'eux, c'était à sa chance qu'il tournait le dos* » (ROMAINS). — À DOS : derrière soi. *Avoir l'ennemi à dos :* prêt à attaquer par derrière. Fig. *Se mettre qqn à dos :* s'en faire un ennemi. — AU DOS : dans le dos, sur le dos. *Mettez les mains au dos. Sac au dos. — DANS LE DOS. Porter ses cheveux dans le dos. Robe décolletée dans le dos. Passer la main dans le dos de qqn :* le flatter. *Faire froid dans le dos.* V. **Effrayer.** *Agir dans le dos de qqn,* par derrière, sans qu'il le sache. — DE DOS, ou du côté du dos (*opposé à de face*). *Se voir de dos. C'est elle, vue de dos,* montrant le dos. *Cette coiffure est mieux de dos. — DERRIÈRE LE DOS. Cacher qqch. derrière son dos.* — Fig. *Faire qqch. derrière le dos de qqn :* sans qu'il en soit averti, sans son consentement. — DOS À DOS [dozado]. *Placer deux personnes dos à dos :* chacune tournant le dos à l'autre (V. **Adosser**). Fig. *Renvoyer les deux parties dos à dos,* sans donner raison à l'une plus qu'à l'autre. — SUR LE DOS. *Se coucher, s'étendre, se mettre, s'allonger sur le dos. Tomber sur le dos,* à la renverse. *S'appuyer sur le dos.* V. **Adosser** (s'). *Avoir un sac sur le dos.* « *Une mitrailleuse sur le dos, des grenades à la main* » (MAC ORLAN). Fig. *Mettre qqch. sur le dos de qqn :* l'en accuser, l'en rendre responsable. V. **Charger, jeter** (sur), **rejeter** (sur). « *Tout ce qu'on mettait sur leur dos pour justifier des mesures de répression dont on avait besoin* » (ROMAINS). — *Être toujours sur (derrière) le dos de qqn,* surveiller ce qu'il fait. « *Il faut être constamment derrière eux... on se figure que ça les empêche de bien travailler, qu'on soit toujours là sur leur dos* » (SARRAUTE). — *Jeter un vêtement sur son dos,* sur ses épaules. ♦ 2° Face supérieure du corps des animaux. *Faire le gros dos,* bomber le dos en raidissant les pattes postérieures (chat). *Dos d'un lapin, d'un lièvre.* V. **Râble.** *Monter sur le dos d'un cheval. Dos d'âne.* V. **Âne.** — *Transport à dos de mulet, de chameau.*

II. Par anal. Ce qui, par sa forme, sa position, sa destination, offre une analogie avec le dos de l'homme ou de l'animal. ♦ 1° Partie d'un vêtement qui couvre le dos. *Manteau à dos ample, plissé.* ♦ 2° Dossier. *Le dos d'une chaise.* ♦ 3° Partie supérieure et convexe. *Dos et paume de la main. Dos et plante du pied. Dos du nez, de la langue. — Dos d'une fourchette, d'une cuiller,* partie extérieure de l'extrémité utilisée. *Dos d'une colline.* ♦ 4° Côté opposé au tranchant. *Dos d'une lame, d'un couteau.* ♦ 5° Partie d'un livre qui unit les deux plats (*opposé à tranche*). *Titre au dos d'un livre. Dos à nerfs.* ♦ 6° Envers d'un papier écrit. *L'endroit et le dos de la feuille. Mettre son adresse au dos d'une enveloppe. Signer au dos d'un chèque* (V. **Endosser**). *Voir au dos.* V. **Verso.** ◊ ANT. **Ventre; face.** — HOM. **Do.**

DOSABLE [dozabl(ə)]. *adj.* (1853; de *doser*). Qui peut être dosé.

DOSAGE [dozaʒ]. *n. m.* (1812; de *doser*). Action de doser; son résultat. *Faire un dosage.*

DOSE [doz]. *n. f.* (1462; *doise,* XIIIᵉ; lat. médiév. *dosis,* mot gr. « action de donner »). ♦ 1° Quantité d'un médicament qui doit être administrée en une fois. V. **Mesure, posologie, quantité.** *Mesurer la dose avec un compte-gouttes, avec une cuiller. Dose mortelle d'un poison. Une forte dose, une dose massive de quinine. À haute dose, à faible dose. Diminuer, augmenter, forcer la dose.* ◊ *Biol., phys.* Quantité unitaire de substance ou d'énergie administrée ou reçue. *Dose absorbée, retenue, cumulée.* ♦ 2° Par ext. Quantité de ce qui entre dans un composé quelconque. V. **Quantité; partie, portion, proportion.** « *Telle substance, même à dose infime, peut changer du tout au tout la valeur d'une source* » (ROMAINS). ♦ 3° (XVIIIᵉ). Par ext. Quantité quelconque. *Boire sa dose de vin.* V. **Ration.** Fig. *Forcer la dose.* V. **Exagérer.** *Mettre une petite dose d'ironie dans son discours.* V. **Pointe, teinte.** *Quelle dose de courage il lui faut pour agir ainsi!* « *La dose de bon sens relatif que donnent les études classiques* » (RENAN). *Avoir une bonne dose de sottise.* Ellipt. *Quelle dose!* V. **Couche.**

DOSER [doze]. *v. tr.* (XVIᵉ; de *dose*). ♦ 1° Déterminer la dose de (médicament). *Compte-gouttes pour doser un remède.* ♦ 2° Déterminer la proportion des différents ingrédients qui entrent dans un médicament, et *par ext.* dans un mélange, une combinaison quelconque. V. **Mesurer, proportionner, régler.** — Fig. *Il faut savoir doser l'ironie. Il dose savamment les compliments et les reproches.*

DOSEUR [dozœʀ]. *n. m.* (1915; de *doser*). Appareil permettant de faire des dosages. — Par appos. *Bouchon doseur d'un flacon,* qui donne la mesure d'une dose.

DOSIMÈTRE [dozimɛtʀ(ə)]. *n. m.* (1960; 1888, en médecine; de *dosi-,* élément tiré de *dose,* et *-mètre*). *Phys.* Appareil permettant de mesurer des doses, notamment en radioactivité. *Dosimètre à neutrons.*

DOSSARD [dosaʀ]. *n. m.* (1909; de *dos*). Carré d'étoffe, que les coureurs ou les joueurs d'une équipe portent sur le dos et qui indique leur numéro d'ordre.

DOSSE [dos]. *n. f.* (XIVᵉ; forme fém. de *dos*). *Techn.* Première ou dernière planche sciée dans un tronc d'arbre, et dont la face non équarrie est recouverte d'écorce. ◊ (1690). Planche épaisse, grossièrement équarrie, servant à soutenir les parois d'une tranchée.

DOSSERET [dosʀɛ]. *n. m.* (1360; dimin. de *dossier*). ♦ 1° Pilastre saillant qui supporte un autre pilastre, une colonne engagée. — Jambage ou pied-droit d'une porte, d'une fenêtre. ♦ 2° Pièce de fer servant à renforcer le dos d'une scie. *Scie à dosseret.*

DOSSIER [dosje]. *n. m.* (XIIIᵉ; de *dos*).
I. Partie sur laquelle on appuie le dos. *Le dossier d'une chaise, d'un canapé, d'un siège de voiture. Dossier en bois, rembourré; réglable* (inclinaison).
II. (1583, de « dos de livre »). Ensemble des pièces relatives à une affaire et placées dans une chemise; la chemise, le carton qui les contient. *Constituer, établir un dossier. Les pièces, les documents d'un dossier. Verser une pièce au dossier. L'étiquette, la cote d'un dossier. Dépouiller, étudier, examiner un dossier. Dossier d'une procédure. Le dossier d'un fonctionnaire, d'un condamné, d'un détenu. Le dossier Untel.* — Fig. *Ouvrir, fermer un dossier* : s'occuper d'une affaire, la classer. — *Connaître le dossier de qqch.*, être au fait d'une question, de l'évolution d'un projet. *Connaître, posséder ses dossiers*, avoir d'une situation une vue d'ensemble appuyée sur une connaissance assez précise pour être apte à la contrôler.

DOSSIÈRE [dosjɛʀ]. *n. f.* (1228; de *dos*). ♦ 1° Partie du harnais d'un cheval, posée sur le dos et qui sert à soutenir les brancards. ♦ 2° Dos d'une cuirasse (*opposé à* plastron).

DOT [dɔt]. *n. f.* (fin XIIᵉ, rare av. XVIᵉ; lat. jur. *dos, dotis* « don »). ♦ 1° Bien qu'une femme apporte en se mariant. *Elle a une belle, une grosse dot.* « *Une dot d'un million* » (ROMAINS). *Coureur, chasseur de dot. Épouser une jeune fille pour sa dot.* « *Il s'engage à la prendre sans dot* » (MOL.). — Par ext. « *Elle avait perdu la seule dot d'une fille pauvre et honnête : la réputation* » (BERNARD. de ST-P.). — *Régime protégeant la dot.* V. **Dotal**. *Restitution de dot.* ◊ *Par anal.* Apport que fait une fille au couvent où elle entre en religion. ♦ 2° *Dr.* Biens donnés par un tiers dans le contrat de mariage, à l'un ou l'autre des futurs époux. *Dot de la femme, dot du mari. La constitution de dot par les parents est l'exécution d'une obligation naturelle mais non juridique.*

DOTAL, ALE, AUX [dɔtal, o]. *adj.* (1459; lat. *dotalis*). *Dr.* Qui a rapport à la dot. *Biens dotaux. Régime dotal :* régime matrimonial sous lequel les seuls biens de la femme qui soient confiés à l'administration et à la jouissance du mari sont les biens dotaux (*opposé à* biens paraphernaux).

DOTALITÉ [dɔtalite]. *n. f.* (1908; de *dotal*). *Dr.* Caractère de bien dotal; régime auquel sont soumis les biens dotaux.

DOTATION [dɔtasjɔ̃]. *n. f.* (1325; lat. *dotatio*). ♦ 1° *Dr.* Ensemble des fonds, des revenus assignés à un service, à un établissement d'utilité publique. *Dotation d'un hôpital.* ♦ 2° (1864). *Dr.* Revenu attribué à un chef d'État, aux membres d'une famille souveraine, à certains fonctionnaires (liste civile). V. **Pension, traitement.** ♦ 3° (XXᵉ). (De *doter*). Action de doter un équipement, de matériel. V. **Attribution.** *Dotation d'un service en véhicules* (V. **Équipement**). — *Admin.* Somme des crédits affectés à un poste budgétaire. ♦ 4° *Admin.* (*Canada*). *Dotation en personnel :* fonction comprenant le recrutement des fonctionnaires et l'attribution des postes de la fonction publique.

DOTER [dɔte]. *v. tr.* (XIIIᵉ; lat. *dotare*). ♦ 1° Pourvoir d'une dot. V. **Dot.** *Doter richement sa fille.* ♦ 2° *Dr.* Assigner un revenu à (un service, un établissement). *Doter un hôpital, un collège.* ♦ 3° *Dr.* Attribuer un revenu à (une personne). V. **Dotation** (2°). *Sénateurs dotés par Napoléon Iᵉʳ.* ♦ 4° Fournir en équipement, en matériel. *Doter une usine d'un matériel neuf. Régiment doté d'armes modernes.* V. **Équiper.** ♦ 5° Fig. et littér. Pourvoir de certains avantages. V. **Avantager, favoriser, gratifier.** *La nature a doté son esprit de brillantes qualités.* V. **Enrichir, orner.** *Doter d'un pouvoir, d'une autorité.* V. **Investir.** ◊ ANT. Appauvrir, défavoriser, désavantager.

DOUAIRE [dwɛʀ]. *n. m.* (*Doaire*, XIIᵉ; lat. médiév. *dotarium*, de *dos, dotis* (V. **Dot**), d'après *douer*). *Anc. dr.* Droit (conventionnel ou coutumier) de l'épouse survivante sur les biens de son mari. « *Il y en a d'autres, Madame, qui ne se marient que pour gagner des douaires, que pour s'enrichir par la mort de ceux qu'elles épousent* » (MOL.).

DOUAIRIÈRE [dwɛʀjɛʀ]. *n. f.* (1368; de l'a. adj. *douairier;* de *douaire*). ♦ 1° *Anc. dr.* Veuve qui jouissait d'un douaire. *Duchesse douairière.* ♦ 2° *Par ext.* et *cour.* Vieille dame de la haute société. *Une vieille douairière du faubourg Saint-Germain.*

DOUANE [dwan]. *n. f.* (1372; a. it. *doana*, de l'arabe *dioûân*, mot persan. V. **Divan**). ♦ 1° Branche de l'Administration publique chargée de l'assiette, de la liquidation et du recouvrement des droits imposés sur les marchandises, à la sortie ou à l'entrée d'un pays. — (*Admin.* au plur.; *cour.* au sing.). *Les douanes ont pour objet de procurer un revenu au Trésor et de protéger l'économie nationale. Administration, service des douanes. Agent; brigadier des douanes.* V. **Douanier.** *Franchise des droits et taxes de douane* (immunité, valise diplomatique, etc.). *Carnet de passage en douane d'une automobile.* V. **Triptyque.** *Régime suspensif du paiement des droits de douane.* V. **Acquit-à-caution, admission** (temporaire), **drawback, entrepôt, transit.** *Faire sortir une marchandise de l'entrepôt de la douane.* V. **Dédouaner, passavant.** — *Barrières, bureaux de la douane. Déclaration d'une marchandise à la douane. Formalités de douane.* V. **Fouille, visite.** *Zone soustraite au service des douanes.* V. **Franc** (port franc, zone franche). — *Frauder la douane.* V. **Contrebande.** ♦ 2° Lieu, édifice où est établie l'Administration des douanes, sur les limites territoriales d'un État, etc. *La douane d'un port, d'un poste frontière, d'un aéroport. Passer à la douane.* ♦ 3° *Par ext.* Droit de douane. *Marchandise exemptée de douane.*

1. DOUANIER [dwanje]. *n. m.* (1545; de *douane*). Membre du service actif de l'Administration des douanes. V. **Gabelou.** *Douanier qui fouille une valise.*

2. DOUANIER, IÈRE [dwanje, jɛʀ]. *adj.* (1864; de *douane*). Relatif à la douane, à la réglementation des importations et exportations. *Tarif douanier; politique douanière. Union douanière :* régime établi entre deux ou plusieurs pays qui conviennent d'adopter des tarifs douaniers uniformes vis-à-vis de l'extérieur et de supprimer entre eux les *barrières douanières.*

DOUAR [dwaʀ]. *n. m.* (*Douars*, 1628; *adouar*, XVIIIᵉ; arabe maghrébin *doûâr*). Agglomération de tentes disposées en cercle que les Arabes nomades installent temporairement. « *Le douar ne comptait pas plus de quinze ou vingt tentes* » (FROMENTIN). ◊ Division administrative rurale en Afrique du Nord. *Le caïd du douar.*

DOUBLAGE [dublaʒ]. *n. m.* (1411; de *doubler*). ♦ 1° Action de mettre en double. — *Techn.* (filature) Jonction de deux ou plusieurs fils pendant l'étirage. — *Imprim.* V. **Doublon.** ♦ 2° Action de doubler pour protéger, renforcer. *Doublage d'un vêtement.* — *Doublage d'un tableau :* action de coller une toile neuve au revers d'un tableau déchiré. ◊ Revêtement de la carène d'un navire avec des planches minces ou des plaques métalliques pour le protéger des coquillages et des tarets. ♦ 3° Remplacement d'un acteur par un autre, au théâtre. ♦ Remplacement de la bande sonore originale d'un film par une bande provenant de l'enregistrement d'autres voix en une langue différente. V. **Postsynchronisation.** *Doublage d'un film italien en français, en anglais.*

DOUBLE [dubl(ə)]. *adj.* et *n.* (*Duble*, XIᵉ; lat. *duplus*).
I. *Adj.* ♦ 1° Qui est répété deux fois, qui vaut deux fois (la chose désignée), ou qui est formé de deux choses identiques. V. **Deux** et préf. **Amphi-.** *Double nœud. Boîte à double fond. Consonne double* (ll, nn). V. **Géminé.** *Fermer à double tour. Double whisky. Double exemplaire. Faire coup double.* — (Aux dominos) *Le double-as, le double-six.* — *Fleur double,* dont les étamines et les pistils se sont transformées en pétales, soit naturellement, soit par la culture. *Lilas double.* — *Double croche* (note munie d'un double crochet). — *Étoffe double face,* tissée à deux envers, de manière à pouvoir être utilisée des deux côtés (réversible). — *Loc. adj.* ou *adv.* (v. 1965) calque de l'amér. *double blind test, procedure*). *Méd., Pharm. Double(-)aveugle. En double aveugle.* Se dit d'un essai, d'une expérience qui, in situ du malade, alterne un remède et un placebo*, ou qui éprouve l'efficacité d'un médicament chez un groupe de malades en utilisant simultanément un placebo chez un groupe témoin, sans en révéler la répartition aux malades et au médecin. — *Recomm.* (Méthode) *À double insu* ou *double anonymat.* — *Mettre les bouchées doubles :* manger deux fois plus, deux fois plus vite. ◊ *Fig.* Aller deux fois plus vite (dans un travail, etc.). *Caractère de ce qui est double en soi.* V. **Dualité.** *Don de double vue. Mot à double sens.* — (Employé comme adverbe) Deux fois autant. « *Tu as bu, Grémio, tu vois double* » (MUSS.). ♦ 2° *Fig.* Qui a deux aspects dont un seul est révélé. V. **Duplicité.** *Être à double face. Jouer un double jeu. Mener une double vie,* mener, en marge de sa vie normale, habituelle, une existence que l'on tient cachée. *Vx. Personne double.* V. **Hypocrite.** « *Ah! que ce cœur est double et sait bien l'art de feindre* » (MOL.).
II. *N. m.* (1080). ♦ 1° Quantité qui équivaut à deux fois une autre. *Dix est le double de cinq. Il gagne le double, plus du double. La vie a augmenté du double. Jouer quitte* ou double.* ♦ 2° Chose semblable à une autre; exact échantillon d'un objet. *Double d'un objet d'art* (V. **Réplique**). *Doubles de timbres.* — *Double d'un registre.* V. **Contrepartie.** *Double d'un acte,* second original ou copie exacte. V. **Ampliation, copie, duplicata, expédition, reproduction.** ◊ *Loc. adv.* EN DOUBLE : en deux exemplaires. *Plié en double :* en deux exemplaires. *Les articles que j'ai en double.* ♦ 3° *Fig. Le double d'une personne,* qqn qui lui ressemble, qui la reflète, qui est en pleine communion avec elle. V. **Alter ego.** « *Vous êtes cela, mon*

double sublimé, le plus fort, le plus fier, le meilleur de moi » (MONTHERLANT). — *(Relig. égypt.)* Image impalpable du mort qui était supposée rester auprès du cadavre et subsistait aussi longtemps que le corps n'était pas détruit. — *(Occultisme)* Corps astral. ♦ 4° *Absolt.* (XXᵉ). Partie de tennis entre deux équipes de deux joueurs. *Double messieurs. Double dames. Double mixte.*

◇ ANT. Demi, simple. Moitié. Original.

DOUBLÉ, ÉE [duble]. adj. et *n. m.* (XIVᵉ; de *doubler*). I. Adj. ♦ 1° Rendu ou devenu double. *Lettre doublée. Colonne doublée.* V. **Géminé.** ♦ 2° Garni d'une doublure. *Veste doublée de mouton. Jupe doublée.* ♦ 3° (1870). *Fig.* DOUBLÉ DE : qui est aussi. « *Je ne suis qu'un petit garçon qui s'amuse — doublé d'un pasteur protestant qui l'ennuie* » (GIDE). ♦ 4° Qui a subi le doublage. *Film américain doublé (opposé à* en version originale).

II. *N. m.* ♦ 1° (1755). Orfèvrerie faite d'un métal ordinaire recouvert, par soudure, d'une mince plaque de métal précieux. V. **Plaqué.** *Doublé or; doublé argent, platine. Bracelet en doublé.* ♦ 2° *(Manège). Le doublé* ou *le doubler* : action de traverser la piste en diagonale pour la reprendre à l'angle opposé. ♦ 3° (XXᵉ). *T. de chasse.* Le fait d'abattre de deux coups de fusil successifs deux pièces de gibier. — Deux réussites successives en peu de temps. *Faire un beau doublé.* Cf. Faire d'une pierre* deux coups.

DOUBLEAU [dublo]. *n. m.* et *adj.* (1268; de *double*). ♦ 1° Solive d'un plancher qui soutient les chevêtres. ♦ 2° Adj. *Arc doubleau* : arc qui double l'intrados d'une voûte et paraît lui servir d'appui. — *Subst. Les doubleaux et les formerets.*

DOUBLE-CRÈME [dubləkʀɛm]. *n. m.* (1922; de *double*, et *crème*). Fromage blanc additionné de crème après l'égouttage. *Des double-crème.*

1. **DOUBLEMENT** [dubləmã]. adv. (XIIᵉ; de *double*). De deux manières, pour une double raison. *Elle est doublement fautive. Je vous suis doublement obligé.*

2. **DOUBLEMENT** [dubləmã]. *n. m.* (1298; de *doubler*). Action de rendre double. *Doublement du t* de jeter devant une finale muette. — *Milit.* Action de doubler une file, un rang d'hommes. ◇ ANT. Dédoublement.

DOUBLER [duble]. v. *(Dobler,* XIIᵉ; lat. imp. *duplare).* I. *V. tr.* ♦ 1° Rendre double. « *Un homme qui évidemment a doublé et triplé sa fortune, depuis qu'il administre le bien des pauvres!* » (STENDHAL). *Doubler une consonne. Doubler la mise. Action de doubler.* V. **Doublage, doublement** (2), **duplication.** *Qui double.* V. **Duplicatif.** — *Fig.* V. **Augmenter, redoubler.** « *Une certaine curiosité qui doublait l'intérêt de sa visite* » (ROMAINS). ◇ *Mus. Doubler une partie* : la renforcer à l'unisson ou à l'octave par un second instrument. ◇ *Doubler les rangs* : mettre sur deux rangs les soldats qui n'étaient que sur un seul. — *Doubler une classe,* la suivre une seconde fois. V. **Recommencer, redoubler; redoublant.** — *Doubler le pas* : marcher deux fois plus vite, et *par ext.* Augmenter son allure. V. **Accélérer.** *S'apercevant qu'il était en retard, il doubla le pas.* ♦ 2° Mettre une double. *Doubler des fils de tissage. Mar. Doubler les cordages* : les disposer en double pour les rendre plus solides. ♦ 3° Garnir intérieurement de qqch. qui recouvre, augmente l'épaisseur (V. **Doublure).** *Doubler un vêtement; un sac. Doubler de fourrure* (V. **Fourrer),** *d'ouate* (V. **Ouater).** ♦ 4° *V. pron.* SE DOUBLER DE. V. **Accompagner** (s'). *Compliment qui se double d'une moquerie.* « *Comme si l'écrivain s'était tour à tour doublé d'un légiste, d'un agriculteur, d'un industriel, d'un chimiste, d'un financier* » (HENRIOT). ♦ 5° Dépasser en contournant. V. **Dépasser.** *Doubler le cap.* V. **Franchir.** *Fig.* V. **Cap.** ◇ Se dit d'un véhicule qui en dépasse un autre sur la voie qu'il suit. *Voiture qui double une charrette. Absolt. Défense de doubler en côte.* ♦ 6° Remplacer (qqn) qui ne peut jouer. V. **Remplacer.** *Personne qui double un acteur dans une pièce.* V. **Doublure.** ♦ 7° *Cin.* Faire le doublage de (un film, un acteur). *X double Y dans la version française de ce film.* ♦ 8° *Fam. Doubler qqn,* le trahir, profiter des avantages qui devraient lui revenir, en agissant à sa place, à son insu. *Il s'est fait doubler.*

II. *V. intr.* Devenir double. *Le chiffre des importations a doublé.*

◇ ANT. Dédoubler, diminuer.

DOUBLET [dublɛ]. *n. m.* (1771; « étoffe », XIIᵉ; de *double*). ♦ 1° *Techn.* Pierre fausse formée d'un morceau de cristal sous lequel est placée une feuille de clinquant. ♦ 2° (1835). *Ling.* Mot de même étymologie, mais de forme différente et d'emploi différemment spécialisé. *Hôpital* est le doublet d'*hôtel; hôpital* et *hôtel* sont des doublets. ♦ 3° (1948). Objet en double. *Qui double.* ♦ 4° Ensemble de deux objets analogues. V. **Couple, paire.** ◇ *Chim.* Paire d'électrons mis en commun par deux atomes et constituant une liaison de valence. *Doublet électrique.* V. **Dipôle.**

DOUBLEUR, EUSE [dublœʀ, øz]. *n.* (date inconnue; de *doubler). Région.* (Belgique). Élève qui redouble une classe. V. **Redoublant.**

DOUBLIER [dublije]. *n. m.* (v. 1180; de *double*). ♦ 1° (1864). *Agric.* Râtelier double de bergerie. ♦ 2° *Ancienn.* Nappe que l'on mettait repliée en double sur une table, dans les grandes occasions.

1. **DOUBLON** [dubl5]. *n. m.* (1534; de l'esp. *doblón,* dér. de *doble* « double »). Ancienne monnaie d'or espagnole (frappée depuis 1497).

2. **DOUBLON** [dubl5]. *n. m.* (XIIIᵉ; de *double*). Faute typographique consistant dans la répétition d'un élément de manuscrit (mot, ligne, phrase, alinéa).

DOUBLURE [dublyʀ]. *n. f.* (1376; de *doubler*). ♦ 1° Étoffe, et *par ext.* toute matière qui sert à garnir la surface intérieure de qqch. *Mettre une doublure.* V. **Doubler.** « *Elle décousait la doublure d'une robe, dont les bribes s'éparpillaient autour d'elle* » (FLAUB). *Doublure de soie, de tartan. Doublure d'un chapeau.* V. **Coiffe.** — *Doublure d'un coffret, d'un sac à main.* V. **Cuir.** ♦ 2° Acteur, actrice qui remplace, en cas de besoin, celui, celle qui devait jouer. *Doublure pour les scènes dangereuses d'un film.* V. **Cascadeur.**

DOUCE. V. **Doux.**

DOUCE-AMÈRE [dusamɛʀ]. *n. f.* (1708; de *douce,* et *amère).* Nom familier de la morelle, plante à fleurs violettes et à baies rouges.

DOUCEÂTRE [dusɑtʀ(ə)]. adj. (1539; de *doux,* et suff. *-âtre).* Qui est d'une douceur fade. Goût, saveur douceâtre. « *La chambre était tiède; l'atmosphère, douceâtre; Daniel pensa se trouver mal* » (MART. du G.). ◇ *Fig.* V. **Doucereux, mielleux.** *Air, sourire douceâtre.*

DOUCEMENT [dusmã]. adv. (*Dulcement,* XIᵉ; de *doux*). D'une manière douce. ♦ 1° Sans employer une grande énergie, sans hâte, sans violence. *Parler doucement* : sans crier. *Marcher doucement pour ne pas faire de bruit. Frapper doucement.* V. **Délicatement, légèrement.** *Voiture qui roule doucement.* V. **Lentement.** *Travailler doucement* : sans se hâter. V. **Mollement.** *Éclairer doucement.* V. **Faiblement.** ◇ Graduellement, insensiblement. *La colline descend doucement vers la mer. La température baisse doucement.* ♦ 2° Sans heurter, sans faire de peine. *Reprendre qqn doucement* : avec bonté, sans sévérité. ♦ 3° Médiocrement; assez mal. V. **Couci-couça.** *Les affaires vont doucement. Comment va le malade? — Tout doucement; bien doucement.* V. **Doucettement.** ♦ 4° Interjection pour inviter au calme, à la modération. V. **Doux** (tout doux). *Doucement, ne nous emballons pas !* *Fam. Doucement les basses !* (métaph. de l'orchestre). ◇ ANT. Brusquement, rudement, violemment. Bruyamment, fort. Brutalement, rapidement, vite.

DOUCEREUSEMENT [dusʀøzmã]. adv. (XIIIᵉ; de *doucereux).* Rare. D'une manière doucereuse.

DOUCEREUX, EUSE [dusʀø, øz]. adj. (« doux », XIIᵉ; de *douceur*). ♦ 1° (XVIIᵉ). D'une douceur fade, peu agréable au goût. *Saveur doucereuse.* ♦ 2° D'une douceur affectée. V. **Benoît, mielleux, papelard, patelin, paterne, sournois, sucré** (être tout sucre et tout miel). « *Il y a des vieillards doucereux, circonspects, pleins de ménagements, comme s'ils avaient leur fortune à faire* » (VOLT.). — *Subst. Faire le doucereux.* V. **Sucré.** *Ton doucereux.* V. **Mièvre.** ◇ ANT. Agressif, cassant.

DOUCET, ETTE [dusɛ, ɛt]. adj. et *n. f.* (XIIᵉ; dimin. de *doux*). ♦ 1° Vx. Adj. Qui est d'un caractère très doux, ou qui simule la douceur : ♦ 2° DOUCETTE. *N. f.* Nom familier de la mâche (salade).

DOUCETTEMENT [dusɛtmã]. adv. (XIIIᵉ; de *doucet*). *Fam.* Très doucement. *Il s'en allait doucettement.* « *Une petite fièvre qui la consumait tout doucettement* » (SAND).

DOUCEUR [dusœʀ]. *n. f.* (*Dulçur,* XIIᵉ; bas lat. *dulcor,* d'apr. *doux*). ♦ 1° Qualité de ce qui est doux au goût. *La douceur d'un fruit, du miel.* ◇ *Par ext.* Au plur. V. **Friandises, sucreries.** *Offrir des douceurs à un enfant.* ♦ 2° *Par anal.* Qualité de ce qui procure aux sens un plaisir délicat. *Douceur d'une musique, d'un parfum. Douceur du velours* : le velouté. *Douceur de la peau.* — *La douceur de la température, du climat.* ♦ 3° Qualité d'un mouvement progressif et aisé, de ce qui fonctionne sans heurt ni bruit. *Douceur d'un démarrage, d'un mécanisme, d'un moteur.* « *La machine à tuer se mit en mouvement avec une impitoyable douceur* » (MAUROIS). — *Loc. adv.* EN DOUCEUR. *Fam. Voiture qui démarre en douceur.* V. **Doucement.** *S'éclipser, filer en douceur* (Cf. *fam.* En douce). ♦ 4° Impression douce, plaisir modéré et calme. V. **Joie, jouissance, satisfaction.** *Douceur de vivre.* V. **Bien-être, bonheur.** *Les douceurs de l'amitié. La douceur de pardonner, de vivre en paix.* « *La douceur de se voir ne m'est donc point ravie!* » (VOLT.). « *Si le métier d'auteur a ses douceurs, il a aussi ses épines* » (BRILLAT-SAV.). ♦ 5° Qualité morale qui porte à ne pas heurter autrui de front, à être patient, conciliant, affectueux. V. **Affabilité, amabilité, aménité, bienveillance, bonté, clémence, humanité, indulgence, mansuétude, patience.** *Douceur de caractère. Douceur angélique. La colombe, symbole de douceur. C'est la douceur même.* « *Antoine reporta son regard sur la mère. Tant de douceur et de* tristesse embellissait ce visage fané, qu'il en fut naïvement touché » (MART. du G.). Douceur excessive. V. **Faiblesse, mollesse.** « Les forts... ont seuls cette douceur que le vulgaire prend pour de la faiblesse » (PROUST). Douceur qui dissimule une grande fermeté (Cf. Une main de fer dans un gant de velours). Employer la douceur. Prendre qqn par la douceur, l'amener à faire ce qu'on veut sans le brusquer. PROV. Plus fait douceur que violence. ⊗ ANT. Amertume; âcreté. Brusquerie, brutalité, dureté, rudesse, violence.

DOUCHE [duʃ]. n. f. (Douge, douche, XVIIᵉ; doccia, 1588; it. doccia). ♦ 1° Projection d'eau en jet ou en pluie qui arrose le corps et produit une action hygiénique ou thérapeutique. V. **Affusion.** Douche froide, chaude, tiède. — Douche écossaise, alternativement chaude et froide; fig. Paroles, événements très désagréables qui suivent immédiatement une parole, un événement très agréable. — Administrer, donner, prendre une douche (V. **Doucher**). Recevoir la douche. « Il ne lui fallait guère plus de cinq minutes, pour passer sous la douche, se raser, enfiler la chemise » (MART. du G.). Fig. et fam. Il a besoin d'une douche, d'être calmé. ♦ 2° Système adapté sur une conduite d'eau et comprenant une pomme d'arrosoir, pour prendre une douche. Cabinet de toilette avec douche. ◇ Salle de douches. Aller aux douches. ♦ 3° Par ext. Averse que l'on essuie; liquide qui asperge une personne. « Je jette un regard curieux dehors, au risque de recevoir une douche » (LOTI). ♦ 4° Fig. et fam. Violente réprimande. Il va recevoir une bonne douche en rentrant à la maison. ◇ Ce qui détruit un espoir, une illusion (V. **Déception, désappointement**), rabat les prétentions, ramène au sens des réalités. « Je m'attendais pas à un pareil échec : quelle douche pour lui ! « J'aime fréquenter la jeunesse. Son insolence et sa sévérité nous administrent des douches froides » (COCTEAU).

DOUCHER [duʃe]. v. tr. (1642; de douche). ♦ 1° Arroser au moyen d'une douche. Doucher un enfant pour le laver, un malade pour le soigner. Pronom. Se doucher, prendre une douche. ♦ 2° Par ext. Nous avons été douchés par l'orage. V. **Mouiller, tremper.** ♦ 3° Fig. et fam. Réprimander ou décevoir de façon brutale. Il s'est fait doucher par son père. Cet accueil l'a douché : a rabattu son exaltation.

DOUCHEUR, EUSE [duʃœr, øz]. n. (h. 1687; 1836; de doucher). Personne qui administre les douches. Les doucheurs de l'établissement thermal.

DOUCIN ou **DOUÇAIN** [dusɛ̃]. n. m. (1680; « nom région. de l'oursin »; 1611; de doux). Arbor. Variété de pommier (Malus acerba) utilisé comme porte-greffe.

DOUCINE [dusin]. n. f. (entre 1520-1537; de doux). ♦ 1° Archit. Moulure ondoyante à deux courbures de mouvement contraire, convexe en haut, concave en bas. Doucine droite, renversée. Arc en doucine. ♦ 2° Techn. Sorte de rabot utilisé pour faire des moulures.

DOUCIR [dusir]. v. tr. (1694; de doux). Techn. Polir une glace brute, un métal.

DOUCISSAGE [dusisaʒ]. n. m. (1870; de doucir). Techn. Polissage des glaces, des métaux.

DOUÉ, ÉE [dwe]. adj. (XVIIᵉ; V. Douer). ♦ 1° DOUÉ DE : qui possède naturellement. Un être doué de vie, de raison. Elle est douée d'une bonne mémoire. ♦ 2° Qui a un don, des dons. Un étudiant doué pour les mathématiques. V. **Bon, fort;** bosse (avoir la bosse de...). « Il y a des races plus ou moins bien douées en musique » (R. ROLLAND). Absolt. Il est doué : il a des dons naturels, des talents. Un enfant très doué. ⊗ ANT. Dépourvu, exempt.

DOUELLE [dwɛl]. n. f. (Doele, 1296; de l'a. fr. doue, pour douve). ♦ 1° Techn. Petite douve de tonneau. V. **Douvelle.** ♦ 2° Archit. Parement d'un voussoir. La réunion des douelles intérieures forme l'intrados de l'arc ou de la voûte; celle des douelles extérieures forme l'extrados.

DOUER [dwe]. v. tr. (Doer, XIIᵉ; « doter » et « faire don de », jusqu'au XVIIᵉ; lat. dotare. V. **Doter**). Pourvoir de qualités, d'avantages (en parlant de Dieu, de la Nature, de la Fortune). V. **Doter, gratifier, pourvoir.** La nature l'a doué de beaucoup de patience. V. **Doué.** ⊗ ANT. Défavoriser, handicaper.

DOUILLE [duj]. n. f. (1227; frq. °dulja). ♦ 1° Techn. Pièce de métal cylindrique et creuse qui sert à assembler deux pièces, à adapter un instrument à un manche. V. **Embouchoir, manchon.** Douille d'une bêche. ♦ 2° Pièce métallique à l'extrémité d'un fil électrique dans lequel on fixe le culot d'une ampoule. Douille à pas de vis, à baïonnette. ♦ 3° Cylindre de carton, de laiton, etc., qui contient l'amorce et la charge de la cartouche.

DOUILLET, ETTE [dujɛ, ɛt]. adj. (1361; a. fr. doille « mou »; lat. ductilis « malléable »). ♦ 1° Qui est doux, délicatement moelleux. V. **Confortable, doux, mollet.** Lit, oreiller douillet. Vêtement douillet, moelleux et chaud. — Par ext. Habiter un nid, un logis douillet. Atmosphère douillette. ♦ 2° (Personnes). Exagérément sensible aux petites douleurs physiques. V. **Chatouilleux, délicat, sensible.** Il ne faut pas être si douillet. ⊗ ANT. Dur, rude. Courageux, endurant, stoïque.

DOUILLETTE [dujɛt]. n. f. (1803; du précéd.). ♦ 1° Par-

dessus ouaté d'ecclésiastique. « Il s'est mis à arpenter la chambre de long en large, les bras enfouis dans les poches de sa douillette » (BERNANOS). ♦ 2° Manteau ouaté de bébé. Sorte de liseuse ouatée, chaude.

DOUILLETTEMENT [dujɛtmã]. adv. (XIVᵉ; de douillet). D'une manière douillette (1°). Être douillettement couché. Élever un enfant trop douillettement.

DOUILLETTERIE [dujɛtRi]. n. f. (1908; de douillet). Caractère d'une personne douillette (2°). Il est d'une douilletterie incroyable. « La douilletterie frileuse du personnage » (COURTELINE).

DOULEUR [dulœr]. n. f. (XIᵉ; lat. dolor). ♦ 1° Sensation pénible en un point ou dans une région du corps. Douleur physique. Sentir, ressentir, éprouver une douleur. V. **Souffrir.** Cri de douleur. V. **Aïe; plainte.** Hurler de douleur. Douleur cutanée (brûlure, piqûre; prurit, etc). Douleur interne, profonde. Douleur dans la tête, le ventre. V. **Mal;** -algie. Douleur aiguë, vive, déchirante, fulgurante, irradiante, lancinante, térébrante. Douleur brusque et brève. V. **Élancement.** Douleur diffuse, sourde. Douleur ressentie sur le trajet d'un nerf. V. **Névralgie.** Douleurs rhumatismales. Douleur atroce, intolérable. Paroxysme de douleur. Être dans les douleurs (de l'accouchement). Qui ne cause aucune douleur : indolore. Être sensible à la douleur : douillet. Insensibilité à la douleur. V. **Analgésie.** Remède qui calme la douleur. V. **Analgésique, antalgique.** ♦ 2° Douleur (morale), sentiment ou émotion pénible résultant de l'insatisfaction des tendances, des besoins. V. **Souffrance.** Éprouver une grande douleur. V. **Affliction, chagrin, déchirement, deuil** (vx), peine. Pleurer de douleur. Douleur cruelle. J'ai eu la douleur de perdre ma mère. Réveiller, raviver une douleur ancienne. V. **Blessure, plaie.** Confier sa douleur à qqn. Partager la douleur de qqn. V. **Compatir; condoléances.** PROV. Les grandes douleurs sont muettes, on ne peut les exprimer. « L'homme est un apprenti, la douleur est son maître » (MUSS.). — Recherche de la douleur. V. **Masochisme.** ⊗ ANT. Euphorie; bonheur, joie, plaisir.

DOULOUREUSEMENT [dulurøzmã]. adv. (Dolereusement, 1160; de douloureux). D'une manière douloureuse, avec douleur. Ils ont été douloureusement éprouvés.

DOULOUREUX, EUSE [duluro, øz]. adj. et n. f. (Dulurus, 1080; bas lat. dolorosus). ♦ 1° Qui cause une douleur, s'accompagne de douleur physique. Sensation douloureuse. Maladie, opération douloureuse. Règles douloureuses. « Les premiers pansements ont été fort douloureux » (DUHAM.). ♦ 2° Par ext. Qui est le siège d'une douleur physique. Point douloureux. V. **Sensible.** Avoir la tête, le ventre, les pieds douloureux. V. **Endolori.** ♦ 3° Qui cause une douleur morale. Perte, séparation douloureuse. V. **Cruel, déchirant.** Douloureuse nécessité. V. **Pénible, triste.** « Le souvenir m'est resté si douloureux que je pleure chaque fois en y pensant » (MAUPASS.). « Si vous saviez combien il m'est douloureux de vous voir courir à votre perte ! » (FÉN.). ♦ 4° Qui exprime la douleur. « Elle avait écouté, muette, la bouche douloureuse et les yeux vagues » (FRANCE). « Les plus belles œuvres des hommes sont obstinément douloureuses » (GIDE). ♦ 5° (1880). N. f. Fam. La douloureuse, la note à payer. ⊗ ANT. Indolore; agréable, heureux, joyeux. Gai.

DOUM [dum]. n. m. (1842; doume, 1839; mot arabe). Palmier d'Égypte et d'Arabie (Hyphæne thebaica). Par appos. « Petits palmiers doums » (GIDE).

DOURINE [durin]. n. f. (v. 1900; p.-ê. de l'arabe). Vétér. Trypanosomiase contagieuse des équidés.

DOURO [duro]. n. m. (1846; esp. duro). Ancienne monnaie d'argent espagnole.

DOUTE [dut]. n. m. (v. 1050; de douter). ♦ 1° État de l'esprit qui doute, qui est incertain de la réalité d'un fait, de la vérité d'une énonciation, de la conduite à adopter dans une circonstance particulière. V. **Hésitation, incertitude, incrédulité, indécision, irrésolution, perplexité;** Être dans le doute au sujet de qqch. Laisser qqn dans le doute. PROV. Dans le doute, abstiens-toi. Le doute n'est plus permis. « Mieux vaut l'erreur que le doute, — pourvu qu'elle soit de bonne foi » (R. ROLLAND). Cela est hors de doute. Un air de doute (V. **Dubitatif, sceptique**). — Mettre une assertion en doute. V. **Contester, controverser, nier.** « Nul ne s'est jamais avisé de mettre en doute sa sincérité parfaite » (BLOY). V. **Douter (de).** Je ne mets pas en doute qu'il (n')accepte. — Maladie, folie du doute : maladie mentale caractérisée par des manies d'interrogation, de vérification. ◇ Position philosophique qui consiste à ne rien affirmer d'aucune chose. V. **Scepticisme; pyrrhonisme.** Doute métaphysique. Cour. Attitude de celui qui n'a pas d'opinion sur l'existence ou la non-existence de Dieu; ou celui dont la foi chancelle. « Cette croyance incertaine qui n'est pourtant pas le doute... et dont Musset donne un exemple quand il parle de l'Espoir en Dieu » (PROUST). ◇ Le doute philosophique ou doute méthodique de Descartes, opération première de la méthode cartésienne. « Le grand principe expérimental est donc le doute, le doute philosophique qui laisse à l'esprit sa liberté et son initiative » (Cl. BERNARD).

♦ 2° UN DOUTE : jugement par lequel on doute de qqch. *Avoir un doute sur l'authenticité d'un document, sur la réussite d'une affaire. Laisser planer un doute.* V. **Incertitude, obscurité, ombre.** *Il n'y a pas de doute,* la chose est certaine. *Il n'y a pas l'ombre d'un doute. Cela ne fait aucune doute* (V. **Indubitable**). *Lever, éclaircir, dissiper un doute.* — (Vieilli) *Ôter, tirer qqn d'un doute.* — *Avoir des doutes sur la fidélité de qqn.* V. **Soupçon.** « *La jalousie se nourrit dans les doutes* » (LA ROCHEF.). ◊ *Il n'y a pas de doute que... Nul doute que...* (avec le subj. et *ne*). « *Il n'y a point de doute que vous ne soyez le flambeau même de ce temps* » (VALÉRY). — (Avec l'indicatif) « *Il n'y a donc aucun doute qu'après la mort nous verrons Dieu* » (CLAUDEL). — (Avec le conditionnel) « *Nul doute qu'il le prendrait et essayerait de le lire* » (DANIEL-ROPS). ♦ 3° *Loc. adv.* SANS DOUTE (aussi *Sans aucun doute, sans nul doute*) : certainement. V. **Assurément.** *C'est là sans doute un livre de valeur. Irez-vous? Sans nul doute.* ◊ *Par ext. Sans doute,* selon toutes les apparences. V. **Apparemment, probablement, vraisemblablement.** « *Un changement, Qui présageait sans doute un grand événement* » (LA FONT.). *Sans doute arrivera-t-elle demain. Sans doute qu'il l'a oublié. Sans doute qu'il accepterait si vous insistiez.* ◊ ANT. Certitude, conviction, croyance, résolution. Assurance, évidence.

DOUTER [dute]. *v. tr. indir.* et *dir.* (*Doter,* 1080 ; lat. *dubitare* « craindre, hésiter ». V. **Redouter**). ♦ 1° Être dans l'incertitude (de la réalité d'un fait, la vérité d'une assertion). — DOUTER DE. *Douter de la réalité de qqch. Douter de l'authenticité d'une nouvelle. Douter du succès.* V. **Désespérer.** *J'en doute fort. N'en doutez pas* : soyez-en certain. *À n'en pas douter* : sans aucun doute. *Je doute d'avoir dit cela.* — DOUTER QUE (avec subj.). *Je doute fort qu'il vous reçoive.* — *Ne pas douter que...* (avec subj. et *ne,* si la chose est très peu probable) *Je ne doute pas qu'il vienne, qu'il ne vienne.* — (Avec condit.) *Je ne doute pas qu'il accepterait, su j'insistais.* — Littér. DOUTER SI (avec ind. ou condit.). V. **Demander** (se), **savoir** (ne savoir si). *Je doute si j'accepterais un tel poste.* ♦ 2° (XVᵉ). Mettre en doute (des croyances fondamentales considérées comme des vérités). *Les sceptiques doutent de tout.* « *Comme Hamlet, il doutait de tout maintenant, de ses pensées, de ses haines et de tout ce qu'il avait cru* » (R. ROLLAND). — Absolt. « *De l'homme qui doute à celui qui renie, il n'y a guère de distance. Tout philosophe est cousin d'un athée* » (MUSS.). « *Douter, c'est examiner, c'est démonter et remonter les idées comme des rouages, sans prévention et sans précipitation* » (ALAIN). ♦ 3° *Vx.* Hésiter. « *Pourriez-vous un moment douter de l'accepter?* » (RAC.). — Mod. *Ne douter de rien :* n'hésiter devant aucun obstacle, aller de l'avant, hardiment, sans tenir compte des difficultés. Iron. *Il ne doute de rien :* il fait preuve d'une audace insolente, il croit que tout lui est possible, permis (Cf. Avoir tous les culots, avoir tous les toupets). ♦ 4° Ne pas avoir confiance en. V. **Défier** (se), **méfier** (se). *Douter de qqn, de sa parole, de sa sincérité, de son honnêteté. Pourquoi doutez-vous de moi?* « *Que cette idée ne vous vienne jamais de paraître douter de vous, car aussitôt tout le monde en doute* » (MUSS.). ♦ 5° (XVᵉ). SE DOUTER. *v. pron.* (Suivi d'un indéfini). Considérer comme tout à fait probable (ce dont on n'a pas connaissance). V. **Conjecturer, croire, deviner, imaginer, pressentir, soupçonner, supposer.** *Vous doutiez-vous de cela?* V. **Attendre** (s'). *Je ne me doutais de rien. S'il est mécontent : je m'en doute, je m'en doute un peu ; je ne m'en serais jamais douté.* SE DOUTER QUE (avec ind. ou condit.). *Je me doute que c'est difficile.* « *Nous ne nous doutions pas que si peu de temps après nous aurions à supporter ensemble une si grande épreuve* » (ROMAINS). ◊ ANT. Admettre, croire.

DOUTEUR, EUSE [dutœʀ, øz]. *adj.* et *n.* (XIIIᵉ ; de *douter*). Littér. Personne qui est portée à douter. V. **Sceptique.** « *Ce grand douteur est mû par une foi de charbonnier* » (MART. du G.).

DOUTEUSEMENT [dutøzmɑ̃]. *adv.* (Dotos-, XIIᵉ ; de *douteux*). D'une manière douteuse. « *Les petits caboulots douteusement famés* » (BEAUVOIR).

DOUTEUX, EUSE [dutø, øz]. *adj.* (1120 ; au moy. âge, aussi « redoutable », et « craintif » ; de *douter*). ♦ 1° Dont l'existence ou la réalisation n'est pas certaine. V. **Incertain.** *Fait douteux,* qui n'a pas été contrôlé, vérifié. *Son succès est douteux.* V. **Aléatoire, hypothétique, improbable, problématique.** — *Il est douteux que...* (avec subj.). *Il est douteux qu'il vienne ce soir. Il n'est douteux que...* (avec subj. et ne facultatif, ou avec ind.). « *Il n'est pas douteux que le christianisme ait été une transformation profonde du judaïsme* » (BERGSON). *Il n'est pas douteux qu'il a raison.* ♦ 2° Dont la nature n'est pas certaine ; sur quoi on s'interroge. *Réponse douteuse.* V. **Ambigu, équivoque, obscur.** *Sens douteux d'une phrase, d'une proposition.* V. **Amphibologique.** *La date de cette œuvre est douteuse. Objet d'origine douteuse.* V. **Incertain.** « *À un âge où toutes les opinions sont encore douteuses et vacillantes* » (B. CONSTANT). ♦ 3° Dont la valeur, les effets sont mis en doute. *Raisonnement douteux.* V. **Contestable,**

discutable. *Créance douteuse,* dont le recouvrement n'est pas assuré. ♦ 4° Par ext. Péj. Qui n'a pas ou ne semble pas avoir les qualités qu'on en attend ; dont la qualité est mise en cause. *Un jour douteux :* une lumière qui permet à peine de distinguer les objets. V. **Faible.** *Viande douteuse, champignon douteux.* — *Vêtement d'une propreté douteuse,* plutôt sale que propre. « *En tabliers d'un blanc douteux* » (ZOLA). — *Par ext. Qui n'est guère propre. Verres, vêtements douteux.* — *D'un goût douteux,* d'un goût plutôt mauvais. « *Cette toilette, d'un goût douteux, allait mal à Sénéha* » (LOTI). *Plaisanterie d'un goût douteux.* V. **Mauvais.** *Réputation, mœurs douteuses.* V. **Suspect.** — *Par ext. Un individu douteux.* ◊ ANT. Assuré, certain, clair, évident, incontestable, indubitable, manifeste, notoire, sûr.

DOUVAIN [duvɛ̃]. *n. m.* (1491 ; de *douve,* II). Techn. Bois (de chêne, etc.) pour faire les douves (1, II).

1. DOUVE [duv]. *n. f.* (*Dove,* 1160 ; bas lat. *doga* « récipient »).

I. Fossé. ♦ 1° Fossé rempli d'eau, autour d'un château. *Les douves d'un château.* ♦ 2° Agric. Étroit fossé creusé entre deux terrains cultivés et servant à l'écoulement des eaux. ♦ 3° Large fossé précédé d'une barrière, dans un parcours de steeple-chase.

II. Planche servant à la fabrication des tonneaux. *Douves de corps,* longues et courbées. *Douves de fond* (V. **Jable**).

2. DOUVE [duv]. *n. f.* (XIᵉ ; bas lat. *dolva,* d'o. gaul.). Ver plathelminthe (*Trématodes*), parasite des canaux biliaires de mammifères herbivores. *Douve du foie* (du mouton).

DOUVELLE [duvɛl]. *n. f.* (1694 ; dimin. de *douve*). Techn. Petite douve de tonneau. V. **Douelle.**

DOUX, DOUCE [du, dus]. *adj., adv.* et *n.* (*Dulz,* 1080 ; lat. *dulcis*).

I. *Adj.* ♦ 1° Qui a un goût faible ou sucré (*opposé à* amer, acide, fort, piquant, salé, etc.). *Doux comme le miel. Amandes, oranges, pommes douces. Piment doux, moutarde douce. Trop doux.* V. **Douceâtre, doucereux, écœurant, fade.** *Vin doux :* sucré. — *L'eau douce des rivières et des lacs :* non salée. Fig. *Marin d'eau douce.* ♦ 2° (*Opposé à* dur, fort, violent). Agréable au toucher par son caractère lisse, souple. V. **Moelleux, soyeux.** *Peau douce.* V. **Fin, satiné, velouté.** *Étoffe, laine douce. Brosse douce.* V. **Souple.** — *Lit, matelas très doux.* V. **Douillet, moelleux, mollet, mou.** ◊ *Par ext.* Qui épargne les sensations violentes, désagréables (temps, climat). *Une brise douce. Température douce ; douce chaleur. Cette année, l'hiver a été doux.* V. **Clément.** « *Un temps doux. Le vent, faible et chaud, nous venait du Sud. Il amollissait l'air* » (BOSCO). ◊ Peu sonore et agréable à l'ouïe. *Doux à l'oreille.* V. **Caressant, harmonieux, mélodieux.** *Doux accents, doux murmures.* V. **Léger.** — Spécialt. *Musique douce.* — *Voix douce.* — Phonét. *Consonnes douces,* dont l'articulation n'exige qu'une faible tension musculaire. — Gram. gr. *Esprit* doux. ◊ Peu intense et agréable à la vue. *Lumière douce.* V. **Pâle, tamisé.** « *La clarté joyeuse du ciel s'atténuait, devenait douce* » (MAUPASS.). ◊ Agréable à l'odorat. *Doux parfums.* V. **Suave.** *Douces odeurs.* ♦ 3° Fig. Qui procure une jouissance calme et délicate. V. **Agréable.** *Doux souvenir.* V. **Attendrissant.** *Espoir bien doux. Doux souvenir.* V. **Attendrissant.** *La solitude lui est douce. Se faire une douce violence* ». *C'est doux, la nuit, de regarder le ciel* » (ST-EXUP.). — *Mener une vie douce.* V. **Facile, indolent.** *Il a eu la vie douce.* Fam. *Une douce manie, une douce folie.* ♦ 4° Qui n'a rien d'extrême, d'excessif. V. **Faible, modéré.** *Descente en pente douce. Cuire à feu doux. Prix doux :* prix modéré. « *Je pourrai vous procurer deux juments harnachées dans les prix doux* » (SARTRE). *Châtiment trop doux.* V. **Anodin, bénin.** ♦ 5° (*Personnes*). Qui ne heurte, ne blesse personne, n'impose rien, ne se met pas en colère. V. **Amène, bienveillant, bonhomme, conciliant, coulant, débonnaire, gentil, humain, indulgent, patient, souple, tolérant, traitable.** *Doux comme un agneau, comme un mouton.* V. **Inoffensif.** *Cet enfant est doux.* V. **Docile, obéissant, sage.** *Femme douce et aimable. Vous êtes trop doux avec lui.* V. **Faible.** « *Ceux-là seuls sont doux à autrui qui sont doux à eux-mêmes* » (FRANCE). Par ext. *Air doux.* V. **Gentil.** *Physionomie douce. Doux visage.* « *Il est si beau, l'enfant, avec son doux sourire, Sa douce bonne foi* » (HUGO). — Spécialt. *Un doux regard.* V. **Affectueux, aimant, câlin, caressant, tendre.** *Faire les yeux doux :* regarder amoureusement. *Un billet doux :* galant. ♦ 6° Techn. *Fer doux :* fer pur, peu cassant, employé dans la fabrication des électro-aimants (*opposé à* fer aigre). *Acier doux. Lime douce,* qui mord légèrement et en surface. *Taille-douce.*

II. *Adv.* ♦ 1° Fam. *Filer doux :* se soumettre, obéir humblement sans opposer de résistance. « *Je filai doux, et souscrivis à toutes les exigences* » (MAURIAC). ♦ 2° TOUT DOUX. *loc. adv.*). Fam. et vieilli. Pour inviter au calme, à la modération. V. **Doucement.** ♦ 3° Fam. (1884). EN DOUCE : sans bruit, avec discrétion. *Il a fait ça en douce. Partir en douce* (Cf. Filer à l'anglaise). — *En douce, il a réussi mieux que tout le monde* (Cf. Sans avoir l'air).

III. ♦ **1°** *N.* Ce qui est doux. *Préférer le doux. Prendre du sec* (du vin sec) *plutôt que du doux.* ◇ *Le ton doux. Le rossignol* « *saute du grave à l'aigu, du doux au fort* » (CHATEAUB.). ♦ **2°** (Personnes). *C'est un doux.* — *Fam.* Terme d'affection. *Ma douce.* — *Fam. Il va voir sa douce* : son amie, sa fiancée. ◇ ANT. *Acide, aigre, amer, fort, piquant, salé. Bruyant, criard. Dur, raboteux, rugueux. Abrupt, escarpé. Acerbe, acariâtre, agressif, brutal, dur, hargneux, sévère, rugueux, violent.*

DOUZAIN [duzɛ̃]. *n. m. (Dozain*, 1480 ; de *douze).* ♦ **1°** *Vx.* Ancienne monnaie française qui valait douze deniers ou un sou. ♦ **2°** Pièce de poésie de douze vers.

DOUZAINE [duzɛn]. *n. f.* (fin XIIᵉ ; de *douze).* ♦ **1°** Réunion de douze choses de même nature. *Une douzaine d'œufs. Douze douzaines.* V. **Grosse.** *Objets vendus à la douzaine. Treize à la douzaine.* — Fig. *Il y en a à la douzaine* : en quantité. ♦ **2°** Quantité indéterminée se rapprochant de douze. *Garçon d'une douzaine d'années.*

DOUZE [duz]. *adj. et n.* (1080 ; lat. *duodecim*, gr. *dôdeka).* **I.** *Adj. numéral cardinal invar.* ♦ **1°** Nombre (12). *De douze éléments.* V. **Dodéca-.** *Les douze mois de l'année. Douze heures ou la moitié d'un jour. Douze objets de même nature.* V. **Douzaine.** *Vers de douze syllabes* : alexandrin, dodécasyllabe. — En composition. *Soixante-douze. Douze mille* (12 000), *douze cents* ou *mille deux cents* (1 200). ♦ **2°** *Adj. numéral ordinal invar.* V. **Douzième.** *Numéro douze. Charles douze. Pie douze* (XII) *Douze heures trente,* ou plus cour. *midi et demi.* — Ellipt. *Le douze mai. Il a été reçu ou treizième à ce concours.* **II.** *N. m.* ♦ **1°** Le nombre douze. *Trois fois quatre font douze. Numération, système dont la base est douze.* V. **Duodécimal.** ♦ **2°** *Typogr.* Mesure typographique égale à 12 points. V. **Cicéro.**

DOUZE-HUIT (À) [aduzɥit]. *loc. adj.* (1839 ; de *douze,* et *huit).* Mus. *Mesure à douze-huit* : mesure à quatre temps ayant une noire pointée par temps.

DOUZIÈME [duzjɛm]. *adj. et n. (Dudzime,* fin XIᵉ ; de *douze).* **I.** *Adj. et n.* ♦ **1°** Adj. numéral ordinal. *Le douzième et dernier mois de l'année est décembre.* ◇ *N. Arriver le, la douzième.* ♦ **2°** Se dit d'une fraction d'un tout divisé également en douze. *La douzième partie d'un héritage.* ◇ N. m. *Un douzième des candidats a été reçu.* — Dr. *Douzième provisoire* : fraction du budget dont le gouvernement peut disposer avec l'autorisation provisoire des Chambres. **II.** *N. f. Mus.* Intervalle compris entre douze degrés conjoints, octave de la quinte.

DOUZIÈMEMENT [duzjɛmmɑ̃]. *adv.* (1690 ; de *douzième).* En douzième lieu.

-DOXE. Élément, du gr. *doxa* « opinion » (ex. : *orthodoxe, hétérodoxe, paradoxe).*

DOXOLOGIE [dɔksɔlɔʒi]. *n. f.* (1610 ; gr. ecclés. *doxologia).* Liturg. *cathol.* Prière à la gloire de Dieu, dans la liturgie romaine.

DOYEN, ENNE [dwajɛ̃, ɛn]. *n.* (XIVᵉ ; *deien,* 1190 ; lat. ecclés. *decanus* « chef de dix hommes, dizenier »). ♦ **1°** Titre de dignité ecclésiastique. N. m. *Doyen d'un chapitre, d'une collégiale. Curé doyen.* V. **Décanal, décanat, doyenné.** — N. f. *Doyenne d'une abbaye,* qui préside le chapitre. V. **Abbesse, supérieure.** ♦ **2°** (1690). Titre de la première dignité dans les facultés d'une université. *Doyen de la faculté des lettres.* ♦ **3°** Personne qui est le plus ancien des membres d'un corps, par ordre de réception (V. **Décanat**). *Le doyen de la cour d'appel. Le doyen de l'Académie française.* ♦ **4°** (1690). Personne la plus âgée. « *La doyenne montre huit ans au plus* » (LOTI). ◇ Dans un corps, une assemblée (on dit *doyen d'âge,* pour éviter toute confusion avec *doyen* au sens 3°). (V. **Doyenneté).** *Le doyen d'âge ouvre la séance.* ◇ ANT. *Dernier.*

DOYENNÉ [dwajene]. *n. m.* (1260 ; de *doyen).* ♦ **1°** Dignité de doyen dans une église, un chapitre. V. **Décanat.** — *Par ext.* Demeure du doyen. — Circonscription ecclésiastique ayant à sa tête un doyen. ♦ **2°** (1640). *Poire de doyenné,* et ellipt. *Une doyenné* : variété de poire très fondante.

DOYENNETÉ [dwajɛnte]. *n. f.* (1839 ; de *doyen). Vx.* Qualité de doyen d'âge.

DRACÉNA [drasena]. *n. m.* (1806 ; *drakena* et *drachena,* 1623 ; lat. bot. *dracæna,* du lat. class. « dragon femelle », gr. *drakaina).* Arbuste ou arbre tropical *(Liliacées).* V. **Dragonnier.**

DRACHE [draʃ]. *n. f.* (date inconnue ; du néerl. *draschen* « pleuvoir à verse »). *Région.* (Belgique). Pluie battante, averse. (DRACHER [draʃe], *v. intr.).*

DRACHME [drakm(ə)]. *n. f. (Dragme,* XIIIᵉ ; lat. *drachma,* bas lat. *dragma,* du gr.). ♦ **1°** *Antiq. gr.* Poids équivalant à 3,24 g. — Ancienne monnaie d'argent dont dix oboles. — *Parabole de la drachme perdue.* ♦ **2°** Unité monétaire de la Grèce moderne. *La drachme vaut 100 lepta.*

DRACONIEN, IENNE [drakɔnjɛ̃, jɛn]. *adj.* (1796 ; *draconique,* XVIᵉ ; de *Dracon,* législateur d'Athènes réputé pour

sa sévérité). D'une excessive sévérité. V. **Inexorable, rigoureux.** *Lois draconiennes.* « *Les mesures n'étaient pas draconiennes et l'on semblait avoir beaucoup sacrifié au désir de ne pas inquiéter l'opinion publique* » (CAMUS). ◇ ANT. *Doux, indulgent.*

DRAG [drag]. *n. m.* (1859 ; mot angl. de *to drag* « traîner »). ♦ **1°** *Vx.* Chasse à courre simulée. ♦ **2°** *Par ext.* Mail-coach dans lequel les dames la suivaient. *La journée des drags* : journée de courses, à Auteuil, où l'on se rend en drag, en calèche. ◇ HOM. *Drague.*

DRAGAGE [dragaʒ]. *n. m.* (1765 ; du v. *draguer).* ♦ **1°** Action de draguer ; son résultat. *Le dragage d'une rivière, d'un bassin.* — *Spécialt.* Recherche d'objets immergés, au moyen de la drague. *Dragage d'une ancre. Dragage de mine.* ♦ **2°** *Fam.* Le fait de draguer *(fig.).*

1. DRAGÉE [draʒe]. *n. f.* (XIVᵉ ; *dragie,* déb. XIIIᵉ ; altér. lat. *tragemata,* gr. *tragémata* « friandises »). ♦ **1°** Confiserie formée d'une amande ou praline, noisette, etc., recouverte de sucre durci. *Dragée à la liqueur* où l'amande est remplacée par une goutte de liqueur. — *Boîte, cornet de dragées. Coupe à dragées.* V. **Drageoir.** *Dragées de baptême,* offertes par le parrain. « *Nous leur jetions des poignées de dragées, et toute notre route était semée de bonbons, on se souviendra longtemps de ce baptême* » (LOTI). ◇ (1835). Fig. *Tenir la dragée haute à qqn* : lui faire attendre longtemps, lui faire payer cher ce qu'il demande ; tenir tête à qqn. — Par anal. (1864). *Pharm.* Préparation pharmaceutique à sucer, formée d'un médicament recouvert de gomme, de sucre. ♦ **2°** *Fig.* Petit plomb de chasse. V. **Cendrée.** « *Des cris éclatèrent sous mes vitraux comme des dragées d'une sarbacane* » (A. BERTRAND).

2. DRAGÉE [draʒe]. *n. f. (Dragie,* XIIIᵉ ; lat. pop. °*dravocata,* de *dravoca* « ivraie »). *Agric.* Mélange de Légumineuses et de Graminées semé pour fournir du fourrage (On dit aussi *Dravière* et *hivernage).*

DRAGÉIFIER [draʒeifje]. *v. tr.* (1870 ; de *dragée).* Donner la présentation d'une dragée à (un médicament, une confiserie).

DRAGEOIR [draʒwar]. *n. m. (Drajouer,* XIIᵉ ; de *dragée* 1). *Ancienn.* Boîte, coupe, vase où l'on mettait des dragées, des sucreries, des épices. *Le Drageoir aux épices,* roman de Huysmans (1874).

DRAGEON [draʒɔ̃]. *n. m. (Drajon,* 1553 ; frq. °*draibjo* « pousse »). Pousse aérienne, née sur une racine, et qui produit des racines adventives. V. **Rejet, rejeton, surgeon.** *Les drageons peuvent être détachés et replantés.*

DRAGEONNAGE [draʒɔnaʒ] ou **DRAGEONNEMENT** [draʒɔnmɑ̃]. *n. m.* (XVIᵉ,-XIXᵉ ; de *drageonner).* Reproduction des plantes par drageons.

DRAGEONNER [draʒɔne]. *v. intr.* (1636 ; de *drageon).* Pousser des drageons, en parlant d'une plante. *Les pruniers, certains cerisiers drageonnent beaucoup.*

DRAGLINE [draglin]. *n. f.* (v. 1960 ; angl. *dragline, drag* « herse », et *line* « câble »). *Mécan.* Godet de terrassement ou de dragage. — *Recomm. offic.* Défonceuse tractée.

DRAGON [dragɔ̃]. *n. m.* (1080 ; lat. *draco).* **I.** ♦ **1°** Animal fabuleux qu'on représente généralement avec des ailes, des griffes et une queue de serpent. V. **Chimère, guivre, hydre, tarasque.** *Un dragon gardait les pommes d'or du jardin des Hespérides.* « *Pour ravir un trésor, il a toujours fallu tuer le dragon qui le garde* » (GIRAUDOUX). — *Blas.* Figure de fantaisie représentant un reptile à deux pieds. ♦ **2°** *Fig.* Gardien, surveillant vigilant et intraitable. — Plaisant. *Un dragon de vertu,* une femme affectant une vertu farouche. « *Mais, Monsieur, votre femme passe pour un dragon de vertu dans toute la ville* » (MUSS.). ◇ *Vieilli.* Femme acariâtre, violente, aux manières brutales. V. **Démon, diablesse.** ♦ **3°** Dans l'iconographie chrétienne, Figure du démon (V. **Serpent**). *Saint Michel terrassant le dragon.* ♦ **4°** *DRAGON VOLANT* : genre de reptiles *(Sauriens)* caractérisés par la présence d'un repli membraneux formant parachute. **II.** (XVIᵉ) « *étendard* » figurant probablement un dragon, XIIᵉ). *Ancienn.* Soldat de cavalerie. *Expéditions des dragons contre les huguenots, sous Louis XIV.* V. **Dragonnade.** — *Mod. Dragons portés,* motocyclistes, etc., qui remplacèrent les groupes cyclistes des régiments de cavalerie. *Le 6ᵉ régiment de dragons,* le 6ᵉ *dragons.*

DRAGONNADE [dragɔnad]. *n. f.* (1708 ; de *dragon,* II). *Hist.* Sous Louis XIV, Persécution exercée par les dragons que l'on envoyait loger chez les protestants.

DRAGONNE [dragɔn]. *n. f.* (1800 ; « femme acariâtre », 1673 ; « batterie de tambour », 1771 ; fém. de *dragon).* Cordon, galon qui garnit la poignée d'un sabre ; une épée. *Dragonne ornée d'un gland.* — Cordon à la poignée d'un parapluie, qu'on passe au bras.

DRAGONNIER [dragɔnje]. *n. m.* (XVᵉ ; de *sang-dragon*; « porte-étendard », XIIIᵉ ; V. **Dragon**, II, étym.). Arbre (V. **Dracéna**) dont la tige ramifiée laisse écouler une gomme rouge (V. **Sang-dragon**).

DRAGUE [drag]. *n. f.* (1556, « filet » ; *drègue*, 1388 ; angl.

drag « crochet », de *to drag* « tirer »). ♦ **1° Pêch.** Filet en forme de poche, muni d'une armature en triangle ou en arc de cercle et dont la partie inférieure forme racloir. *Drague à huîtres, à moules. Pêcheur à la drague.* ♦ **2°** (1676). Instrument ou machine servant à enlever du fond de l'eau du sable, du gravier, de la vase. *Drague à bras, à main,* poche en tôle munie d'un manche. ◇ *Spécialt.* Construction flottante (chaland, ponton, navire) portant un engin mécanique destiné à curer les fonds des fleuves, canaux, estuaires, à creuser les bassins et chenaux des ports; l'engin mécanique lui-même. *Drague à godets,* munie d'une chaîne sans fin de récipients. *Drague à benne preneuse, à benne piocheuse. Drague suceuse, à succion.* ♦ **3°** *Drague pour mines sous-marines :* appareil muni de cisailles qui coupent les orins des mines rencontrées. — *Drague hydrographique* ou *drague flottante :* filin immergé à profondeur constante, remorqué par deux embarcations, et qui sert à repérer les roches sous-marines. ◇ **HOM.** *Drag.*

DRAGUER [dʀage]. *v. tr.* (1634; de *drague*). ♦ **1°** Pêcher (des coquillages) à la drague. ♦ **2°** Curer, nettoyer (le fond d'une rivière, d'un port) à la drague. *Draguer un chenal, un bassin.* ◇ Enlever les mines sous-marines. *Draguer un détroit miné par l'ennemi.* ♦ **3°** *Mar.* Racler le fond sans y mordre, en parlant d'une ancre. *L'ancre drague le fond,* elle chasse. Absolt. *L'ancre drague.* ♦ **4°** *V. intr. Fig. et fam.* (v. 1960; « chercher », arg. milit., 1914). Chercher à racoler (qqn). — Absolt. — Errer à la recherche d'une aventure facile. *Il drague sur les boulevards.*

DRAGUEUR [dʀagœʀ]. *n. m.* (XVIII⁰; de *drague*). ♦ **1°** Pêcheur à la drague. ♦ **2°** Ouvrier qui drague un fond à la main, qui manœuvre une drague. ♦ **3°** (1829). Bateau (autonome ou non : chaland, ponton) muni d'une drague. *Dragueur qui dégage, approfondit, élargit un chenal. Dragueur à godets.* V. **Drague.** ◇ Navire destiné à la recherche et à l'enlèvement des mines sous-marines. *Dragueur de mines. Les dragueurs sont des chalutiers armés, des navires spéciaux.* ♦ **4°** *Fig. et fam.* (v. 1960). Homme qui drague* (4°). — **REM.** Le féminin *dragueuse* s'emploie parfois pour les femmes qui draguent.

1. DRAILLE [dʀɑj]. *n. f.* (1808; de *traille*). *Mar.* Cordage tendu, le long duquel peut glisser une voile, une tente. V. **Erse 1, erseau.** *Draille de foc.*

2. DRAILLE. *n. f.* (XX⁰; *draye,* 1877; franco-provençal *draya,* anc. dauphinois *draya* « sentier » (1316), du lat. pop. *tragulare;* Cf. Draille 1 et Traille). *Région.* Piste empruntée par les troupeaux transhumants.

DRAIN [dʀɛ̃]. *n. m.* (1850; mot angl., de *to drain* « dessécher »). ♦ **1°** *Agric.* Conduit souterrain, servant à faire écouler l'eau des sols trop humides. *Les drains se jettent dans des collecteurs* (V. **Drainage**). ♦ **2°** *Méd.* (1859). Tube destiné à favoriser l'écoulement des collections liquides. *Placer un drain dans une plaie. Drain souple, drain rigide.*

DRAINAGE [dʀenaʒ]. *n. m.* (1849; de *drain*). ♦ **1°** Opération d'assainissement des sols trop humides, par l'écoulement de l'eau retenue en excès dans les terres. V. **Assainissement, assèchement.** *Drainage d'une prairie; d'un marais, d'un polder. Travaux de drainage dans les Flandres.* V. **Wateringue.** — *Drainage en galeries sans tuyaux,* effectué à l'aide de *charrues draineuses.* ♦ **2°** *Méd.* Opération destinée à favoriser l'écoulement des collections liquides (pus, etc.) en maintenant leur orifice ouvert par un tube (V. **Drain**) ou une mèche. *Drainage d'une plaie.* ♦ **3°** *Fig.* Action de recueillir, de rassembler. *Drainage des capitaux, de l'or.*

DRAINE ou **DRENNE** [dʀɛn]. *n. f.* (*Drine,* XVI⁰; o.i., gaul. ou germ.). Espèce de grive *(turdus viscivorus).*

DRAINER [dʀene]. *v. tr.* (1850; de *drain*). ♦ **1°** Débarrasser (un terrain) de l'excès d'eau par le drainage. V. **Assainir, assécher.** *Prairie drainée.* ♦ **2°** *Méd.* Favoriser l'écoulement des collections liquides (pus) de... *Drainer une plaie.* ♦ **3°** *Fig.* Faire affluer en attirant à soi (sur conserver ou pour dériver). *Drainer la main-d'œuvre étrangère par une politique d'immigration. Cette terre « n'a pas de chemin de fer pour... drainer ses richesses vers l'étranger »* (LOTI). ◇ **ANT.** Inonder, irriguer. Disperser.

DRAINEUR, EUSE [dʀenœʀ, øz]. *n. m. et adj.* (1864; de *drainer*). ♦ **1°** *Rare.* Celui qui draine. ♦ **2°** *Adj.* (1878). Agric. *Charrue draineuse.*

DRAISIENNE [dʀɛzjɛn]. *n. f.* (1816; du nom de l'inventeur, le baron *Drais*). *Ancienn.* Instrument de locomotion à deux roues reliées par une pièce de bois sur laquelle on montait à califourchon, et muni d'une direction à pivot. *La draisienne est l'ancêtre de la bicyclette.* V. **Célérifère.**

DRAISINE [dʀezin]. *n. f.* (1846, « draisienne »; altér. du précéd.). *Techn.* (1917). Wagonnet léger pour la surveillance de la voie ferrée, le transport de matériel.

DRAKKAR [dʀakaʀ]. *n. m.* (1907; *drake,* 1870; *dreki,* mil. XX⁰; mot scandin. « dragon », à cause de l'emblème sculpté à la proue). *Hist.* Navire à voile carrée et à rames des pirates normands et des navigateurs scandinaves (Vikings).

DRAMATIQUE [dʀamatik]. *adj. et n.* (v. 1378, rare av.

mil. XVII⁰; *dramique,* 1775; bas lat. *dramaticus,* o. gr.). ♦ **1°** Destiné au théâtre, en parlant d'un ouvrage littéraire; relatif aux ouvrages de théâtre. *Œuvre, poème dramatique. Art dramatique; genre dramatique.* V. **Théâtre, comédie, drame, tragédie.** « *Le genre comique et le genre tragique sont les bornes réelles de la composition dramatique* » (DIDER.). *Subst. Vx. Le dramatique :* le genre dramatique. — *Spectacle, musique dramatique.* ◇ *Télév. Émission dramatique,* de théâtre. V. **Théâtral. N. f.** (v. 1955). *Une dramatique.* ◇ (1690). Qui s'occupe de théâtre. *Auteur, écrivain, poète dramatique.* V. **Dramaturge.** *Artiste dramatique, comédien. Critique dramatique. Centre* dramatique.* ♦ **2°** *Spécialt.* Qui tient du drame. *Comédie dramatique.* ♦ **3°** (v. 1835). Qui est susceptible d'émouvoir, d'intéresser vivement le spectateur, au théâtre. V. **Émouvant, intéressant, passionnant, poignant, saisissant.** *Sujet, situation, dénouement dramatique. Mouvement, intensité dramatique d'une scène.* Par anal. *Récit, film dramatique.* ♦ **4°** *Fig.* (1839). En parlant d'événements réels, Très grave et dangereux ou pénible. V. **Terrible, tragique.** *La situation est dramatique.* V. **Dangereux, difficile, grave, sérieux.** « *Les sociétés humaines cherchent à travers de convulsions dramatiques, une formule de vie sociale* » (DUHAM.). *Cela n'a rien de dramatique,* ce n'est pas bien grave. ◇ **ANT.** *Épique. Lyrique. Badin, léger; comique, idyllique.*

DRAMATIQUEMENT [dʀamatikmɑ̃]. *adv.* (1777; de *dramatique*). D'une manière dramatique, tragique. V. **Tragiquement.** *L'affaire se termina dramatiquement.*

DRAMATISANT, ANTE [dʀamatizɑ̃, ɑ̃t]. *adj.* (v. 1969; de *dramatiser*). Qui exagère la gravité de la situation. *Attitude, méthode dramatisante.* ◇ **ANT.** Sécurisant.

DRAMATISATION [dʀamatizasjɔ̃]. *n. f.* (1889; de *dramatiser*). Action de dramatiser; son résultat. *La dramatisation d'un récit.* — Exagération de la gravité d'une chose. *Dramatisation d'un incident.* ◇ *Psychan.* Transformation d'une idée censurée en image, dans le rêve. V. **Symbolisation.** — *Par ext.* Transformation du concept en image, dans l'univers onirique ou mythique.

DRAMATISER [dʀamatize]. *v. tr.* (1801; de *drame*). ♦ **1°** Présenter (une chose) sous un aspect dramatique, tragique. « *Un bon portrait m'apparaît toujours comme une biographie dramatisée* » (BAUDEL.). ♦ **2°** (déb. XX⁰). Accorder une importance exagérée à. V. **Amplifier, exagérer.** *Il ne faut rien dramatiser, la situation n'est pas perdue.* ◇ **ANT.** Atténuer, minimiser.

DRAMATURGE [dʀamatyʀʒ(ə)]. *n.* (1773; *dramatisant,* 1773; *dramatiste,* 1771; « catalogue d'ouvrages dramatiques », 1668; gr. *dramatourgos* « auteur dramatique »). Auteur d'ouvrages destinés au théâtre, écrivain de théâtre. *Un dramaturge de talent.* « *Le grand modèle des dramaturges, Shakespeare* » (MARMONTEL).

DRAMATURGIE [dʀamatyʀʒi]. *n. f.* (1775; gr. *dramatourgia*). *Didact.* Art de la composition dramatique; traité de composition dramatique. (*Adj.* DRAMATURGIQUE, 1777).

DRAME [dʀam]. *n. m.* (1657; bas lat. *drama,* mot gr. « action »). ♦ **1°** *Didact.* Genre littéraire comprenant tous les ouvrages composés pour le théâtre. V. **Théâtre.** « *Qui veut tenter l'histoire de la poésie, du drame ou du roman* » (PAULHAN). — *Vx.* Toute pièce de théâtre. — *Mod. Drame lyrique.* V. **Opéra, opéra-comique.** *Drame musical sacré.* V. **Cantate, oratorio.** ♦ **2°** *Spécialt. et cour.* (v. mil. XVIII⁰). Genre dramatique comportant des pièces en vers ou en prose, dont l'action généralement tragique, pathétique, s'accompagne d'éléments réalistes, familiers, comiques; pièce de théâtre de ce genre. *Drame bourgeois, drame moral* (Beaumarchais, Sedaine). *Drames de Lessing, de Gœthe. Drame romantique. Drame réaliste, symboliste. Drame populaire* (V. **Mélodrame**). « *Le drame, qui fond sous un même souffle le grotesque et le sublime, le terrible et le bouffon, la tragédie et la comédie, le drame est le caractère propre de la troisième époque de poésie, de la littérature actuelle* » (HUGO). *Par ext. Mod.* Toute pièce d'un caractère grave, pathétique (*opposé à* comédie). « *Les Mouches* », *drame de J.-P. Sartre.* — « *La nature est un drame avec des personnages* » (HUGO). ♦ **3°** *Fig.* (1787). Événement ou suite d'événements tragiques, terribles. V. **Catastrophe, tragédie.** *Drame affreux, horrible, sanglant.* « *Le drame de famille s'était greffé à vif sur le drame d'amour* » (MART. du G.). *Faire un drame d'un petit incident.* V. **Dramatiser.** *Il ne faut pas en faire un drame.* — (Journalisme) Catastrophe causée par un accident, un crime. *Tous les détails du drame. Drame sanglant dans la banlieue parisienne.* ◇ **ANT.** Comédie.

-DRAME. Élément, du précéd. (ex. : *mélodrame, psychodrame*).

DRAP [dʀa]. *n. m.* (XII⁰; bas lat. *drappus* (v⁰), p.-ê. mot gaul.). ♦ **1°** Tissu de laine dont les fibres sont feutrées par le foulage. *Foulage, lainage, lustrage, décatissage, tondage du drap. Le lainage du drap se faisait autrefois au moyen d'une brosse à chardons* (V. **Carder**); *il se fait aujourd'hui à la machine* (laineuse). — *Drap fin, gros drap. Drap d'Elbeuf, de Louviers.*

Coupon, pièce de drap. « *Un respect inné pour l'homme qui porte un habit de drap fin* » (STENDHAL). *Fabricant de drap; négociant en drap.* V. **Drapier.** ◇ *Par ext. Drap d'or, drap de soie :* tissé d'or, de soie. *Le camp du Drap d'or :* où eut lieu l'entrevue de François Ier et d'Henri VIII (1520). ♦ 2° (XIIIe). DRAP DE LIT, et absolt. DRAP : pièce de toile (de lin, de coton, de chanvre) de forme rectangulaire, qui sert à isoler le corps soit du matelas, soit des couvertures. *Une paire de draps. Drap de dessous,* que l'on étend sur le matelas et qui peut envelopper le traversin. *Drap de dessus. Draps blancs, fins. Draps brodés, drap pur fil* (de lin)*, drap métis.* — Loc. *Être entre deux draps, dans les draps :* être au lit. *Se mettre, se fourrer dans les draps* (pop. dans les bâches, les bannes, les toiles) : se coucher. ◇ *Fig. Mettre qqn dans de beaux draps :* le mettre dans une situation critique. « *Tu t'en vas? — Eh bien! tu me mets dans de beaux draps! Qu'est-ce que je vais faire sans toi?* » (SARTRE). On dit de même : *être dans de mauvais draps, de vilains draps.* ♦ 3° *Région.* (Belgique). *Serviette.* — *Drap de maison, torchon.*

DRAPÉ, ÉE [dʀape]. *adj. et n. m.* (v. 1464; V. *Draper*). ♦ 1° Garni d'un drap. « *Aux roulements des tambours drapés* » (CHATEAUB.). ♦ 2° Qu'on a drapé (3°); à plis. *Robe drapée sur les épaules.* « *Les voiles retombaient mollement, drapées à mille plis comme des stores* » (LOTI). ♦ 3° (1846; *bas drapés,* 1771). *Techn.* Préparé comme le drap. ♦ 4° (1908). *N. m.* Ensemble des plis formés par l'étoffe d'un vêtement. *Le drapé d'une robe. Un beau drapé.* ⊗ ANT. *Dénuder, dévêtir.*

DRAPEAU [dʀapo]. *n. m. (Drapel,* fin XIIe; *de drap).*
I. *Vx.* Pièce de drap; lange, vêtement. « *Vieux linges, vieux drapeaux!* » (RÉGNIER) : ancien cri des chiffonniers.
II. *Mod.* (XVIe; d'apr. it. *drapello*). ♦ 1° Pièce d'étoffe attachée à une hampe et portant les couleurs, les emblèmes d'une nation, d'un groupement, d'un chef, pour servir de signe de ralliement, de symbole. V. **Étendard, pavillon.** *L'étoffe* (étamine)*, la hampe d'un drapeau. Drapeau en berne*. *Arborer, déployer, hisser un drapeau. Garnir de drapeaux les édifices publics et privés.* V. **Pavoiser.** — *Les drapeaux de la France : drapeau blanc* des rois de France, repris à la Restauration ; *drapeau tricolore* de la Révolution, repris en 1830 et maintenu en 1848. « *Le drapeau tricolore a fait le tour du monde avec le nom, la gloire et la liberté de la patrie* » (LAMART.). *Drapeau de l'O.N.U.* — *Drapeau rouge :* emblème révolutionnaire. — *Drapeau blanc :* drapeau qui, en temps de guerre, indique à l'ennemi qu'on veut parlementer ou se rendre. — *Drapeau noir,* des pirates. — Par ext. *Drapeaux en papier. Piquer des petits drapeaux sur une carte.* — Spécial. *Le drapeau d'une armée, d'un régiment :* les couleurs. *Drapeaux militaires.* V. **Banderole, bannière, cornette** (vx)*, enseigne, étendard, fanion, flamme, guidon, oriflamme, pavillon, pennon** (vx). *Au drapeau!* batterie de tambour, sonnerie de clairon exécutée pour les honneurs au drapeau. *Drapeau pris à l'ennemi.* ♦ 2° Drapeau servant de signal. *Abaisser le drapeau à l'arrivée du premier concurrent d'une course d'automobiles. Drapeau rouge de chef de gare.* Pop. *Planter un drapeau :* s'éclipser sans payer. ♦ 3° *Fig.* Symbole de l'armée, de la patrie, etc. *Le respect, le culte du drapeau. Mourir pour le drapeau.* ◇ LES DRAPEAUX : l'armée. *Être sous les drapeaux :* être en activité de service dans l'armée. — *Se ranger, combattre sous les drapeaux d'un chef, d'un pays :* dans les armées de ce chef, de ce pays. ◇ *Emblème,* symbole de ralliement (à un parti, à une cause). V. **Bannière.** *Porter le drapeau :* être le premier à soutenir une opinion. V. **Porte-drapeau.** ◇ *En appos.* (v. 1966). *Train*-drapeau. Brochure-drapeau. Adjectif-drapeau.* ♦ 4° *Fig.* Mettre une hélice en *drapeau :* disposer les pales parallèlement au sens de la marche.

DRAPEMENT [dʀapmã]. *n. m.* (1876; de *draper*). Action de draper (2°,3°); son résultat.

DRAPER [dʀape]. *v. tr.* (1636; « fabriquer le drap », 1225; de *drap*).
I. *V. tr.* ♦ 1° *Techn.* Convertir (une étoffe de laine) en drap par le foulage, le lainage, etc. — *Spécialt.* Effectuer le lainage. V. **Lainer.** ♦ 2° (1677). *Cour.* Habiller (qqn) de vêtements amples, formant des plis harmonieux ; représenter (une figure humaine) ainsi vêtue. *Draper une figure, une statue à l'antique.* « *Je ne connais guère de lois sur la manière de draper les figures ; elle est toute de poésie pour l'invention, toute de rigueur pour l'exécution* » (DIDER.). ◇ *En parlant d'une étoffe.* Recouvrir en formant des plis. « *Une pièce de soie lamée d'or... la drape comme une statue* » (LOTI). « *Une ample soierie ancienne drape le piano à queue* » (ROMAINS). ♦ 3° *Fig.* Disposer (une étoffe) de manière qu'elle forme des plis harmonieux. *Draper une tenture, une portière. Couturier qui drape une étoffe sur un mannequin.*
II. *SE DRAPER. v. pron.* ♦ 1° Arranger ses vêtements de manière à former d'amples plis. *Se draper dans une cape.* ♦ 2° *Fig. Se draper dans sa dignité :* affecter une attitude de dignité offensée, orgueilleuse. *Se draper dans sa vertu, dans sa probité :* en faire étalage (souv. iron.).

1. DRAPERIE [dʀapʀi]. *n. f.* (fin XIIe ; de *drap*). ♦ 1° *Vieilli.* Étoffe, vêtement de drap. — *Comm.* Tissu de laine. V. **Lainage.** *Un coupon de draperie anglaise.* ♦ 2° (1677). Étoffe, vêtement ample et formant de grands plis. Représentation d'un tel vêtement. *Le jet, les plis, les ondulations d'une draperie. Draperie ample.* ♦ 3° Étoffe de tenture drapée. *Draperies d'un lit, d'une fenêtre.* V. **Cantonnière, rideau, tenture.** « *Les lourdes draperies qu'une main invisible attire des profondeurs de l'Orient* » (BAUDEL.).

2. DRAPERIE [dʀapʀi]. *n. f.* (XIIIe ; de *drapier*). Fabrication, commerce du drap. Métier de drapier. ◇ *Manufacture* de drap. *Les draperies d'Elbeuf, de Roubaix.*

DRAP-HOUSSE [dʀaus]. *n. m.* (1958; de *drap* [2°], et *housse* [2°]). Drap dont les coins et les rebords sont conçus de manière à emboîter le matelas. Pl. *Draps-housses.*

DRAPIER, IÈRE [dʀapje, jɛʀ]. *n. m. et adj.* (1244; de *drap*). Fabricant, marchand de drap. *Le syndic des drapiers,* tableau de Rembrandt. Adj. *Marchand drapier, ouvrier drapier.*

1. DRASTIQUE. *adj.* (1741; gr. *drastikos* « qui agit »). *Méd.* Qui exerce une action particulièrement énergique. *Purgatif, remède drastique.* Subst. *Un drastique* (aloès, coloquinte). V. **Purgatif.**

2. DRASTIQUE. *adj.* (mil. XXe ; au sujet de choses, *fam.,* 1875; de l'angl. *drastic* « radical, rigoureux », de même origine que drastique 1). *Anglicisme.* Énergique, contraignant. V. **Draconien, radical.** *Des mesures drastiques. Une réforme drastique.*

1. DRAVE [dʀav]. *n. f.* (XVe ; esp. *draba*). Plante herbacée, à fleurs blanches *(Cruciféracées).*

2. DRAVE [dʀav]. *n. f.* (mil. XIXe ; mot canadien, adapt. de l'amér. *drive). Américanisme.* (Canada). Flottage* du bois; action de diriger le transport du bois flotté par eau. « *Ce n'était plus le torrent des hommes lorsque, après sa drave, ils dévalaient de la montagne, et se précipitaient dans le chemin des maisons* » (SAVARD). *Faire la drave* ou DRAVER [dʀave], *v. tr.* Diriger le flottage. V. **Flotter** (1, II).

DRAVEUR [dʀavœʀ]. *n. m.* (mil. XIXe ; mot canadien, de *drave* 2, d'apr. l'amér. *driver). Américanisme.* (Canada). Ouvrier de la drave* (2) ou flottage* du bois. V. **Flotteur,** 1. « *Menaud, maître-draveur* » (SAVARD).

DRAVIDIEN, IENNE [dʀavidjɛ̃, jɛn]. *adj. et n. m.* (1865; angl. *dravidian,* 1856; *dravidique,* 1864; a remplacé *malabare;* sanscr. *Dravida,* province du sud de l'Inde). Relatif aux populations noires du sud de la péninsule indienne. *Race dravidienne. Peuples dravidiens.* ◇ *Langues dravidiennes :* groupe des langues qui étaient parlées avant l'arrivée des Aryens dans l'Inde et qui se sont conservées au sud de l'Inde (tamoul, malayalam).

DRAWBACK [dʀobak]. *n. m.* (1755; mot angl. « remise », de *to draw* « tirer »). *Comm.* Remboursement des droits de douane payés à l'entrée de matières premières, lorsque les produits manufacturés qu'elles ont servi à fabriquer sont exportés.

DRAYER [dʀeje]. *v. tr.* (1741; o. i.). *Techn.* Égaliser (les peaux), lors du corroyage. V. **Écharner** (opération du DRAYAGE [dʀejaʒ], 1858).

DRAYOIR *n. m. ou* **DRAYOIRE** *n. f.* [dʀejwaʀ]. (mil. XXe,-1755; de *drayer). Techn.* Couteau à lame cintrée, à deux manches, dont se servent les corroyeurs, les tanneurs, pour drayer.

DREADNOUGHT [dʀɛdnɔt]. *n. m.* (1906; mot angl. « qui ne redoute *(dread)* rien »). *Mar. (Vx).* Cuirassé d'escadre (déb. XXe).

DRÊCHE [dʀɛʃ]. *n. f.* (1688; a. fr. *drasche* « cosse »; gaul. °*drasca). Techn.* Résidu de l'orge, après soutirage du moût, en brasserie. *La drêche est utilisée pour la nourriture des bestiaux.*

1. DRÈGE [dʀɛʒ]. *n. f.* (1584; o. i.). Grand filet pour la pêche au fond de la mer.

2. DRÈGE [dʀɛʒ]. *n. f.* (1700; all. *Dresche,* de *dreschen* « battre au fléau »). *Techn.* Peigne de fer servant à séparer la graine de lin d'avec les tiges.

DRELIN [dʀəlɛ̃]. *interj. et n. m.* (1673; *drelin, din, din,* 1652; onomat.). *Vieilli.* Onomatopée évoquant le bruit d'une sonnette, d'une clochette (en général répété). V. **Dring.** Cf. Ding.

DRENNE. V. **DRAINE.**

DRESSAGE [dʀesaʒ]. *n. m.* (1791; *dressure,* n. f. 1854; de *dresser). Action de dresser. ♦ 1° Action d'installer en faisant tenir droit. *Dressage d'une tente, d'un lit.* V. **Montage.** ♦ 2° *Techn.* Opération qui consiste à donner une forme plane. *Dressage des pièces métalliques au tour. Dressage des tôles.* V. **Planage.** *Métall.* Opération qui succède au laminage ou à l'étirage, et qui a pour objet de redresser les barres ou les fils. ♦ 3° Action de dresser un animal, en vue de l'habituer à faire ce que l'homme attend de lui. *Dressage savant des animaux de cirque.* ◇ *Fam.* Éducation très sévère. « *L'éducation, ici, se confond avec le dressage* » (MAURIAC).

DRESSER [dʀese]. *v. tr.* (*Drecier*, fin XIIᵉ; lat. pop. °*directiare*, de *directus* « droit »).
I. *V. tr.* Ⓐ Rendre vertical. ♦ 1° Tenir droit et verticalement. V. **Lever.** *Dresser la tête. Chien, cheval qui dresse les oreilles* (V. **Chauvir**). « *Il dresse le menton* » (SUARÈS). V. **Redresser.** — Fig. *Dresser* (ou *tendre, prêter*) *l'oreille :* écouter attentivement, diriger son attention. « *Comme un appel de cor au sein d'une forêt fait dresser l'oreille* » (VALÉRY). ◊ Présenter une image verticale, haute. « *Le pic dressait son grand cône baigné de soleil* » (LOTI). ♦ 2° Faire tenir droit. *Dresser un mât, dresser une échelle contre un mur.* V. **Planter.** — *Par ext.* Construire, installer (ce qui est haut et droit). V. **Élever, ériger.** *Dresser un monument, une statue. Dresser un lit, une tente.* V. **Monter.** ♦ 3° (1365). Disposer comme il le faut. V. **Installer, préparer.** Vieilli. *Dresser la table, le couvert.* V. **Mettre.** *Dresser un plat :* le présenter. — Mod. *Dresser une batterie,* mettre des canons en batterie contre l'ennemi, et fig. *Dresser ses batteries :* prendre des mesures contre un adversaire. *Dresser une embûche, un piège à un animal,* et fig. *à une personne* (V. **Tendre**). ♦ 4° Faire, établir avec soin. V. **Établir.** *Dresser une carte, un plan, un tableau.* V. **Calculer, étudier.** « *J'ai chargé un architecte de me dresser un projet très sommaire, très approximatif, des constructions et installations* » (ROMAINS). *Dresser un inventaire, une liste.* ◊ Rédiger dans la forme prescrite. *Dresser un acte, une procuration, un contrat. Dresser un procès-verbal.* ♦ 5° Fig. *Dresser une personne contre une autre :* mettre en opposition. V. **Braquer, monter.** « *Les autres s'imaginent que c'est moi seul qui lui mets ces idées en tête et qui la dresse contre eux* » (MAURIAC). Ⓑ *Techn.* Rendre droit et plat. *Dresser une pierre.* V. **Équarrir.** *Dresser une planche, une pièce de bois, de métal.* V. **Aplanir, dégauchir.** Ⓒ (XVIᵉ). Rendre soumis; habituer (un être vivant) à faire docilement et régulièrement qqch. ♦ 1° *Vx* ou *péj.* (Personnes). *Dresser un jeune soldat au métier des armes.* V. **Familiariser** (avec), **former.** *Dresser un enfant, un élève.* V. **Éduquer, élever, instruire.** ◊ *Fam.* Faire céder, plier. V. **Mater.** *Je vais te dresser. Ça te dressera* (Cf. *Ça lui fera les pieds*). ♦ 2° (Animaux). *Dresser un chien à rapporter le gibier.* « *Deux beaux chevaux, qu'on a dressés à trotter ensemble* » (ROMAINS). *Dresser des animaux de cirque, des bêtes féroces.* V. **Dompter.** — *Au p. p. Animal bien dressé. Fauves dressés.*
II. SE DRESSER. *v. pron.* ♦ 1° Se mettre droit. *Se dresser sur la pointe des pieds pour mieux voir.* V. **Hausser** (se). « *Elle s'est dressée sur son séant, toute raide* » (LOTI). V. **Asseoir** (s'). *Coq qui se dresse sur ses ergots,* et fig. *Se dresser sur ses ergots**. *Animal qui se dresse sur ses pattes de derrière.* V. **Cabrer** (se). ◊ Être droit. *Montagne qui se dresse à l'horizon.* V. **Élever** (s'), **pointer.** « *Les peupliers se dressent comme des doigts en l'air et désignent la lune* » (RENARD). *Les obstacles que se dressent sur la route, sur le chemin.* ♦ 2° Fig. *Se dresser contre qqn.* V. **Élever** (s'), **insurger** (s'), **opposer** (s'... à). *Se dresser contre l'envahisseur.* V. **Face** (faire); **résister.** « *Le jour où cette organisation socialiste, ouvrière, se dressera contre la guerre* » (ROMAINS). ♦ 3° (*Passif*). Pouvoir être dressé (animaux). « *Les araignées s'apprivoisent, mais ne se dressent pas* » (QUENEAU).
◊ ANT. *Abaisser, baisser, coucher, plier; abattre. Gauchir.* — *Coucher* (se), *obéir, soumettre* (se).

DRESSEUR, EUSE [dʀesœʀ, øz]. *n.* (XVᵉ; de *dresser*). Personne qui dresse les animaux. *Dresseur de chiens. Dresseur de fauves.* V. **Dompteur.**

DRESSING-ROOM ou **DRESSING** [dʀesiŋʀum ou dʀesiŋ]. *n. m.* (1892; mot angl. [1675] « cabinet de toilette », proprem. « pièce [*room*] pour se préparer [*dressing*] »). *Anglicisme.* Petite pièce attenant à une chambre à coucher, où sont rangés ou pendus les vêtements. *Des dressing-rooms, des dressings.* — *Recomm. offic.* V. **Vestiaire** (2°).

DRESSOIR [dʀeswaʀ]. *n. m.* (1285; de *dresser*). Étagère, buffet où sont dressés et exposés des objets faisant partie du service de la table (vaisselle, récipients). « *De hauts dressoirs en chêne sculpté, où luisaient vaguement des blocs d'orfèvrerie* » (GAUTIER).

DRÈVE [dʀɛv]. *n. f.* (1586; moyen néerl., *dreve*, de *driven* « conduire »). *Région.* (Nord, Belgique). Allée carrossable bordée d'arbres. V. **Avenue.**

DREYFUSARD, ARDE [dʀɛ(e)fyzaʀ, aʀd(ə)]. *adj.* (1899, -1903; *dreyfusiste*, 1903; de *Dreyfus*). Partisan de Dreyfus. *Subst.* « *Un de ces dreyfusards qui se sont dressés dans leur dreyfusisme* » (J.-R. BLOCH).

DREYFUSISME [dʀɛfyzism(ə)]. *n. m.* (1901; de *Dreyfus*, et *-isme*). *Polit.* Position des partisans de Dreyfus. ◊ ANT. *Antidreyfusisme.*

DRIBBLER [dʀible]. *v. tr.* (1895; angl. *to dribble*). *Sports.* Courir en poussant devant soi le ballon à petits coups de pied sans en perdre le contrôle. *Dribbler le ballon.* Par ext. *Dribbler un joueur :* le passer en dribblant. — *Intrans.* « *Voici deux avants de l'équipe adverse qui arrivent en dribblant* » (J. PRÉVOST). *Le dribble* [dʀibl(ə)], action de dribbler.

DRIBBLEUR [dʀiblœʀ]. *n. m.* (XXᵉ; de *dribbler*). Joueur qui dribble bien ou aime dribbler.

DRIFT [dʀift]. *n. m.* (1842; mot angl.). *Géol.* Dépôt laissé par le recul d'un glacier.

DRIFTER [dʀiftœʀ]. *n. m.* (1946; mot angl. *drifter* (XIXᵉ), de *to drift* « dériver »). *Mar.* Bateau de pêche qui utilise des filets dérivants. V. **Dériveur.**

1. DRILL [dʀij]. *n. m.* (1776; de *mandrill**). Grand singe cynocéphale d'Afrique occidentale. ◊ HOM. Drille (1 et 2).

2. DRILL [dʀil]. *n. m.* (1948; mot angl. « exercice militaire », 1637, du v. *to drill*, et mot all. répandu après 1870, de l'anc. all. *drillen* « faire tourner »). ♦ 1° Germanisme. Milit. Méthode d'entraînement* (II) des recrues. — *Plur.* Exercices militaires fondés sur la répétition intensive. ♦ 2° Germanisme. (1965). *Didact.* Méthode mécanisée ou programmée* (2°) d'acquisition d'automatismes. V. **Entraînement** (II), **exercice** (I).

1. DRILLE [dʀij]. *n. m.* (1628, arg. milit.; p.-ê. de l'a. fr. *drille* « chiffon » (1370), d'un v. °*druiller*, a. all. *durlichen* « déchirer », ou *driller* (vx), « courir çà et là »; néerl. *drellen*). *Vx.* Soldat vagabond, soudard. ◊ Mod. *Un joyeux drille,* un joyeux compagnon, un homme jovial. V. **Luron.**

2. DRILLE [dʀij]. *n. f.* (1752; de l'all. *drillen* « percer en tournant »). *Techn.* Sorte d'outil à foret. V. **Burin, trépan.** ◊ HOM. Drill.

DRILLER [dʀije]. *v. tr.* (1870; de *drille*). *Techn.* Percer avec une drille.

DRING [dʀiŋ]. *interj.* et *n. m.* (XXᵉ; p.-ê. de l'angl.). Onomatopée évoquant le bruit d'une sonnette, *spécialt.* d'une sonnette électrique.

DRINGUELLE [dʀɛgɛl]. *n. f.* (1683; all. *trinkgeld*, même sens). *Région.* (Belgique). Pourboire.

DRINK [dʀink]. *n. m.* (h. 1875; 1924; mot angl. « boisson », du v. *to drink*, du haut germanique *trinkan* [Cf. Trinquer]). *Anglicisme.* Boisson alcoolisée. *Prendre un drink.* V. **Glass, godet** (pop.), **pot** (fam.), **verre** (5°). Cf. Consommation (II, 2°). *Long drink* [lɔgdʀink], expression empr. à l'anglais (proprem. « boisson qui dure »), alcool, cocktail allongé d'une boisson non alcoolisée.

DRISSE [dʀis]. *n. f.* (1639; it. *drizza*). *Mar.* Cordage ou palan qui sert à hisser une voile, un pavillon, un signal. *Drisse de basse vergue.*

DRIVE [dʀajv]. *n. m.* (1896; mot angl. « coup énergique au golf, au base-ball, au tennis, au cricket », 1857). *Anglicisme.* V. **Coup** (I, 4°) droit. « *C'est fini de nos parties de tennis. Dommage... tu avais un drive qui venait bien* » (AYMÉ). — Au golf, coup de longue distance donné au départ, avec le driver* (I, 1°). ◊ ANT. *Revers, volée.*

DRIVE(-)IN [dʀajvin]. *n. m. invar.* (1953; mot amér. « entrer en voiture », désignant initialement un cinéma en plein air, v. 1940). *Anglicisme.* Tout lieu public directement accessible en voiture ou service aménagé de telle sorte que les usagers motorisés puissent en bénéficier sans sortir de leur voiture (cinéma, bar, guichet de banque, restaurant, etc.). — Pour le cinéma en plein air, on dit au Québec CINÉ-PARC.

1. DRIVER [dʀajvœʀ ou dʀivœʀ]. *n. m.*
I. (1900; mot angl. « instrument pour conduire [le jeu, la partie] », 1674, « crosse de golf », 1892). *Anglicisme* (Sports). *Tennis, Golf.* Joueur qui exécute un drive. — *Golf.* Club (5°) de départ (en bois) avec lequel on drive (2, I).
II. (1900; mot angl. « conducteur [d'un véhicule, d'un animal] », 1450). *Anglicisme.* Jockey de trot attelé. — (1928). *Arg.* [dʀivœʀ]. Conducteur d'une auto (aussi *driveur*).

2. DRIVER [dʀajve ou dʀive]. *v.*
I. *v. intr.* (1946; de *drive**). *Anglicisme. Tennis.* Exécuter un drive : frapper un coup* droit. — *Golf.* Jouer le coup de départ avec le driver (1, I).
II. *v. tr.* (1946; de *driver* I, II). *Anglicisme. Turf.* Conduire un cheval attelé à un sulky* dans une course de trot. V. **Conduire** (2°). — (1953). *Arg.* [dʀive]. Conduire, diriger. « *Quand ils [les mauvais garçons] 'drivent' leur gonzesse à coups de ceinture', ... s'ils emploient un mot dérivé de l'anglais, du moins en francisent-ils la prononciation, et c'est pour nous essentiel* » (ÉTIEMBLE).

DROGMAN [dʀɔgmɑ̃]. *n. m.* (h. 1213; *droguement*, 1553; it. *dragomanno*, gr. byzant. *dragoumanos* « interprète ». V. **Truchement**). *Vx.* Ancien nom des interprètes dans les pays du Levant. « *Je me rendis chez le drogman de Son Excellence* » (CHATEAUB.).

DROGUE [dʀɔg]. *n. f.* (XIVᵉ; p.-ê. néerl. *drog* « chose sèche », ou it. *droga*, du lat. *drogia;* Cf. Dragée). ♦ 1° *Vx.* Ingrédient, matière première employée pour les préparations médicinales, confectionnées en officine de pharmacie. V. **Décoction, mixture, onguent, purge.** — *Par ext.* Les médicaments eux-mêmes. V. **Remède.** « *Jamais il ne m'est venu à l'esprit d'y chercher des drogues et des remèdes* » (dans le règne végétal) » (ROUSS.). « *Les médecins ne nous empoisonnent pas moins de leurs vérités que de leurs drogues* » (SUARÈS). ◊ Chose mauvaise à absorber. *Cette boisson est*

une vraie drogue. Qu'est-ce que c'est que cette drogue? ♦
2º (XXᵉ). *Fam.* Stupéfiant*. ◇ *Abusiv.* (sous l'infl. de l'angl.
drug). Tout produit médicamenteux.

DROGUÉ, ÉE [dʀɔge]. *n.* et *adj.* (déb. XXᵉ; *p. p.* de
droguer, 1). Personne intoxiquée par l'usage des stupéfiants.
◇ (1967). *Fig.* Intoxiqué par qqch. comme par une drogue.

1. **DROGUER** [dʀɔge]. *v. tr.* (1554; de *drogue*). ♦ 1º Faire
prendre à (un malade) beaucoup de drogues. *Locke « recommande fortement de ne jamais droguer les enfants* » (ROUSS.).
— (1638). *Pronom.* Prendre de nombreux médicaments. *Il
se détruira la santé à force de se droguer.* ♦ 2º (déb. XXᵉ).
Prendre de la drogue, des stupéfiants. *Il se drogue depuis des
années.* V. **Drogué.**

2. **DROGUER** [dʀɔge]. *v. intr.* (1808; de *drogue* « morceau
de bois fourchu » que l'on gardait sur le nez pendant le jeu).
Fam. et vieilli. *Faire droguer qqn.* V. **Attendre.** « *Le campagnard ne vous fait droguer que lorsqu'il est sûr de votre
patience* » (ROMAINS).

DROGUERIE [dʀɔgʀi]. *n. f.* (1462; de *drogue*, 1º). ♦
1º *Vieilli.* Drogues, médecines, pharmacopée. ♦ 2º (1839).
Mod. Commerce des produits chimiques et pharmaceutiques
les plus courants, des produits de toilette, d'hygiène, de
ménage, d'entretien. *Droguerie médicinale, industrielle, dro-
guerie-épicerie.* ◇ (1846) Magasin où se vend la droguerie.
*Acheter de la teinture, du dentifrice dans une droguerie.
Marchand qui tient une droguerie.* V. **Droguiste.**

DROGUET [dʀɔgɛ]. *n. m.* (1505; de *drogue* « chose de
mauvaise qualité », fig. du 2º). ♦ 1º *Vx.* Étoffe de laine de
bas prix. ♦ 2º (1690). Étoffe (soie, viscose) ornée d'un dessin
produit par un fil de chaîne supplémentaire. *Droguet de soie.*
V. **Lustrine.**

DROGUISTE [dʀɔgist(ə)]. *n.* (1549, « marchand de drogues (1º) »; de *drogue*, 1º). Personne qui tient une droguerie
(Cf. Marchand de couleurs). Par appos. *Épicier droguiste.*

1. **DROIT, DROITE** [dʀwa, dʀwat]. *adj.* et *adv.* (XIIᵉ;
dreit, 1080; lat. *directus*).

I. *Adj.* ❹ *(Concret).* ♦ 1º Qui est sans déviation, d'un
bout à l'autre. *Barre, tige droite. Avoir le corps droit. Se tenir
droit. Être droit comme un I, un pieu, un piquet.* V. **Raide.**
« *Un palmier gigantesque, droit comme un mât* » (FROMENTIN).
« *Son nez était droit et mince* » (GREEN). Cf. Un nez grec.
♦ 2º Dont la direction est constante; qui va d'un point à un
autre par le chemin le plus court. V. **Direct, rectiligne.** *Ligne,
voie droite.* « *Une seule allée large, droite, bordée d'arbres* »
(CHARDONNE). *Le droit fil** (I, 1º) *d'une étoffe.* — *En droite
ligne. Il y a deux kilomètres en ligne droite* (Cf. À vol d'oiseau).
Fig. « *Un lit de bois clair venait en droite ligne d'un grand
magasin de Paris* » (GREEN). V. **Directement.** — *Fig. La droite
voie* : la voie du salut *(relig.). Le droit chemin, la voie droite* :
le chemin de l'honnêteté, de la vertu. — (1890). *Spécialt.
Escr. Coup droit* : porté sans dégager le fer. — (1928). *Tennis
Coup* droit.* ◇ *Géom. Ligne droite.* V. **Droite.** ♦ 3º Perpendiculaire à l'horizontale. V. **Vertical.** *Ce mur, ce pylône n'est
pas droit, il penche. Tenez la soupière bien droite.* — *Remettre
droit ce qui est tombé.* V. **Debout; redresser.** *Écriture droite
(opposé à penché).* ◇ Dont les bords sont verticaux. *Gilet
droit, veston droit (opposé à croisé).* — En parlant des vêtements féminins. *Manteau droit,* non cintré ou sans ampleur.
Jupe droite, sans ampleur. ◇ (1864). *Anat. Muscle droit* :
muscle dont les fibres sont verticales dans la station debout.
*Subst. Grand et petit droits antérieurs de la tête; droit latéral
de la tête. Grand droit* : muscle de la paroi antérieure de
l'abdomen. ◇ *Par ext. Géom. Angle droit,* formé par deux
droites perpendiculaires (90º) *(opposé à* aigu, obtus). *Tracer
un angle droit avec une équerre, un té. Subst. La somme des
angles d'un triangle est égale à deux droits : à 180º.* — *Section
droite, prisme droit, dont les arêtes sont perpendiculaires
aux bases. Cylindre, cône droit, dont l'axe est perpendiculaire
à la base.* — *Ascension droite d'un astre.* ◇ **AU DROIT DE**
(qqch.) : à angle droit. ❺ *(Abstrait).* ♦ 1º Qui ne s'écarte
pas d'une règle (morale). *Un homme droit, simple et droit.*
V. **Équitable, honnête, juste, probe; franc, loyal, sincère.**
« *Comme toute conscience n'est pas droite, tout ce qui est
selon la conscience n'est pas toujours droit* » (BOURDALOUE).
« *Elle aimait les choses honnêtes, ses parents étaient droits
et vertueux* » (ROUSS.). ♦ 2º Qui suit un raisonnement
correct. *Une pensée droite, un jugement droit.* V. **Judicieux,
sain, sensé; direct, strict.** *Droite raison.* « *Ainsi doit s'exprimer
une voix saine, stricte et droite* » (LOUYS).

II. *Adv.* ♦ 1º En ligne droite. *Viser, couper droit. Papier
réglé pour écrire droit. Marcher droit, droit devant soi.* « *Il
allait droit devant lui comme ces voies romaines qui traversent
sans se détourner les précipices et les montagnes* » (CHATEAUB.).
C'est droit devant vous, tout droit. ♦ 2º *Fig.* Par la voie la
plus courte, la plus rapide. V. **Directement.** *Aller droit au but.*
« *Il eût été bien simple d'aller droit au fait* » (GIDE). « *Il y a
peut-être des médecins mathématiciens... qui vont droit au but
comme un boulet de canon* » (ROMAINS). « *Le poète alla droit
au cœur* » (LAMART.). ◇ *Marcher droit* : bien se conduire,

être obéissant. « *Je pars en guerre et je tuerai tout le monde.
Gare à qui ne marchera pas droit!* » (JARRY).
◇ ANT. Arqué, brisé, cambré, coudé, courbé, sinueux, voûté.
— Détourné, indirect. — Couché, penché, oblique, renversé;
horizontal. — Déloyal, faux, fourbe, hypocrite, injuste, partial,
trompeur. Anormal, arbitraire, bizarre, déraisonnable, faux,
illogique, insensé, partial.

2. **DROIT, DROITE** [dʀwa, dʀwat]. *adj.* et *n. m.* (XVᵉ;
remplace l'a. fr. *destre.* V. **Dextre**: du précéd.).

I. *Adj.* Qui est du côté opposé à celui du cœur de l'observateur *(opposé à* droite). V. **Dextre,** *préf.* **dextro-.** *Le côté
droit* (V. **Droite**). *La main, la jambe droite. L'aile droite, la
partie droite d'un bâtiment* (considérées en se plaçant le dos à
la façade). *Le côté droit d'un navire* (en regardant vers l'avant).
V. **Tribord.** *La rive droite d'une rivière* (dans le sens du courant). — *Fig. Être le bras* droit de qqn.* — *À main droite* :
du côté droit; à droite. ◇ Dans une assemblée politique.
Centre droit : la partie du centre qui siège près de la droite
(V. **Droite**).

II. *N. m. (Boxe).* Le poing droit. *Direct, crochet du droit.*
— Coup porté ce poing. *Un droit terrible.* V. **Droite**
(I, 4º). ◇ ANT. Gauche. Revers.

3. **DROIT** [dʀwa]. *n. m.* (XIIᵉ; *dreit,* 842; bas lat. *directum,*
de l'adj. V. **Droit** 1). Ce qui est conforme à une règle.

I. UN DROIT, DES DROITS. Ce qui est exigible, ce qui est
permis, dans une collectivité humaine. ♦ 1º Par conformité
à une règle morale, sociale. *Droits naturels.* « *Non seulement
tout homme a des droits, mais tout être a des droits* » (RENAN).
*Priver qqn de ses droits. Faire valoir ses droits. Revendiquer,
soutenir son droit. Cela lui confère le droit; il a acquis le
droit de...* ◇ DROITS DE L'HOMME : définis par la Constituante de 1789 et considérés comme droits naturels. *La Déclaration des Droits de l'homme précède la Constitution du 3 septembre 1791.* ◇ *Le droit de..., à...* « *La liberté est le droit de
faire tout ce que les lois permettent* » (MONTESQ.). *Le droit
des peuples à disposer d'eux-mêmes.* — AVOIR LE DROIT DE
(avec inf.). V. **Possibilité, pouvoir, qualité; autorisation, permission.** *Il a le droit d'en parler* (Cf. Il a voix au chapitre).
Vous n'avez pas le droit de dire cela (Cf. Vous êtes mal venu
à...). « *Et toi tu n'as pas le droit de me juger, puisque tu n'iras
pas te battre* » (SARTRE). — (Avec subst.) *Vous avez droit à
des excuses. Il n'y a pas droit.* — *Fam. Avoir droit à (qqch. de
fâcheux),* devoir subir, ne pouvoir éviter. *Il a eu droit à une
engueulade. Si la guerre éclate, on y a droit!,* on n'y coupera
pas. ◇ *Avoir un droit sur.* « *Il a sur mon droit et de mort
et de vie* » (CORN.). ◇ *Être en droit de...* : avoir le droit de...
« *Le père de famille est en droit de punir chacun de ses enfants* »
(FÉN.). — *De quel droit?* en vertu de quel droit, de quelle
raison, de quelle autorité? *Être dans son (bon) droit.* ♦ 2º Ce
qui est exigible ou permis par conformité à une règle précise,
formulée (loi, règlement). V. **Faculté, habilité, prérogative,
privilège.** *Droit exclusif.* V. **Monopole.** *Titulaire d'un droit.
Droits acquis* : ceux qui viennent de l'homme *(opposé à* :
aux droits naturels). *Droits civiques, droits du citoyen, droits
politiques* : électoral, éligibilité. — *Droits civils, privés.
Droits réels* : opposables à tous et permettant d'exercer un
pouvoir sur un bien (propriété, usufruit, usage, etc.). *Droits
de créance* ou *Droits personnels* : donnant à une personne
(créancier) le droit d'exiger d'une autre (débiteur) une
prestation. *Auteur, ayant cause d'un droit. Défendre ses
droits devant la justice* (V. **Procédure, procès**). — *Procéd.
Les droits de la défense.* — *Dr. intern. Droit d'asile. Droit
de visite,* sur les navires étrangers. — *Droit de pacage, de
chasse, de pêche, de stationnement.* — *Droit de propriété.
Droit de jouissance légale. Droit de succession.* ◇ *Droit
d'auteur* (V. **Copyright**), *droit de l'inventeur :* droit exclusif
d'exploitation d'une œuvre par son auteur, d'une invention
par son inventeur. *Droits d'impression, droits de reproduction
réservés. Tous droits réservés.* — *Hist. Droits féodaux.* V.
Féodalité. *Droit de four, de moulin banal. Droit de cuissage.
Droit d'aînesse. Droit de cité* (fig. V. **Cité**). ♦ 3º *Par ext.*
Ce qui donne une autorité morale considérée comme légitime.
V. **Prérogative, privilège, titre.** *Les droits du sang, de l'amitié.
Avoir, acquérir des droits à la reconnaissance de qqn.* « *Les
droits de la raison* » (MOL.). ♦ 4º Somme d'argent, redevance
qu'une personne, une collectivité est en mesure d'exiger de
qqn. V. **Contribution, imposition, impôt, redevance, taxe.**
*Acquitter un droit. Droit d'entrée à un spectacle, à une réunion.
Droit d'inscription.* ◇ *Droits domaniaux* ou *régaliens,
perçus par le roi. Droits seigneuriaux. Droits en nature :* de
mouture, champart, etc. — *Mod.* Contribution indirecte.
Droit progressif, dont le taux s'accroît à mesure que la valeur
à laquelle il s'applique augmente. *Droit de circulation, de
consommation* (sur les boissons). *Droits de douane. Droit
d'entrée, de sortie. Droit spécifique, établi d'après le poids.
Marchandises exemptées de droits. Droit de navigation :
taxes accessoires des douanes, perçues sur le corps des
navires.* — *Droits d'enregistrement. Droit d'acte; droit de
mutation :* droits perçus l'un à raison de la rédaction ou de
l'usage d'un acte, l'autre à raison du fait juridique qu'il

concerne. ◊ *Par ext.* Somme d'argent payée à une personne. V. **Rétribution, salaire.** *Droit de présence.* — DROITS D'AUTEUR : profits pécuniaires de l'auteur. Ellipt. « *Quant à ses romans mondains qu'il produisait d'une veine avare, ils ne lui rapportaient que des droits insignifiants* » (ROMAINS).
II. ⒶⒶ LE DROIT *(droits subjectifs).* ♦ 1° Ce qui constitue le fondement des droits de l'homme vivant en société (Cf. ci-dessus, I), des règles régissant les rapports humains. V. **Légalité, légitimité; justice, morale.** *Le concept, l'idée de Droit. Opposer le droit au fait, au réel. Rapports du Droit et de la Morale, du Droit et de la Force.* PROV. « *La force prime le droit* »; « *Force passe droit* ». *Avoir le droit pour soi.* ◊ *Faire droit à :* rendre justice, au propre et au fig. *Faire droit à une demande.* V. **Satisfaire.** *Avant dire droit :* avant jugement définitif. ◊ *Loc. adv.* À BON DROIT : d'une façon juste et légitime; selon toute raison. V. **Titre** (à juste titre). ◊ DE DROIT : légitime. « *La défense est de droit, la vengeance est infâme* » (M.-J. CHÉNIER). ♦ 2° *Par ext.* Pouvoir de faire ce que l'on veut. *Le droit du plus fort.* ⒷⒷ LE DROIT (ou *droit objectif*). Ensemble des règles qui régissent les rapports des hommes entre eux. V. **Juridique.** ♦ 1° Ensemble des règles considérées comme existant en dehors de toute formulation. *Le Droit naturel, universel, moral.* ◊ DROIT DIVIN : doctrine de la souveraineté, forgée au XVIIᵉ s., et d'après laquelle le roi est directement investi par Dieu. *Monarchie de droit divin.* ♦ 2° Règles juridiques en vigueur dans un État *(droit positif).* *Droit français, anglais, allemand, soviétique. Droit romain. Droit écrit; coutumier :* droit dérivant de la loi; de la coutume. — *Droit commun :* règles générales applicables à une catégorie de rapports de droit, lorsqu'il n'y a aucune dérogation particulière. *Délit de droit commun.* — *Droit commun* se dit, *par ext.* d'un prisonnier de droit commun, par oppos. au (prisonnier) politique. *Les droit commun et les politiques sont d'ordinaire séparés.* ◊ *Loc. adv.* DE DROIT : légal, prévu par les textes et qui ne peut donner lieu à une discussion. — DE PLEIN DROIT : sans qu'il soit nécessaire de manifester de volonté, d'accomplir de formalité. — QUI DE DROIT : personne ayant un droit sur... ayant habilité à... *Adressez-vous à qui de droit :* à celui qui a le droit, le pouvoir de décider. — EN DROIT. V. **Juridiquement.** *Responsable en droit.* ◊ *Parties du droit. Droit privé, droit public. Droit civil :* la branche essentielle du droit privé traitant des personnes (capacité, famille, mariage), des biens, des successions, des obligations... — *Droit commercial :* partie du droit privé concernant les actes de commerce et les commerçants. — *Droit maritime.* — *Droit international privé,* déterminant les conditions de la nationalité, la situation des étrangers et les conflits de loi (Exequatur). — *Droit canonique* ou *droit canon,* réglant l'organisation de l'Église catholique. — *Droit constitutionnel :* la partie du droit public interne relative à l'organisation et au fonctionnement de l'État (pouvoir; souveraineté; constitution; régime). — *Droit administratif :* ensemble des règles relatives à l'organisation des services publics* et à leurs rapports avec les administrés. — *Droit financier* ou *législation financière :* ensemble des règles relatives aux finances publiques. — *Droit international public,* réglant les problèmes de la communauté internationale (V. **Diplomatie**). — *Droit pénal* ou *Droit criminel,* qui a trait à la détermination et à la sanction des infractions; qui concerne la procédure criminelle. — *Droit médical,* déterminant les obligations et les droits du médecin à l'égard des malades, des membres de la profession médicale et la société en général. — *Droit aérien.* — *Droit spatial, de l'espace.* — ⒸⒸ La science juridique. *Étudiant en droit. Faire son droit. Professeur de droit.* V. **Juriste.** *Faculté de droit. Cours de droit. Études de droit. Capacité de droit, licence en droit.*

DROITE [dʀwat]. *n. f.* (XVIᵉ; de *droit*).
I. (De *droit* 2). ♦ 1° Le côté droit, la partie droite. *Il ne sait pas distinguer sa droite de sa gauche.* « *Quand vous avez l'habitude de coucher sur la droite, ce n'est pas à mon âge que vous changez* » (ROMAINS). *Se diriger vers la droite; prendre sur la droite.* — *C'est à votre droite, sur votre droite. Placer qqn à sa droite.* Relig. *À la droite de Dieu, du Père* (place des justes). ♦ 2° *Spécialt.* Le côté droit d'un chemin, d'une route, sur lequel les véhicules doivent rouler dans la plupart des pays. *Prendre la droite, tenir, garder sa droite. Et votre droite!* apostrophe à un conducteur qui ne reste pas à sa droite. ♦ 3° (1791). *La droite d'une assemblée politique :* les députés qui siègent à droite (du président) et qui appartiennent traditionnellement aux partis conservateurs. *L'extrême droite,* les députés extrémistes de droite. — Les différents partis qui composent la droite. « *Avec les bénédictions des droites réactionnaires* » (MAUROIS). ◊ Ceux qui, dans un pays, approuvent ces députés; fraction de l'opinion publique conservatrice ou réactionnaire. *Toute la droite a voté pour lui. Il est de droite. Journal de droite, d'extrême droite.* « *Tu avais déjà des idées de gauche? — J'avais surtout horreur de toutes les idées de droite* » (BEAUVOIR). ♦ 4° Relig. *La main droite* (de Dieu). « *Tous deux sont morts. Seigneur, votre droite est terrible* » (HUGO). ◊ La main droite (boxe,

escrime). V. 2. **Droit** (II). — (ANT. *Gauche, revers*). ♦ 5° *Loc. adv.* À DROITE : du côté droit. *Regarder à droite. Prendre, tourner à droite,* commandements militaires. — *À droite et à gauche, de droite et de gauche :* de tous côtés. « *Lucas tournait la tête à droite et à gauche ainsi qu'un dindon inquiet* » (MAC ORLAN). ◊ Sur la partie droite de la chaussée. *Roulez à droite!* ◊ *Fam.* Avec les gens de droite, en politique. *Voter à droite.* Adj. *Elle est très à droite.*
II. (1738; de *droit* 1). Ligne dont l'image est celle d'un fil parfaitement tendu; *Géom.* Notion de base de la géométrie élémentaire (on admet que *par deux points on peut faire passer une droite et une seule.* V. **Plan**). *Droites parallèles. Demi-droite. Droite de position :* sur laquelle est situé l'observateur à un moment donné. — (ANT. *Courbe*).

DROITEMENT [dʀwatmã]. *adv.* (XIIᵉ; de *droit* 1). Rare. D'une manière droite, franche ou équitable. *Juger, parler droitement.* « *Non, mon maître, répliqua tout droitement le champi* » (SAND). ◊ ANT. *Faussement, hypocritement.*

DROITIER, IÈRE [dʀwatje, jɛʀ]. *adj.* (XVIᵉ; de *droit* 2). ♦ 1° Qui se sert mieux de la main droite que de la main gauche (V. **Dextralité**). *La plupart des humains sont droitiers.* Subst. *Un droitier* (ANT. *Gaucher*). ♦ 2° *Fam.* De la droite politique. Subst. *Les droitiers.*

DROITISME [dʀwatism(ə)]. *n. m.* (1967; de *droite,* 3°, d'apr. *gauchisme*). Polit. Attitude des partisans de la droite. ◊ ANT. *Gauchisme.*

DROITISTE [dʀwatist(ə)]. *n. et adj.* (1966; de *droite,* 3°, d'apr. *gauchiste*). Polit. Qui est partisan de la droite, de solutions réactionnaires. « *Le caractère conservateur et 'droitiste' de sa politique* » (GUILLAIN). ◊ ANT. *Gauchiste.*

DROITURE [dʀwatyʀ]. *n. f.* (fin XIIᵉ; au sens 1°, puis « droit, justice »; de *droit* 1). ♦ 1° *Vx.* Direction en droite ligne. *En droiture.* ♦ 2° (XVIIᵉ). *Mod.* Qualité d'une personne droite, loyale, dont la conduite est conforme aux lois de la morale, du devoir. V. **Franchise, honnêteté, loyauté, probité, rectitude, sincérité.** *Droiture de caractère, de cœur.* « *Il voyait l'honnêteté de ma nature, la pureté de mes mœurs et la droiture de mon esprit* » (RENAN). ◊ ANT. *Déloyauté, improbité, malhonnêteté.*

DROLATIQUE [dʀɔlatik]. *adj.* (1565, repris par Balzac, 1832; de *drôle*). Littér. Qui a de la drôlerie, qui est récréatif et pittoresque. V. **Cocasse, curieux, drôle, plaisant.** *Un personnage, une figure drolatique.* V. **Bouffon, burlesque.** *Les contes drolatiques de Balzac.* « *Je trouve toujours assez drolatique de voir d'honorables bourgeois se mettre sur leurs fumerons et retirer leur huit-reflets pour entendre exécuter un hymne révolutionnaire* » (DUHAM.). ◊ ANT. *Banal, triste.*

DRÔLE [dʀol]. *n. m. et adj.* (1584; *drolle,* fin XVᵉ; du néerl. *drol* « petit bonhomme, lutin »).
I. *N. m.* ♦ 1° *Vieilli.* Homme roué à l'égard duquel on éprouve de l'amusement et de la défiance. V. **Coquin.** *Ce drôle ne manque pas d'esprit!* « *Une fois au service du Pape, le drôle continua le jeu qui lui avait si bien réussi* » (DAUD.). *Mauvais drôle :* coquin. « *Les miracles accomplis sur les champs de bataille nous ont appris que les plus mauvais drôles pouvaient s'y transformer en héros* » (BALZ.). ♦ 2° *Mod. et région.* (1771). Gamin, jeune garçon (dans le Midi de la France). « *Comme s'il était homme à se gêner pour un drôle!* » (MAURIAC).
II. *Adj.* (1636). ♦ 1° Qui prête à rire par son originalité, sa singularité. V. **Amusant, comique, plaisant, risible** (Cf. pop. **Bidonnant, marrant, rigolo, tordant**). *Une histoire drôle. Un mot drôle :* plaisanterie, trait (d'esprit). *Vous trouvez cela drôle? — La situation actuelle n'est pas drôle :* elle est triste, navrante, affligeante. « *Les études, avec les examens au bout, ce n'est pas toujours très drôle* » (ROMAINS). ◊ (*Personnes*) Qui sait faire rire. V. **Amusant, gai.** *Ce fantaisiste est drôle.* ◊ Qui fait rire. V. **Comique, ridicule.** *Ce qu'il est drôle, avec ce petit chapeau.* ◊ Subst. *C'est un, une drôle :* une curieuse personne. V. **Numéro.** ♦ 2° Qui est anormal, étonnant. V. **Bizarre, curieux, étonnant, étrange, singulier, surprenant.** *Nous trouvons drôle qu'il ait oublié de nous prévenir.* — (*Personnes*) *Je l'ai trouvé drôle :* il doit avoir quelque souci caché. *Fam. Vous êtes drôle! Qu'auriez-vous fait à ma place? Se sentir tout drôle :* ne pas se sentir comme d'habitude. V. **Chose** (tout chose). « *Elle a avoué le lendemain avoir éprouvé quelque chose de singulier pendant plusieurs heures, avoir été toute drôle, sans je ne sais comment* » (VOLT.). ◊ DRÔLE DE... « *J'ai une drôle d'idée dans ma tête* » (VOLT.). *Un drôle d'instrument. Une drôle de chose. Une drôle d'aventure* (Cf. *Extravagant, fantastique, rocambolesque*). *Faire une drôle de tête. Un drôle de personnage. Un drôle de type, de coco :* une personne originale, parfois qui étonne, ou dont il convient de se méfier. *La drôle de guerre :* nom donné à la guerre de 1939-1945 dans sa première phase, à cause du calme qui régnait sur l'ensemble du front. ◊ *Fam.* (intensif) V. **Rude, sacré.** *Cet homme a une drôle de carrure, une drôle de poigne,* une large carrure, une forte poigne. *Il faut une drôle d'endurance, de patience pour supporter cela :* il en faut

beaucoup. — (ANT. *Ennuyeux, falot, insipide, triste. Normal, ordinaire*).

DRÔLEMENT [dʀolmã]. *adv.* (1625; de *drôle*, II). ♦ 1° *Rare.* D'une manière amusante. V. **Comiquement, plaisamment.** *Gautier « a drôlement raconté comment son père, pour l'obliger à écrire, l'enfermait sous clef »* (HENRIOT). ♦ 2° (1870). *Cour.* D'une manière bizarre. V. **Bizarrement.** *Elle est drôlement accoutrée. Vous vous comportez drôlement.* ♦ 3° (1945). *Fam.* De manière extraordinaire. V. **Bien, diablement, extrêmement, rudement.** *Les prix ont drôlement augmenté. Il fait drôlement froid aujourd'hui. Elle est drôlement bien.* V. **Joliment, très.** *« Tu m'as l'air drôlement défaitiste »* (SARTRE). ◊ ANT. *Tristement. Normalement. Peu; pas.*

DRÔLERIE [dʀolʀi]. *n. f.* (1573; de *drôle*). ♦ 1° Parole ou action drôle et pittoresque. V. **Bouffonnerie.** *Dire des drôleries.* ♦ 2° Caractère de ce qui est drôle, pittoresque. *« Ses naïves confessions sont pleines de bonne humeur, de drôlerie, d'exubérance »* (R. ROLLAND). ◊ ANT. *Tristesse.*

DRÔLESSE [dʀolɛs]. *n. f.* (XVIᵉ; de *drôle*, I). *Vieilli.* Femme effrontée, méprisable.

DRÔLET, ETTE [dʀolɛ, ɛt]. *adj.* (1797; de *drôle*). *Littér.* Assez amusant (personne, chose).

DROMADAIRE [dʀɔmadɛʀ]. *n. m.* (déb. XIIᵉ; bas lat. *dromedarius*, du gr. *dromas* « coureur »). Mammifère voisin du chameau (*Camélidés*), à une seule bosse, renommé pour sa vitesse. *Dromadaire du Sahara dressé pour les courses rapides.* V. **Méhari.** *« On voit le désert grisâtre se dégrader sous le ventre roux des dromadaires »* (FROMENTIN).

-DROME, -DROMIE. Éléments, tirés du gr. *dromos* « course » » (*ex.* : *aérodrome, cynodrome, hippodrome, vélodrome*).

DROME [dʀom]. *n. f.* (1755; bas all. *drôm*, ou néerl. *drommer* « poutre »). *Mar.* ♦ Ensemble de diverses pièces de rechange (avirons, mâts, vergues) disposées sur le pont d'un navire. ♦ 2° Ensemble des embarcations appartenant à un navire. ♦ 3° Pièce de charpente qui supporte le marteau d'une forge.

DRONTE [dʀɔ̃t]. *n. m.* (1663; mot par l'océan Indien, par le hollandais). Grand oiseau coureur de l'île Maurice, incapable de voler, exterminé par l'homme au XVIIIᵉ s. V. **Dodo.**

1. **DROPER** [dʀɔpe]. *v. intr.* (1902; aphérèse d'*adroper*, arg. des soldats d'Afrique [1869], d'origine arabe). *Pop.* Filer, courir très vite.

2. **DROPER** ou **DROPPER** [dʀɔpe]. *v. tr.* (av. 1918; angl. *to drop* « lâcher, abandonner »). *Anglicisme.* ♦ 1° V. **Larguer** (2°), **parachuter** (1°). ♦ 2° *Arg. fam.* Abandonner, délaisser (qqn); négliger (une relation). Cf. Laisser choir, tomber. ♦ 3° (1972). *Fig.* Abandonner ses études, son métier, par rejet des valeurs sociales et culturelles de la société, et vivre en marge des cadres existants. — Subst. *Un dropé, une dropée.* V. **Drop(-)out;** *hippie, marginal.* *« 'Les dropés', plus constructifs que les marginaux de base, montrent bien qu'il y a recherche d'un autre travail, non pas simple lassitude de la dureté urbaine »* (Nouv. Obs., 30-4-1973).

DROP-GOAL [dʀɔpgol]. *n. m.* (1895; mot angl., de *to drop* « tomber » et *goal* « but »). *Au rugby,* anglicisme qui désigne le coup de pied en demi-volée dit *coup de pied tombé.* Ellipt. *Tenter le drop.* — Pl. *Drop-goals.*

DROP(-)OUT [dʀɔpaut]. *n.* (1967; mot amér. « qui abandonne ses études, une activité professionnelle »). *Anglicisme.* Dropé, dce. V. **Droper** (3, 3°); *hippie, marginal.*

DROPPAGE [dʀɔpaʒ]. *n. m.* (1960; de l'empr. angl. *drop* « appareil de chargement du navire », 1870, de *to drop* « laisser tomber »). *Milit.* Parachutage de personnel ou de matériel. *Zone de droppage,* terrain approprié pour le largage.

DROSÉRA [dʀozeʀa]. *n. m.* (1804; lat. bot. *drosera,* gr. *droseros* « humide de rosée »). Plante carnivore des tourbières (*Droséracées*) dont les feuilles en rosette munies de tentacules peuvent engluer les petits insectes (Syn. *Rossolis*).

DROSOPHILE [dʀozɔfil]. *n. f.* (1844; lat. sav., du gr. *drosos* « rosée », et *-phile*). *Sc.* Insecte diptère, couramment utilisé dans les expériences de génétique (Syn. *Mouche du vinaigre*). *« La drosophile est très facile à élever; elle présente un grand nombre de races ou mutations »* (J. ROSTAND).

DROSSE [dʀos]. *n. f.* (1643; altér. it. *trozza,* avec le *d* de *drisse;* du lat. *tradux* « sarment de vigne »). *Mar.* Filin, câble, cordage ou chaîne servant à faire mouvoir la barre du gouvernail.

DROSSER [dʀose]. *v. tr.* (1634; de *drosse*). *Mar.* Entraîner vers la côte. V. **Dériver.** *Courant qui drosse un navire. Navire drossé à la côte.* — Par anal. *« Un cyclone qui le drosserait jusqu'au sol »* (ST-EXUP.).

DRU, UE [dʀy]. *adj.* (1080; gaul. °*drūto-* « fort, vigoureux »). ♦ 1° Qui présente des pousses serrées et vigoureuses. V. **Épais, serré, touffu.** *Herbe haute et drue. Les blés sont drus cette année.* — (Poils) *« Sa beauté de jeune dieu, que fortifiait une barbe drue et noire »* (FRANCE). — *Pluie, neige, grêle drue et serrée.* V. **Fort.** *« Une pluie drue à ne pas se voir d'un*

bout du navire à l'autre » (LOTI). — Fig. *« Mes idées poussent si drues et si serrées qu'elles s'étouffent et ne peuvent mûrir »* (GAUTIER). *« Le dialogue n'est pas tant vif que dru, aigu, tranchant »* (SUARÈS). ♦ 2° *Adv.* La pluie, la neige tombent dru. ◊ ANT. *Clairsemé, rare.*

DRUGSTORE ou **DRUG(-)STORE** [dʀœgstɔʀ]. *n. m.* (1939; mot angl., de *drug* (V. **Drogue**), et *store* « magasin »). ♦ 1° Aux États-Unis et au Canada, Magasin où l'on vend divers produits (alimentation, hygiène, pharmacie). — Au Canada, on dit **Pharmacie.** ♦ 2° En France, Ensemble moderne formé d'un bar, d'un café-restaurant, de magasins divers, parfois d'une salle de spectacles. *Des drug(-)stores* (abrév. *drug*).

DRUIDE [dʀyid]. *n. m.* (1213; lat. *druida,* d'o. gaul.). Nom des anciens prêtres gaulois ou celtes. V. **Eubage.** *Chaque année les druides cueillaient le gui sacré sur les chênes, avec une faucille d'or. Les druides avaient des fonctions religieuses, pédagogiques et judiciaires; ils exerçaient probablement une influence politique.* Dér. **Druidesse.** *n. f.,* 1727.

DRUIDIQUE [dʀyidik]. *adj.* (1773; de *druide*). Qui est relatif aux druides. *Religion, enseignement druidique. Monument druidique.*

DRUIDISME [dʀyidism(ə)]. *n. m.* (1727; de *druide*). *Didact.* Religion des druides.

DRUMLIN [dʀœmlin]. *n. m.* (1907; mot irl., du gaélique *druim* « bord d'une colline »). *Géogr.* Éminence elliptique constituée par les éléments d'une moraine, dans les pays de relief glaciaire.

DRUMMER [dʀœmœʀ]. *n.* (v. 1945; mot angl., de *drum* « tambour »). *Jazz.* Anglicisme pour Batteur, percussionniste. *« Le drummer saupoudra sa caisse »* (QUENEAU).

DRUPE [dʀyp]. *n. f.* (1796; lat. *drupa* « pulpe »). *Bot.* Fruit indéhiscent, charnu, à noyau (endocarpe lignifié). *Ex. :* abricot, cerise, pêche, prune.

DRY [dʀaj]. *adj.* et *n. m. invar.* (1877; mot angl. « sec »). Anglicisme. ♦ 1° *Champagne dry* : sec; *extra-dry* : très sec. ♦ 2° (v. 1960). Cocktail au gin et au vermouth.

DRYADE [dʀijad]. *n. f.* (1265; lat. *dryas, -adis,* du gr. *druas,* de *drus* « chêne »). ♦ 1° *Myth.* Nymphe protectrice des forêts (V. *aussi* **Hamadryade**). *« C'est l'époque où, faute de dryades, on embrasse, sans dégoût, le tronc des chênes »* (BAUDEL.). ♦ 2° *Bot.* (1786). Plante des montagnes (*Rosacées*).

DRY FARMING [dʀajfaʀmiŋ]. *n. m.* (1911; mots angl. « culture à sec »). *Agric.* Méthode de culture des régions sèches, qui consiste à emmagasiner dans le sol l'eau tombée pendant deux années consécutives, la pluie d'une seule année étant insuffisante pour obtenir une bonne récolte.

DU [dy]. *art.* (*Del,* IXᵉ; contracté de la prép. *de,* et de l'art. défini *le*). ♦ 1° Article défini contracté. *Venir du Portugal.* V. **De** (1), et **Le.** ♦ 2° (Déb. XIIIᵉ). Article partitif. *Manger du pain.* V. **De** (2). ◊ HOM. *Dû.*

DÛ, DUE [dy]. *adj.* et *n. m.* (XIVᵉ; de *devoir*). ♦ 1° *Adj.* Que l'on doit. *Somme due.* Loc. prov. *Chose due, chose due. En port dû.* ◊ Qui est redevable à; causé par. *« Des propriétés dues à ce qu'on appelle les « radiations »* (ROMAINS). ◊ Dr. *Acte en due forme, en bonne et due forme :* rédigé conformément à la loi et revêtu de toutes les formalités nécessaires. ♦ 2° *N. m.* Ce qui est dû. *Payer son dû.* V. **Dette.** *Réclamer son dû. « Sur quoi, leur dû acquitté, les clients gagnaient la sortie »* (COURTELINE). ◊ ANT. *Indu.* — HOM. *Du.*

DUAL, ALE, ALS, ALES [dɥal]. *adj.* (mil. XXᵉ; du bas lat. *dualis* « deux »). *Log., Math.* Se dit de propriétés qui sont par deux et qui présentent un caractère de réciprocité. *Équation, expression duale,* qui se déduit d'une équation ou d'une expression écrite en inversant les symboles ∪ (union) et ∩ (intersection) en inversant les symboles ∩ et ∪. — *Relations duales.* — *Espace dual.* — *Formes duales.*

DUALISME [dɥalism(ə)]. *n. m.* (déb. XVIIIᵉ; lat. mod. *dualismus* (1700), du lat. *dualis* « composé de deux »). ♦ 1° Doctrine qui admet dans l'univers deux principes premiers irréductibles. *Antagonisme, conflit des principes du Bien et du Mal dans les dualismes zoroastrien, manichéen.* ♦ 2° *Philo.* Tout système qui, dans un ordre d'idées quelconque, admet l'existence de deux principes essentiellement irréductibles. ♦ 3° Coexistence de deux éléments différents. V. **Dualité.** *Dualisme de la matière et de l'esprit. Dualisme de l'Autriche-Hongrie.* ◊ ANT. *Monisme.*

DUALISTE [dɥalist(ə)]. *adj.* (1702; *dualistique,* 1842; Cf. le précéd.). Qui se rapporte au dualisme. *Système, théorie dualiste. Philosophie, religion dualiste.* Subst. (1864). *Un dualiste :* un partisan du dualisme.

DUALITÉ [dɥalite]. *n. f.* (1377, puis 1585, repris 1835; du lat. *dualis*). Caractère ou état de ce qui est double en soi; coexistence de deux éléments de nature différente. *« Alors s'établit en moi une lutte ou plutôt une dualité qui a été le secret de toutes mes opinions »* (RENAN). *« Ce que Danton demande à la Convention, c'est d'abolir la dualité du pouvoir délibérant et du pouvoir exécutif »* (JAURÈS). ◊ ANT. *Unité.*

DUBITATIF, IVE [dybitatif, iv]. *adj.* (XIIIᵉ; bas lat. *dubitativus;* de *dubitare.* V. **Douter**). Qui exprime le doute. *Réponse dubitative.* « *Albertine employait toujours le ton dubitatif pour les résolutions irrévocables* » (PROUST). ◇ ANT. *Affirmatif.*

DUBITATION [dybitɑsjɔ̃]. *n. f.* (1220; lat. *dubitatio,* rac. *dubitare.* V. **Douter**). *Rhétor.* Figure par laquelle l'orateur feint d'hésiter sur la manière dont il doit interpréter ou juger qqch., afin de prévenir les objections.

DUBITATIVEMENT [dybitativmã]. *adv.* (1839; de *dubitatif*). D'une manière dubitative. *Répondre dubitativement.*

DUC [dyk]. *n. m.* (1080; lat. *dux, ducis* « chef »). **I.** ♦ 1° *Ancienn.* Souverain d'un duché. *Le duc de Bourgogne.* V. **Duchesse.** ♦ 2° *Mod.* Celui qui porte le titre de noblesse le plus élevé après celui de prince (en France et dans quelques pays étrangers). *Le duc d'Albe, de Guise, de Saint-Simon. Un duc. Duc et pair.* V. *aussi* **Archiduc, grand-duc.**
II. *Ancienn.* (1877). Luxueuse voiture à cheval, à quatre roues, deux places, un siège de cocher et un siège arrière pour un domestique.
III. *Mod.* (Fin XIIIᵉ). Oiseau, variété de hibou, qui porte sur la tête deux aigrettes en forme d'oreilles de chat. *Grand duc* (Bubo). *Moyen duc.* V. **Hibou.** *Petit duc* (Scops).

DUCAL, ALE, AUX [dykal, o]. *adj.* (*Duchal,* v. 1150; de *duc*). Qui appartient à un duc, à une duchesse. *Couronne ducale. Palais ducal.*

DUCASSE [dykas]. *n. f.* (XVIᵉ; var. dial. de l'a. fr. *dicasse, dicaze* (fin XIIᵉ), de *Dédicace,* nom d'une fête catholique). Fête patronale (et *par ext.* fête publique), en Belgique et dans le nord de la France. « *Je me souviens d'avoir vu... une scène de Guignol, un jour de ducasse* » (BERNANOS).

DUCAT [dyka]. *n. m.* (1395; it. *ducato* « monnaie à l'effigie d'un duc »; monnaie des ducs ou doges de Venise). Ancienne monnaie d'or.

DUCATON [dykatɔ̃]. *n. m.* (fin XVIᵉ; de *ducat*). Ancienne monnaie d'argent.

DUCE [dutʃe]. *n. m.* (1922; mot it. « chef », lat. *dux.* V. **Duc**). *Le Duce,* titre pris par Mussolini, chef de l'Italie fasciste (1922-1945).

DUCHÉ [dyʃe]. *n. m.* (XIIᵉ; de *duc*). Seigneurie, principauté à laquelle le titre de duc est attaché. *Les anciens duchés de Bourgogne, de Bretagne, de Normandie. Duché-pairie :* terre à laquelle était attaché le titre de duc et pair. V. *aussi* **Grand-duché.**

DUCHESSE [dyʃɛs]. *n. f.* (XIIᵉ; de *duc*). ♦ 1° Femme revêtue de la dignité de duc soit par mariage, soit par la possession d'un duché, soit par l'attribution du titre. *La duchesse d'Anjou, de Bretagne. Madame la duchesse.* *Iron.* (1870) En parlant d'une femme qui affecte de grands airs. *Elle fait sa duchesse, la duchesse.* ♦ 2° (1770). *Fig.* Sorte de lit de repos à dossier. — *Lit à la duchesse* · grand lit à colonnes supportant un baldaquin. ♦ 3° *Invar.* (1870). Variété de poire fondante. *Appos. Des poires duchesse.*

DUCROIRE [dykʀwaʀ]. *n. m.* (1723; de *du,* et *croire* « vendre à crédit »). *Comm.* Engagement par lequel un commissionnaire garantit son commettant contre les risques d'insolvabilité de l'acheteur. ◇ Prime accordée au commissionnaire qui répond des personnes auxquelles il vend la marchandise.

-DUCTE. Élément, du lat. *ductus* « conduit » (ex. : *oviducte*).

DUCTILE [dyktil]. *adj.* (h. 1282; 1578; lat. *ductilis,* de *ducere* « conduire, tirer »). *Didact.* Qui peut être allongé, étendu, étiré sans se rompre. « *On file les métaux ductiles* » (VOLT.).

DUCTILITÉ [dyktilite]. *n. f.* (1671; de *ductile*). *Didact.* Propriété des corps ductiles. *La ductilité de l'or permet de l'étirer en fils très fins.*

DUÈGNE [dɥɛɲ]. *n. f.* (1655; *dæègne,* 1643; esp. *dueña*). *Ancienn.* Femme âgée, gouvernante chargée de veiller sur la conduite d'une jeune fille ou d'une jeune femme. V. **Chaperon.** « *La vieillesse d'une duègne ne rassure pas tant un amant jaloux que la vieillesse du visage de celle qu'il aime* » (PROUST).

1. DUEL [dɥɛl]. *n. m.* (1539; lat. *duellum* forme archaïque de *bellum* « guerre »). ♦ 1° *Ancienn.* Combat entre deux adversaires armés (Combat singulier). « *Le vainqueur offrit le duel au nouveau roi* » (BOSS.). ◇ *Duel judiciaire :* combat singulier admis comme preuve juridique. V. **Ordalie.** ♦ 2° Combat entre deux personnes dont l'une exige de l'autre la réparation d'une offense par les armes. V. **Affaire** (d'honneur), **rencontre.** *Provoquer en duel.* V. **Cartel.** *Se battre en duel.* (Cf. *Aller sur le pré, sur le terrain*). *Les témoins dans un duel. L'offensé a le choix des armes pour le duel.* « *Le duel est affreux, surtout lorsqu'il détruit une vie pleine d'espérance* » (CHATEAUB.). ♦ 3° *Fig.* « *Le duel d'artillerie, toujours fort inégal, continuait* » (MADELIN). — *Duel oratoire* : échange de répliques entre deux orateurs. V. **Joute.**

2. DUEL [dɥɛl]. *n. m.* (1570; lat. *dualis.* V. **Dualisme**). *Gram.* Nombre qui s'emploie dans les déclinaisons et les conjugaisons de certaines langues (arabe, grec, hébreu, sanscrit) pour désigner deux personnes, deux choses. *Singulier, duel et pluriel.*

3. DUEL, ELLE [dɥɛl]. *adj.* (1827; lat. *dualis*). *Gram.* Propre au duel (2.). — *Didact.* et *rare.* Qui repose sur la dualité, sur le concept de dualité, de double*. V. **Dualiste**; *binaire.*

D.U.E.L. [dɥɛl]. *n. m.* (1966; sigle). Diplôme universitaire d'études littéraires, couronnant le premier cycle de l'enseignement supérieur, entre 1966 et 1974.

DUELLISTE [dɥelist(ə)]. *n. m.* (fin XVIᵉ; d'apr. it. *duellista*). Celui qui se bat en duel, qui cherche les occasions de se battre en duel. V. **Bretteur, ferrailleur.**

D.U.E.S. [dyɛs]. *n. m.* (1966; sigle). Diplôme universitaire d'études scientifiques, couronnant le premier cycle de l'enseignement supérieur, entre 1966 et 1974.

DUETTISTE [dɥetist(ə)]. *n.* (1922; de *duetto*). Personne qui joue ou qui chante une partie dans un duo. — *Duettistes comiques* (music-hall).

DUETTO [dɥe(ɛt)to]. *n. m.* (XIXᵉ; dimin. de *duo*). *Mus.* (*Rare*). Petit duo.

DUFFEL-COAT ou **DUFFLE-COAT** [dœfœlkot]. *n. m.* (v. 1945; *duffel,* désignant un tissu, 1762; mots angl., de *duffel* « tissu de laine », de *Duffel* (ville de Flandre), et *coat* « manteau »). Manteau trois-quarts avec capuchon, en gros tissu de laine (sur le modèle des trois-quarts de la marine britannique). Pl. *Duffel-coats* ou *duffle-coats.*

DUGAZON [dygazɔ̃]. *n. f.* (1845; nom d'une célèbre cantatrice (1755-1821). Rôle d'amoureuse dans les opéras-comiques; chanteuse spécialiste de ce rôle.

DUGON [dygɔ̃] ou **DUGONG** [dygɔ̃(g)]. *n. m.* (1756, -1832; *dujung,* 1756; malais *dûyoung*). *Zool.* Mammifère sirénien qui vit dans l'océan Indien et peut atteindre 3 m de long. *Le dugong, dit vache marine, se nourrit de végétaux aquatiques; il ressemble beaucoup au lamantin.*

DUIT [dɥi]. *n. m.* (XIIIᵉ; de l'a. fr. *duire,* lat. *ducere* « conduire »). *Vx* ou *région.* ♦ 1° Chaussée formée de pieux et de cailloux, en travers d'une rivière ou d'un petit bras de mer, et qui est destinée à arrêter le poisson au moment du jusant. ♦ 2° Lit artificiel d'un cours d'eau.

DUITE [dɥit]. *n. f.* (1531; de l'a. fr. *duire* « conduire »). *Techn.* Longueur d'un fil de la trame, d'une lisière à l'autre, dans une pièce d'étoffe.

DULCIFICATION [dylsifikɑsjɔ̃]. *n. f.* (1651; de *dulcifier*). *Vx.* Action de dulcifier.

DULCIFIER [dylsifje]. *v. tr.* (1620; bas lat. *dulcificare* « rendre doux », de *dulcis* « doux »). *Vx.* Corriger, tempérer l'acreté, l'acidité ou l'amertume de (qqch.) par l'addition d'une substance plus douce. V. **Adoucir.**

DULCINÉE [dylsine]. *n. f.* (1755; de *Dulcinée de Toboso,* femme aimée de Don Quichotte, dans le roman de Cervantes). *Plais.* Femme inspirant une passion romanesque. *Il soupire auprès de sa dulcinée. Il est allé voir sa dulcinée.* V. **Bien-aimée.**

DULCITE [dylsit]. *n. f.* (v. 1860; lat. sav. *dulcita,* class. *dulcis*). *Chim.* Matière sucrée, isomère de la mannite, identique à une matière extraite du mélampyre.

DULIE [dyli]. *n. f.* (1372; lat. ecclés. *dulia,* gr. *douleia* « servitude »). *Théol.* Respect et honneur que l'on rend aux anges, aux saints. *Culte de dulie et culte de latrie.*

DUM-DUM [dumdum]. *n. f.* ou *adj. inv.* (1899; nom d'une localité de l'Inde où cet engin fut fabriqué). Balle de fusil dont l'enveloppe est entaillée en croix de manière à provoquer une large blessure, ou plus souvent *balle dum-dum. L'emploi des balles dum-dum a été interdit en 1899.*

DÛMENT [dymã]. *adv.* (*Deümment,* XIVᵉ; de *due,* p. p. f. de *devoir*). *Dr., Admin.* Selon les formes prescrites; en due forme. *Fait dûment constaté. Dûment autorisé.* ◇ ANT. *Indûment.*

DUMPER [dœmpœʀ]. *n. m.* (v. 1960; mot angl., de *to dump* « décharger »). *Anglicisme.* Engin de terrassement, comprenant une benne automotrice basculante. — *Recomm. offic.* V. **Tombereau.**

DUMPING [dœmpiŋ; dœpiɲ]. *n. m.* (1904; terme comm. angl., de *to dump* « entasser, déblayer »). *Écon.* Pratique qui consiste à vendre sur les marchés extérieurs des prix inférieurs à ceux qui sont pratiqués sur le marché national (et parfois aux prix de revient). *Faire du dumping.* Cf. *Casser* les prix (*fam.*). ◇ ANT. *Antidumping.*

DUNDEE [dœndi]. *n. m.* (1904; altér. angl. *dandy,* d'apr. *Dundee,* port d'Écosse). Navire à voiles à deux mâts.

DUNE [dyn]. *n. f.* (XIIIᵉ; moy. néerl. *dunen,* d'o. gaul. *°duno* « hauteur »; Cf. lat. *Lugdunum* « Lyon »). Butte, colline de sable fin formée par le vent sur le bord des mers (*dunes maritimes*), ou dans l'intérieur des déserts (*dunes continentales*). *Dunes littorales. Fixation des dunes par les plantations de pins. Région de dunes, le Sahara.* V. **Erg.** *Dune en croissant.*

DUNETTE [dynɛt]. *n. f.* (1634; « levée de terre », 1550; de *dune* « petite dune »). Superstructure élevée sur le pont arrière d'un navire et s'étendant sur toute sa largeur (à la différence du *rouf*). *Loger dans la dunette.* « *André se tient à l'arrière sur la dunette* » (LOTI).

DUO [dɥo]. *n. m.* (1548; mot it. « deux »). Composition musicale pour deux voix, deux parties vocales ou deux instruments. V. **Duetto**. *Duo accompagné. Duo de violon. Chanter en duo.* — *Duo comique* (chansonniers, music-hall). V. **Duettiste**. ◊ Fig. et fam. *Duo d'injures* : échange d'injures.

DUODÉCIMAL, ALE, AUX [dɥɔdesimal, o]. *adj.* (1801; lat. sav. *duodecimus* « douzième »). *Arithm.* Qui procède par douze; qui a pour base le nombre douze. *Système de numération duodécimale.*

DUODÉNAL, ALE, AUX [dɥɔdenal, o]. *adj.* (1808; de *duodénum*). *Anat.* et *méd.* Du duodénum. *Bulbe duodénal. Ulcère duodénal.*

DUODÉNITE [dɥɔdenit]. *n. f.* (1846; de *duodénum*, et suff. *-ite*). *Méd.* Inflammation du duodénum.

DUODÉNUM [dɥɔdenɔm]. *n. m.* (1478; lat. méd. *duodenum*, de *duodenum digitorum* « de douze doigts » [de longueur]). *Anat.* Partie initiale de l'intestin grêle accolée à la paroi abdominale postérieure, qui s'étend du pylore à la première anse du jéjunum avec lequel elle forme un angle (duodéno-jéjunal) à gauche de la deuxième vertèbre lombaire. *Le canal cholédoque conduit la bile dans le duodénum.*

DUODI [dɥɔdi]. *n. m.* (1793; lat. *duo* « deux », et *dies* « jour »). *Hist.* Le deuxième jour de la décade dans le calendrier républicain.

DUOPOLE [dɥɔpɔl]. *n. m.* (v. 1950; de *duo-* « deux », d'apr. *monopole*). *Écon.* Situation d'un marché où deux vendeurs se partagent toute une production (V. **Monopole**, **oligopole**).

DUPE [dyp]. *n. f.* et *adj.* (*Duppe*, 1426; emploi plaisant de *dupe* « huppe », oiseau d'apparence stupide). ♦ 1° Personne que l'on trompe sans qu'elle en ait le moindre soupçon. V. **Dindon, pigeon**. *Prendre pour dupe.* V. **Duper**. *Être la dupe de qqn.* « *Les femmes sont constamment les dupes ou les victimes de leur excessive sensibilité* » (BALZ.). ◊ *C'est un jeu de dupes*, se dit d'un marché, d'un contrat où l'on a été abusé. « *Tout le monde fait des bénéfices, sauf vous; c'est un jeu de dupes* » (ROMAINS). *C'est un marché de dupes, nous avons été volés.* Allus. hist. *La journée des Dupes* : le 10 novembre 1630, jour où le cardinal de Richelieu, que l'on croyait disgracié, reprit son autorité auprès du roi Louis XIII. ♦ 2° *Adj.* « *Comme on serait meilleur sans la crainte d'être dupe!* » (RENARD). *Il me ment, mais je ne suis pas dupe* : je le sais. — (Compl. de choses) « *Les hommes sont facilement dupes de ce qui flatte leur orgueil et leurs désirs* » (R. ROLLAND). ◊ ANT. **Détromper**.

DUPER [dype]. *v. tr.* (1622, v. pron.; v. 1460, au p. p.; de *dupe*). *Littér.* Prendre pour dupe. V. **Abuser, berner, dindonner, flouer, jouer, leurrer, mystifier, tromper** (Cf. *fam.* et *pop.* Avoir, couillonner, feinter, pigeonner, posséder, refaire, rouler). *Il est facile à duper. Se laisser duper.* « *Si c'est par amitié qu'ils vous obéissent, vous les dupez* » (ST-EXUP.). — *Pronom.* S'aveugler. « *Il lui est arrivé de se tromper... mais il ne se dupait jamais par orgueil d'infaillibilité* » (MONDOR). ◊ ANT. **Détromper**.

DUPERIE [dypʀi]. *n. f.* (*Dupperie*, 1690; de *duper*). ♦ 1° *Littér.* Action de duper (qqn); son résultat. V. **Leurre, supercherie, tromperie.** « *Il vit que le bonheur et l'amour n'étaient qu'une duperie d'un moment* » (R. ROLLAND). « *La duperie des utopies les plus vieilles et les plus décidément condamnées par l'histoire* » (BOURGET). ♦ 2° État de celui qui est dupe. « *La pire de toutes les duperies où puisse mener la connaissance des femmes est de n'aimer jamais, de peur d'être trompé* » (STENDHAL).

DUPEUR, EUSE [dypœʀ, øz]. *n.* (1669; de *duper*). *Vx.* Personne qui se plaît à duper les autres.

DUPLEX [dyplɛks]. *adj.* et *n. m.* (1884; mot lat. « double »). ♦ 1° Système de télécommunication qui permet d'assurer simultanément l'envoi et la réception de messages. *Télécomm.* V. **Duplication** (2°). *Émission en duplex.* — (1954). Dispositif permettant de transmettre des programmes (radio, télévision) émis à partir de deux ou plusieurs stations différentes. « *Un 'duplex' du son et de l'image sera organisé entre une loge de la salle (d'un théâtre) et l'appartement de Mme Colette, au Palais-Royal* » (*Le Monde*, 24-2-1954). — *Inform.* Cf. **Bidirectionnel.** V. **Directionnel.** — N. m. *Un duplex* : une telle émission. ♦ 2° (v. 1960). Appartement sur deux étages.

DUPLEXER [dyplɛkse]. *v. tr.* (xxᵉ; de *duplex* 1°). *Télécomm.* Établir un équipement en duplex. V. **Dupliquer.**

DUPLICATA [dyplikata]. *n. m. invar.* (1528; lat. médiév. *duplicata* (*littera*) « lettre redoublée »). *Dr.*, *Admin.* Second exemplaire d'une pièce ou d'un acte. V. **Copie, double.** *Le duplicata d'un diplôme, d'une quittance.*

DUPLICATEUR [dyplikatœʀ]. *n. m.* (1842, électr.; lat. *duplicator* « qui double »). Appareil, machine servant à repro-

duire un document à un grand nombre d'exemplaires. *Duplicateur à stencils, à carbones.*

DUPLICATION [dyplikasjɔ̃]. *n. f.* (xiiiᵉ; lat. *duplicatio.* V. **Double**). ♦ 1° *Didact.* ou *vx.* Opération par laquelle on double une quantité, un volume. *Duplication du cube* : construction d'un cube double d'un autre. ♦ 2° *Télécomm.* Action d'établir un duplex* (1°). (On dit aussi **Duplexage**. n. m. [dyplɛksaʒ]). ♦ 3° *Biol.* Action de doubler (*intr.*). *Duplication chromosomique* : présence d'un segment de chromosome supplémentaire à côté d'une paire de chromosomes normaux. — *Duplication de l'acide désoxyribonucléique*.

DUPLICITÉ [dyplisite]. *n. f.* (1265; bas lat. *duplicitas*). ♦ 1° *Vx.* Caractère de ce qui est double. V. **Dualité.** « *Cette duplicité de l'homme est si visible, qu'il y en a qui ont pensé que nous avions deux âmes* » (PASC.). ♦ 2° *Fig.* et *Mod.* Caractère d'une personne qui feint, qui a deux attitudes, joue deux rôles. V. **Fausseté, hypocrisie** (Cf. Jouer double jeu). « *Le Roi, malgré son éducation jésuitique et la duplicité ordinaire aux princes, avait un fonds d'honnêteté* » (MICHELET). ◊ ANT. **Droiture, franchise.**

DUPLIQUER [dyplike]. *v. tr.* (xxᵉ; lat. *duplicare* « doubler » [Cf. Duplex, 1°]). *Télécomm.* V. **Duplexer.**

DUQUEL. *pron. relat.* V. **Lequel.**

DUR, DURE [dyʀ]. *adj.*, *adv.* et *n.* (xᵉ; lat. *durus*).
I. *Adj.* ♦ 1° Qui résiste à la pression, au toucher; qui ne se laisse pas entamer facilement. V. **Résistant, rigide, solide.** *Le fer, l'acier sont des métaux durs. Objet dur comme le fer.* Fig. *Croire qqch. dur comme fer. Roches dures et roches tendres. Sol dur et sec. Peau, main dure* : calleuse, cornée. ◊ *Viande dure*, qu'on mâche avec peine. V. **Coriace.** *Blé dur. Œuf dur* : cuit dans sa coque assez longtemps pour être durci. *Pain dur*, qui a séché. V. **Rassis.** *Croquer qqch. de dur. C'est dur comme du bois.* ◊ *Lit dur; siège dur et peu confortable* (Cf. *fam.* Rembourré avec des noyaux de pêche). *Brosse, pinceau, poils durs. Col dur.* V. **Empesé.** *Papier, carton dur.* V. **Fort, rigide.** *Crayon dur*, dont la mine est dure. ♦ 2° Qui résiste à l'effort, à une action. *Cette porte est dure, résiste quand on l'ouvre ou la ferme.* — Fig. *Sommeil dur*, qu'on n'interrompt pas aisément. *Oreille dure*, qui entend mal. *Être dur d'oreille* (et pop. *dur de la feuille*) : être un peu sourd. *Avoir la tête dure* : ne rien comprendre ou ne pas vouloir comprendre. — *Avoir la vie dure* : résister. ◊ (*Personnes*) *Dur à...* : résistant. *Être dur au mal.* V. **Stoïque.** *Être dur à la peine, à la tâche* : ne pas se fatiguer, ne pas se lasser aisément. V. **Courageux, endurant, endurci.** *Être dur à la détente.* V. **Avare.** — *Dur à...* suivi d'un infinitif (personnes ou choses). V. **Difficile.** *Instrument dur à manier. Légumes durs à cuire.* Fig. (1808). *Il est assez dur à cuire* (Cf. ci-dessous, III : *un dur à cuire*). — *Polit.* Cf. **Intransigeant** (ci-dessous, III : *un dur* (polit). *Aliment dur à digérer*, et fig. *Cet affront est dur à digérer, à avaler.* ◊ *Fam.* Difficile à manier. *Cet enfant est dur.* V. **Insupportable.** ◊ Difficile à faire. *Ce problème est trop dur pour moi. Ce n'est* (fam. *c'est*) *pas dur.* ♦ 3° Pénible à supporter, désagréable aux organes des sens. *Climat dur.* V. **Âpre, inclément, inhospitalier, rigoureux, rude.** *Voix dure*, perçante ou rauque, désagréable à l'oreille. *Avoir les traits* (du visage) *durs* : les traits accusés et sans grâce. *Un dessin dur*, dont le tracé manque de souplesse et de légèreté. ◊ Pénible à une personne. V. **Pénible.** *Un dur traitement, une dure punition.* V. **Rigoureux, sévère.** *Dure leçon. La loi est dure, mais c'est la loi* (Dura lex, sed lex). *Ce fut une dure épreuve.* V. **Rude** (*Je cherche... un métier moins dur* » (GREEN). *De durs combats.* V. **Acharné, âpre, farouche.** *Être à dure école. Un coup dur.* V. **Coup.** *Les temps sont durs.* V. **Difficile, malheureux.** *Mener, rendre la vie dure à qqn*, le rendre malheureux, le tourmenter. — Impers. « *Qu'il est dur de haïr ceux qu'on voudrait aimer* » (VOLT.). ♦ 4° Qui manque de cœur, d'humanité, d'indulgence. *Une personne dure.* V. **Brutal, féroce, impitoyable, implacable, inexorable, inflexible, inhumain, insensible, intraitable, intransigeant, mauvais, méchant, sévère, strict, terrible, vache** (*pop.*). *Être dur, se montrer dur pour qqn, envers qqn. Il n'avait aucune vraie bonté à espérer de qui avait été si injuste et si dur pour son père* » (HUGO). *Être dur pour les faiblesses, les fautes d'autrui.* « *Le héros dur et pur* » (BARTHES). ◊ *Par ext.* Qui exprime, traduit un manque de cœur, d'indulgence, d'aménité. *Pourquoi* « *son visage prend-il si dur un aspect dur et fermé?* » (MART. du G.). *Répondre sur un ton dur.* V. **Acerbe, bourru, brusque, brutal, cassant, glacial, rogue, rude, sec.** ◊ *La critique fut dure pour son dernier ouvrage.* « *Le jugement que porté sur lui* (Sandeau) *par Madame Sand : Il a tout perdu, même mon estime* » (HENRIOT).

II. *Adv.* ♦ *Fam.* Avec violence ou intensité (V. **Drôlement, rudement**). *Frapper, cogner dur* : avec force. V. **Ferme, fort, sec.** « *Le soleil commença de frapper dur* » (ALAIN-FOURNIER). « *Ça se mit à gueuler dur de l'autre côté de la cloison* » (SARTRE). *Travailler dur.* V. **Énergiquement, sérieusement.**

III. *N.* ♦ 1° *N. m.* Ce qui est dur. *Le dur et le mou.* ◊ Loc. *Bâtiment en dur* : construit en matériau dur (*opposé à* bâtiments provisoires, préfabriqués). — Aviat. *Piste en dur*, bétonnée (opposé à *de terre battue*, etc.). ◊ *Pop.* (1886; « fer », 1836). V. **Train**. *Prendre le dur*. « *Il prit son billet en vitesse et son dur juste à temps* » (QUENEAU). ◊ V. **Eau-de-vie**. *Un verre de dur*. ♦ 2° *N. f.* (XVe, « terre »). *Coucher sur la dure :* par terre, sur la terre nue. — Loc. adv. À LA DURE, de manière rude, dure à supporter. V. **Durement**. « *Son père le fit élever à la dure* » (MAUROIS). ♦ 3° *N. m.* et *f.* (1829, *dur à cuire*). Pop. ou fam. Personne qui n'a peur de rien, ne recule devant rien. « *Je voulais être un homme, un dur* » (SARTRE). *Jouer les durs, les casseurs. C'est une dure. Un dur de dur.* — *Un, une dur(e) à cuire :* une personne qui ne se laisse ni émouvoir ni mener. — *Polit.* Partisan d'une attitude intransigeante. Cf. ci-dessus I, 2°; Épervier, faucon.

◊ ANT. *Amolli, doux, moelleux, mou, souple, tendre. Docile, facile. Doux, harmonieux; agréable, léger. Bienveillant, bon, brave, indulgent, sensible, tendre.*

DURABILITÉ [dyʀabilite]. *n. f.* (XVIe; de *durable*). ♦ 1° Didact. Caractère de ce qui est durable. V. **Permanence, persistance.** ♦ 2° Dr. Temps d'utilisation d'un bien.

DURABLE [dyʀabl(ə)]. *adj.* (v. 1050; de *durer*). De nature à durer longtemps. *Une construction, un monument durable. État, situation durable.* V. **Permanent, stable.** « *Il n'y a que la vérité qui soit durable et même éternelle* » (BUFF.). *Sentiment, amitié, amour durable.* V. **Profond, solide.** *Entreprise durable.* V. **Viable, vivace.** *Un souvenir durable.* V. **Vif, vivant.** « *J'avais l'insouciance de ceux qui croient leur bonheur durable* » (PROUST). « *Faire œuvre durable, c'est là mon ambition* » (GIDE).

◊ ANT. *Bref, court, éphémère, fugitif, provisoire, temporaire, transitoire.*

DURABLEMENT [dyʀabləmã]. *adv.* (XIIe; de *durable*). De façon durable. *Œuvrer durablement pour l'avenir.*

DURAL, ALE, AUX [dyʀal, o]. *adj.* (1959; de *dure-mère*). Anat. Qui se rapporte à la dure-mère. *Cul-de-sac dural. Gaine durale.*

DURALUMIN [dyʀalymɛ̃]. *n. m.* (1909; comp. de *Düren*, ville d'Allemagne où l'alliage fut créé, et *aluminium*, avec infl. de *dur*). Alliage léger d'aluminium de cuivre de magnésium et de manganèse. *Construction en duralumin* (abrév. DURAL [dyʀal]).

DURAMEN [dyʀamɛn]. *n. m.* (1839; mot lat. de *durus* « dur »). Bot. Partie tout à fait lignifiée d'un tronc d'arbre. V. **Cœur.** *Le duramen est le bois parfait; sa coloration est généralement plus foncée que celle de l'aubier.* V. **Bois.**

DURANT [dyʀã]. *prép.* (1283; après le nom; XVIe, avant le nom; p. prés. de *durer*). ♦ 1° Cour. (avant le nom). *Pendant.* V. **Pendant.** *Durant la nuit. Durant l'été. Durant le XVIIe siècle.* V. **Cours** (au cours de). — *Vx.* Loc. conj. *Durant que :* pendant que. ♦ 2° Après le nom (dans quelques loc.). *Parler une heure durant :* complète, entière. « *Nous vous assurerons, votre vie durant, les mensualités que vous touchiez ici* » (MART. du G.).

DURATIF, IVE [dyʀatif, iv]. *adj.* (1910; de *durer*). Ling. *Aspect duratif,* celui d'une action (verbe) considérée dans son développement, sa durée. V. **Imperfectif.**

DURCIR [dyʀsiʀ]. *v.* (fin XIIe; de *dur*). ♦ I. *V. tr.* ♦ 1° Rendre dur, ferme. *La chaleur durcit la terre. Durcir l'acier.* V. **Tremper.** *L'âge durcit les artères, les tissus.* V. **Indurer.** « *Le travail l'avait beaucoup durcie* (sa main) » (LOTI). ♦ 2° Rendre plus dur, moins sensible. V. **Endurcir, fortifier.** « *On s'exerce à durcir son cœur, on se cache de la pitié* » (VIGNY). ♦ 3° (XXe). Rendre plus ferme, plus intransigeant. ♦ 4° Par ext. Faire paraître dur, plus dur. *Cette coiffure lui durcit les traits, le visage.* ♦ 5° SE DURCIR. v. pron. *La pierre se durcit à l'air.* — *Ses traits se durcissent avec l'âge.* V. **Accentuer** (s').

II. *V. intr.* Devenir dur, ferme. *Pain qui durcit rapidement.* V. **Rassir, sécher.** *La crème durcit en se refroidissant.* V. **Prendre.**

◊ ANT. *Amollir, attendrir, mollir.*

DURCISSEMENT [dyʀsismã]. *n. m.* (1753; de *durcir*). ♦ 1° Le fait de durcir, de se durcir; son résultat. *Durcissement de l'argile, du ciment. Durcissement des tissus.* V. **Induration, sclérose.** ♦ 2° Le fait de devenir plus résistant, plus dur *(fig.)*. *On constate un durcissement de la résistance ennemie sur ce point du front.* V. **Renforcement.** — *Durcissement d'une attitude,* qui devient plus rigide, plus intransigeante. ◊ ANT. *Amollissement, assouplissement.*

DURÉE [dyʀe]. *n. f.* (1131; de *durer*). ♦ 1° Cour. Espace de temps qui s'écoule par rapport à un phénomène, entre deux limites observées (début et fin). V. **Temps.** *La durée d'un spectacle, d'un voyage. Durée des vacances. Pendant une durée de quinze jours.* V. **Espace, période.** « *Comme un tableau est un espace à émouvoir, une pièce de théâtre, c'est une durée à animer* » (GIDE). *Durée de la vie.* V. **Âge, temps, existence.** *Durée des fonctions d'un souverain; durée d'une influence, d'une mode.* V. **Règne.** *Longue durée.* V. **Longueur, pérennité.** *De*

longue durée : durable*. Spécialt. *Disque microsillon de longue durée.* — *Courte, brève durée.* V. **Instant, moment.** *Bonheur de courte durée :* éphémère, momentané. *Être absent pour une durée illimitée :* dont le terme n'est pas fixé. ♦ 2° Philo. Vx. *L'espace et la durée.* V. **Temps.** — *Mod.* Temps vécu; caractère des états psychiques qui se succèdent en se fondant les uns dans les autres. « *La durée vécue par notre conscience est une durée au rythme déterminé, bien différente de ce temps dont parle le physicien* » (BERGSON). ♦ 3° (1870). Mus. Temps pendant lequel un son doit être entendu. V. **Valeur.**

DUREMENT [dyʀmã]. *adv.* (1080; de *dur*). D'une manière dure. ♦ 1° Concret *(Rare).* En opposant au toucher, à la pression une forte résistance. ♦ 2° Abstrait *(Cour.).* D'une manière pénible à supporter. *Il a été durement éprouvé par cette perte. Enfant élevé durement* (Cf. À la dure). ♦ 3° Avec dureté, sans bonté, sans humanité. *Parler, répondre durement.* V. **Méchamment, sèchement.** « *Il regarda durement Daniel et bâilla avec férocité* » (SARTRE). ◊ ANT. *Mollement. Doucement, gentiment.*

DURE-MÈRE [dyʀmɛʀ]. *n. f.* (XIIIe; trad. lat. méd. *dura mater*). La plus superficielle et la plus résistante des trois méninges*.

DURER [dyʀe]. *v. intr.* (fin XIe; lat. *durare* « durcir; endurer, résister, durer », de *durus* « dur »). Continuer d'être, d'exister.

I. *(Choses).* ♦ 1° Avoir une durée de. *Le spectacle a duré deux heures. Voilà des semaines que cela dure. Leur conversation dure encore, dure depuis midi. Les débats durèrent longtemps.* V. **Éterniser** (s'), **prolonger** (se), **traîner.** *Cela a assez duré. Cela n'a que trop duré.* — « *Plaisir d'amour ne dure qu'un moment* » (FLORIAN). Fam. *Ça durera ce que ça durera* (peu importe si cela ne dure pas longtemps). ◊ Absolt. **DURER** : durer longtemps. *L'hiver a duré cette année. Le beau temps dure.* V. **Maintenir** (se). *Faire durer :* prolonger, entretenir, perpétuer. *Faire durer le plaisir.* « *Julien éprouvait une invincible répugnance à s'en aller, il faisait durer l'explication* » (STENDHAL). *Pourvu que ça dure! Cela ne peut durer, il faut que cela cesse.* ♦ 2° *(En parlant du temps).* Donner l'impression de durer (un temps plus long). *Cette minute a duré une heure, nous a duré une heure.* « *Chaque heure de cette vie abominable me semble durer une journée* » (STENDHAL). ♦ 3° Résister contre les causes de destruction. V. **Conserver** (se), **demeurer, subsister, tenir.** *La pierre dure plus que le bois.* « *J'aimerais mieux avoir peint la chapelle Sixtine que gagné bien des batailles. Ça durera plus longtemps et c'était peut-être plus difficile* » (FLAUB.). V. **Rester.** *Fleur qui dure qu'un jour.* V. **Vivre.** ♦ 4° En parlant de ce qui se consomme par l'usage. *Ce costume a duré deux ans. Cette ration devra vous durer huit jours.* V. **Faire.** *Faire durer ses affaires.* V. **Conserver, économiser, épargner.**

II. *(Personnes).* ♦ 1° Vx. Vivre. « *Il s'est fait admirer tant qu'ont duré ses frères* » (CORN.). ◊ Continuer à vivre; et *péj.* Faire durer sa vie, trop lent pour rester en vie. « *Je dure sans vieillir, j'existe sans souffrir* » (HUGO). « *Qui veut durer, doit endurer* » (R. ROLLAND). ♦ 2° Fam. et région. Demeurer là où on est, comme on est. V. **Demeurer, rester.** — (Surtout à la forme négative) *Ne pouvoir durer en place.* « *J'étouffe quand je suis dans une ville. Je ne peux pas durer plus d'une journée à Grenoble quand j'y mène Louise* » (BALZ.).

◊ ANT. *Arrêter* (s'), *cesser, passer, terminer* (se). *Disparaître, mourir.*

DURETÉ [dyʀte]. *n. f.* (XIIIe; de *dur*). Caractère de ce qui est dur. ♦ 1° Propriété de ce qui résiste à la pression, au toucher; de ce qui ne se laisse pas entamer facilement. *Dureté du verre, du marbre, du diamant. Degré de dureté d'une substance.* V. **Consistance.** ◊ Phys. Résistance à la production d'une empreinte par pression d'un objet de nature différente. *Échelle de dureté de Mohs* (10 degrés). ◊ *Dureté d'un lit.* « *La dureté de la barbe s'allie à l'idée de force* » (ROMAINS). *Dureté d'une brosse.* V. **Rigidité.** — Fig. *Dureté de l'eau :* qualité de l'eau qui renferme certains sels (sulfate de calcium, chlorure de magnésium) et ne produit pas de mousse avec le savon. Cf. Titre* (III, 2°) hydrotimétrique (V. **Hydrotimétrie**). *Dureté temporaire* (bicarbonates), *permanente* (sulfates). ♦ 2° Défaut d'harmonie, de douceur. « *La dureté des saisons terrasse les corps que la maladie rend incapables de lutter* » (PROUST). V. **Inclémence, rigueur, rudesse.** *Dureté des traits du visage. Dureté du contour, du tracé d'un dessin.* — Acoustique. *Dureté, fausseté d'un accord.* V. **Faux** (I, 10°). ♦ 3° Caractère de ce qui est pénible à supporter. *La dureté des temps. Dureté d'une condition. Excessive dureté d'un châtiment.* V. **Sévérité.** ♦ 4° *(Personnes).* Manque de sensibilité, de cœur; caractère ou comportement dur (I, 4°). V. **Insensibilité, sécheresse.** *Dureté d'un père pour ses fils. Traiter qqn avec dureté :* malmener, maltraiter, rudoyer. V. **Brutalité, rudesse.** *Répondre avec dureté.* V. **Durement.** « *Il était rebuté par la dureté, la sécheresse, l'égoïsme de ces âmes d'intellectuels* » (R. ROLLAND). « *Elle avait beau paraître impérieuse, effrayer son mari par sa dureté, elle était faible* »

(GREEN). ◊ Par ext. *Dureté d'âme, de cœur. Dureté du regard, de l'expression.* ♦ 5° Vx. *Plur.* Actions, paroles pleines de dureté. V. **Méchanceté.** « *Je tombe des nues quand vous m'écrivez que je vous ai dit des duretés* » (VOLT.). ◊ ANT. Mollesse. Douceur. Aménité, cœur, gentillesse, indulgence, sensibilité, tendresse.

DURHAM [dyʀam]. *n. et adj.* (1855; comté angl.). Bovin d'une race sélectionnée, originaire du Durham.

DURILLON [dyʀijɔ̃]. *n. m.* (1478; *dureillon, durellon*, XIIIe ; de *dur*). Épaississement arrondi, légèrement saillant, de la peau, formé aux pieds, aux mains, à des endroits soumis à des pressions répétées. V. **Cal, callosité, cor.** « *Les mains qui peinent n'évitent la blessure que grâce au durillon* » (DUHAM.).

DURION [dyʀjɔ̃]. *n. m.* (1588; malais *dourian* par l'esp., le lat. sav., etc.). Grand arbre de l'archipel indien *(Malvacées)* dont le fruit, de la grosseur d'un petit melon, est comestible. — Ce fruit.

DURIT [dyʀit]. *n. f.* (1949; marque déposée; probabl. de *dur*). Tuyau, conduite en caoutchouc traité pour les raccords de canalisations des moteurs à explosion. *Changer une durit.* REM. L'orthogr. *Durite* serait plus normale.

DUUMVIR [dyɔmviʀ]. *n. m.* (1587; mot lat., de *duo* « deux », et *vir* « homme »). Antiq. rom. Membre d'un collège de deux magistrats.

DUUMVIRAT [dyɔmviʀa]. *n. m.* (1642; de *duumvir*). Antiq. rom. Dignité, fonction de duumvir. Durée de cette fonction.

DUVET [dyvɛ]. *n. m.* (1310; altér. de *dumet* (XVe), dimin. a. fr. *dum* ou *dun* (XIIIe), refait sur *plume;* scand. *dunn*). I. ♦ 1° Petites plumes molles et très légères qui poussent les premières sur le corps des oisillons, et qu'on trouve sur le ventre et le dessous des ailes chez les oiseaux adultes. *Petite plume du duvet* (plumule). *Duvet des poussins. Duvet du cygne. Duvet de l'eider.* V. **Édredon.** *Oreiller, matelas de duvet.* « *La neige en cette nuit flottait comme un duvet* » (HUGO). ♦ 2° (v. 1950). Sac de couchage bourré de duvet ou d'une matière analogue. *Le duvet d'un campeur.* II. *Par anal.* ♦ 1° Poils fins et doux qui, chez les mammifères, poussent sous les longs poils. ♦ 2° Production cotonneuse qui vient sur certaines plantes. *Tiges, feuilles couvertes de duvet* (cotonneux, laineux, lanifère, lanugineux). ♦ 3° Barbe naissante d'un jeune homme. « *Il pensa aussi qu'il lui fallait, le plus tôt possible, se raser les joues et le menton. Le duvet qui les couvrait encore ressemblait à un aveu public d'ingénuité* » (ROMAINS). — *Poil très fin sur la lèvre, les joues, la nuque* (des femmes, des enfants).

DUVETÉ, ÉE [dyvte]. *adj.* (1611; *dumeté*, 1534; de *dumet*. V. **Duvet).** Qui est couvert de duvet. *Pêche duvetée.* V. **Velouté.**

DUVETER (SE) [dyvte]. *v. pron.;* conjug. *acheter* (1875; de *duvet*). Se couvrir de duvet. *Ses joues commencent à se duveter.*

DUVETEUX, EUSE [dyvtø, øz]. *adj.* (fin XVIe ; de *duvet*). ♦ 1° Qui est de la nature du duvet. *Pelage duveteux.* ♦ 2° Qui a beaucoup de duvet. « *La mollesse duveteuse de la peau* (d'un jeune cerf) » (GENEVOIX).

Dy Symbole chimique du *dysprosium**.

DYADE [djad]. *n. f.* (1870; *dyas*, 1546; bas lat. *dyas, -adis* « nombre de deux »). ♦ 1° Philo. Réunion de deux principes qui se complètent réciproquement. *La dyade pythagoricienne de l'unité et de l'infini.* ♦ 2° Biol. Ensemble de deux chromosomes, l'un d'origine paternelle, l'autre d'origine maternelle, dont la séparation est à la base de la disjonction du caractère héréditaire. Cf. **Méiose, mitose.** (Adj. DYADIQUE [djadik], 1870. V. **Binaire**).

DYARCHIE [djaʀʃi]. *n. f.* (1864; gr. *duo* « deux », et gr. *arkhê* « commandement »). *Polit.* Gouvernement simultané de deux rois, deux chefs, deux pouvoirs. *La dyarchie de Sparte.*

DYKE [dik; dajk]. *n. m.* (1768; *dike*, 1759; mot angl. « digue »). *Géol.* Roche éruptive qui fait saillie à la surface du sol et qui affecte la forme d'une épaisse muraille, ou d'une colonne.

Dyn Symbole de la *dyne**.

DYNAMICIEN [dinamisjɛ̃]. *n. m.* (1968; de *dynamique*). *Psycho., Sociol.* Personne spécialisée dans l'étude des relations psychosociales (dynamique sociale, dynamique de groupe), et de leurs effets.

-DYNAMIE. Élément, du gr. *dunamis* « force ». V. aussi **Dynamo-.**

DYNAMIQUE [dinamik]. *adj. et n. f.* (1692; gr. *dunamikos*, de *dunamis* « force »). I. *Adj.* ♦ 1° Relatif aux forces, à la notion de force. « *Traité de la science dynamique* » (LEIBNIZ). *Électricité dynamique :* courant électrique; son étude. ◊ (1947). *Écon.* Relatif à l'étude des faits économiques dans leurs causes et leurs effets *(opposé à* statique). *Économie dynamique. Théorie dynamique de l'économie.* ◊ *Méd.* Relatif à l'efficacité, la puissance

d'action d'un remède. V. **Dynamisation.** ♦ 2° *Sc.* Qui considère les choses dans leur mouvement, leur devenir. ♦ 3° (XXe). *Cour.* Qui manifeste une grande vitalité, de la décision et de l'entrain. *Une personne dynamique.* V. **Actif, énergique, entreprenant.** II. *N. f.* (déb. XVIIIe). ♦ 1° *La dynamique :* partie de la mécanique qui étudie le mouvement considéré dans ses rapports avec les forces qui en sont les causes. — (XXe). Ensemble des forces en interaction et en opposition dans un phénomène, une structure. *Dynamique du système.* — (v. 1965). *Fig.* Forces orientées vers un progrès, une expansion. *Dynamique de l'idée européenne. Dynamique révolutionnaire.* ♦ 2° Sociol. *Dynamique sociale* (T. employé par Comte, par oppos. à *Statique sociale*), partie de la sociologie qui étudie les faits en évolution, le progrès de la société. *Dynamique des sociétés.* — *Dynamique des populations*, étude de l'évolution de la structure des populations. Cf. **Démographie.** ♦ 3° (v. 1940). Psycho., Sociol. *Dynamique de(s) groupe(s)*, psychologie sociale appliquée à la prise de conscience des processus de formation, d'évolution du groupe et de l'interaction de ses membres. Cf. **Brainstorming.** ◊ Psychan. *Dynamique des états de conscience.* ◊ ANT. Statique. Apathique.

DYNAMIQUEMENT [dinamikmɑ̃]. *adv.* (1870; de *dynamique*). ♦ 1° *Mécan.* Du point de vue dynamique. ♦ 2° (XXe). *Cour.* Avec dynamisme* (2°).

DYNAMISATION [dinamizasjɔ̃]. *n. f.* (XXe ; angl. *dynamization;* V. **Dynamiser**). *Homéop.* Action d'accroître l'efficacité d'un remède par des procédés de préparation spécifiquement homéopathiques : dilution, trituration. — (v. 1970). Action de dynamiser (2°). *Dynamisation de l'entreprise.*

DYNAMISER [dinamize]. *v. tr.* (1872, *se dynamiser* « prendre un caractère dynamique »; angl. *to dynamize*, 1855, du gr. *dunamis* « force »). ♦ 1° *Homéop.* Procéder à la dynamisation d'une substance. ♦ 2° (v. 1968). *Cour.* Donner, communiquer du dynamisme (2°). *Dynamiser une équipe, des services.* « *Mais par quoi dynamiser réellement les consciences, les cœurs, les âmes?* » (PAUWELS). (Adj. DYNAMISANT, ANTE [dinamizã, ãt]).

DYNAMISME [dinamism(ə)]. *n. m.* (1835; du gr. *dunamis*, d'apr. *dynamique*). ♦ 1° *Philo.* Système qui admet l'existence de forces irréductibles à la masse et au mouvement *(opposé à* mécanisme). *Le dynamisme de Leibniz.* ◊ Doctrine qui pose le mouvement ou le devenir comme primitif *(opposé à* statisme). *Le dynamisme de Bergson.* ♦ 2° (1932). *Cour.* V. **Énergie, vitalité.** *Le* « *besoin qu'éprouve l'esprit moderne d'exprimer le dynamisme et le foisonnement du monde où il plonge* » (ROMAINS). *Il manque de dynamisme.* ◊ ANT. Mécanisme; statisme. Mollesse, passivité.

DYNAMISTE [dinamist(ə)]. *n.* (1856; de *dynamisme*, 1°). *Philo.* Partisan du dynamisme. Adj. *Philosophie dynamiste.*

DYNAMITAGE [dinamitaʒ]. *n. m.* (XXe ; de *dynamiter*). ♦ 1° Action de faire sauter à la dynamite. ♦ 2° (v. 1970). *Fig.* Action de dynamiter (3°). *Dynamitage du langage, de la politique, de la réalité.* Cf. **Démystifier.**

DYNAMITE [dinamit]. *n. f.* (1866; gr. *dunamis* « force »). Substance explosive, composée d'un mélange de nitroglycérine et de différentes matières solides, inertes (ex. : kieselguhr) ou actives (nitrate de soude, soufre, charbon, paraffine, cellulose). *Attentat à la dynamite.* ◊ Fig. et fam. *C'est de la dynamite, ce bonhomme :* il est remuant, explosif.

DYNAMITER [dinamite]. *v. tr.* (1890; de *dynamite*). ♦ 1° Faire sauter à la dynamite. *Dynamiter un pont.* ♦ 2° Garnir de dynamite. ♦ 3° (1966). *Fig.* Faire éclater les règles traditionnelles d'un système. Cf. **Démystifier.** *Dynamiter le langage, les mythes, les certitudes. Dynamiter le cinéma classique, les structures dramatiques.* — (Adj. DYNAMITÉ, ÉE; *dynamitisé*, 1882).

DYNAMITERIE [dinamitʀi]. *n. f.* (1875; de *dynamite*). *Techn.* Fabrique de dynamite.

DYNAMITEUR, EUSE [dinamitœʀ, øz]. *n.* (1871; de *dynamite*). ♦ 1° Vx. Qui travaille à la fabrication de la dynamite. ♦ 2° Auteur d'attentats à la dynamite (var. DYNAMITERO [dinamitero] (1892), empr. esp.). ♦ 3° *n.* (v. 1966). *Fig.* Personne qui contribue à faire éclater les formes traditionnelles. V. **Dynamiter** (3°). Cf. **Démystificateur.** *Dynamiteur du langage, de la forme.*

DYNAMO [dinamo]. *n. f.* (1881). Abrév. courante pour *machine dynamo-électrique*, transformant l'énergie mécanique en énergie électrique. *Dynamo à courant continu de Gramme* (1872); *dynamo à courant alternatif* (V. **Alternateur**). *Une dynamo comprend un électro-aimant* (inducteur), *un induit comportant des bobines enroulées en série, des organes de connexion* (balai, collecteur). *Dynamo d'une automobile,* mue par le moteur et produisant le courant nécessaire aux appareils de l'équipement électrique. *La dynamo charge les accumulateurs.*

DYNAM(O)-. Premier élément de mots savants, tiré du gr. *dunamis* « force ».

DYNAMO-ÉLECTRIQUE [dinamɔelɛktʀik]. *adj.* (1888 ; de *dynamo-*, et *électrique*). *Électr.* Qui transforme l'énergie mécanique en énergie électrique (courant continu). *Machine dynamo-électrique.* V. **Dynamo.**

DYNAMOGÈNE [dinamɔʒɛn] ou **DYNAMOGÉNIQUE** [dinamɔʒenik]. *adj.* (1910,-1899 ; de *dynamo-*, et *-gène*, *-génique*). *Physiol.* Qui engendre, qui crée de l'énergie, de la force. *Aliment dynamogène.* Spécialt. *Sensation, sentiment dynamogène,* qui augmente le tonus vital.

DYNAMOGÉNIE [dinamɔʒeni]. *n. f.* (av. 1890 ; *dynamogénésie*, 1843 ; de *dynamo-*, et *-génie*). *Physiol.* Accroissement de la fonction d'un organe sous l'influence d'une excitation. ◇ ANT. *Inhibition.*

DYNAMOGRAPHE [dinamɔgʀaf]. *n. m.* (1878 ; de *dynamo-*, et *-graphe*). *Physiol.* Instrument servant à enregistrer la force musculaire.

DYNAMOMÈTRE [dinamɔmɛtʀ(ə)]. *n. m.* (1802 ; de *dynamo-*, et *mètre*). *Physiol.* Instrument servant à mesurer la force musculaire, l'intensité d'une contraction musculaire. *Dynamomètre enregistreur.* V. **Dynamographe.**

DYNAMOMÉTRIQUE [dinamɔmetʀik]. *adj.* (1877 ; de *dynamométrie*). *Phys.* Qui a rapport à la mesure des forces.

DYNASTE [dinast(ə)]. *n. m.* (v. 1500 ; gr. *dunastês* « souverain »). *Antiq.* Petit souverain qui gouvernait sous la dépendance d'un souverain plus puissant.

DYNASTIE [dinasti]. *n.¹f.* (1455, repris mil. XVIIIe ; gr. *dunasteia*). ♦ 1° Succession des souverains d'une même famille. *Le chef, le fondateur d'une dynastie. La dynastie mérovingienne, capétienne.* ♦ 2° *Fig.* Succession d'hommes célèbres, dans une même famille. *La dynastie des Bach.*

DYNASTIQUE [dinastik]. *adj.* (1834 ; de *dynastie*). Relatif à une dynastie.

DYNE [din]. *n. f.* (1881 ; gr. *dunamis* « force »). *Phys.* Unité principale de force, dans le système C.G.S. : force qui, appliquée à une masse de 1 gramme, lui communique une accélération de 1 cm/s par seconde. Cf. Newton. V. *aussi* **Bar.**

-DYNE. Élément, du gr. *dunamis* « force ».

DYS-. Élément, du gr. *dus* « difficulté, mauvais état » (nombreux mots de méd.).

DYSACOUSIE [dis(z)akuzi]. *n. f.* (v. 1970 ; de *dys-*, et gr. *akoustikos* « qui concerne l'ouïe »). *Méd.* Trouble de l'audition.

DYSACROMÉLIE [dis(z)akrɔmeli]. *n. f.* (1946, C. COURY ; de *dys-*, gr. *akron* « bout », et gr. *mélos* « membre »). *Anat.* Dysmorphie* des extrémités (des membres). V. **Dysmélie.** — *Adj.* DYSACROMÉLIQUE [dizakrɔmelik].

DYSARTHRIE [dis(z)aʀtʀi]. *n. f.* (1897 ; de *dys-*, et du gr. *arthron* « articulation » ; Cf. Arthr[o]-). *Méd.* Difficulté de l'élocution due à une lésion des centres moteurs du langage. Cf. Anarthrie.

DYSBARISME [disbaʀism(ə)]. *n. m.* (1962 ; de *dys-*, et gr. *baros* « pression »). *Méd. spatiale.* Ensemble de troubles (arthralgie, névralgie, vertiges, paresthésies, troubles visuels, prurit et éruptions cutanées, paralysies, etc.) liés à une baisse de la pression barométrique en dessous d'une atmosphère.

DYSBASIE [disbazi]. *n. f.* (XXe ; de *dys-*, et gr. *basis* « action de marcher »). *Méd.* Trouble de la marche. (*Adj.* DYSBASIQUE [disbazik].)

DYSBOULIE [disbuli]. *n. f.* (1909, APERT ; de *dys-*, et gr. *boulê* « volonté »). *Psychiatr.* Troubles de la volonté. V. **Aboulie.** — *Adj.* DYSBOULIQUE [disbulik].

DYSCALCULIE [diskalkyli]. *n. f.* (v. 1970 ; de *dys-*, et *calcul*, d'apr. *dyslexie*, *dysorthographie*, etc.). *Didact.* Trouble dans l'apprentissage du calcul (non lié à des déficiences intellectuelles). Cf. Dysgraphie, dyslexie, dysorthographie, dyspraxie.

DYSCHROMATOPSIE [diskrɔmatɔpsi]. *n. f.* (1855 ; de *dys-*, gr. *chrôma* « couleur », et *opsis* « action de voir »). *Méd.* Trouble de la perception des couleurs ; *spécialt.,* incapacité de l'œil à distinguer les trois couleurs fondamentales. V. **Achromatopsie, daltonisme.**

DYSCHROMIE [diskrɔmi]. *n. f.* (XXe ; de *dys-*, et gr. *krôma* « couleur »). *Méd.* Trouble de la pigmentation de la peau (*Achromie, hyperchromie* : absence ou excès de pigmentation ; *vitiligo*).

DYSCRASIE [diskʀazi]. *n. f.* (*Discrasie*, 1314 ; de *dys-*, et gr. *krasis* « humeur »). *Méd.* ♦ 1° *Vieilli.* Perturbation des humeurs organiques. — *Mauvaise constitution.* ♦ 2° Perturbation des phénomènes de coagulation sanguine. V. Crase (sanguine). (*Adj.* DYSCRASIQUE [diskʀazik].)

DYSENDOCRINIE [dis(z)ãdɔkʀini]. *n. f.* (1949 ; de *dys-*, et *endocrine*). *Méd.* Trouble des glandes endocrines. (*Adj.* DYSENDOCRINIEN, IENNE [dis(z)ãdɔkʀinjɛ̃, jɛn].)

DYSENTERIE [disãtʀi]. *n. f.* (v. 1560 ; *dissintere*, XIIIe ; *dissenterie*, 1372 ; de gr. *entera* « entrailles »). Affection caractérisée par une inflammation des intestins, surtout du côlon, avec douleurs abdominales et diarrhée grave, souvent sanguinolente. — *Spécialt.* Infection intestinale causée

par des bacilles (*dysenterie bacillaire*) ou des amibes (*dysenterie amibienne*). V. **Amibiase.**

DYSENTÉRIQUE [disãteʀik]. *adj.* (fin XIVe ; de *dysenterie*). Qui est relatif à la dysenterie. *Colique, flux dysentérique. Amibe, bacille dysentérique.* — *Subst.* Atteint de dysenterie.

DYSESTHÉSIE [disɛstezi]. *n. f.* (1772 ; gr. *dusaisthêsia*, de *dus-* [Cf. *Dys-*], et *aisthêsis* « sensibilité »). *Méd.* , *psycho.* Trouble de la sensibilité qui est exaspérée ou affaiblie. V. **Paresthésie.** *Sensations d'engourdissement, de picotements, de fourmillements, dans les dysesthésies.* — *Adj.* DYSESTHÉSIQUE [disɛstezik].

DYSFONCTIONNEMENT [disfɔ̃ksjɔnmã]. *n. m.* ou **DYSFONCTION** [disfɔ̃ksjɔ̃]. *n. f.* (1933,-v. 1950 ; mot hybride, de *dys-*, et *fonctionnement, fonction*). *Didact.* Trouble dans le fonctionnement (méd., psycho.).

DYSGÉNIQUE [disʒenik]. *adj.* (1972 ; angl. *dysgenic*, et de *dys-*, et *génique*). *Biol.* Qui s'oppose à l'amélioration de la race, qui favorise une évolution régressive. ◇ ANT. *Eugénique.*

DYSGRAPHIE [disgrafi]. *n. f.* (v. 1960 ; « défaut de conformation d'un organe », 1878 ; de *dys-*, et *-graphie*, d'apr. *dyslexie*, etc.). *Méd.* Difficulté dans l'acquisition de l'exécution de l'écriture, liée à des troubles fonctionnels (en l'absence de déficiences intellectuelles). *Dysgraphie d'évolution.* — *adj.*, *subst.* DYSGRAPHIQUE [disgrafik]. « *Tous ceux qui apprennent mal ou lentement à lire et à écrire, ne sont pas des dyslexiques, ni des dysgraphiques* » (Le Figaro, 8-11-1966).

DYSHARMONIE [dis(z)aʀmɔni]. *n. f.* (1878 ; de *dys-*, et *harmonie*). *Méd.* Dissociation schizophrénique. Cf. Désagrégation* psychique. ◇ HOM. *Disharmonie.*

DYSIDROSE ou **DYSHIDROSE** [dis(z)idʀoz]. *n. f.* (1898 ; empr. angl. [1873] ; de *dys-*, et gr. *-idros* « sueur »). *Méd.* Trouble de la sécrétion sudorale. — *Par ext.* Éruption vésiculeuse des mains et des pieds (rappelant celle de la *miliaire*).

DYSKINÉSIE [diskinezi] ou **DYSCINÉSIE** [disinezi]. *n. f.* (mil. XXe,-1772 ; gr. *duskinêsis*, de *dus-* [Cf. *Dys-*], et *kinêsis* « mouvement »). *Méd.* Trouble des mouvements (par suite de spasmes, crampes, incoordination, etc.). V. **Apraxie, dystonie.** *Dyskinésie fonctionnelle, crampe professionnelle.* — *Adj.* DYSKINÉTIQUE [diskinetik] ou DYSCINÉTIQUE [disinetik].

DYSLEPTIQUE [dislɛptik]. *adj.* (1961 ; de *dys-*, et *-leptique*, du gr. *lêptikos* « qui prend »). *Méd.* Qui dérègle, qui favorise un dysfonctionnement. *Psychoses expérimentales provoquées par des drogues à action leptique, analeptique* ou *dysleptique.*

DYSLEXIE [dislɛksi]. *n. f.* (1897 ; de *dys-*, et gr. *lexis* « mot » ; Cf. Lexique). *Méd.* Trouble de la capacité de lire, ou difficulté à reconnaître et à reproduire le langage écrit.

DYSLEXIQUE [dislɛksik]. *adj.* et *n.* (XXe ; de *dyslexie*). *Méd.* Qui se rapporte à la dyslexie, qui en est atteint. — *Subst.* *Un dyslexique.*

DYSLOGIE [dislɔʒi]. *n. f.* (XXe ; de *dys-*, et *-logie*). *Méd.* Trouble du langage lié à une altération des fonctions intellectuelles. — *Dyslogie graphique,* trouble de l'écriture dû à des déficiences intellectuelles. V. **Dysgraphie, dysorthographie.**

DYSMÉLIE [dismeli]. *n. f.* (v. 1970 ; de *dys-*, et gr. *mêlos* « membre »). *Méd.* Développement anormal d'un ou de plusieurs membres, lié à un trouble de l'embryogenèse. — *Adj., subst.* DYSMÉLIQUE [dismelik]. « *Enfants dysméliques (ou phocomèles), atteints des malformations des membres que l'on connaît à la suite de l'affaire de la Thalidomide* » (Science et Vie, 1973).

DYSMÉNORRHÉE [dismenɔʀe]. *n. f.* (1795 ; de *dys-*, gr. *mên* « mois », suff. *-rrhée*). *Méd.* Menstruation difficile et douloureuse. — (*Adj.* DYSMÉNORRHÉIQUE [dismenɔʀeik], 1836.)

DYSMNÉSIE [dismnezi]. *n. f.* (1864 ; de *dys-*, d'apr. *amnésie*). *Méd.* Altération de la mémoire des faits récents (*dysmnésie de fixation*) ou des faits anciens (*amnésie diffuse*). *Dysmnésie d'évocation,* portant sur les noms propres, les dates. *Dysmnésie paramnésique.* V. **Paramnésie.** — *Adj.* DYSMNÉSIQUE [dismnezik].

DYSMORPHIE [dismɔʀfi] ou **DYSMORPHOSE** [dismɔʀfoz]. *n. f.* (1870 ; -XXe ; de *dys-*, et *morph-*, et gr. *duamorphos* « difforme »). *Méd.* Difformité ; dysacromélie, dysmélie, dysphasie, dystrophie.

DYSOREXIE [dis(z)ɔʀɛksi]. *n. f.* (1870 ; gr. *dusorexia* « inappétence », de *dus-* [Cf. *Dys-*], et *oregesthai* « aspirer, tendre »). *Méd.* Tout trouble de l'appétit (anorexie, boulimie, certaines toxicomanies, ingestion de matières non alimentaires).

DYSORTHOGRAPHIE [dis(z)ɔʀtɔgʀafi]. *n. f.* (v. 1960 ; de *dys-*, et *ortographe*, d'apr. *dyslexie*, etc.). *Méd.* Trouble dans l'acquisition et la maîtrise des règles de l'orthographe (en l'absence de déficiences intellectuelles). V. **Dyslogie** (graphique). — *Adj.*, *subst.* DYSORTHOGRAPHIQUE [dis(z)ɔʀtɔgʀafik]. *Éducateurs psychologues reçoivent dyslexiques, dysorthographiques.*

DYSOSMIE [dis(z)ɔsmi]. *n. f.* (1864; de *dys-*, et gr. *osmê* « odeur »). *Méd.* Trouble de l'olfaction.

DYSPEPSIE [dispɛpsi]. *n. f.* (mil. XVIe; de *dys-*, et gr. *peptein* « cuire, digérer »; Cf. Pepsine). *Méd.* et *cour.* Digestion difficile et douloureuse. — Troubles digestifs fonctionnels, surtout de l'estomac, sans lésion organique évidente. *Dyspepsie acide.* V. **Hyperacidité, pyrosis.** *Dyspepsie flatulente*, par aérophagie* ou production de gaz intestinaux (V. **Ballonnement, météorisme**).

DYSPEPTIQUE [dispɛptik] ou **DYSPEPSIQUE** [dispɛpsik]. *adj.* (1845,-1864; de *dyspepsie*). Qui est relatif à la dyspepsie. — *Subst.* Malade atteint de dyspepsie.

DYSPHAGIE [disfaʒi]. *n. f.* (1805; de *dys-*, et *-phagie*). *Méd.* Difficulté à avaler (*adj.* (XXe) DYSPHAGIQUE [disfaʒik]).

DYSPHASIE [disfazi]. *n. f.* (1870; de *dys-*, et angl. *-phasie*, du gr. *phasis* « parole »). *Méd.* Trouble du langage (parole ou fonction du langage) dû à des lésions des centres cérébraux. *Dysphasie motrice :* difficulté d'expression. V. **Aphasie.** *Dysphasie sensorielle :* difficulté de compréhension.

DYSPHONIE [disfɔni]. *n. f.* (*h.* 1586; 1793; de *dys-*, et *-phonie*). *Méd.* Nom générique des troubles de la phonation, d'origine centrale ou périphérique.

DYSPHORIE [disfɔʀi]. *n. f.* (1870; gr. *dusphoria* « angoisse », de *dusphoros* « difficile à supporter »). *Didact.* État de malaise. — ANT. **Euphorie.**

DYSPLASIE [displazi]. *n. f.* (mil. XXe; de *dys-*, et suff. savant *-plasie*, du gr. *plassein;* V. **-Plaste**). *Biol.*, *Méd.* Anomalie dans le développement biologique (de tissus, d'organes, d'organismes) entraînant des difformités ou monstruosités. *Dysplasie résultant d'une dystrophie*.* *Dysplasie dentaire.* — *Adj.* (mil. XXe) DYSPLASIQUE [dysplazik].

DYSPNÉE [dispne]. *n. f.* (XVIIe; *dispnœæ*, 1560; de *dys-*, et gr. *pnein* « respirer »). *Méd.* Difficulté de la respiration. *Dyspnée asthmatique, cardiaque.* — *Adj.* (1833), *subst.* (XXe) DYSPNÉIQUE [dispneik].

DYSPRAXIE [dispʀaksi]. *n. f.* (XXe; de *dys-*, et gr. *praxis* « action »). *Méd.* Terme générique désignant plusieurs troubles apparentés à l'apraxie*. — Chez l'enfant, trouble

évolutif d'ordre psychomoteur et parfois affectif, souvent accompagné de difficultés d'apprentissage de la lecture, de l'écriture et du calcul.

DYSPROSIUM [dispʀozjɔm]. *n. m.* (1886; gr. *dusprositos* « difficile à atteindre »). *Chim.* Corps simple *(Dy)*, de p. at. 162,5, n° at. 66, métal extrait d'une terre rare.

DYSTASIE [distazi]. *n. f.* (XXe; de *dys-*, et gr. *stasis* « action de se tenir debout »). *Méd.* Difficulté à se tenir debout. V. **Dystonie** (d'attitude).

DYSTOCIE [distɔsi]. *n. f.* (1864; *dystokie*, 1829; gr. *dustokia*, même sens). *Méd.* Accouchement laborieux, pénible. *Dystocie par anomalie de contraction, de dilatation. Dystocie cervicale de nature pathologique, anatomique ou fonctionnelle.* — *Adj.* DYSTOCIQUE [distɔsik]. ◇ ANT. **Eutocie.**

DYSTOMIE [distɔmi]. *n. f.* (XXe; de *dys-*, et gr. *stoma* « bouche »). *Méd.* Nom générique des différents troubles de la prononciation (zézaiement, chuintement, etc.). V. **Blésité, dysphonie.**

DYSTONIE [distɔni]. *n. f.* (1843; de *dys-*, et gr. *tonos;* V. **Tonus**). *Méd.* Perturbation du tonus musculaire ou du tonus nerveux. V. **Atonie, hypertonie, hypotonie.** — *Dystonie d'attitude* (V. **Dystasie**), *dystonie kinétique*,* altération des mouvements d'équilibre. V. **Dyskinésie.** — *Dystonie neurovégétative*, altération fonctionnelle des systèmes vague et sympathique dans le sens de l'hyper- ou de l'hypotonie (V. **Vagotonie; sympathicotonie**). — *Adj.* DYSTONIQUE [distɔnik].

DYSTROPHIE [distʀɔfi]. *n. f.* (1878; de *dys-*, et gr. *trophê* « nourriture »). *Méd.* ♦ 1° Trouble de la nutrition d'un organe ou d'une partie du corps. *Dystrophie alimentaire.* ♦ 2° Anomalie de développement ou dégénérescence d'un organe ou d'une structure anatomique. *Dystrophie de la cornée. Dystrophie musculaire progressive.* V. **Myopathie.** — *Adj.* (1922). DYSTROPHIQUE [distʀɔfik].

DYSURIE [dis(z)yʀi]. *n. f.* (1560; *dissurie*, XIVe; de *dys-*, et *-urie*). *Méd.* Difficulté d'uriner (*adj.* [1864]; *subst.* [1870] DYSURIQUE [dizyʀik]).

DYTIQUE [ditik]. *n. m.* (1764; gr. *dutikos* « plongeur »). Insecte coléoptère vivant dans l'eau (DYTICIDÉS [ditiside]), destructeur du frai, des alevins et même de petits poissons.

DZÊTA [dzɛta]. *n. m.* V. ZÊTA.

E

E [ə]. *n. m.* Cinquième lettre et deuxième voyelle de l'alphabet, servant à noter des sons très différents : le *e ouvert* [ɛ], *fermé* [e], muet ou caduc [ə]. « *L'e muet qui tantôt existe, tantôt ne se fait presque point sentir, s'il ne s'efface entièrement* » (VALÉRY). ◊ **E.** abrév. de *Excellence.* — **E.** abrév. de *Est.* ◊ Math. *e*, nombre incommensurable qui sert de base aux logarithmes népériens (e = 2,71828...). — Phys. *e*, symb. de l'électron. ◊ *Mus.* Nom ancien (et angl., all.) de la note *mi.*

É-. (XVIIᵉ, forme moderne de *es-*), var. **EF-, ES-,** préf. du lat. *e(x)*, prép. et préf., marquant l'éloignement ou la privation, souvent aussi le changement d'état et l'achèvement *(échauffer)*, servant à former des composés *(égarer)* sur le modèle des composés issus du lat. *(édenter).* V. **Ex-.**

EAU [o]. *n. f.* (XIVᵉ ; *ewe*, 1080 ; lat. *aqua*).

I. ♦ 1° Liquide incolore, inodore, transparent et insipide lorsqu'il est pur (formule chimique : H₂O) ; V. **Flotte** *(pop.)*, **onde** *(poét.)*, et Hydr-. — *Eau courante.* V. **Cours** (d'eau). *Chute d'eau. Eau douce,* eau des rivières, des lacs (par opposition à l'*eau salée* de la mer). *Eau stagnante. Flaque d'eau. Eau de pluie. Il est tombé beaucoup d'eau,* de pluie. *Goutte d'eau. Eau de source, de roche. Eau souterraine.* V. **Nappe.** *Eaux de ruissellement.* Loc. fig. *Être comme l'eau et le feu,* en opposition totale. *D'ici là il passera beaucoup d'eau sous les ponts,* il s'écoulera beaucoup de temps, il se passera bien des choses. *C'est un coup d'épée dans l'eau. — Eau potable. Un verre d'eau. Eau gazeuse,* gazéifiée (fam. *de l'eau qui pique*). *Eau plate,* se dit d'une eau non gazeuse. *Mettre de l'eau dans son vin,* le couper, et *fig.* Modérer ses prétentions. *Faire de l'eau,* se dit d'un navire qui s'approvisionne en eau potable. *Légumes cuits à l'eau. Il est cuit,* on a fait cuire le riz. — *Se laver à grande eau, à l'eau froide, chaude. Pot à eau. Laver, rincer à l'eau. Eau de vaisselle.* — (Au plur.). *Eaux industrielles, eaux usées.* — *Puiser de l'eau. Conduites d'eau.* V. **Hydraulique.** *Château d'eau. Pièce, jet d'eau. Moulin à eau.* — Spécialt. *Eau minérale* (1865), *thermale. Prendre les eaux,* faire une cure thermale. *Aller aux eaux. Une ville d'eaux.* Relig. *Eau lustrale, baptismale, bénite. Eau à l'état liquide, solide* (glace), *gazeux* (vapeur). *Analyse, synthèse de l'eau. Corps contenant de l'eau.* V. **Aqueux, hydraté.** *Corps sans eau.* V. **Anhydre.** Biol. *L'eau dans les organismes* (eau de constitution, de circulation, de réserve). — EAU LOURDE, composé dans lequel l'hydrogène de l'eau est remplacé par le deutérium* (D₂O). — *Eau courante,* contenant des sels de calcium et de magnésium. ♦ 2° Étendue ou masse plus ou moins considérable de ce liquide. *La surface, le fond de l'eau. Passer, traverser l'eau,* aller d'une rive ou d'une côte à une autre. *Marcher au bord de l'eau. Tomber, se jeter à l'eau. Flotter, aller sur l'eau.* V. **Nager, naviguer.** *Mettre un navire à l'eau,* le lancer. *Navire qui fait eau,* où se déclare une voie d'eau. ◊ (Au plur.) *Les eaux et forêts.* V. **Forêt.** *Hautes, basses eaux,* marée haute, basse. *Basses eaux,* niveau le plus bas d'un fleuve. *Les grandes eaux,* jets d'eau et cascades d'un parc, dans toute leur force. *Les eaux d'un navire,* son sillage.* Fig. *Naviguer, être dans les eaux de qqn,* le suivre, partager ses opinions, être de son parti. *Eaux territoriales,* zone de mer s'étendant des côtes d'un pays jusqu'à une ligne considérée comme sa frontière maritime. ♦ 3° Solution aqueuse. *Eau gazeuse, de Seltz. Eau oxygénée. Eau aromatique, sédative. Eau de Javel. Eau blanche,* solution d'acétate de plomb employée comme émollient. *Eau seconde,* solution d'acide nitrique employée comme décapant. — *Eau mère* (1795), résidu d'une solution après cristallisation de la substance qui était dissoute. ♦ 4° *Eau de... :* préparation à base d'alcool obtenue par distillation ou infusion de substances diverses. EAU DE COLOGNE (1823), où entrent plusieurs essences (de bergamote, citron ; néroli, girofle, etc.). *Eaux de toilette* (eau de rose, de lavande, etc.). V. **Lotion, parfum.** *Eau dentifrice. Eau de mélisse.*

II. *Par anal.* (Dans certaines express.). Sécrétion liquide du corps humain. « *J'étais tout en eau* » (DAUD.). V. **Sueur.** *Suer sang et eau. J'en ai l'eau à la bouche.* V. **Salive.** ◊ Sérosité. *Cloque, ampoule pleine d'eau.* ◊ *Au plur.* (1833).

Liquide amniotique. *Poche des eaux. La perte des eaux.* **III.** *Fig.* Transparence, pureté (des pierres précieuses). *Un diamant de la plus belle eau. L'eau d'une perle,* qualité qui réunit son orient et son lustre. ◊ *Fig.* (Iron.) *Un escroc, un imbécile de la plus belle eau,* ce qu'on peut trouver de mieux en fait d'escroc, d'imbécile.

⊗ HOM. *Au, aulx* (pl. *ail*), *aux, haut, ô, oh, os* (plur.).

EAU-DE-VIE [odvi]. *n. f.* (XIVᵉ ; lat. alchim. *aqua vitæ*). Liquide alcoolique consommable provenant de la distillation du jus fermenté des fruits (eau-de-vie naturelle) ou de la distillation de substances alimentaires (céréales, tubercules). V. **Alcool,** et *fam.* **gnôle, schnaps.** *Eau-de-vie de vin.* V. **Armagnac, brandevin, fine.** *Eau-de-vie de marc.* V. **Marc.** *Eau-de-vie de cidre, de poiré.* V. **Calvados.** *Eau-de-vie de canne à sucre.* V. **Rhum, tafia.** *Eau-de-vie de fruit.* V. **Brou, kirsch, mirabelle, quetsche.** *Eau-de-vie de grain.* V. **Akvavit, genièvre, gin, kummel, vodka, whisky.** *Eau-de-vie de riz.* V. **Arack.** *Eau-de-vie de tubercules* (betterave, pomme de terre, topinambour). *Mauvaise eau-de-vie.* V. **Tord-boyaux.** *Un petit verre d'eau-de-vie. Cerises à l'eau-de-vie.*

EAU-FORTE [ofɔʀt(ə)]. *n. f.* (1560 ; lat. alchim. *aqua fortis*). ♦ 1° Acide nitrique étendu d'eau, dont les graveurs se servent pour attaquer le cuivre, là où le vernis a été enlevé par la pointe. *Graveur à l'eau-forte.* V. **Aquafortiste.** ♦ 2° *Par ext.* (1808). Genre de gravure utilisant ce procédé ; gravure ainsi obtenue. *Livre illustré d'eaux-fortes originales.*

EAUX-VANNES [ovan]. *n. f. pl.* (1906 ; de *eau,* et *vanne*). Techn. Partie liquide des fosses d'aisances, des bassins de vidange.

ÉBAHIR [ebaʀiʀ]. *v. tr.* (XIIᵉ ; de *é-,* et a. fr. *baer,* var. de *bayer*). Frapper d'un grand étonnement. V. **Abasourdir, stupéfier.** *Voilà une nouvelle qui m'ébahit.* ◊ Pronom. S'étonner au plus haut point. « *S'ébahir d'être tour à tour populaire et impopulaire* » (HUGO). ◊ Au p. p. « *Je tombais des nues, j'étais ébahi* » (ROUSS.). V. **Ahuri, interdit, stupéfait.**

ÉBAHISSEMENT [ebaismã]. *n. m.* (XIIᵉ ; de *ébahir*). État de celui qui est ébahi ; étonnement extrême. « *Ils passèrent avec ébahissement devant les quadrupèdes empaillés* » (FLAUB.). V. **Stupéfaction, surprise.**

ÉBARBAGE [ebaʀbaʒ]. *n. m.* (1845 ; de *ébarber*). Action d'ébarber. *Ébarbage d'une pièce brute* (à la lime, à la meule).

ÉBARBER [ebaʀbe]. *v. tr.* (XIIᵉ ; de *é-,* et *barbe*). Débarrasser des barbes, aspérités, bavures, etc. (l'orge, une surface ou pièce mécanique, les feuilles de papier, etc.). V. **Limer, rogner.**

ÉBARBEUR [ebaʀbœʀ] *n. m.* ou **ÉBARBEUSE** [ebarbøz]. *n. f.* (1876 ; de *ébarber*). Techn. Machine à ébarber.

ÉBARBOIR [ebaʀbwaʀ]. *n. m.* (1755 ; de *ébarber*). Techn. Outil servant à ébarber. V. **Grattoir, grattoir.**

ÉBARBURE [ebaʀbyʀ]. *n. f.* (1755 ; de *ébarber*). Techn. Partie enlevée par l'ébarbage.

ÉBATS [eba]. *n. m. pl.* (XIIIᵉ ; de *ébattre*). Jeux, mouvements d'un être qui s'ébat. « *Des ébats de cygnes dans les claires eaux des viviers* » (HUGO). *Prendre ses ébats.*

ÉBATTRE (S') [ebatʀ(ə)]. *v. pron.;* conjug. *battre* (XIIᵉ ; de *é-,* et *battre*). Se donner du mouvement pour se divertir, au gré de sa fantaisie. V. **Folâtrer, jouer.** « *Une troupe d'enfants s'ébattait aux alentours comme des poussins* » (FROMENTIN).

ÉBAUBI, IE [ebobi]. *adj.* (XIIIᵉ ; var. de l'a. fr. *abaudi* « rendre bègue », de l'a. fr. *balbus* « bègue »). *Fam.* Extrêmement étonné, et *spécialt.* frappé d'une stupeur admirative. V. **Ébahi, interdit, stupéfait.** « *Faire raconter par Claire aux voisins ébaubis ses conversations avec des grands de la terre* » (MAUROIS).

ÉBAUCHAGE [eboʃaʒ]. *n. m.* (XVIᵉ ; de *ébaucher*). La première des opérations tendant à façonner. V. **Dégrossissage.** ⊗ ANT. *Finition.*

ÉBAUCHE [eboʃ]. *n. f.* (1643 ; de *ébaucher*). ♦ 1° Première forme, encore imparfaite, que l'on donne à une œuvre plastique ou littéraire ; premier état de cette œuvre. V. **Croquis, esquisse, essai, jet** (premier jet), **projet.** « *Rien n'est plus*

attachant que ces ébauches du génie livré seul à ses études...
il vous apprend par quels degrés... il est parvenu à la perfection »
(CHATEAUB.). Œuvre à l'état d'ébauche. ♦ 2° Fig. Première
manifestation, commencement. « L'ébauche d'un sourire joua
même sur ses lèvres » (MART. du G.).

ÉBAUCHER [eboʃe]. v. tr. (Esbauchier, XIVᵉ ; de é-, et
a. fr. balc, banc. V. Bau). ♦ 1° Donner la première façon à
(une matière). Ébaucher une poutre, un bloc. V. Dégrossir,
épanneler. Ébaucher un diamant, commencer à le tailler. ♦
2° Donner la première forme à (un ouvrage). Ébaucher une
statue, un tableau. V. Esquisser. « J'ébauchai mon Traité de
l'Harmonie » (ROUSS.). ◇ Concevoir, préparer dans les
grandes lignes initiales. V. Dessiner. « Séduite par ce projet
qu'avait ébauché Lanie » (DUHAM.). « Une idée à peine ébau-
chée, apparaît dans la tête » (ROMAINS). Pronom. « Quelque
noir projet de vengeance s'ébauchait dans sa cervelle » (GAU-
TIER). ♦ 3° Fig. Commencer sans exécuter jusqu'au bout.
V. Esquisser. « J'ai ébauché un salut gêné » (GIDE). Pronom.
Le rapprochement qui s'ébauche entre les deux partis. ◇ ANT.
Achever.

ÉBAUCHEUR [eboʃœR]. n. m. (1795 ; de ébaucher).
Ouvrier chargé d'ébaucher (1°), de dégrossir. Ébaucheur de
pierres, de verres.

ÉBAUCHOIR [eboʃwaR]. n. m. (1680 ; de ébaucher).
Outil de sculpteur et de divers artisans, servant à ébaucher.

ÉBAUDIR [ebodiR]. v. tr. (1080 ; de é-, et l'a. fr. bald,
baud, d'o. frq.). Vx. Égayer, réjouir. Pronom. « La joie calme
où s'ébaudissait mon âme » (BAUDEL.).

ÉBAVURER [ebavyRe]. v. tr. (1948 ; de é-, et bavure).
Techn. Débarrasser de ses bavures (une pièce matricée,
estampée).

ÉBÉNACÉES [ebenase]. n. f. pl. (1808 ; de ébène). Famille
de plantes dicotylédones gamopétales comprenant des arbres
ou arbrisseaux des régions tropicales, à bois très dur, dense
et généralement noir. V. Ébénier, plaqueminier.

ÉBÈNE [ebɛn]. n. f. (Ébaine, XIIᵉ ; lat. ebenus, gr. ebenos).
Bois de l'ébénier, d'un noir foncé, d'un grain uni et d'une
grande dureté, utilisé en tabletterie, marqueterie, brosserie,
etc. Coffret d'ébène. Par ext. Bois dense et foncé d'autres
arbres exotiques. — Par compar. Noir comme l'ébène. Un
noir d'ébène, éclatant. ◇ Fig. Bois d'ébène, nom donné aux
Noirs par les négriers. Le commerce du bois d'ébène, la traite
des esclaves noirs.

ÉBÉNIER [ebenje]. n. m. (1680 ; de ébène). Arbre de la
famille des ébénacées qui fournit l'ébène. Faux ébénier, cytise.

ÉBÉNISTE [ebenist(ə)]. n. m. (1676 ; de ébène). Ouvrier
spécialisé dans la fabrication des meubles de luxe (à l'orig.
en ébène et autres bois exotiques précieux) ou de caractère plus décoratif qu'utilitaire. V. Menuisier, marqueteur,
tabletier.

ÉBÉNISTERIE [ebenist(ə)Ri]. n. f. (1732 ; de ébéniste).
Art, métier de l'ébéniste ; fabrication des meubles de luxe,
ou décoratifs, exigeant une technique plus soignée que la
menuiserie en meubles. V. Marqueterie, tabletterie. Bois
d'ébénisterie (acajou, citronnier, ébène, palissandre, etc.).

ÉBERLUÉ, ÉE [ebeRlye]. adj. (XVIᵉ ; de éberluer). Fam.
Ébahi, stupéfait.

ÉBERLUER [ebeRlye]. v. tr. (1530 ; de é-, et berlue).
Vieilli. Étonner fortement, ébahir.

ÉBISELER [ebizle]. v. tr.; conjug. appeler (1408, abiseler ;
de é-, et biseau). Techn. Tailler en biseau. Ébiseler une planche,
un trou (le rendre conique).

ÉBLOUIR [ebluiR]. v. tr. (XIIᵉ ; lat. pop. °exblaudire, du
frq. °blaudi « faible »). ♦ 1° Troubler (la vue, ou une personne dans sa vision) par un éclat insoutenable. V. Aveugler.
Ses phares nous éblouissaient. Absolt. « Les murs de la mosquée
éblouissaient avec leur réverbération blanche » (LOTI). ♦
2° Fig. (Vieilli). Surprendre par un éclat trompeur, par
qqch. de spécieux. V. Fasciner, séduire, tromper. « Ce superbe
appareil par lequel tu éblouis le vulgaire » (BOSS.). ◇ Mod.
(XIXᵉ) Frapper d'admiration (la vue ou l'esprit), émerveiller.
« Nous fûmes éblouis... de la propreté hollandaise des planchers » (GAUTIER). « Nous éblouirons nos compatriotes de nos
récits de nos aventures merveilleuses » (JARRY). — Impressionner. « Ceux qui, pour vous éblouir, tentent de s'exprimer avec
élégance » (ROMAINS).

ÉBLOUISSANT, ANTE [ebluisã, ãt]. adj. (1470 ; de
éblouir). ♦ 1° Qui éblouit. V. Aveuglant, éclatant. « Qu'elle
est jolie, la ville de neige sous l'éblouissante lumière » (MAU-
PASS.). Une blancheur éblouissante. ♦ 2° Fig. (Vx). Qui
trompe en séduisant. « Un esprit éblouissant qui impose »
(LA BRUY.). ◇ Mod. D'une beauté merveilleuse, d'une
qualité si brillante qu'elle étonne. V. Brillant, fascinant,
merveilleux. « Cette créature éblouissante avait conscience
d'orner le monde » (LARBAUD). Une verve éblouissante. « La
plus puissante et la plus éblouissante formule » (JAURÈS). ◇
ANT. Obscur ; terne.

ÉBLOUISSEMENT [ebluismã]. n. m. (XIVᵉ ; de éblouir).
♦ 1° État de la vue frappée par l'éclat trop brutal de la
lumière. Éblouissement causé par le soleil couchant. ◇ Par
ext. Trouble de la vue provoqué par quelque cause interne
(faiblesse, congestion), ou externe (choc), et généralement
accompagné de vertige. Avoir des éblouissements. ♦ 2° Fig.
Émerveillement ; sujet d'émerveillement. « Dès que je fus
arrivé à la route, ce fut un éblouissement » (PROUST).

ÉBONITE [ebɔnit]. n. f. (1862 ; mot angl. de ebony
« ébène »). Matière plastique dure et noire, obtenue par la
vulcanisation du caoutchouc, et utilisée pour ses propriétés
isolantes.

ÉBORGNAGE [ebɔRɲaʒ]. n. m. (1825 ; de éborgner).
Agric. Action d'éborgner (un arbre). V. Ébourgeonnage.

ÉBORGNEMENT [ebɔRɲəmã]. n. m. (fin XVIᵉ ; de éborgner). Action d'éborgner (qqn) ; son résultat.

ÉBORGNER [ebɔRɲe]. v. tr. (XIIᵉ ; de é-, et borgne). ♦
1° Rendre borgne. « Il éborgna son valet du bout de son épée »
(A. BERTRAND). Pronom. « J'ai failli m'éborgner, me crever
un œil. » (Récipr.) Ils vont s'éborgner! ♦ 2° Agric. (1808).
Débarrasser (un arbre fruitier) des yeux inutiles.

ÉBOUEUR [ebwœR]. n. m. (1858 ; de ébouer, de é-, et
boue). Boueur.

ÉBOUILLANTAGE [ebujãtaʒ]. n. m. (1876 ; de ébouillanter). Action d'ébouillanter.

ÉBOUILLANTER [ebujãte]. v. tr. (1836 ; de é-, et bouillant). Passer à l'eau bouillante. Ébouillanter une théière.
Ébouillanter des légumes. V. Blanchir. ◇ Pronom. Se brûler
avec de l'eau bouillante.

ÉBOULEMENT [ebulmã]. n. m. (1547 ; de ébouler).
Chute de terres, rochers, matériaux, constructions qui s'ébou-
lent. V. Affaissement, écroulement, effondrement. « La galerie
s'effondrait derrière son dos... C'est un éboulement... Vite!
vite! » (ZOLA). ◇ Amas de terres ou matériaux éboulés.
V. Éboulis. « Jerphanion qui avait... grimpé à travers des éboulements de phonolithes » (ROMAINS).

ÉBOULER [ebule]. v. (1283 ; esboeler « éventrer », XIIᵉ ;
de é-, et a. fr. bo(u)el. V. Boyau). ♦ 1° V. tr. (Rare). Faire
tomber par désagrégation, affaissement. ♦ 2° V. intr. Tomber par morceaux, en s'affaissant. V. Crouler. « Il y a une
gerçure. J'ai peur que ça n'éboule » (ZOLA). ♦ 3° S'ÉBOULER.
v. pron. (même sens que l'intrans.). V. Affaisser (s'), écrouler
(s'), effondrer (s'). « Un coteau lézardé... friable à force de
sécheresse, et qui s'éboule en déchirures bizarres » (GAUTIER).
◇ ANT. Redresser.

ÉBOULIS [ebuli]. n. m. (1701 ; de ébouler). Amas lentement constitué de matériaux éboulés. V. Éboulement. « À
travers les éboulis de roches » (MAC ORLAN).

ÉBOURGEONNAGE [ebuRʒɔnaʒ] ou **ÉBOURGEON-
NEMENT** [ebuRʒɔnmã]. n. m. (1845, -XVIᵉ ; de ébourgeonner).
Agric. Action d'ébourgeonner. V. Éborgnage, épamprage.

ÉBOURGEONNER [ebuRʒɔne]. v. tr. (XIVᵉ ; de é-, et
bourgeon). Agric. Débarrasser (un arbre fruitier, la vigne)
des bourgeons superflus. V. Éborgner, épamprer.

ÉBOURIFFAGE [ebuRifaʒ]. n. m. (fin XIXᵉ ; de ébouriffer). Action d'ébouriffer ; son résultat. — Par anal. « L'ébouriffage des œillets dans le vase » (PROUST).

ÉBOURIFFANT, ANTE [ebuRifã, ãt]. adj. (1838 ; de
ébouriffer). Fam. Qui ébouriffe, paraît extraordinaire au
point de choquer. V. Invraisemblable, renversant. « Un jargon
ébouriffant... farci de mots étrangers, employés hors de propos »
(DUHAM.).

ÉBOURIFFÉ, ÉE [ebuRife]. adj. (1671 ; probabl. prov.
mod. esbourifat; du bourro). Dont les cheveux sont relevés et
en désordre. V. Échevelé, hirsute. « Arnoux avait les yeux
rouges Et la chevelure ébouriffée » (FLAUB.). — Par anal.
Hérissé. « Comme un panache ébouriffé » (LOTI). ◇ ANT.
Coiffé.

ÉBOURIFFER [ebuRife]. v. tr. (mil. XVIIIᵉ, fig. ; de ébouriffé). ♦ 1° Relever en désordre (les cheveux). V. Écheveler,
hérisser. ♦ 2° Fig. et fam. Surprendre au point de choquer.
V. Ahurir.

ÉBOURRER [ebuRe]. v. tr. (XIIᵉ ; de é-, et bourre). Techn.
Dépouiller de sa bourre (une peau). V. Débourrer.

ÉBOUTER [ebute]. v. tr. (XVIᵉ ; de é-, et bout). Techn.
Raccourcir en coupant le bout. Ébouter un bâton.

ÉBRANCHAGE [ebrãʃaʒ] ou **ÉBRANCHEMENT**
[ebrãʃmã]. n. m. (1700, -XVIᵉ ; de ébrancher). Action d'ébrancher (un arbre), et (Agric.) de couper les branches basses afin
de faire croître l'arbre en hauteur. V. Élagage, émondage.

ÉBRANCHER [ebrãʃe]. v. tr. (XIIᵉ ; de é-, et branche).
Dépouiller (un arbre) de tout ou partie de ses branches. V.
Élaguer, émonder, tailler. « Deux rangs de vieux saules qu'on
avait souvent ébranchés » (ROUSS.).

ÉBRANCHOIR [ebrãʃwaR]. n. m. (1823 ; de ébrancher).
Agric. Serpe à long manche, servant à ébrancher les arbres.

ÉBRANLEMENT [ebʀɑ̃lmɑ̃]. *n. m.* (1503; de *ébranler*). ♦ 1° Oscillation ou vibration produite par un choc ou une secousse. V. **Commotion, tremblement.** *Il « crispa ses deux poings sur les barreaux; la secousse fut frénétique, l'ébranlement nul »* (HUGO). ♦ 2° *Fig.* État chancelant, menace de ruine. *L'opposition croît à l'ébranlement du régime.* ♦ 3° Choc nerveux qui a des répercussions. *La mort de son père fut pour elle un terrible ébranlement.* ◇ ANT. Immobilité, solidité.

ÉBRANLER [ebʀɑ̃le]. *v. tr.* (XVᵉ; de *é-*, et *branler*). ♦ 1° Provoquer l'ébranlement de (qqch.), faire trembler, vibrer. V. **Agiter, secouer.** *Détonation qui ébranle les vitres.* « *Quelquefois une charrette lourde passait, en ébranlant les pavés* » (FLAUB.). ◇ *Fig. (Vieilli)* Remuer, exciter. « *Il ne faut pas tout dire à la vue, mais ébranler l'imagination* » (ROUSS.). ♦ 2° Compromettre l'équilibre, la solidité de (une construction), à la suite d'un ébranlement. *Une bombe a ébranlé cet immeuble, mais il ne s'est pas écroulé.* ◇ *Fig.* Mettre en danger de crise ou de ruine en portant un coup efficace. V. **Saper.** « *Ce ne sont pas les philosophes qui ébranlent les empires* » (DANTON). « *La confiance étant ébranlée, sinon détruite* » (BAINVILLE). *L'accident qui a ébranlé sa santé.* V. **Compromettre.** ♦ 3° Rendre peu ferme, incertain (les opinions, le moral de qqn). « *La violence de l'attaque avait ébranlé ma conviction d'auteur* » (CHATEAUB.). ◇ *(Compl. de personne)* Troubler, faire chanceler dans ses convictions. « *Je te charge de l'ébranler à force d'arguments* » (STE-BEUVE). « *Françoise, convaincue ou du moins ébranlée* » (PROUST). V. **Affaiblir, entamer.** ♦ 4° **Pronom.** Être mis en branle. « *Les cloches de Saint-Jacques s'ébranlaient pour les vêpres* » (MART. du G.). ◇ Se mettre en marche, en mouvement. « *Une dizaine de carrioles... s'ébranlent avec des tintements de grelots* » (LOTI). « *Pesamment le cortège s'ébranla* » (MART. du G.). ◇ ANT. **Arrêter, maintenir. Consolider, confirmer.**

ÉBRASEMENT [ebʀɑzmɑ̃]. *n. m.* (1694; de *ébraser*). Percement (d'une baie) en biais; proportion dans laquelle une ouverture est ébrasée. *L'ébrasement d'une fenêtre, d'un portail.*

ÉBRASER [ebʀɑze]. *v. tr.* (1677; var. de *embraser* 2). *Archit.* Percer (une baie) en ligne biaise de manière à donner plus de jour ou plus de jeu à des battants.

ÉBRÉCHER [ebʀeʃe]. *v. tr.;* conjug. *céder* (XIIIᵉ; de *é-*, et *brèche*). ♦ 1° Endommager en faisant des brèches sur le bord. « *A-t-il donc ébréché le sabre de son père?* » (HUGO). — Au p. p. « *Assiettes ébréchées, verres dépareillés* » (FRANCE). — Pronom. « *Cet aride sol voltairien sur lequel le soc de l'art s'ébréchait* » (HUGO). ♦ 2° *Fig.* et *fam.* Diminuer, entamer. V. **Écorner.** *Sa fortune est bien ébréchée.*

ÉBRÉCHURE [ebʀeʃyʀ]. *n. f.* (1932; de *ébrécher*). Partie ébréchée, petit morceau qui est parti du bord d'un objet. *Les ébréchures d'une assiette.*

ÉBRIÉTÉ [ebʀijete]. *n. f.* (XIVᵉ; lat. *ebrietas*, de *ebrius* « ivre »). Ivresse (surtout *style admin.*). *Les agents ont emmené au poste un individu en état d'ébriété.*

ÉBROUEMENT [ebʀumɑ̃]. *n. m.* (1611; de *s'ébrouer*). Expiration bruyante, sorte d'éternuement du cheval et de certains animaux. « *Un ébrouement rauque et profond comme en ont les chevaux abattus* » (GENEVOIX). ◇ *Par anal.* Se dit d'un bruit comparable. « *Un dernier ébrouement d'ailes s'apaisa dans les arbres* » (MAURIAC).

ÉBROUER (S') [ebʀue]. *v. pron.* (*Ébrouer*, intr., 1564; probabl. de *é-*, et *brou* « écume », de même rad. que *brouet*). ♦ 1° Se dit du cheval qui souffle bruyamment en secouant la tête. « *Des chevaux hennissaient et s'ébrouaient* » (MAC ORLAN). ♦ 2° *Par anal.* S'agiter, souffler en s'agitant, pour se nettoyer, se dégager, sortir d'un état d'engourdissement. « *Le gibier... qui folâtre et s'ébroue* » (GIDE). *Le plongeur s'ébroue en sortant de l'eau. Il « entra dans la turne en grognant, s'ébroua, secoua sa capote trempée* » (DUHAM.).

ÉBRUITEMENT [ebʀɥitmɑ̃]. *n. m.* (v. 1840; de *ébruiter*). Action d'ébruiter; son résultat. *Il faut empêcher l'ébruitement de cette nouvelle.*

ÉBRUITER [ebʀɥite]. *v. tr.* (1583; de *é-*, et *bruit*). Divulguer sous forme de nouvelle confuse qui circule dans le public. « *Avant que mon secret fût ébruité* » (ROUSS.). « *Gardez qu'on ne sache ce que j'aurai à vous faire savoir, car il m'est défendu de l'ébruiter* » (SAND). ◇ Pronom. « *De cette affaire, jamais rien ne s'était ébruité* » (CARCO). V. **Transpirer.** ◇ ANT. **Cacher.**

ÉBULLIOMÈTRE [ebyljɔmɛtʀ(ə)] ou **ÉBULLIOSCOPE** [ebyljɔskɔp]. *n. m.* (1902,-1849; du lat. *ebullio, ebullire* « bouillir », et, *-mètre*, ou *-scope*). *Sc. Ancien.* Appareil permettant de déterminer la richesse en alcool d'un mélange, par l'observation de son point d'ébullition. *Mod.* Appareil servant à déterminer les températures d'ébullition des corps.

ÉBULLIOMÉTRIE [ebyljɔmetʀi] ou **ÉBULLIOSCOPIE** [ebyljɔskɔpi]. *n. f.* (1902; de *ébulliomètre*, ou *ébullioscope*). *Sc.* Mesure des températures d'ébullition.

ÉBULLITION [ebylisjɔ̃]. *n. f.* (XIIᵉ; bas lat. *ebullitio*). ♦ 1° *Cour.* État d'un liquide soumis à l'action de la chaleur, et dans lequel se forment des bulles de vapeur qui viennent crever à la surface. V. **Bouillonnement.** *Réduire un bouillon en prolongeant l'ébullition.* — *Phys.* Phénomène accompagnant le passage à l'état gazeux d'un liquide porté à une température déterminée (*point d'ébullition*) sous une pression donnée. *La température d'ébullition varie avec la pression.* ♦ 2° *Fig.* EN ÉBULLITION, un état de vive agitation, de surexcitation. V. **Effervescence, fermentation.** « *Une espèce de génie... en ébullition* » (STE-BEUVE). *Tout le quartier était en ébullition.*

ÉBURNÉ, ÉE [ebyʀne] ou **ÉBURNÉEN, ÉENNE** [ebyʀneɛ̃, eɛn]. *adj.* (XVIᵉ,-1857; lat. *eburneus*). *Didact.* Qui a la couleur, la consistance de l'ivoire. — *Substance éburnée :* dentine.

ÉCACHER [ekaʃe]. *v. tr.* (XIIᵉ; de *é-*, et *cacher* « fouler »). *Vx.* Aplatir, écraser.

ÉCAILLAGE [ekajaʒ]. *n. m.* (1755; de *écailler*). ♦ 1° Action d'écailler (le poisson), ou d'ouvrir les huîtres. ♦ 2° Fait de s'écailler. *L'écaillage d'une poterie, d'un tableau, d'une roche.*

ÉCAILLE [ekaj]. *n. f.* (1314; du germ. occid. °*skalja* « tuile »; Cf. all. *Schale*). ♦ 1° Chacune des petites plaques juxtaposées ou imbriquées qui recouvrent la peau de certains poissons, de certains reptiles et les pattes de certains oiseaux (V. **Squamifère**). ◇ Chacune des plaquettes microscopiques dont est faite la « poussière » des ailes des lépidoptères. ◇ *Bot.* Chacune des petites lames coriaces imbriquées enveloppant certains organes (bourgeons, bulbes) de végétaux. ◇ *Par anal.* Chacune des lamelles métalliques dont se composaient certaines armures. ◇ Motif ornemental en forme d'écaille de poisson. ♦ 2° Parcelle se détachant d'une chose qui s'exfolie, se desquame. « *Le crépi, tombé par écailles comme les squames d'une peau malade* » (GAUTIER). — *Fig.* (par allus. à saint Paul recouvrant la vue : « *il lui tomba des yeux comme des écailles* ») *Les écailles lui sont tombées des yeux*, ses yeux se sont dessillés, il s'est rendu compte de son erreur. ♦ 3° *Vx.* Chacune des valves d'un mollusque bivalve. V. **Coquille.** *Écailles de moules, d'huîtres.* ♦ 4° Matière qui recouvre la carapace des grandes tortues de mer (tortue franche, caret), utilisée dans la tabletterie et la confection d'objets divers. « *Un peigne en écaille blonde d'une transparence rare* » (LOTI). *Lunettes à monture d'écaille.* *Par ext.* Résine synthétique imitant cette matière. V. **Bakélite.** — *Rel. Veau écaille*, veau traité de manière à avoir l'aspect de l'écaille.

ÉCAILLÉ, ÉE [ekaje]. *adj.* (1467; de *écaille*). Qui s'écaille. *Peinture écaillée.* « *La villa écaillée au fond d'une impasse* » (ROMAINS).

ÉCAILLER [ekaje]. *v. tr.* (XIIIᵉ; de *écaille*). ♦ 1° Dépouiller de ses écailles. *Écailler un poisson.* ♦ 2° Ouvrir (une huître) en enlevant. ♦ 3° Faire tomber en écailles (ce qui recouvre une matière : enduit, vernis, une couche peu épaisse qui recouvre une matière). Pronom. Se détacher et tomber par écailles. « *D'énormes tuyauteries grises dont la peinture s'était écaillée* » (BOSCO). ♦ 4° *Rare.* Couvrir d'ornements en forme d'écailles. *Écailler un dôme.*

ÉCAILLER, ÈRE [ekaje, ɛʀ]. *n.* (1303; de *écaille*). Personne qui ouvre et vend des huîtres. *Maître écailler*, restaurateur qui se fait une spécialité des huîtres et fruits de mer.

ÉCAILLEUR [ekajœʀ]. *n. m.* (1611; de *écailler*). ♦ 1° *Techn.* Instrument pour écailler le poisson. ♦ 2° Appareil servant à diviser en écailles (V. **Écailler** 3°) une matière fondue.

ÉCAILLEUX, EUSE [ekajø, øz]. *adj.* (1542; de *écaille*). ♦ 1° Qui a des écailles. « *Beaucoup de poissons écailleux ont des barbillons* » (BERNARD. de ST-P.). *Bot. Cône, bulbe écailleux.* ♦ 2° Susceptible de se détacher par écailles. *Roche écailleuse.* « *Des plaques de pustules écailleuses* » (FLAUB.).

ÉCAILLURE [ekajyʀ]. *n. f.* (1539; de *écailler*). ♦ 1° Pellicule détachée d'une surface. *Les écaillures d'un crépi.* ♦ 2° *Rare.* Ensemble des écailles d'un reptile, d'un poisson.

ÉCALE [ekal]. *n. f.* (XIVᵉ; « écaille », XIIᵉ; du frq. °*skala*). Enveloppe recouvrant la coque des noix, noisettes, amandes, châtaignes. V. **Brou, écorce.** ◇ *Vx.* Gousse, cosse.

ÉCALER [ekale]. *v. tr.* (1549; de *écale*). Dépouiller de l'écale. *Écaler des noix.* V. **Décortiquer.**

ÉCALURE [ekalyʀ]. *n. f.* (1840; de *écale*). *Techn.* Pellicule dure de certaines graines. *Écalures de café.*

ÉCANG [ekɑ̃]. *n. m.* (1755; de *écanguer*). *Techn.* Outil pour écanguer le lin, le chanvre.

ÉCANGUER [ekɑ̃ge]. *v. tr.* (1755; o. i.). *Techn.* Broyer (le chanvre, le lin) pour séparer de la partie ligneuse la matière textile.

ÉCARLATE [ekaʀlat]. *n. f.* et *adj.* (XIIᵉ; lat. médiév. *scarlatum*, du persan *saqirlat*). ♦ 1° *N. f.* Couleur d'un rouge éclatant obtenue par un colorant tiré de la cochenille. *Écarlate de Venise, des Gobelins.* ◇ Étoffe teinte de cette couleur.

♦ **2°** *Adj.* De cette couleur rouge. « *L'étoffe écarlate sur laquelle le taureau se précipitait aveuglément* » (GAUTIER). ◇ Rouge (de honte, de confusion) *A ces mots, il devient écarlate.* V. Cramoisi.

ÉCARQUILLER [ekaʀkije]. *v. tr.* (1530; altér. de *écartiller*, de *quart*. V. Écarter, écarteler). Ouvrir démesurément (les yeux). ◈ ANT. Fermer.

1. ÉCART [ekaʀ]. *n. m.* (XIIᵉ; de *écarter* 1). ♦ **1°** Distance qui sépare deux choses qu'on écarte ou qui s'écartent l'une de l'autre. V. **Écartement, éloignement.** *Augmenter l'écart des jambes, des branches d'un compas. L'écart exigé de la main d'un pianiste* (intervalle de dixième). — Danse. GRAND ÉCART : écart des jambes d'avant en arrière de telle façon qu'elles soient à l'horizontale. *Faire le grand écart, au contact du sol.* « *S'abattant sur le plancher dans de grands écarts qui l'aplatissaient* » (ZOLA). ◇ Entorse de l'articulation des membres antérieurs du cheval, du bœuf. *Cheval qui s'est donné un écart. Écart d'épaule.* ♦ **2°** Différence entre deux grandeurs ou valeurs (dont l'une, en particulier, est une moyenne ou une grandeur de référence). V. **Variation.** Statist. *Écart type*, écart quadratique moyen, racine carrée de la variance*. V. **Erreur, variation.** ◇ *Ling.* Fait de discours qui s'écarte d'une norme quantitative (statistique, par rapport au champ sémantique d'un auteur ou d'une moyenne des usages) ou qualitative (intuitive [bon usage, originalité, niveau littéraire ou poétique ; Cf. Fait de style], typologique ou structurelle [*opposé à* génétique ; linguistique, esthétique, thématique, etc.]). *Un écart stylistique.* ♦ **3°** Action de s'écarter, de s'éloigner d'une direction ou d'une position. V. **Déviation.** « *La Grise fit un écart en dressant les oreilles* » (SAND). ◇ *Balist.* Distance séparant le point de chute d'une trajectoire d'un point idéal dit « point moyen de tir ». *Écart en direction, en portée. L'écart probable mesure un huitième du côté du rectangle de dispersion.* ♦ **4°** *Fig.* Action de s'écarter d'une règle morale, des convenances sociales, etc. *Des écarts de conduite, de langage.* « *Trop souvent un écart de jeunesse décide au loin* » (ROUSS.). V. **Erreur, faute.** ♦ **5°** *Admin.* ou *région.* Lieu écarté ; hameau. « *Les femmes des écarts perdus étaient venues par petits groupes* » (GENEVOIX). ♦ **6°** *Loc. adv.* À L'ÉCART (fin XIVᵉ) : dans un endroit écarté, à une certaine distance (de la foule, d'un groupe). V. **Loin.** « *Elle se tenait à l'écart modestement* » (FLAUB.). « *Elle s'assit à l'écart dans un jardin* » (BAUDEL.). Vieilli. *Prendre, tirer qqn à l'écart.* V. **Part** (à). Fig. *Tenir qqn à l'écart* : ne pas le faire participer, ne pas le tenir au courant. *Loc. prép.* À L'ÉCART DE : loin de, à une certaine distance de. « *La maison forestière était un peu à l'écart de la route* » (ROMAINS). Fig. *Se tenir à l'écart de l'agitation politique.* ◈ ANT. *Rapprochement. Concordance.*

2. ÉCART [ekaʀ]. *n. m.* (1611 ; de *écarter* 2). *Cartes.* Action d'écarter ; les cartes écartées par un joueur.

ÉCARTÉ [ekaʀte]. *n. m.* (1810 ; de *écarter* 2). Jeu de cartes où chaque joueur peut, si l'adversaire l'accorde, écarter les cartes qui ne lui conviennent pas et en recevoir de nouvelles. V. **Triomphe** (2).

ÉCARTÉ, ÉE [ekaʀte]. *adj.* (XVIᵉ ; de *écarter* 1). ♦ **1°** Assez éloigné des centres, des lieux de passage. V. **Isolé.** *Chemin, endroit écarté.* ♦ **2°** Sensiblement écartés l'un de l'autre. *Il a les yeux écartés.*

ÉCARTELÉ [ekaʀtəle]. *adj. m.* (XIVᵉ ; de *écarteler*). *Blas.* Se dit de l'écu partagé en quatre quartiers égaux. — *Cour.* V. **Écartelé.**

ÉCARTÈLEMENT [ekaʀtɛlmã]. *n. m.* (1557 ; de *écarteler*). ♦ **1°** Supplice consistant à écarteler. *L'écartèlement de Ravaillac.* ♦ **2°** *Fig.* État d'un homme écartelé, tiraillé. « *Cet écartèlement du pécheur entre le bien et le mal* » (MART. du G.). V. **Tiraillement.**

ÉCARTELER [ekaʀtəle]. *v. tr.* ; conjug. *geler* (XIIᵉ ; pour °*équarteler*, de *quartier* « partager en quatre »). ♦ **1°** Déchirer en quatre (un condamné) en faisant tirer ses membres par quatre chevaux. *Damiens a était fort. Le quatre forts chevaux ne purent l'écarteler* » (MICHELET). — Par exagér. « *Du malade, que deux infirmiers, de chaque côté du lit, tenaient écartelé* » (CAMUS). ♦ **2°** *Fig.* Tirailler. « *J'étais partagé et comme écartelé entre des forces contraires* » (RENAN).

ÉCARTELURE [ekaʀtəlyʀ]. *n. f.* (1352 ; de *écartelé*). *Blas.* Division de l'écu en quatre quartiers.

ÉCARTEMENT [ekaʀtəmã]. *n. m.* (1557 ; de *écarter*). ♦ **1°** Action d'écarter, fait de s'écarter (l'un de l'autre). V. **Séparation.** « *Dans un écartement de nuages* » (HUGO). **2°** Espace qui sépare une chose d'une ou plusieurs autres. V. **Écart, distance.** *Écartement des essieux.* V. **Empattement.** « *L'écartement des yeux dans les têtes, marque l'âge de la peinture* » (GONCOURT). ◈ ANT. *Rapprochement.*

1. ÉCARTER [ekaʀte]. *v. tr.* (XIIIᵉ ; lat. pop. °*exquartare*, de *quartus* « quart »). ♦ **1°** Mettre (plusieurs choses ou plusieurs parties d'une chose) à quelque distance les unes des

autres. V. **Disjoindre, séparer.** « *Elle alla vers la fenêtre et d'un seul coup écarta les rideaux* » (GREEN). V. **Ouvrir.** *Écarter les doigts.* « *Écartant lentement les bras et les jambes* » (CAMUS). — Séparer (en deux groupes), fendre. *Écarter la foule pour passer.* ♦ **2°** Mettre à une certaine distance d'une chose, d'une personne. V. **Éloigner.** *Écarter une table du mur.* — *Absolt.* Repousser, chasser. « *D'une bourrade le chef l'écarte* » (COURTELINE). « *Un éventail d'une main et un petit balai de l'autre, tâchant d'écarter les insectes importuns* » (GAUTIER). ◇ *Fig.* Éloigner (de qqn). « *Madame Ingres écarta de son mari toutes les petites misères* » (GAUTIER). — Éloigner (de soi). *Écarter toute idée préconçue.* « *La Constituante écartait ce problème* » (JAURÈS). — Exclure. *On l'a écarté de la liste, de l'équipe.* V. **Éliminer.** ♦ **3°** Éloigner d'une direction. *Prenez ce chemin, cela vous écartera pas beaucoup.* V. **Détourner, dévier.** *Fig.* « *Un peu de philosophie écarte de la religion* » (RIVAROL). ◇ *Spécialt.* (*Taurom.*) *Faire la manœuvre de l'écarteur.* ♦ **4°** *Pronom.* S'ouvrir, se disperser. *Les nuages s'écartent et laissent voir un peu de bleu.* ◇ S'éloigner (d'un point, d'un lieu de passage) *Écartez-vous de là.* ◇ S'éloigner (d'une direction) *Ce n'est pas le bon chemin, nous nous en écartons.* ◇ *Fig.* Se détourner de, ne pas suivre (une ligne). « *L'art existe à la minute où l'artiste s'écarte de la nature* » (COCTEAU). « *Tout ce qui s'écarte d'un certain modèle est rejeté* » (TAINE). ♦ **5°** *Région.* (Canada ; a. fr. *escarter*). Égarer. *Écarter un livre, un stylo. Pronom.* S'égarer. *S'écarter dans la forêt, dans une ville inconnue.* ◈ ANT. *Rapprocher, réunir. Garder.*

2. ÉCARTER [ekaʀte]. *v. tr.* (1611 ; de *carte*, d'apr. l'it. *scartare*). Rejeter de son jeu (une ou plusieurs cartes qui seront remplacées à la donne suivante).

ÉCARTEUR [ekaʀtœʀ]. *n. m.* (1863 ; de *écarter*). ♦ **1°** *Taurom.* Dans les courses landaises, Homme qui provoque la bête et l'évite au dernier moment en faisant un écart. ♦ **2°** (1878). *Méd.* Instrument de chirurgie servant à écarter les lèvres d'une plaie, les parois d'une cavité, des plans musculaires, des os.

ECBALLIUM [ɛkbaljɔm]. *n. m.* (*Ecbalie*, 1845 ; lat. bot., du gr. *ekballein* « lancer au dehors »). Plante des décombres du Midi (*Cucurbitacées*), dont le fruit projette au loin ses graines.

ECCE HOMO [ɛkseɔmo]. *n. m. invar.* (1690 ; mots lat. « voici l'homme », prononcés par Ponce Pilate en présentant au peuple juif le Christ couronné d'épines). *Arts.* Tableau, dessin, sculpture représentant Jésus-Christ portant la couronne d'épines. *Les Ecce homo du Titien.*

ECCÉITÉ [ekseite]. *n. f.* (1599 ; lat. scolast. *ecceitas*, de *ecce* « voici »). *Scolast.* Principe qui fait qu'une essence est rendue individuelle. ◇ *Philo.* (all. *Dasein*) Dans l'existentialisme, Caractère de ce qui se trouve ici ou là.

ECCHYMOSE [ekimoz]. *n. f.* (XVIᵉ ; gr. *egkhumôsis*). Tache (noire, brune, jaunâtre) produite par diffusion de sang dans le tissu sous-cutané. *L'ecchymose peut être accidentelle (traumatisme, contusion), ou en rapport avec un trouble de la coagulation* (nom courant : *bleu*). V. **Purpura.** — Adj. ECCHYMOTIQUE [ekimɔtik]. Érysipèle ecchymotique. V. **Bleu.** « *Il y avait des ecchymoses autour du cou de Clara. Il avait dû l'étrangler* » (MART. du G.).

ECCLÉSIAL, ALE, AUX [eklezjal, o]. *adj.* (XIIᵉ, « ecclésiastique » ; repris et spécialisé, XXᵉ ; du lat. *ecclesia*). *Didact.* Qui concerne l'Église, entendue comme communauté, sous son aspect social et juridique.

ECCLÉSIASTIQUE [eklezjastik]. *adj.* et *n. m.* (XIIIᵉ ; lat. ecclés. *ecclesiasticus*, gr. *ekklêsiastikos*). ♦ **1°** Relatif, propre à une église, et spécialt. à l'Église et à son clergé. *L'état, la vie ecclésiastique.* « *Son attachement à l'habit ecclésiastique* » (STENDHAL). « *Un rapide avancement dans les charges et honneurs ecclésiastiques* » (MADELIN). « *Deux tribunaux s'organisèrent, l'un ecclésiastique... l'autre civil* » (HUYSMANS). *Ordres ecclésiastiques.* V. **Religieux.** *Les dignitaires ecclésiastiques. Bénéfice, revenu ecclésiastique. Divisions ecclésiastiques.* V. **Diocèse, paroisse.** ♦ **2°** (*N. m.*). Membre du clergé. V. **Ministre, pasteur, prêtre, religieux.** *Costume d'ecclésiastique.* ◈ ANT. *Civil, laïque.*

ÉCERVELÉ, ÉE [esɛʀvəle]. *adj.* (XIIᵉ ; de é-, et *cervelle*). Qui est sans cervelle, sans jugement. V. **Braque, étourdi, évaporé, imprudent, irréfléchi.** « *Réparer les bévues d'un potentat écervelé* » (CHARDONNE). ◇ *Subst.* *Un écervelé.* V. **Fou, hurluberlu, linotte** (tête de). *Une jeune écervelée.*

ÉCHAFAUD [eʃafo]. *n. m.* (XIIᵉ ; forme renforcée de l'a. fr. *chafaud*, bas. pop. °*catafalicum*, du préf. gr. *kata* « en bas », et lat. *fala* « tour de bois »). ♦ **1°** *Vx.* Plate-forme, estrade sur une charpente de tréteaux. ◇ *Vx.* Échafaudage. ♦ **2°** *Mod.* (XVᵉ). Plate-forme en charpente destinée à l'exécution des condamnés. V. **Guillotine.** *Monter à l'échafaud. Finir sur l'échafaud.* « *L'échafaud est une sorte de monstre fabriqué par le juge et par le charpentier* » (HUGO). ◇ *Par ext.* Peine de mort par décapitation. *Il risque l'échafaud.*

ÉCHAFAUDAGE [eʃafodaʒ]. *n. m.* (1517; de *échafauder*). ♦ 1° Construction temporaire, essentiellement constituée de passerelles ou de plates-formes soutenues par une charpente (boulins, écoperches, etc.), destinée à conduire le personnel et le matériel en tous points d'un bâtiment à édifier ou à réparer. *Échafaudages de maçons, de couvreurs, Dresser un échafaudage.* ♦ 2° *Par ext.* Assemblage de choses posées les unes sur les autres. V. **Pyramide**. « *Elle porte sur la tête un savant échafaudage de faux cheveux, de coussins et de nœuds* » (TAINE). ◇ *Fig.* Assemblage complexe et peu solide (de preuves, d'arguments) « *Une nouvelle déclaration de Jacques venait généralement renverser l'échafaudage de ses réflexions* » (MART. du G.). ♦ 3° Édification progressive. « *Un degré de plus dans l'échafaudage de sa fortune* » (STE-BEUVE).

ÉCHAFAUDER [eʃafode]. *v.* (XIIIᵉ; de *échafaud*). ♦ 1° *V. intr.* Dresser un échafaudage. ♦ 2° *V. tr.* (XVᵉ). *Vx.* Dresser en échafaudage. ◇ *Fig.* et *mod.* (XVIIIᵉ) Former par des combinaisons hâtives et fragiles. « *Échafauder des hypothèses qui n'ont aucune base expérimentale* » (MART. du G.). » *Pour échafauder son mensonge* » (PROUST).

ÉCHALAS [eʃala]. *n. m. (Escalas,* XIIᵉ; altér. d'apr. *échelle* de °*charas,* lat. pop. °*caracium,* gr. *kharax* « pieu »; dial. *charasse*). Pieu en bois que l'on enfonce dans le sol au pied d'un arbuste, d'un cep de vigne pour le soutenir. V. **Paisseau**. *Tailler un échalas.* — *Par compar. Il est sec, raide comme un échalas.* « *Ses jambes en échalas* » (BALZ.). Fig. *Un grand échalas,* une personne grande et maigre. V. **Perche**.

ÉCHALASSER [eʃalase]. *v. tr.* (XIVᵉ; de *échalas*). *Agric.* Soutenir à l'aide d'échalas, de supports (la vigne, des arbres).

ÉCHALIER [eʃalje]. *n. m.* (XIVᵉ; var. dial. de *escalier*). Sorte d'échelle permettant de franchir une haie. ◇ Clôture mobile barrant l'entrée d'un champ.

ÉCHALOTE [eʃalɔt]. *n. f.* (1514; *escaluigne,* XIIᵉ; altér. du lat. *ascalonia (cepa)* « (ail) d'Ascalon »). Plante potagère *(Liliacées),* variété d'ail dont les bulbes sont utilisés comme condiments. *Sauce à l'échalote.* « *Des huîtres d'Ostende avec un petit ragoût d'échalotes découpées dans du vinaigre* » (NERVAL).

ÉCHANCRÉ, ÉE [eʃɑ̃kre]. *adj.* (XVIᵉ; V. **Échancrer**). Creusé en dedans (en forme de croissant ou de V). *Encolure échancrée. Corsage échancré.* V. **Décolleté**. *Littoral profondément échancré. Feuilles échancrées.*

ÉCHANCRER [eʃɑ̃kre]. *v. tr.* (1549; de *é-,* et *chancre*). Enlever en arrondi (une partie du bord), creuser un peu plus (une partie arrondie). V. **Évider**. *Le courant a échancré la côte. Échancrer l'encolure d'une robe.* V. **Décolleter**.

ÉCHANCRURE [eʃɑ̃kryr]. *n. f.* (XVIᵉ; de *échancrer*). Partie échancrée. V. **Découpure**. *Échancrure en croissant.* « *Les seins s'offraient aux regards dans l'échancrure des corsages* » (FLAUB.). V. **Décolleté**. *Les échancrures d'une côte.* V. **Golfe**. ◈ ANT. *Saillie.*

ÉCHANGE [eʃɑ̃ʒ]. *n. m. (Escange,* 1080; de *échanger).* ♦ 1° Opération par laquelle on échange (des biens, des personnes considérées comme des biens). *Proposer un échange à un collectionneur. Échange de territoires à l'occasion d'un traité de paix. Discuter d'un échange de prisonniers.* — (Aux échecs) *Échange de pièces,* prise et perte de pièces équivalentes. ◇ *Dr.* Contrat par lequel les parties se donnent respectivement une chose pour une autre. V. **Troc**. *Échange avec soulte. Échange d'appartements.* ◇ *Écon.* (Échange indirect, par l'interm. de la monnaie) Commerce, opération commerciale. *L'échange international. Valeur d'échange d'un bien, d'un produit. Le volume des échanges. Liberté, réglementation des échanges entre pays.* V. **Libre-échange**, protectionnisme. ♦ 2° *Par anal.* (XVIIᵉ). Communication réciproque (de documents, renseignements, etc.). *Échange de lettres, de notes diplomatiques. Échange de politesses, de poignées de main.* « *Pour faire un échange de secrets* » (LA ROCHEF.). *Un échange de vues plutôt qu'une conférence.* ♦ 2° *Biol.* (1865). Passage (dans les deux sens) et circulation de substances entre la cellule et le milieu extérieur. V. **Perméabilité** (cellulaire). *Échanges cellulaires. Échanges gazeux, respiratoires.* « *Il y a chez les êtres vivants un échange constant entre les gaz du milieu intérieur et les gaz du milieu extérieur* » (Cl. BERNARD). — *Par anal.* (Phys.) *Échange de chaleur entre deux fluides.* ♦ 4° *Loc. adv.* EN ÉCHANGE, de manière qu'il y ait échange. V. **Contrepartie** (en), **remplacement** (en), **retour** (en). ◇ *Loc. prép.* EN ÉCHANGE DE, pour compenser, remplacer, payer. V. **Prix** (pour prix de). « *Un magnifique tyran italien offrait au divin Arétin un manteau de cour, en échange d'un précieux sonnet* » (BAUDEL.).

ÉCHANGEABLE [eʃɑ̃ʒabl(ə)]. *adj.* (1798; de *échanger*). Susceptible d'être échangé. ◈ ANT. *Inéchangeable.*

ÉCHANGER [eʃɑ̃ʒe]. *v. tr.;* conjug. *bouger* (XIIᵉ; lat. pop. °*excambiare,* du bas. lat. *cambiare.* V. **Changer**). ♦ 1° Céder moyennant contrepartie. « *Nous échangeons nos produits contre de l'argent* » (Ch. GIDE). *Échanger une marchandise*

contre une autre. V. **Troquer**. Pronom. « *Les produits s'échangent contre les produits* » (GONNARD). Fig. « *Tant de gens échangent volontiers l'honneur contre les honneurs* » (A. KARR). ◇ *(Sujet au plur.)* Donner et recevoir (des choses équivalentes qui passent de l'un à l'autre). *Enfants qui échangent des billes, des timbres. Les mariés ont échangé leurs anneaux.* ♦ 2° *Par anal.* Adresser et recevoir en retour. « *L'étranger échangea seulement avec Caroline un regard rapide* » (BALZ.). « *Il échangea avec sa femme le sourire qui convenait* » (COLETTE). ◇ *(Sujet au plur.)* Se faire des envois, des communications réciproques (de choses de même genre). *Les plénipotentiaires ont échangé leurs pouvoirs. Ils ont échangé des lettres.* « *Ces quatre hommes échangent des plaisanteries faubouriennes* » (LOTI). « *Ils échangeaient en riant leurs impressions* » (R. ROLLAND).

ÉCHANGEUR [eʃɑ̃ʒœr]. *n. m.* (XVᵉ; de *échanger*). ♦ 1° *Vx.* Échangiste. ♦ 2° (1862). Appareil destiné à réchauffer ou refroidir un fluide, au moyen d'un autre fluide qui circule à une température différente (on dit aussi *échangeur de chaleur, de température*). ♦ 3° (v. 1960). Intersection routière à plusieurs niveaux. *L'échangeur de la porte de la Chapelle, à Paris.*

ÉCHANGISTE [eʃɑ̃ʒist(ə)]. *n.* (1776; de *échange*). *Dr.* Celui qui est partie dans un échange.

ÉCHANSON [eʃɑ̃sɔ̃]. *n. m.* (XIIᵉ; lat. médiév. *scantio,* frq. °*skankjo*). *Ancien.* Officier d'une maison royale ou seigneuriale, dont la fonction était de servir à boire à la table du prince. ◇ *Plaisant.* Personne qui sert à boire.

ÉCHANTILLON [eʃɑ̃tijɔ̃]. *n. m.* (1260; altér. de *eschandillon,* XIIIᵉ; lat. pop. °*scandaculum* « jauge », rad. *scandere* « monter », comme *scala* « échelle »). ♦ 1° *Vx.* Étalon de mesure. *Mod.* (1636) Type réglementaire de certains matériaux de construction. *Bois d'échantillon. Brique, pavé d'échantillon.* — Mar. Bâtiment de fort, de petit, de faible échantillon, suivant la largeur et l'épaisseur des pièces de construction. ♦ 2° (1407). *Cour.* Petite quantité d'une marchandise qu'on montre pour donner une idée de l'ensemble, et spécialt. Petit morceau d'étoffe détaché à cet effet de la pièce principale. *Échantillons de vin, de café. Boîte, jeux d'échantillons à l'usage des représentants.* V. **Collection**. « *Il étale ses échantillons, lentement, devant le client* » (MAUROIS). « *Quel danger, quelle folie de choisir sur des échantillons* » (SARRAUTE). ◇ Spécimen remarquable d'une espèce, d'un genre. V. **Représentant**. « *Une très jolie servante, charmant échantillon de la beauté des femmes de Malaga* » (GAUTIER). « *L'échantillon d'humanité que le hasard plaçait sur son chemin* » (MART. du G.). ◇ *Fig.* Aperçu. « *Je voulus lui donner un échantillon de mon talent* » (ROUSS.). V. **Exemple**. ♦ 3° *Spécialt. (Statist.).* Fraction d'une population destinée à être étudiée par sondage.

ÉCHANTILLONNAGE [eʃɑ̃tijɔnaʒ]. *n. m.* (1452; de *échantillonner*). ♦ 1° *Vx.* Étalonnage. ◇ *Mod.* (1864). Action d'échantillonner. ♦ 2° Collection d'échantillons. ♦ 3° *Statist.* Ensemble des opérations pour la détermination d'un échantillon. ◇ *Par ext.* L'étude même du sondage. ♦ 4° *Inform.* Transformation d'une fonction continue, représentée par un signal analogique*, en fonction prenant des valeurs discrètes en vue d'un traitement digital*. V. **Quantification**.

ÉCHANTILLONNER [eʃɑ̃tijɔne]. *v. tr.* (1452; de *échantillon*). ♦ 1° *Vx.* Étalonner. ◇ *Mod.* Échantillonner des peaux, en rogner les bords pour leur donner une forme régulière. ♦ 2° (1558). Prélever, choisir des échantillons de (tissus, produits, etc.). *Échantillonner des draps.*

ÉCHANTILLONNEUR, EUSE [eʃɑ̃tijɔnœr, øz]. *n.* (1922, « appareil »; de *échantillonner*). Personne qui échantillonne.

ÉCHAPPATOIRE [eʃapatwar]. *n. f.* (XVᵉ; de *échapper*). Moyen détourné par lequel on cherche à se tirer d'embarras. V. **Dérobade**, excuse, faux-fuyant, fuite, prétexte, sortie (porte de), **subterfuge**. « *Des questions si bien posées qu'il soit impossible de s'en défaire par des échappatoires* » (CLAUDEL). « *Aucune échappatoire possible; aucun moyen de s'en tirer* » (GIDE).

ÉCHAPPÉ, ÉE [eʃape]. *n.* (1732; de *échapper*). *Vieilli.* Évadé. *Un échappé de Charenton,* un fou.

ÉCHAPPÉE [eʃape]. *n. f.* (XVᵉ; de *échapper*). ♦ 1° *Vx.* Escapade, sortie. « *Dans mes échappées du dimanche, je me répandais dans la campagne avec des jeunes gens de mon âge* » (ROUSS.). ◇ *Mod. (Sport)* Action menée par un ou plusieurs coureurs cyclistes qui lâchent le peloton et tâchent de conserver leur avance. ♦ 2° Espace libre mais resserré (ouvert à la vue, à la lumière). « *Par un étroit intervalle entre deux murs, il y avait une échappée de vue superbe* » (STENDHAL). — Peint. *Échappée de lumière :* lumière qui passe, qui filtre entre deux masses opaques. — *Échappée de soleil :* court moment pendant lequel le ciel nuageux se dégage. ♦ 3° *Fig.* Bref moment, court intervalle. « *Ce charmant poète qu'on ne retrouve que par échappées dans son œuvre* »

(LARBAUD). ♦ 4° Espace ménagé pour un passage. *Échappée d'une cour, d'un garage*, permettant aux voitures d'entrer et de sortir. V. **Dégagement**. — *Échappée d'un escalier*, espace compris entre les marches et le plafond.

ÉCHAPPEMENT [eʃapmɑ̃]. *n. m.* (XIIᵉ; de *échapper*). ♦ 1° *Vx.* Action, moyen de s'échapper, de se tirer d'embarras. V. **Évasion**. « *Tout autre échappement m'étant refusé* » (GIDE). ♦ 2° (1717). *Mod.* Mécanisme régulateur, adapté au pendule ou au balancier, qui vient se placer à chaque oscillation entre les dents de la dernière roue qu'il libère (« laisse échapper ») une par une. *Horloge, montre à échappement. Échappement à recul, à ancre, à détente, à chevilles.* ♦ 3° (1845). Expulsion (de la vapeur, des gaz); dernière phase de la distribution et de la circulation de la vapeur dans les cylindres; dernier temps du cycle d'un moteur pendant lequel s'effectue l'évacuation des gaz brûlés. *Soupape d'échappement. Échappement libre*, par lequel les gaz sortent directement du moteur à l'air libre. *Tuyau, pot d'échappement muni d'un silencieux.* ◊ ANT. Admission.

ÉCHAPPER [eʃape]. *v.* (*Escaper*, 1080; lat. pop. °*excappare* « sortir de la chappe », bas. lat. *cappa*).

I. *V. intr.* Ⓐ (Ne plus être pris). DE, À. ♦ 1° *Vieilli.* S'enfuir (d'un lieu), fausser compagnie à (qqn). V. **Évader** (s'), **sauver** (se). *Échapper des mains de ses gardiens, à ses gardiens.* ◊ Se tirer, sortir (d'un danger, d'un état fâcheux). « *Si jamais nous échappons de cette tempête* » (FÉN.). — V. **Réchapper, rescapé.** ◊ Fig. « *Vous continuerez de voir le même horizon. Échappez donc à tout cela* » (LOUŸS). ♦ 2° Cesser d'être tenu, retenu. *Objet qui échappe des mains.* V. **Glisser, tomber.** « *Sa main tremblera, le couteau lui échappera* » (ROMAINS). « *Laissant échapper un plat* » (HENRIOT). V. **Lâcher.** ◊ *Fig.* Cesser d'appartenir. « *Le temps m'échappe et fuit* » (LAMART.). *Elle sentait que son fils lui échappait.* V. **Détacher** (se). « *Sa mémoire ne laissait rien échapper* » (GREEN). *Son nom m'échappe*, ma mémoire ne peut le retrouver en ce moment. ♦ 3° Être émis, prononcé contre la volonté du sujet. « *L'enfant laissa échapper un cri bref* » (MART. du G.). « *Nous nous sommes quittés sur des paroles très dures... je regrette celles qui me sont échappées* » (BOURGET). Impers. « *Il lui échappa un cri* » (LACLOS). *Il m'est échappé de la tutoyer en public.* Ⓑ (Ne pas être pris). À. ♦ 1° (*Sujet de personne*). Éviter (qqn, qqch. de menaçant qui peut nous atteindre). « *Elle s'était réfugiée au Maroc afin d'échapper à la police* » (MAC ORLAN). « *Je le pourchasse, et je jure qu'il ne m'échappera pas* » (GIDE). « *Il échappe au gibet* » (SUARÈS). « *Kyo échappait à la peur par manque d'imagination* » (MALRAUX). « *Cette obligation à laquelle nul de nous ne peut échapper* » (FRANCE). V. **Dérober** (se), **soustraire** (se). « *Le compositeur a échappé à cette vulgarité* » (BAUDEL.). ♦ 2° (*Sujet de chose*). N'être pas touché, contrôlé, compris par. *Tout ce qui échappe à notre vue. Rien ne lui échappe*, il remarque tout. « *Un pittoresque ou une poésie qui lui échappaient* » (ROMAINS), à quoi il n'était pas sensible. Impers. *Il ne lui a pas échappé que vous étiez mécontent.*

II. *V. tr.* (*Vx*). ♦ 1° Échapper à, éviter. « *Nulle puissance ne peut échapper aux mains de Dieu* » (BOSS.). ◊ *Laisser échapper*, manquer. L'ÉCHAPPER BELLE : *Vx*, Manquer une balle qui était pourtant belle; *Mod.* Échapper de justesse à un danger. *Elle l'a échappé belle.* ♦ 2° *Région.* (Canada; a. fr. *eschapper* « laisser partir »; dial. *échaiper* [Morvan]). Laisser (involontairement) tomber ou échapper; ne plus pouvoir tenir. « *Il suivit leur regard et, de stupeur, il échappa son colis sur ses pieds* » (LEMELIN). *Échapper un poisson. Échapper son cheval.*

III. *V. pron.* ♦ 1° (*Sujet de personne*). S'enfuir, se sauver. « *Il y a des prisonniers qui s'échappent* » (GREEN). V. **Évader** (s'). ◊ S'en aller, sortir discrètement. *Elle s'échappa pour aller chercher des rafraîchissements.* V. **Éclipser, esquiver** (s'). ◊ (*Sports*) Faire une échappée. ◊ *Vx.* S'emporter, se laisser aller à quelque parole ou action inconsidérée. ♦ 2° (*Sujet de chose*). Sortir. « *Une haie vive d'où s'échappait des ronces* » (BALZ.). *Eau, gaz qui s'échappe d'un tuyau.* « *Un flot de sang échappé de la bouche* » (COCTEAU). « *Une note plaintive, une note bizarre s'échappa* » (BAUDEL.). Impers. « *Il s'échappait de ces boîtes je ne sais quelle odeur fanée* » (ALAIN-FOURNIER).

◊ ANT. Entrer, rester.

ÉCHARDE [eʃard(ə)]. *n. f.* (XIIIᵉ; *escherde*, XIIᵉ; frq. °*skarda*). Petit fragment pointu d'un corps étranger (éclat de bois, épine) qui a pénétré sous la peau par accident. *Avoir une écharde dans le doigt.*

ÉCHARDONNER [eʃardɔne]. *v. tr.* (1606; de *é-*, et *chardon*). Débarrasser (un terrain) des chardons qui y poussent (opération dite ÉCHARDONNAGE [eʃardɔnaʒ]).

ÉCHARNAGE [eʃarnaʒ] ou **ÉCHARNEMENT** [eʃarnəmɑ̃]. *n. m.* (1790; de *écharner*). *Techn.* Action d'écharner les peaux, au moyen de l'outil dit ÉCHARNOIR [eʃarnwar] (n. m., 1723), ou de la machine dite ÉCHARNEUSE [eʃarnøz] (n. f., 1902).

ÉCHARNER [eʃarne]. *v. tr.* (1680; « décharné », XIIᵉ, adj.; de *é-*, et *charn*, anc. forme de *chair*). Débarrasser (une peau) de la chair qui y adhère. V. **Drayer.**

ÉCHARPE [eʃarp(ə)]. *n. f.* (XVᵉ; *escherpe*, XIVᵉ; « sacoche en bandoulière », XIIᵉ; frq °*skirpja* « sac »). ♦ 1° Large bande d'étoffe servant d'insigne, passée obliquement de l'épaule droite à la hanche gauche, ou nouée autour de la taille. *L'écharpe tricolore des maires, des députés.* ◊ (XVIᵉ) Bandage passé par-dessus une épaule, servant à soutenir l'avant-bras. « *Le bras bandé par le chirurgien et soutenu d'une écharpe* » (GAUTIER). *Avoir, porter un bras en écharpe.* ◊ Loc. adv. (XVIᵉ) EN ÉCHARPE, en bandoulière. — Par ext. De biais. V. **Obliquement.** « *La voiture... a été prise en écharpe par un camion* » (AYMÉ), accrochée par le travers. Artill. *Tir en écharpe* (ou *d'écharpe*). ♦ 2° (XVIIᵉ). Longue bande de tissu, de tricot qu'on porte généralement autour du cou ou qu'on jette sur les épaules. V. **Cache-col, cache-nez, foulard.** *Mettre une écharpe de laine, de soie. Elle « enroula autour de son cou une écharpe rayée de beige et de brun* » (CHARDONNE). Poét. *L'écharpe d'Iris*, l'arc-en-ciel. ♦ 3° *Techn.* Pièce de menuiserie disposée en diagonale. — Cordage utilisé par les maçons pour monter les matériaux de construction.

ÉCHARPER [eʃarpe]. *v. tr.* (1690; anc. « déchirer ». V. **Charpie**). ♦ 1° Blesser grièvement avec un instrument tranchant. V. **Balafrer, mutiler.** « *Hommes que la guerre a lésés, écharpés* » (COLETTE). ♦ 2° Déchiqueter, massacrer. « *Pour aller fusiller un chef d'État à bout portant et se faire écharper par la foule* » (ROMAINS). V. **Lyncher.**

ÉCHASSE [eʃa(a)s]. *n. f.* (*Eschace*, fin XIIᵉ; frq. °*skakkja*). ♦ 1° Chacun des deux longs bâtons munis d'un étrier sur lequel on pose le pied, permettant de se déplacer dans des terrains difficiles. « *Un berger monté sur ses échasses, marchant à pas de faucheux à travers les marécages et les sables* » (GAUTIER). *Petites échasses pour enfants*, servant de jouet. ◊ Par plaisant. *Être monté sur des échasses :* avoir de longues jambes; *fig.* Faire l'important, être guindé, se vouloir plus grand qu'on n'est. « *L'homme ne deviendra point vraiment grand aussi longtemps qu'il se juchera sur des échasses* » (GIDE). ♦ 2° (1768). Oiseau des marais (*Charadriidés*), à hautes pattes fines, au plumage blanc et noir. V. **Échassier.**

ÉCHASSIER [eʃa(a)sje]. *n. m.* (1799; de *échasse*). *Au plur.* Ancien ordre d'oiseaux carnivores des marais auxquels leurs longues pattes permettent de marcher sur des fonds vaseux. ◊ *Au sing.* Oiseau de cet ordre. « *Sur ses longues jambes d'échassier* » (LOTI). « *Elle serait restée comme un échassier debout sur une patte* » (MART. du G.).

ÉCHAUBOULURE [eʃobulyr]. *n. f.* (1611; altér. de *échaubouillure*, 1549; probabl. de *échaubouiller*, dial. *chaud*, et *bouillir*). *Vétér.* Urticaire de certains animaux notamment de bovins.

ÉCHAUDAGE [eʃodaʒ]. *n. m.* (1920; *échaudement*, 1845; de *échaudé*). *Agric.* Accident qui frappe les céréales, les vignes échaudées.

ÉCHAUDÉ [eʃode]. *n. m.* (XIIIᵉ; de *échauder*). Gâteau léger de pâte échaudée, puis passée au four. « *Tu ne rôderas plus tout le jour au quartier des femmes, plus d'échaudés, de goûters à la crème* » (BEAUMARCH.).

ÉCHAUDÉ, ÉE [eʃode]. *adj.* (1776; de *échauder*). *Agric.* Flétri, desséché, noirci par un excès de chaleur, par le soleil. *Blé échaudé.* ◊ *Cour.* V. **Échauder.**

ÉCHAUDER [eʃode]. *v. tr.* (XIIᵉ; lat. pop. °*excaldare* = *cal(i)dus*; V. **Chaud**). ♦ 1° Passer, laver à l'eau chaude. « *Échauder avant de s'en servir la théière de porcelaine* » (GIDE). « *Les planchers sont échaudés et grattés à vif deux fois par jour* » (GAUTIER). ◊ *Cuis.* Tremper dans l'eau bouillante pendant quelques instants (des légumes, des fruits pour les peler). V. **Ébouillanter.** *Échauder une volaille*, pour la plumer. ♦ 2° Brûler avec un liquide chaud. Pronom. S'ébouillanter. — Fig. *Se faire échauder, être échaudé :* être victime d'une mésaventure, éprouver un dommage, une déception. PROV. *Chat* échaudé craint l'eau froide.

ÉCHAUDOIR [eʃodwar]. *n. m.* (1830; de *échauder*). *Techn.* Grande cuve où l'on échaude les bêtes abattues. « *L'animal qui vient de périr bascule dans l'échaudoir* » (DUHAM.). — Local d'un abattoir réservé à cette opération.

ÉCHAUFFANT, ANTE [eʃofɑ̃, ɑ̃t]. *adj.* (1755; « ardent », XIVᵉ; de *échauffer*). Qui provoque de l'échauffement, de la constipation. *Les aliments épicés sont échauffants.* ◊ ANT. Rafraîchissant.

ÉCHAUFFEMENT [eʃofmɑ̃]. *n. m.* (XIIᵉ; de *échauffer*). ♦ 1° Fait de s'échauffer. *L'échauffement du sol.* — Fig. « *Cette espèce d'échauffement qu'on appelle l'inspiration* » (FLAUB.). ◊ *Échauffement d'une pièce mécanique*, dû au frottement, à un défaut de graissage. *L'échauffement du charbon dans une mine*, dû à l'oxydation. ♦ 2° Altération, fermentation, due à la chaleur. *Échauffement du bois* (mal ventilé), *des céréales.* ♦ 3° *Vieilli.* État inflammatoire, irritation ; constipation légère. ⊗ ANT. *Refroidissement.*

ÉCHAUFFER [eʃofe]. *v. tr.* (XIIᵉ ; lat. pop. °*excalefare.* V. **Chauffer**). ♦ 1° Rendre chaud par degrés (*spécialt.* ce qui devait rester froid). *Frottement qui échauffe les roues.* — Loc. *Échauffer la bile*, les oreilles*.* V. **Impatienter, irriter.** *Fig.* Enflammer, exciter. « *Tout ce qui échauffait les cœurs et les imaginations* » (RENAN). ♦ 2° Déterminer l'échauffement, l'altération de. « *Ces nourritures épicées finissent par vous échauffer le sang* » (FLAUB.). ♦ 3° S'ÉCHAUFFER. *v. pron. Vx.* Se réchauffer. *Sports.* Entraîner ses muscles avant l'épreuve. « *Ils s'échauffent, prennent enfin place au départ* » (J. PRÉVOST). ◇ *Mod.* (*Fig.*) S'animer, se passionner en parlant. « *Quoiqu'il s'échauffât pour me démontrer la supériorité du fantassin* » (VIGNY). ⊗ ANT. *Refroidir ; calmer.*

ÉCHAUFFOURÉE [eʃofuʀe]. *n. f.* (XIIIᵉ ; de *chaufourrer*, dial., « chauffer, poursuivre, frapper », de *chaufour*). Rencontre inopinée, confuse et de courte durée entre adversaires qui en viennent aux mains. V. **Bagarre.** « *Des esprits superficiels ne voient dans la révolution des trois jours qu'une échauffourée* » (CHATEAUB.). ◇ *Milit.* Petit accrochage isolé.

ÉCHAUGUETTE [eʃogɛt]. *n. f.* (XVᵉ ; *escalguaite* (1080), « guet » ; frq. °*skarwahta*). Guérite en pierre, placée en encorbellement aux angles des châteaux forts, des bastions, pour en surveiller les abords. V. **Bretèche, poivrière.**

ÈCHE ou **ESCHE** ou **AICHE** [ɛʃ]. *n. f.* (XIIᵉ ; lat. *esca*). *Pêche.* Appât fixé à l'hameçon.

ÉCHÉANCE [eʃeãs]. *n. f.* (XVIIᵉ ; « héritage en ligne collatérale », XIIIᵉ ; du p. prés. de *échoir*). ♦ 1° Date à laquelle expire un délai ; date à laquelle l'exécution d'une obligation, d'un paiement est exigible. V. **Expiration, terme.** *Échéance d'un loyer, d'une traite, d'un effet de commerce. Escompte dont bénéficie celui qui acquitte une dette avant l'échéance. Protêt pour faute de paiement à l'échéance.* ◇ Ensemble des effets dont l'échéance tombe à une date donnée. *Faire face à une lourde échéance.* « *Il dicterait son courrier et préparerait son échéance* » (MAUROIS). ◇ *Fig.* Date à laquelle une chose doit arriver, une faute se payer. « *Des événements qui ont cheminé souterrainement vers leur fatale échéance* » (A. ARNOUX). ♦ 2° (*Avec à*). Délai. *Emprunter à longue échéance. Effet à courte échéance.* ◇ *Fig. À longue échéance*, lointain ; *à brève échéance*, proche. « *Ces entreprises dont l'issue est à longue échéance* » (TAINE). « *Une conjuration en règle et, à brève échéance, contre l'ordre établi* » (ROMAINS).

ÉCHÉANCIER [eʃeãsje]. *n. m.* (1863 ; de *échéance*). Registre des effets à payer ou à recevoir inscrits à la date de leur échéance.

ÉCHÉANT [eʃeã] (*p. prés.* de *échoir*). *loc. adv.* (1843). LE CAS ÉCHÉANT [ləkazeʃeã], si le cas, l'occasion se présente. V. **Occasion (à l').**

ÉCHÉANT, ANTE [eʃeã, ãt]. *adj.* (1845 ; de *échoir*). Qui arrive à échéance.

ÉCHEC [eʃɛk]. *n. m.* (1080 ; altér. de *eschac*, arabo-persan *shâh*, dans l'express. *shâh mat* « le roi est mort ». V. **Mat**). I. LES ÉCHECS. ♦ 1° Jeu dans lequel deux joueurs font manœuvrer l'une contre l'autre deux séries de 16 pièces diverses, sur une tablette divisée en 64 cases. *Pièces d'échecs.* V. **Roi ; dame** ou **reine ; fou ; cavalier ; tour ; pion.** *Jouer aux échecs. Partie, problème, tournoi d'échecs.* ♦ 2° Par ext. Ensemble des pièces de ce jeu. *Des échecs en ivoire, en ébène.* II. (*Au sing.*). ♦ 1° Aux échecs, Situation du roi qui se trouve sur une case battue par une pièce de l'adversaire ; coup créant cette situation (et dont le joueur doit avertir son adversaire en prononçant le mot). *On ne peut roquer quand on est en échec. Faire échec, échec et mat.* Adj. *Être échec*, en échec. *Vous êtes échec et mat.* ◇ Par ext. (*Fam.*) Situation analogue à celle de la reine. *Échec à la reine.* ♦ 2° Cour. Position difficile dans laquelle on est mis par l'adversaire. *Tenir qqn en échec*, le mettre à l'intérieur, entraver son action. V. **Embarrasser.** « *Il parut embarrasser Mirabeau, et il eut l'honneur de le tenir en échec* » (STE-BEUVE). ♦ 3° Revers éprouvé par qqn qui voit ses calculs déjoués, ses espérances trompées. *Essuyer, subir un échec.* V. **Échouer.** *Son échec à l'examen.* « *Les échecs fortifient les forts* » (ST-EXUP.). « *L'histoire d'une vie est l'histoire d'un échec* » (SARTRE). ◇ Insuccès, faillite (d'un projet, d'une entreprise). *Tentative vouée à l'échec. L'échec d'une pièce.* V. **Bide, four.** — (ANT. Réussite, succès).

ÉCHELETTE [eʃlɛt]. *n. f.* (XIIIᵉ ; de *échelle*). *Vx* ou *région.* ♦ 1° Petite échelle attachée au bât d'une bête de somme, où on accroche un fardeau. ♦ 2° Ridelle de charrette. ♦ 3° (1755). *Compte, comptabilité par échelettes*, où les acomptes sont imputés sur les intérêts avant de l'être sur le capital. ♦ 4° (1555). Grimpereau.

ÉCHELIER [eʃəlje]. *n. m.* (1685 ; de *échelle*). *Région.* Échelle à un seul montant. V. **Rancher.**

ÉCHELLE [eʃɛl]. *n. f.* (XIVᵉ ; *eschiele*, XIIᵉ ; lat. *scala*). ♦ 1° Dispositif formé de deux montants parallèles ou légè-

rement convergents, réunis de distance en distance par des barreaux transversaux servant de marches. V. **Escabeau.** *Dresser, appuyer une échelle contre un mur. Monter sur une échelle, à l'échelle. Échelle pliante, coulissante, double. Échelle d'incendie.* — Par anal. *Échelle de corde*, dont les montants sont en corde. « *Elle attacha à un balcon une échelle de soie et fit entrer par là ce seigneur* » (LESAGE). — *Échelle de meunier*, sorte d'escalier droit et à pic. — *Mar.* Degré, escalier fixe ou mobile. *Échelle de coupée*, échelle principale servant à monter à bord. *Échelle de cale.* ◇ *Loc. div. Faire la courte échelle à qqn*, l'aider à s'élever en lui offrant comme points d'appui les mains puis les épaules ; *fig.* L'aider à avancer, à réussir. — *Monter à l'échelle*, prendre au sérieux une plaisanterie. « *Ce n'est pas vrai ; vous voulez me faire monter à l'échelle* » (MAURIAC), me faire marcher. ♦ 2° *Fig.* (XVIIIᵉ). Suite continue ou progressive. V. **Hiérarchie, série, succession, suite.** *Échelle des êtres*, série régulière et sans interruption des organismes les plus simples aux plus perfectionnés. *Échelle sociale*, hiérarchie des conditions, des situations dans une société. « *La bourgeoisie a monté tous les degrés de l'échelle sociale* » (TAINE). *Échelle des valeurs*.* ◇ *Mus. L'échelle des sons. Échelle diatonique, chromatique, harmonique.* V. **Gamme.** *Peint. Échelle des couleurs*, série des nuances par lesquelles on passe d'une couleur à une autre. — *Psycho.* Série de tests gradués correspondant aux différents niveaux du développement mental (pour la détermination de l'âge mental et du quotient intellectuel). — *Écon. Échelle des salaires*, des *traitements. Échelle mobile* : disposition insérée dans un contrat et en vertu de laquelle le prix nominal ou le salaire stipulé suivra les variations d'un autre élément économique (*par ex.* : l'indice du coût de la vie, pour les salaires). V. **Indexation.** ♦ 3° (XVIIᵉ). Ligne graduée, divisée en parties égales, indiquant le rapport des dimensions en distances marquées sur un plan avec les dimensions ou distances réelles (*échelle graphique*) ; par ext. Rapport existant entre une longueur et sa représentation sur la carte (*échelle numérique*). *Échelle d'une carte, d'une photographie aérienne. 1 mm représente 100 m à l'échelle de 1/100 000ᵉ. Carte à grande échelle*, représentant un terrain peu étendu par une surface relativement importante. Fig. *Faire qqch. sur une grande échelle* : en grand, largement. — Par anal. *Échelle d'une maquette, d'un modèle réduit. Échelle de réduction, d'agrandissement d'un dessin. Échelle d'un graphique statistique.* ◇ Série de divisions sur un instrument de mesure, un tableau. V. **Graduation.** *Échelle arithmétique, logarithmique. Échelle centésimale. Échelle d'un thermomètre. Échelle des eaux, des marées*, servant de repère pour mesurer la hauteur de l'eau. ◇ *Fig.* À L'ÉCHELLE (DE) : selon un ordre de grandeur. *Ce problème est à l'échelle nationale.* « *Si l'on rapportait à l'échelle des événements publics les calamités d'une vie privée* » (CHATEAUB.). « *Il n'y a d'art que l'échelle de l'homme* » (GIDE). V. **Mesure.** « *Un monde qui n'a de réalité définissable qu'à l'échelle des grandeurs moyennes qui sont les nôtres* » (CAMUS). ♦ 4° (1675). *Vx.* Lieu où l'on pose une échelle pour débarquer. V. **Escale.** Loc. *Les échelles du Levant* : ports de Turquie, d'Asie Mineure, par lesquels se faisait le commerce avec l'Europe. « *Aben Hamet s'embarqua à l'échelle de Tunis* » (CHATEAUB.).

ÉCHELON [eʃlɔ̃]. *n. m.* (XIIᵉ ; de *échelle*). ♦ 1° Traverse d'une échelle. V. **Barreau, degré, marche ; enfléchure, ranche.** *Monter, descendre, sauter un échelon.* ♦ 2° (XVIᵉ). Ce par quoi on monte ou descend d'un rang à un autre ; chacun des degrés successifs d'une série. « *Un premier ministre est l'échelon du second* » (CHATEAUB.). V. **Marchepied.** *S'élever par échelons*, graduellement. *Le dernier échelon*, le point, le degré le plus élevé ou le plus bas. *Spécialt.* Position d'un fonctionnaire à l'intérieur d'un même grade, d'une même classe. *Avancer d'un échelon. Les échelons de solde.* ◇ L'un des différents stades d'une administration. V. **Niveau.** *À l'échelon communal, départemental, national. Milit. Échelons de commandement. À l'échelon de la division, du corps d'armées.* — (1823) Élément d'une troupe fractionnée en profondeur. *Marcher en premier échelon. Échelon d'attaque. Échelon débordant. Artill.* Ensemble des éléments autres que les sections de combat ; lieu où se tiennent ces éléments. *Rentrer à l'échelon.*

ÉCHELONNEMENT [eʃlɔnmã]. *n. m.* (1893 ; de *échelonner*). Action d'échelonner, fait d'être échelonné.

ÉCHELONNER [eʃlɔne]. *v. tr.* (XVᵉ, repris 1823 ; de *échelon*). ♦ 1° *Milit.* Disposer (des troupes) de distance en distance, par échelons. Pronom. « *Un bataillon de Regulars s'échelonnait par petits postes* » (MAC ORLAN). ♦ 2° Disposer (plusieurs choses) à une certaine distance les unes des autres, ou par degrés. V. **Distribuer, graduer, répartir.** « *Un homme qui donne à dîner sait échelonner ses vins de façon à ne pas* *émousser le goût* » (TAINE). Pronom. « *Autant de zones où s'échelonnaient les nuances de l'horreur* » (HUGO). ◊ Distribuer dans le temps, exécuter à intervalles réguliers. *Échelonner un travail sur un an.* V. **Étaler.** *Échelonner des paiements.* ◊ ANT. **Bloquer, masser.**

ÉCHENILLAGE [eʃnijaʒ]. *n. m.* (1783; de *écheniller*). Opération qui consiste à écheniller.

ÉCHENILLER [eʃnije]. *v. tr.* (XIVe; de *é-*, et *chenille*). ♦ 1° Débarrasser (un arbre, une haie) des nids de chenilles qui s'y trouvent. ♦ 2° *Fig.* Débarrasser (des éléments étrangers et nuisibles). « *Peut-être convient-il d'écheniller cette histoire, où le moral joue un grand rôle, des vils intérêts matériels* » (BALZ.).

ÉCHENILLOIR [eʃnijwaʀ]. *n. m.* (XVIIe; de *écheniller*). *Agric.* Cisaille fixée à l'extrémité d'une perche et qui sert à écheniller les arbres.

ÈCHER. V. **ESCHER.**

ÉCHEVEAU [eʃvo]. *n. m.* (XVe; *eschevel*, v. 1200; lat. *scabellum* « tabouret », par une évolution obscure). ♦ 1° Assemblage de fils (échevettes) repliés et réunis par un fil de liage. *Écheveau de laine, de soie.* « *Un grand dévidoir dont les deux tourettes... tendaient un écheveau de laine rouge* » (ZOLA). *Défaire, mettre en pelote un écheveau.* ♦ 2° *Fig.* État embrouillé, complication. V. **Dédale, embrouillamini, labyrinthe.** « *En démêlant en un clin d'œil des écheveaux d'affaires compliquées* » (COURTELINE). « *Débrouiller l'écheveau de sa vie intérieure* » (MAURIAC).

ÉCHEVELÉ, ÉE [eʃəvle]. *adj.* (XIe; de *é-*, et *chevel.* V. Cheveu). ♦ 1° Dont les cheveux sont en désordre. V. **Ébouriffé, hirsute.** « *Échevelées comme des bacchantes* » (ST-SIM.). ♦ 2° *Fig.* Désordonné, effréné. *Une danse échevelée.* « *Du cauchemar le plus capricieux et le plus échevelé* » (GAUTIER). *Romantisme échevelé.* ◊ ANT. **Peigné. Sage.**

ÉCHEVELER [eʃəvle]. *v. tr.*; conjug. *appeler* (XIVe; de *échevelé*). *Littér.* Dépeigner. — Par anal. « *Un grand vent de mer échevelait les nuages* » (GIDE). ◊ ANT. **Peigner.**

ÉCHEVETTE [eʃvɛt]. *n. f.* (1407; de *écheveau*). *Techn.* Longueur déterminée de fil dévidé (variable suivant les textiles).

ÉCHEVIN [eʃvɛ̃]. *n. m.* (XIIe; frq. °*skapin*). ♦ 1° Au moyen âge. Assesseur du tribunal comtal, puis magistrat municipal (jusqu'à la Révolution). ♦ 2° *Mod.* Magistrat adjoint au bourgmestre, dans les Pays-Bas et en Belgique. — Au Canada, Conseiller municipal*.

ÉCHEVINAGE [eʃvinaʒ]. *n. m.* (XIIIe; de *échevin*). Fonction d'échevin; durée de cette fonction. ◊ Corps des échevins d'une ville.

ÉCHEVINAL, ALE, AUX [eʃvinal, o]. *adj.* (*eschevinal*, XVIe; de *échevin*). (Surtout au masc. sing.). De l'échevin. *Collège échevinal*, en Belgique, collège formé du bourgmestre et des échevins d'une commune.

ÉCHIDNÉ [ekidne]. *n. m.* (1800; lat. *echidna*, mot gr. « vipère »). Mammifère australien (*Monotrèmes*), ressemblant au hérisson, épineux, au museau prolongé en bec corné.

ÉCHIFFRE [eʃifʀ(ə)]. *n.* (*Eschive*, XIIe; du frq. °*skinhjan* « effaroucher »; V. Esquiver). ♦ 1° *N. f.* Vx. Guérite en bois sur les remparts. ♦ 2° *N. m.* (1676). *Techn.* Mur d'échiffre, ou *échiffre* : mur qui dans un escalier supporte les abouts des marches. — Par ext. Charpente d'un escalier.

1. **ÉCHINE** [eʃin]. *n. f.* (1080; frq. °*skina*). Colonne vertébrale de l'homme et de certains animaux, région correspondante du dos. « *Crotté jusqu'à l'échine* » (BOIL.). *Loc. fig. Courber, plier l'échine,* céder, se soumettre. ◊ *Bouch.* Partie de la longe du porc. *Échine de porc au vin blanc.*

2. **ÉCHINE** [eʃin]. *n. f.* (1690; lat. d'o. gr. *echinus*). *Archit.* Moulure saillante placée sous l'abaque du chapiteau dorique; ove du chapiteau ionique.

ÉCHINER [eʃine]. *v. tr.* (1515; de *échine* 1). ♦ 1° *Vx.* Casser l'échine, les reins de (qqn); meurtrir, tuer. ♦ 2° *Mod.* (1808). *S'ÉCHINER. v. pron.* Se donner beaucoup de peine, s'éreinter. V. **Esquinter** (s'). « *Je suis moulu. Car, Sire, on s'échine à la guerre* » (HUGO).

ÉCHINOCACTUS [ekinɔkaktys]. *n. m.* (1845; lat. sav. du gr. *ekhinos* « hérisson, oursin », et *cactus*). *Bot.* Plante grasse (*Cactacées*), à tige trapue arrondie en globe, ressemblant à un oursin.

ÉCHINOCOQUE [ekinɔkɔk]. *n. m.* (1839; lat. sav. *echinococcus*, du gr. *ekhinos* « oursin », et *kokkos* « grain »). *Zool., Méd.* Larve d'un ténia (*Ténia echinococcus*, parasite du chien) qui, chez l'homme, produit des kystes hydatiques. V. **Hydatide.**

ÉCHINODERMES [ekinɔdɛʀm(ə)]. *n. m. pl.* (1792; du gr. *ekhinos* « oursin », et *-derme*). Embranchement du règne animal, animaux marins à symétrie rayonnante (astérides, crinoïdes, oursins, holothuries, ophiurides). — *Sing. Un échinoderme.*

ÉCHIQUETÉ, ÉE [eʃikte]. *adj.* (XIIIe; de *échiquier*).

Blas. Divisé en cases semblables à celles d'un échiquier.

ÉCHIQUIER [eʃikje]. *n. m.* (*Eschaquier*, XIIe; de *échec*). ♦ 1° Tableau divisé en soixante-quatre cases alternativement blanches et noires et sur lequel on joue aux échecs. ◊ *Par anal.* Toute surface couverte de carrés égaux et contigus, aux couleurs alternées. V. **Damier, quadrillage.** *En échiquier :* se dit d'objets disposés en une série de carrés dont les lignes se croisent comme sur un échiquier. *Arbres plantés en échiquier.* V. **Quinconce.** — *Blas. Écu divisé en échiquier :* en plusieurs carrés alternativement de métal et de couleur. V. **Échiqueté.** ♦ 2° *Fig.* Terrain, lieu où se joue une partie serrée, où s'effectue une manœuvre, où s'opposent plusieurs intérêts, plusieurs partis. *L'échiquier européen.* « *Un pays qui tient une place sur l'échiquier* » (MART. du G.). ♦ 3° (XIIe; *eschequier* « trésor royal », à cause du tapis à carreaux de la table où la cour des ducs de Normandie faisait les comptes). *Hist.* Cour souveraine de justice de Normandie. — (XVIIIe; angl. *exchequer*, du précéd.) *Mod.* En Angleterre, Administration financière centrale. *Le chancelier de l'Échiquier est l'équivalent du ministre des Finances.*

ÉCHO [eko]. *n. m.* (XIIIe; lat. *echo*, gr. *êkhô*). ♦ 1° Phénomène de réflexion du son par un obstacle qui le répercute; le son ainsi répété. *Écho simple,* qui ne reproduit les sons qu'une fois. *Écho multiple.* « *Répercutés par les échos, les clairons et les tambours résonnèrent* » (GAUTIER). *Par anal. Écho radioélectrique,* répétition légèrement différée d'un signal radioélectrique. *Écho radar*. ♦ 2° *Par ext.* Lieu où l'écho se produit. *À tous les échos :* dans toutes les directions. « *En laissant se propager à tous les échos votre... bruit de sabre !* » (MART. du G.). ♦ 3° Ce qui est répété par qqn. V. **Bruit, nouvelle.** *J'en ai eu quelques échos.* « *L'écho des discussions passionnées du temps franchissait parfois les murs de la maison* » (RENAN). « *Enfin ce que j'en sais n'est pas direct...; mon récit n'est jamais qu'un écho* » (GIDE). ◊ *Spécialt. Les échos d'un journal :* rubrique consacrée aux petites nouvelles mondaines ou locales. V. **Échotier.** — Titre de nombreux journaux. ♦ 4° Ce qui répète, reflète (*Personnes*). *Loc. ◊ Se faire l'écho de certains bruits,* les répandre, les répéter. ◊ Chose qui reflète, répète. V. **Reflet.** « *Ses paroles n'étaient qu'une réponse affaiblie, docile, presque un simple écho de mes paroles* » (PROUST). ◊ Accueil et réaction favorable. V. **Réponse, résonance.** *Sa protestation est restée sans écho.* ♦ 5° Effet musical obtenu par une reprise ou un prolongement du son. ◊ Reprise d'un mot en poésie, pour donner une impression de répétition, de correspondance. ◊ HOM. **Écot.**

ÉCHOIR [eʃwaʀ]. *v. intr.* et *défectif :* il échoit (vx, échet), ils échoient; il échut; il échoira (vx, écherra); il échoirait; échéant, échu (XIIe; lat. pop. °*excadere,* class. *excidere.* V. **Choir**). ♦ 1° Être dévolu par le sort ou par un hasard. V. **Advenir, revenir.** « *Quelque sort qui vous soit échu par l'ordre de Dieu* » (BOSS.). « *Par quel paradoxe de la nature une maladie aussi raffinée... que la goutte, avait bien pu échoir en partage à un si pauvre mangeur* » (BENOIT). — *Procéd.* (Vx) *Si le cas y échoit, y échet, s'il y échet,* le cas échéant. ♦ 2° Arriver à échéance. *Le terme échoit le 15 janvier. Payer terme échu. Intérêts à terme échu. Le délai est échu,* expiré.

ÉCHOLALIE [ekɔlali]. *n. f.* (1890; en all. 1853; gr. *êkho,* et *lalia* « bavardage »). *Psychiatr.* Répétition automatique des paroles (ou chutes de phrases) de l'interlocuteur, observée dans certains états démentiels ou confusionnels.

1. **ÉCHOPPE** [eʃɔp]. *n. f.* (*Escope,* XIIe; a. néerl. *schoppe,* avec réfl. de l'angl. *shop* « magasin »). *Vieilli* ou *spécialt.* Petite boutique, ordinairement en appentis et adossée contre un mur. V. **Baraque.** *Une échoppe de cordonnier. Échoppes des bazars, des souks.*

2. **ÉCHOPPE** [eʃɔp]. *n. f.* (1625; *eschaupre,* 1366; lat. *scalprum*). *Techn.* Outil à pointe taillée en biseau qu'emploient les ciseleurs, graveurs, orfèvres. V. **Burin.**

ÉCHOPPER [eʃɔpe]. *v. tr.* (1621; « érafler », XVe; de *échoppe* 2). *Techn.* Tailler ou enlever à l'échoppe.

ÉCHOTIER [ekɔtje]. *n. m.* (1866; de *écho*). Rédacteur des échos dans un journal. *Le prince* « *terminait ses études en France. L'échotier méchant prétendait qu'elles consistaient surtout en beuveries* » (QUENEAU).

ÉCHOUAGE [eʃwaʒ]. *n. m.* (1687; de *échouer*). Situation d'un navire qui touche le fond (par suite d'un abaissement des eaux, etc.). *Échouage au bassin.*

ÉCHOUEMENT [eʃumɑ̃]. *n. m.* (XVIIe; de *échouer*). Arrêt d'un navire par contact avec le fond.

ÉCHOUER [eʃwe]. *v.* (1559; o. i.). I. *V. intr.* ♦ 1° (D'un navire). Toucher le fond par accident et se trouver arrêté dans sa marche. V. **Engraver** (s'), **ensabler** (s'), **envaser** (s'). ◊ *Par anal.* Être poussé, jeté sur la côte. *Des débris qui ont échoué sur le sable.* ◊ *Fig.* S'arrêter par lassitude ou comme poussé par le hasard. « *Le restaurant où les avaient échoué* » (MART. du G.). ♦ 2° (XVIIe; d'abord métaph. : *échouer sur un écueil, près du port;* puis infl. probable de *échec*). Ne pas réussir. « *Voir les sots réussir*

dans les entreprises où l'on échoue » (FLAUB.). *Échouer à un examen, ne pas y être reçu, être collé.* — *(Sujet de chose)* **V. Avorter, claquer, manquer, rater.** « *Toutes ses tentatives avaient échoué* » (BALZ.). *Les attaques ennemies ont échoué devant notre résistance.* **V. Briser** (se). *Faire échouer un plan.*
II. *V. tr.* Pousser jusqu'au contact avec la côte (une embarcation). « *J'échouais mon bateau au rivage* » (CHATEAUB.). ◊ *Pronom.* Se jeter à la côte. ◊ Au p. p. « *De vieux chalands échoués dans la vase* » (FROMENTIN).
◈ ANT. Renflouer. Réussir.

ÉCHU. V. ÉCHOIR.

ÉCIMAGE [esimaʒ]. *n. m.* (1791; de *écimer*). Action d'écimer.

ÉCIMER [esime]. *v. tr.* (1564; de *é-*, et *cime*). Couper la cime, la partie supérieure de (un arbre, une plante), pour favoriser la croissance des organes inférieurs. **V. Étêter.**

ÉCLABOUSSEMENT [eklabusmɑ̃]. *n. m.* (1835; de *éclabousser*). Jaillissement. *Dans un éclaboussement d'écume.*

ÉCLABOUSSER [eklabuse]. *v. tr.* (1655; *esclaboter*, XIIIᵉ; *esclabouffer*, XVIᵉ; formation expressive, rad. *klapp*). ♦ 1° Couvrir d'un liquide salissant qu'on a fait rejaillir accidentellement. **V. Arroser, asperger.** *La voiture en roulant dans le ruisseau a éclaboussé les passants.* « *Son blanc plumage tout éclaboussé de sang* » (BAUDEL.). Pronom. « *Tirer de l'eau en évitant de s'éclabousser* » (ROMAINS). ♦ 2° *Fig.* Salir par contrecoup. « *À la pensée du scandale qui va vous éclabousser* » (AYMÉ). « *Être éclaboussé par les plaisanteries d'un Verdurin* » (PROUST). ◊ Humilier par l'étalage de son luxe. **V. Écraser.**

ÉCLABOUSSURE [eklabusyʀ]. *n. f.* (XVᵉ; de *éclabousser*). ♦ 1° Goutte d'un liquide salissant qui a rejailli. **V. Tache.** *Des éclaboussures d'encre.* « *Au-dessus de la cuvette de zinc, luisait un miroir de bazar, taché d'éclaboussures* » (MART. du G.). ♦ 2° Coup indirectement reçu. « *Je reçus quelques éclaboussures de la bataille* » (NERVAL). ♦ 3° *Fig.* Tache (à la réputation, etc.).

ÉCLAIR [eklɛʀ]. *n. m.* (XIIᵉ; de *éclairer*).
I. ♦ 1° Lumière intense et brève, formant une ligne sinueuse et ramifiée, provoquée par une décharge électrique pendant un orage. **V. Foudre, tonnerre.** « *L'éclair trace un rapide losange de feu* » (CHATEAUB.). *Éclair de chaleur, éclair trop éloigné pour qu'on entende le tonnerre.* **V. Fulguration.** ◊ *Loc.* *Avec la rapidité de l'éclair* : très vite. *Il est passé, parti comme un éclair*, très rapidement. **V. Flèche.** « *Tous ces usages naissent et passent comme un éclair* » (ROUSS.). *Prompt comme l'éclair.* ◊ Par appos. *(Fam.)* Très rapide. *Il m'a fait une visite éclair.* Spécialt. *Guerre* éclair. Nouvelle-éclair.* V. **Flash**, 3°. *Fermeture éclair.* V. **Fermeture.** ♦ 2° Par anal. Lumière vive, de courte durée. *Éclair de soleil entre les nuages. Éclair de magnésium.* « *Ses yeux lançaient des éclairs* » (MART. du G.). V. **Flamme.** « *Ce qui fit passer un éclair de malice dans les yeux d'Alfreda* » (MART. du G.). V. **Lueur.** ♦ 3° *Fig.* Manifestation soudaine et passagère; bref moment. *Un éclair de génie, de lucidité.* « *Cette idée obscure d'Ordre... que, par éclairs, vous entrevoyez* » (MART. du G.).
II. (1863). Petit gâteau allongé, fourré d'une crème cuite (au café, au chocolat) et glacé par-dessus.
◈ HOM. Éclaire.

ÉCLAIRAGE [eklɛʀaʒ]. *n. m.* (1798 ; de *éclairer*). ♦ 1° Action, manière d'éclairer la voie publique, les locaux par une lumière artificielle (bougies, lanternes, lampes, etc.). *Éclairage au gaz, électrique. Chauffage et éclairage compris (dans les charges, le loyer). Éclairage direct, indirect.* « *Le désespoir glacé, sépulcral qui filtre des éclairages indirects, des tubes de néon* » (SARRAUTE). *Éclairage obligatoire des véhicules.* « *Vous avez un profil extraordinaire sous cet éclairage* » (ROMAINS). ♦ 2° *Par ext.* Distribution de la lumière (naturelle ou artificielle). *Le mauvais éclairage de ce rez-de-chaussée. L'éclairage est insuffisant pour une bonne photo.* ◊ *Peint.* Manière dont la scène que représente un tableau est éclairée; manière, propre à un peintre, d'éclairer ces scènes. « *L'éclairage du Caravage venait d'une coulée de jour, souvent le rais* (sic) *de son fameux soupirail* » (MALRAUX). ♦ 3° *Fig.* Manière de décrire, d'envisager; point de vue. « *J'eusse pu la peindre dans un tout autre éclairage* » (MAURIAC). V. **Jour.** « *À lire ces lettres... sous cet éclairage* » (HENRIOT). ANT. Obscurité.

ÉCLAIRAGISME [eklɛʀaʒism(ə)]. *n. m.* (1948; de *éclairage*). *Techn., comm.* Ensemble de techniques employées pour obtenir un éclairage rationnel.

ÉCLAIRAGISTE [eklɛʀaʒist(ə)]. *n. m.* (1948; de *éclairage*). Technicien spécialisé dans l'étude des problèmes d'éclairage et la réalisation d'éclairages rationnels. *Éclairagiste attaché à un studio de cinéma.*

ÉCLAIRANT, ANTE [eklɛʀɑ̃, ɑ̃t]. *adj.* (XVIᵉ; de *éclairer*). Qui a la propriété d'éclairer. *Le pouvoir éclairant d'un gaz.* ◊ *Fig.* *Des explications peu éclairantes.*

ÉCLAIRCIE [eklɛʀsi]. *n. f.* (déb. XVIᵉ; de *éclaircir*). ♦ 1° Endroit clair qui apparaît dans un ciel nuageux ou brumeux; brève interruption du temps pluvieux, coïncidant avec cette apparition. V. **Embellie.** *Profiter d'une éclaircie pour sortir.* ♦ 2° *Fig.* Brève amélioration, brève détente. « *Une vie morne et sans éclaircie* » (MAUPASS.). ♦ 3° *Sylvic.* Coupe des jeunes arbres les plus chétifs dans une futaie, destinée à donner de la place aux plus robustes. ◊ *Hortic.* Opération qui consiste à enlever certains fruits pour faire prospérer les autres.

ÉCLAIRCIR [eklɛʀsiʀ]. *v. tr.* (XIIIᵉ; *esclarcir*, XIIᵉ; lat. pop. °*exclaricire*; Cf. bas lat. *Claricare* « briller », de *clarus* « clair »). ♦ 1° Rendre plus clair, moins sombre. *Éclaircir une teinture. Suivre un régime pour éclaircir le teint.* — *Pronom.* (Passif) « *Le ciel s'est un peu éclairci vers le soir* » (GIDE). V. **Dégager** (se). *Fig. L'horizon politique s'est éclairci.* — (Réfl. indir.) *S'éclaircir la voix* (ou fam. *la gorge*), se racler la gorge pour que la voix soit plus pure, plus nette. ♦ 2° Rendre moins épais, moins dense. *Elle a demandé au coiffeur de lui éclaircir les cheveux. Éclaircir une futaie, un plant de carottes. Éclaircir une sauce, en l'étendant d'eau.* — *Pronom.* (Sens pass.) *Les gens partaient, la foule s'éclaircissait.* ♦ 3° *Fig.* Rendre clair pour l'esprit. V. **Clarifier, débrouiller, démêler, élucider.** « *Les énigmes laissées à jamais insolubles par la mort du seul être qui eût pu les éclaircir* » (PROUST). *Vieilli.* Dissiper. « *Pour éclaircir les doutes qui me restaient encore* » (MÉRIMÉE). ◈ ANT. Assombrir, foncer, obscurcir; épaissir; embrouiller.

ÉCLAIRCISSAGE [eklɛʀsisaʒ]. *n. m.* (1863; de *éclaircir*). ♦ 1° *Vieilli.* Polissage (des verres). ♦ 2° *Hortic.* (1870). Éclaircie.

ÉCLAIRCISSEMENT [eklɛʀsismɑ̃]. *n. m.* (XIIIᵉ; de *éclaircir*). Explication (d'une chose obscure ou douteuse); note explicative, renseignement. *L'éclaircissement d'un passage controversé.* « *L'éclaircissement de certains soupçons* » (PROUST). « *Avant que les commentateurs ne l'obscurcissent de leurs éclaircissements* » (A. BERTRAND). ◊ Explication tendant à une mise au point, à une justification. « *Décidée à obtenir quelques éclaircissements* » (MART. du G.). ◈ ANT. Obscurcissement.

ÉCLAIRE [eklɛʀ]. *n. f.* (XIIᵉ; de *éclairer*, parce qu'on tirait de cette plante un collyre). *Région.* Nom de la *chélidoine.* ◈ HOM. Éclairer.

ÉCLAIRÉ, ÉE [eklere]. *adj.* (XVIIᵉ; de *éclairer*). Dont la raison s'est formée par l'acquisition de l'instruction et l'exercice de l'esprit critique. **V. Sage, sensé.** *Les esprits éclairés. Un public éclairé.* V. **Averti.** — « *Une religion éclairée et humaine* » (MAURIAC). *Le despotisme* éclairé.* ◈ ANT. Étroit, ignorant.

ÉCLAIREMENT [eklɛʀmɑ̃]. *n. m.* (1893; « clarté, éclairage » en a. fr. (XIIᵉ); de *éclairer*). ♦ 1° *Phys.* Éclairement d'une surface, quotient du flux lumineux qu'elle reçoit par la mesure de cette surface. *Unités d'éclairement.* V. **Lux, phot.** — *Bot.* Durée ou intensité de la lumière qui agit sur une plante. *Phénomènes végétatifs liés à l'éclairement.* ♦ 2° *Littér.* Fait de s'éclairer. « *Ses traits s'animèrent, ce fut un éclairement soudain* » (GIDE).

ÉCLAIRER [eklere]. *v.* (1080; lat. pop. °*exclariare*, class. *exclarare*, de *clarus* « clair »).
I. *V. tr.* ❶ *Concret.* ♦ 1° Répandre de la lumière (naturelle ou artificielle) sur (qqch. ou qqn). « *Cette éclatante lumière, mise comme une lampe éternelle pour éclairer l'univers* » (PASC.). « *Les rayons lumineux éclairaient en flanc une chaîne de montagnes très éloignées* » (GAUTIER). « *Un insolite lumignon éclairait à angle généralement obscur de la pièce* » (MART. du G.). *Cafés éclairés au néon.* ◊ Pouvoir de la lumière nécessaire. « *Vite un flambeau... je vais vous éclairer* » (MOL.). *Les locataires sont chauffés et éclairés, le chauffage et l'éclairage sont compris dans le loyer.* Pronom. *Prendre une bougie pour s'éclairer dans la cave.* ◊ *Par ext.* Permettre au jour de se répandre sur (qqch.). « *La lucarne du galetas... éclairait cette figure* » (HUGO). ♦ 2° Répandre une espèce de lumière sur (le visage); rendre plus clair. V. **Illuminer.** « *Deux admirables yeux noirs... éclairaient son visage* » (MART. du G.). « *Une joie subite éclaira son regard* » (GREEN). Pronom. *À ces mots, sa figure s'est éclairée.* ♦ 3° (1771, de l'éclat de l'argent; déjà XVIᵉ, arg. « payer »). *Éclairer le tapis*, au dout. *Éclairer, miser.* ❷ *Abstrait.* ♦ 1° Mettre (qqn) en état de voir clair, de comprendre, de discerner le vrai du faux. V. **Instruire.** « *Éclairer le peuple* » (HUGO). *Éclairez-nous sur ce sujet.* V. **Informer, renseigner.** ♦ 2° Rendre clair, intelligible. V. **Expliquer.** « *Ces lignes doublement intéressantes, parce qu'elles éclairent un côté peu connu de la vie de Balzac* » (GAUTIER). *Un commentaire qui éclaire la pensée de l'auteur.* Pronom. *Maintenant tout s'éclaire, devient clair.* — (Cartes) *Éclairer le jeu*, de façon à se faire comprendre de son partenaire. ♦ 3° *Milit.* (fin XVIIIᵉ; du sens de « surveiller, observer », XVIᵉ). *Éclairer*

la marche, la progression d'une troupe, la protéger en envoyant en avant des éléments de reconnaissance. V. **Éclaireur.** — Par ext. « *Murat éclairait ses flancs avec la cavalerie* » (SÉGUR). **II.** *V. intr.* ♦ 1° Vx ou région. *(Impers.).* Faire des éclairs. ♦ 2° *Cour.* Répandre de la lumière. « *La bougie avait baissé... Elle éclairait pourtant* » (BOSCO).

◇ ANT. Assombrir, obscurcir. Embrouiller. Abuser, aveugler.

ÉCLAIREUR, EUSE [eklɛʀœʀ, øz]. *n.* (1793 ; « surveillant », XVIᵉ ; de *éclairer*). **I.** ♦ 1° *N. m.* Soldat envoyé en reconnaissance. *Détachement d'éclaireurs.* Adj. *Avion éclaireur*, chargé de guider une formation de bombardement. — Fig. *On m'a envoyé en éclaireur*, pour tâter le terrain. ♦ 2° ÉCLAIREUR, ÉCLAIREUSE (1911 ; trad. angl. *scout.* V. Scout). Membre de certaines associations du scoutisme français (protestantes, israélites). **II.** *N. m.* *Chir.* Dispositif portant une lampe électrique utilisé lors de l'inspection d'une cavité de l'organisme.

ÉCLAMPSIE [eklɑ̃psi]. *n. f.* (1783 ; du gr. *eklampein* « briller soudainement, éclater »). Méd. *Éclampsie puerpérale*, syndrome atteignant les femmes enceintes, caractérisé par des convulsions accompagnées de coma. — *Éclampsie infantile*, convulsions.

ÉCLAMPTIQUE [eklɑ̃ptik]. *adj.* (1841 ; de *éclampsie*). Méd. Qui a rapport à l'éclampsie, qui est atteint d'éclampsie. — Subst. f. (1849). *Une éclamptique.*

ÉCLANCHE [eklɑ̃ʃ]. *n. f.* (1548 ; « bras, épaule gauche », XIIᵉ ; de l'a. fr. *esclenc* « gauche », frq. *°slink;* Cf. all. *Link*). Vx. Épaule de mouton.

ÉCLAT [ekla]. *n. m.* (XIIᵉ ; de *éclater*). **I.** ♦ 1° Fragment d'un corps qui éclate, qu'on brise. V. Brisure, morceau, et *aussi* Éclisse, écornure, esquille, recoupe. *Éclat de verre.* « *Une étroite vallée encombrée d'éclats de roches* » (MAC ORLAN). *Blessé par un éclat d'obus.* « *Un assez gros éclat de bombe a crevé un volet* » (GIDE). — EN ÉCLATS. « *La marmite saute en l'air, vole en éclats* » (LOTI). ♦ 2° (XVᵉ). Bruit violent et soudain de ce qui éclate. Vx. « *Comme un éclat de tonnerre* » (BOSS.). Mod. « *On parlait très fort, avec des éclats de voix* » (ZOLA). « *De grands éclats de joie* » (BARRÈS). V. Cri. *Éclat de rire ; rire* aux éclats.* ◇ Fig. Bruit. « *Le livre fit, dans la presse, un grand éclat* » (MAUROIS). — Scandale. « *Éviter toute rupture et tout éclat* » (ROUSS.). *Faire un éclat*, provoquer un scandale en manifestant son opinion. **II.** (XVIᵉ). ♦ 1° Intensité d'une lumière vive et brillante. V. Clarté. « *L'éclat de la lumière l'aveuglait* » (MART. du G.). Astron. *Éclat d'une étoile, d'un astre.* V. Magnitude. — Par ext. Lumière reflétée par un corps brillant. V. Brillant, lustre, miroitement. « *L'insoutenable éclat d'une lame d'acier* » (COURTELINE). *L'éclat d'un diamant.* V. Feu, scintillement. « *Cet éclat inimitable de l'or épais et sans alliage* » (LOTI). *L'éclat de son regard.* ♦ 2° Vivacité et fraîcheur (d'une couleur), couleur vive et fraîche qui plaît. « *La vigueur et l'éclat du coloris sont deux choses diverses* » (DIDER.). « *L'éclat des fleurs* » (ROUSS.). *L'éclat du teint. Une femme qui a de l'éclat*, une beauté fraîche, radieuse. « *Madame de Guiche, alors dans tout l'éclat de sa jeunesse* » (CHATEAUB.). ♦ 3° Fig. Caractère de ce qui est brillant, magnifique. V. Luxe, magnificence, richesse. « *L'éclat des rangs et des titres* » (MASSILLON). *Milton « a porté l'éclat de la Renaissance dans le sérieux de la Réforme* » (GIDE). « *La grande éloquence où il y a, à la fois, chaleur, mouvement, éclat et magnificence* » (FAGUET). ◇ D'ÉCLAT, remarquable, éclatant. *Action, coup d'éclat.* — (ANT. Matité, sobriété).

ÉCLATANT, ANTE [eklatɑ̃, ɑ̃t]. *adj.* (1538 ; « cassant fragile », 1436 ; de *éclater*). ♦ 1° Qui fait un grand bruit. V. Bruyant. *Le son éclatant de la trompette.* « *La voix est forte, éclatante, riche* » (ALAIN). ♦ 2° Qui brille avec éclat. V. Brillant, éblouissant, étincelant, flamboyant. « *Une mosquée éclatante luit sous le soleil* » (MAUPASS). — *Un rouge éclatant.* V. Rutilant, vif, voyant. *La blancheur éclatante des pentes neigeuses.* — Par ext. Dont la couleur, le coloris a de l'éclat. « *Un coq royal, éclatant de carmin, d'émeraude et d'or rouillé* » (GENEVOIX). *D'une éclatante beauté.* V. Radieux, resplendissant. ♦ 3° Fig. Qui se manifeste de la façon la plus frappante. V. Remarquable, retentissant. *Un mérite, des dons éclatants.* « *Pour prendre une éclatante revanche* » (CHATEAUB.). *Une vérité éclatante.* V. Évident, manifeste. ◇ ANT. Doux; sombre; terne; modeste. Fade, foncé, neutre.

ÉCLATÉ [eklate]. *n. m.* (mil. XXᵉ ; de *éclater*). Techn. Représentation graphique d'un objet complexe (machine, moteur, ouvrage d'art), qui en montre les éléments ordinairement invisibles par séparation de ces éléments représentés en perspective *(perspective éclatée).*

ÉCLATEMENT [eklatmɑ̃]. *n. m.* (1553 ; de *éclater*). ♦ 1° Fait d'éclater. V. Explosion, rupture. « *Le sourd éclatement des bombes* » (MART. du G.). Spécialt. *Éclatement d'un pneu.* V. Crevaison. ♦ 2° Fig. Fragmentation d'un ensemble ou d'un groupe humain en plusieurs éléments nouveaux.

L'éclatement d'un parti, sa division brutale en groupes nouveaux.

ÉCLATER [eklate]. *v.* (XIIᵉ ; frq. *°slaitan*). **I.** *V. tr.* ♦ 1° Vx. Casser, faire voler en éclats. Pronom. « *La surprise est cause qu'on s'éclate de rire* » (DESCARTES). ♦ 2° Mod. (1651). Hortic. Diviser (une plante) en séparant des drageons. **II.** *V. intr.* (1532). ♦ 1° Se rompre avec violence et généralement avec bruit, en projetant des fragments, ou en s'ouvrant. V. Briser (se), casser (se), fendre (se). *La chaudière a éclaté.* « *L'eau bouillante risque de faire éclater les verres* » (GIDE). *Obus qui éclate.* V. Exploser, péter, sauter. *Le pneu arrière droit a éclaté.* V. Crever. *Des bourgeons qui éclatent.* V. Ouvrir (s'). — Par exagér. « *Sa tête bourdonnante et près d'éclater* » (DAUD.). ♦ 2° Se diviser en plusieurs éléments. « *La revue [...] éclaten en cinq publications* » (L'*Express*, 26-5-1969). « *En moins de deux ans, la coalition* [gouvernementale] *éclatera* » (Le *Monde*, 22-9-1965). ♦ 3° Par anal. Faire entendre un bruit violent et soudain. V. Retentir. « *La Marseillaise, chantée avec une furie vengeresse, éclata* » (ZOLA). « *À chaque stance éclataient des rires, des cris, des applaudissements* » (GAUTIER). « *Les sanglots... qui n'éclatèrent que quand je me retrouvai seul* » (PROUST). ◇ (Sujet de personne) *La foule éclata en applaudissements.* — *Éclater de rire**, ou absolt. *éclater.* V. Pouffer. « *Comme si elle eût craint d'éclater en sanglots* » (GREEN). — Absolt. S'emporter bruyamment. « *Incapable d'éclater, de me mettre en colère* » (RADIGUET). ♦ 4° *(Choses).* Se manifester tout à coup un début brutal. V. Commencer, déclarer (se). « *Il y a des maladies qui... éclatent en une soirée dans un accès de fièvre violent* » (MAUROIS). *L'incendie, la guerre a éclaté.* ♦ 5° Vx. Briller d'un vif éclat. « *L'or éclate sur les habits de Philémon* » (LA BRUY.). Par anal. « *Quel était ce feu intérieur qui éclatait parfois dans son regard?* » (HUGO). ♦ 6° Apparaître de façon manifeste. V. Rayonner. *La joie éclatait sur son visage.* ◇ Se manifester avec évidence. V. Sauter (aux yeux). « *La droiture... la bonté de Battaincourt éclataient en ses moindres propos* » (MART. du G.). — Fig. *(Personnes).* Accéder soudain à la célébrité. « *Le pilote suédois a éclaté sur la scène internationale* » (L'*Auto-journal*, 29-1-1970). ◇ ANT. Taire (se); dominer (se); dissimuler (se).

ÉCLATEUR [eklatœʀ]. *n. m.* (1922 ; de *éclater*). Électr. Appareil à deux électrodes séparées par un diélectrique, disposées de façon qu'une étincelle jaillisse entre elles quand la différence de potentiel atteint une certaine valeur.

ÉCLECTIQUE [eklɛktik]. *adj.* (1651 ; gr. *eklektikos*, de *eklegein* « choisir »). ♦ 1° *Philo.* Qui professe l'éclectisme, est inspiré par l'éclectisme. Subst. *Les éclectiques*, les philosophes éclectiques. ♦ 2° *Par ext.* (XIXᵉ). Qui n'a pas de goût exclusif, ne se limite pas à une catégorie d'objets. *Être éclectique en littérature, en amour, en fait de lecture.* « *L'esprit le plus ouvert à toutes les notions et à toutes les impressions, le jouisseur le plus éclectique* » (BAUDEL.). ◇ ANT. Exclusif, sectaire.

ÉCLECTISME [eklɛktism(ə)]. *n. m.* (1755 ; de *éclectique*). ♦ 1° *Philo.* École et méthode philosophique de Potamon d'Alexandrie, recommandant d'emprunter aux divers systèmes les thèses les meilleures quand elles sont conciliables, plutôt que d'édifier un système nouveau. V. Syncrétisme. — (1817) Position analogue soutenue par Victor Cousin. ♦ 2° *Par ext.* Disposition d'esprit éclectique. *Faire preuve d'éclectisme dans ses lectures, dans ses relations.* ◇ ANT. Sectarisme.

ÉCLIMÈTRE [eklimɛtʀ(ə)]. *n. m.* (1870 ; du gr. *ekkli(nès)* « incliné », et -*mètre*). Techn. Instrument d'arpenteur pour mesurer la différence de niveau entre deux points.

ÉCLIPSE [eklips(ə)]. *n. f.* (XIIᵉ ; lat. *eclipsis*, gr. *ekleipsis*). ♦ 1° Occultation passagère d'un astre, produite par l'interposition d'un autre corps céleste entre cet astre et la source de lumière *(Éclipse vraie)* ou entre cet astre et le point d'observation *(Éclipse apparente). Éclipse de Soleil*, lorsque la Lune passe entre le Soleil et la Terre. *Éclipse de Lune*, lorsque la Lune pénètre dans le cône d'ombre projeté par la Terre. *Éclipse totale, partielle. Éclipse annulaire*, éclipse partielle de Soleil dans laquelle le bord de ce dernier, demeurant seul visible, forme un anneau lumineux. *Cycle des éclipses totales.* V. Saros. ♦ 2° Fig. Période de fléchissement, de défaillance. « *La civilisation exposée à subir de longues éclipses ou même à périr* » (BAINVILLE). ◇ Fam. Disparition. « *L'homme qu'il chassait n'était plus là. Éclipse totale de l'homme en blouse* » (HUGO). ◇ À ÉCLIPSES, qui apparaît et disparaît de façon intermittente. « *Cette publicité à éclipses, à répétition* » (DUHAM.). ◇ ANT. Réapparition.

ÉCLIPSER [eklipse]. *v. tr.* (XIIIᵉ ; de *éclipse*). ♦ 1° Provoquer l'éclipse de (un autre astre). *La Lune éclipse parfois le Soleil.* ◇ Par anal. Rendre momentanément invisible. V. Cacher, offusquer, voiler. *Nuage qui éclipse le Soleil.* ♦ 2° Fig. Empêcher de paraître, de plaire, en brillant soi-même davantage. V. Pâtir (faire), **surpasser**. *Il « ne voulut pas se laisser éclipser par son camarade, il déploya son esprit »* (BALZ.). *« La gloire de l'auteur d'une découverte éclipse celle des savants qui l'ont préparée »* (CONDORCET). ♦ 3° S'ÉCLIPSER. *v. pron.* Être éclipsé, voilé; disparaître momentanément. ◊ *Fam.* S'en aller à la dérobée. V. **Esquiver** (s'). *Je me suis éclipsé avant la fin de la cérémonie.* ⊗ ANT. Dévoiler, montrer.

ÉCLIPTIQUE [ekliptik]. *adj. et n. m.* (XIIIe; lat. *eclipticus*, gr. *ekleiptikos* « relatif aux éclipses »). ♦ 1° Adj. *(Vx).* Propre aux éclipses. ◊ *Mod.* (1870) Relatif à l'écliptique. ♦ 2° *N. m.* (XVIIe, n. f.; gr. *ekleiptikos (kuklos)*, les éclipses se produisant près des points où ce cercle coupe l'orbite de la Lune). Grand cercle d'intersection du plan de l'orbite terrestre avec la sphère céleste; ce plan lui-même. *Axe de l'écliptique,* diamètre de la sphère céleste, perpendiculaire au plan de l'écliptique. *Obliquité de l'écliptique,* angle formé par le plan de l'écliptique et le plan de l'équateur.

ÉCLISSE [eklis]. *n. f.* (*Esclice,* 1080; de *éclisser*). ♦ 1° Éclat de bois. ◊ Plaque de bois mince utilisée en lutherie; bois de fente utilisé en boissellerie, etc. ◊ Plaque de bois ou bandage de carton qu'on applique le long d'un membre fracturé pour maintenir les os. V. **Attelle, gouttière.** ♦ 2° (XVIe; d'abord *panier d'éclisses*). Clisse (claie ou surface tressée). ♦ 3° (1870). Pièce d'acier reliant les rails de chemin de fer.

ÉCLISSER [eklise]. *v. tr.* (1549; « fendre en éclats », 1080; frq. *°slitan*). Assujettir (un membre) par des éclisses. ◊ *Techn.* Fixer à l'aide d'éclisses (un rail, un aiguillage).

ÉCLOPÉ, ÉE [eklɔpe]. *adj.* (XIIe; de *é-*, et l'a. fr. *cloper.* V. **Clopin-clopant**). Qui marche péniblement en raison d'un accident ou d'une blessure. V. **Boiteux, estropié, informe.** *Subst. Un éclopé* (*spécialt.* un soldat légèrement blessé).

ÉCLORE [eklɔr]. *v. intr.* : *il éclôt, ils éclosent; il éclora; il éclorait; qu'il éclose; éclos, éclose;* rare sauf au prés., inf. et p. p. (XIIe; lat. pop. *°exclaudere,* class. *excludere* « faire sortir »). ♦ 1° Sortir de l'œuf. *« Quelques-uns, comme les serins, éclosent au bout de treize ou quatorze jours »* (BUFF.). ◊ *Par ext.* (Œuf) S'ouvrir. *Faire éclore des œufs.* V. **Incubation.** ♦ 2° Se dit d'une fleur en bouton qui s'ouvre. V. **Épanouir** (s'), **fleurir.** — Au p. p. *Une fleur à peine éclose, fraîche éclose.* ♦ 3° *Fig.* Naître, paraître. *« Après la froide nuit, vous verrez l'aube éclore »* (HUGO). *« La sympathie peut faire éclore bien des qualités somnolentes »* (GIDE). ⊗ ANT. Faner (se). Disparaître.

ÉCLOSION [eklozjɔ̃]. *n. f.* (1747 · de *éclore*). ♦ 1° Fait d'éclore. *« Entre l'éclosion des œufs et l'essor des oisillons »* (COLETTE). ♦ 2° Épanouissement (de la fleur). ♦ 3° *Fig.* Naissance, apparition. *L'éclosion de nouveaux talents. « J'assiste à l'éclosion de ma pensée »* (RIMBAUD). ⊗ ANT. Flétrissement. Disparition.

ÉCLUSAGE [eklyzaʒ]. *n. m.* (1922; *éclusement,* 1877; de *écluser*). *Techn.* Action d'écluser (un bateau), de faire passer par l'écluse. V. **Sassement.**

ÉCLUSE [eklyz]. *n. f.* (XIIIe; bas lat. *exclusa,* p. p. fém. de *excludere,* « (eau) séparée du courant »). Ouvrage hydraulique, formé essentiellement de portes munies de vannes, destiné à retenir ou à lâcher l'eau selon les besoins. *Écluse simple, double, à sas. Écluse de chasse. Écluses d'un canal,* destinées à faire passer, aux changements de niveau, les bateaux du bief d'amont au bief d'aval ou inversement. *Charpente, maçonnerie d'une écluse.* V. **Bajoyer, barrage, digue, radier.** Par méton. *Lever, baisser, ouvrir, lâcher, fermer les écluses,* les portes de l'écluse. — Par compar. *« Il mit son cœur à nu, ouvrit l'écluse au flot amer de ses rancunes »* (COURTELINE). ◊ **Sas.**

ÉCLUSÉE [eklyze]. *n. f.* (1627; de *écluser*). *Techn.* Quantité d'eau qui coule depuis qu'on a lâché l'écluse jusqu'à ce qu'on l'ait refermée.

ÉCLUSER [eklyze]. *v. tr.* (XIIe; de *écluse*). ♦ 1° *Techn.* Barrer (une rivière, un canal) par une écluse; faire passer (un bateau) par une écluse. ◊ **Sasser.** ♦ 2° *Pop.* (1936). Boire. *« Ce qu'on a pu en écluser des litrons à Saint-Locdu, tu te rappelles? »* (SAN-ANTONIO).

ÉCLUSIER, IÈRE [eklyzje, jɛʀ]. *n.* (XIVe; de *écluse*). Personne chargée de la garde et de la manœuvre d'une écluse.

ÉCO-. Élément, du gr. *oikos* « maison, habitat ».

ÉCOBUAGE [ekɔbɥaʒ]. *n. m.* (1797; de *écobuer*). *Agric.* Manière archaïque de fertiliser les terres en les écobuant.

ÉCOBUER [ekɔbɥe]. *v. tr.* (1721; *égobuer,* 1539; de *é-*, et dial. *gobe* « motte de terre », rad. gaul. *°gobbo* « morceau »). *Agric.* Peler (la terre) en arrachant les mottes, avec les herbes et les racines, que l'on brûle ensuite pour fertiliser le sol avec les cendres.

ÉCOCIDE [ekɔsid]. *n. m.* (1972; de *éco(logie),* et *-cide*). *Didact.* Destruction méthodique de la flore et de la faune. *« L'écocide viêtnamien »* (*Nouv. Obs.,* 7-8-1972).

ÉCŒURANT, ANTE [ekœʀɑ̃, ɑ̃t]. *adj.* (mil. XIXe; de *écœurer*). ♦ 1° Qui écœure, soulève le cœur. V. **Dégoûtant, fétide, infect, nauséabond, répugnant.** *« Des odeurs écœurantes d'ail ou d'humanité »* (MAUPASS.). — ◊ *Par ext.* Fade, trop gras ou trop sucré. *Un gâteau écœurant.* ♦ 2° *Fig.* Moralement répugnant, révoltant. *Des flatteries écœurantes.* ♦ 3° Qui crée une espèce de malaise, de découragement. V. **Décourageant, démoralisant.** *Il a une facilité! c'est écœurant. « Son destin, écœurant à force d'être prévisible »* (SARTRE). ⊗ ANT. Appétissant; exaltant.

ÉCŒUREMENT [ekœʀmɑ̃]. *n. m.* (1870; de *écœurer*). ♦ 1° État de celui qui est écœuré. V. **Haut-le-cœur, nausée.** ♦ 2° Dégoût profond, répugnance. *Des combinaisons auxquelles on ne peut assister sans écœurement.* ♦ 3° Découragement. *« Un immense et universel écœurement suivait nécessairement tant de déceptions »* (MADELIN). ⊗ ANT. Appétit; enthousiasme.

ÉCŒURER [ekœʀe]. *v. tr.* (1642; de *é-,* et *cœur*). ♦ 1° Dégoûter au point de donner envie de vomir. *« Cette liqueur épaisse l'écœura »* (GREEN). *Absolt. Sauce trop grasse qui écœure.* ◊ *Cœur* (soulever le). ♦ 2° *Fig.* Dégoûter au plus haut point en inspirant l'indignation ou le mépris. *« J'étais las, las, écœuré par toutes les bêtises, toutes les bassesses, toutes les saletés que j'avais vues »* (MAUPASS.). ♦ 3° Décourager, démoraliser profondément. ⊗ ANT. Allécher. Enthousiasmer.

ÉCOGRAPHIE [ekɔgʀafi]. *n. f.* (v. 1972; de *éco[logie]* et *graphie*). *Didact.* Étude de l'évolution de l'environnement (ressources et peuplement).

ÉCOINÇON [ekwɛ̃sɔ̃]. *n. m.* (1334; de *é-,* et *coin*). *Techn.* Ouvrage de menuiserie, de maçonnerie formant encoignure. *Meuble en écoinçon :* dont la forme triangulaire épouse l'angle formé par deux murs. V. **Encoignure.** ◊ Pierre qui fait l'encoignure de l'embrasure d'une porte, d'une fenêtre.

ÉCOLÂTRE [ekɔlɑtʀ(ə)]. *n. m.* (1349; *scolastre,* XIIIe; lat. *scholasticus*). *Ancien.* Ecclésiastique qui dirigeait l'école attachée à l'église cathédrale; ecclésiastique inspecteur des écoles d'un diocèse.

ÉCOLE [ekɔl]. *n. f.* (*Escole,* XIe; lat. *schola,* gr. *skholê*). ♦ 1° Établissement dans lequel est donné un enseignement collectif (général ou spécialisé). *La rentrée des écoles,* des classes. *Fournitures à l'usage des écoles,* scolaires. *Un ancien camarade d'école. École primaire élémentaire. École maternelle*. École normale primaire. École nationale professionnelle. École commerciale. École de danse, de dessin, d'art dramatique.* V. **Académie, conservatoire, cours.** *École d'adultes, du soir. Les grandes écoles,* appartenant à l'enseignement supérieur (École normale supérieure, École nationale d'administration (E.N.A.), École polytechnique, navale, etc.). — Loc. *Faire l'école buissonnière*. Renvoyer qqn à l'école,* lui conseiller de retourner à l'école, lui faire sentir qu'il a encore besoin de s'instruire, qu'il ne connaît pas la question. *Sentir l'école,* avoir l'air pédant; avoir qqch. de pédantesque et d'appliqué. ◊ *Spécialt.* Établissement d'enseignement primaire. *École publique, laïque. École privée, confessionnelle.* V. **Institution, pension.** *École de garçons, de filles, mixte. Directeur, maître d'école. « Elle... allait à l'école accompagnée d'une petite sœur »* (RADIGUET). *Un enfant en âge d'aller à l'école.* V. **Écolier; scolarité.** — Enseignement qu'on y donne. *C'est une maîtresse qui fait l'école.* V. **Classe.** — L'ensemble des élèves et du personnel enseignant de cet établissement. *L'école aura congé à telle date.* ♦ 2° *Milit.* Instruction, exercice. *« L'école du soldat et l'école de peloton »* (VIGNY). *École de pièce, de groupe, de la section, du bataillon. Écoles à feu,* exercices de tir réel. ◊ Exercice d'équitation. *Basse école, équitation élémentaire. Cour. Haute école, équitation savante.* ♦ 3° Ce qui est propre à instruire et à former; source d'enseignement. *Avec vous, il est à bonne école, vous saurez le former. À l'école du monde, de la pauvreté,* en recevant l'enseignement qu'apporte le monde, la pauvreté. *Il a été à rude école,* le malheur, les difficultés l'ont instruit. — *« Corneille a établi une école de grandeur d'âme »* (VOLT.), a enseigné la grandeur d'âme. *« Voilà la vraie école de style »* (FLAUB.). ♦ 4° *Absolt. L'École :* l'enseignement et philosophie scolastique. *Galilée « quitte le plus qu'il peut les erreurs de l'École »* (DESCARTES). ♦ 5° Groupe ou suite de personnes, d'écrivains, d'artistes qui se réclament d'un même maître ou professent les mêmes doctrines. V. **Chapelle, mouvement, secte.** *L'école stoïcienne. L'école classique, romantique. « L'évolution de nos arts procède par écoles successives »* (VALÉRY). *L'école de Rubens.* ◊ *Spécialt.* Ensemble de peintres qu'on peut rapprocher par leur origine et leur style. *L'école flamande, vénitienne. L'école de Paris* (XXe s.). ◊ Loc. **FAIRE ÉCOLE,** avoir des disciples, des adeptes. *« Ce sublime républicain qui rendrait la république acceptable s'il pouvait faire école »* (BALZ.). *Une théorie qui a fait école.*

-ÉCOLE. Second élément de substantifs composés (comme

auto*-école) s'appliquant à un véhicule destiné à enseigner la conduite ou le pilotage *(voiture-école, bateau-école)* ou au lieu où est donné un enseignement *(atelier-école, ferme-école)*.

ÉCOLIER, IÈRE [ekɔlje, jɛʀ]. *n.* (XIIIᵉ; bas lat. *scholaris* « scolaire »). ♦ 1º *Vx.* Élève. *Spécialt.* Étudiant. *L'écolier limousin* (dans Rabelais). ◇ *Loc. Le chemin des écoliers :* le chemin le plus long, qui permet de flâner (comme celui des écoliers qui font l'école buissonnière). ♦ 2º *Mod.* Enfant qui fréquente l'école primaire, suit les petites classes d'un collège ou d'un lycée. *Cartable, trousse, tablier d'écolier.* « *Dans la vie de l'écolière, le lundi a le tort de succéder au dimanche* » (ROMAINS). ◇ *Par appos. Papier écolier. Cahier format écolier.* ♦ 3º *Fig.* Apprenti, débutant. *C'est une faute d'écolier. Il est encore un écolier.* ♦ 4º *Adj.* (XIVᵉ). *Rare.* Qui sent l'école, scolaire. *La Révolution* « *a été, au point de vue littéraire, plus conservatrice, plus écolière, plus primaire...* » (THIBAUDET). ◇ ANT. *Maître.*

ÉCOLOGIE [ekɔlɔʒi]. *n. f.* (*Œcologie*, 1904; en all., 1873, Haeckel; du gr. *oikos* « maison, habitat », et *-logie*, d'apr. *économie*). Étude des milieux où vivent et se reproduisent les êtres vivants ainsi que des rapports de ces êtres avec le milieu.

ÉCOLOGIQUE [ekɔlɔʒik]. *adj.* (av. 1968; de *écologie*). Relatif à l'écologie. *Les problèmes écologiques. L'écosystème*, unité écologique.

ÉCOLOGISTE [ekɔlɔʒist(ə)]. *n.* (v. 1968; de *écologie*). Spécialiste de l'écologie. « *Pour sauver la nature, un corps d'écologistes-conseils* » (*La Croix*, 7-1-1970).

ÉCONDUIRE [ekɔ̃dɥiʀ]. *v. tr.;* conjug. *conduire* (XVᵉ; altér., d'apr. *conduire*, de l'a. fr. *escondire* « excuser, refuser », lat. médiév. *excondicere*, de *ex-*, négatif, et *condicere* « convenir, conclure »). ♦ 1º Repousser (un solliciteur), ne pas accéder à la demande de (qqn). V. *Refuser.* « *Un solliciteur trop tenace pour être éconduit, et trop bien placé* » (ROMAINS). *Un des soupirants qu'elle a éconduits* (PROUST). ♦ 2º (Par attract. de *conduire*). Congédier. « *Je l'éconduisis... je restai seul dans la chambre* » (PROUST). ◇ ANT. *Accueillir.*

ÉCONOMAT [ekɔnɔma]. *n. m.* (1605; de *économe*). ♦ 1º Fonction d'économe; bureaux de l'économe. V. **Intendance.** ♦ 2º Magasin de vente créé par un employeur à l'usage des ouvriers et employés. *Les économats des chemins de fer.* — Nom de magasins à succursales multiples (Cf. *Coopérative*).

ÉCONOME [ekɔnɔm]. *n.* et *adj.* (1546; *aconome*, 1337; lat. ecclés. *œconomus*, gr. *oikonomos*, de *oikos* « maison », et *-nomos*, de *nemein* « administrer »).
I. *N.* Personne chargée de l'administration matérielle, des recettes et dépenses dans une communauté religieuse, un établissement hospitalier, un collège. ◇ *Vx.* Intendant d'une grande maison. V. **Administrateur, régisseur.** *La parabole de l'économe infidèle.*
II. *Adj.* (1690). Qui dépense avec mesure, sait éviter toute dépense inutile. V. **Parcimonieux.** « *À père avare, dit-on, fils prodige; à parents économes, enfants dépensiers* » (MUSS.). ◇ *Fig. Être économe de ses louanges, de son temps,* ne pas donner ses louanges, son temps sans compter, les mesurer. V. **Ménager.** ◇ ANT. *Dépenser; prodigue.*

ÉCONOMÉTRICIEN [ekɔnɔmetʀisjɛ̃]. *n. m.* (1955; de *économétrie*). *Sc.* Spécialiste de l'économétrie. (On emploie parfois ÉCONOMÈTRE [ekɔnɔmɛtʀ(ə)] *n.* [1968].)

ÉCONOMÉTRIE [ekɔnɔmetʀi]. *n. f.* (v. 1950; de *économie*, et *-métrie*). *Sc.* Traitement mathématique de données statistiques concernant les phénomènes économiques; technique qui utilise ce traitement.

ÉCONOMÉTRIQUE [ekɔnɔmetʀik]. *adj.* (v. 1954; de *économétrie*). *Sc.* Relatif à l'économétrie.

ÉCONOMIE [ekɔnɔmi]. *n. f.* (XVIᵉ; *yconomie*, 1370; de *économe*, d'apr. le gr. *oikonomia*).
I. ♦ 1º *Vx.* Art de bien administrer une maison, de gérer les biens d'un particulier *(économie privée, domestique)*, ou de l'État *(économie publique, politique*, 1613). V. **Administration, gestion.** ♦ 2º *Mod.* (1773) ÉCONOMIE POLITIQUE, science qui a pour objet la connaissance des phénomènes concernant la production, la distribution et la consommation des richesses, des biens matériels dans la société humaine. *L'économie politique étudie les besoins, les facteurs de la production* (richesses naturelles, démographie, travail, capital, etc.), *l'organisation de la production, la circulation des richesses* (commerce), *les prix, le crédit, la monnaie, la répartition des richesses; le rôle de l'État dans la production et la répartition, la consommation. Étudiant en droit qui fait de l'économie politique* (arg. scol. ÉCO PO [ekopo]). — *Économie humaine*, l'économie politique sous l'angle des valeurs humaines (habitation, niveau de vie; conditions de travail, hygiène, etc.). — *Économie sociale*, ensemble des connaissances relatives à la condition ouvrière et à son amélioration. ♦ 3º (Déb. xxᵉ) Activité, vie économique; ensemble des

faits relatifs à la production, à la distribution et à la consommation des richesses dans une collectivité humaine. *Ministère de l'Économie nationale. Vivre en économie fermée* (V. **Autarcie**). *Économie en expansion, en crise. Économie de subsistance.* ◇ *Économie capitaliste* (opposé à *étatisme, socialisme), libérale.* V. **Capitalisme, libéralisme.** *Économie dirigée, planifiée,* qui comporte une forte intervention de l'État. V. **Dirigisme.** ◇ *Économie concertée,* principe d'organisation de la prise de décision économique en commun par l'État et les entreprises privées. *Sociétés d'économie mixte,* « sociétés dans lesquelles l'État ou une collectivité publique sont associés à des capitaux privés » (BERNARD, COLLI et LEWANDOWSKI).
II. (XVIᵉ). *Cour.* Gestion où l'on évite la dépense inutile. V. **Épargne, parcimonie.** « *L'avarice est plus opposée à l'économie que la libéralité* » (LA ROCHEF.). « *Elle gérait avec une sévère économie son modique avoir* » (FRANCE). *Ce qu'on épargne, ce qu'on évite de dépenser. Une sérieuse économie.* *Loc. Il n'y a pas de petites économies. Une économie de bouts de chandelle. Fig. Une économie de temps, de fatigue.* — *Au plur.* (1829). Somme d'argent que l'on a économisée. *Faire des économies. Avoir des économies.* V. **Pécule, réserve,** et aussi **Bas** (de laine). *Mettre ses économies à la caisse d'épargne.* ◇ *Syn.* arg. (1913). Éconocroques.
III. ♦ 1º (XVIIᵉ). *Littér.* Organisation des divers éléments d'un ensemble; manière dont sont distribuées les parties. V. **Ordre, organisation, structure.** *L'économie du corps humain. L'économie d'une loi. L'économie d'une œuvre littéraire.* « *Avec quelle pénétration d'esprit il jugea de l'économie de la pièce* » (RAC.). « *L'économie même de son œuvre gigantesque, certes, mais haute, fiévreuse, encombrée* » (HENRIOT). ♦ 2º Relation, articulation des parties d'un système. *Économie d'un projet.* — *Ling.* Principe d'organisation de l'énergie requise pour satisfaire aux besoins de la communication. « *Économie des changements phonétiques* » (MARTINET). ◇ ANT. (II). *Dépense, gaspillage, prodigalité;* (III). *Désordre.*

ÉCONOMIQUE [ekɔnɔmik]. *adj.* et *n.* (XVᵉ; *yconomique*, 1370; lat. d'o. gr. *œconomicus*. V. **Économe**).
I. ♦ 1º *Vx.* Qui concerne l'administration d'une maison. ♦ 2º *Mod.* (1767) Qui concerne la production, la distribution, la consommation des richesses ou l'étude de ces phénomènes. *Activité, vie économique d'un pays. Mécanismes, phénomènes économiques. Histoire, géographie économiques.* ◇ *N. m.* (1955). L'ensemble des phénomènes économiques, le domaine économique. *L'économique, le politique et le social.* — *N. f.* (1694; *iconomique*, v. 1265). La science économique, l'économie politique.
II. (1690). Qui réduit les frais, épargne la dépense. *Procédé économique.* V. **Avantageux.** *Chauffage économique.* ◇ ANT. (II). *Coûteux.*

ÉCONOMIQUEMENT [ekɔnɔmikmɑ̃]. *adv.* (1690; de *économique*). ♦ 1º En épargnant la dépense, d'une manière économique. *Vivre économiquement.* ♦ 2º Relativement à la vie ou à la science économique. *Économiquement parlant.* — *Les économiquement faibles,* les personnes qui disposent de ressources insuffisantes (sans être proprement indigentes). *L'État aide les économiquement faibles.*

ÉCONOMISER [ekɔnɔmize]. *v. tr.* (1718; de *économie*). ♦ 1º *Vx.* Gérer avec sagesse. — *Mod.* Dépenser, utiliser avec mesure. V. **Ménager.** *Économiser ses provisions pendant la guerre. Fig. Savoir économiser son temps, ses forces.* ♦ 2º (1835). Mettre de côté en épargnant. V. **Épargner.** « *À force de privations, il économiserait quatre mille francs* » (FLAUB.). *Absolt.* « *Économisant sur toutes choses pour payer sa pension* » (LOTI). ◇ ANT. *Dépenser; consommer.*

ÉCONOMISEUR [ekɔnɔmizœʀ]. *n. m.* (1902; de *économiser*). *Techn.* Appareil permettant une économie de carburant; réchauffeur d'eau d'une chaudière, permettant une récupération de la chaleur.

ÉCONOMISTE [ekɔnɔmist(ə)]. *n.* (1767; de *économie*). Spécialiste d'économie politique.

ÉCOPE [ekɔp]. *n. f.* (XIIIᵉ; frq. **skópa*). *Mar.* Pelle de bois à long manche servant à puiser ou à vider l'eau.

ÉCOPER [ekɔpe]. *v. tr.* (1867; de *écope*). ♦ 1º *Mar.* Vider (un bateau) avec une écope. ♦ 2º *Fig., Pop.* et *vx.* Boire. ◇ *Mod.* (1887) *Fam.* Recevoir (un coup, un dommage). « *Le jeune vicomte écopa, comme on dit dans l'armée, deux jours de salle de police* » (ALLAIS). — *Absolt.* Être atteint, puni. V. **Trinquer.** « *Chaque fois qu'il revenait d'une expédition sans avoir écopé* » (PROUST).

ÉCOPERCHE [ekɔpɛʀʃ(ə)]. *n. f.* (1470; probabl. d'*écot* (2), et *perche*). Grande perche verticale d'échafaudage.

ÉCORÇAGE [ekɔʀsaʒ]. *n. m.* (1863; *écorcement*, 1538; de *écorcer*). Action d'écorcer (un arbre).

ÉCORCE [ekɔʀs(ə)]. *n. f.* (XIIᵉ; lat. *scortea* « manteau de peau, outre », de *scorteus* « de peau »). ♦ 1º Enveloppe d'un tronc d'arbre et de ses branches, qu'on peut détacher du bois. *Bot.* Enveloppe de la tige et des racines composée de grandes cellules dont les parois s'épaississent avec l'âge. *Écorce lisse, rugueuse, présentant des gerçures, couverte de mousse.* « *L'écorce argentée des peupliers* » (MAUPASS.). *Écorce laissée sur le bois coupé.* V. **Grume.** *Utilisation de certaines écorces.* V. **Cannelle, liège, quercitron, quinquina, tan.** Loc. fig. *Il ne faut pas juger de l'arbre par l'écorce,* il ne faut pas juger sur les apparences. ♦ 2° Enveloppe coriace de certains fruits; fragment de cette enveloppe. *Écorce de melon, de citron, d'orange.* V. **Peau, pelure.** — *On presse* l'orange et on jette l'écorce.* ◇ *Par anal.* Géol. *Écorce terrestre,* partie superficielle du globe. ◇ *Anat.* V. **Cortex.** ♦ 3° *Fig.* Enveloppe extérieure, apparence. « *Une nature de paysan, d'écorce assez rude* » (BARRÈS).

ÉCORCER [ekɔrse]. *v. tr.;* conjug. *placer* (XIIᵉ; de *écorce*). Dépouiller de son écorce (un arbre). ◇ Décortiquer, peler (le grain, les fruits).

ÉCORCEUR [ekɔrsœr]. *n. m.* (1948; de *écorcer*). *Agric.* Ouvrier procédant à l'écorçage des arbres.

ÉCORCHÉ [ekɔrʃe]. *n. m.* (1766; de *écorcher*). Statue d'homme, d'animal représenté comme dépouillé de sa peau, d'après laquelle les étudiants des beaux-arts dessinent des études.

ÉCORCHEMENT [ekɔrʃəmã]. *n. m.* (XIIIᵉ; de *écorcher*). Action d'écorcher (un animal).

ÉCORCHER [ekɔrʃe]. *v. tr.* (XIIᵉ; bas lat. *excorticare,* de *cortex* « enveloppe, écorce »). ♦ 1° Dépouiller de sa peau (un animal). V. **Dépouiller, dépiauter.** *Écorcher un lapin. Certains criminels étaient écorchés vifs.* — *Par* métaph. *Une sensibilité d'écorché vif.* Loc. *Il crie comme si on l'écorchait, avant qu'on l'écorche :* pour rien du tout. ♦ 2° Blesser en entamant superficiellement la peau. V. **Égratigner, excorier, griffer.** *Le chiffonnier « a le dos et les reins écorchés par le poids de sa hotte* » (BAUDEL.). Pronom. *Je me suis écorché.* — *Par ext.* Entamer superficiellement, érafler. *Écorcher le mur en poussant au meuble.* — *Par exagér. Ce vin qui écorche le gosier. Sons discordants qui écorchent les oreilles.* ♦ 3° *Fig.* Déformer, prononcer de travers. V. **Estropier.** *Il écorche tous les noms propres. Écorcher le français.* ◇ Faire payer trop cher à (un client). V. **Estamper.** *Un restaurant où nous nous sommes fait écorcher.*

ÉCORCHERIE [ekɔrʃəri]. *n. f.* (XIIIᵉ; de *écorcher*). *Techn.* Lieu de l'abattoir où l'on écorche les bêtes.

ÉCORCHEUR [ekɔrʃœr]. *n. m.* (XIIIᵉ; de *écorcher*). Celui qui écorche les bêtes pour la boucherie. ◇ *Fig.* Estampeur, voleur. Spécialt. *Les écorcheurs :* brigands qui rançonnaient les paysans lors de la guerre de Cent ans.

ÉCORCHURE [ekɔrʃyr]. *n. f.* (XIIIᵉ; de *écorcher*). Déchirure légère de la peau. V. **Égratignure, éraflure, excoriation, griffure.**

ÉCORNER [ekɔrne]. *v. tr.* (XIIᵉ; de é-, et *corne*). ♦ 1° Rare. Décorner. ♦ 2° (XVIᵉ). Casser, endommager un angle de... *Écorner une pierre en la transportant.* « *D'autres (livres), brochés, tout écornés par l'usage* » (LACRETELLE). ♦ 3° *Fig.* Entamer, réduire. V. **Ébrécher.** — Au p. p. « *Cette fortune, bien qu'écornée déjà, lui avait permis jusqu'alors de subsister* » (MART. du G.).

ÉCORNIFLER [ekɔrnifle]. *v. tr.* (1442; crois. de *écorner* et l'a. fr. *nifler*. V. **Renifler**). *Fam.* Se procurer çà et là aux dépens d'autrui (quelque aubaine, de l'argent, un bon repas). V. **Grappiller, rafler.**

ÉCORNIFLEUR, EUSE [ekɔrniflœr, øz]. *n.* (1537; de *écornifler*). Pique-assiette, parasite.

ÉCORNURE [ekɔrnyr]. *n. f.* (1694; de *écorner*). Éclat d'une pierre, d'un meuble écorné; brèche occasionnée par la cassure.

ÉCOSSAIS, AISE [ekɔsɛ, ɛz]. *adj. et n.* (XVIᵉ, de *Écosse,* bas lat. *Scotia; escot,* XIVᵉ, bas lat. *Scotus*). ♦ 1° De l'Écosse. *Les lacs écossais. Les anciens clans écossais. Danse écossaise.* V. **Scottish.** *Le rite écossais,* une des associations de la francmaçonnerie française. Spécialt. *Tissu écossais,* ou ellipt. *écossais,* tissu de fils de laine peignée disposés par bandes de couleurs différentes se croisant à angle droit (distinctives des clans, à l'origine). *Douche* écossaise.* ◇ Subst. *Un Écossais, une Écossaise. Le kilt, la cornemuse des Écossais.* — N. m. Langue gaélique d'Écosse. V. **Erse.** ♦ 2° (1840). Fait de tissu écossais. *Une jupe, une cravate écossaise.*

ÉCOSSER [ekɔse]. *v. tr.* (XIIᵉ; de é-, et *cosse*). ♦ 1° Dépouiller (des pois, des haricots) de la cosse. *Haricots à écosser,* à manger en grains (*opposé à* haricots verts). ♦ 2° *Pop.* (1881). Dépenser. *Écosser de l'argent. Qu'est-ce qu'on a écossé!*

ÉCOSYSTÈME [ekosistɛm]. *n. m.* (v. 1969; de *éco*[logie], et *système*). *Didact.* Unité écologique de base formée par le milieu vivant (biotope*) et les organismes animaux et végétaux qui y vivent. « *La pollution des écosystèmes par le mercure* » (*Sciences, progrès, découverte,* oct. 1972).

1. ÉCOT [eko]. *n. m.* (XIIᵉ; frq. °*skot*). Quote-part d'un convive pour un repas à frais commun. *Chacun paiera son écot.* ◇ HOM. *Écho, écot* (2).

2. ÉCOT [eko]. *n. m.* (XIIIᵉ; frq. °*skot*). *Sylvic.* Tronc d'arbre, rameau imparfaitement élagué.

ÉCOTÉ, ÉE [ekɔte]. *adj.* (1671; de l'a. fr. *écoter* « ébrancher »; de *écot* 2). *Blas.* Privé de ses rameaux, taillé comme un écot.

ÉCOTYPE [ekɔtip]. *n. m.* (v. 1950; de *éco-* [logie] et *type*). *Biol.* Type d'une espèce* (sous-espèce) sélectionné par les conditions particulières du milieu. V. **Génotype, phénotype.**

ÉCOULEMENT [ekulmã]. *n. m.* (1539; de *écouler*). ♦ 1° Fait de s'écouler, mouvement d'un liquide qui s'écoule. V. **Dégorgement, déversement, épanchement, évacuation.** *Chéneau pour l'écoulement des eaux d'un toit. Égout servant à l'écoulement des eaux-vannes. Canal, rigole, fossé, tuyau, orifice d'écoulement.* Dr. *Servitude d'écoulement des eaux :* obligation pour un terrain inférieur de recevoir les eaux d'un terrain supérieur.* ◇ Phys. *Vitesse d'écoulement d'un fluide. Écoulement de matériaux peu déformables.* V. **Rhéologique.** Hydrol. *Écoulement libre, en milieu poreux. Écoulement laminaire, turbulent.* Physiol. *Écoulement des liquides organiques.* V. **Excrétion, flux, sécrétion,** et *aussi -Rrhée.* ♦ 2° *Par anal.* Mouvement de personnes, de véhicules qui se retirent d'un lieu. *Faciliter l'écoulement de la foule.* V. **Sortie.** ♦ 3° Possibilité d'écouler (des marchandises). V. **Débouché, vente.** *Écoulement de la production sur le marché.* ◇ ANT. *Stagnation.*

ÉCOULER [ekule]. *v. pron. et tr.* (XIIᵉ; de é-, et *couler*). ♦ 1° *V. pron.* S'ÉCOULER, couler hors de quelque endroit. V. **Couler, déverser** (se), **répandre** (se). *Fente, trop-plein par où l'eau s'écoule.* — *Par anal.* « *La foule qui s'écoulait de tous les lieux de plaisir* » (MART. du G.). V. **Retirer** (se), **sortir.** — *Fig.* Disparaître progressivement. V. **Passer.** « *L'idée que la vie s'écoule et fuit comme l'eau* » (FRANCE). *Les années écoulées,* qui se sont écoulées. « *Pendant que les fonds publics s'écoulent en fêtes de fraternité* » (RIMBAUD). ♦ 2° *V. tr.* (1845; pronom., 1810). Vendre de façon continue jusqu'à épuiser. V. **Débiter.** « *On reçoit du centre tant et tant d'exemplaires : il faut les écouler* » (ARAGON). Pronom. (Sens pass.) « *Il s'est plus écoulé d'exemplaires de mon dernier ouvrage, en quelques mois, qu'il ne s'est vendu d'exemplaires du Génie* » (CHATEAUB.). — Spécialt. *Écouler de faux billets,* les faire passer dans la circulation.

ÉCOUMÈNE. *n. m.* (*œcumène,* 1844). V. **ŒKOUMÈNE.**

ÉCOURTER [ekurte]. *v. tr.* (*Escurter,* XIIᵉ; de é-, et *court*). ♦ 1° Rendre plus court en longueur. « *Il avait... écourté sa barbe, coupé ses cheveux* » (GIRAUDOUX). V. **Diminuer, raccourcir.** Spécialt. *Écourter un chien, un cheval,* leur couper la queue. ♦ 2° Rendre plus court en durée. *J'ai dû écourter mon séjour.* « *Pour écourter autant que possible tes heures de captivité* » (COURTELINE). V. **Abréger.** ♦ 3° Rendre anormalement court. V. **Tronquer.** *Fausser la pensée d'un auteur en écourtant les citations.* — Au p. p. « *On ne trouve dans Mably que des idées écourtées* » (CHATEAUB.). *Un dénouement écourté.* ◇ ANT. *Allonger, développer.*

1. ÉCOUTE [ekut]. *n. f.* (XIIᵉ; de *écouter*). ♦ 1° Vx. Guetteur, sentinelle. ◇ *Mod.* (Par appos.) *Sœur écoute,* religieuse qui accompagne au parloir une religieuse ou une pensionnaire. ♦ 2° (XIVᵉ). Vx. Guet, poste de guet. ◇ Mod. *Être AUX ÉCOUTES :* à un endroit où on peut guetter, écouter. « *Madame Husnugul, qui devait être aux écoutes derrière la porte* » (LOTI). *Fig.* Être aux aguets, très attentif. *Journaliste aux écoutes de l'actualité.* — *Milit.* Détection de l'activité ennemie par le son. *Poste d'écoute. Appareil d'écoute sous-marine.* V. **Sonar.** ♦ 3° (Fin XIXᵉ). Action d'écouter une communication téléphonique, une émission radiophonique. *Écoutes téléphoniques. Restez à l'écoute. Prenez l'écoute.* « *Ici Radio-Paris, ne quittez pas l'écoute* » (SARTRE). *Table d'écoute* (d'un central, qui permet d'intercepter les communications). ♦ 4° Vén. (*Au plur.*). Oreilles (du sanglier).

2. ÉCOUTE [ekut]. *n. f.* (XVIᵉ; *escote,* XIIᵉ; frq. °*skôta* « cordage de voile »). *Mar.* Manœuvre, cordage servant à orienter une voile et à l'amarrer à son coin inférieur sous le vent, qui est le *point d'écoute.*

ÉCOUTER [ekute]. *v. tr.* (XIIᵉ; *escolter,* Xᵉ; bas lat. *ascultare,* class. *auscultare.* V. **Ausculter**). ♦ 1° S'appliquer à entendre, prêter son attention à (des bruits, des paroles...). V. **Oreille** (prêter, tendre l'). « *Je passe mon temps à écouter ce que je ne devrais pas entendre* » (LACLOS). « *L'abbé avait fait asseoir le jeune homme près de lui et l'écoutait religieusement* » (MART. du G.). Au p. p. *Un des orateurs les plus écoutés à la Chambre.* — Absolt. Prêter une attention attentive. « *Il savait interroger à son profit, il savait écouter* » (STE-BEUVE). « *Plus désireux d'amuser en bavardant que de m'instruire en écoutant* » (PROUST). *Écouter de toutes ses oreilles,* être tout ouïe. *N'écouter que d'une oreille,* distraitement.

Écouter aux portes, écouter indiscrètement une conversation derrière une porte. *Écoute(z)!* s'emploie pour attirer l'attention de l'interlocuteur sur ce qu'on va dire. ◊ *Par ext.* Prêter une attention plus ou moins bienveillante, ne pas refuser d'entendre. « *Notre sage magistrat écoutait également le riche et le pauvre* » (BOSS.). « *Je ne perdrai pas mon temps à écouter ses doléances* » (LACLOS). ♦ 2° Accueillir avec faveur (ce que dit qqn), jusqu'à apporter son adhésion, sa confiance. *Écouter les conseils d'un ami.* V. **Suivre.** *Dieu a écouté nos prières, nos vœux.* V. **Exaucer.** *Ces enfants n'écoutent pas leurs parents.* V. **Obéir.** *N'écouter que soi-même,* ne consulter personne. « *Un homme qui pérorait seul et se faisait écouter avec quelque droit comme un oracle* » (CHATEAUB.). ◊ *Fig.* Se laisser guider par (un sentiment, un principe). *N'écoutant que son courage, son devoir.* « *Au lieu d'écouter son cœur, qui la menait bien* » (ROUSS.). ♦ 3° *Pronom.* Écouter soi-même. *Il s'écoute parler,* il parle lentement et en se complaisant à ses paroles. ◊ *Suivre son inspiration. Si je m'écoutais, je n'irais pas à ce rendez-vous.* ◊ Prêter une trop grande attention à sa santé. V. **Observer** (s'). *Ne vous écoutez pas tant, vous irez mieux.* ◊ ANT. **Désobéir,** négliger.

ÉCOUTEUR, EUSE [ekutœʀ, øz]. *n.* (XIIᵉ; de *écouter*). ♦ 1° *Rare.* Personne qui écoute avec curiosité, avec indiscrétion. « *Courant le monde, où il jouait le rôle de gazetier, de trucheman et d'écouteur* » (GIDE). ♦ 2° (1922). Partie du récepteur téléphonique qu'on applique sur l'oreille pour écouter. « *Le téléphone sonna. Elle pressa l'écouteur sur sa joue* » (TROYAT).

ÉCOUTILLE [ekutij]. *n. f.* (1538; esp. *escotilla,* de *escotar* « échancrer », du frq. **skaut* « bord, marge »). *Mar.* Ouverture rectangulaire pratiquée dans le pont d'un navire et qui permet l'accès aux étages inférieurs. *Écoutille avant, arrière, de faux-pont. Caillebotis, panneau d'écoutille.* « *Ils se retirent dans l'intérieur du navire, ferment les écoutilles* » (CHATEAUB.). « *Ils s'enfoncèrent, par une écoutille, dans les profondeurs du bâtiment* » (BOSCO).

ÉCOUVILLON [ekuvijɔ̃]. *n. m.* (XIVᵉ; *escoveillon,* XIIᵉ; de l'a. fr. *escouve,* bas lat. *scopa,* class. *scopæ* « balai »). ♦ 1° Sorte de balai fait d'un long bâton auquel est fixé un chiffon, utilisé par les boulangers pour nettoyer leur four. ♦ 2° Brosse cylindrique à manche plus ou moins long, utilisée pour nettoyer et graisser l'âme des armes à feu. ◊ Goupillon. ◊ Petite brosse employée par les chirurgiens pour nettoyer les cavités naturelles.

ÉCOUVILLONNAGE [ekuvijɔnaʒ]. *n. m.* (1870; de *écouvillonner*). *Techn.* Nettoyage, brossage à l'écouvillon.

ÉCOUVILLONNER [ekuvijɔne]. *v. tr.* (1611; de *écouvillon*). *Techn.* Nettoyer avec l'écouvillon.

ÉCRABOUILLAGE [ekʀabujaʒ] ou **ÉCRABOUILLEMENT** [ekʀabujmɑ̃]. *n. m.* (1886,-XXᵉ; de *écrabouiller*). *Fam.* Action d'écrabouiller.

ÉCRABOUILLER [ekʀabuje]. *v. tr.* (1478; crois. de *écraser* avec l'a. fr. *esbouiller* « éventrer », de *boiel.* V. **Boyau**). *Fam.* Écraser, réduire en bouillie. « *Quel trou! Bon fusil, ma foi! Quel calibre! Ça vous écrabouille une cervelle!* » (MÉRIMÉE). — Pronom. « *Il s'était écrabouillé la tête sur le pavé* » (ZOLA).

ÉCRAN [ekʀɑ̃]. *n. m.* (1318; néerl. *scherm* « paravent »). ♦ 1° Panneau servant à se garantir de l'ardeur trop vive d'un foyer. *Écran de cheminée.* « *Des écrans de soie, des paravents de laque* » (FRANCE). *Écran métallique.* V. **Pare-étincelles.** ◊ *Par anal.* Châssis tendu de toile dont se servent les peintres pour voiler un excès de lumière. — Phot. *Écrans colorés,* filtres colorés. — Électr. Enveloppe ou paroi destinée à protéger contre des actions électriques ou magnétiques. *Écran électrodynamique, électromagnétique.* ◊ *Par ext.* Tout objet interposé qui dissimule ou protège. V. **Abri,** et *préfixe* **Pare-.** *Écran de verdure, de fumée.* V. **Rideau.** *Écran antibruit. Faire un écran de sa main.* ♦ 2° (1864). Surface sur laquelle se reproduit l'image d'un objet. *Écran de chambre* noire. Écran de projection,* surface blanche (en toile, matière plastique) sur laquelle sont projetées les images photographiques ou cinématographiques. *Places de cinéma rapprochées, éloignées de l'écran.* « *Je suis au cinéma... avec Emmanuel qui ne comprend pas toujours ce qui se passe sur l'écran* » (CAMUS). Loc. fig. *Crever* l'écran.* — *Écran fluorescent,* surface fluorescente sur laquelle se forme l'image dans les tubes cathodiques. *L'écran d'un récepteur de télévision, d'une console* d'ordinateur, d'un terminal*.* ◊ *Par ext.* L'écran, l'art cinématographique. V. **Cinéma.** « *La technique de l'écran... enseigne la simultanéité* » (MAUROIS). *Porter un roman à l'écran,* en tirer un film. — *Le petit écran,* la télévision. *Une vedette du petit écran.*

ÉCRASANT, ANTE [ekʀazɑ̃, ɑ̃t]. *adj.* (1771; de *écraser*). Qui écrase, surcharge. V. **Lourd.** *Un poids écrasant.* Fig. « *Une responsabilité écrasante pèse sur vous* » (COLETTE). « *Malgré d'écrasants devoirs* » (DUHAM.). V. **Accablant.**

◊ Qui entraîne l'écrasement de l'adversaire. *Il a fait preuve d'une supériorité écrasante.* ◊ ANT. Léger.

ÉCRASÉ, ÉE [ekʀaze]. *adj.* (1690; de *écraser*). Très aplati, écrasé et ramassé. *Un nez écrasé.* V. **Camard.** « *Nos porches ignobles et écrasés que nous appelons des portiques* » (CHATEAUB.). — Fam. *La rubrique des chiens écrasés,* les faits divers sans intérêt, dans un journal. Ellipt. *Journaliste qui fait les chiens écrasés.*

ÉCRASEMENT [ekʀazmɑ̃]. *n. m.* (1611; de *écraser*). ♦ 1° Action d'écraser, fait d'être écrasé. « *La machine glissait... Rien au monde ne pouvait plus empêcher l'écrasement* » (ZOLA). *L'écrasement de la jambe a nécessité l'amputation.* ♦ 2° Destruction complète (des forces d'un adversaire). V. **Anéantissement.** « *Il ne restait plus qu'à achever ce recul par un écrasement* » (HUGO). « *L'écrasement de ces révolutions* » (CAMUS).

ÉCRASER [ekʀaze]. *v. tr.* (1577; *escrager,* 1569; var. *a(c)craser,* fin XVIᵉ; moy. angl. *crasen,* probabl. d'o. scand.). ♦ 1° Aplatir et déformer (un corps) par une forte compression, par un choc violent. V. **Broyer, comprimer, écrabouiller, presser.** « *Comme j'écraserais un insecte entre mes doigts* » (ROUSS.). « *Le wagon enragé peut bien Écraser ma tête coupable* » (BAUDEL.). — Pronom. *Après une chute de vingt mètres il s'est écrasé sur le sol.* — *Être écrasé par une avalanche, un éboulement.* ◊ *Par exagér.* Attention, vous m'écrasez le pied! Pronom. *La foule s'écrasait dans le métro.* ◊ *Spécialt.* Renverser et passer sur le corps de. *Il s'est fait écraser* (par une automobile). V. **Renverser.** ◊ Presser ou broyer (une substance). *Écraser le raisin.* V. **Fouler.** *Écraser du poivre; de l'ail.* V. **Piler.** *Écraser du gravier.* V. **Concasser, cylindrer.** ◊ *Fam.* Appuyer fortement et à fond sur. *Écraser la pédale de frein, le champignon.* ♦ 2° *Par anal.* Dominer par sa masse, faire paraître bas ou petit. « *Ma vieille ville sombre, écrasée par sa cathédrale* » (RENAN). « *Sa tête... qu'écrase l'ampleur phénoménale d'une casquette officielle* » (COURTELINE). ◊ *Fig.* Dominer, humilier. « *Il vous domine, il vous écrase sous tant de hardiesse* » (DELACROIX). *Il nous écrase de son luxe, de son mépris.* ♦ 3° *Par ext.* Faire succomber sous un poids excessif, sous l'action d'une force irrésistible. V. **Accabler, surcharger.** *Le peuple était écrasé d'impôts.* « *Les grandes entreprises écrasent les petites* » (CHARDONNE). V. **Abattre, ruiner.** « *Les faibles, ceux qu'il faut écraser... maintenir en obéissance* » (ROMAINS). ◊ Vaincre, réduire totalement (un ennemi, une résistance). V. **Anéantir.** *Écraser l'ennemi, l'insurrection. Par exagér.* (Sport) *Notre équipe a été écrasée,* a subi une lourde défaite. ♦ 4° *Pop.* (1908). *En écraser :* dormir profondément. ◊ *Arg.* (1956) *Écrase!* n'insiste pas, laisse tomber! ◊ ANT. *Décharger.*

ÉCRASEUR, EUSE [ekʀazœʀ, øz]. *n.* (1611; de *écraser*). ♦ 1° *Fam.* Mauvais cocher *(ancienn.)*; conducteur maladroit. V. **Chauffard.** ♦ 2° *Chir.* (1857). Instrument en forme de chaîne ou de corde destinés à serrer circulairement une partie qui doit être amputée.

ÉCRÉMAGE [ekʀemaʒ]. *n. m.* (1845; de *écrémer*). 1° Action d'écrémer (le lait). ♦ 2° *Fig.* Prélèvement des meilleurs éléments d'un groupe humain. « *L'écrémage des classes privilégiées par l'Université reste très limité* » (*Le Monde,* 20-4-1964).

ÉCRÉMER [ekʀeme]. *v. tr.;* conjug. *céder* (XVIᵉ; *escramer,* XIVᵉ; de *é-,* et *crème*). ♦ 1° Dépouiller (le lait) de la crème, de la matière grasse. — Au p. p. adj. *Lait écrémé.* V. **Maigre.** ♦ 2° *Fig.* Dépouiller des meilleurs éléments (un ensemble, un groupe). *Sa collection a déjà été écrémée,* les pièces rares n'y sont plus. *Écrémer une bibliothèque, une collection. Écrémer une affaire.* « *L'exode féminin qui « écrème » les campagnes* » (J. CHAFFARD).

ÉCRÉMEUSE [ekʀemøz]. *n. f.* (1890; de *écrémer*). Machine servant à écrémer le lait en concentrant la matière grasse.

ÉCRÊTEMENT [ekʀɛtmɑ̃]. *n. m.* (1864; de *écrêter*). *Techn.* Action d'écrêter.

ÉCRÊTER [ekʀete]. *v. tr.* (1752; *écrété* « coq sans crête », 1611; de *é-,* et *crête*). *Techn.* ♦ 1° *Artill.* Abattre la crête de (un ouvrage fortifié). ♦ 2° Niveler (une route) en faisant disparaître les crêtes qui ôtent la visibilité. ♦ 3° *Agric.* Dépouiller (les tiges de maïs) de leurs crêtes. ♦ 4° (mil. XXᵉ). *Phys.* Niveler (un signal électrique) au-delà d'un certain seuil. ♦ 5° *Fig.* Égaliser en supprimant les éléments extrêmes.

ÉCREVISSE [ekʀəvis]. *n. f.* (1248; frq. **krebitja;* Cf. all. *Krebs*). ♦ 1° Crustacé d'eau douce (type des décapodes macroures), de taille moyenne, aux pattes antérieures armées de pinces robustes. *Pêche à l'écrevisse* (à la balance, etc.). *Écrevisses au court-bouillon. Buisson, coulis, gratin d'écrevisses.* — Loc. *Rouge comme une écrevisse* (comme l'écrevisse après la cuisson). *Marcher, aller comme une écrevisse,* reculer au lieu d'avancer, de progresser. ♦ 2° *Par anal.* (XIVᵉ). Cuirasse ancienne à écailles. ◊ (1845) Tenaille de forgeron.

ÉCRIER (S') [ekʀije]. *v. pron.* (1080; de *é-,* et *crier*). Dire d'une voix forte et émue. « *Et autant qu'un mourant peut s'écrier, il s'écria : Ah! vous y voilà!* » (HUGO). « *Y pensez-vous, monsieur! s'écria le maire* » (HUGO). *Il s'écria qu'il n'accepterait jamais.*

ÉCRIN [ekʀɛ̃]. *n. m.* (XIIᵉ; lat. *scrinium*). Boîte ou coffret où l'on serre les bijoux, les objets précieux. V. **Baguier, étui**. *Offrir un collier dans un écrin. Ranger l'argenterie dans les écrins.* ◊ *Les bijoux qui y sont contenus.* Fig. *C'est le plus beau joyau de son écrin,* ce qu'il a de plus précieux.

ÉCRIRE [ekʀiʀ]. *v. tr.* : *j'écris, nous écrivons; j'écrivais; j'écrivis; j'écrirai; j'écrirais; écris, écrivons; que j'écrive; que j'écrivisse; écrivant; écrit* (1080; lat. *scribere*).
I. ♦ 1º Tracer (des signes d'écriture, un ensemble organisé de ces signes). « *Ces trois mots écrits au crayon, et tracés d'une main rapide et ferme* » (NERVAL). « *Il écrivit quelques lignes, les relut* » (MAC ORLAN). « *Sur le sable, sur la neige J'écris ton nom* » (ÉLUARD). *Effacez ce que vous avez écrit.* — Absolt. *Vous recopierez ce devoir, il est trop mal écrit.* V. **Gribouiller**. *Épreuves où l'on rencontre plusieurs phrases écrites de la main de l'auteur.* V. **Autographe, manuscrit**. — *Apprendre à écrire. Il ne sait ni lire ni écrire.* V. **Illettré.** *Écrire lisiblement. Écrire mal, comme un chat. Écrire gros, fin. Acheter de quoi écrire. Machine* à écrire.* ◊ *Orthographier. Je ne sais pas écrire son nom. Pronom. Appeler s'écrit avec deux p. ♦ 2º* Consigner, noter par écrit. V. **Inscrire, marquer, noter**. *Écrire une adresse sur un carnet.* « *La minutieuse exactitude avec laquelle l'administration française écrit tout, consomme des rames de papier* » (BALZ.). ♦ 3º Rédiger (un message destiné à être envoyé à qqn). « *Il écrivait une longue lettre à sa mère* » (FLAUB.). Absolt. Faire de la correspondance. V. **Correspondre** (avec). « *Je ne lui ai écrit qu'une fois* » (LACLOS). *Il n'aime pas écrire.* ◊ Annoncer par lettre. *Je suis très étonné de ce que vous m'écrivez sur ses projets. Je lui ai écrit que j'étais malade.*
II. ♦ 1º Composer (un ouvrage scientifique, littéraire). « *J'ai commencé d'écrire ces Mémoires à la Vallée-aux-Loups* » (CHATEAUB.). « *Ce que Malherbe écrit dure éternellement* » (MALHERBE). *Écrire hâtivement des articles.* V. **Bâcler, pondre**. ◊ Absolt. Composer un ouvrage en tant qu'écrivain. « *Avant donc que d'écrire apprenez à penser* » (BOIL.). *Écrire en prose, en vers. L'acte d'écrire. Écrire sur un sujet. Écrire avec facilité, au courant de la plume.* « *Pour écrire vite, il faut avoir beaucoup pensé* » (BAUDEL.). « *Il me semble parfois qu'écrire empêche de vivre* » (GIDE). « *Plus on écrit, moins on pense* » (VALÉRY). — Spécialt. Faire métier d'écrivain, d'auteur. V. **Publier**. « *Tant de gens qui écrivent et si peu de gens qui lisent!* » (GIDE). ♦ 2º Exprimer de telle ou telle façon (V. **Style**) sa pensée par le langage écrit. « *Quelqu'un a dit autrefois qu'il faut écrire comme on parle* » (VOLT.). ◊ Absolt. *Bien écrire. Savoir écrire.* « *Le secret d'écrire aujourd'hui, c'est de se battre avec des mots dont le sens est usé* » (RENARD). « *C'est en écrivant que l'auteur se forge ses idées sur l'art d'écrire* » (SARTRE). ♦ 3º Exposer (une idée) dans un ouvrage. « *Un journaliste qui sait son métier n'écrit pas :* « *Ils étaient prêts à traiter...* » (GIDE). « *Il aurait mieux valu, écrit-il, que...* » (GIDE).

ÉCRIT [ekʀi]. *n. m.* (XIIᵉ; p. p. subst. de *écrire*). ♦ 1º Document écrit. V. **Manuscrit**; imprimé. *Texte, teneur d'un écrit. Écrit anonyme, signé.* — Dr. *Écrit constatant un acte juridique.* V. **Acte, copie, minute, original, titre.** *Écrit probatoire.* ♦ 2º Ouvrage de l'esprit, composition littéraire, scientifique. V. **Livre, œuvre, production, publication, volume.** « *Les écrits des anciens* » (ROUSS.). ◊ Spécialt. Ouvrage de circonstance. « *Cette abondance insurmontable des écrits que l'occasion a fait produire* » (VALÉRY). *Écrit polémique, diffamatoire, satirique.* V. **Diatribe, factum, libelle, pamphlet.** « *Il n'y a que les petits hommes qui redoutent les petits écrits* » (BEAUMARCH.). ♦ 3º Épreuves écrites d'un examen ou d'un concours qui comporte aussi un oral. *Avoir de bonnes notes à l'écrit.* ♦ 4º *Loc. adv.* (XIIIᵉ). PAR ÉCRIT, sur le papier, par un document écrit (ANT. Oralement, verbalement.). *Mettez-moi tout ça par écrit. Je veux que vous m'en donniez l'ordre par écrit.* — Procéd. *Instruction par écrit. Preuve par écrit.* V. **Littéral.** ◊ ANT. *Parole; oral.*

ÉCRIT, ITE [ekʀi, it]. *adj.* (XIIIᵉ; V. Écrire). ♦ 1º Tracé par l'écriture. V. **Écrire** (*bien, mal écrit*). ♦ 2º Exprimé par l'écriture, par des textes. « *Ce droit écrit... si différent du droit coutumier britannique* » (SIEGFRIED). « *Les monuments écrits et figurés qui sont restés de la civilisation antique* » (RENAN). « *La langue parlée, comme la langue écrite, éprouve... le besoin de ces altérations de sens* » (PROUST). *Langue écrit scientifique, publicitaire, littéraire. — Les épreuves écrites d'un examen.* V. **Écrit** (n.). ♦ 3º (XVIᵉ). Qui figure dans l'Écriture sainte, par prophétie, par volonté de Dieu. *C'est écrit.* Qui est voulu par la Providence ou le destin, fixé et arrêté d'avance. « *Notre mot éternel est-il : C'était écrit?* » (VIGNY). « *Jacques disait... que tout ce qui nous arrive de bien et de mal ici-bas était écrit là-haut* » (DIDER.). *Il est écrit qu'on n'y arrivera*

jamais. ♦ 4º Couvert de signes d'écriture. *Une feuille écrite des deux côtés.* ◊ ANT. *Oral, parlé; blanc.*

ÉCRITEAU [ekʀito]. *n. m.* (XIVᵉ; de *écrit*). Surface (morceau de papier, carton, bois, etc. en forme d'affiche) portant une inscription en grosses lettres destinée à faire connaître qqch. au public. V. **Affiche, pancarte**. *Mettre un écriteau pour annoncer qu'une maison est à vendre, à louer.* « *Un écriteau portant Passage interdit* » (DUHAM.).

ÉCRITOIRE [ekʀitwaʀ]. *n. f.* (XIVᵉ; « cabinet d'étude », XIIᵉ; lat. médiév. *scriptorium*, de *scriptorius* « qui sert à écrire »). Petit nécessaire (coffret, étui) contenant tout ce qu'il faut pour écrire.

ÉCRITURE [ekʀityʀ]. *n. f.* (XIIᵉ; *scripture*, 1050; lat. *scriptura*). ♦ 1º Représentation de la parole et de la pensée par des signes. *Écriture pictographique, idéographique. Écriture phonétique* (syllabique ou alphabétique). *Déchiffrement des écritures anciennes.* V. **Paléographie.** *Système d'écriture des aveugles.* V. **Braille.** *Écriture secrète, chiffrée.* V. **Cryptographie.** ♦ 2º Type de caractères adopté dans tel ou tel système d'écriture. *Écriture égyptienne, grecque, arabe, gothique.* — *Écritures employées en calligraphie* (anglaise, bâtarde, moulée, gothique, ronde). *Écriture dite script.* ♦ 3º Manière personnelle dont on trace les caractères en écrivant; ensemble des caractères ainsi tracés. *Avoir une belle écriture. Une écriture illisible, de chat.* V. **Gribouillage, griffonnage.** *Étude du caractère par l'analyse de l'écriture.* V. **Graphologie.** *Reconnaître, imiter l'écriture de qqn.* « *Il écrivait rapidement, d'une écriture déliée, symétrique, très nette à l'œil* » (FROMENTIN). « *Une mauvaise écriture, irrégulière, épaisse, avec des parties tracées à la hâte, et d'autres inutilement appuyées* » (ROMAINS). ♦ 4º (1879). Littér. Manière d'écrire, de réaliser l'acte d'écrire. V. **Style.** « *L'écriture artiste* » (GONCOURT). « *L'écriture automatique* » (BRETON), technique surréaliste visant à traduire exactement la pensée parlée. » ◊ Acte d'écrire. « *Il invente qu'on écrit pour soi seul ou pour Dieu, il fait de l'écriture une occupation métaphysique* » (SARTRE). — Par anal. (Bx-arts) Graphisme. « *Le Greco n'y prend d'abord ça d'écriture souple et forte* » (MALRAUX). ♦ 5º Dr. Écrit. *Écritures privées, publiques. Faux en écriture privée, publique, de commerce ou de banque.* — (Plur.) Actes de procédure nécessaires à la soutenance d'un procès. *Les faits énoncés par les écritures.* ◊ Compt. Inscription au journal ou sur un compte correspondant à une opération déterminée. *Passer une écriture. Les écritures,* la comptabilité d'un commerçant, d'une entreprise. *Tenir les écritures.* — Admin. *Employé aux écritures,* employé de bureau chargé de travaux n'exigeant pas de compétence technique comptable. ♦ 6º (Avec E majuscule). *L'Écriture sainte, les Saintes Écritures,* et absolt. *L'Écriture, les Écritures :* les livres saints. V. **Bible.** *Sens littéral et sens spirituel de l'Écriture.*

ÉCRIVAILLER [ekʀivaje] ou **ÉCRIVASSER** [ekʀivase]. *v. intr.* (1611,-déb. XIXᵉ; de *écrivailler, écrivassier*). Péj. Composer sur divers sujets et en divers genres des écrits sans valeur.

ÉCRIVAILLEUR, EUSE [ekʀivajœʀ, øz], **ÉCRIVAILLON** [ekʀivajɔ̃] ou **ÉCRIVASSIER, IÈRE** [ekʀivasje, jɛʀ]. *n.* (1580, -1885, -1745; de *écrivain*). Péj. Homme ou femme de lettres médiocre, aux activités dispersées; plumitif.

ÉCRIVAILLON. V. ÉCRIVAILLEUR.

ÉCRIVAIN [ekʀivɛ̃]. *n. m.* (XIIᵉ; lat. pop. °*scribanem*, class. *scribam*, accus. de *scriba*. V. **Scribe**). ♦ 1º *Vx.* Scribe, greffier. ◊ Mod. *Écrivain public,* personne qui écrit des lettres, des actes, pour ceux qui ne savent pas écrire. — *Écrivain apostolique,* secrétaire à la Chancellerie du pape. *Écrivain lithographe,* dessinateur, graveur de caractères. *Écrivain de navire,* employé aux écritures sur un navire. ♦ 2º (Déb. XIVᵉ). Personne qui compose des ouvrages littéraires. V. **Auteur.** « *Dans tout grand écrivain il doit y avoir un grand grammairien* » (HUGO). « *L'on peut être un grand écrivain sans être un écrivain correct* » (GIDE). « *Un écrivain garde un espoir même s'il est méconnu* » (CAMUS). — Absolt. *Un écrivain,* un auteur qui a le don du style. « *Un auteur, même du plus haut talent, connût-il le plus grand succès, n'est pas nécessairement un écrivain* » (VALÉRY).

ÉCRIVASSER. V. ÉCRIVAILLER.

ÉCRIVASSIER, IÈRE. V. ÉCRIVAILLEUR.

1. **ÉCROU** [ekʀu]. *n. m.* (1564; « morceau de parchemin, registre », XIIᵉ; frq. °*skróda* « morceau »). Dr. Acte, procès-verbal constatant qu'un individu a été remis à un directeur de prison, et mentionnant la date et la cause de l'emprisonnement. *Registre d'écrou* (V. **Écrouer**). — S'emploie surtout dans la loc. : *Levée d'écrou,* constatation de la remise en liberté d'un détenu. V. **Élargissement.**

2. **ÉCROU** [ekʀu]. *n. m.* (1685; *escroe*, XIIIᵉ; *escroue,* XIVᵉ; lat. *scrofa* « truie », et lat. pop. « vulve »). Pièce de métal, de bois, etc., percée d'un trou fileté pour le logement d'une vis ou d'un boulon. *Écrou de serrage. Le* « *chef de*

pièce... avait négligé de serrer l'écrou de la chaîne d'amarrage » (HUGO). *Écrou de mouvement*, transformant un mouvement circulaire en mouvement rectiligne.

ÉCROUELLES [ekʀuɛl]. *n. f. pl.* (1512; *escrouele*, XIIᵉ; lat. pop. °*scrofellæ*, bas lat. *scrofulæ*. V. **Scrofule**). *Vx.* Adénite cervicale chronique d'origine tuberculeuse, abcès qu'elle provoque. *Le roi de France, le jour de son sacre, touchait les écrouelles des malades; on pensait qu'il avait le pouvoir de les guérir.*

ÉCROUER [ekʀue]. *v. tr.* (1642; de *écrou* 1). Inscrire sur le registre d'écrou. V. **Emprisonner, incarcérer.** « *Cet homme était écroué sous le nº 9430 et se nommait Jean Valjean* » (HUGO). ◇ ANT. Élargir, libérer.

ÉCROUIR [ekʀuiʀ]. *v. tr.* (1685; mot wallon, de *é-*, et *crou*, var. de *cru*). *Techn.* Traiter (un métal, un alliage) en le soumettant à l'écrouissage.

ÉCROUISSAGE [ekʀuisaʒ]. *n. m.* (1802; *écrouissement*, 1685; de *écrouir*). *Techn.* Opération consistant à travailler (en le frappant, laminant, étirant) un métal à une température inférieure à sa température de recuit; effet ainsi obtenu (résistance à la déformation).

ÉCROULEMENT [ekʀulmã]. *n. m.* (XVIᵉ; de *écrouler*). ♦ 1º Fait de s'écrouler; chute soudaine. V. **Affaissement, éboulement, effondrement.** « *Il leur fallut reculer, sous l'écroulement final du cuvelage* » (ZOLA). « *Ce fut l'écroulement général et de la table, et de la chaise, et de Bourdon...* » (COURTELINE). ♦ 2º *Fig.* Destruction soudaine et complète. V. **Anéantissement, désagrégation, ruine.** « *Écroulement de la monarchie militaire* » (HUGO). « *L'écroulement final de cette intelligence sombrée* » (COURTELINE). ♦ 3º Fait de s'écrouler physiquement, de s'effondrer. « *Cette abominable sueur froide qui précédait l'écroulement physique de Lucas* » (MAC ORLAN). ◇ ANT. (du *fig.*) : Établissement, renforcement.

ÉCROULER (S') [ekʀule]. *v. pron.* (1655; « secouer, ébranler », tr., XIIIᵉ; de *é-*, et *crouler*). ♦ 1º Tomber soudainement de toute sa masse. V. **Abattre (s'), affaisser (s'), crouler, ébouler (s'), effondrer (s').** « *Pauvre manoir délabré... près de s'écrouler sur son maître* » (GAUTIER). « *Des pans de murs s'écroulent, des architraves tombent* » (FLAUB.). Au p. p. « *Les temples écroulés aux colonnes festonnées de lierre* » (NERVAL). V. **Ruine** (en). ♦ 2º *Fig.* Subir une destruction, une fin brutale. V. **Sombrer, tomber.** « *C'est à l'instant que le gouvernement paraît le mieux assis qu'il s'écroule* » (CHATEAUB.). « *Des fortunes énormes s'ébauraient et s'écroulaient en un an* » (MADELIN). ♦ 3º *Fam.* Se laisser tomber lourdement. V. **Affaler (s').** *Il s'écroula dans un fauteuil.* « *Des sentinelles qui vacillent sur leurs jambes, et luttent de toutes leurs forces pour ne pas s'écrouler dans ce sommeil* » (ROMAINS). ♦ *Sport.* Connaître une défaillance totale et brutale. *Longtemps en tête, il s'est écroulé dans la ligne d'arrivée.* ◇ Au p. p. ÉCROULÉ, ÉE : affalé, accablé (de fatigue, par un malheur). *Il était complètement écroulé.* ◇ ANT. Élever (s'), remonter (se).

ÉCROÛTER [ekʀute]. *v. tr.* (XIIᵉ; de *é-*, et *croûte*). ♦ 1º Dégarnir de sa croûte. ♦ 2º *Agric.* (1845). Labourer superficiellement (une terre).

ÉCROÛTEUSE [ekʀutøz]. *n. f.* (1907; de *écroûter*). *Agric.* Herse destinée à émietter la croûte superficielle d'une terre.

ÉCRU, UE [ekʀy]. *adj.* (1260; de *cru*). Qui est à l'état naturel, brut. ◇ *Cour.* Toile écrue, non blanchie. Soie écrue, non décruée. « *Sa robe de foulard écru* » (FLAUB.). ◇ *Techn.* Fer écru, mal corroyé. Cuir écru, non préparé à l'eau.

-ECTASIE. Élément de mots de médecine, du gr. *ektasis* « dilatation ».

ECTHYMA [ektima]. *n. m.* (1831; *ecthymate*, 1808; gr. *ekthuma*). *Méd.* Affection cutanée microbienne, caractérisée par des pustules dont le centre se recouvre d'une croûte masquant un ulcération.

ECTO-. Élément, du gr. *ektos* « au dehors ». ◇ ANT. Endo-.

ECTOBLASTE [ektɔblast(ə)]. *n. m.* Biol. V. **Ectoderme.**

ECTODERME [ektɔdɛʀm(ə)]. *n. m.* (1890; all. 1877; de *ecto-*, et *-derme*). *Biol.* Feuillet superficiel ou externe de l'embryon dont dérivent l'épiderme (et ses annexes : phanères et glandes) et le système nerveux (syn. *ectoblaste*). V. **Endoderme, mésoderme.**

-ECTOMIE. Élément, du gr. *ektomê* « ablation ». V. **-Tomie.**

ECTOPARASITE [ektɔpaʀazit]. *n. m. et adj.* (mil. XXᵉ; de *ecto-*, et *parasite*). *Zool.* Parasite externe. *Insectes ectoparasites* (opposé à endoparasite).

ECTOPIE [ektɔpi]. *n. f.* (1837; du gr. *ektopos* « éloigné de sa place »). *Anat., méd.* Situation d'un organe hors de sa place habituelle. *Ectopie des testicules* (cryptorchidie). — Adj. ECTOPIQUE [ektɔpik].

ECTOPLASME [ektɔplasm(ə)]. *n. m.* (1890; de *ecto-*, et *-plasme*). ♦ 1º *Biol.* Couche superficielle de la cellule

animale, surtout visible chez certains protozoaires (amibes). ♦ 2º (1922). *Cour.* Émanation visible du corps du médium.

ECTROPION [ektʀɔpjɔ̃]. *n. m.* (XVIᵉ; gr. *ektropion*, de *ektrepein* « détourner »). *Méd.* Renversement des paupières en dehors. V. **Éraillement.** ◇ Éversion de la muqueuse du col utérin.

ÉCU [eky]. *n. m.* (*Escut*, 1080; lat. *scutum* « bouclier »). ♦ 1º Bouclier des hommes d'armes au moyen âge. « *On lit sur son écu, pur comme le matin La devise des rois d'Angus : Christ et lumière* » (HUGO). ◇ *Par anal.* (XIVᵉ) *Blas.* Champ en forme de bouclier où sont représentées les pièces des armoiries; ces armoiries. « *Un héraut d'armes même n'aurait pas discerné les émaux et couleurs d'un écu, encore moins ses partitions, figures et pièces honorables* » (GAUTIER). ♦ 2º *Par ext.* (1336). Ancienne monnaie qui portait, à l'origine, l'écu de France sur une de ses faces. *Premiers écus d'or, frappés sous Saint Louis. Écu blanc* (1641), pièce d'argent de trois livres. *L'écu républicain de l'An II*, dernier écu d'argent. *Par anal.* Ancienne pièce de cinq francs en argent. — Vx. *Avoir des écus*, de l'argent. ♦ 3º (1765; de l'*écu* armorial en filigrane). Papier de petit format (0,40 m × 0,52 m).

ÉCUBIER [ekybje]. *n. m.* (1606; *esquembien*, XIVᵉ; o. i.). Chacune des ouvertures ménagées à l'avant d'un navire, de chaque côté de l'étrave, pour le passage des câbles ou des chaînes.

ÉCUEIL [ekœj]. *n. m.* (1538; du lat. *scopulus*, par un intern. prov. ou ital.). ♦ 1º Rocher, banc de sable à fleur d'eau contre lequel un navire risque de se briser ou de s'échouer. V. **Brisant, récif.** « *À la merci du vent et des courants, au milieu d'un champ d'écueils* » (VALÉRY). ♦ 2º *Fig.* Obstacle dangereux, cause d'échec. V. **Achoppement** (pierre d'), **danger, piège; cactus** (fig.). « *Les premiers jours du mariage sont un écueil pour les petits esprits* » (BALZ.). « *Le vers libre, qui favorise les talents originaux et qui est l'écueil des autres* » (GOURMONT).

ÉCUELLE [ekyɛl]. *n. f.* (XIIᵉ; lat. *scutella*). ♦ 1º Sorte d'assiette large et creuse sans rebord (encore utilisée à la campagne); son contenu. « *Portant, sur un plateau, une écuelle de porridge* » (MART. du G.). ♦ 2º *Par anal.* (Bot.). *Écuelle d'eau*, hydrocotyle.

ÉCUELLÉE [ekyele]. *n. f.* (XIIIᵉ; de *écuelle*). Région. Contenu d'une écuelle. « *Tout en lapant leur écuellée de soupe* » (DAUD.).

ÉCUISSER [ekyise]. *v. tr.* (1669; de *é-*, et *cuisse*). Techn. Faire éclater (le tronc d'un arbre) en l'abattant.

ÉCULÉ, ÉE [ekyle]. *adj.* (1690; de *éculer*, 1564, rare à l'actif; de *é-*, et *cul*). ♦ 1º Dont le talon est usé, déformé. « *Elles traînaient leurs pieds dans les savates éculées* » (MAC ORLAN). ♦ 2º *Fig.* (1862). Usé, défraîchi à force d'avoir servi. *Des plaisanteries éculées.* « *Le mot jacobin qui était éculé* » (HUGO). ◇ ANT. Neuf, original.

ÉCUMAGE [ekymaʒ]. *n. m.* (1845; de *écumer*). Action d'écumer, d'épurer. *L'écumage du bouillon, des confitures. Écumage de l'effluent urbain* (épuré des huiles et graisses).

ÉCUMANT, ANTE [ekymã, ãt]. *adj.* (XIIIᵉ; de *écumer*). *Littér.* Couvert d'écume. ◇ *Cour.* Couvert de bave. « *Sa bouche écumante de colère et de souffrance* » (HUGO).

ÉCUME [ekym]. *n. f.* (XIIᵉ; frq. °*skum-*). ♦ 1º Mousse blanchâtre qui se forme à la surface des liquides agités, chauffés ou en fermentation. « *L'écume jette aux rocs ses blanches mousselines* » (HUGO). « *Le battement de ses pieds laissait derrière lui un bouillonnement d'écume* » (CAMUS). ♦ (1568) *Par anal.* (de couleur, de légèreté). ÉCUME (DE MER) : nom usuel de la magnésite (silicate). Ellipt. « *Une superbe pipe en écume admirablement culottée* » (MAUPASS.). ♦ 2º *Par ext.* (XIIᵉ). Bave mousseuse de certains animaux échauffés ou irrités. « *Son mufle noir blanchissait d'écume* » (GAUTIER). — Bave mousseuse qui vient aux lèvres d'une personne en colère ou en proie à une attaque (épilepsie, etc.). « *Des maxillaires serrés et des lèvres cimentées par une écume blanchâtre* » (CAMUS). ◇ Sueur blanchâtre qui s'amasse sur le corps d'un cheval, d'un taureau. « *Le taureau blanchit d'écume et beugle* » (BARRÈS). ♦ 3º (1569). Impuretés, scories qui flottent à la surface des métaux en fusion. V. **Crasse.** — *Écume de défécation*, résidu de sucrerie provenant de la clarification et utilisé pour l'amendement des terres. ♦ 4º *Fig.* (1770). Lie, rebut. « *Écume de la plèbe carthaginoise* » (FLAUB.).

ÉCUMER [ekyme]. *v.* (XIIᵉ; d'*écume*).
I. ♦ 1º *V. intr.* Se couvrir d'écume. V. **Mousser.** « *Ton beau lac, il écume aujourd'hui comme une mauvaise mer* » (MART. du G.). V. **Moutonner.** ♦ 2º *Baver.* ◇ *Fig. Écumer (de rage)*, être au dernier degré de l'exaspération.
II. *V. tr.* (XIIIᵉ). ♦ 1º Débarrasser de l'écume, des impuretés. *Écumer du pot-au-feu, le sirop. Écumer l'eau d'une fontaine.* Par métaph. « *Il devait parfois écumer ses idées bouillonnantes* » (RENARD). ♦ 2º *Par ext. Écumer les mers, les côtes*, y exercer la piraterie. ◇ *Par anal.* Piller (en raflant tout

ce qui est profitable ou intéressant) *Les antiquaires ont écumé la région.*

ÉCUMEUR, EUSE [ekymœʀ, øz]. *n.* (1351; de *écumer*). ♦ 1° *Écumeur (de mer)*, pirate, corsaire. « *En mer, les hardis écumeurs!* » (HUGO). Fig. « *Ces écumeurs littéraires* » (BEAUMARCH.). ♦ 2° Vx. *Écumeur de marmites, de tables*, parasite.

ÉCUMEUX, EUSE [ekymø, øz]. *adj.* (XIVe; de *écume*). Qui écume, mousse. V. **Écumant, mousseux.** « *Il fuyait sur le rivage devant leurs grandes volutes écumeuses* » (BERNARD. de ST-P.). « *Des ruisseaux de sang écumeux* » (BLOY).

ÉCUMOIRE [ekymwaʀ]. *n. f.* (1611; *escumoir*, 1333; de *écumer*). Ustensile de cuisine composé d'un disque aplati, percé de trous, monté sur un *manche. Écumer un bouillon avec une écumoire.* Spécial. *Écumoire à friture*, servant à retirer des beignets, des pommes de terre frites, etc. ◇ Par compar. *Comme une écumoire, en écumoire*, criblé, percé de nombreux trous. « *Troué comme une écumoire par les balles* » (MAUPASS.).

ÉCURER [ekyʀe]. *v. tr.* (XIIe; lat. pop. °*excurare*, de *curare*. V. **Curer**). Vieilli ou *dial.* Curer (un puits...), récurer (des ustensiles de cuisine).

ÉCUREUIL [ekyʀœj]. *n. m.* (1677; XIIe, et var. div. en a. fr.; lat. pop. °*sciriolus* pour °*sciuriolus*, de *sciurus*, gr. *skiouros*). Petit mammifère rongeur *(Sciuridés)* au pelage généralement roux, à la queue longue et en panache. V. **Petit-gris, xérus.** « *L'écureuil Guerriot, une faîne entre les dents, sautait de branche en branche* » (PERGAUD). *Écureuil volant*, polatouche. Par compar. *Vif, agile comme un écureuil.*

ÉCURIE [ekyʀi]. *n. f.* (XIIIe; de *écuyer*). ♦ 1° Vx. Fonction d'écuyer; ensemble des écuyers, pages, chevaux, carrosses d'une maison princière; leur logement. ◇ Par ext. Local pour les écuyers et leurs chevaux. ♦ 2° Mod. (1583). Bâtiment destiné à loger des chevaux ou autres équidés (ânes, mulets). V. **Box, stalle.** *Garçon, valet d'écurie.* V. **Lad, palefrenier.** — Loc. « *Comme les chevaux qui sentent l'écurie, je hâte le pas à l'approche de mon logis* » (FRANCE). ◇ *Les écuries d'Augias*, écuries très sales dont le nettoiement compte au nombre des travaux d'Hercule. Fig. et littér. *Nettoyer les écuries d'Augias*, porter l'ordre, la propreté, là où régnait la corruption, la malhonnêteté. — Cour. *C'est une vraie écurie*, se dit d'un local très sale. — *Entrer quelque part comme dans une écurie*, sans saluer, d'un façon cavalière et impolie. *Vous vous croyez dans une écurie!* ♦ 3° Ensemble des bêtes logées dans une écurie. ◇ **ÉCURIE (DE COURSES)**, ensemble des chevaux qu'un propriétaire fait courir; chevaux appartenant à un même propriétaire et s'alignant dans la même course. — Par anal. Se dit aussi des voitures de course, des cyclistes courant dans une même marque, des « poulains » d'un maître, d'un patron.

ÉCUSSON [ekysõ]. *n. m.* (XIVe; de *écu*). ♦ 1° Écu armorial; petit écu employé comme meuble dans l'écu armorial. ♦ 2° (XVIIe). Plaque blasonnée servant d'enseigne, de panonceau, ou ornant l'entrée d'une serrure, ou simplement décorative. *En forme d'écusson.* V. **Scutiforme.** ◇ Petit morceau d'étoffe cousu sur l'uniforme d'un soldat, qui indique l'arme, l'unité ou le service auxquels il appartient. ♦ 3° Zool. Pièce dorsale du thorax de certains insectes. — Plaque calcaire sur le corps de certains poissons. ◇ Disposition du poil de la vache, à l'arrière du pis. *Écusson de vache flandrine.* ♦ 4° (1538). Arbor. Fragment d'écorce portant un œil ou bourgeon, qu'on introduit sous l'écorce d'un sujet pour le greffer. V. **Greffe.**

ÉCUSSONNAGE [ekysɔnaʒ]. *n. m.* (1870; de *écussonner*). Type de greffe. *Écussonnage à œil* dormant, à œil poussant.*

ÉCUSSONNER [ekysɔne]. *v. tr.* (1600; de *écusson*). ♦ 1° Greffer en écusson. ♦ 2° (1877). Orner d'un écusson. « *Son grand manteau réglementaire, écussonné sur la poitrine aux armes de la Légion* » (MAC ORLAN).

ÉCUSSONNOIR [ekysɔnwaʀ]. *n. m.* (1721; de *écussonner*). Agric. Petit couteau servant à écussonner.

ÉCUYER, ÈRE [ekɥije, ɛʀ]. *n.* (1080; bas lat. *scutarius*, de *scutum*. V. **Écu**). ♦ 1° Ancienn. Gentilhomme au service d'un chevalier. — *Écuyer tranchant*, officier qui découpait les viandes. — *Écuyer de bouche*, qui servait à la table du prince. ♦ 2° Hist. Titre porté par les jeunes nobles jusqu'à l'adoubement. ◇ Titre que portaient les gentilshommes des derniers rangs, les anoblis. ♦ 3° (1265). Ancienn. Intendant des écuries d'un prince; membre du personnel des écuries. ♦ 4° Mod. (XVIIe). *Écuyer, écuyère*, personne sachant bien monter à cheval. V. **Amazone, cavalier.** *Bottes à l'écuyère :* hautes bottes souples à revers. — Professeur d'équitation, et *spécial.* Instructeur d'équitation militaire. *Les écuyers du Cadre noir.* ◇ Personne qui fait des exercices d'équitation dans un cirque.

ECZÉMA [ɛgzema]. *n. m.* (1828; lat. sc., XVIIIe; gr. *ekzema*, de *ekzein* « bouillonner »). Méd. et cour. Affection cutanée caractérisée par des rougeurs, des vésicules suin-

tantes et la formation de croûtes et de squames. *Eczéma dû à des agents irritants ou allergisants.*

ECZÉMATEUX, EUSE [ɛgzematø, øz]. *adj.* (1864; de *eczéma*). Méd. Propre à l'eczéma; atteint d'eczéma.

EDELWEISS [edɛlvajs, -vɛs]. *n. m. invar.* (1870; mot all.). Plante alpine *(Composées)*, couverte d'un duvet blanc et laineux, appelée aussi *immortelle des neiges.* « *Un guide nous apporta quelques edelweiss, les pâles fleurs des glaciers* » (MAUPASS.).

ÉDEN [edɛn]. *n. m.* (1825; n. pr. du paradis terrestre, XVIe; mot hébr.). Paradis *(fig.).* « *Le salon d'un restaurateur est l'éden des gourmands* » (BRILLAT-SAV.). « *La pluie... arrose abondamment cet eden de verdure* » (LOTI). ◇ ANT. **Enfer.**

ÉDÉNIQUE [edenik]. *adj.* (v. 1840; de *éden*). Littér. Qui est propre à l'Éden, évoque le paradis terrestre et l'état d'innocence.

ÉDENTÉ, ÉE [edɑ̃te]. *adj. et n.* (1280; de *é-*, et *dent*, d'apr. lat. *edentatus*). ♦ 1° Qui a perdu une partie ou la totalité de ses dents. V. **Brèche-dent.** « *Sa bouche édentée et véloce remuait* » (MAURIAC). ♦ 2° LES ÉDENTÉS. *n. m. pl.* (1829). Ordre de mammifères placentaires privés d'incisives ou pourvus d'une seule sorte de dents (paresseux, fourmiliers, etc.). *Édentés fossiles* (glyptodon, mégathérium, etc.). Au sing. *Le tatou est un édenté.*

ÉDENTER [edɑ̃te]. *v. tr.* (XIIIe, sens pr.; de *é-*, et *dent*). Rompre les dents de (qqch. : peigne, scie, etc.).

ÉDICTER [edikte]. *v. tr.* (1863; h. XVIe; *éditer*, XIVe; du lat. *edictum.* V. **Édit**). Établir, prescrire par une loi, par un règlement. V. **Décréter, promulguer.** « *Un code de sang, édictant la peine de mort pour des délits religieux* » (RENAN).

ÉDICULE [edikyl]. *n. m.* (*Ædicule*, 1834; lat. *ædicula*). ♦ 1° Rare (à cause du sens 2°). Petit temple, chapelle ou dépendance d'un édifice religieux. « *Les édicules secondaires, portiques ou mirhabs, dont le sanctuaire est entouré* » (LOTI). ♦ 2° (1876). Petite construction édifiée sur la voie publique (kiosque, *spécialt.* chalet de nécessité, urinoir).

ÉDIFIANT, ANTE [edifjɑ̃, ɑ̃t]. *adj.* (XVIIe; de *édifier*). ♦ 1° Qui édifie, porte à la vertu, à la piété. « *Par une pénitence plus édifiante* » (BOSS.). ♦ Exemplaire. *Conduite, vie édifiante.* V. **Pieux, vertueux.** *Ouvrage édifiant.* V. **Moral.** ♦ 2° Iron. Particulièrement instructif. *Voilà un témoignage édifiant sur les mœurs de l'époque.* ◇ ANT. (du 1°) **Scandaleux.**

ÉDIFICATEUR, TRICE [edifikatœʀ, tʀis]. *adj. et n.* (XVIe; de *édification*). Qui édifie (1° et 2°). « *L'activité édificatrice des méristèmes* » (La Recherche, sept. 1970).

ÉDIFICATION [edifikasjõ]. *n. f.* (fin XIIe; lat. *ædificatio*). ♦ 1° Action d'édifier, de construire (un édifice). Par métaph. *Elles* « *ont apporté chacune leur pierre pour l'édification du monument qu'elles ne verront pas...* » (PROUST). ♦ 2° Fig. Création, constitution. *Des disciplines « nécessaires à l'édification d'une médecine complète* » (DUHAM.). ♦ 3° (XIIe-XIIIe; lat. ecclés. *ædificatio*). Action de porter à la vertu, à la piété. « *Pour l'utilité de l'Église et pour l'édification des fidèles...* » (MASS.). ◇ Par ext. Action d'éclairer, d'instruire. V. **Instruction.** « *Avec lui* (Gœthe) *tout est instruction, édification, moyen de culture* » (GIDE). ◇ ANT. **Destruction. Corruption.**

ÉDIFICE [edifis]. *n. m.* (XIIe; lat. *ædificium*). ♦ 1° Bâtiment important. V. **Construction, monument.** *Les édifices publics.* « *Un édifice accompli... manifeste à la lumière l'œuvre combinée du vouloir, du savoir et du pouvoir de l'homme* » (VALÉRY). Par métaph. Apporter sa pierre à l'édifice, contribuer à une œuvre. ◇ Dr. Toute construction. « *Par 'édifice', il faut comprendre non seulement les bâtiments proprement dits, mais aussi les travaux d'art de toute espèce* » (PLANIOL). ♦ 2° Assemblage résultant d'un arrangement. « *N'y avait-il pas dans ces édifices de cheveux quelque chose de lourd?* » (ROMAINS). ◇ Abstrait. Ensemble vaste et organisé. *L'édifice du savoir, de la civilisation.* « *L'homme peut réformer l'édifice politique et social* » (RENAN).

ÉDIFIER [edifje]. *v. tr.* (XIIe; lat. *ædificare*). I. Bâtir (un édifice, un ensemble architectural). V. **Construire, élever, édificateur, édification.** « *Ils avaient fait édifier un vaste bâtiment à usage de collège* » (ROMAINS). « *Il leur faut bien, à défaut de reconstruction totale, édifier du moins des cités de fortune* » (DUHAM.). ♦ 2° Établir, constituer, créer (un vaste ensemble). « *Ce qui a été si péniblement édifié par les hommes : la paix, les lois* » (MAUROIS). « *Vouloir édifier l'avenir à l'imitation du passé* » (GIDE). ◇ Absolt. Construire. « *Les peuples s'entendront, non pour détruire, mais pour édifier* » (PASTEUR).

II. (Du lat. ecclés. *ædificare*). Porter à la vertu, à la piété, par l'exemple ou le discours (V. **Édifiant**). « *Ces gieuses gens édifiaient les habitants de la ville* » (MAURIAC). ◇ Iron. Mettre à même d'apprécier, de juger sans illusion. *Après son dernier discours, nous voilà édifiés!* ◇ ANT. (I) **Démolir. Détruire.** (II) **Corrompre; scandaliser.**

ÉDILE [edil]. *n. m.* (1213; lat. *œdilis*). ♦ 1° *Hist. rom.* Magistrat chargé de l'inspection des édifices et des jeux, de l'approvisionnement de la ville. *Édiles plébéiens et édiles curules.* ♦ 2° (1842). Magistrat municipal (en style officiel ou de journalisme). « *La chronique locale... est maintenant occupée tout entière par une campagne contre la municipalité :* « *Nos édiles se sont-ils avisés du danger?* » (CAMUS).

ÉDILITÉ [edilite]. *n. f.* (XIVᵉ; lat. *œdilitas*). *Antiq. rom.* Magistrature de l'édile, exercice de cette magistrature. ◇ *Rare.* Magistrature municipale (*adj.* **ÉDILITAIRE** [ediliteʀ]).

ÉDIT [edi]. *n. m.* (XIIIᵉ; lat. *edictum*, de *edicere* « déclarer, ordonner »). ♦ 1° *Hist.* Acte législatif émanant des rois francs. *L'édit de Clotaire II relatif aux maires du palais.* ◇ Sous l'Ancien Régime, Disposition législative statuant sur une matière spéciale (alors que l'*ordonnance* avait un caractère général). *Édit de Nantes* (1598), par lequel Henri IV reconnaissait aux protestants la liberté de conscience. ♦ 2° *Antiq. rom.* Règlement publié par un magistrat pour être observé durant sa magistrature. *Les édits du préteur* (en matière juridique). — Constitution impériale. *L'édit de Dioclétien* (contre les chrétiens).

ÉDITER [edite]. *v. tr.* (1784; *édicter*, XIVᵉ; lat. *editus*, p. p. de *edere*. V. **Édition**). ♦ 1° Faire paraître (un texte qu'on présente, annote, etc.). « *Un entreprenant d'éditer la Chanson de Roland* » (BÉDIER). ♦ 2° *Cour.* Publier et mettre en vente. V. **Imprimer.** *Éditer des romans, des ouvrages techniques, de la musique.* — *Éditer un auteur.* « *Vous ferez la même remise à tous ceux que nous éditons* » (GIDE).

ÉDITEUR, TRICE [editœʀ, tʀis]. *n.* (1732; lat. *editor.* V. **Édition**). ♦ 1° Personne (homme de lettres, érudit) qui fait paraître un texte. *Marot a été l'éditeur de Villon. Notes de l'éditeur.* ♦ 2° (Fin XVIIIᵉ). *Cour.* Personne (ou Société) qui assure la publication et la mise en vente des ouvrages d'un auteur, d'un musicien, etc. « *En publiant le premier roman d'un auteur, un éditeur doit risquer seize cents francs d'impression et de papier...* » (BALZ.). — Par appos. *Libraire éditeur. Société éditrice.* ◇ *Éditeur responsable,* celui qui fait paraître sous sa responsabilité un journal, une revue, un périodique.

ÉDITION [edisjɔ̃]. *n. f.* (XIIIᵉ; lat. *editio,* de *edere*). ♦ 1° Action d'éditer (un texte qu'on présente, annote, etc.); texte ainsi édité. *Édition critique. Procurer une édition. Édition variorum,* édition d'un texte publié avec les notes de plusieurs commentateurs. *Les « Pensées » de Pascal, édition Havet, édition Brunschvicg.* ♦ 2° *Cour.* Reproduction et diffusion d'une œuvre intellectuelle ou artistique par un éditeur. V. **Impression, publication, tirage.** *Maison, société d'édition. Contrat d'édition. Procéder à une nouvelle édition d'un texte.* V. **Réédition, réimpression.** *Édition à compte d'auteur. Édition de partitions musicales, de gravures, de disques. Les éditions X,* nom de maisons d'édition. ◇ *Fig.* « *Il a donné une nouvelle édition de toutes les niaiseries monarchiques* » (STENDHAL), il les a reprises, répétées. ♦ 3° Ensemble des exemplaires d'un ouvrage publié; série des exemplaires édités en une fois. *Édition de luxe, à tirage restreint, illustrée. Édition originale, princeps. Édition collective. Les « Contes et Nouvelles » de La Fontaine, édition des Fermiers généraux. Édition revue et corrigée. Édition définitive, ne varietur.* « *L'édition originale, imprimée à Francfort, avec l'allemand en regard* » (NERVAL). ◇ Exemplaire (de telle ou telle édition). *Acheter une édition originale de Madame Bovary.* « *Il s'était interrompu de découper des maximes dans une édition populaire d'Épictète* » (MAURIAC). ◇ *Spécialt.* Ensemble des exemplaires d'un journal imprimés en une fois. *Édition de Paris, de province. Édition de midi. Dernière édition. Édition spéciale.* ◇ *Inform.* Matérialisation des informations traitées. ♦ 4° Métier, activité de l'éditeur; commerce de l'édition. *Travailler dans l'édition. Les syndicats de l'édition.*

ÉDITIONNER [edisjɔne]. *v. tr.* (1967; de *édition*). T. de *librairie,* d'édition. Marquer (les exemplaires d'une édition) d'une mention de tirage (nᵉ édition, nᵉ mille).

ÉDITORIAL, IAUX [editɔʀjal, jo]. *n. m.* (1852; mot anglo-amér.; de *editor* « éditeur »). Article qui émane de la direction d'un journal, d'une revue et qui définit ou reflète une orientation générale (politique, littéraire, etc.). *Poe « devait se charger... de la rédaction de la partie dite éditorial, c'est-à-dire... de l'appréciation de tous les faits littéraires »* (BAUDEL.).

ÉDITORIALISTE [editɔʀjalist(ə)]. *n.* (1948; de *éditorial*). Personne qui écrit l'éditorial d'un journal, d'une revue.

-ÈDRE. Élément, du gr. *-edros,* de *hedra* « siège, base ».

ÉDREDON [edʀədɔ̃]. *n. m.* (1700; all. *Eiderdaun,* island. *œdardun* « duvet d'eider »). ♦ 1° *Vx.* Duvet d'eider. « *Un lit mollet, où l'on s'ensevelit dans la plume ou dans l'édredon* » (ROUSS.). ♦ 2° (1843). *Mod.* Couvre-pied de duvet (d'eider, d'oie, etc.) ou de plume.

ÉDUCABLE [edykabl(ə)]. *adj.* (1845; de *éduquer*). Apte à recevoir l'éducation. « *Les animaux... Dieu ne les a point faits éducables dans le sens complet du mot* » (HUGO). ◇ ANT. *Inéducable.*

ÉDUCATEUR, TRICE [edykatœʀ, tʀis]. *n.* et *adj.* (1527; lat. *educator*). ♦ 1° *N.* Personne qui s'occupe d'éducation, qui donne l'éducation. V. **Pédagogue.** « *Il n'y a pas d'éducateurs plus rigides que les parents dévergondés* » (MERLEAU-PONTY). *Fig.* « *La douleur est la plus grande éducatrice des hommes* » (FRANCE). ♦ 2° *Adj.* Qui contribue à l'éducation. V. **Éducatif.** « *La fonction éducatrice de l'art n'existe que dans la mesure où l'intention éducatrice est absente* » (Th. MAULNIER).

ÉDUCATIF, IVE [edykatif, iv]. *adj.* (1870; du rad. de *éducation*). Qui a l'éducation pour but; qui éduque, forme efficacement. V. **Pédagogique.** « *Il n'y eut jamais poésie plus éducative que l'Iliade pour l'éducation d'énergie* » (MICHELET).

ÉDUCATION [edykasjɔ̃]. *n. f.* (XVᵉ; lat. *educatio*). ♦ 1° Mise en œuvre des moyens propres à assurer la formation et le développement d'un être humain; ces moyens eux-mêmes. V. **Pédagogie.** « *On façonne les plantes par la culture, et les hommes par l'éducation* » (ROUSS.). « *Aucune éducation ne transforme un être : elle l'éveille* » (BARRÈS). *Recevoir une bonne éducation. Devoir d'éducation* (des parents envers les enfants). *Maison d'éducation.* V. **Institution.** *Ministère de l'Éducation nationale,* autrefois ministère de l'Instruction publique. ◇ (Avec un déterminatif) V. **Formation, initiation.** *Éducation professionnelle,* fournissant aux jeunes gens la connaissance d'un métier, d'une technique. V. **Apprentissage.** *Éducation permanente* (1958), formation continue destinée à maintenir ou accroître les connaissances professionnelles (V. **Recyclage**), intellectuelles ou culturelles aux divers niveaux. *Éducation physique,* ensemble des exercices physiques, des sports propres à favoriser le développement harmonieux du corps. V. **Gymnastique, sport.** *Éducation sexuelle. Éducation politique, civique.* « *Le spectacle est la seule forme d'éducation morale ou artistique d'une nation* » (GIRAUDOUX). *Fig.* « *Il manque à ces malheureuses victimes une honteuse éducation, je veux dire la connaissance des vices d'un homme* » (BAUDEL.). *Éducation surveillée* (dr. pén.). ♦ 2° Développement méthodique (d'une faculté, d'un organe). V. **Exercice.** *Éducation des réflexes, des sens, de la mémoire.* « *L'éducation de la volonté »,* ouvrage de Payot. ♦ 3° Connaissance et pratique des usages de la société. V. **Politesse, savoir-vivre.** *Avoir de l'éducation. Il manque d'éducation.* « *Cette chose qu'on est convenu d'appeler éducation, cette espèce de vernis* » (LOTI). ◇ ANT. *Grossièreté, impolitesse.*

ÉDUCATIONNEL, ELLE [edykasjɔnɛl]. *adj.* (1873; de *éducation*). *Didact.* Relatif à l'éducation. *Le système éducationnel.*

ÉDULCORANT, ANTE [edylkɔʀɑ̃, ɑ̃t]. *adj.* et *n. m.* (v. 1900; de *édulcorer*). Se dit d'une substance qui donne une saveur douce. — Subst. *La saccharine est un édulcorant artificiel, non nutritif.*

ÉDULCORATION [edylkɔʀasjɔ̃]. *n. f.* (1701; de *édulcorer,* et lat. sc. *edulcoratio*). *Didact.* Action d'édulcorer. — *Spécialt.* Action de rendre doux (une préparation médicamenteuse dont on désire masquer le goût désagréable) par adjonction d'un édulcorant.

ÉDULCORER [edylkɔʀe]. *v. tr.* (1625; lat. sc. *edulcorare,* bas lat. *dulcorare,* de *dulcis* « doux »). ♦ 1° *Pharm.* Adoucir par addition de sucre, de sirop. *Édulcorer une tisane.* ♦ 2° *Cour.* (1845). Adoucir, affaiblir, dans son expression. *Rapporter des propos violents en les édulcorant.* — Au p. p. *Un compte rendu très édulcoré.* ◇ ANT. *Corser.*

ÉDUQUER [edyke]. *v. tr.* (1746; h. XIVᵉ; lat. *educare*). Former par l'éducation. V. **Élever.** *M. de Maugiron lui proposa « d'entrer chez un fonctionnaire qui avait des enfants à éduquer »* (STENDHAL). « *Chaque Américain se fait éduquer par d'autres Américains et il en éduque d'autres à son tour »* (SARTRE). — *Éduquer les sens, la volonté.* ◇ Au p. p. (Vieilli ou région.) *Bien, mal éduqué :* qui a, qui n'a pas d'éducation. V. **Élevé** (bien, mal). « *Il était devenu un joli garçon si bien éduqué qu'on n'en avait jamais que des paroles d'honnêteté et d'amitié* » (SAND).

ÉFAUFILER [efofile]. *v. tr.* (1701; de *é-,* et *faufiler*). *Rare.* Défaire (un tissu) en tirant des fils. V. **Défaufiler, effiler, effilocher.**

ÉFENDI. V. **EFFENDI.**

EFFAÇABLE [efasabl(ə)]. *adj.* (XVᵉ; de *effacer*). *Rare.* Qui peut être effacé. ◇ ANT. *Ineffaçable.*

EFFACÉ, ÉE [efase]. *adj.* (XVIᵉ; de *effacer*). ♦ 1° Qui a peu d'éclat, qui a passé. *Couleurs, teintes effacées.* ♦ 2° (XVIIᵉ). Qui paraît en retrait, n'est pas saillant. « *Des poitrines effacées, des têtes allongées, des fronts proéminents* » (TAINE). ♦ 3° *Fig.* (XIXᵉ). Qui ne se fait pas voir, reste dans l'ombre. V. **Ignoré, modeste.** « *Effacée, modeste, infatigable, elle avait été la cheville ouvrière de la maison* » (MART. du G.). ◇ ANT. *Vif; saillant.*

EFFACEMENT [efasmɑ̃]. *n. m.* (XIIIᵉ; de *effacer*). ♦

1° Action d'effacer; son résultat. *Cette inscription est peu lisible à cause de son effacement partiel.* V. **Destruction, disparition.** Fig. « *Le souvenir d'un rêve qui peut nous paraître plus lointain dans son imprécision et son effacement* » (PROUST). ♦ 2° Action de s'effacer, attitude effacée. « *Cette modestie, cet effacement de soi* » (PROUST).

EFFACER [efase]. *v. tr.;* conjug. *placer (Esfacier,* XIIe; de *é-,* et *face).* I. *V. tr.* ♦ 1° Faire disparaître sans laisser de trace (ce qui était marqué). V. **Enlever; gommer, gratter.** *Effacer un croquis mal fait. Effacez ce qui est écrit au tableau.* Par ext. *Un chiffon pour effacer le tableau. Le voleur a effacé ses empreintes, toute trace de son passage.* — *Spécialt.* (en raturant, en corrigeant) Absolt. « *Ajoutez quelquefois, et souvent effacez* » (BOIL.). ◊ *Par ext.* Rendre moins net, moins visible. *Une inscription que le temps a effacée.* V. **Oblitérer.** ♦ 2° *Fig.* Faire disparaître, faire oublier. V. **Abolir.** « *Lorsqu'on ne peut effacer ses erreurs, on les divinise* » (CHATEAUB.). « *Le crime était puni, mais effacé par la contrition* » (HUYSMANS). V. **Absoudre.** « *Effaçant tout, même la honte* » (BAUDEL.). « *Effaçant son passé pour repartir à zéro* » (CAMUS). ◊ Empêcher de paraître, de briller (en brillant davantage). V. **Éclipser.** « *Une tunique... dont la blancheur effaçait celle de la neige* » (FÉN.). « *Parmi ces peintres, il en est un qui semble effacer tous les autres* » (TAINE). ♦ 3° (1670, escr.) Tenir de côté ou en retrait, de manière à présenter le moins de surface ou de saillie. « *Quand vous portez la botte... il faut... que le corps soit bien effacé* » (MOL.). *Alignez-vous, effacez l'épaule droite.*

II. S'EFFACER, *v. pron.* ♦ 1° (*Sens pass.*). Disparaître plus ou moins. V. **Estomper** (s'), **obscurcir** (s'). « *Une fresque du Titien qui s'efface* » (CHATEAUB.). « *Les choses s'effaçaient, blêmes, diminuées* » (HUGO). « *Un petit pli, entre les sourcils, se forme et disparaît, reparaît et s'efface* » (MART. du G.). — Fig. « *Les mêmes souvenirs renaissent, tandis que d'autres s'effacent* » (ROUSS.). « *Un regret qui ne s'effaçait pas* » (BAINVILLE). ♦ 2° (*Réfl.*). Se tenir de façon à paraître le moins possible, à présenter le moins de surface ou de saillie. « *Il s'effaçait dans un coin de porte* » (HUGO). « *Il arrive toujours le premier à la porte du restaurant, à laisse passer sa femme* » (CAMUS). — Fig. « *Il faut que le virtuose s'efface devant le compositeur* » (BERLIOZ). V. **Disparaître.** « *Discret, et cherchant plus à s'effacer qu'à épater* » (GIDE).
◊ ANT. *Accentuer, renforcer, ressortir* (faire).

EFFANER [efane]. *v. tr.* (1732; de *é-,* et *fane*). *Agric.* Débarrasser des fanes ou feuilles superflues. *Effaner les blés.*

EFFANURE [efanyʀ]. *n. f.* (1798; de *effaner*). *Agric.* Ce qui provient d'une plante effanée (fane, feuille, etc.). *Effanures de maïs.*

EFFARANT, ANTE [efaʀɑ̃, ɑ̃t]. *adj.* (fin XIXe; de *effarer*). Qui effare, plonge dans une stupeur mêlée d'effroi ou d'indignation. V. **Effrayant, stupéfiant.** « *Cette effarante imputation de « haine »... à l'égard de mon pauvre oncle Charles* » (GIDE).

EFFARÉ, ÉE [efaʀe]. *adj.* (XIVe; *efferé,* 1202; lat. *efferatus,* de *efferare* « rendre sauvage, farouche », de *ferus*). ♦ 1° Qui ressent un effroi mêlé de stupeur. V. **Effrayé.** « *Elle me regardait effarée, affolée, épouvantée* » (MAUPASS.). — Dont l'expression trahit ce sentiment. V. **Égaré, hagard.** « *Avec l'air effaré des bêtes fauves quand on les rend libres tout à coup* » (FLAUB.). « *Des regards effarés où la vision de la mort passe comme un éclair* » (DAUD.). ♦ 2° *Blas.* Cabré. ◊ ANT. *Calme, serein.*

EFFAREMENT [efaʀmɑ̃]. *n. m.* (1803; de *effarer*). État d'une personne effarée. V. **Effroi, stupeur, trouble.** « *Mademoiselle Baptistine aperçut l'homme qui entrait et se dressa à demi d'effarement* » (HUGO). « *De grands yeux étonnés où se peignait un effarement si naturel, si comique* » (DAUD.).

EFFARER [efaʀe]. *v. tr.* (mil. XVIIe; de *effaré*). Troubler en provoquant un effroi mêlé de stupeur. V. **Affoler, effaroucher, effrayer, stupéfier.** « *Seule, elle ne fût point sortie; le bruit de la rue l'effarait* » (R. ROLLAND). Pronom. « *Il s'adressait des questions. Il y a donc quelque chose de plus que le devoir? Ici, il s'effarait* » (HUGO). ◊ ANT. *Rassurer.*

EFFAROUCHEMENT [efaʀuʃmɑ̃]. *n. m.* (XVIe; de *effaroucher*). Action d'effaroucher, fait de s'effaroucher.

EFFAROUCHER [efaʀuʃe]. *v. tr.* (XVe; de *é-,* et *farouche*). ♦ 1° Effrayer (un animal) de sorte qu'on le fait fuir. *Effaroucher le gibier, le poisson.* ♦ 2° Mettre (qqn) dans un état de crainte ou de défiance tel qu'il a envie de fuir. V. **Alarmer, effrayer.** *Vx.* Effrayer. « *Tout m'effarouche, tout me rebute; une mouche en volant me fait peur* » (ROUSS.). *Mod.* V. **Choquer, offusquer.** *Gautier,* « *ce païen qu'aucune nudité n'effarouchait* » (HENRIOT). — Pronom. « *Vous adressez des galanteries... à des dames que j'estime assez pour croire qu'elles doivent parfois s'en effaroucher* » (BAUDEL.). ◊ ANT. *Apprivoiser; enhardir, rassurer.*

EFFARVATTE [efaʀvat]. *n. f.* (1775; altér. dial. de *fauvette*). Rousserolle des roseaux.

EFFECTEUR [efɛktœʀ]. *adj.* et *n. m.* (1953; angl. *effector*

(1906), de *to effect;* Cf. Effectuer). *Physiol.* Se dit des organes d'où partent les réponses aux stimulations reçues par les organes récepteurs.

1. **EFFECTIF, IVE** [efɛktif, iv]. *adj.* (XIVe; lat. médiév. *effectivus,* de *effectus.* V. **Effet**). Qui se traduit par un effet, par des actes réels. V. **Concret, positif, réel, tangible.** « *Croyant que les mots avaient un pouvoir effectif* » (FLAUB). *Apporter une aide effective.* — *Vx.* « *Trois cent trente mille combattants effectifs* » (VOLT.), réels (et non simplement inscrits sur les rôles).

2. **EFFECTIF** [efɛktif]. *n. m.* (1795; du précéd.). ♦ 1° (*Vx*). Nombre de combattants réels (dans une unité). ♦ 2° *Mod.* Nombre réglementaire des hommes qui constituent une formation. *L'effectif d'une compagnie, d'un bataillon. Avoir son effectif au complet.* ♦ 3° *Au plur.* Troupes considérées dans leur importance numérique. « *Nous avons vu... la France augmenter ses effectifs et ses armements* » (MART. du G.). ♦ 4° *Par anal. L'effectif d'une classe, d'un parti.*

EFFECTIVEMENT [efɛktivmɑ̃]. *adv.* (XVe; de *effectif* 1). D'une manière effective. V. **Réellement.** « *Une force susceptible de contrecarrer effectivement les actes d'un gouvernement* » (MART. du G.). ◊ S'emploie pour confirmer une affirmation. V. **Effet** (en), **fait** (de). « *Effectivement, quand l'artiste crée, c'est d'après sa fantaisie qui est personnelle* » (TAINE).

EFFECTUER [efɛktɥe]. *v. tr.* (XVe; lat. médiév. *effectuare,* de *effectus.* V. **Effet**). ♦ 1° *Vx.* Mettre à effet, à exécution. « *Si vous effectuez vos desseins déclarés* » (MOL.). ♦ 2° *Mod.* Faire, exécuter (une opération complexe ou délicate, technique, etc.). *Effectuer une opération, des réformes.* « *La plupart effectuaient des pèlerinages* » (CAMUS). — Pronom. *Un mouvement qui s'effectue en deux temps.* « *L'entrée s'effectua sans le moindre désordre* » (GAUTIER).

EFFÉMINÉ, ÉE [efemine]. *adj.* (1160; lat. *effeminatus,* de *effeminare.* V. **Efféminer**). Qui a les caractères physiques et moraux qu'on prête traditionnellement aux femmes. V. **Féminin.** « *À cause de son extraordinaire beauté surtout, certains lui trouvaient même un air efféminé* » (PROUST). ◊ (*Choses*) Mou, sans énergie, sans virilité. *Un art efféminé.* ◊ ANT. *Mâle, viril.*

EFFÉMINEMENT [efeminmɑ̃]. *n. m.* (1879; « action d'efféminer » 1627; de *efféminé*). *Rare.* Caractère d'un homme efféminé. « *M. de Charlus, avec son horreur de tout efféminement* » (PROUST).

EFFÉMINER [efemine]. *v. tr.* (XVe; lat. *effeminare,* de *femina* « femme »). *Littér.* Rendre efféminé. V. **Amollir, émasculer.** « *Les recherches affectées, qui efféminent et trahissent la pensée* » (R. ROLLAND).

EFFENDI [efɛdi]. *n. m.* (1624; mot turc, altér. du gr. mod. *afentis,* gr. anc. *authentês* « maître »). Titre de dignitaires civils ou religieux, chez les Turcs. « *Me voilà pour tout de bon un indiscutable effendi* » (LOTI). On écrit aussi *Éfendi.*

EFFÉRENT, ENTE [efeʀɑ̃, ɑ̃t]. *adj.* (1813; lat. *efferens,* de *efferre* « porter hors »). *Anat.* Qui conduit hors d'un organe, qui va du centre vers la périphérie. *Vaisseaux, nerfs efférents. Canaux* (ou *cônes*) *efférents,* fins canaux spermatiques qui partent du réseau testiculaire vers l'épididyme. ◊ ANT. *Afférent.*

EFFERVESCENCE [efɛʀvesɑ̃s]. *n. f.* (1641; du lat. *effervescens,* de *effervescere* « bouillonner »). ♦ 1° Bouillonnement d'un liquide produit par un dégagement de bulles gazeuses, lorsqu'on y introduit certaines substances (dites *effervescentes*). *La chaux vive entre en effervescence au contact de l'eau.* ♦ 2° *Fig.* (XVIIIe). Agitation, émotion vive mais passagère. V. **Bouillonnement, fermentation, mouvement.** *Cet événement a mis tout le pays en effervescence.* « *Trois souverains également inquiets de l'effervescence révolutionnaire* » (MART. du G.). ◊ ANT. *Calme.*

EFFERVESCENT, ENTE [efɛʀvesɑ̃, ɑ̃t]. *adj.* (1755; lat. *effervescens,* de *effervescere.* V. **Effervescence**). ♦ 1° Qui est en effervescence ou susceptible d'entrer en effervescence. *Comprimés médicamenteux effervescents.* ♦ 2° *Fig.* Agité, bouillonnant.

EFFET [efɛ]. *n. m.* (XIIIe; lat. *effectus,* de *efficere* « réaliser, exécuter »). I. ♦ 1° Ce qui est produit par une cause. V. **Conséquence, résultat, suite.** *Effet immédiat. Effet indirect.* V. **Contrecoup, retour, ricochet.** *Rapport de cause à effet.* « *L'effet disparaît avec la cause* » (RENAN). *Effet du hasard.* V. **Fruit, produit.** *Le remède a fait son effet* (V. **Agir, opérer**). « *Ce mensonge a pour objet, et pour effet, de nous agrandir* » (MAUROIS). *Mesures qui restent sans effet.* V. **Inefficace, inopérant.** *Les effets se font sentir.* — *Dr. Effets d'un jugement, d'un acte juridique,* les conséquences qu'ils comportent. *Effet rétroactif d'une loi. Effet déclaratif, dévolutif, suspensif.* ◊ *Mécan.* Puissance transmise par une machine, une machine. *Machine à simple, à double effet. Effet utile.* V. **Rendement.** ♦ 2° *Spécialt.* Phénomène particulier (acoustique, électrique, etc) apparaissant dans certaines conditions. *Effet Doppler-Fizeau, Compton, Joule, Édison. Effet photo-électri-*

que. ♦ 3° *Au billard.* Sorte de rotation que l'on imprime à la bille en la frappant d'une manière qui modifie son mouvement normal. *Mettre trop d'effet.* Par anal. *Donner de l'effet à une balle de tennis, de ping-pong.* ♦ 4° *(Dans des loc.).* Acte effectif; réalisation d'une chose. V. **Exécution, réalisation.** *Mettre à effet. Loi qui prend effet à telle date,* qui devient applicable, exécutoire à cette date. V. **Application, vigueur** (entrer en). ◊ *Loc. adv.* EN EFFET *(vx)* : en réalité, effectivement; *mod.* S'emploie pour introduire un argument, une explication. V. **Car.** — À CET EFFET, en vue de cela, dans cette intention, pour cet usage. — *Loc. prép.* (Style jur.). *À l'effet de vendre, de répartir,* en vue de vendre... ♦ 5° Impression produite (sur qqn). « *J'avais peur de l'effet que produirait la visite de ce monsieur imposant* » (ROMAINS). — *Agir sous l'effet de la menace, de la colère.* V. **Action, empire.** *Produire un effet de surprise. Son intervention a fait très mauvais effet sur l'auditoire. Cela ne fera pas bon effet.* — *Faire effet, faire de l'effet :* produire une vive impression. V. **Frapper, sensation** (faire). « *Il déploya son esprit, il eut des saillies, il fit de l'effet* » (BALZ.). — *Faire l'effet de,* donner l'impression, avoir l'air de. « *Tu fais l'effet d'un beau vaisseau qui prend le large* » (BAUDEL.). « *Il nous fait l'effet d'un revenant* » (BERGSON). ♦ 6° Impression esthétique recherchée par l'emploi de certaines techniques. « *Cet effet magique, si recherché des peintres, qu'ils appellent clair-obscur* » (GAUTIER). *Effet de contraste.* « *Les ténors et les basses soignent leurs effets* » (HUYSMANS). *Manquer, rater son effet.* « *L'ordre logique de la phrase française permet de beaux effets* » (THIBAUDET). ♦ *Absolt.* (surtout péj.) « *Le pianiste cherche l'effet, comme l'acteur* » (GIDE). ♦ *À effet,* prétentieux. « *Une pensée simple, sans mot à effet* » (FAGUET). ◊ *Plur.* Impression recherchée par des gestes, des attitudes... *Faire des effets de jambes, de voix.*

II. ♦ 1° *Fin.* (XIVe). *Effet de commerce;* titre à ordre ou au porteur, négociable et transmissible par le créancier, et donnant droit au paiement d'une somme d'argent à une échéance généralement prochaine : billet, chèque, traite, warrant. *Effet bancable, négociable. Effet de complaisance. Circulation des effets. Effets en portefeuille.* — *Effets publics :* rentes, obligations, bons du Trésor... émis et garantis par l'État, les départements, les établissements publics, et cotés en bourse. ♦ 2° Au plur. *Dr.* Synonyme peu usité de *biens.* ◊ *Cour.* (XVIIe) Le linge et les vêtements. *Effets civils, militaires.* « *Maintenant il ramassait ses effets par terre et se rhabillait sans rien dire* » (LOTI).
◊ ANT. (de I) *Cause.*

EFFEUILLAGE [efœjaʒ]. *n. m.* (1763; de *effeuiller*). ♦ 1° *Arbor.* Action d'enlever une partie des feuilles pour exposer les fruits à l'action solaire et favoriser leur maturation. ♦ 2° Mot français proposé pour *Strip-tease.*

EFFEUILLAISON [efœjɛzɔ̃] *n. f.* ou **EFFEUILLEMENT** [efœjmɑ̃]. *n. m.* (1786,-1549; de *effeuiller*). Chute naturelle des feuilles.

EFFEUILLER [efœje]. *v. tr.* (1398; de *é-*, et *feuille*). ♦ 1° Dépouiller de ses feuilles. V. **Défeuiller.** « *Je m'étais amusé à effeuiller une branche de saule sur un ruisseau* » (CHATEAUB.). *Pronom.* « *Pas même un saule vert qui s'effeuille à l'automne* » (HUGO). ♦ 2° Par ext. Dépouiller de ses pétales. « *Gise, effeuillant les roses à cette place où ils s'étaient donné ce timide gage d'amour* » (MART. du G.). *Effeuiller la marguerite,* pour savoir si on est aimé, en disant, à chaque pétale qu'on enlève : « il (ou elle) m'aime, un peu, beaucoup, passionnément, à la folie, pas du tout ».

EFFEUILLEUSE [efœjøz]. *n. f.* (1949; de *effeuiller*). *Fam.* Femme qui pratique le strip-tease.

1. EFFICACE [efikas]. *adj.* (déb. XIIIe; lat. *efficax*). ♦ 1° Qui produit l'effet qu'on en attend. V. **Actif, bon, puissant, souverain, sûr.** « *Telle eau est efficace pour les dermatoses* » (ROMAINS). « *Je crois l'insinuation plus efficace* » (GIDE). ◊ *Théol. Grâce efficace,* qui fournit la réalisation même du bien (alors que la grâce *suffisante* ne fournit que la possibilité de faire le bien). ◊ *Électr.* Se dit de la valeur moyenne de la tension, de l'intensité d'un courant alternatif comparable à celle d'un courant continu. ♦ 2° *(Personnes).* Dont la volonté, l'activité sont efficaces (V. **Efficient, valable**). « *D'efficaces défenseurs de la religion* » (GUIZOT). « *Une classe dirigeante et efficace* » (MALRAUX). ◊ ANT. *Inefficace. Inopérant.*

2. EFFICACE [efikas]. *n. f.* (1155; lat. *efficacia*). *Vx* ou *littér.* Efficacité.

EFFICACEMENT [efikasmɑ̃]. *adv.* (1309; de *efficace*). D'une manière efficace. *Travailler efficacement à la paix.*

EFFICACITÉ [efikasite]. *n. f.* (1495, rare au XVIIe; lat. *efficacitas*). ♦ 1° Caractère de ce qui est efficace. V. **Action, force, pouvoir.** *L'efficacité d'un remède, d'une méthode.* ♦ 2° Capacité de produire le maximum de résultats avec le minimum d'effort, de dépense. V. **Rendement.** « *Il mesure exactement la valeur et l'efficacité des instruments dont il dispose* » (SIEGFRIED). *Manuel* « *était discipliné par nature et

par sens de l'efficacité » (MALRAUX). ◊ ANT. *Inefficacité, impuissance.*

EFFICIENCE [efisjɑ̃s]. *n. f.* (1947; angl. *efficiency*). *Anglicisme* (écon. ou abusif). Efficacité, capacité de rendement. « *Le profit mobilise le meilleur et le pire au profit de l'efficience économique* » (PERROUX).

EFFICIENT, ENTE [efisjɑ̃, ɑ̃t]. *adj.* (1290; lat. *efficiens,* de *efficere* « réaliser »). ♦ 1° *Philo. Cause efficiente,* qui produit un effet (*opposé à* la cause finale). ♦ 2° (v. 1950; angl. *efficient*). *Anglicisme abusif.* Efficace, dynamique, capable de rendement.

EFFIGIE [efiʒi]. *n. f.* (XVe; lat. *effigies*). ♦ 1° Représentation (en peinture, sculpture, cire peinte) d'une personne. V. **Image, portrait.** *On exposait l'effigie des rois défunts.* ♦ 2° *Anc. Dr.* Représentation grossière (tableau, mannequin) d'un condamné, à laquelle on faisait subir fictivement la peine. *Mod. En effigie.* Pendre, exécuter un criminel en effigie. ♦ 3° Représentation du visage d'une personne, sur une monnaie, une médaille. « *Une pièce d'or à l'effigie du pape Clément XIII* » (ROMAINS).

EFFILAGE [efilaʒ] ou **EFFILEMENT** [efilmɑ̃]. *n. m.* (1845,-XXe; de *effiler*). Action d'effiler; état de ce qui est effilé.

1. EFFILÉ, ÉE [efile]. *adj.* (1661; de *é-*, et *fil* « tranchant »). Qui va en s'amincissant; mince et allongé. « *Comme le bout de ses doigts est admirablement effilé !* » (GAUTIER). ◊ ANT. *Épais, large.*

2. EFFILÉ [efile]. *n. m.* (1740; de *effiler,* 1°). Frange formée en effilant la chaîne d'un tissu, et qui sert à border une étoffe. *Les effilés d'un châle, d'une serviette.* « *La jupe, garnie de trois rangs d'effilés* » (BALZ.).

EFFILER [efile]. *v. tr.* (1526; de *fil*). ♦ 1° (De *fil*). Défaire (un tissu) fil à fil. V. **Défiler, éfaufiler, effilocher, parfiler.** *Pronom. Une étoffe qui s'effile.* Par anal. « *Le vent d'est effilait les fumées des toits* » (MAURIAC). ♦ 2° (1835; de *effilé* 1). Rendre effilé. V. **Allonger, amincir.** « *Son nez que la nature avait effilé en bec d'oiseau...* » (GREEN). *Pronom.* « *Le visage s'effile en avant comme une lame* » (MART. du G.). — *Effiler les cheveux :* les couper de manière que les mèches s'amincissent à leur extrémité. ◊ ANT. *Épaissir.*

EFFILEUR, EUSE [efilœr, øz]. *n.* (1870; de *effiler*). *Techn.* Ouvrier(ière) dont le métier est d'effiler la toile.

EFFILOCHAGE [efilɔʃaʒ]. *n. m.* (1761; de *effilocher*). Action d'effilocher (des étoffes, des chiffons). V. **Défilage.**

EFFILOCHE [efilɔʃ]. *n. f.* (1755; de *effilocher*). *Techn.* Fil sur la lisière d'une étoffe. ◊ *Au plur.* Soies non torses, appelées aussi *soies folles.*

EFFILOCHER [efilɔʃe]. *v. tr.* (1761; de *é-*, et *filoche,* dér. anc. et dial. de *fil;* var. *effiloquer*). Effiler (des tissus, chiffons) pour réduire en bourre, en ouate. ◊ *Pronom. Étoffe usée qui s'effiloche.* V. **Effiler** (s'). Par anal. « *Les nuages s'effilochaient* » (SARTRE). ◊ *Au p. p.* Effrangé. « *Sa soutane, luisante sous les coudes, effiloquée* (sic) *par le bas* » (FLAUB.).

EFFILOCHEUR, EUSE [efilɔʃœr, øz]. *n.* (1761; de *effilocher*). *Techn.* ♦ 1° Personne dont le métier est d'opérer l'effilochage (des chiffons). ♦ 2° EFFILOCHEUSE. *n. f.* Machine à effilocher.

EFFILOCHURE [efilɔʃyr]. *n. f.* (1870; de *effilocher*). Produit de l'effilochage.

EFFILURE [efilyr]. *n. f.* (XVIIe; de *effiler*). *Techn.* Fil qui tombe d'un tissu qu'on effile (surtout au plur.).

EFFLANQUÉ, ÉE [eflɑ̃ke]. *adj.* (1611; *rage efflanchée* « qui creuse les flancs des chiens », XIVe; de *é-,* et *flanc*). Aux flancs creusés par la maigreur. « *Petites rosses... efflanquées, haletantes* » (FROMENTIN). ◊ *(Personnes)* Maigre, décharné. « *Ce petit homme maigre, efflanqué dans un uniforme porté à la diable* » (MADELIN). ◊ ANT. *Gras, rebondi.*

EFFLEURAGE [eflœraʒ]. *n. m.* (1723; de *effleurer*). ♦ 1° *Techn.* Action d'effleurer (les peaux, les cuirs). ♦ 2° (1906). Massage léger agissant sur les tissus superficiels.

EFFLEUREMENT [eflœrmɑ̃]. *n. m.* (fin XVIe; de *effleurer*). Action d'effleurer, caresse ou atteinte légère. V. **Attouchement, frôlement.** « *Ces imperceptibles émotions dont l'effleurement a été si fugitif que la raison ne s'en souvient point* » (MAUPASS.).

EFFLEURER [eflœre]. *v. tr.* (1595; *esfloré* « dépouillé de sa fleur, de sa beauté », 1220; de *é-,* et *fleur*). ♦ 1° Entamer en n'enlevant que la partie superficielle. V. **Égratigner, érafler.** « *Un coup de corne qui effleura le bras d'un* capeador » (GAUTIER). ◊ *Techn.* (1723) *Effleurer une peau, un cuir,* en enlever une couche très mince du côté de l'épiderme (pour faire disparaître les défauts superficiels). — ◊ *Fig.* et *littér.* Faire une atteinte légère. V. **Égratigner.** « *Desmoulins... en daubant l'ancien Comité, effleura le nouveau* » (MICHELET). ♦ 2° Toucher légèrement. V. **Friser, frôler, raser.** « *La bruyère aux clochettes mortes qui s'effritent... aussitôt que nos doigts les effleurent* » (GENEVOIX). « *Un pas qui ne fait qu'effleurer la terre* » (BARRÈS). « *Elle effleura son front, puis ses yeux, puis ses joues de baisers lents, légers* » (MAUPASS.).

♦ 3° *(Abstrait)*. Toucher à peine à (un sujet), examiner superficiellement. « *Des diplomates... effleurent ensemble des questions politiques* » (LOTI). ◇ *(Choses)* Faire une impression légère et fugitive sur (qqn). « *Le désir de celle-ci l'avait à peine effleuré* » (MAUPASS.). « *La pensée ne m'avait jamais effleuré que je dusse m'en servir* » (MAURIAC). ◇ ANT. Pénétrer.

EFFLEURIR [eflœʀiʀ]. *v. intr.* (1755; de *fleurir*, d'apr. *efflorescence*). Chim. et Minér. Devenir efflorescent.

EFFLORAISON [eflɔʀɛzɔ̃]. *n. f.* (1876; de *floraison*). *Rare.* Fait de commencer à fleurir.

EFFLORESCENCE [eflɔʀesɑ̃s]. *n. f.* (1560; du lat. sc. *efflorescens*, emploi fig. du class. *efflorescere* « fleurir »). ♦ 1° *Vx.* Moisissure. ◇ *Chim.* (XVIIIᵉ) Transformation de certains sels qui perdent à l'air une partie de leur eau de cristallisation et deviennent superficiellement pulvérulents; couche pulvérulente ainsi produite. ◇ *Méd.* (XVIIIᵉ) Lésion élémentaire de la peau (bulle, papule, pustule, vésicule). ◇ *Bot.* Pruine. ♦ 2° (1801). *Vx.* Début de floraison. ◇ *Fig.* et *littér.* Floraison épanouie. V. **Épanouissement, luxuriance.** « *Cette prodigieuse efflorescence de l'art gothique* » (GAUTIER).

EFFLORESCENT, ENTE [eflɔʀesɑ̃, ɑ̃t]. *adj.* (1755; lat. sc. *efflorescens*. V. **Efflorescence**). ♦ 1° *Chim.* En efflorescence; couvert de sels en efflorescence. ◇ Couvert de pruine. ♦ 2° En pleine floraison, luxuriant. « *Le produit magnifique..., touffu, hérissé, efflorescent de l'ogive* » (HUGO).

EFFLUENCE [eflyɑ̃s]. *n. f.* (1747; bas lat. *effluentia*). *Rare.* Émanation. « *D'où s'exhalaient des effluences de putréfaction* » (BLOY).

EFFLUENT, ENTE [eflyɑ̃, ɑ̃t]. *adj.* et *n. m.* (XVIᵉ; lat. *effluens*). *Techn.* ♦ 1° *Adj.* Qui s'écoule d'une source. ♦ 2° *N. m.* (1953). *Géogr.* Cours d'eau issu d'un lac ou d'un glacier. V. **Émissaire** 2. ◇ *Effluent urbain*, ensemble des eaux (eaux de ruissellement, eaux usées) à évacuer de la ville et des matières qu'elles sont susceptibles d'entraîner.

EFFLUVE [eflyv]. *n. m.* (1755; angl. *effluvium*, mot lat. « écoulement »). ♦ 1° Émanation qui se dégage des corps organisés, ou de certaines substances, altérées ou non. V. **Exhalaison, vapeur.** « *Effluves capiteux du pressoir* » (GIDE). « *Des essences précieuses qui exhalaient leurs effluves odoriférants* » (PROUST). V. **Parfum.** ◇ *Fig.* Émanation, souffle. « *Tous ces effluves du passé que dégagent ici les pierres* » (LOTI). ♦ 2° (1845). *Effluve magnétique*, émanation de fluide (d'apr. les partisans du magnétisme animal). ◇ (1884) *Effluve électrique*, décharge électrique à faible luminescence.

EFFONDREMENT [efɔ̃dʀəmɑ̃]. *n. m.* (1560; de *effondrer*). ♦ 1° Fait de s'effondrer. V. **Éboulement, écroulement.** « *L'effondrement du toit obstrua toute la partie nord de la plate-forme* » (SARTRE). — *Géol.* Affaissement brusque du sol. *Cratères, vallées d'effondrement.* ♦ 2° (1732). *Agric.* Action d'effondrer (la terre). ♦ 3° Chute, fin brutale. V. **Destruction, écroulement, ruine.** « *L'effondrement des civilisations et des races* » (LOTI). « *La mort de papa entraîne l'effondrement de notre fortune* » (GIDE). *Effondrement des cours de la Bourse.* ◇ État d'abattement extrême. « *L'effondrement du pauvre Vaugoubert qui n'était plus qu'une espèce de loque* » (PROUST). — *Sport.* Écroulement. ◇ ANT. Relèvement. Hausse.

EFFONDRER [efɔ̃dʀe]. *v. tr.* (*Esfondrer*, XIIᵉ; lat. pop. °*exfunderare*, bas lat. *exfundare*, de *fundus* « fond »). ♦ 1° Défoncer, faire crouler. « *Il effondre les tas de masures* » (ROMAINS). « *L'éclat d'obus lui avait effondré la face* » (DUHAM.). ♦ 2° (1704). *Agric.* Remuer, fouiller profondément (la terre), en mêlant de l'engrais. ♦ 3° **S'EFFONDRER.** *v. pron. Cour.* Crouler sous le poids ou faute d'appui. V. **Affaisser** (s'), **écrouler** (s'). « *Il avait cru que la galerie s'effondrait derrière son dos* » (ZOLA). « *Les toits effondrés laissaient voir les chambres béantes* » (HUGO). — *(Sujet de personne)* Tomber, s'écrouler comme une masse. « *Des hommes s'effondraient, pliés en deux* » (DORGELÈS). ◇ *Fig.* S'écrouler. « *Toute son histoire, péniblement reconstruite, s'effondre : rien ne reste de cette confession préparée* » (MAURIAC). — Céder brusquement. *Interrogé sans relâche, le suspect finit par s'effondrer.* Sport. *Il s'est effondré dans la ligne droite.* — *Au p. p.* Très abattu, prostré (après un malheur, un échec). ◇ ANT. Dresser (se), résister.

EFFORCER (S') [efɔʀse]. *v. pron.; conjug. placer* (*Soi esforcer*, XIᵉ; de é-, et *force*). Faire tous ses efforts, employer toute sa force, son adresse ou son intelligence en vue de (faire comprendre, etc.). V. **Appliquer** (s'), **attacher** (s'), **escrimer** (s'), **essayer, évertuer** (s'), **tâcher, tenter.** « *Un service d'ordre improvisé s'efforçait de disperser l'attroupement* » (MART. du G.). « *Il s'efforçait de se dérober aux regards* » (HUGO). « *Tous les observateurs s'efforcent de comprendre les troubles* » (DUHAM.). Au fém. : *Elle s'est efforcée de l'aider.* — Vieilli. « *Il s'efforce à l'entraîner hors de la maison* » (DIDER.). ◇ (Avec un subst. compl. de but) « *C'est vers la volupté que s'efforce toute la nature* » (GIDE). « *S'efforçant à une cordialité qui sonnait faux* » (MART. du G.).

◇ *Absolt.* Faire effort sur soi, se faire violence. V. **Contraindre** (se), **forcer** (se). « *Des auteurs qui s'efforcent pour parler argot* » (PROUST). ◇ ANT. Renoncer.

EFFORT [efɔʀ]. *n. m.* (*Esfort*, 1080; de *efforcer*). ♦ 1° Activité d'un être conscient qui mobilise toutes ses forces pour résister ou vaincre une résistance (extérieure ou intérieure). *Effort physique* (caractérisé par une contraction musculaire). *Sentiment de l'effort* (fondement de la conscience de soi, selon Maine de Biran). *Faire un grand, un violent effort.* « *Il fit un effort désespéré* » (HUGO). — *Effort intellectuel,* tension de l'esprit cherchant à résoudre une difficulté. V. **Application, concentration.** « *La vie moderne tend à nous épargner l'effort intellectuel comme elle fait l'effort physique* » (VALÉRY). « *Ma mémoire est excédée par l'effort que je lui demande* » (GIDE). « *Un effort d'adaptation qu'il ne va peut-être pas pouvoir fournir* » (GIDE). *Faites un petit effort d'imagination. Un ouvrage laborieux qui sent l'effort.* — *Un effort de volonté.* « *La vertu est toute dans l'effort* » (FRANCE). *Faire tous ses efforts,* tout son possible. V. **Efforcer** (s'). *Cet élève ne fait aucun effort,* ne travaille pas. *Je veux bien faire un effort,* envisager une dépense, une aide financière. V. **Sacrifice.** « *Réserver leur effort pour quelques réceptions fastueuses* » (ROMAINS). *Sans effort,* sans peine. V. **Facilement.** « *Elle se mit debout avec effort* » (GREEN), difficilement. *Un partisan du moindre effort,* un paresseux. « *Il n'y a pas de doctrine plus funeste que celle du moindre effort* » (GIDE). ♦ 2° *Vieilli.* Vive douleur musculaire ou articulaire due à une tension excessive des muscles. *Fam. Se donner, attraper un effort,* une hernie. — *Vétér.* Entorse, distension. *Effort de boulet, de tendon. Effort de rein.* V. **Tour.** ♦ 3° Par anal. *(Mécan.).* Force exercée par un corps. *Effort de traction, de compression, de torsion, de cisaillement.* — Force de résistance qu'oppose (une pièce) aux forces extérieures. *L'effort des arches d'un pont.* ◇ ANT. Détente (5°), repos. — nom. **Éphore.**

EFFRACTION [efʀaksjɔ̃]. *n. f.* (1559; lat. jur. *effractura,* d'apr. *fraction*). *Dr.* Bris de clôture *(effraction extérieure)* ou de serrures *(effraction intérieure). Vol avec effraction.*

EFFRAIE [efʀɛ]. *n. f.* (1555; altér. de *orfraie,* par attract. de *effrayer*). Espèce de chouette au plumage clair, destructrice des rongeurs.

EFFRANGER [efʀɑ̃ʒe]. *v. tr.; conjug. bouger* (1855; de é-, et *frange*). Effiler sur les bords de manière que les fils pendent comme une frange. *Pronom.* S'effilocher. « *Un complet de quinze cents francs, ou un complet de sept cents s'effrangent au talon après le même nombre de mois* » (MONTHERLANT).

EFFRAYANT, ANTE [efʀɛjɑ̃, ɑ̃t]. *adj.* (1539; de *effrayer*). Qui inspire ou peut inspirer de la frayeur, de l'effroi. V. **Effroyable, épouvantable, terrible.** « *Quelque songe effrayant cette nuit l'a frappé* » (RAC.). « *Elle était inquiétante à voir ... et si effrayée qu'elle était effrayante* » (HUGO). ◇ *Par ext.* Qui fait naître un sentiment voisin de l'effroi. « *Cet effrayant génie se nommait Blaise Pascal* » (CHATEAUB.). ◇ *Fam.* Extraordinaire, extrême. V. **Formidable.** *Il fait une chaleur effrayante.* ◇ ANT. Rassurant.

EFFRAYÉ, ÉE [efʀeje]. *adj.* (*Esfrae,* XIIᵉ; V. **Effrayer**). Qui éprouve une grande peur.

EFFRAYER [efʀeje]. *v. tr.; conjug. payer* (*Esfreer,* 1080; lat. pop. °*exfridare* « faire sortir de la paix », frq. °*fridu*). Frapper de frayeur, d'effroi. V. **Affoler, alarmer, épouvanter, terrifier; peur** (faire), **tourmenter.** « *On ne les avait jamais effrayés en leur disant que Dieu réserve des punitions terribles aux enfants ingrats* » (BERNARD. de ST-P.). « *Le sac de la Ville Éternelle... effraya l'Europe* » (BAINVILLE). « *La Commune, effrayée de sa responsabilité* » (JAURÈS). ◇ *Pronom.* Avoir peur, craindre. « *La bourgeoisie possédante s'effraie plus de l'armement général du peuple* » (JAURÈS). ◇ ANT. Apaiser, rassurer.

EFFRÉNÉ, ÉE [efʀene]. *adj.* (XIIᵉ; lat. *effrenatus,* de *frenum* « frein »). Qui est sans retenue, sans mesure. V. **Déchaîné, démesuré, excessif, immodéré.** « *Je deviens fou de désirs effrénés* » (FLAUB.). « *Un démagogue effréné* » (ROUSS.). ◇ ANT. Modéré, sage.

EFFRITEMENT [efʀitmɑ̃]. *n. m.* (1900; « épuisement (de la terre) », 1845; de *effriter*). Fait de s'effriter, état de ce qui est effrité. V. **Dégradation, désagrégation.** *L'effritement d'un bas-relief antique.* — *Fig.* « *Les coupons touchés ne nous consoleront pas de l'effritement ininterrompu des valeurs* » (MAURIAC).

EFFRITER [efʀite]. *v. tr.* (1858; ext. de sens, sous l'infl. de *friable,* de *effriter* (1611), pour *effruiter* (XIIIᵉ), « rendre stérile, épuiser (une terre) »; de *fruit*). Rendre friable, réduire en poussière. — Au p. p. *Des masses* « *de roches calcaires, effritées, fendillées, pulvérulentes* » (GAUTIER). *Pronom.* Se désagréger progressivement, tomber en poussière. « *Le toit penche, le mur s'effrite* » (GAUTIER). — *Fig.* Perdre des éléments, s'amenuiser. *La majorité gouvernementale s'effrite à chaque vote.*

EFFROI [efʀwa(a)]. *n. m.* (XIIIᵉ; *esfrei,* XIIᵉ; de *effrayer*).

Littér. Grande frayeur, souvent mêlée d'horreur, qui glace, qui saisit. V. **Affolement, crainte, épouvante, horreur, peur, terreur.** « *Délivrés du plus affreux cauchemar, après avoir vécu quelques mois dans l'effroi et l'horreur* » (LOTI). « *Elle, les yeux pleins d'effroi, le repoussa avec une horreur glaciale* » (FRANCE).

EFFRONTÉ, ÉE [efʁɔ̃te]. *adj.* et *n.* (XIIIᵉ ; de *é-*, et *front*, d'apr. le bas lat. *effrons*). Qui ne rougit, qui n'a honte de rien. V. **Cynique, éhonté, impudent, insolent.** « *Effrontée comme une vraie bohémienne qu'elle était* » (MÉRIMÉE). « *Dorine, la soubrette effrontée, peut très bien étaler devant moi sa gorge rebondie* » (GAUTIER). « *Les affirmations les plus effrontées* » (BAUDEL.). — N. « *Nous étions une bande d'effrontés, qui mettions notre honneur à tout oser en fait d'indiscipline et d'insolence* » (LARBAUD). ◇ ANT. Modeste, réservé, timide.

EFFRONTÉMENT [efʁɔ̃temɑ̃]. *adv.* (XIIᵉ ; de *effronté*). D'une manière effrontée. « *Donnant sur mon ami les détails que je savais, inventant effrontément ceux que je ne savais pas* » (DAUD.).

EFFRONTERIE [efʁɔ̃tʁi]. *n. f.* (1605 ; de *effronté*). Caractère, attitude d'une personne effrontée. V. **Audace, impudence, insolence, sans-gêne.** « *Victurnien avait cette effronterie de page qui aide beaucoup à l'aisance* » (BALZ.). « *Il la regardait avec une familiarité cynique, avec une effronterie audacieuse qui la fit rougir* » (FRANCE). ◇ ANT. Modestie, réserve.

EFFROYABLE [efʁwajabl(ə)]. *adj.* (XIVᵉ ; de *effroi*). Qui remplit d'effroi, de terreur. « *L'effroyable misère des campagnes* » (MICHELET). V. **Effrayant ; affreux, atroce, épouvantable, horrible, terrible.** « *Cet effroyable avenir de désespérance, de fer, de feu et de sang* » (LOTI). ◇ *Fam.* Énorme, effrayant. *Un embouteillage effroyable.* ◇ ANT. Charmant, magnifique.

EFFROYABLEMENT [efʁwajabləmɑ̃]. *adv.* (XVIᵉ ; de *effroyable*). Fam. Excessivement, terriblement. *Une affaire effroyablement compliquée.*

EFFUSION [efyzjɔ̃]. *n. f.* (XIIᵉ ; lat. *effusio*, de *effundere* « répandre »). ♦ 1º *Vx.* Action de répandre (un liquide). Mod. *Effusion de sang*, action de faire couler le sang (dans une action violente). *L'ordre a été rétabli sans effusion de sang.* ♦ 2º *Fig.* (XVIIᵉ). Effusion de cœur (vx), ou (mod.) *effusion*, manifestation sincère d'un sentiment. V. **Élan, épanchement, ferveur.** « *Comme elle l'embrasse! comme elle l'étreint!... Au milieu de ces effusions...* » (DAUD.). ◇ ANT. Froideur.

ÉFOURCEAU [efuʁso]. *n. m.* (1752 ; du lat. *furcilla*, dimin. de *furca* « fourche, étai fourchu »). *Techn.* Chariot à deux roues, servant au transport des troncs, poutres, etc.

EFRIT [efʁit]. *n. m.* (XXᵉ ; mot arabe). Génie malfaisant, dans la mythologie arabe.

ÉGAIEMENT [egɛmɑ̃] ou **ÉGAYEMENT** [egɛjmɑ̃]. *n. m.* (XIIᵉ ; de *égayer*). Rare. Action d'égayer ; fait de s'égayer.

ÉGAILLER (S') [egaje]. *v. pron.* (1829 ; tr., « répandre, déployer », XVIᵉ ; mot dial. de l'Ouest ; probabl. lat. pop. *°æqualiare*, de *æqualis* « égal, uni »). Se disperser, s'éparpiller. « *Ces deux officiers devaient prendre à propos les Chouans en flanc et les empêcher de s'égailler* » (BALZ.). ◇ ANT. Grouper (se), masser (se).

ÉGAL, ALE, AUX [egal, o]. *adj.* (XIIᵉ ; réfect., d'apr. le lat., de *evel, ivel*, lat. *æqualis*). ♦ 1º Qui est de même quantité, dimension, nature, qualité ou valeur. V. **Identique, même, équivalent** (et équi-, iso-). *Deux quantités égales à une même troisième sont égales entre elles. Diviser un tout en parties égales.* « *Contre des troupes égales en nombre* » (VOLT.). *Combattre à armes égales.* « *Elle courait presque pour maintenir la distance égale* » (LAUTRÉAMONT). « *Ajax et lui, d'égale force, d'égal mérite, d'égal orgueil, se balançaient* » (GIDE). *Loc. Toutes choses égales d'ailleurs :* en supposant que tous les autres éléments de la situation restent les mêmes. — « *Des assemblées de village, où le goût du merveilleux n'a d'égal que le goût de la farce* » (BARRÈS), n'a rien d'égal que..., n'est égalé que par le goût de la farce. ◇ *Par ext.* Qui met sur un pied d'égalité. *La partie n'est pas égale.* « *Par bonne distribution, il faut entendre non distribution égale, mais distribution équitable* » (HUGO). *Sport. Faire jeu égal*, se dit d'adversaires qui se montrent de force égale. ◇ (*Personnes*) Qui est sur le même rang ; qui a les mêmes droits ou charges. « *Soutenir vaguement que les deux sexes sont égaux, et que leurs devoirs sont les mêmes* » (ROUSS.). « *Ainsi tous seront égaux devant la loi* » (TAINE). Par ext. *Il est toujours, il reste égal à lui-même*, son talent, son caractère sont ce qu'ils ont toujours été. ◇ *Subst.* Personne égale par le mérite ou par la condition. « *Ne nous associons qu'avecque nos égaux* » (LA FONT.). « *Celui qui était ce qu'on appelle noble, était l'égal de celui qui était paysan* » (HUGO). *La femme est l'égale de l'homme.* — *Traiter d'égal* (vx), *d'égal à égal avec qqn*, sur un pied d'égalité. ◇ Chose égale à la chose désignée. « *Mais ce serait pour vous un bonheur sans égal* » (CORN.), unique en son genre. V. **Pareil.** « *Une imprudence sans égale* » (ACAD.). — *Loc. prép.* À L'ÉGAL DE, autant que. « *Le beau préambule du Service intérieur, que j'admirais à l'égal de certains morceaux de Bossuet* » (MAUROIS). ♦ 2º *Par anal.* Qui est toujours le même ; qui ne varie pas. V. **Constant, invariable, régulier.** « *Le bruit égal et mesuré des rames* » (ROUSS.). *Un pouls égal. Région au climat égal.* Fig. « *Pour son humeur... il n'y en a point de plus égale ni de plus douce* » (LESAGE). ◇ *Vieilli.* Plat, uni. *Un terrain égal.* ♦ 3º *Vx.* Qui ne fait pas de différence, est impartial. V. **Neutre.** « *Jusqu'à ce que (le juge) devienne égal à tous* » (BOSS.). ◇ *Péj.* Indifférent. « *S'ils le (Dieu) font égal au vice et à la vertu* » (BOSS.). ◇ *Mod.* (1847). Qui est objet d'indifférence. V. **Indifférent.** *La chose est égale, cela revient au même, cela importe peu.* Cour. *Être égal à qqn, lui être égal.* « *Il lui était parfaitement égal d'être ici ou là* » (GAUTIER). *Ça m'est bien égal, je m'en moque, ça ne m'intéresse pas. C'est égal, quoi qu'il en soit, malgré tout.* « *Mais c'est égal, je pars en guerre* » (JARRY). ◇ ANT. Inégal. Différent, irrégulier.

ÉGALABLE [egalabl(ə)]. *adj.* (XVIᵉ ; de *égaler*). Qui peut être égalé. ◇ ANT. Inégalable.

ÉGALEMENT [egalmɑ̃]. *adv.* (XIIᵉ ; de *égal*). ♦ 1º D'une manière égale, au même degré, au même titre. V. **Pareillement.** « *Tous les citoyens sont également admissibles à toutes dignités* » (DÉCLAR. DR. HOM.). « *L'aumône avilit également celui qui la reçoit et celui qui la fait* » (FRANCE). ♦ 2º (XIXᵉ). De même, aussi. « *Les catapultes s'appelaient également des onagres* » (FLAUB.). « *Je veux vous dire avec quelle reconnaissance je vous félicitais... Et je vous sais également gré d'être...* » (GIDE). ◇ ANT. Inégalement.

ÉGALER [egale]. *v. tr.* (XIIIᵉ ; de *égal*). ♦ 1º *Vx.* Rendre égal, mettre sur le même pied, au même niveau. « *La mort, qui égale tout* » (BOSS.). « *Ceux qui méprisent le plus les hommes, et les égalent aux bêtes* » (PASC.). ♦ 2º *Mod.* Être égal à. « *Pour égaler l'animal en grosseur* » (LA FONT.). « *Je doute qu'elle égale en magnificence et en étendue la mosquée espagnole* » (GAUTIER). ◇ *Absolt.* Être égal en qualité à. « *Corneille ne peut être égalé dans les endroits où il excelle* » (LA BRUY.). « *Rien n'égale la douceur et la majesté nue de ses cloîtres* » (BARRÈS). V. **Atteindre.** ◇ Être égal en quantité à. *Deux plus trois égalent cinq* (2 + 3 = 5). V. **Faire.** ◇ ANT. Dépasser. Surpasser.

ÉGALISATEUR, TRICE [egalizatœʁ, tʁis]. *adj.* (1870 ; de *égaliser*). Qui égalise. *Règlement qui a sur les prix une action égalisatrice.* — *Subst. Le but égalisateur.*

ÉGALISATION [egalizasjɔ̃]. *n. f.* (XVIᵉ ; de *égaliser*). Action d'égaliser. « *Beaucoup de socialistes n'admettent comme idéal une égalisation matérielle aussi grande que possible* » (RAUH). — *Sport. Égalisation en fin de match.*

ÉGALISER [egalize]. *v. tr.* (1539 ; *equaliser*, XVᵉ ; de *égal*). ♦ 1º Rendre égal. V. **Ajuster, équilibrer.** « *La concurrence doit avoir une action égalitaire... en égalisant les revenus tout comme elle égalise les prix* » (GIDE). *Égaliser les cheveux*, les couper d'égale longueur. Fig. *La mort égalise les conditions.* ◇ *Intrans.* (*Sport*) Obtenir le même nombre de points, de buts que l'adversaire. ♦ 2º Aplanir, niveler. « *Il piocha la terre, la pelleta, la lissa, l'égalisa* » (MAC ORLAN). ◇ ANT. Différencier.

ÉGALITAIRE [egalitɛʁ]. *adj.* (1840 ; de *égalité*). Qui vise à l'égalité absolue en matière politique et sociale. « *Le socialisme du XVIIIᵉ s. est essentiellement égalitaire* » (Ch. GIDE et RIST). — *Subst.* Égalitariste.

ÉGALITARISME [egalitaʁism(ə)]. *n. m.* (1870 ; de *égalitaire*). Doctrine, système égalitaire. « *La démocratie... avec son romantique égalitarisme* » (BENDA).

ÉGALITARISTE [egalitaʁist(ə)]. *adj.* et *n.* (1870 ; de *égalitarisme*). Inspiré par l'égalitarisme ; partisan de l'égalitarisme.

ÉGALITÉ [egalite]. *n. f.* (1265, rare av. le XVIIᵉ ; nombr. var. en a. fr. ; lat. *æqualitas*). ♦ 1º Caractère de ce qui est égal. V. **Équivalence, parité.** *Cas d'égalité des triangles. Rapport d'égalité.* Gram. *Comparatif d'égalité* (aussi, autant... que). *Égalité des forces en présence.* V. **Équilibre.** *Les joueurs sont à égalité* (de points). V. **Ex æquo.** Turf. *Parier à égalité sur un cheval*, de telle sorte que le bénéfice soit égal à la mise. — *Loc. prép.* À ÉGALITÉ DE, en supposant une quantité égale de. *À égalité de mérite, le plus âgé doit avoir la préférence.* ◇ Rapport entre individus égaux. *L'Égalité ou la mort*, devise des *Égaux*, partisans de Babeuf (1796). *Liberté, Égalité, Fraternité*, devise de la République française. *Égalité matérielle ou réelle*, égalité de fait entre personnes ayant des avantages naturels, mêmes aptitudes, même fortune... *Égalité, formelle ou extérieure*, définie, réglementée par le législateur. *Égalité devant la loi. Égalité civile, politique, sociale.* « *Il est faux que l'égalité soit une loi de la nature* » (VAUVEN.). « *L'égalité puis que la liberté ne peut subsister sans elle* » (ROUSS.). « *À mesure que l'égalité politique devenait un fait plus certain, c'est l'inégalité sociale qui heurtait le plus les esprits* » (JAURÈS). ♦ 2º *Math.* (XVIIᵉ). Rapport existant entre des grandeurs égales ; formule qui l'exprime. *Une égalité algébrique*, ensemble d'expressions algébriques réunies par le signe =. ♦ 3° Qualité de ce qui est constant, régulier. V. **Régularité, uniformité.** *Égalité du pouls.* — Fig. « *Le seul moment où l'égalité de leur humeur fût altérée* » (CHATEAUB.). V. **Sérénité, tranquillité.** ◊ *Rare.* Qualité d'un terrain plat, uni. ◊ ANT. Inégalité. Infériorité, supériorité. Irrégularité.

ÉGARD [egaʀ]. *n. m. (Esguard,* XIIᵉ ; de l'a. fr. *esgarder* « veiller sur » ; et *garder*). ♦ 1° Action de considérer (une personne ou une chose) avec une particulière attention. V. **Considération.** *Il faut avoir égard aux circonstances.* « *Les jugements humains n'ont jamais égard au bien dans le mal, ni au mal dans le bien* » (SUARÈS). ◊ *Loc. prép.* EU ÉGARD À, en ayant égard à, en considération de, en tenant compte de. « *Je veux bien me rendre à vos ordres, eu égard à votre état d'exaltation* » (COURTELINE). — À L'ÉGARD DE : pour ce qui concerne, regarde (qqn). V. **Envers.** « *L'indifférence des enfants à l'égard des adultes* » (MAURIAC). « *Il gardait à leur égard une méfiance... de plébéien* » (MAUROIS). — Pour ce qui concerne (qqch.). V. **Quant** (à), relativement (à). « *Ainsi qu'il arrive à certains aphasiques à l'égard des mots les plus usuels* » (PROUST). « *Un néant à l'égard de l'infini* » (PASC.). ◊ *Loc. adv.* À CET ÉGARD, sous ce rapport, de ce point de vue. — À TOUS *(les)* ÉGARDS, sous tous les rapports. « *Le peuple, dans la démocratie, est à certains égards le monarque* » (MONTESQ.). ♦ 2° *Par ext.* Considération d'ordre moral, déférence, respect. « *Bien éloignés même de soupçonner qu'on doive quelque égard aux talents* » (ROUSS). *Si je l'ai fait, c'est par égard pour votre famille.* ◊ *Au plur.* Marques de considération, d'estime, ménagements dus à la politesse. « *Jamais époux n'a eu tant d'égards pour une femme* » (LE-SAGE). « *Si la critique est juste et pleine d'égards* » (D'ALEMB.). « *Les hommes d'aujourd'hui ont si peu d'égards et de savoir-vivre* » (MAUPASS.). ◊ ANT. Indifférence ; grossièreté, impolitesse.

ÉGARÉ, ÉE [egaʀe]. *adj.* (XIᵉ ; V. **Égarer**). ♦ 1° Qui s'est égaré. « *Comme un nageur un peu égaré que le courant rapproche de la côte* » (ROMAINS). Relig. *La brebis égarée,* que le bon pasteur ramène au troupeau. Par métaph. « *Une sorte de Mérovingien égaré au vingtième siècle* » (SIEGFRIED). ♦ 2° Qui est comme fou, trahit le désordre mental. *Il* « *montrait un regard égaré* » (DUHAM.).

ÉGAREMENT [egaʀmɑ̃]. *n. m.* (XIIᵉ ; de *égarer*). ♦ 1° *Vx.* Fait de s'égarer. ♦ 2° *Fig.* (XVIIᵉ). *Littér.* Action de s'écarter des voies de la morale, de la raison ; état qui en résulte. V. **Aberration, dérèglement, désordre, erreur.** « *La faiblesse commence l'égarement, la passion entraîne dans la mauvaise voie* » (BALZ.). — *Au plur.* « *L'humiliant aveu de mes longs égarements* » (LACLOS).

ÉGARER [egaʀe]. *v. tr.* (XIᵉ ; formation hybride, de *é-*, et frq. °*waron.* V. **Garer**). ♦ 1° Mettre hors du droit chemin. V. **Fourvoyer, perdre.** « *Les petites rues... s'enlaçaient comme pour égarer le passant attardé* » (LOTI). ◊ *Par anal.* Mettre (une chose) à une place qu'on oublie ; la perdre momentanément (V. **Adiré,** *dé*.). « *Pour ne pas les égarer, mets les choses toujours où tu les mettrais spontanément* » (VALÉRY). ♦ 2° *Fig.* Mettre hors du droit chemin ; détourner, écarter de la vérité, du bien. V. **Abuser, dérouter, tromper.** « *À quoi cette poésie peut-elle servir, sinon à égarer notre bon sens?* » (HUGO). « *Le goût... de la destruction peut-il à ce point égarer votre jugement?* » (DUHAM.). « *Cette âme naïve, égarée par une passion qu'elle n'avait jamais éprouvée* » (STENDHAL). *La colère vous égare. Campagne de presse qui égare l'opinion.* ♦ 3° *Pronom.* Se fourvoyer, se perdre. *Nous nous sommes égarés, je ne reconnais pas le chemin. La lettre a dû s'égarer,* prendre une mauvaise direction. *Quelques votes se sont égarés sur des candidats peu sérieux,* se sont portés inutilement sur eux. Par métaph. « *Mon esprit tourmenté s'égarait dans le rêve* » (MAUPASS.). ◊ *Fig.* Divaguer. « *Ma tête s'égare* » (MUSS.). — Faire fausse route, sortir du sujet. *La discussion s'égare.* ◊ ANT. Diriger ; retrouver.

ÉGAYANT, ANTE [egɛjɑ̃, ɑ̃t]. *adj.* (1870 ; de *égayer*). *Rare.* Amusant.

ÉGAYER [egeje]. *v. tr.;* conjug. *payer* (XIIIᵉ ; de *é-*, et *gai*). ♦ 1° Rendre gai, amuser. V. **Distraire, divertir, réjouir.** « *Au lieu de m'égayer, l'observation de Jacques me fit monter aux yeux un grand flot de larmes* » (DAUD.). ◊ *Par ext.* Rendre agréable, colorer d'une certaine gaieté. « *La boutique était égayée par de menus objets de curiosité* » (FRANCE). *Égayer de quelques plaisanteries un entretien sérieux.* ♦ 2° *Pronom.* S'amuser. « *Ah ça ! il est saoul ! se dit Lahrier, qui s'égayait à le voir faire* » (COURTELINE). *Spécialt.* (en se moquant) « *Pour s'égayer aux dépens d'un mari trompé* » (STENDHAL). ◊ ANT. Assombrir, attrister.

ÉGÉEN, ENNE [eʒeɛ̃, ɛn]. *adj.* (1870 ; de [mer] *Égée*). Qui concerne les pays baignés par la mer Égée (notamment la Grèce antique). *La civilisation, les langues égéennes.*

ÉGÉRIE [eʒeʀi]. *n. f.* (1839 ; nom de la nymphe qui aurait

été la conseillère de Numa Pompilius). Conseillère, inspiratrice d'un homme politique, d'un artiste. « *Son ambition* (de Mᵐᵉ de Staël) *visait à être l'Égérie des hommes d'État* » (MADELIN).

ÉGERMER [eʒɛʀme]. *v. tr.* (1870 ; de *é-*, et *germe*). *Techn.* (fabric. de la bière). *Égermer l'orge* : en enlever les germes (opération de l'ÉGERMAGE [eʒɛʀmaʒ], *n. m.* (1877).

ÉGIDE [eʒid]. *n. f.* (1512 ; lat. d'o. gr. *ægis, -idis*). *Myth.* Bouclier de Zeus, qu'il confiait souvent à sa fille Athéna. « *Minerve se montra soudainement pour me couvrir de son égide* » (FÉN.). ◊ *Fig.* (1611) *Littér.* Ce qui défend, protège. V. **Bouclier, protection, sauvegarde.** *Se mettre sous l'égide de qqn, des lois.* « *Ma fierté est une trompeuse égide, je suis sans défense contre la douleur* » (BALZ.).

ÉGLANTIER [eglɑ̃tje]. *n. m.* (1080 ; var. a. fr. *aiglant ;* lat. pop. °*æquilentum,* pour °*aculentum,* du class. *aculeatus* « qui a des piquants »). Rosier sauvage. *Fruit de l'églantier.* V. **Gratte-cul.**

ÉGLANTINE [eglɑ̃tin]. *n. f.* (1600 ; de l'a. adj. *aiglantin,* de *aiglant.* V. **Églantier**). Fleur de l'églantier.

ÉGLEFIN [egləfɛ̃]. *n. m.* (1554 ; *esclefin,* XIIIᵉ ; var. *aiglefin, aigrefin ;* moy. néerl. *schelvisch*). Poisson de mer *(Gadidés),* proche de la morue (dont il se distingue notamment par une tache noire sur chaque flanc). *Églefin fumé.* V. **Haddock.**

ÉGLISE [egliz]. *n. f.* (XIᵉ ; lat. *eclesia,* var. pop. du lat. ecclés. d'o. gr. *ecclesia*).

I. *(Avec un É majuscule).* ♦ 1° Société réunissant les premiers chrétiens. *L'Église primitive.* « *Il a assemblé autour de lui une société d'hommes qui le reconnaissait pour maître : voilà ce qu'il a appelé son Église* » (BOSS.). ◊ Société visible rassemblant tous ceux qui ont la foi en Jésus-Christ (L'Église éternelle et invisible étant le « corps mystique » du Christ). V. **Chrétienté.** *Être membre de l'Église. Les Pères, les Docteurs de l'Église.* — *L'Église militante,* l'ensemble des fidèles sur la terre. *L'Église souffrante,* les justes qui souffrent au purgatoire. *L'Église triomphante,* les bienheureux qui connaissent Dieu dans le ciel. ♦ 2° Ensemble de fidèles unis, au sein du christianisme, dans une communion particulière. V. **Communion, confession, religion.** *L'Église catholique, apostolique et romaine. L'Église orthodoxe grecque, russe. Les Églises réformées ou protestantes.* ♦ 3° Absolt. *L'Église catholique.* V. **Catholicité.** *Le pape, chef visible de l'Église. Les États de l'Église* ou États pontificaux, restés jusqu'en 1870 sous la souveraineté du Pape. *Le siège de l'Église.* V. **Saint-Siège.** *L'enseignement, les dogmes de l'Église.* Loc. prov. « *Hors de l'Église, pas de salut ». Mourir muni des sacrements de l'Église. Retrancher qqn du sein de l'Église,* l'excommunier. — *Les prières, les offices, les fêtes de l'Église. L'Église et l'État.* V. **Concordat, séparation.** ◊ Ensemble des catholiques (clergé et fidèles) d'un pays. *L'Église de France, d'Espagne. L'Église gallicane*.* ♦ 4° L'état ecclésiastique, l'ensemble des ecclésiastiques. V. **Clergé.** *Appartenir à l'Église. Un homme d'Église. Les gens d'Église. Il fut destiné de bonne heure à l'Église. Dignitaires, prélats de l'Église.* ♦ 5° *Par anal.* Ensemble de personnes professant une même doctrine, animées d'une même foi. « *Le parti communiste est à la fois une religion, une Église, une communauté et un ordre* » (GAXOTTE). « *Cet Institut national était... une sorte de haute congrégation laïque, ... une Église un peu composite* » (MADE-LIN).

II. *(Avec un é minuscule).* Édifice consacré au culte de la religion chrétienne (REM. Dans le langage courant, on dit *temple* pour le culte protestant). V. **Basilique, cathédrale, chapelle.** *Église abbatiale, collégiale, conventuelle, paroissiale. La cure, le presbytère, le cimetière d'une église paroissiale.* — *L'architecture d'une église :* baptistère, cloître ; clocher, tour ; flèche, coupole, dôme ; façade, narthex, parvis, porche, portail, portique, tympan. — Chœur, sanctuaire ; chapelle, nef, vaisseau ; bas-côté, collatéral, transept (bras et croisée) ; abside, chevet, déambulatoire. — Claire-voie, galerie, tribune, triforium ; ambon, jubé ; caveau, crypte. — Arc, chapiteau, colonne, cintre (plein cintre), ogive (croisée d'ogive), pilier, voûte, travée, rosace, rose, vitrail. — *Le plan d'une église :* croix latine (†), croix grecque (+). — *L'Église fortifiée. Église byzantine, romane, gothique. Église Renaissance, jésuite, baroque, rococo.* Autel, maître-autel, chaire, confessionnaux, fonts-baptismaux, stalles, sacristie, trésor, bénitiers, troncs... d'une église. « *Nous entrâmes dans l'église au moment où le prêtre donnait la bénédiction* » (CHATEAUB.). *Aller à l'église. Il est toujours fourré à l'église.* « *Toutes ces bigotes d'église* » (LOTI). *Se marier à l'église,* religieusement.

ÉGLOGUE [eglɔg]. *n. f.* (XVᵉ ; lat. *ecloga,* gr. *eklogê* « choix »). Petit poème pastoral ou champêtre. V. **Bucolique, idylle, pastorale.** *Les églogues de Virgile, de Ronsard.* « *Invente une églogue lyrique Prenant terre au bois de Meudon* » (HUGO).

EGO [ego]. *n. m.* (XXᵉ ; mot lat. « je » par l'all.). *Philo.*

Le sujet, l'unité transcendantale du moi (depuis Kant). ◊ *Psychan.* Autre nom du moi*. ◈ HOM. *Égaux.*

ÉGOCENTRIQUE [egɔsɑ̃tʀik]. *adj.* (déb. XXᵉ; du lat. *ego* « moi », et *centre*, d'apr. *géocentrique, anthropocentrique*). Marqué par l'égocentrisme. — Subst. *C'est un égocentrique.*

ÉGOCENTRISME [egɔsɑ̃tʀism(ə)]. *n. m.* (déb. XXᵉ; de *égocentrique*). Tendance à être centré* sur soi-même et à ne considérer le monde extérieur qu'en fonction de l'intérêt qu'on se porte. ◊ *Psycho.* Caractère individuel, non social, de la pensée enfantine, se traduisant par l'absence d'objectivité.

ÉGOÏNE [egɔin]. *n. f.* (*Egohine*, 1676; *escohine*, 1344; lat. *scobina* « lime, râpe »). Petite scie à main, composée d'une lame terminée par une poignée. Appos. *Scie égoïne.*

ÉGOÏSME [egɔism(ə)]. *n. m.* (1755; du lat. *ego* « moi »). ♦ 1° *Vx.* Disposition à parler trop de soi, à rapporter tout à soi. V. **Égocentrisme, égotisme, vanité.** « *On s'est fâché de trouver perpétuellement l'égoïsme dans Montaigne* » (ENCYCL.). ♦ 2° Attachement excessif à soi-même qui fait que l'on recherche exclusivement son plaisir et son intérêt personnels. V. **Amour-propre** (*vx*), **individualisme.** « *Chacun pour soi dans ce désert d'égoïsme qu'on appelle la vie* » (STENDHAL). « *L'égoïsme raffiné d'un vieux célibataire* » (FRANCE). « *L'amour, qui est l'égoïsme à deux, sacrifie tout à soi* » (RADIGUET). ◊ *Par ext.* Tendance, chez les membres d'un groupe, à tout subordonner à leur intérêt. *Égoïsme de famille, de classe.* ◈ ANT. **Altruisme, désintéressement.**

ÉGOÏSTE [egɔist(ə)]. *adj. et n.* (1755; de *égoïsme*). Qui fait preuve d'égoïsme, est caractérisé par l'égoïsme. « *La créature humaine est née égoïste* » (HUYSMANS). V. **Dur, intéressé.** « *Comme si l'amour n'était pas de tous les sentiments le plus égoïste* » (B. CONSTANT). ◊ Subst. « *L'égoïste fait de son propre bonheur la loi de ceux qui l'entourent* » (ALAIN). *Vivre en égoïste.* ◈ ANT. **Altruiste, désintéressé.**

ÉGOÏSTEMENT [egɔistəmɑ̃]. *adv.* (1844; de *égoïste*). D'une manière égoïste.

ÉGORGEMENT [egɔʀʒəmɑ̃]. *n. m.* (XVIᵉ; de *égorger*). Action d'égorger. V. **Assassinat, meurtre.**

ÉGORGER [egɔʀʒe]. *v. tr.;* conjug. *bouger* (1539; de *é-*, et *gorge*). ♦ 1° Tuer (un animal) en lui coupant la gorge. V. **Saigner.** — *Spécialt.* Immoler, sacrifier (une victime). ♦ 2° Tuer (un être humain) en lui tranchant la gorge. V. **Abattre, assassiner, poignarder.** *Égorger qqn avec un rasoir.* « *Je ne crois que les histoires dont les témoins se feraient égorger* » (PASC.). ♦ 3° *Fig.* (*Vieilli*) Ruiner, exploiter en faisant payer trop cher. V. **Assassiner, écorcher.**

ÉGORGEUR, EUSE [egɔʀʒœʀ, øz]. *n.* (XVIᵉ; de *égorger*). Assassin qui égorge ses victimes.

ÉGOSILLER (S') [egozije]. *v. pron.* (1653; tr., « égorger », XVᵉ; de *é-*, et du rad. de *gosier*). ♦ 1° Se fatiguer la gorge à force de parler, de crier. V. **Époumoner (s').** « *Ne t'égosille pas chérie, elle comprend tout au mouvement des lèvres* » (MAURIAC). ♦ 2° Chanter longtemps, le plus fort possible. « *Des enfants qui piaillaient, des oiseaux qui s'égosillaient* » (GIDE).

ÉGOTISME [egɔtism(ə)]. *n. m.* (1823; *h. 1726;* angl. *egotism,* trad. du fr. *égoïsme,* 1°). *Littér.* Disposition à parler de soi, à faire des analyses détaillées de sa personnalité physique et morale. *L'égotisme de Montaigne, de Rousseau.* « *L'égotisme, mais sincère, est une façon de peindre ce cœur humain* » (STENDHAL). ◊ *Par ext.* Culte du moi, poursuite trop exclusive de son développement personnel. V. **Narcissisme.**

ÉGOTISTE [egɔtist(ə)]. *adj.* (1825; de *égotisme*). *Littér.* Qui fait preuve d'égotisme, est marqué par l'égotisme. Subst. « *M. de Chateaubriand, ce roi des égotistes* » (STENDHAL).

ÉGOUT [egu]. *n. m.* (XIIIᵉ; de *égoutter*). I. *Vx.* Liquide qui s'égoutte; écoulement des eaux de pluie. — *Dr. Servitude d'égout,* servitude conventionnelle consistant à supporter l'égout des toits d'un immeuble voisin. II. *Mod.* ♦ 1° *Techn.* Canal qui permet l'écoulement des eaux de pluie. V. **Chéneau, gouttière.** — *Spécialt.* Rangée d'ardoises, de tuiles formant saillie hors d'un toit; versant d'un toit. *Toit, comble à deux égouts.* ♦ 2° *Cour.* (XVIᵉ). Canalisation, généralement souterraine, servant à l'écoulement et à l'évacuation des eaux ménagères et industrielles des villes. *Les eaux d'égout* (eaux pluviales, eaux de pluie, eaux sales, eaux-vannes, etc.). *Système du* TOUT-À-L'ÉGOUT, conduisant les eaux excrémentielles directement dans les égouts. « *L'égout Montmartre est un des plus dédaléens du vieux réseau* » (HUGO). *Égouts collecteurs.* — BOUCHE D'ÉGOUT, orifice pratiqué sur le bord d'une chaussée pour permettre l'écoulement des eaux. ♦ 3° *Fig. et littér.* Bourbier, cloaque. « *J'ai entendu traiter mon œuvre d'égout, d'immondice* » (ZOLA).

ÉGOUTIER [egutje]. *n. m.* (1842; de *égout*). Celui qui

travaille à l'entretien, au curage des égouts. *Bottes d'égoutier.*

ÉGOUTTAGE [eguta3] ou **ÉGOUTTEMENT** [egutmɑ̃]. *n. m.* (1778,-1330; de *égoutter*). Action d'égoutter, fait de s'égoutter. *L'égouttage du fromage blanc.*

ÉGOUTTER [egute]. *v. tr.* (XIIIᵉ; de *é-*, et *goutte*). Débarrasser une chose du liquide qu'elle contient, en le faisant écouler goutte à goutte. *Égoutter de la vaisselle. Égoutter du fromage. Égoutter des terres,* les drainer. *Pronom* (avec ou sans pronom) Perdre son eau goutte à goutte. *Laisser (s') égoutter des fromages sur un clayon.* « *Elle acheva de rincer le filtre à café, le mit à égoutter* » (MART. du G.).

ÉGOUTTOIR [egutwaʀ]. *n. m.* (1564; de *égoutter*). Ustensile servant à égoutter. *Égouttoir à vaisselle, à bouteilles* (V. **Porte-bouteilles**), *à fromages* (V. **Cagerotte, clayon, clisse, faisselle**).

ÉGOUTTURE [egutyʀ]. *n. f.* (fin XVIIᵉ; de *égoutter*). Liquide provenant de ce qui s'égoutte; dernières gouttes au fond d'un récipient.

ÉGRAINAGE, ÉGRAINER. V. ÉGRENAGE, ÉGRENER.

ÉGRAPPAGE [egrapa3]. *n. m.* (1845; de *égrapper*). Action d'égrapper (le raisin).

ÉGRAPPER [egrape]. *v. tr.* (1732; de *é-*, et *grappe*). Détacher (les fruits) de la grappe. *Égrapper des raisins, des groseilles.*

ÉGRAPPOIR [egrapwaʀ]. *n. m.* (1761; de *égrapper*). *Techn.* Appareil servant à égrapper les raisins.

ÉGRATIGNER [egratiɲe]. *v. tr.* (XIIIᵉ; *égratiner,* XIIᵉ; a. fr. *gratiner,* de *gratter*). ♦ 1° Écorcher, en déchirant superficiellement la peau. V. **Écorcher, érafler, griffer.** « *J'avais le visage barbouillé, égratigné, meurtri* » (CHATEAUB.). Pronom. *S'égratigner en cueillant des mûres.* ◊ *Par anal.* Dégrader, endommager légèrement. *Égratigner un meuble, en le transportant. La plume a égratigné le papier.* ◊ *Par anal.* superficiellement. ♦ 2° *Fig.* Blesser légèrement par un mot piquant, un trait ironique. V. **Piquer.** *Les critiques l'ont quelque peu égratigné.* « *Toutes ces pauvres petites injustices égratignaient Mirabeau* » (HUGO).

ÉGRATIGNURE [egratiɲyʀ]. *n. f.* (XIIIᵉ; de *égratigner*). ♦ 1° Blessure faite en égratignant. V. **Écorchure, éraflure, griffure.** « *La figure portait quelques fortes égratignures* » (BAUDEL.). — *Par ext.* Blessure superficielle et sans gravité. *Il s'est tiré de l'accident sans une égratignure.* ◊ *Par anal.* Dégradation légère (d'un meuble, etc.). ♦ 2° *Fig.* Légère blessure d'amour-propre; atteinte légère à la réputation.

ÉGRAVILLONNER [egravijɔne]. *v. tr.* (1700; de *é-*, et *gravillon*). *Arbor.* Débarrasser d'une partie de la terre (les racines d'un arbre qu'on transplante).

ÉGRENAGE [egrəna3] ou **ÉGRÈNEMENT** [egrɛnmɑ̃]. *n. m.* (1838,-1627; de *égrener*). ♦ 1° Action d'égrener. *Égrenage du raisin.* V. **Égrappage.** ♦ 2° Fait de s'égrener. « *Un chapelet de villes, un égrènement de maisons sur les plages* » (MAUPASS.). — On dit aussi *Égrainage.*

ÉGRENER [egrəne]. *v. tr.;* conjug. *lever* (XIIᵉ; de *é-*, et *grain*). ♦ 1° Dégarnir de ses grains (un épi, une cosse, une grappe). V. **Écosser, égrapper.** *Égrener du blé, du coton.* Pronom. *Le blé trop mûr s'égrène.* ♦ 2° (v. 1830). *Égrener un chapelet,* en faire passer chaque grain successivement entre ses doigts à chaque prière. ♦ 3° *Par ext.* Présenter, faire entendre un à un, de façon détachée. *Le carillon égrène ses notes.* « *Perlée, cristalline, égrenée note à note, la diane martelait du fort* » (DUHAM.). ♦ 4° S'ÉGRENER. *v. pron.* S'allonger en file une se divisant en éléments successifs. « *La bande commença à s'égrener* » (ALAIN-FOURNIER). — On dit aussi *Égrainer.*

ÉGRENEUSE [egrənøz]. *n. f.* (1870; de *égrener*). *Agric.* Machine à égrener le maïs, les plantes textiles.

ÉGRILLARD, ARDE [egrijaʀ, aʀd(ə)]. *n. et adj.* (1640; « malfaiteur », 1573; de *escriller* « glisser » (XIIᵉ), a. scand. °*skridla*). ♦ 1° *N.* (*Vx*). Gaillard, luron. ♦ 2° *Adj.* Qui se complaît dans des propos ou des sous-entendus licencieux. V. **Grivois, libertin.** *Dès qu'il a un peu bu, il devient égrillard.* « *Un ton plaisantin, parfois même égrillard* » (GIDE). V. **Gaulois, libre, osé.** « *L'œil moitié égrillard, moitié attendri* » (LOTI). ◈ ANT. **Pudique, sérieux.**

ÉGRISAGE [egriza3]. *n. m.* (1774; de *égriser*). *Techn.* Action d'égriser. V. **Polissage.**

ÉGRISÉ [egrize]. *n. m.* ou **ÉGRISÉE** [egrize]. *n. f.* (1776; de *égriser*). *Techn.* Poudre de diamant, mêlée d'huile végétale, servant à la taille des pierres précieuses.

ÉGRISER [egrize]. *v. tr.* (1610; néerl. *gruizen* « broyer »). *Techn.* Polir par frottement (une gemme, une glace) avec un abrasif en poudre (égrisée, émeri, etc.).

ÉGROTANT, ANTE [egrɔtɑ̃, ɑ̃t]. *adj.* (XIIIᵉ; lat. *ægrotans*). *Littér.* Souffrant, maladif. « *Il le trouvait au lit, égrotant et amer* » (DUHAM.).

ÉGRUGEAGE [egry3a3]. *n. m.* (1907; *égrugement,* 1606;

de *égruger*). *Techn.* Action d'égruger. V. **Pulvérisation.**

ÉGRUGEOIR [egʀyʒwaʀ]. *n. m.* (1611; de *égruger*). *Techn.* Petit mortier à égruger.

ÉGRUGER [egʀyʒe]. *v. tr.; conjug. bouger* (1556; de *é-*, et *gruger*). *Techn.* Réduire en granules, en poudre. V. **Écraser, piler, pulvériser.** *Égruger du poivre.*

ÉGUEULEMENT [egœlmã]. *n. m.* (1617; de *égueuler*). *Rare.* Action d'égueuler; fait d'être égueulé.

ÉGUEULER [egœle]. *v. tr.* (1704; autres sens en a. fr.; de *é-*, et *gueule*). *Rare.* Détériorer, déformer à l'ouverture. — *Au p. p.* Cour. « *Un pot à eau égueulé* » (FRANCE). — Géol. *Cratère égueulé*, dont une paroi présente une dépression.

ÉGYPTIEN, IENNE [eʒipsjɛ̃, jɛn]. *adj.* et *n.* (xvᵉ; de *Égypte*, lat. *Ægyptus*). ♦ 1° De l'Égypte (ancienne ou moderne). *L'ancienne civilisation égyptienne.* V. **Pharaonique.** *L'art égyptien. Les écritures égyptiennes* (hiéroglyphique, hiératique, démotique). ◇ Subst. *Les Égyptiens.* — N. m. *L'égyptien ancien*, la langue des anciens Égyptiens, du groupe chamito-sémitique, qui survit dans le copte. V. **Copte.** *L'égyptien moderne*, dialecte arabe parlé en Égypte et au Soudan. ♦ 2° *Vx.* Bohémien, Bohémienne. V. **Gitan.** ♦ 3° *Typogr.* ÉGYPTIENNE. *n. f.* Caractère gras d'imprimerie, à empattements carrés.

ÉGYPTOLOGIE [eʒiptɔlɔʒi]. *n. f.* (mil. xɪxᵉ; de *Égypte*, et *-logie*). Science des choses de l'ancienne Égypte.

ÉGYPTOLOGUE [eʒiptɔlɔg]. *n.* (1827; de *égyptologie*). Spécialiste d'égyptologie; archéologue qui s'occupe des antiquités égyptiennes.

EH ! [e]. *interj.* (*E*, xɪᵉ; onomat.). Interjection, variante de *hé !* — *Eh bien ! l'avez-vous ?*

ÉHONTÉ, ÉE [eɔ̃te]. *adj.* (1361; de *é-*, et *honte*). Qui n'a pas honte en commettant des actes répréhensibles. V. **Cynique, effronté, impudent.** *Un tricheur éhonté.* — Par ext. *C'est un mensonge éhonté.* ◇ ANT. Honteux.

EIDER [ɛdɛʀ]. *n. m.* (1763; *edre*, xɪɪᵉ; island. *aedar*). Genre de grand canard des pays du Nord, fournissant un duvet apprécié (V. **Édredon**).

EIDÉTIQUE [ɛjdetik]. *adj.* (1925; all. *eidetisch*, 1920; du gr. *eidos* « forme, essence »). ♦ 1° *Psycho. Image eidétique*, vive, détaillée, d'une netteté hallucinatoire. — Subst. *Les eidétiques*, ceux qui ont des images de ce genre. ◇ Caractérol. *Type eidétique*, qui se représente le réel tel qu'il se donne (sans l'intégrer à son psychisme). ♦ 2° *Philo. (Phénoménologie).* Qui concerne les essences, abstraction faite de l'existence (abstraction dite *réduction eidétique*).

EINSTEINIUM [ɛnstɛnjɔm]. *n. m.* (1955; du n. pr. *Einstein*). *Chim.* Élément chimique de numéro atomique 99 (symb. : *Es*).

ÉJACULATION [eʒakylasjɔ̃]. *n. f.* (1552; du rad. de *éjaculer*). Fait d'éjaculer. — *Absolt.* Émission de sperme.

ÉJACULER [eʒakyle]. *v. tr.* (fin xvɪᵉ; lat. *ejaculare* ou *ejaculari*). Projeter avec force (un liquide sécrété par l'organisme). *Absolt.* Émettre le sperme.

ÉJECTABLE [eʒɛktablə)]. *adj.* (1956; de *éjecter*). *Aviat. Siège éjectable*, qui peut être éjecté hors de l'appareil avec son occupant en cas de perdition.

ÉJECTER [eʒɛkte]. *v. tr.* (1890; lat. *ejectare*). ♦ 1° Rejeter au dehors. V. **Projeter.** *La douille est éjectée quand le tireur réarme.* ♦ 2° *Fam.* Expulser, renvoyer. *Il s'est fait éjecter avec perte et fracas.*

ÉJECTEUR [eʒɛktœʀ]. *n. m.* (1874; de rad. de *éjection*). Appareil, mécanisme servant à éjecter une pièce, à évacuer un fluide.

ÉJECTION [eʒɛksjɔ̃]. *n. f.* (xɪɪɪᵉ; lat. *ejectio*). ♦ 1° *Physiol.* Évacuation, déjection. ♦ 2° (xɪxᵉ). Action d'éjecter, fait d'être éjecté. *L'éjection du pilote.* ♦ 3° *Fam.* Expulsion.

ÉJOINTER [eʒwɛte]. *v. tr.* (1756; de *é-*, et a. fr. *jointe* « articulation »; de *joindre*). Rare. *Éjointer un oiseau*, casser l'articulation extérieure de l'aile (pour l'empêcher de voler).

ÉLABORATION [elabɔʀasjɔ̃]. *n. f.* (1478; lat. *elaboratio*). ♦ 1° Production, dans un organisme vivant, de substances nouvelles aux dépens de celles qui y sont apportées lors de divers processus physiologiques, qu'il s'agisse de sécrétion par des glandes ou de déchets destinés à être éliminés. V. **Assimilation.** *Élaboration de la bile par le foie, de l'urine par le rein. Élaboration de la sève.* ♦ 2° *Fig.* (1845). Action d'élaborer par un travail intellectuel. V. **Composition, construction, préparation.** *L'élaboration d'un plan, d'une œuvre.* « *L'élaboration graduelle du diagnostic* » (MART. du G.).

ÉLABORER [elabɔʀe]. *v. tr.* (1675; au p. p. *élabouré*, 1534; lat. *elaborare*, de *labor* « travail »). ♦ 1° Préparer mûrement, par un lent travail de l'esprit. V. **Combiner, construire, faire, former.** « *Un plan doit avoir été soigneusement élaboré en vue du dénouement* » (BAUDEL.). Pronom. « *C'est dans l'Europe... que s'est élaboré le système industriel* »

(SIEGFRIED). ♦ 2° *Physiol.* Réaliser l'élaboration de. *Les glandes élaborent des produits nouveaux à l'aide de substances prélevées dans le sang.* — *Sève* élaborée.

ÉLÆIS. V. **ÉLÉIS.**

ÉLAGAGE [elagaʒ]. *n. m.* (1760; de *élaguer*). Action d'élaguer (les arbres). V. **Taille.**

ÉLAGUER [elage]. *v. tr.* (xvɪᵉ; *alaguer*, xɪɪɪᵉ; a. scand. *laga* « arranger »). ♦ 1° Dépouiller (un arbre) des branches superflues. V. **Ébrancher, éclaircir, émonder, tailler.** « *Les arbres de la route, toujours élagués à la mode du pays, ne donnaient presque aucune ombre* » (ROUSS.). ♦ 2° *Fig.* (xvɪɪɪᵉ). Débarrasser des détails ou développements inutiles. *Il faut élaguer votre exposé.* ◇ Par ext. Retrancher. *Il y a beaucoup à élaguer dans cet article.*

ÉLAGUEUR [elagœʀ]. *n. m.* (1756; de *élaguer*). Ouvrier spécialisé dans l'élagage des arbres.

1. **ÉLAN** [elɑ̃]. *n. m.* (déb. xvᵉ; de *élancer*). ♦ 1° Mouvement par lequel on s'élance. « *Courir d'un seul élan hors de la ville* » (CAMUS). *Rien ne peut arrêter l'élan de nos troupes.* ◇ Mouvement progressif préparant l'exécution d'un saut, d'un exercice. *Le sauteur prend son élan. L'acrobate a mal calculé son élan.* ◇ Philo. (1907) *L'élan vital*, selon Bergson, mouvement vital, créateur, qui traverse la matière en se diversifiant. « *L'élan est fini, et il a été donné une fois pour toutes* » (BERGSON). ◇ Reprise soudaine de la voix. ♦ 2° *Fig.* Mouvement ardent, subit, qu'un vif sentiment inspire. V. **Impulsion, poussée, transport.** « *Même élan de foi, d'espérance et d'enthousiasme* » (TAINE). « *L'élan patriotique de 1792* » (MADELIN). *Parler avec élan.* V. **Chaleur, vivacité.** *Un bel élan* (dans un discours). V. **Envolée.** — Mouvement affectueux, moment d'expansion. *Il n'a jamais un élan vers elle.*

2. **ÉLAN** [elɑ̃]. *n. m.* (xvɪɪᵉ; *hellent*, 1414; haut all. *elend*, du baltique *alni*). Grand cerf des pays du Nord, à grosse tête, aux bois aplatis en éventail. V. **Orignal.**

ÉLANCÉ, ÉE [elɑ̃se]. *adj.* (1549; de *élancer*). ♦ 1° *Vx.* Maigre, efflanqué. ♦ 2° *Mod.* (1636). Mince et svelte. « *Le type allongé, élancé, aux aptitudes gymnastiques* » (TAINE). ◇ ANT. Ramassé, trapu.

ÉLANCEMENT [elɑ̃smɑ̃]. *n. m.* (1549; de *élancer*). ♦ 1° Douleur brusque, aiguë, lancinante. « *Il avait sommeil et des élancements violents lui trouaient le crâne* » (SARTRE). ♦ 2° (1587). *Littér.* Élan religieux, aspiration mystique. « *Ces sublimes élancements de l'âme vers l'infini* » (GAUTIER).

ÉLANCER [elɑ̃se]. *v.; conjug. lancer.* V. **Placer** (V.); de *é-*, et *lancer*). ♦ 1° *V. pron.* Se lancer en avant impétueusement. V. **Précipiter** (se), **ruer** (se). « *Je n'eus que le temps de m'élancer et de le lui arracher des mains* » (DAUD.). « *Un d'eux s'élance ventre à terre* » (J. et J. THARAUD). *Les passants s'élancèrent à sa poursuite.* Par anal. « *La source s'élançait en bouillonnant* » (MÉRIMÉE). V. **Saillir.** ◇ *Fig.* « *Sa pensée... en aucune œuvre ne s'est élancée au delà du monde réel* » (BALZ.). V. **Envoler** (s'). ♦ 2° *V. tr.* (xvɪᵉ). *Vx.* Lancer avec force. ◇ *Mod.* Élever, dresser. « *La salle élançait à des hauteurs de cathédrale les arceaux de sa voûte* » (HUYSMANS). ♦ 3° *V. intr.* (xvɪᵉ). Causer des élancements. *La blessure est refermée, mais le doigt lui élance encore.* ◇ ANT. Reculer.

ÉLARGIR [elaʀʒiʀ]. *v. tr.* (xɪɪᵉ; de *é-*, et *large*). ♦ 1° Rendre plus large. V. **Dilater, évaser.** *On a dû élargir la rue. Faire élargir une jupe.* — Pronom. Devenir plus large. « *Le sentier s'élargissait* » (MART. du G.). ◇ Faire apparaître plus large. *Une veste qui élargit les épaules.* ♦ 2° Rendre plus ample. V. **Agrandir, étendre.** « *Les éclairer, les aimer, leur élargir magnifiquement l'horizon* » (HUGO). *Il faut élargir le débat.* — Au p. p. *Le gouvernement s'appuiera sur une majorité élargie.* — Pronom. « *La conscience se rétracte à mesure que les idées s'élargissent* » (CHATEAUB.). ♦ 3° *Dr.* (1355). Mettre en liberté (un détenu). V. **Libérer, relâcher.** « *On ne saurait être écroué avec plus de civilité, ni élargi plus promptement qu'il ne l'a été* » (P.-L. COUR.). ♦ 4° *Intrans.* (Fam.). Il a élargi, il a pris de la carrure. V. **Forcir.** ◇ ANT. Rétrécir. Borner, restreindre. Écrouer, incarcérer.

ÉLARGISSEMENT [elaʀʒismɑ̃]. *n. m.* (xɪɪᵉ; de *élargir*). ♦ 1° Action d'élargir, fait de s'élargir. V. **Évasement.** « *Peu de menton, peu de crâne; entre les deux un élargissement progressif* » (ROMAINS). ♦ 2° Action de rendre plus ample, fait de s'étendre. V. **Agrandissement, développement, extension.** « *Un élargissement de l'âme et de la sensation* » (MAUPASS.). ♦ 3° *Dr.* Mise en liberté (d'un détenu). V. **Libération.** ◇ ANT. Rétrécissement. Diminution; restriction. Incarcération.

ÉLASTICIMÉTRIE [elastisimetʀi]. *n. f.* (1895; du rad. de *élasticité*, et *-métrie*). *Sc.* Mesure des contraintes subies par un corps et des déformations qui en résultent.

ÉLASTICITÉ [elastisite]. *n. f.* (1687; lat. sc. *elasticitas*, de *élastique*). ♦ 1° Propriété qu'ont certains corps de reprendre (au moins partiellement) leur forme et leur volume primitifs quand la force qui s'exerçait sur eux cesse d'agir.

L'élasticité du caoutchouc. Élasticité des gaz. V. **Compressibilité.** *Élasticité des métaux* (de traction, de torsion, de flexion). V. **Extensibilité, flexibilité.** *Limite d'élasticité,* au delà de laquelle les corps restent déformés. *Coefficient d'élasticité. Module d'élasticité,* quotient de la contrainte exercée sur un corps par la déformation qui en résulte. Physiol. *Élasticité des artères, des muscles, des poumons.* ◇ *Par ext.* Souplesse. « *Il marchait en éprouvant à chaque pas, soigneusement, l'élasticité du jarret et du cou-de-pied* » (COLETTE). ♦ 2° *Fig.* Aptitude à réagir vivement, à se redresser. V. **Ressort.** « *L'esprit mis à la gêne perd toute son élasticité* » (VOLT.). ♦ 3° *Fig.* Aptitude à se plier, à s'adapter. V. **Souplesse.** « *Impitoyable dictature que celle de l'opinion; n'implorez d'elle ni indulgence, ni élasticité quelconque dans l'application de ses lois* » (BAUDEL.). ◇ Possibilité de s'interpréter, de s'appliquer de façons diverses. *Tirer parti de l'élasticité d'un règlement.* ◇ Écon. *Élasticité d'un phénomène* (par rapport à un autre), le quotient de leur variation relative. *L'élasticité de l'offre et de la demande.* ◇ ANT. *Rigidité, rigueur.*

ÉLASTIQUE [elastik]. *adj.* et *n.* (1674; lat. sc. *elasticus* (1651), du gr. *elasis,* de *elaunein* « action de pousser »). **I.** *Adj.* ♦ 1° *Vx. Force, vertu élastique,* pression (de l'air, d'un gaz). ◇ *Mod.* (XVIIᵉ) Qui a de l'élasticité. V. **Compressible, extensible, flexible.** *Les gaz sont très élastiques. L'acier est le plus élastique des métaux. Gomme élastique.* V. **Caoutchouc.** ◇ Fait de matière élastique. V. **Extensible.** *Bretelles, bandage, sommier élastiques.* V. **Souple.** — Anat. *Fibres élastiques,* fibres du tissu conjonctif constituées surtout d'élastine, qui leur confère la souplesse et une grande résistance à la traction. *Tissu élastique,* variété de tissu conjonctif formé essentiellement de fibres élastiques. ♦ 2° *Par ext.* Souple. « *Comparant sa démarche engourdie aux foulées élastiques de son fils* » (MART. du G.). ♦ 3° *Fig.* Dont on peut étendre le sens, l'application. V. **Variable.** « *Ce mot était élastique, pouvait être peu ou beaucoup* » (MICHELET). Péj. *Une conscience élastique,* sans rigueur, très accommodante. ♦ 4° *Défense élastique,* qui, au lieu d'opposer à l'ennemi un front continu et rigide, évite la percée et l'enveloppement par une série de replis successifs. « *Les forces européennes effectuaient un repli élastique* » (BEAUVOIR). **II.** *N. m.* (1839). Tissu souple contenant des fils de caoutchouc. *Bretelles en élastique.* — *Spécialt.* Ruban plus ou moins large de caoutchouc, de textile tissé avec des fils de caoutchouc. *Élastique extra-souple, circulaire, rond, plat, à boutonnières. Mettre des élastiques à des chaussettes.* Pop. *Il les lâche avec un élastique,* il paye, donne son argent avec beaucoup de réticence. ◇ ANT. *Rigide. Rigoureux, strict.*

ÉLASTOMÈRE [elastɔmɛʀ]. *n. m.* (1953; du rad. de *élastique,* et (poly)*mère*). *Chim.* Caoutchouc synthétique obtenu par polymérisation.

ÉLATÉRIDÉS [elateʀide]. *n. m. pl.* (1839; lat. zool. *elater,* insecte type de cette famille; gr. *elatêr* « qui pousse »). *Zool.* Famille de coléoptères qui peuvent sauter, étant sur le dos, en s'aidant de leur tête et de leur abdomen. V. **Taupin.**

ÉLAVÉ, ÉE [elave]. *adj.* (1561; de *élaver* « effacer », XIIᵉ; de *é-,* et *laver*). *Vén.* Se dit de la robe d'une bête, quand elle est de couleur pâle, délavée.

ELBEUF [ɛlbœf]. *n. m.* (1743; du nom de la ville de Normandie). Drap fin fabriqué principalement à Elbeuf. *Un coupon d'elbeuf.*

ELBOT [ɛlbo]. *n. m.* (1563, *helbot,* du néerl. *heilbot* même sens; Cf. angl. *hallibut* et all. *Heilbutt*). Nom du flétan*, en Belgique.

ELDORADO [ɛldɔʀado]. *n. m.* (1835; nom d'un pays fabuleux d'Amérique du Sud, 1640; mot esp. « le doré, le pays de l'or »). Pays merveilleux, de rêve, de délices (Cf. Pays de cocagne). « *Tu vois quel est mon Eldorado, ma terre promise* » (GAUTIER).

ÉLÉATIQUE [eleatik]. *adj.* (1755; lat. *eleaticus,* de *Elea* « Élée »). *Hist. philo.* Propre aux philosophes de l'école d'Élée, ou *Éléates* (Parménide, Zénon, etc.) et à leurs doctrines.

ÉLECTEUR, TRICE [elɛktœʀ, tʀis]. *n.* (1361; bas lat. *elector* « celui qui choisit »). ♦ 1° Hist. *Les électeurs du Saint-Empire germanique,* les princes et évêques qui avaient le droit d'élire l'empereur. *L'électeur palatin. Le Grand Électeur,* l'électeur de Brandebourg. ♦ 2° (1790). Personne qui a le droit de vote dans une élection. V. **Votant.** *Inscription d'un électeur sur une liste électorale. Carte d'électeur. Candidat qui sollicite le suffrage, les voix des électeurs.* « *En 1849, ayant vingt et un ans, j'étais électeur* » (TAINE).

ÉLECTIF, IVE [elɛktif, iv]. *adj.* (1361; bas lat. *electivus* « qui marque le choix »). ♦ 1° *Vx.* Qui choisit. — Chim. anc. *Affinité* élective.* Fig. Entente profonde. « *On comprend que des affinités électives aient uni Proust à Ruskin* » (MAUROIS). ♦ 2° Qui est nommé ou conféré par élection. « *Il y a*

trois sortes d'aristocratie : naturelle, élective, héréditaire » (ROUSS.).

ÉLECTION [elɛksjɔ̃]. *n. f.* (XIIᵉ; lat. *electio* « choix »). ♦ 1° *Vx.* Choix. — *Mod.* (Dr.) *Élection de domicile :* choix d'un domicile. — *Théol.* Choix préférentiel de Dieu. *Le peuple d'élection,* le peuple élu. — *Cour. La patrie d'élection,* celle que l'on choisit. ♦ 2° Choix, désignation d'une ou plusieurs personnes par un vote. *Procéder à l'élection du président, du bureau. Élection d'un académicien, du pape. Procès-verbal d'élection.* — Spécialt. *Élections administratives (départementales, municipales). Élections politiques (sénatoriales, législatives, élection présidentielle).* Absolt. *Les élections,* celles qui désignent les députés de l'Assemblée nationale, un chef d'État, etc. *Se présenter aux élections. Sièges à pourvoir dans une élection. Mode de scrutin* dans une élection. Premier, second tour* d'une élection. Résultats des élections* (dépouillement du scrutin, recensement des votes, détermination des élus). *Valider, invalider une élection.* ♦ 3° *Anc. Dr.* Sous l'Ancien Régime, Circonscription financière administrée par des élus. *Pays d'élection* (opposé à *pays d'État*), régions de France où l'impôt n'était pas confié aux États provinciaux.

ÉLECTIVITÉ [elɛktivite]. *n. f.* (1839; de *électif*). ♦ 1° *Rare.* Fait d'être électif (2°). ♦ 2° *Biol.* Propriété qu'ont certaines substances de se fixer sur un élément cellulaire plutôt que sur un autre.

ÉLECTORAL, ALE, AUX [elɛktɔʀal, o]. *adj.* (1571; de *électeur*). ♦ 1° *Ancien.* Propre ou relatif à un électeur du Saint-Empire. ♦ 2° *Mod.* (fin XVIIIᵉ). Relatif aux élections. *Loi électorale. Découpage* électoral. Circonscription électorale. Collège électoral. Campagne, réunion électorale. Liste électorale,* catalogue alphabétique officiel des personnes qui exercent le droit de vote dans la commune. « *Il y a eu des tractations occultes, des promesses de soutien électoral, des subsides* » (ROMAINS).

ÉLECTORALISME [elɛktɔʀalism(ə)]. *n. m.* (1966; de *électoral*). *Polit.* Tendance d'un parti à subordonner sa politique à la recherche de succès électoraux.

ÉLECTORALISTE [elɛktɔʀalist(ə)]. *adj.* et *n.* (1966; de *électoral*). *Polit.* Empreint d'électoralisme. *Des préoccupations électoralistes.*

ÉLECTORAT [elɛktɔʀa]. *n. m.* (1611; de *électeur,* d'apr. lat. *elector*). ♦ 1° Dignité d'un électeur du Saint-Empire; son territoire. ♦ 2° (Fin XVIIIᵉ). Qualité d'électeur, usage du droit d'électeur. ♦ 3° (1847). Collège électoral, ensemble des électeurs. *L'électorat français. Importance de l'électorat féminin. L'électorat fidèle de ce parti.*

ÉLECTRICIEN [elɛktʀisjɛ̃]. *n. m.* (1861; « physicien spécialisé dans l'étude de l'électricité », 1764; du rad. de *électricité*). Technicien ou ouvrier spécialisé dans le matériel et les installations électriques. — Appos. *Ouvrier, ingénieur électricien.*

ÉLECTRICITÉ [elɛktʀisite]. *n. f.* (1720; lat. sc. *electricitas.* V. **Électrique**). Une des formes de l'énergie, mise en évidence à l'origine par ses propriétés attractives ou répulsives, aujourd'hui par la structure de la matière elle-même; ensemble des phénomènes causés par une charge électrique. V. **Électromagnétisme, magnétisme.** *Électricité statique,* en équilibre (production d'électrisation par frottement, par contact et par piézo-électricité). *Électricité positive* (ou *vitreuse*), qui se développe sur le verre par frottement), *négative* (ou *résineuse,* sur la résine). *Électricité dynamique,* courant électrique. *Structure granulaire de l'électricité.* V. **Électron, électronique.** *Électricité atmosphérique.* V. **Éclair, foudre.** « *L'irritante électricité des jours orageux* » (FROMENTIN). Fig. *Il y a de l'électricité dans l'air,* les gens sont nerveux, excités. — *Applications industrielles, thérapeutiques de l'électricité.* V. **Électrochimie, électrométallurgie, électrotechnique, électrothérapie, radio-électricité.** ◇ Cette énergie dans son usage domestique. *Alimentation des villes en électricité. Avoir, faire poser l'électricité. Panne d'électricité* (ou *de courant*). *Dépense, note d'électricité.* Fam. *Allumer, éteindre l'électricité,* l'appareil d'éclairage électrique.

ÉLECTRIFICATION [elɛktʀifikasjɔ̃]. *n. f.* (1877; du rad. de *électri*(cité), et *-fication*). ♦ 1° *Vx.* Production d'électricité; électrisation. ♦ 2° *Mod.* (1907). Action d'électrifier. *L'électrification des chemins de fer.*

ÉLECTRIFIER [elɛktʀifje]. *v. tr.* (déb. XXᵉ; du rad. de *électri*(que), et *-fier*). ♦ 1° Faire fonctionner en utilisant l'énergie électrique. *Électrifier une ligne de chemin de fer.* ♦ 2° Pourvoir d'énergie électrique. *Électrifier un village.*

ÉLECTRIQUE [elɛktʀik]. *adj.* (1660; lat. sc. *electricus* « propre à l'ambre », 1600; lat. *electrum*). ♦ 1° *Vx.* Qui peut recevoir ou communiquer l'électricité. ◇ *Mod.* Propre ou relatif à l'électricité. *L'énergie électrique. Phénomènes électriques. Charge électrique. Décharge électrique. Champ, potentiel électrique. Courant électrique,* écoulement de charges électriques dans une chaîne de conducteurs. *Résistance* *électrique. Oscillations électriques.* ◊ Qui utilise l'électricité, concerne l'utilisation de l'électricité. *Moteur électrique. L'éclairage, la lumière électrique. Centrale; pile électrique. Installations électriques. Traction électrique. Appareils électriques ménagers.* V. **Électroménager.** — *Chaise* électrique.* ♦ 2° *Fig.* Qui évoque les effets de la décharge, du courant électrique. « *La peau fiévreuse, la vie émue, le baiser électrique* » (HUGO). *Un effet, une impression électrique.*

ÉLECTRIQUEMENT [elɛktʀikmã]. *adv.* (1832; de *électrique*). Par l'énergie électrique. *Horloge mue électriquement.* « *La colère est un courant de la force humaine qui agit électriquement* » (BALZ.).

ÉLECTRISABLE [elɛktʀizabl(ə)]. *adj.* (1746; de *électriser*). Qui peut être électrisé.

ÉLECTRISANT, ANTE [elɛktʀizã, ãt]. *adj.* (1834; de *électriser*). Qui électrise (surtout *fig.*), magnétise. « *En lui prenant la main qu'elle garda entre ses mains électrisantes* » (BALZ.). *Une éloquence électrisante.*

ÉLECTRISATION [elɛktʀizasjɔ̃]. *n. f.* (1738; de *électriser*). Action d'électriser; fait d'être électrisé. *Électrisation par frottement, par contact.* ◊ *Fig.* et rare. *L'électrisation de la foule.*

ÉLECTRISER [elɛktʀize]. *v. tr.* (1732; du rad. de *électrique*). ♦ 1° Communiquer à (un corps) des propriétés, des charges électriques. *Électriser un corps, un conducteur,* faire apparaître sur lui de l'électricité positive ou négative. ♦ 2° (1775). *Fig.* Animer, pousser à l'action, en produisant une impression vive, exaltante. V. **Enflammer, exalter, exciter, galvaniser, transporter.** *L'orateur avait électrisé la foule.* « *Elle était faite pour électriser le monde et pour créer des séides* » (CHATEAUB.). — Au p. p. « *Il fondit le premier sur les Arabes, et ses gens électrisés le suivirent* » (BALZ.).

ÉLECTRO-. Élément, tiré du rad. de *électricité* (mots. sc.).

ÉLECTRO-ACOUSTICIEN, IENNE [elɛktʀoakustisjɛ̃, jɛn]. *adj.* et *n.* (1948; de *électro-*, et *acousticien*). *Techn.* Spécialiste de l'électro-acoustique. *Ingénieur électro-acousticien.* Subst. *Des électro-acousticiens.*

ÉLECTRO-ACOUSTIQUE [elɛktʀoakustik]. *n. f.* (1948; de *électro-*. et *acoustique*). *Techn.* Étude de la production, de la transmission et de la restitution du son par des procédés électriques. (Cf. **Écouteur, enregistrement, haute*-fidélité, haut-parleur, microphone**). — *Adj. Musique électro-acoustique.*

ÉLECTRO-AIMANT [elɛktʀɛmã]. *n. m.* (1849; de *électro-*, et *aimant*). *Électr.* Aimant artificiel, composé d'un barreau de fer doux sur lequel sont fixées deux bobines parcourues par un courant. *Les pôles et l'entrefer d'un électro-aimant. Électro-aimants employés comme relais, comme appareils de levage.*

ÉLECTROBIOLOGIE [elɛktʀobjɔlɔʒi]. *n. f.* (1845; de *électro-*, et *biologie*). *Vx.* Étude des phénomènes électriques observés chez les êtres vivants. ◊ *Mod.* et *sc.* (1900) Emploi de l'électricité dans les études biologiques (notamment en physiologie : **Électrophysiologie**, *n. f.*).

ÉLECTROCARDIOGRAMME [elɛktʀokaʀdjɔgʀam]. *n. m.* (1919; de *électro-*, et *cardiogramme*). *Méd.* et *cour.* Tracé obtenu au moyen de l'électrocardiographe.

ÉLECTROCARDIOGRAPHE [elɛktʀokaʀdjɔgʀaf]. *n. m.* (1948; de *électro-*, et *cardiographe*). *Méd.* Appareil destiné à l'électrocardiographie.

ÉLECTROCARDIOGRAPHIE [elɛktʀokaʀdjɔgʀafi]. *n. f.* (1919; de *électro-*, et *cardiographie*). *Méd.* Exploration de la fonction cardiaque au moyen de la traduction graphique des phénomènes électriques qui se produisent au cours de la révolution cardiaque. (Adj. **Électrocardiographique** [1919]).

ÉLECTROCAUTÈRE [elɛktʀoko(o)tɛʀ]. *n. m.* (1946; de *électro-*, et *cautère*). *Méd.* Cautère composé d'un fil conducteur porté au rouge par le passage d'un courant électrique.

ÉLECTROCHIMIE [elɛktʀoʃimi]. *n. f.* (1826; de *électro-*, et *chimie*). ♦ 1° Étude et technique des applications industrielles de l'électrolyse. ♦ 2° *Physiol.* Étude des réactions chimiques provoquées dans un tissu vivant par les courants électriques.

ÉLECTROCHIMIQUE [elɛktʀoʃimik]. *adj.* (1815; de *électrochimie*). Relatif à l'électrochimie. *Équivalent électrochimique.*

ÉLECTROCHOC [elɛktʀoʃɔk]. *n. m.* (1938; de *électro-*, et *choc*). *Méd.* et *cour.* Procédé de traitement psychiatrique consistant à provoquer une perte de conscience, suivie de convulsions, par le passage d'un courant alternatif à travers la boîte crânienne. « *On a dû me mettre la camisole de force.* — *On t'a fait des électro-chocs?* » (BEAUVOIR).

ÉLECTROCOAGULATION [elɛktʀokɔagylasjɔ̃]. *n. f.* (1922; de *électro-*, et *coagulation*). *Méd.* Coagulation de tissus vivants par la chaleur, obtenue au moyen de courants électriques. V. **Électrocautère, électropuncture, galvanocautère.**

ÉLECTROCUTER [elɛktʀɔkyte]. *v. tr.* (1891; anglo-amér. *electrocute*, de *to (exe)cute* « exécuter »). *Cour.* Tuer par une décharge électrique. *Se faire électrocuter par accident. Électrocuter un condamné sur la chaise électrique* (aux États-Unis).

ÉLECTROCUTION [elɛktʀɔkysjɔ̃]. *n. f.* (1890; anglo-amér. *electrocution*. V. **Électrocuter**). Action d'électrocuter fait d'être électrocuté, ensemble des effets provoqués dans un organisme vivant par les courants électriques, surtout par les courants de haute tension (mort instantanée, perte de connaissance brutale, convulsions, brûlures au point de contact).

ÉLECTRODE [elɛktʀɔd]. *n. f.* (1838; angl. *electrode*, 1834; de *électro-*, et -*ode*). ♦ 1° *Électr.* Conducteur par lequel le courant arrive (*électrode positive* ou *anode*) ou sort (*électrode négative* ou *cathode*) dans un électrolyte, un tube à gaz raréfié et, en général, un milieu où il doit être utilisé. — Chacune des tiges (de graphite, de métal) entre lesquelles on fait jaillir un arc électrique. ♦ 2° (1888). *Phys. méd.* Conducteur électrique appliqué sur une partie de l'organisme.

ÉLECTRODIAGNOSTIC [elɛktʀɔdjagnɔstik]. *n. m.* (1890; de *électro-*, et *diagnostic*). *Méd.* Méthode de diagnostic au moyen de l'électricité (exploration utilisant l'action stimulante des courants électriques; enregistrement des phénomènes électriques qui se produisent dans les tissus lors de diverses fonctions perturbées. V. **Électrocardiographie, électro-encéphalographie**).

ÉLECTRODYNAMIQUE [elɛktʀodinamik]. *n. f.* et *adj.* (1823; de *électro-*, et *dynamique*). ♦ 1° *N. f.* Partie de la physique qui traite de l'électricité dynamique, de l'action des courants électriques. ♦ 2° *Adj.* Qui appartient au domaine de cette science. *Phénomènes électrodynamiques.*

ÉLECTRODYNAMOMÈTRE [elɛktʀodinamɔmɛtʀ(ə)]. *n. m.* (1886; all. *Electrodynamometer*; de *électro-*, et *dynamomètre*). *Phys., Techn.* Appareil servant à mesurer l'intensité d'un courant.

ÉLECTRO-ENCÉPHALOGRAMME [elɛktʀoãsefalɔgʀam]. *n. m.* (1929; de *électro-*, *encéphale*, et -*gramme*). *Méd.* Tracé obtenu par les procédés de l'électro-encéphalographie.

ÉLECTRO-ENCÉPHALOGRAPHIE [elɛktʀoãsefalɔgʀafi]. *n. f.* (1929; de *électro-*, *encéphale*, et -*graphie*). *Méd.* Enregistrement de l'activité électrique du cerveau, le plus souvent par l'application d'électrodes sur le cuir chevelu intact.

ÉLECTROGÈNE [elɛktʀɔʒɛn]. *adj.* (1847; de *électro-*, et -*gène*). ♦ 1° *Zool.* Qui produit de l'électricité. *L'appareil électrogène du gymnote.* ♦ 2° *Cour.* (1900). *Groupe électrogène,* ensemble formé par un moteur et un système dynamo-électrique. V. **Génératrice.**

ÉLECTROLOGIE [elɛktʀolɔʒi]. *n. f.* (1864; de *électro-*, et -*logie*). *Didact.* Partie de la physique qui étudie tout ce qui se rapporte à l'électricité. *Électrologie médicale* (V. **Électrodiagnostic, électrothérapie**).

ÉLECTROLUMINESCENCE [elɛktʀolyminesãs]. *n. f.* (1946; de *électro-*, et *luminescence*). Propriété que certains corps de devenir lumineux sous l'action d'un courant, d'une décharge, d'un champ électrique.

ÉLECTROLYSABLE [elɛktʀolizabl(ə)]. *adj.* (1845; de *électrolyser*). *Rare.* Qui peut être électrolysé.

ÉLECTROLYSE [elɛktʀoliz]. *n. f.* (1856; *électrolysation*, 1845; de *électrolyser*). Décomposition chimique de certaines substances en fusion ou en solution, obtenue par le passage d'un courant électrique. ◊ *Réaction chimique des produits de cette décomposition sur les électrodes* (dépôts métalliques sur la cathode, utilisés dans l'argenture, le chromage, le nickelage).

ÉLECTROLYSER [elɛktʀolize]. *v. tr.* (1838; angl. *to electrolyse*, 1834; de *électro-*, et gr. *lusis* « dissolution »). *Sc.* Décomposer par électrolyse.

ÉLECTROLYSEUR [elɛktʀolizœʀ]. *n. m.* (1900; de *électrolyser*). *Techn.* Appareil destiné à effectuer des électrolyses.

ÉLECTROLYTE [elɛktʀolit]. *n. m.* (1838; angl. *electrolyte*, 1834; de *électro-*, et gr. *lutos* « soluble »). *Sc.* Corps qui, à l'état soluble, peut se dissocier en anions et cations sous l'action d'un courant électrique.

ÉLECTROLYTIQUE [elɛktʀolitik]. *adj.* (1845; de *électrolyte*). Qui a les caractères d'un électrolyte. ◊ Relatif à l'électrolyse. *Procédés électrolytiques. Cellule électrolytique,* récipient ou enceinte où se produit une électrolyse. ◊ Qui se fait par électrolyse. *Argenture électrolytique.*

ÉLECTROMAGNÉTIQUE [elɛktʀomaɲetik]. *adj.* (1781; *électro-magnétique*; de *électro-*, et *magnétique*). Qui appartient à l'électromagnétisme. *Ondes électromagnétiques. La théorie électromagnétique de la lumière, de Maxwell.*

ÉLECTROMAGNÉTISME [elɛktʀomaɲetism(ə)]. *n. m.* (1781, *électro-magnétisme;* de *électromagnétique*). Partie de la physique qui étudie les interactions entre courants électriques et champs magnétiques.

ÉLECTROMÉCANICIEN [elɛktrɔmekanisjɛ̃]. *n. m.* (1928, milit.; de *électro-*, et *mécanicien*). *Techn.* Mécanicien ayant une formation complémentaire d'électricien.

ÉLECTROMÉCANIQUE [elɛktrɔmekanik]. *adj.* et *n. f.* (1894; de *électro-*, et *mécanique*). *Sc.* et *techn. Adj.* Se dit d'un dispositif mécanique de commande ou de contrôle en liaison avec les organes électriques. ◇ *N. f.* Applications de l'électricité à la mécanique.

ÉLECTROMÉNAGER [elɛktrɔmenaʒe]. *adj. m.* (1949; de *électro-*, et *ménager*). *Cour.* Se dit de divers appareils ménagers (fers, aspirateurs, réfrigérateurs, etc.) utilisant l'énergie électrique. — *Subst. L'électroménager*, l'ensemble de ces appareils; l'industrie qui les produit.

ÉLECTROMÉTALLURGIE [elɛktrɔmetalyrʒi]. *n. f.* (1870; de *électro-*, et *métallurgie*). Application à la métallurgie de procédés électrothermiques et électrolytiques.

ÉLECTROMÉTALLURGISTE [elɛktrɔmetalyrʒist(ə)]. *n. m.* (v. 1955; de *électro-*, et *métallurgiste*). *Techn.* Fondeur de four d'aciérie électrique.

ÉLECTROMÈTRE [elɛktrɔmɛtr(ə)]. *n. m.* (1749; de *électro-*, et *mètre*). Appareil de mesure des grandeurs électriques (*spécialt.* des différences de potentiel).

ÉLECTROMÉTRIE [elɛktrɔmetri]. *n. f.* (1845; de *électro-*, et *-métrie*). Ensemble des méthodes de mesure des tensions, charges et courants électriques.

ÉLECTROMOTEUR, TRICE [elɛktrɔmɔtœr, tris]. *adj.* et *n. m.* (1801; de *électro-*, et *moteur*). Qui développe de l'électricité sous l'action d'un agent mécanique ou chimique. — *Force électromotrice*, qui maintient une différence de potentiel électrique ou qui entretient un courant électrique (exprimée par le quotient de la puissance électrique empruntée à la source et dirigée dans le circuit, par l'intensité du courant qui traverse celui-ci. V. **Volt**). ◇ *N. m.* Appareil transformant l'énergie électrique en énergie mécanique.

ÉLECTRON [elɛktrɔ̃]. *n. m.* (1902; en angl., 1891 [Stoney]; « matière électrique », 1808; de *électro-*, et *ion*). ♦ 1° Particule élémentaire possédant la plus petite charge d'électricité, négative *(electron négatif* ou *négaton)* ou positive *(électron positif* ou *positon)*. ♦ 2° *Cour.* Électron négatif, élément constitutif de l'atome*, opposé au noyau. *L'aptitude des électrons des atomes à s'échanger explique les propriétés chimiques de ceux-ci* (V. **Valence, covalence, électrovalence**). ◇ ANT. (sens 2°) *Positon.*

ÉLECTRONARCOSE [elɛktrɔnarkoz]. *n. f.* (1953; de *électro-*, et *narcose*). *Psychiatr.* Court sommeil provoqué par le passage d'un léger courant électrique à travers le cerveau. V. *aussi* **Électrochoc**.

ÉLECTRONÉGATIF, IVE [elɛktrɔnegatif, iv]. *adj.* (1837, *électro-négatif*; de *électro-*, et *négatif*). *Sc.* ♦ 1° Qui est chargé d'électricité négative. ♦ 2° Se dit des éléments chimiques qui, dans l'électrolyse, se portent à l'anode, et dont les atomes peuvent capter des électrons. ◇ ANT. *Électropositif.*

ÉLECTRONICIEN, IENNE [elɛktrɔnisjɛ̃, jɛn]. *n.* (1955; de *électronique*). Spécialiste de l'électronique.

ÉLECTRONIQUE [elɛktrɔnik]. *adj.* et *n. f.* (déb. xxe; de *électron*). *Sc.* et *cour.* ♦ 1° *Adj.* Propre ou relatif à l'électron. *Charge électronique. Théorie électronique de la valence** (V. *aussi* **Coordinance, covalence, électrovalence**). *Émission, flux, faisceau électronique.* ◇ *Par ext.* Qui appartient à l'électronique, fonctionne suivant les lois de l'électronique. *Optique électronique. Microscope, télescope électronique. Tube électronique. Calculateur électronique. Instruments de musique électroniques.* ♦ 2° *N. f.* (v. 1930). Partie de la physique étudiant les phénomènes où sont mis en jeu des électrons à l'état libre; technique dérivant de cette science (fondée sur le déplacement des électrons dans des circuits comportant des tubes électroniques, des transistors, etc.).

ÉLECTRON-VOLT [elɛktrɔ̃vɔlt]. *n. m.* (1948; de *électron*, et *volt*). Unité d'énergie employée en physique nucléaire (symb. *eV*), égale à l'énergie cinétique acquise par un électron dans un champ électrique sous l'effet d'une différence de potentiel d'un volt.

ÉLECTROPHONE [elɛktrɔfɔn]. *n. m.* (1890; de *électro-*, et *-phone*). ♦ 1° *Vx.* Récepteur téléphonique amplifiant le son. ♦ 2° *Mod.* et *cour.* (1950). Appareil de reproduction d'enregistrements phonographiques sur disque ou bande magnétique. V. **Pick-up, tourne-disque**.

ÉLECTROPHORÈSE [elɛktrɔfɔrɛz]. *n. f.* (1948; de *électro-*, et gr. *phorêsis* « transport »). Migration de molécules ou de particules ayant une charge électrique (par ex. micelles d'une suspension colloïdale) sous l'effet d'un champ électrique créé en plaçant deux électrodes dans la solution. ◇ Méthode d'analyse fondée sur le phénomène décrit. *Électrophorèse pour la séparation des fractions protidiques du sérum sanguin.* — Adj. ÉLECTROPHORÉTIQUE [elɛktrɔfɔretik]. *Potentiel électrophorétique.*

ÉLECTROPHYSIOLOGIE [elɛktrɔfizjɔlɔʒi]. *n. f.* (1855; de *électro-*, et *physiologie*). *Sc.* V. **Électrobiologie**. — (*Adj.* ÉLECTROPHYSIOLOGIQUE [elɛktrɔfizjɔlɔʒik], 1856).

ÉLECTROPOSITIF, IVE [elɛktrɔpozitif, iv]. *adj.* (1837, *électro-positif*, de *électro-*, et *positif*). *Sc.* ♦ 1° Qui est chargé d'électricité positive. ♦ 2° Se dit des éléments chimiques qui, dans l'électrolyse, se portent à la cathode, et dont les atomes peuvent céder des électrons. ◇ ANT. *Électronégatif.*

ÉLECTROPUNCTURE, ou **ÉLECTROPONCTURE** [elɛktrɔpɔ̃ktyr]. *n. f.* (1834; de *électro-*, et le 2e élément de *acupuncture*). *Méd.* Coagulation de tissus au moyen d'une électrode pointue, rendue incandescente par un courant galvanique. V. **Électrocautère, électrocoagulation, galvanocautère**.

ÉLECTRORADIOLOGIE [elɛktrɔradjɔlɔʒi]. *n. f.* (1953; de *électro-*, et *radiologie*). *Méd.* Ensemble des applications de l'électricité et de la radiologie à la médecine (diagnostic et traitement). *Dér.* ÉLECTRORADIOLOGISTE [elɛktrɔradjɔlɔʒist(ə)], *n.*

ÉLECTROSCOPE [elɛktrɔskɔp]. *n. m.* (1753; de *électro-*, et *-scope*). Instrument permettant de déceler les charges électriques et d'en déterminer le signe.

ÉLECTROSTATIQUE [elɛktrɔstatik]. *adj.* et *n. f.* (1845; de *électro-*, et *statique*). *Adj.* Propre ou relatif à l'électricité statique. *Unités électrostatiques. Machines électrostatiques.* ◇ *N. f.* (xxe). Partie de la physique traitant des phénomènes d'électricité statique, étudiant les charges électriques en équilibre.

ÉLECTROSTRICTION [elɛktrɔstriksjɔ̃]. *n. f.* (mil. xxe; de *électro-*, et *striction*). *Phys.* Déformation d'un diélectrique soumis à un champ électrique.

ÉLECTROTECHNIQUE [elɛktrɔteknik]. *adj.* et *n. f.* (1882; de *électro-*, et *technique*). Qui concerne les applications techniques de l'électricité. *Institut électrotechnique.* ◇ *N. f.* Étude de ces applications.

ÉLECTROTHÉRAPIE [elɛktrɔterapi]. *n. f.* (1857; de *électro-*, et *-thérapie*). *Méd.* Emploi des courants électriques continus ou alternatifs comme moyen thérapeutique. V. **Diathermie**.

ÉLECTROTHERMIE [elɛktrɔtermi]. *n. f.* (1873; de *électro-*, et *-thermie*). ♦ 1° *Vx.* Utilisation médicale de la chaleur produite par l'électricité. ♦ 2° *Mod.* [*Sc.* et *techn.*] (1948). Étude des transformations de l'énergie électrique en chaleur.

ÉLECTROVALENCE [elɛktrɔvalɑ̃s]. *n. f.* (mil. xxe; de *électro-*, et *valence*). *Chim.* Liaison chimique due à l'attraction électrostatique entre ions chargés dans une solution, un cristal, etc.

ÉLECTRUM [elɛktrɔm]. *n. m.* (1512; mot lat., gr. *êlektron*, par anal. de couleur avec l'ambre). *Archéol.* Alliage naturel d'or et d'argent estimé dans l'antiquité.

ÉLECTUAIRE [elɛktɥer]. *n. m.* (xive; *lettuaire*, xiie; bas lat. *electuarium*, d'après *electus* « choisi », du gr. *ekleikton*). *Vieilli.* Préparation pharmaceutique de consistance molle, formée de poudres mélangées à du sirop, du miel, des pulpes végétales. V. **Opiat, thériaque**.

ÉLÉGAMMENT [elegamɑ̃]. *adv.* (xive; de *élégant*). Avec élégance. *Élégamment vêtu. « Je parle assez élégamment d'amour »* (GAUTIER).

ÉLÉGANCE [elegɑ̃s]. *n. f.* (xve; lat. *elegantia*). ♦ 1° Qualité esthétique qu'on reconnaît à certaines formes naturelles ou créées par l'homme dont la perfection est faite de grâce et de simplicité. *Élégance dans les formes, les proportions, les mouvements. Meubles, décors d'une rare élégance.* V. **Agrément, beauté; harmonie**. ♦ 2° Qualité de style, consistant en un choix heureux des expressions, une langue pure et harmonieuse. *L'élégance attique, l'élégance de Racine. Un tour d'une grande élégance. « Si l'élégance a toujours l'air facile, tout ce qui est facile et naturel n'est cependant pas élégant »* (VOLT.). ◇ *Une, des élégance(s)*, tournure, expression élégante (souv. péj.). V. **Ornement, fioriture**. *« Il notait une phrase d'Honoré en le débarrassant de ses vaines élégances et de ses redites »* (ROMAINS). ♦ 3° (xviiie). Bon goût manifestant un style personnel dans l'habillement, la parure, les manières. V. **Chic, classe, distinction**. *« J'aimais ma mère pour son élégance. J'étais donc un dandy précoce »* (BAUDEL.). *« Un certain chic dans la façon de s'habiller, une élégance un peu négligée »* (AYMÉ). ♦ 4° Bon goût, distinction accompagnés d'aisance et de style dans l'ordre moral ou intellectuel. *Un procédé qui manque d'élégance.* V. **Délicatesse**. *Savoir perdre avec élégance. Élégance d'une démonstration, d'une solution. « L'aisance du raisonnement, l'élégance de la preuve »* (TAINE). ◇ Au plur. *« Moi, c'est moralement que j'ai mes élégances »* (ROSTAND). ◇ ANT. *Inélégance, vulgarité.*

ÉLÉGANT, ANTE [elegɑ̃, ɑ̃t]. *adj.* (1150, rare avant le xve; lat. *elegans*). ♦ 1° Qui a de l'élégance, de la grâce. V. **Agréable, beau, gracieux**. *« L'élégante minceur de ses formes »*

(FRANCE). « *Quatre vases d'albâtre du galbe le plus élégant* » (GAUTIER). « *L'élégante colonne corinthienne* » (CHATEAUB.). ♦ 2° Qui a de l'élégance, de la pureté dans le style. « *Imitez de Marot l'élégant badinage* » (BOIL.). *Un tour élégant.* ♦ 3° (XVIII°). Qui a de l'élégance, du chic. V. **Chic, distingué,** soigné. *Une femme élégante. L'assistance était très élégante.* « *Sa toilette était la plus élégante de toutes* » (PROUST). Par ext. *Un restaurant élégant,* fréquenté par une clientèle élégante. ◇ *Subst.* (vx au masc.) « *À* l'incroyable, *au* merveilleux, *à* l'élégant, *ces trois héritiers des petits-maîtres, ont succédé le dandy, puis le lion* » (BALZ.). « *Les bijoux voyants et les teintes vives dans la toilette, jamais une élégante ne s'en affuble* » (COCTEAU). ♦ 4° Qui a de l'élégance morale, intellectuelle. *Un procédé peu élégant.* « *Le mensonge élégant et les appétits parés de grâce* » (MADELIN). *Plusieurs solutions correctes, dont l'une est plus élégante que les autres.* ◇ ANT. Commun, grossier, inélégant, vulgaire.

ÉLÉGIAQUE [eleʒjak]. *adj.* (1480; bas lat. *elegiacus*). Littér. ♦ 1° Propre à l'élégie. *Poèmes élégiaques.* Subst. *Les élégiaques latins, les poètes élégiaques latins.* — Métrique anc. *Distique élégiaque,* composé d'un hexamètre et d'un pentamètre. ♦ 2° Qui est dans le ton mélancolique, tendre de l'élégie. *Accents élégiaques.* « *Mais il y a dans l'esprit de certains hommes je ne sais quelle brume élégiaque* » (FROMENTIN).

ÉLÉGIE [eleʒi]. *n. f.* (1500; lat. d'o. gr. *elegia*). Poème lyrique exprimant une plainte douloureuse, des sentiments mélancoliques. *Les élégies de Ronsard, de Chénier.* « *L'élégie vraiment moderne, inaugurée par Lamartine* » (STE-BEUVE). — Par ext. Toute œuvre poétique dont le thème est la plainte.

ÉLÉGIR [eleʒiʀ]. *v. tr.* (1694; *eslegier* « alléger », XIII°; de *é-,* et bas lat. *leviare.* V. **Alléger**). Techn. Réduire les dimensions de (une pièce de bois).

ÉLÉIS ou **ÉLÆIS** [eleis]. *n. m.* (1777; mot du lat. bot., gr. *elaíeis* « huileux »). Palmier à huile, cultivé en Afrique noire et en Malaisie.

ÉLÉMENT [elemɑ̃]. *n. m.* (x°; fin IX° « doctrine »; lat. *elementum*). I. Partie constitutive d'une chose. ♦ 1° Chacune des choses dont la combinaison, la réunion forme une autre chose. V. **Composant(e), morceau, partie.** *Les éléments d'un assemblage, d'un ensemble.* « *Un esprit est analytique s'il considère les choses dans leurs éléments* » (LALANDE). « *L'accouplement des éléments contraires est la loi de la vie* » (PROUST). « *Un bon plat composé des mêmes éléments qu'un mauvais* » (DELACROIX). « *Les éléments fondamentaux de mon esprit* » (RENAN). *Vous avez là tous les éléments du problème.* V. **Condition, donnée.** « *Il y a toujours eu en France des éléments d'anarchie* » (BAINVILLE), des éléments qui sont des facteurs, des principes d'anarchie. *Éléments de tir,* données nécessaires à la préparation d'un tir. — Math. Un des « objets » qui constituent un ensemble. *Élément neutre,* élément qui, combiné avec un autre élément suivant une loi de composition interne, donne pour résultat ce dernier élément. *Éléments synthétiques,* éléments qui, combinés ensemble, donnent pour résultat l'élément neutre. — Techn. Partie d'un mécanisme, d'un appareil composé de séries semblables. *Éléments d'un radiateur, d'un accumulateur. Éléments de série pour des meubles de rangement. Éléments préfabriqués* (construction). — Méd. *Éléments d'une maladie,* ensemble des phénomènes constants qui la caractérisent. — Ling. Partie d'un énoncé, d'un mot... isolable par l'analyse. *Élément vocalique. Élément de formation d'un mot.* — Log. *Éléments de connaissance :* les concepts et les jugements. ♦ 2° (*Au plur.*) *Premiers principes sur lesquels on fonde une science, une technique.* V. **Notion, rudiment.** « *Les mathématiques sont très difficiles ou très faciles, suivant que les éléments ont été mal ou bien enseignés* » (MAUROIS). ◇ Titre de nombreux ouvrages. *Les Éléments d'Euclide.* ♦ 3° (Déb. XIX°). Personne appartenant à un groupe. V. **Sujet.** « *Dans l'espoir de débaucher quelques éléments intéressants du petit clan* » (PROUST). Sing. collect. *L'élément féminin y était fortement représenté.* ◇ Milit. (*Au plur.*) Formation militaire appartenant à un ensemble plus important. *Éléments blindés, motorisés.* « *Les divers éléments de cette colonne devaient opérer leur jonction dans la vallée* » (MAC ORLAN). II. Substance considérée comme indécomposable (V. **Atome,** 1°); un des corps simples dont les autres sont formés. ♦ 1° Ancienn. *Les quatre éléments,* la terre, l'eau, l'air et le feu, considérés comme principes constitutifs de tous les corps. ◇ Mod. LES ÉLÉMENTS : l'ensemble des forces naturelles qui agitent la terre, la mer, l'atmosphère. *Lutter contre les éléments déchaînés.* ♦ 2° Littér. Milieu dans lequel vit un être. Spécialt. Milieu, entourage habituel ou favorable, où l'on est à l'aise. « *Ô que j'aime la solitude! C'est l'élément des bons esprits* » (ST-AMANT). Loc. cour. *Être dans son élément.* « *Il aime tant son métier et son art, il y est si bien dans son élément* » (STE-BEUVE). ♦ 3° Chim. Corps simple.

— *Par ext.* (1908) Partie commune à un corps simple et à ses composés. ◇ ANT. Ensemble, réunion, synthèse, tout.

ÉLÉMENTAIRE [elemɑ̃tɛʀ]. *adj.* (1390; lat. *elementarius.* V. **Élément**). ♦ 1° Vx. Qui appartient à un des quatre éléments. ◇ Mod. *(Chim.)* Qui se rapporte à un élément. *Analyse élémentaire.* — Phys. nucl. *Particules élémentaires.* ♦ 2° Qui contient, qui concerne les premiers éléments d'une science, d'un art. *Traité de géométrie élémentaire. Notions élémentaires :* V. **Fondamental.** ◇ *Spécialt.* (Scol.) *Classe de mathématiques élémentaires,* ou fam. de *mathélem* [matelɛm], qui prépare à la seconde partie du baccalauréat. *Classes élémentaires,* classes de 8° et de 7° dans les lycées. *Cours élémentaire :* classe intermédiaire entre le cours préparatoire et le cours moyen dans les écoles primaires. *Un exercice élémentaire :* facile. ♦ 3° Par anal. Très simple, réduit à l'essentiel, au minimum. V. **Essentiel, rudimentaire.** « *Les formes élémentaires de la vie religieuse* » (DURKHEIM). « *La plus élémentaire discrétion, politesse.* « *Négliger les précautions élémentaires* » (PAULHAN). — Fam. *C'est élémentaire,* c'est bien le moins, vous ne pouvez pas faire moins. ◇ ANT. Supérieur. *Compliqué.*

ÉLÉPHANT [elefɑ̃]. *n. m.* (*Élefant,* XII°; lat. *elephantus*). ♦ 1° Grand mammifère ongulé *(Proboscidiens),* à corps massif et pesant, à peau rugueuse, à grandes oreilles plates, à nez allongé en trompe et à défenses. *Éléphant mâle, femelle* (ÉLÉPHANTE, rare). « *Les éléphants rugueux, voyageurs lents et rudes, Vont au pays natal à travers les déserts* » (LEC. DE LISLE). *L'éléphant d'Afrique est plus grand que l'éléphant d'Asie. Barrissement de l'éléphant. Éléphant domestiqué, conduit par son cornac. Le mammouth*, variété d'éléphant fossile.* ♦ 2° ÉLÉPHANT DE MER, phoque à trompe, de grande taille. ♦ 3° (en parlant des humains). ◇ Loc. fam. *Un éléphant,* une personne très grosse, à la démarche pesante. *Un éléphant dans un magasin de porcelaine,* se dit d'un lourdaud qui intervient dans une affaire délicate. *Il a une mémoire d'éléphant,* il n'oublie jamais le mal qu'on lui a fait, il est rancunier (*l'éléphant passant pour vindicatif*). « *Tout glisse sur elle, elle a une peau d'éléphant* » (BEAUVOIR). ◇ Arg. mar. Terrien, navigateur débutant.

ÉLÉPHANTEAU [elefɑ̃to]. *n. m.* (XIV°; de *éléphant*). Jeune éléphant.

ÉLÉPHANTESQUE [elefɑ̃tɛsk(ə)]. *adj.* (1946; var. *éléphantiaque, éléphantique,* XIX°; de *éléphant*). Fam. Énorme, d'une grosseur monstrueuse.

ÉLÉPHANTIASIQUE [elefɑ̃tjazik]. *adj.* (1845; de *éléphantiasis*). Méd. De la nature de l'éléphantiasis; atteint d'éléphantiasis.

ÉLÉPHANTIASIS [elefɑ̃tjazis]. *n. m.* (1538; mot lat. et gr.). Méd. Augmentation considérable du volume d'un membre ou d'une partie du corps, causée par un œdème des téguments. *Éléphantiasis des pays chauds,* œdème énorme des membres inférieurs et des organes génitaux provoqué par les filaires*.

ÉLÉPHANTIN, INE [elefɑ̃tɛ̃, in]. *adj.* (XIII°; lat. *elephantinus*). Rare. Relatif ou ressemblant à l'éléphant.

ÉLEVAGE [elvaʒ]. *n. m.* (1836; de *élever*). Action d'élever (les animaux domestiques ou utiles), art de les faire naître, de veiller à leur développement, leur entretien, leur reproduction. *L'élevage du bétail. L'élevage des abeilles, des vers à soie.* V. **Apiculture, sériciculture;** et *aussi* **Aviculture, héliciculture, mytiliculture, ostréiculture.** ◇ Absolt. Élevage du bétail. *Les produits de l'élevage.* Pays d'élevage.

ÉLÉVATEUR, TRICE [elevatœʀ, tʀis]. *adj.* et *n.* (XVI°; bas lat. *elevator*). ♦ 1° Anat. Se dit de certains muscles qui élèvent, relèvent (certaines parties du corps). *Muscle élévateur de la paupière supérieure* (on dit aussi *releveur*). ♦ 2° (1801). *Appareil élévateur,* ou n. m. *Élévateur,* nom de divers appareils destinés à prendre un corps à un niveau donné pour l'élever à un niveau supérieur (appareil de levage*). ◇ Destiné à augmenter (la pression, la tension). *Transformateur élévateur de tension.* ◇ ANT. Abaisseur.

ÉLÉVATION [elevasjɔ̃]. *n. f.* (XIII°; lat. *elevatio*). ♦ 1° Action de lever, d'élever; résultat de cette action. *Mouvement d'élévation de l'épaule, du bras.* — Liturg. « *L'élévation du Saint-Sacrement que l'on continuait de faire au son de la cloche* » (Boss.). Absolt. Moment de la messe où le prêtre élève l'hostie. ◇. Action d'élever, de construire, de dresser. V. **Érection.** *Travailler à l'élévation d'un monument.* ♦ 2° Fait de s'élever. *L'élévation du niveau des eaux. L'élévation d'un ballon dans les airs.* — Par anal. *L'élévation du niveau de vie. Une forte élévation de température.* V. **Augmentation, hausse.** *Élévation du pouls.* V. **Accélération.** *L'élévation de la voix,* son passage à un ton plus haut. ♦ 3° Vieilli. Hauteur. « *Une énorme muraille de rochers de trois cents pieds d'élévation* » (FROMENTIN). ◇ Géom. Projection sur un plan vertical placé parallèlement à une des faces de l'objet. *L'élévation d'une machine, d'un bâtiment.* ◊ *Par ext.* Éminence, hauteur. *Mouvement de troupes à l'abri d'une élévation.* ♦ 4° *Fig.* Action d'élever, de s'élever (à un rang éminent, supérieur). V. **Accession, ascension.** « *L'élévation du duc d'Anjou sur le trône de Charles-Quint* » (RAYNAL). *Son élévation au grade d'officier de la Légion d'honneur.* ◊ *Relig.* Mouvement de l'âme, du cœur vers Dieu. V. **Prière.** « *Ma prière qui ne consistait pas en un vain balbutiement de lèvres, mais dans une sincère élévation de cœur* » (ROUSS.). ♦ 5° Caractère élevé (de l'esprit, de l'âme). V. **Hauteur, noblesse.** *Une grande élévation de sentiments.* « *L'ardent amour, en t'inspirant tous les sentiments sublimes dont il est le père, t'a donné cette élévation d'idées* » (ROUSS.). ◊ ANT. **Abaissement, baisse. Bassesse.**

ÉLÉVATOIRE [elevatwaʀ]. *adj.* (1870; n. m., « instrument de chirurgie », XVIᵉ; du rad. de *élévation;* lat. *elevare* « élever ») *Techn.* Qui sert à élever, au levage. V. **Élévateur.**

ÉLÈVE [elɛv]. *n.* (1653; de *élever,* d'apr. it. *allievo*). ♦ 1° Personne qui reçoit ou suit l'enseignement d'un maître (dans un art, une science). V. **Disciple.** « *Combien de fresques attribuées naguère à l'Angelico ont été peintes par ses élèves?* » (MALRAUX). — *Par ext.* Personne qui reçoit les leçons d'un précepteur. *Le duc de Bourgogne fut l'élève de Fénelon.* ♦ 2° Personne qui reçoit l'enseignement donné dans un établissement d'enseignement. V. **Collégien, écolier, étudiant, lycéen.** « *La voix monotone d'un élève récitant sa leçon* » (DAUD.). *C'est une excellente élève. Un mauvais élève.* V. **Cancre.** ◊ *Milit.* Candidat à un grade, suivant un peloton ou les cours d'une école. *Élève caporal. Élève officier d'active, de réserve* (E.O.A. — E.O.R.). ♦ 3° *Agric.* Animal né et élevé chez un éleveur. *Plante, arbre dont on dirige la croissance.*

ÉLEVÉ, ÉE [elve]. *adj.* (XIIᵉ; de *élever*). ♦ 1° Haut. « *Un bois dont les arbres élevés le dérobaient à notre vue* » (LESAGE). *Une colline peu élevée. Le point, le degré le plus élevé.* — *Acheter à un prix très élevé. Le grade le plus élevé.* ◊ Noble, supérieur moralement ou intellectuellement. « *Les âmes élevées sont entre presque toujours malheureuses* » (STENDHAL). « *Les conversations sont dignes et élevées* » (RENAN). — *Le style élevé,* le style noble et soutenu. ♦ 2° BIEN, MAL ÉLEVÉ, qui a reçu une bonne, une mauvaise éducation, est poli, impoli. « *Dommage qu'un si grand homme soit si mal élevé* » (TALLEYRAND). *Les gens les mieux élevés.* Subst. *Il s'est conduit comme un mal élevé.* — *Par ext.* (Fam.) *C'est très mal élevé de dire, de faire ça, c'est une preuve de mauvaise éducation, d'impolitesse.* V. **Incorrect.** ◊ ANT. **Bas, inférieur.**

ÉLEVER [elve]. *v. tr.;* conjug. *lever* (fin XIᵉ; de *é-,* et *lever*).
I. ♦ 1° Mettre ou porter plus haut. V. **Hisser, lever, soulever.** « *Vingt marteaux pesants sont élevés par une roue* » (STENDHAL). « *Hélène, pour dénouer les brides de son chapeau, éleva les bras* » (FRANCE). *Le prêtre élève l'hostie à l'élévation.* ◊ Tenir haut, dresser. « *Les gerbes élevaient leurs quenouilles noires* » (FRANCE). ♦ 2° Faire monter à un niveau supérieur. V. **Haussier, surélever.** *Élever la maison d'un étage.* — Géom. *Élever une perpendiculaire,* la tracer d'un point pris sur une droite ou un plan. ◊ Construire (en hauteur). V. **Bâtir, dresser, ériger.** « *Le zèle qu'on met à élever des fortifications contre l'ennemi* » (BAINVILLE). *On lui a élevé une statue.* Par métaph. « *Fonder la société sur un devoir, c'est l'élever sur une fiction* » (CHATEAUB.). *Élever des obstacles, des objections.* V. **Soulever, susciter.**
II. *Fig.* ♦ 1° Porter à un rang supérieur. *La faveur du Roi* « *Vous élève en un rang qui n'était dû qu'à moi* » (CORN.). « *Élevé au faîte du pouvoir par le consentement unanime de la France* » (HENRIOT). « *Le rang de sa maîtresse semblait l'élever au-dessus de lui-même* » (STENDHAL). *Élever qqch. à la hauteur d'une institution*. ♦ 2° Porter à un degré supérieur. V. **Augmenter, relever.** *La Banque de France a élevé le taux de l'escompte. Élever un nombre à la puissance* 3. ◊ *Élever la voix,* parler très fort. « *Il avait élevé le ton, sa voix vibrait de plaisir et de défi* » (MART. du G.). *L'élever la voix :* parler. « *Qu'elle n'ait pas élevé la voix pour m'innocenter* » (AYMÉ). ♦ 3° Rendre moralement ou intellectuellement supérieur. V. **Ennoblir, grandir.** « *Quand une lecture vous élève l'esprit* » (LA BRUY.). « *Cette pureté qui élève, auréole et grandit l'enfantine Marie* » (HENRIOT). ♦ 4° (XIIIᵉ); rare av. XVIᵉ). Amener (un enfant) à son plein développement physique et moral. V. **Entretenir, nourrir, soigner.** « *Nés à la fois, élevés ensemble, nous avons eu tout en commun* » (GIDE). *Ils ont eu beaucoup de mal à élever cet enfant.* — *Spécialt.* (du point de vue de l'éducation). V. **Éduquer, former.** *On l'a élevé chrétiennement. Ils ne savent pas élever leurs enfants.* ◊ Faire l'élevage de (un animal). *Élever des chevaux, des lapins.*
III. S'ÉLEVER. *v. pron.* ♦ 1° Monter. « *Les gerbes multicolores s'élevaient dans le ciel* » (CAMUS). *L'avion s'est élevé*

difficilement. V. **Décoller.** ◊ Se dresser. « *Un rocher lisse et vert s'élevait à pic au-dessus des flots* » (CHATEAUB.). *Un quartier où s'élèvent encore de vieux hôtels.* — *Fig.* S'élever contre (qqn, qqch.), se dresser, intervenir pour combattre, dénoncer. *S'élever contre les abus.* ◊ *Par anal.* (son qui monte) Se faire entendre. « *Un tumulte s'éleva sous la porte* » (FLAUB.). « *Un cri s'élève* » (LOTI). ◊ *Fig.* Naître, surgir. « *Dans les discussions qui s'élèvent* » (STENDHAL). « *Des doutes s'élèveraient entre eux* » (RENAN). ♦ 2° Parvenir à un rang supérieur. « *Les paysans qui veulent s'élever au-dessus de leur condition* » (MOL.). *S'élever par son travail,* obtenir une situation meilleure. — (Moralement, intellectuellement) *Chercher à s'élever.* ◊ *S'élever au-dessus de...,* dominer, mépriser (ce qu'on juge sans valeur). « *Je vois que vous vous élevez au-dessus des préjugés* » (FRANCE). ♦ 3° Parvenir à un degré supérieur. V. **Augmenter.** « *Chaque jour, le prix s'élevait quelque peu* » (DUHAM.). *La température s'élève.* ◊ *S'élever à...* (une grandeur), atteindre. « *Les rentrées ne s'y élevaient guère qu'à soixante-cinq mille francs* » (ROMAINS). ◊ ANT. **Abaisser, baisser; détruire; diminuer.**

ÉLEVEUR, EUSE [elvœʀ, øz]. *n.* (1836; « celui qui élève un enfant », XVᵉ; de *élever*). ♦ 1° Personne qui pratique l'élevage. *Éleveur de bestiaux.* V. **Herbager.** *Propriétaire et éleveur de chevaux de course.* ♦ 2° **ÉLEVEUSE.** *n. f.* Abri chauffé où sont placés les poussins au sortir de la couveuse. ♦ 3° Celui qui surveille le vieillissement des vins, après la récolte. *Propriétaire éleveur.*

ELFE [ɛlf(ə)]. *n. m.* (*h.* 1526; repris 1822; angl. *elf*). Génie de l'air, dans la mythologie scandinave. V. **Sylphe.** « *S'évanouir dans les airs comme un Elfe* » (MAUROIS).

ÉLIDER [elide]. *v. tr.* (1548; lat. *elidere*). Réaliser l'élision de (un élément vocalique). Pronom. *Voyelles qui s'élident dans certaines conditions* (ex. : le *a* de la dans *l'araignée*). — *Article élidé,* qui présente une élision de la voyelle (*l'*).

ÉLIGIBILITÉ [eliʒibilite]. *n. f.* (1732; de *éligible*). Aptitude légale à être élu. ◊ ANT. **Inéligibilité.**

ÉLIGIBLE [eliʒibl(ə)]. *adj.* (v. 1300; bas lat. *eligibilis*). Qui est dans les conditions requises pour pouvoir être élu, et *spécialt.* pour être élu député. ◊ ANT. **Inéligible.**

ÉLIMER [elime]. *v. tr.* (XIIIᵉ; de *é-,* et *limer*). User (une étoffe) par le frottement, à force de s'en servir. V. **Râper.** *Au p. p.* (Cour.) *Chemise élimée aux poignets.*

ÉLIMINATEUR, TRICE [eliminatœʀ, tʀis]. *adj.* (1864; du rad. de *élimination*). Rare. Qui élimine. *Méthode éliminatrice.*

ÉLIMINATION [eliminasjɔ̃]. *n. f.* (1765; du rad. lat. de *éliminer*). ♦ 1° *Math.* Opération qui consiste à faire disparaître d'une ou plusieurs équations une ou plusieurs inconnues. ♦ 2° (XIXᵉ). Action d'éliminer, fait d'être éliminé. « *L'idée darwinienne d'une adaptation s'effectuant par l'élimination automatique des inadaptés* » (BERGSON). *Sports. Élimination d'un concurrent, d'une équipe.* ◊ *Log.* Procéder par élimination, écarter toutes les hypothèses que le raisonnement ou l'expérience empêchent d'admettre. ♦ 3° *Physiol.* (1845). Évacuation des substances nuisibles et inutiles, de tous les déchets résultant du métabolisme. V. **Excrétion.**

ÉLIMINATOIRE [eliminatwaʀ]. *adj. et n. f.* (1875; physiol. 1870; du rad. de *élimination*). ♦ 1° *Adj.* Qui sert à éliminer. *Épreuve éliminatoire,* destinée à écarter des dernières épreuves les candidats ou concurrents les plus faibles. *Note éliminatoire,* qui élimine un concurrent quelles que soient ses notes dans les autres matières. ♦ 2° *N. f.* Épreuve sportive dont l'objet est de sélectionner les sujets les plus qualifiés en éliminant les autres. *Il a franchi le cap des éliminatoires, il va participer aux quarts de finale.*

ÉLIMINER [elimine]. *v. tr.* (*h.* fin XVᵉ; repris 1726; lat. *eliminare* « chasser hors du seuil », *limen*). ♦ 1° Écarter, faire disparaître, à la suite d'un choix, d'un examen. V. **Chasser, exclure, expulser, rejeter.** *Éliminer un candidat. Les équipes éliminées de la Coupe.* « *Des associations* (d'idées) *contrôlées dont vous éliminez les souvenirs odieux* » (MAUROIS). *Math.* (1777). *Éliminer des inconnues,* en effectuer l'élimination. ♦ 2° Réaliser l'élimination de (déchets, toxines, etc.). V. **Excréter.** Absolt. *Il élimine mal.* ◊ ANT. **Admettre, incorporer.**

ÉLINGUE [elɛ̃g]. *n. f.* (1322; également « fronde », a. fr. et dial.; frq. °*slinga*). *Mar.* Cordage dont on entoure les fardeaux pour les soulever; filin garni de crocs utilisé pour mettre à la mer un canot léger.

ÉLINGUER [elɛ̃ge]. *v. tr.* (1771; « lancer avec la fronde », XIVᵉ; de *élingue*). *Mar.* Entourer (un fardeau) d'une élingue pour le hisser.

ÉLIRE [eliʀ]. *v. tr.;* conjug. *lire* (*Eslire,* 1080; lat. pop. °*exlegere,* class. *eligere*). ♦ 1° Vx. Choisir (V. Élu). « *Choisir m'apparaissait non tant élire, que repousser ce que je n'élisais pas* » (GIDE). ◊ Mod. *Élire domicile*. ♦ 2° Nommer à une dignité, à une fonction par voie de suffrages. *La commune élit les conseillers municipaux. Le Président de la République est élu au suffrage universel.* ◇ ANT. *Rejeter; black-bouler.*

ÉLISABÉTHAIN, AINE [elizabetɛ̃, ɛn]. *adj.* (1923; angl, *elizabethan*). Qui appartient au règne d'Élisabeth Ire (1533-1603), reine d'Angleterre. *Le théâtre élisabéthain.*

ÉLISION [elizjɔ̃]. *n. f.* (1548; lat. *elisio*). Effacement d'un élément vocalique final devant un élément vocalique initial, soit dans le compte des pieds ou des syllabes en poésie, soit dans la langue. *L'apostrophe est en français le signe de l'élision* (l'art, l'habit, qu'on, s'il, etc.).

ÉLITAIRE [elitɛʀ]. *adj.* (v. 1968; de *élite*). Qui appartient à une élite.

ÉLITE [elit]. *n. f.* (XIVe; « choix », XIIe; de *élit*, a. p. p. de *élire*). ◆ 1° Ensemble des personnes considérées comme les meilleures, les plus remarquables d'un groupe, d'une communauté. V. **Fleur** (et les *fam.* Crème, gratin...). « *Dans une société, ceux qui ont des lumières, de l'aisance et de la conscience, ne sont qu'une petite élite* » (TAINE). ◇ *D'élite*, qui appartient à l'élite; distingué, éminent, supérieur. « *Les hommes triés pour la cavalerie d'élite* » (BALZ.). *Une nature, un sujet d'élite.* « *Pour les âmes d'élite, il y a des souffrances de choix* » (GIDE). ◆ 2° (1928). *Au plur.* Les personnes qui occupent le premier rang, de par leur formation, leur culture. « *Cette aristocratie plébéienne où dorénavant se recrutent les élites* » (MART. du G.). *De l'élite.* V. **Élitaire**. *Favoriser la formation des élites, plutôt que la culture populaire.* V. **Élitisme, élitiste.** ◇ ANT. *Lie, rebut.*

ÉLITISME [elitism(ə)]. *n. m.* (v. 1967; de *élite*). Système favorisant les élites, au détriment du plus grand nombre. « *Il faut renverser l'esprit de notre enseignement qui souffre de la maladie de 'l'élitisme'* » (*Le Figaro*, 13-10-1967). V. *aussi* **Mandarinat.**

ÉLITISTE [elitist(ə)]. *adj.* (v. 1968; de *élitisme*). Qui sacrifie à l'élitisme. *Une conception élitiste de l'enseignement, de la culture.* V. **Mandarinal.** N. « *Ce révolutionnaire* [Malraux] *est un élitiste* » (J. LACOUTURE).

ÉLIXIR [eliksiʀ]. *n. m.* (XIVe; *eslissir*, XIIIe; arabe *al-iksir*, gr. *ksēron* « (médicament) sec »). *Vx.* Essence la plus pure, quintessence. ◇ *Mod.* Préparation médicamenteuse liquide destinée à être prise par la bouche, comportant un mélange d'alcoolat et de sirop. REM. En pharmacie, on dit aussi *teinture composée. Élixir parégorique,* antidiarrhéique à base d'opium, de camphre, d'essence d'anis. *Élixir de longue vie,* teinture d'aloès composée.

ELLE [ɛl]. *pron. pers. f.* (Ele, Xe; lat. *illa*). Pronom personnel féminin sujet (V. L) ou complément de la troisième personne. « *Madame n'a pas soupé : elle n'a pris que du thé* » (LACLOS). *Elle arrive; elles arrivent* [ɛlzaʀiv]. *Elle-même, elles-mêmes.* V. **Même.** *Je la vois, elle.* V. **La.** *Je les vois, elles.* V. **Les.** *Dites-le-lui, à elle.* V. **Lui.** *Elle-leur, à elles.* V. **Leur.** *Adressez-vous à elle. Ces bijoux sont à elle, sont les siens. Je suis content d'elle.* « *Je n'aimais qu'elle au monde* » (MUSS.). *Les ruines que la guerre accumule derrière elle.* ◇ *Fam.* Désigne l'histoire, le fait dont on parle. « *Ah! non, elle est trop drôle!* bégayait Loubet » (ZOLA). *Elle est bien bonne! Elle est raide, celle-là!* ◇ HOM. *Aile, ale.*

ELLÉBORE [e(ɛl)lebɔʀ]. *n. m.* (mil. XIIIe; lat. d'o. gr. *helleborus*). Plante herbacée (*Renonculacées*), vivace, dont la racine a des propriétés purgatives et vermifuges, qui passait autrefois pour guérir la folie. *Ellébore fétide* ou *pied de griffon. Ellébore noir* ou *rose de Noël,* espèce ornementale. *Ellébore blanc.* V. **Vératre.**

1. **ELLIPSE** [elips(ə)]. *n. f.* (1573; lat. *ellipsis,* gr. *elleipsis* « manque »). Omission syntaxique ou stylistique de un ou plusieurs mots que l'esprit supplée de façon plus ou moins spontanée. *L'ellipse du verbe est courante en français* (ex. : *Chacun son tour* : chacun doit agir à son tour). *Tour présentant une ellipse.* V. **Elliptique.** ◇ *Par ext.* Art du raccourci ou du sous-entendu. « *Il n'est jamais question qu'il raconte tout, il sait plus de choses encore qu'il n'en dit. C'est que le langage est ellipse* » (SARTRE). — *Les ellipses d'un récit.*

2. **ELLIPSE** [elips(ə)]. *n. f.* (1625; lat. sc. *ellipsis,* gr. *elleipsis* (Apollonius de Perga. *Coniques*), métaph. de « manque », comme *huperbolê* de « excès »). *Géom.* Courbe plane fermée dont chaque point est tel que la somme de ses distances à deux points fixes appelés foyers est constante. V. **Conique.** *Grand et petit axe d'une ellipse.* ◇ *Cour.* Ovale. « *Je n'environne, en cercles, en ellipses, en huit* » (COLETTE).

ELLIPSOÏDAL, ALE, AUX [elipsɔidal, o]. *adj.* (1845; de *ellipsoïde*). *Géom.* Qui a la forme d'un ellipsoïde.

ELLIPSOÏDE [elipsɔid]. *n. m. et adj.* (1705; de *ellipse* 2, et *-oïde*). *Géom.* ◆ 1° N. m. Surface convexe quadrique. *Ellipsoïde de révolution,* solide engendré par une ellipse tournant autour de l'un de ses axes (*allongé,* autour du grand axe ; *aplati,* autour du petit). ◇ *Par ext. Ellipsoïde,* surface convexe quadrique, obtenue à partir d'un ellipsoïde de révolution

en modifiant dans un rapport constant les distances des divers points à l'un des plans méridiens. ◆ 2° *Adj.* (1845). Qui a la forme d'une ellipse.

1. **ELLIPTIQUE** [eliptik]. *adj.* (1755; gr. *elleiptikos*). Qui présente une ellipse, des ellipses (1). *Construction, proposition elliptique. Style elliptique. Par ext.* Qui fait des ellipses, ne développe pas sa pensée. *L'auteur est trop elliptique dans ce chapitre.*

2. **ELLIPTIQUE** [eliptik]. *adj.* (1634; lat. sc. *ellipticus.* V. **Ellipse** 2). Qui appartient à l'ellipse, est en ellipse. *Orbite elliptique.*

ELLIPTIQUEMENT [eliptikmɑ̃]. *adv.* (1843; de *elliptique* 1). D'une manière elliptique (1), par ellipse.

ÉLOCUTION [elɔkysjɔ̃]. *n. f.* (1520; lat. *elocutio*). Manière de s'exprimer oralement, d'articuler et d'enchaîner les phrases. V. **Articulation, débit, parole.** *Élocution lente, rapide. Il a une grande facilité d'élocution.* « *Elle avait cru d'abord à un défaut d'élocution chez ceux qui lui parlaient* » (GREEN).

ÉLODÉE [elɔde]. *n. f.* (1839; du gr. *hêlodes* « des marais »). Plante aquatique, originaire d'Amérique, qui se reproduit très rapidement (elle peut gêner la navigation dans les étangs, les canaux). — On dit aussi *Hélodée.*

ÉLOGE [elɔʒ]. *n. m.* (1580; lat. *elogium,* pris au sens gr. *eulogia*). ◆ 1° Discours pour célébrer qqn ou qqch. *Éloge funèbre, académique. Éloge d'un saint.* V. **Panégyrique.** ◆ 2° *Cour.* Jugement favorable qu'on exprime au sujet de qqn. V. **Compliment, félicitation, louange.** « *Comblé d'éloges* » (ROUSS.). « *Sans la liberté de blâmer, il n'est point d'éloge flatteur* » (BEAUMARCH.). « *Accepter un éloge qui dans leur bouche est une critique* » (RENAN). — *Faire l'éloge de qqn,* le louer, dire de bien de lui. *C'est tout à son éloge,* à son honneur. ◇ ANT. *Blâme, critique, reproche.*

ÉLOGIEUSEMENT [elɔʒjøzmɑ̃]. *adv.* (1878; de *élogieux*). En termes élogieux.

ÉLOGIEUX, IEUSE [elɔʒjø, jøz]. *adj.* (1836; de *éloge*). Qui renferme un éloge, des éloges. V. **Flatteur, louangeur.** *Consacrer à un livre un article élogieux. Parler de qqn en termes élogieux.* ◇ ANT. *Critique, injurieux.*

ÉLOIGNÉ, ÉE [elwaɲe]. *adj.* (déb. XIIIe; de *éloigner*). ◆ 1° Qui est à une certaine distance. V. **Distant.** *Se tenir éloigné du feu.* — Lointain, écarté. « *Dans des pâturages éloignés où gîtaient ses brebis* » (LOTI). ◆ 2° (Dans le temps). V. **Ancien, lointain.** *À une époque bien éloignée. Un ancêtre éloigné.* ◆ 3° *Fig.* Différent. « *Le déisme, presque aussi éloigné de la religion chrétienne que l'athéisme* » (PASC.). ◇ *Je ne suis pas éloigné de croire que,* je ne suis pas loin de croire que. ◇ ANT. *Proche, voisin.*

ÉLOIGNEMENT [elwaɲmɑ̃]. *n. m.* (XIIe; de *éloigner*). ◆ 1° Mesure par laquelle on éloigne qqn. « *L'exil n'était pas seulement l'éloignement du sol de la patrie* » (FUSTEL de COUL.). ◆ 2° Fait d'être éloigné. — (*Personnes*) V. **Absence, séparation.** « *L'éloignement rapproche* » (MONTHERLANT). — (*Choses*) V. **Distance, intervalle.** « *Les proportions étouffées par l'éloignement* » (MART. du G.). ◆ 3° Fait d'être éloigné dans le temps. *Avec l'éloignement, l'événement prend tout son sens.* ◆ 4° *Fig.* Fait de se tenir à l'écart. « *Son éloignement des pratiques religieuses* » (HUYSMANS). ◇ *Vieilli.* Antipathie, aversion. « *Ce qui m'a donné le plus d'éloignement pour les dévots* » (ROUSS.). ◇ ANT. *Rappel. Proximité, rapprochement, sympathie.*

ÉLOIGNER [elwaɲe]. *v. tr.* (XIe; de *é-,* et *loin*). ◆ 1° Mettre ou faire aller loin, à distance. V. **Écarter, reculer, repousser, retirer.** *Éloigner sa chaise de la table. Éloignez les enfants du feu! Éloigner sa fille d'un Don Juan.* « *La peur, d'où le connétable la fit éloigner* » (HENRIOT). V. **Bannir, exiler.** ◆ 2° Séparer par un intervalle de temps; repousser à plus tard. *Cet incident va éloigner la signature des accords.* ◆ 3° *Fig.* Écarter, détourner. « *Une série de vagabondages de l'esprit qui m'éloignent de plus en plus du travail scolaire* » (ROMAINS). « *Rien n'éloigne davantage des deux grands vices anglais* » (STENDHAL). *Vx.* « *Pour vous éloigner de croire* » (PASC.). ◆ 4° S'ÉLOIGNER. *v. pron.* Se mettre, se porter loin de... V. **Aller** (s'en), **écarter** (s'), partir. « *Elle veut me priver de sa vue, elle exige que je m'éloigne* » (LACLOS). « *Nous nous éloignâmes à force de rames* » (LOTI). *Ne t'éloigne pas d'ici.* « *Pour empêcher la marquise de s'éloigner de lui* » (PROUST). « *La tempête s'éloigne, et les vents sont calmés* » (MUSS.). ◇ *S'écarter, se détourner. Elle s'éloigne de lui,* elle l'aime moins, s'en détache. « *En s'éloignant d'eux, c'était sa chance qu'il tournait le dos* » (ROMAINS). V. **Rompre, séparer** (se). « *Ce sont eux qui s'éloignent de la nature* » (PASC.). *Nous nous éloignons du sujet.* V. **Sortir.** « *Les rêves s'éloignent du possible* » (BAUDEL.). ◇ ANT. *Attirer, rapprocher.*

ÉLONGATION [elɔ̃gasjɔ̃]. *n. f.* (1377; bas lat. *elongatio* « éloignement »). ◆ 1° *Astron.* Distance angulaire d'un astre au Soleil, par rapport à la Terre. *Les élongations maximales de Mercure et de Vénus.* ◇ *Phys.* Déplacement d'un mobile par rapport à sa position d'équilibre (mouvement

vibratoire). V. **Amplitude.** ♦ 2° *Méd.* (XVIᵉ; de *élonger*).
Étirement excessif, accidentel, d'un muscle, d'un ligament,
en particulier au niveau d'une articulation. V. **Entorse,
foulure.** ◇ *Chir.* Intervention consistant à exercer une traction sur un nerf, sur la colonne vertébrale.

ÉLONGER [elɔ̃ʒe]. *v. tr.;* conjug. *bouger* (XVᵉ; « éloigner », XIᵉ, de *é-*, et *long*). ♦ 1° *Mar.* Allonger. ♦ 2° *Mod.*
(Mar.). Étendre tout au long (un câble, une chaîne, un cordage). ♦ 3° *Méd.* Étirer (un nerf).

ÉLOQUEMMENT [elɔkamɑ̃]. *adv.* (1548; de *éloquent*).
Avec éloquence. « *Les principes de moralité politique qu'elle
avait autrefois si éloquemment prêchés* » (RENAN).

ÉLOQUENCE [elɔkɑ̃s]. *n. f.* (XIᵉ; lat. *eloquentia*). ♦
1° Don de la parole, facilité pour bien s'exprimer. V. **Abondance, facilité, verve;** et péj. **Bagou, faconde, loquacité.** « *L'éloquence est née avant les règles de la rhétorique* » (VOLT.).
« *Il me fallait toute mon éloquence pour la décider* » (LACLOS).
« *Elle a subi sans souffler mot le flux de l'éloquence paternelle* »
(MART. du G.). ◇ Art de toucher et de persuader par le
discours. V. **Rhétorique.** *L'éloquence politique, judiciaire,
religieuse, académique...* « *La vraie éloquence se moque de
l'éloquence* » (PASC.). *La grande éloquence. L'éloquence d'un
tribun.* « *Prends l'éloquence et tords-lui son cou* » (VERLAINE).
♦ 2° *Par ext.* Qualité de ce qui, sans parole, est expressif,
éloquent. *L'éloquence d'une mimique.* « *Cet air de trouble et
de désordre qui est la véritable éloquence de l'amour* » (LACLOS).
— *Par anal.* Caractère probant de ce qui n'a pas besoin de
discours. *L'éloquence des chiffres.*

ÉLOQUENT, ENTE [elɔkɑ̃, ɑ̃t]. *adj.* (1213; lat. *eloquens*).
♦ 1° Qui a, montre de l'éloquence. V. **Disert.** *Un orateur
éloquent.* « *La nature rend les hommes éloquents dans les
grands intérêts et dans les grandes passions* » (VOLT.). — *Par
ext.* « *Toute passion est éloquente, tout homme persuadé persuade* » (HUGO). ◇ Qui est dit avec éloquence. *Un discours
éloquent.* V. **Entraînant.** *S'exprimer en termes éloquents.*
♦ 2° Qui, sans discours, est expressif, révélateur. V. **Parlant.**
« *De muettes étreintes, plus éloquentes que les cris et les
pleurs* » (ROUSS.). — *Par anal.* Qui est probant, parle de
lui-même. *Ces chiffres sont éloquents.*

ÉLU, UE [ely]. *adj.* et *n.* (XIIᵉ; de *élire*). ♦ 1° *Relig.* Choisi
par Dieu. *Le peuple élu, le peuple juif.* — *Subst.* « *Car il
y a beaucoup d'appelés, mais peu d'élus* » (ÉVANG.). ♦ 2° *Subst.*
Personne que le cœur choisit. *Il va se marier. Quelle est
l'heureuse élue?* ♦ 3° Soumis à élection, désigné par élection. *Les électeurs et les élus. Les corps élus.* — *Subst.* « *La
monarchie de Juillet était discréditée par ces élus censitaires* »
(BAINVILLE). *Recevoir une nouvelle élue.*

ÉLUCIDATION [elysidasjɔ̃]. *n. f.* (1512; du rad. de *élucider*). Action d'élucider; son résultat. V. **Éclaircissement,
explication.** « *Les points les moins intéressants pourraient
comme les autres recevoir leur élucidation* » (RENAN).

ÉLUCIDER [elyside]. *v. tr.* (fin XVᵉ; bas lat. *elucidare*).
Rendre clair (ce qui présente à l'esprit des difficultés). V.
Clarifier, débrouiller, éclaircir, expliquer. *Traducteur qui
réussit à élucider un passage obscur. L'enquête n'a pas encore
permis d'élucider l'affaire.* « *Nul de ses commentateurs n'a pu
élucider l'inquiétant problème* » (HENRIOT). ◇ ANT. **Embrouiller,
obscurcir.**

ÉLUCUBRATION [elykybrasjɔ̃]. *n. f.* (1593; bas lat.
elucubratio, de *elucubrare* « travailler, exécuter en veillant »).
Vx. Ouvrage exécuté à force de veilles et de travail. ◇ Mod.
(Péj.) Œuvre ou théorie laborieusement édifiée et peu sensée.
« *Les élucubrations de tous ces entrepreneurs de bonheur
public* » (BAUDEL.).

ÉLUCUBRER [elykybre]. *v. tr.* (1839; lat. *elucubrare*).
Rare. Composer, produire (quelque élucubration).

ÉLUDER [elyde]. *v. tr.* (1426; lat. *eludere*). ♦ 1° *Vx.*
Tromper. « *Quelque belle ruse pour éluder ici les gens* »
(MOL.). ♦ 2° *Mod.* (dès le XVIIᵉ). Éviter avec adresse, par
quelque artifice ou faux-fuyant. V. **Escamoter, tourner;
dérober** (se dérober à). « *Il éludait ainsi chaque fois, par une
phrase d'insouciance ou de bravade, tout ce qui semblait la
question sur sa vie première* » (LOTI). « *Il essaie d'éluder les
arrêtés du 4 août, en multipliant les objections de détail* »
(JAURÈS). ◇ ANT. **Affronter.**

ÉLUSIF, IVE [elyzif, iv]. *adj.* (1946; angl. *elusive*, « fuyant,
insaisissable »). Qui élude*, esquive. *Une réponse élusive,
évasive.*

ÉLUVIAL, ALE, AUX [elyvjal, o]. *adj.* (1927; de *eluvium*.
V. **Éluvion**). *Géol.* Qui appartient aux éluvions. *Formations
éluviales.*

ÉLUVION [elyvjɔ̃]. *n. f.* (1961; francis. de *eluvium*, 1927,
formé d'apr. *diluvium*). *Géol.* Produit de la désagrégation
des roches resté en place.

ÉLYSÉEN, ENNE [elizeɛ̃, ɛn]. *adj.* (*Elysien*, 1512;
(champs) *elisies*, XIVᵉ; lat. *Elysius*, de *Elysium*). *Myth.* Qui
appartient à l'Élysée, séjour des bienheureux aux enfers. « *La*

nature recommençait à régner sur le Bois d'où s'était envolée
l'idée qu'il était le Jardin élyséen de la Femme* » (PROUST).

ÉLYTRE [elitʀ(ə)]. *n. m.* (1762; gr. *elutron*). Aile dure et
cornée des insectes coléoptères qui recouvre l'aile inférieure
à la façon d'un étui. *Les élytres du hanneton.*

ELZÉVIR [ɛlzeviʀ]. *n. m.* (fin XVIIᵉ; de *Elzevi(e)r*, nom
d'une célèbre famille d'imprimeurs). ♦ 1° Livre imprimé
en Hollande par les Elzévir (fin XVIᵉ-déb. XVIIIᵉ), ou par leurs
imitateurs. ♦ 2° *Par ext.* Caractère d'imprimerie à empattements triangulaires, proche du type employé par les Elzévir.
« *Nous avions de l'elzévir de dix points et de sept points* »
(DUHAM.).

ELZÉVIRIEN, IENNE [ɛlzeviʀjɛ̃, jɛn]. *adj.* (1839; de
elzévir). *Didact., Techn.* Relatif aux elzévirs. *Format elzévirien,
petit in-douze. Bibliothèque elzévirienne,* nom donné à une
collection d'ouvrages imprimés dans ce format.

ÉMACIATION [emasjasjɔ̃]. *n. f.* (XVIᵉ; rad. de *émacié*).
Littér. Amaigrissement extrême.

ÉMACIÉ, ÉE [emasje]. *adj.* (1564; lat. *emaciatus*, de
macies « maigreur »). Qui est très amaigri, marqué par un
amaigrissement extrême. V. **Maigre.** *Un visage émacié.* ◇
ANT. **Bouffi, gras.**

ÉMACIER [emasje]. *v. tr.* (1870; de *émacié*). Amaigrir,
creuser. « *Les visages émaciés par la fatigue* » (MAC ORLAN).
Pronom. *Son visage s'est émacié.*

ÉMAIL, AUX [emaj, o]. *n. m.* (XIIIᵉ; frq °*smalt*). ♦ 1° Vernis constitué par un produit vitreux, incolore, appelé *fondant*, coloré par des oxydes métalliques, et qui, porté à la
température convenable et fondu, se solidifie et devient
inaltérable. *Émail artistique. Émail cloisonné, champlevé,
niellé. Émail des peintres*, appliqué sur des plaques métalliques planes et non gravées. *Peintre en émail. Émail des
orfèvres. — Émail commun*, recouvrant des objets de métal à
usage domestique et empêchant l'oxydation. ◇ Matière
vitreuse dont on enduit la faïence, les poteries. V. **Glaçure.**
♦ 2° *(Pl.).* Ouvrage d'orfèvrerie en émail. *Des émaux peints.
Les émaux de Bernard Palissy.* ♦ 3° Tôle, fonte émaillée. « *Le
fourneau à gaz en émail* » (BOSCO). ♦ 4° (1699). Substance
transparente extrêmement dure, contenant plus de 95 % de
matières minérales, qui recouvre l'ivoire de la couronne des
dents. ♦ 5° *Blas.* (XVIIᵉ). Nom de certaines couleurs dont
l'écu est chargé (azur, gueules, orangé, pourpre, sable,
sinople). *Les quatre couleurs, dont deux métaux et cinq émaux.*
♦ 6° *Fig. (Vx).* Coloris éclatant et varié (des fleurs).

ÉMAILLAGE [emajaʒ]. *n. m.* (1870; de *émailler*). Action
d'émailler; son résultat. *L'émaillage de la fonte.*

ÉMAILLER [emaje]. *v. tr.* (XIIIᵉ; de *émail*). ♦ 1° Recouvrir d'émail. *Émailler un bracelet. Faïence, fonte émaillée.*
♦ 2° *Fig. (Vieilli* ou *poét.).* Orner de points de couleur vive.
V. **Diaprer, parer, parsemer.** « *Mille fleurs naissantes émaillaient les tapis verts* » (FÉN.). — *Par anal.* (Poét.) « *Les astres
émaillaient le ciel profond et sombre* » (HUGO). ♦ 3° Semer
(un ouvrage) d'ornements divers, enrichir. *Émailler un texte
de citations.* — Iron. *Cet élève a émaillé son devoir de fautes
grossières. Lettre émaillée de fautes.*

ÉMAILLERIE [emajʀi]. *n. f.* (1417; de *émailler*). Art de
fabriquer des émaux.

ÉMAILLEUR, EUSE [emajœʀ, øz]. *n.* (XIIIᵉ; de *émailler*).
Personne qui fabrique des émaux; ouvrier spécialisé dans
l'émaillage des métaux.

ÉMAILLURE [emajyʀ]. *n. f.* (XIVᵉ; de *émailler*). *Techn.*
Travail, ouvrage de l'émailleur.

ÉMANATION [emanasjɔ̃]. *n. f.* (1579; lat. ecclés. *emana-
tio*). Action d'émaner; la chose qui émane. ♦ 1° *Théol.*
Manière dont le Fils procède du Père, et le Saint-Esprit
du Père et du Fils. V. **Procession.** ◇ *Philo.* Production (des
esprits, des corps) comme par un écoulement nécessaire
de la nature divine (*opposé* à création *ou* participation).
♦ 2° Réalité d'ordre immatériel qui émane, procède d'une
autre. Se dit de tout ce qui sort, procède de qqch. ou de qqn.
V. **Expression.** *Le pouvoir, dans une démocratie, est une émanation de la volonté populaire. Louis XIV « ne voulait de grandeur
que par émanation de la sienne* » (ST-SIM.). « *Si les assemblées
parlementaires étaient une émanation supérieure du pays* »
(PÉGUY). ♦ 3° (XVIIIᵉ). *Cour.* Émission ou exhalaison de
particules impalpables, de corpuscules subtils qui se détachent
de certains corps. V. **Bouffée, effluve, odeur, vapeur.** *Émanations pestilentielles.* V. **Miasme.** « *Les émanations des liqueurs
répandues se mêlaient à l'odeur des corps et à celle des parfums* » (MAUPASS.). — *Géol. Émanations volcaniques.*
Fumerolle, mofette. ◇ *Émanation du radium.* V. **Radon.**

ÉMANCHE [emɑ̃ʃ]. *n. f.* (1721; altér. de *emmanche*,
1671; de *emmanché*, de *en-*, et *manche*). *Blas.* Pièce de l'écu
en forme de pointe triangulaire.

ÉMANCIPATEUR, TRICE [emɑ̃sipatœʀ, tʀis]. *n. et adj.*
(déb. XIXᵉ; rad. de *émancipation*). Personne ou principe
qui provoque l'émancipation intellectuelle ou morale. V.

Libérateur. « *Prométhée a été l'émancipateur primitif* » (MICHE-LET). Adj. *Idées émancipatrices.*

ÉMANCIPATION [emɑ̃sipɑsjɔ̃]. *n. f.* (1317; lat. *emancipatio*). ♦ 1° *Dr.* Acte par lequel un mineur est affranchi de la puissance paternelle ou de la tutelle et acquiert, avec le gouvernement de sa personne, une capacité limitée par la loi. ♦ 2° *Fig.* et *cour.* Action d'affranchir ou de s'affranchir d'une autorité, de servitudes ou de préjugés. V. **Libération.** *Mouvement d'émancipation des colonies. L'émancipation de la femme.* « *Quand l'émancipation philosophique vient ensuite, cela produit des esprits très ouverts* » (RENAN). ◊ ANT. **Tutelle** (mise en); *asservissement, soumission.*

ÉMANCIPER [emɑ̃sipe]. *v. tr.* (XIVᵉ; lat. *emancipare*, de *ex-*, et *mancipium* « prise en main, propriété »). ♦ 1° *Dr.* Affranchir (un mineur) de la puissance paternelle ou de la tutelle. ♦ 2° *Cour.* Affranchir (qqn) de la tutelle d'une autorité supérieure. V. **Libérer.** « *Impatiente de toute autorité masculine...* (G. Sand) *lutta pour en émanciper les femmes* » (MAUROIS). ◊ S'ÉMANCIPER, *v. pron.* S'affranchir (d'une tutelle, d'une sujétion, de servitudes). « *Ninon fut des premières à s'émanciper comme femme* » (STE-BEUVE). « *Tu me rappelles certains Anglais : plus leur pensée s'émancipe, plus ils se raccrochent à la morale* » (GIDE). — *Fam.* et souvent *péj.* Prendre des libertés, rompre avec les contraintes morales et sociales. *Elle m'a l'air de s'être drôlement émancipée, d'être bien émancipée.* V. **Affranchir.** ◊ ANT. **Asservir, soumettre.**

ÉMANER [emane]. *v. intr.* (XVᵉ; lat. *emanare*). ♦ 1° *Théol.* et *Philo.* Provenir par émanation. V. **Procéder.** ◊ *Provenir* comme de sa source naturelle. V. **Découler, dériver, provenir.** « *Nul corps, nul individu ne peut exercer d'autorité qui n'en* (la Nation) *émane expressément* » (DÉCL. DR. HOM.). « *Le mandat d'arrestation émanait du grand-prêtre et du sanhédrin* » (RENAN). ♦ 2° Provenir d'une source physique. *Lumière, chaleur qui émane d'une source, d'un foyer. Corps d'où émane une odeur.* V. **Dégager** (se), **exhaler** (s'). — *Phys.* Être une émanation de (un corps radio-actif). ◊ *Fig.* Provenir comme par rayonnement. « *Le charme particulier et douloureux qui émanait de la vie de Gilberte* » (PROUST).

ÉMARGEMENT [emaʀʒəmɑ̃]. *n. m.* (1721; de *émarger*). Apposition d'une mention, et *spécialt.* d'une signature en marge d'un acte, d'un compte. *Émargement d'un contrat. Feuille d'émargement,* feuille de présence que doivent signer les intéressés.

ÉMARGER [emaʀʒe]. *v. tr.;* conjug. *bouger* (1611, au p. p.; de *é-*, et *marge*). ♦ 1° Annoter, et *spécialt.* Signer à la marge un compte, un état. *Émarger un état de traitement.* — *Absolt.* Toucher le traitement affecté à un emploi. « *Ah! le jour où ils émargent est une belle journée pour les surnuméraires!* » (BALZ.). ♦ 2° (1805). Priver de sa marge ou d'une partie de sa marge (une feuille, un livre). V. **Rogner.** *Le frontispice a été émargé.*

ÉMASCULATION [emaskylɑsjɔ̃]. *n. f.* (1755; rad. de *émasculer*). Castration, chez l'individu mâle. ◊ *Fig.* et *littér.* Abâtardissement, affaiblissement.

ÉMASCULER [emaskyle]. *v. tr.* (XIVᵉ, repris 1707; lat. *emasculare*, de *masculus* « mâle »). ♦ 1° Priver (un mâle) des organes de la reproduction. V. **Castrer, châtrer.** ♦ 2° *Fig.* Dépouiller de tout caractère viril. V. **Abâtardir, affaiblir, mutiler.** « *Il avait ruiné, émasculé l'idée de parti et l'idée de chef* » (ROMAINS).

ÉMAUX. V. ÉMAIL, 2°.

EMBÂCLE [ɑ̃bakl(ə)]. *n. m.* (1755; « embarras », 1640; a. fr. *embâcler* « embarrasser », d'apr. *débâcle.* V. **Bâcler**). Obstruction d'un cours d'eau par une cause quelconque. ◊ (1836) Obstruction par amoncellement de glaçons. ◊ ANT. **Débâcle.**

EMBALLAGE [ɑ̃balaʒ]. *n. m.* (déb. XVIᵉ; de *emballer*). ♦ 1° Action d'emballer. V. **Conditionnement, empaquetage.** *Frais de port et d'emballage. Papier, toile d'emballage.* ♦ 2° *Comm.* Tout ce qui sert à emballer, enveloppes de matière et de forme diverses dans lesquelles on emballe. V. **Ampoule, bâche, banne, bidon, bocal, boîte, bourriche, bouteille, cadre, cageot, caisse, carton, châssis, container, corbeille, cornet, couffin, étui, flacon, harasse, malle, panier, poche, pot, sac, sachet, toilette, tonneau, touque, tourie, tube, valise.** *Emballage consigné. Emballage perdu,* qui ne sert qu'une fois, que l'expéditeur ou le vendeur ne reprend pas. — *Cour.* Caisse, carton, enveloppe de papier fort servant à emballer. ♦ 3° *Sport* (de *s'emballer*). Effort décisif d'un coureur cycliste en fin de course, terminé par le sprint.

EMBALLEMENT [ɑ̃balmɑ̃]. *n. m.* (1880; « emballage », 1629; de *emballer*). ♦ 1° Fait de s'emballer, enthousiasme irréfléchi. *Méfiez-vous des emballements.* ♦ 2° Régime anormal d'un moteur, d'une machine qui s'emballe.

EMBALLER [ɑ̃bale]. *v. tr.* (XIVᵉ; de *en*, et *balle* 2). I. ♦ 1° Mettre (une marchandise, un objet) dans un emballage, pour le transport ou pour la vente. V. **Conditionner, empaqueter, envelopper.** *Emballer soigneusement de la verrerie.*

♦ 2° *Fam.* Mettre (qqn) en voiture. V. **Embarquer.** ◊ *Pop.* Arrêter, écrouer. « *As-tu pensé que si j'allais demain tout raconter à la police, on t'emballerait?* » (CARCO). ♦ 3° (1862, « emporter, entraîner rapidement »). *Emballer un moteur,* le faire tourner à un régime trop élevé. ♦ 4° *Fig.* (*Fam.*). Ravir, enthousiasmer. *Le spectacle nous a emballés. Ça ne nous emballe pas.* V. **Enchanter, plaire.** ♦ 5° *Pop.* Gronder, engueuler.

II. S'EMBALLER. *v. pron.* ♦ 1° (1ʳᵉ moitié XIXᵉ). Se dit du cheval qui s'emporte, prend le mors aux dents, échappe à la main du cavalier ou du cocher. *Arrêter un cheval emballé.* Par anal. *Le moteur s'emballe,* prend un régime de marche trop rapide. ♦ 2° (1846). Se laisser emporter par un mouvement irréfléchi, céder à l'impatience ou à l'enthousiasme. « *Il reconnut qu'il s'était emballé et très gentiment il en demanda pardon* » (COURTELINE). V. **Enthousiasmer** (s').

EMBALLEUR, EUSE [ɑ̃balœʀ, øz]. *n.* (1535; de *emballer*). Personne spécialisée dans l'emballage des marchandises.

EMBARBOUILLER [ɑ̃baʀbuje]. *v. tr.* (fin XVIIᵉ; « barbouiller », 1530; de *en-*, et *barbouiller*). Troubler, embrouiller qqn dans ses idées. « *Un jour que j'avais le cerveau embarbouillé de ce problème à la mode* » (BAUDEL.). — *Pronom.* V. **Embarrasser** (s'), **empêtrer** (s'). « *Ne nous embarbouillons pas dans les métaphores* » (BALZ.).

EMBARCADÈRE [ɑ̃baʀkadɛʀ]. *n. m.* (1723; esp. *embarcadero,* de *barca* « barque »). ♦ 1° Emplacement aménagé dans un port, sur une rivière pour permettre l'embarquement (et le débarquement) des voyageurs et des marchandises. V. **Appontement, débarcadère, ponton, quai.** ♦ 2° *Ch.* de fer (*Vx*). Quai d'embarquement (et de débarquement) des voyageurs et des marchandises dans une gare. ◊ ANT. *Débarcadère.*

EMBARCATION [ɑ̃baʀkasjɔ̃]. *n. f.* (1762; h. XVIIᵉ, « embarquement »; esp. *embarcacion*). Bateau de petite dimension, ou canot. V. **Barque, bateau, canot...**; et en outre, **Allège, bac, bachot, baleinière, berthon, caïque, canoë, chaland, chaloupe, chatulier, doris, esquif, flette, gabare, kayac, nacelle, péniche, périssoire, pinasse, rafiot, sampang, vedette, yole, youyou.** *Embarcation appartenant à un navire.* V. **Drome.** « *Le bateau était une vieille embarcation de la douane, à demi pontée* » (DAUD.). « *Des flottes de yoles, de skifs* (sic), *de périssoires, de podoscaphes, de gigs, d'embarcations de toute forme et de toute nature* » (MAUPASS.).

EMBARDÉE [ɑ̃baʀde]. *n. f.* (1694; de *embarder* (vx), prov. *embarda* « embourber », de *bard* « boue », lat. pop. °*barrum*). ♦ 1° *Mar.* Brusque changement de direction d'un bateau, sous l'effet du vent, du courant ou d'un coup de barre involontaire. « *Une embardée lui fit piquer une tête contre la porte d'une des cabines de bâbord* » (BAUDEL.). ♦ 2° *Cour.* Écart brusque et dangereux que fait une voiture. « *L'autocar fit une embardée pour éviter un Arabe à bicyclette* » (SARTRE).

EMBARGO [ɑ̃baʀgo]. *n. m.* (1626; mot esp., de *embargar* « embarrasser », lat. pop. °*imbarricare,* de *barra* « barre »). ♦ 1° *Dr. marit.* Interdiction faite par un gouvernement de laisser partir les navires étrangers mouillés dans ses ports. « *L'embargo avait été mis, le 16 mai (1803), sur tous les bateaux français dans les ports d'Angleterre* » (MADELIN). ♦ 2° *Par ext.* Mesure de contrainte tendant à empêcher la libre circulation d'un objet. V. **Saisie.** « *Une diatribe que vous ne recevrez point, vu l'embargo mis à la poste sur tout ce qui vient de moi* » (P.-L. COUR.).

EMBARQUEMENT [ɑ̃baʀkəmɑ̃]. *n. m.* (1533; de *embarquer*). Action d'embarquer, de s'embarquer. *L'embarquement du matériel.* V. **Chargement.** *Quai d'embarquement.* V. **Embarcadère.** *L'embarquement des passagers. Ordre d'embarquement,* ordre donné à qqn d'embarquer sur tel bâtiment. « *L'embarquement pour Cythère*, » chef-d'œuvre de Watteau. ◊ ANT. **Débarquement.**

EMBARQUER [ɑ̃baʀke]. *v.* (1511; *embarchier*, 1418; de *en-*, et *barque*). I. *V. tr.* ♦ 1° Mettre, faire monter dans une barque, un navire. « *On avait embarqué la veille au soir un grand troupeau d'émigrants* » (MAUPASS.). ◊ Recevoir par-dessus bord (un paquet de mer). « *Nous embarquions beaucoup d'eau* » (LAMART.). ♦ 2° *Par ext.* Charger. *Embarquer des marchandises dans un wagon.* — *Fam. Embarquer un ami dans le train,* l'accompagner et l'installer. *Embarquer un malfaiteur,* l'arrêter. V. **Emballer.** ♦ 3° *Fig.* Engager, dans une affaire difficile dont on ne peut sortir de sitôt. V. **Entraîner.** *Je me suis laissé embarquer dans un procès dont je ne vois pas la fin.* ♦ 4° Engager, commencer (une chose). *Une affaire assez mal embarquée.*

II. *V. intr.* ♦ 1° Monter à bord d'un bateau pour un voyage. *Il a embarqué hier pour le Maroc.* ♦ 2° *Mar.* Passer et se répandre par-dessus bord. *Une lame a embarqué.*

III. S'EMBARQUER. *v. pron.* ♦ 1° Monter à bord d'un bateau. « *Il s'embarque sur la même coquille de noix* » (BALZ.). ♦ 2° *Fig.* S'engager, s'aventurer (dans une affaire qui comporte de grands risques). V. **Lancer** (se). « *Au lieu de m'em-*

barquer dans un mariage qui ne me sourit pas » (SAND).
◊ ANT. **Débarquer.**

EMBARRAS [ɑ̃baʀa]. *n. m.* (fin XVIᵉ; de *embarrasser*).
I. ♦ 1° *Vx.* Obstacle au passage, à la circulation, causé par la rencontre ou l'accumulation de plusieurs objets ou véhicules. « *Mon cocher me fit passer devant l'Opéra, et je me trouvai dans l'embarras de la sortie* » (LACLOS). V. **Encombrement.** *Un embarras de voitures.* V. **Embouteillage.** ◊ *Par ext.* Mod. *Embarras gastrique,* troubles gastro-intestinaux provoqués par des infections ou intoxications diverses. V. **Dérangement, indigestion.** ♦ 2° Obstacle qui s'oppose à l'action, difficulté qui arrête, qui gêne la réalisation de qqch. V. **Complication, difficulté, embêtement, ennui, inconvénient.** *Susciter des embarras à qqn.* « *Il n'a que des difficultés, des embarras et des ennuis* » (HENRIOT). ◊ Ce qui cause du désagrément à qqn. V. **Charge, dérangement, gêne, incommodité, souci, tracas.** *Je ne voudrais pas être un embarras pour vous.* « *Il emportait je ne sais quel embarras dans sa tête* » (VALÉRY).
II. ♦ 1° *Vx* ou *littér.* Confusion résultant d'affaires nombreuses et difficiles à débrouiller. V. **Complication, embrouillement, enchevêtrement.** « *Des embarras du trône effet inévitable !* » (RAC.). ♦ 2° Position gênante, situation difficile et ennuyeuse. *Être dans l'embarras.* V. **Pétrin.** *Se tirer d'embarras.* — Spécialt. *Embarras d'argent, financiers, pécuniaires.* Absolt. « *Le désastre financier de son imprimerie, origine de tous les embarras qui suivirent* » (HENRIOT). *Aider un ami dans l'embarras.* ♦ 3° Incertitude de l'esprit, perplexité. « *La Catherine a de quoi attirer les épouseurs, et elle n'aura que l'embarras du choix* » (SAND). « *Il faisait effort pour résoudre l'embarras où venait de le mettre une question de Marie* » (ROMAINS). ♦ 4° État de celui qui éprouve une sorte de malaise pour agir ou parler. V. **Confusion, gêne, malaise, trouble.** « *Elle baissa vite, avec embarras, son bras nu* » (COLETTE). *Ne pouvoir dissimuler son embarras.* « *Ma gaucherie, ma timidité, mon embarras, ma défiance de moi-même* » (FRANCE). — Loc. *Faire de l'embarras, des embarras,* faire des manières, manquer de naturel. V. **Façon, histoire.** *Un faiseur d'embarras.*
◊ ANT. **Commodité; aisance.**

EMBARRASSANT, ANTE [ɑ̃baʀasɑ̃, ɑ̃t]. *adj.* (1642; de *embarrasser*). ♦ 1° Qui met dans l'embarras. *C'est une situation, une affaire embarrassante. La question, l'objection est embarrassante.* V. **Délicat, difficile, ennuyeux, gênant.** ♦ 2° Qui embarrasse (I, 1°), encombre. V. **Encombrant.**
◊ ANT. **Agréable, facile.**

EMBARRASSÉ, ÉE [ɑ̃baʀase]. *adj.* (XVIᵉ; de *embarrasser*). ♦ 1° Encombré, gêné dans ses mouvements. *Il avait les mains embarrassées.* — Par ext. *Avoir l'estomac embarrassé,* avoir un peu d'embarras gastrique. ♦ 2° Qui éprouve de l'embarras. V. **Indécis, perplexe.** *Il était embarrassé, ne savait que répondre.* « *Je serais bien embarrassé de donner tort ou raison à quelqu'un* » (SAND). V. **Peine (en).** ◊ Qui montre de l'embarras, de la gêne. V. **Confus, gauche, timide.** « *Timide et embarrassé dans le monde* » (FAGUET). *Un air embarrassé.* V. **Contraint, emprunté.** ♦ 3° Qui est compliqué, manque d'aisance ou de clarté. « *La langue est gauche, lourde, embarrassée* » (HENRIOT). *Se lancer dans des explications embarrassées.* ◊ ANT. **Libre; aisé, naturel.**

EMBARRASSER [ɑ̃baʀase]. *v.* (1570; esp. *embarazar,* ou it. *imbarazzare,* du lat. *barra* « barre »). **I.** *V. tr.* ♦ 1° Encombrer. *Les livres qui embarrassent la table.* Gêner dans les mouvements. *Donnez-moi cette valise qui vous embarrasse.* ♦ 2° Mettre dans l'embarras, dans une position difficile. V. **Gêner.** « *Il s'agit de nous embarrasser pour se divertir ensuite de notre gêne* » (BOURGET). *Sa demande m'embarrasse.* — Rendre hésitant, perplexe. V. **Déconcerter, désorienter, troubler.** « *Quand on obligeait les chefs des prêtres à s'expliquer nettement sur ce point, on les embarrassait fort* » (RENAN). **II.** *V. pron.* ♦ 1° S'encombrer. *Je me suis embarrassé inutilement d'un parapluie. Voyager sans s'embarrasser d'un compagnon de route.* « *L'actrice s'embarrassa de trente mille francs de dettes* » (BALZ.). ◊ Se soucier, tenir compte exagérément de... V. **Inquiéter (s'), préoccuper (se).** « *Il faut très peu s'embarrasser de l'avenir pour être heureux* » (STENDHAL). « *Sans m'embarrasser s'il n'entrait pas dans leur opposition plus de motifs humains* » (CHATEAUB.). *Il ne s'embarrasse pas de scrupules !* ♦ 2° S'empêtrer, se prendre dans. *S'embarrasser dans sa traîne.* — Fig. « *Autant d'assujettissements dans lesquels il s'embarrasse* » (TAINE). *S'embarrasser dans ses explications, dans ses mensonges.* V. **Embrouiller (s').**
◊ ANT. **Débarrasser; aider.**

EMBARRER [ɑ̃ba(a)ʀe]. *v.* (XVIIᵉ; « enfoncer », XIIᵉ; de *en-*, et *barre*). ♦ 1° *V. intr.* (*Techn.*). Placer un levier sous un fardeau pour le soulever. ♦ 2° *V. pron.* Se dit d'un cheval qui s'empêtre en passant une jambe de l'autre côté de la barre ou du bat-flanc à l'écurie.

EMBASE [ɑ̃baz]. *n. f.* (1749; a. fr. *embaser,* de *base*).

Techn. Partie renflée, servant d'appui ou de support dans certains instruments, certaines pièces mécaniques. *Embase d'une enclume, d'une clef.*

EMBASEMENT [ɑ̃bazmɑ̃]. *n. m.* (1694; *embassement,* XIVᵉ; de *embaser.* V. **Embase**). *Techn.* Base continue, formant saillie au pied d'un bâtiment. V. **Soubassement.**

EMBASTILLER [ɑ̃bastije]. *v. tr.* (1429; de *bastille*). ♦ 1° *Vx.* Établir (des troupes) dans une bastille. ◊ *Mod.* (1717) *Plaisant.* Emprisonner à la Bastille; incarcérer (dér. *Embastillement*). ♦ 2° *Vx.* Entourer de bastilles. V. **Fortifier.**

EMBATTAGE [ɑ̃bataʒ]. *n. m.* (1556; de *embattre*). *Techn.* Fixation à chaud d'un bandage métallique autour d'une roue de voiture, ou autour de la jante d'une roue de wagon.

EMBA(T)TRE [ɑ̃batʀ(ə)]. *v. tr.* (XIᵉ; de *battre*). *Techn.* Cercler (une roue) par embattage.

EMBAUCHAGE [ɑ̃boʃaʒ]. *n. m.* (1752; de *embaucher*). Action d'embaucher (un ouvrier). *Lois réglementant l'embauchage et le licenciement des travailleurs.*

EMBAUCHE [ɑ̃boʃ]. *n. f.* (1900; de *embaucher*). Possibilité d'embauchage, de travail. *Il n'y a pas d'embauche sur le chantier.*

EMBAUCHER [ɑ̃boʃe]. *v. tr.* (1564; de *en-*, et *bau,* d'apr. *débaucher*). Engager (un ouvrier) en vue d'un travail. *Embaucher des maçons, des moissonneurs.* ◊ ANT. **Débaucher, licencier.**

EMBAUCHEUR, EUSE [ɑ̃boʃœʀ, øz]. *n.* (1670; de *embaucher*). Celui, celle qui embauche, engage (qqn) pour un emploi. V. **Employer.**

EMBAUCHOIR [ɑ̃boʃwaʀ]. *n. m.* (1755; pour *embauchoir,* 1558). Instrument qui se place dans les chaussures et sert à les maintenir en forme, à empêcher les plis du cuir. *Embauchoir en bois, métallique, à ressort.* V. **Forme.**

EMBAUMEMENT [ɑ̃bommɑ̃]. *n. m.* (XVIᵉ; *embalsement,* XIIIᵉ; de *embaumer*). Action d'embaumer (un cadavre). V. **Momification.** — *Par ext.* Conservation artificielle des cadavres (notamment en vue des études d'anatomie) par injection d'antiseptiques.

EMBAUMER [ɑ̃bome]. *v. tr.* (XIIIᵉ; *embasmer,* XIIᵉ; de *en-,* et *baume*). ♦ 1° Remplir (un cadavre) de substances balsamiques, dessiccatives et antiseptiques destinées à en assurer la conservation. — *Fig.* « *Ses couches superposées de sentiments défunts, mystérieusement embaumés dans ce que nous appelons l'oubli* » (BAUDEL.). ♦ 2° (XIVᵉ). Remplir d'une odeur suave. V. **Parfumer.** « *La garrigue, que les lavandes embaumaient* » (GIDE). « *Le genêt, la lavande, le thym embaument l'air de leurs émanations aromatiques* » (GAUTIER). ◊ *Absolt.* Répandre une odeur très agréable, sentir bon. « *Et il embaume, s'écria Durtal, humant l'odeur d'un pétulant pot-au-feu* » (HUYSMANS). ◊ *Fam.* Répandre une bonne odeur de. « *Un escalier qui embaumait l'encaustique* » (MART. du G.). ◊ ANT. **Empuantir, puer.**

EMBAUMEUR [ɑ̃bomœʀ]. *n. m.* (1556; de *embaumer*). Celui dont le métier est d'embaumer les morts.

EMBECQUER [ɑ̃beke]. *v. tr.* (1611; de *en-,* et *bec*). *Vx.* Nourrir en donnant la becquée. — *Élev.* Gaver (une volaille).

EMBÉGUINER [ɑ̃begine]. *v. tr.* (1558; de *en-,* et *béguin*). ♦ 1° *Vx.* Coiffer d'un béguin, couvrir d'une sorte de béguin. « *La petite nonne, s'embéguinait à la manière du moyen âge* » (LOTI). ♦ 2° *Fig.* (*Vx*). Enticher. Pronom. S'éprendre, se toquer.

EMBELLIE [ɑ̃beli]. *n. f.* (1753; de *embellir*). *Mar.* Amélioration momentanée du temps, de l'état de la mer. V. **Accalmie.** ◊ *Cour.* Éclaircie. « *Dans la soirée, il se fit une embellie qui nous permit de sortir* » (FROMENTIN).

EMBELLIR [ɑ̃beliʀ]. *v.* (XIIᵉ; de *en-,* et *beau*). ♦ 1° *V. tr.* Rendre beau ou plus beau (une personne, une visage). *Cette coiffure l'embellit.* V. **Flatter.** « *Le temps embellit celles qui, dans la jeunesse, ont les formes grosses et massives* » (BALZ.). « *Tant de douceur embellissait son visage fané* » (MART. du G.). — Orner, décorer (un lieu, un intérieur). « *Un oratoire sombre, embelli de bons tableaux* » (CHATEAUB.). ◊ *Fig.* Faire apparaître sous un plus bel aspect. V. **Idéaliser, magnifier, poétiser.** « *J'étais obligé d'embellir de misérables aventures* » (MAURIAC). « *L'auteur a embelli ce personnage historique. Vous embellissez la situation.* ♦ 2° *V. intr.* Devenir beau, plus beau. « *Votre enfant embellit tous les jours* » (SÉV.). — *Ne faire que croître* et embellir. ◊ ANT. **Enlaidir, gâter.**

EMBELLISSEMENT [ɑ̃belismɑ̃]. *n. m.* (1270; de *embellir*). Action ou manière d'embellir, de rendre plus agréable à l'œil (une ville, une maison). V. **Décoration.** *Les récents embellissements de notre ville.* ◊ *Fig.* Modification tendant à embellir la réalité. *Vous avez apporté à cette histoire bien des embellissements.* ◊ ANT. **Enlaidissement.**

EMBERLIFICOTER [ɑ̃beʀlifikɔte]. *v. tr.* (1755; *embirelicoquer, embrelicoquer,* XIVᵉ; et var. nombreuses; formation pop. expressive). *Fam.* Empêtrer. Pronom. « *Il s'emberlificota* *dans les jupons, et faillit tomber* » (ZOLA). — *Fig.* Entortiller, embrouiller (qqn pour le tromper).

EMBERLIFICOTEUR, EUSE [ãbɛʀlifikɔtœʀ, øz]. *n.* (1870; de *emberlificoter*). Personne qui cherche à emberlificoter les autres; personne qui emberlificote qqn.

EMBÊTANT, ANTE [ãbɛtã, ãt]. *adj.* (v. 1840; de *embêter*). *Fam.* Qui embête. V. **Ennuyeux.** « *Qu'il est embêtant celui-là! Tout le temps à se mêler des affaires des autres* » (GIDE). *C'est bien embêtant cette histoire.* V. **Fâcheux.**

EMBÊTEMENT [ãbɛtmã]. *n. m.* (fin XVIIIᵉ; de *embêter*). *Fam.* Chose qui donne du souci. V. **Contrariété, ennui, tracas.** « *J'ai assez d'embêtements dans ma propre vie, je ne veux pas m'appuyer ceux des autres* » (SARTRE).

EMBÊTER [ãbete]. *v. tr.* (1794; de *en-*, et *bête*). ♦ 1° *Fam.* Ennuyer ou contrarier fortement. *Ce spectacle m'embête.* V. **Raser.** *Ne l'embête pas!* laisse-le tranquille. V. **Agacer.** *Ça m'embête d'être en retard, qu'il parte demain.* « *Si c'est pour embêter le gouvernement, vous perdez votre peine* » (ROMAINS). ◇ S'EMBÊTER. *v. pron.* S'ennuyer. « *Ce vieux Rouen où je me suis embêté sur tous les pavés* » (FLAUB.). *Il ne s'embête pas,* il n'est pas à plaindre. ♦ 2° *Région.* (Canada). Embarrasser. *Je suis bien embêté pour vous répondre.*

EMBLAVAGE [ãblavaʒ]. *n. m.* (1845; de *emblaver*). *Agric.* Action d'emblaver; son résultat.

EMBLAVE [ãblav]. *n. f.* (1755; de *emblaver*). *Rare.* Terre récemment emblavée.

EMBLAVER [ãblave]. *v. tr.* (1242; de *blé*). *Agric.* Ensemencer (une terre) en blé, ou toute autre céréale.

EMBLAVURE [ãblavyʀ]. *n. f.* (XIIIᵉ; de *emblaver*). Terre emblavée.

EMBLÉE (D') [dãble]. *loc. adv.* (1490; a. fr. *embler*, XIᵉ; du lat. *involare* « se précipiter sur »). Du premier coup, au premier effort fait pour obtenir le résultat en question. V. **Aussitôt, entrée** (d'entrée de jeu). « *Quand un de ces à-propos conquiert d'emblée le public* » (DAUD.). *Le projet a été adopté d'emblée. Marquer d'emblée un but.*

EMBLÉMATIQUE [ãblematik]. *adj.* (1564; bas lat. *emblematicus* « plaqué ». V. **Emblème**). Qui présente un emblème, se rapporte à un emblème. V. **Allégorique, symbolique.** *La colombe, figure emblématique de la paix.* « *Un de ces bouquets emblématiques que les Bach'agas offrent à leurs amoureuses, et auxquels ils savent faire exprimer les nuances de la passion* » (DAUD.).

EMBLÈME [ãblɛm]. *n. m.* (1560; lat. *emblema*, gr. *emblêma* « ornement rapporté, mosaïque »). ♦ 1° Figure symbolique généralement accompagnée d'une devise. *Il « imagina pour Louis XIV l'emblème d'un soleil dardant ses rayons sur un globe* » (VOLT.). ♦ 2° *Par ext.* Figure, attribut destinés à représenter une autorité, un métier, un parti. V. **Insigne.** « *Les emblèmes des arts : la houlette des pasteurs, la gerbe du laboureur, les grappes de la vigne* » (GAUTIER). « *Qu'est-ce qu'un thyrse? C'est un emblème sacerdotal* » (BAUDEL.). ♦ 3° Être ou objet concret, consacré par la tradition comme représentatif d'une chose abstraite. V. **Symbole.** « *La fauvette fut l'emblème des amours volages, comme la tourterelle de l'amour fidèle* » (BUFF.).

EMBOBELINER [ãbɔbline]. *v. tr.* (1585; de *en-*, et a. fr. *bobelin* « brodequin »; o. i.). ♦ 1° *Vx.* Envelopper (de vêtements). Pronom. « *En attendant les voitures, on s'embobelina dans des capelines et des manteaux* » (FLAUB.). ♦ 2° *Fig. (Fam.).* Circonvenir, entortiller. V. **Embobiner.** « *Si vous arrivez à embobeliner le juge, je l'aurai d'une autre façon* » (SARTRE).

EMBOBINER [ãbɔbine]. *v. tr.* (1842; altér. d'*embobeliner*, d'après *bobine*). ♦ 1° *Fam.* Tromper, embobeliner (2°). ♦ 2° (1878; de *bobine*). *Rare.* Bobiner.

EMBOÎTAGE [ãbwataʒ]. *n. m.* (1787; de *emboîter*). ♦ 1° Action d'emboîter (un livre, qqch.). ♦ 2° Enveloppe d'un livre de luxe, généralement constituée d'une chemise et d'un étui.

EMBOÎTEMENT [ãbwatmã]. *n. m.* (1611; de *emboîter*). Assemblage de deux pièces qui s'emboîtent l'une dans l'autre. *Anat.* Articulation par emboîtement réciproque, diarthrose dans laquelle les surfaces articulaires sont concaves dans un sens, convexes dans l'autre.

EMBOÎTER [ãbwate]. *v. tr.* (1328; de *en-*, et *boîte*). ♦ 1° Faire entrer (une chose dans une autre, plusieurs choses l'une dans l'autre). V. **Ajuster, assembler, encastrer, enchâsser.** *Emboîter un tenon dans une mortaise.* Pronom. « *Les pièces découpées par nous s'emboîtent exactement les unes dans les autres* » (CARREL). *Tables, fusées qui s'emboîtent.* V. **Gigogne.** ♦ 2° Mettre dans une sorte de boîte. — *Emboîter un livre,* le fixer, tout cousu, par simple collage dans une couverture. ◇ Envelopper exactement comme une boîte. V. **Mouler.** « *Des souliers sans talon qui n'emboîtent que les doigts du pied* » (LAMART.). ♦ 3° *Loc.* **EMBOÎTER LE PAS** *à qqn,* marcher juste derrière lui, en mettant le pied juste à l'endroit où il a marché; le suivre pas à pas, de près. *Fig.* Suivre doci-

lement. V. **Imiter.** « *À voir Adèle lui emboîter carrément le pas, à l'entendre abonder bruyamment dans son sens* » (COURTELINE). ◇ *Au p. p.* (Danse) *Pas emboîté,* ou ellipt. EMBOÎTÉ, marche légère caractérisée par le passage des pieds l'un devant l'autre, talon contre pointe. ◇ ANT. **Déboîter.**

EMBOÎTURE [ãbwatyʀ]. *n. f.* (1547; de *emboîter*). *Techn.* Endroit ou manière dont deux pièces s'emboîtent.

EMBOLIE [ãbɔli]. *n. f.* (1857; d'abord en all.; gr. *embolê* « invasion, choc »). Oblitération brusque d'un vaisseau par un corps étranger : caillot de sang (V. **Thrombose**), amas de bactéries ou de cellules cancéreuses, bulles gazeuses (*embolie gazeuse*). *Mourir d'une embolie.*

EMBOLISME [ãbɔlism(ə)]. *n. m.* (1119; bas lat. d'o. gr. *embolismus*). *Didact.* Mois intercalaire, dans le calendrier des anciens.

EMBONPOINT [ãbɔ̃pwɛ̃]. *n. m.* (1528; de *en bon point* « en bon état »). ♦ 1° *Vx.* Bonne santé, aspect de bonne santé. ♦ 2° *Mod.* État d'un corps bien en chair, un peu gras. V. **Corpulence, rotondité.** *Prendre de l'embonpoint,* engraisser. « *Il avait quelque embonpoint, et, pour le combattre, il faisait volontiers de longues marches à pied* » (HUGO). « *Son embonpoint, potelé et soutenu* » (GAUTIER).

EMBOSSAGE [ãbɔsaʒ]. *n. m.* (1792; de *embosser*). *Mar.* Action d'embosser un navire; position d'un navire embossé.

EMBOSSER [ãbɔse]. *v. tr.* (1752; de *en-*, et *bosse* « cordage »). *Mar.* Amarrer de façon à maintenir dans une direction déterminée. *Navire embossé cap à l'est.* — Pronom. « *L'escadre s'approche avec précaution, en sondant, mouille le plus près possible, et s'embosse* » (LOTI).

EMBOSSURE [ãbɔsyʀ]. *n. f.* (1687; de *en-*, et *bosse*. V. **Embosser**). *Mar.* Nœud fait sur une amarre; amarre servant à l'embossage.

EMBOUCHE [ãbuʃ]. *n. f.* (XVᵉ; de *emboucher*, vx ou dial. « gaver, engraisser »). Engraissement du bétail dans les prés. *Pré d'embouche,* ou ellipt. *embouche,* prairie fertile pour l'engraissement des bestiaux.

EMBOUCHER [ãbuʃe]. *v. tr.* (1273; de *en-*, et *bouche*). ♦ 1° Mettre à sa bouche (un instrument à vent). *Il « emboucha son clairon, et sonna aux champs* » (LOTI). — *Fig. Emboucher la trompette :* prendre un ton élevé, épique; claironner partout qqch. ♦ 2° Munir de qqch. qu'on introduit dans la bouche. *Emboucher un cheval,* lui mettre le mors. ◇ *Fig. (Vx.)* Endoctriner (qqn), lui faire la leçon. — *Au p. p. Mod. Personne mal embouchée,* mal élevée, qui n'a que des grossièretés à la bouche.

EMBOUCHOIR [ãbuʃwaʀ]. *n. m.* (1620; *embauchoir,* 1558; de *emboucher*). Partie mobile d'un instrument à vent qui porte l'embouchure et qu'on adapte à l'instrument. ◇ (1777) Douille qui joint le canon d'un fusil au fût.

EMBOUCHURE [ãbuʃyʀ]. *n. f.* (1328; de *emboucher*). ♦ 1° Ouverture extérieure. *Spécialt.* Ouverture par laquelle un cours d'eau se jette dans une mer ou un lac. V. **Bouche, delta, estuaire.** *Source et embouchure.* « *Les Normands entraient par l'embouchure des rivières* » (MONTESQ.). *Ville bâtie à l'embouchure d'un fleuve.* ♦ 2° (XVIIᵉ). Partie du mors placée dans la bouche du cheval; région de la bouche sensible au mors. ♦ 3° (1707). Bout de l'embouchoir d'un instrument à vent qu'on met à la bouche pour en jouer. *L'embouchure d'une trompette.* — Trou latéral, dans certaines flûtes; bec d'un instrument à anches.

EMBOUQUEMENT [ãbukmã]. *n. m.* (1792; de *embouquer*). *Mar.* Entrée d'une passe.

EMBOUQUER [ãbuke]. *v. intr.* (1694; de *en-*, et *bouque* (vx), prov. *bouca* « bouche »). *Mar.* S'engager dans une passe étroite. — *Trans. Embouquer un canal.* ◇ ANT. **Débouquer.**

EMBOURBER [ãbuʀbe]. *v. tr.* (1220; de *en-*, et *bourbe*). Engager, enfoncer dans un bourbier. V. **Enliser.** *Notre voiture était embourbée,* ou pronom. *s'était embourbée.* ♦ *Fig.* « *La passion entraîne dans la mauvaise voie, le vice y embourbe* » (BALZ.). — Pronom. V. **Empêtrer (s'),** enfoncer (s'). « *Les intellectuels qui fréquentent le cinéma le regardent s'embourber dans la pire sottise* » (DUHAM.). ◇ ANT. **Débourber.**

EMBOURGEOISEMENT [ãbuʀʒwazmã]. *n. m.* (1870; de *embourgeoiser*). Fait de s'embourgeoiser. « *Cela tient à l'embourgeoisement de leurs chefs* » (PÉGUY).

EMBOURGEOISER [ãbuʀʒwaze]. *v. tr.* (1831; de *en-*, et *bourgeois*). ♦ 1° *Littér.* Revêtir d'un caractère bourgeois ou commun, banaliser. « *Embourgeoiser le drame biblique en essayant de l'habiller en costume moderne* » (G. PLANCHE). ♦ 2° *Pronom. et cour.* Prendre les habitudes, l'esprit de la classe bourgeoise (goût de l'ordre, du confort, respect des conventions). V. **Bourgeois** (4°). *S'embourgeoiser en prenant de l'âge. Un socialisme qui s'est embourgeoisé,* qui a perdu son caractère révolutionnaire. ◇ ANT. **Désembourgeoiser; débourgeoiser.**

EMBOURRURE [ãbuʀyʀ]. *n. f.* (XVIᵉ; de *embourrer,* XIIᵉ, vx; V. **Rembourrer**). *Techn. Toile d'embourrure,* ou *embourrure*, toile de jute où le tapissier enveloppe le rembourrage d'un siège.

EMBOUT [ãbu]. *n. m.* (1838; de *embouter*, 1567, vx; de *en-*, et *bout*). Garniture d'une matière quelconque qui se place au bout (d'une canne, d'un parapluie, etc.). *Embout isolant*, placé à l'extrémité d'un conducteur électrique. *Embout d'une seringue*, où s'emboîte l'aiguille.

EMBOUTEILLAGE [ãbutɛjaʒ]. *n. m.* (1870; de *embouteiller*). ♦ 1° *Vx.* Mise en bouteilles. ♦ 2° (1906). *Mar.* Action d'embouteiller (des navires). ♦ 3° *Cour.* Encombrement qui arrête la circulation. « *Il s'est fait prendre sur la route dans des embouteillages inextricables* » (ST-EXUP.). V. **Bouchon**. — *Par anal.* Encombrement. « *L'embouteillage des facultés* » (*Entreprise*, mai 1968), *des lignes téléphoniques*.

EMBOUTEILLER [ãbutɛje]. *v. tr.* (1864; de *en-*, et *bouteille*). ♦ 1° *Vx.* Mettre en bouteilles. ♦ 2° *Mar.* (1906; métaph. angl., 1898). Bloquer (des navires) dans une rade dont on obstrue le goulet. ♦ 3° *Cour.* (XXᵉ). Obstruer (une voie de communication) en provoquant un encombrement. « *En progressant contre le courant, il embouteille inexorablement une route entière* » (ST-EXUP.). Par anal. *Les lignes téléphoniques étaient embouteillées.*

EMBOUTIR [ãbutiʀ]. *v. tr.* (XIVᵉ; de *en-*, et *bout* « coup »; Cf. Bouter). ♦ 1° Travailler, au marteau ou au repoussoir (un métal), pour y former le relief d'une empreinte; travailler une plaque de métal (dite *flan*) pour la courber, l'arrondir. *Presse à emboutir. Bassine en tôle emboutie.* ♦ 2° (1907). *Par anal.* Enfoncer en heurtant violemment. *Un camion a embouti l'arrière de ma voiture.* Par ext. *Il s'est fait emboutir.* ♦ 3° (Pour *embouter*). *Techn.* Revêtir d'une garniture de protection (une corniche, une moulure).

EMBOUTISSAGE [ãbutisaʒ]. *n. m.* (1864; de *emboutir*). ♦ 1° Opération consistant à emboutir (une plaque de métal). *Emboutissage à chaud, à froid; à la main, à la machine.* ♦ 2° (1907). *Par anal.* Choc, heurt (d'un véhicule qui en emboutit un autre). *L'emboutissage d'une auto par un camion.*

EMBOUTISSEUR [ãbutisœʀ]. *n. m.* (1845; de *emboutir*). Ouvrier chargé de l'emboutissage.

EMBOUTISSEUSE [ãbutisøz] *n. f.* ou **EMBOUTISSOIR** [ãbutiswaʀ]. *n. m.* (1900,-1690; de *emboutir*). Outil, machine-outil qui sert à emboutir.

EMBRANCHEMENT [ãbʀãʃmã]. *n. m.* (1494; de *en-*, et *branche*). ♦ 1° Division en branches ou rameaux secondaires d'un tronc, d'une voie, d'une canalisation principale; voie, direction ayant son origine sur la voie ou direction principale. V. **Ramification**. « *Un vieil égout en pierre qui va droit à l'égout collecteur avec un seul embranchement, l'égout Saint-Martin* » (HUGO). ◊ Point de jonction de ces voies. V. **Bifurcation**, **croisement**. *À l'embranchement des deux routes.* ♦ 2° *Fig.* (1812). Chacune des grandes divisions du monde animal ou végétal. *L'embranchement des vertébrés.*

EMBRANCHER [ãbʀãʃe]. *v. tr.* (1773; de *embranchement*). Raccorder (une voie, une canalisation) à une ligne déjà existante. V. **Brancher**. *Embrancher une voie ferrée à la ligne principale.* — Pronom. « *Une grande avenue qui à Clochegourde irait en droite ligne s'embrancher sur la route de Chinon* » (BALZ.).

EMBRAQUER [ãbʀake]. *v. tr.* (1694; it. *imbracare*, lat. *braca*). *Mar.* Tendre, raidir (un cordage).

EMBRASEMENT [ãbʀazmã]. *n. m.* (1160; de *embraser*). *Vx.* Incendie. — Par métaph. « *La première étincelle ferait un grand embrasement* » (MICHELET). V. **Conflagration**. ♦ *Littér.* Illumination générale. « *Stamboul et son golfe, dans son plein embrasement des soirs purs* » (LOTI).

EMBRASER [ãbʀaze]. *v. tr.* (1160; de *en-*, et *braise*). *Littér.* ♦ 1° Enflammer, incendier. « *Un feu sournois qui rampe sous la brande embrase un pin* » (MAURIAC). ♦ 2° Par anal. Rendre très chaud. V. **Brûler**. « *Une puissante chaleur embrase les champs* » (BOSCO). ♦ 3° Éclairer vivement, illuminer. *Ciel qu'embrase le soleil couchant.* Pronom. « *Le sable s'embrase au soir et paraît de cendre au matin* » (GIDE). ♦ 4° *Fig.* Emplir d'une passion ardente. V. **Enflammer**. « *Elle m'a tout à coup embrasé d'amour* » (LESAGE). « *Un sentiment nouveau... embrasait son vieux cœur* » (MART. du G.). ◊ ANT. Éteindre. Apaiser, refroidir.

EMBRASSADE [ãbʀasad]. *n. f.* (1500; de *embrasser*). Action de deux personnes qui s'embrassent amicalement. V. **Accolade**. « *Des déclarations d'amitié, des serments de main, des embrassades* » (CHATEAUB.).

EMBRASSE [ãbʀas]. *n. f.* (1842; *embrassement*, XVIᵉ; de *embrasser*). Cordelière, galon à une patère et servant à retenir un rideau. « *Un rideau de peluche rouge était retenu par une embrasse en torsade qui se terminait par un gland* » (MAUROIS).

EMBRASSÉ, ÉE [ãbʀase]. *adj.* (1690; de *embrasser*). ♦ 1° *Blas.* Se dit d'un écu dont la partition présente un triangle sur un axe horizontal. ♦ 2° *Rimes embrassées*, rimes masculines et féminines se succédant dans l'ordre *abba*, *cddc*...

EMBRASSEMENT [ãbʀasmã]. *n. m.* (1160; de *embrasser*). *Littér.* Action d'embrasser, de s'embrasser. V. **Baiser**; **embrassade**, **enlacement**, **étreinte**. « *Tout ce qu'on peut donner d'étreintes et d'embrassements désolés* » (LOTI).

EMBRASSER [ãbʀase]. *v. tr.* (1080; de *en-*, et *bras*). ♦ 1° Prendre et serrer entre ses bras. V. **Accoler**, **enlacer**, **étreindre**. *Spécialt.*, pour marquer son amour ou son affection et en accompagnant ce geste de baisers. « *Elle l'avait serré des deux bras, l'embrassant, l'étouffant* » (MART. du G.). — Poét. « *Je me jetterai à ses pieds, j'embrasserai ses genoux* » (FÉN.), je l'implorerai (dans l'attitude du suppliant antique). ♦ 2° *Par ext.* Donner un baiser, des baisers à (qqn). V. **Baiser**. « *Vous embrassiez à pleine bouche avec ses grosses lèvres* » (LOTI). « *En l'embrassant au front* » (SAND). Pronom. *Ils s'embrassaient sur la bouche.* V. **Bécoter** (se). ♦ 3° *Fig.* (*Littér.*). Adopter (une opinion, un parti). V. **Choisir**, **épouser**. « *Avez-vous aussi l'intention d'embrasser l'islamisme?* » (LOTI). ◊ PROV. *Qui trop embrasse mal étreint*, qui veut trop entreprendre risque de ne rien réussir. ♦ 4° *Par anal.* Saisir par la vue dans toute son étendue. « *De là, il embrassait d'un coup d'œil tout le pays* » (ZOLA). « *Il se retourna pour embrasser du regard ce cabinet de travail* » (MART. du G.). ◊ *Fig.* Appréhender par la pensée. V. **Comprendre**, **concevoir**. « *Si la pensée embrasse l'infinie simultanéité des faits* » (LOTI). « *Les affaires d'un État sont d'une étendue que l'esprit d'un homme n'embrasse point* » (FRANCE). ◊ Contenir, englober. « *Une histoire devrait embrasser toute la période obscure qui...* » (RENAN).

EMBRASSEUR, EUSE [ãbʀasœʀ, øz]. *n.* (1537; de *embrasser*). Personne qui embrasse volontiers, ou à tout propos. Adj. *Il n'est guère embrasseur.*

EMBRASURE [ãbʀazyʀ]. *n. f.* (1522; p.-ê. de *embraser* (le canon). ♦ 1° Ouverture pratiquée dans un parapet pour pointer et tirer le canon. V. **Créneau**. « *Quelques vieux canons de vingt-quatre, placés aux embrasures d'un bastion gothique* » (CHATEAUB.). ♦ 2° Ouverture pratiquée dans l'épaisseur d'un mur pour recevoir une porte, une fenêtre. L'espace vide compris entre les parois du mur. « *Saisie de le voir brusquement surgir dans l'embrasure de la porte* » (MART. du G.).

EMBRAYAGE [ãbʀɛjaʒ]. *n. m.* (1864; de *embrayer*). Mécanisme permettant d'établir la communication entre un moteur et une machine ou de les désaccoupler sans arrêter le moteur. *Embrayage à courroie, à friction, automatique. Pédale, disque d'embrayage.* ◊ ANT. Débrayage.

EMBRAYER [ãbʀɛje]. *v.;* conjug. *payer* (1858; *rembrayer*, 1783, « serrer la braye », traverse de bois mobile d'un moulin à vent). ♦ 1° *V. tr.* Mettre en communication (une pièce mobile) avec l'arbre moteur. — *V. intr.* Établir la communication entre un moteur et la machine qu'il doit mouvoir. *Débrayez, changez de vitesse et embrayez.* ♦ 2° *V. intr.* Pop. (1927). Reprendre le travail (dans une usine). — Fam. (1927). Commencer un travail, entreprendre une action. ♦ 3° *Embrayer sur* (qqch., qqn). Avoir de l'influence, de l'efficacité sur. « *Le président du Conseil n'embraye plus sur l'Assemblée* » (*Le Monde*, 24-1-1958). ◊ ANT. Débrayer.

EMBRÈVEMENT [ãbʀɛvmã]. *n. m.* (1676; de *embrever*). *Techn.* Assemblage oblique de deux pièces de bois.

EMBREVER [ãbʀəve]. *v. tr.;* conjug. *lever* (*Enbrever*, 1223; « abreuver, imbiber », XIIᵉ; lat. pop. *imbiberare*). *Techn.* Assembler par embrèvement.

EMBRIGADEMENT [ãbʀigadmã]. *n. m.* (1793; de *embrigader*). ♦ 1° *Vx.* Réunion en brigade. ♦ 2° *Mod.* Action d'embrigader, recrutement.

EMBRIGADER [ãbʀigade]. *v. tr.* (1794; de *en-*, et *brigade*). ♦ 1° *Vx.* Réunir (des régiments) en brigade; faire entrer (des hommes) dans le cadre d'une brigade. ♦ 2° *Mod.* (1864). Rassembler, réunir sous une même autorité et en vue d'une action commune. V. **Enrégimenter**, **enrôler**, **recruter**. *Il ne veut pas se laisser embrigader.* Pronom. « *L'individu ne pouvait pas s'embrigader, participer au groupe, sans abdiquer d'abord sa valeur* » (MART. du G.).

EMBRINGUER [ãbʀɛge]. *v. tr.* (1948; *imbringuer* « charger de dettes, hypothéquer », XIVᵉ; *embriquer* « embarrasser », XVIᵉ; mot plat., de *bringue* ou *brique* « morceau »). *Fam.* Engager de façon fâcheuse, embarrassante. « *Décidé à ne pas se laisser embringuer dans un cirque ambulant* » (QUENEAU). *Il est embringué dans une sale affaire.*

EMBROCATION [ãbʀɔkasjɔ]. *n. f.* (XIVᵉ; lat. médiév. *embrocatio*, bas lat. *embrocha*, gr. *embrokhê*). Application d'un liquide huileux et calmant produisant de la chaleur. Ce liquide lui-même. V. **Onguent**. *Embrocations utilisées pour les massages.* Abrév. fam. EMBROC [ãbʀɔk].

EMBROCHEMENT [ãbʀɔʃmã]. *n. m.* (XVIᵉ; de *embrocher*). Action d'embrocher.

EMBROCHER [ãbʀɔʃe]. *v. tr.* (XIIᵉ; de *broche*). ♦ 1° Enfiler (une viande, des morceaux de viande) sur une broche, sur des brochettes. « *Embrochez la bête, cuisez la bête* » (JARRY). ♦ 2° Par ext. *Fam.* Transpercer (qqn) d'un coup d'épée. « *Misérable! Suis-moi, ou je t'embroche sur place!* » (BAUDEL.). ◇ ANT. *Débrocher.*

EMBRONCHEMENT [ãbrɔ̃ʃmã]. *n. m.* (1900; *embranchement*, 1690; de *embroncher*). Techn. Action, manière d'embroncher; assemblage de pièces embronchées.

EMBRONCHER [ãbrɔ̃ʃe]. *v. tr.* (1845; *embruncher*, 1690; *embrunchier* « recouvrir », en a. fr.; a. fr. *bronc* « saillie, nœud », lat. pop. *°bruncus* « souche »). Techn. Disposer (des pièces de charpente voisines) en les ajustant. ◇ Disposer (des tuiles, des ardoises) en les emboîtant.

EMBROUILLAGE [ãbruja3]. *n. m.* (1870; de *embrouiller*). Fam. Désordre, amas d'affaires embrouillées.

EMBROUILLAMINI [ãbrujamini]. *n. m.* (1747; de *brouillamini*, d'apr. *embrouiller*). Fam. Désordre ou confusion extrême, embrouillage.

EMBROUILLE [ãbruj]. *n. f.* (mil. XXᵉ; de *embrouiller*). Pop. Action ou manière d'embrouiller les gens, de les tromper. *Quel sac d'embrouilles!*

EMBROUILLÉ, ÉE [ãbruje]. *adj.* (XVIᵉ; de *embrouiller*). Extrêmement compliqué et confus. « *Jamais assassinat, si mystérieux, si embrouillé n'a été commis à Paris* » (BAUDEL.). *C'est une affaire très embrouillée.* ◇ ANT. *Clair, simple.*

EMBROUILLEMENT [ãbrujmã]. *n. m.* (1551; de *embrouiller*). Action d'embrouiller; fait d'être embrouillé. V. **Confusion, complication, enchevêtrement.** « *Ces idées, il est souvent malaisé d'en démêler l'embrouillement* » (GIDE).

EMBROUILLER [ãbruje]. *v. tr.* (XIVᵉ; de *en-*, et *brouiller*). ♦ 1º Emmêler (des fils). V. **Enchevêtrer, entortiller.** « *Délacer un corset sans en embrouiller les cordons* » (COURTELINE). ♦ 2º Fig. Compliquer, rendre obscur. « *Une étonnante manière d'embrouiller et d'entortiller la phrase* » (DUHAM.). — Pronom. « *Mes idées s'embrouillent tout à fait* » (MUSS.). V. **Brouiller.** ◇ Troubler qqn, lui faire perdre le fil de ses idées. « *Je ne m'y reconnais plus; vous m'avez embrouillé* » (SARTRE). Pronom. *Il s'embrouille dans ses explications*, il s'y perd. V. **Embarrasser (s'), empêtrer (s').** — Loc. fam. *Ni vu ni connu je t'embrouille*, se dit d'une manière de tromper qqn en l'embrouillant. ◇ ANT. *Débrouiller; démêler, éclaircir.*

EMBROUSSAILLER [ãbrusaje]. *v. tr.* (1874; de *en-*, et *broussaille*). Couvrir de broussailles. Pronom. *Un champ à l'abandon qui s'est embroussaillé.* ◇ Au p. p. « *Une tête passa, un masque embroussaillé de barbe* » (COURTELINE). *Des cheveux embroussaillés*, en broussailles. ◇ ANT. *Débroussailler.*

EMBRUMER [ãbryme]. *v. tr.* (début XVIᵉ; de *en-*, et *brume*). Couvrir de brume. — Au p. p. « *L'orbe de la lune tout rouge se levait, dans un horizon embrumé* » (BERNARD. de ST-P.). ◇ Fig. Assombrir, obscurcir. « *Des fronts qu'embrume la souci d'une préoccupation commune* » (COURTELINE).

EMBRUN [ãbrœ̃]. *n. m.* (Anbrun, 1521, repris XIXᵉ; mot prov., de *embruma* « embrumer »). Surtout au plur. Poussière de gouttelettes formée par les vagues qui se brisent, et emportée par le vent. V. **Poudrin.** « *Les lointains de la rade étaient noyés dans un brouillard blanchâtre fait d'embruns et de pluie* » (LOTI).

EMBRYO-. Élément, du gr. *embruon* « embryon ».

EMBRYOGÉNIE [ãbrijɔ3eni]. *n. f.* (1836; de *embryo-*, et *-génie*) ou **EMBRYOGENÈSE** [ãbrijɔ3ə(e)nɛz]. *n. f.* (v. 1950; de *embryo-*, et *genèse*). Sc. Formation et développement de l'embryon; étude de ses formes successives ou stades embryonnaires.

EMBRYOGÉNIQUE [ãbrijɔ3enik]. *adj.* (1864; de *embryogénie*). Sc. Relatif à l'embryogénie.

EMBRYOLOGIE [ãbrijɔlɔ3i]. *n. f.* (1753; de *embryo-*, et *-logie*). Science qui traite de l'embryon et des différents stades embryonnaires. *Embryologie descriptive, comparée.*

EMBRYOLOGIQUE [ãbrijɔlɔ3ik]. *adj.* (1836; de *embryo-logie*). Relatif à l'embryologie.

EMBRYOLOGISTE [ãbrijɔlɔ3ist(ə)]. *n.* (1846; de *embryologie*). Spécialiste de l'embryologie.

EMBRYON [ãbrijɔ̃]. *n. m.* (1361; gr. *embruon*). ♦ 1º Organisme en voie de développement dans l'œuf des ovipares. *Embryon de poulet.* — L'œuf des animaux ovipares, pendant la période de segmentation et de différenciation des feuillets embryonnaires, jusqu'à la séparation du nouvel organisme de ses membranes enveloppantes. — Chez l'homme, Produit de la segmentation de l'œuf jusqu'à la huitième semaine du développement dans l'utérus. V. **Fœtus.** ◇ Bot. Ensemble de cellules issues de l'œuf et donnant naissance à une plantule au sein de la graine. V. **Cotylédon, gemmule, radicule, tigelle.** ♦ 2º Fig. Ce qui commence d'être, mais qui n'est pas achevé. V. **Commencement, germe.** « *Il y a une différence incalculable entre l'embryon d'une idée et l'entité intellectuelle qu'elle peut enfin devenir* » (VALÉRY).

EMBRYONNAIRE [ãbrijɔnɛr]. *adj.* (1845; de *embryon*). ♦ 1º Relatif ou propre à l'embryon. *Développement embryonnaire. Sac* embryonnaire. *Feuillets*, *annexes* embryonnaires. ♦ 2º Fig. Qui n'est qu'un germe, à l'état rudimentaire. « *Sa curiosité est demeurée à l'état embryonnaire* » (GIDE).

EMBRYOPATHIE [ãbrijɔpati]. *n. f.* (1961; de *embryo-*, et *-pathie*). Méd. Maladie qui atteint l'embryon au cours des deux à trois mois de son développement dans l'utérus, et qui aboutit à des malformations. *Embryopathie due à la rubéole* (provoquant surtout des malformations oculaires). *Embryopathie par exposition aux radiations.*

EMBRYOTOME [ãbrijɔtɔm]. *n. m.* (1845; de *embryotomie*). Chir. Instrument chirurgical servant à pratiquer l'embryotomie.

EMBRYOTOMIE [ãbrijɔtɔmi]. *n. f.* (1707; de *embryo-*, et *-tomie*). Chir. Opération qui consiste à morceler le fœtus mort dans l'utérus pour en faciliter l'extraction.

EMBU, UE [ãby]. *adj. et n. m.* (1690; « imbibé, ivre », XVᵉ; p. p. de *emboire* (VX), XIIIᵉ; lat. *imbibere*). Peint. Devenu terne, mat, parce que le support a absorbé l'huile. *Couleurs, tableaux embus.* ◇ N. m. Ton, aspect terne d'un tableau embu.

EMBÛCHE [ãbyʃ]. *n. f.* (XIIᵉ; de *s'embûcher* « se mettre en embuscade », XIIᵉ; de *en-*, et *bûche*). ♦ 1º Vx. Embuscade. ♦ 2º Mod. (au plur.). Difficultés se présentant comme un piège, un traquenard. « *Sur ce sujet plein d'embûches* » (ALAIN). V. **Insidieux.**

EMBUER [ãbye]. *v. tr.* (1900; de *en-*, et *buée*). Couvrir d'une mince ou d'une sorte de buée. « *Quand il pensait à Gilieth, les larmes embuaient ses yeux* » (MAC ORLAN). — Au p. p. *Pare-brise embué.*

EMBUSCADE [ãbyskad]. *n. f.* (1425; it. *imboscata*, de *imboscare*, de *bosco* « bois », avec infl. de *embusquer*). Manœuvre par laquelle on dissimule une troupe en un endroit propice, pour surprendre et attaquer l'ennemi. « *Une embuscade habilement préparée* » (BALZ.). *Se tenir, être en embuscade.* V. **Aguets** (aux). *Tomber dans une embuscade.* ◇ Fig. Embûches. « *Les embuscades successives des concours et des examens* » (ROMAINS).

EMBUSQUER [ãbyske]. *v. tr.* (XVᵉ; réfection de *embûcher* (XIIᵉ), de *bûche*, d'apr. it. *imboscare*, de *bosco* « bois »). ♦ 1º Mettre en embuscade, poster en vue d'une agression. « *Tous deux sont embusqués au détour du chemin* » (HUGO). Pronom. *On a pu déterminer l'endroit où s'était embusqué l'assassin.* ♦ 2º (1914-18). Affecter par faveur (un mobilisé) à un poste non exposé, à une unité non combattante de l'arrière. *Il a réussi à se faire embusquer*, ou pronom. *à s'embusquer.* V. **Planquer** (se). ◇ Subst. EMBUSQUÉ, un homme qui s'est fait embusquer. « *J'en avais marre des embusqués de l'arrière* » (DORGELÈS).

ÉMÉCHÉ, ÉE [emeʃe]. *adj.* (1859; V. **Émécher**). Fam. Un peu ivre. V. **Gai, pompette.**

ÉMÉCHER [emeʃe]. *v. tr.; conjug. céder* (1869; « moucher (une chandelle) », 1576; probabl. de *mèche*). Rare. Rendre légèrement ivre.

ÉMERAUDE [emrod]. *n. f.* (Esmeralde, XIIᵉ; lat. d'o. gr. *smaragdus*). Pierre précieuse verte, variété de béryl; par ext. *émeraude orientale*, variété verte de corindon. *Émeraudes brutes.* V. **Morillon.** Un collier d'émeraudes. « *D'un vert si brillant qu'il pourrait soutenir la comparaison avec celui de la plus pure émeraude* » (BAUDEL.). Par appos. *Vert émeraude*, vert clair. ◇ *L'émeraude*, le vert émeraude. *Adj.* (invar.) « *Des courtines de soie émeraude* » (HUYSMANS). V. **Smaragdin.**

ÉMERGENCE [emɛr3ãs]. *n. f.* (1720; dr., « dépendance », 1498; de *émergent*). Sortie (d'un rayon, d'un fluide). *Le point d'émergence d'une source.* — Par anal. *Émergence d'un nerf*, le point apparent où il se détache du centre nerveux. ◇ Biol. Apparition d'un organe nouveau ou de propriétés nouvelles d'ordre supérieur. ◇ Fig. Apparition soudaine (dans une série d'événements ou d'idées). *Émergence d'un fait historique, d'une signification.*

ÉMERGENT, ENTE [emɛr3ã, ãt]. *adj.* (XVIᵉ; lat. *emergens*, de *emergere*. V. **Émerger**). ♦ 1º Chron. *Année émergente*, à partir de laquelle on compte les années d'une ère. ♦ 2º Opt. (1720; angl. *emergent*). Qui sort d'un milieu après l'avoir traversé. ◇ (XIXᵉ) Rare. Qui émerge. « *Les îles sont encore des têtes de montagnes émergentes* » (TAINE).

ÉMERGER [emɛr3e]. *v. intr.; conjug. bouger* (1826; « ressortir à, dépendre », 1496; lat. *emergere*, de *mergere* « plonger »). ♦ 1º Sortir d'un milieu où l'on est plongé de manière à apparaître à la surface. *L'îlot émerge à marée basse.* « *Çà et là émerge, comme une pointe d'écueil, le haut d'une colonne engloutie à moitié* » (GAUTIER). « *Le soleil émergeant d'une nuit sombre éclairait le fleuve* » (CHATEAUB.). ♦ 2º Fig. Se manifester, apparaître plus clairement. V. **Jour** (se faire). *De tant de dispositions contradictoires, la vérité finissait par émerger.* « *L'acte qui était déjà en elle à son insu, commença alors d'émerger du fond de son être* » (MAURIAC). ◇ ANT. *Enfoncer (s'), plonger. Disparaître.*

ÉMERI [emri]. *n. m.* (Esmeril, XIIIᵉ; bas lat. *smyris*, gr. *smuris*). Roche métamorphique constituée essentiellement de corindon qui, réduite en poudre, est utilisée comme abrasif. *Poudre d'émeri. Papier, toile (d')émeri*, papier ou toile

qu'on enduit de colle forte et saupoudre de poudre d'émeri.
Bouchon à l'émeri, poli à l'émeri pour s'adapter parfaitement
au goulot. — *Fig.* (Fam.) *Il est bouché à l'émeri*, particulièrement bouché et borné.

ÉMERILLON [ɛmɛrijɔ̃]. *n. m.* (XIIe; a. fr. *esmeril*, frq.
°*smiril*). ♦ 1° Nom usuel d'un petit faucon employé autrefois à la chasse. ♦ 2° (1680). Anneau ou croc rivé par une
petite tige dans une bague de façon à pouvoir tourner librement. *Émerillon d'affourche*, servant à réunir deux chaînes.
Croc, poulie à émerillon, tournant sur eux-mêmes. — *Pêche*.
Attache métallique tournante empêchant la ligne de vriller.

ÉMERILLONNÉ, ÉE [ɛmrijɔne]. *adj.* (1493; de *émerillon*). Rare. Vif, éveillé. « *De grosses joues sous des yeux éme-
rillonnés* » (ROMAINS).

ÉMERISER [ɛmrize]. *v. tr.* (1870; de *émeri*). *Techn.*
Couvrir de poudre d'émeri.

ÉMÉRITE [emerit]. *adj.* (1355, repris XVIIIe; lat. *emeritus*
« (soldat) qui a fini de servir »). ♦ 1° *Vx.* Retraité, honoraire.
♦ 2° Fig. *(Vx).* Qui a une longue pratique de la chose, a
vieilli dans son emploi. V. **Chevronné, invétéré.** « *La coquette
émérite s'admirait elle-même dans la jeune coquette* » (BALZ.).
◇ *Mod.* (fin XIXe) Qui, par une longue pratique, a acquis
une compétence, une habileté remarquable. V. **Éminent.**
« *J'ai suivi parfois la consultation de Doloris, accoucheur
émérite* » (DUHAM.). ◇ ANT. *Apprenti, novice.*

ÉMERSION [emɛrsjɔ̃]. *n. f.* (1666; lat. sc. *emersio*, class.
emersus, de *emergere*. V. **Émerger**). ♦ 1° *Astron.* Brusque
réapparition d'un astre qui était éclipsé. ♦ 2° (1775). *Didact.*
Action ou état d'un corps qui émerge d'un fluide, d'un milieu.
◇ ANT. *Immersion.*

ÉMERVEILLEMENT [emɛrvɛjmɑ̃]. *n. m.* (fin XIIe; de
émerveiller). Fait de s'émerveiller. Enchantement. *C'était
un émerveillement.*

ÉMERVEILLER [emɛrveje]. *v. tr.* (XIIe; de é-, et *merveille*). Frapper d'étonnement et d'admiration. V. **Éblouir,
étonner.** Absolt. « *Le jour, cette vallée émerveille; la nuit, elle
fascine* » (HUGO). ◇ S'ÉMERVEILLER. *v. pron.* Éprouver un
étonnement agréable devant qqch. d'inattendu qu'on juge
merveilleux. « *Un enfant qui s'émerveille lorsque, en frappant
les touches, il réussit à produire un accord* » (LARBAUD). *Ils
« s'émerveillaient de trouver les ouvriers dociles à leurs exigences* » (MAUROIS). ◇ ANT. *Décevoir.*

ÉMÉTINE [emetin]. *n. f.* (1839; de *émétique*). *Chim.*,
Biol. Alcaloïde extrait de l'ipéca, employé comme expectorant et (à fortes doses) comme vomitif.

ÉMÉTIQUE [emetik]. *adj.* (1560; lat. d'o. gr. *emeticus*).
Méd. Qui provoque le vomissement. *Préparation émétique.*
◇ Subst. *Un émétique*, V. **Vomitif.** *Spécialt.* Vomitif composé
de tartrate d'antimoine et de potassium. « *Il prescrivit l'émétique, afin de dégager complètement l'estomac* » (FLAUB.).

ÉMETTEUR, TRICE [emetœr, tris]. *n. et adj.* (1792;
de *émettre*). ♦ 1° *Fin.* Personne, organisme qui émet (des
billets, des effets). *Banque émettrice.* ♦ 2° (1910, *poste émetteur d'ondes*). *Poste émetteur*, ou *émetteur* : ensemble des
dispositifs et appareils destinés à produire des *oscillations
électriques*, dont l'énergie est rayonnée à distance sous forme
d'ondes électromagnétiques capables de transporter des
messages télégraphiques, des sons ou des images. *Émetteurs
radiotélégraphiques, radiotéléphoniques, radiophoniques, de
télévision. Émetteur de brouillage.* V. **Brouilleur.** — *Spécialt.*
Station qui effectue des émissions radiophoniques. ♦ 3° Système fonctionnel (mécanisme ou être vivant) qui émet, produit des messages. *L'émetteur de messages en langue naturelle.*
V. **Locuteur.** ◇ ANT. *Récepteur.*

ÉMETTRE [emɛtr(ə)]. *v. tr.;* conjug. *mettre* (1792; dr.,
« interjeter », 1461; lat. *emittere*, d'apr. *mettre*). ♦ 1° Produire au dehors, mettre en circulation, offrir au public.
*Les billets émis par la Banque de France. L'État émet des
emprunts. Celui qui émet un chèque.* V. **Tireur.** ◇ Relig.
Émettre des vœux, les faire au cours de la cérémonie de l'émission des vœux. ◇ *Fig.* Exprimer. *Il a émis le vœu que...*
« *Veuillez n'émettre aucune opinion sur les choses que nous
verrons* » (STENDHAL). ♦ 2° (1830). Projeter spontanément
hors de soi, par rayonnement (des radiations, des ondes).
Les particules émises par le noyau d'un corps radio-actif.
◇ Envoyer (des signaux, des images) sur ondes électromagnétiques; absolt. faire des émissions. *Émettre sur telle longueur d'onde.* ◇ ANT. *Recevoir.*

ÉMEU [emø] ou **ÉMOU** [emu]. *n. m.* (1605, en lat. zool.;
Eeme, 1598; mot des îles Moluques). Grand oiseau aux
(Casuaridés), aux ailes très réduites, vivant en Australie.

ÉMEUTE [emøt]. *n. f.* (1540; *esmote, esmuete* « mouvement, émoi », XIIe; anc. p. p. d'*émouvoir*). Soulèvement populaire, généralement spontané et non organisé, pouvant
prendre la forme d'un simple rassemblement tumultueux
accompagné de cris et de bagarres. V. **Agitation, trouble.**
« *Je jugeai qu'il ne s'agissait pas d'une émeute, mais d'une*

révolution » (CHATEAUB.). « *L'émeute raffermit les gouvernements qu'elle ne renverse pas* » (HUGO).

ÉMEUTIER, IÈRE [emøtje, jɛr]. *n.* (1839; de *émeute*).
Personne qui excite à une émeute ou qui y prend part. *Disperser les émeutiers.*

-ÉMIE. Élément final, gr. *-aimia*, de *haima* « sang » (ex. :
urémie).

ÉMIETTEMENT [emjɛtmɑ̃]. *n. m.* (1611; de *émietter*).
Action de s'émietter. « *Cet émiettement
d'énergies* » (R. ROLLAND).

ÉMIETTER [emjete]. *v. tr.* (1572; de é-, et *miette*).
Réduire en miettes, désagréger en petits morceaux. « *Antoine
y émiettait un peu de pain* » (MART. du G.). ◇ Morceler à
l'excès. Pronom. « *Le patrimoine était menacé de s'émietter* »
(MADELIN). ◇ *Fig.* Éparpiller, disperser. « *Obligé à multiplier
les articles, à émietter son effort* » (HENRIOT).

ÉMIGRANT, ANTE [emigrɑ̃, ɑ̃t]. *n.* (1770; de *émigrer*).
Personne qui émigre. « *Tu regardes les yeux pleins de larmes
ces pauvres émigrants* » (APOLLINAIRE). ◇ ANT. *Immigrant.*

ÉMIGRATION [emigrasjɔ̃]. *n. f.* (1752; lat. jur. *emigra-
tio*). ♦ 1° Action d'émigrer. V. **Expatriation, migration.** *Les
facteurs d'émigration. Pays à forte émigration.* « *L'émigration
est un phénomène démographique, c'est-à-dire spontané* »
(GIDE). ◇ *Hist.* Départ hors de France des adversaires de
la Révolution; ensemble des émigrés. « *Bruxelles était le
quartier général de la haute émigration* » (CHATEAUB.). ♦
2° *Zool.* Migration. ◇ ANT. *Immigration.*

ÉMIGRÉ, ÉE [emigre]. *n.* (1791; de *émigrer*). *Hist.* Personne qui se réfugia hors de France sous la Révolution. Per-
— *Par anal.* Personne qui s'est expatriée pour des raisons
politiques.

ÉMIGRER [emigre]. *v. intr.* (1780; lat. *emigrare*). ♦
1° Quitter son pays pour aller s'établir dans un autre,
momentanément ou définitivement. V. **Expatrier (s').** « *Les
lois les plus tyranniques sur les émigrations n'ont jamais eu
d'autre effet que de pousser le peuple à émigrer* » (MIRABEAU).
◇ *Hist.* S'est dit des adversaires de la Révolution qui quittèrent la France. ♦ 2° (1827; *animaux*). Quitter périodiquement et par troupes une contrée pour séjourner ailleurs. « *Les
bisons sont si nombreux que, quand ils émigrent, leur troupe
met quelquefois plusieurs jours à défiler* » (CHATEAUB.). ◇ ANT.
Immigrer.

ÉMINCÉ [emɛ̃se]. *n. m.* (1798; *émincée*, 1750; de *émincer*).
Fine tranche de viande, d'oignon, etc.; viande en sauce
cuite en fines tranches. *Émincé de foie de veau.*

ÉMINCER [emɛ̃se]. *v. tr.;* conjug. *placer* (XVIe; de é-,
et *mince*). *Cuis.* Couper en tranches minces. *Émincer du
lard, un oignon.*

ÉMINEMMENT [eminamɑ̃]. *adv.* (1611; de *éminent*).
Au plus haut degré. V. **Parfaitement, supérieurement.** « *M. La
Hir était un savant et un saint, il était éminemment l'un et
l'autre* » (RENAN).

ÉMINENCE [eminɑ̃s]. *n. f.* (1314; lat. *eminentia*). ♦
1° *Anat.* Saillie, protubérance. *Les éminences osseuses.* V.
Apophyse, tubercule, tubérosité. ♦ 2° *Cour.* Élévation de
terrain relativement isolée. V. **Butte, hauteur, monticule,
tertre.** *Observatoire établi sur une éminence.* « *Les blessés
gagnèrent au haut de l'éminence qui flanquait la route à droite* »
(BALZ.). ♦ 3° *Fig.* (XVIe). *Vx.* Haut degré, excellence. V. **Élévation.** ◇ (Mil. XVIIe) Titre d'honneur qu'on donne aux
cardinaux. *Son Éminence le cardinal.* — *Hist.* *L'Éminence
grise*, le Père Joseph, qui fut le confident de Richelieu et son
ministre occulte. *Fig.* Conseiller intime qui, dans l'ombre,
manœuvre un personnage officiel ou un parti. ◇ ANT. *Creux,
dépression.*

ÉMINENT, ENTE [eminɑ̃, ɑ̃t]. *adj.* (XIIIe; lat. *eminens*).
♦ 1° *Vx.* Élevé (lieu). ♦ 2° *Mod.* (XVIe). Qui est au-dessus
du niveau commun, d'ordre supérieur. V. **Élevé, insigne.**
Il a rendu d'éminents services. « *Trois sortes de personnes
avaient dans l'État la place éminente* » (TAINE). — (*Personnes*)
Très distingué, remarquable. « *Les hommes éminents des
spécialités les plus différentes* » (VALÉRY). *Mon éminent
collègue.* ◇ ANT. *Inférieur, médiocre.*

ÉMINENTISSIME [eminɑ̃tisim]. *adj.* (mil. XVIIe) it.
eminentissimo, de *eminente* « éminent »). *Éminentissime seigneur*, titre honorifique réservé aux cardinaux.

ÉMIR [emir]. *n. m.* (XIIIe; arabe *amîr*. V. **Amiral**). Titre
honorifique donné autrefois au chef du monde musulman,
puis aux descendants du Prophète. — Nom donné par la
suite à des princes, des gouverneurs, des chefs militaires.
L'émir Abd-el-Kader.

ÉMIRAT [emira]. *n. m.* (1948; de *émir*). Dignité d'émir.
— Territoire gouverné par un émir. *L'émirat de Koweit.*

1. ÉMISSAIRE [emisɛr]. *n. m.* (1519; lat. *emissarius*).
Agent chargé d'une mission secrète. « *Des tribus, auxquelles
les émissaires allemands racontaient que nous étions battus
en Europe* » (THARAUD).

2. **ÉMISSAIRE** [emisɛʀ]. *n. m.* (1777; lat. *emissarium* « déversoir »). ♦ 1° *Anat. Veines émissaires*, chacune des veines qui relient les sinus veineux intracrâniens et le réseau veineux exocrânien en traversant les trous de la base du crâne. ♦ 2° (1808). *Techn.* Canal d'évacuation, cours d'eau évacuant les eaux d'un lac. V. **Effluent**. — *Émissaire d'évacuation* (1961), déversoir d'eaux usées reliant directement une agglomération au lieu de traitement ou de rejet.

3. **ÉMISSAIRE** [emisɛʀ]. *adj. m.* (1690; lat. de la Vulgate *(caper) emissarius*, trad. du gr. *apopompaios* (septante) « qui écarte (les fléaux) », mauvaise interpr. de l'hébr. « destiné à Azazel », démon du désert). *Bouc* émissaire*.

ÉMISSIF, IVE [emisif, iv]. *adj.* (1836; rad. de *émission*). *Phys.* Qui a le pouvoir d'émettre (des radiations). *Filament émissif*, utilisé dans les tubes fluorescents. *Pouvoir émissif*, énergie rayonnée, dans une bande de longueur d'onde, par unité d'aire et unité de temps.

ÉMISSION [emisjɔ̃]. *n. f.* (1390; lat. *emissio*). ♦ 1° *Physiol.* Action de projeter au dehors (un liquide); écoulement sous pression. *Émission d'urine; de sperme.* V. **Éjaculation**. ♦ 2° (XVIe). Production (de sons vocaux). « *D'une seule émission de voix* » (PÉGUY). ♦ 3° *Phys.* (1721, d'apr. angl.; XVIIe, « envoi, par les corps, d'espèces visibles »). *Vx.* « Action par laquelle un corps lance hors de lui des corpuscules » (D'ALEMB.). V. **Émanation**. *Théorie newtonienne de l'émission de la lumière.* ◇ *Mod.* Production en un point donné et rayonnement dans l'espace (d'ondes électromagnétiques, de particules élémentaires, de chaleur, de vibrations mécaniques ou gazeuses, etc.). — *Télécom.* Transmission à l'aide d'ondes électromagnétiques, de signaux, de sons et d'images. γ. **Radiodiffusion, télévision**. ♦ 4° *Cour.* Ce qui est ainsi transmis. *Émission radiophonique, télévisée. Programme des émissions de la soirée. Nos émissions sont terminées. Une bonne émission.* — (Élément de substantifs féminins composés). *Émission-débat, émission-portrait.* ♦ 5° *Fin.* (1790). Mise en circulation (de monnaies, titres effets, etc.). *Banque d'émission*, qui émet des billets. — Action d'offrir au public (des emprunts, des actions, des obligations). *Monopole d'émission.* « *Les porteurs auront droit à quatre actions nouvelles au cours d'émission* » (MAUROIS). *Émission de timbres-poste.* ◇ ANT. *Réception; souscription.*

ÉMISSOLE [emisɔl]. *n. f.* (1753; it. *mussolo*, du lat. *mustela*). Petit squale commun en Méditerranée, un des poissons comestibles appelés *chiens de mer*.

EMMAGASINAGE [ɑ̃magazinaʒ]. *n. m.* (1834; de *emmagasiner*). Action d'emmagasiner.

EMMAGASINER [ɑ̃magazine]. *v. tr.* (1762; de *en-*, et *magasin*). Mettre en magasin, entreposer (des marchandises). — Amasser. « *Ce garçon emmagasine dans sa chambre un tas de curiosités* » (BALZ.). ◇ *Fig.* Garder dans l'esprit, dans la mémoire. « *Emmagasiner les souvenirs* » (BERGSON). *Emmagasiner des connaissances.*

EMMAILLOTEMENT [ɑ̃majɔtmɑ̃]. *n. m.* (1580; de *emmailloter*). Action, manière d'emmailloter.

EMMAILLOTER [ɑ̃majɔte]. *v. tr.* (XIIIe; de *en-*, et *maillot*). *Vx.* Envelopper (un bébé) d'un maillot, d'un lange. V. **Langer**. ◇ *Par ext.* Envelopper complètement (un membre, un objet). « *Des bandages les emmaillotent, et elles sont garrottées, des genoux aux chevilles* » (MART. du G.). ◇ *Au p. p.* Fig. « *L'homme moderne emmailloté de milliers d'articles de loi* » (RENAN). ◇ ANT. *Démailloter.*

EMMANCHEMENT [ɑ̃mɑ̃ʃmɑ̃]. *n. m.* (1636; de *emmancher*). Action, manière d'emmancher. *L'emmanchement d'un outil.* ◇ *Vx.* Attache (de manche).

EMMANCHER [ɑ̃mɑ̃ʃe]. *v. tr.* (1155; de *en-*, et *manche* 2). Ajuster sur un manche, engager et fixer dans un support. *Emmancher un balai, un couteau.* ◇ *Fig. et fam.* Engager, mettre en train. « *La manière furtive dont il emmanchait sa palabre* » (CÉLINE). Pronom. *Cela s'emmanche mal.* — *Une affaire mal emmanchée.* ◇ ANT. *Démancher.*

EMMANCHURE [ɑ̃mɑ̃ʃyʀ]. *n. f.* (fin XVe; de *en-*, et *manche* 1). Chacune des deux ouvertures d'un vêtement, faites pour adapter une manche ou laisser passer le bras. *Emmanchures basses, hautes* (sur l'épaule). « *Un costume tailleur noir médiocrement coupé, étroit aux emmanchures* » (COLETTE). V. **Entournure**.

EMMÊLEMENT [ɑ̃mɛlmɑ̃]. *n. m.* (XIIIe; de *emmêler*). Action d'emmêler, fait d'être emmêlé. « *Tout cet emmêlement incroyable de tourelles, de gargouilles, d'ornements* » (MAUPASS.). V. **Enchevêtrement**.

EMMÊLER [ɑ̃mele]. *v. tr.* (XIIe; de *en-*, et *mêler*). Mêler l'un à l'autre. V. **Embrouiller, enchevêtrer**. *Emmêler les fils d'un écheveau.* Chateaubriand *« avait emmêlé diverses figures de femmes autour de la rapide silhouette de l'Occitanienne »* (HENRIOT). — *Cheveux emmêlés.* ◇ ANT. *Démêler.*

EMMÉNAGEMENT [ɑ̃menaʒmɑ̃]. *n. m.* (1493; de *emménager*). ♦ 1° Action d'emménager. « *Le jour de mon emménagement était déjà marqué* » (ROUSS.). ♦ 2° *Mar. (au plur.).*

Logements et compartiments pratiqués dans un navire. ◇ ANT. *Déménagement.*

EMMÉNAGER [ɑ̃menaʒe]. *v. intr.; conjug. bouger* (1834; « installer, équiper en meubles », 1424; *s'emménager*, 1425; de *en-*, et *ménage*). S'installer dans un nouveau logement. « *Voilà dix écus pour emménager ailleurs, si on s'obstine à vous chasser* » (SAND). ◇ ANT. *Déménager.*

EMMÉNAGOGUE [ɑ̃(ɛm)menagɔg]. *adj.* (1720; gr. *emména* « menstrues », et *agógos* « qui attire »). *Méd.* Qui favorise le flux menstruel. Subst. *Un emménagogue*, un médicament emménagogue.

EMMENER [ɑ̃mne]. *v. tr.; conjug. mener.* V. **Lever** (1080; de *en-*, et *mener*). Mener avec soi (qqn) d'un lieu dans un autre. V. **Conduire**. « *Il m'emmena dans sa carriole au village de Saint-Pierre* » (FRANCE). « *Mon père aimait à nous emmener, mes frères et moi, dans de longues promenades* » (RADIGUET). ◇ *Milit. et Sports.* Conduire, entraîner en avant avec élan. *Les avants étaient bien emmenés par le capitaine.* ◇ ANT. *Amener. Laisser.*

EMMENTHAL [emɛtal]. *n. m.* (1900; nom géogr.). Fromage de gruyère, à croûte jaune, présentant de grands trous, originairement fabriqué dans la vallée de l'Emme (Suisse) ou Emmenthal.

EMMERDANT, ANTE [ɑ̃mɛʀdɑ̃, ɑ̃t]. *adj.* (1922; de *emmerder*). *Fam.* Embêtant, ennuyeux. V. **Chiant** *(vulg.)*, suant.

EMMERDEMENT [ɑ̃mɛʀdəmɑ̃]. *n. m.* (1867; de *emmerder*). *Vulg.* Embêtement, gros ennui. « *Non pas une panne, mais des emmerdements de carburation* » (ROMAINS). *J'ai des emmerdements* (par abrév., *des emmerdes* [ɑ̃mɛʀd]). *Quel emmerdement!* (Cf. *Quelle merde, quelle chiotte, quelle chierie*!*).

EMMERDER [ɑ̃mɛʀde]. *v. tr.* (fin XVIIIe; « salir de merde », XIVe; de *en-*, et *merde*). *Vulg.* Embêter, ennuyer. V. **Chier** *(faire chier, vulg.). Ne viens pas m'emmerder! Ça m'emmerde de l'emmener. Je suis salement emmerdé avec cette histoire.* Pronom. « *On s'emmerde ici. Si on allait dans une autre crémerie?* » (MAUROIS). ◇ *(En manière de défi)* Tenir pour négligeable. « *Les gens du quartier? Je les emmerde* » (QUENEAU).

EMMERDEUR, EUSE [ɑ̃mɛʀdœʀ, øz]. *n.* (1873; de *emmerder*). *Vulg.* Personne particulièrement embêtante, soit ennuyeuse (V. **Fâcheux, raseur**), soit agaçante et tatillonne.

EMMÉTRER [ɑ̃metʀe]. *v. tr.; conjug. céder* (1845; « métrer », 1808; de *en-*, et *mètre*). *Techn.* Disposer en vue de faciliter le métrage.

EMMÉTROPE [ɑ̃metʀɔp]. *adj. et n.* (1870; gr. *emmetros* « proportionné », et *-ope*). *Physiol.* Se dit de l'œil dont la vision est normale. V. **Hypermétrope, myope, presbyte**. ◇ ANT. *Amétrope.*

EMMÉTROPIE [ɑ̃metʀɔpi]. *n. f.* (1870; de *emmétrope*). *Physiol.* Qualité de l'œil emmétrope. ◇ ANT. *Amétropie.*

EMMIELLER [ɑ̃mjele]. *v. tr.* (XIIIe; de *en-*, et *miel*). ♦ 1° *Vx.* Mêler de miel. *Fig.* Adoucir, édulcorer. « *Des paroles emmiellées* » (ROUSS.), douceureuses. V. **Mielleux**. ♦ 2° *Pop.* Se substitue par plaisanterie à *emmerder*.

EMMITOUFLER [ɑ̃mitufle]. *v. tr.* (1547; de *en-*, et *mitoufle*, altér. de *mitaine*, d'apr. *moufle*, et a. fr. *emmoufler*). *Fam.* Envelopper (dans des fourrures, des vêtements chauds et moelleux). « *Emmitouflée jusqu'aux oreilles dans un châle fané* » (DAUD.). — Pronom. Se couvrir chaudement des pieds à la tête.

EMMOTTÉ, ÉE [ɑ̃mɔte]. *adj.* (1620; de *en-*, et *motte*). *Agric.* Garni de terre en motte autour des racines pour le transport.

EMMOUSCAILLER [ɑ̃muskaje]. *v. tr.* (v. 1883; de *mouscaille*). *Pop. (fig.).* Emmerder. *Être bien emmouscaillé.*

EMMURER [ɑ̃myʀe]. *v. tr.* (fin XIIe; de *en-*, et *mur*). Enfermer (un condamné) dans un cachot que l'on murait ensuite; emprisonner de façon définitive. ◇ *Fig.* « *Nous restions emmurés dans notre silence* » (GIDE).

ÉMOI [emwa]. *n. m.* (XIIIe; *esmai*, XIIe; de l'a. fr. *esmayer* « troubler », lat. pop. °*exmagare* « priver de sa force », germ. °*magan*). *Littér.* ♦ 1° Agitation, effervescence. « *Il avait fallu l'interner. Grand émoi dans le village* » (MART. du G.). *Être en émoi.* ♦ 2° Trouble qui naît de l'appréhension, ou d'une émotion sensuelle. V. **Émotion**. « *Je vins m'asseoir à côté d'elle non sans émoi, car j'étais fort jeune* » (MAUROIS). ◇ ANT. *Calme.*

ÉMOLLIENT, ENTE [emɔljɑ̃, ɑ̃t]. *adj.* (1560; lat. *emolliens*, p. prés. de *emollire* « amollir »). *Méd.* Qui a pour effet d'amollir, de relâcher les tissus enflammés. V. **Adoucissant**. *Remède, emplâtre émollient.* Subst. *Un émollient.* ◇ ANT. *Excitant, irritant.*

ÉMOLUMENT [emɔlymɑ̃]. *n. m.* (1265; lat. *emolumentum* « profit »). ♦ 1° *Vx.* Avantage, profit revenant légalement à qqn. ◇ *Mod. (Dr.)* Actif que recueille un héritier, un légataire universel ou un époux commun en biens. ♦ 2° *(Au plur.).* Rétributions tarifées allouées à un officier minis-

tériel pour un acte de son ministère. V. Honoraire(s). ◊
Par ext. *(Admin.)*. Rétribution représentant un traitement
fixe ou variable. V. Appointements, rémunération, traitement.

ÉMONCTOIRE [emɔ̃ktwaʀ]. *n. m.* (1314; lat. *emunctum*,
supin de *emungere* « moucher »). *Physiol.* Organe qui élimine
les substances inutiles formées au cours des processus de
désassimilation (essentiellement, le rein et les poumons).

ÉMONDAGE [emɔ̃daʒ]. *n. m.* (1573; de *émonder*). Action
d'émonder. V. **Élagage.** — Spécialt. *(Sylvic.)* Opération
consistant à couper les branches latérales, et parfois le tronc
pour faire naître des rejets dont on utilise le bois. ◊ *Chir.*
Excision (à l'aide de ciseaux) des tissus très endommagés
d'une plaie, afin d'en accélérer la guérison.

ÉMONDER [emɔ̃de]. *v. tr.* (1214; lat. *emundare* « nettoyer »). Débarrasser (un arbre) des branches mortes ou
inutiles, nuisibles, des plantes parasites. V. **Ébrancher, élaguer.**
« *Mus émondait une vigne grimpante. Choisissant avec soin
le rejet nuisible, le sarment fatigué...* » (BOSCO). ◊ *Par anal.*
Trier et nettoyer (des graines).

ÉMONDES [emɔ̃d]. *n. f. pl.* (1214; de *émonder*). *Sylvic.*
Branches inutiles ou nuisibles retranchées d'un arbre.

ÉMONDEUR [emɔ̃dœʀ]. *n. m.* (XVIᵉ; de *émonder*). Élagueur.

ÉMONDOIR [emɔ̃dwaʀ]. *n. m.* (1877; de *émonder*). *Techn.*
Outil servant à émonder les arbres.

ÉMORFILAGE [emɔʀfilaʒ]. *n. m.* (1870; de *émorfiler*).
Techn. Action d'émorfiler; son résultat.

ÉMORFILER [emɔʀfile]. *v. tr.* (1808; de *é-*, et *morfil*).
Techn. Débarrasser du morfil, des arêtes vives.

ÉMOTIF, IVE [emɔtif, iv]. *adj.* (1877; rad. de *émotion*).
♦ 1° Qui est relatif à l'émotion. *Troubles émotifs. Choc
émotif.* V. **Émotionnel.** ♦ 2° Prédisposé aux émotions fortes.
V. **Impressionnable, nerveux, sensible.** « *Il lui répondit que
j'étais trop émotif et que j'aurais eu besoin de calmants* »
(PROUST). — Subst. *Un émotif, une émotive*, une personne
chez qui domine l'émotivité. ◈ ANT. **Apathique, froid, insensible.**

ÉMOTION [emosjɔ̃]. *n. f.* (1534; de *émouvoir*, d'apr.
motion « mouvement », XIIIᵉ). ♦ 1° *Vx.* Mouvement, agitation d'un corps collectif pouvant dégénérer en troubles. V.
Émeute. *Une certaine émotion commença à gagner le peuple,
l'armée.* ♦ 2° Réaction affective, en général intense, se manifestant par divers troubles, surtout d'ordre neuro-végétatif
(pâleur ou rougissement, accélération du pouls, palpitations,
sensation de malaise, tremblements, incapacité de bouger ou
agitation). « *L'émotion l'étouffait* » (BOSCO). « *En proie à une
émotion paralysante* » (BOURGET). « *Son cœur palpitant à le
laisser choir d'émotion* » (MAUPASS.). « *Les gens à émotions
vives* » (BALZ.). « *Capable de feindre une émotion sans doute,
non de la dissimuler* » (COLETTE). ◊ *(Sens affaibli)* État
affectif, plaisir ou douleur, nettement prononcé. V. **Sentiment.** « *La poésie ne peut exister sans l'émotion* » (CLAUDEL).
« *Ce n'est jamais l'émotion toute pure qu'on peut exprimer en
art* » (R. ROLLAND). *Accueillir une nouvelle sans émotion*,
avec indifférence. *Fam. On n'a pas eu d'émotion, on n'a eu
aucune inquiétude.* ◈ ANT. **Calme, froideur, indifférence,
insensibilité.**

ÉMOTIONNABLE [emosjɔnabl(ə)]. *adj.* (1870; de *émotionner*). Émotif, impressionnable.

ÉMOTIONNEL, ELLE [emosjɔnɛl]. *adj.* (1896; de *émotion*). *Psycho.* Propre à l'émotion, qui a le caractère de l'émotion. *États émotionnels.*

ÉMOTIONNER [emosjɔne]. *v. tr.* (1829; de *émotion*).
Fam. Émouvoir. « *Je ne dirai pas que cet ouvrage... émeut,
mais il émotionne : mauvais mot, mauvaise chose* » (STE-
BEUVE).

ÉMOTIVITÉ [emɔtivite]. *n. f.* (1877; de *émotif*). Capacité
de réagir par des émotions. — Caractère d'une personne
émotive. V. **Impressionnabilité, sensibilité.** — *Caractérol.*
Un des éléments essentiels du caractère (*opposé à activité*).
« *L'émotivité doit entraîner l'attachement du sujet ému à ce
qui l'émeut* » (LE SENNE).

ÉMOTTAGE [emɔtaʒ] ou **ÉMOTTEMENT** [emɔtmã].
n. m. (1845; de *émotter*). Action d'émotter (un champ).

ÉMOTTER [emɔte]. *v. tr.* (1564; de *é-*, et *motte*). Débarrasser (un champ labouré) des mottes de terre restées entières,
en les brisant en vue d'ameublir la terre. V. **Herser, rouler.**

ÉMOTTEUSE [emɔtøz]. *n. f.* (1900; de *émotter*). Herse
servant à émotter.

ÉMOU. V. **ÉMEU.**

ÉMOUCHET [emuʃɛ]. *n. m.* (1560; a. fr. *moschet*, *mouchet*,
dimin. de *mouche*). Nom usuel de divers petits rapaces, en
particulier de la crécerelle.

ÉMOUCHETTE [emuʃɛt]. *n. f.* (1549; de *émoucher*
(vx), XIIIᵉ; de *é-*, et *mouche*). Réseau de cordelettes flottantes
servant à protéger un cheval contre les mouches.

ÉMOUCHOIR [emuʃwaʀ]. *n. m.* (XIIIᵉ; de *émoucher*).
Chasse-mouches fait généralement d'une queue de cheval
attachée à un manche.

ÉMOUDRE [emudʀ(ə)]. *v. tr.;* conjug. *moudre* (XIIᵉ; lat.
emolere). *Vx.* Aiguiser sur la meule. V. **Affiler, repasser.**
Meule à émoudre. — V. *aussi* **Émoulu.**

ÉMOULAGE [emulaʒ]. *n. m.* (1611; de *émoudre*). *Techn.*
Action d'émoudre, son résultat.

ÉMOULEUR [emulœʀ]. *n. m.* (XIVᵉ; de *émoudre*). *Techn.*
Ouvrier dont le métier est d'émoudre des instruments
tranchants. V. **Rémouleur, repasseur.** *Émouleur à la
machine.*

ÉMOULU, UE [emuly]. *adj.* (XIIᵉ; p. p. de *émoudre*).
♦ 1° *Se battre à fer émoulu*, avec des armes affilées (et non
mouchetées comme à l'ordinaire). ♦ 2° (1673; métaph. de
frais émoulu « qu'on vient d'émoudre »). *Frais émoulu,
frais ou fraîche émoulue*, récemment sorti(e) de (une école).
Il est tout frais émoulu de Polytechnique.

ÉMOUSSER [emuse]. *v. tr.* (XIVᵉ; de *é-*, et *mousse* 3).
♦ 1° Rendre moins coupant, moins aigu. V. **Épointer.**
Émousser un fleuret. V. **Moucheter.** — Au p. p. *Armes émous-
sées. Pointe d'outil, mine de crayon émoussée*, rendue moins
pointue par l'usage. ♦ 2° *Fig.* Rendre moins vif, moins
pénétrant, moins incisif. V. **Affaiblir, amortir, endormir.**
« *Une douce habitude vient émousser toutes les peines de la
vie* » (STENDHAL). « *L'accoutumance émousse la sensation* »
(GIDE). « *Avec notre goût émoussé, accoutumé aux liqueurs
fortes* » (TAINE). Pronom. « *Ce regard de myope, aigu et
décidé, s'était comme émoussé* » (MART. du G.). ◈ ANT.
Aiguiser; affiner.

ÉMOUSTILLANT, ANTE [emustijã, ãt]. *adj.* (fin XIXᵉ;
de *émoustiller*). Qui émoustille. V. **Excitant.**

ÉMOUSTILLER [emustije]. *v. tr.* (1705; *amoustiller*,
1534; probabl. de *mousse* « écume »). Mettre de bonne
humeur, exciter. *Ils se « commençaient à se sentir très émoustillés
par le cidre* » (LOTI). « *Il les amusait par ses boutades, les
émoustillait par sa bonne humeur* » (ROMAINS). ◈ ANT.
Calmer, refroidir.

ÉMOUVANT, ANTE [emuvã, ãt]. *adj.* (1849; de *émouvoir*). Qui émeut, qui fait naître une émotion d'espèce supérieure (compassion, admiration). V. **Attendrissant, bouleversant, pathétique, poignant, saisissant, touchant.** « *Le
timbre ému et émouvant de sa voix* » (LAMART.). *Une cérémonie émouvante.* « *La petite maison restait les volets clos,
émouvante de silence et de tristesse* » (BARRÈS). ◈ ANT. **Froid.**

ÉMOUVOIR [emuvwaʀ]. *v. tr.;* conjug. *mouvoir*, sauf
p. p. *ému* (1080; lat. *e(x)movere*). ♦ 1° *Vx* ou *littér.* Mettre
en mouvement. V. **Agiter, ébranler, mouvoir.** « *Aucun souffle
n'émouvait le maigre platane* » (MAURIAC). Pronom. « *La
mer s'émeut* » (FROMENTIN). ◊ *Vx.* Agiter, troubler (les
humeurs, les esprits). Pronom. « *Plus d'une fois ma chair
s'était émue* » (HUGO). ♦ 2° *Cour.* (XIIᵉ; *émouvoir le cœur*).
Agiter par une émotion plus ou moins vive. V. **Affecter,
bouleverser, émotionner, remuer, saisir, toucher, troubler.**
« *Pour émouvoir l'homme il faut bien quelque chose : désir,
plaisir, ou besoin* » (GIDE). « *L'homme croit toujours émouvoir
la femme qu'il désire* » (MAUROIS). « *Le docteur O'Grady
peut risquer les pires blasphèmes sans émouvoir le général* »
(MAUROIS). Pronom. *Sans s'émouvoir le moins du monde,
sans s'inquiéter, sans se frapper.* ◊ *Spécialt.* Toucher en
éveillant une sympathie profonde, un intérêt puissant.
« *Si l'auteur m'émeut, s'il m'intéresse* » (VOLT.). Absolt.
« *L'art émeut* » (HUGO). Pronom. « *Il s'émouvait au souvenir
d'une phrase de Beethoven* » (ROMAINS). ◈ ANT. **Calmer, froid**
(laisser).

EMPAILLAGE [ãpajaʒ]. *n. m.* (1811; de *empailler*).
Action d'empailler (des sièges). V. **Rempaillage.** ◊ Action
d'empailler (des.animaux). V. **Naturalisation.**

EMPAILLEMENT [ãpajmã]. *n. m.* (1842; de *empailler*).
Agric. Approvisionnement en paille.

EMPAILLER [ãpaje]. *v. tr.* (1660; *empaillé* « mêlé de
paille », 1543; de *en-*, et *paille*). ♦ 1° Bourrer de paille (la
peau d'animaux morts qu'on veut conserver). V. **Naturaliser.**
— « *Un renard, un loup empaillés, vestiges des chasses de sa
jeunesse* » (CHARDONNE). ◊ *Fig.* (Fam.). *Il a l'air empaillé*,
peu dégourdi, empoté. ♦ 2° (1680). Garnir ou envelopper
de paille. *Empailler des chaises.* V. **Rempailler.** *Hortic.
Empailler un semis*, pour le protéger des intempéries. V.
Pailler. ◈ ANT. **Dépailler.**

EMPAILLEUR, EUSE [ãpajœʀ, øz]. *n.* (1680; de *empailler*). ♦ 1° Rempailleur. ♦ 2° Personne qui empaille des
animaux. V. **Naturaliste.**

EMPALEMENT [ãpalmã]. *n. m.* (1584; de *empaler*).
Action d'empaler; fait d'être empalé.

EMPALER [ãpale]. *v. tr.* (XIIᵉ; de *en-*, et *pal*). ♦ 1° Soumettre au supplice du pal. ♦ 2° *Par ext.* Transpercer, embrocher. — « *Deux moutons rôtis entiers : on les apporte
empalés dans de longues perches* » (FROMENTIN). — Pronom.

Tomber sur un objet pointu qui s'enfonce à travers le corps. *Il est venu s'empaler sur une fourche.*

EMPAN [ɑ̃pɑ̃]. *n. m.* (1532; *espan*, XIIᵉ; frq. °*spanna*; Cf. all. *Spanne*). *Vx.* Mesure de longueur qui représentait l'intervalle compris entre l'extrémité du pouce et celle du petit doigt, lorsque la main est ouverte le plus possible.

EMPANACHÉ, ÉE [ɑ̃panaʃe]. *adj.* (fin XVᵉ; de *en-*, et *panache*). Orné d'un panache. « *Les chapeaux empanachés et les manteaux rouges brodés d'or* » (MADELIN). Par métaph. « *Des pics éblouissants, de hauts cimiers empanachés de neige* » (THARAUD).

EMPANNER [ɑ̃pane]. *v.* (1703; de *en-*, et *panne*). Mar. *Trans.* Mettre (un navire) en panne. ◊ *Intrans.* Avoir les voiles frappées par le vent du côté de l'écoute.

EMPAQUETAGE [ɑ̃paktaʒ]. *n. m.* (1813; de *empaqueter*). Action d'empaqueter. V. **Emballage**. *Poids net à l'empaquetage, 450 g.*

EMPAQUETER [ɑ̃pakte]. *v. tr.;* conjug. *jeter* (fin XVᵉ; de *en-*, et *paquet*). Faire un paquet de (linge, marchandises, etc.). V. **Emballer**. ◊ ANT. Dépaqueter.

EMPAQUETEUR, EUSE [ɑ̃paktœr, øz]. *n.* (*Néol.;* de *empaqueter*). Ouvrier, ouvrière qui fait des paquets, remplit des boîtes à la main.

EMPARER (S') [ɑ̃pare]. *v. pron.* (1559; *emparer*, tr., « munir », XIVᵉ; a. prov. *amparar*, lat. pop. °*anteparare* « disposer par-devant »). ♦ 1° Prendre violemment ou indûment possession (d'un pays, un bien). V. **Conquérir, enlever, occuper, prendre** (Cf. Mettre la main sur). « *En 1453, les Turcs s'emparent de Constantinople* » (BAUDEL.). « *Le premier venu peut, en s'emparant du télégraphe et de l'imprimerie nationale, gouverner une grande nation* » (BAUDEL.). ♦ 2° Se rendre maître (d'un esprit, une personne) au point de dominer, de subjuguer. « *Pour s'emparer de ta volonté* » (FROMENTIN). « *Elle sentait de seconde en seconde qu'il s'emparait d'elle davantage* » (MART. du G.). ◊ (Sujet de chose) V. **Envahir, gagner**. « *Une rêverie douce et profonde s'empare alors de ses sens* » (ROUSS.). « *L'idée s'était immédiatement emparée de son esprit* » (MART. du G.). ♦ 3° Se saisir avidement (de qqch.) en vue d'une utilisation. *Le gardien de but réussit à s'emparer du ballon.* « *Ce travail d'ordonnance, auquel se livre malgré moi mon esprit sur tout ce dont il s'empare* » (GIDE). ◊ ANT. Abandonner, perdre; rendre, restituer.

EMPÂTEMENT [ɑ̃patmɑ̃]. *n. m.* (1603; « embarras », 1355; de *empâter*). ♦ 1° Agric. Engraissement (des volailles). ♦ 2° (1798). Épaississement diffus du tissu sous-cutané, produisant un effacement des traits (V. **Bouffissure**). « *Sa mentonnière destinée à retarder l'empâtement des joues et du menton* » (COLETTE). ♦ 3° (1771). Peint. Couche épaisse de pâte colorée.

EMPÂTER [ɑ̃pate]. *v. tr.* (1268; de *pâte*). ♦ 1° Couvrir d'une pâte. *Empâter les plaques d'un accumulateur* (d'une pâte de minium). ◊ Couvrir d'une sorte de pâte, rendre pâteux. *Tous ces alcools lui avaient empâté la langue.* — (XVIIᵉ). Peint. (Intr.) Poser les couleurs en couche épaisse. ♦ 2° Engraisser de pâtée (une volaille). ◊ Cour. S'EMPÂTER. *v. pron.* Épaissir, grossir. « *Un corps un peu gras, des joues qui s'empâtaient* » (SARTRE). *Un visage empâté.* ◊ ANT. Amaigrir, émacier.

EMPATHIE [ɑ̃pati]. *n. f.* (1903; de *en*, I, 1°, et -*pathie* [sur *sympathie*]). Philo., psycho. Faculté de s'identifier à quelqu'un, de ressentir ce qu'il ressent. (*Adj.* EMPATHIQUE [ɑ̃patik]).

EMPATTEMENT [ɑ̃patmɑ̃]. *n. m.* (1564; de *empatter*). ♦ 1° Archit. Maçonnerie en saillie à la base d'un mur. Griffe à la base d'une colonne. ◊ *Par anal.* (1930) Typogr. Trait horizontal plus ou moins épais au pied et à la tête d'un jambage; *par ext.* Plein. ♦ 2° Techn. (XIXᵉ). Pied, base, partie plus large. — *Auto.* (1906) Distance séparant les essieux d'une voiture.

EMPATTER [ɑ̃pate]. *v. tr.* (XVᵉ; de *en-*, et *patte*). Techn. Joindre, maintenir, soutenir avec des pattes.

EMPAUMER [ɑ̃pome]. *v. tr.* (1662; « saisir dans la paume (une balle) », 1564; de *en-*, et *paume*). Fam. Posséder (qqn) en trompant, en enjôlant. « *Je me charge d'empaumer tous les juges d'instruction de la terre* » (ROMAINS). *Il s'est laissé empaumer.* V. **Rouler**.

EMPAUMURE [ɑ̃pomyr]. *n. f.* (1550; de *en-*, et *paumure*, XIVᵉ, même sens; de *paume*). ♦ 1° Partie supérieure de la tête du cerf, qui s'élargit comme la paume de la main et porte les andouillers. ♦ 2° (1680; de *paume*). Partie du gant qui couvre la paume.

EMPÊCHEMENT [ɑ̃pɛʃmɑ̃]. *n. m.* (fin XIIᵉ; de *empêcher*). Ce qui empêche d'agir, de faire ce qu'on voudrait. V. **Contrariété, contretemps, difficulté, obstacle, opposition**. *Il n'y a pas d'empêchement. En cas d'absence ou d'empêchement.* « *Ici, point d'empêchement de ce genre : le projet du fils se trouva d'accord avec le vœu paternel* » (GAUTIER). — *Spécialt.* (Dr.) *Empêchement de mariage*, absence d'une des conditions que

la loi met au mariage. *Empêchement dirimant, prohibitif.*

EMPÊCHER [ɑ̃peʃe]. *v. tr.* (XIIᵉ; bas lat. *impedicare*, de *pedica*. V. **Piège**). ♦ 1° *Vx.* Entraver, empêtrer, gêner. « *Empêché par son hoqueton Ne put ni fuir ni se défendre* » (LA FONT.). ◊ *Mod.* et littér. (Au p. p.) Embarrassé. « *Les airs un peu empêchés que prenaient les gens* » (ROMAINS). ♦ 2° Faire en sorte que ne se produise pas (qqch.), rendre impossible en s'opposant. V. **Éviter, interdire**. « *J'ai tout fait pour empêcher ce mariage inepte* » (MART. du G.). « *Car que sert d'interdire ce qu'on ne peut pas empêcher?* » (GIDE). « *Un secret infaillible pour empêcher la terre de trembler* » (VOLT.). « *Comment empêchera-t-elle qu'il ne soit sans cesse entouré d'ennemis?* » (ROUSS.). « *Rien n'empêchera plus qu'une ombre funeste s'avance sur elle* » (COLETTE). ◊ *Loc. de coordin.* (Impers.) *(Il) n'empêche que...*, ou proprem. *Cela n'empêche pas que... :* cependant, malgré cela. « *Ces drames sont plus discutables; n'empêche que cela se lit* » (HENRIOT). Fam. *N'empêche*, ce n'est pas une raison. ♦ 3° *Empêcher qqn de faire qqch. :* faire en sorte qu'il ne puisse pas. « *Je ne peux pas vous empêcher de vous chamailler* » (DUHAM.). « *Pour empêcher les autres de travailler* » (MAC ORLAN). ◊ (Sujet de chose) « *Aucune force au monde ne l'empêcherait d'accomplir ce qu'il avait une fois résolu* » (MAURIAC). « *Son travail l'aurait juste empêché de crever de faim* » (ROMAINS). « *Qu'est-ce qui nous empêche d'être des hommes comme eux?* » (ROUSS.). Absolt. « *Il me semble parfois qu'écrire empêche de vivre* » (GIDE). ◊ Pronom. (surtout en tour négatif) Se défendre, se retenir de. « *Je ne pus m'empêcher de vous aimer* » (SCARRON). *Il ne pouvait s'empêcher de rire. On ne peut s'empêcher de penser qu'il a raison.* ◊ ANT. Favoriser, permettre; autoriser, encourager, laisser.

EMPÊCHEUR, EUSE [ɑ̃peʃœr, øz]. *n.* (1900; *empescheor* « opposant, gêneur », XIIIᵉ; de *empêcher*). *Empêcheur de danser en rond*, ennemi de la gaieté, trouble-fête (comme le curé et le préfet dénoncés par P.-L. Courier, dans un pamphlet de 1822, pour avoir voulu empêcher les villageois de danser).

EMPEIGNE [ɑ̃pɛɲ]. *n. f.* (*Empeine, ampiengne*, XIIIᵉ; de *en-*, et *peigne*, a. fr. *piegne* « métacarpe », par anal. de forme). Dessus d'une chaussure, du cou-de-pied jusqu'à la pointe. « *Des souliers neufs, dont les empeignes le blessaient* » (SARTRE). ◊ *Pop.* (1900) *Gueule d'empeigne*, injure à l'adresse d'un individu antipathique, qui a une « sale gueule ».

EMPENNAGE [ɑ̃pɛn(n)aʒ]. *n. m.* (1845; de *empenner*). ♦ 1° Action manière d'empenner (les flèches). ♦ 2° (1907). Surfaces placées (comme une empenne) à l'arrière des ailes ou de la queue d'un avion, d'un dirigeable, et destinées à lui donner de la stabilité en profondeur et en direction. — *Par anal.* Ailettes d'une bombe d'avion.

EMPENNE [ɑ̃pɛn]. *n. f.* (1701; de *empenner*). Partie du talon d'une flèche munie de plumes ou ailerons, destinés à régulariser sa direction.

EMPENNER [ɑ̃pe(ɛn)ne]. *v. tr.* (1080; de *en-*, et *penne*). Garnir (une flèche) de plumes, d'une empenne. « *La nièce de Chactas empennait des flèches avec des plumes de faucon* » (CHATEAUB.). — Au p. p. *Flèche empennée.* ◊ *Blas.* Dont l'empenne est d'un émail particulier.

EMPEREUR [ɑ̃prœr]. *n. m.* (1080; lat. *imperator(em)*. ♦ 1° (Depuis Charlemagne). Chef de l'Empire d'Occident, du Saint-Empire romain germanique. *Charlemagne, l'empereur à la barbe fleurie.* ♦ 2° (Depuis Auguste). Titre du détenteur du pouvoir suprême dans l'Empire romain. V. **César**. ♦ 3° Chef souverain de certains États. V. **Kaiser, mikado, sultan, tsar**. — *Spécialt.* (En France) *L'Empereur*, Napoléon Iᵉʳ, puis Napoléon III.

EMPERLER [ɑ̃pɛrle]. *v. tr.* (mil. XVIᵉ, repris XIXᵉ; de *en-*, et *perle*). ♦ 1° Vx. Orner de perles. ♦ 2° Couvrir comme de perles. « *Ses belles épaules, tout emperlées de gouttes d'eau* » (GAUTIER). Pronom. « *Un duvet blanc s'emperlait autour de la bouche, d'une rosée d'émotion* » (COLETTE).

EMPESAGE [ɑ̃pəzaʒ]. *n. m.* (1650; de *empeser*). Action d'empeser, état de ce qui est empesé. *Empesage rigide, souple.*

EMPESÉ, ÉE [ɑ̃pəze]. *adj.* (V. **Empeser**). ♦ 1° Qu'on a empesé. *Col empesé.* V. **Dur**. ♦ 2° *Fig.* (fin XVIIᵉ). Raide, compassé, dépourvu de naturel. V. **Apprêté**. « *Cet homme dont la solennité, la raideur empesée...* » (PROUST). ◊ ANT. Aisé, naturel.

EMPESER [ɑ̃pəze]. *v. tr.;* conjug. *lever* (XIIIᵉ; de *empois*). Apprêter avec de l'empois. V. **Amidonner**. *Vous empèserez légèrement le col.* « *Du linge fraîchement empesé* » (GREEN).

EMPESTER [ɑ̃peste]. *v. tr.* (mil. XVIᵉ; de *en-*, et *peste*). ♦ 1° *Rare.* Infecter de la peste (ou de quelque autre maladie contagieuse). — « *Une journée dans la ville empestée* » (CAMUS). ◊ *Fig.* Empoisonner, corrompre. « *Sa bonté et la délicatesse de son cœur... empesteraient de remords et de honte la joie de ces amours coupables* » (PROUST). ♦ 2° (déb. XVIIᵉ). Empuantir. « *Il empestait de cette infâme odeur mon appartement* » (BLOY). ◊ Dégager (une odeur désagréable). V. **Puer**. « *La salle d'attente empestait le moisi* » (MART. du G.). — Absolt. Sentir très mauvais. « *Eh ! vous empestez,*

EMPÊTRER

Père Ubu. Vous ne vous lavez donc jamais? » (JARRY). ◊ ANT. Embaumer.

EMPÊTRER [ɑ̃petʀe]. *v. tr.* (XVᵉ; *empaistrier*, XIIᵉ; lat. pop. °*impastoriare*, lat. médiév. *pastoria* « entrave à bestiaux », de *pastorius* « de berger »). ♦ 1° Entraver, engager dans des liens, dans qqch. qui retient ou embarrasse. « *Comme un animal au filet que chaque soubresaut empêtre davantage* » (MART. du G.). « *Un peu empêtrés dans leurs vêtements raides* » (CAMUS). Pronom. « *Dans la neige et la boue il allait s'empêtrant* » (BAUDEL.). ♦ 2° *Fig.* Engager dans des difficultés, dans une situation embarrassante. « *Rester empêtré dans le dogme* » (GIDE). Pronom. *S'empêtrer dans ses mensonges.* « *La lourdeur des monologues où le dramaturge s'empêtre* » (HENRIOT). ◊ Embarrasser de (qqch., qqn). « *Empêtrés de cette vie dont ils ne savaient plus que faire* » (SARTRE). Pronom. *Il « s'était empêtré d'une femme qui lui faisait peu d'honneur* » (LACLOS). ◊ ANT. Débarrasser, dégager, dépêtrer.

EMPHASE [ɑ̃faz]. *n. f.* (1579; lat. *emphasis*, rhét. gr.). ♦ 1° *Vx.* Énergie, force expressive. « *Les mots ont dans sa bouche une emphase admirable* » (BOIL.). ♦ 2° *Mod. Péj.* (1588). Emploi abusif ou déplacé du style élevé, du ton déclamatoire. V. **Déclamation, enflure, grandiloquence.** « *Il parla à son tour d'un ton doctrinaire, avec l'emphase apprise dans les proclamations* » (MAUPASS.). « *D'une gravité, d'une ampleur, d'une solennité admirables, sans emphase aucune* » (GIDE). ◊ *Par ext.* Exagération dans la manifestation des sentiments. « *Un dévouement sans comédie et sans emphase* » (BAUDEL.). ◊ ANT. *Naturel, simplicité. Discrétion.*

EMPHATIQUE [ɑ̃fatik]. *adj.* (1579; gr. *emphatikos*). Plein d'emphase. V. **Ampoulé, déclamatoire, enflé, grandiloquent, pompeux.** « *La pièce est dans ce genre tendu et emphatique* » (STE-BEUVE). *Un ton, un style emphatique.* ◊ *Gram.* Qui marque une certaine intensité ou énergie dans l'expression. *Pluriel emphatique* (*ex.* : des éternités, les airs, etc.). ◊ ANT. *Simple, sobre.*

EMPHATIQUEMENT [ɑ̃fatikmɑ̃]. *adv.* (1597; de *emphatique*). Avec emphase. ◊ ANT. *Simplement, sobrement.*

EMPHYSÉMATEUX, EUSE [ɑ̃fizematø, øz]. *adj. et n.* (1755; de *emphysème*). *Méd.* Propre à l'emphysème; atteint d'emphysème pulmonaire.

EMPHYSÈME [ɑ̃fizɛm]. *n. m.* (1658; gr. *emphusêma*). Gonflement produit par une infiltration gazeuse dans le tissu cellulaire. *Emphysème pulmonaire*, dilatation anormale et permanente des alvéoles pulmonaires pouvant entraîner la rupture de leurs parois et l'infiltration gazeuse du tissu cellulaire.

EMPHYTÉOSE [ɑ̃fiteoz]. *n. f.* (1271; lat. médiév. *emphyteosis*, altér. du lat. jur. d'o. gr. *emphyteusis*). *Dr.* Sorte de bail de longue durée (18 à 99 ans) qui confère au preneur un droit réel susceptible d'hypothèque.

EMPHYTÉOTE [ɑ̃fiteɔt]. *n. m.* (1596; lat. *emphyteuta*). *Dr.* Personne qui jouit d'un fonds par bail emphytéotique.

EMPHYTÉOTIQUE [ɑ̃fiteɔtik]. *adj.* (XIVᵉ; lat. *emphyteuticus*). *Dr.* Relatif à l'emphytéose. *Bail, louage emphytéotique.*

EMPIÈCEMENT [ɑ̃pjɛsmɑ̃]. *n. m.* (1870; de *en-*, et *pièce*). Pièce rapportée constituant le haut d'un corsage, d'un chemisier, d'une robe et couvrant les épaules. — Partie plate d'une jupe, de la taille aux hanches, qui maintient les plis de l'ampleur du bas.

EMPIERREMENT [ɑ̃pjɛʀmɑ̃]. *n. m.* (1750; de *empierrer*). Action d'empierrer (un chemin, un fossé); couche de pierres cassées, destinées à cette opération.

EMPIERRER [ɑ̃pje(ɛ)ʀe]. *v. tr.* (1636; p.-ê. h. 1323; « pétrifier », 1552; de *en-*, et *pierre*). Couvrir d'une couche de pierres, de caillasse. *Empierrer une route.* V. **Caillouter, macadamiser, recharger.** *Empierrer un fossé, un bassin* (pour le drainage).

EMPIÉTEMENT [ɑ̃pjetmɑ̃]. *n. m.* (1611; « base », 1546; de *empiéter*). Action d'empiéter, de déborder. ◊ *Fig.* Usurpation, conquête abusive. « *Ce qu'elle* (la Maison de Bourbon) *nommait ses concessions, c'étaient nos conquêtes; ce qu'elle appelait nos empiétements, c'étaient nos droits* » (HUGO).

EMPIÉTER [ɑ̃pjete]. *v. intr.*; conjug. *céder* (1636; tr., « prendre dans ses serres », XIVᵉ; « saisir, occuper », XVIᵉ; de *en-*, et *pied*). ♦ 1° Mettre le pied, gagner pied à pied (sur le terrain du voisin). « *Cet État fondé sur la guerre, et par là naturellement disposé à empiéter sur ses voisins* » (BOSS.). ◊ *Fig.* S'emparer de biens, d'avantages au détriment de (ceux des autres). V. **Usurper.** *Empiéter sur les droits de qqn.* « *Un prince accompli n'empiétait sur la liberté de personne* » (RENAN). ♦ 2° *Par ext.* Prendre un peu de la place de, déborder sur. V. **Chevaucher, mordre.** « *Une multitude de tombes serrées, empiétant les unes sur les autres* » (LOTI). ◊ ANT. *Respecter.*

EMPIFFRER (S') [ɑ̃pifʀe]. *v. pron.* (1669; tr., « gaver »,

XVIᵉ; de *en-*, et *piffre*, vx ou dial. « gros, goulu », rad. expressif *piff-*). *Fam.* Se bourrer, se gaver. « *Il s'empiffrait de nourriture, et repu, s'endormait sur place* » (THARAUD).

EMPILAGE [ɑ̃pilaʒ] ou **EMPILEMENT** [ɑ̃pilmɑ̃]. *n. m.* (1679, -1548; de *empiler*). ♦ 1° Action d'empiler. *Empilage et séchage du bois.* ♦ 2° (*Empilement*). Entassement. *Un empilement invraisemblable de caisses.*

EMPILE [ɑ̃pil]. *n. f.* (1769; de *en-*, et *pile*, « petites cordes en pile sur la ligne », 1765). *Techn.* (*Pêche*). Petit fil ou crin auquel on attache l'hameçon.

EMPILER [ɑ̃pile]. *v. tr.* (fin XIIᵉ; de *en-*, et *pile*). ♦ 1° Mettre en pile. *Empiler du bois, des livres.* ◊ Entasser. Pronom. « *Des Levantins de toute race s'empilaient dans des brasseries* » (LOTI). ♦ 2° *Fam.* (fin XIXᵉ). Duper en volant. V. **Rouler, voler.**

EMPILEUR, EUSE [ɑ̃pilœʀ, øz]. *n.* (1715; de *empiler*). ♦ 1° *Techn.* Ouvrier chargé d'empiler. *Empileur de bois.* ♦ 2° *Pop.* Celui qui dupe, vole.

EMPIRE [ɑ̃piʀ]. *n. m.* (XIIᵉ; *empirie*, 1080; lat. *imperium*). ♦ 1° Autorité, domination absolue. V. **Commandement, maîtrise, souveraineté.** « *L'homme qui donne aujourd'hui l'empire du monde à la France* » (CHATEAUB.). ◊ Pouvoir, forte influence. « *La religion prit de plus en plus d'empire dans cette âme* » (STE-BEUVE). « *Sous l'empire du poison* » (BAUDEL.). V. **Action.** ♦ 2° *Didact.* Autorité souveraine d'un chef d'État qui porte le titre d'empereur. « *Dioclétien abdiqua solennellement l'empire* » (VOLT.). ♦ 3° *Cour.* L'État ou l'ensemble des États soumis à cette autorité. *L'empire romain, byzantin.* Le *Saint-Empire romain germanique. L'Empire du Milieu, le Céleste Empire*, anciens noms de la Chine. « *Un Empire français enfermé dans des limites assez larges, mais fort de son unité* » (MADELIN). ◊ *Par ext.* Période où la France fut un État gouverné par un empereur. *Le Premier, le Second Empire.* Ellipt. *Style, meuble Empire*, du Premier Empire. ♦ 4° Ensemble d'États, de territoires relevant d'un gouvernement central. V. **Colonie.** *L'ancien Empire colonial français. L'Empire britannique.* ◊ Tout État puissant et son territoire. *Le partage de l'empire d'Alexandre.* « *Un empire fondé par les armes* » (MONTESQ.). — Loc. *Pas pour un empire!* pas même si on recevait en échange un empire, pour rien au monde.

EMPIRER [ɑ̃piʀe]. *v.* (XIIIᵉ; réfection, d'apr. *pire*, de *empeirier*, XIᵉ. V. **Pire.**) ♦ 1° *Intrans.* Devenir pire. « *Il semble que son état, déjà si pitoyable, ne puisse qu'empirer bientôt* » (GIDE). ♦ 2° *Trans.* Rendre pire. V. **Aggraver.** « *Le souvenir du passé empirait la misère présente* » (TAINE). ◊ ANT. *Améliorer.* — HOM. *Empyrée.*

EMPIRIOCRITICISME [ɑ̃piʀjɔkʀitisism(ə)]. *n. m.* (1897; de *empirique*, et *criticisme*). *Philo.* Doctrine fondée sur la critique de la valeur de la science. « *Matérialisme et Empiriocriticisme* », ouvrage de Lénine.

EMPIRIQUE [ɑ̃piʀik]. *adj.* (1314; lat. d'o. gr. *empiricus*). ♦ 1° *Vx.* (Médecine, médecin). Qui s'appuie principalement sur l'expérience et non pas sur les données scientifiques ou rationnelles. — Subst. « *Toute la médecine des empiriques se réduisait donc à avoir vu, à se ressouvenir et à comparer* » (ENCYCL.). ◊ *Péj.* (XVIIᵉ). Qui ne tient aucun compte des données de la médecine scientifique. Subst. (*Vx*) Charlatan, guérisseur. « *Mon père, qui ne croyait point aux médecins, . envoya chercher l'empirique* » (CHATEAUB.). ♦ 2° *Mod.* Qui reste au niveau de l'expérience spontanée ou commune, n'a rien de rationnel ni de systématique. *Découvrir la solution d'un problème par des procédés purement empiriques.* ♦ 3° *Philo.* (1808). Expérimental. ◊ (1845) De l'empirisme. ◊ ANT. *Méthodique, rationnel, scientifique, systématique.*

EMPIRIQUEMENT [ɑ̃piʀikmɑ̃]. *adv.* (1593; de *empirique*). Par des procédés empiriques. *Résultat obtenu empiriquement.*

EMPIRISME [ɑ̃piʀism(ə)]. *n. m.* (1736; de *empirique*). ♦ 1° *Vx.* Médecine empirique. ♦ 2° *Mod.* Méthode, activité qui s'appuient sur l'expérience. « *Une moitié de vos codes est routine, l'autre moitié empirisme* » (HUGO). ♦ 3° *Philo.* (déb. XIXᵉ). Théorie d'après laquelle toutes nos connaissances sont des acquisitions de l'expérience. V. **Associationnisme, sensualisme** (*opposé à* rationalisme; idéalisme). *L'empirisme anglais* (Locke, Hume, Mill). *Empirisme logique.* V. **Logico-positivisme.**

EMPIRISTE [ɑ̃piʀist(ə)]. *adj. et n.* (1853; de *empirisme*). *Philo.* Propre à l'empirisme, partisan de l'empirisme.

EMPLACEMENT [ɑ̃plasmɑ̃]. *n. m.* (1611; de *emplacer* « placer », XVᵉ; de *en-*, et *placer*). ♦ 1° Lieu, endroit convenable. « *Quelques voyages d'études dans le Bas-Congo pour fixer l'emplacement des usines* » (MAUROIS). ♦ 2° Place à laquelle une chose a été mise par l'homme. V. **Position.** *Faire des fouilles sur l'emplacement d'une ville disparue.* « *Un noir rougeoiement indiquait l'emplacement des boulevards* » (CAMUS).

EMPLANTURE [ɑ̃plɑ̃tyʀ]. *n. f.* (1773; de *emplanter* « planter », XVᵉ; de *en-*, et *planter*). ♦ 1° *Mar.* Encaissement destiné à supporter le pied d'un bas mât. ♦ 2° *Aviat.* Ligne de raccordement de l'aile au fuselage.

EMPLÂTRE [ɑ̃plɑtʀ(ə)]. *n. m.* (fin XIIᵉ; lat. d'o. gr. *emplastrum*). ♦ 1° Préparation pour usage externe destinée à adhérer à la peau (en se ramollissant légèrement au contact de la chaleur corporelle). V. **Diachylon.** ◊ *Par anal.* Pièce qu'on colle sur l'enveloppe d'un pneumatique crevé. ♦ 2° Fig. *(Fam.).* Aliment lourd et bourratif. ◊ *Gifle,* coup. ♦ 3° *Pop.* Individu sans énergie, bon à rien. « *Je ne suis qu'un vieil emplâtre et je n'ai rien à dire sur cette guerre, puisque je ne la fais pas* » (SARTRE). *Quel emplâtre!*

EMPLETTE [ɑ̃plɛt]. *n. f.* (XIVᵉ; *emploite,* fin XIIᵉ; lat. pop. °*implicta,* class. *implicita,* p. p. de *implicare.* V. **Employer**). ♦ 1° Achat (de quelque marchandise courante). V. **Acquisition.** « *Il revint au bazar et fit l'emplette d'un porte-monnaie* » (ROMAINS). *Faire des emplettes, ses emplettes.* V. **Achat, course.** ♦ 2° Objet que l'on a acheté. V. **Achat.** *Elle lui montrait toutes ses emplettes.*

EMPLIR [ɑ̃pliʀ]. *v. tr.* (XIIᵉ; lat. pop. °*implire,* class. *implere*). ♦ 1° *Vieilli* ou *littér.* Remplir. « *Les soldats viennent emplir leurs bidons* » (MART. du G.). « *Ils emplissent de leur odeur le hall de la gare Saint-Lazare* » (APOLLINAIRE). — *Pronom.* « *Le canal s'emplit d'un flot rougeâtre* » (CHARDONNE). « *La chambre s'emplissait de clarté bleue* » (LOUYS). ♦ 2° Occuper par soi-même (la capacité d'un réceptacle, une place vide). « *Beaucoup de gens emplissaient les rues ou les cafés* » (CAMUS). V. **Envahir.** « *La chambre carrée que trois lits emplissaient* » (ZOLA). ◊ ANT. **Vider.**

EMPLISSAGE [ɑ̃plisaʒ]. *n. m.* (1642; de *emplir*). *Rare.* Remplissage.

EMPLOI [ɑ̃plwa]. *n. m.* (1539; de *employer*). ♦ 1° Action ou manière d'employer une chose; ce à quoi elle est employée, sa destination. V. **Usage, utilisation.** « *Les drogues dont l'emploi est le plus commode* » (BAUDEL.). « *Le plus libre emploi et développement de nos forces* » (GIDE). *Faire un bon, un mauvais emploi de son temps, de son argent.* « *D'assez fortes sommes dont il ne parvenait pas à justifier l'emploi* » (MART. du G.). — *Mode d'emploi,* notice expliquant la manière de se servir d'un objet. — *Emploi du temps,* répartition dans le temps de tâches à effectuer, d'exercices; règlement établissant cette répartition. V. **Calendrier, horaire, programme.** *Avoir un emploi du temps très chargé,* être très occupé. — *Ling.* Le fait de se servir d'une forme de la langue. « *Les mots ne sont immuables ni dans leur sens, ni dans leur emploi* » (LITTRÉ). *Emploi libre d'un mot,* opposé à *emploi en locution.* ◊ *Spécialt. (Dr.)* Remploi. — *Compt.* Action de porter une somme en recette ou en dépense. V. **Mention.** *Faux emploi,* inscription sur un compte d'une dépense qui n'a pas été faite. — *Double emploi,* somme inscrite deux fois. *Fig. (Cour.) Cela fait double emploi,* est inutile, répond à un besoin déjà satisfait par autre chose. ♦ 2° *(Déb. XVIIᵉ). Vx.* Occupation (de qqn). « *Raisonner est l'emploi de toute ma maison* » (MOL.). ◊ *Mod.* Ce à quoi s'applique l'activité rétribuée d'un employé, d'un salarié. V. **Gagne-pain, place, situation, travail.** « *Les ministres diminuaient les salaires et augmentaient les emplois* » (BALZ.). « *Il avait interrompu ses études et pris un emploi* » (CAMUS). *Il est sans emploi.* V. **Chômage** (en). *Il cherche de l'emploi,* du travail. *Offres, demandes d'emploi* (par petites annonces). ◊ *Écon.* (Keynes) Somme du travail humain effectivement employé et rémunéré, dans un système économique. V. **Plein-emploi, sous-emploi.** *Le volume de l'emploi.* ♦ 3° (1775). Genre de rôle dont est chargé un acteur. *Avoir, tenir l'emploi du jeune premier. Avoir le physique de l'emploi; au fig.* Avoir bien l'air de ce qu'on fait. ◊ ANT. **Chômage.**

EMPLOYABLE [ɑ̃plwajabl(ə)]. *adj.* (XVIᵉ; de *employer*). *Rare.* Qu'on peut employer. V. **Utilisable.**

EMPLOYÉ, ÉE [ɑ̃plwaje]. *n.* (1723; p. p. subst. de *employer*). Salarié (généralement payé au mois) qui est employé à un travail d'ordre plutôt intellectuel que manuel (*opposé à* ouvrier). V. **Agent, commis.** *Les employés d'un ministère, d'une administration. Employé de banque, de bureau. Employé aux écritures. Une employée des postes. Employé de commerce.* V. **Vendeur.** *Employé de chemin de fer.* V. **Cheminot.** ◊ ANT. **Employeur.**

EMPLOYER [ɑ̃plwaje]. *v. tr.;* conjug. **noyer** (1080; lat. *implicare* « enlacer, engager »). ♦ 1° Faire servir à une fin. V. **Servir** (se), user, utiliser. *Employer un outil, un instrument, des matériaux. Voilà de l'argent bien, mal employé. Employer tous les moyens.* V. **Recourir.** « *Employant des ruses d'enfant pour voir les photographies* » (GIRAUDOUX). *Employer tous ses soins, toute son énergie à une tâche.* V. **Appliquer, apporter, consacrer.** « *Celui qui a bien employé le temps qu'on lui octroie* » (COCTEAU). *J'ai employé toute une journée à rédiger mon courrier.* V. **Mettre, passer.** *Vous avez employé un terme impropre.* « *Michels emploiyait à chaque instant les mots de chef, de meneur* » (ROMAINS). *Pronom.* Cette expression ne s'emploie pas, plus (V. **Inusité**). ◊ *Spécialt. (Compt.)* Mettre, porter en compte. *Employer une somme en recette.* ♦ 2° Faire

travailler pour son compte en échange d'une rémunération. *Société qui emploie plusieurs milliers d'ouvriers.* « *Je compte t'employer au restaurant* » (GREEN). — *Occuper. On l'emploie à de menus travaux.* ♦ 3° S'EMPLOYER À. *v. pron.* S'occuper avec ardeur ou dévouement. V. **Appliquer** (s'), **consacrer** (se). *Il faut s'y employer activement.* V. **Dépenser** (se). « *Aimer, c'est avoir pour but le bonheur d'un autre, s'employer et se dévouer à son bien* » (TAINE). *Vieilli. S'employer pour qqn,* lui apporter tout son appui. ◊ ANT. **Négliger, renvoyer.**

EMPLOYEUR, EUSE [ɑ̃plwajœʀ, øz]. *n.* (1794; angl. *employer;* « celui qui emploie, dépense », 1304; de *employer*). *Dr. trav.* Personne employant du personnel salarié. *Les obligations respectives de l'employeur et du salarié.* V. **Patron.** *Certificat de l'employeur.*

EMPLUMÉ, ÉE [ɑ̃plyme]. *adj.* (fin XIIᵉ; de *en-,* et *plume*). Couvert, orné de plumes.

EMPOCHER [ɑ̃pɔʃe]. *v. tr.* (1611; « mettre dans un sac », 1580; de *en-,* et *poche*). ♦ 1° Toucher, recevoir (de l'argent). « *Mon cousin vient d'hériter; mon homme empoche environ 700 000 francs* » (FLAUB.). ♦ 2° *Vieilli.* Mettre dans poche (un objet). ◊ *Fig. et fam.* Supporter, subir. V. **Encaisser.** « *Il lui fallait empocher sans sourciller ce que je lui ai dit* » (DUTOURD). ◊ ANT. **Débourser.**

EMPOIGNADE [ɑ̃pwaɲad]. *n. f.* (1836; de *empoigner*). Altercation, discussion violente.

EMPOIGNANT, ANTE [ɑ̃pwaɲɑ̃, ɑ̃t]. *adj.* (1853; de *empoigner*). *Rare.* Qui empoigne, émeut fortement. V. **Émouvant.**

EMPOIGNE [ɑ̃pwaɲ]. *n. f.* (1773; de *empoigner*). *Inus.* Action d'empoigner. *Cour.* (1867) *C'est une vraie foire d'empoigne,* une mêlée, un affrontement d'intérêts et de spéculations malhonnêtes. V. **Crabe** (panier de crabes).

EMPOIGNER [ɑ̃pwaɲe]. *v. tr.* (1175; de *en-,* et *poing*). ♦ 1° Prendre en serrant dans la main. V. **Saisir.** « *Legrand sauta sur Jupiter et l'empoigna au collet* » (BAUDEL.). *Pronom. (Récipr.)* Se colleter; *et fig.* Se quereller, s'attraper. ♦ 2° *Fig.* Émouvoir, intéresser profondément. « *La lecture d'un paragraphe l'empoignait assez pour qu'il eût envie d'en connaître les lignes suivantes* » (ROMAINS). ◊ ANT. **Lâcher.**

EMPOINTURE [ɑ̃pwɛ̃tyʀ]. *n. f.* (1792; de *empointer* (vx), « retenir par des points »). *Mar.* Angle supérieur d'une voile carrée.

EMPOIS [ɑ̃pwa]. *n. m.* (XIIIᵉ; lat. *impensa* « dépensé », d'où « matériaux, ingrédients »). Colle à base d'amidon, employée à l'apprêt du linge (V. **Empeser**), « *Un surplis à grandes manches raides d'empois* » (DAUD.).

EMPOISONNANT, ANTE [ɑ̃pwazɔnɑ̃, ɑ̃t]. *adj.* (1900; « toxique », par plaisant., 1676; de *empoisonner*). *Fam.* Très ennuyeux, embêtant.

EMPOISONNEMENT [ɑ̃pwazɔnmɑ̃]. *n. m.* (fin XIIᵉ; de *empoisonner*). ♦ 1° Ensemble de troubles consécutifs à l'introduction d'un poison dans l'organisme (surtout par la bouche). V. **Intoxication.** *Empoisonnement dû à des champignons vénéneux.* ◊ *Meurtre par le poison.* « *Votre renommée infâme de meurtre et d'empoisonnement* » (HUGO). ◊ *Fig. (Vieilli)* Fait de corrompre (les esprits, les mœurs). ♦ 2° (1946). *Fam.* Ennui, embêtement. « *J'avais suffisamment d'empoisonnements comme ça* » (Cl. SIMON).

EMPOISONNER [ɑ̃pwazɔne]. *v. tr.* (fin XIᵉ; de *en-,* et *poison*). ♦ 1° Faire mourir, ou mettre en danger de mort, en faisant absorber du poison. « *Charles de France l'avait empoisonné le jour où ils firent collation ensemble* » (HUGO). *Par exagér.* (Fam.) *Une gargote où on nous a empoisonnés.* — *Pronom. S'empoisonner :* se tuer en absorbant du poison. ◊ *Intoxiquer.* « *Cette substance dont se décharge le ver à soie l'empoisonnerait s'il la gardait en lui* » (GIDE). ♦ 2° Mêler, infecter de poison. *Empoisonner une boisson, un poутits, un étang. Empoisonner les flèches avec du curare.* — Au p. p. *Flèches empoisonnées. Fig.* (Littér.) *Un trait empoisonné,* une attaque, une allusion perfide. *Des propos empoisonnés,* particulièrement venimeux. ♦ 3° Empuantir, empester. « *Le réfectoire empoisonné du continuel graillon des eaux de vaisselle* » (ZOLA). ♦ 4° *Fig. (Vieilli).* Corrompre moralement. V. **Pervertir.** ◊ Altérer dans sa qualité, son agrément. V. **Gâter.** « *L'inquiétude allait empoisonner ma joie* » (DUHAM.). « *Elle voulait ne pas empoisonner la vie de ce qu'elle aimait* » (STENDHAL). ♦ 5° *Fam.* Embêter. *Il n'a personne pour l'aider, il est bien empoisonné. Ça m'empoisonne.* — *Pronom.* Ennuyer. *On s'empoisonne ici.*

EMPOISONNEUR, EUSE [ɑ̃pwazɔnœʀ, øz]. *n.* (XIIIᵉ; de *empoisonner*). ♦ 1° Criminel qui use du poison. « *Elle ne fut pas brûlée vive comme l'étaient les empoisonneurs* » (MICHELET). — *Par exagér. (Fam.)* Très mauvais cuisinier. ♦ 2° *Fig. (Littér.)* Corrupteur. « *Un faiseur de romans... et un empoisonneur public* » (NICOLE). ♦ 3° *Fam.* Personne qui empoisonne, ennuie tout le monde. V. **Poison.**

EMPOISSER [ɑ̃pwase]. *v. tr.* (1539; de *en-,* et *poix*). *Rare.* Poisser, rendre poisseux.

EMPOISSONNEMENT [ɑ̃pwasɔnmɑ̃]. *n. m.* (1531; de

empoissonner). Action d'empoissonner; son résultat. V. **Ale-vinage.**

EMPOISSONNER [ɑ̃pwasɔne]. *v. tr.* (mil. XIIIᵉ; de *en-*, et *poisson*). Peupler de poissons. V. **Aleviner.** *Empoissonner un étang, une rivière.*

EMPORIUM [ɑ̃pɔrjɔm]. *n. m.* (1755; mot lat. d'o. gr.). *Antiq.* Comptoir commercial en pays étranger.

EMPORT [ɑ̃pɔr]. *n. m.* (v. 1950; « influence », 1280; en droit, 1507; déverbal de *emporter*). *Capacité d'emport*, charge susceptible d'être emportée par un avion.

EMPORTÉ, ÉE [ɑ̃pɔrte]. *adj.* (1633; de *emporter*). Qui s'emporte facilement. V. **Irritable, vif, violent.** « *Ces maîtresses emportées et difficiles qui tourmentent leurs domestiques* » (LESAGE). ◈ ANT. *Calme, doux.*

EMPORTEMENT [ɑ̃pɔrtəmɑ̃]. *n. m.* (1634; « action d'emporter », XIIIᵉ; de *emporter*). ♦ 1° *Vieilli.* Élan, transport. « *Claude s'était jeté avec plus d'emportement dans les bras de la science* » (HUGO). « *Les emportements de l'imagination* » (CHATEAUB.). ♦ 2° *Mod.* Violent mouvement de colère. « *Il n'y a qu'un pas de la colère contre soi-même à l'emportement contre les autres* » (STENDHAL). ◈ ANT. *Calme, sang-froid.*

EMPORTE-PIÈCE [ɑ̃pɔrtəpjɛs]. *n. m. invar.* (1690; de *emporter*, et *pièce*). ♦ 1° *Techn.* Outil servant à découper et enlever d'un seul coup des pièces de forme déterminée dans des feuilles de métal, de cuir, de carton, etc. V. **Poinçonneuse.** — *Chir.* Sorte de pince métallique servant à morceler ou à sectionner un tissu, généralement un tissu osseux. ♦ 2° *Fig.* (1740). *Vx.* Personne ou satire mordante. ◇ *Mod.* (1870) *Loc. adj.* À L'EMPORTE-PIÈCE, mordant, incisif. « *Le génie du mot à l'emporte-pièce* » (L. BERTRAND).

EMPORTER [ɑ̃pɔrte]. *v. tr.* (1080; de *en porter*, 980). ♦ 1° Prendre avec soi et porter hors d'un lieu (un objet, un être inerte). « *Partir sans rien emporter que le plus strict nécessaire* » (GIDE). *Les voleurs ont emporté toute l'argenterie.* — *Loc.* *Vous ne l'emporterez pas en paradis*, vous ne jouirez pas longtemps du bien, du succès actuel; je me vengerai tôt ou tard. *Que le diable* l'emporte, m'emporte!* ◇ (Compl. de choses abstraites) *Il a emporté son secret dans la tombe.* « *J'emporte de vous ces bonnes paroles* » (FROMENTIN). « *Pour emporter dans mes yeux l'image de ces lieux* » (DAUD.). — *Loc. Autant en emporte le vent* : rien n'en restera, tout en sera emporté comme par le vent. ♦ 2° Enlever avec rapidité, violence. V. **Arracher, balayer.** « *Un bourrasque d'ouest avait emporté plusieurs marins et deux navires* » (LOTI). « *C'est le croup qui l'a emporté en quelques heures* » (LOTI) : qui l'a fait mourir. — *Loc. fig.* (Vx) *Emporter la pièce, le morceau* (proprem. une pièce qu'on enlève avec l'emporte-pièce) faire mal par ses railleries, être extrêmement mordant. « *Il a des traits qui percent, il emporte la pièce* » (STE-BEUVE). *Mod. Emporter le morceau*, réussir, avoir gain de cause. ♦ 3° *Par ext.* S'emparer de (qqch.) par la force. V. **Conquérir, enlever.** *Emporter d'assaut une position. Emporter une tranchée à la baïonnette.* *Fig.* « *Se laisser tout en voulant tout emporter de haute lutte* » (CHATEAUB.). ◇ *Vx.* Remporter (l'avantage, le prix). ♦ 4° Entraîner avec force, rapidité. « *Vous êtes emporté comme dans un tourbillon* » (GAUTIER). *Le train « qui m'emportait vers le front* » (MONTHERLANT). ◇ *Fig.* (passions, forces) Entraîner, pousser. « *L'amour, ouragan des cieux qui emporte à l'abîme le cœur entier* » (FLAUB.). « *Vous savez quelle générosité nous emporte* » (GIDE). *Se laisser emporter par l'imagination. Des arguments qui emportent la conviction.* ♦ 5° *Vieilli.* Entraîner comme conséquence. V. **Comporter.** « *Tout ce qu'emporte de risques la précipitation dans le travail* » (VALÉRY). ♦ 6° (XIVᵉ). L'EM-PORTER, avoir le dessus, se montrer supérieur. V. **Gagner, triompher, vaincre.** « *Son compétiteur pouvait bien l'emporter sur notre philosophe* » (STE-BEUVE). *Notre équipe l'a emporté par trois buts à un.* — (Sujet de chose) « *Je ne trouve rien qui l'emporte en volupté sur les premiers sentiments* » (VALÉRY). *L'amour l'emporta sur l'amitié dans son cœur.* V. **Prévaloir.** ♦ 7° S'EMPORTER. *v. pron.* Se laisser aller aux mouvements de colère, à des actes de violence. V. **Éclater, fulminer.** « *Napoléon s'emporta : Chateaubriand croit-il que je suis un imbécile?* » (CHATEAUB.). *S'emporter contre un contradicteur.* ◈ ANT. *Apporter, rapporter. Laisser; arrêter.*

EMPOTÉ, ÉE [ɑ̃pɔte]. *adj.* (1867; de *en-*, et a. fr. ou dial. *pot* « engourdi, gros », où *main pote* « main gauche », lat. pop. °*pautta* « patte »). *Fam.* Maladroit, lent. Subst. *Quel empoté!* ◈ ANT. *Adroit, dégourdi.*

EMPOTER [ɑ̃pɔte]. *v. tr.* (1690; de *en-*, et *pot*). *Rare.* Mettre en pot (V. **Rempoter**). ◈ ANT. *Dépoter.*

EMPOURPRER [ɑ̃purpre]. *v. tr.* (1552; de *en-*, et *pourpre*). Colorer de pourpre, de rouge, par l'effet de phénomènes naturels. V. **Rougir.** « *Le soleil allait se coucher et dorait, empourprait une multitude de petits nuages* » (FROMENTIN). *Pronom.* Prendre une teinte pourpre. « *Tout s'empourpre, tout se dore* » (JAMMES). ◇ *Spécialt.* (visage) « *Le chef du bureau dont l'indignation et la fureur empourprèrent le visage* »

(LECOMTE). Au p. p. « *Les joues empourprées de ce ton maladif* » (GAUTIER).

EMPOUSSIÉRER [ɑ̃pusjere]. *v. tr.*; conjug. *céder* (1888; de *en-*, et *poussière*). Recouvrir de poussière. ◈ ANT. *Dépoussiérer.*

EMPREINDRE [ɑ̃prɛ̃dr(ə)]. *v. tr.*; conjug. *peindre* (1213; lat. pop. °*imprimere*, class. *imprimere*). V. **Imprimer.** ♦ 1° (Rare à l'actif). Marquer par pression sur une surface (une forme, un dessin). V. **Imprimer.** ♦ 2° *Fig.* et *littér.* Marquer. « *Empreindre la pensée dans le fait* » (BALZ.). « *Les beaux ouvrages ne vieilliraient jamais s'ils n'étaient empreints que d'un sentiment vrai* » (DELACROIX). *Pronom.* S'empreindre de. « *Chaque littérature s'empreint plus ou moins profondément des mœurs et de l'histoire du peuple* » (HUGO). ◈ ANT. *Effacer.*

EMPREINTE [ɑ̃prɛ̃t]. *n. f.* (XIIIᵉ; p. p. subst. au f. de *empreindre*). ♦ 1° Marque en creux ou en relief laissée par un corps qu'on presse sur une surface. V. **Gravure, impression.** « *Comme l'empreinte du cachet reproduit le creux de l'intaille* » (BLOY). « *De belles médailles grecques frappées à la même empreinte* » (DAUD.). V. **Effigie.** *Prendre l'empreinte d'une serrure.* V. **Moulage.** — *Typogr.* Matrice constituée par un flan, obtenue par la frappe d'une brosse ou par la pression d'une platine, d'un cylindre. ◇ *Trace naturelle.* « *Sur le sable la délicate empreinte de ton adorable pied* » (GAUTIER). « *Reconnaître le renard à ses empreintes* » (FLAUB.). — *Empreintes digitales*, traces laissées par les doigts, dont le dessin est dû aux crêtes papillaires des pulpes des doigts et qui sont propres à chaque individu, permettant une identification précise. V. **Dactyloscopie.** *Absolt. Mettre ses empreintes sur une carte d'identité. Le criminel n'a pas laissé d'empreintes.* — *Anat.* Nom de diverses dépressions à la surface d'un organe, ou surface rugueuse d'un os. — *Géol. Empreintes animales, végétales.* V. **Fossile.** ♦ 2° *Fig.* (XVIIᵉ). Marque profonde, durable. « *J'y retrouve fortement tracée l'empreinte de mes lectures d'alors* » (NERVAL). « *Un peuple reçoit toujours l'empreinte de la contrée qu'il habite* » (TAINE). « *Dans l'accent personnel, dans l'empreinte de l'artiste* » (R. ROLLAND). V. **Cachet, sceau.**

EMPRESSÉ, ÉE [ɑ̃prese]. *adj.* (1664; « affairé », 1611; de *empresser*). ♦ 1° Qui s'empresse, est plein de zèle et de prévenances. V. **Attentionné, complaisant, dévoué, prévenant.** « *Attentive à me plaire, empressée jusqu'à l'humilité* » (MAURIAC). « *L'ami, le confident empressé de Madame de Sévigné* » (STE-BEUVE). *Subst. Il fait l'empressé.* — Qui marque de l'empressement. « *Il lui faisait une cour empressée.* » ♦ 2° EMPRESSÉ À, DE (vieilli) : qui s'empresse de, est avide de. « *Beethoven se hâte, comme une terre empressée à produire* » (HERRIOT). « *Il devint peu à peu si empressé de m'avoir qu'il en devint même gênant* » (ROUSS.). ◈ ANT. *Froid, indifférent, négligent.*

EMPRESSEMENT [ɑ̃presmɑ̃]. *n. m.* (1647; « excitation », 1608; de *empresser*). ♦ 1° Action de s'empresser auprès de qqn. V. **Complaisance, zèle.** « *D'aimables demoiselles me reçoivent avec empressement* » (ROUSS.). ♦ 2° Hâte qu'inspire le zèle. V. **Ardeur, diligence.** *Obéir avec empressement.* « *Mon empressement à me déclarer moi-même coupable* » (CHATEAUB.). ◈ ANT. *Froideur, indifférence, lenteur, mollesse.*

EMPRESSER (S') [ɑ̃prese]. *v. pron.* (1580; « se rassembler », XIIᵉ; de *en-*, et *presser*). ♦ 1° Mettre de l'ardeur, du zèle à servir qqn ou à lui plaire. *S'empresser auprès des jolies femmes.* « *Ces deux petites créatures s'empressèrent autour de moi* » (ROUSS.). ♦ 2° S'EMPRESSER DE : se hâter. « *Et aussi, s'empresse-t-elle d'ajouter, parce que...* » (RO-MAINS). ◈ ANT. *Négliger.*

EMPRÉSURER [ɑ̃prezyre]. *v. tr.* (1568, au p. p.; de *en-*, et *présure*). Additionner de présure (le lait, pour le faire cailler). — *Au p. p. Lait emprésuré.*

EMPRISE [ɑ̃priz]. *n. f.* (1868; « entreprise », XIIᵉ; p. p. subst. de *emprendre* « entreprendre », 1080; lat. pop. °*imprehendere*. V. **Prendre**). ♦ 1° *Dr.* Mainmise de l'Administration sur une propriété privée. *Régularité, irrégularité de l'emprise* (compétence des tribunaux judiciaires). ♦ 2° *Cour.* (1886). Domination intellectuelle ou morale. V. **Ascendant, autorité, empire, influence.** « *L'emprise des goues sur l'individu* » (ROMAINS). « *Sur le Chevalier, ces philosophes avaient alors moins d'emprise que les poètes* » (MAUROIS). *Exercer son emprise.*

EMPRISONNEMENT [ɑ̃prizɔnmɑ̃]. *n. m.* (XIIIᵉ; de *emprisonner*). Action d'emprisonner, état de celui qui est emprisonné. V. **Détention, incarcération, internement, réclusion.** *Emprisonnement correctionnel, de simple police.* ◈ ANT. *Élargissement, libération.*

EMPRISONNER [ɑ̃prizɔne]. *v. tr.* (déb. XIIᵉ; de *en-*, et *prison*). ♦ 1° Mettre en prison. V. **Écrouer, incarcérer, interner;** et *pop.* **Boucler, coffrer.** *Emprisonner un malfaiteur.* ◇ Enfermer comme dans une prison. V. **Cloîtrer.** *Elle se plaignait d'être emprisonnée dans ce couvent. Fig. Emprisonné dans ses préjugés.* V. **Prisonnier.** ♦ 2° *Par ext.* Tenir à l'étroit, serrer. « *Le buste serré dans un corsage qui emprisonnait le cou jusqu'au menton* » (GREEN). ◇ ANT. *Élargir, libérer.*

EMPRUNT [ɑ̃pʀœ̃]. *n. m.* (1196; de *emprunter*). ♦ 1° Action d'obtenir une somme d'argent, à titre de prêt; ce qui est ainsi reçu. *Faire un emprunt.* « *Il la suppliait de contracter pour lui un nouvel emprunt sur la villa* » (MART. du G.). *Rembourser un emprunt.* V. **Dette.** ◇ Spécialt. *Emprunt public,* et absolt. *Emprunt,* acte par lequel l'État ou une collectivité publique demande les fonds nécessaires pour financer des dépenses publiques, en offrant certains avantages en contrepartie; les sommes ainsi reçues. *Emprunt communal, d'État. Émettre, lancer, ouvrir; clore un emprunt. Emprunt à montant limité. Emprunt à 5%. Souscrire à un emprunt. Emprunt à court, à long terme. Emprunt perpétuel,* dont on ne peut jamais exiger le remboursement. *Emprunt consolidé, amortissable, indexé.* ♦ 2° *Fig.* (XVIᵉ). Action de prendre chez un auteur un thème ou des expressions pour en tirer parti; thème, expression ainsi utilisée. *Les emprunts que Molière a faits à Plaute.* ◇ *Ling.* Acte par lequel une langue accueille un élément d'une autre langue; élément (mot, tour) ainsi incorporé. *Emprunt à l'anglais. Le fonds primitif et les emprunts.* ♦ 3° *Loc. adj.* (1695). D'EMPRUNT, qui n'appartient pas en propre au sujet, vient d'ailleurs. V. **Artificiel, emprunté.** « *Avec toute mon érudition d'emprunt* » (ROUSS.). *Il voyageait sous un nom d'emprunt,* un faux nom. ◇ ANT. *Prêt.*

EMPRUNTÉ, ÉE [ɑ̃pʀœ̃te]. *adj.* (fin XVIᵉ; de *emprunter*). ♦ 1° Qui manque d'aisance ou de naturel. V. **Contraint, embarrassé, gauche.** « *Timide, emprunté dans la vie, effaré à l'idée des démarches à faire* » (DAUD.). « *Tout ce que je pus trouver à dire, de la manière la plus banale et la plus empruntée* » (GIDE). ♦ 2° (XVIᵉ). *Vx.* D'emprunt. « *On n'aime personne que pour des qualités empruntées* » (PASC.). ◇ ANT. *Dégourdi, naturel; authentique, personnel.*

EMPRUNTER [ɑ̃pʀœ̃te]. *v. tr.* (déb. XIIᵉ; d'une forme pop. du bas lat. *impromutuare,* VIIᵉ, lat. jur. *promutuum* « avance d'argent », class. *mutuum*). V. **Mutuel**). ♦ 1° Obtenir à titre de prêt ou pour un usage momentané. « *Daniel, en son nom, avait emprunté de l'argent à l'imprimeur* » (DAUD.). « *Il a fallu que je monte chez Emmanuel pour lui emprunter une cravate noire* » (CAMUS). Absolt. « *Il avait fallu emprunter, hypothéquer le bien de campagne* » (LOTI). ♦ 2° *Fig.* Prendre ailleurs et faire sien. V. **Devoir, prendre, tirer.** Vieilli. *Emprunter de.* « *Virgile a emprunté d'Homère quelques comparaisons* » (VOLT.). Mod. *Emprunter à.* « *Le chant grégorien semble emprunter au gothique ses lobes fleuris* » (HUYSMANS). « *Mes façons de penser, je les emprunte volontiers : je ne tiens qu'à mes façons de sentir* » (RENARD). ♦ 3° Prendre (une voie réservée à d'autres, ou à d'autres usages). « *Le conducteur ne peut emprunter la moitié gauche de la chaussée...* » (CODE de la ROUTE). ♦ 4° *Vx.* Revêtir (une apparence étrangère), imiter. « *Il faut qu'un suppliant emprunte le visage* » (RAC.). ◇ ANT. *Avancer, céder, prêter.*

EMPRUNTEUR, EUSE [ɑ̃pʀœ̃tœʀ, øz]. *n.* (1263; de *emprunter*). ♦ 1° Personne qui fait un emprunt d'argent. V. **Débiteur.** *Le prêteur et l'emprunteur.* « *Ne recourez pas au mont-de-piété, c'est la perte de l'emprunteur* » (BALZ.). ♦ 2° Spécialt. *(ling.).* Qui fait un emprunt linguistique. *Langue emprunteuse.*

EMPUANTIR [ɑ̃pɥɑ̃tiʀ]. *v. tr.* (fin XVᵉ; de *en-,* et *puant*). Remplir d'une odeur infecte. V. **Empester.** ◇ ANT. *Embaumer.*

EMPUSE [ɑ̃pyz]. *n. f.* (1839; lat. zool. *empusa,* appell. mythol., gr. *Empousa,* nom d'un spectre). ♦ 1° *Zool.* Insecte orthoptère marcheur, voisin de la mante. ♦ 2° *Bot.* (1890). Champignon siphomycète, parasite de certains insectes.

EMPYÈME [ɑ̃pjɛm]. *n. m.* (1560; *empeime,* fin XIVᵉ; gr. *empuêma,* de *puon* « pus »). *Méd.* Amas de pus dans une cavité naturelle. — Spécialt. Pleurésie purulente. *Opération de l'empyème,* destinée à évacuer le liquide de la pleurésie purulente.

EMPYRÉE [ɑ̃piʀe]. *n. m.* (1544; *cieux empirées,* XIIIᵉ; lat. ecclés. *empyrius,* gr. *empur(i)os* « en feu »). *Antiq.* La plus élevée des quatre sphères célestes, qui contenait les feux éternels, c'est-à-dire les astres, et qui était le séjour des dieux. ◇ *Fig.* et *littér.* Ciel, monde supra-terrestre. « *Poursuivre l'entretien dans l'empyrée* » (DUHAM.). ◇ HOM. *Empirer.*

EMPYREUMATIQUE [ɑ̃piʀœmatik]. *adj.* (1728; de *empyreume*). *Didact.* Qui tient de l'empyreume; fort à âcre. « *L'ébullition prolongée y développe un goût empyreumatique et désagréable* » (BRILLAT-SAV.).

EMPYREUME [ɑ̃piʀøm]. *n. m.* (1560; gr. *empureuma,* de *pur* « feu »). *Chim. anc.* Saveur, odeur forte et âcre que prennent certaines substances organiques soumises à l'action d'un feu violent. « *Étourdie, ivre d'empyreumes* » (VALÉRY).

ÉMU, UE [emy]. *adj.* (XVᵉ; de *émouvoir*). ♦ 1° En proie à une émotion plus ou moins vive. « *Elle était si émue qu'elle pouvait à peine marcher* » (CHATEAUB.). « *Quoique très ému lui-même, il affecta la plus grande gaieté* » (DAUD.). ♦ 2° Qui témoigne d'une émotion. « *Ajouté un son plus ému à ma voix* » (CHATEAUB.). *J'en ai gardé un souvenir ému.* ◇ ANT. *Froid, indifférent.*

ÉMULATION [emylasjɔ̃]. *n. f.* (1532; « rivalité, jalousie », XIIIᵉ; lat. *æmulatio*). Sentiment qui porte à égaler ou à surpasser qqn en mérite, en savoir, en travail. V. **Amour-propre, concurrence, zèle.** « *L'émulation conduit à des excès et à des prodiges* » (TAINE). « *L'émulation au collège est la forme ingénue d'une ambition que vous connaîtrez plus tard* » (FROMENTIN).

ÉMULE [emyl]. *n.* (1534; « rival », XIIIᵉ; lat. *æmulus*). *Littér.* Personne qui cherche à égaler ou à surpasser qqn en qqch. de louable. V. **Concurrent.** « *L'équilibre heureux où se maintiennent, émules et non rivales, les forces de ces chefs valeureux* » (GIDE). ◇ *Par ext.* Personne d'un mérite égal. « *Les grands émules ou devanciers d'outre-Manche* » (STE-BEUVE).

ÉMULSEUR [emylsœʀ]. *n. m.* (1886; rad. de *émulsion*). *Techn.* Appareil servant à préparer des émulsions.

ÉMULSIF, IVE [emylsif, iv]. *adj.* (1755; rad. de *émulsion*). *Pharm.* Qui contient de l'huile sous forme d'émulsion. ◇ *Chim.* Qui facilite (ou stabilise) une émulsion (en ce sens, on dit aussi *émulsifiant* [emylsifjɑ̃] ou *émulsionnant* [emylsjɔnɑ̃]). — Subst. *Un émulsif* (syn. *émulsifiant, émulsionnant*).

ÉMULSIFIABLE [emylsifjabl(ə)]. *adj.* (1960; du rad. de *émulsion*). *Chim.* Qu'on peut mettre en émulsion.

ÉMULSINE [emylsin]. *n. f.* (1837; d'abord en all.; rad. de *émulsion*). *Biochim.* Enzyme contenu dans les amandes, ayant la propriété d'émulsionner l'huile.

ÉMULSION [emylsjɔ̃]. *n. f.* (1560; lat. *emulsum,* supin de *emulgere* « traire »). ♦ 1° Préparation liquide d'apparence laiteuse tenant en suspension une substance huileuse ou résineuse (ex. : lait d'amandes). ♦ 2° *Chim.* Milieu hétérogène constitué par la dispersion, à l'état de particules très fines, d'un liquide dans un autre liquide non miscible en phase continue. *Émulsions naturelles* (lait, latex), *artificielles.* ♦ 3° *Phot.* et cour. *Émulsion photographique,* mélange sensible à la lumière, composé de sels d'argent à l'état de cristaux microscopiques en suspension dans la gélatine, le collodion, etc., qu'on applique en couche très mince sur la plaque ou le film.

ÉMULSIONNER [emylsjɔne]. *v. tr.* (1690; de *émulsion*). ♦ 1° Additionner (une boisson) d'une émulsion. ♦ 2° (1856). Mettre à l'état d'émulsion (une substance dans un milieu où elle n'est pas soluble). [On dit aussi *émulsifier.*] *Émulsionner une sauce.* ♦ 3° (Fin XIXᵉ). Couvrir (le support photographique) de l'émulsion sensible.

1. **EN** [ɑ̃]. *prép.* (Xᵉ; lat. *in*). I. (Devant un nom sans déterminant, ou avec un déterminant autre que l'article défini). Préposition marquant en général la position à l'intérieur de limites spatiales, temporelles ou notionnelles. ♦ 1° *(Lieu).* V. **Dans.** *Les enfants sont en classe. On l'a mis en prison. Il a un compte en banque. Monter en voiture.* « *En ce monde, il se faut l'un l'autre secourir* » (LA FONT.). *Il passe ses vacances en Angleterre* [ɑ̃n glətɛʀ], *en Bretagne.* — (Région. ou affecté) *En Avignon, en Arles.* V. **À.** — (Lieu abstrait, moral) « *Détails oubliés, impressions anciennes vous revenaient en mémoire* » (ALAIN-FOURNIER) : à la mémoire. « *Les hommes étaient frères en Dieu* » (ST-EXUP.). ◇ *Sur.* « *Le magistrat l'avait reçu toque en tête* » (FLAUB.). *Mettez un genou en terre.* ♦ 2° (Extension du lieu : matière dans laquelle...). V. **De.** « *Un magnifique buste en marbre* » (STENDHAL). « *Un peigne en écaille blonde* » (LOTI). ◇ *Par anal.* (Domaine, point de vue). *Il est fort en mathématiques, docteur en droit. Le premier en date. C'est bien beau en théorie.* ♦ 3° *(Temps).* V. **À, dans, pendant.** *On laboure en automne. C'était en décembre. En quelle année? En ce beau jour.* ◇ (Espace de temps) *J'ai fait ma lettre en dix minutes. En moins de temps qu'il ne faut pour le dire.* ♦ 4° (Notion : état, forme, manière). *La France était en guerre. Il est en voyage. Ne vous mettez pas en colère. Je suis en faute. Une descente en ville. Les arbres sont en fleurs. Du sucre en poudre ou en morceaux. Cassé en mille miettes. Une tragédie en cinq actes.* ◇ (Introduisant un nom qui fait fonction d'attribut du sujet ou du complément) V. **Comme.** *Il parle en connaisseur. Le livre que j'ai reçu en cadeau.* ♦ 5° (En corrélation avec *de,* pour marquer la progression). « *Je vais de fleur en fleur, et d'objet en objet* » (LA FONT.). *De fil en aiguille. Son état empirait d'heure en heure.* ◇ (Périodicité) « *De deux heures en deux heures, il faisait prendre à Olivier un bol de lait* » (GIDE).

II. (Devant un indéfini, un adjectif neutre, un adverbe, pour former des locutions adverbiales) *Cela fait en tout dix mille francs. Cela ne me concerne en rien. En général, en particulier. C'est vrai en gros. Faire les choses en grand. En vain. En avant ou en arrière. En plein dedans. De bas en haut. De mal en pis.*

III. (Devant le verbe au part. prés. (gérondif)). « *C'est un droit qu'à la porte on achète en entrant* » (BOIL.). *L'appétit vient en mangeant. En attendant.* « *On a dit beaucoup de mal de Rousseau et de ses* Confessions *tout en les goûtant* » (STE-BEUVE).

◇ HOM. An.

2. EN [ã]. *pron., adv.* (XIᵉ; *ent,* Xᵉ; lat. *inde*). Pronom adverbial représentatif d'une chose, d'un énoncé, et quelquefois (sauf en fonction de complément du nom) d'une personne. De ce(s)..., de cette..., de cela. **I.** *(Compl. de verbe).* ♦ **1°** Indique le lieu d'où l'on vient, la provenance, l'origine. « *De ce lieu-ci je sortirai. Après quoi je t'en tirerai* » (LA FONT.). *Aller chez lui? Mais j'en viens!* « *Une bataille, parce qu'ils espéraient en voir sortir une défaite* » (MADELIN).*Il en tirera un joli bénéfice. On en ferait un roman. Qu'est-ce qu'on en fera, de cet enfant?* ◇ *Fig.* (Cause, agent) *La maladie est grave, il risque d'en mourir. J'ai trop de soucis, je n'en dors plus. J'en ai été étonné.* Vieilli. *Je l'aime et j'en suis aimé,* je suis aimé d'elle. ♦ **2°** (Objet). « *Posséder un objet, c'est pouvoir en user* » (SARTRE). *Ce voyage, je m'en souviendrai! Passez, je vous en prie. — S'il y a encore du rôti, j'en reprendrai! « J'ai déchiré bien plus de feuillets que je n'en ai gardés* » (BARRÈS), ou *gardé.* ♦ **3°** (Dans diverses locutions verbales : voir le verbe). *On s'en va. Je m'en tiens là. On n'en finit pas. Je m'en remets à vous.*
II. (Compl. de nom, ou servant d'appui à des quantitatifs et des indéfinis). « *Nourri dans le sérail, j'en connais les détours* » (RAC.). — *Les belles soles! mettez-m'en, donnez-m'en quelques-unes, six, un peu plus. « Je n'ai jamais pensé à accepter votre argent : vous n'en aurez pas trop* » (SARTRE). *Tenez, en voilà un.* « *Tu en aimes un autre!* » (DAUD.).
III. (Compl. d'adjectif). *Il ne sait pas où mettre ses livres, sa maison en est pleine. Il en est bien capable. Elle n'en est pas peu fière. Montrez-vous-en digne.*

◇ HOM. An.

EN- ou **EM-** (devant *b, m, p*). Élément, du lat. *in-* et *im-,* de *in* « dans », servant, avec le radical substantif qu'il précède, à la formation de verbes composés *(emboîter, emmancher, emprisonner, enterrer...).*

ÉNAMOURER [ãnamuʀe] ou **ÉNAMOURER (S')** [enamuʀe]. *v. pron.* (XVᵉ; tr. XIIᵉ; de *en-,* et *amour*). Vieilli ou *plaisant.* S'éprendre. « *Toutes les donzelles qui ont la fantaisie de s'énamourer de moi* » (GAUTIER). *Au p. p.* Amoureux, langoureux. *D'un air énamouré.*

ÉNANTHÈME [enãtɛm]. *n. m.* (1864; de *exanthème,* par substit. du préf. gr. *en* « dans »). *Méd.* Taches rouges que l'on observe sur les muqueuses dans certaines maladies infectieuses. V. **Exanthème.**

ÉNANTIOMORPHE [enãtjɔmɔʀf(ə)]. *adj.* (1922; du gr. *enantios* « opposé », et *-morphe*). *Didact.* Formé de parties identiques disposées dans un ordre inverse. *Le pied droit et le pied gauche sont énantiomorphes.* V. **Symétrique** (2°).

ÉNANTIOTROPE [enãtjɔtʀɔp]. *adj.* (1956; gr. *enantios* « opposé », et *-trope*). *Chim.* Qui existe sous deux formes physiques différentes (l'une stable au-dessus d'un point de transformation, l'autre au-dessous).

ÉNARQUE [enaʀk(ə)]. *n. m.* (1967; de *E.N.A.,* et suff. *-arque*). *Fam.* Ancien élève de l'École nationale d'administration ou E.N.A. (considéré comme détenteur du pouvoir; Cf. Technocrate). « *Les 'énarques', fils de la dernière-née de nos écoles, l'E.N.A.* » (L'Express, 4-12-1967). — On emploie aussi **ÉNARCHIE.** *n. f.* [1927], **ÉNARCHIQUE.** adj.

ÉNARTHROSE [enaʀtʀoz]. *n. f.* (1611; gr. *enarthrôsis*). *Anat.* Articulation mobile à surfaces sphériques, l'une convexe et l'autre concave, qui permet aux os des mouvements dans trois directions principales. *Énarthrose coxo-fémorale.*

EN-AVANT [ãnavã]. *n. m. invar.* (1905; subst. de *en avant*). *Au rugby,* Faute commise par un joueur qui lâche ou envoie le ballon face au camp adverse, ou le passe à un partenaire situé en avant de lui.

ENCABANER [ãkabane]. *v. tr.* (1845; prov. *encabana,* de *cabano* « cabane »). *Techn.* Garnir (les claies d'élevage des vers à soie) de petites cabanes de branchage où les vers feront leurs cocons (opération dite ENCABANAGE [ãkabanaʒ]).

ENCABLURE [ãkablyʀ]. *n. f.* (1758; de *en-,* et *câble*). *Mar.* Ancienne mesure de longueur utilisée pour les câbles des ancres, pour l'estimation des petites distances, qui valait environ 200 m. *À deux encablures du rivage.*

ENCADREMENT [ãkadʀəmã]. *n. m.* (1756; de *encadrer*). ♦ **1°** Action d'encadrer, d'orner d'un cadre; ornement servant de cadre. *L'encadrement d'un tableau, d'une glace, d'une baie, d'un panneau. Les plats de la reliure sont ornés d'un encadrement de filets dorés.* ◇ *Fig.* Cadre. « *L'encadrement de toute œuvre, c'est son époque* » (RENAN). ◇ *Par ext.* Action d'encadrer (un objectif de tir). ♦ **2°** (1839). Action d'encadrer (des troupes); *par ext.* Cadres militaires. ♦ **3°** (1969). *Écon. Encadrement du crédit :* limitation des crédits accordés aux entreprises par les banques.

ENCADRER [ãkadʀe]. *v. tr.* (1752; de *en-,* et *cadre*). ♦ **1°** Mettre dans un cadre, entourer d'un cadre. *Faire encadrer une gravure.* « *Un diplôme encadré de noir* » (BOSCO).

Fam. C'est à encadrer, se dit ironiquement d'une déclaration, d'une « perle » qui mérite qu'on lui fasse un sort. ♦ **2°** Entourer à la manière d'un cadre qui orne ou limite. « *Des cheveux nattés encadrant un visage mièvre* » (FROMENTIN). « *Petites plaines isolées encadrées par la montagne* » (SIEGFRIED). — Pronom. Apparaître comme dans un cadre. « *La silhouette s'encadrait en ombre chinoise dans la porte de la chambre éclairée* » (MART. du G.). ◇ (Sujet de personne) « *Je me suis assis et les gendarmes m'ont encadré* » (CAMUS) : se sont mis à ma gauche et à ma droite. ◇ *Artill. Encadrer un objectif,* régler le tir en amenant les trajectoires de plus en plus près de l'objectif, au delà comme en deçà. ♦ **3°** (1839). Pourvoir de cadres (une troupe). — Au p. p. *Des soldats bien encadrés.* — Faire entrer dans le cadre d'une formation militaire. *Encadrer les recrues.* ◇ Diriger, organiser pour le travail. *Une jeune équipe bien encadrée.* ◇ ANT. Désencadrer.

ENCADREUR [ãkadʀœʀ]. *n. m.* (1870; de *encadrer*). Artisan qui exécute et pose des cadres (de tableaux, gravures, photos, etc.).

ENCAGEMENT [ãkaʒmã]. *n. m.* (1907; de *encager*). *Rare.* Mise en cage; état de l'animal encagé.

ENCAGER [ãkaʒe]. *v. tr.;* conjug. *bouger* (fin XIIIᵉ; de *en-,* et *cage*). Mettre en cage (un oiseau, une bête). — *Fig.* Enfermer, emprisonner.

ENCAISSABLE [ãkesabl(ə)]. *adj.* (1870; de *encaisser*). Qui peut être encaissé. *Somme immédiatement encaissable.*

ENCAISSAGE [ãkesaʒ]. *n. m.* (1803; de *encaisser*). *Rare.* Mise en caisse.

ENCAISSE [ãkɛs]. *n. f.* (1845; de *encaisser*). Sommes, valeurs qui sont dans la caisse ou en portefeuille. *Encaisse d'une maison de commerce. L'encaisse métallique,* les valeurs en or et en argent qui, dans les banques d'émission, servent de garantie aux billets.

ENCAISSEMENT [ãkɛsmã]. *n. m.* (1701; de *encaisser*). ♦ **1°** *Rare.* Emballage, mise en caisse. ♦ **2°** Action d'encaisser (de l'argent, des valeurs). V. **Perception, recouvrement.** *Remettre un chèque à l'encaissement. Sauf encaissement,* clause par laquelle des effets ne sont pris à l'escompte que sous la condition d'encaissement à l'échéance. ♦ **3°** État de ce qui est encaissé. *L'encaissement du lit d'une rivière.* « *L'encaissement du chemin creux était comblé de chevaux et de cavaliers* » (HUGO). ◇ *Trav. pub.* Tranchée.

ENCAISSER [ãkese]. *v. tr.* (1510; de *en-,* et *caisse*). ♦ **1°** *Rare.* Mettre dans une caisse. V. **Emballer.** ◇ *(Vx)* Mettre dans sa caisse, dans sa cassette. ♦ **2°** *Mod.* Recevoir, toucher (de l'argent, le montant d'une facture). « *Nanon encaissait les redevances dans sa cuisine* » (BALZ.). — Recouvrer (un effet de commerce). ♦ **3°** (1900). *Fig. et fam.* Recevoir (des coups). *Encaisser un direct.* Absolt. *Boxeur qui encaisse bien, qui sait encaisser,* qui sait recevoir les coups sans être ébranlé. « *J'encaisse comme un accumulateur de coups et je me décharge sur lui* » (J. PRÉVOST). ◇ *Par ext.* Recevoir sans sourciller, supporter. « *Ils n'ont jamais encaissé le camouflet que leur a infligé l'Autriche* » (MART. du G.). ◇ *Par anal.* Supporter, aimer. « *Il ne comprenait pas, il n'encaissait pas les bourgeois* » (MAUROIS). ♦ **4°** (1798). Resserrer en bordant des deux côtés. « *Les bois, les sentiers et les rochers qui encaissaient la route* » (BALZ.). — Au p. p. « *Je vis un fleuve jaune... il était profondément encaissé* » (CHATEAUB.). ◇ *Trav. pub.* Resserrer (un cours d'eau) entre des digues; creuser (une route). ◇ ANT. *Décaisser, payer.*

ENCAISSEUR [ãkesœʀ]. *n. m.* (1870; de *encaisser*). Employé qui va à domicile encaisser des sommes, recouvrer des effets. V. **Recettes** (garçon de).

ENCALMINÉ, ÉE [ãkalmine]. *adj.* (1864; de *en-,* et *calme*). *Mar.* Se dit d'un navire à voiles immobilisé par un temps calme, ou à l'abri.

ENCAN (À L') [alãkã]. *loc. adv.* (1400; lat. médiév. *inquantum,* du lat. *in quantum* « pour combien »). La vente aux enchères publiques. *Mettre, vendre à l'encan.* « *Il valait mieux que l'épée du colonel eût été criée à l'encan, vendue au fripier* » (HUGO). ◇ *Fig.* Comme objet de trafic livré au plus offrant. *La justice était à l'encan.*

ENCANAILLEMENT [ãkanajmã]. *n. m.* (1869; de *encanailler*). Fait de s'encanailler, avilissement. « *Cet esprit parisien, qui avait un arôme aristocratique qu'il a perdu dans l'encanaillement de ses divers argots* » (DAUD.).

ENCANAILLER (S') [ãkanaje]. *v. pron.* (1660; de *en-,* et *canaille*). ♦ **1°** *Vx.* Frayer avec la canaille, en prendre les habitudes. V. **Avilir** (s'), *déchoir.* ♦ **2°** *Mod. et plaisant.* Fréquenter des gens vulgaires de mœurs douteuses. *Bourgeois qui s'encanaillent dans des bistrots.*

ENCAPUCHONNER [ãkapyʃɔne]. *v. tr.* (1582; de *en-,* et *capuchon*). Couvrir d'un capuchon, comme d'un capuchon. « *Les riches paysannes de la Frise, une tête encapuchonnée dans un bonnet tuyauté* » (TAINE). — S'ENCAPUCHONNER. *v. pron.* Se couvrir d'un capuchon. — *Fig.* (1755) Se dit du cheval qui ramène la tête contre le poitrail pour se dérober à l'action du mors (T. d'Hippol.).

ENCAQUEMENT [ãkakmã]. *n. m.* (1772 ; de *encaquer*). Mise en caque.

ENCAQUER [ãkake]. *v. tr.* (fin XVIᵉ ; de *en-*, et *caque*). Caquer. ◊ *Fig.* et *vx.* Entasser, serrer dans un petit espace. « *Encaqués dans l'étroit boyau où toute la tranchée se déversait* » (DORGELÈS).

ENCART [ãkaʀ]. *n. m.* (1820 ; de *encarter*). Fraction de feuille en page isolée que l'on place à l'intérieur d'un cahier. — Feuille volante ou petit cahier que l'on insère dans une brochure. *Un encart publicitaire.*

ENCARTAGE [ãkaʀtaʒ]. *n. m.* (1870 ; de *encarter*). Action d'encarter (un encart, un tissu, des boutons). ◊ Encart.

ENCARTER [ãkaʀte]. *v. tr.* (1642 ; it. *incartare*, de *carta* « feuillet d'un livre »). ♦ 1° Insérer (un carton, un encart) entre les feuillets d'un volume. ♦ 2° *Techn.* Placer entre des feuilles de carton (les plis de la pièce d'étoffe que l'on veut catir à chaud). ◊ Fixer sur des cartons. *Encarter des boutons.*

ENCARTEUSE [ãkaʀtøz]. *n. f.* (1890 ; de *encarter*). *Techn.* Machine qui fixe des objets sur des cartons. *Encarteuse de boutons.*

ENCARTONNER [ãkaʀtɔne]. *v. tr.* (1827 ; de *en-*, et *carton*). Encarter.

EN-CAS [ãka]. *n. m. invar.* (1798 ; subst. de *en cas* (de besoin, d'imprévu...). ♦ 1° *Vx.* Chose ou personne qui peut servir au besoin. « *Il voyait dans le jeune duc de Chartres comme un en-cas monarchique, si Louis XVI tombait* » (MICHELET). ♦ 2° *Spécialt.* (1835). Repas léger tenu prêt à toute heure. ◊ (1864) Ombrelle pouvant servir de parapluie.

ENCASERNER [ãkazɛʀne]. *v. tr.* (1878 au p. p. ; de *en*, et *caserne*). Mettre, loger dans une caserne. *Encaserner les recrues.* — *Au p. p.* (par métaph.) « *La France encasernée dans la centralisation* » (VALLÈS).

ENCASTELER (S') [ãkastəle]. *v. pron. ; conjug. geler* (1606 ; it. *incastellare* « fortifier », du lat. *castellum*. V. Château). *Vétér.* Se dit d'un cheval atteint d'encastelure.

ENCASTELURE [ãkastəlyʀ]. *n. f.* (1611 ; it. *incastellatura*). *Vétér.* Maladie du pied du cheval caractérisée par un rétrécissement du sabot qui comprime la base de la fourchette.

ENCASTREMENT [ãkastʀəmã]. *n. m.* (1694 ; de *encastrer*). Action, manière d'encastrer ; entaille d'une pièce destinée à recevoir une autre pièce.

ENCASTRER [ãkastʀe]. *v. tr.* (1694 ; *incastré*, 1560 ; it. *incastrare*, mot du bas lat.). Insérer, loger dans un objet ou une surface exactement taillés ou creusés à cet effet. V. Emboîter, enchâsser, enclaver. « *Encastrée dans le mur, une grande glace...* » (PROUST). Pronom. « *De vieux murs, où, çà et là, s'encastrent une pierre hébraïque, un marbre romain* » (LOTI). — Adj. *Baignoire encastrée* (dans un massif rectangulaire, généralement orné de carreaux de faïence).

ENCAUSTIQUAGE [ãkɔ(o)stikaʒ]. *n. m.* (1907 ; de *encaustiquer*). Action d'encaustiquer.

ENCAUSTIQUE [ãkɔ(o)stik]. *n. f.* (1593 ; lat. d'o. gr. *encaustica*, du gr. *egkaiein* « brûler »). ♦ 1° *Arts.* Procédé de peinture où l'on employait des couleurs délayées dans de la cire fondue que l'on chauffait avant de s'en servir. ♦ 2° (1845). Préparation à base de cire d'essence qu'on utilise pour entretenir et faire reluire les meubles, les parquets. V. Cire. « *Une odeur d'encaustique monte du parquet luisant* » (ST-EXUP.).

ENCAUSTIQUER [ãkɔ(o)stike]. *v. tr.* (1864 ; de *encaustique*). Passer à l'encaustique. V. Cirer.

ENCAVEMENT [ãkavmã]. *n. m.* (1635 ; de *encaver*). *Techn.* Action d'encaver.

ENCAVER [ãkave]. *v. tr.* (1295 ; de *en-*, et *cave*). Mettre en cave (du vin).

ENCEINDRE [ãsẽdʀ(ə)]. *v. tr. ; conjug. ceindre* (XIIIᵉ ; lat. *incingere*). *Rare.* Entourer d'une enceinte. V. Ceindre, enclore. « *Encore aujourd'hui Guérande est enceinte de ses puissantes murailles* » (BALZ.).

1. ENCEINTE [ãsẽt]. *n. f.* (XIIIᵉ ; de *enceindre*). ♦ 1° Ce qui entoure un espace à la manière d'une clôture et en défend l'accès. V. Ceinture. « *Cinq enceintes concentriques de murailles* » (LOTI). *Une enceinte de fossés, de pieux.* « *La vue est bornée par l'enceinte des roches* » (FLAUB.). *Le mur d'enceinte d'une place forte.* V. Rempart. *Les enceintes successives de l'ancien Paris.* ♦ 2° (1611). L'espace ainsi entouré. « *Déportation dans une enceinte fortifiée* » (CODE PÉN.). *Animaux vivant dans l'enceinte d'un parc. Pénétrer dans l'enceinte d'une église, du tribunal, du pesage. Enceinte réservée aux personnages officiels* (lors d'une fête). ◊ *Absolt.* Salle plus ou moins vaste et fermée. « *C'était une assez vaste enceinte, à peine éclairée, où tout l'appareil d'un procès criminel se développait* » (HUGO). ◊ *Chasse.* Partie du bois où est cerné le gibier pourchassé. ♦ 3° (v. 1960). *Enceinte acoustique :* dans une chaîne de haute*-fidélité, ensemble de plusieurs haut-parleurs et d'un filtre de coupure, incorporés (Cf. L'anglicisme Baffle*).

2. ENCEINTE [ãsẽt]. *adj. f.* (XIIᵉ ; bas lat. *incincta*, de *incingere* « ceinturer »). V. Enceindre). Qui est en état de grossesse. V. Gros(se). *Législation en faveur des femmes enceintes. Elle est enceinte de trois mois.*

ENCENS [ãsã]. *n. m.* (fin XIIᵉ ; lat. ecclés. *incensum*, proprem. « ce qui est brûlé »). ♦ 1° Substance résineuse aromatique, qui brûle en répandant une odeur pénétrante. « *Quatre longues cassolettes remplies de nard, d'encens, de cinnamome et de myrrhe* » (FLAUB.). « *Ce grain d'encens qui remplit une église* » (BAUDEL.). ♦ 2° *Fig.* (XVIIᵉ). Témoignages d'admiration, louanges ou flatteries excessives. V. Compliment, hommage. « *Lettres de femmes, apportant à l'écrivain l'encens des gentilles adorations intellectuelles* » (LOTI).

ENCENSEMENT [ãsãsmã]. *n. m.* (fin XIIᵉ ; de *encenser*). Action d'encenser. ◊ *Fig.* « *L'admiration de tous, des hommages, un encensement de tendresse* » (MAUPASS.).

ENCENSER [ãsãse]. *v. tr.* (1080 ; de *encens*). ♦ 1° Honorer en brûlant de l'encens, en agitant l'encensoir. « *Le prêtre fait le tour du catafalque, l'encense* » (HUYSMANS). ◊ *Absolt.* Agiter l'encensoir. « *On nous apprenait à encenser élégamment* » (DAUD.). — *Par anal.* Se dit du cheval qui remue sa tête de bas en haut. ♦ 2° *Fig.* (XVIIᵉ). Honorer d'hommages excessifs, accabler de louanges et de flatteries. V. Flatter, louer. « *Qui vous encensent dans la prospérité et vous accablent dans la disgrâce* » (MOL.).

ENCENSEUR, EUSE [ãsãsœʀ, øz]. *n.* (1372 ; de *encenser*). Personne chargée de l'encensoir. V. Thuriféraire. « *Deux encenseurs se retournaient à chaque pas vers le saint sacrement* » (FLAUB.). ◊ *Fig. (Vx.)* Flatteur.

ENCENSOIR [ãsãswaʀ]. *n. m.* (XIIIᵉ ; de *encenser*). Sorte de cassolette suspendue à des chaînettes dans laquelle on brûle l'encens. « *Tous s'agenouillèrent. Et les encensoirs, allant à pleine volée, glissaient sur leurs chaînettes* » (FLAUB.). ◊ *Fig.* et *fam. Manier l'encensoir, donner des coups d'encensoir,* louer, flatter avec excès.

ENCÉPAGEMENT [ãsepaʒmã]. *n. m.* (1922 ; de *en-*, et *cépage*). *Agric.* Cépages qui composent un vignoble.

ENCÉPHALE [ãsefal]. *n. m.* (1776 ; adj., « qui est dans la tête », 1700 ; gr. *egkephalos*). *Anat.* Ensemble des centres nerveux contenus dans la cavité crânienne, comprenant le cerveau, le cervelet et le tronc cérébral (bulbe rachidien, protubérance annulaire et mésencéphale). V. Cerveau.

ENCÉPHALIQUE [ãsefalik]. *adj.* (1811 ; de *encéphale*). *Anat.* Qui appartient à l'encéphale.

ENCÉPHALITE [ãsefalit]. *n. f.* (1803 ; de *encéphale*). *Méd.* Nom générique des inflammations de l'encéphale, touchant spécialement la substance grise *(polioencéphalite)* ou la substance blanche *(leucoencéphalite)*. — (1918, Netter) *Encéphalite léthargique,* maladie infectieuse et épidémique grave, d'origine virale, caractérisée par la somnolence et divers troubles nerveux.

ENCÉPHALOGRAMME. V. ÉLECTRO-ENCÉPHALO-GRAMME.

ENCÉPHALOGRAPHIE [ãsefalɔgrafi]. *n. f.* (1948 ; de *encéphale*, et *(radio)graphie*). *Méd.* Exploration radiographique de l'encéphale. — *Encéphalographie gazeuse,* examen des ventricules cérébraux par injection de gaz dans les régions sous-occipitale ou lombaire.

ENCÉPHALO-MYÉLITE [ãsefalɔmjelit]. *n. f.* (1971 ; de *encéphale*, *myél*[o]-, et -*ite*). *Méd.* Inflammation du cerveau et de la moelle épinière.

ENCÉPHALOPATHIE [ãsefalɔpati]. *n. f.* (1845 ; de *encéphale*, et -*pathie*). *Méd.* Affection du cerveau, de nature non inflammatoire (Cf. Encéphalite). *Les affections dégénératives et les lésions cérébrales qui compliquent certaines intoxications sont des encéphalopathies.*

ENCERCLEMENT [ãsɛʀkləmã]. *n. m.* (1909, d'apr. all. *Einkreisung ;* 1579, « fait d'entourer » ; de *encercler*). Action d'encercler, fait d'être encerclé (diplomatiquement ou militairement). « *L'Allemagne pense à rompre son encerclement* » (MART. du G.). « *Chacun n'annonçant que victoires, encerclement de l'ennemi* » (GIDE).

ENCERCLER [ãsɛʀkle]. *v. tr.* (1160, « entourer d'un cercle » ; repris déb. XXᵉ, d'apr. all. *einkreisen ;* de *en-*, et *cercle*). Entourer d'un cercle ou d'alliances (un pays qui se juge menacé). « *La Triple Entente donna à l'Allemagne l'impression d'être « encerclée » par les autres puissances* » (SEIGNOBOS). ◊ Cerner de toutes parts à la suite de manœuvres d'enveloppement. « *Mack étant encerclé dans Ulm* » (MADELIN).

ENCHAÎNEMENT [ãʃɛnmã]. *n. m.* (mil. XVIIᵉ ; « chaîne », fin XIVᵉ ; de *enchaîner*). ♦ 1° Série de choses qui s'enchaînent, sont entre elles dans un certain rapport de dépendance. V. Chaîne, succession. « *Cet enchaînement de sottises et d'atrocités qu'on appelle Histoire* » (P.-L. COUR.). « *Un fatal enchaînement de circonstances* » (STE-BEUVE). — *Spécialt.* Suite de pas de danse. — Juxtaposition de deux accords musicaux selon les lois harmoniques. ♦ 2° Caractère lié, rapport entre les éléments. V. Liaison, suite. « *Buffon tenait... à la suite, au lien du discours, à son enchaînement continu* »

(STE-BEUVE). « *L'enchaînement des effets et des causes* » (FRANCE).

ENCHAÎNER [ɑ̃ʃene]. *v. tr.* (1080; de *en-*, et *chaîne*). ♦ 1° Attacher avec une chaîne. « *Les galériens se courbèrent et tous se turent avec des regards de loups enchaînés* » (HUGO). ♦ 2° *Fig.* Asservir, mettre sous quelque dépendance. V. **Assujettir, soumettre, subjuguer.** « *Ils adorent la main qui les tient enchaînés* » (RAC.). « *Un sénat secret et esclave, une presse enchaînée* » (CHATEAUB.). ◇ Attacher, retenir en un lieu. « *Une mystérieuse destinée l'enchaînait ici* » (MART. du G.). ♦ 3° Unir par l'effet d'une succession naturelle ou le rapport de liens logiques. V. **Coordonner, lier.** « *L'écrivain prendra deux objets différents, posera leur rapport, et les enchaînera par le lien indestructible d'une alliance de mots* » (PROUST). Pronom. « *Les événements s'enchaînaient avec une logique impressionnante* » (MART. du G.). ◇ Absolt. *(Théâtre)* Reprendre la suite des répliques après une interruption. — Cin. Passer d'une séquence à une autre. V. **Fondu** (enchaîné). — Un ENCHAÎNÉ (1945). ⊗ ANT. **Désenchaîner. Détacher.**

ENCHANTÉ, ÉE [ɑ̃ʃɑ̃te]. *adj.* (1669; de *enchanter*). ♦ 1° Magique. *La Flûte enchantée*, opéra de Mozart. — Par ext. *Vx.* Enchanteur. ♦ 2° (XVIIIe). Très content, ravi. *Je suis enchanté de mon séjour. Enchanté de faire votre connaissance.*

ENCHANTEMENT [ɑ̃ʃɑ̃tmɑ̃]. *n. m.* (XIIe; de *enchanter*). ♦ 1° Opération magique consistant à enchanter; effet de cette opération. V. **Charme, ensorcellement, incantation, sort, sortilège.** « *Un mauvais sort comme ceux qu'il y a dans les contes, contre quoi on ne peut rien jusqu'à ce que l'enchantement ait cessé* » (PROUST). « *Un vieux magicien qui faisait, par enchantement, pousser les arbres et les fruits* » (BOSCO). — *Comme par enchantement*, d'une manière inattendue, comme par magie. « *La tempête s'est bientôt éloignée, s'est évanouie comme par enchantement* » (GIDE). ◇ *Fig.* Charme puissant. « *Tous les enchantements de l'imagination* » (CHATEAUB.). ♦ 2° *Par ext.* État de celui qui est enchanté, joie extrêmement vive. V. **Ivresse, ravissement.** *Il est dans l'enchantement.* « *Des êtres qui nous procurent un enchantement des sens par leur beauté* » (MAUROIS). ◇ Sujet de joie, chose qui fait un immense plaisir. *Ce spectacle est un enchantement.* ⊗ ANT. **Désenchantement.**

ENCHANTER [ɑ̃ʃɑ̃te]. *v. tr.* (XIIe; lat. *incantere*). ♦ 1° Soumettre à une action surnaturelle par l'effet d'une opération magique. V. **Charmer, ensorceler.** « *Elle ne pouvait pas s'échapper. Il l'avait enchantée comme une bête* » (BOSCO). ◇ *Fig.* Soumettre à un charme inexplicable. V. **Envoûter, subjuguer.** « *Enchanté, tourmenté et comme possédé par démon de mon cœur* » (CHATEAUB.). ♦ 2° *Par ext.* Remplir d'un vif plaisir, satisfaire au plus haut point. V. **Ravir.** « *Un aspect insolite qui m'enchantait* » (GIDE). *Vos propositions ne m'enchantent guère.* — Pronom. Littér. « *Il s'enchantait à l'idée qu'il était l'arbitre de la France* » (CHATEAUB.), il se plaisait, se délectait à cette idée. ⊗ ANT. **Désenchanter.**

ENCHANTEUR, TERESSE [ɑ̃ʃɑ̃tœr, trɛs]. *n. et adj.* (1080; de *enchanter*). ♦ 1° *N.* Personne qui pratique des enchantements. V. **Magicien, sorcier.** *Merlin l'Enchanteur. L'enchanteresse Circé.* ◇ *Fig.* Personne douée d'un charme irrésistible (par sa beauté, son talent, etc.). *Chateaubriand fut surnommé l'Enchanteur.* ♦ 2° *Adj.* Qui enchante, est extrêmement séduisant. V. **Charmant, ensorcelant, ravissant.** « *Les grâces de cette fille enchanteresse* » (ROUSS.). « *Tout un horizon de songes enchanteurs* » (MAUPASS.). ⊗ ANT. **Désagréable.**

ENCHÂSSEMENT [ɑ̃ʃasmɑ̃]. *n. m.* (1611; de *enchâsser*). Action d'enchâsser, manière dont une chose est enchâssée.

ENCHÂSSER [ɑ̃ʃase]. *v. tr.* (déb. XIIe; de *en-*, et *châsse*). ♦ 1° Mettre dans une monture. V. **Monter, sertir.** *Enchâsser un brillant dans le chaton d'une bague.* ◇ Encastrer, fixer (dans une entaille, un châssis, un encadrement). Pronom. « *La patte redoutable où s'enchâssent des griffes courbes* » (COLETTE). ◇ *Fig.* Insérer. « *Il cite, il enchâsse de belles pensées* » (STE-BEUVE). Pronom. « *L'élégie vient s'enchâsser dans les discours des personnages* » (FAGUET). ♦ 2° (1226). Relig. Mettre (des reliques) dans une châsse. ⊗ ANT. **Sortir.**

ENCHÂSSURE [ɑ̃ʃasyr]. *n. f.* (XVe; de *enchâsser*). Ce dans quoi une chose est enchâssée.

ENCHATONNEMENT [ɑ̃ʃatɔnmɑ̃]. *n. m.* (1832; de *enchatonner*). Techn. Action d'enchatonner, manière dont une pierre est enchatonnée. ◇ Méd. *Enchatonnement du placenta* : rétention totale (incarcération) ou partielle du placenta après l'expulsion du fœtus, due à une contraction spasmodique de l'utérus.

ENCHATONNER [ɑ̃ʃatɔne]. *v. tr.* (XIIe; de *en-*, et *chaton*). Techn. Enchâsser (une pierre) dans un chaton. V. **Sertir.**

ENCHAUSSER [ɑ̃ʃose]. *v. tr.* (1752; de *en-*, et *chausser*, hortic.). Hortic. Couvrir (des légumes) de paille, de fumier, en vue de les faire blanchir ou de les garantir de la gelée. V. **Pailler.**

ENCHEMISAGE [ɑ̃ʃmizaʒ]. *n. m.* (1948; de *enchemiser*).

Techn. Action d'enchemiser un livre; chemise d'un livre.

ENCHEMISER [ɑ̃ʃmize]. *v. tr.* (1948; de *en-*, et *chemise*). Techn. ♦ 1° Chemiser (un projectile). ♦ 2° Munir d'une chemise protectrice (un livre).

ENCHÈRE [ɑ̃ʃɛr]. *n. f.* (1259; de *enchérir*). ♦ 1° Offre d'une somme supérieure à la mise à prix ou aux offres précédentes, au cours d'une adjudication. *Vente aux enchères.* V. **Criée, encan** (à l'), licitation. *Faire, porter une enchère. Pousser les enchères. Couvrir une enchère*, mettre une enchère supérieure à celle qui vient d'être faite (Cf. **Dire mieux**). « *Les enchères étaient vives. Un volume isolé parvint jusqu'à six cents francs* » (NERVAL). *Folle enchère*, celle d'un dernier enchérisseur qui ne veut ou ne peut satisfaire aux conditions de l'adjudication (notamment en payer le prix). ♦ 2° (Fin XIXe). À certains jeux de cartes, Demande supérieure à celle de l'adversaire. *Manille aux enchères. Le système des enchères au bridge.*

ENCHÉRIR [ɑ̃ʃerir]. *v. intr.* (XIIe; de *en-*, et *cher*). ♦ 1° Vieilli. Devenir plus cher. V. **Augmenter, renchérir.** ♦ 2° Mettre une enchère. *Enchérir sur qqn*, faire une enchère plus élevée. ◇ *Fig.* Aller au delà de ce qu'un autre a dit ou fait. V. **Dépasser.** « *Enchérissant sur les devoirs tracés par la Loi et les anciens, il voulait la perfection* » (RENAN). ⊗ ANT. **Diminuer.**

ENCHÉRISSEMENT [ɑ̃ʃerismɑ̃]. *n. m.* (1259; de *enchérir*). Vieilli. Augmentation de prix.

ENCHÉRISSEUR [ɑ̃ʃerisœr]. *n. m.* (1328; de *enchérir*). Personne qui fait une enchère. *Vendre au plus offrant et dernier enchérisseur.*

ENCHEVALEMENT [ɑ̃ʃ(ə)valmɑ̃]. *n. m.* (1755; de *enchevaler* (XVe), inus.; de *en-*, et *cheval(et)*). Techn. Chevalement.

ENCHEVAUCHER [ɑ̃ʃ(ə)voʃe]. *v. tr.* (1771; de *en-*, et *chevaucher*). Techn. Faire joindre par recouvrement (des plantes, des ardoises, des tuiles).

ENCHEVAUCHURE [ɑ̃ʃ(ə)voʃyr]. *n. f.* (1694; de *en-*, et *chevaucher*). Techn. Disposition de planches, tuiles... enchevauchées.

ENCHEVÊTREMENT [ɑ̃ʃ(ə)vɛtrəmɑ̃]. *n. m.* (fin XVIe; de *enchevêtrer*). Disposition de choses enchevêtrées. V. **Embrouillement.** « *Ces constructions sont multiformes. Elles ont l'enchevêtrement du polypier* » (HUGO). ◇ Amas, réseau de choses enchevêtrées. « *Un prodigieux enchevêtrement de vaisseaux et de nerfs* » (VALLERY-RADOT). ◇ *Fig.* Complication, désordre. *L'enchevêtrement de l'intrigue.*

ENCHEVÊTRER [ɑ̃ʃ(ə)vɛtre]. *v. tr.* (XIIe; de *en-*, et *chevêtre*). ♦ 1° Vx. Munir (un cheval) d'un licou. Pronom. *Le cheval s'est enchevêtré*, s'est empêtré dans la longe de son licou. ♦ 2° (XIVe). Techn. Assembler (des solives) avec un chevêtre. ♦ 3° Cour. (XVIe). Engager l'une dans l'autre (diverses choses) de façon désordonnée. V. **Embrouiller, emmêler.** Pronom. « *Des poutres et des planches qui s'enchevêtraient dans les roues de la charrette* » (HUGO). ◇ *Fig.* « *Son art d'enchevêtrer les situations, de brouiller l'intrigue* » (HENRIOT). Pronom. « *Vingt idées contradictoires s'enchevêtraient dans sa cervelle* » (MART. du G.). ⊗ ANT. **Démêler.**

ENCHEVÊTRURE [ɑ̃ʃ(ə)vɛtryr]. *n. f.* (1328; de *enchevêtrer*) ♦ 1° Techn. Assemblage de solives disposées de façon à laisser entre elles une trémie. ♦ 2° Vétér. Blessure du cheval au pli du paturon.

ENCHIFRENÉ, ÉE [ɑ̃ʃifrəne]. *adj.* (1611; « asservi, dompté », XIIIe; de *en-*, et, avec altér., *cha(n)frener*, XIIIe; de *chanfrein*). Qui a le nez embarrassé par un rhume de cerveau.

ENCHIFRÈNEMENT [ɑ̃ʃifrɛnmɑ̃]. *n. m.* (1680; de *enchifrené*). Rare. Embarras de la respiration nasale par suite du rhume de cerveau.

ENCLAVE [ɑ̃klav]. *n. f.* (1312; de *enclaver*). ♦ 1° Terrain entouré par des fonds appartenant à d'autres propriétaires et qui n'a sur la voie publique aucune issue ou qu'une issue insuffisante pour son exploitation. *Servitude de passage en cas d'enclave.* ◇ *Par ext.* Territoire enfermé dans un autre. *Le comtat Venaissin constituait une enclave en territoire français.* ♦ 2° (1611). Partie d'un dégagement qui empiète sur une pièce habitable. ♦ 3° Géol. (fin XIXe). Fragment de roche étrangère à la masse où il est englobé.

ENCLAVEMENT [ɑ̃klavmɑ̃]. *n. m.* (XIVe; de *enclaver*). Fait d'être enclavé. ◇ Méd. Blocage d'un corps étranger dans un tissu ou organe. *Enclavement d'un calcul.* — Immobilisation de la tête du fœtus au cours de l'accouchement.

ENCLAVER [ɑ̃klave]. *v. tr.* (1283; lat. pop. °*inclavare* « fermer avec une clef », *clavis*). ♦ 1° Contenir, entourer (une autre terre comme enclave). *Le propriétaire d'un fonds enclavé.* ◇ *Par ext.* Enclore, enfermer. « *Des chemins pierreux enclavés entre des champs* » (FROMENTIN). ♦ 2° (1409). Engager (une pièce dans une autre pièce). *Le prestidigitateur a enclavé ses deux anneaux.*

ENCLENCHE [ɑ̃klɑ̃ʃ]. *n. f.* (1870; de *enclencher*). Techn. Entaille ménagée dans une pièce en mouvement, et dans laquelle pénètre le bouton d'une autre pièce que la première doit entraîner.

ENCLENCHEMENT [ãklãʃmã]. *n. m.* (1864; de *enclencher*). Dispositif mécanique, électrique, destiné à rendre solidaires diverses pièces d'un mécanisme ou divers appareils (le fonctionnement de l'un étant subordonné à l'état ou à la position de l'autre).

ENCLENCHER [ãklãʃe]. *v. tr.* (1870; de *en-*, et *clenche*). Faire fonctionner (un mécanisme) en faisant intervenir l'enclenchement. ◇ Fig. *L'affaire est enclenchée, on ne peut revenir là-dessus.*

ENCLIN, INE [ãklɛ̃, in]. *adj.* (XIIIe; « baissé », 1080; a. v. *encliner*, lat. *inclinare*. V. **Incliner**). Porté, par un penchant naturel et permanent, à... « *Enclin à la nonchalance* » (ROMAINS). « *Plus enclin à regarder qu'à juger* » (MART. du G.).

ENCLIQUETAGE [ãkliktaʒ]. *n. m.* (1734; de *encliqueter*). *Techn.* Dispositif mécanique destiné à entraîner dans un sens un organe de rotation et à empêcher la rétrogradation du mouvement. *Encliquetage à cliquet simple, à rochet. Un encliquetage de roue libre.*

ENCLIQUETER [ãklikte]. *v. intr.*; conjug. *jeter* (1755; de *en-*, et *cliquet*). Bloquer un mécanisme en faisant jouer l'encliquetage.

ENCLITIQUE [ãklitik]. *n. m.* (*Enclitice*, 1613; bas lat. d'o. gr. *encliticus*). *Ling.* Mot dépourvu de ton qui a la propriété de prendre appui sur un mot précédent, porteur du ton, et s'unit avec lui dans la prononciation (ex. : *ce*, dans *qu'est-ce?*).

ENCLORE [ãklɔʀ]. *v. tr.*; conjug. *clore* (XIe; lat. pop. °*includere*, class. *includere*. V. **Clore, inclure**). ♦ 1° Entourer d'une clôture, d'une enceinte. V. **Clôturer**. « *Le premier qui, ayant enclos un terrain, s'avisa de dire : ceci est à moi* » (ROUSS.). ◇ Entourer en tant que clôture, d'une manière continue. « *Une suite de petites salles ouvrent sur le jardin qu'elles enclosent* » (GIDE). ♦ 2° *Littér.* Enfermer de façon rigoureuse. Au p. p. « *Elle vivait enclose dans son univers* » (MART. du G.). ◇ ANT. *Déclore.*

ENCLOS [ãklo]. *n. m.* (1283; de *enclore*). ♦ 1° Espace de terrain entouré d'une clôture. « *Un petit mur croulant dessinait autour un enclos enfermant des croix* » (LOTI). ◇ Petit domaine. V. **Clos**. ♦ 2° *Par ext.* (1460). Clôture, enceinte. « *Un enclos de pierres sèches* » (FLAUB.).

ENCLOUAGE [ãkluaʒ]. *n. m.* (1755; de *enclouer*). ♦ 1° *Anciens.* Mise hors de service d'un canon en enfonçant un clou spécial dans la lumière. ♦ 2° (1948). *Chir.* Enfoncement d'un clou dans les fragments d'un os fracturé, afin de les maintenir en bonne position.

ENCLOUER [ãklue]. *v. tr.* (fin XIIe; de *en-*, et *clou*). ♦ 1° Blesser avec un clou (un animal qu'on ferre). ♦ 2° (XVe). Procéder à l'enclouage de (un canon). ♦ 3° (1948). *Chir.* Maintenir (des os fracturés) par le procédé de l'enclouage.

ENCLOUURE [ãkluyʀ]. *n. f.* (XIIe; de *enclouer*). *Vétér.* Blessure d'un cheval encloué.

ENCLUME [ãklym]. *n. f.* (XIIe; lat. pop. °*includo*, altér., p.-ê. par attract. de *includere* « enfermer », bas lat. *incudo*, *-inis*, class. *incus*, *-udis*). ♦ 1° Masse de fer aciéré, montée sur un billot, sur laquelle on forge les métaux. V. **Bigorne**. *Enclume de maréchal, de serrurier, fixée à un établi.* « *L'homme frappe sur l'enclume et fait jaillir un brasillement d'étincelles* » (L. DAUD.). — *Par anal.* Outil ou pièce d'un instrument destiné à recevoir un choc. *Enclume de cordonnier, de couvreur.* ◇ *Loc. fig.* « *Ses fortes phrases qu'il forgeait, essayait, remettait encore sur l'enclume* » (BARRÈS), qu'il retravaillait. *Être entre l'enclume et le marteau,* pris entre deux partis opposés et exposé à recevoir des coups des deux côtés. ♦ 2° *Anat.* (1611). L'un des osselets de l'oreille situé entre le marteau et l'étrier.

ENCOCHE [ãkɔʃ]. *n. f.* (1542; de *encocher*). Petite entaille ou découpure. V. **Coche** (1).

ENCOCHEMENT [ãkɔʃmã] ou **ENCOCHAGE** [ãkɔʃaʒ]. *n. m.* (1771,-*Néol.*; de *encocher*). Action d'encocher; son résultat.

ENCOCHER [ãkɔʃe]. *v. tr.* (1160; de *en-*, et *coche* 1). ♦ 1° Faire une encoche à (une pièce métallique, une clé, etc.). *Encocher les tranches d'un répertoire,* y découper des cavités correspondant à un classement et permettant une consultation rapide. ♦ 2° *Par ext. Encocher une flèche* : l'appliquer par la coche du talon à la corde de l'arc. ◇ ANT. *Décocher.*

ENCODAGE [ãkɔdaʒ]. *n. m.* (v. 1960; de *en-*, et *code*). *Didact.* Processus de production d'un message selon un système de signes (code*) susceptible de transmettre de l'information. — *Spécialt.* (ling.). Production de messages (énoncés, phrases) dans une langue naturelle. ◇ ANT. *Décodage.*

ENCODER [ãkɔde]. *v. tr.* (v. 1960; de *en-*, et *code*). *Didact.* Constituer, produire selon un code*. — *Inform.* Coder* (une information) au moment de la saisie. — *Ling., sémiol.* Produire (un discours, un message) selon les règles d'un code (langue, etc.). V. **Encodage**. — S'oppose à **Décoder***.

ENCODEUR [ãkɔdœʀ]. *n. m.* (v. 1960; de *en-*, et *code*). *Didact.* Système fonctionnel (machine ou personne) effectuant une opération d'encodage*. (Cf. Émetteur, récepteur). ◇ ANT. *Décodeur.*

ENCOIGNURE [ãkɔ(wa)ɲyʀ]. *n. f.* (1504; de *encoigner* (vx) « mettre dans un coin », XIIIe; de *en-*, et *coin*). ♦ 1° Angle intérieur formé par la rencontre de deux pans de mur. V. **Coin**. « *Le lit était placé dans l'encoignure* » (BOSCO). ♦ 2° (1787). Petit meuble servant d'armoire, d'étagère, fait de manière à être placé dans un angle d'appartement.

ENCOLLAGE [ãkɔlaʒ]. *n. m.* (1771; de *encoller*). Action d'encoller; son résultat. — *Par ext.* Apprêt qui sert à encoller.

ENCOLLER [ãkɔle]. *v. tr.* (1324; de *en-*, et *colle*). Enduire (du papier, des tissus, du bois) de colle, de gomme, d'apprêt. — *Encoller un livre,* tremper les feuillets dans un apprêt qui donne au papier plus de résistance et le préserve des rousseurs.

ENCOLLEUR, EUSE [ãkɔlœʀ, øz]. *n.* (1870; de *encoller*). *Techn.* Personne travaillant à l'encollage des tissus. ◇ *N. f.* (1877). Machine à encoller les tissus.

ENCOLURE [ãkɔlyʀ]. *n. f.* (1559; de *en-*, et *col*, *cou*). ♦ 1° Partie du corps du cheval (et de certains animaux) qui s'étend entre la tête, le garrot, les épaules et le poitrail. « *Comme on flatte l'encolure d'un cheval* » (MART. du G.). ◇ (*Turf*) Longueur de cette partie du corps du cheval. *Il a gagné d'une encolure.* ♦ 2° Cou de l'homme (considéré dans sa grosseur, sa force). « *Celui qui tâchait d'échapper avait peu d'encolure et une chétive mine* » (HUGO). ◇ Largeur donnée au col d'un vêtement. *Une chemise d'encolure 39.* ♦ 3° Partie du vêtement par où passe la tête. *Encolure montante.* ♦ 4° *Mar.* (1845). *Encolure d'une varangue* : hauteur du milieu de cette varangue au-dessus de la quille. *Ligne d'encolure* : ligne passant par le milieu de toutes les varangues.

ENCOMBRANT, ANTE [ãkɔ̃bʀã, ãt]. *adj.* (1642; de *encombrer*). Qui encombre. V. **Embarrassant**. « *Un paquet, même lourd et encombrant, il le coltinait tout seul* » (DUHAM.). ◇ *Fig.* Importun, pesant. « *Je peux accumuler en moi toute une encombrante richesse* » (GIDE).

ENCOMBRE (SANS) [sãzãkɔ̃bʀ(ə)]. *loc. adv.* (1678; *sans*, et *encombre* (vx), fin XIIe; de *encombrer*). Sans rencontrer d'obstacle, sans ennui, sans incident. *Voyage sans encombre.* « *Il venait de subir sans encombre son dernier examen* » (FLAUB.).

ENCOMBRÉ, ÉE [ãkɔ̃bʀe]. *adj.* (XIIe; de *encombrer*). Où il y a de l'encombrement, trop de choses ou trop de gens. « *Le salon, encore encombré et sens dessus dessous* » (HUGO). ◇ *Fig. C'est une carrière très encombrée. Le marché est encombré.* V. **Saturé**.

ENCOMBREMENT [ãkɔ̃bʀəmã]. *n. m.* (1190; de *encombrer*). ♦ 1° État de ce qui est encombré. « *Dans l'encombrement tumultueux du port* » (DAUD.). — *Fig. L'encombrement d'une carrière, du marché.* ♦ 2° Amas de choses qui encombrent; *spécialt.* Embouteillage de véhicules. « *Il espère traverser la rue à la faveur d'un encombrement* » (DUHAM.). ♦ 3° Dimensions, volume qui font qu'un objet encombre plus ou moins. *Déterminer l'encombrement d'un véhicule, d'un meuble.* ◇ ANT. *Dégagement.*

ENCOMBRER [ãkɔ̃bʀe]. *v. tr.* (XIe; de *en-*, et a. fr. et dial. *combre*, bas lat. d'o. gaul. *combrus* « abattis d'arbres »). ♦ 1° Remplir en s'entassant en et faisant obstacle à la circulation, au libre usage des choses. V. **Embarrasser, gêner, obstruer**. « *Une troupe de chameaux encombrait la rue dans toute sa largeur* » (FROMENTIN). « *Un amas de paperasses encombrait la table, laissant à peine assez de place pour écrire* » (MART. du G.). — *Pronom.* S'embarrasser. « *Ils s'encombraient de beaucoup d'inutiles bagages* » (LOTI). ♦ 2° *Fig.* Remplir ou occuper l'excès, en gênant. « *Cela a encombré ma vie de pseudo-amitiés* » (GIDE). *Trop de nouveaux venus encombrent cette profession.* — *Pronom.* « *À quoi bon s'encombrer de tant de souvenirs?* » (FLAUB.). ◇ ANT. *Désencombrer; débarrasser, dégager.*

ENCONTRE (À L') [alãkɔ̃tʀ(ə)]. *loc. adv.* (XIIIe; *encontre*, prép., Xe; bas lat. *incontra*). ♦ 1° Contre cela, en s'opposant à la chose. *Je n'ai rien à dire à l'encontre. Je n'irai pas à l'encontre, je ne ferai aucune opposition.* ♦ 2° *Loc. prép.* (XVe; surtout avec des verbes de mouvement et d'action). *À l'encontre de,* contre, à l'opposé de. « *Le parti pris de faire du bien va à l'encontre du but cherché* » (MAUROIS). — *Rare.* Au contraire de. « *À l'encontre de l'homme, la femme...* » (PROUDHON).

ENCORBELLEMENT [ãkɔʀbɛlmã]. *n. m.* (1394; de *en-*, et *corbeau*, archit.). Position d'une construction (balcon corniche, tourelle) en saillie sur un mur, soutenu par des corbeaux, des consoles; cette construction elle-même. *Balcon, perron en encorbellement.* « *Des encorbellements brodés de sculptures arabesques* » (BALZ.).

ENCORDER (S') [ãkɔʀde]. *v. pron.* (1946; « corder », XIIe; de *en-*, et *corde*). Se dit des alpinistes qui s'attachent avec une même corde pour constituer une cordée.

ENCORE ou *(poét.)* **ENCOR** [ãkɔʀ]. *adv.* (XIIᵉ; *uncor*, XIᵉ; lat. pop. °*hinc ha hora* ou *hanc ad horam;* Cf. Or[e]). ♦ 1° Adverbe de temps, marquant la persistance d'une action ou d'un état au moment considéré. « *Maître loup s'enfuit, et court encor* » (LA FONT.). V. **Toujours.** *Vous êtes encore là?* ◇ En tour négatif, marque que ce qui doit se produire ne s'est pas, pour le moment, produit. *Il ne fait pas encore jour. Je ne l'ai encore jamais rencontré.* ♦ 2° Adverbe marquant une idée de répétition ou de supplément. « *Il ne pouvait confesser sa faute sans glisser au besoin de la commettre encore en pensée* » (ZOLA). V. **Nouveau** (de); et *préf.* **Re-.** « *Prenez encore une assiettée de soupe* » (BARRÈS). V. **Autre.** *Je vous le dis encore une fois.* V. **Plus** (de). « *Non seulement par la raison, mais encore par le cœur* » (PASC.). *Mais encore?* se dit pour demander des précisions supplémentaires. ◇ (Avec un verbe marquant accroissement ou diminution) Davantage. « *Ce volume est bien petit; nous conseillons à l'auteur de le réduire encore* » (BALZ.). — Avec un comparatif, marque un renchérissement. *Ses affaires vont encore plus mal. La salade est encore meilleure à l'huile de noix.* ♦ 3° Particule introduisant une restriction. *Cinq millions, ce n'est pas cher, encore faut-il les avoir. Encore si, ou si encore il faisait un effort, on lui pardonnerait.* Exclam. « *Si encore il était beau! Mais il est laid* » (LAVEDAN). V. **Seulement** (si). *Et encore!* se dit pour modifier ce qui vient d'être évalué. *On vous en donnera cinq cents francs, et encore!:* au plus cinq cents francs. *Je l'ai bien payé cinq cents francs et encore!:* au moins cinq cents francs. *Il pourra s'en tirer tout juste, et encore!* ♦ 4° Loc. conj. (XIVᵉ). *Encore que* (littér.) : bien que, quoique. « *Encore que la révolte puisse fausser le caractère* » (GIDE). « *Encore qu'un tel souci trouverait à se justifier* » (DUHAM.). ◇ ANT. **Déjà.**

ENCORNÉ, ÉE [ãkɔʀne]. *adj.* (XIIᵉ; de *en-*, et *corne*). ♦ 1° *Rare.* Qui a des cornes. ♦ 2° *Vétér.* Qui se produit à la corne du sabot. *Javart encorné.*

ENCORNER [ãkɔʀne]. *v. tr.* (1530; de *en-*, et *corne*). Frapper, blesser à coups de cornes. *Le taureau a encorné le cheval du picador.*

ENCORNET [ãkɔʀnɛ]. *n. m.* (1612; *cornet*, 1542; de *en-*, et *cornet*). Mollusque connu sous le nom méridional de *calmar**.

ENCOURAGEANT, ANTE [ãkuʀaʒã, ãt]. *adj.* (1707; de *encourager*). Qui encourage, est propre à encourager. *Les premiers résultats sont encourageants.* ◇ ANT. **Décourageant.**

ENCOURAGEMENT [ãkuʀaʒmã]. *n. m.* (fin XIIᵉ; de *encourager*). ♦ 1° Action d'encourager. V. **Incitation.** « *En matière de signes d'encouragement, l'amoureux n'est pas difficile* » (MAUROIS). *Société d'encouragement,* nom de nombreuses sociétés fondées pour encourager telle ou telle activité. *Scol. Prix d'encouragement.* ♦ 2° Acte, parole qui encourage. V. **Aide, appui, soutien, stimulant.** *Un bien peu d'encouragements. Les encouragements de l'État à l'épargne. Scol. Encouragement du conseil de discipline,* récompense inférieure aux félicitations de ce conseil, mais supérieure au tableau d'honneur. ◇ ANT. **Découragement.**

ENCOURAGER [ãkuʀaʒe]. *v. tr.;* conjug. *bouger* (1160; de *en-*, et *courage*). ♦ 1° Inspirer du courage, de l'assurance à (qqn). V. **Animer, réconforter, stimuler.** *Napoléon « avait encouragé d'un sourire, à son passage devant lui, la compagnie de sapeurs* » (HUGO). *Encouragé par ce premier succès.* ♦ 2° Aider ou favoriser par une protection spéciale, par des récompenses, des subventions. « *La noble tâche d'encourager les jeunes talents* » (HUGO). *Un état qui encourage les lettres, l'industrie.* « *La finance encourage les entreprises privées* » (CHARDONNE). *Encourager un projet,* l'approuver et l'aider à se réaliser. « *Encourager l'usage du haschisch* » (BAUDEL.). *Encourager les mauvais instincts.* V. **Flatter.** ♦ 3° *Encourager* (qqn) *à* (suivi de l'infinitif). *Encourager qqn à travailler.* V. **Disposer, déterminer, engager, exhorter, inciter, incliner, porter, pousser.** « *Pour m'encourager à supporter patiemment le sortilège* » (BAUDEL.) ◇ ANT. **Décourager; contrarier.**

ENCOURIR [ãkuʀiʀ]. *v. tr.;* conjug. *courir* (XIVᵉ; *encorre*, XIIᵉ; lat. *incurrere*). *Littér.* Se mettre dans le cas de subir (qqch. de fâcheux). V. **Exposer** (s'exposer à), **mériter.** « *Pour ces crimes, tu as encouru la sentence d'excommunication* » (HUYSMANS). « *Le plus mortel reproche que puisse encourir une jeune revue* » (GIDE).

ENCRAGE [ãkʀaʒ]. *n. m.* (1842; de *encrer*). Opération consistant à encrer (un rouleau de presse, une planche gravée) dans une machine d'impression; ensemble des mécanismes servant à encrer. ◇ HOM. **Ancrage.**

ENCRASSEMENT [ãkʀasmã]. *n. m.* (1860; de *encrasser*). Fait de s'encrasser.

ENCRASSER [ãkʀase]. *v. tr.* (1580; de *en-*, et *crasse*). ♦ 1° Couvrir de crasse. V. **Salir.** — Au p. p. « *Ses cheveux encrassés et emmêlés* » (BAUDEL.). ♦ 2° Couvrir d'un dépôt (suie, rouille, saletés diverses) qui empêche le bon fonctionnement. « *Une essence qui encrasse les bougies* » (ROMAINS). Pronom. *On a laissé la chaudière s'encrasser.* ◇ Fig. « *L'organisme social encrassé ne peut que péricliter* » (SIEGFRIED). ◇ ANT. **Décrasser, Désencrasser.**

ENCRE [ãkʀ(ə)]. *n. f.* (1160; *enque*, XIᵉ; bas lat. *encau(s)tum,* gr. *egkauston*. V. **Encaustique**). ♦ 1° Liquide, noir ou diversement coloré, utilisé pour écrire. *Acheter une bouteille d'encre. Faire une tache d'encre.* V. **Pâté.** « *Elle relut cette lettre et l'agita un instant pour en sécher l'encre* » (GREEN). — Par ext. *Encre d'imprimerie,* préparation à base d'huile additionnée de pigments. *Encre autographique* ou *à report,* employée en lithographie. *Encre à copier* ou *communicative,* pour obtenir des copies. *Encre sympathique,* dont la trace invisible apparaît sous l'action d'un réactif ou d'une température élevée. *Encre indélébile,* dont on se sert pour marquer le linge. *Encre de Chine,* employée pour les dessins au pinceau, à la plume. ◇ Loc. fig. *Noir comme de l'encre. Une nuit d'encre,* très noire. *Se faire un sang d'encre,* du souci, du mauvais sang*. *C'est la bouteille* à l'encre.* Cette histoire a fait couler* beaucoup d'encre. « *Une lettre admirable, de sa meilleure encre* » (DUHAM.), dans son meilleur style. ♦ 2° Liquide noir émis par certains céphalopodes, qui trouble l'eau et les dérobe à la vue. V. **Sépia.** Cuis. *Calmars à l'encre.* ♦ 3° *Bot.* Mycose du châtaignier. ◇ HOM. **Ancre.**

ENCRER [ãkʀe]. *v. tr.* (1530; de *encre*). Enduire d'encre (typographique, lithographique). *Encrer un rouleau, un tampon. Encrer une pierre lithographique.* ◇ HOM. **Ancrer.**

ENCREUR [ãkʀœʀ]. *adj. m.* (1864; de *encrer*). Qui sert à encrer. *Rouleau encreur d'une presse.*

ENCRIER [ãkʀije]. *n. m.* (1380; de *encre*). Petit récipient où l'on met de l'encre. « *Un porte-plume couché dans la rainure d'un encrier de verre* » (ROMAINS). ◇ *Techn.* Réservoir alimentant les rouleaux encreurs d'une presse.

ENCRINE [ãkʀin]. *n. m.* (*Encrinite,* 1755; lat. zool. *encrinus,* gr. *krinon* « lis »). *Sc.* Genre d'échinodermes crinoïdes, dont la plupart se rencontrent à l'état fossile dans le trias.

ENCROUÉ, ÉE [ãkʀue]. *adj.* (XIVᵉ; de *encrouer* « accrocher », 1155; de *en-*, et *croc*). *Sylv.* Se dit d'un arbre enchevêtré dans un autre à la suite d'une chute.

ENCROÛTEMENT [ãkʀutmã]. *n. m.* (1546; de *encroûter*). ♦ 1° Fait de s'encroûter; dépôt sur une surface encroûtée. ♦ 2° Action, état de qqn qui s'encroûte (2). Fig. « *L'encroûtement dans les habitudes héréditaires* » (GIDE).

ENCROÛTER [ãkʀute]. *v. tr.* (1538; de *en-*, et *croûte*). ♦ 1° Couvrir d'une croûte, d'une croûte. Pronom. *La bouilloire s'est encroûtée.* ◇ Enduire de mortier. ♦ 2° *Fig.* Enfermer comme dans une enveloppe qui interdit toute vie, toute spontanéité. Pronom. « *Elle s'était encroûtée dans les habitudes de la province* » (BALZ.).

ENCULÉ [ãkyle]. *n. m.* (mil. XIXᵉ; voir le suiv.). *Très vulg.* Pédéraste passif. — Terme d'injure à l'adresse d'un homme. « *Ce petit enculé, dit Alexandre, je lui aurais volontiers botté les fesses* » (MERLE).

ENCULER [ãkyle]. *v. tr.* (mil. XIXᵉ; de *en-*, et *cul*). *Très vulg.* Posséder physiquement. *Spécialt.* par sodomie. (*Dér. Enculage, n. m.; Enculeur, n. m., spécialt.* en loc. fig. *Enculage de mouches,* minutie excessive, absurde.)

ENCUVAGE [ãkyvaʒ] ou **ENCUVEMENT** [ãkyvmã]. *n. m.* (1761,-1680; de *encuver*). *Techn.* Action d'encuver.

ENCUVER [ãkyve]. *v. tr.* (v. 1400; de *en-*, et *cuve*). Mettre dans une cuve. *Encuver la vendange, le linge.* ◇ ANT. **Décuver.**

ENCYCLIQUE [ãsiklik]. *n. f.* (1834; *lettre encyclique,* 1798; lat. ecclés. *(litteræ) encyclicæ,* bas lat. *encyclia,* gr. *egkuklios* « circulaire »). Lettre envoyée par le pape à tous les évêques (ou parfois à ceux d'une seule nation), généralement pour rappeler la foi de l'Église à propos d'un problème d'actualité. *L'encyclique Pacem in terris.*

ENCYCLOPÉDIE [ãsiklɔpedi]. *n. f.* (1532; lat. érudit *encyclopædia,* 1508; du gr. *egkuklios paideia* « instruction embrassant tout le cycle du savoir »). ♦ 1° *Vx.* Ensemble de toutes les connaissances. ♦ 2° (1750). Ouvrage où l'on traite de toutes les connaissances humaines dans un ordre alphabétique ou méthodique. V. **Dictionnaire.** Absolt. *L'Encyclopédie,* œuvre monumentale du XVIIIᵉ siècle, composée par les encyclopédistes sous la direction de Diderot et d'Alembert. ◇ *Par ext.* Ouvrage qui traite de toutes les matières d'une seule science, d'un seul art. *Encyclopédie de l'architecture.* V. **Traité.** ◇ Fig. *Une encyclopédie vivante,* une personne aux connaissances extrêmement étendues en toute espèce de matière.

ENCYCLOPÉDIQUE [ãsiklɔpedik]. *adj.* (1751; de *encyclopédie*). Qui embrasse l'ensemble des connaissances. *Dictionnaire encyclopédique,* qui fait connaître les choses, les concepts (*opposé à* dictionnaire de langue). Par ext. *Partie encyclopédique et partie linguistique d'un article de dictionnaire.* ◇ *Fig.* D'un savoir extrêmement étendu. « *Ziegler avait un cerveau encyclopédique. Il touchait à tout dans les choses de l'esprit* » (GAUTIER).

ENCYCLOPÉDISME [ãsiklɔpedism(ə)]. *n. m.* (XVIIIᵉ; de *encyclopédie*). ♦ 1° *Vx.* Système des encyclopédistes*. ♦ 2° (1864). *Mod.* Tendance à l'accumulation systématique des connaissances dans diverses branches du savoir. « *L'ency-*

clopédisme qui caractérisait l'enseignement primaire » (*Le Monde*, 6-4-1969).

ENCYCLOPÉDISTE [ãsiklɔpedist(ə)]. *n. m.* (1755 ; « qui possède tout le savoir », 1683 ; de *encyclopédie*). Chacun des écrivains et philosophes du XVIIIᵉ s. qui collaborèrent à l'Encyclopédie de Diderot et d'Alembert.

ENDÉMICITÉ [ãdemisite]. *n. f.* (1844 ; de *endémique*). *Didact.* Caractère d'une maladie endémique.

ENDÉMIE [ãdemi]. *n. f.* (1560 ; gr. *endêm(i)on nosêma*, proprem. « maladie indigène », d'apr. *épidémie*). Présence habituelle d'une maladie dans une région déterminée, soit de façon constante, soit à des époques particulières (V. **Épidémie**).

ENDÉMIQUE [ãdemik]. *adj.* (1608 ; de *endémie*). Qui a un caractère d'endémie. *Cette affection, cette fièvre est endémique en tel pays.* ◇ *Fig.* (mil. XIXᵉ). Qui sévit constamment dans un pays, un milieu. « *Il y a en Amérique un chômage endémique* » (MAUROIS).

ENDENTÉ, ÉE [ãdãte]. *adj.* (XIVᵉ ; de *endenter*).♦ 1° *Blas.* Se dit d'une variété d'écu fuselé dont les pièces sont partagées en moitiés d'un émail différent. ♦ 2° *Rare.* Pourvu de dents. « *Les mâchoires vigoureusement endentées* » (BAUDEL.). ◈ ANT. *Édenté.*

ENDENTER [ãdãte]. *v. tr.* (1119 ; de *en-*, et *dent*). *Techn.* ♦ 1° Garnir de dents (une roue). ♦ 2° Assembler (deux pièces) au moyen de dents.

ENDETTEMENT [ãdɛtmã]. *n. m.* (1611 ; de *endetter*). Fait de s'endetter.

ENDETTER [ãdete]. *v. tr.* (fin XIIᵉ ; de *en-*, et *dette*). Charger de dettes, engager dans des dettes. *L'achat de sa voiture l'a endetté.* Pronom. *L'État a dû s'endetter pendant cette longue guerre.*

ENDEUILLER [ãdœje]. *v. tr.* (1892 ; de *en-*, et *deuil*). Plonger dans le deuil, remplir de tristesse. V. **Attrister**. *Cette catastrophe a endeuillé tout le pays.* ◇ Revêtir d'une apparence de tristesse. « *Les plaines noyées de brume, endeuillées par le soir* » (VAN DER MEERSCH). ◈ ANT. *Égayer.*

ENDÊVER [ãdeve]. *v. intr.* (XIIᵉ ; a. fr. *desver* « être fou », même rad. que *rêver*). *Fam.* et *vx.* Rager. — Vieilli. *Faire endêver qqn*, le faire enrager. « *Je le faisais endêver en cachant ses balais* » (FRANCE).

ENDIABLÉ, ÉE [ãdjable]. *adj.* (XVᵉ ; de *en-*, et *diable*). ♦ 1° *Vx.* Possédé du diable. — Fou. ◇ *Vieilli.* Qui a le diable au corps, infernal. *Un enfant endiablé.* ♦ 2° D'une vivacité extrême. V. **Ardent, impétueux.** « *Un homme d'affaires vif et passionné, entraînant, endiablé* » (MICHELET). — *Une verve endiablée.* « *Cet endiablé charleston* » (MIOMANDRE). ◈ ANT. *Calme.*

ENDIABLER [ãdjable]. *v.* (1579 ; de *endiablé*). ♦ 1° Vx *(Trans.)*. Rendre diabolique. ♦ 2° Vx *(Intrans.)*. Enrager.

ENDIGUEMENT [ãdigmã] ou **ENDIGAGE** [ãdigaʒ]. *n. m.* (1827 ; de *endiguer*). Action d'endiguer ; son résultat.

ENDIGUER [ãdige]. *v. tr.* (1827 ; de *en-*, et *digue*). Contenir au moyen de digues. *Endiguer un fleuve.* — Par métaph. *Les agents s'efforçaient d'endiguer le flot des manifestants.* ◇ *Fig.* Retenir, réprimer (un courant, une force qui tend à déborder). « *Le chagrin qu'ils endiguaient avec tant de peine* » (MART. du G.). ◈ ANT. *Libérer.*

ENDIMANCHER (S') [ãdimãʃe]. *v. pron.* (1572 ; de *en-*, et *dimanche*). Revêtir des habits du dimanche, mettre une toilette plus soignée que d'habitude. « *La vanité n'est que l'art de s'endimancher tous les jours* » (BALZ.). ◇ Au p. p. « *Ta vulgarité ressort quand tu es endimanché* » (SARTRE). *Il a l'air endimanché*, se dit de qqn qui a l'air emprunté dans des vêtements que visiblement il ne porte qu'aux grandes occasions.

ENDIVE [ãdiv]. *n. f.* (fin XIIIᵉ ; gr. byz. *indivi*, gr. *entub(i)on*, probabl. o. égypt.). ♦ 1° *Bot.* Endive (ou *chicorée endive*), espèce de chicorée comprenant la *chicorée frisée* et la scarole. ♦ 2° *Cour.* Pousse blanche de la chicorée de Bruxelles (*witloof*) obtenue par forçage et étiolement. *Endives braisées en salade.* Par compar. *Il est blanc, pâle comme une endive.*

ENDIVISIONNER [ãdivizjɔne]. *v. tr.* (1877 ; de *en-*, et *division*). Réunir, organiser en divisions (des unités militaires).

ENDO-. Élément, du gr. *endo-*, de *endon* « en dedans ». ◈ ANT. *Ecto-*, *exo-*.

ENDOBLASTE [ãdɔblast(ə)]. *n. m.* (XXᵉ ; de *endo-*, et *-blaste*). *Biol.* V. **Endoderme** (2°).

ENDOCARDE [ãdɔkard(ə)]. *n. m.* (1841 ; de *endo-*, et *-carde*). *Anat.* Tunique interne du cœur.

ENDOCARDITE [ãdɔkardit]. *n. f.* (1841 ; de *endocarde*). *Anat.* Inflammation de l'endocarde, aiguë ou chronique.

ENDOCARPE [ãdɔkarp(ə)]. *n. m.* (1808 ; de *endo-*, et *-carpe*). *Bot.* Partie interne du fruit la plus proche de la graine. *Endocarpe mou ; lignifié* (V. **Noyau**).

ENDOCRINE [ãdɔkrin]. *adj. f.* ou *m.* (1912 ; de *endo-*, et gr. *krinein* « sécréter »). *Physiol.* Se dit des glandes à sécrétion interne, dont les produits sont déversés directement dans le sang (*ex. :* l'hypophyse, la thyroïde).

ENDOCRINIEN, IENNE [ãdɔkrinjẽ, jɛn]. *adj.* (1946 ; de *endocrine*). Relatif aux glandes endocrines. *Le système endocrinien. Troubles endocriniens.*

ENDOCRINOLOGIE [ãdɔkrinɔlɔʒi]. *n. f.* (1915 ; de *endocrine*, et *-logie*). *Sc.* Partie de la physiologie et de la médecine qui étudie les glandes endocrines et leurs maladies.

ENDOCRINOLOGUE [ãdɔkrinɔlɔg] ou **ENDOCRINOLOGISTE** [ãdɔkrinɔlɔʒist(ə)]. *n. m.* (mil. XXᵉ ; de *endocrinologie*). *Sc.* Spécialiste des glandes endocrines, de l'endocrinologie.

ENDOCTRINEMENT [ãdɔktrinmã]. *n. m.* (1452 ; de *endoctriner*). *Vx.* Instruction, enseignement. ◇ *Mod.* Action, manière d'endoctriner. « *La radio est pour un gouvernement un très puissant moyen de pression ou même d'endoctrinement* » (DUHAM.).

ENDOCTRINER [ãdɔktrine]. *v. tr.* (fin XIIᵉ ; de *en-*, et *doctrine*). ♦ 1° *Vx.* Instruire. — Munir des instructions nécessaires. ♦ 2° (1835). Faire la leçon à (qqn) pour le gagner à une doctrine, à un point de vue. V. **Catéchiser.** « *Il était naturel que les utilitaires fissent appel aux écrivains, et qu'ils tentassent de les endoctriner* » (GAUTIER).

ENDODERME [ãdɔdɛrm(ə)]. *n. m.* (1855 ; de *endo-*, et *-derme*). ♦ 1° *Bot.* Couche la plus interne de l'écorce. ♦ 2° *Biol.* (1890 ; all. 1877). Feuillet interne de l'embryon dont le développement donne l'intestin primitif et la vésicule ombilicale (V. *aussi* **Ectoderme, mésoderme**). — Adj. ENDODERMIQUE (1897).

ENDOGAME [ãdɔgam]. *adj.* et *n.* (1893 ; de *endo-*, et *game*). *Sociol.* Qui pratique l'endogamie*. *Les peuples endogames.* ◈ ANT. *Exogame.*

ENDOGAMIE [ãdɔgami]. *n. f.* (1893 ; angl. *endogamy*, 1865 ; V. **Endo-**, et *-game*). ♦ 1° *Sociol.* Obligation, pour les membres de certaines tribus, de se marier dans leur propre tribu. ♦ 2° *Biol.* Mode de reproduction sexuée par fécondation entre deux gamètes provenant d'un même individu (*autogamie*), ou entre individus apparentés (V. **Consanguin**). ◈ ANT. *Exogamie.*

ENDOGÈNE [ãdɔʒɛn]. *adj.* (1813 ; de *endo-*, et *-gène*). *Didact.* Qui prend naissance à l'intérieur d'un corps, d'un organisme ; qui est dû à une cause interne. *Intoxication endogène. Pigment endogène.* — *Bot. Organes endogènes,* venant de cellules situées dans la profondeur des tissus. — *Géol. Roches endogènes,* dont la matière vient des profondeurs de l'écorce terrestre.

ENDOLORIR [ãdɔlɔrir]. *v. tr.* (1763 ; réfect. d'apr. lat. *dolor ;* de *endoulourir* (1503), de *en-*, et *douleur*). Rendre douloureux. « *Ses jambes, toujours endolories par la galopade forcenée de la veille* » (MONTHERLANT). ◇ *Fig.* (*Rare*) Attrister. ◈ ANT. *Soulager.*

ENDOLORISSEMENT [ãdɔlɔrismã]. *n. m.* (1845 ; de *endolorir*). État du corps, d'un membre endolori. « *Un endolorissement léger du côté souffrant* » (GIDE).

ENDOMÉTRITE [ãdɔmetrit]. *n. f.* (1878 ; de *endo-*, et *métrite*). *Méd.* Inflammation de la muqueuse qui tapisse la cavité utérine (ou *endomètre* [ãdɔmɛtr(ə)]).

ENDOMMAGEMENT [ãdɔmaʒmã]. *n. m.* (XIIIᵉ ; de *endommager*). Action d'endommager ; son résultat.

ENDOMMAGER [ãdɔmaʒe]. *v. tr. ;* conjug. *bouger* (1160 ; de *en-*, et *dommage*). Causer du dommage, des dégâts à, mettre en mauvais état. V. **Abîmer, détériorer, gâter.** *La toiture a été endommagée par une violente tempête.* ◈ ANT. *Réparer.*

ENDOPARASITE [ãdɔparazit]. *n. m.* (1878 ; de *endo-*, et *parasite*). *Sc.* Parasite végétal ou animal vivant dans l'intérieur de l'organisme : tube digestif, appareil circulatoire, etc. (*opposé à* ectoparasite).

ENDOPHASIE [ãdɔfazi]. *n. f.* (XXᵉ ; de *endo-*, et *-phasie*). *Psycho., ling.* Langage* (I, 1°) intérieur.

ENDORÉIQUE [ãdɔreik]. *adj.* (1956 ; de *endo-*, et gr. *rhein* « couler »). *Géogr.* Se dit des régions où les eaux courantes n'atteignent pas la mer et se perdent dans les terres. ◈ ANT. *Exoréique.*

ENDORÉISME [ãdɔreism(ə)]. *n. m.* (1961 ; de *endoréique*). *Géogr.* Caractère d'une région endoréique*. ◈ ANT. *Exoréisme.*

ENDORMANT, ANTE [ãdɔrmã, ãt]. *adj.* (1558 ; de *endormir*). ♦ 1° *Vx.* Somnifère. ♦ 2° *Mod.* (1845). Qui donne envie de dormir à force d'ennui. V. **Ennuyeux, soporifique.** *Un conférencier, un discours endormant.* ◈ ANT. *Passionnant.*

ENDORMEUR, EUSE [ãdɔrmœr, øz]. *n.* (1297 ; de *endormir*). *Rare.* Personne qui cherche à endormir l'opinion, à bercer les gens d'illusions.

ENDORMI, IE [ãdɔrmi]. *adj.* (1112 ; V. **Endormir**). ♦ 1° Qui est en train de dormir. V. **Ensommeillé.** « *Les conducteurs, à moitié endormis, dodelinaient de la tête* » (MAC ORLAN). ◇ *Où chacun dort, où tout semble en sommeil.* « *Dans les rues transversales, tout à fait endormies et* _muettes_ » (ROMAINS). ♦ 2° _Fig._ Dont l'activité est en sommeil. « _La plupart de nos facultés restent endormies parce qu'elles se reposent sur l'habitude_ » (PROUST). « _Une petite lésion tuberculeuse, endormie depuis l'enfance_ » (ROMAINS). ◇ _Fam._ Indolent, inerte. _Un enfant endormi._ Subst. _Quel endormi!_ ◇ ANT. Éveillé; actif; remuant.

ENDORMIR [ɑ̃dɔʀmiʀ]. _v. tr._; conjug. _dormir_ (1080; lat. _indormire_). ♦ 1° Faire dormir, amener au sommeil. « _On le berce pour l'endormir_ » (ROUSS.). ◇ _Spécialt._ (sommeil artificiel) _Endormir un malade avant de l'opérer._ V. Anesthésier, chloroformer. — Hypnotiser. « _Les passes les plus efficaces pour l'endormir_ » (BAUDEL.). ♦ 2° Donner envie de dormir à force d'ennui. V. Assommer, ennuyer. « _Endormir son auditoire_ » (ROUSS.). ♦ 3° _Fig._ Atténuer jusqu'à faire disparaître (une sensation pénible). « _Le christianisme est un baume pour nos blessures, il endort la douleur_ » (CHATEAUB.). ◇ Rendre moins vif, moins agissant (un sentiment, une disposition d'esprit). _Endormir les soupçons, la vigilance de qqn._ « _Une sorte d'ivresse qui finissait par endormir en lui les regrets_ » (DUHAM.). « _C'est à l'homme de savoir endormir les pudeurs qu'il rencontre_ » (ROMAINS). _Des discours destinés à endormir l'opinion publique._ — (Compl. de personne) « _Il fallait l'endormir avec des paroles caressantes_ » (FRANCE). V. Enjôler, tromper. ♦ 4° S'ENDORMIR. _v. pron._ Commencer à dormir, glisser dans le sommeil. V. Assoupir (s'). « _Il s'endormait tout à coup en dodelinant de la tête_ » (SARTRE). _Loc. fig._ (Fam.) _S'endormir sur le rôti_, se laisser aller à la satisfaction au lieu de rester actif et vigilant. Littér. _S'endormir du sommeil de la tombe_, mourir. « _S'endormir dans le Seigneur_, mourir en état de grâce. ◇ Perdre de sa vivacité, de sa force. V. Apaiser (s'), atténuer (s'). « _Le remords s'endort durant un destin prospère_ » (ROUSS.). « _Avec l'habitude de la continence, les sens aussi s'endorment_ » (LOTI).

ENDORMISSEMENT [ɑ̃dɔʀmismɑ̃]. _n. m._ (1478; _endormir_). Fait de s'endormir; moment où l'on s'endort.

ENDOS [ɑ̃do]. _n. m._ (1599; de _endosser_). Mention portée au dos d'un titre à ordre, d'un effet de commerce, par laquelle le porteur enjoint à celui qui doit le payer d'effectuer le paiement à une tierce personne ou à l'ordre de celle-ci.

ENDOSCOPE [ɑ̃dɔskɔp]. _n. m._ (1853; de _endo-_, et _-scope_). _Méd._ Instrument servant à examiner les cavités profondes du corps en les éclairant (adj. ENDOSCOPIQUE [ɑ̃dɔskɔpik]).

ENDOSCOPIE [ɑ̃dɔskɔpi]. _n. f._ (1878; de _endoscope_). _Méd._ Examen de l'intérieur des organes ou cavités du corps au moyen de l'endoscope.

ENDOSMOMÈTRE [ɑ̃dɔsmɔmɛtʀ(ə)]. _n. m._ (1845; rad. de _endosmose_, et _-mètre_). _Phys._ Instrument destiné à mesurer l'intensité des phénomènes d'endosmose.

ENDOSMOSE [ɑ̃dɔsmoz]. _n. f._ (1826; de _endo-_, et gr. _ósmos_ « poussée »). _Phys._ Pénétration d'un liquide à l'intérieur d'un compartiment fermé, à travers une membrane semi-perméable, lorsque le liquide contenu dans ce compartiment est de densité plus faible. V. **Osmose.** ◇ ANT. Exosmose.

ENDOSSATAIRE [ɑ̃dosatɛʀ]. _n._ (1936; de _endosser_). _Dr._ Personne au profit de laquelle est endossé un effet.

ENDOSSEMENT [ɑ̃dosmɑ̃]. _n. m._ (1596; de _endosser_). Transmission des titres à ordre, des effets de commerce au moyen de l'endos. _Endossement d'un chèque, d'une traite. Endossement en blanc_, consistant dans la seule signature de l'endosseur.

ENDOSSER [ɑ̃dose]. _v. tr._ (déb. XIIe; de _en-_, et _dos_). ♦ 1° Mettre sur son dos (un vêtement). V. Revêtir. « _J'avais chaussé mes pantoufles et endossé ma robe de chambre_ » (FRANCE). — Loc. _Endosser la soutane_, devenir prêtre. _Endosser l'uniforme_, entrer dans l'armée. ♦ 2° Prendre ou accepter la responsabilité de... V. Assumer, charger (se charger de). « _Je suis prêt à endosser les conséquences d'une piqûre mortelle faite par un autre_ » (MART. du G.). _Vous voulez me faire endosser vos propres erreurs. Endosser la paternité d'un enfant_, s'en reconnaître le père. « _Celui qui signe et endosse l'œuvre_ » (VALÉRY). ♦ 3° (1600). Procéder à l'endossement de (un effet, un chèque). ♦ 4° _Rel._ (1755). Cambrer le dos de (un livre), après couture des cahiers. ◇ ANT. Ôter. Refuser.

ENDOSSEUR [ɑ̃dosœʀ]. _n. m._ (1664; de _endosser_). Personne qui endosse (un effet, un chèque).

ENDOSSURE [ɑ̃dosyʀ]. _n. f._ (1845; « ce qu'on met sur le dos, couverture », XIVe; de _endosser_). Techn. _(Rel.)_ Opération par laquelle le relieur endosse un livre.

ENDOTHÉLIAL, ALE, AUX [ɑ̃dɔteljal, o]. _adj._ (1893; de _endothélium_). _Anat._ Relatif à l'endothélium; qui en a la structure. _Cellules endothéliales._

ENDOTHÉLIUM [ɑ̃dɔteljɔm]. _n. m._ (1878; de _endo-_ et rad. de _épithélium_). _Anat._ Fine lame de tissu constituée par une seule couche de cellules, qui tapisse l'intérieur des vaisseaux et du cœur. V. Epithélium.

ENDOTHERMIQUE [ɑ̃dɔtɛʀmik]. _adj._ (1865; de _endo-_, et _thermique_). _Sc._ Accompagné d'une absorption de chaleur. _Réactions, combinaisons endothermiques._ ◇ ANT. Exothermique.

ENDOTOXINE [ɑ̃dɔtɔksin]. _n. f._ (1932; de _endo-_, et _toxine_). _Physiol._ Toxine élaborée par une bactérie et intimement liée à celle-ci (opposé à _Exotoxine_).

ENDROIT [ɑ̃dʀwa]. _n. m._ (1160; prép., « vers », XIe; de _en-_, et _droit_). I. ♦ 1° Partie déterminée d'un espace. V. Lieu, place. « _Un endroit désolé, consumé de soleil_ » (FROMENTIN). « _Il fallait bien garder un endroit où se réunir_ » (CAMUS). _À quel endroit?_ V. Où. _Au même endroit._ — Fam. _Le petit endroit_, les lieux d'aisance. ◇ _Localité_, bourg. V. Coin. _Les gens de l'endroit sont très aimables. Un endroit perdu._ V. Trou. 2° Place déterminée, partie localisée d'une chose. « _Cherchant sur le traversin un endroit que le poids de sa tête n'eût pas encore creusé_ » (GREEN). — _Spécialt._ Partie du corps. _À quel endroit a-t-il été blessé?_ ◇ _Fig._ Partie de la personne morale. « _Trouver l'endroit sensible_ » (LACLOS). V. Point. « _Ce qui ne me flatte pas au bon endroit me hérisse_ » (GIDE). — _Vieilli._ Aspect. ♦ 3° Passage déterminé d'un ouvrage. _Les meilleurs endroits d'un roman. À cet endroit de l'histoire._ V. Moment. _Rire au bon endroit._ ♦ 4° _Loc. adv. Par endroits_, à différents endroits dispersés, çà et là. « _Le livre me paraît bon, et même très bon par endroits_ » (GIDE). ◇ _Loc. prép._ (fin XVIe; _endroit de_, XIIIe). Littér. À L'ENDROIT DE (qqn), envers. « _Jacquemin, à l'endroit duquel il professait la plus profonde admiration_ » (GAUTIER). « _L'animosité d'une partie de la Chambre à votre endroit_ » (BARRÈS).

II. ♦ Côté destiné à être vu, dans un objet à deux faces (_opposé à envers_). _L'endroit d'une étoffe, d'un tapis._ V. Dessus. _L'endroit d'un feuillet._ V. Recto. _Remettez vos chaussettes à l'endroit._ — Par métaph. « _Je vous fais voir l'envers des événements; l'histoire n'étale que l'endroit_ » (CHATEAUB.). ◇ ANT. (du II) Envers.

ENDUCTION [ɑ̃dyksjɔ̃]. _n. f._ (1955; de _enduire_). _Techn._ Action d'enduire* la surface d'un textile d'une couche protectrice pour en modifier l'aspect ou lui attribuer des qualités particulières.

ENDUIRE [ɑ̃dɥiʀ]. _v. tr._; conjug. _conduire_ (1175; lat. _inducere_). Recouvrir (une surface) d'une matière plus ou moins molle qui l'imprègne. _Enduire une affiche de colle._ « _La pommade dont il avait enduit ses cheveux_ » (GREEN). « _Les murs étaient restés enduits d'un vieux crépi rose_ » (MART. du G.). _Enduire un textile._ V. Enduction.

ENDUIT [ɑ̃dɥi]. _n. m._ (1508; de _enduire_). ♦ 1° Préparation molle ou semi-fluide qu'on applique en une ou plusieurs couches continues à la surface de certains objets pour les protéger, les garnir. V. Revêtement. _Enduit vitreux, vitrifiable._ V. Glaçure, vernis. — Peint. Préparation destinée à isoler le support (pierre, toile, bois) de la couche de peinture. _Enduit pour la fresque, pour la peinture à l'huile._ — Constr. Couche de plâtre, de chaux, de ciment, de mortier, dont on revêt une construction pour obtenir des surfaces lisses. ◇ Par ext. « _Le sang sur les parois fait un rougeâtre enduit_ » (HUGO). ♦ 2° Sécrétion visqueuse à la surface de certains organes. _L'enduit de la langue._

ENDURABLE [ɑ̃dyʀabl(ə)]. _adj._ (1571; de _endurer_). Qu'on peut endurer. V. Supportable.

ENDURANCE [ɑ̃dyʀɑ̃s]. _n. f._ (XIVe, mais dial. jusque v. 1870; de _endurer_). Aptitude à résister à la fatigue, à la souffrance. V. Résistance. _L'endurance d'un coureur de fond._ « _Parlez-moi, pour un long mal, de l'enfant et du vieillard, qui sont égaux dans l'endurance_ » (COLETTE). ◇ Auto. _Épreuve d'endurance_, compétition sur longue distance destinée à éprouver la résistance mécanique des véhicules. ◇ ANT. Fragilité.

ENDURANT, ANTE [ɑ̃dyʀɑ̃, ɑ̃t]. _adj._ (fin XIIe; de _endurer_). _Vx._ Patient. ◇ _Mod._ Qui a de l'endurance. V. Résistant. « _C'est un climat sain qui rend l'homme endurant_ » (DANIEL-ROPS). ◇ ANT. Délicat, fragile.

ENDURCI, IE [ɑ̃dyʀsi]. _adj._ (XIIIe; de _endurcir_). ♦ 1° Qui est devenu dur, insensible. « _Je n'ai jamais vu d'âme aussi endurcie que la vôtre_ » (CAMUS). ♦ 2° Qui avec le temps s'est fortifié, figé dans son opinion, son occupation. V. Invétéré. « _Ces francs pécheurs, pécheurs endurcis, pleins et achevés_ » (PASC.). _Un célibataire endurci._ « _Ses instincts de rond-de-cuir endurci_ » (COURTELINE).

ENDURCIR [ɑ̃dyʀsiʀ]. _v. tr._ (fin XIIe; de _en-_, et _durcir_). ♦ 1° Rare. Durcir. « _Des mains laborieuses, endurcies de cals_ » (VOLT.). ♦ 2° Rendre plus dur au mal, rendre résistant. V. Aguerrir, fortifier, tremper. « _Endurcissez-le_ (l'enfant) _à la sueur et au froid, au vent, au soleil_ » (MONTAIGNE). — « _Leurs visages endurcis au froid et au chaud_ » (BARRÈS). Pronom. « _Un futur soldat doit s'endurcir_ » (TAINE). ♦ 3° Rendre moins sensible moralement. V. Cuirasser, endurer. « _Cela ne pouvait pas endurcir notre âme et flétrir sa tendresse infinie_ » (DORGELÈS). _Loc. relig. N'endurcissez pas votre cœur_, ne le fermez pas à la charité ou à la grâce. Pronom. « _Faites que mon cœur ne s'endurcisse point!_ » (DUHAM.). ◇ ANT. Amollir, attendrir.

ENDURCISSEMENT [ɑ̃dyʀsismɑ̃]. _n. m._ (fin XVe; de

endurcir). ♦ 1° *Rare.* Fait de devenir plus dur au mal, plus résistant. V. **Endurance, résistance.** « *Une accoutumance au malheur, un endurcissement* » (GIDE). ♦ 2° Diminution ou perte de la sensibilité morale. V. **Dessèchement, insensibilité.** « *De quelque chose qui serait pire que la mort et qui serait l'endurcissement de notre cœur* » (DUHAM.). ◇ ANT. Attendrissement, sensibilité.

ENDURER [ãdyRe]. *v. tr.* (XIᵉ; lat. médiév. *indurare*, ext. de sens du lat. class. « [se] durcir »). Supporter avec patience (ce qui est dur, pénible). V. **Souffrir, subir.** « *À la Conciergerie, où il eut à endurer toutes les souffrances imaginables* » (GAUTIER). Absolt. « *Qui veut durer doit endurer* » (R. ROLLAND). ◇ *Vieilli.* Tolérer. « *Tu prétends que j'endure tes débauches ?* » (MOL.).

ENDYMION [ãdimjɔ̃]. *n. m.* (1870; nom d'un personnage myth.). *Rare.* Jacinthe des bois.

-ÈNE. Élément de chimie organique servant à désigner des hydrocarbures.

ÉNERGÉTICIEN [eneRʒetisjɛ̃]. *n. m.* (v. 1970; de *énergétique*). *Sc., techn.* Spécialiste de l'énergétique.

ÉNERGÉTIQUE [eneRʒetik]. *adj.* et *n. f.* (1898; « qui paraît avoir une énergie innée », 1755; angl. *energetic*, gr. *energêtikos*). ♦ 1° *Adj.* Relatif à l'énergie, aux grandeurs, aux unités, liées à l'énergie sous toutes ses formes. *Puissance énergétique. Théorie énergétique,* système remplaçant en mécanique la notion de force par celle d'énergie. ◇ Relatif à l'énergie utilisée industriellement. *Les ressources énergétiques d'un pays.* ◇ Physiol. *Dépense énergétique,* énergie qu'utilise l'organisme pour une action ou une fonction déterminée. *Aliments énergétiques,* qui fournissent beaucoup d'énergie à l'organisme. ♦ 2° *N. f.* Théorie énergétique. Science traitant des diverses manifestations de l'énergie.

ÉNERGIE [eneRʒi]. *n. f.* (v. 1500; bas lat. *energia,* gr. *energeia* « force en action »).
I. *Cour.* ♦ 1° *Vieilli.* Pouvoir, efficacité (d'un agent quelconque). ◇ Force, vigueur (dans l'expression, dans l'art). « *Quelle fraîcheur de coloris, quelle énergie d'expression* » (ROUSS.). « *Une énergie singulière, un pittoresque effrayant* » (HUGO). ♦ 2° (Fin XVIIIᵉ). Force et fermeté dans l'action, qui rend capable de grands effets. V. **Dynamisme, ressort, volonté.** « *Cette énergie sublime qui fait faire les choses extraordinaires* » (STENDHAL). « *La quantité d'énergie ou de volonté que chacun de nous possède* » (BALZ.). « *Galvaniser nos énergies* » (GIDE). *Une énergie indomptable, farouche.* « *L'Internationale... avait perdu sa vitalité, tout en confisquant l'énergie du prolétariat* » (ROMAINS). *Regain d'énergie.* V. **Souffle** (second souffle). ◇ Force, vitalité physique. *Se sentir plein d'énergie. Frotter avec énergie.* « *Je le battis avec l'énergie obstinée des cuisiniers qui veulent attendrir un beefsteak* » (BAUDEL.).
II. *Sc.* ♦ 1° *Phys.* (1875; angl. *energy,* 1852; sens plus vague, 1807). Ce que possède un système s'il est capable de produire du travail. *Les différentes formes de l'énergie et leurs transformations. Énergie mécanique potentielle d'un corps* (travail pouvant être produit en raison de la position d'un corps); *énergie cinétique d'un corps* (acquise du fait de sa vitesse). *Énergie thermique.* V. **Chaleur, thermodynamique.** *Énergie électrique, solaire* (V. **Rayonnement**), *chimique, nucléaire* (V. **Radiation**; *fission, fusion*). *Principe de la conservation de l'énergie. Énergie interne,* en thermodynamique, somme des énergies potentielle et cinétique inhérentes à un système. *Les variations de l'énergie interne d'un système ne dépendent que de ses états initial et final.* ♦ 2° Énergie chimique potentielle d'un être vivant. *Énergie physiologique minimale* (ou *métabolisme** de base), dépense énergétique de l'organisme au repos complet.
◇ ANT. Indolence, inertie, mollesse, paresse.

ÉNERGIQUE [eneRʒik]. *adj.* (fin XVIᵉ; de *énergie*). ♦ 1° Actif, efficace. *Un remède énergique.* — Plein d'énergie (dans l'expression). V. **Vigoureux.** ♦ 2° (Fin XVIIIᵉ). Qui a de l'énergie, de la volonté. V. **Ferme, fort, mâle, résolu.** « *Un homme énergique n'a jamais peur en face du danger pressant* » (MAUPASS.). — Qui exprime, marque de l'énergie. *Un visage énergique.* « *Une intervention énergique de la police* » (MART. du G.). ◇ Fort, puissant (dans l'ordre physique). « *Un coup de pied... assez énergique pour briser les omoplates* » (BAUDEL.). ◇ ANT. Faible; indolent, mou, timide.

ÉNERGIQUEMENT [eneRʒikmã]. *adv.* (1584; de *énergique*). Avec énergie. V. **Fermement, résolument.** « *Fais énergiquement ta longue et lourde tâche* » (VIGNY). *Résister, protester énergiquement.* ◇ Avec force. « *Je serrai énergiquement cette main* » (JALOUX).

ÉNERGISANT, ANTE [eneRʒizã, ãt]. *adj.* et *n.* (v. 1970; calque de l'angl. *energizing*). *Méd.* ♦ 1° *Adj.* Qui stimule, donne de l'énergie. *L'action énergisante d'un médicament.* ♦ 2° *N. m.* Médicament qui stimule l'activité psychique. *Prendre des énergisants.* V. **Antidépresseur, psychotonique, psychotrope.**

ÉNERGUMÈNE [eneRgymɛn]. *n.* (1579; lat. ecclés. *energumenus,* gr. *energoumenos,* de *energein* « influencer »). ♦ 1° *Vx.* Possédé du démon. ♦ 2° *Mod.* (1734). Personne exaltée qui se livre à des cris, des gestes excessifs dans l'enthousiasme ou la fureur. V. **Agité, exalté, excité, fanatique, forcené.** « *En voilà, un énergumène, qui entre ici comme un boulet, emplit la maison de ses cris* » (COURTELINE). « *Une bande d'énergumènes et de fanatiques, une bande de forcenés* » (PÉGUY).

ÉNERVANT, ANTE [eneRvã, ãt]. *adj.* (1587; de *énerver*). ♦ 1° *Vx* ou *littér.* Qui prive de nerf, ôte les forces. V. **Amollissant.** « *Les sons d'une musique énervante et câline* » (BAUDEL.). ♦ 2° (1922). *Mod.* Qui excite désagréablement les nerfs. V. **Agaçant, exaspérant, excédant, irritant.** « *Un bruit énervant et fin, comme un moustique invisible avait bourdonné* » (MAUROIS). *Il est énervant avec sa manie des calembours.* ◇ ANT. Apaisant.

ÉNERVATION [eneRvasjɔ̃]. *n. f.* (1401; lat. *enervatio*). ♦ 1° *Vx.* Affaiblissement. ♦ 2° (1771). Supplice qui consistait à brûler les tendons (nerfs) des jarrets et des genoux. ◇ *Chir.* Ablation ou section d'un nerf, d'un groupe de nerfs. (On dit aussi *dénervation*).

ÉNERVÉ, ÉE [eneRve]. *adj.* (1864; de *énerver*). Qui se trouve dans un état de nervosité inhabituel. V. **Agacé.** *Il ne faut pas lui en vouloir, il était très énervé. Subst.* (Fam.) *Quel énervé !* V. **Nerveux.** — Qui marque l'énervement. « *Rires énervés* » (ROMAINS). ◇ ANT. Calme, détendu.

ÉNERVEMENT [eneRvəmã]. *n. m.* (1413; de *énerver*). ♦ 1° *Vx.* Affaiblissement. ♦ 2° (1910). État d'une personne énervée. V. **Agacement, agitation, excitation, impatience, nervosité.** « *Une secrète indifférence sous laquelle je tâchai de déguiser mon énervement* » (PROUST). ◇ ANT. Calme.

ÉNERVER [eneRve]. *v. tr.* (déb. XIIIᵉ; lat. *enervare*). ♦ 1° *Vx* ou *littér.* Priver de nerf, de toute énergie. V. **Affaiblir, amollir.** « *Le bercement du fiacre et la chaleur du soleil matinal l'énervèrent. Son énergie était retombée* » (FLAUB.). « *Les lois ou les coutumes qui... énervaient les ressorts de l'État* » (VALÉRY). ♦ 2° (1690). *Anciennt.* Procéder à l'énervation de (un supplice). ♦ 3° *Mod.* (1897). Agacer, exciter, en provoquant de la nervosité. V. **Crisper, impatienter.** « *Elle entendait... les cailloux crissant sous les pas réguliers de sa sœur. Ces sons l'énervaient* » (GREEN). — *Pronom.* Devenir de plus en plus nerveux, agité. « *S'énervait dangereusement, à ces contacts prolongés qu'elle ne défendait pas* » (LOTI). « *Ne restons pas à nous énerver, faisons quelque chose* » (PROUST). ◇ ANT. Calmer, détendre.

ENFAÎTEAU [ãfeto]. *n. m.* (1402; de *enfaîter*). *Techn.* Faîtière (tuile).

ENFAÎTEMENT [ãfetmã]. *n. m.* (1690; de *enfaîter*). *Techn.* Faîtage.

ENFAÎTER [ãfete]. *v. tr.* (1400; de *en-,* et *faîte*). *Techn.* Couvrir d'un enfaîtement, d'enfaîteaux.

ENFANCE [ãfãs]. *n. f.* (XIIᵉ; lat. *infantia*). ♦ 1° Première période de la vie humaine, de la naissance à l'adolescence. *Il a eu une enfance heureuse.* « *Les inquiétudes éprouvées depuis l'enfance* » (PROUST). *Dans son enfance. Souvenirs d'enfance.* « *Que vous ne puissiez reconnaître en moi un camarade d'enfance* » (BAUDEL.). ♦ 2° (Sing. collect.) Les enfants. « *Cette réalité de l'enfance, dont l'interrogatoire des grandes personnes dérange brutalement la féerie* » (COCTEAU). *Œuvres pour l'enfance abandonnée. Le fonds d'aide à l'enfance des Nations Unies.* ♦ 3° Mentalité infantile réapparaissant dans le cas d'affaiblissement sénile des facultés (dans des expressions) : *Être en enfance.* V. **Gâteux.** *Tomber en, dans l'enfance.* ♦ 4° *Fig.* Première période d'existence d'une chose. V. **Commencement, début, origine.** « *Dans cette sorte d'enfance de l'humanité* » (FUSTEL). « *Une science dans l'enfance comme la médecine* » (Cl. BERNARD). — Fam. *C'est l'enfance de l'art,* c'est élémentaire (comme les premières choses que l'on apprend dans un art, un métier). ◇ ANT. Vieillesse. *Déclin.*

ENFANT [ãfã]. *n.* (XIᵉ; lat. *infans* « qui ne parle pas »). ♦ 1° Être humain dans l'âge de l'enfance. V. **Bambin, bébé, fille, fillette, gamin, garçon, garçonnet, gosse, petit;** et *pop.* **Chiard, loupiot, marmot, mioche, môme, mouflet, moutard.** — *Enfant bruyant, insupportable, turbulent.* V. **Diable, garnement, polisson.** « *Les enfants malheureux sont souvent... des enfants terribles* » (MAUROIS). « *Elle se souvenait d'avoir été une enfant malheureuse et délaissée* » (SAND). *Enfant prodige. Soins donnés aux enfants.* V. **Puériculture.** *Maladies des enfants.* V. **Pédiatrie.** *Éducation des enfants.* V. **Pédagogie.** *Livres d'enfants, pour enfants. Lit, voiture d'enfant. Bonne d'enfants.* « *Il apprit à connaître tout enfant la brutalité de la vie* » (R. ROLLAND), dès sa première enfance. — Loc. fam. *C'est un jeu d'enfant,* c'est très facile. V. **Enfantin.** *Il n'y a plus d'enfants,* se dit quand un enfant fait ou dit des choses qui ne sont pas de son âge. *Il me prend pour un enfant,* pour un naïf. *Ne faites pas l'enfant,* soyez sérieux (V. **Enfantillage**). *L'enfant terrible d'un parti, d'un groupe*, un membre qui aime à manifester son indépendance d'esprit. *Un enfant gâté*, une personne qui a l'habitude de voir satisfaire tous ses caprices. *Bon enfant.* V. **Bon enfant**. ◊ ENFANT DE CHŒUR, enfant qui se tient dans le chœur pendant les offices pour servir le prêtre. — Fig. « *Bien que plus d'un soit chenu, je vous dis que ce sont des enfants de chœur* » (ROMAINS), des naïfs. ◊ Fig. Personne qui a conservé dans l'âge adulte des sentiments, des traits propres à l'enfance. « *Je ne suis, hélas! qu'un vieil enfant chargé d'inexpérience* » (BERNANOS). — Adj. Elle est restée très enfant. « *Mon père disait tout honteux : ... je suis plus enfant que toi* » (ROUSS.). « *Il y a chez le Slave un côté enfant* » (BALZ.), enfantin. ◆ 2° Être humain à l'égard de sa filiation*, fils ou fille. *Elle attend un enfant*, elle est enceinte. *Elle a eu trois enfants. L'aîné, le cadet de leurs enfants. Un enfant unique. Enfant légitime, naturel, adoptif, adultérin, incestueux.* « *Mademoiselle de Lespinasse était un enfant de l'amour* » (HENRIOT), un enfant naturel. *Un enfant trouvé*, qu'on a trouvé abandonné par ses parents et mis à l'Assistance publique. — *L'enfant prodigue*, l'enfant que l'on accueille avec joie à son retour au foyer qu'il avait depuis longtemps abandonné (allusion à la parabole évangélique). — T. d'affection. *Mon (cher) enfant, mes (chers) enfants*, se dit à des êtres plus jeunes, comme si on les considérait comme ses enfants. ◆ 3° *Par ext.* Descendant. *Les enfants d'Adam.* V. **Postérité**. ◊ Personne originaire de (un pays, un milieu), « *Patru était un enfant de Paris* » (STE-BEUVE). « *Enfant du peuple comme Julien* » (HENRIOT). — Être humain considéré comme rattaché par ses origines à qqn ou à qqch. *Les enfants de l'Église* : les chrétiens. — ENFANTS DE MARIE, congrégation catholique de jeunes filles qui ont une dévotion particulière à la Vierge Marie. *Une enfant de Marie.* Fig. Jeune fille chaste et naïve. — *Les enfants d'Apollon* : les poètes. — (*Ancien.*) ENFANT DE TROUPE, fils de militaire élevé dans une caserne, dans une école militaire. — *Un enfant de la balle*. ◆ 4° Fig. Produit, ce qui provient de. « *Le succès fut toujours un enfant de l'audace* » (VOLT.). « *Ce livre est enfant de la hâte* » (VALÉRY). ◊ ANT. **Adulte. Vieillard. Parent(s)**.

ENFANTEMENT [ãfãtmã]. *n. m.* (1160; de *enfanter*). ◆ 1° *Vx.* Accouchement. ◆ 2° *Littér.* Création, production (d'une œuvre).

ENFANTER [ãfãte]. *v. tr.* (fin XIIᵉ; de *enfant*). T. relig. Mettre au monde (un enfant). V. **Accoucher**. « *Dieu dit ainsi à la femme : vous enfanterez dans la douleur* » (BIBLE SACY). ◊ *Littér.* Créer, produire. « *Le XIIIᵉ siècle a été la plus grande ère des cathédrales; c'est lui qui les a presque toutes enfantées* » (HUYSMANS).

ENFANTILLAGE [ãfãtijaʒ]. *n. m.* (déb. XIIIᵉ; de l'a. fr. *enfantil* « enfantin », XIIᵉ. V. **Infantile**). En parlant de personnes qui ont dépassé l'âge de l'enfance, Manière d'agir, de s'exprimer, peu sérieuse, qui ne convient qu'à un enfant. V. **Puérilité**. « *Il faut qu'une femme soit capable de sérieux et d'enfantillage* » (MAUROIS). « *Eh oui! des enfantillages, des rires pour rien, des inutilités, des niaiseries* » (HUGO). ◊ ANT. **Sérieux**.

ENFANTIN, INE [ãfãtɛ̃, in]. *adj.* (XIIᵉ; de *enfant*). ◆ 1° Qui est propre à l'enfant, a le caractère de l'enfance. *Le langage enfantin.* « *Ce qu'il y a d'encore enfantin dans la plupart de nos émotions joyeuses* » (BERGSON). V. **Infantile**. « *Mais le vert paradis des amours enfantines* » (BAUDEL.). ◆ 2° Péj. Qui ne convient guère qu'à un enfant. V. **Puéril**. *Faire des réflexions, des remarques enfantines.* ◊ Qui est du niveau de l'enfant. *C'est d'une simplicité enfantine. Un problème enfantin*, très facile. V. **Élémentaire**. ◊ ANT. **Sénile**; **difficile**.

ENFARINER [ãfarine]. *v. tr.* (1398; de *en-*, et *farine*). Vieilli. Fariner. ◊ Au p. p. Fam. Couvert de farine, de poudre blanche. *Le visage enfariné d'un pierrot. Venir la gueule enfarinée*, le bec enfariné, avec la naïve confiance d'obtenir ce qu'on demande (comme les types de niais de l'ancien théâtre, au visage enfariné).

ENFER [ãfɛʀ]. *n. m.* (1080; *enfern*, Xᵉ; lat. ecclés. *infernum* « lieu d'en bas »). **I.** ◆ 1° (*Au sing.*). Dans la religion chrétienne, Lieu destiné au supplice des damnés. V. **Géhenne**. « *Il sous-entendait... qu'il n'y avait que le Paradis et l'Enfer, et qu'on ne pouvait être que sauvé ou damné* » (CAMUS). *Aller en enfer. Le châtiment, les peines de l'enfer.* V. **Dam, sens** (peine du). *Le diable et l'enfer.* PROV. *L'enfer est pavé de bonnes intentions.* — Situation des damnés. « *L'enfer, madame, c'est de ne plus aimer* » (BERNANOS). « *Pas besoin de gril, l'enfer, c'est les Autres* » (SARTRE). ◊ Loc. adj. D'ENFER, qui évoque l'enfer. *C'était une vision d'enfer*, affreuse, horrible. — *Par exagér.* V. **Infernal**. *Aller un train d'enfer*, dangereusement vite. « *Un appétit d'enfer, de ces faims terribles* » (DAUD.). *Il joue un jeu d'enfer*, très gros jeu. *Un feu d'enfer*, très intense. ◆ 2° Fig. Lieu, occasion de cruelles souffrances. *Son foyer est devenu un enfer.* « *Sa vie fut... l'enfer quand elle ne voyait pas*

Julien » (STENDHAL). ◊ Département d'une bibliothèque où sont déposés les livres interdits au public. *L'enfer de la Nationale.* **II.** (*Au plur.*). ◆ 1° Dans la mythologie gréco-latine, Lieu souterrain habité par les morts, séjour des ombres (Champs-Élysées pour les bons, Tartare pour les méchants). *Les fleuves des enfers. Le dieu des enfers* (Hadès ou Pluton). « *Minos juge aux enfers tous les pâles humains* » (RAC.). *La descente aux enfers d'Ulysse, d'Énée, d'Orphée...* ◆ 2° Séjour des morts chez les Juifs de l'Ancien Testament. V. **Schéol**. *Jésus est descendu aux enfers.* ◊ ANT. **Ciel, paradis**.

ENFERMER [ãfɛʀme]. *v. tr.* (XIIᵉ; de *en-*, et *fermer*). ◆ 1° Mettre en un lieu d'où il est impossible de sortir. *Enfermer qqn dans une pièce, une maison.* V. **Boucler, claustrer, cloîtrer, séquestrer, verrouiller**. « *Son père, pour l'obliger à écrire, l'enfermait sous clef* » (HENRIOT). — Pronom. « *Il s'enfermait en son bureau, s'y verrouillait* » (COURTELINE). V. **Barricader**. — *Enfermer un malfaiteur.* V. **Coffrer, emprisonner**. *Enfermer un fou dans un asile.* V. **Interner**. Absolt. *Il est bon à enfermer*, il est fou. ◊ Fig. « *Voilà dans quel dilemme imbécile on a enfermé ces officiers* » (MART. du G.). Pronom. « *Ma mère s'enfermait dans le mutisme* » (GIDE). V. **Confiner** (se). *S'enfermer dans un rôle*, ne pas en sortir. ◊ (Compl. de chose) Mettre en lieu sûr, en lieu clos. V. **Clef** (mettre sous); **serrer**. « *Les corps enfermés dans des cercueils de bois blanc* » (MAC ORLAN). — Fig. « *Enfermer la fantaisie comique dans une définition* » (BERGSON). ◆ 2° Entourer complètement. V. **Ceindre, clore, environner**. « *Ces allées de menues colonnes enfermant un petit jardin* » (MAUPASS.). ◊ Sports. Dans une course, serrer (un concurrent) à la corde, ou à l'intérieur du peloton, de façon à briser son élan et à l'empêcher de se dégager. *Il s'est laissé enfermer au moment du sprint.* ◆ 3° Vieilli. Avoir en soi, renfermer. V. **Comprendre; comporter, contenir**. « *Le compliment était pour elle si inespéré, qu'elle ne soupçonnait pas qu'il n'enfermait pas d'ironie* » (ROMAINS). ◊ ANT. **Délivrer, libérer**.

ENFERRER [ãfɛʀe]. *v. tr.* (déb. XIIᵉ; de *en-*, et *fer*). Rare. Percer (un adversaire) avec le fer de son arme. ◊ S'ENFERRER. *v. pron.* Tomber, se jeter sur l'épée de son adversaire. — Fig. Se prendre à ses propres mensonges, ses propres pièges. V. **Embrouiller** (s'), **enfoncer** (s'). « *L'auteur oublie à chaque page ce qu'il vient de dire dans l'autre, s'enferrant lui-même dans ses propres raisonnements* » (MICHELET).

ENFEU [ãfø]. *n. m.* (1482; de *enfouir*). Archéol. Niche funéraire à fond plat pratiquée dans les murs des églises pour y recevoir des tombes.

ENFICHABLE [ãfiʃabl(ə)]. *adj.* (mil. XXᵉ; de *en-*, et *fiche*). Électr. Qu'on peut introduire dans une fiche (d'alimentation ou de standard téléphonique). *Coffret, boîtier enfichables.*

ENFICHER [ãfiʃe]. *v. tr.* (mil. XXᵉ; de *en-*, et *fiche*). Électr. Introduire une prise dans une fiche. *Enficher une prise mâle dans une prise femelle.*

ENFIELLER [ãfjele]. *v. tr.* (1220; de *en-*, et *fiel*). Rare. Remplir de fiel, d'aigreur. « *Qui m'a donc enfiellé de la sorte contre toi?* » (GAUTIER). ◊ Au p. p. Fielleux, venimeux. « *La figure enfiellée de cet habile hypocrite* » (BALZ.).

ENFIÈVREMENT [ãfjɛvʀəmã]. *n. m.* (1900; de *enfiévrer*). Rare. Surexcitation (des sens, de l'imagination).

ENFIÉVRER [ãfjevʀe]. *v. tr.*; conjug. *céder* (1588; de *en-*, et *fièvre*). Vx. Rendre fiévreux. ◊ Mod. (1775) Fig. Animer d'une sorte de fièvre, d'une vive ardeur. V. **Agiter, exalter, surexciter**. « *Une liberté maladroite qui enfièvre tout un peuple* » (CAMUS). Pronom. « *Des camarades, qui s'enfièvrent pour la politique* » (LECOMTE). V. **Passionner** (se). ◊ ANT. **Apaiser**.

ENFILADE [ãfilad]. *n. f.* (1611; de *enfiler*). Suite de choses à la file l'une de l'autre. V. **Rangée**. « *Une porte qui s'ouvrit lentement sur une enfilade de pièces* » (BOSCO). *Pièces en enfilade.* « *Des enfilades interminables de calembours* » (BAUDEL.). *Milit.* (1688) *Tir d'enfilade*, dirigé dans le sens de la plus grande dimension de l'objectif. *Le détachement fut pris en enfilade*, soumis à un tir d'enfilade.

ENFILAGE [ãfilaʒ]. *n. m.* (1946; de *enfiler*). Action d'enfiler. *L'enfilage des perles.*

ENFILER [ãfile]. *v. tr.* (XIIIᵉ; de *en-*, et *fil*). ◆ 1° Traverser par un fil, mettre autour d'une ficelle, d'une tringle. « *Suzanne mouilla le fil entre ses lèvres, prit l'aiguille et l'enfila* » (DUHAM.). *Enfiler des perles, des anneaux.* Fam. *Nous ne sommes pas là pour enfiler des perles*, pour perdre notre temps à des futilités. ◊ Débiter sans discontinuer, mettre à la suite. « *Des notes, des choses vues, enfilées à la diable* » (HENRIOT). ◆ 2° Fam. Mettre, passer (un vêtement). V. **Passer**. « *Se raser, enfiler la chemise glacée* » (MART. du G.). ◆ 3° Par ext. (1680) S'engager tout droit dans (une voie). V. **Prendre**. « *Nous enfilâmes un long corridor* » (CHATEAUB.). « *J'enfilai prudemment une ruelle voisine* » (FRANCE). ◆ 4° Milit. Prendre en enfilade. ◆ 5° Vieilli. Rouler, tromper. « *Je l'enfile, et le*

paye en sa monnaie » (BEAUMARCH.). ♦ 6° (XVIIᵉ). *Très vulg.*
Posséder sexuellement. ♦ 7° S'ENFILER QQCH. *Pop.* Avaler.
V. **Envoyer** (s'). « *Pendant que vos vieux cocos s'enfileront
dans le gésier vos verres d'eau de bidet* » (ROMAINS). — Avoir
à supporter (une corvée). V. **Taper** (se).

ENFILEUR, EUSE [ãfilœR, øz]. *n.* (1755; de *enfiler*).
♦ 1° Personne chargée d'enfiler (des perles, des lices de
métier à tisser). ♦ 2° *Fig. Un enfileur de grand mots, de
belles phrases.*

ENFIN [ãfɛ̃]. *adv.* (1160; pour *en fin*). ♦ 1° *(Sens affectif).*
Servant à marquer le terme d'une longue attente. V. **Fin**
(à la), **finalement.** *Je vous ai enfin retrouvé. Enfin seuls!* « *Enfin
après mille atermoiements, M*ᴵᴵᵉ *de Waize avait consenti à
la séparation* » (MART. du G.). ♦ 2° *(Sens logique).* Servant
à conclure, à résumer ce qui a été dit précédemment. V.
Bref, mot (en un mot). « *C'est d'être discret, invisible, de
me comporter enfin, comme un parfait gentleman* » (DUHAM.).
◇ Servant à préciser ou corriger ce que l'on vient de dire.
Elle est blonde, enfin plutôt rousse. ◇ (Après *mais, car)*
Tout bien considéré, après tout. « *J'ai le cœur aussi bon,
mais enfin je suis homme* » (CORN.). *Car enfin ce n'est pas
tout de crier, il faut agir.* ◇ Introduisant une conclusion
résignée. *Enfin, on verra bien.* ⊗ ANT. Déjà.

ENFLAMMÉ, ÉE [ãfla(a)me]. *adj.* (XIIᵉ; de *enflammer*).
♦ 1° Qui est en flamme. *Torche enflammée.* *Poét.* Brûlant.
« *Je marchais à grands pas, le visage enflammé* » (CHATEAUB.),
en feu. ♦ 2° Qui est dans un état inflammatoire. V. **Irrité.**
« *Il mouilla dans le broc son mouchoir et l'appliqua sur la
zone enflammée* » (GIDE). ♦ 3° Rempli d'ardeur, de passion.
V. **Ardent, passionné.** « *Une nature enflammée, violente, aimant
les cris* » (DAUD.). *Un discours enflammé. Il lui avait envoyé
une déclaration enflammée.* ⊗ ANT. Éteint, blême, froid, tranquille.

ENFLAMMER [ãfla(a)me]. *v. tr.* (XIIᵉ; lat. *inflammare*).
♦ 1° Mettre en flamme. V. **Allumer, embraser.** « *L'incendie
du Grenier d'Abondance avait enflammé les quartiers lointains* »
(ZOLA). ◇ Chauffer fortement. « *Une atmosphère étouffante,
enflammée par le vent du sud* » (LOUYS). ◇ *Fig.* Colorer,
éclairer vivement. « *Un éclair de colère enflammait ses yeux ou ses joues* » (HUGO). ♦ 2° Mettre dans un
état inflammatoire. V. **Envenimer, irriter; inflammation.**
« *D'exubérants boutons... qu'il enflammait en se grattant* »
(GIDE). ♦ 3° Remplir d'ardeur, de passion. V. **Échauffer,**
électriser, embraser, exalter. « *L'approche des grands événements... enflamme l'orateur* » (STE-BEUVE). ◇ *Vx.* Faire
brûler d'amour; allumer (des désirs). ♦ 4° S'ENFLAMMER.
v. pron. Prendre feu. V. **Brûler; inflammable.** « *Les tonneaux
de poudre s'enflammaient* » (ZOLA). — *Poét.* S'illuminer. « *Les
nuées s'enflammaient dans le ciel* » (FRANCE). ◇ S'animer,
s'exalter. « *Mon imagination... se serait enflammée plus comme
autrefois* » (ROUSS.). ⊗ ANT. Éteindre; refroidir; calmer.

ENFLÉ, ÉE [ãfle]. *adj.* (1130; de *enfler*). ♦ 1° Atteint
d'enflure. V. **Bouffi, boursouflé, intumescent, tuméfié.** *Il a un
abcès, la joue est très enflée.* *Vx.* Ampoulé, emphatique.
♦ 2° *Subst.* (1749). *Fam.* Gros lourdaud, imbécile. « *C'est ce
gros enflé de conseiller* » (BEAUMARCH.). *Quel enflé!*

ENFLÉCHURE [ãfleʃyR]. *n. f.* (1606; de *enflécher* (XVIᵉ),
« garnir comme d'une flèche », de *en-,* et *flèche)*. *Mar.* Échelons de cordage tendus horizontalement entre les haubans
pour monter dans la mâture.

ENFLER [ãfle]. *v.* (980; lat. *inflare).*
I. V. tr. ♦ 1° *Vieilli.* Gonfler d'air. « *Comme les voiles
d'un navire auquel manque le vent qui les enflait* » (MARMON-
TEL). ♦ 2° Faire augmenter de volume, grossir. « *L'arcade
sourcilière qu'enfle un buisson de poils* » (GIDE). Pronom.
« *La chétive pécore S'enfle si bien qu'elle creva* » (LA FONT.).
— (Des sons) « *Il ne fait point effort... pour enfler sa voix* »
(GIDE). Pronom. « *Le tintement monotone des cigales s'enflait
comme un crescendo d'orchestre* » (LOTI). ◇ *Fig. (Vieilli)*
Exagérer, grossir. « *Pour étaler et pour enfler leur mérite* »
(D'ALEMB.). « *Suivant notre calcul, que j'ai un peu enflé* »
(VOLT.). V. **Majorer.** ♦ 3° Provoquer l'enflure de (une
partie du corps). V. **Ballonner, bouffir, boursoufler.** « *Une
main enflée par le diabète* » (BERNANOS). Pronom. « *Ses
jambes s'enflèrent* » (VOLT.). ♦ 4° *Fig. (Vx.)* Enorgueillir,
gonfler de vanité. « *Cet orgueilleux esprit, enflé de ses succès* »
(CORN.).
II. V. intr. (XIIᵉ). Augmenter anormalement de volume
par suite d'une enflure. « *Il découvrit à mon abdomen... une
disposition à enfler* » (GIDE). « *Les ganglions avaient cessé
d'enfler* » (CAMUS).
⊗ ANT. Désenfler.

ENFLEURAGE [ãflœRaʒ]. *n. m.* (1845; de *enfleurer).
Techn.* Opération de parfumerie consistant à enfleurer un
corps gras, une huile.

ENFLEURER [ãflœRe]. *v. tr.* (1845; « orner de fleurs »,
XIIIᵉ; de *en-,* et *fleur).* *Techn.* Charger (un corps gras, une
huile de toilette) du parfum de certaines fleurs par macération.

ENFLURE [ãflyR]. *n. f.* (XIIᵉ; de *enfler*). ♦ 1° État d'un

organe, d'une partie du corps qui subit une augmentation
anormale de volume par suite d'une maladie, d'un coup,
d'un accident musculaire, etc. V. **Ballonnement, bouffissure,
boursouflure, congestion, dilatation, empâtement, gonflement,
intumescence, œdème, tuméfaction.** *Enflure de la cheville provoquée par une entorse.* « *L'enflure des ganglions* » (CAMUS).
♦ 2° *Fig.* Exagération. « *Mais on doit tenir compte de l'enflure
méridionale* » (DAUD.). ◇ *Vieilli.* Emphase, style ampoulé.
« *Ennemi de l'enflure et des grands airs* » (STE-BEUVE). ◇
ANT. Simplicité.

ENFOIRÉ, ÉE [ãfwaRe]. *adj.* et *n.* (1637; de *foire* 2).
♦ 1° *Adj.* (Vulg.). Souillé d'excréments. ♦ 2° *N.* (1905). *Pop.*
Imbécile, maladroit. « *Quel est l'enfoiré qui a dit que j'allais
foutre le feu?* » (GUTH).

ENFONCÉ, ÉE [ãfɔ̃se]. *adj.* (1573; de *enfoncer*). Qui
rentre dans le visage, dans le corps. « *Son œil enfoncé* »
(HUGO). V. **Cave.** « *Les joues creuses et les lèvres enfoncées
de ce vieil homme* » (LECOMTE). « *Les épaules bien carrées,
la tête plutôt enfoncée* » (ROMAINS). ◇ ANT. Saillant.

ENFONCEMENT [ãfɔ̃smã]. *n. m.* (XVᵉ; de *enfoncer*).
♦ 1° Action d'enfoncer, fait de s'enfoncer. « *Enfoncement
du petit bout de bois dans les oneilles* (oreilles) » (JARRY).
◇ Action de rompre, de forcer; son résultat. *L'enfoncement
du centre de l'armée était inévitable.* ♦ 2° Partie reculée,
située vers le fond de qqch. V. **Cavité, creux.** « *Une maison...
située dans un enfoncement qui la tient à l'abri des vents* »
(ROUSS.). ◇ Partie en retrait. V. **Niche, renfoncement.** « *Des
enfoncements ménagés dans l'épaisseur des tours latérales* »
(FROMENTIN). — *Spécialt.* Échancrure (d'un rivage). ◇ *Méd.*
Fracture incomplète (en particulier du crâne, des côtes, du
bassin). ◇ ANT. Bosse, saillie.

ENFONCER [ãfɔ̃se]. *v.*; conjug. *placer* (1278; de *en-,* et
fond).
I. V. tr. ♦ 1° Faire aller vers le fond, faire pénétrer profondément. V. **Ficher, planter.** « *S'il veut enfoncer un clou,
il le frappe avec une pierre, ou avec un marteau* » (VALÉRY).
« *Il saisit son couteau..., veut l'enfoncer dans son cœur* »
(FRANCE). V. **Plonger.** Par exagér. « *Il m'enfonçait ses coudes
dans les côtes.* V. **Rentrer.** « *Il arracha la taie et l'enfonça
dans la poche de son veston* » (GREEN). V. **Fourrer.** — Loc.
fig. *Enfoncer le clou,* recommencer inlassablement une explication afin de se faire bien comprendre. « *Donc recommen-
çons. Cela n'amuse personne... Mais il faut enfoncer le clou* »
(SARTRE). *J'essaie de lui enfoncer ça dans la tête, dans le
crâne,* de lui faire comprendre, de l'en convaincre. V.
Fourrer, mettre. ◇ Mettre (un chapeau) de telle façon que
la tête y entre profondément. « *Enfonçant son chapeau sur
sa tête* » (DIDER.). *Un béret enfoncé jusqu'aux oreilles.* ◇
Fig. Entraîner, pousser (dans une situation comparable à
un fond, un abîme). « *Je n'ai réussi qu'à nous enfoncer... dans
les dettes et la misère* » (DAUD.). Absolt. « *Ses spéculations
l'enfonçaient chaque jour un peu plus* » (HENRIOT). ♦ 2° Briser, faire plier en poussant, en pesant. V. **Défoncer, forcer.**
« *La porte septentrionale, enfoncée par les Français* » (HUGO).
— *Fig. Enfoncer une porte ouverte,* s'efforcer de démontrer
une chose évidente ou admise depuis longtemps. ◇ Par
anal. Forcer (une troupe) à plier sur toute la ligne. V. **Culbuter.** « *Enfoncer les carrés, rompre les lignes* » (HUGO). —
Fam. (1820). Battre, surpasser, triompher de. *On les a enfoncés, les fameux champions!*
II. V. intr. Aller vers le fond, pénétrer jusqu'au fond.
Enfoncer dans le sable, dans la vase. « *Les chevaux enfonçaient
jusqu'aux paturons dans la boue* » (FLAUB.).
III. V. pron. ♦ 1° Aller vers le fond, vers le bas. « *Les
roues s'enfonçaient jusqu'aux moyeux dans les terrains mouvants* » (GAUTIER). V. **Enliser** (s'). « *Le navire s'enfonçait lentement.* V. **Couler, sombrer.** Par anal. « *Une nuée opaque,
derrière laquelle le soleil s'enfonce* » (MAUPASS.). ◇ Pénétrer
profondément. *La vis s'enfonce dans le bois.* — S'installer
tout au fond. « *Elle s'est enfoncée dans son fauteuil* » (CHA-
TEAUB.). ◇ *Fig.* Être entraîné de plus en plus bas. « *Voir la
société ennemie s'enfoncer ainsi dans sa pourriture* » (PÉGUY).
— *Absolt.* Se ruiner, se perdre. ♦ 2° Pénétrer, s'engager
bien avant dans. V. **Avancer** (s'). *S'enfoncer dans un bois.*
« *Elle allait s'enfoncer dans une rue obscure* » (MART. du G.).
« *Sous cet arc s'enfonçait la route mystérieuse* » (MAURIAC).
Fig. S'abandonner à (qqch. qui absorbe entièrement). V.
Absorber (s'), **plonger** (se). « *À mesure qu'une âme s'enfonce
dans la dévotion* » (GIDE). « *Et il s'enfonça dans une rêverie
qui dura longtemps* » (ST-EXUP.). « *Plus buté, plus enfoncé
dans son opinion* » (GIDE).
◇ ANT. Enlever, tirer. Remonter.

ENFONCEUR, EUSE [ãfɔ̃sœR, øz]. *n.* (1686; « personne
qui approfondit », 1565; de *enfoncer). Enfonceur de porte(s)
ouverte(s),* personne qui a l'habitude d'enfoncer une porte
ouverte (V. **Enfoncer, I, 2°,** *fig.*), de démontrer des évidences.

ENFONÇURE [ãfɔ̃syR]. *n. f.* (mil. XVIᵉ; de *enfoncer*).
Rare. Creux, dépression. V. **Enfoncement.** « *Il se fit des
enfonçures dans leur masse* » (FLAUB.).

ENFOUIR [ãfwiʀ]. *v. tr.* (XIᵉ; lat. pop. °*infodire*, class. *infodere*. V. **Fouir**). ♦ 1° Mettre en terre, sous terre, après avoir creusé le sol. V. **Enterrer**. « *Mille rumeurs vagues relatives aux trésors enfouis par Kidd et ses associés* » (BAUDEL.). ♦ 2° *Par ext.* Enfoncer, mettre par-dessous. « *Elle enfouissait la bêche sous les cendres* » (FLAUB.). — « *Enfouis sous un amoncellement de couvertures* » (GIDE). « *Les bras enfouis dans les poches de sa douillette* » (BERNANOS). V. **Plonger**. Pronom. *S'enfouir sous ses draps.* ◇ Fig. « *Je resterai enfoui dans le silence* » (LARBAUD). ◈ ANT. **Déterrer, sortir.**

ENFOUISSEMENT [ãfwismã]. *n. m.* (1539; de *enfouir*). Action d'enfouir; son résultat. *Enfouissement des semences, de l'engrais vert.*

ENFOUISSEUR [ãfwisœʀ]. *n. m.* (1890; « celui qui enfouit », 1627; de *enfouir*). *Agric.* Appareil adapté à la charrue, servant à enfouir du fumier, des fanes.

ENFOURCHEMENT [ãfuʀʃəmã]. *n. m.* (XIIIᵉ; de *en-*, et *fourche*). *Archit.* Angle formé par la rencontre de deux douelles. ◇ *Menuis.* Mode d'assemblage par enture verticale.

ENFOURCHER [ãfuʀʃe]. *v. tr.* (1553; de *en-*, et *fourche*). Se mettre à califourchon sur (un cheval). « *Il enfourche pesamment sa grande jument blanche* » (FROMENTIN). Fig. *Enfourcher son dada*, reprendre son sujet favori, dans la conversation. ◇ *Par anal. Enfourcher sa bicyclette.*

ENFOURCHURE [ãfuʀʃyʀ]. *n. f.* (XIIᵉ; de *en-*, et *fourche*). Vieilli. Fourche, bifurcation. ◇ Entrejambe.

ENFOURNAGE [ãfuʀnaʒ] ou **ENFOURNEMENT** [ãfuʀnəmã]. *n. m.* (1845,-1559; de *enfourner*). ♦ 1° Action, manière d'enfourner (le pain, les poteries). ♦ 2° *Techn.* Opération de verrerie précédant l'affinage.

ENFOURNER [ãfuʀne]. *v. tr.* (XIIIᵉ; de *en-*, et *four*). ♦ 1° Mettre dans un four (du pain, un aliment, des poteries). *Enfourner un rôti.* ♦ 2° *Fam.* Ingurgiter. Elle « *porte le bol à ses lèvres et enfourne tout ce riz* » (LOTI). ◇ *Fam.* Introduire, fourrer. « *Il l'enfourna dans un taxi* » (COLETTE). ◈ ANT. **Défourner.**

ENFOURNEUR [ãfuʀnœʀ]. *n. m.* (1763; de *enfourner*). Ouvrier chargé des opérations d'enfournage.

ENFREINDRE [ãfʀɛ̃dʀ(ə)]. *v. tr.*; *conjug. feindre (Enfraindre*, fin XIᵉ; lat. pop. °*infrangere*, class. *infringere*. V. **Infraction**). *Littér.* Ne pas respecter (un engagement, une loi). V. **Contrevenir, désobéir (à), transgresser, violer.** « *Une prêtresse parjure a enfreint les vœux !* » (GAUTIER). ◈ ANT. **Observer, respecter.**

ENFUIR (S') [ãfɥiʀ]. *v. pron.*; *conjug. fuir* (1080; pour *s'en fuir*). ♦ 1° S'éloigner en fuyant, ou en hâte. V. **Aller (s'en), déguerpir, déloger, échapper (s'), éclipser (s'), envoler (s'), esquiver (s'), filer, fuir, partir, sauver (se).** Cf. *fam.* ou *pop.* Se barrer, se carapater, se débiner, s'esbigner, se tirer, se trisser; fiche, foutre le camp, prendre la poudre d'escampette, prendre ses jambes à son cou, mettre les bouts, les voiles. *Le prisonnier s'est enfui.* V. **Évader (s').** « *Elle n'eut plus qu'une pensée, s'enfuir; s'enfuir à toutes jambes* » (HUGO). « *Quitter mon père et m'enfuir dans quelque couvent* » (STENDHAL). V. **Réfugier (se).** V. **Passer.** ♦ 2° Fig. *(Poét.).* S'écouler, disparaître. « *J'ai tendu les bras... Mais mon âme est en deuil* » *(Vx).* « *La nuit qui s'enfuit* » (VALÉRY). ◈ ANT. **Rester.**

ENFUMAGE [ãfymaʒ]. *n. m.* (1900; de *enfumer*). Procédé par lequel l'apiculteur neutralise les abeilles en enfumant la ruche.

ENFUMER [ãfyme]. *v. tr.* (XIIᵉ; de *en-*, et *fumer*). ♦ 1° Remplir ou environner de fumée. *Le poêle tirait mal et enfumait la chambre.* — *Atmosphère enfumée*, par les fumeurs. « *Les vapeurs nocturnes des bars enfumés* » (MAC ORLAN). Spécialt. Enfumer une ruche, des abeilles (pour les neutraliser). ♦ 2° *Vieilli.* Noircir de fumée, de suie. « *La petite gare enfumée* » (DUHAM.).

ENFUTAILLER [ãfytaje] ou **ENFÛTER** [ãfyte]. *v. tr.* (1722,-XIIIᵉ; de *en-*, et *futaille, fût*). *Techn.* Mettre en fût, en futaille (du vin, du cidre). — *Dér.* ENFÛTAGE [ãfytaʒ]. *n. m.* [1870].

ENGAGÉ, ÉE [ãgaʒe]. *adj.* (XVIᵉ; de *engager*). ♦ 1° *Archit.* Partiellement intégré dans un mur ou un pilier. *Colonne engagée.* ♦ 2° Qui s'est engagé dans l'armée. — Subst. *Les engagés et les appelés.* « *Engagé volontaire pour défendre la France* » (MISTRAL). ♦ 3° (1945). Mis par son engagement au service d'une cause. *Un écrivain engagé.* « *Dans la littérature engagée, l'engagement ne doit en aucun cas faire oublier la littérature* » (SARTRE). ♦ 4° *Mar.* Entravé. *Cordage engagé*, bloqué. *Ancre engagée*, prise au fond. *Navire engagé*, qui gîte fortement et sans pouvoir se relever (à cause du vent, des lames ou d'un déplacement de la cargaison).

ENGAGEANT, ANTE [ãgaʒã, ãt]. *adj.* (1662; de *engager*). Qui attire, donne envie d'entrer en relations. « *Une grande jeune femme qui regardait d'un certain air engageant* » (MAUPASS.). V. **Aguichant, aimable, attirant, séduisant.** ◈ ANT. **Désagréable, rébarbatif.**

ENGAGEMENT [ãgaʒmã]. *n. m.* (fin XIIᵉ; de *engager*). ♦ 1° *Dr.* Action de mettre en gage. *Reconnaissance d'engage-*

ment délivrée par le Crédit Municipal. ♦ 2° Action de se lier par une promesse ou une convention. *Un engagement formel, moral.* « *Cet engagement passé entre nous deux, nous l'avons tenu* » (BOURGET). V. **Parole.** *Respecter ses engagements.* « *Manquer à tant d'engagements profonds pris avec lui-même* » (HUGO). Spécialt. *(Vx)* Promesse de fidélité en amour, liaison ou union qui en résulte. ◇ *Dr.* Obligation. *Sans engagement de votre part.* ♦ 3° (XVIIIᵉ). Recrutement par accord entre l'administration militaire et un individu qui n'est pas soumis à l'obligation du service actif. *Prime d'engagement.* *Engagement par devancement d'appel, engagement volontaire.* ◇ *Par anal.* Contrat par lequel certaines personnes louent leurs services. *Engagement à l'essai.* « *Un engagement pour nous deux dans un théâtre de la banlieue* » (DAUD.). *Acteur, coureur professionnel qui se trouve sans engagement.* ♦ 4° (XVIIᵉ). État d'une chose engagée dans une autre. — *(Méd.)* Descente de la tête du fœtus dans l'excavation pelvienne. ♦ 5° Introduction d'une unité dans la bataille; combat localisé et de courte durée. *Blessé au cours d'un engagement de patrouilles.* ♦ 6° Action d'engager (la partie), coup d'envoi d'un match. ♦ 7° *Engagement de dépenses*, décision d'engager des dépenses. ♦ 8° Inscription sur la liste des concurrents qui doivent participer à une épreuve sportive. *Les engagements seront reçus jusqu'à telle date.* ♦ 9° (1945). Acte ou attitude de l'intellectuel, de l'artiste qui, prenant conscience de son appartenance à la société et au monde de son temps, renonce à une position de simple spectateur et met sa pensée ou son art au service d'une cause. « *Un écrivain est engagé... lorsqu'il fait passer pour lui et pour les autres l'engagement de la spontanéité immédiate au réfléchi* » (SARTRE). ◈ ANT. **Dégagement, reniement; renvoi; désengagement.**

ENGAGER [ãgaʒe]. *v. tr.*; *conjug. bouger* (fin XIIᵉ; de *en-*, et *gage*).
I. ♦ 1° Mettre, donner en gage. « *En sortant du Mont-de-Piété où elle vient d'engager ses bijoux et son argenterie* » (JOUHANDEAU). ♦ 2° Donner pour caution (sa parole), et, par suite, lier (qqn) par une promesse ou une convention. « *J'engageai mon honneur, engageai ma parole* » (ROTROU). « *Le diplomate ne veut rien dire qui puisse l'engager* » (MAUROIS). « *La soumission n'engage à rien pour l'avenir* » (FROMENTIN). *Cela n'engage à rien*, on peut le faire en restant libre de ses décisions. ♦ 3° (XVIᵉ). Recruter par engagement. — *Par anal.* Attacher à son service, prendre à gages. V. **Embaucher.** *L'hôtel a engagé un nouveau cuisinier.* « *L'engager comme secrétaire* » (HENRIOT).
II. ♦ 1° (Mil. XVIᵉ). Faire entrer (dans qqch. qui retient). V. **Enfoncer, introduire, mettre.** *Engager la clef dans la serrure.* « *On vira l'ancre, mais engagée dans des roches on la perdit* » (CHATEAUB.). Escr. *Engager le fer*, mettre son arme au contact de celle de l'adversaire. ◇ Faire entrer (dans un lieu resserré ou difficile) *Engager le vaisseau dans une passe. Il a mal engagé sa voiture pour la garer.* ♦ 2° Fig. (fin XVIᵉ). Mettre en train, commencer. « *Ne daignant plus engager la partie contre un joueur ordinaire* » (VIGNY). « *Une fois la bataille engagée* » (HUGO). « *Engager la discussion sur ce point* » (GIDE). — *Engager les dépenses nécessaires.* ♦ 3° (Fin XVIᵉ). Faire entrer (dans une entreprise ou une situation qui ne laisse pas libre). V. **Aventurer, embarquer, entraîner.** *Le conflit où le gouvernement a engagé le pays. Engager des capitaux dans une affaire.* V. **Investir.** — (Turf) *Il a engagé deux chevaux dans le Grand Prix.* V. **Engagement** (8°). ♦ 4° Mettre dans une situation qui crée des responsabilités et implique certains choix. « *Beaucoup d'hommes n'engagent jamais leur être* » (BERNANOS). « *Ça engage donc, ce qu'on écrit?* » (SARTRE). ♦ 4° (Fin XVIᵉ). Tenter d'amener à (quelque décision ou action). V. **Appeler, exhorter, inciter.** « *Marat engageait les soldats à massacrer les chefs* » (JAURÈS). *Je t'engage fort à lire cette œuvre admirable* » (FLAUB.). V. **Conseiller.** ◇ *(Sujet de chose)* Amener, disposer. V. **Inciter, porter.** « *Ce qui doit le plus m'engager à me tenir sur mes gardes* » (ROUSS.).
III. *Pronom.* ♦ 1° Se lier par une promesse, une convention. V. **Promettre.** « *Il s'est formellement engagé à faire de la Tchécoslovaquie une fédération* » (SARTRE). *Vous ne savez pas à quoi vous vous engagez.* ♦ 2° Contracter un engagement dans l'armée. « *Je n'étais pas mobilisable, j'ai voulu m'engager* » (DUHAM.). ◇ Entrer au service de qqn. « *Je m'engage comme chauffeur.* » ♦ 3° Entrer, se loger (dans une pièce, un mécanisme). *Le pêne s'engage dans la gâche.* ◇ S'introduire, pénétrer. « *Une allée où Meaulnes s'engagea* » (ALAIN-FOURNIER). ♦ 4° S'engager dans une voie, commencer à y pénétrer. *L'automobiliste était déjà engagé quand on l'a heurté par la droite.* ♦ 5° Commencer. « *L'action s'engagea avec furie* » (HUGO). ♦ 6° S'aventurer, se lancer. « *Il le voyait s'engager dans des entreprises de plus en plus hasardeuses* » (BAINVILLE). « *Ne pas trop s'engager à fond* » (MICHELET). ◇ (En littérature, en art) Réaliser, manifester l'engagement. « *Un grand écrivain qui s'engagea souvent et se dégagea plus souvent encore* » (SARTRE).

◇ ANT. *Dégager, libérer; débaucher, renvoyer, retirer, termi-ner. Déconseiller, dissuader. Désengager.*

ENGAINER [ɑ̃gene]. *v. tr.* (XIVe; de *en-*, et *gaine*). Mettre dans une gaine. V. **Rengainer**. *Engainer un poignard.* ◇ Par anal. *(Bot.)* Envelopper d'une gaine. — Au p. p. *Tiges, bourgeons engainés* (par des feuilles dites *engainantes*). *Statue engainée,* dont les membres inférieurs disparaissent dans une gaine (*ex.* : les termes).

ENGAZONNEMENT [ɑ̃gazɔnmɑ̃]. *n. m.* (1864; de *engazonner*). Action d'engazonner (une terre), de semer d'herbe.

ENGAZONNER [ɑ̃gazɔne]. *v. tr.* (1554; de *en-*, et *gazon*). *Vx.* Gazonner. ◇ Ensemencer d'herbe. V. **Enherber**.

ENGEANCE [ɑ̃ʒɑ̃s]. *n. f.* (1560; « race, semence », 1539; de l'a. fr. *(a)eng(i)er* (XIIe), « accroître, faire pulluler », probabl. du lat. *indicare*). Catégorie de personnes méprisables ou détestables. *Quelle sale, quelle maudite engeance!*

ENGELURE [ɑ̃ʒlyʀ]. *n. f.* (XIIIe; de l'a. fr. *engeler,* XIIe; de *en-*, et *gel*). Lésion due au froid, caractérisée par une enflure douloureuse, rouge violacée, accompagnée parfois d'ampoules ou de crevasses, qui atteint principalement les mains, les pieds, le nez, les oreilles. « *Ses mains rougies par les engelures* » (CHARDONNE).

ENGENDREMENT [ɑ̃ʒɑ̃dʀəmɑ̃]. *n. m.* (XIIe; de *engendrer*). *Rare.* Action d'engendrer. V. **Génération**.

ENGENDRER [ɑ̃ʒɑ̃dʀe]. *v. tr.* (XIe; lat. *ingenerare*). ♦ 1o Se dit de l'homme qui produit un enfant. V. **Procréer**. « *Qu'est-ce que Champcenais peut bien avoir, pour avoir engendré ce minus habens?* » (ROMAINS). — Théol. *Le Fils, engendré par le Père.* ♦ 2o Fig. (XIIIe). Faire naître, avoir pour effet. V. **Causer, créer, déterminer, produire.** « *L'indolente oisiveté n'engendre que la tristesse et l'ennui* » (ROUSS.). *Engendrer des querelles.* « *Un regard suffit pour engendrer une éternelle haine* » (VALÉRY). Fam. *Il n'engendre pas la mélancolie,* il est d'un caractère gai, il répand la bonne humeur autour de lui. ♦ 3o *Géom.* (1752). Décrire ou produire (une figure) en se déplaçant. *Droite qui engendre un cône.*

ENGERBAGE [ɑ̃ʒɛʀbaʒ]. *n. m.* (1835; de *engerber*). *Agric.* Gerbage.

ENGERBER [ɑ̃ʒɛʀbe]. *v. tr.* (1368; « remplir de gerbes », 1226; de *en-*, et *gerbe*). *Agric.* Gerber.

ENGIN [ɑ̃ʒɛ̃]. *n. m.* (XIIe; aussi « adresse, ruse » jusqu'au XVIe et dial.; lat. *ingenium* « talent, intelligence »). ♦ 1o Nom donné à divers outils, instruments, appareils ou machines. « *Ses poches pleines de pinces, de crocs, de ciseaux... et mille autres engins nuisibles* » (GAUTIER). ♦ 2o (XIIe) *Engins de guerre* : ancienn. Toute arme lançant des projectiles (en dehors du canon). Mod. *Engins à tir courbe* (mortiers, obusiers). *Compagnie d'engins,* unité d'infanterie équipée de mortiers, armes antichars et antiaériennes. — *Engins blindés,* véhicules blindés. V. **Char.** *Engins blindés de reconnaissance,* automitrailleuses. — *Engins (spéciaux),* projectiles autopropulsés et autoguidés ou téléguidés (dits, selon leur point de départ et leur objectif, *sol-sol, sol-air, air-sol, air-air,* etc.). V. **Missile.** ♦ 3o (Fin XIIIe) Le piège, le filet, de pêche, de chasse, destinés à prendre le poisson ou le gibier. *Engins prohibés* (certains filets, les collets, panneaux, etc.). ◇ (XVe) *Engins de levage, de manutention.* « *Des engins par l'aide lesquels on peut avec une petite force lever un fardeau fort pesant* » (DESCARTES). ♦ 4o (mil. XXe). Astronaut. *Engin spatial,* « objet spatial de fabrication humaine » (*J.O.*).

ENGINEERING [ɛnʒinəʀiŋ, ɛnʒiniʀiŋ]. *n. m.* (v. 1953; mot angl. « art de l'ingénieur », V. **Génie**, III). *Anglicisme.* V. **Ingénierie** (recomm. offic.).

ENGLOBER [ɑ̃glɔbe]. *v. tr.* (1611; de *en-*, et *globe*). ♦ 1o Faire entrer dans un ensemble déjà existant. V. **Annexer, joindre, réunir.** « *Les Romains englobent le petit pays de la Judée dans leur empire* » (VOLT.). ♦ 2o En tout (plusieurs choses ou personnes). *Réquisitoire qui englobe tous les accusés.* « *J'englobais dans une même réprobation la magnificence des autels et celle des prêtres* » (LOTI). ◇ ANT. **Séparer.**

ENGLOUTIR [ɑ̃glutiʀ]. *v. tr.* (fin XIe; bas lat. *inglutire.* V. **Glouton**). ♦ 1o Avaler gloutonnement. V. **Dévorer, engouffrer.** « *Il voit les élèves engloutir viandes et légumes* » (LECOMTE). Absolt. S'empiffrer. « *Les hommes déboutonnés, la face rougie, engloutissaient comme des gouffres* » (MAUPASS.). ♦ 2o Fig. Dépenser rapidement. V. **Dissiper, gaspiller.** « *Ces fameuses coquettes qui dévorent et engloutissent en peu de temps les plus gros patrimoines* » (LESAGE). ◇ (Sujet de chose) Absorber, épuiser. « *Villa et château eussent englouti plus que le revenu total des Genillé* » (ROMAINS). ♦ 3o (XVe). Faire disparaître brusquement en noyant ou submergeant. « *Les uns, habitants de la terre sèche, ont été engloutis par des déluges* » (CUVIER). — Au p. p. « *Quand le dernier cercle de l'eau se ferme sur un navire englouti* » (SUARÈS). ◇ Fig. (Poét.) « *Le temps nous engloutit* » (CHATEAUB.).

ENGLOUTISSEMENT [ɑ̃glutismɑ̃]. *n. m.* (déb. XVe; de *engloutir*). *Rare.* Fait d'être englouti, de sombrer. « *Les engloutissements de l'abîme sans fond* » (HUGO).

ENGLUAGE [ɑ̃glyaʒ] ou **ENGLUEMENT** [ɑ̃glymɑ̃]. *n. m.* (1870,-XIVe; de *engluer*). ♦ 1o Action d'engluer; fait d'être englué. ♦ 2o Enduit protecteur (mastic, coaltar) employé en arboriculture.

ENGLUER [ɑ̃glye]. *v. tr.* (déb. XIIe; de *en-*, et *glu*). ♦ 1o Prendre à la glu (un oiseau). Par métaph. « *On n'englue pas le diable comme un merle à la pipée* » (A. BERTRAND). ◇ Prendre, retenir dans une matière gluante. Pronom. « *Je saisis une branche... Mes doigts s'engluant dans la gomme* » (BOSCO). ♦ 2o (XIVe). Enduire de glu, d'une matière gluante. *Engluer le tronc d'un arbre.* ◇ ANT. **Dégluer.**

ENGOBAGE [ɑ̃gɔbaʒ]. *n. m.* (1845; de *engober*). *Techn.* Action, manière d'engober.

ENGOBE [ɑ̃gɔb]. *n. m.* (1807; de *engober*). *Techn.* Enduit terreux qu'on applique sur la pâte céramique pour en masquer la couleur naturelle.

ENGOBER [ɑ̃gɔbe]. *v. tr.* (1807; de *en-*, et *gobe,* dial. « motte de terre ». V. **Écobuer**). *Techn.* Revêtir d'un engobe.

ENGOMMAGE [ɑ̃gɔmaʒ]. *n. m.* (1864; de *engommer*). *Techn.* Action, manière d'engommer.

ENGOMMER [ɑ̃gɔme]. *v. tr.* (1581; de *en-*, et *gomme*). *Techn.* Enduire de gomme (un tissu, le support d'une poterie mise au four).

ENGONCER [ɑ̃gɔ̃se]. *v. tr.;* conjug. *placer* (1660; au p. p., 1611; de *en-*, et *gond*). Se dit d'un vêtement qui habille d'une façon disgracieuse, en faisant paraître le cou enfoncé dans les épaules. « *Le vêtement de prison qu'il a gardé l'engonce et le grossit encore* » (GIDE). Absolt. *Les cols de fourrure engoncent.* ◇ Au p. p. « *Le cou engoncé dans l'énorme cravate de mousseline* » (MADELIN). ◇ Fig. « *Engoncé dans la respectabilité* » (ROMAINS). ◇ ANT. **Dégager.**

ENGORGEMENT [ɑ̃gɔʀʒəmɑ̃]. *n. m.* (1611; « action d'avaler, de gorger », XVe; de *engorger*). État d'un conduit engorgé. — *Méd.* Enflure et durcissement d'un organe, provoqué par une accumulation de sang, de sérosité ou du liquide qu'il sécrète. *Engorgement mammaire.* « *L'engorgement et l'oppression des poumons* » (CAMUS). ◇ Fig. Encombrement du marché (par surproduction, fermeture des débouchés, etc.).

ENGORGER [ɑ̃gɔʀʒe]. *v. tr.;* conjug. *bouger* (1611; « gorger », XIIe; de *en-*, et *gorge*). Obstruer (un conduit, un passage) par l'accumulation de matières étrangères. V. **Boucher.** ◇ *Méd.* Provoquer l'engorgement (d'un organe). ◇ *Techn.* Empâter (une moulure) par une couche trop épaisse de peinture. ◇ ANT. **Dégorger.**

ENGOUEMENT [ɑ̃gumɑ̃]. *n. m.* (1694; de *engouer*). ♦ 1o Obstruction, engorgement (d'un conduit, d'un organe). *Engouement du poumon au cours d'une pneumonie.* — (*Rare*). Arrêt des matières fécales dans l'intestin (constipation opiniâtre), dans une anse intestinale herniée. ♦ 2o *Cour.* (1694). Fait de s'engouer. V. **Admiration, emballement, toquade.** *Son engouement pour cette nouveauté est ridicule.* « *En France, le premier jour est pour l'engouement, le second pour la critique* » (LAHARPE). « *On a souvent peine à comprendre certaines vogues, certains engouements* » (GAUTIER). ◇ ANT. **Désenchantement.**

ENGOUER (S') [ɑ̃gwe]. *v. pron.* (1555; tr. « avaler », XIVe; de *en-*, et rad. de *goue*). ♦ 1o Vieilli. S'étouffer en avalant trop vite. V. **Étrangler (s').** « *Le petit Roger s'étouffait..., il s'était engoué comme il arrive aux bébés quelquefois* » (LOTI). ♦ 2o Fig. (1680). Se prendre d'une passion ou d'une admiration aussi excessive que passagère pour qqn ou qqch. V. **Emballer (s'), enticher (s'), toquer (se).** « *Après m'être engoué de M. Bâcle, qui n'était qu'un manant* » (ROUSS.). « *Elle s'engouait d'un bibelot qu'elle avait vu, n'en dormait pas, courait l'acheter* » (FLAUB.). ◇ ANT. **Dégoûter (se).**

ENGOUFFREMENT [ɑ̃gufʀəmɑ̃]. *n. m.* (1871; de *engouffrer*). *Rare.* Fait de s'engouffrer.

ENGOUFFRER [ɑ̃gufʀe]. *v. tr.* (fin XVe; *engoufler,* fin XIIe; de *en-*, et *gouffre*). ♦ 1o Poét. Jeter, entraîner dans un gouffre. « *L'enfant tombé est engouffré dans le torrent* » (VOLT.). ◇ Fam. Avaler, manger avidement et en grande quantité. Absolt. *Quel appétit! il engouffre!* ♦ 2o Fig. Engloutir. *Ils « auraient bientôt fait d'anéantir ma fortune, de l'engouffrer dans leurs affaires* » (MAURIAC). ♦ 3o Pronom. Se perdre, être entraîné dans un gouffre. « *Un bâtiment de commerce hollandais s'était engouffré le premier* » (BAUDEL.). ◇ Par ext. Se précipiter avec violence dans une ouverture, un passage. « *Des bourrasques de pluie s'engouffraient dans les rues* » (MART. du G.). ◇ (Sujet de personne) « *De peur d'être vue... elle s'engouffrait dans les ruelles sombres* » (FLAUB.). *La foule qui s'engouffre dans le métro.*

ENGOULEVENT [ɑ̃gulvɑ̃]. *n. m.* (1778; appell. dial., de l'a. fr. *engouler* « avaler », de *goule,* var. de *gueule,* et *vent*). Oiseau passereau brun-roux, au bec largement fendu, insectivore.

ENGOURDI, IE [ɑ̃guʀdi]. *adj.* (XIIIe; de *engourdir*). Qui est dans un état d'engourdissement. V. **Gourd, lent, paralysé, raide.** « *Sa langue était engourdie, maladroite* » (HUGO). « *Sa démarche engourdie* » (MART. du G.). « *Je me réveillais* *plus las encore, l'esprit engourdi* » (GIDE). ◇ ANT. *Alerte, dégourdi, vif.*

ENGOURDIR [ɑ̃guʀdiʀ]. *v. tr.* (XIIIe; de *en-,* et *gourd*). ♦ 1° Priver en grande partie (un membre, le corps) de mobilité et de sensibilité. V. **Paralyser.** « *L'anse de fer achevait d'engourdir et de geler ses petites mains mouillées* » (HUGO). Pronom. « *Quand on s'est engourdi dans une position fausse* » (LOTI). — *Spécialt.* Entrer en hibernation. ♦ 2° *Par ext.* Mettre dans un état général de ralentissement des fonctions vitales. V. **Appesantir.** « *Au bien-être, mêlé de fatigue, qui peu à peu l'engourdissait* » (MART. du G.). — Fig. « *Cette peine que rien ne guérit, mais que le temps seul peut engourdir* » (STE-BEUVE). Pronom. « *Les facultés qui dans le tran-tran coutumier s'engourdissent* » (GIDE). V. **Rouiller** (se). ◇ ANT. *Dégourdir, dérouiller.*

ENGOURDISSEMENT [ɑ̃guʀdismɑ̃]. *n. m.* (1539; de *engourdir*). État d'un membre, du corps qui s'est engourdi. V. **Appesantissement, léthargie, raideur, torpeur.** « *Un engourdissement s'emparait de ses membres* » (GREEN). « *Un bienfaisant engourdissement de la digestion* » (MAC ORLAN). — *Spécialt.* Sommeil prolongé des animaux. V. **Hibernation.** ◇ Fig. « *Cherchant dans la marche et dans la fatigue l'engourdissement de la pensée* » (NERVAL). ◇ ANT. *Dégourdissement. Vivacité.*

ENGRAIS [ɑ̃gʀɛ]. *n. m.* (1510; de *engraisser*). ♦ 1° (*En loc.*). Engraissement (des animaux). *Mettre des bovins à l'engrais* (à l'herbage ou à l'étable). *Choix des bons moutons d'engrais,* aptes à être engraissés. ♦ 2° (1690). Substance que l'on mêle au sol pour le fertiliser par l'introduction des principes chimiques immédiatement utiles à la végétation. V. **Amendement, fertilisation.** — *Engrais végétaux. Engrais verts,* légumineuses fourragères, fanes enfouies dans le sol. — *Engrais organiques* (fumier, engrais humain, guano, poudrette, eaux-vannes, etc.). « *Le plus fécondant et le plus efficace des engrais, c'est l'engrais humain* » (HUGO) : les matières fécales. *Engrais minéraux ou chimiques* (potassiques, phosphatés, azotés).

ENGRAISSEMENT [ɑ̃gʀɛsmɑ̃]. *n. m.* (XIIIe; de *engraisser*). Action d'engraisser (les animaux); son résultat. *L'état d'engraissement d'un animal de boucherie.*

ENGRAISSER [ɑ̃gʀɛse]. *v.* (*Engraissier,* fin XIe; lat. pop. °*ingrassiare,* pour *incrassiare,* bas lat. *incrassare*). ♦ 1° V. *tr.* Rendre gras, faire grossir (des animaux). *Engraisser des volailles.* V. **Appâter, gaver, gorger.** *Engraisser du bétail pour la boucherie.* Pronom. « *Ces bestiaux orgueilleux qui s'engraissent dans les longues herbes* » (SAND). Fig. Devenir gras et prospère. « *S'engraisser comme un porc du légitime salaire des autres* » (COURTELINE). *S'engraisser de la sueur du peuple.* ◇ Enrichir (une terre) au moyen d'engrais. V. **Améliorer, amender, fertiliser.** « *Mille autres fleuves... l'engraissent* (la Louisiane) *de leur limon* » (CHATEAUB.). ♦ 2° V. *intr.* Devenir gras, prendre de l'embonpoint. V. **Épaissir, forcir, grossir.** « *Elle engraisse tous les jours : elle est devenue une boule grasse, propre, lustrée et rosée* » (BAUDEL.). ◇ ANT. *Amaigrir, maigrir.*

ENGRAISSEUR [ɑ̃gʀɛsœʀ]. *n. m.* (1636; de *engraisser*). Celui dont le métier est d'engraisser les bestiaux. V. **Nourrisseur.**

ENGRAMME [ɑ̃gʀam]. *n. m.* (1951; en all., 1902; du gr. *en* « dans », et *gramma* « caractère, trait »). *Psycho.* Trace laissée dans le cerveau par un événement du passé individuel.

ENGRANGEMENT [ɑ̃gʀɑ̃ʒmɑ̃]. *n. m.* (1611; de *engranger*). Action d'engranger.

ENGRANGER [ɑ̃gʀɑ̃ʒe]. *v. tr.;* conjug. *bouger* (1307; de *en-,* et *grange*). Mettre en grange. *Engranger la moisson.* ◇ Fig. Mettre en réserve. V. **Emmagasiner.** « *J'aime acquérir et engranger ce qui promet de durer au delà de mon terme* » (COLETTE).

1. ENGRAVER [ɑ̃gʀave]. *v. tr.* (1617; « graver », 1532; de *en-,* et *graver*). *Techn.* Entailler (le plomb d'une gouttière, d'une lucarne). — Clouer par l'extrémité (une bande de plomb).

2. ENGRAVER [ɑ̃gʀave]. *v. tr.* (fin XVIe; de *en-,* et rad. de *grève, gravier*). Échouer (une embarcation) sur un fond de sable, de gravier. Pronom. « *Sur la Loire on craint de manquer d'eau et de s'engraver* » (STENDHAL). V. **Ensabler** (s').

ENGRÊLÉ, ÉE [ɑ̃gʀɛle]. *adj.* (XIVe; de *en-,* et *grêle,* adj.). *Blas.* Qui est bordé de petites dents arrondies. V. **Dentelé.**

ENGRÊLURE [ɑ̃gʀelyʀ]. *n. f.* (1611; de *engrêlé*). *Blas.* Bordure engrêlée. ◇ Petit entre-deux de dentelle, à jours étroits.

ENGRENAGE [ɑ̃gʀənaʒ]. *n. m.* (1709; de *engrener*). ♦ 1° Système de roues dentées qui s'engrènent de manière à transmettre le mouvement d'un arbre de rotation à un autre arbre; disposition, entraînement des roues de ce système. *L'engrenage de direction d'une automobile. Train d'engrenages,* ensemble des roues dentées d'un engrenage. *Engrenages cylindriques, coniques, hélicoïdaux. Engrenage à vis sans fin, à crémaillère, à chaîne. Engrenage différentiel.* ♦ 2° Fig.

(mil. XIXe). Enchaînement de circonstances où l'on est pris irrésistiblement. « *Quand on est pris dans l'engrenage d'une pareille passion ou d'un pareil vice, il faut y passer tout entier* » (MAUPASS.). « *Il met le doigt dans un engrenage de malheurs* » (MONTHERLANT). *L'engrenage de la violence,* la première violence en entraînant d'autres.

ENGRÈNEMENT [ɑ̃gʀɛnmɑ̃]. *n. m.* (1730; de *engrener*). Réalisation d'un engrenage mécanique. ◇ (1845) Action d'engrener (la trémie, la batteuse). ◇ *Méd.* Pénétration de fragments d'un os fracturé les uns dans les autres.

ENGRENER [ɑ̃gʀəne]. *v. tr.;* conjug. *lever* (XIIe; de *en-,* et *grain*). ♦ 1° *Techn.* Emplir de grain. *Engrener la trémie d'un moulin.* Par anal. *Engrener une batteuse,* l'alimenter en gerbes de blé. *Engrener des glaces,* introduire entre elles de la poudre de grès très fine pour les polir. ♦ 2° (1660; sous l'infl. de *encrené* « entaillé de crans », 1406). Faire entrer les dents d'une roue dans les espaces séparant les dents d'une autre roue, d'un pignon, de manière à réaliser un engrenage. Pronom. « *Ils s'engrènent les uns dans les autres comme les roues d'une montre* » (FONTENELLE). ◇ Fig. Entraîner dans un engrenage. « *Les mille et un rouages de la grande machine sociale vous engrènent* » (LOTI).

ENGRENEUR [ɑ̃gʀənœʀ]. *n. m.* (1836; de *engrener*). *Techn.* Appareil qui engrène mécaniquement les batteuses (On dit aussi ENGRENEUSE [ɑ̃gʀənøz]). ◇ (1864) Ouvrier chargé d'engrener une batteuse.

ENGRENURE [ɑ̃gʀənyʀ]. *n. f.* (1640; de *engrener*). *Techn.* Disposition de roues engrenées. ◇ (1697) *Anat.* Suture de certains os (soudés par des dentelures qui s'engrènent).

ENGROIS [ɑ̃gʀwa(ɑ)]. *n. m.* (1752, var. *angrois;* de l'a. fr. *engroissier.* V. **Engrosser**). *Techn.* Coin qu'on enfonce dans l'œil d'un marteau, d'un pic, pour en affermir le manche.

ENGROSSER [ɑ̃gʀose]. *v. tr.* (1283; *engroissier,* XIIe; de *en-,* et a. fr. *groisse* « grosseur », XIIe; lat. pop. °*grossia.* V. **Gros**). *Vulg.* Rendre grosse, enceinte.

ENGRUMELER [ɑ̃gʀymle]. *v. tr.;* conjug. *appeler* (1549; de *en-,* et *grumeau*). *Rare.* Mettre en grumeaux, rendre grumeleux. — Pronom. Se grumeler.

ENGUEULADE [ɑ̃gœlad]. *n. f.* ou (*vx*) **ENGUEULEMENT** [ɑ̃gœlmɑ̃]. *n. m.* (1878,-1840; de *engueuler*). *Pop.* Action d'engueuler, de s'engueuler. *Passer une engueulade à qqn. Recevoir une bonne engueulade.* V. **Réprimande, savon.** *Ils ont eu une engueulade,* une dispute.

ENGUEULER [ɑ̃gœle]. *v. tr.* (1783; de *en-,* et *gueule*). *Pop.* Invectiver grossièrement et bruyamment pour exprimer son mécontentement. « *Ils engueulent leurs domestiques en flamand* » (BAUDEL.). « *Cela ne vous empêche pas de l'engueuler comme du poisson pourri* » (ROMAINS). Pronom. (Récipr.) *Les deux conducteurs se sont engueulés un bon coup.* ◇ Réprimander de façon plus ou moins vive. V. **Attraper, engueulander.** « *Je passe ma vie à me faire engueuler, j'en ai plein le dos* » (COURTELINE). ◇ ANT. *Complimenter.*

ENGUICHURE [ɑ̃giʃyʀ]. *n. f.* (XVe; de l'a. fr. *enguiché* « garni d'une *guiche* ou *guige* (courroie), XIVe). *Vx* ou *Chasse.* Courroie servant à porter un cor de chasse, un bouclier.

ENGUIRLANDER [ɑ̃giʀlɑ̃de]. *v. tr.* (1555; de *en-,* et *guirlande*). ♦ 1° Orner de guirlandes, comme de guirlandes. « *Le houblon enguirlandait maintenant les fenêtres jusqu'au toit* » (DAUD.). — Fig. « *Le tout enguirlandé de regrets, condoléances, chatteries* » (FLAUB.). ♦ 2° *Fam.* (1922). Engueuler, attraper. « *L'autre s'emporte et l'enguirlande* » (GIDE).

ENHARDIR [ɑ̃aʀdiʀ]. *v. tr.* (1155; de *en-,* et *hardi*). Rendre hardi, plus hardi. V. **Encourager.** « *Obscurité douce, qui enhardit l'amour timide* » (LACLOS). « *Enhardi par cette première démarche* » (ROMAINS). — S'ENHARDIR. *v. pron.* Devenir plus hardi, prendre de l'assurance. « *Il s'enhardit jusqu'à lui demander...* » (ROMAINS). ◇ ANT. *Décourager, effrayer, intimider.*

ENHARMONIE [ɑ̃aʀmɔni]. *n. f.* (1845; de *enharmonique,* d'apr. *harmonie*). *Mus. anc.* Genre enharmonique. ◇ *Mod.* Rapport entre deux notes, deux tonalités enharmoniques.

ENHARMONIQUE [ɑ̃aʀmɔnik]. *adj.* (XIVe; bas lat. d'o. gr. *aenharmonicus*). ♦ 1° *Mus. anc.* Qui procède par quarts de ton. *Genre enharmonique.* ♦ 2° *Mod.* (1755). Se dit de notes de noms distincts et de caractères harmoniques différents (V. **Comma**), qui sont représentées dans les instruments à son fixe par un son unique intermédiaire. *Do dièse et ré bémol sont enharmoniques. Les gammes d'ut dièse et de ré bémol sont enharmoniques.*

ENHARNACHER [ɑ̃aʀnaʃe]. *v. tr.* (*Enharneschier,* XIIIe; de *en-,* et *harnais*). *Rare.* Harnacher. — Fig. (XVIIe) Accoutrer.

ENHERBER [ɑ̃nɛʀbe]. *v. tr.* (1798; de *en-,* et *herbe*). Engazonner (un terrain dont on veut en herbage).

ÉNIÈME. V. **NIÈME.**

ÉNIGMATIQUE [enigmatik]. *adj.* (XIIIe; du bas lat. *ænigmatice* « d'une manière énigmatique », de *ænigma.* V. **Énigme**). Qui renferme une énigme, tient de l'énigme par son caractère ambigu ou peu clair. V. **Équivoque, indéchiffrable, insondable, mystérieux, obscur, sibyllin.** « *Sa philosophie était énigmatique et symbolique* » (DIDER.). « *Ce regard énigmatique, ce regard à perfidies* » (MAUPASS.). ◊ Dont le comportement, le caractère est mystérieux. V. **Étrange.** *Un personnage énigmatique.* ◊ ANT. **Clair.**

ÉNIGMATIQUEMENT [enigmatikmã]. *adv.* (1488; de *énigmatique*). Rare. D'une manière énigmatique.

ÉNIGME [enigm(ə)]. *n. f.* (1529; *enigmat*, XIVe; *ainigme*, XVe; lat. *œnigma, -atis*, gr. *ainigma*). ♦ 1° Chose à deviner d'après une définition ou une description faite en termes obscurs, ambigus. V. **Charade, devinette, logogriphe.** *L'énigme proposée à Œdipe par le Sphinx. Trouver le mot de l'énigme,* la solution de l'énigme, et *au fig.* l'explication de ce qu'on ne comprenait pas. ♦ 2° (XVIIe). Toute chose difficile à comprendre, à expliquer, à connaître. V. **Mystère, problème, secret.** « *La grande énigme humaine et le secret du monde !* » (HUGO). *Parler par énigmes,* d'une manière obscure et allusive. « *C'est sur cette hypothèse que je fonde l'espérance de déchiffrer l'énigme entière* » (BAUDEL.).

ENIVRANT, ANTE [ãnivrã, ãt]. *adj.* (XIIe; de *enivrer*). ♦ 1° Vieilli. Qui provoque l'ivresse. V. **Capiteux.** « *De jeunes rayons de soleil enivrants comme du vin doux* » (FRANCE). ♦ 2° Fig. Qui remplit d'une sorte d'ivresse. V. **Grisant, troublant.** « *La gloire enivrante mais amère des cénacles* » (DUHAM.).

ENIVREMENT [ãnivrəmã]. *n. m.* (XIIe; de *enivrer*). ♦ 1° Vieilli. Ivresse. ♦ 2° Mod. Sorte d'ivresse agréable, d'exaltation voluptueuse. V. **Griserie, transport.** « *Dans le premier enivrement d'un succès, on se figure que tout est aisé* » (CHATEAUB.). « *Antoine en éprouva l'enivrement des chefs* » (MART. du G.). ◊ ANT. **Froideur, indifférence.**

ENIVRER [ãnivre]. *v. tr.* (XIIe; de *en-*, et *ivre*). ♦ 1° Rendre ivre. V. **Griser, soûler.** — *Spécialt.* Droguer. « *Le laudanum, pris en quantité trop grande, peut enivrer* » (BAUDEL.). — *Pronom.* Se mettre en état d'ivresse. V. **Griser (se);** et *fam.* et *pop.* **Cuiter (se), pinter (se), pocharder (se), saler (se).** ♦ 2° Fig. Remplir d'une sorte d'ivresse des sens; d'une excitation ou d'une émotion agréable et souvent trouble. V. **Exalter, exciter, transporter, troubler.** « *On ne voit plus que carnage; le sang enivre le soldat* » (BOSS.). « *Sa beauté m'enivrait* » (MUSS.). « *L'air devenait d'une vivacité et d'une pureté qui m'enivrait* » (PROUST). — *Pronom.* « *Je m'enivre des odeurs* » (BAUDEL.). ◊ *Spécialt.* Rendre ivre d'orgueil. « *Ces grands peuples que leur gloire enivre nous d'un coup* » (DUHAM.). « *Jeune, enivré par ses succès* » (BARRÈS). ♦ ANT. **Désenivrer, dégriser.**

ENJAMBÉE [ãʒãbe]. *n. f.* (XIIIe; de *en-*, et *jambe*). ♦ 1° Grand pas. « *Ses longues enjambées de faucheux* » (JALOUX). « *Descendre la rue Saint-Benoît à grandes enjambées* » (DAUD.). ◊ *D'une enjambée,* en enjambant en une seule fois. Fig. « *Nous allons d'une enjambée franchir quatre ou cinq années de sa vie* » (DAUD.). ♦ 2° Vieilli. Distance représentée par l'écartement des jambes quand on marche d'un bon pas. « *Le réservoir n'a que deux enjambées de large* » (FROMENTIN).

ENJAMBEMENT [ãʒãbmã]. *n. m.* (1566; de *enjamber*). ♦ 1° Vx. Empiétement. ♦ 2° Mod. (1680) Procédé rythmique consistant à reporter sur le vers suivant un ou plusieurs mots nécessaires au sens du vers précédent. V. **Rejet.** ◊ Biol. *Enjambement des chromosomes :* entrecroisement des chromosomes lors de la méiose*, ayant pour résultat un échange de segments chromosomiques porteurs de gènes.

ENJAMBER [ãʒãbe]. *v.* (XVe; de *en-*, et *jambe*). ♦ 1° Intrans. Empiéter, se superposer en se prolongeant. « *Cette poutre enjambe sur le mur du voisin* » (ACAD.). ◊ (1587) Déborder par enjambement (sur le vers suivant). « *De lourds alexandrins l'un sur l'autre enjambant* » (HUGO). ♦ 2° Trans. (1762). Franchir (un obstacle) en étendant la jambe. V. **Sauter.** « *Les sept hommes enjambèrent le petit mur* » (MAC ORLAN). *Enjamber un corps couché par terre.* — Par anal. « *La rivière qu'enjambe un pont de pierre en dos d'âne* » (MAUPASS.). — Fig. « *Il enjambe les convenances* » (HUGO).

ENJAVELER [ãʒavle]. *v. tr.;* conjug. *appeler* (1352; de *en-*, et *javelle*). Agric. Mettre (le blé) en javelles.

ENJEU [ãʒø]. *n. m.* (v. 1370; pour *en jeu*). Argent que l'on met en jeu en commençant la partie et qui doit revenir au gagnant. V. **Cave, mise, poule.** « *Il proposa de doubler notre enjeu* » (BAUDEL.). ◊ Par ext. Ce que l'on peut gagner ou perdre, dans une compétition, une entreprise. « *Renoncer enfin sans combattre à l'un des plus beaux enjeux de la guerre* » (THARAUD).

ENJOINDRE [ãʒwɛ̃dR(ə)]. *v. tr.;* conjug. *joindre* (1138; lat. *injugere*, d'apr. *joindre*). Littér. Ordonner expressément. V. **Imposer, prescrire.** *Ce que l'honneur vous enjoint de faire.*

ENJÔLER [ãʒole]. *v. tr.* (mil. XVIe; « emprisonner », XIIIe; de *en-*, et *geôle*). Prendre, abuser par de belles paroles, des cajoleries, des flatteries. V. **Attraper, duper, embobeliner,**

entortiller, séduire, tromper. « *Il m'enjôla si bien par ses beaux discours, que j'acceptai* » (LESAGE).

ENJÔLEUR, EUSE [ãʒolœR, øz]. *n.* (1585; de *enjôler*). Personne habile à enjôler les autres. V. **Ensorceleur, séducteur, trompeur.** « *Tes paroles d'enjôleuse* » (BALZ.). ◊ *Adj.* Charmeur, séduisant. *Un sourire enjôleur.*

ENJOLIVEMENT [ãʒɔlivmã]. *n. m.* ou **ENJOLIVURE** [ãʒɔlivyR]. *n. f.* (1611; de *enjoliver*). Ornement destiné à enjoliver. « *Une calligraphie à lui, pétaradante d'enjolivements* » (COURTELINE). ◊ Addition destinée à enjoliver. « *Une courte histoire qui s'est défendue seule contre les enjolivements* » (MAURIAC).

ENJOLIVER [ãʒɔlive]. *v. tr.* (1608; *pron.* « s'égayer », déb. XIVe; de *en-*, et *joli*). Orner de façon à rendre plus joli, plus agréable. V. **Parer.** « *Un chapeau pointu enjolivé de bandes de velours et de pompons de soie* » (GAUTIER). ◊ Agrémenter, embellir de détails ajoutés plus ou moins exacts. *Il a enjolivé son récit.* V. **Broder.** — *Pronom.* « *La légende court, se répand, s'enjolive* » (DAUD.). — ANT. **Enlaidir.**

ENJOLIVEUR, EUSE [ãʒɔlivœR, øz]. *n.* (1612; de *enjoliver*). ♦ 1° Personne qui aime à enjoliver une histoire. ♦ 2° N. m. (1928). Garniture pour enjoliver une automobile. *Spécialt.* Plaque métallique dont on recouvre les moyeux des roues d'automobile.

ENJOLIVURE. V. **ENJOLIVEMENT.**

ENJOUÉ, ÉE [ãʒwe]. *adj.* (de *en-*, et *jeu*). Qui a ou marque de l'enjouement. V. **Aimable, badin, gai.** « *C'est un caractère enjoué, qui me paraît plein de bonne humeur* » (FROMENTIN). « *Une voix presque enjouée* » (DUHAM.). ◊ ANT. **Chagrin, maussade, sévère, triste.**

ENJOUEMENT [ãʒumã]. *n. m.* (mil. XVIIe; de *enjoué*). Disposition à la bonne humeur, à un gaieté aimable et souriante. V. **Entrain, gaieté.** « *Cet enjouement qui répand un coloris d'aménité sur les vertus* » (DIDER.). « *C'est là sans doute qu'il puisa cette liberté de badinage, cette heureuse facilité de plaisanterie, cet enjouement* » (GAUTIER). ◊ ANT. **Austérité, gravité, sérieux.**

ENJUIVER [ãʒɥive]. *v. tr.* (1948; de *en-*, et *juif*). Péj. Pénétrer de l'influence juive.

ENKYSTÉ, ÉE [ãkiste]. *adj.* (1707; de *en-*, et *kyste*). Se dit d'une tumeur ou d'un corps étranger qui reste isolé dans l'organisme par suite d'un enkystement.

ENKYSTEMENT [ãkistəmã]. *n. m.* (1864; de *enkyster*). Formation d'une couche de tissu conjonctif dense autour d'un corps étranger (ou d'une tumeur) qui se trouve ainsi isolé du tissu environnant.

ENKYSTER (S') [ãkiste]. *v. pron.* (1863; de *enkysté*). Devenir enkysté.

ENLACEMENT [ãlasmã]. *n. m.* (fin XIIe; de *enlacer*). ♦ 1° Disposition de choses enlacées. V. **Entrecroisement, entrelacement.** « *Un enlacement inextricable de fleurons, de rinceaux, d'acanthes* » (GAUTIER). ♦ 2° Étreinte de corps qui s'enlacent. V. **Embrassement.** « *Ô quels baisers! Quels enlacements fous!* » (VERLAINE).

ENLACER [ãlase]. *v. tr.;* conjug. *placer* (de XIIe; de *en-*, et *lacer*). ♦ 1° Entourer plusieurs fois en serrant. « *Des liserons enlacent les barreaux des fenêtres* » (LOTI). Pronom. « *Comme un serpent qui s'enlacerait à un serpent* » (BLOY). ♦ 2° Serrer dans ses bras, ou en passant un bras autour de la taille. V. **Étreindre.** *Le danseur enlace sa cavalière. Tendrement enlacés.* ♦ 3° *(Compl. au plur.)* Passer l'un autour de l'autre, l'un dans l'autre. V. **Entrecroiser, entrelacer.** « *Un réseau d'ornements inextricablement enlacés* » (GAUTIER). — Pronom. *(Récipr.)* S'entrelacer. « *Les petites rues descendaient, montaient, s'enlaçaient* » (LOTI).

ENLAÇURE [ãlasyR]. *n. f.* (1676; « enlacement », XIIe; de *enlacer*). Techn. Assemblage d'une mortaise et d'un tenon avec des chevilles.

ENLAIDIR [ãledir]. *v.* (XIIe; de *en-*, et *laid*). ♦ 1° V. tr. Rendre ou faire paraître laid. V. **Défigurer, déparer.** *La maternité l'a déformée et enlaidie.* « *Par quel affreux miracle ce pays se trouve-t-il avili, enlaidi?* » (DUHAM.). Absolt. *La colère enlaidit.* Pronom. « *Il faut autant de soins pour s'enlaidir à toute heure que pour se parer* » (COLETTE). ♦ 2° V. intr. Devenir laid. *J'ai trouvé qu'elle avait enlaidi.* ◊ ANT. **Embellir, enjoliver, parer.**

ENLAIDISSEMENT [ãledismã]. *n. m.* (fin XVe; de *enlaidir*). Action ou fait d'enlaidir. ◊ ANT. **Embellissement.**

ENLEVAGE [ãlvaʒ]. *n. m.* (1842; de *enlever*). ♦ 1° Techn. Opération de teinturerie qui consiste à détruire soit la teinture, soit le mordant. ♦ 2° (1874). Aviron. Action de précipiter le mouvement des rames en fin de course, cadence accélérée sur 10 ou 20 coups d'avirons.

ENLEVÉ, ÉE [ãlve]. *adj.* (1845; de *enlever*). Exécuté, développé avec brio. « *Jamais bourrée ne fut mieux marquée ni mieux enlevée* » (SAND). *Une scène magistralement enlevée.*

ENLÈVEMENT [ãlvmã]. *n. m.* (1551; de *enlever*). ♦ 1° Action d'enlever (une personne). *L'enlèvement des Sabines.* — Dr. *Enlèvement de mineur,* rapt par violence ou par fraude, ou rapt de séduction. V. **Détournement.** *Enlèvement d'enfant,* fait d'enlever un enfant de l'endroit où il se trouve en lui faisant perdre son identité. V. **Kidnappage.** ♦ 2º (Fin XVIᵉ). Action d'enlever (une position militaire). « *L'enlèvement de la redoute* » (MÉRIMÉE). ♦ 3º Action d'enlever (des objets). *L'enlèvement des marchandises, des bagages. L'enlèvement des ordures ménagères.* — Dr. *Enlèvement de pièces,* vol de pièces officielles.

ENLEVER [ãlve]. *v. tr.;* conjug. lever (XIIᵉ; pour *en* lever).
I. ♦ 1º Porter vers le haut. V. **Lever, soulever.** « *Je coupai l'unique corde qui me retenait à la terre, et je m'aperçus que j'étais enlevé avec une inconcevable rapidité* » (BAUDEL.). ◊ Faire bondir ou partir à toute allure (un cheval). *Il « enlève d'un coup de fouet le petit cheval* » (LOTI). Pronom. « *La voilà qui s'enlève, emportant son cavalier* » (FROMENTIN). Spécialt. Se dit du trotteur qui se met au galop. ♦ 2º Fig. (XVIIᵉ). Ravir, transporter. « *Son âme fut comme enlevée par ce bonheur* » (STENDHAL).
II. ♦ 1º (XIIIᵉ). Faire qu'une chose ne soit plus là où elle était. V. **Ôter, retirer.** — (En déplaçant) *Enlever un fauteuil du salon pour le mettre dans la chambre. Enlever les ordures.* ◊ Spécialt. (un vêtement) « *Elle enleva son chapeau, ses gants* » (GREEN). ◊ (En séparant) V. **Arracher, détacher, extraire;** préf. dé-, et é-. *On lui a enlevé les amygdales. Enlever une étiquette qui était collée.* ◊ (En supprimant) Faire disparaître. *Enlever une tache.* V. **Effacer.** *Il faut savoir enlever de son œuvre ce qui souvent nous plaît le plus* » (FLAUB.). V. **Éliminer, retrancher.** Pronom. (Sens passif) *Une tache qui ne peut pas s'enlever.* ♦ 2º Fig. Priver (de (qqch. d'ordre moral). « *Ça ne lui a pas donné le goût des Sciences, mais ça lui a enlevé celui des Lettres* » (GIDE). *Vous m'enlevez tout espoir.* « *L'éclat de ses erreurs n'enlevait rien à l'autorité de ses prophéties* » (MAUROIS), laissait intacte l'autorité.
III. (XVIᵉ). ♦ 1º Prendre avec soi. V. **Emporter.** *Les déménageurs viennent enlever les meubles.* Pop. *Enlevez le bœuf!* la chose est prête, vous pouvez l'emporter. ◊ Spécialt. Emporter (une marchandise qui se vend facilement et rapidement). *Tout ça pour cinquante francs, à enlever!* Pronom. (Passif) *Ça s'enlève comme des petits pains.* ♦ 2º Prendre d'assaut. V. **Emparer (s').** « *Il donna l'ordre aux cuirassiers d'enlever le plateau de Mont-Saint-Jean* » (HUGO). ◊ Par ext. S'assurer de. *Enlever les suffrages, le concours de qqn. Enlever une course, la gagner.* ♦ 3º Soustraire (une personne) à l'autorité de ceux qui en ont la garde. V. **Détourner, ravir.** *Enlever une fille mineure, un enfant.* V. **Enlèvement, kidnappage.** ◊ Emmener dans une fugue amoureuse. « *Une belle qui se fait enlever tous les six mois* » (DAUD.). ◊ Littér. Emporter de ce monde. « *La mort nous l'enlevait* » (BOSS.). « *Le romancier célèbre qui vient d'être enlevé* » (STE-BEUVE).
◊ ANT. Poser. Laisser; ajouter.

ENLEVURE [ãlvyʀ]. *n. f.* (XIIᵉ; de *enlever*). Techn. Relief d'une sculpture.

ENLIASSER [ãljase]. *v. tr.* (fin XVIIIᵉ; de *en-*, et *liasse*). Rare. Mettre en liasse. *Enliasser des lettres, des billets.*

ENLIER [ãlje]. *v. tr.* (1676; « lier ensemble », XIIᵉ; de *en-*, et *lier*). Techn. Engager les uns dans les autres (des matériaux de construction posés les uns en longueur, les autres en largeur).

ENLISEMENT [ãlizmã]. *n. m.* (1862; de *enliser*). Fait de s'enliser. « *Il est condamné à l'enlisement, à cet épouvantable enterrement long, infaillible, implacable* » (HUGO). — Fig. « *L'enlisement des forces dans la vie bureaucratique* » (LECOMTE).

ENLISER [ãlize]. *v. tr.* (XVᵉ, repris fin XVIIIᵉ; mot dial., de *en-*, et a. fr. dial. *lise* « sable mouvant »; o. i.). Enfoncer dans du sable mouvant, en terrain marécageux. V. **Embourber.** « *Marthe enlise deux roues de l'auto* » (COLETTE). — Pronom. *Elle « s'enlisait dans les sables du Mont Saint-Michel* » (NODIER). ◊ Fig. S'enfoncer, sombrer. « *Le vieux bureau où la vie d'un homme s'enlise* » (ST-EXUP.).

ENLUMINER [ãlymine]. *v. tr.* (XIIIᵉ; « éclairer », 1080; lat. *illuminare,* avec chang. de préf.). ♦ 1º Orner d'enluminures. *L'artiste anonyme qui a enluminé ce livre d'heures.* ♦ 2º Colorer vivement. — Au p. p. « *La trogne enluminée du gros buveur...* » (TAINE).

ENLUMINEUR, EUSE [ãlyminœʀ, øz]. *n.* (1260; de *enluminer*). Artiste spécialisé dans l'enluminure. V. **Miniaturiste.**

ENLUMINURE [ãlyminyʀ]. *n. f.* (XIIIᵉ; de *enluminer*). ♦ 1º Art d'enluminer. *L'enluminure au moyen âge.* ♦ 2º Lettre peinte ou miniature ornant d'anciens manuscrits, des livres religieux. « *On trouve dans ces vieux missels de naïves enluminures* » (DAUD.). ♦ 3º Par ext. Coloration brillante (du visage).

ENNÉADE [enead]. *n. f.* (1839; bas lat. *enneas, -adis* « neuvaine, neuf jours », gr. *enneas, -ados* « groupe de neuf, neuvaine »). Groupe de neuf personnes, neuf choses semblables.

ENNÉAGONAL, ALE, AUX [e(ɛn)neagɔnal, o]. *adj.*

(1864; de *ennéagone*). Géom. Qui a neuf angles. *Prismes ennéagonaux,* dont la base est ennéagonale.

ENNÉAGONE [e(ɛn)neagɔn]. *n. m.* (1561; gr. *ennea* « neuf », et *-gone*). Géom. Polygone à neuf angles. Adj. *Figure ennéagone.*

ENNEIGÉ, ÉE [ãneʒe]. *adj.* (1200; de *en-*, et *neige*). Couvert de neige. *Pentes enneigées. Col enneigé fermé en hiver.*

ENNEIGEMENT [ãnɛʒmã]. *n. m.* (1911; de *enneigé*). État d'une surface enneigée; hauteur de la neige sur un terrain. *Bulletin d'enneigement, publié dans les stations de sports d'hiver.*

ENNEMI, IE [ɛnmi]. *n.* (*Enemi,* 1080; *inimi,* Xᵉ; lat. *inimicus*).
I. ♦ 1º Personne qui déteste qqn et cherche à lui nuire. V. **Adversaire.** *C'est son ennemi mortel, son pire ennemi.* « *Il était bien dangereux de se faire de tels ennemis* » (MAURIAC). « *Cet ennemi des siens, ce cœur dévoré par la haine* » (MAURIAC). « *L'homme est partout l'ennemi de lui-même, son secret et sournois ennemi* » (BERNANOS). — *Un ennemi du genre humain,* un misanthrope. *Les ennemis du régime,* l'opposition. *Les ennemis de l'Église. Un ennemi du peuple.* ◊ Adj. « *Les deux descendants de familles ennemies* » (GIRAUDOUX). ♦ 2º Par ext. Personne qui a de l'aversion, de l'éloignement (pour qqch.). « *Ennemis pour les autres et pour eux-mêmes de tout plaisir* » (MAURIAC). ♦ 3º Toute chose qu'un homme ou un groupe juge contraire à son bien. « *Ma vieille ennemie la solitude* » (MAURIAC). « *Le cléricalisme, voilà l'ennemi* » (GAMBETTA). ◊ Chose qui s'oppose à une autre et lui nuit. *Le mieux est l'ennemi du bien.*
II. (Au plur. ou au sing. collectif). Ceux contre lesquels on est en guerre, leur nation ou leur armée. « *Le concept d'ennemi n'est tout à fait clair que si l'ennemi est séparé de nous par une barrière de feu* » (SARTRE). *Tomber entre les mains de l'ennemi,* être fait prisonnier. *Passer à l'ennemi.* V. **Déserter.** ◊ Adj. *En pays ennemi. L'armée ennemie, les canons ennemis.* ◊ Par ext. Pays contre lequel on a souvent et longtemps fait la guerre. *Notre ennemi héréditaire.*
◊ ANT. Ami; allié.

ENNOBLIR [ãnɔbliʀ]. *v. tr.* (v. 1260; de *en-*, et *noble*). ♦ 1º Conférer un caractère de noblesse, de grandeur morale. V. **Élever, grandir.** « *C'est le cœur qui ennoblit l'homme* » (R. ROLLAND). « *L'expression d'angélique dureté qui ennoblit les visages enfantins* » (COLETTE). V. **Anoblir** (vx). ♦ 2º Comm. Améliorer les qualités de (un produit). « *Ennoblir une matière textile* » (*Découverte,* 1972). ◊ ANT. Avilir.

ENNOBLISSEMENT [ãnɔblismã]. *n. m.* (1636; « embellissement », XIVᵉ; de *ennoblir*). Rare. Fait d'être ennobli. « *L'ennoblissement d'une nature sans noblesse est possible* » (MAURIAC).

ENNUAGER [ãnɥaʒe]. *v. tr.* (1611; de *en-*, et *nuage*). Couvrir de nuages. Pronom. *Le ciel s'ennuage. Un ciel ennuagé.* ◊ Couvrir de choses vaporeuses. « *Mᵐᵉ Henningsen, ennuagée de mousseline et de tulle* » (DUHAM.).

ENNUI [ãnɥi]. *n. m.* (déb. XIIᵉ; de *ennuyer*). ♦ 1º Vx. Tristesse profonde, grand chagrin. V. **Tourment.** « *Si d'une mère en pleurs vous plaignez les ennuis* » (RAC.). ♦ 2º Peine qu'on éprouve de quelque contrariété; cette contrariété. V. **Désagrément, préoccupation, souci, tracas;** et *fam.* **Embêtement.** « *À ceux-ci je n'ai pas causé de si grands tourments, tout au plus des ennuis* » (COLETTE). *Se créer, se préparer bien des ennuis.* V. **Difficulté.** *Quel ennui!* (V. pop. **Barbe**). *Avoir des ennuis d'argent.* « *Tu ne crains pas qu'on te fasse des ennuis?* » (SARTRE). *L'ennui, c'est que...,* ce qu'il y a d'ennuyeux, c'est que... ♦ 3º (XIIIᵉ). Impression de vide, de lassitude causée par le désœuvrement, par une occupation monotone ou dépourvue d'intérêt. « *L'ennui naquit un jour de l'uniformité* » (LA MOTTE-HOUDAR). « *Je travaille toujours pour ne pas mourir d'ennui* » (PROUDHON). « *Presque tous les métiers sécrètent l'ennui à la longue* » (ROMAINS). ♦ 4º Mélancolie vague, lassitude morale qui fait qu'on ne prend d'intérêt, de plaisir à rien. V. **Abattement, cafard** (*fam.*), **dégoût** (de la vie), **langueur, mal** (du siècle), **neurasthénie, noir** (idées), **spleen.** *Chateaubriand « a comme engendré cet ennui incurable, mélancolique, sans cause,* le mal de René » (STE-BEUVE). « *Mais je me demande si les hommes ont jamais connu cette contagion de l'ennui, cette lèpre? Un désespoir avorté* » (BERNANOS). ◊ ANT. Satisfaction; amusement, distraction, plaisir.

ENNUYANT, ANTE [ãnɥijã, ãt]. *adj.* (*Enoiant,* XIIᵉ; de *ennuyer*). Vieilli ou région. Ennuyeux.

ENNUYÉ, ÉE [ãnɥije]. *adj.* (XVIᵉ; de *ennuyer*). Préoccupé, contrarié. *Je suis bien ennuyé, ils devraient être déjà là. Il avait l'air très ennuyé.*

ENNUYER [ãnɥije]. *v. tr.; conjug. appuyer* (XIIᵉ; bas lat. *inodiare,* de *odium* « haine »). ♦ 1º Causer du souci, de la contrariété à (qqn). V. **Contrarier, inquiéter, préoccuper, tracasser.** *Ça m'ennuie, cette petite fièvre. Cela m'ennuierait d'arriver en retard.* — Impers. (Vx) « *Il m'ennuierait fort d'en chercher un autre* » (P.-L. COUR.). ♦ 2º Importuner,

V. **Agacer, assommer** (*fam.* ou *pop.* Bassiner, canuler, chier [faire], courir, embêter, emmerder*, empoisonner, enquiquiner, suer [faire], tanner, tartir [faire]). *Tu nous ennuies, avec tes histoires!* V. **Casser** (les pieds). ♦ 3° Remplir d'ennui, lasser l'intérêt de (qqn). V. **Fatiguer** (*fam.* Barber, raser). *Conférencier qui ennuie son auditoire.* V. **Endormir**. Absolt. « *L'éloquence continue ennuie* » (PASC.). ♦ 4° Pronom. (Vieilli ou région.) *S'ennuyer de qqn*, souffrir de son absence. V. **Languir**. ◇ *Mod.* Éprouver de l'ennui. V. **Embêter** (s'), morfondre (se). « *Je ne m'ennuie jamais avec vous* » (SAND). « *Le monde où l'on s'ennuie* » (PAILLERON). « *Les amants et les maîtresses ne s'ennuient point d'être ensemble* » (LA ROCHEF.). ◈ ANT. **Amuser, désennuyer, distraire**.

ENNUYEUSEMENT [ɑ̃nɥijøzmɑ̃]. *adv.* (XIIᵉ; de *ennuyeux*). Rare. D'une manière ennuyeuse.

ENNUYEUX, EUSE [ɑ̃nɥijø, øz]. *adj.* (XIIᵉ; de *ennui*). ♦ 1° Qui cause de la contrariété, du souci ou, simplement, de la gêne ou du désagrément. V. **Contrariant, désagréable, embêtant, fâcheux, gênant, inquiétant**. « *Maman lui a fait des reproches. C'est bien ennuyeux* » (MAUROIS). « *Une femme qu'il n'aimait pas allait lui poser des questions ennuyeuses* » (GREEN). ♦ 2° (Fin XIIᵉ). Qui engendre l'ennui. V. **Assommant, embêtant, endormant, fastidieux, fatigant, insipide, lassant, monotone, soporifique** (*fam.* et *pop.* Barbant, emmerdant, rasant). « *La redite est partout ennuyeuse* » (MONTAIGNE). « *Tous les genres sont bons, hors le genre ennuyeux* » (VOLT.). « *Les soirées étaient ennuyeuses comme la pluie* » (PROUST). — (Personnes) « *Il y a des gens si ennuyeux qu'ils vous font perdre une journée en cinq minutes* » (RENARD). *Un conférencier mortellement ennuyeux.* V. **Endormeur, raseur**. ◈ ANT. **Amusant, intéressant**.

ÉNONCÉ [enɔ̃se]. *n. m.* (1675; de *énoncer*). ♦ 1° Énonciation, déclaration. V. **Exposé**. « *L'énoncé de la volonté générale* » (ROUSS.). « *On ne vous fera entrer que pour l'énoncé du jugement* » (CAMUS). ♦ 2° Formule, ensemble de formules exprimant qqch. *L'énoncé d'une loi, d'un problème.* V. **Texte; termes**. ◇ *Ling.* Phrase ou ensemble de phrases considérées indépendamment de l'énonciation*.

ÉNONCER [enɔ̃se]. *v. tr.;* conjug. *placer* (1377, repris déb. XVIIᵉ; lat. *enuntiare*). Exprimer en termes nets, sous une forme arrêtée (ce qu'on a à dire). V. **Exposer, formuler**. « *Exprimer les mêmes vérités en les énonçant avec moins de crudité?* » (CHATEAUB.). *La science « conduit à énoncer des propositions insupportables au sens commun* » (VALÉRY). *Écrit juridique énonçant certaines clauses et conditions.* V. **Mentionner, stipuler**. ◇ *Pronom.* (Sens passif) Être énoncé. « *Ce que l'on conçoit bien s'énonce clairement* » (BOIL.). — (Réfl.) S'exprimer, parler. *Énoncez-vous plus clairement.*

ÉNONCIATIF, IVE [enɔ̃sjatif, iv]. *adj.* (1386; lat. *enuntiativus*). *Didact.* Qui sert à énoncer. — (Ling.) *Proposition énonciative*: qui exprime, sans tension affective, un fait positif ou négatif.

ÉNONCIATION [enɔ̃sjɑsjɔ̃]. *n. f.* (1361; lat. *enunciatio*). ♦ 1° Action, manière d'énoncer. V. **Déclaration, énoncé**. *L'énonciation des faits. Énonciation affirmative, négative.* Dr. *Énonciation d'une clause dans un acte.* V. **Mention**. ♦ 2° *Ling.* Production individuelle d'une phrase dans des circonstances données de communication. *Le sujet de l'énonciation est je.*

ENORGUEILLIR [ɑ̃nɔrgœjir]. *v. tr.* (1160; de *en-*, et *orgueil*). Rendre orgueilleux, flatter (qqn) dans sa vanité. « *Cette sorte de déesse humaine que le culte amoureux des mâles enorgueillit* » (MAUPASS.). ◇ S'ENORGUEILLIR DE : devenir orgueilleux, tirer vanité (de qqch.). V. **Glorifier** (se), **prévaloir** (se). « *C'est une faiblesse habituelle à l'homme qui trouve quelque chose de s'en enorgueillir* » (GAUTIER). ◈ ANT. **Humilier**.

ÉNORME [enɔrm(ə)]. *adj.* (1355; lat. *enormis*, proprem. « qui sort de la règle », *norma*). ♦ 1° Qui sort des bornes habituelles, dépasse ce que nous avons l'habitude d'observer et de juger. V. **Anormal, démesuré, extraordinaire, monstrueux**. « *Une énorme injustice* » (VALÉRY). « *Une si énorme bévue* » (VOLT.). « *Ces énormes batailles de Napoléon* » (CHATEAUB.). — Subst. « *Le génie dans son vrai centre, qui est l'énorme* » (FLAUB.). — *C'est énorme, c'est inouï, c'est monstrueux.* — (En bonne part) *Il a reconnu ses torts, c'est déjà énorme, c'est beaucoup.* ◇ *Fam.* (Personnes) *Un type énorme, remarquable.* ♦ 2° (XVIᵉ). Dont les dimensions sont considérables. V. **Colossal, gigantesque, grand, gros, immense**. « *Une énorme muraille de rochers* » (FROMENTIN). « *Il ouvrit une bouche énorme et bâilla prodigieusement* » (DUHAM.). ◇ Qui dépasse de beaucoup en quantité, en importance ce qu'on observe habituellement. « *La Curie, composée en énorme majorité de prélats italiens* » (MADELIN). « *Du poids énorme des treize wagons* » (ZOLA). « *D'énormes masses qui déferleront d'un coup* » (ROMAINS). *Une différence, une perte énorme.* ◈ ANT. **Normal, ordinaire; insignifiant, minime, petit**.

ÉNORMÉMENT [enɔrmemɑ̃]. *adv.* (XIVᵉ; de *énorme*).

Sert de superlatif à *beaucoup*. « *On avait énormément spéculé* » (BAINVILLE). « *Il me faut beaucoup d'argent, il me faut énormément d'argent* » (HUGO).

ÉNORMITÉ [enɔrmite]. *n. f.* (1220; lat. *enormitas*). ♦ 1° *Vx.* Crime énorme. ◇ *Mod.* Faute, sottise ou bévue énorme. « *Ce qui paraît une énormité, mesuré à la courte échelle des vieilles idées diplomatiques* » (CHATEAUB.). « *Un livre plein d'énormités* » (FLAUB.). ♦ 2° (XIVᵉ). Caractère de ce qui est anormal, monstrueux. « *L'énormité de ma demande* » (LOTI). ◇ Grandeur, importance considérable. *Elle « refusait à Lousteau de l'argent, en objectant l'énormité des avances déjà faites* » (BALZ.). ◈ ANT. **Insignifiance**.

ÉNOSTOSE [enɔstoz]. *n. f.* (1845; du gr. *en* « dans », d'apr. *exostose*). *Méd.* Production osseuse circonscrite, formée dans la profondeur d'un os et pouvant faire saillie dans le canal médullaire ou même l'obstruer. V. **Exostose, ostéophyte**.

ÉNOUER [enwe]. *v. tr.* (1723; de *é-*, et *nouer*). *Techn.* Épincer (une étoffe).

ENQUÉRIR (S') [ɑ̃kerir]. *v. pron.;* conjug. *acquérir* (mil. XVᵉ; tr., « demander », Xᵉ; lat. *inquirere*). Chercher à savoir (en examinant, en interrogeant). V. **Informer** (s'), **rechercher, renseigner** (se). « *L'ignorant ne sait pas même de quoi s'enquérir* » (ROUSS.). « *Il s'enquérait si les planètes étaient habitées* » (CHATEAUB.). V. **Demander**. « *Il s'enquérait de tout le monde* » (SAND), il demandait des nouvelles de tout le monde.

ENQUERRE (À) [ɑ̃kɛr]. *loc. adj.* (1690; proprem. « à vérifier », de *enquerre*, a. forme de *enquérir*). *Blas.* Se dit d'armes qui présentent une singularité, une irrégularité à éclaircir.

ENQUÊTE [ɑ̃kɛt]. *n. f.* (déb. XIIIᵉ; lat. pop. *°inquæsita*, class. *inquisita*, p. p. subst. au fém. de *inquirere* « rechercher »). ♦ 1° Procédure permettant à un plaideur d'établir par l'audition de témoins l'exactitude des faits qu'il allègue. *Faire, ouvrir une enquête. Enquête ordinaire*, où les témoins sont interrogés par un magistrat en présence des parties. — *Enquête sommaire*, faite à l'audience. *Seconde enquête pour vérifier.* V. **Contre-enquête**. Dr. *Enquête à futur*, portant sur des faits susceptibles de devenir litigieux. — Dr. crim. *Enquête préparatoire, préliminaire*, première phase de l'instruction. V. **Information**. Cour. *Inspecteur qui mène, conduit une enquête.* « *Il y aurait une arrivée de policiers, et de magistrats; enquête, et le reste* » (ROMAINS). — Dr. publ. *Enquête administrative*, procédure par laquelle l'administration réunit des informations, vérifie certains faits avant de prendre une décision. *Enquêtes dites « de commodo et incommodo »*, en vue d'établir les avantages ou les inconvénients de certains travaux publics. ♦ *Enquête parlementaire*, faite au nom d'une assemblée par une commission (dite d'enquête). ♦ 2° (XVIᵉ). Recherche méthodique reposant notamment sur des questions et des témoignages. V. **Examen, investigation**. *Il « s'était d'abord convaincu par une enquête sur place* » (ROMAINS). *Je fais ma petite enquête.* ◇ *Spécialt.* Étude d'une question sociale, économique, politique... par le rassemblement des avis, des témoignages des intéressés. V. **Sondage**. *Enquête sociologique, statistique.* « *En ouvrant une 'grande enquête' sur l'influence des lettres françaises actuelles à l'étranger* » (GIDE).

ENQUÊTER [ɑ̃kete]. *v.* (*Inquester*, 1371; repris 1907; tr., « demander », fin XIIᵉ; de *enquête*). ♦ 1° V. intr. Faire, conduire une enquête. « *Lui demander si la justice ne ferait pas bien d'enquêter un peu sur l'origine des fonds du Pacifiste* » (SARTRE). *Il faut enquêter.* ♦ 2° S'ENQUÊTER DE. *v. pron.* (1538). *Vx.* S'enquérir.

ENQUÊTEUR, EUSE [ɑ̃ketœr, øz]. *adj. et n.* (1283; de *enquêter*). Personne qui mène une enquête (policier, sociologique...). — REM. La forme féminine ENQUÊTRICE [ɑ̃ketris] est moins régulière.

ENQUIQUINANT, ANTE [ɑ̃kikinɑ̃, ɑ̃t]. *adj.* (1844; de *enquiquiner*). *Fam.* Qui enquiquine. « *Quelle belle invention que l'École de Droit pour vous emmerder! La plus enkikinante* (sic) *de la création!* » (FLAUB.).

ENQUIQUINER ou (*rare*) **ENKIKINER** [ɑ̃kikine]. *v. tr.* (mil. XIXᵉ; formation expressive, de *en-*, et rad. onomat. *kik-*; Cf. Kiki). *Fam.* Synonyme euphémique de emmerder. « *Les ministres, je m'en sers quand j'en ai besoin. Et puis je les enquiquine* » (DUHAM.).

ENRACINEMENT [ɑ̃rasinmɑ̃]. *n. m.* (1530; de *enraciner*). Fait de s'enraciner. Fig. « *Cette doctrine de l'enracinement qu'il* (Barrès) *préconise* » (GIDE).

ENRACINER [ɑ̃rasine]. *v. tr.* (fin XIIᵉ; intr., « prendre racine », fin XIIᵉ; de *en-*, et *racine*). ♦ 1° Faire prendre racine à (un arbre, une plante). — S'ENRACINER. *v. pron.* Prendre racine. « *Les plantes marines s'enracinent sur les rochers* » (BERNARD. de ST-P.). ♦ 2° *Fig.* Fixer profondément, solidement (dans l'esprit, le cœur). V. **Ancrer, implanter**. « *Chez les uns, la peste avait enraciné un scepticisme profond* » (CAMUS). — Pronom. « *Une erreur qui va s'enracinant* »

(PROUST). — Au p. p. « *Ils croyaient cela tous, d'une croyance antique et enracinée* » (PÉGUY). V. **Tenace.** ◊ Établir de façon solide et durable (dans un pays). — Pronom. « *Né à Paris, d'un père Uzétien et d'une mère Normande, où voulez-vous que je m'enracine ?* » (GIDE). — Au p. p. « *Une ancienne famille du pays, solidement enracinée dans ce terroir* » (MAU-ROIS). ◊ ANT. *Déraciner, extirper.*

ENRAGÉ, ÉE [ɑ̃ʀaʒe]. *adj.* (XIIᵉ; de *enrager*). ◆ 1° Furieux, fou de colère. « *La contrainte perpétuelle qu'il s'imposait le rendait enragé* » (R. ROLLAND). ◊ *Vieilli.* Qui n'a pas toute sa raison. V. **Fou.** « *Raisonnable pendant plus de quatre années... je sentais tout à coup que j'allais devenir enragé* » (DUHAM.). Fam. *Un joueur enragé,* passionné. V. **Effréné.** Subst. *Un enragé du football,* un fanatique du football. ◆ 2° (XIIIᵉ). Atteint de la rage. « *On les assomma sous des cailloux comme des chiens enragés* » (FLAUB.). — Fig. et fam. *Manger de la vache enragée,* mener une vie de privations. « *Espérant qu'un peu de vache enragée le rendrait plus sage* » (GAUTIER).

ENRAGEANT, ANTE [ɑ̃ʀaʒɑ̃, ɑ̃t]. *adj.* (1690; de *enrager*). *Rare.* Qui fait enrager, énervant. V. **Rageant.**

ENRAGER [ɑ̃ʀaʒe]. *v. intr.;* conjug. *bouger* (XIIᵉ; de *en-,* et *rage*). Éprouver un violent dépit. V. **Rager.** « *J'enrageais d'avoir laissé perdre les dernières heures* » (RADIGUET). *Faire enrager qqn.* V. **Endêver.** « *Vivre, pour faire enrager ceux qui vous paient des rentes viagères* » (VOLT.). ◊ *Par ext. Faire enrager ses parents, ses maîtres,* se dit d'un enfant insupportable, taquin.

ENRAIEMENT [ɑ̃ʀɛmɑ̃] ou **ENRAYEMENT** [ɑ̃ʀɛjmɑ̃]. *n. m.* (1819; de *enrayer* 2). ◆ 1° *Vx.* Action d'enrayer (un véhicule). ◆ 2° *Mod.* (*Fig.*). Fait d'arrêter (une progression dangereuse). *L'enraiement d'une épidémie.*

ENRAYAGE [ɑ̃ʀɛjaʒ]. *n. m.* (1826; de *enrayer* 2). ◆ 1° *Vieilli.* Freinage ou blocage (des roues, d'un véhicule). *Sabots d'enrayage.* ◆ 2° (Fin XIXᵉ). Fait de s'enrayer. *L'enrayage d'une arme à feu, d'un mécanisme.*

1. ENRAYER [ɑ̃ʀeje]. *v. tr.;* conjug. *payer* (1680; *enroier,* XIIIᵉ; de *en-,* et *raie,* a. fr. *roie*). *Agric.* Ouvrir le premier sillon dans (un champ).

2. ENRAYER [ɑ̃ʀeje]. *v. tr.;* conjug. *payer* (1552; de *en-,* et *rai*). ◆ 1° *Vieilli.* Entraver dans son mouvement (une roue, un véhicule). V. **Freiner.** ◊ *Mod.* (fin XIXᵉ) Empêcher accidentellement de fonctionner (une arme à feu, un mécanisme). V. **Bloquer.** — Pronom. *Son fusil s'est enrayé.* « *Ça s'enraye au moindre grain de sable* » (MART. du G.). ◆ 2° *Fig.* (1611). Arrêter dans son cours (une progression dangereuse, un mal). V. **Briser, juguler.** « *Des soins énergiques semblent avoir enrayé la progression du mal* » (MART. du G.). *Soins pour enrayer la grippe.* ◆ 3° (1680). *Techn.* Équiper (une roue), en montant les rayons. ◊ ANT. *Débloquer, désenrayer.*

ENRAYOIR [ɑ̃ʀejwaʀ]. *n. m.* (fin XVIᵉ; de *enrayer* 2). *Vieilli.* Sabot d'enrayage.

1. ENRAYURE [ɑ̃ʀejyʀ]. *n. f.* (1680; de *enrayer* 1). *Agric.* Premier sillon ouvert par la charrue.

2. ENRAYURE [ɑ̃ʀejyʀ]. *n. f.* (1690; de *enrayer* 2). *Techn.* Assemblage de pièces de bois rayonnant autour d'un centre.

ENRÉGIMENTER [ɑ̃ʀeʒimɑ̃te]. *v. tr.* (1721; de *en-.* et *régiment*). *Vieilli.* Incorporer dans un régiment. ◊ *Mod.* Faire entrer dans un parti qui exige une obéissance quasi militaire. V. **Embrigader.** « *On vous enrégimente dans cette fameuse internationale* » (ZOLA).

ENREGISTRABLE [ɑ̃ʀʒistrabl(ə)]. *adj.* (XVIᵉ; de *enregistrer*). Qui peut être enregistré (2° ou 3°).

ENREGISTREMENT [ɑ̃ʀʒistʀəmɑ̃]. *n. m.* (1310; de *enregistrer*). ◆ 1° *Dr.* Transcription ou mention sur registre public, moyennant le paiement d'un droit fiscal, d'actes ou déclarations diverses, en vue d'en constater l'existence et de leur conférer date certaine. *Droits d'enregistrement. Administration de l'Enregistrement,* et absolt. *l'Enregistrement,* l'administration publique chargée de ce service. *Receveur de l'enregistrement.* — *Anc. Dr.* Copie d'une ordonnance royale, faite par un parlement. ◊ *Cour. Enregistrement des bagages,* opération par laquelle un transporteur enregistre les bagages dont les voyageurs ne conservent pas la garde. ◆ 2° Action de consigner par écrit, de noter comme réel ou authentique. *L'enregistrement de ces petits faits dans ses Mémoires.* « *Ce dictionnaire est un enregistrement très étendu des usages de la langue* » (LITTRÉ). ◆ 3° (1870). Action ou manière d'enregistrer sur un support (des informations, signaux et phénomènes divers). *Enregistrement d'une image, d'une pression.* Spécialt. *Enregistrement du son,* permettant de le conserver et de le reproduire. *Enregistrement mécanique* (gravure sur disque), *optique* (film cinématographique), *magnétique* (magnétophone). *Enregistrement sur cassette*. Cabine, studio d'enregistrement. Enregistrement d'une émission à transmettre en différé.* ◊ Le support sur lequel on a effectué un enregistrement.

ENREGISTRER [ɑ̃ʀʒistʀe]. *v. tr.* (XIIIᵉ; de *en-,* et *registre*).

◆ 1° Inscrire sur un registre. *Enregistrer une commande.* — *Dr.* Procéder à l'enregistrement (d'un acte). *La donation a été enregistrée à telle date.* — *Faire enregistrer ses bagages.* ◆ 2° Consigner par écrit. V. **Mentionner.** *Enregistrer un événement dans son journal. Enregistrer un mot, une locution dans un dictionnaire.* ◊ *Fig.* Prendre bonne note de..., constater avec l'intention de se rappeler. V. **Recueillir, relever.** « *Trente convives dont l'histoire officielle n'enregistre que les toasts* » (BARRÈS). « *Progrès professionnel, qu'il n'enregistrait pas sans satisfaction* » (MART. du G.). *J'enregistre, je prends bonne note de ce que vous dites.* ◆ 3° (1864). Transcrire et fixer sur un support matériel, à l'aide de techniques et appareils divers (un phénomène à étudier, une information à conserver et à reproduire). *Enregistrer les pulsations du cœur. Enregistrer sur film.* V. **Filmer.** — Spécialt. *Enregistrer un son.* « *Si l'on enregistre ma voix, je ne la reconnais pas* » (SARTRE). *Musique enregistrée.* — Par ext. *Il a enregistré plusieurs chansons pour telle maison de disques,* il les a fait enregistrer.

ENREGISTREUR, EUSE [ɑ̃ʀʒistʀœʀ, øz]. *adj.* et *n. m.* (1864; « personne qui enregistre un acte », 1310; de *enregistrer*). Se dit d'un appareil destiné à enregistrer un phénomène. V. **-Graphe.** *Thermomètre enregistreur. Baromètre enregistreur. Appareil enregistreur et totalisateur.* — Subst. (N. m.) *Un enregistreur de pression.* Aviat. *Enregistreur de vol* (dit Boîte* noire). *Enregistreur de temps* (pour le pointage du personnel). V. **Pointeuse** (1).

ENRÊNER [ɑ̃ʀene]. *v. tr.* (XVᵉ; de *en-,* et *rêne*). *Vx.* Mettre les rênes à (un cheval).

ENRHUMÉ, ÉE [ɑ̃ʀyme]. *adj.* (*Enrumé,* fin XIVᵉ; *anrimé,* XIIᵉ; de *en-,* et *rhume*). Atteint de rhume. *Je suis très enrhumé.*

ENRHUMER [ɑ̃ʀyme]. *v. tr.* (1636; *s'enrimer,* fin XVᵉ; V. **Enrhumé.**) Causer le rhume de (qqn). *La moindre humidité suffit à l'enrhumer.* ◊ **S'ENRHUMER.** *v. pron.* Attraper un rhume. *Je me suis enrhumé en attendant dehors.*

ENRICHI, IE [ɑ̃ʀiʃi]. *adj.* (V. **Enrichir**). ◆ 1° (Généralement *péj.*). Qui s'est enrichi, qui n'a pas toujours été riche. V. **Parvenu.** *Un commerçant enrichi.* ◆ 2° Se dit d'un corps dont la proportion d'un constituant a été augmentée. *Uranium enrichi.* Comm. *Pain enrichi.* ◊ ANT. *Ruiné.*

ENRICHIR [ɑ̃ʀiʃiʀ]. *v. tr.* (XIIᵉ; de *en-,* et *riche*). ◆ 1° Rendre riche. « *M. Ellison se dépouillerait d'une moitié de sa fortune, et enrichirait toute la multitude de ses parents* » (BAUDEL.). « *L'industrie qui l'enrichissait* » (ROMAINS). ◊ **S'ENRICHIR.** *v. pron.* Devenir riche. V. **Fortune** (faire). « *Le bourgeois a gagné, épargné, est tous les jours il s'enrichit davantage* » (TAINE). ◆ 2° *Fig.* (XVᵉ). Rendre plus riche ou plus précieux en ajoutant un ornement ou un élément de valeur. *Il a enrichi sa collection de deux pièces rares. Exemplaire enrichi de deux dessins originaux de l'artiste.* — « *Les Romains ont enrichi leur langue* » (DU BELLAY), par des emprunts, des néologismes. *Des lectures qui enrichissent l'esprit.* V. **Meubler.** — Pronom. « *Avancer en âge, c'est s'enrichir d'habitudes* » (MAURIAC). ◆ 3° (Fin XIXᵉ). Traiter (un minerai) de façon à augmenter la teneur, augmenter l'un des constituants de. ◊ ANT. *Appauvrir, dépouiller.*

ENRICHISSANT, ANTE [ɑ̃ʀiʃisɑ̃, ɑ̃t]. *adj.* (1845; de *enrichir*). Qui enrichit l'esprit, apporte des connaissances. *Une lecture enrichissante.* ◊ ANT. *Abêtissant.*

ENRICHISSEMENT [ɑ̃ʀiʃismɑ̃]. *n. m.* (h. XIIIᵉ; 1530; de *enrichir*). ◆ 1° Action, manière de rendre plus précieux ou plus riche. *Travailler à l'enrichissement d'une collection, d'un ouvrage. L'enrichissement de la langue française au XVIᵉ siècle.* ◆ 2° Élément qui enrichit, peut enrichir. *Les derniers enrichissements d'un musée.* V. **Acquisition.** *Cette expérience sera pour vous un enrichissement.* ◆ 3° (Fin XVIIIᵉ). Fait d'augmenter ses biens, de faire fortune. « *Ce n'est pas tant la richesse que l'enrichissement* » (ROMAINS). *L'enrichissement d'une classe, d'un pays.* Dr. civ. *Enrichissement sans cause.* ◊ ANT. *Appauvrissement, ruine.*

ENROBAGE [ɑ̃ʀɔbaʒ]. ou **ENROBEMENT** [ɑ̃ʀɔbmɑ̃]. *n. m.* (1867-1877; de *enrober*). Action, manière d'enrober (un produit); enveloppe, couche qui enrobe.

ENROBER [ɑ̃ʀɔbe]. *v. tr.* (1838; « vêtir », XIIᵉ; de *en-,* et *robe*). ◆ 1° Entourer (une marchandise, un produit) d'une enveloppe ou d'une couche protectrice. *Enrober des pilules. Enrober des fruits,* en les glaçant. — *Glace à la vanille enrobée de chocolat. — Enrober des matériaux dans un liant.* ◆ 2° *Fig.* Envelopper de manière à masquer ou adoucir. « *Les dépêches officielles étaient enrobées de commentaires verbeux* » (MART. du G.).

ENROBEUSE [ɑ̃ʀɔbøz]. *n. f.* (v. 1960; de *enrober*). *Techn.* Machine servant à enrober les bonbons d'une couche dure de chocolat ou de caramel.

ENROCHEMENT [ɑ̃ʀɔʃmɑ̃]. *n. m.* (1729; de *en-,* et *roche*). *Constr.* Ensemble de quartiers de roche, de blocs de béton que l'on entasse sur un sol submergé ou mouvant, pour servir de fondations ou de protection à des ouvrages immergés.

ENROCHER [ɑ̃ʀɔʃe]. *v. tr.* (1838; « pétrifier », 1554; de *en-*, et *roche*). *Constr.* Établir sur un enrochement. *Enrocher les piles d'un pont.*

ENRÔLEMENT [ᾶʀolmᾶ]. *n. m.* (1559; *enroulement*, « enregistrement », 1285; de *enrôler*). Action d'enrôler, ou de s'enrôler. V. **Conscription, engagement, racolage, recrutement.** *Enrôlement d'un marin*, son inscription au rôle d'équipage. ◇ *Fig.* Embrigadement. « *L'auteur clame violemment son enrôlement sous un drapeau* » (BENDA).

ENRÔLER [ᾶʀole]. *v. tr.* (1536; « enregistrer », XIIᵉ; de *en-*, et *rôle*). Inscrire sur les rôles de l'armée, et *par ext.* amener à s'engager. V. **Recruter.** « *Des capitaines et des armateurs viennent enrôler des matelots* » (LOTI). — *Pronom.* S'engager. ◇ *Fig.* Amener à entrer dans un groupe, s'affilier à un parti. V. **Embrigader.** « *Il enrôla tous les amours-propres dans cette lignée insensée* » (CHATEAUB.).

ENRÔLEUR [ᾶʀolœʀ]. *n. m.* (1660; de *enrôler*). *Vx.* Racoleur.

ENROUEMENT [ᾶʀumᾶ]. *n. m.* (XVᵉ; de *enrouer*). Altération du timbre de la voix consécutive à une inflammation du larynx. V. **Extinction, graillement.** « *Des éclats de voix qui déchiraient le murmure gras des enrouements* » (ZOLA).

ENROUER [ᾶʀwe]. *v. tr.* (XIIᵉ; de *en-*, et a. fr. *ro(i)e*, lat. *raucus*. V. **Rauque**). Rendre rauque (la voix). V. **Érailler, voiler.** *Pronom. Ne criez pas ainsi, vous allez vous enrouer.* « *Une voix hystérique et comme enrouée par l'eau-de-vie* » (BAUDEL.). — Au p. p. *Voix enrouée.* — ÊTRE ENROUÉ, ÉE : être atteint d'enrouement. *Je suis enroué depuis hier.* Pronom. *Il s'est enroué à force de crier.* ◇ ANT. *Éclaircir.*

ENROULEMENT [ᾶʀulmᾶ]. *n. m.* (1641; de *enrouler*). ◆ 1° Ornement en spirale, objet présentant des spires. « *Les capricieux enroulements tracés par un peintre* » (CHATEAUB.). — *Spécialt.* Bobinage électrique, à spires espacées ou jointives constituant une bobine de self. ◆ 2° Disposition de ce qui est enroulé sur soi-même ou autour de qqch. *Enroulement des feuilles de la pomme de terre*, maladie de cette plante dont les feuilles s'enroulent en cornets.

ENROULER [ᾶʀule]. *v. tr.* (1334; *enrooler*; de *en-*, et *rôle*). ◆ 1° *Vieilli.* Rouler une chose sur elle-même, en rouleau ou en spirale. — *Mod. Pronom.* « *Ses cheveux s'enroulaient en boucles mobiles* » (MART. du G.). ◆ 2° (1459). Rouler une chose (sur, autour d'une autre). *Enrouler du fil sur une bobine.* V. **Bobiner.** *Enrouler un drapeau autour de sa hampe.* « *Les femmes enroulaient autour de leur cou ces boas de plumes* » (ALAIN-FOURNIER). ◇ *Pronom.* Entourer en faisant des anneaux, des spires. « *Cette route qui s'enroule à la colline comme une plante grimpante* » (DUHAM.). — S'envelopper dans (qqch. qui entoure) « *Les autres s'enroulent dans leurs couvertures* » (SARTRE). ◇ ANT. *Dérouler, dévider.*

ENROULEUR, EUSE [ᾶʀulœʀ, øz]. *adj.* (1870; de *enrouler*). Qui sert à enrouler. *Cylindres enrouleurs. Galet enrouleur*, ou ellipt. *Enrouleur*, galet facilitant l'enroulement d'une courroie autour d'une poulie.

ENRUBANNER [ᾶʀybane]. *v. tr.* (*Enrubannié*, 1532; de *en-*, et *ruban*). Garnir, orner de rubans. *Boîte de chocolats enrubannée de soie. Une bonbonnière enrubannée*, ornée d'une décoration. *Pronom. Les conscrits s'étaient enrubannés.*

ENSABLEMENT [ᾶsabləmᾶ]. *n. m.* (1673; de *ensabler*). Amas, dépôt de sable formé par l'eau ou par le vent; état d'une terre, d'un port recouvert ou engorgé par ces amas.

ENSABLER [ᾶsable]. *v. tr.* (1537, intr., « s'ensabler »; de *en-*, et *sable*). ◆ 1° Engager dans le sable (un bateau). Pronom. *Le bateau s'est ensablé*, s'est échoué dans le sable. V. **Engraver** (s'). Par anal. *Notre voiture s'est ensablée.* ◆ 2° (1611). Recouvrir, remplir de sable. *Inondations qui ensablent la campagne.* Pronom. *Nos ports s'ensablent et s'empierrent* » (HUGO). ◇ ANT. *Désensabler.*

ENSACHAGE [ᾶsaʃaჳ]. *n. m.* (1848; *ensachement*, 1829; de *ensacher*). Action d'ensacher.

ENSACHER [ᾶsaʃe]. *v. tr.* (déb. XIIIᵉ; de *en-*, et *sac*). Mettre en sac. *Ensacher du grain, des bonbons.* — *Spécialt.* Mettre dans des sachets (des fruits qui sont sur l'arbre pour les préserver).

ENSACHEUR, EUSE [ᾶsaʃœʀ, øz]. *n.* (1803; de *ensacher*). Personne chargée de l'ensachage à la main ou à la machine. ◇ *N. f.* (1890) Machine à ensacher des matières pulvérulentes. — *N. m.* (1907) Dispositif facilitant le remplissage des sacs.

ENSANGLANTER [ᾶsᾶglᾶte]. *v. tr.* (1080, au p. p.; de *en-*, et *sanglant*). ◆ 1° Couvrir, tacher de sang. « *Il essuya le front ensanglanté de Marius* » (HUGO). ◇ Couvrir, souiller de sang qu'on fait couler (meurtre, guerre, etc.). « *Les guerres, les troubles qui ensanglantent le pays. Les règles de la tragédie classique interdisaient d'ensanglanter la scène*, d'y porter une action sanglante. « *Un siècle ensanglanté par la haine* » (R. ROLLAND). ◆ 2° *Poét.* Colorer de rouge. « *Les clochers que le soleil couchant ensanglantait de ses feux* » (CHATEAUB.).

ENSAUVAGER [ᾶsovaჳe]. *v. tr.*; conjug. *bouger* (fin XVIIIᵉ; de *en-*, et *sauvage*). *Rare.* Rendre sauvage, féroce.

« *Quelques semaines de campagne les ont ensauvagés. Ce sont des demi-brutes déchaînées* » (BARRÈS).

ENSEIGNANT, ANTE [ᾶsɛɲᾶ, ᾶt]. *adj.* et *n.* (1762; de *enseigner*). Qui enseigne, est chargé de l'enseignement. *Le corps enseignant*, l'ensemble des professeurs et instituteurs. — *Subst.* (surtout au plur.) *Les enseignants*, les membres du corps enseignant.

1. ENSEIGNE [ᾶsɛɲ]. *n. f.* (XIIᵉ; *ensenna*, 980; lat. *insignia*, plur. de *insigne* « marque », pris en lat. pop. pour un fém.). ◆ 1° *Vx.* Marque, indice, preuve. — *Vieilli* (loc. adv.) *À bonne enseigne*, sur de bonnes preuves, des garanties sûres. ◇ *Mod.* et *littér.* (loc. conj.) *À telle(s) enseigne(s) que*, cela est si vrai que. V. **Tellement** (que). ◆ 2° (1080). Symbole de commandement servant de signe de ralliement pour les troupes. *L'enseigne des légions romaines* (aigle). *Enseignes féodales* (bannières, oriflammes). ◇ *Littér.* Drapeau. *Marcher enseignes déployées.* — Vx (*Mar.*) Marque (d'un amiral). ◆ 3° (Déb. XVIᵉ). Panneau portant un emblème ou une inscription, ou un objet symbolique qu'un commerçant, un artisan met à son établissement pour se signaler au public. V. **Panonceau.** « *Au château d'eau, l'enseigne de ce magasin fait courir tout Paris* » (BALZ.). *Auberge à l'enseigne du sanglier. Enseigne lumineuse d'un cinéma, d'une pharmacie.* — Loc. *fig. Nous sommes logés à la même enseigne*, nous éprouvons le même préjudice, la même contrariété.

2. ENSEIGNE [ᾶsɛɲ]. *n. m.* (1573; pour *porte-enseigne*). ◆ 1° *Ancienn.* Officier qui portait le drapeau. — *Enseigne de port*, officier qui assistait le lieutenant de port. ◆ 2° (1691). *Enseigne de vaisseau*, officier de la marine de guerre, d'un grade correspondant à sous-lieutenant (pour l'enseigne de 2ᵉ classe) et de lieutenant (pour l'enseigne de 1ʳᵉ classe).

ENSEIGNEMENT [ᾶsɛɲmᾶ]. *n. m.* (XIIᵉ; de *enseigner*). ◆ 1° *Littér.* Précepte qui enseigne une manière d'agir, de penser. « *Recevoir des enseignements sur un point que Jésus a eu si fort à cœur* » (BOURDALOUE). ◇ *Leçon* (qu'on tire de l'expérience) « *En dehors des enseignements qu'il pouvait tirer des révolutions françaises* » (CAMUS). ◆ 2° (1771; « leçon d'un maître », XVᵉ). Action, art d'enseigner, de transmettre des connaissances à un élève. V. **Éducation, instruction, pédagogie.** *Enseignement collectif* (dans les *établissements d'enseignement*). *Enseignement public* (organisé par l'État), *privé* (dans les écoles libres ou privées). *Principe de la liberté de l'enseignement.* « *L'enseignement que Marius voulait gratuit et obligatoire, multiplié sous toutes les formes* » (HUGO). *Enseignement général* (primaire, secondaire, supérieur). *Enseignement technique* ou *professionnel. Enseignement pour adultes* (Cf. *Formation permanente, recyclage*). ◇ *Enseignement programmé* (1963), méthode pédagogique de transmission des connaissances utilisant un programme divisé en courtes séquences (système « questions-réponses ») et dont le déroulement est assuré par l'élève. ◇ *Profession, carrière des enseignants. Entrer dans l'enseignement. Les fonctionnaires de l'enseignement.*

ENSEIGNER [ᾶseɲe]. *v. tr.* (fin XIᵉ; lat. pop. °*insignare*, class. *insignire* « signaler »). ◆ 1° *Vieilli* ou *Poét.* Faire connaître en indiquant. V. **Montrer.** « *Un guide leur manquait, qui leur eût enseigné les maisons les plus élégantes* » (ROMAINS). ◆ 2° Transmettre à un élève de façon qu'il comprenne et assimile (certaines connaissances). V. **Apprendre.** « *Il comprenait et retenait aisément tout ce qu'on lui enseignait* » (LESAGE). « *Ces diverses sciences sont enseignées dans les écoles par des spécialistes* » (DUHAM.). *Absolt. Les diplômes requis pour enseigner.* V. **Professer.** ◇ *Apprendre* à qqn, par une sorte de leçon ou par l'exemple. « *Il faut toujours enseigner la vérité aux hommes* » (D'ALEMB.). « *Un bon maître a ce souci constant : enseigner à se passer de lui* » (GIDE). — (Sujet de chose) « *La servitude et l'oppression enseignent la ruse* » (STE-BEUVE). *L'histoire, l'expérience nous enseigne que la dictature conduit à la guerre.* ◆ 3° *Vx.* Instruire. « *Quiconque enseigne une femme à ces degrés supérieurs...* » (MICHELET).

ENSELLÉ, ÉE [ᾶsele]. *adj.* (1561; de *en-*, et *selle*). Se dit d'un cheval dont le dos se creuse exagérément au niveau des reins en forme de selle. ◇ *Par anal.* (1691) Se dit d'un navire dont le milieu est bas et les extrémités très relevées.

ENSELLEMENT [ᾶselmᾶ]. *n. m.* (1907; de *ensellé*). *Géol.* Abaissement d'un pli long.

ENSELLURE [ᾶselyʀ]. *n. f.* (1878; de *ensellé*). Concavité très prononcée de la région lombaire, chez les quadrupèdes; cambrure de la colonne vertébrale, chez l'homme.

1. ENSEMBLE [ᾶsᾶbl(ə)]. *adv.* (fin XIᵉ; lat. *insimil*). ◆ 1° L'un avec l'autre, les uns avec les autres. V. **Collectivement, commun** (en), *concert* (de), *conjointement, conserve* (de); et *préf.* **Co-, con-** et **sy-.** « *Nous ne pouvons plus vivre ensemble* » (MUSS.). « *Elles ne sont pas trop bien ensemble* » (LOTI), elles s'entendent pas bien. « *Deux entités qui ne vont guère ensemble* » (RENAN), qui ne s'accordent guère, ne sont guère compatibles. ◆ 2° L'une avec l'autre en même temps. V. **Simultanément.** « *Dans le plus riche jardin jamais deux roses n'éclatent ensemble* » (ROMAINS). ◆ 3° *Vx.* À la fois. — *Mod.* (Littér.) *Tout ensemble.* « *Une angoisse, qui est tout ensemble douleur, joie démesurée et désespoir* » (ROMAINS). ◇ ANT. *Individuellement, isolément, séparément.*

2. ENSEMBLE [ãsãbl(ə)]. *n. m.* (1694; *tout-ensemble,* 1668; subst. du précéd.). ♦ 1° *Vieilli.* Unité d'une œuvre d'art, tenant à l'équilibre et à l'heureuse proportion des éléments. « *L'unité, tout est là. L'ensemble, voilà ce qui manque à tous ceux d'aujourd'hui* » (FLAUB.). — Unité tenant au synchronisme des mouvements et à la collaboration des divers éléments. *Les troupes ont manœuvré avec un ensemble impressionnant. Iron. Ils mentent avec un ensemble touchant.* ♦ 2° (Mil. XIXᵉ). La totalité des éléments constituant un tout. « *Pénétrer dans tous les détails sans perdre de vue l'ensemble* » (FRANCE). « *Peindre la société dans son ensemble du sommet à la base* » (GAUTIER). ◇ (Avec un compl. au plur.) « *Je les reconnais à l'ensemble de leurs actes* » (CAMUS). ◇ D'ENSEMBLE. V. *Général, global; collectif, commun. Vue, plan, conception, action, décision d'ensemble.* ◇ *Loc. adv.* DANS L'ENSEMBLE, en considérant plutôt l'ensemble que les divers composants. V. *Gros* (en), *total* (au). « *Un homme d'affaires, dont les affaires sont incertaines, mais qui dans l'ensemble gagne assez d'argent* » (JALOUX). ♦ 3° (Fin XIXᵉ). Groupe de plusieurs personnes, plusieurs choses réunies en un tout. *Action collective d'un ensemble de personnes. Un ensemble de chanteurs, de musiciens; ensemble vocal, instrumental.* V. *Chœur, orchestre. Un ensemble de faits, de conditions.* ◇ *Spécialt.* Groupe d'habitations ou de monuments. « *Ces ensembles architecturaux vers lesquels... les rues se dirigent* » (PROUST). V. *aussi Grand ensemble.* ◇ Pièces d'habillement assorties faites pour être portées ensemble. *Un ensemble de plage.* ◇ Réunion de pièces de mobilier allant ensemble. *Un ensemble décoratif.* ◇ Chant simultané de plusieurs personnages dans un ouvrage lyrique. ♦ *Math.* (1890; trad. all. *Menge,* 1883) Collection d'éléments, en nombre fini ou infini, susceptibles de posséder certaines propriétés (notamment dont le critère d'appartenance à cette collection est sans ambiguïté), et d'avoir entre eux, ou avec des éléments d'autres ensembles, certaines relations. *La puissance* d'un ensemble. La théorie des ensembles.* V. **Ensembliste.** *Ensemble ordonné*. Ensembles disjoints,* sans élément commun. V. **Coupure.** *Ensemble vide,* ne possédant aucun élément. *Intersection de deux ensembles,* leurs éléments communs. *Représentation d'un ensemble* (V. **Patate**). ◇ ANT. *Discordance; détail, élément, partie.*

ENSEMBLIER [ãsãblije]. *n. m.* (1920; de *ensemble*). Artiste qui crée des ensembles décoratifs. — Au cinéma et à la télévision, Adjoint du décorateur.

ENSEMBLISTE [ãsãblist(ə)]. *adj. (Néol.;* de *ensemble*). *Sc.* Qui appartient à la théorie mathématique des ensembles.

ENSEMENCEMENT [ãsmãsmã]. *n. m.* (1552; de *ensemencer*). Action d'ensemencer; son résultat.

ENSEMENCER [ãsmãse]. *v. tr.;* conjug. *placer* (1355; de *en-,* et *semence*). ♦ 1° Pourvoir de semences (une terre). V. **Semer.** ♦ 2° (1864). Aleviner (une rivière, un étang). ◇ Introduire des germes, des bactéries dans (un bouillon de culture, un milieu).

ENSERRER [ãsεʀe]. *v. tr.* (1549; « enfermer », déb. XIIᵉ; de *en-,* et *serrer*). Entourer en serrant étroitement, de près. « *Elle portait une guimpe et un col de guipure qui lui enserrait le cou jusqu'aux oreilles* » (MAURIAC). — *Par anal.* « *Une étroite vallée que la montagne enserre de partout comme un grand mur* » (DAUD.). — *Fig.* « *Une âme si dégagée des liens qui l'enserrent dès sa naissance* » (GIRAUDOUX).

ENSEUILLEMENT [ãsœjmã]. *n. m.* (1366; de *en-,* et *seuil*). *Techn.* Hauteur comprise entre l'appui d'une fenêtre et le plancher.

ENSEVELIR [ãsəvliʀ]. *v. tr.* (déb. XIIᵉ; de *en-,* et a. fr. *sepelir, sevelir,* lat. *sepelire*). ♦ 1° *Littér.* Mettre au tombeau. V. **Enterrer.** — *Fig.* « *Ces tombeaux où dorment les nations ensevelies* » (CHATEAUB.). ◇ Envelopper dans un linceul. ♦ 2° (XIIIᵉ). Faire disparaître sous un amoncellement (sans que la mort, l'anéantissement s'ensuivent nécessairement). « *Tout son corps était si profondément enseveli sous les décombres qu'il était impossible de l'en retirer* » (BAUDEL.). *L'avalanche avait enseveli plusieurs villages.* — *Fig.* Enfouir en cachant. « *La nuit profonde où je vais ensevelir ma honte* » (LACLOS). « *La solitude coloniale énorme qui va les ensevelir bientôt eux et leur destin* » (CÉLINE). — *Pronom.* « *Il est venu s'ensevelir, au fond de ses marais... dans la plus inconcevable solitude* » (FROMENTIN). ◇ ANT. *Déterrer.*

ENSEVELISSEMENT [ãsəvlismã]. *n. m.* (XIIᵉ; de *ensevelir*). ♦ 1° *Littér.* Mise au tombeau, enterrement. ◇ Action d'envelopper dans un linceul. « *Quand... nous eûmes à le déshabiller pour l'ensevelissement* » (BAUDEL.). ♦ 2° Fait d'être enfoui, caché. « *Cet ensevelissement des veuves sous des crêpes et des châles* » (MAURIAC). ◇ ANT. *Exhumation.*

ENSIFORME [ãsifɔʀm(ə)]. *adj.* (1541; lat. *ensis* « épée », et *-forme*). *Didact.* En forme d'épée. *Apophyse, cartilage, feuille ensiforme.*

ENSILAGE [ãsilaʒ]. *n. m.* (1838; de *en-,* et *silo*). *Agric.* Méthode de conservation des produits agricoles, spécialement des fourrages verts, en les mettant dans des silos.

ENSILER [ãsile]. *v. tr.* (1873; de *en-,* et *silo*). *Agric.* Mettre en silo (des produits agricoles) en vue de les conserver.

EN-SOI. *n. m.* V. SOI.

ENSOLEILLÉ, ÉE. *adj.* V. ENSOLEILLER.

ENSOLEILLEMENT [ãsɔlεjmã]. *n. m.* (1856; de *ensoleiller*). État d'un lieu ensoleillé; temps pendant lequel il est ensoleillé. *Journées d'ensoleillement d'une station balnéaire.*

ENSOLEILLER [ãsɔleje]. *v. tr. (Ensoleillé,* 1867; de *en-,* et *soleil*). Remplir de la lumière du soleil. — *Au p. p.* « *Des bois ombreux, des clairières ensoleillées* » (GAUTIER). « *Les terrasses encore ensoleillées* » (CAMUS). ◇ *Fig.* Illuminer, remplir de bonheur. *L'amour qui ensoleillait leur vie.* ◇ ANT. *Ombrager, Attrister.*

ENSOMMEILLÉ, ÉE [ãsɔmeje]. *adj.* (1547, repris XIXᵉ; de *en-,* et *sommeil*). Qui reste sous l'influence du sommeil, est mal réveillé. *Il s'assit sur son lit, encore tout ensommeillé. Des yeux ensommeillés,* encore à moitié fermés par le sommeil.

ENSORCELANT, ANTE [ãsɔʀsəlã, ãt]. *adj.* (1605; de *ensorceler*). Qui ensorcelle, séduit irrésistiblement. Envoûtant, fascinant, séduisant. *Un regard, un sourire ensorcelant.*

ENSORCELER [ãsɔʀsəle]. *v. tr.;* conjug. *appeler* (XIIIᵉ; *ensorcerer,* déb. XIIᵉ; de *en-,* et *sorcier*). ♦ 1° Soumettre à l'action d'un sortilège, jeter un sort sur (un être). « *Est-ce pour maléficier aussi son cadavre que tu t'en viens à l'enterrement d'une femme que tu as ensorcelée?* » (BARBEY). V. **Envoûter, sort** (jeter un). ♦ 2° *Fig.* (1554). Captiver entièrement, comme par un sortilège irrésistible. V. **Charmer, fasciner, séduire.** « *Danton aimait les femmes. Le parti d'Orléans essaya de l'ensorceler par la maîtresse du prince* » (MICHELET). ◇ ANT. *Désenchanter; désenchanter.*

ENSORCELEUR, EUSE [ãsɔʀsəlœʀ, øz]. *n.* (1539; de *ensorceler*). ♦ 1° Enchanteur, sorcier. ♦ 2° *Fig.* Personne ensorcelante. « *Si je l'avais revue, l'ensorceleuse, j'aurais encore subi le charme qu'elle exerçait sur mon pauvre moi* » (DAUD.). ♦ 3° *Adj. Rare.* V. **Ensorcelant.**

ENSORCELLEMENT [ãsɔʀsεlmã]. *n. m.* (fin XIVᵉ; de *ensorceler*). ♦ 1° Pratique de sorcellerie; état d'un être ensorcelé. V. **Enchantement, envoûtement, sortilège.** ♦ 2° *Fig.* Séduction irrésistible. V. **Fascination.** « *Il subissait cet ensorcellement féminin, mystérieux et tout-puissant* » (MAUPASS.). ◇ ANT. *Désenchantement.*

ENSOUFRER [ãsufʀe]. *v. tr.* (XIIIᵉ; de *en-,* et *soufre*). *Vx.* Soufrer.

ENSOUPLE [ãsupl(ə)]. *n. f.* (1557; *essouble,* XIIIᵉ; bas lat. *insubulum*). *Techn.* Cylindre d'un métier à tisser, sur lequel on monte la chaîne.

ENSOUTANER [ãsutane]. *v. tr. (Ensoultané,* 1610; de *en-,* et *soutane*). *Rare* (*Fam.*). Faire prendre la soutane à (qqn).

ENSUITE [ãsɥit]. *adv.* (1532; pour *en suite*). ♦ 1° Après cela, plus tard. V. **Puis, suite** (par la). « *Éveiller la curiosité des jeunes âmes pour la satisfaire ensuite* » (FRANCE). ♦ 2° Derrière en suivant. *Venait ensuite le gros du cortège.* ◇ *Fig.* En second lieu. *D'abord, je ne veux pas; ensuite, je ne peux pas.* ♦ 3° *Loc. prép.* (1636). *Ensuite de* (vx) : après, à la suite de. ◇ ANT. *Abord* (d'), *avant; tête* (en); premièrement.

ENSUIVRE (S') [ãsɥivʀ(ə)]. *v. pron.;* conjug. *suivre;* inf. et 3ᵉ pers. seult. (1265; *ensuivre,* XIIᵉ; lat. *insequi*). ♦ 1° (En loc.). *Et tout ce qui s'ensuit,* et tout ce qui vient après, accompagne la chose. « *Il faut un mariage, et tout ce qui s'ensuit?* » (MOL.). ♦ 2° Survenir en tant qu'effet naturel ou en tant que conséquence logique. V. **Découler, résulter.** *Condamné à être roué jusqu'à ce que mort s'ensuive.* « *Certaines données étant acceptées, certains résultats s'ensuivent nécessairement* » (BAUDEL.). — *Impers.* « *Il s'ensuit que le morceau le plus applaudi passe toujours pour le plus beau* » (BERLIOZ). *Vx. Il s'ensuit que...,* il s'en est suivi* que.

ENTABLEMENT [ãtabləmã]. *n. m.* (XIVᵉ; « plancher », XIIᵉ; de *en-,* et *table*). Saillie qui est au sommet des murs d'un bâtiment et qui supporte la charpente de la toiture. ◇ Partie de certains édifices qui surmonte une colonnade et comprend l'architrave, la frise et la corniche. « *Voici quatre écuyers de marbre, à genoux aux quatre coins de l'entablement d'un tombeau* » (CHATEAUB.). ◇ Moulure ou saillie formant la corniche d'un meuble.

ENTABLER [ãtable]. *v. tr.* (1838; de *en-,* et *table*). *Techn.* Ajuster deux pièces à demi-épaisseur. *Entabler les branches d'une paire de ciseaux.*

ENTABLURE [ãtablyʀ]. *n. f.* (1864; « entablement », XIIᵉ; de *entabler*). *Techn.* Point de jonction de deux pièces entablées.

ENTACHER [ãtaʃe]. *v. tr.* (1538; *entachié,* fin XIIᵉ; de *en-,* et *tache*). Marquer d'une tache morale. V. **Salir,** ternir. *Cette condamnation entache son honneur.* « *Ses conclusions sont fâcheusement entachées d'envie et de rancune personnelle* » (HENRIOT). ◇ Gâter par quelque défaut. « *Maintien entaché de pédantisme* » (BALZ.). *Dr.* Entaché de nullité*.

ENTAILLAGE [ɑ̃tajaʒ]. *n. m.* (XIVe; de *entailler*). *Rare.* Action d'entailler.

ENTAILLE [ɑ̃taj]. *n. f.* (XIIe; de *entailler*). ♦ 1o Coupure qui enlève une partie, laisse une marque allongée; cette marque. V. **Coche** (1), **coupure, cran, encoche, fente, raie, rainure, rayure, sillon.** *Entaille d'assemblage, d'encastrement dans une pièce de bois.* V. **Adent, mortaise, rainure.** *Entaille d'une greffe.* ♦ 2o Incision profonde faite dans les chairs au moyen d'un instrument tranchant. V. **Balafre, blessure, coupure, estafilade, taillade.** « *Je me ferai des entailles par tout le corps, je me tatouerai* » (RIMBAUD).

ENTAILLER [ɑ̃taje]. *v. tr.* (déb. XIIe; de *en-*, et *tailler*). ♦ 1o Couper en faisant une entaille. *Entailler une poutre. Entailler un arbre fruitier.* V. **Inciser.** — Au p. p. *Cette vallée est « une coche entaillée dans un bloc de granit* » (CHATEAUB.). ♦ 2o Par anal. *Il lui a entaillé le visage.* V. **Blesser, entamer, taillader.** *S'entailler le doigt.*

ENTAME [ɑ̃tam]. *n. f.* (v. 1360, rare av. XIXe; de *entamer*). Premier morceau coupé d'une chose à manger. V. **Bout.** *Entame du pain* (croûton), *d'un rôti. L'entame et le talon d'un jambon.* — Premier pli au bridge. *L'entame à pique.*

ENTAMER [ɑ̃tame]. *v. tr.* (déb. XIIe; bas lat. *intaminare* « souiller »; rad. *tangere* « toucher »).

I. ♦ 1o Couper en incisant. V. **Blesser, égratigner, inciser, ouvrir.** *Entamer la peau, la chair. Le coup lui entama l'os.* ♦ 2o (XIIIe). Enlever en coupant une partie à (qqch. dont on n'a encore rien pris). *Entamer un pain, un pâté.* V. **Entame.** *Entamer à belles dents une tartine. Entamer une pièce de drap.* ♦ 3o Par ext. Diminuer (un tout dont on n'a encore rien pris) en utilisant une partie. *Entamer un sac de bonbons, un litre de vin. Entamer son capital, son patrimoine.* V. **Ébrécher, écorner.** *La journée est déjà bien entamée.* — *Spécialt.* Cartes. *Entamer une couleur,* en prendre la première carte pour l'abattre. ♦ 4o (*Choses*). Couper, pénétrer (la matière). *Matière tendre que la lime peut entamer.* V. **Mordre.** *La rouille entame le fer.* V. **Attaquer, corroder, manger, ronger.** « *Le feu n'a pu encore entamer le vieil arbre* » (FROMENTIN). — Milit. V. **Percer.** *Les blindés réussirent à entamer la première ligne de résistance.* — Fig. « *La première espérance suffit à détruire ce que la peur et le désespoir n'avaient pu entamer* » (CAMUS). V. **Ébranler.** ♦ 5o **ENTAMER QQN.** *Vx.* Atteindre dans sa réputation. V. **Attaquer, blesser.** — *Mod.* Commencer à vaincre sa conviction, diminuer les réactions, les résistances de. V. **Ébranler.** « *Les abominables calomnies qu'on lui fait entendre sur moi l'ont entamé* » (GIDE).

II. (1283; de I, 3o). Mettre la main à (une chose à faire). V. **Commencer, entreprendre.** *Entamer une affaire, un sujet.* V. **Aborder, attaquer.** *Entamer des négociations, des poursuites.* V. **Amorcer, ouvrir.** *Entamer une partie.* V. **Engager.** *Procès mal entamé.* V. **Emmancher.** — Absolt. « *Tournant dans sa tête le discours qu'il allait faire à sa femme et ne sachant par quel bout entamer* » (SAND).

◇ ANT. **Achever.**

ENTARTRAGE [ɑ̃tartraʒ]. *n. m.* (1907; de *entartrer*). Action d'entartrer; son résultat.

ENTARTRER [ɑ̃tartre]. *v. tr.* (1907; de *en-*, et *tartre*). Recouvrir de tartre incrusté. *Eau calcaire qui entartre les tuyaux, les chaudières. Radiateur entartré.*

ENTASSEMENT [ɑ̃tasmɑ̃]. *n. m.* (XIIIe; de *entasser*). ♦ 1o Action d'entasser. V. **Accumulation, amoncellement.** *L'entassement des marchandises dans un entrepôt.* ◇ Choses entassées. V. **Amas, pile, tas.** *Les placards « lui montrèrent des entassements de rien du tout, des accumulations de loques épinglées, de cartons démolis* » (COURTELINE). — Fig. « *Une sorte d'entassement effrayant de choses, de lois, de préjugés, d'hommes et de faits qui n'était autre chose que cette prodigieuse pyramide que nous appelons civilisation* » (HUGO). ♦ 2o Le fait de s'entasser, d'être trop nombreux. *L'entassement d'une famille pauvre dans une seule pièce.* ◇ ANT. **Dispersion; éparpillement.**

ENTASSER [ɑ̃tase]. *v. tr.* (XIIe; de *en-*, et *tas*). ♦ 1o Mettre (des choses) en tas, généralement sans ordre. V. **Accumuler, amasser, amonceler, empiler.** *Entasser des marchandises dans une caisse au lieu de les empaqueter* (Cf. **Vrac**). *Ils « entassaient pavés, moellons, meubles, planches, faisaient des barricades* » (HUGO). — (Au p. p.) « *Des coussins entassés sur son lit la soutenaient* » (GREEN). — *Entasser de l'argent.* V. **Économiser, épargner, thésauriser.** « *Entasser des économies pour des héritiers qu'on ne verra jamais, quoi de plus insensé?* » (RENAN). Absolt. *La passion d'entasser.* ◇ Par ext. **Amasser.** ♦ 2o Réunir (des personnes) dans un espace trop étroit. V. **Empiler, serrer, tasser.** *Entasser des prisonniers dans une grange.* Pronom. « *Douze familles nègres s'entassent dans cinq ou six pièces* » (SARTRE). — Au p. p. « *Neuf cents hommes, entassés dans l'ordure, pêle-mêle, noirs de poudre et de sang caillé* » (FLAUB.). ♦ 3o Accumuler, multiplier. *Entasser des citations.* « *Quant aux injures, aux calomnies, on peut les multiplier, les entasser tant qu'on voudra* » (GUIZOT). *Entasser arguments sur arguments, sottise sur sottise*

(Cf. *fam.* En remettre, en rajouter). ◇ ANT. **Disperser, éparpiller, semer. Dépenser, prodiguer.**

ENTE [ɑ̃t]. *n. f.* (déb. XIIe; de *enter*). ♦ 1o Scion qu'on prend à un arbre pour le greffer sur un autre. V. **Greffon.** ◇ Greffe opérée au moyen d'une ente. ♦ 2o L'arbre sur lequel on a inséré le scion. « *Il s'interrompit pour couper une branche morte sur une ente* » (SAND). ♦ 3o *Prune d'ente* ou *prune d'Agen,* qui, séchée, est appelée *pruneau.* ♦ 4o Manche d'un pinceau. ◇ HOM. **Ante.** Formes des v. **enter** et **hanter.**

ENTÉ, ÉE [ɑ̃te]. *adj.* (XIIIe, fig. V. **Enter**). ♦ 1o V. **Enter.** ♦ 2o *Blas.* (1671). Écu *enté* : dont les partitions entrent les unes dans les autres.

ENTÉLÉCHIE [ɑ̃teleʃi]. *n. f.* (*Endelechie,* XIVe; lat. *entelechia,* gr. *entelekheia* « énergie agissante et efficace »). ♦ 1o *Hist. philo.* Chez Aristote, État de perfection, de parfait accomplissement de l'être, *par opposition* à l'être en puissance, inachevé et incomplet. ♦ 2o Principe métaphysique qui détermine un être à une existence définie. *L'âme, entéléchie du corps.*

ENTENDEMENT [ɑ̃tɑ̃dmɑ̃]. *n. m.* (1120; de *entendre,* II). ♦ *Philo.* Faculté de comprendre. V. **Compréhension, intellection.** *Essais sur l'entendement humain,* de D. Hume. « *Par ce mot, entendement pur, nous ne prétendons désigner que la faculté qu'a l'esprit de connaître les objets du dehors sans en former d'images corporelles dans le cerveau pour se les représenter* » (MALEBRANCHE). ◇ *Cour.* (Dans des expressions) Ensemble des facultés intellectuelles. V. **Cerveau, esprit, intelligence, intellect, jugement, raison** (Cf. *fam.* **Comprenette, jugeote**). *Cela dépasse l'entendement. Ouvrir l'entendement. Perdre l'entendement.* ♦ 2o *Philo.* (Kant). *Entendement* (*opposé à raison*). — Chez Kant, Fonction de l'esprit qui consiste à relier les sensations en systèmes cohérents (la raison faisant la synthèse des concepts de l'entendement). — *Par ext.* Forme discursive de la pensée, s'exerçant sur ce qui est empiriquement donné.

ENTENDEUR [ɑ̃tɑ̃dœr]. *n. m.* (XIIIe; de *entendre*). ♦ 1o *Vx.* Celui qui entend, comprend (bien ou mal). « *Les bons entendeurs pourront profiter à cette lecture* » (VOLT.). ♦ 2o *Mod. À bon entendeur, salut,* que celui qui comprend bien en fasse son profit (souligne une menace).

ENTENDRE [ɑ̃tɑ̃dr(ə)]. *v. tr.;* conjug. *rendre* (1080; lat *intendere* « tendre vers », d'où « porter son attention vers »).

I. ♦ 1o *V. tr. indir.* **ENTENDRE À.** *Vx.* Prêter attention à. ◇ Se prêter à qqch. V. **Acquiescer; accepter, approuver, consentir.** « *Les uns disent que j'ai bien fait d'entendre à un arrangement* » (P.-L. COUR.). ♦ 2o (XVe). *Mod. V. tr. dir.* **ENTENDRE QUE, ENTENDRE** (et inf.) : avoir l'intention, le dessein de. V. **Vouloir.** *J'entends qu'on m'obéisse; j'entends être obéi.* V. **Exiger, prétendre.** « *Il n'entendait pas changer l'ordre social* » (CHARDONNE). — Faites comme vous l'entendez. V. **Désirer, préférer.** « *Ma maladie aura toujours eu l'avantage qu'on me laisse m'occuper comme je l'entends, ce qui est un grand point* » (FLAUB.).

II. *V. tr. dir.* ♦ 1o (XIe). *Littér.* Percevoir, saisir par l'intelligence. V. **Comprendre, concevoir, saisir.** *Je ne vous entends pas, expliquez-vous mieux. J'entends bien que vous n'en êtes pas responsable.* V. **Admettre, confesser, reconnaître.** *Comment entendez-vous cette phrase?* V. **Interpréter.** « *J'entends très bien l'italien* » (FLAUB.). REM. Cet emploi est vieux, quand il y a ambiguïté avec le sens III. ◇ *Mod. J'entends bien ce que vous voulez dire,* entends. *J'entends, j'entends bien.* « *Tu comprends que j'en ai assez; je veux savoir, tu entends... Veux-tu parler?* » (GREEN). — Laisser entendre, donner à entendre, insinuer. — Ne pas entendre malice, finesse, dans une chose, ne pas y voir de malice. « *Que trouvez-vous là de sale? Pour moi, je n'y entends point de mal* » (MOL.). ♦ 2o *Vx.* Connaître à fond; être habile dans. V. **Connaître.** *Entendre l'algèbre, la politique.* « *Elle entend la cuisine et l'office* » (ROUSS.). ♦ 3o Vouloir dire (sujet de personne) *Qu'entendez-vous par ce mot?* quel sens lui donnez-vous? *J'entends par là que...*

III. (XIe). *Mod.* et *cour.* ♦ 1o Percevoir par le sens de l'ouïe. V. **Ouïr.** *Bruit que l'on peut entendre.* V. **Audible.** « *Voilà ce que j'ai entendu de mes propres oreilles et vu de mes propres yeux* » (FRANCE). « *Il me semble que j'entends un chien qui aboie* » (MOL.). *Avez-vous entendu ce qu'il a dit?* — Fam. *Ce qu'il entend!* Loc. fig. *Il ne l'entend pas de cette oreille,* il n'est pas d'accord; il refuse la proposition, la suggestion qu'on lui fait. ◇ *Entendre que* (avec l'ind.) « *L'essentiel est qu'on n'entende pas que nous parlons* » (ROMAINS). ◇ **ENTENDRE PARLER** *d'une chose,* l'apprendre, en être instruit. *Je n'ai plus entendu parler de lui depuis longtemps,* je n'en ai plus de nouvelles. — Ne pas vouloir entendre parler d'une chose, la rejeter sans même vouloir y prêter l'oreille. « *M. Bontemps ne voulait pas entendre parler de paix avant que l'Allemagne eût été réduite au même morcellement qu'au moyen âge* » (PROUST). — Entendre dire, apprendre par la parole, par ce qui se dit. *Entendre dire qqch. à qqn,* entendre qqn qui dit qqch. ou entendre ce qui est dit à qqn.

Je lui ai entendu dire qu'il était content. Je lui ai entendu dire qu'il avait bien travaillé (ambigu). FAIRE ENTENDRE *un son, une parole.* V. **Émettre, énoncer; dire, exprimer.** — *Se faire entendre.* V. **Bruire, résonner.** « *Soudain, deux notes plaintives se firent entendre* » (COCTEAU). ♦ 2° *Absolt.* Percevoir (plus ou moins bien) par l'ouïe. *Parlez plus fort, il entend mal. Il n'entend pas, il est sourd.* « *Que celui-là entende qui a des oreilles pour entendre* » (BIBLE). PROV. *Il n'est pire sourd que celui qui ne veut pas entendre.* ♦ 3° *Littér.* Prêter l'oreille à, écouter avec attention. V. **Écouter.** *Il faut d'abord entendre ses raisons.* « *Ce n'est pas alors sur un mot que vous m'eussiez condamnée sans m'entendre* » (MUSS.). *La cause est entendue.* — *Personne bornée, têtue, qui ne veut rien entendre* (Cf. *fam.* Qui ne veut rien savoir). — *Loc. cour.* ENTENDRE RAISON, acquiescer à ce qui est raisonnable, juste. *Il ne veut pas entendre raison, il refuse d'entendre raison. Je vais lui faire entendre raison,* le convaincre. ♦ 4° Écouter. *Aller entendre un concert, une conférence. Il se fait entendre à l'Opéra, au Théâtre-Français,* il chante, il joue. *Poét.* Écouter. « *Entends, ma chère, entends la douce Nuit qui marche* » (BAUDEL.). ◇ Loc. *À l'entendre,* si on l'en croit, si on l'écoute. *À l'entendre, l'affaire serait sérieuse.* ♦ 5° *Par ext.* Exaucer. *Que le Ciel vous entende!*

IV. S'ENTENDRE. *v. pron.* ♦ 1° *(Passif).* Être compris. *Ce mot peut s'entendre de diverses manières.* — *Cela s'entend,* et ellipt. *S'entend* : c'est évident, cela va de soi. V. **Sûr** (bien sûr); **évidemment, naturellement.** ◇ Être entendu, ouï. *Sa voix ne s'entend pas à plus de trois mètres.* V. **Porter.** — *Ce mot, cette tournure ne s'entend plus, s'entend encore.* V. **Dire** (se), **employer** (s'). ♦ 2° (XIIIᵉ). *Réfl.* Être habile dans une chose, se connaître à. — *Vieilli. S'entendre en musique, en affaires. Il s'entend bien à ce travail.* « *Le Français ne s'entend pas plus en statues qu'en tableaux* » (GAUTIER). — Mod. *Elle s'entend à réussir un civet. Elle s'y entend.* — Entendre sa propre voix. *Tu ne t'entends pas!* tu ne te rends pas compte de ce que tu as dit. ♦ 3° *(Récip.).* Se comprendre l'un l'autre. *S'entendre à demi-mot.* ◇ *Par ext.* Se mettre d'accord. V. **Arranger** (s'), **associer** (s'), **concerter** (se). *Entendons-nous sur l'heure du rendez-vous.* V. **Convenir.** *Entendons-nous bien!* mettons-nous bien d'accord. « *Les orateurs, unis pour détruire, ne s'entendaient ni sur les chefs à choisir, ni sur les moyens à employer* » (CHATEAUB.). — *Loc. fam. Ils s'entendent comme larrons en foire,* très bien (pour faire qqch.). S'ENTENDRE AVEC (QQN), vivre en bonne intelligence avec lui. V. **Accorder** (s'), **fraterniser, sympathiser.** *Ils s'entendent très bien, à merveille. Ils s'entendent comme chien et chat,* mal. — ANT. **Détester** (se), **disputer** (se), **haïr** (se).

ENTENDU, UE [ãtãdy]. *adj.* (XIIᵉ; V. Entendre). ♦ 1° *Vx.* ENTENDU À, qui s'entend bien à, habile à. V. **Capable, compétent, ingénieux.** « *Un homme entendu à tout, voilà Perrault* » (STE-BEUVE). Absolt. « *Des hommes fins ou entendus* » (LA BRUY.). — Mod. *Un air, un sourire entendu,* malin, complice. « *Je vois ce que c'est, dit le Petit Chose d'un air entendu* » (DAUD.). ◇ (1651) *Vieilli.* Subst. et péj. *Faire l'entendu,* l'important, le malin. ◇ *Par ext.* V. **Convenu, décidé.** *C'est une affaire entendue.* ♦ 2° Dont le sens est saisi. ◇ *Par ext.* V. **Compris, conçu.** — *Par ext.* Disposé avec ou sans art, fait avec ou sans goût. « *Les jardins étaient bien entendus et ornés de belles statues* » (VOLT.). — Mod. *(Abstrait)* Compris, mis en œuvre. *Zèle mal entendu. Son intérêt bien entendu.* ◇ ANT. **Ignorant, incapable, maladroit.** *Incompris, inouï.*

ENTÉNÉBRER [ãtenebre]. *v. tr.;* conjug. *céder* (XIIIᵉ; de *en-,* et *ténèbre*). *Littér.* Envelopper de ténèbres, plonger dans les ténèbres. V. **Assombrir, obscurcir.** « *Ses vitraux coloriés enténèbrent* (la chapelle) *de cette obscurité propre au recueillement* » (CHATEAUB.). — *Fig.* V. **Assombrir, attrister.** « *Il l'avait accusée de calomnier le monde, d'enténébrer la vie* » (MAURIAC). ◇ Au p. p. adj. « *Cette nuit est enténébrée de désirs* » (MICHELET). ◇ ANT. **Éclaircir. Égayer.**

ENTENTE [ãtãt]. *n. f.* (1160; *lat. pop. intenditus* « compris ». V. Entendre). ♦ 1° *Vx.* Connaissance approfondie. V. **Compréhension, intelligence.** « *L'entente des affaires* » (ACAD.). ◇ Mod. *À double entente,* qu'on peut comprendre, entendre de deux façons (V. **Ambigu, équivoque**). ♦ 2° Le fait de s'entendre, de s'accorder; état qui en résulte. *Arriver, parvenir à une entente.* V. **Accommodement, accord, convention.** *Entente tacite.* « *Comme par une entente muette, maintenant ils se fuyaient* » (LOTI). *Entente secrète, illégale.* V. **Collusion, complicité, connivence, intelligence.** *Entente dirigée contre qqn.* V. **Cabale, conspiration, ligue.** ◇ *Écon. Entente entre producteurs, entre entreprises.* V. **Cartel, comptoir**

(de vente), **trust.** ◇ *Dr. publ.* Collaboration politique entre États. V. **Alliance, association** (internationale), **coalition, traité, union.** *Politique d'entente.* — ENTENTE CORDIALE, accord politique entre la France et l'Angleterre (1904). *Triple Entente,* et absolt. *l'Entente* : l'alliance de la France, la Russie et l'Angleterre contre l'Allemagne, en 1914. ♦ 3° *Entente, bonne entente,* relations amicales, bonne intelligence entre plusieurs personnes. V. **Amitié, concorde, harmonie, union.** *Il règne entre eux une entente parfaite.* « *Ils suggéraient l'idée de l'entente modèle, du couple parfait* » (MART. du G.). ◇ ANT. **Conflit, désaccord, dispute, haine, mésentente.**

ENTER [ãte]. *v. tr.* (1155; *lat. pop.* °*imputare,* de *putare* « tailler, émonder », av. infl. du gr. *emphuton* « greffe »). ♦ 1° Greffer en insérant un scion. *Enter un prunier. Enter en écusson, en fente, en œillet.* ♦ 2° *Fig.* et *vx.* « *Ils entent sur cette extrême politesse un esprit de règle* » (LA BRUY.). V. **Greffer.** — Mod. et littér. (au p. p.). « *Faux raisonnements entés l'un sur l'autre* » (ST-SIM.). ♦ 3° *Techn. Enter deux pièces de bois d'une charpente,* les assembler bout à bout. V. **Abouter.** ◇ HOM. **Hanter.**

ENTÉR(O)-, -ENTÈRE. Éléments, du gr. *enteron* « intestin »; Cf. les suiv. et Dysenterie, mésentère, etc.

ENTÉRALGIE [ãteralʒi]. *n. f.* (1831; de *entér(o)-,* et *-algie).* *Méd.* Douleur intestinale.

ENTÉRINEMENT [ãterinmã]. *n. m.* (1316; de *entériner).* Action d'entériner; son résultat.

ENTÉRINER [ãterine]. *v. tr.* (1260; a. fr. *enterin* « complet, achevé », dér. de *entier).* ♦ 1° *Dr.* Rendre définitif, valide (un acte) en l'approuvant juridiquement. V. **Confirmer, enregistrer, homologuer, ratifier, sanctionner, valider.** *Entériner une requête. Le tribunal entérine les rapports d'experts.* ♦ 2° *Par ext.* Admettre ou consacrer. V. **Approuver, confirmer.** « *Cette tendance à entériner l'événement accompli simplement parce qu'il est accompli* » (SARTRE). ◇ ANT. **Désapprouver, refuser, rejeter.**

ENTÉRIQUE [ãterik]. *adj.* (1855; de *entérite).* *Méd.* Relatif aux intestins.

ENTÉRITE [ãterit]. *n. f.* (1801; *lat. mod. enteritis* (1795); de *entér(o)-,* et *-ite).* Inflammation de la muqueuse de l'intestin grêle, généralement accompagnée de colique, de diarrhée. V. **Entérocolite, gastro-entérite.** *Entérite chronique.*

ENTÉROCOLITE [ãterɔkɔlit]. *n. f.* (1855; de *entéro-,* et *colite).* *Méd.* Inflammation simultanée des muqueuses de l'intestin grêle et du côlon. *Entérocolite muco-membraneuse.*

ENTÉROCOQUE [ãterɔkɔk]. *n. m.* (1922; de *entéro-,* et *-coque).* *Méd.* Streptocoque isolé des matières fécales, vivant en saprophyte dans l'intestin, mais pouvant devenir pathogène.

ENTÉROKINASE [ãterɔkinaz]. *n. f.* (1907; de *entéro-,* gr. *kinesis* « mouvement », et *-ase).* *Biochim.* Enzyme des glandes de la muqueuse duodénale, qui joue un rôle dans la digestion des protides.

ENTÉRO-RÉNAL, ALE, AUX [ãterɔrenal, o]. *adj.* (mil. XXᵉ; de *entéro-,* et *rénal).* *Méd.* Qui se rapporte à l'intestin et au rein. *Syndrome entéro-rénal,* infection urinaire qui complique une infection intestinale chronique.

ENTÉROVACCIN [ãterɔvaksɛ̃]. *n. m.* (1922; de *entéro-,* et *vaccin).* *Méd.* Vaccin introduit par voie buccale et absorbé par l'intestin.

ENTERRAGE [ãteraʒ]. *n. m.* (1755; « enterrement », XIVᵉ; de *enterrer).* *Techn.* Action de tasser de la terre autour d'un moule de fonderie; son résultat.

ENTERREMENT [ãtermã]. *n. m.* (XIIᵉ; de *enterrer,* I). ♦ 1° Action d'enterrer un mort, de lui donner la sépulture. V. **Ensevelissement, inhumation.** *On ne peut procéder à l'enterrement qu'après déclaration du décès et obtention du permis d'inhumer.* ♦ 2° Ensemble des cérémonies qui précèdent et accompagnent l'enterrement. V. **Funérailles.** *Enterrement religieux, civil. Enterrement sans fleurs ni couronnes.* ◇ *Fig. Avoir une tête, une mine d'enterrement,* triste. ♦ 3° Le cortège funèbre. V. **Convoi, obsèques.** *Se découvrir, se signer au passage d'un enterrement.* « *Que lentement passent les heures Comme passe un enterrement* » (APOLLINAIRE). ♦ 4° *Fig. C'est l'enterrement de toutes leurs espérances, de toutes leurs illusions.* V. **Fin, mort.** *Enterrement d'un projet de loi, d'un rapport.* V. **Abandon, rejet.** ◇ ANT. **Exhumation.**

ENTERRER [ãtere]. *v. tr.* (1080; de *en-,* et *terre).* **I.** ♦ 1° Déposer le corps de (qqn) dans la terre et *par ext.* dans une sépulture (V. **Caveau, tombe, tombeau**). *Napoléon est enterré aux Invalides. Lieux où les morts sont enterrés* (catacombe, cimetière, crypte, nécropole). *Ici est enterré X* (Cf. Ci-gît, ici repose X). « *C'est moi qui t'ai enterré, bien close dans une bière d'un bois parfumé* » (BAUDEL.). *Il est enterré dans ce cimetière. Loc. Il est mort et enterré,* il est mort depuis un certain temps. ♦ 2° *Par ext.* Procéder ou participer aux cérémonies funèbres. « *Le prêtre des religions,* *au milieu de l'assistance émue, prononce quelques paroles pour bien enterrer le mort »* (LAUTRÉAMONT). ♦ 3° Loc. fig. *Vous nous enterrerez tous,* vous nous survivrez. *« On avait confiance dans l'athlétique organisation de Balzac. Nous pensions fermement qu'il nous enterrerait tous »* (GAUTIER). ◊ Fig. *Enterrer sa vie de garçon* (d'un jeune homme qui va se marier) : passer avec ses amis une dernière et joyeuse soirée de célibataire. ♦ 4° Fig. *Enterrer un projet.* V. **Abandonner.** *C'est une histoire enterrée.* V. **Oublier.** *« Le jour même où la malveillance, la sottise, la routine et l'envie coalisées ont essayé d'enterrer l'ouvrage »* (BAUDEL.).

II. ♦ 1° (XIIIᵉ). Enfouir dans la terre. *Enterrer des oignons de tulipe. Enterrer profondément une canalisation.* — Fig. *Enterrer un secret, un chagrin dans son cœur.* V. **Cacher, ensevelir.** ♦ 2° *Par ext.* Recouvrir d'un amoncellement. V. **Engloutir, ensevelir.** *Être enterré sous les décombres.* ◊ Fig. et pronom. *Il est allé s'enterrer dans ce village.* V. **Cacher (se), isoler (s'), retirer** (se).

◊ ANT. **Déterrer. Exhumer. Produire.**

ENTÊTANT, ANTE [ãtɛtã, ãt]. *adj.* (1896; de *entêter*). Qui entête (1°). *« Cette musique obstinée, rapide, fuyante, entêtante »* (GIDE). V. **Enivrant, obsédant.** *Odeur entêtante.*

EN-TÊTE [ãtɛt]. *n. m.* (1836; de *en-*, et *tête*). Inscription imprimée ou gravée en tête de papiers employés dans l'administration, le commerce. *Papier à lettres, à en-tête.* ◊ Vignette placée en tête d'un chapitre, dans la partie supérieure de la page. *Édition illustrée d'en-têtes, hors-texte et culs-de-lampe.*

ENTÊTÉ, ÉE [ãtete]. *adj.* et *n.* (XIIᵉ; V. **Entêter**). Qui fait preuve d'entêtement. V. **Obstiné, opiniâtre, têtu.** *« Les esprits entêtés regimbent contre l'insistance »* (CHATEAUB.). N. (1694). *« La force de cervelle fait les entêtés »* (JOUBERT). ◊ ANT. **Changeant, influençable, malléable, souple.**

ENTÊTEMENT [ãtetmã]. *n. m.* (1649; « mal de tête », 1566; de *entêter*). ♦ 1° *Vx.* Parti pris favorable. V. **Engouement.** *« Je n'ai pas l'entêtement des grandes alliances »* (MARIVAUX). ♦ 2° Le fait de persister dans un comportement volontaire sans tenir compte des circonstances, sans reconsidérer la situation. V. **Têtu; obstination, opiniâtreté, ténacité.** *« Il fallut que la force même créât du diabolique entêtement d'un enfant, car on n'appela pas autrement ma constance »* (ROUSS.). *« Cet entêtement des êtres doux que possède une certitude inébranlable »* (MART. du G.). — *Caractère d'une personne têtue. Il est d'un entêtement incroyable.* ◊ ANT. **Abandon, découragement, docilité.**

ENTÊTER [ãtete]. *v. tr.* (XIIIᵉ; de *en-*, et *tête*). I. *V. tr.* ♦ 1° Incommoder par des vapeurs, des émanations qui montent à la tête. *Vin qui entête.* V. **Étourdir.** *« Elle était comme ces gens qui aiment les fleurs, où leur parfum entête »* (RADIGUET). ♦ 2° *Vx* (XVIᵉ; « abrutir »). Remplir la tête de (qqn) d'une prévention aveuglément favorable; occuper son esprit. V. **Coiffer** *(fam.),* **enticher.** *« Depuis que de Tartuffe on le voit entêté »* (MOL.).

II. S'ENTÊTER. *v. pron.* ♦ 1° *Vx* ou *littér.* V. **Engouer** (s'). *S'entêter de qqn, de qqch.,* s'y attacher au point de n'avoir rien d'autre en tête. ♦ 2° (Répandu XVIIIᵉ). Persister dans une volonté, sans céder, avec obstination. V. **Buter** (se), **obstiner** (s'), **opiniâtrer** (s'). *S'entêter dans ses opinions. « Il s'entêtait à nourrir des rancunes et des chimères »* (BARRÈS). ◊ ANT. **Dégoûter. Céder, changer.**

ENTHALPIE [ãtalpi]. *n. f.* (mil. XXᵉ; gr. *enthalpein* « réchauffer dans »). Phys. En thermodynamique, fonction définie par la somme de l'énergie interne (U) d'un système et du produit de sa pression P par son volume V (U + PV). *La variation de l'enthalpie d'un système est, à pression constante, égale à l'énergie calorifique reçue.*

ENTHOUSIASMANT, ANTE [ãtuzjasmã, ãt]. *adj.* (1845; de *enthousiasmer*). Qui enthousiasme. V. **Passionnant.**

ENTHOUSIASME [ãtuzjasm(ə)]. *n. m.* (1548; gr. *enthousiasmos* « transport divin », de *theos* « dieu »). ♦ 1° *Antiq.* Délire sacré qui saisit l'interprète de la divinité. V. **Inspiration, transe.** *« Donna-t-on d'abord le nom d'enthousiasme aux contorsions de cette pythie? »* (VOLT.). — Didact. *Enthousiasme poétique,* transports, exaltation du poète sous l'effet de l'inspiration. *Je trouve indigne... d'écrire par le seul enthousiasme. L'enthousiasme n'est pas un état d'âme d'écrivain »* (VALÉRY). ◊ État où l'homme, soulevé par une force qui le dépasse, se sent capable de créer. *Pasteur « faisait de l'enthousiasme « le dieu intérieur qui mène à tout »* (MONDOR). ♦ 2° *Vx* ou *littér.* Émotion intense qui pousse à l'action dans la joie. Élan, mouvement d'enthousiasme. *« L'enthousiasme de la patrie : il inspira tout ce qui s'est fait de grand et de beau chez les Grecs et chez les Romains »* (STAËL). V. **Ardeur, feu, flamme, passion, zèle.** Par ext. *Il travaille sans enthousiasme.* V. **Entrain.** ♦ 3° Émotion poussant à admirer. *Spectacle qui déchaîne l'enthousiasme de la foule. Enthousiasme irréfléchi, aveugle.* V. **Emballement, engouement.** *Parler d'un artiste, d'un ouvrage avec enthousiasme* (Cf. Porter aux nues). *« J'ai perdu presque tout mon enthousiasme pour les*

grands écrivains » (STENDHAL). ♦ 4° (XVIIᵉ). Émotion se traduisant par une excitation joyeuse. V. **Allégresse, joie.** *J'accepte avec enthousiasme,* avec grande joie. *Débordements d'enthousiasme.* V. **Délire.** *« Les torrents d'enthousiasme de l'Armistice »* (MAUROIS). ◊ ANT. **Détachement, froideur, indifférence.**

ENTHOUSIASMER [ãtuzjasme]. *v. tr.* (fin XVIᵉ; de *enthousiasme*). Remplir d'enthousiasme. *Tribun qui enthousiasme les foules.* V. **Électriser, enflammer, galvaniser.** *Cette théorie, cette découverte, cette lecture m'enthousiasme.* V. **Passionner.** *« Il s'auréolait de prestige à mes yeux, et positivement m'enthousiasmait »* (GIDE). *Être enthousiasmé,* ravi, transporté (de joie, etc.). ◊ S'ENTHOUSIASMER. *S'enthousiasmer de* (vx), *pour qqn, qqch.* V. **Emballer** (s'; *fam.*), **engouer** (s'). — *Il s'enthousiasme aisément.* V. **Enflammer** (s'), **exalter** (s'). *« Il s'indigne et s'enthousiasme, on ne sait trop pourquoi »* (GIDE). ◊ ANT. **Dégoûter, désenchanter, ennuyer, refroidir.**

ENTHOUSIASTE [ãtuzjast(ə)]. *adj.* et *n.* (1544; gr. *enthousiastês*). ♦ 1° *Vx.* Personne inspirée par la divinité (V. **Fanatique, visionnaire; enthousiasme,** 1°). *« Le philosophe n'est point enthousiaste, il ne s'érige point en prophète, il ne se dit point inspiré des dieux »* (VOLT.). ♦ 2° *Mod.* Qui ressent de l'enthousiasme; qui marque de l'enthousiasme (3°). *Le grand acteur fut dix fois rappelé par une salle enthousiaste.* V. **Délire** (en). *« Enthousiaste comme nous le sommes tous à vingt ans »* (BALZ.). V. **Exalté, passionné.** *Un partisan enthousiaste des nouvelles doctrines.* V. **Fanatique, fervent.** — *Accueil enthousiaste.* V. **Chaleureux.** *Un éloge enthousiaste.* V. **Enflammé, lyrique.** ◊ N. *C'est un enthousiaste,* il est prompt à s'enthousiasmer. V. **Ardent, brûlant, passionné.** ◊ ANT. *Blasé, désabusé, froid, sceptique.*

ENTHYMÈME [ãtimɛm]. *n. m.* (*Emptimeme,* XVᵉ; lat. *enthymema,* d'o. gr.). Log. Forme abrégée du syllogisme dans laquelle on sous-entend l'une des deux prémisses ou la conclusion. *« Je pense, donc je suis », célèbre enthymème de Descartes.*

ENTICHEMENT [ãtiʃmã]. *n. m.* (mil. XIXᵉ; de *enticher*). Rare. Goût extrême, irraisonné. V. **Toquade.**

ENTICHER [ãtiʃe]. *v. tr.* et *pron.* (XIIᵉ; de l'a. v. *entechier,* de *teche,* var. de *tache*). ♦ 1° *Vx.* Commencer à gâter, à corrompre. V. **Tacher.** ♦ 2° (1664). *Littér.* Inspirer un attachement déraisonnable, excessif à. *Qui vous a entiché de cette opinion?* ♦ 3° *Cour.* S'ENTICHER DE, prendre un goût extrême et irraisonné pour. V. **Engouer** (s'), **passionner** (se), **toquer** (se). *Il s'est entiché de cette femme.* V. **Amouracher** (s'), **coiffer** (se). ◊ *Au p. p.* ENTICHÉ DE. *Il est entiché de sport, de politique.* V. **Épris, fou.** *« Un jeune homme de bonne famille, entiché de littérature et tout particulièrement des auteurs contemporains »* (SARTRE). ◊ ANT. **Dégoûter, détacher.**

ENTIER, IÈRE [ãtje, jɛʀ]. *adj.* et *n.* (XIᵉ; lat. *integer* « non touché »; de *tangere* « toucher »; Cf. **Intégral**). ♦ 1° Qui n'a subi aucune diminution. V. **Total.** — (Après le nom, en épithète) *Manger un pain entier.* V. **Tout** (tout un, tout le). *Lire un livre entier dans une soirée. Payer place entière,* sans réduction, intégralement. *« Je voulais que l'univers entier s'occupât de moi »* (FRANCE). *Dans le monde entier,* partout. *La nation, la ville entière, le pays entier.* — (Dans le temps) *Durant une année entière, des années entières. Une heure entière.* ◊ (XIIᵉ). TOUT ENTIER, absolument entier. *Il but le verre tout entier. « Les murs évidés sont presque tout entiers occupés par les fenêtres »* (TAINE). *Le pays tout entier, la ville tout entière. « Et, durant tout un jour, j'ai eu toute Venise, Venise tout entière à moi »* (H. de RÉGNIER). ◊ *Se livrer, se donner tout entier à,* consacrer tout son temps à, se dévouer à. *Les hommes d'action « sont tout entiers dans le moment qu'ils vivent et leur génie se ramasse sur un point »* (FRANCE). ♦ 2° N. m. (1538). En son (LEUR) ENTIER. V. **Totalité.** *Rapporter un passage dans son entier.* ◊ *Loc. adv.* EN ENTIER. V. **Complètement, entièrement, intégralement.** *Le boulevard « est occupé presque en entier par deux ou trois bâtiments administratifs »* (ROMAINS). *Lire un livre en entier.* ♦ 3° (Après le nom, épithète ou attribut) Qui a toutes ses parties, à quoi il ne manque rien. V. **Complet, intact, intégral.** *Le pain est entier, on ne l'a pas entamé.* — *Cheval entier* (XVIᵉ), qui n'est pas châtré *(opposé à hongre).* ◊ Math. (1538) *Un nombre entier* composé d'une ou plusieurs unités *(opposé à* nombre fractionnaire).* — Subst. V. **Unité.** *Un entier. Trois tiers forment un entier.* ♦ 4° (XIIᵉ). Qui n'a subi aucune altération; qui s'entend sans aucune restriction (d'une chose abstraite). V. **Absolu, intact, parfait, total.** — (Avant ou après le nom) *Une confiance entière, pleine* et entière. « Je lui parlais avec une entière confiance, un abandon complet »* (FRANCE). *« La liberté du commerce était entière »* (FÉN.). *Sa réputation reste entière,* elle n'est pas entamée. *Sa vertu reste entière.* V. **Intact.** ◊ *La question reste entière,* le problème n'a pas reçu un commencement de solution. ♦ 5° (Personnes). *Vx* (XIIᵉ) Loyal, fidèle; pur. ◊ Mod. (XVIᵉ) Qui n'admet aucune restriction, aucune demi-mesure (après le nom). *Un homme entier, très entier. Un caractère entier. Il est assez entier dans ses opinions.* V.

Absolu, catégorique, entêté, obstiné, têtu. *Par ext.* (Actions, pensées) Absolu. « *Cette opinion était définitive et entière* » (LARBAUD). ◇ ANT. *Divisé, incomplet, partiel. Compréhensif, conciliant, souple.*

ENTIÈREMENT [ãtjɛʀmã]. *adv.* (fin XIIᵉ ; de *entier*). D'une manière entière. V. **Complètement, tout, totalement** (Cf. En entier, tout à fait). *Détruire entièrement. Capital entièrement versé.* V. **Intégralement.** *Ils sont entièrement d'accord.* V. **Parfaitement.** « *Ni le réel n'est entièrement rationnel, ni le rationnel tout à fait réel* » (CAMUS). ◇ ANT. *Imparfaitement, incomplètement, partiellement.*

ENTIÈRETÉ [ãtjɛʀte]. *n. f.* (1536, sorti d'usage au XVIIᵉ, repris XXᵉ ; de *entier*). Intégralité, totalité. *L'entièreté d'une somme.* — REM. Le mot est plus courant en Belgique.

ENTITÉ [ãtite]. *n. f.* (v. 1500 ; lat. *entitas*, de *ens, entis*, p. prés. de *esse* « être »). ♦ 1º *Philo.* Ce qui constitue l'essence d'un genre ou d'un individu. ♦ 2º *Philo.* Objet considéré comme un être doué d'unité matérielle, alors que son existence objective n'est fondée que sur des rapports. *Un fleuve, un courant d'air, une vague sont des entités. Une* « *entité aussi inexistante que la quadrature du cercle* » (PROUST). — *Entité rationnelle*, abstraction. Cour. « *L'État, cette entité monstrueuse qui fabrique des fonctionnaires* » (R. ROLLAND). ♦ 3º *Méd. Entité morbide*, groupement constant de manifestations pathologiques formant un tout. V. **Affection, complexe, maladie, syndrome.** ◇ ANT. *Chose.*

ENTOILAGE [ãtwalaʒ]. *n. m.* (1755 ; de *entoiler*). ♦ 1º Action d'entoiler. ♦ 2º Toile dont on s'est servi pour entoiler. *L'entoilage d'un col.* ◇ Reliure en toile.

ENTOILER [ãtwale]. *v. tr.* (1694 ; de *en-*, et *toile*). ♦ 1º Fixer sur une toile. *Entoiler une carte de géographie. Entoiler le col d'un vêtement.* ♦ 2º Garnir de toile ; relier en toile. *Entoiler des brochures.*

ENTOIR [ãtwaʀ]. *n. m.* (1651 ; de *enter*). *Techn.* Couteau à enter, à greffer.

ENTÔLAGE [ãtolaʒ]. *n. m.* (1903 ; de *entôler*). *Pop.* Action d'entôler qqn. V. **Vol.**

ENTÔLER [ãtole]. *v. tr.* (1837 ; de *en-*, et arg. *tôle* « chambre »). ♦ 1º Voler (un client), en parlant d'une prostituée. ♦ 2º *Pop.* Voler en trompant.

ENTÔLEUR, EUSE [ãtolœʀ, øz]. *n.* (fin XIXᵉ ; de *entôler*). *Pop.* Personne qui pratique l'entôlage.

ENTOLOME [ãtolom]. *n. m.* (*Entoloma*, 1878 ; du gr. *entos*, et *lôma* « bordure »). *Bot.* Champignon des bois, à lames roses (*Basidiomycètes*).

ENTOMO-. Élément, du gr. *entomon* « insecte », de *entomos* « coupé ». V. **-Tome.**

ENTOMOLOGIE [ãtomɔlɔʒi]. *n. f.* (1745 ; de *entomo-*, et *-logie*). Partie de la zoologie qui traite des insectes. « *Les plus beaux sujets de drame nous sont proposés par... l'entomologie* » (GIDE).

ENTOMOLOGIQUE [ãtomɔlɔʒik]. *adj.* (1762 ; du précéd.). Qui est relatif à l'entomologie.

ENTOMOLOGISTE [ãtomɔlɔʒist(ə)] *n.* (1789 ; de *entomologie*). Spécialiste de l'entomologie.

ENTOMOPHAGE [ãtomɔfaʒ]. *adj.* (1839 ; de *entomo-*, et *-phage*). *Sc.* Qui se nourrit d'insectes. *Oiseau entomophage.* V. **Insectivore.** *La dionée, plante entomophage.*

ENTOMOPHILE [ãtomɔfil]. *adj.* (1846 ; de *entomo-*, et *-phile*). *Bot.* Se dit des plantes dont la pollinisation (dite *entomophilie*) se fait par les insectes.

ENTOMOSTRACÉS [ãtomɔstrase]. *n. m. pl.* (1839 ; du gr. *entomos* « coupé », et *ostrakhon* « coquille »). Crustacés inférieurs (ancienne classe).

ENTONNAGE [ãtonaʒ] *n. m.*, **ENTONNAISON** [ãtonɛzɔ̃] *n. f.*, **ENTONNEMENT** [ãtonmã]. *n. m.* (1611, -1864, -1540 ; de *entonner* 1). *Techn.* Action de mettre en tonneau ; son résultat.

1. **ENTONNER** [ãtone]. *v. tr.* (fin XIIᵉ ; de *en-*, et *tonne*). ♦ 1º *Techn.* Verser (un liquide) dans un tonneau. *Entonner du vin, du cidre.* ♦ 2º *Fig.* (Vieilli). *Entonner de la nourriture à qqn*, et par ext. *entonner qqn*, le gaver.

2. **ENTONNER** [ãtone]. *v. tr.* (déb. XIIIᵉ ; de *en-*, et *ton*). ♦ 1º Commencer à chanter (un air). *Entonner la Marseillaise.* « *La procession commença à marcher en entonnant un psaume* » (STENDHAL). ♦ 2º *Fig. Entonner la louange.* V. **Louer, vanter.**

ENTONNOIR [ãtonwaʀ]. *n. m.* (XIIIᵉ ; de *entonner*). ♦ 1º Petit instrument de forme conique, terminé par un tube et servant à verser un liquide dans un récipient de petite ouverture. *Entonnoir à vin* (V. **Chantepleure**). ◇ *En entonnoir*, en forme d'entonnoir. *Cirque de montagnes en entonnoir. Fleurs, champignons en entonnoir.* ♦ 2º *Par anal.* Cavité qui va en se rétrécissant. *Entonnoir naturel.* V. **Cratère, cuvette.** ◇ *Cour.* Excavation produite par une explosion, un obus, une bombe. « *Couchés au bord de l'entonnoir, quelques soldats guettaient* » (DORGELÈS) ; Cf. Trou d'obus. *Sc.* Nom de champignons, d'un coquillage.

ENTORSE [ãtɔʀs(ə)]. *n. f.* (1560 ; de l'a. fr. *entordre*

« tordre »). ♦ 1º Lésion douloureuse, traumatique, d'une articulation, provenant d'une distension violente avec ou sans arrachement des ligaments. V. **Foulure ; déboîtement, lumbago, luxation.** *Se donner, se faire une entorse au poignet, au pied.* « *Bomston, à demi ivre, se donna en courant une entorse qui le força de s'asseoir* » (ROUSS.). ♦ 2º *Fig.* (XVIᵉ). *Donner* (vx), *faire une entorse à*, ne pas respecter. « *Les entorses données à la vérité par nos deux poètes* » (HENRIOT). *Faire une entorse au règlement* (V. **Infraction**), *à un régime.*

ENTORTILLAGE [ãtɔʀtijaʒ]. *n. m.* (1744 ; de *entortiller*). ♦ 1º *Rare.* V. **Entortillement.** ♦ 2º *Fig.* Ce qui, dans un discours ou un écrit, est entortillé. V. **Préciosité, subtilité.**

ENTORTILLEMENT [ãtɔʀtijmã]. *n. m.* (1361 ; de *entortiller*). Le fait de s'entortiller (autour d'une chose) ; état d'une chose entortillée. *L'entortillement du lierre, de la vigne.*

ENTORTILLER [ãtɔʀtije]. *v. tr.* (1690 ; de *entourteillier*, fin XIIIᵉ ; de *entort*, p. p. de l'a. fr. *entordre* ; Cf. Entorse). ♦ 1º Envelopper (un objet) dans qqch. que l'on tortille ; tortiller (qqch.) autour d'un objet. *Entortiller un bonbon, une orange dans du papier. Entortiller du raphia autour d'un bouquet.* V. **Attacher, nouer.** — Pronom. *Le lierre s'entortille autour du tronc.* V. **Enlacer.** ♦ 2º *Fig.* Circonvenir, séduire (qqn) par la ruse. V. **Circonvenir, emberlificoter.** *Il a réussi à vous entortiller.* « *Il sut entortiller les jurés avec une conviction si sérieuse* » (BALZ.). V. **Prendre.** ♦ 3º Compliquer par des circonlocutions et des obscurités. V. **Embrouiller.** *Il avait* « *une étonnante manière d'enrouler, d'embrouiller et d'entortiller la phrase* » (DUHAM.) ◇ *Des phrases entortillées*, compliquées, confuses. V. **Embarrassé.** ◇ ANT. *Délacer, dénouer, désentortiller ; simplifier.*

ENTOUR [ãtuʀ]. *n. m.* (1080 ; de *en-*, et *tour*). ♦ 1º Au sing. *À l'entour* (1424). V. **Alentour.** ♦ 2º *Littér. Plur.* Les environs, le voisinage. *Les entours de la ville.* V. **Abord, alentours.** « *Les entours de notre demeure sont occupés par des arbustes* » (DUHAM.).

ENTOURAGE [ãtuʀaʒ]. *n. m.* (1776, « personnes qui entourent » ; de *entourer*). ♦ 1º Ornement disposé autour de certains objets. *L'entourage d'un massif, d'une tombe.* ♦ 2º (h. 1461 ; XIXᵉ). Personnes qui entourent habituellement qqn, et vivent dans sa familiarité. V. **Cercle, compagnie, milieu, société, voisinage.** *Le roi* « *vivait au milieu d'un entourage appelé la cour* » (SEIGNOBOS). *Elle hasardait sa démarche* « *à l'insu de tout son entourage, notamment de son mari* » (BOURGET).

ENTOURÉ, ÉE [ãture]. *adj.* (1690 ; V. **Entourer**, 5º). Qui est recherché, admiré ou aidé, soutenu par de nombreuses personnes. *Elle était très entourée.*

ENTOURER [ãture]. *v. tr.* (1538 ; de *entour*). ♦ 1º Garnir (une chose) de qqch. qui en fait le tour ; mettre autour. *Entourer une ville de murailles.* V. **Ceindre.** *Entourer d'une clôture*, clore, clôturer, enclore. *Entourer d'un cercle* (cercler), *d'un cadre* (encadrer). *Entourer ses pieds, s'entourer les pieds d'une couverture.* V. **Enrouler.** « *Pendant que sa mère l'attirait contre elle et l'entourait de ses bras comme pour la protéger* » (MART. du G.). V. **Embrasser, étreindre.** — *Entourer un président de gardes du corps.* ◇ *Fig. Entourer qqn de soins, de prévenances, d'égards.* V. **Accabler, combler.** « *Il l'entourait d'égards, tout en se méfiant* » (FLAUB.). — *Entourer de mystère les actes les plus insignifiants.* « *Il lui fallait entourer les réalités de l'amour de toute une nébuleuse de songes et de brillantes images* » (LARBAUD). V. **Orner, parer.** ♦ 2º (Choses). Être autour de (qqch., qqn) de manière à enfermer. *Les murailles qui entourent la ville.* V. **Ceinturer, enfermer.** *Une clôture entoure le jardin.* V. **Fermer.** *Jardin entouré de haies. Les monts, les forêts qui entourent la vallée.* V. **Encadrer, encercler, environner.** « *Le bonheur entourait cette maison tranquille Comme une eau bleue entoure exactement une île* » (JAMMES). ♦ 3º (Personnes). Se porter, se tenir tout autour de. *Les soldats entourent la ville.* V. **Assiéger, attaquer, cerner, encercler.** *La police entoura les manifestants.* V. **Contenir, encadrer.** ♦ 4º (Personnes ou choses). Être habituellement ou momentanément autour de (qqn). *Les gens qui nous entourent, vivent avec nous, près de nous.* V. **Fréquenter ; entourage.** *Tout ce qui nous entoure*, ambiance, atmosphère. « *Tout ce qui l'entourait, le jardin paisible, ces fleurs embaumées, ces enfants poussant des cris joyeux, ce cloître silencieux, le pénétraient lentement* » (HUGO). ◇ S'ENTOURER DE. *v. pron.* Mettre autour de soi. *S'entourer d'objets d'art, de luxe, de confort.* — Réunir autour de soi. *Savoir s'entourer d'amis.* — Fig. « *Dans les monarchies bien constituées, le monarque s'entoure de précautions contre ses erreurs* » (FUSTEL de COUL.). ♦ 5º (Personnes). S'occuper de (qqn), aider ou soutenir par sa présence, ses attentions. *Ses amis l'entourent beaucoup, depuis son deuil.* « *Nul ne fut plus entouré, plus secondé, plus aimé que lui* » (GIDE). V. **Entouré.** ◇ ANT. *Abandonner.*

ENTOURLOUPETTE [ãturlupɛt]. *n. f.* (1926 ; de l'arg. *ent[o]urer*, « duper », p.-ê. d'apr. *enveloper*, « circonvenir »).

Fam. Mauvais tour joué à qqn. *Il lui a fait une entourloupette.* Var. pop. ENTOURLOUPE [ɑ̃tuʀlup(ə)], *n. f.*

ENTOURNURE [ɑ̃tuʀnyʀ]. *n. f.* (1538; de l'a. fr. *entourner*, de *en-*, et *torn.* V. **Tour**). *Cout.* Partie du vêtement qui fait le tour du bras, là où s'ajuste la manche. *Entournures trop larges, trop étroites.* V. **Emmanchure.** ◊ *Cour. Être gêné dans les entournures, aux entournures,* être mal à l'aise, ne sentir gauche; être en difficulté. *Ses dettes le pressent; « il ne fait pas un mouvement qu'il n'en sente la gêne aux entournures »* (SUARÈS).

ENTRACCUSER (S') [ɑ̃tʀakyze]. *v. pron.* (1130; de *entre-*, et *accuser*). *Rare.* S'accuser réciproquement.

ENTRACTE [ɑ̃tʀakt(ə)]. *n. m.* (1622; de *entre*, et *acte*). ♦ 1° Temps qui sépare un acte du suivant, dans la représentation d'une pièce de théâtre. « *Entracte. Toujours trop long* » (FLAUB.). ◊ *Par ext.* Intervalle qui sépare les diverses parties d'un concert, d'un spectacle. *Films publicitaires projetés à l'entracte* (cinéma). ♦ 2° Petite pièce musicale qui s'exécute le rideau baissé, entre les actes d'un spectacle. V. **Divertissement, intermède, intermezzo.** *Entractes* (ballets, danses) *dans certaines pièces de Molière.* ♦ 3° Temps d'arrêt, de repos, au cours d'une action quelconque. V. **Interruption.** *Les entractes d'une carrière politique.*

ENTRADMIRER (S') [ɑ̃tʀadmiʀe]. *v. pron.* (1808; de *entre-*, et *admirer*). *Rare.* S'admirer, se louanger réciproquement.

ENTRAIDE [ɑ̃tʀɛd]. *n. f.* (fin XIXᵉ; de *entraider*). Action de s'entraider; son résultat. *L'entraide sociale.* V. **Secours** (mutuel). *Comité d'entraide. Ses amis « pour qui l'entraide était toujours un risque de manquer du minimum »* (MART. du G.).

ENTRAIDER (S') [ɑ̃tʀede]. *v. pron.* (XIIᵉ; de *entre*, et *aider*). S'aider mutuellement. V. **Aider** (s'), **soutenir** (se). « *Il se faut entr'aider; c'est la loi de nature* » (LA FONT.). ◊ ANT. Combattre (se).

ENTRAILLES [ɑ̃tʀɑj]. *n. f. pl.* (1160; bas lat. *intralia* « ce qui est à l'intérieur », class. *interanea*; Cf. a. fr. *Entraigne*). ♦ 1° Ensemble des organes enfermés dans l'abdomen de l'homme ou des animaux. V. **Boyau, intestin, tripe, viscère.** *Les aruspices examinaient les entrailles des animaux sacrifiés.* « *L'affreux amas des viscères et des entrailles de tout le troupeau de Neptune que les pêcheurs avaient rejeté à la mer* » (VALÉRY). ♦ 2° *Vx.* Les intestins. *Des douleurs d'entrailles.* V. **Colique.** « *Je suis souffrant des entrailles* » (STE-BEUVE). ♦ 3° *Vx* ou *littér.* Les organes de la gestation. V. **Sein.** « *Vous êtes bénie entre toutes les femmes, et le fruit de vos entrailles est béni* » (prière du *Je vous salue, Marie*). ♦ 4° *Fig.* et *littér.* La partie la plus profonde, intime, essentielle. *Un bruit « de balancier frappant à coups redoublés dans les entrailles du navire* » (FROMENTIN). « *Le bois leur manquait : ils ont creusé jusque dans les entrailles du sol* » (TAINE). ♦ 5° (XIIᵉ). *Fig.* et *littér.* La partie profonde de l'être sensible, le siège des émotions. V. **Âme** (II), **cœur** (II), **sensibilité.** « *J.-J. Rousseau donna des entrailles à tous les mots* » (JOUBERT). « *J'intéressais en elle ce peu d'entrailles qui subsiste dans les femmes les plus insensibles* » (MAURIAC). *Il a pour cet enfant des entrailles de père. Il n'a pas d'entrailles,* il est impitoyable, insensible.

ENTRAIN [ɑ̃tʀɛ̃]. *n. m.* (1834; de la loc. *être en train*). ♦ 1° Vivacité et bonne humeur communicatives. V. **Activité, allant, ardeur, enthousiasme, feu, fougue, vie, vivacité.** *Avoir de l'entrain; être plein d'entrain* (V. **Boute-en-train**). *Entrain au travail.* V. **Cœur.** « *Si seulement ce pouvait être fini, se dit-il, en gravissant sans entrain l'escalier* » (MART. du G.). ♦ 2° (*Actes, paroles*). Animation, vivacité. *La conversation manque d'entrain.* « *Et les sarcasmes, les saillies, les quolibets; cette chose française qu'on appelle l'entrain* » (HUGO). ◊ ANT. **Apathie, calme, inertie, froideur, nonchalance, tristesse.**

ENTRAÎNABLE [ɑ̃tʀenabl(ə)]. *adj.* (fin XVIIIᵉ, « qui peut être détourné de son devoir »; de *entraîner*). Qui peut être entraîné (*pr.* et *fig.*). *Foule facilement entraînable.* V. **Influençable.** « *L'homme est faible et bête, entraînable pour un rien* » (MAUPASS.).

ENTRAÎNANT, ANTE [ɑ̃tʀenɑ̃, ɑ̃t]. *adj.* (1769; de *entraîner*, I, 3°). Qui entraîne. *Style entraînant. Orateur véhément à l'éloquence entraînante.* V. **Convaincant, éloquent.** *Musique militaire entraînante. Air, refrain entraînant.*

ENTRAÎNEMENT [ɑ̃tʀenmɑ̃]. *n. m.* (1724; de *entraîner*). I. ♦ 1° *Vx.* Action d'entraîner, d'avoir pour conséquence inéluctable. V. **Enchaînement.** « *Les stoïciens croyaient que tout arrive par un entraînement nécessaire* » (TRÉVOUX). ◊ *Mod.* Communication d'un mouvement; organes solidaires qui l'assurent. *Arbre d'entraînement.* ♦ 2° Mouvement par lequel l'homme se trouve déterminé à agir, indépendamment de sa volonté consciente et réfléchie. *L'entraînement des passions, des habitudes.* V. **Chaîne, force, pente.** *Céder à ses entraînements.* V. **Élan, emballement, impulsion.** *Dans l'entraînement de la discussion.* V. **Chaleur, feu.** « *Il*

était capable de soumettre à la raison les entraînements les plus passionnés de sa nature véhémente » (JAURÈS).
II. ♦ 1° (1828, T. de *Sport hippique*). Action d'entraîner (II), de s'entraîner en vue d'une compétition sportive; état de celui qui est ainsi entraîné. *Entraînement d'un boxeur, d'un athlète. Match, partie, terrain d'entraînement. À l'entraînement, pendant les séances d'entraînement.* ♦ 2° Préparation méthodique, apprentissage par l'habitude. *Vous y parviendrez avec un peu d'entraînement. Il manque d'entraînement.*

ENTRAÎNER [ɑ̃tʀene]. *v. tr.* (XIIᵉ; de *en-*, et *traîner*). I. ♦ 1° Emmener de force avec soi. *Torrent qui entraîne des arbres sur son passage.* V. **Charrier, emporter.** *Le courant entraîne le navire vers la côte.* V. **Drosser.** *Il « se laissa charrier, avec les autres, par le courant qui les entraînait vers la sortie* » (MART. du G.). *Mécan. Moteur qui entraîne une machine. Piston qui entraîne une bielle.* ◊ *Fig.* et *littér.* « *La fuite du temps entraîne tout ce qui s'attachait à lui* » (GIDE). ♦ 2° Conduire, mener (qqn) avec soi. V. **Emmener, mener, pousser, tirer.** *Danseur qui entraîne sa cavalière. Il l'entraîna vers le buffet.* « *J'avais entraîné Jacques dans le fond du jardin* » (GIDE). ◊ Conduire en exerçant une pression morale. « *Il avait décampé, un beau matin, entraînant avec lui un camarade* » (MART. du G.). ◊ *Fig. Il l'a entraîné dans sa ruine. Il se laisse entraîner par de mauvais camarades.* ◊ *Par métaph. Littér.* « *Je me livre en aveugle au destin qui m'entraîne* » (RAC.). ♦ 3° *Fig.* Pousser (qqn) vers (qqch.) par un enchaînement psychologique ou matériel. *Son enthousiasme l'entraîne trop loin.* V. **Emporter, pousser.** « *Le vulgaire est entraîné, les grands caractères sont ceux qui luttent* » (VIGNY). « *Il fut le prisonnier d'un succès qui l'entraîna au delà de ses intentions* » (BARTHOU). — *Entraîner à* (et *inf.*). V. **Amener, conduire, décider, engager.** « *Votre erreur n'est pas un crime, mais elle vous en fait commettre un; car elle vous entraîne à prêcher la guerre* » (FUSTEL DE COUL.). — *Se laisser entraîner* (spécialt. par le plaisir d'agir, par un sentiment). « *Je reviens en arrière; car hier, je m'étais laissé entraîner* » (GIDE). *Spécialt.* Pousser à penser ou à agir par la conviction. *Son éloquence entraîne les foules.* V. **Charmer, convaincre.** ♦ 4° Avoir pour conséquence nécessaire, inévitable. *Cette imprudence risque d'entraîner de graves conséquences.* V. **Déclencher.** *Cette condamnation entraîne des déchéances.* V. **Comporter, emporter.** « *Elle a cru que ma perte entraînait sa ruine* » (RAC.).
II. (1828; d'apr. angl. *to train*). ♦ 1° Préparer (un animal, une personne, une équipe) à quelque performance sportive, au moyen d'exercices appropriés. V. **Exercer.** *Entraîner un cheval, un athlète, en vue d'une course. Entraîner une équipe de football* (V. **Entraînement, entraîneur**). *Absolt. Servir d'entraîneur.* — *Pronom. Boxeur qui s'entraîne sur un punching-ball. Ils s'entraînent pour le championnat de tennis.* ♦ 2° *Par ext.* Faire l'apprentissage de (qqn). *Entraîner qqn à un exercice.* V. **Aguerrir, endurcir, former.** ◊ *Pronom.* S'ENTRAÎNER à, faire l'apprentissage de, en s'habituant. *S'entraîner à prendre la parole en public.* V. **Exercer** (s'), **familiariser** (se). — *Au p. p. Orateur entraîné à la discussion.* V. **Rompu.**

◊ ANT. *Arrêter, freiner, retenir.*

ENTRAÎNEUR [ɑ̃tʀenœʀ]. *n. m.* (1828; de *entraîner*). ♦ 1° Personne qui entraîne les chevaux pour la course. ♦ 2° Personne qui entraîne un coureur, un athlète, une équipe sportive. V. **Instructeur, manager** (angl.), **moniteur.** *L'entraîneur d'un boxeur, d'une équipe de football. Elle est entraîneur de notre championne.* — *Celui qui précède à motocyclette un cycliste pour lui couper le vent. Course avec entraîneur, derrière motos.* — ENTRAÎNEUR DE (d'hommes, de peuple, etc.). V. **Chef, conducteur, meneur.** *Lassalle « très remarquable entraîneur d'hommes, poète et tribun* » (HENRIOT). ♦ 3° *Chim.* Élément ajouté en grande quantité à un mélange pour entraîner un constituant à l'état de traces.

ENTRAÎNEUSE [ɑ̃tʀenøz]. *n. f.* (XXᵉ; du précéd.). Jeune femme employée dans les bars, les dancings pour engager les clients à danser (Cf. Taxi-girl), à consommer.

ENTRAIT [ɑ̃tʀɛ]. *n. m.* (*Entrais*, 1416; p. p. de l'a. fr. *entraire* « attirer », de *traire* « tirer »). *Techn.* Poutre horizontale qui relie à la base des arbalétriers dont elle maintient l'écartement.

ENTRANT, ANTE [ɑ̃tʀɑ̃, ɑ̃t]. *adj.* et *n.* (XIIᵉ; de *entrer*). ♦ 1° Qui entre (dans un groupe). *Le nombre des élèves entrants va encore augmenter dans les prochaines années scolaires.* — *Spécialt.* Qui prend son tour dans l'exercice temporaire d'une fonction. *Fonctionnaires entrants.* ♦ 2° *N.* (surtout plur.). *Les entrants et les sortants,* ceux qui entrent (qqpart) et ceux qui sortent.

ENTRAPERCEVOIR ou **ENTR'APERCEVOIR** [ɑ̃tʀapɛʀsəvwaʀ]. *v. tr.*; conjug. *recevoir* (1867; de *entre*, et *apercevoir*). Apercevoir à peine, d'une manière fugitive. *Je l'ai juste entraperçu.*

ENTRAVE [ɑ̃tʀav]. *n. f.* (1530; de *entraver*). ♦ 1° Ce qu'on met aux jambes de certains animaux pour gêner leur marche. V. **Abot, billot, lien.** *Cheval qui brise ses entraves, qui se libère d'une entrave.* — Par ext. *Les entraves d'un esclave, d'un prisonnier.* V. **Chaîne, fer.** ◆ 2° *Plus cour., fig.* Ce qui retient, gêne, assujettit. *Cette loi est une entrave à la liberté de la presse. Leurs perpétuelles objections sont des entraves à notre action.* V. **Empêchement, frein, gêne, obstacle.** *Les artistes « se sont dégagés des entraves de la symétrie »* (TAINE). V. **Assujettissement, chaîne, contrainte.** ◇ ANT. *Émancipation, libération. Liberté, licence.*

ENTRAVÉ, ÉE [ɑ̃trave]. *adj.* (1846; V. Entraver). ◆ 1° Qui a des entraves. *Fig.* ◆ 2° *Jupe entravée,* très resserrée dans le bas. ◆ 3° *Phonét.* (1908). *Voyelle entravée,* en syllabe fermée.

1. **ENTRAVER** [ɑ̃trave]. *v. tr.* (1493; de *en-* et a. fr, *tref* « poutre », du lat. *trabs*). V. **Travail** 2). ◆ 1° Retenir, attacher (un animal) au moyen d'une entrave. *Entraver un cheval pour le ferrer.* ◆ 2° *Fig.* (xvɪᵉ). Empêcher de se faire, de se développer. V. **Arrêter, embarrasser, enrayer, freiner, gêner.** *Entraver la circulation.* V. **Obstruer.** *Des rivaux ont entravé sa carrière* (Cf. Mettre des bâtons dans les roues). *Entraver les décisions, les initiatives, les projets de qqn.* V. **Contrarier.** « *Quand rien n'entrave l'action l'âme a bien moins de raisons pour agir* » (R. ROLLAND). ◇ ANT. Désentraver. *Émanciper. Faciliter.*

2. **ENTRAVER** [ɑ̃trave]. *v. tr.* (1460; altér. de *enterver* « comprendre », xɪɪɪᵉ; du lat. *interrogare.* V. **Interroger**). *Arg.* Comprendre. « *Pourquoi, j'y entrave que dalle* » (TOULET) : je n'y comprends rien.

1. **ENTRE** [ɑ̃tr(ə)]. *prép.* (xɪɪᵉ; lat. *inter.* V. **Inter**). I. ◆ 1° Dans l'espace qui sépare des choses, des personnes. *Les Pyrénées s'étendent entre la France et l'Espagne.* « *Le pays d'entre Sambre et Meuse* » (RAC.). *Herbe qui pousse entre les pierres. Distance, écart compris entre deux points.* V. **Intervalle.** *Tenir entre ses doigts.* — Loc. *Lire entre les lignes. Enfermer qqn entre quatre murs. Parler entre ses dents. Entre cuir* et *chair. Ne le laissez pas entre ses mains,* en sa possession, en son pouvoir. — Dans une série, une suite. *C est entre B et D, 8 entre 7 et 9. Mettre une chose entre deux autres.* V. **Insérer, intercaler.** *Mettre entre parenthèses, entre guillemets.* ◆ 2° Dans le temps qui sépare (deux dates, deux époques, deux faits). V. **Entre-temps.** *Nous passerons chez vous entre 10 et 11 heures. Entre le coucher et le lever du soleil. Personnes entre deux âges.* « *Une femme de cette espèce dite entre deux âges, parce qu'elle refuse obstinément de dire adieu à l'un pour entrer dans l'autre* » (DUHAM.). ◆ 3° *Fig.* À égale distance de. Hésiter *entre deux choix, deux solutions possibles. Être pris entre deux feux, deux nécessités.* — (En participant de deux choses) *Être entre la vie et la mort. Couleur entre le gris et le bleu.* V. **Demi** (à), **intermédiaire, moitié** (à). *Fait-il beau? Entre les deux.*

II. Au milieu de. ◆ 1° (En tirant d'un ensemble). *Choisir entre plusieurs solutions.* V. **Parmi.** *Il est brave entre les braves,* extrêmement brave. *Lequel d'entre vous accepte? Entre toutes les différentes expressions qui peuvent rendre une seule de nos pensées, il n'y en a qu'une qui soit la bonne* » (LA BRUY.). V. **De.** — ENTRE AUTRES. *Il y avait, entre autres choses,* parmi. — Ellipt. *Entre autres, parmi d'autres choses.* ◆ 2° *Vx* (En considérant un ensemble, en mettant dans un ensemble). « *Vous, que l'Orient compte entre ses plus grands rois?* » (RAC.), au nombre de, parmi. ◆ 3° (Suivi d'un pron. pers. ou d'un nom de pers. au plur. sans article). En ne sortant pas d'un groupe (de personnes); en formant un cercle fermé. *Ils veulent rester entre eux. Cette affaire doit rester entre nous,* ne doit pas être révélée, divulguée. *Soit dit entre nous,* ellipt. *Entre nous :* de vous à moi seulement, dans le secret.

III. Exprimant un rapport entre personnes ou choses. ◆ 1° Réciprocité (l'un l'autre, l'un à l'autre, avec l'autre). — Après un verbe d'action. — *Les loups se dévorent entre eux.* V. **Entre-** (s'entre-dévorer). — (Après un nom) *Le dialogue « entre le chrétien et l'artiste »* (GIDE). *Match entre deux équipes.* ◆ 2° Relations diverses. « *L'entente qui régnait entre mes parents* » (GIDE). « *Ils ont entre eux des disputes effroyables* » (ROMAINS). « *Des cérémonies, pourquoi? Entre nous!* » (SARTRE). — *Spécialt.* En sous-entendant une liaison sentimentale. *Qu'y a-t-il exactement entre eux?* ◆ 3° Comparaison. *Rapport, accord, ressemblance, contraste, discordance, disproportion, opposition entre deux choses.* « *Il n'y a rien de commun en effet entre un maître et un esclave* » (CAMUS). ◇ HOM. *Antre.* Formes du v. entrer.

2. **ENTRE-.** Élément, du lat. *inter.* ◆ 1° Servant à former des noms. ◇ Pour désigner l'intervalle, la partie située entre deux choses (V. **Inter-**). Ex. — *entracte, entrefilet.* ◇ Pour désigner une action mutuelle (entraide, entrevue). ◆ 2° Servant à former des verbes. ◇ Action réciproque (s'entraider, s'entralaxer). ◇ Action qui ne se fait qu'à demi (entrebâiller, entrouvrir, entrevoir).

ENTREBÂILLEMENT [ɑ̃trəbajmɑ̃]. *n. m.* (1561; de

entrebâiller). Intervalle formé par ce qui est entrebâillé. V. **Ouverture.** « *Ferdinand venait d'apparaître dans l'entrebâillement de la porte* » (DUHAM.).

ENTREBÂILLER [ɑ̃trəbaje]. *v. tr.* (1465; de *entre-*, et *bâiller*). Ouvrir très peu (une porte, une fenêtre). V. **Entrouvrir.** « *Thénardier entrebâilla la porte, livra tout juste passage à Jean Valjean* » (HUGO). — Pronom. *La fenêtre s'entrebâille.* — Au p. p. « *Une porte entrebâillée... laissait filtrer un peu de lumière* » (FROMENTIN).

ENTREBÂILLEUR [ɑ̃trəbajœr]. *n. m.* (v. 1950; de *entrebâiller*). Chaîne, tige de fer permettant d'entrebâiller une porte sans qu'on puisse l'ouvrir complètement.

ENTRE-BANDE [ɑ̃trəbɑ̃d]. *n. f.* (1405; de *entre-*, et *bande*). *Techn.* Chaque extrémité d'une pièce d'étoffe. *Des entre-bandes.*

ENTREBATTRE (S') [ɑ̃trəbatr(ə)]. *v. pron.;* conjug. *battre* (1160; de *entre-*, et *battre*). Rare. Se battre réciproquement.

ENTRECHAT [ɑ̃trəʃa]. *n. m.* (1609; it. *intrecciata* (*capriola intrecciata* « saut entrelacé »), d'apr. *chasser;* Cf. Chassé-croisé). ◆ 1° *Danse.* Saut pendant lequel les pieds battent rapidement l'un contre l'autre. *Entrechat à six battements.* ◆ 2° *Cour.* Saut, gambade. *Faire des entrechats,* gambader. — Fig. « *Un brusque entrechat de clarinette* » (GIDE).

ENTRECHOQUEMENT [ɑ̃trəʃɔkmɑ̃]. *n. m.* (xvɪᵉ; de *entrechoquer*). Choc réciproque de plusieurs choses ou personnes. V. **Choc, collision.** *L'entrechoquement des idées.*

ENTRECHOQUER [ɑ̃trəʃɔke]. *v. pron.* et *tr.* (1550; de *entre-*, et *choquer*). ◆ 1° *V. pron.* Se choquer l'un contre l'autre. *Cliquetis de verres qui s'entrechoquent.* « *Le train grinça de tous ses essieux et les wagons s'entrechoquèrent* » (MAC ORLAN). « *Des mots, sans lien, s'entrechoquaient dans sa tête* » (MART. du G.). ◆ 2° *V. tr.* (fin xvɪɪɪᵉ). Choquer, heurter l'un contre l'autre. *Ils entrechoquent des cailloux pour faire du feu.* Fig. « *Il entrechoquait si puissamment dans sa main toutes les idées sonores du moment* » (HUGO).

ENTRECOLONNE (vx) [ɑ̃trəkɔlɔn] ou **ENTRECOLONNEMENT** [ɑ̃trəkɔlɔnmɑ̃]. *n. m.* (1520,-1537; de *entre-*, et *colonne*). *Archit.* Intervalle entre deux colonnes consécutives.

ENTRECÔTE [ɑ̃trəkot]. *n. f.* ou (vx) *m.* (1746; de *entre-*, et *côte*). Morceau de viande de bœuf coupée entre les côtes. « *Il piqua sa fourchette dans un entrecôte* » (GREEN). « *Tiens, voilà une entrecôte persillée* » (MAC ORLAN).

ENTRECOUPÉ, ÉE [ɑ̃trəkupe]. *adj.* (1647; V. Entrecouper). Interrompu à plusieurs reprises. V. **Intermittent, saccadé.** « *Je ne répondais que par des paroles entrecoupées* » (RIMBAUD). « *D'une voix monotone, sourde et entrecoupée, elle chanta une chanson* » (MAC ORLAN). ◇ ANT. *Continu, égal, ininterrompu.*

ENTRECOUPER [ɑ̃trəkupe]. *v. tr.* (xɪɪᵉ, v. réfl.; de *entre-*, et *couper*). ◆ 1° (Fin xvɪᵉ). Rare. Couper, diviser à plusieurs reprises. ◆ 2° (1586). Interrompre par intervalles. *Entrecouper un récit de rires, de commentaires.* V. **Entremêler.** « *Nous entrecoupions ces lectures de longs silences et de quelques exclamations échangées* » (LAMART.).

ENTRECROISEMENT [ɑ̃trəkrwazmɑ̃]. *n. m.* (xvɪᵉ; de *entrecroiser*). État, forme de ce qui est entrecroisé. V. **Entrelacs.** *Entrecroisement de lattes.*

ENTRECROISER [ɑ̃trəkrwaze]. *v. tr.* (1320; de *entre-*, et *croiser*). Croiser ensemble, à plusieurs reprises. V. **Entrelacer.** *Entrecroiser des fils, des rubans.* ◇ S'ENTRECROISER. Fig. « *Rien n'est parfait; mais tout se tient, s'étaye, s'entrecroise* » (FRANCE). ◇ ENTRECROISÉ, ÉE. p. p. et adj. *Lignes entrecroisées.*

ENTRECUISSE [ɑ̃trəkɥis]. *n. m.* (1561; de *entre-*, et *cuisse*). Rare. Espace entre les cuisses.

ENTRE-DÉCHIRER (S') [ɑ̃trədeʃire]. *v. pron.* (1544; de *entre-*, et *déchirer*). Littér. Se déchirer mutuellement. « *Des loups enragés, acharnés à s'entre-déchirer* » (ROUSS.).

ENTRE-DÉTRUIRE (S') [ɑ̃trədetrɥir]. *v. pron.;* conjug. *conduire* (1559; de *entre-*, et *détruire*). Littér. Se détruire mutuellement.

ENTRE-DEUX [ɑ̃trədø]. *n. m. invar.* (1160; de *entre-*, et *deux*). ◆ 1° *Vx.* Espace, partie qui est entre deux choses. « *Dans les entre-deux de vos doigts* » (DESCARTES). ◆ 2° (*Abstrait*). Espace, état, capacité entre deux extrêmes. *Être dans l'entre-deux.* ◆ 3° *Mod. Cout.* Bande de tulle, de dentelle, de broderie qui coupe un tissu. *La garniture de ce chemisier est faite d'entre-deux de valenciennes.* ◇ *Cuis.* Partie d'un poisson coupée entre la tête et la queue. *Entre-deux de morue.* ◇ Petite console qui se met entre deux fenêtres. ◆ 4° *Sports.* Au basket-ball, Remise en jeu du ballon par l'arbitre, entre deux joueurs.

ENTRE-DEUX-GUERRES [ɑ̃trədøgɛr]. *n. m. invar.* (v. 1915; de *entre*, *deux*, et *guerre*). Période entre deux guerres (*spécialt.* entre 1918 et 1940). *Une période « qui figurerait dans* *les manuels d'histoire sous le nom d'Entre-deux-guerres »* (SARTRE).

ENTRE-DÉVORER ou **ENTREDÉVORER (S')** [ɑ̃tʀə devɔʀe]. *v. pron.* (fin XVᵉ; de *entre-*, et *dévorer*). *Littér.* Se dévorer mutuellement. — *Fig.* (1783). Se détruire. « *La nature nous enseigne à nous entre-dévorer* » (FRANCE).

ENTRÉE [ɑ̃tʀe]. *n. f.* (1160; de *entrer*). **I.** *Spatial.* **Ⓐ** Action d'entrer. ♦ 1° Passage de l'extérieur à l'intérieur. *Entrée d'un visiteur dans le salon. À son entrée, le silence se fit.* V. **Apparition, arrivée.** *Entrée soudaine, en trombe.* V. **Irruption.** *Faire son entrée dans une assemblée, dans un salon.* — *Entrée d'un général, d'une armée dans une ville. Entrée des croisés à Constantinople,* tableau de Delacroix. — « *Un grand navire fait entre les jetées une entrée tranquille et silencieuse* » (ROMAINS). *Entrée d'un train en gare.* ♦ 2° *Spécialt. Entrée en scène. Acteur qui fait son entrée. Il a manqué son entrée. Une de ces énormités que « les acteurs recherchent pour assurer le succès de leurs entrées* » (BALZ.). ♦ 3° ENTRÉE DANS, À *(fig.),* le fait d'entrer, d'arriver. *Faire son entrée dans le monde. Depuis son entrée dans cette société, dans cette affaire. Entrée dans un parti.* V. **Adhésion, affiliation.** ◊ ENTRÉE EN. *Entrée en fonctions, entrée en charge. Entrée en action, en jeu. Entrée en matière.* V. **Exorde.** ♦ 4° *(Choses).* Comm. *Entrée de marchandises, de valeurs dans une entreprise. Taxe à l'entrée* (des marchandises dans un pays). — ENTRÉES. *n. f. pl.* Ensemble des marchandises reçues par une entreprise dans une période donnée; ensemble des espèces, des effets entrés dans le portefeuille. ♦ 5° *Techn.* Passage (d'un signal, d'une information) de l'extérieur à l'intérieur d'un appareil, d'un ordinateur (V. **Input**). *Organe d'entrée.* ◊ *Voie par laquelle passe le signal, l'information.* **Ⓑ** (1538). ♦ 1° Possibilité d'entrer, de pénétrer dans un lieu. V. **Accès.** *Porte qui donne entrée dans une pièce, dans une maison. « C'est quelque visiteur qui sollicite l'entrée à la porte de ma chambre »* (BAUDEL.). *Interdire, refuser l'entrée. — Entrée interdite. Entrée libre, dans un magasin, une exposition. — Par ext.* V. **Admission.** *Solliciter, obtenir l'entrée dans une société, un club. — « Croyez-vous qu'il soit en état de subir l'examen d'entrée en sixième? »* (GREEN). ♦ 2° *Spécialt.* (XVIIIᵉ). Accès à un spectacle, une manifestation, une réunion. *Carte, billet, bon d'entrée. Entrée gratuite. — Par ext.* Le titre (V. **Billet, carte**) qui permet d'entrer. *Je vous ai obtenu deux entrées.* V. **Place.** *Entrée de faveur.* ◊ *Fig. Avoir ses entrées chez qqn, dans la maison de qqn, y être reçu. « Il a ses entrées dans un grand nombre de maisons qui seraient fermées pour tout autre »* (FROMENTIN). — *Anciennt.* Privilège d'entrée à certaines heures dans la chambre du roi. *Les grandes entrées.* ♦ 3° (1462). *Écon.* Faculté de faire entrer des marchandises. *Payer les droits d'entrée* (douane, octroi). ♦ 4° Ce qui donne accès dans un lieu; endroit par où l'on entre. *Entrée d'une maison, d'une cour, d'un jardin.* V. **Grille, porte, seuil.** *Entrée de service. Entrée des artistes,* dans un théâtre. — « *Deux sombres signaux à l'entrée d'un tunnel »* (ROMAINS). V. **Orifice, ouverture.** ◊ *Fig.* Math. *Table, tableau à double entrée.* — *Par anal. Les entrées d'un dictionnaire,* les mots imprimés en gras. V. **Adresse.** ♦ 5° *Techn.* ENTRÉE DE, ce qui donne accès à. *Entrée d'air* : cheminée, puits d'aération. — *Entrée d'air d'un réacteur d'avion.* — Radio. *Entrée de poste,* portion de mur par où passe le câble de descente d'antenne. ♦ 6° Pièce située à l'entrée d'un édifice, d'un appartement et servant de passage pour aller aux autres pièces. V. **Hall, vestibule.** *Veuillez attendre dans l'entrée.*

II. *Temporel.* Ce qui commence qqch. ♦ 1° *Vx* ou *littér.* (XIIᵉ). Première partie, commencement, début. *À l'entrée de la vie. À l'entrée de l'hiver. (Vieilli).* ♦ 2° (XVᵉ). D'ENTRÉE. *loc. adv.* Tout d'abord, dès le début. V. **Emblée** (d'). Mod. *D'entrée de jeu,* dès le commencement, dès l'abord. ♦ 3° (1660). *Entrée de ballet,* début de chaque partie d'un ballet. ◊ *Mus.* Début d'un passage; commencement de la partie d'une voix, d'un instrument. *Les entrées d'un motif de fugue.* ♦ 4° (1632; *entrée de table,* 1552). Mets qui se sert à l'entrée, au commencement du repas, après le potage ou après les hors-d'œuvre. *L'entrée précède le rôti. Entrées froides* (pâtés, viandes froides), *chaudes* (vol-au-vent, bouchées, timbales, soufflés).

◊ ANT. *Issue, sortie; départ, disparition. Intérieur. Débouché; exutoire.* Fin. HOM. *Entrer.*

ENTRE-ÉGORGER (S') [ɑ̃tʀegɔʀʒe]. *v. pron.;* conjug. *égorger.* V. **Bouger** (v. 1600; de *entre-*, et *égorger*). *Rare.* S'égorger mutuellement.

ENTREFAITE [ɑ̃tʀəfɛt]. *n. f.* (XIIIᵉ; p. p. de l'a. fr. *entrefaire* « faire dans l'intervalle »). ♦ 1° *Vx.* Intervalle de temps où survient qqch. « *L'ennemi vient sur l'entrefaite* » (LA FONT.). *Dans cette entrefaite, sur ces entrefaites.* ♦ 2° Mod. SUR CES ENTREFAITES, à ce moment. V. **Alors.**

ENTREFER [ɑ̃tʀəfɛʀ]. *n. m.* (1755; de *entre-*, et *fer*). *Techn.* Dans un circuit magnétique fermé, Espace où le flux ne circule pas dans le fer. *Entrefer d'un électro-aimant.*

ENTREFILET [ɑ̃tʀəfilɛ]. *n. m.* (1843; de *entre-*, et *filet*).

♦ 1° *Typogr.* Paragraphe entre deux filets. ♦ 2° *Cour.* Court article inséré dans un journal de manière à attirer l'attention. « *Un petit entrefilet de la colonne suivante m'apprend que... »* (GIDE).

ENTRE-FRAPPER (S') [ɑ̃tʀəfʀape]. *v. pron.* (1514; de *entre-*, et *frapper*). *Vx.* Se frapper mutuellement.

ENTREGENT [ɑ̃tʀəʒɑ̃]. *n. m.* (1427; de *entre-*, et *gent*). ♦ 1° *Vx.* Art de se conduire parmi les gens. V. **Civilité.** « *Vous êtes honnête homme, et savez l'entregent* » (RÉGNIER). ♦ 2° *Mod.* Adresse à se conduire en société, à lier d'utiles relations. V. **Habileté, savoir-faire.** *Avoir de l'entregent.* ◊ ANT. *Gaucherie, maladresse.*

ENTRE-HAÏR (S') [ɑ̃tʀəair]. *v. pron.* (XIIᵉ; de *entre-*, et *haïr*). *Rare.* Se haïr mutuellement.

ENTRE-HEURTER (S') [ɑ̃tʀəœʀte]. *v. pron.* (XIIᵉ; de *entre-*, et *heurter*). *Rare.* Se heurter mutuellement. V. **Entrechoquer** (s').

ENTRE-JAMBES ou **ENTREJAMBES** [ɑ̃tʀəʒɑ̃b]. *n. m.* (XXᵉ; Cf. *Entre-jamber* « croiser les jambes », 1611; de *entre-*, et *jambe*). ♦ 1° Partie d'un pantalon, d'une culotte entre les jambes. *Slip à entre-jambes renforcé.* ♦ 2° *Techn.* Espace compris entre les pieds d'une table ou d'un fauteuil.

ENTRELACEMENT [ɑ̃tʀəlasmɑ̃]. *n. m.* (fin XIIᵉ; de *entrelacer*). Action d'entrelacer; son résultat. *Entrelacement de fils, de lignes.* V. **Entrecroisement, entrelacs, lacis, réseau.** *Entrelacement de lettres en un chiffre.* — *Fig.* Chaîne, réseau, tissu. « *Un entrelacement de souvenirs s'était fait, tellement inextricable...* » (PROUST).

ENTRELACER [ɑ̃tʀəlase]. *v. tr.;* conjug. *lacer.* V. **Placer** (XIIᵉ; de *entre-*, et *lacer*). Enlacer l'un dans l'autre. *Entrelacer les fils, des rubans.* V. **Entrecroiser, natter, tisser, tresser.** ◊ S'ENTRELACER. *v. pron.* V. **Enchevêtrer** (s'), entremêler (s'). « *Les vignes sauvages, les bignonias, les coloquintes, s'entrelacent au pied de ces arbres* » (CHATEAUB.). « *Deux rangs d'arceaux superposés, dont quelques-uns se croisent et s'entrelacent comme des rubans »* (GAUTIER). ◊ ENTRELACÉ, ÉE. p. p. adj. *Branches entrelacées. Lettres entrelacées d'un monogramme.* ◊ ANT. *Délacer, délier, dénouer.*

ENTRELACS [ɑ̃tʀəla]. *n. m.* (XIIᵉ; de *entrelacer*). Ornement composé de motifs entrelacés, dont les lignes s'entrecroisent. *Les entrelacs de l'art arabe. « Le monde de feuillage et d'animaux que l'art roman mêle à ses durs entrelacs »* (MALRAUX).

ENTRELARDÉ, ÉE [ɑ̃tʀəlaʀde]. *adj.* (fin XIIᵉ; V. **Entrelarder**). ♦ 1° V. **Entrelarder.** ♦ 2° (1690). Mêlé de gras et de maigre.

ENTRELARDER [ɑ̃tʀəlaʀde]. *v. tr.* (1175; de *entre-*, et *larder*). ♦ 1° Piquer de lardons. V. **Larder.** *Entrelarder une volaille avec une lardoire.* ♦ 2° *Fig. Entrelarder son discours de citations.* V. **Entremêler.**

ENTRE-LIGNE [ɑ̃tʀəliɲ]. *n. m.* (1611; « parenthèse », XVIᵉ; de *entre-*, et *ligne;* Cf. Entreligner, 1318). *Rare.* Intervalle entre deux lignes d'écriture. V. **Interligne.**

ENTRE-LOUER (S') [ɑ̃tʀəlwe]. *v. pron.* (1572; de *entre-*, et *louer*). *Rare.* Se louer l'un l'autre, se donner réciproquement des louanges.

ENTRE-MANGER (S') [ɑ̃tʀəmɑ̃ʒe]. *v. pron.;* conjug. *manger.* V. **Bouger** (XVIᵉ; de *entre-*, et *manger*). *Littér.* Se manger, se dévorer l'un l'autre. « *Sans les lois les hommes s'entremangeraient les uns les autres* » (MONTAIGNE). V. **Entredévorer** (s').

ENTREMÊLEMENT [ɑ̃tʀəmɛlmɑ̃]. *n. m.* (XVIᵉ; de *entremêler*). *Vx.* Action d'entremêler; son résultat. *Un entremêlement inextricable.*

ENTREMÊLER [ɑ̃tʀəmele]. *v. tr.* (XIIᵉ; de *entre-*, et *mêler*). ♦ 1° Mêler (des choses différentes) les unes aux autres. — Vieilli. ENTREMÊLER À, ENTREMÊLER DE. « *Entremêler des fleurs rouges à des fleurs blanches* » (LITTRÉ). « *parmi des fleurs blanches* » (ACAD.). — Mod. *Entremêler des fleurs rouges et des fleurs blanches.* V. **Mélanger, mêler.** Fig. *Entremêler des banalités et des traits d'esprit.* — (Dans le temps) Il « *flânait dans la chambre, entremêlant les soins de toilette à la lecture de deux ou trois journaux* » (ROMAINS). Pronom. « *Une collection d'intrigues parallèles qui s'entremêlaient* » (VALÉRY). ♦ 2° ENTREMÊLER DE, insérer dans (une chose, une matière) plusieurs éléments hétérogènes. *Il entremêla son discours de citations latines.* — Au p. p. *Récit entremêlé de réflexions personnelles.* V. **Entrelarder, larder, parsemer.** *Paroles entremêlées de sanglots.* V. **Entrecoupé.** « *Quelque histoire nouvelle, entremêlée de réflexions fraîches et de parenthèses bizarres* » (LOTI).

ENTREMETS [ɑ̃tʀəmɛ]. *n. m.* (XVIᵉ; « divertissement », XIIᵉ; de *entre-*, et *mets*). Plat que l'on sert entre le rôti et le dessert. *Vx. Entremets salés,* de poisson, de légumes. Mod. *Entremets sucrés* (gâteaux, crèmes, compotes, sorbets), servis en principe avant le fromage, mais de plus en plus souvent comme dessert. *Servir un entremets.*

ENTREMETTEUR, EUSE [ɑ̃tʀəmɛtœʀ, øz]. *n.* (1380; de *s'entremettre*). ♦ 1° *Vx.* Personne qui s'entremet. V.

Intermédiaire, médiateur. ◆ 2° *Péj.* (surtout au fém.) et *mod.* Personne qui sert d'intermédiaire dans les intrigues galantes. *La Célestine de Rojas, la Macette de Régnier sont des entremetteuses célèbres dans la littérature.* V. **Maquerelle,** proxénète. — Fig. « *Le hasard, ce grand entremetteur, fournit à nos deux amants une occasion très naturelle de se parler* » (GAUTIER).

ENTREMETTRE (S') [ɑ̃trəmɛtr(ə)]. *v. pron.;* conjug. *mettre* (1160 ; de *entre-,* et *mettre*). Intervenir entre deux ou plusieurs personnes pour les rapprocher, pour faciliter la conclusion des affaires qui les intéressent. V. **Intervenir, interposer** (s'). *S'entremettre dans une querelle. Elle adore s'entremettre pour faciliter les mariages* (Cf. Marieur, marieuse). *Il s'entremet dans des affaires qui ne le regardent pas.* V. **Ingérer** (s'), **mêler** (se). *Elles* « *le prièrent de s'entremettre pour elles auprès du Pape* » (RAC.).

ENTREMISE [ɑ̃trəmiz]. *n. f.* (1160 ; de *s'entremettre*). ◆ 1° Action de celui qui s'entremet. *Offrir son entremise dans une affaire.* V. **Arbitrage, intervention, médiation.** *Se servir de l'entremise d'une personne influente pour parvenir à ses fins.* — *Par l'entremise de.* V. **Intermédiaire, moyen, truchement.** « *D'autres Terres Saintes où Dieu, par l'entremise d'une race de héros, avait déployé ses prodiges* » (LARBAUD). ◆ 2° *Techn.* (vx). *Mar.* Pièce de bois qui maintient l'écartement entre deux charpentes. V. **Entretoise.**

ENTRE-NERF ou **ENTRE-NERFS** [ɑ̃trənɛr]. *n. m.* (1846 ; de *entre-,* et *nerf*). *Rel.* Intervalle entre deux nerfs au dos d'un livre.

ENTRE-NŒUD [ɑ̃trənø]. *n. m.* (1530 ; de *entre-,* et *nœud*). *Bot., Agric.* Partie de la tige comprise entre deux nœuds.

ENTRE-NUIRE (S') [ɑ̃trənɥir]. *v. pron.;* conjug. *nuire* (XIIIᵉ ; de *entre-,* et *nuire*). *Littér.* Se nuire réciproquement. *Ils se sont entre-nui* (ACAD.).

ENTREPONT [ɑ̃trəpɔ̃]. *n. m.* (1758 ; de *entre-,* et *pont*). *Mar.* Espace, étage compris entre deux ponts. Spécialt. *(Cour.)* L'espace compris entre le faux pont et le premier pont. *Voyager dans l'entrepont.*

ENTREPOSAGE [ɑ̃trəpozaʒ]. *n. m.* (1875 ; de *entreposer*). Action d'entreposer, de mettre en entrepôt. *Un hangar pour l'entreposage des marchandises. Frais d'entreposage.*

ENTREPOSER [ɑ̃trəpoze]. *v. tr.* (1636 ; de *entrepôt,* d'apr. *poser;* en a. fr. « plɑcer entre », déb. XIIᵉ ; de *entre-,* et *poser*). Déposer dans un entrepôt. *Entreposer des marchandises, des caisses en attendant la vente, le paiement des droits de douane.* — *Par ext.* Déposer, laisser en garde. *Entreposer des meubles chez un ami.*

ENTREPOSEUR [ɑ̃trəpozœr]. *n. m.* (1723 ; de *entreposer*). *Dr.* Celui qui garde un entrepôt, des marchandises entreposées.

ENTREPOSITAIRE [ɑ̃trəpozitɛr]. *n. et adj.* (1814 ; de *entreposer,* d'apr. *dépositaire*). *Dr.* Personne, commerçant qui a des marchandises en entrepôt.

ENTREPÔT [ɑ̃trəpo]. *n. m.* (1690 ; « port, magasin », d'apr. *dépôt; entrepos* « action d'entreposer », v. 1600 ; *interpost,* 1497 ; de *entreposer*). ◆ 1° Bâtiment, emplacement servant d'abri, de lieu de dépôt pour les marchandises. V. **Dock, hangar, magasin.** *Marchandises en entrepôt. Conservation et stockage dans un entrepôt.* « *Les sépultures sont serrées comme des caisses dans un entrepôt* » (DUHAM.). — *Dr.* Lieu où sont déposées provisoirement les marchandises pour lesquelles les droits de douane ne sont pas acquittés. *Entrepôt réel,* appartenant à l'administration des Douanes. *Entrepôt fictif,* dans les magasins de certains commerçants. ◆ 2° Port, ville, pays où sont déposées des marchandises pour être réexportées. « *Milan est l'entrepôt des cocons et le marché de la soie* » (SUARÈS). ◆ 3° *Dr.* Régime d'application des droits de douane en vertu duquel les marchandises étrangères destinées à être réexportées sont exonérées des droits.

ENTREPRENANT, ANTE [ɑ̃trəprənɑ̃, ɑ̃t]. *adj.* (XIVᵉ ; de *entreprendre*). ◆ 1° Qui est porté à entreprendre, qui entreprend avec audace, hardiesse. V. **Actif, audacieux, hardi.** « *Les hommes entreprenants sont un peu étourdis. L'action exige de la jeunesse, de l'espoir, de l'aveuglement* » (CHARDONNE). *Il est trop entreprenant et se lance à la légère.* V. **Téméraire.** *Caractère, esprit entreprenant.* ◆ 2° (Fin XVIIᵉ). Hardi auprès des femmes. V. **Galant.** ◇ ANT. Hésitant, inactif, pusillanime, timide, timoré.

ENTREPRENDRE [ɑ̃trəprɑ̃dr(ə)]. *v. tr.;* conjug. *prendre* (XIIᵉ ; aussi « saisir, attaquer, surprendre » ; de *entre-,* et *prendre*).
I. Se mettre à faire (qqch.). V. **Commencer.** *Entreprendre une affaire, une démarche.* V. **Engager, hasarder.**) « *On m'envoie à Pyrrhus : j'entreprends ce voyage* » (RAC.). *Entreprendre un procès contre qqn* (V. **Intenter**). « *Ce n'est rien d'entreprendre une chose dangereuse, mais d'échapper au péril en la menant à bien* » (BEAUMARCH.). ◇ (XVIᵉ) *Entreprendre de faire qqch.* V. **Disposer** (se disposer à), essayer, tenter. *Dans ce livre l'auteur a entrepris de montrer*

que... « *Du fond de cet abîme de tristesse, Beethoven entreprit de célébrer la joie* » (R. ROLLAND). ◇ Absolt. « *Monseigneur, la difficulté de réussir ne fait qu'ajouter à la nécessité d'entreprendre* » (BEAUMARCH.). *Il n'a pas peur d'entreprendre.* V. **Entreprenant.** — *Il n'est pas nécessaire d'espérer pour entreprendre, ni de réussir pour persévérer,* phrase attribuée à Guillaume d'Orange, dit le Taciturne (1533-1584).
II. (v. 1138, « attaquer »). ◆ 1° *Vx.* Diriger une attaque (en paroles ou en action) contre (qqn). V. **Attaquer.** « *Vous fûtes réduits à les entreprendre sur des questions de fait* » (PASC.). — *La maladie l'a entrepris* (vx). Pronom. « *Ma poitrine s'entreprit; j'étais maigre et pâle* » (CHATEAUB.). ◆ 2° *Mod.* (XVIᵉ). Tâcher de gagner (qqn), de convaincre, de séduire. *Entreprendre une femme,* tenter de la conquérir. ◇ *Entreprendre qqn sur un sujet,* commencer à l'entretenir de ce sujet. *C'est un intarissable bavard; quand il vous entreprend, il n'en finit plus.* ◆ 3° (v. 1450). *Vx* ou *littér.* V. intr. ENTREPRENDRE SUR, porter atteinte ou tenter de porter atteinte à. V. **Empiéter.** « *On entreprend sans raison sur leur indépendance* » (FRANCE). V. **Attenter** (à). « *Elle m'accusait aussitôt de limiter son libre arbitre, d'entreprendre sur les droits imprescriptibles de l'individu* » (DUHAM.).
◇ ANT. Accomplir, achever, terminer.

ENTREPRENEUR, EUSE [ɑ̃trəprənœr, øz]. *n.* (v. 1430 ; *entrepreneur,* h. XIIIᵉ ; de *entreprendre*). ◆ 1° N. m. *Vx.* Celui qui entreprend qqch. « *Cette entreprise fera beaucoup d'honneur à l'entrepreneur, à l'Académie et à la nation* » (D'ALEMB.). ◆ 2° *Mod.* (1611). Personne qui se charge de l'exécution d'un travail (spécialt. par un contrat d'entreprise). *Entrepreneur de menuiserie, de peinture, de plomberie, de transports, de manutention. Entrepreneuse de confection.* ◇ *Entrepreneur de bâtiments, de construction* (V. **Constructeur**), ou absolt. *Entrepreneur :* la personne, la société qui est chargée d'exécuter les travaux. *Responsabilité du promoteur, de l'entrepreneur et de l'architecte.* ◆ 3° *Dr., Écon.* Toute personne qui dirige une entreprise pour son propre compte et qui met en œuvre les divers facteurs de la production (agents naturels, travail, capital) en vue de vendre des produits ou des services ; l'entreprise, en tant que personne morale. V. **Patron;** agriculteur, commerçant, industriel. *Petit entrepreneur* (V. **Artisan, boutiquier, fermier**). « *L'entrepreneur est... le pivot de tout le mécanisme économique* » (Ch. GIDE). ◇ ANT. Employé, salarié.

ENTREPRISE [ɑ̃trəpriz]. *n. f.* (1530 ; *entreprinse,* 1393 ; « différence entre deux personnes », v. 1220 ; de *entreprendre*).
I. ◆ 1° Ce qu'on se propose d'entreprendre (V. **Dessein, projet**) ; mise à exécution d'un dessein. V. **Action, affaire, œuvre, opération, ouvrage, travail.** *Concerter, organiser, préparer une entreprise. Grande, vaste entreprise. Entreprise dangereuse, téméraire.* V. **Aventure.** *Réalisation, exécution d'une entreprise.* « *Un amour, une carrière, une révolution : autant d'entreprises que l'on commence en ignorant leur issue* » (SARTRE). *Succès, réussite; échec, faillite d'une entreprise.* — *Vieilli* (Cf. Entrepreneur, 1). « *Dans l'entreprise que j'ai faite de me montrer tout entier au public* » (ROUSS.). « *C'est une étrange entreprise que celle de faire rire les honnêtes gens* » (MOL.). ◆ 2° (1699, « opération de commerce »). *Dr.* Le fait, pour un entrepreneur*, de s'engager à fournir son travail et parfois la matière pour un ouvrage donné dans des conditions données. V. **Louage** (d'industrie). *Contrat d'entreprise.* — *Mettre, donner, prendre à l'entreprise,* en adjudication. V. **Adjudication, soumission.** ◆ 3° *Écon.* et *cour.* (1798). Organisation de production de biens ou de services à caractère commercial. V. **Affaire, commerce, établissement, exploitation, industrie, négoce.** *Entreprise agricole, industrielle, commerciale, financière. Entreprise privée, publique, mixte. Capital, matériel d'une entreprise. Entreprise privée capitaliste. Entreprise individuelle; entreprise sous forme de société.* V. **Société.** *Spécialisation, concentration des entreprises. Association d'entreprises.* V. **Cartel, entente, trust.** — CHEF D'ENTREPRISE. V. **Entrepreneur, directeur, patron.**
II. (XVᵉ ; « agression, attaque »). ◆ 1° *Littér.* Action par laquelle on attaque qqn, on tente de porter atteinte à ses droits, à sa liberté (V. **Entreprendre, II,** 3°). *C'est une entreprise sur les pouvoirs du chef de l'État, contre le droit des gens* (ACAD.). V. **Attaque, attentat, empiétement, violence.** *Vx.* « *Il affirme que les hommes sont exposés aux entreprises du diable* » (CHATEAUB.). V. **Attaquer.** ◆ 2° *Cour.* (au plur.). Tentatives de séduction.

ENTRER [ɑ̃tre]. *v. intr.* (Xᵉ ; lat. *intrare*).
I. Aller à l'intérieur de. Passer dans un lieu, se mettre dans une situation, un état. ◆ 1° Passer du dehors au dedans. *Entrer dans un lieu.* V. **Aller, introduire** (s'), pénétrer. « *Demain j'entrerai à la cuisine, sous un prétexte quelconque* » (MART. du G.). *Entrer dans une maison, une pièce. Entrer chez un commerçant. Il faut montrer son billet, sa carte pour entrer dans la salle.* — *Entrer dans une voiture.* V. **Monter.** *Entrer dans son lit, se coucher. Entrer dans l'eau, dans le bain.* — Loc. *Entrer en scène* (un acteur ou le personnage qu'il joue).

Absolt. « *Alcmène et Éclissé, la nourrice, entrent par les côtés opposés* » (GIRAUDOUX). Fig. *Entrer en scène.* V. **Apparaître, intervenir, manifester** (se). *Entrer en lice* (fig.), participer au combat, à la lutte. ◇ Commencer à être dans (un lieu), à (un endroit). « *Nous étions entrés dans un chemin de traverse* » (JALOUX). V. **Engager** (s'), prendre. *Entrer dans un village, dans une région. On ne peut entrer dans ce pays sans visa, passer la frontière.* « *Il ne serait permis à aucun roi d'Asie d'entrer en Europe* » (MONTESQ.). V. **Envahir.** ◇ *Fam.* (D'un véhicule ou de ses occupants) *Entrer dans un obstacle.* V. **Percuter, tamponner.** *Entrer dans un arbre, dans le décor.* Absolt. et pop. *Une voiture lui est entrée dedans.* V. **Rentrer.** — (Véhicules) *La voiture entre dans le garage. Le train entre en gare.* ◇ Absolt. Passer à l'intérieur, dedans. *Entrer par la porte, par la fenêtre. Je suis entré par l'entrée de service, par le jardin.* — *Entrez! entrez donc!* « *Que l'examen commence... Entrez, les élèves* » (GIRAUDOUX). *Frappez, sonnez avant d'entrer. Défense d'entrer. On n'entre pas. Entrer sans payer* (au spectacle, etc.). *Je ne fais qu'entrer et sortir* (V. **Passer**). « *Toutes les nuits, elle venait au vieux cabaret... Elle entrait en coup de vent* » (MAC ORLAN). ♦ 2° *(Choses).* Aller à l'intérieur. V. **Pénétrer.** *L'eau entre de toutes parts.* V. **Envahir.** *Faire entrer.* V. **Enfoncer, introduire, mettre.** *Cela entre comme dans du beurre, facilement. Cette valise n'entre pas dans le coffre de ma voiture. Ça n'entre pas dans la boîte.* V. **Tenir.** *Faire entrer une lettre dans une enveloppe* (V. **Insérer**)*, une clef dans la serrure* (V. **Engager**)*, un clou dans le mur* (V. **Enfoncer, planter**). *Faire entrer des aliments dans la bouche* (V. **Absorber, ingérer**). « *L'air de la forêt de Rambouillet leur entrera dans le système respiratoire* » (ROMAINS). *Marchandises qui entrent dans un pays en fraude, en contrebande. Le vent entre par la fenêtre.* V. **Engouffrer** (s'). « *Le jour crépusculaire qui entrait encore par la croisée* » (MART. du G.). ◇ Spécialt. *L'argent entre dans le coffre-fort, dans la caisse.* Fig. « *L'utilité matérielle* (d'un roman)*, ce sont d'abord les quelques mille francs qui entrent dans la poche de l'auteur* » (GAUTIER). ♦ 3° (1080; Abstrait). *Sentiments, passions qui entrent dans le cœur, dans l'âme.* V. **Insinuer** (s'), pénétrer. *Le soupçon, le doute est entré dans son esprit.* « *Une fois entrées en une âme, elles* (les idées fixes) *la dévorent* » (MAUPASS.). « *La tristesse de la nuit lui entra dans le cœur* » (FRANCE). ♦ 4° (Fin XIIe). Se mettre (dans une situation, une position sociale, un état). *Entrer dans une profession, un emploi.* V. **Embrasser.** *Entrer dans les ordres, devenir religieux.* Cf. *Entrer en religion,* ci-dessous 8°. « *Ma mère comptait que j'entrerais au couvent* » (LACLOS). « *Pour me pousser à entrer dans la carrière que lui-même avait choisie* » (CAMUS). *Entrer au service de qqn, entrer en condition* (vx)*, devenir domestique.* « *Il faut bien qu'elle entre en condition et qu'elle gagne quelque chose* » (SAND). ◇ *Entrer dans la vie, dans le monde.* V. **Naître.** « *Vous entrez dans la vie, j'en sors* » (HUGO). — *Entrer dans le monde, y faire ses débuts.* — *Entrer dans l'histoire, dans la légende. Mot qui entre dans l'usage.* ♦ 5° Commencer à faire partie de (un groupe, un ensemble). *Entrer dans une famille.* V. **Allier** (s'). *Entrer dans un parti politique.* V. **Adhérer.** *Il est entré au parti. Entrer à l'Académie française,* être reçu. ♦ 6° Commencer à prendre part. V. **Participer.** *Entrer dans une affaire, dans un complot.* « *Nous n'entrons point dans vos affaires* » (MOL.). V. **Mêler** (se). — *Entrer dans une danse, une ronde.* Fig. *Entrer dans la danse, en danse*. Entrer dans le jeu, en jeu.* ♦ 7° *(Temporel).* Aborder (une période), commencer à être (dans une période) *Entrer dans une période, dans sa dixième année.* ♦ 8° ENTRER EN, commencer à être dans (un état). *Entrer en convalescence. Entrer en contemplation, en méditation; en transes.* — *Eau qui entre en ébullition. Entrer en fermentation.* — *Entrer en action,* se mettre à agir. *Pays qui entre en guerre. Entrer en exercice, en vigueur.* « *J'avais hâte d'entrer en fonctions* » (DAUD.). *Entrer en possession, en jouissance d'une chose. Entrer en rapport, en relation avec qqn.* ◇ Spécialt. (1534) Commencer à éprouver (un sentiment). *Entrer en colère, en fureur, en rage.* V. **Livrer** (se), plonger (se). Vx. *Entrer en désespoir* (MOL.), « *en jalousie* » (BOSS.). ◇ (au sens 4°, ci-dessus) *Entrer en religion, devenir religieux.* Par anal. « *Entrer en politique* » (*Nouv. Obs.,* 1969), « *entrer en démocratie* » (*Réalités,* 1968). ♦ 9° (XVIIe). Comprendre, saisir (ce que l'esprit pénètre). *Entrer dans les sentiments de qqn, le comprendre, se mettre à sa place. Entrer dans les soucis, les peines de qqn, y prendre intérêt, y prendre part.* V. **Compatir, partager.** « *La première opération en histoire consiste à se mettre à la place des hommes que l'on veut juger, à entrer dans leurs instincts et dans leurs habitudes* » (TAINE). ◇ *Donner adhésion à. Entrer dans les idées, les sentiments, les vues de qqn, les partager.* « *Il vous écoute, il ne se fâche point contre vos idées, il a l'air d'y entrer et n'y point entrer du tout* » (CHATEAUB.).

II. Faire partie de. ♦ 1° (1665). Être compris dans. *Entrer dans une catégorie, dans un total.* — *Faire entrer en compte, en ligne de compte,* prendre en considération. — *Cela entre, n'entre pas dans ses intentions, dans ses vues. Il n'entre pas*

---

dans mes projets de faire cela. ♦ 2° Être pour qqch., être un élément de. *De la colère entre dans sa décision.* « *Un goût de protection, où il entrait assurément de l'orgueil, mais aussi des générosités de père* » (ROMAINS). ♦ 3° Être employé dans la composition, ou dans la fabrication de qqch. *Entrer dans un mélange, dans la composition d'un médicament.*

III. *Trans.* (XIIIe). Faire entrer. V. **Introduire.** *Entrer un meuble par la fenêtre. Entrer des marchandises dans un pays* (ACAD.). — Enfoncer. *Il lui entrait ses ongles dans la main.*

◇ ANT. Sortir; partir. Finir, terminer. Évacuer; emporter.

ENTRE-RAIL [ᾱtrəraj]. *n. m.* (1877; de *entre-,* et *rail*). Techn. Espace entre les rails d'une voie ferrée. V. **Écartement.**

ENTRE-REGARDER (S') [ᾱtrərəgarde]. *v. pron.* (XVIe; de *entre-,* et *regarder*). Rare. Se regarder mutuellement.

ENTRESOL [ᾱtrəsɔl]. *n. m.* (*Entresolle,* 1609; esp. *entresuelo,* de *suelo* « sol; plancher »). Espace d'un bâtiment qui se trouve entre le rez-de-chaussée et le premier étage. *Habiter un entresol, dans un entresol. Troisième étage au-dessus de l'entresol.* « *Les deux pièces sont à l'entresol, et donnent sur la rue* » (ROMAINS).

ENTRETAILLE [ᾱtrətaj]. *n. f.* (1755; « aventure, coupure », XIIIe; de *entre-,* et *taille*). Grav. Taille légère faite entre des tailles plus profondes.

ENTRETAILLER (S') [ᾱtrətaje]. *v. pron.* (XIVe; de *entre-,* et *tailler*). Hipp. Se heurter et se blesser les jambes en marchant. *Cheval qui s'entretaille.*

ENTRE-TEMPS ou **ENTRE TEMPS** [ᾱtrətᾱ]. *adv.* et *n. m.* (XVe; altér. a. fr. *entretant* (1155), de *tant,* par attract. de *temps*). ♦ 1° Adv. Dans cet intervalle de temps. « *Entre-temps il m'était arrivé plus d'une fois d'asseoir Gertrude devant le petit harmonium* » (GIDE). ♦ 2° Vx. N. m. (vx, *Entretemps*). Intervalle de temps entre deux actions, deux faits. « *Dans l'entretemps, les religieuses avaient muré leur porte de clôture* » (RAC.).

ENTRETENEUR, EUSE [ᾱtrətnœr, øz]. *n.* (XVe; de *entretenir*). ♦ 1° *Vx.* Personne qui entretient, conserve. ♦ 2° N. m. Celui qui entretient une femme.

ENTRETENIR [ᾱtrətnir]. *v. tr.;* conjug. *tenir* (1160; « tenir ensemble »; de *entre-,* et *tenir*).

I. ♦ 1° Tenir dans le même état, faire durer, faire persévérer. V. **Maintenir, prolonger.** *Entretenir un feu.* V. **Alimenter.** *L'été, les ombrages entretiennent la fraîcheur.* ◇ *Entretenir une correspondance, une liaison. Entretenir de bons rapports, des relations suivies.* V. **Cultiver.** *Les petits cadeaux entretiennent l'amitié.* « *Les éditions spéciales des journaux... entretiennent la fièvre du public* » (GIDE). — *Entretenir un état moral en soi-même, chez qqn. Entretenir un sentiment, une passion.* « *Celui qui veut entretenir en soi le désir de continuer à vivre* » (PROUST). « *L'incapacité des subordonnés est souvent entretenue par le chef* » (ROMAINS). *Il entretient la douce illusion que...* V. **Caresser.** ♦ 2° ENTRETENIR (QQN) DANS (un état affectif ou psychologique). *Entretenir qqn dans une idée, dans l'erreur.* ♦ 3° Maintenir en bon état en prenant toutes les mesures appropriées. V. **Conserver.** *Entretenir une route, ses vêtements. Entretenir un court de tennis, en le roulant, en l'arrosant.* « *L'eau finira par se perdre dans la terre si on n'entretient pas les conduites* » (ROMAINS). — *Entretenir sa beauté, sa santé, sa forme.* « *Certaines femmes n'arrivent pas à comprendre qu'elles doivent entretenir leur beauté, comme les hommes intelligents doivent entretenir leur esprit* » (JALOUX). Pronom. « *La vigueur du corps s'entretient par l'occupation physique* » (CHATEAUB.). ♦ 4° Fournir ce qui est nécessaire à la dépense, à la subsistance de (qqn). V. **Charger** (se), **nourrir** (Cf. Faire vivre, subvenir aux besoins de). *Entrer en jeu.* Entrer en jeu... *Entretenir une famille, un enfant.* V. **Élever.** « *Les enfants vivaient longtemps avec leurs pères; ils les entretenaient longtemps* » (PASC.). *La nation entretient une armée, des troupes.* ◇ Spécialt. *Entretenir une femme, une maîtresse* (V. **Entretenu,** 2°).

II. *Vx.* Parler avec (qqn). « *Je vous laisse, Ma sœur, entretenez Julie* » (CORN.). — Mod. ENTRETENIR QQN DE (qqch.), lui en parler. « *Votre obstination à vouloir m'entretenir, sans cesse, d'un sentiment que je ne veux ni ne dois écouter* » (LACLOS). ◇ Pronom. Converser (avec qqn). V. **Causer, conférer, deviser, parler; entretien.** *S'entretenir avec qqn de vive voix, par écrit, par téléphone.* « *Ils restèrent ainsi un long moment à s'entretenir à voix basse* » (DAUD.).

ENTRETENU, UE [ᾱtrətny]. *adj.* (XVIe; V. Entretenir). ♦ 1° Maintenu dans le même état. *Oscillations, ondes entretenues.* ♦ 2° (1690; *Personnes*). Qui reçoit de l'argent pour ses besoins. — *Femme entretenue,* qui vit de la générosité d'un amant. « *Les Pariahs* (sic) *femelles qui composent la classe des femmes entretenues* » (BALZ.). V. **Demi-mondaine.** ♦ 3° (XIXe). Tenu en bon état. *Une voiture bien entretenue.*

ENTRETIEN [ᾱtrətjɛ̃]. *n. m.* (XVIe; de *entretenir*). **I.** ♦ 1° *Vx.* Moyen d'entretenir; ce qui entretient (un sentiment). « *Éternel entretien de haine et de pitié* » (CORN.).

♦ 2° Soins, réparations, dépenses qu'exige le maintien en bon état. *Il ne suffit pas d'acheter une machine, il faut prévoir son entretien. Entretien des routes, des ponts. Frais, dépenses d'entretien.* ♦ 3° Ce qui est nécessaire à l'existence matérielle d'un individu, d'une collectivité. « *Son fils, dont il paie l'entretien et les études* » (HENRIOT). « *Pour l'entretien de la force publique... une contribution commune est indispensable* » (DÉCLAR. DR. HOM.).
II. Action d'échanger des paroles avec une ou plusieurs personnes; sujet dont on s'entretient. V. **Conversation, discussion.** *Avoir un entretien avec qqn. Entretien entre deux* (V. **Dialogue**), *plusieurs interlocuteurs* (V. **Colloque, conférence**). *Entretien secret.* V. **Conciliabule.** *Demander, accorder un entretien, un moment d'entretien.* V. **Audience, entrevue.** *Entretien particulier.* V. **Aparté, tête-à-tête.** *Sur quoi a porté votre entretien? Entretien à bâtons rompus. Engager, prolonger un entretien.* « *Elle collait son oreille à la porte... et ne perdait pas un mot de l'entretien* » (ROMAINS). ◇ Titre de quelques ouvrages en forme de dialogues. *Entretiens sur la pluralité des mondes habités,* de Fontenelle.

ENTRETOILE [ãtʀətwal]. *n. f.* (1690; de *entre-,* et *toile* »). *Cout.* Dentelle cousue entre deux bandes de toile.

ENTRETOISE [ãtʀətwaz]. *n. f.* (fin XIIᵉ; de *entre-,* et a. fr. *toise* « qui est tendu »). Pièce de bois, de métal qui sert à relier dans un écartement fixe des poutres, des pièces de machine. V. **Entrait, entremise, épart.** *Entretoises d'un plancher, d'un fuselage.*

ENTRETOISEMENT [ãtʀətwazmã]. *n. m.* (1890; de *entretoiser*). *Techn.* Action d'entretoiser; son résultat.

ENTRETOISER [ãtʀətwaze]. *v. tr.* (1890; de *entretoise*). Maintenir l'écartement de deux pièces avec des entretoises. *Pièces entretoisées.*

ENTRE-TUER (S') [ãtʀətɥe]. *v. pron.* (v. 1180; de *entre-,* et *tuer*). Se tuer mutuellement; se battre jusqu'à la mort.

ENTRE-VOIE [ãtʀəvwa]. *n. f.* (1845; de *entre-,* et *voie*). Espace entre deux voies de chemin de fer.

ENTREVOIR [ãtʀəvwaʀ]. *v. tr.;* conjug. *voir* (1555); *entreveeir* « voir mutuellement », 1080; de *entre-,* et *voir*). ♦ 1° (*Entreveoir,* 1270). Voir à demi (indistinctement ou trop rapidement). V. **Apercevoir.** *Il passait en voiture, je ne l'ai qu'entrevu.* « *Je n'ai fait qu'entrevoir tout cela à l'arrivée, le vent et le sable m'empêchant, à la lettre, d'ouvrir les yeux* » (FROMENTIN). « *On entrevoit dans l'ombre de gros oiseaux de nuit* » (DAUD.). V. **Distinguer.** ♦ 2° (XVIIᵉ). Avoir une idée imprécise, une lueur soudaine de (qqch. d'actuel ou de futur). V. **Deviner, soupçonner.** *Entrevoir la réalité dans un éclair.* V. **Comprendre, découvrir.** *Entrevoir les difficultés, l'issue d'une entreprise.* V. **Présager, pressentir, prévoir.** « *Il avait entrevu la délivrance, la liberté, une vie nouvelle. Ce n'était qu'une lueur dans les ténèbres* » (FRANCE).

ENTREVOUS [ãtʀəvu]. *n. m.* (1676; de *entre-,* et a. fr. *vous* « voûté ». V. **Voûte, voussure**). *Techn.* Intervalle entre deux solives, deux poteaux d'une cloison. — Espace garni de plâtre ou de maçonnerie entre ces poteaux.

ENTREVOÛTER [ãtʀəvute]. *v. tr.* (1839; de *entrevous,* d'apr. *voûter*). *Techn.* Garnir de plâtre (les entrevous).

ENTREVUE [ãtʀəvy]. *n. f.* (1498; de *entrevoir* « voir mutuellement »). Rencontre concertée entre personnes qui ont à parler, à traiter une affaire. *Entrevue secrète. Avoir une entrevue avec qqn.* V. **Entretien.** *Entrevue d'hommes d'État. Ménager une entrevue entre deux personnes, entre une personne célèbre et un journaliste* (V. **Interview**). *Fixer une entrevue.* V. **Rendez-vous.**

ENTRISME [ãtʀism(ə)]. *n. m.* (v. 1968; de *entrer*). *Polit.* Noyautage*. « *Une vieille tactique des groupuscules : l'entrisme* » (*L'Express,* 12-8-1968).

ENTROBLIGER (S') [ãtʀɔbliʒe]. *v. pron.* (1836; de *entre-,* et *obliger*). *Rare.* Se rendre mutuellement service.

ENTROPIE [ãtʀɔpi]. *n. f.* (1877; formé en all. (Clausius), du gr. *entropia* « retour en arrière »). *Phys.* En thermodynamique, fonction mesurant l'état de désordre d'un système, croissante lorsque celui-ci évolue vers un autre état de désordre accru. *L'entropie augmente lors d'une transformation irréversible. Entropie négative.* V. **Négentropie.** ◇ Dégradation de l'énergie liée à une augmentation de cette entropie. — *Extension de la notion d'entropie à l'informatique.*

ENTROPION [ãtʀɔpjɔ̃]. *n. m.* (1792; du gr. *en* « dans », et *tropé* « tour »). *Méd.* Renversement des paupières en dedans.

ENTROQUE [ãtʀɔk]. *n. m.* (1775; lat. *entrochus,* gr. *en* « dans », et *trokhos* « disque »). *Paléont.* Partie discoïdale dont sont formées les tiges des encrines. *Calcaire à entroques,* formé de ces corps fossiles.

ENTROUVERT, ERTE [ãtʀuvɛʀ, ɛʀt(ə)]. *adj.* (V. *Entrouvrir*). ♦ 1° Qui est ouvert, déchiré par endroits. « *Que du fond de l'abîme entr'ouvert sous tes pas...* » (RAC.). ♦ 2° Qui est à peine ouvert. *Je le vis* « *pousser la porte, sans doute laissée entr'ouverte* » (SUARÈS). *Fenêtre entrouverte. Rester la bouche entrouverte.*

ENTROUVRIR ou (*vieilli*) **ENTR'OUVRIR** [ãtʀuvʀiʀ]. *v. tr.;* conjug. *ouvrir.* V. **Couvrir** (XIIᵉ; de *entre-,* et *ouvrir*). ♦ 1° Ouvrir en disjoignant, en écartant. ♦ 2° Ouvrir à demi, très peu. *Entrouvrir une porte, une fenêtre.* V. **Entrebâiller.** — Par métaph. « *Vers midi, le soleil maussade... entr'ouvre un œil pâle tout de suite refermé* » (RENARD). ◇ Pronom. « *Ses lèvres s'entr'ouvraient et c'était un sourire* » (MUSS.).

ENTUBER [ãtybe]. *v. tr.* (v. 1900; de *en-,* et *tube*). *Pop.* Mystifier, duper, escroquer. V. **Avoir** (I, 2°), **posséder** (5°), **rouler** (I, 7°). *Il s'est fait entuber.*

ENTURBANNÉ, ÉE [ãtyʀbane]. *adj.* (1648; de *en-,* et *turban*). Coiffé(e) d'un turban.

ENTURE [ãtyʀ]. *n. f.* (XIVᵉ; de *enter*). ♦ 1° Fente où l'on place une ente, une greffe. ♦ 2° *Techn.* Cheville qui traverse une pièce de bois et forme une sorte d'échelon. — Assemblage bout à bout de deux pièces de bois. *Enture à queue d'aronde.*

ÉNUCLÉATION [enykleasjɔ̃]. *n. f.* (1493, « éclaircissement »; du lat. *enucleare* « enlever le noyau » (*nucleus*), et fig. « élucider »). ♦ 1° *Bot.* (1793). Extraction du noyau d'un fruit. ♦ 2° *Chir.* (1836). Extirpation d'une tumeur. — Ablation totale de l'œil extirpé de sa capsule fibreuse.

ÉNUCLÉER [enyklee]. *v. tr.* (1836; lat. *enucleare.* V. **Énucléation**). *Didact.* Extirper par énucléation.

ÉNUMÉRATIF, IVE [enymeʀatif, iv]. *adj.* (1651; de *énumération*). Qui énumère. *Bordereau énumératif.* « *Il n'a trouvé moyen de l'y nommer que d'une manière énumérative* » (HENRIOT).

ÉNUMÉRATION [enymeʀasjɔ̃]. *n. f.* (1488; lat. *enumeratio*). Action d'énumérer. V. **Compte, dénombrement, recensement.** *Énumération des objets d'une collection.* V. **Catalogue, inventaire, liste, répertoire.** *Énumération interminable, ennuyeuse.* V. **Kyrielle, litanie.** *L'énumération des parties* (figure de rhétorique). — *Philo.* (Logique) *Définition par énumération,* qui consiste à définir un concept par son extension* (3°), en énumérant les individus ou les espèces qui en font partie.

ÉNUMÉRER [enymeʀe]. *v. tr.;* conjug. *céder* (h. 1520, repris mil. XVIIIᵉ; lat. *enumerare,* de *numerus* « nombre »). Énoncer une à une (les parties d'un tout). V. **Analyser, citer, compter, détailler.** *Énumérer les articles d'un compte, les circonstances. Si on voulait* « *en compter les mobiles essentiels, les éléments, je les énumérerais ainsi... en les mettant tous sur la même ligne* » (STE-BEUVE).

ÉNURÉSIE [enyʀezi]. *n. f.* (1808; du gr. *en* « dans », et *ourein* « uriner »). *Méd.* Émission involontaire et inconsciente d'urine. *Énurésie nocturne des enfants* (enfants *énurétiques*).

ENVAHIR [ãvaiʀ]. *v. tr.* (*Envaïr,* 1080; lat. pop. **invadire,* class. *invadere* « pénétrer dans »). ♦ 1° Occuper (un territoire) brusquement et de vive force. V. **Conquérir, emparer** (s'), **occuper, prendre.** *Envahir une province.* « *Pour l'Allemagne, c'est* (la loi) *d'envahir ses voisins dès qu'elle est forte : cela s'est vu toujours* » (BAINVILLE). ♦ 2° (Répandu XIXᵉ). Occuper, s'étendre dans, d'une manière abusive. V. **Déborder** (sur), **empiéter, usurper.** « *Le moyen âge envahit tout... drame, mélodrame, romances, nouvelles, poésie* » (GAUTIER). « *L'équipement mécanique collectif... la série et la masse, a tout pénétré, tout envahi, tout transformé* » (SIEGFRIED). *Les produits étrangers envahissent le marché.* ◇ En parlant des animaux, des plantes. V. **Infester** (Cf, *aussi* Proliférer, pulluler). *Sauterelles qui envahissent une plaine fertile, Ils voyaient* « *les murs et la plate-forme envahis par les herbes* » (DAUD.). « *On dut laisser la gangrène l'envahir comme le lierre une statue* » (COCTEAU). ♦ 3° Occuper en entier. V. **Couvrir, remplir.** « *La rue, envahie par une jeunesse bruyante* » (CAMUS). — « *Deux fois, cependant, le sommeil m'envahit* » (MAUPASS.). ◇ (Choses morales) V. **Gagner.** « *N'avez-vous pas vous-même été envahi par un sentiment de mélancolie inexprimable?* » (GAUTIER). « *La douce influence de la nuit l'envahissait peu à peu* » (LOUYS). ◈ ANT. **Libérer.** *Fuir, partir, quitter, retirer* (se).

ENVAHISSANT, ANTE [ãvaisã, ãt]. *adj.* (v. 1760; de *envahir*). ♦ 1° *Vx.* Qui envahit. *Armée envahissante.* ♦ 2° *Mod.* Qui a tendance à envahir. *Une ambition envahissante. Un état d'esprit envahissant.* ♦ 3° (1864; personnes). *Nous avons des voisins envahissants,* qui s'introduisent dans notre intimité. V. **Importun, indiscret.**

ENVAHISSEMENT [ãvaismã]. *n. m.* (1080, repris XVIIIᵉ; *envaissement,* XIIᵉ; de *envahir*). ♦ 1° Action d'envahir; son résultat. *Envahissement d'une province.* V. **Descente, invasion, occupation.** « *La politique d'envahissement en effet suppose la cupidité aussi bien que l'ambition* » (FUSTEL de COUL.). ♦ 2° Le fait d'envahir (2° ou 3°). V. **Débordement, irruption.** « *Le chemin... s'était réduit, par l'envahissement de la mousse et des végétations parasites, à un étroit sentier blanc* » (GAUTIER). — *Son caractère le garde* « *contre les envahissements de la fatuité* » (PÉGUY). ◈ ANT. **Libération.** *Départ, fuite, retrait.*

ENVAHISSEUR [ãvaisœʀ]. *n. m.* (*Envaïseur,* XVᵉ, rare

av. 1787; de *envahir).* Celui qui envahit. *Repousser, chasser les envahisseurs. Envahisseurs qui vivent sur le pays.* V. **Occupant.** *L'envahisseur, les armées de l'État qui envahit.* ◇ *Fig.* Adj. *Les virus envahisseurs.*

ENVASEMENT [ɑ̃vazmɑ̃]. *n. m.* (1792; de *envaser).* Action d'envaser; état de ce qui est envasé. *L'envasement d'un canal.*

ENVASER [ɑ̃vaze]. *v. tr.* (fin XVIe; de *en-,* et *vase).* ♦ 1° Remplir de vase. *Le port a été envasé,* et pronom. *s'est envasé.* ♦ 2° Enfoncer dans la vase. V. **Embourber, enliser.** *Barque envasée.* Pronom. *Nous nous sommes envasés.* ◇ ANT. *Désenvaser.*

ENVELOPPANT, ANTE [ɑ̃vlɔpɑ̃, ɑ̃t]. *adj.* (1771; p. prés. de *envelopper).* ♦ 1° Qui enveloppe. « *Cette partie enveloppante et colorée, qui est blanche dans le lis, s'appelle la corolle* » (ROUSS.). — Géom. *Ligne enveloppante,* et subst. *Une enveloppante, ligne qui en enveloppe une autre (opposé à* enveloppée). ♦ 2° *Fig.* Qui séduit à force de grâce. V. **Captivant, charmant, enjôleur, séduisant.** « *La conversation prend aussitôt un tour extraordinairement enveloppant et pénétrant* » (GIDE). « *Sa voix insaisissable, en même temps fuyante et enveloppante* » (DUHAM.). ◇ ANT. *Ennuyeux, repoussant.*

ENVELOPPE [ɑ̃vlɔp]. *n. f.* (1292; de *envelopper).* I. ♦ 1° Chose souple qui sert à envelopper (V. **Étui, fourreau, gaine, revêtement).** *Enveloppe protectrice, isolante. Enveloppe en papier, en toile, d'un colis, d'un paquet.* V. **Emballage, sac.** *Enveloppe qui recouvre un meuble* (V. **Housse),** *un oreiller* (V. **Taie).** *Les doigts* « *qui démaillotaient prestement les pièces de vingt francs de leur enveloppe de papier* » (GREEN). — (XXe) *Enveloppe d'une chambre à air* (V. **Pneumatique).** *Enveloppe d'un aérostat.* ♦ 2° (1676, « paquet, emballage »). Feuille de papier pliée et collée en forme de poche. V. **Pli.** *Enveloppe opaque, transparente, doublée, à fenêtre; enveloppe gommée, autocollante. Mettre une lettre sous enveloppe. Adresse écrite sur l'enveloppe.* « *Sur l'enveloppe, ni timbre, ni cachet de la poste* » (ROMAINS). *Des enveloppes-réponses.* ◇ *Recevoir une enveloppe,* une commission illicite. V. **Dessous*-de-table.** ♦ 3° (1703). *Sc.* Partie qui entoure un organe, un organisme (V. *aussi* **Membrane, sac, tunique).** *Enveloppes florales* (calice, corolle, involucre, périanthe). — *Enveloppe des graines* (noyau, péricarpe; cosse, gousse), *des grains* (balle). *Enveloppe calcaire des œufs d'oiseaux* (coque). ♦ 4° (1807, Monge). *Géom.* Courbe (ou surface) fixe à laquelle une courbe (ou une surface) mobile reste toujours tangente.

II. (XVIIe). Ce qui constitue l'apparence extérieure d'une chose (tout en en faisant partie). ♦ 1° *Littér.* Le corps humain considéré comme l'enveloppe de l'âme. « *Son âme avait presque abandonné son enveloppe mortelle* » (STENDHAL). « *Si l'enveloppe gardait en elle quelque chose de la première jeunesse, l'âme était mûre* » (STE-BEUVE). ♦ 2° (Fin XVIIe). Air, apparence, aspect extérieur. V. **Dehors.** « *Sous une enveloppe naïve, elle cachait peut-être une immense ruse* » (LAUTRÉAMONT). ♦ 3° Vieilli ou littér. Ce qui recouvre ou cache. « *Ces puérilités servent d'enveloppe à des vérités importantes* » (LA FONT.). « *À toute idée il faut une enveloppe visible* » (HUGO). V. **Vêtement.**

III. Montant total ou limité des crédits inscrits à un budget*. *L'enveloppe budgétaire. L'enveloppe de la Recherche,* son budget.

ENVELOPPÉE [ɑ̃vlɔpe]. *n. f.* (1755; de *envelopper).* Géom. Courbe enveloppée par une autre courbe dite enveloppante. ◇ HOM. *Envelopper.*

ENVELOPPEMENT [ɑ̃vlɔpmɑ̃]. *n. m.* (1090, rare av. XVIIIe; de *envelopper).* Action d'envelopper; état de ce qui est enveloppé. *Spécialt.* ♦ 1° *Méd.* Action d'envelopper le corps d'un malade *(enveloppement généralisé)* ou une partie du corps *(enveloppement partiel),* avec un linge mouillé. *Enveloppement avec emplâtre sinapisé.* V. **Cataplasme.** ♦ 2° *Milit.* Mouvement stratégique destiné à encercler l'ennemi. *Manœuvre d'enveloppement.*

ENVELOPPER [ɑ̃vlɔpe]. *v. tr.* (1080; *envolopet,* 980; de l'a. fr. *voloper* « envelopper », probabl. du lat. pop. *°faluppa;* Cf. a. fr. *Filope* « frange », fr. mod. *friper, flapi,* etc.). ♦ 1° Entourer d'une chose souple qui couvre de tous côtés. V. **Couvrir, entourer, recouvrir.** *Envelopper un objet dans du papier, une étoffe.* V. **Emballer, empaqueter.** *Envelopper des pièces dans un mouchoir.* V. **Nouer.** *Envelopper un enfant dans un lange, une couverture.* V. **Emmailloter, emmitoufler, rouler.** « *Donnez-moi votre manteau, que j'enveloppe ses petits pieds* » (SAND). « *Malgré le triple voile de crêpe dont elle enveloppe sa tête* » (BAUDEL.). ◇ *Loc. fam. Je vous l'enveloppe?* (pour conclure une vente), c'est d'accord? ◇ Constituer l'enveloppe de... *Emballages qui enveloppent les marchandises.* ♦ 2° (XVIIe). Entourer comme de qqch. qui recouvre. *Les ténèbres enveloppent la terre.* « *Le roi d'un noir chagrin paraît enveloppé* » (RAC.). « *Une atmosphère obscure enveloppe la ville* » (BAUDEL.). « *L'affection du frère aîné l'enveloppait encore* » (MART. du G.). ♦ 3° *Envelopper* (qqn) *de, dans...* : entourer d'une

manière dangereuse. « *Il a préféré l'envelopper de son influence* » (ROMAINS). ◇ Pronom. *S'envelopper dans sa dignité.* V. **Draper** (se). *S'envelopper dans une certaine réserve.* V. **Confiner** (se), **retrancher** (se). « *De Vigny exhale tous les matins une petite atmosphère à son usage; il s'en enveloppe et s'en revêt* » (STE-BEUVE). ♦ 4° (1680). Littér. *Envelopper de... :* entourer de qqch. qui cache. V. **Cacher, déguiser, dissimuler, farder, voiler.** *Crime enveloppé de mystère. Envelopper la réalité d'un voile, de fictions.* « *L'amour véritable s'enveloppe toujours des mystères de la pudeur* » (BALZ.). ◇ Au p. p. « *Parler ambiguement, d'une manière enveloppée* » (LA BRUY.), obscure. ♦ 5° (1636). Milit. *(Rare).* Environner de toutes parts de manière à ne pas laisser d'issue. *Attaquer l'ennemi après l'avoir enveloppé.* V. **Cerner, encercler, investir; enveloppement.** ♦ 6° *Vx.* Prendre comme dans un filet, dans un réseau de ruses, de mensonges. *Se laisser envelopper par un adversaire habile.* V. **Circonvenir.** « *Admirables sans doute pour envelopper une dupe* » (LA BRUY.). ♦ 7° *Vx* (1549). ENVELOPPER (QQN) DANS, comprendre avec d'autres. V. **Entraîner.** *Envelopper qqn dans une accusation.* V. **Englober, impliquer, inclure.** « *Il croyait qu'il ne pouvait être enveloppé dans sa ruine* » (FÉN.). ◇ ANT. **Déballer, développer. Dégager. Étaler, manifester.** — HOM. *Enveloppée.*

ENVENIMÉ, ÉE [ɑ̃vnime]. *adj.* (XIIIe, « malveillant ». V. **Envenimer).** ♦ 1° Plein de malveillance, de venin *(fig.). Propos envenimés.* V. **Fielleux, hargneux, virulent.** Littér. « *Et que reproche aux Juifs sa haine envenimée?* » (RAC.). ♦ 2° Infecté. *Plaie envenimée.* Fig. « *Ce peu de lignes semblait distiller un baume salutaire sur sa blessure envenimée* » (ROUSS.).

ENVENIMEMENT [ɑ̃vnimmɑ̃]. *n. m.* (XIIIe; de *envenimer).* Action d'envenimer; son résultat. *L'envenimement d'une plaie.* — Empoisonnement général dû à la morsure ou à la piqûre d'une bête venimeuse (On dit aussi *envenimation* [1907]).

ENVENIMER [ɑ̃vnime]. *v. tr.* (1119; de *en-,* et *venin).* ♦ 1° *Vx.* Imprégner de venin. V. **Empoisonner.** ♦ 2° *(S'envenimer* (sic), 1400). Infecter (une blessure), rendre plus difficilement curable. V. **Enflammer, infecter, irriter.** *Il a envenimé cette écorchure en la grattant. Faute de soins, la blessure s'est envenimée.* ♦ 3° (1662). Rendre plus virulent, plus pénible. *Envenimer une querelle.* V. **Aggraver, attiser, aviver, exaspérer.** « *L'amour-propre — il envenime tout... il engendre la rancune, la haine* » (Max JACOB). ◇ ANT. **Désinfecter, soigner; apaiser, calmer.**

ENVERGUER [ɑ̃vɛʀge]. *v. tr.* (1678; *enverger,* 1643; de *en-,* et *vergue).* Mar. Attacher (une voile) à une vergue, par la ralingue supérieure.

ENVERGURE [ɑ̃vɛʀgyʀ]. *n. f.* (1678; de *enverguer).* ♦ 1° Mar. État d'une voile enverguée. ◇ Largeur d'une voilure déployée. ♦ 2° (1714). Cour. *Envergure d'un oiseau,* l'étendue des ailes déployées. ◇ La plus grande largeur d'un avion. ♦ 3° (1844). Ampleur, ouverture. *Esprit de grande, de large envergure,* apte à comprendre beaucoup de choses, à établir des rapports entre des objets lointains. V. **Étendue,** V. **Calibre, carrure, classe.** « *La force religieuse d'un esprit marque son envergure* » (SUARÈS). ◇ *(Choses)* V. **Ampleur, importance.** *Une manœuvre de grande envergure.* « *On peut tenter des opérations d'envergure* » (ROMAINS).

1. **ENVERS** [ɑ̃vɛʀ]. *prép.* (XIe; de *en-,* et *vers).* ♦ 1° *Vx.* En face de, vis-à-vis de. *Loc. Mod. Envers et contre tous* (mots qui terminaient les formules des anciens serments de foi et hommage) : en dépit de l'opposition générale. « *On peut... vouloir la défendre* (Marie-Antoinette) *sur tous les points, se constituer son avocat, son chevalier envers et contre tous* » (STE-BEUVE). ◇ *Vx. Auprès de.* « *Je perdrai mon crédit envers sa Majesté* » (CORN.). ♦ 2° *Mod.* À l'égard de (qqn) avec mot ne désignant un sentiment, une action. *Il est bien disposé envers vous.* V. **Endroit** (à votre endroit). *Être plein d'indulgence envers les enfants.* V. **Pour.** « *Lynx envers nos pareils, et taupes envers nous, Nous nous pardonnons tout, et rien aux autres hommes* » (LA FONT.). « *Il s'était montré d'une pingrerie révoltante envers les femmes* » (MAC ORLAN). — À l'égard de (une chose morale). *Traître envers la patrie.*

2. **ENVERS** [ɑ̃vɛʀ]. *n. m.* (1229; adj., 980; lat. *inversum,* de *invertere* « retourner »). I. L'ENVERS. ♦ 1° Le côté d'une chose opposé à celui qui doit être vu. V. **Derrière,** *l'envers* et *l'endroit. L'envers d'une étoffe* (Cf. Le mauvais côté). *L'envers en décor de théâtre.* Fig. *L'envers du décor* (Cf. le sens 2°). — *Vx. L'envers d'un feuillet.* V. **Dos,** verso. *L'envers d'une médaille* (V. **Revers);** *d'une pièce de monnaie.* V. **Pile.** — *(Choses naturelles)* Le côté opposé à celui qui est ordinairement exposé à la lumière. *L'envers d'une feuille d'arbre. L'envers d'une peau de lapin.* ♦ 2° (XVIe). *Fig.* L'aspect (d'une chose) opposé à celui qui se voit ordinairement; l'aspect caché. *Découvrir l'envers des choses,* celui qui n'apparaît pas d'abord. *L'envers du Grand*

Siècle, ce que n'en montre pas l'histoire officielle. « *Je vous fais voir l'envers des événements que l'histoire ne montre pas; l'histoire n'étale que l'endroit* » (CHATEAUB.). ◇ L'aspect (d'une chose) opposé à celui qui devrait être vu (son aspect superficiel ou peu significatif). « *Nous ne voyons jamais que l'envers des destinées* » (MAETERLINCK). ◆ 3° La face opposée, mais inséparable. V. **Contraire, inverse**. « *Voilà l'envers tout juste de ce que nous pensions de lui* » (SÉV.). « *Les défauts sont l'envers inévitable des qualités* » (SIEGFRIED).

II. À L'ENVERS. *loc. adv.* ◆ 1° (1382). Du mauvais côté, du côté qui n'est pas fait pour être vu. « *Le bon roi Dagobert avait mis sa culotte à l'envers* » (Chanson). « *Il aura mis un de ses bas à l'envers hier matin* » (SAND). ◆ 2° (XVᵉ, « à la renverse »). Sens dessus dessous. *Mes locataires ont laissé ma maison à l'envers!* V. **Désordre** (en), **pagaïe** (en). *Avoir la tête, la cervelle à l'envers*, l'esprit agité, troublé, inquiet. « *Aujourd'hui, veille de mariage, jour où les cervelles étaient à l'envers* » (LOTI). ◆ 3° Dans un sens inhabituel, dans le mauvais sens. *Tes yeux « Lacs où mon âme tremble et se voit à l'envers* » (BAUDEL.). *Lire un texte à l'envers*. V. **Rebours** (à). *Sa voiture est rangée à l'envers dans une file en stationnement.* — *Le monde, tout va à l'envers*, mal, en dépit du bon sens. *Vous avez pris mes paroles tout à l'envers*, vous les avez mal interprétées. V. **Contresens** (à), **travers** (de). *Fam. Faire des progrès à l'envers*. V. **Reculons** (à).

◈ ANT. Endroit; avers, recto; devant, face.

ENVI (À L') [alãvi]. *loc. adv.* et *prép.* (1543; de *envi* « défi » (XIIIᵉ), « rivalité » (XVIᵉ); de l'a. fr. *envier* « inviter, provoquer » (XIᵉ); lat. *invitare* « inviter »). ◆ 1° Loc. adv. *Littér.* À qui mieux mieux; en rivalisant, en cherchant à l'emporter sur l'autre. « *Les femmes imitant toutes, à l'envi, l'impératrice Eugénie* » (FRANCE). « *Le gouvernement, les magistrats, les auteurs, s'y sont à l'envi déchaînés contre moi* » (ROUSS.). ◇ (Choses) « *Trois petites pièces, moelleuses et sourdes à l'envi* » (LOUYS), autant les unes que les autres. ◆ 2° Loc. prép. Vx (1549). À L'ENVI, en lutte, en rivalité avec. « *Ils me fouettaient dans mon enfance comme à l'envi l'un de l'autre* » (LESAGE).

ENVIABLE [ãvjabl(ə)]. *adj.* (fin XIVᵉ, rare av. 1830; de *envier*). Qui est digne d'envie; que l'on peut envier. V. **Désirable, souhaitable, tentant.** *Une situation, une position enviable. Un sort peu enviable.* « *L'homme d'action... leur apparaissait comme un phénomène étrange et enviable* » (MAUROIS). ◈ ANT. Détestable.

ENVIDER [ãvide]. *v. tr.* (1763; de *en-*, et du rad. de *dévider*). *Techn.* Tourner (le fil de la trame) autour d'un fuseau, d'une bobine. V. **Enrouler, renvider.** *Machine à envider* (*envideur* [ãvidœʀ] ou *canetière*). ◈ ANT. Dévider; dérouler.

ENVIE [ãvi]. *n. f.* (XIIᵉ; *enveia*, Xᵉ; *enveie*, 980; lat. *invidia* « jalousie, dépit »).

I. ◆ 1° Sentiment de tristesse, d'irritation et de haine qui nous anime contre qui possède un bien que nous n'avons pas. V. **Jalousie.** « *Devant la richesse le sentiment le plus ordinaire n'est pas le respect, c'est l'envie* » (FUSTEL DE COUL.). — *Figuration allégorique de l'envie, dans l'art.* « *L'envie aux doigts crochus, au teint pâle et livide* » (BEAUMARCH.). ◆ 2° (1155, « rivalité »). Désir de jouir d'un avantage, d'un plaisir égal à celui d'autrui. « *C'est le sort le plus beau, le plus digne d'envie* » (ROUGET DE LISLE). V. **Enviable.** *Exciter, attirer l'envie de ses voisins. Vieilli. Faire envie*, inspirer l'envie. « *Le premier jeune garçon venu, si pauvre qu'il soit avec sa santé, sa force... fera toujours envie à un vieil empereur* » (HUGO). « *Il vaut mieux faire envie que pitié.* » — Loc. *Regarder avec un œil d'envie*, avoir un regard d'envie, *envier*. ◆ 3° (1155). ENVIE DE, désir (d'avoir, de posséder, de faire qqch.). V. **Appétence, besoin, convoitise, désir, goût, inclination.** « *La brûlante envie des distinctions imaginaires* » (BAUDEL.). *Éprouver, ressentir l'envie, une grande envie de faire qqch. Il s'en alla « avec une envie de sauter et de courir* » (LOTI). « *On se confie le plus souvent par vanité, par envie de parler* » (LA ROCHEF.). « *La bêtise consterne et ne donne guère envie de rire* » (COCTEAU). — *Besoin organique.* « *D'où lui venait cette envie de vomir qui la tourmentait?* » (GREEN). *Envie de manger* (faim), *de boire* (soif), *de dormir* (sommeil). Pop. *Ça m'a pris comme une envie de pisser :* brusquement. ◇ (XIIᵉ) AVOIR ENVIE DE. V. **Convoiter, désirer, souhaiter.** *Avoir envie d'aller au spectacle, de voyager.* « *Quand on a découvert le souffleur..., les ficelles de l'intrigue, on a envie de s'en aller* » (MAUROIS). *J'irai quand j'en aurai envie, quand je voudrai.* — *Ressentir le besoin de, ne pouvoir s'empêcher de. J'ai envie de pleurer.* — *Avoir envie que.* V. **Souhaiter, vouloir.** *Il a envie que vous restiez ici.* « *Avez-vous envie qu'on se raille partout de vous?* » (MOL.). — *Avoir envie d'une chose, de la posséder. J'ai bien envie de ce tableau, mais il est un peu cher!* ◇ *Mourir d'envie de qqch.* Il en meurt, il en crève (pop.) *d'envie.* ◇ *L'envie lui est venue, lui a pris d'aller à Paris. Quelle envie t'a pris?* V. **Lubie.** — Impers. « *Il lui venait une envie de se lever tout à coup,... de s'enfuir* » (GREEN). ◇

(1625) FAIRE ENVIE, exciter le désir. V. **Tenter.** *Ce voyage me fait envie.* ◇ *Contenter, passer son envie*, se satisfaire. ◇ *Faire passer l'envie d'une chose à qqn*, lui en ôter le désir. V. **Dégoûter, rassasier.** *Je vais lui en ôter l'envie.* ◆ 4° (1606). *Fam. Envie de femme grosse*, désir vif, subit et bizarre éprouvé parfois par les femmes enceintes (Cf. *ci-dessous*, II, 1°). — (ANT. Amour, charité, désintéressement, détachement, mépris; dégoût, répulsion, satiété).

II. ◆ 1° (1691). *Pop.* Tache cutanée (nævus, angiome) présente à la naissance et que l'on croyait être la marque d'une envie de la mère (Cf. *ci-dessus*, I, 4°). V. **Nævus, tache** (de vin). « *C'est un fait que ces signes nommés « envies » se réduisent à un petit nombre de types qu'on peut classer, d'après leur couleur et leur forme, en fraises, en groseilles et framboises, taches de vin et de café* » (FRANCE). ◆ 2° (1640). ENVIES. *Pop.* Petites peaux qui se forment sur le pourtour des ongles.

ENVIER [ãvje]. *v. tr.* (1165; de *envie*). ◆ 1° Éprouver envers (qqn) un sentiment d'envie (1° et 2°) soit qu'on désire ses biens, soit qu'on souhaite être à sa place. V. **Haïr, jalouser.** *Envier les autres. Tout le monde l'envie.* — *Je vous envie d'être si peu frileux!* ◆ 2° Éprouver un sentiment d'envie envers (qqch.). V. **Convoiter, désirer.** *Envier qqch. à qqn :* désirer posséder ce qu'il possède. « *Ce n'était pas qu'elle lui enviât sa portion de l'héritage paternel* » (GREEN). ◇ Vx. *Souhaiter, désirer pour soi-même, avoir envie de.* « *Me voilà devenu assez vieux pour envier la gaieté des autres* » (FLAUB.). « *Plus d'un, en apercevant ces coquettes résidences, si tranquilles, enviait d'en être le propriétaire* » (FLAUB.). — Mod. *N'avoir rien à envier à personne :* n'avoir rien à désirer, être comblé. V. *N'avoir rien à envier d'une richesse, d'une élégance féerique... qui n'a rien à envier à aucun art* » (GAUTIER). ◇ ANT. Aimer, vanter. Mépriser, priser.

ENVIEUSEMENT [ãvjøzmã]. *adv.* (XVIᵉ; de *envieux*). *Rare.* De façon envieuse.

ENVIEUX, EUSE [ãvjø, øz]. *adj.* et *n.* (XIIIᵉ; *invidius*, 1119; lat. *invidiosus*. V. **Envie**). ◆ 1° Qui éprouve de l'envie; qui est sujet à l'envie. V. **Jaloux.** *Esprit, caractère envieux. Être envieux du bien d'autrui, de ce que les autres possèdent.* V. **Avide, cupide.** « *Tous les hommes étant, quoique fort pauvres, Lâches et vils devant quiconque a la richesse* » (LEC. DE LISLE). ◆ 2° N. « *Les envieux mourront, mais non jamais l'envie* » (MOL.). *Faire des envieux.* « *Ces pauvres envieux, en raison de leur secrète misère, se rebiffent contre le mérite* » (CHATEAUB.). « *On a bien attaqué cet homme* (Hugo) *parce qu'il est grand et qu'il a fait des envieux* » (FLAUB.). ◆ 3° Qui a le caractère de l'envie. *Des regards envieux.* ◇ ANT. Bienveillant, désintéressé, indifférent.

ENVINÉ, ÉE [ãvine]. *adj.* (*Aviné*, v. 1500; de *en-*, et *vin*). *Techn.* Qui a pris l'odeur du vin (se dit d'un récipient). *Fût enviné.*

ENVIRON [ãviʀɔ̃]. *prép.*, *adv.* et *n. m. pl.* (XIIᵉ; *environ*, 980; a. fr. *viron*, de *virer;* Cf. Entour). ◆ 1° Prép. Vx ou *littér.* Dans le voisinage de, aux alentours de. V. **Vers.** — En parlant du temps. « *Environ cette époque, à la tombée d'un beau jour d'été* » (FRANCE). ◆ 2° Adv. *Cour.* À peu près; un peu plus, un peu moins (devant un nom de nombre). V. **Approximativement.** — (Temps) *Il y a environ deux ans; il y a deux ans environ.* « *L'abbé Mionnet passa environ une heure et demie à son église* » (ROMAINS). *Un homme d'environ cinquante ans.* V. **Quelque.** — (Espace) « *L'homme fit environ deux cents pas* » (ZOLA). — (Quantité, prix) *Sa propriété vaut environ dix millions.* V. **Dans** (les). « *Des communs spacieux, une ferme et environ huit hectares de terre* » (ROMAINS). ◆ 3° (v. 1460). N. m. pl. ENVIRONS : les alentours (d'un lieu). V. **Abord, alentours, entour** (vx). *La ville est sans intérêt, mais les environs sont très pittoresques.* « *Tout Combray et ses environs* » (PROUST). *Habiter dans les environs d'une grande ville.* V. **Banlieue.** ◇ *Aux environs.* V. **Côté** (du côté de...), **proximité** (à), **voisinage** (dans le). « *Le printemps, en Bretagne, est plus doux qu'aux environs de Paris* » (CHATEAUB.). — (Emploi critiqué) *Aux environs de... (telle époque),* à peu près à l'époque de Noël. « *Sur cette plage, encore assez rustique aux environs de 1900* » (MAUROIS). ◇ ANT. *Loin* (de), exactement, précisément.

ENVIRONNANT, ANTE [ãviʀɔnã, ãt]. *adj.* (1787; de *environner*). Qui environne, qui est dans les environs. V. **Circonvoisin, proche, voisin.** *Les bois environnants.* ◇ ANT. *Éloigné, lointain.*

ENVIRONNEMENT [ãviʀɔnmã]. *n. m.* (1300, « contour »; de *environner*). ◆ 1° Action d'environner; son résultat. ◆ 2° Vx. Enceinte; environs d'un lieu. ◆ 3° *Ling.* Contexte immédiat. ◆ 4° (1964; d'apr. l'amér. *environment*). Ensemble des conditions naturelles (physiques, chimiques, biologiques) et culturelles (sociologiques) susceptibles d'agir sur les organismes vivants et les activités humaines. V. **Ambiance, atmosphère, entourage, milieu.** *Protection, politique, qualité de l'environnement.* V. aussi **Écologie.** *Environnement rural, urbain.* — *L'environnement spatial, acoustique, thermique. Environnement et qualité de la vie, et défense*

contre la pollution*, les nuisances*. ◇ *Par ext.* Conditions extérieures susceptibles d'agir sur le fonctionnement d'un système, d'un dispositif.
ENVIRONNEMENTAL, ALE, AUX [ɑ̃viʀɔnmɑ̃tal, o]. *adj.* (1972; de *environnement*, 3°). *Didact.* Relatif à l'environnement. V. *aussi* Écologique.
ENVIRONNEMENTALISTE [ɑ̃viʀɔnmɑ̃talist(ə)]. *n.* (1972; de *environnement*, 3°). *Didact.* Spécialiste de l'étude de l'environnement*. V. Écologiste.
ENVIRONNER [ɑ̃viʀɔne]. *v. tr.* (XIIe; de *environ*). ♦ 1° (XIVe). Faire le tour de; mettre autour de. V. **Entourer, enceindre, enclore.** *Vx. Environner une ville de remparts; des remparts environnent la ville.* — *Mod.* (passif) *L'arène « était environnée d'un grillage métallique »* (CARCOPINO). ♦ 2° Être autour de, dans les environs de. *Les coteaux, les montagnes qui environnent la ville. « Un grand chêne dans une forêt élève ses branches épaisses au-dessus de tous les arbres qui l'environnent »* (FÉN.). ♦ 3° (Personnes). *Vieilli* (XVIe) Vivre habituellement auprès de (qqn). *« Des hommes artificieux et intéressés les environnent »* (FÉN.). *Mod.* (pronom. ou passif) *S'environner d'amis, être environné d'amis.* ♦ 4° *Vx* (XIVe). Se mettre, se porter autour de (qqn, qqch.). *Les soldats environnèrent la ville.* V. **Cerner, encercler.** — *Mod. « Raphaël marchait environné de ses élèves, escorté des cardinaux et des princes »* (CHATEAUB.). ♦ 5° *Fig.* et *littér. Les dangers l'environnent de toutes parts.* V. **Assaillir.** *« Son souci m'environne »* (COLETTE). ◇ ANT. *Dégager; abandonner, délaisser, écarter.*

ENVISAGEABLE [ɑ̃vizaʒabl(ə)]. *adj.* (1845; répandu au XXe; de *envisager*). Susceptible d'être envisagé, imaginé. *« L'hypothèse, il y a deux ans, n'était même pas envisageable »* (Le Figaro, 29-11-1966). V. **Concevable, possible, prévisible.** ◇ ANT. *Inenvisageable.*

ENVISAGER [ɑ̃vizaʒe]. *v. tr.* (1560; de *en-*, et *visage*). ♦ 1° *Vx.* Regarder (une personne) au visage. V. **Dévisager.** *« Plus je vous envisage, Et moins je me remets, Monsieur, votre visage »* (RAC.). ♦ 2° (1653). Considérer. V. **Considérer, contempler.** *« On n'est homme que par le ferme regard dont il envisage la vie et la mort »* (MICHELET). *« Elle avait eu le temps d'envisager en face tous les aspects de son malheur »* (LOTI). — Considérer sous un certain aspect. V. **Regarder, voir.** *L'aspect, l'angle sous lequel il faut envisager la question, le point de vue.* ♦ 3° Prendre en considération, avoir en vue. *« L'attitude d'un homme qui n'envisage que l'intérêt général »* (BARRÈS). ♦ 4° *Vx* Prévoir, imaginer comme possible. *« Les observateurs s'efforcent de comprendre ces troubles..., d'envisager leurs conséquences »* (DUHAM.). *Envisager le pire. Dans ces conditions il devient difficile d'envisager cette construction.* ♦ 5° ENVISAGER DE... suivi de l'infinitif. V. **Penser, projeter.** *Il envisage de mettre ses enfants en pension « Masson, Raymond et moi, nous avons envisagé de passer ensemble le mois d'août à la plage »* (CAMUS).

ENVOI [ɑ̃vwa]. *n. m.* (*Envei*, 1130; de *envoyer*). ♦ 1° Action d'envoyer. *Envoi d'une lettre, d'un message par la poste; envoi de marchandises.* V. **Expédition.** *Envoi franco de port; envoi contre remboursement. Envoi de fleurs.* — *Envoi de troupes, de renforts, de matériel sur le front.* — *Sport. Coup d'envoi,* au football : action du ballon, par l'avant qui ouvre le jeu. ◇ (1803) *Ce qui a été envoyé. J'ai reçu votre envoi ce 18 courant.* ♦ 2° *Dr. Envoi en possession.* V. **Possession.** ♦ 3° (2e moitié XIVe). Dans la ballade, Dernière strophe de quatre vers qui dédie le poème à qqn. *« À la fin de l'envoi, je touche »* (ROSTAND). ◇ Hommage manuscrit de l'auteur d'un livre (à distinguer de *dédicace*).

ENVOILER (S') [ɑ̃vwale]. *v. pron.* (1694; de *en-*, et *voile*). *Techn.* Se courber, se gauchir, en parlant du fer et de l'acier, lorsqu'on les trempe. V. **Voiler.**

ENVOL [ɑ̃vɔl]. *n. m.* (1886; de *envoler*). ♦ 1° Action de s'envoler, de prendre son vol. *L'envol d'un oiseau. « Un envol de pigeons écartelés »* (RIMBAUD). — *Fig.* V. **Essor.** *« Ce que cherchent les danseurs, c'est le vertige favorable à l'envol dans les régions où réside le dieu inaccessible »* (LOTI). ♦ 2° Action de s'envoler, de quitter le sol, en parlant d'un avion. V. **Décollage.**

ENVOLÉE [ɑ̃vɔle]. *n. f.* (1875; subst. particip. de *envoler*). ♦ 1° Action de s'envoler. *« Des envolées de feuilles mortes dansant la farandole »* (LOTI). ♦ 2° *Fig.* Élan dans l'inspiration; en poésie et dans le discours. *« De belles envolées lyriques »* (HENRIOT). *« Mes plaidoiries, mes grandes envolées professionnelles sur l'innocence et la justice »* (CAMUS).

ENVOLER (S') [ɑ̃vɔle]. *v. pron.* (1160; de *en-*, et *voler*). ♦ 1° Prendre son vol, se mettre à voler; partir en volant. *Les oiseaux se sont envolés. S'envoler à tire-d'aile.* — (Avec ellipse du pron. pers.) *Le moindre bruit fera envoler cet oiseau.* ◇ *Par anal.* L'avion s'est envolé, maigre le brouillard. V. **Décoller, partir.** ♦ 2° *Fig.* et *fam.* Disparaître subitement. V. **Disparaître, éclipser (s'), enfuir (s'), partir.** *Personne, ils se sont envolés. Je ne trouve pas ma montre, elle ne s'est pourtant pas envolée.* ♦ 3° Être emporté par le vent, par un souffle. *La*

fumée s'envole. Son chapeau s'est envolé quand il a ouvert la fenêtre. Tous ses papiers s'envolèrent. V. **Disperser (se), voler.** ♦ 4° S'élever, monter (bruit). *« Des cris variés s'envolent par les fenêtres »* (COLETTE). ♦ 5° Passer rapidement, disparaître. V. **Aller** (s'en), **disparaître, écouler** (s'), **effacer** (s'), **enfuir** (s'), **évanouir** (s'), **partir, passer.** *Le temps s'envole. « Depuis le Congrès de Paris, Napoléon III voyait s'envoler l'espoir de réviser les traités de 1815 »* (BAINVILLE). — PROV. *Les paroles s'envolent, les écrits restent* (lat. *Verba volant, scripta manent*). ◇ ANT. *Poser* (se). **Atterrir. Demeurer, rester.**

ENVOÛTANT, ANTE [ɑ̃vutɑ̃, ɑ̃t]. *adj.* (XXe; de *envoûter*). Qui envoûte (2°), séduit irrésistiblement. V. **Captivant, ensorcelant.** *Un charme envoûtant.*

ENVOÛTEMENT [ɑ̃vutmɑ̃]. *n. m.* (XIVe; de *envoûter*). ♦ 1° Action d'envoûter; son résultat. *Formules d'envoûtement.* V. **Maléfice, sortilège.** *Conjurer un envoûtement. « Mélek, depuis quelques jours, avait entrepris des prières et un envoûtement pour obtenir sa mort »* (LOTI). ♦ 2° *Fig.* Action d'envoûter (2°); état d'une personne envoûtée. V. **Charme, fascination, séduction.** *« L'œuvre de Rimbaud conserve une prodigieuse puissance d'envoûtement »* (CARCO). ◇ ANT. *Exorcisme.*

ENVOÛTER [ɑ̃vute]. *v. tr.* (XIIIe; de *en-*, et de l'a. fr. *volt, vout* « visage, image », du lat. *vultus*). ♦ 1° (Magie). Représenter une personne par une figure de cire, de terre glaise, etc. (autrefois appelée *volt, vout*) dans le dessein de faire subir à la personne représentée l'effet magique des invocations que l'on prononce devant la figurine ou des atteintes qu'on lui porte. *« Réputés grands sorciers à faire des images de cire à la ressemblance du roi et des princes pour les envoûter »* (MÉZERAY). ♦ 2° (Fin XIXe). *Fig.* et *cour.* Exercer sur (qqn) un attrait, une domination irrésistible. V. **Captiver, charmer, ensorceler, fasciner, séduire, subjuguer.** *Il n'est plus lui-même, cette femme l'a envoûté. « Nous étions envoûtés par les gestes, les voix, le décor, tout ce prestige du théâtre »* (THARAUD).

ENVOÛTEUR, EUSE [ɑ̃vutœʀ, øz]. *n.* (1870; de *envoûter*). Personne qui pratique l'envoûtement. V. **Sorcier; enchanteur, magicien.**

ENVOYÉ, ÉE [ɑ̃vwaje]. *adj.* et *n.* (1867; V. Envoyer). ♦ 1° (Choses). Qui a été envoyé. *Une balle bien envoyée.* — *Fig.* et *fam.* (1867) *Une réponse, une réplique bien envoyée* : qui porte par sa justesse, son opportunité. ♦ 2° (Fin XVe). *N. m.* et *f.* Personne qu'on a envoyée quelque part pour accomplir une mission. *Envoyé porteur d'un message.* V. **Courrier, estafette, exprès, messager.** *Envoyé spécial d'un journal.* V. **Correspondant.** *Envoyé chargé de représenter un parti, un pays.* V. **Agent, ambassadeur, attaché, délégué, député, émissaire, missionnaire, parlementaire, plénipotentiaire, représentant.** — *Fam. Vous êtes l'envoyé du ciel!* vous arrivez opportunément.

ENVOYER [ɑ̃vwaje]. *v. tr.* : *j'envoie, nous envoyons; j'envoyais, nous envoyions; j'envoyai, nous envoyâmes; j'enverrai, nous enverrons; j'enverrais, nous enverrions; que j'envoie; que j'envoyasse; envoie, envoyons, envoyez* (XIIe; *enveiler*, 980; lat. *inviare* « parcourir, faire parcourir », rac. *via* « voie »).
I. ENVOYER QQN. ♦ 1° Faire aller, partir (qqn quelque part). *Envoyer un enfant à la montagne, à l'école, chez sa grand-mère. Envoyer des troupes au front. Envoyer un courrier, une délégation auprès, au-devant, à la rencontre de qqn.* — *Absolt. Vx. Envoyer chez qqn,* envoyer des domestiques chez qqn pour porter un message. *« Je n'osais pas envoyer chez Albertine, il était trop tard »* (PROUST). — (Pour une destination qui est aussi une situation) *Envoyer un enfant en vacances. Envoyer qqn dans l'autre monde,* le faire mourir. *Envoyer des soldats à la mort,* en un lieu, dans une situation où ils seront tués. *Envoyer un criminel à l'échafaud.* — *Spécialt. Les électeurs ont envoyé trois députés à l'Assemblée.* V. **Élire, nommer.** ◇ *Envoyer qqn à qqn* (pour le rencontrer). *Médecin qui envoie un malade à un confrère. « On m'envoie à Pyrrhus; j'entreprends ce voyage »* (RAC.). *Envoyez-moi les gens que cela intéresse. Fam. Envoyer qqn au diable*.* ♦ 2° Faire aller (qqn) quelque part (afin de faire qqch.). *Envoyer une personne en course; en mission.* V. **Dépêcher, détacher; envoyé.** ◇ (Employé comme auxiliaire) Faire aller (qqn) quelque part pour. *Envoyer un enfant faire des courses. Je l'enverrai chercher du pain. Envoyez-le prendre de leurs nouvelles. Fig.* et *fam. Il l'a envoyé promener, paître,* il l'a repoussé, rabroué (V. **Rembarrer, renvoyer**). — *Absolt. Fais venir qqn* ou *envoie qqn quelque part pour. J'ai envoyé chercher un médecin. Il ne le lui a pas envoyé dire,* il le lui a dit lui-même, brutalement. ♦ 3° *Par ext.* Pousser, jeter (qqn quelque part). *Boxeur qui envoie son adversaire au tapis. Il l'envoya d'un coup de pied au bas de l'escalier, dans les décors.* — *Pop. Envoyer qqn sur les roses*.*
II. (XIIe). ENVOYER QQCH. ♦ 1° Faire partir, faire parvenir (qqch. à qqn) par l'intermédiaire d'une personne ou des postes. V. **Adresser.** *Envoyer un message, un télégramme, une lettre, un colis, un cadeau à qqn. Courrier envoyé par avion. « Les secours envoyés par air et par route »* (CAMUS). *Envoyer des excuses, des félicitations, des condoléances. Envoyer sa démission. Mar. Envoyez!* commandement pour

hisser les couleurs ou exécuter la manœuvre de virement de bord. *Pare à virer! Envoyez!* ♦ 2° Faire parvenir (qqch.) à, jusqu'à (qqn ou qqch.), par une impulsion matérielle. *Envoyer une balle à un joueur.* V. **Jeter, lancer.** *Renvoyer le ballon qu'on vous envoie. Envoyer une balle avec la main, avec une raquette. Envoyer des pierres dans une vitre. Il m'envoie sa fumée dans la figure. — Envoyer une gifle, un coup à qqn.* V. **Allonger, donner, flanquer.** « *Le dernier coup de pied que je lui ai envoyé l'a fait tomber jusqu'à la loge de la concierge* » (MICHAUX). *Envoyer un coup de fusil.* V. **Tirer.** ◊ *Par ext.* Adresser à distance à (une personne). *Il m'envoie des baisers.* « *La belle dame m'envoya par la portière ouverte la collection de ses plus délicieux sourires* » (LOTI). ◊ En auxiliaire. *Envoyer dinguer, valser qqch.* : pousser, lancer, renverser violemment; et *fig.* Abandonner complètement, laisser tomber. *Ces recherches ne donnent rien, je vais tout envoyer promener.* ♦ 3° *(Sujet de chose).* Faire aller jusqu'à. *Le soleil nous envoie sa lumière. — Le cœur envoie le sang dans les artères. —* Étendre au loin. « *La grande artère qui, sortant du cœur, envoie ses branches par tout le corps* » (DESCARTES).

III. S'ENVOYER. *v. pron.* ♦ 1° (Récipr.). *Ils s'envoient régulièrement de longues lettres.* ♦ 2° (Réfl.). *Fam.* Prendre pour soi. V. **Enfiler (s'), taper** (se); Cf. *pop.* Se farcir. *S'envoyer tout le travail, tout le chemin à pied* : le faire péniblement, de mauvais gré. *S'envoyer un verre de vin, un bon repas* : le boire, le manger. « *Il y aura toujours qqn... pour s'envoyer de belles tartines de caviar* » (DUHAM.).— *Spécialt.* Vulg. « *Une blonde, Germaine, qui se plaisait à s'envoyer le jeune étudiant* » (ARAGON). — *S'envoyer en l'air,* éprouver un plaisir intense (notamment) le plaisir sexuel. V. **Pied** (prendre son).

◊ ANT. *Recevoir.*

ENVOYEUR, EUSE [ɑ̃vwajœʀ, øz]. *n.* (XIII°, repris XIX°; de *envoyer*). Personne qui envoie. *Retour à l'envoyeur.* V. **Expéditeur.**

ENZOOTIE [ɑ̃zɔɔti]. *n. f.* (1836; du gr. *en* « dans », et (épi)*zootie*). *Méd.* Maladie épidémique qui frappe une ou plusieurs espèces animales dans une même région. V. **Épizootie.**

ENZYMATIQUE [ɑ̃zimatik]. *adj.* (XX°; de *enzyme*). *Didact.* Qui concerne les enzymes.

ENZYME [ɑ̃zim]. *n. f.* [Acad.] ou *m.* (1878; gr. *en* « dans », et *zumê* « levain »). *Biochim.* Substance protéinique (suff. *-ase*) qui facilite, accroît, une réaction biochimique. *Il existe un grand nombre d'enzymes spécifiques qui jouent un rôle important dans les processus physiologiques des organismes vivants.* V. **Fermentation; zym-; -ase.** *Syn.* (vieillis) : DIASTASE, FERMENT, ZYMASE. *Enzymes digestifs.* V. **Entérokinase, ptyaline; pepsine, trypsine.** *Produits de nettoyage, lessives aux enzymes.*

ENZYMOLOGIE [ɑ̃zimɔlɔʒi]. *n. f.* (1890; de *enzyme*, et *-logie*). *Didact.* Étude des enzymes, de leur action.

ÉOCÈNE [eɔsɛn]. *adj.* (1843; angl. *eocene*, du gr. *éôs* « aurore »). *Géol.* Se dit du groupe le plus ancien des terrains tertiaires. *La période éocène précède l'oligocène.* — Subst. (1901). *Le début, la fin de l'éocène. La faune de l'éocène* (Nummulites, cérithes, mammifères).

ÉOLIEN, IENNE [eɔljɛ̃, jɛn]. *adj. et n. f.* (1615, repris 1798; du lat. *Æolus,* gr. *Aiolos* « dieu des vents »). ♦ 1° *Harpe éolienne,* table ou boîte sonore tenue de cordes que le vent fait vibrer harmonieusement (aussi *Éoliharpe,* 1845). « *Je suis comme une harpe éolienne, qui rend quelques beaux sons, mais qui n'exécute aucun air* » (JOUBERT). ♦ 2° *Géol.* (1889). Qui provient de l'action du vent. *Dépôts éoliens, érosion éolienne.* ♦ 3° (1907). Qui est mû par le vent. *Machine éolienne.* — N. f. UNE ÉOLIENNE, machine à capter l'énergie du vent, roue métallique à pales au sommet d'un pylône. *Éolienne servant à élever l'eau.* ◊ *Par ext.* (XX°) Du vent. *Force, énergie éolienne.*

ÉOLIPILE [eɔlipil]. *n. m.* (XVI°; de *Éole* « dieu des vents », et lat. *pila* « boule »). *Phys.* Boule de métal creuse remplie d'eau qui, chauffée, s'échappe par deux becs opposés, en la faisant tourner.

ÉOLITHE [eɔlit]. *n. m.* (fin XIX°; gr. *éôs* « aurore », et *-lithe*). *Minér., anthrop.* Silex antérieur au quaternaire, qui a l'apparence d'un objet taillé par l'homme.

ÉON [eɔ̃]. *n. m.* (1732; gr. *aiôn,* « temps, éternité »). *Hist. philo.* Se dit, chez les gnostiques, des puissances éternelles émanées de l'Être suprême et par lesquelles s'exerce son action sur le monde.

ÉOSINE [eozin]. *n. f.* (1877; du gr. *eos* « rougeur de l'aube », et *-ine*). *Chim.* Matière colorante rouge, obtenue en traitant la fluorescéine par le brome en présence de l'alcool.

ÉOSINOPHILE [eozinɔfil]. *adj. et n. m.* (v. 1900, adj.; de *éosine,* et *-phile*). *Méd.* Se dit de cellules qui ont une affinité pour l'éosine*. *Leucocytes éosinophiles,* ou subst. *les éosinophiles.*

ÉOSINOPHILIE [eozinɔfili]. *n. f.* (déb. XX°; de *éosine,* et *-philie*). *Méd.* ♦ 1° Affinité des leucocytes polynucléaires

pour les colorants à base d'éosine. ♦ 2° Excès de cellules éosinophiles dans le sang.

ÉPACTE [epakt(ə)]. *n. f.* (1119; bas lat. *epactœ,* gr. *epaktai (hêmerai)* « (jours) intercalaires »). *Chron.* Nombre qui exprime l'âge de la Lune au 31 décembre de chaque année et qui indique combien il faut ajouter de jours à l'année lunaire pour qu'elle soit égale à l'année solaire.

ÉPAGNEUL, EULE [epaɲœl]. *n.* (Espaignol, 1375; esp. *español,* lat. pop. *hispaniolus,* de *Hispania* « Espagne »). Chien, chienne de chasse, à longs poils soyeux et à oreilles pendantes. *Le barbet, le cocker, le king-charles, le setter sont des variétés d'épagneul. — Suivre qqn comme un épagneul,* docilement.

ÉPAIR [epɛʀ]. *n. m.* (1907; o. i.). *Techn.* Qualité du papier qu'on apprécie par transparence. ◊ HOM. Épeire.

ÉPAIS, AISSE [epɛ, ɛs]. *adj.* (*Espes,* au sens 4°, 1080; var. *espois;* lat. pop. °*spissia,* de *spissus* « épais »). ♦ 1° Qui est gros, considéré comme épaisseur (2°) (*opposé à* mince). *Un mur épais. Une épaisse tranche de pain. Verre épais et opaque. Papier épais.* V. **Fort.** *Drap épais.* V. **Grossier, solide.** *Une épaisse couche de peinture, de fard.* ◊ Qui mesure (telle dimension), en épaisseur. *Une couche épaisse d'un centimètre.* ♦ 2° (XVII°). Dont l'abondance de matière nuit aux formes (*opposé à* fin, svelte). *Avoir des doigts épais, des mains épaisses.* V. **Court, gros.** *Taille épaisse, chevilles épaisses. Une femme épaisse, une silhouette épaisse.* V. **Massif, mastoc, ramassé, trapu.** ♦ 3° (XVI°). Qui manque de finesse (au moral). *Un esprit épais.* V. **Grossier, lent, lourd, pesant.** « *Les Béotiens, les plus épais de tous les Grecs* » (MONTESQ.). *Un plaisanterie épaisse. Ce mensonge est un peu épais!* V. **Gros.** ♦ 4° Dont les constituants sont nombreux et serrés (*opposé à* clairsemé). V. **Fourni, serré.** *Feuillage épais. Épaisse toison. Chevelure épaisse. Épais sourcils. À l'endroit le plus épais.* « *Maurice était à son aise, au plus épais de la foule* » (SARTRE). ◊ *(D'un liquide)* Qui a de la consistance (*opposé à* clair, fluide). V. **Consistant, pâteux, visqueux.** *Soupe, sauce, bouillie épaisse. Huile épaisse. Son sang est trop épais.* ◊ Qui est dense, en parlant d'un gaz, d'une vapeur, *spécial.* lorsqu'ils interceptent la lumière (*opposé à* léger, transparent). *Un brouillard épais* (Cf. À couper au couteau). *Une épaisse fumée. Nuages épais qui cachent le soleil.* — Par ext. *Littér.* Dense comme la matière, la substance. *Ombre épaisse.* « *Mais quelle épaisse nuit tout à coup m'environne?* » (RAC.). « *Ce silence épais, presque solide* » (MAURIAC). V. **Profond.** ♦ 5° *Adv.* D'une manière serrée. *Semer épais.* — Fam. Beaucoup. *Il n'y en a pas épais!* V. **Lourd.** ◊ ANT. Mince, fin. Délié, élancé, svelte. Délicat, subtil, vif. Clairsemé; clair, fluide. Léger, transparent.

ÉPAISSEUR [epesœʀ]. *n. f.* (*Espesseur,* au sens 4°, 1377; de *épais*). ♦ 1° (1399). Caractère de ce qui est épais (1°), de ce qui est gros, en épaisseur (2°). *L'épaisseur de leur armure les protège. Épaisseur de la peau de l'éléphant.* ♦ 2° Troisième dimension d'un solide, les deux autres étant la longueur et la largeur, ou la hauteur et la largeur; dimension d'un corps formant l'écart entre ses deux surfaces (3°) parallèles. *Creuser une niche dans l'épaisseur d'un mur. L'épaisseur d'une armoire.* V. **Profondeur.** ◊ Mesure de cette dimension. *L'épaisseur d'un livre, d'un tissu, d'un papier.* V. **Grosseur.** *Épaisseur des parois d'un verre; par ext. d'un verre. Épaisseur d'une couche de neige, de peinture; par ext. épaisseur de neige, de peinture. Diminuer l'épaisseur. Une épaisseur de deux centimètres.* ♦ 3° (Avec un numéral). *Papier en double épaisseur, replié, en double. Quatre épaisseurs de tissu.* ♦ 4° Caractère de ce qui est épais (4°), serré. *Épaisseur de la chevelure, du feuillage, de l'herbe.* « *Les rebords des sentiers sont comme feutrés par l'épaisseur magnifique des gramens* » (LOTI). ◊ Caractère de ce qui est consistant. V. **Consistance.** *L'épaisseur d'une sauce.* ◊ Caractère de ce qui est dense. V. **Densité.** *L'épaisseur du brouillard nous cachait le paysage.* Par ext. *L'épaisseur des ténèbres.* « *À travers l'épaisseur de ses rêves* » (B. CONSTANT). ◊ *Fig.* (Des ouvrages de l'esprit) Consistance, profondeur, richesse. *Ce roman a beaucoup d'épaisseur. Ce personnage manque d'épaisseur.* ◊ ANT. *Finesse, minceur. Maigreur. Fluidité. Légèreté, transparence.*

ÉPAISSIR [epesiʀ]. *v.* (déb. XVI°; *espeissir,* 1155; *spessir,* XIV°; de *épais*).

I. *V. intr.* ♦ 1° Devenir plus épais, consistant, dense. *Dès que la crème épaissit, ôtez-la du feu. La mayonnaise épaissit.* V. **Prendre.** ♦ 2° (1835). Perdre sa minceur, sa sveltesse. V. **Grossir.** *Sa taille a épaissi.* « *Non seulement elle n'avait pas encore épaissi mais à la suite d'excès d'exercice elle avait trop fondu* » (PROUST).

II. *V. tr.* ♦ 1° Rendre plus épais, plus consistant. *Épaissir un sirop, une sauce par évaporation; en ajoutant de la farine* (V. **Lier**). « *Pour épaissir votre sang,... il faut manger de bon gros bœuf* » (MOL.). ♦ 2° S'ÉPAISSIR. *v. pron.* Devenir plus serré, plus compact. *Sa chevelure s'épaissit.* « *La foule s'épais-*

sissait » (HUGO). ◇ Devenir plus dense, plus consistant. « *Le brouillard s'épaissit encore plus, la lune fut tout à fait voilée* » (SAND). *Le sang des vieillards s'épaissit.* Fig. *L'ombre s'épaissit. Le mystère s'épaissit autour de cette affaire*, augmente. — Perdre sa sveltesse. *Sa taille s'est épaissie.*
◇ ANT. Fluidifier (se). Affiner (s'), maigrir. Éclaircir, éclaircir (s').

ÉPAISSISSANT, ANTE [epesisã, ãt]. *adj.* (1660; de *épaissir*). *Techn.* Se dit d'une substance qui augmente la viscosité d'un liquide. — *Subst.* (1890) *Un épaississant.*

ÉPAISSISSEMENT [epesismã]. *n. m.* (*Espessissement*, 1538; de *épaissir*). ♦ 1° Le fait de devenir plus épais en consistance, densité. *L'épaississement du brouillard. Épaississement de la sève, du sang.* ♦ 2° Le fait de devenir plus épais en dimension. *Épaississement de la peau exposée au soleil.* — Perte de la minceur. *Épaississement de la taille.*

ÉPAISSISSEUR [epesisœR]. *n. m.* (1948; de *épaissir*). *Techn.* Appareil servant à concentrer un corps solide en solution dans un liquide.

ÉPAMPRAGE [epãpRaʒ] ou *(vx)* **ÉPAMPREMENT** [epãpRəmã]. *n. m.* (1864,-1611; de *épamprer*). Action d'épamprer.

ÉPAMPRER [epãpRe]. *v. tr.* (XVIᵉ; de é-, et *pampre*). Débarrasser (la vigne) des pampres, des feuilles inutiles, pour favoriser la production du fruit.

ÉPANCHEMENT [epãʃmã]. *n. m.* (1606; de *épancher*). ♦ 1° *Vx* ou *poét.* Déversement, écoulement. « *Féconds épanchements de pluie et de rosée* » (CORN.). ♦ 2° Déversement d'un liquide organique ou accumulation de liquide pathologique dans les tissus ou dans une cavité. V. Ascite, empyème, hématome, hémorragie, infiltration, œdème; suff. -rragie. *Épanchement pleural.* V. Pleurésie. *Épanchement synovial* (cour. : *de synovie*). V. Hydarthrose. ♦ 3° *Fig.* Action de s'épancher; communication libre et confiante de sentiments, de pensées intimes. V. Abandon, confidence, effusion, expansion. *Doux, tendres épanchements.* V. Aveu. *Avoir besoin d'épanchement. Arrêter des épanchements.* « *Une de ces heures d'épanchement total, où deux âmes de jeunes hommes, préparées par l'amitié, s'étreignent spontanément et se pénètrent* » (MART. du G.). ◇ ANT. Réserve.

ÉPANCHER [epãʃe]. *v. tr.* (1312; lat. pop. °*expandicare*, class. *expandere* « répandre »).
I. ♦ 1° *Vx* ou *poét.* Faire couler. V. Verser. « *Une fontaine épanche son eau pure* » (GAUTIER). ◇ *Fig.* et *littér.* Produire généreusement. V. Répandre. ♦ 2° *Cour.* Communiquer librement, avec confiance et sincérité. V. Confier, livrer. « *Le soupir le plus doux où une âme de femme puisse épancher son secret* » (BOURGET). « *Tout ce que j'avais, enfant, rêvé de plus doux dans l'amour... c'était, devant celle que j'aimais, d'épancher librement ma tendresse* » (ROUSS.).
II. S'ÉPANCHER. *v. pron.* ♦ 1° *Vx* ou *poét.* Couler, se déverser. « *Je sentais comme une fontaine de miséricorde qui s'épanchait du haut du ciel dans mon cœur* » (FLAUB.). — *Méd.* Former un épanchement. V. Extravaser (s'). ◇ *Fig.* Se répandre abondamment. « *L'amour est inépuisable; ... plus il s'épanche, plus il surabonde* » (LAMENNAIS). ♦ 2° *Fig.* Communiquer librement, avec abandon, ses sentiments, ses opinions, ce que l'on cachait. V. Abandonner (s'), confier (se), livrer (se), ouvrir (s'). *Il a besoin de s'épancher.* V. Expansif. *S'épancher dans ses lettres, dans un journal intime.* « *Mon cœur ouvert et confiant s'épanchait avec des amis et des frères* » (ROUSS.). ◇ ANT. Fermer (se).

ÉPANDAGE [epãdaʒ]. *n. m.* (1765; de *épandre*). *Vx.* Action d'épandre. *Agric.* Action de répandre (l'engrais, le fumier) sur un sol pour le fertiliser. V. Amendement. — *Champ d'épandage*, où s'épurent par filtrage les eaux d'égout; *cour.* où l'on verse les ordures; *géogr.* zone plate où l'eau se répand, s'étale.

ÉPANDEUR, EUSE [epãdœR, øz]. *n.* (XXᵉ; de *épandre*). *Techn.* Machine pour l'épandage des engrais, du fumier, de l'asphalte.

ÉPANDRE [epãdR(ə)]. *v. tr.;* conjug. *rendre* (1080; lat. *expandere*). ♦ 1° *Vx.* ou *littér.* Verser en abondance (généralement sur une certaine étendue). V. Épancher, répandre, verser. — Fig. « *Cette bonté immense qu'il épandait sur les choses et sur les êtres* » (ZOLA). Pronom. S'étaler, s'étendre. « *Une rougeur s'épandit sur sa joue comme du vin dans un verre d'eau* » (RENARD). ♦ 2° *Techn.* Étendre en dispersant. V. Étaler, étendre. *Épandre du fumier, des engrais* (V. Épandage).

ÉPANNELER [epanle]. *v. tr.;* conjug. *appeler* (1755; de é-, et *panneau*). *Sculpt.* Dégrossir (un bloc de pierre, de marbre) par une taille en plans qui dégage la forme du sujet. V. Tailler. *Pierre épannelée.*

ÉPANNER [epane]. *v. tr.* (1870; de é-, et *pan*). *Techn.* Aplanir l'un des côtés de (un carreau de pierre meulière).

ÉPANOUI, IE [epanwi]. *adj.* (XIIᵉ; de *épanouir*). ♦

1° Éclos, ouvert. « *La rose épanouie et toute grande ouverte* » (HUGO). ♦ 2° Détendu par la joie. *Un visage, un sourire épanoui.* V. Radieux, réjoui. ♦ 3° Développé dans toutes ses possibilités, ses qualités. *Un corps épanoui. Chairs épanouies.* « *Les formes arrondies, onduleuses, régulièrement épanouies* » (TAINE). ◇ ANT. Fermé. Contraint, contrarié.

ÉPANOUIR [epanwiR]. *v. tr.* (1539, finale d'apr. *évanouir;* de *espanir*, intr., 1150; frq. °*spannjan* « étendre »).
I. ♦ 1° Ouvrir, faire ouvrir (une fleur) en déployant les pétales. *La plante « épanouit ses fleurs odoriférantes avec mille couleurs nouvelles* » (FÉN.). ◇ *Par anal.* V. Déployer, étaler, étendre. *Paon qui épanouit sa queue.* « *D'autres (barques) épanouissaient à l'horizon leurs voiles latines* » (NERVAL). ♦ 2° *Fig.* (1671). Détendre, en rendant joyeux. *La joie, un bon mot épanouit leurs visages.* V. Dérider, réjouir. *Espérance qui épanouit le cœur.* V. Dilater. *Cela l'a épanoui.* ♦ 3° Permettre et provoquer l'épanouissement de (qqn). *Ce nouveau genre de vie l'a épanoui.*
II. S'ÉPANOUIR. *v. pron.* ♦ 1° S'ouvrir (fleurs). V. Éclore. « *Un grand grenadier dont les belles fleurs rouges s'épanouissaient au soleil* » (DAUD.). ♦ 2° *Par anal.* Prendre ou affecter la forme d'une fleur épanouie. *Verre qui s'épanouit en forme de tulipe.* V. Évaser (s'). *Jet d'eau qui s'épanouit à son sommet.* « *Les ombrelles de soie rouge, verte, bleue ou jaune des barreuses s'épanouissaient à l'arrière des canots* » (MAUPASS.). ♦ 3° *Fig.* (1675). Se détendre sous l'effet de la joie. *Visage qui s'épanouit de joie.* — Devenir joyeux, radieux. *À cette nouvelle, il s'est épanoui.* ♦ 4° *Métaph.* *Fig.* Se développer librement dans toutes ses possibilités. *Sa beauté, ses charmes commencent à s'épanouir. Les enfants s'épanouissent dans la confiance.* « *Certaines femmes timides et tristes s'épanouissent à la chaleur de l'admiration, comme des fleurs au soleil* » (MAUROIS). ◇ ANT. Fermer. Assombrir. Étouffer, oppresser. Dépérir, étioler (s').

ÉPANOUISSEMENT [epanwismã]. *n. m.* (1611; espanissement, XVᵉ; de *épanouir*). ♦ 1° Déploiement de la corolle. *L'épanouissement des roses.* V. Éclosion, floraison. ♦ 2° *Par anal.* « *Un trait lumineux... se termina soudain en un épanouissement d'étincelles, semblable à une fleur monstrueuse* » (GREEN). — *Anat.* Subdivision en branches. V. Ramification. *Épanouissement d'un nerf, d'un vaisseau.* ♦ 3° *Fig.* Le fait de s'épanouir (3°). *L'épanouissement du visage, des traits.* « *La joie n'est que l'épanouissement du cœur* » (CORN.). ♦ 4° *Par ext.* Le fait de s'épanouir (4°); entier développement. *Épanouissement physique. Être dans tout l'épanouissement de sa beauté.* V. Éclat, plénitude. *Une société « où chacun trouve la liberté spirituelle et la possibilité de l'épanouissement moral* » (DANIEL-ROPS). *Épanouissement d'un talent, d'un art.* ◇ ANT. Avortement. Dépérissement.

ÉPAR. V. Épart.

ÉPARCHIE [eparʃi]. *n. f.* (1864; gr. *eparkhia* « province »). *Antiq.* Dignité d'éparque. ◇ Circonscription territoriale civile et ecclésiastique de l'ancien empire byzantin.

ÉPARGNANT, ANTE [eparɲã, ãt]. *adj. et n.* (XIVᵉ; de *épargner*). ♦ 1° *Adj.* *Vx.* Qui épargne, qui a l'habitude de l'épargne. V. Économe. « *Je ne suis pas assez épargnant* » (FÉN.). ♦ 2° *N.* *Mod.* (XXᵉ). Personne qui épargne, met de l'argent de côté. *Les épargnants et les consommateurs. L'inflation ruine les petits épargnants.* ◇ ANT. Dépensier, prodigue.

ÉPARGNE [eparɲ(ə)]. *n. f.* (*Espargne*, XIIᵉ; de *espargner*. V. Épargner). ♦ 1° Gestion où les dépenses sont maintenues à un niveau inférieur aux recettes en vue de constituer des réserves. V. Économie. *Rembourser une dette par l'épargne. Les grands bourgeois « reconnaissent chez le paysan toutes les vertus bourgeoises, et particulièrement, le goût de la propriété et de l'épargne* » (CHARDONNE). — *Écon. Épargne-réserve* ou *épargne-prévoyance*, pour les besoins futurs. V. Épargnant. *Épargne-économie*, créatrice de capitaux. *Épargne-logement*, investie dans la construction. *Plan d'épargne-logement.* « *L'épargne est l'origine du capital comme elle est la justification morale du capitalisme, puisqu'elle représente une privation, un effort et même un sacrifice* » (BAINVILLE). — *Cour. Caisse d'épargne*, établissement ayant pour objet de recevoir en dépôt les économies de faible montant et de leur servir un intérêt capitalisé annuellement. *Livret de caisse d'épargne.* ♦ 2° *Par ext.* Vieilli. Les sommes épargnées, économisées. V. Économie, réserve; bas (de laine), magot. *Vivre de ses épargnes, placer ses épargnes.* — *Mod.* Ensemble des sommes mises en réserve ou employées à créer du capital. *Rémunération de l'épargne* (V. Intérêt). *Emprunt faisant appel à l'épargne du pays. La petite épargne*, l'ensemble des économies de petits épargnants. ♦ 3° *Fig.* Action de ménager, d'utiliser une chose avec modération. V. Économie. *L'épargne du temps, des forces. Aliments d'épargne*, substances qui, sans être à proprement parler des aliments, donnent une sensation de satiété et diminuent la fatigue, rendant ainsi plus facile un régime d'amaigrissement. ◇ Grav. *Taille d'épargne*, manière de tailler le bois en faisant apparaître en relief les parties qui seront reproduites après encrage. — *Épargne* (dans la gravure sur métal) : partie de la planche qui, recouverte d'un enduit protecteur, n'est pas attaquée par l'acide. ◇ ANT. *Gaspillage. Consommation.*

ÉPARGNER [eparɲe]. *v. tr.* (*Espargner*, XIIᵉ ; *esparigner*, 1080 ; germ. *sparanjan*, de *sparôn* « épargner »). **I.** *(Compl. de personne).* ♦ 1° Traiter avec ménagement, indulgence, clémence. *Épargner son adversaire, son ennemi vaincu.* V. **Grâce** (faire). *Il n'a épargné personne dans sa critique, dans son article.* Par ext. *Épargner la vieillesse, l'amour-propre de qqn.* V. **Ménager, respecter.** — (Sujet de chose) *La guerre a épargné ces populations. L'épidémie ne l'a pas épargné.* ♦ 2° Laisser vivre. *Épargner des captifs.* V. **Gracier.** *Pas un otage n'a été épargné.* V. **Sauter.** *Les enfants seuls furent épargnés.*
II. *(Compl. de chose).* ♦ 1° (XIIᵉ). Consommer, dépenser avec mesure, de façon à garder une réserve. V. **Économiser, ménager.** *Épargner le sucre.* — *Ne pas épargner une chose*, en user sans compter. *On n'a pas épargné le beurre, les épices dans ce plat.* ♦ 2° Conserver, accumuler par l'épargne. *Épargner une somme d'argent.* V. **Économiser, thésauriser.** *L'argent qu'il a épargné.* — Absolt. *Épargner sur tout, épargner sur la nourriture.* V. **Lésiner.** *Épargner pour ses vieux jours* (économiser est plus cour.). ♦ 3° (XVIᵉ). Fig. Employer avec mesure. V. **Compter, ménager.** *Épargner ses pas, sa peine, ses forces.* « *La discipline facilite le travail, épargne le temps de celui qui commande et de celui qui obéit* » (BERNANOS). *Je n'épargnerai rien pour vous donner satisfaction.* V. **Négliger.** ♦ 4° (XVIIᵉ). ÉPARGNER UNE CHOSE À QQN, ne pas la lui imposer, faire en sorte qu'il ne la subisse pas. V. **Éviter.** *Épargner un travail, une peine, un effort, un dérangement à qqn. Épargnez-moi vos explications, vos récriminations, vos larmes. Espérons que la guerre nous sera épargnée.* « *En dépit des froissements, des blessures, qui ne sont point épargnés à ceux qui s'aiment* » (R. ROLLAND). *S'épargner des soins, des efforts.* « *Oh! que vous vous seriez épargné de mouvements et d'agitations* » (BOURDALOUE). — (Sans compl. indir.) « *Ces deux maximes bien entendues épargneraient bien des préceptes de morale* » (ROUSS.). V. **Supprimer.** ♦ 5° Techn. (1762). Laisser en blanc (une partie du papier) dans une aquarelle, une gouache ; laisser intacte (une partie d'une planche gravée). V. **Épargne** (3°).
◇ ANT. *Accabler, frapper, punir. Désoler, éprouver, ravager. Supprimer, tuer. Consommer, dépenser. Imposer, obliger (à).*

ÉPARPILLEMENT [eparpijmã]. *n. m.* (*Esparpillement*, 1290 ; de *éparpiller*). Action d'éparpiller, fait de s'éparpiller. *Un éparpillement de plumes, de papiers.* V. **Désordre, dispersion, dissémination.** « *Dans un éparpillement confus de paperasses administratives* » (COURTELINE). ◇ Fig. *Éparpillement des efforts.* V. **Émiettement.** « *Il me faut par tous les moyens, lutter contre la dislocation et l'éparpillement de la pensée* » (GIDE). ◇ ANT. *Concentration, réunion. Conjugaison; cohésion.*

ÉPARPILLER [eparpije]. *v. tr.* (*Esparpeiller* 1120 ; lat. pop. °*sparpiliare*. crois. de *spargere* « répandre » (V. **Épars**), et *papilio* « papillon »). ♦ 1° Jeter, laisser tomber çà et là (plusieurs choses légères ou plusieurs parties d'une chose légère). V. **Disperser, disséminer, répandre, semer.** *Éparpiller de la paille, du foin sur le sol.* V. **Étendre.** « *Un coup de vent avait éparpillé des lettres sur le petit bureau, renversé un vase* » (MART. du G.). Pronom. *La cendre s'est éparpillée.* — Au p. p. *Papiers éparpillés.* ♦ 2° Disposer, distribuer irrégulièrement, en plusieurs endroits relativement éloignés. *Éparpiller des troupes le long de la frontière. Des amis que la vie a éparpillés aux quatre coins du pays.* V. **Disperser, séparer.** Pronom. *La foule s'éparpilla en petits groupes.* V. **Égailler** (s'). *Les maisons* « *s'éparpillent joyeusement dans la plaine, sans ordre et tout de travers, comme des échappés* » (HUGO). ♦ 3° Fig. *Éparpiller ses forces, ses efforts, son attention, son talent, les diriger sur plusieurs objets à la fois, les disperser inefficacement.* ◇ S'ÉPARPILLER. *v. pron.* Passer d'une idée à l'autre, d'une occupation à l'autre. V. **Papillonner** *(fam.).* « *Un artiste doit capter son génie ; il ne lui permet pas de s'éparpiller, au hasard. Canalise ta force* » (R. ROLLAND). ◇ ANT. *Rassembler, recueillir. Grouper, masser, réunir. Concentrer, conjuguer.*

ÉPARQUE [epark(ə)]. *n. m.* (XVIᵉ ; gr. *eparkhos* « commandant »). *Antiq.* Gouverneur d'une province, dans le Bas-Empire romain. Sous l'empire grec, Nom du préfet de Constantinople. *Dignité d'éparque.* V. **Éparchie.**

ÉPARS, ARSE [epar, ars(ə)]. *adj.* (*Espars*, fin XIIᵉ ; p. p. de l'a. v. *espardre*, lat. *spargere* « répandre »). Se dit de choses qui se trouvent çà et là, sont dispersées, éparpillées. *Maisons éparses autour d'un village.* « *Le cri de bête d'un berger ralliait des brebis éparses* » (MAURIAC). *Cheveux épars.* — *Fragments épars d'une œuvre.* « *Certaines notes sommaires que l'on trouve éparses dans les colonnes (du journal)* » (DUHAM.).

ÉPART ou **ÉPAR** [epar]. *n. m.* (*Esparre*, 1175 ; germ. *sparro* « poutre »). *Techn.* Poutre servant à maintenir l'écartement entre deux pièces. V. **Entretoise, traverse.** — Barre pour fermer une porte. ◇ HOM. *Épars.*

ÉPARVIN [eparvẽ] ou **ÉPERVIN** [epervẽ]. *n. m.* (XIIᵉ ; p.-ê. frq. °*sparwin*, de °*sparo* « passereau »). *Vétér.* Tumeur osseuse du jarret du cheval. V. **Exostose.**

ÉPATAMMENT [epatamã]. *adv.* (1866 ; de *épatant*). *Fam.* D'une manière épatante, très bien. V. **Admirablement, merveilleusement.** *Ce costume vous va épatamment.*

ÉPATANT, ANTE [epatã, ãt]. *adj.* (1885 ; « étonnant », 1860 ; de *épater*). *Fam.* Qui provoque l'admiration, donne un grand plaisir. V. **Chouette** *(fam.),* **excellent, formidable, merveilleux, sensationnel.** *Il fait un temps épatant.* « *Je vous assure, dit-il, que ce sont des types épatants* » (DUHAM.).

ÉPATE [epat]. *n. f.* (1835 ; de *épater*). *Fam.* Action d'épater. V. **Bluff, chiqué, esbroufe.** « *Il fait un peu d'épate, il en met plein la vue* » (MART. du G.). *Le faire à l'épate*, agir en visant à l'effet.

ÉPATÉ, ÉE [epate]. *adj.* (1529 ; de *épater*). ♦ 1° Élargi à la base. « *Les socles ordinaires ont quelque chose de massif et d'épaté qui ôte de la légèreté aux figures qu'ils supportent* » (GAUTIER). — Cour. *Nez épaté*, court et large. V. **Aplati, camus, écrasé.** ♦ 2° (Personnes). Fig. et *fam.* Très étonné. V. **Épater** (3°) ; ahuri, ébahi, interloqué, stupéfait, surpris. — *Un air épaté.*

ÉPATEMENT [epatmã]. *n. m.* (fin XVIᵉ ; de *épater*). ♦ 1° État de ce qui est épaté (1°). *L'épatement du nez.* ♦ 2° Fig. et fam. (1859). État d'une personne étonnée. V. **Étonnement, stupéfaction, surprise.** « *Avec un épatement considérable bien voisin de l'admiration* » (GIDE).

ÉPATER [epate]. *v. tr.* (*Espatter*, XVᵉ ; *spater* « écraser », 1397 (en Belgique) ; de é-, et *patte* « pied »). ♦ 1° (XVIᵉ). Vieilli. Aplatir en élargissant la base, élargir la base en écartant les pieds. « *Épatant sur son banc les rondeurs de ses reins* » (RIMBAUD). V. **Étaler.** ♦ 2° Vx (1690). Rompre le pied de. *Épater un verre.* ♦ 3° Fig. et fam. (1848 ; intr., 1835). Renverser d'étonnement. V. **Ébahir, étonner, stupéfier, surprendre.** *Il veut épater la galerie* (Cf. En mettre plein la vue). V. **Épate.** *Ce résultat nous a épatés. Ça t'épate, hein? Rien ne l'épate.* « *Le nouveau ne répliqua rien, pensant sans doute que les anciens cherchaient à l'épater* » (DORGELÈS).

ÉPATEUR, EUSE [epatœr, øz]. *adj.* (1835 ; de *épater*). *Rare.* Qui cherche à épater. « *Nous sommes à une époque d'art universellement épateur* » (ROMAINS).

ÉPAUFRER [epofre]. *v. tr.* (XVIIIᵉ ; p.-ê. de l'a. fr. *espautrer* « briser »). *Techn.* (tr. pub.). Érafler, écorner (une pierre de taille) d'un coup donné à faux.

ÉPAUFRURE [epofryr]. *n. f.* (1752 ; de *épaufrer*). *Techn.* (tr. pub.). Éclat de pierre enlevé d'un bloc par accident.

ÉPAULARD [epolar]. *n. m.* (1566 ; de *épaule*). Nom d'un dauphin des mers du Nord à nageoire dorsale haute et pointue, très vorace. V. **Orque.**

ÉPAULE [epol]. *n. f.* (*Espalle*, 1080 ; lat. *spathula* « spatule » d'où « omoplate », dimin. de *spatha* « épée »). ♦ 1° Partie supérieure du bras à l'endroit où il s'attache au thorax (articulation de l'humérus avec la ceinture scapulaire). *Os* (V. **Clavicule, omoplate**), *muscles de l'épaule* (V. **Deltoïde; scapulaire**). *Creux sous l'épaule.* V. **Aisselle.** *Le creux de l'épaule*, au-dessus du sein. *Largeur d'épaules* : d'une épaule à l'autre. V. **Carrure.** *Être large d'épaules. Épaules carrées,* « *en porte-manteau* ». *Épaules tombantes, peu saillantes. La courbe, l'arrondi des épaules. Avoir la tête enfoncée dans les épaules,* le cou très court. — *Épaules nues.* « *Elle avait jeté sur ses épaules frileuses une courte pèlerine de laine grise* » (GREEN). *Bretelles qui passent sur les épaules ; patte d'épaule.* — *Charger, porter un fardeau sur les épaules.* Fig. *Responsabilité qui pèse, qui repose sur les épaules.* V. **Dos.** — *Rouler les épaules,* les faire tourner à chaque mouvement de bras correspondant à un pas, en marchant. — *Hausser, lever les épaules* : témoigner son indifférence, son mécontentement ou son mépris par un mouvement d'épaules vers le haut. « *Quant à toi, la meilleure réponse que tu puisses faire c'est de hausser les épaules et de dire comme autrefois : tra la la* » (SAND). — (Lutte) *Faire toucher les épaules* : terrasser son adversaire de telle sorte que ses deux épaules touchent le sol. ◇ Loc. fig. *Avoir la tête sur les épaules,* être sensé, savoir ce qu'on fait. — *Changer son fusil* d'épaule*, donner un coup d'épaule à qqn,* l'aider dans sa réussite. ♦ 2° Chez les quadrupèdes, La partie de la jambe de devant qui se rattache au corps. *Les épaules du cheval.* ◇ Cette partie découpée pour la consommation. *Une épaule de mouton* (V. **Éclanche**), *de veau. Épaule désossée, roulée.*

ÉPAULÉE [epole]. *n. f.* (XIVe; de *épaule*). *Vx.* Effort qu'on fait de l'épaule pour pousser.

ÉPAULÉ-JETÉ [epoleʒ(ə)te]. *n. m.* (XXe; de *épauler*, et *jeter*). *Sports.* Aux poids et haltères, Mouvement en deux temps consistant à amener la barre au niveau des épaules *(épaulé)*, puis à la soulever rapidement à bout de bras *(jeté)*, en s'aidant de la détente des jambes et des reins. *Arraché, développé ou épaulé-jeté.*

ÉPAULEMENT [epolmã]. *n. m.* (1564; de *épauler*). ♦ 1° Mur de soutènement. ♦ 2° *Milit.* Rempart de terre et de fascines pour se défendre du feu de l'ennemi. *Canons en batterie derrière un épaulement.* ♦ 3° Escarpement naturel (V. **Contrefort**). *Ce chemin « escaladait un énorme épaulement où noircissaient les arbres »* (Bosco). ♦ 4° *Techn.* Le côté le plus large d'un tenon qui augmente la force de la mortaise. V. **Renfort**. — Saillie sur une pièce qui sert d'appui ou de butée.

ÉPAULER [epole]. *v. tr.* (1228; « rompre l'épaule »; de *épaule*). ♦ 1° (1636). Aider (qqn) dans sa réussite. V. **Aider, assister, soutenir**. *Je vous épaulerai auprès du ministre.* V. **Appuyer, recommander**. — S'ÉPAULER. *v. pron.* (Récipr.) *« Sans renoncer... à notre indépendance, nous pourrions nous épauler, à un moment décisif »* (Romains). ♦ 2° (1822). Appuyer contre l'épaule. *Épauler un fusil, une carabine*, pour viser et tirer. V. **Joue** (coucher, mettre en joue). *Épauler le poids*, avant de le lancer. ◇ *Absolt.* Viser (avec un fusil). *« J'épaule comme un pied »*, pensa Rabe. *Il ajusta de nouveau le capitaine et tira sans le toucher »* (Mac Orlan). ♦ 3° *Techn.* Amortir la poussée par une maçonnerie pleine. *Mur de soutènement qui épaule un remblai.*

ÉPAULETTE [epolɛt]. *n. f.* (1549, « partie de l'armure »; dimin. d'*épaule*). ♦ 1° (XVIIIe). Ornement militaire fait d'une patte boutonnée sur l'épaule. *Galons fixés sur l'épaulette. « Quelqu'un de ces beaux habits bleu de ciel avec deux épaulettes de colonel en argent »* (Stendhal). ♦ 2° (1930). Ruban étroit qui passe sur l'épaule pour soutenir un vêtement féminin. V. **Bretelle**. *Épaulette de combinaison. « Elle fit glisser les épaulettes de sa chemise »* (Maurois). ♦ 3° Rembourrage en demi-cercle cousu à l'épaule d'un vêtement. *Épaulette d'un veston.*

ÉPAULIÈRE [epoljɛR]. *n. f.* (XIIe; de *épaule*). *Archéol.* Pièce ronde de l'armure qui couvrait l'épaule.

ÉPAVE [epav]. *n. f.* (XIVe; adj., XIIIe; lat. *expavidus* « épouvanté », appliqué aux animaux effrayés, égarés). ♦ 1° *Dr.* Tout objet mobilier égaré par son propriétaire. *« L'épave n'est pas une chose sans maître...; son maître ne peut pas la retrouver »* (Planiol). ♦ 2° *Cour.* (*Épave de mer*, XVIe; *épave*, 1762). Coque d'un navire naufragé ou tout objet abandonné en mer ou rejeté sur le rivage. *« Une épave éventrée en velait, bercée sur une mer silencieuse d'un gris rose »* (Loti). ♦ 3° *Fig.* et *littér.* Ce qui reste après une ruine, un cataclysme. *« Nos comptoirs de l'Inde, maigres épaves de la grande entreprise de Dupleix »* (Madelin). *« Le plus beau souvenir ne m'apparaît que comme une épave du bonheur »* (Gide). — Personne désemparée qui ne trouve plus sa place dans la société. V. **Loque**. *Cet homme n'est plus qu'une triste épave. « Une clientèle flottante d'épaves, de pauvres hères »* (Mart. du G.).

ÉPEAUTRE [epotR(ə)]. *n. m.* (*Espiaute*, 1256; lat. imp. *spelta;* mot germ.). Variété de blé dur *(triticum spelta)* où la balle adhère fortement au grain. Appos. *Blé épeautre.*

ÉPÉE [epe]. *n. f.* (*Spede*, Xe; *spatha* « large épée à deux tranchants »). ♦ 1° Arme blanche formée d'une lame aiguë et droite, en acier, emmanchée dans une poignée munie d'une garde (Cf. **Glaive, sabre**). *L'épée se portait au côté gauche dans un fourreau suspendu à un baudrier, à un ceinturon. Le fil* (V. **Taille, tranchant**), *la pointe* (V. **Estoc**) *d'une épée. Épée de duel.* V. **Flamberge, rapière**. *Épée de salle d'armes*, sans tranchant et mouchetée. V. **Fleuret**. *Dégainer, tirer, rengainer l'épée. Mettre la main à l'épée. Coup d'épée. Passer les prisonniers au fil de l'épée* : les tuer. *Il lui plongea l'épée dans le corps jusqu'à la garde. Se battre à l'épée, croiser l'épée.* V. **Duel**. *Noblesse d'épée — qui faisait la guerre —* (*opposé à* noblesse de robe). *Roman de cape* et d'épée.* ◇ Fig. *Un coup d'épée dans l'eau* : un effort inutile, vain. — *Mettre à qqn l'épée dans les reins* : le harceler, le presser sans répit. V. **Éperonner, poursuivre**. — *Épée de Damoclès*, danger qui peut s'abattre sur qqn d'un moment à l'autre (de l'épée suspendue au-dessus de la tête de Damoclès, attachée à un crin de cheval). ♦ 2° Personne qui manie (plus ou moins bien) l'épée. *C'est une bonne épée* (Cf. Fine lame).

ÉPEICHE [epɛʃ]. *n. f.* (1555; *espec*, XIIe; all. *Specht* « pic »). Oiseau grimpeur ou pivert bigarré (V. **Pic**), au plumage jaune et noir, rouge à la queue, vivant dans les régions montagneuses, communément appelé *cul-rouge.*

ÉPEICHETTE [epɛʃɛt]. *n. f.* (1864; de *epeiche*). Petit pic à plumage noir et blanc.

ÉPEIRE [epɛR]. *n. f.* (*Épéire*, 1846; lat. sav. *epeira*). Araignée très commune (dite *araignée des jardins*) qui tisse une toile à réseau concentrique pour prendre les moucherons. *Épeire diadème*.* ◇ HOM. **Épair**.

ÉPEIROGÉNIQUE [epeRɔʒenik] ou **ÉPIROGÉNIQUE** [epiRɔʒenik]. *adj.* (mil. XXe; du gr. *epeiros* « continent », et *-génique*). *Géol.* Mouvement épirogénique, abaissement ou soulèvement d'une partie considérable de l'écorce terrestre (*ex.* : le soulèvement de la Scandinavie depuis la fonte des glaciers).

ÉPÉISME [epeism(ə)]. *n. m.* (fin XIXe; de *épée*). Escrime à l'épée (au lieu de fleurets).

ÉPÉISTE [epeist(ə)]. *n. m.* (fin XIXe; de *épée*). Personne qui pratique l'épéisme.

ÉPELER [eple]. *v. tr.*: conjug. *appeler* (XVe; *espelt*, XIe; frq. *°spellôn* « raconter »). ♦ 1° Nommer successivement chacune des lettres de (un mot). *Voulez-vous épeler votre nom?* ♦ 2° *Absolt.* Apprendre, commencer à lire. ♦ 3° *Par ext.* Lire lentement, avec difficulté. V. **Ânonner**. *« Épeler laborieusement le texte grec »* (Duham.).

ÉPELLATION [epe(ɛl)lasjɔ̃]. *n. f.* (1732; de *épeler*). *Rare.* Action d'épeler.

ÉPENDYME [epãdim]. *n. m.* (1864; gr. *epi* « sur », et *enduma* « vêtement »). Épithélium qui tapisse les ventricules cérébraux et le canal central de la moelle épinière.

ÉPENTHÈSE [epãtɛz]. *n. f.* (1675; lat. gram. *epenthesis*, mot gr. « action de surajouter »). *Ling.* Apparition à l'intérieur d'un mot d'un phonème non étymologique. *L'épenthèse se produit pour adoucir des articulations inhabituelles. L'épenthèse de l'r dans* chanvre *qui vient du lat.* cannabis.

ÉPENTHÉTIQUE [epãtetik]. *adj.* (1782; de *épenthèse*). *Ling.* Qui est ajouté par épenthèse.

ÉPÉPINER [epepine]. *v. tr.* (1846; de *é-*, et *pépin*). Ôter les pépins d'un fruit. *Épépiner du raisin. Tomates épépinées.*

ÉPERDU, UE [epɛRdy]. *adj.* (1160; p. p. de l'a. v. fr. *esperdre* « perdre complètement », et fig. « se troubler »). ♦ 1° Qui a l'esprit profondément troublé par une émotion violente. V. **Affolé, agité, égaré, ému, troublé**. *« Je courais éperdu par toutes les chambres, me cognant aux meubles et aux instruments »* (Lautréamont). *Éperdu de bonheur, de joie.* V. **Exalté, fou**. *Par ext. Fuite éperdue. Regards éperdus.* ♦ 2° Très violent (*sentiment*). V. **Extrême, passionné, vif, violent**. *Un besoin éperdu de bonheur.* ◆ ANT. **Paisible**.

ÉPERDUMENT [epɛRdymã]. *adv.* (XVIe; de *éperdu*). D'une manière éperdue. V. **Follement**. *Être éperdument amoureux. « Il s'était mis à travailler éperdument »* (Larbaud). *Je m'en moque éperdument*, totalement.

ÉPERLAN [epɛRlã]. *n. m.* (1560; *espellens*, XIIIe; du moyen néerl. *spierlinc*). Poisson marin *(Salmonidés)*, de petite taille, à chair délicate.

ÉPERON [epRɔ̃]. *n. m.* (*Esperon*, 1080; frq. *°sporo*). ♦ 1° Pièce de métal, composée de deux branches, fixée au talon du cavalier et terminée par une roue à pointes (V. **Molette**), pour piquer les flancs du cheval. *Faire sonner ses éperons. Piquer des éperons.* V. **Deux** (piquer des deux). — *Éperon d'un coq de combat* : pointe d'acier dont on lui arme les pattes. ♦ 2° *Par anal.* Ergot du coq, du chien. ♦ 3° *Bot.* Prolongement en cornet effilé, du calice, de la corolle ou des pétales d'une fleur. *Éperon de la capucine.* ♦ 4° Pointe de la proue d'un navire. *Éperon des trirèmes antiques.* V. **Rostre**. ♦ 5° Avancée en pointe d'un contrefort. *Éperon d'une montagne. Éperon rocheux.* ♦ 6° Tout ouvrage en saillie et en pointe servant d'appui. *Éperons d'un pont.* V. **Arrière-bec, avant-bec**.

ÉPERONNER [epRɔne]. *v. tr.* (1080; de *éperon*). ♦ 1° Piquer des éperons, des éperons. *Éperonner son cheval.* ◇ *Fig.* V. **Aiguillonner, animer, exciter, stimuler**. *« Elle partit comme une flèche. La terreur l'éperonnait »* (Mart. du G.). — *Éperonné par l'ambition.* ♦ 2° *Mar.* (Ancienn.). *Éperonner un navire* : l'attaquer avec l'éperon. ♦ 3° Munir, chausser d'éperons. — Au p. p. *Être botté et éperonné.*

ÉPERVIER [epɛRvje]. *n. m.* (*Esprevier*, 1080; frq. *°sparwûri*). I. ♦ 1° Oiseau rapace diurne *(Aquilidés)* de la taille d'un pigeon, aussi appelé émouchet, mouchet, tiercelet. *Épervier dressé pour la chasse au vol.* ♦ 2° *Fig.* V. **Faucon** (polit.). II. de l'idée de « prise soudaine »). Filet conique, garni de plomb, qu'on lance pour prendre le poisson. *« Un pêcheur jetait l'épervier près du petit barrage »* (Maupass.).

ÉPERVIÈRE [epɛRvjɛR]. *n. f.* (1786; de *épervier*, dont cette plante fortifiait la vue). Plante herbacée *(Composacées)* très commune, à fleurs jaunes. V. **Piloselle**.

ÉPERVIN. *n. m.* V. **Éparvin**.

ÉPEURER [epœRe]. *v. tr.* (*Espaörir*, XIIe; repris 1849; de *é-*, et *peur). Vx.* ou *littér.* Faire peur à. V. **Effrayer; apeurer, effaroucher.** « *Je n'aurais jamais cru qu'un grand gars comme toi fût si aisé à épeurer* » (SAND). — Au p. p. « *La passivité épeurée du bonhomme* » (COURTELINE).

ÉPHÈBE [efɛb]. *n. m.* (fin XVᵉ; lat. *ephebus*, du gr. *ephêbos*, rac. *hêbê* « jeunesse »). **♦ 1°** *Antiq. gr.* Jeune garçon arrivé à l'âge de la puberté. V. **Adolescent.** *Types d'éphèbes représentés par la statuaire grecque classique.* ♦ **2°** (Fin XIXᵉ). *Iron.* ou *péj.* Très beau jeune homme. V. **Damoiseau, jouvenceau.** « *Cependant l'éphèbe rose s'était planté devant son portrait* » (MAUROIS).

ÉPHÉDRINE [efedʀin]. *n. f.* (1899; du gr. *ephedra* « sorte de prêle »). *Biochim.* Alcaloïde extrait des rameaux d'arbustes du genre *Ephedra*, employé comme décongestionnant nasal, pour dilater la pupille et dans les crises d'asthme.

ÉPHÉLIDES [efelid]. *n. f. pl.* (1752; gr. *epi* « à cause de », et *hêlios* « soleil »). Petites taches cutanées, jaunâtres ou brunâtres, disséminées surtout sur le visage, les mains, les avant-bras, les épaules. *Les éphélides apparaissent pendant l'enfance ou l'adolescence, en général chez les blonds ou les roux, sont plus accentuées après l'exposition au soleil* (nom courant : taches* de rousseur, de son). *Un visage* « *tavelé d'éphélides plus foncées que de la balle d'avoine* » (GENEVOIX).

ÉPHÉMÈRE [efemɛʀ]. *adj.* et *n.* (1560, méd.; *effimère*, 1256; gr. méd. *ephêmeros* « qui dure un jour », de *epi* « pendant », et *hêmera* « jour »). **I. ♦ 1°** *Adj.* Qui ne dure ou ne vit qu'un jour. « *Une mouche éphémère naît à neuf heures du matin dans les grands jours d'été, pour mourir à cinq heures du soir* » (STENDHAL). ♦ **2°** Par ext. *Cour.* Qui est de courte durée, qui n'a qu'un temps. V. **Court, momentané, passager, provisoire, temporaire.** *Gloire, succès éphémère* (Cf. Sans lendemain). *Bonheur éphémère.* V. **Fragile, fugace, précaire.** *Apparition éphémère.* V. **Fugitif, rapide.** « *Une foule de publications éphémères... paraissaient et disparaissaient* » (VALÉRY). **II.** *N. m.* (1690). Insecte ressemblant à une petite libellule (*Archiptères*) abondant au bord de l'eau, dont les larves vivent deux ou trois ans, et les adultes, de quelques heures à quelques jours. « *Mes baisers sont légers comme ces éphémères Qui caressent le soir les grands lacs transparents* » (BAUDEL.). ◊ ANT. *Durable, éternel, stable.*

ÉPHÉMÉRIDE [efemeʀid]. *n. f.* (1537; lat. *ephemeris, -idis* « récit d'événements quotidiens », du gr. *ephêmeris*, rac. *hêmera* « jour »). **♦ 1°** Liste groupant les divers événements qui se sont produits le même jour de l'année à différentes époques. *L'éphéméride du 5 mars.* ♦ **2°** *N. f. pl.* Tables astronomiques donnant pour chaque jour de l'année la position des astres. — *Les éphémérides d'une comète :* indications des positions successives à des intervalles assez rapprochés. ♦ **3°** *Sc.* Ouvrage indiquant pour l'année à venir les faits astronomiques ou météorologiques sujets à calculs et à prévisions. V. **Connaissance** (des temps). ♦ **4°** *Cour.* Calendrier dont on détache chaque jour une feuille.

ÉPHOD [efɔd]. *n. m.* (*Ephot*, 1495; hébr. *efod*, par le lat. bibl.). *Antiq.* Sorte d'écharpe de toile, que portaient les lévites, les prêtres hébreux.

ÉPHORE [efɔʀ]. *n. m.* (1495, repris XVIIᵉ; *effore*, XIVᵉ; gr. *ephoros*, de *ephorân* « surveiller »). *Antiq. gr.* Chacun des cinq magistrats de Sparte, établis pour contrebalancer l'autorité du roi et du sénat. ◊ HOM. **Effort.**

ÉPI [epi]. *n. m.* (*Espi*, 1160; lat. *spica* « pointe »). **♦ 1°** *Cour.* Partie terminale de la tige de certaines graminées, formée par la réunion des graines autour d'un axe lorsqu'elles sont serrées. *Un épi de blé, de seigle, d'orge. Les blés sont en épis. Égrener des épis :* battre, dépiquer. *Les balles* (glumes), *les barbes d'un épi.* ♦ **2°** (1701). *Bot.* Inflorescence dans laquelle les fleurs sont disposées le long d'un axe allongé. V. **Panicule.** *Épi simple, composé, ramifié* (V. **Épillet**). *Épi d'avoine. Fleur en épi.* ♦ **3°** *Par ext.* (1835). Mèche de cheveux dont la direction est contraire à celle des autres. ♦ **4°** *Techn.* (1461). Ornement décorant la crête d'un toit. *Épi de faîtage.* ♦ **5°** EN ÉPI, selon une disposition oblique. *Appareil en épi,* disposition des éléments (briques, etc.) affectant la forme de bâtons rompus. — *Voitures garées en épi,* obliquement, et non parallèlement à la voie. ◊ (1631) Ouvrage perpendiculaire au bord d'une rivière destiné à diriger le cours de l'eau. — (1930) *Épi d'une voie ferrée, d'une allée,* courtes ramifications latérales.

ÉPI-. Élément, du gr. *epi* « sur ».

ÉPIAGE [epjaʒ]. *n. m.* ou **ÉPIAISON** [epjɛzɔ̃]. *n. f.* (1870; de *épier* 1). *Agric.* Développement de l'épi dans la tige des céréales.

ÉPIAIRE [epjɛʀ]. *n. m.* (1811; de *épi*). Plante dicotylédone (*Labiacées*) des bois et des marais. *L'épiaire droite* ou *crapaudine. Le crosne est un épiaire.*

ÉPICANTHUS [epikɑ̃tys]. *n. m.* (1857; gr. *épi* « sur », et *kanthos* « coin de l'œil »). *Didact.* Pli cutané qui recouvre symétriquement les coins internes des yeux. *Épicanthus dû à une malformation. Épicanthus racial, chez les Chinois, les Mongols* (yeux bridés*).

ÉPICARPE [epikaʀp(ə)]. *n. m.* (1808; de *épi-*, et *-carpe*). *Bot.* Partie la plus externe du péricarpe du fruit; ce qu'on appelle « peau » du fruit.

ÉPICE [epis]. *n. f.* (mil. XIIᵉ; du lat. *species* « espèce, substance », et par ext. « denrée », appliqué aux aromates). **♦ 1°** Substance d'origine végétale, aromatique ou piquante, servant à l'assaisonnement des mets. V. **Aromate, assaisonnement.** *Principales épices :* amome, anis, bétel, cannelle, cari (ou carry), cubèbe, cumin, gingembre, girofle (clou de girofle), moutarde, muscade (noix muscade), paprika, piment, poivre, safran, sauge, vanille. — *Boîtes à épices.* — *Pain* d'épice.* — *Hist. Commerce des épices,* route des épices, route des bateaux vers les Indes. ♦ **2°** *Plur. Anciennt.* Confitures (1°), souvent importées d'Orient. ◊ Anc. Dr. *Épices des juges :* ces produits (ou d'autres présents en nature que les plaideurs offraient aux juges pendant un procès. *Par ext.* Taxe obligatoire, payable par les plaideurs pour chaque pièce de procédure. « *Il vous faudra de l'argent... pour le rapport des substituts, pour les épices de conclusion* » (MOL.).

ÉPICÉ, ÉE [epise]. *adj.* (déb. XIIIᵉ; V. **Épicer**). **♦ 1°** Assaisonné d'épices. *Ragoût trop épicé. Cuisine épicée.* V. **Échauffant, poivré, relevé.** « *Quelques sous de pâté ... bien épicé au girofle et à la muscade* » (MART. du G.). ♦ **2°** *Fig.* Qui contient des détails grivois. V. **Égrillard, gaulois, grivois, leste.** *Récit un peu épicé. Il* « *voudrait que, dans le premier numéro, paraisse quelque chose de très libre et d'épicé* » (GIDE). ◊ ANT. *Fade.* — HOM. **Épisser.**

ÉPICÉA [episea]. *n. m.* (1765; *arbre de picea*, 1553; lat. *picea* « sapin », de *pix* « poix »). Arbre voisin du sapin (*Conifères*) à gros tronc conique, à écorce crevassée, à aiguilles uniformément vertes, qui croît en altitude.

ÉPICÈNE [episɛn]. *adj.* (XVᵉ; lat. *epicænus*, gr. *epikoinos* « commun »). *Didact.* Se dit d'un nom (masculin ou féminin) qui désigne aussi bien le mâle que la femelle d'une espèce (*ex. :* la souris, le rat).

ÉPICENTRE [episɑ̃tʀ(ə)]. *n. m.* (1885; de *épi-*, et *centre*). Point ou zone de la surface terrestre qui constitue le foyer apparent des ébranlements au cours d'un tremblement de terre (*opposé à* hypocentre, foyer réel ou souterrain). *Épicentre sismique.*

ÉPICER [epise]. *v. tr.;* conjug. *placer* (1549; de *épice*). **♦ 1°** Assaisonner avec des épices. *Ce cuisinier épice trop ses sauces.* ♦ **2°** *Fig.* V. **Pimenter, relever.** « *Pour épicer les voluptés* » (BAUDEL.). ◊ HOM. **Épisser.**

ÉPICERIE [episʀi]. *n. f.* (1248; de *épice*). **♦ 1°** *Vx* (1300). *Pl.* Les épices. *Les Hollandais* « *cherchèrent à s'approprier le commerce exclusif des épiceries* » (RAYNAL). ♦ **2°** *Anciennt.* Commerce des épices; magasin du marchand d'épices, de drogues, d'aromates (sorte de droguerie-pharmacie). *L'épicerie, au XVIIIᵉ s.,* comprenait les apothicaires et les épiciers* (1°). ♦ **3°** *Mod.* (XIXᵉ). Commerce de l'épicier : vente de nombreux produits de consommation courante (alimentation générale); magasin où se fait cette vente. ◊ *Produits d'alimentation qui se conservent. Mettre l'épicerie dans un placard.*

ÉPICIER, IÈRE [episje, jɛʀ]. *n.* (1311; *espissiere,* fém. 1234; de *épice*). **♦ 1°** *Anciennt.* Personne qui faisait le commerce des épices, des drogues (sans être apothicaire); puis (XVIIᵉ, XVIIIᵉ s.) des confitures (1°), des cierges, bougies, etc. ♦ **2°** *Mod.* Personne qui tient une épicerie, un commerce d'épicerie. « *Un gros épicier de son quartier avait stocké des produits alimentaires pour les vendre au prix fort* » (CAMUS). — *Par appos. Marchand, garçon épicier.* ♦ **3°** *Fig.* et *péj. C'est un épicier :* c'est un homme à l'esprit étroit dont les idées ne se haussent pas au-dessus de son commerce (Cf. Boutiquier). *Littérature, idées d'épicier. Appos.* « *La gent épicière* » (SAND) : les bourgeois. ♦ **4°** Personne ne cherche qu'à gagner de l'argent (Cf. Marchand de soupe).

ÉPICONDYLE [epikɔ̃dil]. *n. m.* (1839; de *épi-*, et *condyle*). *Anat.* Apophyse de l'extrémité inférieure de l'humérus.

ÉPICRÂNIEN, IENNE [epikʀɑnjɛ̃, jɛn]. *adj.* (1813; de *épicrâne,* vx (XVIᵉ); du gr. *epi-*, et *kranion* « crâne »). *Anat. Aponévrose épicrânienne* ou *calotte aponévrotique,* qui recouvre la convexité du crâne.

ÉPICURIEN, IENNE [epikyʀjɛ̃, jɛn]. *adj.* (1295; sens fig. 1512; bas lat. *epicurianus,* de *epicurius,* disciple d'Épicure). **♦ 1°** *Philo.* Qui est partisan de la doctrine d'Épicure; qui est relatif à cette doctrine. *Philosophe épicurien. Morale épicurienne.* — *Subst. Les épicuriens.* ♦ **2°** *Cour.* (Par une interprétation abusive de la doctrine d'Épicure). Qui ne songe qu'au plaisir. V. **Sensuel, voluptueux.** *Un joyeux épicurien* (Cf. Un pourceau d'Épicure). « *Ce n'est pas la* *volupté de l'épicurien, c'est plutôt la sensualité claustrale* » (BAUDEL.).

ÉPICURISME [epikyʀism(ə)] ou (vx) **ÉPICURÉISME** [epikyʀeism(ə)]. *n. m.* (1585; lat. *epicurius*, d'Épicure). ♦ 1° *Philo.* Doctrine d'Épicure, des épicuriens. « *S'abstenir pour jouir... c'est l'épicuréisme de la raison* » (ROUSS.). ♦ 2° *Cour.* Morale qui se propose la recherche du plaisir. V. **Hédonisme.** *Un épicurisme délicat.* « *L'épicurisme délicat ou la franche licence des Médicis de Florence* » (TAINE).

ÉPICYCLE [episikl(ə)]. *n. m.* (XIVᵉ; mot lat. sav., du gr. *épi*, et *kuklos* « cercle »). *Astron.* Petit cercle décrit par un astre, tandis que le centre de ce cercle décrit lui-même un autre cercle.

ÉPICYCLOÏDAL, ALE, AUX [episikloidal, o]. *adj.* (v. 1850; de *epicycloïde*). *Astron.* D'une épicycloïde.

ÉPICYCLOÏDE [episikloid]. *n. f.* (1687; de *épicycle*, d'apr. *cycloïde*). *Géom.* Courbe engendrée par un point d'un cercle qui roule sans glisser sur un autre cercle (V. **Cycloïdal, cycloïde**).

ÉPIDÉMICITÉ [epidemisite]. *n. f.* (1878; de *épidémique*). *Didact.* Caractère épidémique d'une maladie.

ÉPIDÉMIE [epidemi]. *n. f.* (*Espydymie*, fin XIIᵉ; lat. médiév. *epidemia*, d'o. gr., rac. *epidêmos* « qui circule dans le pays »). ♦ 1° Apparition d'un grand nombre de cas d'une maladie infectieuse transmissible, ou accroissement considérable du nombre des cas dans une région donnée ou au sein d'une collectivité. *Épidémie de choléra. Épidémie de grippe.* — *Par ext.* Accroissement du nombre de cas de toute maladie *(épidémie d'intoxications)*, ou de tout autre phénomène anormal *(épidémie de suicides).* V. *aussi* **Endémie.** « *En quelques jours à peine, les cas mortels se multiplièrent et il devint évident... qu'il s'agissait d'une véritable épidémie* » (CAMUS). *Mesures pour enrayer une épidémie :* cordon sanitaire, désinfection, quarantaine, vaccination. — *Épidémie qui frappe des animaux.* V. **Enzootie, épizootie.** ♦ 2° *Fig.* Ce qui touche un grand nombre de personnes en se propageant. V. **Contagion, mode.** « *L'horrible épidémie, contagieuse entre toutes, cet affreux vent de la mort, qui a nom : le fanatisme* » (MICHELET).

ÉPIDÉMIOLOGIE [epidemjɔlɔʒi]. *n. f.* (1864; de *épidémie,* et *-logie*). *Didact.* ♦ 1° Étude des épidémies. ♦ 2° *Mod.* Étude des rapports existant entre les maladies et divers facteurs (mode de vie, milieu ambiant ou social, particularités individuelles) susceptibles d'exercer une influence sur leur fréquence, leur distribution, leur évolution.

ÉPIDÉMIQUE [epidemik]. *adj.* (1549; de *épidémie*). ♦ 1° Qui a les caractères de l'épidémie. *Maladie épidémique (opposé à* sporadique). ♦ 2° *Fig.* Qui touche en même temps un grand nombre d'individus par contagion, entraînement. V. **Contagieux.** « *La trahison n'est pas contagieuse, mais le martyre est épidémique* » (MAUROIS).

ÉPIDERME [epidɛʀm(ə)]. *n. m.* (1560; lat. *epidermis*, d'o. gr. V. **Derme.** ♦ 1° Couche superficielle de la peau, qui recouvre le derme. *Anat. L'épiderme se compose de cinq couches superposées* (en allant vers la surface) : couche basale, couche de Malpighi, couche granuleuse, couche claire, couche cornée. V. **Épithélium.** *Les ongles, les poils, les plumes sont des productions de l'épiderme.* V. **Phanère.** — *Cour.* V. **Peau.** « *Ce pétard fit hérisser l'épiderme de Gringoire* » (HUGO). ◇ *Fig. Avoir l'épiderme chatouilleux, sensible :* être susceptible. *Ces compliments lui chatouillaient agréablement l'épiderme :* le flattaient. ♦ 2° (1752). *Bot.* Couche superficielle des parties aériennes d'une plante.

ÉPIDERMIQUE [epidɛʀmik]. *adj.* (1811; de *épiderme*). ♦ 1° Qui a rapport ou qui appartient à l'épiderme. V. **Cutané.** *Greffe épidermique.* ♦ 2° *Fig.* Superficiel (sentiment, réaction). Cf. À fleur de peau.

ÉPIDIASCOPE [epidjaskɔp]. *n. m.* (v. 1930; de gr. *epi* « sur », *dia* « à travers », et *-scope*). *Techn.* Appareil de projection permettant de reproduire l'image d'un document opaque par réflexion (V. **Épiscope**) ou celle d'un document par transparence.

ÉPIDIDYME [epididim]. *n. m.* (1690; lat. méd. *epididymus,* mot gr., de *épi-*, et *didumos* « testicule »). *Anat.* Petit corps allongé d'avant en arrière sur le bord supérieur du testicule.

1. **ÉPIER** [epje]. *v. intr.* (*Espier*, XIIIᵉ; de *épi*). *Rare.* Monter en épi. *Les blés vont épier.*

2. **ÉPIER** [epje]. *v. tr.* (*Espier* « trahir », 1080; frq. °*spehôn*; Cf. all. *Spähen*). ♦ 1° (*Espier*, XIIᵉ). Observer attentivement et secrètement (qqn, un animal). *Épier une personne suspecte. Épier des amoureux.* V. **Espionner.** *Suivre qqn pour l'épier.* V. **Filer, pister.** « *Hubert, maintenant silencieux, m'épiait à travers ses lunettes* » (MAURIAC). — *Animal qui épie sa proie.* V. **Guetter.** *Pronom.* « *Les êtres et les choses, à l'affût, s'épiaient* » (BOSCO). — *Absolt.* Être à l'affût, aux aguets. *Elle* « *observa la maison, épia, guetta* » (HUGO). ♦ 2° Observer attentivement, essayer de découvrir (qqch.).

Épier les réactions de qqn sur son visage. V. **Guetter.** *Elle* « *épia, en retenant ses pas sur le gravier... les bruits qui venaient de la maison* » (COLETTE). ◇ *Attendre avec espoir ou angoisse* (un moment). « *On épie, dans la terreur désolée, le moment où les femmes détourneront vers d'autres leur regard* » (LOTI).

ÉPIERRAGE [epjɛʀaʒ] ou **ÉPIERREMENT** [epjɛʀmᾶ]. *n. m.* (1907,-XVIᵉ; de *épierrer*). Action d'épierrer un champ. — *Agric.* Opération qui consiste à ôter les petites pierres restées dans les grains après le vannage.

ÉPIERRER [epjeʀe]. *v. tr.* (*Espierrar*, 1546; de *é-*, et *pierre*). Débarrasser (un terrain) des pierres qui gênent la culture. *Épierrer un champ avant de semer.* ◇ ANT. **Empierrer.**

ÉPIERREUSE [epjɛʀøz]. *n. f.* (v. 1900; de *épierrer*). *Agric.* Machine pour séparer les pierres des grains, des racines.

ÉPIEU [epjø]. *n. m.* (*Espieu,* XIIIᵉ; altér. de *inspieth* (Xᵉ), *espiet* (1080), d'apr. *pieu*; frq. °*speot*; Cf. all. *Spiess*). Gros et long bâton terminé par un fer plat, large et pointu. *L'épieu servait au moyen âge d'arme de guerre. Un coup d'épieu.*

ÉPIEUR, EUSE [epjœʀ, øz]. *n.* (*Espieur,* h. XIIIᵉ; de *épier*). *Vx.* Espion, guetteur. *Mod.* et *rare* (1840) Personne qui épie.

ÉPIGASTRE [epigastʀ(ə)]. *n. m.* (1538; gr. *epigastrion,* de *épi-,* et *gastrion* « ventre »). Région médiane et supérieure de l'abdomen, entre les côtes et l'estomac (creux de l'estomac). « *Il ne sent plus rien qu'une contraction brûlante à l'épigastre* » (FLAUB.).

ÉPIGASTRIQUE [epigastʀik]. *adj.* (XVIᵉ; du précéd.). *Didact.* De l'épigastre. *Douleurs épigastriques.*

ÉPIGÉ, ÉE [epiʒe]. *adj.* (1786; lat. sav. d'o. gr., de *gaia* « terre »). *Bot.* Qui se développe au-dessus du sol. *Cotylédons épigés du haricot.* — *Germination épigée.*

ÉPIGÉNÈSE [epiʒenɛz]. *n. f.* (1625; de *épi-,* et *-génèse*). *Hist. sc.* Théorie selon laquelle un embryon se développe par différenciation successive de parties nouvelles. *La doctrine de l'épigénèse est opposée à celle de la préformation.*

ÉPIGÉNIE [epiʒeni]. *n. f.* (1854; gr. *epi* « sur », et *geneia* « naissance »). ♦ 1° *Minéral.* Phénomène par lequel un minéral change de nature chimique en gardant sa forme cristalline. ♦ 2° (XXᵉ; de l'all.). *Géol.* Mode de creusement des vallées indépendant de la nature des reliefs. V. **Surimposition.**

ÉPIGLOTTE [epiglɔt]. *n. f.* (1314; lat. méd. d'o. gr. *epiglottis,* de *glotta* « langue »). *Anat.* Lame cartilagineuse, en forme de triangle, qui fait saillie dans la glotte et ferme le larynx (au moment de la déglutition). *Adj.* **ÉPIGLOTTIQUE** [epiglɔtik].

ÉPIGONE [epigon]. *n. m.* (1752; nom des héros grecs de la seconde expédition contre Thèbes, qui s'emparèrent de la ville, vengeant ainsi leurs pères morts au cours du premier siège; gr. *epigonos* « descendant »). *Littér.* Successeur, imitateur. *Les épigones du naturalisme.*

ÉPIGRAMMATIQUE [epigra(m)matik]. *adj.* (1455, repris XVIIIᵉ; lat. *epigrammaticus*). *Littér.* Qui tient de l'épigramme. V. **Satirique.** *Style épigrammatique.* « *La crainte d'une allusion épigrammatique* » (STE-BEUVE).

ÉPIGRAMME [epigram]. *n. f.* (fin XIVᵉ; rare av. XVIᵉ; lat. *epigramma* « inscription »; Cf. *Épi-,* et *-gramme*).
I. ♦ 1° *Antiq.* Petite pièce de vers. « *L'épigramme, pour les anciens, était une petite pièce qui ne passait guère huit ou dix vers* » (STE-BEUVE). ♦ 2° *Mod.* Petit poème satirique. *Faire une épigramme contre qqn. L'épigramme* « *N'est souvent qu'un bon mot de deux rimes orné* » (BOIL.). — *Par ext.* Trait satirique, mot spirituel et mordant. V. **Mot, raillerie, satire. trait.** « *Il fut un temps où on savait se venger d'un bon mot par un autre bon mot, rendre épigramme pour épigramme* » (LÉAUTAUD).
II. (1858). *Cuis. Épigrammes d'agneau :* côtelette ou poitrine braisée, panée et cuite sur le gril.
◇ ANT. **Apologie, compliment, louange.**

ÉPIGRAPHE [epigraf]. *n. f.* (1694; gr. *epigraphê* « inscription »). ♦ 1° Inscription placée sur un édifice pour en indiquer la date, la destination. ♦ 2° Courte citation qu'un auteur met en tête d'un livre, d'un chapitre, pour en indiquer l'esprit (Cf. Exergue). « *Le Rouge et le Noir* » de Stendhal porte en épigraphe cette parole de Danton : « *La vérité, l'âpre vérité* ».

ÉPIGRAPHIE [epigrafi]. *n. f.* (1838; de *épigraphe*). Science qui a pour objet l'étude et la connaissance des inscriptions. *Épigraphie grecque, latine, phénicienne.* V. **Paléographie.**

ÉPIGRAPHIQUE [epigrafik]. *adj.* (1845; de *épigraphe*). Qui se rapporte aux inscriptions. *Études épigraphiques.* « *La Société géographique d'Oran, où ces reconstitutions épigraphiques faisaient autorité* » (CAMUS).

ÉPIGRAPHISTE [epigrafist(ə)]. *n.* (1870; de *épigraphie*). Spécialiste de l'épigraphie. *Ce chartiste est paléographe et épigraphiste.*

ÉPIGYNE [epiʒin]. *adj.* (1802; lat. sav. du gr. *epi* « sur », et *gunê* « femelle »). *Bot.* Se dit d'un organe floral qui paraît inséré sur l'ovaire. *Étamines épigynes.* — *Fleur épigyne :* dont le périanthe et l'androcée sont insérés au-dessus de l'ovaire *(ovaire infère*)*. V. **Inférovarié.**

ÉPILATION [epilasjɔ̃]. *n. f.* (1864; de *épiler*). Action d'épiler. *Épilation avec une crème. Épilation électrique.*

ÉPILATOIRE [epilatwaʀ]. *adj.* (1771; de *épiler*). Qui sert à épiler. V. **Dépilatoire.** *Crème épilatoire.*

ÉPILEPSIE [epilɛpsi]. *n. f.* (1503; lat. *epilepsia*, du gr. méd. *epilêpsia* « attaque »). Maladie nerveuse caractérisée par de brusques attaques convulsives avec perte de connaissance. *Épilepsie essentielle* (autrefois appelée le haut mal, le mal sacré). « *Était-ce la véritable épilepsie, ou quelqu'une des formes nerveuses qui l'imitent?* » (SUARÈS).

ÉPILEPTIFORME [epilɛptifɔʀm(ə)]. *adj.* (1864; de *épilepsie*, et *-forme*). *Méd.* Qui présente des symptômes semblables à ceux de l'épilepsie. *Spasmes épileptiformes.*

ÉPILEPTIQUE [epilɛptik]. *adj.* (XIIIᵉ; lat. *epilepticus*, du gr. méd. *epilêptikos*). ♦ 1° Relatif à l'épilepsie. *Convulsions épileptiques.* — Par ext. *Des gestes épileptiques,* désordonnés et violents. ♦ 2° Atteint d'épilepsie. — Subst. *Un, une épileptique,* personne atteinte d'épilepsie. « *Comme vit un épileptique dans la terreur incessante d'une attaque* » (COURTELINE).

ÉPILER [epile]. *v. tr.* (1762; de *é-*, et lat. *pilus* « poil »). ♦ 1° Arracher les poils, les cheveux. *Se faire épiler les jambes dans un institut de beauté. Pince à épiler. Crème à épiler.* V. **Épilatoire.** « *Elle avait épilé ses sourcils* » (BEAUVOIR). ♦ 2° *Techn.* Enlever les jets des pièces d'étain fondues.

ÉPILEUR, EUSE [epilœʀ, øz]. *n.* (1842; de *épiler*). *Rare.* Personne qui épile.

ÉPILLET [epijɛ]. *n. m.* (1786; de *épi*). Chacun des petits épis secondaires régulièrement groupés sur l'axe central d'un épi composé. *Épillets de blé, d'avoine.*

ÉPILOBE [epilɔb]. *n. m.* (1786; lat. *epilobium*, du gr. *epi*, et *lobos* « lobe »). Plante vivace (*Onagrariacées*) dont une espèce très commune (*épilobe à épi*) porte des fleurs roses ou mauves et pousse en montagne et dans les régions froides (Scandinavie, etc.).

ÉPILOGUE [epilɔg]. *n. m.* (XIIᵉ; lat. *epilogus*, gr. *epilogos* « péroraison d'un discours »). ♦ 1° Résumé à la fin d'un discours, d'un poème (*opposé à* prologue). V. **Conclusion.** *Épilogues d'un récit, d'un roman, d'une pièce de théâtre :* chapitre, scène exposant des faits postérieurs à l'action et destiné à en compléter le sens, la portée. ♦ 2° *Antiq.* Petite allocution en vers faite par un acteur à la fin de la représentation. ♦ 3° *Fig. et cour.* Dénouement (d'une affaire longue, embrouillée).

ÉPILOGUER [epilɔge]. *v. tr.* (XVᵉ; de *épilogue*). ♦ 1° *V. tr. dir.* (Vx). Récapituler comme le fait un épilogue. ♦ 2° *V.* Critiquer (qqn ou qqch.). *Épiloguer la conduite d'autrui; épiloguer qqn.* V. **Blâmer, condamner, critiquer.** « *Sans qu'on vous épilogue et sans qu'on vous méprise* » (BOSS.). ♦ 3° *V. tr. indir.* (XVIIᵉ). ÉPILOGUER SUR : faire de longs commentaires sur. *Il ne sert à rien d'épiloguer sur ce qui vient de vous arriver.* V. **Discourir.** *Épiloguer sur la qualité d'une œuvre.* V. **Chicaner, ergoter.** « *On épiloguerait sans fin sur cet artiste mal doué* » (DUHAM.).

ÉPINAIE [epinɛ]. *n. f.* (1636; *espinaie* v. 1260; de *épine*, d'apr. *chênaie*, etc.). *Rare.* Lieu où croissent des arbustes épineux.

ÉPINARD [epinaʀ]. *n. m.* (*Espinarde*, 1256; var. *espinach, espinoch*, esp. *espinaca*, altér., d'apr. *espina* « épine », de l'arabe d'Esp. *isbinâkh*). ♦ 1° Plante herbacée, potagère, aux feuilles épaisses et molles d'un vert soutenu (*Chénopodiacées*). *Un plant d'épinards.* ◇ *Épaulette, frange, gland à graines d'épinards :* dont les fils ressemblent à un assemblage de ces graines. ◇ *Par ext.* Nom donné à différentes plantes. *Épinard de Chine, des Indes.* V. **Baselle.** *Épinard sauvage* ou *chénopode.* ♦ 2° (*Plur.*). Feuilles d'épinard comestibles (souv. hachées). *Des épinards en branches. Veau aux épinards.* — *Vert épinard :* vert sombre et soutenu. ◇ *Fig. Mettre du beurre dans les épinards.* V. **Beurre.** *C'est un plat d'épinards :* un mauvais tableau où l'on a abusé du vert.

ÉPINCER [epɛ̃se] ou **ÉPINCETER** [epɛ̃ste]. *v. tr.;* conjug. *placer-jeter* (XIIIᵉ; de *é-*, et *pince*). *Arbor.* Supprimer, entre deux sèves, les bourgeons qui ont poussé sur le tronc.

ÉPINCETAGE [epɛ̃staʒ] ou **ÉPINÇAGE** [epɛ̃saʒ]. *n. m.* (1416; de *épinceter*). *Techn.* Action d'épinceter le drap.

ÉPINCETER [epɛ̃ste] ou **ÉPINCER** [epɛ̃se] ou **ÉPINCELER** [epɛ̃sle]. *v. tr.;* conjug. *jeter-placer-appeler* (1839,-1723 (*esprinchier*, 1262),-1723; de *é-*, et *pincette*). *Techn.* Débarrasser (le drap) des nœuds, des impuretés. V. **Énouer, épincer.**

ÉPINCETEUR, EUSE [epɛ̃stœʀ, øz] ou **ÉPINCEUR, EUSE** [epɛ̃sœʀ, øz]. *n.* (1839,-1723 (*espincheur*, XIVᵉ); de

épinceter). Personne qui fait l'épincetage. « *La salle des épinceteuses où une centaine de femmes arrachaient avec des pinces les pailles et les bouchons de la laine* » (MAUROIS).

ÉPINE [epin]. *n. f.* (980; lat. *spina*). ♦ 1° *Vx* ou *en loc.* Arbre ou arbrisseau aux branches armées de piquants. *Épine blanche* (V. **Aubépine**), *noire* (V. **Prunellier**). *Épine du Christ* (V. **Jujubier, paliure**), *d'Espagne* (V. **Azerolier**), *de cerf* (V. **Nerprun**), *de rat* (V. **Fragon**). *Une haie d'épines. Tomber dans les épines.* « *Le moine bénédictin bâtit sa cabane de branchages parmi les épines et les ronces* » (TAINE). ◇ *La couronne* d'épines du Christ* (branches épineuses enlacées). ♦ 2° *Mod.* (XIIᵉ). Piquant d'une plante. V. **Aiguille, piquant.** *Les épines du rosier. Plante sans épines* (inerme). *La pointe d'une épine. S'égratigner avec une épine.* PROV. *Il n'y a pas de roses sans épines :* toute joie comporte une peine (Cf. Toute médaille a son revers). « *Au lieu de me plaindre de ce que la rose a des épines, je me félicite de ce que l'épine est surmontée de roses* » (JOUBERT). ◇ *Bot.* Production dure et pointue provenant de l'avortement d'une branche, d'une feuille, etc., et qui fait corps avec le bois. *Les épines du prunier sauvage. Les « épines » du rosier ne sont pas des épines mais des productions de l'épiderme.* ◇ *Fig. Tirer, enlever, ôter à qqn une épine du pied :* le tirer d'embarras. — Littér. « *Assez de cette épine continuelle dans le cœur* » (CLAUDEL). V. **Douleur.** ♦ 3° *Anat.* Partie saillante, allongée, d'un os. V. **Crête.** *Épine de l'omoplate. Épine du tibia.* ◇ (1314). ÉPINE DORSALE : saillie longitudinale que détermine au milieu du dos l'ensemble des apophyses épineuses des vertèbres. — Par ext. La colonne vertébrale elle-même. V. **Échine, rachis.** *Qui se rapporte à l'épine dorsale.* V. **Spinal.** ◇ *Par anal.* (Géogr.) La chaîne directrice d'un système montagneux. ♦ 4° (1660). Piquant de certains animaux. *Les épines du hérisson, de certains poissons.* — *Par ext.* Nom donné à certains poissons à épines. *L'épine vierge.* V. **Épinoche.** *L'épine de Judas.* V. **Vive.**

ÉPINER [epine]. *v. tr.* (fin XIXᵉ, mot dial.; « piquer », XIIIᵉ; de *épine*). *Agric.* Entourer (une tige d'arbre) de branches épineuses, comme protection des animaux.

1. ÉPINETTE [epinɛt]. *n. f.* (1380, *h.* XIIIᵉ « petite épine »; de *épine*). ♦ I. *Agric.* (1732; « cage », v. 1360). Cage en osier, à compartiments, où l'on met de la volaille à engraisser. V. **Mue.** ♦ II. (1864). Se dit de certaines espèces de sapin ou de résineux. — Au Canada : Épicéa*. « *Menaud, lui, s'était assis au pied d'une épinette, et personne ne l'eût distingué d'entre les racines* » (SAVARD). *Épinette blanche, noire. Épinette rouge :* mélèze d'Amérique. — *Gomme d'épinette. Bière d'épinette.* « *Des hommes* [...] *sirotent un pepsi-cola* [...]*, une bière d'épinette, un seven up* » (GODBOUT).

2. ÉPINETTE [epinɛt]. *n. f.* (1514, de l'it. *spinetta*, de *spina*, du lat. *spina* « épine »). Ancien instrument de musique à clavier et à cordes pincées (par un bec de plume comparé à une *petite épine*), plus petit que le clavecin.

ÉPINEUX, EUSE [epinø, øz]. *adj.* (*Espineux*, XIIᵉ; lat. *spinosus*). ♦ 1° Qui est hérissé d'épines ou de piquants ou dont les productions (feuilles, branches, etc.) piquent. *Arbuste épineux. Les lianes épineuses de la ronce; la tige épineuse du rosier.* « *Des bosquets de houx épineux* » (XVIIᵉ). ◇ *Coquillage épineux. Poisson épineux.* ♦ 2° *Fig.* (XVIᵉ). Qui est plein de difficultés. V. **Délicat, difficile, embarrassant.** *Affaire épineuse. Question épineuse,* dans la discussion de laquelle on risque de heurter des intérêts cachés ou des susceptibilités. « *Une telle discussion serait ici d'ailleurs, trop délicate et trop épineuse pour que je l'aborde* » (STE-BEUVE). ◇ *Vx* (*Personnes*) Hargneux, irritable. « *Cette Puisieux était bien épineuse* » (SÉV.). ♦ 3° *Anat.* Qui ressemble à une épine. *Apophyse épineuse des vertèbres.* ◇ ANT. **Inerme. Facile.**

ÉPINE-VINETTE [epinvinɛt]. *n. f.* (1545; *espinetevinete*, XVᵉ; de *épine* (arbrisseau) et, *vin*, à cause de la couleur des baies). Arbrisseau à feuilles simples, denticulées, à fleurs jaunes en grappes pendantes, dont les fruits sont des baies rouges et comestibles. « *D'épaisses haies vertes, que l'épine-vinette décore tour à tour de ses fleurs violettes et de ses baies pourprées* » (NERVAL).

ÉPINGLAGE [epɛ̃glaʒ]. *n. m.* (1876; de *épingler*). Action d'épingler. *Épinglage d'un vêtement à l'essayage. Bâtir après l'épinglage.*

ÉPINGLE [epɛ̃gl(ə)]. *n. f.* (*Espingle*, XIIIᵉ; lat. *spinula* « petite épine », de *spina*. V. **Épine**). ♦ 1° Petite tige de métal, pointue d'un bout, garnie d'une boule (tête) de l'autre, dont on se sert pour attacher, fixer des choses souples (tissu, papier, etc.). V. **Attache, camion** (2). *Carte d'épingles. Pelote à épingles. Piqûre d'épingle.* « *Je me rhabillais de mon mieux, à grand renfort d'épingles* » (BEAUMARCH.). « *Il compta une dizaine de billets de mille francs... les réunit par une épingle* » (MAC ORLAN). — Loc. *Être tiré à quatre épingles :* être vêtu avec soin méticuleux. — *Tirer son épingle du jeu :* se dégager adroitement d'une situation délicate, se retirer à temps d'une affaire qui devient mauvaise, sauver sa mise. « *Quand il n'avait pas obtenu la victoire totale, il avait du moins tiré son épingle du jeu avec audace, avec adresse* » (DUHAM.). — *Coup d'épingle* (vieilli), petite offense. — *Pointe d'épingle* : chose extrêmement fine, fragile. *Les profits « qui parfois semblent énormes reposent sur des pointes d'épingle* » (ROMAINS). ♦ 2° (XVIᵉ, « bijou »). Objet servant à attacher, à fixer. *Épingles à chapeau, épingles de cravate. Faire monter un camée en épingle.* — *Fig. Monter qqch. en épingle* : le mettre en évidence, en relief. ◊ *Épingles à cheveux,* formées de deux branches. *Épingles « neige »*. Par métaph. *Virage en épingle à cheveux* : très serré. ◊ *Épingles de sûreté* ou *épingles de nourrice, épingles anglaises, épingles doubles.* « *Voici un petit bijou d'or qui est une épingle double* » (LOUYS). ◊ *Épingles à linge,* en bois, en matière plastique (V. **Pince**).

ÉPINGLÉ, ÉE [epɛ̃gle]. *adj.* (V. **Épingler**). ♦ 1° Attaché par une épingle. ♦ 2° (1811). Se dit de certaines étoffes au tissage légèrement côtelé. *Velours épinglé. Taffetas épinglé.* — Subst. *De l'épinglé.* ♦ 3° *Fam.* V. **Épingler** (2°).

ÉPINGLER [epɛ̃gle]. *v. tr. (Espingler,* 1596; de *épingle).* ♦ 1° Attacher, fixer avec des épingles. *Épingler un patron sur un tissu. Épingler une décoration.* « *Son ignoble châle de laine noire épinglé sur sa poitrine* » (GREEN). ♦ 2° (1889). Fig. et fam. *Épingler qqn* : l'arrêter, le faire prisonnier. *Se faire épingler* : se faire prendre. V. **Alpaguer**. « *Le Caporal épinglé* », de J. Perret.

ÉPINGLERIE [epɛ̃gləʀi]. *n. f.* (1864; *espinguerie,* 1260; de *e(s)pingle).* Fabrique d'épingles; industrie des épingles.

ÉPINGLETTE [epɛ̃glɛt]. *n. f.* (v. 1380; de *épingle).* Ancienn. Longue aiguille pour percer les gargousses et déboucher les armes à feu.

ÉPINGLIER, IÈRE [epɛ̃glije, ijɛʀ]. *n. (Espinglier,* 1260; de *e(s)pingle).* Personne qui fabrique des épingles. ◊ *N. m.* Étui à épingles.

ÉPINIER [epinje]. *n. m.* (1690; de *épine). Vén.* Fourré d'épines.

ÉPINIÈRE [epinjɛʀ]. *adj. f.* (1660; de *épine). Moelle épinière.* V. **Moelle**.

ÉPINOCHE [epinɔʃ]. *n. f.* (1564; h. XIIIᵉ; de *épine).* Poisson acanthoptérygien qui porte de deux à quatre épines dorsales indépendantes. *Épinoche d'eau douce. Épinoche de mer.*

ÉPINOCHETTE [epinɔʃɛt]. *n. f.* (1838; de *épinoche).* Poisson de petite taille, semblable à l'*épinoche,* mais dont les épines dorsales sont plus nombreuses.

ÉPIPHANE [epifan]. *adj. m. (Epiphanès,* 1732; gr. *epiphanès* « illustre, éclatant »). *Antiq.* Surnom donné à plusieurs souverains d'Orient. *Antiochus Épiphane, roi de Syrie de 174 à 164 avant J.-C.*

ÉPIPHANIE [epifani]. *n. f.* (1190; lat. eccl. *epiphania,* gr. *epiphaneia* « apparition »). *Relig. cathol.* Manifestation de Jésus-Christ aux Rois mages venus pour l'adorer. ◊ Fête de l'Église qui commémore cette adoration et qu'on nomme aussi *Jour des Rois. Tirer les rois le jour de l'Épiphanie. Le Carnaval commence à l'Épiphanie.*

ÉPIPHÉNOMÈNE [epifenɔmɛn]. *n. m.* (1755; du gr. *epi,* et *phainomenon* « phénomène »). ♦ 1° *Méd.* Symptôme accessoire qui se surajoute aux symptômes essentiels. ♦ 2° (Fin XIXᵉ, empr. angl.). *Philo.* Phénomène qui accompagne le phénomène essentiel sans être pour rien dans son apparition ou son développement. *Selon certains matérialistes, la conscience ne serait qu'un épiphénomène par rapport aux processus nerveux.* « *La douleur offre les caractères d'un épiphénomène* » (RIBOT).

ÉPIPHÉNOMÉNISME [epifenɔmenism(ə)]. *n. m.* (1907; de *épiphénomène). Philo.* Théorie selon laquelle la conscience est un épiphénomène (une simple prise de conscience des phénomènes cérébraux). Adj. ÉPIPHÉNOMÉNISTE [epifenɔmenist(ə)].

ÉPIPHONÈME [epifɔnɛm]. *n. m.* (1557; lat. *epiphonema,* gr. *epiphônêma,* de *epi,* et *phônein* « parler »). *Rhét.* Exclamation sentencieuse qui termine un développement.

ÉPIPHYLLE [epifil]. *adj. et n. m.* (1819; lat. sav., du gr. *epi,* et *phullon* « feuille »). *Bot.* ♦ 1° *Adj.* Qui croît sur les feuilles des plantes. ♦ 2° *N. m.* Cactée à tige rameuse, charnue, articulée, à fleurs nombreuses, originaire du Brésil et cultivée comme ornementale.

ÉPIPHYSE [epifiz]. *n. f.* (1541; gr. *epiphusis;* Cf. *Épi-,* et *-physe).* ♦ 1° Extrémité renflée d'un os long, constituée de tissu spongieux. ♦ 2° Petite glande située au-dessous du bourrelet du corps calleux*, entre les tubercules quadrijumeaux antérieurs du cerveau. (Syn. GLANDE PINÉALE.)

ÉPIPHYTE [epifit]. *adj.* (1839; lat. sav., du gr. *epi* « sur », et *phuton* « plante »). *Bot.* Qui croît d'autres plantes sans

en tirer sa nourriture (*opposé à* parasite). *Le lierre, les lianes sont des plantes épiphytes.* Subst. *Un épiphyte.*

ÉPIPHYTIE [epifiti]. *n. f.* (1845; du gr. *epi* « sur », et *phuton* « plante »; Cf. *Épizootie). Bot.* Maladie qui atteint en même temps dans la même région une grande quantité de plantes de la même espèce. *L'oïdium, le phylloxéra, le mildiou, la carie sont des épiphyties.*

ÉPIPLOON [epiplɔɔ̃]. *n. m.* (1541; gr. méd. *epiploon* « flottant »). *Anat.* Repli du péritoine qui relie entre eux les organes abdominaux. *Grand épiploon,* qui unit la grande courbure de l'estomac et le côlon transverse. *Petit épiploon* (ou *épiploon gastro-duodéno-hépatique). Épiploon pancréatico-splénique,* entre le pancréas et la rate. — *Épiploon des animaux* (abats). V. **Crépine**.

ÉPIQUE [epik]. *adj.* (fin XVIᵉ; lat. *epicus,* gr. *epikos,* de *epos* « épopée »). ♦ 1° Qui raconte en vers une action héroïque (V. **Épopée**). *L'Iliade, la Chanson de Roland, le Paradis perdu sont des poèmes épiques. M. de Maléziou* « *me dit : « Vous entreprenez un ouvrage qui n'est pas fait pour notre nation; les Français n'ont pas la tête épique* » (VOLT.). ◊ Relatif ou propre à l'épopée. *Forme, genre, style épique. Ses personnages* « *ont une réalité épique* » (THIBAUDET). ♦ 2° (1835). *Cour.* Digne de figurer dans une épopée; qui a les proportions des sujets ou des héros de l'épopée. « *Les dragons chevelus, les grenadiers épiques* » (HUGO). ◊ Iron. *Il y eut des scènes, des discussions épiques.* « *Ces batailles épiques qu'il a livrées dans le Roussillon contre la réaction!* » (ARAGON). ◊ ANT. *Prosaïque.*

ÉPIROGÉNIQUE. V. ÉPEIROGÉNIQUE.

ÉPISCOPAL, ALE, AUX [episkɔpal, o]. *adj.* (v. 1200, rare av. XVIIIᵉ; lat. eccl*s. episcopalis,* de *episcopus,* gr. *episkopos).* ♦ 1° Qui appartient à l'évêque. *Palais épiscopal. Ornements épiscopaux.* « *L'évêque se montra aux yeux de la foule en camail violet et avec sa croix épiscopale au cou* » (HUGO). ♦ 2° *L'Église épiscopale,* l'Église anglicane, qui a conservé la hiérarchie. — Subst. *Les épiscopaux* : les membres de l'Église épiscopale (*opposé à* presbytériens).

ÉPISCOPAT [episkɔpa]. *n. m.* (1610; lat. eccl. *episcopatus.* V. **Épiscopal**). ♦ 1° Dignité, fonction d'évêque. ♦ 2° Temps pendant lequel un évêque occupe un siège. ♦ 3° Corps des évêques. *L'épiscopat français.*

ÉPISCOPE [episkɔp]. *n. m.* (1950; du gr. « sur », et *-scope). Techn.* Appareil d'optique à miroirs utilisé à l'intérieur des chars de combat pour observer le terrain. V. **Périscope**. ◊ Épidiascope* fonctionnant par réflexion.

ÉPISODE [epizɔd]. *n. m.* (1637; *épisodie,* fin XVᵉ; gr. *epeisodion* « partie du drame entre [*epi*] deux entrées [*eisodoi*] »). ♦ 1° *Théât.* Action accessoire rattachée plus ou moins naturellement à l'action principale. « *Aristote blâme fort les épisodes détachés* » (CORN.). ◊ *Cour.* Action incidente liée à l'action principale dans un poème, un roman, un tableau. *Épisode comique, dramatique.* ◊ Division d'un roman ou d'un film. *Film à épisodes* (Ciné-roman). ♦ 2° (Fin XVIIᵉ). Fait accessoire qui se rattache plus ou moins à un ensemble. V. **Circonstance**. *Un épisode de la Révolution. Ce n'est qu'un épisode dans sa vie.* V. **Aventure, incident, péripétie**. *La visite* « *se subdivisait... en un nombre croissant de circonstances et d'épisodes* » (ROMAINS). ◊ *Méd.* (suivi d'un adj.). Trouble passager survenant au cours de l'évolution normale d'une affection. V. **Phase**.

ÉPISODIQUE [epizɔdik]. *adj.* (1637; de *épisode).* ♦ 1° *Littér.* Qui appartient à un épisode, qui a les caractères de l'épisode. *Dans les Misérables, Gavroche est un personnage épisodique.* « *Les seconds amants qu'on introduit, et qu'on appelle communément des personnages épisodiques* » (CORN.). ♦ 2° *Cour.* Qui a un caractère secondaire. *C'est un événement épisodique.*

ÉPISODIQUEMENT [epizɔdikmɑ̃]. *adv.* (1864; de *épisodique).* D'une manière épisodique. *Ce personnage apparaît épisodiquement dans la pièce, le roman.*

ÉPISPADIAS [epispadjas]. *n. m.* (1846; mot gr., de *epi,* et *span* « déchirer »). *Pathol.* Ouverture anormale de l'urètre sur le dos de la verge. Cf. **Hypospade**.

ÉPISSER [epise]. *v. tr.* (1677; *espisser,* 1631; altér. néerl. *splissen).* *Mar.* Assembler (deux cordages) en entrelaçant les torons. ◊ HOM. **Épicer**.

ÉPISSOIR [episwaʀ]. *n. m.* (1677; de *épisser).* *Mar.* Poinçon qui sert à écarter les torons d'un cordage à épisser.

ÉPISSURE [episyʀ]. *n. f.* (1677; de *épisser).* *Mar.* et *Techn.* Jonction, nœud de deux cordages épissés (câbles, fils électriques, etc.).

ÉPISTASIE [epistazi]. *n. f.* (1970; de *épi-,* et gr. *stasis).* *Biol.* Dominance d'un gène sur d'autres gènes non allélomorphes*.

ÉPISTAXIS [epistaksis]. *n. f.* (1795; lat. sav.; de *épi-,* et gr. *staxis* « écoulement »). *Méd.* Saignement de nez.

ÉPISTÉMÈ [epistemɛ]. *n. f.* (v. 1965; mot gr., *epistêmê* « science »). Didact. Ensemble des connaissances réglées (conception du monde, sciences, philosophies...) propres à un groupe social, à une époque. « *Telle est, dans son esquisse la plus générale, 'l'épistémè' du XVIᵉ siècle* » (M. FOUCAULT).

ÉPISTÉMOLOGIE [epistemɔlɔʒi]. *n. f.* (1907; de l'angl. (1856) ou l'all.; du gr. *epistêmê* « science », et *logos* « étude »). Philo. Étude critique des sciences, destinée à déterminer leur origine logique, leur valeur et leur portée. *L'épistémologie entre dans la théorie de la connaissance.*

ÉPISTÉMOLOGIQUE [epistemɔlɔʒik]. *adj.* (XXᵉ; de *épistémologie*). Philo. Relatif à l'épistémologie.

ÉPISTÉMOLOGISTE [epistemɔlɔʒist(ə)]. *n.* (XXᵉ; de *épistémologie*). Didact. Spécialiste de l'épistémologie. Var. ÉPISTÉMOLOGUE, *n.*

ÉPISTOLAIRE [epistɔlɛʀ]. *adj.* (1542; lat. *epistolaris*, de *epistola*. V. Épître). Qui a rapport à la correspondance par lettres. *Commerce, échange épistolaire. Être en relations épistolaires avec qqn.*

ÉPISTOLIER, IÈRE [epistɔlje, jɛʀ]. *n.* (1539; lat. *epistola* « lettre »). Vx. Écrivain qui excelle dans le genre épistolaire. ◇ *Par plaisant.* Personne qui écrit beaucoup de lettres. « *Il avait affaire à une infatigable épistolière* » (HUYSMANS).

ÉPISTYLE [epistil]. *n. m.* (1547; lat. *epistylium*, d'o. gr.; Cf. Style). Antiq. Architrave qui repose sur le chapiteau de la colonne.

ÉPITAPHE [epitaf]. *n. f.* (*Epitafe*, XIIᵉ; lat. *epitaphium*, gr. *epitaphion*, de *epi* « sur », et *taphos* « tombe »). Inscription funéraire. *L'épitaphe commence souvent par les mots « ci-gît ».* ◇ Archéol. Tablette qui porte une inscription funéraire.

ÉPITE [epit]. *n. f.* (1694; néerl. *spit*). Mar. Petite cheville de bois destinée à boucher un trou, épaissir ou caler une pièce.

ÉPITHALAME [epitalam]. *n. m.* (1536; lat. *epithalamium*, gr. *epithalamion* « chant nuptial »). Littér. Poème composé à l'occasion d'un mariage, en l'honneur des nouveaux mariés. *Milton entonne « un cantique à l'Hymen. Il commence ce magnifique épithalame, sans préparation et par un mouvement inspiré* » (CHATEAUB.).

ÉPITHÉLIAL, ALE, AUX [epiteljal, o]. *adj.* (1855; de *épithélium*). Biol. Relatif à l'épithélium. *Cellule épithéliale. Tissu épithélial* ou *épithélium. Tumeur épithéliale.* V. Adénome, carcinome, épithélioma.

ÉPITHÉLIOMA [epiteljɔma] ou **ÉPITHÉLIOME** [epiteljom]. *n. m.* (1852; lat. sav., du suivant). Méd. Tumeur formée par la prolifération désordonnée d'un épithélium. V. Cancer.

ÉPITHÉLIUM [epiteljɔm]. *n. m.* (1836 « fine membrane »; lat. sav. (déb. XVIIIᵉ), du gr. *epi* « sur », et *thêlê* « mamelon »). Anat. (1855). Tissu constitué de cellules juxtaposées, disposées de façon continue en une ou plusieurs couches (*épithélium simple, épithélium stratifié*). *Épithélium de revêtement*, formant une membrane protectrice à la surface des muqueuses. *Épithélium glandulaire*, constitué de cellules sécrétantes (V. Glande). *Épithélium pavimenteux*, constitué de couches de cellules aplaties (*ex.* l'épiderme).

ÉPITHÈME [epitɛm]. *n. m.* (*Épitime*, 1314; lat. méd. *epithema*, gr. *epithema* « ce qui se place sur »). Pharm. anc. Tout médicament topique autre que l'onguent et l'emplâtre (cataplasmes, poudres).

ÉPITHÈTE [epitɛt]. *n. f.* (1517, masc. jusqu'au XVIIᵉ; lat. gram. *epitheton*, d'o. gr. « qui est ajouté »). ◆ 1º Ce qu'on adjoint à un nom, un pronom pour le qualifier. *L'épithète est généralement un adjectif qualificatif, mais elle peut être un nom, une expression en apposition* (ex. : *vous, un si brave homme*). « *Je cherche en vain une épithète pour peindre l'extraordinaire luminosité du ciel* » (GIDE). ◇ Gram. (*n. f.* et *adj.*) Se dit d'un adjectif qualificatif qui n'est pas relié au nom par un verbe (*opposé à* attribut). *Dans une grande maison, une maison trop grande, plus grande que la nôtre... grande est épithète de maison.* ◆ 2º *Par ext.* Qualification louangeuse ou injurieuse donnée à qqn. « *Elle murmura « L'idiot! » sans indiquer plus clairement auquel des deux hommes il fallait appliquer cette épithète* » (GREEN).

ÉPITOGE [epitɔʒ]. *n. f.* (1484; lat. *epitogium*, du gr. *epi* « sur », et lat. *toga* « toge »). ◆ 1º Ancienn. Sorte de chaperon que les présidents à mortier et le greffier en chef du Parlement portaient par-dessus la robe dans les grandes cérémonies. ◇ Mod. Ornement fait d'une bande d'étoffe fixée à l'épaule gauche de la robe et garnie de une, deux ou trois bandes d'hermine (selon le grade, pour les professeurs). *Épitoge de magistrat, d'avocat.* « *Les professeurs de l'Université strasbourgeoise, les scientifiques avec leurs toques, leurs épitoges et leurs ceintures rouges, les littéraires en jaune* » (LECOMTE). ◆ 2º Antiq. Casaque portée sur la toge (à Rome).

ÉPITOMÉ [epitɔme]. *n. m.* (*Épitome*, 1522; lat. *epitome*, gr. *epitomê* « abrégé »). Didact. (dans quelques titres). Abrégé d'un ouvrage d'histoire antique. *Épitomé de l'histoire de la Grèce.*

ÉPITRE [epitʀ(ə)]. *n. f.* (*Épistre*, 1190; lat. *epistola*, gr. *epistolê*). ◆ 1º Liturg. cathol. Leçon, généralement tirée des épîtres des Apôtres, qui se dit immédiatement après la collecte. *La messe en est à l'épître. — Le côté de l'épître :* le côté droit de l'autel. ◆ 2º Chez les anciens, Lettre missive. *Épîtres de saint Paul aux Corinthiens.* ◇ Par ext. Iron. V. Lettre. *Il m'a envoyé une longue épître.* ◆ 3º (XVIᵉ). Lettre en vers. *Les Épîtres de Marot. Épître dédicatoire, liminaire,* mise en tête d'un livre. V. Dédicace.

ÉPIZOOTIE [epizɔɔti]. *n. f.* (1775; du gr. *zôotês*, nature animale, d'apr. *épidémie*). Didact. Épidémie qui frappe les animaux. V. Épidémie. *L'épizootie est toujours une maladie infectieuse, souvent contagieuse.*

ÉPIZOOTIQUE [epizɔɔtik]. *adj.* (1772; de *épizootie*). Didact. Qui a les caractères de l'épizootie. V. Épidémique. *Maladie épizootique.*

ÉPLORÉ, ÉE [eplɔʀe]. *adj.* (*Esplouré*, XIIᵉ; de *es-*, et *pleur*). Qui est tout en pleurs. *Elle s'est enfuie tout éplorée. Air, visage éploré.* V. Désolé, larmoyant, triste. « *Une voix stridente, éplorée, arriva jusqu'à nous* » (DAUD.). Fig. et poét. « *Plantez un saule au cimetière, J'aime son feuillage éploré* » (MUSS.). — Subst. et littér. « *Cette belle éplorée* » (HUGO).

ÉPLOYÉ, ÉE [eplwaje]. *adj.* (v. 1500; de *é-*, et *ployer*). ◆ 1º *adj. fém.* Blas. *D'argent à l'aile éployée de sable* (emblème de Frédéric II) : *aux ailes étendues.* ◆ 2º Littér. Déplié. *Chaque jour « des villageois se penchent sur un journal éployé* » (BARRÈS).

ÉPLOYER [eplwaje]. *v. tr.;* conjug. *ployer.* V. Noyer (XVIᵉ, repris fin XIXᵉ; de *é-*, et *ployer*). Littér. *Éployer ses ailes.* V. Déployer, étendre. « *Les ailes s'éploient pour la volée* » (PERGAUD).

ÉPLUCHAGE [eplyʃaʒ]. *n. m.* (1755 (étoffes); de *éplucher*). ◆ 1º Action d'éplucher. *Épluchage des légumes, des pommes de terre, des fruits. Épluchage des étoffes, des laines.* ◆ 2º Fig. Examen minutieux. *Épluchage d'un compte.*

ÉPLUCHER [eplyʃe]. *v. tr.* (1549; *espeulcher*, XVIᵉ; *soi espeluchier* « s'épucer » (animaux), fin XIIᵉ; de *es-*, et de l'a. v. *peluchier* « éplucher », lat. *°piluccare*, de *pilus* « poil »). ◆ 1º Nettoyer en enlevant les parties inutiles ou mauvaises (en coupant, grattant). V. Décortiquer, peler. *Éplucher de la salade, des radis, des noix, des oranges, du riz, des pois* (écosser). *Éplucher des pommes de terre* (V. Pluches). « *Elle épluchait ses crevettes* » (MAC ORLAN). ◇ (1508) *Éplucher une étoffe neuve, un drap :* enlever les bourres, les pailles. ◆ 2º (1613). Examiner avec un soin minutieux afin de découvrir ce qu'il peut y avoir à critiquer, à reprendre à qqch. V. Critiquer, disséquer; crible (passer* au). *Il épluchera votre article et y cherchera la petite bête.* « *Il se vantait de savoir sa langue et épluchait les phrases les plus belles avec cette sévérité hargneuse* » (FLAUB.).

ÉPLUCHEUR, EUSE [eplyʃœʀ, øz]. *n.* (1611; au fig., 1555; de *éplucher*). ◆ 1º Personne qui épluche. Spécialt. Ouvrier qui épluche les étoffes. — Par appos. *Couteau-éplucheur*, pour éplucher les légumes. *Batteur-éplucheur :* machine à éplucher la laine. ◇ N. m. *Éplucheur électrique :* instrument pour éplucher les légumes. ◆ 2º Fig. et rare. Personne qui examine à fond en vue d'une critique minutieuse.

ÉPLUCHURE [eplyʃyʀ]. *n. f.* (1680; *esplucheures*, 1611; de *éplucher*). Ce qu'on enlève à une chose en l'épluchant. *Épluchures de pommes de terre. Épluchures d'oranges.* V. Pelure. *Balayer les épluchures.*

ÉPODE [epɔd]. *n. f.* (1546; lat. *epodos*, gr. *epôdos*, de *epi* « sur », et *ôdê* « chant »). Hist. litt. ◆ 1º Troisième partie d'une ode divisée en strophe, antistrophe et épode. ◆ 2º Couplet lyrique composé de deux vers inégaux. — *Par ext.* Petit poème satirique écrit en distiques de ce genre. *Les Épodes d'Horace.*

ÉPOI [epwa]. *n. m.* (*Espois*, 1390; a. fr. *espeit, espoit* (XIIᵉ), « broche, épieu », du germ. *°spit* « pointe ». V. Épieu). Vén. Cor qui termine l'empaumure des vieux cerfs. V. Andouiller.

ÉPOINTAGE [epwɛtaʒ]. *n. m.* (1836; de *épointer*). Action d'épointer; son résultat.

ÉPOINTEMENT [epwɛtmã]. *n. m.* (*Espointement*, 1611; de *espointer*). État de ce qui est ou a été épointé. *Épointement d'un outil.*

ÉPOINTER [epwɛte]. *v. tr.* (*Espointer*, 1553; *espointier un faucon*, v. 1375; de *é-*, et *pointe*). ◆ 1º Émousser en ôtant, en cassant ou en usant la pointe. *Épointer une aiguille.* « *Elle l'écrit partout sur les murs... et épointe tous mes crayons à ce travail* » (LOTI). ◆ 2º Rare (fin XIXᵉ). Effiler en taillant ou en aiguisant la pointe. V. Appointer.

1. **ÉPONGE** [epɔ̃ʒ]. n. f. (1636; *esponge*, XIIIᵉ; lat. pop. °*sponga*, lat. class. *spongia*, d'o. gr.).
I. ♦ 1° Substance légère et poreuse provenant d'un zoophyte marin (éponge, II) et que l'on emploie à divers usages à cause de la propriété qu'elle possède d'absorber les liquides et de les rejeter à la pression; objet fait de cette substance. « *Mais qui utilise les grosses éponges dites Venise et connaît encore la différence entre les éponges plongées et les éponges harponnées?* » (CAYROL). *Éponge de toilette.* ◇ (XXᵉ) *Objet analogue en quelque matière que ce soit. Éponge en caoutchouc, en papier traité.* ♦ 2° *Loc. fig. Avoir une éponge dans le gosier, boire comme une éponge* : boire plus que de raison. « *Ils buvaient tous comme des éponges* » (GAUTIER). — *Presser l'éponge* : soutirer de qqn tout ce que l'on peut. — *Passer l'éponge sur quelque faute* : la pardonner, n'en plus parler. « *Je veux bien serrer la main de M. Pascal et passer l'éponge sur toute cette histoire* » (MAUROIS) (1918). [Boxe] *Jeter l'éponge*, abandonner le combat. *Après le jet de l'éponge*, l'abandon. Fig. « *La tête de Mirabeau* (disait Rivarol) *n'était qu'une grosse éponge gonflée des idées d'autrui* » (STE-BEUVE). ♦ 3° *Éponge végétale.* V. **Luffa.** *Matière spongieuse* (1864). *Éponge* (ou *mousse*) *de platine* : chlorure de platine ammoniacal décomposé par le feu, d'aspect mousseux ou spongieux. — *Par appos.* (1877) *Tissu éponge* dont les fils dressés absorbent l'eau. *Serviette éponge* : en un tel tissu.
II. (1502). Animal. *Cour.* Animal marin (d'abord considéré comme zoophyte* ou plante) fixé, de forme irrégulière et dont le squelette léger et poreux fournit la matière appelée éponge (I). *Pêcheur d'éponges.* ◇ *Zool.* Animal de l'embranchement des spongiaires*.

2. **ÉPONGE** [epɔ̃ʒ]. n. f. (1528; altér., par attract. de *éponge* 1, de l'a. fr. *esponge* (XIIᵉ); lat. *sponda* « bord, rive »). ♦ 1° *Techn.* Châssis formant le bord d'une table à couler le plomb. ♦ 2° *Vén.*, *Vétér.* Rebord de chaque branche d'un fer à cheval ou du dessous du pied d'un cerf. *Par méton.* Tumeur au coude du cheval, due à la pression de l'éponge lorsque la bête est couchée.

ÉPONGEAGE [epɔ̃ʒaʒ]. n. m. (1877; de *éponger*). Action d'éponger; son résultat.

ÉPONGER [epɔ̃ʒe]. v. tr.; conjug. *bouger* (1762; *soi espungier*, fig., v. 1220; de *éponge* 1). ♦ 1° Étancher (un liquide) avec une éponge ou un chiffon. *Épongez vite cette encre.* Absolt. *Épongez vite.* ♦ 2° Essuyer, sécher avec une éponge ou un tissu spongieux. « *Il épongea son visage en sueur* » (MART. du G.). « *Il s'épongea le front avec un mouchoir à carreaux rouges* » (ST-EXUP.). ◇ *Pronom.* S'ÉPONGER : éponger sa figure, son front. ♦ 3° *Fig.* (XXᵉ). Résorber (un excédent financier), absorber (ce qui est en trop). « *Actuellement le déficit* [...] *est épongé par le budget général* » (*Le Monde*, 15-9-1965).

ÉPONTE [epɔ̃t]. n. f. (1774; a. fr. *esponde*. V. **Éponge** 2). *Techn.* Chacune des parois (supérieure ou inférieure) d'un filon de minerai.

ÉPONTILLE [epɔ̃tij]. n. f. (*Espontille*, 1678; forme altér. de *pontille* (1642), it. *pontille* « ponton »). *Mar.* Colonne verticale (en bois, en fer, en acier) soutenant un pont, ou une partie à consolider. « *Le hall central, avec deux fortes épontilles qui soutenaient l'escalier... du navire* » (BOSCO).

ÉPONTILLER [epɔ̃tije]. v. tr. (1786; de *épontille*). *Mar.* Consolider par des épontilles.

ÉPONYME [epɔnim]. adj. (1751; gr. *epônumos*, de *epi* « sur », et *onoma* « nom »). *Antiq. gr.* Qui donne son nom à (qqn, qqch.). *Athéné, déesse éponyme d'Athènes.* — *Subst. L'éponyme*, archonte qui donnait son nom à l'année.

ÉPONYMIE [epɔnimi]. n. f. (1870; de *éponyme*). *Antiq. gr.* Fonction d'un magistrat éponyme, durée de cette fonction; liste des magistrats éponymes.

ÉPOPÉE [epɔpe]. n. f. (1675; gr. *epopoiia, epopoiios* « qui fait des récits en vers »). ♦ 1° Long poème (et plus tard, parfois, récit en prose de style élevé) où le merveilleux se mêle au vrai, la légende à l'histoire et dont le but est de célébrer un héros ou un grand fait (V. **Épique**). *L'Iliade, l'Odyssée, l'Énéide, épopées antiques. La Chanson de Roland, la plus belle de nos épopées du moyen âge.* V. **Chanson** (de geste). « *Hugo n'a pas créé la vision épique, mais il a créé l'épopée visionnaire* » (THIBAUDET). ♦ 2° Suite d'événements historiques de caractère héroïque et sublime. *L'épopée napoléonienne.* « *Ô soldats de l'an deux! ó guerres! épopées!* » (HUGO).

ÉPOQUE [epɔk]. n. f. (1634; du gr. *epokhê* « point d'arrêt »). ♦ 1° *Vx.* Point fixe et déterminé dans le temps, événement qui sert de point de départ à une chronologie particulière. V. **Ère** (1°). *L'époque des peuples chrétiens est la naissance de Jésus-Christ.* ◇ *Moment où se passe un fait remarquable, où apparaît un grand changement. Époques de la nature*, œuvre de Buffon. ◇ *Mod. Faire époque* se dit d'un événement qui par son importance ou son succès laisse un souvenir durable. *La bataille*

d'Hernani a fait époque dans la littérature. « *Il sera toujours grand de l'avoir tenté; ce projet fera époque* » (DIDER.). ♦ 2° (Fin XVIIᵉ). *Mod.* Période historique déterminée par des événements importants, caractérisée par un certain état de choses. « *Une époque de l'histoire où la distinction des systèmes des mondes n'existait pas* » (RENAN). *L'époque des grandes invasions.* V. **Période.** *L'époque de Henri IV* (V. **Règne**), *de la Régence. L'époque révolutionnaire. Il faut être de son époque, vivre avec son époque.* V . **Siècle.** *Ah! quelle époque! Nous vivons une drôle d'époque! Les mœurs, les préoccupations, les styles, les modes... d'une époque.* « *Chaque époque découvre un aspect de la condition humaine* » (SARTRE). — Spécialt. *La Belle Époque*, symbolisée par l'année 1900 : les premières années du XXᵉ s. (considérées comme l'époque d'une vie agréable et légère). ◇ *Par ext.* L'ensemble des personnes vivant à la même époque. « *L'amateur sera souvent considéré par son époque comme un écrivain mineur* » (MAUROIS) : par ses contemporains. ♦ 3° Période caractérisée par un style artistique. *Fauteuil de l'époque Henri IV* (sans préposition) *ou fauteuil Henri IV.* « *Une coiffeuse Louis XVI, deux fauteuils de la même époque* » (ROMAINS). — *D'époque* : vraiment ancien. V. **Authentique.** « *Un grand lit blanc, qu'on prétendait de l'époque* » (ARAGON). ♦ 4° (XVIIIᵉ). Période marquée par un fait ou déterminée par certains caractères. *L'époque d'une rencontre.* V. **Date, moment.** « *Sur l'époque de mon retour... je ne vous dirai rien* » (LACLOS). *L'an dernier à pareille époque, à la même époque. L'époque des semailles, des vendanges* : saison. — *Les époques de la vie.* V. **Âge**, **étape.** *L'époque critique de la femme.* V. **Ménopause.** Vieilli. *Les époques de la femme.* V. **Menstruation.** ♦ 5° *Géol.* Division d'une période géologique, elle-même subdivisée en âges. *L'époque carbonifère.*

ÉPOUILLAGE [epujaʒ]. n. m. (1910; de *épouiller*). Action d'épouiller. — Ellipt. « *Cette baraque, c'est l'épouillage* » (DUHAM.).

ÉPOUILLER [epuje]. v. tr. (*Espoueiller*, XIVᵉ; de *é*-, et *poueil, pouil*, a. forme de *pou*). Débarrasser (un être vivant) de ses poux. *Épouiller un animal domestique, un enfant.* Pronom. *Un mendiant qui s'épouille.*

ÉPOUMONER (S') [epumɔne]. v. pron. (1752; de *é*-, et *poumon*). Parler, crier très fort. V. **Essouffler.** « *Je chantais sous la fenêtre qui avait le plus d'apparence, fort surpris, après m'être longtemps époumoné, de ne voir paraître ni dames ni demoiselles qu'attirât la beauté de ma voix* » (ROUSS.). ◇ *Se fatiguer* (en parlant). « *Pourquoi m'époumonerais-je à dissiper un doute?* » (DIDER.). — Au p. p. « *Quand ils ont combattu pour la justice, une fois dans leur vie, ils sont époumonés* » (R. ROLLAND).

ÉPOUSAILLES [epuzaj]. n. f. pl. (*Espousailles*, XIIᵉ; lat. *sponsalia* « fiançailles », de *sponsus* « époux »). *Vx* ou *plais.* Célébration d'un mariage. V. **Mariage, noce.**

ÉPOUSE. n. f. V. **Époux.**

ÉPOUSÉE [epuze]. n. f. (XIᵉ; de *épouser*). *Vx* ou *région.* Celle qui se marie. V. **Mariée.**

ÉPOUSER [epuze]. v. tr. (*Espuser*, XIᵉ; lat. pop. °*sposare*, class. *sponsare*). ♦ 1° Prendre pour époux, épouse; se marier avec. « *Les films où le milliardaire épouse la cousette ne dominent pas plus le cinéma que les contes où le prince épouse la bergère ne dominent la légende* » (MALRAUX). *Elle cherche à se faire épouser.* Pronom. Littér. *Ils se sont épousés.* V. **Marier.** Absolt. *Il va « faire espérer aux mères qu'il épousera* » (LA BRUY.). — *Par ext.* Se dit de ce qu'on reçoit en épousant qqn. *Épouser la fortune d'un laideron. Épouser une grosse dot.* ♦ 2° (1548). *Fig.* S'attacher de propos délibéré et avec ardeur à (qqch.). *Épouser les idées, les opinions d'un ami.* V. **Partager.** *Épouser les intérêts de qqn en le défendant, en l'aidant.* V. **Embrasser, soutenir.** *Il « n'épousait jamais une opinion qu'avec toutes sortes de réserves* » (FRANCE). ♦ 3° S'adapter exactement à (une forme, un mouvement). *Robe qui épouse les formes du corps.* V. **Mouler.** *Route qui épouse les découpures de la côte.* V. **Suivre.** « *J'aime les vieux villages provençaux qui épousent la pointe de leurs collines* » (COLETTE). ◇ ANT. *Divorcer, répudier.*

ÉPOUSEUR [epuzœr]. n. m. (XVIIᵉ; *espouseor*, h. XIVᵉ; de *épouser*). Celui qui cherche à se marier et fait savoir ses intentions. V. **Prétendant.** « *Un riche épouseur s'était présenté pour Gracieuse* » (LOTI). « *C'est* (Don Juan) *l'épouseur du genre humain* » (MOL.) : il promet d'épouser toutes les femmes.

ÉPOUSSETAGE [epustaʒ]. n. m. (XVIIIᵉ; de *épousseter*). Action d'épousseter. *Époussetage des meubles.*

ÉPOUSSETER [epuste]. v. tr.; conjug. *jeter* (*Espousseter*, 1492; de *é*-, et rad. de *poussière*). Nettoyer, en ôtant la poussière (V. **Brosser, essuyer, nettoyer**). *Épousseter des meubles, des bibelots.* « *Il époussette les coussins, les tapis* » (CHATEAUB.). ◇ Enlever (ce qui salit : poussière, etc.). « *Il épousseta d'une chiquenaude un grain de poussière sur la manche de son habit* » (HUGO).

ÉPOUSSETTE [epusɛt]. *n. f.* (1371; de *épousseter*). *Région*. Petit balai de bruyère, de crin, qui sert à épousseter.

ÉPOUSTOUFLANT, ANTE [epustuflɑ̃, ɑ̃t]. *adj.* (1944; de *époustoufler*). *Fam*. Qui époustoufle. V. **Étonnant**, extraordinaire, prodigieux, stupéfiant. « *Je portais une redingote époustouflante* » (DUHAM.).

ÉPOUSTOUFLER [epustufle]. *v. tr.* (av. 1908; mot dial., de l'a. fr. *s'esposser* « s'essouffler », lat. *pulsare*, avec une finale *-tiffer, -toufler*; Cf. Emmitoufler). *Fam.* Jeter (qqn) dans l'étonnement, la surprise. V. **Épater, étonner**.

ÉPOUTIER [eputje]. *v. tr.* (1723; de l'a. fr. *poutie* « ordure »; lat. *puls, pultis* « bouillie »). *Techn.* Débarrasser (une étoffe) des corps étrangers. V. **Énouer, épinceter**.

ÉPOUVANTABLE [epuvɑ̃tabl(ə)]. *adj.* (déb. XIIᵉ; de *épouvanter*). ♦ 1° Qui cause ou est de nature à causer de l'épouvante. *Des cris épouvantables*. V. **Effrayant, effroyable, horrible, terrible, terrifiant**. « *Des songes entrecoupés... d'épouvantables visions* » (RONSARD). *Action, forfait, crime épouvantable*. V. **Monstrueux**. *Ce fut un supplice, une mort épouvantable*. V. **Affreux, atroce**. « *Cet épouvantable silence de minuit et cette obscurité profonde qui remplissait d'horreur la maison...* » (GREEN). ♦ 2° *Inquiétant, très mauvais. Il a une mine épouvantable, il devrait se reposer un peu*. ◇ Très désagréable. *Il fait un temps épouvantable*. V. **Affreux, détestable, mauvais**. ♦ 3° *Excessif*. V. **Terrible**. *Un bruit, un fracas épouvantable*. V. **Violent**. *Il entra dans une colère épouvantable*. ◇ ANT. *Rassurant; agréable*.

ÉPOUVANTABLEMENT [epuvɑ̃tabləmɑ̃]. *adv.* (XIIᵉ; de *épouvantable*). D'une manière épouvantable. *Il a été épouvantablement torturé*. ◇ *Il est épouvantablement laid*.

ÉPOUVANTAIL [epuvɑ̃taj]. *n. m.* (XIIIᵉ; de *épouvanter*). ♦ 1° Objet qu'on met dans les champs, les jardins, les arbres pour effrayer les oiseaux et les empêcher de manger les graines, les fruits. *Épouvantail en forme de mannequin recouvert de haillons. Des épouvantails à moineaux*. ◇ *Fig*. Personne laide à faire peur ou habillée ridiculement. V. **Horreur**. ♦ 2° *Fig*. Objet, personne qui inspire de vaines ou d'excessives terreurs. V. **Croquemitaine**.

ÉPOUVANTE [epuvɑ̃t]. *n. f.* (*Espovante*, 1611; de *épouvanter*). Peur violente et soudaine causée par qqch. d'extraordinaire, de menaçant. V. **Effroi, frayeur, horreur, terreur**. *Rester cloué, glacé d'épouvante. Cris, hurlements d'épouvante. La vue de ce massacre l'a frappé, saisi d'épouvante*. **Affolement, panique**. « *J'étais paralysé par la terreur, j'étais ivre d'épouvante, prêt à hurler, prêt à mourir* » (MAUPASS.). « *Une épouvante sans nom la guettait* » (GREEN). — *Roman, film d'épouvante*. ◇ *Par ext*. Vive inquiétude. V. **Appréhension, crainte**. « *Ma mère voyait toujours avec épouvante venir la saison des vacances* » (DUHAM.).

ÉPOUVANTEMENT [epuvɑ̃tmɑ̃]. *n. m.* (XIIᵉ; de *épouvanter*). *Vx*. Action d'épouvanter. Ce qui épouvante. « *L'Écriture appelle la mort, le roi des épouvantements* » (CHATEAUB.).

ÉPOUVANTER [epuvɑ̃te]. *v. tr.* (*Espaenter*, XIIᵉ, puis *espoenter, espoventer*; lat. pop. °*expaventare*, lat. *expavere*, de *pavere* « avoir peur »). ♦ 1° Remplir d'épouvante. V. **Effrayer, terrifier**. *Les armes atomiques épouvantent les peuples. Épouvanter un enfant par des menaces*. V. **Terroriser**. « *L'idée de son propre néant l'épouvantait* » (LARBAUD). « *Seul l'inconnu épouvante les hommes* » (ST-EXUP.). ♦ 2° Causer de vives appréhensions à. V. **Angoisser, effrayer, inquiéter**. *La seule idée du mariage l'épouvante*. V. **Épater**. ◇ 3° Étonner vivement. V. **Ahurir; affoler, effarer, stupéfier**. « *Je suis épouvanté du Jugement dernier de Michel-Ange. C'est du Gœthe, du Dante et du Shakespeare... ça n'a pas de nom et le mot sublime même me paraît mesquin* » (FLAUB.). ♦ 4° ÉPOUVANTÉ, ÉE. *p. p. adj.* Rempli d'épouvante. *Il recula épouvanté. La domestique « s'enfuit épouvantée à toutes jambes* » (BAUDEL.). « *Le désordre de sa coiffure ajoutait à son air épouvanté* » (GREEN). ◇ ANT. *Enhardir, rassurer*.

ÉPOUX, OUSE [epu, uz]. *n.* (*Espos, -ose*, XIᵉ; lat. *sponsus, sponsa*). ♦ 1° *Dr*. ou *littér*. Personne unie à une autre par le mariage. *Prendre pour époux, pour épouse*. V. **Femme, mari; compagne, compagnon**. *Époux infidèle, adultère. Personne dont l'épouse, l'époux est mort : veuf*. « *L'amour d'une épouse ressemble au devoir* » (GIRAUDOUX). Pop. *Et comment va votre épouse ? Le bonjour à votre épouse*. V. **Femme**. *Cour*. (quand terme ambigu) « *Elle est plus mère qu'épouse* » (SARTRE). ◇ *Les époux : le mari et la femme*. V. **Conjoint**. *Les époux se doivent fidélité, secours et assistance. Les futurs époux*. V. **Fiancé. Dr**. *Époux communs : mariés sous le régime de la communauté*. ♦ 2° *Relig*. *Le céleste époux, l'époux de l'Église : Jésus-Christ. L'époux et l'épouse : personnages mystiques du Cantique des Cantiques, symboles de Jésus-Christ et de l'Église*.

ÉPREINDRE [eprɛ̃dr(ə)]. *v. tr.*; conjug. *peindre* (*Espreindre*, fin XIIᵉ; lat. *exprimere*. V. **Exprimer**). *Vx*. Presser (qqch.) pour exprimer le suc, le jus.

ÉPREINTES [eprɛ̃t]. *n. f. pl.* (v. 1380; de *épreindre*). *Méd*. Contraction douloureuse donnant envie d'aller à la selle, dans les inflammations du gros intestin. V. **Colique, ténesme**.

ÉPRENDRE (S') [eprɑ̃dr(ə)]. *v. pron.*; conjug. *prendre* (XIIᵉ, v. tr.; de *é-, et prendre*). ♦ 1° Être saisi, entraîné (par un sentiment, une passion). « *Je m'épris pour elle de l'inclination la plus tendre* » (MARIVAUX). *Chalier « s'était épris d'un grand amour pour la liberté* » (JAURÈS). ♦ 2° Devenir amoureux (de qqn). V. **Amouracher (s'), coiffer (se), énamourer (s')**. « *La nature distinguée des femmes qui s'y sont prises, qui se sont éprises de lui* » (STE-BEUVE). ♦ 3° Commencer à aimer (qqch.). V. **Emballer (s'), passionner (se)**. *S'éprendre de son travail*. « *Qu'il étudie les plus grands maîtres, qu'il s'éprenne davantage de la simplicité* » (DIDER.). ◇ ANT. *Déprendre (se), détacher (se); détester, haïr*.

ÉPREUVE [eprœv]. *n. f.* (*Esprove*, XIIᵉ; de *éprouver*).
I. Action d'éprouver (qqch. ou qqn). ♦ 1° Souffrance, malheur, danger qui éprouve le courage, la résistance. **Affliction, danger, malheur, peine, souffrance**. *Vie pleine d'épreuves, remplie d'épreuves*. V. **Aventure, péril, traverse, tribulation...** *Essuyer, subir, passer par de dures épreuves* (Cf. *fam*. En voir de dures, de toutes les couleurs). *Pénible, rude épreuve*. « *Pauvre humanité, que tu as souffert ! que d'épreuves t'attendent encore !* » (RENAN). « *N'oublie jamais qu'avec du courage et de la probité, on surmonte toutes les épreuves* » (FRANCE). — *Absolt*. et *littér*. V. **Adversité, malheur**. *Certaines natures « acceptent plus volontiers l'épreuve que la félicité* » (GIDE). ♦ 2° (v. 1280, « danger »). Ce qui permet de juger la valeur d'une idée, d'une qualité intellectuelle ou morale, d'une œuvre, d'une personne, etc. V. **Critère, pierre** (de touche), test. *Le danger, épreuve du courage. Tenter une épreuve sur qqn pour savoir si l'on peut compter sur lui*. « *La grande œuvre d'art a moins d'importance en elle-même que dans l'épreuve qu'elle exige d'un homme* » (CAMUS). — Vieilli. *Faire l'épreuve de qqch.* : l'essayer; en recevoir la marque, les effets. ◇ À L'ÉPREUVE. *Mettre à l'épreuve* : **Éprouver, essayer**. *Mettre la patience de qqn à rude épreuve* : abuser de sa patience. « *L'autorité met les talents à une rude épreuve* » (FÉN.). Vx. *Être à l'épreuve* : être d'une résistance invincible (Cf. plus loin À toute épreuve). « *Si ma santé n'était pas à l'épreuve, elle serait fort ébranlée* » (SÉV.). Mod. *Sa santé est à l'épreuve* : elle est soumise à une épreuve, elle est en danger. — *À toute épreuve*. V. **Inébranlable, résistant, solide**. « *Étant doué d'une patience à toute épreuve... mon obstination était plus forte que mon dégoût* » (CHATEAUB.). ♦ 3° (XVᵉ). Opération par laquelle on juge les qualités, la valeur d'une chose. V. **Essai, expérience, expérimentation, test**. ◇ *Méd*. et *biol*. Moyen ou procédé permettant d'évaluer ou de mettre en évidence un phénomène physiologique ou pathologique. ◇ *Chim*. Mise en œuvre d'une réaction chimique permettant d'identifier ou de doser une substance. V. **Analyse**. Vx. « *La flamme est l'épreuve du fer* » (CORN.). Mod. *Faire l'épreuve d'une machine, d'un pont. Épreuve d'outrance, à outrance*, dans laquelle on impose à la chose éprouvée un effort plus considérable que celui qu'elle devra fournir. *Épreuves de résistance* (V. aussi **Contre-épreuve**). ◇ À L'ÉPREUVE DE : capable de résister à. *Vêtement à l'épreuve du feu, des balles*. ♦ 4° *Spécial*. Épreuves destinées à juger qqn, à lui conférer une qualité, une dignité, à le classer. — *Hist*. (XVIIᵉ) *Épreuves judiciaires* : épreuves auxquelles on soumettait des accusés, des adversaires, en faisant appel à l'intervention de Dieu pour désigner le coupable ou trancher une contestation. V. **Preuve**. *Épreuves judiciaires des Francs*. V. **Ordalie**. ◇ Mod. *Subir des épreuves pour être admis dans une société secrète, un ordre, une confrérie. Épreuves vexatoires que l'on inflige aux nouveaux venus, dans certaines collectivités*. V. **Brimade**. *Épreuves d'initiation. Temps d'épreuve avant le noviciat*. V. **Probation**. ◇ *Scol*. et *cour*. *Épreuves d'un examen, d'un concours* : les diverses parties qui le composent. *Épreuves écrites* (V. **Composition, devoir, écrit**), *épreuves orales* (V. **Interrogation, oral, colle**). *Épreuves éliminatoires*. Par ext. *Correction des épreuves : des copies*. ◇ (1853, turf) Compétition sportive. V. **Challenge, compétition, critérium, match, rencontre**. *Les épreuves d'un championnat, des Jeux olympiques. Épreuves d'athlétisme. Épreuves de vitesse, de fond*. V. **Course**. *Épreuves où certains concurrents sont avantagés*. V. **Handicap**. *Épreuve contre la montre. Épreuves éliminatoires; épreuve finale*. V. **Finale**. ♦ 5° *Statist*. Expérience impliquant un résultat aléatoire. V. **Événement** (3°), éventualité, test (2).
II. Résultat d'un essai. ♦ 1° (XVIᵉ). *Typogr*. Texte imprimé d'un manuscrit tel qu'il sort de la composition. *Faire une épreuve à la brosse. Corriger les fautes, les coquilles sur une épreuve; corriger, revoir les épreuves. Première épreuve* (la première), *seconde épreuve* (le bon à tirer). *Épreuve de mise en page. Épreuve d'une page de journal*. V. **Morasse**. *Épreuve en colonnes séparées*. V. **Placard**. « *Six, sept, et parfois dix épreuves revenaient raturées, remaniées sans satisfaire*

le désir de perfection de l'auteur (Balzac) » (GAUTIER). ◇ *Grav.* Feuille d'essai imprimée sur la planche gravée en cours d'exécution. *Épreuves d'états. Par ext.* Tout exemplaire d'une estampe. *Épreuve avant la lettre,* tirée avant que les noms de l'auteur et de l'éditeur, ainsi que la légende, y soient gravés. ♦ 2° (1858). *Phot.* Image. V. **Photographie.** *Épreuve négative.* V. **Négatif, cliché** (2°). ♦ 3° (Cin., télév.). *Épreuve de tournage,* film brut après développement et avant montage, synchronisé avec la bande-son. Cf. l'anglicisme *Rush(es).*

ÉPRIS, ISE [epʀi, iz]. *adj.* (1165 ; V. **Éprendre**). ♦ 1° *Vieilli.* Animé, possédé (par un sentiment, une passion). *Amants épris d'une grande passion.* ♦ 2° Pris de passion (pour qqch.). V. **Amoureux, avide, féru, passionné.** *Être épris de justice.* « *Celui qui est épris de perfection n'a qu'une volonté, — qui est de la joindre* » (SUARÈS). « *Épris de belle laine, comme d'autres de sa race aiment le beau bois, le beau cuir* » (MAUROIS). ♦ 3° *Absolt.* V. **Amoureux.** *Il est très épris de cette femme.* « *Le seigneur Marcelli... était passionnément épris de vous* » (NERVAL).

ÉPROUVANT, ANTE [epʀuvɑ̃, ɑ̃t]. *adj.* (1831 ; de *éprouver*). Qui éprouve, est difficile à supporter. « *Dans un pareil climat, qui n'est pas pénible mais qui cependant est éprouvant* » (SIEGFRIED).

ÉPROUVÉ, ÉE [epʀuve]. *adj.* (XIIᵉ ; V. **Éprouver**). ♦ 1° Qui est confirmé. V. **Sûr.** *Des qualités, des vertus éprouvées.* « *Un homme raisonnable et d'un courage bien éprouvé* » (SAND). V. **Fidèle.** *Un spécialiste éprouvé.* V. **Expérimenté.** ♦ 2° (1864). Frappé par des épreuves, des malheurs. V. **Malheureux.** *C'est un homme très éprouvé : qui a beaucoup souffert.*

ÉPROUVER [epʀuve]. *v. tr.* (*Esprover* « mettre (qqn) à l'épreuve », 1080 ; de *é-*, et *prouver*). ♦ 1° (XIIᵉ). Essayer (qqch.) pour vérifier quelle est la valeur, la qualité. V. **Expérimenter.** *Éprouver diverses manières de vivre, différentes façons de procéder.* V. **Essayer, tâter** (de). « *On les analyse actuellement* (les crimes) ; *on les éprouve au creuset, afin de voir ce qu'on peut en tirer d'utile* » (CHATEAUB.). — *Éprouver les qualités, la valeur de qqn, de qqch.* : mettre à l'épreuve. « *Sans doute qu'il voulait éprouver votre zèle* » (RAC.). « *Va contre un arrogant éprouver ton courage !* » (CORN.). V. **Hasarder, risquer.** ◇ *Éprouver qqn* : le mettre à l'épreuve. « *Je crois que vous voulez m'éprouver et vous jouer de moi* » (CLAUDEL). — Soumettre à la tentation (V. **Tenter**). *Dieu l'a éprouvé.* ♦ 2° (*Sujet de chose*). Faire subir une épreuve (I, 1°), des souffrances à (qqn). *La perte de son père l'a bien éprouvé.* V. **Frapper.** — *La guerre a durement éprouvé ce pays.* ♦ 3° Apprécier, connaître par une expérience personnelle. V. **Connaître, constater, réaliser** (*néol.*), **reconnaître.** *Il éprouva, à ses dépens, qu'on ne pouvait se fier à eux.* « *J'éprouvai à l'âge de huit ans ces bienheureux ans celui qui, cessant de penser et de comprendre, s'abîme dans la contemplation de la beauté* » (FRANCE). — *Littér.* ÉPROUVER SI... V. **Vérifier, voir** (si). *Éprouver si un objet est résistant, si un ami est dévoué.* ♦ 4° (XIIIᵉ). Avoir, ressentir (une sensation, un sentiment). *Éprouver un besoin, un désir, une impression. Les sentiments que l'on peut éprouver. Éprouver de la tendresse, de l'affection, de l'amour pour qqn, pour qqch.* V. **Concevoir.** *Éprouver de la honte, un regret, un remords* « *J'éprouvais ses plaisirs, ses peines, ses goûts, ses aversions* » (DIDER.). V. **Partager.** « *Les sentiments que nous feignons, nous finissons par les éprouver* » (B. CONSTANT). « *Elle professait que, pour exprimer fortement une passion, il faut l'éprouver, et qu'il est nécessaire de sentir les impressions qu'on doit rendre* » (FRANCE). « *L'amour que j'éprouvais se confondait avec celui que j'inspirais* » (MAURIAC). ◇ *Éprouver une sensation physique.* V. **Percevoir, ressentir.** *Dites au médecin ce que vous éprouvez.* « *Il éprouve un léger serrement de tête, une pression derrière les globes oculaires, une nervosité générale* » (ROMAINS). ♦ 5° (*Choses*). Subir une action nuisible ou violente. *L'entreprise éprouva de nombreuses vicissitudes. Ce projet éprouve des contretemps.*

ÉPROUVETTE [epʀuvɛt]. *n. f.* (1503 ; de *éprouver*). ♦ 1° *Techn.* Instrument qui permet d'apprécier, d'éprouver la qualité, la nature d'une matière donnée. ◇ (1803) *Spécialt.* Récipient en forme de tube employé dans les expériences et les analyses de laboratoire (physique, chimie, microbiologie) pour recueillir ou manipuler les gaz et les liquides. V. **Tube** (à essai). ♦ 2° (1839). *Métall., Tr. pub.* Échantillon d'un matériau fabriqué dont on éprouve l'élasticité et la résistance. ♦ 3° *Adj.* *Bébé éprouvette.* V. **Bébé.**

EPSILON [ɛpsilɔn]. *n. m.* (transcription attestée, 1839 ; mot gr., de *e*, et *psilon* « petit »). Nom de l'*E* bref des Grecs (ε) ; cinquième lettre et deuxième voyelle de leur alphabet.

EPSOMITE [ɛpsɔmit]. *n. f.* (1870 ; de *Epsom,* ville d'Angleterre). Sulfate de magnésium hydraté (sel d'Epsom).

ÉPUCER [epyse]. *v. tr.* ; conjug. *placer* (1563 ; de *é-*, et

puce). Débarrasser des puces. *Épucer un chien. Un singe qui s'épuce.*

ÉPUISABLE [epɥizabl(ə)]. *adj.* (1352 ; de *épuiser*). Rare. Qui peut être épuisé. ◇ ANT. **Inépuisable.**

ÉPUISANT, ANTE [epɥizɑ̃, ɑ̃t]. *adj.* (1776 ; de *épuiser*). ♦ 1° *Rare.* Qui est propre à épuiser. *Cultures épuisantes* : qui épuisent le sol (ANT. *Améliorant*). ♦ 2° *Cour.* Qui fatigue beaucoup. *Régime, climat épuisant.* V. **Éreintant, fatigant.** *Effort épuisant* (V. **Violent**). « *Des marches épuisantes dans les neiges, les boues de l'hiver, sous l'effrayant soleil d'été* » (THARAUD).

ÉPUISÉ, ÉE [epɥize]. *adj.* (1664 ; V. **Épuiser**). ♦ 1° Qui ne peut plus produire. *Terre épuisée.* ◇ *Édition épuisée.* « *Cette dernière partie de l'ouvrage... a été très recherchée et est dès longtemps épuisée* » (STE-BEUVE). ♦ 2° À bout de forces. V. **Brisé** (de fatigue), **éreinté, harassé, rendu.** *Épuisé de fatigue, de douleur.* « *Comme un nageur épuisé atteint la bouée* » (MONTHERLANT).

ÉPUISEMENT [epɥizmɑ̃]. *n. m.* (1347 ; de *épuiser*). ♦ 1° Action d'épuiser. V. **Exhaustion.** *L'épuisement des eaux d'une mine. Pompe d'épuisement.* ♦ 2° (1679). État de ce qui est épuisé. *Épuisement du sol.* V. **Appauvrissement.** *Épuisement des provisions.* V. **Pénurie, raréfaction.** *Exploiter un filon, une mine jusqu'à épuisement.* ◇ Absence de forces, grande faiblesse (physique ou morale). V. **Abattement, fatigue, faiblesse.** *Tomber dans l'épuisement. Il est dans un état d'épuisement extrême.* « *L'épuisement des forces n'épuise pas la volonté* » (HUGO). ◇ ANT. **Remplissage. Enrichissement.** *Abondance, richesse. Prospérité ; épanouissement.*

ÉPUISER [epɥize]. *v. tr.* (*Espuiser,* XIIᵉ ; de *é-*, et *puits*). ♦ 1° Mettre à sec à force de puiser. V. **Assécher, dessécher, sécher, tarir, vider.** *Épuiser une citerne, un bassin. Source qu'on ne peut épuiser* (V. **Inépuisable**). ◇ *Par anal.* (1765) *Épuiser une mine, un filon* : en extraire tout le minerai. *Épuiser une carrière longtemps exploitée.* — (1671) *Épuiser un sol* : le rendre stérile, infécond en l'ayant fait faire trop produire. V. **Amaigrir, appauvrir.** ♦ 2° (XIIᵉ). Utiliser (qqch.) jusqu'à ce qu'il ne reste plus rien. V. **Absorber, consommer, dépenser, user.** *Épuiser les réserves, les munitions.* « *Le courrier qui nous précédait, usant de son droit de premier occupant... avait épuisé toutes les provisions* » (GAUTIER). — Pronom. « *L'or et l'argent s'épuisent. Mais la vertu, la constance... ne s'épuisent jamais* » (MONTESQ.). ◇ *Spécialt. Épuiser un stock, une édition* (en le (la) vendant). V. **Écouler, vendre.** ◇ (*Abstrait*) *Épuiser tous les moyens* : les essayer tous jusqu'au dernier. *Tant que l'homme* « *n'a pas épuisé toutes les chances de bonheur* » (MUSS.). ♦ 3° *User* jusqu'au bout. *Épuiser la patience de qqn.* V. **Lasser.** « *Bientôt il eut épuisé tout le savoir de son maître* » (FONTENELLE). *Ce travail a épuisé toute son énergie.* ◇ *Épuiser un sujet* : le traiter à fond, sans rien omettre (V. **Exhaustif**). « *Ils avaient épuisé le sujet... examiné toutes les faces et les suites des conséquences de cet irrémédiable malheur* » (LOTI). ♦ 4° (XVIᵉ). Réduire à un affaiblissement complet (les forces, la santé de qqn ; qqn). V. **Abattre, accabler, affaiblir, anémier, crever** (*pop.*), **exténuer, fatiguer, harasser, user, vider** (*fam.*). « *Quand la maladie a épuisé la force généreuse qui fait penser hardiment...* » (RENAN). *Cette maladie l'épuise.* — *Fam.* **Excéder, fatiguer, lasser.** *Son bavardage, sa volubilité m'épuise. Elle m'épuise avec ses récriminations continuelles.* V. **S'ÉPUISER.** *v. pron.* S'affaiblir complètement. *Le malade s'épuise peu à peu. Ses forces s'épuisent lentement. S'épuiser à faire qqch, sur qqch.* V. **Échiner** (s'), **éreinter** (s'), **esquinter** (s'), **fatiguer** (se). *S'épuiser à force de crier, à crier* : s'époumoner. *S'épuiser en efforts inutiles.* — *Par ext. Je m'épuise à vous le répéter.* V. **Évertuer** (s'). ◇ ANT. **Remplir. Approvisionner, enrichir. Fortifier.**

ÉPUISETTE [epɥizɛt]. *n. f.* (1709 ; « filet à oiseaux » ; de *épuiser*). ♦ 1° (1838). Petit filet de pêche en forme de poche monté sur un cerceau et fixé à un long manche. ♦ 2° *Techn.* (1864). Pelle creuse pour vider l'eau d'une barque. V. **Écope.**

ÉPULIDE [epylid], **ÉPULIE** [epyli] ou **ÉPULIS** [epylis]. *n. f.* (1560,-XVIIIᵉ ; gr. *epoulis, idos,* de *epi-*, et *oulôn* « gencive »). *Méd.* Petite tumeur charnue sur les gencives (V. **Parulie**).

ÉPULON [epylɔ̃]. *n. m.* (1560 ; lat. *epulæ* « repas »). *Antiq. rom.* Prêtre qui présidait aux festins donnés en l'honneur des dieux.

ÉPULPEUR [epylpœʀ]. *n. m.* (1890 ; de *é-*, et *pulpe*). *Techn.* Appareil qui sert dans la distillation des betteraves à séparer le jus des pulpes.

ÉPURATEUR [epyʀatœʀ]. *n. et adj. m.* (1792, en polit. ; de *épurer*). *Techn.* (1870). Appareil qui sert à épurer un liquide, un gaz. — *Adj. Tube épurateur.*

ÉPURATION [epyʀasjɔ̃]. *n. f.* (1606 ; de *épurer*). ♦ 1° Action d'épurer. V. **Purification ; dépuration.** *Épuration des eaux naturelles, des eaux d'égout* (V. **Clarification, filtra-**

tion). *Bassin d'épuration.* — *Épuration des huiles, des pétroles* (V. **Raffinage**). ◇ Méd. *Épuration extrarénale :* méthode permettant de débarrasser l'organisme de produits toxiques accumulés à cause d'une défaillance de la fonction rénale. V. **Dialyse, rein** (artificiel). ◇ *Fig.* V. **Assainissement, purification.** *Épuration des mœurs. Épuration de la langue.* ♦ 2° (1835). Élimination des membres qu'on juge indésirables dans une association, un parti, une société. V. **Exclusion, expulsion, purge.** « *L'épuration, quand elle frappe en haut, correspond à un changement de la classe dirigeante* » (DUHAM.). — *Spécialt.* Élimination des collaborateurs à la Libération (1944). ◈ ANT. *Corruption, pollution.*

ÉPURATIF, IVE [epyʀatif, iv] ou **ÉPURATOIRE** [epyʀatwaʀ]. *adj.* (fin XVIII°; de *épurer*). *Rare.* Qui sert à épurer.

ÉPURE [epyʀ]. *n. f.* (1676; de *épurer*). ♦ 1° Dessin à grande échelle ou en grandeur nature tracé pour aider à la construction d'un édifice, au montage d'une machine. ♦ 2° Dessin au trait qui donne l'élévation, le plan et le profil d'une figure (projetée avec les cotes précisant ses dimensions). V. **Plan.** *Épure d'une voûte, d'une charpente.*

ÉPURÉ, ÉE [epyʀe]. *adj.* (1376; V. **Épurer**). Rendu plus pur. *Liquide épuré.* — Rendu plus correct, plus fin. « *La phrase du XVII° s. si claire, si mesurée, si épurée* » (TAINE).

ÉPUREMENT [epyʀmɑ̃]. *n. m.* (XIII°; de *épurer*). ♦ 1° *Vx.* Action d'épurer. V. **Épuration.** ♦ 2° *Littér.* Le fait d'épurer (2°). « *Le parfait épurement de la charité* » (BOSS.). *Épurement du style.*

ÉPURER [epyʀe]. *v. tr.* (*Espurer*, 1220; de *é-*, et *pur*). ♦ 1° Rendre pur, plus pur, en éliminant les éléments étrangers. V. **Purger, purifier.** *Épurer de l'eau, un liquide.* V. **Clarifier, décanter, distiller, filtrer, raffiner, rectifier.** *Épurer un gaz. Épurer un minerai.* ♦ 2° *Fig.* Rendre meilleur. V. **Améliorer.** « *Il était rendu d'une vermine de petits défauts dont on ne pouvait l'épurer* » (CHATEAUB.). *Pronom.* Devenir meilleur, plus pur. « *Redressez les opinions des hommes, et leurs mœurs s'épureront d'elles-mêmes* » (ROUSS.). « *Mon sentiment se dépouilla... de ce qu'il avait d'abord pu avoir de charnel, et, de lui-même, s'épura* » (GIDE). ◇ Rendre plus correct, plus délicat. V. **Affiner, châtier, perfectionner, polir.** *Épurer le goût d'une époque, les formes d'un art. Chapelain* « *soutient qu'il fallait d'abord... s'occuper d'épurer la langue* » (GAUTIER). ♦ 3° Éliminer certains éléments de (un groupe, une société). *Épurer une assemblée. Par ext.* Fam. V. **Éliminer, exclure, expulser.** *Épurer un indésirable.* « *Un pur trouve toujours un plus pur qui l'épure* », aphorisme attribué à E. PICARD. ◈ ANT. *Polluer, salir, souiller. Mélanger. Corrompre, pervertir.*

ÉPURGE [epyʀʒ(ə)]. *n. f.* (*Espurge*, XIII°; de l'a. v. *espurgier.* V. **Expurger**). Nom d'une variété d'euphorbe dont les semences donnent une huile purgative.

ÉPYORNIS. V. **ÆPYORNIS.**

ÉQUANIMITÉ [ekwanimite]. *n. f.* (XVI°, repris 1864; lat. *æquanimitas*, de *æquus* « égal », et *animus* « esprit, âme »). *Littér.* Égalité d'âme, d'humeur. V. **Flegme, impassibilité, indifférence, sérénité.** *George Sand* « *accueille avec équanimité la vieillesse qui vient à grands pas* » (MAUROIS).

ÉQUARRIR [ekaʀiʀ]. *v. tr.* (1640; *esquarrir*, XIII°, var. de *équarrer*; lat. pop. *°exquadrare* « rendre carré »). I. ♦ 1° Rendre carré, tailler à angles droits. — Techn. *Équarrir un bloc de marbre.* — Cour. *Équarrir une poutre.* V. **Charpenter.** « *Ses fils aînés, espèces de géants qui, armés de lourdes haches, équarrissaient les troncs de sapin* » (STENDHAL). *Équarrir un tronc d'arbre pour en tirer des planches, du bois de construction.* ♦ 2° *Techn.* Rendre d'équerre. *Équarrir une glace,* avec le diamant et les pinces. *Équarrir une main de papier.* ♦ 3° (1870). *Fig. et vx.* V. **Dégrossir.** *Mod.* (au p. p.) *Mal équarri,* grossier, à l'état d'ébauche. « *Ce livre barbare, mal équarri, sans art, sans grâce* » (GIDE). II. (1835). Couper en quartiers, dépecer un animal mort. *Équarrir un cheval.* V. **Écorcher, découper, dépouiller.**

ÉQUARRISSAGE [ekaʀisaʒ] ou **ÉQUARRISSEMENT** [ekaʀismɑ̃]. *n. m.* (1364,-1328; de *équarrir*). ♦ 1° Action d'équarrir; état de ce qui est équarri. *Équarrissage d'une poutre. Poutre de vingt centimètres d'équarrissage.* ♦ 2° (1801). *Équarrissage des animaux,* abattage et dépeçage d'animaux impropres à la consommation alimentaire (chevaux, etc.), en vue d'en retirer tout ce qui peut être utilisé dans diverses industries (peau, os, corne, graisse).

ÉQUARRISSEUR [ekaʀisœʀ]. *n. m.* (1801; « tailleur de pierres », 1552). Celui dont le métier est d'équarrir les animaux.

ÉQUARRISSOIR [ekaʀiswaʀ]. *n. m.* (1671; de *équarrir*). ♦ 1° *Techn.* Instrument qui sert à équarrir. *Équarrissoir du cirier, du vannier.* ♦ 2° Couteau de l'équarrisseur. ◇ Lieu où l'on équarrit (II). V. **Abattoir.**

ÉQUATEUR [ekwatœʀ]. *n. m.* (fin XIV°; lat. médiév. *æquator,* du v. *æquare* « rendre égal »). ♦ 1° *Astron.* Grand cercle de la sphère céleste, perpendiculaire à l'axe de rotation de la Terre. *Période de l'année où le Soleil traverse l'équateur* (équinoxe). ♦ 2° *Cour.* Grand cercle de la sphère terrestre, perpendiculaire à son axe de rotation. *L'équateur terrestre, dit aussi ligne équinoxiale, se trouve compris dans le même plan que l'équateur céleste. Cercles parallèles à l'équateur :* parallèles. *Demi-cercles perpendiculaires à l'équateur :* méridiens. *Distance d'un lieu à l'équateur.* V. **Latitude.** *République de l'Équateur,* république sud-américaine, *ainsi appelée parce que l'équateur la traverse* (adj. ÉQUATORIEN [ekwatɔʀjɛ̃]). ◇ *Par anal. L'équateur de Mars, de Jupiter.* ♦ 3° Les régions comprises dans la zone équatoriale (V. **Équatorial**). ♦ 4° *Phys. Équateur magnétique,* ligne irrégulière formée autour de la Terre par la suite des points où l'inclinaison de l'aiguille aimantée est nulle.

ÉQUATION [ekwasjɔ̃]. *n. f.* (1613; h. XIII°, « égalité »; lat. *æquatio*). ♦ 1° *Math.* (1637). Relation conditionnelle existant entre deux quantités et dépendant de certaines variables (ou inconnues). *Résoudre une équation,* trouver les valeurs des inconnues *(racines ou solutions de l'équation)* qui vérifient l'équation. *Équation vérifiée quelles que soient les valeurs des variables.* V. **Identité.** *Équations équivalentes,* ayant les mêmes solutions. *Membres d'une équation,* les quantités séparées par le signe =. *Équation du premier, du second degré. Termes d'une équation algébrique,* termes des polynômes qui constituent les membres de l'équation. *Équation trigonométrique,* comportant des termes qui sont des fonctions trigonométriques. — *Systèmes d'équations,* ensemble d'équations à vérifier simultanément. — *Équation différentielle, aux dérivées partielle, intégrale, intégro-différentielle,* équation dont les inconnues sont des fonctions. ◇ *Équation d'une courbe, d'une surface,* condition caractéristique vérifiée par les coordonnées d'un point quelconque appartenant à la courbe, à la surface. ♦ 2° *Par anal.* Formule d'égalité ou formule rendant deux quantités égales. *Équation chimique,* formule d'égalité dont le premier membre symbolise les corps mis en présence et le second les corps résultant des réactions survenues. — Astron. *Équation du temps,* différence entre le temps vrai et le temps moyen. ♦ 3° *Psycho. Équation personnelle,* temps, variable selon les individus, qui sépare l'observation et l'enregistrement d'un phénomène; *par ext.* Déformation que la tournure d'esprit, les préjugés font subir à ce que perçoit un individu.

ÉQUATORIAL, IALE, IAUX [ekwatɔʀjal, jo]. *adj.* et *n. m.* (1778; de *équateur*). I. *Adj.* ♦ 1° Relatif à l'équateur terrestre. *La zone équatoriale,* comprise entre les deux tropiques et traversée en son milieu par l'équateur. *Les climats équatoriaux ou intertropicaux.* « *Sur cette mer équatoriale, ce n'était qu'humidité chaude, que lourdeur irrespirable* » (LOTI). ♦ 2° *Astron. Coordonnées équatoriales d'un astre,* ascension droite et déclinaison. II. *N. m. Astron.* Appareil analogue au théodolite, qui sert à mesurer la position d'une étoile par son ascension droite et sa déclinaison (V. **Lunette**).

ÉQUERRAGE [ekeʀaʒ]. *n. m.* (1786; de *équerre*). *Techn.* Ouverture de l'angle fait par deux faces planes adjacentes. *Équerrage gras,* ou *en gras,* de plus de 90 degrés. *Équerrage maigre,* ou *en maigre* (moins de 90 degrés).

ÉQUERRE [ekeʀ]. *n. f.* (*Esquire* « carré », XII°; lat. pop. *°exquadra,* de *exquadrare.* V. **Équarrir**). ♦ 1° (XIV°). Instrument destiné à tracer des angles droits ou à élever des perpendiculaires. *Équerre à dessiner,* triangle rectangle plein et percé d'un petit œil, ou évidé. *Double équerre* ou *équerre en T.* V. **Té.** — Par ext. *Équerre d'arpenteur,* prisme octogonal creux percé de fentes (pinnules) servant à tracer des perpendiculaires sur un terrain. V. **Graphomètre.** — *Fausse équerre,* à branches mobiles, qui permet de prendre la mesure d'un angle quelconque. V. **Biveau, sauterelle.** ♦ 2° (*À l'équerre,* 1538). À L'ÉQUERRE : à angle droit. — EN ÉQUERRE (1835) : disposer en équerre. *Athlète qui monte à la corde lisse; les jambes en équerre* (faisant un angle droit avec le tronc). — *Loc. adv.* D'ÉQUERRE : à angle droit. « *Cet appartement bizarre où nulle pièce n'est d'équerre* » (DUHAM.). ♦ 3° *Techn.* (1690). Pièce en forme d'angle droit, de T, destinée à consolider les assemblages. V. **Cornière.**

ÉQUERRER [ekeʀe]. *v. tr.* (1786; de *équerre*). *Techn.* Donner à (une pièce de bois) l'équerrage voulu.

ÉQUESTRE [ekɛstʀ(ə)]. *adj.* (1355; lat. *equestris,* de *equus* « cheval »). ♦ 1° Qui représente une personne à cheval. *Figure, statue équestre.* ♦ 2° Relatif à l'équitation. *Exercices équestres.* ♦ 3° *Antiq. rom.* Relatif aux chevaliers. *Servius* « *créa douze centuries de chevaliers... Ce fut l'origine de l'ordre équestre* » (FUSTEL).

ÉQUEUTER [ekøte]. *v. tr.* (fin XIX°; de *é-*, et *queue*).

Dépouiller (un fruit) de sa queue. *Cerises équeutées* (dér. **ÉQUEUTAGE** [ekøtaʒ]).

ÉQUI-. Élément, du lat. *œqui-*, préf., de *œquus* « égal ».

ÉQUIANGLE [ekɥiãgl(ə)]. *adj.* (1556; lat. *œquiangulus*, de *angulus* « angle »). *Géom.* Dont les angles sont égaux. *Un triangle équiangle est aussi équilatéral. Figures équiangles entre elles.*

ÉQUIDÉS [eki(kɥi)de]. *n. m. pl.* (1846; lat. *equus* « cheval »). Famille de mammifères ongulés, périssodactyles, comprenant un grand nombre de formes fossiles à cinq, quatre ou trois doigts, et représentée aujourd'hui par le genre *equus*, à pattes terminées par un seul doigt (cheval, âne, onagre, zèbre).

ÉQUIDISTANCE [ekɥidistãs]. *n. f.* (1868; de *équidistant*). *Didact.* Caractère de ce qui est équidistant*.

ÉQUIDISTANT, ANTE [ekɥidistã, ãt]. *adj.* (1361; lat. *œquidistans* « parallèle »). *Géom.* Qui est à distance égale ou constante de points (de droites, de plans) déterminés. *Tous les points d'une circonférence sont équidistants du centre. Villes équidistantes de Paris.* ◊ *Cartogr. Projection équidistante,* qui conserve les proportions des distances autour d'un point.

ÉQUILATÉRAL, ALE, AUX [ekɥilateʀal, o]. *adj.* (1520; lat. *œquilateralis*, de *œquus*, et *latus, lateris* « côté »). *Géom.* Dont les côtés sont égaux entre eux. *Triangle équilatéral* (V. **Équiangle**). *Polygone équilatéral.* ◊ *Fam. Ça m'est équilatéral :* égal.

ÉQUILATÈRE [ekɥilatɛʀ]. *adj.* (1755; « qui a tous ses côtés égaux », XIIIe, V. **Équilatéral,** de *équi-*, et *-latère*). *Géom. Hyperbole équilatère,* à asymptotes perpendiculaires.

ÉQUILIBRAGE [ekilibʀaʒ]. *n. m.* (1906; de *équilibrer*). Action d'équilibrer; son résultat. *Techn. Équilibrage du vilebrequin d'un moteur à explosion.*

ÉQUILIBRANT, ANTE [ekilibʀã, ãt]. *adj.* (1878; de *équilibrer*). Qui fait équilibre. *Poids équilibrant.* V. **Contrepoids.**

ÉQUILIBRATION [ekilibʀasjɔ̃]. *n. f.* (1864; de *équilibrer*). ♦ 1° Mise en équilibre. ♦ 2° *Méd.* Mise en œuvre des différents moyens déployés par l'organisme pour maintenir l'équilibre.

ÉQUILIBRE [ekilibʀ(ə)]. *n. m.* (*Equalibre,* v. 1540; lat. *œquilibrium,* de *œquus,* et *libra* « balance »). Égalité de force entre deux ou plusieurs choses qui s'opposent; état de repos de ce qui est soumis à de telles forces. ♦ 1° *Sc.* Le fait, pour plusieurs forces agissant simultanément sur un système matériel, de ne modifier en rien son état de repos ou de mouvement; état d'un système matériel soumis à l'action de forces quelconques, lorsque toutes ses parties demeurent au repos. *Équilibre des forces.* V. **Statique.** *Forces en équilibre. Équilibre d'un point matériel libre* (la résultante des forces appliquées à ce point étant nulle), *d'un point mobile sur une surface* (la résultante des forces étant nulle ou normale à la surface). *Équilibre stable,* tel que le système matériel, légèrement écarté de sa position, tend à y revenir par de petites oscillations. *Équilibre instable,* dans lequel le corps, écarté de sa position, se met en équilibre dans une position différente. *Équilibre indifférent,* dans lequel le corps, écarté de sa position, reste en équilibre dans sa nouvelle position. *Traité de l'équilibre des liqueurs,* de Pascal (1663). V. **Hydrostatique.** ◊ *Chim. Équilibre chimique,* état qui existe lorsque les substances primitives réagissent à la même vitesse que les substances nouvelles réagissant entre elles pour reformer les premières. *Réaction d'équilibre,* où la réaction directe est limitée par une réaction inverse qui atteint la même vitesse. *La réaction d'équilibre est une réaction réversible* (notation ⇄). *Équilibre métastable,* état apparent d'équilibre pouvant cesser sous l'action d'un catalyseur. ◊ *Phys. Équilibre dynamique,* entre deux processus opposés qui s'accomplissent à la même vitesse, laissant le système inchangé. *Équilibre radioactif,* d'une substance dont la désintégration donne un nouveau produit radioactif (lorsqu'il y a autant d'atomes formés que d'atomes détruits). ♦ 2° *Cour.* Attitude ou position stable. *Équilibre du corps.* V. **Aplomb, assiette, attitude.** *Garder l'équilibre. Perdre l'équilibre,* son équilibre : chanceler, pencher, tomber. « *Le coup de tête dans l'estomac lui fit perdre l'équilibre* » (ARAGON). — EN ÉQUILIBRE. *Être, mettre en équilibre.* V. **Équilibrer.** *Marcher en équilibre sur une poutre, sur un fil de fer.* ◊ *Spécialt. Tour, exercice d'équilibre.* V. **Équilibriste.** *Danse.* Position du corps reposant sur un seul pied. *Équilibre sur pointe, sur demi-pointe.* ◊ *Physiol. Sens de l'équilibre,* ensemble d'impressions et sensations fournies par la vision, l'appareil vestibulaire de l'oreille interne et la sensibilité interne, qui permettent à l'individu de se maintenir et de se mouvoir normalement. ♦ 3° Juste rapport, juste proportion entre des choses opposées; état de stabilité ou d'harmonie qui en résulte. V. **Accord, balance, harmonie,**

pondération. « *L'amour durable est celui qui tient toujours les forces de deux êtres en équilibre* » (HUGO). *Faire, rétablir l'équilibre, rendre les choses égales. Cela fait équilibre.* V. **Compenser, contre-balancer.** ◊ (Abstrait) « *Ses œuvres les plus parfaites, celles qui réalisent le mieux l'équilibre de ses passions et de sa volonté* » (R. ROLLAND). ◊ *Si le monde moderne* « *doit atteindre un certain équilibre politique, culturel et économique* » (VALÉRY). — Spécialt. *L'équilibre des pouvoirs dans la constitution. Équilibre entre les États, les nations d'un continent, du monde.* « *La balance, l'équilibre de l'Europe* » (MIRABEAU). *Équilibre de la terreur,* paix maintenue entre deux ou plusieurs nations par la crainte réciproque des armes nucléaires (Cf. Dissuasion*). — *Écon.* et *Fin. Équilibre entre la production et la consommation. Équilibre de la balance commerciale. Équilibre de la balance des paiements. Équilibre budgétaire. Équilibre économique.* ♦ 4° Harmonie entre les tendances psychiques qui se traduit par une activité, une adaptation normales. *C'est un homme très intelligent, mais il manque d'équilibre. On craint pour son équilibre mental* (V. **Équilibré**). ♦ 5° Répartition des lignes, des masses, des pleins et des vides; agencement harmonieux. V. **Eurythmie, proportion, symétrie.** *Équilibre des volumes.* « *Cet équilibre de ligne, très distinct de l'équilibre de proportion* » (HUGO). ◇ ANT. *Déséquilibre, instabilité.*

ÉQUILIBRÉ, ÉE [ekilibʀe]. *adj.* (1529; V. **Équilibrer**). ♦ 1° En équilibre. V. **Stable.** *Balance équilibrée. Chargement équilibré.* ♦ 2° *Esprit, caractère (bien) équilibré,* dont les qualités sont dans un rapport harmonieux. V. **Pondéré, sage, sain, solide.** « *La cervelle la mieux équilibrée est soumise, chaque jour, à tous les vertiges* » (DUHAM.). *Il n'est pas très équilibré.* V. **Déséquilibré.** ◇ ANT. *Boiteux, instable.*

ÉQUILIBRER [ekilibʀe]. *v. tr.* (*Equalibrer,* 1525; repris 1744, répandu XIXe; de *équilibre*). ♦ 1° Opposer une force à (une autre), de manière à créer l'équilibre. V. **Compenser, contrebalancer.** *Équilibrer un poids par un contrepoids. Équilibrer une poussée par un arc-boutant, un étai.* ◊ *Fig.* V. **Balancer, compenser.** *Une règle stricte équilibre chez cet auteur la fantaisie.* V. **Corriger, neutraliser.** *La révolution* « *ne peut se passer d'une règle, morale ou métaphysique, qui équilibre le délire historique* » (CAMUS). ♦ 2° Mettre en équilibre; rendre stable. V. **Stabiliser.** *Équilibrer une balance, une balançoire.* ◊ *Équilibrer les masses, les volumes,* dans une composition, un tableau. *Équilibrer les masses sonores,* dans une orchestration. ◊ *Équilibrer le budget.* ♦ 3° S'ÉQUILIBRER. *v. pron. Ses qualités et ses défauts s'équilibrent.* « *Une conscience où tout s'équilibre, se compense et se neutralise* » (BERGSON). ◇ ANT. *Déséquilibrer.*

ÉQUILIBREUR, EUSE [ekilibʀœʀ, øz]. *adj.* et *n. m.* (1902; de *équilibrer*). ♦ 1° *Adj.* Qui établit ou maintient l'équilibre. *Organe, mécanisme équilibreur.* ♦ 2° *N. m.* Appareil qui, en agissant sur les gouvernails, maintient l'avion en vol rectiligne. *Artill.* Appareil facilitant le pointage.

ÉQUILIBRISTE [ekilibʀist(ə)]. *n.* (1780; de *équilibre*). ♦ 1° Personne dont le métier est de faire des tours d'adresse, d'équilibre. V. **Acrobate.** *Les équilibristes d'un cirque. Équilibriste qui marche sur un fil de fer, sur un câble.* V. **Danseur** (de corde), **funambule.** ♦ 2° *Fig.* Personne qui étonne ou cherche à étonner par son adresse. *Un équilibriste de la finance* (V. **Acrobate, jongleur**).

ÉQUILLE [ekij]. *n. f.* (XVIe; p.-ê. var. d'*esquille*). Variété d'ammodyte; poisson long et mince qui s'enfouit dans le sable.

ÉQUIMOLÉCULAIRE [ekɥimɔlekylɛʀ]. *adj.* (1895; de *équi-*, et *moléculaire*). *Chim.* Qui contient plusieurs corps en égales proportions moléculaires. *Mélange équimoléculaire.*

ÉQUIMULTIPLE [ekɥimyltipl(ə)]. *adj.* (1667; de *équi-*, et *multiple*). *Math.* Se dit de plusieurs nombres égaux chacun à chacun aux nombres d'une autre série multipliés par un même nombre entier. *Les nombres 4, 10 et 16 sont équimultiples de 2, 5, et 8* (multiplicateur : 2). *Subst. Des équimultiples.*

ÉQUIN, INE [ekɛ̃, in]. *adj.* (1600; lat. *equinus,* de *equus* « cheval »). *Didact.* ♦ 1° Relatif au cheval. *Variole équine. Sérum équin.* ♦ 2° *Pied bot équin,* difforme, qui ne peut s'appuyer que sur la pointe, du fait de sa position fixée en extension maximale par rapport à la jambe (paralysie acquise ou malformation congénitale). V. *aussi* **Varus.** — *Subst.* « *Cet équin, large en effet comme un pied de cheval* » (FLAUB.).

ÉQUINISME [ekinism(ə)]. *n. m.* (av. 1953; de *équin*). *Méd.* Difformité qui caractérise le pied bot équin*.

ÉQUINOXE [ekinɔks(ə)]. *n. m.* (*Equinoce,* 1210; lat. *œquinoctium,* de *œquus,* et *nox, noctis* « nuit »). Chacune des deux périodes de l'année où, le Soleil passant par l'équateur, le jour a une durée égale à celle de la nuit, d'un cercle polaire à l'autre. *Équinoxe vernal, équinoxe de printemps* (21 mars). *Équinoxe d'automne* (23 septembre). *Les équinoxes* *et les solstices*. Colure des équinoxes. Précession des équinoxes. Tempêtes, marées d'équinoxe.*

ÉQUINOXIAL, IALE, IAUX [ekinɔksjal, jo]. *adj.* (1210; lat. *æquinoctalis*, de *æquinoctium*. V. **Équinoxe**). ♦ 1° Qui a rapport à l'équinoxe. *Points équinoxiaux*, où l'écliptique coupe l'équateur. *Ligne équinoxiale.* V. **Équateur.** ♦ 2° Bot. *Fleurs équinoxiales*, qui demeurent chaque jour ouvertes puis fermées pendant un même nombre d'heures.

ÉQUIPAGE [ekipaʒ]. *n. m.* (1496; de *équiper*).
I. *Mar.* ♦ 1° *Vx.* Ce qui sert à équiper un navire. ♦ 2° Mod. (1537). Personnel navigant, ensemble de ceux qui assurent la manœuvre et le service sur un navire (V. **Marin**). *Équipage réparti sur les différentes parties du navire.* V. **Bordée.** *Homme d'équipage.* « *On peut vivre, un peu à l'étroit, équipage et passagers, à six ou sept personnes dans cette petite demeure flottante* » (MAUPASS.). *Rôle* d'équipage.* ♦ 3° *Équipage d'un avion*, ensemble des hommes qui en assurent la manœuvre (et personnel attaché au service dans les avions de transport). *L'Équipage*, roman de J. Kessel.
II. ♦ 1° (1549). *Vx.* Ensemble de tout le matériel (armes, munitions, bagages, chevaux, camions, vivres) qui accompagne une armée en campagne. V. **Attirail, bagage, bataclan.** ◇ Mod. *Train des équipages*, corps de troupe chargé de l'entretien et de l'acheminement des équipages militaires. ♦ 2° *Vx.* « *Provision de tout ce qui est nécessaire pour voyager ou s'entretenir honorablement, soit de valets, chevaux, carrosses, habits, armes, etc.* » (FURET.). V. **Train.** ◇ *Ancienn.* (1652) Voitures, chevaux et le personnel qui en a charge. « *J'ai les plus beaux chevaux, les plus charmants équipages de Paris* » (BALZ.). ♦ 3° *Vx.* L'habit et la toilette. V. **Accoutrement, costume, tenue.** *Loc. Être en bon ou mauvais équipage*, bien ou mal vêtu. ◇ Littér. *Être en mauvais, triste, pauvre, piteux équipage.* V. **État, situation.** « *Le pis fut que l'on mit en piteux équipage Le pauvre potager* » (LA FONT.).
II. *Techn.* (1694). Ensemble des objets nécessaires à certains travaux ou entreprises. *Équipage de pompe. Équipages de machines, de métiers.*

ÉQUIPARTITION [ekчipartisjɔ̃]. *n. f.* (1909; de *équi-*, et *-partition*). *Phys.* Répartition de l'énergie totale d'un système.

ÉQUIPE [ekip]. *n. f.* (*Equippe* « équipage (I) », 1456; de *équiper*). ♦ 1° *Vx* (1688). Petite flottille appartenant à un même batelier; chargement de ces bateaux. ♦ 2° (1864). Groupe de personnes unies dans une tâche commune. *Travailler en équipe. Faire équipe avec qqn. Faire partie d'une équipe. Équipe d'ouvriers. Équipe de nuit dans une usine. Homme d'équipe* (ch. de fer). *Chef d'équipe. Équipe de balayeurs, de cantonniers.* V. **Escouade.** *Équipes de secours. Équipe de chercheurs dans un laboratoire.* « *Les deux équipes constituées par Antoine se relayèrent sans relâche, de trois heures en trois heures, au chevet de M. Thibault* » (MART. du G.). ◇ *Esprit d'équipe*, animant une équipe dont les membres collaborent en parfait accord. « *Si tu veux rester avec nous, il faudra prendre l'esprit d'équipe et t'habituer à tout mettre en commun* » (SARTRE). ♦ 3° Groupe de personnes qui agissent, se distraient ensemble. « *Toute une équipe nous étions... Toute une bande de durs* » (MART. du G.). Fam. *La fine équipe. En voilà une équipe!* ♦ 4° (Déb. XXᵉ; déjà 1469, au jeu de « quintaine »). Groupe de personnes pratiquant un même sport et associées en nombre déterminé pour disputer des compétitions, des matches, des championnats. *Jouer en équipe, par équipe. Jeu, sport d'équipe. Couleurs, maillots d'une équipe. Équipes de professionnels, d'amateurs, de juniors. Équipe nationale. Équipe de France, de Belgique. Capitaine, entraîneur, soigneur de l'équipe. Équipe de football, de rugby, de hockey.* V. **Team** (angl.). *Équipe de coureurs cyclistes.* V. **Écurie.**

ÉQUIPÉE [ekipe]. *n. f.* (v. 1500; de *équiper*). ♦ 1° *Vx.* Le fait de partir tout équipé pour quelque aventure (sur mer, à la guerre). V. **Sortie.** ◇ Mod., *plaisant.* Sortie, promenade en toute liberté (Cf. **Échappée**). ♦ 2° (1611). Action entreprise à la légère. V. **Escapade, frasque, fredaine, fugue.** *Il se rappelait « la suspicion des maîtres, la folle équipée de Marseille* » (MART. du G.).

ÉQUIPEMENT [ekipmã]. *n. m.* (1671; de *équiper*). Action d'équiper; ce qui sert à équiper. ♦ 1° *Mar.* Action de pourvoir un navire des objets nécessaires pour le mettre en état de naviguer et assurer la subsistance de l'équipage (agrès, apparaux, provisions). V. **Armement.** ♦ 2° (1812). *Cour.* Objets nécessaires à l'armement, à l'entretien d'une armée, d'un soldat. V. **Arme, armement, attirail, équipage** (*vx*); **matériel; bagage;** et (*fam.*) **Barda, fourbi.** *Équipement complet du fantassin* (armes, cartouchière, ceinturon, effets, sac, etc.). « *Il commença à préparer son équipement et à monter son sac* » (MAC ORLAN). ♦ 3° (1864). Action d'équiper, et (*cour.*) Tout ce qui sert à équiper une personne, un animal, une chose en vue d'une activité déterminée (objets, vêtements, appareils, accessoires). *Équipement de chasse, de pêche, de ski. Équipe-*

ment d'une machine. V. **Appareillage.** *Équipement d'un local, d'une usine.* V. **Aménagement, installation, matériel, outillage.** *Équipement d'un terrain d'aviation, d'un port.* ◇ *Équipement d'une région.* Plan d'équipement national. « *Un équipement industriel, dans le sens complet et complexe du terme, comporte des facteurs humains qui ne s'improvisent pas* » (SIEGFRIED). — (Au plur.). *Équipements collectifs*, ensemble des locaux et installations nécessaires à la vie d'une collectivité. ◇ Techn. *Équipement de survie*, dispositif de secours utilisé par les astronautes lorsque la mission ne se déroule pas comme prévu.

ÉQUIPER [ekipe]. *v. tr.* (*Eschiper*, 1160; *esquiper*, v. 1210; a. norm. *skipa*, de *skip* « navire »). ♦ 1° Pourvoir (un navire) de ce qui est nécessaire à la navigation. *Équiper un navire*, en personnel et matériel (armement, équipage, fret, provision(s). *Équiper un baleinier, une flotte.* V. **Armer, fréter, gréer.** *Au p. p.* Blas. *Navire équipé*, dont les cordages, les voiles sont d'un émail différent. ♦ 2° (1535). Pourvoir des choses nécessaires à une activité. *Équiper une armée, des troupes. Équiper un cavalier. Être bien équipé pour la chasse.* « *Un cheval de haute taille, lourdement équipé* » (FROMENTIN). ◇ *Équiper un objet*, en vue d'une destination particulière. *Équiper électriquement une machine à coudre; une ligne de chemin de fer.* V. **Électrifier.** *Équiper une automobile d'une boîte de vitesse automatique.* V. **Munir.** « *Le réchaud à repasser, équipé en gril à braise, encombrait un coin de la terrasse* » (COLETTE). ◇ *Équiper un local*, pour une destination. *Équiper une cuisine, un atelier.* V. **Appareiller, outiller.** « *Ces salles étaient d'ailleurs équipées pour soigner les malades dans le minimum de temps* » (CAMUS). V. **Aménager, installer.** — *Équiper une région d'un réseau routier, électrique. Équiper économiquement, industriellement un pays.* V. **Développer, industrialiser.** ♦ 3° S'ÉQUIPER. *v. pron.* Se munir d'un équipement. *S'équiper à peu de frais pour des vacances à la mer. S'équiper soigneusement avant une expédition, une exploration.* — *Se vêtir d'un équipement.* « *Mettez-vous en tenue, Gilieth, équipez-vous, avec vos armes et vous prendrez le commandement d'une patrouille* » (MAC ORLAN). ◇ *Être pourvu d'un équipement.* « *Un monde qui s'équipe de plus en plus* » (VALÉRY). ◇ ANT. **Déséquiper. Désarmer, déshabiller. Démunir.**

ÉQUIPIER, IÈRE [ekipje, jɛʀ]. *n.* (1870; de *équipe*). ♦ 1° *Vx.* Homme d'équipe, ouvrier qui fait partie d'une équipe. ♦ 2° Mod. (XXᵉ). Membre d'une équipe sportive. V. **Coéquipier.** *Le capitaine donne ses instructions aux équipiers.* V. **Joueur.** *Équipier en titre* (opposé à *remplaçant*). *Équipier sélectionné pour l'équipe nationale.* V. **International.** ♦ 3° Milit. Élément des formations de combat (aviation).

ÉQUIPOLLÉ ou **ÉQUIPOLÉ** [ekipɔle]. *adj. m.* (1690; de l'a. v. *équipoller* « égaler », XIVᵉ; de *æquus*, et *pollere* « avoir telle valeur »). Blas. *Points équipollés* carrés égaux formés par la réunion du tiercé en pal et du tiercé en fasce.

ÉQUIPOLLENCE [ekipɔlɑ̃s]. *n. f.* (1265; lat. *æquipollentia* « équivalence »). ♦ 1° *Vx.* Équivalence. ♦ 2° Mod. En algèbre, entre deux quantités complexes ou imaginaires. — Géom. *Équipollence de deux vecteurs* ayant même grandeur, même sens, et portés par deux parallèles.

ÉQUIPOLLENT, ENTE [ekipɔlɑ̃, ɑ̃t]. *adj.* (1265; lat. *æquipollens*). ♦ 1° *Vx.* Équivalent. ♦ 2° Mod. Entre qui existe une équipollence. *Vecteurs équipollents.*

ÉQUIPOTENT [ekipɔtɑ̃]. *adj. m.* (XXᵉ; de *équi-*, et lat. *potens* « puissance »). *Math.* Se dit d'ensembles qui ont la même puissance.

ÉQUIPOTENTIEL, ELLE [ekipɔtɑ̃sjɛl]. *adj.* (1890; de *équi-*, et *potentiel*). *Électr.* Qui a le même potentiel. *Surface équipotentielle*, qui a le même potentiel (électrique) en chacun de ses points (*surfaces de niveau*).

ÉQUIPROBABLE [ekipʀɔbabl(ə)]. *adj.* (XXᵉ; de *équi-*, et *probable*). *Math.* Se dit d'événements qui ont les mêmes probabilités.

ÉQUISÉTINÉES [ekчisetine]. *n. f. pl.* (*Équisétacées*, 1839; lat. *equisetum* « prêle », de *equus* « cheval », et *seta* « soie »). *Bot.* Classe de cryptogames vasculaires comprenant les prêles et des formes fossiles (calamites).

ÉQUITABLE [ekitabl(ə)]. *adj.* (1517; de *équité*). ♦ 1° Qui a de l'équité. *Un homme équitable.* V. **Impartial, intègre.** « *Pour reconnaître si ce juge bienveillant... était vraiment équitable et perspicace* » (CHARDONNE). ♦ 2° Conforme à l'équité. « *Je crois être rentré à votre égard dans les termes d'une indépendance respectueuse, équitable* » (STE-BEUVE). ◇ ANT. **Arbitraire, injuste, partial.**

ÉQUITABLEMENT [ekitabləmɑ̃]. *adv.* (1564; de *équitable*). D'une manière équitable. *Juger équitablement des torts de chacun.* V. **Impartialement.** ◇ ANT. **Injustement.**

ÉQUITANT, ANTE [ekitɑ̃, ɑ̃t]. *adj.* (1846; lat. *equitans* « chevauchant », de *equitare*. V. **Équitation**). Bot. *Cotylédons équitants* : pliés en deux et emboîtés.

ÉQUITATION [ekitɑsjɔ̃]. *n. f.* (1503; lat. *equitatio*, de *equitare* « aller à cheval »). Action et art de monter à cheval. *Le médecin lui a recommandé l'équitation. Faire de l'équitation :* du cheval. *École d'équitation* (V. **Manège**). *Professeur d'équitation,* écuyer. *Équitation de cirque.* V. **Voltige; école** (haute école). *Équitation de compétition.* V. **Hippisme**.

ÉQUITÉ [ekite]. *n. f.* (1262; lat. *æquitas* « égalité »). ♦ 1° Notion de la justice naturelle dans l'appréciation de ce qui est dû à chacun; vertu qui consiste à régler sa conduite sur le sentiment naturel du juste et de l'injuste. V. **Droiture, justice**. *L'équité consiste à mettre chacun sur un pied d'égalité.* V. **Impartialité**. « *Le monde matériel repose sur l'équilibre, le monde moral sur l'équité* » (HUGO). « *Dieu me punit, ajoutat-elle à voix basse, il est juste; j'adore son équité* » (STENDHAL). ♦ 2° Conception d'une justice naturelle qui n'est pas inspirée par les règles du droit en vigueur (*opposé à* droit positif, loi). *Juger selon l'équité. Le juge prononce selon le droit, l'arbitre peut juger en équité.* « *Qu'y a-t-il donc au-dessus de la justice? — L'équité* » (HUGO). ◇ *Par ext.* Caractère de ce qui est conforme à l'équité. *Équité d'une loi, d'un partage.* ⊗ ANT. Iniquité, injustice, partialité.

ÉQUIVALENCE [ekivalɑ̃s]. *n. f.* (1361; bas lat. *æquivalentia,* de *æquivalere*). Qualité de ce qui est équivalent. V. **Égalité, homologie, identité**. *Équivalence des fortunes. Les jacqueries* « *mettent en avant un principe d'équivalence, vie contre vie* » (CAMUS). Sc. *Relation d'équivalence* entre deux éléments d'un ensemble (elle présente les propriétés de réflexivité, de symétrie et de transitivité; *ex.* l'égalité de deux nombres). — Phys. *Principe de l'équivalence mécanique de la chaleur.* ♦ (1864) Assimilation d'un titre, d'un diplôme à un autre. ⊗ ANT. **Différence**.

1. **ÉQUIVALENT, ENTE** [ekivalɑ̃, ɑ̃t]. *adj.* (1361; bas lat. *æquivalens* (XIIᵉ), de *æquivalere* « avoir une valeur égale »). ♦ 1° Dont la quantité a la même valeur. V. **Égal**. *Leurs parts d'héritage sont équivalentes.* « *J'inflige aux trois maîtres... une punition équivalente, huit jours d'arrêt* » (LOTI). ◇ Géom. *Surface, volumes équivalents,* égaux et de formes différentes. — Alg. *Équations équivalentes.* — Cartogr. *Projection équivalente,* qui respecte les surfaces relatives (et déforme les contours). ♦ 2° Qui a la même valeur ou fonction. *Ces deux expressions sont équivalentes.* V. **Synonyme**. *Faits équivalents,* dont la portée est semblable ou identique. V. **Comparable**. « *Toutes les phrases de son livre* (L'Étranger, de Camus) *sont équivalentes, comme sont équivalentes toutes les expériences de l'homme absurde* » (SARTRE). ◇ ÉQUIVALENT À. V. **Équivaloir**. ⊗ ANT. Inégal. Différent.

2. **ÉQUIVALENT** [ekivalɑ̃]. *n. m.* (1538; « impôt », 1382; du précéd.). ♦ 1° Ce qui équivaut, la chose équivalente (en quantité ou en qualité). *Donner l'équivalent de ce qu'on reçoit. Je n'ai pas pu trouver l'équivalent, c'est une chose irremplaçable.* V. **Pareil, semblable**. « *Un chef-d'œuvre dont vous ne pourrez trouver l'équivalent que dans l'école florentine ou l'école romaine* » (GAUTIER). ♦ 2° Mot ou expression que l'on peut substituer à un autre mot ou une autre expression (comme ayant même valeur, même fonction). V. **Synonyme**. « *Le mot infini, comme les mots Dieu, esprit et quelques autres expressions, dont les équivalents existent dans toutes les langues* » (BAUDEL.). ♦ 3° Phys. *Équivalent mécanique de la chaleur* (mesuré par Joule) : rapport constant entre le travail et la quantité de chaleur échangés par transformation de l'énergie.

ÉQUIVALOIR (À) [ekivalwaʀ]. *v. tr. indir.; conjug. valoir; rare à l'inf.* (1461; lat. *æquivalere* « valoir autant »). Valoir autant, être de même valeur. V. **Égaler**. ♦ 1° Avoir la même valeur en quantité que. *En valeur nutritive, deux cents grammes de poisson équivalent à cent grammes de viande.* « *Une seule de ces fourmilières d'Amérique peut équivaloir à deux ou trois cents de nos fourmilières d'Europe* » (BUFF.). ♦ 2° Avoir la même valeur ou fonction que (V. **Signifier**). *Cette réponse équivaut à un refus.* « *Pour Gilieth la vie d'un homme équivalait à celle d'un lapin* » (MAC ORLAN). « *L'inflexion était si douce, si compatissante, si timide, qu'elle équivalait au plus tendre aveu* » (MART. du G.).

ÉQUIVOQUE [ekivɔk]. *adj. et n. f.* (1220; lat. *æquivocus* « à double sens », de *vox* « parole »). **I.** *Adj.* ♦ 1° Vx *(Didact.)*. Qui offre un même son à l'oreille, mais un sens différent à l'esprit. V. **Homonyme**. ♦ 2° Mod. *(du discours)*. Qui s'interpréter de plusieurs manières, qui par conséquent n'est pas clair. V. **Ambigu, amphibologique, obscur**. *Termes, mots équivoques. Phrases équivoques.* « *Il parlait rarement d'une façon tout à fait nette, ses réponses étaient équivoques* » (R. ROLLAND). ♦ 3° Dont la signification n'est pas certaine, qui peut s'expliquer de diverses façons. *Traces, faits équivoques.* V. **Mystérieux**. *Expérience équivoque dont on ne peut tirer qu'une conclusion problématique.* V. **Douteux, indécis**. *Les femmes se tiennent* « *dans cette position équivoque, comme à un carrefour qui mène également au respect, à l'indifférence, à l'étonnement ou à la passion* »

(BALZ.). ◇ Méd. *Signes équivoques,* qui peuvent convenir à plusieurs maladies. Cour. (négatif) « *Il appréhendait seulement les signes non équivoques du mal de mer* » (MAC ORLAN). ♦ 4° Péj. V. **Douteux, louche, suspect**. *Passé, réputation, vertu équivoque. Regards, allures équivoques.* V. **Inquiétant**. « *La journée se passa à folâtrer... avec la plus grande décence. Pas un seul mot équivoque, pas une seule plaisanterie hasardée* » (ROUSS.). *Milieu équivoque.* V. **Interlope**.

II. *N. f.* (XVIᵉ; d'abord masc.). ♦ 1° Vieilli. Mauvais jeu de mots. V. **Calembour**. « *On dit tout ce qui passe par la tête, même la plaisanterie crue et l'équivoque grossière* » (GAUTIER). ♦ 2° Caractère de ce qui prête à des interprétations diverses. V. **Ambiguïté, amphibologie**. *Une équivoque qui entretient la confusion.* V. **Malentendu**. *Déclaration sans équivoque.* V. **Ambages** (sans). « *Chaque équivoque, chaque malentendu suscite la mort* » (CAMUS). ♦ 3° Toute espèce d'incertitude laissant le jugement hésitant. « *Je ne veux plus de toi à moi la plus petite équivoque, la moindre arrière-pensée* » (COURTELINE). « *Son courageux discours ne laissa pas subsister la moindre équivoque sur la sincérité de la collaboration des social-démocrates* » (MART. du G.).

⊗ ANT. Catégorique, clair, franc, net, précis. Positif. Sincère.

ÉQUIVOQUER [ekivɔke]. *v. intr.* (1520; de *équivoque*). Littér. User d'équivoques. « *Il hésite, atermoie, équivoque* » (MADELIN). ◇ Vx. Faire des équivoques, des calembours.
Er *Symbole chimique de l'erbium*.*

ÉRABLE [eʀabl(ə)]. *n. m.* (1265; bas lat. *acerabulus,* du lat. *acer* « érable », et p.-ê. gaul. *abolo* « sorbier »). Grand arbre à feuilles lobées et pétiolées, dont le fruit est muni d'une longue aile membraneuse. *Érable champêtre. Érable faux platane* (appelé improprement *sycomore*). *Érable ornemental d'Amérique.* V. **Négundo**. — Spécialt. *Érable du Canada* ou *érable à sucre,* dont la sève, recueillie par incision puis bouillie et brassée, donne un sucre comestible. *Produits de l'érable : sirop, sucre, beurre d'érable,* tire*.

ÉRABLIÈRE [eʀablijɛʀ]. *n. f.* (1804; de *érable*). Plantation d'érables. — Spécialt. Au Québec, Plantation d'érables à sucre, dans la partie limitrophe boisée d'une propriété agricole, exploitée pour l'industrie des produits de l'érable. *Exploiter l'érablière de sa ferme. Sucrerie d'érablière* (au Canada, on dit aussi *cabane* à sucre*).

ÉRADICATION [eʀadikɑsjɔ̃]. *n. f.* (1550; lat. *eradicatio* « action de déraciner »). Méd. Action d'arracher, d'extirper. V. **Arrachement**. — Fig. Suppression totale de (une maladie endémique; une espèce animale responsable de la transmission d'une maladie). *Éradication du paludisme.*

ÉRAFLEMENT [eʀɑ(a)fləmɑ̃]. *n. m.* (1811; de *érafler*). Rare. Action d'érafler.

ÉRAFLER [eʀafle]. *v. tr.* (1447; *arrafler,* fin XIVᵉ; de *é-,* et *rafler*). ♦ 1° Entamer légèrement (la peau). *La balle n'a fait que l'érafler. Il s'est érafté la main avec un clou.* V. **Écorcher, égratigner**. *Genou éraflé.* — Fig. « *Je suis doué d'une sensibilité absurde, ce qui érafle les autres me déchire* » (FLAUB.). ♦ 2° Par anal. *Érafler le plâtre d'un mur, le bois d'un meuble.* V. **Rayer**. *Cuir éraflé.*

ÉRAFLURE [eʀaflyʀ]. *n. f.* (1671; de *érafler*). Entaille superficielle, écorchure légère. *Les ronces lui ont fait des éraflures aux jambes.* V. **Écorchure, égratignure**. « *De longues éraflures zèbrent les épaules du dompteur* » (GAUTIER). ◇ *Mur couvert d'éraflures.*

ÉRAILLÉ, ÉE [eʀaje]. *adj.* (*Errailié,* déb. XIIIᵉ; de l'a. fr. *esraailler.* V. **Érailler**). ♦ 1° Des yeux éraillés, dont la paupière est renversée. ◇ *Injecté de sang. Ce chien* « *a les yeux éraillés de la vieillesse* » (DIDER.). ◇ (XIXᵉ; de *érailler,* 1°). Qui présente des rayures, des déchirures superficielles. *Tissu éraillé par usure. Cordage éraillé,* qui commence à s'user par frottement. « *La rue sombre, muette, déserte, avec ses façades noires éraillées de projectiles, et montrant les cicatrices toutes fraîches du combat* » (GAUTIER). ♦ 3° (1877). *Voix éraillée.* V. **Rauque**. *Une voix éraillée, nasillarde* (MART. du G.).

ÉRAILLEMENT [eʀajmɑ̃]. *n. m.* (XVIᵉ; de *éraillé,* 1°). ♦ 1° Méd. Déchirure allongée, irrégulière, de l'épiderme. V. **Écorchure, éraflure**. ♦ 2° (1864; de *érailler,* 1°). Le fait de s'érailler, d'être rayé, éraflé (tissu, surface). *Éraillement de la soie par usure.* ♦ 3° (Fin XIXᵉ; de *érailler,* 2°). *Éraillement de la voix.*

ÉRAILLER [eʀaje]. *v. tr.* (1690; de (œil) éraillé* (av. infl. de *rayer*), et l'a. fr. *esraaller* « rouler les yeux », v. 1190 jusq. XVIIᵉ; de l'a. fr. *roellier,* lat. pop. **roticulare,* rac. *rota* « roue »). ♦ 1° Déchirer superficiellement. V. **Écorcher, érafler, rayer**. *Érailler du bois, du cuir, une étoffe.* Pronom. *Cette étoffe commence à s'érailler.* ♦ 2° (1856). Rendre rauque (la voix). *S'érailler la voix à crier.* Pronom. « *Sa voix à des chansons de carrefour s'éraille* » (HUGO).

ÉRAILLURE [eʀajyʀ]. *n. f.* (1690; de *érailler,* 1°). ♦

1° Rayure sur une étoffe éraillée (2°). ♦ 2° Éraflure, éraillement.

ERBINE [ɛʀbin]. *n. f.* (v. 1850 ; du lat. mod. *erbia* (1843) ; de *Ytterby*, ville de Suède, où elle fut découverte). *Chim.* Oxyde terreux de l'erbium (Er₂O₃) que l'on trouve à l'état naturel.

ERBIUM [ɛʀbjɔm]. *n. m.* (1864 ; du lat. mod. *erbia*; Cf. le précéd.). *Chim.* Métal du groupe des terres rares *(Er)* dont on ne connaît qu'un oxyde terreux, l'erbine.

ERBUE. *n. f.* V. HERBUE.

ÈRE [ɛʀ]. *n. f.* (*Here*, 1537 ; lat. *æra* « nombre, chiffre »). ♦ 1° *Chron.* Point de départ d'une chronologie particulière. V. Époque (1°). *Ère des Séleucides* (312 av. J.-C.). *L'ère des musulmans est l'hégire.* ♦ 2° *Cour.* Espace de temps, généralement de longue durée, qui commence à un point fixe et déterminé (l'ère, 1°). *L'ère chrétienne (ère vulgaire) débute avec la naissance du Christ. Le cinquième siècle avant notre ère, le quinzième siècle de l'ère chrétienne.* « *Le mot ère signifie dénombrement d'années commencé à un certain point que quelque grand événement fait remarquer* » (BOSS.). ♦ 3° Époque qui commence avec un nouvel ordre de choses. V. Âge, époque, période. *L'ère des croisades. L'ère de la liberté, de l'affranchissement des peuples. Selon Auguste Comte* « *l'ère positiviste qui succéderait nécessairement à l'ère métaphysique et à l'ère théologique devait marquer l'avènement d'une religion de l'humanité* » (CAMUS). ♦ 4° *Géol.* La plus grande division des temps géologiques. *Ère archéenne ou azoïque ; ère primaire ou paléozoïque ; ère secondaire ou mésozoïque ; ère tertiaire ; ère quaternaire ou ère néozoïque. Subdivision de chaque ère en périodes, époques et âges.* ◇ HOM. V. Air (1).

ÉRECTEUR, TRICE [eʀɛktœʀ, tʀis]. *adj.* (1701 ; lat. *erector* « qui érige »). *Physiol.* Qui produit l'érection (2°). — *Muscles érecteurs.*

ÉRECTILE [eʀɛktil]. *adj.* (1813 ; du lat. *erectus*). Susceptible d'érection (2°) ; capable de se dresser. *Poils érectiles.* — (*N. f.* ÉRECTILITÉ [eʀɛktilite]).

ÉRECTION [eʀɛksjɔ̃]. *n. f.* (1485 ; lat. *erectio* « action de dresser », de *erigere*). ♦ 1° *Littér.* Action d'ériger, d'élever (un monument). V. Construction, élévation. *L'érection d'une chapelle, d'une statue.* ◇ Vieilli. Action d'établir. V. Établissement, fondation, institution. *Érection d'un tribunal.* « *Depuis l'érection des grands fiefs* » (MONTESQ.). ♦ 2° (XVIᵉ). Le fait, pour certains tissus ou organes (verge, clitoris, mamelon du sein), de se redresser en devenant raides, durs et gonflés. V. Dilatation (vaso-dilatation), tumescence, turgescence. Absolt. *L'érection,* celle de la verge. ◇ ANT. Démolition, suppression. Dégonflement, détumescence.

ÉREINTAGE [eʀɛtaʒ]. *n. m.* (1846 ; de *éreinter*). Critique sévère. V. Éreintement. « *Un éreintage manqué est... une flèche qui se retourne* » (BAUDEL.).

ÉREINTANT, ANTE [eʀɛtɑ̃, ɑ̃t]. *adj.* (1878 ; de *éreinter*). Qui brise de fatigue. V. Claquant, crevant, épuisant, exténuant, fatigant, harassant, pénible, tuant. *Un travail éreintant.* « *Laryngite ; toux éreintante ; abrutissement* » (GIDE). ◇ ANT. Reposant.

ÉREINTÉ, ÉE [eʀɛte]. *adj.* (XVIIᵉ ; *esrené,* 1350 ; V. Éreinter). Très fatigué. V. Claqué, crevé, flapi, fourbu, las, moulu, rompu. « *Tous semblaient accablés, éreintés... tombant de fatigue sitôt qu'ils s'arrêtaient* » (MAUPASS.).

ÉREINTEMENT [eʀɛtmɑ̃]. *n. m.* (1842 ; de *éreinter*). ♦ 1° Critique extrêmement sévère et malveillante. *Éreintement d'un homme politique, d'un écrivain dans un journal.* « *On peut faire avec injustice un grand éreintement d'Hugo, c'est sera tout de même parler de lui, s'occuper de lui* » (HENRIOT). ♦ 3° (1864). Fatigue extrême d'une personne éreintée. V. Épuisement.

ÉREINTER [eʀɛte]. *v. tr.* (1690 ; de l'a. fr. *esrener, érener,* v. 1130 ; de *é-,* et *rein*). ♦ 1° *Vx.* Blesser, déformer en battant ou en foulant les lombes. ♦ 2° Excéder de fatigue. V. Accabler, briser, claquer, crever, épuiser, esquinter, exténuer, fatiguer, harasser, tuer. *Éreinter un cheval. Cette longue promenade m'a éreinté.* ◇ S'ÉREINTER. v. pron. « *Nous nous éreintons à faire des librairies, des éditions, des brochures, des livres* » (PÉGUY). ♦ 3° *Fig.* (1847 ; « décrier », fin XVIIᵉ). Critiquer de manière à détruire le crédit, la réputation de qqn. V. Démolir, échiner, maltraiter. *Éreinter un adversaire politique, un contradicteur dans un meeting.* « *Les journaux, parlons-en!...Les revues!...On m'éreinte de toutes parts* » (GIDE). ◇ ANT. Reposer. Louer.

ÉREINTEUR [eʀɛtœʀ]. *n. m.* (1864 ; de *éreinter,* 1°). Celui qui critique violemment qqn pour le discréditer. Adj. *Un critique éreinteur.*

ÉRÉMITIQUE [eʀemitik]. *adj.* (XVIᵉ ; lat. *eremiticus.* V. Ermite). *Littér.* Propre à un ermite. *Vie érémitique,* que mènent les solitaires dans le désert. — Par ext. *Mener une vie érémitique.* V. Ascétique.

ÉREPSINE [eʀepsin]. *n. f.* (1901, Cohnheim ; gr. *ereipein*

« démolir », d'apr. *pepsine*). *Chim.* Enzyme de l'intestin grêle qui transforme les peptones.

-ÉRÈSE. Élément, du gr. *eirein* « enlever » (ex. : *aphérèse, diérèse*).

ÉRÉSIPÈLE. V. ÉRYSIPÈLE.

ÉRÉTHISME [eʀetism(ə)]. *n. m.* (1741 ; gr. *erethismos* « irritation »). ♦ 1° *Méd.* État d'excitabilité accrue (d'un organe). *Éréthisme cardiaque.* ♦ 2° *Littér.* Exaltation violente d'une passion ; tension d'esprit excessive. V. Fièvre, tension. « *Il a porté mon imagination et ma pensée jusqu'au dernier degré d'éréthisme* » (CHÊNEDOLLÉ).

ÉREUTHOPHOBIE [eʀøtɔfɔbi]. *n. f.* (1907 ; du gr. *ereuthô* « je rougis », et *-phobie*). *Didact.* Crainte excessive, pathologique, de rougir.

1. ERG [ɛʀg]. *n. m.* (plur. *areg,* 1856 ; *erg,* 1890 ; mot arabe). *Géogr.* Région du Sahara couverte de dunes (opposé à *hamada*). *Les dunes du Grand Erg.* « *Les dunes chaudes, les areg, où l'oiseau dépose ses œufs* » (FROMENTIN). Plur. *Areg* [aʀɛg] ou *ergs.*

2. ERG [ɛʀg]. *n. m.* (1890 ; gr. *ergon* « travail »). *Mécan.* Unité C.G.S. qui correspond au travail produit par une dyne dont le point d'application se déplace de 1 centimètre dans la direction de la force. *L'erg vaut* 10^{-7} *joules.*

ERGASTULE [ɛʀgastyl]. *n. m.* (XIVᵉ, repris XIXᵉ ; lat. *ergastulum,* adapt. du gr. *ergastêrion* « atelier »). *Antiq. rom.* Prison souterraine, cachot. « *Une plainte continue monte du fond des ergastules* » (FLAUB.).

-ERGIE, ERGO-, -URGIE. Éléments, du gr. *ergon* « travail, force ».

ERGOGRAPHE [ɛʀgɔgʀaf]. *n. m.* (1907 ; du gr. *ergon* (V. Erg 2), et *-graphe*). *Sc.* Appareil pour l'étude et la mesure du travail musculaire.

ERGOLOGIE [ɛʀgɔlɔʒi]. *n. f.* (1953 ; de *ergo-,* et *-logie*). *Didact.* Partie de la physiologie qui étudie l'activité musculaire.

ERGOMÉTRIE [ɛʀgɔmetʀi]. *n. f.* (v. 1960 ; de *ergo-,* et *-métrie*). *Didact.* Mesure du travail fourni par certains muscles ou par l'organisme en général. *L'ergométrie en médecine du travail, en médecine sportive.*

ERGONOME [ɛʀgɔnɔm]. *n.* ou **ERGONOMISTE** [ɛʀgɔnɔmist(ə)]. *n.* (1972-1970 ; de *ergonomie*). *Didact.* Spécialiste de l'ergonomie*.

ERGONOMIE [ɛʀgɔnɔmi]. *n. f.* (v. 1965 ; de l'angl. *ergonomics* [1949], du gr. *ergon* « travail », d'apr. *economics,* etc.). *Didact.* (psycho., socio.). Étude scientifique des conditions (psychophysiologiques et socio-économiques) de travail et des relations entre l'homme et la machine. — Adj. ERGONOMIQUE.

ERGOSTÉROL [ɛʀgɔsteʀɔl]. *n. m.* (1933 ; de *ergot,* et *stérol,* d'apr. *ergostérine,* fin XIXᵉ). *Sc.* Stérol des tissus végétaux, qui se transforme en vitamine D sous l'effet des rayons ultra-violets.

ERGOT [ɛʀgo]. *n. m.* (plur. *argoz,* 1160 ; o.i.).
I. Production cornée derrière la patte de quelques animaux. V. Éperon. ♦ 1° Chez les Gallinacés mâles, Pointe recourbée du tarse, doigt abortif servant d'arme offensive. *Les ergots du coq.* « *Le coq jaloux monte sur ses ergots pour un combat suprême* » (RENARD). ◇ Loc. fig. *Monter, se dresser sur ses ergots,* prendre une attitude agressive, menaçante. ♦ 2° Chez les mammifères quand ils n'ont que deux ou trois doigts, Apophyse cornée en arrière du boulet. *Ergots du cheval.* ◇ Ongle supplémentaire d'un chien vers la partie postérieure de la patte.
II. ♦ 1° *Agric.* Petit corps oblong et vénéneux formé par un champignon parasite, qui se développe au détriment du grain de certaines céréales. *Ergot du blé, du seigle. L'ergot de seigle est utilisé en thérapeutique comme vaso-constricteur.* ◇ Par ext. La maladie elle-même. *Céréales sujettes à l'ergot.* ♦ 2° *Arbor.* Petite pointe de branche morte restant à un arbre fruitier. ♦ 3° *Techn.* Saillie laissée à une pièce de bois, de fer. ♦ 4° *Anat. Ergot de Morand* (appelé aussi petit hippocampe), saillie médullaire de chaque ventricule latéral du cerveau.

ERGOTAGE. V. ERGOTERIE.

ERGOTÉ, ÉE [ɛʀgɔte]. *adj.* (1594 ; de *ergot*). ♦ 1° Pourvu d'ergots. *Un oiseau ergoté.* ♦ 2° (1755). Atteint d'ergot. *Blé, seigle ergoté.* V. Cornu.

ERGOTER [ɛʀgɔte]. *v. intr.* (*Argoter,* XIIIᵉ ; du lat. *ergo* « donc », par crois. avec *argot* 2). Trouver à redire sur des vétilles ; contester avec des arguments captieux. V. Chicaner, discuter, ratiociner, tergiverser. *Personne qui a la manie d'ergoter.* V. Ergoteur, pointilleux. « *Rien n'est plus stérile, lorsqu'on étudie l'œuvre d'un grand homme, que d'ergoter, de discuter et de nier* » (MAUROIS). ◇ ANT. Admettre, consentir.

ERGOTERIE [ɛʀgɔtʀi]. *n. f.* ou **ERGOTAGE** [ɛʀgɔtaʒ]. *n. m.* (XVIᵉ ; de *ergoter*). Action d'ergoter ; son résultat. V. Argument, chicane, discussion. « *Ces discussions oiseuses, cet ergotage aigre et puéril* » (R. ROLLAND).

ERGOTEUR, EUSE[ɛʀgɔtœʀ, øz]. *n. et adj.* (XVIᵉ; de *ergoter*). Personne qui aime à ergoter. V. **Argumentateur, chicanier.** « *La Grèce est la mère des ergoteurs, des rhéteurs et des sophistes* » (TAINE). Adj. *Il est ergoteur.*

ERGOTHÉRAPIE [ɛʀgɔteʀapi]. *n. f.* (v. 1961; du gr. *ergon* « travail », et *-thérapie*). *Didact.* Traitement de rééducation des infirmes et des invalides par un travail physique, manuel, adapté à leurs possibilités et leur permettant de se réinsérer dans la vie sociale.

ERGOTINE [ɛʀgɔtin]. *n. f.* (1836; de *ergot*, II, 1°). *Sc.* Extrait de l'ergot de seigle employé autrefois comme remède contre les hémorragies.

ERGOTISME [ɛʀgɔtism(ə)]. *n. m.* (1818; de *ergot*, II, 1°). *Méd.* Ensemble des accidents provoqués par la consommation du seigle ergoté.

ÉRICACÉES [eʀikase]. *n. f. pl.* (1839; du lat. *erica* « bruyère »). *Bot.* Famille de plantes dicotylédones gamopétales superovariées, comprenant des arbrisseaux ou arbustes (arbousier, azalée, bruyère, gaulthérie, myrtille, rhododendron).

ÉRIGER [eʀiʒe]. *v. tr.; conjug.* bouger (1495; lat. *erigere* « dresser »). ♦ 1° Placer (un monument) en station verticale. V. **Dresser.** *On érigea l'obélisque place de la Concorde.* — *Pronom.* Se dresser. « *Sa mentonnière dont les deux coques ridicules s'érigeaient en cornes sur sa tête* » (MART. du G.). ◊ Construire avec quelque solennité. V. **Bâtir, construire, élever.** *Ériger un temple, une statue.* ♦ 2° *Littér.* ou *admin.* V. **Créer, établir, instituer, fonder.** *Ériger un tribunal, une commission, une société.* ♦ 3° *Fig.* Donner le caractère de; faire passer à une condition plus élevée, plus importante. *Ériger une église en cathédrale. Ériger un criminel en héros. Ériger ses caprices en règle morale.* « *M. de Penthièvre... dont il érigeait en culte la sainte mémoire* » (STE-BEUVE). ◊ S'ÉRIGER EN. *v. pron.* S'attribuer la personnalité, le rôle de. **Poser** (se poser en), **présenter** (se présenter comme). *S'ériger en moraliste, en maître.* ◊ ANT. **Coucher, détruire.**

ÉRIGÉRON [eʀiʒeʀɔ̃]. *n. m.* (1808; lat. *erigeron*, gr. *erigerôn* « séneçon »). *Bot.* Plante (*Composacées*) herbacée, appelée communément **vergerette.**

ÉRIGNE [eʀiɲ] ou *(vx)* **ÉRINE** [eʀin]. *n. f.* (*Ireigne*, 1536; lat. *aranea* « araignée », en méd.). *Chir.* Crochet pointu monté sur un manche, qui sert à soulever certaines parties et à les maintenir écartées.

ÉRISTALE [eʀistal]. *n. m.* (1831; lat. zool. *eristalis*, du gr. *eri* « beaucoup », et *stalan* « couler goutte à goutte »). *Zool.* Insecte diptère qui ressemble à l'abeille. *Éristale gluant*, espèce la plus commune.

ÉRISTIQUE [eʀistik]. *adj. et n.* (1765; gr. *eristikos*, même sens). *Hist. philo.* Relatif à la controverse. *Écrit éristique.* — *Subst.* Un éristique, un philosophe de l'école de Mégare. — N. f. *L'éristique*, l'art de la controverse.

ERMINETTE. *n. f.* V. **HERMINETTE.**

ERMITAGE [ɛʀmitaʒ]. *n. m.* (1138; de *ermite*). ♦ 1° *Vx.* Habitation d'ermite. ♦ 2° *Littér.* Lieu écarté, solitaire. *Vivre dans un ermitage.* « *M. de Chateaubriand veut décidément se retirer du monde; il va vivre en solitaire dans un ermitage* » (STE-BEUVE). — Nom donné parfois à une maison de campagne retirée. *L'ermitage* (ou *hermitage*) *de J.-J. Rousseau.*

ERMITE [ɛʀmit]. *n. m.* (1138; lat. chrét. *eremita*, du gr. *erêmitês* « qui vit dans la solitude », de *erêmos* « désert »). ♦ 1° Religieux retiré dans un lieu désert. V. **Anachorète, ascète, solitaire** (*opposé à* cénobite, moine). *Les ermites de la Thébaïde. Vie d'ermite.* — *Fig. Vivre en ermite, comme un ermite*, seul. ♦ 2° Nom donné au *bernard-l'hermite* (pagure).

ÉRODER [eʀɔde]. *v. tr.* (1560, repris XIXᵉ; lat. *erodere*. V. **Corroder**). *Didact.* Ronger. *Acide qui érode un métal. L'eau érode le lit des rivières.* V. **Affouiller, dégrader.** « *La lèpre rongeante a mutilé les statues; l'une a perdu son bras, l'autre ses mains; celle-ci a le genou érodé* » (SUARÈS).

ÉROGÈNE [eʀɔʒɛn] ou **ÉROTOGÈNE** [eʀɔtɔʒɛn]. *adj.* (mil. XXᵉ; de *eros*, et *-gène*). *Psychan.* Susceptible de provoquer une excitation sexuelle. *Zones érogènes.*

ÉROS [eʀɔs]. *n. m.* (mil. XXᵉ; all. *Eros*, nom du dieu grec de l'amour). *Psychan.* Principe d'action, symbole du désir, dont l'énergie est le *libido.* ◊ ANT. **Thanatos.**

ÉROSIF, IVE [eʀɔzif, iv]. *adj.* (1864; de *érosion*). *Géol.* Qui produit l'érosion (2°). *Agents, facteurs érosifs.*

ÉROSION [eʀozjɔ̃]. *n. f.* (1541; lat. *erosio*, de *erodere*. V. **Éroder**). Action d'une substance qui érode, qui ronge; son résultat. ♦ 1° *Méd.* Lésion de la peau ou d'une muqueuse avec perte de substance très superficielle. *Érosion par frottement, par inflammation.* V. **Écorchure, excoriation, ulcération.** ♦ 2° *Mod.* (XVIIIᵉ). Action d'usure et de transformation que les eaux et les agents atmosphériques font subir à l'écorce terrestre. V. **Corrosion, dégradation, désagrégation.** *Érosion glaciaire, fluviale, marine* (ou littorale), *éolienne. Cycle d'érosion.* ◊ *Spécialt.* Usure du lit et des berges des cours d'eau par les matériaux entraînés. V. **Affouillement.** ♦ 3° *Fig.* (v. 1966). Usure graduelle. *Érosion monétaire*, détérioration progressive du pouvoir d'achat de l'unité monétaire.

ÉROTIQUE [eʀɔtik]. *adj.* (1566; lat. *eroticus*, gr. *erôtikos* « qui concerne l'amour », de *erôs*). ♦ 1° *Didact.* Qui a rapport à l'amour, qui en procède. *Poésie érotique. Les odes érotiques d'Anacréon.* ♦ 2° *Cour.* Suscité par l'instinct sexuel ou qui l'excite, tend à l'exciter. V. **Sensuel, sexuel, voluptueux; libre, licencieux. Stimulant érotique.** V. **Aphrodisiaque.** « *Le moyen français* (*XVᵉ-XVIᵉ s.*) *est d'une fécondité inépuisable en termes érotiques* » (SAINÉAN). *Film érotique et film porno*.* *Méd. Délire érotique.* V. **Érotomanie.** ♦ 3° *N. f.* La conception, la pratique de l'érotisme. « *L'érotique chinoise* » (ÉTIEMBLE). ◊ ANT. **Chaste.**

ÉROTIQUEMENT [eʀɔtikmɑ̃]. *adv.* (1846; de *érotique*). D'une manière érotique.

ÉROTISATION [eʀɔtizasjɔ̃]. *n. f.* (1951; de *érotiser*). Transformation (d'un acte, d'un état psychique sans signification sexuelle explicite) en motif de plaisir érotique. « *Érotisation de l'angoisse* » (LAGACHE).

ÉROTISER [eʀɔtize]. *v. tr.* (1908; de *érotique*). ♦ 1° *Méd.* Stimuler les centres nerveux dont dépend l'impulsion sexuelle. « *Les hormones érotisent le système nerveux* » (BINET). ♦ 2° Revêtir, colorer d'un caractère érotique.

ÉROTISME [eʀɔtism(ə)]. *n. m.* (1841; de *érotique*). ♦ 1° Penchant érotique; goût marqué, excessif ou pathologique pour les choses sexuelles. V. **Sensualité.** ♦ 2° *Par ext.* Caractère érotique. *L'érotisme dans l'œuvre de Baudelaire, de Verlaine. Érotisme d'un film, d'une revue* (V. *aussi* **Pornographie**).

ÉROTOLOGIE [eʀɔtɔlɔʒi]. *n. f.* (1890; du gr. *erôs, erôtos*, « amour », et *-logie*). *Didact.* Étude de tout ce qui se rapporte à l'amour physique. Cf. Sexologie. — Adj. **ÉROTOLOGIQUE** [eʀɔtɔlɔʒik].

ÉROTOLOGUE [eʀɔtɔlɔg]. *adj. et n.* (1969; du gr. *erôs, erôtos* « amour », et *-logue*). *Didact.* Qui se rapporte à l'érotisme.

ÉROTOMANE [eʀɔtɔman] ou **ÉROTOMANIAQUE** [eʀɔtɔmanjak]. *n. et adj.* (1870; de *érotomanie*). *Didact.* Qui est affecté d'érotomanie.

ÉROTOMANIE [eʀɔtɔmani]. *n. f.* (1741; gr. *erôtomania*). ♦ 1° Obsession caractérisée par des préoccupations d'ordre sexuel. ♦ 2° *Psycho.* Illusion délirante d'être aimé.

ERPÉTOLOGIE. V. **HERPÉTOLOGIE.**

ERRANCE [ɛʀɑ̃s]. *n. f.* (XIIᵉ; repris fin XIXᵉ; de *errer*, au sens II). *Littér.* Action d'errer çà et là. V. **Course, randonnée; flânerie.** « *Les caravanes se mettaient en marche, lentement, et notre âme s'emplissait d'exaltation et d'angoisse, à ne connaître pas le but de leur interminable errance* » (GIDE).

1. ERRANT, ANTE [ɛʀɑ̃, ɑ̃t]. *adj.* (XIIᵉ; p. prés. de l'a. v. *errer* « marcher, aller », du bas lat. *iterare* « voyager »). *Chevalier errant*, qui ne cesse de voyager. *Le Juif errant.* REM. Le mot n'est pas distingué de *errant* 2. ◊ ANT. **Sédentaire.**

2. ERRANT, ANTE [ɛʀɑ̃, ɑ̃t]. *adj.* (fin XVIIᵉ; adj. particip. de *errer**, de *errare*). Qui va de côté et d'autre, qui n'est pas fixé. V. **Vagabond.** *Chien errant.* V. **Égaré, perdu.** « *Être errant et sembler libre, c'est être perdu* » (HUGO). — *La vie errante* des peuples nomades. « *La vie errante* », récit de voyages de Maupassant. — *Fig.* « *Je n'étais qu'une âme errante qui divaguait çà et là dans la campagne pour user les jours* » (LAMART.). — *Regards errants.* V. **Flottant, fugitif, furtif.** « *Un demi-sourire errant passa sur le beau visage fermé* » (COLETTE). ◊ ANT. **Fixe, fixé, stable.**

ERRATA [eʀata]. *n. m. invar. et* **ERRATUM** [eʀatɔm]. *n. m. sing.* (1590-1798; lat. *erratum*, plur. *errata* « chose où l'on a erré », de *errare*. V. **Errer**) ♦ 1° ERRATA : liste des fautes qui se sont glissées dans l'impression d'un ouvrage. V. **Correction.** *Faire un errata, des errata.* ♦ 2° ERRATUM : faute signalée.

ERRATIQUE [eʀatik]. *adj.* (1265, rare av. XIXᵉ; lat. *erraticus* « errant ». V. **Errer**). *Didact.* Qui n'est pas fixe. — *Méd.* Qui n'est pas régulier. *Fièvre erratique.* — Qui change de place. *Douleur erratique.* — *Par ext.* Situé en un endroit inhabituel. *Goutte erratique.* — *Géol.* *Blocs, roches erratiques*, qui ont été transportés par les anciens glaciers à une grande distance de leur point d'origine. ◊ ANT. **Fixe, régulier.**

ERRE [ɛʀ]. *n. f.* (XIIᵉ; « voyage, route »; de l'a. fr. *errer*, de *iterare*. V. **Errant** 1). ♦ 1° *Vx.* Manière d'avancer, de marcher. V. **Allure, train, vitesse.** Loc. « *Ils détalaient grand'erre et comme s'ils eussent eu les chiens aux trousses* » (GAUTIER). ♦ 2° *Mar.* Vitesse acquise d'un bâtiment sur lequel n'agit plus le propulseur. *Diminuer l'erre.* Loc. *Se laisser glisser, continuer sur son erre.* V. **Lancée.** *Le nageur* « *se laissa glisser sur son erre* » (GIONO). ♦ 3° ERRES. *n. f. pl. Vén.* Traces d'un animal. *Les erres d'un cerf.* ◊ HOM. V. **Air** (I).

ERREMENTS [ɛʀmɑ̃]. *n. m. pl.* (XIIᵉ; de l'a. fr. *errer* « voyager » (V. **Errant** 1), et aussi « agir, se comporter de telle ou telle façon »). ♦ 1º *Vx.* Manière d'agir habituelle; conduite, méthode, procédé. ♦ 2º *Mod.* (par infl. de *errer*, *erreur*). Habitude invétérée, néfaste; manière d'agir blâmable, insensée. *Persévérer, retomber dans ses anciens errements.* V. **Abus, faute, erreur; ornière.**

ERRER [ɛʀ(ʀ)e]. *v. intr.* (1283; *erroïer, erroër*, XIIᵉ; lat. *errare*).

I. *Vx* ou *littér.* S'écarter, s'éloigner de la vérité. V. **Tromper** (se); *erreur, erroné.* « *On le* (Hugo) *voit errer, sans doute en politique... Mais littérairement, il ne se trompe pas* » (HENRIOT).

II. (Par confusion de *errer* (I) et de l'a. fr. *errer* « voyager ». V. **Errant** (1), **errement**). ♦ 1º Aller de côté et d'autre, au hasard, à l'aventure. V. **Déambuler, divaguer, flâner, vadrouiller, vaguer.** *Mendiant, rôdeur, vagabond qui erre sur les chemins.* V. **Rôder, traîner, vagabonder.** « *Voyager pour voyager, c'est errer, être vagabond* » (ROUSS.). « *J'errai un moment parmi les grands corridors tout noirs, tâtant les murs pour essayer de retrouver mon chemin* » (DAUD.). Par métaph. *La vérité* « *erre inconnue parmi les hommes* » (VALÉRY). — Par ext. « *Les nuages erraient dans les souffles des airs* » (HUGO). *Les mains du pianiste semblaient errer sur le clavier. Laisser errer sa plume,* se laisser aller à écrire sans contrainte. « *Pendant plusieurs minutes, sa pensée diffuse erra, comme ses regards, sans qu'il pût la fixer* » (MART. du G.). ♦ 2º *Fig.* Se manifester çà et là, ou fugitivement. V. **Flotter, passer, promener** (se). *Regards qui errent sur divers objets. Un sourire errait sur ses lèvres.* — ANT. **Arrêter** (s'), **diriger** (se).

ERREUR [ɛʀœʀ]. *n. f.* (1160; lat. *error*, de *errare*, fig.).

I. ♦ 1º Acte de l'esprit qui tient pour vrai ce qui est faux et inversement; jugement, faits psychiques qui en résultent. V. **Faute.** *Erreur choquante, grossière, commise par ignorance.* V. **Ânerie, bêtise.** *Erreur des sens* (d'interprétation de la perception). V. **Illusion.** « *À toute erreur des sens correspondent d'étranges fleurs de la raison* » (ARAGON). *Erreur par laquelle on confond plusieurs choses, plusieurs personnes.* V. **Bévue, confusion, malentendu, méprise, quiproquo.** « *Le cœur se trompe, comme l'esprit; ses erreurs ne sont pas moins funestes* » (FRANCE). *Erreur de jugement, de raisonnement.* V. **Aberration, absurdité.** *L'homme est sujet à l'erreur, à se tromper* (*Errare humanum est*). *Faire, commettre une erreur.* **Abuser** (s'), **méprendre** (se), **tromper** (se). — *C'est une erreur de croire, que de croire cela. Vous croyez cela : grave erreur, profonde erreur.* « *C'est une grande erreur de spéculer sur la sottise des sots* » (VALÉRY). ◇ **Faire erreur,** se tromper. *Vous faites erreur.* **Il y a erreur.** *Il y a erreur sur la personne.* Cf. *arg.* **Gourance** (de se gourer). Fam. *Il n'y a pas d'erreur,* c'est bien cela. ♦ 2º État d'un esprit qui prend pour vrai ce qui est faux, et inversement. V. **Aberration, aveuglement.** *Être, tomber dans l'erreur. Induire en erreur,* fourvoyer, tromper. « *Les ténèbres de l'ignorance valent mieux que la fausse lumière de l'erreur* » (ROUSS.). « *Mieux vaut l'erreur que le doute, — pourvu qu'elle soit de bonne foi* » (R. ROLLAND). ♦ 3º Ce qui, dans ce qui est perçu ou transmis comme étant vrai (apparences, connaissances), est jugé comme faux par celui qui parle. V. **Fausseté, illusion, mensonge.** *Toute cette théorie n'est qu'erreur, est entachée d'erreur* (V. **Erroné, faux**). « *Nul doute : l'erreur est la règle; la vérité est l'accident de l'erreur* » (DUHAM.). ◇ Assertion, opinion fausse (Cf. **Contre-vérité**). *Erreur commune, courante, fréquente. Erreur ancienne, vieille comme le monde. Il est revenu de des erreurs.* V. **Préjugé.** « *Vérité au deçà des Pyrénées, erreur au delà* » (PASC.). — *Relig.* Toute conviction, toute doctrine qui s'écarte d'un dogme. *Erreur en matière de convictions religieuses, de foi* (V. **Hérésie**). ◇ *L'erreur de qqn, pour qqn,* ce qui est jugé par lui comme faux. « *Que la vérité de l'un soit l'erreur de l'autre, quelle meilleure conclusion?* » (SUARÈS). ♦ 4º Action regrettable, maladroite, déraisonnable. V. **Faute.** *Il a commis une grossière erreur en négligeant de l'inviter.* V. **Étourderie, gaffe, impair, inadvertance, maladresse.** *Erreur de tactique. Erreur qui provoque des incidents.* V. **Bavure.** — *Spécialt.* Écart de conduite; action blâmable et jugée comme telle par celui qui l'a commise). V. **Dérèglement, écart, égarement, errement, extravagance.** *Erreurs de jeunesse.* « *Si la Légion est un refuge, c'est à la condition de racheter les erreurs du passé... pour ceux qui, naturellement, ont un passé chargé d'erreurs* » (MAC ORLAN).

II. (*Sens objectif*). ♦ 1º Chose fausse, erronée par rapport à une norme (différence par rapport à un modèle ou au réel). V. **Faute, inexactitude.** *Trouver, relever une erreur dans un texte, une citation. Corriger une erreur. Erreur typographique, erreur d'impression* (V. **Coquille**). *Liste d'erreurs* (V. **Errata**). *Erreur dans une traduction, une interprétation.* V. **Contresens.** ♦ 2º Chose erronée, élément inexact, dans certaines opérations particulières. *Erreur dans un compte.* V. **Mécompte.** *Sauf erreur ou omission,* formule que l'on met au bas des comptes courants et qui réserve le droit du possesseur du compte à le vérifier. *Erreur de calcul,* inexactitude dans un calcul. ◇ *Phys.* Écart entre la valeur exacte d'une grandeur et sa valeur calculée ou mesurée. *Erreur absolue,* majorant* de la valeur absolue de cet écart. *Erreur relative :* rapport de l'erreur absolue à la valeur de la mesure. *Erreur systématique,* due à la méthode ou à l'instrument de mesure. — Psycho. *Erreurs individuelles d'observation :* équation* personnelle. ◇ *Dr.* *L'erreur, vice du consentement. Cas de nullité d'un acte juridique entaché d'erreur. Erreur de fait,* portant sur une circonstance matérielle. *Erreur de droit,* portant sur l'existence ou l'interprétation d'une règle juridique. *Erreur sur la substance,* qui porte sur les qualités déterminantes de l'objet du contrat. Cour. *Erreur judiciaire,* erreur de fait commise par le juge et entraînant la condamnation d'un innocent.

◇ ANT. *Justesse, lucidité, perspicacité. Certitude, exactitude, réalité, vérité.*

ERRONÉ, ÉE [ɛʀɔne]. *adj.* (XVᵉ; lat. *erroneus*, de *errare*. V. **Errer**). Qui contient des erreurs; qui constitue une erreur. V. **Faux, inexact.** *Affirmation, assertion erronée. Nouvelle erronée. Citation erronée.* V. **Fautif.** *Conclusions erronées.* V. **Fondé** (mal). ◇ ANT. *Exact, incontestable, indubitable, réel, vrai.*

ERRONÉMENT [ɛʀɔnemɑ̃]. *adv.* (XVIᵉ, repris 1864; de *erroné*). D'une manière erronée. V. **Faussement, tort** (à tort). *Juger erronément. On a prétendu erronément que...*

ERS [ɛʀ]. *n. m.* (1538; mot. prov.; lat. *ervus*). *Agric.* Plante herbacée annuelle (*Légumineuses*) cultivée comme fourragère. *L'ers s'appelle aussi* lentille bâtarde. ◇ HOM. V. **Air** (1).

ERSATZ [ɛʀzats]. *n. m. invar.* (v. 1914, répandu 1939; mot, all. « remplacement »). Produit alimentaire qui en remplace un autre de qualité supérieure, devenu rare. V. **Succédané.** *Ersatz de café.* — Fig. « *La petite correspondance des journaux de modes, qui est pour les jeunes filles un ersatz d'homme* » (MONTHERLANT).

1. **ERSE** [ɛʀs(ə)]. *n. f.* (1755; altér. de *herse*). *Mar.* Anneau en cordage. *Erse d'une poulie.* ◇ HOM. **Erse** (2), **herse.**

2. **ERSE** [ɛʀs(ə)]. *adj.* (1922; du gaélique). De Haute-Écosse. *Mœurs erses. Langage erse,* et subst. *L'erse,* dialecte celtique parlé dans les Highlands. V. **Gaélique.** ◇ HOM. V. **Erse** (1).

ERSEAU [ɛʀso]. *n. m.* (1864; de *erse* (1). *Mar.* Petite erse. *Erseau d'aviron,* qui le fixe au tolet.

ÉRUBESCENCE [eʀybesɑ̃s]. *n. f.* (1361; lat. *erubescere* « devenir rouge »). *Didact.* Le fait de rougir; son résultat. V. **Rougeur.**

ÉRUBESCENT, ENTE [eʀybesɑ̃, ɑ̃t]. *adj.* (fin XVIIIᵉ; lat. *erubescens* « rougissant »). *Didact.* Qui devient rouge. *Fruits érubescents.* — *Méd.* Tumeur érubescente.

ÉRUCIFORME [eʀysifɔʀm(ə)]. *adj.* (1846; lat. sav., de *eruca* « chenille », et *-forme*). *Zool.* Qui a la forme d'une chenille. *Larve éruciforme.*

ÉRUCTATION [eʀyktasjɔ̃]. *n. f.* (XIIIᵉ; lat. *eructatio* « vomissement », d'apr. *ructa* « rot »). *Littér.* Émission bruyante par la bouche de gaz provenant de l'estomac. **Renvoi, rot.** « *Quelques éructations discrètes, qui se dissimulaient très bien dans certaines attaques de phrase* » (ROMAINS).

ÉRUCTER [eʀykte]. *v.* (1825, tr.; lat. *eructare* « vomir »). ♦ 1º *Vx. Littér.* Renvoyer par la bouche les gaz contenus dans l'estomac. V. **Roter.** ♦ 2º *V. tr.* (Fig.). *Éructer des injures.* V. **Émettre, lancer.** « *Dans ce* « *oh* », *éructé du fin fond de la gorge, un monde de haine tenait* » (COURTELINE).

ÉRUDIT, ITE [eʀydi, it]. *adj. et n.* (1495, repris XVIIIᵉ; lat. *eruditus*, de *erudire* « dégrossir »). ♦ 1º *Adj.* Qui a de l'érudition. V. **Cultivé, instruit, lettré, savant.** *Un historien érudit.* « *Elle était lettrée, érudite, savante, compétente, curieusement historienne, farcie de latin, bourrée de grec, pleine d'hébreu* » (HUGO). ◇ (Choses) *Ouvrage érudit. Thèse érudite.* ♦ 2º *N.* Un érudit, une érudite. V. **Lettré, mandarin, savant.** *Travaux d'érudit.* V. **Bénédictin.** « *L'érudit laborieux et sagace déchiffrait des manuscrits, recueillait d'anciens textes* » (STE-BEUVE). ◇ ANT. *Ignorant.*

ÉRUDITION [eʀydisjɔ̃]. *n. f.* (1495; lat. *eruditio* « enseignement », de *erudire*. V. **Érudit**). ♦ 1º *Vx.* Instruction, savoir. ♦ 2º *Mod.* (Deuxième moitié XVIIᵉ). Savoir approfondi fondé sur l'étude des sources historiques, des documents, des textes. V. **Savoir, science.** *Un homme d'une rare érudition. Pédant qui fait étalage de son érudition.* « *Peu de philosophie mène à mépriser l'érudition; beaucoup de philosophie mène à l'estimer* » (CHAMFORT). « *D'abord on ignorait l'histoire, l'érudition rebutait parce qu'elle est ennuyeuse et lourde* » (TAINE). *Ouvrages, travaux d'érudition.* ◇ ANT. *Ignorance.*

ÉRUGINEUX, EUSE [eʀyʒinø, øz]. *adj.* (1256; lat. *æruginosus*, de *ærugo, inis* « rouille »). *Didact.* Qui a l'aspect du vert-de-gris (appelé autrefois rouille du cuivre).

ÉRUPTIF, IVE [eʀyptif, iv]. *adj.* (Mil. XVIIIᵉ; du lat. *eruptus*, de *erumpere* « sortir impétueusement »). ♦ 1º *Méd.*

Qui est accompagné d'éruption. *Fièvre éruptive.* ♦ 2° *Géol.* Qui a rapport aux éruptions volcaniques. *Roches éruptives* (basaltes, feldspaths, granites, porphyres), provenant du refroidissement du magma volcanique, soit en profondeur *(roches plutoniennes),* soit à la surface du sol *(roches volcaniques).*

ÉRUPTION [erypsjɔ̃]. *n. f.* (1355; lat. *eruptio;* Cf. le précéd.). ♦ 1° *Méd.* Apparition de lésions cutanées, en général multiples; ces lésions. V. **Efflorescence, énanthème, exanthème, poussée.** *Éruption de furoncles, de boutons.* V. **Acné.** — *Éruption dentaire,* apparition et progression d'une dent jusqu'à sa place définitive sur l'arcade dentaire. V. **Dentition.** ♦ 2° *Cour.* Évacuation subite de sang ou de pus, hors d'une plaie, d'un abcès. ♦ 3° Jaillissement des matières volcaniques; état d'un volcan qui émet ces matières. *L'éruption de la lave d'un volcan. Volcan en éruption* (opposé à éteint). ♦ 4° *Fig.* Production soudaine et abondante. *Éruption de joie, de colère.* V. **Débordement, explosion, jaillissement.** « *Oh! ce fut tout à coup Comme une éruption de folie et de joie* » (HUGO).

ÉRYSIPÉLATEUX, EUSE [erizipelatø, øz] ou **ÉRÉSIPÉLATEUX, EUSE** [erezipelatø, øz]. *adj.* (1538; de *éry-, érésipèle). Méd.* Qui tient de l'érysipèle. *Inflammation érysipélateuse.* — *Subst.* Malade atteint d'érysipèle.

ÉRYSIPÈLE [erizipel] ou **ÉRÉSIPÈLE** [erezipel]. *n. m.* (*Herisipille,* 1314; lat. méd. *erysipelas,* mot gr.). Maladie infectieuse contagieuse de la peau, causée par un *streptocoque* et caractérisée par un placard rouge, douloureux, entouré d'un bourrelet tuméfié.

ÉRYTHÉMATEUX, EUSE [eritematø, øz]. *adj.* (1907; de *érythème). Méd.* Qui présente les caractères de l'érythème. *Lupus érythémateux.*

ÉRYTHÈME [eritem]. *n. m.* (1795; gr. méd. *eruthêma* « rougeur »). *Méd.* Rougeur congestive de la peau, s'effaçant à la pression. V. **Exanthème.** *Érythème produit par le frottement.* V. **Intertrigo.**

ÉRYTHRINE [eritrin]. *n. f.* (1786; gr. *eruthros* « rouge »). ♦ 1° Arbre ou arbrisseau *(Légumineuses)* exotique à bois blanc et à belles fleurs rouges. ♦ 2° *Minér.* Arséniate hydraté de cobalt, rouge carminé.

ÉRYTHRO-. Élément, tiré du gr. *eruthros* « rouge ».

ÉRYTHROBLASTE [eritrɔblast(ə)]. *n. m.* (1907; de *érythro-,* et *-blaste). Biol.* Cellule mère à noyau des *érythrocytes. La présence d'érythroblastes dans le sang* (érythroblastose) *est une maladie.*

ÉRYTHROCYTE [eritrɔsit]. *n. m.* (1907; de *érythro-,* et *-cyte). Didact. (Méd.)* Globule rouge du sang. V. **Hématie.**

ÉRYTHROMYCINE [eritrɔmisin]. *n. f.* (v. 1950; de *érythro-, -myce,* et suff. *-ine). Biochim., méd.* Antibiotique à action comparable à celle de la pénicilline. *L'érythromycine agit sur les micro-organismes devenus résistants à la pénicilline.*

ÉRYTHROSINE [eritrozin]. *n. f.* (1878; de *érythro-,* et suff. *-ine,* d'après *éosine). Chim.* Matière colorante rouge en solution aqueuse (sel sodique de la fluorescéine iodée), employée comme colorant alimentaire.

ÈS [ɛs]. *prép.* (xᵉ; contract. de *en,* et de l'art. plur. *les).* Dans les..., en matière de... (avec un plur.). Mod. *Docteur ès lettres, ès sciences. Licence ès lettres.* ◇ HOM. *Esse,* s.

ESBIGNER (S') [ɛsbiɲe]. *v. pron.* (1809; « voler », 1754; arg. it. *sbignare* (1642), « s'enfuir de la vigne »). *Pop.* et *vieilli.* Se sauver. V. **Décamper.**

ESBROUFE [ɛsbruf]. *n. f.* (*Esbrouf,* 1815; du prov. V. *Esbroufer). Fam.* Étalage de manières fanfaronnes, air important par lequel on cherche à en imposer. V. **Bluff, chiqué, embarras, épate, flafla.** *Faire de l'esbroufe. Faire qqch. à l'esbroufe* (Cf. À l'estomac). — (1821). *Vol à l'esbroufe,* pratiqué tandis que la victime est bousculée par le voleur ou ses compères. ◇ ANT. *Naturel, simplicité, sincérité.*

ESBROUFER [ɛsbrufe]. *v. tr.* (1835; prov. *esbroufa* « s'ébrouer », it. *sbruffare* « asperger par la bouche, le nez »). *Fam.* En imposer à (qqn) en faisant de l'esbroufe. V. **Bluffer, épater.** *Il cherche à nous esbroufer* (moins courant que *Faire de l'esbroufe).*

ESBROUFEUR, EUSE [ɛsbrufœr, øz]. *n.* (1837; de *esbroufe). Fam.* Personne qui fait de l'esbroufe. « *Swann, avec son ostentation, avec sa manière de crier sur les toits ses moindres relations, était un vulgaire esbroufeur* » (PROUST).

ESCABEAU [ɛskabo]. *n. m.* (1471; *scabel,* 1419; lat. *scabellum).* V. **Écheveau.** ♦ 1° Siège de bois peu élevé, sans bras, ni dossier, pour une personne. V. **Tabouret.** *Escabeau à trois, à quatre pieds.* — *Petit banc où l'on s'agenouille* (lat. *Agenouilloir),* où l'on pose les pieds. ♦ 2° (Fin xixᵉ). Marchepied à quelques degrés, dont on se sert comme d'une échelle. *Monter sur un escabeau pour atteindre le rayon le plus élevé de la bibliothèque.*

ESCABELLE [ɛskabɛl]. *n. f.* (1507; *scabelle,* 1328; var. fém. du précéd.). *Ancienn.* Escabeau. « *L'homme... alla s'asseoir sur une escabelle basse près du feu* » (HUGO).

ESCADRE [ɛskadʀ(ə)]. *n. f.* (xvᵉ, cité comme mot it. « bataillon, troupe »; esp. *escuadra,* it. *squadra* « équerre », fig. « bataillon »). ♦ 1° *Mod.* Force navale. *Aujourd'hui les escadres sont composées de plusieurs divisions de grands bâtiments. Vice-amiral commandant une escadre.* ♦ 2° *Aviat. Escadre aérienne* : division d'avions de l'armée de l'air. « *Une escadre de bombardement constitue une puissance de tir qui offre des chances à la défense* » (ST-EXUP.).

ESCADRILLE [ɛskadʀij]. *n. f.* (xvɪᵉ, « troupe »; esp. *escuadrilla;* Cf. le précéd.). ♦ 1° (xvɪɪᵉ). *Mar.* Escadre composée de navires légers. ♦ 2° *Cour.* Groupe d'avions. *Escadrille de chasse, de bombardement.* « *Et escadrille après escadrille chaque aviateur s'élançait ainsi de la ville* » (PROUST). — *Par anal.* « *Dans le ciel pâle... passent des escadrilles d'hirondelles* » (MAUROIS).

ESCADRON [ɛskadʀɔ̃]. *n. m.* (*Escuadron,* fin xvᵉ; it. *squadrone,* augment. de *squadra.* V. **Escadre**). ♦ 1° Troupe de combattants à cheval. « *Dieu est d'ordinaire pour les gros escadrons contre les petits* » (BUSSY-RABUTIN). ◇ *Mod.* Subdivision d'un régiment de cavalerie composée de quatre pelotons, et placée sous le commandement d'un capitaine. *Escadron de chasseurs, escadron motorisé.* — Unité du train des Équipages. *Escadrons d'un groupe de transports du Train.* — Unité de l'armée de l'air. ◇ *Chef d'escadrons* : commandant (cavalerie, blindés) à la tête de deux escadrons. *Chef d'escadron* (sans s) : capitaine (cavalerie); commandant (artillerie, gendarmerie, train des équipages). ♦ 2° *Fig. (Plaisant.).* Groupe important. V. **Bataillon, troupe.** « *Des escadrons de gros rats font des charges de cavalerie en plein jour* » (DAUD.). *Un escadron de jolies filles.* — « *Un escadron de malentendus* » (GIDE).

ESCALADE [ɛskalad]. *n. f.* (1427; it. *scalata* « assaut à l'aide d'échelles »). ♦ 1° *Vx.* Assaut d'une position au moyen d'échelles. *Il* « *monte à l'escalade de la citadelle* » (VOLT.). — *Par ext.* « *J'aperçois encore un voleur qui monte par une échelle à un balcon... Ce n'est point un voleur, c'est un marquis qui tente l'escalade pour se glisser dans la chambre d'une fille* » (LESAGE). ♦ 2° (1810). Action de pénétrer dans une maison par les fenêtres, de passer par-dessus les murs de clôture. *Escalade d'une grille, d'un portail. Vol à l'escalade, avec escalade.* ♦ 3° (v. 1964) [adapt. angl.]. Stratégie qui consiste à gravir les « échelons » de mesures militaires de plus en plus graves. *L'escalade américaine au Viet Nam.* — *Par ext.* Montée rapide, intensification (d'un phénomène). *L'escalade des prix, de la violence.* ♦ 4° *Cour.* V. **Ascension, montée.** *L'escalade d'une montagne, d'un rocher.* (V. **Escalader**). ◇ ANT. (3°). *Désescalade.*

ESCALADER [ɛskalade]. *v. tr.* (1603; de *escalade).* ♦ 1° *Vx.* Attaquer (une place forte) par escalade. ♦ 2° (1617). V. **Enjamber, franchir, passer.** *Les voleurs ont escaladé le mur du jardin.* « *Il escalade la grille avec agilité, et s'embarrasse un instant dans les pointes de fer* » (LAUTRÉAMONT). ♦ 3° (1638). Faire l'ascension de. V. **Gravir, monter.** *Cordée d'alpinistes qui escaladent une montagne, un pic.* V. **Grimper.** « *En ces rues étroites qu'il faut escalader* » (MAUPASS.). « *Nous escaladons des roches et parvenons assez péniblement à un col très étroit* » (GIDE). ◇ (Choses) « *Les vignes sauvages... les coloquintes, s'entrelacent au pied de ces arbres, escaladant leurs rameaux* » (CHATEAUB.). ◇ ANT. *Descendre, dévaler.*

ESCALATOR [ɛskalatɔr]. *n. m.* (1948; mot amér. (1904), de *to escal(ade),* et *(elev)ator).* Escalier mécanique *(anglicisme).*

ESCALE [ɛskal]. *n. f.* (h. XIIIᵉ; 1507; it. *scala;* lat. *scala,* gr. *skala* (à Constantinople au vᵉ s.). ♦ 1° Action de s'arrêter pour se ravitailler, pour embarquer ou débarquer des passagers, du fret. V. **Halte, relâche.** *Faire escale.* V. **Toucher** (à un port). *Port d'escale. L'avion fait escale à Londres. Visiter une ville pendant l'escale.* ♦ 2° (xvɪᵉ-xvɪɪᵉ; *scale,* 1366). Lieu offrant la possibilité de relâcher. V. **Échelle, port, relâche.** *Arriver à l'escale. — Escales d'une ligne aérienne.* « *Sur deux mille cinq cents kilomètres, du détroit de Magellan à Buenos-Aires, des escales semblables s'échelonnaient* » (ST-EXUP.).

ESCALIER [ɛskalje]. *n. m.* (1340; *escaliers* « gradins », v. 1270; lat. *scalaria,* et prov. *escalier).* ♦ 1° Suite de degrés qui servent à monter et à descendre. *Escalier extérieur, menant à un perron.* — (Plus souvent) *Escalier menant d'un étage à l'autre, dans un bâtiment.* « *C'était un vieil escalier à rampe de pierre, très large, aux marches pavées de carreaux rouges* » (HUYSMANS). *Escalier d'honneur,* ou *de parade,* placé dans l'axe d'un bâtiment. *Le grand, le petit escalier. Escalier de service,* à l'usage des domestiques et des livreurs. *Escalier dérobé, secret. Escalier raide. Escalier droit. Escalier en fer à cheval. Escalier circulaire, tournant, à marches triangulaires.* V. **Colimaçon, limaçon, spirale, vis.** *Départ, pied; paliers, volées d'un escalier. Cage* d'escalier.* ◇ *Monter, descendre l'escalier, les escaliers.* « *Cinq enfants bondissaient dans les escaliers à sa rencontre* » (MAUROIS). ◇ *Fig.* et *fam.*

Avoir l'esprit de l'escalier : un esprit de repartie, qui se manifeste à retardement, quand il n'est plus temps. « *Je me suis dit nettement tout ça, mais un peu trop tard, en revenant. Ça s'appelle l'esprit de l'escalier* » (ROMAINS). ◊ Spécialt. *Escalier roulant, mécanique :* escalier articulé et mobile, qui transporte l'usager. V. **Escalator.** *Escalier mécanique des grands magasins, des stations de métro.* ♦ 2° Fig. et fam. *Coiffeur qui fait des escaliers dans les cheveux de son client,* par ignorance de la technique du « dégradé ».

ESCALOPE [ɛskalɔp]. *n. f. (Veau à l'escalope,* 1691 ; d'un dial. du N.-E., a. fr. *escalope* « coquille de noix » (déb. XIIIᵉ), de l'a. fr. *escale* « écale », et suff. de *envelopper). Cuis.* (1824). Tranche mince de viande — ou parfois de poisson — que l'on prépare de différentes façons. *Escalope de gibier. Escalope de thon. — Cour.* Escalope de veau. *Escalope sautée, panée.*

ESCAMOTABLE [ɛskamɔtabl(ə)]. *adj.* (1948 ; de *escamoter*). Qui peut être escamoté (3°). *Train d'atterrissage, antenne escamotable. Table, lit escamotable,* qui peuvent être rabattus.

ESCAMOTAGE [ɛskamɔtaʒ]. *n. m.* (1732, de *escamoter*). ♦ 1° Action d'escamoter. *Tour d'escamotage d'un prestidigitateur.* V. **Passe-passe.** *Escamotage d'un mouchoir, d'une carte.* ♦ 2° Action de dérober subtilement. V. **Vol.** « *Il fallait faire main basse sur les papiers... Cet escamotage de papiers — si utile qu'il pût être — ne lui plaisait guère* » (MART. du G.). ♦ 3° *Techn.* Action d'escamoter (3°). *Escamotage du train d'atterrissage d'un avion après l'envol.* ♦ 4° *Fig.* Action de traiter superficiellement ou de soustraire à l'étude, en recourant à des subtilités.

ESCAMOTER [ɛskamɔte]. *v. tr.* (1560, « changer une marchandise contre une autre » ; d'un type occitan, de *escamar,* du lat. *squama* « écaille »). ♦ 1° (1640). Faire disparaître (qqch.) par un tour de main qui échappe à la vue des spectateurs. *Prestidigitateur qui escamote une carte. Tour de passe-passe pour escamoter un mouchoir.* ♦ 2° (1658). Faire disparaître subtilement ; s'emparer furtivement, frauduleusement. V. **Attraper, dérober, subtiliser.** *Un voleur lui a escamoté son portefeuille.* ♦ 3° *Techn.* Rentrer ou effacer l'organe saillant d'une machine, d'un mécanisme. *Escamoter le train d'atterrissage d'un avion.* ♦ 4° *(Choses).* Faire disparaître. V. **Cacher, effacer.** *La montagne demeure invisible, voilée, escamotée par les brumes* (THARAUD). ♦ 5° (XIXᵉ). *Fig.* Éluder habilement, de façon peu sérieuse, peu honnête. V. **Éluder, esquiver, éviter.** *Escamoter une objection. Enfant qui escamote un devoir, une leçon, une commission désagréable* (Cf. Passer à l'as). Grandville « *n'escamotait aucune difficulté* » (GAUTIER). « *Cet accusé si prolixe escamotait les accusations précises d'escroquerie et de chantage* » (BARRÈS). ♦ 6° V. **Sauter.** *Soldat qui escamote les temps dans le maniement de son arme. — Escamoter un mot,* le prononcer très vite ou très bas pour qu'on ne l'entende pas. « *La méticulosité — je choisis exprès ce mot dont il est presque impossible d'escamoter une syllabe* » (DUHAM.). — *Escamoter une note au piano,* ne pas la jouer.

ESCAMOTEUR, EUSE [ɛskamɔtœʀ, øz]. *n.* (1609 ; de *escamoter*). ♦ 1° Personne qui escamote. V. **Illusionniste, jongleur, prestidigitateur.** « *Passez muscade* », « *rien dans les mains, rien dans les poches* », *formules dont usent les escamoteurs. L'escamoteur « commença quelques tours de gobelets* » (NERVAL). ♦ 2° *Escamoteur de :* personne qui escamote, dérobe subtilement (qqch.). V. **Pickpocket.** *Un escamoteur de montres.*

ESCAMPETTE [ɛskɑ̃pɛt]. *n. f.* (1688 ; de *escamper* (fin XIVᵉ) ; it. *scampare* « s'enfuir », de *campo* « champ »). *Vx.* Fuite. « *Prendre l'escampette* » (FURET.). — *Mod. Prendre la poudre d'escampette.* V. **Déguerpir, enfuir (s').** « *Voulant te fuir... J'ai pris, l'un de ces derniers jours, La poudre d'escampette* » (VERLAINE).

ESCAPADE [ɛskapad]. *n. f.* (1570 ; it. *scappata,* esp. *escapada* « échappée ». V. **Échapper).** ♦ 1° *Vx.* Action de s'échapper d'un lieu. V. **Évasion, sortie.** — *Fig.* Digression, écart. ♦ 2° Le fait d'échapper aux obligations, aux habitudes de la vie quotidienne (fuite, absence physique ou écart de conduite). *Une escapade.* V. **Bordée, échappée, équipée, fredaine, fugue.** « *On le mit chez un autre maître, d'où il faisait des escapades comme il en avait fait de la maison paternelle* » (ROUSS.).

ESCAPE [ɛskap]. *n. f.* (1611 ; lat. *scapus* « fût »). *Archit.* Fût d'une colonne, de la base au chapiteau. ◊ Partie inférieure du fût, voisine de la base.

ESCARBILLE [ɛskaʀbij]. *n. f.* (1780 ; *escabille,* XVIIᵉ, mot wallon ; de *escrabiller,* néerl. *schrabben*). Fragment de houille incomplètement brûlé que l'on retrouve dans les cendres ou qui s'échappe de la cheminée d'une machine à vapeur. *Recevoir une escarbille dans l'œil.*

ESCARBOT [ɛskaʀbo]. *n. m.* (XVᵉ ; a. fr. *écharbot* (lat. *scarabæus* « scarabée »), d'apr. *escargot). Vx* ou *région.* Nom de divers coléoptères (bousier, hanneton, etc.).

ESCARBOUCLE [ɛskaʀbukl(ə)]. *n. f. (Eschaboucle,* 1125 ; altér., d'apr. *boucle,* de l'a. fr. *escarbuncle,* de *carbuncle* (1080), lat. *carbunculus,* dimin. de *carbo* « charbon »). ♦ 1° Nom donné autrefois à une variété de grenat rouge foncé d'un vif éclat. *Loc. mod. Ses yeux brillaient comme des escarboucles. Un rayon « scintillait comme une escarboucle enchâssée dans le feuillage sombre* » (CHATEAUB.). ♦ 2° *Blas.* Pièce héraldique qui représente une pierre précieuse d'où partent huit rais terminés par des fleurs de lis.

ESCARCELLE [ɛskaʀsɛl]. *n. f.* (XIIIᵉ, rare av. XVIᵉ ; it. *scarsella* « petite avare », de *scarso* « avare »). Anciennt. Grande bourse que l'on portait suspendue à la ceinture. V. **Aumônière.** *Plaisant.* Bourse, portefeuille. *Il « se met en quête d'un cabaret à portée de son escarcelle* » (DAUD.).

ESCARGOT [ɛskaʀgo]. *n. m. (Escargol,* 1393 ; prov. *escaragol,* a. prov. *caragou,* av. infl. des dér. de *scarabæus* (V. **Escarbot**) ; p.-ê. crois. du gr. *kachlax* et lat. *conchylium).* Mollusque gastéropode terrestre, à coquille arrondie en spirale. V. **Colimaçon, limaçon.** *L'escargot est herbivore. Les cornes de l'escargot portent les yeux. Escargots comestibles. L'escargot de Bourgogne,* ou escargot de vignes, escargot vigneron, *et l'escargot chagriné,* ou petit gris, *sont les plus recherchés pour la cuisine. Escargots à la bourguignonne. Plat, pinces, fourchettes à escargots.* ◊ *Aller, avancer comme un escargot :* très lentement.

ESCARGOTIÈRE [ɛskaʀgɔtjɛʀ]. *n. f.* (1562 ; de *escargot*). ♦ 1° Lieu où l'on élève les escargots pour l'alimentation. V. **Héliciculture.** ♦ 2° Plat muni de petites cavités où l'on dispose les escargots avant de les passer au four.

ESCARMOUCHE [ɛskaʀmuʃ]. *n. f.* (XVIᵉ ; *escharmuche,* XIVᵉ ; p.-ê. crois. du rad. frq. *°skirmjan* (Cf. Escrime) et a. fr. *muchier* « cacher » (a. fr. *esquermuche,* a. it. *schermuzzio*) ; suff. *-mouche,* d'apr. *mouche* « espion »). Petit engagement entre des tirailleurs isolés ou des détachements de deux armées. V. **Accrochage, chauffourée, engagement.** *Escarmouche d'avant-postes, de patrouilles. Guerre d'escarmouches.* ◊ *Fig.* Petite lutte, engagement préliminaire. *Escarmouches parlementaires.*

ESCARMOUCHER [ɛskaʀmuʃe]. *v. intr.* (XIVᵉ ; de *escarmouche*). *Vieilli.* Combattre par escarmouches. « *Marius, pour essayer, escarmoucha avant de livrer bataille* » (HUGO).

ESCAROLE. V. **SCAROLE.**

1. ESCARPE [ɛskaʀp(ə)]. *n. f.* (1553 ; it. *scarpa,* germ. *°skrapa).* *Fortif. (Ancienn.).* Talus de terre ou de maçonnerie au-dessus du fossé, du côté de la place. *Escarpe et contrescarpe.*

2. ESCARPE [ɛskaʀp(ə)]. *n. m.* (1836 ; « vol et meurtre », 1800 ; de l'a. argot *escarper,* mérid. *escarpi* « écharper »). *Ancienn.* Assassin de profession ; voleur qui ne recule pas devant l'assassinat. « *Les forts criminels, les bandits, les escarpes* » (HUGO).

ESCARPÉ, ÉE [ɛskaʀpe]. *adj.* (1582 ; de *escarpe* 1). Qui est en pente raide. V. **Abrupt ; pic** (à pic). « *La montagne est tellement escarpée, que l'eau se détache net et tombe en arcade* » (ROUSS.). *Rives escarpées.* — *Chemin escarpé,* d'accès difficile. V. **Malaisé, montant, raide.** ◊ *Fig.* et *littér.* V. **Ardu, difficile.** « *Le caractère escarpé de M. Lapicque... son goût pour la querelle, pour la contestation* » (DUHAM.). ◊ ANT. **Accessible, doux, facile.**

ESCARPEMENT [ɛskaʀpəmɑ̃]. *n. m.* (1701 ; de *escarper*). ♦ 1° *Rare.* État de ce qui est escarpé, raide. *L'escarpement de la côte empêche d'aborder.* ♦ 2° Versant en pente raide. *L'escarpement d'un talus, d'une falaise.* « *Il côtoie exprès les escarpements et les précipices ; on croirait qu'il veut braver le vertige* » (STE-BEUVE). « *Elle franchit l'escarpement assez raide et gagna le sommet du tertre* » (GAUTIER). ◊ *Géogr. Escarpement de faille.* Abrupt rocheux le long d'une ligne de faille*.

ESCARPIN [ɛskaʀpɛ̃]. *n. m.* (1534, « soulier » ; *escalpin,* 1512 ; it. *scarpino,* de *scarpa* « chaussure »). *Mod.* Chaussure très fine, qui laisse le cou-de-pied découvert et dont la semelle est très mince. *Danser en escarpins. Escarpins vernis.*

ESCARPOLETTE [ɛskaʀpɔlɛt]. *n. f. (Escarpaulette,* 1605 ; o. i., p.-ê. dimin. d'*escarpe* 1). Siège suspendu par des cordes et sur lequel on se place pour être balancé. V. **Balançoire.**

1. ESCARRE ou **ESCHARE** [ɛskaʀ]. *n. f.* (1495 ; *escharre,* 1314 ; lat. méd. *eschara,* gr. *eskhara* « croûte »). *Méd.* Nécrose cutanée avec ulcération, résultant de l'élimination du tissu mortifié. *Escarres formées aux endroits soumis aux pressions et irritations répétées, chez les malades alités depuis longtemps.* V. *aussi* **Gangrène, ulcère.**

2. ESCARRE ou **ESQUARRE** [ɛskaʀ]. *n. f.* (XVIᵉ ; forme pop. d'*équerre*). *Blas.* Pièce en forme d'équerre.

ESCARRIFICATION [ɛskaʀifikasjɔ̃]. *n. f.* (1836 ; de *escarrifier,* vx [av. 1842], de *escarre*). *Méd.* Formation d'une escarre*.

ESCHATOLOGIE [ɛskatɔlɔʒi]. *n. f.* (1864 ; gr. *eskatos* « dernier », et *-logie). Théol.* Étude des fins dernières de l'homme et du monde. *L'eschatologie traite de la fin du monde, de la résurrection, du jugement dernier.*

ESCHATOLOGIQUE [ɛskatɔlɔʒik]. *adj.* (1864 ; de *eschatologie*). *Théol.* Relatif à l'eschatologie. *Étude eschatologique. Perspective eschatologique.*

ESCHE. *n. f.* V. **ÈCHE** (ou **AICHE**).

ESCHER, ÈCHER ou **AICHER** [eʃe]. *v. tr.* (1688 ; de *èche* ou *aiche*, du lat. *esca* « appât »). *Techn.* (*Pêche*). Munir l'hameçon d'une amorce. *Escher une ligne.*

ESCIENT [esjã]. *n. m.* (XIIᵉ ; du lat. médiév. *meo, tuo... sciente* « moi, toi... le sachant » ; p. prés. de *scire* « savoir »). Vx. *À mon, à leur escient :* en pleine connaissance de ce que je fais, de ce qu'ils font. V. **Sciemment.** ◇ *Mod.* À BON ESCIENT [abɔnesjã] : avec discernement, à raison. *Agir, parler à bon escient.* « *Il ne voulait plus aimer qu'à bon escient* » (GAUTIER). — À MAUVAIS ESCIENT, sans discernement, à tort. ◈ ANT. **Insu.**

ESCLAFFER (S') [ɛsklafe]. *v. pron.* (*S'esclaffer de rire*, 1540 ; repris fin XIXᵉ ; prov. *esclafa* « éclater », de *clafa* « frapper bruyamment »). Éclater de rire bruyamment. V. **Rire ; pouffer.** « *Il s'esclaffa :* Vous avez de la bonté de reste, vous encore » (COURTELINE).

ESCLANDRE [ɛsklɑ̃dr(ə)]. *n. m.* (v. 1320, « rumeur scandaleuse » ; var. *escande, escandle*, forme pop., du lat. *scandalum*. V. **Scandale.** ♦ 1° Vx (1353). Accident fâcheux, attaque, rixe. ♦ 2° (XVᵉ ; puis fin XVIIIᵉ). Manifestation orale, bruyante et scandaleuse, contre qqn ou qqch. V. **Éclat, scandale, tapage.** *Causer, faire de l'esclandre. Faire un esclandre à qqn.* V. **Querelle, scène.** « *Elle était là, résolue à faire un esclandre. Son thème odieux et ridicule était de crier devant tous les gens de l'hôtel et de la rue, que je partageais ma nouvelle maîtresse avec Laurent* » (SAND).

ESCLAVAGE [ɛsklavaʒ]. *n. m.* (1596 ; de *esclave*). ♦ 1° État, condition d'esclave. V. **Servitude ; captivité ; chaîne, fer.** *L'esclavage des Noirs au XVIIIᵉ s.* V. **Traite.** *Traite passé, réduire en esclavage. L'abolition de l'esclavage* (V. **Abolitionnisme ; antiesclavagiste**). « *L'esclavage (des Noirs) est un fait passé que nos auteurs ni leurs pères n'ont connu directement. Mais c'est aussi un énorme cauchemar* » (SARTRE). ♦ 2° État de ceux qui sont soumis à une autorité tyrannique. V. **Asservissement, assujettissement, dépendance, domination, joug, oppression, servitude.** *Tenir tout un peuple dans l'esclavage.* — État d'une personne dominée (par ses passions, ses instincts). V. **Tyrannie.** « *Le mot de passion nous avertit fortement ici, car il désigne un esclavage et un malheur* » (ALAIN). ♦ 3° Chose, activité qui impose une contrainte. V. **Contrainte, gêne, sujétion.** *Ce travail est un véritable esclavage. Doctrine qui tient les esprits en esclavage.* ♦ 4° Fig. Collier qui descend en demi-cercle sur la poitrine, et qui rappelle la chaîne de l'esclave. ◈ ANT. **Affranchissement, libération ; domination, indépendance, liberté.**

ESCLAVAGER [ɛsklavaʒe]. *v. tr.* (1877 ; de *esclavage*). Littér. Réduire en esclavage. « *Vingt ans de ménage avec une maîtresse femme l'ayant esclavagé pour toujours* » (DAUD.).

ESCLAVAGISME [ɛsklavaʒism(ə)]. *n. m.* (XXᵉ ; du suiv.). Doctrine, méthode des esclavagistes. Système basé sur l'esclavage.

ESCLAVAGISTE [ɛsklavaʒist(ə)]. *adj. et n.* (1864 ; de *esclavage*). Partisan de l'esclavage des Noirs. *Les esclavagistes des États du Sud*, pendant la guerre de Sécession des États-Unis. ◈ ANT. **Antiesclavagiste.**

ESCLAVE [ɛskla(ɑ)v]. *n.* (XIIIᵉ ; lat. médiév. *sclavus*, de *slavus* « slave », les Germains ayant réduit de nombreux Slaves en esclavage). ♦ 1° Personne qui n'est pas de condition libre, qui est sous la puissance absolue d'un maître, soit du fait de sa naissance, soit par capture à la guerre, vente, condamnation. *Le maître et l'esclave. Esclaves de l'antiquité grecque, latine.* « *Décider que le fils d'une esclave naît esclave, c'est décider qu'il ne naît pas homme* » (ROUSS.). *Esclave par la guerre* (V. **Captif, prisonnier**). *Acheter, vendre ; délivrer, racheter des esclaves. Affranchissement* des esclaves* (antiq.) ; *esclave affranchi.* V. **Affranchi.** *Le commerce, le trafic des esclaves* (V. **Traite**). *Esclave fugitif* (V. **Marron**). *Esclave à Sparte.* V. **Ilote.** *Esclaves chrétiens*, capturés par les Barbaresques. « *Mon goût de posséder, d'user, d'abuser, s'étend aux humains. Il m'aurait fallu des esclaves* » (MAURIAC). ♦ 2° Personne soumise à un pouvoir tyrannique, à une domination étrangère, à un gouvernement despotique. V. **Serf.** *Traiter les citoyens en esclaves.* — « *Vous êtes esclave... de vos moralistes, de vos légistes, de vos hygiénistes, de vos médecins, de vos urbanistes et même de vos esthéticiens* » (DUHAM.). ♦ 3° Personne qui se soumet servilement aux volontés de qqn. *Le courtisan est un esclave. Une âme d'esclave*, vile et basse. V. **Valet.** *Il refuse d'être votre esclave.* ◇ Personne qui, par amour, se met entièrement dans la dépendance de l'être aimé. *Il est devenu l'esclave de cette femme.* V. **Chose, jouet, pantin.** « *Tu es mon maître, je suis ton esclave, il faut que je te demande pardon à genoux d'avoir voulu me révolter. Elle quittait ses bras pour tomber à ses pieds* » (STEN-

DHAL. ◇ Personne soumise à qqch. « *J'étais devenu un esclave de l'opium* » (BAUDEL.). *Il est l'esclave de ses habitudes.* ♦ 4° Adj. Qui se laisse dominer, asservir par qqch. ou qqn. V. **Dépendant, prisonnier.** *Il est esclave de ses besoins, de ses habitudes.* « *Je suis terriblement esclave de ma profession* » (MART. du G.). ◈ ANT. **Affranchi, autonome, indépendant, libre.**

ESCLAVON. V. **SLAVON.**

ESCOBAR [ɛskɔbar]. *n. m.* (XVIIᵉ ; nom d'un Père jésuite, casuiste). Vx. Homme hypocrite qui résout adroitement en au mieux de ses intérêts les cas de conscience les plus délicats.

ESCOBARDERIE [ɛskɔbard(ə)ri]. *n. f.* (XVIIIᵉ ; de *escobar*). Vx. Fourberie, hypocrisie. « *La France se lassera de ces escobarderies* » (BALZ.).

ESCOGRIFFE [ɛskɔgrif]. *n. m.* (1611 ; mot dial. « voleur », se rattache p.-ê. à *escroc*, et au rad. de *griffe*). Homme de grande taille et d'allure dégingandée (surtout dans : *un grand escogriffe*). V. **Échalas.** « *Don Basile, un grand escogriffe, long, sec, jaune, bilieux* » (GAUTIER).

ESCOMPTABLE [ɛskɔ̃tabl(ə)]. *adj.* (1867 ; de *escompter*). Qui peut être escompté, admis à l'escompte. *Papier, valeur escomptable.*

ESCOMPTE [ɛskɔ̃t]. *n. m.* (1597 ; it. *sconto*). ♦ 1° Opération par laquelle une personne (escompteur, banquier) avance le montant d'un effet de commerce non échu, déduction faite d'une retenue, contre le transfert à son profit de la propriété de l'effet (avance). La retenue faite par l'escompteur. *L'escompte correspond à l'intérêt de la somme avancée jusqu'à l'échéance. Taux d'escompte*, utilisé dans les opérations d'escompte à une date et sur un marché. *Commission retenue sur les effets présentés à l'escompte* (V. **Agio**). *Présenter une traite à l'escompte. Comptoir national d'escompte.* ♦ 2° Réduction du montant d'une dette à terme, lorsqu'elle est payée avant l'échéance (V. **Prime, remise**). *Accorder, faire un escompte de tant.* ♦ 3° Bourse. Faculté qu'a l'acheteur d'une valeur à terme de se faire livrer les titres avant le terme.

ESCOMPTER [ɛskɔ̃te]. *v. tr.* (1675 ; it. *scontare* « décompter », de *contare*. V. **Compter**). ♦ 1° Payer (un effet de commerce) avant l'échéance, moyennant une retenue (V. **Agio, commission, escompte**). *Escompter un billet à ordre, une lettre de change. Une banque qui escompte des effets peut les faire réescompter par la Banque de France* (effets bancables). — Par ext. *Faire escompter un effet*, se faire payer d'avance. « *Escomptez les lettres de change que vous obtiendrez. Enfin, ayez de l'argent comptant à tout prix* » (STENDHAL). ♦ 2° Fig. (XIXᵉ). Vieilli. Jouir d'avance ; dépenser d'avance. V. **Anticiper.** *Escompter un héritage :* employer d'avance l'argent qu'on en attend. « *Étrange aveuglement que d'escompter ainsi son avenir !* » (A. KARR). V. **Hypothéquer.** ♦ 3° Mod. (fin XIXᵉ). S'attendre à (qqch.), et généralement se comporter, agir en conséquence. V. **Attendre, compter (sur), espérer, prévoir.** « *Il escomptait le mécontentement produit chez les bouilleurs de cru par la suppression de leur privilège* » (PÉGUY). « *Il reconnaît alors qu'il n'a plus grand désir pour cette félicité trop escomptée* » (GIDE). ◈ ANT. **Conserver, épargner, garder. Craindre.**

ESCOMPTEUR [ɛskɔ̃tœr]. *n. m.* (1548 ; it. *scontatore*, repris 1838 ; de *escompter*). Celui qui fait l'escompte. — Adj. *Banquier escompteur.*

ESCOPETTE [ɛskɔpɛt]. *n. f.* (*Eschopette*, 1516 ; it. *schiopetto*, de *schioppo* « arme à feu », lat. onomat. « bruit produit en frappant sur les joues gonflées »). Ancienn. Arme à feu portative à bouche évasée. V. **Espingole, tromblon.** « *Un jeune Espagnol, tenant une longue escopette avec sa fourche suspendue à son côté, et la mèche fumante dans la main droite* » (VIGNY).

ESCORTE [ɛskɔrt(ə)]. *n. f.* (v. 1500 ; it. *scorta* « action de guider », de *scorgere* « guider » ; lat. pop. °*excorrigere*, de *corrigere* « corriger »). ♦ 1° Troupe généralement armée, qui est chargée d'accompagner qqn ou qqch., de veiller à sa sûreté, de surveiller (V. **Détachement**). *Convoi, prisonnier placés sous bonne escorte. Des gardes lui furent donnés pour escorte.* « *Six Arabes, armés de poignards, de longs fusils à mèche, formaient notre escorte* » (CHATEAUB.). ◇ *Faire escorte à qqn.* V. **Escorter.** Fig. « *Les ruses défendues, le vol peut-être, et l'on ne sait quoi de pire lui faisaient escorte* » (ROMAINS). ◇ Mar. Nom donné à un ou plusieurs navires de guerre chargé(s) d'accompagner des navires de transport pour les protéger. *Navire d'escorte.* V. **Escorteur.** ♦ 2° Cortège qui accompagne une personne pour l'honorer. V. **Cortège, suite.** *Une brillante escorte.*

ESCORTER [ɛskɔrte]. *v. tr.* (1530 ; de *escorte*). ♦ 1° Accompagner pour guider, surveiller, protéger ou honorer pendant la marche. *Des cavaliers escortent le souverain. Escorter un prisonnier.* V. **Conduire.** *Escorter un convoi.* V. **Convoyer.** ♦ 2° Accompagner en groupe (ou même seul). « *L'homme qui escorte une jolie femme se croit toujours coiffé d'une auréole* » (MAUPASS.). « *Une bande d'enfants* *m'escorte et, sur la lande ou je m'assieds, forment cercle autour de moi »* (GIDE). ◊ Fig. *« Escorté par un pâle fantôme qu'on nomme Raison »* (BAUDEL.).

ESCORTEUR [ɛskɔʀtœʀ]. *n. m.* (v. 1935 ; de *escorter*). *Mar.* Petit bâtiment (aviso, corvette, frégate, patrouilleur, etc.) destiné à l'escorte de navires marchands. — Adj. *Navire escorteur.*

ESCOT [ɛsko]. *n. m.* (1568 ; var. *anacoste, anascote*) ; altér. d'*Aerschot,* ville du Brabant). *Ancienn.* Serge de laine à tissu croisé qui servait à faire des robes de deuil, des vêtements de religieuses.

ESCOUADE [ɛskwad]. *n. f.* (*Esquade,* 1553 ; var. d'*escadre*). *Milit.* Fraction d'une section de fantassins, d'un peloton de cavaliers sous les ordres d'un caporal, d'un brigadier (en 1914-18). — *Par ext.* Petite troupe, groupe de quelques hommes. *« Une escouade de sergents de ville passa près de lui, au pas de gymnastique »* (MART. du G.).

ESCOURGEON [ɛskuʀʒõ] ou **ÉCOURGEON** [ekuʀʒõ]. *n. m.* (*Secourjon,* 1268 ; lat. *corrigia* « courroie », à cause de la forme des épis). *Agric.* Orge hâtive que l'on sème en automne. — Appos. *Orge escourgeon.*

ESCRIME [ɛskʀim]. *n. f.* (1409 ; a. it. *scrima,* du prov. ; a éliminé l'a. fr. *escremie,* frq. °*skirmjan* « protéger »). Exercice par lequel on apprend l'art de manier l'arme blanche (épée, fleuret, sabre) ; cet art. *Faire de l'escrime* (Cf. *Faire des armes, faire assaut*). V. *Tirer. Amateur d'escrime.* V. **Lame** (une fine, une bonne lame) ; **escrimeur, tireur.** *Leçon, assaut d'escrime. Salle d'escrime* (salle d'armes). *Moniteur d'escrime* (maître, prévôt d'armes). *Escrime au fleuret, à l'épée, au sabre. Positions, coups et mouvements de l'escrime :* appel, attaque, battement, botte, contre, coulé, coup d'arrêt, coup droit, coup fourré, coup de pointe, coup de manchette, coupé, croisé, défense, dégagement, écharpe, engagement, enveloppement, estocade, feinte, fente, froissement, garde, moulinet, octave, parade, passe, prime, prise de fer, quarte, quinte, remise, riposte, seconde, septime, sixte, taille, temps, tierce, touche, volte. ◊ Fig. *« une espèce d'escrime, de gymnastique qui délie l'esprit »* (JOUBERT).

ESCRIMER (S') [ɛskʀime]. *v. pron.* (XVIIe ; intr., 1537 ; de *escrime*). ♦ 1° Se servir d'une épée contre qqn ; se battre. *« Le chat était souvent agacé par l'oiseau : l'un s'escrimait du bec, l'autre jouait des pattes »* (LA FONT.). *Il s'escrimait avec sa canne.* ♦ 2° *S'escrimer à faire* (s'). *S'escrimer à faire des vers, à jouer du violon.* — *Fam. S'escrimer des mâchoires, de la mâchoire :* bien manger, manger avec appétit. *« Il ne lui restait qu'une dizaine de dents ; mais avec elles il s'escrimait solidement »* (R. ROLLAND).

ESCRIMEUR, EUSE [ɛskʀimœʀ, øz]. *n.* (XVe ; de *escrime*). Celui qui fait de l'escrime. *Escrimeur à l'épée.* V. **Épéiste.** *Chaussons, masque, plastron d'escrimeur. « Il se fendit comme un escrimeur, pour écraser sur un point très précis de la toile une touche de lumière »* (MART. du G.).

ESCROC [ɛskʀo]. *n. m.* (1642 ; it. *scrocco.* V. **Escroquer**). Personne qui escroque, qui a l'habitude d'escroquer. V. **Aigrefin, chevalier** (d'industrie), **écornifleur, filou.** *Être victime d'un escroc. C'est un escroc, mais pas un voleur.* — Adj. *« Des écumeurs d'aventures, des chasseurs d'expédients, des chimistes de l'espèce escroc »* (HUGO).

ESCROQUER [ɛskʀoke]. *v. tr.* (1594 ; it. *scroccare* « décrocher »). ♦ 1° *Tirer* (qqch. de qqn) par fourberie, par manœuvres frauduleuses. V. **Approprier** (s'), **carotter** *(fam.),* **dérober, emparer** (s'), **extorquer, soustraire, soutirer, voler.** *« Il nous a escroqué à tous le peu d'argent que nous avions »* (MARMONTEL). — *Escroquer un dîner à qqn.* V. **Écornifler.** ◊ *Par anal. Escroquer une signature à qqn.* ♦ 2° *Par ext. Escroquer qqn :* lui soustraire par fourberie qqch. V. **Attraper, tromper, voler** (Cf. *fam.* **Blouser, estamper, filouter**).

ESCROQUERIE [ɛskʀokʀi]. *n. f.* (1690 ; de *escroquer*). Action d'escroquer ; son résultat. V. **Arnaque, carambouillage, carotte, filouterie, friponnerie, vol.** *Dr.* Délit qui consiste à s'approprier le bien d'autrui en usant de moyens frauduleux. V. **Fraude.** *« Banqueroutes, escroqueries et autres espèces de fraude »* (CODE PÉN.). — *Par ext. Escroquerie morale.* V. **Abus** (de confiance), **tromperie.**

ESCUDO [ɛskydo]. *n. m.* (1877 ; mot port. V. **Écu**). Unité monétaire portugaise et chilienne.

ESCULAPE [ɛskylap]. *n. m.* (1690 ; lat. *Æsculapius,* d'o. gr.). *Vx* ou *plaisant.* Médecin en renom. *Un esculape.*

ESCULINE [ɛskylin]. *n. f.* (1823 ; lat. *æsculus, esculus,* de *esca* « nourriture »). *Chim.* Glucoside extrait de l'écorce du marronnier d'Inde, à action vitaminique P (prescrite dans diverses affections hémorragiques).

ÉSÉRINE [ezeʀin]. *n. f.* (1870 ; de *ésère* « fève de Calabar »). *Pharm.* Alcaloïde toxique extrait de la fève de Calabar, utilisé en médecine, comme stimulant du système parasympathique. *L'ésérine produit une contraction de la pupille (action opposée à celle de l'atropine).*

ESGOURDE [ɛsguʀd(ə)]. *n. f.* (1867 ; var. *esgourne,* 1833 ;

altér., d'apr. *gourde, dégourdi,* de *escoute* (1725), prov. *escouto* « écoute »). *Arg.* Oreille. *Ouvre tes esgourdes.*

ÉSOTÉRIQUE [ezɔteʀik]. *adj.* (1752 ; gr. *esôterikos* « de l'intérieur », de *esô* « au-dedans »). ♦ 1° *Philo.* Se dit de l'enseignement qui, dans certaines écoles de la Grèce antique et à l'usage de disciples particulièrement qualifiés, complétait et approfondissait la doctrine. *La doctrine ésotérique de Pythagore.* ◊ Se dit de toute doctrine ou connaissance qui se transmet par tradition orale à des adeptes qualifiés. V. **Occulte.** *Les Mystères d'Éleusis étaient de nature ésotérique. Les données ésotériques de la Cabale.* V. **Cabalistique.** ♦ 2° *Cour.* Obscur, incompréhensible pour quiconque n'appartient pas au petit cercle des initiés. V. **Abscons, hermétique, obscur, occultisme.** *La poésie ésotérique de Maurice Scève. Périot pensait que le savant « quand il a pu découvrir une vérité... doit s'efforcer de l'exprimer non point dans un langage ésotérique, intelligible aux seuls initiés, mais dans le langage de tous »* (DUHAM.). ◊ ANT. **Profane. Clair, simple.**

ÉSOTÉRISME [ezɔteʀism(ə)]. *n. m.* (1846 ; de *ésotérique*). ♦ 1° *Didact.* Doctrine suivant laquelle des connaissances ne peuvent ou ne doivent pas être vulgarisées, mais communiquées seulement à un petit nombre de disciples. V. **Hermétisme, magie, occultisme.** *L'ésotérisme des Rose-Croix.* ♦ 2° Caractère d'une œuvre impénétrable, énigmatique. *L'ésotérisme des sonnets de Shakespeare.* ◊ ANT. **Exotérisme.**

1. **ESPACE** [ɛspas]. *n. m.* (XIIe « moment » ; *spaze,* v. 1190 ; surtout au sens d' « espace de temps » jusqu'au XVIe ; et souv. fém. ; lat. *spatium*).

I. (1314 ; *espaice,* XIIIe). Lieu, plus ou moins bien délimité, où peut se situer qqch. ♦ 1° Surface déterminée. V. **Étendue, lieu, place, superficie.** *Espace vide, libre, rempli, occupé. Il n'y a pas assez d'espace ; nous manquons d'espace. Être à l'étroit dans un espace resserré. « Un bâtiment énorme, couvrant, comme toutes les vieilles constructions, beaucoup d'espace pour loger peu de monde »* (RENAN). *« L'espace, le grand espace vide des steppes et des pampas »* (SARTRE). — Urbanisme. *Espaces verts* (v. 1960), jardins dans les villes. — ESPACE VITAL (loc. empr. à l'all.), espace qu'un pays revendique pour des raisons démographiques ou économiques. ◊ *Volume déterminé. L'espace occupé, tenu par un meuble. Espace vide dans un corps.* V. **Interstice, lacune, vide.** ♦ 2° Étendue des airs. V. **Ciel, éther.** *Regarder dans l'espace, dans le vague, sans rien fixer de précis. « Un brouillard gris et jaune inondait tout l'espace »* (BAUDEL.). ◊ LES ESPACES (vx), le ciel. *« Le silence éternel de ces espaces infinis m'effraie »* (PASC.). Fig. *« Elle se perdait un peu dans les espaces »* (ROUSS.). ♦ 3° *Spécialt.* (au sing.). Le milieu extra-terrestre (V. **Spatial**). *Exploration, conquête de l'espace. Voyageurs de l'espace.* V. **Cosmonaute ; astronaute.** — *Spécialt. Espace extra-atmosphérique. Espace lointain,* domaine spatial comprenant l'orbite lunaire et la zone située au delà, par rapport à la Terre. ♦ 4° Mesure de ce qui sépare deux points, deux lignes, deux objets. V. **Distance, écart, écartement, intervalle.** *Laisser, ménager, mettre un espace, de l'espace entre.* V. **Espacer.** *Espace entre deux objets rapprochés.* V. **Interstice.** *Espaces égaux entre les arbres d'une allée. « Entre les deux grilles se trouvait un espace de huit à dix mètres qui séparait les visiteurs des prisonniers »* (CAMUS). *Espace qui sépare les lignes* (V. **Interligne**), *les mots* (V. **Blanc**), *le texte du bord des pages* (V. **Marge**). ◊ *Espace parcouru.* V. **Chemin, distance, route, trajet.**

II. *Philo., Sc.* ♦ 1° (XVIIe). *« Milieu idéal, caractérisé par l'extériorité de ses parties, dans lequel sont localisées nos perceptions, et qui contient par conséquent toutes les étendues finies »* (LALANDE). *Nous situons les corps et les déplacements dans l'espace. « Par l'espace, l'univers me comprend et m'engloutit comme un point ; par la pensée, je le comprends »* (PASC.). — Chez Kant, Système de lois réglant la juxtaposition des choses relativement aux figures, grandeurs et distances, et permettant la perception. *L'Espace, forme a priori de la sensibilité extérieure.* Psycho. *L'espace visuel,* relatif à la vue, *l'espace tactile,* relatif au toucher, et *l'espace musculaire* ou *moteur* (relatif aux sensations qui accompagnent les mouvements) *constituent l'espace physiologique ou représentatif.* — *L'espace graphique. L'organisation de l'espace par les arts plastiques.* ♦ 2° *Géom.* Milieu conçu par abstraction de l'espace perceptif (à trois dimensions) ou une de ses parties (*espace à une, deux dimensions :* droite, plan). ◊ *L'espace à trois dimensions** de la géométrie euclidienne. *Géométrie de l'espace, dans l'espace,* qui étudie les droites et plans dans des positions relatives quelconques, les figures limitées par des plans ou des surfaces courbes. *Relatif à l'espace.* V. **Spatial.** *« Quelles sont d'abord les propriétés de l'espace proprement dit ? Je veux dire de celui qui fait l'objet de la géométrie et que j'appellerai l'espace géométrique... 1° Il est continu ; — 2° Il est infini ; — 3° Il a trois dimensions ; — 4° Il est homogène, c'est-à-dire que tous ses points sont identiques entre eux ; — 5° Il est isotrope, c'est-à-dire que*

toutes les droites qui passent par un même point sont identiques entre elles » (H. POINCARÉ). ◇ Milieu analogue à l'espace euclidien, mais doté d'une métrique* différente. *Espace à quatre, à n dimensions des géométries non euclidiennes. Espace courbe de la géométrie riemanienne* ou *sphérique* (sans parallèles). *La topologie, science qui étudie les propriétés qualitatives de l'espace. — Espace affine*. *Espace vectoriel,* ensemble muni de deux opérations, l'une interne, telle que la somme de deux vecteurs, l'autre externe, telle que la multiplication d'un vecteur par un nombre appartenant à un autre ensemble ayant une structure de corps (V. **Scalaire** [2]). ♦ 3° *Phys. Espace physique.* — (Dans la Relativité) *Espace-Temps :* milieu à quatre dimensions où quatre variables sont considérées comme nécessaires pour déterminer totalement un phénomène. V. **Continuum.** ♦ 4° *Fig.* et *littér.* Milieu abstrait comparé à l'espace. « *L'Espace littéraire* » (M. BLANCHOT). « *L'Espace du dedans* » (MICHAUX).
III. *(Dans le temps).* Etendue de temps : Vx. « *Las ! voyez comme en peu d'espace...* » (RONS.). — *Mod.* (avec compl.) *Pendant le même espace de temps.* V. **Laps.** *Deux fois en l'espace d'un an.*

2. ESPACE [ɛspas]. *n. f.* (1690; de *espace* 1, qui a conservé sa forme fém.). *Typogr.* Petite tige de plomb moins épaisse que les caractères, qui sert à espacer les mots d'une ligne. *Mettre une espace forte entre deux mots.*

ESPACÉ, ÉE [ɛspase]. *adj.* ♦ 1° Qui est séparé par un espace. *Bornes régulièrement espacées le long d'une route.* V. **Éloigné; échelonné.** *Elles sont espacées d'un kilomètre.* V. **Distant.** *Arbres espacés dans une clairière :* disséminés, éparpillés. V. **Épars.** ♦ 2° (Temps). *Visites espacées.* « *Quelques coups de canon, espacés, le tirèrent de sa prostration* » (MART. du G.). ◇ ANT. Contigu, rapproché. Fréquent, multiplié.

ESPACEMENT [ɛspasmɑ̃]. *n. m.* (1680; de *espacer*). ♦ 1° Action d'espacer. *Espacement des colonnes dans un bâtiment.* ♦ 2° (1798). Disposition de choses espacées. *L'espacement des mots, des lignes d'un texte.* — (Temps) *L'espacement des visites. L'espacement des paiements.* ♦ 3° Distance entre deux choses qu'on a espacées. *Réduire l'espacement entre deux arbres.*

ESPACER [ɛspase]. *v. tr.;* conjug. *placer* (1417; de *espace*). ♦ 1° Ranger deux ou plusieurs choses de manière à laisser entre elles un intervalle. V. **Distancer, échelonner.** *Espacer les arbres d'une allée. Il « espaça des cahiers de notes, des livres traversés par des coupe-papier* » (HUYSMANS). — *Imprim. Espacer les mots, les lignes :* ménager des blancs, des interlignes. ♦ 2° (XIXe). Séparer par un intervalle de temps. V. **Échelonner.** *Espacer ses visites. Espacer ses paiements.* — *Pronom.* « *Ses gémissements* (du chien) *s'espacèrent, puis cessèrent tout à fait* » (MART. du G.). *Ses lettres s'espacent, deviennent plus rares.* ◇ ANT. Juxtaposer, rapprocher, serrer.

ESPADA [ɛspada]. *n. f.* (1840; mot esp. « épée »). *Taurom.* Torero chargé de la mise à mort. V. **Matador.**

ESPADON [ɛspadɔ̃]. *n. m.* (1546; it. *spadone*, augmentatif de *spada* « épée »). ♦ 1° *Vx.* Grande et large épée à double tranchant, qu'on tenait à deux mains. V. **Claymore.** « *Un espadon colossal qui a dû servir au géant Goliath* » (GAUTIER). ♦ 2° (1694). *Mod.* Grand poisson acanthoptérygien, dont la mâchoire supérieure se prolonge en forme d'épée. *L'espadon peut atteindre cinq mètres de longueur; sa chair est comestible. La pêche à l'espadon.*

ESPADRILLE [ɛspadrij]. *n. f.* (1842; *espardille,* 1752; roussillonnais *espardillo,* rac. *spart.* V. **Sparterie**). Chaussure dont l'empeigne est en toile et la semelle de sparte tressée ou de corde. *Le « jeune passant solitaire, qui montait si vite sans peine et dont la marche en espadrilles ne s'entendait pas* » (LOTI).

ESPAGNOL, OLE [ɛspaɲɔl]. *adj.* et *n.* (*Espan,* 1080; lat. *Spanus,* de *Hispanus*). ♦ 1° *Adj.* De l'Espagne. *Le peuple espagnol.* V. **Hispanique.** *Le pays espagnol.* V. **Ibérique.** *Spécialiste de langue, de civilisation espagnoles.* V. **Hispanisant.** *Danses espagnoles :* boléro, cachucha, fandango, jota, séguedille, zapateado... *Musique espagnole. Folklore espagnol* (spécialt. andalou : flamenco). *École espagnole de peinture. Chrétiens espagnols sous la domination maure* (Mozarabes). *Les carabiniers, douaniers espagnols.* ♦ 2° N. *Un, une Espagnole* (arg. *Espagnol*). ◇ N. m. Langue romane parlée en Espagne. *Les Espagnols parlent l'espagnol ou le catalan.*

ESPAGNOLETTE [ɛspaɲɔlɛt]. *n. f.* (1731; de *espagnol,* d'apr. l'origine). Ferrure à poignée tournante servant à fermer et à ouvrir les châssis d'une fenêtre. V. **Crémone.** *Fenêtre fermée à l'espagnolette,* laissée entrouverte, l'espagnolette maintenant seulement les deux châssis l'un contre l'autre.

ESPAGNOLISME [ɛspaɲɔlism(ə)]. *n. m.* (1835; répandu 1877; de *espagnol*). Façons de sentir et traits de caractère spécifiquement espagnols. « *La plupart de mes folies apparentes... viennent de l'espagnolisme* » (STENDHAL).

1. ESPALIER [ɛspalje]. *n. m.* (1600; archit., 1553; it. *spalliera,* de *spalla* « épaule », fig. « appui »). Mur le long

duquel on plante des arbres fruitiers. *L'espalier* (ou *mur d'espalier*) *est généralement garni d'un treillage pour soutenir les branches des arbres* (V. **Accolage**). — EN ESPALIER, appuyé contre un espalier. « *L'arbre produit de beaux fruits dès qu'il est en espalier, c'est-à-dire dès qu'il n'est plus un arbre* » (RENAN). *Culture en espaliers.*

2. ESPALIER [ɛspalje]. *n. m.* (XVIe; de *espale,* dernier banc des rameurs d'une galère, le plus rapproché de la « poupe »; it. *spalla*). *Anc. mar.* Rameur du dernier banc d'une galère qui réglait les mouvements des autres rameurs.

ESPAR [ɛspaʀ]. *n. m.* (*Esparre,* XIIe; V. **Épar**). *Mar.* Longue pièce de bois utilisée comme mât, beaupré, vergue. *Par ext.* Vergue, gui, corne (de bois ou de métal). « *Tous leurs « espars », avirons, mâts ou vergues, s'agitèrent en cherchant dans le vide* » (LOTI).

ESPARCET [ɛspaʀsɛ] *n. m.,* **ESPARCETTE** [ɛspaʀsɛt]. *n. f.* (*Esparcet,* v. 1600; prov. *esparceto,* p.-ê. du rad. de *épars*). *Vx* ou *région.* Sainfoin. « *Un tertre sablonneux, couvert de gazon, de serpolet, de fleurs, même d'esparcette et de trèfles* » (ROUSS.).

ESPARGOUTE ou **SPARGOUTE.** *n. f.* V. SPERGULE (plante).

ESPÈCE [ɛspɛs]. *n. f.* (v. 1260; *vraie espesse* « révélation de Dieu », v. 1200; lat. *species* « aspect, apparence », *fig.* « nature, catégorie »).
I. *Vx* ou *Relig.* Apparence sensible des choses. ♦ 1° *Ancienn. Philo.* Objet immédiat de la connaissance sensible. ♦ 2° *Théol. Les espèces.* Dans le sacrement de l'eucharistie, Le corps et le sang de Jésus-Christ sous les apparences du pain et du vin, après la transsubstantiation. « *Ces femmes gardaient les Célestes Espèces dans leur bouche* » (HUYSMANS). *Communier sous les deux espèces* (pain et vin). ♦ 3° *Littér. Sous les espèces de,* sous la forme de. « *Verlaine y figurait sous les espèces sordides d'un mendiant ou d'un chemineau* » (VALÉRY).
II. *Mod.* et *cour.* (v. 1260). ♦ 1° Nature propre à plusieurs personnes ou choses, qui permet de les considérer comme appartenant à une catégorie distincte. V. **Genre, qualité, sorte.** *Les différentes espèces de verres, d'assiettes d'un service de table.* « *Mentir pour nuire est calomnie, c'est la pire espèce de mensonge* » (ROUSS.). *Cela n'a aucune espèce d'importance.* — *De la même espèce,* comparable, semblable (V. **Nature, ordre**). « *Le néant et l'orgueil sont de la même espèce* » (HUGO). *De toute espèce,* variés, très différents. *Des personnages de la même espèce, de toute espèce.* V. **Acabit, farine.** — *Il était avec un voyou de son espèce. Je ne discute pas avec des gens de votre espèce,* comme vous. *Le seul de son espèce,* unique en son genre. « *Ils la classeraient parmi les dévotes de l'espèce la plus commune* » (MAURIAC). ♦ 2° *Vx* et *péj.* Personne. « *Comme si ce n'était pas trop honorer de pareilles espèces que de faire attention à leurs procédés* » (ROUSS.). ♦ 3° (XVIe). UNE ESPÈCE DE : personne ou chose qu'on ne peut définir précisément et qu'on assimile à une autre par approximation. V. **Sorte, façon, manière.** « *Une espèce de comédie en musique et ballet* » (MOL.). « *Une espèce d'uniforme brun à boutons d'or qui tenait du livreur et de l'employé de banque* » (ARAGON). — *Péj.* (*Personnes*) Renforce une injure, une qualification péjorative. « *Une espèce d'idiot qui n'a jamais été reçu bachelier* » (LABICHE). « *Ah, ah ! Vous n'en savez rien, espèce de mufles* » (BLOY). ◇ *Fam.* et *cour.* (faute) *Espèce de* accordé avec le nom qui suit (valeur d'adj.). « *L'homme de la rue fait, de ces locutions, un usage non seulement intempérant mais encore vicieux. Il dit :* un espèce d'imbécile » (DUHAM.). ♦ 4° (1670). *Dr.* Situation de fait et de droit soumise à une juridiction; point spécial en litige. V. **Affaire, cause; cas.** *La présente espèce. Cet argument n'est pas valable en l'espèce.* ◇ LOC. *Cas d'espèce,* qui nécessite une interprétation de la loi. — Cour. *C'est un cas d'espèce,* qui ne rentre pas dans la règle générale, qui doit être étudié spécialement. « *Chaque cas est un cas d'espèce — comme d'ailleurs presque tout dans la vie* » (MONTHERLANT). *En l'espèce,* en ce cas particulier.
III. ESPÈCES (1496). *Ancienn.* Monnaie métallique. ♦ Pièce. *Espèces d'or, d'argent. Payer en espèces sonnantes et trébuchantes,* avec des pièces ayant le poids légal. « *— En quelles espèces était cette somme ? — En bons louis d'or* » (MOL.). — Toute monnaie ayant cours légal. « *La fortune était surtout faite de terres et de maisons; les espèces rares* » (TOULET). *Quantité d'espèces monnayées en circulation.* V. **Numéraire.** ◇ *Pharm.* Mélange de plantes séchées et cassées en petits morceaux servant à préparer des infusions ou des décoctions médicinales. ◇ *Cour.* EN ESPÈCES, en argent (*opposé à* en nature); *par ext.* en argent liquide (*opposé à* par chèque, etc.). Cf. *pop.* Cash.
IV. ❶ *Didact.* ♦ 1° *Log.* Division du genre. *Ensemble des caractères d'une espèce.* V. **Spécificité :** *les attributs d'une espèce. Terme désignant une espèce :* appellatif. *Échantillon de l'espèce.* V. **Spécimen.** ♦ 2° *Sc. nat.* (XVIIIe). Ensemble

de tous les individus d'aspect semblable ayant en commun des caractères qui les distinguent au sein d'un même genre et capables d'engendrer des individus féconds. *Espèces animales, végétales. L'individu et l'espèce. Division de l'espèce.* V. **Race, variété.** *Origine et évolution des espèces* (V. Darwinisme, évolution, lamarckisme, mutation, transformisme). *Croisement d'espèces différentes* (hybridation). V. **Génétique.** *Espèce d'arbres.* V. **Essence.** *Espèces animales. La nature « passe d'une espèce à une autre espèce par des nuances imperceptibles »* (BUFF.). ⊕ *Cour.* (*Humaine espèce,* 1370). ESPÈCE HUMAINE, *notre espèce. Absolt. L'espèce,* les hommes. *La sauvegarde de l'espèce humaine. Le moi « a la vérité; il a la santé; il n'erre pas; à lui de purifier l'espèce; à lui de la condamner, ou de s'y préférer »* (SUARÈS).

ESPÉRANCE [ɛsperɑ̃s]. *n. f.* (1120; de *espérer*). ♦ 1° Sentiment qui fait entrevoir comme probable la réalisation de ce que l'on désire. V. **Assurance, certitude, confiance, conviction, croyance, espoir.** « *L'espérance n'est qu'un charlatan qui nous trompe sans cesse; et, pour moi, le bonheur n'a commencé que lorsque je l'ai eu perdue »* (CHAMFORT). « *Mon cœur, lassé de tout, même de l'espérance, N'ira plus de ses vœux importuner le sort »* (LAMART.). « *Abandonnez toute espérance, vous qui entrez »,* inscription placée sur la porte de l'Enfer (Dante). ◇ *Théol. chrét.* L'une des trois vertus théologales. ♦ 2° Ce sentiment, appliqué à un objet déterminé. V. **Aspiration, désir, espoir.** *Caresser, concevoir, entretenir, nourrir, former des espérances. Bâtir, fonder de grandes espérances sur qqch. Espérances trompeuses.* V. **Illusion, leurre.** « *Nos espérances mesurent notre bonheur présent bien plutôt que notre bonheur à venir »* (ALAIN). *Cet élève, cet étudiant donne de grandes espérances.* V. **Promesse.** *Un talent « qui remplit ou qui même dépasse les plus belles espérances »* (STE-BEUVE). — *Contre toute espérance, alors qu'il semblait impossible d'espérer.* V. **Attente.** « *Je venais justement lui annoncer que, contre toute espérance, j'avais réussi mon travail »* (ST-EXUP.). ♦ 3° *Par ext.* La personne ou la chose qui est l'objet de l'espérance. « *Voilà donc votre roi, votre unique espérance »* (RAC.). ◇ *Plur.* ESPÉRANCES, *biens qu'on attend d'un héritage.* « *Ma petite-fille n'apportait pas une très belle dot, mais elle avait, en revanche, de magnifiques « espérances »* (MAURIAC). ♦ 4° *Statist. Espérance mathématique,* valeur moyenne d'une variable aléatoire, pondérée par leur probabilité de toutes les valeurs possibles prises par cette variable. — *Démogr. Espérance de vie,* durée moyenne de la vie humaine dans une société donnée, établie statistiquement sur la base des taux de mortalité. ⊘ ANT. **Désespérance, désespoir.**

ESPÉRANTISTE [ɛsperɑ̃tist(ə)]. *adj.* et *n.* (1907; de *espéranto*). Relatif à l'espéranto. *Congrès, réunion espérantiste.* — *N.* Partisan de l'espéranto.

ESPÉRANTO [ɛsperɑ̃to]. *n. m.* (v. 1887; du mot qui, dans cette langue, signifie « celui qui espère »). Langue internationale conventionnelle, fondée vers 1887 par Zamenhof, en partant de racines courantes des langues les plus répandues. « *L'adoption de l'espéranto... faciliterait entre les hommes les échanges spirituels et matériels »* (MART. du G.).

ESPÉRER [ɛspere]. *v.;* conjug. *céder* (XIᵉ; lat. *sperare*). ♦ 1° *V. tr.* Considérer (ce qu'on désire) comme devant se réaliser. V. **Attendre, compter** (sur), **escompter; espérance, espoir.** « *On jouit moins de ce qu'on obtient que de ce qu'on espère »* (ROUSS.). *Espérer une récompense, un miracle. N'espère de lui aucune aide, aucun appui. Il n'espère plus rien. Qu'espérait-il de plus?* V. **Souhaiter.** *Croyez-vous qu'il viendra? Je l'espère bien. Je lui ai fait espérer, laissé espérer une réponse favorable. La floraison fait espérer une belle récolte.* V. **Promettre.** *J'espère bien que tant.* — *Absolt. J'espère, j'espère, avant mon départ. J'espère bien!* ◇ ESPÉRER QQN, *espérer sa venue, sa présence. Enfin vous voilà! Je ne vous espérais plus.* — (*Région.*) *Attendre* (qqn). « *Je repartis... pour l'Est où Gabriel nous espérait »* (DUHAM.). ◇ ESPÉRER (avec inf.). *Compter, penser. J'espère réussir.* V. **Flatter** (se), **promettre** (se). *Il espérait vous voir.* — (Appliqué au passé) *Aimer à croire, à penser. J'espère avoir fait ce qu'il fallait. Il espère avoir réussi.* ◇ ESPÉRER QUE. *J'espère qu'il viendra. En tour négatif* (avec subj. ou non) *Je n'espère pas qu'il vienne. Je n'espérais pas qu'il viendrait, qu'il vînt. Il nous a laissé espérer que c'était possible.* V. **Entrevoir.** *Espérer que* (avec un v. au prés. ou au passé), *aimer à croire, à penser que. J'espère que tu es bien. Espérons qu'il n'a rien entendu.* ♦ 2° *V. intr.* Avoir confiance. *Allons, courage, il faut espérer. Espérer en Dieu. Espérer en l'avenir, en des temps meilleurs.* V. **Croire.** ♦ 3° *Loc. exclam.* (Région.). *J'espère ! eh bien! Cf. À la bonne heure.* « *Mais j'espère! On nous a gâtées* [...] » (SIMON). ⊘ ANT. **Désespérer;** *appréhender, craindre.*

ESPIÈGLE [ɛspjɛgl(ə)]. *adj.* (XVIIᵉ; *Ulespiegle,* 1559; all. *Eulenspiegel,* néerl. *Uilenspiegel,* personnage bouffon d'un roman). Vif et malicieux, sans méchanceté (enfant). V. **Coquin, malin, turbulent.** *Enfant espiègle.* V. **Démon, diablotin, lutin, polisson.** — *Subst. Une bande d'espiègles.* *Par ext. Humeur, gaieté espiègle.* V. **Badin.** *Un air espiègle.* V. **Fripon.** ⊘ ANT. **Indolent, niais.**

ESPIÈGLERIE [ɛspjɛgləri]. *n. f.* (1694; de *espiègle*). ♦ 1° Caractère espiègle. *L'espièglerie des jeunes enfants.* ♦ 2° Tour d'espiègle. *C'est une espièglerie d'enfant.* V. **Diablerie, farce, gaminerie, jeu, malice, niche.** « *Étant condamné pour quelque espièglerie à m'aller coucher sans souper »* (ROUSS.).

ESPINGOLE [ɛspɛ̃gɔl]. *n. f.* (1671; a. fr. *espringale* « arbalète », de *espringuer,* frq. °*springan*). *Ancienn.* Fusil court à canon évasé qu'on chargeait avec des chevrotines. V. **Escopette, tromblon.**

ESPION, ONNE [ɛspjɔ̃, ɔn]. *n.* (XIIIᵉ; it. *spione,* de *spiare* « épier »). ♦ 1° *Vx.* Personne chargée d'épier les actions, les paroles d'autrui pour en faire un rapport. V. **Cafard, délateur, dénonciateur, mouchard, rapporteur.** « *À peine à cinquante pas du château, j'aperçois mon espion qui me suit »* (LACLOS). ◇ *Mod.* Personne rétribuée appartenant à une police secrète non officielle. V. **Indicateur, mouche, mouton; barbouze** (*arg.*). *Les espions du cardinal de Richelieu, de Fouché.* ♦ 2° Personne chargée de recueillir clandestinement des documents, des renseignements secrets sur une puissance étrangère. V. **Agent** (secret); **espionnage.** *Fausse identité d'un espion. Mata-Hari, célèbre espionne de la guerre de 1914. Espion double* (ou agent double), celui qui sert à la fois deux puissances, trahissant l'une au profit de l'autre, ou les deux à son profit. *Surveillance des espions.* V. **Contre-espionnage.** ◇ *Comp. Avion-espion, bateau-espion,* chargé de missions de renseignement en territoire étranger. ♦ 3° (*Par anal.*). *N. m.* Petit miroir incliné qui sert à regarder sans être vu.

ESPIONITE ou **ESPIONNITE** [ɛspjɔnit]. *n. f.* (v. 1940; de *espion,* et -*ite* « maladie »). Phobie des espions (2°), attitude de ceux qui en voient partout. *Le « déferlement d'une vague d'espionite pire que celle qui avait sévi en 14-18 »* (BEAUVOIR).

ESPIONNAGE [ɛspjɔnaʒ]. *n. m.* (1587; de *espionner*). ♦ 1° Action d'espionner. V. **Surveillance.** « *Elle régna despotiquement dans sa maison, qui fut soumise à son espionnage de femme »* (BALZ.). *Espionnage exercé par la police.* — *Espionnage industriel,* moyens utilisés pour surprendre les secrets de fabrication d'un concurrent. ♦ 2° Activité des espions (2°). *Service d'espionnage,* organisation secrète existant dans tous les pays et dont la fonction est de révéler les secrets des puissances étrangères ou ennemies. *Le deuxième Bureau, la cinquième colonne, l'Intelligence Service, services d'espionnage français, allemand, anglais.* « *Il a accepté ensuite une mission de haut espionnage en Orient pour le compte du tsar »* (SARTRE). *Être accusé d'espionnage. L'espionnage est un crime contre la sûreté de l'État; il est punissable de mort. Romans d'espionnage.*

ESPIONNER [ɛspjɔne]. *v. tr.* (1482; de *espion*). Épier les actions, les discours d'autrui pour en faire un rapport. *Mari qui fait espionner sa femme.* V. **Surveiller.** — *Par ext.* Épier (qqn) avec malveillance. *Espionner ses voisins. Cessez de m'espionner !*

ESPLANADE [ɛsplanad]. *n. f.* (XVᵉ; it. *spianata,* de *spianare* « aplanir »). Terrain uni et découvert, aplani par la main de l'homme. — Terrain aménagé devant un édifice, une maison, en vue d'en dégager les abords. *L'esplanade des Invalides à Paris.* V. **Place.** — Terrain aménagé sur une hauteur, d'où l'on puisse découvrir les environs. V. **Terrasse.**

ESPOIR [ɛspwar]. *n. m.* (*Espeir,* 1160; de *espérer*). ♦ 1° Le fait d'espérer, d'attendre (qqch.) avec confiance. V. **Espérance.** *J'ai le ferme espoir qu'il réussira.* V. **Assurance, certitude, conviction.** *Fol espoir, déraisonnable. Attirer qqn par l'espoir d'un gain. Caresser un espoir.* V. **Espérer.** *Conserver, garder un espoir. C'est sans espoir, il n'y a aucune amélioration à espérer, c'est désespéré. J'étais venu dans (avec) l'espoir de vous voir. Il n'y a plus d'espoir,* la personne va mourir. — *Par ext.* Occasion d'espérer. *Vous êtes mon dernier espoir, vous allez m'aider.* ♦ 2° Sentiment qui porte à espérer. V. **Espérance.** *Être plein d'espoir. Aimer sans espoir. Lueur, rayon d'espoir.* « *Un monde sans espoir est irrespirable »* (MALRAUX). ♦ 3° *Par ext.* L'objet de l'espoir. *La jeunesse est l'espoir du pays.* — Personne sur qui on fonde de grands espoirs dans tel ou tel domaine. *X, espoir du tennis français.* ⊘ ANT. **Désespoir;** *appréhension, crainte, défiance, inquiétude.*

ESPONTON [ɛspɔ̃tɔ̃]. *n. m.* (*Sponton,* XVIᵉ; it. *spuntone,* rac. *punta* « pointe »). *Ancien.* Demi-pique portée jusqu'à la Révolution par les bas officiers d'infanterie.

ESPRESSIONE (CON) [kɔnɛspresjɔne]. *loc. adv.* (1846; mots it.). *Mus.* D'une manière expressive. V. **Espressivo.**

ESPRESSIVO [ɛspresivo]. *adj.* (*Expressive,* 1846; mot it.). *Mus.* Expressif. — *Adv.* Jouer espressivo.

ESPRIT [ɛspri]. *n. m.* (*Esprit,* fin XIᵉ; lat. *spiritus* « souffle »).

I. ♦ 1° (*Bible*). Souffle de Dieu. « *L'esprit souffle où il veut »* (BIBLE SACY). ◇ (v. 1120) SAINT-ESPRIT [sɛ̃tɛspri] ou

ESPRIT SAINT, Dieu comme troisième personne de la Trinité, qui procède du Père par le Fils. V. **Paraclet, sanctificateur.** *Représentation du Saint-Esprit par une colombe. Fig. Par l'opération* du Saint-Esprit.* ♦ 2° Inspiration provenant de Dieu. *Dieu répandit un esprit de sagesse, d'erreur.* « *Est-ce l'Esprit divin qui s'empare de moi?* » (RAC.). ♦ 3° Principe de la vie incorporelle de l'homme. V. **Âme.** — Principe de la vie corporelle de l'homme. V. **Vie.** *Rendre l'esprit,* mourir. V. **Souffle, soupir** (le dernier soupir). « *Ont-ils rendu l'esprit, ce n'est plus que poussière* » (MALHERBE). ♦ 4° *(Repris au gr.).* Mode d'articulation de l'initiale vocalique en grec ancien ; signe au-dessus de la voyelle qui le note. *Esprit dur, esprit rude* (') : émission de la voyelle avec aspiration (opposé à l'esprit doux (').

II. Émanation des corps. ♦ 1° Vx. *Les esprits,* corps légers et subtils, émanations que l'on considérait comme le principe de la vie et du sentiment. *Esprits vitaux.* Anc. méd. *Les « esprits animaux... sont comme... une flamme très pure et très vive, qui montant... du cœur dans le cerveau,... donne le mouvement à tous mes membres* (par les nerfs et les muscles) » (DESCARTES). — Mod. *Perdre ses esprits,* être égaré par une émotion violente, un trouble, et *aussi* Perdre connaissance. V. **Évanouir** (s') ; **syncope.** *Reprendre ses esprits.* ♦ 2° (1663). Vx. Chim. Produit liquide volatil, ou gaz dégageant une forte odeur ; produit d'une distillation. — Mod. et région. *Esprit-de-sel,* acide chlorhydrique étendu d'eau ; *esprit-de-bois,* alcool méthylique. *Esprit-de-vin,* alcool éthylique.

III. Être immatériel, incorporel. ♦ 1° Relig. *Dieu est un pur esprit.* V. **Dieu.** *Esprits célestes.* V. **Ange.** — *Esprit des ténèbres, esprit malin, esprit du mal.* V. **Démon.** — Fig. et fam. *N'être pas un pur esprit,* avoir des besoins corporels, matériels. ♦ 2° Être imaginaire des mythologies, qui est supposé se manifester sur la terre. V. **Elfe, fée, génie, gnome, kobold, korrigan, lutin, sylphe.** ♦ 3° Âme d'un défunt, dans l'occultisme. V. **Fantôme, mânes, revenant, spectre.** *Évocation des esprits* (V. **Spiritisme**). *Esprit es-tu là ?*

IV. La réalité pensante. ♦ 1° Le principe pensant en général, opposé à l'objet de pensée, à la matière. V. **Pensée.** *L'esprit humain. Doctrines philosophiques sur l'esprit et la matière.* V. **Idéalisme, spiritualisme, matérialisme.** « *Je ne suis donc, précisément parlant, qu'une chose qui pense, c'est-à-dire un esprit* » (DESCARTES). « *Le but du monde est le développement de l'esprit, et la première condition du développement de l'esprit, c'est sa liberté* » (RENAN). — Allus. bibl. *Bienheureux les pauvres en esprit,* ceux qui se veulent pauvres (souvent compris par erreur comme : personnes sans intelligence). ◇ (Opposé à la chair) *L'esprit est prompt, la chair est faible.* ◇ (Opposé à la réalité) Péj. *Vue de l'esprit,* position abstraite, théorique, ne s'appuyant pas sur le réel. *Création de l'esprit. Chimère, utopie. Jeu de l'esprit. Ils* « *croient volontiers que la littérature est un jeu de l'esprit destiné à être éliminé de plus en plus dans l'avenir* » (PROUST). ♦ 2° Principe de la vie psychique, tant affective qu'intellectuelle, chez un individu. V. **Âme, conscience, moi.** *Étude de l'esprit.* V. **Psychologie.** *L'esprit et le corps d'un homme. L'effroi s'empara de son esprit. Conserver l'esprit libre,* repousser les soucis, les influences. *Disposition d'esprit, état d'esprit.* V. **Disposition.** *Avoir l'esprit ailleurs,* être distrait, penser à autre chose, être dans la lune. *Où ai-je, où avais-je l'esprit?* (pour s'excuser d'un manque d'attention, d'un oubli). *En esprit,* en imagination, par la pensée. *Voir en esprit.* V. **Imaginer.** « *La lettre... dont Votre majesté impériale m'honore, m'a transporté en esprit à Orembourg* » (VOLT.). — *Être sain de corps et d'esprit.* — *Perdre l'esprit,* devenir fou. *Esprit simple* d'esprit.* ♦ 3° Ensemble des dispositions, des façons d'agir habituelles. V. **Caractère.** *Avoir l'esprit aventureux, belliqueux, changeant, retors. Petit esprit, esprit étroit*. Étroitesse d'esprit. Esprit large*, largeur d'esprit.* — AVOIR BON, MAUVAIS ESPRIT, être bienveillant, coopératif, confiant ; être malveillant, rebelle, méfiant. V. **Humeur.** *Avoir, ne pas avoir l'esprit à,* à l'humeur à. *Je n'ai pas l'esprit au jeu, à m'amuser en ce moment* (V. **Goût**). ◇ *Par ext.* (Des personnes elles-mêmes). V. **Homme ; gens.** *C'est un esprit romanesque. Influencer de jeunes esprits. Calmer les esprits.* « *Ces peurs imprécises qui livraient les esprits à la hantise de la légitime défense, et faisaient le jeu des ennemis de la paix* » (MART. du G.). ♦ 4° Principe de la vie intellectuelle, opposé à la sensibilité. V. **Entendement, intellect, intelligence, pensée, raison ;** et **Cerveau, cervelle, tête.** *Relatif à l'esprit.* V. **Cérébral, intellectuel, mental.** « *L'esprit est toujours la dupe du cœur* » (LA ROCHEF.). *Acuité, agilité, clarté, rapidité, vivacité d'esprit. Dons de l'esprit.* V. **Génie, talent.** *Esprit lucide, profond, subtil ; observateur ; logique. Esprit caustique. Esprit borné, lent. Lenteur, paresse, pesanteur d'esprit. Esprit pratique, terre à terre, positif.* — *Idée, pensée, réflexion qui vient à l'esprit, traverse l'esprit. Dites tout ce qui vous viendra à l'esprit* (Cf. Passer par la tête). « *Il roulait dans son esprit de profondes pensées* » (FRANCE). — *Dans mon esprit,* dans ma pensée, selon moi. *Vous m'avez mal compris ; dans mon esprit,*

il ne s'agissait pas de vous blâmer. — *Présence d'esprit,* aptitude à faire ou à dire sans hésitation ce qui est à propos. V. **À-propos.** *Avoir l'esprit mal, bien tourné*.* ◇ *Par ext.* (Des personnes elles-mêmes) « *Un de ces esprits légers, habitués à la confusion, dont il est convenu que le Parlement abonde* » (ROMAINS). Vx ou péj. *Un bel esprit,* un homme cultivé. V. **Pédant.** Mod. PROV. *Les grands esprits se rencontrent,* se dit lorsque deux personnes ont la même idée en même temps. ◇ Vx. *Esprit fort,* libre penseur.

V. Aptitude intellectuelle. ♦ 1° *(Qualifié).* Aptitude, disposition particulière de l'intelligence. *Esprit philosophique, mathématique, don, disposition pour la philosophie, etc.* (V. **Bosse,** fig.). *Esprit des affaires, du commerce.* V. **Sens.** *Avoir l'esprit de synthèse, d'analyse. Esprit d'observation. Esprit critique.* V. **Critique.** — *Esprit de suite*. Manquer d'esprit d'à-propos*. Esprit de l'escalier*.* ♦ 2° Absolt. Vx. Qualité, valeur intellectuelle (V. **Intelligence, talent**). *Homme d'esprit.* « *Ni l'ignorance n'est défaut d'esprit, ni le savoir n'est preuve de génie* » (VAUVEN.). *Comment l'esprit vient aux filles,* conte de La Fontaine. ♦ 3° Spécialt. Vivacité piquante de l'esprit ; ingéniosité dans la façon de concevoir et d'exposer qqch. V. **Finesse, malice ; humour.** *Avoir de l'esprit, beaucoup d'esprit* (V. **Spirituel**). *Homme d'esprit. Faire de l'esprit* (péj.), faire étalage d'esprit. *Ce n'est pas le moment de faire de l'esprit* (Cf. Faire le malin). « *Il faut l'esprit pour bien parler, de l'intelligence suffit pour bien écouter* » (GIDE). *Repartie pleine d'esprit* (V. **Sel**). *Trait d'esprit ; mot d'esprit.* V. **Boutade, calembour, pointe, saillie.**

VI. ♦ 1° Attitude, idée qui détermine, oriente l'action. V. **Intention, volonté.** *Esprit de révolte. Esprit de justice, de charité, de sacrifice.* — *Avoir le bon esprit de faire qqch.,* la bonne idée. — *Dans un esprit de.* V. **Intention ; but, dessein, idée.** *Il a agi dans un esprit de vengeance. C'est dans cet esprit qu'il convient d'envisager la chose.* V. **Angle** (sous cet angle), **aspect, vue** (de ce point de vue). ♦ 2° Fonds d'idées, de sentiments qui oriente l'action d'une collectivité concrète ou abstraite. *L'esprit d'une société.* V. **Génie.** « *L'esprit de la monarchie est la guerre et l'agrandissement ; l'esprit de la république est la paix et la modération* » (MONTESQ.). *Il faut « entrer dans l'esprit de son temps, afin d'avoir action sur cet esprit* » (CHATEAUB.). *Esprit de corps,* d'attachement et de dévouement au corps, au groupe auquel on appartient. V. **Solidarité.** *Esprit d'équipe. Esprit de famille.* ♦ 3° Le sens profond d'un texte : l'essentiel de la pensée d'un auteur. *L'esprit d'une constitution. L'Esprit des lois,* ouvrage de Montesquieu. — *L'esprit et la lettre*.*

◈ ANT. **Chair, corps. Matière. Bêtise, inintelligence ; lourdeur, pesanteur. Platitude. Forme, lettre.**

ESPRIT-DE-BOIS, ESPRIT-DE-SEL, ESPRIT-DE-VIN. V. ESPRIT (II, 2°).

-ESQUE. Élément (du suff. it. *-esco*) qu'on joint à des noms propres pour signifier « à la façon de » (ex. : *dantesque, ubuesque*).

ESQUICHER [eskiʃe]. v. intr. (1789, T. de jeu ; prov. mod. *esquicha* « presser, comprimer ». V. **Écacher**). Dial. (Dans le Midi). Comprimer, presser, serrer, tasser. *Les voyageurs étaient esquichés dans le car.*

ESQUIF [eskif]. n. m. (1497 ; it. *schifo,* du longobard *skif.* V. **Équiper**). Littér. Petite embarcation légère. *Un frêle esquif.*

ESQUILLE [eskij]. n. f. (1503 ; lat. *schidia* « copeau », gr. *skhidion,* de *skhizein* « fendre, casser »). Petit fragment qui se détache d'un os fracturé ou carié. *Extraire les esquilles.*

ESQUIMAU, AUDE [eskimo, od]. n. et adj. (1740 ; var. anc. *eskimau, eskimo*). ♦ 1° Habitant des terres arctiques de l'Amérique et du Groenland. Relatif à ces habitants. *Une Esquimaude.* — Adj. *Idiome esquimau. Chien esquimau.* REM. On emploie parfois ESKIMO, ESQUIMAU comme adj. invar. ♦ 2° N. m. *Par anal.* (1922). Glace enrobée de chocolat qu'on tient comme les sucettes par un bâton (On dit aussi *Chocolat glacé*). ♦ 3° N. m. (v. 1930). Vêtement d'enfant en tricot de laine composé d'une veste et d'une culotte formant guêtres.

ESQUIMAUTAGE [eskimotaʒ]. n. m. (1948 ; de *esquimau*). Sports. Manœuvre nautique pratiquée en kayak et consistant à l'immerger totalement et à lui faire un tour complet.

ESQUINTANT, ANTE [eskɛ̃tɑ̃, ɑ̃t]. adj. (XXe ; de *esquinter*). Fam. Très fatigant. *Un voyage esquintant.*

ESQUINTÉ, ÉE [eskɛ̃te]. adj. (1846 ; de *esquinter*). ♦ 1° Abîmé, amoché. ♦ 2° Très fatigué. V. **Flapi, moulu.** « *Il gisait, esquinté, fourbu, incapable de réunir deux idées dans sa cervelle* » (HUYSMANS).

ESQUINTER [eskɛ̃te]. v. tr. (1800 ; prov. mod. *esquinta* « déchirer » ; lat. pop. *exquintare* « couper en cinq »). ♦ 1° Fam. Démolir, abîmer, blesser. *Esquinter qqn que l'on frappe.* V. **Amocher.** *S'esquinter la vue à lire sans lumière. Esquinter sa voiture.* V. **Détériorer.** ◇ Fig. Critiquer très sévèrement. *Esquinter un auteur, un film.* V. **Éreinter.** ♦ 2° (1861). Fatiguer extrêmement. V. **Claquer, crever,**

épuiser, éreinter. « *Je ne vais pas m'esquinter à travailler pour engraisser une bande de députés* » (ARAGON). ◇ ANT. *Délasser, reposer.*

ESQUIRE [ɛskwajœʀ]. *n. m.* (1870; mot angl. « écuyer »). Terme honorifique dont on fait suivre le nom de famille des Anglais non titrés, sur l'enveloppe des lettres (abrév. *Esq.*).

ESQUISSE [ɛskis]. *n. f.* (*Esquiche*, 1567; it. *schizzo*; probabl. lat. *schedium* « poème improvisé »). ♦ 1° Première forme d'un dessin, et *par anal.* d'une statue, d'une œuvre d'architecture, qui sert de guide à l'artiste quand il passe à l'exécution de l'ouvrage définitif. V. **Croquis, ébauche, essai, jet** (premier jet), **maquette, pochade, schéma.** *Ce n'est qu'une esquisse. Esquisses de Rubens.* « *Les esquisses ont communément un feu que le tableau n'a pas. C'est le moment de la chaleur de l'artiste... c'est l'âme du peintre qui se répand librement sur la toile* » (DIDER.). ♦ 2° *Par ext.* Plan sommaire, notes indiquant l'essentiel d'un travail, d'une œuvre littéraire. V. **Aperçu, canevas, idée, plan, projet.** *Esquisse d'un poème, d'un roman.* « *Étude qui donne un aperçu général sur un sujet, une matière. Tracer l'esquisse d'une époque, d'une société.* ♦ 3° *Fig.* (fin XIXᵉ). Action d'esquisser (3°). V. **Ébauche.** *Esquisse d'un sourire.* « *Toute pensée est une esquisse d'action* » (MAUROIS). ◇ ANT. *Accomplissement, achèvement.*

ESQUISSER [ɛskise]. *v. tr.* (*Esquicher*, 1567; it. *schizzare*. V. **Esquisse**). ♦ 1° Représenter, faire (en esquisse). V. **Crayonner, croquer, dessiner, ébaucher, pocher, tracer.** *Esquisser un portrait, un paysage. Détail à peine esquissé.* V. **Indiquer.** ♦ 2° *Par ext.* Fixer le plan, les grands traits de (une œuvre littéraire). *Esquisser les caractères d'un roman.* — *Décrire à grands traits, sans aller au fond des choses. Esquisser le tableau d'une époque.* ♦ 3° *Fig.* (fin XIXᵉ). Commencer à faire. V. **Amorcer, ébaucher.** *Esquisser un sourire, une moue. Esquisser un geste, un mouvement de recul.* « *Antoine esquissa un geste évasif, vaguement incrédule* » (MART. du G.). ◇ ANT. *Accomplir, achever.*

ESQUIVE [ɛskiv]. *n. f.* (XXᵉ; de esquiver). *Sports.* Action d'esquiver un coup par simple déplacement du corps. *Esquive d'un boxeur.*

ESQUIVER [ɛskive]. *v. tr.* (1605; *eschiver*, 1080; repris it. *schivare*, de *schivo* « dédaigneux »; germ. *skiuh* « farouche »). ♦ 1° Éviter adroitement. V. **Échapper** (à). « *Le boxeur déchaîné saute en arrière, esquive un second coup* » (J. PRÉVOST). ◇ (Abstrait) *Obligation ennuyeuse qu'on cherche à esquiver. Esquiver une difficulté.* V. **Dérober** (se), **éluder, escamoter.** *Esquiver qqn qu'on ne veut pas voir.* ♦ 2° S'ESQUIVER. *v. pron.* Se retirer en évitant d'être vu. V. **Disparaître, échapper** (s'), **enfuir** (s'), **évader** (s'), **retirer** (se), **sortir** (Cf. Brûler la politesse, filer à l'anglaise, prendre la tangente). « *C'était ma tante et deux de ses amies. Je voulus m'esquiver, mais il était trop tard* » (NERVAL). ◇ (Abstrait) Se dérober. « *Une secrète réprobation entoure en France celui qui paie l'impôt ou règle la douane sans avoir cherché à s'esquiver* » (SIEGFRIED). ◇ ANT. *Recevoir; accepter, Rester.*

ESSAI [ɛsɛ]. *n. m.* (XIIᵉ; lat. *exagium* « pesée, essai »). ♦ 1° Opération par laquelle on s'assure des qualités, des propriétés d'une chose ou de la manière d'user d'une chose. *Faire l'essai d'un produit. Faites un essai, vous verrez bien. Essai d'un minerai. Essai des monnaies.* V. **Balance** (d'essai), **vérification.** *Essais de laboratoire.* V. **Analyse, épreuve, expérience, expérimentation, test.** — *Tube à essai.* V. **Éprouvette, tube.** *Essai de machines, de moteurs. Banc d'essai,* ensemble de machines pour vérifier les caractéristiques d'un mécanisme; *par ext.* Ces caractéristiques. — *Vol, pilote d'essai,* pour essayer les prototypes d'avions. *Centre d'essais en vol. Ballon d'essai.* V. **Ballon.** — *Cinéma d'essai,* qui projette des films hors du réseau commercial normal (avant la distribution commerciale). — À L'ESSAI, aux fins d'essai. *Prendre à l'essai,* avec faculté de refuser ou de rendre si l'épreuve n'est pas satisfaisante. *Prendre, engager à l'essai un employé.* — *Fig. Mettre à l'essai,* éprouver. « *Pour mettre à l'essai ma complaisance* » (ROUSS.). ♦ 2° Action d'user de, d'agir sans être sûr du résultat; action d'agir dans un domaine pour la première fois. V. **Tentative.** « *C'est un essai de plantation de café — raté, comme presque tous les autres de la région* » (GIDE). « *Votre essai de grève générale* » (ROMAINS). *Un essai de conciliation.* V. **Effort.** *Un timide essai. Un essai malheureux. Un coup d'essai. Faire plusieurs essais sans résultat.* « *La maladresse est la loi de tout essai, dans n'importe quel genre* » (ALAIN). — *Sports.* Chacune des tentatives d'un athlète, dont on retient la meilleure. *Premier, second essai. Rugby* (proprem. « Droit d'essayer de marquer un but ») Avantage obtenu quand un joueur parvient à poser ou toucher le ballon le premier derrière la ligne de but du camp adverse. *Transformer* un essai* (en but). ♦ 3° Résultat d'un essai, premières productions de celui qui s'essaye dans un genre quelconque. *Ce ne sont que de modestes essais.* ◇ (XVIᵉ) Ouvrage littéraire en prose, de facture très libre, traitant d'un sujet qu'il n'épuise pas ou réunissant des articles

divers (V. **Essayiste**). *Essai philosophique, historique, politique. Essai sur la peinture,* de Diderot. ◇ Cin. (1919). *Bout d'essai,* bout de film tourné spécialement pour juger un acteur, avant de l'engager.

ESSAIM [ɛsɛ̃]. *n. m.* (1160; lat. *examen,* de *exigere* « emmener hors de »). ♦ 1° Groupe d'abeilles qui quittent une ruche surpeuplée pour aller s'établir ailleurs. « *J'aperçus, suspendu à l'une des branches de notre arbre, un fruit brun, velouté, énorme, grouillant : un essaim* » (DUHAM.). — *Par ext.* Groupe d'insectes qui volent ensemble. *Essaim de criquets pèlerins.* « *Devant eux un essaim de mouches voltigeait, en bourdonnant dans l'air chaud* » (FLAUB.). ♦ 2° *Fig.* Groupe nombreux qui se déplace. V. **Multitude, quantité, troupe, troupeau.** *Un essaim d'écoliers.* « *Un essaim de balles chantantes et miaulantes vint ricocher sur les cailloux* » (MAC ORLAN).

ESSAIMAGE [ɛsɛmaʒ]. *n. m.* (1823; de *essaimer*). Action d'essaimer (1°). Époque où les abeilles essaiment. ◇ *Fig.* (1961) Le fait, pour une collectivité, d'émigrer pour former ailleurs un nouveau groupe. « *L'essaimage rapide des cités neuves dans les zones intercalaires* » (*Le Monde,* 10-12-1967).

ESSAIMER [ɛsɛme]. *v.* (*Essamer,* XIIIᵉ; de *essaim*). ♦ 1° *V. intr.* Quitter la ruche en essaim pour aller s'établir ailleurs (abeilles). — *Par ext. Cette ruche a essaimé.* ♦ *Par anal.* Se dit d'une collectivité dont se détachent certains éléments pour émigrer et fonder de nouveaux groupes. *Famille nombreuse qui essaime dans tous les coins d'une région.* V. **Disperser** (se). *Société commerciale qui a essaimé outre-mer,* en y établissant des filiales. ♦ 2° *V. tr.* Envoyer au loin. *Société qui essaime des groupes.*

ESSANGEAGE [ɛsɑ̃ʒaʒ]. *n. m.* (1870; de *essanger*). *Rare.* Action d'essanger.

ESSANGER [ɛsɑ̃ʒe]. *v. tr.; conjug. bouger* (XIVᵉ; lat. pop. *exsaniare*. V. **Sanie**). *Rare.* Décrasser le linge avant de le mettre à la lessive. *Essanger des torchons.*

ESSANVAGE [ɛsɑ̃vaʒ]. *n. m.* (1922; de é-, et *sanve*). *Agric.* Opération agricole ayant pour objet la destruction des sanves (sénevé). *Essanvage avec la machine spéciale dite* ESSANVEUSE [ɛsɑ̃vøz] (1900).

ESSART [ɛsaʀ]. *n. m.* (XIIᵉ; bas lat. *exsartum,* rac. *sarire* « sarcler »). *Agric.* Terre essartée.

ESSARTAGE [ɛsaʀtaʒ] ou **ESSARTEMENT** [ɛsaʀtəmɑ̃]. *n. m.* (1783,-1611; de *essarter*). *Agric., Eaux et for.* Obligation pour les propriétaires de forêts essarter les bords des routes qui les traversent. Bande ainsi défrichée le long des routes.

ESSARTER [ɛsaʀte]. *v. tr.* (1138; de *essart*). *Agric.* Défricher (un terrain boisé) en ôtant toutes les broussailles, par arrachement ou brûlage. V. **Débroussailler.** *Essarter un champ.*

ESSAYAGE [ɛsejaʒ]. *n. m.* (1828; de *essayer*). Action d'essayer (un vêtement). *Essayage d'une robe, pour y faire les retouches nécessaires. Salon d'essayage d'une maison de couture, d'un magasin.*

ESSAYER [ɛseje]. *v. tr.; conjug. payer* (1080; lat. pop. °*exagiare* « peser »). ♦ 1° Soumettre (une chose) à une ou des opérations pour voir si elle répond aux caractères qu'elle doit avoir. V. **Contrôler, éprouver, examiner, tester, vérifier.** « *Il faut que j'essaye un peu le lait de votre nourrice* » (MOL.). *Ce modèle a été essayé à l'usine. Essayer un moteur, un avion.* — *Fig. Essayer sa force.* « *Je voulus essayer de nouveau mes talents littéraires* » (BEAUMARCH.). ♦ 2° *Spécialt.* Mettre (un vêtement, etc.) pour voir s'il va. *Essayer une robe chez sa couturière* (V. **Essayage**). *Essayer un vêtement de confection.* V. **Passer.** *Essayer des chaussures, un chapeau dans un magasin.* ♦ 3° Employer, user de (une chose) pour la première fois, pour voir si elle convient et si on peut l'adopter. *Essayer un vin, un mets.* V. **Goûter.** *Avez-vous essayé les chemises en nylon? Essayer plusieurs produits pour comparer et choisir. L'essayer c'est l'adopter.* — (Avec le partitif) *Essayer d'un vin.* « *Ils essayèrent aussi de plusieurs restaurants* » (ROMAINS). ◇ *Par ext.* (Personnes) *Essayez ce fournisseur; ce coiffeur, vous m'en direz des nouvelles.* ♦ 4° *Essayer* (qqch.) pour atteindre un but particulier, sans être sûr du résultat. *Essayer un moyen, une méthode.* V. **Expérimenter.** *Je vous conseille d'essayer les petites annonces. Essayer la persuasion pour réduire une opposition.* « *J'essaierai tour à tour la force et la douceur* » (RAC.). *J'ai tout essayé, sans résultat.* ◇ ESSAYER DE (et inf.) : faire des efforts dans le dessein de. V. **Chercher** (à); **efforcer** (s'), **tâcher, tenter** (de). *Prisonnier qui essaye de s'évader. Essayer de dormir. Essayons de l'obtenir. Il n'en coûte rien d'essayer.* « — *Je le prends.* — *Essaie un peu* (de le prendre) », *je t'en défie et tu verras ce qu'il t'en coûtera. Tu dois vous rappeler ce qui s'est passé. Absol. Je vais essayer.* ♦ 5° *Pronom.* S'ESSAYER À : faire l'essai de ses capacités sur; s'exercer à (sans être sûr du résultat). *S'essayer à la course, à la couture.* — (Avec l'inf.) *Faire une tentative en vue d'atteindre. S'essayer à parler en public.* V. **Hasarder** (se), **risquer** (se). « *L'intelligence... s'essaie à étouffer la revendication profonde du cœur humain* » (CAMUS).

ESSAYEUR, EUSE [ɛsejœʀ, øz]. *n.* (XIIIᵉ; de *essayer*). ♦ 1° *N. m.* Fonctionnaire préposé aux essais de l'or et de l'argent, dans un hôtel des monnaies. ♦ 2° *N. m. et f.* Personne qui essaie les vêtements aux clients, chez un couturier, un tailleur, ou dans une maison de confection. ♦ 3° *N. m.* (v. 1969) *Auto.* Professionnel chargé de soumettre des véhicules à des tests variés.

ESSAYISTE [esejist(ə)]. *n. m.* (1821; angl. *essayist*, de *essay*, fr. *essai*). Auteur d'essais littéraires.

1. ESSE [ɛs]. *n. f.* (*Aisse*, 1304; de la lettre S). *Techn.* Crochet en S fixé à l'extrémité du fléau de la balance pour suspendre les plateaux. — Ouverture en S sur la table d'un violon ou des instruments du même genre.

2. ESSE [ɛs]. *n. f.* (*Heuce*, XIIIᵉ; frq. *°hiltia* « poignée d'épée »). *Techn.* Cheville à tête plate que l'on passe dans un trou à l'extrémité de l'essieu pour empêcher que la roue n'en sorte. ◇ Hom. *Ès, s.*

ESSENCE [esãs]. *n. f.* (1130; lat. philo. *essentia*).
I. *Philo.* Ce qui constitue la nature d'un être. ♦ 1° *Philo.* (*Opposé à* accident). Fond de l'être, nature intime des choses. V. **Nature, substance.** « *Nous ne connaissons que des rapports, ou des formes; la fin et l'essence des êtres resteront impénétrables* » (SENANCOUR). — (*Opposé à* existence) Nature d'un être opposée au fait d'être. V. **Quiddité.** « *Qu'est-ce que signifie ici que l'existence précède l'essence? Cela signifie que l'homme existe d'abord... et qu'il se définit après* » (SARTRE). ♦ 2° *Cour.* Ce qui fait qu'une chose est ce qu'elle est et ce sans quoi elle ne serait pas; ensemble des caractères constitutifs et invariables. *L'essence de l'homme réside en la pensée. La logique est l'essence du raisonnement.* « *Il était sur le point d'avouer à Madame de Rénal l'ambition qui jusqu'alors avait été l'essence de son existence* » (STENDHAL). ◇ Par essence. *loc. adv.* (*Littér.*) Par sa nature même. V. **Définition** (par), **essentiellement.** « *La politique, c'est, par essence, le domaine des choses concrètes* » (MART. du G.). ♦ 3° Type idéal. *Se croire d'une essence supérieure*, supérieur à ses semblables. — (ANT. **Accident.** Accident, apparence, existence).
II. (1690). Espèce (d'un arbre). *Essences à feuilles caduques; essences à feuilles persistantes.* « *À cause de la pauvreté du sol et de la maigreur des essences, les coupes y étaient rares* » (ROMAINS).
III. (1676). Extrait concentré de certaines substances. ♦ 1° *Alchim. Ancienn.* Substance la plus pure que l'on tirait de certains corps. V. **Élixir, quintessence.** ♦ 2° Substance odorante volatile produite par certaines plantes et pouvant être extraite sous forme de liquide. *Essences employées en pharmacie, parfumerie, confiserie.* V. **Huile** (essentielle). *Parfum d'une essence. Essence de lavande, de citron, de violette. Essences synthétiques.* — *Essence de térébenthine*, obtenue par la distillation de la gomme ou résine de pin. ♦ 3° Extrait concentré d'aliments. **Extrait.** *Essence de gibier, de légumes. Essence de café.* ♦ 4° *Essence minérale*, et cour. *Essence* (1864): hydrocarbure, produit de la distillation du pétrole brut (V. **Pétrole**), liquide très volatil, odorant, inflammable (dens. 0,73). *L'essence est employée comme carburant et comme solvant. Pompe à essence, distributeur d'essence. Distributeur. Prendre de l'essence, faire le plein à un poste d'essence. Voiture en panne d'essence.* « *Une essence qui encrasse les bougies au bout de trente kilomètres* » (ROMAINS).

ESSENTIALISME [esãsjalism(ə)]. *n. m.* (1942; autre sens, 1864; lat. *essentialis*). *Philo.* Théorie philosophique qui admet que l'essence précède l'existence. *L'essentialisme de Platon, d'Aristote.* ◇ ANT. Existentialisme.

ESSENTIEL, ELLE [esãsjɛl]. *adj. et n. m.* (fin XIIᵉ; bas lat. *essentialis*). ♦ 1° *Philo. ou littér.* Qui est ce qu'il est par son essence, et non par accident (*opposé à* accidentel, relatif). V. **Absolu.** « *Il le haïssait d'une haine essentielle, permanente, qui lui tenait tout le cœur* » (FLAUB.). — *Méd.* Qui existe en soi-même, sans cause connue ou bien déterminée (on dit aussi *idiopathique*). *Anémie, maladie essentielle.* ◇ Qui appartient à l'essence. *Les caractères, les attributs essentiels.* V. **Caractéristique, constitutif, intrinsèque.** *La raison est essentielle à l'homme.* ♦ 2° *Cour.* Qui est absolument nécessaire (*opposé à* inutile). V. **Indispensable, nécessaire.** *La nutrition est essentielle à la vie.* V. **Vital.** *Cette formalité est essentielle pour votre mariage.* V. **Obligatoire.** ♦ 3° Qui est le plus important (*opposé à* secondaire). V. **Principal.** « *Le maquillage accuse le visage dans ses éléments essentiels* » (CAMUS). *Principes essentiels d'une théorie.* V. **Fondamental, primordial.** *Nous arrivons au point, au fait essentiel.* V. **Capital.** — *Très important. C'est un livre essentiel, que vous devez avoir lu.* ◇ *N. m.* Le point le plus important. *Épargnez-nous les détails, arrivons à l'essentiel.* V. **Fait, fond.** *Se borner à l'essentiel. Vous oubliez l'essentiel!* V. **Principal.** *Nous sommes d'accord sur l'essentiel. L'essentiel est de réussir.* V. **Important** (Cf. Ce qui compte, ce qui importe). — *L'essentiel de...*, ce qu'il y a de plus important. *L'essentiel de sa fortune est en immeubles.* « *Quinette avait pris soin de coucher sur le papier l'essentiel de ce qu'il avait entendu* » (ROMAINS). ◇ ANT. Accidentel. Adventice, casuel, contingent, éventuel, fortuit, occasionnel. Inutile, superflu. Accessoire, secondaire. Détail.

ESSENTIELLEMENT [esãsjɛlmã]. *adv.* (fin XIIᵉ; de *essentiel*). ♦ 1° Par essence. « *L'homme et la femme sont identiques, mais longtemps encore des écrivains les décriront comme essentiellement différents* » (CHARDONNE). ♦ 2° Avant tout, au plus haut point. *Sa tâche consiste essentiellement à... Nous tenons essentiellement à cette garantie.* V. **Absolument.** ◇ ANT. Accidentellement.

ESSEULÉ, ÉE [esœle]. *adj.* (XIIᵉ-XIIIᵉ; de *é-*, et *seul*). Qu'on laisse seul, sans compagnie. V. **Délaissé, isolé, seul, solitaire.** *Jeune fille esseulée dans un coin du bal.* « *Il se sent esseulé dans une contrée inconnue* » (TAINE).

ESSIEU [esjø]. *n. m.* (XVIᵉ; *aissil*, XIIIᵉ; lat. pop. *axilis*, class. *axis*. V. **Axe**). Longue pièce placée transversalement sous la caisse d'une voiture et dont les extrémités (V. **Fusée**) entrent dans les moyeux des roues. *Essieu de charrette.* « *Les essieux du fiacre criaient, à chaque pas* » (HUYSMANS). *Essieux directeurs, moteurs, porteurs d'une locomotive. Chariot porteur d'essieux.* V. **Boggie.** *Essieu avant* (V. **Train**), *arrière* (V. **Pont**) *d'une automobile. Distance entre les essieux d'une voiture.* V. **Empattement.**

ESSOR [esɔʀ]. *n. m.* (XIIᵉ; de *s'essorer* « voler »). ♦ 1° Élan d'un oiseau qui s'envole. V. **Envol, envolée, vol, volée.** *Oiseau qui prend son essor.* « *Entre l'éclosion des œufs et l'essor des oisillons, la tâche d'un couple de mésanges confond l'observateur* » (COLETTE). — *Fig.* « *Je prédis que la timide écolière prendra bientôt un essor propre à faire honneur à son maître* » (LACLOS). « *Il se livre à tout l'essor d'une imagination sans frein* » (STE-BEUVE). V. **Élan, impulsion.** ♦ 2° Développement hardi et fécond. *Essor d'une entreprise.* V. **Croissance.** *Industrie qui est en plein essor, qui prend un grand essor, un essor prodigieux.* V. **Activité, extension.** *L'essor des arts.* ◇ ANT. Baisse, déclin, ruine, stagnation.

ESSORAGE [esɔʀaʒ]. *n. m.* (1859; « lâcher d'oiseau », XIIᵉ; de *essorer*). Action d'essorer (le linge).

ESSORER [esɔʀe]. *v. tr.* (XIXᵉ; « exposer à l'air pour faire sécher », XIIᵉ; lat. pop. *°exaurare*, de *aura* « vent, air »). ♦ 1° Débarrasser par pression (une chose mouillée) d'une grande partie de l'eau qu'elle contient. *Essorer du linge en le pressant dans un linge sec, avec une essoreuse. Linge essoré.* ♦ 2° S'ESSORER. *v. pron.* (*Vx ou littér.*, repris au XIXᵉ). S'élancer dans l'air. « *Parfois un aigle s'essorait du côté de la grande dune* » (GIDE). — *Blas.* Oiseau essoré, en plein vol.

ESSOREUSE [esɔʀøz]. *n. f.* (1857; de *essorer*). ♦ 1° Machine destinée à enlever l'eau qui imprègne le linge. *Laverie automatique équipée de plusieurs essoreuses. Essoreuse centrifuge, essoreuse à rouleaux.* ♦ 2° Appareil servant à séparer le sucre cristallisé des mélasses.

ESSORILLEMENT [esɔʀijmã]. *n. m.* (1578; de *essoriller*). Action d'essoriller.

ESSORILLER [esɔʀije]. *v. tr.* (1303; de *es-*, et *oreille*). Priver des oreilles en les coupant (ancien supplice). — Écourter les oreilles de. *Essoriller un chien.*

ESSOUCHEMENT [esuʃmã]. *n. m.* (XVIIIᵉ; de *essoucher*). Action d'essoucher.

ESSOUCHER [esuʃe]. *v. tr.* (1796; de *é-*, et *souche*). Débarrasser (un terrain) des souches qui restent dans le sol après qu'on a abattu les arbres.

ESSOUFFLEMENT [esufləmã]. *n. m.* (1500; de *essouffler*). État de celui qui est essoufflé; respiration courte et gênée. V. **Anhélation, suffocation.** « *Je n'en pouvais plus d'essoufflement* » (FLAUB.).

ESSOUFFLER [esufle]. *v. tr.* (*Essoufflé*, 1220; de *é-*, et *souffle*). ♦ 1° Mettre presque hors d'haleine, à bout de souffle. « *Essoufflés par la montée longue et rapide que nous venions de faire... nous nous arrêtâmes un moment pour reprendre haleine* » (LAMART.). *Coureur qui finit par essouffler ses concurrents.* ♦ 2° Pronom. S'essouffler facilement. V. **Haleter, souffler, suffoquer.** *S'essouffler à force de crier, d'appeler.* V. **Époumoner (s').** ◇ *Fig.* (XIXᵉ) Perdre le souffle de l'inspiration. *Ce cinéaste s'essouffle, son dernier film est décevant.* ◇ (v. 1965). Ne plus pouvoir suivre un rythme de croissance, fonctionner plus mal. « *Relancer une économie qui s'essoufflait* » (Le Figaro, 16-3-1968). — S'ESSOUFFLER à (+ inf.), ne pas réussir à. « *Les reportages s'essoufflent à courir derrière l'événement* » (Le Monde, 11-1-1970).

ESSUIE-GLACE [esɥiglas]. *n. m. invar.* (XXᵉ; de *essuyer*, et *glace*). Balai formé d'une lame de caoutchouc qui essuie automatiquement le pare-brise d'une automobile.

ESSUIE-MAIN ou **ESSUIE-MAINS** [esɥimɛ̃]. *n. m.* (1611; de *essuyer*, et *main*). Linge dont on se sert pour s'essuyer les mains. V. **Serviette.** *Essuie-mains suspendu à un rouleau.* V. **Touaille.** *Des essuie-main ou essuie-mains.*

ESSUIE-MEUBLES [esɥimœbl(ə)]. *n. m. invar.* (1948; de *essuyer*, et *meuble*). Chiffon à poussière.

ESSUIE-PIEDS [esɥipje]. *n. m. invar.* (1948; de *essuyer*, et *pied*). Paillasson pour s'essuyer les pieds.

ESSUIE-PLUME [esɥiplym]. *n. m.* (1870; de *essuyer*, et *plume*). Petit morceau de drap qui sert à essuyer le bec de la plume. *Des essuie-plume ou essuie-plumes.*

ESSUIE-VERRES [esɥivɛʀ]. *n. m. invar.* (1948; de *essuyer*, et *verre*). Torchon fin pour essuyer les verres.

ESSUYAGE [esɥijaʒ]. *n. m.* (1864; de *essuyer*). Action d'essuyer. *L'essuyage de la vaisselle, des meubles.*

ESSUYER [esɥije]. *v. tr.;* conjug. *appuyer* (*Essuier*, XIIᵉ; bas lat. *exsucare* « exprimer le suc »). ♦ 1° Sécher (ce qui est mouillé) en frottant avec un linge sec, sur une chose sèche. *Laver et essuyer la vaisselle. Essuyer ses mains à une serviette, avec une serviette. S'essuyer la bouche.* « *Tarrou essuya le petit visage trempé de larmes et de sueur* » (CAMUS). *Essuyer ses pieds,* frotter ses semelles sur un paillasson. Pronom. *S'essuyer en sortant du bain.* — Fig. et fam. *Essuyer les plâtres, les murs,* occuper une habitation qui vient d'être achevée. *Par métaph.* Subir le premier les conséquences d'une situation fâcheuse. ◇ Ôter (ce qui mouille qqch.). *Essuyer l'eau qui a coulé sur la table.* V. **Éponger.** *Essuyer ses larmes.* ♦ 2° *Par ext.* Ôter la poussière de... en frottant. *Essuyer les meubles avec un chiffon de laine.* V. **Épousseter.** ♦ 3° *Fig.* (fin XVIᵉ). Avoir à supporter (qqch. de fâcheux). V. **Éprouver, subir.** *Essuyer une tempête. Essuyer le feu de l'ennemi. Essuyer des pertes. Essuyer des reproches, des dédains, un refus.* V. **Endurer, souffrir, subir.** « *Elle essuie l'outrage avec fierté* » (STE-BEUVE). « *Le fâcheux accueil que je dus essuyer à mon retour au foyer* » (GIDE). ◇ ANT. Mouiller. Salir, souiller.

ESSUYEUR, EUSE [esɥijœʀ, øz]. *n.* (1472, techn.; de *essuyer*). Personne qui essuie. *Un essuyeur de vaisselle.*

EST [ɛst]. *n. m.* (*Hest*, XIIᵉ; a. angl. *east*). Celui des quatre points cardinaux qui est au soleil levant. V. **Levant, orient** (abrév. E). *Mosquée orientée vers l'est.* — *Par ext.* Lieu situé du côté de l'est. « *Une grosse houle venait du couchant, bien que le vent soufflât de l'est* » (CHATEAUB.). — (Appos.) *Longitude est. La banlieue Est de Paris. Berlin-Est. Le sud-est de la France. L'est-nord-est* (E.-N.E.), le point situé entre le nord-est et l'est. ◇ Spécialt. — (en France). L'EST : l'Alsace et la Lorraine. *Habiter dans l'Est.* — Les pays à l'est de l'Europe, spécialt. les pays socialistes. *Relations entre l'Est et l'Ouest. Les pays de l'Est. Allemagne de l'Est* (V. **Est-allemand**). ◇ ANT. Ouest. — HOM. Este.

ESTABLISHMENT [establiʃment]. *n. m.* (1968; mot angl.). Anglicisme. Ensemble des gens en place attachés à l'ordre établi. « *Personne n'a jamais pu définir ce qu'est l''Establishment', on sait seulement qu'il existe* » (*L'Express,* 14-10-1968). — *Par ext.* L'ordre établi. — On emploie parfois dans ce sens le mot ÉTABLISSEMENT.

ESTACADE [estakad]. *n. f.* (*Enstacatte,* 1566; it. *steccata,* rac. *stecca* « pieu »). Barrage fait par l'assemblage de pieux, pilotis, radeaux, chaînes. *Estacade qui ferme l'entrée d'un port, d'un chenal, qui brise les vagues, les courants.* V. **Digue, jetée.** — Jetée à claire-voie.

ESTAFETTE [estafɛt]. *n. f.* (*Staffette,* 1596; it. *staffetta,* dimin. de *staffa* « étrier »). Courrier chargé d'une dépêche. V. **Courrier, envoyé, exprès, messager.** *Estafette à cheval.* « *Il écrit à Paris qu'on lui envoie, ventre à terre, par une estafette, ses autres habits habillés* » (P.-L. COUR.). ◇ *Mod.* Militaire agent de liaison. *Le général dépêcha une estafette.*

ESTAFIER [estafje]. *n. m.* (v. 1500; it. *staffiere* « laquais »; rac. *staffa* « étrier »). *Ancienn.* Laquais armé qui portait le manteau et les armes de son maître, lui tenait l'étrier. — *Péj.* Garde du corps.

ESTAFILADE [estafilad]. *n. f.* (mil. XVIᵉ; it. *staffilata* « coup de fouet, d'étrivière », rac. *staffa* « étrier »). ♦ 1° Entaille faite avec une arme tranchante (sabre, rasoir) principalement au visage. V. **Balafre, coupure, entaille, fente, taillade.** *Se faire une estafilade en se rasant.* ♦ 2° Maille(s) filée(s) sur toute la hauteur d'un bas de femme.

ESTAGNON [estaɲɔ̃]. *n. m.* (1844; prov. mod. *estagnoun,* de *estanh* « étain »). *Région.* Récipient en fer étamé destiné à contenir de l'huile, des essences.

EST-ALLEMAND, ANDE [ɛstalmɑ̃, ɑ̃d]. *adj. et n.* (v. 1950; calque angl.). De l'Allemagne de l'Est.

ESTAMINET [estaminɛ]. *n. m.* (XVIIᵉ; wallon *staminé* « salle à poteaux », probabl. de *stamon* « poteau »). Petit café populaire (surtout dans le Nord). « *Ce petit estaminet tranquille, avec son arrière-salle déserte, si commode, et les grosses tables de bois mal équarries* » (BERNANOS). — *Pilier d'estaminet,* ivrogne.

ESTAMPAGE [estɑ̃paʒ]. *n. m.* (1628; de *estamper*). Action d'estamper; son résultat. *Estampage des monnaies, des bijoux.* ◇ *Fig. et fam.* Escroquerie.

1. **ESTAMPE** [estɑ̃p]. *n. f.* (v. 1280, « cachet »; de *estamper,* 1°). *Techn.* (1430). Pièce servant à produire une empreinte. ◇ Outil ou machine qui sert à estamper. *Estampe d'orfèvre, de serrurier, de maréchal-ferrant.* V. **Étampe; estampilleuse.**

2. **ESTAMPE** [estɑ̃p]. *n. f.* (1647; « impression », 1564; it. *stampa*). Image imprimée au moyen d'une planche gravée de bois ou de cuivre (eau-forte, taille-douce) ou par lithographie. V. **Gravure.** *Tirer une estampe encore humide.* V. **Contre-épreuve.** *Estampe enluminée. Estampe qui imite le* *lavis* (V. **Aqua-tinta**), *à la manière noire* (V. **Mezzo-tinto**). *Estampe qui illustre un livre.* V. **Figure, vignette.** *Estampes japonaises. Cabinet des Estampes de la Bibliothèque nationale.*

ESTAMPER [estɑ̃pe]. *v. tr.* (v. 1190, « piler »; it. *stampare,* frq. °*stampôn* « piler, broyer »). ♦ 1° (1392). Imprimer en relief ou en creux l'empreinte gravée sur un moule, une matrice. V. **Emboutir, étamper, graver, matricer.** *Estamper une feuille de métal, de cuir. Estamper un fer à cheval.* V. **Étamper.** — *Estamper une inscription,* en prendre l'empreinte sur un papier spécial. ♦ 2° *Fig. et fam.* (1883). Soutirer de l'argent à (qqn). V. **Escroquer, voler.** *Il vous a bien estampé. Se faire estamper au restaurant.*

ESTAMPEUR [estɑ̃pœʀ]. *n. m.* (1628; de *estamper*). ♦ 1° Celui qui estampe. *Estampeur de bijoux.* ◇ Outil qui sert à estamper. — Adj. *Balancier estampeur,* pour estamper les monnaies. ♦ 2° *Fam.* Celui qui estampe, escroque. V. **Escroc, voleur.**

ESTAMPILLAGE [estɑ̃pijaʒ]. *n. m.* (1783; de *estampiller*). Action d'estampiller; son résultat.

ESTAMPILLE [estɑ̃pij]. *n. f.* (fin XVIIᵉ; esp. *estampilla,* de *estampa* « empreinte »). ♦ 1° (1762). Empreinte qui atteste l'authenticité d'un produit, d'une œuvre d'art, d'un document, en indique l'origine ou constate le paiement d'un droit fiscal. *Estampille marquée avec un cachet, un poinçon, un sceau; consistant en une signature, un timbre. Estampille d'ébéniste. Estampille d'un produit industriel* (Cf. Marque de fabrique; label de qualité). « *Un timbre était collé sous l'adresse... il portait l'estampille de Madrid* » (SARTRE). V. **Oblitération.** ♦ 2° *Fig. et fam.* Marquer de son estampille. V. **Empreinte, marque.** « *Le lycée marque tous les Français d'une estampille indélébile* » (SIEGFRIED).

ESTAMPILLER [estɑ̃pije]. *v. tr.* (1762; de *estampille*). Marquer d'une estampille. V. **Étamper, poinçonner, timbrer.** *Estampiller des produits manufacturés. Briquet, tapis estampillé.* — *Estampiller le cuir,* y faire des dessins avec la machine dite ESTAMPILLEUSE [estɑ̃pijøz].

ESTARIE [estari] ou **STARIE** [stari]. *n. f.* (1870; lat. *stare* « rester »). *Mar.* Nombre de jours stipulés pour le déchargement et le chargement de la cargaison d'un navire (Cf. Jours de planche). V. *aussi* **Surestarie.**

ESTE. V. ESTONIEN.

ESTER [este]. *v. intr.,* employé seult. inf. (XVIᵉ; « se tenir debout », 1080; lat. jur. *stare*). *Dr. Ester en justice, ester en jugement,* soutenir une action en justice comme demandeur ou défendeur. V. **Intenter, poursuivre.** *La femme mariée peut ester en justice sans autorisation de son mari.*

ESTER [estɛʀ]. *n. m.* (Répandu XXᵉ; mot all. créé par Gmelin, v. 1850; de *éther*). *Chim.* Corps résultant de l'action d'un acide sur un alcool avec élimination d'eau. *Certaines essences aromatiques, des graisses, des huiles sont des esters.* On utilise les esters (appelés autrefois *éthers-sels*) en parfumerie, dans l'alimentation. V. **Éther.**

ESTÉRIFICATION [esteʀifikasjɔ̃]. *n. f.* (XXᵉ; de *estérifier*). *Chim.* Transformation en ester; formation d'un ester par réaction d'un acide avec un alcool.

ESTÉRIFIER [esteʀifje]. *v. tr.* (XXᵉ; de *ester*). *Chim.* Transformer en ester.

ESTERLIN [estɛʀlɛ̃]. *n. m.* (1174; angl. *sterling*). Ancienne monnaie qui avait cours en France au moyen âge.

ESTHÉSI-, -ESTHÉSIE. Éléments, du gr. *aisthêsis* « sensation, sensibilité » (ex. : *hyperesthésie*).

ESTHÉSIE [estezi]. *n. f.* (1846 « sensibilité, passion [opposé à action] » en philo.; du gr. *aisthêsis* « sensation »). *Physiol.* Aptitude à percevoir des sensations.

ESTHÉSIOGÈNE [estezjɔʒɛn]. *adj.* (1933; de *esthési(o)-,* et *-gène*). *Physiol.* Qui produit ou augmente la sensibilité. *Zone, point esthésiogènes.*

ESTHÉSIOLOGIE [estezjɔlɔʒi]. *n. f.* (1870; de *esthési(o)-,* et *-logie*). *Physiol.* Étude de la sensibilité et de ses mécanismes.

ESTHÉSIOMÈTRE [estezjɔmɛtʀ(ə)]. *n. m.* (1877; de *esthési(o)-,* et *-mètre*). *Techn.* Instrument de mesure de la sensibilité tactile à l'état normal ou pathologique (ESTHÉSIOMÉTRIQUE [estezjɔmetʀik], *adj.;* ESTHÉSIOMÉTRIE [estezjɔmetʀi], *n. f.*).

ESTHÈTE [estɛt]. *n. et adj.* (1882; de *esthétique,* d'apr. gr. *aisthêtês* « celui qui sent »). ♦ 1° (Souvent péj.). Personne qui affecte le culte exclusif et raffiné de la beauté formelle, le scepticisme à l'égard des autres valeurs. V. **Dilettante.** « *La Préface de Mademoiselle de Maupin marquera les réactions des esthètes de la Jeune-France* » (MATORÉ). Laudatif. *Il a un œil, un goût d'esthète.* ♦ 2° Adj. *Il est très esthète.*

ESTHÉTICIEN, IENNE [estetisjɛ̃, jɛn]. *n.* (1867; de *esthétique*). ♦ 1° Personne qui s'occupe d'esthétique. *E. Poe était* « *un esthéticien de première force, un très grand poète, d'un art très raffiné et très compliqué* » (GAUTIER). ♦ 2° (*Néol.*). Personne dont le métier consiste à donner des soins de beauté (maquillages, etc.). *Esthéticienne d'un institut de* *beauté.* — *Esthéticien industriel.* V. **Designer** (anglicisme).

ESTHÉTIQUE [estetik]. *n. f.* et *adj.* (1753 ; lat. mod. *æsthetica* (1750), gr. *aisthêtikos,* de *aisthanesthai* « sentir »). I. *N. f.* ♦ 1° Science du beau dans la nature et dans l'art ; conception particulière du beau. *Domaines de l'esthétique :* philosophie, psychologie et sociologie de l'art. *L'esthétique dogmatique de Platon, d'Aristote. L'esthétique de Hegel. Propos sur l'esthétique,* d'Alain. « *Une philosophie des beaux-arts; c'est là ce qu'on appelle une esthétique* » (TAINE). ◇ *Littér.* Au sens étym. « *L'esthétique est la science du sentiment* » (MAURRAS). ♦ 2° Caractère esthétique. V. **Beauté.** *L'esthétique d'une pose, d'une attitude, d'un visage.* « *Au point de vue du beau, la femme donne tout... Quant à l'esthétique mâle, n'en parlons pas!* » (L. DAUD.). *Sacrifier l'utilité à l'esthétique.* ♦ 3° *Esthétique industrielle* (1951), conception et fabrication d'objets manufacturés visant à harmoniser les formes, les fonctions. V. **Design** (anglicisme). II. *Adj.* ♦ 1° Relatif au sentiment du beau. *Sentiment, émotion, esthétique. Jugement esthétique.* « *Le sens esthétique si éminent dont il* (Chateaubriand) *était doué* » (RENAN). ♦ 2° Qui participe de l'art. V. **Artistique.** *Curiosités esthétiques,* essais de Baudelaire. ♦ 3° Qui a un certain caractère de beauté. *Attitudes, gestes esthétiques.* V. **Beau, harmonieux.** ♦ 4° *Chirurgie esthétique,* qui embellit les formes du corps, du visage. *La chirurgie esthétique peut raccourcir ou affiner le nez, supprimer les bourrelets adipeux, les tissus affaissés.* ◇ ANT. *Inesthétique.*

ESTHÉTIQUEMENT [estetikmã]. *adv.* (1856 ; de *esthétique*). Du point de vue esthétique ; d'une manière esthétique. *Esthétiquement, c'est une réussite.*

ESTHÉTISANT, ANTE [estetizã, ãt]. *adj.* (1966 ; de *esthétique*). *Péj.* Qui donne une place excessive à la beauté formelle. « *Nulle trace d'académisme esthétisant* » (*Les Lettres françaises,* 25-2-1970). *Des écrivains esthétisants.*

ESTHÉTISER [estetize]. *v. tr.* (1966 ; de *esthétique*). *Péj.* Vouloir à tout prix faire de l'esthétique. « *Il n'est pas complice dans le mauvais sens du terme : il n'esthétise pas* » (*Nouv. Obs.,* 18-11-1968).

ESTHÉTISME [estetism(ə)]. *n. m.* (fin XIXe ; de *esthète*). Doctrine, école des esthètes. Oscar Wilde fut un adepte de l'esthétisme. « *Abondant en gestes, en digressions, en comparaisons baroques, en formules d'un esthétisme pour initiés* » (ROMAINS).

ESTIMABLE [estimabl(ə)]. *adj.* (XIVe ; de *estimer*). ♦ 1° *Vx.* Dont on peut faire l'estimation. V. **Appréciable.** ♦ 2° Digne d'estime. *Une personne très estimable.* V. **Honorable, recommandable, respectable.** *C'est un garçon estimable.* V. **Bien.** « *Par un estimable et curieux souci d'ordre* » (DUHAM.). V. **Louable.** ♦ 3° Qui a quelque valeur, du mérite, sans être remarquable. *Un auteur, un poème estimable. C'est un ouvrage estimable et sérieux.* ◇ ANT. *Indigne, méprisable, vil.*

ESTIMATEUR [estimatœʀ]. *n. m.* (1389 ; lat. *estimator ;* a. fr. *estimeur*). *Vieilli.* Celui qui fait l'estimation d'une chose. V. **Expert.** — *Fig.* et *littér.* *Juste estimateur de la vertu, du mérite* (ACAD.). V. **Appréciateur, juge.**

ESTIMATIF, IVE [estimatif, iv]. *adj.* (1314 ; de *estimer*). Qui contient une estimation. V. **Appréciatif.** *Un devis, un état estimatif.*

ESTIMATION [estimasjɔ̃]. *n. f.* (1283 ; lat. *æstimatio* « évaluation »). ♦ 1° Action d'estimer, de déterminer la valeur, le prix, qu'on attribue à une chose. V. **Appréciation, évaluation, expertise, prisée.** *Estimation d'un mobilier, d'une œuvre d'art par un expert. Estimation de travaux à exécuter.* V. **Devis.** « *En pesant, d'un coup d'œil d'expert habile aux estimations promptes, la valeur marchande de ses jeux* » (COURTELINE). ♦ 2° Action d'évaluer (une grandeur). V. **Calcul, évaluation.** *Estimation du nombre des habitants dans une ville. Estimation rapide, approximative.* V. **Aperçu, approximation.** *Estimation précise.* V. **Détermination.**

ESTIMATOIRE [estimatwaʀ]. *adj.* (av. XVIe ; de *estimer*). Relatif à l'estimation.

ESTIME [estim]. *n. f.* (1498 ; de *estimer*). I. ♦ 1° *Vx.* Détermination faite par qqn du prix, de la valeur de qqch. V. **Estimation.** ♦ 2° *Mod. Mar.* Calcul approximatif de la position d'un navire en estimant le chemin parcouru d'après les instruments de navigation. *Navigation à l'estime.* — À L'ESTIME (*loc. adv.*) : au juger. V. **Approximativement.** *Évaluer le poids d'un paquet à l'estime.* II. *Fig.* ♦ 1° *Vx.* Opinion. ♦ 2° Sentiment favorable né de la bonne opinion qu'on a du mérite, de la valeur de qqn. V. **Considération, déférence, respect.** *Avoir de l'estime pour qqn. Avoir, tenir une personne en haute, en grande estime. Marques d'estime.* V. **Égard.** *Personne digne d'estime.* V. **Estimable.** *Cette indiscrétion l'a fait baisser dans mon estime.* « *Il me fit sentir qu'il valait infiniment mieux avoir toujours l'estime des hommes que quelquefois leur admiration* » (ROUSS.). ◇ *Estime de soi-même :* juste sentiment de soi que donne une bonne conscience. V. **Fierté.** « *Nul ne peut être heureux s'il ne jouit de sa propre estime* » (ROUSS.). ◇ Sentiment qui

attache du prix à qqch. ; cas que l'on fait de qqch. *Sa ténacité inspire de l'estime.* « *Le mal qui réussit devient digne d'estime* » (HUGO). *Les sports sont en grande estime dans les pays scandinaves.* V. **Faveur, honneur.** *Succès d'estime,* se dit d'un ouvrage de l'esprit (livre, pièce de théâtre) qui est accueilli avec estime par la critique mais n'obtient pas la faveur du grand public. ♦ 3° *Vx.* Place que l'on a dans l'estime d'autrui. V. **Réputation.** « *Puisse tout l'univers bruire de votre estime!* » (CORN.). ◇ ANT. *Déconsidération, décri, dédain, mépris, mésestime.*

ESTIMER [estime]. *v. tr.* (v. 1300 ; lat. *æstimare ;* remplace l'a. fr. *esmer* pour éviter l'homonymie avec *aimer*). I. ♦ 1° Déterminer le prix, la valeur de (qqch.) par une appréciation. V. **Apprécier ; estimation.** *Faire estimer un objet d'art par un expert. Estimer qqch. au-dessous, au-dessus de sa valeur* (V. **Sous-estimer, surestimer**), *à sa juste valeur. Estimer le cours d'une valeur, d'une marchandise.* V. **Coter.** — *Fig.* Attribuer une valeur, une importance (à qqch. ou à qqn). *Estimer un service à sa juste valeur. Une aide qu'on ne saurait assez estimer.* V. **Inestimable.** ♦ 2° Calculer approximativement, sans avoir à sa disposition les éléments nécessaires pour un calcul rigoureux. *Estimer une distance au juger.* V. **Estime** (à l'estime), **évaluer.** *Le nombre des blessés est encore difficile à estimer. Des hommes « qui, rien qu'à la longueur de leur ombre, qu'ils savaient estimer à vue d'œil, pouvaient dire l'heure exacte du jour ou du soir* » (NERVAL). II. *Fig.* ♦ 1° Avoir une opinion sur (une personne, une chose). ◇ *Vx.* Introduisant un nom (attribut). V. **Considérer** (comme), **tenir** (pour). « *Si nous voulons être estimés leurs véritables descendants* » (MOL.). ◇ *Mod.* Introduisant un adjectif (attribut) V. **Croire, juger, regarder** (comme), **tenir** (pour), **trouver.** *Estimer indispensable de faire qqch. Les Français « estiment irrévocables les verdicts pris par des jurys sans juges* » (GIRAUDOUX). ◇ Introduisant un infinitif ou une subordonnée (compl. d'objet) V. **Considérer, croire, penser, présumer, tenir** (que). *J'estime que vous avez suffisamment travaillé aujourd'hui.* « *La police estimait, à cause de cette maladresse terrifiante, que ce crime n'était point l'œuvre d'un professionnel* » (MAC ORLAN). *J'estime avoir fait mon devoir.* ♦ 2° Avoir bonne opinion, reconnaître la valeur de (qqn). V. **Aimer, apprécier, considérer** (Cf. *pop.* **Gober,** avoir à la bonne). *Estimer un collègue, un employé. On peut estimer une personne sans l'aimer.* « *Quand on sent qu'on n'a pas de quoi se faire estimer de quelqu'un, on est bien près de le haïr* » (VAUVEN.). — Au p. p. *Notre estimé collègue et ami.* ◇ *Faire cas de,* avoir de l'estime, de l'intérêt pour (qqch.). *Je n'estime pas ce genre de musique.* « *Elle estimait très haut son ironie profonde, sa fierté sauvage, son talent mûri dans la solitude* » (FRANCE). III. S'ESTIMER. *v. pron.* ♦ 1° Déterminer sa propre valeur. « *Que l'homme maintenant s'estime son prix ; qu'il s'aime,... mais qu'il n'aime pas pour cela les bassesses qui y sont* » (PASC.). ♦ 2° (Avec un adj. attribut). Se considérer, se croire, se trouver. *S'estimer satisfait.* « *Avant que de combattre, ils s'estiment perdus* » (CORN.). « *Estimons-nous heureux qu'il n'ait pas manifesté sa fatigue beaucoup plus tôt* » (MART. du G.). ♦ 3° Avoir une bonne opinion de soi. « *Ceux qui s'estiment à propos de rien, qui sont glorieux de leur rang ou de leur richesse* » (MARIVAUX). ◇ ANT. *Déprécier. Déconsidérer, dédaigner, mépriser, mésestimer.*

ESTIVAGE [estivaʒ]. *n. m.* (1864 ; de *estiver*). *Agric.* Action d'estiver. *Estivage des bestiaux.*

ESTIVAL, ALE, AUX [estival, o]. *adj.* (1119 ; bas lat. *æstivalis,* de *æstivus* « de l'été »). Propre à l'été, d'été. *Moyenne de la température estivale. Une toilette estivale.* « *La prodigalité exubérante de la vie estivale* » (BAUDEL.). ◇ *Stations estivales,* fréquentées pendant l'été. ◇ ANT. *Hivernal.*

ESTIVANT, ANTE [estivã, ãt]. *n.* (v. 1920 ; du prov.). Personne qui passe les vacances d'été dans une station de villégiature.

ESTIVATION [estivasjɔ̃]. *n. f.* (1839 ; de *estiver*). ♦ 1° *Bot.* Disposition des diverses parties de la fleur avant leur épanouissement. V. **Préfloraison.** ♦ 2° *Zool.* Engourdissement de certains animaux (crocodiles, serpents) pendant l'été (Cf. Hibernation).

ESTIVE [estiv]. *n. f.* (1611 ; de l'a. prov. *estipar ;* Cf. *Estiver* (1660)]. ♦ 1° *Mar.* Chargement comprimé d'un navire. *Charger en estive.* ◇ Contrepoids qui servait à équilibrer les galeries. V. **Lest.** *Mettre un navire en estive :* équilibrer le chargement entre les deux côtés du navire.

ESTIVER [estive]. *v.* (XVIe ; prov. *estivar,* lat. *æstivare* « passer l'été »). ♦ 1° *V. tr.* Faire passer l'été à. *Estiver des troupeaux :* les faire séjourner pendant l'été dans les pâturages de montagne. ♦ 2° *V. intr.* (*Rare*). Passer l'été en quelque endroit. *Il estive tous les ans à la campagne.* ◇ ANT. *Hiverner.*

ESTOC [estɔk]. *n. m.* (1285 ; de l'a. v. *estochier.* V. **Estoquer**). ♦ 1° D'ESTOC : avec la pointe de l'épée (*vx,* sauf dans d'*estoc et de taille*). « *Il frappait d'estoc et de taille sur un grand Espagnol* » (VIGNY). ♦ 2° *Par ext.* (1446). *Ancienn.* Grande épée droite. « *Les soudards dont l'estoc bat les hanches* » (HUGO).

ESTOCADE [ɛstɔkad]. *n. f.* (1546; it. *stoccata*; de *estoc*). ♦ 1° *Vx.* Botte, grand coup de pointe. ♦ 2° (1840; esp. *estocada*). *Taurom.* Coup d'épée, dans la mise à mort du taureau. « *Le matador devant passer le bras entre les cornes de l'animal et lui donner l'estocade entre la nuque et les épaules* » (GAUTIER). V. **Estoquer.** — *Fig.* Donner l'estocade à un adversaire : le réduire à merci, l'achever.

ESTOMAC [ɛstɔma]. *n. m.* (XIVᵉ; *stomac*, v. 1220; lat. *stomachus*, gr. *stomachos*).
I. Viscère creux, organe de l'appareil digestif. ♦ 1° (*Chez l'homme*). Poche musculeuse, partie du tube digestif située dans la partie supérieure gauche de la cavité abdominale et de la région épigastrique, entre l'œsophage et le duodénum. *Orifices de l'estomac communiquant avec l'œsophage* (cardia), *avec le duodénum* (pylore). *Transformation des aliments dans l'estomac.* V. **Digestion.** *Avoir l'estomac vide, plein. Avoir un creux** *dans l'estomac. Se remplir, se caler** *l'estomac.* V. **Ventre** (Cf. les *pop.* S'en mettre plein la panse, le cornet, la tirelire, le gésier, la lampe, le sac, le buffet, le coco. V. **Manger.** « *Estomac qui tantôt ne mangent pas de quoi satisfaire un enfant, et tantôt se satisfont tout juste avec ce qui étoufferait un ogre* » (FROMENTIN). *Estomac fragile, paresseux. Maladies, affections de l'estomac.* V. **Dyspepsie, embarras; gastralgie, gastrite** (gastro-), **hyperacidité, hyperchlorhydrie, hypochlorhydrie, pyrosis.** *Ulcère à l'estomac. Aigreurs, brûlures, crampes d'estomac. Remède pour l'estomac.* V. **Stomachique.** *Lavage d'estomac, nettoyage par irrigation.* ◊ *Loc. Avoir un estomac d'autruche**. *Avoir l'estomac dans les talons* : avoir faim. — *Ouvrir l'estomac* : donner faim. « *L'odeur de la viande délicate... m'ouvrirait tout grand l'estomac* » (COLETTE). — *Ça lui est resté** *sur l'estomac.* ♦ 2° (*Animaux*). Partie renflée du tube digestif, qui reçoit les aliments (plus ou moins semblable à l'estomac humain, selon la place dans l'évolution). *Chez les ruminants, Estomac à quatre compartiments* (V. **Panse; bonnet, feuillet, caillette**). *Parties comestibles de l'estomac du bœuf.* V. **Gras-double, tripe.** — *Estomac des oiseaux.* V. **Gésier; jabot.** — Pour les animaux inférieurs, l'estomac proprement dit, jabot, etc.
II. La partie du corps qui correspond approximativement à l'estomac. ♦ 1° *Vx* (XVᵉ). Poitrine (employé au XVIIᵉ, le mot *poitrine* étant jugé vulgaire). V. **Poitrine.** « *Leurs haut-de-chausses tout tombants, et leurs estomacs débraillés* » (MOL.). ♦ 2° *Mod.* Partie du torse sous les côtes, le diaphragme. *Le creux de l'estomac. Boxeur qui frappe à l'estomac, qui travaille son adversaire à l'estomac.* « *Il fit rouler le vainqueur par terre d'un coup de tête dans l'estomac* » (BAUDEL.). *Il « bedonnait de l'estomac* » (HUYSMANS). ♦ 3° (v. 1460). *Vx.* Cœur, courage. ◊ *Mod. Avoir de l'estomac,* ou *manquer d'estomac,* faire preuve de, manquer de hardiesse, et *péj.* d'audace. V. **Aplomb, cran, culot.** « *Voilà des gens qui ont de l'estomac, en attendant qu'ils aient de la poigne* » (DUHAM.). ◊ *Fam. Faire qqch. à l'estomac* : au culot. « *La littérature à l'estomac* » (J. GRACQ).

ESTOMAQUÉ, ÉE [ɛstɔmake]. *adj.* (1480; lat. *stomachari*). Très étonné, surpris. V. **Ahuri, épaté.** « *Il me tenait au bout de son épée, assez estomaqué et pantois de ma déconvenue* » (GAUTIER).

ESTOMAQUER [ɛstɔmake]. *v. tr.* (pron., 1555; lat. *stomachari* « s'irriter »). *Mod. et fam.* (1907). Étonner, surprendre (par qqch. de choquant, d'offensant). *Sa conduite a estomaqué tout le monde.* V. **Scandaliser, suffoquer.**

ESTOMPAGE [ɛstɔpaʒ]. *n. m.* (v. 1880; de *estomper*). Action d'estomper. « *L'estompage de son dessin dur* » (MALRAUX). ◊ Caractère de ce qui est estompé. « *L'estompage de la forme sous l'eau* » (GONCOURT).

ESTOMPE [ɛstɔp]. *n. f.* (1666; néerl. *stomp* « bout »). Petit rouleau de peau ou de papier cotonneux, terminé en pointe flexible, servant à étendre le crayon, le fusain, le pastel sur un dessin. « *Modeler avec un seul ton, c'est modeler avec une estompe, la difficulté est simple* » (BAUDEL.). ◊ *Par ext.* (1835) Dessin à l'estompe.

ESTOMPÉ, ÉE [ɛstɔpe]. *adj.* (XVIIIᵉ; V. **Estomper**). Qui n'est pas net, qui a des contours voilés. « *Les contours ne sont pas incertains, demi-brouillés, estompés; ils se détachent sur leurs fonds* » (TAINE). « *Une image plus lointaine et estompée comme sont celles du souvenir* » (GIDE). ◊ ANT. **Net, précis.**

ESTOMPER [ɛstɔpe]. *v. tr.* (1676; de *estompe*). ♦ 1° Dessiner, ombrer avec l'estompe. *Adoucir un trait en estompant.* ♦ 2° (XIXᵉ). Rendre moins net, rendre flou. V. **Voiler.** « *Tous ces détails, estompés par le crépuscule* » (HUGO). « *Un jour gris, avec cette fausse brume qui s'accroche aux arbres sans feuilles, estompait la silhouette de verre du Grand Palais* » (ARAGON). *Pronom. Le paysage s'estompe dans la brume.* ♦ 3° *Fig.* (D'un souvenir, d'un sentiment). Enlever de son relief. V. **Adoucir, atténuer, voiler.** *Pronom. Pourquoi certaines images « s'estompent puis s'effacent si vite* » (MAUROIS). *Les haines, les rancœurs s'estompent.* ◊ ANT. **Accuser, cerner, dessiner, détacher. Préciser.**

ESTONIEN, IENNE [ɛstɔnjɛ̃, jɛn] ou **ESTE** [ɛst(ə)]. *adj. et n.* D'Estonie, État balte. *Les Estoniens. Le peuple estonien.* ◊ *L'estonien :* langue finno-ougrienne. ◊ HOM. **Est.**

ESTOQUER [ɛstɔke]. *v. tr.* (v. 1310; *estochier*, 1170; du moy. néerl. *stoken*, rad. germ. *tokk-*). ♦ 1° *Vx.* Frapper de la pointe, d'estoc. ♦ 2° *Mod.* (repris XXᵉ, esp. *estocar*). Blesser à mort (le taureau) en portant l'estocade. *Un éventail « où était dessiné un matador estoquant un taureau noir* » (MAURIAC).

ESTOUFFADE [ɛstufad]. *n. f.* (XVIIᵉ; it. *stufata* « étuvée »). *Vx* ou *région.* « *En estouffade* » (SCARRON), *à l'estouffade.* V. **Étouffée.** — *Spécialt.* Sorte de daube (On dit aussi ÉTOUFFADE [etufad]).

ESTOURBIR [ɛsturbiʀ]. *v. tr.* (1815; probabl. all. dial. *storb* « mort »; Cf. Gestorben). *Fam.* Assommer. — *Fig.* Étonner violemment.

1. ESTRADE [ɛstrad]. *n. f.* (1482; it. *strada* « route », du bas lat. (*via*) *strata* « route pavée », de *sternere* « étendre »). *Vieilli. Loc. Battre l'estrade* : aller à la découverte, courir les chemins. « *Un groupe de réguliers, de légionnaires et de partisans battit l'estrade pendant un mois* » (MAC ORLAN).

2. ESTRADE [ɛstrad]. *n. f.* (1672; esp. *estrado,* du lat. *stratum,* de *sternere* « étendre »; Cf. le précéd.). Plancher élevé de quelques marches au-dessus du sol ou du parquet. *Estrade d'une salle de classe. Estrade réservée aux autorités, au jury, à l'orchestre. Estrade dressée pour un match de boxe* (V. **Ring**), *pour une exécution capitale* (V. **Échafaud**). *Haranguer la foule du haut de l'estrade.* V. **Tribune.** *Accumulés « comme les prix sur l'estrade, dans une distribution de prix* » (BAUDEL.).

ESTRADIOT [ɛstradjo], **STRADIOT** [stradjo] ou **STRADIOTE** [stradjɔt]. *n. m.* (XVIᵉ; it. *stradiotto,* du gr. *stratiôtês* « soldat »). *Hist.* Soldat de cavalerie légère, originaire de Grèce ou d'Albanie (XVᵉ-XVIᵉ s.). « *Les Stradiotes, très bons soldats grecs de Venise* » (MICHELET).

ESTRAGON [ɛstragɔ̃]. *n. m.* (1564; altér. de *targon* (1539); lat. sav. *tarchon,* de l'arabe *tarkhoun,* gr. *dracontion* « serpentaire »). Variété d'armoise, dont la tige et les feuilles, aromatiques et apéritives, sont employées comme condiment. *Plant d'estragon.* ◊ Ce condiment. *Vinaigre, moutarde à l'estragon. Poulet à l'estragon.*

ESTRAMAÇON [ɛstramasɔ̃]. *n. m.* (1548; it. *stramazzone,* du v. *stramazzare* « renverser violemment », rac. *mazza* « masse d'armes »). Longue et lourde épée à deux tranchants, en usage du moyen âge au XVIIIᵉ s.

ESTRAN [ɛstrɑ̃]. *n. m.* (1687; mot norm.; Cf. a. fr. *Estrande* « rivage », v. 1180; a. angl. ou bas all. *strand*). *Géogr.* Portion du littoral entre les plus hautes et les plus basses mers.

ESTRAPADE [ɛstrapad]. *n. f.* (1482; it. *strappata,* de *strappare* « arracher », du gotique °*strappan*). ♦ 1° Supplice qui consistait à faire tomber le patient au bout d'une corde, soit dans l'eau, soit à quelques pieds du sol. — *Par méton.* Le mât ou la potence qui servait à donner l'estrapade. ♦ 2° (1690). *Gym.* Tour qui consiste à se suspendre par les mains à une corde à faire passer le corps entre les deux bras écartés.

ESTRAPADER [ɛstrapade]. *v. tr.* (1680; de *estrapade*). *Vx.* Donner l'estrapade.

ESTRAPASSER [ɛstrapase]. *v. tr.* (1611; it. *strapazzare* « malmener, surmener », p.-ê. de *strappare;* Cf. Estrapade). *Équit.* Harasser (un cheval) en lui faisant faire un trop long manège.

ESTROPE [ɛstrɔp]. *n. f.* (*Etrope,* 1311; lat. *stroppus, struppus* « courroie »; gr. *strophos*). *Mar.* Anneau formé par une bande de fer ou par un cordage dont les deux extrémités épissées l'une sur l'autre, que l'on ajuste dans la rainure d'une poulie, d'une moque, ou dont on capelle une vergue. *Estrope de gouvernail :* cordage qui retient les avirons sur les tolets.

ESTROPIÉ, ÉE [ɛstrɔpje]. *adj. et n.* (XVIᵉ; V. **Estropier**). Qu'on a, qui s'est estropié. V. **Impotent, infirme.** *N. Un estropié.* « *La collection complète des estropiés, aveugles, manchots, becs-de-lièvre et culs-de-jatte* » (LOTI). ◊ ANT. **Ingambe, valide.**

ESTROPIER [ɛstrɔpje]. *v. tr.* (XVᵉ; it. *stroppiare*). ♦ 1° Priver d'un membre, le mutiler ou le mettre dans l'incapacité de servir, par blessure ou maladie. V. **Éclopper.** *Ce coup lui a estropié le bras.* — *Pronom. Il s'est estropié en tombant d'une échelle.* « *Je ne sache pas qu'on ait jamais vu d'enfant en liberté se tuer, s'estropier, ni se faire un mal considérable* » (ROUSS.). ♦ 2° *Fig.* Estropier un texte, une citation : le tronquer de telle sorte qu'on en altère le sens ou qu'on en gâte la beauté. *Estropier les paroles de qqn en les rapportant.* V. **Défigurer, déformer, dénaturer.** *Estropier un nom propre, un mot étranger.* V. **Écorcher.** *Quoique*

« *l'orchestre, alors très ignorant, estropiât à plaisir les pièces* » (ROUSS.).

ESTUAIRE [ɛstɥɛʀ]. *n. m.* (XVᵉ, rare av. 1846; lat. *æstuarium*, de *æstus* « mouvement des flots ». V. **Étier**). Embouchure d'un cours d'eau, dessinant dans le rivage une sorte de golfe évasé et profond. *La Gironde, estuaire de la Garonne. Estuaire de rivière bretonne.* V. **Aber**.

ESTUARIEN, IENNE [ɛstɥaʀjɛ̃, jɛn]. *adj.* (1965; de *estuaire*). *Didact.* Relatif aux estuaires*. *La sédimentation estuarienne.*

ESTUDIANTIN, INE [ɛstydjɑ̃tɛ̃, in]. *adj.* (1899; esp. *estudiantino*, de *estudiante* « étudiant »). Qui est relatif à l'étudiant, aux étudiants. *Vie estudiantine.* V. **Étudiant** *(adj.)*.

ESTURGEON [ɛstyʀʒɔ̃]. *n. m.* (*Sturgeon*, XIᵉ; *esturjon*, v. 1200; frq. °*sturjo*). Poisson ganoïde, dont la taille peut atteindre 5 mètres, qui vit en mer et va pondre dans les grands fleuves. *Esturgeon dont les œufs servent à la préparation du caviar.* V. **Sterlet**.

ET [e]. *conj.* (*Et* en 842, devenu *e* au Xᵉ; refait en *et* au XIIᵉ sur le lat.; lat. *et*).

I. Conjonction de coordination qui sert à lier les parties du discours, les propositions ayant même fonction ou même rôle et à exprimer une addition, une intersection, une liaison, un rapprochement. ♦ **1°** ET reliant deux parties de même nature. *Paul et Virginie. Le meunier, son fils et l'âne. Lui et son fils. Toi et moi. Cela et le reste.* V. **Et cætera**. *Deux et deux font quatre.* V. **Plus**. *Faire vite et bien. Taisez-vous et écoutez.* « *Je soutiens, moi, que c'est la conjonction copulative* ET *qui lie les membres corrélatifs de la phrase; je payerai la demoiselle* ET *je l'épouserai* » (BEAUMARCH.). *Cela n'est pas et ne sera pas.* V. **Ni**. *Plus je la fréquente et plus je l'apprécie. J'ai accepté; et vous?* — *Spécialt. Il y a parfum et parfum, mensonge et mensonge :* tous les parfums, tous les mensonges ne sont pas pareils. ◇ *Littér.* (Séparation de deux sujets par un verbe) « *Albe le veut, et Rome; il leur faut obéir* » (CORN.). — (Répétition de ET devant chaque terme d'une énumération) « *Madame de Tillières, cette mince et pâle et fine Juliette, cette délicate et fière et pure créature* » (FRANCE). ♦ **2°** ET reliant deux parties de nature différente. *Un paletot court et sans manches. Voici un livre nouveau et qui n'est pas encore en librairie. Il parle l'anglais, et couramment.* « *La nouveauté, qui est un mal, et fort dangereuse* » (LA BRUY.). ♦ **3°** ET dans les nombres composés. *Vingt et un. Vingt et quatre heures* » (CORN.). « *Soixante et quinze francs* » (FLAUB.). ◇ *Mod.* (Joignant UN aux dizaines et dans *soixante et onze*) *Vingt et un, trente et un.* — *Littér. Cent une fois. Les mille et une nuits.* ◇ Devant la fraction d'un nombre fractionnaire, ET se met devant demi, ET ou UN devant quart, UN (aussi ET UN) devant les autres fractions. *Deux heures et demie; deux heures et quart ou un quart; deux pages un cinquième, et un cinquième.*

II. ET, au début d'une phrase, avec une valeur emphatique. *Et voici que tout à coup il se met à courir. Et Jésus dit à ses disciples.* V. **Alors**. « *Et je pleurais! et je me trouvais à plaindre et la tristesse osait approcher de moi!* » (ROUSS.).

III. (En emploi nominal ou adj.). *Math., log.* Symbole ou opérateur représentant l'intersection, le produit logique. *La fonction* ET.

◈ HOM. **Eh!**, **hé!**

-ET, -ETTE. Suffixe diminutif (d'un lat. pop. *ittum, ittam*). Noms propres. *Huguet* (vx), *Juliette, Pierrette.* — Noms communs non usuels (*livret, fleurette*), d'un verbe (*frisette, sonnette*). — Adjectifs (*pauvret, simplet*).

ÊTA [ɛta]. *n. m.* Septième lettre de l'alphabet grec : H, η.

ÉTABLE [etabl(ə)]. *n. f.* (*Estable*, XIIᵉ; lat. pop. *stabula*, n. f. plur. de *stabulum* « lieu où l'on habite »). Lieu, bâtiment où l'on loge les bestiaux, les bovidés. V. **Bouverie, vacherie**. *Aménagement d'une étable* (V. **Crèche, litière, mangeoire, râtelier**). *Séjour* (V. **Stabulation**), *engraissement des bestiaux à l'étable.*

ÉTABLER [etable]. *v. tr.* (*Establer*, 1080; de *étable*). *Vx* ou *région.* Loger dans une étable, dans une écurie. *Établer des bœufs, des chevaux.*

ÉTABLI [etabli]. *n. m.* (1390; du p. p. de *e(s)tablir*). Table massive sur laquelle les ouvriers qui travaillent le bois ou le métal disposent ou fixent leur ouvrage. *Établi de menuisier.*

ÉTABLI, IE [etabli]. *adj.* (V. **Établir**). ♦ **1°** Solide, stable. « *Un avocat a-t-il quelque réputation établie?* » (FÉN.) : bien assise. ◇ *Usage, préjugé établi.* V. **Enraciné, solide**. *Vérité établie, démontrée.* V. **Avéré, certain, sûr**. ♦ **2°** En place. *Le gouvernement établi :* au pouvoir. *Les institutions, les lois, les coutumes établies :* en vigueur. V. **Establishment** (anglicisme). « *Les mécontents cherchaient des conspirations à renverser l'ordre établi* » (RENAN). ◈ ANT. *Fragile, incertain, menacé.* **Renversé.**

ÉTABLIR [etabliʀ]. *v. tr.* (*Establir*, 1080; lat. *stabilire*, de *stabilis*. V. **Stable**).

I. ♦ **1°** Mettre, faire tenir (une chose) dans un lieu et d'une manière stable. V. **Asseoir, bâtir, construire, édifier, fixer, fonder, installer, placer, poser**. « *Il commença par établir sur la berge une manière de chaussée* » (FLAUB.). « *Au milieu du salon, un laquais... achevait d'établir une grande table* » (STENDHAL). *Établir une usine, une imprimerie dans une ville.* V. **Créer, fonder, monter.** — *Établir son domicile, sa résidence à Paris.* V. **Fixer** (Cf. *ci-dessous*, III, 1°). ♦ **2°** (v. 1300). *Vieilli.* Mettre à demeure en un certain lieu (des personnes). *Dieu* « *commença d'établir un peuple sur la terre* » (PASC.). ♦ **3°** (1080). *Établir l'aile droite de son armée sur un bon terrain.* V. **Poster**. ♦ **4°** *Mar. Établir une voile*, la disposer convenablement pour obtenir un rendement maximal.

II. *Abstrait.* ♦ **1°** (1175). Mettre en vigueur, en application. V. **Fonder, instaurer, instituer, organiser**. *Établir un gouvernement, une administration. Établir un impôt.* « *La loi ne doit établir que des peines strictement et évidemment nécessaires* » (DÉCLAR. DR. HOM.). ◇ *Établir l'ordre, la paix, la tranquillité.* V. **Régner** (faire). ◇ (1690) *Établir sa fortune, sa réputation sur.* V. **Asseoir, bâtir, édifier, fonder**. « *Ils en profitèrent pour établir solidement leur influence* » (DANIEL-ROPS). ♦ **2°** (XIIᵉ). Placer (qqn) dans une situation, une fonction. V. **Instituer, nommer.** *Établir qqn dans une charge.* V. **Constituer.** ◇ (1680) Pourvoir (qqn) d'un emploi, d'une situation. V. **Caser.** *Il a bien établi tous ses enfants. Avoir une fille à établir.* V. **Marier.** ♦ **3°** (XIIᵉ). « indiquer, fixer; décider »). Fonder sur des arguments solides, sur des preuves. *Établir sa démonstration, ses droits sur des faits indiscutables.* V. **Appuyer, baser.** — Faire apparaître comme vrai, donner pour certain. *Établir un fait, la réalité d'un fait.* V. **Démontrer, montrer, prouver.** *Établir l'innocence d'un accusé. Établir des différences, des rapprochements entre plusieurs choses.* V. **Faire, poser.** « *L'esprit s'efforce d'établir un rapport, une liaison de cause à effet* » (BAUDEL.). « *On veut seulement établir qu'il est possible que...* » (HENRIOT). — Par ext. *Établir un compte, une liste.* V. **Dresser.** *Établir un texte.* V. **Éditer.** ♦ **4°** Faire commencer (des relations). *Établir des relations, des liens d'amitié avec qqn.* V. **Nouer.**

III. S'ÉTABLIR. *v. pron.* ♦ **1°** (1627). Fixer sa demeure en un lieu. *Aller s'établir à Paris.* V. **Habiter, installer (s')**. ◇ Prendre la profession de. « *Autant s'établir épicier, ma parole d'honneur!* » (FLAUB.). ◇ (XVIIᵉ) *Vieilli* ou *région.* Se marier. « *Il n'y avait pas longtemps qu'elle s'était mariée et établie (comme disent les gens du peuple)* » (MUSS.). ♦ **2°** S'ÉTABLIR (et attribut) : s'instituer, se constituer, se poser en. *S'établir juge des actes d'autrui.* ♦ **3°** *Passif* (XVIIᵉ). Prendre naissance, s'instaurer. *Cette coutume aura peine à s'établir.* — *Impers.* « *Il s'établit entre elle et l'orchestre cette correspondance mystérieuse* » (GREEN).

◈ ANT. *Détruire, renverser; déplacer. Abolir, supprimer. Partir.*

ÉTABLISSEMENT [etablismɑ̃]. *n. m.* (XIIᵉ, « règle, loi »; de *établir*).

I. ♦ **1°** (v. 1190). Action de fonder, d'établir. *Établissement d'un empire. L'établissement d'un tribunal.* V. **Création, constitution, érection, fondation, instauration, institution.** — Par ext. *L'établissement d'une religion, d'un régime.* « *Ces réminiscences du passé qui troublaient si profondément l'établissement d'un ordre nouveau* » (RENAN). ◇ (Concret) *Vieilli.* Construction. « *Avant l'établissement du chemin de fer de Naples à Résina* » (NERVAL) : sa création. ♦ **2°** (1681). Action d'établir des personnes, de s'établir en quelque endroit. *L'établissement de l'ennemi dans une position fortifiée.* ◇ Action de prendre pied dans un pays. *L'établissement des Français dans les Indes au XVIIᵉ s.* ◇ (1635, « mariage ») *Vieilli.* Action de pourvoir d'une situation, d'une position sociale. *Travailler à l'établissement de ses enfants. Je suis* « *toujours d'un caractère très jovial, ce qui peut me faciliter mon établissement si j'ai envie de me marier* » (FLAUB.). ♦ **3°** Le fait d'établir (II, 3°). *L'établissement d'un fait. Procéder à l'établissement d'un devis.* V. **Rédaction.** *Établissement d'un texte.* V. **Édition.**

II. Lieu où une chose, une personne est établie. ♦ **1°** (1723). *Hist.* Colonie, comptoir. *Les établissements français de l'Inde, les établissements portugais.* ♦ **2°** *Cour.* (1606; répandu XIXᵉ). Ensemble des installations établies pour l'exploitation, le fonctionnement d'une entreprise, et *par ext.* l'entreprise elle-même. *Établissement agricole, commercial, industriel.* V. **Atelier, boutique, bureau, comptoir, entreprise, exploitation, fabrique, ferme, firme, fonds, industrie, magasin, maison, manufacture, usine.** *Les établissements X...* V. **Entreprise, société.** — *Législation sur les établissements dangereux, insalubres ou incommodes.* ◇ (1685) Ce qui est établi pour l'utilité publique. *Établissement public :* personne morale administrative chargée de gérer un service public. *Établissement public à caractère industriel et commercial,* qui gère un service public avec des règles de droit privé. *Établissement d'utilité publique :* association ou fondation privée, reconnue d'utilité publique. — *Établissement scolaire, hospitalier. Le « médecin-chef de l'établissement où elle se soignait »* (CAMUS). *Établissement thermal, établissement de bains.* ♦ 3° *Dr.* Domicile.

◇ ANT. *Démolition, destruction, renversement. Abolition.*

ÉTAGE [eta3]. *n. m. (Estage,* v. 1155 ; « demeure, situation, séjour », 1080 ; de l'a. fr. *ester* « se tenir, rester » (V. **Ester),** de *stare* « se tenir debout »).

I. ♦ 1° Espace compris entre deux planchers successifs d'un édifice et occupé par un ou plusieurs appartements de plain-pied (depuis le XVIIᵉ, à l'exclusion du *rez-de-chaussée,* au niveau du sol, et parfois de l'*entresol*). REM. Au Canada, le rez-de-chaussée est considéré comme *premier étage. Les étages d'une maison. Immeuble à, de quatre étages. Étage en mansarde. Les étages communiquent par l'escalier.* (V. **Palier),** *l'ascenseur. Loger, habiter au premier étage, au troisième étage,* et ellipt. *au premier, au troisième.* « *Les buildings* (de New York) *échappent par le haut à toute réglementation urba- niste, ils ont vingt-sept, cinquante-cinq, cent étages* » (SARTRE). — *Grimper, escalader les étages.* V. **Escalier.** « *Ils grimpèrent deux étages, par un escalier à marches hautes, et à épaisse rampe de bois* » (ROMAINS). — *Les trois étages de la tour Eiffel.* V. **Plate-forme.** ♦ 2° (1418, « rayon de bibliothèque »). Cha- cun des plans d'une chose ou d'un ensemble formé de parties superposées. *Il* « *s'immobilisait devant les cinq étages de gâteaux luisant de sucre, bavant de crème* » (MART. du G.). ◇ *Terrain qui descend par étages.* V. **Gradin ; étagé.** « *Les murs en terrasses qui soutiennent les diverses parties de ce magnifique jardin, qui, d'étage en étage, descend jusqu'au Doubs* » (STEN- DHAL). ◇ *Techn.* (Mines) *Étage de cage, d'exploitation.* ♦ 3° *Géol.* Ensemble des terrains correspondant à un âge (subdivision de l'époque). *Géogr. Étages de végétation,* dif- férenciés selon l'altitude. ♦ 4° *Techn.* Niveau d'énergie ou de renforcement (correspondant ou non à un dispositif matériel en *étages*). *Étages de pression :* turbines annexes d'une turbine principale. *Étage de compression :* chacun des paliers de compression dans un turbo-compresseur. ◇ *Radio. Étage d'amplification,* se dit d'une lampe qui renforce le courant qu'elle reçoit. *Étage mélangeur, de détection.* ◇ Chaque élément propulseur détachable d'une fusée. *Le troisième étage de la fusée s'est détaché.*

II. *Vx* ou *littér.* (v. 1170). Situation, rang social. *Cour.* V. **Catégorie, classe.** — *Mod.* DE BAS ÉTAGE : inférieur. *Individu de bas étage.* V. **Condition, espèce.** *Esprit de bas étage.*

ÉTAGEMENT [eta3mɑ̃]. *n. m.* (1864 ; de *étager).* Dispo- sition de ce qui est étagé. *Étagement des vignes sur les côtes du Rhône.*

ÉTAGER [eta3e]. *v. tr.* ; conjug. *bouger* (1752 ; *estager,* h. XVIᵉ ; a. fr. *estagier* « domicilier », de *estage* « étage »). Disposer par étages (par rangs superposés). V. **Échelonner, superposer.** « *Les rochers étageaient leur ombre au-dessus d'eux* » (HUGO). « *Une foule énorme s'étageait, s'écrasait sur les gradins brûlés du vieil amphithéâtre* » (DAUD.). — Au p. p. *Maisons étagées sur une pente.* « *Que la ville étagée en long amphithéâtre* » (HUGO).

ÉTAGÈRE [eta3ɛʀ]. *n. f.* (1502 ; repris 1800, « tablette » ; de *étage).* ♦ 1° Planche, dans un dressoir, une bibliothèque, une armoire. *Étagère couverte de livres.* — Simple tablette fixée horizontalement sur un mur. « *Des étagères de mar- bre, où reposent de larges jattes en porcelaine* » (CHARDONNE). ♦ 2° (1836). Meuble formé de montants qui supportent des tablettes horizontales disposées par étages.

1. ÉTAI [etɛ]. *n. m. (Estai,* 1130 ; a. angl. *staeg,* angl. *stay,* avec influence de *étai* 2). *Mar.* Cordage tendu de l'avant du navire à la tête d'un mât et destiné à consolider ce mât contre les efforts qui s'exercent de l'avant à l'arrière (V. **Hauban).** *Voiles d'étai,* voiles supplémentaires placées sur les étais (V. **Draille).**

2. ÉTAI [etɛ]. *n. m.* (1753 ; *estaie,* n. f., 1304 ; *étaie,* n. f., XVIIᵉ ; frq. °*staka* « soutien »). ♦ 1° Pièce de charpente destinée à soutenir provisoirement. V. **Arc-boutant, béquille, cale, chevalement, étançon.** *Chapeau d'un étai,* qui s'applique perpendiculairement au mur. *Point d'appui des étais* (couche, semelle). « *Des étais de chêne soutenaient le toit, faisaient à la roche ébouleuse une chemise de charpente* » (ZOLA). — *Étais métalliques.* V. **Étrier, renfort.** *Soutenir par des étais.* V. **Étayer.** ♦ 2° *Fig.* et *littér.* V. **Appui, soutien.** « *Cette vieille société fondée sur Dieu et le roi, deux étais qu'il n'est pas sûr qu'on puisse remplacer* » (RENAN). ◇ HOM. Formes du v. **être.**

ÉTAIEMENT ou **ÉTAYEMENT.** *n. m.* V. **Étayage.**

ÉTAIN [etɛ̃]. *n. m. (Estain,* v. 1220 ; lat. *stagnum,* altér. de *stannum,* p.-ê. o. gaul.) ♦ 1° Métal blanc grisâtre (abrév. *Sn ;* p. at. 118,7 ; n° at. 50 ; dens. 7,3 ; fusible vers 232 °C) très malléable. *Maladie de l'étain :* changement allotropique par lequel l'*étain blanc* devient gris et pulvérulent aux basses températures. — *Minerais d'étain* (V. **Stannifère** ; **cassi- térite).** *Bioxyde d'étain* ou oxyde stannique (SnO_2). *Potée d'étain :* bioxyde d'étain obtenu par calcination de l'étain à

l'air libre, et servant de poudre à polir. *Sulfures d'étain.* V. **Mussif** (or mussif). *Alliages d'étain.* V. **Bronze, chrysocale.** ◇ *Emplois de l'étain.* V. **Étamage, tain.** *Papier d'étain :* feuille très fine d'étain servant d'emballage (dit aussi papier argenté, papier d'argent). *Vaisselle, pot, gobelet, chope en étain.* « *On vous sert un pot de bière, en bel étain* » (BEAUMARCH.). « *Le ciel chauffé à blanc, s'étendait comme un miroir d'étain* » (FROMENTIN). ♦ 2° (1870 ; *eten,* collectif XVIᵉ). Objet d'étain. *Des étains du XVIᵉ s. Étains ciselés, travaillés.* ◇ HOM. Formes du v. *éteindre.*

ÉTAL, ALS [etal]. *n. m. (Estal,* v. 1190 ; « position, point d'arrêt », 1080 ; frq. °*stal* « position, demeure, écurie » ; Cf. **Stalle).** ♦ 1° *(Vx* depuis le XVIIIᵉ ; repris XXᵉ). Table où l'on expose les marchandises dans les marchés publics. V. **Éventaire.** « *Des ménagères palpaient l'orange et le citron sur les étals du marché en plein vent* » (HENRIOT). ♦ 2° (1393). Table de bois épais sur laquelle les bouchers débitent la viande. — *Par ext.* Débit de viande. V. **Boucherie.** « *La hantise des bêtes écorchées accompagna Armand d'étal en étal* » (ARAGON). ◇ HOM. *Étale* (n. et adj.) ; formes du v. *étaler.*

ÉTALAGE [etala3]. *n. m. (Estalage,* 1247 ; « droit sur la marchandise étalée », 1225 ; de *étaler*). ♦ 1° Exposition de marchandises qu'on veut vendre. *L'étalage des marchan- dises sur la voie publique. Autorisation, droit d'étalage.* — *Admin.* Droit d'étalage. *Payer l'étalage.* ♦ 2° Lieu où l'on expose des marchandises, à l'effet d'en faciliter la vente ; ensemble des marchandises exposées. V. **Devanture, montre, vitrine ; éventaire.** *Les étalages d'un grand magasin. S'attarder devant les étalages* (Cf. Lécher les vitrines). *Spécialiste qui compose un étalage.* V. **Étalagiste.** « *Le poème des étalages détruit tous les soirs, reconstruit tous les matins* » (BALZ.). « *De temps à autre, il s'arrêtait à l'étalage d'un bouquiniste* » (FLAUB.). ♦ 3° (1680). Action d'exposer, de déployer aux regards avec ostentation. *Faire un grand étalage d'esprit, d'érudition.* V. **Démonstration, dépense, parade.** *Étalage de couleurs, de luxe.* V. **Débauche, déploiement, profusion.** ◇ FAIRE ÉTALAGE DE : exposer avec ostentation, exhiber. « *Il n'était pas nécessaire de faire grand étalage de puissance* » (SARTRE). *Faire étalage de ses qualités.* V. **Valoir** (se faire valoir), **vanter** (se). — Dire, montrer sans retenue. « *La rouerie du coupable qui croit que ce dont il fait étalage est par cela même jugé innocent* » (PROUST). ♦ 4° *Métall.* (1755, au plur.). Tronc de cône formant la partie inférieure d'un haut fourneau entre le ventre et le creuset. ♦ 5° *Techn.* Première opération de la filature, consistant à disposer les fibres du lin parallèlement entre elles (en nappes). V. **Étaleuse.**

ÉTALAGER [etala3e]. *v. tr.* ; conjug. *bouger* (1870 ; de *étalage).* *Comm.* Mettre en vitrine, dans l'étalage (des mar- chandises).

ÉTALAGISTE [etala3ist(ə)]. *n.* (1801 ; de *étalage).* ♦ 1° *Vx* ou *Dr.* Marchand, marchande qui expose, étale sa marchandise sur la voie publique. V. **Camelot, forain.** — Appos. *Marchand, libraire étalagiste.* ♦ 2° (1846). Personne dont le métier est de composer, de disposer les étalages aux devantures des magasins. — Appos. « *Les commis étalagistes et les habilleurs de théâtre ont... le goût des tons riches* » (BAUDEL.).

ÉTALE [etal]. *adj.* et *n.* (1867 ; [bière] *estale* « qu'on a laissé reposer », 1220 ; de *estaler, étaler).*

I. *Adj.* ♦ 1° Sans mouvement, immobile. *Mer étale,* qui ne monte ni ne baisse. *Navire étale,* immobile. ♦ 2° *Fig.* ou *par compar.* Sans aucune agitation. V. **Calme, fixe, immo- bile, stationnaire.** « *La mort, la constante, l'étale mort* » (GIRAUDOUX). « *La journée était là, étale, comme une mer inoffensive* » (SARTRE).

II. *N. f.* ou *m.* (1870). *Mar. L'étale de pleine mer, de basse mer.*

ÉTALEMENT [etalmɑ̃]. *n. m.* (1609 ; aussi « étalage », 1611 ; de *étaler).* ♦ 1° *(Dans l'espace).* Action d'étaler (I, A, 2°, 3°). *Étalement de papiers sur une table. Étalement d'un tas de fumier sur une terre.* ♦ 2° (Dans le temps). *Cour.* Action d'étaler (5°), de répartir. *Étalement d'une réforme sur plusieurs années. Étalement des paiements.* V. **Échelonnage.** *Étalement des vacances* (sur plusieurs mois de l'année).

1. ÉTALER [etale]. *v. tr. (Estaler* « donner une place à », fin XIIᵉ ; de *estal* « position ». V. **Étal).**

I. ❶ *Concret.* ♦ 1° (XVᵉ ; de *étal,* 1°). Exposer des mar- chandises à vendre. V. **Déballer.** « *Le commis alla chercher des châles d'un prix inférieur ; mais il les étala solennellement* » (BALZ.). *Le marché* « *Pêle-mêle étalant sur ses tréteaux boiteux Ses fromages, ses fruits, son miel, ses paniers d'œufs* » (SAMAIN). — *Fig.* et *fam.* (1694) *Étaler sa marchandise :* faire valoir ce qu'on a, ce qu'on fait, en tirer vanité. ♦ 2° (1798). Disposer de façon à faire occuper une grande surface notam- ment pour montrer (chaque objet, chaque partie). « *Méthodi- quement, elle étala sur une dalle voisine une pelle, une serpe, un maillet, puis un vaste carton* » (MART. du G.). V. **Éparpiller.**

— *Étaler son jeu, ses cartes.* V. **Abattre.** Au p. p. « *Une ving-taine de petites photographies, étalées sur la table comme un jeu de cartes* » (ROMAINS). — *Étaler une carte, une pièce d'étoffe.* V. **Déplier, dérouler.** — *Étaler un journal* : l'ouvrir largement. V. **Déployer.** « *Il avait acheté en gare l'Humanité qu'il étalait avec affectation devant le nez de son père* » (ARAGON). — Par anal. *Village qui étale ses maisons dans la plaine* : dont les maisons sont étalées. « *Des vieillards à turban qui étalent leur barbe blanche* » (LOTI). ♦ 3° (1829). Étendre sur une grande surface en une couche fine. *Étaler de la crème, de la pommade, de la peinture. Étaler du beurre sur du pain.* V. **Tartiner.** *Étaler du gravier sur le goudron d'une route.* V. **Épandre.** ♦ 4° *Fam.* Faire tomber ; jeter à terre. « *D'un coup de poing il l'a étalé* » (LITTRÉ). ⒷⒷ *Abstrait* (XVIe). ♦ 1° *Vx.* Faire voir, montrer avec solennité, splendeur. V. **Déployer, épanouir, exposer, montrer.** « *Par ce trait de magnificence Le prince à ses sujets étalait sa puissance* » (LA FONT.). *Bourdaloue* « *étala dans la chaire une raison toujours éloquente* » (VOLT.). ◇ *Vx* ou iron. *Étaler ses charmes.* ◇ *(Choses)* Littér. « *La nue étale au ciel ses pourpres et ses cuivres* » (HUGO). « *Une épine en fleurs étalait sa gerbe rose* » (FLAUB.). V. **Épanouir.** ♦ 2° *Mod.* Montrer, dévoiler. « *C'est le propre du comique d'étaler aux yeux l'insuffisance humaine* » (TAINE). « *Ce fut comme si l'on étalait à nu devant le jeune homme les secrets de son propre cœur* » (BARRÈS). ♦ 3° *Péj.* Faire parade de, déployer avec vanité, ostentation. *Étaler* (faire), **exhiber.** « *On les voyait étaler un luxe insolent* » (FLAUB.). « *Vaine de ses richesses et désireuse de les étaler* » (FRANCE). — *Étaler sa science, son érudition.* ⒸⒸ *(Dans le temps.)* Répartir. *Étaler des paiements, des dépenses.* V. **Échelonner.** *La réforme sera étalée sur plusieurs années. Étaler les vacances* : faire en sorte que tout le monde ne parte pas en vacances en même temps. V. **Étalement.**
   II. S'ÉTALER. *v. pron.* ♦ 1° S'étendre, être étendu sur une surface. « *La ville s'étale dans la plaine* » (MAUPASS.). ◇ *Peinture, fard qui s'étale bien.* ♦ 2° Être montré sans retenue ou avec ostentation, affectation. V. **Afficher** (s'). « *La lâcheté la plus révoltante s'étale* » (PÉGUY). « *La richesse, en s'étalant avec une telle liberté, finissait par tout ternir de son prestige* » (ROMAINS). ♦ 3° Se montrer avec insistance, fatuité, impudeur. V. **Afficher** (s'), **parader.** *S'étaler avec affectation, vanité, Rivarol s'étalait d'abord et partout dans toute la splendeur et l'insolence de son esprit* » (STE-BEUVE). ♦ 4° *Fam.* Prendre de la place en une posture abandonnée. V. **Étendre** (s') ; **avachir** (s'). *S'étaler dans un fauteuil.* Au p. p. « *Celui-ci, étalé dans un fauteuil de toile* » (MAC ORLAN). ◇ (1829) *Fam.* V. **Choir, tomber.** *Il s'est étalé tout de son long.* ♦ 5° S'étendre dans le temps. *Les paiements s'étalent sur trois mois.*
   ◈ ANT. **Remballer.** *Cacher, dissimuler, voiler. Empiler, entasser, plier, ranger, rouler.*

2. **ÉTALER** [etale]. *v.* (1678 ; de *étale*, adj., lui-même de *étaler* 1). I. V. tr. *Mar.* ♦ 1° *Étaler la marée* : mouiller sur place en attendant la marée contraire. ♦ 2° (XIXe). *Étaler une voie d'eau* : empêcher l'eau de monter (la rendre *étale*). ♦ 3° Résister à. *Étaler le vent, le courant.* II. V. intr. *Mar.* Devenir étale. *La mer, la marée étale.*

ÉTALEUSE [etaløz]. *n. f.* (1907 ; de *étaler*. V. **Étalage,** 5°). *Techn.* Machine servant à étaler le coton, la laine en nappes.

ÉTALIER [etalje]. *n. m.* (1260 ; de *étal*). Celui qui tient un étal de boucherie. Appos. *Garçon étalier,* employé à l'étal d'un boucher.

ÉTALINGUER [etalɛ̃ge]. *v. tr.* (1691 ; *talinguer,* 1643 ; néerl. *stag-lijn* « ligne d'étai »). *Mar.* Amarrer un câble à l'organeau d'une ancre. *Étalinguer une chaîne* : réunir une chaîne à la manille d'une ancre.

ÉTALINGURE [etalɛ̃gyr]. *n. f.* (1756 ; de *étalinguer*). *Mar.* Fixation d'un câble sur une ancre. *Nœud d'étalingure.* Fixation d'une chaîne d'ancre dans le puits aux chaînes.

1. **ÉTALON** [etal5]. *n. m.* (*Estalon,* XIIIe ; frq. °*stallo,* du frq. °*stal.* V. **Étal, stalle**). Cheval entier destiné à la reproduction (*opposé à* hongre). *Étalon pur-sang, demi-sang. Étalon arabe, anglo-arabe. Dépôt d'étalons.* V. **Haras.** « *Je le prends au haras, fier étalon, vigoureux, découplé, l'œil ardent, frappant la terre* » (BEAUMARCH.). ◇ *Par ext.* Reproducteur mâle d'une espèce domestique. *Âne étalon.* V. **Baudet. Bélier étalon ; taureau étalon.** ◇ *Par anal. Arbor. Arbre-étalon,* arbre sélectionné sur lequel on prélève des greffons.

2. **ÉTALON** [etal5]. *n. m.* (*Estalon, estelon,* 1180 ; d'abord mot picard ; Cf. a. picard *estel* « poteau » ; frq. °*stalo*). I. *Techn.* Cheville reliant deux pièces de bois enchâssées dans des mortaises. ♦ II. *Cour.* (1322 ; p.-ê. d'un autre mot frq. °*stalo*). ♦ 1° Modèle légal de mesure ; représentation matérielle d'une unité de mesure. *Étalons de longueur : étalons géodésiques, étalons industriels* (V. **Calibre**). *Étalon de masse, de poids.*

Appos. *Mètre étalon ; kilogramme étalon. Vérifier un instrument, une mesure à l'aide d'un étalon.* V. **Étalonner.** ◇ Unité légale de mesure. *Étalons électriques : étalon de capacité* (farad), *de force électromotrice* (volt), *de résistance* (ohm). ◇ *Appos.* Instrument, appareil de mesure dont la graduation a été établie d'après des étalons. *Balance étalon.* ♦ 2° *Fig.* V. **Archétype, modèle, type.** « *C'est une idée commune d'en avoir fait* (de Judas), *par la laideur, l'étalon invariable de la scélératesse* » (SUARÈS). ♦ 3° *Écon.* Métal sur lequel est fondée la valeur d'une unité monétaire. *Systèmes d'étalon-or* : billets convertibles en pièces (*gold standard*), en lingots d'un poids minimum (*gold bullion standard*), en devises étrangères, elles-mêmes convertibles en or (*étalon de change-or* ou *gold exchange standard*).

ÉTALONNAGE [etalɔnaʒ] ou **ÉTALONNEMENT** [etalɔnmã]. *n. m.* (1458,-1540 ; de *étalonner*). Action d'étalonner (une mesure, un appareil). V. **Calibrage.**

ÉTALONNER [etalɔne]. *v. tr.* (*Estaloner,* 1390 ; de *étalon* 2). ♦ 1° Vérifier (une mesure) par comparaison avec un étalon. *Mesure étalonnée par un vérificateur des poids et mesures.* — Par ext. *Étalonner son pas.* ♦ 2° Graduer (un instrument) conformément à l'étalon. ♦ 3° Appliquer un test quantitatif à (un groupe de référence).

ÉTAMAGE [etamaʒ]. *n. m.* (1743 ; de *étamer*). ♦ 1° Action d'étamer ; opération par laquelle on étame. *Étamage du cuivre,* au moyen d'un alliage de plomb et d'étain, fondu et étalé. *L'étamage industriel des tôles de fer, des épingles,* par immersion dans un bain d'étain fondu ou une solution de chlorure d'étain. ◇ *Étamage des glaces, des globes de verre.* ♦ 2° État d'un métal, d'un ustensile étamé.

ÉTAMBOT [etãbo]. *n. m.* (1643 ; *estambor,* 1573 ; scand. °*stafnbord* « planche de l'étrave »). *Mar.* Pièce de construction qui, continuant la quille, s'élève à l'arrière du navire et porte le gouvernail. *Lunette d'étambot* : passage ménagé à l'arbre d'hélice. — *Faux étambot* : pièce qui double en dehors et renforce l'étambot.

ÉTAMBRAI [etãbrɛ]. *n. m.* (*Tambroiz,* 1382 ; *estambraye,* 1690 ; p.-ê. angl. *timber* « bois de charpente »). *Mar.* Renfort servant de soubassement à un appareil ou destiné à étayer un mât.

ÉTAMER [etame]. *v. tr.* (*Estamer,* 1260 ; de *estaim, estain.* V. **Étain**). ♦ 1° Recouvrir (un métal) d'une couche d'étain. *On étame le cuivre, la tôle* (V. **Fer-blanc**), *la fonte. Faire étamer une casserole.* — *Cuivre étamé.* ♦ 2° (1690). Recouvrir (la face interne d'une glace) d'un amalgame d'étain et de mercure (V. **Tain**).

ÉTAMEUR [etamœr]. *n. m.* (1723 ; de *étamer*). Celui dont le métier est d'étamer. *Artisan, ouvrier étameur.*

1. **ÉTAMINE** [etamin]. *n. f.* (*Estamine,* XIIe ; lat. pop. *staminea,* n. f., de *stamineus* « fait de fil », de *stamen* « fil »). ♦ 1° Petite étoffe mince, légère, non croisée. *Étamine de soie,* de fil. *Étamine de laine,* faite avec de la laine peignée et non feutrée. « *Une longue robe d'étamine remplace pour elle les ornements du siècle* » (CHATEAUB.). ♦ 2° (v. 1260). Tissu peu serré de crin, de soie, de fil qui sert à cribler ou à filtrer. *Passer une farine, une poudre, un liquide à l'étamine.* — Fig, et vx. *Passer à l'étamine, par l'étamine* : être soumise à un examen sévère ; examiner. « *Tout ce qui s'offre à moi passe par l'étamine* » (BOIL.).

2. **ÉTAMINE** [etamin]. *n. f.* (1690 ; lat. *stamina,* plur. de *stamen,* d'apr. le précéd.). Organe mâle producteur du pollen chez les plantes phanérogames, situé à l'intérieur des enveloppes florales et formé d'une partie allongée (V. **Filet**), supportant une partie renflée (V. **Anthère**) qui renferme le pollen. *L'ensemble des étamines constitue l'androcée. Fleurs qui n'ont que des étamines et pas de pistil.* V. **Staminé.**

ÉTAMPAGE [etãpaʒ]. *n. m.* (1845 ; var. de *estampage*). Opération qui consiste à étamper un fer à cheval. ◇ Travail à l'étampe.

ÉTAMPE [etãp]. *n. f.* (1694 ; var. de *estampe*). *Techn.* ♦ 1° Nom de divers outils (poinçons, outils à emboutir, etc.). ♦ 2° (XIVe-XVe, sous la forme *estampe*). Matrice en acier pour produire des empreintes sur les métaux.

ÉTAMPER [etãpe]. *v. tr.* (1678 ; var. de *estamper*). *Techn.* ♦ 1° *Étamper un fer à cheval* : y percer les trous. « *Le petit ouvrier saisit avec la main le fer rougi... l'aplatit, l'arrondit et l'étampe* » (MISTRAL). ♦ 2° Travailler à l'étampe. V. **Estamper.**

ÉTAMPERCHE ou **ÉTEMPERCHE.** *n. f.* V. **Écoperche.**

ÉTAMPEUR [etãpœr]. *n. m.* (1838 ; var. de *estampeur*). *Techn.* Celui qui étampe. V. **Estampeur.**

ÉTAMPURE [etãpyr]. *n. f.* (1755 ; de *étamper*). *Techn.* ♦ 1° Chacun des trous d'un fer à cheval. ♦ 2° (1838). Évasement d'un trou percé dans une plaque de métal.

ÉTAMURE [etamyr]. *n. f.* (1701 ; *estimure,* 1508 ; de *étamer*). *Techn.* Matière qui sert à étamer. Couche d'alliage qui couvre un vase étamé. *L'étamure est bien mince.*

ÉTANCHE [etɑ̃ʃ]. *adj. m.* et *f.; n. f.* (« *Plaie* » *estanche* « qui ne saigne plus », XIIᵉ; de *étancher, estancher*).

I. *Adj.* (1690; *estanche*, 1671). Qui ne laisse pas passer les fluides, ne fuit pas. *Un tonneau étanche. Toiture étanche.* V. **Imperméable.** *Navire, embarcation étanche :* qui a une coque bien jointe, ne faisant pas eau. *Compartiments étanches.* ◊ CLOISON ÉTANCHE, *fig.* (1883) : séparation absolue. *Cloisons étanches entre des sciences, des doctrines, des classes sociales.* « *Une cloison étanche empêchait la moindre infiltration des idées modernes de se faire dans le sanctuaire réservé de son cœur* » (RENAN).

II. *N. f.* À ÉTANCHE (1694). *Mar.* De manière à ne pas laisser pénétrer l'eau.
◊ ANT. **Perméable.**

ÉTANCHÉITÉ [etɑ̃ʃeite]. *n. f.* (1876; de *étanche*). Caractère de ce qui est étanche. *Étanchéité d'un réservoir, d'une montre.*

ÉTANCHEMENT [etɑ̃ʃmɑ̃]. *n. m.* (1539; de *étancher*). *Littér.* Action d'étancher. *L'étanchement du sang, de la soif.*

ÉTANCHER [etɑ̃ʃe]. *v. tr.* (*Estanchier*, déb. XIIᵉ; p.-ê. bas lat. *°stanticare*, de *stans*, p. prés. de *stare*. V. **Étang**). ♦ 1º Arrêter (un liquide) dans son écoulement. V. **Éponger.** *Étancher le sang qui coule d'une plaie. Étancher une source, une eau souterraine* (V. **Assécher**). — *Mar. Étancher une voie d'eau.* V. **Aveugler, boucher.** — *Étancher les larmes,* les faire cesser. V. **Sécher.** ◊ *Par ext.* (XIIIᵉ) *Étancher la soif,* l'apaiser. V. **Boire, désaltérer** (se). « *Les plus douces joies de mes sens Ont été des soifs étanchées* » (GIDE). ♦ 2º *Techn.* Rendre étanche. *Étancher une citerne. Mar. Étancher un compartiment,* soit en le rendant imperméable, par le calfatage, soit en l'asséchant.

ÉTANÇON [etɑ̃sɔ̃]. *n. m.* (1196; de *estant,* p. prés. de l'a. fr. *ester;* Cf. **Étage**). ♦ 1º Grosse pièce de bois qu'on place le plus verticalement possible pour soutenir qqch. V. **Béquille, contrefort, étai.** *Placer des étançons contre un mur qu'on reprend en sous-œuvre. Soutenir à l'aide d'étançons un navire échoué.* ♦ 2º *Étançons d'une charrue :* pièces verticales qui réunissent et lient les pièces (sep, versoir) de la charrue.

ÉTANÇONNEMENT [etɑ̃sɔnmɑ̃]. *n. m.* (*Estanchonnement,* 1396; de *étançonner*). *Techn.* Action d'étançonner.

ÉTANÇONNER [etɑ̃sɔne]. *v. tr.* (*Estançoner,* v. 1180; de *étançon*). *Techn.* Soutenir à l'aide d'étançons. V. **Consolider, étayer.** *Étançonner une muraille.* « *Le pin de la Saint-Jean, debout entre les pals qui l'étançonnent* » (L. TAILHADE).

ÉTANG [etɑ̃]. *n. m.* (*Estanc,* 1140; de *estanchier* « arrêter l'eau ». V. **Étancher;** Cf. prov. *Estanh,* du lat. *stagnum*). Étendue d'eau reposant dans une cuvette à fond imperméable et généralement moins vaste, moins profonde que le lac. V. **Bassin, lac, mare.** *Étangs naturels et étangs artificiels. Nénuphars, joncs, roseaux qui poussent dans les étangs. La chaussée, les rives, le déversoir* (bonde, daraise, décharge) *d'un étang. Étang poissonneux.* — *Étang salé qui communique avec la mer* (V. **Lagune**), *isolé dans les terres.* V. **Chott.** *L'étang de Berre.* ◊ HOM. **Étant** (p. prés. du v. être).

ÉTAPE [etap]. *n. f.* (*Estape,* 1396; altér. de *estaple,* 1280; moy. néerl. *stapel* « entrepôt »).

I. *Ancienn.* Marché, lieu. *Par ext.* Ville de commerce, comptoir. « *Les Barbares obligèrent les Romains d'établir des étapes, et de commercer avec eux* » (MONTESQ.). *Magasin, entrepôt.*

II. *Mod.* ♦ 1º (1766). Lieu où s'arrête un voyageur avant de reprendre sa route; lieu de cantonnement des troupes. V. **Halte.** *Arriver à l'étape.* — *Milit. Douze des étapes d'une armée en campagne.* V. **Arrière.** ◊ *Sports. Les étapes du tour de France cycliste :* les villes où les coureurs se reposent entre deux courses. ◊ *Loc. Brûler l'étape,* ne pas s'arrêter à l'étape prévue (troupes, voyageurs). *Fig. Brûler les étapes :* aller plus vite que prévu, ne pas s'arrêter dans un progrès. ♦ 2º *Par ext.* Distance parcourue ou à parcourir entre deux lieux d'arrêt. *Parcourir une longue étape.* V. **Route.** « *Nous allions par petites étapes, suivant un itinéraire capricieux* » (DUHAM.). ◊ *Sports* (Cyclisme) *Course par étapes. Étape de montagne. Étape contre la montre.* — (Auto) *Premier au classement par étapes.* ♦ 3º *Fig. Les étapes de la vie, de la civilisation.* V. **Époque, période, phase.** « *La parole ne fait que jalonner de loin en loin les principales étapes du mouvement de la pensée* » (BERGSON). *Perfectionner une étape par étapes.* V. **Degré.** *Une première étape vers un but; l'une des étapes qui conduisent à.* V. **Pas.**

ÉTARQUER [etaʀke]. *v. tr.* (1773; *esterquer,* h. XVIIᵉ; moy. néerl. *sterken*). *Mar.* Hisser et tendre le plus possible. *Étarquer une voile.* ◊ DÉR. *Drisse étarquée :* raidie.

ÉTASUNIEN ou **ÉTATS(-)UNIEN, IENNE** [etazynjɛ̃, jɛn]. *adj.* et *n.* (XXᵉ; de *États-Unis*). Des États-Unis. V. **Américain.** « *Au sein de la communauté noire étasunienne* » (La Croix, 24-2-1965).

ÉTAT [eta]. *n. m.* (*Estat,* v. 1220; « manière d'être »,

aussi « stature; station debout », en a. fr.; lat. *status,* de *stare* « se tenir debout »).

I. Manière d'être (d'une personne ou d'une chose), considérée dans ce qu'elle a de durable (*opposé à* devenir). *État durable, permanent, stable; momentané. États successifs d'une chose, d'une évolution* (V. **Degré, étape**). — Ling. *Verbe d'état et verbe d'action.* ♦ 1º (Déb. XIIIᵉ). Manière d'être (physique, intellectuelle, morale) d'une personne. ◊ (Physique) *État de santé. Son état empire, s'aggrave.* « *Son état est tel, que je m'étonne qu'elle n'y ait pas déjà succombé* » (LACLOS). *Son état est stationnaire. État de veille; de sommeil.* — ÉTAT GÉNÉRAL *d'une personne :* son état de santé considéré dans son ensemble. « *L'état général avait certainement empiré* » (MART. du G.). — DANS, EN... ÉTAT. « *La plupart de nos blessés étaient en pitoyable état* » (DUHAM.). « *Je suis dans un fichu état, avouez-le!* » (MART. du G.). — (Apparence physique) *Ses agresseurs l'ont mis dans un triste état, dans un état déplorable.* ◊ (Moral) *État d'anxiété, d'inquiétude, d'indifférence, de repos* (V. **Calme**). « *Si bienheureux qu'il soit, je ne puis souhaiter un état sans progrès* » (GIDE). — DANS, EN... ÉTAT. « *Sammécaud allait à son rendez-vous dans un état d'excitation et d'optimisme* » (ROMAINS). — *Loc. Être dans tous ses états :* très agité, affolé. — *Théol. Être en état de péché mortel, en état de grâce.* ◊ ÉTAT D'ESPRIT : disposition particulière de l'esprit. *Il a un curieux état d'esprit.* V. **Mentalité.** — ÉTAT D'ÂME : disposition des sentiments. V. **Humeur.** « *Un paysage quelconque est un état de l'âme* » (AMIEL). « *Cette sorte de roman qui s'interdit, dans l'ordre des états d'âme, le rêve, la rêverie, les pressentiments* » (PAULHAN). — *Psycho.* ÉTAT DE CONSCIENCE : tout fait psychique conscient (sensation, sentiment, volition). ◊ *Situation. État malheureux.* V. **Condition, destin, sort.** « *Les habitudes et les facultés qui leur servaient dans l'état ancien leur nuisent dans l'état nouveau* » (TAINE). *Dr. Être en état d'accusation, d'arrestation, de légitime défense.* — *Loc.* EN, HORS D'ÉTAT DE... (et inf.) V. **Capable, mesure** (en); **pouvoir.** *Je ne suis pas en état de le recevoir.* V. **Décidé, disposé, prêt.** *Mettre en état de...* V. **Préparer.** *Être hors d'état de faire qqch.* V. **Incapable.** *Mettre un adversaire hors d'état de nuire.* ♦ 2º (Déb. XIIIᵉ). Manière d'être d'une chose (surtout dans des expressions). *État de délabrement d'une maison. L'état de ses finances, de sa bourse ne lui permet pas une telle dépense.* — EN (bon, mauvais) ÉTAT, DANS (tel ou tel) ÉTAT. *Livres d'occasion en bon état. Véhicule en état de marche.* — *Absolt.* En *état :* dans son état normal, en bon état. *Mettre en état.* V. **Point** (au point); **préparer.** *Remettre en état.* V. **Réparer.** — En *l'état,* dans l'état antérieur. *Laisser, demeurer, rester en l'état.* ◊ (v. 1800) ÉTAT DE CHOSES. V. **Circonstance, conjoncture, situation.** *Dans cet état de choses.* Cf. Dans ces conditions; en l'occurrence; du train où vont les choses). *État de choses anormal. Cet état de choses ne saurait durer.* — *État de fait :* situation de fait. — *État de paix; état de guerre, d'alerte, de siège.* ♦ 3º *Didact.* ou *Dr.* Ensemble des caractères d'un objet de pensée, envisagé en tant qu'ensemble abstrait. *Dans l'état actuel de la science.* « *Chaque branche de nos connaissances passe successivement par trois états théoriques différents : l'état théologique ou fictif, l'état métaphysique ou abstrait, l'état scientifique ou positif* » (A. COMTE). — À L'ÉTAT (et adj.) : d'une manière, sous la forme. « *Quand la réalité est livrée au contraire à l'état brut... le concret est offert sans unité* » (CAMUS). *Souvenir à l'état latent.* ◊ (1748) *L'état de la question, de l'affaire :* l'état où se présente au moment où on la considère. *Exposer l'état, le dernier état de la question.* ◊ *Dr. État d'une affaire, d'une cause. Affaire, cause en état :* assez instruite pour être jugée. *État de cause :* état d'avancement d'une instance judiciaire. — *Loc. cour.* EN TOUT ÉTAT DE CAUSE : dans tous les cas, n'importe comment. V. **Toujours.** « *En tout état de cause un dénonciateur qui se cache joue un rôle odieux* » (ROUSS.). ♦ 4º *Sc.* (XIXᵉ). Manière d'être des corps, résultant de la plus ou moindre grande cohésion de leurs molécules. *État solide, liquide, gazeux. Corps à l'état solide. État critique d'un corps :* état d'un corps qui se trouve à sa température et à sa pression critiques (limite entre l'état liquide et l'état gazeux). (1852). *État naissant :* état d'un corps qui se dégage d'une combinaison. *État initial, état final d'un système de corps, dans une réaction.* V. **Réaction.** *État du ciel.* ♦ 5º (1864). *Grav. États successifs d'une gravure* « condition d'une planche aux différents stades qui précèdent son entier achèvement » (RÉAU). *État de tirage. Suite en trois états.* ♦ 6º (1554). FAIRE ÉTAT DE... *Vx.* Agir comme. *Faire état de chef.* — *Vieilli.* Compter sur. « *Faites état de moi, Monsieur, comme du plus chaud de vos amis* » (MOL.). — Estimer, faire cas de. *Je fais peu d'état de cet homme-là.* V. **Cas.** — *Mod.* Tenir compte de; s'appuyer sur, mettre en avant, rapporter. V. **Mention.** *Faire état d'un document.* V. **Citer.** *Faire état de l'opinion d'un penseur pour étayer une thèse. Ne faites pas état de ce que je viens de vous dire :* n'en parlez pas. ♦ 7º Écrit qui constate, décrit un fait, une situation à un moment donné. V. **Compte** (II ; compte rendu), **description, exposé, mémoire ; bordereau, bulletin, inventaire, liste, note, statistique, tableau.** *État comparatif, descriptif.* *État nominatif. États de service d'un militaire. État de marchandises expédiées par voie maritime.* V. **Connaissance, reçu.** *État de compte, de dettes, de frais.* V. **Bilan, facture.** « *Quelque sous-officier soucieux qui continue à dresser un* « *état* » *des vivres de réserve, ou des ceintures de flanelle* » (DUHAM.). ◇ Dr. *État de frais :* relevé des sommes dues à un officier ministériel à l'occasion d'actes de son ministère. — *État de situation :* exposé de l'état de fortune d'une personne. — *État de lieux,* et (cour.) *des lieux :* description d'un immeuble, indiquant l'état de conservation de chacune de ses parties. V. **Inventaire.** — *États des inscriptions :* copie des inscriptions de privilèges ou d'hypothèques subsistant sur les registres de la conservation.

II. Situation, manière d'être d'une personne dans la société. ♦ **1°** (XIIIe). *Vieilli.* Situation dans la société, résultant de la profession, de la fortune, du mode de vie. V. **Condition, position.** *Être satisfait, mécontent de son état.* « *D'où vient que personne en la vie N'est satisfait de son état ?* » (LA FONT.). — *S'adapter à son état. Remplir les devoirs de son état. Devoir d'état.* — *Théol. Grâce d'état.* — *Vx.* Condition élevée ; situation sociale éminente. « *On ne parle que de ces gens-là, gens sans état, qui n'ont point de maison* » (CHAMFORT). — *Vx.* V. **Métier, profession.** *Donner un état à qqn.* V. **Établir.** « *Mon père et ma mère ne m'aidaient guère dans le choix difficile d'un état* » (FRANCE). — *Mod.* DE SON ÉTAT : de son métier. « *Il est boucher de son état* » (VIGNY). ♦ **2°** (1549). *Dr.* Ensemble de qualités inhérentes à la personne, auxquelles la loi civile attache des effets juridiques. V. **Droit** (3). *État de sujet français, britannique.* V. **Nationalité.** *État d'époux, de parent, d'allié. État personnel.* V. **Âge, sexe.** *Preuves de l'état :* actes de l'état civil. ◇ ÉTAT CIVIL : mode de constatation des principaux faits relatifs à l'état des personnes ; service public chargé de dresser les actes constatant ces faits. *Actes d'état civil.* V. **Acte ; adoption, décès, divorce, légitimation, mariage, naissance.** *Registre de l'état civil,* sur lequel sont dressés les actes. *Officier de l'état civil :* fonctionnaire chargé de l'état civil (en principe le maire ou un adjoint). ♦ **3°** *Hist.* (fin XIVe). Condition politique et sociale en France, sous l'Ancien Régime. *La notion de classe a remplacé celle d'état.* Les trois états : le clergé, la noblesse et les roturiers. — (1375) TIERS ÉTAT [tjɛʀzeta], troisième état comprenant ceux qui ne sont ni de la noblesse ni du clergé : la classe moyenne (V. **Bourgeoisie**), les artisans et les paysans. *Députés du tiers état.* ◇ *Par ext.* (1506, en prov.) *Les états :* les députés, représentants des trois ordres ; assemblée formée de ces représentants. *États provinciaux :* assemblée des trois ordres d'une province. *Pays d'États,* provinces tardivement réunies à la couronne et qui avaient encore une assemblée des trois états, au XVIIIe s. *Les pays d'États s'opposaient aux pays d'élections et aux pays d'imposition.* — (1606) ÉTATS GÉNÉRAUX : assemblée issue des cours plénières, convoquée par le roi pour donner des avis ou voter des subsides. *États généraux de 1302, de 1356. Le 17 juin 1789, une partie des députés des états généraux (Tiers état et une partie du clergé) se proclame Assemblée nationale constituante.* « *La convocation des états généraux de 1789 est l'ère véritable de la naissance du peuple. Elle appela le peuple entier à l'exercice de ses droits* » (MICHELET).

III. Manière d'être d'un groupement humain. ♦ **1°** (1640). *Vieilli.* Forme de gouvernement, régime politique social. *L'état démocratique, monarchique, tyrannique.* « *Le pire des États, c'est l'État populaire* » (CORN.). « *Le plus mauvais état social..., c'est l'état théocratique* » (RENAN). Au sens large (XVIIIe). *État de nature, état naturel :* état supposé de l'homme avant toute vie sociale (dans les anciennes théories de Hobbes, J.-J. Rousseau, etc.). ♦ **2°** (Avec une majuscule). *Mod.* (fin XVe). Autorité souveraine s'exerçant sur l'ensemble d'un peuple et d'un territoire déterminés. *L'État et la nation.* V. **Nation.** « *L'État est un être énorme, terrible, débile. Cyclope d'une puissance et d'une maladresse insignes, enfant monstrueux de la Force et du Droit* » (VALÉRY). *Les affaires de l'État* (V. **Politique**). *Administration des affaires de l'État.* V. **Administration, gouvernement ; national, social.** *Enseignement d'État et enseignement privé. École d'État.* — *Défense de l'État :* défense nationale. *Sûreté de l'État. Servir l'État. Tyrannie, emprise de l'État. Doctrines sur l'État. Dirigisme, étatisme ; individualisme, libéralisme. Socialisme d'État.* « *Si l'État est fort, il nous écrase. S'il est faible, nous périssons* » (VALÉRY). — *Séparation de l'Église et de l'État. Religion d'État. Laïcité de l'État. État libéral, démocratique ; totalitaire ; capitaliste, bourgeois ; prolétarien, socialiste.* ◇ CHEF D'ÉTAT : personne qui exerce l'autorité souveraine dans un pays. *Le chef de l'État. Ministre, secrétaire d'État. Conseil d'État.* V. **Conseil.** *Affaire d'État ;* au *fig.* Affaire importante, grave. — HOMME D'ÉTAT : celui qui a une charge, un rôle dans

l'État, le gouvernement (homme politique). *Par ext.* Celui qui a des aptitudes particulières pour gérer les grandes affaires de l'État, diriger le gouvernement. *C'est un bon administrateur, mais non pas un véritable homme d'État.* — *Crime d'État :* tentative pour renverser les pouvoirs établis. « *Et d'un mot innocent faire un crime d'État* » (BOIL.). — *Coup d'État :* conquête ou tentative de conquête du pouvoir par des moyens illégaux, inconstitutionnels. *Le coup d'État du 18 Brumaire* (1799), par lequel Bonaparte s'empara du pouvoir. « *Le coup d'État était cuirassé, la République était nue* » (HUGO). — *Fig.* Action brusque, violente, contre un ordre de choses établi. *Faire un coup d'État dans sa famille.* — *Raison d'État :* considération d'intérêt public que l'on invoque pour justifier une action illégale, injuste en matière politique. *Léser des intérêts particuliers au nom de la raison d'État.* — *Fig.* Prétexte, raison donnée pour justifier une action. « *Ce que nous appelons la raison d'État, c'est la raison des bureaux* » (FRANCE). — *Secret d'État.* V. **Secret.** — *Allus. hist. L'État, c'est moi :* phrase que Louis XIV aurait prononcée lors de la séance du parlement du 13 avril 1655. — *Loc.* Former un *État dans l'État :* se dit d'un groupement, d'un parti qui acquiert une certaine autonomie au sein d'un État, échappe plus ou moins à l'autorité gouvernementale. *Dans ce pays, la presse, l'armée forment un État dans l'État.* ♦ **3°** (Opposé aux pouvoirs et services locaux). Ensemble des services généraux d'une nation. V. **Gouvernement, pouvoir** (central) ; **administration, service** (public). *On oppose l'État aux communautés locales* (département, commune). *État centralisé, décentralisé. Occuper un emploi permanent dans une administration de l'État.* V. **Fonctionnaire.** — *Finances de l'État. Dépenses de l'État :* dépenses publiques. *Budget de l'État. Impôt d'État* (opposé à impôts locaux). — *Voyager aux frais de l'État* (Cf. *fam.* Aux frais de la princesse). — *Activités économiques de l'État.* V. **Établissement** (public), office, **régie, service** (public), **société** (nationale). *Biens de l'État ; domaine de l'État.* V. **Domaine.** *Entreprise, industrie, monopole d'État* (V. **Étatiser**). « *Il envisagea la substitution en France d'un monopole d'État à ce monopole privé* » (ROMAINS). *Chemins de fer de l'État. Capitalisme d'État.* — *En appos.* (ou comp.). *L'État-patron,* l'État en tant qu'employeur. *L'État-providence.* ♦ **4°** UN ÉTAT : groupement humain fixé sur un territoire déterminé soumis à une même autorité et pouvant être considéré comme une personne morale. V. **Empire, nation, pays, puissance, royaume.** *Grands, petits États. Territoire, étendue, frontières d'un État. État tampon. Divisions territoriales d'un État :* province, région. « *Chaque État a ses lois, Qu'il tient de sa nature, qu'il ne change à son choix* » (VOLT.). — *Les États d'un monarque, d'un tyran.* — *Dr. internat. pub. États à capacité internationale normale :* États souverains. *État unitaire :* centralisé ou décentralisé. *État fédéral, fédératif. L'U.R.S.S., État multinational. État protégé.* V. **Protectorat.** *État sous mandat. Associations d'États :* union réelle ; confédération. *États associés. Colonies d'un État.* V. **Colonie,** empire. *État membre d'une communauté internationale* (Cf. Société des Nations ; Organisation des Nations Unies). — *Relations entre États :* affaires étrangères, diplomatie, relations internationales, traité. — *Conflits entre États.* V. **Guerre.** ◇ (Dans un nom d'État) *État libre d'Irlande. États pontificaux.* — (1776). *États-Unis d'Amérique* (United States of America) : État fédéral d'Amérique du Nord, situé entre le Canada et le Mexique. *Ellipt. Les États-Unis. Habitant des États-Unis.* V. **Américain, étatsunien.** ◇ ANT. (du I) *Devenir, évolution. Action* (gram.).

ÉTATIQUE [etatik]. *adj.* (1918 ; de *état*). Qui concerne l'État. *L'appareil étatique,* d'État. *Le dirigisme étatique.*

ÉTATISATION [etatizasjɔ̃]. *n. f.* (1926 ; de *étatiser*). Système économique dans lequel l'État gère certains services à caractère industriel, commercial, agricole. V. **Dirigisme, socialisme** (d'État). ◇ Action d'étatiser une entreprise. V. **Nationalisation.** ◇ ANT. *Privatisation.*

ÉTATISER [etatize]. *v. tr.* (v. 1942 ; *étatifier,* 1916 ; de *état*). Transformer en administration d'État ; faire gérer par l'État. *Étatiser une entreprise, une usine. Étatiser le commerce* (V. *aussi* **Nationaliser**). *Entreprise étatisée.* ◇ ANT. *Privatiser.*

ÉTATISME [etatism(ə)]. *n. m.* (v. 1880 ; de *état*). Doctrine politique préconisant l'extension du rôle, des attributions de l'État à toute la vie économique et sociale. V. **Dirigisme, planification ; collectivisme, communisme, socialisme** (d'État). ◇ ANT. *Individualisme, libéralisme ; anarchisme.*

ÉTATISTE [etatist(ə)]. *adj. et n.* (1907 ; de *étatisme*). Relatif à l'étatisme. *Doctrine étatiste.* — Partisan de l'étatisme.

ÉTAT-MAJOR [etamaʒɔʀ]. *n. m.* (1676 ; de *état,* et *major*). ♦ **1°** *Ancien.* Liste, état d'officiers supérieurs. ♦ **2°** *Mod.* Ensemble des officiers et du personnel attachés à un officier supérieur ou général comme agents d'élaboration et de transmission des ordres. V. **Commandement.** *État-major d'un* bataillon, d'un régiment. *État-major de division, d'armée,* composé d'un *état-major général* divisé en bureaux. *État-major de la Défense nationale. Chef d'état-major.* « *L'état-major est vraiment un cerveau sans lequel aucune action des bataillons n'est possible* » (MAUROIS). — *Carte d'état-major :* carte de France au 1/80 000ᵉ, dressée par le service de l'état-major. ◇ Mar. *État-major général,* comprenant le cabinet du chef d'état-major général (vice-amiral), quatre bureaux et des services. — *État-major d'un navire :* ensemble des officiers. ♦ 3⁰ (v. 1840). Ensemble des collaborateurs immédiats d'un chef. *L'état-major d'un ministre, d'un directeur d'usine.* ◇ Ensemble des personnages les plus importants d'un groupe. *L'état-major d'un parti, d'un syndicat, d'une entreprise.* V. **Direction, tête.**

ÉTAU [eto]. *n. m.* (*Estau,* 1611; plur. d'*étoc,* d'*estoc,* avec infl. de *étaux,* plur. de *étal*). Presse formée de deux tiges de fer ou de bois terminées par des *mâchoires, mors,* qu'on rapproche à volonté à l'aide d'une vis, de manière à assujettir solidement les objets que l'on veut travailler. *Étau d'établi. Étau à main des serruriers.* V. **Tenaille** (à vis). *Étau limeur, machine-outil.* ◇ Loc. *Être pris, serré comme dans un étau. Les bras d'un piège* « *ont happé dans leur choc terrible la petite patte... et la tiennent prisonnière dans leur formidable étau* » (PERGAUD). ◇ *Douleur dont l'étau se resserre. L'étau se resserre de plus en plus autour des assiégés.* V. **Cercle, étreinte.**

ÉTAYAGE [etejaʒ], **ÉTAYEMENT** [etejmã] ou **ÉTAIEMENT** [etɛmã]. *n. m.* (1864,-1459; repris 1756; de *étayer*). Techn. Action d'étayer; opération par laquelle on étaie. *Les travaux d'étayement. L'étayage d'une maison.*

ÉTAYER [eteje]. *v. tr.;* conjug. *payer* (XIIIᵉ; de *étai* 2). ♦ 1⁰ Soutenir à l'aide d'étais. V. **Accoter, appuyer, arc-bouter, caler, chevaler, consolider, étançonner, étrésillonner, renforcer, soutenir.** *Étayer un mur, une voûte, un plafond.* — Pronom. « *D'énormes arbres si pressés entre eux que, sciés à leurs bases, ils s'étayent les uns les autres sans pouvoir tomber* » (VILLIERS). ♦ 2⁰ Fig. V. **Appuyer, soutenir.** « *Maintenant pour étayer la société, n'avons-nous d'autre soutien que l'égoïsme* » (BALZ.). « *Nous gagnons rarement à étayer d'un mensonge une erreur ou un échec* » (BERNANOS). Pronom. « *Rien n'est parfait, mais tout se tient, s'étaye, s'entrecroise* » (FRANCE). ◇ ANT. **Miner, ruiner, saper.**

ET CÆTERA ou **ET CETERA** [ɛtsetera]. *loc.* et *n. m.* (1370; lat. « *et les autres choses* »). ♦ 1⁰ Et le reste ; rarement écrit en toutes lettres ; abrév. *etc.*). « *L'intelligence explique (Taine, Bourget, etc.)* » (GIDE). ♦ 2⁰ N. m. invar. *Des et cætera.*

ÉTÉ [ete]. *n. m.* (*Estet,* 1080; lat. *œstas, -atis.* V. **Estival**). Saison la plus chaude de l'année qui suit le printemps et précède l'automne. *Dans l'hémisphère Nord, l'été commence au solstice de juin* (21 ou 22) *et se termine à l'équinoxe de septembre* (22, 23). *Pendant les chaleurs d'été.* V. **Canicule.** « *Midi, roi des étés...* » (LEC. DE LISLE). *Le soleil d'été. Été pourri, pluvieux. Vacances d'été* (V. **Estiver; estivant**). *Migration des troupeaux pendant l'été.* V. **Estivage, transhumance.** *Tenue d'été, légère.* — Par ext. *L'été de la Saint-Martin,* derniers beaux jours qui se montrent parfois à l'arrière-saison, vers le 11 novembre. En Amérique du Nord, *L'été indien* ou, au Canada, *L'été des sauvages, des Indiens.* — Fam. *Bel été chaud. Nous n'avons pas eu d'été cette année.* ◇ ANT. **Hiver.** — HOM. **Été** (p. p. de **être**).

ÉTEIGNOIR [eteɲwar]. *n. m.* (1552; de *éteindre*). ♦ 1⁰ Ustensile creux en forme de cône qu'on pose sur une chandelle, une bougie, un cierge, pour l'éteindre. « *Ces éteignoirs énormes dans lesquels les laquais étouffaient autrefois leurs torches* » (JALOUX). — *En éteignoir :* en forme de cône, pointe en haut. V. **Entonnoir** (en). « *Deux tours rondes, coiffées de toits en éteignoir* » (GAUTIER). ♦ 2⁰ Fig. Ce qui arrête l'élan de l'esprit, de la gaieté. ◇ (Personnes). V. **Rabat-joie.** *Il est toujours triste, c'est un éteignoir.*

ÉTEINDRE [etɛ̃ʀ(ə)]. *v. tr;* conjug. *peindre* (*Esteindre,* 1160; lat. pop. °*extingere,* class. *extinguere*). I. ♦ 1⁰ Faire cesser de brûler. *Éteindre le feu. Jeter des cendres, du sable sur un foyer pour l'éteindre.* V. **Étouffer.** « *L'incendie fut terrible, on l'éteignit à grand-peine* » (HUGO). *Éteindre une bougie, une chandelle, une torche.* — Faire cesser d'éclairer. *Éteindre une lampe, la lumière, l'électricité. Éteignez tout.* — Absolt. « *L'interrupteur est du haut de la porte, il éteignit et gagna le lit à tâtons* » (SARTRE). ♦ 2⁰ Fig. Diminuer l'ardeur, l'intensité de ; faire cesser d'exister. ◇ En parlant de ce qui est comparé à une flamme, une lueur. V. **Apaiser, calmer, diminuer.** *Une soif qu'on ne peut éteindre.* V. **Inextinguible.** *Éteindre l'ardeur de la fièvre, la douleur.* V. **Assoupir, endormir.** ◇ *Par ext.* Rendre moins vif. V. **Adoucir, affaiblir.** *Le soleil éteint les couleurs.* V. **Effacer, faner.** Littér. « *L'agonie éteignit sa prunelle hagarde* » (HUGO). — Affaiblir (un son). « *Je me promettais d'éteindre le son de ma voix comme le bruit de mes pas* » (BAUDEL.). ◇ (Choses abstraites) V. **Abolir, affaiblir, détruire.** « *Les larmes de la reine ont éteint cet espoir* » (RAC.). V. **Effacer, étouffer.** *La mystique*

de la paix « *peut totalement éteindre, chez ceux qui en sont atteints, le sentiment du juste* » (BENDA). ◇ Dr. *Éteindre un droit, une obligation.* V. **Annuler.** *Éteindre une dette.* V. **Acquitter, amortir.**

II. S'ÉTEINDRE. *v. pron.* ♦ 1⁰ Cesser de brûler. *Faute de combustible, d'aliment, le feu s'éteint.* V. **Mourir.** *Laisser le feu s'éteindre,* et avec ellipse du pronom *Laisser éteindre le feu.* « *Les fusées d'un bouquet explosent et s'éteignent* » (MAUROIS). ♦ 2⁰ Fig. Perdre son éclat, sa vivacité. « *Le grain noir de la prunelle, qui tantôt s'éteint dans la rêverie, tantôt luit en vrille* » (SUARÈS). ◇ (Sons, bruits) V. **Disparaître.** *Son qui diminue et s'éteint.* « *L'enfant les écoute longuement* (les sons) *un à un, diminuer et s'éteindre* » (R. ROLLAND). ◇ (Abstrait). V. **Affaiblir** (s'), mourir, passer. *Son souvenir ne s'éteindra jamais.* « *Avec le temps, la passion des grands voyages s'éteint* » (NERVAL). ♦ 3⁰ (Personnes). Mourir doucement ; *par euphém.* Mourir. V. **Expirer, mourir.** *Elle s'éteignit dans les bras de sa fille. Vieillard qui s'éteint.* — *Race, famille qui s'éteint :* qui ne laisse pas de descendance. V. **Finir.** « *Les restes d'une race gigantesque qui s'éteignait homme par homme et pour toujours* » (VIGNY).

◇ ANT. **Allumer, aviver, brûler ; briller, éclairer.**

ÉTEINT, EINTE [etɛ̃, ɛ̃t]. *adj.* (V. **Éteindre**). ♦ 1⁰ Qui ne brûle, n'éclaire plus. *Chaudière éteinte.* — *Voiture qui circule, bateau qui navigue tous feux éteints.* — *Astre éteint.* V. **Mort.** *Volcans éteints.* — Par anal. *Chaux* * *éteinte* (opposé à *chaux vive*). ♦ 2⁰ Fig. Qui a perdu son éclat, sa vivacité. *Couleur éteinte.* V. **Décoloré, effacé, pâle, passé.** *Yeux éteints.* V. **Morne.** — Par anal. *Voix éteinte :* si faible qu'on peut à peine l'entendre. V. **Étouffé.** « *Il ne m'en coûte que de parler d'une voix lente et éteinte* » (LACLOS). « *Je ne sais quelle odeur fanée, quel parfum éteint* » (ALAIN-FOURNIER). ♦ 3⁰ (Abstrait). Qui est affaibli ou supprimé. « *La pitié était éteinte ou muette* » (MICHELET). ♦ 4⁰ (Personnes). Qui est sans force, sans expression (par fatigue, maladie). V. **Apathique, atone, morne.** « *C'était une figure éteinte et triste, avec de petits yeux fanés* » (DAUD.). V. **Morne.** — HOM. *Étain.*

ÉTENDAGE [etãdaʒ]. *n. m.* (1756; de *étendre*). Rare. Techn. Action d'étendre pour faire sécher. *L'étendage du linge.* ◇ Cordes, perches sur lesquelles on étend les objets à sécher.

ÉTENDARD [etãdar]. *n. m.* (*Estendart,* 1080; frq. °*standhard*). ♦ 1⁰ Ancienn. Enseigne de guerre. V. **Drapeau.** Spécialt. Enseigne d'un régiment de cavalerie. ◇ *L'étendard, les étendards,* symbole de la patrie, d'un État, d'un empire. V. **Drapeau.** « *Contre nous de la tyrannie L'étendard sanglant est levé* » (LA MARSEILLAISE). ◇ Fig. Signe de ralliement ; symbole d'un parti, d'une cause. *Se ranger, combattre sous les étendards de... Des opinions* « *qui sont des étendards auxquels les nations se rallient* » (VOLT.). *Louise Labbé lève* « *l'étendard des revendications féminines les plus justes* » (HENRIOT). ♦ 2⁰ Bot. Nom du pétale postérieur dans une corolle de papilionacée (*vexillum*).

ÉTENDOIR [etãdwar]. *n. m.* (1680; de *étendre*). Ce qui sert à étendre. *Étendoir pour le séchage du linge.* ◇ Endroit où l'on étend ce qu'on veut faire sécher.

ÉTENDRE [etãʀ(ə)]. *v. tr.;* conjug. *tendre.* V. **Rendre** (*Estendre,* déb. XIIᵉ; lat. *extendere*).

I. ♦ 1⁰ Déployer (un membre, une partie du corps) dans sa longueur (en l'écartant du corps, etc.). V. **Déplier, détendre, développer.** *Étendre les bras, les jambes.* V. **Allonger, étirer.** « *Elle marchait un peu trop raide en elle sa main droite d'une manière qui faisait songer à une aveugle* » (GREEN). V. **Tendre.** — *L'oiseau étendait les ailes.* V. **Déployer, éployer.** ♦ 2⁰ Placer à plat ou dans sa plus grande dimension (ce qui était plié). ◇ *Étendre du linge,* le placer sur des cordes, sur un étendoir, pour qu'il y sèche. « *Cunégonde et la vieille, qui étendaient des serviettes sur des ficelles pour les faire sécher* » (VOLT.). — *Étendre un rouleau de parchemin sur la table.* V. **Dérouler, étaler.** *Étendre un tapis sur le parquet.* V. **Mettre.** Par métaph. « *Le soleil sur l'herbe étendait devant eux une nappe éblouissante* » (MART. du G.). ♦ 3⁰ Coucher (qqn) tout de son long. *Étendre un blessé sur un brancard. Étendre un homme sur le carreau.* V. **Abattre.** Fam. *Boxeur qui étend son adversaire sur le ring.* ◇ Fig. (arg. scol.) V. **Coller, refuser.** *Examinateur qui étend un candidat. Se faire étendre au bachot.* ♦ 4⁰ Rendre (qqch.) plus long, plus large ; faire couvrir une surface plus grande à. *Étendre une chose dans sa longueur, dans sa largeur. Étendre un métal à la filière.* V. **Allonger, étirer.** *Étendre du beurre sur du pain ; une pâte, un enduit sur une surface.* V. **Appliquer, étaler.** — Par ext. *Étendre une solution,* en y ajoutant du dissolvant. *Étendre du vin,* en l'additionnant d'eau. V. **Délayer, diluer.** ♦ 5⁰ Rendre plus grand. V. **Accroître, agrandir, augmenter, développer, élargir.** *Étendre son empire, sa puissance, son action, son influence, sa fortune, ses affaires. Étendre le champ de ses expériences, la sphère de son activité.* « *Ces années* (précédant l'âge mûr) *lui permettent d'étendre, d'approfondir, de corriger sa connaissance de la vie et des hommes* » (ROMAINS). *Étendre*

ses relations, le cercle de ses relations. Étendre les bienfaits de la science, d'une découverte à tous les pays. V. **Propager, répandre.**
II. S'ÉTENDRE. *v. pron.* ♦ 1° Augmenter en surface. *Tissu qui s'étend au lavage.* V. **Détendre (se), donner, élargir (s').** *Tache qui s'étend. L'ombre des arbres s'étend le soir.* V. **Allonger (s'), grandir.** — *Fig. L'obscurité, la nuit s'étend. « Un silence pieux s'étend sur la nature (pendant la nuit) »* (LAMART.). ♦ 2° *(Personnes).* V. **Allonger (s'), coucher (se).** *S'étendre sur un lit, sur un canapé. « Elle voulut s'étendre un peu et ne se réveilla que le lendemain, au petit jour »* (CAMUS). ♦ 3° Avoir une certaine étendue ; couvrir, occuper un certain espace. *La forêt s'étend depuis le village jusqu'à la rivière.* V. **Aller (jusqu'à), continuer.** *Des rangées d'arbres s'étendaient le long d'un fleuve.* V. **Border, côtoyer, longer.** *« La jetée s'étend devant lui, comme l'amorce d'une route inachevée »* (LOUYS). *S'étendre à perte de vue. Par ext. Aussi loin que la vue peut s'étendre.* V. **Embrasser.** ♦ 4° *Fig.* Prendre de l'extension, de l'ampleur. V. **Augmenter, croître ; développer (se).** *Ses connaissances se sont étendues. Le mal s'est étendu.* V. **Aggraver (s'). «** *Si l'épidémie s'étend, la morale s'élargira aussi »* (CAMUS). ◊ *(Personnes) S'étendre sur un sujet :* le développer longuement. *Il s'étend trop là-dessus.* V. **Attarder (s'). «** *Le temps ne me permet pas de m'étendre plus longuement »* (STE-BEUVE). ◊ *(Choses) S'étendre à, jusqu'à, sur.* V. **Aller (jusqu'à), appliquer (s'), couvrir, embrasser.** *Cette dénomination s'est ensuite étendue à l'ensemble. La domination romaine s'est étendue sur tout le monde méditerranéen.* V. **Exercer (s'), répandre (se) ; régner. «** *Et sa bonté s'étend sur toute la nature »* (RAC.).
◇ ANT. Abréger, borner, diminuer, limiter, raccourcir, restreindre.

ÉTENDU, UE [etãdy]. *adj.* (XIIIᵉ ; V. **Étendre**). ♦ 1° Qu'on a étendu ou qui s'est étendu. *Un aigle aux ailes étendues.* V. **Déployé.** *Un homme, un corps étendu de tout son long.* V. **Couché, gisant. «** *Antoine Mesurat dans son fauteuil, les jambes étendues »* (GREEN). ◊ *Couleurs étendues.* V. **Détrempe.** ♦ 2° *Didact.* Qui a de l'étendue. *« De cela seul qu'un corps est étendu en longueur, largeur et profondeur, nous avons raison de conclure qu'il est une substance »* (DESCARTES). ♦ 3° Qui a une grande étendue. V. **Grand, large, long, spacieux, vaste.** *Forêt très étendue.* Vue étendue. ◊ *Fig. La signification la plus étendue.* V. **Extensif.** *L'attribut est plus étendu que le sujet : il s'applique à un plus grand nombre d'êtres, d'objets. Vocabulaire étendu. Connaissances étendues. « Il est rare qu'un génie étendu choisisse en lui le meilleur »* (MALRAUX). ◇ ANT. Borné, bref, court, petit, réduit, restreint.

ÉTENDUE [etãdy]. *n. f.* (XVᵉ ; a éliminé *étente, estente* (XIIᵉ-XVIᵉ) ; d'un p. lat. °*extendita*, de *extendere*. V. **Étendre**). ♦ 1° *Philo.* Qualité des corps d'être situés dans l'espace et d'en occuper une partie. V. **Extension.** *Tout corps, tout objet matériel a de l'étendue* (V. **Étendu**, 2°). ♦ *Portion d'espace qu'occupe un corps.* V. **Dimension, grandeur, surface, volume.** *L'étendue à trois dimensions et la masse sont les propriétés fondamentales des corps. « Toutes les sensations participent de l'étendue ; toutes poussent dans l'étendue des racines plus ou moins profondes »* (BERGSON). ♦ 2° *Cour.* L'espace perceptible, visible ; l'espace occupé par qqch. V. **Superficie, surface ; largeur, longueur. «** *Jusqu'ici la grandeur d'un conquérant était géographique. Elle se mesurait à l'étendue des territoires vaincus »* (CAMUS). *Dans l'étendue de la circonscription, de la juridiction. « La sublimité des grands horizons, l'étendue illimitée des savanes, l'infini du désert de l'océan »* (STE-BEUVE). V. **Horizon.** ♦ 3° *Mus.* Étendue d'une voix, d'un instrument : écart entre le son le plus grave et le son le plus aigu. V. **Diapason, registre.** *Voix qui a de l'étendue.* V. **Ampleur.** ♦ 4° *(Temps).* V. **Durée.** *Étendue de la vie.* ♦ 5° *(Abstrait).* V. **Ampleur, développement, longueur.** *Donner plus d'étendue à un développement. Mesurer toute l'étendue d'un mal, d'une catastrophe.* V. **Immensité, importance, portée.** *La guerre « sera un événement entièrement nouveau dans le monde par la profondeur et l'étendue du désastre »* (ROMAINS). *Accroître l'étendue de ses connaissances, de ses activités.* V. **Champ, domaine, sphère.** *L'étendue de ses pouvoirs, de ses droits.* V. **Capacité, compétence.** *Le cours « embrassera la littérature française dans toute son étendue »* (STE-BEUVE).

ÉTERNEL, ELLE [etɛrnɛl]. *adj. et n. m.* (XIIᵉ ; lat. *æternalis*). **I.** (Sens fort). *Didact.* ou *Relig.* ♦ 1° Qui est hors du temps, qui n'a pas eu de commencement et n'aura pas de fin. *Dieu est conçu comme éternel. Le Père éternel. Les idées platoniciennes sont éternelles et immuables. Croire en des lois, en des valeurs absolues et éternelles. Pour les matérialistes, la matière est éternelle. « Je vois bien qu'il y a dans la nature un être nécessaire, éternel et infini »* (PASC.). ◊ *Relig.* Qui tient à la nature de l'être éternel. V. **Divin. «** *Éternelle justice, abîme impénétrable... »* (VOLT.). ♦ 2° *N. m.* L'ÉTERNEL : Dieu. *Invoquer, louer l'Éternel. « Je renie les blasphèmes que*

les défaillances de la dernière heure pourraient me faire prononcer contre l'Éternel » (RENAN). *Loc. fam. C'est un grand pécheur, un grand voyageur devant l'Éternel :* il pèche, il voyage beaucoup (probabl. de la loc. bibl. *Comme Nemrod, grand chasseur devant l'Éternel :* en sa présence). ♦ 3° *N. m.* Ce qui a une valeur d'éternité ; ce qui est éternel. « *Rien de plus légitime que l'indignation d'un Bossuet ou d'un Pascal devant cette folie qui nous porte à sacrifier l'éternel au périssable »* (MAURIAC). V. **Éternité. «** *Je n'ai rien à faire des idées ou de l'éternel. Les vérités qui sont à ma mesure, la main peut les toucher »* (CAMUS).
II. *Cour.* ♦ 1° Qui est de tous les temps, que l'expérience humaine reconnaît avoir toujours existé et devoir toujours exister. V. **Continuel.** *La vie est un éternel recommencement. « L'histoire et la légende ont le même but, peindre sous l'homme momentané l'homme éternel »* (HUGO). *« L'éternel féminin :* les caractères, supposés immuables et éternels, de la psychologie féminine. « L'éternel masculin et l'éternel féminin, pour une large part, l'œuvre des contingences sociales »* (J. ROSTAND). ♦ 2° Contre qui le temps ne peut rien ; sans fin. V. **Infini, perpétuel. «** *Il est indubitable que le temps de cette vie n'est qu'un instant, que l'état de la mort est éternel »* (PASC.). *« Dans la nuit éternelle emportés sans retour »* (LAMART.). — *Poét. Le repos, le sommeil éternel :* la mort. — *Relig. La vie éternelle ; le salut éternel. Les flammes éternelles de l'enfer.* ♦ 3° Qui dure très longtemps, dont on ne peut imaginer la fin. V. **Constant, durable, impérissable, indestructible.** *Serments, regrets éternels. « Je suis persuadé que, si l'on ne changeait pas, les amours seraient éternelles ; mais chacun se transforme de son côté »* (NERVAL). *« Rien n'est éternel, pas même la reconnaissance »* (RENARD). — *Rome, la Ville éternelle. Les neiges, les glaces éternelles :* qui ne fondent pas, ne sont pas saisonnières. ♦ 4° *(Avant le nom).* Qui ne semble pas devoir finir ; qui ennuie, fatigue par la répétition. V. **Continuel, incessant, interminable, perpétuel, sempiternel.** *Je suis lassé de ses éternelles récriminations.* ◊ Qui est toujours dans le même état. *C'est un éternel mécontent.* ♦ 5° *(Avant le nom ;* précédé le plus souvent de l'adj. poss.). Qui se trouve continuellement associé à qqch., à qqn. V. **Inséparable. «** *Léonor et son éternelle gouvernante, allant un matin à l'église »* (LESAGE). *« L'éternelle serviette pleine de papiers et de livres lui battait contre le flanc »* (DUHAM.).
◇ ANT. Bref, court, éphémère, fragile, fugitif, périssable, précaire, temporaire. Temporel, terrestre.

ÉTERNELLEMENT [etɛrnɛlmã]. *adv.* (1265 ; de *éternel*). D'une manière éternelle. ♦ 1° Hors du temps. *« L'Écriture dit que le Christ demeure éternellement »* (PASC.). ♦ 2° De tout temps, toujours. *La loi du plus fort s'impose éternellement.* ♦ 3° Sans fin. V. **Indéfiniment. «** *Ah! faut-il éternellement souffrir, ou finir éternellement le beau? »* (BAUDEL.). ♦ 4° Sans cesse, continuellement. *Allez-vous rester là éternellement?* V. **Interminablement, toujours.** ◊ *Péj.* V. **Perpétuellement, sempiternellement. «** *M. Eyssette, de le voir éternellement la larme à l'œil, avait fini par le prendre en grippe »* (DAUD.).

ÉTERNISER [etɛrnize]. *v. tr.* (1544 ; du lat. *æternus* « éternel »). ♦ 1° *Littér.* Rendre éternel, faire durer sans fin. V. **Immortaliser, perpétuer.** *Cette découverte éternisera la mémoire de ce grand savant. « Je me suis né pour éterniser mon nom par des ouvrages d'esprit »* (LESAGE). ♦ 2° *Cour.* Prolonger indéfiniment, traîner en longueur. V. **Durer (faire).** *Éterniser un procès. Je ne veux pas éterniser la discussion. « Fuis! Va-t'en!... Mais, par charité, n'éternise pas mon supplice! »* (COURTELINE). ♦ 3° S'ÉTERNISER. *v. pron.* Devenir éternel ; se perpétuer, se prolonger. *La guerre s'éternise, on n'en voit pas la fin. « Il n'y a rien de tel pour s'éterniser que les situations fausses »* (GIDE). ◊ *Fam.* Demeurer indéfiniment, s'attarder trop longtemps. *« Mon père n'accepterait pas, lui qui, d'ailleurs, ne restait jamais longtemps où que ce fût, de s'éterniser dans (ce) séjour »* (DUHAM.). ◊ *Littér.* Se rendre éternel dans la mémoire des hommes. V. **Immortaliser (s').** *S'éterniser par ses hauts faits, par une action remarquable.* ◇ ANT. Abréger. Passer.

ÉTERNITÉ [etɛrnite]. *n. f.* (XIIᵉ ; lat. *æternitas*). **I.** (Pris absolument). ♦ 1° Durée qui n'a ni commencement ni fin, qui échappe à toute détermination chronologique (surtout dans un contexte religieux). *« La notion de l'éternité se dégage pour nous du monde intérieur »* (HUGO). *« Il songeait à l'éternité future, étrange mystère ; à l'éternité passée, mystère plus étrange encore »* (HUGO). *« Quelle liberté peut exister au sens plein, sans assurance d'éternité? »* (CAMUS). ♦ 2° Durée ayant un commencement, mais point de fin ; *relig.* La vie future. *Songez à vous préparer pour l'éternité. « Bientôt mes yeux aussi se fermeront pour l'éternité »* (FRANCE). ♦ 3° *Par exagér.* Un temps fort long. *Cela a duré une éternité. Cette heure d'attente m'a paru une éternité.* — (Plur. emphat.) *Il y a des éternités que tu m'as promis de le faire.* ♦ 4° DE TOUTE ÉTERNITÉ : depuis toujours, de temps immémorial.

II. (*L'éternité de...*). Caractère de ce qui est éternel. *L'éternité de Dieu. L'éternité d'une vérité.* « *Soit que jaie admis ou rejeté l'éternité de la matière...* » (VOLT.). ◊ ANT. Brièveté.

ÉTERNUEMENT [etɛʀnymɑ̃]. *n. m.* (1238; de *éternuer*). Expulsion réflexe, brusque et bruyante, d'air par le nez et la bouche, provoquée par une irritation de la muqueuse nasale. V. **Sternutation.** *Bruit de l'éternuement* (traditionnellement noté *Atchoum!*). « *Un spasme involontaire comparable à l'éternuement* » (BAUDEL.).

ÉTERNUER [etɛʀnɥe]. *v. intr.* (*Esternuer*, XIIᵉ; lat. *sternutare*, fréquent. de *sternuere*). Faire un éternuement, *Poudre, fumée, poivre, herbe qui font éternuer.* V. **Sternutatoire.** « *L'autre qui, depuis trois heures, éternue à se faire sauter le crâne et jaillir la cervelle* » (BEAUMARCH.). « *Dieu vous bénisse!* », « *À vos souhaits!* », *formules que l'on adresse à celui qui éternue.*

ÉTÉSIEN [etezjɛ̃]. *adj. m.* (1542; *étésies*, 1539; lat. *etesiæ*, gr. *etêsioi*, sous-ent. *anemoi* « (vents) périodiques, annuels », de *etos* « année »). *Didact. Vents étésiens*, vents du nord qui soufflent dans la Méditerranée orientale chaque année pendant la canicule.

ÉTÊTAGE [etɛtaʒ] ou **ÉTÊTEMENT** [etɛtmɑ̃]. *n. m.* (1870,-1701; de *étêter*). Action d'étêter. *Étêtement des arbres fruitiers.*

ÉTÊTER [etete]. *v. tr.* (1288; de *é-*, et *tête*). Couper la tête de (un arbre). V. **Décapiter, écimer.** *Étêter des saules.* « *Étêté et ébranché jusqu'au tronc* » (ROMAINS). ◊ Par anal. *Étêter un clou, une épingle. Étêter les morues, les sardines* (pour la mise en conserve).

ÉTEUF [etœf]. *n. m.* (v. 1440; *stui*, fin XIIᵉ; o. i., p.-ê. germ.). *Ancienn.* Petite balle pour jouer à la longue paume.

ÉTEULE [etœl]. *n. f.* (*Esteule*, 1690; forme de *stuble*, *estuble*, 1120; bas lat. *stupulas*, lat. class. *stipula* « tige des céréales »). *Agric.* Chaume qui reste sur place après la moisson. « *Enlevé l'or des blés, il reste l'argent des éteules* » (RENARD).

ÉTHANE [etan]. *n. m.* (fin XIXᵉ; de *éth(er)*, et suff. *-ane*). Gaz combustible, hydrocarbure saturé (C_2H_6), de densité 1,057 (deuxième terme de la série). *L'alcool, le glycol, les acides acétique et oxalique, les éthylamines sont des dérivés de l'éthane.*

1. ÉTHER [etɛʀ]. *n. m.* (*Ethere*, XIIᵉ; lat. *æther*, gr. *aithér*). ♦ 1° *Chez les Anciens.* Fluide très subtil que l'on supposait régner au-dessus de l'atmosphère. *L'éther, élément du feu.* ♦ 2° *Poét.* L'air le plus pur, et *par ext.* Les espaces célestes. V. **Air, ciel, espace, infini.** « *L'harmonieux éther, dans ses vagues d'azur, Enveloppe les monts d'un fluide plus pur* » (LAMART.). *Un songe* « *rêvé en des éthers couleur de diamant* » (VILLIERS). ♦ 3° *Phys.* (1703). Milieu subtil qui imprègne tous les corps et vibre sous l'action d'une source lumineuse. « *Jusqu'à l'éther* — *si éther est un nom qui convienne encore à l'espace ondulatoire* » (VALÉRY).

2. ÉTHER [etɛʀ]. *n. m.* (1834; mot all. (1830), du lat. *æther*; Cf. le précéd.). ♦ 1° *Anc. chim.* Tout composé volatil résultant de la combinaison d'acides avec des alcools. *Mod. Éthers-oxydes* de formule R-O-R' (R et R' étant des radicaux hydrocarburés). REM. On dit aujourd'hui simplement : ÉTHER. *Éther-sels* : ancien nom des *esters**. ♦ 2° *Cour. Éther ordinaire*, appelé dans le commerce *éther sulfurique*, et absolt. *éther* (C_2H_5)$_2$O. Liquide incolore d'une odeur forte caractéristique, très volatil, peu soluble dans l'eau mais soluble dans l'alcool, de densité 0,736. *L'industrie utilise l'éther comme solvant. L'éther est très employé en médecine et en chirurgie comme antiseptique et surtout comme anesthésique. Respirer de l'éther, s'intoxiquer à l'éther.* V. **Éthérisme, éthéromanie.**

ÉTHÉRÉ, ÉE [eteʀe]. *adj.* (XVᵉ; lat. *æthereus*, gr. *aitherios*). ♦ 1° Qui est de la nature de l'éther, qui appartient à l'éther (1). *Substance éthérée.* — *Poét.* et *vx. La voûte éthérée*, la voûte des cieux. ♦ 2° *Littér.* V. **Aérien, délicat, irréel, léger, surnaturel, vaporeux.** *Créature éthérée. Sentiments éthérés*, qui s'élèvent au-dessus des choses terrestres. V. **Élevé, pur, sublime.** « *L'ascension sur la montagne a quelque chose d'éthéré, de surnaturel, de lumineux qui vous enlève à la terre* » (GAUTIER). « *La personne très aimable, mais peu éthérée, qu'était Madame Sabatier* » (HENRIOT). ◊ ANT. *Bas, matériel, terre-à-terre.*

ÉTHÉRIFICATION [eteʀifikasjɔ̃]. *n. f.* (1815; de *éthérifier*). *Chim.* (*vieilli*). Conversion d'un alcool ou d'un phénol en éther-sel. V. **Estérification.**

ÉTHÉRIFIER [eteʀifje]. *v. tr.* (1842; de *éther*). *Chim.* Convertir, transformer en éther. V. **Estérifier.**

ÉTHÉRISATION [eteʀizasjɔ̃]. *n. f.* (1846, chim.; de *éthériser*). *Méd.* Anesthésie générale obtenue par inhalation d'éther (éthylique).

ÉTHÉRISER [eteʀize]. *v. tr.* (1855; chim., 1842; de

éther). *Méd.* Insensibiliser par l'éther. V. **Anesthésier.** *Éthériser un malade.*

ÉTHÉRISME [eteʀism(ə)]. *n. m.* (1855; de *éther*). *Méd.* Intoxication par l'éther, caractérisée par un état d'ivresse, d'euphorie. V. **Éthéromanie.**

ÉTHÉROMANE [eteʀɔman]. *adj.* et *n.* (1890; de *éther*, et *-mane*). Personne qui fait de l'éther un usage invétéré (toxicomane).

ÉTHÉROMANIE [eteʀɔmani]. *n. f.* (1890; de *éther*, et *-manie*). Accoutumance (toxicomanie) à l'éther pris en boissons, inhalations ou injections. V. **Éthérisme.**

ÉTHIOPIEN, IENNE [etjɔpjɛ̃, jɛn]. *adj.* (1756; de *Éthiopie*). D'Éthiopie. V. **Abyssin.** *Langue éthiopienne* (V. **Amharique**). — *Subst.* (1512). *Un Éthiopien.*

ÉTHIQUE [etik]. *n. f.* (XIIIᵉ; lat. *ethica*, gr. *êthikos*, *êthikê*, de *ethos* « mœurs »). ♦ 1° N. f. *Philo.* Science de la morale; art de diriger la conduite. V. **Morale.** « *L'éthique bourgeoise ne dérive pas de la Providence : ses règlements universels et abstraits sont inscrits dans les choses* » (SARTRE). — Ouvrage de morale. ♦ 2° *Adj.* (1553; lat. *ethicus*). *Didact.* Qui concerne la morale. *Préceptes, jugements éthiques.* « *Le bouddhisme et le christianisme, religions éthiques plus que métaphysiques* » (MALRAUX). ◊ HOM. **Étique.**

ETHMOÏDAL, ALE, AUX [etmɔidal, o]. *adj.* (1701; de *ethmoïde*). *Anat.* Qui appartient ou se rapporte à l'ethmoïde. *Sillon ethmoïdal. Veines ethmoïdales. Les os ethmoïdaux*, qui constituent l'ethmoïde.

ETHMOÏDE [etmɔid]. *n. m.* (XVIᵉ; gr. *êthmoeidês*, de *êthmos* « crible », et *eidos* « forme »). *Anat.* Os impair de la base du crâne, situé en avant du sphénoïde, dont la partie supérieure, horizontale, criblée de petits trous, forme le plafond des fosses nasales, et dont les parties latérales concourent à former les parois internes des orbites et les parois externes des fosses nasales. *Adj.* L'os *ethmoïde.*

ETHNARCHIE [etnaʀʃi]. *n. f.* (1569; gr. *ethnarkhia*). *Antiq.* Dignité d'ethnarque. — Territoire administré par un ethnarque.

ETHNARQUE [etnaʀk(ə)]. *n. m.* (XVIᵉ; gr. *ethnarkhês*, de *ethnos* « peuple », et *arkhein* « commander »). *Antiq.* Gouverneur d'une province dans l'empire romain.

ETHNIE [etni]. *n. f.* (1896; gr. *ethnos* « peuple, nation »). Ensemble d'individus que rapprochent un certain nombre de caractères de civilisation, notamment la communauté de langue et de culture (alors que la *race* dépend de caractères anatomiques). *L'ethnie française englobe notamment la Belgique wallonne, la Suisse romande, le Canada français.*

ETHNIQUE [etnik]. *adj.* (1752; lat. sav. du gr. *ethnikos*, de *ethnos* « peuple », « païen », XVIᵉ; lat. ecclés. *ethnicus*). ♦ 1° *Rare.* Qui sert à désigner une population. *Mot ethnique.* « *Français* » *est un nom ethnique.* — *Subst.* Dénomination d'un peuple. *L'ethnique de France est* «*français* ». « *Berbères : ce n'est pas un terme ethnique mais un terme datant d'une époque lointaine* » (A. BERNARD). ♦ 2° (1882). Relatif à l'ethnie. V. **Racial.** *Caractères ethniques, propres à une ethnie. Groupes ethniques.* « *La différence du noble et du vilain... n'est en rien une différence ethnique* » (RENAN).

ETHNO-. Élément de formation, tiré du gr. *ethnos* « peuple » et servant à former des termes didactiques.

ETHNOCENTRISME [etnɔsɑ̃tʀism(ə)]. *n. m.* (1907; de *ethno-*, du gr. *ethnos* « peuple », et de *centre*). *Psycho.* Tendance à privilégier le groupe social auquel on appartient et à en faire le seul modèle de référence.

ETHNOCIDE [etnɔsid]. *n. m.* (v. 1970; de *ethno-*, et *-cide*). *Didact.* Destruction de la civilisation d'un groupe ethnique par un autre groupe plus puissant. Cf. Génocide.

ETHNOGRAPHE [etnɔgʀaf]. *n. m.* (1835; de *ethnographie*). Personne qui s'occupe d'ethnographie.

ETHNOGRAPHIE [etnɔgʀafi]. *n. f.* (1823; gr. *ethnos* « peuple », et *graphein* « décrire »). ♦ 1° *Vx.* Classement des peuples d'après leurs langues. ♦ 2° *Mod.* Étude descriptive des divers groupes humains (ethnies), de leurs caractères anthropologiques, sociaux, etc. « *L'ethnographie étudie les usages de tous genres des groupes d'hommes vivant en société* » (SEIGNOBOS).

ETHNOGRAPHIQUE [etnɔgʀafik]. *adj.* (1835; de *ethnographie*). Qui a rapport à l'ethnographie. *Études, missions, recherches ethnographiques.*

ETHNOLINGUISTIQUE [etnɔlɛ̃gɥistik]. *adj.* et *n. f.* (mil. XXᵉ; de *ethnos* « race », et *linguistique*). *Didact.* ♦ 1° *Adj.* Relatif à l'ethnologie * du langage. — *N. f.* L'ETHNOLINGUISTIQUE. ♦ 2° *N. f.* Étude des langages des peuples étudiés par l'ethnologie en tant qu'expression de leur culture.

ETHNOLOGIE [etnɔlɔʒi]. *n. f.* (1787; gr. *ethnos* « peuple », et *logos* « traité »). Étude des faits et documents recueillis par l'ethnographie (couvrant le domaine de l'anthropologie culturelle et sociale).

ETHNOLOGIQUE [etnɔlɔʒik]. *adj.* (1846; de *ethnologie*). Relatif à l'ethnologie.

ETHNOLOGUE [ɛtnɔlɔg]. *n.* (1870; de *ethnologie*). Personne qui s'occupe d'ethnologie.

ETHNOMUSICOLOGIE [ɛtnɔmyzikɔlɔʒi]. *n. f.* (v. 1955; de *ethnos* « race », et *musicologie*). *Didact.* Étude des faits musicaux de caractère traditionnel des divers groupes ethniques. *On dit aussi* : Musicologie comparée, ethnologie musicale. *Dér.* ETHNOMUSICOLOGIQUE [ɛtnɔmyzikɔlɔʒik], *adj.* — ETHNOMUSICOLOGUE [ɛtnɔmyzikɔlɔg], *n.*

ETHNOPSYCHIATRIE [ɛtnɔpsikjatʀi]. *n. f.* (1952; du gr. *ethno-*, et *psychiatrie*). *Didact.* Étude de l'influence des facteurs individuels sur la genèse et les manifestations des maladies mentales.

ETHNOPSYCHOLOGIE [ɛtnɔpsikɔlɔʒi]. *n. f.* (v. 1970; de *ethno-*, et *psychologie*). *Didact.* Étude des caractéristiques psychiques des collectivités et des groupes ethniques *(psychologie ethnique)*.

ÉTHOLOGIE [etɔlɔʒi] ou **ÉTHOGRAPHIE** [etɔgʀafi]. *n. f.* (1611,-XVIIIe; de *ethos* « mœurs, caractère » (V. **Éthique**), et *-logie*, *-graphie*). *Didact.* ♦ 1° *Vx.* Science historique des mœurs, des faits moraux. V. **Morale.** ♦ 2° *Mod.* (1843; Stuart Mill). Science des comportements des espèces animales dans leur milieu naturel. V. *aussi* **Écologie.**

ÉTHOLOGIQUE [etɔlɔʒik]. *adj.* (1599; de *éthologie*). *Didact.* Relatif à l'éthologie.

ÉTHUSE. V. ÆTHUSE.

ÉTHYLE [etil]. *n. m.* (1855; de *éther*, et gr. *ulé* « bois »). *Chim.* Radical monovalent formé de carbone et d'hydrogène (C_2H_5) qui peut être isolé et entre dans de nombreux composés organiques (alcool ordinaire, acétate d'éthyle, éthane). *Le bromure d'éthyle et le chlorure d'éthyle sont des anesthésiques.*

ÉTHYLÈNE [etilɛn]. *n. m.* (1867; de *éthyle*, et suff. *-ène*, indicatif des carbures éthyléniques). Gaz incolore d'une faible odeur éthérée (C_2H_4), peu soluble dans l'eau; premier membre de la série des *hydrocarbures éthyléniques.*

ÉTHYLÉNIQUE [etilenik]. *adj.* (1893; de *éthylène*). Qui contient (comme l'éthylène) une double liaison dans sa molécule. *Alcools, acides éthyléniques.* — *Carbures éthyléniques* : hydrocarbures à chaîne ouverte contenant une liaison double (formule C_nH_{2n}).

ÉTHYLIQUE [etilik]. *adj.* (1870; de *éthyle*). ♦ 1° *Chim.* Qui contient le radical éthyle. *Alcool éthylique ou éthanol* : l'alcool ordinaire. ♦ 2° Qui est provoqué par la consommation excessive d'alcool. *Gastrite éthylique. Tremblement éthylique.* — (En parlant des personnes). Alcoolique. — *Subst. Un, une éthylique.*

ÉTHYLISME [etilism(ə)]. *n. m.* (1890; de *éthylique*). *Méd.* Alcoolisme*.

ÉTIAGE [etjaʒ]. *n. m.* (1783; de *étier*). ♦ 1° Baisse périodique des eaux d'un cours d'eau; le plus bas niveau des eaux. *Les crues et les étiages d'un fleuve. Débit d'étiage.* V. **Maigre.** ♦ 2° Le plus bas niveau enregistré pour un cours d'eau. *Les crues se mesurent au moyen des chiffres placés au-dessus du zéro de l'étiage.* ⊘ ANT. Crue.

ÉTIER [etje]. *n. m.* (XIIIe; lat. *æstuarium* « lagune maritime »; rac. *æstus*). *Région.* ♦ 1° Petit canal par lequel un marais salant communique avec la mer. ♦ 2° Petit canal côtier.

ÉTINCELAGE [etɛ̃slaʒ]. *n. m.* (1953; de *étinceler*). ♦ 1° *Chir.* Procédé de destruction des tissus malades (tumeurs malignes) par un courant électrique de haute tension et de haute fréquence. V. **Fulguration** (2°). ♦ 2° *Techn. (Mécan.).* Procédé d'abrasion par le courant électrique.

ÉTINCELANT, ANTE [etɛ̃slɑ̃, ɑ̃t]. *adj.* (1265; de *étinceler*). Qui étincelle. ♦ 1° *Vieilli.* Qui émet de vifs rayons lumineux (V. **Incandescent, luminescent, phosphorescent**). « *Le soleil, qui se levait, semblait faire sortir de la mer ses feux étincelants* » (FÉN.). ◊ *Mod.* Qui jette des feux au contact d'un rayon lumineux. V. **Brillant, scintillant.** « *On apercevait les lames des schistes, étincelants de mica* » (ZOLA). « *Habillés de vêtements étincelants,... le torse enserré en des draps losangés d'orfèvrerie* » (HUYSMANS). V. **Rutilant.** ♦ 2° (1661). Regard étincelant. *Des yeux étincelants de joie, de haine, de fureur.* V. **Luisant.** « *Rabrouant et criant, la face rouge, l'œil étincelant* » (CHARDONNE). ♦ 3° (1608). Brillant, splendide (choses abstraites). « *Les festons de la gaieté franche et de la fantaisie étincelante* » (FAGUET). ⊘ ANT. Éteint, mat, obscur, terne. Banal, ennuyeux, plat.

ÉTINCELER [etɛ̃sle]. *v. intr.*; conjug. *appeler* (Estenceler, XIIe; de *étincelle*). ♦ 1° *Vx* ou *littér.* Émettre de vifs rayons lumineux. V. **Briller, scintiller.** *Étinceler de mille feux.* « *Cette nuit étincelait. Une immense pluie sidérale criblait d'astres brillants le ciel profond de février* » (BOSCO). ◊ *Mod.* Jeter des feux au contact d'un rayon lumineux. *Mer qui étincelle au clair de lune.* V. **Brasiller.** « *Glaces, cristaux, verreries, vaisselles, porcelaines, faïences, poteries, orfèvreries, argenteries, tout étincelait* » (HUGO). ♦ 2° (XVIe). *Fig.* Regards

qui *étincellent d'ardeur, de haine.* « *Ses yeux de jais étincelaient d'espoir* » (MART. du G.). ♦ 3° (1669). Avoir de l'éclat (choses abstraites). *Ses ouvrages,* « *Étincellent pourtant de sublimes beautés* » (BOIL.). ⊘ ANT. Éteindre (s'), ternir (se).

ÉTINCELLE [etɛ̃sɛl]. *n. f.* (Estencele, XIIe; lat. pop. °*stincilla*, class. *scintilla*). ♦ 1° Parcelle incandescente qui se détache d'un corps en ignition ou qui jaillit au contact, sous le choc de deux corps. *Petite étincelle.* V. **Bluette** (*vx*). *Jeter des étincelles. Étincelles qui crépitent, s'élèvent au-dessus d'un brasier, fusent en gerbe. Loc. fig. C'est l'étincelle qui a mis le feu aux poudres* : le petit incident qui a déclenché le conflit, la catastrophe. « *Les nouveautés politiques sont l'étincelle qui met le feu à l'amas de poudre* » (TAINE). — Spécialt. *Étincelle électrique*, provoquée par le rapprochement de deux corps dont les potentiels sont différents. ♦ 2° Point brillant; reflet. *Le soleil* « *Pailletant chaque fleur d'une humide étincelle* » (VERLAINE). *Regard qui jette des étincelles, où s'allument des étincelles.* ♦ 3° *Fig.* (XVe). Petite lueur. *Une étincelle de raison, de courage,* un petit peu. « *Si vous avez une étincelle de génie, allez passer une année à Paris* » (ROUSS.). ◊ *Fam. Il a fait des étincelles* : il a été brillant.

ÉTINCELLEMENT [etɛ̃sɛlmɑ̃]. *n. m.* (Estincellement, 1372; estencellement, XIIe; de *estenceler*. V. **Étinceler**). Le fait d'étinceler; éclat, lueur de ce qui étincelle. V. **Scintillation.** « *Le soleil allumait sur les fleurs, les arbres, les herbes, un étincellement de rosée brillante* » (BOURGET).

ÉTIOLÉ, ÉE [etjɔle]. *adj.* (V. **Étioler**). ♦ 1° Qui s'est étiolé ou qu'on a étiolé. « *Quelques pauvres fleurs étiolées penchaient languissamment la tête* » (GAUTIER). ♦ 2° *Fig.* (V. **Étioler**, 2° et 3°). *Un enfant étiolé. Une intelligence étiolée.*

ÉTIOLEMENT [etjɔlmɑ̃]. *n. m.* (1756; de *étioler*). ♦ 1° État d'une plante étiolée, décolorée. V. **Chlorose, dépérissement.** ◊ *Hortic.* Action d'étioler une plante. V. **Blanchiment.** ♦ 2° Le fait de s'étioler, de s'affaiblir; état d'une personne qui s'étiole. V. **Affaiblissement, anémie, dépérissement, épuisement.** *État chétif, pâleur maladive qui caractérisent l'étiolement.* ♦ 3° *Fig.* Appauvrissement, déclin. *Étiolement de l'esprit, des facultés intellectuelles.* ⊘ ANT. Force, vigueur.

ÉTIOLER [etjɔle]. *v. tr.* (1690, v. pron.; d'une var. de *éteule*). ♦ 1° (1762). Rendre (une plante) grêle et décolorée, par manque d'air, de lumière. V. **Débiliter, rabougrir.** *L'obscurité étiole les plantes.* ◊ *Agric.* Faire pousser certains légumes à l'abri de l'air afin que leurs organes restent blancs. *Étioler des endives.* ♦ 2° Rendre (qqn) chétif, pâle. V. **Affaiblir, anémier.** *Le manque de grand air, d'exercice étiole les enfants.* *Pronom. Ce malade s'étiole.* V. **Dépérir, languir.** *Un enfant* « *pâlit et s'étiole... dans une chambre fermée* » (BERNARD. de ST-P.). ♦ 3° (1831, *abstrait*). Affaiblir, atrophier. — *Pronom. L'esprit, la mémoire s'étiolent dans l'oisiveté.* V. **Rouiller.** « *Ayant besoin de joie comme les plantes de soleil, je m'étiolais dans cette tristesse* » (FRANCE). « *Il y a des milieux tristes, contraints, où l'amour s'étiole assez vite* » (MAUROIS). ⊘ ANT. Affermir, développer, épanouir, fortifier.

ÉTIOLOGIE [etjɔlɔʒi]. *n. f.* (1611; gr. *aitiologia*, de *aition* « cause », et Cf. *-Logie*). *Biol., Méd.* Étude des causes des maladies. — *Par ext.* (et abusiv.), les causes mêmes des maladies. — *Adj.* ÉTIOLOGIQUE [etjɔlɔʒik].

ÉTIQUE [etik]. *adj.* (Etike, XIIIe; « *fièvre hectique* » (qui amaigrit) V. **Hectique**). ♦ 1° *Anc. méd.* Qui est affecté d'étisie. « *Un squelette séché, une carcasse étique* » (RONSARD). ♦ 2° (XVe). *Cour.* D'une extrême maigreur. V. **Décharné, desséché, squelettique.** *Il est devenu étique.* « *Des chevaux étiques près d'expirer sous les coups* » (ROUSS.). ⊘ ANT. Gras. — HOM. Éthique.

ÉTIQUETAGE [etikta3]. *n. m.* (1876; de *étiqueter*). Action d'étiqueter.

ÉTIQUETER [etikte]. *v. tr.*; conjug. *jeter* (1564; de *étiquette*). ♦ 1° Marquer d'une étiquette qui désigne, distingue les objets. *Étiqueter des marchandises, des papiers. Des bocaux étiquetés.* — *Fig.* « *Ça m'amuse de m'étiqueter comme si j'étais une chose* » (SARTRE). ♦ 2° *Fig.* Ranger sous l'étiquette d'un parti, d'une école. V. **Dénommer, noter.** *On l'étiqueta comme anarchiste. Absolt. Après son intervention, on l'a aussitôt étiqueté.* V. **Cataloguer, classer.**

ÉTIQUETEUR, EUSE [etiktœʀ, øz]. *n.* (1869; de *étiqueter*). Personne qui pose des étiquettes.

ÉTIQUETTE [etikɛt]. *n. f.* (Estiquette « poteau de but », mot picard, 1387; de la v. *adj.* « attacher, ficher », néerl. *stikken*, frq. °*stikkan*; Cf. Astiquer, ticket). I. ♦ 1° *Dr. Vx* (1549). Écriteau sur un sac de procès. *L'étiquette portait les noms du demandeur, du défendeur et du procureur.* ♦ 2° (1580). *Mod.* Petit morceau de papier, de carton, fixé à un objet (pour en indiquer la nature, le contenu, le prix, la destination, le possesseur). V. **Marque.** *Attacher, mettre une étiquette sur un sac, sur un colis.* V. **Étiqueter.** « *C'est vous qui collerez les étiquettes... pour l'expédition : haut et bas, fragile, prière de manier l'objet avec précaution* » (SARTRE). *Valise bigarrée d'étiquettes multicolores.*

Étiquette de garantie, de qualité. V. **Label.** ◇ *Arg.* (1906) [à cause de « oreilles* » (II) d'un ballot]. « *Il a des étiquettes presque gaulliennes* » (SAN-ANTONIO). ♦ 3° *Fig.* (1870). Ce qui marque qqn et le classe (dans un parti, une école, etc.). « *Sous les mêmes étiquettes, sous les mêmes aspects, deux genres d'hommes coexistent* » (PÉGUY). ◇ (Choses) « *De quelque étiquette qu'on les couvre, pour les classer, il y a des œuvres vivantes parce qu'elles sont vraies* » (HENRIOT). **II.** (1607 ; répandu XVIIIᵉ ; du nom du formulaire de règles fait pour Philippe le Bon). Ordre de préséances ; cérémonial en usage dans une Cour, auprès d'un chef d'État, d'un grand personnage. V. **Cérémonial, protocole, règle.** *L'étiquette l'exige.* « *Charles-Quint est occupé dans l'Espagne à régler les rangs, et à former l'étiquette* » (VOLT.). ◇ *Formes cérémonieuses entre particuliers. Supprimer toute espèce d'étiquette.*

ÉTIRABLE [etirabl(ə)]. *adj.* (1863 ; de *étirer*). *Rare.* Qui peut être étiré sans se rompre. V. **Ductile, élastique.**

ÉTIRAGE [etiraʒ]. *n. m.* (1812 ; de *étirer*). Action d'étirer. *Étirage des métaux à froid. Étirage à chaud au laminoir.* V. **Forgeage, laminage.** *Étirage des métaux à la filière.* V. **Tréfilage ; étireuse.** — *Étirage des peaux.* V. **Corroyage.** — *Étirage des textiles dans les filatures. Bancs d'étirage,* sur lesquels s'effectuent l'étirage et le doublage. — *Étirage mécanique du verre en feuilles.*

ÉTIREMENT [etirmɑ̃]. *n. m.* (1611 ; de *étirer*). ♦ 1° Le fait de s'étirer. V. **Allongement.** — *Géol. Étirement des couches, des schistes, des fossiles.* V. **Laminage.** ♦ 2° (1879). Action de s'étirer (3°).

ÉTIRER [etire]. *v. tr.* (*Estirer* « amener en tirant », XIIIᵉ ; de *é-*, et *tirer*). ♦ 1° (XVIᵉ). Allonger ou étendre par traction. V. **Allonger, détirer, distendre, élonger, étendre.** *Étirer les métaux* (V. **Laminer, tréfiler**), *les cuirs et peaux, le verre. Corps qui peut être étiré sans se rompre.* V. **Ductile, étirable.** — Par métaph. *Notre amitié, « ce lien que la séparation étire sans le rompre »* (COLETTE). ♦ 2° S'ÉTIRER. *v. pron. Nuages qui se déploient, s'étirent, s'effilochent.* ◇ *Spécialt.* (Étoffes) *Le jersey, tissu qui s'étire.* V. **Donner, prêter.** ♦ 3° (1812). S'ÉTIRER : étendre ses membres. V. **Détendre (se).** *S'étirer en bâillant.* « *Regardez-moi : j'étends les bras, je m'élargis, et je m'étire comme un homme qui s'éveille* » (SARTRE). ◇ ANT. **Comprimer, contracter.** *Rétrécir.* **Blottir (se), ramasser (se).**

ÉTIREUR, EUSE [etirœr, øz]. *n.* (1845 ; « cylindre de laminage », 1812 ; de *étirer*). Ouvrier, ouvrière qui procède à l'étirage.

ÉTIREUSE [etirøz]. *n. f.* (1907 ; de *étireur*). Machine à étirer (V. **Filière, laminoir**).

ÉTISIE [etizi] ou **HECTISIE** [ɛktizi]. *n. f.* (1798, -1743 ; du lat. *hecticus*, mot gr. V. **Étique, hectique**). *Vx.* Consomption ; extrême maigreur.

ÉTOC [etɔk]. *n. m.* (XIIᵉ ; forme de *estoc**). *Mar.* Tête de rocher voisine des côtes et dangereuse pour la navigation.

ÉTOFFE [etɔf]. *n. f.* (*Estoffe* « matériaux », 1241 ; de *estoffer.* V. **Étoffer**). **I.** ♦ 1° (1599). Nom général des tissus dont on fait des habits, des garnitures d'ameublement. V. **Tissu.** *Fabrication, armure des étoffes* (V. **Tissage**). *Étoffes de laine* (V. **Laine ; lainage**), *de coton* (V. **Coton, cotonnade**), *de soie* (V. **Soie, soierie**), *de lin,* etc. V. **Textile.** *Étoffes de fibres synthétiques* (fibranne, nylon, rayonne). *Étoffe unie. Étoffes façonnées ou fantaisie* (quant au grain, au tissage, à la matière) : *étoffe brochée, brodée, chinée, cloquée, côtelée. Étoffes fantaisie* (quant aux dessins) : *étoffe imprimée, écossaise, à rayures, à ramages. Étoffe double face, réversible. Je tâte votre habit ; l'étoffe en est moelleuse* (MOL.). « *Elle aimait les étoffes qui font du bruit, les jupes longues, craquantes, pailletées* » (BAUDEL.). *Étoffe inusable, grand teint, imperméable, infroissable.* — *Pièce, rouleau d'étoffe. Coupe, coupon, métrage d'une étoffe. Largeur d'une étoffe* (laize, lé). ♦ 2° (v. 1380 ; dans des expressions). Ce qui constitue ou définit (nature, qualités, aptitudes, condition) une personne ou une chose. « *Plusieurs abbés irlandais, gascons, et autres gens de pareille étoffe* » (ROUSS.). V. **Espèce.** *L'étoffe dont sont faits les héros.* ◇ *Avoir l'étoffe de :* les qualités, les capacités de. « *Avec tes airs durs, tes phrases à l'emporte-pièce, tu as l'étoffe d'un héros* » (DUHAM.). — Absolt. *Avoir de l'étoffe :* une forte personnalité, de grandes qualités. V. **Valeur.** *Manquer d'étoffe :* d'envergure. **II.** *Techn.* (du sens primitif « matériaux »). ♦ 1° (1723 ; nom de divers alliages). Morceau d'acier commun dont on fait les parties non tranchantes des instruments (coutellerie). ◇ *Mélange d'étain et de plomb nécessaire à la fabrication des tuyaux d'orgue.* ♦ 2° *Imprim.* (1823). LES ÉTOFFES : sommes que l'imprimeur doit ajouter aux factures de ses clients pour couvrir l'intérêt et l'amortissement de son matériel.

ÉTOFFÉ, ÉE [etɔfe]. *adj.* (1356 ; V. **Étoffer**). ♦ 1° *Vx.*

Orné, garni. ♦ 2° (1680). *Mod.* Qui a des qualités de force, d'ampleur (style). ♦ 3° (XVIIIᵉ). Qui a des formes amples (corps des hommes et des animaux). « *Une belle demoiselle plus grande que madame M... de deux doigts, plus jeune, plus étoffée* » (VOLT.). ♦ 4° (XVIIIᵉ). *Voix étoffée,* pleine, étendue.

ÉTOFFER [etɔfe]. *v. tr.* (*Estoffer* « rembourrer (un meuble, un collier) », v. 1190 ; frq. *°stopfōn*). ♦ 1° Fournir de ce qui est nécessaire, équiper. ♦ 2° *Mod.* (XVIᵉ). Enrichir. *Étoffer un ouvrage,* lui fournir une matière plus abondante, plus riche. V. **Nourrir.** « *Vous l'étofferiez* (cette dissertation), *vous la poliriez, vous l'augmenteriez, comme il vous semblerait à propos* » (BAYLE). — *Étoffer un personnage,* lui donner une personnalité plus riche, plus complexe (en écrivant ou en jouant le rôle). « *Vous devez profiter des moindres phrases pour étoffer le personnage* » (GIDE). ♦ 3° S'ÉTOFFER. *v. pron.* S'élargir, prendre de la carrure. *Il s'est étoffé depuis qu'il fait du sport.* ◇ ANT. **Appauvrir. Maigrir.**

ÉTOILE [etwal]. *n. f.* (*Esteile,* 1080 ; lat. pop. *°stela,* class. *stella*). **I.** *Astre.* ♦ 1° *Cour.* Tout astre visible, excepté le Soleil et la Lune ; point brillant dans le ciel, la nuit. V. **Astre.** *L'ancienne astronomie distinguait les étoiles errantes* (V. **Planète ; comète**), *et les étoiles fixes. Les étoiles du ciel. Ciel criblé, parsemé, semé d'étoiles.* V. **Étoilé.** « *Cette obscure clarté qui tombe des étoiles* » (CORN.). « *D'innombrables étoiles, dont les scintillations tremblaient confusément dans l'eau du Nil* » (GAUTIER). « *Les étoiles, comme de petits yeux qui ne s'habituent pas à l'obscurité* » (RENARD). — *L'étoile du soir, l'étoile du matin, l'étoile du berger :* la planète Vénus. « *Pâle étoile du soir, messagère lointaine* » (MUSS.). *L'étoile des rois mages :* l'astre, le météore qui, dans l'Évangile, guide les rois mages jusqu'à la crèche. ◇ *Fig. et fam. À la belle étoile :* en plein air, la nuit. « *Si vous avez jamais passé la nuit à la belle étoile, vous savez que si l'heure où nous dormons, un monde mystérieux s'éveille* » (DAUD.). ♦ 2° *Astron.* Astre producteur et émetteur d'énergie, et dont le mouvement apparent sur la sphère céleste est trop faible pour l'observation à courte durée. *On a cru les étoiles fixes jusqu'à ce que Halley au XVIIIᵉ s. découvrit les premiers mouvements propres stellaires* (1718). *Lever, coucher d'une étoile. Point le plus élevé de la trajectoire d'une étoile* (culmination). *On groupe les étoiles les plus brillantes en figures arbitraires.* V. **Constellation.** *Coordonnées équatoriales d'une étoile. Déviation apparente d'une étoile* (aberration). *Occultation d'une étoile par la Lune. L'étoile du berger, l'étoile gamma, l'étoile Antarès. Étoile polaire :* située approximativement dans la direction du pôle Nord. *Grandeur apparente, magnitude* d'une étoile. Les étoiles de première grandeur sont deux fois et demie plus brillantes que les étoiles de deuxième grandeur,* etc. — *Distance des étoiles :* mesurée par la triangulation (en prenant pour base l'orbite de la Terre) ou par la comparaison de l'éclat apparent et de l'éclat réel (mesuré au spectroscope). « *Il y a des étoiles si éloignées de la Terre que leur lumière n'est pas encore parvenue jusqu'à nous* » (CHATEAUB.). ◇ (Indépendamment des apparences) *Astre producteur d'énergie. Le Soleil est une étoile. Puissance rayonnée d'une étoile. Étoiles géantes, naines. Les étoiles sont divisées en six classes spectrales. Étoiles rouges* (environ 3 000° à la surface), *jaunes* (6 000° ; *ex. :* le Soleil), *bleues* (plus de 10 000°). *Étoiles variables, étoiles périodiques* (céphéides). *Brusque augmentation d'éclat, explosion, éclatement d'une étoile.* V. **Nova, supernova.** *Étoiles doubles, multiples,* formées d'un système de plusieurs étoiles. — *Étoiles radioélectriques* ou *radio-étoiles :* astres invisibles émetteurs d'ondes radio-électriques. *Amas d'étoiles.* V. **aussi Nébuleuse ; galaxie.** ♦ 3° (Du sens 1°). ÉTOILE FILANTE : météorite dont le passage dans l'atmosphère terrestre se signale par un trait de lumière. V. **Aérolithe, bolide, météore.** *Point du ciel d'où paraissent provenir les étoiles filantes.* V. **Radiant.** « *Une étoile filante, les gars. Faites un vœu* » (SARTRE). 4° *Par anal.* Point brillant. *Fusée qui éclate en lançant une gerbe d'étoiles.*

II. (début XVIIᵉ ; dans des expressions). Astre, considéré comme exerçant une influence sur la destinée de qqn (V. **Ascendant**). *Être né sous une bonne, une mauvaise étoile. Avoir foi, être confiant en son étoile.* V. **Chance, destin.** « *Vous savez qu'il faut suivre son étoile. Je me sens né pour... »* (LESAGE). *Bonaparte « avait conçu, dans 'sa fortune ', — ' son étoile ', comme il disait... »* (MADELIN). *Bonne étoile.*

III. ♦ 1° Objet disposé en rayons, rappelant la forme sous laquelle on représente traditionnellement les étoiles. *Étoile à quatre ; à cinq branches* (pentacle). *Les rayons, les rais d'une étoile.* ◇ *Spécialt.* (XVIIIᵉ) *Motif décoratif en architecture. Les lampes « accrochaient une paillette de lumière aux étoiles dorées des plafonds »* (GAUTIER). *Étoiles brodées sur les épaulettes, les manches des officiers généraux. Général à trois, à quatre étoiles.* — *Étoiles servant d'emblème ; étoiles d'un drapeau* (ex. : Brésil, États-Unis d'Amérique). *L'étoile* de David, l'étoile jaune, marque distinctive imposée aux Israélites par les nazis. — Croix à cinq branches, insigne d'une décoration (V. **Décoration**, 3°). ◇ (1811) Fêlure rayonnante. *Étoile sur une vitre, une glace, un pare-brise.* ◇ (1626) Marque blanche au front d'un cheval, d'un bœuf. ◇ *Typogr.* (1669) Astérisque. — Petit signe formé d'une étoile (III, 1°) à cinq branches ou d'un astérisque et servant à classer certains établissements selon leur confort, leur luxe (en *une, deux... étoiles*). Par appos. *Restaurant, hôtel trois étoiles, quatre étoiles.* ♦ 2° (1690). Rond-point où aboutissent plusieurs allées, plusieurs avenues. V. **Carrefour.** « *C'est une sorte d'étoile où concourent quelques allées* » (DIDER.). Absolt. *La place de l'Étoile où se trouve l'Arc de Triomphe, à Paris.* ♦ 3° *Artill.* (1812). *Étoile mobile,* instrument destiné à vérifier les dimensions de l'âme d'un canon, son calibre. ♦ 4° EN ÉTOILE : dans une disposition rayonnante, présentant des lignes divergentes. *Branches, routes en étoile, fêlures en étoile.* ◇ *Moteur en étoile,* dont les cylindres sont disposés en rayons sur un même plan, toutes les bielles étant articulées sur le maneton du vilebrequin. ♦ 5° (1561). ÉTOILE DE MER : nom courant de l'*astérie,* échinoderme.

IV. (1849). Personne dont la réputation, le talent brille (comédien, danseur). V. **Vedette.** *Les étoiles du cinéma.* V. **Star.** Appos. *Danseur, danseuse étoile.* ◇ *Étoile montante,* personne qui devient célèbre dans quelque domaine. « *On se pressait autour de Suzanne Lenglen, l'étoile montante des courts* (de tennis) » (ARAGON).

ÉTOILÉ, ÉE [etwale]. *adj.* (*Estelé,* XIIe ; *estoilé,* 1369 ; de *esteile, étoile*). ♦ 1° Semé d'étoiles. *Ciel, firmament étoilé. Nuit étoilée.* ◇ *Par ext.* Parsemé de choses brillantes, scintillantes. *Plusieurs éventails* « *étaient étoilés de rubis, de diamants* » (GAUTIER). ♦ 2° Qui porte des étoiles (III) dessinées. *Bâton étoilé des maréchaux de France. La bannière étoilée :* le drapeau des États-Unis d'Amérique. ♦ 3° Disposé en rayons partant d'un centre comme les rayons d'une étoile figurée. *Feuilles étoilées,* petites feuilles verticillées disposées en rayons. *Anis étoilé,* à capsules en étoile.

ÉTOILEMENT [etwalmã]. *n. m.* (1845, « fêlure » ; *estellement* « les étoiles », XIIe ; de *étoile*). Littér. ♦ 1° Action d'étoiler, de s'étoiler. « *L'étoilement du ciel se faisait peu à peu, étoile par étoile* » (BOSCO). ♦ 2° Disposition rayonnante, en étoile.

ÉTOILER [etwale]. *v. tr.* (*Esteler,* XIIe ; *estoiler,* 1588 ; de *étoile*). ♦ 1° Parsemer d'étoiles. *Les astres qui étoilent le ciel.* Pronom. *Le ciel s'étoile.* ♦ 2° (1845). Former une étoile (III). ◇ *De larges gouttes de pluie commencèrent à étoiler le trottoir* » (MART. du G.). — Fêler en forme d'étoile. *Étoiler une glace, une vitre.*

ÉTOLE [etɔl]. *n. f.* (*Estole,* XIIe ; lat. *stola,* gr. *stolè* « longue robe »). ♦ 1° Bande d'étoffe, insigne du *pouvoir d'ordre* que l'évêque, le prêtre et le diacre portent au cou dans l'exercice de certaines fonctions liturgiques. *Étole sacerdotale,* que le prêtre porte croisée sur l'aube. *Étole pastorale,* qui se porte sur le surplis (prêtres) ou sur le rochet (évêques). ♦ 2° Fourrure rappelant la forme de l'étole. *Une étole de vison.*

ÉTONNAMMENT [etɔnamã]. *adv.* (XVIIIe ; de *étonnant*). D'une manière étonnante. *Être étonnamment bien.* « *Le mariage surtout et la province vieillissent étonnamment un homme* » (STENDHAL).

ÉTONNANT, ANTE [etɔnã, ãt]. *adj.* (XVIe ; de *étonner*). ♦ 1° *Vx.* Qui produit une commotion violente, qui ébranle (physiquement ou moralement). « *Oui, d'un coup étonnant ce discours m'assassine* » (MOL.). ♦ 2° *(Langue classique).* Qui confond, frappe l'esprit par son étrangeté. V. **Stupéfiant.** ♦ 3° *Mod.* Qui surprend, déconcerte par qqch. d'extraordinaire. V. **Ahurissant, déconcertant, effarant, renversant, saisissant, surprenant; bizarre, étrange, extraordinaire, incroyable, singulier.** *Événement étonnant, nouvelle étonnante.* V. **Inattendu.** *Étonnant concours de circonstances. Je viens d'apprendre une chose étonnante.* — Fam. *Vous êtes étonnant :* vous exagérez. ◇ *Il est bien étonnant que cela ne se soit pas produit plus tôt. Je trouve étonnant qu'il ne m'ait pas prévenu.* V. **Bizarre, curieux, drôle.** *Ce n'est pas étonnant. Rien d'étonnant à cela, cela n'a rien d'étonnant.* — Subst. « *L'étonnant est qu'ils ne semblaient pas se rendre compte de l'étendue de leur malheur* » (MAUROIS). ♦ 4° Qui frappe par un caractère remarquable, accompli. V. **Épatant, époustouflant, fantastique, remarquable; formidable, terrible** *(fam.). Un film, un livre étonnant.* — (Personnes) « *C'est une femme étonnante... une femme rare enfin, et telle qu'on n'en rencontrerait pas une seconde* » (LACLOS). ◇ ANT. *Banal, courant, habituel, normal, ordinaire.*

ÉTONNÉ, ÉE [etɔne]. *adj.* (V. **Étonner**). ♦ 1° *Vx.* Ébranlé; étourdi, hébété. ♦ 2° *Vx.* Troublé par une violente émotion (admiration, surprise, effroi). « *De vos sens étonnés quel désordre s'empare?* » (RAC.). ♦ 3° *Mod.* Surpris par qqch. d'extraordinaire, d'inattendu. V. **Abasourdi, baba**

(fam.), **soufflé** *(fam.),* **stupéfait, surpris.** « *Si prévenu qu'il fût des profusions et des splendeurs de Vaux, Louis XIV en arrivant fut étonné et ne put s'empêcher de le paraître* » (STE-BEUVE). « *Je ne savais que dire, ne voulant pas paraître étonné* » (PROUST).

ÉTONNEMENT [etɔnmã]. *n. m.* (*Estonement,* XIIIe ; de *étonner*). I. *Vx.* Commotion violente; ébranlement. ◇ *Techn.* Lézarde dans un édifice. II. (XVIe). ♦ 1° *Vx.* Choc, ébranlement moral. *Spécialt.* Épouvante, terreur. ♦ 2° *(Langue classique).* Violente émotion, stupéfaction à la vue d'un spectacle extraordinaire. « *L'étonnement est un excès d'admiration qui ne peut jamais être que mauvais* » (DESCARTES). ♦ 3° *Mod.* Surprise causée par qqch. d'extraordinaire, d'inattendu. V. **Ahurissement, ébahissement, stupéfaction, surprise.** *Causer de l'étonnement.* V. **Impression, sensation** (faire). *Grand, extrême, profond étonnement. À mon étonnement, j'ai vu que...* « *Il était stupide de surprise, dans un abîme d'étonnement* » (FRANCE). « *L'étonnement ou le désir de paraître étonnée écarquillait ses yeux* » (PROUST). *Sans manifester le moindre étonnement.*

◇ ANT. (du II) *Indifférence.*

ÉTONNER [etɔne]. *v. tr.* (*Estoner,* XIe ; du lat. pop. *°extonare,* class. *attonare* « frapper du tonnerre »). I. *Vx* (Sens étym.; XVe). Ébranler, faire trembler par une violente commotion. ◇ (XIXe) Techn. *Étonner une voûte* (V. **Lézarder**). *Étonner un diamant,* le fêler. II. (XIe). ♦ 1° *Vx.* Causer une violente commotion morale, par admiration ou par crainte. V. **Bouleverser, foudroyer.** *Spécialt.* V. **Effrayer.** « *La mort ne vous étonne-t-elle point ?* » (RAC.). ♦ 2° *Langue classique.* Donner à (qqn) une violente émotion par la surprise. V. **Ébahir, effarer, renverser, stupéfier.** ♦ 3° *Mod.* Causer de la surprise à (qqn). V. **Abasourdir, ahurir, ébahir, éberluer, frapper, surprendre.** *Étonner par la beauté, la grandeur, l'importance.* V. **Éblouir, émerveiller, épater, impressionner** (Cf. En boucher un coin). *Cela m'a beaucoup, bien étonné. Cela ne m'étonne pas, j'en ai vu bien d'autres. Le dandysme,* « *c'est le plaisir d'étonner et la satisfaction orgueilleuse de ne jamais être étonné* » (BAUDEL.). « *J'ai grande horreur des paradoxes, et ne cherche jamais à étonner* » (GIDE). « *Une des caractéristiques du rêve est que rien ne nous y étonne* » (COCTEAU). *Vous êtes sûr de cela? cela m'étonne un peu. Ça m'étonnerait, je considère cela comme peu probable, peu vraisemblable.*

III. S'ÉTONNER. *v. pron.* ♦ 1° *Vx.* Être ébranlé (pr. et fig.), chanceler. « *Quoi déjà votre foi s'affaiblit et s'étonne?* » (RAC.). ♦ 2° *Vx.* S'affoler, s'effrayer. « *Le sang coule; on s'étonne, on s'avance, on s'écrie* » (VOLT.). ♦ 3° *Mod.* Trouver étrange; être surpris. *S'étonner à la vue d'un spectacle, à l'annonce d'une nouvelle. S'étonner de tout.* « *L'homme ne s'étonne presque plus à l'occasion de nouveautés plus merveilleuses* » (VALÉRY). — *S'étonner de ce que* (et ind. ou subj.). « *Je ne m'étonne pas de ce que les Grecs ont fait l'Iliade* » (PASC.). — *S'étonner de* (et inf.). *Il s'étonne de le voir arriver si vite.* « *On ne devrait s'étonner que de pouvoir encore s'étonner* » (LA ROCHEF.). — *S'étonner que* (avec subj.). *Je m'étonne qu'il ne soit pas venu.* — *Vieilli* ou *littér.* Avec *Si* (forme interrog. ou nég.). « *Je ne m'étonne pas si vous êtes chagrin* » (SÉV.).

ÉTOUFFADE. V. **ESTOUFFADE.**

ÉTOUFFAGE [etufaʒ]. *n. m.* (1845; de *étouffer*). *Agric.* Action d'étouffer les chrysalides des vers à soie, d'asphyxier passagèrement les abeilles.

ÉTOUFFANT, ANTE [etufã, ãt]. *adj.* (1640; *herbe étouffante* « envahissante », 1583 ; de *étouffer*). Qui fait qu'on étouffe, qu'on respire à peine. V. **Asphyxiant, suffocant.** *Air étouffant, atmosphère étouffante.* V. **Touffeur.** *Chaleur étouffante,* intense, lourde. « *Les fleurs achèvent d'expirer dans la moiteur étouffante* » (DUHAM.). ◇ *Fig.* « *Tes routines, les rites étouffants de ta vie provinciale* » (ST-EXUP.). ◇ ANT. *Frais, vif.*

ÉTOUFFÉ, ÉE [etufe]. *adj.* (V. **Étouffer**). ♦ 1° Asphyxié par étouffement. *L'enfant est mort étouffé sous les couvertures.* Par ext. *Feu étouffé.* V. **Éteint.** ♦ 2° (Bruit, son). V. **Assourdi, faible, sourd.** *Cris, rires étouffés.* ◇ *Sentiments étouffés. Tendances étouffées,* refoulées.

ÉTOUFFE-CHRÉTIEN [etufkretjɛ̃]. *n. m. invar.* (dial.; var. *étouffe-coquin;* de *étouffer,* et *chrétien*). *Fam.* Aliment, mets qui étouffe, très farineux, très épais.

ÉTOUFFÉE (À L') [aletufe]. *loc. adv.* (1393, repris XIXe; de *étouffer*). *Cuire à l'étouffée* en vase clos, à la vapeur. V. **Étuvée;** braiser. *Viande à l'étouffée.* V. **Daube** (en), **estouffade.**

ÉTOUFFEMENT [etufmã]. *n. m.* (h. XVe; 1538; de *étouffer*). ♦ 1° Action d'étouffer (un être vivant); le fait d'être étouffé. — Cour. Asphyxie. *Étouffement par noyade, pendaison, strangulation, obstruction des voies respiratoires.* ♦ 2° (1562). Difficulté à respirer. *Sensation d'étouffement.*

V. **Dyspnée, suffocation**; **étranglement**. *Crise d'étouffements causée par l'asthme.* ♦ 3° *Fig.* (1864). Action d'étouffer *(fig.),* d'empêcher d'éclater, de se développer. *Étouffement d'un complot, d'une révolte.* V. **Répression.** *Étouffement d'une affaire, d'un scandale.* V. **Dissimulation.** ♦ 4° Atmosphère étouffante. V. **Moiteur, toufeur.** « *L'air alourdi avait une chaleur vivante, cet étouffement chaud des chambrées les mieux tenues, qui sentent le bétail humain* » (ZOLA). ◇ ANT. Fraîcheur.

ÉTOUFFER [etufe]. *v.* (*Estofer,* 1230; altér. du lat. pop. *°stuffare* « garnir d'étoupe, boucher », de *stuffa.* V. **Étoupe** (Cf. a. fr. *Estoper* « boucher »), d'apr. a. fr. *estoffer.* V. **Étoffer).**
I. *V. tr.* **Ⓐ** Priver d'air. ♦ 1° (1536). Faire mourir en rendant la respiration impossible. ◇ *Didact.* Asphyxier. *Étouffer par submersion.* V. **Noyer.** — *Cour.* Asphyxier (qqn) en pesant sur la poitrine, en appliquant qqch. sur le nez, la bouche, qui empêche de respirer. *Les enfants d'Édouard furent étouffés dans leur lit. Fig.* « *J'embrasse mon rival, mais c'est pour l'étouffer* » (RAC.). ◇ *Vx. La peste l'étouffe ! la peste m'étouffe !* sorte de juron, de malédiction. ♦ 2° *Par ext.* Gêner (qqn) en rendant la respiration difficile. V. **Oppresser, suffoquer.** *La chaleur m'étouffe.* V. **Étouffant.** *On l'étouffait de caresses, d'étreintes.* « *Il lui semblait que les quelques bouchées qu'elle s'était contrainte d'avaler lui restaient au fond de la gorge et l'étouffaient* » (GREEN). « *Pour un rien, maintenant, je m'étouffait* » (MART. du G.). ◇ *Fam.* et *iron. Les scrupules, la bonne foi ne l'étouffent pas :* il n'a aucun scrupule, aucune bonne foi. *Ce n'est pas l'honnêteté qui l'étouffe* (V. **Gêner).** « *Vous ne pouvez pas rectifier la position? Et ça vous étoufferait de me dire : mon lieutenant* » (SARTRE). ◇ *Fig.* Donner une impression de gêne à. V. **Oppresser, peser.** « *Cette vie de petite ville lui pesait, l'étouffait. Le grand homme de Tarascon s'ennuyait à Tarascon* » (DAUD.). ♦ 3° (1230). Priver (une plante) de l'oxygène nécessaire à sa respiration. *Par ext.* Gêner la végétation, la croissance d'une plante. « *Ce bosquet, où le toit spacieux des chênes étouffait toute autre verdure* » (TOULET). ♦ 4° Priver de l'oxygène nécessaire à la combustion. V. **Éteindre.** *Étouffer un incendie, un foyer d'incendie.* **Ⓑ** *Fig.* ♦ 1° (1636). Empêcher (un son) de se faire entendre, de se propager. V. **Amortir, assourdir; couvrir.** *Des tentures étouffaient les bruits; des tapis étouffaient les pas.* « *Une mélodie énergique... enveloppe, étouffe, éteint, dissimule le tapage criard* » (BAUDEL.). « *Elle avait l'impression que le silence essayait d'étouffer le bruit de ses paroles, car sa voix était sourde, presque indistincte* » (GREEN). — *Fig.* Faire taire. *Étouffer l'opposition, l'opinion publique.* ♦ 2° (1564). *Étouffer un soupir, un sanglot.* V. **Contenir, réprimer, retenir.** « *Elle étouffa un cri de joie* » (MART. du G.). ♦ 3° (1564). Supprimer ou affaiblir (un sentiment, une opinion); empêcher de se développer en soi. V. **Détruire, juguler, refouler, supprimer.** *Étouffer ses sentiments, ses émotions. L'ambition étouffe en lui tout sentiment.* « *Je sens naître malgré moi des scrupules. — Il faut les étouffer* » (LESAGE). ♦ 4° (XVIIe). Empêcher d'éclater, de se développer. V. **Arrêter, enrayer, juguler.** *Étouffer une affaire, un scandale.* V. **Cacher, dissimuler.** *Étouffer dans l'œuf* * *une révolte, un complot.* V. **Briser.** ♦ 5° *Pop.* Faire disparaître (V. **Escamoter, subtiliser),** s'emparer subrepticement de (V. **Dérober, voler).** « *Quand on le pouvait on étouffait le pèze* » (MAC ORLAN). — *Étouffer une bouteille,* la boire en entier.
II. S'ÉTOUFFER. *v. pron.* ♦ 1° Perdre la respiration. *S'étouffer en mangeant, en avalant de travers.* ♦ 2° (*Récipr.*) *S'étouffer mutuellement.* « *Ils s'étouffent, Attale, en voulant s'embrasser* » (RAC.). ◇ *Par ext.* Se serrer les uns contre les autres dans la foule. V. **Écraser** (s'), **presser** (se). *On s'étouffait à cette réception.* « *Il y avait bien des places de vides, tout le monde ayant cru qu'on s'y étoufferait* » (MAINTENON).
III. *V. intr.* (1559). ♦ 1° Respirer avec peine, difficulté; ne plus pouvoir respirer. V. **Suffoquer.** *Étouffer dans une pièce fermée, confinée.* « *Le souffle saccadé et court... le concierge étouffait sous une peine invisible* » (CAMUS). — *Absolt.* Avoir très chaud. « *Malgré la nuit on étouffait* » (FROMENTIN). ◇ *Étouffer de rire.* V. **Étrangler** (s'). « *Tous les dos se courbent; ils étranglent de rire, ils étouffent, ils n'en peuvent plus* » (DORGELÈS). ♦ 2° *Fig.* Être mal à l'aise, ressentir une impression d'oppression, d'ennui, etc. « *On étouffe un peu dans nos belles villes closes* » (SARTRE).
◇ ANT. Allumer. Exalter, exciter. Respirer.

ÉTOUFFEUR [etufœr]. *n. m.* (1801; « boa », 1776; de *étouffer).* ♦ 1° Celui qui étouffe. ♦ 2° (1922). *Techn. Étouffeur; étouffeur d'harmoniques,* dispositif destiné à réduire un courant parasite, les harmoniques indésirables d'une oscillation principale.

ÉTOUFFOIR [etufwar]. *n. m.* (1671; de *étouffer).* ♦ 1° Récipient cylindrique de métal, muni d'un couvercle et qui sert à étouffer et conserver des braises, des charbons. — *Fig.* et *fam.* Local mal aéré. *Cette pièce est un étouffoir.* ♦ 2° (1803). *Mus.* Petite pièce de bois garnie d'étoffe et qui

sert, dans un piano, à étouffer, interrompre le son lorsque le marteau revient à sa place. *La pédale forte relève les étouffoirs.*

ÉTOUPE [etup]. *n. f.* (*Estoupe,* XIIe; lat. *stuppa).* La partie la plus grossière de la filasse. *Étoupe de chanvre, de lin. Étoupe blanche :* résidu du chanvre travaillé dans les corderies. *Étoupe noire,* qui provient de vieux cordages goudronnés. *Paquet, tampon d'étoupe pour calfater, boucher un trou.* — *Avoir les cheveux comme de l'étoupe,* ternes et en mauvais état.

ÉTOUPER [etupe]. *v. tr.* (*Estoper,* XIIe; de *étoupe).* *Techn.* Garnir d'étoupe (pour boucher, calfater).

ÉTOUPILLE [etupij]. *n. f.* (1632; *estoupille,* 1584 (Cf. Estoupillon, 1373); de *étoupe).* ♦ 1° *Vx.* Mèche d'étoupe introduite dans la lumière d'un canon, et destinée à enflammer la poudre. ♦ 2° (1842). Amorce de fulminate de mercure enflammée par la friction d'un « rugueux » ou par percussion. V. **Amorce, détonateur.**

ÉTOUPILLER [etupije]. *v. tr.* (1756; de *étoupille).* *Vx.* Garnir la lumière d'un canon d'une étoupille.

ÉTOURDERIE [eturdəri]. *n. f.* (1674; de *étourdi).* ♦ 1° *Fam.* Acte d'étourdi. *Faire une étourderie.* V. **Bévue, faute, imprudence, inadvertance.** — *Spécialt.* Oubli, inattention. ♦ 2° Caractère de celui qui est étourdi, qui ne réfléchit pas avant d'agir. V. **Distraction, inattention, irréflexion.** *L'étourderie des enfants. Agir avec étourderie, par étourderie. Faute d'étourderie,* qu'on aurait évitée avec de la réflexion.
◇ ANT. Attention, circonspection, pondération, réflexion.

ÉTOURDI, IE [eturdi]. *adj.* et *n.* (XIe; d'apr. le n. pr. *Estordit;* lat. pop. *°exturditus,* de *turdus* « grive »; Cf. Étourneau.) ♦ 1° *Adj.* Qui agit sans réflexion, ne porte pas attention à ce qu'il fait. V. **Distrait, écervelé, évaporé, inattentif, inconsidéré, insouciant, irréfléchi, léger.** « *Vous vous figurez toujours Émile semblable à nos jeunes gens, toujours étourdi, pétulant, volage, errant de fête en fête* » (ROUSS.). « *Les hommes entreprenants sont un peu étourdis. L'action exige de la jeunesse, de l'espoir, de l'aveuglement* » (CHARDONNE). ◇ *Spécialt.* Qui oublie, égare facilement; qui manque de mémoire et d'organisation. ♦ 2° *N. Un étourdi, une étourdie.* V. **Distrait, écervelé, hurluberlu** (Cf. Tête en l'air; tête de linotte). « *L'étourdie avait cru laisser sa porte entrouverte, nous la trouvâmes fermée, et la clef était restée en dedans* » (LACLOS). ♦ 3° *Loc. adv.* À L'ÉTOURDIE. V. **Étourdiment, inconsidérément.** *Agir à l'étourdie.* « *Elle allait çà et là, comme un hanneton; elle courait à l'étourdie* » (CHATEAUB.). ◇ ANT. Attentif, circonspect, pondéré, posé, prévoyant, prudent, réfléchi, sage; organisé.

ÉTOURDIMENT [eturdimɑ̃]. *adv.* (XIVe; de *étourdi).* À la manière d'un étourdi; sans réflexion. V. **Imprudemment, inconsidérément.** *Agir, parler étourdiment. Se lancer étourdiment dans une affaire :* à corps perdu. V. **Étourdi** (à l'étourdie). « *C'est de la folie, une fantaisie, c'est une ruine étourdiment cherchée, étourdiment voulue* » (GOBINEAU).

ÉTOURDIR [eturdir]. *v. tr.* (XIe; même étym. que *étourdi).* ♦ 1° Faire perdre à demi connaissance, affecter subitement la vue, l'ouïe, le sens de l'orientation. V. **Abrutir, assommer.** *Choc, commotion, ébranlement nerveux qui étourdit. Le coup de poing l'étourdit.* V. **Sonner.** — *Au p. p.* « *Elle écoutait mal. Elle était tout étourdie. Le battement de ses artères faisant dans sa tête un bruit assourdissant* » (MART. du G.). ♦ 2° *Fig.* et *vx.* Causer de l'étonnement, de la stupeur. V. **Ébranler, étonner, hébéter.** « *Les extrêmes douleurs étourdissent l'esprit et restreignent les pleurs* » (MAIRET). ♦ 3° Causer une sorte de griserie, d'ivresse, de vertige. *Le vin l'étourdit.* V. **Griser** (Cf. Faire tourner la tête). « *Je me sentis étourdi d'une vapeur de joie, de gloire, de fortune, de mondanité* » (MARIVAUX). ♦ 4° Fatiguer par le bruit, les paroles. V. **Abrutir, assourdir, fatiguer** (Cf. Casser la tête). *Ces petits garçons qui nous étourdissent de leur babillage, de leur toupet* » (ROMAINS). ♦ 5° S'ÉTOURDIR. *v. pron.* Perdre la claire conscience de soi-même. *Boire pour s'étourdir. Par anal. S'étourdir de paroles.* V. **Enivrer** (s'), **griser** (se). *Chercher à s'étourdir pour oublier son chagrin, son inquiétude, ses maux.* V. **Distraire** (se). « *La jeunesse et la beauté même avaient besoin de s'étourdir jusqu'au vertige et de s'enivrer de mouvement jusqu'à la folie!* » (LAMART.). ◇ ANT. Exciter, réveiller, stimuler.

ÉTOURDISSANT, ANTE [eturdisɑ̃, ɑ̃t]. *adj.* (1690; de *étourdir).* ♦ 1° Qui étourdit par son bruit. V. **Assourdissant, fatigant.** *Vacarme étourdissant.* « *Un rire prolongé, étourdissant, à toute volée* » (BAUDEL.). ♦ 2° *Fig.* (XIXe). Qui fait sensation, qui cause une stupéfaction admirative. V. **Éblouissant, étonnant, merveilleux, sensationnel.** *Un succès étourdissant. Une toilette étourdissante.* « *Aujourd'hui toutes les admirations, toutes les impressions, tout se résume, tout se résout par étourdissant. Étourdissant est le point culminant du langage* » (BALZ.). « *Sardou fut étourdissant, éblouissant de verve* » (GIDE). ◇ ANT. Reposant. Decevant, banal.

ÉTOURDISSEMENT [eturdismɑ̃]. *n. m.* (1213; de *étourdir).* ♦ 1° Trouble caractérisé par une sensation de tournoiement, d'engourdissement, une perte momentanée de conscience. V. **Éblouissement, évanouissement, faiblesse, syncope, vertige.** *Avoir un étourdissement.* « *Vous avez des étourdissements; comment avez-vous résolu de les nommer, puisque vous ne voulez plus dire des vapeurs?* » (SÉV.). ♦ 2° État de celui qui est étourdi (3°), grisé. V. **Griserie, ivresse, vertige.** *L'étourdissement que cause une fortune subite, le succès.* ♦ 3° Action de s'étourdir*. « *Un désir immodéré de l'étourdissement, des relations faciles, de la noce* » (JALOUX).

ÉTOURNEAU [eturno]. *n. m.* (*Estornel,* XIIᵉ; *estourneau,* XVᵉ; lat. pop. °*sturnellus,* class. *sturnus*). ♦ 1° Petit oiseau (*Passereaux*) à plumage sombre à reflets métalliques, moucheté de taches blanches, au bec long, pointu, aplati à l'extrémité. V. **Sansonnet.** « *Les bandes d'étourneaux ont une manière de voler qui leur est propre, et semble soumise à une tactique uniforme et régulière* » (LAUTRÉAMONT). ♦ 2° (XVIIᵉ; *teste d'estornel, h.* XVᵉ; infl. de *étourdi;* Cf. Tête de linotte). Personne légère, inconsidérée, tête sans cervelle. « *L'étourneau croit que tout est facile et se prépare de terribles réveils* » (MAUROIS). *Quel étourneau!*

ÉTRANGE [etrɑ̃ʒ]. *adj.* (*Estrange* « étranger », v. 1100; lat. *extraneus* « étranger »). ♦ 1° (XIIᵉ). *Vx.* Incompréhensible; hors du commun. « *J'aperçois bien qu'amour est de nature étrange* » (MAROT). Spécialt. Épouvantable, extrême (*vx*). « *Ô Dieu, l'étrange peine!* » (CORN.). ♦ 2° *Mod.* Très différent de ce qu'on a l'habitude de voir, d'apprendre; qui étonne, surprend. V. **Bizarre, curieux, drôle, extraordinaire, singulier.** *Une étrange aventure.* « *Un bruit étrange, inexplicable..., effrayant et risible, me préoccupait l'oreille* » (GAUTIER). *Un air, un sourire étrange.* V. **Indéfinissable.** *C'est un étrange garçon.* V. **Étonnant, incompréhensible, inexplicable, original.** *Une conduite étrange. Étrange façon d'agir! Cet empressement est plutôt étrange.* V. **Inaccoutumé, inquiétant, insolite, louche.** *Un cas étrange.* V. **Exceptionnel, rare.** *Ce qu'il y a d'étrange dans sa conduite, c'est que... Il trouve étrange qu'on ne l'ait pas invité.* V. **Anormal.** ◊ Subst. *L'étrange* : caractère étrange. V. **Étrangeté.** « *Plus l'être est faible, plus il répugne à l'étrange, au changement* » (GIDE). ◈ ANT. **Banal, commun, courant, habituel, normal, ordinaire.**

ÉTRANGEMENT [etrɑ̃ʒmɑ̃]. *adv.* (XIIᵉ; de *étrange*). D'une manière étrange. ♦ 1° *Vx.* Extraordinairement, extrêmement. « *Paris est étrangement grand, et il faut faire de longs trajets* » (MOL.). ♦ 2° *Mod.* D'une manière étrange (2°), étonnante. V. **Bizarrement, curieusement, drôlement.** *Il était étrangement habillé. Il nous a étrangement traités.*

ÉTRANGER, ÈRE [etrɑ̃ʒe, ɛr]. *adj. et n.* (XIVᵉ; de *étrange*).
I. Adj. ♦ 1° Qui est d'une autre nation; qui est autre, en parlant d'une nation. *Les nations, les puissances étrangères.* « *La Grèce me reproche une mère étrangère* » (RAC.). « *De jeunes personnes étrangères, venues de diverses parties du monde, à qui elle serine un peu de français* » (BLOY). *Les travailleurs étrangers en France, en Allemagne. Langues étrangères; accent étranger. Haïr ce qui est étranger* (V. **Chauvin, xénophobe**). *Devises étrangères.* ♦ 2° Relatif aux rapports avec les autres nations. *Les Affaires étrangères.* V. **Diplomatie.** *Ministère des Affaires étrangères. Politique étrangère d'un gouvernement.* V. **Extérieur.** — Spécialt. *La Légion étrangère.* ♦ 3° Qui n'appartient pas ou qui est considéré comme n'appartenant pas à un groupe (familial, social). *Se sentir étranger dans une réunion, un milieu.* V. **Différent, distinct, isolé.** « *Malgré les liens du sang, on peut appeler étrangère une personne qui ne sait rien de nos intérêts les plus chers* » (STENDHAL). — *Être étranger à qqn, à un milieu :* n'avoir rien de commun avec. « *Je sentais qu'en six semaines d'absence, ils m'étaient devenus à peu près étrangers* » (FRANCE). ♦ 4° (*Choses*). *ÉTRANGER À* (qqn) : qui n'est pas propre ou naturel à qqn. *Ces préoccupations, ces considérations me sont étrangères.* « *La pitié, l'amitié et l'amour sont également étrangers à votre cœur* » (LACLOS). « *Un état d'irritation tout à fait étranger à son caractère plein de dignité et de mesure* » (STENDHAL). — Qui n'est pas connu (de qqn). *Ce visage ne m'est pas étranger.* V. **Inconnu.** ◊ Qui n'est pas familier. *Tout lui paraît hostile et étranger dans cette nouvelle maison.* V. **Étrange.** « *Cette ville, où j'ai vécu quinze ans, me devient tout à coup étrangère, parce que je vais la quitter* » (FRANCE). ♦ 5° (*Personnes*). *ÉTRANGER À* (qqch.) : qui n'a pas de part à qqch., se tient à l'écart de qqch. *Il est étranger à ce complot, à cette affaire :* il n'y a pas participé, ne s'en est pas mêlé. *Être étranger à l'art, au théâtre.* V. **Ignorant, profane.** « *Étrangers aux idées du temps, ignorants de la situation, ces hommes de l'Ancien Régime...* » (MICHELET). « *Se sentir étranger à tout, voilà l'excès de la solitude* » (SUARÈS). — *Être étranger à tout sentiment de pitié :* être incapable d'éprouver ce sentiment. V. **Insensible.** ♦ 6° (*Choses*). Qui ne fait pas partie de; qui n'a aucun rapport avec. V. **Distinct, extérieur.** *Fait étranger à la cause. Notes, considérations, digressions étrangères à un sujet, à un texte.* ♦ 7° **CORPS**

ÉTRANGER : toute chose qui se trouve contre nature dans l'organisme. *Extraire un corps étranger d'une plaie.* — Fig. *Cette digression constitue un corps étranger qui rompt l'unité du récit.*
II. N. ♦ 1° N. m. et f. Personne dont la nationalité n'est pas celle d'un pays donné (par rapport aux nationaux de ce même pays). *Un Allemand qui vit en France est un compatriote pour les Allemands et un étranger pour les Français. Statut d'étranger.* V. **Extranéité.** *Passeport d'un étranger. Étranger qui réside, qui est établi en France.* V. **Immigrant, métèque** (*péj.*), **réfugié.** *Épouser une étrangère. Ville remplie d'étrangers de tous pays.* V. **Cosmopolite.** « *L'étranger jouira en France des mêmes droits civils que ceux qui sont ou seront accordés aux Français par les traités de la nation à laquelle cet étranger appartiendra* » (CODE CIV.). ◊ N. m. (Collect.) *L'étranger* : les étrangers, et plus souvent l'ennemi. *Pays envahi par l'étranger.* ♦ 2° N. m. et f. Personne qui ne fait pas partie ou n'est pas considérée comme faisant partie de la famille, du clan; personne avec laquelle on n'a rien de commun. « *Un étranger vêtu de noir Qui me ressemblait comme un frère* » (MUSS.). V. **Inconnu.** *Ils se vouvoient devant les étrangers.* V. **Tiers.** *Se sentir un étranger parmi les hommes.* « *L'Étranger* », roman de Camus. ♦ 3° N. m. (XIXᵉ). Pays étranger (surtout dans *À,* pour l'*étranger; de l'étranger*). *Voyager à l'étranger. Aller vivre à l'étranger :* émigrer, s'expatrier. *Envoyer des marchandises à l'étranger* (exporter), *en faire venir de l'étranger* (importer). *Nouvelles de l'étranger.* « *On n'est considéré à l'étranger qu'en rapport de la considération que l'on s'attribue soi-même* » (FLAUB.).
◈ ANT. **Autochtone, indigène, national. Naturel, propre. Connu, familier.** — (du n.) **Citoyen, compatriote. Parent.**

ÉTRANGETÉ [etrɑ̃ʒte]. *n. f.* (*Estrangeté,* XIVᵉ; repris fin XVIIIᵉ; de *étrange*). ♦ 1° Caractère étrange. V. **Bizarrerie, singularité.** *Étrangeté de mise, de caractère.* V. **Excentricité, originalité.** *Impression d'étrangeté, de jamais vu.* « *Ce que j'éprouve depuis quelque temps est d'une telle étrangeté, que j'ose à peine en convenir devant moi-même* » (GAUTIER). « *Cet élément inattendu, l'étrangeté, qui est comme le condiment indispensable de toute beauté* » (BAUDEL.). ♦ 2° *Littér.* Action, chose étrange. *Il y a des étrangetés dans ce livre.* ◈ ANT. **Banalité.**

ÉTRANGLÉ, ÉE [etrɑ̃gle]. *adj.* (XVIᵉ; V. **Étrangler**). ♦ 1° *Voix étranglée :* gênée (par l'émotion, un resserrement de la gorge). ♦ 2° Resserré. *La taille étranglée,* trop serrée par une ceinture. — Méd. *Hernie* étranglée.

ÉTRANGLEMENT [etrɑ̃gləmɑ̃]. *n. m.* (*Estranglement,* 1240; de *étrangler*). ♦ 1° *Rare* (1538). Action d'étrangler. *Étranglement d'un condamné.* V. **Strangulation.** ♦ 2° *Vx* (XVIIᵉ). Compression ou obstruction des voies respiratoires qui produit un arrêt de la respiration. V. **Étouffement, suffocation.** *Mᵐᵉ de Longueval « est morte d'un étranglement à la gorge* » (SÉV.). ♦ 3° *Méd.* (1718). Le fait de se resserrer. *Étranglement d'un organe :* constriction violente avec arrêt de la circulation. V. **Resserrement.** *Étranglement herniaire.* V. **Hernie.** ♦ 4° (1707). État de ce qui est étranglé, brusquement très rétréci en un point. V. **Rétrécissement.** *Étranglement entre le thorax et l'abdomen des insectes. Étranglement d'une vallée* (gorge). — Endroit très resserré. *Cette pièce mécanique présente un étranglement.* — Goulet ou goulot d'étranglement. V. **Goulet.** ♦ 5° *Fig.* et littér. Action d'entraver dans son expression, de freiner ou d'arrêter dans son développement. *Étranglement des libertés.* V. **Étouffement.** ◈ ANT. **Dilatation, distension. Élargissement, évasement. Libération.**

ÉTRANGLER [etrɑ̃gle]. *v. tr.* (*Estrangler,* 1125; lat. *strangulare* « étrangler »). ♦ 1° Priver de respiration (jusqu'à ce que mort s'ensuive, ou non) par une forte compression du cou. V. **Asphyxier, étouffer.** *Étrangler qqn des mains, avec un nœud coulant.* « *On a bien vu qu'il y avait des ecchymoses autour du cou de Clara. Il avait dû l'étrangler* » (MART. du G.). — Par métaph. « *Sur toute joie pour l'étrangler j'ai fait le bond sourd de la bête féroce* » (RIMBAUD). ◊ Par ext. Gêner la respiration, serrer la gorge de (qqn). *La soif, l'émotion l'étranglait.* — Pronom. *Cet enfant s'étrangle à force de crier. Une voix qui s'étrangle :* qui a de la peine à sortir. « *L'appel s'étranglait au fond de sa poitrine* » (ZOLA). ♦ 2° (1665; « poursuivre, presser », déb. XIIIᵉ). *Fig.* Gêner ou supprimer par une contrainte insupportable. *Étrangler la liberté.* V. **Assassiner.** — Spécialt. Ruiner. « *On a révoqué tous les édits qui nous étranglaient dans notre province* » (SÉV.). « *Eugène Rouart prétend que le cultivateur est étranglé par la guerre* » (GIDE). ♦ 3° (1690; *étrangler un sac*). Resserrer. *Un dolman « qui étrangle la taille* » (COLETTE). « *Les chantiers du métro... achevaient d'étrangler les rues, de bloquer les carrefours* » (ROMAINS). — Mar. *Étrangler une voile.* V. **Carguer.**

ÉTRANGLEUR, EUSE [etrɑ̃glœr, øz]. *n.* (XIIIᵉ; de *étrangler*). ♦ 1° Celui qui étrangle. *Avoir des mains d'étrangleur,* de fortes mains brutales. ♦ 2° *Auto.* (1915). Dispositif d'obturation réglant l'arrivée de l'essence dans le carburateur.

ÉTRANGLOIR [etʀɑ̃glwar]. *n. m.* (1838; de *étrangler*). *Mar.* Cordage servant à carguer une voile, à l'étrangler. — Appareil destiné à ralentir la course de la chaîne d'ancre.

ÉTRAVE [etʀav]. *n. f.* (1573; a. scand. *stafn*). Pièce saillante qui forme la proue d'un navire. *On mesure la longueur d'un navire de l'étrave à l'étambot.*

1. ÊTRE [ɛtʀ(ə)]. *v. intr.* : *je suis, tu es, il est, nous sommes, vous êtes, ils sont; j'étais; je fus, nous fûmes; je serai; je serais; que je sois, que tu sois, qu'il soit, que nous soyons, que vous soyez, qu'ils soient; que je fusse; sois, soyons, soyez; étant; été.* — Aux temps composés, se conjugue avec AVOIR (IXᵉ; inf., 1100; lat. pop. °*essere*, class. *esse;* certaines formes empruntées au lat. *stare*).

I. ♦ **1°** Avoir une réalité. V. **Exister.** ◊ (Personnes) *Être ou ne pas être* (Cf. To be or not to be, SHAKESPEARE). *Je pense donc je suis* (Cf. Cogito ergo sum, DESCARTES). « *Dans tous les cas possibles, être, vous l'avouerez, demeure étrange. Être d'une certaine façon, c'est encore plus étrange* » (VALÉRY). *Je transforme ce* ' *je pense donc je suis* ' *qui m'a tant fait souffrir — car plus je pensais, moins il me semblait être — et je dis : on me voit, donc je suis* » (SARTRE). — *Rare.* Vivre. « *Qui sait si nous serons demain?* » (RAC.). Cour. *Il n'est plus* : il est mort. « *Depuis qu'elle n'est plus, je n'ai fait que semblant de vivre* » (GIDE). ◊ (Choses) *Que la lumière soit. Ne changeons pas ce qui est.* « *Rien ne sert de récriminer, ni de regretter même. Ce qui n'est pas, c'est ce qui ne pouvait pas être* » (GIDE). « *Seules les choses sont : elles n'ont que des dehors. Les consciences ne sont pas : elles se font* » (SARTRE). *Ce temps n'est plus. Cela n'est pas et ne sera pas. Cela peut être. V.* **Peut-être,** possible. *Cela étant... Ainsi soit-il. V.* **Ainsi.** — *Sc.* (au subj.) *Soit un triangle A B C, soient trois points en ligne droite* : si l'on pose, considère. ♦ **2°** *Impers.* (surtout *littér.*). IL EST, EST-IL, IL N'EST PAS... : il y a, y a-t-il, etc. V. **Avoir.** *Il est des gens que la vérité effraie. Est-il qqn parmi vous qui veuille répondre? Il n'est que d'aussi beau* (V. **Rencontrer, trouver, voir**). « *Il est des parfums frais comme des chairs d'enfants* » (BAUDEL.). — *Toujours est-il que* : de toute façon; en tout cas. « *Toujours était-il qu'on n'était pas d'accord à droite sur les concessions à faire à gauche* » (ARAGON). — IL N'EST QUE DE : le mieux est de; il n'y a qu'à, il suffit*. de. « *Il n'est que de s'entendre; cet homme-là et moi sommes quasi d'accord* » (P.-L. COUR.). — IL N'EST... QUE IL N'est bon bec que de Paris* » (VILLON). — S'IL EN EST. *Un coquin s'il en est, s'il en fut* : un parfait coquin. ♦ **3°** (Moment dans le temps). *Quelle heure est-il? Il est midi. Il est temps de partir.* — Poét. *Il est jour, il est nuit.* V. **Faire.**

II. Verbe copulatif, reliant l'attribut au sujet. *La terre est ronde. Je suis jeune.* « *Comment peut-on être Persan?* » (MONTESQ.). *Soyez poli. Vous êtes content, à présent! V.* **Voilà.** *Le vol est un délit.* V. **Constituer.** *Leur ouvrage est une vraie pièce.* V. **Consister** (en). *Être comme on est.* « *Je prends tout doucement les hommes comme ils sont* » (MOL.). « *(Corneille) peint les hommes comme ils devraient être... (Racine) les peint tels qu'ils sont* » (LA BRUY.). — *Être soi-même* : être tel qu'on a toujours été, ou tel qu'on est naturellement. « *Je suis toujours moi-même, et ma foi toujours pure* » (CORN.). « *Je ne vous connais* (reconnais) *plus : vous n'êtes plus vous-même* » (RAC.). ◊ **Être** (qqch., rien) **POUR** (qqn). « *Carlotta était tout pour Edmond, vraiment* » (ARAGON). *Il n'est rien pour moi, ni par la parenté, ni par l'affection. Vous ne m'êtes plus rien.*

III. Suivi d'une préposition ou d'un adverbe, d'une locution adverbiale. ♦ **1°** (État). *Être bien, être mal,* relativement au confort, à la santé. *Comment êtes-vous ce matin? Mieux qu'hier.* V. **Aller, porter** (se). *Être d'attaque.* ♦ **2°** (Lieu). V. **Trouver** (se). *J'y suis, j'y reste. Je suis à l'hôtel de la gare.* V. **Demeurer, loger.** *Être chez soi. La voiture est au garage. Les clefs sont sur la porte.* « *Rome n'est plus dans Rome, elle est toute où je suis* » (CORN.). ◊ *Fig. Être à côté de la vérité. Être au-dessus des calomnies. Être à ce qu'on dit, à ce qu'on fait* : avoir l'esprit à. *Être ailleurs* : avoir l'esprit ailleurs, absent. — Y ÊTRE, *fig.* V. **Comprendre.** *Ah! J'y suis! Vous n'y êtes pas du tout, mon pauvre ami.* V. **Deviner.** *Cent kilomètres? Vous n'y êtes pas!* ♦ **3°** (Au passé, avec un compl. de lieu, un inf.). Aller. *J'ai été à Rome l'an dernier* : j'y suis allé. *Nous avons été l'accompagner.* — Littér. « *Lorsque j'appris que ma voisine avait une compagne, je fus la voir* » (BERNARD. de ST-P.). « *Il s'en fut doucement à pied au cercle* » (ARAGON). ♦ **4°** (Temps). *Nous sommes au mois de mars, en mars, le 2 mars. On est au début du printemps.* ♦ **5°** Avec certaines prépositions. ◊ ÊTRE À. — (Possession) V. **Appartenir.** *Ceci est à moi.* — *Fig. Je suis à vous dans un instant* : à votre disposition. — (Occupation) *Être à son travail, être à travailler* : occupé à, en train de. *Être est toujours à se plaindre.* V. **Train** (en train de). — Devant un inf. (but, nécessité) *Cette personne est à admirer. C'est à prendre ou à laisser! Tout est à refaire!* ◊ ÊTRE DE... — (Provenance) *Être de Normandie,* né en Normandie. *Cet enfant est de*

lui. Cette comédie est de Molière. — (Participation) Faire partie, participer. *Vous êtes du nombre, des nôtres, de la famille. Être de la fête. On disait « de Fontenelle qu'il avait été le patriarche d'une secte dont il n'était pas* » (D'ALEMB.). — COMME SI DE RIEN N'ÉTAIT : sans avoir l'air de participer, avec indifférence. *Il subtilisa l'objet, comme si de rien n'était. Nous nous sommes disputés hier; mais il a été aimable aujourd'hui comme si de rien n'était.* ◊ EN ÊTRE : a) Faire partie de. *Nous organisons une réception, en serez-vous?* b) *En être à la moitié du chemin* : avoir parcouru la moitié du chemin. — *Fig. J'en étais là de mes déductions. Où en êtes-vous dans vos recherches? Ne plus savoir où l'on en est* : perdre la tête, s'affoler. c) *En être pour sa peine, son argent* : avoir perdu sa peine, son argent. ◊ ÊTRE EN (manière d'être) *Être en habit, en smoking* : porter un habit, un smoking. ◊ ÊTRE POUR : a) *Être pour ou contre qqch. Être pour une politique indépendante* : vouloir, adhérer à. b) *Être pour qqch. dans* : être en partie responsable de. *Vous avez été pour beaucoup dans sa décision.* c) *Région.* Devant un infinitif, avec une valeur de futur proche. *Nous sommes pour partir* : nous allons partir. ◊ ÊTRE SANS : a) N'avoir pas. *Être sans abri. Être sans le sou.* b) Devant un infinitif, à la forme négative. *Être en train sans savoir qqch.* : ne pas l'ignorer. *Vous n'êtes pas sans avoir entendu dire que* : vous avez probablement entendu dire que.

IV. C'EST, CE SERA, C'ÉTAIT, etc. ♦ **1°** Présentant une personne, une chose; rappelant ce dont il a été question. *C'est une personne aimable. Ce sera très facile. Ce n'est rien. Qui est-ce? Qu'est-ce? Laissez-le-moi ne serait-ce qu'un moment,* même seulement un moment. ♦ **2°** Annonçant ce qui suit (cette tournure permettant de mettre en relief un élément de la phrase). *C'est moi qui l'ai dit. C'est à vous d'agir.* ◊ SI CE N'ÉTAIT... et ellipt. N'ÉTAIT. *Si ce n'était, n'était l'amitié que j'ai pour vous, je vous dénoncerais* : s'il n'y avait. V. **Sans** (l'amitié). « *Si ce n'eût été la crainte de l'humilier... je serais volontiers tombé aux pieds de ce joueur généreux* » (BAUDEL.). ◊ C'EST-À-DIRE (V. à la nomenclature). ◊ C'EST À QUI, pour exprimer l'empressement de plusieurs personnes, leur compétition. *C'est à qui parlera le plus fort.* ◊ EST-CE QUE? formule interrogative qui s'emploie concurremment avec l'inversion du sujet. *Venez-vous? Est-ce que vous venez?* « *Est-ce que je doute de vous, Violaine? est-ce que je vous aime pas, Violaine? Est-ce que je ne suis pas sûr de vous, Violaine?* » (CLAUDEL). ◊ N'EST-CE PAS? formule par laquelle on requiert l'adhésion d'un auditeur. *Vous êtes de mon avis, n'est-ce pas? N'est-ce pas que j'ai raison?* « *Ce ' n'est-ce pas?' qui revient sur les lèvres de tant de gens et traduit un si grand besoin d'adhésion* » (DUHAM.).

V. Verbe auxiliaire servant à former : ♦ **1°** La forme passive des verbes transitifs. *Être aimé. Je suis accompagnée. Vous avez été critiqués.* ♦ **2°** Les temps composés de certains verbes intransitifs. *Elle était tombée. Nous étions partis.* ♦ **3°** Les temps composés de tous les verbes, pronominaux, ou actifs à la forme pronominale. *Ils se sont aimés.* « *Je me suis crue à l'abri de l'outrage* » (SAND). REM. Le participe passé reste invariable — Si l'objet direct n'est pas le pronom réfléchi : *Ils se sont trouvés ensemble à la réunion,* mais : *Ils se sont trouvé des prétextes pour partir.* — S'il est suivi d'un infinitif ayant un sujet autre que celui du verbe : *Elle s'est laissée aller,* mais : *Elle s'est laissé voler.* — Si le verbe ne peut avoir de complément d'objet direct : *Ils se sont convenu, nui, parlé, souri, succédé. Ils se sont plu dans cet endroit.* ◊ HOM. V. **Être** (2); formes du verbe **suivre** (je suis).

2. ÊTRE [ɛtʀ(ə)]. *n. m.* (XIIᵉ; du v. *être*). **I.** *Philo.* ♦ **1°** Fait d'être (V. **Existence**), qualité de ce qui est. Étude de l'être. V. **Ontologie.** *L'être et le non-être. L'être et le néant,* œuvre de Sartre. *L'être et le devenir. L'être, la quiddité et l'essence.* — Littér. *Donner l'être à qqn.* V. **Jour, naissance, vie.** ♦ **2°** *Spécialt.* Essence. « *L'homme n'agit point par la raison, qui fait son être* » (PASC.). ♦ **3°** *Vx.* Manière d'être (Cf. **Bien-être**). Situation dans la société. V. **Condition, état.**

II. Ce qui est. ♦ **1°** Tout être vivant et animé. ◊ (Sens général) *Les êtres et les choses. Les êtres vivants. Les êtres humains. Être créé.* V. **Créature.** *Être imaginaire, fabuleux.* « *Tout aime l'être et tout être se réjouit* » (GIDE). ◊ Littér. *Être de... Un être de joie* : qui participe de la joie, qui l'exprime. « *Êtres de néant et de ténèbres, notre impuissance et notre puissance sont fortement caractérisées* » (CHATEAUB.). ◊ *Relig.* Dieu, être éternel, être parfait, être suprême. « *Adorez l'Être éternel... Rien n'existe que par celui qui est* » (ROUSS.). *La fête de l'Être suprême,* fête religieuse organisée en l'An II par Robespierre pour lutter contre l'athéisme révolutionnaire. ♦ **2°** *Cour.* Personne, être humain. V. **Personne.** « *Un seul être vous manque, et tout est dépeuplé!* » (LAMART.). « *Le grouillement de ces êtres jeunes le distrayait un instant de sa préoccupation* » (MART. du G.). « *La séparation d'avec un être aimé* » (CAMUS). — *Péj. Qui est cet être-là?*

V. **Individu, type**. *Quel être insupportable! Quel être!* ♦
3° *L'être de qqn, mon, son être :* la personne de qqn. V.
Âme, conscience, personne. *Mon être :* moi. *Désirer qqch.
de tout son être.* « *Une sorte de poésie se dégageait de tout son
être* » (GIDE). ♦ 4° Philo. *Être de raison* (*opposé à* réalité) :
objet qui n'existe que dans la pensée. V. **Abstraction, entité**.
« *Si par un* être de raison *l'on entend une chose qui n'est point* »
(DESCARTES). ♦ 5° Math. *Être mathématique*, objet, grandeur
ou figure défini sans se référer à sa représentation.
◇ ANT. **Néant, non-être**. — HOM. **Êtres, hêtre**.

ÉTRÉCIR [etʀesiʀ]. *v. tr.* (*Estrecir*, v. 1300; lat. pop.
°*strictiare*, *de strictus* « étroit »). *Vx.* Rendre étroit, plus
étroit. V. **Rétrécir, resserrer**. « *La prunelle s'étrécit ou s'élargit* » (BUFF.). « *La vallée... en approchant d'Uzès, s'étrécit* »
(GIDE). ◇ ANT. **Dilater, élargir, évaser**.

ÉTREINDRE [etʀɛ̃dʀ(ə)]. *v. tr.;* conjug. *peindre* (*Estrein-
dre*, XIIᵉ; lat. *stringere* « serrer »). ♦ 1° Entourer avec les membres, avec le corps, en serrant étroitement. V. **Embrasser,
enlacer, prendre, retenir, saisir, serrer, tenir**. *Lutteur qui
étreint son adversaire. Étreindre qqn sur son cœur, sa poitrine.*
« *La main qui l'avait étreint par derrière au moment où il
tombait... celle de Jean Valjean* » (HUGO). V. **Empoigner**.
Pronom. « *Deux énergumènes qui s'étreignaient à la gorge* »
(MAC ORLAN). ◇ *Fig.* V. **Embrasser, saisir**. « *Ils croient
atteindre l'idéal en étreignant le réel* » (GAUTIER). PROV.
Qui trop embrasse* mal étreint. ♦ 2° (v. 1860) « tourmenter
de douleur », fin XVᵉ). En parlant de sentiments. V. **Oppresser, serrer, tenailler**. *Angoisse, détresse qui étreint le cœur,
l'âme.* « *Des songes qui nous étreignent parce que nous leur
en donnons la force* » (MALRAUX). ◇ ANT. **Desserrer, lâcher,
relâcher**.

ÉTREINTE [etʀɛ̃t]. *n.f.* (*Estrainte* « contrainte », v. 1210;
de *étreindre*). ♦ 1° (1508). Action d'étreindre; pression
exercée par ce qui étreint. *L'étreinte d'une main. L'armée
resserre son étreinte autour de l'ennemi.* ♦ 2° (1829). Fig.
L'étreinte de la douleur, celle... de la mort. « *Tu n'auras
pas senti l'étreinte De l'irrésistible Dégoût* » (BAUDEL.). ♦
3° (XVIIIᵉ). Action d'embrasser, de presser dans ses bras.
V. **Embrassement, enlacement**. « *Et la pire querelle succède à
une douce étreinte* » (ROMAINS). « *Accentuant l'étreinte de ses
bras, il la serra passionnément contre lui* » (MART. du G.).
S'arracher aux étreintes de qqn.

ÉTRENNE [etʀɛn]. *n. f.* (1636; *estreine*, *estraine*
« cadeau », XIIᵉ; lat. *strena* « cadeau à titre d'heureux présage »). ♦ 1° (*Souvent plur.*). Présent à l'occasion du premier
jour de l'année. *Je vous donne cela pour étrenne. Il a eu de
belles étrennes.* « *Ah! quel beau matin, que ce matin des
étrennes! Chacun, pendant la nuit, avait rêvé des siennes* »
(RIMBAUD). ♦ 2° *Spécial*. Gratification de fin d'année. *Les
facteurs, les boueux sont venus chercher leurs étrennes*. ♦
3° (*Estrine*, v. 1200). Premier usage qu'on fait d'une chose.
Cet objet est neuf, vous en aurez l'étrenne. V. **Primeur**.

ÉTRENNER [etʀene]. *v.* (1160, « faire un cadeau, une
étrenne à » (qqn); de *étrenne*). ♦ 1° V. *tr.* (1680). Être le
premier à employer, à utiliser (qqch.). *Mannequin qui étrenne
la robe d'un grand couturier*. — *Cour*. Utiliser pour la première fois. *Jeune fille fière d'étrenner sa robe de bal*. « *Jean
étrennait... son premier costume d'homme et certain petit
chapeau* » (LOTI). ♦ 2° V. *intr*. (1530, « être le premier acheteur du jour »). Être le premier à souffrir de quelque inconvénient (coup, disgrâce, reproche). *On a frappé les responsables, c'est malheureusement lui qui a étrenné* (Cf. Essuyer
les plâtres).

ÊTRES [ɛtʀ(ə)]. *n. m. pl.* (*Estras*, Xᵉ; *estres*, XIIᵉ; lat. *extera*,
plur. neutre de *exterus* « ce qui est à l'extérieur »). Disposition
des lieux dans un bâtiment. *Vx*. sauf dans : *Savoir, connaître
les êtres d'une maison*. ◇ HOM. **Être, hêtre**.

ÉTRÉSILLON [etʀeziʃɔ̃]. *n. m.* (XVᵉ; altér. de *estesillon*
(1333), « bâton servant à maintenir la gueule ouverte », d'où
« bâillon », en a. fr.; altér. (d'apr. *esteser* « tendre ») de
l'a. fr. *tesillon* (XIVᵉ), de *teser* « ouvrir la bouche »); lat.
pop. °*tesare*, de °*tensare* « tendre » de *tensus*). Techn.
(XVIIᵉ). Pièce de bois qui soutient les parois d'une tranchée
ou d'une galerie de mine, un mur qui se déverse ou qu'on
reprend en sous-œuvre. V. **Étai, étançon**.

ÉTRÉSILLONNEMENT [etʀeziʃɔnmɑ̃]. *n. m.* (fin XIXᵉ;
de *étrésillonner*). Techn. Action d'étrésillonner.

ÉTRÉSILLONNER [etʀeziʃɔne]. *v. tr.* (1676; de *étrésillon*). Techn. Soutenir avec des étrésillons. V. **Étayer**. *Étrésillonner un puits*.

ÉTRIER [etʀije]. *n. m.* (*Estreu*, 1080; *estrier*, XIIᵉ; frq.
°*streup* « courroie qui servait d'étrier » chez les Germains.
V. **Étrivière**). ♦ 1° Sorte d'anneau métallique qui pend de
chaque côté de la selle et soutient le pied du cavalier. *Courroie qui supporte l'étrier*. V. **Étrivière, porte-étriers**. *Les
étriers courts, longs. Se dresser sur ses étriers*. ◇ Loc. (1678).
Avoir le pied à l'étrier : être sur le point de partir; *fig*. Être bien
placé pour réussir dans la carrière où l'on s'engage. Dans le

même sens. *Il m'a mis le pied à l'étrier* (Cf. Mettre en selle). —
Boire le coup de l'étrier : le dernier coup avant de partir. —
Être ferme sur ses étriers : bien en selle; *fig*. Être inébranlable
dans ses opinions, ses résolutions. — *Perdre, quitter, vider les
étriers :* être désarçonné (*pr. et fig.*). ♦ 2° *Par anal*. (1752).
Appareil adapté à une table d'examen pour soutenir les
pieds d'une patiente (*méd.*). Dispositif en forme de fer à
cheval, que l'on fixe au pied en cas de fracture, pour l'immobiliser ou exercer une traction. ♦ 3° (1396). Techn. Nom de
pièces de fer coudées destinées à supporter des éléments de
charpente, à réunir ou consolider différentes pièces. ♦ 4° Anat.
(1611). Le troisième osselet de l'oreille moyenne. V. **Enclume,
marteau**. ◇ HOM. **Étriller**.

ÉTRILLE [etʀij]. *n. f.* (*Estrille*, XIIIᵉ; lat. pop. °*strigila*,
class. *strigilis* « racloir »). ♦ 1° Plaque de fer emmanchée
et garnie de petites lames parallèles et dentelées qu'on
utilise pour nettoyer la peau des chevaux, des gros animaux.
« *Un homme, qui tenait à la main une étrille, Pansait une
jument* » (HUGO). V. **Étriller**. ♦ 2° (1769). Crabe laineux à
pattes postérieures aplaties en palettes. V. **Portune**. « *Le
court-bouillon était prêt pour les étrilles, les tourteaux et les
poissons plats* » (CAYROL).

ÉTRILLER [etʀije]. *v. tr.* (XIIᵉ; lat. *strigilare*. V. **Étrille**).
♦ 1° Frotter, nettoyer avec l'étrille. V. **Brosser, panser**.
« *Comme les dragons étrillent, brossent et épongent leurs
chevaux au piquet* » (CHATEAUB.). ♦ 2° (v. 1450). *Vx*. Battre,
malmener. « *Je vous rosserai... Je vous étrillerai* » (MOL.).
◇ *Fig*. Malmener, critiquer violemment. « *Aristophane
en rit, Horace les étrille* » (MUSS.). ♦ 3° Faire payer trop
cher. V. **Estamper, voler**. *Nous nous sommes fait étriller
dans cet hôtel*. ◇ HOM. **Étrier**.

ÉTRIPAGE [etʀipaʒ]. *n. m.* (1877; de *étriper*). Action
d'étriper. *Étripage des animaux dans les abattoirs, des poissons
dans les conserveries*. ◇ *Fig. et fam*. Tuerie.

ÉTRIPER [etʀipe]. *v. tr.* (1534; de *é-*, et *tripe*). Ôter les
tripes à. V. **Vider**. *Étriper un veau*. « *Il regarde étriper un
agneau, dont l'aubergiste suspend au plafond bas les viscères* »
(GIDE). *Cheval de picador étripé dans une corrida*. V. **Éventrer**. ◇ *Fig. et fam*. S'ÉTRIPER (*v. pron. récipr.*) : se battre
en se blessant, en se tuant.

ÉTRIQUÉ, ÉE [etʀike]. *adj.* (1707; attesté avant le v.
V. **Étriquer**). ♦ 1° Qui est trop étroit, n'a pas l'ampleur
suffisante (vêtement). *Un paletot étriqué*. « *Elle faisait peine
à voir avec sa robe étriquée et toute noire* » (DAUD.). —
(Personnes) « *Il semblait étriqué dans un complet quadrillé...
serré à la taille, montant très haut* » (HUYSMANS). ♦ 2° (1829;
subst. 1760). *Fig*. Sans ampleur, trop limité. *Cet art* « *reste
déplorablement étriqué* » (GIDE). *Un esprit étriqué*. V. **Étroit,
mesquin, petit**. *Mener une vie étriquée*. ◇ ANT. **Ample, flottant, grand, large**.

ÉTRIQUER [etʀike]. *v. tr.* (1760, fig.; du norm. et picard
s'estriquer (soi *estrikier*, h. XIIIᵉ), « s'arc-bouter, s'allonger »; moy. néerl. *striken* « étirer »; frq. °*strikan*. V. **Trique**).
♦ 1° (1829). Rendre trop étroit; priver d'ampleur. V. **Diminuer**. « *Les corsets, les corps de jupe de nos femmes étriquent
leur taille* » (TAINE). — Faire paraître étroit. *Cette coupe de
veste vous étrique*. ♦ 2° (1836). Techn. Amincir (une pièce
de bois) pour l'adapter à une autre. ◇ ANT. **Élargir**.

ÉTRIVE [etʀiv]. *n. f.* (1786; var. de *étrier*). Mar. Position
d'une manœuvre qui fait un angle en rencontrant un objet
quelconque. — Amarrage fait sur un ou deux cordages qui
croisent.

ÉTRIVIÈRE [etʀivjɛʀ]. *n. f.* (*Estriviere*, 1175; de *étrier*).
Courroie par laquelle l'étrier est suspendu à la selle. *Allonger,
raccourcir les étrivières*. ◇ *Fig. et vx*. *Donner des coups
d'étrivière, les étrivières*, battre, corriger.

ÉTROIT, OITE [etʀwa, wat]. *adj.* (*Estreit*, XIIᵉ; lat.
strictus « étroit »). ♦ 1° Qui a peu de largeur. *Un ruban
étroit*. « *Les rues de Tolède sont extrêmement étroites; l'on
pourrait se donner la main d'une fenêtre à l'autre* » (GAUTIER).
*Fenêtres étroites et hautes. Épaules étroites. Vêtements,
souliers trop étroits*. V. **Étriqué, juste, serré**. — (Bible) *La voie,
la porte étroite :* la vie de renoncement. ♦ 2° *Par ext*. De
peu d'étendue, petit (espace). V. **Exigu, petit**. *Une étroite
prison. Orifice trop étroit*. Fig. *Un cercle étroit de recherches* » (FRANCE). ◇ De peu d'extension (sens). *Mot pris dans
son sens étroit*. V. **Restreint, stricto sensu** (Cf. À la lettre).
♦ 3° *Péj*. Qui est borné. *Esprit étroit*, sans largeur de vues,
sans compréhension. V. **Borné, incompréhen-
sif, intolérant, mesquin**. Par ext. *Des vues étroites*. « *Vous ne
me jugerez pas selon les principes étroits dont je sais que
vous avez horreur, mais selon une religion éclairée et humaine* »
(MAURIAC). ♦ 4° Qui tient serré (*opposé à* lâche). *Faire un
nœud étroit*. — Fig. Qui unit de près, intime. *Les liens étroits
du mariage. En étroite union. Rester en rapports étroits avec
qqn*. ◇ Fig. Qui contraint (*opposé à* relâché). V. **Rigoureux,
strict**. *Un étroit devoir*. « *Son oncle Meulière, radical et franc-*

maçon d'étroite observance » (MAURIAC). ♦ 5º À L'ÉTROIT *(loc. adv.)* : dans un espace trop petit. *Être à l'étroit dans un costume. Ils sont logés bien à l'étroit.* — Fig. *Vivre à l'étroit, sans aisance, dans la gêne.* ◇ ANT. *Large; grand, spacieux, vaste. Compréhensif, éclairé, généreux, humain, sensible. Lâche, relâché.*

ÉTROITEMENT [etʀwatmɑ̃]. *adv.* (XIIᵉ; de *étroit).* ♦ 1º Par un lien étroit; en serrant très près. *Tenir qqn étroitement embrassé.* — Fig. *Être lié étroitement à qqn, avec qqn.* V. **Intimement.** *Ces problèmes sont étroitements unis.* ♦ 2º Par ext. De près. *Surveiller qqn étroitement.* « *La reine, pendant tout ce temps, devait être étroitement gardée* » (VOLT.). ♦ 3º Rigoureusement, strictement. *Observer étroitement la règle.*

ÉTROITESSE [etʀwatɛs]. *n. f.* (*Estreitece,* XIIIᵉ; repris au XVIIIᵉ; de *étroit).* ♦ 1º Caractère de ce qui est étroit (1º), peu large. *L'étroitesse d'une rue. Étroitesse du bassin.* ♦ 2º Caractère de ce qui est petit (espace). *L'étroitesse d'un logement; d'un orifice.* ♦ 3º Caractère de ce qui est étroit (3º), borné. « *Toute l'étroitesse du petit esprit monastique* » (DIDER.). « *Je voyais à travers son front l'étroitesse de ses pensées* » (GIDE.). ◇ ANT. *Ampleur. Largeur.*

ÉTRON [etʀɔ̃]. *n. m.* (XIIIᵉ; frq. °*strunt*). Matière fécale consistante et moulée (de l'homme et de certains animaux). V. **Crotte, excrément.** « *C'est comme les étrons de chiens. Ça doit porter bonheur* » (ROMAINS).

ÉTRONÇONNER [etʀɔ̃sɔne]. *v. tr.* (XVIᵉ; de *é-,* et *tronçon.* V. **Tronc).** Tailler (un arbre) de façon à le réduire au tronc en enlevant la tête et les branches.

ÉTRUSQUE [etʀysk(ə)]. *adj. et n.* (1803; lat. *Etruscus).* *Antiq.* De l'Étrurie, région de l'Italie ancienne, située entre l'Arno et le Tibre. *Le peuple étrusque* (ou tyrrhénien). N. *Les Étrusques.* — *L'art étrusque. Vase étrusque* (s'est dit au XIXᵉ s. des vases grecs trouvés en Italie). — N. m. *L'étrusque,* langue non indo-européenne des Étrusques.

ÉTUDE [etyd]. *n. f.* (*Estuide,* XIIᵉ; lat. *studium* « ardeur, étude »).

I. Application méthodique de l'esprit cherchant à apprendre et à comprendre. *Aimer l'étude* (V. **Studieux).** *Son ardeur à l'étude.* « *L'étude a été pour moi le souverain remède contre les dégoûts de la vie* » (MONTESQ.). ♦ 1º *Spécialt.* Effort intellectuel pour acquérir des connaissances. *Se consacrer à l'étude du grec, du droit.* « *Je pense que l'étude des langues anciennes pourrait être abrégée considérablement* » (DIDER.). *Abandonner l'étude du piano.* ◇ Au plur. LES ÉTUDES : série ordonnée de travaux et d'exercices nécessaires à l'instruction. *Faire ses études :* parcourir successivement les divers degrés de l'enseignement scolaire. *Faire de bonnes, de mauvaises études. Commencer, poursuivre, achever ses études. Le cours, le cycle, la durée des études.* V. **Cursus.** « *Je n'ai pas eu la chance d'avoir des parents riches pour me payer mes études* » (SARTRE). *Études obligatoires.* V. **Scolarité.** *Études primaires, secondaires, supérieures.* V. **École, enseignement.** *Examens, diplômes de fin d'études.* V. **Brevet, certificat.** *Études de piano. École des Hautes Études.* ♦ 2º Effort intellectuel orienté vers l'observation et l'intelligence des êtres, des choses, des faits. V. **Science;** et **-Logie, -nomie.** *L'étude de la nature. L'étude des lois physiques, sociales, économiques. L'étude des textes.* « *On a donné trop d'importance et d'espace à l'étude des mots, il faut lui substituer aujourd'hui l'étude des choses* » (DIDER.). — *L'étude du cœur humain* (V. **Analyse).** ◇ *Examen. Étude d'une question, d'un projet, d'un contrat, d'un devis. Mettre un projet de loi à l'étude. Bureau, commission, comité d'étude. Voyage, mission d'études.* V. **Prospection.** « *Quelques voyages d'études dans le Bas-Congo, pour l'implacement des usines* » (MAUROIS). *Étude sur dossier, sur le terrain* (en sciences humaines).

II. Ouvrage résultant de cette application d'esprit. V. **Essai, travail.** *Consacrer une étude à un sujet, une personne.* ♦ 1º Ouvrage littéraire étudiant un sujet. ♦ 2º Représentation graphique (dessin, peinture) constituant un essai ou un exercice. *Peintre qui fait des études de main. Il « fit de bonnes études à l'huile du colonel Parker et du major Knight* » (MAUROIS). V. **Esquisse.** ♦ 3º Composition musicale écrite pour servir (en principe) à exercer l'habileté de l'exécutant. *Études de Chopin.*

III. (*Lieu).* ♦ 1º Salle où les élèves travaillent en dehors des heures de cours; *par ext.* Temps passé à ce travail. *Faire ses devoirs, apprendre ses leçons à l'étude. Maître d'étude, surveiller les élèves particulièrement durant l'étude.* V. **Répétiteur; pion, surveillant.** *Les élèves « dormaient dans l'atmosphère empuantie de l'étude* » (RIMBAUD). ♦ 2º Local où travaille un notaire, un avoué, un huissier, un commissaire-priseur. *Panonceau signalant une étude.* « *L'Étude était une grande pièce ornée du poêle classique qui garnit tous les antres de la chicane* » (BALZ.). ◇ *Par ext.* Charge du notaire, de l'avoué avec sa clientèle. *Céder son étude à son premier clerc.*

ÉTUDIANT, ANTE [etydjɑ̃, ɑ̃t]. *n.* (1370, en concurrence

avec *écolier* jusq. fin XVIIᵉ; fém., fin XIXᵉ; de *étudier).* Personne qui fait des études supérieures et suit les cours d'une université, d'une grande école. *Étudiant en Lettres, en Médecine. Les étudiants de la faculté des sciences. Union Nationale des Étudiants de France* (UNEF). *Sa fille est encore étudiante. Restaurant, logement des étudiants.* V. **Universitaire.** *Aimer la vie d'étudiant.* ◇ *Adj.* (1966) *La vie étudiante.* V. **Estudiantin.** *Un air étudiant,* d'étudiant.

ÉTUDIÉ, ÉE [etydje]. *adj.* (XVIᵉ; V. **Étudier).** ♦ 1º Mûrement médité et préparé (*opposé à* improvisé). *Un discours étudié :* dont les termes ont été soigneusement pesés. V. **Calculé.** *Cet acteur a un jeu trop étudié.* V. **Apprêté.** — Conçu avec grand soin. *La coupe de cette robe est très étudiée.* V. **Recherché.** *Comm.* (XXᵉ) *Des prix très étudiés,* calculés au plus juste, relativement peu élevés. ♦ 2º (1611). Volontairement produit ou façonné (*opposé à* naturel). *Des gestes étudiés.* V. **Contraint.** « *Avec un retard étudié, il articula sur le ton de la plus parfaite déférence* : « *C'était, somme toute, assez bien tourné* » (ARAGON). *Une joie étudiée.* V. **Affecté, feint.** — (*Personnes*) Qui compose son attitude, son expression. « *Cette emphatique Clairon qui est plus maigre, plus apprêtée, plus étudiée, plus empesée qu'on ne saurait dire* » (DIDER.). ◇ ANT. *Improvisé, naturel, simple, sincère, spontané.*

ÉTUDIER [etydje]. *v. tr.* (1270; v. intr., 1155; lat. *studere).* V. **Étude).**

I. ♦ 1º Chercher à acquérir la connaissance de. *Étudier l'histoire, l'anglais. Étudier le piano, apprendre à en jouer.* — (1694) Apprendre par cœur. *Élève qui étudie sa leçon. Étudier un rôle, une partition.* ♦ 2º Chercher à comprendre par un examen. V. **Analyser, observer.** *Étudier la nature, la germination, une réaction chimique. Étudier un texte, un auteur. Moraliste qui étudie le cœur humain.* — *Étudier qqn, observer attentivement son comportement. Joueur qui étudie son partenaire.* ♦ 3º (1835). Examiner afin de décider, d'agir. *Étudier un projet, un plan, les propositions de qqn. Suggestion qui mérite d'être étudiée attentivement.* V. **Considérer.** *Étudier un dossier, une affaire.* V. **Rechercher.** *Étudier les moyens d'en sortir.* ♦ 4º Traiter (un sujet). *Professeur qui étudie un point particulier. La sociologie étudie l'homme en société.*

II. S'ÉTUDIER. *v. pron.* ♦ 1º (XVIᵉ). Se prendre pour objet de son étude. *Socrate recommandait à l'homme de s'étudier afin de se connaître.* ◇ *Par ext.* S'observer avec trop de complaisance. V. **Écouter** (s'). ♦ 2º (*Récipr.).* S'observer l'un l'autre. *Des adversaires qui s'étudient.* ♦ 3º Se composer une attitude lorsqu'on se sent observé, jugé. V. **Observer** (s'), **surveiller** (se). — *Vx. S'étudier à,* s'appliquer à.

ÉTUI [etɥi]. *n. m.* (*Estui,* XIIᵉ; de l'a. fr. *estuier* « enfermer, garder », p.-ê. du lat. pop. °*studiare; de studium* « soin ». V. **Étude).** Enveloppe, le plus souvent rigide, dont la forme, la disposition est adaptée à l'objet, aux objets qu'elle est destinée à contenir. V. **Gaine;** et le préf. **Porte-.** *Étui de carton, de cuir, d'ivoire. Étui d'une arme blanche* (V. **Fourreau, gaine),** *étui à ciseaux. Étui à violon. Étui à lunettes, à jumelles. Étui à cigares, à cigarettes* (V. **Porte-).** *Étui de parapluie. Étui de cartouche.* V. **Douille.** — *Étui divisé en compartiments et contenant plusieurs objets.* V. **Nécessaire, trousse.** *Étui à couverts :* ménagère. ◇ *Mar.* Enveloppe en toile, sac où l'on renferme les voiles, etc. (V. **Housse; bâche).**

ÉTUVAGE [etyvaʒ] ou **ÉTUVEMENT** [etyvmɑ̃]. *n. m.* (1877,-1539; de *étuver).* Action d'étuver.

ÉTUVE [etyv]. *n. f.* (*Estuve* « établissement de bains », XIᵉ; lat. pop. °*extupa* ou °*extupare,* rad. gr. *tuphein* « fumer »). ♦ 1º Endroit clos dont on élève la température, pour provoquer la sudation. *Étuve sèche :* chambre qui n'est pas en contact avec la vapeur. *Étuve humide :* bain de vapeur, bain turc, sauna. *Étuve des thermes romains.* V. **Caldarium.** — *Chaleur d'étuve,* chaleur humide, pénible à supporter. « *Une atmosphère d'étuve que je n'ai pas souvent retrouvée, même dans les pays équatoriaux* » (DUHAM.). ◇ *Lieu où il fait très chaud. Quelle étuve! ouvrez la fenêtre.* ♦ 2º Appareil destiné à obtenir une température déterminée, supérieure à celle du milieu ambiant. *Étuve à désinfection, à stérilisation,* produisant une température supérieure à 100º. V. **Autoclave.** *Passer la literie d'un malade à l'étuve. Étuve à culture microbienne,* à température constante. *Étuve pour dessécher les fruits* (prunes, raisins). V. **Séchoir.** ◇ ANT. *Glacière.*

ÉTUVÉE [etyve]. *n. f.* (*Estuve* « de *étuver).* *Aliments* À L'ÉTUVÉE : cuits en vase clos, dans leur vapeur. V. **Étouffée.** *Pommes de terre à l'étuvée.* « *Pas de viandes rôties. Tout est cuit à l'étuvée* » (BAUDEL.). — *Par ext.* Mets ainsi préparé. *Une étuvée de pigeons.* V. **Estouffade.**

ÉTUVER [etyve]. *v. tr.* (*Estuver* « baigner dans l'eau chaude », XIIIᵉ; de *étuve).* ♦ 1º Faire passer à l'étuve (2º). V. **Désinfecter, stériliser; déshydrater, sécher.** ♦ 2º Cuire à l'étuvée. *Étuver des pigeons.*

ÉTUVEUR [etyvœʀ] *n. m.,* **ÉTUVEUSE** [etyvøz]. *n. f.*

(xxᵉ; « celui qui étuve », 1260; de *étuver*). Appareil, chaudière, four à étuver.

ÉTYMOLOGIE [etimɔlɔʒi]. *n. f.* (xivᵉ; titre d'un ouvrage, en 1160; lat. *etymologia*, du gr. *etumos* « vrai »). ♦ 1º Science de la filiation des mots, reconstitution de l'ascendance du mot en remontant de l'état actuel à l'état le plus anciennement accessible. *L'étymologie est fondée sur les lois phonétiques* (V. **Phonétique**) *et sémantiques* (V. **Sémantique**). « Étymologie c'est etumos logos, le sens authentique. Ainsi, l'étymologie fait sa propre réclame, et renvoie à l'étymologie » (PAULHAN). ♦ 2º Origine ou filiation d'un mot (V. **Origine, racine, source; évolution**). *Rechercher, donner l'étymologie d'un mot. Étymologie latine, germanique d'un mot français. Étymologie incertaine, obscure, inconnue. Fausse étymologie.* « *Il est difficile de faire comprendre que l'étymologie ne se devine pas, qu'elle est l'aboutissement de recherches minutieuses* » (O. BLOCH). — *Étymologie populaire* : procédé par lequel le sujet parlant rattache spontanément et à tort un mot à un autre (ex. : *choucroute* rattaché à *chou*. V. **Choucroute**).

ÉTYMOLOGIQUE [etimɔlɔʒik]. *adj.* (1551; lat. *etymologicus*, gr. *etumologikos*. V. **Étymologie**). ♦ 1º Relatif à l'étymologie. *Dictionnaire étymologique.* ♦ 2º Conforme à l'étymologie. *Sens étymologique d'un mot* : le sens le plus proche de celui du mot d'où il dérive *(étymon). Orthographe, graphie étymologique.*

ÉTYMOLOGIQUEMENT [etimɔlɔʒikmɑ̃]. *adv.* (1846; de *étymologique*). Conformément à l'étymologie. *Étymologiquement, ce mot signifie...*

ÉTYMOLOGISTE [etimɔlɔʒist(ə)]. *n.* (1578; de *étymologie*). Linguiste qui s'occupe d'étymologie. *Les recherches, les travaux des étymologistes.*

ÉTYMON [etim5]. *n. m.* (xxᵉ; gr. *etumon* « sens véritable », d'apr. *étymologie*). *Ling.* Mot que l'on considère comme donnant l'étymologie d'un mot.

Eu Symbole chimique de l'*europium*.

EU, EUE. *p. p.* du v. AVOIR.

EU-. Élément, du gr. *eu* « bien » (ex. : *euphorie*).

EUBAGE [øbaʒ]. *n. m.* (1755 ENCYCL., citant des érudits du xviiᵉ; empr. au lat.). Chez les Celtes, Prêtre lettré, d'une classe nommée entre les druides et les bardes. « *Une longue procession d'eubages et de druides* » (GAUTIER).

EUCALYPTOL [økaliptɔl]. *n. m.* (1870; de *eucalyptus*). Principe actif extrait de l'essence d'eucalyptus*. *L'eucalyptol est employé en inhalations comme antiseptique.*

EUCALYPTUS [økaliptys]. *n. m.* (*Eucalypte*, 1796; lat. bot. *eucalyptus* (1788); de *eu-*, et *kaluptos* « couvert », le limbe du calice restant fermé jusqu'après la floraison). Grand arbre exotique originaire d'Australie, à feuilles pointues très odorantes. *Inhalation d'eucalyptus.* « *Une odeur d'eucalyptus lui fit faire la grimace... dans une soucoupe placée au chevet du lit, une cigarette médicale achevait de se consumer* » (GREEN).

EUCHARISTIE [økaristi]. *n. f.* (1165; lat. ecclés. *eucharistia*; gr. *eukharistia* « action de grâce »). Sacrement essentiel du christianisme qui commémore et perpétue le sacrifice du Christ. V. **Cène, communion.** *Le mystère, le sacrement de l'Eucharistie.* ◊ Les espèces (pain et vin) qui, selon la doctrine catholique, contiennent substantiellement le corps, le sang, l'âme et la divinité de Jésus-Christ. V. **Transsubstantiation.** « *Fréquentons donc ce sacré repas de l'Eucharistie, et vivons en union avec nos frères : ... mangeons ce pain qui soutient l'homme; buvons ce vin qui doit réjouir le cœur* » (BOSS.). — *Doctrine luthérienne de l'Eucharistie.* V. **Consubstantiation, impanation.**

EUCHARISTIQUE [økaristik]. *adj.* (1577; lat. *eucharisticus*; gr. *eukharistikos*). Relatif à l'eucharistie. *Espèces eucharistiques. Congrès eucharistique.*

EUCLIDIEN, IENNE [øklidjɛ̃, jɛn]. *adj.* (v. 1730; de *Euclide*, mathématicien grec). *Math.* Relatif à Euclide. *Méthode euclidienne d'exposition de la géométrie.* ◊ *Géométrie euclidienne*, à trois dimensions, fondée sur le postulatum d'Euclide : « Par un point extérieur à une droite, on ne peut mener qu'une seule parallèle à cette droite ». *Géométries non euclidiennes.*

EUCOLOGE [økɔlɔʒ]. *n. m.* (1701; lat. ecclés. *euchologium*, gr. *eukhologion*, de *eukhê* « prière », et *logos* « livre »). *Relig.* Livre de prières contenant l'office des dimanches et fêtes. V. **Paroissien.**

EUDÉMIS [ødemis]. *n. m.* (1910; mot lat., p.-ê. du gr. *eu-* « beau », et *dêmas* « corps »). Papillon dont la chenille est nuisible à la vigne.

EUDÉMONISME [ødemɔnism]. *n. m.* (1876; gr. *eudaimonismos* « action de regarder comme heureux », de *eudaimôn* « heureux »). *Philo.* Doctrine morale ayant pour principe que le but de l'action est le bonheur. *L'eudémonisme d'Épicure.* « *On voit ce qu'est l'humanisme fameux de cet auteur* (Giraudoux) : *un eudémonisme païen* » (SARTRE).

EUDIOMÈTRE [ødjɔmɛtʀ(ə)]. *n. m.* (1775; gr. *eudia* « beau temps », et *-mètre*). *Sc.* Appareil servant à l'analyse quantitative des mélanges gazeux, utilisé en médecine pour l'analyse des gaz de la respiration.

EUDIOMÉTRIE [ødjɔmetʀi]. *n. f.* (1796; du précéd.). *Phys.* Analyse des mélanges gazeux avec l'eudiomètre.

EUDIOMÉTRIQUE [ødjɔmetʀik]. *adj.* (1793; de *eudiomètre*). *Phys.* Relatif à l'eudiométrie. *Expériences eudiométriques. Instrument eudiométrique.*

EUDISTE [ødist(ə)]. *n. m.* (xviiᵉ; de *Eudes*, n. pr.). Membre d'une congrégation religieuse consacrée à l'enseignement et à la prédication, instituée à Caen en 1643 par saint Jean Eudes.

EUGÉNATE [øʒenat]. *n. m.* (1933; de *eugén*[ol], et *-ate*). *Chir. dent.* Pâte durcissante, obtenue par le malaxage d'eugénol et d'oxyde de zinc, très utilisée en chirurgie dentaire (pansements, obturation de canaux).

EUGÉNIQUE [øʒenik] *n. f.* ou **EUGÉNISME** [øʒenism(ə)]. *n. m.* (1912; angl. *eugenism* (1883); de *eu-*, et *genos* « race »). *Didact.* Science qui étudie et met en œuvre les méthodes susceptibles d'améliorer les caractères propres des populations humaines, essentiellement fondée sur les connaissances acquises en hérédité. V. **Génétique.** *Stérilisation des dégénérés préconisée par l'eugénique.* « *Vers 1870, le cousin de Darwin, Francis Galton, fonde l'Eugénique scientifique, dont l'objet, selon lui, doit être double : entraver la multiplication des inaptes... et améliorer la race* » (J. ROSTAND). ◊ *Adj.* Qui a rapport à l'eugénique. « *La stérilisation eugénique* » (J. ROSTAND).

EUGÉNISTE [øʒenist(ə)]. *n.* (1927; de *eugénisme*). *Didact.* Spécialiste en eugénisme.

EUGLÈNE [øglɛn]. *n. f.* (1864; *eugléniens*, 1855; lat. mod. *euglena*, du gr. *euglênos* « aux beaux yeux »). *Zool.* Protozoaire flagellé des eaux douces, pourvu de chlorophylle.

EUH ! [ø]. *interj.* (xviiᵉ; onomat.). Interjection qui marque l'embarras, le doute, l'étonnement, l'hésitation. *C'est comme je vous le dis!* — *Euh! vous êtes sûr?* ◊ S'emploie pour répondre en style familier. — *Alors, cela vous plaît?* — *Euh! euh!...* ◊ HOM. *Eux, heu, œufs.*

EUNECTE [ønɛkt(ə)]. *n. m.* (1870; de *eu-*, gr. *nêktos* « nageur »). Reptile aquatique, non venimeux, qui vit en Amérique tropicale (appelé aussi *anaconda*).

EUNUQUE [ønyk]. *n. m.* (*Eunique, eunuche*, xiiiᵉ; repris xviᵉ; lat. *eunuchus*, gr. *eunoukhos*, proprem. « qui garde *(ekhein)*, le lit *(eunê)* des femmes »). ♦ 1º Homme châtré qui gardait les femmes dans les harems. « *Vous avez beau me dire que des eunuques ne sont pas des hommes* » (MONTESQ.). ♦ 2º *Méd.* Homme qui a subi une castration dans son enfance et dont le développement ultérieur ne s'est pas fait normalement. *L'eunuque est caractérisé par l'apparence féminine, la tendance à l'obésité, une voix grêle...* V. **Castrat; émasculation.** ♦ 3º *Fig.* et *fam.* Homme sans virilité (physique ou morale).

EUPATOIRE [øpatwaʀ]. *n. f.* (xvᵉ; lat. *eupatoria (herba)*, du gr., n. pr.). Plante *(Composacées)*, herbacée, vivace, à hautes tiges, à fleurs roses, qui croît au bord des eaux et que l'on nomme *chanvre d'eau.*

EUPEPTIQUE [øpɛptik]. *adj.* et *n. m.* (1908; de *eupepsie* [1843], bonne digestion). *Pharm.* Qui facilite la digestion.

EUPHÉMIQUE [øfemik]. *adj.* (1839; de *euphémisme*). Qui appartient à l'euphémisme. *Expression euphémique.*

EUPHÉMIQUEMENT [øfemikmɑ̃]. *adv.* (1846; de *euphémique*). Par euphémisme. « *Le lavabo, comme il disait euphémiquement pour cabinet* » (PINGET). ◊ ANT. Crûment.

EUPHÉMISME [øfemism]. *n. m.* (1730; gr. *euphêmismos; de *eu* « bien », et *phêmé* « parole »). Expression atténuée d'une notion dont l'expression directe aurait qqch. de déplaisant. V. **Adoucissement.** « *Disparu* » pour « *mort* » *est un euphémisme. Employer un mot par euphémisme.*

EUPHONIE [øfɔni]. *n. f.* (1561; gr. *euphônia*; de *eu* « bien », et *phône* « son »). ♦ 1º *Mus.* Harmonie de sons agréablement combinés. ♦ 2º *Ling.* Harmonie des sons qui se succèdent dans le mot ou la phrase. *Le t de a-t-il est pour l'euphonie.* « *C'est que la langue française est fort exigeante en matière d'euphonie. Pour satisfaire à la musique, elle enfreint des règles, altère des mots, ajoute des lettres* » (DUHAM.). ◊ ANT. Cacophonie, dissonance.

EUPHONIQUE [øfɔnik]. *adj.* (1756; de *euphonie*). Relatif à l'euphonie. « *Une faute euphonique* » (CLAUDEL). — Qui a de l'euphonie. « *Elle s'appelle Gretchen, nom qui, pour n'être pas si euphonique qu'Éthelwina ou Azélie, paraît d'une suffisante douceur aux oreilles allemandes et néerlandaises* » (GAUTIER). — Qui produit l'euphonie. *Le t de a-t-il est euphonique.*

EUPHONIQUEMENT [øfɔnikmɑ̃]. *adv.* (1865; de *euphonique*). D'une manière euphonique.

EUPHORBE [øfɔʀb(ə)]. *n. f.* (*Euforbe*, xiiiᵉ; lat. *euphorbia (herba)*; de *Euphorbus*, médecin du roi Juba de Mauritanie). Plante *(Euphorbiacées)* vivace, très commune, renfermant un suc laiteux noircissant généralement à l'air.

Euphorbe exotique à tige épaisse et charnue. « *Une énorme euphorbe candélabre* » (GIDE). *Euphorbe de Madagascar,* arbrisseau qui produit un caoutchouc.

EUPHORBIACÉES [øfɔʀbjase]. *n. f. pl.* (1819; de *euphorbe*). *Bot.* Famille de plantes phanérogames angiospermes, classe des dicotylédones dialypétales, comprenant des arbres, arbustes ou herbes très répandus sur tout le globe, qui renferment un suc laiteux, souvent vénéneux (aleurite, buis, euphorbe, hévéa, manioc, ricin).

EUPHORIE [øfɔʀi]. *n. f.* (1733; gr. *euphoria;* de *eu* « bien », et *pherein* « porter »). ♦ **1°** *Méd.* Impression intense de bienêtre général, pouvant aller jusqu'à un état de surexcitation (surtout chez des malades mentaux ou drogués). V. **Détente, soulagement.** ♦ **2°** (Fin XIXe). Sentiment de parfait bien-être et de joie. V. **Aise, béatitude, bien-être, bonheur, contentement, optimisme, satisfaction.** *Être en pleine euphorie.* « *L'autre, tout à l'euphorie de son arrivée dans la capitale, ne s'en aperçut point* » (ARAGON). ◇ ANT. Douleur. Angoisse. Dysphorie.

EUPHORIQUE [øfɔʀik]. *adj.* (1925, n., « médicament qui procure l'euphorie »; de *euphorie*). Qui provoque l'euphorie (on dit aussi *euphorisant*). *L'alcool est euphorique.* — Qui tient de l'euphorie. *Être dans un état euphorique.*

EUPHORISANT, ANTE [øfɔʀizɑ̃, ɑ̃t]. *adj.* et *n. m.* (mil. XXe; de *euphorie*). ♦ **1°** Qui provoque l'euphorie, le bien-être. *Une atmosphère euphorisante. Des médicaments euphorisants.* — *Un euphorisant.* V. **Antidépressif.** *Être sous euphorisants.* ♦ **2°** *Fig.* Qui incite à l'optimisme. « *Le mensonge euphorisant... que l'on fait à un malade condamné...* » (*La Croix*, 4-10-1970).

EUPHORISER [øfɔʀize]. *v. tr.* (1969; de *euphorie*). Procurer une sensation de bien-être. « *... Les couleurs, les lumières sont là pour* » *euphoriser* '*le client* ' (*Le Monde*, 14-12-1969). *Dér.* EUPHORISATION [øfɔʀizasjɔ̃]. *n. f.*

EUPHUISME [øfɥism(ə)]. *n. m.* (1820; angl. *euphuism*, de « *Euphues* », nom (du gr. *euphuês* bien né ») d'un ouvrage de J. Lyly (1579). *Hist. littér.* Style précieux et maniéré, à la mode en Angleterre sous Élisabeth Ire. V. **Préciosité.**

EURAFRICAIN, AINE [øʀafʀikɛ̃, ɛn]. *adj.* et *n.* (v. 1955; de *eur*[o]- et *africain*). Qui concerne à la fois l'Europe et l'Afrique. « *Une société eurafricaine de manutention vient d'être créée* » (*Le Monde*, 31-12-1966).

EURASIATIQUE [øʀazjatik]. *adj.* (1940; de *Eurasie*, nom du continent formé par l'Europe et l'Asie réunies). *Géogr.* De l'Eurasie, relatif à l'Eurasie. « *L'ancienne connexion des continents eurasiatique et nord-américain* » (MARTONNE).

EURASIEN, IENNE [øʀazjɛ̃, jɛn]. *adj.* et *n.* (1865; de *Europe*, et *Asie*). ♦ **1°** D'Eurasie. *Les Eurasiens.* ♦ **2°** Métis né d'un Européen et d'une Asiatique (ou l'inverse).

EURÊKA! [øʀeka]. *interj.* (mil. XIXe; mot gr. « J'ai trouvé! », attribué par la légende à Archimède lorsqu'il découvrit brusquement au bain la loi de la pesanteur spécifique des corps). S'emploie lorsqu'on trouve subitement une solution, un moyen, une bonne idée.

EURISTIQUE. V. **HEURISTIQUE.**

EUR(O)-. Préfixe tiré de *Europe, européen* et entrant dans les composés (*eurafricain, eurodollar,* etc.).

EUROCRATE [øʀɔ(o)kʀat]. *n. m.* (v. 1965; de *euro-,* et *-crate*). Fonctionnaire des institutions européennes. « *Les eurocrates de Bruxelles* » (*Nouv. Obs.,* 10-7-1972).

EURODOLLAR [øʀɔdɔlaʀ]. *n. m.* (v. 1965; de *euro-,* et *dollar*). *Fin.* Dollar acquis par les banques centrales européennes. « *Le marché allemand de l'eurodollar* » (*L'Express,* 24-7-1972).

EUROMARCHÉ [øʀɔmaʀʃe]. *n. m.* (1971; de *euro-,* et *marché*). *Fin.* Marché financier européen. « *Les ' euromarchés ' sont la preuve de la souplesse et de la créativité des banques* » (*Le Monde*, 25-5-1970).

EUROPÉANISATION [øʀɔpeanizasjɔ̃]. *n. f.* (1949; de *européaniser*). Action d'européaniser; son résultat. « *Les propos sur l'européanisation de la question allemande* » (*Le Monde*, 24-8-1965).

EUROPÉANISER [øʀɔpeanize] ou **EUROPÉISER** [øʀɔpeize]. *v. tr.* (1829-1851; de *européen*). ♦ **1°** Façonner à la civilisation européenne. — Pronom. (1842). *La Chine s'est moins européanisée que le Japon.* ♦ **2°** *Polit., écon.* Envisager un problème à l'échelle européenne. — *Pronom.* Passer d'une perspective nationale à une perspective européenne. « *Le commerce suisse est en train de s'européaniser* » (*Le Monde*, 16-4-1966).

EUROPÉANISME [øʀɔpeanism(ə)] ou **EUROPÉISME** [øʀɔpeism(ə)]. *n. m.* (1806; de *européen*). Caractère européen, goût de ce qui est européen. « *Je penchais pour vous par européanisme* » (NAPOLÉON). ◇ *Spécialt.* (1969). Position politique favorable à l'unification de l'Europe.

EUROPÉEN, ÉENNE [øʀɔpeɛ̃, ɛɛn]. *adj.* et *n.* (XVIIIe; de *Europe*). De l'Europe. *Les peuples européens, la civilisation européenne.* ◇ *Spécialt.* Qui concerne le projet d'une Europe économiquement et politiquement unifiée; qui en est par-

tisan. « *L'idéal européen ne doit pas pour autant faire fi d'idées nationales* » (R. SCHUMAN).

EUROPIUM [øʀɔpjɔm]. *n. m.* (1901; de *Europe*, et *-ium*). *Chim.* Corps simple de symbole *Eu*, n° at. 63, du groupe des terres rares.

EUROVISION [øʀɔvizjɔ̃]. *n. f.* (1954; abrév. de *Union européenne de radiodiffusion et de télévision*). Émission simultanée de programmes télévisés dans plusieurs pays d'Europe. *Match en Eurovision.*

EURYTHMIE [øʀitmi]. *n. f.* (1547; de *eu-,* et *ruthmos* « rythme »). ♦ **1°** *Didact.* Heureuse harmonie dans la composition, les proportions de l'ensemble d'une œuvre plastique. V. **Équilibre, harmonie.** — *Mus.* Heureux choix des sons. — *Méd.* Régularité du pouls. ♦ **2°** *Fig.* et *rare.* Équilibre, harmonie. « *Voyez donc l'eurythmie de l'existence humaine dans ses mouvements utiles* » (MAETERLINCK).

EURYTHMIQUE [øʀitmik]. *adj.* (1864; de *eurythmie*). *Didact.* Dont la composition est harmonieuse; qui a de l'harmonie.

EUSCARIEN, IENNE ou **EUSKARIEN, IENNE** [øskaʀjɛ̃, jɛn]. *adj.* et *n.* (1897; du basque *escuara*). *Didact.* Basque. « *Cette mystérieuse langue euskarienne dont l'origine demeure inconnue* » (LOTI).

EUSTACHE [østaʃ]. *n. m.* (1782; de *Eustache* Dubois, coutelier. *Fam.* et *vieilli.* Couteau de poche à virole et à manche en bois, servant d'arme. « *Cette résistance augmenta la fureur de Groult, qui vit rouge et tira son eustache* » (FRANCE). V. **Surin.**

EUSTATIQUE [østatik]. *adj.* (v. 1928; all. *eustatische Bewegungen,* déb. XXe; du gr.). *Géol. Mouvements eustatiques,* variations du niveau de la mer (dues notamment à la fonte des glaces et à la glaciation).

EUSTATISME [østatism(ə)]. *n. m.* (XXe; de *eustatique*). *Géol.* Variation du niveau des mers.

EUTECTIQUE [øtɛktik]. *adj.* (1907; gr. *eutektos* « qui fond facilement »). *Sc.* Se dit d'un mélange dont la température de solidification est fixe (*point eutectique* ou *d'eutexie*), *par anal.* de certains alliages métalliques dont la température de fusion est fixe. *Mélange eutectique.* — *Subst. Un eutectique,* un mélange, un alliage eutectique.

EUTEXIE [øtɛksi]. *n. f.* (1914; gr. *eutéxia*). *Sc.* Propriété des mélanges eutectiques. — *Point, température d'eutexie :* température de fusion d'un mélange ou d'un alliage eutectique.

EUTHANASIE [øtanazi]. *n. f.* (1771; de *eu-,* et gr. *thanatos* « mort »). ♦ **1°** *Méd.* (Vx). Mort douce et sans souffrance. ♦ **2°** *Cour.* Usage des procédés qui permettent de hâter ou de provoquer la mort pour délivrer un malade incurable de souffrances extrêmes, ou pour tout motif d'ordre éthique. *La législation française condamne l'euthanasie qu'elle considère comme un assassinat.*

EUTHANASIQUE [øtanazik]. *adj.* (1959; de *euthanasie*). Qui provoque l'euthanasie ou s'y rapporte.

EUTROPHISATION [øtʀɔfizasjɔ̃]. *n. f.* (v. 1970; du gr. *eu* « bon », et *trophé* « nourriture »). *Sc.* (*Écologie*). Accumulation, à température élevée, de débris organiques putrescibles dans les eaux stagnantes, provoquant la désoxygénation des eaux profondes. « *L'eutrophisation des lacs et réservoirs* » (*La Recherche*, n° 6, 11-1970, p. 587).

1. EUX [ø]. *pron. pers.* 3e *pers. masc. plur.* (Xe; lat. *illos*). Pronom complément prépositionnel, forme tonique correspondant à *ils* (V. E), pluriel de *lui* (V. Lui). *Je vis avec eux, chez eux. C'est à eux de parler. L'un d'eux, l'un d'entre eux. Nous pensons à eux. Ils ont fait cela à eux deux. Eux-mêmes.* V. **Même.** ◇ (XVIe) Forme d'insistance. *Ils n'oublient pas, eux.* ◇ Comme sujet : *Si vous acceptez, eux refuseront.* « *Eux, bien entendu, n'avaient pas bronché* » (LOTI). ◇ HOM. Euh, heu, œufs.

2. -EUX, -EUSE. Élément de nombreux adjectifs (ex. : *peureux, cuivreux*).

E. V. Abrév. des mots *En ville,* utilisée dans les adresses des lettres remises au destinataire sans passer par l'administration des postes.

ÉVACUANT, ANTE [evakɥɑ̃, ɑ̃t]. *adj.* (XVIIIe; de *évacuer*). *Méd.* Qui fait évacuer, contre la constipation. *Mucilage évacuant. Subst. Un évacuant.*

ÉVACUATEUR, TRICE [evakɥatœʀ, tʀis]. *adj.* (1892; de *évacuer*). Qui sert à évacuer les eaux. — *Subst. Un évacuateur :* système de vannes, déversoir d'un barrage en cas de crue.

ÉVACUATION [evakɥasjɔ̃]. *n. f.* (1314; bas lat. *evacuatio,* rac. *vacuus* « vide »). ♦ **1°** Rejet, expulsion de certaines matières hors de l'organisme. V. **Élimination, excrétion, expulsion.** *Évacuation par la bouche.* V. **Crachement, expectoration, vomissement.** *Évacuation des excréments.* V. **Défécation.** « *On donna à Monseigneur force émétique, et sur les deux heures il fit une prodigieuse évacuation par haut et bas* » (ST-SIM.). — ♦ **2°** *Chir.* Action de vider une cavité normale ou pathologique de son contenu. *Évacuation d'un abcès.*

Évacuation du contenu gastrique par sonde. ♦ 3° Écoulement d'un liquide qui sort d'un lieu. V. **Déversement, écoulement.** *Évacuation des eaux d'égout, des eaux d'un étang. Orifice d'évacuation.* V. **Déversoir.** ♦ 4° (1690). Action d'évacuer (un lieu), d'abandonner en masse une place, un pays que l'on occupait militairement. V. **Abandon, départ, retrait.** *Évacuation d'une place forte, d'un territoire, d'un pays.* ◇ Action de quitter en masse (le lieu qu'on occupait) par nécessité ou par ordre. *Évacuation d'un territoire par la population civile* (V. **Exode**). *Évacuation d'une salle de spectacle par une sortie de secours. Évacuation d'un bateau en perdition.* ♦ 5° (v. 1900). Action d'évacuer (des personnes), de faire partir d'un lieu. *Évacuation des blessés, des prisonniers.* ◈ ANT. **Entrée, invasion, occupation.**

ÉVACUÉ, ÉE [evakɥe]. *adj.* (V. **Évacuer**). ♦ 1° Dont on a fait partir les occupants. *Ville, zone évacuée.* V. **Vide.** ♦ 2° Qu'on a fait quitter un lieu. *La population évacuée.* — Subst. *Reloger les évacués d'une région sinistrée.*

ÉVACUER [evakɥe]. *v. tr.* (XIII°; lat. *evacuare* « vider »). ♦ 1° Rejeter, expulser de l'organisme. V. **Éliminer; déféquer, expectorer, uriner, vomir.** ♦ 2° Faire sortir (un liquide) d'un lieu. *Évacuer les eaux d'égout. Conduite, tuyau qui évacue l'eau d'un réservoir.* V. **Déverser, vidanger, vider.** ♦ 3° Cesser d'occuper militairement (un lieu, un pays). V. **Abandonner, retirer (se).** *Évacuer une place forte, une position. Les Allemands évacuèrent la France en 1944.* — Par ext. (fin XVIII°) Quitter (un lieu) en masse, par nécessité ou par un ordre. V. **Quitter, retirer (se), sortir.** *Le président fit évacuer la salle. Les passagers et l'équipage durent évacuer le navire.* V. **Abandonner.** « *Les gens du parterre se levèrent et commencèrent lentement à évacuer la salle* » (CAMUS). ♦ 4° (XIX°). Faire quitter en masse un lieu où il est dangereux, interdit de demeurer. *Évacuer la population d'une ville bombardée.* ◈ ANT. **Accumuler, garder. Envahir, occuper.**

ÉVADÉ, ÉE [evade]. *adj.* et *n.* (1694; de *évader*). ♦ 1° Adj. Qui s'est échappé. *Prisonnier évadé.* ♦ 2° N. V. **Échappé, fugitif.** *Reprendre, capturer un évadé.*

ÉVADER (S') [evade]. *v. pron.* (XIV°; intr. jusq. XVII°; lat. *evadere* « sortir de »). ♦ 1° S'échapper d'un lieu où l'on était retenu, enfermé. V. **Échapper (s'), enfuir (s'), fuir, sauver (se); évasion.** *S'évader d'une prison; d'un camp de prisonniers. Le prisonnier s'est évadé par la fenêtre.* « *Ce misérable, qui ne sait pas doué d'une force herculéenne, avait trouvé moyen de s'évader* » (HUGO). — (Avec ellipse du pron. pers.) *Faire évader un prisonnier.* ♦ 2° Par ext. Quitter un lieu furtivement, à la dérobée. V. **Éclipser (s'), esquiver (s').** « *Elle avait seulement voulu s'évader de ce salon, pour fuir la présence d'Antoine* » (MART. du G.). ♦ 3° Fig. Échapper volontairement à (une réalité). V. **Échapper, fuir, libérer, soustraire (se).** *S'évader de sa condition. S'évader du réel par le rêve, par l'imagination.* « *Le timide s'évade souvent de sa faiblesse par quelque manifestation de violence* » (DUHAM.).

ÉVAGINATION [evaʒinasjɔ̃]. *n. f.* (1870; de *é-*, et *(in)vagination*). *Méd.* Saillie anormale d'un organe. V. **Hernie, invagination, prolapsus.**

ÉVALUABLE [evalɥabl(ə)]. *adj.* (1845; de *évaluer*). Qui peut être évalué. V. **Calculable.**

ÉVALUATION [evalɥasjɔ̃]. *n. f.* (1361; de *évaluer*). Action d'évaluer. V. **Appréciation, calcul, détermination, estimation, expertise, prisée.** *Évaluation d'une fortune, de biens. Évaluation des marchandises en magasin.* V. **Inventaire.** — *Évaluation d'une distance, d'une longueur. Évaluation approximative.* V. **Approximation.** ◇ La valeur, la quantité évaluée. *Évaluation insuffisante, trop faible* (V. **Mesure, prix, valeur**).

ÉVALUER [evalɥe]. *v. tr.* (XIV°; *avaluer*, 1283, de l'a. fr. *value*). ♦ 1° Porter un jugement sur la valeur, le prix de. V. **Estimer, priser.** *Faire évaluer un meuble, un tableau, par un expert.* V. **Expertiser.** « *Il essaya d'évaluer la fortune paternelle et quelle en serait sa part; mais il n'avait là-dessus aucune donnée précise* » (MART. du G.). V. **Calculer, chiffrer.** *Évaluer un bien au-dessus, au-dessous de sa valeur.* V. **Surévaluer; sous-évaluer.** *Sa maison est évaluée un million, à un million* (V. **Valoir**). *L'arbitre a évalué le dommage.* ◇ Déterminer (une quantité) par le calcul sans recourir à la mesure directe. *Évaluer un volume, le débit d'une rivière.* V. **Jauger.** ♦ 2° Par ext. Fixer approximativement. V. **Apprécier, estimer, juger.** *Évaluer une distance à vue d'œil. Foule, assistance évaluée à deux mille personnes environ.* — (Abstrait) « *Fernando Lucas savait accepter tous les risques dont il avait, depuis longtemps, évalué la quantité et la qualité* » (MAC ORLAN).

ÉVANESCENCE [evanesɑ̃s]. *n. f.* (1877; de *évanescent*). *Littér.* Qualité de ce qui est évanescent. Chose évanescente. « *Par-delà les obscurités symbolistes et les évanescences décadentes* » (HENRIOT).

ÉVANESCENT, ENTE [evanesɑ̃, ɑ̃t]. *adj.* (1810; lat. *evanescens*, de *evanescere* « s'évanouir »). *Littér.* Qui s'amoindrit et disparaît graduellement. *Image évanescente.* V. **Fugitif.** *Impression évanescente :* qui s'efface, s'évanouit. ◈ ANT. **Durable.**

ÉVANGÉLIAIRE [evɑ̃ʒeljɛʁ]. *n. m.* (1721; lat. ecclés. *evangeliarium*). Livre contenant les passages des évangiles lus ou chantés à la messe. V. **Missel.**

ÉVANGÉLIQUE [evɑ̃ʒelik]. *adj.* (XIV°; lat. ecclés. *evangelicus*). ♦ 1° Relatif ou conforme à l'Évangile. V. **Chrétien.** *Doctrine évangélique. Charité évangélique.* ♦ 2° Qui est de la religion protestante, fondée essentiellement sur l'enseignement et la vie du Christ connus par les Évangiles. *Église réformée, luthérienne évangélique.* — Subst. *Les évangéliques,* les protestants.

ÉVANGÉLIQUEMENT [evɑ̃ʒelikmɑ̃]. *adv.* (XVI°; de *évangélique*). De manière évangélique. *Vivre évangéliquement.*

ÉVANGÉLISATEUR, TRICE [evɑ̃ʒelizatœʁ, tʁis]. *adj.* (1870; de *évangéliser*). Qui évangélise. *Mission évangélisatrice.* Subst. *Un évangélisateur :* celui qui évangélise. V. **Évangéliste, missionnaire.**

ÉVANGÉLISATION [evɑ̃ʒelizasjɔ̃]. *n. f.* (XVIII°; de *évangéliser*). Action d'évangéliser; son résultat.

ÉVANGÉLISER [evɑ̃ʒelize]. *v. tr.* (XIII°; lat. ecclés. *evangelizare*, d'o. gr.). Prêcher l'Évangile à. V. **Christianiser.** « *Allez et évangélisez les nations* » (Évang.). V. **Missionnaire.** « *Le pasteur Grégory logeait au fond d'une cité presque uniquement peuplée par des manœuvres arméniens, qu'il évangélisait* » (MART. du G.).

ÉVANGÉLISME [evɑ̃ʒelism(ə)]. *n. m.* (1808; « fête », 1740; du suiv.). ♦ 1° Caractère de la doctrine morale et religieuse de l'Évangile. ♦ 2° *Théol.* Doctrine du salut par Jésus-Christ mort pour la rédemption de l'humanité.

ÉVANGÉLISTE [evɑ̃ʒelist(ə)]. *n. m.* (XII°; lat. ecclés. *evangelista*, d'o. gr.). ♦ 1° Auteur de l'un des Évangiles. *Les quatre évangélistes Matthieu, Marc, Luc et Jean.* ♦ 2° Prédicateur itinérant de l'Église Réformée qui s'efforce de diffuser l'Évangile. ♦ 3° Partisan de l'évangélisme.

ÉVANGILE [evɑ̃ʒil]. *n. m.* (XII°; lat. ecclés. *evangelium*, gr. *euaggelion* « bonne nouvelle »). ♦ 1° (Avec un E majuscule) Enseignement de Jésus-Christ. *Répandre l'Évangile.* « *La voie du ciel est étroite et les préceptes de l'Évangile forts et vigoureux* » (Boss.). ♦ 2° Chacun des livres de la Bible où la vie et la doctrine de Jésus-Christ ont été consignées. *Les Évangiles synoptiques* (Évangiles selon saint Matthieu, saint Marc et saint Luc). *Le quatrième évangile ou Évangile selon saint Jean.* — PAROLE D'ÉVANGILE, chose sûre, indiscutable. *Tout ce qu'il dit n'est pas parole d'évangile :* ne doit pas être admis sans réserve. ◇ Absolt. *L'Évangile :* le recueil des quatre évangiles canoniques. — Par ext. *Le Nouveau Testament tout entier.* ◇ Texte des Évangiles qu'on lit chaque jour à la messe et à matines. *L'évangile du jour.* ♦ 3° Par anal. *Fig.* Document essentiel d'une croyance, d'une doctrine. V. **Bible, catéchisme, dogme, loi.** « *Le Capital* » de Karl Marx, *évangile du marxisme.*

ÉVANOUI, IE [evanwi]. *adj.* (*Esvanoïz,* XII°; V. **Évanouir**). ♦ 1° Disparu. *Rêve évanoui.* ♦ 2° Sans connaissance; en syncope. « *Il tomba évanoui dans un fauteuil* » (VIGNY). *Rester longtemps évanoui.*

ÉVANOUIR (S') [evanwiʁ]. *v. pron.* (*Esvanoïr* « disparaître », XII°; lat. pop. °*exvanire,* de *evanescere.* V. **Évanescent**). ♦ 1° Disparaître sans laisser de traces. V. **Disparaître, effacer (s'), évaporer (s').** *Apparition, fantôme qui se manifeste et s'évanouit brusquement. Image un instant aperçue et qui s'évanouit aussitôt.* V. **Dissiper (se).** *Les ennemis s'évanuirent en un clin d'œil.* V. **Enfuir (s'), fuir.** *Son autorité, sa gloire se sont évanouies. Sentiment, sensation, souvenir qui s'évanouit.* V. **Envoler (s');** et aussi **Fugace, fugitif.** « *Toutes mes bonnes résolutions s'évanouissent* » (FÉN.). ♦ 2° Perdre connaissance; tomber en syncope. V. **Défaillir, pâmer (se).** Cf. *Se trouver mal, tourner de l'œil, tomber dans les pommes. S'évanouir d'émotion, d'épuisement, de douleur. Elle « tomba d'une masse aux pieds du vieillard. Elle s'était évanouie* » (GREEN). ◈ ANT. **Apparaître. Revenir (à soi).**

ÉVANOUISSEMENT [evanwismɑ̃]. *n. m.* (XII°; de *évanouir*). ♦ 1° Disparition complète. V. **Disparition,** effacement. *Évanouissement d'une vision. L'évanouissement de ses espérances.* V. **Anéantissement.** — *Évanouissement d'un son.* V. **Fading.** ♦ 2° Le fait de perdre connaissance; perte complète de la conscience, de la sensibilité et de la motilité accompagnée d'un affaiblissement des battements cardiaques et d'un ralentissement de la respiration. V. **Syncope; pâmoison.** *Revenir d'un évanouissement prolongé.* ◈ ANT. **Apparition. Réveil.**

ÉVAPORABLE [evapɔʁabl(ə)]. *adj.* (1625; de *évaporer*). Susceptible de s'évaporer.

ÉVAPORATEUR [evapɔʁatœʁ]. *n. m.* (1868; de *évaporer*). Appareil employé pour la dessiccation, le séchage de divers produits. — Appareil servant à distiller l'eau de mer.

◇ Organe des machines frigorifiques à compression où se produit l'évaporation.

ÉVAPORATION [evapɔʀasjɔ̃]. *n. f.* (1398; lat. *evaporatio*). Transformation d'un liquide en vapeur par sa surface libre, à toute température. V. **Vaporisation**. *L'ébullition est un cas particulier de l'évaporation. Évaporation d'une goutte de liquide en présence d'une paroi très chaude.* V. **Caléfaction**. *Séchage par évaporation. Évaporation spontanée des eaux naturelles à l'air libre.* — *Réfrigération par évaporation.* ◈ ANT. *Condensation.*

ÉVAPORATOIRE [evapɔʀatwaʀ]. *adj.* (XIVᵉ; de *évaporer*). Techn. Qui sert à l'évaporation des liquides.

ÉVAPORÉ, ÉE [evapɔʀe]. *adj.* (déb. XVIIᵉ; V. **Évaporer**). Qui a un caractère étourdi, léger; qui se dissipe en choses vaines. V. **Dissipé, écervelé, étourdi, folâtre, léger** (Cf. *Sans cervelle*). *Une jeune fille évaporée. Air évaporé.* « *Trois Mauresques bien plus évaporée babillaient sous leurs masques blancs* » (FROMENTIN). — Subst. « *Je n'étais au bout du compte qu'une petite évaporée* » (GAUTIER). ◈ ANT. *Grave, posé, sérieux.*

ÉVAPORER [evapɔʀe]. *v. tr.* (1314; lat. *evaporare*. V. **Vapeur**). ♦ 1° *Vx.* Faire passer (un liquide) à l'état de vapeur. *Évaporer lentement un liquide.* — Fig. « *Pour évaporer notre âme au soleil* » (LAMART.). ♦ 2° V. **pron.** Se transformer en vapeur (V. **Vaporiser**), et *spécialt.* Se résoudre lentement en vapeur par sa surface libre. *Brume, rosée qui s'évapore à la chaleur du soleil. Flacon mal bouché dont le contenu s'évapore.* — (Avec ellipse du pron. pers.) *Faire évaporer de l'eau de mer pour obtenir du sel.* — Fig. et *fam.* Disparaître brusquement. *À peine arrivé, il s'évapore.* V. **Éclipser** (s'). *Ce livre ne s'est tout de même pas évaporé!* V. **Envoler** (s').

ÉVASÉ, ÉE [evaze]. *adj.* (1415; V. **Évaser**). Qui va en s'élargissant (objet cylindrique, tubulaire). *Entonnoir peu évasé. Amphore évasée. — Jupe évasée.* ◈ ANT. *Rétréci.*

ÉVASEMENT [evazmɑ̃]. *n. m.* (XIIᵉ; de *évaser*). Action d'évaser (*rare*); état de ce qui est évasé. V. **Agrandissement, élargissement; ouverture**. *Évasement d'un tube, d'un entonnoir, de l'embouchure d'un instrument. Évasement d'un trou.* V. **Étampure, fraisure**. « *L'ample et tranquille évasement des flancs* » (FRANCE). ◈ ANT. *Étranglement, rétrécissement.*

ÉVASER [evaze]. *v. tr.* (1380, mais antérieur (V. **Évasement**); de *é-*, et *vase*). Élargir à l'orifice, à l'extrémité. *Évaser un conduit, un tube; un tuyau. Évaser l'orifice d'un trou, par fraisage.* — S'ÉVASER, v. pron. « *Le cône (des coquilles) s'allonge ou s'aplatit, se resserre ou s'évase* » (VALÉRY). *Manches qui s'évasent au poignet.* ◈ ANT. *Étrangler, rétrécir.*

ÉVASIF, IVE [evazif, iv]. *adj.* (1547; de *évasion*). Qui cherche à éluder en restant dans l'imprécision. *Il n'a rien promis, il est resté très évasif. Réponse, formule évasive.* V. **Ambigu, équivoque, fuyant, vague**. « *La première fois qu'on lui parla de ce voyage...* (Tartarin) *fit d'un petit air évasif* : « *Hé!... hé!... Peut-être... je ne dis pas* » (DAUD.). ◈ ANT. *Catégorique, clair, net, positif, précis.*

ÉVASION [eva(ɑ)zjɔ̃]. *n. f.* (XIIIᵉ; bas lat. *evasio*, de *evadere*. V. **Évader**). ♦ 1° Action de s'évader, de s'échapper d'un lieu où l'on était enfermé. « *Elle se sent observée nuit et jour avec vigilance; une tentative d'évasion l'exposerait à une réclusion plus sévère* » (VILLIERS). — *Spécialt.* Fait, pour un détenu, de se soustraire à la garde imposée. V. **Cavale** (arg.). *Tentative d'évasion. Évasion réussie, manquée. Évasion d'un prisonnier de guerre.* ♦ 2° Fig. *Évasion hors de la réalité par le sommeil, le rêve, la lecture. Besoin d'évasion.* V. **Changement, distraction, divertissement**. « *Ils ne dédaignent pas les livres qui donnent des chances d'évasion* » (DUHAM.). ◇ *L'évasion des capitaux à l'étranger.* V. **Fuite**. *Évasion fiscale,* dissimulation d'une partie des revenus imposables. ◈ ANT. *Détention, emprisonnement.*

ÉVASIVEMENT [evazivmɑ̃]. *adv.* (1787; de *évasif*). D'une manière évasive. « *Il s'était tu et n'avait plus répondu qu'évasivement aux questions* » (CAMUS). ◈ ANT. *Catégoriquement, franchement.*

ÉVASURE [evazyʀ]. *n. f.* (1611; de *évaser*). Rare. Ouverture évasée. *L'évasure d'un entonnoir.*

ÉVÊCHÉ [eveʃe]. *n. m.* (*Evesqué*, XIIᵉ; lat. ecclés. *episcopatus*). ♦ 1° Juridiction d'un évêque, territoire soumis à son autorité spirituelle. *Il y a en France métropolitaine soixante-dix évêchés et dix-sept archevêchés. Les Trois-Évêchés,* désignation aux XVIᵉ et XVIIᵉ s. des trois principaux évêchés ecclésiastiques aux mains des évêques de Metz, Toul et Verdun. ♦ 2° Dignité épiscopale. ♦ 3° Palais épiscopal, demeure de l'évêque; ville où réside l'évêque. *Se rendre à l'évêché.*

ÉVECTION [eveksjɔ̃]. *n. f.* (XIVᵉ; lat. *evectio* « action de s'élever », rac. *vehere*). Astron. Inégalité périodique dans le mouvement de la Lune, due à l'attraction solaire.

ÉVEIL [evej]. *n. m.* (1175, « le fait d'être sur ses gardes »; « réveil », XVᵉ; de *éveiller*). Action d'éveiller, de s'éveiller.

♦ 1° (1762). *Vx. Donner à qqn l'éveil de qqch.* : l'avertir, éveiller son attention sur. *Mod.* (1839) *Donner l'éveil* : exciter, par n'importe quel moyen, la méfiance, à se mettre sur ses gardes. V. **Alarme, alerte**. « *Le chien porte un grelot d'un son léger. Doux assez pour ne point donner trop tôt l'éveil à l'oiseau* » (J. de PESQUIDOUX). — (1843) *Être en éveil* : être attentif, sur ses gardes. *Son esprit est toujours en éveil.* « *Pour donner le change à M. Borges dont la méfiance était tout à coup en éveil* » (GREEN). ♦ 2° (Fin XVIIIᵉ). Action de se révéler, de se manifester (facultés, sentiments). *L'éveil de l'intelligence, de l'imagination.* « *Le premier éveil du patriotisme* » (MIRABEAU). « *L'essentiel... dans l'éducation, ce n'est pas la doctrine enseignée, c'est l'éveil* » (RENAN). ♦ 3° (XXᵉ). Physiol. État d'un être qui ne dort pas. V. **Veille**. « *Pour l'éveil comme pour le sommeil, il faut aussi des conditions psychologiques : l'intérêt ou l'attention commande l'éveil* » (CHAUCHARD). ◈ ANT. *Abrutissement, torpeur. Assoupissement. Sommeil.*

ÉVEILLÉ, ÉE [eveje]. *adj.* (*Avoillez*, XIIIᵉ; V. **Éveiller**). ♦ 1° Qui ne dort pas. « *Cet affreux tourment-là me tint éveillé jusqu'au matin* » (DAUD.). ◇ *Par ext.* Que l'on a sans rêver. *Un rêve, un songe éveillé.* ♦ 2° Plein de vie, de vivacité. *Un enfant éveillé.* V. **Alerte, déluré; dégourdi, espiègle, gai, malicieux, vif**. « *Il n'a rien de ce qui s'appelle un enfant éveillé. On le croirait même tout à fait sot* » (L. BERTRAND). Par ext. *Un esprit éveillé.* V. **Dispos, ouvert, vif**. *Avoir l'œil, l'air éveillé.* V. **Futé; fripon, mutin**. *Un minois éveillé.* ◈ ANT. *Endormi, somnolent. Abruti, indolent, lourd, mou, pesant, sot.*

ÉVEILLER [eveje]. *v. tr.* (*Esveiller*, 1100; lat. pop. °*exvigilare* « veiller sur »; s'écarte V. **Veille**). I. *V. tr.* ♦ 1° Littér. Tirer du sommeil. V. **Réveiller**. *Ne faites pas de bruit, vous allez l'éveiller.* « *J'ai préféré d'éveiller avec précaution la jolie dormeuse* » (LACLOS). « *Un enfant qu'on a éveillé en plein cauchemar* » (MART. du G.). ♦ 2° Faire que ce qui était latent, virtuel, se manifeste. V. **Développer, révéler, stimuler**. *L'étude des mathématiques éveille l'intelligence.* « *Aucune éducation ne transforme un être : elle l'éveille* » (BARRÈS). ♦ 3° (XVIIᵉ). Faire naître ou apparaître (un sentiment, une idée). V. **Provoquer, susciter**. *Éveiller une passion, un désir, l'amour chez qqn. Éveiller la défiance, les soupçons* (Cf. *Mettre la puce à l'oreille*). *Elle « jeta les lettres dans l'ouverture de la boîte par un geste rapide qui n'éveilla pas le moindre soupçon* » (GREEN). *Éveiller la curiosité pour la satisfaire.* V. **Exciter, piquer**. « *Ce nom éveille, en moi, des mondes de songes!* » (VILLIERS). V. **Évoquer**. II. S'ÉVEILLER. *v. pron.* ♦ 1° Sortir du sommeil. V. **Réveiller** (se). « *Une certaine voix angélique des femmes qui s'éveillent et qui, comédiennes de race, semblent chaque matin sortir de l'au-delà* » (RADIGUET). — *Poét.* (Nature, objet personnifié...) « *La nature s'éveille et de rayons s'enivre* » (RIMBAUD). « *Paris comme une jeune fille s'éveille langoureusement* » (APOLLINAIRE). ◇ S'ÉVEILLER À (un sentiment) : éprouver pour la première fois. *S'éveiller à l'amour.* ♦ 2° Naître, se manifester (sentiments, idées). « *Dans plus d'une âme s'éveillait le repentir* » (MICHELET). « *Une série de souvenirs s'éveillait dans son imagination* » (BARRÈS). ◈ ANT. *Endormir. Apaiser, paralyser.*

ÉVEILLEUR [evejœʀ]. *n. m.* (1857; au propre, XVIᵉ; de *éveiller*). Fig. Celui qui éveille (une personnalité, une intelligence). « *Ce méridional chaleureux, sarcastique, éveilleur d'esprits* » (MAUROIS).

ÉVÉNEMENT [evɛnmɑ̃]. *n. m.* (1507, a remplacé *évent*; du lat. *evenire*, d'apr. *avènement*). ♦ 1° *Vx.* Fait auquel vient aboutir une situation. V. **Résultat**. « *Jamais, certes, jamais plus beau commencement N'eût en si peu de temps si triste événement* » (MOL.). V. **Fin**. — Dénouement d'une pièce de théâtre. ◇ Mod. *L'événement a démenti, trompé, confirmé son attente.* ♦ 2° Ce qui arrive et qui a quelque importance pour l'homme. V. **Fait**. « *Mais qu'est-ce qu'un événement? Est-ce un fait quelconque! Non pas! me dites-vous, c'est un fait notable* » (FRANCE). *Événement qui a lieu, se passe, se produit à un moment. Date, théâtre, scène d'un événement. Événement heureux.* V. **Bonheur, chance**. *Événement malheureux, triste événement.* V. **Calamité, catastrophe, désastre, drame, malheur, tragédie**. *Événement imprévu.* V. **Accident, incident, théâtre** (coup de). *La chaîne, la suite des événements.* V. **Circonstance, conjoncture, situation**. *Tournure prise par les événements. Être dépassé par les événements.* « *Les événements, on les commande, pensait Rivière, et ils obéissent* » (ST-EXUP.). *Événement historique. Événement qui fait date.* V. **Époque, ère**. *Événement politique, diplomatique.* V. **Affaire**. *Le grand événement du siècle. L'un des événements de cette longue lutte.* V. **Épisode, page**. *Être au courant des événements. Il tenait un journal des événements parisiens, littéraires et théâtraux* » (HENRIOT). — *Spécialt.* « *Les événements* » de mai et juin 1968. « *Différentes prises de position à propos des 'événements' de mai* » (Le Monde, 22-2-1969). — *Fam. Lorsqu'il part en voyage, c'est un événement :* cela prend une importance démesurée. V. **Affaire, histoire.** ♦ 3° *Statistique.* Éventualité*, résultat possible lorsque celui-ci est aléatoire. V. **Épreuve** (I, 5°), **expérience** (4°).

ÉVÉNEMENTIEL, IELLE [evɛnmãsjɛl]. *adj.* (1959; de *événement*). *Didact.* Qui ne fait que décrire les événements. *Histoire événementielle.*

ÉVENT [evã]. *n. m.* (1521; de *éventer*). **I.** ♦ 1° (1558). Narines des cétacés. *Colonne de vapeur rejetée par les évents de la baleine.* ♦ 2° (1676). *Techn.* Conduit ménagé dans les moules pour l'échappement des gaz; canal d'aération. **II.** (1611). Caractère de ce qui est éventé.

ÉVENTAIL [evãtaj]. *n. m.* (1416; h. *XIV*e; de *éventer*, d'apr. *vantail*). ♦ 1° Instrument portatif qu'on agite d'un mouvement de va-et-vient pour produire de la fraîcheur. V. **Éventer** (s'). *Éventail de plumes des anciens* (flabellum). *Spécial.* Cet instrument, formé d'une feuille de tissu, papier, montée sur des branches articulées, qu'on peut déployer ou refermer. *Agiter un éventail, jouer de l'éventail.* « *Manœuvrer l'éventail est un art totalement inconnu en France. Les Espagnoles y excellent* » (GAUTIER). *Éventail peint.* ◇ « *Le palmier, qui balance légèrement auprès de lui ses éventails de verdure* » (CHATEAUB.). ♦ 2° EN ÉVENTAIL : en forme d'éventail ouvert. *Plis, plissé en éventail.* « *Un monsieur avec une barbe grise en éventail* » (ARAGON). *Adrienne « considéra ses cartes qu'elle tenait... en éventail* » (GREEN). *Fam. Les doigts de pied en éventail.* — *Archit. Voûte en éventail* du style anglais perpendiculaire (gothique), dont les nervures forment un éventail ouvert. ♦ 3° *Fig.* (XXe). Ensemble de choses diverses d'une même catégorie (qui peut être augmenté ou diminué comme on ouvre ou ferme un éventail). *Éventail d'articles offerts à l'acheteur.* V. **Choix.** *L'éventail des prix, des salaires.* V. **Échelle.**

ÉVENTAILLISTE [evãtajist(ə)]. *n.* (1704; *évantaliste*, 1690; a remplacé *éventailler*, 1503; de *éventail*). Personne qui fabrique, vend des éventails. Peintre d'éventails.

ÉVENTAIRE [evãtɛʀ]. *n. m.* (1690; *inventaire* « plateau d'osier », 1680; o. i.). ♦ 1° Plateau, généralement en osier, que les marchands ambulants portent devant eux, maintenu par une sangle en bandoulière ou passée derrière le cou. V. **Corbeille.** *Éventaire d'une vendeuse de fleurs.* ♦ 2° (XXe). Étalage en plein air, à l'extérieur d'une boutique, sur la voie publique, sur un marché. V. **Devanture, étal.** *Il « regarda l'éventaire multicolore du marchand de journaux* » (SARTRE).

ÉVENTÉ, ÉE [evãte]. *adj.* (h. *XIIIe*; V. **Éventer**). ♦ 1° Exposé au vent. *Une rue, une terrasse très éventée* (opposé à abrité). ♦ 2° (1596). Altéré, corrompu par l'air; qui a perdu son parfum, son goût. *Parfum, vin éventé.* ♦ 3° Découvert, connu. *Le secret est éventé. C'est une ruse, une personne ne s'y laissera prendre.* ♦ 4° (1571). *Vx.* V. **Écervelé, étourdi,** évaporé. *Subst.* « *Je la ferai rougir, cette jeune éventée* » (CORN.).

ÉVENTER [evãte]. *v. tr.* (déb. *XIIIe*; *esvanter* « ventiler », fin *XIIe*; de *é-*, et *vent*). ♦ 1° Rafraîchir en agitant l'air. « *L'aubergiste prend soin d'éventer ses hôtes avec un énorme plumeau chasse-mouches* » (GIDE). *Pronom.* « *Je m'éventais avec un mouchoir* » (CAMUS). ♦ 2° (1165). Exposer au vent, à l'air. *Éventer des vêtements. Éventer le grain,* le remuer pour éviter la fermentation. ◇ *Pronom.* Perdre son parfum, son goût en restant au contact de l'air. *La bouteille était mal bouchée : le vin s'est éventé.* ♦ 3° (« *Dépister* », 1120). Mettre à l'air libre (ce qui est enfermé ou caché). *Éventer une mine, une mèche. Loc. fig. Éventer la mèche,* pénétrer un dessein, un secret. « *Robert était à mille lieues de croire que j'avais éventé la mèche* » (MAURIAC). ◇ *Fig.* V. **Découvrir.** *Éventer un complot, un piège.* — *Vx.* « *Ne rien dire et ne rien faire qui puisse éventer le secret* » (SAND). ♦ 4° *Chasse.* V. **Flairer.** *Le renard « était venu trop près... il était revenu* » (PERGAUD).

ÉVENTRATION [evãtʀasjɔ̃]. *n. f.* (1743; de *éventrer*). Hernie ventrale qui se forme dans les régions antérieures et latérales de l'abdomen. — Le fait d'être éventré.

ÉVENTRER [evãtʀe]. *v. tr.* (1538; *esventré* « qui a le ventre vide », *XIIIe*; de *é-*, et *ventre*). ♦ 1° Déchirer en ouvrant le ventre. « *Le taureau avait acculé Félicité contre une claire-voie; ... une seconde de plus il l'éventrait* » (FLAUB.). *Pronom.* « *Le Japonais s'éventre par point d'honneur* » (LITTRÉ). V. **Hara-kiri.** ♦ 2° *Par ext.* Fendre largement (un objet) pour atteindre le contenu. V. **Ouvrir.** *Éventrer une malle, un tonneau. Éventrer un matelas.* ♦ 3° *Défoncer.* « *L'artillerie continuait à éventrer le sol disputé* » (DUHAM.).

ÉVENTREUR [evãtʀœʀ]. *n. m.* (1890, à propos de « Jack l'Éventreur », célèbre criminel londonien des années 1888-89 surnommé « Jack the Ripper »). Celui qui éventre.

ÉVENTUALITÉ [evãtɥalite]. *n. f.* (fin *XVIIIe*; de *éventuel*). ♦ 1° Caractère de ce qui est éventuel. *Éventualité d'un événement.* V. **Contingence, hasard, incertitude.** *Envisager l'éventualité d'une guerre.* V. **Cas, hypothèse, possibilité.** ♦ 2° Une, des éventualités(s) : circonstance(s), événement(s) pouvant

survenir à l'occasion d'une action. *Être prêt; parer à toute éventualité avant de prendre une décision.* V. **Événement.** « *Le succès final apparaîtrait comme une éventualité secondaire, comme une sorte de preuve par neuf* » (ROMAINS). ◇ ANT. *Certitude, nécessité, réalité.*

ÉVENTUEL, ELLE [evãtɥel]. *adj.* (1718; du lat. *eventus* « événement »). ♦ 1° *Dr.* Qui peut se produire si certaines conditions se trouvent réalisées. *Succession éventuelle. Clause, condition éventuelle.* ♦ 2° *Cour.* Qui peut ou non se produire. *Profits éventuels.* V. **Possible.** *Tout cela est bien séduisant, mais reste éventuel.* V. **Hypothétique, imprévisible, incertain.** « *Il n'y a guère que le choix entre un mal certain et un mal éventuel* » (GIDE). — (Personnes) *Le successeur éventuel d'un prince, d'un ministre.* ◇ Qui appartient au futur contingent. — *Subst. Le réel et l'éventuel. L'éventuel est exprimé dans le système verbal par le conditionnel.* ◇ ANT. *Assuré, certain, nécessaire; inévitable, prévu, réel, sûr.*

ÉVENTUELLEMENT [evãtɥelmã]. *adv.* (1737; de *éventuel*). D'une manière éventuelle. *J'aurais éventuellement besoin de votre concours.* « *Le surplus servirait éventuellement à rémunérer des concours parlementaires* » (ROMAINS).

ÉVÊQUE [evɛk]. *n. m.* (*Xe*; lat. ecclés. *episcopus*, gr. *episkopos* « surveillant »). ♦ 1° Dignitaire de l'ordre le plus élevé de la prêtrise chrétienne (V. **Prélat**) qui, dans l'Église catholique, est chargé de la conduite d'un diocèse. V. **Épiscopat, évêché.** *Les évêques sont nommés par le pape; le chef de l'État confirme leur nomination* (V. **Concordat**) *ou exerce sur elle un droit de regard. Investiture, consécration, sacre, intronisation d'un évêque. Évêques résidentiels* ou *ordinaires,* gouvernant un diocèse (pape, patriarches, primats, archevêques ou métropolitains; et *évêques diocésains*). *Évêques titulaires,* sans juridiction épiscopale (appelés autrefois *évêques in partibus*). *Évêque suffragant, coadjuteur, auxiliaire.* ◇ *Spécial.* Évêque résidentiel diocésain. *Visites pastorales de l'évêque dans son diocèse. Insignes pontificaux de l'évêque.* V. **Crosse, mitre.** *Le violet, couleur distinctive de l'évêque.* — *Monseigneur X, Évêque de... Loc. prov. Un chien regarde bien un évêque* (je peux bien vous regarder). ♦ 3° *En bonnet d'évêque,* en forme de mitre. *Plier des serviettes de table en bonnet d'évêque.* — *Fam. Bonnet d'évêque,* croupion découpé d'une volaille. ♦ 4° *Appos. Violet évêque.*

ÉVERSION [evɛʀsjɔ̃]. *n. f.* (1897; lat. *eversio,* de *evertere* « retourner »). *Didact.* Action de tourner vers l'extérieur. ◇ *Méd. Éversion d'une paupière* (pour examiner la conjonctive). — *Pathol.* Saillie anormale d'une muqueuse au niveau d'un orifice naturel. *Éversion de la muqueuse anale. Éversion pathologique de la paupière* (V. **Ectropion**).

ÉVERTUER (S') [evɛʀtɥe]. *v. pron.* (*Soi esvertuer,* 1080; de *é-,* et *vertu* « courage, activité »). Faire tous ses efforts, se donner beaucoup de peine. V. **Appliquer (s'), efforcer (s'), escrimer (s').** *S'évertuer à expliquer, à démontrer qqch. L'orchestre s'évertuait à jouer un tango pour un unique couple de danseurs* (MART. du G.). « *Lorsqu'on s'évertue contre une porte close, vient un moment où l'envie vous prend de la casser* » (SARTRE).

ÉVHÉMÉRISME [evemeʀism(ə)]. *n. m.* (1842; de *Évhémère,* philosophe grec (300 av. J.-C.). *Hist.* Doctrine pour laquelle les dieux du paganisme sont des personnages humains divinisés après leur mort.

ÉVICTION [eviksjɔ̃]. *n. f.* (1283; lat. jur. *evictio,* de *evincere*. V. **Évincer**). ♦ 1° *Dr.* Dépossession d'une chose, ou partie d'un droit sur une chose, par le fait d'un tiers qui exerce sur cette même chose un droit antérieur et porte atteinte au premier. ♦ 2° Action d'évincer. V. **Exclusion, expulsion, rejet.** « *La société nous évince; eh bien, je prends acte de cette éviction* » (PROUDHON). *Éviction du chef d'un parti.*

ÉVIDAGE [evidaʒ] ou **ÉVIDEMENT** [evidmã]. *n. m.* (1838,-1865; de *évider*). Action d'évider; état de ce qui est évidé. *L'évidement d'une pièce de bois, d'une pierre, d'une sculpture.* — ÉVIDEMENT (*Chir.*). Action de vider le contenu pathologique d'une cavité. *Évidement de l'utérus en cas de myome*. V. **Éviscération.**

ÉVIDÉ, ÉE [evide]. *adj.* (XVIIe; V. **Évider**). Qui a été échancré ou creusé; qui présente un espace vide. *Un « cadran d'argent niellé, évidé au milieu et laissant voir la complication intérieure des rouages* » (GAUTIER). *Escalier évidé,* taillé à vide.

ÉVIDEMMENT [evidamã]. *adv.* (XIIIe; de *évident*). ♦ 1° *Vx* ou *Littér.* D'une manière évidente, à l'évidence. « *Ne recevoir jamais aucune chose pour vraie, que je ne la connusse évidemment être telle* » (DESCARTES). ♦ 2° *Cour.,* comme adverbe d'affirmation. V. **Assurément, certainement, entendu** (bien entendu). *Vous acceptez? Évidemment! Évidemment, il se trompe.* « *Évidemment je souffre du déni de certains* » (GIDE).

ÉVIDENCE [evidãs]. *n. f.* (XIIIᵉ; lat. *evidentia*, de *videre* « voir »). ♦ 1° Caractère de ce qui s'impose à l'esprit avec une telle force qu'il n'est besoin d'aucune autre preuve pour en connaître la vérité, la réalité. V. **Certitude**. *La force de l'évidence. Évidence empirique, sensible,* fondée sur la constatation des faits. *C'est l'évidence même. Se rendre à l'évidence :* finir par admettre ce qui est incontestable. *Nier l'évidence.* « *Dieu ne se manifeste pas aux hommes avec toute l'évidence qu'il pourrait faire* » (PASC.). ◇ *Par ext.* Chose évidente. V. **Truisme**. *C'est une évidence! Démontrer une évidence* (Cf. Enfoncer une porte ouverte). « *Une évidence qui saute aux yeux* » (ROUSS.). ♦ 2° EN ÉVIDENCE, en se présentant de façon à être vu, remarqué immédiatement. « *J'étais placé vis-à-vis d'eux, à deux pas de la table, bien isolé et bien en évidence* » (MARMONTEL). *Être en évidence :* apparaître, se montrer très nettement. *Mettre en évidence :* exposer au regard. V. **Exhiber, exposer, montrer**. Pronom. *Se mettre en évidence,* se montrer, se mettre en avant pour se faire remarquer. — Fig. *Mettre en évidence,* rendre manifeste, mettre en relief, en lumière. V. **Montrer, souligner**. *Mettre un principe, un phénomène en évidence.* V. **Démontrer, prouver**. ♦ 3° À L'ÉVIDENCE, DE TOUTE ÉVIDENCE, *loc. adv.* V. **Certainement, évidemment** (1°), sûrement. *Démontrer à l'évidence que.* ⊗ ANT. **Doute, improbabilité, incertitude.**

ÉVIDENT, ENTE [evidã, ãt]. *adj.* (1265; lat. *evidens*, de *videre* « voir »). Qui s'impose à l'esprit par son caractère d'évidence. V. **Certain; apparent, assuré, clair, flagrant, incontestable, indéniable, indiscutable, indubitable, manifeste, palpable, patent, sûr, visible**. « *Ce qui est évident est ce qui, étant considéré, ne peut être nié quand on le voudrait* » (BOSS.). *Vérité évidente. Preuve évidente.* V. **Criant, éclatant**. *C'est un fait évident aux yeux de tous.* V. **Notoire, public**. *L'axiome, proposition évidente de soi et qui n'a pas besoin d'être démontrée. Avantage, intérêt évident. Le sens me paraît évident.* V. **Transparent**. *Une évidente bonne volonté.* « *Son vice était là, devant lui, en pleine lumière, évident, éclatant* » (BERNANOS). *Il est évident qu'il a menti. C'est évident, c'est une chose évidente* (Cf. C'est bien connu; cela va de soi, coule de source, crève les yeux, saute aux yeux, se voit comme le nez au milieu du visage, tombe sous le sens). ⊗ ANT. **Contestable, discutable, douteux, incertain.**

ÉVIDER [evide]. *v. tr.* (1659, « échancrer »; *esvuidier* « vider complètement », XIIᵉ; de *es-, é-*, et *vuidier, vider*). Pratiquer un espace vide dans (un objet). ♦ 1° Cout. *Évider un col, une manche.* V. **Échancrer**. ♦ 2° Cour. (1680). Creuser en enlevant une partie de la matière, à la surface ou à l'intérieur. *Évider la pierre, une pièce de bois pour faire des moulures. Évider une tige de sureau pour faire une sarbacane.* Il « *gratte une boule de pain avec son canif, il la creuse et l'évide par endroits. Il la sculpte* » (SARTRE). ◇ Arbor. (1765) *Évider un arbre,* élaguer les branches du centre. ⊗ ANT. **Boucher, combler, remplir.**

ÉVIDOIR [evidwar]. *n. m.* (1756; de *évider*). Techn. Outil servant à évider. *Évidoir de luthier.*

ÉVIDURE [evidyʀ]. *n. f.* (1644; de *évider*). Creux, trou d'un objet évidé.

ÉVIER [evje]. *n. m.* (*Euwier,* XIIIᵉ; lat. pop. *aquarium,* de *aquarius* « pour l'eau »). Sorte de table creusée en bassin, percée d'un trou pour l'écoulement des eaux et sur laquelle, dans les cuisines, on lave la vaisselle. « *Il se lavait les mains au robinet de l'évier* » (ROMAINS).

ÉVINCEMENT [evɛ̃smã]. *n. m.* (1875; de *évincer*). Rare. Action d'évincer. V. **Éviction**.

ÉVINCER [evɛ̃se]. *v. tr.*; conjug. *placer* (1412; lat. jur. *evincere,* rac. *vincere* « vaincre »). ♦ 1° Dr. Déposséder juridiquement (qqn). V. **Éviction**. ♦ 2° (1546, repris 1823). Déposséder (qqn) par intrigue d'une affaire, d'une place. V. **Chasser, écarter, éliminer, éloigner**. *Il est parvenu à l'évincer de cette place. Être évincé d'une liste.* — *Elle* « *sut reprendre tout son pouvoir sur ses deux soupirants évincés* » (HENRIOT).

ÉVISCÉRATION [eviseʀɑsjɔ̃]. *n. f.* (1585; du lat. *eviscerare* « retirer les viscères »). Chir. ♦ 1° Sortie des viscères abdominaux par une plaie opératoire mal fermée de la paroi abdominale. ♦ 2° Action de vider le globe oculaire de son contenu, en conservant la sclérotique pour faciliter la mise en place d'un œil artificiel. V. **Énucléation, évidement**.

ÉVISCÉRER [eviseʀe]. *v. tr.* (1611; lat. *eviscerare*). Chir. Extirper les viscères de.

ÉVITABLE [evitabl(ə)]. *adj.* (fin XIIᵉ; lat. *evitabilis,* de *evitare*). V. **Éviter**). Qui peut être évité (moins cour. qu'*inévitable*). « *Un danger semble très évitable quand il est conjuré* » (PROUST). ◇ ANT. **Inévitable**.

ÉVITAGE [evitaʒ]. *n. m.* (1772; aussi *évitée,* n. f. (1678); de *éviter*). Mar. Mouvement que fait un navire pour éviter (I); changement cap pour cap (autour de l'ancre, à la machine). *Bassin d'évitage.* ◇ Espace nécessaire à cette opération.

ÉVITEMENT [evitmã]. *n. m.* (1538; de *éviter*). ♦ 1° Vx.

Action d'éviter. ♦ 2° Techn. (1846; ch. de fer). D'ÉVITEMENT : où l'on gare les trains, les wagons, pour laisser libre une voie. *Gare, voie d'évitement.* V. **Garage**. ♦ 3° Biol. *Réaction d'évitement* (1906; trad. de l'angl. [Jennings]), mouvement de recul des micro-organismes contre un agent d'excitation.

ÉVITER [evite]. *v. tr.* (1324; lat. *evitare,* de *vitare* « éviter, se garder de, se dérober à »).
I. *Vx* ou *mar.* ÉVITER À. *v. tr. indir. Éviter au vent, à la marée :* changer de direction, cap pour cap. V. **Évitage**. *Le navire est évité au vent :* il présente la proue au vent.
II. *V. tr. dir.* ♦ 1° *Cour.* Faire en sorte de ne pas rencontrer (qqn, qqch.), de ne pas subir (une chose nuisible, désagréable). *Éviter un coup.* V. **Esquiver; détourner, écarter, parer**. *Éviter un projectile en se baissant, en se jetant à plat ventre. Éviter un choc, un obstacle. Éviter de justesse une voiture, un piéton.* « *Il évita de justesse un soulier qui l'atteignit à la jambe gauche* » (MAC ORLAN). ◇ *Éviter qqn.* V. **Fuir**. *Il s'est caché pour l'éviter.* « *Vois-tu cet importun que tout le monde évite?* » (BOIL.). — *Par ext. Éviter le regard de qqn.* ♦ 2° Écarter, ne pas subir (ce qui menace). *Fig. Éviter un danger, un mal, un accident, une catastrophe.* V. **Conjurer, écarter, empêcher, prévenir**. *Je n'ai pas pu éviter cet inconvénient : y échapper, m'en préserver. Éviter la guerre, le chômage, la contagion. Éviter le combat.* V. **Fuir**. *Éviter une corvée, une obligation, un entretien.* V. **Couper** (à), **dérober** (se), **dispenser** (se), **soustraire** (se). « *Il y a du courage à souffrir avec constance les maux qu'on ne peut éviter* » (ROUSS.). « *Pour éviter une tracasserie d'une heure, je me rendrais esclave pendant un siècle* » (CHATEAUB.). — *Éviter les barbarismes, le jargon.* « *Qu'il s'applique donc à fuir — s'il ne sais d'instinct évitées — les expressions toutes faites, les fausses grâces* » (PAULHAN). — Pronom. *(Pass.)* « *La guerre peut toujours s'éviter* » (SARTRE). ♦ 3° ÉVITER DE (et l'inf.) : faire en sorte de ne pas. *Évitez de céder.* V. **Défendre** (se), **garder** (se), **résister**. *Évitez de lui parler, de mentir.* V. **Abstenir** (s'), **dispenser** (se). « *Il évitait lâchement de rencontrer ce regard* » (MART. du G.). ◇ ÉVITER QUE (et le subj.) *J'évitais qu'on ne lui parlât* (au qu'il m'en parlât). « *Ma règle : éviter qu'une femme puisse fouiner dans mes affaires* » (ROMAINS). ♦ 4° (1808). ÉVITER QQCH. À QQN. *Éviter une peine, un choc, une corvée à qqn.* V. **Épargner; décharger, délivrer, dispenser**. « *Il avait voulu éviter à sa vieille mère les fatigues d'une longue station* » (FRANCE). « *Pour lui éviter un malheur* » (PROUST). — (Sujet de chose) *Cela lui évitera des ennuis, lui évitera d'avoir des ennuis.* ◇ S'ÉVITER QQCH. : l'éviter à soi-même. « *Quelles peines ne s'éviterait-on point en y réfléchissant davantage!* » (LACLOS). « *Pour s'éviter des tracas* » (BARRÈS).
⊗ ANT. **Approcher, chercher, poursuivre, rechercher. Heurter, rencontrer.**

ÉVOCABLE [evɔkabl(ə)]. *adj.* (1690; de *évoquer*). Qui peut être évoqué. Dr. *Cause, affaire, évocable.*

ÉVOCATEUR, TRICE [evɔkatœʀ, tʀis]. *adj.* (mil. XIXᵉ; de *évoquer*). ♦ 1° Qui a la propriété, le pouvoir d'évoquer (par la magie). *Médium évocateur.* — Subst. *Gilles de Rais* « *évocateur de démons, hérétique, apostat et relaps* » (HUYSMANS). ♦ 2° Qui a un pouvoir d'évocation (3°). *Sensation évocatrice du passé, de souvenirs effacés. Ces grains* « *dont l'odeur évocatrice était comme une présence* » (MART. du G.). *Image évocatrice :* qui crée dans l'esprit des associations d'idées, etc. (V. **Suggestif**). *Style évocateur.*

ÉVOCATION [evɔkasjɔ̃]. *n. f.* (1348; lat. jur. *evocatio*). Action d'évoquer, d'appeler. ♦ 1° Dr. Le fait de porter une cause d'un tribunal à un autre. *Droit d'évocation,* appartenant au tribunal du deuxième degré. *Dr. crim.* Obligation, pour la cour d'appel, de statuer sur le fond, lorsqu'elle annule un jugement correctionnel. ♦ 2° (1712; d'apr. *évoquer,* I, 1°). Action d'évoquer les esprits, les démons par la magie, l'occultisme. V. **Incantation, sortilège**. *Évocation des démons, des ombres.* ◇ L'ombre, l'âme évoquée (V. **Apparition**). « *Il semblait que ce fût une évocation qui vous parlait à travers la cloison de la tombe* » (HUGO). ♦ 3° (1835). Action de rappeler une chose oubliée, et *par ext.* de rendre présente à l'esprit. *Évocation de souvenirs communs.* V. **Rappel**. *Il sourit à l'évocation de ce souvenir.* « *L'évocation du passé soulevait en lui des sursauts de rancune* » (MART. du G.). *Évocation d'une image, d'une idée.* V. **Représentation**. *Le pouvoir d'évocation d'un mot.*

ÉVOCATOIRE [evɔkatwaʀ]. *adj.* (déb. XIVᵉ; lat. *evocatorius,* de *evocare*. V. **Évoquer**). ♦ 1° Dr. Qui sert de fondement à l'évocation. *Motifs évocatoires.* ♦ 2° Qui donne lieu à une évocation (2° ou 3°). « *Manier savamment une langue, c'est pratiquer une espèce de sorcellerie évocatoire* » (BAUDEL.).

ÉVOÉ! ou **ÉVOHÉ!** [evɔe]. *interj.* (1740; lat. *euhoe,* gr. *euoî*). Antiq. Cri des bacchantes en l'honneur de Dionysos (Bacchus).

ÉVOLUÉ, ÉE [evɔlɥe]. *adj.* (1865; V. Évoluer). Qui a subi une évolution. *Peuples, pays évolués* : à l'avant-garde de la civilisation, du progrès (moral, social, culturel, scientifique, technique). « *Un peuple singulièrement évolué, un peuple adulte — qui sait regarder la vie en face* » (SIEGFRIED). *Une personne évoluée,* qui est indépendante, éclairée, cultivée, spécialt. qui a les idées larges. « *Elle pensait : ' Il doit avoir raison : c'est moi qui ne suis pas assez évoluée pour comprendre '* » (DUTOURD). ◊ ANT. *Arriéré, primitif, sauvage.*

ÉVOLUER [evɔlɥe]. *v. intr.* (1773; de *évolution*). ♦ 1° Exécuter des évolutions. *Milit. Escadre qui évolue.* V. **Manœuvrer.** — Par ext. *Danseuse qui évolue sur une scène.* — Fig. *Les « gens au milieu desquels évoluait son magnifique époux »* (HENRIOT). ♦ 2° Passer par une série de transformations. V. **Changer, devenir, modifier** (se), **transformer** (se). *Idée, conception qui évolue. La chirurgie a beaucoup évolué depuis le siècle dernier.* V. **Progresser.** *La situation évolue en faveur de X. Ses opinions ont évolué. Absolt. Il a beaucoup évolué.* V. **Évolué.** — *Méd. Maladie qui évolue* : qui suit son cours, son développement. ◊ ANT. *Arrêter (s'), régresser.*

ÉVOLUTIF, IVE [evɔlytif, iv]. *adj.* (av. 1839; du rad. de *évolution*). Qui produit l'évolution, qui est susceptible d'évolution. *Le devenir « qui va de la fleur au fruit ne ressemble pas à celui qui va de la larve à la nymphe... : ce sont des mouvements évolutifs différents »* (BERGSON). — *Méd. Maladie évolutive,* qui se modifie incessamment, généralement en s'aggravant.

ÉVOLUTION [evɔlysjɔ̃]. *n. f.* (1536; lat. *evolutio* « action de dérouler », de *volvere* « rouler »).
I. ♦ 1° *Milit.* Mouvement exécuté par des troupes qui changent leur position pour une nouvelle. V. **Manœuvre.** *Les évolutions des troupes au cours d'une bataille, d'une revue.* ◊ *Cour. Au plur.* Suite de mouvements variés. *Les évolutions d'un avion au-dessus d'une ville. Suivre avec intérêt les évolutions d'une danseuse.* ♦ 2° *Littér.* Action de faire un tour, une rotation. V. **Révolution.** « *L'évolution des corps célestes* » (MIOMANDRE).
II. *Fig.* ♦ 1° Suite de transformations dans un même sens; transformation graduelle assez lente, ou formée de changements successifs insensibles. V. **Changement, transformation.** *Moments, phases, stades d'une évolution. Évolution lente, rapide, continue, discontinue; progressive, régressive. Considérer les choses dans leur évolution.* V. **Devenir, mouvement.** *Évolution des événements.* V. **Développement, histoire, marche, processus, progression; tournure.** *Lente évolution qui provoque une révolution. Évolution des idées. Évolution d'une notion, d'une doctrine, d'une science; description d'une évolution.* V. **Historique.** *Évolution d'une langue; évolution phonétique, sémantique d'un mot.* ◊ Changement dans le caractère, les conceptions d'une personne, d'un groupe. *Il est venu à cette doctrine par une lente évolution.* « *L'évolution,* (le) *lent changement du personnage, à la faveur de ces événements* » (GIDE). ◊ *Méd. Évolution d'une maladie* : les différentes phases par laquelle elle passe. V. **Cours, processus.** ♦ 2° (1870; trad. angl. *evolution* employé par Lyell (1832), Darwin (1859). Transformation progressive d'une espèce vivante aboutissant à la constitution d'une espèce nouvelle. V. **Évolutionnisme, transformisme.** *L'idée d'évolution s'oppose dès la fin du XVIIIe s. à celle de la fixité des espèces professée par Linné. Doctrines de l'évolution* (V. **Darwinisme, lamarckisme**). *Évolution discontinue* (V. **Mutationnisme**). *L'espèce humaine « représente l'aboutissement d'une longue série de transformations, autrement dit d'une évolution »* (J. ROSTAND). ◊ ANT. *Immobilité. Permanence, stabilité. Fixité; fixisme.*

ÉVOLUTIONNISME [evɔlysjɔnism(ə)]. *n. m.* (1878; de *évolution*). Théorie philosophique qui applique l'idée d'évolution à la nature entière. *Évolutionnisme en biologie.* V. **Transformisme.** ◊ ANT. *Fixisme.*

ÉVOLUTIONNISTE [evɔlysjɔnist(ə)]. *n.* (1870; de *évolution*). Partisan de l'évolutionnisme. *Adj.* Qui se rapporte à l'évolutionnisme. *Doctrine évolutionniste.* V. **Transformiste.** ◊ ANT. *Fixiste.*

ÉVOQUER [evɔke]. *v. tr.* (XIVe; « faire, venir, appeler », XVe; lat. *evocare,* de *vocare* « appeler ». V. **Voix**).
I. ♦ 1° *Appeler,* faire apparaître par la magie. *Évoquer les âmes des morts, les démons.* V. **Invoquer.** *Formule, sortilège servant à évoquer les démons* (V. **Évocatoire**). ♦ 2° *Littér.* (XVIIIe). Apostropher, interpeller dans un discours (les mânes d'un héros, les choses inanimées, en leur prêtant l'existence, la parole. V. **Prosopopée**). « *Je ne t'interroge pas, toi qui évoquais les mânes de Marathon* » (DIDER.). ♦ 3° (Déb. XIXe). Rappeler à la mémoire. V. **Remémorer.** *Évoquer un souvenir disparu.* V. **Éveiller, réveiller, susciter.** *Évoquer un fait ancien, un ami disparu.* « *Murger évoque les soirées d'hiver passées dans la petite chambre... les longues promenades, au printemps* » (GAUTIER). « *Je sais l'art d'évoquer les minutes heureuses* » (BAUDEL.). ♦ 4° (1832). Faire apparaître à l'esprit de qqn par des images et des associations d'idées. V. **Représenter.** *Évoquer un pays, une région dans un livre.* V. **Décrire, montrer.** « *Il évoquait en larges gestes la majesté des forêts* » (CÉLINE). — *Évoquer un problème, une question,* les mentionner. *Nous n'avons fait qu'évoquer le problème.* V. **Aborder, effleurer, poser.** ◊ (Sujet de chose) *Faire penser à. Mots qui évoquent des images, des idées.* « *Ces avions évoquent des idées de guerre, de bombardement* » (MAUROIS). *Un « véhicule de pure fantaisie, qui évoquait la chaise à porteurs, la gondole* » (ROMAINS). *Cela ne m'évoque rien.*
II. *Dr.* (1479). Attirer à soi la connaissance d'une cause (se dit d'une juridiction). V. **Évocation; saisir** (se); **examiner.** ◊ ANT. *Chasser, conjurer, écarter, effacer, éloigner, oublier, repousser.*

ÉVULSION [evylsjɔ̃]. *n. f.* (1611; lat. *evulsio* « arrachement », de *vellere*). *Vx.* Arrachement, extraction. *Évulsion d'une dent.*

EVZONE [evzon]. *n. m.* (1907; *eizone,* fin XIXe; gr. *euzônos* « qui a une belle ceinture »). Soldat de l'infanterie grecque. *Evzones vêtus de la fustanelle.*

1. EX-. Élément, du lat. *ex* « hors de » (V. É-), qui est resté dans de nombreux composés d'origine latine (*exciter, exclure, expulser*) et qui a formé quelques composés français (*expatrier, exproprier*).

2. EX-. (XVIIe; Cf. le précéd.). Devant un nom. *Antériorement* (Cf. Ci-devant). *M. X, ex-député.* V. **Ancien.** *L'exministre. L'ex-directeur. Flaubert « connaissait trop son exmuse (Louise Colet) pour s'émouvoir de ses manifestations »* (HENRIOT). *Son ex-mari;* ellipt. (*fam.*) *son ex* (conjoint, amant...).

EX ABRUPTO [ɛksabrypto]. *loc. adv.* (fin XVIIe; mots lat., de *ex,* et *abruptus* « abrupt »). Brusquement, sans préambule. V. **Abruptement.** *Entrer ex abrupto dans le vif du sujet.* « *J'aurai quelque difficulté à m'y remettre ex abrupto* » (CHATEAUB.). *Question posée ex abrupto.*

EXACERBATION [ɛgzasɛrbasjɔ̃]. *n. f.* (1503, repris XVIIIe; lat. *exacerbatio* « irritation ». V. **Acerbe**). *Didact.* ou *littér.* Aggravation passagère des symptômes d'une maladie. V. **Exaspération, intensification, paroxysme, redoublement.** *Exacerbation d'une douleur.* — Fig. *L'exacerbation d'une passion, d'un désir.* ◊ ANT. *Apaisement.*

EXACERBÉ, ÉE [ɛgzasɛrbe]. *adj.* (V. **Exacerber**). Poussé au paroxysme. *Orgueil exacerbé. Sensibilité exacerbée* : à vif. *Désirs exacerbés.*

EXACERBER [ɛgzasɛrbe]. *v. tr.* (1611; lat. *exacerbare* « irriter ». V. **Acerbe**). Rendre (un mal) plus aigu, porter à son paroxysme. *Ce traitement n'a fait qu'exacerber la douleur.* *Pronom. La douleur s'exacerbe.* ◊ Rendre plus violent, plus acerbe. *Exacerber les passions, la colère, le désir.* V. **Exaspérer, irriter.** ◊ ANT. *Apaiser, atténuer, calmer.*

EXACT, EXACTE [egza(kt), ɛgzakt(ə)]. *adj.* (XVIe; lat. *exactus* « poussé jusqu'au bout, accompli », de *exigere* « achever »).
I. ♦ 1° *Vx* ou *littér.* Qui est fait avec soin, en observant les règles prescrites, les normes. V. **Minutieux, rigoureux, scrupuleux, strict.** *Discipline, obéissance, observance exacte.* V. **Absolu.** « *Il eût été difficile de trouver une maison mieux tenue, une plus stricte propreté, une économie plus exacte* » (BLOY). « *Simple sous sa mise et d'une exacte propreté* » (FRANCE). ♦ 2° (Personnes). *Vieilli* ou *littér.* Qui fait ponctuellement tout ce qu'il doit faire, sans rien omettre. V. **Assidu, consciencieux, minutieux, ponctuel, régulier, scrupuleux, zélé.** « *On leur prête parce qu'ils rendent, et passent pour exacts* » (P.-L. COUR.). ◊ *Mod.* Qui arrive à l'heure convenue. *Être exact au rendez-vous.* « *On attendit en vain Buteau jusqu'à midi, jamais ce sacré original ne pouvait être exact* » (ZOLA).
II. *Mod.* ♦ 1° Qui est entièrement conforme à la réalité, à la vérité. V. **Correct, juste, réel, véridique, véritable, vrai.** *C'est l'exacte vérité, c'est exact, absolument exact. Description exacte. Rendre un compte exact de ses actions.* V. **Complet, sincère.** ◊ Qui reproduit fidèlement la réalité, l'original, le modèle. V. **Conforme.** *Reproduction, copie exacte d'un texte.* V. **Authentique, fidèle, littéral, textuel.** ♦ 2° Qui est adéquat à son objet. V. **Juste.** *Un raisonnement exact. Se faire une idée exacte de qqch.* *Définition exacte. Souci, culte du mot exact.* V. **Propre.** ♦ 3° Qui est égal à la grandeur mesurée. *Une mesure est exacte, ou absolument exacte, lorsqu'elle n'est ni supérieure, ni inférieure à la grandeur mesurée.* V. **Précis.** *Nombre exact. Valeur exacte.* ◊ *Par ext.* Qui exclut toute approximation. *Addition exacte. L'heure exacte. Partir de données exactes.* V. **Certain, net, solide, sûr.** *Connaissance exacte.* V. **Mathématique.** — *Sciences exactes* : celles qui sont constituées par des propositions exactes. « *On appelle... sciences exactes, les sciences mathématiques, qui, étant purement abstraites et déductives, ne dépendent pas du degré de perfection de nos sens ni de nos instruments* » (GOBLOT).
◊ ANT. *Inexact. Approximatif; erroné, fautif, faux, imaginaire, imprécis, incorrect, vague.*

EXACTEMENT [εgzaktəmã]. *adv.* (1539; de *exact*). D'une manière exacte (dans tous les sens de ce mot). ♦ 1° Littér. *Observer exactement la règle, les prescriptions.* V. **Lettre** (à la), religieusement, scrupuleusement. *Il paye très exactement aux échéances.* V. **Ponctuellement, régulièrement.** ♦ 2° *Cour.* (V. **Exact**, II). *Les faits y sont exactement rapportés. Que vous a-t-il dit exactement ?* V. **Juste** (au juste). *Pour parler plus exactement* (pour mieux dire). — *Reproduire exactement un texte.* V. **Fidèlement, textuellement.** — *Ces deux articles de loi sont exactement semblables. Ce n'est pas exactement la même chose.* V. **Tout** (tout à fait). *Deux choses qui s'adaptent exactement l'une à l'autre.* V. **Parfaitement.** *Il gagne exactement autant que moi.* « *Il est toujours difficile de se mettre exactement à la place d'un autre* » (STE-BEUVE).

EXACTEUR [εgzaktœr]. *n. m.* (1304; lat. *exactor* « percepteur, receveur »). ♦ 1° Ancienn. Celui qui recouvrait les redevances, l'impôt. ♦ 2° *Vx.* Celui qui commet une exaction, extorque de l'argent.

EXACTION [εgzaksjɔ̃]. *n. f.* (XIIIᵉ; lat. *exactio* « action d'exiger le paiement d'un tribut, d'un impôt »). Action d'exiger ce qui n'est pas dû ou plus qu'il n'est dû (*spécialt.* en parlant d'un agent public). V. **Extorsion, malversation, rançonnement, vol.** *Exactions commises par un fonctionnaire.* V. **Concussion.** « *On a accusé les exactions cruelles de Sévère, de Caracalla, des princes qui épuisaient le pays au profit du soldat* » (MICHELET).

EXACTITUDE [εgzaktityd]. *n. f.* (1644; Cf. *Exacteté* (1643), *exactesse* (1632); de *exact*). ♦ 1° *Vx* ou *littér.* Soin scrupuleux que l'on apporte à faire ce que l'on doit faire en observant ponctuellement, dans les moindres détails, les règles prescrites ou les conditions acceptées. V. **Application, assiduité, attention, conscience, minutie, ponctualité, régularité, soin.** « *Ces gamins,... remplissent avec exactitude parfois avec subtilité, des missions qui ne sont pas toujours commodes* » (ROMAINS). ◇ *Mod.* Qualité de qqn qui arrive à l'heure convenue. *Il est toujours d'une parfaite exactitude. Exactitude militaire.* Loc. prov. *L'exactitude est la politesse des rois* (phrase de Louis XVIII). ♦ 2° (XVIIIᵉ). Conformité avec la réalité, avec la vérité. V. **Correction, fidélité, justesse, rigueur, véracité, vérité.** *Exactitude d'un récit, des faits rapportés. Exactitude historique.* « *Virgile, qui décrit avec une scrupuleuse exactitude les mœurs et les rites des Romains* » (FUSTEL DE COUL.). « *Il commence par décrire, avec une exactitude photographique* » (R. ROLLAND). ◇ Dans l'ordre logique. *Exactitude d'une énonciation, d'un raisonnement.* V. **Justesse.** ♦ 3° *Spécialt.* (fin XVIIIᵉ). Égalité de la mesure avec la grandeur mesurée. *Exactitude d'une mesure, d'un compte. Vérifier l'exactitude d'une opération.* ◇ Qualité de ce qui exprime cette égalité. *Calculer avec exactitude.* V. **Précision, rigueur.** « *Des hommes qui se piquent d'appliquer l'exactitude des sciences physiques à la physiologie et à la médecine* » (Cl. BERNARD). ◈ ANT. Inexactitude. Approximation, contresens, erreur, imprécision, infidélité.

EX ÆQUO [εgzeko]. *loc. adv.* (1861; loc. lat. « également », d'abord terme scolaire). Sur le même rang. *Élèves classés ex æquo. Premier ex æquo.* — Subst. invar. *Deux ex æquo.*

EXAGÉRATEUR, TRICE [εgzaʒeratœr, tris]. *adj. et n.* (déb. XVIIᵉ; lat. *exaggerator*). Rare. Qui exagère. « *Cet affreux soleil arabe, éleveur de monstres, exagérateur de fléaux* » (HUGO).

EXAGÉRATION [εgzaʒerasjɔ̃]. *n. f.* (1549; lat. *exaggeratio* « entassement, amplification »). ♦ 1° Action d'exagérer. « *L'exagération, en voulant agrandir les petites choses, les fait paraître plus petites encore* » (D'ALEMB.). *Il y a beaucoup d'exagération dans ce qu'il raconte.* V. **Amplification, broderie, outrance.** *Se vanter avec exagération.* V. **Fanfaronnade, hâblerie, vantardise.** *Sans exagération, on peut affirmer que...* ◇ *Une exagération, des exagérations,* des propos exagérés. V. **Galéjade.** ♦ 2° Caractère de ce qui est exagéré (V. **Exagérer,** 2°). *Il est économe, sans exagération, sans l'être trop.* V. **Outrance.** *Exagération de certains phénomènes organiques.* V. le préf. **Hyper-.** ◈ ANT. Mesure, modération. Adoucissement, amoindrissement, atténuation, insuffisance.

EXAGÉRÉ, ÉE [εgzaʒere]. *adj.* (XVIᵉ; V. **Exagérer**). ♦ 1° Qui dépasse la mesure. V. **Excessif;** et les préf. **Hyper-, ultra-.** « *Terrassier, constata le docteur. Cela expliquait le développement exagéré des muscles de la jambe droite, qui enfonce la pelle* » (ARAGON). ♦ 2° Qui amplifie la réalité. *Il m'en a fait un récit, un tableau très exagéré. Louanges, compliments exagérés.* V. **Hyperbolique, superlatif.** *Plaisanterie un peu exagérée.* V. **Fort, salé.** *Prix, chiffres exagérés.* V. **Astronomique, exorbitant.** « *Cent trente-cinq mille ans ! dit l'Indien, ce compte est un peu exagéré* » (VOLT.) *Un pessimisme exagéré.* V. **Extrême, outré.** Loc. prov. « *Tout ce qui est exagéré est insignifiant* » (TALLEYRAND). — Vieilli. *Qui manque de mesure* (personnes). « *Une nature enflammée, violente, exagérée, aimant les cris, la casse* » (DAUD.). ◈ ANT. Insuffisant; faible, modéré.

EXAGÉRÉMENT [εgzaʒeremã]. *adv.* (v. 1830; de *exagéré*). D'une manière exagérée. *Sans vous faire attendre exagérément.* V. **Excès** (à l'), **trop.** *Un critique exagérément louangeur.*

EXAGÉRER [εgzaʒere]. *v. tr.;* conjug. *céder* (1535; lat. *exaggerare* « entasser »). ♦ 1° Parler de (qqch.) en présentant comme plus grand, plus important que dans la réalité. V. **Agrandir, amplifier, développer, enfler, forcer, grossir.** « *Elle exagérait démesurément mes bonnes qualités* » (FRANCE). *Exagérer ses exploits en les racontant.* V. **Ajouter, broder; bluffer, vanter** (se). *Il ne faut rien exagérer !* — Absolt. Grossir, déformer la réalité. « *Parler des petites choses comme si elles étaient grandes, c'est, d'une manière générale, exagérer* » (BERGSON). *Sans exagérer, j'ai bien attendu deux heures.* ♦ 2° Grossir, accentuer en donnant un caractère (taille, proportion, intensité, etc.) qui dépasse la normale. V. **Amplifier, grandir.** « *Son en chargeant et en exagérant les traits originaux, il* (Daumier) *est sincèrement resté dans la nature* » (BAUDEL.). *Exagérer un maquillage, un éclairage. Exagérer une attitude.* V. **Forcer, outrer.** Pronom. « *Il y a quelque complaisance qui fait que chaque sentiment que nous éprouvons s'exagère* » (GIDE). ◇ **S'EXAGÉRER QQCH.,** se représenter une chose comme plus importante qu'elle n'est, la grossir dans son imagination. *S'exagérer la valeur de qqch.* V. **Surestimer.** *Il s'exagère l'importance des détails.* V. **Monde** (se faire un monde de), **montagne** (se faire une montagne de). « *Une imagination passionnée le portait à s'exagérer les bonheurs dont il ne pouvait jouir* » (STENDHAL). « *D'abord je me suis exagéré le risque. On n'aurait pas fait d'esclandre* » (LARBAUD). ♦ 3° Absolt. En prendre trop à son aise. V. **Abuser** (Cf. *fam.* Charrier). *Vraiment il exagère! Me déranger à cette heure-ci, tout de même il ne faut pas exagérer !* ◇ ANT. Affaiblir; amoindrir, atténuer, minimiser, modérer.

EXALTANT, ANTE [εgzaltã, ãt]. *adj.* (1865; de *exalter*). Qui exalte (5°). *Lecture, musique exaltante.* « *L'exaltante minute où nul héroïsme comme nul crime n'est impossible* » (MONTHERLANT). *Le malheur* « *est toujours imprévu, exaltant, extraordinaire, et demande une belle âme* » (CHARDONNE). ◇ ANT. Déprimant.

EXALTATION [εgzaltasjɔ̃]. *n. f.* (XIIIᵉ; lat. ecclés. *exaltatio,* rac. *altus* « haut »). ♦ 1° Relig. *Exaltation* (élévation) *de la Sainte Croix,* fête de l'Église commémorant l'élévation de la Sainte Croix à Jérusalem. ♦ 2° Littér. (1651). Action de glorifier, de célébrer hautement les mérites de. V. **Glorification, louange.** « *L'exaltation du nom et de la grandeur de Dieu* » (PASC.). *L'exaltation du nationalisme.* ♦ 3° Anc. chim. Accroissement d'activité d'une substance rendue plus subtile, plus pure. V. **Activation, sublimation.** *L'exaltation des sels.* — Mod. Méd. *Exaltation de virulence d'une bactérie.* ♦ 4° (Déb. XVIᵉ). Littér. Le fait de devenir très intense, très actif. *Exaltation des forces, de l'énergie, de l'imagination, d'une passion* (V. **Déchaînement**). « *Ce délire dura deux années entières, pendant lesquelles les facultés de mon âme arrivèrent au plus haut point d'exaltation* » (CHATEAUB.). ♦ 5° Cour. Grande excitation de l'esprit. ◇ Psychiatr. État délirant qui donne au malade une impression de grande puissance, d'euphorie intense. V. **Agitation, animation, ardeur, délire, effervescence, emballement, emportement, enivrement, enthousiasme, éréthisme, excitation, extase, exultation, feu, fièvre, griserie, ivresse, ravissement, surexcitation, transport, véhémence.** *État d'exaltation. Exaltation intellectuelle, mystique.* « *On vit naître l'exaltation nerveuse. Quand les hommes sont trop malheureux, ils deviennent excitables... leur sensibilité s'accroît et acquiert une délicatesse féminine* » (TAINE). « *L'exaltation naturelle d'une âme poétique, exaspérée par l'exaltation artistique* » (MAUPASS.). ◈ ANT. Abaissement, avilissement, critique. Abattement, apathie, calme, dépression, impassibilité, indifférence, sang-froid.

EXALTÉ, ÉE [εgzalte]. *adj. et n.* (XVIIIᵉ; *gloire exaltée,* 1656; V. **Exalter,** 1°). ♦ 1° Qui est devenu très intense, très actif. *Sentiments exaltés.* V. **Délirant.** *Imagination exaltée.* V. **Surexcité.** ♦ 2° (*Personnes*). Qui est dans un état d'exaltation. *Il est trop exalté.* V. **Ardent, enthousiaste, passionné.** — N. *Cet attentat est le fait de quelques exaltés.* V. **Fanatique.** « *Je suis croyante, moi. N'allez pas me prendre pour une exaltée, une mystique* » (GREEN). — Par ext. Qui traduit de l'exaltation. « *L'attitude grave et exaltée d'un homme qui fait un sacrifice solennel* » (VIGNY). ◇ ANT. Calme, froid, impassible, paisible.

EXALTER [εgzalte]. *v. tr.* (Xᵉ; lat. *exaltare* « élever », au sens fig. du lat. ecclés., de *altus* « haut »). ♦ 1° Littér. Élever très haut par des discours, des enseignements; proposer à l'admiration. V. **Glorifier, magnifier.** *Exalter les mérites de qqn.* V. **Louer, vanter.** *Homère exalte la gloire d'Achille.* V. **Célébrer, chanter.** « *Tout grand poète, tout grand romancier a son cortège d'admirateurs, et surtout des femmes, qui l'exaltent, qui l'entourent* » (STE-BEUVE). V. **Admirer** (Cf. **Élever,** porter aux nues). ♦ 2° (XVIIᵉ). Anc. chim. Redoubler la vertu d'une substance, accroître son activité, son énergie.

« *Il se trouve dans ce ballon une poudre solaire souverainement propre à exalter le feu qui est en nous* » (FRANCE). ◇ *Méd.* Rendre plus actif (un agent pathogène). *Certaines influences exaltent la virulence du microbe.* Pronom. « *On doit les faire mourir* (les reptiles) *à l'ombre, autrement leur venin s'exalte et devient plus dangereux* » (STENDHAL). ◇ *Littér.* Rendre plus fort (une odeur, une sensation lumineuse, etc.). *La tiédeur de la pièce exaltait le parfum des fleurs.* « *La nuit tombait, exaltant les lumières* » (GIDE). ♦ 3° Élever à un haut degré de perfection. *Exalter l'homme :* l'élever au-dessus de lui-même. *Vous supposez* « *que tout ce qui n'exalte pas l'homme jusqu'au séjour des béatitudes, le rabaisse nécessairement au niveau de la brute* » (SENANCOUR). ♦ 4° (Fin XVIIIe). Élever (un sentiment) à un haut degré d'intensité. V. **Animer, exciter, grandir**. *Ses succès ont exalté son orgueil.* V. **Enfler**. « *Cette fierté qu'exalte la pauvreté chez les hommes d'élite* » (BALZ.). « *Exalter l'esprit de sacrifice* » (ST-EXUP.). ♦ 5° Élever (qqn) au-dessus de l'état d'esprit ordinaire, échauffer son imagination, son besoin d'idéal. V. **Animer, électriser, enflammer, enivrer, enthousiasmer, exciter, galvaniser, passionner, soulever, transporter**. « *Les nouvelles, propagées par cette immense rumeur, exaltaient beaucoup la population parisienne* » (DUHAM.). ◇ Pronom. « *On rêve, on fait des châteaux en Espagne, on se crée sa chimère; peu à peu l'imagination s'exalte* » (LACLOS). ◈ ANT. Abaisser, décrier, dénigrer, déprécier, mépriser, rabaisser. Adoucir, attiédir, éteindre, refroidir; calmer.

EXAMEN [ɛgzamɛ̃]. *n. m.* (1372; mot lat. « aiguille de balance », de *exigere* « peser »). ♦ 1° Action de considérer, d'observer avec attention. V. **Considération** (1°), étude, inspection, investigation, observation, recherche. *Examen destiné à apprécier* (V. **Appréciation, critique, estimation, évaluation**), *constater* (V. **Constatation**), *vérifier* (V. **Contrôle, vérification**). *Examen superficiel, sommaire; approfondi, détaillé, minutieux.* V. **Analyse, épluchage** (fig.). « *Il me toisa de la tête aux pieds; puis, comme satisfait de son examen...* » (MÉRIMÉE). « *Je me borne à l'examen de quelques questions qui me paraissent les plus importantes* » (CONDILLAC). V. **Discussion**. *Cette thèse ne résiste pas à l'examen. Examen collectif d'une affaire, d'une question.* V. **Délibération; débat**. *Examen d'expert.* V. **Estimation, expertise**. *Examen des lieux.* V. **Exploration, reconnaissance, visite**. *Examen comparé de manuscrits.* V. **Collation**. ◇ *Philo.* (Absolt.) *Esprit d'examen :* esprit critique. *Libre examen :* fait de n'accepter comme vrai que ce qu'admet la raison ou l'expérience. ◇ *Dr.*, *Sc. Examen légal. Examen d'une substance pour en éprouver les qualités physiques* (V. **Essai, expérience**). *Examen spectroscopique.* « *Le moindre objet avait subi un examen rigoureux, comme ces pièces de métallurgie fine dont dix instruments d'épreuve vérifient le calibre, le son, le grain, l'élasticité* » (ROMAINS). ◇ *Spécialt. Examen médical.* « *À cette date, l'examen d'Antoine n'avait décelé aucun indice de lésion* » (MART. du G.). *Examen au stéthoscope.* V. **Auscultation**. *Examen à la radioscopie. Examen d'un liquide organique, examen sérologique.* V. **Analyse**. *Examen prénuptial.* ♦ 2° EXAMEN DE CONSCIENCE : examen attentif de sa propre conduite, du point de vue moral. *Faire son examen de conscience.* — *Relig.* Revue des fautes qu'on a commises. *Examen de conscience préparant à la confession.* « *Cette heure du soir, qui pour les croyants est celle de l'examen de conscience* » (CAMUS). ♦ 3° Série d'épreuves destinées à déterminer l'aptitude d'un candidat à entrer dans une école, à obtenir un titre, un grade, une fonction. *Dans l'examen, l'admission est déterminée par une note que les candidats doivent atteindre ou dépasser, tandis que dans le concours le nombre de places proposées est fixé d'avance. Examen oral, écrit. L'oral d'un examen. Examens passés par les écoliers, les étudiants au cours de leurs études* (V. **Baccalauréat, brevet, certificat, diplôme, doctorat, licence**). *Préparer un examen.* « *Edmond avait peu de temps à lui en raison des examens. Il piochait vite son programme* » (ARAGON). *Se présenter à un examen, passer l'examen de... Être reçu à un examen avec la mention bien. Être collé, recalé, refusé à un examen. Examen d'entrée. Examen de sortie, de fin d'études. Examen probatoire. Examen blanc,* destiné à vérifier si les candidats sont suffisamment préparés (Cf. *Galop d'essai*).

EXAMINATEUR, TRICE [ɛgzaminatœr, tris]. *n.* (1307; bas lat. *examinator*). Personne qui examine. ♦ 1° *Vx.* Celui qui considère, observe avec attention. V. **Critique, observateur**. « *De froids examinateurs de la nature humaine* » (DIDER.). ♦ 2° *Mod.* Personne qui fait passer un examen (V. **Examen**, 3°), *qui soumet un candidat à une épreuve,* surtout orale. V. **Correcteur, interrogateur**. *Examinatrice de mathématiques. Jury formé de plusieurs examinateurs.* « *Des œuvres humaines, j'isolais celles qui étaient inscrites au programme... et j'écrivais à leur sujet ce qu'il faut écrire pour plaire aux examinateurs* » (MAURIAC). ◇ ANT. Candidat, élève, étudiant.

EXAMINER [ɛgzamine]. *v. tr.* (XIIIe; lat. *examinare*). ♦ 1° Considérer avec attention, avec réflexion. V. **Consi-**dérer, étudier, inspecter, observer, rechercher. *Examiner qqch. pour apprendre, connaître, savoir. Examiner les qualités et les défauts, la valeur de qqch.* (V. **Apprécier, critiquer, estimer, évaluer, juger, supputer; éprouver, essayer, expérimenter**). *Examiner une chose pour contrôler, vérifier. Examiner une affaire en comité, en conférence.* V. **Débattre, discuter**. *Examiner sérieusement, avec attention, à fond.* V. **Analyser, approfondir, disséquer** (fig.), **éplucher** (fig.). *Il va falloir examiner cela de plus près.* V. **Regarder, voir**. « *Enfin, tout pesé, tout retourné, tout examiné...* » (HUGO). *Examiner des documents, des manuscrits, des notes.* V. **Compulser, consulter, dépouiller, feuilleter**. *Examiner une œuvre littéraire, un drame pour en faire la critique.* « *Les œuvres que tout le monde admire sont celles que personne n'examine* » (FRANCE). *Examiner si..., comment..., pourquoi.* ◇ *Spécialt. Examiner un malade. Déshabillez-vous, je vais vous examiner.* ♦ 2° Regarder très attentivement. *Examiner un objet, un mécanisme. Examiner une préparation au microscope. Instrument servant à examiner* (V. **suff. -Scope**). *Examiner un lieu, un endroit.* V. **Explorer, scruter, visiter**. *Examiner un terrain.* V. **Prospecter**. *Pasteur prend un cocon.* « *le tourne, le retourne entre les doigts; curieusement il l'examine, comme nous le ferions d'un objet singulier venu de l'autre bout du monde* » (J.-H. FABRE). *Examiner qqn.* V. **Contempler, dévisager, regarder**. *Examiner qqn de la tête aux pieds.* V. **Toiser**. Pronom. *S'examiner dans la glace.* ♦ 3° Faire subir un examen; soumettre (un candidat) à une épreuve. V. **Interroger**. « *L'abbé Pirard examina Julien sur la théologie* » (STENDHAL).

EXANTHÉMATEUX, EUSE [ɛgzɑ̃tematø, øz] (rare) ou **EXANTHÉMATIQUE** [ɛgzɑ̃tematik]. *adj.* (1756, -1795; du lat. *exanthema*). *Méd.* De la nature de l'exanthème; caractérisé par l'exanthème. *Éruption, rougeur exanthémateuse. Fièvres exanthématiques.* V. **Exanthème**. — *Typhus exanthématique.*

EXANTHÈME [ɛgzɑ̃tɛm]. *n. m.* (1565; *exanthémate*, 1545; lat. méd. *exanthema*, mot gr. « efflorescence », de *anthos* « fleur »). *Méd.* Éruption cutanée qui accompagne les maladies infectieuses et contagieuses. *L'exanthème est caractéristique dans chaque maladie* (notamment dans les fièvres éruptives : scarlatine, rougeole, rubéole, varicelle, variole *et les fièvres dites exanthémiques :* typhus exanthémique, fièvres dues aux rickettsies). V. **Enanthème**.

EXARCHAT [ɛgzarka]. *n. m.* (XVIe; de *exarque*). *Hist.* Dignité d'exarque; province gouvernée par un exarque. *L'exarchat de Ravenne* (568-752).

EXARQUE [ɛgzark(ə)]. *n. m.* (XVIe; lat. *exarchus*, gr. *exarkhos*, de *arkhein* « commander »). ♦ 1° *Hist.* Dans l'empire d'Orient, Grand dignitaire investi d'une autorité extraordinaire. *Spécialt.* (du VIe au VIIIe s.) Vice-roi gouvernant la partie de l'Italie dépendant de l'empire d'Orient. « *Les examens apportèrent à Ravenne la décadence de leur empire* » (CHATEAUB.). ♦ 2° Dans l'Église orthodoxe, Délégué du patriarche chargé d'une province. ◇ Titre du chef de l'Église nationale bulgare.

EXASPÉRANT, ANTE [ɛgzasperɑ̃, ɑ̃t]. *adj.* (1294, repris 1845; de *exaspérer*). Qui exaspère, qui est de nature à exaspérer (qqn). V. **Agaçant, crispant, énervant, excédant, irritant**. « *C'est exaspérant!... J'étais tout à fait calme, tout à fait de sang-froid, et voilà les larmes! Et tu sais que rien ne m'exaspère davantage que de te voir pleurer* » (DUHAM.).

EXASPÉRATION [ɛgzasperɑsjɔ̃]. *n. f.* (1588, repris fin XVIIIe; lat. *exasperatio*). ♦ 1° *Vieilli.* Extrême aggravation (d'un mal). V. **Aggravation, intensité**. *Exaspération d'un mal, d'une douleur.* V. **Exacerbation**. ◇ *Fig. et littér. Exaspération d'un désir, d'un besoin, d'un sentiment.* V. **Exaltation, excitation**. « *Cette sorte d'ironie... allait à un tel point d'exaspération et de frénésie* » (BLOY). ♦ 2° *Cour.* État de violente irritation. V. **Colère; agacement, énervement, irritation**. *Flaubert bouillonne* « *d'exaspération contre son temps* » (THIBAUDET). « *La rage en elle refluait : la rage, ou simplement peut-être l'exaspération ?* » (MAURIAC). ◈ ANT. Adoucissement; diminution; calme; douceur, patience.

EXASPÉRER [ɛgzaspere]. *v. tr.*; conjug. *céder* (1308 [Cf. *Exaspérant,* dès 1294]; repris 2e moitié XVIIIe; lat. *exasperare* « rendre rude, raboteux »; de *asper* « âpre »). ♦ 1° Rendre plus intense, plus pénible (un mal physique ou moral). V. **Aggraver, aiguiser, aviver, envenimer, exacerber, exciter, irriter**. « *Je t'aime trop pour... le dire de ces choses banales qui exaspèrent la souffrance* » (FLAUB.). « *La pensée gâte le plaisir et exaspère la peine* » (VALÉRY). ◇ *Par ext.* Augmenter à l'excès. *Exaspérer un désir, un besoin.* V. **Affoler, exciter**. « *Je suis excédé par ce travail de pion. Il exaspère en moi ce besoin de logique verbale à quoi mon esprit n'est déjà que trop enclin* » (GIDE). Pronom. *Souffrance, désir qui s'exaspère.* — Au p. p. *Des crises « de réaction furieuse, de nationalisme exaspéré* » (ROMAINS). ♦ 2° *Plus cour.* Irriter (qqn) excessivement. V. **Agacer, aigrir, crisper, énerver** (II), **fâcher, impatienter, irriter** (Cf. Mettre, pousser à bout; mettre hors de soi, faire sortir de ses gonds). « *La mauvaise fortune,* *au lieu de l'abattre, l'exaspéra. Du soir au matin, ce fut une colère formidable* » (DAUD.). « *On déteste ce qui nous est semblable, et nos propres défauts vus du dehors nous exaspèrent* » (PROUST). *Il commence à m'exaspérer! —* V. Excéder; assommer, fatiguer. Pronom. « *Quand on songe à la quantité de ménages où deux êtres s'exaspèrent, se dégoûtent autour de la même table, du même lavabo* » (MAURIAC). — *Au p. p.* (1835) V. Courroucé, furibond, furieux, irrité; colère (en). « *Ces gardes françaises... étaient furieux dès longtemps, exaspérés contre les journaux* » (MICHELET). ◇ ANT. Adoucir, affaiblir, atténuer, diminuer; calmer.

EXAUCEMENT [ɛgzosmɑ̃]. *n. m. (Exaulcement,* XVIe; de *exaucer).* Action d'exaucer; son résultat. « *L'exaucement de rêves formés sans espoir* » (PROUST). ◇ HOM. Exhaussement.

EXAUCER [ɛgzose]. *v. tr.;* conjug. *placer* (XVIIe; *exaulcer,* 1543; var. d'*exhausser,* au sens fig. de « écouter une prière », avec infl. du lat. *exaudire).* ♦ 1° (En parlant de Dieu, d'une puissance supérieure). Satisfaire (qqn) en lui accordant ce qu'il demande. V. Combler, contenter. *Dieu, le ciel l'a exaucé.* V. Écouter. « *Les vents nous auraient-ils exaucés cette nuit?* » (RAC.). ♦ 2° Accueillir favorablement (un vœu, une demande). V. Accomplir, accorder. *Exaucer une demande, une prière, un souhait.* « *La ferveur des fidèles, priant contre la pluie, était grande... Nos vœux ont été exaucés : la soirée est devenue charmante* » (CHATEAUB.). ◇ HOM. Exhausser.

EX CATHEDRA [ɛkskatedʀa]. *loc. adv.* (1677; lat. ecclés. mod.). *Parler ex cathedra :* du haut de la chaire. *Le pape est infaillible lorsqu'il parle ex cathedra.* ◇ D'un ton doctoral, dogmatique.

EXCAVATEUR, TRICE [ɛkskavatœʀ, tʀis]. *n.* (1843; angl. *excavator).* ♦ 1° Machine destinée à creuser le sol, à faire des déblais. V. Bulldozer, pelle (mécanique). *Excavateur à air comprimé. Excavateur pour les travaux sous-marins.* V. Drague. *Une excavatrice.* ♦ 2° *N. m.* Petite curette* utilisée en chirurgie dentaire.

EXCAVATION [ɛkskavasjɔ̃]. *n. f.* (1566; lat. *excavatio.* V. Excaver). ♦ 1° Rare. Action de creuser dans le sol. *Procéder à l'excavation d'un puits.* ♦ 2° Cour. Creux dans un terrain. V. Cavité. *Excavation naturelle.* V. Caverne, creux, faille, grotte. *Excavation faite de main d'homme.* V. Fosse, puits, souterrain, tranchée. *Excavation creusée par une explosion.* V. Entonnoir, trou. « *Des trous béants... Des excavations profondes qui ont servi naguère à creuser des galeries souterraines* » (THARAUD).

EXCAVER [ɛkskave]. *v. tr.* (XIIIe, rare av. XVIIIe; lat. *excavare* « creuser », de *cavus* « creux ». V. Cave). Creuser. *Excaver le sol, le flanc d'un coteau.*

EXCÉDANT, ANTE [ɛksedɑ̃, ɑ̃t]. *adj.* (1747; « qui dépasse », XIVe (V. Excédent); de *excéder).* Qui excède (II, 2°). V. Exaspérant, irritant. *Ces démarches, ces visites sont excédantes.* ◇ HOM. Excédent.

EXCÉDENT [ɛksedɑ̃]. *n. m.* (1392; var. *excédant* jusq. XIXe; lat. *excedens,* p. prés. de *excedere.* V. Excéder) Ce qui est en plus du nombre, de la quantité fixés. V. Excès, reste, surcroît, surplus. *Excédent des exportations sur les importations. La balance des comptes se solde par un excédent.* V. Bénéfice, boni, gain. *Balance, budget en excédent. Excédent de bagages :* ce qui dépasse le poids de bagages transporté gratuitement par les compagnies de transport. V. Surcharge. Absolt. *Payer cinq cents francs d'excédent.* ◇ ANT. Déficit, insuffisance, manque. ◇ HOM. Excédant.

EXCÉDENTAIRE [ɛksedɑ̃tɛʀ]. *adj.* (1935; de *excédent).* Qui est en excédent. *Écouler la production excédentaire sur les marchés extérieurs.*

EXCÉDER [ɛksede]. *v. tr.;* conjug. *céder* (v. 1300; lat. *excedere* « sortir de », d'où « dépasser »).
I. EXCÉDER QQCH. ♦ 1° Dépasser en nombre, en quantité. *Un appartement dont le prix n'excède pas cent mille francs.* « *Celui-là est pauvre, dont la dépense excède la recette* » (LA BRUY.). — Dépasser en durée. *Un bail dont la durée excède neuf ans.* ♦ 2° Aller au delà de (certaines limites); être plus fort que (une force, une capacité). *Excéder son pouvoir, ses pouvoirs.* V. Outrepasser. « *Mon travail quotidien n'excède ni mes forces, ni mon intelligence* » (FRANCE). V. Passer.
II. EXCÉDER QQN. ♦ 1° Vx. Accabler au delà de ce qu'on peut supporter. *Excéder de fatigue.* V. Anéantir, épuiser, exténuer, harasser. *Être excédé de travail.* ♦ 2° Mod. Fatiguer en irritant. *Sa présence m'excède.* V. Exaspérer, irriter. *Je suis excédé par ses enfantillages.* « *Je ne sais ce que j'ai, tout m'excède aujourd'hui* » (GRESSET). V. Agacer, énerver, ennuyer. « *Ceux-là, tout les ennuie, tout les excède, tout les assomme; ils sont rassasiés, blasés, usés* » (GAUTIER). — Au p. p. « *Un amant excédé, qui veut reconquérir sa liberté* » (HENRIOT). ◇ ANT. Ragaillardir, réconforter, reposer. Ravir, réjouir.

EXCELLEMMENT [ɛksɛlamɑ̃]. *adv. (Excellentement,* XIVe; de *excellent).* Littér. D'une manière excellente, éminemment bonne. « *Votre majesté voit que je ne suis pas un grimaud, que j'ai étudié excellemment* » (HUGO).

EXCELLENCE [ɛksɛlɑ̃s]. *n. f.* (1160; lat. *excellentia,* de *excellere.* V. Exceller). ♦ 1° Littér. Degré éminent de perfection qu'une personne, une chose, a en son genre. V. Bonté, perfection, supériorité. *L'excellence d'un vin.* « *S'ils connaissaient l'excellence de l'homme, ils en ignoraient la corruption* » (PASC.). ◇ *Cour.* PRIX D'EXCELLENCE, décerné à la fin de l'année scolaire à l'élève de chaque classe des lycées et collèges qui s'est le plus distingué dans l'ensemble des matières. ♦ 2° (Fin XIIIe; empr. it.). *Avec une majuscule.* Titre honorifique donné aux ambassadeurs, ministres, archevêques, évêques. *Son Excellence l'ambassadeur, l'archevêque.* Abrév. *Exc., S. E., V. E.* pour *Excellence, Son Excellence, Votre Excellence.* — *Fam.* Ministre. « *Il reçut une lettre ministérielle par laquelle une Excellence lui annonçait sa nomination* » (BALZ.). ♦ 3° (1524). *Loc. adv.* PAR EXCELLENCE : d'une manière hautement représentative, caractéristique. *Aristote fut appelé le philosophe par excellence.* V. Type. « *On dit que l'homme est un animal sociable. Sur ce pied-là, il me paraît qu'un Français est plus homme qu'un autre, c'est l'homme par excellence* » (MONTESQ.). ◇ ANT. Infériorité, médiocrité.

EXCELLENT, ENTE [ɛksɛlɑ̃, ɑ̃t]. *adj.* (XIIe; lat. *excellens,* p. prés. de *excellere.* V. Exceller). Qui, dans son genre, atteint un degré éminent de perfection; très bon. V. Admirable, merveilleux, parfait, supérieur. *Un vin excellent. C'est excellent pour la santé. Le spectacle fut excellent. Excellente idée! — Être excellent dans un rôle, une science.* V. Exceller. *Un excellent professeur.* « *Il estime que les acteurs doivent être comme les vers, les melons et les vins, c'est-à-dire excellents, sans quoi ils sont détestables* » (GAUTIER). — Rare. *Très, plus excellent.* ◇ Qui a une grande bonté, une nature généreuse. *C'est un excellent homme.* « *La faculté de rire aux éclats est preuve d'une âme excellente* » (COCTEAU). ◇ ANT. Détestable, exécrable, mauvais, médiocre, passable.

EXCELLENTISSIME [ɛksɛlɑ̃tisim]. *adj.* (XIIIe, repris 1550; it. *eccellentissimo).* Rare. Très excellent. « *En prenant son excellentissime café* » (STENDHAL). ◇ Titre donné aux sénateurs de Venise. *Excellentissimes seigneurs.*

EXCELLER [ɛksele]. *v. intr.* (1544; lat. *excellere).* Être supérieur, excellent. *Exceller dans sa profession.* V. Briller, fort (être fort). « *Les Arabes excellaient dans l'art d'exprimer avec de l'eau et avec des fleurs leurs rêveries indéfinies* » (BARRÈS). « *Corneille ne peut être égalé dans les endroits où il excelle* » (LA BRUY.). — EXCELLER À (et inf.). « *Il excelle à conter les douleurs élégantes* » (FRANCE).

EXCENTRATION [ɛksɑ̃tʀasjɔ̃]. *n. f.* (1875; de *excentrer).* Sc. et Techn. Déplacement du centre. Non-coïncidence du centre avec l'axe de rotation.

EXCENTRER [ɛksɑ̃tʀe]. *v. tr.* (1865; de *ex-,* et *centrer).* Techn. Déplacer le centre, l'axe de. *Excentrer une pièce à tourner.*

EXCENTRICITÉ [ɛksɑ̃tʀisite]. *n. f.* (1634; lat. médiév. *excentricitas).* ♦ 1° Sc. Éloignement du centre. — Géom. *Excentricité d'une conique* (ellipse, hyperbole, parabole), rapport constant des distances d'un point de cette conique au foyer et à la directrice associée. — Astron. *Excentricité de l'orbite d'une planète :* excentricité de l'ellipse décrite par cette planète autour du Soleil. ◇ Par anal. *Excentricité d'un quartier :* son éloignement du centre de la ville. ♦ 2° Cour. (1736; d'apr. l'angl.). Manière d'être (de penser, d'agir) qui s'éloigne de celles du commun des hommes. V. Bizarrerie, extravagance, originalité, singularité. « *Vous êtes modeste en ne vous croyant pas singulier; savez-vous donc, monsieur Fortunio, que vous êtes d'une excentricité parfaite?* » (GAUTIER). ♦ 3° Acte qui révèle cette manière d'être. « *La vraie supériorité... n'admet aucune excentricité* » (DELACROIX). « *Une espèce de turbulence intérieure qui le faisait inventer sans cesse quelque excentricité pleine de risque* » (GIDE). *Faire des excentricités.* ◇ ANT. Équilibre. Banalité.

1. EXCENTRIQUE [ɛksɑ̃tʀik]. *adj. et n.* (1361; lat. médiév. *excentricus* « qui est hors du centre »). ♦ 1° Dont le centre s'écarte d'un point donné. — Géom. *Cercles excentriques :* renfermés les uns dans les autres et n'ayant pas le même centre. ◇ Qui s'écarte du centre. Géom. *Courbe excentrique :* dont les foyers sont à une certaine distance du centre. Cour. *Appareils excentriques d'une ville :* éloignés du centre. V. Périphérique. *Une* « *espèce de petite cité bourgeoise, à prétention de jardins, comme il s'en trouve dans les quartiers excentriques* » (BLOY). ♦ 2° (v. 1830; d'apr. l'angl. *eccentric,* même o.; déjà *écentrique* (1611) en fr.). Dont la manière d'être est en opposition avec les habitudes reçues. V. Bizarre, extravagant, original. *Un homme, une femme excentrique.* — *Toilette, danse excentrique.* « *Nous vivons dans un temps trop excentrique, pour s'étonner un instant de ce qui pourrait arriver* » (LAUTRÉAMONT). ◇ Subst. *L'excentrique et le bizarre* » (GAUTIER). ◇ N. *Un excentrique.* E. Poe, « *cet excentrique maudit* » (BAUDEL.). ◇ ANT. Concentrique, central.

2. EXCENTRIQUE [ɛksɑ̃tʀik]. *n. m.* (1845; « cercle excentrique », 1361; du précéd.). Techn. Mécanisme conçu de telle sorte que l'axe de rotation de la pièce motrice n'en occupe pas le centre. *L'excentrique permet de transformer un mouvement rotatif en un mouvement de va-et-vient et inversement. Excentrique à came.*

EXCENTRIQUEMENT [ɛksãtʀikmã]. *adv.* (1511; de *excentrique*). D'une manière excentrique (1°, Géom. ou 2°).

EXCEPTÉ [ɛksɛpte]. *prép. invar.* (XIIIᵉ; accordé avec le subst. jusq. XVIᵉ; de *excepter*). À l'exception de, en excluant (placé devant le nom). V. **Hormis, hors, part** (à part), **sauf, sinon.** *Tous furent découverts, excepté trois d'entre eux. « Il y a tout dans ce jeune homme, disaient les vieux officiers goguenards, excepté de la jeunesse »* (STENDHAL). *J'y vais à pied, excepté quand je suis malade. Je suis content de tous, excepté de vous. « Elles sont infidèles à leur époux avec le monde entier, excepté avec les hommes »* (GIRAUDOUX). ◇ **EXCEPTÉ QUE.** *loc. conj.* (Cf. Si ce n'est que). *« Nous avons eu beau temps, excepté qu'il a un peu plu vers midi »* (BRUNOT). ◈ ANT. **Compris** (y compris). — HOM. **Excepter.**

EXCEPTÉ, ÉE [ɛksɛpte]. *adj.* (XVIIᵉ; V. *Excepter*). Non compris (placé après le nom, et accordé). *« Les protestants, les princes exceptés »* (M.-J. CHÉNIER). Cf. **Excepté les princes.** V. **Excepté.** *(prép.).* ◈ ANT. **Compris, inclus.**

EXCEPTER [ɛksɛpte]. *v. tr.* (fin XIIᵉ; lat. *exceptare* « recevoir », pour servir de verbe à *exception*). Ne pas comprendre dans. *Excepter qqn d'un blâme collectif.* V. **Exclure.** *« Je veux bien vous excepter de la règle générale; mais je n'excepterai que vous »* (LACLOS). *« Si l'on excepte deux ou trois époques lumineuses et de très courte durée... en général les littératures vivent dans la décadence »* (BENDA) : à part, à l'exception de. — *Tous les peuples, sans excepter celui-là.* V. **Négliger, oublier.** ◈ ANT. **Comprendre, inclure.** — HOM. **Excepté.**

EXCEPTION [ɛksɛpsjɔ̃]. *n. f.* (XIIIᵉ, en dr.; lat. *exceptio*, de *excipere* « retirer, excepter »). V. *Exciper*). ♦ 1° Action d'excepter. *Il ne sera fait aucune exception à cette consigne.* V. **Dérogation, restriction.** *Faire une exception pour qqn, en faveur de qqn. « Exception faite pour les rationalistes de profession »* (CAMUS). *Tout le monde sans exception, sans aucune exception.* ◇ Dr. Tout moyen invoqué pour faire écarter une demande judiciaire, pour critiquer la procédure, sans discuter le principe du droit, le fond du débat. *Alléguer, opposer une exception.* V. **Exciper.** *Exception de prescription, de nullité. Exception dilatoire.* V. **Dilatoire.** *Exception péremptoire. Exception d'illégalité, d'incompétence.* ◇ **D'EXCEPTION :** en dehors de ce qui est courant. V. **Exceptionnel, extraordinaire, spécial.** *« Il faut l'isoler et tenter un traitement d'exception »* (CAMUS). *Tribunal d'exception* (opposé à *tribunal de droit commun*) : compétent seulement pour les matières qui lui sont expressément attribuées par une loi. — *Régime, mesure d'exception; loi d'exception :* qui déroge au droit commun à l'égard d'une catégorie de personnes. ◇ **À L'EXCEPTION DE.** *loc. prép.* V. **Excepté, sauf.** *« Son visage entier fut enveloppé de lumière, à l'exception du front »* (GREEN). ♦ 2° Ce qui est en dehors du général, du commun. V. **Anomalie, singularité.** *Ce fait est, constitue une exception. « Ce qu'on appelle actuellement exception est simplement un phénomène dont une ou plusieurs conditions sont inconnues »* (Cl. BERNARD). *Les gouvernements de ce type, les personnes de ce genre sont l'exception :* sont rares. *À part quelques exceptions, à de rares exceptions près, on peut dire que* (Cf. Dans l'ensemble...). *Il n'y a pas de règle sans exception : il n'y a pas de règle absolue. « Les Français ont édifié une grammaire surprenante, compliquée, tissue de règles strictes et d'exceptions à la règle »* (DUHAM.). — *L'exception confirme la règle* (en tête du dr. : *« l'exception confirme la règle pour les cas non exceptés »*) : il n'y aurait pas d'exception s'il n'y avait pas de règle. — *« Cette personne est une exception, doit être considérée à part, comme ne ressemblant à aucune autre. « Il n'est donné qu'à bien peu de gens de se dire une exception »* (FROMENTIN). ◈ ANT. **Généralité, principe, règle.**

EXCEPTIONNEL, ELLE [ɛksɛpsjɔnɛl]. *adj.* (1739; de *exception*). ♦ 1° Qui constitue une exception (1°). *Congé exceptionnel.* V. **Occasionnel.** *« La situation était grave... Cela prouvait qu'il fallait des mesures encore plus exceptionnelles »* (CAMUS). ♦ 2° (1860). Qui est hors de l'ordinaire. V. **Extraordinaire.** *Des circonstances exceptionnelles.* — (Choses heureuses, bonnes) V. **Remarquable, supérieur.** *Une occasion, une chance exceptionnelle.* V. **Inattendu.** *C'est une réussite exceptionnelle.* V. **Étonnant.** *« Une recrue de grande valeur. Intelligence et habileté exceptionnelles »* (ROMAINS). ◇ Subst. Ce qui est exceptionnel. *« Le merveilleux n'était pas pour lui l'exceptionnel; c'était l'état normal »* (RENAN). ◈ ANT. **Régulier. Banal, commun, courant, habituel, normal, ordinaire.**

EXCEPTIONNELLEMENT [ɛksɛpsjɔnɛlmã]. *adv.* (1842; de *exceptionnel*). ♦ 1° Par exception (1°). ♦ 2° D'une manière exceptionnelle (2°). V. **Extraordinairement, extrêmement.** *Un homme exceptionnellement beau. Des éléments « qui rendent exceptionnellement complexe la crise »* (SIEGFRIED). ◈ ANT. **Communément.**

EXCÈS [ɛksɛ]. *n. m.* (1287; bas lat. *excessus* « excès »,

de *excedere.* V. **Excéder**). ♦ 1° Différence en plus (d'une grandeur par rapport à une autre); ce qui dépasse une quantité. *L'excès d'une longueur sur une largeur. Total approché par excès :* arrondi au chiffre supérieur. *Cette combinaison chimique laisse un excès d'oxygène.* V. **Excédent, reste, surplus.** *L'excès de l'offre sur la demande, des dépenses sur les recettes.* ♦ 2° Trop grande quantité; dépassement de la mesure moyenne, des limites ordinaires. V. **Disproportion, luxe, pléthore, profusion, surabondance;** et *aussi* Hyper-, super-, sur-, ultra-; **outre, trop.** *Les gens « dont un excès de lumière a troublé la vue »* (FROMENTIN). *Contravention pour excès de vitesse. « Je veux bien paraître parler mal à propos par un excès de zèle »* (FÉN.). *Un excès de précaution, de scrupules, de prudence. « J'ose dire pourtant que je n'ai mérité Ni cet excès d'honneur, ni cette indignité »* (RAC.). *« L'excès de la douleur, comme l'excès de la joie, est une chose violente qui dure peu »* (HUGO). *« Ne péchons, ni par précipitation, ni par excès de ménagements »* (ROMAINS). PROV. *L'excès en tout est un défaut.* — AVEC EXCÈS : sans mesure. *Il mange, il dépense avec excès.* — SANS EXCÈS : modérément. ◇ À L'EXCÈS, JUSQU'À L'EXCÈS. *loc. adv.* V. **Excessivement.** *Contraindre, outre-mesure, très, trop. Boire à l'excès.* V. **Beaucoup.** *« Mᵐᵉ de Guise, bossue et contrefaite à l'excès »* (ST-SIM.). ◇ Dr. **EXCÈS DE POUVOIR :** action dépassant le pouvoir légal; décision d'un juge qui dépasse sa compétence. *Recours pour excès de pouvoir : devant le Conseil d'État à fin d'annulation d'un acte administratif contraire à la loi ou au droit objectif.* ♦ 3° UN, LES EXCÈS : chose, action qui dépasse la mesure ordinaire ou permise. V. **Abus, licence.** *Excès de langage, paroles peu respectueuses, peu courtoises.* V. **Écart.** — *Excès de table :* abus de nourriture et de boisson. V. **Intempérance.** Absolt. *Ne faites pas d'excès.* — *Excès de conduite.* V. **Débauche, débordement.** ◇ *Abus de la force.* V. **Violence.** *Les excès d'un dictateur.* V. **Cruauté, exaction.** ◈ ANT. **Défaut, déficit, insuffisance, manque.**

EXCESSIF, IVE [ɛksɛsif, iv]. *adj.* (1265; de *excès*). ♦ 1° Qui dépasse la mesure souhaitable ou permise; qui est trop grand, trop important. V. **Démesuré, énorme, extrême, monstrueux, prodigieux, surabondant.** *Il fait une chaleur excessive, insupportable.* V. **Effrayant, effroyable, incroyable, terrible.** *Froid excessif.* V. **Rigoureux.** *« Il donnait des explications en s'entourant de gestes excessifs »* (MAC ORLAN). *Deux mille francs? C'est excessif!* V. **Exorbitant, trop.** *Gaieté, joie excessive.* V. **Effréné, immodéré.** *Parole, opinion excessive.* V. **Exagéré, outrancier, outré.** *« En France, les admirations et les mépris sont toujours excessifs. Tout écrivain est un dieu ou un âne : il n'y a pas de milieu »* (GAUTIER). — Subst. *« L'excessif, l'immense, sont le domaine naturel de Victor Hugo »* (BAUDEL.). ♦ 2° *(Emploi critiqué).* Très grand (sans idée d'excès). V. **Extrême.** *« Cette fille avait des traits d'une excessive douceur »* (BALZ.). ♦ 3° (Personnes). Qui pousse les choses à l'excès, qui est incapable de nuances, de modération. V. **Extrême.** *Les Méridionaux sont souvent excessifs. « Sa nature excessive n'envisage aucun juste milieu »* (COCTEAU). ◈ ANT. **Modéré, moyen, normal.**

EXCESSIVEMENT [ɛksɛsivmã]. *adv.* (1359; de *excessif*). ♦ 1° D'une manière excessive, qui dépasse la mesure. V. **Exagérément, trop.** *Manger excessivement. Denrée excessivement chère. « Les âmes excessivement bonnes sont volontiers imprudentes »* (MARIVAUX). ♦ 2° *(Emploi critiqué).* Très, tout à fait. V. **Extrêmement, infiniment.** *« Cette liberté me déplait excessivement »* (BEAUMARCH.). ◈ ANT. **Assez, peu.**

EXCIPER [ɛksipe]. *v. intr.* (1279, rare av. XVIIIᵉ; lat. jur. *exciper* « excepter ». V. *Excepter*). ♦ 1° Dr. Arguer d'une exception en justice. *Exciper de la chose jugée, de la prescription.* — S'appuyer, s'autoriser (d'une pièce). *Exciper d'un acte, d'un contrat.* ♦ 2° Littér. Se servir (de qqch.) pour sa défense. *Exciper de sa bonne foi. « Le principal était de pouvoir, au bon moment, exciper de services rendus à la résistance »* (DUHAM.).

EXCIPIENT [ɛksipjã]. *n. m.* (1747; lat. *excipiens*, de *excipere* « recevoir »). Substance qui entre dans la composition d'un médicament, et qui sert à incorporer les principes actifs. *Excipient sucré.*

EXCISE [ɛksiz]. *n. m.* (1650, francisé en *accise*, 1748; mot angl., probabl. de l'a. fr. *acceis*, de °*accensum*, lat. *ad*, et *census*). Impôt indirect, en Grande-Bretagne.

EXCISER [ɛksize]. *v. tr.* (XVIᵉ; du rad. de *excision*). Enlever par excision. *Exciser une tumeur.*

EXCISION [ɛksizjɔ̃]. *n. f.* (1340; lat. *excisio*, de *excidere* « couper »). Ablation, au moyen d'un instrument tranchant, d'un fragment peu volumineux d'organe ou de tissu. V. **Incision;** et *aussi* **-ectomie; exérèse, extirpation.** *Excision d'un cor. Excision des parties nécrosées d'une plaie.* — Spécial. Ablation rituelle du prépuce (V. **Circoncision**) ou du clitoris *(clitoridectomie)* dans certaines sociétés. *Rites d'excision.*

EXCITABILITÉ [ɛksitabilite]. *n. f.* (1808; de *excitable*). Physiol. Propriété de toute structure vivante de réagir spécifiquement aux excitations. V. **Irritabilité, sensibilité.** *Exci-*

tabilité musculaire. Excitabilité directe, indirecte. ◇ Qualité de ce qui est excitable. « *Cette excitabilité nerveuse et maladive de l'épiderme et de tous les organes* » (MAUPASS.).

EXCITABLE [ɛksitabl(ə)]. *adj.* (1265, repris 1812 ; lat. *excitabilis ;* de *exciter*). ♦ 1° *Cour.* Prompt à s'exciter, à s'énerver. V. **Coléreux, irritable, nerveux, susceptible.** « *Quand les hommes sont trop malheureux, ils deviennent excitables* » (TAINE). ♦ 2° *Physiol.* Qui est capable de réagir à une excitation. ◇ ANT. **Flegmatique, impassible, imperturbable.**

EXCITANT, ANTE [ɛksitã, ãt]. *adj. et n. m.* (1613 ; de *exciter*). ♦ 1° Qui excite ; qui éveille des sensations, des sentiments. V. **Émouvant, troublant.** *Lecture, étude excitante pour l'esprit.* V. **Enivrant, passionnant.** « *Si ce beau mot de politique, très séduisant et excitant pour l'esprit, n'éveillait de grands scrupules* » (VALÉRY). « *La fumée et la rumeur d'une salle ordinaire. Mais — pour être juste — une atmosphère beaucoup plus excitante* » (ROMAINS). V. **Attrayant, séduisant.** — *Beauté excitante, femme excitante.* V. **Appétissant, émoustillant, piquant, provoquant.** ◇ *Fam. Ce n'est pas (très) excitant.* V. **Agréable, engageant, plaisant.** ♦ 2° Qui excite, stimule l'organisme ; qui est capable de produire une excitation, un stimulus. *Le café est excitant.* ◇ *N. m.* (1835) *Un excitant. Prendre, absorber un excitant.* V. **Réconfortant, remontant, tonique.** *Le café, le kola sont des excitants.* — Fig. « *L'ivresse pouvait servir d'excitant aussi bien que de repos* » (BAUDEL.). *Un excitant pour l'esprit.* ◇ ANT. **Apaisant, calmant, fade.** Anesthésique, **calmant, sédatif.**

EXCITATEUR, TRICE [ɛksitatœr, tris]. *n.* (1335 ; lat. *excitator*). ♦ 1° *Littér.* Personne qui excite. *Excitateur de troubles.* V. **Fauteur, fomentateur, instigateur.** *Stendhal « fut surtout un excitateur d'idées* » (STE-BEUVE). ♦ 2° *Électr.* (1755). Appareil formé de deux branches métalliques, qui sert à décharger un condensateur.

EXCITATRICE [ɛksitatris]. *n. f.* (1893 ; du précéd.). *Électr.* Dynamo qui envoie le courant continu à un alternateur.

EXCITATION [ɛksitasjɔ̃]. *n. f.* (v. 1300, rare à l'époque class. ; lat. *excitatio*). ♦ 1° Action d'exciter (qqn) ; ce qui excite. V. **Encouragement, invitation.** « *Rien n'y manque pour aggraver l'émeute, ni les excitations plus vives pour la provoquer* » (TAINE). V. **Appel, exhortation.** « *Ses silences étaient si attentifs, que la pensée d'autrui, loin d'en être paralysée, y trouvait excitation* » (MART. du G.). V. **Stimulation.** — EXCITATION À. *Excitation au travail, à l'action. Excitations à la haine, à la violence.* V. **Incitation.** *Excitation des militaires à la désobéissance.* V. **Provocation.** — Dr. *Excitation des mineurs à la débauche.* ♦ 2° État de celui qui est excité ; accélération du processus psychique. V. **Agitation, animation, énervement, fièvre** *(fig.),* **surexcitation, trouble.** *Excitation sexuelle.* V. **Ardeur, désir, émoi.** *Excitation intellectuelle, mentale ; excitation de l'esprit.* V. **Exaltation ; enthousiasme.** « *Une grande fatigue succède toujours à l'excitation* » (STE-BEUVE). « *Quand un homme a peur, la colère n'est pas loin ; l'irritation suit l'excitation* » (ALAIN). *État d'excitation d'un maniaque.* ♦ 3° *Physiol.* Modification survenant dans l'organisme à l'endroit où agit un stimulus, susceptible de déclencher une réponse spécifique dans un tissu ou un organe ; réponse à une telle modification, se traduisant par une activité physiologique ou psychique. *Le stimulus* * *crée une physique de l'excitation.* « *L'organisme... s'adapte à l'intensité variable des excitations en diminuant ou en augmentant sa réceptivité* » (CARREL). ♦ 4° *Psychiatr.* Agitation physique et suractivité mentale désordonnée, dans certaines psychoses et délires. ♦ 5° *Phys.* Création d'un champ magnétique dans l'inducteur d'un électro-aimant, d'une dynamo. *Excitation par aimant, par enroulements où passe un courant* (courant d'excitation) *produit par une source extérieure* (excitation séparée) *ou par la dynamo elle-même* (auto-excitation). *Excitation en série, en dérivation.* — *Radio.* Action par laquelle on produit des oscillations électriques dans un circuit. *Excitation par choc, par impulsion.* ◇ ANT. **Adoucissement, apaisement ; calme, dépression, flegme, tranquillité. Inhibition.**

EXCITÉ, ÉE [ɛksite]. *adj. et n.* (1846 ; V. *Exciter*). ♦ 1° Qui a une activité mentale, psychique très vive ou anormalement vive. V. **Agité, énervé, nerveux** (Cf. Dans tous ses états). *Il était tout excité et ne tenait plus en place.* « *Se trouvant excité comme il arrive aux enfants qui rompent leurs habitudes, il eut plus d'esprit, plus de curiosité et plus de raisonnement qu'à l'ordinaire* » (SAND). ♦ 2° N. *Un, une excité(e).* *Une bande d'excités, de jeunes excités.* ◇ ANT. **Calme, tranquille.**

EXCITER [ɛksite]. *v. tr.* (*Esciter,* XIIᵉ ; lat. *excitare* « mettre en mouvement », rac. *ciere*). ♦ 1° Faire naître, provoquer (une réaction physique, ou *(plus cour.)* morale, mentale). V. **Animer, appeler, causer, éveiller, naître** (faire), **provoquer, susciter.** « *L'art d'exciter les rires et les larmes* » (D'ALEMB.). *Exciter le goût, l'envie de.* V. **Donner, insuffler.** *Exciter la passion, les sentiments.* V. **Allumer, embraser, enflammer, éperonner.** *Exciter l'appétit* (Cf. Mettre, faire venir

l'eau à la bouche). *Exciter l'imagination.* V. **Ébranler.** *Cette personne excite l'intérêt, cette question excite l'attention.* V. **Solliciter.** *Exciter l'amour-propre.* V. **Aiguillonner, piquer.** *Elle « n'aurait plus dû exciter ma jalousie* » (PROUST). « *La singularité de sa vie n'excitait plus que de l'étonnement* » (RENAN). *Exciter l'admiration, l'enthousiasme :* enthousiasmer, ravir. *Exciter la pitié :* apitoyer, attendrir. *La peinture de Delacroix « excita des enthousiasmes et des dénigrements d'une égale violence* » (GAUTIER). — *Exciter les cris, le scandale.* « *Le chœur de Fidelio est d'une nuance trop délicate pour exciter de bien vifs applaudissements* » (BERLIOZ). — *Pronom.* (Pass.) « *Cette amoureuse ardeur qui dans les cœurs s'excite* » (MOL.). ♦ 2° Accroître, rendre plus vif (une sensation, un sentiment). V. **Activer, aiguillonner, aviver, exalter.** *Cela excita encore sa colère, sa rage. Exciter le courage, l'ardeur des combattants.* V. **Relever, réveiller, stimuler.** *Cela ne fit qu'exciter la douleur.* V. **Aggraver, envenimer, exacerber, exaspérer.** « *Loin qu'il cherchât à adoucir les murmures... il semblait prendre plaisir à les exciter* » (RENAN). ♦ 3° EXCITER À : pousser (qqn) à. — *Vx.* Inciter à ; donner le désir ou la volonté de. « *Ma gloire, mon repos, tout m'excite à partir* » (RAC.). — *Mod.* Pousser fortement à (une détermination difficile, une action violente). V. **Entraîner, exhorter, porter, pousser, provoquer.** « *La victoire et la nuit, plus cruelles que nous, Nous excitaient au meurtre, et confondaient nos coups* » (RAC.). « *L'effort excitant à l'effort* » (VALÉRY). — Dr. Pousser à (une activité blâmable). *Exciter à la révolte. Exciter des mineurs à la débauche.* ♦ 4° Augmenter l'activité psychique, intellectuelle de (qqn). —(Avec un sujet de chose ou au passif) V. **Agiter, émouvoir, énerver, passionner, surexciter.** *Ces lectures l'excitent beaucoup trop* (Cf. Monter la tête). « *Le crépuscule excite les fous* » (BAUDEL.). « *La chaleur... ne fait encore que m'exciter au lieu de m'abattre* » (FROMENTIN). *La boisson, la nourriture l'excite.* V. **Échauffer, enivrer.** *Fam.* (négatif) *Ce travail ne l'excite pas beaucoup* (Cf. N'est pas très excitant). ◇ *Avec un sujet de personne. Vx.* Animer, encourager, galvaniser, soulever. « *Le capitaine excitait ses soldats par ses discours et par son exemple* » (ACAD.). — *Mod. Spécialt.* Mettre en colère, en fureur. V. **Irriter.** *Exciter qqn par des railleries. Exciter qqn contre.* V. **Dresser, monter.** *On les a excités l'un contre l'autre.* — Éveiller le désir de (qqn). V. **Aguicher, allumer, troubler.** « *Cette vicieuse, qui savait comment on excite les hommes* » (ZOLA). — S'EXCITER. *pron.* S'énerver, s'irriter ou ressentir une excitation sensuelle. *Fam. S'exciter sur qqch.,* y prendre un très grand intérêt. ♦ 5° *Vieilli.* Provoquer (un mouvement). V. **Déclencher.** « *Les sons excitent dans les corps sonores des ébranlements sensibles au tact* » (ROUSS.). V. **Provoquer.** ♦ 6° *Physiol.* Soumettre (un organe ou un tissu) à un agent susceptible de déclencher une réponse spécifique. *Exciter un nerf, un muscle au moyen de l'électricité.* ♦ 7° *Électr.* Envoyer un courant dans (les électro-aimants inducteurs d'un moteur). V. **Excitation.** ◇ ANT. **Adoucir, arrêter, calmer, empêcher, endormir, étouffer, refouler, refréner, réprimer, retenir. Apaiser ; inhiber.**

EXCITO-MOTEUR, TRICE [ɛksitɔmɔtœr, tris]. *adj.* (1864 ; du rad. de *excitation,* et *moteur*). *Physiol.* Qui stimule une fonction motrice ou une activité fonctionnelle. *Centres excito-moteurs du cerveau.*

EXCLAMATIF, IVE [ɛksklamatif, iv]. *adj.* (1747 ; lat. *exclamativus*). Qui marque ou exprime l'exclamation. *Phrase, particule exclamative. Les adverbes et adjectifs interrogatifs ont souvent une valeur simplement exclamative, comme dans Quel homme ! Que de propos inutiles ! Oh ! combien !* — *Proposition exclamative.*

EXCLAMATION [ɛksklamasjɔ̃]. *n. f.* (1311 ; lat. *exclamatio,* de *exclamare,* rac. *clamare* « crier »). ♦ 1° Cri, paroles brusques exprimant de manière spontanée une émotion, un sentiment. V. **Interjection.** *Pousser des exclamations.* V. **Exclamer** (s'). *Parfois « la parole, se produisant comme conséquence immédiate, de l'insignifiance et la valeur d'un réflexe, comme on le voit par l'exclamation, l'interjection, le juron, le cri de guerre* » (VALÉRY). ♦ 2° *Point d'exclamation* (!), signe de ponctuation qui suit toujours une exclamation ou une phrase exclamative.

EXCLAMER (S') [ɛksklame]. *v. pron.* (1495 ; pron., 1516 ; lat. *exclamare,* de *clamare* « crier »). Pousser des exclamations. V. **Écrier** (s'), **récrier** (se). *S'exclamer d'admiration, de surprise. Par exemple! s'exclama-t-il.* « *Le fat de marmotter et de s'exclamer dans sa solitude est une des petites disgrâces de l'esprit* » (GREEN).

EXCLU, UE [ɛkskly]. *p. p. adj.* (1467 ; V. Exclure). ♦ 1° Renvoyé ; refusé. *Exclu d'un endroit.* V. **Forclos.** *Membres exclus.* Subst. *Les exclus.* ♦ 2° Qui n'est pas accepté, qu'on refuse d'envisager. *Ne comptez pas sur mon aide, c'est tout à fait exclu! C'est une chose exclue :* c'est hors de question. — *Impers. Il est, il n'est pas exclu que, il est impossible, possible.* ◇ *Log. Principe du tiers exclu* (l'un ou l'autre exclusivement). ♦ 3° Qui n'est pas compris dans un compte, une énumération. *Vous apprendrez le texte jusqu'au* *vers 19 exclu.* V. **Exclusivement.** ◇ ANT. *Admis, compris.*

EXCLURE [ɛksklyʀ]. *v. tr.; conjug. conclure* (1355; lat. *excludere,* de *claudere* « fermer »; Cf. *Éclore**, a. fr. *esclore* « exclure »). ♦ 1° Renvoyer, chasser (qqn) d'un endroit où il était admis. V. **Bannir, chasser, évincer, expulser, ôter, rejeter, renvoyer.** *Exclure qqn d'un syndicat, d'une équipe.* ♦ 2° Empêcher (qqn) d'entrer, ne pas admettre. V. **Écarter, refuser, repousser.** « *Un paradis trop beau dont l'homme est exclu* » (ROMAINS). *L'empereur Julien « exclut les chrétiens non seulement des honneurs, mais des études* » (BOSS.). ♦ 3° Ne pas admettre, ne pas employer (qqch.). *Exclure les sucreries d'un régime.* « *Les viandes niaises, les poissons fades étaient exclus des soupers de cette sirène* » (BAUDEL.). « *Un vrai pays de Cocagne,... d'où le désordre, la turbulence et l'imprévu sont exclus* » (BAUDEL.). ◇ Refuser d'envisager. *J'exclus votre participation à cette affaire; nous excluons que vous y participiez* (Cf. Il est exclu*). ♦ 4° *(Sujet de chose).* Dont l'existence rend impossible (qqch.). *Qualités, sentiments qui en excluent d'autres.* V. **Exclusif, inconciliable.** « *Des pédants étourdis (l'un n'exclut pas l'autre) prétendent que...* » (HUGO). Pronom. *Idées, actions qui s'excluent l'une l'autre.* V. **Annuler** (s'), **neutraliser** (se). ◇ ANT. **Admettre, garder. Impliquer.**

EXCLUSIF, IVE [ɛksklyzif, iv]. *adj.* (1453; lat. médiév. *exclusivus*). ♦ 1° *Anc. Dr.* Qui a force d'exclure. *Avoir voix exclusive,* avoir le droit d'exclure un candidat proposé. ♦ 2° (Fin XVIIᵉ). Qui exclut de tout partage, de toute participation. *Privilèges, droits exclusifs* : qui appartiennent à une seule personne ou à un seul groupe de personnes ou de choses. V. **Exclusivité; particulier, personnel, propre, spécial, spécifique.** *Privilège exclusif. L'État se réserve le droit exclusif de vendre le tabac* (V. **Monopole**). — EXCLUSIF DE : qui exclut comme incompatible. « *Un patriotisme non exclusif du droit de critique* » (BENDA). ♦ 3° *Comm.* Qui est produit, vendu, seulement par une firme. *Modèle exclusif.* ♦ 4° (XVIIIᵉ). Qui tend à exclure ce qui est gênant ou simplement étranger. « *Cette préoccupation exclusive et passionnée qu'ils appellent de l'amour* » (STENDHAL). V. **Absolu.** « *Tout grand amour est exclusif, et l'admiration d'un amant pour sa maîtresse le rend insensible à toute beauté différente* » (GIDE). « *Les liens qui n'avaient pas pour but exclusif le renforcement du petit groupe* » (PROUST). ♦ 5° Qui a des opinions absolues, ne supporte pas la contradiction. *Il est trop exclusif.* V. **Entier; absolu.** ◇ ANT. **Inclusif. Éclectique, large, ouvert, tolérant.**

EXCLUSION [ɛksklyzjɔ̃]. *n. f.* (1220, rare av. XVIIᵉ; lat. *exclusio* « exclusion »). ♦ 1° Action d'exclure qqn (en le chassant d'un endroit où il avait précédemment sa place, ou en le privant de certains droits). V. **Élimination, expulsion, radiation.** *Prononcer l'exclusion de qqn. Son exclusion du parti a été un coup de théâtre. Exclusion des fonctions, emplois ou offices publics.* V. **Dégradation, destitution, révocation.** *Cet élève risque l'exclusion (de l'école).* V. **Renvoi.** « *Faire des vers français passait pour un exercice des plus dangereux et eût entraîné l'exclusion* » (RENAN). ♦ 2° *Rare.* Action d'exclure en tenant à l'écart, en interdisant l'accès. V. **Ostracisme.** *On cherche son exclusion de toutes les réunions, des travaux de l'assemblée.* ♦ 3° Action d'exclure qqch. d'un ensemble. Dr. *Exclusion de certains biens d'une succession.* ◇ *Chir.* Opération par laquelle on sépare une partie d'organe sans l'exciser. *Exclusion d'un segment intestinal.* ♦ 4° (1771). *Loc. prép.* À L'EXCLUSION DE : en excluant (3°). V. **Exception** (à l'exception de). *Cultiver un don à l'exclusion des autres.* ◇ ANT. **Admission, inclusion, réintégration.**

EXCLUSIVE [ɛksklyziv]. *n. f.* (XVIᵉ; de *exclusif*). ♦ 1° *Dr.can.* Vote, mesure d'exclusion de la part des membres d'un conclave, contre un candidat au pontificat. « *Il ne faut qu'un tiers des voix du conclave, plus une, pour donner l'exclusive qu'il ne faut pas confondre avec le droit d'exclusion* » (CHATEAUB.). ♦ 2° (1908). Par ext. *Prononcer l'exclusive,* déclarer l'exclusion (1° et 2°). V. **Interdit** (jeter 1'), **veto.** *En Angleterre, « une exclusive silencieuse écarte du pouvoir les gens éloquents ou trop bien doués* » (SIEGFRIED).

EXCLUSIVEMENT [ɛksklyzivmɑ̃]. *adv.* (1410; de *exclusif*). I. ♦ 1° En excluant tout le reste, à l'exclusion de toute autre chose. V. **Seulement, uniquement.** *Lire exclusivement des ouvrages philosophiques.* « *À lui (Gavarni) la gloire non médiocre d'être franchement, exclusivement, absolument moderne* » (GAUTIER). ♦ 2° D'une manière exclusive (3°), absolue. *Le dilettante « qui comprend tout, précisément parce qu'il n'aime rien passionnément, c'est-à-dire exclusivement* » (GIDE). II. En ne comprenant pas. V. **Exclu.** *Du mois de janvier au mois d'août exclusivement* : en ne comptant pas le mois d'août. ◇ ANT. **Compris** (y compris), **inclus, inclusivement.**

EXCLUSIVISME [ɛksklyzivism(ə)]. *n. m.* (1835; de

exclusif). Rare. Caractère de ce qui est exclusif (4°, 5°). *Tomber dans un exclusivisme étroit.* « *Le mot 'national' s'y trouvait prononcé, et l'on sait de reste tout ce que ce mot porte avec soi d'exclusivisme* » (GIDE).

EXCLUSIVITÉ [ɛksklyzivite]. *n. f.* (1818; de *exclusif*). ♦ 1° *Vx.* Qualité de ce qui est exclusif. *Des femmes qui « ont soif... des dévouements du véritable amour, et qui en pratiquent alors l'exclusivité (ne faut-il pas faire un mot pour rendre une idée si peu mise en pratique?)* » (BALZ.). ♦ 2° Propriété exclusive; droit exclusif (de vendre, publier). *Avoir, acheter l'exclusivité d'une marque.* — EN EXCLUSIVITÉ, d'une manière exclusive. « *Les disques sont donnés en exclusivité par des artistes éminents* » (DUHAM.). — *Spécialt.* (1911) Projection d'un film dans un seul (ou quelques) cinéma(s). *Première, deuxième exclusivité. Cinéma d'exclusivités.* ◇ *Par ext.* Produit, film, etc., qui est vendu, exploité par une seule firme. *C'est une exclusivité X.* ◇ Information importante donnée en exclusivité par un journal.

EXCOMMUNICATION [ɛkskɔmynikasjɔ̃]. *n. f.* (XIVᵉ; *escomination,* 1160; lat. ecclés. *excommunicatio*). Peine ecclésiastique par laquelle qqn est retranché de la communion de l'Église catholique. V. **Excommunier.** *Excommunication majeure, mineure. Excommunication de droit* (V. **Anathème**), *de fait. Bulle d'excommunication. Fulminer, lancer une excommunication contre les hérétiques.* ◇ *Fig.* Exclusion d'une société, d'un parti politique.

EXCOMMUNIER [ɛkskɔmynje]. *v. tr.* (1120; lat. ecclés. *excommunicare* « mettre hors de la communauté », d'apr. *communier*). Retrancher (qqn) de la communion de l'Église catholique. V. **Anathématiser.** *Excommunier un hérétique.* ◇ *Fig.* « *Cette femme incompréhensible qui m'avait excommunié de sa vie* » (BARBEY). V. **Chasser, exclure, rejeter.** ◇ *Au p. p. Hérétique excommunié.* — Subst. (XVIᵉ; « sacrilège ») *Un excommunié.* « *Des excommuniés qui ne peuvent paraître en aucun lieu et dont tout le monde doit s'éloigner* » (BOURDALOUE).

EXCORIATION [ɛkskɔrjasjɔ̃]. *n. f.* (XIVᵉ; de *excorier*). *Didact.* Écorchure superficielle. V. **Érosion.**

EXCORIER [ɛkskɔrje]. *v. tr.* (1532; bas lat. *excoriare* « écorcher », de *ex,* et *corium* « cuir, peau »). *Didact.* Écorcher légèrement. *L'ongle a excorié la peau. Les pieds « vous cuisent, vous brûlent, toute la peau est excoriée* » (PÉGUY).

EXCRÉMENT [ɛkskʀemɑ̃]. *n. m.* (1537; lat. méd. *excrementum* « sécrétion », p. p. de *excernere* « cribler, évacuer »). ♦ 1° *Vx.* Toute matière solide *(matières fécales)* ou fluide *(mucus nasal, sueur, urine)* évacuée du corps de l'homme ou des animaux par les voies naturelles. V. **Excrétion.** ◇ *Fig. et vx.* Ce qui est rejeté; déchet, rebut. « *Va-t'en, chétif insecte, excrément de la terre* » (LA FONT.). ♦ 2° *Mod.* Les matières fécales. *Excréments de l'homme.* V. **Déjection, fèces;** et les *fam.* ou *vulg.* Bran, caca, chiasse, crotte, merde. *Évacuation des excréments* (défécation). V. **Déféquer, évacuer, faire, aller** (Cf. Aller à la selle, *vulg.* Chier). — *Excréments des bêtes fauves* (V. **Fumée**), *des bêtes noires* (V. **Laissée**). *Excréments des animaux domestiques.* V. **Bouse, crotte, crottin.** *Excréments des oiseaux.* V. **Colombine, fiente, guano.** *Excréments d'insectes* (V. **Chiasse**), *de mouches.* V. **Chiure.** — *Relatif aux excréments.* V. **Scatologique, stercoral;** et le préf. **Copro-.** *Le Français « est scatophage. Il raffole des excréments. Les littérateurs d'estaminet appellent cela le sel gaulois* » (BAUDEL.).

EXCRÉMENTEUX, EUSE [ɛkskʀemɑ̃tø, øz] *vieilli,* ou **EXCRÉMENTIEL, ELLE** [ɛkskʀemɑ̃sjɛl]. *adj.* (1555,-1560; de *excrément*). Qui est de la nature des excréments, relatif aux excréments. *Matière excrémentielle.*

EXCRÉTER [ɛkskʀete]. *v. tr.; conjug. céder* (1836; de *excrétion*). *Physiol.* Évacuer par excrétion. *Matières excrétées.*

EXCRÉTEUR, TRICE [ɛkskʀetœʀ, tʀis] ou **EXCRÉTOIRE** [ɛkskʀetwaʀ]. *adj.* (1560,-1538; de *excrét(ion)*). Qui sert à l'excrétion. *Canal excréteur.* V. **Déférent.**

EXCRÉTION [ɛkskʀesjɔ̃]. *n. f.* (1537; bas lat. *excretio* « action de séparer »). *Physiol.* ♦ 1° Action par laquelle les déchets de l'organisme sont rejetés au dehors. *Excrétion des matières fécales, de l'urine.* V. **Élimination, évacuation, expulsion.** « *Dans tout organisme... il existe des appareils dont le rôle est d'expulser les détritus, les déchets de la vie, les produits de l'excrétion, les matières usées* » (DUHAM.). — *Spécialt.* Action par laquelle le produit des sécrétions d'une glande est versé hors de cette glande par les conduits excréteurs. V. **Sécrétion.** *Excrétion du sébum.* ♦ 2° *Au plur.* Les déchets de la nutrition rejetés hors de l'organisme. V. **Excrément** (1°).

EXCROISSANCE [ɛkskʀwasɑ̃s]. *n.f.* (*Excressance,* 1314; bas lat. *excrescentia,* de *excrescere* « croître »; d'apr. *croissance*). ♦ 1° Petite tumeur bénigne superficielle de la peau, d'une muqueuse (verrue, condylome, polype). — *Bot. Excroissances des plantes.* V. **Galle, tubercule.** ♦ 2° *Fig. L'argot,* *excroissance de la langue générale.* « *La phrase est une excroissance de l'idée* » (GIDE).

EXCURSION [ɛkskyʀsjɔ̃]. *n. f.* (1530, rare av. XVIIIᵉ; lat. *excursio* « voyage, incursion, digression »; de *excurrere* « courir hors de »). Action de parcourir une région pour l'explorer, la visiter (souvent à pied). V. **Course, expédition, promenade, tournée, voyage.** *Excursion scientifique, botanique. Excursion en montagne.* V. **Ascension.** *Nous terminons* « *un voyage qui... a été une fort jolie excursion. Sac au dos et souliers ferrés aux pieds, nous avons fait sur les côtes environ 160 lieues à pied* » (FLAUB.). ◇ Physiol. *Excursion diaphragmatique,* mouvement d'élévation et de descente du diaphragme au cours de la respiration.

EXCURSIONNER [ɛkskyʀsjɔne]. *v. intr.* (fin XIXᵉ; de *excursion*). Faire une excursion.

EXCURSIONNISTE [ɛkskyʀsjɔnist(ə)]. *n.* (1852; de *excursion*). Personne qui fait une excursion.

EXCUSABLE [ɛkskyzabl(ə)]. *adj.* (fin XIIIᵉ; de *excuser*, d'apr. lat. *excusabilis*). Qui peut être excusé. V. **Justifiable, pardonnable.** *Une colère bien excusable. À son âge, c'est excusable.* « *On n'est jamais excusable d'être méchant, mais il y a quelque mérite à savoir qu'on l'est* » (BAUDEL.). ◈ ANT. *Impardonnable, inexcusable.*

EXCUSE [ɛkskyz]. *n. f.* (fin XIVᵉ; de *excuser*). ♦ 1º Raison alléguée pour se défendre d'une accusation, d'un reproche, pour expliquer ou atténuer une faute. V. **Défense, explication, justification, motif, raison.** *Alléguer, donner, fournir une bonne excuse, une excuse valable.* « *Mais votre amour n'a plus d'excuse légitime* » (RAC.). *Chercher, inventer une excuse. De mauvaises excuses; excuse inacceptable, inadmissible. Sa faute est sans excuse.* « *L'état de souffrance où je suis continuellement est une seule excuse* » (STE-BEUVE). ◇ Dr. *Excuses légales :* faits déterminés par la loi et qui entraînent l'exemption (*excuses absolutoires*) ou une atténuation de la peine (*excuses atténuantes*). ◇ FAIRE EXCUSE (*vx*) : s'excuser de contredire qqn (Cf. Sauf votre respect). *Je vous fais excuse, je vous fais bien excuse* (ACAD.). — Mod. (pop.) *Faites excuse* [fɛtɛkskyz] : acceptez mes excuses. ♦ 2º Regret que l'on témoigne à qqn de l'avoir offensé, contrarié, gêné. V. **Pardon, regret.** *Faire, présenter des excuses, ses excuses. Je vous fais toutes mes excuses. De plates excuses. Exiger des excuses :* demander réparation de l'offense dont on a été victime. « *Ainsi, de fautes en pardons, et d'erreurs en excuses, je passerai ma vie à mériter votre indulgence* » (BEAUMARCH.). « *Les excuses rappellent la faute plus certainement qu'elles ne l'atténuent* » (LOUYS). ♦ 3º Motif que l'on invoque pour se dispenser de qqch., pour soustraire à quelque devoir. V. **Dérobade, échappatoire, faux-fuyant, prétexte.** *Alléguer quelque excuse de santé pour éviter un voyage.* « *La fatalité, c'est l'excuse des âmes sans volonté* » (R. ROLLAND). ◇ Spécialt. *Motif justifiant un élève qui a été absent, n'a pas fait son travail, etc. Apporter un mot d'excuse.* ◇ Dr. *Motif qui, dans certains cas déterminés par la loi, dispense d'être tuteur, de siéger comme juré.* — Procéd. *Justification d'un défaut de comparution en justice par une partie ou par un témoin.* ◈ ANT. *Accusation, blâme, imputation; condamnation, inculpation, reproche.*

EXCUSER [ɛkskyze]. *v. tr.* (*Escuser,* 1190; lat. *excusare* « mettre hors de cause »).
I. ♦ 1º S'efforcer de justifier (une personne, une action) en alléguant des excuses. V. **Défendre.** *Il s'efforce vainement de l'excuser.* V. **Blanchir, disculper.** « *Ne croyez pas que je cherche un détour pour excuser ou pour pallier ma faute; je m'avoue coupable* » (LACLOS). ◇ (*Choses*) *Servir d'excuse à* (qqn). *L'intention n'excuse pas la faute. Rien n'excuse une telle conduite.* ♦ 2º Décharger (qqn) de ce dont on l'accusait, en admettant les motifs qui atténuent sa faute ou la justifient. V. **Absoudre, décharger, pardonner.** *Veuillez m'excuser, excuser mon retard. Pour cette fois, je vous excuse, mais ne recommencez pas.* « *C'est assez parler pour ma justification à l'amie à laquelle je m'adresse; ... son indulgence m'excusera* » (RENAN). *On doit excuser les fautes, les imprudences de la jeunesse.* Fam. *Excusez ma mauvaise écriture :* excusez-moi d'écrire mal. ♦ 3º Dispenser (qqn) d'une charge, d'une obligation. *Il m'a invité à dîner : je l'ai prié de m'en excuser* (ACAD.). V. **Exempter.** *Se faire excuser.* — Dr. *Excuser un juré.* ♦ 4º (Formules de politesse). *Excusez-moi, vous m'excuserez :* se dit quand on veut manifester à qqn son regret de le gêner, de lui refuser qqch., de le contredire. — *Oh! Excusez-moi, j'espère que je ne vous ai pas fait mal?* V. **Pardon.** *Excusez-moi si je ne peux vous accompagner. Excusez-moi, mais je ne suis pas de votre avis.* ◇ Fam. et iron. *Excusez du peu!* se dit pour exprimer son étonnement devant les prétentions de qqn.
II. (XVIᵉ, « refuser, se dispenser »). S'EXCUSER. *v. pron.*
♦ 1º Alléguer ses raisons pour se disculper, se justifier. V. **Défendre.** *Qui s'excuse s'accuse* (prov.) : celui qui cherche à se justifier avant d'être accusé, reconnaît sa faute. ♦ 2º (1690; répandu XIXᵉ). Présenter ses excuses, exprimer ses regrets (de qqch.). V. **Pardon** (demander pardon). « *Je*

m'excuserais d'abord d'écrire cette préface, si déjà je n'écrivais cette préface pour m'excuser d'avoir écrit la pièce » (GIDE). *S'excuser de qqch.* — *Je m'excuse,* s'emploie incorrectement pour *Excusez-moi.* ♦ 3º *Vx.* Alléguer des motifs pour se dispenser (de qqch.). V. **Dérober (se), récuser (se), refuser.** « *Monsieur le Prince s'est excusé de servir cette campage (comme général)* » (SÉV.) : il a refusé. ♦ 4º (*Passif*). Être excusé, excusable. « *Tout s'excuse ici-bas, hormis la maladresse* » (MUSS.).
◈ ANT. *Accuser, blâmer, charger, condamner, imputer, reprocher.*

EXEAT [ɛgzeat]. *n. m. invar.* (1622; mot lat. « qu'il sorte », subj. de *exire* « sortir »). ♦ 1º *Vx.* Permission de sortir, billet de sortie. ♦ 2º Relig. Autorisation donnée à un clerc par son ordinaire, d'exercer les fonctions de son ministère dans un autre diocèse.

EXÉCRABLE [ɛgzekrabl(ə); ɛks-]. *adj.* (1355; lat. *execrabilis*. V. **Exécrer**). ♦ 1º Littér. Qu'on doit exécrer, avoir en horreur. V. **Abominable, détestable, odieux.** *Fouquier-Tinville* « *devint de plus en plus exécré et exécrable* » (MICHELET). ♦ 2º Cour. Extrêmement mauvais. *Odeur exécrable. La nourriture y est exécrable.* V. **Dégoûtant, infect.** *Un poème, un film exécrable. Il a un goût exécrable en tout.* V. **Déplorable.** « *Le pain (en Belgique) est exécrable, humide, mou, brûlé* » (BAUDEL.). « *Cocteau déclara que j'étais d'une humeur exécrable* » (GIDE). V. **Affreux, épouvantable, horrible.** ◈ ANT. *Bon, excellent, exquis. Parfait.*

EXÉCRABLEMENT [ɛgzekrabləmã; ɛks-]. *adv.* (XVᵉ; de *exécrable*). D'une manière exécrable. Extrêmement mal. *Il peint exécrablement.*

EXÉCRATION [ɛgzekrasjɔ̃; ɛks-]. *n. f.* (XIIIᵉ; de *execratio*. V. **Exécrer**). ♦ 1º *Vx.* Imprécation, malédiction. « *Des exécrations horribles contre tous ceux qui entreprendraient de la rétablir (la royauté, à Rome)* » (BOSS.). ♦ 2º Littér. Haine violente pour ce qui est digne de malédiction (s'emploie surtout pour les personnes). V. **Abomination, aversion, dégoût, horreur, répulsion.** « *Je me sens contre elle (la Règle)... une exécration qui m'emplit d'âme* » (FLAUB.). « *La malheureuse Pompadour, vouée par sa fortune même à l'exécration de la foule et des historiens vertueux* » (HENRIOT). — *Avoir en exécration :* exécrer. ◈ ANT. *Admiration, adoration, affection, amour, bénédiction.*

EXÉCRER [ɛgzekre; ɛks-]. *v. tr.*; conjug. *céder* (1495; lat. *execrari* « maudire »). ♦ 1º Haïr au plus haut point. V. **Abhorrer, abominer, détester.** « *Lahrier n'aimait guère le bureau, mais plus encore il exécrait le père Soupe, tenant sa société pour aggravation de peine* » (COURTELINE). Pronom. « *Tout en s'exécrant, ils se criaient leurs œuvres, publiaient leur génie* » (HUYSMANS). ♦ 2º Avoir de l'aversion, du dégoût pour (qqch.). V. **Sentir** (ne pas pouvoir sentir), **souffrir** (ne pas pouvoir souffrir). *Exécrer l'odeur de l'essence. Exécrer le style d'un auteur.* ◈ ANT. *Adorer, aimer, bénir, chérir.*

EXÉCUTABLE [ɛgzekytabl(ə)]. *adj.* (1481; de *exécuter*). Qui peut être exécuté. V. **Réalisable.** « *Mina forma dans son esprit tout le projet de sa vengeance; était-il exécutable?* » (STENDHAL). *Plan facilement exécutable.* V. **Facile, pratique.** ◈ ANT. *Impossible, impraticable, inexécutable.*

EXÉCUTANT, ANTE [ɛgzekytã, ãt]. *n.* (XIVᵉ; de *exécuter*). ♦ 1º Personne qui exécute (un ordre, une tâche, une œuvre) par opposition à celle qui conçoit, qui ordonne. V. **Agent.** *Ce n'est qu'un simple exécutant.* V. **Praticien, technicien.** ♦ 2º (XVIIIᵉ). Personne qui exécute partie dans un ensemble musical. V. **Chanteur, instrumentiste, musicien.** *Orchestre, chorale de cinquante exécutants.* — Par ext. *Tout interprète, même soliste. C'est un grand compositeur, mais un médiocre exécutant.*

EXÉCUTER [ɛgzekyte]. *v. tr.* (fin XIIIᵉ; du rad. de *exécuteur, exécution*).
I. EXÉCUTER QQCH. ♦ 1º Mettre à effet, mener à accomplissement (ce qui est conçu par soi : projet, ou par d'autres : ordre). V. **Accomplir, effectuer, faire, opérer, réaliser.** « *Je formai mon plan; je le lui communiquai, et nous l'exécutâmes avec succès* » (LACLOS). « *À quoi bon exécuter les projets, puisque le projet est en lui-même une jouissance suffisante?* » (BAUDEL.). *Cela est difficile à exécuter.* — *Exécuter les volontés, les ordres de qqn.* V. **Obéir, observer.** « *On ne sait jamais bien commander que ce qu'on sait exécuter soi-même* » (ROUSS.). ◇ Absolt. EXÉCUTER s'oppose à *concevoir, projeter.* V. **Agir, réaliser.** *Le chef commande, les autres exécutent.* ♦ 2º Dr. Rendre réelles, effectives (les dispositions d'un acte, d'un jugement, d'un texte). *Exécuter une convention, un contrat, un traité. Exécuter un jugement, une peine.* V. **Exécution, exécutoire.** ♦ 3º Faire (un ouvrage) d'après un plan, un projet, un devis. V. **Confectionner, faire.** *Exécuter une fresque, une décoration. Broderie entièrement exécutée à la main. Le décorateur* « *exécute, après lecture du scénario, les maquettes des décors* » (R. CLAIR). « *Des commandes de cartes de visite... qu'elle faisait exécuter dans la maison où*

je travaillais » (ROMAINS). ♦ 4º Interpréter, jouer (une œuvre musicale). *Exécuter un morceau avec virtuosité. Exécuter au piano, au violon.* « *Un air majestueux exécuté par l'orchestre* » (GOBINEAU). ♦ 5º Faire (un mouvement complexe, un ensemble de gestes prévu ou réglé d'avance). *Exécuter un pas de danse, un mouvement de gymnastique, des acrobaties.* « *L'officier avait fait exécuter une volte à son cheval* » (MAC ORLAN).
II. EXÉCUTER QQN. ♦ 1º (XVᵉ). Dr. *Exécuter un débiteur :* procéder à l'exécution forcée sur ses biens. V. **Exécution; saisir.** « *La Rappinière, à qui l'hôte devait de l'argent, le menaça de le faire exécuter* » (SCARRON). ♦ 2º (1391). Faire mourir (qqn) conformément à une décision de justice. V. **Décapiter, guillotiner; fusiller; électrocuter, pendre.** ◇ *Par ext.* Faire mourir pour se venger. V. **Abattre, assassiner, tuer.** *Bandits qui exécutent un mouchard.* ♦ 3º *Fig.* V. **Condamner, éreinter.** *Péguy disait :* « *Je ne juge pas; je condamne* ». « *Ils exécutèrent ainsi Régnier, Mᵐᵉ de Noailles, Ibsen* » (GIDE). — *Sports.* Battre complètement. *Il s'est fait exécuter en deux rounds.*
III. (1687). S'EXÉCUTER. *v. réfl.* Se déterminer à faire une chose pénible, désagréable. V. **Résoudre** (se). *Je lui ai demandé de m'aider, il s'est exécuté sans trop se faire prier.* « *J'ai reconnu mes torts, je me suis exécuté de bonne grâce* » (PASTEUR).

EXÉCUTEUR, TRICE [ɛgzekytœʀ, tʀis]. *n. et adj.* (v. 1200; lat. *executor*, de *exsequi* « accomplir, poursuivre »). ♦ 1º *Vx.* Personne qui exécute (1). V. **Exécutant, réalisateur.** « *Le prince est l'exécuteur de la loi de Dieu* » (BOSS.). — *Adj.* « *La puissance exécutrice* » (MONTESQ.). V. **Exécutif.** ♦ 2º Dr. *Exécuteur testamentaire :* personne désignée par le testateur pour assurer l'exécution de ses dernières volontés. ♦ 3º (1583). Celui qui exécute un condamné. V. **Bourreau.** *Exécuteur de la haute justice* (vx). « *La guillotine avait été disloquée exprès par quelqu'un qui voulait nuire à l'exécuteur des hautes œuvres* » (HUGO).

EXÉCUTIF, IVE [ɛgzekytif, iv]. *adj. et n. m.* (1764; « qui exécute », 1361; du rad. de *exécuteur, exécution*). Relatif à l'exécution, à la mise en œuvre des lois. *Pouvoir exécutif.* V. **Gouvernement.** *Séparation du pouvoir législatif, du pouvoir exécutif et du pouvoir judiciaire, dans une démocratie libérale.* ◇ *N. m.* L'EXÉCUTIF : le pouvoir exécutif.

EXÉCUTION [ɛgzekysjɔ̃]. *n. f.* (1265; lat. *executio*, de *exsequi*).
I. ♦ 1º Action d'exécuter (qqch.), de passer à l'acte, à l'accomplissement. V. **Accomplissement, réalisation.** *Exécution d'un projet, d'une décision.* « *L'esprit ne doit pas tolérer de gauchissement dans l'exécution de ce qu'il a décidé* » (ROMAINS). *Commencement, début d'exécution* (mise en train, mise en route). *Exécution d'un ordre, d'un commandement* (V. **Obéissance**). *Exécution immédiate.* « *Les militaires, lorsqu'ils ont bien pesé les conséquences d'un ordre, ont coutume de mettre fin au débat par le mot :* « *Exécution !* » (MAUROIS). — METTRE À EXÉCUTION : commencer à faire, à exécuter (ce qui a été prévu, décidé, ordonné). V. **Application, pratique** (en). « *Les lois une fois votées, il restait à les mettre à exécution* » (FUSTEL DE COUL.). ◇ *Absolt.* Action effective, réalisation (*opposé à projet, dessein*). *Passer rapidement de la conception à l'exécution.* ♦ 2º *Dr.* Mise à fin d'un jugement, d'un acte. *Exécution d'un jugement, d'une convention. Actes d'exécution,* ayant pour objet de contraindre la partie condamnée ou le débiteur à exécuter les dispositions du jugement ou de l'acte. *Exécution forcée,* imposée à un débiteur. V. **Contrainte, saisie.** *Procéd.* **Voies d'exécution :** ensemble des règles juridiques concernant l'exécution, l'étude de ces règles. ◇ *Dr. crim. Exécution d'une peine :* le fait, pour un condamné, de subir effectivement la peine. ♦ 3º Action d'exécuter d'après une règle, un plan; manière d'exécuter (un ouvrage, un travail). *L'exécution des travaux a été confiée à cette entreprise. Exécution d'un tableau; d'un ouvrage littéraire* (V. **Composition, rédaction**). *La sculpture* « *réclame, en même temps qu'une exécution très parfaite, une spiritualité très élevée* » (BAUDEL.). — *Facilité d'exécution :* adresse, tour de main. ♦ 4º Action, manière d'interpréter (en chantant, en jouant sur un instrument) une œuvre musicale. V. **Interprétation.** *Exécution d'une sonate, d'un opéra. Ce morceau présente de grandes difficultés d'exécution.*
II. Action d'exécuter (qqn). ♦ 1º *Dr. Exécution d'un débiteur :* exécution forcée de sa dette. — *Dr. comm. Exécution en bourse :* vente, achat de titres effectués d'office par l'agent de change pour le compte d'un donneur d'ordres qui n'a pas remis les titres ou les fonds dans les délais voulus. Mode de réalisation consistant en la vente forcée des valeurs appartenant aux actionnaires qui n'ont pas effectué les versements nécessaires. ♦ 2º *Dr. et cour. Exécution capitale,* et *absolt. Exécution d'un condamné :* mise à mort d'un condamné. *Modes d'exécution.* V. **Asphyxie, décapitation, électrocution, fusillade, pendaison.** *L'exécution n'a lieu qu'après la notification du refus de la grâce. Peloton, piquet, poteau d'exécution.*

« *Les gens qui vont aux exécutions capitales participent à l'action du bourreau* » (FLAUB.).
◇ ANT. *Inexécution.*

EXÉCUTOIRE [ɛgzekytwaʀ]. *adj.* (1337; bas lat. *executorius.* V. **Exécuteur**). *Dr.* Qui doit être mis à exécution; qui donne pouvoir de procéder à une exécution. *Force exécutoire d'un acte :* qualité qui impose ou permet le recours à la force publique pour en assurer l'exécution. *Les lois, règlements, décrets; les jugements rendus en France ont force exécutoire. — Formule exécutoire,* donnant à certains actes la force exécutoire. ◇ ANT. *Conservatoire.*

EXÈDRE [ɛgzɛdʀ(ə)]. *n. f.* (1740; gr. *exedra*). *Antiq.* Salle de conversation munie de sièges. ◇ *Archéol.* Partie garnie de sièges, au fond d'une basilique romaine; *par ext.* en demi-cercle, dans une basilique chrétienne; *par ext.* Ce banc.

EXÉGÈSE [ɛgzeʒɛz]. *n. f.* (fin XVIIᵉ; gr. *exégésis* « explication »). Interprétation philologique et doctrinale d'un texte dont le sens, la portée sont obscurs ou sujets à discussion. V. **Commentaire, critique.** *Exégèse biblique, sacrée,* et *absolt. l'Exégèse.* « *Même pour le Nouveau Testament, il n'y a pas de complète exégèse sans la connaissance de l'hébreu* » (RENAN). — *Exégèse historique,* fondée sur l'étude des documents. *Exégèse littéraire.* Faire *l'exégèse d'un discours politique, d'une dépêche diplomatique.*

EXÉGÈTE [ɛgzeʒɛt]. *n. m.* (1732; gr. *exégétês*). Personne qui s'occupe d'exégèse (V. **Commentateur, interprète**), et *spécialt.* d'exégèse biblique. « *Un plus grand nombre d'exégètes, de critiques et de biographes se sont, ces dernières années, emparés de lui* (Sainte-Beuve) *pour l'expliquer* » (HENRIOT).

EXÉGÉTIQUE [ɛgzeʒetik]. *adj.* (1694; gr. *exégétikos*). *Didact.* Qui concerne l'exégèse. *Méthode exégétique. Notes exégétiques.*

1. EXEMPLAIRE [ɛgzɑ̃plɛʀ]. *adj.* (1150; lat. *exemplaris*). ♦ 1º Qui peut servir d'exemple. V. **Bon, édifiant, parfait.** *Piété, vertu exemplaire. Épouse, mère exemplaire.* « *Non pas un de ces spécieux exemples de grammairien, un de ces exemples qui ne sont pas exemplaires* » (DUHAM.). ♦ 2º *Dont* l'exemple doit servir d'avertissement, de leçon. *Châtiment exemplaire* (V. **Sévère**). ◇ ANT. *Mauvais, scandaleux. Bénin, léger.*

2. EXEMPLAIRE [ɛgzɑ̃plɛʀ]. *n. m. (Essemplarie,* déb. XIIᵉ; lat. *exemplarium*). ♦ 1º *Vx.* Exemple, modèle à suivre. « *Je conseille à un auteur né copiste... de ne se choisir pour exemplaire que ces sortes d'ouvrages* » (LA BRUY.). ♦ 2º (1580). Chacun des objets reproduisant un type commun (livres, et *par ext.* médailles, gravures, photographies). V. **Copie, épreuve.** *Imprimer, tirer un livre à dix mille exemplaires. Exemplaires d'un journal, d'une revue. Achetez dix exemplaires de ce numéro. Exemplaire unique. Ensemble des exemplaires tirés en une fois* (V. **Édition**). *Exemplaire d'une gravure, d'une estampe* (V. **Épreuve**). « *Je l'ai fait recopier, ce matin, en trois exemplaires* » (ROMAINS). ♦ 3º Chacun des individus d'une même espèce. *De beaux exemplaires d'une plante, d'un animal rare.* V. **Échantillon, spécimen.** ◇ (*Choses semblables*) *Cette ville d'Amérique du Sud* « *est tirée, de par le nouveau monde, à plusieurs centaines d'exemplaires* » (DUHAM.).

EXEMPLAIREMENT [ɛgzɑ̃plɛʀmɑ̃]. *adv.* (XIIIᵉ; de *exemplaire*). D'une manière exemplaire. *Vivre exemplairement.* V. **Vertueusement.** *Accomplir exemplairement son devoir.* — *Il a été puni, châtié exemplairement.*

EXEMPLARITÉ [ɛgzɑ̃plaʀite]. *n. f.* (XVIᵉ, « caractère de ce qui peut servir d'exemple »; de *exemplaire*). *Didact.* Qualité de ce qui est exemplaire. « *Ce qu'il appelait l'exigence de* '*l'exemplarité*' *...* » (MAURIAC). *Dr.* (1818; trad. angl.) *Exemplarité d'une peine.*

EXEMPLATIF, IVE [ɛgzɑ̃platif, iv]. *adj.* (date inc.; de *exemple*). *Région.* (Belgique). Relatif à l'exemple (II, 2º). *À titre exemplatif.*

EXEMPLE [ɛgzɑ̃pl(ə)]. *n. m.* (1080; var. *essample, essemple,* parfois fém.; lat. *exemplum*).
I. ♦ 1º Action, manière d'être, considérée comme pouvant être imitée. *Bon exemple, exemple à suivre.* V. **Modèle, règle; exemplaire.** *Mauvais, dangereux exemple; exemple à fuir, à éviter. Donner l'exemple de ce qu'il faut faire.* V. **Montrer.** *Absolt. Donner l'exemple :* faire le premier qqch. (Cf. *Montrer, tracer le chemin; frayer la voie*). « *Rien n'est si contagieux que l'exemple* » (LA ROCHEF.). *Suivre l'exemple de qqn, imiter qqn.* « *Les exemples vivants sont d'un autre pouvoir* » (CORN.). *Prenez exemple sur votre frère.* « *Je riais, et je lui remontrais que, par deux fois, elle m'avait prêché d'exemple !* » (COLETTE). ◇ *Loc. prép.* À L'EXEMPLE DE : pour se conformer à, pour imiter. V. **Image, instar** (à l'). *Il agit en tout à l'exemple de son père.* V. **Comme.** ♦ 2º Personne dont les actes sont dignes d'être imités. V. **Modèle, parangon.** *Ce maître est un exemple pour ses disciples.* « *Les hommes tiennent à se proposer des exemples et des modèles qu'ils appellent héros* » (CAMUS). ♦ 3º (Dans les expressions) *faire un (des) exemple(s); pour l'exemple.*

Châtiment considéré comme pouvant servir de leçon (pour les autres). *Punir, châtier qqn pour l'exemple.* « *On n'a droit de faire mourir, même pour l'exemple, que celui qu'on ne peut conserver sans danger* » (ROUSS.). « *Faire des exemples* », c'était alors le mot d'ordre. *Je rêvais d'une autorité qui ne consentirait jamais à tomber dans la barbarie* » (DUHAM.).
II. ♦ 1° Chose semblable ou comparable à celle dont il s'agit. *L'unique, le seul exemple que je connaisse, l'exemple le plus connu.* V. **Cas.** *Citer l'exemple de.* « *Je vous raconte un malheur qui n'eut jamais d'exemple* » (Abbé PRÉVOST). *C'est une aventure sans exemple* : extraordinaire, unique. ♦ **2°** Cas, événement particulier, chose précise qui entre dans une catégorie, dans un genre et qui sert à confirmer, illustrer, préciser un concept. *Voici un exemple de sa bêtise.* V. **Aperçu, échantillon, spécimen.** *Ce cas offre un exemple typique de telle maladie.* V. **Type.** *Donnez-moi un exemple. Exemple bien choisi, mal choisi.* « *Quelques exemples rapportés en peu de mots et à leur place donnent plus d'éclat, plus de poids et plus d'autorité aux réflexions* » (VAUVEN.). ◇ *Spécialt.* Passage d'un texte, phrase ou membre de phrase que l'on cite à l'appui d'une explication pour illustrer l'emploi d'un fait linguistique. *Exemple de grammaire. Exemple de conjugaison.* V. **Paradigme.** *Exemples tirés des bons auteurs.* V. **Citation.** ♦ **3°** (XVIIe). *Loc. adv.* PAR EXEMPLE : pour confirmer, expliquer, illustrer par un exemple ce qui vient d'être dit. *Considérons, par exemple, ce cas* (Cf. Si vous voulez). *Une invention moderne, par exemple la télévision* (V. **Comme, notamment**). — (Dans le même emploi, en fin de phrase) EXEMPLE... *Il existe en Italie des volcans en activité; exemple : le Vésuve.* ◇ (1736) *Par exemple!* exclamation familière qui marque l'étonnement, la surprise, l'incrédulité. *Ça, par exemple! Tiens, par exemple... Mais c'est lui!* « *Quoi! Évadé? Non, par exemple... Évadé! Ah! elle est bonne!* » (AYMÉ). ◇ *Fam. Par exemple*, marquant l'opposition. V. **Contre** (par), **mais, revanche** (en). « *Il ne pouvait pas supporter les choux; par exemple, il aimait bien la choucroute* » (BRUNOT).
EXEMPLIFIER [ɛgzɑ̃plifje]. *v. tr.* (1967; de *exemple*, d'apr. les v. en -*fier* (*notifier*, etc.). Illustrer d'exemples (On emploie aussi *exemplification, exemplificateur*, didact.).
EXEMPT, EMPTE [ɛgzɑ̃, ɑ̃t]. *adj.* et *n. m.* (XIIIe; lat. *exemptus*, p. p. de *eximere* « tirer hors de, affranchir »).
I. *Adj.* (XIIIe). ♦ **1°** Qui est affranchi d'une charge, d'un service commun. V. **Exemption.** *Être exempt du service militaire.* V. **Dégagé, dispensé, libéré.** *Être exempt d'impôts.* V. **Déchargé, exonéré.** — (Choses) *Revue exempte de timbre. Colis exempt de port.* V. **Franc.** ♦ **2°** Qui est préservé de certains maux, de certains désagréments. V. **Abri** (à l'abri de). ♦ **3°** Qui n'est pas sujet à (un défaut, une tendance). V. **Dépourvu.** « *Exempt de tout fanatisme, je n'ai point d'idole* » (VIGNY). « *Quand il est adjudant, il n'est pas encore exempt de faire le Jacques* » (MAC ORLAN) : Cf. Il n'est pas sans... *Vous n'êtes pas exempt de vous tromper; personne n'en est exempt.* — (Choses) V. **Sans.** *Calcul exempt d'erreurs.* « *Un tel accent de conviction tranquille, exempte de pose et de paradoxe* » (COURTELINE).
II. *N. m.* (XVIe). ♦ **1°** *Vx.* Sous-officier de cavalerie (exempt du service ordinaire), commandant en l'absence du lieutenant. « *MM. de Thou et de Cinq-Mars, gardés par un exempt des gardes du Roi* » (VIGNY). ♦ **2°** *Vx* (mil. XVIIe). Officier de police qui procédait aux arrestations. ♦ **3°** *Mod.* Personne exempte, exemptée d'une charge, d'un service. *Les exempts de gymnastique iront à l'étude.*
◇ ANT. **Assujetti, astreint, obligé, tenu. Sujet, susceptible** (de). **Doué, muni, nanti.**
EXEMPTER [ɛgzɑ̃te]. *v. tr.* (*Essenter*, 1320; de *exempt*, adj.). ♦ **1°** Rendre exempt (d'une charge, d'un service commun). V. **Dispenser.** *Exempter un jeune homme du service militaire* (V. **Réformer**). *Exempter qqn d'impôts.* V. **Dégrever, exonérer.** *Exempter d'une obligation* (V. **Décharger**), *d'une peine* (V. **Grâce**). « *La Guillaumette, que le médecin-major avait la vieille espérait de bottes vingt-quatre heures, coupa encore à la manœuvre* » (COURTELINE). — Au p. p. *Soldat exempté de corvée.* Subst. *Les exemptés.* V. **Exempt** (II, 3°). ♦ **2°** Dispenser, mettre à l'abri de. V. **Garantir, préserver.** « *Son goût du travail l'exemptait de la paresse* » (FLAUB.). ♦ **3°** S'EXEMPTER. *v. pron.* V. **Dispenser** (se). *Vous auriez pu vous en exempter.* ◇ ANT. **Assujettir, astreindre, contraindre, obliger.**
EXEMPTION [ɛgzɑ̃psjɔ̃]. *n. f.* (1411; lat. *exemptio*. V. **Exempt**). ♦ **1°** Dispense d'une charge, d'un service commun. *Exemption de service militaire* (V. **Réforme**). *Exemption d'impôts.* V. **Dégrèvement, exonération, franchise.** *Exemption d'obligations.* V. **Décharge.** *Exemption de peine.* V. **Immunité, grâce.** *Demander une exemption.* « *La noblesse était exempte d'une partie des taxes; cette exemption absurde...* » (CONDILLAC). ◇ *Dr. can.* Privilège de certaines abbayes exemptes de la juridiction des évêques, et ressortissant directement au Saint-Siège. ♦ **2°** *Littér.* Le fait d'être exempt de. « *Heureux par l'exemption des peines plutôt que par le goût des plaisirs* » (ROUSS.). ◇ ANT. **Assujettissement, contrainte, obligation.**

EXEQUATUR [ɛgzekwatyʀ]. *n. m. invar.* (1752; mot lat. « qu'il exécute », subj. du v. *exsequi*. V. **Exécuter**). ♦ **1°** *Dr.* Décision par laquelle un tribunal rend exécutoire sur le territoire national un jugement ou un acte étranger. *Donner l'exequatur.* ♦ **2°** *Dr. internat. pub.* (1836). Décret par lequel le gouvernement d'un pays autorise un consul étranger à remplir ses fonctions dans ce pays.
EXERÇANT, ANTE [ɛgzɛʀsɑ̃, ɑ̃t]. *adj.* (1865; de *exercer*). Qui exerce (une activité réglementée, *spécialt.* la médecine). *Médecin exerçant.*
EXERCÉ, ÉE [ɛgzɛʀse]. *adj.* (1690; V. **Exercer**). Devenu habile à force de s'exercer ou d'avoir été exercé. *Caricaturiste à la main exercée.* V. **Adroit.** *Une oreille exercée. L'œil exercé d'un observateur.* « *Ils voient, ils entendent, ils sentent ce qui échappe aux hommes moins sensiblement organisés, moins exercés* » (VOLT.). ◇ ANT. **Inhabile, inexpérimenté, maladroit.**
EXERCER [ɛgzɛʀse]. *v. tr.*; conjug. *placer* (*Essercer*, déb. XIIe; lat. *exercere* « mettre ou tenir en mouvement »).
I. *V. tr.* ♦ **1°** Soumettre à une activité, à des mouvements réguliers, en vue d'entretenir ou de développer. « *Pour apprendre à penser, il faut donc exercer nos membres, nos sens, nos organes, qui sont les instruments de notre intelligence* » (ROUSS.). « *Des sens aigus, qu'ils exerçaient constamment à la chasse ou aux sports* » (GIRAUDOUX). — *Exercer son esprit, sa mémoire.* V. **Cultiver.** « *Pour moi, j'aime terriblement les énigmes.* — *Cela exerce l'esprit* » (MOL.). « *Plus la sensibilité est exercée, plus elle est vive* » (STENDHAL). ♦ **2°** Soumettre (qqn) à un entraînement destiné à créer une aptitude ou une habitude. *Exercer qqn à qqch.* V. **Former, façonner, habituer.** « *Un esprit qu'on n'exerce à rien devient lourd et pesant dans l'inaction* » (ROUSS.). *Les « poupons de bois, qui exercent les enfants aux douceurs de la caresse et de l'amour* » (SUARÈS). — EXERCER à (et inf.) *Exercer les soldats à marcher au pas.* ♦ **3°** *Vx* ou *littér.* Soumettre à une épreuve. *Texte difficile qui exerce la sagacité des érudits.* ♦ **4°** Mettre en usage (un moyen d'action, une disposition à agir); faire agir (ce qui est en sa possession, à sa disposition). *Exercer un pouvoir, une autorité. Ce souvenir « exercera son éternelle tyrannie* » (BAUDEL.). — *Exercer une influence.* « *Chacun exerce sur chacun des attractions et des répulsions* » (MAUPASS.). « *Pourquoi le visage endormi d'un être jeune exerce-t-il une telle fascination?* » (MART. du G.). — *Exercer sa bonté, sa méchanceté.* « *Nous n'exerçons ni la bienfaisance ni la philanthropie... mais nous pratiquons la charité* » (BALZ.). « *Chaque fois qu'il y avait lieu de prendre une initiative ou d'exercer une sanction* » (GIDE). — *Exercer son droit, un privilège.* V. **Exercice.** « *Son droit est égal et partant complet. Il n'a besoin, pour l'exercer, du consentement de personne* » (TAINE). — *Exercer une aptitude. Il a trouvé enfin le métier où il peut exercer son vrai talent.* V. **Déployer, employer.** *Mirabeau « exerçait déjà ce don de séduction irrésistible* » (BARTHOU). *Exercer sa verve contre qqn.* ♦ **5°** Pratiquer (des activités professionnelles). *Exercer un art, un métier.* V. **Faire.** *Exercer une industrie, un commerce. Docteur réputé qui exerce la médecine depuis de longues années. Exercer les fonctions de maire. V. **Acquitter** (s'), **remplir.** — *Absolt. Ce notaire n'exerce plus, son fils lui a succédé.* V. **Travailler.** « *Le docteur Delbende, un vieux médecin qui passe pour brutal et n'exerce plus guère* » (BERNANOS).
II. S'EXERCER. *v. pron.* ♦ **1°** Avoir une activité réglée pour acquérir la pratique. V. **Entraîner** (s'). *Le bon pianiste s'exerce tous les jours.* V. **Étudier.** « *Dans une maison, une jeune fille s'exerçait au violon, avec une phrase toujours recommencée* » (ARAGON). — (Avec inf.) *Un bon correcteur d'imprimerie doit s'exercer à négliger le sens du texte.* V. **Apprendre.** ♦ **2°** Se manifester (à l'égard de, contre qqn ou qqch.). *La malignité publique s'est exercée contre le pauvre diable.* « *Ce n'était pas seulement sur autrui, mais aussi sur lui-même, que s'exerçait rageusement sa manie* » (BAUDEL.). ♦ **3°** (*Passif*). Être exercé. *Pouvoir, puissance, influence qui s'exerce sur qqn, dans un domaine.* V. **Sentir** (se faire). — *Impers.* « *Car il s'exerce autour des clichés comme une contagion* » (PAULHAN).
EXERCICE [ɛgzɛʀsis]. *n. m.* (XIIIe; lat. *exercitium*, de *exercer*).
I. ♦ **1°** *Littér.* Action ou moyen d'exercer ou de s'exercer (en vue d'entretenir ou de développer les qualités physiques ou morales). *Acquérir quelque talent par un long, un constant exercice.* V. **Application, apprentissage, travail.** « *L'exercice des cinq sens veut une initiation particulière* » (BAUDEL.). ◇ *L'exercice physique* : toute activité physique (en particulier pour améliorer le rendement musculaire). V. **Gymnastique, sport.** ♦ **2°** *Absolt.* Exercice physique. *Le docteur lui a recommandé de prendre de l'exercice, de faire un peu d'exercice.* « *Le défaut d'exercice est fatal aux enfants... quelles lésions profondes... une privation continuelle d'air, de mouvement, de gaieté, ne doit-elle pas produire chez les écoliers?* » (BALZ.). ◇ *L'exercice* se dit de l'entraînement des soldats au maniement des armes et aux mouvements

sur le terrain. V. Évolution, instruction, manœuvre. *Le lieutenant instructeur fait faire l'exercice à sa section. Aller à l'exercice.* ♦ 3º *Spécialt.* Activité réglée, ensemble de mouvements, d'actions destinés à exercer dans un domaine particulier. *Faire une série d'exercices d'assouplissement.* ◇ *Exercices scolaires,* devoirs aux difficultés graduées. *Exercices de calcul, de grammaire. Exercices pratiques. — Spécialt.* (plur.) Livre où sont rassemblés ces exercices (grammaire, calcul, langues). *Vous prendrez vos exercices page 24.* ◇ Le fait de jouer (chanter) des passages musicaux pour assimiler les difficultés; passage écrit dans cette intention. *Chanteuse qui fait des exercices.* V. Vocalise. « *Est-ce que j'en ai fait, moi, des exercices? Laissez-moi donc tranquille! On apprend à jouer en jouant* » (GIDE). *Cahier d'exercices pour le piano.* V. Étude. ♦ 4º *Relig.* Actes de piété, prières, etc., destinés à élever l'âme. *Les Exercices spirituels,* d'Ignace de Loyola.
II. ♦ 1º EXERCICE DE : action d'exercer en employant, en mettant en usage (V. Exercer, 4º). *L'exercice du pouvoir.* « *L'exercice des sublimes vertus élève et nourrit le génie* » (ROUSS.). V. Pratique. « *L'exercice de la vie de l'esprit me semble conduire nécessairement à l'universalisme* » (BENDA). — *Exercice d'un droit.* ♦ 2º *Dr. fisc. Absolt.* Droit des agents de l'Administration des contributions indirectes de contrôler par des visites les activités donnant lieu à perception. *Agents préposés à l'exercice. L'exercice des débits de boissons.* ♦ 3º *Dr., Comm.* Période comprise entre deux inventaires, deux budgets (souvent une année). *Bilan en fin d'exercice. Clôture d'un exercice. Exercice social :* période choisie pour l'établissement des comptes d'exploitation et des bilans. — *Dr. fin. L'exercice budgétaire ne coïncide pas avec l'année budgétaire,* mais est augmenté de la période dite complémentaire nécessaire à l'ordonnancement et au paiement de certains travaux et dépenses.* ♦ 4º Le fait d'exercer une activité d'ordre professionnel (V. Exercer, 5º). *Exercice d'une profession, d'un métier. Exercice illégal de la médecine. Ce notaire, un vieux bonhomme « qui se faisait gloire de ses vingt années d'exercice en sa charge* » (BALZ.). — *Outrage à magistrat dans l'exercice de ses fonctions. — EN EXERCICE :* en activité, en service. *Entrer en exercice.* ♦ 5º Le fait de pratiquer (un culte). « *La République garantit le libre exercice des cultes* », article 1er de la loi du 9 décembre 1905. *Édifices consacrés, biens affectés à l'exercice du culte.*
◇ ANT. *Calme, inaction, repos. Congé, disponibilité, retraite.*

EXERCISEUR [ɛgzɛʀsizœʀ]. *n. m.* (1901; angl. *exerciser,* francisé). Appareil de gymnastique destiné à exercer les muscles des bras. V. Extenseur. « *Il avait abandonné l'exercisor* (sic) » (GIRAUDOUX).

EXÉRÈSE [ɛgzeʀɛz]. *n. f.* (1697; gr. *exairésis,* de *exairein* « retirer »). *Méd.* Toute opération chirurgicale par laquelle on enlève un organe, une tumeur ou un corps étranger. V. **Ablation, excision, extraction.**

EXERGUE [ɛgzɛʀg(ə)]. *n. m.* (1636; lat. mod. *exergum* « espace hors d'œuvre », gr. *ergon* « œuvre »). ♦ 1º *Numism.* Petit espace réservé dans une médaille pour recevoir une inscription, une date. — *Par ext.* L'inscription même. « *Ne montrez pas le revers de l'exergue à ceux qui n'ont pas vu la médaille* » (JOUBERT). ♦ 2º *Fig.* Ce qui présente, explique. *Mettre un proverbe en exergue à la tête, à un texte.* V. **Épigraphe.** « *Deux légendes, qui pourraient se disposer en 'pendants', sous l'exergue commun : l'homme et le diable* » (VALÉRY).

EXFOLIATION [ɛksfɔljasjɔ̃]. *n. f.* (1478; lat. *exfoliatio*). Le fait de s'exfolier; son résultat. *Exfoliation de l'écorce d'un arbre. Lamelles qui se détachent par exfoliation* (écailles, plaques). ◇ *Méd.* Élimination, sous forme de lamelles, de certaines parties nécrosées (os, tendons). — *Rare.* Desquamation*.

EXFOLIER [ɛksfɔlje]. *v. tr.* (1560; lat. imp. *exfoliare,* de *folium* « feuille »). *Rare.* Détacher par feuilles, par lamelles. *Exfolier un tronc d'arbre, une ardoise.* ◇ (Plus cour.) S'EXFOLIER, *v. pron.* « *L'écorce rude... s'exfolie en fortes couches* » (CLAUDEL). *Méd.* Se dit d'un os, d'un tendon, d'un cartilage malade dont les parties mortes se détachent par parcelles. ► EXFOLIÉ, ÉE, *p. p. adj.* « *Un chêne exfolié ou chargé de mousse* » (CHATEAUB.).

EXHALAISON [ɛgzalɛzɔ̃]. *n. f.* (XIVe; var. francisée de *exhalation,* lat. *exhalatio*). Ce qui s'exhale d'un corps. V. **Émanation, fumée, gaz, souffle, vapeur.** *Exhalaisons arrivant par bouffées. Exhalaisons odorantes.* V. **Effluve, odeur, parfum, senteur.** « *Le parfum des citronniers rendait encore plus lourde l'exhalaison de cette foule en sueur* » (FLAUB.). « *L'air tiède y venait du dehors avec les exhalaisons du jardin en fleur* » (FROMENTIN).

EXHALATION [ɛgzalasjɔ̃]. *n. f.* (1361; lat. *exhalatio*). V. Exhaler. *Didact.* Action d'exhaler. *Physiol.* Rejet de l'air chargé de vapeur lors de l'expiration. V. **Inhalation.**

EXHALER [ɛgzale]. *v. tr.* (1390; lat. *exhalare,* de *halare* « souffler »). ♦ 1º Dégager de soi et répandre au dehors

(une chose volatile, odeur, vapeur, gaz). *Exhaler des effluves, une odeur* (agréable, désagréable). V. **Sentir** (bon, mauvais); **embaumer, empester, fleurer, puer.** « *Ainsi des violettes, sous des buissons épineux, exhalent au loin leurs doux parfums, quoiqu'on ne les voie pas* » (BERNARD. de ST-P.). « *La terre, fraîchement ouverte par le tranchant des charrues, exhalait une vapeur légère* » (SAND). V. **Fumer.** « *La nuit était chaude. La ruelle exhalait un relent fétide* » (MART. du G.). Pronom. *Vapeurs, fumées qui s'exhalent.* ◇ Littér. *Exhaler une fraîcheur, une chaleur, un son.* V. **Émettre, produire.** — « *Une fraîcheur, de la mer exhalée* » (VALÉRY). Pronom. « *Une volupté calme s'exhalait de toute sa personne* » (FRANCE). « *Ces vers se sont exhalés avec les parfums de l'île* » (LAMART.). ♦ 2º *Rare.* Laisser passer et s'échapper par un orifice. *Des narguilés* « *exhalaient leur fumée enjôleuse* » (LOTI). ♦ 3º *Cour.* Laisser échapper de sa gorge, de sa bouche (un souffle, un son, un soupir). *Exhaler le dernier soupir.* V. **Pousser, rendre.** « *Un jour, le dernier d'entre eux* (les hommes) *exhalera sans haine et sans amour dans le ciel ennemi le dernier souffle humain* » (FRANCE). Pronom. « *Leurs soupirs n'osaient s'exhaler* » (ROUSS.). ◇ Fig. et littér. V. **Exprimer, manifester.** *Exhaler sa joie dans un chant.* « *Nos deux cœurs, exhalant leur tendresse paisible* » (VERLAINE). ♦ 4º *Physiol.* Éliminer l'air chargé de vapeur lors de l'expiration (opposé à *Inhaler*).
◇ ANT. **Aspirer. Comprimer, garder, réprimer, taire.**

EXHAURE [ɛgzɔʀ]. *n. f.* (1872; lat. *exhaurire* « épuiser »). Techn. Épuisement des eaux d'infiltration (mines, carrières, etc.). ◇ Installation (pompes) qui assure cet épuisement.

EXHAUSSEMENT [ɛgzosmɑ̃]. *N. m.* (XIIe; de *exhausser*). Action d'exhausser; son résultat. V. **Élévation, surélévation.** *Exhaussement d'un mur, d'un édifice.* ◇ HOM. Exaucement.

EXHAUSSER [ɛgzose]. *v. tr.* (Eshalcier, 1160º; lat. *ex,* et a. fr. *haucier* « hausser »; la var. *exaucer* s'est spécialisée au XVIe. V. Exaucer). ♦ 1º Augmenter (une construction) en hauteur. V. **Élever, hausser, surélever, surhausser.** *Exhausser un mur, une digue. Exhausser une maison d'un étage.* « *Ces coiffures qui nécessitèrent d'exhausser de plusieurs mètres le cintre des portes féodales* » (VILLIERS). ♦ 2º *Fig. et littér.* V. **Élever, relever.** *La douleur* « *seule peut, en les épurant, exhausser les âmes* » (HUYSMANS). ◇ ANT. **Abaisser.** — HOM. Exaucer.

EXHAUSTEUR [ɛgzostœʀ]. *n. m.* (1877; du lat. *exhaustum;* Cf. Exhaustion). Techn. Appareil qui épuise le liquide d'un réservoir en l'amenant plus haut (dans une nourrice, un conduit, etc.).

EXHAUSTIF, IVE [ɛgzostif, iv]. *adj.* (1818; angl. *exhaustive,* du v. *to exhaust* « épuiser », lat. *exhaustus*). Qui épuise une matière, qui traite à fond un sujet. V. **Complet.** *Étude exhaustive. Liste, bibliographie exhaustive.* « *La Comédie humaine est une œuvre géante; ce n'est pas un tableau exhaustif de la France au dix-neuvième siècle* » (MAUROIS). ◇ ANT. **Élémentaire. Incomplet.**

EXHAUSTION [ɛgzostjɔ̃]. *n. f.* (1740; bas lat. *exhaustio,* de *exhaurire* « épuiser »). ♦ 1º *Log.* Méthode d'analyse qui consiste à épuiser toutes les hypothèses possibles dans une question. ♦ 2º *Vx* (mil. XIXe). Action d'épuiser (un fluide). *Pompe d'exhaustion.* V. **Exhaure.**

EXHAUSTIVEMENT [ɛgzostivmɑ̃]. *adv.* (XXe; de *exhaustif*). D'une manière exhaustive. *Les mots de ce texte ont été relevés exhaustivement.*

EXHÉRÉDATION [ɛgzeʀedasjɔ̃]. *n. f.* (1437; lat. *exheredatio,* de *ex-,* et *heres, edis* « héritier »). *Dr.* Action de déshériter; exclusion des héritiers présomptifs de la succession.

EXHÉRÉDER [ɛgzeʀede]. *v. tr.;* conjug. *céder* (1468; lat. *exheredare*). *Dr.* V. **Déshériter.** *Exhéréder un parent. Absolt. Droit d'exhéréder.*

EXHIBER [ɛgzibe]. *v. tr.* (XIIIe; lat. *exhibere*). ♦ 1º *Dr.* Produire (un document officiel, une pièce) devant l'autorité. V. **Montrer, présenter, produire, représenter.** *Exhiber ses papiers, ses titres, son passeport.* ♦ 2º *Cour.* (XIVe). Montrer, faire voir (à qqn, au public). *Montreur qui exhibe des singes, des ours.* « *Ainsi exhibé, il* (un porte-monnaie) *attire l'attention d'un vieux chemineau, qui me demande l'aumône* » (LECOMTE). ♦ 3º Montrer avec ostentation ou impudeur. *Exhiber ses décorations, des toilettes tapageuses.* V. **Arborer, déployer, étaler, exposer.** — *Fig.* (déb. XIXe) *Exhiber sa science, ses vices.* V. **Étalage, parade** (faire). ◇ S'EXHIBER, *v. pron.* Se montrer, se montrer en public. « *Il ne pouvait supporter de s'exhiber en public, d'être le point de mire de toute une société* » (R. ROLLAND). ◇ ANT. **Cacher, dissimuler.**

EXHIBITION [ɛgzibisjɔ̃]. *n. f.* (XIIe; lat. *exhibitio*). Action d'exhiber. ♦ 1º *Dr.* Présentation d'une pièce). *Exhibition de pièces, de titres.* V. **Présentation, représentation.** ♦ 2º (1314). Action de montrer (*spécialt.* au public). V. **Présentation.** « *Comme un hercule forain qui va faire des poids, Hamel, les manches retroussées, donnait une exhibition* » (DORGELÈS). ♦ 3º (mil. XIXe). *exhibition de peinture* (vx). Exposition. V. **Déploiement, étalage,**

montre, parade. *Exhibition de toilettes fastueuses, de luxe.* « *Rosette laissa retomber le pli de sa robe... cette exhibition lui avait servi à faire voir le commencement d'un mollet* » (GAUTIER).

EXHIBITIONNISME [εgzibisjɔnism(ə)]. *n. m.* (1866; de *exhibition*). ♦ 1° *Méd.* Obsession morbide qui pousse certains sujets à exhiber leurs organes génitaux. — *Par ext.* Goût de se montrer tout nu. ♦ 2° *Fig.* Fait d'afficher en public ses sentiments, sa vie privée, ce qu'on devrait cacher. *Exhibitionnisme d'un écrivain.*

EXHIBITIONNISTE [εgzibisjɔnist(ə)]. *n.* (1880; du précéd.). Personne atteinte d'exhibitionnisme. — *Par ext.* Personne qui aime se montrer nue. *Adj. Il est un peu exhibitionniste.*

EXHILARANT, ANTE [εgzilarã; ãt]. *adj.* (1669; de l'a. v. *exhilarer*). *Vx.* Qui entraîne l'hilarité, le rire. V. **Hilarant.** *Il* « *les grise de sa verve, plus exhilarante et plus mousseuse que le vin de Champagne !* » (GAUTIER).

EXHORTATION [εgzɔrtasjɔ̃]. *n. f.* (1130; lat. *exhortatio*). ♦ 1° Discours, paroles pour exhorter. V. **Admonestation, appel, incitation, invite, recommandation.** « *Notre correspondance de guerre, qui ne fut qu'une longue et mutuelle exhortation à la patience, au travail, et même à la sérénité* » (DUHAM.). « *Si Frédéric travailla dans les hautes classes, ce fut par les exhortations de son ami* » (FLAUB.). ♦ 2° *Relig.* Prédication familière d'un prêtre pour inciter à la dévotion, à la pratique. V. **Sermon.** *Ces hommes* « *avaient été touchés par les exhortations du saint abbé* » (FRANCE).

EXHORTER [εgzɔrte]. *v. tr.* (1150; lat. *exhortari*, de *hortari* « exhorter »). EXHORTER (QQN) À : s'efforcer par des discours persuasifs de porter qqn à faire qqch. V. **Appeler, encourager, engager, inciter, inviter (à).** *Un beau sermon* « *Pour l'exhorter à la patience* » (LA FONT.). « *Tu m'exhortais à chercher fortune* » (VILLIERS). ◊ *Vx* ou *littér.* EXHORTER DE. « *Je l'exhortai plus que jamais de secouer un joug aussi dangereux* » (ROUSS.). *Je vous exhorte de sortir.* ◊ (Sans compl. indir.) « *La voix du patron... ne cesse d'exhorter l'équipage par des objurgations, des plaisanteries* » (THARAUD). ◊ ANT. **Décourager, dissuader.**

EXHUMATION [εgzymasjɔ̃]. *n. f.* (1690; de *exhumer*). Action d'exhumer; son résultat. ♦ 1° *L'exhumation d'un corps.* ♦ 2° *Exhumation de ruines, de vestiges de l'antiquité.* ♦ 3° *L'exhumation d'un document enfoui dans des archives; de souvenirs.* ◊ ANT. **Enfouissement, inhumation.**

EXHUMER [εgzyme]. *v. tr.* (av. 1614; lat. méd. *exhumare*, d'apr. *inhumare*; de *ex* « hors de », et *humus* « terre »). ♦ 1° Retirer (un cadavre) de la terre, de la sépulture. V. **Déterrer.** *Exhumer un corps pour le transporter dans une nouvelle sépulture, l'autopsier.* — Au p. p. « *Et l'on achemina vers la cour crématoire tous les restes exhumés* » (CAMUS). ♦ 2° Retirer (une chose enfouie) du sol, *spécialt.* par des fouilles. « *On venait d'exhumer une maison antique remontant à peu près au premier siècle* » (GAUTIER). ♦ 3° *Fig.* Tirer de l'oubli. V. **Produire.** *Exhumer de vieux titres.* « *D'un tiroir j'ai exhumé... un instantané d'amateur* » (COLETTE). ◊ V. **Rappeler, ressusciter.** *Exhumer de vieilles rancunes, des souvenirs.* ◊ ANT. **Enfouir, ensevelir, enterrer, inhumer.**

EXIGEANT, ANTE [εgziʒã, ãt]. *adj.* (1762; de *exiger*). ♦ 1° Qui est habitué à exiger beaucoup. *Caractère exigeant, difficile à contenter.* V. **Difficile; délicat.** *Une femme exigeante. Les peuples latins* « *sont exigeants en fait de bonheur; il leur faut des plaisirs nombreux, variés* » (TAINE). — (Du point de vue moral, intellectuel) V. **Pointilleux, sévère.** *C'est un censeur, un critique exigeant.* « *J'ai sans doute été trop dur et trop exigeant avec eux tous* » (DUHAM.). ♦ 2° (En parlant d'une disposition, d'un sentiment, d'une activité). Qui a besoin de beaucoup pour s'affirmer, s'exercer, s'assouvir. *Profession exigeante.* « *Cette correspondance exténuante, exigeante, indiscrète, qui lui prenait une partie de son temps* » (DUHAM.). « *Un de ces orgueils exigeants qui s'accommodent mal de 'nous'* » (DUHAM.). « *Un christianisme exigeant, également éloigné du libertinage moderne et de l'obscurantisme des siècles passés* » (CAMUS). ◊ ANT. **Accommodant, arrangeant, coulant, facile, traitable.**

EXIGENCE [εgziʒãs]. *n. f.* (1361; lat. *exigentia*). Action d'exiger; ce qui est exigé. ♦ 1° *Vieilli.* Ce qui est commandé par les circonstances. V. **Besoin, nécessité, occurrence.** *Selon l'exigence des affaires, de la situation* : selon ce que les affaires, la situation requièrent. ♦ 2° (1808). Ce qu'une personne (et *par ext.* une collectivité, un pays) réclame, exige d'autrui. *Si tu te laisses faire, ses exigences ne connaîtront bientôt plus de borne.* V. **Revendication.** ◊ Ce qu'on demande, en argent (prix, salaire). *Quelles sont vos exigences?* V. **Condition, prétention.** *Ses exigences sont exagérées, abusives.* ♦ 3° Ce que l'homme réclame comme nécessaire à la satisfaction de ses besoins, de ses désirs, de ses aspirations. V. **Besoin, désir.** « *Comme les exigences (de l'homme) croissent avec ses satisfactions, il tourne les trois quarts de son effort vers l'acquisition du bien-être* » (TAINE). ◊ *Exigences de la nature, de l'instinct* (V. **Appétit**). « *La constance, c'est ma*

première exigence en amour » (CHARDONNE). « *Cette exigence de clarté et de cohésion* » (CAMUS). ♦ 4° Caractère d'une personne exigeante, difficile à contenter. *Il est d'une exigence insupportable.* « *Cette idée positive que les femmes se font du bonheur, et cette exigence qu'elles ont vis-à-vis de lui* » (MONTHERLANT). ♦ 5° Ce qui est imposé par une discipline, une soumission. V. **Contrainte, discipline, impératif, loi, obligation, ordre, règle.** « *La nouvelle est bien près de former un genre depuis qu'elle doit se limiter aux exigences de la revue ou du journal* » (GIDE). « *J'ai deux bonnes heures pour satisfaire aux exigences de ma profession* » (MAC ORLAN).

EXIGER [εgziʒe]. *v. tr.;* conjug. *bouger* (1373; lat. *exigere*, proprem. « pousser dehors », d'où « faire payer, exiger »). ♦ 1° Demander impérativement (ce que l'on a, croit ou prétend avoir le droit, l'autorité ou la force d'obtenir). V. **Réclamer, requérir.** *Être en droit d'exiger qqch. Il exige une compensation, des réparations.* « *Il finit par élever la voix et par exiger ses dossiers* » (COURTELINE). *Les malfaiteurs exigent une rançon. Exiger le silence, la soumission, l'obéissance. Exiger de qqn un sacrifice. Qu'exigez-vous de moi?* V. **Attendre.** *Je le ferai puisque vous l'exigez.* « *Celui qui exige beaucoup de lui-même se sent naturellement porté à beaucoup exiger d'autrui* » (GIDE). — Requérir comme nécessaire pour remplir tel rôle, telle fonction. *Qualités qu'on exige d'un domestique. Diplômes exigés pour être admis à un emploi.* ◊ EXIGER QUE (et subj.) *Elle exige qu'il revienne.* V. **Commander, ordonner, sommer.** *Avec le condit. Il exigea, avant de signer, qu'on lui réserverait ce droit.* ♦ 2° (Sujet de chose). Rendre indispensable, inévitable, obligatoire. *Les circonstances exigent une action immédiate.* V. **Appeler, commander, demander, imposer, nécessiter, réclamer, requérir; obliger (à).** *Travail qui exige beaucoup d'attention.* « *Tout examen exige un sang-froid qu'on n'a jamais en voyant ce qu'on aime* » (ROUSS.). ◊ EXIGER QUE (avec le subj.). « *La discipline exige que le subordonné respecte le chef; elle exige aussi que le chef soit digne d'être respecté* » (MAUROIS).

EXIGIBILITÉ [εgziʒibilite]. *n. f.* (1783; de *exigible*). Caractère de ce qui est exigible. *Exigibilité d'une dette.*

EXIGIBLE [εgziʒibl(ə)]. *adj.* (1603; de *exiger*). Qu'on a le droit d'exiger. *Dette exigible* : dont le créancier peut exiger l'exécution immédiate.

EXIGU, UË [εgzigy]. *adj.* (1495; rare et plaisant jusq. XVIIIe; lat. *exiguus* « exactement pesé », de *exigere* « peser »). *Vieilli.* Insuffisant par la quantité. *Ressources exiguës.* V. **Modique.** ◊ *Mod.* (1846) D'une dimension insuffisante. V. **Étriqué, étroit, minuscule, petit, restreint.** *Un appartement, un jardin exigu.* ◊ ANT. **Grand, vaste.**

EXIGUÏTÉ [εgziɥite]. *n. f.* (XIVe; rare av. XIXe; lat. *exiguitas*). V. **Exigu).** *Vieilli.* Caractère de ce qui est exigu, insuffisant. « *Ces petits dîners qu'il paraissait aimer, malgré leur exiguïté* » (Mme de SOUZA). ◊ *Mod.* Caractère de ce qui est exigu, de dimension insuffisante. V. **Petitesse.** « *Cette bergère énorme... ferait ressortir encore l'exiguïté de la pièce* » (SARRAUTE). ◊ ANT. **Ampleur, énormité, grandeur, immensité.**

EXIL [εgzil]. *n. m.* (*Exill,* 1080; lat. *exsilium*). ♦ 1° Expulsion de qqn hors de sa patrie, avec défense d'y rentrer; situation de la personne ainsi expulsée. V. **Ban, bannissement, déportation, expatriation, expulsion, proscription, relégation, transportation.** *Condamner qqn à l'exil. Envoyer en exil; aller, être en exil.* *Lieu, terre d'exil.* « *L'exil est quelquefois, pour les caractères vifs et sensibles, un supplice beaucoup plus cruel que la mort* » (STAËL). « *L'exil n'est pas une chose matérielle, c'est une chose morale. Tous les coins de terre se valent* » (HUGO). *Exil volontaire,* qu'on s'impose selon les circonstances, le danger. *Roi en exil.* ◊ *Rare.* Lieu où qqn est exilé. « *Le pape, traîné d'exil en exil, et toujours durement traité par l'empereur* » (BOSS.). ♦ 2° *Par ext.* Obligation de séjourner hors du lieu, loin d'une personne qu'on regrette. V. **Éloignement, séparation.** *Vivre loin d'elle est pour lui un dur exil.* — Relig. *Terre d'exil,* la terre, la vie terrestre (*opposé* à ciel). « *La vie présente n'est qu'un exil; tournons nos regards vers la patrie céleste* » (TAINE). ◊ ANT. **Rappel; retour.**

EXILÉ, ÉE [εgzile]. *adj. et n.* (V. **Exiler**). ♦ 1° Qui est en exil. V. **Banni, expatrié, expulsé.** *Opposant politique exilé.* — *Subst.* V. **Banni, une exilée.** V. **Banni, proscrit; émigré.** *Rappeler des exilés politiques.* ♦ 2° *Par ext.* Retiré très loin. « *Les prêtres missionnaires exilés au bout du monde* » (BAUDEL.). — *Fig. Notes exilées dans un coin de journal.* V. **Perdu, relégué.**

EXILER [εgzile]. *v. tr.* (*Essiler,* fin XIe; de *exil*). ♦ 1° Envoyer qqn en exil. V. **Bannir, déporter, expatrier, expulser, proscrire.** « *On mit en son conseiller, on en exila quelques autres* » (VOLT.). « *J'ai été exilé de France pour avoir combattu le guet-apens de décembre... je suis exilé de Belgique pour avoir fait Napoléon le Petit* » (HUGO). ♦ 2° *Par ext.* Éloigner (qqn) d'un lieu et lui interdire d'y revenir. V. **Chasser, éloigner, reléguer.** « *Le marquis de Villeroi a eu ordre de se retirer de la cour pour sa mauvaise conduite... C'est* *à Lyon qu'il est exilé* » (SÉV.). ♦ 3° **S'EXILER**. *v. réfl.* Se condamner à un exil volontaire. V. **Fuir**. — *Fam.* S'installer très loin de son pays. *Il ne veut pas s'exiler en Australie.* ◇ ANT. *Rappeler.*

EXINSCRIT, ITE [ɛgzɛ̃skʀi, it]. *adj.* (1877; de *ex-*, et *inscrit*). *Géom.* Tangent à un côté d'un triangle et aux prolongements des deux autres (cercle, circonférence).

EXISTANT, ANTE [ɛgzistɑ̃, ɑ̃t]. *adj. et n. m.* (XVIᵉ; de *exister*). ♦ 1° Qui existe, qui a une réalité. V. **Positif, réel**. « *Dans cette passion terrible* (la jalousie), *toujours une chose imaginée est une chose existante* » (STENDHAL). — *Subst.* *Philo.* Un existant, un être vivant. « *Tout existant naît sans raison, se prolonge par faiblesse et meurt par rencontre* » (SARTRE). ♦ 2° Qui existe actuellement. V. **Actuel, présent**. *Majorer les tarifs existants.* — N. m. *(Comm).* Ensemble des biens appartenant à une entreprise à une date donnée. *Existant en portefeuille. Existant en magasin.* V. **Existence, stock.** ◇ ANT. *Irréel, virtuel.*

EXISTENCE [ɛgzistɑ̃s]. *n. f.* (XIVᵉ; bas lat. *existentia*). I. ♦ 1° *Philo.* Le fait d'être ou d'exister, abstraction faite de ce qui est. V. **Être** *(n. m.).* *Le Cogito de Descartes assure l'homme de son existence.* « *Le sentiment de l'existence dépouillé de toute autre affection est par lui-même un sentiment précieux de contentement et de paix* » (ROUSS.). *Preuves de l'existence de Dieu.* « *On ne sait pas ce qu'il* (Dieu) *fait en dehors de nous, et c'est ce en quoi il ne nous touche en rien, qui établirait son existence* » (VALÉRY). — (1925). *Opposé à* ESSENCE. *L'existence d'un être humain :* la réalité vivante, vécue *(opposé à* un concept de l'être, une essence qui délimiterait l'homme). V. **Existentialisme**. « *L'existentialisme tient que chez l'homme — et chez l'homme seul — l'existence précède l'essence* » (SARTRE). ♦ 2° (XIXᵉ). *Cour.* Le fait d'exister, d'avoir une réalité (pour un observateur). « *Son arrivée* (du maire) *surprit assez madame de Rênal; elle avait oublié son existence* » (STENDHAL). *Découvrir l'existence d'un corps chimique. J'ignorais l'existence de ce testament. Déceler l'existence d'une tumeur.* V. **Présence**. « *Il s'agit d'interdire, pour des raisons de moralité, l'existence de casinos avec jeux de hasard* » (ROMAINS). — *Comm. Existence en magasin :* quantité de marchandises qui se trouvent en magasin. V. **Existant** (2°, *n. m.*), **stock.**

II. *Par ext.* (déb. XVIIIᵉ). ♦ 1° Vie considérée dans sa durée, son contenu. *La brève existence de l'éphémère. Traîner une existence misérable. Fam. Quelle existence! — Être las de l'existence.* « *Mon existence que j'avais rêvée si belle, si poétique, si large, si amoureuse, sera comme les autres, monotone, sensée, bête* » (FLAUB.). « *Un bonheur sitôt perdu et qui n'aura servi qu'à empoisonner le reste de mon existence* » (HENRIOT). *Conditions, moyens d'existence* (V. **Ressource**). — *Par ext.* (D'une situation, d'une institution) V. **Durée**. *On ne donne guère à ce gouvernement plus de trois mois d'existence.* ♦ 2° *Mode, type de vie. Changer d'existence en se mariant.* « *Dans cet intérieur à la fois comique et sinistre, où tout proclamait la petitesse d'une existence bourgeoise* » (GREEN). ♦ 3° Être vivant. « *Il n'y a vraiment que le mariage pour unir deux existences* » (MAUPASS.). ◇ ANT. *Inexistence, non-être, non-existence; essence. Absence. Mort.*

EXISTENTIALISME [ɛgzistɑ̃sjalism(ə)]. *n. m.* (1925, répandu v. 1945; de *existentiel*). Mise en relief de l'importance philosophique qu'a l'existence individuelle, avec ses caractères irréductibles. *L'existentialisme de Socrate, de Heidegger.* — *Spécialt.* Doctrine philosophique, selon laquelle l'existence de l'homme précède son essence, lui laissant la liberté et la responsabilité de se choisir. « *La première démarche de l'existentialisme est de mettre tout homme en possession de ce qu'il est et de faire reposer sur lui la responsabilité totale de son existence* » (SARTRE). ◇ ANT. *Essentialisme.*

EXISTENTIALISTE [ɛgzistɑ̃sjalist(ə)]. *adj.* (1945; de *existentiel*). Qui se rapporte, qui adhère à l'existentialisme. *Point de vue existentialiste. Philosophe existentialiste. Subst. Les existentialistes.* — *Fam. (Vieilli)* S'est dit des jeunes gens qui, à la fin de la dernière guerre, firent de l'existentialisme une mode (idées, mœurs, tenue), et aussi des lieux qu'ils fréquentaient. *Caves existentialistes de Saint-Germain-des-Prés.*

EXISTENTIEL, IELLE [ɛgzistɑ̃sjɛl]. *adj. (Existensiel,* 1908; de *existence*). *Philo.* Relatif à l'existence en tant que réalité vécue. *Philosophie existentielle.*

EXISTER [ɛgziste]. *v. intr.* (XIVᵉ, rare av. XVIIᵉ; lat. *exsistere,* de *sistere* « être placé »). ♦ 1° Avoir une réalité. V. **Être**. *Tout ce qui existe.* V. **Nature, univers**. *Être imaginaire qui n'a jamais existé; il n'existe que dans son imagination.* « *Il est indispensable de reconnaître que son monde existe en dehors de l'homme, qu'il n'est pas le reflet de son rêve* » (DANIEL-ROPS). « *Ce qui existe a une grande vertu, c'est d'exister* » (MAUROIS). — (Dans le temps) *Commencer à exister.* V. **Naître**. *Exister en même temps.* V. **Coexister; contemporain.** *Cette ancienne coutume existe encore.* V. **Continuer, demeurer, durer, persister, subsister**. *Cette loi, cet*

usage n'existe plus depuis 1920 (Cf. *Ne plus avoir cours, ne plus être en vigueur*). *Cesser d'exister.* V. **Disparaître**. ◇ Se trouver (quelque part). V. **Être, rencontrer** (se), **trouver** (se). *Cette variété d'oiseau n'existe pas en Europe. Marchandises existant en magasin.* V. **Existant** (2°). ◇ Impers. V. **Avoir** (il y a). *Il existe un commissariat de police dans chaque arrondissement. Il en existe de plusieurs sortes.* « *Il existe une façon pratique d'éviter la contagion des maladies : c'est de supprimer les malades* » (PAULHAN). ♦ 2° Vivre. *Quand j'aurai cessé d'exister.* « *Il se livrait au plaisir d'exister, si vif à cet âge* » (STENDHAL). « *Exister, c'est ça : se boire sans soif* » (SARTRE). ◇ *Péj.* (Opposé à *vivre*) « *Pour nous, vivre, c'est nous modifier : pour les Arabes, exister, c'est durer* » (FROMENTIN). ♦ 3° *(Sens fort).* Avoir de l'importance, de la valeur. V. **Compter**. *Le passé n'existe pas pour elle. Rien n'existe pour lui lorsqu'il travaille. Il nous a soumis son travail, cela n'existe pas.* V. **Inexistant**. « *Les autres, s'il y a des compétiteurs, n'existent pas à côté de moi* » (MICHAUX). *Et l'entraide? Cela existe, tout de même !*

EXIT [ɛgzit]. *v. et n. m. invar.* (v. 1940; mot lat. « il sort », de *exire*). ♦ 1° « (Le personnage) sort », indication scénique, dans une pièce de théâtre. ♦ 2° *N. m.* Sortie d'un personnage. « *Après l'exit des girls l'orchestre reprend* » (QUENEAU).

EX-LIBRIS [ɛkslibʀis]. *n. m. invar.* (1870; mots lat. signifiant « faisant partie des livres (de)... »). Inscription apposée sur un livre pour en indiquer le propriétaire. *Par ext.* Vignette artistique portant le nom, la devise, les armes du bibliophile. *Collection d'ex-libris.*

EXO-. Élément, du gr. *exô* « au dehors ». ◇ ANT. *Endo-.*

EXOCET [ɛgzɔsɛ]. *n. m.* (1558; lat. *exocætus,* gr. *exôkoitos,* proprem. « qui sort de sa demeure »). Poisson des mers chaudes, pourvu de grandes nageoires pectorales qui lui permettent de sauter hors de l'eau et de planer un instant dans l'air, d'où son nom de « poisson volant ».

EXOCRINE [ɛgzɔkʀin(ə)]. *adj.* (1953; du gr. *exô* « au dehors », et *krinein* « sécréter »). *Physiol.* Se dit d'une glande qui déverse son produit de sécrétion à la surface de la peau ou d'une muqueuse (par oppos. à endocrine*). *Les glandes salivaires sont exocrines.* Par ext. *Sécrétion exocrine.*

EXODE [ɛgzɔd]. *n. m.* (1293, rare av. XVIIᵉ; lat. ecclés. *exodus,* gr. *exodos,* rac. *hodos* « route »). ♦ 1° *(Avec un E majuscule).* Émigration des Hébreux hors d'Égypte. ♦ 2° *Par ext.* (XIXᵉ). Émigration, départ en masse. V. **Émigration, fuite.** *Exode des Irlandais au XIXᵉ s.* Par ext. *Exode rural,* dépeuplement des campagnes au profit des villes. — *L'exode des Parisiens au moment des vacances.* ◇ *Par anal. Exode des capitaux, leur départ à l'étranger.* — (1963). *Exode des cerveaux,* émigration massive des intellectuels vers les U.S.A. (trad. de l'angl. *brain drain*). ♦ 3° Fuite des populations civiles devant l'avance allemande en mai et juin 1940. « *Ceux que la mitraille et les bombes ont arrêtés dans l'exode* » (DUHAM.).

EXOGAME [ɛgzɔgam]. *adj. et n.* (fin XIXᵉ; de *exo-*, et *-game*). *Didact.* (ethnol.). Qui pratique l'exogamie. *Les tribus exogames.* ◇ ANT. *Endogame.*

EXOGAMIE [ɛgzɔgami]. *n. f.* (1874; de *exo-*, et *-gamie*). ♦ 1° *Didact. (Sociol.).* Coutume suivant laquelle les mariages se font entre les membres de clans différents. ♦ 2° *Biol.* Reproduction par fécondation de gamètes provenant de deux individus de la même race ou de races différentes. ◇ ANT. (de 1°). *Endogamie.*

EXOGÈNE [ɛgzɔʒɛn]. *adj.* (1813, bot.; de *exo-*, et *-gène*). *Didact. (Méd.,* etc.). Qui provient de l'extérieur, qui se produit à l'extérieur de l'organisme, d'un système), ou qui est dû à des causes externes. ◇ *Spécialt.* (Géol.). Qui affecte la partie superficielle de l'écorce terrestre. *Processus exogène. Roches exogènes,* formées à la surface (sédimentaires). ANT. *Endogène.*

EXONDATION [ɛgzɔ̃dasjɔ̃]. *n. f.* ou **EXONDEMENT** [ɛgzɔ̃dmɑ̃]. *n. m.* (1870,-1873; *exundation,* 1560; lat. *exundatio,* et de *exonder*). *Didact.* Action de s'exonder; retrait des eaux d'inondation.

EXONDER (S') [ɛgzɔ̃de]. *v. pron.* (1870; *exondé,* 1839; de *ex-*, et *onde*). Se découvrir, émerger (lieu précédemment inondé). *Terre exondée.*

EXONÉRATION [ɛgzɔneʀasjɔ̃]. *n. f.* (1865; physiol., 1552; lat. *exoneratio*). Action d'exonérer; son résultat. V. **Abattement, affranchissement, décharge, déduction, dégrèvement, diminution, dispense, exemption, franchise, immunité, remise.** *Exonération fiscale.* ◇ ANT. *Majoration, surcharge, surtaxe.*

EXONÉRER [ɛgzɔneʀe]. *v. tr.;* conjug. *céder* (1829; « décharger », 1680; lat. jur. *exonerare,* rac. *onus, oneris* « charge »). Décharger (qqn) de qqch. d'onéreux. *Exonérer un contribuable,* le décharger de l'impôt en totalité ou en partie. V. **Affranchir, décharger, dégager, dégrever, dispenser, exempter, libérer**. — Par ext. *Exonérer certains revenus. Marchandises exonérées :* dispensées de droits de douane. ◇ ANT. *Majorer, surcharger, surtaxer.*

EXOPHTALMIE [εgzɔftalmi]. *n. f.* (1741; gr. *exophthalmos*, de *ex* « hors », et *ophthalmos* « œil »). *Méd.* Saillie anormale du globe oculaire hors de l'orbite.

EXOPHTALMIQUE [εgzɔftalmik]. *adj.* et *n.* (1836; de *exophtalmie*). *Méd.* Qui se rapporte à l'exophtalmie ou s'en accompagne. *Goitre exophtalmique.*

EXORBITANT, ANTE [εgzɔrbitã, ãt]. *adj.* (1455; lat. *exorbitans*, p. prés. du bas lat. *exorbitare* « s'écarter de », rac. *orbita* « voie tracée »). ♦ 1° Qui sort des bornes, qui dépasse la juste mesure. V. **Excessif.** *Sommes exorbitantes. Prix exorbitant.* V. **Cher;** exagéré, inabordable. *Prétentions exorbitantes.* V. **Démesuré, extraordinaire, monstrueux.** « *L'opulence exorbitante des uns et la pauvreté affreuse des autres* » (FÉN.). ♦ 2° *Dr.* (suivi d'un compl.). Qui sort de. V. **Dérogatoire.** *Clauses exorbitantes du droit commun.* ◇ ANT. **Modéré, modique.**

EXORBITÉ, ÉE [εgzɔrbite]. *adj.* (1787; de *ex-*, et *orbite*). *Yeux exorbités :* qui sortent de l'orbite; *par ext.* tout grands ouverts d'étonnement, de peur, etc.

EXORCISATION [εgzɔrsizasjɔ̃]. *n. f.* (XVIᵉ; de *exorciser*). *Littér.* Action d'exorciser.

EXORCISER [εgzɔrsize]. *v. tr.* (XIVᵉ, rare av. XVIIᵉ; lat. ecclés. *exorcisare*, gr. *exorkizein*, rac. *horkos* « conjuration »). ♦ 1° Chasser (les démons) du corps des possédés à l'aide de formules et de cérémonies. V. **Conjurer; exorcisme.** *Exorciser un démon.* Absolt. *L'Église a le pouvoir d'exorciser.* — Fig. « *La jalousie est aussi un démon qui ne peut être exorcisé* » (PROUST). ♦ 2° *Par ext.* Délivrer (un possédé) de ses démons en faisant des exorcismes. « *D'un grand geste du bras, comme s'il exorcisait un énergumène, il le bénit une seconde fois* » (MART. du G.). — *Liturg.* Consacrer (une chose) par des exorcismes. *Exorciser l'eau bénite.* ◇ ANT. **Ensorceler.**

EXORCISEUR [εgzɔrsizœr]. *n. m.* (XVIᵉ; de *exorciser*). Celui qui exorcise.

EXORCISME [εgzɔrsism(ə)]. *n. m.* (1495; lat. ecclés. *exorcismus*, gr. *exorkismos*). Pratique religieuse dirigée contre les démons. V. **Conjuration.** *Le Rituel romain contient un formulaire des exorcismes.* « *Le curé du village prononça, en étendant les mains, les formules d'exorcisme* » (MAUPASS.). ◇ Fig. et littér. Ce qui chasse un tourment, une angoisse. « *Pensant trouver dans la tendresse le seul exorcisme efficace* » (MART. du G.).

EXORCISTE [εgzɔrsist(ə)]. *n. m.* (1549; lat. *exorcista*, gr. *exorkistés*). ♦ 1° Celui qui exorcise. V. **Exorciseur.** ♦ 2° *Théol. rom.* Clerc ayant reçu le troisième ordre mineur, dit EXORCISTAT [εgzɔrsista], qui confère le droit d'exorciser.

EXORDE [εgzɔrd(ə)]. *n. m.* (1488; lat. *exordium*, de *exordiri* « commencer »). La première partie d'un discours dans la rhétorique ancienne. V. **Introduction, préambule, prologue.** — Entrée en matière. « *Belle conclusion, et digne de l'exorde!* » (RAC.). « *Ce qu'il cherchait, c'était un exorde tout simple, emprunté aux événements récents* » (ROMAINS). ◇ ANT. **Conclusion, épilogue, péroraison. Suite. Fin.**

EXORÉIQUE [εgzɔreik]. *adj.* (mil. XXᵉ; de *exo-*, et gr. *rhein* « couler »). *Géogr.* Se dit des régions dont le réseau hydrographique est raccordé au niveau des océans.

EXORÉISME [εgzɔreism(ə)]. *n. m.* (v. 1955; de *exo-*, et gr. *rhein* « couler »). *Géogr.* Caractère des régions exoréiques.* ◇ ANT. **Endoréisme.**

EXOSMOSE [εgzɔsmoz]. *n. f.* (1826; de *exo-*, et gr. *ôsmos* « poussée »). *Phys.* Courant qui s'établit entre deux solutions inégalement concentrées et séparées par une mince cloison membraneuse. *L'exosmose est dirigée de l'intérieur vers l'extérieur.* ◇ ANT. **Endosmose.**

EXOSPHÈRE [εgzɔsfεr]. *n. f.* (mil. XXᵉ; de *exo-*, et [atmo]*sphère*). *Astron.* Espace extérieur à l'atmosphère* (au-dessus de 1 000 km) où les molécules les plus légères, ne subissant plus l'attraction terrestre, sont attirées vers l'espace intersidéral.

EXOSTOSE [εgzɔstoz]. *n. f.* (XVIᵉ; gr. *exostósis*, rac. *ostoun* « os »). *Méd.* Production osseuse anormale, circonscrite, à la surface d'un os. V. **Ostéophyte.** — *Bot.* Excroissance sur le tronc ou sur les branches de certains arbres.

EXOTÉRIQUE [εgzɔterik]. *adj.* (1568; lat. *exotericus*, gr. *exôterikos*, de *exô* « en dehors »). *Didact.* Se dit de doctrines enseignées en public, vulgarisées. ◇ ANT. **Ésotérique.**

EXOTHERMIQUE [εgzɔtεrmik]. *adj.* (1865; de *exo-*, et *thermique*). Qui dégage de la chaleur. *Combinaison, réaction chimique exothermique.* ◇ ANT. **Endothermique.**

EXOTIQUE [εgzɔtik]. *adj.* et *n.* (1548, rare av. XVIIIᵉ; lat. *exoticus*, gr. *exôtikos* « étranger »). Qui n'appartient pas à nos civilisations de l'Occident, qui est apporté de pays lointains. *Plantes exotiques* (opposé à indigène). *Produits, denrées exotiques* (V. **Colonial**). — (Déb. XIXᵉ) *Usages exotiques. Danses exotiques. Charme exotique.* ◇ ANT. **Indigène.**

EXOTISME [εgzɔtism(ə)]. *n. m.* (1845; de *exotique*). ♦ 1° Caractère de ce qui est exotique. *Décoration qui met une note d'exotisme dans une maison.* ♦ 2° Goût des choses exotiques. *L'orientalisme est une forme d'exotisme.* « *Remplis*

de clinquant, de verroteries, de beaux noms étrangers, les livres de Morand sonnent pourtant le glas de l'exotisme » (SARTRE).

EXOTOXINE [εgzɔtɔksin]. *n. f.* (1930; de *exo-*, et *toxine*). *Biol., méd.* Toxine bactérienne diffusant dans le milieu ambiant. ◇ ANT. **Endotoxine.**

EXPANSÉ, ÉE [εkspãse]. *adj.* (1964; de *expansion*, Cf. lat. *expansus* « déployé »). *Techn.* Qui a subi une expansion* (1°). *Polyuréthane, polystyrène expansé.*

EXPANSIBILITÉ [εkspãsibilite]. *n. f.* (1756; de *expansible*). *Phys.* Propriété qu'ont les fluides d'occuper un plus grand espace.

EXPANSIBLE [εkspãsibl(ə)]. *adj.* (1756; du rad. de *expansion*). Qui est susceptible d'expansion. V. **Dilatable.** *Les gaz sont expansibles.*

EXPANSIF, IVE [εkspãsif, iv]. *adj.* (1732; du rad. de *expansion*). ♦ 1° *Phys.* Qui tend à distendre, à dilater. *La force expansive de la vapeur.* ♦ 2° *Cour.* (1770). Qui s'épanche avec effusion. V. **Communicatif, démonstratif, exubérant.** *Un homme peu expansif. Être d'un naturel expansif.* V. **Confiant, franc, ouvert.** « *Ce poète si communicatif, si expansif, devint froid et réservé* » (BALZ.). ◇ ANT. **Renfermé, réservé, sournois, taciturne, timide.**

EXPANSION [εkspãsjɔ̃]. *n. f.* (XVIᵉ; lat. *expansio*, de *expandere* « déployer »). ♦ 1° *Phys.* Développement d'un corps fluide en volume ou en surface. *Expansion de l'air, d'un gaz par élévation de la température* (V. **Dilatation**), par diminution de pression (V. **Décompression**). *Brusque expansion d'un gaz.* V. **Détente.** ◇ *Zool.* et *Bot.* Développement d'un organe; son résultat. V. **Développement, épanouissement.** « *L'œil doit être regardé comme une expansion du nerf optique* » (BUFF.). ◇ *Astron. Expansion de l'univers,* fuite des galaxies. ◇ *Ling.* Mot, groupes de mots facultatifs qui accompagnent un mot dont ils dépendent. ♦ 2° *Cour.* (XIXᵉ). Action de s'étendre, de prendre plus de terrain ou de place dans le monde en se développant. V. **Extension.** *Expansion d'un pays hors de ses frontières. Expansion coloniale.* V. **Colonisation, impérialisme; expansionnisme.** *Expansion économique d'un pays,* accroissement de sa production nationale. V. **Croissance.** *L'expansion d'une doctrine, des idées nouvelles.* V. **Diffusion, propagation.** ♦ 3° (1801). Mouvement par lequel une âme épanche, communique ses pensées, ses sentiments. V. **Débordement, effusion, épanchement.** *Besoin d'expansion.* « *Ses expansions étaient devenues régulières; il l'embrassait à de certaines heures* » (FLAUB.). ◇ ANT. **Compression, contraction. Diminution. Récession, recul, régression, stagnation.** *Défiance, froideur, réserve, retenue, timidité.*

EXPANSIONNISTE [εkspãsjɔnist(ə)]. *n.* (1922; de *expansion*). Partisan de l'expansion territoriale et économique, de l'influence sur d'autres pays. V. **Impérialiste.** — Adj. *Politique expansionniste* (expansionnisme).

EXPANSIVITÉ [εkspãsivite]. *n. f.* (1875; de *expansif*). Caractère expansif. *L'expansivité de sa nature de Méridional.*

EXPATRIATION [εkspatriasjɔ̃]. *n. f.* (XIVᵉ; de *expatrier*). Action d'expatrier ou de s'expatrier; son résultat. ◇ ANT. **Rapatriement.**

EXPATRIÉ, ÉE [εkspatrije]. *adj.* (1390; de *expatrier*). Qui a quitté sa patrie ou qui en a été chassé. V. **Déplacé, exilé, réfugié.** — Subst. *Les expatriés espagnols.* ◇ ANT. **Rapatrié.**

EXPATRIER [εkspatrije]. *v. tr.* (XIVᵉ; de *ex-*, et *patrie*). ♦ 1° *Rare.* Obliger (qqn) à quitter sa patrie. V. **Exiler, expulser.** — Par anal. *Expatrier des capitaux :* les placer à l'étranger. « *Le rentier français ne craignait pas d'expatrier son argent* » (SIEGFRIED). ♦ 2° S'EXPATRIER. *v. pron.* Quitter sa patrie pour s'établir ailleurs. V. **Émigrer, exiler (s'), réfugier (se).** « *Il aima mieux sortir de Genève, et s'expatrier pour le reste de sa vie* » (ROUSS.). *Ouvriers qui s'expatrient pour leur travail.* ◇ ANT. **Rapatrier.**

EXPECTANT, ANTE [εkspεktã, ãt]. *adj.* (XVᵉ; lat. *exspectans*, p. prés. de *exspectare* « attendre »). *Littér.* Qui reste dans l'expectative, l'attente. V. **Attentiste.** *Médecine expectante,* qui laisse agir la nature. *Une attitude expectante. Politique expectante.* V. **Opportuniste.** ◇ ANT. **Agissant.**

EXPECTATION [εkspεktasjɔ̃]. *n. f.* (1488; du lat. *exspectatio* « attente »). ♦ 1° *Vx.* Attente. « *Harcourt tenait tout le monde en expectation* » (ST-SIM.). ♦ 2° *Méd.* Abstention de tout traitement (à l'exception des mesures habituelles d'hygiène et de diététique) quand les manifestations de la maladie ne sont pas suffisamment précises.

EXPECTATIVE [εkspεktativ]. *n. f.* (1552; de l'adj. *expectatif* « qui donne droit d'attendre, d'espérer » (1461), lat. médiév. *exspectativus*). *Littér.* Attente fondée sur des promesses ou des probabilités. V. **Attente, espérance, espoir, perspective.** *Être dans l'expectative.* « *La longue et démoralisante expectative* » (DUHAM.). — Attente prudente qui consiste à ne pas prendre parti avant qu'une solution certaine ne se présente. *Rester dans l'expectative.*

EXPECTORANT, ANTE [εkspεktɔrã, ãt]. *adj.* (1752;

de *expectorer*). Qui aide à expectorer. *Sirop expectorant.* Subst. *Un expectorant.*

EXPECTORATION [ɛkspɛktɔʀasjɔ̃]. *n. f.* (1611 ; du lat. *expectorare*). *Méd.* Expulsion par la bouche de sécrétions provenant des voies respiratoires. *Par ext.* Les matières ainsi rejetées. V. **Crachat, crachement, toux.**

EXPECTORER [ɛkspɛktɔʀe]. *v. tr.* (1752 ; « exprimer franchement, du fond du cœur », 1664 ; lat. *expectorare*, rac. *pectus* « poitrine »). Rejeter par la bouche (des sécrétions provenant des voies respiratoires). V. **Cracher, tousser;** expulser. « *La toux se fit de plus en plus rauque. Le soir enfin, le Père expectora cette ouate qui l'étouffait* » (CAMUS).

1. **EXPÉDIENT, ENTE** [ɛkspedjɑ̃, ɑ̃t]. *adj.* (XIVe ; lat. *expediens*, p. prés. de *expedire* « apprêter, arranger »). *Littér.* Qui convient pour la circonstance. V. **Commode, convenable,** opportun, utile. *Vous ferez ce que vous jugerez expédient.* — Impers. « *Il est expédient au contraire de prendre les devants* » (PAULHAN). V. **Indiqué.** ◇ ANT. **Inopportun, inutile.**

2. **EXPÉDIENT** [ɛkspedjɑ̃]. *n. m.* (XIVe ; « avantage » ; du précéd.). ♦ 1° Moyen de se tirer d'embarras, d'arriver à ses fins en surmontant quelque obstacle. V. **Moyen, ressource, truc** (*fam.*). *Chercher un expédient. Expédient pour sortir d'un mauvais pas, échapper à une corvée* (V. **Échappatoire**). *Il ne savait plus à quels expédients recourir. Le Latin* « *est ingénieux, fertile en expédients, débrouillard* » (SIEGFRIED). ♦ 2° Plus cour. *Péj.* Mesure qui permet de se tirer d'embarras momentanément, sans résoudre les difficultés. *Après tous ces expédients, il va lui falloir trouver une véritable solution.* — *Spécialt.* Moyen extrême pour se procurer de l'argent. *Vivre d'expédients* : être obligé, pour vivre, de recourir à des moyens anormaux, indélicats. « *On était — devant le Trésor vide — réduit, pour une heure encore, aux expédients, et aux plus misérables* » (MADELIN).

EXPÉDIER [ɛkspedje]. *v. tr.* (1360 ; du rad. d'*expédient*). I. ♦ 1° *Vx* ou *Admin.* Accomplir rapidement. *Expédier une affaire, un travail* (V. **Expéditif**). *Expédier les affaires courantes.* ◇ *Expédier qqn*, terminer les affaires qui le regardent. — *Vx.* **Tuer.** ♦ 2° *Mod.* et *cour.* Faire (qqch.) rapidement et sans soin, pour s'en débarrasser. *Écolier qui expédie ses devoirs.* V. **Bâcler, torcher.** *Expédier une corvée, un repas.* « *Des prêtres de province quittent la table d'hôte, en surveillant du coin de l'œil la façon cavalière dont le voisin expédie ses grâces* » (ROMAINS). ◇ *Expédier qqn*, en finir au plus vite avec lui pour s'en débarrasser. *Médecin qui expédie ses malades.* « *Tu es un des secrétaires chargés de trier les visiteurs, d'expédier le menu fretin* » (ROMAINS). ♦ 3° *Spécialt. Dr.* Délivrer une copie conforme à la minute d'un jugement, d'un acte notarié. *Bon à expédier* : formule permettant au greffier de délivrer la grosse d'un jugement. II. (1723 ; « envoyer un courrier », 1676). Faire partir pour une destination. V. **Envoyer.** *Expédier une lettre, un colis par la poste. Expédier des marchandises par bateau, par chemin de fer, par camion.* — *Par ext.* et *fam.* (avec influence du sens I, 1°) Envoyer (qqn) au loin pour s'en débarrasser. « *On expédierait à Barbazac cette petite minauderie, qui s'était insérée dans la famille* » (CHARDONNE). — *Fig. Expédier qqn dans l'autre monde* : le tuer. ◇ ANT. **Arrêter; négliger. Fignoler, traîner** (faire). **Recevoir, importer.**

EXPÉDITEUR, TRICE [ɛkspeditœʀ, tʀis]. *n.* (1730 ; « celui qui se hâte d'exécuter », XVe ; d'*expédier*). Personne qui expédie (II) qqch. V. **Envoyeur.** *Expéditeur d'une lettre, d'un colis. L'expéditeur et le destinataire. Retour à l'expéditeur.* ◇ *Adj. Gare expéditrice. Société, compagnie expéditrice.* ◇ ANT. **Destinataire.**

EXPÉDITIF, IVE [ɛkspeditif, iv]. *adj.* (1546 ; de *expédier*, I, 1°). Qui expédie promptement les affaires, la besogne. V. **Actif, prompt, rapide, vif.** *Être expéditif en affaires.* — *Par ext. Le moyen le plus expéditif.* V. **Court.** *Méthode expéditive et sûre. Dr. Procédure expéditive*, rapide et efficace. ◇ ANT. **Lent; indécis, traînard.**

EXPÉDITION [ɛkspedisjɔ̃]. *n. f.* (XIIIe ; lat. *expeditio*). ♦ 1° *Vx* ou *Admin.* Action d'expédier (I, 1°) ce qu'on a à faire. *L'expédition d'une affaire.* V. **Achèvement, exécution.** *Le président du Conseil démissionnaire est chargé de l'expédition des affaires courantes.* ♦ 2° (1500). Opération militaire exigeant un déplacement de troupes (V. **Guerre**). *Les préparatifs d'une expédition. Expéditions entreprises pour délivrer les lieux saints.* V. **Croisade.** *Expédition française en Égypte, au Mexique. L'expédition d'Égypte.* V. **Campagne.** — *Expédition rapide pour surprendre l'ennemi.* V. **Coup** (de main), **raid.** — *Par ext. Expédition de police. Expédition punitive.* ◇ (1835) Voyage d'exploration dans un pays lointain, difficilement accessible ; hommes et matériel nécessaires à ce voyage. *Préparer, organiser, financer une expédition scientifique. Expédition dans le grand Nord, dans l'Himalaya. Les membres, le matériel, les véhicules d'une expédition.* — *C'est une véritable expédition, quelle expédition!* se dit d'un déplacement qui exige des préparatifs, tout un matériel. ♦ 3° (1680).

Dr. Copie littérale d'un acte ou d'un jugement. V. **Copie, double.** *Expédition revêtue de la formule exécutoire.* V. **Grosse; ampliation.** *Le notaire lui a délivré une expédition du contrat.* ♦ 4° (1780). Action de faire partir (qqch.) pour une destination. V. **Envoi.** *Expédition de marchandises pour l'étranger* (V. **Exportation**). *Expédition d'une lettre, d'un mandat, d'un paquet, d'un colis par la poste. Expédition par bateau, par avion, par camion, par chemin de fer. Déclaration, bordereau, récépissé d'expédition.* — *Quantité des marchandises expédiées. Les expéditions ont augmenté.* V. **Chargement.** ◇ ANT. **Réception.**

EXPÉDITIONNAIRE [ɛkspedisjɔnɛʀ]. *adj. et n.* (1553 ; de *expédition*). ♦ 1° Qui est employé à l'expédition, à la copie d'actes, etc. *Commis expéditionnaire.* Subst. *Expéditionnaire au greffe.* ♦ 2° *N.* (1781). Employé(e) chargé(e) des expéditions dans une maison de commerce. ♦ 3° *Adj.* Envoyé en expédition militaire. *Armée, corps expéditionnaire. Le corps expéditionnaire français en Italie* (1944).

EXPÉDITIVEMENT [ɛkspeditivmɑ̃]. *adv.* (av. 1836 ; de *expéditif*). D'une façon expéditive.

EXPÉRIENCE [ɛksperjɑ̃s]. *n. f.* (v. 1260 ; lat. *experientia*, de *experiri* « faire l'essai de »). ♦ 1° Le fait d'éprouver qqch., considéré comme un élargissement ou un enrichissement de la connaissance, du savoir, des aptitudes. V. **Pratique, usage.** *Expérience longue, prolongée d'une chose.* V. **Habitude, routine.** *L'expérience du monde, des hommes. L'expérience d'un métier, des affaires. De longues années d'expérience.* « *Celui qui a eu l'expérience d'un grand amour néglige l'amitié* » (LA BRUY.). « *Il connaissait par expérience la prodigieuse crédulité de ces hommes* » (MAC ORLAN). — *Faire l'expérience de qqch.* V. **Éprouver, ressentir.** ◇ *Le fait d'éprouver une fois qqch. C'est une expérience qu'il ne recommencera pas! Qu'a-t-il retiré de cette expérience? — Une nouvelle expérience amoureuse, sentimentale.* ♦ 2° *Absolt.* La pratique que l'on a eue de qqch., considérée comme un enseignement. *L'expérience démontre, confirme, vérifie, prouve que. L'expérience l'a rendu sage* (V. **Mûrir**). *L'expérience rend prudent* (Cf. *Chat échaudé craint l'eau froide*). *Le fruit, le résultat de l'expérience. Certitude fondée sur l'expérience.* V. **Positif.** *Vérité, fait d'expérience.* V. **Constatation.** « *Plutôt que répéter sans cesse à l'enfant que le feu brûle, consentons à le laisser un peu se brûler. L'expérience instruit plus sûrement que le conseil* » (GIDE). ♦ 3° *Absolt.* Ensemble des acquisitions de l'esprit résultant de l'exercice de nos facultés (au contact de la réalité, de la vie). V. **Connaissance, savoir, science.** *Avoir plus de courage, de bonne volonté que d'expérience. Acquérir de l'expérience en vieillissant. Il a trop d'expérience pour qu'on lui apprenne ce qu'il en est* (Cf. *Ce n'est pas à un vieux singe qu'on apprend à faire des grimaces*). *Les jeunes manquent d'expérience. L'homme* « *tire avantage non seulement de sa propre expérience, mais encore de celle de ses prédécesseurs* » (PASC.). ♦ 4° Le fait de provoquer un phénomène dans l'intention de l'étudier (de le confirmer, de l'infirmer, ou d'obtenir des connaissances nouvelles s'y rapportant). V. **Épreuve, essai, expérimentation; événement** (3°). *Faire une expérience, des expériences de physique, de chimie. Laboratoire d'expériences. Sujet d'expérience.* V. **Cobaye.** *Expérience de psychologie* (V. **Test**). *Expérience concluante, décisive. Hypothèse confirmée, infirmée par l'expérience. La science repose sur l'observation et l'expérience.* « *L'expérience... est le seul procédé que nous ayons pour nous instruire sur la nature des choses qui sont en dehors de nous* » (Cl. BERNARD). V. **Expérimental.** ◇ *Par ext.* (cour.) V. **Essai, tentative.** *Faire une expérience de vie commune. Tenter l'expérience. Expérience malheureuse. Expériences d'un pays dans le domaine économique, social.* — *En appos. Expérience(-)type*, « *expérience-choc* » (NORA). *Suivi d'un nom propre.* « *C'est ce qui rend si pathétique l'expérience de De Gaulle* » (MAURIAC). ◇ ANT. **Théorie. Raison. Ignorance, inexpérience.**

EXPÉRIMENTAL, ALE, AUX [ɛksperimɑtal, o]. *adj.* (1503 ; bas lat. *experimentalis*). ♦ 1° Qui est fondé sur l'expérience scientifique ; qui emploie systématiquement l'expérience ; qui possède les caractères d'une expérience. *Méthode expérimentale*, qui consiste dans l'observation, la classification, l'hypothèse et la vérification par des expériences appropriées. *Science expérimentale*, qui utilise l'expérience scientifique. *Études, recherches expérimentales.* « *Dans l'ordre des faits, ce qui n'est pas expérimental n'est pas scientifique* » (RENAN). ♦ 2° (XXe). Qui constitue une expérience, qui est fait, construit pour en éprouver les qualités. *Cultures expérimentales. Fusée expérimentale. À titre expérimental. Faire en faire l'expérience. Cette opération chirurgicale est encore au stade expérimental.* ◇ ANT. **Théorique.**

EXPÉRIMENTALEMENT [ɛksperimɑtalmɑ̃]. *adv.* (XVIIIe ; de *expérimental*). D'une manière expérimentale, par l'expérience scientifique. *Cette théorie a été vérifiée expérimentalement.*

EXPÉRIMENTATEUR, TRICE [ɛksperimɑtatœʀ, tʀis].

n. (h. XIVe; 1824; de expérimenter). Personne qui effectue des expériences scientifiques. « *Pour être digne de ce nom, l'expérimentateur doit être à la fois théoricien et praticien* » (Cl. BERNARD). ◇ *Par ext.* Personne qui tente une expérience. « *La France est, présentement, à la merci des expérimentateurs* » (DUHAM.).

EXPÉRIMENTATION [ɛkspeʀimɑ̃tɑsjɔ̃]. *n. f.* (1824 ; de *expérimenter*). Emploi systématique de l'expérience scientifique. *L'expérimentation en physique, en chimie.*

EXPÉRIMENTÉ, ÉE [ɛkspeʀimɑ̃te]. *adj.* (1453 ; V. Expérimenter). Qui est instruit par l'expérience. V. Chevronné, éprouvé, exercé, expert. *C'est un homme expérimenté* (Cf. *fam.* Il n'est pas né d'hier). *Artiste, médecin, praticien expérimenté.* V. Adroit, émérite, habile. *Acheteur expérimenté.* V. Averti, connaisseur. « *Les plus expérimentés dans les affaires font des fautes capitales* » (BOSS.). ◈ ANT. Apprenti, bleu, commençant, débutant, ignorant, inexpérimenté, maladroit, novice.

EXPÉRIMENTER [ɛkspeʀimɑ̃te]. *v. tr.* (1372 ; bas lat. *experimentare*, de *experimentum* « essai »). ♦ 1° Éprouver, connaître par expérience. V. **Éprouver.** *On ne peut juger de cela sans l'avoir expérimenté.* « *Lui, toujours, avait expérimenté que le travail était le meilleur régulateur de son existence* » (ZOLA). ♦ 2° Pratiquer des opérations destinées à étudier, à juger (qqch.). V. **Éprouver, essayer, vérifier.** *Expérimenter un vaccin sur un cobaye. Expérimenter un nouveau procédé.* — *Absolt.* Provoquer une observation dans l'intention d'étudier un phénomène (V. **Expérimentation**). « *Sur un seul fait, s'il est certain, ne peut-on, comme le savant qui expérimente, dégager la vérité pour tous les ordres de faits semblables?* » (PROUST).

EXPERT, ERTE [ɛkspɛʀ, ɛʀt(ə)]. *adj.* et *n. m.* (Espert, XIIIe ; lat. *expertus*, p. p. de *experiri*).
I. *Adj.* Qui a, par l'expérience, par la pratique, acquis une grande habileté. V. **Adroit, habile, expérimenté.** *Un technicien expert.* V. **Bon, capable, compétent,** éprouvé. *Il est expert dans cet art, dans cette science.* V. **Versé** (Cf. Il s'y connaît). *Expert en la matière.* V. **Averti, connaisseur, instruit, savant.** *Être expert à manier une arme.* — *Par ext. Des drapiers* « *palpant de leurs mains expertes les draps tissés par les femmes normandes* » (MAUROIS).
II. (XVIe) UN EXPERT. *n. m.* Homme expert. *C'est un expert en la matière.* ◇ *Dr.* (1754) Personne choisie pour ses connaissances techniques et chargée de faire, en vue de la solution d'un procès, des examens, constatations ou appréciations de fait. V. **Expertise.** *Expert assermenté près les tribunaux. Vacation d'expert. L'avis des experts. À dire d'experts* : suivant les affirmations des experts. — *Elle est expert devant les tribunaux civils. Chimiste, médecin expert. Expert en assurances, en écriture.* ◇ **EXPERT-COMPTABLE** : personne faisant profession d'organiser, vérifier, apprécier ou redresser les comptabilités, et en son propre nom et sous sa responsabilité. *Diplôme d'expert-comptable.* ◇ Personne dont la profession consiste à reconnaître l'authenticité et à apprécier la valeur de certains objets d'art, pièces de collection. V. **Estimateur.** *Expert en tableaux, en livres anciens. Estimation par l'expert. Consulter un expert.* ◈ ANT. Incapable, inexpérimenté, maladroit. Amateur.

EXPERTEMENT [ɛkspɛʀtəmɑ̃]. *adv.* (1839 ; de *expert*). *Rare.* D'une manière experte.

EXPERTISE [ɛkspɛʀtiz]. *n. f.* (fin XVIIIe ; *expertice* « habileté », 1580 ; de *expert*). ♦ 1° Mesure d'instruction par laquelle des experts* sont chargés de procéder à un examen technique et d'en exposer le résultat dans un rapport au juge. *Jugement ordonnant l'expertise. Évaluation d'un dommage par expertise. Nouvelle expertise.* V. **Contre-expertise.** *Expertise médico-légale.* ♦ 2° Estimation de la valeur d'un objet d'art, étude de son authenticité par un expert. *L'expertise a établi que ce tableau est une copie.*

EXPERTISER [ɛkspɛʀtize]. *v. tr.* (1807 ; de *expertise*). Soumettre à une expertise. *Expertiser les dégâts.* V. **Apprécier, estimer, évaluer.** *Faire expertiser un tableau.*

EXPIABLE [ɛkspjabl(ə)]. *adj.* (XIVe ; de *expier*). Qui peut être expié. ◈ ANT. Inexpiable.

EXPIATEUR, TRICE [ɛkspjatœʀ, tʀis]. *adj.* (XVIe ; fém., XVIIIe ; lat. *expiator*). *Vx* ou *littér.* Propre à expier. *Des victimes expiatrices.* V. **Expiatoire.** *Larmes expiatrices.*

EXPIATION [ɛkspjɑsjɔ̃]. *n. f.* (XIIe ; lat. *expiatio*). ♦ 1° *Ancien.* Cérémonie religieuse en vue d'apaiser la colère céleste. *Fête des Expiations.* V. **Bouc** (émissaire). « *Dès qu'il y eut des religions établies, il y eut des expiations* » (VOLT.). ♦ 2° Souffrance imposée ou acceptée à la suite d'une faute et considérée comme un remède ou une purification, la faute étant assimilée à une maladie ou à une souillure de l'âme. *Le remords d'une faute entraîne un désir d'expiation.* V. **Rachat, réparation, repentir.** *Châtiment infligé en expiation d'un crime.* « *Je bois la coupe amère des expiations* » (BALZ.). ◇ Dans la religion chrétienne, Réparation du péché par la pénitence. V. **Punition.** ◈ ANT. Récompense.

EXPIATOIRE [ɛkspjatwaʀ]. *adj.* (1562 ; lat. *expiatorius*). Qui est destiné à une expiation. *La victime expiatoire. Chapelle expiatoire.* — « *Par ce moyen expiatoire, tu effaçais les taches du passé* » (LAUTRÉAMONT).

EXPIER [ɛkspje]. *v. tr.* (XIVe ; lat. *expiare*, rad. *pius* « pieux »). Réparer, en subissant une expiation imposée ou acceptée. *Vouloir expier une faute par une juste punition.* « *Était-il moins coupable que d'autres, qui expient leur crime sur l'échafaud?* » (MAUROIS). Pronom. *Ici-bas tout s'expie.* V. **Payer** (se). — (Relig. chrét.) *Expier ses péchés par la pénitence. Jésus-Christ a expié les péchés des hommes.* V. **Rédemption.** ◇ *Par ext.* Payer pour (en subissant une conséquence, ou par sentiment de culpabilité). *Expier ses imprudences.* V. **Puni** (être puni de). « *Ô bonheurs! je vous ai durement expiés* » (HUGO).

EXPIRANT, ANTE [ɛkspiʀɑ̃, ɑ̃t]. *adj.* (XVIIe ; p. prés. de *expirer*). ♦ 1° Qui expire, qui est près d'expirer. V. **Agonisant, mourant.** « *Une apoplexie le saisit, et m'emporta expirant* » (VOLT.). ♦ 2° *Fig.* Qui finit, qui va cesser d'être. *Une flamme expirante. Parler d'une voix expirante,* qui se fait à peine entendre. *Pouvoir expirant.* V. **Finissant.**

EXPIRATION [ɛkspiʀɑsjɔ̃]. *n. f.* (XIVe ; lat. *expiratio*). ♦ 1° Action par laquelle les poumons expulsent l'air qu'ils ont inspiré. *Inspiration et expiration.* V. **Haleine, respiration, souffle.** ♦ 2° *Fig.* Moment où se termine un temps prescrit ou convenu. V. **Échéance, fin, terme.** *À l'expiration des délais.* — Fin de la validité d'une convention. *L'expiration d'une trêve. L'expiration d'un bail. Son mandat vient à expiration.* ◈ ANT. Inspiration. Continuation, reconduction.

EXPIRATOIRE [ɛkspiʀatwaʀ]. *adj.* (av. 1971 ; de *expiration*, d'apr. *respiratoire*). *Méd.* Qui se rapporte à l'expiration. *Dyspnée expiratoire.*

EXPIRER [ɛkspiʀe]. *v.* (XIIe ; lat. *exspirare*). ♦ 1° V. tr. *Physiol.* Expulser des poumons (l'air inspiré). *Inspirez profondément, expirez!* « *Les chevaux expiraient par les naseaux une vapeur blanche* » (FRANCE). V. **Souffler.** ♦ 2° V. intr. *Cour.* Rendre le dernier soupir. V. **Éteindre** (s'), **mourir.** *Il est sur le point d'expirer.* V. **Agonie.** *Elle expira dans les bras de sa fille.* ◇ *Fig.* Cesser d'être ; prendre fin. V. **Disparaître, évanouir** (s'). « *À son aspect la parole expira sur les lèvres des témoins* » (BALZ.). — *Poét.* « *Les flots tranquilles viennent expirer au pied des canneliers en fleurs* » (CHATEAUB.). ♦ 3° *V. intr.* Arriver à son terme (temps prescrit, convention). V. **Finir.** *Bail qui expire à la Saint-Jean.* *Par ext. Ce passeport expire le 1er septembre.* ◈ ANT. Aspirer, inspirer. Naître. Commencer.

EXPLANT [ɛksplɑ̃]. *n. m.* (v. 1965 ; de *ex-*, et *plant*, d'apr. *implant**). *Biol.* Fragment d'organe ou de tissu prélevé sur un organisme et cultivé in vitro.

EXPLÉTIF, IVE [ɛkspletif, iv]. *adj.* (XVe, « qui remplit » ; lat. *explere*). *Gram.* Qui sert à remplir la phrase sans être nécessaire au sens *(ex.* dans : Il craint que je ne sois trop jeune, Regardez-moi ce maladroit, NE, MOI *sont explétifs).* Subst. *Un explétif.*

EXPLICABLE [ɛksplikabl(ə)]. *adj.* (1554 ; lat. *explicabilis*). ♦ 1° *Rare.* Qu'on peut éclaircir, rendre intelligible. *Ce passage est explicable.* ♦ 2° (XIXe). Qui s'explique ; dont on peut donner la cause, la raison, le motif. V. **Compréhensible.** « *La condition même de la science est de croire que tout est explicable naturellement, même l'inexpliqué* » (RENAN). *Cette erreur n'est pas explicable.* ◈ ANT. Inintelligible. Incompréhensible, inexplicable.

EXPLICATIF, IVE [ɛksplikatif, iv]. *adj.* (1587 ; lat. *explicativus*). ♦ 1° *(Choses).* Qui explique. *Note explicative jointe à un dossier, un rapport.* — Qui indique comment se servir de qqch. *Note explicative jointe à un appareil, un produit.* V. **Emploi** (mode d'), **notice.** ♦ 2° *Log. et gram. Proposition relative explicative (opposé à relative déterminative)* : qui ne fait qu'expliquer l'antécédent sans en restreindre le sens (ex. : *Son père qui était en Italie lui écrivait rarement).*

EXPLICATION [ɛksplikɑsjɔ̃]. *n. f.* (1322 ; lat. *explicatio*). Action d'expliquer ; son résultat. ♦ 1° Développement destiné à éclaircir le sens de qqch. V. **Commentaire, éclaircissement.** *Les explications de l'Écriture.* V. **Exégèse, interprétation.** *Explications jointes à un texte* (V. **Annotation, glose, note, remarque**), *à une carte* (V. **Légende**). « *Cette fameuse explication des songes de Pharaon* » (BOSS.). « *Elle se lança dans une volubile explication de ce qu'était le service de l'hôpital, leur vie* » (MART. du G.). ◇ *Explication d'un auteur ancien,* sa traduction orale par un élève. — *Explication française, explication de textes* : étude littéraire, philosophique, stylistique d'un texte français. ♦ 2° Ce qui rend compte d'un fait. V. **Cause, motif, raison.** *Quelle est l'explication de ce retard dans le courrier? Je vais vous en donner l'explication.* ♦ 3° Éclaircissement sur les intentions, la conduite. V. **Éclaircissement, justification.** *Demander des explications à qqn sur une démarche, sur une parole équivoque. Exiger une explication. Je n'ai pas d'explication à vous donner, faites ce* *que je vous dis.* ◊ Discussion au cours de laquelle on demande à qqn des éclaircissements sur ses intentions, des justifications de sa conduite. V. **Débat, discussion.** « *Comme chaque fois qu'il doit y avoir une explication entre nous, j'ai commencé par faire sortir les enfants* » (GIDE).

EXPLICITATION [ɛksplisitasjɔ̃]. *n. f.* (1909 ; de *expliciter*). Action d'expliciter, de rendre explicite.

EXPLICITE [ɛksplisit]. *adj.* (1488 ; lat. *explicitus*, p. p. de *explicare*. V. **Expliquer**). ♦ 1° *Dr.* Qui est réellement exprimé, formulé. V. **Exprès, formel, formulé.** *Clause, condition explicite dans un texte.* ♦ 2° *Cour.* Qui est suffisamment clair et précis dans l'énoncé ; qui ne peut laisser de doute. V. **Clair, net, positif, précis.** *Sa déclaration est parfaitement explicite.* « *Il parle de cette intention en termes explicites* » (GAUTIER). ◊ *(Personnes)* Qui s'exprime avec clarté, sans équivoque. *Il n'a pas été très explicite sur ce point.* ◈ ANT. *Implicite. Allusif, confus, évasif, sous-entendu.*

EXPLICITEMENT [ɛksplisitmɑ̃]. *adv.* (1550 ; de *explicite*). D'une manière explicite, formelle. *Demande formulée explicitement.* ◈ ANT. *Implicitement.*

EXPLICITER [ɛksplisite]. *v. tr.* (1870 ; de *explicite*). Énoncer formellement. V. **Formuler.** *Cette condition a été explicitée à différentes reprises.*

EXPLIQUER [ɛksplike]. *v. tr.* (1450 ; au XIVᵉ, sens obscur ; lat. *explicare*, de *plicare* « plier » ; Cf. le sens « déplier, dérouler », au XVIᵉ).

I. ♦ 1° Faire connaître, comprendre nettement, en développant. *Expliquer ses projets, ses intentions à qqn.* V. **Exposer.** « *Explique, explique mieux le fond de ta pensée* » (CORN.). V. **Exprimer.** — *(Choses)* Constituer un motif compréhensible. V. **Manifester, montrer, prouver.** « *Les chaînes dont tes pieds sont empêtrés, sont des symboles qui expliquent assez clairement les inconvénients de ton amitié* (celle de Satan) » (BAUDEL.). ♦ 2° Rendre clair, faire comprendre (ce qui est ou paraît obscur). V. **Commenter, éclaircir, éclairer.** *Expliquer un texte difficile, un théorème. Expliquer un symbole.* V. **Interpréter.** *Je vais vous expliquer cette énigme, cette affaire* (V. **Démêler, élucider**). « *Les gens exigent qu'on leur explique la poésie. Ils ignorent que la poésie est un monde fermé où l'on reçoit très peu* » (COCTEAU). Absolt. « *Bon intellectuel, il ne voulait pas seulement expliquer, mais convaincre* » (MALRAUX). ◊ Donner les indications, la recette (pour faire qqch.) V. **Apprendre, enseigner.** *Expliquer à qqn le maniement d'une voiture, la règle d'un jeu.* V. **Montrer.** ◊ *(Choses)* « *Une institution est quelquefois expliquée par le mot qui la désigne* » (FUSTEL DE COUL.). *Notice qui explique comment se servir d'un objet* (V. **Explicatif**). ◊ *Le déterminisme, pour lui* (Michelet), *n'explique que les origines* » (HENRIOT). ♦ 3° Faire connaître la raison, la cause de (qqch.). *Expliquer un phénomène. Je constate le fait, mais ne puis l'expliquer. Comment expliquer ce brusque revirement?* V. **Compte** (rendre compte). « *Quelle fable il inventerait pour expliquer la présence de la malle dans son arrière-boutique* » (ROMAINS). V. **Justifier, motiver.** « *Parce que : un grand mot, le mot des femmes, le mot qui peut expliquer tout, même la création* » (BALZ.). ◊ *(Choses)* Être la cause, la raison visible de ; rendre compte de. *Cela explique bien des choses! Un goût de la vérité* « *qui explique le pessimisme des dernières années de sa vie* » (HENRIOT). ♦ 4° EXPLIQUER QUE : faire comprendre que. V. **Dire, exposer, montrer** (que). — *Expliquez-lui que nous comptons sur lui.* « *Tu as bien expliqué qu'elle conserverait la propriété des titres* » (CHARDONNE). ◊ Donner des raisons. *Comment expliquez-vous qu'il puisse vivre avec de si faibles revenus?*

II. S'EXPLIQUER. *v. pron.* ♦ 1° Faire connaître sa pensée, sa manière de voir. « *Voilà un garçon qui parle clairement, qui s'explique comme il faut* » (MOL.). *Je ne sais si je me suis bien expliqué.* « *Il s'est expliqué suffisamment dans sa préface sur cette légitime évolution* » (HENRIOT). *Je m'explique : je donne des précisions sur ce que je viens de dire.* ♦ 2° Rendre raison d'un fait, d'une opinion. *Elle s'est expliquée sur ce qu'on lui impute.* V. **Disculper, justifier.** — *S'expliquer avec qqn,* se justifier auprès de lui. *Je me moque de vos raisons, allez vous expliquer avec le patron. Je n'ai pas à m'expliquer avec vous.* ♦ 3° *Récipr.* Avoir une discussion. *Ils se sont expliqués et ont fini par se mettre d'accord.* « *Ah! si seulement nous pouvions nous expliquer!* » (GIDE). Pop. Se battre. *Ils sont partis s'expliquer dehors.* ♦ 4° *Réfl.* Comprendre la raison, la cause de (qqch.). *Nous nous expliquons sa réussite. Je m'explique mal ce que vous faites ici.* « *Il ne s'expliquait pas comment l'arôme exquis des grains de café pouvait se transformer en cette boisson très amère* » (CHARDONNE). ♦ 5° *Passif.* Être ou être rendu intelligible. *Cet accident ne peut s'expliquer que par une négligence.* « *Tout cela s'explique et se tient sans qu'il faille chercher une raison intéressée à ce changement d'opinion* » (HENRIOT).

◊ ANT. *Embrouiller, obscurcir.*

EXPLOIT [ɛksplwa]. *n. m.* (XIVᵉ ; *espleit*, 1080 ; lat. *explicitum*, de *explicare* « accomplir »). ♦ 1° *Vx* ou *littér.* Action d'éclat accomplie à la guerre. V. **Fait** (fait d'armes ; haut fait), *geste. Glorieux, brillant exploit.* « *Les départements

bretons, théâtre de ses exploits en 1799 et 1800 » (BALZ.). ◊ *Mod.* Action remarquable, exceptionnelle. V. **Prouesse.** *Exploit d'un chasseur. Exploit sportif, athlétique.* V. **Performance, record.** *En gagnant cette course, il a réalisé un véritable exploit.* — Fig. et fam. *Exploits galants,* succès auprès des dames. *Se vanter de ses exploits.* ♦ 2° *Dr.* (XVIᵉ). Acte judiciaire signifié par huissier pour assigner (V. **Ajournement, assignation, citation**), notifier (V. **Notification, signification, sommation**), saisir (V. **Commandement**). — *Plus cour.* (pour distinguer du sens 1°) *Exploit d'huissier.*

EXPLOITABLE [ɛksplwatabl(ə)]. *adj.* (*Esploitable*, XIIIᵉ ; de *exploiter*). ♦ 1° (1538). *Vx* et *Dr.* Qui peut être saisi et vendu en vertu d'un exploit d'huissier. ♦ 2° (1690). Qui peut être exploité avec profit. *Domaine exploitable.* V. **Cultivable.** *Cette forêt n'est pas encore exploitable.* — Fig. *Les naïfs sont facilement exploitables.* ◈ ANT. *Inexploitable.*

EXPLOITANT, ANTE [ɛksplwatɑ̃, ɑ̃t]. *adj. et n.* (1771 ; de *exploiter*). ♦ 1° *Vx* et *Dr.* Qui fait des exploits (2°). *Huissier exploitant.* ♦ 2° (Fin XVIIIᵉ). Qui se livre à une exploitation. *La société exploitante.* — N. *L'exploitant d'un domaine agricole.* V. **Exploitation; agriculture, cultivateur.** *Les petits exploitants.* ◊ Cin. (1912) Propriétaire ou directeur de salle de cinéma.

EXPLOITATION [ɛksplwatasjɔ̃]. *n. f.* (av. 1683 ; « saisie judiciaire », 1340 ; de *exploiter*). ♦ 1° Action d'exploiter, de faire valoir une chose. V. **Valeur** (mise en valeur). *Exploitation du sol, d'une terre, d'un domaine.* V. **Culture.** *Méthodes, systèmes, modes d'exploitation.* V. **Faire-valoir, fermage, métayage.** « *L'homme a mis en exploitation à peu près tout l'espace dont il pouvait espérer tirer parti* » (GIDE). ◊ Action de faire fonctionner en vue d'un profit. *Exploitation d'une ligne aérienne, d'une ligne de chemin de fer. Service de l'exploitation d'un réseau ferroviaire,* qui assure le bon fonctionnement des gares et la marche des trains. *Exploitation concédée par l'État à une société privée.* V. **Concession.** *Colonie d'exploitation,* dont les ressources économiques sont mises en œuvre au profit de la métropole. ♦ 2° (1776). *Le bien exploité ;* le lieu où se fait la mise en valeur de ce bien. *Exploitation agricole, rurale.* V. **Domaine, ferme, plantation.** *Exploitation industrielle* (V. **Fabrique, industrie, manufacture, usine**), *commerciale* (V. **Commerce, entreprise, établissement**). ♦ 3° *(Abstrait)*. Utilisation méthodique. *Exploitation rationnelle d'une idée originale, d'une situation.* « *Le goût des noms propres, l'exploitation de leurs physionomies et de leurs sonorités* » (LANSON). — *Milit.* Phase où l'on utilise les avantages d'une situation. ♦ 4° Action d'abuser à son profit. *Exploitation de la crédulité publique. Exploitation de dupes par un escroc.* ◊ (1834) *Exploitation de l'homme par l'homme* : le fait, pour une classe, de tirer un profit (V. **Plus-value**) du travail d'autres hommes. *L'exploitation capitaliste.* V. **Exploiter.**

EXPLOITÉ, ÉE [ɛksplwate]. *adj. et n.* (1690 ; V. **Exploiter**). ♦ 1° Mis en exploitation. *Terre, mine exploitée* (opposé à : en friche, à l'abandon). ♦ 2° Utilisé pour le profit. *Une classe sociale exploitée.* — N. *Les exploiteurs et les exploités.* — Spécialt. Mal payé. *Un employé exploité.* ◈ ANT. *Exploiteur.*

EXPLOITER [ɛksplwate]. *v.* (XIIIᵉ ; *esploitier*, 1080 ; lat. pop. *°explicitare*).

I. *V. tr.* ♦ 1° Faire valoir (une chose) ; tirer parti de. « *Je ne sais rien des cultures ni des différentes manières d'exploiter une terre* » (BALZ.). *Exploiter une mine, un filon. Exploiter un réseau de chemin de fer, une industrie. Exploiter un brevet, une licence.* ♦ 2° *(Abstrait)*. Utiliser d'une manière avantageuse, faire rendre les meilleurs résultats. *Il faut exploiter la situation ; elle ne durera pas.* V. **Profiter** (de). « *Le mouvement fut spontané... Mais ensuite, selon toute vraisemblance, on exploita le mouvement* » (MICHELET). « *Certains propos qu'on lui attribuait étaient exploités contre lui* » (FRANCE). ♦ 3° (1840, polit.). Se servir de (qqn) n'ayant en vue que le profit, sans considération de moyens. V. **Abuser** (de). — *Exploiter qqn.* V. **Spolier.** *Exploiter un client.* V. **Écorcher, estamper, pressurer, rançonner, rouler, voler.** *Patron qui exploite ses employés.* « *Le Romain conquiert pour acquérir ; il exploite les peuples vaincus comme un métayer* » (TAINE). « *Aujourd'hui, le négociant n'a plus qu'un but, exploiter l'ouvrier* » (HUYSMANS). *Exploiter la crédulité du public, la naïveté de la foule.* — Spécialt. Faire travailler (qqn) à bas salaire en tirant un profit injuste.

II. *V. intr. (Vx* ou *Dr.)* Signifier les actes judiciaires dits *exploits.*

EXPLOITEUR, EUSE [ɛksplwatœʀ, øz]. *n.* (1583, « huissier » (Cf. Exploit) ; *exploiteresse,* 1340 ; de *exploiter*). ♦ 1° *Vx* (1803). V. **Exploitant.** ♦ 2° *Péj.* (XXᵉ). Personne qui tire un profit abusif d'une situation ou d'une personne. V. **Profiteur, spoliateur.** *Ce n'est qu'un vil exploiteur.* V. **Sangsue, vampire.** *Exploiteur de la misère du peuple.* V. **Affameur.** « *Que le blanc se soit comporté comme un négrier, un pirate, un exploiteur avide et insatiable, ce n'est hélas, que trop vrai* » (SIEGFRIED). *Exploiteurs de la crédulité publique.* ◈ ANT. *Exploité.*

EXPLORATEUR, TRICE [ɛksplɔʀatœʀ, tʀis]. n. (1265, « espion » ; lat. *explorator*). ♦ 1° (1718). Personne qui explore un pays lointain, peu accessible ou peu connu. ♦ 2° N. m. *Méd.* Instrument servant à accéder à un conduit ou à une cavité interne en vue de leur examen direct. Adj. *Stylet, trocart explorateur.*

EXPLORATION [ɛksplɔʀasjɔ̃]. n. f. (1455, repris 1839 ; lat. *exploratio*). ♦ 1° Action d'explorer un pays. *Exploration de l'Afrique, du Congo à l'Éthiopie, par la mission Marchand. Partir en exploration.* V. **Découverte, expédition, voyage** (scientifique). ◇ Par ext. *Exploration méthodique d'un terrain, d'une forêt, d'une caverne.* V. **Examen.** *Exploration d'une ville.* (Abstrait). *Exploration d'un sujet, d'un problème.* V. **Approfondissement.** *Exploration de la vie intérieure, du subconscient.* V. **Psychanalyse.** ♦ 3° (1771). *Méd.* Examen minutieux de la structure ou du fonctionnement des organes. *Moyens d'exploration cliniques :* auscultation, percussion, sondage, toucher. *Exploration radiologique.* V. **Radiographie, radioscopie.**

EXPLORATOIRE [ɛksplɔʀatwaʀ]. adj. (v. 1966 ; de *explorer*). *Polit.* Destiné à explorer (2°) une question. V. **Préliminaire, préparatoire.** « *Les entretiens exploratoires qui se sont ouverts il y a une semaine...* » (*Le Monde*, 17-5-1966).

EXPLORER [ɛksplɔʀe]. v. tr. (1532, « examiner, vérifier » ; repris 1804 ; lat. *explorare*). ♦ 1° Parcourir (un pays mal connu) en l'étudiant avec soin. *Découvrir et explorer une île, une zone polaire. Explorer un pays pour en connaître la topographie, les ressources* (V. **Prospecter**). ◇ Par ext. Parcourir en observant, en cherchant. « *Boulatruelle avait exploré, sondé et fureté toute la forêt, et fouillé partout où la terre lui avait paru fraîchement remuée* » (HUGO). « *Des celliers aux mansardes, elle avait exploré, pièce par pièce, les profondeurs de la vieille demeure* » (BOSCO). ♦ 2° (Abstrait). *Explorer une science, une question.* V. **Approfondir, étudier.** *Ces signes* « *que mon attention explorant mon inconscient allait chercher* » (PROUST). « *L'œuvre de Rimbaud est encore riche en détours, en jungles, en retraites mal explorées* » (DUHAM.). ♦ 3° *Méd.* Examiner, évaluer le fonctionnement de (un organe interne, une cavité, un conduit...) à l'aide d'instruments ou de procédés spéciaux. V. **Ausculter, examiner, sonder.** *Sonde pour explorer les plaies, les cavités naturelles.*

EXPLOSER [ɛksploze]. v. intr. (1801, rare av. 1900 ; de *explosion*). ♦ 1° Faire explosion. V. **Éclater ; détoner, péter** (pop.), **sauter.** *Bombe, obus qui explose. Gaz qui explose au contact d'une flamme.* « *L'oreille perçoit le sifflement du paquet de balles... Cela explose par rafales de six, en file* » (BARBUSSE). ♦ 2° *Fig.* Se manifester brusquement et violemment. V. **Éclater.** *Sa colère, son mécontentement explosa.* « *Sa passion, trop longtemps contenue, explose furieusement* » (HENRIOT). ◇ S'étendre, se développer largement ou brusquement. « *R. L. fit exploser les ventes* » (*L'Express*, 27-11-1967). ◇ (Personnes) *Exploser en injures, en imprécations.* V. **Déborder.** *Absolt.* Fam. *On mit sa patience à bout, il explosa* (de colère).

EXPLOSEUR [ɛksplozœʀ]. n. m. (1867 ; de *exploser*). Appareil électrique permettant de faire exploser à distance un explosif (mine, etc.).

EXPLOSIBILITÉ [ɛksplozibilite]. n. f. (1903 ; de *explosible*). Sc. ou *littér.* Qualité de ce qui est explosible. « *L'instabilité, dirait un chimiste, a deux formes : la fragilité et l'explosibilité* » (JARRY).

EXPLOSIBLE [ɛksplozibl(ə)]. adj. (1849 ; de *exploser*). Qui peut faire explosion. *Mélange gazeux explosible.* « *Pour moi, la terre fût-elle un globe explosible, je n'hésiterais pas à y mettre le feu s'il s'agissait de délivrer mon pays* » (CHATEAUB.).

EXPLOSIF, IVE [ɛksplozif, iv]. adj. (1816 ; en méd., 1691 ; de *explosion*). I. ♦ 1° Relatif à l'explosion. *Phénomènes explosifs. Onde explosive*, créée par l'explosion et entraînant des effets mécaniques brisants. — Métaph. « *Le groupement corporatif recélait plus de force explosive que la dynamite* » (ROMAINS). ♦ 2° Qui peut faire explosion. V. **Explosible.** *Obus explosifs percutants et fusants.* ♦ 3° *Fig. Une situation explosive :* critique, tendue. « *Il y avait, certes, en Europe, quantité de situations explosives* » (VALÉRY). — *Un tempérament explosif :* sujet aux brusques colères. V. **Fougueux, impétueux, volcanique.** ♦ 4° *Fig.* Important et soudain. « *Il y a peu de pays qui aient jamais connu un progrès aussi explosif* » (*Le Monde*, 16-12-1967).

II. *Phonét.* (1878). *Consonne explosive*, à tension croissante au début d'une syllabe (*opposé à implosive*). Ex. : [p] et [t] dans *partir*.

EXPLOSIF [ɛksplozif]. n. m. (1877 ; du précéd.). Composé ou mélange de corps susceptible de dégager en un temps extrêmement court un grand volume de gaz portés à haute température. *Explosifs primaires*, qui détonent sous l'effet d'un choc (V. **Détonateur**). *Explosifs secondaires* (poudres colloïdales, trinitrotoluène, acide picrique) qui brûlent sans détoner et sont utilisés dans les armes à feu pour la propulsion des projectiles. V. **Déflagration.** *Principaux explosifs.* V. **Cheddite, dynamite** (fulmi-coton, nitrocellulose, plastic), **nitrobenzène, nitroglycérine, mélinite, poudre.** *Explosifs thermonucléaires* ou *atomiques :* corps fissiles donnant lieu à une réaction en chaîne (V. **Désintégration**).

EXPLOSION [ɛksplozjɔ̃]. n. f. (1701 ; méd., 1581 ; lat. *explosio* « action de huer » ; de *explodere*). ♦ 1° Le fait de se rompre brutalement en projetant parfois des fragments (et *sc.* Phénomène au cours duquel des gaz sous pression sont produits dans un temps très court). V. **Commotion, déflagration, éclatement, fulmination.** *Les explosions sont accompagnées de phénomènes mécaniques* (V. **Choc, souffle ; éclat**), *sonores* (V. **Crépitement, détonation**), *lumineux. Faire explosion.* V. **Éclater, exploser ; partir.** *Explosion provoquée par une étincelle électrique, un choc, un détonateur. Explosion d'une mine, d'une torpille, d'un obus, d'un pétard. Explosion d'une bombe atomique* (V. **Désintégration**). *Explosion de grisou dans une galerie de mine. — Explosion atomique. Explosion solaire.* ◇ Rupture violente, accidentelle (produite par un excès de pression, une brusque expansion de gaz, etc.). *La chaudière a fait explosion. Explosion d'un avion en plein vol.* ◇ *Moteur à explosion :* qui emprunte son énergie à l'expansion d'un gaz, provoquée par la combustion rapide d'un mélange carburé (*mélange détonant*). ♦ 2° *Fig.* Manifestation soudaine et violente. *Explosion de joie, d'enthousiasme.* V. **Bouffée, débordement.** « *Ce fut une explosion de cris, de pleurs, de serments* » (MICHELET). V. **Tempête.** — « *L'œuvre de Berlioz... est une explosion de génie* » (R. ROLLAND). ◇ Expansion soudaine et spectaculaire. (V. **Explosif** [I, 4°]). *Explosion démographique.* V. **Boom.** ◇ *Méd.* Apparition rapide (d'une épidémie, de manifestations pathologiques aiguës).

EXPONENTIEL, IELLE [ɛkspɔnɑ̃sjɛl]. adj. et n. f. (1711 ; lat. *exponens, entis* « exposant »). Dont l'exposant est variable ou inconnu. *Équation exponentielle*, « celle dans laquelle il y a des quantités exponentielles » (D'ALEMB.). *Fonction exponentielle*, fonction réciproque de la fonction logarithme*. N. f. *Une exponentielle.*

EXPORTABLE [ɛkspɔʀtabl(ə)]. adj. (1870 ; de *exporter*). Qui peut être exporté. « *Les excédents exportables de produits de consommation* » (P. GEORGE). *Cette mode n'est pas exportable.*

EXPORTATEUR, TRICE [ɛkspɔʀtatœʀ, tʀis]. n. et adj. (1756 ; de *exporter*). Personne qui exporte des marchandises, etc. V. **Expéditeur, vendeur ; commerçant, négociant.** *Les exportateurs de céréales, de produits finis.* — Adj. *Pays exportateur de blé.* ◇ ANT. **Importateur.**

EXPORTATION [ɛkspɔʀtasjɔ̃]. n. f. (1734 ; d'apr. angl. *exportation* ; « action d'emporter » (XVIᵉ) ; lat. *exportatio*. V. **Exporter**). ♦ 1° Action d'exporter ; sortie de marchandises nationales vendues à un pays étranger. V. **Expédition, réexportation, vente.** *Exportation de matières premières par un pays. Licences d'exportation. Exportation à des prix inférieurs aux prix pratiqués sur le marché intérieur.* V. **Dumping.** *Commerce, maison d'exportation et d'importation* (Cf. *l'anglicisme* **Export-Import**). *Commissionnaire à l'exportation.* V. **Exportateur, transitaire.** — *Exportations de capitaux :* placements à l'étranger. ◇ Ce qui est exporté. « *Chaque année, dit-on, l'Amérique augmente ses exportations de céréales. On nous menace d'une vraie inondation du marché* » (ZOLA). *Exportations visibles :* marchandises vendues à un pays étranger. *Exportations invisibles :* intérêts des capitaux placés à l'étranger, services (transports, assurances, services bancaires), dépenses faites par des étrangers (tourisme). ♦ 2° *Fig.* *L'exportation d'une mode, d'une coutume.* « *L'anticléricalisme n'est pas un article d'exportation* » (GAMBETTA). ◇ ANT. **Importation.**

EXPORTER [ɛkspɔʀte]. v. tr. (1750 ; d'apr. angl. *to export* « porter au dehors, emporter », XIVᵉ ; lat. *exportare*). Envoyer et vendre hors d'un pays (les produits de l'économie nationale). *Pays neuf qui exporte des produits bruts. Pays industrialisé exportant des produits transformés, manufacturés.* Absolt. *Pour exporter, il faut produire.* ◇ *Fig. Exporter une mode, une innovation :* la transporter à l'étranger. ◇ ANT. **Importer.**

EXPOSANT, ANTE [ɛkspozɑ̃, ɑ̃t]. n. (1389 ; subst. part. de *exposer*). I. N. m. et f. ♦ 1° Dr. (Vx). Personne qui expose ses prétentions dans une requête (V. **Demandeur, requérant**). ♦ 2° (1820). Personne dont les œuvres, les produits sont présentés dans une exposition. V. **Exposition** (2°). *Cette foire groupe de nombreux exposants.* « *Je regrette de ne pas savoir le nom de l'exposant, auquel j'adresse des éloges mérités* » (MALLARMÉ). *Les exposants d'un Salon de peinture.*

II. N. m. *Math.* (1658). Expression numérique ou algébrique exprimant la puissance à laquelle une quantité est élevée. *Qui a un exposant variable, ou inconnu.* V. **Exponen-**

tiel. *Chiffre, lettre, expression qui entre en exposant dans une équation.*

EXPOSÉ [ɛkspoze]. *n. m.* (1690; de *exposer*). ♦ 1° UN EXPOSÉ DE : développement par lequel on expose (un ensemble de faits, d'idées). V. **Analyse, description, énoncé, narration, rapport, récit.** *Exposé des faits, de la situation. Exposé chronologique des faits.* V. **Historique.** « *Ils faisaient à la cour un exposé faux, et par conséquent dangereux, des forces que le parti de ce prince avait* » (D'ALEMB.). ◇ Dr. *Exposé des motifs* : considérants qui précèdent le dispositif d'un projet, d'une proposition de loi. ♦ 2° UN EXPOSÉ : bref discours sur un sujet précis, didactique. V. **Communication, conférence, laïus** *(fam.).* *L'épreuve orale de cet examen consiste en un exposé de dix minutes sur un sujet du programme. Exposé didactique.* V. **Enseignement, leçon.** « *Les jalons précis d'un exposé technique, les têtes de chapitre d'un manuel* » (MART. du G.). *Exposé oral, écrit. Vous déposerez le texte de votre exposé au secrétariat.*

EXPOSEMÈTRE ou **EXPOSIMÈTRE.** V. POSEMÈTRE.

EXPOSER [ɛkspoze]. *v. tr.* (XIIᵉ; lat. *exponere*, d'apr. *poser*; a remplacé l'a. v. *espondre*). ♦ 1° Disposer de manière à mettre en vue. V. **Étaler, exhiber, montrer, présenter.** *Exposer divers objets dans une vitrine, sur une table. Le corps de Newton* « *fut exposé sur un lit de parade dans la chambre de Jérusalem* » (FONTENELLE). « *Le mur gris du couloir, sur lequel Mᵐᵉ de Fontanin exposait jadis les premiers fusains de son fils* » (MART. du G.). ◇ *Exposer aux yeux, aux regards, à la vue de qqn.* « *Dans un rang qui l'expose aux yeux de tout le monde* » (RAC.). — *Spécialt.* (pour vendre) *Exposer des livres en vente. Marchandises exposées en devanture.* ◇ *Placer* (des œuvres d'art) *dans un lieu d'exposition publique. Cette galerie, ce musée expose en ce moment des Dufy.* *En parlant de l'artiste. Il expose deux toiles au Salon d'automne.* ♦ 2° *(Abstrait).* Présenter en ordre (un ensemble de faits, d'idées). V. **Décrire, énoncer, expliquer, raconter, retracer.** *Exposer un fait en détails.* « *Nous ne fîmes qu'exposer, moi, la nature de mes doutes, lui, le jugement qu'il devait en porter comme orthodoxe* » (RENAN). « *Bernard exposa timidement la requête de M. Lecourbe* » (MAUROIS). ◇ *Littér.* Faire l'exposition d'un ouvrage dramatique. *Exposer l'action, le sujet, dans le premier acte.* ♦ 3° Disposer, placer dans la direction de, ou de manière à soumettre à l'action de. V. **Disposer, placer, tourner** (vers). *Exposer un bâtiment au sud.* V. **Orienter.** — Au p. p. *Maison bien exposée. Façade exposée à l'ouest.* ◇ *Exposer à la chaleur, au rayonnement, aux radiations.* V. **Présenter, soumettre.** *Exposer une pellicule, un film à la lumière.* V. **Impressionner.** Au p. p. *Cliché exposé* (V. **Sous-exposé, surexposé**). ♦ 4° EXPOSER (QQN À). *Vx.* Abandonner, livrer à. « *Saint Ignace, évêque d'Antioche, fut exposé aux bêtes farouches* » (BOSS.). — *Spécialt. Exposer un enfant* : l'abandonner dans un lieu écarté pour désert pour se soustraire à l'obligation de lui donner des soins. V. **Abandonner.** ◇ *Fig. et Mod.* Mettre (qqn) dans une situation périlleuse. *Le péril auquel on l'expose. Son métier, sa profession l'expose constamment au danger.* « *L'amour est comme les maladies épidémiques : plus on les craint, plus on y est exposé* » (CHAMFORT). *Son insouciance l'a exposé plusieurs fois à perdre sa fortune.* ◇ *Absolt. Exposer qqn* : le mettre en péril. « *Le détachement... loin de vous mettre à l'abri, vous expose* » (GIDE). ◇ *Par ext.* Risquer de perdre. *Exposer sa vie, sa fortune, son honneur, sa réputation.* V. **Compromettre, engager, hasarder, jouer, risquer.** — S'EXPOSER. *v. pron.* Se mettre dans le cas de subir. *S'exposer à un péril, à un danger.* V. **Affronter, chercher, risquer.** *S'exposer à la critique, aux critiques* : prêter le flanc, donner prise à. *En allant le voir, il s'exposera à de graves reproches.* V. **Encourir.** — *Absolt.* Se mettre en danger, courir des risques. « *Moi, j'ai déployé la plus grande valeur, et sans m'exposer j'ai massacré quatre ennemis* » (JARRY). *Fig.* Se compromettre. *Il a peur de s'exposer; il rejette les responsabilités.* ⊗ ANT. **Abriter, cacher, dissimuler.** *Taire. Détourner, enlever. Couvrir, protéger; défendre. Cacher* (se), *dérober* (se), *fuir.*

EXPOSIMÈTRE. V. POSEMÈTRE.

EXPOSITION [ɛkspozisjɔ̃]. *n. f.* (1119; lat. *expositio*). ♦ 1° Action d'exposer, de mettre en vue. V. **Étalage, exhibition, montre, présentation.** *Exposition d'objets, de marchandises dans une vitrine, à une devanture.* — *Liturg. Exposition du Saint-Sacrement* : action d'exposer l'hostie consacrée dans l'ostensoir. — *Anc. dr. pén. Exposition d'un criminel, exposition publique.* V. **Carcan, pilori.** ♦ 2° (1565). Présentation publique de produits, d'œuvres d'art; ensemble des produits, des œuvres d'art exposés; lieu, emplacement où on les expose. *Exposition de peinture, de sculpture.* V. **Galerie** (d'art), *salon. Exposition temporaire, dans un musée. Catalogue de l'exposition. Exposition des œuvres de Van Gogh.* Par abrév. *Exposition Van Gogh. Inauguration d'une exposition.* V. **Vernissage.** — *Exposition industrielle, agricole,* où sont présentés publiquement les produits de l'industrie, de l'agriculture ou sur plusieurs pays. V. **Foire.**

Exposition agricole (V. **Concours**). *Exposition de l'automobile* (V. **Salon**). *Participants d'une exposition.* V. **Exposant.** *Les stands d'une exposition.* « *Une cité-exposition... comme celles qui survivent dix ans, dans quelque parc, à la solennité qui les a fait naître* » (SARTRE). *Expositions universelles de Paris. L'exposition internationale de Bruxelles* (fam. L'EXPO [ɛkspo]). — *Spécialt.* Mise en vente organisée par un grand magasin pour présenter les nouveautés, un groupe d'articles. ♦ 3° *Fig.* Action de faire connaître, d'expliquer. V. **Explication, exposé, narration, récit.** *L'exposition du système du monde,* de Laplace (1797). ◇ *Partie initiale d'une œuvre littéraire* (et *spécialt.* dramatique), où l'auteur fait connaître les circonstances et les personnages de l'action, les principaux faits qui ont préparé cette action. V. **Argument, protase.** « *L'histoire demande le même art que la tragédie, une exposition, un nœud, un dénouement* » (VOLT.). ◇ *Mus.* (Fugue, forme sonate) La partie où les idées, les thèmes principaux sont présentés. *Première, seconde exposition.* ♦ 4° Situation (d'un édifice, d'un terrain) par rapport à une direction donnée. V. **Orientation, situation.** *Exposition d'un bâtiment, d'une façade à l'ouest. Une bonne exposition.* ♦ 5° Action de soumettre à l'action de. *Exposition d'un vêtement à l'air. Évitez les longues expositions au soleil.* — *Phot. Exposition du papier à la lumière dans le tirage des épreuves. Durée d'exposition.* ♦ 6° *Rare (Personnes).* Le fait d'être exposé (4°). *Dr.* Abandon d'un enfant ou d'un incapable hors d'état de se protéger lui-même, afin de se soustraire à l'obligation de lui donner des soins. V. **Abandon, délaissement.** *Exposition d'un enfant nouveau-né.* ⊗ ANT. *Dissimulation.* **Défense, protection.**

1. **EXPRÈS, ESSE** [ɛksprɛ]. *adj.* (1265; lat. *expressus,* p. p. de *exprimere* « exprimer »). ♦ 1° *Vx* ou *Dr.* Qui exprime formellement la pensée, la volonté de qqn. V. **Explicite, formel.** *Condition expresse d'un contrat. Défense expresse de...* ♦ 2° Qui est chargé spécialement de transmettre la pensée, la volonté de qqn. *Vx. Courrier, messager exprès.* Subst. *Un exprès* : envoyé, messager. « *J'envoie cet exprès pour en avertir madame* » (BOSS.). ◇ *Mod.* (invar.) *Lettre exprès, colis exprès* : remis immédiatement au destinataire avant l'heure de la distribution ordinaire. Subst. *Un exprès* : envoi qui porte cette mention. ⊗ HOM. *Express.*

2. **EXPRÈS** [ɛksprɛ]. *adv.* (XIVᵉ, var. *par exprès*; de *exprès, adj.*). Avec intention spéciale, formelle; à dessein. V. **Délibérément, intentionnellement, volontairement.** ◇ (Avec un verbe) *Une écharpe fabriquée exprès pour lui. Elles sont venues tout exprès pour vous voir.* « *Je viens exprès de Paris pour prendre communication d'un manuscrit* » (FRANCE). — FAIRE EXPRÈS. *Pardon, je ne l'ai pas fait exprès. Il fait exprès de vous contredire. C'est fait exprès, c'est voulu, intentionnel. Par ext. Fait exprès* : parfaitement adapté. *Ce fut* « *une jolie traversée. J'eus toujours un temps fait exprès* » (VIGNY). ◇ Ellipt. UN FAIT EXPRÈS [fɛtɛksprɛ] *(n. m.)* : coïncidence généralement fâcheuse qui, bien que due au hasard, semble spécialement préparée. *On dirait un fait exprès, le seul livre dont j'ai besoin n'est pas en librairie. Nous étions pressés et, comme un fait exprès, le train avait du retard.* ⊗ ANT. *Involontairement, malgré (soi).*

1. **EXPRESS** [ɛksprɛs]. *adj. et n. invar.* (1849; mot angl. du fr. *exprès*).
I. *Adj. invar.* ♦ 1° Qui assure un déplacement ou un service rapide. *Train express* : qui va rapidement à destination, et ne s'arrêtant qu'à un petit nombre de stations. « *Je pris un ascenseur express* » (MORAND). *La voie express rive droite* (le long de la Seine). *Le métro (réseau) express régional* (ou R.E.R.). ♦ 2° Qui a été exécuté à la hâte. « *Un verdict express avait été rendu* » (Le Monde, 13-3-1969).
II. *N. m. invar.* Train express. *L'express va plus vite que l'omnibus, mais moins vite que le rapide*.*L'Orient*-Express. « *L'express de Lyon... entrait en gare avec des halètements espacés* » (ROMAINS).
⊗ HOM. *Exprès (1).*

2. **EXPRESS** [ɛksprɛs]. *adj. et n. invar.* (mil. XXᵉ; de l'it. [caffè] *espresso*, d'apr. l'angl.). ♦ 1° *Adj. Café express,* fait à la vapeur, à l'aide d'un percolateur. — *Par ext. Café préparé de cette manière.* ♦ 2° *N. invar.* (plus cour.) *Boire un express. Un express serré*, fort.

EXPRESSÉMENT [ɛksprɛsemɑ̃]. *adv.* (XIIᵉ; de *exprès, adj.*). ♦ 1° En termes exprès, formels. V. **Explicitement, nettement, précisément.** « *Il défendit expressément qu'on touchât à rien* » (FRANCE). ♦ 2° Avec une intention, une volonté spéciale bien déterminée. « *Les tas de sable des squares sont faits expressément pour que les enfants y montent* » (MONTHERLANT).

EXPRESSIF, IVE [ɛksprɛsif, iv]. *adj.* (1488, repris déb. XVIIIᵉ; de *expression*). ♦ 1° Qui exprime bien ce qu'on veut exprimer, faire entendre. *Un terme particulièrement expressif.* V. **Coloré.** *Un geste, un silence expressif.* V. **Démonstratif, éloquent, parlant, significatif.** « *Toute musique expressive, descriptive, suggestive... était taxée d'impure* » (R. ROLLAND). ♦ 2° Qui a beaucoup d'expression, de vivacité. V. **Animé, mobile, vivant**. *Une physionomie expressive. Une mélodie populaire, plus expressive que savante.* ◇ ANT. Inexpressif. Figé, morne.

EXPRESSION [ɛkspʀɛsjɔ̃]. *n. f.* (v. 1360; lat. *expressio*, de *exprimere*. V. **Exprimer**).

I. Action ou manière d'exprimer ou de s'exprimer. ♦ 1° Le fait d'exprimer par le langage. *Revendiquer la libre expression de la pensée, des opinions de chacun.* « *Notre langue s'oppose très souvent à une expression immédiate de la pensée* » (VALÉRY). *L'idée est juste, mais l'expression laisse à désirer.* — *Au delà de toute expression* : d'une manière inexprimable; extrêmement. « *Vous êtes laids, moi compris, au delà De toute expression* » (VERLAINE). — (Formule de politesse) *Veuillez agréer l'expression de mes sentiments distingués.* ◇ Ling. Partie sensible d'un signe. V. **Signifiant**. *L'expression et le contenu*. Deux homonymes ont même expression.* ♦ 2° Manière de s'exprimer, forme de langage (mot ou groupe de mots). V. **Locution, mot, terme, tour, tournure**. *Expression propre à une langue.* V. **Idiotisme**. *Expressions heureuses, fortes. Expressions populaires, argotiques. Expression figurée.* V. **Figure, image, métaphore, symbole**. *Expressions toutes faites.* V. **Cliché, formule.** « *Entre toutes les différentes expressions qui peuvent rendre une seule de nos pensées, il n'y en a qu'une qui soit la bonne* » (LA BRUY.). « *En causant, elle avait le don du mot propre, le goût de l'expression exacte et choisie; l'expression vulgaire et triviale lui faisait mal et dégoût* » (STE-BEUVE). ♦ 3° Math. Formule par laquelle on exprime une valeur, un système. *Expression algébrique. Expressions rationnelles et irrationnelles.* ◇ *Réduire une fraction, une équation à sa plus simple expression.* Fig. et cour. *Réduire à sa plus simple expression*, réduire (qqch.) à la forme la plus simple, élémentaire. ♦ 4° Le fait d'exprimer un contenu psychologique par l'art. V. **Style.** « *Pour lui (Gautier) l'idée et l'expression ne sont pas deux choses contradictoires* » (BAUDEL.). « *Parmi les différentes expressions de l'art plastique, l'eau-forte est celle qui se rapproche le plus de l'expression littéraire* » (BAUDEL.). « *Le moyen de reproduction du cinéma, c'est la photo qui bouge, mais son moyen d'expression, c'est la succession des plans* » (MALRAUX). ◇ *Absolt.* Qualité d'un artiste ou d'une œuvre d'art qui exprime avec force et vivacité. *Portrait, masque remarquables par l'expression, pleins d'expression.* « *Mes deux petits tableaux ne manquent pas d'expression* » (DIDER.). « *La sensibilité moderne qui veut que l'expression du peintre vienne de sa peinture* » (MALRAUX). — *Musique, chant pleins d'expression. Ce pianiste joue avec beaucoup d'expression.* V. **Chaleur.** ♦ 5° (1766). Le fait d'exprimer (les émotions, les sentiments) par le comportement extérieur; ensemble des signes apparents, particulièrement sur le visage, par lesquels se manifeste un état affectif ou un caractère. « *Relevez seulement un des coins de la bouche, l'expression devient ironique, et le visage vous plaira moins* » (DIDER.). « *L'expression indifférente, obtuse de son visage, ou plutôt son inexpressivité absolue* » (GIDE). « *Ce qui attire chaque fois son attention... ce n'est pas le détail des traits, c'est l'expression de tout le visage et même de tout l'être par le visage* » (ROMAINS). ◇ *Absolt.* Animation, aptitude à manifester vivement ce qui est ressenti. *Sans être jolie, elle a un visage plaisant, avec beaucoup d'expression.* V. **Caractère, vie.** « *Ses yeux, petits et sans expression, avaient un air toujours le même* » (STENDHAL).

II. Ce par quoi qqn ou qqch. s'exprime, se manifeste. *La faim est l'expression d'un besoin.* V. **Manifestation.** *La loi est l'expression de la volonté générale.* V. **Émanation.** « *La littérature actuelle peut être en partie le résultat de la révolution, sans en être l'*expression » (HUGO). — (Personnes) *Roland la plus pure expression de la chevalerie féodale.* V. **Incarnation, personnification.** « *Delacroix est la dernière expression du progrès dans l'art* » (BAUDEL.).

III. (Sens concret). *Méd.* Évacuation, élimination par une action de compression. *Expression abdominale,* pression exercée avec les mains sur la paroi abdominale, pour hâter l'expulsion du fœtus, du placenta.

◇ ANT. Mutisme, silence. Impassibilité; froideur.

EXPRESSIONNISME [ɛkspʀɛsjɔnism(ə)]. *n. m.* (1921; de *expression*). Forme d'art faisant consister la valeur de la représentation dans l'intensité de l'expression (d'abord en peinture). *L'expressionnisme allemand, flamand.* — Par ext. *L'expressionnisme au théâtre, au cinéma.* « *Sur le plan technique, l'expressionnisme évolua sans perdre son principe : une vision subjective du monde... L'emploi expressif de la lumière devint la marque du cinéma allemand, expressionniste ou non* » (SADOUL).

EXPRESSIONNISTE [ɛkspʀɛsjɔnist(ə)]. *adj. et n.* (1921; de *expression*). Qui s'inspire de l'expressionnisme. *Peinture, peintre expressionniste.* « *Il me montra des toiles expressionnistes accrochées au mur, dont quelques-unes étaient peintes avec de la cendre de cigare, du café ou des excréments* » (MORAND). — Subst. *Un expressionniste : un artiste expressionniste.* « *De Van Gogh à Rouault, en passant par les expres-*

sionnistes flamands et germaniques, la volonté d'expression est domestiquée par la volonté du style* » (MALRAUX).

EXPRESSIVEMENT [ɛkspʀɛsivmã]. *adv.* (déb. XIXᵉ; de *expressif*). Rare. D'une manière expressive.

EXPRESSIVITÉ [ɛkspʀɛsivite]. *n. f.* (1910; de *expressif*). Didact. Caractère expressif (spécialt. de la syntaxe affective). ◇ ANT. Inexpressivité.

EXPRIMABLE [ɛkspʀimabl(ə)]. *adj.* (1599; de *exprimer*). Qui peut être exprimé. « *La nature n'a pas juré de ne nous offrir que des objets exprimables par des formes simples de langage* » (VALÉRY). *Une nuance, un sentiment difficilement exprimable.* ◇ ANT. Inexprimable.

EXPRIMER [ɛkspʀime]. *v. tr.* (XIIᵉ; lat. *exprimere*, de *ex*, et *premere* « presser »; Cf. *Épreindre*, employé dans les mêmes sens en a. fr.).

I. Rendre sensible par un signe (un fait de conscience, et en général toute chose existante) en en dégageant le sens. ♦ 1° Faire connaître par le langage. *Exprimer sa pensée en termes non équivoques.* « *Elle se mettait quelquefois à exprimer des opinions singulières* » (FLAUB.). « *Il sut trouver les mots qu'il fallait pour exprimer sa reconnaissance, sa sympathie.* « *Une espèce de délicatesse morale qui empêche d'exprimer les sentiments trop profonds* » (PROUST). — (Du langage lui-même) *Mots, termes, locutions, tournures qui expriment une idée, une nuance.* V. **Signifier.** ♦ 2° Vx. Définir, représenter (une chose, un événement). ♦ 3° Énoncer, expliquer. « *Pour exprimer en deux mots son talent, il eût écrit Zadig aussi spirituellement que l'écrivit Voltaire* » (BALZ.). ♦ 3° Sc. Servir à noter (une quantité, une relation). *Le signe = exprime l'égalité.* « *Ces équations expriment des rapports et, si les équations restent vraies, c'est que ces rapports conservent leur réalité* » (POINCARÉ). *Forces exprimées en unités internationales.* ♦ 4° Rendre sensible, faire connaître par le moyen de l'art. *L'artiste exprime son univers intérieur, le monde extérieur, son époque.* V. **Peindre, représenter.** « *Voir, sentir, exprimer, — tout l'art est là!* » (GONCOURT). « *La poésie, qui n'a jamais su exprimer le bonheur comme elle exprime la douleur* » (LAMART.). « *Victor Hugo était, dès le principe, l'homme le mieux doué, le plus visiblement élu pour exprimer par la poésie ce que j'appellerai le mystère de la vie... il exprime, avec l'obscurité indispensable, ce qui est obscur et confusément révélé* » (BAUDEL.). « *Gavarni saisit toutes ces nuances, et il les exprime d'un crayon rapide et facile* » (GAUTIER). « *La langue musicale est infinie, elle contient elle, elle peut tout exprimer* » (BALZ.). ♦ 5° Rendre sensible par le comportement. V. **Manifester.** « *Il fronça les sourcils, exprimant son mécontentement.* « *Mademoiselle des Touches exprima la plus vive crainte, une rougeur subite colora son visage* » (BALZ.). « *L'homme désaccordé au point d'exprimer la douleur par le rire* » (BAUDEL.). ◇ (Visage, gestes, apparence) *Regard qui exprime l'étonnement, l'admiration. Tout en lui exprime la franchise.* V. **Respirer.** « *Sa physionomie n'exprimait en réalité que sa vie de luttes, de dispute* » (MICHELET). « *Il fit quelques petits claquements de langue qui exprimaient l'ennui, le regret* » (ROMAINS).

II. S'EXPRIMER. *v. pron.* ♦ 1° Réfl. Manifester sa pensée, ses sentiments (par le langage, les gestes, l'art). *S'exprimer en français, en bon français. Il s'exprime bien, correctement, élégamment.* V. **Parler.** « *Je sais si mal m'exprimer que je déçois aussitôt que j'ouvre la bouche* » (GIDE). *S'exprimer en écrivant. Empêcher l'opposition de s'exprimer.* — *S'exprimer par gestes, par une mimique appropriée.* « *Des volontés qui s'exprimaient, la cravache... en l'air* » (BLOY). — Se manifester par l'art. *Son génie s'exprime librement, audacieusement.* ◇ Se manifester librement, agir selon ses tendances profondes. *Il faut laisser cet adolescent s'exprimer.* ♦ 2° Pass. Être exprimé. *Cela peut-il s'exprimer?* V. **Exprimable.** « *L'extase universelle des choses ne s'exprime par aucun bruit* » (BAUDEL.). « *Les résultats bruts de l'expérience peuvent donc s'exprimer par les relations suivantes* » (POINCARÉ).

III. (XVIᵉ). *Littér.* ou *Techn.* Faire sortir par pression (un liquide). V. **Extraire.** « *L'homme « exprimait l'eau de ses cheveux mouillés* » (LAUTRÉAMONT). *Exprimer le jus d'un citron.* ◇ ANT. Cacher, celer, dissimuler, taire.

EX PROFESSO [ɛkspʀɔfeso]. *loc. adv.* (1612; loc. lat. signifiant *ouvertement*, sens influencé par *professeur*). En homme compétent, qui connaît parfaitement son sujet. *Il a traité cette matière ex professo.*

EXPROMISSION [ɛkspʀɔmisjɔ̃]. *n. f.* (1585; lat. *expromissio*, de *ex*, et *promissio* « promesse »). Dr. rom. Le fait de s'engager comme nouveau débiteur, sans accord préalable avec l'ancien débiteur.

EXPROPRIANT, ANTE [ɛkspʀɔpʀijɑ̃, ɑ̃t]. *adj.* (1935; de *exproprier*). Dr. Qui exproprie. *L'administration expropriante.* — Subst. *Un expropriant* (on dit *aussi* expropriateur, trice, *n.*).

EXPROPRIATION [ɛkspʀɔpʀijasjɔ̃]. *n. f.* (1789; de *exproprier*). Dr. Action d'exproprier. ♦ 1° Dr. civ. *Expropriation forcée.* V. **Exécution, saisie.** ♦ 2° Dr. admin. et cour. Opération administrative par laquelle le propriétaire d'un immeuble est obligé d'abandonner à l'Administration la propriété de son bien moyennant indemnité, lorsque l'utilité publique l'exige. *Expropriation d'une personne*, et par ext. *Expropriation d'une maison, d'un terrain. Expropriation pour cause d'utilité publique. Procédure de l'expropriation :* déclaration d'utilité publique, arrêté de cessibilité, ordonnance d'expropriation, fixation d'indemnité.

EXPROPRIER [ɛkspRɔpRije]. *v. tr.* (1611 ; du lat. *proprius*, d'apr. *approprier*). *Dr.* Déposséder légalement (qqn) de la propriété d'un bien. V. **Expropriation**. ♦ 1° Dr. civ. *Exproprier un débiteur.* V. **Exécuter, saisir.** ♦ 2° Dr. admin. et cour. *Exproprier qqn pour cause d'utilité publique.* « *C'est un bien sacré, dont je n'entends pas qu'on m'exproprie* » (VILLIERS). — Par ext. *Exproprier des immeubles.* Au p. p. *Propriétaire, immeuble exproprié.* — *Subst.* (1865) *Les expropriés.*

EXPULSÉ, ÉE [ɛkspylse]. *adj.* et *n.* (XVIII° ; V. **Expulser**). Chassé par une expulsion. *Étranger expulsé.*

EXPULSER [ɛkspylse]. *v. tr.* (v. 1460 ; lat. *expulsare*, rac. *pellere* « pousser »). ♦ 1° Chasser (qqn) du lieu où il était établi. V. **Expulsion**. *Expulser qqn de son pays.* V. **Bannir, chasser, exiler, expatrier.** *Elle* « *se vit, à l'issue du procès, brutalement expulsée du territoire algérien* » (HENRIOT). ◇ Par ext. Faire sortir (qqn) avec violence, impérativement. *Le président a fait expulser les manifestants.* V. **Évacuer**. *Il s'est fait expulser.* V. *fam.* **Éjecter, reconduire, vider.** *Des* « *ivrognes expulsés des cafés emplissaient les rues* » (CAMUS). ◇ Exclure d'une assemblée, d'une compagnie (V. **Exclure, renvoyer**), d'un pays (V. **Extrader**). ♦ 2° Faire évacuer (qqch.) de l'organisme. V. **Éliminer, évacuer.** *Dans tout organisme,* « *il existe des appareils dont le rôle est d'expulser les déchets de la vie* » (DUHAM.). ◇ ANT. **Accueillir, admettre, recevoir.**

EXPULSIF, IVE [ɛkspylsif, iv]. *adj.* (v. 1398 ; de *expulsion*). *Méd.* Qui accompagne ou favorise l'expulsion. *Gingivite expulsive*, entraînant le déchaussement des dents.

EXPULSION [ɛkspylsjɔ̃]. *n. f.* (1309 ; lat. *expulsio*. V. **Expulser**). Action d'expulser ; son résultat. ♦ 1° Action d'expulser (qqn) d'un lieu où il était établi. *Expulsion d'une personne hors de sa patrie.* V. **Bannissement, exil.** *Expulsion des religieuses de Port-Royal, au XVII° s. — Expulsion d'un locataire qui ne paie pas son loyer. Expulsion des étrangers* (mesure de police administrative). ◇ Action de faire sortir d'un endroit. *Expulsion d'un contradicteur dans une réunion.* ◇ Action d'exclure d'un groupe, d'une assemblée. V. **Exclusion ; éviction, rejet, renvoi.** *Expulsion de membres indisciplinés, indignes.* ♦ 2° Action d'expulser de l'organisme. V. **Élimination, évacuation, expectoration.** *Expulsion de calculs. Expulsion du placenta après l'accouchement.* V. **Délivrance.** ◇ ANT. **Accueil, admission, appel. Convocation. Rétention.**

EXPURGATION [ɛkspyRgasjɔ̃]. *n. f.* (1539 ; lat. *expurgatio*). ♦ 1° Vx. Élimination de ce qui est impur. « *L'expurgation du sang* » (A. PARÉ). ♦ 2° Action d'expurger un livre, un auteur.

EXPURGATOIRE [ɛkspyRgatwaR]. *adj.* (XVIe ; lat. ecclés. *expurgatorius*). Se dit de la liste des livres mis à l'index jusqu'à ce qu'ils soient expurgés. *Indice, index expurgatoire.*

EXPURGER [ɛkspyRʒe]. *v. tr.* ; conjug. *bouger* (v. 1370 ; a remplacé *espurgier* « nettoyer, purifier » ; lat. *expurgare*). V. **Purger.** ♦ 1° Vx. Épurer. ♦ 2° Fig. (XIXe). Abréger (un texte) en éliminant ce qui est contraire à une morale, à un dogme. V. **Corriger, couper, épurer.** *Expurger un auteur, un livre destiné aux écoliers. Édition expurgée. La censure a expurgé le scénario de ce film.* V. **Châtrer** (*fig.*), **mutiler.**

EXQUIS, ISE [ɛkski, iz]. *adj.* (1393 ; lat. *exquisitus*, « recherché », a. fr. *esquis*, p. p. du v. *esquerre* « rechercher », du lat. *exquærere*). ♦ 1° Vx. Remarquable dans son genre. V. **Extraordinaire, raffiné, rare.** *Des* « *supplices exquis* » (BOSS.). — Méd. *Douleur exquise :* vive et nettement localisée. « *Les blessures aiguës... que la médecine nomme exquises* » (COCTEAU). ◇ (Objets matériels) V. **Précieux.** « *Une rose d'automne est plus qu'une autre exquise* » (AUBIGNÉ). ♦ 2° Fig. *Vx* ou littér. V. **Excellent, parfait.** *Choix exquis. Idées exquises.* — (*Personnes*) Admirable, remarquable. *Hommes rares et exquis.* ♦ 3° Mod. Qui est d'une délicatesse remarquable, raffinée. V. **Délicat, raffiné.** *Politesse exquise.* « *Ils veulent savourer des sensations exquises ; ils ne peuvent se contenter de sensations ternes* » (TAINE). ♦ 4° (XVIe). Cour. Qui produit une impression très agréable par sa délicatesse. V. **Délicieux.** *Mets exquis, nourriture exquise.* V. **Délectable, savoureux.** *Un morceau exquis* (Cf. Un morceau de roi). « *Le vieux vin de Chypre est exquis* » (VERLAINE). *Arabesques, courbes exquises.* V. **Ravissant.** *Teint d'une fraîcheur exquise. Femme exquise d'élégance et de beauté. Sourire exquis, moue exquise.* V. **Adorable, aimable, charmant, délicieux.** *Un homme exquis.* « *Le sourire exquis des hommes tristes qui sourient rarement* » (FRANCE). *Sensation, impression exquise.* V. **Doux.** *Heure, journée exquise. Temps exquis.* — *Subst. L'exquis :* ce qui est exquis. ◇ ANT. **Commun, ordinaire ; imparfait. Vulgaire. Amer,**

détestable, exécrable, mauvais, médiocre ; laid ; désagréable, repoussant.

EXQUISÉMENT [ɛkskizemã]. *adv.* (XVIe ; de *exquis*). D'une manière exquise (vx ou littér. EXQUISEMENT [ɛkski zmã]).

EXQUISITÉ [ɛkskizite]. *n. f.* (av. 1877 ; de *exquis*). Rare. Qualité de ce qui est exquis. « *Il était beau, léger comme une bulle, bondissant comme un petit cheval, et mettant de l'exquisité dans le cœur* » (MONTHERLANT).

EXSANGUE [ɛksãg ; ɛgzãg]. *adj.* (XVe ; lat. *exsanguis*, de *sanguis*). ♦ 1° Qui a perdu beaucoup de sang. *Organe exsangue.* ♦ 2° Par ext. Très pâle (parties colorées du corps). V. **Anémique, blafard, blême, cadavérique, livide, pâle.** *Lèvres exsangues.* « *Sa face exsangue au nez pointu de moribond* » (VERLAINE). « *Toute humanité s'était effacée de ce front pâle, de cette bouche exsangue* » (GREEN). ♦ 3° Fig. Vidé de sa substance, de sa force. *Une littérature, un art exsangue.* ◇ ANT. **Pléthorique, sanguin ; enluminé, rubicond. Vigoureux.**

EXSANGUINO-TRANSFUSION [ɛksãg(ɥ)inɔtRãsfy zjɔ̃]. *n. f.* (1953 ; lat. *exsanguis*, et *transfusion*). *Méd.* Opération par laquelle on remplace le sang d'un sujet (enlevé par EXSANGUINATION [ɛksãg(ɥ)inasjɔ̃]) par celui d'autres individus du même groupe sanguin.

EXSTROPHIE [ɛkstRɔfi]. *n. f.* (1867 ; de *ex-*, et gr. *strophê* « retournement »). *Méd.* Vice de conformation d'un organe membraneux renversé de telle manière que sa muqueuse est à nu. *Exstrophie de la vessie.*

EXSUDAT [ɛksyda]. *n. m.* (1855 ; *exsudation*). *Méd.* Liquide organique qui suinte au niveau d'une surface enflammée, qui passe dans les tissus à travers les parois de vaisseaux et contient de nombreux leucocytes. *Exsudat séreux, fibrineux, muqueux.*

EXSUDATION [ɛksydasjɔ̃]. *n. f.* (1755 ; lat. *exsudatio*). ♦ 1° Méd. Suintement (d'un liquide organique) à travers la paroi d'une cavité naturelle ; *spécialt.*, passage de liquides provenant du sang à travers les parois vasculaires. V. **Extravasation.** ♦ 2° Vx. Transpiration. ◇ Arbor. Suintement (de gomme, résine).

EXSUDER [ɛksyde]. *v.* (1560 ; lat. *exsudare*, de *sudare* « suer »). Didact. ♦ 1° V. intr. Sortir à la façon de la sueur. V. **Suinter.** ♦ 2° V. tr. Émettre par suintement. *Arbre qui exsude de la gomme, de la résine.* ◇ Fig. et littér. *Une joie* « *que la terre exsude à l'appel du soleil* » (GIDE).

EXTASE [ɛkstaz]. *n. f.* (v. 1470 ; lat. ecclés. *extasis* ou *ectasis*, gr. ecclés. *extasis* « action d'être hors de soi »). ♦ 1° État dans lequel une personne se trouve comme transportée hors de soi et du monde sensible. *On appelle* « *extase un état dans lequel... l'âme a le sentiment qu'elle communique avec un objet interne qui lui est l'être parfait, l'être infini, Dieu* » (BOUTROUX). *Extase mystique.* V. **Contemplation, ravissement, transport, vision.** *Tomber en extase.* ◇ Pathol. Se dit d'états provoqués par un déséquilibre nerveux qui présentent certains aspects de l'extase mystique (immobilité, inaccessibilité sensorielle, expression de joie sublime). ♦ 2° (1669). État d'exaltation provoqué par une joie ou une admiration extrême qui absorbe tout autre sentiment. V. **Béatitude, émerveillement, enivrement, exaltation, félicité, ivresse, ravissement.** « *Cette étourdissante extase à laquelle mon esprit se livrait sans retenue* » (ROUSS.). — *Être en extase devant qqn :* dans un état d'admiration éperdue.

EXTASIER (S') [ɛkstazje]. *v. pron.* (1600, de *extasie*, var. de *extase* ; de *extase*). ♦ 1° Vx. Tomber dans une extase (mystique ou maladive). ♦ 2° (1674). Manifester · par des démonstrations de joie, d'enthousiasme son admiration, son émerveillement. V. **Pâmer** (se). « *On s'extasia beaucoup sur le savoir de la petite Fadette* » (SAND). *Il n'y a pas de quoi s'extasier.* ◇ Extasié, ÉE. p. p. Elle demeurait là, extasiée. « *Il avait le visage extasié, ensoleillé, fendu par un sourire de bonheur* » (DUHAM.). ◇ ANT. **Décrier, désapprouver.**

EXTATIQUE [ɛkstatik]. *adj.* (1546 ; gr. *extatikos*). ♦ 1° Qui a le caractère de l'extase. *Transport, ravissement, vision extatique.* « *Cet état extatique où le pressentiment équivaut à la vision des Voyants* » (BALZ.). *Attitudes extatiques des grands mystiques.* Subst. « *Son attitude était celle d'un extatique, d'un somnambule qui dort les yeux ouverts* » (GAUTIER). ♦ 2° Qui est ravi en extase. *Personne, air extatique.* V. **Extasié.**

EXTEMPORANÉ, ÉE [ɛkstãpɔRane]. *adj.* (1527 ; lat. *extemporaneus, extemporalis* « improvisé »). ♦ 1° Pharm. *Médicament extemporané*, non préparé d'avance (opposé à *officinal*). ♦ 2° Méd. Qui se fait à l'instant même. *Analyse extemporanée, au cours d'une opération.*

EXTEMPORANÉMENT [ɛkstãpɔRanemã]. *adv.* (1846 ; de *extemporané*). Pharm. Sur-le-champ, au moment d'être pris. *Médicament à administrer extemporanément.*

EXTENSEUR [ɛkstãsœR]. *adj.* et *n. m.* (1654 ; de *extension*). ♦ 1° Anat. Qui sert à étendre. *Muscles extenseurs* (opposé à *muscles fléchisseurs*). Subst. *L'extenseur commun des doigts.* ♦ 2° N. m. (1907). Appareil composé de ressorts, permettant des exercices d'extension musculaire. V. **Exerciseur**.

EXTENSIBILITÉ [ɛkstɑ̃sibilite]. *n. f.* (1732; de *extensible*). Qualité de ce qui est extensible. *Extensibilité de certains métaux* (V. Ductilité), *de fibres végétales*.

EXTENSIBLE [ɛkstɑ̃sibl(ə)]. *adj.* (1390, repris 1762; de *extension*). Susceptible d'extension. *L'or, métal extensible.* V. **Ductile**. *Le caoutchouc, matière extensible.* V. **Élastique**. — Anat. *Organes extensibles.* ◇ Fig. *Idées, jugements, définitions extensibles,* par leur généralité, leur souplesse. « *Leur formule d'appréciation est la plus commode, la plus extensible, la plus malléable... qu'un critique ait jamais pu imaginer* » (GAUTIER). ⊘ ANT. **Inextensible**.

EXTENSIF, IVE [ɛkstɑ̃sif, iv]. *adj.* (h. XIVᵉ; 1520; du rad. de *extension*). ♦ 1º *Sc.* Qui produit l'extension. *Force extensive.* ♦ 2º (1870). *Culture extensive,* qui met à profit la fertilité naturelle du sol, sur de grandes surfaces (avec repos périodique de la terre et rendement assez faible). ♦ 3º *Log., Ling.* (1834). Qui marque une extension. *Signification extensive d'un mot. Mot pris dans un sens extensif.* ♦ 4º *Philo.* Qui a rapport à l'étendue (V. **Extension**, 4º). ⊘ ANT. **Intensif**. *Étroit, restreint.*

EXTENSION [ɛkstɑ̃sjɔ̃]. *n. f.* (1361; bas lat. *extensio,* de *extendere* « s'étendre »). ♦ 1º *Didact.* Action d'étendre, de s'étendre; son résultat. « *Une matière ductile qui par son extension devient un filet herbacé* » (BUFF.). V. **Allongement, développement**. ◇ *Cour.* Mouvement par lequel on étend un membre. V. **Déploiement**. *Mouvements d'extension et de flexion.* ◇ *Méd.* Traction mécanique opérée sur une partie luxée ou fracturée pour la ramener à sa position naturelle. *Après l'opération on pratiquera l'extension de la jambe à l'aide de poids.* ◇ *Techn.* Calcul de la résistance à la rupture par extension. ♦ 2º Action de donner à qqch. une plus grande dimension; fait de s'étendre. V. **Accroissement, agrandissement, augmentation, élargissement**. *L'extension du volume d'un corps.* V. **Dilatation**. *Extension d'un sinistre, d'une épidémie.* V. **Propagation**. « *Les foyers d'infection sont en extension croissante* » (CAMUS). « *La maison avait bientôt pris une extension considérable* » (GIDE). V. **Expansion**. ◇ Résultat de cette action. « *Le groupe social était une extension de la famille* » (RENAN). V. **Prolongement**. ♦ 3º Action de donner à qqch. une portée plus générale, la possibilité d'englober un plus grand nombre de choses. *Extension donnée à un loi, à une clause de contrat.* ◇ *Log.* Ensemble des objets concrets ou abstraits auxquels s'appliquent un concept, une proposition (ensemble des cas où elle est vraie) ou une relation (ensemble des systèmes qui la vérifient). *Par étendue ou extension d'un nom on entend la totalité des êtres ou des choses désignés par ce nom* (opposé à **Compréhension**). V. **Dénotation**. *La notion de jaune a moins d'extension et plus de compréhension que celle de couleur.* ◇ *Ling.* et *cour.* Le fait d'acquérir une plus grande extension logique, de s'appliquer à plus d'objets (pour un mot). *Par extension* (abrév. *par ext.*): par une application à d'autres objets (opposé à **spécialisation**). V. *aussi* **Analogie**. ◇ *Math.* Ensemble défini en extension, défini par l'énumération* de tous ses éléments. ♦ 4º *Philo.* L'étendue considérée comme qualité. ⊘ ANT. **Contraction**, *diminution, rétrécissement.*

EXTENSO (IN). V. IN EXTENSO.

EXTENSOMÈTRE [ɛkstɑ̃sɔmɛtʀ(ə)]. *n. m.* (1949; du rad. de *extension,* et *-mètre*). *Techn.* Instrument qui mesure les déformations produites dans un corps sous l'effet des contraintes mécaniques.

EXTÉNUANT, ANTE [ɛkstenɥɑ̃, ɑ̃t]. *adj.* (1845; de *exténuer*). Qui exténue; extrêmement fatigant. *Des efforts, des travaux exténuants.* « *Accablé de soucis exténuants* » (DUHAM.).

EXTÉNUATION [ɛkstenɥasjɔ̃]. *n. f.* (XIVᵉ; lat. *extenuatio*). Action d'exténuer, de s'exténuer; son résultat. *État d'exténuation.* V. **Asthénie, épuisement, fatigue**.

EXTÉNUER [ɛkstenɥe]. *v. tr.* (1344; lat. *extenuare* « rendre mince, affaiblir »; rac. *tenuis* « ténu »). ♦ 1º *Vx.* Rendre mince; amaigrir, dessécher. « *Cette malheureuse* (Arachné) *dont tous les membres exténués se défiguraient et se changeaient en araignée* » (FÉN.). ◇ Fig. *(Vx et littér.)* Amoindrir, réduire beaucoup. « *Ah! je voudrais exténuer l'ardeur de ce souvenir radieux!* » (GIDE). ♦ 2º (XVIIIᵉ, p. p.). *Mod.* Rendre faible par épuisement des forces. V. **Affaiblir, anéantir, épuiser, éreinter, fatiguer**. *Cette longue marche m'a exténué.* « *Vous, exténué par les patients travaux de la science* » (BALZ.). ◇ S'EXTÉNUER. *v. pron.* S'exténuer à crier. « *Louisa, ainsi que lui, s'exténuait tout le jour* » (R. ROLLAND).

1. EXTÉRIEUR, EURE [ɛksteʀjœʀ]. *adj.* (1468; lat. *exterior,* compar. de *exter.* V. **Êtres**). I. ♦ 1º EXTÉRIEUR À : qui est situé dans l'espace hors de qqch. V. **Dehors** (en). *Point extérieur à un triangle.* — Fig. Qui ne fait pas partie de, ne concerne pas. V. **Étranger, extrinsèque**. *Des considérations extérieures au sujet.* Si « *l'artiste choisit, pour des raisons souvent extérieures à*

l'art, d'exalter la réalité brute » (CAMUS). ♦ 2º *(Sans compl. indir.).* Qui est dehors. *Cour extérieure. Escalier extérieur* (d'une maison). « *Dans les quartiers extérieurs, plus peuplés... que dans le centre de la ville* » (CAMUS). — *Activités extérieures de qqn* (hors de son lieu de travail, de son activité principale). ◇ Qui concerne les pays étrangers. *Politique extérieure.* Au Canada, *Ministère des Affaires extérieures.* V. **Étranger** (1, 2º). ♦ 3º Qui existe en dehors d'un individu. *Le monde extérieur. La réalité extérieure.* V. **Objectif**. « *Certains philosophes disent que le monde extérieur n'existe pas et que c'est en nous-même que nous développons notre vie* » (PROUST). « *Imperméable à la vie extérieure, rien n'existait que moi, hormis l'affirmation et la perpétuelle contemplation de soi* » (CHARDONNE).

II. ♦ 1º Se dit d'une partie d'un corps qui est en contact direct avec l'espace ce corps n'occupe pas. V. **Externe**. *Le tracé extérieur d'un dessin* : son contour. *Surface extérieure d'un récipient. Boulevards extérieurs,* sur le pourtour de la ville. ♦ 2º Que l'on peut voir du dehors. V. **Apparent; visible; manifeste**. *Aspect extérieur. Impôts calculés sur les signes extérieurs de richesse.* « *Les signes du respect s'appellent modestement « signes extérieurs du respect »* (DUHAM.). ◇ *(Opposé à psychologique, moral)* V. **Physique**. *Défauts extérieurs. Manifestation extérieure d'un sentiment par des rires, des pleurs, des gestes.* V. **Extérioriser; démonstration, expression**. — Péj. *Une pitié tout extérieure.* V. **Affecté, superficiel**.

⊘ ANT. **Intérieur, interne**.

2. EXTÉRIEUR [ɛksteʀjœʀ]. *n. m.* (1636; du précéd.). I. ♦ 1º Partie de l'espace en dehors de qqch. V. **Dehors**. *L'extérieur et l'intérieur.* — (Plus souv., après une prép.) À L'EXTÉRIEUR. *Terrains vagues à l'extérieur de la ville. Rentrez les chaises dans la maison, ne les laissez pas à l'extérieur.* — DE L'EXTÉRIEUR. *Regarder de l'extérieur.* — *Voir, juger de l'extérieur* : sans être dans, objectivement. « *Ceux qui le jugent de l'extérieur le traiteraient facilement de touche-à-tout* » (ROMAINS). ◇ *Spécialt.* Les pays étrangers. *Relations avec l'extérieur. Nouvelles de l'extérieur.* ◇ *Cin.* Prises de vue en extérieur : dehors, dans la nature et non en studio. ♦ 2º (1914). Prise de vue hors des studios. *Un extérieur. Les extérieurs de ce film ont été réalisés en Italie.* ♦ 3º Le monde extérieur *(opposé à la conscience). Nos sens nous font communiquer avec l'extérieur.* « *Rien n'est venu de l'extérieur; rien de neuf ne s'observe en dehors de nous* » (MAURIAC).

II. ♦ 1º Partie d'une chose en contact direct avec l'espace qui l'environne et visible de cet endroit. *L'extérieur de ce coffret est peint à la main, l'intérieur est doublé de soie. Extérieur délabré d'une maison.* ♦ 2º (1669). *Vieilli* ou *littér.* Apparence d'une personne (quant à son habillement, sa tenue, ses manières). V. **Air, allure, apparence, aspect, dehors, figure**. *Une personne d'un extérieur agréable. Un extérieur étudié.* V. **Attitude, façade, masque**. « *Chacun affecte une mine et un extérieur pour ce qu'il veut qu'on le croie* » (LA ROCHEF.). « *Il avait trop négligé jusqu'ici la question de son extérieur* » (ROMAINS).

⊘ ANT. **Intérieur. Dedans**.

EXTÉRIEUREMENT [ɛksteʀjœʀmɑ̃]. *adv.* (1470; de *extérieur*). ♦ 1º À l'extérieur. *Extérieurement, la maison est très jolie.* ♦ 2º Dans les manifestations, les gestes; en apparence. V. **Apparemment**. *Il a l'air gai, mais il n'est qu'extérieurement.* ⊘ ANT. **Intérieurement**.

EXTÉRIORISATION [ɛksteʀjɔʀizasjɔ̃]. *n. f.* (1897; de *extérioriser*). Action d'extérioriser. *Extériorisation d'un sentiment.* « *Dans ces moments d'extériorisation de ses rêves où il* (Balzac) *enfantait des chefs-d'œuvre* » (HENRIOT).

EXTÉRIORISER [ɛksteʀjɔʀize]. *v. tr.* (1870; de *extérieur*). ♦ 1º *Psycho.* Placer en dehors de soi la cause de (ce qu'on éprouve). ♦ 2º *Cour.* Donner une réalité extérieure à ce qui n'existait que dans la conscience. V. **Exprimer, manifester, montrer**. *Extérioriser ses sentiments.* V. S'EXTÉRIORISER. *v. pron. Sa colère ne s'extériorise pas.* « *Une intelligence s'exprimant et s'extériorisant avec une prodigieuse aisance* » (SIEGFRIED). ⊘ ANT. **Intérioriser, renfermer**.

EXTÉRIORITÉ [ɛksteʀjɔʀite]. *n. f.* (1549; de *extérieur*). *Didact.* Caractère de ce qui est extérieur. ◇ Caractère d'apparence objective présenté par ce que nous percevons. « *La Nature, comme dit Hegel si profondément, est extériorité* » (SARTRE). ⊘ ANT. **Intériorité**.

EXTERMINATEUR, TRICE [ɛkstɛʀminatœʀ, tʀis]. *adj.* et *n.* (XIIIᵉ; lat. chrét. *exterminator.* V. **Exterminer**). *Littér.* Qui extermine. *L'ange exterminateur. Rage, fureur exterminatrice.* ◇ N. « *Les combattants de la première heure ont seuls le droit d'être les exterminateurs de la dernière* » (HUGO).

EXTERMINATION [ɛkstɛʀminasjɔ̃]. *n. f.* (1160, rare av. XVIᵉ; lat. chrét. *exterminatio.* V. **Exterminer**). Action d'exterminer, de faire périr jusqu'au dernier; son résultat. V. **Anéantissement, destruction, massacre**. *Guerre d'extermination,* visant à l'anéantissement du peuple ennemi. *L'extermination d'un peuple, d'une race* (V. **Génocide**). *Camp**

d'extermination. « *Il se réjouissait des massacres et jubilait dans les exterminations...* » (FRANCE).

EXTERMINER [ɛkstɛʀmine]. *v. tr.* (XIIᵉ, « chasser jusqu'au dernier » ; lat. *exterminare*, d'abord « chasser, exiler » (de *terminus* « frontière »). ◆ 1° Faire périr jusqu'au dernier. V. **Anéantir, détruire, supprimer, tuer.** « *Toute cette tribu fut exterminée, de façon qu'il ne resta pas un des fils de ceux qui se vantaient d'avoir brûlé Rome* » (MICHELET). « *Purgez la terre des vaniteux, des niais, des faibles de cœur et d'esprit ; exterminez les crédules, les timides* » (VALÉRY). ◆ 2° *Plaisant.* Massacrer (une personne). — Fig. « *À pédant, pédant et demi. Qu'il s'avise de parler latin... je l'extermine* » (BEAUMARCH.). — *Fam.* S'EXTERMINER à... V. **Épuiser** (s'), **esquinter** (s'). « *Je m'exterminais à travailler* » (BALZ.).

EXTERNAT [ɛkstɛʀna]. *n. m.* (1829 ; de *externe*). ◆ 1° École où on ne reçoit que des élèves externes ; régime de l'externe. ◆ 2° Condition d'externe dans les hôpitaux. *Concours de l'externat.*

EXTERNE [ɛkstɛʀn(ə)]. *adj. et n.* (*Esterne* « étranger », XVᵉ ; lat. *externus*, de *exter* « extérieur »). ◆ 1° Qui est situé en dehors, se présente au dehors, est tourné vers l'extérieur. V. **Extérieur.** ◇ ANT. **Interne.** *Parties, faces, bords externes. Médicament pour l'usage externe,* à appliquer sur les régions superficielles du corps, à ne pas avaler. V. **Topique.** — *Géom. Angles externes,* formés par deux lignes coupées par une sécante et situés à l'extérieur. *Angles alternes-externes* opposés aux angles *alternes-internes.* ◆ 2° *N.* (1690). UN, UNE EXTERNE, élève qui vient suivre les cours d'une école, mais n'y vit pas en pension. *Externe surveillé :* qui reste à l'école après les cours pour travailler à l'étude. « *Je suis maintenant externe libre, ce qui est on ne peut mieux, en attendant que je sois tout à fait parti* (du collège) » (FLAUB.). ◇ (1870) Étudiant en médecine, qui assiste les internes dans le service des hôpitaux. *Externe des hôpitaux.* V. **Externat.** ◈ ANT. **Interne, pensionnaire.**

EXTÉROCEPTIF, IVE [ɛkstɛʀɔsɛptif, iv]. *adj.* (XXᵉ ; de l'angl. *exteroceptive* [1906], du lat. *exterus* « extérieur », et *capere* « prendre »). *Physiol.* Qui recueille les excitations venues du milieu extérieur. *Réflexe extéroceptif, sensibilité extéroceptive.* ◈ ANT. **Proprioceptif.**

EXTERRITORIALITÉ [ɛkstɛʀitɔʀjalite]. *n. f.* (1846 ; de *ex-*, et *territorial*). « *Fiction diplomatique... en vertu de laquelle les agents diplomatiques régulièrement accrédités auprès d'un gouvernement étranger sont censés résider dans le pays qu'ils représentent et non sur le territoire où ils exercent leur fonction* » (CAPITANT). Cf. **Extra-territorialité.** *Prérogatives d'exterritorialité.* V. **Immunité, inviolabilité.** ◇ *Mar.* Privilège qu'ont les navires d'être considérés comme une parcelle de leur pays quand ils sont à l'étranger.

EXTINCTEUR, TRICE [ɛkstɛ̃ktœʀ, tʀis]. *adj. et n. m.* (1862 ; du rad. de *extinction* ou lat. *extinctor* ; v. 1700, « celui qui anéantit », lat. *extinctor*). Se dit d'un appareil capable d'éteindre un foyer d'incendie (par projection d'une substance sous pression). *Subst. Un extincteur à anhydride carbonique liquide, à mousse carbonique.*

EXTINCTION [ɛkstɛ̃ksjɔ̃]. *n. f.* (1488 ; lat. *exstinctio* ; de *exstinguere* « éteindre »). ◆ 1° Action d'éteindre. *Extinction d'un feu, d'un incendie.* — *Extinction des feux, des lumières :* moment où toutes les lumières doivent être éteintes. *Clairon qui sonne l'extinction des feux dans une caserne.* ◆ 2° Action par laquelle qqch. perd son existence ou son efficacité. *Déplorer l'extinction d'une race, d'une ancienne famille.* V. **Disparition, fin.** « *L'extinction du vaudeville et de l'opéra-comique, en France, serait un des plus grands bienfaits* » (GAUTIER). *Lutter contre la maladie jusqu'à l'extinction de ses forces.* V. **Épuisement.** — EXTINCTION DE VOIX. V. **Aphonie.** ◇ *Dr. Extinction d'un droit, d'un privilège, d'une obligation.* V. **Abolition, annulation.** *Prescription* « *extinctive* » ou *libératoire, qui entraîne l'extinction de l'action.* ◈ ANT. **Allumage, attisement, embrasement.** *Développement, propagation.*

EXTINGUIBLE [ɛkstɛ̃gibl(ə)]. *adj.* (XVIᵉ ; lat. *exstinguibilis,* de *exstinguere.* V. **Éteindre**). *Rare.* Qui peut être éteint, soulagé. ◈ ANT. **Inextinguible.**

EXTIRPABLE [ɛkstiʀpabl(ə)]. *adj.* (1870 ; de *extirper*). Qui peut être extirpé. *Tumeur facilement extirpable.* ◈ ANT. **Inextirpable.**

EXTIRPATEUR [ɛkstiʀpatœʀ]. *n. m.* (XIVᵉ, « celui qui extirpe (un mal, un abus) » ; lat. *extirpator*). *Agric.* (1849). Sorte de herse destinée à extirper les mauvaises herbes. V. **Déchaumeuse, scarificateur.**

EXTIRPATION [ɛkstiʀpasjɔ̃]. *n. f.* (XVᵉ ; lat. *extirpatio*). ◆ 1° *Littér.* Action d'extirper ; son résultat. « *L'extirpation du faux goût* » (HUGO). ◆ 2° *Didact.* Le fait d'arracher. — *Agric. Extirpation des mauvaises herbes.* *Chir. Extirpation d'un polype.* V. **Ablation, arrachement, éradication, excision, exérèse.**

EXTIRPER [ɛkstiʀpe]. *v. tr.* (1361 ; lat. *extirpare,* de *ex* « hors de », et *stirps, stirpis* « racine »). ◆ 1° *Littér.* Arracher *(fig.),* faire disparaître complètement. V. **Détruire.** *Extirper*

les abus, les vices. « *Ce n'est pas par des lois somptuaires qu'on vient à bout d'extirper le luxe : c'est du fond des cœurs qu'il faut l'arracher* » (ROUSS.). ◆ 2° *Agric.* Arracher (une plante) avec ses racines de sorte qu'elle ne puisse pas repousser. V. **Déraciner.** *Extirper les mauvaises herbes.* V. **Sarcler ; extirpateur.** ◇ *Chir.* Enlever radicalement. V. **Extraire.** *Extirper un polype, une tumeur.* ◆ 3° *Fam.* Faire sortir (qqn, qqch.) avec difficulté. V. **Arracher, tirer.** *Extirper qqn de son lit.* « *Ils doivent faire une drôle de tête les gens quand on les extirpe des oubliettes* » (CÉLINE). — S'EXTIRPER. *v. pron.* V. **Extraire** (s'). « *Elle s'extirpa de la cabine comme d'un mauvais lieu* » (ARAGON). ◈ ANT. **Enfoncer, enraciner.**

EXTORQUER [ɛkstɔʀke]. *v. tr.* (1330 ; lat. *extorquere,* de *torquere* « tordre, tourmenter »). Obtenir (qqch.) sans le libre consentement du détenteur (par la force, la menace ou la ruse). V. **Carotter** *(fam.),* **escroquer, soutirer, tirer, voler.** *Extorquer à qqn une signature, une promesse, un consentement. On les exploite, on les pressure en leur extorquant leur argent.* — Obtenir par une pression morale. « *J'extorquai son consentement plus à force d'importunités et de caresses que de raisons* » (ROUSS.).

EXTORQUEUR, EUSE [ɛkstɔʀkœʀ, øz]. *n.* (1390 ; de *extorquer*). Personne qui extorque.

EXTORSION [ɛkstɔʀsjɔ̃]. *n. f.* (1290 ; bas lat. *extorsio*). *Didact.* Action d'extorquer. *L'extorsion d'un consentement, d'une signature. Extorsion de fonds sous la menace.* V. **Chantage.** « *Il n'y eut point d'extorsion que l'on n'inventât sous le nom de taxe et d'impôt* » (VOLT.).

EXTRA [ɛkstʀa]. *n. m. invar. et adj. invar.* (1732, « jour extraordinaire auquel on tient l'audience », abrév. de *extraordinaire*). I. *N. m.* ◆ 1° Ce que l'on fait d'extraordinaire ; chose ajoutée à ce qui est habituel. V. **Supplément.** *Faire un extra, des extra.* — *Spécialt.* (en parlant de boissons, de mets inhabituels et meilleurs) *Nous allons faire un petit extra, nous dînerons au champagne.* ◆ 2° Serviteur, domestique supplémentaire engagé pour peu de temps. *Engager deux extra.* II. *Adj.* (1858). *Fam.* Extraordinaire, supérieur (qualité d'un produit, produit). *Un vin de qualité extra, un vin extra. Des bonbons extra.*

1. EXTRA-. Élément, du lat. *extra* « en dehors ».
2. EXTRA-. Élément, de *extra,* servant de préfixe augmentatif. V. **Super-, ultra-.**

EXTRA-COURANT [ɛkstʀakuʀɑ̃]. *n. m.* (1877 ; de *extra-* 1, et *courant*). *Techn.* Courant électrique d'induction qui se superpose à un courant principal et se produit au moment de l'ouverture ou de la fermeture du circuit. *Extra-courant de fermeture, de rupture,* dans un circuit muni d'un interrupteur à rupture brusque.

EXTRACTEUR [ɛkstʀaktœʀ]. *n. m.* (XVIᵉ ; *extracteur de quintessence ;* lat. *extractor,* de *extractum,* supin de *extrahere*). *Techn.* (1839). Appareil destiné à l'extraction d'un corps. *Extracteur pour abattre le charbon dans les mines.* — Appareil servant à séparer le miel de la cire à l'aide de la force centrifuge. ◇ *Armur.* Dispositif qui retire la douille du canon, d'une arme. *Extracteur et éjecteur de la culasse.* ◇ *Chir.* Instrument pour extraire (un calcul, un corps étranger) de l'organisme.

EXTRACTIBLE [ɛkstʀaktibl(ə)]. *adj.* (1877 ; de *extraction*). *Didact.* Qui peut être extrait. *Graisse extractible par l'éther.*

EXTRACTIF, IVE [ɛkstʀaktif, iv]. *adj.* (1555, rare av. XVIIIᵉ ; lat. *extractus,* p. p. de *extrahere.* V. **Extraire**). *Techn.* Relatif à l'extraction. *Machine extractive.* ◇ *Industries extractives,* exploitant les richesses minérales.

EXTRACTION [ɛkstʀaksjɔ̃]. *n. f.* (XIVᵉ ; *estration,* XIIᵉ (au sens II) ; lat. *extractus,* p. p. de *extrahere.* V. **Extraire**). I. ◆ 1° Action d'extraire, de retirer une chose du lieu où elle se trouve enfouie ou enfoncée. *Extraction de sable, de pierres dans une carrière. L'extraction de la houille :* abattage, roulage et montée. *Chir.* Action de retirer de l'organisme un corps étranger. V. **Arrachement, énucléation, évulsion, exérèse, extirpation.** *Extraction d'une dent cariée, d'un fragment d'os. Extraction d'une balle.* ◆ 2° Action de séparer une substance du composé dont elle fait partie. *Extraction d'une essence par distillation.* — *Extraction d'un gaz par la distillation.* ◆ 3° (fin XVᵉ) *Math. Extraction de la racine carrée, de la racine cubique.* II. *Vx* ou *loc.* Origine d'où qqn tire sa naissance. V. **Condition, descendance, lignage, naissance, origine, souche.** *Cacher son extraction.* — *Mod. Être de haute, de basse extraction.*

EXTRADER [ɛkstʀade]. *v. tr.* (1777 ; de *extradition,* d'apr. lat. *tradere*). *Dr.* Livrer par l'extradition. *Extrader un assassin.*

EXTRADITION [ɛkstʀadisjɔ̃]. *n. f.* (1763 ; de *ex,* et *traditio* « action de livrer »). Procédure permettant à un État de faire livrer un individu poursuivi ou condamné et qui se trouve sur le territoire d'un autre État. *Les Turcs* « *insistèrent en vain sur l'extradition de Cantemir* » (VOLT.).

EXTRADOS [ɛkstʀado]. *n. m.* (1680 ; de *extra-* 1, et *dos*).

♦ 1° Surface extérieure d'une voûte, d'un arc. ♦ 2° *Techn.* Surface extérieure d'une aile d'avion. ◇ ANT. *Intrados.*

EXTRA-DRY [ɛkstRadRaj]. *adj.* (1877 ; de *extra-* 2, et *dry*). *Anglicisme.* Très sec (champagne).

EXTRA-FIN, FINE [ɛkstRafɛ̃, in]. *adj.* (1846 ; de *extra-* 2, et *fin*). ♦ 1° Très fin, très petit. *Aiguille extra-fine. Petits pois extra-fins.* ♦ 2° *Comm.* Supérieur. *Qualité extra-fine. Chocolats extra-fins.*

EXTRA-FORT, FORTE [ɛkstRafɔR, fɔRt(ə)]. *adj.* et *n. m.* (1870 ; de *extra-* 2, et *fort*). ♦ 1° Très fort, très résistant ; d'une qualité supérieure à la qualité dite « forte ». *Moutarde extra-forte.* ♦ 2° *N. m.* (1922). Ruban dont on garnit intérieurement les ourlets, les coutures. *Extra-fort en soie.*

EXTRAGALACTIQUE [ɛkstRagalaktik]. *adj.* (mil. XXᵉ ; de *extra-* 1, et *galactique*). *Astron.* Qui est extérieur à la galaxie, à une galaxie. *Matière extragalactique.*

EXTRAIRE [ɛkstRɛR]. *v. tr. ;* conjug. *traire* (XVᵉ ; *estraire*, 1080 ; lat. pop. °*extragere*, class. *extrahere*, de *ex*, et *trahere* « tirer ». V. **Traire**).
I. ♦ 1° Tirer (qqch.) du lieu dans lequel il se trouve enfoncé. *Extraire la pierre d'une carrière, la houille d'une mine. Extraire un minerai de sa gangue.* V. **Dégager.** — *Chir.* Enlever, retirer (un corps étranger) par une opération. « *Il avait fallu débrider la plaie, extraire le projectile* » (FLAUB.). V. **Extirper, retirer.** ♦ 2° Faire sortir (qqn) d'un lieu étroit où il était retenu. *Il était occupé « à extraire les cadavres et les blessés de dessous les décombres* » (GIDE). — *Fam.* Pronom. *S'extraire de sa voiture*, en sortir à grand-peine. V. **Extirper** (s'). ♦ 3° Tirer (un passage ; V. **Extrait**) d'un livre, d'un écrit. *Dépouiller un livre pour en extraire des citations.* V. **Détacher, relever.** *Extraire des passages de plusieurs ouvrages.* V. **Compiler.** ♦ 4° Tirer (une information) de qqn. V. **Extorquer.** « *Il brûlait de lui extraire ses secrets* » (BARRÈS).
II. ♦ 1° Séparer une substance du corps dont elle fait partie. V. **Exprimer, tirer.** *Extraire le jus d'un fruit. Extraire l'essence* (V. **Extrait**) *des fleurs. Extraire par pression, distillation.* — *Chim. Extraire un gaz par distillation.* V. **Isoler.** ♦ 2° Fig. et littér. *Extraire la quintessence d'un long traité.* V. **Résumer.** « *L'artifice de notre perception... consiste à extraire de ces devenirs très variés la représentation unique du devenir en général* » (BERGSON). ♦ 3° *Math. Extraire la racine carrée, la racine cubique d'un nombre*, la calculer. — *Extraire les entiers contenus dans un nombre fractionnaire :* chercher combien de fois ce nombre contient l'unité.
◇ ANT. *Ajouter. Enfermer, enfouir.*

EXTRAIT [ɛkstRɛ]. *n. m.* (1447 ; *estrait*, 1312 ; de *extraire*). ♦ 1° Produit qu'on retire d'une substance par une opération chimique. *Extrait d'aloès, de quinquina. Extraits de matières colorantes*, employés en teinture. ◇ *Parfum concentré.* V. **Essence.** *Extrait de violette, de lavande.* ◇ *Extrait concentré d'aliments. Extrait de viande :* concentration solide du bouillon de bœuf. ♦ 2° Passage tiré d'un texte. *Citer des extraits, de larges extraits d'un auteur.* V. **Citation.** *Journal qui donne des extraits d'un discours. Lire quelques extraits d'un ouvrage pour en avoir une idée.* V. **Bribe, fragment, morceau.** ◇ EXTRAITS, morceaux choisis d'un auteur. *Extraits de Rousseau à l'usage des classes. Extraits des poètes du XVIᵉ s.* V. **Anthologie.** ◇ Partie d'un acte copiée littéralement sur la minute ou l'original. V. **Copie** (conforme). *Extrait de naissance, mortuaire*, fait d'après les registres de l'état civil. *Extrait de baptême. Extrait du casier judiciaire.*

EXTRAJUDICIAIRE [ɛkstRaʒydisjɛR]. *adj.* (XVIᵉ ; de *extra-* 1, et *judiciaire*). *Dr.* Qui ne fait pas partie de la procédure d'une instance judiciaire. *Acte extrajudiciaire*, produisant des effets juridiques en dehors d'une instance (ex. : sommation). *Procédure extrajudiciaire*, menée en dehors du cadre juridictionnel.

EXTRA-LÉGAL, ALE, AUX [ɛkstRalegal, o]. *adj.* (1824 ; de *extra-* 1, et *légal*). En dehors de la légalité. V. **Illégal.** « *La tyrannie grecque... fut toujours extra-légale* » (BAINVILLE).

EXTRA-LUCIDE [ɛkstRalysid]. *adj.* (av. 1876 ; de *extra-* 2, et *lucide*). *Voyante extra-lucide :* qui voit tout ce qui est caché. ◇ *N. f.* Voyante. « *Cette extra-lucide me définit ainsi au temps de mon quatrième certificat de licence* » (GUTH).

EXTRA-MUROS [ɛkstRamyRos]. *adv.* et *adj.* (1835 ; mots lat. « hors des murs »). Hors de la ville. « *Il proposa une promenade extra-muros* » (FRANCE). Adj. *Quartier extra-muros.* V. **Extérieur.** ◇ ANT. *Intra-muros.*

EXTRANÉITÉ [ɛkstRaneite]. *n. f.* (1870 ; du lat. *extraneus* « étranger »). *Didact., dr.* Situation juridique de l'étranger dans un pays donné. *Exception d'extranéité.* — Caractère de ce qui est étranger.

EXTRAORDINAIRE [ɛkstRaɔRdinɛR]. *adj.* (XIIIᵉ ; lat. *extraordinarius* « qui sort de l'ordre »). ♦ 1° Qui n'est pas selon l'usage ordinaire, selon l'ordre commun. V. **Anormal, exceptionnel, inhabituel, inusité.** *Les moyens habituels ne suffisant pas*, on prit des mesures extraordinaires. V. **Exception** (d'), **particulier, spécial.** *Dépenses extraordinaires, qui*

excèdent les dépenses ordinaires ou qui n'étaient pas prévues. V. **Imprévu.** *Budget extraordinaire.* — *Assemblée, tribunal extraordinaire. Ambassadeur extraordinaire.* « *Une visite de M. le sous-préfet présageait évidemment quelque chose d'extraordinaire* » (DAUD.). V. **Insolite, rare, singulier, unique.** — PAR EXTRAORDINAIRE : par un événement peu probable. ♦ 2° *Cour.* Qui étonne, suscite la surprise ou l'admiration par sa rareté, sa singularité. V. **Anormal, bizarre, curieux, étonnant, étrange, insolite, singulier.** *Accident, aventure, événement extraordinaire.* V. **Incroyable, inouï.** *Récit, conte, nouvelle extraordinaire.* V. **Fabuleux, fantastique, féerique, merveilleux, prodigieux, surnaturel.** *Les « Histoires extraordinaires »*, d'E. Poe. *Il a inventé une histoire extraordinaire pour justifier son retard.* V. **Abracadabrant, extravagant, invraisemblable.** « *On dit des choses solides, lorsqu'on ne cherche pas à en dire d'extraordinaires* » (LAUTRÉAMONT). *Un costume, un langage extraordinaire et déplacé.* V. **Excentrique, extravagant.** *Je trouve extraordinaire qu'il ne nous ait pas prévenus.* V. **Bizarre, drôle.** *Cela n'a rien d'extraordinaire.* « *Ces précautions n'avaient rien d'extraordinaire* » (GREEN). ♦ 3° Très grand ; remarquable dans son genre. V. **Exceptionnel, extrême.** *Qualités extraordinaires, beauté extraordinaire.* V. **Admirable, remarquable, sublime.** *Les yeux « avaient une limpidité, un éclat et une expression extraordinaires* » (GAUTIER). « *J'ai une extraordinaire envie de savoir de vos nouvelles* » (SÉV.). V. **Immense.** *Appétit, force extraordinaire.* V. **Effrayant.** *Frayeur, peur extraordinaire.* V. **Intense, terrible.** « *Le chant de la flûte coula, à travers un extraordinaire silence* » (GIDE). V. **Parfait, total.** *Succès extraordinaire.* V. **Phénoménal.** *Fortune extraordinaire.* V. **Fabuleux.** *Joie, plaisir extraordinaire.* V. **Ineffable, intense.** *Émettre des prétentions extraordinaires.* V. **Exorbitant.** — (Personnes) *Homme extraordinaire :* génie, prodige. — *Fam.* Très bon. *Ce vin, ce plat est extraordinaire.* V. **Fameux.** — *Ce film n'est vraiment pas extraordinaire :* est médiocre, quelconque. ♦ 4° *Subst.* L'EXTRAORDINAIRE : ce qui est extraordinaire (1° ou 2°). Le rare, le singulier. « *C'est dans l'extraordinaire que je me sens le plus naturel* » (GIDE). ◇ ANT. *Banal, commun, familier, habituel, normal, ordinaire, quelconque.*

EXTRAORDINAIREMENT [ɛkstRaɔRdinɛRmɑ̃]. *adv.* (XIVᵉ ; de *extraordinaire*). ♦ 1° *Rare.* D'une manière contraire à l'ordinaire, à la coutume, à l'habitude. — *Dr. L'officier public désavoué sera poursuivi extraordinairement :* il fera l'objet de poursuites disciplinaires. ♦ 2° Par extraordinaire. « *Si, extraordinairement, la monarchie disparaissait...* » (ROMAINS). ♦ 3° D'une manière étrange, bizarre. *Elle est vêtue, coiffée extraordinairement.* ♦ 4° D'une manière peu commune ; au delà de la mesure ordinaire. V. **Extrêmement, très.** « *Il se montre extraordinairement anxieux et désireux d'acquérir certaines qualités* » (GIDE). *Des doigts « extraordinairement plats, larges et carrés du bout* » (GIDE). *Il l'aime extraordinairement.* V. **Beaucoup.** — (Laudatif) *Il a chanté extraordinairement ;* (plus cour.) *extraordinairement bien.* ◇ ANT. *Communément, ordinairement. Faiblement, peu.*

EXTRA-PARLEMENTAIRE [ɛkstRapaRləmɑ̃tɛR]. *adj.* (1907 ; de *extra-* 1, et *parlementaire*). Qui agit hors du Parlement. *Commission extra-parlementaire.*

EXTRAPOLATION [ɛkstRapɔlasjɔ̃]. *n. f.* (1877 ; de *extra-* 1, et *polaire*, d'apr. *interpolation*). Action d'extrapoler ; de déduire hardiment. V. **Déduction, généralisation.** « *L'électeur saura ainsi, d'un instinct sûr, si l'on s'oriente vers la droite ou vers la gauche ; en logicien aimant l'extrapolation, il verra par avance au bout du chemin la réaction ou la révolution* » (SIEGFRIED).

EXTRAPOLER [ɛkstRapɔle]. *v. intr.* (1893 ; de *extra-* 1, et *polaire* « tourner » ; d'apr. *interpoler*). ♦ 1° *Sc.* Calculer, pour des valeurs de la variable situées en dehors de la série des valeurs observées, les valeurs d'une fonction connue empiriquement. ♦ 2° *Par ext.* Appliquer une chose connue à un autre domaine en déduire des conséquences, des hypothèses. « *Trop de détails rappellent ce que nous savons de l'adolescence de l'auteur pour que nous échappions à la tentation d'extrapoler* » (MAUROIS). ◇ ANT. **Interpoler.**

EXTRA-SENSIBLE [ɛkstRasɑ̃sibl(ə)]. *adj.* (XXᵉ ; de *extra-* 1, et *sensible*). *Didact.* Qui n'est pas perçu par les sens. V. **Suprasensible.**

EXTRA-SENSORIEL, ELLE [ɛkstRasɑ̃sɔRjɛl]. *adj.* (mil. XXᵉ ; de *extra-* 1, et *sensoriel*). *Psycho.* Qui ne se fait pas par les sens. *Perception extra-sensorielle.*

EXTRASYSTOLE [ɛkstRasistɔl]. *n. f.* (1933 ; de *extra-* 1, et *systole*). *Physiol.* Contraction prématurée du cœur se produisant avant le moment normal de la systole, et suivie d'une pause plus longue que la pause normale.

EXTRA-TERRESTRE ou **EXTRATERRESTRE** [ɛkstRateRɛstR(ə)]. *adj.* et *n.* (1851 ; de *extra-* 1, et *terrestre*). ♦ 1° Extérieur à la terre ou à l'atmosphère terrestre. *Vol extraterrestre, trajectoire extraterrestre.* ♦ 2° *N.* Habitant d'une autre planète que la Terre (dans la littérature fantastique). Cf. Martien, Vénusien, etc.

EXTRA-TERRITORIALITÉ [ɛkstRatɛRitɔRjalite]. *n. f.* (v. 1940; de *extra-* 1, et *territorial*). Fiction juridique qui permet de considérer une ambassade comme située sur le territoire du pays représenté (V. **Exterritorialité**).

EXTRA-UTÉRIN, INE [ɛkstRayterɛ̃, in]. *adj.* (1855; de *extra-* 1, et *utérin*). *Méd.* Qui se produit anormalement hors de la cavité utérine. *Grossesse extra-utérine.* ◊ ANT. *Intra-utérin.*

EXTRAVAGANCE [ɛkstRavagɑ̃s]. *n. f.* (fin XVe; de *extravagant*). ♦ 1° État de celui qui est extravagant. V. **Absurdité, bizarrerie, démence, folie.** Caractère de ce qui est extravagant. « *C'est un étrange monument de dépression morale et d'extravagance que le Talmud* » (RENAN). « *Que son aîné fût amoureux expliquait l'extravagance de sa conduite* » (ARAGON). ♦ 2° Idée, parole, action extravagante. V. **Excentricité.** *Je n'ai pas le temps d'écouter ses extravagances.* V. **Divagation.** *Il a encore fait quelque extravagance.* V. **Folie, incartade.** « *Il m'échappait des extravagances que le plus violent amour seul semblait pouvoir inspirer* » (ROUSS.). ◊ ANT. *Mesure, raison.*

EXTRAVAGANT, ANTE [ɛkstRavagɑ̃, ɑ̃t]. *adj.* (1380; du lat. *extra*, et *vagans*, p. prés. du v. *vagari* « errer »). ♦ 1° *Vx (Dr. can.).* S'est dit de textes non incorporés dans les recueils canoniques. *Décrétales extravagantes de Jean XXII.* ♦ 2° *Mod.* (XVIe). Qui sort des limites du bon sens; qui est à la fois extraordinaire et déraisonnable. *Idées, conceptions, théories extravagantes.* V. **Biscornu, bizarre, grotesque.** *Costume extravagant.* V. **Excentrique.** *Dépenses extravagantes.* V. **Exagéré, excessif.** « *Il était extravagant d'aller ainsi devant soi sans savoir si cela servirait à quelque chose* » (HUGO). — (Personnes) « *Ce gros garçon si raisonnable* (Louis XIV) *faillit se jeter dans les bras de la créature la plus extravagante, la plus dangereuse et la plus funeste qu'il pût rencontrer* (Marie Mancini) » (L. BERTRAND). ♦ 3° *Vieilli.* Qui extravague, est hors du sens commun (personnes). *Un personnage extravagant* : bizarre, déséquilibré. — *Subst. Les « sottes visions de cette extravagante* » (MOL.). V. **Détraqué, fou, piqué** (*fam.*), **toqué** (*fam.*). ◊ ANT. *Équilibré, modéré, normal, raisonnable, sage, sensé.*

EXTRAVAGUER [ɛkstRavage]. *v. intr.* (1538; lat. *extra*, et *vagari* « s'écarter de la voie »). *Vx* ou *plaisant.* Penser, parler, agir sans raison ni sens. V. **Déménager** (*fam.*), **déraisonner, divaguer.** *La fièvre le fait extravaguer.* V. **Délirer.** « *Pourquoi extravaguais-tu jusqu'à vouloir l'impossible?* » (BALZ.).

EXTRAVASATION [ɛkstRavazasjɔ̃]. *n. f.* (1743; de *extravaser*). *Méd.* Épanchement d'un liquide organique (sang, urine) dans les tissus, par lésions de la paroi de l'organe ou du conduit où il est contenu normalement. V. **Exsudation, infiltration.**

EXTRAVASER (S') [ɛkstRavaze]. *v. pron.* (1673; du lat. *extra*, et *vas* « vase », d'apr. *transvaser*). *Didact.* Se répandre hors de son contenant naturel (liquides organiques). V. **Couler, exsuder.** *Sang, bile; sève, résine qui s'extravase.* — Au p. p. « *Dans sa bouche, le sang extravasé donne à la salive une saveur infecte* » (MART. du G.).

EXTRAVERSION [ɛkstRavɛRsjɔ̃]. *n. f.* (v. 1950; Jung, 1921; du lat. *extra-*, et *vertere*, d'apr. *introversion*). *Psycho.* Attitude, comportement d'un individu qui montre une grande facilité à établir des contacts avec ceux qui l'entourent, qui exprime aisément ses sentiments. ◊ ANT. *Introversion.*

EXTRAVERTI, IE [ɛkstRavɛRti]. *adj. et n.* (v. 1950; de l'all., du lat. *extra*, et *vertere*, d'apr. *introverti*). *Psycho.* Qui est tourné vers le monde extérieur. On dit aussi *Extroverti, extroversion,* d'apr. *introverti, introversion.* ◊ ANT. *Introverti.*

EXTRÊME [ɛkstRɛm]. *adj. et n.* (*Estreme,* XIIIe; lat. *extremus,* superl. de *exter.* V. **Extérieur**).
I. Adj. ♦ 1° Qui est tout à fait au bout, qui termine (un espace, une durée). *Extrême limite.* V. **Dernier.** *À l'extrême pointe* : tout au bout. *La partie extrême d'un objet.* V. **Final, terminal.** *Extrême-Orient* : la partie de l'Asie la plus éloignée de l'Europe (opposé à *Proche-Orient*). V. **Extrême-oriental.** *L'extrême droite**, *l'extrême gauche** *d'une assemblée politique* : la partie de la droite, de la gauche la plus éloignée du centre (V. **Extrémiste**). ◊ V. **Dernier, ultime.** *L'extrême fin de l'année, du mois.* « *Une allégresse qui lui dura jusqu'à son extrême vieillesse* » (MONTAIGNE). ◊ Fig. *Pousser qqch. à son point extrême. À l'extrême opposé.* ♦ 2° *Littér.* Qui est au plus haut point, au dernier degré ou à un très haut degré. V. **Grand, intense; exceptionnel, extraordinaire.** « *Si Peau-d'Âne m'était conté, J'y prendrais un plaisir extrême* » (LA FONT.). *Joie extrême. Suprême. Extrême désir.* V. **Éperdu, passionné, profond.** *Un auteur « qui a l'extrême modestie de travailler d'après quelqu'un* » (LA BRUY.). *Extrême malheur; une misère encore plus extrême.* V. **Affreux.** « *Je n'éprouvais que l'extrême besoin de me tremper dans une eau très chaude* » (COLETTE). « *Sa maigreur était encore extrême, la peau collant aux os* » (MADELIN). ◊ Cour. *À l'extrême rigueur. Extrême urgence.* ♦ 3° (*Après le nom*). Qui est

le plus éloigné de la moyenne, du juste milieu. V. **Excessif, immodéré.** *Climat extrême,* très chaud ou très froid. *Passions, sentiments extrêmes. Situations extrêmes* : anormales, très graves, peu communes. *Avoir des opinions extrêmes en politique* (V. **Extrémiste**). *Dostoïevski,* « *toujours bizarre, d'une humeur extrême, sujet à la tristesse et à la mélancolie comme à une passion* » (SUARÈS). *Moyen extrême.* V. **Brutal, radical.** « *Nous ne pouvons tout de même pas être réduits à appeler la force armée contre nos ouvriers. Il y a là quelque chose d'extrême à quoi je répugne* » (ARAGON). — (Personnes) Qui n'a pas de mesure, dont les sentiments sont extrêmes. *Être extrême en tout.* V. **Excessif, outré.**
II. N. m. ♦ 1° *Vieilli.* Ce qui est extrême; la dernière limite d'une chose. V. **Comble, sommet.** « *L'extrême et le médiocre lui sont connus* » (LA BRUY.). ♦ 2° *Mod.* Situation extrême. « *Il s'est porté aux extrêmes, il a voulu sortir de lui* » (SARTRE). ◊ Spécialt. *Vieilli.* Dernière extrémité; parti extrême. « *Quelle est la grande action qui ne soit pas un extrême au moment où on l'entreprend?* » (STENDHAL). ♦ 3° *Cour. Les extrêmes* : les deux extrêmes limites d'une chose, celles qui sont le plus éloignées l'une de l'autre. V. **Antipode** (*fig.*), **contraire, opposé.** *Passer d'un extrême à l'autre.* — *Loc. Les extrêmes se touchent* : il arrive souvent que des choses opposées soient pourtant comparables, voisines, d'un certain point de vue, ou bien qu'elles conduisent au même résultat. *Ils « ne pouvaient choisir qu'entre l'abjection et l'héroïsme, c'est-à-dire entre les deux extrêmes de la condition humaine, au-delà desquels il n'y a plus rien* » (SARTRE). ♦ 4° *Sc., Log. Les extrêmes d'une proportion* : le premier et le dernier terme. *Le produit des extrêmes est égal au produit des moyens.* — *Les extrêmes d'un syllogisme* : les deux termes. ♦ 5° *Loc. adv.* À L'EXTRÊME : à la dernière limite; au delà de toute mesure. *Pousser, porter tout à l'extrême, jusqu'à l'extrême.* « *Réagissant à l'extrême, comme toujours, il prit plaisir à contredire son frère* » (MART. du G.).
◊ ANT. *Moyen. Faible, ordinaire, petit. Mesuré, modéré. — Milieu (juste milieu).*

EXTRÊMEMENT [ɛkstRɛmmɑ̃]. *adv.* (1549; de *extrême*). ♦ 1° *Vx.* Adv. de quantité (*modifiant un verbe*). V. **Beaucoup.** « *Nous parlâmes extrêmement de vous* » (SÉV.). ♦ 2° *Mod.* Adv. de manière (*modifiant un adj.* ou *un adv.*). D'une manière extrême, à un très haut degré. V. **Exceptionnellement, extraordinairement, fort, infiniment, très.** *Une personne extrêmement belle, extrêmement intelligente. Famille extrêmement riche.* V. **Immensément; fabuleusement.** *Un été extrêmement pluvieux.* V. **Terriblement.** *Une opération extrêmement douloureuse.* V. **Horriblement.** « *Un nom propre est une chose extrêmement importante dans un roman* » (FLAUB.). ◊ ANT. *Médiocrement, peu.*

EXTRÊME-ONCTION [ɛkstRɛmɔ̃ksjɔ̃]. *n. f.* (1611; de *extrême,* et *onction*). Sacrement de l'Église destiné aux fidèles en péril de mort. *Le prêtre administre l'extrême-onction au moyen d'onctions d'huile d'olive* (saintes huiles) *et de paroles prescrites par les rituels.* « *On le trouva comme mort; on ne put que lui donner l'extrême-onction* » (STE-BEUVE).

EXTRÊME-ORIENTAL, ALE, AUX [ɛkstRɛmɔRjɑ̃tal, o]. *adj. et n.* (XXe; de *Extrême**-*Orient*). De l'Extrême-Orient (Asie orientale).

EXTREMIS (IN). V. IN EXTREMIS.

EXTRÉMISME [ɛkstRemism(ə)]. *n. m.* (1911; de *extrême*). Attitude de l'extrémiste. *Extrémisme en politique.* ◊ ANT. *Modération.*

EXTRÉMISTE [ɛkstRemist(ə)]. *n. et adj.* (1911; de *extrême*). Partisan d'une doctrine poussée jusqu'à ses limites, ses conséquences extrêmes; personne favorable aux idées, aux opinions extrêmes. *Parti d'extrémistes.* Adj. « *C'était l'élément extrémiste dans ce parlement d'imbéciles* » (GREEN). ◊ ANT. *Modéré.*

EXTRÉMITÉ [ɛkstRemite]. *n. f.* (1260; lat. *extremitas*). ♦ 1° La partie extrême, qui termine une chose. V. **Bout, fin; bord, terminaison.** *Les deux extrémités d'un segment de droite. L'extrémité du doigt. L'extrémité d'un objet pointu* (V. **Pointe**). *Loger à l'extrémité de la rue, de la ville. L'extrémité d'une voie ferrée.* V. **Terminus.** *L'extrémité d'un champ, d'un bois.* V. **Limite, lisière.** « *Elle alla s'asseoir à l'extrémité du cap, sur le bord de la mer* » (STAËL). *Venir de toutes les extrémités du monde.* V. **Confins.** ♦ 2° *Au plur.* LES EXTRÉMITÉS : les pieds et les mains. *Le sang se porte aux extrémités. Avoir les extrémités glacées.* ♦ 3° *Fig. et vx.* *Extrême.* « *Toutes les extrémités des choses humaines : la félicité sans borne, aussi bien que les misères* » (BOSS.). ◊ *Vx.* Situation extrême. *Être réduit à une pénible extrémité.* V. **Abois** (aux abois). *Tout leur faisait croire « qu'en me poussant à la dernière extrémité, ils me réduiraient à crier merci* » (ROUSS.). ◊ Mod. *Le malade est à toute extrémité, à la dernière extrémité* : à l'agonie, près de mourir. ♦ 4° Parti, décision, action extrême. « *Ne me poussez pas à quelque fâcheuse extrémité* *par vos extravagances* » (MUSS.). « *Songeant aux extrémités où peuvent se porter les femmes* » (FRANCE). — *Spécialt.* Excès d'emportement, de violence. « *Mais qu'est-ce que tu lui avais dit pour qu'elle se soit portée à une pareille extrémité dans un escalier?* » (LABICHE). ◊ ANT. Centre, milieu. Moyen. Mesure.

EXTREMUM [εkstremɔm]. *n. m.* (mil. XXᵉ ; lat. *extremum*, d'apr. *maximum*). *Math.* Maximum ou minimum de la valeur d'une fonction. *Lorsqu'une fonction est à un extremum, sa dérivée est nulle. Des extremums.*

EXTRINSÈQUE [εkstrεsεk]. *adj.* (1314 ; lat. *extrinsecus* « au dehors »). *Didact.* Qui est extérieur à l'objet dont il s'agit, n'appartient pas à son essence. V. Étranger, extérieur. — *Méd.* Qui vient de l'extérieur ou d'une autre région de l'organisme. *Asthme extrinsèque. Ligament extrinsèque.* ◊ *Causes extrinsèques. Valeur extrinsèque d'une chose, d'une monnaie :* valeur qu'elle tient d'une convention. V. Conventionnel, fictif, nominal. ◊ ANT. *Intrinsèque.*

EXTRINSÈQUEMENT [εkstrεsεkmã]. *adv.* (1541 ; de *extrinsèque). Didact.* D'une manière extrinsèque. ◊ ANT. *Intrinsèquement.*

EXTRORSE [εkstrɔrs(ə)]. *adj.* (1855 ; lat. *extrorsus*). *Bot. Étamine extrorse,* dont l'anthère est ouverte vers l'extérieur.

EXTROVERTI. V. EXTRAVERTI.

EXTRUSION [εkstryzjɔ̃]. *n. f.* (1922 ; du lat. *extrudere* « pousser hors de », d'apr. *intrusion). Techn.* Procédé par lequel un métal est poussé à chaud par une presse dans une filière.

EXUBÉRANCE [εgzyberãs]. *n. f.* (1560 ; lat. *exuberantia,* rac. *uber* « fertile »). ♦ 1º (Repris XVIIIᵉ, seulement *Dr.* et *Didact.*; répandu XIXᵉ). État de ce qui est très abondant. V. **Abondance, profusion.** *Exubérance de la végétation.* V. **Luxuriance.** *Exubérance des formes.* V. **Épanouissement, plénitude.** « *La poitrine n'a pas l'exubérance de contour de la beauté flamande* » (GAUTIER). ◊ *Exubérance de paroles.* V. **Débordement, faconde, volubilité.** *L'exubérance des images dans un poème de Hugo.* V. **Richesse.** ♦ 2º *Absolt.* (fin XIXᵉ). Trop-plein de vie qui se traduit dans le comportement, les propos. *Manifester sa joie, ses sentiments avec exubérance.* V. **Exagération.** ◊ *Action exubérante.* « *Mais elle ne se livra à aucune exubérance, nulle gaieté irresponsable* » (COLETTE). ◊ ANT. **Indigence, pauvreté, pénurie. Concision, laconisme.** Calme, flegme, froideur, réserve.

EXUBÉRANT, ANTE [εgzyberã, ãt]. *adj.* (XVᵉ ; lat. *exuberans,* p. prés. de *exuberare* « regorger »). ♦ 1º Qui a de l'exubérance. V. **Abondant, débordant, surabondant.** *Végétation exubérante.* V. **Luxuriant.** ◊ *Pathol.* Qui prolifère, s'accroît de façon excessive et désordonnée. *Cal exubérant.* ◊ *Fig.* « *Modeste n'était-elle pas sublime en déployant une sauvage énergie à comprimer son exubérante jeunesse* » (BALZ.). *Rabelais* « *a une imagination puissante, fougueuse,*

exubérante » (LANSON). ♦ 2º (Fin XIXᵉ). Qui se comporte ou se manifeste sans retenue (personne, sentiment). V. **Communicatif, débordant, démonstratif, expansif.** *Caractère exubérant. Joie exubérante.* « *Ce jovial garçon* (Balzac), *bonhomme, exubérant, débordant de vie, d'idées et de projets* » (HENRIOT). ◊ ANT. **Maigre, pauvre.** Calme, froid, muet, réservé, taciturne.

EXULCÉRATION [εgzylserasjɔ̃]. *n. f.* (1690 ; de *exulcérer). Méd.* Ulcération superficielle, peu étendue, d'une muqueuse ou de la peau. V. **Érosion, excoriation.**

EXULCÉRER [εgzylsere]. *v. tr.;* conjug. *ulcérer.* V. Céder (1534 ; lat. *exulcerare,* rac. *ulcus, ulceris* « plaie ». V. Ulcère). *Méd.* Former une exulcération* sur, dans. — Au p. p. « *De cette tête exulcérée* (du Christ de Grünewald) *filtraient des lueurs* » (HUYSMANS).

EXULTATION [εgzyltasjɔ̃]. *n. f.* (XIIᵉ ; lat. *exsultatio,* de *exsultare). Relig.* Transport de joie, état de celui qui exulte. V. **Allégresse, gaieté, jubilation, liesse.** « *Je vois déjà l'exultation barbare de mes ennemis* » (ROUSS.).

EXULTER [εgzylte]. *v. intr.* (XVᵉ ; lat. *exsultare,* de *saltare* « sauter »). Être transporté d'une joie extrême, qu'on ne peut contenir ni dissimuler. V. **Déborder** (de joie), **jubiler.** *Il exulte, il est aux anges !* « *Ici l'on exulte ; on éclate ; on s'enivre par tous les sens* » (GIDE). — *Exulter de* (et inf.) V. **Réjouir** (se). « *Nos voisins exultaient de nous voir ainsi nous affaiblir* » (ST-SIM.). ◊ ANT. **Désespérer** (se), **désoler** (se).

EXUTOIRE [εgzytwar]. *n. m.* (1806 ; du lat. *exutus,* p. p. de *exuere* « dépouiller »). ♦ 1º *Anc. méd.* Ulcère artificiel destiné à entretenir une suppuration locale (cautère, moxa, vésicatoire). *Les exutoires ne sont plus guère employés que dans l'art vétérinaire.* ♦ 2º (1825). Ce qui permet de se soulager, de se débarrasser (d'un besoin, d'une envie). « *Pour moi, j'ai un exutoire (comme on dit en médecine). Le papier est là ; et je me soulage* » (FLAUB.). « *Leur métier* (des comédiens) *est un exutoire par où s'épanche leur déraison* » (FLAUB.). — (Concret) « *Une possibilité d'expansion coloniale, exutoire pour une prolificité trop à l'étroit dans ses frontières* » (GIDE).

EX-VOTO [εksvoto]. *n. m. invar.* (1643 ; de la formule lat. *ex voto suscepto* « suivant le vœu fait »). Tableau, plaque portant une formule de reconnaissance, que l'on place dans une église, une chapelle, en accomplissement d'un vœu ou en remerciement d'une grâce obtenue. *Suspendre des ex-voto.*

EYE-LINER [ajlajnœr]. *n. m.* (v. 1962 ; de l'amér. *eye liner* « crayon à maquiller les yeux », de *eye* « œil », et *liner,* de *line* « ligne »). *Anglicisme.* Cosmétique liquide de couleur sombre, servant à souligner le bord des paupières. « *Maquiller les yeux avec un peu d'eye-liner* » (*Femme pratique,* nov. 1970).

EYRA [εra]. *n. m.* (1839 ; lat. zool. *eyra,* probabl. de *ara,* mot du Brésil ; Cf. *Cougouacu ara* « cougouar »). Petit mammifère carnivore (*Félidés*) de l'Amérique du Sud, apparenté au cougouar (ou *puma*).

F

F [ɛf]. *n. m.* ou *f.* ♦ 1° Sixième lettre (f, F), quatrième consonne de l'alphabet servant à noter une spirante labiale sourde. *L'f s'amuït dans les mots* bœufs *(pl.),* œufs *(pl.),* cerf-volant, clef, nerf. *L'f* [f] *de neuf devient sonore* [v]*, en liaison avec* ans *et* heures. ♦ 2° Abréviation de certains mots dont il est l'initiale. *Il s'en f...* V. **Foutre.** — *Dans la franc-maçonnerie :* F.·. M.·. : franc-maçon. — *Mus.* F (majuscule) : nom de la note *fa* au XVIIIᵉ s. ; *f* (en italique, au-dessus de la portée) : forte ; *ff* : fortissimo. — *Chim.* Symbole du fluor. *Phys.* Symbole du farad. — Symbole de franc (FB : franc belge ; FF : franc français ; FS : franc suisse). — *Métrol.* °F : symbole du degré Fahrenheit.

FA [fa(a)]. *n. m. invar.* (XIIIᵉ ; 1ʳᵉ syllabe du mot *famuli,* au 2ᵉ vers de l'hymne de saint Jean-Baptiste). Nom donné au sixième degré de l'échelle fondamentale, soit le quatrième de notre système actuel. *La note* fa *fait 350 vibrations à la seconde, c'est la sous-dominante de la gamme de do. Clef de fa, placée sur la quatrième ligne de la portée et employée surtout pour les parties de basse.* — *Concerto, sonate en fa majeur, mineur.* ◊ HOM. Fat.

FABLE [fabl(ə)]. *n. f.* (1190; lat. *fabula* « propos, récit »; rac. *fari* « parler »). **I.** Récit à base d'imagination (populaire ou artistique). ♦ 1° *Vx* ou *littér.* V. **Conte, fiction, légende.** « *Les annales humaines se composent de beaucoup de fables mêlées à quelques vérités* » (CHATEAUB.). « *Au commencement était la Blague. Et en effet, toutes les histoires s'approfondissent en fables* » (VALÉRY). *La Fable* : l'ensemble des récits mythologiques. *Les divinités de la Fable.* « *Le merveilleux chrétien peut soutenir le parallèle avec le merveilleux de la fable* » (CHA-TEAUB.). ♦ 2° *Cour.* Petit récit en vers ou en prose, destiné à illustrer un précepte. V. **Apologue.** *La morale de la fable. Les fables indiennes, les fables grecques d'Ésope. Les Fables de La Fontaine.* « *Cette fable contient plus d'un enseignement* » (LA FONT.). *Le renard; la cigale et la fourmi de la fable.* — (Collect.) « *La Fable est un genre naturel, une forme d'invention inhérente à l'esprit de l'homme, et elle se retrouve en tous lieux et en tous pays* » (STE-BEUVE). ◊ *Fable express,* fable humoristique se réduisant souvent à une ou deux phrases et dont la moralité repose sur un jeu de mots. C'est une pure *fable.* ♦ 3° *Littér.* Anecdote, nouvelle ou allégation mensongère. *C'est une pure fable.* V. **Imagination, invention.** « *Fausses alarmes, fausses nouvelles; fables, inventions de toutes sortes* » (MICHELET). « *Quinette ne sait pas encore quelle fable il inventera pour expliquer la présence de la malle* » (ROMAINS). V. **Mensonge.** **II.** *Vx* ou *loc.* ♦ 1° *Didact.* Ce qui constitue l'élément narratif d'une œuvre. V. **Sujet.** « *Il faut un événement important pour faire le fond d'une tragédie; il faut une fable riche de matière* » (FAGUET). ♦ 2° *Mod. Être la fable de* (qqn) : sujet de plaisanterie, de risée pour (qqn). *Il est la fable du quartier.* V. **Risée.** « *Un prince sera la fable de toute l'Europe, et lui seul n'en saura rien* » (PASC.).

FABLIAU [fablijo]. *n. m.* (XIIᵉ, forme picarde, reprise XVIᵉ, de l'a. fr. *fablel, fableau* (XIIᵉ) ; de *fable*). Petit récit en vers octosyllabes, plaisant ou édifiant, propre à la littérature des XIIIᵉ et XIVᵉ s.

FABLIER [fablije]. *n. m.* (1849; « fabuliste », XVIIᵉ; de *fable*). Recueil de fables.

FABRICANT, ANTE [fabʀikɑ̃, ɑ̃t]. *n.* (1740; « artisan, fabricateur », XVᵉ; lat. *fabricans,* de *fabricare*). Personne qui fabrique des produits commerciaux, qui dirige, possède une entreprise qui les fabrique. *Fabricant de tissus, de papier. Un gros fabricant.* V. **Industriel, manufacturier.** *Un petit fabricant.* V. **Artisan.**

FABRICATEUR, TRICE [fabʀikatœʀ, tʀis]. *n.* (XVᵉ; lat. *fabricator* « ouvrier, artisan »). *Vx.* Personne qui fabrique qqch. V. **Artisan.** « *Le fabricateur souverain* » (LA FONT.) : Dieu. ◊ *Mod.* (Péj.) *Fabricateur de fausse monnaie, de faux papiers.* V. **Falsificateur.** — Fig. *Fabricateur de fausses nouvelles.* V. **Inventeur.**

FABRICATION [fabʀikɑsjɔ̃]. *n. f.* (1488; lat. *fabricatio*). ♦ 1° Art ou action de fabriquer. *Fabrication artisanale, à la main, à la machine, industrielle, en grande série.* « *Le chan-gement de la production en fabrication, de l'opération individuelle en exécution mécanique d'objets faits « à la chaîne »* (VALÉRY). « *Il faut passer une commande aux ateliers de fabrication* » (CHARDONNE). *Produit de fabrication française.* V. **Production.** *Défaut de fabrication. Secret de fabrication. Frais de fabrication,* dépenses occasionnées par une fabrication en dehors de la matière première, de la main-d'œuvre et des fournitures. V. **Confection.** *Est-ce une robe de votre fabrication?* « *Un travail où il était novice : la fabrication d'un faux* » (ROMAINS). ♦ 2° *Fig.* Action de fabriquer (3°). *Fabrication de fausses nouvelles.* ◊ Action de fabriquer (4°). *Péj.* Production mécanique, sur commande (*opposé à* inspiration). *Lamartine,* « *un génie inspiré, tombé pour vivre dans la fabrication* » (HENRIOT).

FABRICIEN [fabʀisjɛ̃]. *n. m.* (1569; de *fabrique*). Membre d'un conseil de fabrique*. V. **Marguillier.** « *Sous un dais de velours ponceau tenu par quatre fabriciens, M. le curé, dans sa belle chasuble...* » (FLAUB.).

FABRIQUE [fabʀik]. *n. f.* (XIVᵉ, « construction »; de *fabriquer,* lat. *fabrica*). ♦ 1° *Vx.* Manière dont une chose est fabriquée. V. **Fabrication, façon.** *Ce drap est de bonne fabrique.* — Fig. *Dans une pantomime de sa fabrique* » (GONCOURT) : de sa façon, de son invention. ♦ 2° (1679). Établissement de moyenne importance ou peu mécanisé ayant pour objet la transformation de matières premières ou de produits semi-finis en produits manufacturés. V. **Manufacture, usine.** *Cette fabrique groupe plusieurs ateliers.* « *J'ai travaillé un moment à Fiume, comme manutentionnaire, dans une fabrique de boutons* » (MART. du G.). ◊ (D'abord au sens 1° : « de fabrication » ») DE FABRIQUE. *Marque de fabrique,* apposée par le fabricant. *Prix de fabrique,* prix à la sortie de la fabrique. ♦ 3° (*Fabrice,* 1374; lat. *fabrica*). *Vx.* Construction d'un édifice. ◊ *Bx-arts.* Construction, dans un tableau. *Paysage avec des fabriques.* ◊ *Le conseil de fabrique ou la fabrique :* l'ensemble des clercs et des laïcs chargés de l'administration des fonds et revenus affectés à la construction, à l'entretien d'une église. *Le conseil de fabrique a des places réservées dans le chœur, pendant les offices.* V. **Fabricien, marguillier.** « *On l'avait nommé... président du conseil de fabrique* » (JOUHANDEAU).

FABRIQUER [fabʀike]. *v. tr.* (fin XIIᵉ, repris XVIᵉ; lat. *fabricare* « fabriquer »; Cf. Forger). ♦ 1° Faire (qqch.) par un travail exécuté sur une matière. V. **Confectionner, faire.** *Il a fabriqué de ses propres mains ce petit appareil.* « *Fabriquer des livres n'est pas moins indispensable que de fabriquer du pain* » (PÉGUY). « *Un déserteur français qui fabriquait des liqueurs en fraude* » (CÉLINE). « *L'homme se fabriqua des outils bien avant d'avoir fixé son langage* » (RENAN). ◊ *Fam.* Faire. *Qu'est-ce que tu fabriques? Mais qu'est-ce qu'il peut bien fabriquer pour n'être pas encore là?* ♦ 2° *Spécialt.* Faire, produire à l'aide de matières transformées par des procédés mécaniques (des objets destinés au commerce). *Faire fabriquer un modèle en grande série.* V. **Manufacturer, produire, usiner.** « *Là, on fabriquait ... la soie, les tissus précieux* » (MICHELET). *Éléments fabriqués à l'avance.* V. **Préfabriqué.** — *Par métaph.* « *Il appartiendra à un type d'individus fabriqués en série* » (MAC ORLAN). ♦ 3° Élaborer, faire (en imitant, en imaginant et de manière à tromper). V. **Forger.** *Fabriquer de la fausse monnaie, de faux papiers.* V. **Fabricateur, faussaire.** « *Quiconque fabriquera un faux passe-port* » (CODE PÉN.). ◊ *Fabriquer de fausses nouvelles. Fabriquer de toutes pièces une histoire.* V. **Forger, inventer.** « *Vous concevez de mauvais desseins, vous fabriquez des tromperies, vous machinez des fraudes* » (Boss.). — Au p. p. *C'est une histoire fabriquée :* inventée. V. **Faux.** ♦ 4° Faire, par des procédés, par l'imitation (une œuvre qui devrait être créée, sentie). « *De purs ouvriers, les uns sachant fabriquer des figures académiques, les autres des fruits, les autres des bestiaux* » (BAUDEL.). ◊ *Fig. Fabriquer un sentiment,* le susciter d'une manière artificielle. « *Jean-Paul fabrique son amour avec des souvenirs littéraires* » (MAURIAC).

FABULATEUR, TRICE [fabylatœʀ, tʀis]. *adj.* (XVIᵉ, « fabuliste, narrateur »; lat. *fabulator* « conteur ». V. **Fable.**)

Didact. ♦ **1°** *Adj.* Relatif à la fabulation (3°). « *La religion était la raison d'être de la fonction fabulatrice* » (BERGSON). ♦ **2°** *Psycho.* Qui a l'habitude de la fabulation (2°). V. **Mythomane.** Subst. *Les enfants sont souvent des fabulateurs.*

FABULATION [fabylɑsjɔ̃]. *n. f.* (1830; lat. *fabulatio* « discours, conversation », de *fari.* V. **Fable.**) ♦ **1°** *Vx.* Représentation imaginaire, version romanesque d'un ensemble de faits. V. **Affabulation.** « *L'attitude de l'accusé justifia la fabulation adoptée par la ville* » (BALZ.). ♦ **2°** *Psycho.* Récit imaginaire présenté comme réel. *La fabulation est normale chez le petit enfant, pathologique chez l'adulte.* V. **Mythomanie.** ♦ **3°** *Philo.* Activité de l'imagination. « *Convenons alors de mettre à part les représentations fantasmatiques et appelons 'fabulation' ou 'fiction' l'acte qui les fait surgir* » (BERGSON).

FABULER [fabyle]. *v. intr.* (1892, « raconter des choses fabuleuses »; répandu mil. XXᵉ; de *fabulation*). *Psycho.* Élaborer des fabulations. — *Cour.* V. **Affabuler.** « *Mauvais coucheur, fabulant intarissablement autour de son mécontentement* » (BARTHES). — Au p. prés. substant. « *Ces exilés, ces ratés, ces fabulants* » (BEAUVOIR).

FABULEUSEMENT [fabyløzmɑ̃]. *adv.* (XVᵉ-XVIᵉ; de *fabuleux*). *Mod.* D'une manière fabuleuse (2°), inimaginable. *Il est fabuleusement riche.* V. **Extrêmement, prodigieusement.**

FABULEUX, EUSE [fabylø, øz]. *adj.* (XIVᵉ; lat. *fabulosus*). ♦ **1°** *Littér.* Qui appartient à la fable, au merveilleux antique. V. **Légendaire, mythique, mythologique.** *Hercule, héros fabuleux. Animaux, êtres fabuleux. Les temps fabuleux, où l'histoire se confond avec la légende.* V. **Chimérique, fictif, imaginaire, irréel.** « *L'histoire ancienne de l'Orient est absolument fabuleuse* » (RENAN). ♦ **2°** *Cour.* (1835). Invraisemblable quoique réel. V. **Étonnant, extraordinaire, fantastique, incroyable, prodigieux.** *Une vie aux aventures fabuleuses.* V. **Romanesque.** — *(Intensif)* Énorme. *Des sommes fabuleuses.* « *On offrait à des prix fabuleux des denrées de consommation qui manquaient sur le marché ordinaire* » (CAMUS). ◊ **ANT.** Certain, exact, historique, réel, vrai.

FABULISTE [fabylist(ə)]. *n. m.* (1588; esp. *fabulista*). Auteur qui compose des fables. V. **Fablier** *(vx).* « *Ésope, ni Phèdre, ni aucun des fabulistes* » (LA FONT.).

FAÇADE [fasad]. *n. f.* (XVIᵉ; *facciate*, 1611; it. *facciata*, de *faccia* « face »). ♦ **1°** Face antérieure d'un bâtiment où s'ouvre l'entrée principale, donnant le plus souvent sur la rue. V. **Devant, front.** « *Le plan de cette belle façade du Louvre... qui fut construite par Perrault et par Louis Le Vau* » (VOLT.). « *La façade de bois des maisons... la façade de pierre des châteaux... la façade de marbre des palais* » (HUGO). *Quatre pièces en façade et deux sur cour. Façade d'un magasin.* V. **Devanture.** *Derrière la façade* : à l'intérieur. ◊ Un des côtés, exposé à la vue, d'un bâtiment. *Façade latérale.* « *Sur le parc, la façade se distingue de celle de la cour par un avant-corps* » (BALZ.). ♦ **2°** *Fig.* Apparence. V. **Extérieur.** *N'avoir qu'une façade d'honnêteté. Ce n'est qu'une façade. Pure façade! Patriotisme de façade.* « *Il y eut quelquefois plus de façade que de fonds, plus de tenture que de solide* » (STE-BEUVE). — Pop. *Elle est allée se refaire la façade* : se farder. ◊ **ANT.** Arrière-corps, derrière, dos. Intérieur, fond, réalité.

FACE [fas]. *n. f.* (XIIᵉ; lat. pop. °*facia* class. *facies*). ♦ **1°** Partie antérieure de la tête de l'homme. V. **Figure, tête, visage.** « *La face est le moyen d'expression du sentiment* » (MALRAUX). *Relatif à la face.* V. **Facial.** *Une face large, pleine, colorée.* « *Dans sa face rasée, ronde, rouge, plaquée de cheveux sales...* » (TOULET). — *Détourner la face. Tomber la face contre terre.* — Pop. (inj.) *Face de rat! face d'œuf!* — *Le squelette, les os de la face* : malaire, maxillaire, palatin, unguis, vomer, os propres et cornets du nez. *Chirurgie de la face.* V. **Facial.** *La face et le crâne. Les blessés de la face.* ◊ *Relig.* (T. biblique) *Que l'Éternel tourne sa face vers toi. Fuir loin de la face de Dieu.* ◊ *Loc. fig. Cracher à la face de qqn* : lui manifester son mépris. « *Une épigramme que plus d'une femme jetait à la sale face de son mari* » (BALZ.). « *Tu me lâcherais à la face les sales preuves que tu n'es qu'une bourrique* » (MAC ORLAN). — *Se cacher, se voiler la face*, être horrifié, dégoûté (souvent iron.). — (1850; trad. du chinois) PERDRE LA FACE : perdre son prestige en tolérant une atteinte à son honneur, à sa dignité, à sa réputation. *Sauver la face* : sauvegarder son prestige, sa dignité. « *Nous avons manqué notre coup mais nous pourrons peut-être sauver la face* » (SARTRE). ♦ **2°** *Vx* (Choses). Partie antérieure. « *S'il rencontre un palais, il m'en dépeint la face* » (BOIL.). V. **Façade.** ◊ *Mod.* (1832) Côté d'une monnaie où est représentée une figure (médaille, monnaie); *opposé à* pile. *La face d'une médaille, d'une monnaie.* V. **Avers, obvers.** *Jouer à pile ou face.* — Appos. *Côté face* : l'endroit. ♦ **3°** *Relig.* ou *littér.* Surface. « *Il apparaît de temps en temps sur la face de la terre des hommes rares* » (LA BRUY.). « *De légères rides sur la face de l'Océan* » (CHATEAUB.). ♦ **4°** (XIVᵉ). Chacun des côtés d'une chose. *Considérer un objet sous toutes ses faces.* V. **Angle, coin, côté, couture** *(fam.).* *Face interne, externe d'un*

rempart. « *Une petite glace de bazar, à trois faces* » (ROMAINS). ◊ *Géom.* Chacun des plans qui limitent un solide. *Les faces d'un prisme.* ◊ *Anat.* Surface (d'un organe, d'une partie du corps), définie par sa situation par rapport au corps. *La face interne* (d'un organe), qui regarde l'axe du corps (opposé à *face externe*). *La face interne des cuisses.* — *Bot. Face intérieure, externe ou dorsale des feuilles; la face supérieure, interne ou ventrale.* ♦ **5°** *Fig.* Aspect sous lequel une chose se présente. V. **Aspect, physionomie.** « *Quatre années avaient suffi pour changer la face de ce bourg* » (BALZ.). — (Abstrait) *Cette question a plusieurs faces. Les choses ont bien changé de face.* V. **Tournure.** — *Examiner qqch. sous toutes ses faces.* ♦ **6°** *Loc.* (1690). FAIRE FACE (À) : présenter la face, l'avant tourné vers un certain côté. « *L'hôtel où logeaient les solitaires, faisait face au cloître* » (SUARÈS). ◊ *Faire face à l'ennemi, à des assaillants* : présenter le front des lignes. V. **Front.** *Les cuirassiers « durent faire face de tous les côtés »* (HUGO). *Faire face* (devise de Guynemer). — *Fig.* (1798) Réagir efficacement en présence de quelque difficulté. V. **Parer** (à), **répondre** (à). *Faire face à une dépense, à ses engagements.* « *La mairie devait faire face, avec un personnel diminué, à des obligations écrasantes* » (CAMUS). ♦ **7°** *Loc. prép.* FACE À : en faisant face; vis-à-vis de. « *Un orateur digne de ce nom, parlant face à une foule* » (ROMAINS). *Chambre d'hôtel face à la mer*, ayant vue sur la mer. ♦ **8°** (1690). *Loc. adv.* EN FACE : par-devant. *Regarder qqn en face* : le fixer des yeux, soutenir hardiment son regard. « *Et maintenant, il vous regarde bien en face, trop en face, avec des yeux suppliants et incendiés* » (GIONO). — *Il le lui a dit en face* : directement. — *Fig. Regarder le péril, la mort en face* : sans crainte. *Il faut voir les choses en face*, sans biaiser, sans chercher à se leurrer. ◊ *Loc. prép.* EN FACE DE : vis-à-vis de. *Ils restaient muets l'un en face de l'autre, en face l'un de l'autre.* V. **Devant, En face de la fenêtre.** — *Fam.* Sans de. « *En face le pont de la Tournelle* » (FLAUB.). Ellipt. *La maison d'en face* (du lieu dont on parle). *Je vais en face.* — *Abstrait.* En présence de. « *Un homme énergique n'a jamais peur en face du danger pressant* » (MAUPASS.). ♦ **9°** (XVIIᵉ). *Loc. adv.* FACE À FACE : les faces tournées l'une vers l'autre. V. **Vis-à-vis.** « *Les mains dans les mains restons face à face* » (APOLLINAIRE). *Il se trouva face à face avec un ancien camarade.* « *Gilliatt se trouva face à face avec la difficulté suprême* » (HUGO). — Subst. *Un face à face.* V. **Face à face.** ♦ **10°** *Loc. adv.* DE FACE : la figure, la partie antérieure s'offrant aux regards. *Un portrait de face* (opposé à *de profil*). — De là où l'on voit la face, le devant (opposé à *de côté*). *Choisir au théâtre une loge de face* : qui fait face à la scène. — *Ch. de fer. Retenir le coin de face côté couloir* : dans le sens de la marche du train. Ellipt. *Le coin face.* ◊ **ANT.** Derrière, dos. Pile, revers. Envers, opposé, rebours. — HOM. *Fasce* (de l'écu); formes du v. *faire.*

FACE À FACE ou **FACE-À-FACE** [fasafas]. *n. m. invar.* (1966; de *face à face*, loc. adv., V. **Face, 9°**). Débat* contradictoire organisé entre deux personnalités, le plus souvent sur des thèmes politiques, et destiné à un large public. « *Un face à face télévisé entre les deux candidats à la Présidence* » (*Le Monde*, 25-5-1969). *Organiser un face à face et une table ronde.*

FACE-À-MAIN [fasamɛ̃]. *n. m.* (1872; de *face*, *à*, et *main*). Binocle à manche que l'on tient à la main. *Des faces-à-main. Elle le dévisageait derrière son face-à-main.*

FACÉTIE [fasesi]. *n. f.* (*Facécie*, XVᵉ; lat. *facetia*, de *facetus* « bien fait, plaisant »). Plaisanterie burlesque. V. **Baliverne, bouffonnerie.** *Être victime d'une facétie.* V. **Farce, mystification.** « *Les filles et les garçons échangent des facéties et des bouts rimés* » (BARRÈS).

FACÉTIEUSEMENT [fasesjøzmɑ̃]. *adv.* (XVᵉ; de *facétieux*). Rare. D'une manière facétieuse.

FACÉTIEUX, EUSE [fasesjø, øz]. *adj.* (XVᵉ; de *facétie*). ♦ **1°** *Vx* ou *littér.* Qui a le caractère de la facétie. V. **Comique, drôle, plaisant, réjouissant, spirituel.** *Conte facétieux.* ♦ **2°** *Mod.* Qui aime à dire ou à faire des facéties. V. **Farceur, moqueur.** *Esprit, caractère facétieux.* « *À minuit, une main facétieuse ajoute un treizième coup aux douze coups du beffroi* » (GIRAUDOUX). Subst. *Un petit facétieux.* ◊ **ANT.** Grave, sérieux.

FACETTE [fasɛt]. *n. f.* (XIIᵉ; de *face*). Une des petites faces d'un corps qui en a beaucoup. *Corps à facettes égales, isoédrique. Tailler à facettes un diamant, un brillant, un cristal.* « *Une pierre précieuse à mille facettes* » (MUSS.). — *Fig. À facettes* : qui a plusieurs aspects. « *Tout est à facettes, tout est vrai, c'est le monde* » (SÉV.). ◊ *Zool. Les yeux à facettes des insectes*, composés de nombreux petits yeux rudimentaires formant chacun une lentille. ◊ *Anat.* Petite surface plane (d'un os, d'une dent). *Facette articulaire.*

FACETTER [fasete]. *v. tr.* (1454; de *facette*). *Techn.* Tailler à facettes. *Diamant facetté.*

FÂCHÉ, ÉE [faʃe]. *adj.* (XVᵉ; V. **Fâcher**) ♦ **1°** *Fâché de*, qui est désolé, regrette. V. **Désolé, navré.** *Je suis fâché* *de ce contretemps. Nous sommes bien fâchés de n'avoir pu l'aider.* — *Fâché que. Je ne serais pas fâché qu'il parte, je serais heureux qu'il parte.* ♦ 2° Mécontent. « *Je suis donc fâché d'être médiocre. Oui, oui je suis médiocre et fâché* » (DIDER.). *Il a un air fâché.* V. **Contrarié.** ♦ 3° *Fâché contre, avec qqn* : brouillé. *Ils sont fâchés* : en mauvais termes. *Cette façon* « *m'a déplu et je l'ai prié un peu rudement de cesser ce jeu.* — *Mais enfin vous n'êtes pas fâchés?* » (HUYSMANS). ◊ ANT. Content, heureux, satisfait.

FÂCHER [fɑʃe]. *v. tr.* (1442; mot région. « dégoûter »; lat pop. °*fasticare*, de *fastidiare*, class. *fastidire* « éprouver du dégoût ». V. **Fastidieux**). ♦ 1° *Vx.* Affecter d'un sentiment pénible. V. **Affliger, attrister, chagriner, contrarier, peiner.** « *En effet, ton trépas fâcherait tes amis* » (MOL.). V. **Fâché.** ♦ 2° *Mod.* (1539). Mettre dans un état d'irritation. V. **Agacer, exaspérer, indisposer, irriter, mécontenter.** « *Il était trop dangereux d'encourir la colère de Max ou de le fâcher* » (BALZ.). ◊ 3° *Cour.* **SE FÂCHER.** *v. pron.* Se mettre en colère. V. **Emporter (s'), irriter (s').** *Se fâcher contre qqn.* « *Entre deux controversistes, celui qui aura tort se fâchera* » (DIDER.). « *Je me suis fâché tout rouge contre lui* » (FLAUB.). *Si tu continues, je vais me fâcher.* ◊ *Se fâcher avec qqn.* V. **Brouiller (se), rompre.** *Se fâcher à mort.* Récipr. *Ils se sont fâchés.* ◊ ANT. Réjouir. Adoucir, calmer. — Réconcilier (se).

FÂCHERIE [fɑʃʀi]. *n. f.* (1470; de *fâcher*). ♦ 1° *Vx.* État de celui qui est fâché, contrarié. « *La fâcherie que lui donne quelque perte de ses biens* » (BOSS.). ♦ 2° (1777). *Mod.* Refroidissement ou rupture dans les relations de deux personnes qui se sont fâchées l'une avec l'autre. V. **Bouderie, brouille, désaccord.** *Fâcherie provenant d'un malentendu.* ◊ ANT. Joie, plaisir. Accord, entente, réconciliation.

FÂCHEUSEMENT [fɑʃøzmɑ̃]. *adv.* (XVIᵉ; de *fâcheux*). D'une manière fâcheuse (2°, 3°). « *Après la séance royale si fâcheusement semblable à un lit de justice* » (BARTHOU).

FÂCHEUX, EUSE [fɑʃø, øz]. *adj.* et *n.* (XVᵉ; de *fâcher*). ♦ 1° *Vx.* Qui exige un effort pénible. V. **Difficile.** ♦ 2° *Mod.* (1538). Qui est pour qqn une cause de déplaisir. V. **Désagréable, embarrassant, embêtant** (*pop.*), **ennuyeux, gênant** ou de souffrance (V. **Affligeant**). « *Quelque fâcheuse nouvelle, cher Monsieur?* — *Oh! rien de très grave* » (GIDE). V. **Mauvais.** *Événement fâcheux.* V. **Malheureux.** *Fâcheuse affaire.* ♦ 3° Qui comporte quelque inconvénient; qui porte préjudice. V. **Déplorable, regrettable.** « *Il protesta que la peinture des passions était fatalement d'un fâcheux exemple* » (GIDE). *C'est fâcheux pour nos projets.* V. **Contrariant, malencontreux.** *Contretemps fâcheux. Fâcheuse initiative.* V. **Intempestif.** *C'est fâcheux* : cela arrive mal à propos. V. **Inopportun.** ♦ 4° *Vx* ou *littér.* (*Personnes*). Qui importune, dérange. ◊ *N.* (XVIIᵉ) *Un fâcheux, une fâcheuse.* V. **Gêneur, importun, indiscret** (Cf. *pop.* Casse-pieds). *Les fâcheux,* comédie de Molière. « *Les fâcheux, les importuns usurpent et restent maîtres de la place* » (GIDE). ◊ ANT. Agréable, heureux, opportun, propice. Bienvenu. Discret.

FACHO [faʃo]. V. **FASCISTE,** 4°.

FACIAL, ALE, ALS ou **AUX** [fasjal, o]. *adj.* (1551, repris 1802; du lat. *facies*). Qui appartient à la face, de la face. *Nerf facial. Chirurgie faciale. Angle facial,* indice anthropométrique, angle formé par une droite menée des incisives au front et une autre droite menée des incisives à l'oreille.

FACIES (*vx* ou *sc.*) ou (*cour.*) **FACIÈS** [fasjɛs]. *n. m.* (1836; mot lat. « face »). *Didact.* ♦ 1° Aspect du visage (en médecine, anthropologie). *Le facies indien, mongol.* « *Quelle admirable figure aura le père Babinet... Je vois de là son facies, comme dirait mon pharmacien* » (FLAUB.). *Cour.* « *Un monsieur d'âge moyen, au faciès énergique* » (ROMAINS). ♦ 2° *Sc.* Apparence générale. *Facies d'une plante.* — Ensemble des caractères d'un sédiment, qui renseignent sur son origine. *Facies éolien, continental, glaciaire.*

FACILE [fasil]. *adj.* (1441; lat. *facilis* « qui se fait aisément »; de *facere*). ♦ 1° Qui se fait, qui s'obtient sans peine, sans effort. V. **Aisé, commode, élémentaire, enfantin, simple;** et aussi **Faisable, possible.** *Affaire, opération facile.* « *La vie humble, aux travaux ennuyeux et faciles* » (VERLAINE). *C'est facile, très facile* (Cf. C'est un jeu d'enfant, et *fam.* C'est du billard; cela ne fait pas un pli, marche comme sur des roulettes, va tout seul). *Problème, calcul facile. Passage, texte facile* : dont la compréhension est facile. *Facile comme bonjour, facile comme tout. Un homme de facile accès* : qu'il est aisé d'aborder. *Avoir du travail facile* : travailler sans effort, sans peine. — (Avec un inf. sujet) « *Bavarder est facile. Vaticiner et ennuyer l'est également* » (LÉAUTAUD). — Impers. *Il est facile de refuser.* ◊ **FACILE À, POUR** (QQN). « *Il m'est, disait-elle, facile D'élever des poulets* » (LA FONT.). *La chose est facile pour un homme de sa trempe* (Cf. C'est un jeu pour lui). ◊ Par ext. *Avoir la vie facile* : agréable, sans souci. ♦ 2° **FACILE À** (et inf.) : qui ne demande pas d'effort pour être (fait, etc.). *Chose facile à faire, à réussir. Cela est plus facile à*

dire qu'à faire. Chose facile à comprendre : claire, compréhensible, intelligible, simple. *Laissez-vous* « *promener par la bonne étoile. Son conseil est facile à suivre* » (LOUYS). (Tour critiqué) *Un objet facile à se procurer.* — (Personnes) *Un homme facile à contenter, à satisfaire* : que l'on contente facilement. *Facile à vivre* : dont l'humeur est accommodante, égale (Cf. Facile, 5°). — *Vx. Être facile à faire qqch* : le faire facilement; être disposé à. *Mirabeau,* « *sensible à l'amitié, facile à pardonner les offenses* » (CHATEAUB.). ♦ 3° (XVIIᵉ). Qui semble avoir été fait, composé sans effort, sans peine; qui ne sent point la gêne. *Style facile.* V. **Aisé, coulant.** « *Si l'élégance a toujours l'air facile, tout ce qui est facile et naturel n'est pas élégant* » (VOLT.). ◊ *Péj.* Sans profondeur, sans recherche. *C'est une raillerie un peu facile.* « *Je hais l'esprit satirique comme étant le plus petit, le plus commun et le plus facile de tous* » (CHATEAUB.). *Musique facile.* ♦ 4° (Personnes). *Vieilli.* Qui fait, qui exécute sans peine. V. **Habile.** « *Fénelon est un esprit facile et jaillissant* » (LANSON). ♦ 5° (1636; personnes). *Vx* ou *littér.* Qui se prête sans peine à ce qu'on attend de lui; qui supporte facilement. V. **Accommodant, arrangeant, conciliant, doux, malléable, tolérant.** *Un homme facile.* « *D'une mère facile affectez l'indulgence* » (RAC.). — Par ext. *Mod. Caractère, humeur facile,* aimable. — Spécialt. (1835) En parlant d'une femme. Qui accorde aisément ses faveurs. V. **Léger.** *Femme, fille facile.* ◊ ANT. Difficile, incommode. Maladroit; profond, recherché. Emprunté, inhabile. Âpre, chicaneur, dur, exigeant, ferme, inabordable; farouche.

FACILEMENT [fasilmɑ̃]. *adv.* (1470; de *facile*). Avec facilité; sans effort, sans peine. V. **Aisément, commodément, naturellement.** « *Les idées ne venaient pas facilement, il peinait pour s'exprimer* » (CÉLINE). — Pour peu de chose. *Il se vexe facilement. Cette matière se casse facilement.* ◊ ANT. Difficilement.

FACILITATION [fasilitasjɔ̃]. *n. f.* (av. 1877; de *faciliter*). *Didact.* Action de faciliter. ◊ *Techn.* Ensemble des mesures destinées à accélérer le transport des marchandises, par air et par mer. ◊ *Physiol.* Accroissement de l'excitabilité à la suite d'un stimulus*, unique ou répété. V. **Frayage.**

FACILITÉ [fasilite]. *n. f.* (1495; lat. *facilitas*). ♦ 1° Caractère, qualité de ce qui se fait sans peine, sans effort. *Facilité d'un travail.* V. **Simplicité.** *Une impudence* « *peut-être uniquement due à la facilité de nos premiers succès* » (LACLOS). « *La culture des hévéas permettrait d'obtenir du caoutchouc avec plus de facilité et d'abondance* » (CHARDONNE). ♦ 2° (Surtout plur.). Moyen qui permet de faire qqch. sans effort, sans peine. V. **Moyen, occasion, possibilité.** *Avoir la facilité de rencontrer qqn, de faire un voyage. Apporter, fournir, procurer à qqn toutes facilités pour...* V. **Aide, appui, secours.** *Voyageurs* « *qui eûtes toutes facilités de mentir* » (FRANCE). V. **Latitude, liberté, marge.** ◊ Spécialt. Dr. comm. *Facilités de paiement, pour le paiement,* et absolt. *Facilités* : délais, conditions spéciales accordés à un acheteur, à un débiteur. *Échelonnement des paiements. Facilité de caisse.* ♦ 3° Disposition à faire qqch. sans peine, sans effort. V. **Aptitude, disposition, don; aisance, aisance, habileté.** *Écrire avec facilité.* « *J'avais une grande facilité de parole* » (MAURIAC). — Vieilli. *Facilité de* (et inf.). « *L'apparente facilité d'apprendre est cause de la perte des enfants* » (ROUSS.). — Mod. *Facilité à, pour.* « *Une grande facilité à s'plier à une discipline* » (FUSTEL). « *Sans facilité pour apprendre* » (ZOLA). — Par ext. « *La facilité que l'on a de croire ou de ce qu'on souhaite* » (LA ROCHEF.). ◊ *Absolt.* Aptitude, don pour l'étude, pour le travail; aptitude à composer, créer (une œuvre). *Cet enfant n'a aucune facilité. Plein de facilité, faisant des vers plus volontiers que de la prose* » (STE-BEUVE). « *À l'école, ma facilité, véritable paresse, me faisait prendre pour un bon élève* » (RADIGUET). ♦ 4° *Vx* ou *péj.* Caractère de ce qui est ou semble être écrit, composé sans effort, sans peine. *Son style a de la grâce et de la facilité.* V. **Agrément, naturel.** « *La facilité se vend mieux : c'est le talent enchaîné... l'art de rassurer des discours harmonieux et prévus* » (SARTRE). ♦ 5° *Vx* ou *littér.* Tendance d'une personne à se prêter, à consentir à ce que l'on attend d'elle. V. **Complaisance, condescendance.** *Sa facilité à se laisser convaincre, à croire ce qu'on lui raconte.* ◊ *Absolt.* V. **Bonté, douceur, indulgence.** « *Ces opinions que le peuple reçoit avec une facilité trop crédule* » (PASC.). ◊ ANT. Difficulté, incommodité; embarras, ennui, obstacle, opposition. Inaptitude.

FACILITER [fasilite]. *v. tr.* (XVᵉ; it. *facilitare,* de *facilita* « facilité »). Rendre facile, moins difficile. V. **Aider, arranger.** *Faciliter une entrevue.* V. **Ménager.** « *On cherchait, en le renseignant, à lui faciliter sa tâche* » (MART. du G.). *Son entêtement ne facilitera pas les choses.* ◊ ANT. Embarrasser, empêcher, entraver.

FAÇON [fasɔ̃]. *n. f.* (XIIᵉ; lat. *factio, onis* « action de faire », rac. *facere.* V. **Faction**). **I.** Action de donner une forme à qqch., de la mettre en œuvre. V. **Création, fabrication.** ♦ 1° DE (LA, MA, SA...) FAÇON. « *Quelques chétifs essais de ma façon* » (STE-BEUVE).

C'est bien une idée de sa façon. V. **Invention** (Cf. Une idée à lui). Il lui a joué un tour de sa façon, un mauvais tour. ♦ 2° Spécialt. Travail de l'artiste, de l'artisan qui met en œuvre une matière. V. **Exécution, travail.** Première façon. V. **Ébauchage, ébauche, esquisse.** Payer la façon d'un habit dont on a fourni le tissu. V. **Confection.** Coûter cent francs de façon. V. **Main-d'œuvre.** Par ext. Un tailleur « qui se contentait de ses façons, sans escamoter le moindre morceau de drap » (LESAGE). ◊ À FAÇON : en exécutant le travail, sans fournir la matière première. Travailler à façon, prendre un travail à façon. Couturière à façon. ♦ 3° (1606). Agric. Chacune des opérations culturales qui ont pour objet le travail de la terre au moyen d'instruments aratoires. V. **Ameublissement, binage, hersage, labour, roulage, sarclage.** Terre qui demande trois façons. ♦ 4° Manière dont une chose est faite ; forme qu'on lui a donnée. V. **Forme ; facture, travail.** « Une robe de petite étoffe, remarquable seulement par la façon » (BALZ.). V. **Coupe.** ◊ Comm. (XXᵉ) Châle façon cachemire : imitant le cachemire. ♦ 5° Vx ou littér. FAÇON DE : espèce, sorte de. « Une façon de secrétaire que j'ai amené avec moi » (VOLT.).

II. Forme, manière d'être ou d'agir particulière. V. **Manière, mode.** ♦ 1° FAÇON DE (et inf.) : manière d'agir, de faire, de procéder. PROV. La façon de donner vaut mieux que ce qu'on donne. « Vos ordres sont charmants ; votre façon de les donner est plus aimable encore » (LACLOS). Une façon de parler, de s'exprimer : expression, tour, locution. C'est une façon de parler : il ne faut pas prendre à la lettre ce qui vient d'être dit. C'est une façon de voir, un point de vue. — LA FAÇON DONT... La façon dont on applique les lois. « La façon désinvolte dont vous parlez de la mort de votre père... m'a outré » (MONTHERLANT). ♦ 2° DE... FAÇON. D'une façon, de la façon... De cette façon. V. **Ainsi, comme** (comme ça). De quelle façon cela s'est-il produit? V. **Comment.** « On y danse au piano, comme en France, mais d'une façon encore plus moderne » (GAUTIER). De toute façon : quoi qu'il en soit, en tout état de cause. — Exprimer d'une façon approximative ; dire de façon plus précise... On peut dire, d'une façon générale... — DE FAÇON QUE (Vieilli avec l'ind.). « Tout alla de façon Qu'il ne vit plus aucun poisson » (LA FONT.). Mod. (Subj.) « Il travaille de façon qu'il puisse vivre » (LITTRÉ). Former la chaîne des idées « de façon qu'aucun anneau ne manque » (TAINE). V. **Sorte** (de telle sorte que) ; **tellement** (que). ◊ DE FAÇON À... (et inf.). Il se plaça de façon à être vu. ◊ DE FAÇON À CE QUE ... (tour critiqué). « Elle plaçait son éventail de façon à ce qu'il pût le prendre » (STENDHAL). ♦ 3° À LA FAÇON DE. V. **Comme.** Il parlait à la façon d'un orateur. Écarquiller les yeux à la façon d'un homme étonné. — Il veut vivre à sa façon. V. **Guise.** « Tu fus une grande amoureuse À ta façon, la seule bonne » (VERLAINE). ♦ 4° EN... FAÇON. Vx. En même façon que : de la même façon. En aucune façon : en aucun cas. V. **Nullement.** « Entendez-vous le latin? — En aucune façon » (MOL.).

III. (XIIIᵉ). Apparence, manière d'être extérieur d'une personne. ♦ 1° Vx. Air, allure, tournure. « Bien fait et beau, d'agréable façon » (LA FONT.). ♦ 2° Au plur. Mod. Manières propres à une personne ; procédés dont elle use. V. **Comportement, manière.** Ses façons me déplaisent. « Mina ne prit point les façons d'une jeune Française... elle conserva le naturel et la liberté des façons allemandes » (STENDHAL). « Ses façons étaient réservées, froides, polies » (HUGO). ◊ Spécialt. Manières affectées. V. **Chichi, minauderie, mine, simagrée.** Elle fait des façons. ◊ Manières cérémonieuses, politesse excessive. V. **Cérémonie, embarras, politesse.** Ne faites pas tant de façons pour accepter. V. **Histoire.** ◊ SANS FAÇON : simplement. « J'accepte sans façon l'offre que vous me faites » (DANCOURT). — Adj. Une personne sans façon. Il est vraiment sans façon. V. **Sans-gêne.** — Subst. Agir avec sans façon. — (Choses) Un petit dîner sans façon, très simple.
◊ ANT. Simplicité ; naturel.

FACONDE [fakɔ̃d]. n. f. (1160, repris fin XVIIIᵉ ; lat. facundia « éloquence »). Littér. (souvent péj.). Élocution facile, abondante. V. **Facilité, volubilité.** Une faconde étourdissante, intarissable. « Ma grande hostilité pour la prolixité, la faconde et le boniment en sont cause » (GIDE). « Étourdissante faconde [de Malraux]. (Oh ! je ne donne aucun sens péjoratif à ce mot — qui, originairement du moins, n'en avait point...) » (GIDE). ◊ ANT. Mutisme, silence. Concision.

FAÇONNAGE [fasɔnaʒ] ou **FAÇONNEMENT** [fasɔnmã]. n. m. (1872 [XVIIIᵉ, autre sens] ; — 1611 ; de façonner). Action ou manière de façonner un ouvrage ; son résultat. ◊ Façonnage, action de tirer des produits utiles des arbres abattus. L'abattage et le façonnage de bois de mine. ◊ Abstrait : « façonnement de l'esprit » (GIDE). ◊ Techn. Façonnage (de à façon), travail à forfait dans l'industrie pétrolière (V. **Sous-traitant**).

FAÇONNÉ, ÉE [fasɔne]. adj. (1334 ; V. **Façonner**). Travaillé, ouvré. Étoffe façonnée, tissée de manière à former des dessins.

FAÇONNER [fasɔne]. v. tr. (1175 ; de façon).
I. ♦ 1° Mettre en œuvre, travailler (une matière, une chose), en vue de donner une forme particulière. V. **Élaborer, ouvrer, préparer, travailler.** Façonner un tronc d'arbre en canot, en embarcation (ACAD.). Ouvrage grossièrement façonné. « Que d'heures j'ai passées à façonner une bûche et à la creuser avec du feu » (GAUTIER). — Fig. « L'effort d'une âme qui façonne la matière » (BERGSON). ♦ 2° Littér. Faire (un ouvrage) en travaillant la matière. V. **Confectionner, fabriquer, former, modeler.** Façonner une pièce mécanique à l'aide d'une machine-outil. V. **Usiner.** ♦ 3° Agric. Donner à (une terre) les façons nécessaires. Façonner une terre, un champ. V. **Labourer.** « Laboura ou façonnant ma vigne » (P.-L. COUR.).
II. ♦ 1° Former peu à peu (qqn) par l'éducation, l'habitude. V. **Dresser** (fig.) ; **éduquer, former, modifier, transformer.** « La forte éducation puritaine par quoi mes parents avaient façonné mon enfance » (GIDE). « Elle oublie que toute une existence misérable l'a ainsi façonnée, qu'elle s'est durcie, qu'elle s'est armée de sécheresse » (MAURIAC). ♦ 2° Vx ou littér. Façonner qqn à. V. **Accoutumer, habituer, plier.** « Les hommes sûrs, intelligents, façonnés au travail comme lui-même » (BALZ.).

FAÇONNEUR [fasɔnœr]. n. m. (1970 ; de façonner). Celui qui façonne. Un façonneur de l'Histoire.

FAÇONNIER, IÈRE [fasɔnje, jɛʀ]. n. et adj. (1564 ; façonner). ♦ 1° Rare. Personne qui travaille à façon. V. **Artisan, ouvrier.** Appos. Ouvrier façonnier. ♦ 2° Qui fait trop de façons, de cérémonies. « Mᵐᵉ Tite-le-Long était façonnière et très simple, selon qu'elle pensait à sa mère ou à son mari » (JOUHANDEAU). « L'éducation façonnière des riches » (ROUSS.). ◊ ANT. Naturel, simple.

FAC-SIMILÉ [faksimile]. n. m. (1821 ; facsimilé, 1819 ; lat. fac simile « fais une chose semblable »). Reproduction exacte d'un écrit, d'un dessin. V. **Copie, reproduction.** Des fac-similés. Fac-similé en autographie, en photogravure, en phototypie. ◊ ANT. Original.

FACTAGE [faktaʒ]. n. m. (1845 ; du rad. de facteur, II). Transport des marchandises au domicile du destinataire ou au dépôt de consignation. Services de factage et de camionnage : livraison, enlèvement à domicile. Par ext. Prix de transport. Payer le factage. — (Postes) Distribution par le facteur des lettres, dépêches, imprimés.

FACTEUR [faktœʀ]. n. m. (1361, « celui qui fait, créateur » ; lat. factor).
I. (Personnes). ♦ 1° (1699). Fabricant (d'orgues, puis XVIIIᵉ de pianos). Facteur d'orgues. Émile accorde un vieux clavecin ; « il est facteur, il est luthier aussi bien que menuisier » (ROUSS.). ♦ 2° Vx (1393). Celui qui fait le commerce pour le compte d'un autre. V. **Agent, commis, intermédiaire.** Spécialt. (1849) Facteur des Halles. V. **Mandataire.** « Jacques Cœur avait trois cents facteurs en Italie et dans le Levant » (VOLT.). ♦ 3° Cour. (1704, facteur de lettres). Celui qui porte et distribue à leurs destinataires les lettres, dépêches, imprimés, colis envoyés par la poste. « Les facteurs de lettres, ou facteurs des postes ont commencé leur service à Paris quand fut organisée la « Petite Poste » (1759). Mod. Absolt. Le facteur (depuis peu, les facteurs se nomment officiellement agents, préposés). La tournée du facteur. « Le facteur Boniface, en sortant de la maison de poste, constata que sa tournée serait moins longue que de coutume » (MAUPASS.). « Je guettais dans la rue le facteur qui devait apporter une lettre » (RADIGUET). Facteur rural. Facteur-receveur. Facteur télégraphique. ♦ 4° Ch. de fer. Agent chargé d'un service du bureau de mouvement.
II. (Abstrait). ♦ 1° Sc. (1699). Math. Chacun des éléments constitutifs d'un produit (V. **Coefficient, multiplicande, multiplicateur**). Facteur numérique, algébrique. Facteur positif, négatif. Si l'un des facteurs est nul, le produit est nul. Facteur commun de plusieurs produits. Mise en facteurs : décomposition d'une expression algébrique en un produit de facteurs. Facteurs premiers d'un nombre : diviseurs premiers. ♦ Phys. Rapport entre deux valeurs d'une même grandeur. Facteur de charge, de sécurité (aviat.) ; facteur d'évaporation, de sécheresse (climatologie). ◊ Biol., sc. hum. Les facteurs de l'hérédité. Facteur d'émotivité (dans une épreuve de psychologie expérimentale). — Appos. Facteur rhésus*. — Facteurs sanguins (de la coagulation, des groupes sanguins). — Biochim. Substance bien définie, ou encore non isolée chimiquement, jouant un rôle déterminé dans divers processus physiologiques ou pathologiques. Facteur de croissance (vitamines, acides aminés, oligométaux). Facteur antianémique. ♦ 2° Cour. Chacun des éléments contribuant à un résultat. V. **Élément.** Les facteurs de la production. V. **Agent.** En 1905, en Russie « les facteurs objectifs (de la révolution) étaient excellents, caractérisés. Mais les facteurs subjectifs étaient insuffisants » (MART. du G.). — Appos. Le facteur chance ; le facteur prix.

FACTICE [faktis]. adj. (XVIᵉ, repris 1675 ; lat. facticius « artificiel », de facere « faire ». V. **Fétiche**). ♦ 1° Vx. Qui n'est pas de création naturelle. V. **Artificiel**. « *Le vin est une boisson factice* » (TRÉVOUX). ◇ Biblio. *Recueil factice : réunion sous une même reliure de pièces, œuvres diverses.* ♦ 2° **Mod**. Qui est faux, imité. *Marbre factice, en stuc. Il s'était affublé d'une barbe factice.* V. **Postiche**. — Spécialt. *Bouteille factice.* « *Ils s'approchaient, aguichés, mais c'était pour lire sur une pancarte : étalage factice* » (SARTRE). ♦ 3° *Fig.* (XVIII°). Qui n'est pas naturel. V. **Affecté, artificiel, emprunt** (d'). *Gaieté, enjouement factice.* V. **Faux, forcé**. « *Dépouillez-le, par la pensée, de ses habitudes factices, de ses besoins surajoutés, de ses préjugés faux* » (TAINE). *Amabilité, douceur factice.* V. **Feint**. *Tout, dans ce livre, est factice.* V. **Fabriqué, insincère**. ◇ *Subst.* Littér. *Le factice :* ce qui est factice. « *La littérature sentait furieusement le factice et le renfermé* » (GIDE). ◇ ANT. *Naturel, réel, sincère, vrai.*

FACTICEMENT [faktismã]. *adv.* (1846; de *factice*). D'une manière factice.

FACTICITÉ [faktisite]. *n. f.* (1873; de *factice*). ♦ 1° *Didact.* Caractère de ce qui est factice, artificiel. ♦ 2° *Philo.* Caractère de ce qui est un fait.

FACTIEUX, EUSE [faksjø, øz]. *adj. et n.* (1488; lat. *factiosus*). ♦ 1° *Adj.* Qui exerce contre le pouvoir établi une opposition violente tendant à provoquer des troubles. *Parti factieux; ligue factieuse.* V. **Révolutionnaire, séditieux**. ♦ 2° *N.* V. **Agitateur, insurgé, mutin, rebelle, révolté.** *Une poignée de factieux.* « *Nous avons en lui* (Retz) *l'agitateur au complet, le factieux dans tout son beau* » (STE-BEUVE). ◇ ANT. *Fidèle, obéissant.*

FACTION [faksjõ]. *n. f.* (1330, aussi « action de faire »; lat. *factio* « groupement », de *facere* « faire »). ♦ 1° Groupe, parti se livrant à une activité factieuse dans un État, une société. V. **Ligue**. *Pays en proie aux factions.* V. **Complot, conspiration**. *La monarchie s'efforcera de maintenir l'équilibre et de rester au-dessus des factions* » (BAINVILLE). ♦ 2° (XVI°; p.-ê. it. *fazione*). Action d'un soldat en armes (V. **Factionnaire, sentinelle**) qui surveille les abords d'un poste. V. **Garde, guet**. « *Les factions rudes et oisives, la vie somnolente des casernes* » (ZOLA). ◇ **EN, DE FACTION**. *Être en faction. Mettre un homme de faction devant une porte.* « *On plaçait chaque jour un soldat de faction dans le corridor qui conduisait aux appartements du ministre* » (MAUPASS.). — *Par ext.* Surveillance, attente prolongée. *Être en faction au coin d'une rue.* V. **Guet** (faire le).

FACTIONNAIRE [faksjɔnɛr]. *n. m.* (1671; « factieux », XVI°; de *faction*). Soldat en faction. V. **Sentinelle**. « *Un factionnaire, qu'on relevait de deux heures en deux heures, se promenait le fusil chargé* » (HUGO).

FACTITIF, IVE [faktitif, iv]. *adj.* (fin XIX°; lat. *factitare*, fréquentatif de *facere* « faire »). *Gram.* Qui exprime que le sujet est la cause de l'action, sans agir lui-même. *Verbes intransitifs à valeur factitive.*

FACTORAGE [faktɔraʒ]. *n. m.* (1756; de *facteur*). *Comm.* Fonction de facteur aux Halles.

FACTORERIE [faktɔrri]. *n. f.* (1568; *factorie*, 1428; de *facteur* « agent commercial », d'apr. lat. *factor*). Agence ou comptoir d'un établissement commercial à l'étranger (s'est dit surtout aux colonies).

FACTORIEL, IELLE [faktɔrjɛl]. *adj. et n. f.* (1846; de *facteur*). ♦ 1° *Adj.* Relatif à un facteur (II, 1°). *Analyse factorielle.* ♦ 2° *N. f.* Math. Produit des nombres entiers inférieurs ou égaux à un nombre donné. *La factorielle de 4 est : 4! = 1 × 2 × 3 × 4 = 24, et correspond au nombre des permutations de 4 objets.*

FACTORING [faktɔriŋ]. *n. m. (anglicisme).* V. **AFFACTURAGE**.

FACTOTUM [faktɔtɔm]. *n. m.* (1642; *factoton*, XVI°; loc. lat. *fac totum* « fais tout »). Celui dont les fonctions consistent à s'occuper de tout dans une maison, auprès de qqn. V. **Intendant**. *Des factotums.* « *Le secrétaire particulier de mon frère, son factotum, son âme damnée* » (DUHAM.).

FACTUEL, ELLE [faktɥɛl]. *adj.* (XX°; comp. sav. de *fait*, d'apr. l'angl. *factual*). *Philo.* Qui est de l'ordre du fait. *Données factuelles. Preuve factuelle.*

FACTUM [faktɔm]. *n. m.* (1532, dr.; lat. *factum*, proprem. « fait »). ♦ 1° *Didact., Dr.* Mémoire dépassant l'exposé du procès et dans lequel l'une ou l'autre des parties mêle attaques et justifications. *Les factums de Furetière à l'occasion de son procès avec l'Académie française.* « *Je conseille à Beaumarchais de faire jouer ses Factums, si son Barbier ne réussit pas* » (VOLT.). ♦ 2° (Déb. XIX°). Mémoire, libelle d'un ton violent dirigé contre un adversaire à l'occasion d'un différend quelconque). V. **Diatribe, pamphlet**. *Des factums politiques.*

FACTURATION [faktyrasjõ]. *n. f.* (1935; de *facturer*). Action d'établir une facture. — Bureau où l'on établit les factures.

1. **FACTURE** [faktyr]. *n. f.* (XIII°, « fabrication »; puis « travail, œuvre », a. fr. *faiture;* lat. *factura* « fabrication »,

de *facere* « faire »). ♦ 1° *Didact.* (1548). Manière dont est faite une œuvre d'art, dont est réalisée la mise en œuvre des moyens matériels et techniques. *La facture d'un sonnet, d'une strophe.* « *Chénedollé... fait parfaitement les vers, il a une facture à lui* » (FONTANES). V. **Manière, style, technique**. « *Une petite eau-forte* (de Rembrandt), *de facture hachée, impétueuse* » (FROMENTIN). ♦ 2° *Techn.* Fabrication des instruments de musique (V. **Facteur**). *La facture d'un piano, d'une harpe.* ◇ *Jeux de la petite, de la grosse facture :* jeux d'orgue dont les tuyaux sont étroits.

2. **FACTURE** [faktyr]. *n. f.* (1583; de *facteur* « agent commercial »). *Comm.* Pièce comptable indiquant la quantité, la nature et les prix des marchandises vendues, des services exécutés. V. **Compte, état, note**. *Vendre au prix de facture.* — *Facture pro forma* (« pour la forme »), facture anticipée qui permet d'obtenir une autorisation d'achat ou un crédit. ◇ *Cour.* Décompte, note d'une somme à payer. *Dresser, établir, faire une facture.* V. **Facturer**. *Envoyer, présenter une facture. Payer, régler, solder une facture* (V. aussi **Addition, note;** fam. **douloureuse**). *Facture protestable.*

FACTURER [faktyre]. *v. tr.* (1836; « fabriquer », 1827; de *facture*). Porter (une marchandise) sur une facture, dresser la facture de. *Cet article n'a pas été facturé.* Compter sur une facture. *Produit facturé dix francs.*

FACTURIER, IÈRE [faktyrje, jɛr]. *n.* (1849; de *facture*). ♦ 1° *N. m.* Livre dans lequel on enregistre les factures d'achat ou de vente. ♦ 2° Employé de bureau chargé de dresser les factures, de tenir les livres. V. **Comptable**. Adj. *Dactylographe facturière.*

FACULE [fakyl]. *n. f.* (1678; « petite torche », XV°; lat. *facula*). *Astron.* Partie du disque solaire plus brillante que celles qui l'entourent.

FACULTAIRE [fakylter]. *adj.* (1970; de *faculté*). Qui appartient, est relatif à une faculté* (II, 1°). « *La responsabilité de l'administration facultaire* » (*Nice-Matin,* 1970). Cf. **Universitaire**.

FACULTATIF, IVE [fakyltatif, iv]. *adj.* (1836; relig., 1694 : *bref facultatif* « qui donne pouvoir, faculté de »; de *faculté*). Qu'on peut faire, employer, observer ou non. *Épreuves d'examen facultatives. Arrêt facultatif sur une ligne d'autobus. Pourboire facultatif.* ◇ ANT. *Forcé, obligatoire.*

FACULTATIVEMENT [fakyltativmã]. *adv.* (1845; de *facultatif*). D'une manière facultative.

FACULTÉ [fakylte]. *n. f.* (v. 1200; lat. *facultas* « capacité, aptitude », de *facere* « faire »).

I. ♦ 1° *Littér.* Possibilité de faire qqch. V. **Droit, liberté, moyen, possibilité, pouvoir**. *Laisser, accorder à qqn la faculté de choisir. Faculté de jouir d'un avantage qui n'est pas commun.* V. **Privilège**. *Le propriétaire foncier a la faculté d'exploiter son bien quand il l'entend. Faculté de rachat* (réméré). ♦ 2° *Philo. anc.* Fonction de l'être, considérée comme constituant un pouvoir spécial de faire ou de subir. V. **Fonction**. *Les facultés de l'âme :* activité, intelligence, sensibilité. *La faculté cognitive de l'esprit humain :* compréhension, entendement. *Le raisonnement, le jugement, la mémoire, l'imagination étaient conçus comme des facultés.* « *Si nous employons encore le mot facultés, si même il nous arrive de parler des facultés de l'âme, nous ne songeons plus à des pouvoirs résidant en l'âme* » (GOBLOT). *Vx.* Propriété, pouvoir d'une chose. ◇ *Cour.* Aptitude, capacité. *Il ne jouit plus de toutes ses facultés* (mentales, intellectuelles). « *Il ne montrait à aucun degré les facultés transcendantes que son père déployait dans la musique et la déclamation* » (FRANCE). V. **Disposition, don**. *Il a une grande faculté d'attention, de travail.* ♦ 3° *Vieilli* ou *Dr.* **FACULTÉS** : biens, ressources dont qqn peut disposer. V. **Moyens, ressources**. *Dépenser au delà de ses facultés.* — *Dr. mar.* Marchandises chargées sur un navire.

II. *Mod. et cour.* (1261; lat. médiév. *facultas*). ♦ 1° Corps des professeurs qui, dans une même université, sont chargés de l'enseignement supérieur dans une discipline déterminée; partie de l'université où se donne cet enseignement. V. **Enseignement** (supérieur), **université** (Cf. arg. étud. *Fac* [fak]). *Aujourd'hui une université comprend les facultés de droit, des lettres, de médecine et de pharmacie, des sciences. Doyen, recteur d'une faculté.* — (Au Canada) *Faculté des arts,* l'équivalent de la faculté des lettres. ♦ 2° *LA FACULTÉ :* la faculté de médecine; la médecine. « *Ce n'est jamais sans trembler que je plaisante un peu la Faculté* » (BEAUMARCH.). ◇ *Fam.* Le médecin traitant. *Ce qu'ordonne, permet, défend la faculté.*

FADA [fada]. *adj. et n. m.* (XX°; prov. mod. *fadas,* de *fat* « sot ». V. **Fat;** Cf. a. fr. *Fadas, fadasse,* XVI°). ♦ 1° Région. *(Midi).* Un peu fou. V. **Cinglé**. ♦ 2° N. m. « *Oh! le pauvre fada! Quelle mentalité! Mais il est fou, ce pauvre vieux ?* » (PAGNOL).

FADAISE [fadɛz]. *n. f.* (1541; prov. *fadeza* « sottise », de *fat* « sot »). ♦ 1° Propos plat et sot; plaisanterie fade et plate. V. **Baliverne, niaiserie, platitude**. « *Personne n'est* *exempt de dire des fadaises* » (MONTAIGNE). ♦ 2° Chose insignifiante, dépourvue d'intérêt. V. **Bagatelle, niaiserie.** *Prêt « à prendre au sérieux des fadaises* » (GIDE).

FADASSE [fadas]. *adj.* (v. 1730; de *fade*, et suff. péj. *-asse*). *Fam.* Qui est d'une fadeur déplaisante. *Plat d'un goût fadasse. Une chevelure d'un blond fadasse.* « *Votre poésie subjective sera toujours horriblement fadasse* » (RIMBAUD).

FADASSERIE [fadasʀi]. *n. f.* (1756; de *fadasse*). *Fam.* Caractère fadasse. « *Toute cette fadasserie portait le cœur* » (CÉLINE).

FADE [fad]. *adj.* (XIIᵉ; lat. pop. °*fatidus*, class. *fatuus* « fade », d'apr. *sapidus*; Cf. Saveur). ♦ 1° Qui manque de saveur, de goût. *Aliment, boisson fade.* V. **Insipide; douceâtre, écœurant.** « *L'odeur doucereuse et fade du sang* » (MAC ORLAN). ◊ Sans éclat. *Une couleur fade.* V. **Délavé, pâle,** terne. *Des cheveux d'un blond fade. Une beauté un peu fade.* ◊ *Région.* (Belgique). *Il fait fade,* étouffant, lourd (du temps). ♦ 2° *Fig.* Qui est sans caractère, sans intérêt particulier. V. **Ennuyeux, insignifiant, monotone.** *Une beauté un peu fade.* « *Des injures? J'aime mieux cela; c'est moins fade que vos sucreries* » (MUSS.). « *Le pays était plat, pâle, fade et mouillé* » (FROMENTIN). — *Compliment, amabilité fade.* V. **Conventionnel, plat.** « *Une vieille qui raconte... avec un tas de détails inutiles, de petites histoires fades* » (RENARD). ◊ ANT. **Assaisonné, épicé, relevé, savoureux. Brillant, intéressant, vif, vivant.**

FADÉ, ÉE [fade]. *adj.* (*Fader* « partager les objets volés », arg., 1725; prov. mod. *fada* « donner, avantager »). *Pop.* et *iron.* Réussi dans son genre (*proprem.* qui a son compte de telle qualité). « *Lui, alors, je crois qu'il est fadé dans son genre!* » (CÉLINE). *Ses films sont toujours moches, mais le dernier, il est fadé!*

FADEMENT [fadmɑ̃]. *adv.* (XVIᵉ; de *fade*). D'une manière fade. *Tout ce qu'il dit, il le dit fadement.*

FADEUR [fadœʀ]. *n. f.* (XIIIᵉ, repris 1611; de *fade*). ♦ 1° Caractère de ce qui est fade. *La fadeur d'un plat insuffisamment assaisonné.* — *J'avais beau « relever la fadeur de mes tresses blondes par des rubans cerise* » (BALZ.). ♦ 2° *Fig.* Caractère de ce qui est insignifiant, plat, ennuyeux. « *Fadeur générale de la vie* » (en Belgique). *Cigares, légumes, fleurs, fruits, cuisine, yeux, cheveux, tout est fade, tout est triste, insipide, endormi* » (BAUDEL.). ♦ 3° *Des fadeurs :* des discours, des compliments fades (V. *Fadaise*). *Elle était belle, faite « pour recevoir des hommages, et entendre des fadeurs* » (MAUPASS.). ◊ ANT. **Piquant, saveur.**

FADING [fa(ɛ)diŋ]. *n. m.* (1930, mot angl. « action de disparaître, de s'effacer »). (*Radio*). Évanouissement momentané du son (ou de l'intensité d'un signal). « *Le passé s'évanouissait... C'était comme le fading dans un récepteur radiophonique* » (MAC ORLAN). — Recom. offic. **Évanouissement***.

FADO [fado]. *n. m.* (1922; mot port. « destin », lat. *fatum*). Chant portugais sur des poésies populaires sentimentales et dramatiques.

FAFIOT [fafjo]. *n. m.* (1627, « jeton, marque »; 1837, « papier », puis *pop.* « billet »; rad. onomat. *faf-*, désignant un objet de peu de valeur). *Pop.* Billet de banque. *Des fafiots :* de l'argent.

FAGNE [faɲ]. *n. f.* (1842; mot dial. wallon; germ. °*fanja*. V. **Fange**). Dans les Ardennes, Petit marais tourbeux au sommet d'une colline.

FAGOT [fago]. *n. m.* (v. 1200; p.-ê. d'un gr. °*phakos*, de *phakelos*, par le prov. *fagot*). Faisceau de menu bois, de branchages. V. **Bourrée** (1), **brande, cotret, fascine, javelle, margotin.** *Le menu bois, les brindilles forment l'intérieur ou âme du fagot; les pièces plus grosses dites parements, jarrets, forment le tour.* Loc. prov. *Il y a fagot et fagot :* il peut y avoir de grandes différences de valeur dans une même catégorie d'objets. ◊ Loc. *Vin, bouteille de derrière les fagots :* le meilleur vin, vieilli à la cave (derrière les fagots). « *Quatre sortes de vins vieux et parfaits : Sauternes, Beaume, Pouilly, et je ne sais plus quoi de derrière les fagots* » (GIDE). ◊ *Sentir le fagot :* être suspect d'hérésie (les hérétiques étant autrefois condamnés au bûcher).

FAGOTAGE [fagotaʒ]. *n. m.* (1580; de *fagoter*, 2°). ♦ 1° *Vx.* Mauvais arrangement; travail bâclé. « *Le fagotage de mes lettres* » (Sév.). ♦ 2° *Mod.* Accoutrement. « *Belle fille peut-être sous le vermillon de son visage et le fagotage de sa personne* » (FRANCE).

FAGOTER [fagote]. *v. tr.* (XIIIᵉ; de *fagot*). ♦ 1° *Vx* ou *région.* Mettre en fagots. « *Le vieux jardinier Clovis fagotant du bois mort* » (BERNANOS). ♦ 2° *Fig. et cour.* (XVIᵉ). Arranger, habiller mal, sans goût. V. **Accoutrer, affubler.** *Elle fagote ses enfants d'une façon inimaginable.* « *Pourvu qu'elle se mette bien ce jour-là? Par jalousie, sa mère la fagote si mal!* » (BALZ.). — Au p. p. *Mal fagoté.* « *J'étais extrêmement sensible à l'habit, et souffrais beaucoup d'être toujours hideusement fagoté* » (GIDE).

FAGOTIER [fagotje]. *n. m.* (1959; de *fagot*). Ouvrier qui fait des fagots.

FAGOTIN [fagotɛ̃]. *n. m.* (1584; de *fagot*). *Vx* ou *région.* Petit fagot pour allumer le feu.

FAHRENHEIT [faʀɛnajt]. *adj.* et *n. invar.* (Nom d'un physicien prussien (1688-1736), inventeur d'un thermomètre). *Échelle Fahrenheit :* système de graduation thermométrique usité dans les pays anglo-saxons (la correspondance avec l'échelle Celsius est de 32 °F pour 0 °C et 212 °F pour 100 °C). *Il fait 50 degrés Fahrenheit* (degrés Fahrenheit = 9/5 degrés C + 32; degrés Celsius = [degrés F — 32] 5/9).

FAIBLARD, ARDE [fɛblaʀ, aʀd(ə)]. *adj.* (1878; de *faible*). *Fam.* Un peu faible. *Se sentir faiblard. Fig.* *Son raisonnement est assez faiblard.*

FAIBLE [fɛbl(ə)]. *adj.* et *n. m.* (*Fieble,* 1080; *feble,* XIIIᵉ; lat. *flebilis* « pitoyable, digne d'être pleuré », de *flere* « pleurer »).

I. *Adj.* ♦ 1° Qui manque de force, de vigueur physique. *Un homme, une femme faible; il, elle a toujours été faible.* V. **Anémique, chétif, débile, délicat, fluet, fragile** (Cf. *fam.* **Crevé, faiblard**). *Homme petit et faible.* V. *fam.* **Avorton, gringalet, freluquet, mauviette.** *Vieillard faible et infirme.* V. **Caduc, impotent.** *Se sentir faible.* V. **Affaibli, fatigué, las.** « *La fièvre, et même assez forte, me rend si faible qu'il faut dans peu qu'elle s'en aille, ou que je m'en aille* » (ROUSS.). **FAIBLE DE...** *Virgile « était faible de corps, rustique d'apparence* » (CHATEAUB.). (Partie du corps) *Avoir le cœur faible. Avoir, se sentir les jambes faibles* (Cf. *fam.* Les jambes pâles, en coton). « *Il avait la poitrine faible* » (CAMUS). ♦ 2° (*Choses*). Qui a peu de résistance, de solidité. V. **Fragile.** *Poutre, voûte faible, trop faible pour supporter un poids.* V. *État* de résister, de lutter. *État, pays faible. Armée, troupe faible. La royauté « restait solitaire et faible à la pointe de cette pyramide* » (MICHELET). ◊ (*Personnes*) Sans défense. V. **Désarmé, impuissant.** *Se sentir faible devant l'adversité, devant l'épreuve.* « *Faibles agneaux livrés à des loups furieux* » (RAC.). ◊ (*Plaisant*) *Le sexe faible :* les femmes. — (Av. le nom) *Une faible femme :* une femme (faible, sans défense) par rapport aux autres. ◊ *Être économiquement faible,* avoir de très petits revenus. Subst. *Les économiquement faibles.* ♦ 4° Qui manque de capacité (intelligence). *La faible raison, les faibles facultés de l'homme.* V. **Impuissant.** *Esprit, jugement faible.* V. **Incertain, chancelant.** ◊ *Élève, étudiant faible :* qui fait peu de progrès, qui suit difficilement sa classe. V. **Mauvais, médiocre.** *Cet enfant est trop faible pour passer en sixième.* « *Bonnes notes en philo, en physique et en chimie... un peu faible pour les math et le dessin* » (ARAGON). ♦ 5° Sans force, sans valeur. *Idée, pensée faible; raisonnement faible* (V. **Réfutable**). *Cet acte, ce chapitre est le plus faible de la pièce, du livre. Style faible :* sans vigueur. V. **Fade, languissant.** ♦ 6° (*Personnes*). Qui manque de force morale, d'énergie, de fermeté. V. **Apathique, indécis, inerte, lâche, mou, pusillanime, velléitaire, veule.** *C'est un homme faible et craintif. Être faible devant la tentation :* céder, succomber. *Il a toujours été trop faible avec ses enfants, ses subordonnés.* V. **Bénin, bonasse, complaisant, débonnaire.** « *Convenez que vous êtes un homme bien faible. — Oui, madame. — Une franche dupe. — J'en conviens* » (LESAGE). ♦ 7° (*Choses*). Qui a peu d'intensité, qui est suivi de peu d'effet. V. **Insuffisant.** *Un jour faible. Une faible lumière.* V. **Blême, pâle.** « *Il pâlit, et d'une voix navrante et faible, oh! si faible...* » (DAUD.). Météo. *Vent faible à modéré; houle faible.* ♦ 8° (1680). Peu considérable. V. **Petit.** *Faible quantité, faible taille. À faible hauteur.* V. **Bas.** *À une faible profondeur.* « *Huit hectares d'un rendement très faible* » (ROMAINS). — (Abstrait) *N'avoir qu'une très faible idée de qqch. Faible indice.* ♦ 9° *Le côté, le point, la partie faible* (d'une personne, d'une chose) : ce qu'il y a de faible, et *par ext.* de défectueux en elle. V. **Défaut, faiblesse, insuffisance.** *Le point faible d'une armée* (Cf. Le défaut de la cuirasse). *Le latin est le point faible de cet élève.* « *Poésie d'opéra... Perrault ne conçoit rien de plus beau : c'est le côté faible de son goût* » (STE-BEUVE).

II. *N. m.* ♦ 1° Personne faible, sans défense (plur. ou collect.). *Défendre le faible et l'opprimé.* « *J'aime, autant que le fort, le faible courageux* » (VIGNY). *Don Quichotte « voulait être chevalier, défendre les faibles et pourfendre les méchants* » (MAUROIS). ◊ **FAIBLE D'ESPRIT :** personne dont les facultés intellectuelles sont peu développées (V. **Imbécile, simple**), ou affaiblies. *On nomme un conseil judiciaire aux faibles d'esprit.* ◊ Personne sans force morale, sans fermeté. V. **Apathique, mou.** *C'est un faible, on le mène facilement.* ♦ 2° (v. 1650). *Vieilli.* Ce qu'il y a de moins fort, et *par ext.* de défectueux dans une chose. *Le faible d'une œuvre.* « *Toutes les grandeurs ont leur faible* » (BOSS.). *Les hommes « qui tous savent le fort et le faible les uns des autres* » (LA BRUY.). ♦ 3° *Vx* ou *littér.* Défaut d'une personne. V. **Défaut, faiblesse.** « *Louis XV, avec toutes sortes de faibles, n'avait qu'une seule force, celle d'être inexorable* » (MUSS.). *Prendre qqn par son faible.* ◊ *Mod.* (1762) V. **Goût, penchant.** *Il a un faible pour les jolies femmes. Il a toujours eu un faible pour cet enfant.* V. **Complaisance, prédilection.**

◊ ANT. (de l'adj.) *Fort. Robuste, vigoureux. Solide. Courageux,* énergique, ferme. Considérable, grand. — (du n.) Fort. Qualité, vertu. Dégoût, répulsion.

FAIBLEMENT [fɛbləmã]. adv. (XIᵉ; de faible). ♦ 1° D'une manière faible; avec peine. Combattre, résister, se défendre faiblement. « L'Assemblée réclama faiblement, mollement » (MICHELET). V. Mollement, vaguement. ♦ 2° À un faible degré. V. Doucement, peine (à), peu. « La lueur des réverbères de la place éclairait la chambre, mais si faiblement qu'on ne discernait que les draps du lit » (GREEN). « C'est une eau faiblement minéralisée » (ROMAINS). ◇ ANT. Fortement, énergiquement, vigoureusement. Beaucoup, très.

FAIBLESSE [fɛblɛs]. n. f. (fin XIIᵉ; de faible). ♦ 1° Manque de force, de vigueur physique. V. Anémie, asthénie, débilité, épuisement, fatigue. Faiblesse extrême, grande faiblesse. Faiblesse momentanée. V. Abattement, affaiblissement, défaillance. « Une grande faiblesse; vous avez, comme on dit, des mains de beurre, une lourdeur de tête » (BAUDEL.). — Faiblesse d'un organisme. V. Délicatesse, fragilité. « La faiblesse de sa vue » (FONTENELLE). ◇ (XVIIᵉ) Vieilli. Tomber en faiblesse, s'évanouir. Mod. Une faiblesse, défaillance, vertige, évanouissement. « Brusquement, une faiblesse la saisit et ses jambes fléchirent » (GREEN). ♦ 2° Manque de résistance, de solidité, incapacité à se défendre, à résister. V. Fragilité. « Ce sont les peuples au contraire qui font la force et la faiblesse des régimes » (PÉGUY). ♦ 3° État de celui qui est sans défense, désarmé. La faiblesse humaine, la faiblesse de l'homme en face de la nature. V. Impuissance, petitesse. ♦ 4° Manque de capacité, de valeur, de mérite (dans le domaine intellectuel). « La faiblesse de votre raison » (PASC.). « Quand la faiblesse d'esprit et de volonté prend aussi des airs méditatifs » (JAURÈS). ♦ 5° Défaut de qualité d'une œuvre, d'une production de l'esprit. Roman, tableau d'une grande faiblesse. V. Pauvreté; insignifiance. Faiblesse d'un argument, d'un raisonnement. V. Insuffisance. ◇ Une faiblesse. V. Défaut, lacune. Les faiblesses d'une démonstration. « Comme toute doctrine humaine, celle-ci a ses lacunes et ses faiblesses » (MAUROIS). ♦ 6° Manque de force morale, d'énergie. V. Apathie, aveulissement, indécision, irrésolution, lâcheté, mollesse, pusillanimité, veulerie. Faiblesse de caractère. Se laisser conduire, entraîner, mener par faiblesse. Être d'une grande faiblesse, d'une faiblesse coupable envers qqn. V. Complaisance, indulgence. « Lui laisser par dépit l'héritage de vos enfants? Ce n'est pas vertu, c'est faiblesse » (BEAUMARCH.). « Sa faiblesse avec elle n'avait point alors de bornes, il obéissait à un regard » (BALZ.). Avoir un moment de faiblesse, céder par surprise. Avoir la faiblesse de. Si vous avez la faiblesse de lui céder, il recommencera. ◇ UNE, DES FAIBLESSE(s) : côté faible, défaut ou passion qui dénote un manque de force morale, de fermeté (V. Défaut); actions qui en sont la suite (V. Erreur, faute). Chacun a ses faiblesses. « Songe que la colère, l'envie, l'indignation, la pitié sont des faiblesses indignes d'un philosophe » (DIDER.). « L'amour est indifférent à des défauts ou à des faiblesses qu'il voit fort bien » (MAUROIS). ◇ Le fait de céder à un homme, à sa passion (se dit d'une femme). « Thérèse n'eut pas de faiblesse pour Laurent dans le sens moqueur et libertin que l'on attribue à ce mot en amour » (SAND). ♦ 7° Manque d'intensité, d'importance. V. Petitesse; indigence, insignifiance. Faiblesse du nombre. La faiblesse de ses ressources, de ses revenus. — La faiblesse d'une voix, d'un bruit. ◇ ANT. Force, vigueur. Puissance, supériorité. Talent, valeur. Énergie, fermeté, volonté. Qualité, vertu.

FAIBLIR [fɛblir]. v. intr. (XIIᵉ, var. flebir, repris XVIIᵉ; de faible). ♦ 1° (Personnes). Vx. Devenir faible. Malade qui faiblit. V. Affaiblir (s'), baisser. — Mod. Ses forces faiblissent. Le pouls faiblit. « Quelqu'un dont la tête faiblit et qui ne gouverne plus bien sa mémoire » (STE-BEUVE). ♦ 2° Perdre de sa force, de son ardeur. Faiblir devant l'adversité. V. Troubler (se), mollir. Son courage faiblit peu à peu. V. Amollir (s'), fléchir, relâcher (se). — (Au physique) Diminuer son effort, son action. Il a faibli cent mètres avant l'arrivée. ♦ 3° (Choses). Perdre de son intensité, de son importance. V. Diminuer. Le vent faiblit. — Fig. Son espoir, sa patience faiblit. ♦ 4° Ne plus opposer de résistance. V. Céder, fléchir, plier. Branche, poutre qui faiblit sous un poids. La première ligne des troupes ennemies a faibli sous le choc. ♦ 5° Devenir faible, moins bon (œuvres). Cette pièce commence bien, mais faiblit au troisième acte. ◇ ANT. Fortifier (se), relever (se), renforcer (se). Affermir (s'), durcir (se). Résister.

FAÏENCE [fajãs]. n. f. (Faiance, 1642; faenze, fayence, 1589; de Faenza, nom d'Italie). Poterie de terre, à pâte opaque, vernissée ou émaillée. V. Céramique. Faïence commune, fine. V. Cailloutage. Raccommodeur de faïence et de porcelaine. « Le sol du patio recouvert de petits carreaux de faïence verte » (MAC ORLAN). Décorer les murs, les étagères avec des faïences de Delft, de Nevers, de Rouen. — Se regarder en chiens* de faïence.

FAÏENCÉ, ÉE [fajãse]. adj. (1851; de faïence). Qui imite la faïence.

FAÏENCERIE [fajãsri]. n. f. (1743; de faïence). ♦ 1° Industrie et commerce de la faïence. Fabrique de faïence. ♦ 2° Articles de faïence. Acheter de la faïencerie.

FAÏENCIER, IÈRE [fajãsje, jɛr]. n. (1676; de faïence). Fabricant ou marchand de faïence. — Adj. Ouvrier faïencier. L'industrie faïencière.

FAIGNANT, ANTE. V. FEIGNANT.

1. FAILLE [faj]. n. f. (XIIIᵉ, « voile de femme »; d'où taffetas à failles et, par ellipse, faille « étoffe » (1829); mot du Nord, o. i.). Tissu de soie à gros grain, qui se tient.

2. FAILLE [faj]. n. f. (1771; wallon, T. de mineurs, a. fr. faille « manque », de faillir). ♦ 1° Géol. Fracture de l'écorce terrestre, suivie du glissement d'une des deux lèvres (ou bord de chaque compartiment) le long de l'autre. Une faille met en contact des couches de terrain différentes. Ligne de faille, sa trace à la surface. Plan de faille, plan du glissement. ♦ 2° Cassure, défaut. Ce raisonnement présente une faille. Il y a désormais une faille entre nos deux amitié. V. Fissure.

FAILLER (SE) [faje]. v. pr. (1959; 1956 au p. p.; de faille). Géol. Être affecté, disloqué par une faille, des failles. — P. p. adj. FAILLÉ, ÉE. Pli faillé. Relief faillé.

FAILLI, IE [faji]. n. et adj. (1606; it. fallito, d'apr. faillir). Dr. Commerçant qui a fait faillite. Dépôt de bilan par le failli. — Adj. Commerçante faillie.

FAILLIBILITÉ [fajibilite]. n. f. (fin XIIᵉ, repris 1697; lat. médiév. fallibilitas). Didact. Possibilité de faillir, de se tromper, de commettre une faute. ◇ ANT. Infaillibilité.

FAILLIBLE [fajibl(ə)]. adj. (1265, repris 1762; lat. médiév. fallibilis). Qui peut se tromper ou commettre une faute. La justice humaine, la raison humaine est faillible. Tout homme est faillible. « L'esprit de l'homme est faillible » (JOUBERT). ◇ ANT. Infaillible (plus cour.).

FAILLIR [fajir]. v. intr. : je faux, tu faux, il faut, nous faillons; je faillais, nous faillions; je faillis; je faudrai; je faudrais; que je faille; que je faillisse; faillant; failli. — Rare, sauf int. et temps comp. — Parfois conjug. finir (je faillissais, je faillirai : « Ils ont failli, comme nous faillirons » (FLAUB.). « Il n'y faillirait pas » (MAURIAC). (fin XIᵉ; lat. pop. °fallire, dédoublé aux XVᵉ et XVIᵉ en faillir et falloir. V. Falloir).

I. ♦ 1° Vx ou littér. Faire défaut, faire faute. V. Manquer. « Quand parfois le cœur me faut » (DUHAM.). « Le cœur lui faillait » (GREEN). ♦ 2° Littér. Manquer à, négliger (ce que l'on doit faire). Faillir à son devoir, à faire son devoir. V. Dérober (se), esquiver (s'), manquer. Je n'y faillirai pas. « Un devoir auquel elles n'osaient point faillir » (LOTI). ♦ 3° Vieilli. Commettre une faute, tomber en faute. V. Fauter, pécher, tomber. « La raison et l'instinct de l'honneur m'empêchèrent de faillir » (FLAUB.).

II. (XVIᵉ). ♦ 1° Vx. FAILLIR À, DE : n'être pas loin de, être sur le point de faire qqch.; y manquer de peu. « Elles faillirent à glisser sur place » (LA VARENDE). ♦ 2° Mod. et cour. Faillir (et inf.). J'ai failli tomber : je suis presque tombé. J'ai failli attendre (phrase qu'on prête à Louis XIV). « Que de fois elle a failli lui dire son secret! » (MART. du G.).

FAILLITE [fajit]. n. f. (1566; it. fallito, de fallire « manquer » (de l'argent nécessaire), d'apr. faillir). ♦ 1° Dr. comm. Situation d'un commerçant dont un tribunal a constaté la cessation de paiements; procédure organisée pour le règlement collectif de cette situation (V. aussi Banqueroute, liquidation). Faillite simple; frauduleuse. Faillite personnelle. Jugement déclaratif de faillite. Personnel de la faillite : le débiteur (V. Failli), les syndics, le juge-commissaire, les créanciers (V. Masse), les contrôleurs, et le tribunal de commerce. Solutions de la faillite. V. Concordat (simple ou par abandon d'actif), union. ◇ Cour. État d'un débiteur ne pouvant pas payer ses dettes, tenir ses engagements. V. Débâcle, déconfiture, ruine. Être en faillite, faire faillite. Son affaire est près de la faillite. ♦ 2° Échec complet d'une entreprise, d'une idée, etc. V. Chute, échec. Faillite d'une entreprise, d'une tentative. La faillite de ses espérances. « La faillite de la science... Formule commode! Une classe ignorante la répète depuis dix ans » (MART. du G.). ◇ ANT. Prospérité, réussite, succès.

FAIM [fɛ̃]. n. f. (XIᵉ; lat. fames). Sensation qui, normalement, traduit le besoin de manger. Manger sans faim ni appétit. Avoir faim, très faim (fam.), grand faim (littér.). « Avoir faim... c'est avoir conscience d'avoir faim; c'est être jeté dans le monde de la faim, c'est voir les pains, les viandes briller d'un éclat douloureux aux devantures des boutiques » (SARTRE). La faim règne dans le pays. V. Famine. Faim maladive, insatiable. V. Boulimie. Faim pressante. V. Fringale. Faim canine, faim de loup. Avoir une faim dévorante, j'ai une de ces faims! (Cf. Avoir l'estomac creux, vide, l'estomac dans les talons, avoir le ventre creux; et pop. Claquer du bec, avoir la dent, la crever, la sauter). Cela donne faim. V. Affamer, creuser. Calmer, tromper sa faim. — Rester sur sa faim : avoir encore faim après avoir mangé. Fig. Ne pas obtenir autant qu'on attendait (d'un spectacle, d'une lecture, etc.). Loc. Mourir, crever de faim, ne pas manger à sa faim :

manquer du nécessaire. *C'est un meurt-de-faim, un crève-la-faim.* V. **Famélique.** *La faim fait sortir le loup du bois :* la nécessité d'assurer son existence, sa subsistance force à certains actes. ◊ *Fig. Avoir faim de tendresse, de liberté.* V. **Appétit, besoin, désir, envie, soif.** « *Heureux ceux qui ont faim et soif de la justice, car ils seront rassasiés !* » (BIBLE). ◈ ANT. Anorexie, satiété. — HOM. Feint, fin.

FAIM-CALLE [fɛkal] ou **FAIM-VALLE** [fɛval]. *n. f.* (XIIᵉ; de *faim,* et du bret. *gwall* « mauvais ». V. **Fringale**). *Vx.* Boulimie subite des chevaux. — Méd. *Par ext.* Faim impérieuse, pathologique. *La faim-valle peut marquer le début d'une crise d'épilepsie.*

FAÎNE [fɛn]. *n. f.* (XIIᵉ; lat. pop. °*fagina (glans)* « gland de hêtre », de *fagus* « hêtre »). Fruit du hêtre. « *Une faîne bien remplie, volumineuse et lourde, qu'il avait choisie dans sa cupule triangulaire* » (PERGAUD).

FAINÉANT, ANTE [feneɑ̃, ɑ̃t]. *n. et adj.* (1321; de *fais,* et *néant,* altér. de *faignant* (v. 1200), de *feindre* « paresser »). V. **Feignant.** ♦ 1º *N.* Personne qui ne veut rien faire. V. **Paresseux.** « *Un fainéant qui n'aimait qu'à boire* » (BALZ.). — Qui n'a rien à faire. V. **Désœuvré, oisif.** « *Je suis un fainéant, bohème, journaliste* » (NERVAL). ♦ 2º *Adj.* Paresseux. *Écolier fainéant. Rois fainéants :* les derniers Mérovingiens réduits à l'inaction par les maires du palais. ◈ ANT. Actif, diligent, laborieux, travailleur.

FAINÉANTER [feneɑ̃te]. *v. intr.* (1690; de *fainéant*). Faire le fainéant, vivre en fainéant. V. **Paresser; flemmarder** *(pop.). Il a toujours fainéanté.*

FAINÉANTISE [feneɑ̃tiz]. *n. f.* (1539; 1739, *fainiantise;* de *fainéant*). Caractère du fainéant (V. **Paresse; flemme**); état du fainéant (V. **Inaction, oisiveté**). « *Nous menons une vie de fainéantise et de rêvasserie* » (FLAUB.). « *La paresse maternelle, la fainéantise créole qui coulait dans ses veines* » (BAUDEL.).

1. FAIRE [fɛr]. *v. tr. : je fais, tu fais, il fait, nous faisons, vous faites, ils font; je faisais; je fis; je ferai; je ferais; fais, faisons, faites; que je fasse; que je fisse; faisant; fait, faite.* REM. Les formes en *fais-* (*faisons, faisions,* etc.) se prononcent [fəz] (faisan en 842; pers. subj. en 1080; lat. *facere*).

I. Réaliser un être. ♦ 1º Réaliser hors de soi (une chose matérielle). V. **Construire, fabriquer.** *Faire une maison, un meuble, une pendule. Oiseau qui fait son nid. Faire le pain. Faire un costume.* V. **Confectionner.** *Faire un tableau, une statue. Absolt.* « *Faire est le propre de la main* » (VALÉRY). — Spécialt. *Dieu a fait l'homme à son image.* V. **Créer.** — *Loc. fam. Je le connais comme si je l'avais fait.* ♦ 2º Réaliser (une chose abstraite). *Faire son bonheur soi-même. Faire sa fortune.* V. **Construire.** « *La bourgeoisie, laquelle fait les renommées et dispense les honneurs* » (BENDA). — *Faire une loi, une institution.* V. **Établir, instaurer, instituer.** *Faire une œuvre, une loi, faire* V. **Composer, créer, écrire.** *Faire un poème, un sonnet.* « *C'est un métier que de faire un livre, comme de faire une pendule* » (LA BRUY.). ♦ 3º Produire de soi, hors de soi (qqch.). (emplois spéciaux). ◊ *Faire un enfant* (femme). V. **Engendrer.** — (Des animaux) *La marte* « *grimpe au nid de l'écureuil... et y fait ses petits* » (BUFF.). — *Pop.* (d'un homme) *Il lui a fait un enfant.* — *Évacuer* (les déchets de l'organisme). « *Il fit partout dans le lit* » (ST-SIM.). *Fam.* (lang. enfantin) *Faire pipi, caca.* — (Euphémisme) *Faire ses besoins.* ◊ *Produire* (se dit de l'organisme). *Faire ses dents : ses dents poussent.* ♦ 4º *Par ext.* Se fournir en; prendre qqch. V. **Approvisionner** (s'). *Train qui s'arrête pour faire de l'eau. Faire de l'essence.* « *Sortie sous prétexte de faire de l'herbe pour ses vaches* » (ZOLA). V. **Ramasser.** ◊ V. **Obtenir.** *Il a fait beaucoup d'argent avec ce commerce.* V. **Gagner.** *Faire des bénéfices.* — *Vx. Faire des troupes.* V. **Lever, recruter.** ◊ *Agric. Faire du blé.* V. **Cultiver, produire, récolter, semer.** — *Comm.* (1606) *Faire le gros, le demi-gros.* V. **Débiter, vendre.** *Est-ce que vous faites la vêtement d'enfant, cette marque de savon?* ♦ 5º *Fam.* (1877). Prendre à qqn; obtenir (qqch.) aux dépens d'autrui. V. **Extorquer, voler; refaire.** « *Elle aura été à la poche pour lui faire le portefeuille* (dit un gendarme) » (AYMÉ). — *Fam.* Dévaliser. *Faire un joaillier.* ♦ 6º (Choses). Constituer (quant à la quantité, la forme, la qualité). V. **Constituer.** *Deux et deux font quatre.* V. **Égaler, équivaloir** (à). *Cela ne fait pas assez, il n'y en a pas assez.* Fig. *Ça commence à bien faire, cela suffit, en voilà assez.* — *Cent centimètres font un mètre.* V. **Composer, former.** *Couleurs qui font un ensemble harmonieux. Chose qui fait contrepoids, pendant, obstacle. Ces moulins* « *faisaient la joie et la richesse de notre pays* » (DAUD.). V. **Être.** *Faire l'affaire. Faire autorité. Une hirondelle ne fait pas le printemps.* — *Par ext.* (Personnes) *Faire un bon mari. Il fera un excellent avocat.* — NE FAIRE QU'UN, N'EN FAIRE QU'UN. V. **Un.**

II. Réaliser (une manière d'être); être le sujet de (une activité), la cause de (un effet). ♦ 1º Effectuer (un mouvement). *Faire un pas, un saut, une danse.* V. **Exécuter.** « *Elle n'osait dire un mot ni faire un mouvement* » (GREEN). *Faire des signes, des grimaces.* — Prendre (une expression). *Faire les yeux doux. Faire grise mine. Fam. Faire la tête, la gueule.* (Avec

Bouder. ♦ 2º Effectuer (une opération, un travail), s'occuper à (qqch.). V. **Effectuer, exécuter, opérer;** *pop.* Ficher, foutre. *Faire un travail. Faire un nettoyage, le ménage, la cuisine. Une bonne à tout faire. Faire de l'escrime, du tennis* (effectuer ces exercices, et *par ext.* pratiquer habituellement). *Faire un calcul, un problème, des recherches. Ce n'est ni fait ni à faire :* c'est très mal fait. ◊ *Fam. Il faut le faire!* se dit pour mettre en valeur son talent, son énergie, sa patience, etc. — (Avec un compl. indéf.) « *Rien n'est fait tant qu'il reste quelque chose à faire* » (R. ROLLAND). *Avoir beaucoup à faire.* V. **Occupé.** *Ne pas savoir quoi faire : s'ennuyer. Ne rien faire de ses dix doigts.* « *Qu'allait-il faire à cette galère?* » (MOL.). *Qu'est-ce que vous faites ici? Spécialt.* (lorsqu'on attend qqn avec impatience). « *Mais qu'est-ce qu'ils font?* » (ZOLA). V. **Fabriquer.** ◊ AVOIR À FAIRE AVEC, à : avoir à faire un travail avec qqn. *Je n'ai rien à faire avec lui : je ne veux avoir aucune relation.* — (Confusion avec *Avoir affaire* [V. **Affaire**]). « *S'il avait eu à faire à un charretier* » (JALOUX). ♦ 3º Exercer (une activité suivie). *Faire un métier. Que fait-il? Que fait-il dans la vie? Il est électricien.* — Vieilli ou dial. *Faire dans la bonneterie, dans les draps,* travailler dans, faire commerce de. — *Faire des études;* par anal. *Faire de la géographie, de l'italien, de la médecine.* V. **Étudier.** *Faire son droit, ses études de droit. Faire une licence, sa licence.* V. **Préparer.** *Par ext. Faire l'École normale, et ellipt. Faire les Beaux-arts, faire Navale.* — *Pop. Il a fait instituteur,* il est devenu instituteur. ♦ 4º Accomplir, exécuter (une action). *Faire une bonne, une mauvaise action.* V. **Commettre.** *Faire un mensonge, des reproches, des compliments. Faire une erreur. Quoi qu'il fasse, il n'y parviendra pas. Faire ce qu'il faut, faire le nécessaire. Faire bien les choses. Aussitôt dit, aussitôt fait. C'est plus facile à dire qu'à faire. Il ne sait plus ce qu'il fait, il perd la tête. Il ne veut rien faire sans vous consulter.* V. **Décider, entreprendre.** *C'est bien fait :* c'est mérité. *Il n'y a plus rien à faire,* le cas est désespéré. *Loc. prov. Ce qui est fait est fait :* ne revenons pas sur ce qui est accompli. *Si fait!* mais si! V. **Oui.** — (Politesse) « — *Passez donc. — Je n'en ferai rien, à vous l'honneur* ». — *Fam. Rien à faire!* vous avez beau faire, je refuse. « *Qui peut tout dire, arrive à tout faire!* Cette maxime est de Napoléon et se comprend » (BALZ.). ◊ Intrans. FAIRE : agir. *À bien faire. Pour bien faire, il faudrait tout vérifier. Faites comme vous voulez. Faites comme chez vous.* ◊ EN FAIRE *(à sa tête) :* agir à sa fantaisie. « *Il ne revient pas, ne donne plus de ses nouvelles, n'en fait qu'à sa fantaisie* » (LOTI). ◊ FAIRE BIEN DE, MIEUX DE (et inf.). *Vous feriez bien de partir dès maintenant :* vous devriez partir. *Vous feriez mieux de vous en aller :* vous auriez grand avantage*... à. « *Ce samedi-là, il aurait mieux fait d'aller se pendre* » (ZOLA). ◊ NE FAIRE QUE, QUE DE (et inf.). *Ne faire que : faire seulement. Par ext. Ne pas cesser de.* V. **Arrêter, cesser.** *Il ne fait que bâiller.* — *Ne faire que de :* venir de (exprimant un passé récent). *Il ne fait que d'arriver, laissez-lui le temps de se reposer.* ◊ FAIRE TANT, SI BIEN QUE : agir, faire qqch. avec ténacité persévérance. « *Je fis si bien, des pieds, des poings, des dents, de tout que je l'arrachai de sa place* » (DAUD.). ◊ À TANT FAIRE QUE, TANT QU'À FAIRE. V. **Tant.** ◊ FAIRE QQCH. POUR... (qqn) : l'aider, lui rendre service. V. **Aider.** *Puis-je faire pour vous?* en quoi puis-je vous être utile? *Pouvez-vous faire qqch. pour ces orphelins?* (donner de l'argent). — *Pour qqch.* (résultat, conséquence). *Il n'est pas responsable, il n'a rien fait pour cela. Je vous jure que je n'ai rien fait pour en arriver là* » (MART. du G.). ◊ *Fam.* LE FAIRE À : agir, faire qqch. d'une certaine manière (généralement pour abuser qqn). *Le faire au bluff, au sentiment.* « *Oh! il l'a fait à la dignité, dit Nadine, il a pris de grands airs* » (BEAUVOIR). *Il nous l'a fait à l'estomac*.* *Absolt. Il ne faut pas nous la faire,* essayer de nous tromper. ♦ 4º Exécuter (une prescription). *Faire son devoir.* V. **Acquitter** (s'). « *Fais énergiquement ta longue et lourde tâche* » (VIGNY). *Faire l'aumône, la charité. Faire pénitence.* — *Faire la volonté, les quatre volontés, les caprices de qqn.* — *Obligation de faire, de ne pas faire* (qqch.). ♦ 6º Être la cause, l'agent de. V. **Causer, déterminer, occasionner, provoquer.** *Faire du bruit. Faire une blessure, une injure à qqn. Faites-moi plaisir. Vous lui avez fait mal, du mal.* — PROV. *Ne fais pas à autrui ce que tu ne voudrais pas qu'on te fît à soi-même.* — « *Elle ne craignait plus rien. Qu'est-ce que les gens pouvaient bien lui faire maintenant?* » (ARAGON). ◊ *(Choses)* Avoir (un effet). *Cela fait mal, du mal. L'explosion a fait du bruit. Faire sensation, peur, pitié.* « *Je laisserai la sauce, parce que ça me fait du mal* » (ZOLA). — Avoir un effet, des conséquences. *Qu'est-ce que cela fera si je refuse? Qu'est-ce que cela fait? Cela ne fait rien,* c'est sans importance. V. **Importer.** *Qu'est-ce que ça peut bien faire?* en quoi cela vous importe, vous concerne-t-il? *La vue du sang ne lui fait rien.* V. **Ébranler, émouvoir, impressionner.** *Cela ne lui fait ni chaud ni froid :* ne lui fait rien. ◊ FAIRE... À QQCH., Y FAIRE. Faire rien à la chose, à l'affaire. V. **Changer.** *Nous ne pouvons rien y faire,* empêcher que cela soit. *Savoir y faire* (fam.) : être habile, débrouillard. ◊ FAIRE QUE, suivi d'une complétive. — (Avec le *subj.*) Employé à l'impératif ou au subjonctif (souhait). V. **Permettre, plaire** (plaise à). *Fasse le ciel qu'il revienne bientôt.* « *Dieu fasse qu'il ne soit pas parti* » (ARLAND). *Ne pouvoir faire que :* ne pouvoir empêcher. « *Rien ne peut faire que je ne sois pas lucide* » (MONTHERLANT). — (Avec l'*ind.*) Avoir pour conséquence, pour résultat. *Sa négligence a fait qu'il a perdu beaucoup d'argent.* « *Cette colère sacrée, qui fait que l'amour ressemble à la haine* » (FRANCE). — Reprenant une question contenant déjà le verbe *faire :* « *Qu'est-ce que j'ai fait? — Tu as fait que tu nous a lassés* » (LAVEDAN). — Fam. *Ça fait que,* c'est que cela que. *Il pleuvait à verse, ça fait qu'on est resté à la maison.* ◇ SE LAISSER FAIRE. V. **Laisser.** ♦ 7° *Spécialt.* Parcourir (un trajet, une distance); franchir. *Chemin faisant. Faire un circuit, un trajet. Faire route. Faire dix kilomètres à pied* (Cf. *pop.* S'enfiler). *Faire cent kilomètres à l'heure,* par ext. *Faire du cent à l'heure. Il a fait toute l'avenue sans rencontrer personne. Faire le mur :* passer par-dessus pour sortir. ◇ *(Fam.)* Parcourir pour visiter. *Faire la Bretagne. Agent commercial qui fait Paris, qui fait la province.* V. **Prospecter, visiter.** — *Faire tous les magasins pour trouver un produit.* V. **Fouiller dans,** pour chercher qqch. *Faire les poches, les tiroirs de qqn. Faire les poubelles.* ♦ 8° Durer, quant à l'usage *(fam.).* V. **Durer.** *Votre chapeau bleu,* « *il m'a fait deux ans* » (COLETTE). ♦ 9° Exprimer par la parole (surtout en incise). V. **Dire, répondre.** *Il a fait* « *non* » *en hochant la tête.* « *Chut! Chut!* fit Emma en désignant du doigt l'apothicaire » (FLAUB.). ♦ 10° *(Choses* ou *Personnes).* Présenter en soi (un aspect physique, matériel). V. **Avoir.** *Tissu qui fait des plis.* V. **Former.** *La route fait un coude.* V. **Dessiner.** ◇ Avoir pour variante morphologique. V. **Devenir.** « *Journal* » *fait* « *journaux* » *au pluriel.* ◇ Pour exprimer une mesure, une valeur *(fam.) Mur qui fait six mètres de haut.* V. **Mesurer.** *Ce réservoir fait cinquante litres. Combien cela fait-il? Ça fait mille francs.* ◇ (Taille, mesures d'une personne) *Quelle taille, quelle pointure faites-vous? Ce garçon fait bien un mètre quatre-vingts.* ◇ (Impers.) Constituer (un certain temps). *Ça fait huit jours qu'il n'est pas venu.* ♦ 11° Subir (quelque trouble physique). *Faire de la température.* « *Les médecins disent qu'un malade fait de la typhoïde* » (BRUNOT). ♦ 12° *Faire face*, faire front,* présenter la face, le front.

III. Déterminer (qqn, qqch.) dans sa manière d'être. ♦ 1° Arranger, disposer (qqch.) comme il faut. *Faire un lit. Faire la chambre.* V. **Nettoyer, ranger.** *Faire la vaisselle. Faire ses chaussures.* — *Faire les ongles, les mains de qqn.* ♦ 2° Former (qqn, qqch.). V. **Former.** *Faire des soldats. Cette école fait de très bons techniciens.* V. **Instruire.** « *Les événements l'avaient fait* (Napoléon), *il va faire les événements* » (CHATEAUB.). ♦ 3° Donner une qualité, un caractère, un état à. — FAIRE QQN (et subst.) : lui donner le titre de. *Il a fait chevalier de la Légion d'honneur.* V. **Nommer.** *Je vous fais juge :* je vous donne le rôle de juge. — FAIRE QQN (et adj.). V. **Rendre.** *Il les a faits riches. Faire la vie dure à qqn.* Avec un pron. poss. V. **Approprier** (s'). « *Je fais mien tout votre passé* » (BOURGET). ◇ Représenter, donner comme. *On le fait plus riche qu'il n'est. Ne le faites pas plus méchant qu'il n'est!* ◇ *Fam.* Donner un prix à (qqch.). V. **Évaluer, vendre.** *Faire un objet mille francs. Je vous le fais cinq cents francs.* ♦ 4° FAIRE... DE (qqn, qqch.). V. **Changer, transformer** (en). *Faire d'un capitaine un commandant. Il en a fait sa femme. Qu'allez-vous faire de votre fils? Nous en ferons un médecin.* — (Quant au caractère) *Vous en avez fait un enfant gâté, un ingrat.* — (Choses) « *Je fais de patience vertu* » (GIDE). *Faire tout un drame d'une histoire sans importance. Il en fait tout un plat.* — Aménager en, se servir comme de. *Faire un hôpital d'un bâtiment privé.* ◇ N'AVOIR QUE FAIRE DE : n'avoir aucun besoin de. *Il n'a que faire de tous ces costumes. Je n'ai que faire de son amitié, de ses compliments.* V. **Passer** (se). ◇ Disposer de, mettre en un endroit. « *— Qu'avez-vous fait de l'enfant? — Je l'ai laissé à sa mère* ». *Fam.* (Lorsqu'on cherche qqch.) *Qu'ai-je bien pu faire de mes lunettes?* où les ai-je mises? V. **Mettre.** ♦ 5° Représenter (qqn, qqch.). ◇ Jouer un rôle dans un spectacle, un jeu. *Faire Harpagon dans l'* « *Avare* » *de Molière. Faire le mort, au bridge. Vous ferez les gendarmes et, nous, les voleurs* (au jeu). ◇ Agir comme; avoir, remplir le rôle de. *Faire le domestique. Faire le difficile. Il a fait l'imbécile en refusant notre aide.* « *Ne fais pas tant ta mijaurée!* » (BARBEY). — (Choses) Servir aussi de. *Salle à manger qui fait salon.* ◇ Imiter intentionnellement, chercher à passer pour. V. **Contrefaire, imiter, simuler.** *Faire le mort. Vieillard qui veut faire le jeune homme. Il le trouva* « *en train de faire le pitre, selon son habitude* » (MAC ORLAN). — *Faire son, sa* (et subst.) : faire habituellement ou par tendance naturelle, le, la... « *Ne faites donc pas votre Cassandre* » (BEAUVOIR). — (Sujet fém.) « *Elle faisait la brave* » (COLETTE), le brave. ♦ 6° FAIRE, suivi d'un adj., d'un nom sans article (le plus souvent invar.). Avoir l'air de, donner l'impression. V. **Paraître.** *Elle fait vieux, elle fait vieille pour son âge. Ameublement qui fait riche.* Spécialt. *Faire bien,* avoir belle allure

(dans un ensemble, un décor). V. **Convenir.** *Le tableau qui est dans le salon ferait mieux dans l'entrée.* — *Elle fait très femme pour dix-huit ans.* « *Ça* « *fait* » *assez* « *vieille demeure historique* ». *Saint-Loup employait à tout propos ce mot* « *faire* » *pour* « *avoir l'air* » (PROUST).

IV. FAIRE (suivi d'un v. à l'inf.). ♦ 1° Être cause que. *Faire tomber un objet. Faire taire qqn. Cette femme, je l'ai fait venir* (fait reste invar.). *L'émotion le fit crier.* Fig. et pop. *Vous me faites suer. Cette personne me fait penser à X. Faire savoir que. Faire voir qqch. à qqn.* — *Spécialt.* Charger de. V. **Charger.** *Faire faire* (au sens I, 1°) *un costume à, par son tailleur. Faire réparer des chaussures.* ♦ 2° Attribuer, prétendre. V. **Attribuer.** *Ses biographes le font mourir vers 1450. On le fait à tort descendre des Bourbons.* ♦ 3° REM. de construction. ◇ Avec un inf. sans compl. d'objet. *Faire manger un malade. Faites-le obéir. — Faire partir des enfants en Suisse; je les ai fait partir en Suisse.* ◇ L'infinitif ayant compl. d'objet direct (un sujet construit sans prép.). *Faire obéir un enfant à ses maîtres; faites-le obéir à ses maîtres.* Littér. « *M. Robert la faisait resonger à la guerre* » (POURRAT). — Cour. (sujet construit avec À) « *J'aurais fait changer d'avis à Lucile* » (MARIVAUX). « *Si vous croyez que c'est commode de lui faire changer d'idée* » (BENOIT). ◇ L'infinitif ayant compl. d'objet direct. *Faire prévenir un ami. Faites-le prévenir. Faire construire une maison à un architecte, par un architecte.* — Avec un pronom sujet. *On le fait étudier les sciences; on lui fait étudier les sciences. Faites écrire la lettre par lui.* ◇ On omet généralement le pronom réfléchi devant l'inf. introduit par FAIRE. *Faire asseoir qqn. Faites-le asseoir* (rare *faites-le s'asseoir*).

V. FAIRE, avec un sujet impersonnel. ♦ 1° Pour exprimer les conditions de l'atmosphère ou du milieu. *Il fait jour; il fait jour; il fait clair.* « *Qu'il fasse beau, qu'il fasse laid...* » (DIDER.). *Il fait lourd, étouffant. Il fait soleil, du soleil.* « *Vers les huit heures du soir, il faisait nuit noire* » (STENDHAL). Littér. « *Il fait doux, soleil, et silence* » (R. ROLLAND). — Par anal. *Il fait faim; il fait soif (fam.)* : on a faim, soif. ♦ 2° *Il fait bon, beau, mauvais* (et inf.). *Auprès de ma blonde, qu'il fait bon dormir!* (chans. pop.). *Il fait bon vivre avec vous. Il faisait mauvais de le provoquer.* « *Il fait bon chasser au bois par les frais matins d'hiver* » (MAUPASS.).

VI. FAIRE, employé comme SUBSTITUT d'autres verbes. ♦ 1° Vx ou littér. Dans le second terme d'une comparaison. *Je ne parle pas comme il fait, il court mieux que je ne fais.* « *On n'agit point comme vous faites* » (MOL.). « *Françoise employait le verbe plaindre dans le même sens que fait La Bruyère* » (PROUST). ♦ 2° Avec le second terme de la comparaison, suivi d'un compl. d'objet direct. — Vx. *Il m'aime comme il fait sa mère.* — Mod. (avec DE ou POUR) « *Je me pris à considérer les Haudouin et les Maloret un peu comme j'aurais fait des Gaulois* » (AYMÉ). « *Il regarda Gilbert, comme il aurait fait pour un poulain* » (R. BAZIN).

VII. SE FAIRE (emplois spéciaux). ♦ 1° Se former. V. **Former.** *Fromage, vin qui se fait.* V. **Améliorer** (s'), **bonifier** (se). « *Les consciences ne sont pas : elles se font* » (SARTRE). — *Cet homme s'est fait seul.* ♦ 2° SE FAIRE (et adj.) : commencer à être, devenir. V. **Devenir.** *Se faire vieux. Produit qui se fait rare.* Impers. *Il se fait tard :* il commence à être tard. ♦ 3° Devenir volontairement. V. **Rendre** (se). *Femme qui se fait belle. Elle se faisait toute douce. Se faire avocat.* ♦ 4° SE FAIRE À : s'habituer à. V. **Accoutumer** (s'). *Se faire à un genre de vie. Je ne peux pas m'y faire.* « *À la longue, il m'épousera, il se fera à cette idée* » (ARAGON). ♦ 5° Pop. *Se faire qqn,* le posséder sexuellement. — *Par ext.* Le tuer. *Il s'est fait un policier dans la bagarre.* — *Fam. Se le (la) faire,* supporter qqn. *Il est brave, mais il faut se le faire!* V. **Farcir.** ♦ 5° Former en soi, se donner. *Se faire une idée exacte de qqch. Se faire une raison.* « *Cet homme a reconnu depuis longtemps qu'il était incapable de se faire une opinion personnelle* » (DUHAM.). ◇ *Se faire des soucis :* se faire de la bile, du mauvais sang : se contrarier, se tourmenter. ◇ S'EN FAIRE (*fam.*), même sens. *Ne vous en faites pas, vous aurez sûrement des nouvelles demain. Faut pas s'en faire pour si peu!* (pop.). — *Par ext.* (fam.) Se gêner. *Il ne s'en fait pas, celui-là! Il s'est assis à votre place!* ♦ 6° *(Passif).* Être fait. *Paris ne s'est pas fait en un jour. Voilà ce qui se fait de mieux dans le genre.* ◇ Être pratiqué couramment, être en usage. *Cela se faisait au moyen âge.* — Être à la mode. *Les gilets se font beaucoup cette année.* V. **Porter** (se). ◇ Devoir être fait (surtout négatif). *Ne parlez pas la bouche pleine : cela ne se fait pas.* ♦ 7° Être, arriver (impers.). *Il pourrait bien se faire que... Comment se fait-il qu'il parte déjà?*

VIII. Passif. ♦ 1° ÊTRE FAIT POUR : destiné à. *Cette voiture n'est pas faite pour transporter des personnes.* Fam. *Le trottoir n'est pas fait pour les chiens! vous devez vous en servir.* V. aussi **Fait** (1). ♦ 2° Littér. C'EN EST FAIT DE... : c'est fini de... *C'en est fait de la vie facile.* — *C'en est fait de moi :* je suis perdu.

◈ ANT. Anéantir, défaire, détruire, supprimer.

2. FAIRE [fɛr] n. m. (XVIIIᵉ; du précéd.). ♦ 1° Bx.-arts,

Littér. Manière de faire une œuvre. V. **Façon, facture, manière, style, technique.** *Le faire d'un artiste, d'un écrivain.* « *Il y a dans cette esquisse un faire plus libre, une manière plus large* » (FRANCE). ♦ 2° *Didact.* Fait d'agir. V. **Action.** *Il y a loin du dire au faire* : de la parole à l'action, du projet à sa réalisation. ◇ HOM. Fer.

FAIRE-PART [fɛʀpaʀ]. *n. m. invar.* (1830; de *faire,* et *part*). Lettre, billet qui annonce une nouvelle, en fait part. *Envoyer un faire-part, des faire-part. Faire-part de mariage, de décès* (bordé de noir).

FAIRE-VALOIR [fɛʀvalwaʀ]. *n. m. invar.* (1877, terme bancaire; de *faire,* et *valoir*). ♦ 1° *Agric.* Exploitation du domaine agricole. *Faire-valoir direct* : par le propriétaire lui-même. ♦ 2° Personne qui met en valeur quelqu'un, en lui laissant la première place. *Son mari lui sert de faire-valoir.*

FAIR-PLAY [fɛʀplɛ]. *n. m. invar.* (1900; loc. angl. « franc jeu », « jeu loyal »). Acceptation loyale des règles (d'un jeu, d'un sport, des affaires). « *Grands palabreurs, ils ne jouent pas souvent le « fair-play* » (DUHAM.). ◇ Adj. *Il n'est pas très fair-play.* ◇ Recomm. offic. *Franc-jeu*.*

FAISABILITÉ [fəzabilite]. *n. f.* (mil. XXᵉ; de l'angl. *feasability,* d'apr. *faisable*). *Techn.* Caractère de ce qui est faisable, réalisable, compte tenu des possibilités techniques. *Étude de faisabilité.*

FAISABLE [fəzabl(ə)]. *adj.* (1361; de *faire*). Qui peut être fait. *La chose est faisable.* V. **Possible, réalisable.** *Très faisable.* V. **Facile.** « *Le trajet sera-t-il faisable en voiture?* » (GIDE). ◇ ANT. *Impossible, infaisable.*

FAISAN, ANE [fəzɑ̃, an]. *n.* (*Faisant,* 1170; a. prov. *faisan*; lat. *phasianus,* gr. *phasianos* « (oiseau) du *Phase* », fleuve de Colchide; lat. *phasianus,* gr. *phasianos* « (oiseau) du *Phase* », fleuve de Colchide). ♦ 1° Oiseau gallinacé, à plumage coloré, longue queue, chair estimée. *Le faisan criaille. Jeune faisan.* V. **Faisandeau.** *Faisan doré, argenté.* Adj. *Poule faisane.* ♦ 2° *Fam.* (1866; d'apr. *faiseur*). *Arg.* Individu qui vit d'affaires louches.

FAISANDAGE [fəzɑ̃daʒ]. *n. m.* (1875; fig., 1866; de *faisander*). Opération par laquelle on faisande le gibier.

FAISANDÉ, ÉE [fəzɑ̃de]. *adj.* (1393; V. **Faisander**). ♦ 1° *Viande faisandée* : qui commence à se corrompre. ♦ 2° *Fig. Littérature faisandée.* V. **Corrompu, malsain, pourri.** « *Le goût des jeunes intellectuels d'alors pour ces mêmes aristocrates faisandés* » (BERNANOS). ◇ ANT. *Frais, pur, sain.*

FAISANDEAU [fəzɑ̃do] ou **FAISANNEAU** [fəzano]. *n. m.* (1393,-1564; de *faisan*). Jeune faisan.

FAISANDER [fəzɑ̃de]. *v. tr.* (1393; de *faisan*). Soumettre (le gibier) à un commencement de décomposition, pour lui faire acquérir un fumet.

FAISANDERIE [fəzɑ̃dʀi]. *n. f.* (1669; de *faisan*). Élevage de faisans (l'éleveur est appelé *faisandier* [fəzɑ̃dje]).

FAISCEAU [fɛso]. *n. m.* (1549; *faissel, fassel,* XIIᵉ; lat. pop. *°fascellus,* de *fascis*). ♦ 1° Assemblage de choses semblables, de forme allongée, liées ensemble. *Balai fait d'un faisceau de brindilles. Faisceau de branchages* (V. **Fagot**), *de végétaux* (V. **Botte, bouquet, gerbe, javelle**). « *Les faisceaux de boulins et de planches* » (CHARDONNE). *Lier, nouer en faisceau.* ♦ 2° *Antiq. rom. Les faisceaux* : assemblages de verges liées autour d'une hache, portés par les licteurs devant le titulaire d'une grande magistrature comme symbole de son autorité. « *Sylla marche en public sans faisceaux et sans haches* » (CORN.). ◇ *Hist. mod.* Emblème analogue du fascisme italien. ♦ 3° (1851). *Mettre les fusils en faisceau* : les former en pyramide en les appuyant les uns contre les autres. *Formez les faisceaux! Rompez les faisceaux!* ♦ 4° *Spécialt.* (choses comparées à un faisceau (1°)). ◇ *Archit. Colonne en faisceau* : formée d'un assemblage de petites colonnes. ◇ *Faisceau lumineux* : Ensemble de rayons lumineux. V. **Pinceau.** — *Sc. Faisceau électronique (d'électrons), de neutrons. Faisceau hertzien,* d'ondes hertziennes (pour acheminer des signaux de télévision, des courants téléphoniques). ◇ *Math.* Ensemble (de droites, de courbes) dépendant d'un paramètre. *Faisceau linéaire de droites. Faisceau harmonique* : les quatre droites issues d'un point et formant une division harmonique. ◇ *Anat.* Ensemble de fibres de même origine, de même trajet et de même terminaison. *Faisceau nerveux, musculaire.* ◇ *Bot. Faisceau libéro-ligneux.* ◇ *Faisceau de tir. Faisceau de voies.* ♦ 5° Ensemble d'éléments abstraits rapprochés. « *Ces prétendues lois morales, qu'est-ce que c'est ? Un faisceau d'habitudes* » (MART. du G.). « *Les recherches servent à dresser le faisceau de preuves* » (ROMAINS).

FAISEUR, EUSE [fəzœʀ, øz]. *n.* (XIVᵉ; de *faire*). ♦ 1° *Rare.* Personne qui agit. PROV. *Les grands diseurs ne sont pas les grands faiseurs.* ♦ 2° FAISEUR DE : celui qui fait, fabrique (qqch.). *Un faiseur de meubles d'art,* un ébéniste. *Un faiseur de barrages, de ponts.* V. **Bâtisseur, constructeur.** *C'était « une espèce d'entrepreneur de sépultures, un marbrier fabricant de tombeaux... Le faiseur de sépultures* » (BAUDEL.). — *Vx* ou *plaisant. Faiseur de livres, de romans, d'opéras* : auteur. « *Quant aux faiseurs de vers, ces vauriens, ces*

maroufles » (VERLAINE). ♦ 3° *Mod. Le bon faiseur.* V. **Tailleur.** ♦ 4° *Plaisant.* Personne qui se livre habituellement à tel ou tel genre d'activité, d'occupation. *C'est un grand faiseur de mots croisés.* V. **Amateur.** *Une faiseuse de mariages* (Cf. Marieuse). « *Jésus n'est pas un fondateur de dogmes, un faiseur de symboles* » (RENAN). « *Dans le monde, nous n'estimons guère les faiseurs de phrases* » (VILLIERS). *C'est un faiseur d'embarras.* ◇ *Loc.* (déb. XXᵉ) *Faiseuse d'anges* : avorteuse. ♦ 5° *Péj.* (déb. XIXᵉ). *N. m.* Celui qui cherche à se faire valoir. V. **Hâbleur.** ◇ Homme d'affaires peu scrupuleux. *Mercadet ou le Faiseur,* comédie de Balzac. ◇ ANT. *Démolisseur, destructeur.*

FAISSELLE [fɛsɛl]. *n. f.* (*Feiscelle, foissele,* fin XIIᵉ; lat. *fiscella,* dimin. de *fiscus* « corbeille »). *Techn.* Récipient percé de trous, pour faire égoutter le fromage.

1. **FAIT, FAITE** [fɛ, fɛt]. *p. p.* et *adj.* (1690; V. **Faire**). ♦ 1° Qui est constitué, a tel aspect. ◇ Quant au physique. *Être bien fait, mal fait.* V. **Bâti.** *Une femme bien faite* (*pop.* Bien balancée, bien roulée). « *Jeune et faite à ravir* » (MUSS.). ◇ *Vieilli. Comme vous voilà fait!* V. **Habillé.** ◇ Quant à l'esprit, au caractère. *Montaigne préfère les têtes bien faites aux têtes bien pleines.* ♦ 2° Qui est arrivé à son plein développement. *Un homme fait.* V. **Mûr.** ◇ Arrivé à un certain point de maturation nécessaire à la consommation. *Un fromage fait, bien fait* (V. **Point** [à]), *fait à cœur.* ♦ 3° Fabriqué, composé, exécuté. *Un travail bien fait.* — **Tout fait** : fait à l'avance, tout prêt. « *Accepter une formule toute faite* » (MART. du G.). *Idées toutes faites* : préjugés ou lieux communs. *Des costumes tout faits* (opposé à *sur mesure*). Subst. *Acheter du tout fait.* V. **Confection, prêt-à-porter.** ◇ Qui est fardé. *Des yeux faits.* — Verni. *Ongles faits.* ♦ 4° (Personnes). *Fam. Être fait* : pris (Cf. Refait). *Être fait comme un rat.* « *Ils avaient refermé la porte en douce derrière nous les civils. On était faits, comme des rats* » (CÉLINE). ◇ HOM. *Faix.* — (du fém.) *Faîte, fête.*

2. **FAIT** [fɛ]. *n. m.* (XIIᵉ; lat. *factum,* de *facere* « faire »). **I.** *Vx* en emploi général. ♦ 1° (LE) FAIT DE : action de faire. V. **Acte, action.** *Le fait de parler, de rire; le fait de s'en aller. Être condamné pour fait d'insoumission. Par son fait* : par sa faute. — *Il est coutumier du fait.* — *Prendre* qqn SUR LE FAIT : le surprendre au moment où il agit. V. **Délit** (flagrant délit). — *Plur. Les faits et gestes de* qqn : ses activités. ♦ 2° *Spécialt.* (dans des expressions). Action mémorable, remarquable. V. **Exploit, prouesse.** *Fait d'armes, de guerre.* — *Hauts faits.* ♦ 3° *Dr.* Tout événement susceptible de produire un effet juridique, et *spécialt.* Action fautive positive (opposé à l'abstention ou à l'omission). *Fait qualifié crime par la loi. Fait qui comporte une peine.* — *Fait du prince* : Responsabilité du fait de l'homme, du fait des choses. *Faits justificatifs.* ◇ *Voie de fait* : coup, violence. ◇ *Prendre fait et cause pour* qqn : sa défense, son parti. ♦ 4° ÊTRE LE FAIT DE : constituer la manière d'être de qqn. *La générosité n'est pas son fait.* « *La manie de confondre la religion dans la morale n'est pas le fait d'un esprit bien libre* » (SUARÈS). — *Vx. Convenir à.* « *Le mariage n'est guère votre fait* » (MOL.). ♦ 5° *Dire son fait* (à qqn) : dire sans ménagement ce qu'on pense de qqn.

II. ♦ 1° Ce qui est arrivé, ce qui a eu lieu. V. **Affaire, aventure, cas, épisode, événement, incident.** *Fait rare, singulier, unique; fait courant, habituel. Un fait gros de conséquences. Succession, déroulement des faits. Dire, rapporter un fait, des faits. Donner un résumé des faits. Fait rapporté par un chroniqueur.* V. **Anecdote, trait.** « *Je hais les petits faits* » (VOLT.). *La politique « c'est l'art de créer des faits, de dominer, en se jouant, les événements et les hommes* » (BEAUMARCH.). *Mettre* qqn *devant le fait accompli* : l'obliger à accepter une chose sur laquelle il n'y a plus à revenir. *Le fait que Napoléon est mort en exil. Le fait que vous soyez mon ami ne vous autorise pas à...* ◇ DU FAIT DE : par suite de. ◇ DU FAIT QUE. V. **Puisque.** *Du seul fait que* : pour cette seule raison que. « *Du seul fait que j'admettais la possibilité de le faire naître artificiellement, j'en avais implicitement reconnu l'illusion* » (PROUST). ◇ FAITS DIVERS : nouvelles peu importantes d'un journal. « *Il avait lu des faits divers, pourtant médiocres, qui avaient un intérêt tout nouveau* » (ROMAINS). Au sing. *Un fait divers.* ♦ 2° Ce qui existe réellement; ce qui est du domaine du réel. V. **Réalité, réel** (opposé à l'idée, au rêve, etc.). *Le domaine des faits. S'incliner devant les faits. Juger sur les faits, d'après les faits.* « *Le fait (le vrai) ajoute l'idée* » (HUGO). ◇ On vous dit quelquefois : Ceci est un fait. Inclinez-vous devant le fait. *C'est dire Croyez. Croyez, car l'homme ici n'est pas intervenu* » (VALÉRY). — *Une question de fait, et non de principe. Erreur de fait* : matérielle. *C'est un fait* : c'est certain, sûr, vrai. — *Le fait est que vous avez raison* : je dois l'admettre. — *Dr. Pouvoir de fait; gouvernement de fait,* qui n'est pas reconnu. V. **De facto.** ◇ *Loc. adv.* PAR LE FAIT, DE FAIT, EN FAIT : en réalité. V. **Effectivement, effet (en), réellement, véritablement.** « *Il est de fait que l'homme jouit du soleil* »

(LA BRUY.) — TOUT À FAIT [tutafɛ]. *loc. adv.* V. Complètement, entièrement. *Il est tout à fait guéri. Ce n'est pas tout à fait fini.* ◇ *Dr.* Tout événement matériel. *Énonciation, articulation des faits. Interrogatoire sur faits et articles. Fait nouveau,* non encore soumis à la procédure du tribunal; révélé après une condamnation. — *Point de fait :* question qui met en jeu l'existence d'un fait à prouver. ◇ *Sc.* Ce qui est reconnu, constaté par l'observation. V. Phénomène. *Faits zoologiques, faits sociaux.* ♦ 3° Cas, sujet particulier dont il est question. *Il n'a encore rien dit du fait.* V. Sujet. — (Après AU) *Aller au fait, venir au fait :* à l'essentiel. *Aller droit au fait.* Ellipt. *Au fait!* allons au fait. *Mettre au fait.* V. Instruire. « *Mettez-moi au fait en quelques mots* » (GAUTIER). *Se mettre au fait :* prendre connaissance de. « *Un brave de province, qui ne paraissait pas au fait des usages de la cour* » (VOLT.). — AU FAIT (en tête de phrase) : à propos, à ce sujet. ◇ *Être sûr de son fait :* de ce qu'on pense, de ce qu'on avance ou du succès de ce qu'on entreprend. — *De ce fait :* à cause de ce qui précède; par suite de. ◇ EN FAIT DE : en ce qui concerne (qqn, qqch.), en matière de. « *L'autre était passé maître en fait de tromperie* » (LA FONT.). « *En fait de gourmandise, on peut mettre les médecins au même rang que les évêques* » (BALZ.). ◇ ANT. Abstraction, idée, théorie. — HOM. *Faix.*

FAÎTAGE [fɛtaʒ]. *n. m.* (XVIᵉ; *festage* « droit payé au seigneur pour toute construction ayant un faîte », 1233; de *faîte*). ♦ 1° *Techn.* Faîte (1°). ◇ Couverture du faîte (plomb, zinc, tuiles). ♦ 2° *Littér.* La toiture. « *Le castel dessinant ses faîtages pointus sur le ciel* » (GAUTIER).

FAÎTE [fɛt]. *n. m.* (*Fest, feste,* XIIᵉ; frq. °*first; faîte,* XVIᵉ, d'apr. lat. *fastigium*). ♦ 1° *Techn.* Poutre qui forme l'arête supérieure d'un comble et sur laquelle s'appuient les chevrons. V. Faîtage. *Ligne de faîte,* ou *de couronnement.* ♦ 2° *Cour.* La partie la plus élevée d'un édifice. *Le faîte d'une maison.* ◇ *Par ext.* La partie la plus haute de qqch. d'élevé. V. Cime, haut, sommet. *Grimper au faîte d'un arbre. Le faîte d'une montagne.* — *Ligne de faîte :* la crête d'une chaîne de montagnes. *La ligne de faîte détermine le partage des eaux des deux versants.* ♦ 3° *Fig.* Le plus haut point, le plus haut degré. V. Apogée, comble, pinacle, summum. *Être au faîte des honneurs, de la gloire.* « *L'homme tombé du faîte de ses espérances* » (BALZ.). ◇ ANT. Base, pied. — HOM. *Fête; faite* (de *faire*).

FAÎTEAU [fɛto]. *n. m.* (*Festel* « tuile faîtière », 1521; de *faîte*). Ornement en métal ou en poterie vernissée qui recouvre le faîtage.

FAÎTIÈRE [fɛtjɛʀ]. *adj. et n. f.* (1335; de *faîte*). *Techn.* ♦ 1° Qui appartient au faîte. *Tuile faîtière :* tuile courbe destinée à recouvrir le faîte d'un toit, d'un mur. — Subst. *Une faîtière.* ♦ 2° Lucarne pratiquée dans un toit pour éclairer l'espace qui s'étend sous le faîtage.

FAIT-TOUT ou **FAITOUT** [fɛtu]. *n. m.* (v. 1900; de *faire,* et *tout*). Récipient à deux poignées et à couvercle, remplaçant souvent les anciennes marmites. « *Des casseroles et des* « *fait-tout* » *pour les ménagères* » (GIONO). *Des faitouts en aluminium.*

FAIX [fɛ]. *n. m.* (*Fais,* 1080; lat. *fascis,* au sens de « fardeau »). ♦ 1° *Vx* ou *littér.* (dans quelques expressions). Charge très pesante, pénible à porter. V. Fardeau; portefaix. *Plier, ployer, succomber sous le faix.* « *Sous le faix du fagot aussi bien que des ans* » (LA FONT.). — Fig. *Le faix des obligations.* V. Poids. ♦ 2° *Techn.* Tassement qui se produit dans une maison qu'on vient de construire. ♦ 3° *Méd.* Le fœtus et ses annexes (arrière-faix). ◇ HOM. *Fait.* (1 et 2).

FAKIR [fakiʀ]. *n. m.* (1653; arabe *faqîr* « pauvre »). ♦ 1° *Relig., Sociol.* Ascète musulman. V. Derviche. Dans l'Inde, Ascète qui vit d'aumônes et se livre à des mortifications en public. ♦ 2° *Cour.* Personne qui donne un spectacle d'exercices (voyance, prestidigitation, hypnose, tours imités de ceux des fakirs (1°). — On écrit aussi *Faquir.*

FAKIRISME [fakiʀism(ə)]. *n. m.* (1894; de *fakir*). Activités de fakir.

FALAISE [falɛz]. *n. f.* (*Faleise,* XIIᵉ, mot normano-picard; frq °*falisa*). Escarpement situé sur les côtes et qui est dû à l'érosion marine. *Falaises calcaires, crayeuses. Les falaises de Normandie, de Douvres.* — Géol. *Falaise morte :* abrupt placé en retrait du littoral. — Par anal. Talus. *La rivière* « *dont l'eau rapide, en venant buter contre la falaise schisteuse, l'avait profondément creusée* » (GIDE).

FALARIQUE [falaʀik]. *n. f.* (XIIIᵉ; lat. *falarica*). *Archéol.* Arme de jet incendiaire, javelot garni d'étoupe enflammée.

FALBALA [falbala]. *n. m.* (1692; probabl. prov. *farbella;* Cf. a. fr. *Frepe.* V. Fripier). ♦ 1° *Anciennt.* Bande d'étoffe plissée qui servait d'ornement au bas d'une robe, d'un rideau. V. Volant. « *Une robe de soie bleue à quatre falbalas* » (FLAUB.). ♦ 2° (*Plur.*). Ornement sur une toilette. « *Sa robe en brocart d'or, divisée régulièrement par des falbalas de perles, de jais et de saphirs* » (FLAUB.). *Mod.* Ornements excessifs; grande toilette.

FALCONIDÉS [falkɔnide]. *n. m. pl.* (1868; lat. *falco, onis.* V. Faucon). Famille d'oiseaux rapaces diurnes (*Accipitriformes*), au bec court, fortement courbé (émerillon, faucon, gerfaut, etc.).

FALDISTOIRE [faldistwaʀ]. *n. m.* (XVIIᵉ; lat. ecclés. *faldistorium,* par l'it.; o. frq. V. Fauteuil). *Liturg.* Siège liturgique des évêques.

FALERNE [falɛʀn(ə)]. *n. m.* (1828; de *Falerne,* ville de Campanie, Italie). Vin des environs de Falerne, fort estimé dans l'antiquité.

FALLACIEUSEMENT [fa(l)lasjøzmɑ̃]. *adv.* (1552; de *fallacieux*). *Rare.* D'une manière fallacieuse.

FALLACIEUX, EUSE [fa(l)lasjø, øz]. *adj.* (v. 1460; lat. *fallaciosus*). *Vx* ou *littér.* Qui est destiné à tromper, à égarer. V. Faux, fourbe, hypocrite, mensonger, perfide, trompeur. *Promesses fallacieuses. Arguments fallacieux.* V. Captieux, spécieux. « *Sous le nom fallacieux d'armée de réserve, piège grossier qui pourtant trompa les Autrichiens* » (MICHELET). ◇ (Personnes) *Un* « *témoin direct et plus croyable que ces fallacieux commentateurs* » (HENRIOT). ◇ ANT. Droit, franc, honnête, loyal, sincère.

FALLOIR [falwaʀ]. *v. impers. : il faut, il fallait, il fallut, il a fallu, il faudra, qu'il faille, qu'il fallût* (XIIᵉ, ind. prés. *falt;* lat. pop. °*faillire,* class. *fallere* « tromper, manquer à ». V. Faillir; formes d'apr. *valoir* (XVᵉ-XVIᵉ).
I. S'EN FALLOIR (IL S'EN FAUT) DE. V. Manquer. ♦ 1° Avec un substantif exprimant la quantité qui manque. *Je n'ai pu réunir la somme, il s'en faut de la moitié, de cinq mille francs.* « *Formosante fut sur le point de l'attraper... il ne s'en fallut que d'un moment* » (VOLT.). — *Il s'en faut que* (et subj.). *Il s'en faut d'un point qu'il n'ait été admissible.* ♦ 2° Avec un adverbe de quantité. IL S'EN FAUT DE BEAUCOUP, IL S'EN FAUT BIEN. *Je n'ai pas récupéré mes avances, il s'en faut de beaucoup.* Absolt. *Il s'en faut (bien, de beaucoup). Lui, content? il s'en faut!* « *Hélène n'a pas l'oreille prude, il s'en faut* » (COLETTE). ◇ TANT S'EN FAUT : au contraire, bien au contraire. *Il n'est pas sot, tant s'en faut :* il est bien loin d'être sot. ◇ IL S'EN FAUT DE PEU..., IL NE S'EN FAUT GUÈRE..., PEU S'EN FAUT. *Il est perdu, ou peu s'en faut.* V. Presque. *Peu s'en fallut qu'il ne perdît sa place.* V. Faillir (il a failli...). « *Il s'en est fallu de peu, ce soir-là, que je ne me misse à genoux* » (MAURIAC).
II. (XVᵉ). Être l'objet d'un besoin, d'une nécessité. ♦ 1° IL FAUT (QQCH). *Combien vous faut-il? Il me faut dix mille francs pour demain. Il faut un prétexte, on le trouvera!* « *Autant qu'il se peut, il faut que le mal appartienne au un beau paysage* » (BAUDEL.). — (Avec un nom de personne) *Il me faut deux ouvriers pour ce travail. Il lui faut qqn pour l'aider.* « *Vous n'avez pas la femme qu'il vous faut!* » (GREEN). ♦ 2° IL FAUT (et inf.). *Il faut l'avertir tout de suite, demain il sera trop tard. Quand tu en tiré, il faut le boire.* — *Que faut-il donc faire?* dit Pangloss. — *Te taire* (VOLT.). — *Puisqu'il faut tout vous expliquer.* Loc. *Il faut vous dire que...* Fam. *Qu'est-ce qu'il faut entendre!* ◇ *Il faut voir,* il convient de voir, de réfléchir. *Cela me semble intéressant, mais il faut voir. Il faut voir ce que cela donnera.* Exclam. *Il le mériterait, il faut voir!* — Loc. fam. *Faut voir!,* s'emploie pour souligner avec admiration ou ironie qqch. Littér. *Faut-il donc échouer de si peu?* est-ce donc inéluctable? ♦ 3° IL FAUT QUE (et subj.). *Il faut que je vous parle, c'est indispensable.* « *Dans huit jours, dans un mois, n'importe, il faut qu'il passe* » (RAC.). « *Mais il ne suffit pas de posséder une vérité, il faut que la vérité nous possède* » (MAETERLINCK). ◇ *Il faut, il a fallu qu'il arrive en ce moment!* il est arrivé comme par une fatalité. « *C'est incroyable où est allé ce peloton. Je n'en ai qu'un de jaune, et il faut qu'il s'envole* » (MUSS.). ♦ 4° IL LE FAUT (*le* remplaçant l'inf. ou la proposition). *Vous irez le voir, il le faut.* ♦ 5° (Avec ellipse de la séquence). *Il a l'art de ne dire que ce qu'il faut. Louer et blâmer quand il faut.* « *Elle jette à propos la parole qu'il faut* » (PROUST). ◇ Loc. adv. COMME IL FAUT. *Se conduire, s'exprimer comme il faut.* « *Rien ne la contentait, rien n'était comme il faut* » (LA FONT.). Loc. adj. (Fam.) *Robespierre* « *était un bourgeois très comme il faut* » (BERNANOS). « *Ils cherchaient toujours à être de bon ton ou comme il faut, ainsi qu'on disait à Grenoble en 1793* » (STENDHAL).
III. IL FAUT (et inf.), IL FAUT QUE : il est nécessaire, selon la logique du raisonnement (en tant qu'explication d'un fait autrement inexplicable). *Dire des choses pareilles! il faut avoir perdu l'esprit!* « — *Je l'ai vu en entrant au salon.* — *Il faut que tu le sois trompée* » (MUSS.). ◇ Exclam. *Faut-il être bête, tout de même!* ◇ Pop. (Sans IL) *Faut attendre. Faudra voir.* « *Faut encore que je choisisse la marchandise,* répondit aigrement la cordonnière » (FRANCE).

1. **FALOT** [falo]. *n. m.* (1371; toscan *falò,* altér. du gr. *pharos* « phare »). ♦ 1° Grande lanterne. V. Fanal. « *Quelques ombres passaient, un falot à la main* » (MUSS.). ♦ 2° *Arg. milit.* (1888). Conseil de guerre. « *Surtout ne cassez pas vos képis, hein? dit l'adjudant, ou alors je vous fais passer au falot* » (MAC ORLAN).

2. FALOT, OTE [falo, ɔt]. *adj.* (1466, subst. « joyeux compagnon »; adj., XVIᵉ; p.-ê. angl. *fellow* « compagnon »). ♦ 1° *Vx.* Joyeux, gai. « *Un bon couplet, chez ce peuple falot* (les Français), *De tout mérite est l'infaillible lot* » (VOLT.). ◇ Par ext. *Vx* ou *littér.* Grotesque. « *J'avais cet empressement falot que montrent les hommes au milieu des troubles domestiques* » (DUHAM.). ♦ 2° (1922). *Mod.* Qui est insignifiant jusqu'à en devenir comique. *Personnage falot.* V. **Anodin, effacé, insignifiant, terne.** ◇ ANT. **Brillant.**

FALOURDE [faluʀd(ə)]. *n. f.* (1564; *vallourde*, 1311; par attract. de l'a. fr. *falourde* « tromperie »). *Vx* ou *région.* Fagot de bûches liées ensemble.

FALSIFICATEUR, TRICE [falsifikatœʀ, tʀis]. *n.* (1510; de *falsifier*). Personne qui falsifie. V. **Fraudeur; contrefacteur, faussaire.**

FALSIFICATION [falsifikasjɔ̃]. *n. f.* (1369; de *falsifier*). ♦ 1° Action de falsifier. V. **Fraude.** *Falsification du lait, du vin par addition d'eau* (mouillage). — *Falsification des monnaies métalliques par altération du titre ou du poids.* — *Falsification d'un document, d'une pièce d'identité.* — Fig. *Falsification de l'histoire, de la vérité.* ♦ 2° Action d'usurper le nom d'un auteur ou de l'imiter frauduleusement.

FALSIFIER [falsifje]. *v. tr.* (1330; lat. médiév. *falsificare*). Altérer volontairement dans le dessein de tromper. *Falsifier une marchandise par addition d'éléments étrangers ou suppression d'une partie de substance.* V. **Adultérer, altérer, frelater.** *Falsifier du lait.* « *Un vin lourd et râpeux... avec lequel on pouvait falsifier de meilleurs crus* » (ARAGON). — *Falsifier des monnaies, des billets de banque; un acte, une date sur un acte, un document.* V. **Contrefaire; maquiller, truquer.** « *J'avais falsifié mon bulletin de naissance, l'usage de la poste restante n'étant permis qu'à partir de dix-huit ans* » (RADIGUET). ◇ Fig. *Falsifier la pensée de qqn, en la rapportant inexactement.* V. **Défigurer, dénaturer, fausser, travestir.**

FALUCHE [falyʃ]. *n. f.* (1888, rare av. 1938; mot lillois « galette »). Béret de velours noir traditionnel des étudiants (rarement porté de nos jours).

FALUN [falœ̃]. *n. m.* (1756; mot prov. mod.). Dépôt d'origine marine, du tertiaire, formé de coquilles entières ou brisées, cimentées (V. **Lumachelle**) ou mélangées à du sable. *Utilisation des faluns pour l'amendement des terres pauvres en calcaire.*

FALUNER [falyne]. *v. tr.* (1756; de *falun*). *Techn.* (*Agric.*). Couvrir (un sol siliceux) de falun pour l'amender.

FALUNIÈRE [falynjɛʀ]. *n. f.* (1755; de *falun*). *Techn.* Mine de falun.

FALZAR [falzaʀ]. *n. m.* (1878; o. i.). *Pop.* Pantalon.

FAMÉ, ÉE [fame]. *adj.* (XIIᵉ; *bien famé*, XVᵉ; *mal famé*, XVIIIᵉ; a. fr. *fame*, du lat. *fama* « renommée ». V. **Fameux**). *Mal famé*, qui a mauvaise réputation (lieu), est fréquenté par des gens du milieu, des malfaiteurs. *Maison, rue mal famée. Le café « avait une porte de derrière sur une impasse mal famée des quais de Galata* » (LOTI).

FAMÉLIQUE [famelik]. *adj.* (XVᵉ; lat. *famelicus*, de *fames* « faim »). Qui ne mange pas à sa faim. *Pauvre diable famélique.* V. **Affamé, crève-la-faim, meurt-de-faim, miséreux.** « *On voyait errer de cour en cour nombre de chats faméliques* » (GIDE). V. **Étique, maigre.** Par ext. *Un air famélique.*

FAMEUSEMENT [famøzmɑ̃]. *adv.* (1642; de *fameux*). ♦ 1° *Rare.* D'une manière fameuse, remarquable. ♦ 2° *Fam.* Très. V. **Rudement.** « *Je restais volontiers plantée devant les toiles du Titien... c'était quand même fameusement bien peint* » (BEAUVOIR).

FAMEUX, EUSE [famø, øz]. *adj.* (XVᵉ; lat. *famosus*, de *fama* « renommée »). ♦ 1° *Littér.* Qui a une grande réputation, bonne ou mauvaise. V. **Célèbre, connu.** « *Le fameux Scipion* » (CORN.). *Nom fameux.* V. **Brillant, glorieux, grand, illustre.** « *Messaline, fameuse par ses débauches* » (DIDER.). *Bataille fameuse.* V. **Mémorable.** *Région fameuse par* (ou *pour*) *ses crus.* V. **Renommé, réputé.** ◇ *Cour.* (av. le nom) *Iron.* Dont on a beaucoup parlé. *C'était le fameux jour où nous nous sommes disputés. Vos fameux principes ne tiennent pas debout.* ♦ 2° (av. 1778). *Cour.* (av. le nom). Remarquable en son genre, très bon ou très mauvais. « *Une fameuse canaille* » (BAUDEL.). V. **Beau, fier, grand, insigne, rude.** *Il a attrapé un fameux coup de soleil.* ♦ 3° *Cour.* (apr. le nom). Très bon (aliments, boissons). V. **Excellent.** *Il est fameux, votre vin.* ◇ (Apr. le nom, à la négative) *Pas fameux,* d'une qualité médiocre. *Ce devoir n'est pas fameux.* « — *Quel résultat avez-vous obtenu? — Pas fameux* ». ◇ ANT. **Inconnu, obscur.** *Insignifiant, petit. Mauvais.*

FAMILIAL, ALE, AUX [familjal, o]. *adj.* (v. 1830; lat. *familia*). Relatif à la famille. *Vie, atmosphère, réunion familiale. Ennuis familiaux.* V. **Domestique.** — *Maladie familiale,* trouble du développement qui atteint plusieurs membres d'une même famille, selon les lois de l'hérédité. — *Allocations familiales,* aide financière de l'État aux personnes qui

ont des enfants. — Destiné à une famille. *Modèle de voiture familiale.* V. **Familiale.**

FAMILIALE [familjal]. *n. f.* (1952; de *familial* adj.). Voiture automobile de tourisme conçue dans certaines séries pour transporter le maximum de personnes.

FAMILIARISER [familjaʀize]. *v. tr.* (1551; lat. *familiaris*). I. Rendre familier (avec qqch.). V. **Accoutumer, dresser, entraîner, habituer.** *Familiariser un soldat avec le maniement des armes.*

II. SE FAMILIARISER [familjaʀize]. *v. pron.* ♦ 1° Devenir familier avec qqn, avec les gens. V. **Apprivoiser** (s'). *Enfant, oiseau qui se familiarise.* ♦ 2° Se familiariser avec qqch., se rendre familier par l'habitude, la pratique, l'exercice. *Se familiariser avec la danger.* « *Se familiariser avec une langue étrangère* » (BOIL.). « *Comme des nouveaux venus peu familiarisés avec les lieux* » (MART. DU G.).

FAMILIARITÉ [familjaʀite]. *n. f.* (XIIᵉ; lat. *familiaritas*). ♦ 1° Relations familières, comme celles qu'entretiennent les membres d'une même famille les uns avec les autres. *Des camarades qui habitent en commun, vivent dans la plus grande familiarité.* V. **Intimité.** — Fig. *Une longue familiarité avec les grandes œuvres classiques.* V. **Commerce, fréquentation.** ♦ 2° Manière familière de se comporter à l'égard de qqn. V. **Abandon, bonhomie, liberté.** *Parler à qqn avec familiarité. Traiter qqn avec une familiarité excessive, déplacée.* V. **Désinvolture, effronterie.** « *Il lui vint une velléité de familiarité bourrue, assez ordinaire aux médecins et aux prêtres* » (HUGO). ◇ Au plur. *Péj.* Façons trop libres, inconvenantes. V. **Liberté, privauté.** *Prendre, se permettre des familiarités avec qqn.* « *Je vous prie de m'épargner vos familiarités* » (SARTRE). ♦ 3° Manière de parler, d'écrire qui a le ton familier de la conversation ordinaire. V. **Naturel, simplicité.** ◇ ANT. **Dignité, raideur, suffisance. Discrétion, réserve, retenue. Recherche.**

FAMILIER, IÈRE [familje, jɛʀ]. *adj. et n.* (XIIᵉ; lat. *familiaris*). ♦ 1° *Vx.* Qui est considéré comme faisant partie de la famille. « *Mes plus familiers amis* » (LA BRUY.). ◇ *Mod.* N. m. (*pas de fém.*). Celui qui est considéré comme un membre de la famille, qui la fréquente assidûment ou est dans des relations intimes avec qqn. V. **Ami.** « *Donc, vous n'étiez pas un familier de la maison? Les voisins n'avaient pas pu vous remarquer?* » (ROMAINS). — Celui qui fréquente assidûment un lieu. *Les familiers d'un club.* V. **Habitué.** ♦ 2° Qui est bien connu; dont on a l'expérience habituelle. *Vivre au milieu d'objets familiers. Voix familière.* « *À travers les quartiers qui me sont les plus familiers, mes promenades restent pour moi des surprises* » (ROMAINS). ◇ Dont la connaissance, la pratique, l'usage est ordinaire à qqn. *Le maniement de cet outil lui est devenu familier.* V. **Aisé, facile, usuel.** *Cette langue lui est familière.* — (Comportement) V. **Coutumier.** *C'est là une de ses attitudes familières. Le mensonge lui est familier.* ♦ 3° Qui montre dans ses rapports avec ses semblables, ses subordonnés, une simplicité qui les met à l'aise. V. **Accessible, liant, simple.** « *Il est distant; il est poli jusqu'à la minutie; il n'est pas familier* » (SUARÈS). — *Péj.* Qui est trop libre, trop désinvolte dans ses manières (V. **Familiarité**). — Par ext. *Manières familières. Appellation familière.* ◇ Qui s'apprivoise, se familiarise. « *L'humilité des enchères encouragea la troupe des petits brocanteurs, qui se mêlèrent à nous et devinrent familiers* » (FRANCE). ♦ 4° (1680). Qu'on emploie naturellement en tous milieux dans la conversation courante, et même par écrit, mais qu'on évite dans les relations avec des supérieurs, les relations officielles et les ouvrages qui se veulent sérieux. *Boulette pour bévue est un mot familier. Expression, locution familière. Langue familière.* ◇ ANT. **Étranger; insolite. Distant, fier, froid, grave, hautain, réservé. Cérémonieux, respectueux. Académique, noble, recherché.**

FAMILIÈREMENT [familjɛʀmɑ̃]. *adv.* (XIIᵉ-XIIIᵉ; de *familier*). D'une manière familière (3°). V. **Simplement.** *Ils s'entretenaient, ils causaient familièrement.* « *Elle traita d'abord Jean-Jacques très familièrement* » (BALZ.).

FAMILISTÈRE [familistɛʀ]. *n. m.* (1859, « coopérative de production »; de *famille*, d'apr. *phalanstère*). Entreprise de vente à bon marché, dans certaines régions de France. V. **Coopérative** (de consommation).

FAMILLE [famij]. *n. f.* (XIVᵉ; lat. *familia*, de *famulus* « serviteur »).

I. ♦ 1° (*Sens restreint*). Les personnes apparentées vivant sous le même toit, et spécialt. le père, la mère et les enfants. *Fonder une famille,* avoir un, des enfants. « *La famille sera toujours la base des sociétés* » (BALZ.). *Chef de famille. Soutien de famille,* la personne qui subvient aux besoins de la famille. *Livret de famille. Un enfant abandonné, sans famille.* V. **Orphelin.** *Lycéen, pensionnaire, soldat qui rentre dans sa famille.* V. **Bercail, foyer, maison.** *Il fait partie de la famille,* se dit d'un ami de la maison. V. **Familier.** — *La vie de famille.* V. **Familial.** « *Familles, je vous hais! foyers clos; portes refermées; possessions jalouses du bonheur* » (GIDE). — *Pension** de famille. *La Sainte Famille* : groupe de l'enfant Jésus avec la Vierge et saint Joseph. — DES FAMILLES, à l'usage des familles. *Un petit bridge des familles*, sans prétention ni gravité. ◊ *Spécialt*. Les enfants issus du mariage. *Être chargé de famille. Père, mère de famille. Élever sa famille.* — Plaisant. *Promener toute sa petite famille.* V. **Marmaille, progéniture.** ◊ *Région.* (Belgique). *Attendre famille*, être enceinte. ♦ 2° *(Sens large).* L'ensemble des personnes liées entre elles par le mariage et la filiation ou, exceptionnellement, par l'adoption. *Le droit de la famille. Famille monogamique, polygamique, polyandrique* (V. **Mariage**). *Membres d'une même famille* (V. **Parent; parenté**). *Branches de la famille. Nom de famille.* V. **Patronymique.** *Famille naturelle et belle-famille d'un époux.* — *Être de la même famille.* V. **Sang.** « *Bien qu'elles ne fussent ni sœurs ni cousines, il y avait entre elles un air de famille* » (MUSS.). V. **Ressemblance.** *Entrer dans une famille* (par son mariage). *Fête, dîner de famille. Être en famille*, réunis entre gens de la même famille. *Esprit de famille* : goût des relations entre membres de la famille. *Il n'a pas l'esprit de famille.* Loc. *Laver* son linge sale en famille.* ♦ 3° Succession des individus qui descendent les uns des autres, de génération en génération. *La famille d'Abraham.* V. **Descendance, génération, lignée, postérité, race, sang, souche.** *La famille royale. La famille des Habsbourg.* V. **Dynastie, maison.** « *Le comte Adam appartient à l'une des plus vieilles et des plus illustres familles de la Pologne* » (BALZ.). *Bonne famille*, estimable, estimée, considérée. *Jeune homme de bonne famille. Fils de famille*, qui profite de la situation privilégiée de ses parents. *Vertus, tares de famille.* V. **Héréditaire; atavisme.**

II. *Fig.* ♦ 1° (Avec un adj., un déterminatif). Personnes ayant des caractères communs. « *De Jaspers à Heidegger, de Kierkegaard à Chestov... toute une famille d'esprits parents par leur nostalgie* » (CAMUS). *Famille spirituelle, littéraire, artistique, politique.* V. **Clan, école.** ♦ 2° L'une des grandes divisions employées dans la classification des animaux, des végétaux et des bactéries, et qui groupe les genres ayant en commun certains traits généraux. *La famille des bovidés, des rosacées. Les familles sont groupées en ordres.* ♦ 3° *Famille de mots* : groupe de mots provenant d'un même radical par la dérivation ou la composition. V. **Étymologie.** *Œuvre et manœuvrer sont de la même famille.* ◊ *Famille de langues*, groupe de langues ayant une origine commune.

FAMINE [famin]. *n. f.* (XIIᵉ; de *faim*). ♦ 1° Disette générale d'aliments par laquelle une population souffre de la faim, meurt de faim. *Les grandes famines du moyen âge.* « *On commence à concevoir la réalité et à pressentir l'approche de l'affreuse famine, qui, avant l'arrivée aux Indes, vous semblait un fléau préhistorique* » (LOTI). ♦ 2° Faim (dans certaines expressions). *Crier famine*, se plaindre de ses modestes ressources. *Salaire de famine* : qui ne donne pas de quoi vivre. V. **Misère.** ◊ ANT. *Abondance.*

FAN [fan]. *n. m.* (1958; mot angl., abrév. de *fanatic.* V. **Fanatique**, 3°). *Anglicisme.* Jeune admirateur (trice) enthousiaste de (une vedette). *Louis Armstrong et ses fans.* ◊ HOM. *Fane.*

FANA [fana]. *adj.* (1892; abrév. de *fanatique*). *Fam.* Fanatique (3°). *Elle en est fana.* Subst. *Un, une fana.*

FANAGE [fanaʒ]. *n. m.* (1312; de *faner*). Action de faner, une des opérations de la fenaison.

FANAL, AUX [fanal, o]. *n. m.* (*Phanal*, 1552; it. *fanale*, du gr. *phanos* « lanterne »). ♦ 1° Grosse lanterne devant servir de signal, fixée sur un véhicule. V. **Feu.** « *Le petit fanal en haut du mât à l'air d'une grosse étoile se promenant parmi les autres* » (MAUPASS.). *Fanal rouge de locomotive.* ◊ *Ancienn.* Feu placé au sommet d'une tour pour guider les navires la nuit. V. **Phare.** ♦ 2° Lanterne. *Circuler dans la nuit un fanal à la main.* V. **Falot, flambeau.**

FANATIQUE [fanatik]. *adj.* et *n.* (1532; lat. *fanaticus* « inspiré, en délire », de *fanum* « temple »). ♦ 1° *Vx.* Qui se croit inspiré de la divinité, qui s'inspire de l'esprit divin. V. **Illuminé.** *Les convulsionnaires fanatiques du cimetière Saint-Médard.* ♦ 2° (XVIᵉ). Animé envers une religion, une doctrine, une personne, d'une foi intraitable et d'un zèle aveugle. V. **Intolérant, sectaire.** *Partisan, zélateur fanatique.* — Par ext. *Des opinions fanatiques.* V. **Exalté.** ♦ 3° Qui a une passion, une admiration excessive pour qqn ou qqch. V. **Enthousiaste, fervent, passionné.** *Partisans, supporters fanatiques.* V. **Fan.** *Être fanatique de musique, de peinture.* V. **Amoureux, enragé, fou.** ◊ N. « *Les fanatiques de Corneille* » (VOLT.). *Un fanatique du jazz, du football.* V. **Fana.** ◊ ANT. *Sceptique, tiède. Impartial, tolérant.*

FANATIQUEMENT [fanatikmã]. *adv.* (fin XVIIᵉ; de *fanatique*). D'une manière fanatique. *Être fanatiquement dévoué à qqn.*

FANATISER [fanatize]. *v. tr.* (1793; intr., « faire l'inspiré », 1752; de *fanatique*). Rendre fanatique. « *Pour faire une guerre religieuse, il faut être religieux. Le Clergé n'était*

pas assez croyant pour fanatiser le peuple » (MICHELET).

FANATISME [fanatism(ə)]. *n. m.* (1688; de *fanatique*). ♦ 1° *Vx.* Inspiration de fanatique (1°). ♦ 2° (1764). Comportement de fanatique (2°). *Fanatisme religieux.* V. **Intolérance.** « *Rien n'égale la puissance de surdité volontaire des fanatismes* » (HUGO). « *J'aime les gens tranchants et énergumènes, on ne fait rien de grand sans le fanatisme* » (FLAUB.). ♦ 3° Enthousiasme de fanatique (3°). « *Ce fanatisme presque toujours aveugle qui nous pousse tous à l'imitation des grands maîtres* » (DELACROIX). ◊ ANT. *Scepticisme, tiédeur; impartialité, tolérance.*

FANCHON [fãʃõ]. *n. f.* (1828; dimin. de *Françoise*). *Région.* Coiffure paysanne de femme, faite d'un fichu, d'un mouchoir posé sur la tête et noué sous le menton.

FANDANGO [fãdãgo]. *n. m.* (1772; mot esp.). Danse espagnole d'origine andalouse, sur un rythme à 6/8 avec accompagnement de castagnettes. *Air de cette danse. Des fandangos.*

FANE [fan]. *n. f.* (1385, « feuille sèche »; de *faner*). Tiges et feuilles de certaines plantes potagères herbacées dont on consomme une autre partie. *Fanes de carottes, de pommes de terre, de radis, de haricots. Fanes utilisés comme fourrage, pour les litières. Détruire les fanes* (V. **Défanant**). ◊ HOM. *Fan.*

FANÉ, ÉE [fane]. *adj.* (XVIᵉ; de *faner*). ♦ 1° Qui s'est fané (plante, fleur). *Rose fanée. Un bouquet fané.* ♦ 2° Par anal. Qui est défraîchi, flétri. *Un visage, une beauté fanée.* V. **Flétri.** *Une étoffe, une toilette fanée.* ◊ *Couleur fanée*, passée, très douce. *Un joli rose fané.* ◊ ANT. *Épanoui. Éclatant, frais, vif.*

FANER [fane]. *v. tr.* (XIVᵉ; *fener*, XIIᵉ; lat. pop. *fenare*, de *fenum* « foin »).

I. Retourner (un végétal fauché) pour faire sécher. *Faner de l'herbe, de la luzerne à la fourche, à la machine.* — Absolt. *Faire les foins.* « *Les prés couverts de gens qui fanent et chantent* » (ROUSS.).

II. ♦ 1° Faire perdre (à une plante) sa fraîcheur. V. **Flétrir, sécher.** *Le vent chaud a fané les dernières roses.* ◊ Par ext. *Littér.* Altérer dans son éclat, sa fraîcheur (une étoffe, une couleur, un teint). V. **Défraîchir, décolorer, ternir.** *Ce toit* « *dont le temps n'arrivait pas à faner les tuiles trop rouges et trop neuves* » (GREEN). — Fig. « *Rien ne l'intéressait plus; son regard fanait toutes choses* » (ALAIN). ◊ Cour. SE FANER. *v. pron.* Se dit des plantes qui sèchent et meurent, en perdant leur couleur, leur consistance. *Plante, fleur qui se fane.* V. **Flétrir** (sic); *fané.* « *Et dans les champs les coquelicots se fanent en se violaçant* » (APOLLINAIRE). ◊ Perdre sa fraîcheur, son éclat. « *Sa jeunesse, l'éclat de ses cheveux, de son visage s'étaient fanés* » (TOULET). ◊ *Littér.* Intrans. « *Chaque fleur se doit de faner pour son fruit* » (GIDE).

◊ ANT. *Éclore, épanouir (s').*

FANEUR, EUSE [fanœr, øz]. *n.* (XIIᵉ; de *faner*). ♦ 1° Personne qui fane. ♦ 2° FANEUSE. *f.* (1860). Machine à faner.

FANFARE [fãfar]. *n. f.* (1532, formation express., titre d'un livre). ♦ 1° Air dans le mode majeur et d'un mouvement vif et rythmé, généralement exécuté par les trompettes, des cuivres. « *Vive Tartarin! vive le tueur de lions!* » *Et des fanfares, des chœurs d'orphéons éclatèrent* » (DAUD.). — *Fanfare militaire*, ou absolt. *Fanfare* : air guerrier. *Sonner le réveil en fanfare.* Fig. et fam. *Réveil en fanfare*, réveil brutal. ◊ *Fig.* Ce qui annonce bruyamment. V. **Éclat, fracas.** « *Ce banquet annoncé par les plus alléchantes fanfares de presse* » (LECOMTE). ♦ 2° Orchestre de cuivres auxquels peuvent être adjoints des instruments de percussion. L'ensemble des musiciens de cet orchestre. *La fanfare des chasseurs à pied. La fanfare municipale.* ◊ Loc. *Un sale coup pour la fanfare* : une mauvaise affaire. ♦ 3° *Spécialt.* Reliure à la fanfare, nom donné à certaines reliures du XVIᵉ s. remarquables par leur somptueux décor de feuillages et d'arabesques à petits fers. *Des entrelacs* « *plus compliqués que les arabesques des reliures qu'on appelle « à la fanfare »* » (GENET).

FANFARON, ONNE [fãfarõ, ɔn]. *adj.* et *n.* (XVIᵉ; esp. *fanfarrón*, de l'arabe *farfâr* « bavard, léger »). ♦ 1° *Adj.* Qui se vante avec exagération de sa bravoure, réelle ou supposée. *Il est fanfaron.* — Qui marque une affectation de bravoure. *Attitude fanfaronne en face du danger.* ◊ Par ext. Qui se vante trop d'un exploit. V. **Vantard.** *Les propos fanfarons d'un Don Juan.* ♦ 2° *N.* Personne qui se vante de son courage, de ses exploits (réels ou non). V. **Fanfaron.** V. **Bravache, capitan, crâneur, fendant, fier-à-bras, matamore.** « *Les gens qui ne boivent jamais de vin... sont des fanfarons de sobriété, buvant en cachette* » (BAUDEL.). ◊ ANT. *Modeste.*

FANFARONNADE [fãfarɔnad]. *n. f.* (1598; de *fanfaron*). Caractère du fanfaron; propos, actes de fanfaron. V. **Forfanterie, rodomontade, vantardise.** « *La vantardise, la fanfaronnade, l'admiration naïve de nous-mêmes* » (FUSTEL). *Ses fanfaronnades ne nous impressionnent pas.* ◊ ANT. *Modeste.*

FANFARONNER [fãfarɔne]. *v. intr.* (1642; de *fanfaron*). *Vieilli.* Faire des fanfaronnades. V. **Vanter (se).**

FANFRELUCHE [fɑ̃fʀəlyʃ]. *n. f.* (1534; a. fr. *fanfeluce* « bagatelle », bas lat. *famfaluca*, altér. du gr. *pompholux* « bulle d'air ». V. **Farfelu**). Ornement léger (nœud, dentelle, volant, pompon) de la toilette ou de l'ameublement (souvent péj.). *Il y a trop de fanfreluches sur cette robe.* « *Un portique tendu de crépon jaune orange, avec des fanfreluches tailladées* » (LOTI).

FANGE [fɑ̃ʒ]. *n. f.* (XIIᵉ; du corse *fangu, fanga*, rac. gotique *fani*). *Littér.* Boue presque liquide et souillée. « *Un horrible mélange, D'os et de chairs meurtris et traînés dans la fange* » (RAC.). « *À vous voir ainsi, ma belle délicate, les pieds dans la fange et les yeux tournés vaporeusement vers le ciel* » (BAUDEL.). Ce qui souille moralement, comme fait la fange. V. **Abjection, ignominie**. « *Plongé, traîné par vous dans la fange de l'opprobre et de la diffamation* » (ROUSS.).

FANGEUX, EUSE [fɑ̃ʒø, øz]. *adj.* (XIIᵉ; de *fange*). ♦ 1° Plein de fange. V. **Boueux**. *Mare fangeuse*. V. **Vaseux**. *Une eau fangeuse.* V. **Trouble**. ♦ 2° *Fig.* et *littér.* V. **Abject, trouble.** « *Le labyrinthe obscur et fangeux de mes confessions* » (ROUSS.).

FANGOTHÉRAPIE [fɑ̃gɔteʀapi]. *n. f.* (1952; de *fange*, au sens étym. de « boue », et *-thérapie*). *Didact.* Application thérapeutique de boue chaude (dite *Fango*, n. m.).

FANION [fanjɔ̃]. *n. m.* (1673; de *fanon*, avec chang. de suff. V. **Gonfanon**). Petit drapeau. *Fanion de commandement. Fanion de la Légion. Fanion d'ambulance, de tir, de jalonnement, de télégraphie.* ◇ Emblème d'une organisation. *Fanion d'un club, fanion des scouts.*

FANON [fanɔ̃]. *n. m.* (XIIᵉ, « manipule »; XIVᵉ, « drapeau »; frq. °*fano* « morceau d'étoffe »). ♦ 1° (XIIIᵉ). Chacun des deux pendants de la mitre d'un évêque. — *Mar.* (1678) Partie flottante d'une voile carguée. ♦ 2° (1538). *Cour.* Repli de la peau qui pend sous le cou des bœufs et de certains animaux. *Fanon de taureau, de dindon, d'iguane.* — *Fig.* (Personnes) « *Le col empesé, haut et large, escamotait les bajoues et les fanons* » (MAURIAC). ♦ 3° Touffe de crins à la partie postérieure du pied d'un cheval, cachant l'ergot. ♦ 4° (1690). *Cour.* Chacune des lames cornées qui garnissent transversalement la bouche de certains cétacés et notamment de la baleine. *La baleine retient avec ses fanons les petits poissons dont elle se nourrit.* — *Fanons vendus dans le commerce.* V. **Baleine**.

FANTAISIE [fɑ̃tezi]. *n. f.* (XIIᵉ; lat. *fantasia, phantasia*, mot grec). ♦ 1° *Vx.* V. **Imagination**. « *Un certain fou athénien... qui s'était mis dans la fantaisie que tous les vaisseaux... lui appartenaient* » (FONTENELLE). *Mod.* DE FANTAISIE (1798): se dit des objets fabriqués qui s'écartent de l'ordinaire et dont la valeur réside principalement dans la nouveauté, l'originalité. *Bijoux, colifichets de fantaisie.* « *Mis comme un garçon de la ville, en veston et en pantalon de fantaisie, achetés tout faits* » (ZOLA). *Uniforme de fantaisie*: qui s'écarte de l'uniforme réglementaire. *Pain de fantaisie*, pain de luxe qui n'est pas vendu au poids. ◇ *Appos.* « *Vous mettrez un rabat de plissé et des boutons fantaisie* » (CHARDONNE). — Se dit d'un produit qui n'est pas ce que son nom désigne. *Kirsch fantaisie*, eau-de-vie imitant le kirsch. ♦ 2° (1690). Chose originale et peu utile, qui plaît. *Ce bijou, ce bibelot est une fantaisie. Magasin de fantaisies.* ♦ 3° *Vx* (1370). Chimère. *Les « vaines fantaisies de nos songes* » (PASC.). ◇ *Mod.* (1636) Œuvre d'imagination, dans laquelle la création artistique n'est pas soumise à des règles formelles. « *On m'a souvent demandé si Boubouroche était une simple fantaisie ou si la vie elle-même m'en avait fourni le sujet et les détails* » (COURTELINE). — Pièce musicale de forme libre. *Fantaisie chromatique et fugue de Bach.* ♦ 4° *Cour.* (XVIᵉ). Désir, goût passager, singulier, qui ne correspond pas à un besoin véritable. V. **Caprice, désir, envie**. *Avoir brusquement la fantaisie de partir en voyage. Il lui a pris la fantaisie de.* « *Cela me donna la belle pensée... de manger mon blé en vert quand la fantaisie m'en prendrait* » (SÉV.). *Satisfaire, se passer une fantaisie.* « *L'amour... n'est que l'échange de deux fantaisies et le contact de deux épidermes* » (CHAMFORT). « *En proie à ces fantaisies de malade dont la bizarrerie semble inexplicable... il se refusait à toute espèce de soin* » (BALZ.). V. **Extravagance, lubie**. *Une fantaisie coûteuse.* V. **Folie**. *Se plier à toutes les fantaisies de qqn.* V. **Volonté**. ♦ 5° *À*, *selon la fantaisie de qqn*: ce qui plaît à qqn. *Agir selon sa fantaisie.* V. **Goût, gré, humeur, volonté**. *Vivre à sa fantaisie*: comme on l'entend. *À votre fantaisie*, comme il vous plaira. *Il « n'en fait qu'à sa fantaisie* » (LOTI). ♦ 6° Imagination créatrice, faculté de créer librement, sans contrainte. *L'artiste a donné libre cours à sa fantaisie.* ◇ (1932) Tendance à agir en dehors des règles ou par caprice et selon son humeur. « *Je ne remplis qu'avec nonchalance et fantaisie mes devoirs de stagiaire* » (LECOMTE). — Originalité amusante, imagination dans les initiatives. V. **Originalité**. *Elle est pleine de fantaisie. N'avoir aucune fantaisie.* ◇ Ensemble de choses imprévues et agréables. V. **Imprévu**. *Vie, existence qui manque de fantaisie*: monotone, terne. ⊗ ANT. **Raison. Classique. Besoin, nécessité. Banalité, régularité.**

FANTAISISTE [fɑ̃tezist(ə)]. *n.* et *adj.* (1845, « peintre ou écrivain indépendant »; de *fantaisie*).
I. *N.* ♦ 1° (XXᵉ). Personne qui agit par caprice, et généralement en dehors des usages (V. **Bohème, original**), qui n'a ni sérieux ni esprit de suite (V. **Fumiste**). « *Le fantaisiste, individu néfaste,... (est) vite confondu avec le poète* » (COCTEAU). *C'est une fantaisiste.* ♦ 2° (1959). Artiste de music-hall, de cabaret qui chante, imite, raconte des histoires.
II. *Adj.* (1865, « qui suit son imagination » (peintre, écrivain). ♦ 1° (1932). Qui agit à sa guise, au mépris de ce qu'il faut faire ou de ce qui se fait ordinairement; qui n'est pas sérieux. V. **Amateur, dilettante, fumiste**. *Historien fantaisiste, qui invente, brode. Cet étudiant est un peu trop fantaisiste, on ne le voit pas souvent aux cours.* — *Par anal.* Qui fonctionne irrégulièrement (mécanisme). *Un moteur fantaisiste.* ♦ 2° (Choses). Qui n'est pas sérieux (peu orthodoxe ou sans fondement réel). *Remède fantaisiste. Étymologie fantaisiste donnée à un mot.* V. **Faux**. *Nouvelle, information, interprétation, version fantaisiste.*
⊗ ANT. **Consciencieux, sérieux. Exact, orthodoxe, réel, vrai.**

FANTASIA [fɑ̃tazja]. *n. f.* (1833, titre d'un tableau de Delacroix; esp. *fantasia* « fantaisie », arabe *fantaziya* « ostentation », lui-même de l'esp.). Divertissement équestre de cavaliers arabes qui exécutent au galop des évolutions variées en déchargeant leurs armes et en poussant de grands cris. « *Déjà une autre fantasia s'est élancée dans la poussière, jette ses cris, excite ses chevaux* » (THARAUD). ◇ *Par anal.* Réjouissance débridée, qui s'accompagne de cris et d'un désordre joyeux.

FANTASMAGORIE [fɑ̃tasmagɔʀi]. *n. f.* (*Phantasmagorie*, 1797; du gr. *phantasma* « fantôme », et *agoreuein* « parler en public », d'apr. *allégorie*. V. **Fantasme**). ♦ 1° Art de faire voir des fantômes par illusions d'optique dans une salle obscure, à la mode au XIXᵉ s. *Par ext.* Le spectacle. *Aller voir des fantasmagories.* ♦ 2° Spectacle fantastique, surnaturel. « *Ce pays où tout devient toujours spectacle imprévu pour les yeux, fantasmagorie, changeant mirage* » (LOTI). — Abus des effets surnaturels et fantastiques. *La fantasmagorie des romans noirs du XIXᵉ s.*

FANTASMAGORIQUE [fɑ̃tasmagɔʀik]. *adj.* (1798; de *fantasmagorie*). Qui tient de la fantasmagorie. *Un spectacle, une apparition fantasmagorique.* V. **Fantastique**. « *Sur le mur de ma chambre, quelle ombre dessine ... la fantasmagorique projection de sa silhouette racornie?* » (LAUTRÉAMONT).

FANTASMATIQUE [fɑ̃tasmatik]. *adj.* (1865, T. de relig.; 1848, *phantasmatique*, « fantomatique »; de *fantasme*). *Psycho.* (XXᵉ). Relatif aux fantasmes.

FANTASME ou **PHANTASME** [fɑ̃tasm(ə)]. *n. m.* (1190, « illusion »; XIVᵉ, « fantôme »; 1836, méd., « hallucination »; lat. *phantasma*, mot gr. « vision »). *Mod.* (1891; répandu au XXᵉ par la psychanalyse) Toute production de l'imagination par laquelle le moi cherche à échapper à l'emprise de la réalité. V. **Imagination**. *Vivre de fantasmes. Des fantasmes de richesse. Les fantasmes de Mᵐᵉ Bovary.* « *Il eut l'idée de rentrer chez lui, puis il se rendit compte qu'il ne travaillerait pas, qu'il retomberait, tout seul, dans ses phantasmes* » (HUYSMANS).

FANTASMER [fɑ̃tasme]. *v. intr.* (XXᵉ; de *fantasme*). Se laisser aller à des fantasmes.

FANTASQUE [fɑ̃task(ə)]. *adj.* (XVᵉ; it. *fantastico*. V. **Fantastique**). ♦ 1° Qui est sujet à des fantaisies, des sautes d'humeur; dont on ne peut prévoir le comportement. V. **Bizarre, capricieux, changeant, lunatique, original**. « *Le père Pierre de Saint-Louis était fantasque, inégal, d'humeur inquiète et vagabonde* » (GAUTIER). *Humeur, caractère fantasque.* — Subst. et rare. *C'est un fantasque.* ♦ 2° *Littér.* (Choses). Bizarre. « *Les voiles dessinaient des fantasques figures qui fuyaient emportées par le vent* » (BALZ.). ⊗ ANT. **Égal, posé, raisonnable. Banal.**

FANTASSIN [fɑ̃tasɛ̃]. *n. m.* (1584; *fantachin*, 1578; it. *fantaccino*, de *fante*, proprem. « enfant »). Soldat d'infanterie (*pop.* Biffin). « *Voici des fantassins aux pas pesants, aux pieds boueux* » (APOLLINAIRE).

FANTASTIQUE [fɑ̃tastik]. *adj.* et *n. m.* (XIVᵉ; bas lat. *phantasticus*, gr. *phantastikos*, de *phantasia*. V. **Fantaisie, fantasque**). ♦ 1° Qui est créé par l'imagination, qui n'existe pas dans la réalité. V. **Fabuleux, imaginaire, irréel, surnaturel**. *Être, animal fantastique.* « *Nous vivions un grand roman de geste, dans la peau de personnages fantastiques* » (CÉLINE). ◇ *Spécialt.* (1859) Où domine le surnaturel. *Histoire, conte fantastique. La « Symphonie fantastique* », de Berlioz. « *Tableaux fantastiques de Brueghel* » (BAUDEL.). ♦ 2° Qui paraît imaginaire, surnaturel. V. **Bizarre, extraordinaire**. « *La fantastique beauté des Pyrénées, ces sites étranges* » (MICHELET). — *Par ext.* Énorme, étonnant, extravagant, formidable, incroyable, invraisemblable, sensationnel. *Une réussite fantastique. Un luxe fantastique. C'est fantastique!* ♦ 3° *N. m. Le fantastique.* Ce qui est fantastique, irréel.

« *Il me fallait le fantastique, le macabre* » (BLOY.). « *On ne fait pas sa part au fantastique : il n'est pas ou s'étend à tout l'univers* » (SARTRE). — (1859) Le genre fantastique dans les œuvres d'art, les ouvrages de l'esprit. *Le fantastique en littérature, dans les arts plastiques, à l'écran.* ◊ ANT. *Réel, vrai. Naturaliste, réaliste. Banal, ordinaire.* — *Naturalisme, réalisme.*

FANTASTIQUEMENT [fɑ̃tastikmɑ̃]. *adv.* (1390; de *fantastique*). D'une manière fantastique. « *Le projecteur du navire éclaire fantastiquement le maquis* » (GIDE). ◊ (XIXᵉ) V. **Extraordinairement, terriblement.**

FANTOCHE [fɑ̃tɔʃ]. *n. m.* (1842; it. *fantoccio* « marionnette », de *fante* « enfant »). ♦ 1° Marionnette articulée que l'on meut à l'aide de fils. V. **Pantin, polichinelle.** ♦ 2° Par ext. (*Vx*). Personnage de théâtre au rôle grotesque. ◊ *Mod.* et *fig.* Personne sans consistance ni volonté, qui est souvent l'instrument des autres, et qui ne mérite pas d'être prise au sérieux. *Cet homme n'est qu'un fantoche.* V. **Pantin.** « *Ces parties de grande comédie qui firent l'épouvante jadis des grotesques politiques, des fantoches parlementaires* » (PÉGUY). Appos. *Un gouvernement fantoche.*

FANTOMATIQUE [fɑ̃tɔmatik]. *adj.* (1877; de **Fantasmatique**; de *fantôme*). Qui tient de l'apparition, du fantôme. V. **Spectral.** « *Droite, blanche et fantomatique, avec son air de somnambule* » (HENRIOT).

FANTÔME [fɑ̃tom]. *n. m.* (XIIᵉ; lat. pop. °*fantagma*, °*fantauma*, class. *phantasma*, mot gr.). ♦ 1° Apparition surnaturelle d'une personne morte (soit dans son ancienne apparence, soit dans la tenue caractéristique attribuée aux fantômes : suaire, chaîne, etc.). V. **Apparition, esprit, lémure, ombre, revenant, spectre, vampire, vision.** *Maison hantée par les fantômes. L'Écosse, terre d'élection des fantômes. Apparaître, disparaître, s'évanouir comme un fantôme. Les fantômes dans le roman fantastique.* V. **Fantasmagorie.** « *Les tiges blanches des bouleaux semblaient une rangée de fantômes dans leurs suaires* » (SAND). ◊ *Par ext.* Personne, animal très maigre, squelettique. ♦ 2° *Fig. Un fantôme de*, ce qui n'a d'une personne, d'une chose, que l'apparence. V. **Simulacre.** « *Il y a des fantômes d'auteurs et des fantômes d'ouvrages* » (JOUBERT). ◊ Papier, fiche matérialisant l'absence d'un document. ♦ 3° Personnage du passé, souvenir qui hante la mémoire. « *Biographie de mes fantômes* », de Duhamel. « *Trop de scrupules, trop de remords, trop de fantômes contre lesquels il fallait lutter* » (GREEN). ♦ 4° Chimère. *Les fantômes de l'imagination.* V. **Illusion.** *Se battre contre des fantômes.* ♦ 5° Appos. Qui apparaît et disparaît comme un fantôme. *Le train fantôme, la charrette fantôme.* « *Le Vaisseau fantôme* », opéra de Wagner. ◊ *Fig.* Qui n'a guère de réalité. *Un gouvernement fantôme.* V. **Inexistant.** — Méd. *Membre* fantôme.*

FANUM [fanɔm]. *n. m.* (1756; mot lat. « temple »). Archéol. Dans l'antiquité romaine, Terrain, temple consacré au culte d'une divinité.

FAON [fɑ̃]. *n. m.* (XIIᵉ; lat. pop. °*feto, fetonis*, de *fetus*. V. **Fœtus.** ♦ 1° *Vx.* Petit de toute bête fauve*. « *Mère lionne avait perdu son faon* » (LA FONT.). ♦ 2° *Mod.* Petit du cerf, du daim ou du chevreuil.

FAQUIN [fakɛ̃]. *n. m.* (1534, « portefaix »; de l'a. fr. *facque*, néerl. *fak* « poche »). *Vx.* Individu sans valeur, plat et impertinent (T. d'injure au XVIIᵉ s.). V. **Coquin, maraud.**

FAQUIR. V. **Fakir.**

FAR [faʀ]. *n. m.* (1864; lat. *far*, « blé »). *Région.* Sorte de flan léger fabriqué dans le Finistère. *Far breton.* ◊ HOM. *Fard, fart, phare.*

FARAD [faʀad]. *n. m.* (1881; du nom du physicien *Faraday*). Unité de capacité électrique (capacité d'un condensateur qui prend une charge de 1 coulomb pour une différence de potentiel de 1 volt). Symb. F.

FARADIQUE [faʀadik]. *adj.* (1877; angl. *faradic*, du nom du physicien *Faraday*). ♦ 1° *Vx.* Se disait d'un courant alternatif obtenu par induction et de tout ce qui s'y rapporte. *Courant faradique ou courant induit. Électricité faradique.* ♦ 2° Qui se rapporte aux théories de Faraday.

FARAMINEUX, EUSE [faʀaminø, øz]. *adj.* (XVIIIᵉ; de *(bête) faramine*, animal fantastique de l'Ouest et du Centre, du prov. *feram* « bête féroce », lat. *ferus* « sauvage »). *Fam.* Fantastique. V. **Étonnant, extraordinaire, prodigieux.** *Des prix faramineux :* très élevés. — (Parfois *pharamineux*).

FARANDOLE [faʀɑ̃dɔl]. *n. f.* (1771; prov. *farandoulo*). Danse populaire provençale, sorte de course rythmée sur un allégro à six-huit, exécutée par une file de danseurs se tenant par la main. « *Hortense en tête, la farandole se déroule à travers la longue enfilade des salons* » (DAUD.). — Danse analogue, cortège dansant.

FARAUD, AUDE [faʀo, od]. *n. et adj.* (1743, pop.; prov. *faraut*, altér. de *héraut*). *Vx* ou *Région.* Personne fière de ses habits, de sa personne. V. **Fat, fier.** *Faire le faraud :* crâner, faire le malin. « *Elle pouvait bien jouer les faraudes à présent* » (SAGAN). — Adj. « *Tout faraud de son aisance et d'une particule*

qu'on disait usurpée par son grand-père » (LECOMTE). ◊ ANT. **Effacé.** — HOM. *Faro.*

1. **FARCE** [faʀs(ə)]. *n. f.* (XIIᵉ; lat. pop. °*farsa*, de °*farsus*, p. p. de *farcire*. V. **Farcir**). Hachis d'aliments (viande ou autres) servant à farcir. *Faire une farce.*

2. **FARCE** [faʀs(ə)]. *n. f.* (XVᵉ; de *farce* 1, fig. « petit intermède comique introduit dans une pièce sérieuse »). ♦ 1° Petite pièce comique populaire très simple où dominent les jeux de scène. *La Farce de maître Pathelin.* « *Le Médecin malgré lui* » de Molière est une farce. *Fig.* et *fam. Être le dindon* de la farce.* ◊ Genre littéraire de cette pièce ; comique grossier. *Jouer une comédie en farce.* « *Il l'a fait jouer dans un ton de farce, même un ton de guignol* » (LÉAUTAUD). ◊ *Par anal.* (XVIᵉ) Action réelle qui se déroule comme une farce, a qqch. de bouffon. V. **Comédie.** *La vie est une farce. Cela tourne à la farce.* ♦ 2° *Par ext.* (1870; « bouffonnerie », 1573) Tour plaisant qu'on joue à qqn. *Faire une farce.* V. **Facétie, malice, mystification, niche, plaisanterie, tromperie, tour.** *Élèves qui font des farces à leur maître. Une bonne farce, drôle, qui réussit. Une mauvaise farce, qui nuit ou déplaît à celui à qui on la fait.* ◊ Objet vendu dans le commerce, servant à faire une farce. V. **Attrape.** « *Ce malaise... que donnent par exemple les farces-attrapes, quand la cuiller fond brusquement dans la tasse à thé, quand le sucre remonte à la surface et flotte* » (SARTRE). ♦ 3° *Adj.* (1802). *Fam.* et *vieilli.* V. **Burlesque, cocasse, comique, drôle.** « *J'irai voir Mᵐᵉ Foucaud, c'est une singulièrement amer et farce, surtout si je la trouve enlaidie* » (FLAUB.).

FARCEUR, EUSE [faʀsœʀ, øz]. *n.* (v. 1450, « bouffon »; de l'a. fr. *farcer* « railler »; de *farce*). ♦ 1° (XVIIIᵉ). *Vx.* Personne qui dit, fait des bouffonneries pour amuser; amuseur. ♦ 2° (Déb. XIXᵉ). Personne qui ne parle pas sérieusement, qui plaisante et raconte des histoires pour mystifier. V. **Blagueur, plaisantin.** « *Ces farceurs de républicains* » (BALZ.). *Sacré farceur! Une farceuse.* *Adj. Il est très farceur.*

FARCI, IE [faʀsi]. *adj.* (XVIᵉ; de *farcir*). ♦ 1° Rempli de farce. *Tomates farcies, chou farci.* ♦ 2° *Fig.* et *péj.* Rempli de. V. **Bourré, plein.** « *Nous autres, critiques, avons la tête farcie de tout ce qu'il nous faut lire et examiner* » (STE-BEUVE). *Il est farci de préjugés.*

FARCIN [faʀsɛ̃]. *n. m.* (XIIᵉ; lat. *farcimen* « farce », confondu en lat. pop. avec *farciminum*). Vétér. Nom donné à la morve dans ses manifestations cutanées (boutons, abcès, ulcères, kystes), les fosses nasales n'étant pas atteintes.

FARCIR [faʀsiʀ]. *v. tr.* (XIIIᵉ; lat. *farcire*). ♦ 1° Remplir, garnir de farce. *Farcir une volaille, un poisson, des tomates, des aubergines.* ♦ 2° *Fig.* (XVIᵉ). *Péj.* Remplir, garnir abondamment de. V. **Bourrer.** « *On nous a farci la cervelle d'une foule d'idées qui sont respectables, sans doute, mais passablement niaises* » (DUHAM.). *Farcir un écrit de citations.* V. **Truffer.** ♦ 3° *Pop.* (1932). *Se farcir* qqch., s'envoyer, se taper. *Se farcir un bon repas. Se farcir tout le travail. Il faut se le farcir* (chose, personne) : il faut le supporter.

FARD [faʀ]. *n. m.* (1213; de *farder*). ♦ 1° Produit qu'on applique sur le visage pour en changer l'aspect naturel. V. **Maquillage.** *Fard pour le teint.* V. **Fond** (de teint), poudre. *Fard à joues, à lèvres.* V. **Rouge.** *Fard pour les yeux* (cils, paupières). V. **Cosmétique, rimmel.** *Fard gras, brillant, sec, mat.* « *Des joues plâtrées de fard, des lèvres peintes* » (HUYSMANS). ♦ 2° *Fig.* et *vx.* Procédé par lequel on essaie de dissimuler ou d'embellir la vérité. V. **Artifice.** *Mod. Sans fard,* sans artifice. « *Son naturel nu et simple, son élégance sans fard, et cette négligence unique, à lui seul* (Fénelon) *permise* » (STE-BEUVE). V. **Naturel.** — *Je te parle sans fard* » (CORN.). V. **Naturellement.** ♦ 3° (XXᵉ). *Fam. Piquer un fard,* rougir (personne). ◊ HOM. *Far, fart, phare.*

FARDAGE [faʀdaʒ]. *n. m.* (v. 1900; de *farder*). Comm. Fraude qui consiste à farder sa marchandise.

FARDE [faʀd(ə)]. *n. f.* (1834; repris de l'a. fr. « fardeau », XIIᵉ; arabe *farda*). ♦ 1° Comm. Balle de café de 185 kg. ♦ 2° *Région.* (Belgique). Cahier de copies; chemise, dossier.

FARDÉ, ÉE [faʀde]. *adj.* (1690; V. **Farder**). Qui a du fard sur le visage, qu'on a fardé. *Femme fardée. Des yeux fardés.* V. **Fait.** ◊ ANT. *Nu, naturel.*

FARDEAU [faʀdo]. *n. m.* (XIIᵉ; *faʀdel* « ballot »; de l'a. fr. *fardel*). ♦ 1° Chose pesante qu'il faut lever, soulever, élever ou transporter. V. **Charge, faix, poids.** *Un lourd, un pesant fardeau.* *Porter un fardeau sur ses épaules, sur sa tête. La Farce de maître Pathelin.* ◊ *Outils, appareils pour soulever, élever des fardeaux :* appareils de levage*. V. **Moufle.** ♦ 2° *Fig.* Chose pénible qu'il faut supporter. « *Comment! pas un de vos amis, pas une de vos maîtresses ne vous soulage de ce fardeau terrible, la solitude?* » (MUSS.). — *Le fardeau des impôts, des dettes.* V. **Charge.** *Le fardeau des responsabilités.* « *C'est un fardeau d'élever trois enfants* » (SAND).

1. **FARDER** [faʀde]. *v. tr.* (XIIᵉ; frq. °*farwidhon* « teindre »). ♦ 1° Mettre du fard à. V. **Maquiller.** *Farder un acteur.* V. **Grimer.** « *Quand elle avait fini de se parfumer, de se farder les yeux, les lèvres, les joues* » (GIONO). ◊ SE FARDER. V.

pron. *Se farder outrageusement, discrètement.* « *Se mettre du rouge ou se farder est, je l'avoue, un moindre crime que parler contre sa pensée* » (LA BRUY.). — (ANT. *Démaquiller* (se). ♦ 2° *Fig.* et *littér.* Déguiser la véritable nature de (qqch.) sous un revêtement trompeur. V. **Embellir, envelopper, masquer, voiler.** *Farder sa pensée.* « *Je répondrai, Madame, avec la liberté D'un soldat qui sait mal farder la vérité* » (RAC.). — (XVIᵉ) Comm. *Farder sa marchandise* : dissimuler les produits médiocres (le fond du panier) sous de bons produits (le dessus du panier) pour flatter l'œil de l'acheteur.

2. FARDER [faʀde]. *v. intr.* (1704; « se charger », XIVᵉ; de *farde*). ♦ 1° V x *(Choses).* Peser, porter de tout son poids. *Charge qui farde sur l'arrière d'une voiture.* — Techn. *Mur qui farde* : qui se tasse, s'affaisse sous son propre poids. V. **Céder.** ♦ 2° (1834). Mar. *Voile qui farde* : qui se gonfle convenablement sous l'effet du vent.

FARDIER [faʀdje]. *n. m.* (1771; de *farde*). Autrefois, Chariot à deux ou quatre roues servant à transporter des fardeaux très pesants (blocs de pierre, troncs d'arbres, madriers). V. **Binard.** « *Le fardier, l'épaisse et basse voiture chargée de deux blocs de pierre* » (ZOLA).

FARDOCHES [faʀdɔʃ]. *n. f. pl.* (d. i.; mot canadien, o. i.). Région. (Canada). Broussaille*. « *Parmi les roches, les troncs d'arbres enchevêtrés, les souches et les fardoches* » (A. HÉBERT).

FARFADET [faʀfadɛ]. *n. m.* (1546, mot prov., forme renforcée de *fadet*, de *fado* « fée »). Esprit follet, lutin d'une grâce légère et vive.

FARFELU, UE [faʀfəly]. *adj.* (1546, pour *fafelu* « dodu », rad. express. *faf-*, ou a. fr. *fanfeluce* (Cf. Fanfreluche) ; *fafelu* « espiègle », 1865, par contresens ; repris 1928, répandu v. 1950). *Fam.* Un peu fou, bizarre. *Il est farfelu. Une idée farfelue :* cocasse.

FARFOUILLER [faʀfuje]. *v. intr.* (1546; forme pop. renforcée de *fouiller*). Fam. Fouiller en bouleversant tout. V. **Fourgonner, fureter, trifouiller.** « *Je vous remercie de m'avoir permis de farfouiller ainsi dans vos affaires* » (MONTHERLANT).

FARGUES [faʀg(ə)]. *n. f. pl.* (1694; forme altér. de *falque*). Mar. Bordages supérieurs d'une embarcation, dans lesquels sont pratiquées les entailles des dames des avirons.

FARIBOLE [faʀibɔl]. *n. f.* (1532; p.-ê. lat. *frivolus* « frivole »). Chose, propos vain et frivole. V. **Baliverne, bêtise.** *Dire, conter des fariboles.* « *Et n'ayez aucun égard pour le nom, le titre et autres fariboles* » (BERNANOS).

FARIGOULE [faʀigul]. *n. f.* (v. 1900; *férigole*, 1528; repris 1869, *férigoule*; lat. pop. *°fericula* « thym »). Région. (Provence). Thym. — Eau de toilette parfumée au thym.

FARINACÉ, ÉE [faʀinase]. *adj.* (1798; bas lat. *farinaceus*). Didact. Qui a l'apparence de la farine. *Substances farinacées.* V. **Farineux.**

FARINE [faʀin]. *n. f.* (XIIᵉ; lat. *farina*, rac. *far* « blé »). ♦ 1° Poudre obtenue par la mouture de certaines graines de céréales et servant à l'alimentation. *Farine de blé, de maïs* (V. **Maïzena**), *de riz. Farine lactée*, pour les bouillies des bébés. ♦ 2° Absolt. La farine de blé. *Séparer le son de la farine.* V. **Mouture.** *Tamiser la farine.* V. **Bluter.** *Fleur de farine* : farine blanche de broyage (V. **Gruau**). *Faire une pâte avec la farine* (V. **Pain, pâtisserie**). *Rouler un poisson dans la farine. Couvert de farine.* V. **Enfariné.** — Fig. *De la même farine* (lat. *ejusdem farinæ*) : se dit de choses ou de personnes de même nature qui ne valent pas mieux l'une que l'autre. *Des gens de même farine.* — Loc. fam. *Se faire rouler dans la farine* : tromper (V. **Rouler**). ♦ 3° Poudre résultant du broyage de certaines graines ou plantes (fèves, pois, soja). V. **Farineux.** *Farine de lin, de moutarde* (V. *aussi* **Fécule**). « *Vous préparerez un cataplasme de farine de moutarde, afin d'appliquer des sinapismes aux pieds de monsieur* » (BALZ.).

FARINER [faʀine]. *v. tr.* (XVᵉ; de *farine*). Saupoudrer, enrober de farine. V. **Enfariner.**

FARINEUX, EUSE [faʀinø, øz]. *adj.* et *n.* (1539; lat. *farinosus*). ♦ 1° Qui contient de la farine, et *par ext.* de la fécule. ◇ *N.* (1756; surtout plur.) Végétal comestible contenant de la fécule. V. **Féculent.** *Les haricots, les lentilles, les pois, les pommes de terre sont des farineux.* ♦ 2° Couvert de farine. *Pain dont la croûte est encore farineuse. Par anal.* Bot. *Des plantes, des feuilles farineuses*, couvertes d'une poussière blanchâtre. ♦ 3° Qui donne au goût, au toucher l'impression de la farine. *Pommes de terre farineuses*, qui s'émiettent après cuisson. *Gruyère, chocolat farineux.*

FARLOUSE [faʀluz]. *n. f.* (1555; o. i.). Petit oiseau (*Passereaux*) à plumage jaune rayé de brun, appelé aussi *Pipit des prés.* V. **Pipit.**

FARNIENTE [faʀnjɛnte; faʀnjãt]. *n. m.* (1676; mot it. « ne rien faire », de *far(e)* « faire », et *niente* « rien »; Cf. Fainéant). Douce oisiveté. *Aimer le farniente.*

FARO [faʀo]. *n. m.* (1839; mot wallon). Bière belge, faite avec du malt d'orge additionné de froment non germé.

« *Buvez-vous du faro? dis-je à Monsieur Hetzel* » (BAUDEL.). ◇ HOM. *Faraud.*

FAROUCH ou **FAROUCHE** [faʀuʃ]. *n. m.* (1795; prov. *farouge*, lat. *farrago* « mélange de grains »). Rare (Agric.). Trèfle incarnat cultivé comme fourrage, et que le bétail consomme en vert. ◇ HOM. *Farouche.*

FAROUCHE [faʀuʃ]. *adj.* (*Faroche*, XIIIᵉ; métathèse de l'a. fr. *forasche*; bas lat. *forasticus* « étranger, sauvage »). ♦ 1° Qui n'est pas apprivoisé et s'enfuit quand on l'approche. V. **Indompté, sauvage.** *Bête farouche. Ces moineaux ne sont pas farouches.* — *(Personnes)* Qui redoute par tempérament le contact avec d'autres personnes. V. **Insociable, misanthrope, sauvage.** *Un enfant farouche.* V. **Timide.** *Rendre farouche.* V. **Effaroucher.** « *Les jours, les soirs où je ne suis pas trop fatal et farouche, je me traîne à deux ou trois visites pour tuer une soirée* » (STE-BEUVE). ◇ *Vieilli.* Qui ne se laisse pas courtiser. — Mod. *Pas farouche.* « *Hortense n'était pas farouche, et elle était libre; Chateaubriand... s'en éprit aussitôt* » (HENRIOT). ♦ 2° D'une rudesse sauvage. V. **Barbare, cruel, violent.** Vx. *Un tyran, un peuple farouche.* Mod. *Farouche ennemi. C'est mon adversaire le plus farouche.* V. **Acharné.** ◇ *(Choses morales)* Qui a qqch. d'absolu et de violent, de peu civilisé. V. **Sauvage.** *Un air, un regard farouche. Haine farouche.* V. **Âpre, véhément, violent.** *Opposer une farouche résistance.* V. **Acharné, tenace.** ◇ ANT. *Apprivoisé. Accueillant, doux, familier, sociable. Soumis, traitable.* — HOM. *Farouch.*

FAROUCHEMENT [faʀuʃmɑ̃]. *adv.* (XVᵉ siècle de. XXᵉ; de *farouche*). D'une manière farouche (2°). V. **Violemment.** *Farouchement décidé. Il s'y est farouchement opposé.* « *Mais à Jenny il refusait farouchement la plus fugitive allusion* » (MART. du G.).

FARRAGO [faʀago]. *n. m.* (1791; *farrage*, 1600; lat. *farrago*, rac. *far* « blé »). Agric. Mélange de diverses sortes de grains qu'on sème pour servir de fourrage.

FART [faʀ(t)]. *n. m.* (1907; mot norv.). Corps gras dont on enduit la semelle des skis pour les empêcher d'adhérer à la neige. ◇ HOM. *Far, fard, phare.*

FARTAGE [faʀtaʒ]. *n. m.* (XXᵉ; de *farter*). Action de farter; son résultat.

FARTER [faʀte]. *v. tr.* (XXᵉ; de *fart*). Enduire de fart. « *Le magasin de sport où je faisais farter mes skis* » (BEAUVOIR).

FASCE [fas]. *n. f.* (XIIᵉ, « bande »; lat. *fascia* « bandelette »). Blas. Pièce honorable qui coupe l'écu horizontalement par le milieu et en occupe le tiers. *Fasce rétrécie.* V. **Burèle.** ◇ HOM. *Face.* Formes du *v. faire.*

FASCÉ, ÉE [fase]. *adj.* (1690; de *fasce*). Blas. Chargé de bandes horizontales, de même largeur et dont l'émail alterne. *Écu fascé d'argent et d'azur.*

FASCIA [fasja]. *n. m.* (1806; mot lat. « bande »). Anat. Membrane de tissu conjonctif, qui enveloppe les groupes de muscles et certains organes dont elle assure le maintien. V. **Aponévrose.**

FASCIATION [fasjasjɔ̃]. *n. f.* (1829; du lat. *fascia*). Bot. Disposition particulière de certaines structures végétales (branches, rameaux, pédoncules) qui s'aplatissent au lieu de conserver leur forme cylindrique, ou sont pourvus d'un plus grand nombre d'appendices que dans l'état normal.

FASCICULE [fasikyl]. *n. m.* (1793; « petit paquet », XVᵉ; lat. *fasciculus*, dimin. de *fascis*. V. **Faix**). ♦ 1° Ensemble de feuilles, cahiers ou groupe de cahiers formant une partie d'un ouvrage publié par fragments. V. **Livraison.** *La publication d'un ouvrage par fascicules. Fascicules reliés en volumes.* ♦ 2° *Fascicule de mobilisation* : pièce annexée au livret militaire pour indiquer au réserviste ce qu'il doit faire en cas de mobilisation. « *Tu as le fascicule 2, mon gars. On t'attend à Montpellier, à la caserne* » (SARTRE).

FASCICULÉ, ÉE [fasikyle]. *adj.* (1778; lat. *fasciculus* « petit faisceau »). Qui est disposé en faisceau. — (Bot.) *Racine fasciculée*, sans pivot, formée de nombreuses racines fines. — Archit. *Colonne fasciculée* : formée d'un faisceau de petites colonnes.

FASCIÉ, ÉE [fasje]. *adj.* (1737, repris XIXᵉ; de *fascie* « bandelette », lat. *fascia*). Sc. nat. Marqué de bandes. *Coquille fasciée. Élytres fasciés d'un coléoptère.*

FASCINANT, ANTE [fasinã, ãt]. *adj.* (av. 1850; de *fasciner*). Qui fascine. *Un regard fascinant.* Fig. *Un esprit, un être fascinant.* V. **Attachant, charmant, séduisant.** *D'une beauté fascinante.* « *Je n'ai évidemment pas ce qu'il y a de fascinant, d'irrésistible dans le vrai séducteur* » (ROMAINS).

FASCINATEUR, TRICE [fasinatœʀ, tʀis]. *n.* et *adj.* (XVIᵉ, rare av. XIXᵉ; de *fasciner*). ♦ 1° V x. Personne qui fascine. V. **Charmeur, séducteur.** *Chateaubriand est celui de l'enchanteur et du fascinateur* » (STE-BEUVE). ♦ 2° *Adj.* Littér. V. **Fascinant.** « *À sa beauté séduisante, à son geste fascinateur* » (BALZ.).

FASCINATION [fasinasjɔ̃]. *n. f.* (XIVᵉ; lat. *fascinatio*). Action de fasciner (2). ♦ 1° *Pouvoir de fascination d'un hypnotiseur.* V. **Hypnotisme.** ♦ 2° *Fig.* Action de fasciner, d'exercer une irrésistible séduction. V. **Charme, envoûtement, séduction.** « *Quiconque excède les limites que la moyenne des hommes s'assigne exerce une sorte de fascination* » (DANIEL-ROPS). « *La fascination du monde oriental* » (L. BERTRAND). *La fascination de l'aventure.* V. **Appel.**

FASCINE [fasin]. *n. f.* (XVIᵉ; réfect. lat. ou it. *fascina*, de l'a. fr. *fessine* « fardeau, fagot » venu du lat. *fascina*, de *fascis.* V. **Faix**). Fagot. — *Spécialt.* Fagot serré de branchages, employé dans les travaux de terrassement, de fortification, d'hydraulique. *Parapet de fascines.*
1. FASCINER [fasine]. *v. tr. (Fessiner*, XVᵉ; de *fessine, fascine*). *Techn.* Garnir de fascines.
2. FASCINER [fasine]. *v. tr.* (XIVᵉ; aussi jusq. mil. XIXᵉ « ensorceler »; lat. *fascinare*, de *fascinum* « charme, maléfice »). ♦ 1° Maîtriser, immobiliser par la seule puissance du regard. V. **Hypnotiser.** « *On a dit qu'une vipère... le fixant lorsqu'il (le rossignol) chante, le fascine par le seul ascendant de son regard* » (BUFF.). — Immobiliser et captiver par l'éclat, le reflet. *L'alouette est fascinée par le miroir.* — « *Je restais là, fasciné par ce feu comme une bête* » (BOSCO). ♦ 2° (XVIᵉ). *Fig.* Éblouir par la beauté, l'ascendant, le prestige. V. **Attirer, captiver, charmer, hypnotiser, séduire.** « *Une partie du magique ascendant par lequel il avait fasciné le monde* » (VIGNY). « *Lenoir était fasciné par les communistes* » (BEAUVOIR). *La ville fascine les paysans. Se laisser fasciner par des promesses, par l'argent.*

FASCISANT, ANTE [fasizɑ̃, ɑ̃t]. *adj.* (1966; de *fasciste*). De tendance fasciste. « *Renforcer les courants fascisants à l'intérieur de la police* » (*Nouv. Obs.*, 2-7-1973).
FASCISER [fasize]. *v. tr.* (1966; de *fasciste*). Rendre fasciste. « *Fasciser les jeunes gens* » (*Nouv. Obs.*, 6-8-1973).
FASCISME [faʃism(ə)]. *n. m.* (1922; it. *fascismo*, de *fascio* « faisceau (des licteurs romains) », l'emblème du parti). ♦ 1° Doctrine, système politique que Mussolini établit en Italie en 1922 (totalitarisme, corporatisme, nationalisme). ♦ 2° *Par ext.* Toute doctrine tendant à instaurer dans un État une dictature du type mussolinien. *Le fascisme hitlérien.* « *Toute forme de mépris, si elle intervient en politique, prépare ou instaure le fascisme* » (CAMUS).
FASCISTE [faʃist(ə)]. *n. et adj.* (1921-22; it. *fascista.* V. **Fascisme.** ♦ 1° Partisan du fascisme. *Un, une fasciste.* V. **Chemise (noire).** ♦ 2° *Par ext.* Tout partisan d'un régime analogue. — Se dit aussi, dans les polémiques, d'un adversaire de droite considéré comme partisan d'un régime autoritaire. « *Les communistes disent toujours de leurs ennemis qu'ils sont des fascistes* » (MALRAUX). ♦ 3° *Adj.* Relatif, propre au fascisme. *Régime, dictature fasciste. Mouvement néo-fasciste.* — Par ext. Opposition des idées démocratiques et fascistes. ♦ 4° FACHO (d'apr. la prononc. [faʃist]). *n. et adj. fam.* (v. 1968). Fasciste (au sens 2°). « *Les flics, les 'fachos'* » (*Nouv. Obs.*). ◇ FAF. *n. fam.*, même sens (*L'Express*, 23-10-1972). ◇ ANT. **Antifasciste.**
FASÉOLE. *n. f.* FÉVEROLE.
FASÉYER (conjug. *céder*) ou **FASEILLER** [fazeje]. *v. intr.* (1687; néerl. *vaselen* « agiter »). *Mar.* Battre au vent, en parlant d'une voile qu'le vent n'enfle pas. V. **Ralinguer.**
1. FASTE [fast(ə)]. *n. m.* (1540; aussi « affectation », XVIIᵉ; lat. *fastus*). Déploiement de pompe et de magnificence. V. **Apparat, appareil, éclat, luxe, pompe, splendeur.** *Le faste d'une cérémonie. Le faste oriental.* « *Un grand faste soulignait la majesté princière : trône d'or, sceptre d'or* » (DANIEL-ROPS). ◇ ANT. **Simplicité.** — HOM. Faste (2), *fastes.*
2. FASTE [fast(ə)]. *adj.* (*Fauste*, h. XIVᵉ; 1845, T. d'antiq. rom.; lat. *fastus*, de *fas* « expression de la volonté divine »). ♦ 1° *Antiq. rom. Jour faste* : où il était permis de procéder à certains actes publics, les auspices s'étant montrés favorables. ♦ 2° (*Néol.*; opposé à *néfaste*). *Jour faste*, heureux, favorable. *Il considère le vendredi comme un jour faste.* ◇ ANT. **Néfaste.** — HOM. Faste (1), *fastes.*
FASTES [fast(ə)]. *n. m. pl.* (1488; lat. *fasti (dies)* « calendrier des jours fastes »). ♦ 1° *Antiq. rom.* Tables chronologiques des Romains. V. **Calendrier.** — *Fastes consulaires* : tables où étaient inscrits dans l'ordre les noms des consuls, des magistrats. ♦ 2° *Didact.* Registres qui conservent le souvenir d'événements mémorables. V. **Annales, histoire.** « *Votre situation serait un exemple dans les fastes judiciaires* » (BALZ.). ◇ HOM. Faste (1 et 2).
FASTIDIEUSEMENT [fastidjøzmɑ̃]. *adv.* (1762; de *fastidieux*). D'une manière fastidieuse.
FASTIDIEUX, EUSE [fastidjø, øz]. *adj.* (XIVᵉ; lat. *fastidiosus*, de *fastidium* « dégoût »). Qui rebute en provoquant l'ennui, la lassitude. V. **Assommant, barbant, endormant, ennuyeux, fatigant, insipide, insupportable.** *Une énumération fastidieuse. Des détails fastidieux.* « *Plus qu'inutile, il* (Necker) *était fastidieux par ses avis stériles, par ses remontrances vaines* » (JAURÈS). ◇ ANT. **Amusant, intéressant.**
FASTIGIÉ, ÉE [fastiʒje]. *adj.* (1796; bas lat. *fastigiatus*, class. *fastigatus*, de *fastigium* « faîte »). *Bot.* Qui se dresse

verticalement au lieu de s'étaler. *Branches fastigiées du peuplier, du cyprès.*
FASTUEUSEMENT [fastɥøzmɑ̃]. *adv.* (1558; de *fastueux*). D'une manière fastueuse. *On l'a reçu fastueusement.* ◇ ANT. **Simplement.**
FASTUEUX, EUSE [fastɥø, øz]. *adj.* (1537; bas lat. *fastuosus*). Qui aime ou marque le faste. « *Colbert soutint l'État, malgré le luxe d'un maître fastueux, qui prodiguait tout pour rendre son règne éclatant* » (VOLT.). — Par ext. *Un fastueux décor.* V. **Riche, somptueux.** ◇ ANT. **Simple, modeste, pauvre.**
FAT [fa(t)]. *adj. et n. m.* (1622; « sot », 1534; mot prov. « sot ».; lat. *fatuus.* V. **Fatuité**). Qui montre sa prétention de façon déplaisante et quelque peu ridicule. V. **Fiérot, infatué, poseur, prétentieux, vaniteux.** *Il est un peu fat.* « *Rien de plus fat qu'un niais* » (GIDE). *Un air fat.* V. **Avantageux, suffisant** (Cf. Content de soi, plein de soi). — *N. m.* Celui qui est fat. *Quel fat !* « *Sans être un fat, je me rendais compte que je n'avais rien pour déplaire* » (BOURGET). ◇ ANT. **Modeste.** — HOM. *Fa.*
FATAL, ALE, ALS [fatal]. *adj.* (XIVᵉ; lat. *fatalis*, de *fatum* « destin »). ♦ 1° Du destin; fixé, marqué par le destin. *Le moment, l'instant fatal*, décisif. « *Cette grande figure une et multiple, lugubre et rayonnante, fatale et sacrée, l'Homme* » (HUGO). *Un héros fatal, un air fatal.* ♦ 2° *Littér.* Qui est signe de mort ou qui accompagne la mort. « *À la seule idée d'assister aux fatals apprêts, je sens un frisson de mort dans mes veines* » (BALZ.). ◇ Qui donne la mort. *Porter le coup fatal.* V. **Mortel.** ♦ 3° Qui entraîne inévitablement la ruine, qui a des conséquences désastreuses. V. **Funeste, malheureux, néfaste, nuisible.** *C'est une étourderie qui peut vous être fatale.* « *Il eût été fatal pour sa raison que je me mette à la contredire* » (CÉLINE). *Erreur fatale.* ◇ Choisi par le destin pour perdre, porter malheur. V. **Funeste.** « *L'œil câlin et fatal* » (BAUDEL.). *Une femme fatale, une beauté fatale*, à laquelle on ne peut résister. « *Être à la fois femme fatale et amazone, épouse irréprochable et maîtresse adorée* » (MAUROIS). ♦ 4° (Fin XIXᵉ.) *Par ext.* Qui doit arriver inévitablement. V. **Immanquable, inévitable, obligatoire.** « *Il faut que ça arrive, c'est fatal* » (ZOLA). « *Le paupérisme est la conséquence fatale du capitalisme* » (GONNARD). ◇ ANT. **Favorable, heureux, propice.**
FATALEMENT [fatalmɑ̃]. *adv.* (1549; de *fatal*). D'une manière fatale, inévitable; par une conséquence nécessaire. V. **Forcément, inévitablement.** « *Le génie... est fatalement condamné à n'être qu'imparfaitement compris de la foule* » (R. ROLLAND).
FATALISME [fatalism(ə)]. *n. m.* (1724; de *fatal*). ♦ 1° Doctrine selon laquelle tous les événements sont fixés à l'avance par le destin, la fatalité (Cf. C'était écrit). *Fatalisme des anciens Grecs, des musulmans.* ♦ 2° *Par ext.* Attitude morale, intellectuelle par laquelle on pense que ce qui arrive doit arriver et qu'on ne peut rien faire pour s'y opposer. « *Un fatalisme foncier et paisible de petite bourgeoise* » (COLETTE).
FATALISTE [fatalist(ə)]. *n. et adj.* (h. 1584; 1730; de *fatal*). Personne qui professe le fatalisme, accepte les événements avec fatalisme. « *Jacques le Fataliste* », roman de Diderot. ◇ *Adj. Il est trop fataliste.* « *Fataliste comme un Turc, je crois que tout ce que nous pouvons faire pour le progrès de l'humanité, ou rien, c'est exactement la même chose* » (FLAUB.). *Attitude fataliste.*
FATALITÉ [fatalite]. *n. f.* (XVᵉ; lat. *fatalitas*). ♦ 1° Caractère de ce qui est fatal (1°, 4°). *Fatalité de la mort.* « *Tout ne commence vraiment à être irrémédiable qu'à partir du moment où... les meilleurs renoncent, et s'inclinent devant ce mythe : la fatalité des événements* » (MART. du G.). ♦ 2° Force surnaturelle par laquelle tout ce qui arrive (surtout ce qui est désagréable) est déterminé d'avance d'une manière inévitable. V. **Destin, destinée, fatum.** *La croyance en la fatalité.* V. **Fatalisme.** *Accuser la fatalité.* « *La fatalité joint d'une certaine élasticité qui s'appelle liberté humaine* » (BAUDEL.). « *La fatalité, c'est l'excuse des âmes sans volonté* » (R. ROLLAND). ♦ 3° *Par ext.* Nécessité, détermination. *La fatalité historique. Fatalité intérieure qui pousse un être à agir selon sa nature.* ♦ 4° Suite de coïncidences fâcheuses, inexplicables qui semblent manifester une finalité supérieure et inconnue. V. **Sort.** *Par quelle fatalité en est-il arrivé là?* ◇ Hasard malencontreux, malheureux (opposé à chance, providence). V. **Malédiction.** « *Je ne sais, mon cher maître, par quelle fatalité je n'ai reçu que depuis deux jours votre lettre du 19 octobre* » (D'ALEMB.).
FATIDIQUE [fatidik]. *adj.* (XVᵉ; lat. *fatidicus* « qui prédit le destin »). Qui marque une intervention du destin. *Jour fatidique.* « *Je me rappelle une date que nous avions crue fatidique, le 31 décembre 1900, seuil du nouveau siècle* » (SIEGFRIED).
FATIGABILITÉ [fatigabilite]. *n. f.* (1953; de *fatigable*). *Littér.* ou *didact.* Fait d'être fatigable.
FATIGANT, ANTE [fatigɑ̃, ɑ̃t] *adj.* (1666; de *fatiguer*). ♦ 1° Qui cause de la fatigue. *Exercice, travail fatigant.* V.

Crevant, épuisant, éreintant, exténuant, pénible, rude. *Journée fatigante.* V. **Accablant, harassant, tuant.** ◊ Qui exige une attention soutenue, pénible, qui fatigue l'esprit. *Lecture, étude fatigante.* V. **Abrutissant, casse-tête.** ♦ 2° Qui importune, lasse. V. **Assommant, barbant, ennuyeux, excédant, fastidieux, lassant, rasant.** « *La vie que je mène ici est réellement fatigante, par l'excès de son repos et son insipide uniformité* » (LACLOS). *C'est fatigant de ne jamais trouver ce qu'on cherche. Il est fatigant avec ses histoires.* V. **Importun.** ◊ ANT. Reposant. Aisé, facile. Agréable.

FATIGUE [fatig]. *n. f.* (XIVᵉ; de *fatiguer*). ♦ 1° État résultant du fonctionnement excessif d'un organe, d'un organisme, et qui se traduit par une diminution du pouvoir fonctionnel; sensation pénible qui l'accompagne. *Légère fatigue* (V. **Lassitude**), *grande fatigue* (V. **Épuisement, éreintement, exténuation, harassement**). *Fatigue des jambes; fatigue générale. Effets de la fatigue.* V. **Abattement, accablement, affaiblissement, alanguissement, anéantissement, asthénie, faiblesse.** *Je tombe, je suis mort de fatigue* (Cf. Je n'en peux plus). « *Il se sentit recru de fatigue, les jambes raides et douloureuses, les reins brisés* » (BERNANOS). *Supporter la fatigue* (V. **Infatigable**). *Fatigue nerveuse; fatigue cérébrale, intellectuelle.* V. **Surmenage.** — *La fatigue du voyage*, causée par le voyage. « *Qu'ils se reposent sur nous de la fatigue d'éclaircir les difficultés* » (RAC.). ♦ 2° Vieilli. V. **Ennui, lassitude, tracas.** « *Ô la grande fatigue que d'avoir une femme!* » (MOL.). ♦ 3° (Surtout *au plur.*). Ce qui est cause de fatigue. *Se remettre des fatigues du voyage.* « *Il avait voulu éviter à sa vieille mère les fatigues d'une longue station* » (FRANCE). ♦ 4° Techn. Déformations, changements d'état subis par un matériau, une pièce mécanique, etc., sous des efforts excessifs. *Rupture par fatigue.* ◊ ANT. Détente, repos; délassement.

FATIGUÉ, ÉE [fatige]. *adj.* (XVIIᵉ; V. **Fatiguer**). ♦ 1° Dont l'activité est diminuée par suite d'un effort excessif. *Muscle, cœur, cerveau fatigué. Personne fatiguée, qui ressent de la fatigue. Se sentir fatigué.* V. **Brisé, courbatu, courbaturé, épuisé, éreinté, exténué, flapi, fourbu, harassé, las, moulu, recru, rendu, rompu, surmené; et fam. Claqué, crevé; esquinté, pompé, vanné, vaseux, vidé** (Cf. Être sur le flanc). *Fatigué par le bruit, le tumulte :* abruti, assommé, étourdi. ◊ *Par ext.* Qui marque, dénote la fatigue. *Figure fatiguée.* V. **Tiré.** *Un air fatigué.* ♦ 2° *Par ext.* Dérangé. *Avoir l'estomac, le foie fatigué.* — Faible, un peu malade. V. **Souffrant.** — *Fam. Tu n'es pas un peu fatigué?* fou, maboul. ♦ 3° *Fig.* (1878). Qui a beaucoup servi, a perdu son éclat, sa fraîcheur. V. **Abîmé, défraîchi; déformé, usagé, usé.** *Vêtements, souliers fatigués.* ♦ 4° *Par ext. Fatigué de,* las de. V. **Dégoûté, ennuyé, excédé, lassé, saturé.** *Être fatigué de sa maîtresse.* « *Fatigué d'écrire, ennuyé de moi, dégoûté des autres* » (BEAUMARCH.). ◊ ANT. *Dispos, frais, reposé. Neuf.*

FATIGUER [fatige]. *v.* (XIVᵉ; lat *fatigare*).
I. *V. tr.* ♦ 1° Causer de la fatigue à (un organe, un organisme). *Cet exercice fatigue les bras, le cœur. Lecture qui fatigue les yeux. Cette longue marche m'a fatigué.* V. **Épuiser, éreinter, exténuer, harasser; et fam. Claquer, crever, vanner.** *Les études la fatiguent.* — (*Sujet de personne*) Faire fournir des efforts excessifs à. *Fatiguer son personnel; ses élèves* (V. **Surmener**). *Fatiguer son cheval. Fatiguer une bête en la poursuivant.* V. **Forcer.** ◊ *Agric. Fatiguer un champ, fatiguer la terre :* l'épuiser par la culture répétée d'une même plante. *Fatiguer un arbre :* lui laisser produire trop de fruits. — ♦ 2° *Par ext.* Remuer, retourner. *Fatiguer la terre.* — *Fam. Fatiguer la salade.* ♦ 3° Rebuter par l'ennui, par l'importunité. *Fatiguer ses auditeurs.* V. **Endormir, ennuyer, lasser, raser.** *Fatiguer qqn par des demandes, des plaintes répétées.* V. **Importuner; bassiner, énerver, exaspérer, harceler, obséder, tanner, tarabuster, tracasser** (Cf. Casser les pieds, faire suer). « *Si vous me fatiguez trop souvent de vos précieuses pleurnicheries* » (BAUDEL.).
II. *V. intr.* ♦ 1° *Vx* ou région. Se donner de la fatigue, se fatiguer. — *Cour.* (d'un mécanisme) V. **Peiner.** *Le moteur fatigue dans la montée.* ♦ 2° Subir des déformations consécutives à un trop grand effort. V. **Déformer (se), plier.** *Poutre qui fatigue sous une trop forte poussée.* — *Mar. Navire qui fatigue :* dont la mâture, les liaisons sont ébranlées par l'effet d'un vent violent, d'une mer agitée, etc.
III. SE FATIGUER. *v. pron.* ♦ 1° Fournir un effort excessif; se donner de la fatigue. *Se fatiguer en travaillant trop* (Cf. Se tuer de travail). *Il ne s'est pas trop fatigué,* il n'a guère fait d'effort. V. **Casser (se), fouler (se).** *Je me fatigue à lui expliquer cela depuis deux heures.* V. **Échiner (s'), époumoner (s').** ◊ *Fam.* Faire des efforts inutiles. « *Laisse donc tomber, ne te fatigue pas* » (SARRAUTE). *Ne vous fatiguez pas* (à mentir), *je sais tout.* ♦ 2° SE FATIGUER DE, avoir assez, se lasser de. *On se fatigue des meilleures choses; d'aller au spectacle.* « *On se fatigue de la pitié quand la pitié est inutile* » (CAMUS). ◊ ANT. *Délasser, détendre, reposer. Amuser, intéresser.*

FATMA [fatma]. *n. f. inv.* (XXᵉ; mot arabe, du nom propre *Fatima*). Femme d'Afrique du Nord; femme, domes-

tique (dans le français d'Afrique du Nord). « *Comme au Brésil les nanas noires, les 'fatma' ont donné aux Français le goût du pays* [l'Algérie] » (P. NORA).

FATRAS [fatʀa]. *n. m.* (*Fastras*, 1320; p.-ê. du lat. *farsura* « remplissage »). Amas confus, hétéroclite, de choses sans valeur, sans intérêt. *Un fatras de vieux papiers.* « *Tout ce fatras pittoresque qu'un docteur Faust entasse dans son cabinet ou son atelier* » (GAUTIER). — (*Abstrait*) Ensemble confus, incohérent d'idées, de paroles ou d'écrits. *Esprit encombré d'un fatras de connaissances mal assimilées.*

FATRASIE [fatʀazi]. *n. f.* (XIIᵉ; de *fatras*). *Hist. litt.* Poème du moyen âge, d'un caractère incohérent ou absurde, formé de dictons, proverbes, etc., mis bout à bout et contenant des allusions satiriques.

FATUITÉ [fatɥite]. *n. f.* (fin XVIIᵉ; « sottise », XIVᵉ; lat. *fatuitas.* V. **Fat**). Satisfaction de soi-même qui s'étale d'une manière insolente, déplaisante ou ridicule. V. **Infatuation, prétention, suffisance, vanité.** *Un air de fatuité.* « *Blachevelle sourit avec la fatuité voluptueuse d'un homme chatouillé à l'amour-propre* » (HUGO). « *La fatuité s'accompagne toujours d'un peu de sottise* » (GIDE). ◊ ANT. Modestie.

FATUM [fatɔm]. *n. m.* (1762; mot. lat.). *Littér.* Destin.

FAUBER ou **FAUBERT** [fobɛʀ]. *n. m.* (1690; néerl. *zwabler*). *Mar.* Sorte de balai de vieux cordages servant à sécher le pont des navires après le lavage ou la pluie.

FAUBOURG [fobuʀ]. *n. m.* (*Faux bourg*, XIVᵉ; de *faux*, altér. de *fors borc*, XIIᵉ; de *fors* « hors », et *borc* « bourg »; lat. *foris* « dehors », et *burgus* « bourg »). ♦ 1° Partie d'une ville qui déborde son enceinte, ses limites; quartiers périphériques (V. **Banlieue**). « *Les fleurs sont rares dans ce faubourg souillé par la suie des usines* » (FRANCE). — Fig. *Les faubourgs :* la population ouvrière des faubourgs. ♦ 2° (Dans des noms de quartiers). Ancien faubourg. *Il habite rue du Faubourg Montmartre* (à Paris), ou ellipt. *Faubourg Montmartre. Les femmes* « *qui étaient admises dans la société du faubourg Saint-Germain* » (BALZ.). ◊ ANT. Centre.

FAUBOURIEN, IENNE [fobuʀjɛ̃, jɛn]. *n. et adj.* (1801; de *faubourg*). ♦ 1° Personne qui habite un faubourg, et spécialt. un faubourg populaire (de Paris). ♦ 2° *Adj.* Qui appartient aux faubourgs (de Paris). *Accent faubourien.* « *Son accent* a seulement préservé des ignobles prononciations *faubouriennes dont j'ai horreur* » (ROMAINS).

FAUCARD [fokaʀ]. *n. m.* (repris XIXᵉ; du picard *fauquer* « faucher »). *Agric.* Grande faux pour faucher les herbes des rivières et des marais.

FAUCARDER [fokaʀde]. *v. tr.* (1842; de *faucard*). *Agric.* Faucher avec le faucard.

FAUCARDEUR [fokaʀdœʀ]. *n. m.* (XXᵉ; de *faucarder*). *Agric.* Celui qui faucarde.

FAUCHAGE [foʃaʒ]. *n. m.* (1374; de *faucher*). ♦ 1° Action de faucher. *Le fauchage d'un pré.* ♦ 2° *Artill.* Mécanisme de tir destiné à battre un terrain.

FAUCHAISON [foʃɛzõ]. *n. f.* (XIIᵉ; de *faucher*). Action de faucher (V. **Fauchage**). « *En attendant de commencer la fauchaison des luzernes* » (ZOLA). — Époque, saison où l'on fauche. V. **Fenaison, moisson.**

FAUCHARD [foʃaʀ]. *n. m.* (XIIᵉ-XIIIᵉ, repris XVIIIᵉ; de *faux*). ♦ 1° *Archéol.* Arme en forme de faux, tranchante dans sa partie convexe, munie d'un long manche. ♦ 2° *Agric.* Serpe à deux tranchants munie d'un long manche.

FAUCHE [foʃ]. *n. f.* (1611; de *faucher*). ♦ 1° *Vx.* Fauchage; fauchaison. ♦ 2° (1933). *Fam.* et *mod.* Le fait d'être fauché (2°). *Plus un sou, c'est la fauche.* ♦ 3° Chose fauchée, volée. « *Ton cochon..., on dirait tout de suite : c'est de la fauche* » (AYMÉ).

FAUCHÉ, ÉE [foʃe]. *adj.* (V. **Faucher**). ♦ 1° Qu'on a fauché. *Blés fauchés. Pré fauché.* ♦ 2° *Fam.* (1876). Sans argent. *Je suis* (complètement) *fauché, fauché comme les blés* (Cf. Raide, sans un (*pop.*), à sec). « *Comme cette année nous étions trop fauchés pour aller à l'étranger* » (BEAUVOIR). Subst. *Ils* « *courent après quatre sous aussi bien les fauchés que ceux qui en ont à ne savoir qu'en faire* » (Cl. SIMON).

FAUCHER [foʃe]. *v.* (XIIᵉ; lat. pop. °*falcare*, de *falx, falcis* « faux »).
I. *V. tr.* ♦ 1° Couper avec une faux, une faucheuse. *Faucher des céréales, du blé.* V. **Moissonner.** *Faucher l'herbe, le foin.* Par ext. *Faucher une prairie.* Absolt. *Il est temps de faucher.* — Fig. et fam. *Faucher l'herbe sous les pieds de qqn.* V. **Couper.** ♦ 2° *Par métaph.* En parlant de la Mort. *La mort fauche tout.* V. **Anéantir, détruire.** ♦ 3° Faire tomber. V. **Abattre, coucher.** *Des rafales* « *secouant les buissons, fauchant les fleurs* » (GREEN). — *Assaillants fauchés par le tir des mitrailleuses. Un groupe d'enfants fauché par un camion.* ◊ *Sports.* (1937). Faire tomber brutalement par un moyen irrégulier. ♦ 4° (1713, arg.). *Fam.* Voler. V. **Barboter, chiper, piquer.** *On m'a fauché mille francs dans ma poche.* « *Quand j'ai fauché cette fiole dans le sac de Paule, je comptais la jeter* » (BEAUVOIR). — Par ext. *Il lui a fauché sa femme.* V. **Prendre.**

II. *V. intr.* ♦ 1° Marcher en décrivant un demi-cercle avec la jambe. *Un cheval qui fauche.* ♦ 2° *Artill.* Donner à une arme un mouvement de va-et-vient horizontal de manière à battre une zone déterminée. *Tirer en fauchant.*

FAUCHET [foʃɛ]. *n. m.* (1213; de *faux*). *Agric.* Râteau de bois muni de chaque côté d'une rangée de dents.

FAUCHETTE [foʃɛt]. *n. f.* (1811; de *fauchet*). *Agric.* Serpe pour faire des fagots, tailler des arbustes.

1. **FAUCHEUR, EUSE** [foʃœʀ, øz]. *n.* (*Faucheor*, fin XIIᵉ; de *faucher*). ♦ 1° Personne qui fauche. « *Les faucheurs s'avançaient sans un arrêt, d'un même mouvement rythmique, le torse balancé... la faux lancée et ramenée* » (ZOLA). — *Par métaph.* Littér. *La Faucheuse* : la Mort. ♦ 2° *N. f.* (1860). Machine agricole destinée à faucher (V. **Moissonneuse**). « *Jean conduisait la faucheuse mécanique* » (ZOLA).

2. **FAUCHEUR** [foʃœʀ] ou **FAUCHEUX** [foʃø]. *n. m.* (1690,-1756; de *faucher*). Animal arthropode, voisin de l'araignée, à quatre paires de pattes longues et ténues. — Fam. *Avoir des jambes de faucheux.*

FAUCHON [foʃɔ̃]. *n. m.* (1340, « arme »; de *faux*). *Agric.* Faux armée d'un râteau, pour la coupe des céréales.

FAUCILLE [fosij]. *n. f.* (XIIᵉ; bas lat. *falcicula*, de *falx* « faux »). Instrument fait d'une lame d'acier courbée en demi-cercle fixée à une poignée de bois, dont on se sert pour couper les céréales, l'herbe. V. **Faucillon, serpe.** *Moissonner à la faucille. La lune,* « *cette faucille d'or dans le champ des étoiles* » (HUGO). — *La faucille,* symbole des moissons. ◇ *La faucille et le marteau* : outils symbolisant les classes paysanne et ouvrière; emblème des Républiques soviétiques, du parti communiste.

FAUCILLON [fosijɔ̃]. *n. m.* (XIIIᵉ; de *faucille*). *Agric.* Petite faucille pour couper l'herbe, les broussailles.

FAUCON [fokɔ̃]. *n. m.* (*Falcun*, 1080; bas lat. *falco, falconis,* probabl. de *falx* « faux », d'apr. la courbure du bec ou des ailes). ♦ 1° Oiseau rapace diurne (*Falconidés*), au bec court et crochu. *Variétés de faucon.* V. **Crécerelle, émerillon, émouchet, épervier, gerfaut, hobereau, lanier, pèlerin, sacre.** *Faucon mâle.* V. **Tiercelet.** — *Chasse au faucon.* V. **Fauconnerie, volerie.** *Apprivoiser, dresser un faucon* (V. **Affaitement**). *Capuchon* (V. **Chaperon**) *qui couvre la tête du faucon. Porter un faucon sur le poing. Faucon qui poursuit le gibier.* V. **Voler** (*trans.*). ◇ *Fig. Polit.* (1966; de l'angl.). Partisan des solutions de force dans un conflit. V. **Épervier.** (*Ant.* **Colombe**). ♦ 2° (XVIᵉ). Ancienn. Petit canon (XVIᵉ et XVIIᵉ s.; V. **Fauconneau**).

FAUCONNEAU [fokɔno]. *n. m.* (XVᵉ; de *faucon*). ♦ 1° Jeune faucon (1534). Petit canon léger (XVIᵉ et XVIIᵉ s.).

FAUCONNERIE [fokɔnʀi]. *n. f.* (1360; de *faucon*). ♦ 1° Art d'élever et de dresser les faucons et les autres oiseaux de proie. V. **Affaitage.** ♦ 2° Chasse à l'oiseau de proie. V. **Volerie.** *Fauconnerie de haut vol,* employant les émerillons, faucons, gerfauts, laniers. *Fauconnerie de bas vol,* employant autours, éperviers. ♦ 3° Lieu où l'on élève les faucons. ◇ Ensemble du personnel, des faucons, chevaux, chiens destinés à la chasse au faucon.

FAUCONNIER [fokɔnje]. *n. m.* (XIIᵉ; de *faucon*). Celui qui dressait et faisait voler les faucons et autres oiseaux de proie.

FAUCRE [fokʀ(ə)] ou **FAUTRE** [fotʀ(ə)]. *n. m.* (*Faucre,* XIIᵉ-XIIIᵉ; germ. *filz, felt.* V. **Feutre**). *Archéol.* Crochet fixé sur le côté droit des anciennes armures pour soutenir la lance en arrêt.

FAUFIL [fofil]. *n. m.* (1872; de *faufiler*). Fil passé en faufilant.

FAUFILAGE [fofilaʒ]. *n. m.* (1907, mar.; de *faufiler*). Action de faufiler (1°).

FAUFILER [fofile]. *v. tr.* (1684; altér., d'apr. *faux,* de *farfiler, fourfiler* (XIVᵉ); de *fors* « hors », et *fil*). ♦ 1° Coudre à grands points pour maintenir provisoirement les parties d'un ouvrage avant de les fixer définitivement. V. **Bâtir.** *Faufiler un ourlet, une couture. Faufiler une manche.* ♦ 2° Fig. (*Vx*). Introduire adroitement. *Parmi ces pièces d'argent, il en a faufilé une fausse.* ♦ 3° (1823). SE FAUFILER. *v. pron.* S'introduire habilement. V. **Insinuer** (s'), **introduire** (s'). Il « *s'était faufilé à la maison comme être maladroit, ne s'offensant de rien, bon flatteur de tous* » (STENDHAL). ◇ (*Concret*) Passer, se glisser adroitement à travers, sans être aperçu. V. **Couler** (se), **glisser** (se). *Un resquilleur qui se faufile entre les files d'attente. Le serpent* « *se faufila entre les pierres avec un léger bruit de métal* » (ST-EXUP.). « *Je me suis faufilé par un petit chemin qui descend entre les haies* » (CÉLINE). — (*Choses*) « *La route se faufile dans un vallon si resserré qu'il garde à peine la voie d'une voiture* » (CHATEAUB.).

FAUFILURE [fofilyʀ]. *n. f.* (1348; de *faufiler*). ♦ 1° Action de faufiler. V. **Faufilage.** ♦ 2° Couture à grands points.

1. **FAUNE** [fon]. *n. m.* (1372; lat. *faunus,* dieu champêtre). Divinité champêtre mythologique, à l'image de Pan. V. **Chèvre-pied, sylvain.** *Les faunes sont représentés avec le corps velu, de longues oreilles pointues, des cornes et des*

pieds de chèvre. Les faunes, les satyres et les nymphes. L'Après-midi d'un faune, de Mallarmé.

2. **FAUNE** [fon]. *n. f.* (1783; lat. *faunus,* d'apr. *flore*). ♦ 1° *Vx.* Description des animaux d'un pays; ouvrage qui donne cette description. V. **Bestiaire.** ♦ 2° *Mod.* Ensemble des animaux (d'une région ou d'un milieu déterminés). « *La faune, plus que la flore, fait l'intérêt constant du paysage* » (GIDE). *La faune d'un parc régional. Faune ailée.* V. **Avifaune.** *Faune préhistorique. Faune polaire, tropicale.* ♦ 3° *Fig.* et *péj.* Ensemble de gens qui fréquentent un lieu et ont des mœurs particulières et pittoresques. *La faune de Montparnasse.*

FAUNESQUE [fonɛsk(ə)]. *adj.* (1888; de *faune* 1). Propre au faune. *Visage faunesque.*

FAUNESSE [fonɛs]. *n. f.* (v. 1850; de *faune*). Faune (1) femelle. « *La reine de toutes les diablesses, de toutes les faunesses et de toutes les satyresses* » (BAUDEL.).

FAUNIQUE [fonik]. *adj.* (1896; de *faune* 2). *Didact.* Qui concerne la faune. *Les grandes régions fauniques de l'Eurasie.* (On rencontre aussi FAUNISTIQUE).

FAUSSAIRE [fosɛʀ]. *n.* (XIIᵉ; lat. *falsarius*). Personne qui fait un faux. V. **Contrefacteur.** *Faussaire qui fabrique des billets de banque, imite une signature.* « *Le faux n'était même pas adroit et le faussaire avoua* » (MAUROIS). *Faussaire littéraire.*

FAUSSEMENT [fosmɑ̃]. *adv.* (1190; de *faux,* adj.). ♦ 1° Contre la vérité. *Être faussement accusé de vol* : à tort. ♦ 2° D'une manière fausse. *Se persuader faussement d'une chose.* ♦ 3° (*Devant un adj.*). D'une manière affectée, simulée. « *Ce ton faussement léger, cette affectation* » (HENRIOT). *Un air faussement modeste* : de fausse modestie. ◇ ANT. *Droitement, réellement, véritablement.*

FAUSSER [fose]. *v. tr.* (*Falser,* 1080; *fauser,* 1243; aussi « falsifier », « accuser de fausseté »; bas lat. *falsere.* V. **Faux,** adj.). I. ♦ 1° Rendre faux, déformer la vérité, l'exactitude de (une chose abstraite). V. **Altérer, déformer, dénaturer.** *Erreur qui fausse un résultat, un calcul.* « *Rien ne fausse plus la réalité que de vouloir y trouver des types absolus et complets* » (BARRÈS). « *Sa pensée est faite de telles nuances qu'il est presque impossible de ne la résumer sans la fausser* » (BILLY). V. **Falsifier, travestir.** ♦ 2° Déformer (qqch.); faire perdre sa justesse, sa perfection. — Vx. *Fausser une note.* — Mod. Pronom. « *Pendant qu'il disait ces derniers mots, sa voix se faussa un peu* » (ROMAINS). ◇ (Abstrait) *Fausser l'esprit de qqn* : faire qu'il ne raisonne plus sainement. V. **Déformer, pervertir.** *Ces lectures lui ont faussé le jugement.* « *La persécution fausse l'esprit et rétrécit le cœur* » (RENAN). ♦ 3° Déformer (un instrument, un objet) par une pression excessive. V. **Courber, forcer, plier, tordre.** *Fausser une clé, une lame. Fausser une serrure.* ◇ ANT. *Redresser, rétablir.* II. (1611; de l'anc. sens « manquer à sa promesse, enfreindre »). FAUSSER COMPAGNIE À QQN : le quitter brusquement ou sans prévenir. V. **Abandonner, quitter.** — Par anal. « *Il ne me paraissait plus possible de fausser politesse à mes hôtes* » (GIDE).

◇ HOM. *Fossé.*

1. **FAUSSET** [fosɛ]. *n. m.* (fin XIIIᵉ; de *faux* (1), la voix de tête donnant l'impression d'une voix fausse). Voix aiguë produite par la vibration des cordes supérieures du larynx (*syn.* Voix de tête). *Chanter en fausset.* — Par anal. Voix grêle et nasillarde. « *Sa prière éclate, s'élance, en fausset nasillard, suraigu* » (LOTI). ◇ VOIX DE FAUSSET : fausset, ou (*cour.*) voix suraiguë. ◇ ANT. Basse.

2. **FAUSSET** [fosɛ]. *n. m.* (1322; de *fausser* « percer »). *Techn.* Petite cheville de bois pour boucher le trou fait à un tonneau. *Tirer du vin au fausset.*

FAUSSETÉ [foste]. *n. f.* (1130; bas lat. *falsitas*). I. Caractère d'une chose fausse. *Démontrer la fausseté d'une accusation.* « *Ni la contradiction n'est marque de fausseté, ni l'incontradiction n'est marque de vérité* » (PASC.). V. **Erreur.** II. Ce qui est contraire à la franchise. ♦ 1° *Vx.* Parole, pensée qui constitue un mensonge. V. **Imposture, mensonge, tromperie.** « *J'ai sur le cœur ces deux faussetés* » (SÉV.). ♦ 2° *Mod.* Défaut du caractère qui consiste à dissimuler ses pensées, ses intentions véritables, à dire des mensonges, pour en tirer parti. V. **Déloyauté, dissimulation, duplicité, fourberie, hypocrisie.** *Elle a « une certaine fausseté naturelle... qui réussira d'autant mieux que sa figure offre l'image de la candeur et de l'ingénuité* » (LACLOS). ◇ ANT. *Authenticité, exactitude, réalité, véracité, vérité; justesse. Franchise, sincérité.*

FAUT (IL). V. **Falloir.**

FAUTE [fot]. *n. f.* (XIIᵉ; lat. pop. °*fallita* « action de faillir, de manquer », p. p. de *fallere*). I. *Vx* ou *en loc.* Le fait de manquer, d'être en moins. V. **Défaut, manque.** « *Faute d'argent, c'est douleur non pareille* » (RAB.). — *Faire faute* : être en moins, faire défaut. V. **Manquer.** *Se faire faute de* : s'abstenir de. — Mod. *Il*

ne se fit pas faute d'en parler : il ne manqua pas, il ne se priva pas d'en parler. *Elles « ne se faisaient pas faute de la rudoyer dans leurs conversations entre elles »* (GREEN). ◊ *Loc. prép.* FAUTE DE : par manque de. *Il n'a pu partir en voyage, faute d'argent.* « *Et le combat cessa, faute de combattants* » (CORN.). « *Philippe... fut arrêté, puis relâché, faute de preuves* » (BALZ.). PROV. *Faute de grives, on mange des merles* : on se contente de ce qu'on a. — (Avec un inf.) « *Faute d'y être passés, ils ne peuvent pas savoir à quoi ils condamnent des accusés* » (AYMÉ). ◊ (1650) *Loc. adv.* SANS FAUTE : à coup sûr, certainement. « *Venez à neuf heures sans faute* » (ROMAINS).
II. *Mod.* Le fait de manquer à ce qu'on doit. ♦ **1°** Manquement à la règle morale ; mauvaise action. V. **Attentat, crime, délit, forfait, inconduite, infraction, méfait.** *Commettre, faire une faute* : faillir, fauter, pécher. *Qui a commis une faute.* V. **Coupable.** *Faute légère, insignifiante, vénielle.* « *Elle était sévère pour les autres : elle n'admettait aucune faute, ni presque aucun travers* » (R. ROLLAND). *Avouer sa faute.* Loc. prov. *Faute avouée est à moitié pardonnée.* — *Punition d'une faute.* ◊ *Prendre, surprendre qqn en faute.* « *Il me questionnait de l'air d'un homme sûr de me prendre en faute* » (ROUSS.). — *Spécialt.* Manquement à la morale, aux prescriptions d'une religion. V. **Coulpe, péché.** ♦ **2°** *Dr.* Acte ou omission constituant un manquement, intentionnel ou non, soit à une obligation contractuelle, soit à une prescription légale, soit à l'obligation de se comporter avec diligence et loyauté envers ses semblables. *Faute positive.* V. **Fait.** *La faute suppose le discernement et oblige son auteur à réparer les effets qu'elle a pu avoir sur autrui. Faute civile,* engageant la responsabilité civile. *Faute contractuelle. Faute de service* (dr. admin.). ◊ *Manquement au devoir* (action ou omission) qui peut être érigé en infraction ; *spécialt.* Imprudence, négligence (*ex. :* homicide par imprudence, blessures et coups involontaires). *Faute inexcusable* (en matière d'accident du travail). ♦ **3°** Manquement à une règle, à un principe (dans une discipline intellectuelle, un art). V. **Erreur ; inexactitude, irrégularité, omission.** *Lourde faute grossière. Faute commise par bêtise.* V. **Ânerie, bêtise, imbécillité.** Cf. *pop.* **Connerie, couillonnade,** *par étourderie, inattention, maladresse, négligence. Faute d'inattention :* commise par inattention. *Fautes de langage.* V. **Incorrection ; barbarisme, solécisme ; cuir, lapsus.** *Il y a de nombreuses fautes dans ce texte.* V. **Défaut, imperfection.** *Faute d'orthographe, de syntaxe.* « *On voit mieux ses fautes quand elles sont imprimées* » (VOLT.). *Faire une faute de français.* — (Scolaire) *Faire cinq fautes dans une dictée. Fautes dans une version* (Cf. *Faux sens,* non-sens). — *Faute de frappe* (dactylo) *Faute d'impression, faute typographique.* V. **Coquille.** *Liste de fautes.* V. **Erratum.** — (Tennis) *Faute de pied* (au service). *Double faute.* Absolt. *Faute !* ♦ **4°** Manière d'agir maladroite ou fâcheuse ; défaut d'habileté, de prudence. V. **Erreur, maladresse.** « *Toutes les passions nous font faire des fautes, mais l'amour nous en fait faire de plus ridicules* » (LA ROCHEF.). ♦ **5°** (*Dans des expressions*). *Responsabilité d'une action. C'est sa faute, c'est bien sa faute s'il lui est arrivé malheur* (Cf. *Il l'a voulu). C'est la faute de son frère.* Pop. « *C'est la faute à Voltaire* » (chanson). — Par ext. *Ce n'est vraiment pas sa faute s'il a si bien réussi :* il n'y est pour rien ; il n'a pas à s'en vanter. ◊ *C'est de sa faute* (même sens). « *Ah ! tout est de ma faute !* » (HUGO). ◊ *Par la faute de. C'est arrivé par la faute de son frère, par sa faute.* « *Cette femme était malheureuse par la faute du mari* » (CHARDONNE). ◊ Avec à renforçant le possessif. *Est-ce ma faute, à moi ?* « *Ce n'est pas tout à fait leur faute, à ces enfants* » (DAUD.). *À qui la faute ?*
⬧ ANT. *Abondance, excès, quantité. Bienfait, mérite. Exactitude ; correction.*

FAUTER [fote]. *v. intr.* (1568, « commettre une faute », repris 1845 ; de *faute*). *Fam.* Se laisser séduire, se donner, en parlant d'une jeune fille.

FAUTEUIL [fotœj]. *n. m.* (1642 ; *faudeteuil,* 1611 ; *faldestoel,* 1080 ; frq. *°faldistôl* « siège pliant »). ♦ **1°** Siège à dossier et à bras, pour une personne. V. **Bergère, club, voltaire.** *Fauteuil rembourré, à capitons. Les coussins, l'appui-tête, les accotoirs d'un fauteuil.* — *Fauteuil de jardin en fer. Fauteuil de toile, pliant.* V. **Transatlantique.** *Fauteuil à bascule.* V. **Berceuse, rocking-chair.** *Fauteuil roulant pour malade.* — *Avancer, offrir un fauteuil. Tomber, s'affaler, se carrer dans un fauteuil.* « *Il lisait en se balançant dans un fauteuil vert. C'était un fauteuil à bascule* » (BOSCO). ◊ *Spécialt. Fauteuil du souverain* (V. **Trône**), *d'un prélat* (V. **Chaire, faldistoire**) *dans les cérémonies officielles.* — *Fauteuil d'orchestre* (théâtre). ♦ **2°** *Fauteuil d'académicien.* — Fig. *Briguer le fauteuil* : le titre d'académicien. — *Fauteuil de président, dans une assemblée. Siéger au fauteuil, occuper le fauteuil* : présider. ♦ **3°** (1910, turf). Loc. fam. *Arriver dans un fauteuil* : arriver premier sans peine dans une compétition.

FAUTEUR, TRICE [fotœR, tRis]. *n.* (1323 ; lat. *fautor* « qui favorise »). ♦ **1°** *Vx.* Personne qui favorise, protège (qqn). V. **Appui.** « *On cherche un fauteur de ses goûts* » (VAU-

VEN.). *Les fauteurs d'un tyran.* V. **Suppôt.** ♦ **2°** *Mod.* (infl. de *faute*). Personne qui favorise, qui cherche à provoquer (qqch.) de blâmable. *Fauteur de désordre, de rébellions, de troubles.* V. **Provocateur.**

FAUTIF, IVE [fotif, iv]. *adj.* (XVᵉ ; de *faute*). ♦ **1°** *Vx.* Sujet à faillir. V. **Faillible.** *Mémoire fautive.* V. **Défectueux.** ♦ **2°** Qui est en faute. V. **Coupable.** *Il se sentait fautif.* « *Je me sentais rougir et me troubler comme un enfant fautif* » (GIDE). — Subst. *C'est lui le fautif dans cette affaire.* ♦ **3°** *(Choses).* Qui renferme des fautes, des erreurs, des défauts. *Médaille, monnaie fautive — Citation, calcul fautif.* V. **Erroné.** « *Tous les états que traverse l'humanité sont fautifs et attaquables* » (RENAN). ◊ ANT. *Innocent. Correct, exact.*

FAUTIVEMENT [fotivmã]. *adv.* (1845 ; de *fautif*). D'une manière fautive.

FAUVE [fov]. *adj.* et *n. m. (Falve,* 1080 ; bas lat. *falvus* (IXᵉ), frq. *°falw).* ♦ **1°** D'un jaune tirant sur le roux. V. **Roussâtre.** *Cheval fauve.* « *Un gazon brûlé, fauve comme une peau de lion* » (GAUTIER). ◊ (1573) *Bête fauve* (vx) : bête sauvage au pelage fauve (lièvre, cerf, lion, etc.). ♦ **2°** (XIXᵉ). Se dit des grands animaux féroces (félins). V. **Féroce, sauvage.** ◊ UN FAUVE. *n. m.* Une bête fauve. V. **Lion, tigre.** *Chasse aux fauves, aux grands fauves. Fauve en cage. Dompteur dans la cage du fauve.* ♦ **3°** *Odeur fauve* : forte et animale, comparable à celle des fauves. « *La fauve et fade odeur de l'abattoir* » (DUHAM.). ♦ **4°** *Les Fauves,* nom donné (d'abord par dérision) aux membres de la jeune école française de peinture, vers 1900. *Les Fauves utilisaient des couleurs pures, violentes, employées par tons juxtaposés* (expressionnisme). — Adj. *La période fauve de Matisse, de Braque, de Dufy.*

FAUVERIE [fovRi]. *n. f.* (1949 ; de *fauve*). Lieu où vivent les grands fauves, dans un jardin zoologique, une ménagerie.

FAUVETTE [fovɛt]. *n. f.* (XIIIᵉ ; de *fauve*). Petit oiseau à plumage parfois fauve, au chant agréable. *Fauvette des Alpes, des roseaux* (V. **Rousserolle**), *des jardins* (V. **Passerinette**), *d'hiver* ou *des haies* (dite Mouchet).

FAUVISME [fovism(ə)]. *n. m.* (1905 ; de *fauve,* 4°). École, art des fauves (4°).

1. FAUX, FAUSSE [fo, fos]. *adj.* et *n. m. (Fals,* 1080 ; puis *faus ;* lat. *falsus,* p. p. adj. de *fallere* « tromper »). *Opposé* à réel, vrai.
I. *Adj.* ♦ **1°** Qui n'est pas vrai, qui est contraire à la vérité (pensable, constatable). *Avoir des idées fausses sur une question.* V. **Chimérique, erroné.** *C'est faux !* « *Chaque vérité qu'ils* (les savants) *apprennent ne vient qu'avec cent jugements faux* » (ROUSS.). « *L'idée qu'on a d'Hoffmann est fausse comme toutes les idées reçues* » (GAUTIER). — *Un faux bruit. Un faux rapport.* V. **Apocryphe, controuvé, imaginaire, inventé, mensonger.** « *Rien n'est plus difficile à réfuter que ce qui est entièrement faux* » (MAUROIS). *Fausse déclaration. Un faux serment.* V. **Fallacieux.** *Faux témoignage. Un faux témoin,* qui fait un faux témoignage. — *Une date, un résultat faux.* — *Il est faux que* (suivi du subj.). *Il est faux que vous m'ayez vu là, je n'y étais pas.* — (Il est faux de suivi de l'inf.). *Il est faux de dire, de prétendre, de croire.* ♦ **2°** Qui n'est pas vraiment, réellement ce qu'il paraît être. *Perles fausses, bijoux faux.* Or, *diamants faux.* — (Le plus souvent avant le nom) *Fausse fenêtre, fausse porte.* V. **Feint.** *Une fausse maigre,* se dit d'une femme qui est bien moins maigre qu'elle n'en a l'air. *Un faux ménage.* « *La Fausse Maîtresse,* » nouvelle de Balzac. — (Avec fraude) *Fabriquer de la fausse monnaie. Fausses clefs. Tricheur qui se sert de fausses cartes.* V. **Truqué ; falsifié.** *Fausse quittance. Faux nom.* V. **Supposé.** *Faux papiers, faux passeport. Un faux Vermeer, une fausse Tanagra.* V. **Faux (III).** *Faux-semblant.* — *Faire une fausse sortie. Fausse alarme, fausse alerte.* — (Abstrait) *Faux motifs. De fausses raisons.* V. **Prétexte.** *Fausse candeur, fausse naïveté.* *Affecté, étudié, simulé, trompeur. Un masque de fausse humilité.* « *Les faux désespoirs, les grands mots, la scène des larmes* » (COURTELINE). ♦ **3°** Qui n'est pas ce qu'on le nomme (*Faux* s'emploie devant un grand nombre de noms de choses pour marquer une désignation impropre ou approximative). *Faux acacia, fausse orange, faux corail. Faux albâtre, faux diamant. Fausses côtes, fausse couche. Vx. Fausse membrane.* V. **Pseudo-.** *Faux-filet.* *Faux plafond, faux plancher. Faux col. Faux titre. Faux frais.* ◊ Qui ne mérite pas son nom, sa réputation. V. **Prétendu.** *Un faux grand homme. Faux savant. Boucher* « *est un faux bon peintre, comme on est un faux bel esprit* » (DIDER.). ♦ **4°** Qui n'est pas ce qu'il veut paraître (en trompant délibérément). V. **Imposteur.** *Faux prophète. C'est un faux ami, un faux frère.* « *Il est de faux dévots ainsi que de faux braves* » (MOL.). ◊ *Un homme faux,* qui trompe, qui dissimule. V. **Déloyal, fourbe, hypocrite, pharisien, sournois.** *Il est faux comme un jeton* (fam. *C'est un faux jeton). Il a l'air faux, le visage, le regard faux.* « *Un homme d'esprit, faux par caractère, et franc par humeur* » (CHATEAUB.). ♦ **5°** Qui n'est pas naturel à qqn, qui ne lui appartient pas naturellement. V. **Postiche ; emprunté.** *Porter*

une fausse barbe, un faux chignon, de faux cheveux. ♦ 6° Qui n'est pas justifié, fondé. *Éprouver une fausse joie à la suite d'une bonne nouvelle bientôt démentie. Fausse crainte, fausses espérances.* V. **Fondé** (mal), **vain.** *Une fausse alerte, une fausse alarme.* — *Un faux problème,* qui n'a pas lieu de se poser. ♦ 7° Qui n'est pas comme il doit être (par rapport à ce qui est correct, normal). *Faire un faux pas* (V. **Broncher**), *un faux mouvement, une fausse manœuvre. Faire fausse route.* V. **Mauvais.** — *Être dans une situation fausse.* V. **Équivoque.** ◇ (*Abstrait;* par rapport à ce qui est correct, juste, exact). V. **Inexact.** *Votre opération est fausse. Statistique fausse. Argument, raisonnement faux.* V. **Boiteux.** *Faire un faux sens.* ♦ 8° (Esprit, facultés). Qui juge mal, ne peut atteindre la vérité. *Avoir le jugement faux, le goût faux, l'esprit faux.* ♦ 9° Qui n'est pas naturel, vraisemblable (dans une œuvre). *Ses personnages sont faux, ses descriptions sont fausses. Couleur, ton faux.* « *Tu n'es vrai que dans les milieux, tes contours sont faux* » (BALZ.). ♦ 10° Qui n'est pas dans le ton juste, qui pèche contre l'harmonie. *Ce piano est faux, il a besoin d'être accordé.* « *Quatre violons faux grincent avec la flûte* » (BAINVILLE). ◇ *Fausse note.* « *Commençons par le cantique...* ». *Alors mademoiselle Bertin lança une éclatante fausse note* » (CHARDONNE). — Adv. *Chanter faux, jouer faux.* V. **Détonner.** Fig. *Cela sonne* faux.*

II. À FAUX. *loc. adv.* ♦ 1° *Vx.* D'une manière fausse, contraire à la vérité. — À tort, injustement. V. **Faussement.** *Accuser à faux.* ♦ 2° Qui n'est pas d'aplomb. *Porter à faux,* se dit d'une pièce mal assise ou ne portant pas directement sur son point d'appui. *Être placé en porte à faux.* V. **Porte-à-faux.**

III. *N. m.* ♦ 1° Ce qui est faux. *Discerner le vrai d'avec le faux.* — *Vivre, se complaire dans le faux.* V. **Illusion, mensonge.** « *Le monde des à peu-près, où l'on salue dans le vide, où l'on juge dans le faux* » (PROUST). ♦ 2° Contrefaçon ou falsification d'un écrit. *Faux en écriture,* de nature à porter préjudice à autrui. *Faire, commettre un faux.* V. **Faussaire.** *Faux matériel,* consistant à falsifier matériellement une écriture. *Faux intellectuel,* portant sur les énonciations d'un acte. *Usage de faux. Être condamné pour faux et usage de faux. — Procédure et inscription en faux* (ou *de faux*). Fig. *S'inscrire* en faux contre...* ♦ 3° Pièce artistique ou rare qui est fausse, soit par copie ou contrefaçon frauduleuse d'un original, soit par fabrication dans le style des œuvres authentiques. *Ce tableau est un faux. Les poèmes d'Ossian étaient des faux.* V. **Pastiche.**
◈ ANT. **Vrai. Réel, véritable; avéré, certain, historique, authentique. Sincère; franc. Juste; correct, exact.** — HOM. **Fosse.**

2. FAUX [fo]. *n. f. (Fauz,* XIIᵉ; lat. *falx).* ♦ 1° Instrument, formé d'une lame arquée fixée au bout d'un long manche, dont on se sert pour couper le fourrage, les céréales. *Variétés de faux.* V. **Faucard, fauchard, fauchon.** *Faux à manche très court.* V. **Faucille.** *Faux à râteaux ou à ramassette,* garnie d'un clayonnage. — Littér. « *Laissez agir la faux du temps* » (LA FONT.). ♦ 2° *Anat.* Repli membraneux en arc. *Faux du cerveau, du cervelet. Grandes, petites faux du péritoine.*

FAUX-BOURDON [foburdɔ̃]. *n. m.* (mil. XVᵉ; de *faux,* et *bourdon*). Hist. mus. Procédé d'écriture musicale (XIIIᵉ s.). ◇ *Mod.* Harmonisation de chant d'église, qui se répète à chaque verset.

FAUX-FILET [fofilɛ]. *n. m.* (XIXᵉ; de *faux,* et *filet*). Morceau de bœuf situé à côté du filet (le long de l'échine).

FAUX-FUYANT [fofɥijɑ̃]. *n. m.* (v. 1550, vén.; altér. (par attract. de *faux*) de *forfuyant,* de *fors* « en dehors », et *fuir*). ♦ 1° (*Vx*). Chemin détourné par où s'échappe le gibier. *Sentier dans un bois.* ♦ 2° (1664). Fig. et mod. Moyen détourné par lequel on évite de s'expliquer, de se prononcer, de se décider. *Chercher vainement un faux-fuyant.* V. **Échappatoire, excuse, prétexte.** « *Allons! assez de faux-fuyants! assez de réticences!* » (AYMÉ).

FAUX-MONNAYEUR [fomɔnɛjœr]. *n. m.* (1470; de *faux,* et *monnayeur*). Celui qui fabrique de la fausse monnaie. *La police a découvert une officine de faux-monnayeurs.* — Fig. « *Ces faux-monnayeurs en dévotion* » (MOL.). « *Les Faux-Monnayeurs* », roman d'A. Gide.

FAVELA [favela]. *n. f.* (mil. XXᵉ; mot port. du Brésil, *favela* ou *favella*). Au Brésil, ensemble d'habitations populaires de construction sommaire et dépourvues de confort. *Les favelas de Rio.* V. aussi **Bidonville.**

FAVEROLE. *n. f.* V. **Féverole.**

FAVEUR [favœr]. *n. f. (Favor,* 1120; lat. *favor).*
I. ♦ 1° Disposition à accorder son appui, des avantages à une personne de préférence aux autres. V. **Aide; bienveillance.** *Il doit la rapidité de sa carrière à la faveur d'un ministre.* V. **Favoritisme.** ♦ 2° Le pouvoir acquis auprès du public, d'un grand personnage. V. **Considération, crédit.** *Il a gagné la faveur du public, du pays.* V. **Popularité.** — EN FAVEUR : qui a la faveur de qqn, du public. « *Un homme en faveur, un homme de cour* » (BALZ.). ♦ 3° UNE FAVEUR, avantage dû à la préférence de qqn, au pouvoir qu'on a sur

qqn. V. **Bénéfice, distinction.** *Il la combla de faveurs.* V. **Bienfait.** — Marques de préférence qu'une femme donne à un homme. V. **Complaisance.** « *Vous régnerez longtemps par l'amour, si vous rendez vos faveurs rares et précieuses* » (ROUSS.). — *Les dernières faveurs :* les plus grandes marques d'amour qu'une femme puisse donner à un homme. V. **Don.** ♦ 4° *Cour.* Bienfait, décision indulgente qui avantage qqn. *Demander, solliciter, accorder une faveur. Être exempt d'une obligation par faveur spéciale. Faites-moi la faveur d'intervenir pour moi auprès du ministre.* « *J'avais été à Paris demander cette faveur* » (LOTI). *La chatte* « *ne lui accorde plus, au jardin, la faveur d'un regard* » (COLETTE). *Obtenir qqch. par faveur.* ◇ DE FAVEUR : obtenu par faveur. « *Je jouis d'un traitement de faveur, c'est-à-dire que je travaille dans un local spacieux* » (DUHAM.). ♦ 5° EN FAVEUR DE. *loc. prép.* — N.-B. Quand le complément devrait être un pronom personnel, on dira *en ma faveur, ta faveur,* etc. ◇ En considération de. *On lui a pardonné en faveur de sa belle conduite pendant la guerre. Les formules de fin de lettre sont bien reçues, non en dépit mais en faveur de ce qu'elles ont de conventionnel* » (ROMAINS). — Au profit, au bénéfice de, dans l'intérêt de. *Élever la voix en faveur de qqn. Le jugement a été rendu en votre faveur. Se déclarer, se prononcer en faveur de qqn, de qqch.* V. **Pour.** « *Sa physionomie ouverte et animée prévenait d'abord en sa faveur* » (MUSS.). ♦ 6° *Loc. prép.* À LA FAVEUR DE : au moyen de, à l'aide de, en profitant de. *Il s'est enfui à la faveur de la nuit.* V. **Grâce.** « *Il se faufila dans Bou Jeloud à la faveur du branle-bas* » (MAC ORLAN).
II. (1564, « ruban donné à un chevalier par sa dame »). Ruban. « *Deux paquets noués d'une faveur rose* » (BARBEY).
◇ ANT. (de I) **Défaveur, discrédit, disgrâce. Malveillance, rigueur.**

FAVORABLE [favɔrabl(ə)]. *adj.* (v. 1150; lat. *favorabilis* « qui attire la faveur »). ♦ 1° *Vx.* Qui attire la faveur. V. **Agréable.** « *De David à ses yeux le nom est favorable* » (RAC.). ♦ 2° *Mod.* Qui est animé d'une disposition bienveillante, de bonnes intentions à l'égard de qqn. V. **Bienveillant, clément, indulgent; sympathique.** *Il a été favorable à mon projet. L'opinion lui sera favorable; les dieux lui étaient favorables.* V. **Propice.** « *Le concile de Lyon condamna le roi; mais toute l'Église du Nord lui resta favorable* » (MICHELET). ♦ 3° Qui est à l'avantage de qqn ou de qqch., qui aide à l'accomplissement de qqch. V. **Bon.** *Cette plante a trouvé un terrain favorable pour se développer.* V. **Convenable.** *Le moment était favorable pour lui parler.* V. **Opportun; commode.** *Circonstances favorables.* V. **Heureux.** *Il jouit d'un préjugé favorable, il est avantageusement connu.* « *Chacun se montre nécessairement sous un jour favorable; tous deux luttent à qui se posera le mieux* » (BALZ.). *Sa demande a reçu un accueil favorable.*
◇ ANT. **Défavorable; contraire, hostile, fâcheux.**

FAVORABLEMENT [favɔrabləmɑ̃]. *adv.* (XIIIᵉ; de *favorable*). D'une manière favorable. V. **Heureusement.** *Ma requête a été accueillie favorablement.*

FAVORI, ITE [favɔri, it]. *adj. et n.* (1535; p. p. de l'a. v. *favorir* « favoriser »; fém. -*ite* [1564], d'apr. l'it. *favorita*).
I. *Adj.* ♦ 1° Qui est l'objet de la prédilection de qqn, qui plaît particulièrement. *Balzac est son auteur favori. C'est sa lecture favorite, son livre de chevet.* « *Le vieillard aimait beaucoup le trictrac, jeu favori des gens d'Église* » (BALZ.). ♦ 2° Qui est considéré comme le gagnant probable. *Il est parti favori.*
II. *N. m.* ♦ 1° *Cet acteur est le favori du public. C'est le favori de sa maman.* V. **Chouchou, préféré.** ♦ 2° Celui qui occupe la première place dans les bonnes grâces d'un roi, d'un grand personnage. « *Quelquefois favori rappelle l'idée de puissance, quelquefois seulement il signifie un homme qui plaît à son maître* » (VOLT.). V. aussi **Favorite.** ♦ 3° *Hipp.* Le cheval considéré comme devant gagner la course. *Il a joué le favori. Les favoris et les outsiders.*
III. *Au plur.* Touffe de barbe qu'on laisse pousser sur la joue de chaque côté du visage (à la mode au XIXᵉ s.). *Il porte des favoris.* V. **Patte** (de lapin), **rouflaquette.** « *Il était bien rasé, avec de petits favoris gris gonflés en gouttes* » (GIONO).

FAVORISER [favɔrize]. *v. tr.* (1330; lat. *favor*). ♦ 1° Agir en faveur de. V. **Aider, encourager, protéger, soutenir.** *Favoriser un parti, une entreprise. Favoriser un débutant.* V. **Pousser.** *L'examinateur a favorisé ce candidat.* V. **Avantager.** ♦ (*Choses*) Être favorable à (qqn). *Les événements l'ont favorisé.* « *Il exposait les difficultés réelles d'une enquête menée dans des conditions qui ne le favorisaient point* » (MAC ORLAN). — Au p. p. « *Des hommes favorisés par les dons, par le talent* » (DUHAM.). ♦ 2° *Littér.* FAVORISER DE : gratifier (d'un avantage). *La nature l'a favorisé de ses dons.* V. **Douer, partager.** ♦ 3° *Cour.* Aider, contribuer au développement, au succès de (qqch.). *Favoriser l'éclosion d'un sentiment. L'obscurité a favorisé sa fuite.* V. **Faciliter, seconder.** « *Germaine ne fait rien pour favoriser son entreprise* » (ROMAINS).
◇ ANT. **Défavoriser. Contrarier, empêcher, entraver.**

FAVORITE [favɔʀit]. *n. f.* (1690; *de la favorite*, XVIᵉ; fém. de *favori*). Maîtresse préférée d'un roi, d'un souverain. *Les femmes « ne perdirent jamais leur empire en France, soit comme reines, soit comme favorites »* (NERVAL).

FAVORITISME [favɔʀitism(ə)]. *n. m.* (1819; de *favori*, d'apr. *népotisme*). Attribution des situations, des avantages par faveur et non selon la justice ou le mérite. V. **Népotisme.**

FAVUS [favys]. *n. m.* (1836; mot lat. « gâteau de miel »). *Méd.* Dermatose parasitaire contagieuse (surtout du cuir chevelu), due à un champignon et caractérisée par des croûtes jaunâtres qui recouvrent des ulcérations suppurantes. *Le favus du cuir chevelu entraîne la chute définitive des cheveux.*

FAYARD [fajaʀ]. *n. m.* (Fayan, XVIᵉ; lat. *fageus*, de *fagus* « hêtre »). *Région.* Hêtre. *« Voilà autour de lui les fayards et les rouvres »* (GIONO).

FAYOT [fajo]. *n. m.* (Fayol, fayot, 1784; prov. *faïou*; lat. pop. *°fabeolus.* V. **Flageolet**). ♦ 1° *Pop.* Haricot sec. *Manger des fayots, un gigot avec des fayots.* ♦ 2° *Arg. milit.* (1933, mar.). *Péj.* Sous-officier rengagé. *Par ext.* Se dit d'un militaire qui fait du zèle. *C'est un fayot.* Adj. *Ce qu'il peut être fayot !*

FAYOTER ou **FAYOTTER** [fajɔte]. *v. intr.* (1936; de *fayot*). *Arg. milit.* Faire du zèle. *Fayotter pour se faire bien voir, pour avoir une permission* (subst. FAYOTTAGE [fajɔtaʒ]).

FAZENDA [fazenda]. *n. f.* (av. 1866; mot port. du Brésil, de *facienda* « choses à faire »; Cf. esp. *Hacienda*). Grande propriété, au Brésil.

f.c.é.m. *Électr.* Abrév. de *force contre-électromotrice.*

Fe Symbole chimique du *fer**.

FÉAL, ALE, AUX [feal, o]. *adj.* et *n. m.* (v. 1200; de *fei*, anc. forme de *foi*). ♦ 1° *Vx.* Fidèle à la foi jurée. V. **Dévoué, fidèle, loyal.** *À nos amés et féaux conseillers,* formule de l'ancienne chancellerie royale. ♦ 2° N. m. *Littér.* ou *plais.* Partisan, ami dévoué et fidèle. *« J'allais sous le ciel, Muse ! et j'étais ton féal »* (RIMBAUD).

FÉBRICULE [febʀikyl]. *n. f.* (1865; du lat. *febricula* « petite fièvre »). *Méd.* Légère élévation de la température.

FÉBRIFUGE [febʀifyʒ]. *adj.* (1666; lat. *febrifugia*, de *febris* « fièvre », et *fugare* « mettre en fuite »). Qui combat et guérit la fièvre. V. **Antipyrétique, antithermique.** *Remèdes fébrifuges* : antipyrine, aspirine, cinchonine, quinine. — Subst. *Administrer un fébrifuge.*

FÉBRILE [febʀil]. *adj.* (1503; bas lat. *febrilis*). ♦ 1° *Méd.* Qui a rapport à la fièvre, qui accuse de la fièvre. V. **Fiévreux.** *Pouls fébrile. Chaleur fébrile. Courbe fébrile* : de température. — *Cour. État fébrile* (« état fiévreux » ne se dit pas). *Il est fébrile* : il a un peu de fièvre. ♦ 2° *Cour.* Qui manifeste une agitation excessive. *Impatience fébrile. « Avec l'inquiétude fébrile d'une âme exaltée »* (RENAN). *Une agitation fébrile. Mouvements fébriles.* V. **Excité.** *Personne fébrile.* V. **Énervé, nerveux.**

FÉBRILEMENT [febʀilmã]. *adv.* (1845; de *fébrile*). D'une manière fébrile.

FÉBRILITÉ [febʀilite]. *n. f.* (1842; de *fébrile*). État d'excitation, d'agitation intense. V. **Agitation, excitation, fièvre, nervosité.** *« Toute la fin de cet après-midi, elle l'employa avec fébrilité à agir »* (MART. du G.).

FÉCAL, ALE, AUX [fekal, o]. *adj.* (1503; du lat. *fæx, fæcis* « lie, excrément »). Qui a rapport aux fèces, aux excréments humains. *Les matières fécales.* V. **Excrément.**

FÈCES [fes]. *n. f. pl.* (1515; lat. *fæces*, de *fæx* « lie, excrément »). ♦ 1° *Pharm.* (*Chim. anc.*). Lie qui se dépose au fond d'un liquide trouble qu'on laisse reposer. ♦ 2° *Physiol.* Excréments solides de l'homme, formés des résidus de la digestion. *Expulsion des fèces.* V. **Défécation** (2°). ◇ HOM. **Fesse.**

FÉCIAL, AUX [fesjal, o]. *n. m.* (XIVᵉ; lat. *fecialis*). *Antiq. rom.* Prêtre chargé de faire respecter les règles du droit international, notamment en cas de guerre. *Collège des féciaux.* — (*Rare au sing.*).

FÉCOND, ONDE [fekɔ̃, ɔ̃d]. *adj.* (XIIIᵉ; lat. *fecundus*). ♦ 1° Capable de se reproduire (*opposé à stérile*). *Les hybrides* (*mulets*) *ne sont pas féconds.* ◇ Par ext. *Œuf fécond.* — *Fleur féconde* : qui peut donner un fruit. *Graine, semence féconde* : capable de se développer. ♦ 2° Qui est capable d'avoir beaucoup d'enfants. V. **Prolifique.** — (*Animaux*) Qui peut produire, qui produit beaucoup de petits. *Les lapins sont très féconds. Race féconde* : qui se fait remarquer dans l'espèce par son abondante multiplication. ♦ 3° *Littér.* Qui produit (peut produire) abondamment (terre). *Champs féconds. Terres fécondes.* V. **Fertile, généreux, productif.** ♦ 4° *Fig.* Qui produit beaucoup. *Journée féconde en événements.* V. **Riche.** *Un travail fécond.* V. **Fructueux.** *Principe fécond, idée féconde. Sujet fécond,* qui offre beaucoup de possibilités de développements. V. **Abondant, inépuisable.** *« Siècle fécond, touffu, plantureux, où la vie et le mouvement surabondent! »* (GAUTIER). — *Esprit fécond* : imaginatif.

Écrivain fécond : qui produit beaucoup. ◇ ANT. **Stérile,** *improductif, infécond, ingrat, pauvre.*

FÉCONDABILITÉ [fekɔ̃dabilite]. *n. f.* (mil. XXᵉ; de *fécondable*). *Physiol.* Probabilité de fécondation selon la période du cycle menstruel. ◇ *Démogr.* Aptitude des femmes à être fécondées. *Taux de fécondabilité,* nombre de fécondations intervenues dans un groupe de couples fertiles pendant une durée déterminée.

FÉCONDANT, ANTE [fekɔ̃dã, ãt]. *adj.* (1771; de *féconder*). Qui féconde, qui rend fécond. ◇ ANT. *Stérilisant.*

FÉCONDATEUR, TRICE [fekɔ̃datœʀ, tʀis]. *adj.* et *n.* (XVIIIᵉ; de *féconder*). ♦ 1° *Littér.* Qui a le pouvoir de féconder. V. **Fécondant.** ♦ 2° N. m. *Méd.* Canule servant à introduire le sperme pris du vagin, directement dans la cavité utérine.

FÉCONDATION [fekɔ̃dasjɔ̃]. *n. f.* (1488, rare av. 1759; de *féconder*). Action de féconder (en parlant de l'élément mâle, chez les êtres organisés); résultat de cette action. V. **Génération, reproduction.** *Fécondation artificielle* (1864). V. **Insémination.** *« Cet acte naturel de la fécondation, que le mariage sanctifie et par lequel le grand mystère de la vie se perpétue »* (GIDE).

FÉCONDER [fekɔ̃de]. *v. tr.* (XIIIᵉ, rare av. XVIIIᵉ; lat. *fecundare*). ♦ 1° Transformer (un ovule chez les vivipares, un œuf chez les ovipares) en embryon. — *Bot.* Transformer (l'oosphère) en œuf. *Le pollen féconde l'oosphère.* ◇ Par ext. Rendre (une femme) enceinte, (une femelle) pleine. *Femelle fécondée par le mâle.* ♦ 2° Rendre fertile, productif (la terre, le sol). V. **Fertiliser.** *On le suivait* (le fleuve) *« sur tout son parcours, au travers des territoires qu'il fécondait »* (HUYSMANS). ♦ 3° *Fig.* Culture, méditation qui féconde l'esprit. V. **Enrichir.** *« Seules, les passions fécondent l'intelligence du poète »* (SUARÈS).

FÉCONDITÉ [fekɔ̃dite]. *n. f.* (fin XIᵉ; lat. *fecunditas*). Qualité de ce qui est fécond. ♦ 1° Faculté ou les êtres organisés ont de se reproduire. ♦ 2° Le fait de se reproduire fréquemment, d'avoir beaucoup d'enfants, de rejetons (en parlant de la femme, de la femelle). *« Sa mère, douée d'une fécondité égale à celle de la très célèbre mère Gigogne... lui donna une ample compagnie de frères et de sœurs »* (GAUTIER). ♦ 2° Faculté que possède la terre de se produire. V. **Fertilité, productivité.** *Fécondité d'un sol.* ♦ 3° *Fig.* La fécondité de l'esprit, de l'imagination. *La fécondité d'une vie, d'un sujet.* V. **Richesse.** *« Un des premiers dons du génie, c'est l'abondance, la fécondité »* (GAUTIER). ◇ ANT. *Impuissance, infécondité, stérilité. Aridité, sécheresse.*

FÉCULE [fekyl]. *n. f.* (1679; lat. *fæcula,* dimin. de *fæx* « lie »). Amidon extrait des pommes de terre et d'autres tubercules végétaux (arrow-root, manioc), sous forme de très fins grains blancs. V. **Farine.** *La pomme de terre est très riche en fécule* (12 à 20 % de son poids). *Emploi de la fécule dans l'industrie alimentaire, en cuisine* (pâtisserie, potages). — *Fécules alimentaires* (ex. : arrow-root, tapioca).

FÉCULENCE [fekylãs]. *n. f.* (XIVᵉ; lat. *fæculentia*). *Didact.* ♦ 1° État d'un liquide épais qui dépose. ♦ 2° État d'un corps qui contient de la fécule.

FÉCULENT, ENTE [fekylã, ãt]. *adj.* (1520; lat. *fæculentus*). ♦ 1° *Didact.* Qui dépose une lie. *Liquide féculent.* ♦ 2° *Cour.* Qui contient de la fécule, est riche en fécule ou autres substances amylacées. *Les pommes de terre sont des aliments féculents.* Subst. *Des féculents.*

FÉCULER [fekyle]. *v. tr.* (XIXᵉ; de *fécule*). *Techn.* Extraire la fécule de. *Féculer des pommes de terre.*

FÉCULERIE [fekylʀi]. *n. f.* (XVIIIᵉ; de *fécule*). Industrie de la fécule; usine où se fabrique la fécule.

FED(D)AYIN [fedajin]. *n. m. pl.* (1972; arabe *fed(d)ayin,* au sing. *fedai,* « ceux qui se sacrifient »). Se dit des résistants palestiniens menant une action de guérilla. *« Les camps d'entraînement des fedayin »* (*Nouv. Obs.,* 1973). — Au sing. *Un fedayin* ou (mieux) *un fedai.*

FÉDÉRAL, ALE, AUX [federal, o]. *adj.* (1783; du lat. *fœdus, eris* « alliance »). ♦ 1° Qui concerne une fédération d'États. V. **Fédératif.** *Lien, pacte fédéral entre plusieurs États. Organisation, constitution fédérale. Autorité fédérale.* Au Canada, *Gouvernement fédéral* (opposé à *provincial**). Subst. *Le fédéral.* ◇ Se dit d'un État dans lequel les diverses compétences constitutionnelles sont partagées entre un gouvernement central et les collectivités locales qui forment cet État. *République fédérale. L'Allemagne fédérale.* — Qui appartient à un État fédéral. *Armée, marine fédérale.* — 2° Relatif au gouvernement central, dans un État fédéral. *Justice, police fédérale. District fédéral* : portion de territoire où est bâtie la capitale de certains États fédéraux et qui ne fait partie d'aucun État membre. ◇ Subst. *Les fédéraux* : partisans et soldats du Nord (qui défendaient la fédération contre les séparatistes) durant la guerre de Sécession des États-Unis. ♦ 3° Relatif à une fédération de sociétés, etc. *Bureau fédéral d'une association. Union fédérale de syndicats.*

FÉDÉRALISER [federalize]. *v. tr.* (1793 ; de *fédéral*). Organiser en fédération, donner la forme d'un État fédéral à.

FÉDÉRALISME [federalism(ə)]. *n. m.* (1792 ; de *fédéral*). Système politique dans lequel le gouvernement central d'un État (gouvernement fédéral) partage avec les gouvernements des collectivités qui forment cet État les diverses compétences constitutionnelles : législation, juridiction et administration. *Dans le fédéralisme, le gouvernement central se réserve l'exercice exclusif des compétences d'ordre international.* ◇ *Hist.* Projet de décentralisation de la France (1789) soutenu par les Girondins. ◇ ANT. *Centralisation, unification.*

FÉDÉRALISTE [federalist(ə)]. *adj. et n.* (1793 ; de *fédéral*). Relatif au fédéralisme, au système fédéral. *Doctrines, tendances fédéralistes.* — N. Partisan du fédéralisme.

FÉDÉRATEUR, TRICE [federatœr, tris]. *adj. et n.* (1965 ; de *fédérer*). Qui tend à fédérer. *Tendances fédératrices.* — N. m. Personne qui fédère. *X, « le meilleur fédérateur de l'industrie française »* (*Nouv. Obs.*, 1972).

FÉDÉRATIF, IVE [federatif, iv]. *adj.* (1748 ; lat. *fœderatus « allié »*). Qui constitue, qui forme une fédération d'États. *Un État fédératif. La République fédérative de Russie. La France ne pouvait pas « accepter la faible unité fédérative des États-Unis et de la Suisse »* (MICHELET).

FÉDÉRATION [federasjɔ̃]. *n. f.* (fin XVIIIᵉ ; « alliance, union », XIVᵉ ; lat. *fœderatio*). ♦ 1º Groupement, union de plusieurs États en un seul État fédéral. *Vx.* Confédération. *Mod.* État fédéral (considéré en tant que force d'unification). *Projet de Fédération européenne.* ♦ 2º *Hist.* Mouvement national issu des provinces, en 1789, et tendant à l'unité nationale française ; chacune des associations de gardes nationaux qui furent à l'origine de ce mouvement. *Fête de la Fédération.* ◇ Pendant les Cent-Jours. Enrôlement des volontaires par Napoléon Iᵉʳ. ◇ En 1871, Groupement révolutionnaire des gardes nationaux de Paris (V. **Fédéré**). ♦ 3º Association de plusieurs sociétés, syndicats, groupés sous une autorité commune. V. **Association, ligue, union.** *Fédération protestante de France. Fédération sportive ; Fédération française de football.* — *Fédération ouvrière.* V. **Syndicat.**

FÉDÉRÉ, ÉE [federe]. *adj.* (1790 ; *h.* 1521, « allié, ami » ; lat. *fœderatus*). Qui fait partie d'une fédération ; membre d'un État fédéral. *Les États fédérés formant les États-Unis. Les États fédérés de l'U.R.S.S. Les cantons fédérés de Suisse.* ◇ Subst. (*Hist.*) Membre d'une fédération pendant la Révolution et les Cent-Jours. *Les fédérés de 1792, de 1815.* — Spécialt. Soldat insurgé de la Commune de Paris, en 1871. V. **Communard.** *Le mur des Fédérés,* mur du cimetière du Père-Lachaise, devant lequel furent fusillés des fédérés en 1871.

FÉDÉRER [federe]. *v. tr.; conjug. céder* (1815 ; pron., 1792 ; V. **Fédéré**). Réunir en une fédération. *Fédérer de petits États.* ◇ SE FÉDÉRER. *v. pron.* Se réunir pour former un État fédéral, une fédération. *« La nécessité de se fédérer s'impose aux unités qui ne sont plus à la taille de cette époque nouvelle »* (SIEGFRIED).

FÉE [fe]. *n. f.* (déb. XIIᵉ ; lat. pop. *Fata,* n. pr., déesse des destinées, de *fatum* « destin »). ♦ 1º Être imaginaire de forme féminine auquel la légende attribue un pouvoir surnaturel et une influence sur la destinée des humains. *Bonne fée, fée bienfaisante. Fée méchante et revêche, fée Carabosse. L'enchanteur Merlin et la fée Morgane.* ◇ *Conte de fées,* où les fées jouent un rôle ; *par ext.* Histoire où le surnaturel domine. *Fig.* Aventure extraordinaire et charmante. ◇ Adj. *Un objet fée,* qui est enchanté, a des pouvoirs magiques. *« Ses doigts semblaient être fées, pour se servir d'une expression de Perrault »* (BALZ.). ♦ 2º *Loc. fig.* Avoir des doigts de fée, travailler comme une fée : être d'une adresse qui semble surnaturelle. *La fée du logis :* celle qui s'occupe admirablement de la maison, du foyer.

FEED-BACK [fidbak]. *n. m. invar.* (mil. XXᵉ ; mot angl., de *to feed* « nourrir », et *back* « en retour »). *Cybern. (anglicisme).* Action de contrôle en retour ou *rétroaction.*

FEEDER [fidœr]. *n. m.* (1907 ; mot angl., de *to feed* « nourrir » ; Cf. *Nourrice d'essence*). *Anglicisme.* Canalisation reliant directement le producteur d'énergie (usine génératrice ou sous-station) au réseau de distribution. V. **Gazoduc.**

FÉERIE [fe(e)ri]. *n. f.* (1718 ; *fæerie,* XIIᵉ ; de *fée*). ♦ 1º *Vieilli.* Pouvoir, puissance des fées. V. **Sorcellerie.** — Monde fantastique où figurent les fées. *« La vraie religion le singulier mérite d'avoir créé parmi nous l'âge de la féerie et des enchantements »* (CHATEAUB.). ♦ 2º (1823). Pièce de théâtre, spectacle où paraissent des personnages surnaturels (fées, enchanteurs) et qui exige des moyens scéniques considérables (Cf. Pièce à machines). *Féerie à grand spectacle. Dans les débuts du cinéma, de nombreux films furent des féeries ; les féeries de Méliès.* ♦ 3º *Fig.* Spectacle splendide,

merveilleux. *« Cette féerie des beaux soirs »* (LOTI). ◇ Univers irrationnel et poétique. *L'enfance, « dont l'interrogatoire des grandes personnes dérange brutalement la féerie »* (COCTEAU). ◇ ANT. *Banalité, laideur.* — HOM. Férie.

FÉERIQUE [fe(e)rik]. *adj.* (1834 ; de *féerie*). ♦ 1º Qui appartient au monde des fées. *« L'Orient féerique des Mille et une Nuits »* (DAUD.). ♦ 2º D'une beauté irréelle. *Lumière, vision féerique.*

FEIGNANT, ANTE ou **FAIGNANT, ANTE** [fɛɲɑ̃, ɑ̃t]. *n. et adj.* (*Faignant,* v. 1200 ; p. prés. de *feindre* « rester inactif, paresser », altéré dès 1321 en *fainéant**, d'apr. *néant*). *Pop.* V. **Fainéant.** *C'est un feignant!* V. **Paresseux.** — Adj. *« Un champ tout pousse, tien qu'à souffler dessus!... Faut-il que tu sois feignant et lâche »* (ZOLA).

FEINDRE [fɛ̃dʀ(ə)]. *v. tr.; conjug. peindre* (1080 ; lat. *fingere* « modeler »). ♦ 1º *Vx.* Forger, imaginer (V. **Fiction**). ♦ 2º Donner pour réel (un sentiment, une qualité que l'on n'a pas). V. **Affecter, contrefaire, imiter, simuler.** *Feindre l'étonnement, l'innocence, l'enthousiasme, la joie, la tristesse. « Il continuait de feindre l'évanouissement, les paupières closes, les jambes et les bras morts »* (ZOLA). *« Les hommes savent, mieux que les femmes, feindre la vertu »* (MAUROIS). ◇ FEINDRE DE : faire semblant de. *« Brigitte faisait la sourde, feignait de ne rien comprendre aux allusions »* (MAURIAC). ◇ *Absolt., littér.* Cacher à autrui ce qu'on sent, ce qu'on pense, en déguisant ses sentiments. V. **Déguiser, dissimuler, mentir.** *Inutile de feindre.*

FEINT, FEINTE [fɛ̃, fɛ̃t]. *adj.* (XIIᵉ ; de *feindre*). ♦ 1º *Vx.* Qui est revêtu de toutes pièces. V. **Controuvé, faux, fictif, imaginaire.** *« Par de feintes raisons je m'en vais l'abuser »* (RAC.). ♦ 2º *Mod.* Qui n'est pas véritable, sincère, et vise généralement à tromper. V. **Artificiel, simulé.** *Une douleur feinte. « Une émotion qui n'est pas feinte le fait zézayer davantage »* (ROMAINS). ♦ 3º Imité pour la symétrie ou pour l'agrément. V. **Postiche.** *Porte, fenêtre, arcade feinte.* ◇ ANT. *Réel. Authentique.* — HOM. Faim, fin.

FEINTE [fɛ̃t]. *n. f.* (1220 ; de *feindre*). ♦ 1º *Vx.* Fiction. ♦ 2º *Vieilli.* Le fait de cacher ses véritables sentiments, ses intentions pour donner comme vrais des intentions et des sentiments simulés. V. **Artifice, comédie, dissimulation, hypocrisie, mensonge, ruse, tromperie.** *Dites-nous sans feinte ce qu'il en est :* pour de bon, réellement. *« Incapable d'une mauvaise pensée, mais aussi d'une feinte »* (STE-BEUVE). ♦ 3º Coup, mouvement simulé par lequel on trompe l'adversaire. *« Les généraux qui jugent que, pour qu'une feinte réussisse à tromper l'ennemi, il faut la pousser à fond »* (PROUST). *Les feintes d'un boxeur, d'un footballeur.* ◇ *Fig. et fam.* V. **Attrape, piège.** *Faire une feinte à qqn.* V. **Feinter.**

FEINTER [fɛ̃te]. *v.* (XIXᵉ ; de *feinte*). ♦ 1º V. intr. *Sports.* Faire une feinte. *L'escrimeur feinte et touche.* ♦ 2º V. tr. (XXᵉ). *Fam.* Tromper (un adversaire) par une feinte, au football, au rugby. *Après avoir feinté les joueurs de la défense, l'avant a marqué un but.* ◇ *Fig. et fam.* (Néol.) *Feinter qqn,* lui faire une feinte. V. **Avoir, posséder, rouler, tromper.** *Il a été plus malin que moi, j'ai été feinté.*

FEINTEUR [fɛ̃tœr]. *n. m.* (XXᵉ ; de *feinter ;* 1501 (théâtre), de *feinte*). Celui qui fait des feintes habiles (*sports, au fig.*).

FEINTISE [fɛ̃tiz]. *n. f.* (1190 ; de *feindre,* au p. p.). *Vx.* Action de feindre, habitude de feindre. V. **Déguisement, dissimulation.**

FELD-MARÉCHAL, AUX [fɛldmareʃal, o]. *n. m.* (1846 ; all. *Feldmarschall,* de *Marschall* « maréchal », et *Feld* « champ »). Celui qui porte le grade le plus élevé de la hiérarchie militaire en Allemagne, en Autriche. *Des feld-maréchaux.*

FELDSPATH [fɛldspat]. *n. m.* (1773 ; mot all. « *spath* (minéral lamelleux) des champs »). *Minér.* Silicate double d'aluminium (et non d'alumine) et d'un métal alcalin ou alcalino-ferreux, à structure lamelleuse et à faible coloration.

FELDSPATHIQUE [fɛldspatik]. *adj.* (1846 ; de *feldspath*). *Minér.* Qui contient du feldspath. *Roche feldspathique.*

FELDWEBEL [fɛldvebɛl]. *n. m.* (1949 ; mot all.). Adjudant, dans l'armée allemande.

FÊLE ou **FELLE** [fɛl]. *n. f.* (1827 ; lat. *fistula.* V. **Fistule**). *Techn.* Tube creux en fer dont se sert le verrier pour prendre dans le creuset le verre en fusion et le souffler.

FÊLÉ, ÉE [fele]. *adj.* (*Fellé,* 1423 ; V. **Fêler**). ♦ 1º Qui est fêlé, présente une fêlure. *Une assiette fêlée et ébréchée. « La faible voix sortait un grelot fêlé »* (GIDE). — Par ext. *« L'horloge éleva sa voix grêle et fêlée »* (HUGO). ♦ 2º (1672). Avoir la tête, le cerveau fêlé : être un peu fou.

FÊLER [fele]. *v. tr.* (1422 ; °*faieler,* XIIIᵉ, d'apr. le dér. *faielure* (V. **Fêlure**) ; lat. *flagellare* « frapper »). Fendre (un objet cassant) sans que les parties se disjoignent. *Fêler une vitre.* Pronom. *La glace s'est fêlée.*

FÉLIBRE [felibʀ(ə)]. *n. m.* (1876 ; mot prov. mod. repris par Mistral (1854), probabl. du bas lat. *fellebris* « nourrisson » (des muses), de *fellare* « sucer, téter »). Écrivain, poète de langue d'oc. *Les sept félibres du félibrige.*

FÉLIBRIGE [felibʀiʒ]. *n. m.* (1876; du prov. mod. V. **Félibre**). École littéraire fondée en Provence (1854) par sept jeunes félibres.

FÉLICITATION [felisitɑsjɔ̃]. *n. f.* (1623; mot genevois; de *féliciter*). ♦ 1° Vx. *Compliment de félicitation*, par lequel on félicite. ♦ 2° Mod. *Au plur.* Compliments que l'on adresse à qqn pour lui témoigner la part que l'on prend à ce qui lui arrive d'heureux. V. **Compliment, congratulation.** *Faire, adresser des félicitations. Lettre de félicitations. Toutes mes félicitations.* ◇ Chaleureuse approbation. V. **Applaudissement, éloge, louange.** *Recevoir les félicitations d'un supérieur pour le travail qu'on a exécuté. Bonaparte l'avait « accablé de félicitations et d'éloges »* (MADELIN). ◈ ANT. *Blâme, critique.*

FÉLICITÉ [felisite]. *n. f.* (XIIIᵉ; lat. *felicitas*, de *felix* « heureux »). ♦ 1° *Littér., Relig.* Bonheur sans mélange, généralement calme et durable. V. **Béatitude.** *« La félicité est le bonheur qui paraît complet, et qui s'annonce comme permanent »* (SENANCOUR). *« Même au sein de la félicité, les hommes souhaitent toujours quelque chose de plus »* (DUHAM.). ♦ 2° *Littér.* Bonheur causé par une circonstance particulière *(en général au plur.).* V. **Contentement, joie, plaisir.** *J'aimais ma fille « pour toutes les félicités qu'elle me prodiguait »* (BALZ.). *« Les catastrophes et les félicités entrent, puis sortent, comme des personnages inattendus »* (HUGO). ◈ ANT. *Infélicité, infortune, malheur; affliction, calamité, douleur, peine, tourment.*

FÉLICITER [felisite]. *v. tr.* (1468, « rendre heureux »; bas lat. *felicitare*). ♦ 1° (XVIIᵉ). Assurer (qqn) de la part qu'on prend à sa joie, à son succès, à ce qui lui arrive d'heureux. V. **Complimenter, congratuler.** *Féliciter un couple qui annonce son mariage. « Il le félicitait de son mariage par bienveillance »* (CHARDONNE). ♦ 2° Complimenter (qqn) sur sa conduite. V. **Applaudir, approuver, complimenter, louer.** *Il m'a félicité d'avoir été si prudent. On ne félicite pas un instituteur d'enseigner que deux et deux font quatre »* (CAMUS). *Je ne vous félicite pas pour votre perspicacité.* ♦ 3° SE FÉLICITER. *v. pron.* S'estimer heureux, content. V. **Réjouir (se).** *Nous nous félicitons de l'heureuse issue de cette affaire.* ◇ *Spécialt.* S'approuver soi-même, se savoir bon gré. V. **Louer (se).** *« On croit pardonner; on va jusqu'à se féliciter de sa propre grandeur d'âme »* (LARBAUD). *« Chaque fois que j'ai refréné un mouvement agressif je m'en suis félicité »* (CHARDONNE). ◈ ANT. *Corriger, critiquer. Déplorer; reprocher (se).*

FÉLIDÉS [felide]. *n. m. pl.* (1842; du lat. *felis.* V. **Félin**). *Zool.* Famille de mammifères carnivores digitigrades qui vivent de la chair de vertébrés à sang chaud (*ex. :* caracal, chat, eyra, guépard, jaguar, léopard, lion, lynx, ocelot, once, panthère, puma, tigre).

FÉLIN, INE [felɛ̃, in]. *adj.* (1792; lat. *felinus*, de *felis* « chat »). ♦ 1° Qui tient du chat, ressemble au chat. *La race féline.* ◇ *Subst.* UN FÉLIN : un carnassier du type chat. V. **Félidés.** *Les grands félins.* V. **Fauve.** *« Les serviteurs, distingués et silencieux, aux allures de félin »* (LOTI). ♦ 2° *Fig.* Qui a les mouvements doux, souples et gracieux du chat. *Une grâce féline.*

FÉLINITÉ [felinite]. *n. f.* (1875; de *félin*). *Littér.* Caractère félin d'une personne qui a l'attitude doucereuse et hypocrite du chat.

FELLAG(H)A [fe(ɛl)laga]. *n. m.* (1915, répandu v. 1954; mot arabe, plur. de *fellag* « coupeur de route »). Partisan algérien soulevé contre l'autorité française, de 1954 à 1962 (arg. milit. *fell'* [fɛl], *fellouze* [fe(ɛl)luz]).

FELLAH [fe(ɛl)la]. *n. m.* (1662; arabe *fallâh* « cultivateur »). Paysan; petit propriétaire agricole (Égypte, Afrique du Nord, etc.).

FELLATION [fe(ɛl)ɑsjɔ̃]. *n. f.* (attesté XXᵉ s.; lat. *fellatio*, de *fellare*, « sucer, téter »). Acte sexuel consistant à exciter les parties génitales masculines par des caresses buccales. (Cf. *vulg.* Sucer, faire une pipe). — *Par ext.* Tout attouchement buccal des parties génitales. V. **Cunnilingus.**

FÉLON, ONNE [felɔ̃, ɔn]. *adj.* (980; var. *fel*; bas lat. *fello*, p.-ê. frq. °*fillo*, °*filljo* « celui qui *fouette*, maltraite » [les esclaves]). *Féod.* Qui agit contre la foi due à son seigneur. *Un vassal félon.* V. **Déloyal, hypocrite, traître.** *Chevalier félon.* — *Par ext.* *« C'est assez d'arrogance et trop d'actes félons »* (LEC. DE LISLE). ◇ *Subst. Ganelon, type du félon* (dans la Chanson de Roland). — Vx et plais. *« Ne me répondez point, félonne, j'ai de quoi vous confondre! »* (LESAGE). ◈ ANT. *Féal, fidèle.*

FÉLONIE [feloni]. *n. f.* (fin XIᵉ; de *félon*). *Féod.* Déloyauté du vassal envers son suzerain. V. **Forfaiture, trahison.** *Commettre un acte de félonie.* — *Littér.* Acte déloyal. *« Cette félonie lui paraissait odieuse »* (MADELIN).

FELOUQUE [f(ə)luk]. *n. f.* (1611; *falouque*, 1606; *pelouque*, 1595; esp. *faluca*, de l'arabe *foulk* « navire »). Petit bâtiment de la Méditerranée, long, léger et étroit, qui marche à la voile ou à l'aviron. *Les felouques ont deux mâts inclinés sur l'avant.*

FÊLURE [felyʀ]. *n. f.* (*Faielure*, XIIIᵉ; de *fêler*). Fente d'une chose fêlée. *« Les vieux ustensiles gardent en leur peau plaintive on ne sait quelles fêlures qui craquent une fois et les vident »* (Ch.-L. PHILIPPE). ◇ Fig. et littér. *Les querelles entre amants « créent des fêlures que rien ne ressoude »* (MONTHERLANT). V. **Cassure, fissure.**

f.é.m. *Électr.* Abrév. de *force électromotrice.*

FEMELLE [fəmɛl]. *n. f.* et *adj.* (XIIᵉ; lat. *femella* « petite femme »).
I. *N. f.* ♦ 1° Animal du sexe qui reproduit l'espèce en produisant des ovules fécondés par le mâle. *Une paire d'animaux, mâle et femelle. La chèvre, femelle du bouc. Femelle qui met bas. La femelle et ses petits.* V. **Mère.** ♦ 2° *Pop.* et *péj.* Femme. *« Les femelles du bord nous suivaient des yeux »* (CÉLINE).
II. *Adj.* ♦ 1° *Cour.* (Animaux). *Sexe femelle* (V. **Féminin**). *Souris femelle. Un canari femelle. « Vous êtes un être humain femelle, Mademoiselle, une des deux formes du développement de l'embryon humain »* (GIRAUDOUX). — Fam. et péj. *Un démon femelle :* une femme mauvaise. ♦ 2° *Bot.* Se dit de l'organe qui donne un fruit après fécondation, de la plante qui porte un tel organe. *Le pistil, organe femelle des plantes phanérogames. Palmier femelle. Fleurs femelles, fleurs sans étamines.* ♦ 3° *Techn.* Se dit de pièces destinées à en recevoir une autre, appelée *mâle. » Tuyau, agrafe, pression femelle.*

FÉMININ, INE [feminɛ̃, in]. *adj.* (XIIᵉ; lat. *femininus*, de *femina.* V. **Femme**). ♦ 1° Qui est propre à la femme. *Sexe, organisme féminin. Grâce féminine. Charme féminin.* V. **Féminité.** *L'intelligence féminine.* — *(Subst.)* Loc. *L'éternel féminin :* les traits, considérés comme permanents, de la psychologie des femmes. ♦ 2° Qui a les caractères de la femme. *Il a un beau visage, des traits un peu féminins.* V. **Efféminé.** *« Cette femme si peu féminine redevient femme, comme on les aime »* (HENRIOT). ♦ 3° Des femmes, qui a rapport aux femmes. *Revendications féminines* (V. **Féminisme**). *Sainte-Beuve « était peut-être jaloux, à retardement, des succès féminins de l'auteur d'Adolphe »* (HENRIOT). ♦ 4° *Rare* (Animaux, plantes). V. **Femelle.** ♦ 5° *Gram.* Qui appartient au genre marqué (quand il y a deux genres). *Genre Nom, adjectif, article, pronom féminin.* — Subst. *Le féminin. Ce nom est du féminin.* — Versif. *Rime féminine*, terminée par un *e* muet. ◈ ANT. *Masculin, viril.*

FÉMINISANT, ANTE [feminizɑ̃, ɑ̃t]. *adj.* (XXᵉ; de *féminiser*). *Biol.* Qui féminise. *Action féminisante de l'hormone femelle.*

FÉMINISATION [feminizɑsjɔ̃]. *n. f.* (1845; de *féminiser*). *Biol.* ou *rare.* Action de féminiser; son résultat.

FÉMINISER [feminize]. *v. tr.* (1520; de *féminin*). ♦ 1° Donner le caractère, l'aspect féminin à. V. **Efféminer.** — *Pronom.* Devenir efféminé. ♦ 2° *Biol.* Provoquer l'apparition de caractères sexuels femelles. *« Un crapaud mâle castré... se féminise totalement »* (L. GALLIEN). ♦ 3° *Gram.* *(Rare).* Faire du genre féminin. *Le mot* Entrecôte *qui était masculin, a été féminisé par l'Académie.* ◈ ANT. *Masculiniser.*

FÉMINISME [feminism(ə)]. *n. m.* (1837; du lat. *femina*). ♦ 1° Doctrine qui préconise l'extension des droits, du rôle de la femme dans la société. *Le féminisme politique des suffragettes.* ♦ 2° *Méd.* Aspect d'un individu mâle qui présente certains caractères secondaires du sexe féminin.

FÉMINISTE [feminist(ə)]. *adj.* (1872; du précéd.). Qui a rapport au féminisme. *Propagande féministe.* — Subst. Partisan du féminisme. *Un, une féministe.*

FÉMINITÉ [feminite]. *n. f.* (XIIIᵉ; de *féminin*). Caractère féminin; ensemble des caractères propres à la femme. *« Le degré de « masculinité » ou de « féminité »* (J. ROSTAND).

FEMME [fam]. *n. f.* (1080; d'abord prononcé [fãm]; lat. *femina*).
I. Être humain du sexe qui conçoit et met au monde les enfants (sexe féminin); femelle de l'espèce humaine. ♦ 1° Tout être humain femelle (et adulte, dans le lang. cour.). (V. *fam.* **Nana**). *Une femme; les femmes et les hommes. « Une femme est aussi un être humain »* (MALRAUX). *« J'ai été aimé des quatre femmes dont il m'importait le plus d'être aimé, ma mère, ma sœur, ma femme et ma fille »* (RENAN). *« Les femmes sont extrêmes : elles sont meilleures ou pires que les hommes »* (LA BRUY.). *« Ô femme! femme! femme! créature faible et décevante! »* (BEAUMARCH.). *« Souvent femme varie, Bien fol est qui s'y fie »* (HUGO). *« Les femmes valent infiniment mieux que les hommes; elles sont fidèles, sincères et constantes amies »* (CHATEAUB.). *Aimer les femmes, une femme. « Qui donc a dit qu'il était plus facile de mourir pour la femme qu'on aime que de vivre avec elle? »* (MAUROIS). *C'est la femme de sa vie. Courir les femmes.* V. **Jupon.** *Homme à femmes*, qui plaît aux femmes. *Faire la cour à une femme. Caractères physiologiques de la femme. Fonction reproductrice de la femme* (V. **Menstruation, ovulation;** grossesse, mater-

nité). *Maternité volontaire de la femme* (V. **Avortement, contraception**). — *Psychologie de la femme* (Cf. L'éternel féminin*). *La femme compagne de l'homme* (Cf. *ci-dessous*, II; et V. **Amante, amie, épouse, maîtresse**). *Femme homosexuelle.* V. **Lesbienne.** *La femme inférieure à l'homme dans la société* (Cf. Le deuxième sexe). *Femme-objet. Émancipation de la femme* (V. **Féminisme**). *Mouvement de libération de la femme* (M.L.F.). « *Quand sera brisé l'infini servage de la femme, quand elle vivra pour elle et par elle... elle sera poète, elle aussi!* » (RIMBAUD). *Femme libérée.* ◊ (En attribut) *Elle est femme, très femme :* elle a tous les caractères qu'on reconnaît ou qu'on prête aux femmes. « *Elle est femme dans toute l'acception du mot, par ses cheveux blonds, par sa taille fine... par le timbre argentin de sa voix* » (GAUTIER). ♦ 2° **ÊTRE FEMME À** (et inf.) : être capable de. V. **Homme** (être homme à). *Elle est femme à se venger.* ♦ 3° (*Opposé à* enfant, fille, fillette, jeune fille). *Femme adulte, nubile.* « *Cosette devenait peu à peu une femme et se développait* » (HUGO). « *Il y avait dans le gazouillis de ces jeunes filles des notes que les femmes n'ont plus* » (PROUST). ◊ (En attribut) *Être femme :* être nubile. *Elle se fait femme.* — *Devenir femme* (vieilli) : cesser d'être vierge (en parlant d'une jeune fille). — ♦ 4° **BONNE FEMME.** *Vieilli.* Femme simple et assez âgée. *Sa bonne femme de mère.* Loc. mod. *Remèdes de bonne femme.* « *Reléguons cette idée puérile avec les contes de bonne femme* » (LACLOS). — Appos. *Rideaux bonne femme.* ◊ Mod. *Une vieille bonne femme :* une vieille femme. *Une petite bonne femme :* une petite fille.* ◊ (Néol.) Fam. ou pop. *Femme* (quel que soit son âge, sa classe sociale). *Des types « qui sont venus là parce qu'ils avaient une invitation à rendre... ils s'inclinent, ils tiennent la chaise de la bonne femme pendant qu'elle s'assied* » (SARTRE). *Un type et une bonne femme, et sa bonne femme* (sa femme, II). *Une sale bonne femme.* ♦ 5° (Qualifiée, au physique, au moral, etc.). — (Âge, état civil) *Femme jeune, encore jeune. Une femme mûre, d'un certain âge.* — **JEUNE FEMME :** femme (mariée ou supposée telle) qui est jeune. — *Femme célibataire* (V. **Demoiselle**)*, mariée* (V. **Dame**). *Femme qui a plusieurs maris* (V. **Polyandrie**). *Cette femme n'a pas d'enfants. — Femme enceinte.* — (Physique) *Femme brune, blonde* (une brune, une blonde). — *Femme grande et maigre* (*pop.* Bringue, échalas, sauterelle)*, forte, opulente, plantureuse, robuste* (Cheval)*, d'aspect viril* (Dragon, gendarme). *Femme petite et grosse* (Bonbonne, pot, tonneau). *Grosse femme mal faite* (*pop.* Boudin, dondon, pétasse, pouffiasse). *Raisonnement de femme soûle, absurde.* — *Femme agréable, avenante. Une belle femme aux formes sculpturales.* V. **Beauté, Vénus;** **pin-up.** *Une jolie femme fraîche, jeune et bien faite,* (pop.) *bien balancée, bien roulée. Une jolie petite femme.* V. **Poupée, tendron** (*pop.* Gosse, môme, pépée, souris). *Femme qui a du chien, du « sex-appeal ».* N. B. On emploie plus souv. **FILLE,** dans ces contextes. *Femme élégante. Femme distinguée.* V. **Dame.** « *C'était une femme grande, majestueuse, et si noble... »* (BAUDEL.). — (Moral.) *Femme candide, ingénue. Femme séductrice, femme fatale.* V. **Vamp.** *Femme intéressée.* — *Femme castratrice. Femme cruelle, insensible, inconstante* (*une inconstante*). *Une faible femme. Femme honnête. Femme ennuyeuse* (V. **Rombière**)*. Femme futile.* V. **Minette.** *Une femme forte, une femme à poigne. Femme de tête. Femme d'esprit.* « *Les femmes savantes* », de Molière. *Femme d'affaires.* — *Une maîtresse femme :* une femme énergique, ferme, qui sait se faire obéir. — *Femme coquette, provocante. Femme facile.* V. **Coureuse, demi-mondaine** (vx)*, fille, gourgandine* (vx)*, traînée. Femme entretenue.* V. **Femme de mauvaise vie, vénale.** V. **Courtisane** (vx)*, fille, prostituée.* ◊ (État social) *Femme du peuple. Femme du monde. Femme de sang royal* (V. **Princesse, reine, souveraine**). *Femme au foyer. Femme qui travaille aux champs* (paysanne)*, en usine* (ouvrière)*, dans les magasins, les bureaux* (employée, dactylo, secrétaire, vendeuse, mannequin, ouvreuse, etc.). *Femme de lettres. Cette femme est médecin, ingénieur, ministre. Une femme médecin.* Appos. *Un professeur femme.*

II. Épouse. « *La femme de Paul* » (MAUPASS.). *C'est sa femme. Sa première femme, sa seconde femme. Il est venu avec sa femme* (*pop.* sa bourgeoise, sa légitime). *Chercher femme. Demander pour femme. Mariage* (en). *Prendre femme.* V. **Marier** (se). *Prendre pour femme.* V. **Épouser.** *Mari qui a plusieurs femmes.* V. **Polygamie.** ◊ Dr. *La femme* (une telle) : Madame, la Dame (une telle).

III. (Dans des expressions). Domestique. ◊ (1680) FEMME DE CHAMBRE, attachée au service intérieur d'une maison, d'un hôtel. V. **Bonne, camériste, servante, soubrette.** ◊ (1680) FEMME DE CHARGE, chargée de la surveillance d'une maison, du linge. ◊ (1835) FEMME DE MÉNAGE, qui vient faire le ménage dans une maison et qui est généralement payée à l'heure.

FEMMELETTE [famlɛt]. *n. f.* (XIVe; de *femme*). ♦ 1° *Vieilli.* Petite femme malingre. ◊ Femme faible, sans force, craintive. « *C'est que je me demande si Madame ne va pas être effrayée. — Vous me prenez pour une femmelette* »

(GREEN). ♦ 2° Homme faible, sans énergie. *Il tremble, c'est une femmelette.*

FÉMORAL, ALE, AUX [femɔral, o]. *adj.* (fin XVIIe; bas lat. *femoralis*, de *femur*). Anat. *Qui a rapport ou qui appartient à la cuisse. Artère, veine fémorale.* ◊ Qui appartient au fémur. *Diaphyse fémorale.*

FÉMUR [femyʀ]. *n. m.* (1541; lat. *femur* « cuisse »). ♦ 1° Os long qui constitue le squelette de la cuisse. V. **Fémoral.** *Tête, col du fémur. L'extrémité inférieure du fémur présente deux condyles réunis en avant au niveau de la trochlée et s'articule avec l'extrémité supérieure du tibia. Fracture du fémur, du col du fémur.* ♦ 2° Entom. Première division de la patte des insectes.

FENAISON [fənɛzɔ̃]. *n. f.* (1240; de *fener*, a. forme de *faner*). Action de couper et de récolter les foins. — Époque de ce travail.

FENDAGE [fãdaʒ]. *n. m.* (1845; de *fendre*). Techn. Action de fendre. *Le fendage du diamant, de l'ardoise.*

FENDANT [fãdã]. *n. m.* (XVIe; de *fendre*). I. Escr. (*Vx*). Coup donné de haut en bas. II. (XVIIe). *Faire le fendant,* le fanfaron, le malin. III. (De *fendant* : raisin « à peau qui se fend »). Vin suisse réputé.

FENDARD, FENDART ou **FENDANT** [fãdaʀ, fãdã]. *n. m.* (1896; de *fendu*, à cause de la fente de la braguette). Arg. Pantalon.

FENDEUR [fãdœʀ]. *n. m.* (1403; de *fendre*). Techn. Ouvrier qui travaille à fendre le bois, l'ardoise.

FENDILLEMENT [fãdijmã]. *n. m.* (1845; de *fendiller*). Action de se fendiller. *Le fendillement de la peau.* V. **Gerçure.** « *C'était un Christ Louis XIII encadré de chêne... avec des fendillements verticaux dans l'ivoire* » (MONTHERLANT).

FENDILLÉ, ÉE [fãdije]. *adj.* (de *fendiller*). Qui présente de petites fentes.

FENDILLER [fãdije]. *v. tr.* (XVIe; de *fendre*). Faire de petites fentes superficielles à (qqch.). *Le grand froid fendille les pierres.* Pronom. *Peau qui se fendille sous l'effet du froid.* V. **Crevasser** (se)*, gercer* (se). « *Une terre qui craque de soif et se fendille* » (COLETTE). V. **Craqueler.**

FENDOIR [fãdwaʀ]. *n. m.* (1700; de *fendre*). Techn. Outil qui sert à fendre.

FENDRE [fãdʀ(ə)]. *v. tr.;* conjug. *rendre* (Xe; lat. *findere*). I. ♦ 1° Couper ou diviser (un corps solide), le plus souvent dans le sens de la longueur. *Fendre du bois avec une hache. Fendre une bûche en deux. Fendre un diamant, de l'ardoise.* V. **Cliver, diviser; fendage.** — *Il gèle à pierre fendre,* très fort, au point de fendre la pierre. *Il s'est fendu le crâne en tombant.* Pop. *Se fendre la pipe,* rire aux éclats. ◊ Fig. *Fendre le cœur, l'âme,* faire éprouver un vif sentiment de chagrin, de pitié. *Le spectacle me fend le cœur.* — « *Sa maîtresse... poussait des cris à fendre l'âme* » (GAUTIER). ♦ 2° Pénétrer en coupant. *Le coutre de la charrue fend la terre.* ◊ (1549) S'ouvrir un chemin à travers un fluide. Littér. *Le navire fend les flots, l'onde.* V. **Sillonner.** *L'hirondelle fend l'air d'un vol rapide.* — Cour. *Fendre la foule pour se frayer un passage.* V. **Écarter.** *Il « fendit les groupes et poussa la porte »* (DUHAM.). II. ♦ 1° SE FENDRE. *v. pron.* S'ouvrir, se couvrir de fentes. *Sous l'effet du tremblement de terre ce gros rocher s'est fendu.* V. **Disjoindre, entrouvrir** (s')*, ouvrir* (s'). *Un vieux mur qui se fend.* V. **Craqueler** (se)*, crevasser* (se)*, lézarder* (se). *Vase qui se fend.* V. **Fêler** (se). *Dans le feu les châtaignes se fendent.* V. **Éclater.** *Matière qui peut se fendre.* V. **Fissile, scissile.** ◊ Fig. Se briser. « *Son cœur, à lui, se fendait de chagrin* » (SAND). ♦ 2° Escr. Porter vivement une jambe loin en avant pour toucher l'adversaire. « *Il se fendit comme un escrimeur* » (MART. DU G.). ♦ 3° (1846). Fam. *Se fendre de :* se décider à offrir, à payer. *Il s'est fendu d'une bouteille. Il ne s'est pas fendu, ce cadeau n'a pas dû lui coûter cher.*

FENDU, UE [fãdy]. *adj.* (XIIIe; V. **Fendre**). ♦ 1° Coupé. *Du bois fendu.* ♦ 2° Qui présente une fente. *Jupe fendue derrière.* — Qui présente une entaille. *Crâne fendu. Lèvre fendue.* ♦ 3° Qui présente une lézarde, une fêlure. *Marbre fendu.* V. **Fêlé.** ♦ 4° Ouvert en longueur, comme une fente. *Bouche fendue jusqu'aux oreilles. « Ses yeux étaient obliques, mais admirablement fendus* » (MÉRIMÉE).

FENESTRATION [f(ə)nɛstrasjɔ̃]. *n. f.* (v. 1900; du lat. *fenestra*). ♦ 1° Techn. Jour, ouverture réelle ou simulée percés dans une cloison, une lame pleine. ♦ 2° Méd. Création d'une ouverture dans la paroi d'une cavité organique (notamment de l'oreille).

FENÊTRAGE [f(ə)nɛtraʒ]. *n. m.* (1230; de *fenêtre*). Archit. Ensemble des fenêtres d'une maison; leur disposition sur une façade. *Le fenêtrage d'un édifice* (on dit aussi FENESTRAGE [f(ə)nɛstraʒ]).

FENÊTRE [f(ə)nɛtr(ə)]. *n. f.* (XIIe; lat. *fenestra*). ♦ 1° Ouverture faite dans un mur, une paroi, pour laisser pénétrer l'air et la lumière. V. **Baie, bow-window, lucarne, lunette, œil-de-bœuf.** *Appartement à trois fenêtres sur la rue. L'appui de la fenêtre. Volets, persiennes d'une fenêtre. Mettre* *des rideaux aux fenêtres. La fenêtre donne, a vue sur le parc. Se mettre à la fenêtre. Regarder par la fenêtre.* « *Emma était accoudée à sa fenêtre (elle s'y mettait souvent : la fenêtre, en province, remplace les théâtres et la promenade)* » (FLAUB.). *Fenêtre à balcon. Fenêtre qui fait porte.* V. **Porte-fenêtre.** *Passer, sauter; jeter par la fenêtre.* V. **Défenestration.** *Impôt des portes et fenêtres,* basé sur le nombre des ouvertures d'une maison. — *Fenêtres d'un train. Retenir un coin côté fenêtre* (*opposé à côté couloir*). ◊ *Par ext.* Châssis vitré qui ferme cette ouverture. V. **Croisée, tabatière, vasistas; carreau, vitre, verrière, vitrail.** *Fermeture des fenêtres.* V. **Crémone, espagnolette.** *Fenêtre dormante ou à châssis dormant. Les battants de la fenêtre. Fenêtre à guillotine. Ouvrir, fermer une fenêtre.* ◊ *Loc. Jeter son argent par les fenêtres* : le dépenser inconsidérément. — *Chassez-le par la porte, il rentrera par la fenêtre* : se dit d'un importun dont on ne saurait se débarrasser. — *Fig. Ouvrir une fenêtre sur* : faire entrevoir, donner un aperçu de. ♦ 2° *Par anal.* Espace libre qu'on laisse dans un acte, un manuscrit pour être rempli ultérieurement. V. **Blanc.** — *Enveloppe à fenêtre,* où est découpé un rectangle dans lequel apparaît l'adresse écrite sur la lettre. ◊ *Anat.* Orifice dans la paroi interne de la caisse du tympan. *La fenêtre ovale.* ♦ 3° Intervalle de temps défini avec précision (par un signal radioélectrique) à l'extérieur duquel une opération n'est pas possible (*opposé à* filtre).

FENÊTRER [f(ə)netʀe]. *v. tr.* (*Fenestré,* 1198; de *fenêtre*). *Archit.* Pourvoir de fenêtres en les perçant ou les équipant. *Fenêtrer un bâtiment.* ◊ *Par anal.* Pratiquer des trous dans. *Une compresse, un plâtre.*

FENIL [fəni(l)]. *n. m.* (XII⁰; lat. *fenile,* de *fenum* « foin »). Grenier où l'on met les foins. V. **Grange.**

FENNEC [fenɛk]. *n. m.* (1808; mot arabe). Mammifère carnivore (*Canidés*) ayant l'aspect d'un petit renard, à très grandes oreilles pointues, habitant les oasis d'Afrique du Nord.

FENOUIL [fənuj]. *n. m.* (XIII⁰; lat. pop. °*fenuculum,* class. *feniculum* « petit foin »). Plante herbacée à goût anisé (*Ombelliféracées*), cultivée comme potagère ou aromatique, dont on consomme la base de pétioles charnus ou les graines. V. **Aneth.** *Fenouil amer. Fenouil doux,* qu'on mange cru en salade. *Loup* (poisson) *au fenouil.*

FENOUILLET [fənujɛ]. *n. m.* ou **FENOUILLETTE** [fənujɛt]. *n. f.* (XVII⁰; dimin. de *fenouil*). Petite pomme grise dont le parfum rappelle celui du fenouil.

FENTE [fãt]. *n. f.* (1332; lat. pop. °*findita,* p. p. fém. de *findere.* V. **Fendre**). I. ♦ 1° Ouverture étroite et longue, plus ou moins profonde, à la surface d'une matière solide. *Fentes de l'écorce terrestre, d'une surface.* V. **Brisure, cassure, coupure, crevasse, déchirure, faille; fissure.** — *Anat.* Séparation étroite, allongée, entre deux parties ou structures. *Fente palpébrale. Fente vulvaire.* ♦ 2° Interstice très étroit. V. **Jour.** « *Mettre son œil aux fentes des palissades* » (ROMAINS). ♦ 3° Ouverture étroite et allongée pratiquée dans toute l'épaisseur d'une matière. *Fente dans un mur.* V. **Chantepleure, meurtrière.** *Fente d'une tirelire, d'une boîte à lettres. Volets métalliques à fentes. Fentes d'une pèlerine, pour passer les bras. Fente d'une poche.* — Coupure pratiquée perpendiculairement au bord et dans toute l'épaisseur. *Fente d'une jupe. Veston à fentes sur les côtés.* II. Action de fendre (dans quelques emplois). ♦ 1° *Techn. Bois de fente* (1594), destiné à être fendu, débité. ♦ 2° Action de se fendre, à l'escrime.

FENTON ou **FANTON** [fãtɔ̃]. *n. m.* (1676; de *fente,* proprem. « fer fendu en tringles »). *Techn.* Tige de fer pour soutenir des ouvrages de plâtre.

FENUGREC [f(ə)nygʀɛk]. *n. m.* (*Fenegrec,* XIII⁰; lat. *fenugrœcum* « foin grec »). Plante (*Papilionacées*) dont les grains riches en mucilage sont employés en cataplasmes.

FÉODAL, ALE, AUX [feɔdal, o]. *adj.* et *n.* (1328; lat. médiév. *feodalis*). ♦ 1° *Adj.* Qui appartient à un fief. *Château féodal. Barons féodaux.* ◊ Qui appartient à l'ordre politique et social fondé sur l'institution du fief. *Régime féodal.* V. **Seigneur, suzerain, vassal; serf.** « *Le régime féodal... consiste essentiellement dans le morcellement de la souveraineté, laquelle échappe au pouvoir central, et se disperse entre les mains d'un certain nombre de grands seigneurs, possesseurs de fiefs ou d'alleux importants* » (E. CHÉNON). *Société féodale. Époque, période féodale, du X⁰ au XIV⁰ s. en France. Institutions et coutumes féodales.* V. **Féodalité.** *Le droit féodal.* ◊ *Par anal.* Qui a rapport à un régime semblable à celui qu'ont connu la France et l'Europe occidentale au moyen âge. *Sociétés féodales du Proche-Orient.* ♦ 2° *N. m.* Seigneur féodal. *Par anal.* Riche possesseur de terres avec leurs paysans. *Dans certains pays, les terres appartiennent encore à de grands féodaux.*

FÉODALEMENT [feɔdalmã]. *adv.* (XVI⁰; de *féodal*). Selon le droit féodal.

FÉODALISME [feɔdalism(ə)]. *n. m.* (1836; de *féodal*).

Caractère féodal. *Le féodalisme des institutions, de la société.*

FÉODALITÉ [feɔdalite]. *n. f.* (1515; de *féodal*). ♦ 1° Forme d'organisation politique et sociale médiévale, caractérisée par l'existence de fiefs et seigneuries. *Féodalité de l'Europe occidentale.* — *Féodalité musulmane; japonaise.* ♦ 2° *Fig.* (*Péj.*). Grande puissance économique, financière ou sociale, qui tend à devenir autonome dans l'État. *Restaurer l'autorité de l'État en abattant les féodalités.*

1. FER [fɛʀ]. *n. m.* (X⁰; lat. *ferrum.* V. **Ferro-, sidéro-**). I. ♦ 1° Métal blanc grisâtre (symb. Fe; p. at. 56, dens. 7,8 environ, ductile, malléable, fusible à 1 535° (*fer pur* ou *fer doux*). *Minerais de fer.* V. **Hématite, limonite, magnétite, marcassite, minette, pyrite, sidérose. Alliages de fer.** V. **Acier, fonte.** *Fer étamé.* V. **Tôle.** *Fil de fer.* V. **Fil.** *Barre, tige de fer. Débris de fer.* V. **Ferraille, limaille.** *Paille* de fer.* — *Garniture en fer.* V. **Ferrure.** *Récipients, ustensiles en fer* (V. **Chaudronnerie, quincaillerie**). *Rideau* de fer.* — *Chemin de fer* (V. ce mot). *Par abrév. Transport par fer et par air.* ◊ *Âge du fer* : période de la protohistoire qui succède à l'âge du bronze (vers l'an 1 000 av. J.-C.). ◊ *Appos. Gris-fer* : gris moyen. « *Un corsage de lainage sombre sur une jupe gris-fer* » (ZOLA). ♦ 2° *Par ext.* Sels de fer. *Les épinards contiennent du fer.* ♦ 3° *Fig.* DE *FER.* V. **Fort, résistant, robuste, vigoureux.** *Avoir une santé de fer. Avoir une main, une poigne de fer. Loc. Une main* de fer dans un gant de velours.* ◊ (*Abstrait*) Très dur. *Avoir une volonté de fer.* V. **Inébranlable, inflexible.** « *Ils ont accepté... le labeur ingrat, anonyme, la discipline de fer* » (DUHAM.). *Siècle de fer* : dans la mythologie, Période de violences, de duretés. II. Objet, instrument en fer, en acier. ♦ 1° Partie en fer, partie métallique d'un instrument, d'une arme. *Le fer et le manche d'une pelle. Le fer d'une lance, d'une flèche.* V. **Pointe.** *En fer de lance,* pointu. *Fig. Le fer de lance d'une armée, d'une organisation.* ♦ 2° Objet en fer, en métal. *Fer à T, en U* : barre de fer profilée en forme de T, d'U, utilisée dans les constructions métalliques. ◊ Instrument en fer servant à donner une forme, à faire empreinte. — *Fer à gaufrer les étoffes, à tuyauter.* — *Fers de relieur* : instruments servant à faire des empreintes sur le cuir, à froid ou à chaud. *Reliure au fers, aux petits fers.* — FER A REPASSER, et absolt. FER : instrument en métal, à base plane, muni d'une poignée, qui une fois chaud sert à repasser le linge. *Gros fer de tailleur.* V. **Carreau.** *Fer électrique. Coup de fer* : repassage rapide. — *Fer à friser* : instrument qu'on applique chaud sur les cheveux pour les friser. *Frisé au petit fer.* ◊ *Fer chaud, fer rouge* : tige de fer que l'on porte au rouge. *Le marquage des bœufs au fer rouge.* V. **Ferrade.** — Ancien nom du cautère. ♦ 3° *Escr.* Épée, fleuret. *Engager, croiser le fer.* V. **Escrimer; ferrailleur.** — Arme blanche. « *La civilisation a été imposée à nos ancêtres par le fer et par le feu* » (BAINVILLE) : par la violence. — LES FERS : les forceps. *Accouchement avec les fers.* ♦ 4° Bande de métal formant semelle. FER A CHEVAL : demi-cercle ou sole de métal dont on garnit le dessous des sabots de certains équidés. *Mettre un fer à un cheval.* V. **Ferrer, ferrure, maréchal-ferrant.** *Des fers à cheval. Le fer à cheval, symbole de chance.* — *Loc. Cheval qui tombe les quatre fers en l'air,* sur le dos, à la renverse. *Fig. et fam. Il a glissé et il est tombé les quatre fers en l'air.* — EN FER A CHEVAL : en forme de demi-cercle outrepassé. *Arc, table, aimant en fer à cheval.* ◊ *Par anal. Chaussure munie de fers.* V. **Ferré.** ♦ 5° LES FERS. *n. m. pl.* Ce qui sert à enchaîner, à immobiliser un prisonnier. V. **Chaîne, menottes.** *Mettre un prisonnier aux fers.* — Fig. et littér. V. **Captivité, esclavage.** *Être dans les fers.* V. **Captif, esclave, prisonnier.** « *L'homme est né libre, et partout il est dans les fers* » (ROUSS.).

◊ HOM. Faire.

FÉRA [feʀa] *n. f.,* **FÉRAT** ou **FERRAT** [feʀa]. *n. m.* (*Ferra,* XV⁰; o. i.). Poisson du genre corégone (*Salmonidés*) abondant dans les lacs de Suisse.

FER-BLANC [fɛʀblɑ̃]. *n. m.* (1384; de *fer,* et *blanc*). Tôle de fer doux, laminé ou battu, recouverte d'une couche d'étain pour la protéger de la rouille. *Des fers-blancs. Boîte, couverts en fer-blanc.*

FERBLANTERIE [fɛʀblãtʀi]. *n. f.* (1845; de *ferblantier*). ♦ 1° Industrie, commerce des objets de fer-blanc, de zinc, de laiton. ◊ Boutique de ferblantier. ♦ 2° Ustensiles en fer-blanc, laiton; quincaillerie.

FERBLANTIER [fɛʀblãtje]. *n. m.* (1723; de *fer-blanc*). Celui qui fabrique, vend de la ferblanterie. *Cisaille, gouge, établi de ferblantier. Ferblantier-zingueur. Appos. Ouvrier ferblantier.*

-FÈRE. Élément, du lat. *-fer* « qui porte », du v. *ferre* « porter, renfermer » (ex. : *florifère, diamantifère*).

FÉRIAL, ALE, AUX [feʀial, o]. *adj.* (XIII⁰; lat. *ferialis*). *Litur. cathol.* Relatif à la férie. *Office férial.*

FÉRIE [feʀi]. *n. f.* (XIIᵉ, au plur. ; lat. *feriæ* « jour de repos ». V. **Foire**). ♦ 1° *Antiq. rom.* Jour pendant lequel le travail était interdit par la religion. ♦ 2° *Liturg. cathol.* Jour de la semaine, à l'exception du samedi. ◇ HOM. **Féerie**.

FÉRIÉ, ÉE [fe(e)ʀje]. *adj.* (XIVᵉ, rare av. XVIIᵉ ; lat. *feriatus*). Se dit d'un jour où il y a cessation de travail pour la célébration d'une fête religieuse ou civile. V. **Chômé.** *Les dimanches sont des jours fériés.* ◇ *Spécialt.* Jour chômé autre que le dimanche. ◇ ANT. *Ouvrable.*

FÉRIR [feʀiʀ]. *v. tr. :* seult. inf. (1100 ; lat. *ferire.* V. **Féru**). ♦ 1° *Vx.* V. **Frapper.** ♦ 2° SANS COUP FÉRIR : *vx,* Sans combattre ; *mod.* Sans rencontrer la moindre résistance, sans difficulté. « *Cent fois déjà il avait ainsi capitulé sans coup férir* » (COURTELINE).

FERLER [feʀle]. *v. tr.* (Fresler, 1606 ; p.-ê. angl. *to furl*). *Mar.* Relever (une voile) pli par pli tout le long et au-dessus d'une vergue sur l'avant. *On ferle les voiles carrées.* ◇ ANT. *Déployer.*

FERLOUCHE ou **FARLOUCHE** [feʀluʃ ou faʀluʃ]. *n. f.* (1930 ; o. i., probabl. amérindienne). [Au Canada]. Garniture d'une tarte, faite d'un mélange de raisins secs et de sirop d'érable. « *Et je vous recommande le dessert : il y a des œufs à la neige, de la crème brûlée,* [...], *de la tarte à la ferlouche* » (G. GUÈVREMONT).

FERMAGE [feʀmaʒ]. *n. m.* (1367 ; de *ferme* 2). Mode d'exploitation agricole par ferme. ◇ *Par ext.* Loyer d'une ferme.

FERMAIL, AUX [feʀmaj, o]. *n. m.* (XIIᵉ ; de *fermer*). *Vx* ou *Archéol.* Agrafe ; fermoir de livre.

1. FERME [feʀm(ə)]. *adj. et adv. (Ferm, masc., XIIᵉ ; lat. firmus).*
I. Adj. ♦ 1° Qui a de la consistance, qui se tient, sans être très dur. V. **Compact, consistant, dur, résistant.** *La chair de ce poisson est ferme.* « *Prends encore ces tomates. Elles sont fermes et fraîches* » (MAC ORLAN). *Ces pêches sont un peu fermes, pas très mûres. Les chairs fermes des personnes jeunes. Seins fermes. Rendre ferme.* V. **Raffermir.** *Pâte ferme utilisée en pâtisserie. Sol ferme, où l'on n'enfonce pas. Terre* ferme.* ♦ 2° Qui se tient, sans fléchir, ni chanceler. V. **Solide.** *Ce bébé est déjà ferme sur ses jambes. Cavalier ferme sur ses étriers, bien en selle, d'aplomb.* DE PIED FERME : *sans bouger, sans reculer.* V. **Immobile.** Fig. *Il attend la critique de pied ferme, sans crainte, avec l'intention d'y répondre.* V. **Résolument.** ♦ 3° Qui n'hésite pas, qui a de l'assurance. V. **Assuré, décidé.** *Marcher d'un pas ferme.* Fig. *Avoir la main ferme :* de la poigne, de l'autorité. *Voix ferme. Écriture ferme. Style ferme. Rendre ferme.* V. **Affermir.** ♦ 4° Fig. *Que rien n'ébranle.* « *Ce vieillard, si ferme et si brave devant un tel danger* » (HUGO). V. **Impassible, imperturbable, maître** (de soi), **stoïque.** ◇ Qui ne se laisse pas influencer, qui montre une calme autorité. V. **Décidé, déterminé, énergique, inébranlable, inflexible, résolu, tenace.** *Soyez ferme avec vos enfants. Doux, mais ferme. Par ext. Le ton ferme d'une lettre.* — *Être ferme dans ses résolutions.* V. **Constant.** Par ext. *Avoir la ferme intention, résolution, volonté de faire qqch.* V. **Arrêté, déterminé.** ♦ 5° Fig. (Règlements, conventions). Qui ne change pas, sur quoi on peut compter. *Des règles fermes.* V. **Fixe, stable.** — (Bourse) *Valeur ferme,* dont le cours ne change pas. V. **Solide.** Par ext. *Le coton est ferme.* — Qui est conclu, définitif, dont on ne peut plus se dédire. *Achat, vente ferme.* — Par ext. *Vendeur, acheteur ferme.*
II. Adv. ♦ 1° Avec force, vigueur. V. **Dur, fort.** « *Déjà les cuillers tapaient ferme au fond des assiettes* » (ZOLA). *Poussez ferme! Discuter ferme,* avec ardeur, avec de nombreux arguments (Cf. Discuter serré). *Tenir ferme, tenir bon, résister.* ♦ 2° *Par anal.* V. **Beaucoup, intensément.** « *On avait bu ferme* » (ARAGON). V. **Sec. Travailler ferme.** ♦ 3° D'une manière définitive. *Acheter, vendre, Retenir ferme.* ◇ ANT. *Flasque, mou. Chancelant, vacillant. Hésitant, faible. Doucement. Provisoirement.*

2. FERME [feʀm(ə)]. *n. f.* (XIIIᵉ, rente à ferme, d'abord « convention moyennant un arrérage *ferme,* fixe »).
I. Dr. V. **Louage.** ♦ 1° Convention par laquelle un propriétaire abandonne à qqn pour un temps déterminé la jouissance d'un domaine agricole, moyennant une redevance en argent ou en nature. *Donner ses terres à ferme.* V. **Affermer; affermage.** *Bail à ferme.* ♦ 2° Convention par laquelle le propriétaire d'un droit en abandonne la jouissance pour un temps déterminé et moyennant un prix fixé. *La ferme des chaises d'une église.* — *Ancien.* Système de perception des impôts indirects dans lequel le fonctionnaire (V. **Fermier**) traitait à forfait pour une somme déterminée à remettre d'avance au roi, se réservant pour salaire la différence entre cette somme et les sommes effectivement perçues (V. **Fermier, 1°**). — Administration de cette perception. *Ferme des gabelles.*
II. Par ext. Exploitation agricole donnée à ferme; et cour. Toute exploitation agricole. V. **Domaine, métairie.**

Les grandes fermes de la Beauce. Ferme provençale. V. **Bastide, mas.** *Ferme américaine.* V. **Hacienda, ranch.** — *Ferme agricole, ferme d'élevage, ferme viticole. Bâtiments d'une ferme :* maison d'habitation, bâtiments réservés aux animaux, aux récoltes, etc. (V. **Écurie, étable, fenil, grange, hangar, remise**). *Cour de ferme.* V. **Basse-cour.** — *Valet, fille de ferme,* employés aux travaux de la ferme. V. **Domestique.** ◇ *Les bâtiments de la ferme.* V. **Maison.** *Les troupeaux rentrent le soir à la ferme.*

3. FERME [feʀm(ə)]. *n. f.* (1690 ; de *fermer* « fixer »). ♦ 1° *Archit.* Assemblage de pièces destinées à porter le faîtage, les pannes et les chevrons d'un comble. V. **Charpente, comble.** ♦ 2° (1752 ; de « *fermer* [une ouverture] »). *Théât.* Décor de théâtre monté sur châssis, qui se détache en avant de la toile de fond ou s'élève des dessous par des trappes.

FERMÉ, ÉE [feʀme]. *adj.* (1296 ; V. **Fermer**). ♦ 1° Qui ne communique pas avec l'extérieur. *Mer fermée :* vaste lac. — Qu'on a fermé. *Porte fermée, fermée à clef. Boutique, lieu public fermé,* où l'on n'a pas accès, qui ne fonctionne pas. ◇ Fig. *Une société, un club, un milieu fermés :* où l'on s'introduit très difficilement. ♦ 2° *Géom. Courbe fermée,* qui limite une surface (*ex. :* circonférence, ellipse). ◇ *Math. Ensemble fermé,* comprenant les éléments de sa frontière*. ♦ 3° Qui n'aime pas communiquer, peu expansif. *Il a l'air fermé,* replié sur lui-même. *Visage fermé.* ♦ 4° *Fermé à :* inaccessible, insensible à. *Il a l'esprit fermé aux mathématiques.* V. **Étranger, rebelle.** ♦ 5° *Ling.* Se dit d'un son qui comporte l'occlusion ou le resserrement du canal vocal. *É fermé* [e]*; o fermé* [o]. ◇ *Syllabe fermée :* terminée par une consonne (*syn.* entravée). *Ex. : or dans organe.* ◇ ANT. *Ouvert.*

FERMEMENT [feʀməmã]. *adv.* (XIIᵉ ; de *ferme,* adj.). ♦ 1° D'une manière ferme. *Tenir fermement un objet dans ses mains.* — *Silhouette fermement esquissée.* ♦ 2° Avec assurance, volonté, fermeté. *Persister fermement dans une résolution. Croire fermement qqch.,* avec conviction, dur comme fer.

FERMENT [feʀmã]. *n. m.* (1380 ; lat. *fermentum,* rac. *fervere* « bouillir »). ♦ 1° Ce qui fait naître un sentiment, une idée, ce qui détermine un changement interne. *Un ferment de discorde.* V. **Germe, levain.** *Individus qui sont des ferments d'indiscipline.* V. **Agent.** « *Un sourd ferment de jalousie et de haine* » (ZOLA). ♦ 2° (1694). *Vx.* Enzyme*. — *Abusiv.* Micro-organisme capable de provoquer une fermentation (appelé aussi, autrefois, *ferment figuré*). V. *aussi* **Levure.** *Ferment lactique,* lactobacille. ◇ HOM. Fermant (p. prés. de *fermer*), ferrement.

FERMENTABLE [feʀmãtabl(ə)]. *adj.* (1839 ; de *fermenter*). *Rare.* V. **Fermentescible.**

FERMENTATIF, IVE [feʀmãtatif, iv]. *adj.* (1691 ; de *fermenter*). *Didact.* Qui produit une fermentation.

FERMENTATION [feʀmãtasjɔ̃]. *n. f.* (1553 ; lat. *fermentatio.* V. **Ferment**). ♦ 1° *Biochim.* Transformation de substances organiques sous l'influence d'enzymes produits par des micro-organismes. *Fermentation du lait,* transformation en acide lactique sous l'influence du lactobacille. *Fermentation alcoolique,* qui donne l'alcool à partir du sucre. *Fermentation acétique.* ♦ 2° Fig. (fin XVIIᵉ). Agitation fiévreuse (des esprits). V. **Agitation, bouillonnement, ébullition, effervescence.** « *La multiplication des clubs, l'immense fermentation de Paris* » (au début de la Révolution) » (MICHELET). ◇ ANT. *Apaisement, calme.*

FERMENTER [feʀmãte]. *v. intr.* (1270 ; bas lat. *fermentare,* de *fervere* « bouillir »). ♦ 1° Être en fermentation. *Pâte à pain qui fermente.* V. **Lever.** *Le moût de raisin fermente dans la cuve.* — Au p. p. *Fromage fermenté. Boissons fermentées et alcoolisées.* ♦ 2° (1798). Fig. Se dit des esprits qui s'agitent, des passions dangereuses qui s'échauffent. V. **Agiter** (s'), **échauffer** (s'). « *Il ne savait pas avec quelle furie cette mer des passions humaines fermente et bouillonne sinon on lui refuse toute issue* » (HUGO). ◇ ANT. *Apaiser* (s'), *calmer* (se).

FERMENTESCIBLE [feʀmãtesibl(ə)]. *adj.* (1765 ; lat. *fermentescere* « entrer en fermentation »). *Didact.* Qui est susceptible de fermentation. ◇ ANT. *Infermentescible.*

FERMER [feʀme]. *v.* (XIIᵉ ; « fixer », 1080 ; lat. *firmare* « rendre ferme », de *firmus*).
I. V. tr. ♦ 1° Appliquer (une partie mobile) de manière à boucher un passage, une ouverture. *Fermer la porte.* « *Et quand viendra l'hiver aux neiges monotones, Je fermerai partout portières et volets* » (BAUDEL.). Elle « *ferma tout de suite au volet, à la barre et au verrou la porte-fenêtre du perron* » (HUGO). V. **Barricader, cadenasser, verrouiller.** *Fermer la porte au, du dedans. Fermer les rideaux.* — Fig. *Fermer la porte*, sa porte à.* ♦ 2° Priver de communication avec l'extérieur, par la mise en place d'un élément mobile. V. **Clore.** *Fermer sa chambre. Fermer une armoire, une valise. Le garçon de magasin a fermé la boutique.* Absolt. *Dépêchez-vous, on ferme!* ◇ Interdire l'accès de. *Fermer définitivement une pièce.* V. **Condamner.** — (Par décision d'une autorité)

Fermer une école en période d'épidémie. Salle de jeu fermée par ordre du préfet. V. **Interdire.** ◇ Par ext. *(Pop.)* Enfermer. « *Poil de Carotte, va fermer les poules!* » (RENARD). ♦ 3° Rapprocher, réunir (les parties d'un organe, les éléments d'un objet) de manière à ne pas laisser d'intervalle ou à replier vers l'intérieur ; et *par ext.* Mettre cet organe, cet objet dans cette nouvelle disposition. *Fermer la main, le poing.* V. **Serrer.** *Fermer les paupières, les yeux. Fermer la bouche.* Pop. *Fermez-là! La ferme!* taisez-vous. V. **Boucler** (la). ◇ (XVIe) *Fermer une lettre, un paquet.* V. **Cacheter, plier, sceller.** *Fermez vos livres et vos cahiers! Fermer son parapluie après l'averse. Fermer son veston.* V. **Boutonner.** ◇ Fig. *Fermer un angle,* par réduction de son ouverture. *Fermer le circuit* (Cf. Boucler la boucle). ♦ 4° (1606). Rendre infranchissable ; empêcher d'utiliser (un moyen d'accéder, d'avancer). *Fermer un chemin, un passage.* V. **Barrer, boucher, obstruer.** *Barrière qui ferme l'entrée d'un champ. Fermer tout accès à qqn. Fermer les frontières.* — Ch. de fer. *Fermer la voie,* à l'aide du signal qui indique que la voie n'est pas libre. « *Misard, après avoir fermé la voie montante derrière le train, allait rouvrir la voie descendante* » (ZOLA). ♦ 5° Fig. Arrêter (un flux, un courant) par un mécanisme. *Fermer l'eau, l'électricité.* « *Tu as bien fermé le gaz derrière toi? dit Julia* » (QUENEAU). Par ext. *Fermer le robinet,* le mettre dans la position « fermé ». — Faire cesser de fonctionner. *Fermez ce poste de radio.* V. **Éteindre.** ♦ 6° *(Abstrait).* Rendre inaccessible. *Fermer une carrière à qqn.* — Loc. *Fermer son cœur à la pitié* : se rendre inaccessible à la pitié. ♦ 7° Rare. Rendre inaccessible, difficilement accessible, en entourant. V. **Enfermer, enclore.** *Fermer une ville de remparts.* — Cour. (p. p.) « *Une espèce de grande halle fermée de triples grilles* » (HUGO). « *Un vaste terrain fermé par des haies* » (BALZ.). ♦ 8° Mettre une borne, une fin à. *Fermer une liste, un compte, une souscription.* V. **Arrêter, clore.** *Fermer la parenthèse.* ◇ Constituer une borne, le dernier élément. *Montagne qui ferme l'horizon.* V. **Borner.** Buffon « *ferma pour ainsi dire ce siècle le jour de sa mort* (en 1788) » (STE-BEUVE). *Le plus petit fermait la marche.*

II. SE FERMER. *v. pron.* ♦ 1° Réfl. *La porte s'est fermée toute seule. Ses yeux se ferment,* il s'endort. *La plaie s'est fermée en quelques jours.* ◇ *Se fermer à...* refuser l'accès de. *Pays qui se ferme aux étrangers, aux produits de l'étranger.* « *Son intelligence se fermait de jour en jour davantage aux abstractions mathématiques* » (LOTI). ♦ 2° Passif. Cette *boîte se ferme facilement.* « *Portes d'allées, fenêtres, persiennes, mansardes, volets de toute dimension, s'étaient fermés depuis les rez-de-chaussée jusque sur les toits* » (HUGO). *Robe qui se ferme dans le dos.*

III. *V. intr.* ♦ 1° Être, rester fermé. *Magasin qui ferme un jour par semaine.* ♦ 2° Être en état d'être fermé ou de fermer qqch. *Cette porte, cette serrure ferme mal. Cette boîte, ce bocal ferme hermétiquement.*

◇ ANT. Ouvrir, rouvrir. Dégager.

FERMETÉ [fɛʀmǝte]. *n. f.* (XIIe ; aussi « forteresse ». V. Ferté ; lat. *firmitas*). ♦ 1° État de ce qui est ferme, consistant. V. **Consistance, dureté.** *Fermeté des chairs. Pâte qui a de la fermeté.* ◇ Fig. *Fermeté de l'esprit, du jugement.* V. **Solidité.** ♦ 2° État de ce qui est assuré, décidé. *Fermeté de la main.* V. **Sûreté, vigueur.** — *Fermeté d'exécution* (peinture, etc.). *Fermeté du style.* ♦ 3° (XIIIe). Qualité d'une personne que rien n'ébranle. V. **Assurance, constance, courage, cran, détermination, endurance, énergie, force, impassibilité, résolution, sang-froid.** *Fermeté d'âme, de caractère. Envisager la mort avec calme et fermeté.* V. **Philosophie.** « *La fermeté d'une femme qui résiste à son amour est seulement la chose la plus admirable qui puisse exister sur la terre* » (STENDHAL). ♦ 4° Qualité d'une personne qui a une autorité sans brutalité. V. **Autorité, inflexibilité, poigne.** *Ces parents manquent de fermeté avec leur fils. Sa douceur cache une grande fermeté* (Cf. Une main* de fer sous un gant de velours). ♦ 5° *(Bourse,* du sens 1°). *Fermeté des cours,* se dit des cours qui ne fléchissent pas ; stabilité, bonne tenue. ◇ ANT. Mollesse. Défaillance, faiblesse. Instabilité.

1. **FERMETTE** [fɛʀmɛt]. *n. f.* (1690 ; dimin. de *ferme* 3). Techn. Ferme de faux-comble ou de lucarne. Ferme qui soutient un barrage mobile sur un cours d'eau.

2. **FERMETTE** [fɛʀmɛt]. *n. f.* (1948 ; dimin. de *ferme* 2, II). Petite ferme servant de maison de campagne. *Ils ont acheté une fermette dans la région parisienne.*

FERMETURE [fɛʀmǝtyʀ]. *n. f. (Fermeüre,* XIIe ; *fermeture,* d'apr. *fermeté* « forteresse », XIIIe ; de *fermer).* ♦ 1° (XIVe). Dispositif servant à fermer. *Fermeture d'une porte.* V. **Barre, cadenas, clef, loquet, serrure, verrou.** *Fermeture d'un coffre-fort. Fermetures automatiques, étanches, à glissière.* V. **Fermeture d'un manteau, d'une jupe.** ◇ (1928) FERMETURE ÉCLAIR (marque déposée), fermeture à glissière dont les dents entrent les unes dans les autres, très employée dans l'habillement, la sellerie... *Jupe, sacoche à fermeture éclair.* ♦ 2° (XVIIe). Action de fermer ; état de ce qui est fermé (local, etc.). *Pro-*

céder à la fermeture des portes d'un bâtiment public. *Heures de fermeture d'un magasin, d'un musée. Arriver après la fermeture des bureaux.* ◇ Cessation d'activités de ce qui est fermé. *Fermeture d'un édifice réservé au culte.* V. **Interdiction.** ♦ 3° Math. *Fermeture d'un ensemble* : réunion de cet ensemble et de son dérivé. ◇ ANT. Ouverture.

FERMIER, IÈRE [fɛʀmje, jɛʀ]. *n.* (1207 ; de *ferme* 2. V. Ferme). ♦ 1° Ancienn. ou Dr. Personne qui tient à ferme un droit. — Appos. *Société fermière des jeux.* ◇ FERMIER GÉNÉRAL : financier qui, sous l'Ancien Régime, prenait à ferme le recouvrement des impôts. ♦ 2° Mod. Personne qui tient à ferme une propriété agricole ; et *par ext. (cour.)* Toute personne, propriétaire ou non, exploitant un domaine agricole (V. **Agriculteur, cultivateur, paysan**). *Riche fermier qui emploie de nombreux ouvriers agricoles. Fermier en train de traire ses vaches.* « *Il épousa la fille d'un fermier voisin, qui lui apporta cinquante hectares* » (ZOLA). ♦ 3° Appos. De ferme. *Poulet, beurre fermier.* ◇ *Satin fermière* : satin de coton imprimé (comme en portent les fermières).

FERMION [fɛʀmjɔ̃]. *n. m.* (1955 ; de *Fermi*). Phys. Particule, telle que l'électron, le neutron, le proton, etc., pouvant être distribuée suivant la quantification de son énergie, selon la statistique de Fermi-Dirac.

FERMIUM [fɛʀmjɔm]. *n. m.* (mil. XXe ; de *Fermi,* physicien italien). Chim. Élément artificiel (Fm) de nº at. 100.

FERMOIR [fɛʀmwaʀ]. *n. m.* (XIIIe ; de *fermer).* Attache ou agrafe destinée à tenir fermé (un sac, un bijou, un livre...). « *Son livre d'heures aux fermoirs d'émail* » (VILLIERS). — *Fermoir d'un bracelet, d'un poudrier.*

FÉROCE [feʀɔs]. *adj.* (1468 ; « farouche » (V. **Fier,** étym.) ; lat. *ferox,* de *ferus* « bête sauvage »). ♦ 1° Qui est cruel par instinct (animaux). V. **Sanguinaire, sauvage.** *Les fauves sont des bêtes féroces.* — Fig. *Cet homme est une vraie bête féroce!* ♦ 2° Cruel et brutal. V. **Cruel, impitoyable, inhumain.** « *Un jour, cœur féroce, tu assassineras ton père et ta mère* » (FLAUB.). — Par exag. *Éprouver une joie féroce à voir souffrir sa victime. Air, regard féroce.* ♦ 3° Très dur, impitoyable. *Boutades féroces.* « *Il avait, quand il s'y mettait, la verve facile et féroce* » (COURTELINE). ♦ 4° Par exagér. Très vif. *Une envie féroce. Appétit, faim, féroce.* ◇ ANT. Apprivoisé. Bon, doux, inoffensif.

FÉROCEMENT [feʀɔsmɑ̃]. *adv.* (XVIe ; de *féroce).* Avec férocité, d'une manière féroce.

FÉROCITÉ [feʀɔsite]. *n. f.* (XIVe ; « fierté », XVIe ; rare av. XVIIe ; lat. *ferocitas,* de *ferox).* ♦ 1° Naturel féroce (animaux). *La férocité du tigre.* V. **Cruauté.** ♦ 2° Caractère féroce. V. **Barbarie, cruauté, sauvagerie.** « *Un fonds persistant de brutalité, de férocité, d'instincts violents et destructeurs* » (TAINE). ♦ 3° Dureté impitoyable. *Se moquer de qqn avec férocité.* ◇ ANT. Bonté, douceur.

FERRADE [feʀad]. *n. f.* (1836 ; prov. *ferrado,* de *ferra* « ferrer »). Région. Action de marquer le bétail au fer rouge. — Fête célébrée à cette occasion, en Provence.

FERRAGE [feʀaʒ]. *n. m.* (XIVe ; de *ferrer).* ♦ 1° Action de ferrer. *Ferrage d'un condamné, d'un cheval, d'une roue.* ♦ 2° Techn. Éléments métalliques de consolidation ou de manœuvre des portes.

FERRAILLAGE [feʀajaʒ]. *n. m.* (1764). Techn. Ensemble des éléments métalliques d'une construction en béton armé.

FERRAILLE [feʀaj]. *n. f.* (1390 ; de *fer).* ♦ 1° Déchets de fer, d'acier ; vieux morceaux ou instruments de fer inutilisables. *Tas de ferraille. Commerce de la ferraille, des ferrailles. La foire à la Ferraille,* à Paris. *Cette voiture est bonne à mettre à la ferraille,* à jeter. — *Faire un bruit de ferraille,* un bruit sourd et confus d'objets en fer heurtés. ♦ 2° Fig. et péj. Objet ou assemblage métallique. « *Cette ferraille peinturlurée* (un bâtiment) » (ROMAINS). ◇ Petite monnaie. V. **Mitraille.** *Je vous donne toute ma ferraille.*

FERRAILLEMENT [feʀajmɑ̃]. *n. m.* (1883 ; de *ferrailler).* ♦ 1° Action de ferrailler. ♦ 2° Bruit de ferraille.

FERRAILLER [feʀaje]. *v. intr.* (1664 ; de *ferraille).* ♦ 1° Péj. Se battre au sabre ou à l'épée (à cause du bruit des lames heurtées). ♦ 2° Faire un bruit de ferraille.

FERRAILLEUR [feʀajœʀ]. *n. m.* (1630 ; de *ferrailler).* ♦ 1° Péj. Celui qui aime à ferrailler, à se battre à l'épée. V. **Bretteur, duelliste.** « *Ce temps de ferrailleurs vulgaires où l'on tient une épée comme un manche à balai* » (GAUTIER). ♦ 2° (1723). Marchand de ferraille.

FERRANT [feʀɑ̃]. *adj. m.* (de *ferrer).* V. **Maréchal-ferrant.**

FERRATE [feʀat]. *n. m.* (1839 ; de *fer,* et *-ate).* Chim. Sel de l'acide ferrique (non isolé) dérivé de l'oxyde ferrique.

FERRÉ, ÉE [fe(e)ʀe]. *adj.* (XIIe ; V. **Ferrer).** ♦ 1° Garni de fer ; muni d'une garniture de fer, d'acier. *Bâton, lacet ferré. Des coffres « cloutés et ferrés »* (HUYSMANS). *Voie ferrée,* du chemin de fer. *Réseau ferré.* V. **Ferroviaire.** Vx. *Chemin ferré* : empierré. ◇ Qui a des fers. *Cheval ferré. Souliers ferrés ; brodequins ferrés et cloutés.* ♦ 2° Fig. (XVIIIe). Être *ferré sur un sujet, une question.* V. **Calé, fort, instruit.** *Il n'est* *pas très ferré en histoire, en algèbre.* « *Il n'est pas déjà si ferré en catéchisme* » (MAURIAC).

1. FERREMENT [fɛʀmɑ̃]. *n. m.* (fin XIIᵉ ; lat. *ferramentum*, de *ferrum* « fer »). *Techn.* Garniture en fer. V. **Ferrure.** ◇ HOM. Ferment.

2. FERREMENT [fɛʀmɑ̃]. *n. m.* (1828 ; de *ferrer*). ♦ 1º Action de ferrer (un cheval). V. **Ferrage.** ♦ 2º Action de river les fers d'un forçat.

FERRER [fe(e)ʀe]. *v. tr.* (déb. XIIᵉ ; lat. *ferrare*, de *ferrum* « fer »). ♦ 1º Garnir de fer, d'acier. *Ferrer une roue, un bâton. Ferrer des lacets.* ♦ 2º Spécialt. *Ferrer un cheval, un mulet :* garnir ses sabots de fers (V. **Maréchal-ferrant).** « *Une maréchalerie voisine, où les paysans profitaient du marché pour faire ferrer leurs bêtes* » (ZOLA). — Par anal. *Ferrer un soulier.* ♦ 3º *Ferrer le poisson :* engager le fer d'un hameçon dans les chairs du poisson qui vient de mordre, en tirant le fil d'un coup sec.

FERRET [fɛʀɛ]. *n. m.* (XIVᵉ ; de *fer*).
I. Bout métallique qui termine un lacet, une aiguillette. — Par ext. *Des ferrets de diamants,* ornés de diamants. *L'anecdote des ferrets de la reine,* dans « Les Trois Mousquetaires » d'A. Dumas.
II. Minér. *Ferret d'Espagne,* l'hématite rouge.

FERRETIER [fɛʀtje] ou **FERRATIER** [fɛʀatje]. *n. m.* (1690 ; de *fer*). *Techn.* Marteau de maréchal-ferrant, servant à forger les fers.

FERREUR [fɛʀœʀ]. *n. m.* (XIIᵉ ; de *ferrer*). Ouvrier qui ferre. *Ferreur de chevaux ; de lacets ; de charrettes.*

FERREUX [fe(e)ʀø]. *adj. m.* (1752 ; de *fer*). *Chim.* Se dit des composés où le fer est bivalent. *Chlorure ferreux* (FeCl₂). *Sulfate ferreux* (ou *vitriol vert*). ◇ Qui contient du fer. *Minerai ferreux. Métaux non ferreux :* les métaux usuels qui ne sont pas du fer, n'en contiennent pas (cuivre, bronze, etc.).

FERRICYANURE [fe(e)ʀisjanyʀ]. *n. m.* (1890 ; de *ferri(que)*, et *cyanure*). *Chim.* Composé de fer, de cyanogène et d'un métal (trois molécules grammes de fer pour une du métal). Cf. Ferrocyanure.

FERRIQUE [fe(e)ʀik]. *adj.* (XIXᵉ ; de *fer*). *Chim.* Se dit de l'oxyde et des sels dans lesquels le fer est trivalent. *Chlorure ferrique. Oxyde ferrique* (ex. : l'hématite).

FERRITE [fe(e)ʀit]. *n. f.* (mil. XXᵉ ; 1878, en chimie ; de *fer*). *Phys.* Oxyde complexe de fer et de divers autres métaux utilisé, grâce à ses propriétés magnétiques particulières, dans les mémoires de calculateur, les antennes de radio, etc.

FERRO-. Élément, du lat. *ferrum* « fer », indiquant la présence du fer dans un alliage. *Ferro-alliages : ferro-aluminium* (10 % d'aluminium) ; *ferrocérium* (70 % de cérium), dont on fait les pierres à briquet ; *ferromanganèse* (appelé *Spiegel* lorsqu'il contient moins de 30 % de manganèse) ; *ferronickel ; ferrosilicium.*

FERROCYANURE [fe(e)ʀosjanyʀ]. *n. m.* (1872 ; de *ferro-*, et *cyanure*). Sel voisin du ferricyanure, mais où les proportions du fer à l'autre métal sont de 1 à 4.

FERROÉLECTRICITÉ [fe(e)ʀoelektʀisite]. *n. f.* (mil. XXᵉ ; de *ferro-*, et *électricité*). *Phys.* Phénomène lié à une polarisation spontanée dans les cristaux, sous l'action d'un champ électrique extérieur.

FERROMAGNÉTIQUE [fe(e)ʀomaɲetik]. *adj.* (XXᵉ ; de *ferro-*, et *magnétique*). *Phys.* Doué de ferromagnétisme.

FERROMAGNÉTISME [fe(e)ʀomaɲetism(ə)]. *n. m.* (XXᵉ ; de *ferro-*, et *magnétisme*). *Phys.* Propriété de certains métaux (fer, cobalt, nickel) et alliages qui sont fortement magnétiques (comme le fer).

FERRONNERIE [fe(e)ʀonʀi]. *n. f.* (1297 ; de *ferron* « marchand de fer » ; de *fer*). ♦ 1º Fabrique d'objets, d'ornements de fer. — Éléments métalliques d'une construction. ♦ 2º Fabrication d'objets artistiques en fer (garnitures de cheminées, lustres, rampes, grilles, balcons de fer forgé). *Ferronnerie d'art.* V. **Serrurerie.** — Par ext. Objets, ornements, garnitures artistiques en fer. *Décoration de ferronnerie.*

FERRONNIER [fe(e)ʀonje]. *n. m.* (1560 ; de *ferron* ; Cf. Ferronnerie). Ouvrier, fabricant, commerçant en ferronnerie.

FERRONNIÈRE [fe(e)ʀonjɛʀ]. *n. f.* (1832 ; du nom du portrait (p.-ê. de Vinci) dit *La Belle Ferronnière ;* p.-ê. du précéd.). Ornement porté sur le front, chaînette ou bandeau garni d'un joyau en son milieu.

FERROPRUSSIATE [fe(e)ʀopʀysjat]. *n. m.* (v. 1900 ; de *ferro-*, et *prussiate*). *Chim.* Mélange de ferrocyanure de potassium et de citrate ferrique. *Papier au ferroprussiate,* employé pour la reproduction des plans.

FERROTYPIE [fe(e)ʀotipi]. *n. f.* (v. 1900 ; de *ferro-*, et *typie*). *Techn.* Photographie aux sels de fer.

FERROUTAGE [fe(e)ʀutaʒ]. *n. m.* (1973 ; de *fer*, et *route, routage*). *Techn.* Transport combiné par remorques routières spéciales acheminées sur wagons plats. (On emploie aussi FERROUTER, *v. tr.,* acheminer par ferroutage et FERROUTIER, IÈRE, *adj.,* qui sert au ferroutage).

FERROVIAIRE [fe(e)ʀovjɛʀ]. *adj.* (1911 ; it. *ferroviario*,

de *ferrovia* « chemin de fer »). Relatif aux chemins de fer. *Réseau ferroviaire, compagnie ferroviaire.*

FERRUGINEUX, EUSE [fe(e)ʀyʒinø, øz]. *adj.* (1610 ; du lat. *ferrugo, inis* « rouille »). Qui contient du fer, le plus souvent à l'état d'oxyde. *Roches ferrugineuses. Eaux, boues ferrugineuses.*

FERRURE [fe(e)ʀyʀ]. *n. f.* (*Ferreüre,* 1268 ; de *ferrer*). ♦ 1º Garniture de fer, de métal. *Les ferrures d'une porte.* V. **Penture.** *Fabrication des ferrures :* ferronnerie, serrurerie. ◇ Pièce d'assemblage métallique (charnières, etc.) « *Il essaya de secouer cette porte sur ses ferrures* » (LOTI). ♦ 2º (1636). Opération par laquelle on ferre un cheval, un âne ; manière dont un cheval est ferré.

FERRY-BOAT [fe(e)ʀe(i)bot]. *n. m.* (1786, « bateau de transport » ; répandu 1871 ; mot angl. de *to ferry* « transporter », et *boat* « bateau », avec infl. de *fer, ferré* pour le sens). Navire spécialement conçu pour le transport des trains d'une rive à l'autre d'un fleuve, d'un lac, d'un bras de mer. *Le ferry-boat de Dunkerque à Douvres. Des ferry-boats.* V. **Transbordeur.**

FERTÉ [fɛʀte]. *n. f.* (XIIᵉ ; forme pop. de *fermeté* (vx), « forteresse »). *Dans un nom de ville :* forteresse, place forte. *La Ferté-Milon ; La Ferté-Bernard.*

FERTILE [fɛʀtil]. *adj.* (XIVᵉ ; lat. *fertilis*). ♦ 1º Qui produit beaucoup de végétation utile (sol, terre). V. **Fécond, productif.** *Terre fertile* (Cf. De la bonne terre). *Champ fertile. Terre fertile en blés, en vignes. Rendre un sol fertile.* V. **Fertiliser.** ◇ *Biol.* Se dit d'une femelle qui peut être fécondée et qui est capable de procréer. ♦ 2º *Fig.* FERTILE EN, qui fournit beaucoup de. V. **Fécond, prodigue.** *Période fertile en événements.* « *Si ma vie est douce, elle n'est pas fertile en facéties* » (FLAUB.). — *Être fertile en expédients, en subterfuges.* V. **Ingénieux, subtil.** *Montaigne est l'écrivain « le plus naturellement fertile en métaphores* » (STE-BEUVE). ◇ Absolt. *Il a une imagination fertile.* V. **Inventif.** ◇ ANT. Aride, improductif, inculte, infertile, infructueux, maigre, stérile.

FERTILEMENT [fɛʀtilmɑ̃]. *adv.* (XVᵉ-XVIᵉ ; de *fertile*). *Rare.* D'une manière fertile.

FERTILISABLE [fɛʀtilizabl(ə)]. *adj.* (1865 ; de *fertiliser*). Qui peut être fertilisé.

FERTILISANT, ANTE [fɛʀtilizɑ̃, ɑ̃t]. *adj.* (1771 ; de *fertiliser*). Qui fertilise. *Principes fertilisants du fumier.*

FERTILISATION [fɛʀtilizasjɔ̃]. *n. f.* (1764 ; de *fertiliser*). Action de fertiliser. *La fertilisation des sols.* V. **Amendement.** ◇ ANT. *Épuisement.*

FERTILISER [fɛʀtilize]. *v. tr.* (1564 ; de *fertile*). Rendre fertile (une terre). V. **Améliorer, amender, bonifier.** « *Les cendres fertilisent la terre* » (GAUTIER). ◇ ANT. *Épuiser.*

FERTILITÉ [fɛʀtilite]. *n. f.* (1361 ; lat. *fertilitas*). ♦ 1º Qualité d'un sol, d'une terre fertile. *La fertilité d'un sol, d'une terre.* V. **Fécondité.** ◇ Capacité de production par unité de surface. ♦ 2º *Fig.* V. **Fécondité, richesse.** *Une grande fertilité d'esprit, d'imagination.* ◇ ANT. Aridité, stérilité. *Pauvreté, sécheresse.*

FÉRU, UE [feʀy]. *adj.* (XVᵉ ; p. p. de *férir*). Qui est très épris. V. **Épris, passionné.** *Il est féru de cette femme.* ◇ *Être féru d'une science, d'une idée.*

FÉRULE [feʀyl]. *n. f.* (1372 ; lat. *ferula*). ♦ 1º Plante herbacée aux racines énormes, dont une espèce fournit l'assa-fœtida. ♦ 2º (1385 ; p.-ê. du bois de la férule). Petite palette de bois ou de cuir avec laquelle on frappait la main des écoliers en faute. « *Le seau plein de saumure... dans lequel trempaient les férules pour rendre le cuir plus cinglant* » (DAUD.). *Distribuer les coups de férule.* ◇ *Fig.* (XVIIᵉ) *Être sous la férule de qqn,* dans l'obligation de lui obéir. V. **Autorité, direction, pouvoir.**

FERVEMMENT [fɛʀvamɑ̃]. *adv.* (XIIIᵉ ; de *fervent*). *Rare.* Avec ferveur.

FERVENT, ENTE [fɛʀvɑ̃, ɑ̃t]. *adj.* (fin XIIᵉ ; lat. *fervens*, de *fervere* « bouillir »). ♦ 1º Qui a de la ferveur religieuse. *Chrétien fervent.* V. **Dévot.** ◇ Ardent, enthousiaste, passionné. *C'est un républicain fervent.* « *Les femmes furent au XVIIIᵉ siècle les ferventes approbatrices des nouveautés* » (LANSON). — Subst. *Les fervents de Beethoven.* V. **Admirateur, fanatique.** ♦ 2º Où il entre de la ferveur. *Dévotion fervente. Un amour fervent.* V. **Brûlant.** ◇ ANT. Froid, indifférent, tiède.

FERVEUR [fɛʀvœʀ]. *n. f.* (fin XIIᵉ ; lat. *fervor* « chaleur ». V. Fervent). ♦ 1º Ardeur vive et recueillie des sentiments religieux. V. **Dévotion, zèle.** *Prier, servir Dieu avec ferveur.* V. **Amour.** *La ferveur d'une prière.* ♦ 2º Élan d'un cœur qui se livre avec enthousiasme. *Remercier qqn avec ferveur.* V. **Chaleur, effusion.** *Accomplir un travail avec ferveur.* V. **Zèle.** *Aimer avec ferveur.* « *Toute ferveur m'était une usure d'amour, une usure délicieuse... Nathanaël, je t'enseignerai la ferveur* » (GIDE). ◇ ANT. Froideur, indifférence, tiédeur.

FESSE [fɛs]. *n. f.* (1360 ; lat. pop. *fissa* « fente », de *findere* « fendre » ; a remplacé *nache*). ♦ 1º Chacune des deux parties charnues (musculo-adipeuses) de la région du bassin, dans l'espèce humaine et chez certains mammifères. *Les fesses.*

V. **Croupe**, **cul** *(pop.)*, **derrière**, **fessier**, **miche** (arg.); suff. -**Pyge**. *Fesses hautes, basses; rondes*, fam. *en goutte d'huile.* ◇ Loc. fam. ou pop. *Donner sur les fesses à un enfant.* V. **Fessée; fesser.** *Donner un coup de pied aux fesses. Botter les fesses de qqn.* Fig. *Attraper qqn par la peau des fesses :* l'attraper quand il s'enfuit. *Gare tes fesses !* : pousse-toi ! — *Poser ses fesses :* s'asseoir. — *Montrer ses fesses,* se produire à moitié nu dans un spectacle. — Fig. *Serrer les fesses,* avoir chaud aux fesses, avoir peur. *N'y aller que d'une fesse,* agir avec réticence. ◇ Pop. *Il y a de la fesse :* des femmes. *Histoire de fesses,* d'amour physique. ♦ 2° *Mar.* (1736). Partie arrondie de la voûte d'un navire formant la transition de la voûte à la muraille. ◇ HOM. **Fèces.**

FESSÉE [fese]. *n. f.* (1526; de *fesse*). Coups donnés sur les fesses. *Donner une fessée à un enfant. Il a reçu la fessée, une bonne fessée.* ◇ Fig. *Défaite humiliante.*

FESSE-MATHIEU [fɛsmatjø]. *n. m.* (1570; « qui bat saint *Matthieu;* patron des changeurs, pour en tirer de l'argent »). *Vx.* Usurier. *Par ext.* V. **Avare.** *Des fesse-mathieux.* « *Ça dort sur des sacs d'écus. Ladre, fesse-mathieu, pas davantage* » (Bosco).

FESSER [fese]. *v. tr.* (1489; de *fesse*). Battre en donnant des coups sur les fesses. « *Leurs père et mère... les ont suffisamment fessés, et leur ont fait entrer les vertus par le cul* » (France).

FESSEUR, EUSE [fɛsœʀ, øz]. *n.* (1549; de *fesser*). *Rare.* Personne qui donne la fessée.

1. **FESSIER** [fesje]. *n. m.* (1540; de *fesse*). Fam. Les deux fesses. V. **Cul**, **derrière.**

2. **FESSIER, IÈRE** [fesje, jɛʀ]. *adj.* (1560; de *fesse*). *Anat.* Relatif à la région des fesses. *Région fessière. Muscles fessiers,* et subst. *Le grand fessier, le petit fessier.* — Fam. « *La poche fessière on short* » (Aymé).

FESSU, UE [fesy]. *adj.* (XIIIᵉ; de *fesse*). Fam. Qui a de grosses fesses.

FESTIF, IVE [fɛstif, iv]. *adj.* (relig. XVᵉ; répandu 1970, du lat. *festivus,* « de fête »). Qui se rapporte à la fête; de la fête.

FESTIN [fɛstɛ̃]. *n. m* (h. 1382; 1526; it. *festino* « petite fête », de *festa* « fête »). Repas de fête, d'apparat, au menu copieux et soigné. V. **Banquet.** *Festin de Balthazar,* orgie où Balthazar fut surpris par Cyrus. ◇ Fig. Repas somptueux, excellent. *Quel festin !* V. **Gueuleton** *(fam.).*

FESTIVAL [fɛstival]. *n. m.* (1830; mot angl. « fête », de l'a. fr. *festival;* lat. *festivus* « de fête »). ♦ 1° Grande manifestation musicale. *Des festivals. Festival de Salzbourg* (Autriche), *d'Édimbourg* (Écosse). « *Nous donnerons le programme de chacun de ces festivals si suivis par l'aristocratie du goût* » (Mallarmé). ◇ *Par ext.* Série de représentations où l'on produit des œuvres d'un art ou d'un artiste. *Ce film a obtenu le premier prix au festival de Cannes.* ♦ 2° Fig. et *fam.* (Sports). Brillante manifestation du talent d'un joueur. *L'avant-centre nous a donné un véritable festival.*

FESTIVITÉ [fɛstivite]. *n. f.* (XIIᵉ-XVIᵉ, « fête, allégresse »; repris 1801, rare av. 1870; lat. *festivitas* « gaieté »). Surtout plur. *(souvent iron.).* Fête, réjouissance. *Festivités à l'occasion d'une foire, d'un anniversaire. De joyeuses festivités.*

FESTON [fɛstɔ̃]. *n. m.* (1533; it. *festone* « ornement de fête », de *festa* « fête »). ♦ 1° Guirlande de fleurs et de feuilles liées en cordon, que l'on suspend, en forme d'arc. *Murs d'une salle de fête ornés de festons.* — Par anal. « *Les chaînes de feuillage, les pommes d'or, les grappes empourprées, tout pend en festons sur les ondes* » (Chateaub.). ◇ *Archit.* (1550). Ornement figurant un feston. ♦ 2° Bordure dentelée et brodée, en couture. *Col, bavoir, lingerie à festons. Faire des festons.* — *Point de feston :* point noué qui prend l'étoffe avec le fil et sert à arrêter le découpé.

FESTONNER [fɛstɔne]. *v. tr.* (fin XVᵉ; de *feston*). ♦ 1° Orner de festons. *La nature* « *Festonne les rochers d'arbustes et de mousse* » (Lamart.). ♦ 2° Découper, broder, de manière à faire des festons. *Festonner une pièce de lingerie. Col festonné.*

FESTOYER [fɛstwaje]. *v.; conjug. noyer (Festeer, XIIᵉ; de fête).* ♦ 1° V. tr. *Vieilli.* Faire fête à qqn, recevoir par un festin. ♦ 2° V. intr. *Mod.* Prendre part à une fête, à un festin; faire bombance, bonne chère.

FÊTARD, ARDE [fɛtaʀ, aʀd(ə)]. *n.* (1859; de « faire la fête »). Fam. Personne qui fait la fête. V. **Noceur**, **viveur.** « *Le visage du petit fêtard imbécile... entre deux femmes bêtement saoules* » (Mac Orlan). — Rare. *Une fêtarde.*

FÊTE [fɛt]. *n. f.* (Feste, 1080; lat. pop. *festa,* de *festa dies* « jour de fête »).
I. Solennité, ensemble de réjouissances de caractère commémoratif; jour consacré à cette solennité. V. **Cérémonie.** *Jour de fête.* V. **Férié.** *Fêtes périodiques.* V. **Anniversaire, centenaire, jubilé.** ♦ 1° Solennité religieuse célébrée à certains jours de l'année. *Fêtes de l'Église. Fête du Saint-Sacrement* (V. **Fête-Dieu**), *de la Vierge* (Assomption), *des Saints* (Toussaint). *Les dimanches et fêtes. Fêtes fixes,* qui reviennent chaque année à la même date. *Fêtes mobiles,* qui dépendent de la date de Pâques. *Fête carillonnée. Veille d'une grande fête* (Vigile). — *Fêtes israélites* (dédicace, pâque, pourim, sabbat, etc.), *musulmanes* (baïram, mouloud), *des religions d'Extrême-Orient* (Têt), etc. *Fêtes grecques* (dionysies, fêtes orphiques, panathénées), *romaines* (bacchanales, lupercales, saturnales, vestalies, etc.). ♦ 2° (XVIIᵉ). Jour de la fête du saint dont qqn porte le nom. *Souhaiter à qqn sa fête.* Loc. pop. *Ça va être ta fête :* gare à toi. ◇ *La fête d'une compagnie, d'une profession :* le jour de la fête du saint qui est son patron. *La Sainte-Barbe, fête des artilleurs et des pompiers.* ◇ *Fête patronale* (d'un lieu, d'un village) V. *aussi* **Ducasse, kermesse; frairie.** ♦ 3° Réjouissance publique et périodique (V. **Anniversaire**) en mémoire d'un événement, d'un personnage. *La fête de la Fédération* (en 1790). *La fête nationale du 14 juillet. Le 11 novembre, fête de l'Armistice. La fête-anniversaire de la Victoire.* — *Au plur.* (des réjouissances étalées sur plusieurs jours) *Les fêtes du Carnaval. Les fêtes de fin d'année :* Noël, Réveillon du Nouvel An. Absolt. *Où irez-vous pour les fêtes?* ◇ Réjouissance en l'honneur d'une chose qui contribue au bien ou au plaisir de l'homme. *La fête des roses, de la moisson.* ◇ Jour fixé pour honorer une catégorie de personnes. *La fête des Mères.* ♦ 4° Ensemble de réjouissances organisées occasionnellement. *Fête donnée par un particulier.* V. **Bal, festin, gala, garden-party, raout, réception, réunion, soirée.** *Donner, offrir une fête en l'honneur de qqn. Fête de nuit. Les fêtes de Versailles sous Louis XIV.* « *Il y eut, à propos de je ne sais plus quelle solennité officielle, ou plutôt dans Paris, revue au Champ de Mars, joutes sur la Seine, théâtres aux Champs-Élysées, feu d'artifice à l'Étoile, illuminations partout* » (Hugo). *Fête de bienfaisance, de charité.* V. **Kermesse.** *Comité des fêtes. Salle des fêtes.* ◇ Bx-arts. *Fêtes galantes :* genre de peinture qui présente des groupes de jeunes gens et de jeunes femmes qui se divertissent en costumes de théâtre *(ex. :* Watteau). ◇ Ensemble de réjouissances ayant lieu en famille, entre intimes. *Une fête de famille,* à l'occasion de quelque événement heureux : noce, anniversaire. — Loc. prov. *Ce n'est pas tous les jours fête :* ce n'est pas toujours drôle, agréable. ♦ 5° Loc. *Faire la fête,* mener une vie de plaisir et de désordre. V. **Bombance, bombe, foire, noce, vie; fêtard.**
II. *(Dans des expressions).* Bonheur, gaieté, joie, plaisir. *Un air de fête. Il se fait une fête de,* il s'en réjouit. « *Le premier mérite d'un tableau est d'être une fête pour l'œil* » (Delacroix). — En fête : gai. *La nature semble en fête.* — (1680) Faire fête à qqn : lui réserver un accueil, un traitement chaleureux. « *Ce joli enfant à qui chacun faisait fête, à qui tout le monde voulait plaire* » (Baudel.). — À la fête. *Être à la fête :* éprouver la plus grande satisfaction. *Ne pas être à la fête :* être dans une situation pénible. *Il n'a jamais été à la fête :* il n'a jamais été si heureux.
◇ HOM. **Faîte; faites** (formes du v. faire).

FÊTE-DIEU [fɛtdjø]. *n. f.* (1521; de *fête,* et *Dieu;* appelée Corpus Domini en 1264 (date d'institution). Solennité religieuse en l'honneur du saint sacrement, au cours de laquelle une hostie consacrée est offerte à l'adoration des fidèles. *Procession de la Fête-Dieu. Des Fêtes-Dieu.*

FÊTER [fete]. *v. tr.* (Fester, XIIᵉ; de *fête*). ♦ 1° Consacrer, marquer par une fête. V. **Célébrer, commémorer, solenniser.** *Fêter le jour des Rois, la naissance de qqn. Fêter une victoire.* ♦ 2° Honorer (qqn) d'une fête. *Fêter un saint. Fêter un ami retrouvé,* sa fête. « *Celui-ci, furieux de me voir fêté dans mon infortune, et lui délaissé* » (Rouss.).

FÉTICHE [fetiʃ]. *n. m. et adj.* (1669; *fétisso,* 1605; du port. *feitiço* « artificiel », adj.; du lat. *facticius*). ♦ 1° Objet de culte des civilisations dites primitives. « *Les manitous des sauvages, les fétiches des Nègres* » (Rouss.). ♦ 2° Objet auquel on attribue un pouvoir magique et bénéfique. V. **Amulette, porte-bonheur.** *Personnes, animaux sont révérés comme des fétiches.* V. **Mascotte.** ♦ 3° Fig. Ce qui est révéré sans discernement.

FÉTICHEUR [fetiʃœʀ]. *n. m.* (fin XIXᵉ; de *fétiche;* *fétichières,* 1832; *fétissero,* 1605; du port., p.-ê. par le holl. V. **Fétiche**). Prêtre des religions à fétiches (en Afrique); initié capable de susciter et de faire agir des fétiches.

FÉTICHISME [fetiʃism(ə)]. *n. m.* (1760; de *fétiche*). ♦ 1° Culte des fétiches; religion qui comporte ce culte. « *Le fétichisme, c'est-à-dire l'adoration d'un objet matériel, auquel on attribuait des pouvoirs surnaturels* » (Renan). ♦ 2° (1845). Admiration exagérée et sans réserve d'une personne ou d'une chose. Vénération. « *Il avait — jusqu'au fétichisme — le culte de l'énergie et de la volonté* » (Mart. du G.). ♦ 3° Méd. Perversion sexuelle incitant l'individu à rechercher une satisfaction sexuelle par le contact ou la vue de certains objets dénués de signification érotique. *Fétichisme du pied, de la chaussure.*

FÉTICHISTE [fetiʃist(ə)]. *adj. et n.* (1842; de *fétiche*). Qui pratique le fétichisme. ◇ Qui concerne les fétiches. *Culte fétichiste.*

FÉTIDE [fetid]. *adj.* (1495; lat. *fœtidus*, de *fœtere* « puer »). ♦ 1° Qui a une odeur très désagréable. V. **Empesté, infect, malodorant, nauséabond, puant.** *L'haleine fétide de certains malades. Émanations, exhalaisons fétides.* — (De l'odeur) V. **Écœurant, repoussant.** « *Une fétide odeur de tabac mêlée à je ne sais quelle nauséabonde moisissure* » (BAUDEL.). ♦ 2° *Fig.* V. **Dégoûtant, immonde.** « *Un fétide apostat* » (HUGO).

FÉTIDITÉ [fetidite]. *n. f.* (1478; de *fétide*). Didact. Caractère de ce qui est fétide. V. **Infection, puanteur.**

FÉTU [fety]. *n. m.* (XIIᵉ; lat. pop. °*festucum*, class. *festuca* « brin de paille »). Brin (de paille). *Fourmi qui transporte un fétu de paille.* Loc. fig. *Être emporté, traîné comme un fétu.*

FÉTUQUE [fetyk]. *n. f.* ou *m.* (1786; lat. *festuca* « brin de paille »). Graminée des prés et des bois. « *Le balancement des fétuques chargés de graines* » (GIONO).

1. **FEU** [fø]. *n. m.* (XIIᵉ; *fou*, Xᵉ; lat. *focus* « foyer, feu »). I. ♦ 1° LE FEU : dégagement d'énergie calorifique et de lumière accompagnant la combustion vive. V. **Combustion, crémation, ignition, incandescence; flamme; pyro-.** *Les anciens considéraient le feu comme l'un des quatre éléments. Principe du feu.* V. **Phlogistique.** *Adorateurs du feu.* Loc. fig. *Le feu sacré* (de l'*autel du feu*, entretenu par les vestales) : ardeur, enthousiasme. *Il n'a pas le feu sacré.* ◇ *Allumer, faire du feu* : réunir des matières combustibles et les faire brûler. « *L'homme est le seul animal qui fasse du feu, ce qui lui a donné l'empire du monde* » (RIVAROL). *Faire du feu de, avec qqch.* : détruire par le feu. Loc. *Faire feu de tout bois* (*fig.* Utiliser tous les moyens en son pouvoir). — *Faire feu* (poudre des étincelles) *des quatre fers* : se dit d'un cheval qui frappe le pavé de ses fers; *fig.* être plein de pétulance. — *Mettre le feu à qqch.* : faire brûler. V. **Allumer, brûler, enflammer.** *Mettre le feu à une matière explosible, aux poudres*. — *Jouer avec le feu* (fig.) : avec le danger. « *Comme tous ceux qui jouent avec le feu, ce fut lui qui se brûla* » (BALZ.). — Loc. fig. *J'en mettrais ma main au feu* : j'en jurerais, j'en suis sûr. « *Elle n'y regardera pas? J'en mets ma main au feu* » (ROMAINS). — *Le feu couve, éclate, s'éteint. Les flammes, la fumée, la chaleur du feu.* PROV. *Il n'y a pas de fumée sans feu* : pas d'indice sans cause. *Attiser le feu. Jeter de l'huile* sur le feu. — Loc. pop. *Avoir le feu au derrière* (vulg. *au cul*) : fuir, se précipiter. *Péter du feu, le feu* : avoir une grande énergie, une activité débordante. ◇ DE FEU. *Une colonne de feu et de fumée. Les langues de feu* (flammes) *de la Pentecôte. Fig. Cela s'est inscrit en lettres de feu dans sa mémoire.* ◇ EN FEU : en train de brûler; embrasé. V. **Flamme** (en). *Bois en feu* (braise, charbon ardent, tison). *La maison était en feu.* ◇ *Spécialt.* Étincelle, flamme ou matière enflammée, dans la nature. *Le feu du ciel, le feu céleste.* V. **Foudre, météore.** ◇ *Le feu central* : matières incandescentes qu'on croyait exister au centre de la terre. ◇ *Spécialt.* (Loc.) *Feu follet*. V. **Flammerole.** *Feu Saint-Elme* : étincelle due à l'électricité atmosphérique. ♦ 2° Matières rassemblées et allumées (pour produire de la chaleur, etc.). V. **Foyer.** *Allumer un feu. Faire un feu. Ranimer, raviver un feu. Feu de courte durée.* V. **Flambée.** *Un grand feu.* V. **Brasier.** *Feux de bivouac d'une armée en campagne. Feux de brousse.* « *Un grand feu pétillait, clair, dans la cheminée* » (RIMBAUD). *Feu de braises.* V. **Brasero.** *Feu de bois, de tourbe. Feu de paille* (*fig.* sentiment vif et passager). — *S'installer d'un feu, près, auprès du feu.* **Âtre.** *Se chauffer, se sécher devant le feu.* « *Le dos au feu, le ventre à table, l'idéal de Béranger et de M. Prudhomme* » (LARBAUD). — Loc. *Le coin du feu* : l'endroit où l'on allume du feu (âtre, cheminée). — (1414) FEU DE JOIE, feu allumé en signe de réjouissance à l'occasion d'une fête. *Feux de la Saint-Jean.* FEU DE CAMP, feu allumé dans un camp de scouts, etc., et autour duquel on se réunit pour chanter, jouer des saynètes. *Par ext.* Veillée récréative. *Organiser un feu de camp.* ♦ 3° Source de chaleur (à l'origine, foyer enflammé) dans la transformation des aliments, etc. *Mettre un plat sur le feu. La soupe est sur le feu.* V. **Cuire.** — À, AU FEU. *Cuire à feu doux, à grand feu.* « *Un excellent ragoût... qui mijotait à feu doux* » (MAC ORLAN). *Plat qui va au feu* : qui résiste au feu (V. aussi **Pot-au-feu**). — COUP DE FEU : action vive du feu. — (1835) *Le cuisinier est dans son coup de feu* : au moment où tout est en train de cuire. — Fig. *Coup de feu* : moment de presse où l'on doit déployer une grande activité. ◇ *Par ext.* Foyer d'une cuisinière, d'un réchaud. *Cuisinière électrique, réchaud à gaz, à trois feux.* V. **Techn.** Chaleur; source de chaleur dans les opérations techniques. *Premier, second, troisième feu* : degré de cuisson d'une matière vitrifiable. — *Feu nu* : qui chauffe directement (*opposé à feu de réverbère, qui chauffe par réverbération*). — *Feu de forge.* — Mar. *Pousser les feux* : activer la chauffe (en vue de l'appareillage). — *Les arts du feu.* V. **Céramique, émail, porcelaine, verre.** — Loc. *Faïence de grand feu,* cuite à haute température. *Pointes de feu,* application répétée d'une pointe incandescente sur des tissus vivants. *Le dentiste m'a fait des pointes de feu.* ♦ 4° *Par ext.* (*Vieilli*). Foyer, famille (dans un village). *Hameau de cinquante feux.* Loc. mod. *N'avoir ni feu ni lieu* :

ni foyer ni domicile fixe. « *On est sans feu ni lieu. Sans foi ni loi. On passe* » (SARTRE). ♦ 5° Embrasement, incendie. *Un seul quartier de la ville a échappé au feu.* — *Le feu est à la maison; il y a le feu.* Fig. *Il n'y a pas le feu* : soyez patient. *Éteindre, noyer un feu* (V. **Extincteur**). *Crier au feu,* pour alerter, appeler au secours. *Au feu! Faire la part du feu* (fig.) : se résigner à perdre ce qui ne peut plus être sauvé pour préserver le reste. V. **Abandonner, sacrifier.** « *Quelques-uns meurent pour que les autres soient sauvés. On fait la part du feu dans l'incendie* » (ST-EXUP.). — FEU DE CHEMINÉE : embrasement pour que les suies accumulée dans la cheminée. ◇ Loc. fig. *Mettre un pays à feu et à sang*. V. **Ravager, saccager.** *Conquérir un pays par le fer et par le feu.* V. **Violence.** ♦ 6° (XIᵉ) Supplice du bûcher. « *Urbain Grandier, condamné au feu comme magicien* » (VOLT.). Fig. *Faire mourir à petit feu,* lentement et cruellement. ♦ 7° (XXᵉ). Ce qui sert à allumer le tabac. *Avez-vous du feu?* Des allumettes, un briquet. ♦ 8° Littér. (*au plur.*). Chaleur. *Les feux de l'été.*

II. (XVIᵉ; de *mettre le feu aux poudres*). ♦ 1° COUP DE FEU. V. **Décharge, détonation** (d'une matière fulminante dans une arme). — ARME À FEU : toute arme lançant un projectile par l'explosion d'une matière fulminante (*spécialt.* une telle arme individuelle. V. **Fusil, pistolet, revolver**). ◇ *Faire long feu* : se dit d'une cartouche dont l'amorce brûle trop lentement, de sorte que le coup manque son but. « *Mon pistolet avait fait long feu* » (VIGNY). — Fig. *Faire long feu* : ne pas atteindre son but. V. **Échouer.** *Ce projet a fait long feu. Cette farce a fait long feu* : elle ne produit plus son effet, elle ne prend plus. — *Ne pas faire long feu* (fig.) : ne pas durer longtemps. *Leur association n'a pas fait long feu.* ♦ 2° (1680). Tir d'armes à feu; combat où l'on tire. V. **Tir.** *Ouvrir, commencer le feu sur un objectif. Faire feu.* ◇ *Faire feu* (fig.) : commandement militaire. *Cessez le feu.* V. **Cessez-le-feu.** *Puissance de feu d'un char d'assaut, d'un avion. Feu rasant, tendu, plongeant, courbe, roulant.* — Fig. *Un feu roulant* : une suite ininterrompue. « *C'était un feu roulant de paradoxes pratiques, d'amusantes fantaisies* » (RENAN). — *Se trouver, être entre deux feux* (fig. Être pris entre deux dangers). ♦ 3° Combat, guerre. *Aller au feu. Baptême du feu.* ♦ 4° FEU D'ARTIFICE. V. **Artifice.** — *Feu de Bengale,* composition chimique qui s'enflamme en produisant une lueur colorée; cette lueur. — *Feu grégeois*. ♦ 5° (1899; de *arme à feu*). *Pop.* Pistolet, revolver. *Il a sorti son feu.*

III. ♦ 1° (XVIIᵉ). Toute source de lumière (d'abord flamme d'un feu). V. **Lumière, flambeau, lampe, torche.** *Les feux de la ville. Feux des projecteurs,* au théâtre. Loc. fig. *Pleins feux sur qqn, qqch.* ♦ 2° Signal lumineux. V. **Fanal.** *Feux réglementaires d'un navire. Feux de côté : feu vert de tribord, feu rouge de bâbord. Naviguer tous feux éteints.* — *Les feux de la côte.* V. **Phare.** *Feu fixe, tournant, à éclipse. Terre de Feu* : la Patagonie, nommée *Terre des Feux* par Magellan (1520), à cause des nombreux feux allumés sur la côte. — *Feux d'un avion, d'une voiture. Feu de position, de stationnement. Feux clignotants.* — (Réglant la circulation routière) *Feu rouge* : passage interdit. *Feu jaune* : ralentir. *Feu vert* : voie libre. *Griller* au feu rouge. Loc. fig. (Néol.) *Donner le feu vert* : autoriser (une action). ♦ 3° Bougie dont on faisait usage aux audiences des criées (leur durée déterminait le temps des enchères). ♦ 4° Poét. *Les feux du firmament, de la nuit.* V. **Astre, étoile.** *Les feux de l'aurore, du couchant.* « *Mes sœurs, l'onde est plus traître aux premiers feux du jour* » (HUGO). ♦ 5° Loc. fig. *N'y voir que du feu* : ne rien y voir (comme celui qui est ébloui), et par ext. N'y rien comprendre. ♦ 6° Éclat. *Les feux d'un diamant. Pierre qui jette des feux, mille feux.* — *Le feu du regard.* « *Le bleu foncé de l'iris jetait un feu d'un éclat sauvage* » (BALZ.). ♦ 7° (1680). Couleur du feu. « *L'Oiseau de feu* », de Stravinski. Adj. *Rouge feu,* rouge orangé très vif.

IV. *Fig.* (XIIIᵉ). Se dit de ce qui est ardent. ♦ 1° Vx. Saveur excitante d'une boisson alcoolique. *Le feu d'un alcool.* « *Je goûtais dans l'auberge de Monte-Allegro l'épaisse rosée d'un vin de feu* » (FRANCE). ♦ 2° Sensation de chaleur intense, de brûlure. *Feu de la fièvre. Le feu lui monte au visage. Feu du rasoir* : irritation, sensation de brûlure après s'être rasé. ◇ EN FEU : très chaud. *Avoir les joues en feu.* ♦ 3° Ardeur des sentiments, des passions. V. **Ardeur, exaltation, fougue, vivacité.** — *Le feu de la colère.* — De *feu* : bouillant, enthousiaste, passionné. *Tempérament de feu.* « *Quelle âme de feu! quelle vie ravissante avec lui!* » (STENDHAL). — Loc. fam. *Être tout feu tout flammes pour* : enflammé, embrasé de passion. — *Feu de l'imagination, de l'inspiration. Le feu de l'éloquence. Parler avec feu.* V. **Chaleur, conviction, véhémence, vivacité.** « *Le feu des passions sont souvent celui du génie* » (MIRABEAU). *Dans le feu de l'action, de la dispute.* V. **Entraînement.** ♦ 4° Vx ou littér. Passion amoureuse. V. **Amour, flamme.** ♦ *Les feux de l'amour, de la passion.*

2. **FEU, FEUE** [fø]. *adj.* (*Fadude,* fém., XIᵉ; puis *faü, feü;* lat. pop. *fatutus* « qui a accompli son destin », de *fatum*). Dr., *littér.* ou *plaisant* (Avant le nom). Qui est mort depuis

peu de temps. V. **Défunt**. « *La feue impératrice a gardé la Hongrie* » (HUGO). *Son feu père*. ◊ (Avant l'article, le possessif : invar.) « *Feu la mère de Madame* » (FEYDEAU). *Feu son père*.

FEUDATAIRE [fødatɛʀ]. *n.* (XVe ; repris XVIIIe ; lat. médiév. *feudatarius*, de *feudum*. V. **Fief**). *Hist*. Titulaire d'un fief (V. **Vassal**). *Grands feudataires* : les principaux vassaux de la couronne. ◊ ANT. *Suzerain*.

FEUDISTE [fødist(ə)]. *n. m.* (1586 ; lat. médiév. *feudista*, de *feudum*. V. **Fief**). *Didact*. Spécialiste du droit féodal.

FEUIL [fœj]. *n. m.* (1961 ; lat. *folia*). *Techn*. Revêtement de très faible épaisseur. — Recomm. offic. pour *film* dans les acceptions autres que cinématographiques et photographiques. ◊ HOM. **Feuille**.

FEUILLAGE [fœjaʒ]. *n. m.* (1324 ; de *feuille*). ♦ 1° Ensemble des feuilles d'un arbre ou d'une plante de grande taille. *Feuillage du chêne, du houx, du lierre. Feuillage vert*. V. **Verdure**. *S'asseoir à l'ombre du feuillage*. V. **Feuillée, ramée, ramure**. *Berceau de feuillage* (charmille, tonnelle). ♦ 2° *Rameaux coupés, couverts de feuilles. Se faire un lit de feuillage*. ♦ 3° Représentation de feuilles. *Feuillages d'un chapiteau*.

FEUILLAGISTE [fœjaʒist(ə)]. *n.* (fin XIXe ; de *feuillage*). *Techn*. Personne qui fabrique du feuillage artificiel.

FEUILLAISON [fœjɛzɔ̃]. *n. f.* (1763 ; de *feuiller* « se couvrir de feuilles ». V. **Feuille**). Renouvellement annuel des feuilles. V. **Foliation**. « *Contempler sur les arbres de son petit jardin, les premiers indices de la feuillaison printanière* » (MICHELET). ◊ ANT. *Défeuillaison*.

FEUILLANT, ANTINE [fœjɑ̃, ɑ̃tin]. *n.* (XIIe ; de *N.-D. de Feuillans*, près de Toulouse). ♦ 1° Religieux, religieuse de l'ordre de Cîteaux, réformé par Jean de La Barrière. ♦ 2° *Hist. N. m. pl.* Nom donné en 1791 aux modérés, ou constitutionnels, dont le club siégeait dans un ancien couvent de feuillants.

FEUILLARD [fœjaʀ]. *n. m.* (XIVe ; de *feuille*). *Techn*. ♦ 1° Branche flexible fendue en deux qui sert à faire des cerceaux de tonneaux. *Feuillard de châtaignier, de saule*. ♦ 2° *Par anal*. Bande étroite de fer servant à consolider un emballage. — Adj. *Fer feuillard*, vendu en lames larges et plates.

FEUILLE [fœj]. *n. f.* (*Fueille, foille*, XIIe ; lat. *folia*, plur. neutre devenu fém. V. **Foliacé**).
I. ♦ 1° Partie des végétaux qui naît de la tige et quelquefois de la racine, et dont l'aspect est le plus souvent celui d'une lame mince de couleur verte (V. **-Phylle**). *Parties de la feuille*. V. **Limbe, pétiole**. *Feuille sans pétiole* (acaule, engainante, sessile). *Charpente d'une feuille*. V. **Nervure**. *Tissu de la feuille* : parenchyme. *Matière colorante des feuilles* : chlorophylle. *Feuille simple ; composée* (V. **Foliole**). *Feuille découpée, dentée, dentelée, lobée, digitée*. *Feuilles alternes, opposées, verticillées. Feuilles caduques, persistantes*. — *Feuille de marronnier, de rosier, de menthe, de nénuphar. Feuilles de carotte* (V. **Fane**). *Feuille de tabac. Jeunes feuilles*. V. **Bouton, pousse**. *Ensemble des feuilles d'un arbre*. V. **Feuillage**. *Apparition, chute des feuilles*. V. **Feuillaison** ; *défeuillaison. Feuilles sèches, séchées, mortes. Les Feuilles d'Automne*, poèmes de V. Hugo. — *Loc. Descendre en feuille morte*, se dit d'un avion qui se laisse descendre par grands mouvements obliques, comme une feuille morte. — *Trembler comme une feuille*. — *Se dit couramment des folioles* (*trèfle à quatre feuilles*), des bractées qui ressemblent à des feuilles (*feuilles d'artichaut*). ◊ Représentation de certaines feuilles. *Feuille de chêne d'un képi de général. Feuille d'acanthe sculptée. Feuille de vigne*, feuille sculptée cachant le sexe des statues nues. ♦ 2° *Littér*. Pétale. « *Languissante, elle choit un à un ses feuillets meurt, feuille à feuille déclose* » (RONSARD). *Fig. et fam. Girofflée à cinq feuilles* : la main qui gifle.
II. ♦ 1° (*Fueil*, XIIe). Morceau de papier rectangulaire. *Endroit, envers d'une feuille* (V. **Recto, verso**). *Face d'une feuille*. V. **Page**. *Feuille blanche, vierge ; feuille écrite, manuscrite, imprimée. Feuille de papier à lettre. Feuille d'écolier*. V. **Copie**. *Feuille simple, double. Feuille volante* : isolée. *Assemblage de feuilles*. V. **Bloc, cahier, livre, livret**. *Feuille d'impression. Plier une feuille. Feuillet. Feuille dépareillée*. V. **Défet**. *Feuille de garde. Feuille insérée dans un livre*. V. **Encart**. *Bonnes feuilles* : tirées définitivement ; *par ext*. Extrait d'un livre à paraître publié dans une revue, un journal. *Ouvrage en feuilles* : dont les feuilles ne sont pas encore assemblées. ◊ (Papiers, documents, états) *Feuille d'impôt. Feuille de paye. Feuille de présence. Feuille de route. Feuille de température*. ♦ 2° (XVIIIe). Feuille imprimée à caractère pamphlétaire. *Mod*. Périodique (journal, hebdomadaire). « *Le Pilote était une feuille radicale dirigée par monsieur Tissot* » (BALZ.). « *C'était une feuille d'extrême gauche qui le citait souvent avec faveur* » (DUHAM.). *Loc. fam. Feuille de chou**. ♦ 3° (1392). Plaque mince (d'une matière quelconque). *Feuille de carton, de contre-plaqué. Feuilles de métal*. ♦ 4° *Pop*. (1928 ; de *feuille de chou* « oreille », 1867). Oreille. *Être dur de la feuille* : un peu sourd. ◊ HOM. **Feuil**.

1. FEUILLÉ, ÉE [fœje]. *adj.* (XIIe ; de *feuille*). *Vx*. Garni de feuilles. *Rameau feuillé*. V. **Feuillu**. « *Les arbres étaient encore verts et feuillés au milieu du mois de novembre* » (BALZ.).

2. FEUILLÉE [fœje]. *n. f.* (XIIe ; de *feuille*). ♦ 1° *Vx*, *région*. ou *littér*. Abri que forme le feuillage des arbres. *Danser sous la feuillée*. V. **Ramée**. « *La pluie ne perce pas la feuillée de ces gros chênes* » (SAND). ♦ 2° LES FEUILLÉES : tranchée destinée à servir de latrines aux troupes en campagne.

FEUILLE-MORTE [fœjmɔʀt(ə)]. *adj. invar*. (1675 ; de *feuille*, et *morte*). De la couleur des feuilles mortes, brun roux assez clair. *Soie feuille-morte*.

FEUILLER [fœje]. *v.* (*Fueillier*, XIIe ; de *feuille*). ♦ 1° V. *intr*. (*Rare*). Se garnir de feuilles. *Arbre qui commence à feuiller*. ♦ 2° V. *tr.* (*Techn*.). Pratiquer une feuillure. V. **Feuillure**. *Feuiller une planche*.

FEUILLERET [fœjʀɛ]. *n. m.* (1690 ; de *feuille*). *Techn*. Rabot pour faire des feuillures.

FEUILLET [fœjɛ]. *n. m.* (XIVe ; *foillet* « petite feuille », 1160 ; de *feuille*). ♦ 1° Chaque partie d'une feuille de papier pliée une ou plusieurs fois sur elle-même pour former une feuille double, un cahier. V. **Folio**. *Les deux faces d'un feuillet*. V. **Page**. *Tourner les feuillets d'un livre*. V. **Feuilleter**. ♦ 2° (1690 ; à cause des plis ou « livrets » (BUFF.). Troisième poche de l'estomac des ruminants. ♦ 3° *Biol. Feuillets embryonnaires* : les trois lames cellulaires (ectoderme, mésoderme et endoderme) qui se développent après la segmentation et desquelles se différencient plus tard les divers tissus et organes. ♦ 4° (1832). Planche mince.

FEUILLETAGE [fœjtaʒ]. *n. m.* (1798 ; autre sens, XVIe ; de *feuilleter*). Action de feuilleter la pâte ; aspect feuilleté d'une pâte.

FEUILLETÉ, ÉE [fœjte]. *adj.* (1552 ; V. **Feuilleter**). ♦ 1° Qui présente des feuilles, des lames superposées. *Roche feuilletée*. ♦ 2° *Pâte feuilletée* : pâte légère formée de fines feuilles superposées, obtenue par des pliures successives. *Pâte feuilletée des mille-feuilles, des vol-au-vent. Gâteau feuilleté*, et subst. *Un feuilleté*.

FEUILLETER [fœjte]. *v. tr.* ; conjug. *jeter* (XVIe ; autre sens, XIIIe ; de *feuillet*). ♦ 1° Tourner les pages de (un livre, un cahier), *spécialt*. en les regardant, en les lisant rapidement et un peu au hasard. V. **Lire**, une revue. V. **Feuilleter**. *Compulser. Je n'ai pas lu ce roman, je n'ai fait que le feuilleter. Parcourir*. ♦ 2° (1680). *Feuilleter de la pâte* : la beurrer et la plier plusieurs fois, afin que cuite elle présente des feuilles.

FEUILLETIS [fœjti]. *n. m.* (1755 ; de *feuilleter*). ♦ 1° Endroit où l'ardoise est facile à diviser en feuilles. ♦ 2° Contour tranchant d'un diamant.

FEUILLETON [fœjtɔ̃]. *n. m.* (1790 ; de *feuillet*). *Techn*. ♦ 1° *Imprim. Vx*. Petit cahier contenant le tiers de la feuille d'impression. ◊ *Mod*. Papier fort (carte) de qualité inférieure. ♦ 2° (1811). *Cour*. Partie réservée au bas d'un journal pour une rubrique régulière. — Article de littérature, de sciences, de critique, qui paraît régulièrement dans un journal, généralement au bas d'une page. V. **Article, chronique, rubrique**. « *Un auteur écrivait pour dix mille lecteurs ; on lui donne le feuilleton d'hebdomadaire : il en aura trois cent mille* » (SARTRE). ♦ 3° Fragment, chapitre d'un roman qui paraît dans un journal. *Histoire fragmentaire* (télévision, radio). ◊ (*Feuilleton-roman*, vx) ROMAN-FEUILLETON, roman qui paraît par fragments dans un journal. *Lire, suivre le roman-feuilleton d'un quotidien du soir*. « *Cette grande banlieue équivoque autour de Paris, cadre des scènes les plus troublantes des romans-feuilletons et des films à épisodes français* » (ARAGON). — *Fig*. Histoire invraisemblable. *C'est du roman-feuilleton !*

FEUILLETON(N)ESQUE [fœjtɔnɛsk(ə)]. *adj.* (1964 ; de *feuilleton*). Qui a les caractéristiques du feuilleton. *Un style feuilletonesque*.

FEUILLETONISTE [fœjtɔnist(ə)]. *n.* (1817 ; de *feuilleton*). Personne qui fait des feuilletons dans un journal ; qui écrit des romans-feuilletons.

FEUILLETTE [fœjɛt]. *n. f.* (XVe ; var. *fillette*, XVe ; o. i. ; p.-ê. de *feuille* « planche »). Tonneau dont la capacité varie de 114 à 140 litres.

FEUILLU, UE [fœjy]. *adj.* (*Foillu*, XIIe ; de *feuille* 1). ♦ 1° Qui a beaucoup de feuilles. V. **Touffu**. *Chêne feuillu*. ♦ 2° Qui porte des feuilles. *Arbres feuillus* (opposé à arbres résineux à aiguilles).

FEUILLURE [fœjyʀ]. *n. f.* (1334 ; de *feuille*). Entaille, rainure dans un panneau, pour y loger une autre pièce. « *Quelques photos insérées dans la feuillure de la glace* » (MART. du G.). — Entaille des pieds-droits, du linteau d'une baie, recevant le bâti.

FEULEMENT [fœlmɑ̃]. *n. m.* (XXe ; de *feuler*). Cri du tigre.

FEULER [fœle]. *v. intr.* (1892 ; altér. de *feler*, du rad. *felis* « chat »). Crier (tigre). Grogner (chat).

FEUTRAGE [føtʀaʒ]. *n. m.* (1723 ; de *feutrer*). Action de feutrer (1°), de se feutrer (2°).

FEUTRE [føtʀ(ə)]. *n. m.* (XIIᵉ; frq. °*filtir;* Cf. Filtre).
♦ 1° Étoffe obtenue en foulant et en agglutinant du poil ou de la laine. *Semelle de feutre. Tricot usagé qui prend l'aspect du feutre.* V. **Feutrage.** ♦ 2° *Par méton.* Objet de feutre. ◇ (XVIIᵉ) Chapeau. « *Un feutre chasseur à bords baissés* » (ROMAINS). *Il est coiffé d'un feutre gris.* ◇ *Feutres d'un piano, d'une machine à écrire,* petites pièces de feutre servant à empêcher les vibrations. ◇ Crayon* feutre. *Écrire avec un feutre.*

FEUTRÉ, ÉE [føtʀe]. *adj.* (1196; V. Feutrer). ♦ 1° *Techn.* Fait de feutre ou travaillé comme du feutre. *Étoffe feutrée.* ◇ Garni de feutre, ou de qqch. qui donne l'impression du feutre. V. **Ouaté.** « *L'appartement me sembla très vaste et bien feutré de tapis doux, de tentures lourdes* » (MART.). ♦ 2° Qui a pris l'aspect du feutre. *Lainage feutré.* ♦ 3° Étouffé, peu sonore. *Bruit feutré. Marcher à pas feutrés.* V. **Discret, silencieux.**

FEUTRER [føtʀe]. *v. tr.* (XIIᵉ; de *feutre*). ♦ 1° *Techn.* Mettre en feutre (du poil, de la laine). ◇ Garnir de feutre. *Feutrer une selle.* ♦ 2° Donner l'aspect du feutre. Pronom. *Se feutrer,* se dit des lainages qui prennent l'aspect du feutre après lavage. — Intrans. *Un lainage qui feutre.* ♦ 3° *Fig.* Amortir, étouffer un bruit. « *Il voyait tourbillonner les flocons de neige... qui feutraient les échos de la rue* » (MART. DU G.).

FEUTRINE [føtʀin]. *n. f.* (1959; de *feutre*). Tissu de laine feutré. *Jupe de feutrine.*

FÈVE [fɛv]. *n. f.* (1265; lat. *faba*). ♦ 1° Plante *(Légumineuses)* annuelle, vesce dont les graines se consomment fraîches ou conservées. *Champ de fèves.* ♦ 2° *Cour.* La graine de cette plante. *Grosse fève* ou *fève des marais* (au Québec, on l'appelle GOURGANE [guʀgan], *n. f.). Écosser des fèves. Petite fève.* V. **Féverole.** ◇ *Fève des Rois,* fève (et *par ext.* petite figurine, etc.) que l'on met dans un gâteau le jour de la fête des Rois. ♦ 3° *Région.* (Canada). Haricot*. *Fèves vertes, jaunes, rouges.* — *Fèves au lard,* plat de haricots secs au lard, cuits au four à feu modéré, avec de la mélasse et de la moutarde.

FÉVEROLE [fevʀɔl] ou **FAVEROLE** [favʀɔl]. *n. f.* (XIVᵉ; de *fève*). Variété de fève fourragère. (On dit aussi FASÉOLE [fazeɔl]).

FÉVIER [fevje]. *n. m.* (1786; de *fève*). Arbre épineux *(Césalpiniées)* dont le fruit renferme de grosses graines semblables à des fèves.

FÉVRIER [fevʀije]. *n. m.* (XIIᵉ; bas lat. *febrarius,* class. *februarius* « mois de purification »). Second mois de l'année, qui a vingt-huit jours dans les années ordinaires et vingt-neuf dans les années bissextiles.

FEZ [fɛz]. *n. m.* (1787; *fes,* 1677; de *Fez,* ville du Maroc). Calotte tronconique de laine ornée parfois d'un gland ou d'une mèche. *De nombreux musulmans portent encore le fez* (V. Chéchia).

F.F.I. [ɛfɛfi]. *n. m.* (1944; initiales). *Fam.* Membre des Forces Françaises de l'Intérieur, sous l'occupation allemande. V. **Résistant.**

FI ! [fi]. *interj.* (XIIIᵉ; onomat., p.-ê. rad. du lat. *fimus* « fumier »). ♦ 1° *Vx* ou *plais.* Interjection exprimant la désapprobation, le dédain, le mépris, le dégoût. V. **Pouah !** « *Fi donc ! lui dit-elle en le repoussant* » (STENDHAL). « *Vous aimez ce brave homme ? — Fi, l'indiscret !* » (DUHAM.). ♦ 2° (1835). FAIRE FI DE : dédaigner, mépriser. *Il a fait fi de mes richesses.* ⊗ HOM. Formes du v. faire. Phi.

FIABILITÉ [fjabilite]. *n. f.* (répandu 1962; de *fiable; fiableté,* XIIIᵉ). *Techn.* Aptitude d'un système, d'un matériel, à fonctionner sans incidents pendant un temps donné. « *Batteries rechargeables de haute fiabilité* » (La Recherche, janv. 1974). ◇ Caractère de ce qui est fiable, digne de confiance.

FIABLE [fjabl(ə)]. *adj.* (XIIᵉ; repris mil. XXᵉ; de *se fier*). *Techn.* Se dit d'un matériel dans lequel on peut avoir confiance, qui fonctionne bien. « *Les machines deviennent plus fiables* » (Le Monde, 24-9-1968). ◇ *Par ext.* À qui on peut se fier (personnes, institutions).

FIACRE [fjakʀ(ə)]. *n. m.* (1650; nom pr., ou de saint *Fiacre,* à cause d'une enseigne). Voiture à cheval qu'on loue à la course ou à l'heure. *Prendre un fiacre. Cocher de fiacre.*

FIANÇAILLES [fjɑ̃saj]. *n. f. pl.* (1268; « promesse », XIIᵉ; de *fiancer*). Promesse solennelle de mariage, échangée entre futurs époux. *Bague de fiançailles. Rompre ses fiançailles.* — *Le temps qui s'écoule entre la promesse et la célébration du mariage.*

FIANCÉ, ÉE [fjɑ̃se]. *n.* (1367; « engagé d'honneur », 1180; V. Fiancer). Personne fiancée. *Les deux fiancés.* V. **Accordé** (*vx*)*, futur, prétendu, promis.* « *Alors j'ai devant moi le fiancé d'Isabelle ? — Fiancé est trop dire. J'ai demandé sa main* » (GIRAUDOUX).

FIANCER [fjɑ̃se]. *v. tr.;* conjug. *placer* (XIIᵉ, « prêter serment, promettre »; *fiancer sa foi* (pour le mariage), XIIIᵉ; de l'a. fr. *fiance* « état de l'âme qui se fie; engagement ». V. **Fier**). Engager par une promesse de mariage. *Les parents ont fiancé leur fille.* V. **Promettre.** — SE FIANCER. *v. pron. Il vient de se fiancer avec une telle, à une telle. Ils se sont fiancés hier.*

FIASCO [fjasko]. *n. m.* (v. 1822; de la loc. it. *far fiasco* « échouer »). ♦ 1° Défaillance, échec d'ordre sexuel. ♦ 2° Échec. *L'entreprise a fait fiasco.* V. **Échouer.** *Cette pièce est un fiasco.* ⊗ ANT. Réussite.

FIASQUE [fjask(ə)]. *n. f.* (1808; « mesure italienne », XVIᵉ; it. *fiasco*). Bouteille à col long et à large panse garnie de paille, en usage en Italie. « *Une fiasque de vin blanc doré d'Ischia* » (LAMART.).

FIAT [fjat]. *n. m. invar.* (XXᵉ; en angl. 1881; mot lat. « que cela soit »). *Psycho.* Décision volontaire après délibération.

FIBRANNE [fibʀan]. *n. f.* (1941; de *fibre*). Textile artificiel à fibres courtes associées par torsion.

FIBRE [fibʀ(ə)]. *n. f.* (1372; lat. *fibra*). ♦ 1° *Anat.* Formation élémentaire, végétale ou animale, d'aspect filamenteux, se présentant généralement sous forme de faisceaux. *Fibre conjonctive, musculaire, nerveuse.* V. **Nerf.** *Petite fibre.* V. **Fibrille.** (Cour.) *Les fibres du bois, d'une tige, de la viande.* ♦ 2° *Spécialt. Fibre textile,* substance filamenteuse susceptible d'être filée et tissée. *Fibres d'origine animale* (laine, poil, soie), *végétale* (aloès, chanvre, coton, crin, jute, kapok, lin, raphia), *minérale* (amiante, verre). V. **Fibranne.** *Fibre synthétique* (banlon, dacron, dralon, nylon, orlon, polyester, rhodia, tergal, etc.). ◇ *Fibre de bois,* bois découpé mécaniquement en fibres minces, employé pour l'emballage, comme matière calorifuge, dans la fabrication du papier. — *Fibre de verre,* utilisée dans l'isolation thermique. — *Fibres optiques,* cylindres de très petit diamètre, conducteurs de lumière par réflexion totale, utilisés dans la fabrication d'instruments d'optique (endoscope, etc.). ◇ *Matière fabriquée à partir de fibres* (de bois, synthétiques). « *Tout son bagage tenait dans une mallette en fibre* » (AYMÉ). ♦ 3° (XVIIIᵉ) *de fibres nerveuses). Par métaph. Les fibres,* considérées comme organes de la sensibilité. *Ces liens* « *qui touchent à toutes nos fibres, parce qu'ils se sont attachés dans les replis de notre cœur* » (BALZ.). ◇ (Au sing.) *La fibre paternelle :* disposition à ressentir les émotions de la paternité. *Faire jouer la fibre patriotique.* V. **Corde, sentiment.** « *Une nation chez qui la fibre militaire a toujours palpité si ardemment* » (GAUTIER).

FIBREUX, EUSE [fibʀø, øz]. *adj.* (1545; de *fibre*). Qui a des fibres. *Tissu fibreux, chair fibreuse.* — *Techn. Construction en panneaux fibreux.* V. **Aggloméré.**

FIBRILLAIRE [fibʀijɛʀ]. *adj.* (1811; de *fibrille*). *Méd.* Qui est constitué de fibrilles, qui s'y rapporte. *Contraction fibrillaire* (d'un muscle).

FIBRILLATION [fibʀijɑsjɔ̃]. *n. f.* (1907; de *fibrille*). *Méd.* Contractions rapides et désordonnées des fibres musculaires, *spécialt.* de celles du muscle cardiaque.

FIBRILLE [fibʀij]. *n. f.* (1675; de *fibre*). Petite fibre. *Les fibrilles d'une racine.* — *Par ext.* « *La figure vive, fine, était striée de fibrilles roses sur les joues* » (HUYSMANS).

FIBRINE [fibʀin]. *n. f.* (1800; de *fibre*). *Physiol.* Substance protidique filamenteuse, blanchâtre et élastique qui enserre les globules du sang, de la lymphe, au cours de la coagulation.

FIBRINEUX, EUSE [fibʀinø, øz]. *adj.* (1843; de *fibrine*). *Physiol.* Riche en fibrine. *Dépôt fibrineux.*

FIBRINOGÈNE [fibʀinɔʒɛn]. *n. m.* (1858; de *fibrine,* et *-gène). Biochim.* Protéine du plasma sanguin qui se transforme en fibrine sous l'action de la thrombine (phénomène normal de la coagulation du sang).

FIBRO-. Élément, de *fibre* (mots techn.).

FIBROCIMENT [fibʀɔsimɑ̃]. *n. m.* (1907; marque déposée; de *fibro-,* et *ciment*). Matériau de construction en amiante-ciment (fibres d'amiante et ciment). V. **Aggloméré.**

FIBROÏNE [fibʀɔin]. *n. f.* (1872; de *fibre*). *Sc., techn.* Matière soyeuse filamenteuse et transparente constituant en partie la soie du cocon des insectes séricigènes (vers à soie, etc.).

FIBROMATEUX, EUSE [fibʀɔmatø, øz]. *adj.* (v. 1970; de *fibrome*). Relatif au fibrome, à la fibromatose. *Col de l'utérus fibromateux.* — Subst. *Un fibromateux, une fibromateuse.*

FIBROMATOSE [fibʀɔmatoz]. *n. f.* (1953; de *fibrome*). *Méd.* Développement de tumeurs fibreuses, de fibromes. *Fibromatose cutanée.*

FIBROME [fibʀom]. *n. m.* (1856; de *fibre*). Tumeur formée par du tissu fibreux.

FIBROMYOME [fibʀomjom]. *n. m.* (1890; de *fibro*[me], et *myome). Pathol.* Tumeur bénigne constituée de tissu musculaire et de tissu fibreux. *Fibromyome de l'utérus, de la prostate.*

FIBULE [fibyl]. *n. f.* (1530; lat. *fibula*). Agrafe, broche antique servant à retenir les extrémités d'un vêtement.

FIC [fik]. *n. m.* (1492; *fi,* XIIIᵉ; lat. *ficus). Vétér.* Verrue des bovins, des chevaux.

FICAIRE [fikɛʀ]. *n. f.* (1786; lat. bot. *ficaria,* de *ficus* « verrue »; on croyait la guérissait). Petite plante de printemps, à fleurs jaunes. *La ficaire est appelée fausse-renoncule*, éclairette. « *Ses ficaires vernies, étoiles jaunes parmi des feuilles grasses dont chacune a la forme d'un cœur* » (GENEVOIX).

FICELAGE [fislaʒ]. *n. m.* (1765; de *ficeler*). Action de ficeler (1°); son résultat.

FICELÉ, ÉE [fisle]. *adj.* (1694; V. *Ficeler*). ♦ 1° Qu'on a ficelé. *Paquet ficelé. On l'a retrouvé ficelé* (plais. *comme un saucisson*). ♦ 2° (1833). *Fam.* Habillé. *Mal ficelé.* V. **Fagoté.** *Des dames « joliment ficelées »* (BALZ.). ♦ 3° Fig. *Un travail bien ficelé* : bien fait.

FICELER [fisle]. *v. tr.*; conjug. *appeler* (1694; de *ficelle*). ♦ 1° Attacher, lier avec de la ficelle. *Ficeler un paquet, une liasse. Ficeler un rôti, une volaille.* V. **Brider.** — *Ficeler un prisonnier à un poteau.* ♦ 2° *Fam.* et rare (1837). Habiller. V. **Ficelé.**

FICELLE [fisɛl]. *n. f.* (1564; *fincelle*, 1350; lat. pop. °*funicella*, de *funicula*, de *funis* « corde », avec infl. de *fil*). **I.** ♦ 1° Corde mince. *Ficelle de coton, de jute, de papier. Bouts de ficelle. Lier, attacher avec des ficelles.* V. **Ficeler.** *Défaire la ficelle d'un colis.* ♦ 2° Spécialt. *Les ficelles qui font mouvoir les marionnettes.* V. **Fil.** Fig. *Celui qui tire les ficelles* : celui qu'on ne voit pas et qui fait agir les autres. « *Des gens se font tuer... Certains... considèrent ces martyrs comme des pantins dont eux savent tenir en main les ficelles* » (GIDE). ◇ *Par ext.* (1841) Artifice caché. *Les ficelles d'un art, d'un métier, les procédés cachés.* V. **Truc.** — *La ficelle est un peu grosse* (Cf. C'est cousu de fil blanc). ♦ 3° *Adj.* (1792). *Vieilli.* Malin, retors. *Méfiez-vous, il est très ficelle!* **II.** *Par anal.* ♦ 1° (1895). *Fam.* Galon. *Le capitaine attend sa quatrième ficelle.* ♦ 2° Petite baguette (pain).

FICELLERIE [fisɛlʀi]. *n. f.* (1872; de *ficelle*). *Techn.* Fabrique, magasin ou dépôt de ficelle.

FICHANT, ANTE [fiʃɑ̃, ɑ̃t]. *adj.* (1678; de *ficher*). ♦ 1° *Milit.* Qui traverse l'obstacle presque à angle droit. *Tir fichant.* ♦ 2° *Fam.* et vieilli. Ennuyeux (V. **Ficher**, II, 2°).

FICHE [fiʃ]. *n. f.* (1413; « pointe », XIIᵉ; de *ficher*). ♦ 1° Cheville, tige de bois ou de métal destinée à être fichée, enfoncée. *Fiche d'arpenteur :* grosse aiguille à anneau qu'on fixe au sol. — (Électr.) *Fiches d'alimentation :* fiches métalliques (appelées aussi *broches*) qu'on enfonce dans les douilles d'une prise de courant. *Fiche de standard téléphonique, que l'opérateur enfonce dans un jack.* ♦ 2° (1690). Plaque ou jeton qui servait de marque à certains jeux. « *Un piquet à deux sous la fiche* » (MUSS.). ♦ 3° (1872). Feuille, carton sur lequel on inscrit des renseignements en vue d'un classement. *Fiche médicale, anthropométrique, bancaire.* « *Les méthodiques, qui faisaient remplir une fiche et la classaient ensuite* » (CAMUS). *Fiches perforées, mécanographiques.* V. **Carte.** *Consulter des fiches dans un fichier.*

FICHER [fiʃe]. *v. tr.* (1120; lat. pop. °*figicare*, puis °*ficcare*, de *figere* « attacher, fixer »). **I.** (Au p. p. FICHÉ). *Vieilli.* Faire pénétrer et fixer par la pointe. V. **Planter.** *Ficher un pieu en terre. Ficher un clou dans un mur.* V. **Clouer, enfoncer.** Pronom. « *Une épine aiguë se fiche dans son pied* » (FÉN.). *Au p. p.* (Mod.) « *Des piquets, fichés obliquement en terre* » (THARAUD). **II.** *Fam.* (1628, arg., rép. XVIIIᵉ; par infl. de *foutre*, inf. cour. FICHE, et p. p. cour. FICHU). S'emploie par euphémisme à la place de *foutre.* ♦ 1° Faire. *Je n'ai rien fichu aujourd'hui.* ◇ Donner. *Ne pas en ficher* (en fiche) *un coup, une rame, une secousse.* V. **Travailler.** *Ficher des coups.* V. **Flanquer.** *Je te fiche mon billet qu'il viendra* : je te le garantis. « *Ça me fiche le cafard* » (MAUROIS). *Fiche-moi la paix!* laisse-moi tranquille. — Mettre. *Ils ont fichu le gouvernement par terre.* V. **Renverser.** Pronom. *Il s'est fiché, fichu par terre.* V. **Tomber.** *Elle s'est fait fiche à la porte.* V. **Chasser, expulser.** *Ficher qqn dedans,* le faire se tromper. Pronom. « *Je me suis trompé, fichu dedans, fourré le doigt dans l'œil* » (Cl. SIMON). ◇ *Ficher* (fiche) *le camp,* décamper, partir. ♦ 2° SE FICHER, SE FICHE DE... *v. pron.* Se moquer. — *Au p. p. Fichu. Il s'est fichu de moi.* V. **Moquer** (se), railler. — *Je m'en fiche :* ça m'est égal. *Je m'en fiche et m'en contrefiche.* « *Vous vous fichez pas mal de son bonheur* » (COLETTE).

FICHET [fiʃɛ]. *n. m.* (1740; autre sens, 1611; dimin. de *fiche*). Petite fiche (1°) qu'on met dans les trous, au trictrac.

FICHIER [fiʃje]. *n. m.* (1922; de *fiche*). ♦ 1° Collection de fiches. « *La fiche descriptive, destinée au second fichier, ne sera établie qu'après l'enquête* » (ROMAINS). ♦ 2° Meuble, boîte, classeur contenant des fiches.

FICHISTE [fiʃist(ə)]. *n. m.* (1960; de *fiche*, 3°). Spécialiste qui fait des fiches de documentation. V. **Documentaliste.**

FICHOIR [fiʃwaʀ]. *n. m.* (1680; de *ficher*). *Rare.* Morceau de bois fendu qui sert à fixer sur une corde du linge, des estampes. V. **Épingle, pince.**

FICHTRE! [fiʃtʀ(ə)]. *interj.* (1808; croisement entre *ficher* et *foutre*). *Fam.* Exprime l'étonnement, l'admiration, la contrariété. *Fichtre non!* « *Une belle opération, fichtre, la vente de son hôtel à des Américains!* » (COLETTE).

FICHTREMENT [fiʃtʀəmɑ̃]. *adv.* (v. 1900; de *fichtre*). Extrêmement. *Ce petit vin est fichtrement bon!*

1. **FICHU** [fiʃy]. *n. m.* (1695; probabl. de *fichu* (2) « mis à la hâte »). Pièce d'étoffe dont les femmes se couvrent la tête, la gorge et les épaules. V. **Carré, châle, mantille, pointe.** *Fichu de laine. Nouer un fichu sous le menton.*

2. **FICHU, UE** [fiʃy]. *adj.* (1611; de *ficher*, d'apr. *foutu*). ♦ 1° *Fam.* Détestable, mauvais. *Il a un fichu caractère. Fichu temps! Fichu métier!* V. **Maudit.** « *Je maudis la fichue idée que j'ai eue de venir ici* » (GIDE). ♦ 2° *Fam.* Dans une fâcheuse situation, un mauvais état. *Il n'en a plus pour longtemps, il est fichu.* V. **Condamné, perdu.** *Mon costume est fichu.* ♦ 3° Arrangé, mis dans un certain état. *Il est fichu comme quatre sous, comme l'as de pique.* — MAL FICHU : un peu malade, souffrant; contrefait, difforme. V. **Capable de.** *Elle n'est pas fichue de gagner sa vie. Il est fichu de nous faire entrer dans un série, il est... en conduisant comme ça!*

FICTIF, IVE [fiktif, iv]. *adj.* (h. XVᵉ; 1609; lat. *fictus*, p. p. de *fingere* « feindre »). ♦ 1° Créé par l'imagination. *Des personnages fictifs.* V. **Allégorique, fabuleux, imaginaire.** Subst. « *Mêlant le réel au fictif, je flottais dans un monde d'images* » (BOSCO). ♦ 2° Qui n'existe qu'en apparence. V. **Faux, feint.** *Promesses fictives.* « *Cette scène de séparation fictive finissait par me faire presque autant de chagrin que si elle avait été réelle* » (PROUST). ♦ 3° *Écon.* Qui n'a de valeur qu'en vertu d'une convention, d'une fiction. V. **Conventionnel, extrinsèque, supposé.** *Valeur fictive de la monnaie fiduciaire.* ◇ ANT. Effectif, intrinsèque, réel.

FICTION [fiksjɔ̃]. *n. f.* (XIIIᵉ; lat. *fictio*, de *fictus*, p. p. de *fingere.* V. **Feindre**). ♦ 1° *Vx.* Mensonge. « *Si la fiction est excusable, c'est où il faut fuindre de l'amitié* » (LA BRUY.). ♦ 2° (XIVᵉ). Fait imaginé (*opposé à* réalité). V. **Invention; imagination.** « *La vérité est, quoi qu'on dise, supérieure à toutes les fictions* » (RENAN). « *La fiction, quand elle a d'efficace, est comme une hallucination naissante* » (BERGSON). ◇ Création de l'imagination, en littérature. *Livre de fiction* (conte, roman). V. *aussi* **Science-fiction.** ◇ (en valeur d'adj., sur le modèle de *Science-fiction*). *Politique-fiction, urbanisme-fiction.* ♦ 3° *Dr., Écon.* (1690). Procédé qui consiste à supposer un fait ou une situation différente de la réalité pour en déduire des conséquences juridiques. V. **Convention.** ◇ ANT. Réalité, vérité.

FICTIVEMENT [fiktivmɑ̃]. *adv.* (XVᵉ; de *fictif*). D'une manière fictive, en vertu d'une fiction.

FICUS [fikys]. *n. m.* (mil. XIXᵉ; mot lat. « figuier »). Figuier. « *Les ficus qui bordent la rue* » (CAMUS).

FIDÉICOMMIS [fideikɔmi]. *n. m.* (XIIIᵉ; lat. jur. *fidei-commissum* « ce qui est confié à la bonne foi »). *Dr.* Disposition (don, legs) par laquelle une personne (le *disposant*) gratifie une autre personne (le *grevé de restitution*) d'un bien, pour qu'elle la remette à un tiers (l'*appelé* ou *fidéicommissaire*) à l'époque fixée par le disposant (généralement à son décès).

FIDÉICOMMISSAIRE [fideikɔmisɛʀ]. *n. m.* (XIIIᵉ; lat. *fideicommissarium.* V. le précéd.). Celui à qui un bien doit être remis en exécution d'un fidéicommis.

FIDÉISME [fideism(ə)]. *n. m.* (1838; lat. *fides.* V. **Foi**). ♦ 1° *Relig.* Doctrine selon laquelle la vérité absolue est fondée sur la révélation, sur la foi. ♦ 2° *Philo.* Doctrine admettant des vérités de foi et s'opposant au rationalisme.

FIDÉISTE [fideist(ə)]. *adj. et n.* (1842; du précéd.). Relatif au fidéisme. *Doctrine fidéiste.* Partisan du fidéisme. *Théologien fidéiste.* Subst. *Un fidéiste.*

FIDÉJUSSEUR [fideʒysœʀ]. *n. m.* (1358; lat. *fidejussor*, de *fides* « foi », et *jubere* « ordonner »). *Dr. (Vieilli).* Celui qui se porte garant de la dette d'un autre. V. **Caution.**

FIDÉJUSSION [fideʒysjɔ̃]. *n. f.* (XVIᵉ; lat. *fidejussio*). *Dr.* Caution, garantie donnée par le fidéjusseur.

FIDÉJUSSOIRE [fideʒyswaʀ]. *adj.* (XVIᵉ; lat. *fidejussorius*). *Dr.* Relatif à la fidéjussion. *Engagement fidéjussoire.*

FIDÈLE [fidɛl]. *adj. et n.* (*Fidel*, subst., Xᵉ; a remplacé la forme pop. *feoil.* V. **Féal**; lat. *fidelis*, de *fides* « foi »). **I.** *Adj.* ♦ 1° Qui ne manque pas à la foi donnée (à qqn), aux engagements pris (envers qqn). V. **Dévoué, loyal.** *Être, rester fidèle à qqn, envers qqn.* « *Il y avait là des compagnons bien fidèles, bien loyalement dévoués à leur seigneur* » (MICHELET). *Employé, serviteur fidèle* (à son maître). V. **Honnête, probe, sûr.** ♦ 2° Dont les affections, les sentiments (envers qqn) ne changent pas. V. **Attaché, constant.** *Ami fidèle.* V. **Bon, sincère, sûr, vrai.** *Compagnon fidèle. Chien fidèle.* ◇ *Spécialt.* Qui n'a de relations amoureuses qu'avec celui (celle) à qui elle (il) a donné sa foi. *Mari fidèle, femme, maîtresse fidèle. Elle est fidèle à son mari.* ♦ 3° FIDÈLE À (QQCH.) : qui ne manque pas à, qui ne trahit pas. *Être fidèle à ses promesses, à ses engagements, à sa parole.* V. **Tenir.** Loc. mod. *Fidèle au poste* (comme une sentinelle). V. **Solide.** Par ext. *Être fidèle à ses habitudes, à ses idées.* « *Ils resteront presque tous fidèles à leurs partis pris antérieurs,*

ou à une discipline de groupe » (ROMAINS). *Rester fidèle à soi-même :* ne pas changer ; garder ses qualités. — Fam. *Il est resté fidèle au chapeau melon. Être fidèle à un fournisseur.* — *Nos fidèles clients.* ♦ 4° *Vx.* Qui professe une religion (considérée comme la vraie). *Le peuple fidèle* (au vrai Dieu, à la vraie religion). Cf. *ci-dessous*, II, 2°. ♦ 5° Qui ne s'écarte pas de la vérité. *Historien, rapporteur, traducteur fidèle.* — Conforme à la vérité. V. **Correct, exact, sincère, vrai.** *Récit, témoignage fidèle. Traduction fidèle :* conforme au texte original. *Réalisation fidèle à la conception de l'auteur.* V. **Conforme.** « *Un bon tableau, fidèle et égal au rêve qui l'a enfanté* » (BAUDEL.). — *Souvenir fidèle :* exact et durable. — *Mémoire fidèle :* qui retient avec exactitude. ♦ 6° Dont les résultats ne sont pas altérés au cours du temps lors de mesures répétées. *Test, instrument de mesure fidèle.*
II. *N.* ♦ 1° Personne fidèle à. *Les fidèles du gouvernement. Par ext.* Client, cliente fidèle. *Je suis une fidèle des Galeries.* ♦ 2° (XVIᵉ). Personne unie à une Église, à une religion par la foi. V. **Croyant.** *Les fidèles* (de l'Église catholique). *L'assemblée, la congrégation des fidèles.* « *Ce beau nom que l'Église donne à son peuple :* les fidèles » (MADELIN). « *Les fidèles de la mosquée, leurs prières dites,... s'en allaient* » (DUHAM.).
◊ ANT. **Infidèle. Déloyal, félon, traître ; adultère, inconstant ; menteur, parjure. Faux, inexact. Incroyant.**
FIDÈLEMENT [fidɛlmã]. *adv.* (XVIᵉ ; de *fidèle ;* a remplacé *feoilment*). D'une manière fidèle. V. **Fidélité.** V. **Loyalement.** *Fidèlement vôtre* (à la fin d'une lettre). *Traduire fidèlement un texte.* V. **Exactement, scrupuleusement.** *Citer, rapporter, reproduire fidèlement.*
FIDÉLITÉ [fidelite]. *n. f.* (fin XIIIᵉ ; lat. *fidelitas ;* a remplacé *féalté, féauté,* de *féal*). ♦ 1° Qualité d'une personne fidèle (à qqn). V. **Dévouement, loyalisme.** *Fidélité à, envers qqn. Jurer fidélité. Serment de fidélité.* V. **Allégeance.** ♦ 2° Constance dans les affections, les sentiments. V. **Attachement, constance.** *Éprouver la fidélité de qqn. Fidélité du chien.* ◊ *Fidélité conjugale.* V. **Fidèle.** *Les époux se doivent fidélité. Les femmes fidèles* « *ne pensent qu'à leur fidélité et jamais à leurs maris* » (GIRAUDOUX). ♦ 3° *Fidélité à* (qqch.) : le fait de ne pas manquer à, de ne pas trahir. *Fidélité à un serment, à une promesse. Fidélité à une habitude, à ses convictions.* V. **Attachement.** ♦ 4° Conformité à la vérité. *Exactitude, véracité. Fidélité d'un traducteur ; d'une traduction ; d'une reproduction.* V. **Correction.** ♦ 5° Qualité de ce qui est fidèle* (6°). ◊ Qualité dans la reproduction du son ou de l'image par un appareil (radio, télévision, électrophone). *Chaîne acoustique à haute fidélité (hi-fi* [ifi], américanisme, est l'abréviation de l'angl. *high fidelity*). ◊ ANT. **Déloyauté, trahison ; inconstance, infidélité. Mensonge. Erreur, inexactitude.**
FIDUCIAIRE [fidysjɛʀ]. *adj.* et *n. m.* (1596 ; lat. jur. *fiduciarius,* de *fiducia* « confiance »). ♦ 1° Dr. *Héritier fiduciaire,* chargé d'un fidéicommis. — N. m. *Le fiduciaire :* le légataire chargé de restituer les biens en vertu d'un fidéicommis. ♦ 2° Écon. (1870). Se dit de valeurs fondées sur la confiance accordée à celui qui les émet. *Monnaie fiduciaire :* monnaie de papier (V. **Billet, papier-monnaie**), pièces de bronze, aluminium, etc. *Circulation fiduciaire.* ◊ *Société fiduciaire :* établissement s'occupant de l'organisation commerciale, comptable, administrative et fiscale pour le compte de sociétés privées (V. **Expert-comptable**).
FIDUCIAIREMENT [fidysjɛʀmã]. *adv.* (1839 ; de *fiduciaire*). Dr. À titre fiduciaire.
FIEF [fjɛf]. *n. m.* (XIIIᵉ ; *fieu* (compl.) ; *feu, fiet,* 1080 ; frq. *fëhu* « bétail » ; bas lat. *feudum, feodum.* V. **Féodal**). ♦ 1° Au moyen âge, Domaine concédé à titre de tenure noble par le seigneur à son vassal, à charge de certains services. V. **Féodal, féodalité.** *Domaine, bien donné en fief. Fief servant :* fief du vassal subordonné au *fief dominant* du seigneur. ♦ 2° *Fig.* Domaine où qqn est maître. *Fief électoral,* où l'on est toujours réélu. *L'égyptologie est le fief de ce savant* (ACAD.).
FIEFFÉ, ÉE [fjefe]. *adj.* (1540 ; *fievé,* XIIIᵉ ; de l'a. fr. *fieffer* « pourvoir d'un fief », XIIᵉ). Qui possède au plus haut degré un défaut, un vice. V. **Achevé, complet, consommé, fini, parfait.** *Un ivrogne, un coquin fieffé. Un fieffé menteur.*
FIEL [fjɛl]. *n. m.* (1160 ; lat. *fel* « bile, fiel »). ♦ 1° *Vx.* Bile. — *Mod.* Bile des animaux de boucherie, de la volaille. *Fiel de bœuf.* ♦ 2° *Métaph.* ou *fig.* Amertume qui s'accompagne de mauvaise humeur, de méchanceté. V. **Acrimonie, aigreur, animosité, haine.** *Compliment plein de fiel.* « *Le fiel que distille la critique sur les beaux-arts* » (LAUTRÉAMONT). ◊ ANT. **Bienveillance, bonté.**
FIELLEUX, EUSE [fjɛlø, øz]. *adj.* (1478 ; de *fiel*). Plein de fiel *(fig.).* V. **Haineux, méchant.** *Paroles fielleuses.* V. **Envenimé.** *Homme fielleux.* « *Que de nous n'est pas maltraité dans ces pages fielleuses ?* » (MAURIAC).
FIENTE [fjɑ̃t]. *n. f.* (XIIᵉ ; lat. pop. °*femita,* class. *fimus.* V. **Fumier**). Excrément mou ou liquide d'oiseau et de quelques animaux. *Fiente de pigeon, de volaille.* V. **Colombin.** *La*

seconde pyramide « *a son sommet tout blanchi par les fientes d'aigles et de vautours* » (FLAUB.).
FIENTER [fjɑ̃te]. *v. intr.* (XIVᵉ ; de *fiente*). Faire de la fiente.
FIER (SE) [fje]. *v. pron.* (XIIᵉ ; lat. pop. °*fidare* « confier », de *fidus* « fidèle »). Accorder sa confiance (à qqn ou à qqch.). *Je me fie entièrement à vous.* V. **Abandonner (s'), remettre** (s'en). *On ne sait plus à qui se fier.* « *Non, l'homme ne peut pas se fier à l'homme* » (STENDHAL). *Candidat à un examen qui se fie à la chance.* V. **Tabler** *(fam.).* « *J'ai affaire en vous à un galant homme. Je me fie à votre discrétion* » (LOTI). — *Ne vous y fiez pas.* ◊ ANT. **Défier (se), méfier (se), suspecter.**
FIER, FIÈRE [fjɛʀ]. *adj.* (1080 ; lat. *ferus* « sauvage »). I. ♦ 1° *Vx.* Féroce, cruel. « *Et le farouche aspect de ses fiers ravisseurs* » (RAC.). ◊ *(Animaux)* Farouche, sauvage. ♦ 2° *Littér.* et *vx.* Qui a de l'audace, de la fougue. « *Quand un fier aquilon, ramenant l'hiver, fait gémir les troncs des vieux arbres* » (FÉN.).
II. ♦ 1° *Vieilli* (XIIᵉ). Qui, par son attitude hautaine, ses manières distantes, montre qu'il se croit supérieur aux autres. V. **Arrogant, dédaigneux, distant, hautain, méprisant, prétentieux, suffisant.** « *Un hommer fier et superbe n'écoute pas celui qui l'aborde* » (LA BRUY.). « *Noblesse, fortune, un rang, des places, tout cela rend si fier !* » (BEAUMARCH.). « *Cet air fier et censeur qui juge de tout* » (MASSILLON). V. **Altier, avantageux, satisfait.** ◊ *Mod.* (Plaisant.). « *Tu es bien fière, que tu passes sans dire bonjour aux amis* » (ZOLA). *Il est fier comme Artaban :* très fier. — (Surtout nég.) *Il n'est pas fier :* il est simple.* « *Lui était de bonne humeur, cordial, jovial, s'arrêtant à causer avec les ouvriers, les soldats, les paysans.* « *Au moins celui-là n'est pas fier !* » *disaient-ils* » (MADELIN). ◊ Subst. *Faire le fier :* être prétentieux, suffisant. ♦ 2° *Littér.* Qui a un vif sentiment de sa dignité, de son honneur ; qui a des sentiments élevés, nobles. *Caractère, cœur fier.* V. **Digne, noble.** « *Fière est cette forêt dans sa beauté tranquille, Et fier aussi mon cœur* » (MUSS.). *Il est trop fier pour accepter votre argent.* — Par ext. *Démarche fière, port fier et majestueux.* ♦ 3° FIER DE (qqn, qqch.) : qui a de la joie, de la satisfaction de (V. **Content, heureux, satisfait**). *Fier de ses droits, de sa force, de sa beauté.* « *Il comptait des héros parmi ses ancêtres, et en était fier, orgueil bien légitime* » (GAUTIER). « *Elle était toute fière de savoir s'y reconnaître, et de lui servir de guide* » (ROMAINS). ♦ 4° (Avant le nom). V. **Beau, fameux, rude.** *Vieilli.* « *Allons donc ! je serais un fier misérable* » (FLAUB.). « *Il y a de fières canailles* » (BOYLESVE). *Mod. Il a un fier culot ! Je lui dois une fière chandelle*.* V. **Sacré.** ◊ ANT. **Affable. Familier, humble, modeste, simple. Indigne, veule. Honteux.**
-FIER. Élément, du lat. *-ficare,* dér. de *facere* « faire ». Suffixe servant à former des verbes, et signifiant « rendre, transformer en » (ex. : *bétifier, statufier*).
FIER-À-BRAS [fjɛʀabʀɑ]. *n. m.* (XIVᵉ, nom pr. d'un géant sarrasin des chansons de geste, p.-ê. de *fera bracchia* « bras redoutables » ; d'apr. *fier*). Fanfaron. V. **Matamore.** *Des fier-à-bras* ou *Des fiers-à-bras.* « *On se tient à égale distance de la fanfaronnade et de la mièvrerie. Ni fier-à-bras, ni joli cœur* » (HUGO).
FIÈREMENT [fjɛʀmã]. *adv.* (1080 ; de *fier*). ♦ 1° *Vx.* D'une manière fière, hautaine. ♦ 2° *Mod.* D'une manière courageuse et digne. *Marcher fièrement au combat.* V. **Bravement.** « *Je portais ma pauvreté fièrement* » (BALZ.). V. **Dignement.** ♦ 3° (1808). *Vieilli.* Extrêmement, fortement. « *Sans lui je m'ennuierais fièrement ici* » (B. CONSTANT).
FIÉROT, OTE [fjeʀo, ɔt]. *adj.* et *n.* (XVIᵉ ; repris 1808 ; de *fier*). ♦ 1° Prétentieux, fat d'une manière puérile. *Il est un peu fiérot ; il fait le fiérot.* ♦ 2° Fier (3°) de qqch. D'une manière enfantine. *Il est tout fiérot de son succès.*
FIERTÉ [fjɛʀte]. *n. f.* (1080 ; de *fier,* d'apr. lat. *feritas*). ♦ 1° *Vx.* Férocité. Courage, intrépidité. ♦ 2° *Vieilli.* Caractère de celui qui se croit supérieur aux autres, s'enorgueillit d'avantages réels ou supposés. V. **Orgueil, présomption, vanité.** — *Mod.* Attitude arrogante. *Il montre un peu trop de fierté à l'égard de ses collègues.* V. **Arrogance, condescendance, hauteur, morgue.** « *La fierté ne vaut rien... Nous lui avons toujours recommandé la modestie* » (ZOLA). ♦ 3° *Littér.* Sentiment élevé de la dignité, de l'honneur. V. **Amour-propre, orgueil.** « *Quand de fortes émotions saisissent notre peuple, le sang monte à son front et le sentiment tout-puissant de la fierté l'illumine* » (VALÉRY). ♦ 4° *Cour.* Le fait d'être fier (3°) de qqch., de s'enorgueillir. V. **Contentement, satisfaction.** *Il en tire une juste fierté.* « *Le gamin était déjà parti, rose de fierté et de reconnaissance* » (ROMAINS). — *C'est sa fierté :* ce qui lui fait concevoir de la fierté. ◊ ANT. **Humilité. Familiarité, modestie, simplicité. Dépit, honte.**
FIESTA [fjɛsta]. *n. f.* (1964 ; mot esp., « fête »). *Fam.* Partie de plaisir. *Il va organiser une petite fietsa. Ils ont fait la fiesta.* V. **Bringue, noce, foire.**

FIEU [fjø]. *n. m.* (attesté xxᵉ; forme picarde de *fils*). *Dial.* Forme paysanne de « fils ». *Mon fieu.*

FIÈVRE [fjɛvR(ə)]. *n. f.* (xIIᵉ; lat. *febris*). ♦ 1º Élévation anormale de la température du corps *(en médecine,* estimée au-dessus de 38 ºC; syn. sav. *Hyperthermie).* V. **Fébrile;** **température.** *Fièvre erratique* (irrégulière). *Fièvre périodique.* (V. **Intermittent, rémittent).** *Avoir de la fièvre, un accès, une poussée de fièvre.* Fam. *Fièvre de cheval :* forte fièvre. *Yeux brillants de fièvre.* V. **Fiévreux.** *Remède contre la fièvre.* V. **Fébrifuge.** « *Il passait son temps à trembler, claquant des dents, disant qu'il avait la fièvre* » (HUGO). ◇ *Par ext.* Maladie fébrile. (Cour.) *Fièvres cérébrales* (méningite). *Fièvre de croissance* (vieilli). V. **Ostéomyélite.** *Fièvres éruptives, exanthématiques*. Fièvre jaune* (vomito negro), maladie infectieuse virale, endémo-épidémique des régions tropicales. *Fièvre quarte,* forme de paludisme. Plur. *Les fièvres,* se dit de la fièvre paludéenne. — Zoot. *Fièvre aphteuse*.* ♦ 2º *Fig.* Vive agitation, état passionné. V. **Agitation, éréthisme, excitation, fébrilité.** *Discuter avec fièvre.* V. **Animation, chaleur, feu, passion.** *La fièvre des sens.* « *Agitation, émotion, fièvre universelle* » (MICHELET). ◇ FIÈVRE DE (et inf.) : désir ardent. V. **Amour, passion.** « *Quelle est cette fièvre d'écrire qui me prend, aujourd'hui ?* » (MAURIAC).

FIÉVREUSEMENT [fjevRøzmɑ̃]. *adv.* (av. 1872; de *fiévreux*). *Fig.* D'une manière fiévreuse. *Se préparer fiévreusement au départ.* V. **Fébrilement.**

FIÉVREUX, EUSE [fjevRø, øz]. *adj.* (*Fevrus,* 1190; de *fièvre).* ♦ 1º Qui a ou dénote la fièvre. *Pouls fiévreux.* V. **Fébrile.** *Des mains fiévreuses.* V. **Chaud.** *Se sentir fiévreux.* Subst. *La salle des fiévreux d'un hôpital.* ♦ 2º *Fig.* Qui a qqch. d'intense, de hâtif. *Activité fiévreuse.* V. **Fébrile.** « *L'excitation fiévreuse des capitales* » (TAINE). ◇ Qui a un caractère inquiet et tourmenté. « *Quelle âme fiévreuse habitait ce corps frêle!* » (MAURIAC). — Qui est dans l'agitation de l'inquiétude. *Attente fiévreuse.* V. **Inquiet.** ◇ ANT. *Sain. Calme, impassible.*

FIFILLE [fifij]. *n. f.* (xIXᵉ; de *fille*). *T. enfantin.* Fille (I). *La fifille à son papa.*

FIFRE [fifʀ(ə)]. *n. m.* (1507; suisse all. *pfifer;* all. *Pfeifer* « celui qui joue du fifre », *pfife;* rac. lat. *pipare.* V. **Pipeau**). Petite flûte en bois au son aigu (longtemps en usage dans les musiques militaires). ◇ *Un fifre :* un joueur de fifre.

FIFRELIN [fifʀəlɛ̃]. *n. m.* (1838; de l'all. *Pfifferling* « girolle »). *Vx* (ou *loc.*). Petite chose, menue monnaie sans valeur. *Cela ne vaut pas un fifrelin :* pas un sou.

FIFTY-FIFTY [fiftififti]. *loc. adv.* (1936; angl. « cinquante [pour cent]-cinquante [pour cent] »). *Anglicisme. Fam.* Moitié*-moitié. *Partager fifty-fifty.*

FIGARO [figaRo]. *n. m.* (1836; du personnage célèbre de Beaumarchais). *Fam.* Coiffeur.

FIGEMENT [fiʒmɑ̃]. *n. m.* (1549; de *figer*). *Rare.* Action de figer; état de ce qui est figé. V. **Congélation.**

FIGER [fiʒe]. *v. tr.;* conjug. *bouger* (v. 1225; *fegier,* xIIᵉ; lat. pop. *°feticare* « prendre l'aspect du foie », de *°feticus,* class. *ficatus* « foie »). ♦ 1º Coaguler (le sang). V. **Cailler.** Pronom. (métaph.) « *Le soleil s'est noyé dans son sang qui se fige* » (BAUDEL.). — Loc. fig. *Figer le sang* (sous l'effet de la terreur). V. **Glacer.** « *La nuit avait figé notre sang dans nos veines* » (HUGO). ♦ 2º *Par anal.* Épaissir, solidifier (un liquide gras) par le froid. V. **Congeler.** Pronom. « *La soupe était froide, couverte d'yeux de graisse qui se figeaient* » (ZOLA). *Sauce refroidie et figée.* ♦ 3º (Mil. xIXᵉ). Rendre immobile, fixer dans une certaine attitude, un certain état. *La surprise le figea sur place.* V. **Immobiliser, paralyser.** — Pronom. *Regard, expression qui se fige.* « *Il vit le sourire de la jeune femme se figer et son regard durcir* » (MART. du G.). *Fig. Se figer dans une attitude :* la garder obstinément. — Au p. p. *Sourire, regard figé. Fig. Société, morale figée.* V. **Sclérosé.** *Gram. Expression, locution figée,* dont on ne peut changer les termes, et qu'on analyse généralement mal. ◇ ANT. *Dégeler, fondre. Animer (s'). Mobile, vivant.*

FIGNOLAGE [fiɲɔlaʒ]. *n. m.* (1874; de *fignoler*). Action de fignoler. *Le fignolage d'un dessin.* ◇ ANT. *Bâclage.*

FIGNOLER [fiɲɔle]. *v. tr.* (1743; de *fin,* et suff. obscur). *Fam.* Exécuter avec un soin minutieux jusque dans les détails. V. **Finir, parfaire.** « *Il s'en remet sur d'autres du soin de fignoler sa doctrine* » (ROMAINS). — Au p. p. *Travail, devoir fignolé.* V. **Léché.** ◇ ANT. *Bâcler.*

FIGNOLEUR, EUSE [fiɲɔlœR, øz]. *n.* (1870; *fignoleux,* 1749; de *fignoler*). Personne qui fignole.

FIGUE [fig]. *n. f.* (xIIᵉ; a. prov. *figa;* a remplacé *fige, fie* (xIIᵉ); lat. pop. *°fica,* class. *°ficus*). ♦ 1º Fruit charnu et comestible du figuier. — (N'est pas un *fruit* au sens botanique, mais un réceptacle charnu portant les fleurs). *Figues d'été, d'automne. Maturation artificielle des figues.* V. **Caprification.** *Figues fraîches. Figues sèches.* ♦ 2º *Par anal.* de forme. *Figue de Barbarie :* fruit d'une cactée, l'oponce. « *Il y a des figues de Barbarie sur les cactus en Algérie* » (APOLLINAIRE). — *Figue de mer :* ascidie comestible de la

Méditerranée. ♦ 3º (1487, *moitié figue, moitié raisin).* LOC. adj. MI-FIGUE, MI-RAISIN, qui présente une ambiguïté, par un mélange de satisfaction et de mécontentement, ou de sérieux et de plaisant (V. **Mitigé**). *Il m'a fait un accueil mi-figue, mi-raisin.* ♦ 4º *Faire la figue à* (xIIIᵉ; it. *far la fica,* geste obscène de provocation). Se moquer de; braver, mépriser. V. **Nique** (faire la nique). « *C'est cela qui met les gens en colère ! Qu'ils s'y mettent ! Je leur fais la figue* » (CLAUDEL).

FIGUERIE [figRi]. *n. f.* (xIIIᵉ; de *figue*). *Rare.* Lieu planté de figuiers.

FIGUIER [figje]. *n. m.* (de *figue*). ♦ 1º Arbre ou arbrisseau du climat méditerranéen, à feuilles lobées, aux fleurs attachées à la paroi interne d'un réceptacle charnu piriforme qui, après fécondation, donne la figue. ◇ Grand arbre exotique (de la même famille). *Figuier de l'Inde* (V. **Banian**). « *Ces figuiers de l'Inde dont chaque rameau, en se courbant jusqu'à terre, y prend racine et devient un figuier* » (HUGO). *Le figuier élastique donne un latex à caoutchouc.* ♦ 2º *Figuier de Barbarie,* nom courant de l'oponce *(Cactées).*

FIGULINE [figylin]. *n. f.* (xVIᵉ; lat. *figulina*). Ancien vase en terre cuite.

FIGURANT, ANTE [figyRɑ̃, ɑ̃t]. *n.* (1740; de *figurer*). ♦ 1º *Vx.* Danseur des corps d'entrée de ballets, qui dessinaient la danse avec des *figures* diverses. ♦ 2º *Mod.* (1829). Personnage de théâtre, de cinéma, remplissant un rôle secondaire et généralement muet. V. **Comparse.** *Rôle de figurant. Les figurantes d'une revue à grand spectacle.* « *Rachel jouait un rôle, presque de simple figurante, dans la petite pièce* » (PROUST). ♦ 3º Toute personne dont le rôle est effacé (ou simplement décoratif) dans une réunion, une société. *Nation réduite au rôle de figurant dans une conférence internationale.*

FIGURATIF, IVE [figyRatif, iv]. *adj.* (xIIIᵉ; lat. *figurativus).* ♦ 1º *Vx.* Qui représente (qqch.) par symbole. V. **Symbolique.** « *L'Ancien Testament n'est que figuratif* » (PASC.). ♦ 2º *Didact.* Qui représente la forme d'un objet. *Plan figuratif. Carte figurative. Écriture figurative,* qui imite ou évoque l'objet signifié. « *Leur écriture avait été pictographique, c'est-à-dire figurative, chaque dessin désignant l'objet* » (DANIEL-ROPS). ♦ 3º (Mil. xxᵉ). *Art figuratif,* qui s'attache à la représentation de l'objet *(opposé à* l'art abstrait, ou non-figuratif). — *N. m.* (surtout au plur.) Créateur dont l'œuvre est figurative.

FIGURATION [figyRasjɔ̃]. *n. f.* (xIIIᵉ, repris xIXᵉ; lat. *figuratio*). ♦ 1º *Didact.* Action de représenter qqch. sous une forme visible. V. **Représentation.** ♦ 2º *Cour.* (1874). Ensemble des figurants d'une pièce de théâtre, d'un film. Partie du spectacle exécutée par les figurants. ◇ *Rôle de figurant.* « *Pour refuser une figuration dans une suite de tableaux vivants* » (COLETTE). *Faire de la figuration.*

FIGURATIVEMENT [figyRativmɑ̃]. *adv.* (xIVᵉ; de *figuratif*). D'une manière figurative.

FIGURE [figyR]. *n. f.* (xᵉ; lat. *figura* « forme »). I. ♦ 1º *Vx.* Forme extérieure d'un corps. V. **Aspect, forme.** *Des outils « dont il ne connaît ni l'usage, ni le nom, ni la figure* » (LA BRUY.). — *Mod. Il n'a plus figure humaine :* il est complètement défiguré; ou encore : absolument méconnaissable. ♦ 2º (xIIᵉ). *Vx.* Représentation visuelle d'une forme (par le dessin, la peinture, la sculpture). V. **Illustration, image.** « *Les enfants se portent d'eux-mêmes à faire des figures sur le papier* » (FÉN.). ◇ *Mod.* Illustration d'un livre (estampe, vignette, hors-texte, schéma, croquis, etc.). *Livre, édition ornée de figures.* ◇ *Arts.* Représentation d'un personnage. V. **Effigie, portrait, statue.** *Les figures d'un tableau. Figure équestre.* ◇ (1845) *Cartes.* Se dit du Roi, de la Dame et du Valet. V. **Honneur.** — *Blas.* Pièce de l'écu représentant des objets *(figures naturelles)* ou des formes imaginaires *(figures de fantaisie).* ◇ *Loc. mod. Figure de proue :* tête, buste (d'une personne, d'un animal) à la proue des anciens navires à voile. ◇ *Fig.* Personnalité majeure d'un mouvement (en histoire, etc.). ♦ 3º FAIRE FIGURE : jouer un personnage important, tenir un rang. « *Ceux qui sont appelés à faire figure dans le monde et qui consentent, qui parviennent à demeurer naturels* » (GIDE). ◇ *Cour.* FAIRE FIGURE DE : avoir l'air, paraître, passer pour. « *Il est gênant et fatigant de faire figure de grand homme* » (VALÉRY). — (Choses) *Le libéralisme « fait figure, auprès des gens avancés... de doctrine démodée* » (SIEGFRIED). ♦ 4º Personnalité marquante. V. **Caractère, personnage, personnalité, type.** *Les grandes figures de l'histoire, d'une époque.* « *Buzot, l'une des futures Gironde, jeune et austère figure, ardente et mélancolique* » (MICHELET). ♦ 5º *Géom.* (xVIᵉ; abord surface ou volume). Les volumes, surfaces, lignes et points considérés en eux-mêmes. *Figure plane, figure dans l'espace. Un point, une courbe, une pyramide sont des figures. Projection des figures.* — *Cour.* Figure plane fermée. *Désigner par des lettres les points, les angles d'une figure. Tracer une figure sur un tableau. Le centre, les côtés d'une figure.* ♦ 6º (1680). *Danse.* Chemin décrit par les danseurs suivant certaines lignes déterminées.

Figures chorégraphiques : évolutions, pas, mouvements réglés. — *Figure de ballet*, position respective des danseurs dans les évolutions. ◇ *Figures libres, imposées, en patinage.*

II. (Déb. XVIIᵉ, « forme du visage »). *Cour.* ♦ 1° Partie antérieure de la tête de l'homme. V. **Face, visage** ; *fam.* ou *pop.* **Balle, bille, binette, bobine, bouille, frimousse, gueule, trogne, trombine.** *Une figure anguleuse, osseuse; longue, ronde.* « *Sa figure, un peu maigre, était expressive* » (GOBINEAU). « *Toujours sa même figure qui n'a pas d'âge, toujours son masque incolore* » (LOTI). *Casser la figure à qqn. Jeter qqch., cracher à la figure de qqn. Je connais cette figure-là. Elle est mieux de corps que de figure.* ♦ 2° Air, mine. *Il fait une drôle de figure. Sa figure s'allongea. Faire bonne figure,* avoir l'air aimable, content. — *Faire triste, piètre figure :* avoir l'air piteux, préoccupé. *Fig.* Ne pas se montrer à la hauteur des circonstances, de sa tâche.

III. (1611 ; « allégorie », XIIIᵉ). Représentation par le langage (vocabulaire ou style). *Rhét. anc.* « *Tours de mots et de pensées qui animent ou ornent le discours* » (DUMARSAIS). Vx. *Figures de mots* : procédés modifiant la forme des mots (*ex.* : épenthèse, apocope, métathèse, etc.). — *Figures de construction* : modification de l'ordre normal des mots (par attraction, imitation, etc.). *Ex.* : anacoluthe, ellipse, hypallage, syllepse. *Figures modifiant le sens des mots.* V. **Trope** (*ex.* : catachrèse, extension, hyperbole, métonymie et synecdoque; allusion, euphémisme, ironie; allégorie et métaphore). ◇ *Mod. Figures de rhétorique* : modes d'expression linguistique et stylistique de certaines structures de pensée dans le discours (appelées autrefois *figures de pensées*, et opposées aux *figures de mots, de construction*). *Ex.* : antithèse, antonomase, comparaison, périphrase; apostrophe, exclamation; anticipation, concession, réfutation, litote, réticence; accumulation, énumération, exagération ou hyperbole, gradation; déprécation, imprécation, prosopopée. « *Dans l'ordre du langage, les* figures, *qui jouent communément un rôle accessoire, semblent n'intervenir que pour illustrer ou renforcer une intention* » (VALÉRY).

FIGURÉ, ÉE [figyʀe]. *adj.* (XVᵉ-XVIᵉ, « qui porte des figures ». V. **Figurer**).

I. ♦ 1° Qui est représenté ou composé par une figure, un dessin. *Plan figuré d'une maison, d'une terre. Milit. Ennemi figuré :* représenté par des soldats, des obstacles, dans les manœuvres. ♦ 2° *Archit.* Qui porte des représentations d'hommes, d'animaux. *Chapiteau figuré.* ♦ 3° *Didact.* Qui présente une forme visible, reconnaissable. *Éléments figurés du sang,* les cellules du sang.

II. (1666 ; de figurer « exprimer par un symbole, une métaphore »). ♦ 1° *Sens figuré,* qui comporte le transfert sémantique d'une image concrète à des relations abstraites. *Subst. Au propre et au figuré,* au sens propre et au sens figuré. ♦ 2° *Langage, style figuré,* riche en figures, en métaphores et en comparaisons. V. **Imagé.** *Le langage figuré des poètes.*

FIGURÉMENT [figyʀemɑ̃]. *adv.* (XIVᵉ ; de *figuré*). D'une manière figurée. *Parler figurément.* — Au figuré. *Mot pris figurément. Se dit figurément de...*

FIGURER [figyʀe]. *v.* (XIᵉ ; « créer » ; lat. *figurare*).

I. *V. tr.* ♦ 1° (XIIIᵉ). Représenter (une personne, une chose) sous une forme visible. V. **Dessiner, peindre, sculpter.** « *Polygnote avait figuré sur les murs du temple de Delphes le sac de Troie* » (CHATEAUB.). Représenter (une abstraction) par un symbole. *On figure la justice avec un bandeau sur les yeux.* — Représenter d'une manière sommaire ou conventionnelle. *Figurer des montagnes sur une carte par des hachures.* ◇ (*Sujet de chose*) Être l'image de. *Le drapeau figure la patrie.* V. **Incarner.** *La scène figure un intérieur bourgeois.* ♦ 2° *Vx* (XVᵉ). Représenter à l'esprit, à l'imagination (une personne, une chose) sous certains traits, avec certains caractères (Cf. Se figurer). *Relig.* Exprimer par symbole, métaphore. V. **Symboliser.** *Vérité figurée par une parabole.*

II. *V. intr.* ♦ 1° *Vx* (XVIIᵉ). Faire figure, jouer un rôle à son avantage. ♦ 2° *Théât.* Jouer un rôle accessoire, être un figurant. « *Il figurait souvent et gagnait quelques sous* » (QUENEAU). *Par ext.* Jouer un rôle sans importance. *Le favori n'a fait que figurer, sans plus, dans la course.* ♦ 3° (XIXᵉ). Apparaître, se trouver. *Figurer dans une cérémonie.* V. **Participer** (à). *Son nom ne figure pas sur la liste :* il n'y est pas mentionné. *Décrire par la mémoire « un cercle assez large pour que ce détail du passé y figure* » (BERGSON).

III. SE FIGURER. *V. pron. Cour.* Se représenter par la pensée, l'imagination. V. **Imaginer** (s'), représenter (se). *Se figurer les choses autrement qu'elles ne sont.* « *Je me figurais là-bas couché, malade* » (DAUD.). « *Il est naturel de se figurer qu'on aimera longtemps ce qu'on aime beaucoup* » (SENANCOUR). *Il se figure pouvoir réussir. Je t'aime, figure-toi! Tu ne peux pas te figurer combien elle est bête.*

FIGURINE [figyʀin]. *n. f.* (1589 ; it. *figurina,* dimin. de *figura*). Petite figure ; statuette de petite dimension. V. **Poupée.** *Les tanagras, figurines de terre cuite découvertes à Tanagra. Figurine de Noël.* V. **Santon.** « *Les horlogers d'autre-*

fois construisaient des figurines capables d'imiter la nature » (DUHAM.).

FIGURISME [figyʀism(ə)]. *n. m.* (1752 ; de *figuriste*). *Théol.* Doctrine de ceux qui voyaient dans l'Ancien Testament la figure du Nouveau.

FIGURISTE [figyʀist(ə)]. *n.* (1604 ; de *figure* « symbole »). ♦ 1° *Théol.* Partisan du figurisme. ♦ 2° (XIXᵉ). *Techn.* Personne qui fait des figures en plâtre. *Mouleur-figuriste* (opposé à *sculpteur ornemaniste*).

FIL [fil]. *n. m.* (XIIᵉ ; lat. *filum*).

I. ♦ 1° Brin long et fin des matières textiles. Réunion des brins de ces matières tordus et filés. *Fil à tisser. Fil de lin, de chanvre, de coton, de laine, de soie, de nylon. Fil cardé, peigné, câblé, retors. Fil de trame, de chaîne d'un tissu.* — DROIT FIL : le sens des fils (trame ou chaîne) d'un tissu (opposé à biais). *Une jupe droit fil.* — *Compter des fils, tirer les fils.* V. **Effiler, effilocher.** ◇ (1954). Loc. subst. fig. *Le droit fil,* ligne de pensée, orientation. « *Le droit fil politique de L'Express est aujourd'hui le même qu'en 53* » (GIROUD). — Loc. adv. fig. *Dans le droit fil de (qqch.),* conforme à. V. **Orthodoxe.** ◇ « *Cette mesure est dans le droit fil de la nouvelle politique tendant à accélérer par tous les moyens l'élévation du niveau de vie du peuple* » (*Le Monde,* 6-7-1954). ◇ Fil de lin. *Des draps de fil, pur fil.* « *Sa main gantée de fil* » (GREEN). ♦ 2° *Spécialt. Fil à coudre,* brins filés et tordus de lin ou de coton. *Bobine de fil. Fil à bâtir, fil à boutons, gros fil. Un dé, du fil et une aiguille. Passer un fil pour bâtir* (V. **Faufil**), *pour border* (V. **Surfil**). ◇ Loc. fig. *Malice, finesse cousue de fil blanc,* trop apparente pour abuser quiconque. « *Cela n'avait pas le sens commun, c'était cousu de fil blanc* » (RENAN). — *De fil en aiguille,* petit à petit, insensiblement. — *Donner du fil à retordre à qqn :* lui créer des embarras, des difficultés. — *Avoir un fil sur la langue :* zézayer légèrement. — *Mince comme un fil :* très mince. ♦ 3° Brin de matière textile, de fibre ou de toute manière souple, servant à tenir, attacher. *Les fils d'un câble, d'une corde, d'une ficelle. Fil de caret* (mar.). *Fil de canne à pêche.* « *Les perles ne font pas le collier ; c'est le fil* » (FLAUB.). *Marionnettes à fils.* — *Fig. Tenir dans sa main les fils d'une affaire* (des marionnettes) : les moyens de la faire marcher. — *Ne tenir qu'à un fil :* à très peu de chose, être fragile, précaire. *Il ne tient plus qu'à un fil.* — *Avoir un fil à la patte* (fam.) : être tenu par un engagement dont on voudrait bien se libérer. ♦ 4° *Fil d'Ariane, fil conducteur :* ce qu'on peut suivre pour se diriger (du *fil d'Ariane,* qui permit à Thésée de ne pas s'égarer dans le Labyrinthe). « *Le classement est le fil d'Ariane dans le dédale du savoir* » (MAUROIS). « *Trouver le fil conducteur, saisir le fil de ma vie* » (DUHAM.). ♦ 5° FIL À PLOMB : instrument formé d'une masse de plomb fixée à un fil, servant à donner la verticale. ♦ 6° Matière métallique étirée en long brin mince. *Fil métallique* (V. **Filière, tréfilerie**). *Câble en fil d'acier.* — FIL DE FER (*cour.*) : fil métallique (fer, acier). *Clôture en fils de fer. Fil de fer barbelé*. — *Avoir des jambes comme des fils de fer :* très maigres. ◇ FIL À COUPER LE BEURRE, instrument formé d'un fil métallique portant à ses extrémités deux poignées, et qui sert à débiter les mottes de beurre. — Fig. et fam. *Il n'a pas inventé le fil à couper le beurre,* il n'est pas bien malin. ♦ 7° Conducteur électrique fait de fil métallique entouré d'une gaine isolante. *Fil électrique. Fil d'une lampe. Fils télégraphiques, téléphoniques. Télégraphie, téléphonie sans fil.* V. **Radio, T.S.F.** ◇ *Fam. Absolt.* Qui est au bout du fil? à l'appareil. *Il l'entendait rire au bout du fil. Donner, passer un coup de fil :* un coup de téléphone. V. **Téléphoner.** ♦ 8° Matière produite et filée par l'organisme de quelques animaux. *Spécialt.* Ce que l'araignée sécrète pour se mouvoir dans l'espace, faire sa toile. « *Un seul fil remué fait sortir l'araignée* » (HUGO). — *Fils de la vierge :* fils de certaines araignées qui ne font pas de nid et que le vent emporte (par allus. aux fils soyeux échappés du fuseau de la Vierge Marie). ♦ 9° Sens des fibres. *Couper un morceau de viande dans le fil.* « *Il prescrivait de tailler des planchettes dans le fil du bois* » (VALÉRY). ♦ 10° (1783). Défaut, sorte de veine dans une pierre le long de laquelle une brisure peut se faire. *Cette tablette de marbre a un fil.*

II. *Fig.* ♦ 1° *Vieilli* (XIIᵉ). Sens dans lequel un cours d'eau coule (V. **Courant**). *Suivre le fil d'une rivière.* Loc. cour. *Au fil de l'eau.* « *La rue m'emporta, comme un noyé au fil de l'eau* » (DUHAM.). — Fig. *Au fil des jours :* tout au long. « *Les complications se dénoueraient d'elles-mêmes au fil des heures* » (MAC ORLAN). ♦ 2° Cours, enchaînement. *Le fil des événements, des idées.* V. **Suite.** *Le fil de la conversation. Suivre le fil de son idée. Perdre le fil :* ne plus savoir ce qu'on voulait dire. « *J'ai besoin de ne pas perdre le fil de mes pensées* » (FLAUB.). « *Je perds le fil de mon pauvre courage, comme un orateur maladroit perd le fil de son discours* » (BERNANOS).

III. *Fig.* (XVIᵉ). Partie coupante d'une lame. V. **Tranchant.** *Fil d'un couteau, d'un rasoir, d'une épée. Donner le fil à une lame.* V. **Affiler.** *Mon épée n'est pas encore rouillée. D'ailleurs, il est facile d'en repasser le fil* » (LAUTRÉAMONT). —

Passer au fil de l'épée : tuer en passant l'épée au travers du corps.
◊ HOM. *File.*

FILABLE [filabl(ə)]. *adj.* (1604; de *filer*). Qui peut être filé. *Matières filables.*

FIL-À-FIL [filafil]. *n. m. invar.* (1930; de *fil*). Tissu de laine très solide, en fils de deux couleurs alternées. *Un veston en fil-à-fil.*

FILAGE [filaʒ]. *n. m.* (XIIIᵉ; de *filer*). ♦ 1° Action de filer un textile à la main. *Filage de la laine dans les campagnes.* ♦ 2° *Techn.* Opération finale de la filature par laquelle la mèche est transformée en fil. — *Travail du fileur.* ♦ 3° *Cinéma.* Défaut résultant d'un manque de synchronisation entre le défilement intermittent du film et l'obturation.

1. FILAIRE [filɛR]. *n. f.* (1811, lat. zool. *filaria*, de *filum* « fil »). Ver nématode long et fin, parasite de divers vertébrés. *Filaire de Médine* ou *dragonneau.*

2. FILAIRE [filɛR]. *adj.* (mil. XXᵉ; de *fil*). Dont la transmission se fait par fil. *Appareils filaires.* ◊ ANT. *Radiophonique.* — HOM. *Fillér.*

FILAMENT [filamɑ̃]. *n. m.* (1539; bas lat. *filamentum*, de *filum* « fil »). ♦ 1° Production organique longue et fine comme un fil. *Filaments de bave, de moisissures.* « *Je vis cette matière épaisse se résoudre lentement et par degrés en filaments* » (BUFF.). *Filament qui maintient le jaune d'œuf.* V. **Chalaze.** ◊ *Anat.* Structure en forme de fil. *Filament axile de la cellule nerveuse.* V. **Axone.** *Filament spermatique.* V. **Spermatozoïde.** ◊ *Cour.* Filandre de la viande. ♦ 2° (1906). Fil conducteur extrêmement fin porté à incandescence dans les ampoules électriques. *Filament de charbon, de tungstène.* *Ampoule dont le filament est grillé.*

FILAMENTEUX, EUSE [filamɑ̃tø, øz]. *adj.* (1588; de *filament*). Qui est constitué de filaments, qui est en forme de filament. *Matière filamenteuse.*

FILANDIÈRE [filɑ̃djɛR]. *n. f.* (*Filandrier, ière,* XIIIᵉ; de °*filande,* de *filer*). *Vx.* Femme qui file à la main. *Une jeune filandière.* V. **Fileuse.** — *Adj. Les sœurs filandières :* les Parques.

FILANDRE [filɑ̃dR(ə)]. *n. f.* (1360; altér. de °*filande,* de *filer*). ♦ 1° *Vx.* Fil de la vierge. ♦ 2° *Rare* (XVIᵉ). Fibre longue et coriace de certaines viandes, de certains légumes (V. **Filandreux**).

FILANDREUX, EUSE [filɑ̃dRø, øz]. *adj.* (1603; de *filandre*). ♦ 1° Rempli de filandres. « *Cette viande filandreuse, cette purée de pommes de terre cuites à l'eau la dégoûtaient* » (GREEN). ♦ 2° *Fig.* *Phrase filandreuse :* interminable, enchevêtrée, confuse. *Cet exposé est bien filandreux !* V. **Fumeux.** ◊ ANT. *Clair, concis, explicite.*

FILANT, ANTE [filɑ̃, ɑ̃t]. *adj.* (1835; de *filer*). ♦ 1° Qui coule lentement sans se diviser ni s'allonge en une sorte de fil continu. *Liquide filant. Sauce filante.* ♦ 2° *Pouls filant,* très faible. ♦ 3° *Étoile filante,* qui file, va vite (pour l'œil). V. **Étoile** (I, 3°).

FILANZANE [filɑ̃zan]. *n. m.* (fin XIXᵉ; d'un parler malgache). Chaise à porteurs (Madagascar).

FILARIOSE [filaRjoz]. *n. f.* (XIXᵉ; du lat. zool. *filaria* (V. **Filaire**), et suff. *-ose*). Maladie provoquée par les filaires. V. **Éléphantiasis.** *La filariose se transmet par l'intermédiaire des moustiques.*

FILASSE [filas]. *n. f.* (*Filace,* XIIᵉ; lat. pop. °*filacea,* rac. *filum* « fil »). ♦ 1° Matière textile végétale non encore filée. *Filasse de chanvre, de lin. Partie la plus grossière de la filasse.* V. **Étoupe.** ♦ 2° *Fig. Cheveux blond filasse,* et adj. *Cheveux filasse,* d'un blond fade, sans éclat. « *S'ils vous prennent pour un Espagnol, vous aurez de la chance, avec vos cheveux filasse* » (SARTRE).

FILATEUR [filatœR]. *n. m.* (1829; de *filature*). Propriétaire, directeur d'une filature.

FILATURE [filatyR]. *n. f.* (1724; de *filer*). **I.** ♦ 1° Ensemble des opérations industrielles qui transforment les matières textiles en fils à tisser. *Filature de la laine, du coton, de la soie. Opérations de filature :* nettoyage, battage, cardage, peignage; étirage, doublage; filage, envidage, bobinage, moulinage, dévidage. ♦ 2° Usine où est fabriqué le fil. *Les filatures de Roubaix.* « *La filature où les grands métiers manœuvraient doucement leurs larges nappes de fils blancs* » (MAUROIS). **II.** (1829). Action de filer, de suivre qqn pour le surveiller. « *Il n'en faut pas plus pour qu'un policier la prenne en filature* » (ROMAINS).

FIL DE FER. V. **FIL** (I, 6°).

FIL-DE-FÉRISTE [fildəfeRist(ə)]. *n.* (1943; de *fil de fer*). Acrobate, équilibriste qui fait des exercices sur un fil métallique. « *Acrobate ça m'aurait assez plu. Fil-de-fériste :* épatant » (QUENEAU).

FILE [fil]. *n. f.* (XVᵉ; de *filer*). ♦ 1° Suite de personnes, de choses placées une par une et l'une derrière l'autre. V. **Ligne.** *File de gens.* V. **Colonne, rang, rangée.** *Files d'un cortège, d'un défilé. File de personnes qui attendent chez un* commerçant, *à un guichet.* V. **Queue.** « *Des files d'acheteurs stationnaient* » (CAMUS). *Prendre la file :* se ranger dans une file après la dernière personne. « *Suivons la file de voitures qui, de Paris à Versailles, roule incessamment comme un fleuve* » (TAINE). *File d'attente devant un guichet.* — *Aviat. File d'attente,* suite des avions volant en attente. — *Hydraulique.* Groupe d'éléments en attente de traitement. ♦ 2° *Milit.* (opposé à *rang*). Ligne de soldats disposés les uns derrière les autres. *Section, peloton de trois files sur dix rangs.* ♦ 3° *Fig. Chef de file :* celui qui vient le premier dans une hiérarchie, qui est à la tête d'un groupe, d'une entreprise. ♦ 4° *Loc. adv.* EN FILE, À LA FILE : les uns derrière les autres, l'un derrière l'autre (Cf. À la queue leu leu, en rang d'oignons). *Objets en file.* V. **Enfilade.** *Marcher, se suivre à la file.* *Avancer en file indienne, à la file indienne,* immédiatement l'un derrière l'autre comme faisaient les guerriers indiens. « *Tous à la file indienne derrière moi en rasant les murs* » (AYMÉ). EN DOUBLE FILE : se dit d'une voiture qui stationne le long de la file des voitures déjà stationnées sur un côté de la chaussée. *Stationner en double file.* ◊ HOM. *Fil.*

FILÉ [file]. *n. m.* (XIIIᵉ; du p. p. de *filer*). ♦ 1° *Techn.* Fil employé pour le tissage. ♦ 2° Fil de métal (or, argent) très fin entourant un fil de soie, de lin.

FILER [file]. *v.* (XIIᵉ; bas lat. *filare,* de *filum* « fil »). **I.** *V. tr.* ♦ 1° Transformer en fil (une matière textile). *Filer du lin, de la laine. Filer les textiles selon des procédés industriels.* V. **Filature.** *Métier, machine à filer. Filer de la laine à la main avec une quenouille, un fuseau, un rouet.* V. **Filage.** — Par ext. *Filer sa quenouille ; filer un habit.* « *Hercule fila sa quenouille aux pieds d'Omphale* » (GAUTIER). — Allus. myth. *Les Parques filent nos jours, nos destinées.* — Fig. *Filer un mauvais coton.* V. **Coton.** ◊ (Du ver à soie, de l'araignée qui sécrètent un fil) *L'araignée sa toile.* ◊ — Passer (un métal) à la filière. *Filer de l'or, de l'acier.* — *Filer du verre :* l'étirer en fil. « *On a filé devant moi, comme le temps file notre fragile vie, un mince cordon de verre* » (CHATEAUB.). Au p. p. *Bibelots en verre filé.* ♦ 2° *Mar.* (1606). Dérouler de façon égale et continue. *Filer un câble, les amarres.* V. **Dévider.** Par ext. *Navire qui file trente nœuds,* qui a une vitesse de trente nœuds. ♦ 3° *Filer un son :* le tenir sur une seule respiration. *Un son filé.* « *Le rossignol, en filant sa note si pure, si pleine* » (BALZ.). — Littér. *Filer une scène, une période, une métaphore :* la développer longuement, progressivement. — Fig. et fam. *Filer le parfait amour,* se donner réciproquement des témoignages constants d'un amour partagé. ♦ 4° (Jeu). Vx. *Filer la carte :* tricher en escamotant une carte. *Filer une carte :* s'en débarrasser. ◊ Mod. *Filer les cartes :* les découvrir lentement (poker). ♦ 5° FILER DOUX (fin XVᵉ) : être docile, soumis. « *C'est ça le Bien ?... Filer doux. Tout doux. Dire toujours « Pardon » et « Merci »* » (SARTRE). ♦ 6° (1815). Marcher derrière qqn (comme à la file), le suivre pour le surveiller, épier ses faits et gestes. *Policier qui file un suspect.* ♦ 7° *Pop.* (1835, arg.). Donner. V. **Refiler.** *File-moi cent francs !* « *Je lui ai filé de bons coups de chausson dans les côtes* » (AYMÉ).

II. *V. intr.* ♦ 1° (Prendre la forme d'un fil). Couler lentement sans que les gouttes se séparent. *Sirop qui file.* — Former des fils (matière visqueuse). *Le gruyère fondu file.* Par ext. *Macaroni qui file.* — (D'une flamme longue) S'allonger, monter en fumant. Par ext. « *La lampe filait et dessinait au plafond... un cercle noirâtre* » (MAURIAC). ♦ 2° Se dérouler, se dévider. *Câble qui file.* ◊ *Une maille qui file :* dont la boucle de fil se défait, entraînant les mailles de la même rangée verticale. Par ext. *Son bas a filé* (V. **Estafilade**). ♦ 3° (D'abord T. de chasse). *Cour.* Aller droit devant soi, en ligne droite; aller vite. *Oiseau qui file à tire d'aile. Le messager fila comme une flèche, comme un zèbre, à toutes jambes.* V. **Courir.** « *De longues ambulances blanches qui filaient à toute allure* » (CAMUS). — Fig. et fam. *Le temps file :* passe vite. ♦ 4° *Fam.* (1754, arg.; Cf. *filer* (enfiler) *la venelle,* 1650). S'en aller, se retirer. V. **Déguerpir, partir.** *Allons, filez !* V. **Décamper.** *Filer à l'anglaise.* V. **Esquiver** (s'); **échapper** (s'), **fuir.** « *Une heure moins le quart ! File et que je ne te revoie plus !* » (COLETTE). ◊ ? (Choses). S'en aller très vite. « *L'argent file entre mes doigts comme du sable* » (BERNANOS).

1. FILET [filɛ]. *n. m.* (XIIᵉ, « petit fil »; de *fil*). **I.** Ce qui ressemble à un fil fin. ♦ 1° (Déb. XVIIᵉ). *Anat. Filet nerveux.* — *Filet* ou *frein de la langue :* repli médian de la muqueuse de la langue. *Bot.* Partie mince et allongée de l'étamine qui porte l'anthère. ♦ 2° *Archit.* Petite moulure. V. **Listel** d'un chapiteau. ♦ 3° *Imprim.* Trait fin. *Colonnes séparées par un filet.* — Rel. *Filets dorés, à froid,* sur les plats, le dos. **II.** (1549). Écoulement fin et continu. « *Un maigre filet d'eau coula du robinet* » (HUGO). Par anal. *Un filet de fumée, d'air.* — Par ext. *Un filet de vinaigre :* une très petite quantité. ◊ Fig. *Un filet de voix :* une voix très faible qui se fait à peine entendre.

2. **FILET** [filɛ]. *n. m.* (XIVe; probabl. « morceau roulé et entouré d'un *fil* »; de *fil*). ♦ 1° Morceau de viande, partie charnue et tendre qu'on lève le long de l'épine dorsale de quelques animaux. *Le filet est le morceau le plus apprécié. Un bifteck dans le filet. Du filet de bœuf rôti, grillé* (V. **Châteaubriant, tournedos**). *Filet de chevreuil, de porc.* — *Filet mignon* (1705) : pointe du filet de bœuf. ♦ 2° Chaque morceau de chair levé de part et d'autre de l'arête d'un poisson. *Filets de sole, de morue. Filets de hareng* (fumé).

3. **FILET** [filɛ]. *n. m.* (déb. XVIIe; altér. de *file* « ouvrage de fil » (XIIIe). ♦ 1° Réseau à larges mailles servant à capturer des animaux. — *Filets de pêche; filets à poissons, à crevettes.* V. **Ableret, araignée** (3°), **balance, bolier, carrelet, chalut, drège, épervier, épuisette, folle, gabare, guideau, haveneau** ou **havenet, langoustier, picot, poche, puche, seine** ou **senne, thonaire, traîne, tramail, truble, vannet, verveux.** *Enceinte de filets.* V. **Madrague.** — *Filet pour prendre les oiseaux.* V. **Lacet, pantière, ridée, tirasse.** — *Filet à papillons.* — *Filet de chasse.* V. **Panneau.** *Tendue des filets.* ◇ Fig. *Tendre un filet,* un piège, une embûche. « *À la Préfecture, à l'Intérieur, ils tendent déjà leurs filets* » (MART. du G.). *Tous les complices ont été arrêtés, c'est un beau coup de filet.* V. **Prise, rafle.** *Attirer qqn dans ses filets.* V. **Séduire.** ♦ 2° Réseau de mailles pour envelopper, tenir, retenir. — *Filet de ballon aérostatique :* les cordages qui l'entourent et tiennent la nacelle. — *Filet de roue arrière,* à une bicyclette, pour éviter que les jupes ne se prennent dans les rayons. — *Filet à cheveux,* pour maintenir une mise en plis, un chignon; comme coiffure. V. **Résille, réticule.** ◇ *Porte-bagages formé d'un réseau de fils* (dans un véhicule). *Mettez vos valises dans le filet* (en chemin de fer). ◇ FILET À PROVISIONS : sac en réseau de fils. *Ils portaient* « *des provisions du marché voisin, en de grands filets* » (CÉLINE). ◇ (Dans certains jeux) *Un filet de ping-pong, de tennis, de volley-ball,* qui sépare la table, le terrain en deux parties et au-dessus duquel la balle doit passer. *Envoyer la balle au ras du filet, dans le filet* (Cf. angl. Net). ◇ Grand filet tendu par précaution sous des acrobates. Loc. cour. *Travailler sans filet* (au fig. Prendre des risques). ♦ 3° *Du filet :* réseau de mailles larges d'une manière souple qui constitue les filets. ◇ Réseau à grands jours exécutés à la navette ou mécaniquement, et souvent orné de motifs brodés. *Rideaux, nappe en filet.*

FILETAGE [filtaʒ]. *n. m.* (1865; de *fileter*). ♦ 1° Action de fileter (des vis); façon dont une vis est filetée. ◇ État des filets d'une vis. — *Par ext.* Ces filets eux-mêmes. ♦ 2° Rare. Braconnage exercé avec des filets.

FILETÉ [filte]. *n. m.* (XXe; adj., XIIIe; de *filet* 1). Tissu dont un fil de chaîne est plus gros et forme de fines rayures en relief. *Fileté de coton.*

FILETER [filte]. *v. tr.;* conjug. *acheter* (XIIIe; de *filet*). ♦ 1° Faire le filet d'une vis*. ♦ 2° Tirer un métal à la filière (V. **Tréfilerie**).

FILEUR, EUSE [filœR, øz]. *n.* (*Fileur, filaresse,* XIIIe; de *filer*). ♦ 1° Personne qui file une matière textile, à la main. *Fileuse à son rouet.* V. **Filandière.** ◇ *Techn.* Conducteur (trice) d'un métier à filer (dans une filature). ♦ 2° Industriel qui exploite une filature. V. **Filateur.**

FILIAL, ALE, AUX [filjal, o]. *adj.* (1330; lat. *filialis,* de *filius.* V. **Fils**). Qui émane d'un enfant à l'égard de ses parents. *Amour, respect filial.* « *Sa religion est profonde; sa piété filiale s'élève jusqu'à la vertu* » (CHATEAUB.).

FILIALE [filjal]. *n. f.* (1877; du précéd.). Société jouissant d'une personnalité juridique distincte (ce qui la distingue de la succursale) mais dirigée ou étroitement contrôlée par la société mère.

FILIALEMENT [filjalmã]. *adv.* (XVe; de *filial*). D'une manière filiale. *Aimer filialement son oncle, son tuteur.*

FILIATION [filjasjɔ̃]. *n. f.* (XIIIe; lat. *filiatio,* de *filius.* V. **Fils**). ♦ 1° *Dr.* Lien de parenté unissant l'enfant à son père (*filiation paternelle*) ou à sa mère (*filiation maternelle*). V. **Agnat; cognation, consanguinité.** *Filiation légitime, naturelle. Filiation adoptive. Filiation adultérine, incestueuse.* ♦ 2° Littér. Lien de descendance directe entre ceux qui sont issus les uns des autres. V. **Descendance, famille, lignée.** ♦ 3° (XVIIIe). Succession de choses issues les unes des autres. V. **Enchaînement, liaison.** *La filiation des idées, des événements. La filiation des mots* (étymologie), *des sens.*

FILICINÉES [filisine]. *n. f. pl.* (1872; lat. bot., de *filix, icis* « fougère »). *Bot.* Classe de plantes cryptogames vasculaires comprenant principalement les fougères.

FILIÈRE [filjɛR]. *n. f.* (1244, « pelote de fil »; 1352, « fil »; de *fil*).
I. ♦ 1° (1382). Instrument, organe destiné à étirer ou à produire des fils (I, 6°). *Dégrossir un métal en le faisant passer par la filière.* V. **Étirer; tréfilerie.** ◇ Pièce servant à ♦ 2° Organe, orifice par lequel certains insectes (araignées, vers à soie) produisent leur fil. ♦ 3° *Fig.* (1829; par allus. à la *filière* servant à réduire le métal en fils de plus en plus fins). Succession d'états à traverser, de

degrés à franchir, de formalités à accomplir avant de parvenir à un résultat. *Passer par la filière :* par les degrés d'une hiérarchie. « *Tu veux faire la bête à concours, suivre toute la filière* » (ARAGON). V. **Canal.** ♦ 3° *Phys.* Technique utilisée pour produire de l'énergie électrique dans un réacteur nucléaire. *Filière française à l'uranium naturel, filière américaine à l'uranium enrichi.*
II. (1872; déjà 1234, en champenois). *Comm.* Ordre de livraison écrit se transmettant par endossement. *La filière représente la marchandise. Le dernier acheteur est dit arrêteur de la filière ou réceptionnaire.*

FILIFORME [filifɔRm(ə)]. *adj.* (1778; lat. *filum* « fil », et *-forme*). Mince, délié comme un fil. *Antennes, pattes filiformes.* — *Fam.* D'une extrême minceur. *Elle a des jambes filiformes; elle est filiforme.* ◇ *Méd. Pouls filiforme :* très petit, donnant au doigt la sensation d'un fil. V. **Filant.** ◇ ANT. *Épais, gros.*

FILIGRANE [filigran]. *n. m.* (1673; ital. *filigrana* « fil à grains »). ♦ 1° Ouvrage fait de fils de métal (argent, or), de fils de verre, entrelacés et soudés. *Ouvrage de filigrane, en filigrane.* — *Par ext.* Fil de métal entourant la poignée d'une épée, d'un sabre. ♦ 2° Dessin imprimé dans la pâte du papier par le réseau de la forme et qui peut se voir par transparence. *Filigrane des billets de banque, des timbres-poste. Filigranes qui caractérisaient les formats de papier* (aigle, couronne, etc.). — *Lire en filigrane,* entre les lignes, deviner ce qui n'est pas explicitement dit dans un texte.

FILIGRANER [filigrane]. *v. tr.* (1845; de *filigrane*). ♦ 1° Façonner en filigrane (1°). *Au p. p.* (Cour.) « *Ses lourds bracelets d'argent filigrané... venaient de Tolède* » (MAC ORLAN). ♦ 2° Papier filigrané, qui présente un filigrane (2°).

FILIN [filɛ̃]. *n. m.* (1611; de *fil*). *Mar.* Cordage en chanvre. « *Des filins de couleur blonde, neufs... et sentant le goudron* » (LOTI).

FILIPENDULE [filipãdyl]. *adj. et n. f.* (XVe; du lat. *filum* « fil », et *pendulus* « suspendu »). *Sc. nat.* Suspendu à un fil. — *N. f. Bot.* Spirée.

FILLASSE [fijas]. *n. f.* (XVIe, « fille de mauvaise vie »; de *fille,* et suff. péj. *-asse*). *Péj.* Fille, jeune fille. *Une grande fillasse un peu niaise.*

FILLE [fij]. *n. f.* (XIe; lat. *filia*). Enfant ou personne jeune du sexe féminin.
I. LA FILLE DE (qqn), SA FILLE, etc. (*opposé à* fils). Personne du sexe féminin considérée par rapport à sa filiation. ♦ 1° Par rapport à son père et à sa mère ou à l'un des deux seulement. V. **Enfant.** *Fille aînée. Fille cadette. Leur plus jeune fille, la dernière, la benjamine. Fille unique. La mère et la fille. C'est la fille de sa femme, la fille de son mari* (V. **Belle-fille**). — *Fille légitime, naturelle.* Par ext. *Fille adoptive.* — Fam. *La fille Un tel.* V. **Mademoiselle.** ◇ *La fille du logis, la fille de la maison :* du maître, de la maîtresse de maison. — Fam. *Ma fille :* terme d'affection (souvent iron.). « *Tu n'es pas folle d'appeler la princesse ta fille ? — Je l'appelle ma fille. Je ne lui dis pas qu'elle est ma fille* » (GIRAUDOUX). ◇ Loc. fig. *La fille aînée des rois de France :* l'Université. *La France, fille aînée de l'Église.* ♦ 2° Littér. Descendante. *Une fille de rois.* Hist. *Les filles de France :* de la famille royale de France. « *Cependant mon amour pour notre nation A rempli ce palais de filles de Sion* » (RAC.). — Plaisant. *Fille d'Ève,* femme. — Poét. *Les filles du Parnasse.* V. **Muse.** *Les filles de la nuit :* les étoiles. ♦ 3° Littér. (D'une chose qui naît d'une autre). V. **Enfant.** *La jalousie, fille du soupçon.* « *Fille de la douleur ! harmonie ! harmonie !* » (MUSS.).
II. (*Opposé à* garçon). ♦ 1° Jeune être humain du sexe féminin. *Garçons et filles. Elle a mis au monde une fille. C'est une fille, ce bébé ?* ◇ (Même sens que fille, petite fille. Cf. ci-dessous), avec une nuance plus familière) *Je ne veux pas jouer avec les filles.* « *J'avais chargé un enfant des petites classes de porter une lettre à la « fille », comme disent les écoliers dans leur langage* » (RADIGUET). ◇ *Jeune fille* ou *jeune femme.* « *Boris n'aurait pas su l'aimer une fille de son âge* » (SARTRE). — FILLE À MARIER : jeune fille (Cf. ci-dessous) pour laquelle les parents cherchent un mari. « *Ces malheureuses victimes qu'on nomme filles à marier* » (BAUDEL.). — (Avec un qualificatif) *Une belle, une jolie fille. Un beau brin de fille.* « *De belles grandes filles bien découplées* » (GAUTIER). PROV. — *La plus belle fille du monde ne peut donner que ce qu'elle a.* — *C'est une chic fille.* — (En attribut) *Être fille à :* capable de. « *Elle aurait été fille à s'en aller avec lui* » (MOL.). — *C'est une bonne fille, une brave fille. Elle est assez belle fille.* ♦ 2° PETITE FILLE : enfant du sexe féminin jusqu'à l'âge nubile. V. **Fillette.** *Des petites filles. Les petites filles modèles.* — (Au sens I) *Une dame et ses deux petites filles.* ♦ 3° (Équivalent moins familier de *fille*). JEUNE FILLE : fille nubile ou femme jeune non mariée. V. **Femme; demoiselle.** *Une toute, une très jeune fille.* V. **Adolescente, nymphette, tendron.** *Une grande, une petite jeune fille. Jeune fille qui coiffe Sainte-Catherine.* V. **Catherinette.** « *À quoi rêvent les jeunes filles* », pièce de Musset. « *À l'ombre des jeunes filles*

en fleur », œuvre de Proust. *Une jeune fille et un jeune homme. Des jeunes filles et des jeunes gens.* ♦ 4° *(Vieilli* ou *paysan).* Personne non mariée *(opposé* à *femme).* — *Rester fille.* « *Elle ne supportait pas l'idée de mourir fille* » (BALZ.). — *(Vieilli* ou *péj.)* FILLE-MÈRE (1870) : mère non mariée, célibataire. — VIEILLE FILLE : femme qui a atteint ou passé l'âge mûr sans se marier *(péj.*, implique des idées étroites, une vie monotone). V. **Célibataire, demoiselle.** *Des vieilles filles dévotes. Des habitudes de vieille fille.* (En épithète) *Elle ne s'est jamais mariée, mais elle n'est pas du tout vieille fille.* ♦ 5° *Vieilli* (1409, *fille de vie*). Jeune femme qui mène une vie de débauche *(spécialt.* Prostituée). Loc. *Fille des rues, fille de joie, fille publique.* ◇ Absolt. (déb. XVIIᵉ) « *Une fille, bien connue pour telle* » (LACLOS). ♦ 6° Nom donné à certaines religieuses. *Filles du Calvaire. Filles du Carmel.* ♦ 7° FILLE DE... : jeune fille ou femme employée à une fonction, un travail. *Fille d'auberge, de ferme.* « *Elle avait été fille de cuisine dans une grande ferme* » (ARAGON). *Fille d'honneur* : femme attachée à la personne d'une princesse (V. **Dame).**

FILLÉR [filɛʀ]. *n. m.* (1930 ; mot hongrois). Monnaie hongroise (centième du *forint* — ancienn. du *pengoe).* ◇ HOM. *Filaire.*

FILLETTE [fijɛt]. *n. f.* (XIIᵉ ; de *fille).* ♦ 1° Petite fille. *Fillette de onze ans, de quatorze ans. On entendait « les enfants qui jouaient avec la neige et se lançaient des boules... Les fillettes riaient déjà comme des femmes de Montmartre* » (MAC ORLAN). ♦ 2° Jeune fille dans les premières années de l'adolescence. *Cette enfant fait déjà fillette.* Comm. *Rayon fillettes.* ♦ 3° *Pop.* Demi-bouteille.

FILLEUL, EULE [fijœl]. *n.* *(Filluel,* XIIᵉ ; lat. *filiolus,* dimin. de *filius* « fils »). La personne qui a été tenue sur les fonts baptismaux, par rapport à son parrain et à sa marraine. — Par ext. *Filleul de guerre* : soldat, combattant pour qui une femme a choisi pour lui servir de marraine.

FILM [film]. *n. m.* (1889 ; mot angl. « pellicule »). ♦ 1° *Phot.* V. **Pellicule.** *Rouleau de film.* ◇ *Cour.* (déb. XXᵉ) Pellicule cinématographique ; bande régulièrement perforée. *Film de 35 mm de largeur (film* professionnel). *Films de format réduit* (16 mm ; 9,5 mm ; 8 mm). *Un mètre de film comporte 52 images ou photogrammes.* ♦ 2° Œuvre cinématographique enregistrée sur film. ◇ *Cinéma. Scénario, synopsis d'un film. Réaliser, tourner un film. Montage ; plans, séquences, scènes d'un film. Film de long, moyen, court métrage. Film muet, parlant. Film doublé. Film en version originale. Film en couleur, sur écran large. Mauvais film.* V. **Navet.** *Film à grand spectacle* (superproduction). *Film sur l'Anti- quité.* V. **Péplum.** *Film de cow-boys* (western). *Films d'anima- tion* : les *dessins** animés, les films de poupées. — *Film à trucages. Film documentaire, scientifique.* V. **Documentaire.** *Film publicitaire.* — *Film de long, court métrage. Le grand film :* le film principal d'un spectacle. *Ce film passe dans tel cinéma.* ◇ *Par ext.* L'art cinématographique. V. **Cinéma.** *Histoire du film français.* ♦ 3° *Fig.* Déroulement (d'événe- ments). *Le film des événements de la semaine.* ♦ 4° *Techn.* (anglicisme ; syn. proposé V. **Feuil).** Pellicule, mince couche d'une matière. *Film d'huile. Film dentaire :* mince couche liquide, plus ou moins bactérienne, à la surface des dents.

FILMAGE [filmaʒ]. *n. m.* (v. 1940 ; de *filmer).* Action de filmer. V. **Tournage.**

FILMER [filme]. *v. tr.* (1908 ; de *film).* ♦ 1° Enregistrer (des vues) sur un film cinématographique. *Filmer une scène en studio, en extérieur.* V. **Tourner.** *Filmer un enfant avec une caméra d'amateur.* « *Marc* (Allégret) *tâche de filmer des scènes 'documentaires'* » (GIDE). — *Théâtre filmé.* ♦ 2° *Techn.* Enduire d'une pellicule protectrice (de collodion, celluloïd). *Liège filmé.*

FILMIQUE [filmik]. *adj.* (1936 ; de *film).* Didact. Rela- tif au film, à l'œuvre cinématographique. *L'univers filmique.*

FILMOGRAPHIE [filmografi]. *n. f.* (1924 ; de *film,* et -*graphie,* d'apr. *bibliographie).* Liste raisonnée des films (d'un auteur, d'un genre, etc.).

FILMOLOGIE [filmɔlɔʒi]. *n. f.* (1947 ; de *film,* et -*logie).* Science du cinéma, en tant que phénomène esthétique, social, etc.

FILMOTHÈQUE [filmɔtɛk]. *n. f.* (1969 ; de *film,* dans *microfilm,* et -*thèque).* Collection de microfilms constituée en dépôt d'archives. — Ne pas confondre avec *Cinéma- thèque*.*

FILOCHER [filɔʃe]. *v. intr.* (1921 ; de *filer* [II, 4°], et suff. *-ocher).* Fam. Aller vite, filer*.

FILON [filɔ̃]. *n. m.* (1566 ; it. *filone,* augment. de *filo* « fil »). ♦ 1° Masse allongée de roches éruptives, de substan- ces minérales existant dans le sol au milieu de couches de nature différente. *Filon de cuivre, d'argent.* V. **Veine.** *Décou- vrir, exploiter, épuiser un filon. Filon affleurant.* V. **Dyke.** *Puissance d'un filon :* son épaisseur. *Fig. Exploiter un filon comique. Ce sujet est un filon.* V. **Mine.** *L'Angleterre « exploite tous les filons de la prospérité humaine* » (MIRABEAU). ♦ 2° *Fam.* (1899, « affaire » de malfaiteurs). Moyen, occasion

de s'enrichir ou d'améliorer son existence. Situation lucrative ou agréable. *Trouver le filon. Un bon filon.* V. **Aubaine, place, planque** *(pop.).* « *Les embusqués qui cherchent toujours un filon* » (DUHAM.).

FILONIEN, IENNE [filɔnjɛ̃, jɛn]. *adj.* (1877 ; de *filon).* Didact. Qui forme, qui contient des filons. *Gîtes filoniens.*

FILOSELLE [filozɛl]. *n. f.* (1544 ; *filloisel,* 1369 ; it. dial. *filosello* « cocon », lat. pop. **follicellus* « petit sac », d'apr. *filo* « fil »). Bourre de soie mélangée à du coton. *Bas, gants de filoselle.*

FILOU [filu]. *n. m.* (1564 ; forme de *fileur,* de *filer).* Celui qui vole avec ruse, adresse, qui triche au jeu. V. **Aigrefin, escroc, estampeur, tricheur, voleur.** — *Par ext.* Personne malhonnête, sans scrupules. *Cet homme d'affaires est un vrai filou.* V. **Pirate** *(fig.).* « *Les filous connaissent bien les règles et en profitent* » (CHARDONNE).

FILOUTER [filute]. *v.* (1656 ; de *filou).* Vieilli. ♦ 1° *V. tr.* Voler adroitement. *Filouter une montre.* — *Filouter qqn.* ♦ 2° *V. intr.* Tricher au jeu.

FILOUTERIE [filutʀi]. *n. f.* (1644 ; de *filouter).* Vieilli. Manœuvre, action de filou. V. **Larcin ; escroquerie, tricherie.**

FILS [fis]. *n. m.* (Xᵉ ; lat. *filius).* ♦ 1° Être humain du sexe masculin, considéré par rapport à son père et à sa mère ou à l'un des deux seulement. V. **Enfant, garçon, héritier** *(fam.),* rejeton ; fieu, fiston. *C'est le fils de M. X. ; c'est son fils. Fils légitime, naturel. Avoir deux fils et une fille. Fils unique. C'est le fils de sa femme, le fils de son mari.* V. **Beau-fils.** *le père et le fils. Alexandre Dumas fils. Untel et fils ; Untel, père et fils,* désigne une maison de commerce dirigée par le père et le fils. *Amour d'un fils pour ses parents.* V. **Filial.** PROV. *Tel père, tel fils. À père avare, fils prodigue.* ◇ *Le fils, les fils Durand.* ◇ *Fils de famille,* qui appartient à une famille riche, privilégiée. *Fils à papa* (péj.), qui profite de la situa- tion de son père (Cf. Gosse de riche). *Effacer « de ce visage de fils à papa gavé son air de supériorité, d'obtuse satisfac- tion* » (SARRAUTE). ◇ *Par anal. Fils adoptif. Cet enfant est un fils pour lui,* il le considère comme son fils. *Mon fils,* terme d'amitié (condescendant ou région.) à l'égard d'un jeune homme. V. **Petit** (mon petit). *Bonjour, fils!* V. **Fiston.** ♦ 2° *Relig. chrét. Fils de Dieu, Fils de l'homme :* Jésus-Christ. — Absolt. *Le Fils,* la deuxième personne de la Trinité. « *Le titre de 'Fils de Dieu' ou simplement de 'Fils', devint... pour Jésus un titre analogue à 'Fils de l'homme'... et syno- nyme de 'Messie'* » (RENAN). ♦ 3° *Les fils de.* V. **Descen- dance, postérité.** *Les fils de Saint Louis.* V. **Race.** — *Littér.* Homme considéré par rapport à son pays natal (V. **Citoyen).** *Les fils de la France.* — Par rapport à ses origines sociales. « *Fils du peuple* » (titre des Mémoires de M. Thorez). — *Les fils du ciel* : les Chinois. ♦ 4° *Fig. Fils spirituel :* celui qui a reçu l'héritage spirituel de qqn, qui continue son œuvre, etc. V. **Disciple.** « *Les écrivains du dix-neuvième siècle, sont les fils de la Révolution française* » (HUGO). ♦ 5° Celui qui doit son état à. *Fils de ses œuvres :* celui qui ne doit sa situation, son état qu'à lui-même, qu'à son travail (V. aussi **Autodidacte).**

FILTRABLE. V. FILTRANT (3°).

FILTRAGE [filtʀaʒ]. *n. m.* (1843 ; de *filtrer).* ♦ 1° Action de filtrer ; son résultat. *Élimination des impuretés, du dépôt d'une boisson par filtrage.* V. **Clarification, filtration.** *Radio. Self, capacité de filtrage.* ♦ 2° *Fig.* Contrôle (V. **Filtrer,** I, 3°). *Le filtrage des nouvelles.*

FILTRANT, ANTE [filtʀɑ̃, ɑ̃t]. *adj.* (1829 ; de *filtrer).* ♦ 1° Qui sert à filtrer. ♦ 2° *Verre filtrant :* filtre optique. ♦ 3° Vieilli. *Virus filtrant* (ou *filtrable).* V. **Virus.**

FILTRAT [filtʀa]. *n. m.* (1907 ; de *filtre).* Chim. Liquide, fluide filtré.

FILTRATION [filtʀasjɔ̃]. *n. f.* (1578 ; de *filtrer).* Didact. ♦ 1° Action de filtrer (I). V. **Filtrage.** *Filtration sous vide.* ♦ 2° Passage à travers un filtre ; liquide qui filtre (II).

FILTRE [filtʀ(ə)]. *n. m.* (1560 ; lat. médiév. *filtrum,* d'o. frq. V. **Feutre).** ♦ 1° *Cour.* Appareil (tissu ou réseau, pas- soire) à travers lequel on fait passer un liquide pour le débar- rasser des particules solides qui s'y trouvent. *Filtre en étoffe, en molleton.* V. **Chausse** (2°), *étamine. Filtre pour le bouil- lon, le thé.* V. **Passoire.** ◇ *Filtre servant à préparer le café infusé* (V. **Percolateur).** *Café-filtre :* préparé au moyen d'un filtre. *Le café « passait dans le filtre, avec un bruit chantant de grosses gouttes* » (ZOLA). ♦ 2° *Sc., Techn.* Corps poreux ou percé de trous, appareil servant à débarrasser un fluide des particules en suspension. *Filtre de Chamberland.* V. **Bougie.** — *Auto. Filtre à air, à essence, à huile.* ♦ 3° *Sc.* Dispositif arrêtant tout ou partie de certaines oscillations (optiques, acoustiques, électriques ou mécaniques). *Filtre passe-haut, filtre passe-bas, filtre de bande, filtre bouchon.* — *Opt. Filtre coloré, filtre monochromatique.* V. **Bonnette.** ♦ 4° *Filtre, bout filtre* (ou *filtrant),* servant à filtrer la nicotine (d'une cigarette, etc.).

FILTRE-PRESSE [filtʀəpʀɛs]. *n. m.* (1865 ; de *filtre,* et *presse*). *Techn.* Appareil pour filtrer les liquides sous pression. *Des filtres-presses.*

FILTRER [filtre]. *v.* (1560; de *filtre*).
I. *V. tr.* ♦ 1° Faire passer à travers un filtre. *Filtrer un liquide pour en éliminer les impuretés, de l'eau pour la rendre potable.* V. **Clarifier, épurer, purifier.** ♦ 2° Par anal. *Filtrer la lumière, les sons. Jour filtré* (V. **Tamiser**). « *Le fin brouillard rose filtre le soleil* » (COLETTE). ♦ 3° Soumettre à un contrôle, à une vérification, à un tri (Cf. Passer au crible). *La police filtre les passants. La censure filtre sévèrement les nouvelles.* ◇ *Prendre le bon et laisser le mauvais de* (qqch.).
II. *V. intr.* ♦ 1° S'écouler en passant à travers un filtre. V. **Couler, passer.** *Ce sirop, ce café filtre lentement.* — *Par anal.* (D'un liquide ou d'un gaz qui traverse les pores, les interstices d'un corps quelconque) *L'eau filtre à travers le sable* (V. **Pénétrer**). « *Tout près du lac filtre une source, Entre deux pierres, dans un coin* » (GAUTIER). V. **Sourdre.** ♦ 2° (XVIIe). *Lumière, rayon qui filtre à travers les volets. Vitraux qui laissent filtrer le jour.* « *À travers les portières de tapisserie, filtre un murmure de voix* » (DUHAM.). *La nouvelle, la vérité a fini par filtrer.* V. **Infiltrer** (s').

FIN [fɛ̃]. *n. f.* (Xe; lat. *finis* « borne, limite, fin »).
I. Point d'arrêt ou arrêt d'un phénomène dans le temps.
♦ 1° Moment, instant auquel s'arrête un phénomène, une période, une action. V. **Limite, terme.** *La fin de l'année. Payer à la fin du mois. La fin du jour* (crépuscule). *Du commencement à la fin de la séance.* V. **Clôture.** *Jusqu'à la fin des temps, des siècles.* V. **Consommation.** ◇ (Ellipt.) *Traite à payer fin mai. Effet payable fin courant. Rendez-vous fin 66.* ◇ *Loc. adv.* À LA FIN. V. **Définitive** (en), **enfin, finalement.** *À la fin elle lui a pardonné.* (Fam.) *À la fin des fins. Tu m'ennuies, à la fin! J'en ai assez, à la fin!* ♦ 2° (XIIIe, « frontière, limite »). Point auquel s'arrête un objet que l'on parcourt, dont on fait usage. *Arriver à la fin d'un livre, d'un ouvrage. Réserve de vivres qui tire à sa fin.* ♦ 3° (XIIe). Derniers éléments d'une durée, dernière partie d'une action ou d'un ouvrage. *La fin de la journée a été belle. J'aime beaucoup la fin de ce roman.* V. **Dénouement, épilogue.** *Écouter la fin d'un discours.* V. **Conclusion, péroraison.** *La fin d'un morceau de musique.* V. **Coda, finale.** *Il n'a pu assister qu'à la fin du match. Une fin de mois difficile, pénible.* Au Canada, *Fin de semaine*. V. **Week-end.** — *En fin d'après-midi, de séance, de carrière.* — Adj. *Un personnage fin de siècle.* V. **Décadent.** *Il est très fin de race.* — *Spécial. Faire une fin* : disposer pour l'avenir, pour la dernière partie de sa vie, en se mariant, en prenant une situation stable et sûre. V. **Ranger** (se). ♦ 4° Arrêt, cessation de l'existence d'un être, de l'action d'un phénomène, d'un sentiment. V. **Disparition.** *La fin du monde. Témoin de la fin d'un empire.* « *Il répondit « qu'il souhaitait la fin des luttes religieuses* » (ROMAINS). *C'est la fin de tous mes espoirs.* V. **Ruine.** *C'est la fin de tout!* tout s'écroule, il n'y a plus rien à faire (Cf. pop. *C'est la fin des haricots!*). *Le mot de la fin*, le mot, le trait qui marque la fin d'une scène, d'un entretien. ◇ METTRE FIN À, faire cesser, arrêter. V. **Finir.** *La nuit mit fin au combat. Il est temps de mettre fin à cette affaire.* V. **Terminer.** *Mettre fin à sa vie, à ses jours* : se suicider. — PRENDRE FIN, cesser. *La réunion, la délibération a pris fin très tard.* V. **Terminer** (se). — SANS FIN (loc. adj. et adv.) *Discourir sans fin.* V. **Cesse** (sans, continuellement, indéfiniment, interminablement. *L'univers* « *recommencera sans fin l'œuvre avortée* » (RENAN). *Ascension, élargissement sans fin.* V. **Immense, indéfini, infini.** *Techn. Courroie, chaîne, vis sans fin*, permettant une transmission continue du mouvement. ♦ 5° (Fin XIe). Cessation de la vie humaine. V. **Mort.** « *Rien ne trouble sa fin : c'est le soir d'un beau jour* » (LA FONT.). *Fin prématurée, tragique. Une belle fin.* ♦ 6° Cessation par achèvement. V. **Aboutissement.** *Ce n'est pas une fin, mais une étape.* — Vx. *Mener à fin, à terme.* V. **Achever, accomplir.** *Mod. Mener à bonne fin une étude, une affaire.*
II. (XIVe). Ce qui est à la fois terme et but; ce pour quoi qqch. se fait ou existe. ♦ 1° (Souvent plur.). Chose qu'on veut réaliser, à laquelle on tend volontairement. V. **But.** *Arriver, en venir à ses fins.* V. **Réussir.** *Les fins qu'il se propose.* V. **Visée.** *Fins cachées, secrètes.* « *Nous ne sommes juges ni des moyens, ni de la fin du Tout-Puissant* » (BALZ.). *Loc. prov. Qui veut la fin veut les moyens* : celui qui veut atteindre son but accepte d'y arriver par tous les moyens. *La fin justifie les moyens*, thèse du machiavélisme politique. — *Philo.* (Chez Kant) *Fin subjective*, que poursuivent les inclinations et volontés individuelles. *Fin relative*, moyen d'une autre fin plus élevée. *Fin en soi*, objective et absolue. *Cour. Fin en soi* : résultat cherché pour lui-même. ◇ *Loc. À cette fin, à ces fins*, pour arriver à cette fin. *À cette fin, nous avons décidé...* « *Il surveille l'évacuation... à cette fin que personne ne tire au flanc* » (BARBUSSE). *À toutes fins utiles*, pour servir le cas échéant et en tout cas. *À quelle fin?* pourquoi? — (Altér. de à celle (cette) *fin*) À *seule fin de, à seules fins de* : seulement afin de. ♦ 2° Terme auquel un être ou une chose tend ou va

instinctivement ou par nature. V. **Destination, tendance.** *La recherche des causes et la recherche des fins.* V. **Finalité.** « *L'homme est sa propre fin. S'il veut être quelque chose, c'est dans cette vie* » (CAMUS). — *Théol. Les fins dernières*, la mort, le jugement dernier, le ciel et l'enfer (V. **Eschatologie**). ♦ 3° (1549). *Dr.* But juridiquement poursuivi. *Les fins et conclusions du demandeur.* ◇ *Fin de non-recevoir* (tendant à présenter la partie adverse comme non recevable dans sa demande). *Cour. Refus. Il m'a opposé une fin de non-recevoir.* « *Je désire fort qu'il n'y ait pas trop de difficultés et de fins de non-recevoir* » (STE-BEUVE).
⊗ ANT. **Commencement, début. Approche, départ, naissance, origine. Condition, principe.** HOM. **Faim.** Formes du v. *feindre*.

FIN, FINE [fɛ̃, fin]. *adj.* (1080, sens II; lat. *finis* « fin », pris adject.).
I. (XIIe). ♦ 1° *Vx.* Extrême; qui est au bout, à la fin. — *Loc. mod. Le fin fond des bois.* — *Le fin mot d'une histoire*, le dernier mot, le mot qui donne la clé du reste. *Ellipt.* « *Dans tous les cas, je saurai le fin de cette affaire* » (STENDHAL). ♦ 2° *Adv.* V. **Complètement, tout** (tout à fait). *Elle est prête. Fin saoul.*
II. Qui présente un caractère de perfection. ⒶConcret. ♦ 1° Qui est de la dernière pureté. V. **Affiné, pur.** *Or fin.* — *Subst. La fin d'une monnaie d'or ou d'argent :* le poids d'or ou d'argent pur qui se trouve dans un alliage. *Un kilogramme d'or à 9/10e de fin* (V. **Titre**). — *Pierres, perles fines.* V. **Précieux.** *La fine fleur de la farine. Fig.* V. **Fleur.** ♦ 2° Qui est de la matière la plus choisie, la meilleure (*opposé à* commun, ordinaire). *Habit de drap fin. Lingerie fine. Blanchissage de linge fin*, ou subst. *de fin.* — *Épicerie fine. Un fin morceau.* « *Assoupi par la digestion du fin déjeuner qu'il avait fait* » (ZOLA). *Souper fin. Vins fins. Eau-de-vie fine.* V. **Fine.** *Par ext. Partie fine*, partie de plaisir. — (Odeur, parfum) *Arôme fin et pénétrant.* ◇ (1829; *herbes fines*, 1690) *Fines herbes* (c.-à-d. au parfum subtil) : herbes odoriférantes employées en cuisine. *Omelette aux fines herbes.* ◇ *Subst. Loc. Le fin du fin* : ce qu'il y a de mieux dans le genre. V. **Nec plus ultra.** ⒷAbstrait. ♦ 1° D'une grande acuité. V. **Sensible.** *Avoir l'oreille fine. Odorat fin.* Par anal. *Avoir le nez fin*, avoir du flair (Cf. Le nez creux*). ♦ 2° *Fig.* Qui discerne les moindres rapports des choses. V. **Délié, perspicace, sagace, subtil.** *Esprit fin.* ◇ Qui marque de la subtilité d'esprit, une sensibilité délicate. *Observations, aperçus justes et fins.* Par ext. V. **Piquant, spirituel.** *Un regard fin. Sourire fin. Une fine plaisanterie* (*souv. iron.* pour « plaisanterie bête »). ◇ Qui est appliqué avec précision et exactitude; qui est établi d'après les caractères les plus différenciés de son objet (en parlant d'un calcul, d'une estimation, etc.). Ⓒ ♦ 1° (*Personnes*). Qui excelle dans une activité réclamant de l'adresse et du discernement. V. **Adroit, habile.** *Fin limier. Fin connaisseur. Fin gourmet* (fam. *fine gueule*). Par méton. *Une fine lame* : un escrimeur habile. ♦ 2° *Par ext.* D'une habileté qui s'accompagne de ruse. V. **Perspicace, fine** ♦ 2° Qui est plein de malice et de ruse. V. **Perspicace, fine** *fin et pénétrant.* ♦ 2° *Par ext.* D'une habileté qui s'accompagne de ruse. V. **Perspicace, fine** rusé, subtil. « *Le vrai moyen d'être trompé, c'est de se croire plus fin que les autres* » (LA ROCHEF.). « *Perspicace, fine à la manière des paysans fins* » (COLETTE). *Bien fin qui l'attrapera! Jouer au plus fin.* V. **Finasser.** — *Il n'est pas très fin* : pas intelligent. — *Par ext.* (Iron.) *C'est fin, ce que tu as fait là!* (Cf. *C'est malin! intelligent!*) ♦ 3° *Région.* (Canada). Aimable, gentil.
III. *Concret* (XVIIe). ♦ 1° Dont les éléments sont très petits. V. **Menu; extra-fin.** *Sable fin. Poudre fine, presque impalpable. Sel fin.* — *Une pluie fine.* Adv. *Moudre fin.* ♦ 2° Délié. *Branches fines. Cheveux fins et soyeux.* — *Par ext.* Mince avec élégance. *Taille fine. Mains, jambes, attaches fines.* « *Le temps, qui change si malheureusement les figures à traits fins et délicats* » (BALZ.). ◇ Très aigu. *Aiguille fine. Pointe fine. Oiseau au bec fin.* V. **Becfin.** *Plume fine. Pinceau fin.* ♦ 3° (Avec une idée de beauté) (Cf. II). Qui est très mince (*opposé à* épais). V. **Délicat, léger, mince.** *Fine contexture. Tissu fin. Papier fin* (spécial. Papier de soie). *Souliers fins.* ♦ 4° Mince et délicat dans l'exécution. *Écriture fine. Touches fines.* ◇ *Fig.* Difficile à percevoir. *Les plus fines nuances de la pensée.* V. **Ténu.**
IV. *Adv.* (Billard). *Prendre fin sa bille. Jouer fin sur le rouge* : effleurer à peine la bille (*opposé à* jouer gros).
⊗ ANT. **Gros, grossier. Balourd, bête, lourd, niais, sot, stupide. Épais, gros.** — HOM. **Faim.** Formes du v. *feindre*. — (du fém.) *Fine. Fines.*

FINAGE [fina3]. *n. m.* (XIVe; *finaige*, 1231; de *fin*, n. f.). Limites, étendue d'une paroisse ou d'une juridiction (*vx*); d'un territoire communal (*mod.*), dans certaines provinces.

FINAL, ALE, ALS ou **AUX, ALES** [final]. *adj.* (XIIe; bas lat. *finalis*, de *finis*. V. **Fin**). ♦ 1° Qui est à la fin, qui sert de fin (sens I). *Voyelle finale. Mesure, note, accords finals d'un air.* V. **Dernier.** *Point final*, à la fin d'une phrase. *Mettre le point final à une affaire, à un débat*; y apporter une conclusion définitive. *Effet, terme final.* V. **Extrême, ultime.** — *Écon.* Qui est en bout de chaîne, dans le processus de production économique (*opposé à* intermédiaire). *La demande finale.*

« *Les minerais un peu moins riches ne grèvent pas* [le prix] *des objets finaux* » (A. SAUVY). ♦ 2° *Philo.* Qui marque une fin (sens II), un but. *Cause finale,* ce qui explique un fait en le faisant connaître comme moyen d'une fin (V. **Finalité**). « *L'amitié, cause finale de l'amour* » (GIRAUDOUX). ♦ 3° *Gram.* Qui comporte une orientation vers un but, une intention. *Conjonction finale* (*ex. :* afin que). *Propositions finales,* au subj. (pour qu'il vienne), à l'inf. (pour me voir). REM. Le plur. en *-aux* tend à se substituer au plur. en *-als.* ◇ ANT. *Initial.*

1. **FINALE** [final]. *n. f.* (1732; de *final*). ♦ 1° *Gram.* Syllabe ou éléments en dernière position dans un mot ou une phrase. *Finale accentuée. Consonne qui s'assourdit à la finale.* — Par ext. « *Certains airs dont elle escamotait toutes les finales* » (CÉLINE). — *Danse.* Figure finale (d'un quadrille, etc.). ♦ 2° *Cour.* Dernière épreuve (d'un tournoi, d'une coupe) qui, après les éliminatoires et parfois le repêchage, désigne le vainqueur. *Disputer, remporter la finale. Seizièmes, huitièmes, quarts de finale, demi-finales de la Coupe de football.* Fig. *En finale :* pour terminer. « *Toute la traversée de Paris en plein noir... avec la montée de Montmartre en finale* » (AYMÉ).

2. **FINALE** [final]. *n. m.* (1779; it. *finale,* de *fine* « fin »). *Mus.* Dernier morceau d'un opéra (*opposé à* ouverture). — Dernier mouvement de toute composition de la forme sonate. *Mouvement allegro vivace d'un finale.*

FINALEMENT [finalmã]. *adv.* (XIIIᵉ; de *final*). À la fin, pour finir. *Ils se sont finalement réconciliés.* — En dernière analyse. *Je ne vois pas, finalement, ce qu'il y a gagné.* V. **Définitive** (en).

FINALISME [finalism(ə)]. *n. m.* (XXᵉ; de *finaliste*). Didact. Philosophie finaliste.

1. **FINALISTE** [finalist(ə)]. *n. et adj.* (1827; de *final,* 2°). *Philo.* Qui croit à l'action des causes finales et, en général, à la finalité comme explication de l'univers. *Théories finalistes en biologie.*

2. **FINALISTE** [finalist(ə)]. *n.* (1933; de *finale* 1, 2°). Concurrent ou équipe disputant une finale; qualifié pour la finale. *Il a été deux fois finaliste du tournoi.*

FINALITAIRE [finaliteʀ]. *adj.* (1953; de *finalité*). Didact. Qui présente un caractère de finalité.

FINALITÉ [finalite]. *n. f.* (1865; de *final,* 2°). ♦ 1° Caractère de ce qui tend à un but; le fait de tendre à ce but, par l'adaptation de moyens à des fins. *Principe de finalité.* V. **Téléologie.** ◇ Adaptation des parties au tout (principe de la beauté, dans certaines théories esthétiques). V. **Harmonie.** ♦ 2° *Biol.* Adaptation des êtres vivants, des organes à une fin. *La finalité conçue comme* « *principe interne de direction* » *et* « *élan vital* », *chez Bergson.*

FINANCE [finãs]. *n. f.* (1283, « paiement, rançon », puis « argent »; du v. *finer* « payer », altér. de *finir* « mener à fin, venir à bout »). ♦ 1° *Vx.* Ressources pécuniaires. V. **Argent, ressource.** — Loc. mod. *Obtenir qqch. moyennant finance :* moyennant de l'argent comptant. ♦ 2° *Mod.* (1314). *Au plur.* Ensemble des recettes et des dépenses de l'État; activité de l'État dans le domaine de l'argent; science régissant cette activité. *Finances publiques.* V. **Denier, fonds** (public); **recette; dépense.** *Organisation, gestion des Finances. Ministre des Finances* (grand argentier *(fam.)*). *Lois de finances,* ensemble de lois dont la plus importante *(loi de finances annuelle)* concerne l'établissement et l'exercice du budget*. — *Faites-nous de bonne politique et je vous ferai de bonnes finances,* mot attribué au baron Louis (1755-1837), ministre des Finances sous la Restauration. ◇ *Par ext.* (1832; « fisc », XVIIIᵉ) Administration des Finances. *Être employé aux Finances.* ◇ *Fam. Ses finances vont mal.* « *Les finances de Chateaubriand seraient un chapitre à écrire de son histoire* » (STE-BEUVE). ♦ 3° *Au sing.* Grandes affaires d'argent; activité bancaire, boursière. V. **Affaire; banque, bourse, commerce; capital, capitalisme.** *S'occuper de finance, être dans la finance. Termes de finance.* — *Par ext.* Ensemble de ceux qui ont de grosses affaires d'argent. V. **Financier.** *La haute finance internationale.*

FINANCEMENT [finãsmã]. *n. m.* (*h.* 1845; de *financer,* II, 2°). Action de procurer des fonds à une entreprise, à un service public. *Financement d'une industrie par le capital privé, par l'État* (V. *aussi* **Autofinancement**).

FINANCER [finãse]. *v.;* conjug. *placer* (XVᵉ; de *finance*). I. V. intr. *Vx* ou *plaisant.* Payer. « *Le père Goriot a galamment financé* » (BALZ.). II. *V. tr.* ♦ 1° *Vx.* Payer comptant (une somme). ♦ 2° *Mod.* (fin XIXᵉ). Soutenir financièrement (une entreprise); procurer les capitaux nécessaires au fonctionnement de. *Financer une affaire. Financer une société en commandite.* V. **Commanditer.** *Société qui finance un journal.*

FINANCIER, IÈRE [finãsje, jɛʀ]. *n. et adj.* (1420, « celui qui finance, qui paye »; de *finance*). I. *N. m.* ♦ 1° *Hist.* (1549). Celui qui s'occupait des finances publiques; qui avait la ferme ou la régie des droits du roi.

V. **Fermier.** — *Par ext.* Homme opulent. *Le savetier et le financier,* fable de La Fontaine. ♦ 2° *Mod.* Celui qui fait de grosses affaires d'argent, des opérations de banque, de bourse. V. **Banquier, capitaliste.** « *Un des maîtres du monde, un de ces financiers omnipotents, plus forts que des rois* » (MAUPASS.).

II. *Adj.* (1752). Relatif à la finance, aux finances. ♦ 1° Relatif aux ressources pécuniaires, à l'argent. *Soucis financiers.* ♦ 2° Relatif aux finances publiques. *Politique financière, monétaire et fiscale. Législation financière. Équilibre financier. Crise financière.* ♦ 3° Relatif aux affaires d'argent. *Capital financier :* investi dans des affaires de banque. V. **Bancaire.** *Groupe financier. La vie financière.* « *Les assassinats sur la grande route me semblent des actes de charité comparés à certaines combinaisons financières* » (BALZ.). ♦ 4° *Cuis. Sauce financière,* et subst. *Financière :* sauce garnie de ris de veau, quenelles de volailles, etc. *Vol-au-vent financière,* garni d'une sauce financière.

FINANCIÈREMENT [finãsjɛʀmã]. *adv.* (XIXᵉ; de *financier*). En matière de finances; au point de vue financier. *Société, État financièrement prospère.* — *Par ext. Fam.* En ce qui concerne l'argent (*opposé à* d'autres aspects moraux). V. **Matériellement.** *Financièrement, la situation est bonne.*

FINASSER [finase]. *v. intr.* (1680; var. *finesser;* de *finesse*). Agir avec une finesse qui confine à la déloyauté; user de subterfuges. V. **Ruser.**

FINASSERIE [finasʀi]. *n. f.* (1718; de *finasser*). Procédé d'une personne qui finasse.

FINASSEUR, EUSE [finasœʀ, øz] ou **FINASSIER, IÈRE** [finasje, jɛʀ]. *n.* (1740,-1718; de *finasser*). Vieilli. Personne qui finasse.

FINAUD, AUDE [fino, od]. *adj.* (1762; de *fin*). Qui cache de la finesse sous un air de simplicité. V. **Fin, futé, malin, matois, retors, roué, rusé.** *Un paysan finaud. Il unit* « *la blague du vieux soldat à la malice finaude du Normand* » (MAUPASS.). — Subst. *La petite finaude avait tout deviné.*

FINAUDERIE [finodʀi]. *n. f.* (XIXᵉ; de *finaud*). Caractère ou façon d'agir de celui qui est finaud. V. **Malice.**

FINE [fin]. *n. f.* (XIXᵉ; de *fin,* adj.). Eau-de-vie naturelle de qualité supérieure. *Fine champagne* (la Champagne désignant une région autour de Cognac). *Un verre de fine.* ◇ HOM. *Fines.*

FINE DE CLAIRE. *n. f.* V. **CLAIRE.**

FINEMENT [finmã]. *adv.* (XIIᵉ; de *fin*). ♦ 1° Avec finesse, subtilité. « *Des intelligences subtiles, profondément capables d'apprécier pleinement, finement, dans une œuvre, les qualités qu'on leur signale* » (GIDE). ♦ 2° Avec habileté. V. **Adroitement.** *Il a finement calculé son coup.* ♦ 3° (De *fin,* III, 4°). D'une manière fine, délicate. *Objet finement ouvragé.*

FINERIE [finʀi]. *n. f.* (fin XIXᵉ; de *fin,* adj.). Techn. Fourneau d'affinage de la fonte. — Usine d'affinage.

FINES [fin]. *n. f. pl.* (1973). *Techn.* Granulat constitué d'éléments de très petites dimensions, utilisé comme charge de remplissage pour augmenter la compacité du béton, d'un sol, etc.

FINESSE [finɛs]. *n. f.* (1330; de *fin*). I. UNE, LES FINESSES. ♦ 1° *Vieilli.* Plan ou action marquant la ruse. V. **Artifice, astuce, ruse, stratagème.** « *La plus subtile de toutes les finesses est de savoir bien feindre de tomber dans ces pièges que l'on nous tend* » (LA ROCHEF.). ♦ 2° *Mod.* Chose difficile à comprendre, à manier (qui demande de la finesse). *Connaître toutes les finesses d'une langue, d'un art.*

II. (XVᵉ). LA FINESSE : caractère de ce qui est fin. ♦ 1° Qualité de ce qui est délicat et bien exécuté. *Finesse d'un ouvrage. Finesse d'exécution.* V. **Légèreté.** *Finesse d'une broderie. Finesse du trait. Finesse de touche.* ♦ 2° Acuité des sens. « *Les sens deviennent d'une finesse d'une acuité extraordinaires. Les yeux percent l'infini. L'oreille perçoit les sons les plus insaisissables* » (BAUDEL.). ♦ 3° Aptitude à discerner les plus délicats rapports des pensées et des sentiments. V. **Clairvoyance, pénétration, perspicacité, sagacité, subtilité.** *Finesse d'esprit, de jugement, de goût.* Absolt. *Esprit de finesse.* — *Pensée, aperçus, propos pleins de finesse.* ♦ 4° Extrême délicatesse de forme ou de matière. *Finesse d'une poudre. Finesse d'un fil, d'une aiguille. Finesse des traits, des cheveux, de la taille.* « *Le linge était d'une finesse et d'une beauté que n'avait jamais soupçonnées Edmond* » (ARAGON). ♦ 5° Rapport entre les coefficients de portance et de traînée d'un avion, mesurant son aptitude à planer. ♦ 6° Étroitesse des lignes d'eau de l'avant et de l'arrière d'un navire.

◇ ANT. *Grossièreté. Balourdise, bêtise, ineptie, maladresse, niaiserie, sottise, stupidité. Épaisseur.*

FINETTE [finɛt]. *n. f.* (1519; de *fin* (dimin. *finet*). Étoffe de coton croisée dont l'envers est pelucheux. *Doublure, chemise de nuit en finette.*

FINI, IE [fini]. *p. p. et adj.* (XIIIᵉ; V. Finir). ♦ 1° Qui a été mené à son terme; achevé, terminé. *Mon travail est fini. Ses études sont finies.* Par ext. *Produits finis, semi-finis* (industr.). ♦ 2° *Spécialt.* Mené à son point d'achèvement, de perfection. *Tout ce qu'il fait est merveilleusement fini.* **V. Léché, poli.** — *Comm.* Dont la finition est bonne. *Vêtement bien fini.* ◇ *Subst.* (1771) *Le fini* : la qualité de ce qui est soigné jusque dans les détails. **V. Perfection.** « *L'art assyrien, comme l'art roman, se refusaient une fin autant que Corot* » (MALRAUX). ♦ 3° *Péj.* Achevé, parfait en son genre. *C'est un coquin, un voyou fini. Un menteur fini.* **V. Fieffé.** ♦ 4° Qui est arrivé à son terme. *Une époque, un monde finis.* **V. Disparu, évanoui, révolu.** « *Il s'agissait de sentiments révolus, finis* » (MAURIAC). ◇ (Personnes) *C'est un homme fini,* diminué, usé au point d'avoir perdu toute possibilité d'agir, de réussir. *Il est tout à fait discrédité, fini.* ♦ 5° *Philo.* Qui a des bornes. **V. Limité.** *Univers, corps, êtres finis.* Subst. *Le fini et l'infini.* — *Math. Nombre entier fini,* qui s'obtient par l'addition de l'unité à elle-même, un nombre de fois tel que l'une de ses répétitions soit la dernière. *Nombre réel fini,* inférieur à quelque nombre entier fini. *Grandeur finie,* qui peut être mesurée, par rapport à une grandeur de même espèce, par un nombre réel fini. *Ensemble fini,* dont le nombre d'éléments est limité. ◇ ANT. *Imparfait, inachevé.*

FINIR [finiʀ]. *v.* (*Fenir,* 1080; refait en *finir,* d'apr. *fin;* lat. *finire* « borner, finir »).
I. *V. tr.* Mener à sa fin (I). ♦ 1° Conduire (une occupation, un travail) à son terme en faisant ce qui reste à faire. **V. Achever, accomplir, terminer.** *Finir un ouvrage, une tâche.* Absolt. *Il commence par où il devrait finir. Coureur qui finit en beauté.* **V. Finish, finisseur.** — (Avec inf.) *Finissez de faire votre travail. Ils finissaient de dîner, quand je suis arrivé. Vous n'avez pas fini de vous disputer?* ◇ *Spécialt.* (*Surtout passif*) Conduire à son point de perfection. **V. Parachever, parfaire, polir; finition.** *Ouvrier qui s'applique à finir une pièce.* **V. Fignoler.** ♦ 2° Mener (une période) à son terme, en passant le temps qui reste à passer. *Finir sa vie dans la misère. Finir ses jours à la campagne. Finir sa dernière année de Droit.* ♦ 3° Mener (une quantité) à épuisement, en prenant ce qui reste à prendre. *Finir son pain; son verre* (**V. Vider**). *Il finit tous les plats.* — *Fam.* Utiliser jusqu'au bout. *On ne lui achètera pas de souliers, il finira ceux de son frère.* ♦ 4° Mener brusquement à son terme, mettre un terme à. **V. Arrêter, cesser; fin** (mettre fin à). *Finissez ces bavardages! Il est temps de finir nos querelles. Voyons, finis!* cesse (de nous importuner). — (Avec l'inf.) Cesser de. *Finissez de vous plaindre! La pluie ne finit pas de tomber.* **V. Discontinuer, interrompre (s').**
II. *V. intr.* (XIIIᵉ). Arriver à sa fin. ♦ 1° Arriver à son terme dans le temps. **V. Achever (s'), terminer (se).** *Le spectacle finira vers minuit. Bail qui finit au 1ᵉʳ avril.* **V. Expirer.** *Mon amitié ne finira qu'avec la vie.* **V. Périr.** *Il est temps que cela finisse!* **V. Cesser.** « *Tout commence en ce monde, et tout finit ailleurs* » (HUGO). ◇ Avoir telle ou telle issue, telle ou telle conclusion. *Tout cela finira mal. Je me demande comment cela finira. Tout finit toujours par finir bien.* « *Les films qui 'finissent bien' et qui chaque soir montrent aux foules éreintées la vie en rose* » (SARTRE). **V. Happy end.** *Tout finit par des chansons,* derniers mots du « *Mariage de Figaro* ». *Par ext.* (Personnes) *Ce garçon commence à mal tourner, je crois qu'il finira mal.* ◇ *Spécialt.* Arriver au terme de sa vie. **V. Mourir, périr.** *Finir dans un accident, à l'hôpital.* ♦ 2° Arriver à son terme dans l'espace. *Le sentier finissait là.* **V. Arrêter (s').** *Rue finissant en cul-de-sac.* **V. Terminer (se).** ♦ 3° FINIR PAR (et inf.) : arriver, après une série de faits, à tel ou tel résultat. *Je finirai bien par trouver. Il a fini par comprendre, par accepter. Tout finit par s'arranger.*
III. EN FINIR. ♦ 1° Mettre fin à une chose longue, désagréable. *Il faut en finir. Décidons-nous, dépêchons-nous, il est temps d'en finir. Que d'explications! il n'en finit plus!* **V. Tarir.** — *En finir avec* (qqch.) : arriver à une solution. **V. Régler, résoudre.** *On n'en finira jamais avec cette affaire, cette question.* **V. Épuiser.** — *En finir avec qqn* : se débarrasser de lui. — *Fam.* En finir. *Il n'en finirait pas de raconter ses aventures.* **V. Arrêter (s').** ♦ 2° (*Toujours négatif*). Arriver à son terme (choses). *Un discours qui n'en finit plus. Des applaudissements qui n'en finissent plus.* — Dans l'espace. *Un cou, des bras qui n'en finissent pas* : démesurément longs. ◇ ANT. *Commencer; ébaucher, engager, entamer. Débuter.*

FINISH [finiʃ]. *n. m.* (1895; mot angl. « fin »). Sports (*Anglicisme*). ♦ 1° Fin d'un combat de boxe dont la durée n'est pas limitée. *Match au finish,* knock-out ou abandon d'un adversaire. — *Fig.* et *fam. Au finish,* à l'usure, en épuisant les résistances. *Elle l'a eu au finish.* ♦ 2° Aptitude à finir (dans une course, une compétition). *Coureur bien doué, mais qui manque encore de finish.*

FINISSAGE [finisaʒ]. *n. m.* (1786; de *finir*). *Techn.* Action de finir une fabrication, une pièce. **V. Finition; ajustage.** ◇ Dernier apprêt d'une étoffe.

FINISSANT, ANTE [finisɑ̃, ɑ̃t]. *adj.* (XIXᵉ; de *finir*). En train de finir. *Dans la lumière de l'automne finissant. Le siècle finissant, la société finissante.*

FINISSEUR, EUSE [finisœʀ, øz]. *n.* (1756, « horloger » ; fém., 1872; *finisseor* « qui limite », 1353; de *finir*).
I. ♦ 1° *Rare.* Personne qui finit qqch. *Techn.* Ouvrier(ère) chargé(e) des travaux de finissage, de finition. *Finisseuse d'une maison de couture.* ♦ 2° *Sports.* Athlète, coureur qui finit bien une épreuve (**V. Finish**). *Un bon finisseur.*
II. (1973). *Techn.* Engin routier automoteur qui reçoit les matériaux prêts à l'emploi, les répand, les nivelle, les dame et les lisse, livrant après son passage un tapis fini.

FINITION [finisjɔ̃]. *n. f.* (1872; *finison* « fin », XIVᵉ; lat. *finitio*). ♦ 1° Opération ou ensemble d'opérations (finissage, etc.) qui termine la fabrication d'un objet, d'un produit livré au public. ♦ 2° Caractère de ce qui est plus ou moins bien fini. *C'est une bonne voiture, mais sa finition est insuffisante.* ♦ 3° *Les finitions :* les derniers travaux. *Les finitions d'une maison. Couturière qui fait les finitions* (ourlets, surfilage, boutonnières, etc.).

FINITUDE [finityd]. *n. f.* (1933; de *fini,* d'apr. l'angl. *finitude,* XVIIᵉ). *Didact.* Le fait d'être fini, borné. « *La finitude d'un monde resserré entre le macrocosme et le microcosme* » (FOUCAULT).

FINLANDAIS, AISE [fɛ̃lɑ̃dɛ, ɛz]. *adj.* et *n.* (1680; de *Finlande*). De l'État de Finlande, de Finlande. **V. Finnois.** *Les Finlandais parlent le finnois ou le suédois.*

FINN [fin]. *n. m.* (XXᵉ; mot empr. au suédois). Petit yacht monotype* pour régates, à une seule grand-voile encastrée dans un mât pivotant. — *Dér.* FINNISTE, sportif qui fait des régates sur *finn.*

FINNOIS, OISE [finwa, waz]. *adj.* et *n.* (1732, *Finnes,* déb. XVIIIᵉ; lat. *finnicus*). Du peuple de langue non indo-européenne qui vit en Finlande (avec des populations suédoises) et dans les régions limitrophes. *Culture, civilisation, littérature finnoise* ◇ N. LE FINNOIS : langue finno-ougrienne parlée en Finlande (suomi).

FINNO-OUGRIEN, IENNE [finɔugʀijɛ̃, ijɛn]. *adj.* et *n.* (*Finno-ongrien,* 1872; de *finno-* (finnois), et *ougrien,* de *ougre,* nom de peuple). **V. Hongrois.** *Langues finno-ougriennes,* et subst. *le finno-ougrien :* groupe de langues comprenant le finnois, le lapon, l'estonien et le hongrois, ainsi que plusieurs langues d'U.R.S.S. (mordvine, mari, ...), qui, avec la famille samoyède, forme le groupe ouralien.

FIOLE [fjɔl]. *n. f.* (1180; lat. médiév. *phiola,* class. *phiala;* gr. *phialê*). ♦ 1° Petite bouteille de verre à col étroit utilisée spécialement en pharmacie. **V. Flacon.** *Le goulot, le bouchon, l'étiquette d'une fiole.* ♦ 2° *Fig.* et *fam.* (1848). **V. Tête.** *Se payer la fiole de qqn.* **V. Moquer** (se).

FION [fjɔ̃]. *n. m.* (1744; altér. de *fignoler*). *Pop.* Bonne tournure, cachet final, dernière main. *Coup de fion.* « *Le petit coup de fion nécessaire à sa présentation effective* (d'un projet) » (MAC ORLAN).

FIORD. V. **FJORD.**

FIORITURE [fjɔʀityʀ]. *n. f.* (v. 1825; it. *fioritura,* rac. *fiore* « fleur »). ♦ 1° *Mus.* Ornement (arpège, mordant, trille). « *Les fioritures infinies du chant italien* » (NERVAL). ♦ 2° Ornement. *Les fioritures d'un dessin, d'un motif décoratif.* — *Fioritures de style* (souv. *péj.*).

-FIQUE-. Élément d'adj., du lat. *ficus* (de *facere* « faire »). Ex. *Maléfique, prolifique, soporifique,* etc.

FIRMAMENT [fiʀmamɑ̃]. *n. m.* (XIIᵉ); lat. relig. *firmamentum,* class. « appui, soutien », de *firmare* « rendre ferme »). *Littér.* La voûte céleste. **V. Ciel, empyrée.** *Le bleu du firmament. Sous le firmament :* ici-bas.

FIRMAN [fiʀmɑ̃]. *n. m.* (1663; turc *fermân,* d'o. persane, par l'angl. *firman*). *Hist.* Édit, ordre ou permis émanant d'un souverain musulman.

FIRME [fiʀm(ə)]. *n. f.* (1844; angl. *firm;* Cf. lat. médiév. *firma,* fr. *ferme*). Entreprise industrielle ou commerciale telle qu'elle est désignée sous un nom patronymique, une raison sociale. « *La Compagnie industrielle des laits pasteurisés et oxygénés. — Firme Cilpo* » (DUHAM.). — *Par ext.* **V. Établissement, maison.** *Les grosses firmes de l'industrie automobile.*

FISC [fisk]. *n. m.* (1479; « trésor public » ; lat. *fiscus* « panier (pour recevoir l'argent) »). L'État considéré comme titulaire de droits de puissance publique, de pouvoirs de contrainte sur le contribuable. — *Cour.* Ensemble des administrations chargées de l'assiette, de la liquidation et du recouvrement des impôts. *Les recettes, les caisses du fisc* (finances publiques). *Frauder le fisc* (fraude fiscale).

FISCAL, ALE, AUX [fiskal, o]. *adj.* (XIIIᵉ; lat. *fiscalis*). Qui se rapporte au fisc, à l'impôt. *Droit fiscal. Politique, législation, lois fiscales. Charges fiscales. Dégrèvements fiscaux.*

FISCALEMENT [fiskalmɑ̃]. *adv.* (1791; de *fiscal*). Du point de vue fiscal.

FISCALISATION [fiskalizasjɔ̃]. *n. f.* (1964; de *fiscaliser*). Action de fiscaliser, son résultat.

FISCALISER [fiskalize]. *v. tr.* (mil. XXᵉ; de *fiscal*). *Fin.* Soumettre à l'impôt. *Fiscaliser une tranche de revenus.*

FISCALITÉ [fiskalite]. *n. f.* (v. 1750; de *fiscal*). Système fiscal ; ensemble des lois, des mesures relatives au fisc, à l'impôt. *La réforme de la fiscalité.* « *Une fiscalité oppressive freine pêle-mêle toutes les ambitions individuelles* » (DUHAM.).

FISSI-. Élément, du lat. *fissus* « fendu ».

FISSIBLE [fisibl(ə)]. *adj.* (mil. XXe ; de *fission*). *Phys.* Susceptible de donner lieu au phénomène de fission. *Les explosifs nucléaires* (uranium, plutonium) *sont des corps fissibles.*

FISSILE [fisil]. *adj.* (XVIe, repris 1842 ; lat. *fissilis*). *Didact.* ♦ 1° Qui tend à se fendre, à se diviser en feuillets minces. *Schiste fissile.* ♦ 2° *Abusiv.* Fissible.

FISSION [fisjɔ̃]. *n. f.* (1938 ; mot angl. ; du lat. *fissus* « fendu »). *Phys.* Rupture d'un noyau d'atome (*spécialt.* par absorption d'une particule). *La fission d'un noyau d'uranium 235 sous l'action d'un neutron incident produit un énorme dégagement d'énergie et une émission d'autres neutrons créant un processus en chaîne utilisé dans les réactions nucléaires ou la bombe atomique.*

FISSURATION [fisyʀasjɔ̃]. *n. f.* (1842 ; de *fissurer*). Le fait de se fissurer.

FISSURE [fisyʀ]. *n. f.* (1314, rare av. XVIIIe ; lat. *fissura*, de *fissus*, p. p. de *findere* « fendre »). Petite fente. V. **Cassure, crevasse, scissure.** *Fissure d'un mur, d'une cloison.* V. **Lézarde.** « *Un encadrement que le temps avait rayé par des fissures fines et capricieuses* » (BALZ.). *Fissure d'un vase, d'un tuyau.* V. **Fêlure, fuite.** *Fissure dans un sol* (V. **Faille**). *Fissures de la peau.* V. **Gerçure.** — *Anat.* V. **Fente, scissure, sillon.** ◇ *Fig.* *Il y a une fissure dans leur amitié, leur entente.* V. **Brèche, coupure.** « *Ce sera la première fissure réelle dans l'estime que j'ai pour vous* » (MONTHERLANT).

FISSURER [fisyʀe]. *v. tr.* (*Fissuré*, XVIe, repris XIXe ; de *fissure*). Diviser par fissures. V. **Crevasser, fendre.** Pronom. *Mur, plafond qui se fissure de mille lézardes.* ◇ *Fig.* Diviser. « *Il était aisé de voir que l'événement fissurait l'Europe en deux blocs* » (ROMAINS). ◇ *Au p. p.* FISSURÉ, ÉE. Qui présente des fissures.

FISTON [fistɔ̃]. *n. m.* (XVIe ; de *fils*). *Pop.* V. **Fils.** ◇ (Appellatif pour un jeune garçon) *Viens par ici, fiston!*

FISTOT [fisto]. *n. m.* (1847 ; var. de *fiston*). *Arg. milit.* Élève officier de l'École navale (1re année).

FISTULAIRE [fistylɛʀ]. *adj.* (XIVe ; lat. *fistularius*). *Didact.* ♦ 1° Qui présente un canal dans toute sa longueur. *Stalactite fistulaire.* ♦ 2° Qui se rapporte à une fistule. V. **Fistuleux.**

FISTULE [fistyl]. *n. f.* (1314 ; lat. méd. *fistula* « tuyau, tube »). *Pathol.* Orifice ou canal anormal donnant passage de façon continue à un produit physiologique (urine, matières fécales), soit vers la surface du corps (*fistule externe*), soit entre deux organes (*fistule interne*). *Fistule complète,* à deux ouvertures. *Fistule borgne,* ouverture à la peau d'un abcès. *Fistule congénitale, accidentelle.*

FISTULEUX, EUSE [fistylø, øz]. *adj.* (1490 ; lat. *fistulosus*). *Méd.* Qui est de la nature de la fistule. *Ulcère fistuleux.*

FISTULINE [fistylin]. *n. f.* (1808 ; de *fistule*). Champignon comestible à chapeau épais, rouge, appelé communément *langue-de-bœuf.*

FIVE O'CLOCK [fajvɔklɔk]. *n. m.* (1882 ; loc. angl. *five o'clock tea* « thé de cinq heures »). *Anglicisme* vieilli. Goûter, collation que l'on prend à cinq heures. V. **Thé.**

FIXAGE [fiksaʒ]. *n. m.* (1845 ; de *fixer*). ♦ 1° *Techn.* Action de fixer (des couleurs, etc.). ♦ 2° *Phot.* (1864). Opération par laquelle l'image photographique est rendue inaltérable à la lumière.

FIXATEUR, TRICE [fiksatœʀ, tʀis]. *adj.* et *n. m.* (1824 ; de *fixer*). ♦ 1° *Rare.* Qui a la propriété de fixer. ♦ 2° *N. m.* Vaporisateur qui projette un fixatif. ◇ Substance qui fixe l'image photographique. — *Biol.* Substance chimique en solution, servant à maintenir une préparation de cellules ou de tissus sous une forme inaltérable, sans modifications essentielles de leur structure, en vue d'un examen au microscope.

FIXATIF [fiksatif]. *n. m.* (1827, adj. ; de *fixer*). *Techn.* (1872). Préparation liquide qui fixe les traces de fusain, pastel, etc., sur un support, les empêche de s'effacer (pulvérisée avec un fixateur). ◇ Produit permettant de fixer une coiffure.

FIXATIF, IVE [fiksatif, iv]. *adj.* (1803 ; de *fixer*). ♦ 1° Qui fixe. ♦ 2° *Psychan.* Relatif à la fixation. « *L'action fixative des expériences sexuelles de l'enfance* » (LAGACHE). (V. **Régressif**).

FIXATION [fiksasjɔ̃]. *n. f.* (1557, chim. ; repris XVIIe ; de *fixer*). I. ♦ 1° Action de fixer. *Sc.* *Fixation de l'oxygène par l'hémoglobine du sang.* — *Fixation de l'image photographique.* V. **Fixage.** — *Abcès* de fixation.* ◇ (1879) Le fait de faire tenir solidement (une chose matérielle). *La fixation d'un poteau en terre. Crochets de fixation.* — *Par ext.* Dispositif servant à fixer, tenir. *La fixation est solide.* — *Biol.* Opération par laquelle on soumet une préparation de cellules ou de tissus à l'action d'un fixateur*. ♦ 2° Le fait de fixer (personnes).

La fixation des nomades. ♦ 3° (XXe). *Psychan.* « *Attachement intense de la libido à une personne, à un objet ou à un stade du développement...* » (LAGACHE). *Fixation au père.* — (ANT. Arrachement, ébranlement).

II. (1669). Action de déterminer. V. **Détermination.** *La fixation d'une heure, d'un lieu de rendez-vous. La fixation du prix du blé.* V. **Limitation, réglementation.**

FIXE [fiks]. *adj.* et *n. m.* (*Fix*, XIIIe ; lat. *fixus*, p. p. de *figere* « fixer »).

I. *(Position).* ♦ 1° Qui ne bouge pas, qui demeure toujours à la même place à l'intérieur d'un système donné. V. **Immobile.** *Un point fixe. Châssis fixe d'une fenêtre.* V. **Dormant.** — *Barre* fixe d'une salle de gymnastique.* V. **Vagabond sans domicile fixe.** — *Étoile* fixe* (astron. anc.). ♦ 2° (1680). *Avoir la vue, le regard fixe, les yeux fixes :* regarder le même point, sans dévier ; regarder dans le vague, les yeux grands ouverts et immobiles. « *Une de ces figures mélancoliques où le regard trop fixe, signifie qu'on se fait pour un rien de la bile* » (PROUST). ♦ 3° (1845). FIXE! *interj.* Commandement militaire prescrivant aux hommes, soit de replacer la tête en position directe, soit de se tenir immobiles. V. **Garde** (à vous). *À vos rangs, fixe!*

II. *(État).* ♦ 1° Qui ne change pas ; qui est établi d'une manière durable dans un état déterminé. V. **Continu, immuable, invariable, persistant, stationnaire.** *Couleur fixe.* V. **Inaltérable.** *Encre bleu fixe. Feu fixe* (opposé à feu clignotant). *Beau fixe :* beau temps durable (*météo*). *Fig. Leurs relations sont au beau fixe.* ♦ 2° Réglé d'une façon précise et définitive. V. **Défini, déterminé.** *Poser des règles fixes.* V. **Constant, invariable, stable.** *Cela revient à date fixe. Recevoir à jour fixe, manger à heure fixe. Menu, restaurant, magasin à prix fixes.* — (Abstrait) « *Toutes ses croyances étaient fixes, sans jamais d'oscillations* » (MAUPASS.). ◇ IDÉE FIXE, idée dominante, dont l'esprit ne peut se détacher. V. **Obsession.** « *Les préventions qu'il avait contre moi sont devenues une idée fixe, une espèce de folie* » (BALZ.). *L'Idée fixe,* de Valéry. ♦ 3° V. **Assuré, régulier.** *Revenu fixe, appointements fixes.* — N. m. *Un fixe,* appointements fixes (*opposé à* commission). Représentant qui touche un fixe en dehors de ses commissions.

◇ ANT. **Mobile.** Changeant, mouvant, variable. Incertain, instable. Éventuel.

FIXÉ, ÉE [fikse]. *adj.* (XXe ; de *fixer*). *Psychan.* Qui se rapporte à la fixation*. — Subst. « *Les fixés et les anormaux sexuels* » (MOUNIER).

FIXE-CHAUSSETTE [fiksəʃɔsɛt]. *n. m.* (XXe ; de *fixer,* et *chaussette*). Support-chaussette. *Il « apparut en gilet de flanelle, caleçon long et fixe-chaussettes* » (QUENEAU).

FIXEMENT [fiksəmɑ̃]. *adv.* (1503 ; de *fixe*). *Rare.* D'une manière fixe. *Cour.* D'un regard fixe. « *Le soleil ni la mort ne se peuvent regarder fixement* » (LA ROCHEF.).

FIXER [fikse]. *v. tr.* (1330 ; de *fixe*). Rendre fixe. I. ♦ 1° Établir d'une manière durable à une place, sur un objet déterminé. V. **Assujettir, attacher, immobiliser, maintenir.** *Fixer les volets avec des crochets. Fixer différentes pièces entre elles.* V. **Assembler.** *Clous qui fixent les tuiles à la charpente.* V. **Retenir.** « *Quatre punaises piquées de rouille y fixaient une carte* (sur la porte) » (ROMAINS). ◇ *Fixer qqn :* le faire demeurer en un lieu. *Fixer des colons dans une région. Fixer les nomades à la terre* (sédentariser). Pronom. (Cour.) *Il s'est définitivement fixé à Paris.* V. **Installer** (s'). « *Les populations, si longtemps flottantes, se sont enfin fixées et assises* » (MICHELET). ◇ *Fig. Fixer ses idées sur le papier :* les écrire pour les ordonner et les conserver. ♦ 2° (1740). *Fixer les yeux, sa vue, son regard sur qqn, sur qqch.* V. **Arrêter, attacher.** Pronom. *Les regards se fixaient sur elle.* Au p. p. *Les yeux fixés au ciel, en terre.* V. **Ficher.** — *Par ext.* FIXER QQN (du regard). « *Quelques Gascons hasardèrent de dire, j'ai fixé cette dame, pour, je l'ai regardée fixement, j'ai fixé mes yeux sur elle* » (VOLT.). « *Thérèse sourit, puis le fixa d'un air grave* » (MAURIAC). ◇ *Fixer son attention sur un objet. Sa pensée vagabondait sans qu'il pût la fixer sur rien* » (MART. du G.). Pronom. *Mon choix s'est fixé sur tel article.*

II. Établir d'une manière durable dans un état déterminé. ♦ 1° (Concret). *Fixer les couleurs sur un tissu. Fixer un pastel, un dessin.* V. **Fixatif.** — *Phot. Fixer une image, un cliché,* les rendre inaltérables à la lumière (avec un *fixateur*). — *Chim.* Empêcher un corps gazeux ou volatil de se mêler. ♦ 2° *Abstrait.* Rendre stable et immobile (ce qui évolue, change). V. **Arrêter.** *L'usage a fixé le sens de cette expression.* Pronom. « *L'orthographe s'est progressivement fixée.* « *Une langue française n'est point fixée et ne se fixera point. Une langue ne se fixe pas* » (HUGO). V. **Stabiliser** (se). ♦ 3° *Spécialt.* (1878 ; 1680, se fixer à). Faire qu'une personne ne soit plus dans l'indécision ou l'incertitude. *Fixer qqn sur :* le renseigner exactement sur. *Fixer qqn sur ses intentions à son égard.* — *Au p. p. Je ne suis pas encore fixé, pas très fixé :* je ne sais pas quel parti prendre. V. **Décidé.** *Être fixé sur le compte de qqn :* savoir à quoi s'en tenir. « *C'est son droit, n'est-ce pas? d'être fixée sur ce qui lui revient* » (ZOLA).

♦ 4° (XVIIᵉ). Régler d'une façon déterminée, définitive. V. **Arrêter, définir, déterminer.** *Fixer une règle, un principe, des conditions.* V. **Formuler, poser.** *Les limites fixées par la loi. Se fixer une ligne de conduite. Fixer un rendez-vous. Fixer une date, un délai.* V. **Assigner, indiquer, prescrire.** *Fixer un prix, une rémunération, la base d'un impôt* (V. **Asseoir**). *Fixer le montant des importations.* V. **Limiter.** « *Danton... obtint de la Convention qu'on fixât le maximum du blé* » (MICHELET). Au p. p. *Au jour fixé :* dit, décidé, convenu.
◇ ANT. *Déplacer, détacher, ébranler. Détourner, distraire. Changer, errer.*

FIXISME [fiksism(ə)]. *n. m.* (XXᵉ (1922); en apiculture, fin XIXᵉ; de *fixe*). ♦ 1° *Hist. sc.* Doctrine de la fixité des espèces (*opposé à* évolutionnisme, transformisme). ♦ 2° *Géol.* Théorie selon laquelle les continents seraient restés immobiles depuis le pliocène, toute érosion étant due à l'abaissement du niveau des océans.

FIXISTE [fiksist(ə)]. *adj.* (XXᵉ; autre sens, 1878; du précéd.). *Hist. sc.* Qui a rapport au fixisme.

FIXITÉ [fiksite]. *n. f.* (1603; de *fixe*). ♦ 1° *Rare.* État de ce qui est fixe, immobile, invariable. *Fixité d'une population attachée au sol qu'elle cultive.* ◇ *Cour.* Caractère d'un regard fixe. « *Deux gros yeux bleu-faïence, d'une fixité de bœuf au repos* » (ZOLA). ♦ 2° *Littér.* ou *didact.* Caractère de ce qui est invariable, définitivement fixé. V. **Constance, invariabilité, permanence.** *Doctrine de la fixité des espèces,* selon laquelle les espèces vivantes seraient immuables. V. **Fixisme.** ◇ ANT. *Déplacement, mobilité. Changement, évolution, transformation.*

FJELD [fjɛld]. *n. m.* (XXᵉ; mot norv.). *Géogr.* Plateau rocheux usé par un glacier continental.

FJORD ou **FIORD** [fjɔʀ(d)]. *n. m.* (1835; mot norv.). Golfe s'enfonçant profondément dans l'intérieur des terres, en Scandinavie, en Écosse. *Les fjords de Norvège. Les fjords sont d'anciennes vallées glaciaires envahies par la mer.* « *Comme une flamme liquide et bleue, le fjord dort entre les monts à pic* » (SUARÈS).

FLAC! [flak]. *interj.* (XVIᵉ; var. de *flic*). Onomatopée imitant le bruit de l'eau qui tombe, de ce qui tombe dans l'eau (V. **Floc**), ou à plat. ◇ HOM. *Flaque.*

FLACCIDITÉ [flaksidite]. *n. f.* (1611; du lat. *flaccidus* « flasque »). *Didact.* État de ce qui est flasque. *Flaccidité des tissus, des chairs.* « *La flaccidité de son visage* » (AYMÉ). ◇ ANT. *Fermeté, tonicité.*

FLACHE [flaʃ]. *n. f.* (XIIIᵉ, aussi adj.; lat. *flaccus* « flasque »). *Techn., Région.* ♦ 1° Dépression, creux à l'arête d'une poutre; à la surface d'un bois, d'une pierre. ♦ 2° (XVᵉ). Creux dans le sol où séjourne l'eau. V. **Flaque.** « *Dans une flache laissée par l'inondation du mois précédent* » (RIMBAUD). ♦ 3° (1680). Partie affaissée d'un pavage. ◇ HOM. *Flash.*

FLACHERIE [flaʃʀi]. *n. f.* (1870; du précéd., adj.). Maladie mortelle des vers à soie, due à un ultravirus. *Les vers morts de flacherie sont dits morts-flats.*

FLACON [flakɔ̃]. *n. m.* (1314; bas lat. *flasco, flasconis,* du germ. *flaska.* V. **Fiasque, flasque** 2). Petite bouteille de forme variable, généralement fermée par un bouchon soit de même matière, soit de métal. V. **Bouteille, fiole.** *Flacon en verre, en cristal, en porcelaine. — Flacon de laboratoire pour les expériences chimiques. Flacon d'éther, de pilules. Flacon de parfum; de liqueur. — Fig.* Le contenant, la forme (*opposé à* contenu). « *Aimer est le grand point, qu'importe la maîtresse? Qu'importe le flacon, pourvu qu'on ait l'ivresse?* » (MUSS.).

FLACONNAGE [flakɔnaʒ] *n. m.* ou **FLACONNERIE** [flakɔnʀi]. *n. f.* (1894,-XXᵉ; de *flacon*). Fabrication des flacons de verre. — Ensemble de flacons; série de flacons. — *Comm. La flaconnerie,* nom générique des flacons.

FLACONNIER [flakɔnje]. *n. m.* (1906; de *flacon*). ♦ 1° Ouvrier qui fait des flacons. ♦ 2° Étui contenant plusieurs flacons.

FLA-FLA [flafla]. *n. m.* (1830; de *fla* « coup de tambour »). *Concret.* Ornements (d'une toilette). *Fam.* Recherche de l'effet. V. **Chichi, chiqué, esbroufe, façon.** « *Allons donc! leur grand-père était berger... Ce n'est pas la peine de faire tant de fla-fla, ni de se montrer le dimanche à l'église avec une robe de soie, comme une comtesse* » (FLAUB.). « *Au bout de tous ces chichis, de ces approches diplomatiques et de ces flaflas* » (CÉLINE).

FLAGADA [flagada]. *adj. invar.* (1938; probabl. dér. argotique du rad. *flac-*, dial. mérid. *flac* [« mou, faible »], *flaca,* du lat. *flaccus.* V. **Flasque** 1°). *Fam.* Sans force, fatigué. V. **Flapi.**

FLAGELLAIRE [flaʒe(l)lɛʀ]. *adj.* (1846 « qui ressemble à un fouet »; de *flagelle*). *Sc.* Relatif au flagelle.

FLAGELLANT [flaʒe(l)lɑ̃]. *n. m.* (1694; de *flageller*). Membre d'une secte religieuse (XIIIᵉ-XIVᵉ s.), qui se flagellait en public.

FLAGELLATEUR, TRICE [flaʒe(l)latœʀ, tʀis]. *n. et adj.* (XVIᵉ; de *flageller*). *N.* Celui, celle qui flagelle. ◇ *Adj.*

Qui recourt à la flagellation. *Pratiques flagellatrices.*

FLAGELLATION [flaʒe(l)lasjɔ̃]. *n. f.* (XIVᵉ, rare av. XVIIᵉ; lat. ecclés. *flagellatio*). Action de flageller. V. **Fustigation.** *Supplice de la flagellation ou du fouet. La flagellation de Jésus-Christ. — Flagellation thérapeutique.* ◇ Action de se flageller (pour faire pénitence). V. **Flagellant.** ◇ Action de se faire fouetter ou de fouetter une autre personne dans le but d'obtenir une satisfaction sexuelle (V. **Masochisme**).

FLAGELLE [flaʒɛl] ou **FLAGELLUM** [flaʒe(l)lɔm]. *n. m.* (1878; lat. *flagellum* « fouet »). V. **Fléau.** *Sc.* Filament mobile servant d'organe locomoteur à certains protozoaires, au spermatozoïde.

FLAGELLÉ, ÉE [flaʒe(l)le]. *adj. et n.* (fin XIXᵉ; de *flagellum*). Qui est muni d'une flagelle. — N. m. pl. *Zool.* Classe de protozoaires pourvus d'un ou plusieurs flagelles.

FLAGELLER [flaʒe(l)le]. *v. tr.* (XIVᵉ; lat. *flagellare,* de *flagellum* « fouet ». V. **Fléau**). ♦ 1° Battre de coups de fouet. V. **Fouetter, fustiger.** Pronom. *Se flageller.* ◇ Fig. V. **Cingler.** « *La nuit s'était faite, le vent glacé le flagellait* » (ZOLA). ♦ 2° *Fig.* et *littér.* Fustiger. « *Flageller les abus* » (ACAD.).

FLAGEOLANT, ANTE [flaʒɔlɑ̃, ɑ̃t]. *adj.* (1833; de *flageoler*). Qui flageole; dont les jambes flageolent. V. **Chancelant.** *Le* « *bruit de pas flageolants qui le suivaient* » (COLETTE).

FLAGEOLEMENT [flaʒɔlmɑ̃]. *n. m.* (mil. XXᵉ; de *flageoler*). Action de flageoler. V. **Vacillement.**

FLAGEOLER [flaʒɔle]. *v. intr.* (1756; 1604, *flaioller;* de *flageoler* « jambe grêle »). Trembler de faiblesse, de fatigue, de peur (jambes de l'homme, du cheval). « *Ses jambes flageolaient au point qu'il tomba dans un fauteuil* » (BALZ.). ◇ (Personnes) *Flageoler sur ses jambes.* — Fig. Prendre peur, vaciller *(fig.).*

1. **FLAGEOLET** [flaʒɔlɛ]. *n. m.* (XIVᵉ; dimin. a. fr. *flageol;* lat. pop. °*flabeolum* « souffle »). Flûte à bec, généralement percée de six trous. *Flageolet à clefs. Air de flageolet. — Par ext.* Jeu d'orgue le plus aigu.

2. **FLAGEOLET** [flaʒɔlɛ]. *n. m.* (1813, *flajolet, flageolle,* 1726 (région.); croisement entre le précéd. (allus. aux propriétés flatulentes des haricots) et *fageolet,* du picard *fageole,* lat. pop. °*fabeolus,* de *faba* « fève », et *phaseolus* « haricot ». V. **Fayot**). Variété de haricot nain très estimé, qui se mange en grains. *Flageolets verts. Gigot aux flageolets.*

FLAGORNER [flagɔʀne]. *v. tr.* (1470, « parler à l'oreille »; o. i.). Flatter bassement, servilement (Cf. *fam.* Passer de la pommade*; *pop.* Lécher* le cul). « *André Chénier a remarqué spirituellement qu'au théâtre on flagorne le peuple, depuis qu'il est souverain, aussi platement qu'on flagornait le roi* » (STE-BEUVE).

FLAGORNERIE [flagɔʀnəʀi]. *n. f.* (1583; de *flagorner*). Flatterie grossière et basse. *Il a obtenu ce poste par des flagorneries.*

FLAGORNEUR, EUSE [flagɔʀnœʀ, øz]. *n. et adj.* (XVᵉ; de *flagorner*). Qui flagorne. V. **Flatteur.** « *On ne l'a jamais vu si flagorneur, si aimable, distribuant des poignées de main, les compliments* » (JOUHANDEAU).

FLAGRANCE [flagʀɑ̃s]. *n. f.* (XVIᵉ; de *flagrant*). *Dr.* État de ce qui est flagrant.

FLAGRANT, ANTE [flagʀɑ̃, ɑ̃t]. *adj.* (1413; lat. *flagrans,* de *flagrare* « flamber »). ♦ 1° *Dr.* Qui est commis sous les yeux mêmes de celui qui le constate. — *Loc. cour.* Flagrant *délit.* V. **Délit.** ♦ 2° (Déb. XIXᵉ). Qui éclate aux yeux de tous, qui n'est pas niable. V. **Certain, évident, incontestable, patent.** *Injustice flagrante. La préméditation est flagrante.*

FLAIR [flɛʀ]. *n. m.* (1175; de *flairer*). ♦ 1° Faculté de discerner par l'odeur. V. **Odorat.** *Le flair du chien.* « *Si j'en crois mon flair de vieux renard, nous aurons à dîner une poularde d'un fumet délicat* » (FRANCE). ♦ 2° *Fig.* Aptitude, instinctive à prévoir, deviner. V. **Clairvoyance, intuition, perspicacité.** *Avoir du flair* (Cf. Avoir du nez). « *Cela ne se voyait point d'une façon manifeste, éclatante; mais, avec son flair inquiet, elle le sentait et le devinait* » (MAUPASS.).

FLAIRER [flɛʀe]. *v. tr.* (1265; « exhaler une odeur », XIIᵉ; lat. *fragrare*). ♦ 1° *(Animaux).* Discerner, reconnaître ou trouver par l'odeur. *Animal qui flaire sa nourriture. Chien qui flaire son maître. — Flairer le gibier.* V. **Éventer.** « *L'excitation d'un fox qui flaire un rat* » (MONTHERLANT). ◇ *(Personnes)* Sentir avec insistance, comme fait un animal. V. **Humer, renifler.** *Flairer une odeur bizarre, anormale.* « *Tous, le nez tourné vers le poêle où se rissolaient les alouettes, flairaient la bonne odeur* » (ZOLA). ♦ 2° (1538). *Fig.* Discerner qqch. par intuition. V. **Deviner, pressentir, prévoir, sentir, soupçonner, subodorer.** *Il flaire un piège là-dessous.* « *Les amoureux sont si soupçonneux qu'ils flairent tout de suite le mensonge* » (PROUST). « *Dès le seuil, je flairai l'insolite* » (GIDE).

FLAIREUR, EUSE [flɛʀœʀ, øz]. *n. et adj.* (1539; de *flairer*). Personne qui flaire. — *Adj.* « *Son nez mobile, flaireur, sensuel* » (MIRBEAU).

FLAMAND, ANDE [flamɑ̃, ɑ̃d]. *adj. et n.* (*Flameng,* 1080; du germ. *flaming*). De Flandre (française, belge ou hollandaise). *Lille et Anvers, villes flamandes. Peintres flamands.* — N. Habitant(e), natif(ive) de Flandre. *Flamand séparatiste.* V. **Flamingant.** — N. m. *Le flamand,* ensemble des dialectes néerlandais* parlés en Belgique. ◇ HOM. *Flamant.*

FLAMANT [flamɑ̃]. *n. m.* (1534; prov. *flamenc,* lat. *flamma* « flamme »). Oiseau échassier palmipède, au plumage généralement rose. « *Comme un long flamant debout sur une seule patte* » (FARGUE). ◇ HOM. *Flamand.*

FLAMBAGE [flɑ̃baʒ]. *n. m.* (1771; de *flamber*). ♦ 1° Action de flamber, de passer à la flamme. *Flambage d'un poulet; d'un instrument chirurgical.* ♦ 2° Techn. Déformation, courbure d'une pièce longue sous l'effet de la compression qu'elle subit en bout (Syn. FLAMBEMENT [flɑ̃bmɑ̃], *n. m.*).

FLAMBANT, ANTE [flɑ̃bɑ̃, ɑ̃t]. *adj.* (XVIᵉ; de *flamber*). ♦ 1° Qui flambe. V. **Ardent, brûlant.** *Charbon flambant,* et subst. *Flambant :* charbon qui produit des flammes en brûlant. ♦ 2° *Fig.* et *fam.* (1837). *Vieilli.* Beau, superbe. *Une voiture* « *toute flambante!* elle est peinte en rouge et or *à faire crever les Touchard de dépit!* » (BALZ.). — « *Il reprit... son air flambant* » (DAUD.). V. **Flambart.** ◇ *Loc. mod.* (1808) FLAMBANT NEUF : tout neuf. *Maison flambant neuf ou flambant neuve.* « *Des titres de propriété flambant neufs* » (CENDRARS).

FLAMBART ou **FLAMBARD** [flɑ̃baʀ]. *n. m.* (1285, « flamme »; de *flamme*). ♦ 1° (1690). Charbon à demi consumé. ♦ 2° *Fam.* et *vieilli* (1837). Gai luron. — Mod. *Faire le flambard :* le fanfaron, le faraud.

FLAMBE [flɑ̃b]. *n. f.* (1080, « flamme »; a. fr. *flamble,* du lat. *flammula,* de *flamma*). ♦ 1° *Dial.* Feu clair. V. **Flambée.** ♦ 2° *Techn.* Épée à lame ondulée. ♦ 3° Nom donné à certains iris.

FLAMBÉ, ÉE [flɑ̃be]. *adj.* (fin XVIᵉ; V. *Flamber*). ♦ 1° Passé à la flamme. *Aiguille flambée.* — *Omelette flambée; bananes, crêpes flambées :* arrosées de rhum, d'alcool auquel on met le feu. ♦ 2° *Fig.* et *fam.* (XVIIᵉ). V. **Perdu, ruiné.** *Cette affaire est flambée.* V. **Fichu, foutu** (pop.). « *Qu'a-t-il?* demanda Rastignac. — *À moins que je ne me trompe, il est flambé!* » (BALZ.).

FLAMBEAU [flɑ̃bo]. *n. m.* (XIVᵉ; de *flambe*). ♦ 1° *Ancien.* Appareil d'éclairage portatif, formé d'une ou plusieurs mèches enduites de cire, de résine. V. **Bougie, brandon, torche.** *Allumer, rallumer un flambeau. La lueur des flambeaux. Aux flambeaux.* Mod. *Marche, retraite aux flambeaux du 14-Juillet.* « *Nous entendîmes les clairons. C'était la retraite aux flambeaux. Cent torches éclairaient soudain* » (RADIGUET). — *Poét.* (Vieilli) *Le flambeau du jour, du monde :* le soleil. ♦ 2° *Par métaph.* (Vx). *Le flambeau de l'amour,* qui embrase les cœurs. ♦ *Littér.* Ce qui éclaire (intellectuellement ou moralement). V. **Lumière.** *Le flambeau de la foi, de la vérité. Le flambeau de la liberté, du progrès.* « *Le savoir est le patrimoine de l'humanité, le flambeau qui éclaire le monde* » (PASTEUR). — *Loc.* (allus. aux coureurs antiques qui se transmettaient le flambeau de main en main) *Se passer, se transmettre le flambeau.* « *Le flambeau de l'Europe, c'est-à-dire de la civilisation, a été porté d'abord par la Grèce, qui l'a passé à l'Italie, qui l'a passé à la France* » (HUGO). ♦ 3° *Par méton.* (XVIIᵉ). V. **Candélabre, chandelier, torchère.** *Flambeau d'or, d'argent, de bronze doré. Flambeau Louis XV, Louis XVI.*

FLAMBÉE [flɑ̃be]. *n. f.* (1320; de *flamber*). ♦ 1° Feu vif et assez bref. *Faire une flambée pour se réchauffer.* V. **Chaude.** ♦ 2° *Fig.* (déb. XIXᵉ). Explosion d'un sentiment violent, d'une action. *Flambée de colère.* « *L'extraordinaire flambée musicale qui illumina l'Allemagne* » (R. ROLLAND). *Flambée de terrorisme.* ◇ Élévation soudaine (des cours, des prix). *La flambée des prix a compromis l'élévation du niveau de vie.*

FLAMBEMENT. V. FLAMBAGE (2°).

FLAMBER [flɑ̃be]. *v.* (h. XIIᵉ; 1546; a remplacé *flammer,* lat. *flammare;* de *flambe*).

I. *V. intr.* ♦ 1° Brûler, être l'objet d'une combustion vive avec flammes et production de lumière. *Bois sec, papier qui flambe. La grange a flambé et l'on n'a pu éteindre l'incendie.* — « *Un feu clair flambait dans la cheminée de mon cabinet de travail* » (FRANCE). — *Par anal.* Produire une vive lumière, jeter de l'éclat. V. **Flamboyer.** « *Un soleil de juillet flambait au milieu du ciel* » (MAUPASS.). ♦ 2° *Fig.* Être animé d'une vive ardeur. V. **Brûler.** *Rousseau* « *les désirait toutes* (les femmes), *il flambait pour toutes* » (HENRIOT). ♦ 3° Être brûlant. « *Ça lui incendia la gorge... son gosier flambait* » (SARTRE).

II. *V. tr.* ♦ 1° (1680) Passer à la flamme. *Flamber un cochon de lait, une volaille,* pour brûler les poils, le duvet, les dernières plumes. *Flamber un instrument de chirurgie,* pour le stériliser. *Flamber les cheveux :* une mèche de cheveux, après les avoir coupés (V. **Brûlage**). ♦ 2° Arroser d'alcool que l'on fait brûler. V. **Flambée** (1°). ♦ 3° *Fig.* et *vieilli.* Ruiner, voler au jeu, etc. — *Dépenser follement. Il a flambé sa fortune en peu de temps.* ◇ *Intrans.* Jouer gros jeu. V. **Flambeur.**

FLAMBERGE [flɑ̃bɛʀʒ(ə)]. *n. f.* (1517; nom de l'épée de

Renaud de Montauban, d'abord *Froberge, Floberge,* n. pr. germ., puis *Flamberge,* par attract. de *flamme*). *Mettre flamberge au vent :* tirer l'épée; partir en guerre, s'apprêter à se battre. « *Lazare, au moment de l'affaire Dreyfus, mit flamberge au vent* » (GIDE).

FLAMBEUR [flɑ̃bœʀ]. *n. m.* (1885; de *flamber,* 2°). *Arg.* Celui qui joue gros jeu.

FLAMBOIEMENT [flɑ̃bwamɑ̃]. *n. m.* (1528, repris XIXᵉ; de *flamboyer*). Éclat de ce qui flamboie. *Le flamboiement d'un incendie, du soleil.* ◇ « *Tout à coup sa prunelle éteinte s'illumina d'un flamboiement hideux* » (HUGO).

FLAMBOYANT, ANTE [flɑ̃bwajɑ̃, ɑ̃t]. *adj.* et *n. m.* (XIIᵉ; de *flamboyer*). ♦ 1° Qui flamboie. V. **Brillant, éclatant, étincelant.** *Épée, armure flamboyante.* — *Par ext.* Qui a l'éclat, la couleur d'une flamme. V. **Ardent.** *Yeux, regards flamboyants de haine, de colère.* ♦ 2° *Blas.* Se dit d'une pièce ondée, terminée par une flamme. *Pals flamboyants.* ♦ 3° (1830). *Gothique flamboyant,* style caractéristique de l'architecture gothique française du XVᵉ s., où certains ornements (soufflets, mouchettes) ont une forme ondulée. Par ext. *Cathédrale flamboyante.* ♦ 4° *N. m.* Arbre des Antilles à fleurs rouge vif.

FLAMBOYER [flɑ̃bwaje]. *v. intr.;* conjug. *noyer* (*Flamboyer,* 1080; de *flamboie*). Jeter par intervalles des flammes, une lumière éclatante. *On voyait flamboyer l'incendie.* V. **Brûler, flamber.** *Métal qui flamboie au soleil.* V. **Flamboyant.** — *Par ext. Yeux qui flamboient.* V. **Briller.**

FLAMENCO [flamɛnko]. *adj.* et *n.* (XIXᵉ; mot esp. « flamand »). Musique populaire andalouse. *Chant flamenco, danse flamenco* (ou *flamenca*). — *Le flamenco.*

FLAMINE [flamin]. *n. m.* (1372; lat. *flamen, inis,* de *flare* « souffler » (sur le feu sacré). *Antiq. rom.* Prêtre attaché au service d'une divinité.

FLAMINGANT, ANTE [flamɛ̃gɑ̃, ɑ̃t]. *adj.* (1740; *flamengel,* XIIIᵉ; de *flameng,* anc. forme de *flamand*). Qui parle flamand; où l'on parle flamand. *La Belgique flamingante.* ◇ Partisan de l'autonomie de la Flandre ou de la limitation de la langue, de la culture française en Flandre belge. Subst. *Un flamingant.*

1. FLAMME [fla(ɑ)m]. *n. f.* (*Flamma,* Xᵉ; lat. *flamma*). **I.** ♦ 1° Mélange gazeux en combustion, lumineux quand il contient des particules solides en suspension. *Ce feu ne fait pas de flamme. Flamme rouge, claire, bleuâtre. Flammes vacillantes, ondoyantes, qui dansent. Jeter des flammes.* V. **Flamber, flamboyer.** *Flamme d'une bougie, d'une lampe, d'un briquet.* « *Il faut se hâter de nourrir la lampe. Mais il faut aussi protéger la flamme du grand vent qu'il fait* » (ST-EXUP.). « *Annette apporta les lampes et regarda les mèches pour régler la flamme* » (CHARDONNE). *Flamme du gaz.* — Petite ampoule électrique allongée et pointue. Par oppos. *Lampe flamme.* ◇ *Les flammes :* l'incendie; le feu qui détruit. *Édifice qui est la proie des flammes, dévoré par les flammes. Jeter, livrer aux flammes.* V. **Brûler, enflammer.** *En flammes.* V. **Ardent, enflammé.** *L'avion est tombé en flammes.* — *Par anal. Descendre* en flammes.* — *Loc. fig. Jeter, lancer feu et flammes :* être irrité, en colère. ◇ *Techn. Passer à la flamme.* V. **Flamber.** *Retour* de flamme.* — *Spécialt. Flamme symbolique. Ranimer la flamme sur la tombe du Soldat inconnu.* ♦ 2° *Éclat, brillant.* « *Sa vitalité semblait vraiment toute concentrée dans la flamme sombre du regard* » (MART. du G.). ♦ 3° *Fig.* Ardeur, feu. « *Cette flamme intérieure qui l'habite* » (GIDE). *Orateur plein de flamme, qui parle avec flamme.* V. **Animation, éloquence.** *La flamme de l'enthousiasme, de l'idéal, de la jeunesse.* — *Littér.* Passion amoureuse, désir amoureux. *Déclarer sa flamme, faire l'aveu de sa flamme.* V. **Feu.** « *Tu vis naître ma flamme et mes premiers soupirs* » (RAC.).

II. (1669; d'apr. la représentation allongée et ondoyante des flammes, *par ex.* en blason.) ♦ 1° Petite banderole à deux pointes qui garnissait les lances, les mâts des navires. V. **Banderole; bannière.** Mod. *Pavillon long et étroit. Flamme de guerre,* aux couleurs nationales. *Flammes numériques, signaux représentant des chiffres.* ♦ 2° (1690). Ornement long et ondé. ♦ 3° Marque postale allongée, imprimée sur les lettres, généralement à côté de l'oblitération et portant souvent une légende, un symbole.

2. FLAMME [flam]. *n. f.* (altér. de *flieme* (XIIᵉ), par attract. du précéd.; lat. pop. **fletomus,* de *phlebotomus,* mot gr.). Lancette de vétérinaire. *Saigner un cheval avec la flamme.*

FLAMMÉ, ÉE [fla(ɑ)me]. *adj.* (1808; de *flamme*). *Techn.* Qui a des taches allongées et ondoyantes. *Grès flammé.*

FLAMMÈCHE [flamɛʃ]. *n. f.* (*Flammasche, flammesche,* XIIᵉ; frq. **falawiska* « cendre », d'apr. *flamma,* V. **Flamme.** Parcelle enflammée qui se détache d'un brasier, d'un foyer. « *De longues flammèches s'envolaient au loin et rayaient l'ombre, et l'on eût dit des comètes combattantes* » (HUGO).

FLAMMEROLE [flamʀɔl]. *n. f.* (1528; de *flamme*). Vx ou dial. Feu follet.

1. FLAN [flɑ̃]. *n. m.* (XIVᵉ; *flaon,* XIIᵉ; frq. **flado;* Cf. all. *Fladen*). ♦ 1° Crème à base de lait, d'œufs et de farine, que l'on fait prendre au four. ◆ 2° (1376). Disque destiné à recevoir une empreinte par pression. *Flan d'une monnaie, d'une médaille. Flan d'un disque* (de phonographe). — *Typogr.* Carton spécial recouvert d'un enduit épais que l'on applique humide sur des caractères mobiles afin d'en prendre l'empreinte pour le clichage ; le moule ainsi obtenu après séchage. ◆ 3° Pop. *En être, en rester comme deux ronds de flan* : être stupéfait, muet d'étonnement (p.-ê. de 1°, « comme deux sous de flan »). ◇ HOM. *Flanc.*

2. **FLAN** [flã]. *n. m.* (1688, « coup de poing » ; rattaché au précéd. ; o. i., p.-ê. var. de *vlan*). Pop. *C'est du flan* : de la blague. ◇ À LA FLAN (*loc. adv.)* : sans valeur. ◇ AU FLAN : par hasard, au petit bonheur. ◇ HOM. *Flanc.*

FLANC [flã]. *n. m.* (1080 ; frq. °*hlanka* « hanche »). ◆ 1° Partie latérale du corps de l'homme et de certains animaux. — *Anat.* Chacune des deux régions symétriques, droite et gauche, situées sous les côtes. *Se coucher sur le flanc, sur le côté. « La fatigue lui brisait les côtes ; il porta la main à ses flancs fit effort pour respirer »* (GREEN). — *Être sur le flanc* : alité, et *par ext.* extrêmement fatigué. *Mettre sur le flanc* : exténuer, briser les forces. — Pop. *Tirer au flanc.* V. Cul (tirer au cul). Subst. *Un tire-au-flanc,* un paresseux. ◇ (*Animaux*) Région latérale de l'abdomen et des côtes. *Presser, éperonner les flancs de son cheval. Cheval qui bat des flancs,* essoufflé. *Se battre* les flancs. ◆ 2° (v. 1250). *Vx* ou *littér.* La partie du corps où la vie semble profondément logée. *Percer le flanc.* V. Entrailles, sein. — *Spécialt.* Le sein maternel. « *Croit-on que dans ses flancs un monstre m'ait porté ?* » (RAC.). ◆ 3° (1559). Partie latérale de certaines choses. *Flanc d'un vaisseau.* V. Travers. *Flanc à flanc* : côte à côte (navires). — « *Aux flancs du vase* », recueil poétique d'A. Samain. — *Le flanc d'une montagne. — À flanc de,* sur le flanc. *À flanc de coteau. « Le chemin... s'insinue, à flanc de colline, entre les murailles »* (DUHAM.). ◇ (1564) *Fortif.* Partie du bastion comprise entre la courtine et la face. ◆ 4° (1559). Côté droit ou gauche d'une troupe, d'une armée (*opposé à* front). V. Aile. *Les flancs d'une colonne. Sur son flanc droit, sur ses flancs.* ◇ *Prêter le flanc,* se dit d'une troupe qui découvre, qui expose son flanc aux attaques de l'ennemi. *Fig.* Donner prise. V. Exposer (s'). *Prêter le flanc à la critique, à la médisance.* ◆ 5° *Blas.* (1640). Une des divisions qui touchent au bord de l'écu, quand il est tiercé en pal. ◇ HOM. *Flan* (1 et 2).

FLANC-GARDE [flãgard(ə)]. *n. f.* (fin XIX° ; de *flanc* (4°), et *garde*). Détachement protégeant les flancs d'une troupe en marche. *Des flancs-gardes.*

FLANCHER [flãʃe]. *v. intr.* (1862 ; « blaguer », arg., 1846 ; altér. de *flenchir* « détourner » ; frq. °*blankjan* « ployer » (V. Flanc), ou de *flacher* « mollir »). Fam. Céder, faiblir. *Le cœur du malade a flanché brusquement. Les troupes ont flanché,* reculé (Cf. Lâcher pied*). *Il samblait résolu, mais il a flanché au dernier moment.* V. Abandonner, dégonfler (se), mollir. *Ce n'est pas le moment de flancher !* ◇ ANT. Persister, résister, tenir.

FLANCHET [flãʃɛ]. *n. m.* (1376, « flanc » ; dimin. de *flanc*). *Bouch.* (1541). Morceau de bœuf, dans la surlonge, entre la poitrine et la tranche grasse. — *Pêch.* Partie de la morue située près des filets.

FLANCONADE [flãkɔnad]. *n. f.* (1680 ; de *flanc*). *Escr.* Botte de quarte portée au flanc.

FLANDRICISME [flãdrisism(ə)]. *n. m.* (date inc. ; de *Flandres*). Emprunt ou calque du flamand, *spécialt.* dans le français de Belgique.

FLANDRIN, INE [flãdrɛ̃, in]. *n.* (XV°, « grand, élancé » ; de *Flandre*). Homme grand, d'allure gauche (plus souvent *Grand flandrin*). V. Dadais.

FLÂNE [flan]. *n. f.* (1846 ; de *flâner*). Flânerie. *Aimer la flâne.*

FLANELLE [flanɛl]. *n. f.* (1650 ; angl. *flannel,* gallois *gwlanen,* de *gwlân* « laine »). Tissu de laine peignée ou cardée, peu serré, doux et pelucheux. *Pantalon de flanelle.* — *Ceinture, gilet de flanelle,* vêtements masculins de dessous. — Fam. *Avoir les jambes en flanelle* : molles. ◇ *Par ext.* Vêtement de flanelle. *Mets ta flanelle.*

FLÂNER [flane]. *v. intr.* (1808 ; du v. dial. *flanner* (1645 ; Normandie) ; a. scand. *flana* « courir çà et là »). ◆ 1° Se promener sans hâte, au hasard, en s'abandonnant à l'impression et au spectacle du moment. V. Balader (se), musarder. « *J'ai flâné dans les rues ; j'ai marché devant moi, libre, bayant aux grues* » (MUSS.). ◆ 2° S'attarder, se complaire dans une douce inaction. *Faire qqch. sans flâner.* V. Lanterner, traîner. ◇ ANT. Hâter (se). Travailler.

FLÂNERIE [flɑnri]. *n. f.* (XIX° ; dial., XVI°. V. Flâner). Action ou habitude de flâner ; promenade faite en flânant. V. Balade. *Interminables flâneries. « L'ombre tiède du parc invitait à la flânerie »* (MART. du G.). V. Flâne.

FLÂNEUR, EUSE [flɑnœr, øz]. *n.* et *adj.* (1808 ; en Normandie, XVI° ; de *flâner*). Personne qui flâne, ou qui aime à flâner. V. Badaud, musard, promeneur. *Le flâneur des deux rives,* ouvrage d'Apollinaire. — *Adj.* Qui aime à ne rien faire. V. Oisif. « *Je crois notre jeune garçon un peu flâneur et médiocrement âpre au travail* » (FLAUB.).

FLANQUEMENT [flãkmã]. *n. m.* (1795 ; de *flanquer* 1). *Fortif.* Ouvrage défensif qui en flanque un autre.

1. **FLANQUER** [flãke]. *v. tr.* (1555, fortif. ; de *flanc*). **A** ◆ 1° Garnir sur les flancs, à l'aide d'un ouvrage défensif, d'une construction ou élément architectural. ◆ 2° Être sur le côté de (un ouvrage fortifié, un bâtiment). *Les pavillons qui flanquent le bâtiment central.* — *Par ext.* Se trouver près de, tout contre. « *Deux bergères en tapisserie flanquaient la cheminée en marbre* » (FLAUB.). ◆ 3° *Milit.* Protéger sur le flanc. *Détachement flanquant une colonne.* V. Flanc-garde. **B** *Flanqué, (ée)* DE. *Le château « flanqué d'une tourelle à chaque angle »* (FRANCE). « *Une route flanquée de remblais* » (GAUTIER). ◇ *Péj.* Accompagné de. *Il était flanqué de ses gardes du corps.*

2. **FLANQUER** [flãke]. *v. tr.* (1596 ; du précéd. « attaquer de flanc », ou altér. de *flaquer* (1583). Fam. ◆ 1° (1680). Lancer, jeter brutalement ou brusquement. V. Ficher. *Flanquer un coup, une gifle, une volée à qqn.* V. Appliquer, envoyer. « *C'est vrai, il y a des jours où je flanquerais tout en l'air* » (ZOLA). « *Des gens qui jouaient aux cartes et qui se les flanquaient par la figure* » (ARAGON). « *Il l'avait empoigné par le bras, il le flanqua dehors* » (ZOLA). — *Fig. Flanquer un employé, un domestique dehors, à la porte.* V. Congédier, renvoyer. ◆ 2° Donner. *Flanquer la frousse à qqn.* « *J'ai eu des clients à qui le treize flanquait la guigne* » (ROMAINS). ◆ 3° SE FLANQUER. *v. pron. Se flanquer par terre,* faire une chute.

FLAPI, IE [flapi]. *adj.* (fin XIX° ; mot lyonnais, de *flapir* « flétrir » (XV°) ; probabl. de °*falappa,* var. du lat. *faluppa.* V. Enveloppe). *Fam.* Épuisé, éreinté. *Nous sommes flapis.*

FLAQUE [flak]. *n. f.* (*Flasque,* XIV° ; repris 1718 ; forme picarde de *flache* (XV°), subst. de l'a. fr. *flache* « creux, mou » ; lat. *flaccidus*). Petite nappe de liquide stagnant. V. Flache, mare. *Chemin couvert de flaques d'eau. Patauger dans les flaques.* « *Le soleil pompait les flaques des dernières averses* » (CAMUS). ◇ HOM. *Flac.*

FLASH [flaʃ]. *n. m.* (1918 ; mot angl.). *Anglicisme.* ◆ 1° Lampe servant à prendre des instantanés grâce à une émission de lumière brève et très intense. Ensemble du dispositif (piles, condensateur) associé à cette lampe. *Flash synchronisé ; flash électronique. Des flashes.* ◆ 2° *Cin.* Scène rapide d'un film. Plan de très courte durée (cinéma, télévision). *Flash publicitaire.* ◆ 3° *Presse.* Courte nouvelle transmise en priorité. Bref compte rendu de nouvelles. *Flash d'information.* V. Flash-back.

FLASH-BACK [flaʃbak]. *n. m.* (1966 ; mot angl. « scène de rappel [du passé] »). *Anglicisme.* Retour en arrière dans le récit filmique (par anal., dans toute espèce de récit). — Pour éviter l'anglicisme, on dit au Québec, *rétrospective.*

1. **FLASQUE** [flask(ə)]. *adj.* (1421 ; var. *flac, flache, flaque.* V. Flache ; lat. *flaccidus*). Qui manque de fermeté. V. Mou, mollasse. *Chair flasque* (V. Flaccidité). *Peau flasque.* « *La longue toile gonflée descendit du sommet du mât, glissa, pendante et flasque* » (MAUPASS.). V. Avachi. ◇ (Abstrait) « *Hélas ! me voici lâche et flasque comme une corde brisée* » (SAND). « *Flasque caractère de mon Jérôme impliquant la flasque prose* » (GIDE). ◇ ANT. Dur, raide, rigide, tendu.

2. **FLASQUE** [flask(ə)]. *n. f.* (1535 ; it. *fiasca* « bonbonne » (V. Fiasque), mot germ. V. Flacon). *Vx.* Poire à poudre. ◇ *Mod.* Petit flacon plat.

3. **FLASQUE** [flask(ə)]. *n. m.* (1445 ; probabl. var. de *flache* (1408), *flacque* « partie plate, planche »). ◆ 1° *Techn.* Nom de certaines pièces allant par paires, le plus souvent plates et disposées parallèlement. *Flasques servant de support à un axe.* ◆ 2° *Artill.* Chacune des deux pièces latérales d'un affût de canon sur lesquelles s'appuient les tourillons. ◆ 3° Partie métallique d'une roue d'automobile (sur le côté).

FLATTER [flate]. *v. tr.* (XII° ; aussi *flater, flatir* « jeter à plat » ; du frq. °*flat* « plat »). **I. A** FLATTER (qqn, un animal). ◆ 1° Louer excessivement ou faussement (qqn), pour plaire, séduire. V. Complimenter, encenser, flagorner. *Il ne cesse de le flatter bassement, servilement* (Cf. Lécher les bottes, faire du plat, passer de la pommade). « *Plus on aime quelqu'un, moins il faut qu'on le flatte* » (MOL.). *Vous me flattez !* votre compliment est aimable mais excessif. ◆ 2° *Vx* (XVII°). Chercher à tromper (qqn) en déguisant la vérité, en entretenant des illusions. V. Abuser, mentir. « *Que tout autre que moi vous flatte et vous abuse* » (CORN.). — *Mod.* et *littér. Flatter qqn de qqch.* : le lui laisser faussement espérer. *Il y a longtemps qu'on le flatte de cette espérance* (ACAD.). V. Allécher, bercer, leurrer. ◆ 3° (XVII°). Caresser (un animal) avec la main. *Flatter un chien. Un cheval « qu'il flatta, à plusieurs reprises, en lui frappant du plat de la main le col et la croupe »* (GAUTIER). **B** (*Sujet de chose*). ◆ 1° Être agréable à, faire concevoir de la fierté ou de l'or-

gueil. *Cette distinction me flatte et m'honore.* V. **Toucher.**
« *Il sied de se défier de ce qui vous flatte* » (GIDE). Par ext.
Cela flatte son amour-propre, sa vanité. ◊ *Au p. p.* FLATTÉ,
ÉE. V. **Content, fier, satisfait.** « *Il souriait, flatté dans son
orgueil* » (FLAUB.). *Je suis flatté de sa réception, par sa réception, qu'il me reçoive.* « *Je ne serais pas flatté du tout qu'on
m'en parlât* » (PROUST). ◆ 2° (XVII°). Faire paraître plus beau
que la réalité. V. **Avantager, embellir, idéaliser.** *Ce portrait,
cette coiffure la flatte.* Au p. p. *Portrait flatté :* où la personne
est représentée plus belle qu'elle n'est. ⊝ *Par ext.* (XVII°).
FLATTER QQCH. ◆ 1° Encourager, favoriser avec complaisance. *Flatter les manies, les défauts, les vices* (de qqn). « *Flattez les passions du moment, vous devenez partout un héros* »
(BALZ.). ◆ 2° Affecter agréablement (les sens). V. **Caresser,
charmer, délecter, plaire** (à). *Couleurs qui flattent les yeux.
Douce musique, harmonie qui flatte l'oreille.* ◆ 3° *Vx.* Traiter
avec douceur. *Flatter une douleur, une peine :* chercher à
l'apaiser, à l'adoucir.
II. SE FLATTER. *v. pron.* ◆ 1° *Vx.* S'entretenir dans une
espérance, une illusion. V. **Illusionner** (s'). « *La jeunesse
se flatte trop tôt obtenir* » (LA FONT.). ◊ *Mod.* SE FLATTER
DE (et inf.) : être persuadé, se croire assuré de. *Il se flatte
de réussir.* V. **Compter, espérer, penser, prétendre.** « *Il ne
comprenait pas tout. Mais qui de nous peut se flatter de tout
comprendre?* » (FRANCE). — Littér. SE FLATTER QUE (avec
indic.). « *Je me flatte que ma juste curiosité ne vous déplaira
pas* » (VOLT.). ◊ SE FLATTER DE (et subst. ou inf.) : tirer
orgueil, vanité. V. **Prévaloir** (se), **targuer** (se). « *Les plus
rebelles, et qui se flattent de l'être* » (SUARÈS). ◆ 3° Absolt.
Littér. Se juger trop favorablement, faire preuve de vanité
en se décernant des éloges à soi-même. V. **Vanter** (se). « *On
est accessible à la flatterie dans la mesure où soi-même on se
flatte* » (VALÉRY).
◊ ANT. **Blâmer, critiquer.**

FLATTERIE [flatʀi]. *n. f.* (1265 ; de *flatter*). Action de
flatter ; louange fausse ou exagérée que l'on adresse à qqn
par complaisance, calcul. *Flatterie servile, vile, honteuse.* V.
Adulation, flagornerie. *Il nous a fait mille flatteries.* V. **Courbette,
encensoir** (coups d'). « *Les hommes sont si sensibles à la
flatterie que, lors même qu'ils pensent que c'est flatterie, ils
ne laissent pas d'en être dupes* » (VAUVEN.). ◊ ANT. **Blâme,
critique.**

FLATTEUR, EUSE [flatœʀ, øz]. *n. et adj.* (fin XIII° ; de
flatter).
I. *N.* Personne qui flatte, qui donne des louanges exagérées ou fausses. V. **Encenseur, enjôleur, flagorneur, hypocrite, louangeur.** *Chœur, cortège de flatteurs autour des puissants.* V. **Adulateur, caudataire, courtisan.** *Un vil flatteur* (vx
ou plaisant.). « *Le flatteur du peuple, en quoi, je vous prie,
diffère-t-il du flatteur du roi?* » (STE-BEUVE). Loc. prov. *Tout
flatteur* « *vit aux dépens de celui qui l'écoute* » (LA FONT.).
II. *Adj.* ◆ 1° Qui loue avec exagération ou de façon intéressée. *Je le sais flatteur et peu sincère.* V. **Complimenteur.
Courtisans flatteurs.** V. **Obséquieux.** ◆ 2° *Vx.* Qui berce
d'un espoir, d'une illusion. « *Une flatteuse erreur emporte
alors nos âmes* » (LA FONT.). ◆ 3° Qui flatte l'amour-propre,
l'orgueil. V. **Agréable, avantageux, élogieux, obligeant.**
« *Cette confiance de votre Directeur m'apparaît comme la
plus flatteuse des promotions, mon cher Docteur!* » (CÉLINE).
Une comparaison flatteuse. ◆ 4° Qui embellit. *Faire un
tableau flatteur de la situation.* « *Le portrait peu flatteur des
carnets inédits, où il est dépeint comme un petit homme laid,
de figure commune* » (HENRIOT).

FLATTEUSEMENT [flatøzmɑ̃]. *adv.* (XVI° ; de *flatteur*).
D'une manière flatteuse.

FLATULENCE [flatylɑ̃s]. *n. f.* (1747 ; de *flatulent*). Accumulation de gaz dans les intestins, se traduisant par un ballonnement abdominal et des flatuosités. V. **Météorisme.**

FLATULENT, ENTE [flatylɑ̃, ɑ̃t]. *adj.* (XVI° ; du lat.
flatus « vent »). Qui s'accompagne de gaz, qui en produit.
Dyspepsie, colique flatulente.

FLATUOSITÉ [flatɥozite]. *n. f.* (1611 ; de *flatueux* (1538) ;
lat. sav., de *flatus* « vent »). Gaz accumulé dans les intestins
ou expulsé du tube digestif. V. **Vent.** *Flatuosités causant des
borborygmes, du ballonnement.*

FLAVESCENT, ENTE [flavesɑ̃, ɑ̃t]. *adj.* (1833 ; lat. *fla-
vescens,* de *flavescere* « jaunir »). *Littér.* Qui tire sur le jaune.

FLAVINE [flavin]. *n. f.* (1878 ; du lat. *flavus* « jaune »).
Biochim. Pigment jaune présent dans les organismes vivants
combiné à des protéines et qui intervient dans les processus
biologiques d'oxydoréduction. *La riboflavine ou vitamine B₂
est la plus importante des flavines naturelles.*

FLÉAU [fleo]. *n. m.* (*Flael,* XII° ; *flaiel,* X° ; lat. *flagellum*
« fouet »).
I. ◆ 1° Instrument à battre les céréales, composé de
deux bâtons liés bout à bout par des courroies. *Battre le
blé avec un fléau, au fléau.* « *Un fléau, au long manche et au
battoir de cornouiller, que des boucles de cuir reliaient entre
eux* » (ZOLA). ◆ 2° Ancienn. (XIV°). *Fléau d'armes :* arme

composée d'un manche court terminé par une chaîne au bout
de laquelle était attachée une boule hérissée de clous. V.
Plombée, plommée. ◆ 3° (1549). Pièce rigide en équilibre
sur laquelle reposent les plateaux d'une balance. V. **Joug.**
Le fléau oscille autour du couteau.
II. (*Flaiel,* X°). ◆ 1° Personne ou chose qui semble être
l'instrument de la colère divine. *Attila, le fléau de Dieu.*
◆ 2° Calamité qui s'abat sur un peuple. V. **Cataclysme,
catastrophe, désastre.** *Le fléau de la guerre, de la peste. Les
fléaux de la nature :* avalanche, inondation, raz de marée. « *Le
fléau n'est pas à la mesure de l'homme, on se dit donc que le
fléau est irréel, c'est un mauvais rêve qui va passer* » (CAMUS).
◆ 3° Ce qui est nuisible, funeste, redoutable. « *Mon père était
la terreur des domestiques, ma mère le fléau* » (CHATEAUB.).
« *Elle impatienta ses adversaires, ses partenaires, et devint le
fléau de la société* » (BALZ.).

FLÉCHAGE [fleʃaʒ]. *n. m.* (mil. XX° ; de *flécher*). Action
de flécher un itinéraire ; son résultat.

1. FLÈCHE [flɛʃ]. *n. f.* (XII°, « tige de la flèche (*saiette,
sagette*) » ; frq. *°fliugika* « celle qui fuit » ; Cf. moy. néerl.
Vliecke).
I. ◆ 1° Arme de jet consistant en une tige de bois munie
d'un fer aigu à une extrémité et d'ailerons à l'autre. V. **Carreau** (I, 1°), **dard, fléchette, trait.** *Lancer une flèche avec un arc,
une arbalète, une sarbacane. Étui à flèches.* V. **Carquois.**
*Tirer, décocher une flèche. Flèche empoisonnée. Les flèches
de l'Amour, de Cupidon,* sont censées transpercer les cœurs
et les rendre amoureux. — Par anal. *Pistolet à flèches :* jouet
qui lance des tiges munies d'un bout de caoutchouc (dites
flèches en caoutchouc). ◊ *Loc. Partir, filer comme une flèche :*
très vite. « *Il entra en un saut dans la maison et passa comme
une flèche devant la loge* » (MART. du G.). *Monter en flèche :*
en ligne droite, à la façon d'une flèche ; *au fig.* Augmenter
très vite. ◆ 2° *Fig.* Trait d'esprit, attaque plus ou moins
déguisée, raillerie, sarcasme. « *Trépignements du public à
chaque flèche anticléricale* » (GIDE). ◊ *La flèche du Parthe :*
trait piquant que qqn lance à la fin d'une conversation, par
allusion aux Parthes qui tiraient leurs flèches en fuyant. ◊
Loc. prov. *Faire flèche de tout bois :* utiliser tous les moyens
disponibles, même s'ils sont mal adaptés.
II. Par anal. ◆ 1° Ce qui est droit et pointu. ◊ (XV°)
Agric., Techn. Tige droite. — Piquet d'arpenteur. ◊ (1573)
Mar. Partie effilée d'un bas mât. ◊ *Cour.* (1690) Comble
pyramidal ou conique d'un clocher, d'une tour. V. **Aiguille.**
La flèche de la Sainte-Chapelle. « *Cette tour était la flèche la
plus hardie, la plus ouvrée* » (HUGO). ◆ 2° (1636). Ce qui
avance en pointe, comme une flèche posée sur un arc. *La
flèche d'un char, d'une charrette :* longue pièce de bois fixée à
l'avant et destinée à l'attelage des bêtes de trait. V. **Timon.**
— *Flèche d'une charrue.* V. **Age, haie.** — *Artill.* Partie de
l'affût d'un canon qui sert à « asseoir » la pièce. EN FLÈCHE.
Attelage en flèche : se dit de chevaux attelés l'un derrière
l'autre. *Cheval attelé en flèche,* en avant d'un attelage normal
qu'il renforce. — Fig. *Se trouver en flèche,* par rapport aux
autres membres d'un groupe, d'un parti. ◊ *Techn. La flèche
d'une grue :* l'arbre qui porte la poulie. ◆ 3° (1690). *Géom.*
Perpendiculaire abaissée du milieu d'un arc de cercle sur la
corde qui sous-tend cet arc. — *Archit.* Hauteur verticale de
la clef de voûte au-dessus des naissances de cette voûte. —
Balist. La plus grande hauteur de la trajectoire d'un projectile. ◆ 4° (1835). *Cour.* Signe figurant une flèche et servant
à indiquer un sens. *Dans le sens de la flèche. Flèche d'orientation d'une carte, d'un plan. Flèche de signalisation routière
marquant la route à suivre, un sens obligatoire.* — *Flèche de
direction d'une automobile* (généralement remplacée par des
feux clignotants).

2. FLÈCHE [flɛʃ]. *n. f.* (1549 ; a. fr. *fliche* (1195) ; a. scand.
flikki ; angl. *flitch*). Pièce de lard sur le côté du porc, de
l'épaule à la cuisse.

FLÉCHÉ, ÉE [fleʃe]. *adj.* (XX° ; de *flécher*). Dont l'extrémité porte un signe en forme de pointe de flèche. *Croix
fléchée.* ◊ Qui porte une flèche, est indiqué par des flèches.
Itinéraire fléché.

FLÉCHER [fleʃe]. *v. tr.* (XX° ; v. intr. en agric., 1808 ;
« atteindre d'une flèche », XVI° ; de *flèche*). Garnir de flèches
(II, 4°) indiquant une route à suivre ; de panneaux de signalisation. *Flécher un itinéraire.*

FLÉCHETTE [fleʃɛt]. *n. f.* (1922 ; de *flèche*). Petit projectile empenné, muni d'une pointe, qui se lance à la main contre
une cible. *Jeu de fléchettes.*

FLÉCHIR [fleʃiʀ]. *v.* (XII° ; de l'a. fr. *flechier,* bas lat.
flecticare, fréquent. de *flectere* « ployer, fléchir »).
I. *V. tr.* ◆ 1° Faire plier progressivement sous un effort,
une pression. V. **Courber, plier, ployer.** *Fléchir le corps en
avant et en arrière dans un mouvement d'assouplissement.* V.
Flexion. « *La rigidité cadavérique était telle, que, désespérant
de fléchir les membres, ...* » (BAUDEL.). — *Fléchir le genou,
les genoux.* V. **Agenouiller** (s'). *Fig.* S'abaisser. « *Il n'a devant
Aman pu fléchir les genoux* » (RAC.). ◆ 2° *Fig.* Faire céder

peu à peu. V. **Adoucir, attendrir, ébranler, toucher.** *Fléchir ses juges.* « *Quel moyen puis-je avoir de vous fléchir? quelle expiation, quel sacrifice puis-je vous offrir?* » (MUSS.). — Littér. *Fléchir la colère, la rigueur de qqn.*
II. *V. intr.* ♦ 1° Plier, se courber peu à peu sous un effort, une pression. V. **Plier, ployer.** *La poutre commence à fléchir.* « *Toute la ramure est pesante de fruit. Elle va fléchir, craquer peut-être* » (DUHAM.). ◊ Se plier (membre). *Allongez la jambe droite, pendant que la gauche fléchit. Sentir ses genoux, ses jambes fléchir.* « *Ses jambes tremblaient et elle les sentait fléchir* » (LOTI). ♦ 2° Fig. *Céder, faiblir.* « *Je sentis ma fierté naturelle fléchir sous le joug de la nécessité* » (ROUSS.). « *Il y a des moments où les plus forts fléchissent sous leur peine* » (R. ROLLAND). ♦ 3° Baisser, diminuer. « *Le prix de dix-huit francs fléchissait lui-même* » (ZOLA).
◊ ANT. **Dresser, redresser. Dominer, maintenir, résister, tenir. Durcir, endurcir.**

FLÉCHISSEMENT [fleʃismã]. *n. m.* (v. 1300; de *fléchir*). ♦ 1° Action de fléchir; état d'un corps qui fléchit. V. **Courbure, flexion.** *Le fléchissement du genou.* V. **Génuflexion.** ♦ 2° Le fait de céder. « *Pas d'illusion sur le présent, mais aucun fléchissement de l'espérance* » (en Schiller). » (JAURÈS). ♦ 3° *Fléchissement des cours en Bourse.* V. **Baisse, diminution.**

FLÉCHISSEUR [fleʃisœʀ]. *adj. et n. m.* (1586; de *fléchir*). Anat. ♦ 1° Adj. Se dit d'un muscle qui accomplit une flexion. *Muscle fléchisseur du pouce.* ♦ 2° N. m. *Le fléchisseur du pouce.*

FLEGMATIQUE [flɛgmatik]. *adj.* (XVIᵉ; *fleumatique*, fin XIIᵉ; lat. *phlegmaticus*, mot gr. V. **Flegme.** ♦ 1° Anc. méd. Qui abonde en flegme, en lymphe. V. **Lymphatique.** ♦ 2° (XVIIᵉ). Mod. Qui a un caractère calme et lent, qui contrôle facilement ses émotions. V. **Froid, impassible, imperturbable.** — Par ext. *Tempérament flegmatique. Attitude, réponse flegmatique.* — Subst. *Personne qui a du flegme (type caractérologique : froideur, persévérance, pondération).* ◊ ANT. **Émotif, emporté, enthousiaste, excité, exubérant, passionné.**

FLEGMATIQUEMENT [flɛgmatikmã]. *adv.* (XVIIIᵉ; de *flegmatique*). Avec flegme.

FLEGME [flɛgm(ə)]. *n. m.* (1538; *fleume*, XIIIᵉ; lat. *phlegma* « humeur », mot gr.). ♦ 1° Anc. méd. Lymphe (une des quatre humeurs). Par ext. Mucosité qu'on expectore. V. **Pituite.** ◊ (1583, anc. chim. « principe épais d'un liquide »). Techn. (1842) Liquide obtenu par la première distillation d'un produit de fermentation alcoolique. ♦ 2° Cour. (mil. XVIIᵉ). Caractère calme, non émotif. V. **Froideur, impassibilité, indifférence, placidité.** *Faire perdre son flegme à qqn.* « *Elle lui savait gré de son bon ton et de son flegme* » (FRANCE). ◊ ANT. **Emportement, enthousiasme, exaltation, excitation.**

FLEGMON. V. **PHLEGMON.**

FLEIN [flɛ̃]. *n. m.* (1907; o. i.). Techn. Petit panier, corbeille ovale ou rectangulaire servant à l'emballage des primeurs.

FLÉMARD ou **FLEMMARD, ARDE** [flemaʀ, aʀd(ə)]. *adj. et n.* (1888; de *flemme*). Fam. Qui n'aime pas faire d'efforts, travailler. *Elle est flemmarde.* V. **Mou, paresseux; cossard.** *Un incorrigible flemmard.*

FLEMMARDER [flemaʀde]. *v. intr.* (1905; anc. var. *flémer* [1894], *flemmer*, de *flemmard*). Fam. Avoir la flemme; ne rien faire (On dit aussi *Flemmer* [fleme]).

FLEMMARDISE [flemaʀdiz]. *n. f.* (XXᵉ; de *flemmard*). Fam. Comportement, conduite de flemmard. V. **Flemme, paresse.** *Quelle flemmardise !*

FLEMME [flɛm]. *n. f.* (1821; adj., « paresseux », v. 1795; it. *flemma*, de *phlegma*. V. **Flegme**). Fam. Grande paresse. V. **Cosse.** *Avoir la flemme, tirer sa flemme :* paresser (On dit aussi par plaisant. *Flémingite* [flemɛ̃ʒit] *aiguë*).

FLÉOLE ou **PHLÉOLE** [fleɔl]. *n. f.* (1786; gr. *phleos* « roseau »). Plante (*Graminées*) herbacée, fourragère. *Fléole des prés.*

FLET [flɛ]. *n. m.* (XIIIᵉ; moy. néerl. *vlete*). Poisson plat (*Pleuronectidés*) à forme de losange.

FLÉTAN [fletã]. *n. m.* (1558; néerl. *vleting;* Cf. le précéd.). Grand poisson plat des mers froides, à chair blanche et délicate. *Du foie de flétan on extrait une huile riche en vitamines A et D.*

FLÉTRI, IE [fletʀi]. *adj.* (XIIIᵉ; V. **Flétrir**). ♦ 1° Qui a perdu sa sève, sa forme, ses couleurs. V. **Fané.** *Feuilles flétries d'une salade.* ♦ 2° Qui est flasque et ridé. *Peau flétrie. Visage flétri.* ◊ ANT. **Frais. Lisse.**

1. FLÉTRIR [fletʀiʀ]. *v. tr.* (*Fleistrir*, XIIᵉ; de l'a. fr. *flaistre*, *flestre* « flasque », lat. *flaccidus* « flasque », de *flaccus*). ♦ 1° Faire perdre sa forme naturelle, son port et ses couleurs à (une plante) en privant d'eau. V. **Décolorer, faner, sécher.** *Le vent, la chaleur, la sécheresse ont flétri ces fleurs.* « *Les lilas, qu'une nuit flétrit, mais qui sentent si bon !* » (FLAUB.). — SE FLÉTRIR. *v. pron.* Se faner. *Plante qui se flétrit*

par manque d'eau. ♦ 2° Littér. Dépouiller de son éclat, de sa fraîcheur. V. **Altérer, décolorer, rider, ternir.** « *Les chagrins avaient prématurément flétri le visage de la vieille dame* » (BALZ.). ◊ Fig. et vx. Désespérer, désoler. « *La douleur... avait flétri son cœur* » (FÉN.). ♦ 3° Fig. et littér. (infl. de *flétrir* 2). V. **Avilir, corrompre, enlaidir, souiller.** « *Cette vie-là m'ennuie, me pèse, me flétrit mon peu de poésie* » (STE-BEUVE). « *Le désir fleurit, la possession flétrit toutes choses* » (PROUST).

2. FLÉTRIR [fletʀiʀ]. *v. tr.* (1611; altér., p.-ê. d'apr. *flétrir* 1, de *flatrir* (XIIᵉ), *fleutrir* (1549), du frq. **flat* « plat ». V. **Flatter**). ♦ 1° Ancien. Marquer (un criminel) d'un fer rouge. *En France, on flétrissait les criminels sur l'épaule, avec un fer en forme de fleur de lis, puis de lettres.* — Par ext. Frapper d'une condamnation infamante, infamante. « *Ce n'est pas le pouvoir qui flétrit, c'est le public* » (VOLT.). ♦ 2° Mod. Vouer à l'opprobre. V. **Stigmatiser.** *Flétrir la mémoire, la réputation de qqn.* — Déshonorer. « *L'or aux mains flétrit plus que le fer sur l'épaule* » (HUGO). ◊ Flétrir (qqn, qqch.) *d'une épithète infamante.* ◊ ANT. **Exalter, honorer, réhabiliter.**

FLÉTRISSEMENT [fletʀismã]. *n. m.* (XXᵉ; de *flétrir* 1). Nom de certaines maladies des plantes, par lesquelles elles se flétrissent. *Flétrissement bactérien de la pomme de terre.*

1. FLÉTRISSURE [fletʀisyʀ]. *n. f.* (XVᵉ; de *flétrir* 1). État d'une plante flétrie. — Altération de la fraîcheur, de l'éclat (de la beauté). Fig. « *Cette flétrissure qui est la marque même du temps et qui ride les plus grandes vies* » (PÉGUY). ◊ ANT. **Éclat, fraîcheur.**

2. FLÉTRISSURE [fletʀisyʀ]. *n. f.* (1611; de *flétrir* 2). ♦ 1° Ancien. Marque au fer rouge. V. **Stigmate.** *La flétrissure des criminels a été abolie en France par la loi du 28 avril 1832.* ♦ 2° Littér. Grave atteinte à la réputation, à l'honneur. V. **Avilissement, déshonneur, infamie, opprobre, souillure.** ◊ ANT. **Considération, honneur; gloire, réhabilitation.**

FLETTE [flɛt]. *n. f.* (1311; a. angl. *flete* « bateau »). Vx. Chaloupe.

FLEUR [flœʀ]. *n. f.* (XIVᵉ; *flor, flour,* 1080; lat. *flos, floris,* masc.).
I. ♦ 1° Cour. Production colorée, souvent odorante, de certains végétaux; bot. Partie des plantes phanérogames qui porte les organes reproducteurs. V. **-Anthe, flor-, flore.** *Parties de la fleur.* V. **Périanthe** (calice, corolle); **étamine;** **pistil.** *Fleur mâle; fleur femelle; fleur hermaphrodite. Pollinisation, fécondation d'une fleur.* Qui se transforme en fruit. V. **Fruit.** — *Fleur composée* (V. **Fleuron**). *Fleur double*. Groupe de fleurs.* V. **Inflorescence.** *Fleur en bouton, qui s'ouvre, s'épanouit* (V. **Éclosion**). *Fleur qui se fane, se flétrit, coule, laisse choir ses pétales.* V. **Défleuraison.** *Arbres en fleur(s).* V. **Fleuri.** *La rose, reine des fleurs. Bouquet, couronne, gerbe, guirlande de fleurs. Porter une fleur à sa boutonnière.* *Marché aux fleurs. Commerce des fleurs.* V. **Bouquetière, fleuriste.** — Loc. *Être belle, fraîche comme une fleur.* — *Il ne faut pas battre une femme, même avec une fleur.* ♦ 2° Cour. *Plante considérée dans sa fleur; plante qui porte des fleurs (belles, grandes). Fleur cultivée, ornementale* (V. **Floriculture**), *fleur de jardin, de serre. Cultiver, arroser des fleurs. Massif de fleurs. Fleurs en pot, en caisse. Jardinière, pot de fleurs.* ♦ 3° Reproduction, imitation de cette partie du végétal. *Fleurs artificielles* (en tissu, en perles, en porcelaine). *Chapeau à fleurs. Couronne de fleurs d'oranger. Papier, tissu à fleurs,* représentant des fleurs. *Assiettes à fleurs.* — Spécialt., FLEUR DE LIS (XIIᵉ) : emblème de la royauté, représentant schématiquement cette fleur. « *Tentures bleu de paon semées de fleurs de lis blanches* » (GREEN). V. **Fleurdelisé.** ♦ 4° Par métaph. *Couvrir qqn de fleurs,* jeter des fleurs à qqn. V. **Encenser, louer.** *Une vie semée de fleurs :* douce, facile, heureuse. ◊ « *Les Fleurs du mal* », poèmes de Baudelaire. *À l'ombre des jeunes filles en fleurs,* de Proust. ◊ *La petite fleur bleue,* se dit d'une sentimentalité un peu mièvre et romanesque. « *Un timide employé de banque, sentimental, prêt à tout croire, épris de petite fleur bleue* » (ARAGON). Adj. *Il est très fleur bleue.* V. **Sentimental.** ◊ Fam. *Comme une fleur,* très facilement. *Il est arrivé premier comme une fleur.* — PROV. *Il ne lui a pas fait de fleur,* accorder une faveur, un avantage. *Il ne lui a pas fait de fleur.* (Cf. *Pas de cadeau*). ♦ 5° Ornement poétique, figure de rhétorique. *Fleur.* Vx ou littér. *La fleur de qqch. :* ce qui est le plus beau, le plus agréable dans. « *L'émotion perdrait sa fleur de spontanéité sincère* » (GIDE). ◊ Mod. *À la, dans la fleur de :* au moment le plus beau. *Elle* « *a pu lire, à vingt ans, Werther dans la fleur de sa nouveauté* » (HENRIOT). *Être dans la fleur de sa jeunesse. Mourir à la fleur de l'âge.* « *Elle périt à la fleur de la jeunesse et de la beauté* » (STENDHAL). ♦ 7° Ce qu'il y a de meilleur, de plus beau, de plus distingué. V. **Choix, crème, élite.** *La fleur de la chevalerie, d'une civilisation, des arts. La fine fleur de la société.* — Fam. *La fleur des pois :* l'homme à la mode, élégant, recherché. ◊ Spécialt. FLEUR DE FARINE, farine très blanche et très fine. — *Fleur de chaux, de plâtre, de soufre.*
II. (1611). Par anal. *Fleur(s) de vin, de vinaigre :* mycodermes qui se développent à la surface du vin, du vinaigre.

III. ♦ 1° (XIVe). *Loc. prép.* À FLEUR DE : presque au niveau de, sur le même plan (V. **Affleurer, effleurer**). *Les rochers, les icebergs à fleur d'eau sont dangereux pour les navires. Yeux à fleur de tête,* saillants. *Frisson à fleur de peau.* V. **Superficiel.** *Fig. Sensibilité à fleur de peau,* qui réagit à la plus petite excitation. — « *Puisque je ramène à fleur de mémoire ces souvenirs* » (GIDE). **♦ 2°** (1611). *Techn.* Dessus, côté du poil d'une peau tannée. *La fleur d'une peau* (*opposé à* croûte).

FLEURAGE [flœraʒ]. *n. m.* (XVIe ; *de fleur*). **♦ 1°** Ensemble de fleurs décoratives, sur un tapis, une tenture. **♦ 2°** (1832). Son fin qui sert à saupoudrer (*fleurer*) le pain.

FLEURAISON. V. **FLORAISON.**

FLEURDELISÉ, ÉE [flœrdəlize]. *adj.* (1680; *fleurdeliser,* 1542; *de fleur de lis*). Orné de fleurs de lis. *Drapeau fleurdelisé.*

FLEURER [flœre]. *v. intr.* (XIVe ; *var. flourer; de l'a. fr. fleiur* (fin XIIe); *lat. pop.* °*flator, de flatare* « souffler », avec *infl. de fleur*). *Littér.* Répandre une odeur agréable. V. **Exhaler, sentir** (*intr.*) ; **embaumer.** *Le vent* « *Qui va fleurant la menthe et le thym* » (VERLAINE). *Fig. Il* « *aimait tout ce qui fleurait l'intrigue et le théâtre* » (DUHAM.).

FLEURET [flœrɛ]. *n. m.* (*Floret,* 1580; *it. fioretto* « petite fleur », à cause du *bouton* du fleuret; *d'apr. fleur*). **♦ 1°** Épée à lame de section carrée, au bout garni de peau (V. **Bouton**), pour s'exercer à l'escrime. *Fleuret moucheté.* **♦ 2°** *Techn.* Tige d'acier montée sur les engins mécaniques (marteau piqueur, perforateur), servant à creuser des trous de mine.

FLEURETER [flœrte]. *v. intr.; conjug. jeter* (*Floreter* « voler de fleur en fleur », XIIIe ; *de florette, fleurette*). Vieilli (fin XIXe). Conter fleurette, courtiser (Cf. **FLIRTER**, avec lequel il a été confondu). ♢ HOM. Flirter.

FLEURETTE [flœrɛt]. *n. f.* (*Florette,* XIIe ; *de fleur*). **♦ 1°** *Vx.* Petite fleur. **♦ 2°** *Fig.* (XVIIe) Propos galants. — *Loc. mod. Conter fleurette à une femme,* la courtiser.

FLEURI, IE [flœri]. *adj.* (*Flori,* XIIe ; V. **Fleurir**). **♦ 1°** En fleurs. *Arbre, rameau fleuri.* — Couvert de fleurs. *Jardin, pré fleuri. Chemin, sentier fleuri.* Par ext. *La saison fleurie,* le printemps. *Pâques fleuries :* les *Rameaux.* **♦ 2°** (Fin XIXe ; *trad. a. fr. flori* « blanc de poils », sens fig.). *L'empereur à la barbe fleurie :* Charlemagne (dans la Chanson de Roland). **♦ 3°** Garni de fleurs. *Vase fleuri.* — Orné de fleurs représentées. *Papier, tissu fleuri. Les femmes* « *étaient vêtues de robes légères et fleuries* » (MAC ORLAN). **♦ 4°** *Fig.* Qui a la fraîcheur, les vives couleurs de la santé. *Un teint fleuri.* V. **Coloré, frais, vermeil, vif.** « *Assez grand, dodu sans obésité, le teint fleuri, la lèvre gaie et vermeille* » (ROMAINS). **♦ 5°** (1680). *Style fleuri :* orné. **♦ 6°** (1872). Très orné. *Gothique fleuri.* « *Des majuscules fleuries... des fioritures étranges* » (CHARDONNE).

FLEURIR [flœrir]. *v.* (*Florir,* XIIe ; *lat. pop.* °*florire,* class. *florere, de flos* « fleur »).

I. *V. intr.* **♦ 1°** Produire des fleurs, être en fleur (plante). V. **Floraison.** « *Çà et là les premiers pêchers, d'un rose un peu fiévreux, fleurissent en houppes* » (COLETTE). ♢ S'ouvrir (fleur). V. **Éclore, épanouir** (s'). — *Fig.* S'épanouir comme une fleur. « *Sur ce visage volontaire, fleurit parfois un sourire* » (DUHAM.). **♦ 2°** (1680). *Plaisant.* Se couvrir de poils, de boutons, etc. *Son nez fleurit.* V. **Bourgeonner. ♦ 3°** *Métaph., fig.* Éclore et s'épanouir comme une fleur. « *L'amour ne fleurit que dans la douleur* » (FRANCE). « *Les défauts de nos morts se fanent, leurs qualités fleurissent... dans le jardin de notre souvenir* » (RENARD). **♦ 4°** *Fig.* Être dans tout son éclat, dans toute sa splendeur (comme un arbre en fleurs); être en crédit, en honneur, en vogue. V. **Briller, prospérer; florès, florissant.** — REM. Imparfait : *florissait* (littér.) ou *fleurissait.* « *Il est donc certain qu'Homère florissait deux générations après la guerre de Troie* » (VOLT.).

II. *V. tr.* Orner de fleurs, d'une fleur. *Fleurir un salon, une table. Fleurir une tombe de chrysanthèmes. Fleurir sa boutonnière.* Par ext. *Fleurir qqn* : lui mettre une fleur au corsage, à la boutonnière. — (En parlant des fleurs) *Branches d'églantine fleurissant un buisson.* Par anal. « *Le ruban rouge qui fleurissait la boutonnière de son habit* » (BALZ.).

♢ ANT. Défleurir, faner (se). Dépérir, mourir.

FLEURISSANT, ANTE [flœrisɑ̃, ɑ̃t]. *adj.* (1539; *de fleurir*). Qui se couvre, est couvert de fleurs. Littér. « *La forêt est toute proche, chantante et fleurissante* » (MAURIAC).

FLEURISTE [flœrist(ə)]. *n.* (1680; *de fleur*). **♦ 1°** *Vx.* Amateur de fleurs. **♦ 2°** *Mod.* Personne qui cultive des fleurs pour les vendre. V. **Horticulteur.** — Personne qui fait le commerce des fleurs. *Commander une gerbe chez un grand fleuriste. Voiture ambulante de fleuriste.* **♦ 3°** Personne qui fait ou vend des fleurs artificielles. *Adj. Ouvrière fleuriste.*

FLEURON [flœrɔ̃]. *n. m.* (1312 (sens 2°); *floron,* 1302; *de fleur, d'apr. it. fiorone*). **♦ 1°** Ornement en forme de fleur. *Fleurons d'une couronne,* fleurs ou feuilles qui en forment le bord supérieur. — *Fig. Le plus beau fleuron de sa couronne :* le bien, l'avantage le plus précieux. **♦ 2°** Ornement sculpté qui termine un couronnement (gables, pignons,

dais). **♦ 3°** (1680). Ornement en typographie, reliure; fer servant à faire cet ornement. **♦ 4°** *Bot.* (1636; « fleurette », 1530). Chacune des petites fleurs dont la réunion sur un seul réceptacle et dans un calice commun forme une fleur composée.

FLEURONNÉ, ÉE [flœrɔne]. *adj.* (XVe ; *de fleuronner,* XVe ; *de fleuron*). **♦ 1°** Orné de fleurons. **♦ 2°** *Bot.* Formé de fleurons (4°).

FLEUVE [flœv]. *n. m.* (*Flueve,* XIIe ; *lat. fluvius*). **♦ 1°** Grande rivière (remarquable par le nombre de ses affluents, l'importance de son débit, la longueur de son cours); *spécial.* lorsqu'elle aboutit à la mer. Source, cours, lit, méandres d'un fleuve (V. **Fluvial**). *Fleuve qui arrose, baigne une région* (bassin). *Fleuve qui se jette, débouche dans la mer.* V. **Delta, embouchure, estuaire.** « *Les vertus se perdent dans l'intérêt comme les fleuves se perdent dans la mer* » (LA ROCHEF.). ♢ *Géogr.* Tout cours d'eau (même petit) aboutissant à la mer (On dit plutôt *Fleuve côtier*). ♢ Par anal. *Fleuve de boue, de lave. Fleuve de glace.* V. **Glacier.** ♢ Myth. *Le fleuve du Styx, du Léthé.* — *Par ext.* Divinité qui préside à un fleuve. *On représente souvent les fleuves sous la figure de vieillards à longue barbe.* Fam. *Avoir une barbe de fleuve.* **♦ 2°** *Littér.* Ce qui coule, ce qui est répandu en abondance. V. **Flot.** *Fleuve de sang, de larmes.* — *Par anal.* (Cour.) *Un fleuve d'êtres humains. Roman*-fleuve. *Exposition-fleuve, discours-fleuve, film-fleuve,* immense, interminable. — *Le fleuve du temps, de la vie.* V. **Courant, flot.**

FLEXIBILITÉ [flɛksibilite]. *n. f.* (1381; *de flexible*). Caractère de ce qui est flexible. V. **Élasticité, souplesse.** *Flexibilité de l'osier.* — *Fig.* « *J'admire toujours la fécondité et la flexibilité de votre langue* (l'italien) » (VOLT.). ♢ Psychan. *Règle de flexibilité* (Alexander), selon laquelle les règles techniques de l'analyse doivent tenir compte, dans leur application, de la personnalité du sujet.

FLEXIBLE [flɛksibl(ə)]. *adj.* (1314; *lat. flexibilis, de flexus, p. p. de flectere*). V. **Fléchir.** **♦ 1°** Qui se laisse courber, plier. V. **Élastique, pliable, souple.** *Jonc, roseau flexible. Lame d'acier flexible. Cou flexible. Une femme* « *mince, allongée, flexible comme un jonc de rivière* » (FROMENTIN). ♢ *Techn.* (XXe) *Transmission flexible* ou *Flexible* (n. m.) : dispositif réunissant deux pièces susceptibles de se déplacer l'une par rapport à l'autre. **♦ 2°** *Fig.* (1671). Qui cède aisément aux impressions, aux influences; qui s'accommode facilement aux circonstances. V. **Docile, malléable, maniable, souple.** *Caractère flexible.* « *L'esprit éminemment social, docile, flexible de la race germanique* » (MICHELET). ♢ ANT. *Inflexible. Dur, rigide.*

FLEXION [flɛksjɔ̃]. *n. f.* (XVe ; *lat. flexio, onis, de flexus*). V. **Flexible.** **♦ 1°** Mouvement par lequel une chose fléchit; état de ce qui est fléchi. V. **Fléchissement; courbure.** *Flexion d'un ressort. Mécan.* Courbure d'une pièce (poutre, barre) sous l'action de forces perpendiculaires à l'axe longitudinal, appliquées en des points où la pièce n'est pas soutenue. *Module de flexion. Résistance à la flexion.* — *Physiol. et cour.* Mouvement par lequel une partie du corps (segment de membre, etc.) fait un angle avec la partie voisine; position qui résulte de ce mouvement. *Flexion de l'avant-bras* (sur le bras), *de la cuisse* (sur l'abdomen). *La main en flexion* (en position fléchie). Opposé à *extension.* **♦ 2°** (XIXe ; on disait *inflexion;* en angl. dès 1605). *Ling.* Modification d'un mot à l'aide d'éléments (V. **Désinence**) qui expriment certains aspects et rapports grammaticaux. *Flexion radicale* (V. **Thème**). *Flexion verbale* (V. **Conjugaison**); *nominale, pronominale* (V. **Déclinaison**).

FLEXIONNEL, ELLE [flɛksjɔnɛl]. *adj.* (1864; *de flexion*). *Ling.* Susceptible de flexion; qui présente des flexions. *Langue flexionnelle,* qui exprime les rapports grammaticaux par des flexions.

FLEXUEUX, EUSE [flɛksɥø, øz]. *adj.* (1549; *lat. flexuosus*). *Didact.* ou *littér.* Qui présente des courbures en divers sens. V. **Ondulé, sinueux.** *Tige flexueuse.* « *Les lignes infiniment flexueuses de la marche des sociétés humaines, leurs embranchements, leurs caprices* » (RENAN).

FLEXUOSITÉ [flɛksɥozite]. *n. f.* (1540; *de flexueux*). *Didact.* ou *littér.* État de ce qui est flexueux. *Ligne flexueuse.*

FLEXURE [flɛksyr]. *n. f.* (XXe ; *du lat. flexura* « courbure »). *Géol.* Déformation du relief d'une strate, d'une couche géologique accusant l'inclinaison des pentes.

FLIBUSTE [flibyst(ə)]. *n. f.* (1689; *fribuste,* v. 1642; *de flibustier*). *Vx.* Piraterie des flibustiers; ensemble des flibustiers.

FLIBUSTER [flibyste]. *v. intr.* (1701; *de flibustier*). *Vx.* Faire le métier de flibustier. — *Fam.* (*Trans.*) Voler. « *Pour flibuster votre bourse* » (FLAUB.).

FLIBUSTIER [flibystje]. *n. m.* (1680; *fribustier,* 1667; angl. *flibutor;* altér. du néerl. *vrijbuiter* « qui fait du butin librement »). **♦ 1°** Aventurier de l'une des associations de pirates qui, aux XVIe, XVIIe et XVIIIe s., écumaient les côtes et dévastaient les possessions espagnoles en Amérique.

V. **Boucanier, corsaire, pirate.** ♦ 2° Homme malhonnête ;
escroc, filou. V. **Bandit, pirate** *(fig.).*
    FLIC [flik]. *n. m.* (1856 ; *fligue* « commissaire », v. 1830 ;
o. i., p.-ê. all. *Fliege* « mouche, policier »). *Pop.* Agent de
police. V. **Condé** *(arg.).* *Vingt-deux, voilà les flics!* (Cf. les dér.
pop. FLICARD [flikaʀ] (1883) ; FLICAILLE [flikaj]).
    FLIC FLAC [flikflak]. *interj.* (XVIIᵉ ; onomat. V. **Flac**).
Fam. Exprime un claquement, un bruit d'eau.
    FLINGOT [flɛ̃go] ou **FLINGUE** [flɛ̃g]. *n. m.* (1872,-1881 ;
« affûtoir de boucher », 1867 ; de *flin* « pierre à feu », 1623
(V. **Flint-glass**). *Pop.* Fusil.
    FLINGUER [flɛ̃ge]. *v. tr.* (1947 ; du précéd.). *Fam.* Tirer
sur (qqn) avec un « flingue » ou toute arme à feu. — *Pronom.*
Se flinguer, se suicider avec une arme à feu. *Il y a de quoi se
flinguer.*
    FLINT-GLASS [flintglas] ou **FLINT** [flint]. *n. m.* (1774 ;
angl. *flint* « silex », et *glass* « verre »). *Techn.* Verre optique
au plomb.
    FLIPOT [flipo]. *n. m.* (1732 ; probabl. du nom pr. *Phelipot*,
de *Philippe*). *Techn.* Pièce rapportée dans un ouvrage de
menuiserie pour couvrir et dissimuler une fente.
    1. **FLIPPER** [flipœʀ]. *n. m.* (1965 ; mot amér., de *to flip*
« secouer »). *Américanisme.* Mécanisme placé dans un billard électrique et qui sert à renvoyer la bille vers le haut
(flipper [flipe], v. tr.). — Par ext., le billard lui-même. *Jouer
aux flipper(s).* Abrév. *Flip* [flip].
    2. **FLIPPER** [flipe]. *v. intr.* (v. 1970 ; de l'amér. *to flip*,
au sens propre « secouer »). *Fam.* ♦ 1° Se sentir abattu quand
la drogue a fini son effet. ♦ 2° *Par ext.* Être déprimé. ◇ Être
exalté. « *Quand j'ai lu ' cocaïne ', j'ai flippé* » *(Nouv. Obs.,*
3-3-1975). — *Adj.* FLIPPANT, ANTE [flipɑ̃, ɑ̃t], dans les deux
sens.
    FLIRT [flœʀt]. *n. m.* (1879 ; *flirtation*, 1833 ; angl. *flirt*, de
to flirt. V. **Flirter**). ♦ 1° Relations amoureuses plus ou moins
chastes, généralement dénuées de sentiments profonds,
entre personnes de sexe différent. *Avoir un flirt avec qqn.
Ce n'est qu'un flirt.* V. **Amourette, béguin.** — *Fig. Un flirt
avec l'opposition.* ♦ 2° Personne avec laquelle on flirte.
C'est son dernier flirt. V. **Amoureux.** « *On ne se marie évidemment pas avec tous ses flirts* » (ROMAINS). ◇ *Adj. Vieilli.*
Qui aime flirter. *Elle est très flirt avec les garçons.* V. **Flirteur.**
    FLIRTER [flœʀte]. *v. intr.* (1855 ; angl. *to flirt* « jeter ;
agiter », puis (XVIIIᵉ) « badiner avec, faire la cour à » ; probabl.
sans rapport avec *fleureter*). Avoir un flirt (avec qqn). *Ils
ont beaucoup flirté ensemble. Absolt.* « *Toutes les chambres
étaient occupées par un jeune homme et une jeune fille en train
de flirter — rien de plus* » (GONCOURT). ◇ *Fig. Ministre
qui flirte avec l'opposition.* ◇ HOM. *Fleureter.*
    FLIRTEUR, EUSE [flœʀtœʀ, øz]. *n. et adj.* (1879 au
fém. ; de *flirter*). Qui aime à flirter. *C'est un flirteur, une
flirteuse ; elle est assez flirteuse.*
    FLOC! [flɔk]. *interj.* (XVᵉ ; onomat.). Exprime le bruit
d'un plongeon. — *Subst.* « *Un gros floc dans l'eau* » (RO-
MAINS).
    FLOCAGE [flɔkaʒ]. *n. m.* (1967 ; de *floqué*). *Techn.* Pro-
cédé qui donne à une surface (dite *floquée*) l'aspect du velours.
    1. **FLOCHE** [flɔʃ]. *adj.* (1611 ; probabl. a. gasc. *floche*
« flasque » (XVIᵉ) ; lat. *fluxus*). *Soie floche* : qui n'est que
légèrement torse.
    2. **FLOCHE** [flɔʃ]. *n. f.* (XIVᵉ, « flocon » ; de l'a. fr. *floc*
(XIIᵉ) ; lat. *floccus*). *Région. ou Techn.* Houpette. — Amas
floconneux. « *Les dernières floches de brume avaient fondu
dans l'espace blond* » (GENEVOIX). ◇ HOM. *Flush.*
    FLOCK-BOOK [flɔkbuk]. *n. m.* (1922 ; angl. *flock* « trou-
peau », et *book* « livre »). *Zoot.* Livre généalogique pour les
moutons, les brebis et les chèvres. *Des flock-books.*
    FLOCON [flɔkɔ̃]. *n. m.* (XIIIᵉ ; de l'a. fr. *floc.* V. **Floche** 2).
♦ 1° Petite touffe de laine, de soie, de coton. *Flocon de laine.*
♦ 2° (1622). Petite masse peu dense (de neige, vapeur, etc.).
*La neige tombait à gros flocons. Flocons de brume accrochés
aux montagnes.* « *Les flocons d'écume, volant de toutes parts,
ressemblaient à de la laine* » (HUGO). ♦ 3° *Flocons de*
(céréales) : céréale réduite en lamelles. *Flocons d'avoine.*
    FLOCONNER [flɔkɔne]. *v. intr.* (1881 ; autre sens, XVᵉ ;
de *flocon*). Former des flocons (2°).
    FLOCONNEUX, EUSE [flɔkɔnø, øz]. *adj.* (1796 ; de
flocon). Qui est en flocons, ou ressemble à des flocons. *Toison
floconneuse. Nuages floconneux.*
    FLOCULATION [flɔkylasjɔ̃]. *n. f.* (1911 ; du lat. *flocculus*
« petit flocon »). *Didact.* Rassemblement, sous forme de
petits flocons, des particules d'une suspension colloïdale.
V. **Agglutination, précipitation.**
    FLOCULER [flɔkyle]. *v. intr.* (1911 ; du lat. *flocculus*).
Chim. Précipiter par floculation.
    FLONFLON [flɔ̃flɔ̃]. *n. m.* (v. 1660 ; onomat.). *Vx.* Refrain.
— *Mod.* (XIXᵉ) Accords bruyants de certains morceaux de
musique populaire. *Les flonflons d'un bal de village.*
    FLOP [flɔp]. *onomat. et n. m.* (1965 ; empr. angl.). *Angli-
cisme.* ♦ 1° Bruit de chute (notamment de choses molles,
pâteuses) ou bruit analogue. V. **Floc!** *Faire flop* : tomber.

♦ 2° *N. m.* Échec (argot des spectacles). V. **Bide, four.** « *J'ai
fait un flop au théâtre* » (F. DARD).
    FLOPÉE [flɔpe]. *n. f.* (1877 ; « volée de coups », 1849 ;
Cf. *Floper* « battre » (1816), du rad. lat. *faluppa.* V. **Flapi**).
Pop. Grande quantité. *Avoir une flopée d'enfants.* « *Des
flopées de clientes se jetaient sur le bouton de nacre, la ganse
et le sparadrap* » (QUENEAU).
    FLOR-, FLORI-, -FLORE. Éléments, du lat. *flos, floris*
« fleur ».
    FLORAISON [flɔʀɛzɔ̃]. *n. f.* (1731 ; de *fleurison* (1600),
d'apr. le lat.). ♦ 1° Épanouissement des fleurs. *Floraison
des arbres fruitiers. Pommiers en pleine floraison.* « *La terre
des massifs dégarnis entre deux floraisons printanières* »
(CHARDONNE). — *Par ext.* Temps de l'épanouissement des
fleurs. *La floraison approche.* ♦ 2° *Fig.* Épanouissement.
Une floraison de talents. — On dit aussi FLEURAISON [flœʀɛzɔ̃].
    FLORAL, ALE, AUX [flɔʀal, o]. *adj.* (1549 ; lat. *floralis*,
rac. *flos* « fleur »). ♦ 1° *Jeux floraux*, concours littéraire
toulousain existant depuis le XIVᵉ s. (les lauréats reçoivent
une fleur d'or, d'argent). ◇ *De fleurs. Exposition florale.*
V. **Floralies.** ♦ 2° *Bot.* (fin XVIIIᵉ). Qui appartient à la fleur
ou qui la concerne. *Les organes floraux. Enveloppe florale ou
périanthe.*
    FLORALIES [flɔʀali]. *n. f. pl.* (1842 ; lat. *floralia (loca)*
« parterre de fleurs »). Exposition de fleurs.
    FLORE [flɔʀ]. *n. f.* (1771 ; lat. *Flora*, déesse des fleurs ;
rac. *flos* « fleur »). ♦ 1° Description des plantes qui croissent
naturellement dans un pays. *La Flore française*, ouvrage de
Lamarck (1771). ♦ 2° Ensemble des plantes d'un pays ou
d'une région. *Une flore riche, variée. Étudier la faune et la
flore alpestres.*
    FLORÉAL [flɔʀeal]. *n. m.* (1793 ; du lat. *floreus* « fleuri »).
Huitième mois du calendrier républicain (du 20 ou 21 avril
suivant les années au 19 ou 20 mai).
    FLORENCE [flɔʀɑ̃s]. *n. f.* (1907 ; « taffetas léger », 1732 ;
de *Florence*, ville d'Italie). Crin très résistant employé pour
la pêche à la ligne.
    FLORÈS (FAIRE) [flɔʀɛs]. *n. m.* (1638 ; p.-ê. prov. *faire
flori*, lat. *floridus* « fleuri »). *Faire florès* : obtenir des succès,
de la réputation. V. **Briller, réussir.** « *Balzac fait florès plus
que jamais* » (STE-BEUVE).
    FLORICOLE [flɔʀikɔl]. *adj.* (1842 ; de *flori-*, et *-cole*).
Didact. Qui vit sur les fleurs. *Insecte floricole.*
    FLORICULTURE [flɔʀikyltyʀ]. *n. f.* (1874 ; de *flori-*, et
culture). *Agric.* Branche de l'horticulture qui s'occupe de la
culture des fleurs, des plantes d'ornement.
    FLORIDÉES [flɔʀide]. *n. f. pl.* (1827 ; lat. *floridus* « fleuri »,
à cause de l'aspect de ces plantes). *Bot.* Ordre d'algues
(algues rouges) chez lesquelles la chlorophylle est masquée
par un pigment rouge.
    FLORIFÈRE [flɔʀifɛʀ]. *adj.* (1783 ; lat. *florifer*, de *flos,
floris* « fleur »). *Bot.* Qui porte des fleurs. *Tige florifère.* —
Qui donne beaucoup de fleurs. *Plante florifère.*
    FLORILÈGE [flɔʀilɛʒ]. *n. m.* (1704 ; lat. mod. *florilegium*,
de *flos* « fleur », d'apr. *spicilegium.* V. **Spicilège**). Recueil de
pièces choisies. V. **Anthologie.**
    FLORIN [flɔʀɛ̃]. *n. m.* (1307 ; it. *fiorino*, de *fiore* « fleur »).
Pièce de monnaie qui eut cours en France et dans différents
pays. — *Mod.* Unité monétaire des Pays-Bas.
    FLORISSANT, ANTE [flɔʀisɑ̃, ɑ̃t]. *adj.* (XIIIᵉ ; de *florir*
« fleurir » ; Cf. Fleurissant). Qui fleurit *(fig.)*, est en plein
épanouissement, en pleine prospérité. *Peuple, pays florissant.*
V. **Heureux, prospère, riche.** *Commerce florissant.* « *La
sculpture en bois a été longtemps florissante en Bretagne* »
(RENAN). ◇ *Santé florissante* : en plein essor, en pleine
vogue. ◇ *Santé florissante*, très bonne. V. **Beau.** — *Par ext.*
Qui témoigne d'une bonne santé. *Un teint florissant, une
mine florissante.* V. **Fleuri.** « *De beaux corps florissants,
développés dans toutes les attitudes qui montrent la force et la
santé* » (TAINE). ◇ ANT. *Pauvre; accidenté.*
    FLOSCULEUX, EUSE [flɔskylø, øz]. *adj.* (1792 ; lat.
flosculus, de *flos* « fleur »). *Bot.* Qui est uniquement composé
de fleurons. *Fleur flosculeuse.*
    FLOT [flo]. *n. m.* (XIIᵉ ; *fluet, flot*, d'apr. *flotter* ; a. scand.
flod, frq. °*flot-*).
    I. ♦ 1° *(Au plur.).* Se dit de toutes les eaux en mouve-
ment. V. **Lame, onde, vague.** *Les flots de la mer, d'un lac.
Flots azurés, argentés.* « *Les mois, les jours, les flots des
mers, les yeux qui pleurent, Passent sous le ciel bleu* » (HUGO).
— *Absolt. Poét.* La mer. *Flots tranquilles, agités, écumeux.
Se laisser porter, bercer au gré des flots.* « *Ô flots, que vous
savez de lugubres histoires! Flots profonds, redoutés des
mères à genoux!* » (HUGO). ◇ *Au sing.* Masse d'eau qui
s'écoule, se déplace. V. **Courant.** *Le flot monte.* — *Par ext. Un
flot de boue, de lave.* ◇ *Spécialt. Le flot*, la marée montante.
V. **Flux.** « *On reste dix minutes et on revient avec la barre,
ou le flot, ou le mascaret* » (MAUROIS). ♦ 2° Ce qui est
ondoyant, se déroule en vagues. *Les flots d'une chevelure.
Des flots de ruban, de dentelle.* « *Ton cou svelte émergeant*

d'un flot de mousseline » (SAMAIN). ♦ 3° (XVIIᵉ). Quantité considérable de liquide versé, répandu. V. **Déluge, fleuve, torrent.** Fig. *Verser des flots de larmes. Flot de sang qui monte au visage.* V. **Afflux.** — Par métaph. *Événement qui fait couler des flots d'encre,* sur lequel on écrit beaucoup. ♦ 4° *Métaph. et fig.* Ce qui est comparé aux flots (écoulement abondant). V. **Affluence, fleuve.** *Flots de lumière. Un flot de voyageurs.* V. **Foule, multitude.** ◇ (Abstrait) *Un flot de souvenirs, d'idées, d'impressions. Flots de paroles, d'injures, d'éloquence, de poésie.* V. **Débordement, torrent.** *Des flots d'harmonie* (souvent iron.). ◇ Loc. adv. *À flots, à grands flots.* V. **Abondamment.** *L'argent y coule à flots. Le soleil entre à flots.*
II. À FLOT (1690; a. fr. *flot* « surface de l'eau » (XIIᵉ); frq. *°flot-*). *Loc. adj.* Qui flotte. *Navire à flot, qui a assez d'eau pour flotter. Remettre à flot un bateau.* V. **Renflouer.** — Fig. *Être à flot* : cesser d'être submergé par les difficultés (d'argent, de travail). *Mettre, remettre à flot* (qqn, une entreprise).

FLOTTABLE [flɔtabl(ə)]. *adj.* (1572; de *flotte* « radeau », et *flotter*). ♦ 1° Sur lequel on peut flotter. *Cours d'eau navigable et flottable.* ♦ 2° Qui peut flotter. *Bouée flottable.* V. **Insubmersible** (dér. FLOTTABILITÉ [flɔtabilite], 1856).

FLOTTAGE [flɔtaʒ]. *n. m.* (1611; de *flotte* 2). Transport par eau de bois flotté. *Train de flottage.* V. **Radeau.**

FLOTTAISON [flɔtɛzɔ̃]. *n. f.* (1704; de *flotter*). ♦ 1° *Mar.* Intersection de la surface externe d'un navire à flot avec le plan horizontal d'une eau tranquille. *Ligne de flottaison,* que le niveau de l'eau trace sur la coque d'un bâtiment. *Plan de flottaison,* passant par la ligne de flottaison. *Flottaison en charge,* limite supérieure de la flottaison quand le navire est chargé au maximum. ♦ 2° *Biol.* État d'un organisme vivant qui possède la particularité de flotter naturellement dans l'eau.

FLOTTANT, ANTE [flɔtɑ̃, ɑ̃t]. *adj.* (XVIᵉ; de *flotter*). ♦ 1° Qui flotte. *Glaces flottantes. Bois flottants. Îles flottantes,* formées de végétaux entrelacés et d'une légère couche de terre, qui se maintiennent à la surface de l'eau. *Mines flottantes. Pêche à la ligne flottante.* Par métaph. *Les grands paquebots, villes flottantes.* « *L'Océan, notre vaisseau, ma flottante prison* » (VIGNY). ♦ 2° Par anal. Qui flotte dans les airs au gré du vent. *Nuages flottants. Brume flottante.* — Qui ondoie librement. *Étendards flottants. Cheveux flottants,* dénouées. V. **Épars.** *Vêtement flottant. Longue robe flottante.* ◇ *Techn.* Qui n'est pas attaché fixement et a une relative liberté de mouvements. *Moteur flottant.* — Pathol. *Rein flottant* ou *mobile.* ♦ 3° Fig. Qui n'est pas fixe ou assuré. V. **Variable.** — (1826) *Dette flottante* : dont le chiffre varie selon les besoins du Trésor (*opposé à* consolidé). *Monnaie flottante,* qui fluctue* librement au gré de l'offre et de la demande. — Sc. *Virgule flottante,* nombre décimal écrit sans virgule mais dont la position est définie par un procédé de calcul. ◇ (Abstrait) *Caractère, esprit flottant,* incertain dans ses jugements, ses décisions. V. **Incertain, inconstant, indécis, irrésolu.** « *Vous avez toujours été flottant en politique* » (FÉN.). — Qui ne s'applique, ne s'arrête à rien de précis. « *Les pensées flottantes, les songes sans formes, les désirs sans objet et sans limite* » (TAINE). « *L'attention de Casimir, qui est souvent un peu flottante* » (GIDE). ◇ ANT. **Assuré, fixe, précis, résolu, sûr.**

FLOTTARD, ARDE [flɔtaʀ, aʀd(ə)]. *n. m. et adj.* (1880; de *flotte,* et suff. péj. *-ard*). ♦ 1° *N. m.* Élève qui prépare l'École navale (*arg. scol.*). ♦ 2° *Adj.* (XXᵉ; de *flotte* 2). Fam. Où il y a trop d'eau; trop liquide. *Un café flottard. Sauce flottante.*

FLOTTATION [flɔtasjɔ̃]. *n. f.* (1930; angl. *flotation*). *Didact.* Méthode de séparation des mélanges de particules solides, fondée sur la différence de leurs densités dans un milieu liquide. — *Techn.* Triage de certaines matières pondéreuses (minerais, charbon) utilisant les différences de leurs propriétés.

1. **FLOTTE** [flɔt]. *n. f.* (XIIᵉ, repris XVIᵉ; a. scand. *flotti;* infl. de l'a. fr. *flotte* « troupe, multitude » (du lat. *fluctus* « flux », par l'it.) et de *flotte* 2). ♦ 1° Réunion de navires de guerre ou de commerce naviguant ensemble, destinés aux mêmes opérations ou se livrant à la même activité. *La flotte de la Méditerranée.* V. **Escadre.** *Petite flotte.* V. **Flottille.** ♦ 2° Par ext. L'ensemble des forces navales d'un pays. *La flotte de guerre,* ou absolt. *La Flotte.* V. **Marine.** *Amiral, équipages de la Flotte. Flotte de commerce* : ensemble des navires de commerce. ♦ 3° Par anal. *Flotte aérienne* : formation d'avions, ensemble des forces aériennes.

2. **FLOTTE** [flɔt]. *n. f.* (XIIIᵉ, « radeau »; même o. que *flotte* 1, avec infl. de *flotter*). *Techn.* Ligne de pêche munie d'une flotte. V. **Bouchon.** *Flottes en liège ou bois léger.*

3. **FLOTTE** [flɔt]. *n. f.* (1883, « bain »; de *flot* ou de *flotter*). Fam. Eau. *Boire de la flotte. C'est de la flotte, cette soupe!* V. **Flottard.** — *Il tombe de la flotte.* V. **Pluie.**

FLOTTEMENT [flɔtmɑ̃]. *n. m.* (déb. XVᵉ; de *flotter*). ♦ 1° Mouvement d'ondulation. V. **Agitation, balancement.**

— (Colonnes militaires) *Il y a du flottement dans les rangs* : un mouvement d'ondulation qui rompt l'alignement. ♦ 2° *Fig.* (1845). État incertain dû à des hésitations. V. **Hésitation, incertitude, indécision.** *Un flottement se produit dans l'assemblée, il y a du flottement.* « *Ce flottement, cette indécision passionnée de tout mon être* » (GIDE). ♦ 3° (XXᵉ). État d'une monnaie flottante*.

1. **FLOTTER** [flɔte]. *v.* (*Floter,* 1100; o. i.; infl. de *flotte,* du rad. frq. *°flod* (V. **Flot**), et du lat. *fluctuare*).
I. *V. intr.* ♦ 1° Être porté sur un liquide. V. **Surnager.** *Faire flotter une bouée, un radeau. Épave, bouchon qui flotte à la dérive.* « *La blanche Ophélia flotte comme un grand lys* » (RIMBAUD). ♦ 2° Être en suspension dans les airs. V. **Voler, voltiger.** *Vapeur, brume qui flotte au-dessus des prés.* « *Il flottait encore dans l'air un reste d'encens* » (GREEN). ♦ 3° Bouger, remuer au gré du vent ou de quelque autre impulsion variable. *Faire flotter un panache, un drapeau.* « *Leurs beaux cheveux pendaient sur leurs épaules et flottaient au gré du vent* » (FÉN.). ◇ Spécialt. Se dit de ce qu'on laisse lâche, qu'on ne retient pas. *Vêtements vagues qui flottent autour du corps.* ♦ 4° (1669). Être instable, errer. *Un sourire flottait sur ses lèvres.* — (Abstrait) *Laisser flotter ses pensées,* son attention, renoncer à les diriger, à les contrôler. « *Je laissais au hasard flotter ma rêverie* » (MUSS.). « *Son attention précise et autrefois assez sévère flottait à présent* » (CÉLINE). ◇ (Personnes) *Vx.* Hésiter. « *Elle flotte, elle hésite; en un mot, elle est femme* » (RAC.). ♦ 5° (1971). Fluctuer, en parlant d'une monnaie flottante*.
II. *V. tr. Flotter du bois* : le lâcher dans un cours d'eau pour qu'il soit transporté. — *Bois flotté,* venu par flottage.
◇ ANT. **Couler, enfoncer** (s'), **sombrer. Fixer** (se). **Décider** (se).

2. **FLOTTER** [flɔte]. *v. impers.* (1886; de *flotte* 2). *Pop.* Pleuvoir.

1. **FLOTTEUR** [flɔtœʀ]. *n. m.* (h. v. 1268; 1415; de *flotte,* 2). Ouvrier employé au transport du bois par flottage*. *Maître flotteur.* — REM. Au Canada, on dit aussi *draveur*.

2. **FLOTTEUR** [flɔtœʀ]. *n. m.* (1832; de *flotter*). ♦ 1° Objet (généralement creux) capable de flotter à la surface de l'eau et destiné soit à effectuer des mesures ou des réglages (niveau, vitesse), soit à soutenir ou maintenir à la surface des corps submersibles. V. **Bouée, flotte** (2). *Flotteurs en liège* (pour lignes flottantes) *ou en verre* (pour soutenir des filets). — Techn. *Flotteur d'alarme d'une machine à vapeur* : bouée flottant sur l'eau d'une chaudière et actionnant un sifflet quand le niveau baisse. *Flotteur de carburateur* (auto.). *Flotteur de chasse d'eau.* ◇ Spécialt. Organe d'un hydravion, placé sous les ailes, qui repose sur l'eau (en même temps que la coque). ♦ 2° *Didact.* Corps solide dont la densité est plus faible que celle d'un liquide.

FLOTTILLE [flɔtij]. *n. f.* (XVIIᵉ; esp. *flotilla,* dimin. de *flota* « flotte »). Réunion de petits bâtiments. *Flottille de pêche* (d'un port, d'un armateur), sur les lieux de pêche. « *Toute la flottille des canaux se met en marche* » (LOTI). ◇ Formation aérienne (dans l'aéronavale).

FLOU, E [flu]. *adj. et n. m.* (1676; probabl. a. fr. *flo, floc* « mince; faible » (V. **Fluet**), lat. *flavus* « jauni », d'où « fané, flétri »). ♦ 1° *Arts.* Dont les contours sont adoucis, peu nets. V. **Fondu, vaporeux.** *Dessin flou. Tons, coloris flous.* — Subst. « *Ce 'flou' délicieux des peintures de Lawrence, en harmonie avec la douceur de son caractère* » (BALZ.). ♦ 2° (XIXᵉ). Dont le contour est trouble; indécis. *Images floues. Photo floue.* — *N. m. Cin. Flou* (artistique), diminution de la netteté des images obtenue par modification de la mise au point. *Effet de flou. Objectif à flou.* ◇ Par ext. Qui n'a pas de forme nette. *Coiffure floue. Robe floue,* vague, non ajustée. Subst. (1834). *Se spécialiser dans le flou.* ♦ 3° Fig. Incertain, indécis. V. **Vague.** *Pensée floue.* « *Ma pensée est encore floue, ouatée de neige* » (BOSCO). Subst. *Cela « donne à ta pensée une sorte de flou poétique* » (GIDE). ◇ ANT. **Distinct, net, précis.**

FLOUER [flue]. *v. tr.* (XVIᵉ, repris 1827; var. de *frouer* « tricher au jeu »; a. fr. *froer,* lat. *fraudare*). Fam. et vieilli. Voler (qqn) en le dupant. « *Tous les frères flouent plus ou moins leurs sœurs* » (BALZ.).

FLOUSE, FLOUZE ou **FLOUS(SE)** [fluz, flus]. *n. m.* (1916; arabe *el-flouss* « l'argent »). *Pop.* Argent. V. **Fric, pognon.**

FLOUVE [fluv]. *n. f.* (1786; o. i.). Graminée dont une espèce constitue un fourrage. *La flouve donne au foin son odeur agréable.*

FLUAGE [flyaʒ]. *n. m.* (1918; de *fluer*). *Techn.* Déformation d'un métal soumis à de très fortes pressions (comparée à celle d'un fluide visqueux).

FLUATE [flyat]. *n. m.* (1787; de *fluor*). *Chim. Vx.* Fluorure. *Mod.* nom commercial des silicates de fluor.

FLUCTUANT, ANTE [flyktɥɑ̃, ɑ̃t]. *adj.* (XIVᵉ; lat. *fluctuans,* de *fluctuare*). Qui varie, va d'un objet à un autre et revient au premier. *Il est fluctuant dans ses opinions, dans* *ses goûts.* V. **Inconstant, instable.** *Opinions fluctuantes.* V. **Changeant.** ◇ Qui subit des fluctuations. V. **Flottant.** *Prix fluctuants.* ◇ ANT. *Ferme, invariable.*

FLUCTUATION [flyktɥɑsjɔ̃]. *n. f.* (XIIᵉ; lat. *fluctuatio,* de *fluctuare* « flotter »). ♦ 1° Mouvement alternatif comparable à l'agitation des flots. V. **Balancement, oscillation.** ♦ 2° *Fig.* (surtout *plur.*). Variations successives en sens contraire. V. **Changement, variation.** *Fluctuation de l'opinion publique. Fluctuations d'un marché, du cours des changes.* « *Son esprit oscilla toute une grande heure dans les fluctuations auxquelles se mêlait bien quelque lutte* » (HUGO).

FLUCTUER [flyktɥe]. *v. intr.* (XVIᵉ; lat. *fluctuare* « flotter »). ♦ 1° *Rare.* Flotter. ♦ 2° Être fluctuant, changer.

FLUER [flye]. *v. intr.* (1288; lat. *fluere* « couler »). *Littér.* Couler. *À travers le rideau* « *flue la voix grêle de Janet* » (GIONO). — *Méd.* Se dit des liquides, des sérosités qui s'épanchent de quelque partie du corps.

FLUET, ETTE [flyɛ, ɛt]. *adj.* (1690; altér. de *flouet* (XVᵉ); de l'a. fr. *flo.* V. **Flou**). Mince et d'apparence frêle (corps ou partie du corps). V. **Délicat, gracile, grêle.** *Corps long et fluet. Jambes fluettes.* « *Ses doigts fluets aux larges bagues* » (VERLAINE). — Par anal. *Une voix fluette.* V. **Faible.** ◇ ANT. *Épais.*

FLUIDE [flɥid]. *adj. et n. m.* (XIVᵉ; lat. *fluidus,* de *fluere.* V. **Fluer**). I. *Adj.* ♦ 1° *Vx.* Liquide. « *Le sang, véhicule fluide* » (LA FONT.). ♦ 2° *Mod.* Qui n'est ni solide ni épais, coule aisément. *Huile très fluide. Pâte fluide.* V. **Clair.** ♦ 3° (XVIᵉ). Par métaph. ou *fig.* Coulant. *Style fluide.* « *Fluide comme un filet d'eau pure, un chant de flûte ruisselait dans l'ombre* » (DUHAM.). ◇ Qui a tendance à échapper, qu'il est difficile de saisir, de fixer, d'apprécier. V. **Fluctuant, indécis, insaisissable.** *Pensée fluide.* « *En cristallisant les formes si fluides de la vie spirituelle* » (PAULHAN). *Situation fluide* (politique, militaire) : indécise. ♦ 4° En parlant de la circulation routière, Qui se fait à une cadence et à une vitesse normales (sans embouteillages, sans bouchons*). *Circulation fluide sur l'autoroute de l'Ouest.* II. *N. m.* ♦ 1° Tout corps qui épouse la forme de son contenant (V. **Gaz, liquide**). *L'écoulement des fluides fait l'objet d'études dont les applications sont importantes* (V. **Aérodynamique, hydrodynamique**). *Fluide parfait,* sans viscosité. *Expansivité des fluides.* ♦ 2° *Poét.* Atmosphère (comparée à un liquide). « *L'air lui-même semble un fluide lumineux, où tout baigne, où l'on plonge, où l'on nage* » (GIDE). ♦ 3° Force, influence subtile, mystérieuse qui émanerait des astres, des êtres ou des choses (principe d'explication des formes d'énergie inexpliquées). V. **Émanation, flux, influx, onde, radiation.** *Fluide astral. Fluide électrique, nerveux.* « *Si, par des faits incontestables, la pensée est rangée un jour parmi les fluides qui ne se révèlent que par leurs effets* » (BALZ.). ◇ *Spécialt.* Influence occulte d'une personne (médium, spirite, magnétiseur; sourcier). *Avoir du fluide.* ◇ ANT. *Solide. Compact, concret, épais; visqueux.*

FLUIDIFIANT, ANTE [flɥidifjɑ̃, ɑ̃t]. *adj.* (1856; de *fluidifier*). *Didact.* Propre à fluidifier. — *Spécialt.* Méd. *Remède fluidifiant,* ou subst. *Un fluidifiant,* un médicament qui rend plus fluides certaines sécrétions, notamment bronchiques, facilitant ainsi leur élimination.

FLUIDIFIER [flɥidifje]. *v. tr.* (1830; de *fluide*). Rendre fluide (d'où FLUIDIFICATION [flɥidifikɑsjɔ̃], *n. f.*).

FLUIDIQUE [flɥidik]. *adj.* (1872; de *fluide*). *Occultisme.* Qui se rapporte au fluide.

FLUIDITÉ [flɥidite]. *n. f.* (1565; de *fluide*). ♦ 1° État de ce qui est fluide. *Fluidité du sang. Fluidité de la circulation routière.* V. **Fluide.** — *Phys.* Inverse de la viscosité*. *Unité de fluidité.* V. **Rhé.** ♦ 2° *Fig.* Caractère de ce qui est changeant et insaisissable. « *La lucidité et la fluidité de ses pensées* » (CHATEAUB.). ◇ *Écon.* État d'un marché où la concurrence est parfaite. ◇ ANT. *Consistance, épaisseur.*

FLUOR [flyɔʀ]. *adj. et n. m.* (1723; *flueur,* 1534; lat. *fluor* « écoulement »). ♦ 1° *Adj. et n. Vx.* Se disait de certains minéraux fusibles ou utilisables comme fondants. *Mod. Spath fluor.* V. **Fluorine.** ♦ 2° *Mod.* (1832). *N. m.* Corps simple (isolé en 1886), métalloïde, premier élément du groupe des halogènes (symb. F; p. at. 19; n° at. 9), gaz jaune verdâtre, très dangereux à respirer. *Le fluor se trouve en combinaison dans la nature* (cryolithe, spath fluor).

FLUORATION [flyɔʀɑsjɔ̃] ou **FLUORURATION** [flyɔʀyʀɑsjɔ̃]. *n. f.* (mil. XXᵉ; de *fluor, fluorure*). *Chim.* Adjonction de fluorures à l'eau de consommation pour prévenir les caries dentaires. ◇ Application protectrice de fluor sur les dents.

FLUORESCÉINE [flyɔʀesein]. *n. f.* (1878; du rad. de *fluorescent*). *Chim.* Matière colorante fluorescente en solution (rouge par transparence, verte par réflexion).

FLUORESCENCE [flyɔʀesɑ̃s]. *n. f.* (1865; mot angl. (1852), de *fluor,* d'apr. *phosphorescence*). *Phys.* Propriété de certains corps de transformer une lumière reçue en radia-tions de plus grande longueur d'onde. V. **Phosphorescence, photoluminescence.** *Cour.* Phénomène correspondant, émission de radiations visibles sous l'influence d'autres radiations (*spécialt.* de radiations invisibles, ultra-violettes). *À la différence de la phosphorescence, la fluorescence cesse avec l'excitation.*

FLUORESCENT, ENTE [flyɔʀesɑ̃, ɑ̃t]. *adj.* (1864; mot angl. (1853); Cf. le précéd.). Relatif à la fluorescence; doué de fluorescence. *Corps fluorescent. Lumière fluorescente. Lampe fluorescente, tube fluorescent. Écran fluorescent* (télévision).

FLUORHYDRIQUE [flyɔʀidʀik]. *adj.* (1855; de *fluor,* et *-hydrique*). *Chim.* Se dit de l'acide, formé de fluor et d'hydrogène, et utilisé dans la gravure sur verre, comme catalyseur de condensation en chimie organique, etc.

FLUORINE [flyɔʀin]. *n. f.* (1844; de *fluor*). *Chim.* Fluorure de calcium naturel, appelé encore *spath fluor.*

FLUOROSE [flyɔʀoz]. *n. f.* (v. 1970; de *fluor,* et *-ose*). Intoxication par le fluor et ses dérivés. *Fluorose dentaire. Fluorose professionnelle,* troubles (ostéoporose, lésions pulmonaires...) pouvant apparaître chez les ouvriers manipulant les fluorures.

FLUORURE [flyɔʀyʀ]. *n. m.* (1844; de *fluor*). *Chim.* Nom générique des sels de l'acide fluorhydrique. *Fluorure de sodium. Fluorure double d'aluminium et de sodium.* V. **Cryolithe.**

FLUOTOURNAGE [flyɔtuʀnaʒ]. *n. m.* (mil. XXᵉ; du lat. *fluere* « tourner », et *tournage*). *Métall.* Usinage par déformation en vue d'obtenir des pièces de révolution.

FLUSH [flœʃ; flɔʃ]. *n. m.* (1933; mot angl., o. i., p.-ê. de *flux,* employé dans ce sens). ♦ 1° *Au poker,* Réunion de cinq cartes de la même couleur. *Quinte flush:* quinte dans la même couleur. ♦ 2° *Méd.* V. **Bouffée** (congestive). (Anglicisme critiqué). ◇ HOM. *Floche.*

1. **FLÛTE** [flyt]. *n. f.* (*Flehute,* XIIᵉ; Cf. prov. *Flaüto,* d'o. i.). ♦ 1° Instrument à vent formé d'un tube creux percé de plusieurs trous, ou de tubes d'inégales longueurs. *Flûte de Pan,* faite de roseaux d'inégale longueur. V. **Syrinx.** *La flûte,* instrument de musique traditionnel des bergers. *Petite flûte en bois encore utilisée dans la musique militaire.* V. **Fifre. Flûte à l'oignon.** V. **Mirliton.** *La flûte enchantée,* opéra de Mozart. ◇ *Mus. Flûte traversière. Grande flûte. Petite flûte.* V. **Piccolo.** *Flûte à bec :* ancien instrument. — *Spécialt. La grande flûte.* — Loc. *Être du bois* dont on fait les flûtes. ♦ 2° (1806). Pain de forme mince et allongée (V. **Baguette**). ♦ 3° (1669). Verre à pied, haut et étroit. *Une flûte à champagne.* ♦ 4° (1808). *Fam.* (*Plur.*). Les jambes. *Jouer des flûtes.* V. **Courir.** *Se tirer des flûtes.* V. **Sauver** (se). ♦ 5° (Fin XIXᵉ). Interjection marquant l'impatience, la déception. V. **Zut!** *Flûte alors, j'ai perdu mon stylo!*

2. **FLÛTE** [flyt]. *n. f.* (1559; néerl. *fluit*). *Ancienn.* Navire de guerre. « *Une flûte de la marine royale manœuvrait pour aborder* » (MAC ORLAN).

FLÛTÉ, ÉE [flyte]. *adj.* (1740; p. p. de *flûter* « jouer de la flûte », XIIᵉ). Semblable au son de la flûte. *Voix flûtée.* V. **Aigu.**

FLÛTEAU [flyto] ou **FLUTIAU** [flytjo]. *n. m.* (*Flusteau,* XVIᵉ; *flaihutel,* XIIIᵉ; de *flehute* « flûte »). ♦ 1° Petite flûte sommaire (chalumeau, flageolet). ◇ Mirliton (jouet d'enfant). ♦ 2° (1808). Plantain d'eau.

FLÛTER [flyte]. *v. intr.* (1680; de *flûte*). Jouer de la flûte. — *Fam. C'est comme si [on] flûtait,* c'est sans effet (Cf. Comme si on pissait dans un violon*).

FLÛTISTE [flytist(ə)]. *n.* (1828; de *flûte*). Musicien(enne) qui joue de la flûte.

FLUVIAL, ALE, AUX [flyvjal, o]. *adj.* (1823; *fluviel,* XIIIᵉ; 1512; lat. *fluvialis*). Relatif aux fleuves, aux rivières. *Régime fluvial. Navigation, pêche fluviale.*

FLUVIATILE [flyvjatil]. *adj.* (1559; lat. *fluviatilis*). *Hist. nat.* Qui vit ou pousse dans les eaux douces courantes ou au bord des fleuves, des rivières. Par ext. *Sédiments, dépôts fluviatiles.*

FLUVIO-GLACIAIRE [flyvjɔglasjɛʀ]. *adj.* (1927; de *fluvius,* et *glaciaire*). *Géol.* Qui provient à la fois de l'action des cours d'eau et des glaciers. *Cône fluvio-glaciaire.*

FLUVIOMÈTRE [flyvjɔmɛtʀ(ə)]. *n. m.* (1865; lat. *fluvius,* et gr. *metron* « mesure »). *Sc.* Appareil servant à mesurer le niveau, les variations du niveau d'un cours d'eau. — On dit aussi FLUVIOGRAPHE.

FLUVIOMÉTRIQUE [flyvjɔmetʀik]. *adj.* (1865; de *fluviomètre*). Relatif au niveau de l'eau, à ses variations, dans un cours d'eau. *Échelle fluviométrique.*

FLUX [fly]. *n. m.* (fin XIIIᵉ; lat. *fluxus* « écoulement », de *fluere* « couler »). ♦ 1° *Didact.* Action de couler. V. **Écoulement.** *Flux artériel, veineux. Flux laminaire* (par ex. de l'air). *Flux menstruel* (Vx). ♦ 2° (1532). *Littér.* Grande quantité. V. **Abondance, afflux.** *Flux d'argent. Un flux de paroles, de protestations.* V. **Débordement, flot.** « *Il lui fallut subir* le *flux des raisons viles, pleureuses, lâches... par lesquelles le vieil avare formula son refus* » (BALZ.). ◆ 3° Mouvement ascensionnel de la mer, marée montante (*opposé à* reflux). « *Mauriac a toujours aimé cette image du flux et du reflux autour d'un roc central* » (MAUROIS). — Fig. *Flux et reflux d'opinions contraires.* V. **Fluctuation.** ◆ 4° *Phys.* Déplacement (d'ions, de particules, d'énergie). — *Flux lumineux :* quantité de lumière émise par une source lumineuse dans un temps déterminé. *Unité de flux lumineux* (lumen). — *Flux électrique. Flux magnétique* (V. **Fluxmètre**). *Flux magnétique à travers une surface :* produit du champ magnétique normal à une surface par la superficie de cette surface.

FLUXION [flyksjɔ̃]. *n. f.* (fin XIVᵉ; lat. *fluxio* « écoulement », de *fluere* « couler »). ◆ 1° *Méd.* Afflux de sang ou d'autres liquides en certains tissus. V. **Congestion.** — Cour. *Fluxion de poitrine :* congestion pulmonaire compliquée de congestion des bronches, de la plèvre. V. **Pneumonie.** « *J'ai pris froid en sortant du bal, j'ai peur d'avoir une fluxion de poitrine, j'attends le médecin* » (BALZ.). ◆ 2° *Cour.* Gonflement inflammatoire des gencives ou des joues, provoqué par une infection dentaire. « *Avec des joues gonflées par la fluxion* » (GIRAUDOUX).

FLUXMÈTRE [flymɛtʀ(ə)]. *n. m.* (1908; de *flux*, et -*mètre*). *Phys.* Galvanomètre pour la mesure des flux magnétiques.

FLYSCH [fliʃ]. *n. m.* (1877; all. dial.). *Géol.* Formation détritique (grès et schistes).

FLY-TOX [flajtɔks], ou fam. flitɔks]. *n. m.* (XXᵉ; marque déposée, de l'angl. *fly*, « mouche », et *tox-*; Cf. Toxique). Produit insecticide à pulvériser. — *Dér.* FLY-TOXER. *v. tr.* (XXᵉ). Pulvériser au fly-tox.

F.O.B. ou **FOB** [efobe ou fɔb]. *adj. invar.* (déb. XXᵉ; sigle de l'angl. *free on board* « franco de bord »). Dr. mar., Comm. *Vente fob*, dont les frais d'expédition et d'emballage ne sont pas à la charge du client.

FOC [fɔk]. *n. m.* (*Foque*, 1722; *focquemast*, 1602; néerl. *fok*). Voile triangulaire à l'avant du navire. *Le clinfoc, le grand foc et le petit foc sont fixés d'avant en arrière sur le beaupré* (trinquette et tourmentin). *Foc d'artimon :* voile d'étai placée entre le grand mât et le mât d'artimon. ◇ HOM. *Phoque.*

FOCAL, ALE, AUX [fɔkal, o]. *adj. et n. f.* (1815; du lat. *focus* « foyer »). *Phys.* Qui concerne le (ou les) foyer(s) d'un instrument d'optique. *Axe focal, plan focal. Distance focale,* ou subst. *Focale. Objectif à focale variable.* — Géom. *n. f.* Distance entre les deux foyers d'une conique.

FOCALISER [fɔkalize]. *v. tr.* (mil. XXᵉ; *focalisation,* 1878; de *focal*). Sc. Concentrer en un point (foyer). *Focaliser un faisceau d'électrons au moyen d'une lentille électrostatique, ou d'une lentille magnétique* (opération de la *focalisation*). — *Faisceau lumineux qui se focalise.* ◇ Fig. Concentrer. *Focaliser des aspirations de toutes tendances.* Pronom. *Se focaliser sur les points essentiels.*

FOEHN ou **FÖHN** [føn]. *n. m.* (1810, 1864; mot all. dial., du lat. *favonius* « vent de S.-O. »). En Suisse, Nom d'un vent sec et chaud.

FOÈNE, FOËNE ou **FOUËNE** [fwɛn]. *n. f.* (XIIᵉ); du lat. *fuscina* « trident »). Gros harpon.

FŒTAL, ALE, AUX [fetal, o]. *adj.* (1813; de *fœtus*). Sc. Relatif au fœtus. *Développement fœtal. Membranes fœtales,* placenta, chorion, amnios. — *Attitude fœtale.*

FŒTUS [fetys]. *n. m.* (1541; mot lat., var. de *fetus* « grossesse »). Chez les animaux vivipares, Produit de la conception encore renfermé dans l'utérus, lorsqu'il n'est plus à l'état d'embryon et commence à présenter les caractères distinctifs de l'espèce. *Spécialt.* Dans l'espèce humaine, Produit de la conception à partir du troisième mois de développement dans l'utérus. V. **Embryon.** *Expulsion avant terme du fœtus hors de l'utérus.* V. **Avortement.**

FOFOLLE. V. **Fou-fou.**

FOI [fwa]. *n. f.* (*Fied,* Xᵉ; *feid,* XIᵉ; *feit, fei;* lat. *fides* « confiance, croyance ». V. **Féal, fidèle**). **I.** Vx ou en loc. *Sens objectif.* ◆ 1° Assurance donnée d'être fidèle à sa parole, d'accomplir exactement ce que l'on a promis. V. **Engagement, promesse, serment.** *Se fier à la foi d'autrui. Violer sa foi.* V. **Parjure, perfide.** « *Va lui jurer la foi que tu m'avais jurée* » (RAC.). — Féod. *Foi et hommage :* le serment de fidélité que le vassal prêtait entre les mains du seigneur. ◇ *Jurer sa foi* (vx) : affirmer par serment. — Ellipt. (Pour affirmer; vieilli) *Par ma foi, sur ma foi. Foi d'honnête homme.* — Mod. *Ma foi* (en tête de phrase, en incise) : employé, en effet. *Ma foi oui. C'est ma foi vrai.* ◆ 2° Vx. Garantie résultant d'un serment, d'une promesse. — Mod. *Sous la foi du serment*. ◇ SUR LA FOI DE. *Sur la foi des témoins* : en se fondant sur leur témoignage, sur leurs déclarations. *Oseriez-vous le condamner sur la foi de telles gens?* V. **Témoignage.** *Croire qqch. sur la foi de qqn* : en lui accordant créance. V. **Autorité, créance.** ◇ FAIRE FOI (Sujet de chose) : démontrer la véracité, porter témoignage, donner force probante. V. **Prouver, témoigner.** ◇ Dr. EN FOI DE

QUOI : en se fondant sur ce qu'on vient de rapporter. *En foi de quoi, j'ai signé le présent certificat.* ◆ 3° Opt. et Mar. *Ligne de foi* (d'une lunette, d'un compas), qui sert de repère pour observer avec exactitude. ◆ 4° Vx. Fidélité à qqn. « *Aucun de tes amis ne t'a manqué de foi* » (CORN.). ◇ Vx. FOI; *mod.* BONNE FOI : qualité de celui qui parle, agit avec une intention droite, avec la conviction d'obéir à sa conscience, d'être fidèle à ses obligations. V. **Droiture, franchise, honnêteté, loyauté, sincérité.** *Surprendre la bonne foi, abuser de la bonne foi de qqn.* « *Je l'écrivis de bonne foi et sans aucun dessein de le tromper* » (MUSS.). *En toute bonne foi :* très sincèrement. — Dr. *Conviction erronée que l'on agit conformément au droit. Possesseur de bonne foi.* ◇ MAUVAISE FOI : déloyauté, duplicité, perfidie.

II. *Sens subjectif.* ◆ 1° Le fait de croire qqn, d'avoir confiance en qqch. (avec quelques verbes et adj.). *Une personne, un témoin digne de foi* : que l'on peut croire sur parole. *Ajouter foi à* (des paroles), y croire. ◆ 2° Confiance absolue que l'on met (en qqn ou en qqch.). *Avoir foi, une foi totale en qqn.* V. **Confier** (se), **fier** (se). *Sa foi en l'avenir.* « *La foi était immense dans ce peuple; il fallait avoir foi en lui* » (MICHELET). « *On ne peut tout seul garder la foi en soi-même* » (MAURIAC). ◆ 3° Le fait de croire en Dieu, en un dogme par une adhésion profonde de l'esprit et du cœur qui emporte la certitude. V. **Croyance; conviction.** « *Voilà ce que c'est que la foi : Dieu sensible au cœur, non à la raison* » (PASC.). *Avoir la foi.* « *Hommes de peu de foi* » (ST MATTH.). *La foi, l'espérance et la charité, vertus théologales.* — *Acte de foi :* mouvement, élan de foi; prière qui exprime la foi et la confiance. *Il voit avec les yeux de la foi :* en croyant fervent. *Article* de foi.* **Profession de foi :** déclaration publique de sa foi, *par ext.* déclaration de principes. ◇ Loc. *La foi du charbonnier :* la foi humble, naïve des simples. « *Cet homme avait la foi du charbonnier. Il aimait la sainte Vierge comme il eût aimé sa femme* » (BALZ.). « *Il n'y a que la foi qui sauve :* formule des protestants selon laquelle la foi peut sauver sans les œuvres. *Iron.* Se dit de ceux qui se forgent des illusions. — *N'avoir ni foi ni loi* : ni religion ni morale. — *Par anal.* Croyance assurée, fervente. « *La sublime foi patriotique, démocratique et humaine* » (HUGO). ◆ 4° L'objet de la foi. V. **Confession, dogme, religion.** *Professer la foi chrétienne. Confesser une foi nouvelle* : apostasier. *Prêcher, répandre la foi* (V. **Catéchiser, catéchisme, prédication, propagation, prosélytisme**).

◇ ANT. Infidélité, trahison. Critique, doute. Incrédulité, incroyance; athéisme. — HOM. Foie, fois.

FOIE [fwa]. *n. m.* (*Fedie, feie,* XIIᵉ; *figido,* VIIIᵉ; lat. *ficatum,* trad. gr. *sukôton* « de figues », *hepar sukôton,* T. culin. « foie d'oie engraissée avec des figues »). Organe situé dans la partie supérieure droite de l'abdomen, qui joue un rôle physiologique essentiel : sécrétion de bile, métabolisme des glucides, des protides et des lipides, épuration et détoxication, synthèse de substances qui régissent la coagulation, emmagasinage de vitamines (A, B, K). *Chez le fœtus, le foie est aussi un organe formateur de globules rouges* (V. **Hématopoïèse**). *Lobe et lobules du foie; canalicules du foie* (biliaires). *Hile du foie* (sillon transverse du foie). *Qui a rapport au foie.* V. **Hépatique.** *Affections du foie.* V. **Cirrhose, hépatite, ictère, jaunisse, lithiase.** Cour. *Crise de foie.* — (Chez les animaux) *Foie de bœuf, de veau. Huile de foie de morue,* employée comme tonique. — *Pâté de foie* (de porc). Fig. et fam. *Avoir des jambes en pâté de foie,* molles. — FOIE GRAS, foie d'oie ou de canard spécialement engraissé pour faire des pâtés, des confits. *Pâté de foie gras.* ◇ *Myth.* Prométhée, *condamné à avoir chaque jour le foie dévoré par un vautour.* Loc. *Se manger, se ronger les foies* : se faire beaucoup de souci. — *Loc. pop.* (1872) *Avoir les foies* : avoir peur. ◇ HOM. Foi, fois.

FOIE-DE-BŒUF [fwadbœf]. *n. m.* (fin XIXᵉ; de *foie,* et *bœuf*). Nom courant de la fistuline. V. **Foie-de-bœuf.**

1. FOIN [fwɛ̃]. *n. m.* (XVᵉ; *fein,* XIIᵉ; lat. *fenum*). ◆ 1° Herbe des prairies fauchée et séchée pour la nourriture du bétail. V. **Fourrage.** *Étaler, retourner le foin.* V. **Faner, fenaison.** *Botte, meule de foin.* « *La pénétrante odeur des foins coupés s'exhale* » (SAMAIN). — *Mettre du foin dans les râteliers.* Loc. fig. *Quand il n'y a plus de foin dans le râtelier,* plus d'argent dans un ménage. *Il est bête à manger du foin* : très bête (c'est un âne*). ◆ 2° *Au plur.* Herbe sur pied destinée à être fauchée. « *Au dehors, les foins blondissaient prêts à mûrir* » (FROMENTIN). *Couper les foins. Faire les foins* : couper (V. **Fanage**) et ramasser les foins (V. **Faner, fenaison**). *La saison des foins.* — *Rhume des foins :* coryza spasmodique qui revient périodiquement chez certains sujets à l'époque de la floraison des graminées. ◆ 3° *Par anal. Foin d'artichaut* : poils soyeux qui garnissent le fond de l'artichaut. ◆ 4° *Foin du foin* : du scandale, du bruit; protester. « *Et mon père? il en ferait un foin* » (QUENEAU).

2. FOIN! [fwɛ̃]. *interj.* (XVIᵉ; emploi iron. de *foin* 1 (dans une anc. express.) ou altér. de *fi!*). Vieilli. Marque le dédain, le mépris, le dégoût. *Foin des richesses! « Foin de l'obsession! »* (COLETTE).

FOIRADE [fwaʀad]. *n. f.* (1877, sens pr.; de *foirer*). *Fam.* Le fait de foirer *(fig.).*

FOIRAIL [fwaʀaj]. *n. m.* (Mot du Centre et du Sud, répandu 1874; de *foire* 1). *Région.* Champ de foire.

1. **FOIRE** [fwaʀ]. *n. f.* (*Feire*, 1160; bas lat. *feria* « marché, foire », class. *feriæ* « jours de fête »). ♦ 1° Grand marché public où l'on vend toutes sortes de marchandises et qui a lieu à des dates et en des lieux fixes (généralement en milieu rural). *Champ de foire.* V. **Foirail.** *Marchands qui fréquentent les foires.* V. **Forain.** *Foire aux bestiaux. Foire aux Jambons, à la Ferraille.* — Loc. fig. *Ils s'entendent comme larrons* en foire. Foire d'empoigne*.* ♦ 2° Grande réunion périodique où des échantillons de marchandises diverses sont présentés au public. V. **Exposition, salon.** *La foire de Leipzig, de Bruxelles, de Paris.* ♦ 3° Fête foraine ayant lieu à certaines époques de l'année. *La foire de Neuilly, du Trône.* V. **Ducasse,** fête, frairie, kermesse. ♦ 4° (1922). *Fig.* et *fam.* Lieu bruyant où règnent le désordre et la confusion. « *Garçon, veillez à notre paix. C'est une foire ici!* » (GIRAUDOUX). ◇ Pop. *Faire la foire* : s'adonner à une vie de débauche. V. **Bombe,** fête, noce.

2. **FOIRE** [fwaʀ]. *n. f.* (XIIᵉ; lat. *foria*). *Vulg.* et *vieilli.* Évacuation d'excréments à l'état liquide. V. **Diarrhée.**

FOIRER [fwaʀe]. *v. intr.* (1576; *foirier*, XIIᵉ; de *foire* 2). ♦ 1° *Vulg.* Évacuer les excréments à l'état liquide. ♦ 2° *Fig. Écrou, vis qui foire,* qui tourne sans mordre. *Fusée, obus qui foire* : qui fait long feu. ◇ *Fam.* Rater, échouer lamentablement.

FOIREUX EUSE [fwaʀø, øz]. *adj.* et *n.* (v. 1200; de *foire* 2). ♦ 1° *Vulg.* Qui a la foire, la diarrhée; sali d'excréments. ♦ 2° (1829). *Fam.* Peureux, lâche. ♦ 3° *Fam.* Qui échoue lamentablement.

FOIS [fwa]. *n. f.* (XIIᵉ; *feiz*, XIᵉ; lat. plur. *vices* « tour, succession »). I. *(Marquant le degré de fréquence).* Cas où un fait se produit; moment du temps où un événement, conçu comme identique à d'autres événements, se produit. ♦ 1° *(Sans prép.).* *Une fois.* C'est arrivé une fois, une seule fois. Ellipt. *Encore une fois* (c.-à-d. : Je le dis encore une fois, je le répète). *Encore une fois, laissez-moi tranquille.* V. **Coup.** PROV. *Une fois n'est pas coutume.* — *Une fois* (sens fort), *une bonne fois, une fois pour toutes,* d'une manière définitive, sans qu'il y ait lieu d'y revenir. *Expliquez-vous une bonne fois.* « *Je me décidai à passer dans ma chambre pour savoir une bonne fois à quoi m'en tenir* » (DAUD.). « *Aimez ce que jamais on ne verra deux fois* » (VIGNY). *On n'a pas besoin de le lui dire deux fois.* V. **Répéter.** Par exagér. *Je vous l'ai dit vingt, cent fois. Une fois, deux fois, trois fois...* : triple sommation adressée dans les enchères, ou avant l'exécution d'une menace. — *Plus d'une fois, plusieurs fois, maINTE(S) fois* : souvent. — *Bien des fois, de nombreuses fois* (on ne dit pas *beaucoup de fois*). ◇ (Marquant la fréquence à l'intérieur d'une unité de temps) Littér. *Une, plusieurs fois* (suivi du nom de l'unité de temps). *Une fois l'an.* « *Nous commençâmes de nous réunir une fois le mois* » (DUHAM.). Cour. *Une fois par mois. Une fois tous les huit jours.* ◇ (Avec un ordinal) *La première, la seconde, la dernière fois. C'est la première et la dernière fois que je vous en parle.* ◇ (Avec divers adj. : dém., indéf.) *On le tient, cette fois! Cette fois-ci, cette fois-là* : dans cette circonstance. *Ce n'était pas cette fois-là, c'était une autre fois. Chaque fois. La prochaine fois. La seule et unique fois. Certaines fois.* ♦ (1853) *Pop.* (sans déterminant). DES FOIS, certaines fois. V. **Parfois, quelquefois.** *Si des fois vous allez le voir, dites-lui.* « *Des fois je n'en vais le soir, des fois je ne rentre pas* » (HUGO). V. **Tantôt** (Cf. *Des fois que,* ci-dessous, 7°). ◇ (Servant d'antécédent à un relatif) *Pensez aux fois où il vous a menti.* « *Une fois qu'il passait devant la porte ouverte... il aperçut le bureau vide* » (COURTELINE). V. **Jour.** ♦ 2° Précédé d'une préposition. ◇ Littér. *Après* PAR. *Deux fois par, par trois fois, deux, trois fois.* V. **Parfois.** « *Les ombres par trois fois ont obscurci les cieux* » (RAC.). ◇ *Après* EN. *En plusieurs fois,* marque la répartition. *Payer en une fois.* ◇ *Après* POUR. « *Chaque jour je la vois Et crois toujours la voir pour la première fois* » (RAC.). « *Ne dites jamais ' pour une fois '. C'est le commencement des mauvaises routes* » (Max JACOB). ◇ *Après* À. *À cette fois* (vx) : cette fois. Mod. *Y regarder à deux fois, s'y prendre à deux fois.* « *À la septième fois, les murailles tombèrent* » (HUGO). ♦ 3° (1530; « parfois » en a. fr.). Loc. adv. À LA FOIS : en même temps. *Il est à la fois aimable et distant. Votre voix « Me fait comme du bien et du mal à la fois* » (VERLAINE). *Ne parlez pas tous à la fois.* PROV. *Il ne faut pas courir deux lièvres à la fois.* ♦ 4° (v. 1170). UNE FOIS (*vx ou vieilli.*) : un certain jour, à une certaine époque passée. V. **Autrefois, jadis.** « *J'étais une fois à Versailles* » (TRÉVOUX); *mod.* : un jour. — *Il y avait une fois, il était une fois,* commencement classique des contes de fées. ◇ Littér. (Dans une propos. relative) « *Aucune force au monde ne l'empêcherait jamais d'accomplir ce qu'il avait une fois résolu* » (MAURIAC). ◇ *Région.* (Belgique, calque du flam.

eens). Donc. *Venez une fois ici.* ♦ 5° UNE FOIS QUE (gouvernant une propos. temporelle de postériorité) : dès que, dès l'instant où. *Une fois qu'il s'est mis qqch. en tête, il ne veut plus rien entendre.* ◇ (Ellipt., et dans une propos. participe) *Une fois en mouvement, il ne s'arrête plus. Une fois parti, il s'aperçut...* ♦ 6° (Dans diverses loc. conj. avec *que*). « *Pour une fois qu'il s'était emballé, quels regrets et quelle chute!* » (HUYSMANS). « *À chaque fois que l'orateur lançait le bras en avant, elle s'élançait elle aussi* » (BARRÈS). *Toutes les fois que.* ♦ 7° *Pop. Des fois que* (et condit.) : pour le cas où, si par hasard, si jamais. « *Allons-y vite, des fois qu'il y aurait trop de monde* » (DORGELÈS). ◇ *Absolt. Non, mais des fois* : formule de menace (Cf. *Sans blague*). « *T'as les jetons? — Non, mais des fois...* » (GENET).

II. *(Marquant un degré de grandeur).* ♦ 1° Servant d'élément multiplicateur ou diviseur. *Quantité deux fois plus grande, plus petite qu'une autre. Trois fois quatre font douze.* — Par hyperb. *Cent fois pire, mille fois plus avantageux.* — (Devant un adj. au positif, mais à valeur numérique) *Un chêne trois fois centenaire. Une civilisation, un usage plusieurs fois séculaire.* ♦ 2° *Fig.* et *littér.* Équivalent d'un superlatif. « *Ô jour trois fois heureux!* » (RAC.). — Cour. *Vous avez mille fois raison. C'est trois fois rien.*

◇ HOM. Foi, foie.

FOISON [fwazõ]. *n. f.* (XIIᵉ; lat. *fusio* « écoulement, action de se répandre ». V. **Fusion**). *Vx.* Très grande quantité. V. **Abondance.** « *Je vois donc des foisons de religions en plusieurs endroits du monde* » (PASC.). ◇ Mod. À FOISON (loc. adv.) : en grande quantité. V. **Abondamment, beaucoup, profusion** (à). « *Il y a là des choses charmantes, de l'esprit à foison* » (GAUTIER). ⬦ ANT. Manque, rareté. Peu.

FOISONNANT, ANTE [fwazɔnɑ̃, ɑ̃t]. *adj.* (1551; de *foisonner*). ♦ 1° Qui foisonne (V. **Abondant**). ♦ 2° Qui augmente de volume.

FOISONNEMENT [fwazɔnmɑ̃]. *n. m.* (1554; de *foisonner*). Action de foisonner. ♦ 1° Abondance, pullulement. ♦ 2° Augmentation de volume. — *Foisonnement de la chaux.* ♦ 3° *Fig.* « *Il arrive que mes brouillons soient très surchargés, mais cela vient du foisonnement des pensées* » (GIDE).

FOISONNER [fwazɔne]. *v. intr.* (XIIᵉ; de *foison*). ♦ 1° Être en grande abondance, à foison. V. **Abonder.** *Le gibier foisonne dans ce bois.* V. **Pulluler.** « *Et comme les honneurs foisonnent quand l'honneur manque!* » (FLAUB.). ♦ 2° (XVIᵉ). FOISONNER EN, DE : être pourvu abondamment. V. **Abonder, regorger.** « *La grande cour, entourée d'arcades, foisonnait de bêtes et de gens* » (THARAUD). ♦ 3° Se multiplier (certains animaux). ♦ 4° *Didact.* (1864; en cuis., 1771). Augmenter de volume. V. **Gonfler.** *La chaux mouillée foisonne.* — *Fig.* et *littér.* Se développer. « *L'habile esprit fait foisonner tout ce qu'il touche* » (GIDE). « *Chez moi une pareille idée était de nature à foisonner rapidement* » (ROMAINS). ⬦ ANT. Manquer. Diminuer, réduire (se).

FOL, FOLLE. V. **Fou.**

FOLASSE [fɔlas]. *adj. fém.* (XXᵉ, d'abord région.; aussi n. pl., 1566 « herbes folles »; de *fol* « fou », et suff. péj. *-asse*). *Fam.* et *péj.* Un peu folle, déséquilibrée. — *Subst.* *de folasse.*

FOLÂTRE [fɔlɑtʀ(ə)]. *adj.* (1528; *folastre* « un peu fou », 1394; de *fol*). V. **Fou.** *Vieilli.* Qui aime à plaisanter, à jouer. V. **Badin, espiègle, folichon, guilleret.** *Enfant folâtre.* — *Par ext.* Mod. *Gaieté folâtre.* V. **Léger, plaisant.** « *Excitée par l'humeur folâtre de ce jour* » (STE-BEUVE). *Il n'était pas d'humeur folâtre.* ⬦ ANT. Grave, sérieux, triste.

FOLÂTRER [fɔlɑtʀe]. *v. intr.* (XVᵉ; de *folâtre*). Jouer ou s'agiter de façon folâtre. V. **Badiner, batifoler.** « *Voir de petits bambins folâtrer et jouer ensemble* » (ROUSS.). « *Les poissons « faisaient des sauts, des cabrioles et folâtraient avec la vague* » (GAUTIER).

FOLÂTRERIE [fɔlɑtʀəʀi]. *n. f.* (XVIᵉ; a remplacé *folastrie, folâtrie;* Cf. le « Livret des Folastries », de Ronsard). *Vieilli* ou *littér.* Action, geste, parole folâtre; humeur folâtre. « *Cette folâtrerie et ces éclats de rire... apparaissent comme une véritable folie* » (BAUDEL.).

FOLIACÉ, ÉE [fɔljase]. *adj.* (1751; lat. *foliaceus.* V. **Feuille**). *Didact.* Qui a l'aspect, la forme d'une feuille. *Pétiole foliacé. Roche à structure foliacée.*

FOLIAIRE [fɔljɛʀ]. *adj.* (1778; du lat. *folium* « feuille »). *Bot.* Qui appartient à la feuille. *Glande foliaire.*

FOLIATION [fɔljasjõ]. *n. f.* (1757; du lat. *folium* « feuille »). *Bot.* Disposition des feuilles sur la tige. — *Développement des feuilles.* V. **Feuillaison.**

FOLICHON, ONNE [fɔliʃõ, ɔn]. *adj.* (1637; de *fol,* et suff. dimin.). Qui est folâtre, gai. V. **Amusant, badin, folâtre, gai, léger.** *Rare. Propos folichons.* Cour. (négatif) *Il n'est pas folichon. Ma vie « n'est pas précisément folichonne* » (FLAUB.). *Cela n'a rien de folichon.* ⬦ ANT. Grave, sérieux, ennuyeux, triste.

FOLICHONNER [fɔliʃɔne]. *v. intr.* (1786; de *folichon*). *Vieilli.* Folâtrer gaiement.

FOLIE [fɔli]. *n. f.* (1080; de *fol.* V. **Fou**). ♦ 1° *Cour.* (*vx*) dans le lang. sc., sauf avec certains qualificatifs. V. **Psychose, vésanie** (*vx*). Trouble mental; dérèglement, égarement de l'esprit. V. **Aliénation, délire, démence; fou.** *Accès de folie, coup de folie.* « *Qu'est-ce que la folie? c'est d'avoir des pensées incohérentes et la conduite de même* » (VOLT.). « *Aucun des sophismes de la folie,* — *la folie qu'on enferme,* — *n'a été oublié par moi* » (RIMBAUD). « *La folie est le rêve d'un seul* » (SUARÈS). ◇ *Psychiatr. Folie à deux (communiquée* ou *simultanée par contagion réciproque)* : délire de même espèce, se manifestant chez deux individus vivant ensemble. *Folie discordante* (schizophrénie). *Folie intermittente, périodique, circulaire* (formes de psychose maniaque dépressive). V. **Maniaque.** *Folie raisonnante* : délires d'interprétation, de revendication (V. **Paranoïa**). *Folie des grandeurs.* V. **Mégalomanie.** *Folie de la persécution. Folie du doute.* ♦ 2° Caractère de ce qui échappe au contrôle de la raison. V. **Irrationnel.** « *J'ai toujours préféré la folie des passions à la sagesse de l'indifférence* » (FRANCE). — *Absol.* L'irrationnel. « *L'Éloge de la folie* », d'Érasme. — Théol. chrét. *La folie, le scandale de la croix.* ♦ 3° Manque de jugement; absence de raison. V. **Déraison, extravagance, insanité.** *C'est folie de vouloir... : il est fou, absurde de... Vous n'aurez pas la folie de faire cela.* V. **Aveuglement, inconscience.** *C'est de la folie, de la pure folie, de la folie furieuse!* V. **Aberration, absurdité, bêtise, délire** (*fig.*). ◇ Passion violente, déraisonnable, et *par ext.* la passion, l'amour (*opposé* à raison). « *Il n'est pas de véritable amour qui ne soit une folie* : ' *une folie manifeste et de toutes les folies la plus folle* ', *s'écrie Bossuet* » (MAURIAC). ◇ *À la folie.* V. **Follement, passionnément.** « *Quand elles sont aimées à la folie, elles veulent être aimées raisonnablement* » (BALZ.). ♦ 4° UNE FOLIE : idée, parole, action déraisonnable, extravagante. V. **Absurdité, bizarrerie, extravagance.** Spécialt. *C'est sa folie, l'une de ses folies.* V. **Caprice, dada, lubie, manie, marotte, toquade.** — *Faire une folie, des folies.* V. **Bêtise, sottise.** *Folies de jeunesse.* V. **Coup** (de tête), **escapade, frasque, fredaine.** *Il y a a « une foule de folies que la femme fait par désœuvrement* » (HUGO). ◇ *Spécialt.* Dépense excessive. *Vous avez fait une folie en nous offrant ce cadeau.* ◇ Action ou parole gaie, insouciante. *Dire des folies.* ◇ *Mus.* anc. *Les folies d'Espagne* : danse. *Les folies françaises,* de Couperin. ♦ 5° *(par ext. du XVIIᵉ et XVIIIᵉ)*. Riche maison de plaisance. « *Des parcs du XVIIᵉ et du XVIIIᵉ siècle, qui furent les 'folies' des intendants et des favorites* » (PROUST). ⬨ ANT. **Équilibre, santé.** Jugement, raison, sagesse. Tristesse.

FOLIÉ, ÉE [fɔlje]. *adj.* (1746; lat. *foliatus* « feuillu »). *Bot.* Garni de feuilles. V. **Feuillé.** — *Didact.* Qui a la forme, l'épaisseur d'une feuille.

FOLIO [fɔljo]. *n. m.* (1609; mot lat., ablatif de *folium* « feuille »; Cf. In-folio). ♦ 1° Feuillet (spécialt. des manuscrits de certaines éditions anciennes, numérotés par feuillets et non par pages). *Le folio 18 recto, verso.* ♦ 2° *Typogr.* Chiffre qui numérote chaque page d'un livre. *Changer les folios.*

FOLIOLE [fɔljɔl]. *n. f.* (1757; bas lat. *foliolum*). *Bot.* Chacune des petites feuilles qui forment une feuille composée. *Les trois folioles d'une feuille de trèfle.* — *Par ext.* Chaque pièce du calice, de l'involucre. V. **Bractée, sépale.**

FOLIOTAGE [fɔljɔtaʒ]. *n. m.* (1845; de *folioter*). Action de folioter; son résultat.

FOLIOTER [fɔljɔte]. *v. tr.* (1832; de *folio*). Numéroter un feuillet, un livre feuillet par feuillet. — *Typogr.* Numéroter une page, un livre page par page. V. **Paginer.**

FOLIOTEUSE [fɔljɔtøz]. *n. f.* (XXᵉ; de *folioter*). *Typogr.* Machine à imprimer les folios* (2°).

FOLKLORE [fɔlklɔr]. *n. m.* (1877; angl. *folk-lore* (1846) « science (*lore*) du peuple (*folk*) »). Science des traditions, des usages et de l'art populaires d'un pays. ◇ *Par ext.* Ensemble de ces traditions. *Chants, légendes populaires du folklore national, provincial.* ◇ Aspect pittoresque mais sans importance ou sans signification profonde. *Le folklore des prix littéraires.* — Loc. fam. *C'est du folklore,* ce n'est pas sérieux.

FOLKLORIQUE [fɔlklɔrik]. *adj.* (1894; de *folklore*). Relatif au folklore. *Danses folkloriques. Costume folklorique.* ◇ *Fam.* (1969) Pittoresque, mais sans importance. *Une réunion politique un peu folklorique.* En parlant des personnes, des comportements, incongru. (Abrév. fam. FOLKLO).

FOLKLORISTE [fɔlklɔrist(ə)]. *n.* (1885; de *folklore*). *Didact.* Personne qui étudie le folklore.

1. FOLLE [fɔl]. *n. f.* (1553; lat. *follis* « enveloppe »; Cf. **Fou, follicule**). *Pêch.* Filet fixe à grandes mailles. ⬨ HOM. *Folle* (fém. de *fou*).

2. FOLLE, FOLLE-AVOINE... V. **Fou.**

FOLLEMENT [fɔlmɑ̃]. *adv.* (XIᵉ; de *fol.* V. **Fou**). D'une manière folle, déraisonnable, excessive. *Il est follement amoureux.* « *Il s'est follement jeté au-devant de moi à plaisir de me retrouver* » (COLETTE). — *Par ext.* Au plus haut point. *Un spectacle follement intéressant.* V. **Extrêmement, très.** *Follement gai.*

FOLLET, ETTE [fɔlɛ, ɛt]. *adj.* et *n. m.* (XIIᵉ; dimin. de *fol.* V. **Fou**). ♦ 1° *Vx* ou *dial.* Un peu fou; déraisonnable, étourdi. — *Subst. Une petite follette.* ◇ *Esprit follet,* et subst. *Follet* : lutin. V. **Farfadet.** « *Le follet fantastique erre sur les roseaux* » (HUGO). ♦ 2° *Fig.* Qui a qqch. de capricieux, d'irrégulier. V. **Fou.** *Poil follet,* première barbe légère, ou duvet des petits oiseaux. « *Les petits cheveux follets en rébellion contre la morsure du peigne* » (GAUTIER). ♦ 3° FEU FOLLET (1611) : petite flamme due à une exhalaison de gaz (hydrogène phosphoré) spontanément combustible. V. **Flammerolle.** — Fig. *C'est un vrai feu follet :* il est agile, rapide, insaisissable.

FOLLICULAIRE [fɔ(l)likylɛr]. *n. m.* (1759; du lat. *folliculum,* pris à tort pour un dér. de *folium* « feuille ». V. **Follicule**). ♦ 1° Péj. et littér. Mauvais journaliste, pamphlétaire sans talent, sans scrupule. « *On était venu... pour être un grand écrivain, on se trouve un impuissant folliculaire* » (BALZ.). ♦ 2° Didact. Qui se rapporte à un follicule.

FOLLICULE [fɔ(l)likyl]. *n. m.* (1523; lat. *folliculus* « petit sac »). ♦ 1° *Bot.* Fruit capsulaire, déhiscent, sec, formé d'une seule feuille carpellaire repliée sur elle-même. ♦ 2° *Anat.* (1560). Petite formation arrondie au sein d'un tissu, d'un organe, délimitant une cavité ou une structure particulière. *Follicule dentaire, Follicule pilo-sébacé, ovarien* ou *de De Graaf.* (V. **Folliculine**). ♦ 3° *Pathol.* Amas de cellules inflammatoires. *Follicule tuberculeux.*

FOLLICULINE [fɔ(l)likylin]. *n. f.* (XXᵉ; « infusoire », 1827; de *follicule*). L'une des hormones élaborées par le follicule ovarien. V. **Œstrogène.**

FOLLICULITE [fɔ(l)likylit]. *n. f.* (1836; de *follicule*). *Méd.* Toute inflammation du follicule pilo-sébacé (de la peau). V. **Furoncle.** *Folliculite de la barbe.* V. **Sycosis.**

FOMENTATEUR, TRICE [fɔmɑ̃tatœr, tris]. *n.* (1613; de *fomenter*). Personne qui fomente (des troubles, une révolte). V. **Fauteur.**

FOMENTATION [fɔmɑ̃tasjɔ̃]. *n. f.* (XIIIᵉ; lat. *fomentatio.* V. **Fomenter**). ♦ 1° Vieilli. *Méd.* Action d'appliquer un médicament externe et local (topique), chaud. *Fomentation humide,* cataplasmes, compresses. ♦ 2° Littér. *Fig.* Action de préparer ou d'entretenir en sous main quelque trouble. V. **Excitation.** « *La fomentation des haines les plus injustifiées* » (PROUST). ⬨ ANT. **Apaisement.**

FOMENTER [fɔmɑ̃te]. *v. tr.* (XIIIᵉ; « appliquer un topique » (V. **Fomentation**); lat. méd. *fomentare,* de *fomentum* « cataplasme »; rac. *fovere* « chauffer »). *Fig.* (XVIᵉ). Susciter ou entretenir (un sentiment ou une action néfaste). *Fomenter la discorde.* V. **Envenimer, exciter.** *Fomenter des troubles, une sédition, la révolte.* « *Je rencontrai une vieille opposition fomentée par le maire ignorant, à qui j'avais pris sa place* » (BALZ.). ⬨ ANT. **Apaiser, calmer.**

FONÇAGE [fɔ̃saʒ]. *n. m.* (1859; de *foncer,* I, 1°). *Techn.* ♦ 1° Action de foncer, de munir d'un fond. *Le fonçage d'un tonneau.* ♦ 2° Action de creuser. *Le fonçage* (ou FONCEMENT) *d'un puits.* V. **Forage.** ♦ 3° Dans la fabrication des papiers peints, Opération par laquelle le *fonceur* enduit le papier d'une couche uniforme de couleur qui sert de fond.

FONÇAILLES [fɔ̃saj]. *n. f. pl.* (Fonsaille, 1588; de *foncer,* I, 1°). *Techn.* (Vieilli). Planches qui forment le fond d'un tonneau; d'une couchette, d'un lit.

FONCÉ, ÉE [fɔ̃se]. *adj.* (1690; de *fond*). Qui est d'une nuance sombre (couleur). *Une couleur foncée, très foncée.* V. **Profond, sombre.** *Peau foncée, teint foncé.* V. **Brun.** « *Un vert et un bleu très foncés envahissent l'image* » (RIMBAUD). ⬨ ANT. **Clair, pâle.**

FONCER [fɔ̃se]. *v.;* conjug. *placer* (1389; de *fond*). I. V. tr. ♦ 1° *Techn.* Garnir d'un fond. *Foncer un tonneau.* ◇ *Cuis.* (1802) Garnir le fond d'un ustensile avec de la pâte, des bardes de lard. *Foncer un moule.* ♦ 2° *Techn.* (1839) Creuser (un puits de mine, etc.). « *On fonçait de deux mètres à peine* » (ZOLA). II. *V. tr.* et intr. (1798; de *foncé*). Charger en couleur de manière à rendre plus sombre (une teinte sombre paraissant plus comme enfoncée. *Foncer une teinte.* ◇ Devenir foncé. *Ses cheveux ont foncé.* « *La lumière grise qui fonçait peu à peu* » (CAMUS). III. *V. intr.* (1680; formé d'apr. *fondre*). Faire une charge à fond, se jeter impétueusement sur. V. **Attaquer, charger, fondre** (sur). « *Ces mouvements qu'on voit dans le cou du taureau quand cette bête voudrait foncer et n'ose plus* » (BARRÈS). *Foncer sur l'ennemi. Foncer dans le tas* (pop.). ◇ Aller très vite, droit devant soi. V. **Filer.** *Il fonce à toute allure.* Fig. « *Il n'écoute que ses passions, ses désirs. Il fonce* » (DUHAM.). — Fam. *Foncer dans le brouillard :* aller hardiment de l'avant sans s'occuper des obstacles ou des difficultés.

FONCEUR, EUSE [fɔ̃sœr, øz]. *adj.* et *n.* (1966; de *foncer* [II, fig.]). *Fam.* Dynamique et audacieux. *C'est un fonceur et un battant*.

FONCIER, IÈRE [fɔ̃sje, jɛr]. *adj.* (1370; de *fons,* anc. forme de *fonds*). ♦ 1° Qui constitue un bien-fonds. *Pro-*

priété foncière. ◇ Qui possède un fonds, des terres. *Propriétaire foncier.* ◇ Relatif à un bien-fonds. *Crédit foncier. Impôt foncier,* et subst. *Le foncier.* ♦ 2° *Fig.* Qui est au fond de la nature, du caractère de qqn. V. **Inné.** *Qualités, aptitudes foncières.* ◇ ANT. *Mobilier, viager. Acquis, artificiel.*

FONCIÈREMENT [fɔ̃sjɛʀmɑ̃]. *adv.* (XVᵉ; de *foncier*). Dans le fond, au fond. V. **Profondément.** *Foncièrement bon, égoïste.* « *Elle n'était pas foncièrement mauvaise* » (PROUST).

FONCTION [fɔ̃ksjɔ̃]. *n. f.* (1539; lat. *functio* « accomplissement », du v. *fungi* « s'acquitter »). I. Action, rôle caractéristique d'un élément, d'un organe dans un ensemble. **Ⓐ** *(Personnes).* ♦ 1° Exercice d'un emploi, d'une charge; *par ext.* Ce que doit accomplir une personne pour jouer son rôle dans la société, dans un groupe social. V. **Activité, devoir, ministère, mission, occupation, office, rôle, service, tâche, travail.** *La fonction, les fonctions d'une charge. S'acquitter de ses fonctions.* Par ext. « *Accepter les privilèges d'une classe sans en accepter les fonctions* » (MAUROIS). ◇ *Liturg. cathol.* Toute cérémonie religieuse présidée par un prêtre, et *spécialt.* les bénédictions, consécrations, saluts du saint sacrement, processions. — *Dr. constit.* Activité de l'État dans un domaine précis. *Fonction législative, exécutive ou administrative; fonction juridictionnelle.* ♦ 2° (Déb. XIXᵉ). Profession considérée comme contribuant à la vie de la société. V. **Charge, emploi, métier, poste, profession, situation.** *Candidature à une fonction. Attributs, insignes d'une fonction; rang, honneurs attachés à une fonction.* V. **Dignité, titre.** *Remplir une fonction en titre* (V. **Titulaire**), *en remplacement* (V. **Suppléant**), *par intérim.* **Cumul de fonctions.** *Fonction de directeur* (directorat, direction), *de magistrat* (magistrature, etc.). ◇ *Les fonctions de qqn* : l'ensemble des obligations de sa profession. *Être dans l'exercice de ses fonctions. Se démettre de ses fonctions* (démission). ◇ EN FONCTION. *Être, rester en fonction.* ◇ *Faire fonction de :* jouer le rôle de. *Il fait fonction de directeur.* ◇ *Spécialt. Fonction publique, administrative,* poste impliquant gestion des affaires publiques; *spécialt.* Situation juridique de l'agent d'un service public. V. **Fonctionnaire.** — *Statut de la fonction publique.* *Direction, conseil supérieur de la fonction publique.* **Ⓑ** *(Choses).* Rôle caractéristique que joue une chose dans l'ensemble dont elle fait partie (souvent *opposé à* structure). V. **Action, rôle; utilité.** *Remplir une fonction :* agir, fonctionner. *Faire fonction de :* tenir lieu de, servir de. ♦ 1° (XVIᵉ). Ensemble des propriétés actives concourant à un même but, chez l'être vivant. *Fonctions de nutrition, de relation, de reproduction.* « *La vie est l'ensemble des fonctions qui résistent à la mort* » (BICHAT). *Fonctions du foie, du cœur.* « *L'attention que l'on croit une fonction de l'intelligence est presque toujours une fonction des yeux* » (ALAIN). Loc. *La fonction crée l'organe* : toute fonction que doit accomplir un être vivant pour subsister détermine l'apparition chez cet être des moyens de l'accomplir (transformisme de Lamarck). ♦ 2° *Ling.* Ensemble des propriétés d'une unité par rapport au processus d'ensemble (communication); rôle dans l'énoncé. *Fonctions valeur et sens d'une unité lexicale. Fonctions de l'adjectif* (épithète, attribut). *Adjectif en fonction de substantif.* ♦ 3° *Chim.* Ensemble déterminé de propriétés chimiques (suivi d'un nom en appos.). *Fonction acide, base, sel, alcool...* ♦ 4° (1845). Action propre d'un organe, d'un instrument, d'une machine. *Fonction de l'arc-boutant, du piston.*

II. ♦ 1° (1694). *Math.* Relation qui existe entre deux quantités, telle que toute variation de la première entraîne une variation correspondante de la seconde (ou en terme d'ensembles, étant donnés deux ensembles X et Y, « *toute opération* qui associe à tout élément *x* de X un élément *y* et Y que l'on note *f* (*x*) » (CHOQUET). V. **Application** (2°), **correspondance** (I, 1°), **corrélation, forme** (I, B, 3°), **loi** (de composition). *Dans l'expression* y = f (x), *y égale* f *de* x, f *est la fonction,* x *est la* variable (ou variable indépendante) *et* y *l'image de* x (ou variable dépendante). REM. On appelle parfois abusivement *Fonction* l'expression y = f (x) ou encore la variable dépendante *y. Fonctions dérivable, différentiable; fonction dérivée.* V. **Dérivée, différentielle.** *Intégration d'une fonction.* V. **Intégrale.** *Fonction primitive.* V. **Primitive.** *Fonction périodique. Fonction de fonction,* où la variable est elle-même fonction d'une autre variable. ♦ 2° *Phys.* Relation entre plusieurs phénomènes. *L'allongement d'une tige métallique est fonction de la température.* ♦ 3° *Cour.* (dans des express.). Ce qui dépend de qqch. V. **Conséquence, effet.** *Être fonction de :* dépendre de. — *Considérer qqch. en fonction de.* V. **Rapport** (par rapport), *relativement* (à).

FONCTIONNAIRE [fɔ̃ksjɔnɛʀ]. *n. m.* et *f.* (1770, *fonctionnaire public; de fonction*). Personne qui remplit une fonction publique; personne qui occupe, en qualité de titulaire, un emploi permanent dans les cadres d'une administration publique (*spécialt.* l'État). V. **Administrateur, agent** (public), **employé; fam.** et **péj.** Bureaucrate, rond-de-cuir; budgétivore. *Fonctionnaire statutaire, contractuel. Haut fonctionnaire.* « *Posons un axiome... où finit l'employé commence le fonc-*

tionnaire, où finit le fonctionnaire commence l'homme d'État » (BALZ.). *Fonctionnaire civil* (opposé à militaire). *Fonctionnaire international de l'O.N.U. Révoquer, casser un fonctionnaire. Position d'un fonctionnaire :* activité, détachement, disponibilité, retraite. *Grève de fonctionnaires.* — *Crimes et délits de fonctionnaires* (ex. : forfaiture; concussion, détournement, exaction, prévarication, soustraction). *Corruption de fonctionnaire.*

FONCTIONNALISME [fɔ̃ksjɔnalism(ə)]. *n. m.* (1966; de *fonctionnel*). *Didact.* (*Archit.*). Théorie d'après laquelle la beauté de l'œuvre d'art dépend de son adaptation à sa fonction. ◇ (En sciences humaines.) Théorie qui accorde à la fonction des éléments d'un système et au fonctionnement du système la primauté sur le classement des éléments (taxinomie) et sur les modifications du système. *Fonctionnalisme behavioriste, en psychologie. Fonctionnalisme et structuralisme*.*

FONCTIONNARISER [fɔ̃ksjɔnaʀize]. *v. tr.* (1959; de *fonctionnaire*). ♦ 1° Assimiler aux fonctionnaires. *Personnel fonctionnarisé d'une entreprise publique.* ♦ 2° Pénétrer de fonctionnarisme.

FONCTIONNARISME [fɔ̃ksjɔnaʀism(ə)]. *n. m.* (v. 1850; de *fonctionnaire*). *Péj.* Prépondérance des fonctionnaires dans un État où, par leur nombre, leurs méthodes, ils entravent ou paralysent les activités individuelles et privées.

FONCTIONNEL, ELLE [fɔ̃ksjɔnɛl]. *adj.* (1845; de *fonction*). ♦ 1° *Sc.* Relatif aux fonctions (en biol., psycho., chim.). *Troubles fonctionnels* (ou *inorganiques*), qui ne sont pas dus à des lésions organiques. *Caractère fonctionnel d'un groupe de corps chimiques.* ◇ *Ling.* Qui est pertinent pour la communication. *Opposition fonctionnelle.* ◇ Qui étudie les fonctions, tient compte des fonctions. *Psychologie, linguistique fonctionnelle.* ♦ 2° *Math. Calcul fonctionnel :* étude des correspondances où la variable est elle-même une fonction. ♦ 3° *Cour.* (*Néol.*). Qui remplit une fonction pratique (choses) avant d'avoir tout autre caractère. *Meubles fonctionnels.*

FONCTIONNELLEMENT [fɔ̃ksjɔnɛlmɑ̃]. *adv.* (1865; de *fonctionnel*). Relativement à une fonction. Par rapport aux fonctions.

FONCTIONNEMENT [fɔ̃ksjɔnmɑ̃]. *n. m.* (1842; de *fonctionner*). Action, manière de fonctionner. V. **Action, jeu, marche, travail.** *Fonctionnement d'un organe. Vérifier le bon fonctionnement d'un mécanisme.* — *Le fonctionnement d'une affaire, d'une entreprise, des institutions.* V. **Activité, marche.**

FONCTIONNER [fɔ̃ksjɔne]. *v. intr.* (1787; « remplir une charge », 1637; de *fonction*). Accomplir une fonction (organe, mécanisme, etc.). V. **Aller, marcher.** *Machine,* « *appareil qui fonctionne bien. Fonctionner automatiquement.* « *Il a tiré... pour montrer que le revolver fonctionnait* » (DUHAM.). *Faire fonctionner.* V. **Actionner, manœuvrer.** ◇ Par anal. « *Un homme dont l'imagination paralysée ne saurait plus fonctionner sans le secours du haschisch ou de l'opium* » (BAUDEL.). V. **Travailler.** — *Organisation, système, institution qui fonctionne mal, bien.*

FOND [fɔ̃]. *n. m.* (XVᵉ; var. graphique de l'a. fr. *funz* (1080), puis *fonz, fons;* confondu avec *fonds* jusq. XVIIᵉ; lat. *fundus* « fond et fonds »). I. *Concret.* **Ⓐ** Partie la plus basse de qqch. de creux, de profond. ♦ 1° Paroi inférieure d'un récipient, d'un contenu, qui est en bas. *Le fond du verre est sale; laissez le fond du verre, il y a du dépôt. Le fond d'un puits, d'un tonneau. Garnir d'un fond* (V. **Foncer**). *Fossé à fond de cuve,* profond et escarpé. *Fond d'un navire,* partie inférieure de la coque. *Le fond d'une poche, du sac, de la bourse.* — *Au fond, dans le fond d'un récipient.* « *Le ciel a mis l'oubli pour tous au fond d'un verre* » (MUSS.). ♦ Par ext. *Un fond* (de verre, etc.) : une petite quantité. *Versez-m'en un fond. Il en reste un fond.* ♦ 3° (XIIᵉ). Sol où reposent les eaux. V. **Bas-fond, haut-fond.** *Le fond de l'eau, de la mer, d'un fleuve. Fond mou* (sable, vase), *dur* (galets, roches); *fond d'algues, d'herbes. Trouver, perdre le fond, le toucher ou non avec le plomb de sonde. Donner fond.* V. **Mouiller.** *Toucher le fond.* V. **Échouer.** *Envoyer par le fond. Précipiter au fond.* V. **Couler.** *Pêche, ligne de fond.* V. **Cordée.** *Couche inférieure des eaux, eaux profondes. Poissons des grands fonds. Lame de fond.* ♦ 4° Hauteur d'eau. V. **Profondeur.** *Il n'y a pas assez de fond pour plonger.* « *Il commença par mouiller une sonde et reconnut qu'il y avait sous l'arrière beaucoup de fond* » (HUGO). ♦ 5° *Métaph.* Le point le plus bas, le point extrême. « *Elle allait jusqu'au fond de la douleur* » (GREEN). *Toucher le fond du désespoir, de la misère.* ♦ 6° Partie basse d'une dépression naturelle. *Le fond de la vallée.* ◇ « *Cette jolie petite ville de Bort située dans un fond* » (STE-BEUVE). *Fond inondable.* V. **Bas-fond.** ♦ 7° (*D'une mine*). Intérieur de la mine (*opposé à* surface ou jour). *Mineur de fond, qui a dix ans de fond. Travailler au fond.* **Ⓑ** ♦ 1° (XVIᵉ). Partie la plus reculée opposée à l'entrée. *Le fond de la salle. Le fond de la grotte. Le fond d'un golfe. Il* « *s'installa dans un fond d'une salle* »

(ROMAINS). *Au fond des bois. Au fin* fond. Venir du fond de la province.* ♦ 2° (1606). La partie opposée à l'orifice, l'ouverture. *Le fond d'une armoire. Un fond de tiroir.* ♦ 3° (XIII°, *fond de culotte*). Partie d'un vêtement éloignée des bords. *Le fond d'une casquette, d'un chapeau. Le fond d'une culotte.* ◇ Pièce rapportée à cet endroit. *Mettre un fond à un pantalon.* ♦ 4° (De certains organes). *Fond de l'estomac. Examiner le fond de la gorge. Mots, cris qui restent au fond de la gorge, de la poitrine. Le fond de l'œil.* ◇ *Fond d'une fleur. Fond d'artichaut,* partie charnue d'où partent les bractées ou feuilles. ♦ 5° (1596). Partie qui est dessous et qui supporte, renforce. *Fond de lit* : châssis. *Fond d'un violon* : table de dessous. ♦ 6° *Techn.* Ce qui supporte un édifice. *Le mur monte de fond,* repose directement sur les fondations (*opposé à* mur en encorbellement ou en porte à faux). *Colonne montant de fond, du fond. De fond en comble*. Faire fond sur qqch.* (Cf. *ci-dessous*, II, B, 6°). **⊕** Partie qu'on voit derrière. ♦ 1° (1549). Partie de la scène la plus éloignée des spectateurs, et devant laquelle jouent les acteurs. *Toile* de fond.* ♦ 2° (1677). La partie d'abord tissée d'un tissu, sur laquelle le décor est broché, brodé; la superficie unie d'un tissu, sur laquelle les motifs sont imprimés. *Armure de fond,* utilisée pour le fond. *Fond d'une tapisserie.* V. **Canevas.** *Dentelle à fond de réseau.* ♦ 3° (1636). Plan uniforme, ou simplement arrière-plan, sur lequel se détachent les figures et objets représentés. V. **Champ.** *Vases grecs anciens à figures noires sur fond rouge.* « *Le paysage fut d'abord un fond de campagne sur lequel quelque chose se passait* » (VALÉRY). — Fig. *Un fond de tableau décourageant, optimiste* (dans la description d'une situation, d'une époque). ◇ *Par ext.* Arrière-plan d'un paysage, arrière-plan naturel. *Se détacher, se découper sur un fond sombre.* « *Le vert est le fond de la nature* » (BAUDEL.). — Fig. « *Sur un fond d'hostilité, tous les détails prennent du relief* » (RENARD). ♦ 4° (XX°). Base sensible mettant en valeur des sensations d'un autre ordre. *Fond sonore,* bruits, sons, musique accompagnant un spectacle. *Un fond de brouhaha. Bruit de fond.* ♦ 5° FOND DE TEINT : crème colorée destinée à donner au visage un teint uniforme, notamment en vue d'applications de fard. ♦ 6° *Fond de robe* (Néol.), combinaison qui couvre parfaitement les sous-vêtements, destinée à être portée sous une robe transparente. ♦ 7° *Fam. Le fond de l'air,* ce qui semble être la température réelle, de base, indépendamment des accidents momentanés (vent, ensoleillement).
II. *Abstrait* (1538). **Ⓐ** Ce qui, au delà des apparences, se révèle l'élément intime, véritable. ♦ 1° (Pensées, sentiments de l'homme). *Découvrir le fond de son cœur. Au fond, jusqu'au fond du cœur, des cœurs. Du fond du cœur, très sincèrement.* « *Ne devais-tu pas lire au fond de ma pensée?* » (RAC.). ◇ *Fond mental,* structure psychique de base sur laquelle s'organise un processus pathologique. *Fond mélancolique, démentiel.* ♦ 2° La réalité profonde. *Nous touchons ici au fond du problème, de la question.* V. **Nœud.** « *Une philosophie critique, qui tient toute connaissance pour relative et le fond des choses pour inaccessible à l'esprit* » (BERGSON). ♦ 3° *Loc. adv.* AU FOND : à considérer le fond des choses (et non l'apparence ou la surface). V. **Réalité** (en). *On l'a blâmé, mais au fond il n'avait pas tort.* « *Les Coupeau, devant le monde, affectèrent d'être bien débarrassés. Au fond, ils rageaient* » (ZOLA). — DANS LE FOND *(fam.)* : même sens. ♦ 4° *Loc. adv.* À FOND : en allant jusqu'au fond, jusqu'à la limite du possible. V. **Complètement, entièrement.** *Étudier, traiter qqch. à fond. Pousser une enquête, une idée à fond. Je vous soutiendrai à fond. Respirer à fond. Visser à fond.* — *A fond de train* (loc., sans doute sur le modèle des loc. anc. *à fond de cuve, à fond de cale* (sens I, A). **Ⓑ** Élément fondamental, essentiel ou permanent. ♦ 1° (Personnes). *Avoir un fond de bon sens.* V. **Fonds.** *Un fond d'honnêteté.* « *Le goût d'enseigner ne doit point se considérer chez elle comme un travers, c'était le fond même et la direction de sa nature* » (STE-BEUVE). ♦ 2° (Fait humain général). *Le fond populaire du langage, le fond historique d'une légende.* V. **Substratum.** « *Ce qui est le fond de la vie, la famille et le foyer, la femme et par elle l'enfant* » (MICHELET). ♦ 3° *Dr.* Ce qui appartient à la matière, au contenu essentiel du droit et de tout acte juridique (*opposé à* forme). *Condition de fond et de forme du mariage. Plaider au fond.* ♦ 4° Ce qui fait la matière, le sujet d'une œuvre (*opposé à* forme). *Contenu, idée, matière, substance, sujet, thème.* Critiques, remarques sur le fond. « *Il en vanta beaucoup la forme* (du discours) *pour ne pas avoir à s'exprimer sur le fond* » (FLAUB.). « *Distinguer dans les vers le fond et la forme; un sujet et un développement; le son et le sens... autant de symptômes de non-compréhension ou d'insensibilité en matière poétique* » (VALÉRY). ♦ 5° DE FOND *(loc. adj.)* : essentiel, fondamental. *Écrire un article de fond dans un journal. Livre, ouvrage de fond,* de base. ♦ 6° FAIRE FOND SUR (qqn, qqch.) : s'appuyer* sur; utiliser avec confiance. ♦ 7° *Sports.* Qualités physiques essentielles de résistance. *Avoir du fond.* — *Athlét. Courses de fond, de demi-fond, de grand-fond.* Ellipt. *Le demi-fond,* épreuves sur les distances de 800

à 3 000 mètres (essentiellement du 800, du kilomètre, du 1 500 et du mile); *le fond,* de 5 000 à 10 000 m; *le grand fond,* 20 000 m, marathon, record de l'heure. — *Épreuves de fond* (ski, natation). V. **Demi-fond.**
◇ ANT. Surface. Haut; dessus. Bord, entrée, ouverture. Apparence, dehors, extérieur. — HOM. Fonds, fonts. Formes de faire, de fondre.

FONDAMENTAL, ALE, AUX [fɔ̃damãtal, o]. adj. (XV°; bas lat. *fundamentalis,* de *fundamentum.* V. **Fondement**). Qui sert de fondement. ♦ 1° Qui a l'importance d'une base, un caractère essentiel et déterminant. V. **Essentiel.** *Lois fondamentales de l'État, d'un régime.* V. **Constitutif.** *La thèse fondamentale d'un philosophe, d'une doctrine. Une question fondamentale.* V. **Vital.** « *L'intelligence n'est pas plus la vertu fondamentale pour un poète que la prudence pour un militaire* » (CLAUDEL). ◇ Qui se manifeste, qui s'exerce à la base même (de l'homme, des choses), et à fond. V. **Foncier, radical.** *Un irrespect, un mépris fondamental.* « *La première critique fondamentale de la bonne conscience... nous la devons à Hegel* » (CAMUS). ♦ 2° *Mus.* (1757). *Fréquence, onde, composante fondamentales,* par rapport auxquelles se définissent les harmoniques. *Son fondamental,* qui sert de base à un accord. *Accords fondamentaux,* les accords parfaits et de dominante. ♦ 3° *Recherche fondamentale,* recherche pure* (I, 1°) orientée vers les domaines fondamentaux d'une discipline (*opposé à* recherche appliquée; V. **Fondamentaliste**). ◇ ANT. Accessoire, complémentaire; secondaire.
FONDAMENTALEMENT [fɔ̃damãtalmã]. adv. (XV°; de *fondamental*). D'une manière fondamentale (1°). V. **Essentiellement, totalement.** *Notions fondamentalement opposées. Modifier fondamentalement qqch.*
FONDAMENTALISTE [fɔ̃damãtalist(ə)]. adj. et n. (1966; de *recherche fondamentale*). *Sc.* Qui se livre à la recherche fondamentale.

1. **FONDANT, ANTE** [fɔ̃dã, ãt]. adj. et n. m. (1611; « *où l'on enfonce* », 1553; de *fondre*). ♦ 1° Qui fond. *La température de la glace fondante est le zéro de l'échelle centésimale.* ♦ 2° Qui se dissout, fond dans la bouche. *Poire fondante. Bonbons fondants* : faits d'une pâte de sucre parfumée. — Subst. *Des fondants.* ◇ *Du fondant* : préparation à base de sucre. ♦ 3° *Fig.* (*Couleurs*). Dégradé. *Des tons fondants.*
2. **FONDANT** [fɔ̃dã]. n. m. (1732; du précéd., au sens de « qui fait fondre »). *Techn.* Substance qu'on ajoute à une autre pour en faciliter la fusion. *Alumine, chaux, silice utilisées comme fondant.*
FONDATEUR, TRICE [fɔ̃datœr, tris]. n. (1330; lat. *fundator,* de *fundare.* V. **Fonder**). Personne qui fonde ou a fondé. ♦ 1° Personne qui prend l'initiative de créer et d'organiser quelque œuvre qui devra se trouver poursuivie après lui. V. **Créateur.** *Fondateur d'une cité, d'une colonie, d'un empire.* V. **Bâtisseur.** *Hérodote est le fondateur de l'histoire.* V. **Père.** « *Les fondateurs viennent d'abord. Les féfiteurs viennent ensuite* » (PÉGUY). — *Dr. comm. Fondateur d'une société.* Part de fondateur, ou bénéficiaire. Adj. *Membre fondateur.* ♦ 2° *Dr.* Celui qui fait une fondation. *Fondateur d'un hôpital, d'un lit dans un hôpital, d'un prix, de messes, de bourses.*
FONDATION [fɔ̃dasjɔ̃]. n. f. (XIII°; bas lat. *fundatio*). ♦ 1° (*Généralement au plur.*). Ensemble des travaux et ouvrages destinés à assurer la base la stabilité d'une construction. *Faire, creuser, jeter les fondations d'un édifice. Fondation simple, à semelles; sur pieux, pilotis, radier.* ◇ *Métaph.* V. **Assiette, assise, base, fondement.** « *Tout détruire, c'est se vouer à construire sans fondations* » (CAMUS). ♦ 2° (*Généralement au sing.*). Action de fonder (une ville, un établissement, une institution). V. **Création.** *L'an 350 après la fondation de Rome. Fondation d'un ordre religieux* (V. **Institution**), *d'un parti* (V. **Formation**), *d'une société* (V. **Constitution**). ♦ 3° *Dr., Relig.* Création par voie de donation ou de legs d'un établissement d'intérêt public ou d'utilité sociale (*fondation d'un hôpital, d'un asile*); attribution à une œuvre d'un fonds affecté à un usage particulier. *La fondation Thiers.* « *Aussitôt que j'ai pu établir une fondation, j'ai donné à Saint-Sulpice la somme nécessaire pour y faire dire quatre messes par an* » (BALZ.). ◇ *Par ext.* Établissement créé par une fondation.
FONDÉ, ÉE. p. p. V. **FONDER** (4°).
FONDÉ DE POUVOIR [fɔ̃dedpuvwar]. n. m. (1832; de *fonder* (4°), et *pouvoir*). Personne qui est chargée d'agir au nom d'une autre ou d'une société.
FONDEMENT [fɔ̃dmã]. n. m. (XII°; « fondation » au r.; lat. *fundamentum,* de *fundare.* V. **Fonder**).
I. ♦ 1° (*Généralement au plur.*). *Vx.* V. **Fondation.** ◇ *Mod.* (métaph. et fig.). V. **Base; assise.** *Jeter, poser les fondements d'un empire, d'une religion, en commencer l'établissement.* « *Sur tant de fondements de sa puissance établie* » (RAC.). ♦ 2° *Fig.* (XIII° *en général au sing.*). Ce qui détermine l'assentiment légitimé de l'esprit; fait justificatif d'une croyance, d'une réalité. *La loi a pour fondement l'assentiment du plus*

grand nombre. Fondement solide. Rumeur sans fondement, *dénuée de tout fondement.* V. **Consistance.** « *Et concevoir apparemment des espoirs chimériques, ou éprouver des craintes sans fondement* » (CAMUS). V. **Motif, raison, sujet.** ♦ 3° Point de départ logique, système d'idées le plus simple et le plus général d'où l'on peut déduire un ensemble de connaissances. V. **Principe.** *Fondement de la métaphysique des mœurs,* ouvrage de Kant. *Problème du fondement de l'induction.* « *Lorsqu'on donne la religion pour fondement à la morale* » (BERGSON).
II. (XIIᵉ). *Fam.* L'anus, le derrière. « *Elle en éprouvait un mal affreux au fondement* » (CÉLINE).

FONDER [fɔ̃de]. *v. tr.* (XIIᵉ; lat. *fundare,* rad. *fundus.* V. **Fond**). ♦ 1° (*Concret*). *Rare.* FONDER (SUR) : établir sur des fondations (un ouvrage dont on entreprend la construction). « *Il fonde le kiosque sur un massif en béton pour qu'il n'y ait pas d'humidité* » (BALZ.). — *Par métaph.* (*Littér.*) V. **Bâtir.** « *Je fondais sur le sable et je semais sur l'onde* » (LAMART.). ♦ 2° *Cour.* Prendre l'initiative de construire (une ville), d'édifier (une œuvre) en faisant les premiers travaux d'établissement. V. **Créer.** *Romulus, selon la tradition, a fondé Rome en 753 av. J.-C. Fonder une école* (V. **Ouvrir**). *Fonder un ordre religieux* (V. **Instituer**), *un parti* (V. **Former**), *une société* (V. **Constituer**). « *L'homme capable de fonder et de gérer une entreprise, l'auteur de l'immense développement matériel des temps actuels* » (CHARDONNE). — Fig. *Fonder une science, une école littéraire.* (V. **Fondation**). *Fonder un lit dans un hôpital, un prix.* ♦ 3° FONDER (QQCH.) SUR : établir (sur une base déterminée). V. **Baser.** *Fonder son pouvoir sur la force.* « *On peut fonder des empires glorieux sur le crime, et de nobles religions sur l'imposture* » (BAUDEL.). *C'est sur ce fait qu'il fonde ses prétentions, ses espoirs.* « *Que les règles sur lesquelles les hommes fondent leurs opinions ne sont tirées que de leurs passions ou de leurs préjugés* » (ROUSS.). — Pronom. *Sur quoi vous fondez-vous pour affirmer cela ?* — Au p. p. *Récit fondé sur des documents authentiques.* ◊ Vx. *Fonder en :* fonder sur. — Mod. *Cela est fondé en droit.* ◊ Placer, mettre en qqch (une croyance). *Je fonde de grands espoirs sur lui.* ♦ 4° Pourvoir d'un fondement rationnel. ◊ Constituer le fondement de. V. **Justifier, motiver.** *Voilà ce qui fonde la réclamation. Cet usage ne saurait fonder un droit.* « *On conçoit un temps où la force fonde réellement le règne de la raison* » (RENAN). ◊ *Au passif* (la chose ayant reçu son fondement) *Une opinion, une critique, une confiance bien ou mal fondée. Un reproche, un bruit fondé.* « *Cette nouvelle ne me paraît pas fondée* » (SÉV.). *C'est une interprétation qui me paraît fondée.* V. **Juste, légitime, raisonnable.** ◊ (*Personnes*) ÊTRE FONDÉ À (et inf.) : avoir de bonnes raisons pour. *Être fondé à croire, à prétendre qqch. Qui « ne s'en tiendrait qu'à ce discours serait fondé à ignorer que... »* (HENRIOT). ◊ Dr. *Être fondé de pouvoir. Subst.* V. **Fondé de pouvoir.** ◊ ANT. *Abolir, détruire, renverser.*

FONDERIE [fɔ̃dʀi]. *n. f.* (*Fonderie* « action de fondre », 1373; de *fondre*). ♦ Art et industrie de la fabrication des objets en métal fondu et coulé dans des moules. V. **Fonte.** *Opérations de fonderie :* fusion, coulée, démoulage. *Pièces de fonderie.* ♦ 2° (XVIᵉ). Usine où l'on fond le minerai pour en extraire le métal. V. **Aciérie, forge.** *Fontes préparées dans une fonderie.* ◊ Atelier où l'on coule du métal en fusion pour fabriquer certains objets. *Cubilots, hauts fourneaux, moules d'une fonderie.*

FONDEUR [fɔ̃dœʀ]. *n. m.* (1260; de *fondre*). ♦ 1° Celui qui dirige une fonderie (Cf. Maître de forges). ♦ 2° (1694). Ouvrier travaillant dans une fonderie. *Fondeur de canons, de cloches. Fondeur en caractères d'imprimerie.* ◊ *Spécialt.* Ouvrier des hauts fourneaux qui surveille la coulée de la fonte.

FONDEUSE [fɔ̃døz]. *n. f.* (1907; de *fondre*). *Techn.* Nom de machines employées en fonderie.

FONDOIR [fɔ̃dwaʀ]. *n. m.* (1680; *fondeur* « creuset », v. 1210; de *fondre*). *Techn.* Endroit où l'on fond les suifs, les graisses dans un abattoir.

FONDOUK [fɔ̃duk]. *n. m.* (*Fondic,* XVIᵉ; *fondech, fondegue,* en a. prov., XIIᵉ; arabe *fondok* « magasin »). Dans les pays arabes, Emplacement où se tient le marché ; entrepôt où l'on entasse toutes sortes de marchandises ; auberge. V. **Caravansérail.** « *Nous avons pris pour cette nuit nos logements dans le fondouk* » (FROMENTIN).

FONDRE [fɔ̃dʀ(ə)]. *v.;* conjug. *rendre* (XIᵉ; lat. *fundere,* proprem. « répandre, faire couler »).
I. *V. tr.* ♦ 1° Rendre liquide (un corps plus ou moins solide) par l'action de la chaleur. V. **Liquéfier.** *Corps que l'on fond aisément* (V. **Fusible**). *Le soleil a fondu la neige. Fondre un métal, du minerai.* V. **Fonte; fonderie.** — *Fig.* Attendrir, diminuer. « *Ces bonnes paroles, qui semblaient lui tomber du ciel, venaient fondre sa dureté* » (BARRÈS). ♦ 2° Fabriquer avec une matière fondue. V. **Mouler.** *Fondre une cloche, une statue. Fondre des caractères d'imprimerie.* ♦ 3° Fig. Combiner intimement de manière à former un tout.

V. **Amalgamer, fusionner, incorporer.** *Fondre un ouvrage dans, avec un autre.* « *Un romancier qui fond ensemble divers éléments empruntés à la réalité pour créer un personnage imaginaire* » (PROUST). ◊ *Peint.* (1752) Joindre (des couleurs, des tons) en graduant les nuances, en ménageant le passage. V. **Adoucir, dégrader** (2), mélanger, mêler. « *Tous les tons y sont fondus, fusionnés, pour une couleur neuve* » (GIDE).
II. *V. intr.* **Ⓐ** ♦ 1° (*D'un solide*). Entrer en fusion, passer à l'état liquide par l'action de la chaleur. V. **Liquéfier** (se). *Température à laquelle fond un corps* (temp. de fusion). *Faire fondre la glace. La neige commence à fondre. Le fer fond à 1510 degrés.* ◊ *Loc. fig. Fondre en pleurs*, en larmes.* ♦ 2° Se dissoudre dans un liquide. *Laisser fondre le sucre dans son café.* — *Par anal. Cela fond dans la bouche :* c'est tendre, on n'a pas besoin de le mâcher. V. **Fondant** (1). ♦ 3° *Fig.* Diminuer rapidement. V. **Disparaître.** *L'argent lui fond dans les mains.* « *Toute son angoisse et sa fatigue avaient fondu dans le sommeil* » (MART. du G.). ◊ *Spécialt.* (*Personnes*) Maigrir. « *Le pauvre petit avait fondu pendant sa maladie, il avait l'air d'un pauvre poulet déplumé* » (SARRAUTE). **Ⓑ** ♦ 1° *Vx* (XIIᵉ). S'affaisser, s'écrouler. V. **Effondrer** (s'). « *Et la terre fondra, et tombera en regardant le ciel* » (PASC.). ♦ 2° (v. 1375; T. de fauconn.). FONDRE (SUR) : s'abattre avec impétuosité, avec violence sur. V. **Abattre** (s'), **assaillir, jeter** (se), **précipiter** (se), **tomber.** « *Cette redoutable cavalerie qu'on voit fondre sur l'ennemi avec la vitesse d'un aigle* » (BOSS.). — Fig. « *Sans les malheurs qui fondirent bientôt sur moi, j'aurais graduellement perdu mes bonnes qualités* » (BALZ.).
III. SE FONDRE. *v. pron.* ♦ 1° Se liquéfier. *La cire se fond au feu.* — *Par hyperb.* (Vx) « *Pleurez, pleurez, mes yeux, et fondez-vous en eau !* » (CORN.). — Fig. et littér. Devenir tendre, sans force, sans résistance. V. **Mollir.** « *Le cœur des mères se fond en douces caresses, en gâteries* » (MICHELET). ♦ 2° *Vieilli.* Se dissoudre. ♦ 3° Se réunir, s'unir en un tout. *Maison de commerce qui se fond dans, avec telle autre.* V. **Unir** (s'); **fusion.** *Courants marins qui se fondent.* V. **Confondre, mêler, rejoindre.** « *Les différences sociales, voire individuelles, se fondent à distance dans l'uniformité d'une époque* » (PROUST). ◊ *Silhouette qui se fond dans la brume.* V. **Disparaître, dissiper** (se), **évanouir** (s').
◊ ANT. *Coaguler, congeler, figer. Détacher, diviser, séparer. Durcir. Augmenter, grossir.*

FONDRIÈRE [fɔ̃dʀijɛʀ]. *n. f.* (h. XIIᵉ; 1488; de *fondrier* (adj.) « qui s'effondre », de l'a. fr. *fondrer;* Cf. Effondrer). Affaissement, trou plein d'eau ou de boue dans un chemin défoncé. V. **Ornière.** « *L'averse a dû creuser des fondrières sur la route* » (VILLIERS).

FONDS [fɔ̃]. *n. m.* (XIIᵉ; réfect. de l'a. fr. *fonz, fons,* dont *fond** est une var. graphique).
I. ♦ 1° Bien immeuble constitué par un domaine qu'on exploite ou un sol sur lequel on bâtit. *Fonds de terre.* V. **Propriété; bien-fonds, foncier.** — *Immeuble fonds non bâti,* au profit duquel est établie une servitude. ♦ 2° *Par ext. Fonds de commerce,* ou absolt. *Fonds :* ensemble des droits et des biens mobiliers appartenant à un commerçant ou un industriel et lui permettant l'exercice de sa profession. V. **Établissement, exploitation.** *Être propriétaire d'un fonds.*
II. ♦ 1° Capital. (*opposé à revenus, intérêts*). « *Manger son fonds avec son revenu* » (LA FONT.). *Aliénation à fonds perdu.* V. **Viager.** Fig. et fam. *Placer à fonds perdu,* à un débiteur insolvable. — *Métaph.* (Le travail représentant le capital le plus sûr) : « *Travaillez, prenez de la peine, C'est le fonds qui manque le moins* » (LA FONT.). ◊ *Fonds publics, fonds d'État* (représentant le capital des sommes empruntées par un État) : titres de créance productifs d'intérêts, émis ou garantis par l'État ou ses collectivités. *Rentes, obligations, bons du Trésor appartenant aux fonds publics. Fonds commun. Fonds d'action conjoncturelle. Fonds de développement économique et social* (abrév. F.D.E.S.). ♦ 2° Capital servant au financement. *Posséder les fonds nécessaires à une entreprise. Bailleur de fonds.* V. **Commanditaire.** *Chercher, trouver des fonds. Appel de fonds. Mise de fonds :* investissement de capitaux. *Rentrer dans un fonds. Fonds de roulement, d'amortissement.* ◊ *Capital affecté à une assurance. Fonds de garantie, de prévoyance. Fonds de garantie automobile* (abrév. F.G.A.). ◊ *Caisse alimentée par des fonds, administrant des fonds.* ◊ *Capital à la disposition de l'État ou des collectivités publiques. Fonds du Trésor, de la Marine. Fonds monétaire international* (abrév. F.M.I.), destiné à faciliter les règlements internationaux et à stabiliser les changes. ♦ 3° (*Au plur.*). *Argent comptant et,* en général, avoir en argent. *Manier des fonds considérables.* V. **Somme.** *Dépôts de fonds à une banque.* V. **Espèces.** *Mouvement de fonds.* V. **Caisse.** *Détournement de fonds.* — ÊTRE EN FONDS : disposer d'argent. « *Il n'était pas en fonds; il n'avait pas chez lui toute la somme* » (LESAGE).
III. *Fig.* ♦ 1° Ressources propres à qqch. ou personnelles à qqn. *Il y a là un fonds très riche que les historiens devraient*

exploiter. V. **Filon, mine.** ◊ *Psycho. Fonds mental,* ensemble des disponibilités psychiques d'un individu. — Spécialt. *Manuscrit du fonds ancien à la Bibliothèque nationale. Le fonds* « *Un tel* », les œuvres provenant de la collection de monsieur « *Un tel* » et léguées à une bibliothèque, un musée. V. **Legs.** ♦ 2° *Vx.* Employé pour *Fond** (II, B, 1° et 2°). « *Vous avez un fonds de santé admirable* » (MOL.). « *Il a un fonds de dignité et de probité dans son aigreur* » (STE-BEUVE). ◊ HOM. **Fond. Fonts.** Formes de *faire* et *fondre*.

FONDU, UE [fɔ̃dy]. *adj.* et *n. m.* (1170, « détruit, effondré ». V. **Fondre,** I, B, 1° (vx). ♦ 1° *Adj.* Amené à l'état liquide. *Neige fondue. Plomb fondu. Statue de bronze fondu.* V. **Moulé.** ◊ *Par ext.* Flou, vaporeux. *Contours fondus.* ♦ 2° *Peint.* Qui passe par des tons gradués. *Des tons fondus.* V. **Dégradé.** Subst. *Le fondu d'un tableau :* la dégradation progressive des teintes. ◊ N. m. *Cin.* (1908) *Ouverture, fermeture en fondu :* à l'origine, Ouverture ou fermeture progressive de l'iris de la caméra, faisant apparaître ou disparaître l'image progressivement. *Fondu enchaîné :* effet où une image se substitue progressivement à une autre (qui s'efface). ◊ *Radio.* Syn. français de l'anglicisme *Fading* (*Fondu* est le terme recommandé officiellement).

FONDUE [fɔ̃dy]. *n. f.* (1735; « œufs brouillés au fromage fondu »; mot suisse, du précéd.). ♦ 1° Mets préparé avec du fromage fondu (gruyère, emmenthal) au vin blanc, dans lequel chaque convive trempe des morceaux de pain. ♦ 2° *Fondue bourguignonne,* morceaux de viande crue que chaque convive trempe dans l'huile bouillante (comme on trempe le pain dans la fondue), accompagnés de diverses sauces (plat suisse, ainsi désigné pour le distinguer de la *fondue* [1°] au fromage).

FONGIBLE [fɔ̃ʒibl(ə)]. *adj.* (1752; lat. *fungibilis* « qui se consume »). *Dr.* Se dit des choses qui se consomment par l'usage et peuvent être remplacées par une chose analogue (denrée, argent comptant).

FONGICIDE [fɔ̃ʒisid]. *adj.* (1912; de *fongus,* et *-cide*). *Didact.* Se dit d'une substance propre à détruire les champignons parasites (mildiou, oïdium; mycoses, chez l'homme).

FONGIFORME [fɔ̃ʒifɔrm(ə)]. *adj.* (1825; *fungi-,* de *fongus,* et *forme*). *Didact.* Qui a la forme d'un champignon.

FONGIQUE [fɔ̃ʒik]. *adj.* (1846; du lat. *fungus* « champignon »). *Didact.* De la nature des champignons ou qui ressemble aux champignons. *Végétation fongique. Médication fongique,* antibiotique. — Causé par les champignons. *Intoxication fongique. Affections fongiques du vignoble.*

FONGISTATIQUE [fɔ̃ʒistatik]. *adj.* (v. 1970; du lat. *fungus* « champignon » et *statique*). *Méd.* Qui arrête le développement des champignons pathogènes. *Médicament fongistatique.* — Subst. *Un fongistatique.* V. **Antifongique, fongicide.**

FONGOSITÉ [fɔ̃ɡozite]. *n. f.* (1560; du lat. *fungus*). *Méd.* Excroissance charnue et molle qui se développe à la surface d'une plaie de la peau ou d'une muqueuse.

FONGUEUX, EUSE [fɔ̃ɡø, øz]. *adj.* (1560; du lat. *fungus*). *Méd.* Qui présente l'aspect d'une éponge ou d'un champignon.

FONGUS [fɔ̃ɡys]. *n. m.* (*Fonge,* XVᵉ; lat. *fungus* « champignon »). ♦ 1° *Bot.* (1752). Champignon de mer. « *La muraille par places était couverte de fongus difformes* » (HUGO). ♦ 2° *Méd.* (1560). Tumeur à l'aspect d'une éponge ou d'un champignon.

FONTAINE [fɔ̃tɛn]. *n. f.* (fin XIIᵉ; lat. pop. *fontana,* class. *fons, fontis,* « source »). ♦ 1° Eau qui sort de terre et se répand à la surface du sol. *Bassin, source d'une fontaine. Fontaine jaillissante, pétrifiante. Cresson de fontaine. Fontaine de Jouvence :* fontaine fabuleuse dont les eaux avaient la propriété de rajeunir. — PROV. *Il ne faut pas dire « Fontaine je ne boirai pas de ton eau » :* il ne faut pas jurer qu'on ne fera pas telle chose, qu'on n'y recourra pas un jour. ◊ *Métaph.* et *fig.* Principe, source. « *Une fontaine toujours jaillissante de séductions irrésistibles* » (GAUTIER). ♦ 2° Construction aménagée de façon à donner issue aux eaux amenées par canalisation, et généralement accompagnée d'un bassin. *Édifier une fontaine publique. Fontaine de marbre creusée en forme de vasque, de coupe. Borne-fontaine à un carrefour.* — *Fontaines monumentales,* servant d'ornement. Spécialt. Récipient contenant de l'eau muni d'un robinet et d'un petit bassin pour les usages domestiques. *Fontaine murale.*

FONTAINEBLEAU [fɔ̃tɛnblo]. *n. m.* (v. 1930; de *Fontainebleau,* ville au sud de Paris). Fromage frais fait de fromage blanc additionné de crème, et fouetté. *Des fontainebleaux.*

FONTAINIER [fɔ̃tɛnje]. *n. m.* (1292; de *fontaine*). *Ancienn.* Celui qui fabriquait et vendait des fontaines de ménage. ◊ *Mod.* Celui qui s'occupe de la pose, de l'entretien des pompes, machines hydrauliques, conduites d'eau, etc. ◊ Celui qui fait des sondages pour découvrir les eaux souterraines utilisables.

FONTANELLE [fɔ̃tanɛl]. *n. f.* (1690; altér. de *fontenelle* v. 1370), d'apr. lat. méd. *fontanella;* Cf. a. fr. *Fontaine,* dans

ce sens (1384). Espace membraneux compris entre les os du crâne des jeunes enfants, qui ne s'ossifie que progressivement au cours de la croissance.

FONTANGE [fɔ̃tɑ̃ʒ]. *n. f.* (v. 1680; du nom de Mademoiselle de *Fontanges,* maîtresse de Louis XIV). *Ancienn.* (fin XVIIᵉ). Coiffure féminine, faite d'une monture en laiton supportant des ornements de toile séparés par des rubans et des boucles de cheveux postiches.

FONTANILI [fɔ̃tanili]. *n. m. pl.* (1940; mot. it., de *fontana* « fontaine »). *Géogr.* Sources situées en ligne, en aval d'une plaine de piémont.

1. **FONTE** [fɔ̃t]. *n. f.* (1488; lat. pop. °*fundita,* p. p. de *fundere* « fondre »). I.♦ 1° Le fait de fondre (II). *La fonte des neiges, des glaces.* ♦ 2° *Vx.* Opération qui consiste à fondre les métaux par l'action de la chaleur. V. **Fusion.** ♦ 3° (1551). Fabrication par fusion et moulage d'un métal. *Fonte d'une cloche, d'une statue.* Loc. techn. *Jeter une statue en fonte.*
II. (XVIᵉ). Alliage de fer et de carbone obtenu dans les hauts fourneaux par le traitement des minerais de fer au moyen de coke métallurgique (fusion réductrice). *La fonte engendre l'acier par fusion oxydante* (affinage). *Fontes de moulage, fontes grises,* relativement faciles à usiner, contenant de 3,5 à 6 % de carbone. — *Fontes d'affinage, fontes blanches,* dures et cassantes, contenant de 2,5 à 3,5 % de carbone à l'état de carbure de fer (destinées à la fabrication de l'acier et du fer). *Fontes spéciales,* qui contiennent de petites quantités de silicium, d'aluminium, de manganèse, de nickel, de chrome. *Gueuse, lingot, saumon de fonte. Épuration de la fonte :* affinage, déphosphoration, finage, puddlage. *Une cocotte, une poêle en fonte. Tuyaux de fonte.*
III. *Imprim.* (1680). Ensemble de caractères d'un même type (fondus ensemble). *Une fonte de cicéro.*

2. **FONTE** [fɔ̃t]. *n. f.* (1752; altér. (par attract. de *fonte*) de l'it. *fonda* « bourse »; lat. *funda*). Le plus souv. au plur. *Les fontes :* les deux fourreaux de cuir attachés à l'arçon d'une selle pour y placer des pistolets.

FONTIS [fɔ̃ti] ou **FONDIS** [fɔ̃di]. *n. m.* (XIIIᵉ; de *fondre* « s'affaisser »). *Techn.* Éboulement de terre, affaissement du sol. « *Qu'est-ce qu'un fontis? C'est le sable mouvant des bords de la mer tout à coup rencontré sous terre* » (HUGO).

FONTS [fɔ̃]. *n. m. pl.* (*Funz,* 1080; lat. *fontes,* plur. de *fons* « fontaine »). *Fonts baptismaux :* bassin sur un socle destiné à l'eau du baptême. V. **Baptistère.** *Tenir un enfant sur les fonts.* ◊ HOM. V. **Fond.**

FOOTBALL [futbol]. *n. m.* (v. 1890; en 1698 dans un récit de voyage; mot angl. « balle au pied », jeu réglé en 1863). ♦ 1° *Vx. Football rugby* (V. **Rugby**), *football association* (ou *association**) : sports de ballon en équipe. ♦ 2° *Mod.* Sport d'équipe (d'abord appelé *football-association*) qui se pratique avec deux équipes de onze joueurs, où l'usage des mains est interdit, sauf aux gardiens de but, et où il faut faire pénétrer un ballon rond dans les buts adverses. *Équipe de football composée d'avants, de demis, d'arrières et d'un gardien (de but) ou goal. Club, coupe, championnat, terrain de football. Match de football* (V. **Arbitre ; attaque, but, corner, mi-temps, prolongation ; descente, franc** (coup), **hors-jeu, passe, penalty, réparation, shoot, tête, touche, volée ; bloquer, dégager, démarquer** (se)**, dribbler, feinter, intercepter, marquer, plonger, shooter**). Abrév. fam. *Foot* [fut]. *Jouer au foot.* ◊ *Football de table.* V. **Baby-foot.**

FOOTBALLEUR, EUSE [futbolœr, øz] ou **FOOTBALLER** [futbolœr]. *n.* (fin XIXᵉ; mot angl.). Celui, celle qui joue au football.

FOOTING [futiŋ]. *n. m.* (1895; mot angl. détourné de son sens). Promenade hygiénique à pied. *Il fait du footing chaque matin au bois de Boulogne.*

FOR [fɔr]. *n. m.* (XVᵉ, « coutume », dans les régions méridionales; lat. *forum* « place publique », « tribunal »). *Littér.* LE FOR INTÉRIEUR : le tribunal de la conscience. « *Nous pénétrons si mal, si peu avant, dans le for intérieur d'autrui* » (GIDE). Cour. *En, dans mon* (son, etc.) *for intérieur :* dans la conscience, au fond de soi-même. *Dans son for intérieur, il a dû reconnaître ses torts.* ◊ HOM. **Fors, fort.** Formes de *forer.*

FOR-. Premier élément, d'o. germ. (*fir-, fer-*), modifié par l'élément *fors,* du lat. *foris* (V. **Fors**). Ex. : *forban, forclore.*

FORAGE [fɔraʒ]. *n. m.* (1335; de *forer*). Action de forer. *Utilisation d'une perceuse pour le forage des pièces métalliques. Forage d'un puits. Les prospecteurs ont effectué de nombreux forages.* V. **Sondage.** *Forage d'exploration* ou *forage sauvage,* effectué sur une structure ou dans une région non encore forée. ◊ *Chir.* Prélèvement d'un fragment d'os, de tumeur, au moyen d'un foret, en vue d'un examen histologique.

FORAIN, AINE [fɔrɛ̃, ɛn]. *adj.* et *n.* (XIIᵉ, « étranger »; sens mod. d'apr. *marchand forain;* bas lat. *foranus* « étranger », de *foris* « dehors »). ♦ 1° *Vx.* Qui est dehors. ◊ *Mar. Rade foraine,* ouverte aux vents et aux vagues du large. —

Dr. *Audience, saisie foraine.* ♦ 2° (1549, *marchand forain*
« ambulant » ; rattaché à *foire*). Qui exerce son activité, qui
a lieu dans les foires. *Marchand* ou *commerçant forain,* qui,
sans résidence fixe, s'installe sur les marchés et les foires de
n'importe quelle localité. — Subst. *Des forains.* ◊ *Fête
foraine,* qui a lieu dans un bourg généralement à l'occasion
d'une fête. V. **Foire. *Baraque foraine. Le « spectacle forain de
quelque kermesse »*** (HUGO). « *Paris transformé le soir, avec les
annonces lumineuses, en véritable fête foraine* » (LÉAUTAUD).
◊ N. Personne qui organise des distractions foraines (théâtre,
cirque, attractions diverses).

FORAMINÉ, ÉE [fɔʀamine]. *adj.* (1842 ; du lat. *foramen*
« trou »). *Didact.* Percé de petits trous (coquillages, plantes).

FORAMINIFÈRES [fɔʀaminifɛʀ]. *n. m. pl.* (1842 ; du lat.
foramen « trou », et *-fère*). *Zool.* Protozoaires marins entourés
d'une capsule calcaire percée de trous par où passent les
pseudopodes servant à la locomotion et à la préhension.
Agglomérations de coquilles de foraminifères. V. **Globigérine.**

FORBAN [fɔʀbɑ̃]. *n. m.* (1609 ; de l'a. fr. *forbannir* « bannir », frq. °*firbannjan.* V. **For-).** ♦ 1° Pirate qui entreprenait
à son profit une expédition armée sur mer sans autorisation.
V. **Corsaire.** ♦ 2° Individu sans scrupules capable de tous
les méfaits. *Ce financier est un forban.* V. **Bandit.**

FORÇAGE [fɔʀsaʒ]. *n. m.* (XIIᵉ ; de *forcer*). ♦ 1° Action
de forcer (une bête qu'on chasse, qu'on fait courir). ♦
2° *Hortic.* Culture des plantes hors de saison, ou dans un
milieu pour lequel elles ne sont pas faites (en châssis, serres,
etc.). *Forçage des primeurs.*

FORÇAT [fɔʀsa]. *n. m.* (1533 ; it. *forzato,* de *forzare* « forcer »). ♦ 1° *Ancient.* Criminel condamné à ramer sur les
galères de l'État (V. **Galérien**) ou à travailler dans un bagne
(V. **Bagnard**). « *Ces misérables forçats qui, dans leurs prisons
flottantes, gémissent sous le travail de la rame* » (FLÉCH.).
♦ 2° *Mod.* Condamné aux travaux forcés. ♦ 3° *Fig. Travailler comme un forçat,* travailler très dur, excessivement.
Un travail de forçat : très pénible. — *Fig.* Homme réduit
à une condition très pénible. *Les forçats du travail, de la
faim.*

1. FORCE [fɔʀs(ə)]. *n. f.* (1080 ; bas lat. *fortia,* plur.
neutre substantivé de *fortis.* V. **Fort ; forcer**).
I. *La force de qqn.* ♦ 1° Puissance d'action physique
(d'un être, d'un organe). *Force physique ; force musculaire.*
V. **Résistance, robustesse, vigueur.** *La force du lion. Force de
colosse, d'athlète. Avoir de la force.* V. **Fort.** *Ne plus avoir de
force de marcher, de parler. Ne pas sentir sa force :* frapper,
pousser, etc., trop fort sans s'en rendre compte. *Lutter à
forces égales, à égalité de forces.* « *Elle serrait la rampe avec
tant de force que le bois grinçait* » (GREEN). « *Patience et
longueur de temps Font plus que force ni que rage* » (LA FONT.).
Être à bout de force, sans force. ◊ *(Au plur.)* Ensemble,
concours d'énergies. *Ménager ses forces. Ce travail est
au-dessus de ses forces. Ses forces l'ont trahi. Reprendre des
forces. Aliment qui redonne des forces* : fortifie, réconforte. *De
toutes ses forces* : en rassemblant et en utilisant toutes ses
forces ; *par ext.* le plus fort possible. *Il tapait, il criait de toutes
ses forces.* ◊ *(Opposé à* adresse, souplesse) EN FORCE, *opposé à
« en souplesse ». Courir, nager en force.* — DE FORCE : qui
exige de la force. *Tour de force. Épreuve de force. Travailleur
de force* : personne dont le métier exige une grande dépense
de force physique. *Travail, exercice de force.* ◊ *Mar.* Faire
force : exercer ou imposer l'effort maximum. V. **Forcer.**
Faire force de rames : ramer de toutes ses forces. ◊ *Loc.
Dans la force de l'âge* : au moment où un homme est le plus
fort (maturité). ♦ 2° Capacité de l'esprit ; possibilités intellectuelles et morales. « *La science des géomètres qui « exerce
la force d'esprit* » (SUARÈS). « *Et consultez longtemps votre
esprit et vos forces* » (BOIL.). ◊ *Dans l'ordre moral.* V. **Constance, courage, cran, détermination, énergie, fermeté, volonté.**
*Force morale ; force de caractère. La force d'âme des héros
cornéliens.* « *Elle avait la force devant qui les autres plient :
le calme* » (R. ROLLAND). « *Elle me résistait avec une force
de volonté qui voulait maîtriser la mienne* » (LOTI). *Ce sacrifice est au-dessus de mes forces.* ♦ 3° DE (telle ou telle)
FORCE. *Ils sont de la même force* (physique, morale).
Spécialt. (sur le plan intellectuel ou de l'habileté) *Ce joueur
n'est pas de force. Ils sont de la même force au tennis, aux
échecs, en mathématiques.* V. **Niveau.** ♦ 4° *Faire la force de
qqn* : constituer sa supériorité. « *Ce qui fait ma force, c'est
que je fais tout moi-même* » (ROMAINS).
II. *La force d'un groupe, de qqch.* ♦ 1° Pouvoir, puissance. *La force de l'Église, d'un parti. Force militaire d'un
pays.* Par ext. *La force publique* : les agents armés du gouvernement. V. **Police.** *La force armée* : les troupes. — (1959)
Force de frappe : ensemble des moyens militaires modernes
(fusées, armes atomiques) destinés à écraser rapidement
l'ennemi. *Fig.* (1961) Autorité, force, puissance. — *Forces
de dissuasion**. — PROV. *L'union fait la force.* ◊ EN FORCE.
Être en force ; arriver, attaquer en force : en nombre, avec
des effectifs considérables. ♦ 2° *Plur.* (XIIᵉ). Ensemble des

armées. V. **Armée, troupe.** *Les forces armées françaises.
Forces navales, aériennes* (1939). *Forces terriennes antiaériennes*
(F.T.A.). *Regrouper, concentrer ses forces. Les forces de
police, les forces de l'ordre* (dans le langage gouvernemental,
police et gendarmerie intervenant en cas d'émeute). — Par
ext. *Forces politiques, syndicales.* « *Rallier les forces d'opposition* » (MART. du G.). ♦ 3° Résistance d'un objet. V.
Résistance, robustesse, solidité. *Force d'un mur, d'une barre.*
Spécialt. Jambe de force, ou *force* : pièce de charpente qui
sert à soulager la portée des longues poutres. ♦ 4° Intensité
ou pouvoir d'action d'une chose ; caractère de ce qui est
fort (III). *La force du vent. Force d'un coup, d'un choc. Diminuer la force d'un son. Force d'un acide. Force d'un médicament.* V. **Activité, efficacité.** ◊ (Choses abstraites) *La force
d'un sentiment, d'un désir* : son intensité. V. **Violence.** « *Un
muscle perd sa vigueur, un désir sa force* » (COLETTE). — *Force
d'un argument, d'une idée. Ici, « le mensonge a autant de force
que la vérité* » (GREEN). — *Loc. Dans toute la force du mot,
du terme* : dans l'acception la plus signifiante. — *Force du
style.* V. **Couleur, vie, vigueur.** *S'exprimer avec force.* V.
Éloquence, feu, véhémence. ♦ 5° *Typogr. Force de corps**
d'un caractère : mesurée en points. *Un corps de force 6*
(du 6).
III. (XIIᵉ). Pouvoir de contrainte. ♦ 1° En parlant d'une
personne, d'un groupe. V. **Contrainte, oppression, violence.**
*Employer alternativement la force et la douceur. Céder, obéir
à la force.* — *La force et la justice, et le droit. La force prime
le droit,* mot attribué à Bismarck. *Le gouvernement menace
de recourir à la force* (en employant des *forces* de police, la
force publique ; Cf. ci-dessus, II). ◊ DE FORCE. *Coup de force.*
— Pouvoir de contraindre donné par la supériorité militaire.
Situation de force. Épreuve de force, tout espoir de conciliation étant écarté. — *Maison centrale de force* : prison d'État
où sont les condamnés aux travaux forcés et à la réclusion.
V. **Forçat.** — *Camisole de force.* ♦ 2° *La force de* (qqch.) :
son caractère irrésistible. *La force de l'évidence* : devant
laquelle on s'incline. *Faire qqch. par la force de l'habitude* :
machinalement. — *La force des choses* : la nécessité qui résulte
d'une situation. V. **Nécessité, obligation.** « *C'est précisément
parce que la force des choses tend toujours à détruire l'égalité,
que la force de la législation doit toujours tendre à la maintenir* » (ROUSS.). *Par la force des choses* : obligatoirement,
inévitablement. — *Force d'une loi,* son caractère obligatoire.
V. **Autorité.** *Avoir force de loi* : être assimilable à une loi,
en avoir le caractère obligatoire. ◊ *Force majeure* (dr.) :
événement imprévisible, inévitable et irrésistible qui libère
d'une obligation. *Cour. C'est un cas de force majeure.* ◊ *Force
est de...* : il faut, on ne peut éviter de... « *Force lui fut de reconnaître qu'... il avait opté pour le plus facile* » (MART. du G.).
♦ 3° *Loc. adv.* DE FORCE : en faisant effort pour surmonter
une résistance. *Faire entrer de force dans une autre chose.
Prendre, enlever de force qqch. à qqn.* V. **Arracher, extorquer.**
Il obéira de gré ou de force : qu'il le veuille ou non. — *Loc.
adv.* PAR FORCE : en recourant à la force, en cédant à la force.
*Prendre, obtenir qqch. par force. Il n'a pas accepté de son plein
gré, mais par force* : parce que les événements l'y contrai-
gnaient. — À TOUTE FORCE : en dépit de tous les obstacles,
de toutes les résistances. V. **Absolument.** *Il voulait à toute force
que nous l'accompagnions* : à tout prix, coûte que coûte.
IV. Principe d'action physique ou morale. ♦ 1° Énergie,
travail (*vx,* en sciences). ◊ *Mod.* Toute cause capable de
déformer un corps, ou d'en modifier le mouvement, la direction, la vitesse. *La mécanique, science de l'équilibre des forces
et des mouvements qu'elles engendrent. Représentation vectorielle d'une force* (direction, sens, point d'application, intensité). *Résultante de deux forces. Équilibre des forces. Force
d'inertie,* résistance qu'oppose un mobile à ce qui peut le
mettre en mouvement. *Moment d'une force par rapport à un
point.* — *Spécialt.* Produit de la masse d'un corps par l'accélération que ce corps subit ($F = m\Gamma$). *Force vive d'un corps,*
produit de la masse d'un corps par le carré de sa vitesse.
*Force centrifuge, centripète. Force ascensionnelle d'un ballon.
L'erg, unité de force dans le système C.G.S., le newton dans
le système M.K.S.A. Forces de contact* opposé à *forces de
champ,* à distance. ◊ *Lignes de force d'un champ électrique,
magnétique. Fig. Les lignes de force d'une œuvre.* — *Forces de
gravitation, électromagnétiques, nucléaires.* — *Force électromotrice**. (Électr.) Courant électrique, et *spécialt.* courant
électrique triphasé. *Faire installer la force chez soi.* ♦ 2° Principe d'action, cause quelconque de mouvement, de changement. « *Notre volonté est une force qui commande à toutes les
autres forces* » (BUFF.). — *Idées-forces* : opinions ou idées
capables d'influencer l'évolution d'un individu ou d'une
nation, d'une époque. ◊ *Les forces aveugles, mystérieuses,
occultes de l'univers, du destin.* — *Fig. Une force de la
nature,* se dit d'une personne dotée d'une vitalité irrésistible.
V. À FORCE. *adv.* (Vx). V. **Beaucoup, extrêmement.** « *Ne
vois-tu pas le sang, lequel dégoutte à force...* » (RONSARD). ◊
Mod. À FORCE DE *(loc. prép.)* : par beaucoup de, grâce à

beaucoup de. *À force de patience, il finira par réussir.* V. Avec. « *À force de plaisir notre bonheur s'abîme* » (COCTEAU). — Suivi d'un verbe, exprime la répétition, l'intensité. « *Quels cheveux sans couleur, à force d'être blonds !* » (STENDHAL). « *À force de penser à Marthe, j'y pensai de moins en moins* » (RADIGUET). — Ellipt. À FORCE. *loc. adv.* (Fam.) *À force, il a fini par y arriver.*
◇ ANT. *Affaiblissement, asthénie, débilité, faiblesse, fatigue. Apathie, inertie, mollesse. Impuissance. Inefficacité. Douceur, persuasion.* — HOM. Forces. Formes de *forcer.*

2. **FORCE** [fɔʀs(ə)]. *adv.* (1337 ; du précéd.). *Vx* ou *littér.* Beaucoup. « *J'ai dévoré force moutons* » (LA FONT.). « *Nous nous séparâmes à la porte avec force poignées de main* » (DAUD.). ◇ HOM. V. Force (1).

FORCÉ, ÉE [fɔʀse]. *adj.* (XVI⁰, « involontaire ». V. Forcer). ♦ 1° Qui est imposé par la force des hommes ou des choses. *Conséquence forcée.* V. **Inéluctable, inévitable, nécessaire.** *Le mariage forcé*, comédie de Molière (1664). *Emprunt forcé.* V. **Obligatoire.** *Cours forcé d'une monnaie. Bagnard qui purge sa peine de travaux forcés* (V. **Forçat**). *L'avion a dû faire un atterrissage forcé. Un bain forcé.* V. **Involontaire.** ◇ *Fam.* (Pour marquer le caractère nécessaire d'un événement passé ou futur) *C'est forcé.* V. **Évident, inévitable.** *Il perdra, c'est forcé !* V. **Forcément.** ♦ 2° *Vieilli.* Qui manque de sincérité ou de naturel. V. **Affecté, artificiel, contraint, embarrassé.** « *Vous vous moquez, me dit-il d'un air forcé* » (MARIVAUX). Mod. *Un rire, un sourire forcé.* ♦ 3° Qui s'écarte du vrai ou du naturel. *Une comparaison forcée* (Cf. Tiré par les cheveux). *Effet forcé* : mal amené, trop recherché. ◇ ANT. *Facultatif, libre. Naturel, vrai.*

FORCEMENT [fɔʀsəmɑ̃]. *n. m.* (1341 ; de *forcer*). Action de forcer. V. **Forçage.** *Le forcement d'un coffre, d'une serrure.* V. **Effraction.** *Forcement d'un passage, d'un obstacle.*

FORCÉMENT [fɔʀsemɑ̃]. *adv.* (XIV⁰ ; de *forcer*). ♦ 1° *Vx.* Par force, par l'effet d'une contrainte. *Elle me répondit « en souriant forcément* » (BALZ.) : avec un sourire forcé. ♦ 2° *Mod.* D'une manière nécessaire, par une conséquence inévitable. V. **Absolument, évidemment, fatalement, inévitablement, nécessairement, obligatoirement.** *Cela doit forcément se produire. « Et il faut que ça arrive, c'est fatal, comme... un caillou qu'on a lancé en l'air et qui retombe, forcément* » (ZOLA). ◇ ANT. *Éventuellement, probablement.*

FORCENÉ, ÉE [fɔʀsəne]. *adj. et n.* (*Forsenede*, XI⁰ ; p. p. de l'a. v. *forsener* « être hors de sens », de *fors*, et *sen* « sens »). **I.** *Adj.* ♦ 1° *Vx.* Qui est hors de sens, qui perd la raison. V. **Fou.** ♦ 2° Fou de colère ; qui marque une rage folle. V. **Furibond, furieux.** « *Il continuait sa promenade forcenée... sans fatiguer sa rage impuissante* » (GAUTIER). ♦ 3° Emporté par une folle ardeur ; enragé, acharné. *Un chasseur forcené. Une imagination forcenée. « Étude acharnée, forcenée, au piano* » (GIDE). **II.** *N.* Personne en proie à une crise de folie furieuse. « *Des bandes de forcenés parcourent la ville en semant la terreur* » (GAUTIER). *S'agiter, crier comme un forcené.* ◇ *Par ext.* Personne forcenée (2° ou 3°). ◇ ANT. *Raisonnable ; calme.*

FORCEPS [fɔʀsɛps]. *n. m.* (1747 ; mot lat. « pinces »). Instrument en forme de pinces à branches séparables (cuillers), qui sert à tirer la tête du fœtus pour en faciliter l'expulsion.

FORCER [fɔʀse]. *v. ; conjug.* placer (XIII⁰ ; lat. pop. °*fortiare*, de *fortia*. V. **Force**). **I.** *V. tr.* ♦ 1° Faire céder (qqch.) par force. *Forcer une porte, un coffre.* V. **Briser, enfoncer, fracturer, rompre.** *Forcer une serrure.* V. **Crocheter.** « *Sa femme avait forcé tous les tiroirs et le secrétaire* » (BALZ.). ◇ *Forcer un passage, forcer d'une ville.* V. **Emporter, prendre.** — Fig. *Forcer la porte de qqn* : pénétrer chez lui malgré son interdiction. ♦ 2° Faire céder (qqn) par la force ou la contrainte. V. **Contraindre, obliger** (opposé à *laisser libre, affranchir, exempter de,* etc.). *Il faut le forcer. Forcer la main à qqn* : le faire agir contre son gré. ◇ FORCER À... (qqch.) *Cela me force à des démarches compliquées.* V. **Condamner, entraîner, obliger, réduire.** — *Forcer à, forcer de* (et inf.). *On me force à partir. Me voilà forcé de partir.* « *Ils me reprochaient la faute de ma mère et voulaient me forcer à rougir d'elle* » (SAND). *Il y aura toujours des gens pour faire « des choses qu'ils ne veulent pas faire et qu'on les forcera de faire* » (DUHAM.). ♦ 3° *Vx.* Venir à bout de (un adversaire). « *Il fallut les poursuivre et les forcer* (les assiégés) *de maison en maison* » (ROLLIN). V. **Traquer.** — *Forcer une femme.* V. **Violer.** ◇ *Par anal. Littér.* S'assurer la maîtrise, la disposition des toute puissance semblable à un adversaire humain. *Forcer le destin, le succès.* ♦ 4° Soumettre à une pression, une sujétion (les sentiments, les volontés). *Il prétend forcer les consciences.* V. **Tyranniser.** *Je ne veux pas forcer ton cœur, ton inclination.* V. **Violence** (faire), **violenter.** ◇ *Par ext.* Obtenir, soit par la contrainte, soit par l'effet d'un ascendant irrésistible. *Forcer l'admiration, l'estime de tout le monde.* V. **Emparer** (s'), **emporter.** *Un ambassadeur*

« *ne doit pas avoir l'air de forcer la confiance* » (STENDHAL). ♦ 5° Pousser au delà de l'activité normale, de l'état normal ; imposer un effort excessif à. *Forcer un cheval.* V. **Claquer, crever, fatiguer.** Vén. *Forcer un cerf, un lièvre à la course*, les épuiser par une longue poursuite jusqu'à ce qu'ils soient aux abois. ◇ Soumettre à un exercice ou un rythme excessif. « *Ne forçons point notre talent* » (LA FONT.). *Chanteur, orateur qui force sa voix. Jockey, coureur qui passe en tête pour forcer l'allure.* V. **Accélérer.** ◇ Hortic. *Forcer des fleurs, des plantes potagères*, en hâter la floraison et la maturation, les faire produire hors de saison. V. **Forçage.** *Cultures forcées.* ♦ 6° Dépasser (la mesure normale). V. **Augmenter, exagérer.** *Forcer la dose. Forcer la note.* ♦ 7° Altérer, déformer par une interprétation abusive. V. **Dénaturer, solliciter.** *Forcer la vérité.* « *Je ne veux pas forcer ce vers de Corneille. Je ne veux pas en forcer le sens* » (PÉGUY). **II.** *V. intr.* ♦ 1° *Mar. Forcer de voiles, de rames, de vapeur* : aller vite en faisant agir les voiles, les armes, etc., le plus possible (Cf. *Faire force* de...). *Forcer sur les avirons*, ramer le plus vigoureusement possible. *La brise force*, devient plus violente. ◇ Techn. Se dit de toute pièce, tout mécanisme, tout appareil qui fournit ou subit un effort excessif. ♦ 2° *Aux cartes.* Monter. — Cour. et fam. *Dépenser. Il est arrivé sans forcer.* — *Cour. et fam.* Faire un effort physique. **III.** SE FORCER. *v. pron.* Faire un effort sur soi-même. V. **Contraindre** (se), **dominer** (se). Cf. *aussi* S'efforcer. « *Quelque garçon d'honneur qui se force pour faire rire la noce* » (ROMAINS). — *Se forcer à* : s'imposer la pénible obligation de. V. **Obliger** (s'). « *Il faut donc se forcer à travailler tous les jours* » (STENDHAL).

FORCERIE [fɔʀsəʀi]. *n. f.* (1865 ; « violence » en a. fr. ; de *force*). Serre chaude pour le forçage.

FORCES [fɔʀs(ə)]. *n. f. pl.* (fin XII⁰ ; lat. *forfices*, plur. de *forfex*). Techn. Grands ciseaux destinés à tondre les moutons, à couper les étoffes, les feuilles de métaux. ◇ HOM. Force.

FORCING [fɔʀsiŋ]. *n. m.* (mil. XX⁰ ; mot angl., de *to force* « forcer »). ♦ 1° Sports *(anglicisme).* Attaque soutenue contre un adversaire qui se tient sur la défensive. *Faire le forcing.* (1968) Fig. *(Fam.)* Attaque à outrance (contre un adversaire réel ou supposé). *Faire du forcing.* ♦ 2° Développement ou entraînement intensif. « *Possibilités de forcing dans des boîtes à bachot* » (*Le Monde*, 1964).

FORCIPRESSURE [fɔʀsipʀesyʀ]. *n. f.* (1877 ; du lat. *forceps* « pinces », et *presser*). Méd. Méthode d'hémostase par application d'une pince sur un vaisseau sanguin.

FORCIR [fɔʀsiʀ]. *v. intr.* (1865 ; de *fort*). Devenir plus fort, plus gros. V. **Fortifier** (se), **grossir.** « *Il ne semblait pas avoir grandi, pas avoir forci* » (GIRAUDOUX).

FORCLORE [fɔʀklɔʀ]. *v. tr.* : vx, sauf inf. et p. p. (1120 ; de *for-*, et *clore*). ♦ 1° *Vx.* Exclure. « *Connaître le lieu du repos... en savoir le chemin, la porte, et rester... forclos?* » (GIDE). ♦ 2° Dr. Priver du bénéfice d'une faculté ou d'un droit non exercé dans les délais fixés. *Il s'est laissé forclore.* — Dér. **FORCLOS, OSE**, *p. p. et adj.* (1549 ; XIV⁰, « exclu »). Se dit de la personne qui s'est laissé prescrire un droit. ♦ 3° Fig. et didact. (surtout au p. p.). Exclure en empêchant d'entrer, tenir exclu de la force.

FORCLUSION [fɔʀklyzjɔ̃]. *n. f.* (1446 ; de *forclore*). ♦ 1° Dr. Déchéance d'une faculté ou d'un droit non exercé dans les délais prescrits. ♦ 2° *Fig. et didact.* Exclusion forcée ; impossibilité d'entrer, de participer. ♦ 3° *Psychan.* Mécanisme psychique par lequel des représentations insupportables sont rejetées avant même qu'elles soient intégrées à l'inconscient du sujet (à la différence du refoulement*). *La forclusion serait à l'origine d'états psychotiques.*

FORER [fɔʀe]. *v. tr.* (fin XII⁰ ; lat. *forare* « percer », p.-ê. par l'it., le prov.). ♦ 1° Percer un trou dans (une matière dure) à l'aide d'un mécanisme (Cf. **Perforer**). *Forer une clef; un canon. Forer une roche. Instruments servant à forer.* V. **Foret, foreuse, trépan.** ♦ 2° Former (un trou, une excavation) en creusant mécaniquement. *Forer un trou de mine, un puits.* « *D'autres sources pourraient être utilement forées* » (ROMAINS). ◇ ANT. *Boucher, combler.*

FORESTERIE [fɔʀɛstəʀi]. *n. f.* (XX⁰ ; de *forestier*). Techn. Ensemble des activités d'exploitation des forêts, des principes qui les dirigent (mot courant au Québec).

FORESTIER, IÈRE [fɔʀɛstje, jɛʀ]. *adj. et n. m.* (1160 ; bas lat. *forestarius*, IX⁰ ; de *forêt*. V. **Forêt**). **I.** *N. m.* Celui qui exerce une charge dans une forêt, et spécialt. une forêt du domaine public. Appos. *Agent, garde forestier.* **II.** *Adj.* (XVI⁰). Qui est couvert de forêt, qui appartient à la forêt. *Région forestière. Essences forestières. Chemin forestier. Maison forestière*, habitation du garde forestier. — *Code forestier*, qui détermine le régime des bois et forêts.

FORET [fɔʀɛ]. *n. m.* (1413 ; *foiret*, fin XIV⁰ ; de *forer*). Instrument de métal servant à forer les bois, les métaux. V. **Drille** (2°), **perceuse, vilebrequin, vrille.** *Boucher un trou fait* au foret avec une cheville, une broche. Foret aléseur. — (1967) Spécialt. (Chir.). Instrument tranchant agissant par rotation, destiné à percer des trous dans un os ou à perforer le tissu d'une dent (V. Fraise 4). ◇ HOM. Foret.

FORÊT [fɔʀɛ]. n. f. (Forest, XIIᵉ; bas lat. forestis, probabl. de °silva forestis « forêt en dehors (foris) de l'enclos » ou « forêt du tribunal royal » (forum). ♦ 1° Vaste étendue de terrain peuplée d'arbres; ensemble de ces arbres. V. Bois, futaie, sylv-. « La lune brillait... et sa lumière gris de perle descendait sur la cime indéterminée des forêts » (CHATEAUB.). La forêt de Fontainebleau. Forêt dense, impénétrable. Forêt vierge. Forêt en taillis, sous futaie, de haute futaie; forêt de jeunes arbres. V. Cépée. À la lisière, à l'orée de la forêt. Les clairières, les trouées, les sentiers (layons) d'une forêt. Coupes, réserves d'une forêt en exploitation. Incendie de forêt. — Plantation et exploitation des forêts. V. Sylviculture; boisement. — Forêts domaniales, du domaine de l'État. Loc. prov. Les arbres* cachent la forêt. ◇ EAUX ET FORÊTS : administration chargée de la délimitation des forêts de l'État, de la plantation, de la police et de la conservation des forêts, de l'adjudication des coupes. ♦ 2° Quantité considérable d'objets longs et serrés (comme les arbres d'une forêt). V. Multitude, quantité. Une forêt de colonnes, de mâts. La ville est « une forêt d'aiguilles, de flèches et de tours qui se hérissent de toutes parts » (GAUTIER). ♦ 3° Mètaph. Ensemble touffu, inextricable. « Dans la forêt de la pensée hindoue » (R. ROLLAND). ◇ HOM. Foret.

FOREUR [fɔʀœʀ]. n. m. (1894; de forer). Ouvrier qui fore.

FOREUSE [fɔʀøz]. n. f. (v. 1900; de forer). Machine servant à forer le métal (V. Perceuse), les roches (V. Perforatrice, trépan).

FORFAIRE [fɔʀfɛʀ]. v.; conjug. faire, seulement inf., ind. prés. (au sing.) et temps composés (1080; de faire, et for-). ♦ 1° V. int. Vx ou littér. Agir contrairement à ce qu'on a le devoir de faire (V. Forfait). — Manquer gravement à. « La vraie marque d'une méchante est l'impossibilité d'y forfaire » (RENAN). ♦ 2° V. tr. Ancienn. (Dr. féod.). Forfaire un fief pour cause de félonie, le rendre confiscable pour quelque forfait.

1. **FORFAIT** [fɔʀfɛ]. n. m. (XIᵉ; de forfaire). Littér. Crime énorme. V. Crime, faute. Commettre, expier un forfait. « La fortune toujours du parti des grands crimes; Les forfaits couronnés devenus légitimes » (LAMART.).

2. **FORFAIT** [fɔʀfɛ]. n. m. (1647; fayfort, 1580; de fur « taux » (V. Fur), et fait). Convention par laquelle il est stipulé un prix fixé par avance d'une manière invariable. Faire un forfait avec un entrepreneur pour la construction d'une maison. Dr. fisc. Évaluation d'une imposition d'après un revenu réel présumé. À FORFAIT. Travail à forfait (opposé à travaux en régie*). Vendre, acheter à forfait.

3. **FORFAIT** [fɔʀfɛ]. n. m. (1829; angl. forfeit, de l'a. fr. forfait, de forfaire). Hipp. Indemnité que doit payer le propriétaire d'un cheval engagé dans une course, s'il ne le fait pas courir. V. Dédit. Déclarer forfait pour un cheval. ◇ Cour. Déclarer forfait : annoncer qu'on ne prendra pas part à une épreuve. Fig. Ne pas participer à la compétition, abandonner; se retirer.

FORFAITAIRE [fɔʀfɛtɛʀ]. adj. (1893; de forfait (2°). Qui a rapport à un forfait; à forfait. Contrat forfaitaire. Achat, vente, prix forfaitaire. Impôt forfaitaire (dér. Forfaitairement, adv.).

FORFAITURE [fɔʀfɛtyʀ]. n. f. (v. 1300; forfeture, XIIIᵉ; dér. sav. de forfaire). ♦ 1° Féod. Violation du serment de foi en hommage. V. Félonie, trahison. — Littér. Manque de loyauté. ♦ 2° Dr. Crime dont un fonctionnaire public se rend coupable en commettant certaines graves infractions dans l'exercice de ses fonctions. ⊗ ANT. Fidélité, foi, loyauté.

FORFANTERIE [fɔʀfɑ̃tʀi]. n. f. (1560, « imposture, forfaiture »; it. furfanteria, de furfante « coquin »). ♦ 1° (Sous l'infl. de fanfaron). Caractère d'une personne qui fait montre d'une impudente vantardise. V. Charlatanisme, hâblerie. « Les actes de vertu où je ne vois ni forfanterie ni ostentation me font toujours tressaillir de joie » (ROUSS.). ♦ 2° Action, parole de fanfaron, de vantard. V. Fanfaronnade, rodomontade, vantardise. « En dépit de ses forfanteries de langage, (elle) n'avait aucune force de caractère » (R. ROLLAND). ⊗ ANT. Modestie, naturel.

FORFICULE [fɔʀfikyl]. n. m. (1791; lat. forficula « petite pince »). Zool. Insecte orthoptère coureur, portant deux pinces à l'extrémité de l'abdomen. V. Perce-oreille.

FORGE [fɔʀʒ(ə)]. n. f. (XIIᵉ, aussi faverge; prov. fauga, du lat. fabrica « atelier »; Cf. Fabrique). Lieu où l'on produit, où l'on travaille les métaux, et spécial. le fer. ♦ 1° Cour. Atelier où l'on travaille les métaux au feu et au marteau. Artisans, ouvriers qui travaillent dans une forge. V. Forgeron. Forge d'orfèvre, de serrurier. Forge de maréchal-ferrant. L'enclume, le soufflet, les outils (tenailles, marteau) de la forge. ◇ (Par allus. au bruit de la forge) Ronfler, souffler comme une forge, comme un soufflet de forge. — (Par allus.

au feu) Rougir, rougeoyer comme une forge. ◇ Spécialt. Fourneau (plate-forme surmontée d'une hotte) sur lequel on met le métal à chauffer. Forge portative, à ventilateur. Au fond, « il y avait l'enclume, la forge, le grand soufflet noir » (BOSCO). ♦ 2° Techn. Installation où l'on façonne par traitement mécanique (à froid ou à chaud) les métaux et alliages. Outillage de la grosse forge (emboutisseuse, filière, laminoir, marteau-pilon, presse). ♦ 3° Vx. Établissement où l'on fabrique le fer; fourneau métallurgique. V. Fonderie, fourneau. Forge à la catalane (ou feu catalan, foyer catalan) : sorte de bas fourneau. Forge à l'anglaise, comportant haut fourneau, finerie et puddlage. — Plur. (mod., dans quelques expressions) Maître de forges. V. Fondeur. Comité des Forges de France.

FORGÉ, ÉE [fɔʀʒe]. adj. (fin XVᵉ, fig. V. Forger). ♦ 1° Fabriqué par forgeage. Métaux forgés. — Fer forgé (servant à fabriquer de la ferronnerie d'art). Grille, balustrade en fer forgé. ♦ 2° Fig. Fabriqué. Exemple forgé. — Inventé. Récit forgé de toutes pièces.

FORGEABLE [fɔʀʒabl(ə)]. adj. (1627; de forger). Techn. Qui peut être forgé.

FORGEAGE [fɔʀʒaʒ]. n. m. (1775; de forger). Techn. Action de forger. Forgeage au marteau, à la presse. Forgeage à chaud, à froid.

FORGER [fɔʀʒe]. v. tr.; conjug. bouger (XIIᵉ; Cf. Favrechier, favargier; lat. fabricare; Cf. Fabriquer). ♦ 1° Travailler (un métal, un alliage) à chaud, sur l'enclume et au marteau. (V. Battre, corroyer. Forger le fer, l'argent. Par ext. Travailler un métal pour lui donner une forme ou en améliorer la qualité. Forger au marteau, au martinet. Forger à forger hydraulique. Forger à froid. V. Écrouir. — PROV. C'est en forgeant qu'on devient forgeron : c'est à force de s'exercer à qqch. qu'on y devient habile. ♦ 2° Façonner (un objet de métal) à la forge. Forger un fer à cheval, une pièce de mécanique. Loc. fig. Forger les fers, les chaînes de qqn : le rendre esclave. « Le temps n'a pas forgé encore les chaînes de nos habitudes » (MAURIAC). ♦ 3° Fig. Élaborer d'une manière artificielle ou pénible (V. Fabriquer). Forger un mot nouveau. Forger une image, une métaphore, un plan. V. Inventer, trouver. « Nous voilà essayant de forger un plan très compliqué » (ROMAINS). Forger un exemple. ♦ 4° Imaginer (à sa fantaisie. Se forger un idéal, des illusions. « Je me forgeai bientôt des consolations » (ROUSS.). — Inventer faussement. Forger un prétexte, une excuse. Nom, renseignement forgé de toutes pièces. V. Controuvé, faux.

FORGERON [fɔʀʒəʀɔ̃]. n. m. (1534; de forger, d'apr. forgeur; a éliminé la fr. fèvre). Celui qui travaille le fer au marteau après l'avoir fait chauffer à la forge. Spécialt. Celui qui façonne à la forge les gros ouvrages en fer. V. Maréchal-ferrant. — PROV. C'est en forgeant* qu'on devient forgeron.

FORGEUR, EUSE [fɔʀʒœʀ, øz]. n. (XIIIᵉ; de forger). ♦ 1° N. m. Techn. Celui qui façonne un objet, un métal à la forge (V. Forgeron). Un forgeur de couteaux. Métaph. Napoléon « ce forgeur de jougs » (CHATEAUB.). ♦ 2° N. m. et f. Personne qui forge (3°, 4°). V. Fabricant, inventeur. Un forgeur de contes, de calomnies (ACAD.).

FORINT [fɔʀint]. n. m. (v. 1950; mot hongrois). Unité monétaire hongroise, divisée en 100 fillérs (a remplacé le pengoe).

FORJETER [fɔʀʒəte]. v.; conjug. jeter (XIIᵉ; de for-, et jeter). Techn. ♦ 1° V. tr. Construire en saillie, hors d'un alignement. ♦ 2° V. intr. Sortir de l'alignement, de l'aplomb. Mur, bâtiment qui forjette.

FORLANCER [fɔʀlɑ̃se]. v. tr.; conjug. placer (1690; de fors, et lancer). Vén. Faire sortir (une bête) de son gîte.

FORLANE [fɔʀlan]. n. f. (1732; it. furlana « (danse) du Frioul »). Ancienne danse italienne à deux temps, vive et animée; sa musique (dans la suite, au XVIIIᵉ s.).

FORLIGNER [fɔʀliɲe]. v. intr. (XIIᵉ; « descendre d'ancêtres »; de fors, et ligne). ♦ 1° Vx. Dégénérer de la vertu de ses ancêtres. « Souviens-toi de qui tu es fils, et ne forligne pas » (CHATEAUB.). ♦ 2° Déchoir, forfaire. « Les nobles d'autrefois croyaient forligner en s'occupant de littérature » (RENAN).

FORLONGER [fɔʀlɔ̃ʒe]. v. tr.; conjug. longer. V. Bouger (XIIᵉ; de fors, et longer). Vén. Laisser en arrière, distancer. Cerf qui forlonge la meute.

FORMAGE [fɔʀmaʒ]. n. m. (1877; « dessin », 1512; de former). Techn. Opération qui donne sa forme à un objet manufacturé.

FORMALDÉHYDE [fɔʀmaldeid]. n. m. (1893; de form(ique), et aldéhyde). Chim. Aldéhyde formique* ou formol.

FORMALISATION [fɔʀmalizasjɔ̃]. n. f. (XXᵉ; de formaliser 2). Axiomatisation (V. Axiomatiser); réduction aux structures formelles.

1. **FORMALISER (SE)** [fɔʀmalize]. v. pron. (1539; de formel, d'apr. lat. formalis). Être choqué d'un manquement

aux formes, aux règles établies, aux conventions. V. **Offenser**
(s'), **offusquer** (s'), **piquer** (se), **vexer** (se). « *Ne croyant pas*
devoir me formaliser du peu de cas qu'on avait paru faire de
ma personne » (MÉRIMÉE). *Ils* « *se formalisèrent qu'on n'eût*
pas commencé par eux » (VOLT.).
2. FORMALISER [fɔrmalize]. *v. tr.* (1719; Cf. le précéd.).
Didact. Réduire (un système de connaissances) à ses structures
formelles. V. **Axiomatiser.** — Au p. p. *Opérations logiques*
formalisées. Logique formalisée. V. **Logistique.**

FORMALISME [fɔrmalism(ə)]. *n. m.* (1842; de *formel*,
d'apr. lat. *formalis*). Considération exclusive de la forme.
♦ 1° *Philo.* Affirmation selon laquelle toute expérience est
soumise à des conditions universelles a priori. *Formalisme*
kantien. ◇ Doctrine qui soutient que les vérités scientifiques
sont purement formelles, et reposent sur des conventions.
♦ 2° *Dr.* Principe par lequel la validité des actes est strictement subordonnée à l'observation de formes, de formalités.
Formalisme juridique, administratif, diplomatique. — Péj.
Les tracasseries du formalisme administratif. Le formalisme
des jugements. ♦ 3° Tendance à rechercher trop exclusivement la beauté formelle en art. — *Néol.* Doctrine selon
laquelle les formes artistiques se suffisent à elles-mêmes
(*opposé* à réalisme). « *Le formalisme peut parvenir à se vider*
de plus en plus de contenu réel, mais une limite l'attend tou-
jours... Le vrai formalisme est silence » (CAMUS).

FORMALISTE [fɔrmalist(ə)]. *adj.* (1570; du lat. *formalis*
« relatif à la forme »). ♦ 1° Qui observe les formes, les
formalités avec scrupule. *Par ext.* Où les formes, les règles
sont strictement observées. *Religion, droit, société formaliste.*
— *Péj.* Qui est trop attaché aux formes, aux règles. V. **Pro-**
tocolaire. « *Cette Compagnie, esclave des règles et formaliste,*
n'entend faire la guerre que par arrêts et par huissiers »
(STE-BEUVE). ♦ 2° Qui est partisan du formalisme, en philosophie, en art, en littérature; relatif au formalisme. *Mathé-*
maticien, logicien, peintre formaliste. École formaliste. Subst.
Un, une formaliste. ◇ ANT. *Naturel, simple.*

FORMALITÉ [fɔrmalite]. *n. f.* (1425; du lat. *formalis*
« relatif à la forme »). ♦ 1° Opération prescrite par la loi,
la règle, et qui est liée à l'accomplissement de certains actes
(juridiques, religieux) comme condition de leur validité.
V. **Forme, procédure.** « *Il ne faut point de formalités pour voler,*
et il en faut pour restituer » (VOLT.). *Formalités administra-*
tives. Formalités des donations, des testaments. Formalités
de douanes. Sans autre formalité (Cf. Sans autre forme de
procès). *Attachement excessif aux formalités.* V. **Formalisme,**
formaliste. ♦ 2° Acte, geste imposé par le respect des convenances, des conventions mondaines. V. **Cérémonial, céré-**
monie, étiquette. « *Il y a de très belles dames de par le monde*
qui se laissent baiser la main, comme la pape laisse baiser sa
mule : c'est une formalité charitable » (MUSS.). ♦ 3° Acte
qu'on doit accomplir, mais auquel on n'attache pas d'importance ou qui ne présente aucune difficulté. *Ce n'est qu'une*
petite, une simple formalité.

FORMANT [fɔrmã]. *n. m.* (1951, *formans* [Marouzeau];
de *former*). *Ling.* Élément (morphème) de formation (*opposé*
à *lexème*). « *Les formants ou morphèmes appartenant à une*
catégorie à petits nombres de variables facilement détermi-
nables » (B. POTTIER).

FORMARIAGE [fɔrmarjaʒ]. *n. m.* (XIVᵉ; de *se formarier*,
de *fors*, et *marier*). *Dr. féod.* Incapacité du serf de corps »
lui interdisant de se marier hors de la seigneurie ou avec une
femme libre, sans le consentement du seigneur.

FORMAT [fɔrma]. *n. m.* (1723; probabl. it. *formato*, du
v. *formare* « former »). ♦ 1° Dimension caractéristique d'un
imprimé (livre, journal), déterminée par le nombre de feuillets
d'une feuille pliée ou non. *Format in-plano, in-folio* (deux
feuillets), *in-quarto, in-octavo* ou *in-huit, in-douze.* — *Par ext.*
Dimensions d'un livre en hauteur et en largeur. *Livre de*
petit format, format de poche. ♦ 2° Dimension-type de la
feuille de papier, généralement désignée par son filigrane
(*ex. :* grand aigle, carré, cavalier, coquille, couronne, écu,
jésus, pigeon, pot, raisin, soleil, tellière). — *Par anal. Format*
d'une gravure, d'un tableau. Photo de format 6 × 6,6 ½ × 9.
— « *Quoique ce disque d'un petit format ne soit pas bien long* »
(MICHAUX). ♦ 3° *Fig.* Dimension, taille.

FORMATEUR, TRICE [fɔrmatœr, tris]. *n. et adj.* (déb.
XVᵉ; lat. *formator*, de *forma*; a remplacé, *formere, formeor*).
♦ 1° *Rare.* Ce qui donne une forme, qui impose un ordre.
Vx. « *Dieu, parfait architecte et absolu formateur de tout ce*
qui est » (BOSS.). ♦ 2° *Adj.* Qui forme. *Influence formatrice.*
— *Ling.* Éléments formateurs. V. **Formant.** ◇ ANT. *Destruc-*
teur; déformateur.

FORMATIF, IVE [fɔrmatif, iv]. *adj.* (v. 1280, repris 1842;
du rad. *formare*). *Didact.* Qui sert à former. V. **Formateur.**

FORMATION [fɔrmasjɔ̃]. *n. f.* (1160; lat. *formatio*, de
forma. V. **Forme**). ♦ 1° Action de former, de se former;
manière dont une chose se forme ou est formée. V. **Compo-**
sition, constitution, création, élaboration. *Être en cours, en*
voie de formation. Concourir à la formation d'une entreprise.

V. **Fondation, institution, organisation.** *Formation d'une*
nation, d'un empire. — *Formation de l'embryon.* V. **Dévelop-**
pement. *Formation et différenciation du système nerveux.*
Absolt. Époque, âge de la formation : où l'organisme arrive
à l'état physiologique qui sera celui de l'adulte. V. **Puberté.**
— (1680) *Formation des mots par composition, dérivation.*
Mot de formation récente. Formation de la phrase. V. **Syntaxe.**
Formation du pluriel en français. ♦ 2° *Par ext.* Ce qui est
formé. *Géol.* (XVIIIᵉ) Couche de terrain d'origine définie.
Formation quaternaire, sédimentaire, métamorphique. Bot.
Ensemble de végétaux présentant un faciès analogue. ♦
3° *Milit.* (1835). Mouvement par lequel une troupe prend
une disposition; cette disposition. *Formation en carré, en ligne.*
Avions en formation triangulaire. ♦ 4° Groupement militaire.
V. **Groupe, unité.** — *Mar.* Groupe articulé de bâtiments de
guerre. *Les deux escadres* « *infléchissaient leurs routes...*
pour prendre tout de suite leur formation tactique de combat »
(FARRÈRE). — *Aviat. Formation aérienne.* ◇ *Par anal. Les*
grandes formations politiques, syndicales. V. **Organisation,**
parti. *Formation sportive.* V. **Équipe.** — *Formation sympho-*
nique. V. **Orchestre.** ♦ 5° (XXᵉ). Éducation intellectuelle
et morale d'un être humain (V. **Développement**); moyens
par lesquels on la dirige, on l'acquiert (V. **Éducation, instruc-**
tion); résultats ainsi obtenus (V. **Connaissance, culture**).
Formation du caractère, du goût. Avoir reçu une solide forma-
tion littéraire. « *Je ne puis me retenir d'espérer qu'entre gens*
de même formation, de même culture, on puisse toujours à peu
près s'entendre » (GIDE). ◇ *Spécialt.* Ensemble de connaissances théoriques et pratiques dans une technique, un métier;
leur acquisition. *Formation professionnelle des enfants* (V.
Apprentissage), *des adultes* (V. **Recyclage**). *Formation per-*
manente. Formation continue des salariés. Stage de formation.
Formation pédagogique des maîtres. ◇ ANT. *Déformation,*
destruction.

FORME [fɔrm(ə)]. *n. f.* (fin XIIᵉ; *fourme*, XIᵉ; lat. *forma*).
I. Apparence, aspect visible. **Ⓐ** ♦ 1° Ensemble des
contours d'un objet, d'un être, résultant de la structure de
ses parties. V. **Apparence, aspect, configuration, conformation,**
contour, dehors (n. m.), **extérieur, figure.** *Avoir une forme*
régulière, symétrique, irrégulière, bizarre. Objet de forme
sphérique. Objets de même forme, mais de taille différente
(conformes, isomorphes). *Sans forme, sans forme précise :*
informe. *Changer de forme :* se transformer. *Prendre forme,*
acquérir une forme : se former. *Études des formes des minéraux,*
des êtres vivants. V. **Morphologie.** ◇ *Par ext.* Être ou objet
confusément aperçu et dont on ne peut préciser la nature.
Une forme imprécise disparaît dans la nuit. V. **Apparition,**
ombre, vision. « *Dans le vieux parc solitaire et glacé Deux*
formes ont tout à l'heure passé » (VERLAINE). ♦ 2° (XIIIᵉ).
Apparence extérieure donnant à un objet ou à un être sa
spécificité; modèle à imiter, à reproduire. *Donner sa forme*
à un vase. Manteau de forme raglan, de forme trois-quarts.
V. **Coupe, façon.** ◇ EN FORME DE. *Des sourcils en forme de*
virgule. ◇ *Sous la forme de :* avec l'apparence de. *Zeus*
séduisit Danaé sous la forme d'une pluie d'or. — SOUS FORME
DE, se dit de l'aspect variable que revêt une chose dont la
nature demeure inchangée. *Médicament administré sous forme*
de cachets, de pilules. ♦ 3° Apparence physique d'un être
humain pris individuellement. « *Elle suivait de l'œil les ondu-*
lations de sa forme longue dans le fourreau de satin noir »
(FRANCE). *Rare.* V. **Silhouette, tournure.** ◇ *Cour. Les formes :*
les contours du corps humain. *Formes rondes, élancées, gra-*
cieuses. « *Une grande et belle créature ayant toutes les formes*
les plus charmantes de la femme » (HUGO). *Vêtement, robe*
qui épouse, moule les formes. *Fam. Prendre des formes* (V.
Engraisser). ♦ 4° Les contours considérés au point de vue
esthétique. V. **Dessin, galbe, ligne, modelé, relief, tracé.**
Beauté de forme, des formes (V. **Plastique**). *Formes pures.*
« *Quand la couleur est à sa richesse* (sic), *la forme est à sa*
plénitude » (P. CÉZANNE). *L'artiste* « *pense et sent directement*
avec les formes, comme d'autres avec les mots » (HUYGHE).
Ⓑ Réalisation particulière et concrète d'un fait général
(abstrait : concept, ou non). ♦ 1° (XVᵉ). Manière variable
dont une notion, une idée, un événement, une action se
présente. *Les différentes formes de l'énergie, de la vie.* V.
Apparence, aspect, état, modalité, variété. *De forme variable,*
constante. Les différentes formes que prend, que revêt l'expé-
rience humaine. « *L'éternelle monotonie de la passion, qui a*
toujours les mêmes formes et le même langage » (FLAUB.).
Une forme raffinée, décadente de civilisation (V. **Sorte, type**).
« *Cette entrevue prit la forme d'un déjeuner d'affaires* »
(ROMAINS). V. **Allure, tour.** *La bêtise sous toutes ses formes.*
♦ 2° (XVIᵉ). Mode particulier selon lequel une société, un
ensemble est organisé. V. **Organisation, régime, statut.**
« *Quelle que soit la forme de gouvernement, monarchie, aris-*
tocratie, démocratie » (FUSTEL). ♦ 3° (1835). Aspect matériel sous lequel se présente une notion dans un énoncé. *Étude*
des formes. V. **Morphologie.** *Forme du singulier, du pluriel;*
du masculin, du féminin. Forme du passé antérieur. ◇ *Ling.*

Unité linguistique. *Forme signifiante.* — Structure de l'expression ou du contenu (opposé à *substance*). *La langue est un ensemble de formes.* ◇ *Math.* Correspondance entre un élément d'un espace vectoriel et celui d'un corps. *(x + y) est une forme linéaire sur l'ensemble des couples (x, y) de nombres réels.* ♦ 4° Manière dont une pensée, une idée s'exprime (V. **Expression, langage**). *Donner à sa pensée, à une idée une forme nouvelle. Des maximes qui « sous une forme abrupte, concise et bizarre, contiennent toute l'esthétique de la peinture »* (GAUTIER). — *Spécialt.* Type déterminé sur le modèle duquel on compose, on construit une œuvre d'art. *Poème en forme d'acrostiche. Poème à forme fixe,* dont le nombre de vers, la disposition des rimes, la composition sont réglés. *« Ces petits genres qu'on peut appeler les ' formes fixes' de la prose, ont été le portrait et la maxime »* (LANSON). *Composition de forme sonate.* ◇ *Absolt. (Littér.* et *Arts)* Manière dont les moyens d'expression sont organisés en vue d'un effet esthétique ; l'effet produit par cette organisation. V. **Expression, style.** *Opposer la forme au fond, au contenu, à la matière. « Ce que j'aime par-dessus tout, c'est la forme, pourvu qu'elle soit belle, et rien au delà »* (FLAUB.). *« La forme est la chair même de la pensée »* (FLAUB.).
II. Manière d'agir, de procéder. ♦ 1° *Plur.* Manières polies, courtoises. *Avoir des formes, manquer de formes. Apprenez-lui cet échec en y mettant des formes :* avec des précautions, des atténuations. ♦ 2° (XVIᵉ). Manière de procéder, d'agir selon les règles convenues, établies. V. **Formalité, règle.** *Les formes de l'étiquette. Respecter la forme, les formes consacrées. « Un accent vif et ferme, et qui semblait abandonner pour un instant les formes prudentes de la diplomatie »* (STENDHAL). ◇ *Dans les formes, en forme :* avec les formes habituelles. ♦ 3° *Dr.* (1549). Aspect extérieur d'un acte juridique, d'un jugement. *Forme libre. Forme réglementée. Forme déterminée par la loi.* V. **Formalité, formule.** *Nullité pour vice de forme. Contrat passé en la forme, contrat en bonne forme :* dans le respect des formalités, des conventions de forme. *Contrat en bonne forme. En bonne et due forme.* ◇ *Loc. fig. Sans autre forme de procès.* — POUR LA FORME : par simple respect des usages ou conventions. *« Moi, son fils, je ne l'ai jamais consulté que pour la forme, après m'être renseigné ailleurs et décidé en dehors de lui »* (MART. du G.).
III. (1872). ♦ 1° Condition physique (d'un cheval, d'un sportif, etc.) favorable aux performances. *Être en pleine forme pour courir un cent mètres, pour passer un examen. Être dans une forme éblouissante, médiocre. Mauvaise forme.* V. **Méforme.** — *Absolt.* Bonne condition. *Être, se sentir en forme :* être d'attaque. *« C'est en ce moment dans mon corps un retour de forme qui est incroyable... La forme ! Elle est encore pour nous à demi inconnue ; elle vient, s'en va »* (MONTHERLANT). ♦ 2° *Fam. Être en forme, en pleine forme :* frais et dispos.
IV. *Didact.* Principe interne d'unité. ♦ 1° *Philo.* anc. Chez Aristote, Principe d'organisation et d'unité de chaque être. — Chez les scolastiques, Principe substantiel d'un être individuel (opposé à *matière* ou *substance* et à *accident, apparence*). ◇ *Par plaisant.* L'esprit (opposé à *corps*). *Avoir la forme enfoncée dans la matière.* ♦ 2° *Log.* Ce qui règle l'exercice de la pensée, ou impose des conditions à notre expérience. *Forme d'un jugement, d'un raisonnement.* — Chez Kant, Lois de la pensée qui établissent des rapports entre les données immédiates de la sensation (ou *Matière*). *Formes de l'entendement.* V. **Catégorie.** *Formes de la raison.* V. **Idée.** ♦ 3° (XXᵉ). Psycho. et biol. *Théorie de la Forme* (trad. all. *Gestalttheorie*) : théorie moderne selon laquelle les propriétés d'un phénomène psychique ou d'un être vivant ne résultent pas de la simple addition des propriétés de ses éléments, mais de l'ensemble des relations entre ces éléments. V. **Structure.** ◇ *Toute réalité* (organisme, fait psychique, ensemble concret ou abstrait) considérée dans sa structure. *« Les faits psychiques sont des formes »* (P. GUILLAUME). *« La langue est une forme et non une substance »* (SAUSSURE).
V. (XIIᵉ). ♦ 1° *Techn.* Ce qui sert à donner une forme déterminée à un produit manufacturé. V. **Gabarit, modèle, moule, patron.** Pièce ayant la forme du pied et servant à la fabrication des chaussures. *Bottier qui monte une chaussure, un soulier sur une forme.* — (1636) Moule plein servant à la fabrication des chapeaux. *Forme de modiste.* V. **Champignon.** *Par ext.* Partie d'un chapeau destinée à recevoir la tête (opposé à *bord*). Cour. *Chapeau haut de forme,* et absolt. *Un haut-de-forme*.* ♦ 2° (1636, métall.). Moule creux. *Forme à pain de sucre ; forme à fromage.* V. **Cagerote, caserette.** ♦ 3° (1675). *Techn.* Composition imposée, serrée dans un châssis ; châssis qui maintient la composition. *« L'évier sur lequel se lavaient avant et après le tirage les Formes, ou, pour employer le langage vulgaire, les planches de caractères »* (BALZ.). ♦ 4° (1386). *Mar.* Bassin. *Forme de radoub, forme sèche.* V. **Ber, cale.** *Forme flottante.* V. **Dock** (flottant). *Un navire avarié qui passe en forme.* ♦ 5° (1680). *Ponts* et *Chauss.* Couche de sable sur laquelle on établit le pavé. — *Lit de*

poussier, etc., sur lequel on pose des carreaux. ♦ 6° (1678). *Vétér.* Exostose développée sur la phalange d'un cheval. *Formes du paturon.* ♦ 7° (*Fourme,* v. 1320). *Vx.* Gîte du lièvre, du renard. Mod. *Lièvre en forme :* au gîte.
⊗ ANT. *Essence, matière, réalité. Âme, esprit. Fond ; contenu, matière, substance, sujet.* — (Philo.) *Accident, apparence ; matière.*

-FORME. Élément, lat. *-formis* (de *forma* « forme »), qui sert à former des mots savants. Ex. *Aculéiforme* (qui a la forme d'un aiguillon) ; *gazéiforme* (qui a l'aspect du gaz, qui est à l'état de gaz) ; *épileptiforme* (dont les symptômes ressemblent à ceux de l'épilepsie).

FORMÉ, ÉE [fɔʀme]. *adj.* (1160 ; V. **Former**). Qui a pris sa forme, qui a achevé son développement normal. *Fruit formé. Épi formé. « Le train n'était pas formé encore »* (MAURIAC). ◇ *Jeune fille formée,* nubile. *Elle n'est pas encore formée.* ◇ *Avoir le jugement, le goût, l'esprit formé. « L'habitude, une fois formée, enchaîne et délivre »* (VALÉRY).

FORMEL, ELLE [fɔʀmɛl]. *adj.* (XIIIᵉ ; lat. *formalis,* de *forma.* V. **Forme**). ♦ 1° Dont la précision et la netteté excluent toute méprise, toute équivoque. V. **Clair, explicite, précis, positif.** *Déclaration formelle ; démenti formel. Consentement, refus formel.* V. **Catégorique.** *Affirmer en termes formels, d'une manière formelle.* V. **Assuré, certain, sûr.** *Preuve formelle.* V. **Indéniable, indiscutable, irréfutable.** *« Il était venu avec le projet formel de tout dire »* (ZOLA). — *Par ext.* Qui s'exprime d'une manière formelle. V. **Absolu, entier.** *Il a été formel sur ce point.* ♦ 2° Qui considère la forme, l'apparence plus que la matière, le contenu. *Classement, plan formel. Politesse formelle,* tout extérieure. V. **Formaliste.** ◇ *Arts, Littér.* Relatif à la forme. *Beauté formelle du poème. Analyse formelle d'une langue.* ◇ *Dr.* Critère formel de la loi (opposé à *critère matériel*). *Acte juridique formel,* dont un document atteste l'existence. ♦ 3° *Philo.* Qui concerne la forme (IV), qui possède une existence actuelle, effective. *Cause formelle.* ♦ 4° *Log.* Qui concerne la forme (IV, 2°, 3°), l'ensemble des relations entre éléments. V. **Structural.** *La logique formelle* (V. **Logistique**) *étudie la forme des opérations de l'entendement sans considérer la matière sur laquelle elles s'effectuent. « En mathématiques, la relation $(a + b)^2 = a^2 + b^2 + 2\ ab$ est formelle en tant qu'elle reste vraie pour tous les nombres réels »* (LALANDE). *Rendre un raisonnement entièrement formel.* V. **Formaliser** (2). ◇ ANT. *Ambigu, douteux, tacite.*

FORMELLEMENT [fɔʀmɛlmã]. *adv.* (XIIIᵉ ; de *formel*). ♦ 1° De façon formelle. *La vérité a été formellement établie.* V. **Certainement, nettement, rigoureusement.** *Interdire formellement une manifestation. S'engager formellement à payer sa dette.* ♦ 2° En considérant la forme. *Raisonnement formellement juste.*

FORMÈNE [fɔʀmɛn]. *n. m.* (1867 ; du rad. de *formique,* et *-ène*). Chim. *Vx.* Méthane.

FORMER [fɔʀme]. *v. tr.* (XIᵉ ; lat. *formare*).
I. Donner l'être et la forme. ♦ 1° (En parlant du Créateur, de la Nature). V. **Créer, faire.** *Dieu forma l'homme à son image* (BIBLE). ♦ 2° *Vx.* Concevoir, engendrer. *« Songez qu'une barbare en son sein l'a formé »* (RAC.). ♦ 3° Concevoir par l'esprit. V. **Imaginer.** *Nous avons formé l'idée de nous associer. « Ces résolutions que, si j'étais raisonnable, je m'abstiendrais de former et surtout de formuler »* (DUHAM.). *« Les députés, comme les spectateurs au théâtre, forment des vœux secrets pour lui »* (ROMAINS). ♦ 4° Faire exister (un ensemble, une chose complexe) en arrangeant des éléments. *Former des faisceaux. Former un train, un convoi. Former une collection, une bibliothèque.* ◇ Fig. *Former un gouvernement. Former une société.* V. **Établir, fonder, instituer, organiser.** ♦ 5° (*Des choses*). Être la cause de. V. **Causer.** *Sa calotte formait un bourrelet autour de sa tête.* ◇ Constituer. *Dépôts qui forment des stalactites.*
II. Donner une certaine forme à (qqch.). ♦ 1° Façonner en donnant une forme déterminée. *Bien former ses lettres.* V. **Calligraphier, écrire.** — *Former les temps d'un verbe,* à l'aide de désinences. V. **Conjuguer.** *Bien, mal former ses phrases.* V. **Construire.** ♦ 2° Développer (une aptitude, une qualité) ; exercer ou façonner (l'esprit, le caractère de qqn). V. **Cultiver, éduquer, élever, enseigner, instruire.** *Former l'intelligence.* V. **Développer.** *Former son goût par de bonnes lectures. « Ce maître incomparable avait formé mon esprit à la méditation »* (FRANCE). *Former les soldats.* V. **Discipliner, dresser, entraîner.** *Former un apprenti. « Cette discipline était énergique, bien propre à former des hommes »* (DUHAM.). — PROV. *Les voyages forment la jeunesse.*
III. ♦ 1° Entrer dans un ensemble en tant qu'élément constitutif. V. **Composer, constituer.** *Parties qui forment un tout, un ensemble, une synthèse ; un contraste. Lettres formant un mot.* — *Les personnes qui forment une assemblée. Formez le monôme. « Formez le triangle, mes enfants »* (GIRAUDOUX). — *Ellipt. Unités formant corps.* ♦ 2° Prendre la forme, l'aspect, l'apparence de. V. **Faire.** *La route forme une série de*

courbes. V. **Dessiner, présenter.** *Former bloc autour d'un leader.* « *Les autres couples,... formaient cercle autour d'eux* » (MART. du G.).
IV. SE FORMER. *v. pron.* ♦ 1° Acquérir, recevoir l'être et la forme. V. **Apparaître, constituer (se), créer (se), naître.** *Manière dont la terre s'est formée, dont les êtres se sont formés.* « *Nous sentions vraiment sur notre passage se former des ondes de sympathie* » (MAUROIS). — (Idées, sentiments) « *Ces idées se formèrent dans mon esprit en moins d'une seconde* » (FRANCE). « *Toutes les grandes passions se forment dans la solitude* » (ROUSS.). ♦ 2° Prendre une certaine forme. *L'armée se forma en carré, en ordre de bataille. Les nuages se formèrent en cumulus.* ♦ 3° Prendre, achever de prendre sa forme normale. V. **Développer (se).** *Les fruits commencent à se former, se forment.* V. **Nouer (se).** *Cette jeune fille s'est formée de bonne heure.* ♦ 4° S'instruire, se cultiver, apprendre son métier. « *Corneille s'était formé tout seul* » (VOLT.). « *C'est en lisant qu'un homme se forme, et non pas en récitant des manuels* » (PÉGUY). — Vieilli. *Se former sur qqch., sur qqn, en le prenant comme modèle, comme exemple.*
◇ ANT. **Déformer, détruire.**

FORMERET [fɔʀməʀɛ]. *n. m.* (1397 ; de *forme* « fenêtre d'église » en moy. fr.). *Archit.* Arc dans l'axe de la voûte, recevant sa retombée. *Les formerets et les doubleaux.*

FORMIATE [fɔʀmjat]. *n. m.* (1787 ; du rad. de *formique*, et *-ate*). *Chim.* Sel de l'acide formique. *Formiate de sodium.*

FORMICANT, ANTE [fɔʀmikã, ãt]. *adj.* (XVIᵉ ; lat. *formicans*, p. prés. de *formicare*). *Méd.* Qui produit une sensation analogue au picotement de fourmis. *Pouls formicant.*

FORMICATION [fɔʀmikasjɔ̃]. *n. f.* (1520 ; lat. *formicatio*, de *formica* « fourmi »). *Méd. (Vieilli).* Fourmillement.

FORMIDABLE [fɔʀmidabl(ə)]. *adj.* (1475 ; lat. *formidabilis*, de *formidare* « craindre, redouter »). ♦ 1° *Vieilli.* Qui inspire ou est de nature à inspirer une grande crainte. V. **Effrayant, épouvantable, redoutable, terrible.** « *Son aspect était formidable et monstrueux ; il avait cent têtes, et ses cent bouches sortaient avec des flammes des cris si horribles que les dieux et les hommes en tremblaient* » (GAUTIER). « *Rien de sinistre et formidable comme cette côte de Brest* » (MICHELET). ♦ 2° *Mod.* (v. 1830). Dont la taille, la force, la puissance est très grande. V. **Énorme, extraordinaire, imposant.** *Des effectifs formidables, un nombre formidable de. Des dépenses formidables.* V. **Considérable, étonnant, stupéfiant.** « *Un formidable coup de tête dans le ventre* » (PROUST). « *Une nuit, ils sont réveillés par une détonation formidable* » (DAUD.). ♦ 3° *Fam.* (emploi critiqué). Avec une valeur de superlatif exprimant l'admiration (abrév. pop. *formide*). V. **Épatant, sensationnel, terrible.** *Un livre, un film formidable. J'ai une idée formidable.* « *Formidable est-il vraiment devenu le synonyme d'épatant ou de rigolo ? Quelle chute ! Est-ce là que devait aboutir ce majestueux adjectif ?* » (HERMANT). ◇ Étonnant, renversant. *Vous êtes formidable, qu'est-ce que je pouvais faire d'autre ?* ◇ ANT. **Faible, petit. Mauvais.**

FORMIDABLEMENT [fɔʀmidabləmã]. *adv.* (mil. XIXᵉ ; de *formidable*). ♦ 1° *Vx.* D'une manière qui fait peur. ♦ 2° *Par ext.* Énormément. *Fam.* V. **Terriblement, très.** « *Ça me fait formidablement plaisir de les voir* » (BEAUVOIR).

FORMIQUE [fɔʀmik]. *adj.* (1800 ; du lat. *formica* « fourmi »). *Acide formique* (CH_2O_2) : liquide incolore, piquant et corrosif, qui existe à l'état naturel dans l'organisme des fourmis rouges, dans les orties et certains liquides biologiques (urine, sang). *Aldéhyde formique* (CH_2O) ou *formaldéhyde*, puissant antiseptique, utilisé en vapeurs dans les chambres de stérilisation ou en solutions pour les lavages, la conservation des pièces anatomiques, des boissons. V. **Formol.**

FORMOL [fɔʀmɔl]. *n. m.* (v. 1900 ; de *formaldéhyde*). Nom courant de la solution d'aldéhyde formique* employée comme désinfectant.

FORMOLER [fɔʀmɔle]. *v. tr.* (1912 ; de *formol*). Désinfecter au formol.

FORMULABLE [fɔʀmylabl(ə)]. *adj.* (1907 ; de *formuler*). Qui peut être formulé.

FORMULAIRE [fɔʀmylɛʀ]. *n. m.* (1426 ; lat. *formularius*, adj. substant.). ♦ 1° Recueil de formules. *Formulaire des notaires* (recueil de modèles d'actes). *Formulaire des pharmaciens.* V. **Codex.** ♦ 2° *Cour.* Formule où sont imprimées des questions en face desquelles la personne intéressée doit inscrire ses réponses. V. **Formule, questionnaire.** « *Voulez-vous avoir l'obligeance de remplir ces formulaires ? Vous signerez au bas des feuilles* » (SARTRE).

FORMULATION [fɔʀmylasjɔ̃]. *n. f.* (av. 1846 ; de *formuler*). ♦ 1° Action d'exposer avec précision ; manière dont qqch. est formulé. ♦ 2° Action de mettre en formule (II).

FORMULE [fɔʀmyl]. *n. f.* (*fourmulle*, 1372 ; 1496 ; lat. *formula*, dimin. de *forma*. V. **Forme**).
I. Forme déterminée que l'on est tenu ou que l'on est convenu de respecter pour exprimer une idée, énoncer une règle ou exposer un fait. ♦ 1° *Dr.* Modèle qui contient les termes exacts dans lesquels un acte doit être rédigé. V. **Libellé.** *Formule du titre d'une loi.* V. **Intitulé.** *Formule exécutoire d'un jugement,* qui permet à un plaideur d'en poursuivre l'exécution. ♦ 2° Paroles rituelles qui doivent être prononcées dans certaines circonstances, pour obtenir un résultat (en religion, magie). *Formule sacramentelle. Formule incantatoire, magique.* « *Le derviche prononçait,... des formules gutturales dont la puissance était certainement irrésistible* » (GOBINEAU). ♦ 3° (Fin XVIIᵉ). Expression consacrée dont le code des convenances, les coutumes sociales prescrivent l'emploi dans certaines circonstances. V. **Cérémonial, étiquette.** *Formules de politesse. Formules épistolaires.*
II. Expression concise résumant un ensemble de significations. ♦ 1° (1757, en math.). Expression concise, générale (souv. symbolique), définissant avec précision soit des relations fondamentales entre termes qui entrent dans la composition d'un tout, soit les règles à suivre pour un type d'opérations. *Formule mathématique, algébrique. Formule exprimant une loi, en physique, mécanique, astronomie.* — *Formules de la logique axiomatique, formalisée.* — *Bot. Formule florale,* donnant le nombre des divers éléments. — *Biol. Formule cellulaire, ou cytologique d'un liquide. Formule leucocytaire du sang. Formule dentaire.* — *Chim. Formule chimique :* expression figurant par leurs symboles les éléments qui entrent dans un corps composé, et leurs quantités relatives. H_2O, *formule moléculaire de l'eau. Formule brute. Formule développée,* montrant les fonctions, les liaisons entre atomes. ♦ 2° Expression concise d'une suite d'opérations permettant d'obtenir un résultat. *Recueil de formules pharmaceutiques.* V. **Codex, formulaire.** ♦ 3° Solution type d'un problème ; manière de procéder pour se tirer de difficulté, parvenir à un résultat. *Chercher, adopter, trouver une formule, une bonne formule.* V. **Méthode, procédé.** *Formule de paiement.* V. **Mode.** « *Depuis quelques mois, elle avait trouvé sa formule, et c'était de ne s'étonner de rien* » (DUHAM.). ◇ *Spécialt.* Schéma de composition artistique propre à une époque, une école, etc. (V. **Parti**). ◇ (*Néol.*) Manière de présenter un divertissement, un service, etc. *Une nouvelle formule de spectacle, de revue, de restaurant.* ◇ *Catégorie,* dans les courses automobiles. *Courir en formule 1.* ♦ 4° Expression concise, nette et frappante, d'une idée ou d'un ensemble d'idées. *La formule du Cogito. Formule renfermant un conseil moral.* V. **Aphorisme, précepte, proverbe, sentence.** *Formule publicitaire.* V. **Slogan.** ◇ Mode d'expression, considéré dans sa valeur stylistique. V. **Expression, locution, phrase, tournure.** « *On a téléphoné, annonça Léon,... C'était la formule évasive qu'il avait, une fois pour toutes, adoptée* » (MART. du G.). *Formule toute faite.* V. **Cliché.** ♦ 5° Feuille de papier imprimée de nombreux exemplaires, contenant quelques indications et destinée à recevoir un texte court. *Une formule de télégramme. Demander, remplir une formule* (V. **Formulaire**).

FORMULER [fɔʀmyle]. *v. tr.* (XIVᵉ ; de *formule*). ♦ 1° *Didact.* Mettre, rédiger ou réduire en formule (I ou II), d'après une formule. *Formuler une ordonnance médicale. Formuler un acte notarial.* V. **Établir.** — (1752) *Formuler un médicament.* ♦ 2° *Cour.* (1845). Énoncer avec la précision, la netteté d'une formule juridique. V. **Expliciter, exprimer.** *Formuler une demande, une réclamation.* « *Je vous somme de formuler vos griefs contre moi* » (VILLIERS). *Spécialt. Formuler une plainte* (en justice). V. **Déposer.** ♦ 3° Exprimer (avec ou sans précision). V. **Émettre, exprimer.** *Formuler tout haut ses craintes. Formuler un souhait, des vœux.* V. **Former.** « *Il sentait vaguement des pensées lui venir ; il les aurait dites, peut-être, mais il ne les pouvait point formuler avec des mots écrits* » (MAUPASS.). « *La question de la visiteuse, formulée d'un accent étouffé* » (BOURGET). — SE FORMULER. *v. pron.* « *Ce sont des choses qu'on ne peut pas dire, ça ne se formule pas* » (SARTRE). ◇ ANT. **Cacher, dissimuler, taire.**

FORNICATEUR, TRICE [fɔʀnikatœʀ, tʀis]. *n.* (fin XIIᵉ ; lat. ecclés. *fornicator, trix*). *Relig.* ou *plaisant.* Personne qui commet le péché de fornication.

FORNICATION [fɔʀnikasjɔ̃]. *n. f.* (déb. XIIᵉ ; lat. ecclés. *fornicatio* ; de *fornix* « prostituée », les prostituées se tenant à Rome dans des chambres voûtées (*fornices* « voûtes ») pratiquées sur les murs des maisons). *Relig.* (T. biblique) ou *par plaisant.* Péché de la chair (relations charnelles entre deux personnes qui ne sont ni mariées ni liées par des vœux).

FORNIQUER [fɔʀnike]. *v. intr.* (XIVᵉ ; lat. ecclés. *fornicari.* V. **Fornication**). *Relig.* ou *plaisant.* Commettre le péché de fornication.

FORS [fɔʀ]. *prép.* (*Foers*, adv., Xᵉ ; lat. *foris* « dehors » ; élément de formation [Cf. Forligner, forlonger, formariage]. V. *aussi* **For-**). *Vx.* Excepté, hormis, sauf. « *Tout est perdu, fors l'honneur* », mot attribué à François Iᵉʳ lors de la défaite de Pavie. « *Tout se tait fors les gardes* » (MUSS.). ◇ HOM. **For, fort.**

FORSYTHIA [fɔʀsisja]. *n. m.* (*Forsythie*, 1839 ; lat. mod. de *Forsyth*, horticulteur angl.). Arbrisseau (*Oléacées*) à fleurs jaunes décoratives très précoces.

1. **FORT, FORTE** [fɔʀ, fɔʀt(ə)]. *adj.* et *n. m.* (xᵉ; fém. *fort* jusq. xivᵉ; lat. *fortis*).

I. Qui a de la force, un grand pouvoir d'action. ♦ 1° Qui a de la force physique. V. **Costaud** *(fam.)*, **puissant, résistant, robuste, solide, vigoureux.** *Homme beau et fort* : athlétique, bien bâti. *Un homme grand et fort.* V. **Hercule, malabar.** *Être fort comme un Turc, comme un bœuf.* « *Il le poussa vers la porte; Philippe voulut résister, mais c'était désespérant : Maurice était fort comme un bœuf* » (SARTRE). Par ext. *Forte constitution. Race forte. Le sexe fort*, les hommes. — Loc. prov. « *La raison du plus fort est toujours la meilleure* » (LA FONT.) : le plus fort fait toujours prévaloir sa volonté. — Fig. *Prêter main-forte à qqn.* V. **Main-forte.** *Recourir à la manière forte* : à la contrainte, à la violence. ♦ 2° (xviᵉ). Considérable par les dimensions. V. **Grand, gros, important.** — *(Personnes*, et surtout femmes) Euphémisme pour *gros*. *Femme forte, un peu forte.* V. **Corpulent, gros.** — *Personne forte des hanches.* V. **Large.** *Elle a la taille assez forte. Une forte poitrine* : très développée. ♦ 3° Qui a une grande force intellectuelle, de grandes connaissances (dans un domaine), qui excelle dans la pratique (de qqch.). V. **Bon, calé** *(fam.)*, **capable, doué, habile** (Cf. *pop.* Fortiche). « *En atteignant à la fin de sa seconde année de droit, Oscar, déjà beaucoup plus fort que beaucoup de licenciés...* » (BALZ.). « *Nous disions : « C'est un brave homme, mais il n'est pas bien fort* » (ROMAINS). « *Jeanne était forte en orthographe, mais en calcul, il s'en fallait qu'elle fût aussi avancée* » (AYMÉ). — *Être fort sur un thème.* — *Être fort sur une question.* — *Être fort à un exercice, un jeu* : savoir très bien le pratiquer. — Par plaisant. *Il est toujours très fort pour parler, critiquer. Être fort en gueule*, et subst. *C'est un fort en gueule.* V. **Bavard, gueulard.** ◊ Fam. *(Choses).* V. **Adroit, intelligent, malin.** *J'ai lu sa dernière critique : ce n'est pas très fort !*

II. (xiiᵉ; la force considérée sous des aspects passifs). ♦ 1° *(Choses).* Qui résiste, a de la force (II, 3°). V. **Résistant, solide.** *Un cuir, un métal fort. Papier fort.* V. **Épais.** *Fil, ruban fort* (V. **Extra-fort**). ◊ Loc. *Colle forte.* V. **Tenace.** *Terre forte*, argileuse, difficile à labourer. V. **Gras.** ♦ 2° (xiiiᵉ). *Une place, une ville forte.* V. **Fortifié; fort** (3, II), **fortification.** *Un château fort.* — Par anal. *Coffre*-fort. Chambre*-forte.* ♦ 3° *(Sur le plan moral).* Qui est capable de résister au monde extérieur ou à soi-même. V. **Aguerri, armé, courageux, énergique, ferme.** *Être fort dans l'adversité, à l'épreuve* (Cf. Tenir bon). « *Un homme est bien fort quand il s'avoue sa faiblesse* » (BALZ.). « *Le repliement sur soi-même n'est bon qu'aux natures fortes et simples et fortes* » (MONTHERLANT). *La femme forte dont parle l'Écriture sainte.* — Spécialt. *Une forte tête.* *Les esprits forts*, incrédules.

III. (xiiiᵉ, *vin fort*). Qui agit beaucoup ou efficacement (V. **Force**, II, 4°). Ⓐ Intense, actif. ♦ 1° Intense (mouvement, effort physique). *Coup très fort.* V. **Énergique, violent.** *Forte poussée. Un vent fort.* — (Avant un nom) Qui dépasse la normale. *Forte montée, forte descente. Fortes chutes de neige, de pluie.* V. **Abondant.** *Forte fièvre. Payer une forte somme.* V. **Gros.** — *De fortes chances.* — (Après un nom) *Payer le prix fort.* ♦ 2° Dont l'intensité a une grande action sur les organes des sens. — *(Opposé à doux, léger) Lumière forte.* Par ext. *Voix forte.* — V. **Claironnant, sonore.** Spécialt. *Accent fort, forte accentuation d'une syllabe. Consonne forte* : « qui comporte une intensité notable de l'effort musculaire exigé par l'articulation » (MAROUZEAU). — Mus. *Temps fort.* — *Des odeurs fortes.* V. **Lourd, violent.** « *Des seringas dont je sens encore le parfum très fort* » (MAUROIS). V. **Enivrant, pénétrant.** *Haleine forte. Goût fort, saveur forte.* — Par ext. *Fromage fort. Moutarde très forte.* V. **Extra-fort, piquant.** *Sauce trop forte qui emporte la bouche* (V. **Épicé, relevé**). *Tabac fort, cigarettes fortes.* ◊ Spécialt. Qui affecte violemment le goût, par la concentration de l'infusion, du mélange. *Café, thé fort.* — Par le degré d'alcool. *Vin fort*, très alcoolisé. *V. **Liqueurs fortes.*** V. **Grand, intense.** *Douleur trop forte. Faire une forte impression sur qqn.* V. **Vif.** *Avoir une forte envie de gifler qqn.* — « *Voilà une raison bien forte (je ne dis pas bien bonne) en sa faveur* » (D'ALEMB.). V. **Puissant.** *À plus forte raison.* V. **A fortiori.** *De fortes présomptions pèsent sur lui.* V. **Grave, lourd.** ♦ 4° Dont l'intensité a un grand pouvoir d'évocation (moyens d'expression). *L'épithète est un peu forte!* V. **Outré.** « *Le mouvement de révolte est plus qu'un acte de revendication au sens fort du mot* » (CAMUS). — *Une œuvre forte.* V. **Puissant, vigoureux.** ♦ 5° *(Choses).* Difficile à croire ou à supporter par son caractère excessif. *La plaisanterie est un peu forte.* V. **Exagéré, poussé** (Cf. Passer les bornes, la mesure; aller trop loin). *Elle est forte celle-là!* (fam.), se dit d'une histoire, d'une aventure étonnante. Fam. *Ça c'est fort, un peu fort, où est-il passé?* V. **Formidable, inouï, raide.** — Loc. (1732) « *C'est un peu fort de café, cela!* » (BALZ.). — *Ce qu'il y a de plus fort, le plus fort c'est que...* V. **Extraordinaire, incroyable, invraisemblable.** « *Et le plus fort, c'est qu'il le croyait* » (DAUD.) : le pire. *C'est plus fort que de jouer au bouchon. De plus en plus fort!* Ⓑ Effi-

cace. ♦ 1° Qui agit avec force, est capable de grands effets. *Les explosifs les plus forts.* V. **Puissant.** *Remède fort.* V. **Agissant, efficace.** ♦ 2° *(Personnes).* Qui a un grand pouvoir d'action, de l'influence. V. **Influent, puissant** (souv. opposé à *faible*). *Il est fort parce qu'il est riche.* « *Il y a bien un droit du plus sage, mais non pas un droit du plus fort* » (JOUBERT). ◊ ÊTRE FORT DE : puiser sa force, sa confiance, son assurance dans. *Être fort de la protection, de l'aide, de l'assentiment de qqn.* « *Eux, forts de ce qu'un fermier se remplace malaisément, réclamèrent d'abord une diminution du loyer* » (GIDE). ◊ *Se porter fort pour qqn* : répondre de son consentement, se porter garant, caution pour lui. ◊ (xivᵉ) SE FAIRE FORT DE *(fort invar.)* : se déclarer assez fort pour faire telle chose, obtenir tel résultat. V. **Piquer** (se), **targuer** (se), **vanter** (se). « *Elle se faisait fort d'amener Octavie à des confidences* » (MAURIAC). *Se fait de gens se font fort de vous ouvrir toutes les portes* » (ROMAINS). ♦ 3° Qui a la force (II 1°), ou n'hésite pas à employer la contrainte (V. **Force**, III), surtout en politique. *État, gouvernement fort. Régime fort.* — *L'homme fort d'un régime, d'un État* : celui qui dispose de la puissance réelle (militaire, policière) et n'hésite pas à employer la force. ♦ 4° Qui dispose d'une force militaire, économique, etc. *Une armée forte* : efficace au combat (par l'armement, le nombre). « *Un peuple, pour être fort, doit être nombreux* » (BENDA). — *Jeu.* Se dit d'une carte, etc., qui permet de battre l'adversaire. *À la belote, le valet d'atout est plus fort que la dame.* ♦ 5° Qui agit efficacement, produit des effets importants (qualités morales ou intellectuelles). *Sentiment, croyance plus forts que la raison.* — *L'amour est fort comme la mort*, vers du Cantique des cantiques. — *C'est plus fort que moi*, se dit d'une habitude, une passion, un désir, un préjugé auquel on ne peut résister. V. **Invincible, irrésistible.**

IV. *N. m.* ♦ 1° (xivᵉ). Le côté fort, l'aspect sous lequel une personne, une chose révèle le plus de puissance, de valeur, d'efficacité. *Le fort et le faible d'une chose, d'une personne.* « *Après avoir examiné le fort et le faible des sciences* » (VOLT.). — *(Après un poss.)* Ce en quoi l'on est fort, excelle. *C'est son fort.* Fam. et iron. *La générosité n'est pas son fort* (V. **Fait**). « *La bêtise n'est pas mon fort* » (VALÉRY). ♦ 2° (1611). — (Archit.) Le fort d'une voûte, d'une poutre, résistante d'une chose. — Mar. La plus grande largeur d'un navire. *Largeur au fort.* ♦ 3° (xivᵉ; du anc. sens de l'adj.). *Le fort de la forêt, le cœur.* — Fig. *Au fort de l'été, de l'hiver.* V. **Cœur, milieu.** *Il devait « s'interrompre au fort d'une méditation bien menée* » (DUHAM.).

◇ ANT. **Faible; débile, fragile, malingre. Anodin, inefficace, doux. Mou, peureux, timide. Ignorant, nul.**

2. **FORT** [fɔʀ]. *adv.* (xvᵉ; du précéd.). ♦ 1° Adverbe de manière. ◊ Avec de la force physique, en fournissant un gros effort. V. **Fortement.** *Frapper fort.* V. **Dur, vigoureusement.** *Serrer très fort. Lancez la balle plus fort! Toussez, respirez fort! De plus en plus fort*, en augmentant. ◊ Avec une grande intensité. *Cœur qui bat fort. Le vent souffle fort. Poêle, chauffage qui marche trop fort.* — *Parler, crier fort. Jouer fort* (V. **Forte**). *Sentir fort*, dégager une odeur violente. — Fig. *Y aller fort.* V. **Exagérer** (Cf. Dépasser les bornes). ♦ 2° (xvᵉ). Adverbe de quantité. ◊ (Avec un verbe; *rare* dans la langue parlée) V. **Beaucoup, excessivement, extrêmement.** *Cet homme me déplaît fort.* V. **Souverainement.** *Vous m'obligeriez fort.* V. **Bien.** *J'en doute fort.* Cour. *Il aura fort à faire* [fɔʀtafɛʀ] *pour vous convaincre.* ◊ (Devant un adj. ou une expression ayant valeur d'adj., devant un autre adv.) *Vieilli, région.* ou *littér.* (sauf dans quelques tours). V. **Bien, très.** *Un oiseau fort petit. Homme fort riche, fort occupé. J'en suis fort aise. Voilà un fait fort étrange. Je le sais fort bien. Fort bien!* exprime l'accord, l'assentiment. *Arriver de fort bonne heure.* ◇ ANT. **Faiblement. Peu.**

3. **FORT** [fɔʀ]. *n. m.* (xiiiᵉ; de *fort* 1).
I. ♦ 1° Personne qui a une grande force musculaire, une bonne santé *(rare* en emploi général). ◊ (xviiᵉ) *Les forts de la Halle, des Halles* : les employés de la Halle de Paris qui manipulent et livrent les marchandises. ◊ Personne qui a la force, la puissance (matérielle). V. **Puissant.** *C'est la lutte du faible contre le fort* (Cf. Le terre contre le pot de fer). *Protéger le faible contre le fort.* ♦ 2° Personne qui a une force morale, de l'énergie, de la fermeté, du courage. « *Les charmes de l'horreur n'enivrent que les forts!* » (BAUDEL.).
II. (xiiiᵉ). Ouvrage destiné à protéger un lieu stratégique, une ville. V. **Forteresse, fortification, fortin.** *Abris blindés, casemates, coupoles cuirassées d'un fort. En 1916, les forts de Vaux et de Douaumont ont brisé l'offensive allemande.* ◇ HOM. **For, fors**; formes du v. forer.

FORTE [fɔʀte]. *adv.* (1846; on employait avant *fort* 2; it. *forte* fr.). Mus. Fort. Passage à exécuter fort, en jouant ou en chantant fort (V. **Fortissimo**). *Subst.* Passage à exécuter fort. *Des forte.* ◇ ANT. **Piano.**

FORTEMENT [fɔʀtəmɑ̃]. *adv.* (xiiiᵉ; *fortment, forment*, xiᵉ; de *fort*). ♦ 1° Avec force. *Frapper, serrer fortement.*

V. **Fort, vigoureusement.** *Cela tient fortement au mur.* V. **Fermement, solidement.** *Des traits, des contours fortement marqués.* V. **Nettement.** — Fig. *Désirer, espérer fortement.* V. **Intensément, profondément.** *Je vous y exhorte fortement.* V. **Vivement.** ♦ 2° *Par ext.* V. **Beaucoup, très.** « *Des hommes blonds, et fortement bronzés* » (HENRIOT). *Boiter fortement. Il a été fortement intéressé par votre projet.* — *Il est fortement question d'une réunion internationale.* V. **Grandement.** ◇ ANT. **Faiblement; doucement. Peu.**

FORTE-PIANO [fɔrtepjano]. *adv.* (1758; mot. it.). *Mus.* Indication de nuance, passage du *forte* au *piano* dans un morceau de musique. Subst. *Des forte-piano.*

FORTERESSE [fɔrtərɛs]. *n. f.* (*Forterece,* XIIᵉ; du lat. *fortis,* avec le suff. *-aricius*). ♦ 1° Lieu fortifié pour défendre une zone territoriale, une ville. V. **Citadelle, château (fort), fortification.** *Investir, abattre une forteresse. Forteresse imprenable, inexpugnable.* ◇ *Fort servant de prison d'État. Arrêts de forteresse.* ♦ 2° *Fig.* Ce qui résiste à l'action extérieure. V. **Citadelle, rempart.** « *Une énorme forteresse de préjugés, de privilèges, de superstitions* » (HUGO). ♦ 3° (v. 1943; trad. angl.). *Forteresse volante,* passage du *forte* bombardier lourd américain mis en service au cours de la seconde guerre mondiale.

FORTICHE [fɔrtiʃ]. *adj.* (1897; de *fort*). *Fam.* ♦ 1° Fort, robuste. V. **Costaud.** ♦ 2° (1915). Habile, malin, calé. *C'est un fortiche.*

FORTIFIANT, ANTE [fɔrtifjɑ̃, ɑ̃t]. *adj.* et *n. m.* (1694; « celui qui fortifie (une ville) », 1543; de *fortifier*). ♦ 1° Qui fortifie (aliments, boissons). V. **Analeptique, cordial, réconfortant, reconstituant, remontant** (*fam.*)**, stimulant, tonique.** *Une nourriture fortifiante. Médicament fortifiant.* ◇ *N. m.* Aliment, médicament fortifiant. *Le sucre, le quinquina sont des fortifiants.* ♦ 2° *Fig.* et *littér.* Qui donne de la force morale, de l'énergie. V. **Réconfortant.** ◇ ANT. **Affaiblissant, amollissant, anémiant, débilitant.**

FORTIFICATION [fɔrtifikasjɔ̃]. *n. f.* (1360; lat. *fortificatio,* de *fortis* « fort »). ♦ 1° Action de fortifier une place, de la munir d'ouvrages défensifs. *Travailler à la fortification d'une position clef.* ♦ 2° (XVᵉ; souv. *au plur.*). Ouvrage défensif, ou ensemble des ouvrages fortifiés destinés à la défense d'une position, d'une place. V. **Bastion, blockhaus, casemate, citadelle, enceinte, fort, forteresse, fortin, tour.** *Fortification romaine.* V. **Oppidum.** *Fortification arabe.* V. **Casbah, ksar.** *Fortifications dominantes du moyen âge :* escarpements et fossés avec pont-levis. *Fortifications rasantes de Vauban. Fortifications permanentes.* ◇ *Vestiges des anciennes fortifications entourant Paris. Se promener sur les fortifications* (pop. les FORTIFS [fɔrtif]).

FORTIFIER [fɔrtifje]. *v. tr.* (1308; bas lat. *fortifiare,* rac. *fortis.* V. **Fort**). ♦ 1° Rendre fort, vigoureux; donner plus de force à. *L'exercice fortifie le corps.* « *Marcher sur les mains pour se fortifier les poignets* » (GONCOURT). « *Le plaisir nous use. Le travail nous fortifie* » (BAUDEL.). Absolt. *Nourriture, régime, remède* (V. **Fortifiant**) *qui fortifie.* V. **Réconforter, soutenir.** ◇ Donner de la solidité à. V. **Consolider, renforcer.** *Pilier qui fortifie une construction.* V. **Étayer, soutenir.** ♦ 2° *Fig.* Fortifier son âme, sa volonté. V. **Durcir, tremper.** *Le temps fortifie l'amitié.* V. **Augmenter, renforcer.** « *Ces sortes de rancunes que le temps fortifie* » (MAURIAC). « *Mon premier entretien... fortifia l'impression que, avant de le connaître, j'avais eue en l'apercevant au café* » (LECOMTE). V. **Appuyer, confirmer.** « *Loin de le rendre raisonnable, mes discours fortifiaient ce jeune seigneur dans son obstination* » (FRANCE). V. **Encourager.** ♦ 3° Munir d'ouvrages de défense. V. **Armer.** — Au p. p. *Côte fortifiée. Ville fortifiée* (V. **Fort;** *opposé à* ville ouverte). ◇ SE FORTIFIER. *v. pron.* S'abriter derrière des fortifications. V. **Retrancher** (se). ◇ ANT. **Affaiblir, débiliter, consumer, réduire, ruiner.**

FORTIFS. V. FORTIFICATION.

FORTIN [fɔrtɛ̃]. *n. m.* (1642; it. *fortino*). Petit fort. V. **Blockhaus, casemate.**

FORTIORI (A). V. A FORTIORI.

FORTISSIMO [fɔrtisimo]. *adv.* (1758; mot it., de *forte* « fort »). *Mus.* Très fort. — Subst. invar. *Un fortissimo :* passage qui doit être exécuté fortissimo. ◇ ANT. **Pianissimo.**

FORTRAIT, AITE [fɔrtrɛ, ɛt]. *adj.* (fin XVIIᵉ; de l'a. fr. *fortraire* (*fors,* et *traire :* lat. *trahere* « tirer ») « tirer excessivement » d'où « surmener »). Se dit d'un cheval excédé de fatigue (*vx* ou *T. de manège*).

FORTRAITURE [fɔrtrɛtyr]. *n. f.* (1762; de *fortrait*). *Vx.* État d'un cheval fortrait.

FORTRAN [fɔrtrɑ̃]. *n. m.* (v. 1965; abrév. de *for*[mula] *tran*[sposée]). *Inform.* Langage adapté aux calculatrices électroniques pour la programmation du calcul scientifique. V. **Algol, cobol.**

FORTUIT, UITE [fɔrtɥi, ɥit]. *adj.* (XIVᵉ; lat. *fortuitus;* de *fors* « hasard »). Qui arrive ou semble arriver par hasard, d'une manière imprévue. V. **Accidentel, contingent, imprévu, inattendu, inopiné, occasionnel.** « *Un décès prématuré et qui nous semble fortuit parce que les causes dont il est l'aboutis-* sant nous sont restées inconnues » (PROUST). « *Ne fallait-il voir là qu'une suite fortuite d'événements, ou chercher entre eux quelque rapport?* » (GIDE). ◇ *Cas fortuit,* qui exclut la faute de l'auteur apparent du dommage. ◇ Subst. *Le fortuit.* V. **Accidentel.** ◇ ANT. **Nécessaire, obligatoire.**

FORTUITEMENT [fɔrtɥitmɑ̃]. *adv.* (XVIᵉ; de *fortuit*). D'une manière fortuite. *C'est arrivé fortuitement.* V. **Accidentellement, hasard** (par hasard).

FORTUNE [fɔrtyn]. *n. f.* (XIIᵉ; lat. *fortuna* « bonne ou mauvaise fortune »).

I. ♦ 1° *Vx* ou *littér.* Puissance qui est censée distribuer le bonheur et le malheur sans règle apparente. V. **Hasard, sort.** *Les caprices de la fortune. Être favorisé par la fortune.* V. **Fortuné, heureux.** *La fortune lui fut contraire.* « *Mon enfant la fortune t'a donné d'excellents parents qui te guideront* » (FRANCE). — Vx. *De fortune, par fortune :* par hasard. ♦ 2° Divinité antique qui représente cette puissance. *La Fortune est représentée les yeux bandés, debout sur une roue* (*la roue de la Fortune*) *et tenant une corne d'abondance.*

II. ❶ Événements dus à la chance. ♦ 1° (*Dans des expressions*). Ce qui advient par la volonté de la Fortune; événement ou suite d'événements considérés dans ce qu'ils ont d'heureux ou de malheureux. V. **Chance** (1°)**, hasard.** *La fortune des armes. Bonne fortune :* chance heureuse; spécialt. Succès galant. *Un homme à bonnes fortunes.* — *Avoir la bonne, l'heureuse fortune de. Mauvaise fortune :* adversité, malheur, malchance. *Faire contre mauvaise fortune bon cœur :* se résigner. — *Chercher, tenter fortune.* V. **Aventure.** — Fam. et vx. *Courir la fortune du pot :* s'exposer à faire un mauvais repas. Mod. *Dîner à la fortune du pot, inviter qqn à la fortune du pot :* sans façon, à la bonne franquette. — *De* FORTUNE, employé pour parer au plus pressé. V. **Provisoire.** « *Ils sont parvenus à faire marcher l'usine par des moyens de fortune* » (MAUROIS). « *La salle de bains... C'est une installation de fortune, dans un ancien cabinet de débarras* » (ROMAINS). — Mar. *Voile de fortune,* et absolt. FORTUNE. *Fortune carrée :* voile carrée que l'on peut gréer sur une vergue (spécialt. la vergue de misaine des goélettes). ♦ 2° Absolt. et vx. Hasard heureux, chance. « *Il ne manque pas de mérite, mais il n'a pas de fortune* » (ACAD., 1694). — Littér. *Il eut la fortune de vivre dans une société brillante.* « *Il arrive à Ziegler une de ces fortunes rares qu'un artiste peut attendre en vain toute sa vie* » (GAUTIER). ♦ 3° *Vx.* Malchance, malheur. — Dr. mar. *Fortune de mer :* tout risque fortuit (perte, avarie) dont l'armateur est responsable. *Par ext.* Ensemble des valeurs que le propriétaire de navire doit abandonner pour limiter sa responsabilité. *Clause de meilleure fortune* (dans un contrat). ❷ La vie, la carrière due à la chance. ♦ 1° *Vx* ou *littér.* La vie de qqn, considérée dans ce qu'elle a d'heureux, de malheureux. V. **Avenir, destin, destinée, sort, vie.** « *Depuis qu'il s'est attaché à ma fortune, il a purifié sa vie au feu de mes épreuves* » (BALZ.). ◇ Mod. (*Choses*) Carrière, destin. *La fortune d'une œuvre d'art, d'un livre.* ♦ 2° *Vieilli.* Situation dans laquelle se trouve qqn. V. **État, situation.** *Fortune heureuse, brillante.* Mod. *Revers, revirement de fortune :* accident, traverse, vicissitude. — Absolt. Situation élevée. V. **Prospérité, succès.** *Être l'artisan de sa fortune, bâtir sa fortune,* etc. (compris au sens III, à la mode de nos jours). « *À Paris, la fortune est de deux espèces : il y a la fortune matérielle, l'argent... et la fortune morale, les relations, la position* » (BALZ.).

III. Mod. (XVᵉ). ♦ 1° Ensemble des biens, des richesses qui appartiennent à un individu, à une collectivité. V. **Argent, avoir, bien, capital, patrimoine, ressources, richesse.** *Les biens qui composent sa fortune :* actif, meubles, immeubles. *Situation de fortune :* situation financière d'une personne. *Inégalité des fortunes. Partager sa fortune entre ses enfants. Grande, grosse fortune.* « *Si sa fortune était petite, Elle était sûre tout au moins* » (LA FONT.). *Administrer, gérer sa fortune. Fortune publique.* V. **Domaine, trésor.** ♦ 2° *Cour.* Ensemble de biens d'une valeur considérable. *Avoir, posséder de la fortune :* une fortune qui permet de vivre largement (Cf. *Avoir du bien au soleil*). *Il a un gros salaire, mais pas de fortune. Épouser une femme sans fortune.* — FAIRE FORTUNE. « *De mes petits fabricants en chambre, il en est qui font fortune, d'autres qui font faillite* » (VALÉRY). ◇ *Par ext.* Opulence, richesse. « *Une vedette qui veut bien lancer une de vos œuvres, ça peut être la fortune* » (ROMAINS).

◇ ANT. **Adversité, infortune, malchance, misère, pauvreté.**

FORTUNÉ, ÉE [fɔrtyne]. *adj.* (XIVᵉ; lat. *fortunatus*). ♦ 1° *Vx* ou *littér.* Favorisé par la fortune, par le sort. V. **Chanceux, heureux.** « *Un magistrat, voyant un homme qui a ce qu'il veut, s'écrie avec un grand applaudissement : qu'il est heureux! qu'il est fortuné!* » (BOSS.). — (*Choses*) V. **Heureux.** — « *Ô fortuné séjour! ô champs aimés des cieux* » (BOIL.). *Les îles Fortunées,* les Canaries. ♦ 2° (1787). Mod. Qui possède de la fortune. V. **Aisé, riche.** « *Fortuné prend le sens de riche : il suit l'évolution de fortune et les grammairiens n'y peuvent rien* » (R. de GOURMONT). « *Quantité de gens* restent assez fortunés pour n'avoir pas beaucoup à pâtir des restrictions » (GIDE). ◇ ANT. Infortuné, malheureux. Pauvre.

FORUM [fɔʀɔm]. n. m. (1757; mot lat. « place publique ». V. **For, fur**). Antiq. rom. Place du marché. ◇ Spécialt. Place où se tenaient les assemblées du peuple et où se discutaient les affaires publiques (comme l'agora). ◇ Fig. Lieu où se discutent les affaires publiques. L'éloquence du forum. V. **Prétoire, tribune**. ◇ (1955). Colloque*, symposium*. « Un forum étudiants-entreprises va se tenir » (L'Express, 1973).

FORURE [fɔʀyʀ]. n. f. (1680; de forer, et -ure). Techn. Trou fait avec un foret. La forure d'une clef.

FOSSE [fos]. n. f. (1080; lat. fossa, rac. fodere « creuser, fouir »). Cavité assez large et profonde. ♦ 1° Cavité creusée par l'homme pour servir de réceptacle. V. **Excavation, fossé. Creuser, faire une fosse**. V. **Fossoyer**. Fosse servant de piège pour les gros animaux. ◇ Spécialt. Techn. Puits d'une exploitation houillère ; lieu aménagé pour le chargement du charbon. Fosse de remplissage. — Ch. de fer. Fosse à piquer : fosse creusée entre les rails pour recevoir les matières qui tombent du foyer, et permettre de passer sous la locomotive. Auto. Cavité pratiquée dans le sol d'un garage pour avoir accès au-dessous d'une voiture. Les ponts remplacent de plus en plus les fosses. ◇ Fosse aux ours, aux lions, où on les tient en captivité. Daniel fut jeté dans la fosse aux lions. ◇ (XIIᵉ; « cachot ») Jeter un prisonnier dans une fosse. V. **Basse-fosse, oubliette**. ◇ Fosse à purin, à fumier. — Fosse d'aisances, destinée à recevoir les matières fécales. V. **Latrines**. Fosse fixe, étanche, septique. Fosses mobiles. V. **Tinette**. ♦ 2° Trou creusé en terre pour l'inhumation des morts. V. **Tombe**. Les fosses d'un cimetière. Ensevelir, enterrer qqn dans une fosse. Fosse commune, où sont déposés ensemble plusieurs cadavres ou cercueils (V. **Charnier**). — Fig. Creuser sa fosse : préparer sa mort. ♦ 3° Cavité naturelle. Spécialt. Géol. V. **Abysse, dépression, gouffre**. Fosses profondes dues aux déchirures de l'écorce terrestre. V. **Géosynclinal**. ♦ 4° Anat. Cavité que présentent certains organes et dont l'entrée est plus évasée que le fond. Fosses orbitaires. Fosse iliaque. Cour. Fosses nasales. ◇ HOM. Fausse (adj.) ; formes du v. fausser.

FOSSÉ [fose]. n. m. (Fosset, 1080; bas lat. fossatum, rac. fossa « fosse »). ♦ 1° Concret. Fosse creusée en long dans le sol et servant à l'écoulement des eaux, à la séparation des terrains. V. **Canal, tranchée, watergang**. Fossé formant la clôture d'un parc, d'un enclos. V. **Saut-de-loup**. Fossé servant à drainer les eaux, à irriguer. V. **Rigole, ruisseau**. Fossés qui bordent une route. La voiture est allée dans le fossé. Sauter un fossé à pieds joints. Loc. prov. Au bout du fossé la culbute*. — Fortif. Tranchée entourant un ouvrage fortifié et servant à la défense. Fossé plein d'eau. V. **Douve**. Fossé antichars. ◇ Géol. Bande de terrains affaissés, limitée par des failles. Fossé tectonique. (V. **Effondrement**). ♦ 2° Fig. (XXᵉ). Cassure, coupure. « Ils ne s'entendent plus, ... le fossé s'est creusé davantage entre eux » (HENRIOT). V. **Abîme**. ◇ HOM. Fausser.

FOSSETTE [fosɛt]. n. f. (1280; « petite fosse », XIIᵉ; de fosse, et suff. -et). I. Petit creux dans une partie charnue (joues, menton, etc.). « Le bébé a un joli pli entre le poignet et le bras, ... et de la tête aux pieds ce sont de jolies fossettes qui rient dans la chair rose » (FRANCE). II. Petite cavité (au jeu de billes). Par ext. Jouer à la fossette.

FOSSILE [fosil]. adj. et n. m. (1556; lat. fossilis). ♦ 1° Vx. Qui est extrait de la terre (minéraux). ◇ Mod. (1713) Se dit des débris ou des empreintes des corps organisés conservés dans les dépôts sédimentaires de l'écorce terrestre. Plantes, végétaux fossiles (ex. : calamite, dentrite, lépidodendron). Animaux fossiles, les grands sauriens fossiles (dinosauriens). Combustibles fossiles (houille, pétrole). ◇ N. m. UN FOSSILE : organisme (végétal ou animal) fossile. Science, étude des fossiles. V. **Paléontologie ; paléoécologie**. Fossiles caractéristiques, qui permettent de déterminer nettement certaines assises et époques géologiques. Terrain contenant des fossiles (V. **Fossilifère**). ♦ 2° Fig. et fam. (1833) Qui est très arriéré. V. **Démodé, dépassé, suranné, vieux**. Littérature fossile. « Le rigorisme presque fossile des préjugés aristocratiques du prince » (PROUST). ◇ Subst. (Personnes; 1840) Un vieux fossile.

FOSSILIFÈRE [fosilifɛʀ]. adj. (1845; de fossile, et -fère). Géol. Qui contient des fossiles. Calcaire fossilifère.

FOSSILISATION [fosilizasjɔ̃]. n. f. (1832; de fossiliser). Passage d'un corps organisé à l'état de fossile. Fossilisation par carbonisation, pétrification.

FOSSILISER [fosilize]. v. tr. (1832; de fossile, et -iser). ♦ 1° Rendre fossile; amener à l'état de fossile. V. **Pétrifier**. Pronom. Devenir fossile. « Les êtres se fossilisent d'autant mieux que leur squelette abonde en calcaire » (J. CARLES). ♦ 2° (1845). Fig. et fam. Rendre fossile (2°). Au p. p. Mœurs fossilisées d'un pays rétrograde. V. **Arriéré, figé, pétrifié**.

FOSSOIR [foswaʀ]. n. m. (XIIᵉ; lat. fossorium, rac. fodere « creuser »). Agric. Houe employée en viticulture. — Charrue vigneronne.

FOSSOYER [fo(s)swaje]. v. tr.; conjug. noyer (XIIIᵉ; de fosse, et -oyer). Rare. Creuser (une fosse, un fossé). « En fossoyant la tombe où doit être couché le grand corps » (J.-R. BLOCH).

FOSSOYEUR [fo(s)swajœʀ]. n. m. (1328; de fossoyer). ♦ 1° Cour. Celui qui creuse les fosses dans un cimetière. « Les fossoyeurs, ayant demandé leur pourboire, s'empressèrent de combler la fosse pour aller à une autre » (BALZ.). ♦ 2° Fig. et littér. Personne qui anéantit, ruine qqch. V. **Démolisseur, naufrageur**. Le fossoyeur d'une civilisation, d'une doctrine. On « m'accuse d'être un fossoyeur... Je préfère plaider coupable : si j'en avais le pouvoir, j'enterrerais la littérature de mes propres mains » (SARTRE). ◇ ANT. (du 2°) Animateur, créateur, défenseur, sauveur.

FOU (ou **FOL**), **FOLLE** [fu, fɔl]. n. et adj. (Fol, 1080; lat. follis « sac, ballon plein d'air », par métaph. iron.; Cf. Ballot).

I. N. FOU ou FOL (vx ou plais.). ♦ 1° Cour. (ne s'emploie plus en psychiatrie). Personne atteinte de troubles, de désordres mentaux. V. **Aliéné, dément; folie**. Au fou! Fou délirant. Fou visionnaire, illuminé. Les Français « enferment quelques fous dans une maison, pour persuader que ceux qui sont dehors ne le sont pas » (MONTESQ.). MAISON DE FOUS : vx, Asile d'aliénés; mod. Lieu dont les habitants agissent bizarrement et font régner le désordre. HISTOIRE DE FOUS (fam.) : anecdote comique dont les personnages sont des aliénés, et par ext. Histoire, aventure absurde, incroyable. C'est une véritable histoire de fous que vous me racontez là! (Cf. Histoire de brigands). ◇ Fig. et littér. « La folle du logis » : l'imagination (MALEBRANCHE). ♦ 2° Bouffon qui était attaché à la personne de certains hauts personnages (rois, princes). Le bonnet à clochettes, la marotte du fou. — Fête des fous : cérémonie bouffonne, très populaire au moyen âge (V. **Fatrasie, sottie**). Prince, pape des fous. ◇ Échecs (XVIᵉ; a remplacé aufin, de l'arabe al-fil « l'éléphant »). Pièce qui se place, en début de jeu, à côté du roi et de la reine et qui peut circuler sur autant de cases qu'on le veut, en diagonale. Le fou noir : celui qui ne se déplace que sur les cases noires. ♦ 3° Personne qui, sans être atteinte de troubles mentaux, se comporte d'une manière déraisonnable, extravagante. V. **Insensé; écervelé; étourneau**. Un jeune fou. Une vieille folle. « Les vieux fous sont plus fous que les jeunes » (LA ROCHEF.). Courir comme un fou. ♦ 4° Personne d'une gaieté vive et exubérante. Faire le fou, le petit fou (V. **Folâtrer**). Les enfants ont fait les fous toute la journée. V. **Espiègle**. Plus on est de fous, plus on rit : plus on est nombreux, plus on s'amuse. ♦ 5° Fig. (1725; à cause de son comportement). Oiseau palmipède (gros comme l'oie sauvage) qui niche sur les rochers et plonge à la recherche de poissons.

II. Adj. (Fol [fɔl] devant un subst. sing. commençant par une voyelle ou un h aspiré : fol espoir, fol hasard, ou par archaïsme, par plaisant. et dans des locutions toutes faites : Fol qui s'y fie). ♦ 1° (Vx ou Hagard). Atteint de désordres, de troubles mentaux. Il est fou, il est devenu fou et on a dû l'enfermer. Fou à lier. Il est à moitié, à demi fou. Rousseau « commençait, non pas seulement à paraître fou dans le sens vague et général du mot, mais à l'être trop réellement dans le sens précis et médical » (STE-BEUVE). ♦ 2° Qui est hors de soi. Sa lenteur, son indolence me rend fou : m'énerve, m'impatiente. Il y a de quoi devenir fou! (Cf. Perdre la tête, l'esprit). Fou de joie. « Il était fou de chagrin, d'étonnement, de colère » (BOURGET). — Spécialt. Fou d'amour, de désir. ♦ 3° FOU DE : qui a un goût extrême pour. V. **Amoureux, engoué, entiché, idolâtre**. Elle est folle de lui. Être fou de musique, de peinture. V. **Enragé, fanatique, mordu**. « Moi fou de vers et toi de musique » (VERLAINE). ♦ 4° Qui agit, se comporte d'une façon peu sensée, anormale. V. **Anormal, bizarre, déraisonnable, dérangé, désaxé, détraqué, fatigué, malade** (par euphém.). Cf. fam. et pop. Braque, cinglé, cinoque, cintré, dingo, dingue, fada, fondu, loufoque, louftingue, maboul, marteau, piqué, siphonné, sonné, tapé, timbré, toc-toc, toqué, tordu. Être fou, complètement fou. V. **Déraisonner** (Cf. fam. et pop. Débloquer, déménager, dérailler ; avoir une araignée dans le plafond; avoir le timbre fêlé ; avoir un grain ; travailler du chapeau). Il est fou à lier, à enfermer : tout à fait bizarre. Il faut être fou pour... Ils sont fous, complètement fous d'avoir accepté cette proposition. V. **Crétin, idiot. Fou, fol qui s'y fie. Il n'est pas assez fou pour... ; pas si fou**. Il n'est pas fou (fam.) : il est malin, habile. Fam. La folle, la guêpe! Qui est léger, écervelé, et spécialt. gai, fantasque. V. **Foufou** (fofolle). ◇ Qui dénote la folie, l'étrangeté, la bizarrerie. Regard fou. V. **Hagard**. Fou rire : rire que l'on ne peut réprimer. Une gaieté folle. ◇ (Choses, notions abstraites) Contraire à la raison, à la sagesse, à la prudence. V. **Absurde, anormal, déraisonnable, insensé, irrationnel. Idée folle. Tentative folle**. V. **Dangereux, hasardé, hasardeux**. L'amour fou, œuvre d'A. Breton. *Folle passion.* « *La Folle journée* » ou « *le Mariage de Figaro* », de Beaumarchais. *Une course folle, éperdue.* — Dr. *Folle enchère* : faite par qui ne peut payer le prix. ♦ 5° *Par anal.* (après le subst.). Dont le mouvement est irrégulier, imprévisible, incontrôlable. *Moteur fou.* V. **Emballé.** *Boussole, aiguille folle. Balance folle. Roue, poulie folle,* qui tourne à vide. Fam. *Patte folle,* jambe qui boite. ◇ (Brins végétaux, poils s'agitant au vent. V. **Follet**) *Herbes folles. Mèches folles.* ♦ 6° (XVIe). Se dit de plantes sauvages. *Folle avoine.* ♦ 7° (Déb. XIXe, après le subst.). V. **Énorme, excessif, extraordinaire, immense, prodigieux.** *Il y avait un monde fou à cette réception, à ce bal.* « *Ma brochure a un succès fou, tu ne peux imaginer cela* » (P.-L. COUR.). *Il a eu un mal fou pour y parvenir. Dépenser un argent fou. Prix fou.* Fam. *C'est fou ce que c'est cher.* ◈ ANT. **Équilibré,** normal, sensé. **Calme, raisonnable, sage. Froid.** Judicieux, rationnel. Réglé, régulier. HOM. Folle (1).

FOUACE [fwas] ou **FOUGASSE** [fugas]. *n. f.* (XIIe ; lat. pop. °*focacia* ; Cf. *Focacius panis* « pain cuit sous la cendre du foyer » (VIIe), de *focus* « foyer »). *Région.* Galette cuite au four ou sous la cendre. « *Elle me réveillait l'appétit avec des fougasses à l'anchois* » (GIONO).

FOUACIER [fwasje]. *n. m.* (1307 ; de *fouace*). Vx. Celui qui fait ou vend des fouaces.

FOUAGE [fwaʒ]. *n. m.* (XIIIe ; de l'a. fr. *fou* « feu », et *-age*). *Féod.* Redevance qui se payait par foyer.

FOUAILLE [fwaj]. *n. f.* (1571 ; « bois de chauffage », XIVe ; de l'a. fr. *fou* « feu », et *-aille*). *Vén.* Abats de sanglier cuits au feu, que l'on donne aux chiens après la chasse (correspond à la curée* du cerf).

FOUAILLER [fwaje]. *v. tr.* (1680 ; « se frapper les flancs de sa queue », XIVe ; du rad. *fou-,* de *fagus.* V. **Fouet**). ♦ 1° *Vx* ou *littér.* Frapper de coups de fouet répétés. V. **Battre, fouetter.** « *Le cocher, alors, hurlant* : « *Hue!* » *de toute sa poitrine, fouailla les bêtes à tour de bras* » (MAUPASS.). ♦ 2° Fig. « *Ses souvenirs le fouaillaient, plus encore que ce vent glacé* » (MART. du G.).

FOUCADE [fukad]. *n. f.* (XVIIIe ; altér. de *fougade,* fin XVIe ; du rad. de *fougue,* lat. *fuga*) *Vx* ou *littér.* Élan capricieux, emportement passager. V. **Caprice, fantaisie, toquade.** *C'est une foucade, ça lui passera.* « *Michèle est une fille à foucades* » (MAURIAC).

FOUCHTRA! [fuʃtra]. *interj.* (1847 ; *fouchetre,* 1829 ; de *foutre.* V. **Fichtre**). Juron attribué aux Auvergnats.

1. **FOUDRE** [fudr(ə)]. *n. f.* et *m.* (1080 ; lat. *fulgur* « éclair »). ♦ 1° Décharge électrique qui se produit en temps d'orage entre deux nuages ou entre un nuage et le sol, avec une lumière et une détonation (V. **Éclair, tonnerre**). *La foudre éclate, tombe. Arbres frappés par la foudre. Avec la rapidité de la foudre.* ◇ *Myth.* Faisceau enflammé, arme et attribut de Jupiter. ♦ 2° COUP DE FOUDRE (*vx*) = « Événement désastreux, qui atterre, qui déconcerte, qui cause une peine extrême » (LITTRÉ). — *Mod.* Manifestation subite de l'amour dès la première rencontre. « *Des coups de foudre. Il faudrait changer ce mot ridicule ; cependant la chose existe* » (STENDHAL). ♦ 3° FOUDRES (*plur.*) : condamnation, reproche. *Les foudres de l'Église, du Vatican.* V. **Excommunication.** « *Lamennais s'était attiré les foudres romaines* » (HENRIOT). ♦ 4° N. m. *Mod.* (Iron.). *Un foudre de guerre* : un grand capitaine.

2. **FOUDRE** [fudr(ə)]. *n. m.* (1690 ; *voudre,* XVe ; all. *Fuder*). ♦ 1° Grand tonneau. V. **Futaille.** *Un foudre de vin.* ♦ 2° *Techn.* Grand cylindre abritant une soufflerie. *Les « foudres où chaque moteur isolé accomplissait sa rotation d'hélice »* (HAMP).

FOUDROIEMENT [fudrwamã]. *n. m.* (XIIIe ; de *foudroyer*). *Rare.* Action de foudroyer ; fait d'être foudroyé.

FOUDROYANT, ANTE [fudrwajã, ãt]. *adj.* (1552, « qui lance la foudre » ; de *foudroyer*). *Fig.* (XVIIe). Qui a la brutalité, la violence de la foudre. *Attaque foudroyante. Apoplexie foudroyante.* V. **Mortel.** *Succès foudroyant.* « *Cet adieu, d'une si foudroyante soudaineté qu'elle en demeurait comme paralysée d'étonnement* » (BOURGET).

FOUDROYER [fudrwaje]. *v. tr.* (1170 ; de *foudre* et *-oyer*). ♦ 1° Frapper de la foudre. *Deux personnes ont été foudroyées pendant l'orage.* — Par anal. *Il a été foudroyé par le courant à haute tension.* ♦ 2° Tuer, anéantir avec soudaineté. « *Il ajusta lestement et fit feu. L'oiseau, foudroyé en plein vol, sembla se précipiter plutôt qu'il ne tomba* » (FROMENTIN). « *Il fut frappé d'apoplexie, foudroyé sur les ruines de son entreprise* » (R. ROLLAND). V. **Terrasser.** — Fig. *Il resta muet, foudroyé, stupide* » (BALZ.) : accablé, confondu, stupéfait. ◇ *Par métaph.* En parlant des yeux qui semblent lancer des éclairs (de colère). *Ses yeux me foudroyaient. Foudroyer qqn du regard.*

FOUÉE [fwe]. *n. f.* (XIIe ; de l'a. fr. *fou* « feu »). Vx ou région. Feu pour la chasse aux petits oiseaux ; pour chauffer un four.

FOUET [fwɛ]. *n. m.* (XIIIe, « verges » ; dimin. de l'a. fr.

fou « hêtre », avec évol. probable de « petit hêtre » à « baguette de hêtre »).

I. ♦ 1° Instrument formé d'une corde de chanvre, d'une lanière au bout d'un manche. *Mèche d'un fouet. Faire claquer son fouet. Donner un coup de fouet.* V. **Fouetter, fustiger.** *Fouets servant à infliger une punition* (V. **Chat** (à neuf queues), **cravache, étrivière, knout, martinet**), *une mortification* (V. **Discipline**). *Fouet de manège.* V. **Chambrière.** Ancienn. *Fouet de guerre, fouet d'armes.* V. **Fléau** (d'armes). ◇ *De plein fouet* (V. **Plein**). *Tir de plein fouet* : tir direct sur un objectif visible. *Joueur qui frappe sa balle de plein fouet* : franchement et sèchement. ◇ *Fig.* COUP DE FOUET : excitation, impulsion vigoureuse. *L'imagination en reçoit un coup de fouet. Médicament qui donne un coup de fouet à l'organisme.* — *Douleur soudaine* (déchirure musculaire, etc.). ♦ 2° (1694). Petite corde. *Cordelette qui sert à serrer un livre à la reliure.* — *Mar.* Cordage souple et solide. *Poulie à fouet.* ♦ 3° *Zool. Le fouet de l'aile* : l'extrémité de l'aile des oiseaux. — (1743) *Le fouet de la queue* : touffe de poils. ♦ 4° *Cuis.* Appareil servant à battre les sauces, les blancs d'œufs, etc. *Fouet mécanique.* V. **Batteur.**

II. (XVIe). Châtiment infligé avec un fouet ou des verges. *Jadis on donnait le fouet dans les collèges. Le supplice du fouet.* V. **Flagellation.**

FOUETTARD, ARDE [fwɛtar, ard(ə)]. *adj.* (XVIIIe ; de *fouetter*). *Père Fouettard, mère Fouettarde* : personnages dont on menace les enfants (Cf. Croquemitaine).

FOUETTÉ, ÉE [fwete]. *adj. et n. m.* (XVIIe ; V. **Fouetter**). ♦ 1° *Crème* fouettée* : battue vivement (dite Crème Chantilly). ♦ 2° Danse. *Pirouette fouettée* : prolongée (comme le mouvement de la toupie par le fouet). *N. m.* (Déb. XIXe) FOUETTÉ : pirouette fouettée.

FOUETTEMENT [fwɛtmã]. *n. m.* (XVIe ; de *fouetter*). Action de fouetter. *Le fouettement de la pluie sur les vitres.*

FOUETTER [fwete]. *v.* (1534 ; de *fouet*). I. *V. tr.* ♦ 1° Frapper avec un fouet. V. **Flageller, fouailler, fustiger.** *Être fouetté jusqu'au sang. Fouetter un cheval. Fouette, cocher!* — Loc. *Il n'y a pas de quoi fouetter un chat*. Avoir d'autres chats* à fouetter.* ♦ 2° (XVIIe). Frapper, comme avec un fouet. « *Les bourrasques de novembre fouettaient depuis trois jours le faubourg populeux* » (FRANCE). ◇ (1680) Battre vivement, rapidement. *Fouetter des œufs en neige* (V. **Fouetté**). ♦ 3° *Fig.* Donner un coup de fouet à ; stimuler. *Fouetter le désir.* V. **Allumer, animer, exciter.** « *Mme de Cambremer aimait à se 'fouetter le sang' en se chamaillant sur l'art, comme d'autres sur la politique* » (PROUST).

II. *V. intr.* ♦ 1° Frapper, cingler comme le fait un fouet. *La pluie fouette contre les volets. Une jument qui fouette de la queue* : qui agite sa queue avec impatience. ◇ Tourner à vide (pièce mécanique). ♦ 2° *Pop.* (1878). Exhaler une mauvaise odeur (fouetter du nez). V. **Puer.** « *Ça fouette dans ton escalier. Pire qu'un terrier* » (COLETTE). ♦ 3° *Pop.* (1946). Avoir peur (p.-ê. trembler, comme une pièce mécanique qui fouette, tourne à vide).

FOU-FOU [fufu], **FOFOLLE** [fɔfɔl]. *adj.* (XXe ; redoubl. de *fou, folle*). Un peu fou, folle ; léger et folâtre.

1. **FOUGASSE** [fugas]. *n. f.* (1368 ; var. de *fougade*. V. **Foucade**). *Vx.* Mine explosive souterraine.

2. **FOUGASSE.** *n. f.* FOUACE.

FOUGER [fuʒe]. *v. intr.* ; conjug. *bouger* (XIVe ; lat. *fodicare,* de *fodere.* V. **Fouiller**). *Vén.* Fouiller le sol à coups de boutoir (sanglier).

FOUGERAIE [fuʒrɛ]. *n. f.* (1611 ; de *fougère*). Champ, lieu où poussent les fougères. *Fougeraie artificielle.*

FOUGÈRE [fuʒɛr]. *n. f.* (*Feugière, fouchière,* XIIe ; lat. pop. °*filicaria,* de *filix, filicis* « fougère »). Plante à tige rampante souterraine, à feuilles alternes (dites frondes) de taille élevée, très découpées et souvent enroulées en crosse au début du développement (*bot.* Ordre des Ptéridophytes ou cryptogames vasculaires). *La fougère se reproduit par des spores. Fougères arborescentes.*

FOUGEROLE [fuʒrɔl]. *n. f.* (1839 ; de *fougère*). Petite fougère.

1. **FOUGUE** [fug]. *n. f.* (1580 ; it. *foga* « fuite précipitée » ; lat. *fuga.* V. **Fugue**). Ardeur impétueuse. V. **Ardeur, élan, emportement, feu, impétuosité, véhémence.** *Il a agi avec la fougue de la jeunesse.* « *Elle a introduit à l'Opéra… la fougue, la pétulance, la passion et le tempérament* » (GAUTIER). *La fougue d'un orateur.* V. **Verve.** *Pamphlet plein de fougue.* V. **Mordant, virulence.** ◈ ANT. **Calme, flegme, placidité. Froideur.**

2. **FOUGUE** [fug]. *n. f.* (*Mât de fougue,* 1678 ; altér. de *mât de foule,* mât qui supporte le plus l'effort du vent, 1643 ; Cf. **Foule,** étym.). *Mar.* Mât de hune et vergue de hune d'artimon. V. **Perroquet.**

FOUGUEUSEMENT [fugøzmã]. *adv.* (1870 ; de *fougueux*). Avec fougue. *Attaquer fougueusement.*

FOUGUEUX, EUSE [fugø, øz]. *adj.* (XVIe ; de *fougue* 1). Qui a de la fougue. *Cheval fougueux. Jeunesse fougueuse.* V.

Ardent, bouillant, enthousiaste; impétueux, pétulant. *Caractère, tempérament fougueux. Discours fougueux.* V. **Explosif, véhément, violent.** « *Ces impressions primitives et fougueuses qui jettent l'âme hors de la sphère commune* » (B. CONSTANT). ◊ ANT. *Calme, froid.*

FOUILLE [fuj]. *n. f.* (1578, *faire fouille* « fouiller »; de *fouiller*). ♦ 1° (1678). Action de fouiller la terre. ◊ (1704) Excavation pratiquée dans la terre pour mettre à découvert ce qui y est enfoui; *spécialt.* Ensemble des opérations et des travaux qui permettent de mettre au jour et d'étudier les ruines ensevelies de civilisations disparues. *L'archéologue qui dirige les fouilles.* ♦ 2° Toute excavation faite dans la terre (pour les constructions, travaux publics, etc.). *Fouille à ciel ouvert. Fouille d'un fond, en déblai, en rigole, sous l'eau.* ♦ 3° Action d'explorer, en vue de découvrir qqch. de caché. *Fouille d'individus arrêtés dans une rafle. Fouille des bagages en douane.* V. **Visite.** « *Les soldats commencèrent la fouille des maisons d'alentour* » (HUGO). ♦ 4° (1881; XVIe, « bourse »; de *fouillouse*, part. anc., « poche » [1632], antérieurement « bourse », 1486; de *fouiller*). *Pop.* Poche (d'un vêtement). *Se garnir les fouilles.* — *Loc. fig.* (Arg.). *Dans la fouille :* dans la poche. *Être une fouille percée* (LE BRETON), être dépensier.

FOUILLÉ, ÉE [fuje]. *adj.* (V. Fouiller). *Spécialt.* Travaillé de manière à figurer, à suggérer la profondeur. ◊ Ciselé, travaillé avec minutie. *Les détails* « *sont moins fins, moins fouillés... que chez M. de Balzac* » (STE-BEUVE). ◊ Approfondi dans le détail. *Une étude très fouillée.*

FOUILLER [fuje]. *v.* (*Fooiller*, 1283; lat. pop. °*fodiculare*, de *fodicare* « percer »; de *fodere.* V. Fouir). **I.** *V. tr.* ♦ 1° Creuser (un sol, un emplacement) pour mettre à découvert ce qui peut être enfoui. *Fouiller un terrain riche en vestiges de l'antiquité. Des corbeaux qui viennent* « *gratter la terre et la fouiller de leurs pattes et du bec* » (BALZ.). ◊ Creuser (une terre que l'on cultive). V. **Retourner.** ♦ 2° (XIVe). Explorer avec soin en tous sens. *Fouiller les buissons.* V. **Battre, explorer, scruter.** *Douanier qui fouille des bagages.* V. **Examiner, visiter.** *La police a fouillé la maison.* « *Et il fouilla dans sa poche. Une poche fouillée, il fouilla l'autre. Il passa aux goussets, explora le premier, retourna le second* » (HUGO). ◊ (XVIe) *Fouiller qqn :* chercher soigneusement ce qu'il peut cacher dans ses poches, dans ses vêtements, ou sur sa personne. *Fouiller un voleur. Fig.* « *J'ai fouillé mon âme dans tous les sens avec cette sûreté que donne l'habitude d'étudier sur soi-même* » (GAUTIER). *Fouiller un problème :* l'étudier à fond. V. **Approfondir, creuser.** ♦ 3° (1704). *Arts.* Tailler en évidant. « *Les trophées, les bas-reliefs, les médaillons de sa façade sont fouillés par un ciseau hardi, fier, patient* » (GAUTIER). V. **Fouillé.**

II. *V. intr.* ♦ 1° Faire un creux dans le sol. *Animaux qui fouillent pour trouver leur nourriture.* V. **Fouger, fouir.** ♦ 2° Faire des recherches, en déplaçant tout ce qui peut cacher la chose que l'on cherche. V. **Chercher, farfouiller** (*fam.*), **fouiner, fureter, trifouiller** (*fam.*). « *Elle entrait à toute heure et fouillait partout. Un soir, je la trouvai furetant dans un tiroir* » (DAUD.). — *Spécialt. Fouiller dans les poches :* en explorer le contenu. « *Schneider déboutonne sa veste, fouille dans sa poche intérieure, en sort un portefeuille* » (SARTRE). ◊ *Fig. Fouiller dans le passé, dans l'histoire, dans ses souvenirs,* afin de retrouver ce qui était perdu, oublié. « *Fouille dans ta mémoire pour trouver quelque chose à leur avouer* » (SARTRE).

III. SE FOUILLER. *v. pron.* ♦ 1° Chercher dans ses poches. « *Il se crut volé, il se fouilla, pâlissant* » (ZOLA). ♦ 2° *Fam. Il peut se fouiller !* il ne doit pas compter, espérer obtenir ce qu'il désire. *Il ne peut donc que le trouver sur soi en se fouillant). Tu peux toujours te fouiller!* V. **Brosser** (se), **courir.** « *Je n'ai pas un sou... Vous pouvez vous fouiller* » (MIRBEAU).

FOUILLEUR, EUSE [fujœr, øz]. *n.* (XVe). ♦ 1° Personne qui fouille, qui aime à fouiller. *Un fouilleur d'archives.* V. **Fouineur, fureteur, rat** (de bibliothèque). « *Brocanteur de secrets, marchand de mystères, fouilleur de ténèbres* » (HUGO). ◊ FOUILLEUSE : femme qui, dans les services de police ou de douane, est chargée de fouiller les femmes. ♦ 2° *N. f. Agric.* (1860) Charrue destinée à remuer et à ameublir le sous-sol sans retourner la terre.

FOUILLIS [fuji]. *n. m.* (1392, « action de fouiller », et -*is*). *Fam.* (fin XVIIIe). Entassement d'objets disparates réunis pêle-mêle. V. **Confusion, désordre, fatras, méli-mélo.** « *C'est un fouillis où une poule ne retrouverait pas ses poussins!* » (BALZ.). « *Un fouillis de hautes lianes inextricables, de plantes parasites* » (LAUTRÉAMONT). — *Fig. Un fouillis d'idées, de souvenirs confus.*

FOUINARD, ARDE [fwinaʀ, aʀd(ə)]. *adj. et n.* (1867; de *fouiner*). *Fam.* Fouineur, euse.

FOUINE [fwin]. *n. f.* (*Foïne,* 1160; altér. de *faïne;* lat. pop. °*fagina (mustela)* « martre du hêtre », avec infl. de l'a. fr. *fou, foe* « hêtre ». V. **Fouet.**) Petit animal du genre des martres, mammifère carnivore qui a le corps mince et le museau

allongé. *La fouine saigne les volailles, les pigeons.* « *Fuseline, la petite fouine à la robe gris-brun, au jabot de neige* » (PERGAUD). — *Par compar. Cet homme a une tête de fouine.* V. **Chafouin.** — *Curieux, rusé comme une fouine.*

FOUINER [fwine]. *v. intr.* (1866; « fuir, se dérober », 1749; de *fouine*). *Fam.* Fouiller indiscrètement dans les affaires des autres (comme la fouine qui fourre partout son museau). V. **Fureter.** « *Il n'aime pas qu'on vienne fouiner dans ses affaires.* » « *Ils ont fouiné partout, perquisitionné comme ils disent* » (GENEVOIX).

FOUINEUR, EUSE [fwinœr, øz]. *adj. et n.* (1867; de *fouiner*). Qui cherche indiscrètement, fouine partout (syn. *Fouinard*). V. **Curieux, fureteur.** « *Il a l'air fouineur et soupçonneux* » (DUHAM.). — *Une petite fouineuse.*

FOUIR [fwiʀ]. *v. tr.* (déb. XIIe; lat. pop. °*fodire*, class. *fodere;* Cf. Enfouir). Surtout en parlant des animaux, Creuser (la terre, le sol). « *Je l'entendais qui grattait de ses pattes robustes... Il creusait en grondant. Enfoncé jusqu'aux reins dans la neige, il fouissait le sol de son nez dur* » (BOSCO).

FOUISSEUR, EUSE [fwisœr, øz]. *n. m. et adj.* (1361; de *fouir*). Se dit des mammifères ou des insectes qui creusent le sol avec une grande facilité. *La courtilière, la taupe sont des animaux fouisseurs.* ◊ *Zool. Pattes fouisseuses :* aptes à creuser la terre (en forme de pelles).

FOULAGE [fulaʒ]. *n. m.* (1284, « droit féodal sur le foulage des pommes »; de *fouler*). ♦ 1° Action de fouler. *Foulage du raisin.* V. **Écrasement.** ◊ *Techn.* Opération par laquelle on foule certaines matières (tissus, peaux, cuirs) pour leur donner de l'apprêt. *Foulage des cuirs* (V. **Chamoisage, tannage**), *des peaux* (V. **Corroyage**). *Foulage du drap,* destiné à resserrer et à enchevêtrer les fibres de la laine, et à donner ainsi de l'épaisseur, de la force et du moelleux au tissu. *Foulage à la machine* (V. **Foulon**). ♦ 2° *Imprim.* Relief produit par l'impression au verso du papier. *Il y a trop de foulage, le cylindre était trop serré.*

FOULANT, ANTE [fulã, ãt]. *adj.* (1704; de *fouler*). ♦ 1° Qui foule. *Pompe foulante,* qui élève le niveau d'un liquide par pression. *Pompe aspirante et foulante.* ♦ 2° (XXe). *Fig. et pop.* Fatigant. V. **Fouler** (se). — Surtout négatif : *ce n'est pas un travail bien foulant.* V. **Cassant** (3°).

FOULARD [fulaʀ]. *n. m.* (1761, p.-ê. prov. *foulat* « foulé »; drap léger d'été). ♦ 1° Étoffe de soie ou de soie et coton très légère. *Foulard imprimé. Une robe de foulard à pois.* ♦ 2° *Cour.* Pièce d'étoffe (en foulard, etc.) servant d'écharpe. V. **Cache-col, cache-nez, écharpe.** ◊ Coiffure faite d'un mouchoir noué autour de la tête. *Les Antillaises portent des foulards aux couleurs vives.* V. **Madras.**

FOULE [ful]. *n. f.* (XIIIe; de *fouler* « endroit où on est foulé, pressé »). ♦ 1° Multitude de personnes rassemblées en un lieu. V. **Affluence, monde.** *Une foule compacte, immense.* « *Il y avait une foule immense, bigarrée, diaprée, fourmillante* » (GAUTIER). *Se mêler à la foule. Prendre un bain* dans la foule. *Foule grouillante.* V. **Bousculade, cohue.** *Foule en marche.* V. **Cortège, troupe.** *Contenir la foule. Fendre la foule.* — *Il y a foule :* il y a beaucoup de monde, d'affluence. ◊ *Sociol.* Réunion d'êtres humains considérée comme une unité psychologique et sociale ayant un comportement, des caractères propres. V. **Masse.** *La Psychologie des foules,* de G. Le Bon. ♦ 2° LA FOULE : le commun des hommes *opposé* à l'élite. V. **Masse, multitude, peuple.** *La voix, le jugement de la foule.* « *Quant à flatter la foule, ô mon esprit, non pas!... Ah! le peuple est en haut, mais la foule est en bas* » (HUGO). ♦ 3° UNE FOULE DE : grand nombre de personnes ou de choses de même catégorie. V. **Armée, collection, flopée** (pop.), **masse.** *Une foule de clients, de visiteurs est venue aujourd'hui* (totalité considérée collectivement : verbe au sing.). *Une foule de gens pensent que c'est faux* (pluralité considérée individuellement : verbe au plur.). *Une foule de faits, de noms, de documents présentés en désordre. Elle* « *me posait sans réserve une foule de questions auxquelles j'évitais de répondre* » (LOTI). ♦ 4° EN FOULE : en masse, en grand nombre, en quantité. « *Le peuple saint en foule inondait les portiques* » (RAC.). *Les idées ne viennent point où elles viennent en foule* » (ROUSS.). ◊ HOM. **Full.**

FOULÉE [fule]. *n. f.* (XIIIe; de *fouler*). ♦ 1° *Vén.* (au plur.). Trace que la bête laisse sur l'herbe ou les feuilles mortes. V. **Piste, voie.** *Les foulées du cerf.* ♦ 2° (1846). Appui que le pied prend sur le sol à chaque temps de trot ou de galop; *par ext.* Mouvement effectué à chaque temps de galop de course (pour le trot, on dit *Battue*). *Les foulées croisées, légères d'un pur-sang.* ◊ *Sports.* Enjambée de l'athlète en course. *Ce coureur a une magnifique foulée. Suivre un adversaire dans sa foulée :* de près, en se réglant sur son allure. — *Dans la foulée :* sans interrompre son allure. *Fig.* (avec ou sans compl.) *Sur son élan**; dans le prolongement d'un événement. « *Dans la foulée de son triomphe électoral* » (Le Monde, 1969). ◊ Le pas dans la marche. « *Il a de longues jambes infatigables, et, quand il se met en mouvement, il fait des foulées de chasseur et de paysan* » (DUHAM.).

FOULER [fule]. *v. tr.* (fin XIIe; *foler,* XIe; lat. pop. °*ful-*

lare « fouler une étoffe », d'apr. *fullo* « foulon »). ♦ 1º *Techn.* Presser (qqch.) en appuyant à plusieurs reprises, avec les mains, les pieds, un outil. *Fouler du drap* (V. **Foulage**). *Tissus foulés* (feutres, draps). *Fouler des peaux, le cuir.* V. **Corroyer.** Cuis. *Fouler la pâte.* ♦ 2º *Littér.* Presser (le sol) en marchant dessus. *Fouler le sol de la patrie.* « *Et le pied des coursiers n'y foulait de poussière Que la cendre de tes cités!* » (HUGO). ◊ (1538) *Fouler aux pieds,* marcher avec violence, colère ou mépris sur (qqn, qqch.). V. **Piétiner.** *Être foulé aux pieds dans une panique.* — *Fig.* Traiter avec le plus grand mépris. V. **Bafouer, braver, mépriser, piétiner.** *Fouler aux pieds les devoirs, les convenances, les lois.* V. **Litière** (faire litière de). *Des « saints au cœur plus ferme qui n'hésitèrent jamais à fouler intrépidement aux pieds leurs affections et celles des autres* » (R. ROLLAND). ♦ 3º *Blesser en donnant une foulure. Se fouler la cheville, le pied, le poignet.* V. **Luxer.** « *Je sautai, je me fis mal, ... je m'étais un peu foulé le pied et je fuyais en boitant* » (STENDHAL). ◊ *Fig. et fam.* (1808) *Se fouler la rate :* se donner du mal, de la peine. — (1838; Cf. a. fr. *Se foler* « se fatiguer »). *Ne pas se fouler :* ne pas se fatiguer. *Il a fait ça sans se fouler.* V. **Casser.**

FOULERIE [fulʀi]. *n. f.* (XIIIº; de *fouler*). *Techn.* Atelier où l'on foule les draps, les cuirs. — Machine à fouler.

FOULEUR, EUSE [fulœʀ, øz]. *n.* (XIIIº; de *fouler*). *Techn.* Personne qui effectue le foulage.

FOULOIR [fulwaʀ]. *n. m.* (1274; de *fouler*). *Techn.* Instrument servant à fouler. *Fouloir à raisin.* — *Fouloir de dentiste,* servant à enfoncer l'amalgame, pour le plombage. — V. **Foulerie.**

FOULON [ful5]. *n. m.* (1268; lat. *fullo*). *Vx.* Ouvrier qui effectue l'opération du foulage du drap, du feutre. V. **Fouleur.** ◊ *Mod. Terre à foulon :* argile servant au dégraissage du drap destiné au foulage. — *Moulin à foulon,* et absolt. *Foulon :* machine servant au foulage (des étoffes de laine, des cuirs).

FOULONNIER [fulɔnje]. *n. m.* (1723; de *foulon*). ♦ 1º *Vx.* Propriétaire de moulins à foulon. ♦ 2º *Techn.* Ouvrier qui conduit un moulin à foulon.

FOULQUE [fulk(ə)]. *n. f.* (*Fourque,* 1398; a. prov. *folca,* lat. *fulica*). Oiseau échassier au plumage noir, voisin de la poule d'eau.

FOULTITUDE [fultityd]. *n. f.* (1848; croisement de *foule* et de *multitude*). *Fam.* et *vieilli.* Foule, grande quantité. V. **Beaucoup.** « *Une foultitude de raisons* » (HUGO).

FOULURE [fulyʀ]. *n. f.* (XIIº; « blessure »; de *fouler*). Légère entorse par distension des ligaments articulaires.

FOUR [fuʀ]. *n. m.* (*Forn,* 1080; lat. *furnus*). ♦ 1º Ouvrage de maçonnerie généralement voûté, de forme circulaire, muni d'une ouverture par-devant, et où l'on fait cuire le pain, la pâtisserie, etc. *Four de boulanger. Bouche, gueule d'un four. Voûte du four* (chapelle). *Le cul d'un four,* et fig. *Cul-de-four. Mettre au four* (V. **Enfourner**); *sortir du four* (V. **Défourner**). *Ancienn. Four banal.* — PROV. *On ne peut être à la fois au four et au moulin :* on ne peut être partout à la fois. ◊ *Loc. Ouvrir la bouche comme un four. Par ext.* (*Fam.*) *Ouvrir un grand four.* — *Il fait noir comme dans un four.* « *On n'y voyait pas plus que dans un four* » (ARAGON). ◊ (XVº; « gâteau »). PETITS FOURS (1807) : petits gâteaux qui se mangent frais. *Petits fours secs* (pâte d'amande, meringues), *frais* (ces derniers étant des gâteaux de pâtissier en réduction). *Assiette de petits fours.* ◊ *Fig.* (1656, *faire four*). *Faire un four :* échouer en parlant d'une représentation dramatique (Faute de public, on éteignait les chandelles de la salle, qui devenait noire comme un four), et *par ext.* de tout spectacle, réunion, manifestation artistique. V. **Désastre, échec, insuccès.** *La représentation a été un four complet, un four noir.* « *Si votre Nana ne chante ni ne joue, vous aurez un four, voilà tout... un four! un four!* » (ZOLA). V. **Bide.** ♦ 2º (XIXº). Partie fermée d'un fourneau, d'une cuisinière où l'on peut mettre les aliments pour les faire cuire. *Rôti, gigot cuit au four.* ♦ 3º Ouvrage ou appareil, constitué le plus souvent d'une chemise intérieure (ou massif) en matériaux réfractaires et d'une armature extérieure, dans lequel on fait subir à diverses matières, sous l'effet d'une chaleur intense, des transformations physiques ou chimiques (affinage, calcination, cémentation, combinaison, combustion, cuisson, dessiccation, fusion, grillage, mélange, réduction, séchage). *Buse, cheminée, chemise, creuset, foyer, grille, gueulard, gueule, porte, sole, soufflerie, trémie d'un four. Four au charbon, au gaz, au pétrole, à mazout; fours électriques (fours à arc, à résistance, à induction). Fours à chauffe directe* (combustible et matière mélangés ou alternés) : *fours à bas foyer* (V. **Forge**); *fours oscillants* (V. **Convertisseur**). V. *aussi* **Cubilot, fourneau** (haut fourneau). *Fours à chauffe distincte : à réverbère, à coupellation, fours rotatifs. Fours à minerai. Four à chaux, à ciment,* destiné à la fabrication de la chaux, du ciment. *Four à brique.* — *Four crématoire*. Four Martin,* pour l'affinage de la fonte. *Four solaire,* à énergie solaire concentrée par un miroir concave.

FOURBE [fuʀb(ə)]. *adj.* et *n.* (1455, *n. m.,* « voleur »;

o. i., p.-ê. de *fourbir* « nettoyer », au fig. « voler »; Cf. it. *Forbo,* a. fr. *forbeter* « tromper »). Qui trompe ou agit mal en se cachant, en feignant l'honnêteté. V. **Faux, hypocrite, perfide, sournois.** *Il est fourbe et menteur.* — *Par ext.* « *Cette gentillesse un peu fourbe qui m'ouvrait si aisément les cœurs, dès que je n'en donnais la peine* » (MAURIAC). — N. (*Vieilli*) « *Louis XI, jugé d'après notre conscience, est un fourbe* » (FUSTEL). ◊ ANT. *Franc, honnête, loyal.*

FOURBERIE [fuʀbəʀi]. *n. f.* (1640; de *fourbe*). ♦ 1º Caractère du fourbe; disposition à tromper par artifice. V. **Duplicité, fausseté, hypocrisie, sournoiserie.** « *Je ne trouve partout que lâche flatterie, Qu'injustice, intérêt, trahison, fourberie* » (MOL.). ♦ 2º *Littér. Une fourberie :* tromperie hypocrite. V. **Ruse, trahison, traîtrise.** « *Les Fourberies de Scapin* », comédie de Molière. « *Les niaiseries de Mignet, les fourberies de Thiers et les patelinages de Béranger* » (STE-BEUVE). ◊ ANT. *Droiture, franchise, honnêteté, loyauté.*

FOURBI [fuʀbi]. *n. m.* (*h. XVIº;* 1835, « jeu »; du rad. de *forbeter, fourber* « tromper, voler » [Cf. **Fourbe**]; d'abord « *maraude, trafic, affaire* »). ♦ 1º (1850, « emploi »). *Pop.* Affaire compliquée ou indélicate. « *Ils avaient dû en combiner des fourbis. Cet Hubert est un malin* » (ARAGON). ♦ 2º *Fam.* (1893; d'après *fourniment*). Toutes les armes, tous les objets que possède un soldat. V. **Attirail.** *Se mettre en route avec son fourbi.* V. **Bagage, barda.** — Les affaires, les effets que possède qqn. — *Choses en désordre. On ne s'y reconnaît pas, dans ce fourbi!* ◊ *Tout objet dont on ne peut dire le nom.* V. **Bidule, chose, machin, truc.** *Qu'est-ce que c'est que ce fourbi?* ◊ HOM. *Formes de fourbir.*

FOURBIR [fuʀbiʀ]. *v. tr.* (1080; frq. *°furbjan* « nettoyer »). Nettoyer un objet de métal de façon à le rendre brillant. V. **Astiquer, nettoyer, polir.** *Fourbir ses armes* (au fig.) : s'armer, se préparer à la guerre. Absolt. *Ils* « *commençaient à fourbir; les cuivres, les ferrures, même les simples boucles, devaient briller clair comme des miroirs* » (LOTI). — Au p. p. *Armes fourbies.*

FOURBISSAGE [fuʀbisaʒ]. *n. m.* (1444; de *fourbir*). Action de fourbir; nettoyage des objets métalliques. V. **Astiquage.**

FOURBISSEUR [fuʀbisœʀ]. *n. m.* (XIIº; de *fourbir*). *Techn.* Celui qui polit et qui monte les armes blanches. V. **Armurier.**

FOURBU, UE [fuʀby]. *adj.* (1546; p. p. de l'a. fr. *forboire* « boire hors de raison, à l'excès »). ♦ 1º (1563). *Vétér.* En parlant d'un animal de trait, Qui est atteint de fourbure. *Cheval fourbu.* — *Cour. Cheval, animal fourbu :* épuisé de fatigue. ♦ 2º (*Personnes*). Qui est harassé, très fatigué. V. **Éreinté, moulu, rompu.** « *Durtal se sentait vidé, ... fourbu, réduit à l'état de filament, à l'état de pulpe* » (HUYSMANS).

FOURBURE [fuʀbyʀ]. *n. f.* (1611; de *fourbu*). *Vétér.* Congestion inflammatoire des tissus du pied du cheval.

FOURCHE [fuʀʃ(ə)]. *n. f.* (*Forche,* XIIº; lat. *furca*). I. ♦ 1º Instrument à main, formé d'un long manche muni de deux ou plusieurs dents (V. **Fourchon**), qui sert en agriculture. *Fourche à deux dents* (V. **Bident**), *trois dents* (V. **Trident**). *Fourche à foin, à fumier. Paysans armés de fourches* (pour se battre). — *Fourche à trois dents servant à harponner le poisson.* V. **Foène, harpon.** ♦ 2º *Vx. Fourches patibulaires :* gibet composé à l'origine de deux fourches plantées en terre, supportant une traverse à laquelle on suspendait les suppliciés. ♦ 3º (1634). *Mar.* Se dit de certains agrès et pièces. *Fourche de beaupré.* ♦ 4º (XXº). *Fourche de bicyclette, de motocyclette :* partie formée de deux tubes parallèles entre lesquels est fixée la roue. *Fourche avant, fourche arrière. Fourche télescopique d'une motocyclette.* ♦ 5º *Blas.* La queue du lion, lorsqu'elle est divisée en deux. II. Disposition en forme de fourche; partie présentant cette position. — *Fam.* Angle formé par les jambes. — *Fourche d'un pantalon,* partie où les jambes se séparent. — *Endroit où les grosses branches se séparent du tronc.* V. **Enfourchure.** « *À la fourche d'un platane, un chat de Siam* » (COLETTE). ◊ (*Forc,* XIIIº) *Vx.* En parlant d'un chemin. V. **Bifurcation, carrefour, embranchement.** — *Allus. hist. Les Fourches Caudines :* défilé (de plus en plus étroit, en forme de fourche) près de Caudium, où les Romains furent battus (en 321 av. J.-C.) et contraints de passer sous le joug. *Fig. Passer sous les fourches caudines :* subir des conditions déshonorantes, honteuses. III. *Région.* (Belgique). Temps libre d'une ou deux heures dans un horaire de cours.

FOURCHÉE [fuʀʃe]. *n. f.* (1872; de *fourche*). Quantité (de foin, paille, etc.) qu'on prend à la fois avec la fourche. « *Elle s'éloigna, soulevant des fourchées d'herbe* » (ZOLA).

FOURCHE-FIÈRE [fuʀʃəfjɛʀ]. *n. f.* (XIIº; de *fourche,* et *fière*; probabl. du lat. *ferrea* « de fer », croisé avec *fera.* V. **Fier**). *Vx* ou *dial.* Fourche à deux dents et à long manche, servant à enlever les gerbes.

FOURCHER [fuʀʃe]. *v.* (XIIº; de *fourche*). I. V. intr. (*Vx*). Se diviser en forme de fourche. *Arbre,* *chemin qui fourche.* — Mod. *La langue lui a fourché* : il a prononcé un mot au lieu d'un autre, par méprise. V. **Lapsus** (On dit par plaisant. *La fourche lui a langué*). **II.** V. tr. *Agric.* Manipuler avec une fourche. *Fourcher la terre, le fumier.*

FOURCHET [fuʀʃɛ]. *n. m.* (1690; de *fourche*). *Vétér.* Maladie du pied du mouton.

FOURCHETTE [fuʀʃɛt]. *n. f.* (1313; de *fourche*, et *-ette*). ♦ 1° Ustensile de table (d'abord à deux, puis à trois, quatre dents), dont on se sert pour piquer les aliments. *La fourchette et le couteau.* V. **Couvert.** *Fourchette à dessert, à gâteaux. Fourchette à poisson, à escargots, à huîtres.* « *Pauline prit une fourchette à long manche pour rôtir les tartines devant les braises* » (CHARDONNE). — Loc. fam. *La fourchette du père Adam* : les doigts. — *Avoir un joli, un bon coup de fourchette* : être gros mangeur. « *Qu'est-ce qu'il a comme coup de four- chette. Il dévore* » (QUENEAU). ♦ 2° (1600, « bâton fourchu pour poser l'arquebuse »). Pièce qui soutient le fléau d'une balance au repos. — Pièce qui transmet au balancier d'une horloge le mouvement de l'échappement. — *Auto.* Pièce du changement de vitesse qui sert à actionner le train baladeur. ♦ 3° *Anat.* (1560, « cartilage du sternum »). *Mod.* (1690) Sou- dure des deux clavicules de l'oiseau. ◇ (1839) *Fourchette sternale,* échancrure médiane située à l'extrémité supérieure du sternum. — (1839) *Fourchette vulvaire,* commissure postérieure des grandes lèvres. ♦ 4° (1680). *Vétér.* Partie du sabot du cheval formant le milieu de sa face inférieure. ♦ 5° (XXᵉ). *Artill.* Le plus petit bond en portée, tel que le sens du coup suit sûrement (sauf coup anormal) le sens du bond. *La fourchette vaut quatre écarts probables* (V. **Écart,** 2°). ◇ (Cartes) *Prendre son adversaire en fourchette* : avoir deux cartes, l'une supérieure, l'autre inférieure à celle d'un adver- saire. *Avoir, garder la fourchette à trèfle.* ◇ *Écon., Statist.* Écart entre deux valeurs extrêmes.

FOURCHON [fuʀʃɔ̃]. *n. m.* (1213; de *fourche*). Dent d'une fourche, d'une fourchette.

FOURCHU, UE [fuʀʃy]. *adj.* (fin XIIᵉ; de *fourche*). Qui a la forme, l'aspect d'une fourche; qui fait une fourche. *Men- ton fourchu,* qui présente en son milieu un sillon prononcé. *Chemin fourchu.* ◇ *Arbre fourchu,* dont le tronc se sépare en plusieurs grosses branches. ◇ *Pied fourchu* : pied fendu des ruminants. *On prête un pied fourchu aux satyres, aux diables.*

1. FOURGON [fuʀɡɔ̃]. *n. m.* (1265; du lat. pop. °*furicare* (p.-ê. par un dér. °*furico*); class. *furari* « voler »). Longue tige de métal ou de bois garni de métal, servant à disposer les braises dans un four. *Le fourgon du boulanger.* V. **Râble.** ◇ Instrument formé d'une barre de fer crochue servant à attiser le feu dans un foyer. V. **Pique-feu, tisonnier.**

2. FOURGON [fuʀɡɔ̃]. *n. m.* (v. 1640; o. i., p.-ê. de *fourgon* (1), « voiture à ridelles »; Cf. a. prov. *Fourgoun* « ridelle »). ♦ 1° Long véhicule couvert pour le transport de bagages, de vivres, de munitions. *Fourgon automobile.* — Allus. hist. *Les émigrés, les Bourbons ramenés dans les four- gons de l'étranger* (en 1814 et 1815). ◇ *Fourgon funéraire, funèbre* : corbillard automobile. ♦ 2° *Vx* (v. 1825). Wagon de chemin de fer. — *Mod.* Dans un train de voyageurs, Wagon servant au transport des bagages. *Fourgon de tête, de queue.* — *Fourgon à bestiaux.* V. **Bétaillère.**

FOURGONNER [fuʀɡɔne]. *v. intr.* (XIIIᵉ; de *fourgon* 1). ♦ 1° Remuer la braise du four, le combustible d'un feu avec un fourgon. V. **Tisonner.** — Trans. « *Je lui donnerai le temps de s'asseoir ou de fourgonner le poêle* » (BOSCO). ♦ 2° *Fig.* Fouiller (dans qqch.), en dérangeant tout. V. **Fouiller, fourra- ger.** « *La Jondrette continuait à fourgonner dans ses ferrailles* » (HUGO).

FOURGONNETTE [fuʀɡɔnɛt]. *n. f.* (1949; de *fourgon*). Petite camionnette.

FOURGUE [fuʀɡ]. *n. m.* (1835; *fourgat,* 1821; de *four- guer*). *Arg.* Marchand receleur. « *Le fourgue se tire des pattes des poulets* [policiers] » (*L'Express,* 19-3-1973).

FOURGUER [fuʀɡe]. *v. tr.* (1821; prov. mod., du lat. pop. °*furicare.* V. **Fourgon** 1). ♦ 1° *Arg.* Vendre à un rece- leur. ♦ 2° *Fam.* Vendre, placer (une mauvaise marchandise). V. **Refiler.** *Il nous a fourgué son pain rassis.*

FOURIÉRISME [fuʀjeʀism(ə)]. *n. m.* (v. 1830; de Charles *Fourier*). Doctrine de l'organisation sociale et politique exposée par Fourier, selon laquelle les hommes doivent s'associer harmonieusement en groupements (phalanstères). V. **Asso- ciationnisme, socialisme.**

FOURIÉRISTE [fuʀjeʀist(ə)]. *n.* et *adj.* (v. 1830; de *Fourier*). Partisan du fouriérisme. *Les fouriéristes, partisans de l'émancipation de la femme.* — *Adj.* Relatif au fouriérisme. « *Les systèmes saint-simonien, phalanstérien, fouriériste* » (CHATEAUB.).

FOURME [fuʀm(ə)]. *n. f.* (répandu XIXᵉ; var. a. de *forme* « forme à fromage »). *Région.* Fromage de lait de vache à pâte ferme, chauffée et pressée, se présentant sous forme de cylindre et fabriqué dans les régions du centre de la France. *Fourme du Cantal* (V. **Cantal**), *d'Ambert* (sorte de bleu).

FOURMI [fuʀmi]. *n. f.* (*Formiz,* fin XIIᵉ; lat. *formica*). ♦ 1° Petit insecte hyménoptère qui vit en colonies nom- breuses dans les fourmilières (V. **préf. Myrméco-**). On compte environ 2 000 espèces de fourmis, formant la famille des Formicidés. *Fourmi noire, rouge. Fourmis ailées* (mâles et femelles, avant la fécondation), *fourmis aptères* (femelles fécondées et ouvrières). *Œufs, larves* (appelées à tort œufs) *de fourmis* (V. **Couvain**). *Acide formique, que contient l'orga- nisme des fourmis.* « *La cigale et la fourmi* », *fable de La Fontaine.* ◇ Abusiv. *Fourmis blanches.* V. **Termite.** ♦ 2° *Avoir des fourmis dans les membres, dans quelque partie du corps* : y éprouver une sensation de picotement (comparable à la sensation que procureraient des fourmis courant sur la peau). V. **Démangeaison, formication, picotement.** ♦ 3° (Sym- bole de petitesse). *D'avion, on voyait les gens comme des fourmis.* ◇ *Allus.* au travail anonyme et obstiné des fourmis) *C'est une fourmi* : une personne laborieuse, économe.

FOURMILIER [fuʀmilje]. *n. m.* (1757; de *fourmi;* Cf. *Ours fourmier,* 1575). *Cour.* Tamandua, tamanoir (Édentés xénarthres). *Les fourmiliers ont une langue protractile, fili- forme et visqueuse qui leur permet d'engluer les fourmis.*

FOURMILIÈRE [fuʀmiljɛʀ]. *n. f.* (1564; de *fourmi,* altér. de *fourmillère, fourmillière,* réfect. de l'a. fr. *fourmiere, for- miere* (fin XIIᵉ), d'apr. *fourmiller*). ♦ 1° Habitation commune, souvent à plusieurs étages, pourvue de galeries, de loges, etc., où vivent les fourmis. *Ils* « *pullulent et grouillent... comme des fourmis dont on vient de renverser la fourmilière* » (GAU- TIER). ♦ 2° *Fig.* Lieu où vit et s'agite une multitude de per- sonnes. V. **Ruche.** *Cette agglomération, cette ville est une véritable fourmilière.* ◇ Société nombreuse, semblable à celle que forment les fourmis à l'intérieur de leur habitation.

FOURMI-LION ou **FOURMILION** [fuʀmiljɔ̃]. *n. m.* (1745; *fourmilleau,* 1372; lat. zool. *formica-leo*). Insecte névroptère dont la larve se nourrit des insectes, des fourmis qui tombent dans l'entonnoir qu'elle a creusé et au fond duquel elle vit. *Des fourmis-lions, des fourmilions.*

FOURMILLANT, ANTE [fuʀmijɑ̃, ɑ̃t]. *adj.* (1608; de *fourmiller*). ♦ 1° Qui s'agite, qui grouille à la façon des fourmis. V. **Grouillant.** « *Fourmillante cité, cité pleine de rêves* » (BAUDEL.). ◇ *Littér.* Qui donne une sensation de fourmillement. « *Elle dégageait avec précaution son bras gauche fourmillant et douloureux* » (COLETTE).

FOURMILLEMENT [fuʀmijmɑ̃]. *n. m.* (1636; de *four- miement,* 1545; de *fourmier, fourmiller*). ♦ 1° Agitation désordonnée et continuelle d'une multitude d'êtres. V. **Grouillement, pullulement.** *Un fourmillement de vers, d'in- sectes.* « *Ce fourmillement continuel qui caractérise la multi- tude* » (GAUTIER). Fig. *Un fourmillement d'idées, d'événe- ments.* V. **Foisonnement, multitude.** ♦ 2° Sensation compa- rable à celle que donnent des fourmis courant sur la peau. V. **Formication, picotement.**

FOURMILLER [fuʀmije]. *v. intr.* (1552; réfect. de *formier* (XIIᵉ), lat. *formicare*). ♦ 1° S'agiter en grand nombre (comme font les fourmis). V. **Grouiller, pulluler.** ◇ *Par ext.* Être en grand nombre (sans idée de mouvement). V. **Abonder.** *Les erreurs fourmillent dans ce texte.* « *Cerfs, daims, faisans, perdreaux, jamais on ne pourrait nombrer toutes les espèces de gibier qui fourmillent en Corse* » (MÉRIMÉE). ♦ *Four- MILLER DE* : être rempli d'un grand nombre de. « *Des espions! le pays en fourmille* » (BALZ.). « *Son édition fourmille de fautes* » (FRANCE). ♦ 2° Être le siège d'une sensation de picotement. V. **Démanger.**

FOURNAISE [fuʀnɛz]. *n. f.* (*Fornaise,* 1160; fém. de l'a. fr. *fornaiz;* lat. *fornax, fornacis,* augment. de *furnus* « four »). ♦ 1° Grand four où brûle un feu violent. V. **Four, fourneau.** — *Par ext.* Feu ardent. ◇ *Région.* (Canada; XIXᵉ; d'apr. l'angl. *furnace*). Anglicisme critiqué. Chaudière* de chauffage central. ♦ 2° Endroit très chaud, surchauffé. *Cette chambre sous les combles est une vraie fournaise en été.* « *Quand le soleil y donne, c'est une fournaise; quand la tramontane souffle, une glacière* » (DAUD.). ♦ 3° *Fig.* Lieu de combat, où la bataille fait rage.

FOURNEAU [fuʀno]. *n. m.* (*Fournel,* XIIᵉ; dimin. de l'a. fr. *forn* « four »). **I.** ♦ 1° *Techn.* Sorte de four, de forme et de matière varia- bles, dans lequel on soumet à un feu violent certaines sub- stances à fondre, à calciner. *Fourneau à bois, à charbon. Four- neau de forge, de chauffecin. Fourneau de fusion des métaux* (V. **Fonderie**), *d'affinage. Bas fourneau* : four à cuve (pour l'élaboration des fers, des ferro-alliages). ◇ **HAUT FOUR- NEAU** (mil. XVIIIᵉ) : grand four à cuve destiné à fondre le minerai de fer et dans lequel le combustible est en contact avec le minerai. *Les hauts fourneaux, hautes constructions en briques réfractaires armées extérieurement de frettes d'acier et refroidies par circulation d'eau, ont la forme de deux troncs de cône accolés par leur grande base* (V. **Étalage, ventre**), *prolongés vers le bas d'une partie cylindrique* (creuset, ouvrage) *qu'aère une puissante soufflerie. Gueulard, trémie d'un haut fourneau.* — *Par ext.* Usine qui possède au moins un haut

fourneau. *Les hauts fourneaux de Lorraine.* ♦ 2° *Cour.* Appareil fixe ou portatif où l'on brûle du bois, du charbon et sur lequel on fait chauffer l'eau, cuire les aliments. *Foyer, four, sole, plaque, grille, porte d'un fourneau. Fourneaux en fonte, en tôle émaillée. Fourneau de cuisine.* V. *Cuisinière. Par ext.* Tout appareil portatif servant à faire cuire ou chauffer. V. *Réchaud. Fourneau à gaz, à alcool.*
II. ♦ 1° (1671). *Fourneau de mine :* cavité dans laquelle on met une charge d'explosifs. ♦ 2° (1808). Partie évasée d'une pipe où brûle le tabac. *Fourneau et tuyau d'une pipe.* « *De petites pipes... pas plus grosses de fourneau qu'un dé de jeune fille* » (GIONO).

FOURNÉE [furne]. *n. f.* (XIIᵉ ; de l'a. fr. *forn* « four »). ♦ 1° Quantité de pains que l'on fait cuire à la fois dans un four. *Le boulanger fait deux fournées par jour. Pain de première, de dernière fournée.* ◇ Ensemble de tout ce qu'on expose à la fois à la chaleur d'un four. *Fournée de tuiles.* ♦ 2° *Fig.* et *iron.* Ensemble de personnes nommées à la fois aux mêmes fonctions ou dignités. « *Lorsqu'un nouveau parti s'emparait du pouvoir, il proscrivait la moitié du Sénat et créait d'urgence une nouvelle fournée de sénateurs pour boucher les trous* » (SARTRE). Se dit de groupes de personnes qui accomplissent ou subissent qqch., successivement chacun à son tour. *Fournée de visiteurs, de touristes. Ils « avaient été tirés de leurs lits, en pleine nuit, conduits par fournées au cimetière, abattus d'une balle dans la tête* » (BERNANOS).

FOURNI, IE [furni]. *adj.* ♦ 1° Approvisionné, pourvu, rempli. *Une table bien fournie. Une librairie vraiment bien fournie* (N. B. Ne pas confondre avec *achalandé*, qui est couramment, mais à tort, pris dans ce sens). ♦ 2° Où la matière abonde. *Une barbe, une chevelure fournie.* V. *Dru, épais.* ◇ ANT. *Pauvre, vide; clairsemé, rare.* — HOM. *Fournil.*

FOURNIER, IÈRE [furnje, jɛʀ]. *n.* (1153; lat. *furnarius*, de *furnus*). *Ancien.* Personne qui tenait un four à pain.

FOURNIL [furni]. *n. m.* (XIIᵉ ; de *forn*. V. *Four*). Local où est placé le four du boulanger, et où l'on pétrit la pâte. ◇ HOM. *Fourni.*

FOURNIMENT [furnimɑ̃]. *n. m.* (XVᵉ ; de *fournir*, par l'it. *fornimento*). Ensemble des objets composant l'équipement du soldat. V. *Fourbi.* ◇ *Fam.* Objets, matériel, vêtements propres à une profession ou à qqn. « *Chacun de nous avait dans une petite armoire un fourniment complet d'ecclésiastique* » (DAUD.).

FOURNIR [furniʀ]. *v. tr.* (*Fornir*, 1160; frq. *°frumjan* « exécuter »).
I. *Trans. dir.* Ⓐ Pourvoir de ce qui est nécessaire. V. *Alimenter, approvisionner. Fournir* (qqn, une maison, une entreprise) *de* (qqch.). « *Une maison soigneusement close, fournie de biscuit, de beurre fondu, de poisson sec* » (BALZ.). *Négociant qui fournit de vins et de boissons un grand restaurant. C'est ce marchand qui nous fournit de produits d'entretien.* V. *Fournisseur.* — *Plus cour. Fournir* (qqn en (qqch.). « *Il faut laisser aux charlatans le soin... de la fournir en pilules* » (SUARÈS). ◇ Sans compl. indir., l'objet de la fourniture étant sous-entendu. *Fournir une famille, des troupes.* *Pronom. Se fournir chez un marchand.* V. *Ravitailler* (se), servir (se). Ⓑ Donner, procurer. ♦ 1° Faire avoir (qqch. à qqn). *Fournir le vivre et le couvert à des réfugiés. Fournir du secours, une aide.* — *Spécialt. Fournir une carte*, et *absolt. Fournir :* jouer une carte de la couleur demandée. *Vous n'avez pas fourni à trèfle, et maintenant vous en jouez !* ◇ (Abstrait) *Fournir des renseignements à qqn. Je vous en fournirai les moyens. Il n'était pas fâché « qu'on insistât pour lui fournir les garanties qu'il ne réclamait pas* » (ROMAINS). *Cela me fournira l'occasion, le prétexte que je cherchais.* ◇ *Spécialt.* Présenter. *Il devra fournir les pièces nécessaires.* ♦ 2° (En parlant d'entreprises économiques, commerciales, financières). *Ce magasin nous fournit tous les produits d'épicerie.* V. *Livrer, vendre. Fournir au client ce qu'il désire.* V. *Servir. Fournir des armes, du matériel, des vivres à une armée, à un pays.* V. *Équiper.* ♦ 3° *Produire. Vignoble qui fournit un vin estimé.* — *Par anal. École qui fournit des spécialistes, des cadres.* ◇ *Fig. Il a dû fournir un effort considérable.* V. *Faire. Sports. L'équipe a fourni un jeu remarquable.*
II. *Tr. indir.* FOURNIR à : contribuer, en tout ou en partie, à. V. *Participer. Fournir à la dépense, aux frais, à l'entretien.* « *Attentif comme un père, il fournissait à tous mes besoins* » (BALZ.). V. *Subvenir.*
◇ ANT. *Dégarnir, démunir. Priver.*

FOURNISSEMENT [furnismɑ̃]. *n. m.* (XIVᵉ ; de *fournir*). *Comm.* Apport de chaque associé au fonds commun dans une société. *Dr.* Action d'établir les lots entre copartageants. *Compte de fournissement.*

FOURNISSEUR, EUSE [furnisœʀ, øz]. *n.* (1415, repris XVIIIᵉ ; de *fournir*). Personne qui fournit des marchandises, des denrées à un client. V. *Pourvoyeur. Fournisseurs militaires, des troupes, de l'armée.* V. *Ravitailleur.* — *Cour.* Commerçant, marchand. *Régler quelques dettes chez les fournis-*

seurs du quartier. « *Il renseigna Mᵐᵉ Bovary sur les fournisseurs, fit venir son marchand de cidre* » (FLAUB.). ◇ *Appos. Les pays fournisseurs de la France :* ceux qui vendent à la France (*opposé à* client).

FOURNITURE [furnityʀ]. *n. f.* (1393 ; *forneture*, XIIIᵉ ; de *fournir*). ♦ 1° Action de fournir. V. *Approvisionnement. La fourniture des vivres, du fourrage.* V. *Approvisionnement, livraison.* ♦ 2° Ce qu'on fournit, ce qu'on livre (généralement au plur.). V. *Provision. Fournitures scolaires.* ◇ *Spécialt.* Ce que fournissent, en dehors de la matière principale, les artisans à façon tels que tailleurs, couturiers, tapissiers. *Il m'a pris tant pour la façon et tant pour les fournitures.* — *Dr. comm.* Livraisons faites par des commerçants à des non-commerçants, pour des besoins non commerciaux. ♦ 3° *Cuis.* Fines herbes que l'on mêle à la salade. V. *Assaisonnement.*

FOURRAGE [furaʒ]. *n. m.* (fin XIIᵉ ; de l'a. fr. *feurre*, frq. *°fodr*, *°fodar* « paille »). Plantes servant à la nourriture du bétail. V. *Fourrager. Fourrage de fin d'hiver.* V. *Hivernage. Fourrage vert*, brouté sur place ou coupé pour être mangé à l'étable ; *fourrage sec*, récolté et séché pour être consommé ultérieurement. *Parc, grenier à fourrage.*

FOURRAGER [furaʒe]. *v.;* conjug. *bouger* (1367 ; de *fourrage*).
I. *V. intr.* ♦ 1° *Vx.* Couper, faire du fourrage (*spécialt.* aux armées). ♦ 2° Chercher en remuant, en mettant du désordre. V. *Fouiller, fourgonner, fureter. Fourrager dans un tiroir, dans des papiers.* « *Josépha se leva, fourragea dans les fleurs rares de ses jardinières* » (BALZ.).
II. *V. tr.* (XIVᵉ, « ravager en s'approvisionnant en fourrage » (se disait des troupes). Mettre en désordre en manipulant. *Fourrager des papiers. Il « resta pendant plus d'un quart d'heure à fourrager sa tignasse en bâillant* » (DUHAM.).

FOURRAGER, ÈRE [furaʒe, ɛʀ]. *adj.* (1835 ; de *fourrage*). Qui fournit du fourrage (usité surtout au fém.). *Betterave fourragère.* Fourrage. « *La culture du pays était toute aux céréales et aux plantes fourragères* » (ZOLA). V. *Fourrage.*

FOURRAGÈRE [furaʒɛʀ]. *n. f.* (1845 ; du précéd.).
I. ♦ 1° Champ consacré à la production du fourrage. *Fourragère de luzerne.* ♦ 2° Cadre, charrette servant au transport du fourrage. « *Pendant qu'on chargeait les sacs et les bagages sur deux fourragères* » (CHARDONNE).
II. (1872, p.-ê. d'un sens « corde à fourrage »). Ornement de l'uniforme militaire ou insigne formé d'une tresse agrafée à l'épaule, entourant le bras et se terminant par des aiguillettes de métal. *La fourragère d'un régiment.*

FOURRAGEUR [furaʒœʀ]. *n. m.* (1367 ; de *fourrager*). *Vx.* Cavalier qui fourrageait pour les chevaux. — *Loc. Charger en fourrageurs :* en ordre dispersé.

FOURRÉ [fure]. *n. m.* (1761 ; du suiv. : *taillis fourré*). Massif très épais et touffu de végétaux de taille moyenne, d'arbustes à branches basses. *Fourrés d'un bois. Fourré de broussailles, de ronces.* V. *Buisson.* « *La végétation va s'épaississant et forme un fourré impénétrable* » (GAUTIER).

FOURRÉ, ÉE [fure]. *adj.* (v. 1200 ; V. *Fourrer*).
I. Doublé. ♦ 1° *Vx.* Garni extérieurement. *Vx. Médaille, monnaie fourrée :* fausse monnaie de cuivre recouverte d'or, d'argent. V. *Plaqué. Cuis. Langue fourrée :* langue de bœuf, de porc, de mouton recouverte d'une autre peau que la sienne avec laquelle on la fait cuire. ♦ 2° *Fig. Paix fourrée :* paix de pure forme qui cache de mauvais desseins et ne saurait être durable. ♦ *Coup fourré* (Escr.) : coup tel que celui qui attaque et touche est attaqué, touché en même temps ; moyen par lequel on déjoue un adversaire qui ne se méfie pas en utilisant les faiblesses ou la témérité de son attaque. — *Cour.* Attaque hypocrite, coup en traître *(fam.).* V. *Traîtrise* (Cf. *pop.* Rosserie, vacherie). ♦ 3° Garni intérieurement. *Gâteau, bonbons fourrés* (à la confiture, à la crème).
II. Doublé de fourrure, d'une chaude étoffe. ♦ 1° *Vx.* Garni extérieurement. *Robe fourrée d'hermine.* ◇ *Mod.* En parlant des animaux dont le poil, le duvet est épais. *Renard bien fourré.* — *Par plaisant. Les Chats fourrés*, nom donné par Rabelais aux magistrats, *par allus.* à leur robe ornée d'hermine. ♦ 2° Garni intérieurement. *Gants, chaussons fourrés :* doublés de lainage moelleux (V. *Molletonné*) ou de fourrure.
III. *Par anal.* (1690). Dense, épais comme une fourrure (*vx.*). « *Des bois fourrés et bas* » (MICHELET). V. *Fourré* (n. m.).

FOURREAU [furo]. *n. m.* (*Furrel*, 1080 ; dér. de l'a. fr. *fuerre*, frq. *°fôdr* « fourreau », homonyme de *°fôdr* « fourrage »). ♦ 1° Enveloppe allongée, destinée à recevoir une chose de même forme pour la préserver quand on ne s'en sert pas. V. *Étui, gaine. Fourreau d'épée. Corps, bouterolle, chape* (entrée), *frettes d'un fourreau. Tirer l'épée du fourreau.* V. *Dégainer.* — *Fourreau de parapluie.* ◇ *Zool.* Repli cutané où rentre la verge de certains animaux (cheval, etc.). ♦ 2° (v. 1780). Robe de femme très étroite, dont le haut et la jupe moulent le corps. *Le « long fourreau de lainage bleu où sa taille pleine ondulait* » (DAUD.). *Par appos. Robe, jupe fourreau.*

FOURRER [fuʀe]. *v. tr.* (*Forrer*, XIIᵉ; de l'a. fr. *fuerre*. V. Fourreau).
I. ♦ 1° *Vx.* Doubler de qqch. qui garnit ou protège. — *Fourrer une médaille :* la couvrir d'une lame d'or ou d'argent. — Mar. (1736) *Fourrer un cordage :* l'entourer avec du bitord. ♦ 2° *Mod.* (XIIIᵉ). Doubler de fourrure. *Fourrer un manteau avec du lapin.*
II. (XVᵉ). ♦ 1° Faire entrer (comme dans un fourreau). *Fourrer ses mains dans ses poches. Fourrer ses doigts dans son nez.* — *Fig. Il fourre son nez dans mes affaires :* il est indiscret. *Se fourrer le doigt dans l'œil, dans l'œil jusqu'au coude :* se tromper. ♦ 2° Faire entrer brutalement ou sans ordre. V. **Enfourner.** *Fourrer des objets dans un sac, un tiroir ; fourrer une valise sous un meuble.* V. **Flanquer, foutre** *(pop.).* « *Un panier, dit Simon, c'est pratique. On y fourre tout ce qu'on veut* » (Carco). — *On l'a fourré en prison.* V. **Mettre.** ◇ *Fourrer qqch. dans la tête, le crâne de qqn* (soit pour le faire apprendre, soit pour le faire croire, accepter). *Je ne sais qui vous a fourré de telles idées dans la tête.* ◇ Insérer mal à propos, mettre sans discernement. *Ce candidat a fourré dans son devoir tout ce qu'il savait.* ♦ 3° *Fam.* Déposer, mettre, placer sans soin. *Qu'ai-je fait de mon stylo, où ai-je pu le fourrer?* « *Gibout, l'auscultant, lui fourra sous le nez sa tête graisseuse* » (Montherlant). ♦ 4° *Fam.* et vieilli. Donner, flanquer. « *Vous allez nous fourrer la guigne* » (Romains). V. **Foutre.**
III. Se fourrer. *v. pron.* ♦ 1° Se mettre, se placer (dans, sous qqch). *Se fourrer sous les couvertures.* ◇ Au p. p. « *Je voudrais bien savoir... pourquoi ma bonne est tout le temps fourrée chez ta femme?* » (Aragon). — *Fig. Ne plus savoir où se fourrer :* ne savoir comment se dérober à la confusion, à la honte qu'on éprouve. ♦ 2° *Se fourrer dans une mauvaise affaire, dans un guêpier.* V. **Jeter** (se). « *Il les tire du sale pétrin où ils venaient de se fourrer* » (Céline).

FOURRE-TOUT [fuʀtu]. *n. m.* (XXᵉ; de *fourrer*, et *tout*). *Fam.* Se dit d'une pièce (V. **Débarras**), d'un placard, d'un meuble, d'un sac où l'on fourre toute sorte de choses. — *Fig.* « *Le vaste fourre-tout lyrique de la Légende des Siècles* » (Henriot).

FOURREUR [fuʀœʀ]. *n.* (1268 ; de *fourrer*). Personne qui s'occupe de pelleterie et plus spécialement qui confectionne et vend des vêtements de fourrure. *Acheter un renard, un manteau de vison chez un fourreur. Fourreur qui garde les fourrures de ses clients pendant l'été.*

FOURRIER [fuʀje]. *n. m.* (fin XIIᵉ; de *fuerre.* V. **Fourrage**). ♦ 1° *Vx.* Fourrageur. Celui qui précédait qqn, une troupe pour assurer vivres et logement. — *Fig.* et littér. Se dit de celui (ou de ce) qui annonce ou prépare qqch. V. **Avant-coureur.** « *Et la mémoire et l'habitude sont les fourriers de la mort* » (Péguy). ♦ 2° *Milit.* Sous-officier chargé du cantonnement des troupes et du couchage, des distributions de vivres, de vêtements. *Le fourrier de la compagnie.* Adj. *Sergent-fourrier.* — *Mar.* Matelot chargé des écritures et de la comptabilité. Adj. *Quartier-maître fourrier.*

FOURRIÈRE [fuʀjɛʀ]. *n. f.* (1268, « grenier à fourrage » ; de *fuerre.* V. **Fourrage**). *Mod.* (1771 ; de la locution *mettre en fourrière* un animal saisi). Lieu de dépôt d'animaux, de voitures saisis et retenus par la police jusqu'au paiement d'une amende encourue ou de dommages causés. « *Je lui ai dit que la fourrière gardait les chiens trois jours à la disposition de leurs propriétaires* » (Camus). *Véhicule arrêté en stationnement interdit, qu'une auto-grue emmène à la fourrière.*

FOURRURE [fuʀyʀ]. *n. f.* (*Forreüre*, 1160 ; de *fourrer*).
I. ♦ 1° Peau d'animal munie de son poil, préparée pour servir de vêtement, de doublure, d'ornement. V. **Pelleterie.** *Fourrure à long poil, à poil ras. Chasseur de fourrures.* V. **Trappeur.** *Préparation des fourrures :* lavage, dégraissage, assouplissement, teinture, brossage, peignage, lustrage, dressage. *Industrie, commerce de la fourrure.* V. **Fourreur.** *Principales fourrures :* agneau, astrakan, castor, chat, chèvre, chinchilla, civette, écureuil, genette, hamster, hermine, kolinski, lapin, loutre, lynx, marmotte, martre, mouflon, mouton, murmel, ocelot, opossum, otarie, ours, ourson, panthère, petit-gris, phoque, poulain, putois, ragondin, rat musqué ou ondatra, renard, singe, sconse, taupe, vigogne, vison, zibeline. « *Le marché aux fourrures étalait des dépouilles d'animaux sans nombre... L'ours blanc, le renard bleu, l'hermine, étaient les moindres curiosités de cette incomparable exhibition* » (Nerval). *Manteau de fourrure. Col, étole, manchon, toque de fourrure. Vêtement doublé de fourrure.* V. **Pelisse.** — *Par ext.* Vêtement de fourrure. *Elle aime les bijoux et les fourrures.* ◇ *Blas.* Nom donné à certains émaux de l'écu représentant de la fourrure. V. **Hermine, vair** (Cf. aussi Contre-hermine, contre-vair). ♦ 2° Poil particulièrement beau, épais de certains animaux. V. **Pelage.** *Le chat angora a une très belle fourrure.*
II. (1324, « mélange de textiles » ; de *fourrer*, I, 1°). *Vx* ou *Techn.* (1690 in *mar.*). Ce qui sert à garnir, recouvrir ou

boucher. *Mod.* Plaque de bois, de métal pour remplir un joint, masquer ou obturer un vide.

FOURVOIEMENT [fuʀvwamɑ̃]. *n. m.* (XVᵉ ; de *fourvoyer*). *Littér.* Le fait de s'égarer, de se tromper. *Fig.* V. **Égarement.**

FOURVOYER [fuʀvwaje]. *v. tr.;* conjug. *noyer* (XIIᵉ ; de *fors*, et *voie*). Mettre hors de la voie, détourner du bon chemin. V. **Égarer.** *Ce guide nous a fourvoyés.* — *Se fourvoyer.* v. pron. V. **Perdre** (se). — Au p. p. « *Ils étaient mal partis, fourvoyés en un véritable et inextricable labyrinthe, en un enchevêtrement de ruelles obscures* » (Courteline). ◇ *Fig.* et *littér.* V. **Détourner, égarer, tromper.** *Les mauvais exemples l'ont fourvoyé.* « *Les demi-savants sont nombreux pour accepter une théorie de tradition, qui les guide ou qui les fourvoie* » (Gide). — *Se fourvoyer dans une entreprise dangereuse.* Absolt. *Le commentateur, le traducteur s'est entièrement fourvoyé.* V. **Tromper** (se). ◈ **ANT.** Guider.

FOUTAISE [futɛz]. *n. f.* (1668 ; de *foutre*). Chose insignifiante, sans intérêt. *J'ai...* « *le cœur gros qu'on se soit quitté pour des foutaises* » (Zola). *C'est de la foutaise!*

FOUTOIR [futwaʀ]. *n. m.* (XVIᵉ ; de *foutre*). *Vulg.* Grand désordre (Cf. Bordel).

FOUTRAL, ALE, ALS [futʀal]. *adj.* (1938 ; de *foutre*). *Pop.* Extraordinaire, sensationnel.

FOUTRAQUE [futʀak]. *adj.* et *n.* (XXᵉ ; crois. de *fou* et *foutre*). *Fam.* Fou, excentrique.

1. FOUTRE [futʀ(ə)]. *v. tr. :* je fous, nous foutons ; je foutais ; je foutrai ; je foutrais ; que je foute, que nous foutions ; foutant, foutu ; inus. aux pass. simple et antérieur de l'ind., aux passé et plus-que-parfait du subj. (XIIIᵉ ; lat. *futuere* « avoir des rapports avec une femme »). *Fig.* et *vulg.* (fin XVIIIᵉ). ♦ 1° Faire. V. **Ficher** (2°). *Un paresseux qui ne fout rien de toute la journée. Qu'est-ce que ça fout?* qu'importe? « *Qu'est-ce que ça peut me foutre? Ça me fout que je te nourris et que tu n'es qu'un propre à rien* » (Ch.-L. Philippe). ◇ *N'avoir rien à foutre de* (qqn, de qqch.), n'avoir aucun intérêt dans, ne pas être concerné par. *Il* « *n'en a rien à foutre des jérémiades* » (Le Breton). *Tes explications, j'en ai rien à foutre,* je n'en tiens pas compte. ◇ Donner. *Tais-toi, ou je te fous une baffe!* V. **Flanquer.** ◇ Mettre. « *Et si je te foutais mon poing sur la gueule, personnellement... tu t'en foutrais peut-être un peu moins?* » (Gide). *Foutre par terre.* Pronom. *Il s'est foutu par terre.* — *Foutre en l'air. Foutre qqn à la porte, en tôle. Foutre le camp :* s'en aller, s'enfuir, partir, se sauver. *Ça fout mal :* cela manque d'allure, c'est fâcheux, regrettable ; et *aussi* c'est inadmissible, scandaleux. ♦ 2° SE FOUTRE DE. *v. pron.* Se moquer. V. **Ficher** (se). *Il s'en fout complètement :* ça lui est égal, indifférent. Cf. S'en branler*. *Je m'en fous et m'en contrefous* (V. **Je-m'en-foutiste**). « *Comment! à cent francs l'hectare! est-ce que vous foutez de nous, papa?* » (Zola). V. **Je-m'en-foutisme.**

2. FOUTRE! [futʀ(ə)]. *interj.* (XVIIIᵉ ; du précéd.). *Vulg.* V. **Fichtre ; diable.**

FOUTRIQUET [futʀikɛ]. *n. m.* (fin XVIIIᵉ ; de *foutre*). *Péj.* Personnage insignifiant et incapable.

FOUTU, UE [futy]. *adj.* (1416, « parjure ; méchant ». V. **Foutre**). *Pop.* V. **Fichu.** ♦ 1° *(Avant le nom).* Mauvais. *Il a un foutu caractère.* V. **Sacré, sale.** « *Je suis dans un foutu état ; à la moindre sensation, tous mes nerfs tressaillent* » (Flaub.). ♦ 2° *(Après le nom).* Perdu, ruiné ou condamné. *C'est un type foutu.* « *La mayonnaise est ratée... Elle est foutue!* » (Beauvoir). ♦ 3° Dans tel ou tel état. *Bien, mal foutu :* fait, formé. Spécial. *Être mal foutu :* fatigué, un peu malade. — *Capable. Il n'est même pas foutu de réussir.*

FOVÉA [fɔvea]. *n. f.* (1900; du lat. scient. *fovea centralis,* « fosse centrale »). *Anat.* Dépression médiane de la tache jaune *(macula lutea),* au centre de la rétine, zone où la vision est la plus nette. (Adj. FOVÉAL, ALE, AUX).

FOX. *n. m.* V. **FOX-TERRIER.**

FOXÉ, ÉE [fɔkse]. *adj.* (1878 ; angl. *fox* « renard »). Vitic. Goût foxé, saveur foxée : goût particulier à certains cépages américains.

FOX-HOUND [fɔksawnd]. *n. m.* (1828 ; de l'angl. « chien [*hound*] pour chasser le renard [*fox*] »). Chien courant de grande taille.

FOX-TERRIER [fɔksteʀje] ou **FOX** [fɔks]. *n. m.* (1886 ; mot angl.). Chien terrier à poils lisses et durs, blancs avec des taches fauves ou noires. *Des fox-terriers, des fox.* « *L'excitation d'un fox qui flaire un rat* » (Montherlant).

FOX-TROT [fɔkstʀɔt]. *n. m.* (v. 1912; mot angl. « le trot *(trot)* du renard *(fox)* »). Danse à quatre temps, d'allure saccadée, consistant en une marche en avant, en arrière ou sur le côté, coupée d'arrêts.

FOYER [fwaje]. *n. m.* (*Fuier*, 1190 ; lat. pop. °*focarium,* de *focus* « foyer ». V. **Feu**).
I. Lieu où l'on fait du feu. ♦ 1° Espace aménagé dans les pièces d'une maison pour y faire du feu. V. **Âtre, cheminée.** *Soirées passées devant le foyer* (Cf. Au coin du feu). « *La cheminée en pierre, dont le foyer toujours propre atteste qu'il ne s'y fait de feu que dans les grandes occasions* » (Balz.).

— *Par ext.* Dalle (de marbre, etc.) qu'on scelle en avant du foyer pour l'isoler du parquet. Cadre de bois qui entoure cette dalle. ♦ 2° *Par ext.* Le feu qui brûle dans le foyer, dans l'âtre. « *Mon foyer... ne brûlait pas tout bonnement; comme les autres... Il était aussi le feu saint, sur lequel... mijote le repas du voyageur* » (Bosco). ◇ *Foyer d'incendie* : brasier d'où se propage l'incendie. ♦ 3° *Techn.* Partie d'un appareil de chauffage dans laquelle brûle le combustible. *Foyer d'une chaudière, d'un four. Foyer fumivore* : qui brûle lui-même sa fumée. *Foyer à grille. Foyers à chargement automatique. Foyer d'une locomotive à vapeur.*
II. *Par ext.* Lieu servant d'abri, d'asile. ♦ 1° Lieu où se réunit, ou habite la famille; la famille elle-même. V. **Demeure, maison, ménage.** *Le foyer paternel, conjugal.* V. **Domicile.** « *L'humanité entière comprend la joie du foyer, les affections de famille* » (Chateaub.). « *Un foyer ne doit pas être un lieu où l'on séjourne, mais un lieu où l'on revient* » (Montherlant). *Rester au foyer. La femme, la mère au foyer,* qui ne travaille pas au dehors. *Fonder un foyer* : se marier, fonder une famille. Par ext. *Jeune foyer,* jeune ménage. ◇ Plur. *Rentrer dans ses foyers* : dans son pays natal, à son domicile. V. **Pénates** (*fig.*). *Soldat renvoyé dans ses foyers* : démobilisé. ♦ 2° Local servant de lieu de réunion, d'asile à certaines catégories de personnes. *Foyer du soldat, du marin. Foyer d'étudiants.* ♦ 3° Salle d'un théâtre où l'on fume, boit (où se rassemblaient les acteurs, les spectateurs, pour se chauffer).
III. (*Par anal.* avec le feu qui rayonne de l'énergie). ♦ 1° Lieu, point d'où rayonne la chaleur, la lumière. *Un puissant foyer lumineux.* V. **Source.** *D'un foyer.* V. **Focal.** *Le soleil, foyer d'énergie.* — Spécialt. (1637, Descartes) *Opt.* Sommet du faisceau conique formé par réfraction ou par réflexion d'un faisceau lumineux, formé de rayons parallèles. *Foyer par réflexion* (miroir), *par réfraction* (lentille). *Foyer réel. Foyer virtuel* : point où convergeraient les rayons réfléchis prolongés. ♦ 2° (1690) *Géom.* Dans une conique (ellipse, hyperbole, parabole) point tel qu'il existe un rapport constant entre sa distance à chacun des points de la courbe et la distance de ces mêmes points à une droite fixe (directrice). *Distance du foyer à la courbe.* V. **Rayon** (vecteur). *La somme ou la différence des foyers à un point quelconque de l'ellipse, de l'hyperbole, est constante.* ♦ 3° *Fig.* Point central, d'où provient qqch. V. **Centre.** *Le foyer de l'effervescence, de la révolte.* — *Méd.* Siège principal d'une maladie; lésion. *Foyer tuberculeux.* — Lieu d'où se propage une maladie. *Les îlots insalubres, foyers d'épidémie.*
Fr Symbole chimique du *francium**.
FRAC [fʀak]. *n. m.* (1767; probabl. de l'angl. *frock,* lui-même du fr. *froc*). Habit noir à basques en queue de morue, tenue de cérémonie. V. **Habit.**
FRACAS [fʀaka]. *n. m.* (fin XVI°, « rupture violente »; it. *fracasso.* V. **Fracasser**). ♦ 1° Bruit qui résulte d'une rupture violente, de chocs; *par ext.* Tout bruit violent. *Le jeune homme « laissa tout tomber par terre, avec un grand fracas* » (Flaub.). « *Il y eut un fracas clair et violent de vitres secouées, de balats claquant sur le seuil* » (Alain-Fournier). ♦ 2° (du sens étym.) Loc. *Avec perte et fracas* : brutalement. *Il a été chassé avec perte et fracas.* ◇ *Méd.* Fracture à plusieurs fragments osseux, avec contusions et blessures importantes des tissus environnants.
FRACASSANT, ANTE [fʀakasɑ̃, ɑ̃t]. *adj.* (1891; de *fracasser*). ♦ 1° Qui fracasse; qui fait du fracas. « *L'avion passe avec un bruit fracassant* » (Sartre). ♦ 2° *Fig.* Qui fait beaucoup de bruit, d'effet. *Une déclaration fracassante.*
FRACASSER [fʀakase]. *v. tr.* (1580; it. *fracassare*). Mettre en pièces, briser avec violence. V. **Briser, casser, rompre.** « *Souvent le heurt d'une pierre fracassa son bouclier* » (Flaub.). « *Buteau avait lancé le premier coup et Jean, baissé encore, aurait eu la tête fracassée, s'il ne s'était jeté d'un saut en arrière* » (Zola). — Pronom. *La barque s'est fracassée sur un écueil.*
FRACTION [fʀaksjɔ̃]. *n. f.* (1187; bas lat. *fractio,* de *frangere* « briser »).
I. ♦ 1° *Liturg.* *La fraction du pain.* Action de rompre le pain eucharistique avant de communier. ♦ 2° (v. 1400). *Vx.* Action de briser, rupture.
II. ♦ 1° (1538). Symbole formé d'un dénominateur et d'un numérateur étant des nombres entiers, représentant un nombre rationnel. *Dans la fraction 6/10 (six dixièmes), le numérateur 6 et le dénominateur 10 sont séparés par la barre de fraction. Réduction de fractions au même dénominateur. Fraction décimale : ex. 12,3* $\left(\frac{123}{10}\right)$. *Fraction périodique,* dans laquelle les mêmes chiffres se reproduisent périodiquement et dans le même ordre (*ex.* : 3/11, qui peut s'écrire 0,27 27 27...). *Fraction continue,* dont le dénominateur est une expression fractionnaire de forme continue. *Fraction algébrique,* où le numérateur et le dénominateur peuvent être des quantités algébriques quelconques. ♦

2° (1829). Partie d'une totalité. V. **Morceau, parcelle, part, partie, portion.** *Une fraction importante de l'Assemblée a voté contre le projet de loi. Pendant une fraction de seconde.* ◇ ANT. Entier, unité. Totalité.
FRACTIONNAIRE [fʀaksjɔnɛʀ]. *adj.* (1725; de *fraction*). ♦ 1° *Math.* Qui est sous forme de fraction. *Nombre fractionnaire; expression algébrique fractionnaire.* ♦ 2° *Comm.* *Livre fractionnaire* : livre de commerce sur lequel n'est porté qu'une catégorie particulière d'opérations.
FRACTIONNEL, ELLE [fʀaksjɔnɛl]. *adj.* (XX°; de *fractionner*). Qui tend à diviser. *Activité fractionnelle au sein d'un parti.*
FRACTIONNEMENT [fʀaksjɔnmɑ̃]. *n. m.* (1842; de *fractionner*). ♦ 1° Action de réduire en fractions; état de ce qui est fractionné. V. **Morcellement, segmentation.** *Le fractionnement des partis.* V. **Éparpillement.** ♦ 2° *Chim. Méthode de fractionnement,* pour la séparation, par étapes successives, des composants d'un mélange liquide ou gazeux. V. **Distillation.** ◇ ANT. Réunion, synthèse.
FRACTIONNER [fʀaksjɔne]. *v. tr.* (1789; de *fraction*). Diviser (une totalité) en parties, en fractions. V. **Partager, sectionner.** Pronom. *L'assemblée s'est fractionnée en trois groupes.* — *Distillation* fractionnée.
FRACTIONNISME [fʀaksjɔnism(ə)]. *n. m.* (XX°; de *fraction,* et suff. *-isme*). *Polit.* Attitude tendant à briser l'unité d'un groupe ou d'un parti politique.
FRACTIONNISTE [fʀaksjɔnist(ə)]. *n. et adj.* (1969; de *fraction,* et suff. *-iste*). *Polit.* Qui s'efforce de briser la cohésion d'un groupement politique. *Activités fractionnistes au sein d'un parti.*
FRACTURE [fʀaktyʀ]. *n. f.* (1391; *fraiture,* fin XII°; *fractura,* de *frangere.* V. **Fraction**). ♦ 1° *Vx.* Rupture avec violence, avec effort. État de ce qui est fracturé, rompu. V. **Cassure.** — Mod. *Géol.* Cassure de l'écorce terrestre. V. **Faille; coupure.** *Plan de fracture.* ♦ 2° (XV°). *Cour.* Lésion osseuse formée par une solution de continuité avec ou sans déplacement des fragments. *Fracture complète; incomplète.* V. **Fêlure.** *Fracture simple, compliquée. Fracture de l'avant-bras* (cubitus, radius), *du bras* (humérus), *de la clavicule, du col du fémur, de la jambe* (tibia, péroné). *Fracture du crâne.* « *Une longue après-midi durant, nous avons réduit des fractures et posé des appareils* » (Duham.).
FRACTURER [fʀaktyʀe]. *v. tr.* (*Fracturé,* 1560; de *fracture*). ♦ 1° Blesser par une fracture. *Fracturer un os, une côte.* V. **Casser, rompre.** « *En empilant du bois dans le bûcher, je tombai maladroitement et me fracturai la cuisse* » (Bosco). ♦ 2° (1809). Briser avec effort. *Fracturer une porte, une serrure.*
FRAGA-, FRAGI-. Éléments du lat. *fragum* « fraise ».
FRAGILE [fʀaʒil]. *adj.* (1361; lat. *fragilis* (V. **Frêle**), de *frangere* « briser »). ♦ 1° Qui se brise, se casse facilement (de par sa nature même). V. **Cassant.** *Fragile comme du verre, comme un cristal* : très fragile. *Empaqueter, emballer soigneusement un objet fragile. Mettre l'étiquette « fragile » sur une caisse de vaisselle.* ♦ 2° Qui manque de solidité, est sujet à se briser, à être détruit ou altéré (par accident). V. **Cassable, faible** (I, 2°). *Un échafaudage fragile.* ♦ 3° (*Personnes*). De constitution faible ou de fonctionnement délicat; sujet à se détériorer, à durer peu. V. **Débile, délicat.** *Cet enfant est très fragile, il attrape toutes les maladies.* V. **Chétif, faible, malingre.** — *Organisme, corps, organe fragile* : souvent ou facilement malade. « *On devinait une ténacité de chair et de corps fragile* » (Mart. du G.). « *Je ne dépense un peu que pour la nourriture parce que j'ai l'estomac fragile* » (Romains). *Cheveux fragiles.* — Par ext. *Une santé fragile.* ♦ 4° Qui, n'étant pas établi sur des bases fermes, est facile à ébranler, menacé de ruine. V. **Éphémère, précaire.** *Prospérité, autorité, puissance fragile.* V. **Changeant, inconstant.** *Bonheur fragile.* « *Les œuvres des humains sont fragiles comme eux* » (Volt.). « *Il se méfiait un peu de ses hypothèses qui lui paraissaient fragiles* » (Mac Orlan). ◇ ANT. Résistant, robuste, solide; incassable. Ferme, fort. Assuré, durable, ferme.
FRAGILEMENT [fʀaʒilmɑ̃]. *adv.* (XVI°; de *fragile*). D'une manière fragile. *Puissance fragilement établie.* ◇ ANT. Fermement, solidement.
FRAGILISER [fʀaʒilize]. *v. tr.* (mil. XX°; de *fragile,* et *-iser*). Rendre plus fragile (qqn, qqch.). *Le savon alcalin fragilise les cheveux.* — Fig. (Littér.) Rendre plus précaire.
FRAGILITÉ [fʀaʒilite]. *n. f.* (XII°; lat. *fragilitas.* V. **Fragile**). ♦ 1° Facilité à se casser. *Fragilité du verre, de la porcelaine.* — Par métaph. « *Et, comme elle (la gloire) a l'éclat du verre, Elle en a la fragilité* » (Godeau). ♦ 2° Facilité à être altéré, détruit. V. **Faiblesse.** *Fragilité d'un organisme, d'un organe, d'un tissu. Fragilité d'un enfant.* V. **Débilité, délicatesse.** ♦ 3° Manque de solidité, ce qui est fragile. Caractère éphémère. V. **Instabilité, précarité.** « *Souviens-toi de la fragilité des choses humaines* » (Fén.). *Fragilité de la gloire, de la puissance. Fragilité d'une théorie, d'une hypothèse.* V. **Inconstance.** Allus. littér. « *Fragilité, ton nom est Femme* » (d'apr. Shakespeare). ◇ ANT. Résistance, robustesse, solidité. Force, stabilité. Infaillibilité.

FRAGMENT [fʀagmɑ̃]. *n. m.* (v. 1500; *frament*, v. 1250; lat. *fragmentum*). ♦ 1° Morceau d'une chose qui a été cassée, brisée. V. **Bout, débris, éclat, miette, morceau, tronçon.** *Les fragments d'un vase, d'une statue antique. Fragment de roche. Réduire, briser en fragments* : fragmenter. « *Les fragments de l'os du tibia ramenés à leur position* » (GONCOURT). ♦ 2° *Fig.* Partie d'une œuvre dont l'essentiel a été perdu ou n'a pas été composé. « *Sous le titre de « Pensées », Pascal n'a laissé que des fragments d'un livre qu'il projetait sur la religion chrétienne* » (LITTRÉ). ◇ *Partie extraite d'une œuvre, d'un texte quelconque.* V. **Citation, extrait.** *Fragments d'une lettre, d'une déposition.* — *Passage.* « *Tu sais que les beaux fragments ne font rien; l'unité, l'unité, tout est là* » (FLAUB.). ◇ *Pièce, morceau isolé.* « *Publier des fragments historiques, philosophiques.* ♦ 3° *(Abstrait).* Part, partie. « *Ce fragment de ma vie que je passe sous silence* » (DAUD.). ◇ ANT. **Ensemble, tout, unité.**

FRAGMENTAIRE [fʀagmɑ̃tɛʀ]. *adj.* (1801; de *fragment*). Qui existe à l'état de fragments. *Débris fragmentaires d'une statue brisée. Œuvre à l'état fragmentaire.* V. **Incomplet, partiel.** « *Son action* (de l'intellectuel) *est presque toujours morcelée, fragmentaire* » (R. ROLLAND). ◇ ANT. **Complet, entier, total.**

FRAGMENTAIREMENT [fʀagmɑ̃tɛʀmɑ̃]. *adv.* (2ᵉ moitié XIXᵉ; de *fragmentaire*). D'une manière fragmentaire, incomplète, partielle.

FRAGMENTATION [fʀagmɑ̃tasjɔ̃]. *n. f.* (1845; de *fragmenter*). Action de fragmenter, de se fragmenter. V. **Division, segmentation.** Biol. *Fragmentation du chromosome, interrompant la succession des gènes, et provoquant une mutation.*

FRAGMENTER [fʀagmɑ̃te]. *v. tr.* (1811; de *fragment*). Partager, séparer en fragments. V. **Diviser, morceler, partager.** *Fragmenter un bloc de pierre.* V. **Concasser.** — *Fragmenter la publication d'un ouvrage.* — Au p. p. *Œuvre fragmentée.* Fig. « *Nous n'avons de l'univers que des visions informes, fragmentées* » (PROUST). ◇ ANT. **Rassembler, réunir.**

FRAGON [fʀagɔ̃]. *n. m.* (1378; *fregon*, XIIᵉ; bas lat. *frisgo* « houx », p.-ê. d'o. gaul.). Arbrisseau vivace (*Liliacées*), dont les feuilles sont réduites à des écailles. *Le fragon piquant est aussi nommé petit houx, buis piquant, myrte épineux, épine de rat.*

FRAGRANCE [fʀagʀɑ̃s]. *n. f.* (XIIIᵉ, repris v. 1830; lat. *fragrantia*, de *fragrare* « sentir ». V. **Flairer**). Vx ou *littér.* Odeur agréable. V. **Parfum.** « *Tout un bouquet de douces odeurs... Ces fragrances exaltaient Alain* » (COLETTE).

FRAGRANT, ANTE [fʀagʀɑ̃, ɑ̃t]. *adj.* (1516; lat. *fragrans*, de *fragare*, « sentir »). Vx ou *littér.* Qui exhale une odeur suave.

1. FRAI [fʀɛ]. *n. m.* (*Frois* « œufs », 1388; de *frayer* « déposer ses œufs »). ♦ 1° Ponte des œufs par la femelle des poissons; fécondation de ces œufs par le mâle. *La saison, le temps du frai. La pêche est interdite pendant le frai.* ◇ Œufs de batraciens, de poissons fécondés. *Du frai de carpes.* ♦ Très jeune poisson dont on peuple un étang, un vivier. V. **Alevin, fretin.**

2. FRAI [fʀɛ]. *n. m.* (1690; de *frayer* « frotter, s'user »). Techn. Usure des monnaies en circulation. ◇ HOM. *Frais* (1 et 2), *fret.*

FRAÎCHE [fʀɛʃ]. *n. f.* (fin XVIIᵉ; de *frais* 1). ♦ 1° À LA FRAÎCHE! loc. exclam. *(Vx)* : cri des marchands ambulants de rafraîchissements, ou de diverses denrées. ♦ À LA FRAÎCHE *(loc. adv.)* : à l'heure où il fait frais; dans un endroit où il fait frais. « *Ils s'en allaient sans doute déjeuner à la fraîche, dans les bois* » (MART. du G.).

FRAÎCHEMENT [fʀɛʃmɑ̃]. *adv.* (*Freschement*, XIIᵉ; de *frais* 1). ♦ 1° Depuis très peu de temps. V. **Récemment.** *Fraîchement débarqué à Paris.* V. **Frais** (II). *Des chemises fraîchement repassées.* ♦ 2° *Fig.* Avec une froideur marquée. V. **Froidement.** *Il fut fraîchement reçu par la population.* ♦ 3° (1798). Rare. Dans des conditions de fraîcheur. *Être habillé fraîchement.* Cour. et fam. « *— Comment ça va? — Fraîchement!* » (il fait frais). ◇ ANT. **Anciennement. Chaleureusement, chaudement.**

FRAÎCHEUR [fʀɛʃœʀ]. *n. f.* (XIIIᵉ, repris XVIᵉ; de *frais* 1). Qualité de ce qui est frais. I. ♦ 1° Propriété de ce qui est frais ou rafraîchissant. *La fraîcheur de l'air. La fraîcheur du crépuscule, de la nuit, des matinées de printemps. La fraîcheur d'une eau.* « *Ces nuits de printemps toutes remplies de la fraîcheur de la rosée* » (CHATEAUB.). ♦ 2° *Absolt.* Température fraîche, air frais. V. **Froid.** *Une sensation de fraîcheur. Chercher, trouver un peu de fraîcheur.* « *Ces rochers dont l'ombre donnait une fraîcheur délicieuse* » (STENDHAL). II. ♦ 1° *Littér.* Qualité de ce qui est frais (II), de ce qui est nouvellement arrivé. V. **Nouveauté.** « *Il est bien vrai que l'expérience ôte de la fraîcheur à ce qui vous arrive* » (ROMAINS). ◇ *Cour.* Qualité de ce qui est nouvellement produit ou fourni, et, par suite, de ce qui n'a subi aucune altération. *La fraîcheur*

d'un œuf, d'un poisson. « *Une barbue dont la marchande lui avait garanti la fraîcheur* » (PROUST). ♦ 2° Qualité de ce qui respire la santé et la vie. *Beauté, fraîcheur du teint.* — *Spécialt.* Absence de fatigue. *Il a terminé la course dans un état de fraîcheur remarquable.* ◇ Qualité de ce qui garde son éclat, sa vivacité, sans se faner ou se ternir. V. **Éclat, lustre.** *Ces fresques sont d'une extraordinaire fraîcheur.* ♦ 3° *Fig.* Qualité de ce qui a qqch. de vivifiant, de jeune et de pur. ◇ (En parlant de ce qui touche la vue, l'odorat, l'ouïe) *Fraîcheur d'un coloris, d'une toilette printanière.* ◇ (En parlant des sentiments, des idées) *La fraîcheur d'un premier amour.* V. **Pureté.** *Fraîcheur d'âme.* V. **Innocence, jeunesse.** *Fraîcheur d'une imagination poétique, des images, de l'expression, du style.* V. **Naïveté, naturel.** *Fraîcheur des impressions d'un enfant.* V. **Spontanéité, vivacité.** « *Elle arrivait avec une jeunesse d'esprit, une fraîcheur d'idées, de sentiments, d'impressions, à rajeunir les politiques les plus fatigués* » (MICHELET). ◇ ANT. **Chaleur, sécheresse; corruption.**

FRAÎCHIN [fʀɛʃɛ̃]. *n. m.* (XXᵉ; mot dial. [Ouest] *freschume*, v. 1375; de *frais*). Odeur du poisson frais; odeur de marée. « *Il entra... dans une odeur fade et coupante de fraîchin* » (SARTRE).

FRAÎCHIR [fʀɛʃiʀ]. *v. intr.* (*Frescir*, XIIᵉ; rare av. XVIIIᵉ; de *frais* 1). ♦ 1° Mar. (En parlant du vent). Augmenter de force. V. **Lever** (se). *La brise fraîchit.* Impers. *Il fraîchit.* ♦ 2° (En parlant de la température). Devenir frais, ou plus frais. V. **Rafraîchir** (se). *Le temps fraîchit depuis quelques jours.* — Par ext. « *L'eau fraîchit dans les gargoulettes ou dans les peaux de chèvres suspendues à trois piquets* » (THARAUD).

FRAIRIE [fʀeʀi]. *n. f.* (*Frarie* « confrérie », XIIᵉ; bas lat. *fratria*). *Vx.* Joyeuse partie de plaisir et de bonne chère. V. **Banquet, festin.** Dial. Fête patronale d'un village (notamment dans l'Ouest).

1. FRAIS, FRAÎCHE [fʀɛ, fʀɛʃ]. *adj.* (*Freis, fresche*, XIIᵉ; frq. *°frisk*). I. ♦ 1° (XIIIᵉ). Légèrement froid. *Une belle et fraîche matinée de printemps. Un vent, un petit air frais. Eau de puits toujours fraîche. Vivre d'amour et d'eau fraîche. Servir frais, mais non glacé. Cave, salle, ruelle fraîche.* « *La grotte où la forêt, frais asiles de l'ombre* » (HUGO). — Adv. *Il fait frais ce matin.* V. **Frisquet.** *Boire frais.* ◇ Subst. *Le frais* : l'air frais. V. **Fraîcheur.** *Prendre le frais* : respirer l'air frais du dehors. « *Comme le frais de la nuit tombait* » (GIONO). *Se tenir, travailler au frais* (V. **Fraîche**). *Garder du beurre au frais.* — Fam. *On l'a mis au frais*, en prison. ♦ 2° *Fig.* Sans chaleur, sans cordialité. *On lui a réservé un accueil plutôt frais* : on l'a fraîchement* accueilli.

II. Qui est d'origine ou d'apparition récente et a gardé ses qualités. Ⓐ ♦ 1° Qui est arrivé, qui s'est produit tout nouvellement. V. **Neuf, nouveau, récent.** *Découvrir des traces toutes fraîches. Une cassure, une entaille, une plaie encore fraîches. Vous n'avez pas de nouvelles plus fraîches?* — *De fraîche date* : récent. — Adv. (dev. un p. p.) Depuis très peu de temps. V. **Fraîchement, nouvellement, récemment.** *Littér.* « *Un petit livre tout frais paru* » (GIDE). « *L'odeur du foin frais coupé* » (LARBAUD). *Avec accord* : « *Dans cette baraque fraîche peinte* » (DAUD.). *Sans accord* : « *Elle disposait des lauriers d'or sur ma tête frais tondue* » (MAURIAC). — Cour. *Frais émoulu* du lycée. « *Un jeune provincial frais débarqué* » (ARAGON). ♦ 2° Qui est tout nouvellement produit, fourni ou employé, en parlant de choses corruptibles. *Du pain, du beurre, du lait, des œufs frais.* V. **Jour** (du). *L'Ogre « flairait à droite et à gauche, disant qu'il sentait la chair fraîche* » (PERRAULT). ♦ 3° Qui est consommé sans préparation de conservation (opposé à : en conserve, séché, etc.). *Figues fraîches. Légumes frais et légumes secs. Petits fours frais.* ♦ 4° Qui vient d'être appliqué, mis en place. *C'est encore frais.* Attention, *peinture fraîche!* ♦ 5° *Argent frais* : argent nouvellement reçu, fonds nouveaux alimentant une trésorerie. Ⓑ (XIIᵉ). Qui a ou garde des qualités inaltérées d'éclat, de vitalité, de jeunesse. ♦ 1° (En parlant de l'homme, d'êtres vivants). Qui respire la santé et la vie. V. **Sain.** *Une fille appétissante et fraîche, fraîche comme une rose.* — Avoir le teint frais (V. **Fleuri**), *le visage frais.* « *Il avait ce lisse et frais visage de l'adolescence* » (DUHAM.). ♦ 2° Fam. et iron. En parlant de qqn qui s'est mis dans une fâcheuse situation. *Eh bien! cette fois, nous voilà frais!* « *Nous sommes frais! Quelle folie aussi : avoir cru possible d'éviter l'éclat!* » (PLISNIER). ♦ 3° Qui a gardé intacte, ou a retrouvé sa vitalité; qui n'est pas ou n'est plus fatigué. V. **Reposé.** *Se lever tout frais après un sommeil réparateur. Être frais et dispos. Frais comme l'œil.* ♦ 4° Mar. *Vent frais* : qui souffle avec une certaine force favorable à la navigation. *Subst.* (accolé à une épithète) *La force du vent. Bon frais, joli frais. Il vente gros frais.* ♦ 5° *(Choses).* En bon état, dans l'aspect de ce qui est neuf. *Ce costume n'est pas très frais; il faudrait le repasser.* Ⓒ ♦ 6° *Fig.* Qui donne une impression vivifiante de pureté, de jeunesse. *La fraîche haleine, la fraîche odeur d'un bouquet de violettes.* « *Les oiseaux gazouillaient un hymne si charmant, Si frais, si gracieux et si suave et si tendre* »

(HUGO). ♦ **2°** *(Dans l'ordre moral)*. Candide, pur. « *Une fille sage, fraîche de cœur autant que de figure* » (LOTI). « *La fraîche joie d'un premier engagement* » (PAULHAN).

◈ ANT. Brûlant, chaud, desséchant. Ancien, vieux. — Desséché, rassis, sec; corrompu, gâté, passé, rance. Défraîchi, fatigué, las. Décoloré, éteint, fané, flétri, passé, usé. — HOM. Frai (1 et 2), frais (2); formes du v. *frayer*; fret.

2. FRAIS [fʀɛ]. *n. m. pl.* (v. 1400; au sing. *frait*, 1283; a. fr. *fret* [1266] « dommage causé par violence [bris, casse] »; lat. *fractum*, de *frangere* « rompre »). ♦ **1°** Dépenses occasionnées par une opération quelconque. V. **Coût, débours, dépense**. *Frais de déplacement, d'habillement. Faire beaucoup de frais, de grands frais pour réparer une vieille maison*. « *Villa et château, par leurs frais d'entretien et de personnel, eussent englouti plus que le revenu total des Genillé* » (ROMAINS). *Tous frais payés :* une fois toutes les dépenses soldées. *Rentrer dans ses frais*, rentrer dans ses débours. — *Allocation*, somme donnée pour être affectée à certains frais. *Obtenir des frais de représentation en plus de son salaire*. ♦ **2°** *Fig.* (XVIIe). *Effort qui coûte*. « *C'était alors un surcroît de frais de bel esprit et un assaut d'inventions galantes* » (STE-BEUVE). ♦ **3°** *Loc.* (avec À). *À grands frais :* en dépensant beaucoup. Fig. *À grands frais*, en se donnant beaucoup de peine. — *À peu de frais, à moindres frais :* économiquement. Fig. En se donnant peu de mal, moins de mal. — *Aux frais de qqn*, les frais étant faits par lui. *Voyager aux frais de l'État, de la princesse**. ◇ *Se mettre* EN FRAIS : s'engager dans des dépenses inhabituelles; *fig.* Faire des efforts. *Elle s'est mise en frais pour ses invités*. ◇ *Faire les frais*, fournir à une dépense. *Il a dû faire les frais tout seul*. Fig. *Faire les frais, tous les frais, les premiers frais*, être le seul ou le premier à employer sa peine, à faire les avances. « *Camille me fit de grands frais... » Je veux vous séduire », me dit-elle gaiement* » (BEAUMARCH.). — *Faire les frais de qqch.*, fournir à la dépense qu'elle exige. *Par ext.* Être celui qui paie, qui est victime dans telle opération. *Ce sont encore les contribuables qui feront les frais de cette politique*. Fig. Fournir la matière principale de qqch., être celui qui y contribue le plus. *Faire les frais de la conversation*. ◇ *Faire ses frais :* être remboursé de ses frais, rentrer dans ses frais. Fig. Être dédommagé par un heureux résultat de la peine qu'on a prise. ♦ *Payer* (être payé de ses peines). ◇ *En être pour ses frais :* ne rien obtenir en échange de la dépense qu'on a faite; *fig.* Avoir perdu sa peine, être déçu dans son attente, dans son espoir. « *Je ne pipais pas pendant qu'il me parlait. Il en fut donc pour ses frais de confidences* » (CÉLINE). ◇ *Sur (de) nouveaux frais :* en recommençant son effort, comme si rien n'avait été fait. ♦ **4°** *Écon. Frais d'une entreprise :* les dépenses, les charges qu'entraînent sa création, son fonctionnement. *Frais de production, d'exploitation, de fabrication. Frais généraux :* frais fixes ou, du moins, non proportionnels aux quantités produites, au chiffre d'affaires réalisé, et qui se répartissent sur l'ensemble de l'exploitation. ◇ *Comm.* Ensemble de dépenses et charges. *Frais spéciaux ou directs :* dépenses qui se rapportent à une série d'opérations déterminées *(frais de matières premières, de main-d'œuvre). Frais généraux :* dépenses qu'entraîne le fonctionnement normal de l'entreprise. ♦ **5°** *Dr.* Dépense occasionnée par l'accomplissement d'un acte juridique ou d'une formalité prescrite par la loi. *Frais d'enregistrement. Frais de vente. Frais de jugement* (droit de timbre, d'enregistrement, de greffe). *Frais de justice*. Être condamné aux frais, aux frais et dépens. V. **Dépens**. *Frais de garde*. V. **Taxe**. ◇ FAUX FRAIS : dépenses nécessaires exposées par un officier ministériel en dehors des frais légaux. *Cour.* Toute dépense accidentelle s'ajoutant aux dépenses principales.

◈ ANT. Économie, épargne. — HOM. V. Frais (1).

FRAISAGE [fʀɛzaʒ]. *n. m.* (1890; de *fraiser* 3). Travail des métaux à froid, à la fraise 4 *(syn.* Vx. *Fraisement* [fʀɛzmɑ̃], 1872).

1. FRAISE [fʀɛz]. *n. f.* (*Freise*, XIIe; de l'a. fr. *fraie*, d'apr. *frambeise* « framboise »; lat. pop. °*fraga*, plur. neutre de *fragum*, pris comme fém. sing.). ♦ **1°** Fruit du fraisier. *La fraise est un fruit composé, dont la partie comestible n'est, en réalité, qu'un réceptacle floral, épanoui en une masse charnue, contenant les akènes. Fraises des bois. Fraises de culture* (dites *fraises*, absolt.). *Compote, confiture, gelée, marmelade de fraises. Tarte aux fraises. Fraises melba. Eau-de-vie de fraise* (ellipt. *de la fraise*). ◇ *Adj.* De la nuance de rouge propre à la fraise. *Des rubans fraise, fraise écrasée*. ♦ **2°** *Fraise des arbres* ou *fraise d'écorce :* nom d'un champignon parasite de l'écorce. — *Fraise du désert :* fruit d'un cactus. ♦ **3°** Terme courant désignant certaines lésions de la peau. (V. **Angiome, nœvus**). ♦ **4°** *Loc.* fig. *Aller aux fraises :* aller cueillir des fraises, et aussi *plaisant.* Aller dans les bois en galante compagnie; ou encore, flâner. — *Pop. Sucrer les fraises :* être agité d'un tremblement. « *Je tremble de partout, regardez mes mains, je sucre les fraises* » (AYMÉ). *Par ext.* Être gâteux. *Il commence à sucrer les fraises*. ◇ (XXe) *Fam. Aux fraises*, au printemps. « *Dix-huit ans aux fraises, et mignonne comme une poupée* »

(DEVAL). ♦ **5°** *Pop.* Figure. « *Je lui rabats deux baffes en pleine fraise* » (AYMÉ). *Ramener sa fraise :* se manifester hors de propos.

2. FRAISE [fʀɛz]. *n. f.* (*Froise*, XIIe; probabl. dér. au sens d' « enveloppe » de *fraiser* 1). *Bouch.* Membrane qui enveloppe les intestins du veau et de l'agneau. V. **Mésentère**. *Fraise de veau en blanquette*.

3. FRAISE [fʀɛz]. *n. f.* (XVIe; o. i.; probabl. empl. fig. du précéd.). ♦ **1°** Collerette plissée et empesée à plusieurs doubles que portaient hommes et femmes au XVIe et au début du XVIIe s. *Fraise à l'espagnole, à la Médicis*. ♦ **2°** *Par anal.* Membrane charnue, granuleuse et plissée d'un rouge violacé, qui pend sous le bec du dindon. V. **Caroncule**.

4. FRAISE [fʀɛz]. *n. f.* (XVIe; métaph. des précéd., à cause des découpures faites par l'outil). *Techn.* Petit outil d'acier, de forme conique ou cylindrique, servant à évaser circulairement l'orifice d'un trou, percé dans le métal ou le bois. — *Chir.* Instrument muni de dents tranchantes, agissant par rotation, utilisé pour percer des trous dans un os ou évider les parties cariées d'une dent. V. **Foret, roulette**.

1. FRAISER [fʀɛze]. *v. tr.* (*Freser*, XIVe; *fèves frasées*, XIIe; lat. *frasa*, p. p. fém. de *frendere* « broyer, moudre »). *Vx.* Dépouiller (qqch.) de son enveloppe, de sa peau. *Fèves fraisées*. — *Boulang.* (1680) Briser la pâte (syn. FRASER).

2. FRAISER [fʀɛze]. *v. tr.* (1560; de *fraise* 3). *Vx.* Plisser en fraise.

3. FRAISER [fʀɛze]. *v. tr.* (1676; de *fraise* 4). *Techn.* Évaser l'orifice d'un trou percé dans le bois ou le métal pour y insérer une vis. *Vis à tête fraisée*. — *Par ext.* Travailler les métaux à froid. V. À **éser**. *Machine à fraiser*. V. **Fraiseuse**.

FRAISERAIE [fʀɛzʀɛ] ou **FRAISIÈRE** [fʀɛzjɛʀ]. *n. f.* (1914,-1839; de *fraisier*). Plantation de fraisiers.

FRAISEUR [fʀɛzœʀ]. *n. m.* (XXe; de *fraiser* 3). Ouvrier qui exécute des travaux de fraisage.

FRAISEUSE [fʀɛzøz]. *n. f.* (1877; de *fraiser* 3). Machine-outil servant à fraiser (3) les métaux.

FRAISIER [fʀɛzje]. *n. m.* (*Frasier*, XIIIe; de *fraise)*. Plante basse *(Rosacées)* qui se propage par stolons et fournit les fraises.

FRAISIL [fʀɛzi(l)]. *n. m.* (1676; de l'a. fr. *fesil, faisil*, XIIIe; lat. pop. °*facilis*, de *fax, facis* « tison »). *Techn.* Cendre de charbon de terre incomplètement brûlée.

FRAISURE [fʀɛzyʀ]. *n. f.* (1792; de *fraiser* 3). *Techn.* Évasement pratiqué avec une fraise (4).

FRAMBOISE [fʀɑ̃bwaz]. *n. f.* (XIIe; frq. °*brambasia* « mûre », devenu *frambeise*, d'apr. *fraise)*. Fruit blanc ou rouge composé de petites drupes et produit par le framboisier. *Confiture, sirop de framboise. Glace à la framboise*. ◇ *Liqueur, eau-de-vie de framboise. Boire un verre de framboise*.

FRAMBOISÉ, ÉE [fʀɑ̃bwaze]. *adj.* (1690; V. **Framboiser**). Parfumé à la framboise; qui a un goût de framboise. *Vin framboisé*.

FRAMBOISER [fʀɑ̃bwaze]. *v. tr.* (16ʊ0; de *framboise)*. Parfumer à la framboise.

FRAMBOISIER [fʀɑ̃bwazje]. *n. m.* (1306; de *framboise)*. Arbrisseau *(Rosacées)* à souche souterraine vivace et à tiges aériennes, qui produit les framboises.

FRAMÉE [fʀame]. *n. f.* (1559; lat. *framea*, donné par Tacite comme germanique). *Hist.* Long javelot, dont se servaient les Francs.

1. FRANC, FRANQUE [fʀɑ̃, fʀɑ̃k]. *n. et adj.* (Xe; lat. *Francus*, frq. *Frank*). ♦ **1°** Membre des peuplades germaniques qui, à la veille des grandes invasions, occupaient les rives du Rhin *(Francs Ripuaires)* et la région maritime de la Belgique et de la Hollande *(Francs Saliens)*. ◇ *Adj. Les tribus franques. Langue franque*. V. **Francique**. ♦ **2°** *Ancien*. Nom donné (depuis les Croisades) aux Européens, dans les ports du Levant. *Le quartier des Francs*. ◇ *Adj. La colonie franque de Tripoli*. V. **La langue franque**, le sabir.

2. FRANC, FRANCHE [fʀɑ̃, fʀɑ̃ʃ]. *adj.* (1080; du précéd.). **I.** ♦ **1°** *Vx.* De condition libre. ◇ Métaphysiquement ou moralement libre. *Franc arbitre* [fʀɑ̃kaʀbitʀ(ə)], libre arbitre. ♦ **2°** *Mod.* (en loc.). Sans entrave, ni gêne, ni obligation. *Avoir les coudées franches. Franc du collier. Franche lippée*. ◇ *Corps francs*, troupes ne faisant pas partie des unités combattantes régulières. V. **Franc-tireur**. — (1921). — *Sports. Coup franc*, coup tiré sans opposition de l'adversaire, pour sanctionner une faute. *But, panier marqué sur coup franc*. — *Mar. Barre franche*, barre de gouvernail qu'on manœuvre directement à la main, sans l'aide d'une roue ou d'un palan. *Pompe franche*, qui ne rejette plus d'eau. ♦ **3°** Libéré de certaines servitudes; exempt de charges, taxes, impositions (V. **Franchise**). *Port franc. Zone franche*. — *Franc de port* (invar.), se dit d'une marchandise dont la destination n'a pas à payer les frais de port et d'emballage. V. **Franco**. *Expédier franc de port une caisse de vins*.

II. ♦ **1°** (XIIe). Qui s'exprime ou se présente ouvertement, en toute clarté, sans artifice, ni réticence. V. **Droit, honnête, loyal, ouvert, sincère, spontané.** « *Un homme franc est un homme qui a des réactions simples* » (VALÉRY). *Je serai franc avec vous*, je vous parlerai franchement. *Franc comme l'or*, très franc. « *Sa figure est bonne et franche* » (LOTI). *Nous avons une franche explication.* « *Une gaieté naïve et franche* » (LACLOS). *Jouons franc jeu*, agissons loyalement, sans rien dissimuler (Cf. Cartes sur table). *Une franche hostilité*, une hostilité déclarée. V. **Net.** ♦ 2° *Par ext.* Qui présente des caractères de pureté, de naturel. V. **Pur, simple.** « *Il emploie rarement les couleurs franches, il préfère les nuances indécises* » (STENDHAL). *Un rouge franc.* — *Spécialt.* (Agric.) *Terre franche*, contenant dans des proportions harmonieuses les éléments nécessaires à la culture. — *Arbre franc*, et subst. *Franc*, sujet appartenant à la même espèce que le greffon. *Enter franc sur franc, franc sur sauvageon.* — *Franc de pied*, non greffé, issu directement d'un semis de graine ou d'une bouture. ♦ 3° (Précédant le nom). *Péj.* Qui est véritablement tel. V. **Achevé, fieffé, vrai.** ♦ *De francs polissons* » (BALZ.). *Une franche canaille. C'est une franche comédie.* ◇ *Dr.* *Huit jours francs*, huit jours complets de 24 heures. ♦ 4° *Adv.* (*Littér.*). Franchement. « *A parler franc, je crois que...* » (GIDE).

◈ ANT. *Assujetti, taxé.* — *Artificieux, dissimulé, hypocrite, menteur, sournois. Équivoque, louche. Douteux.*

3. FRANC [frɑ̃]. *n. m.* (1360; probabl. de la devise *Francorum rex* « roi des Francs » sur les premières pièces de ce nom). ♦ 1° *Ancien.* Monnaie d'or équivalant à une livre, ou vingt sols. ◇ Depuis la Révolution, Unité monétaire légale de la France (dont la valeur a souvent varié, en particulier en 1960, où un nouveau franc (fam. *franc lourd*) a été institué, valant cent francs anciens. ♦ 2° (Hors de France). *Franc belge, franc suisse*, unité monétaire légale de la Belgique, de la Suisse. *Franc C.F.A.* (V. **C.F.A.**). — V. *aussi* l'*abrév.* **F**.

FRANÇAIS, AISE [frɑ̃sɛ, ɛz]. *adj.* et *n.* (1080; de *France*, bas lat. *Francia*, proprem. « pays des Francs »). ♦ 1° *Adj.* Qui appartient, est relatif à la France et à ses habitants. « *Il n'y a pas de race française, mais il y a une nation française* » (ARAGON). *La République française. La langue, la littérature française.* ◇ *Propre à la langue française. Une grammaire française.* « *Ce qui n'est pas clair n'est pas français* » (RIVAROL). ◇ *Loc. adv. À la française*, à la manière ou la mode française. *Jardin à la française. Laquais, valet à la française*, vêtu d'une livrée de style XVIIIe s. ♦ 2° *N.* Personne de nationalité française. *Un Français, une Française. Les Français peints par eux-mêmes*, ouvrage sur la société française en 1840. — (Au sing. collectif). *Le Français aime la bonne cuisine. Un ouvrage à la portée du Français moyen.* ♦ 3° *N. m.* La langue française, parlée en France et dans certains pays étrangers de civilisation française. *Les étapes du français* (roman; ancien français, IXe-XIIIe s.; moyen français, XIVe-XVe s.; français moderne). *Apprendre le français.* « *Le français, qui nous semble si simple, est une langue très difficile* » (GIDE). *Écrire, traduire en bon français. Parler le français comme une vache espagnole. Les idiotismes du français.* V. **Gallicisme.** *Péd. Le français fondamental*, le français parlé le plus courant, susceptible de servir de base à l'enseignement du français à l'étranger. — *Loc. fam. Vous ne comprenez pas le français ?* vous n'avez donc pas compris ce qu'on vous dit ? *En bon français*, pour parler plus clairement, plus simplement. ◇ *Adv. Parlez-vous français ?*

FRANC-ALLEU [frɑ̃kalø]. *n. m.* (*Aloé*, v. 1125; *Franc alue*, 1260; de *franc* « libre », et frq. °*al-ôd* « totale propriété »). *Féod.* Terre de pleine propriété, affranchie de toute obligation ou redevance (à l'opposé du fief). *Des francs-alleux* [frɑ̃kalø].

FRANC-BORD [frɑ̃bɔr]. *n. m.* (1771; de *franc* « libre », et *bord*). ♦ 1° Terrain, libre de propriétaire, en bordure d'une rivière ou d'un canal. ♦ 2° (1829). Distance entre le niveau de l'eau et la partie supérieure du pont, mesurée au milieu de la longueur du navire.

FRANC-BOURGEOIS [frɑ̃burʒwa]. *n. m.* (XIIIe; de *franc* « libre », et *bourgeois*). *Au moyen âge*, Habitant d'une ville exempt des charges municipales.

FRANC-FIEF [frɑ̃fjɛf]. *n. m.* (déb. XVe; de *franc* « libre », et *fief*). *Féod.* ♦ 1° Héritage noble, féodal ou tenu en franc-alleu. ◇ Fief non assujetti à l'hommage. ♦ 2° Droit que devait payer au roi un roturier qui acquérait un fief (sans devenir noble pour autant).

FRANCHEMENT [frɑ̃ʃmɑ̃]. *adv.* (1130; de *franc* 2). ♦ 1° Sans hésitation, d'une manière décidée. V. **Carrément, résolument.** *Appuyez-vous franchement.* ♦ 2° Sans équivoque, nettement. *Poser franchement un problème.* ◇ (Devant un adj.) Indiscutablement, vraiment. « *Sa visite devenait franchement désagréable à ma tante* » (PROUST). *C'est franchement mauvais.* ♦ 3° (XVIe). Sans détour, sans dissimulation (dans les rapports humains). V. **Loyalement, sincèrement.** « *Je la forcerais peut-être à me parler plus franchement,*

en lui montrant que j'étais informé » (PROUST). *Je vous le dis franchement.* ◇ Ellipt. « *Franchement, non, je ne pensais pas à vous* » (DUHAM.). *Franchement !* exclamation marquant l'irritation, l'impatience. ◈ ANT. *Timidement; hypocritement.*

FRANCHIR [frɑ̃ʃir]. *v. tr.* (1130; de *franc* 1). ♦ I. *Vx.* Libérer, affranchir. ◇ *Mod.* (Mar.) *Franchir une pompe*, la rendre franche (après avoir pompé toute l'eau de la cale). ♦ II. ♦ 1° (XIVe). Passer par-dessus (un obstacle), en sautant, en gravissant, etc. « *Il franchit résolument une barrière de bois* » (HUGO). « *De longs escarpements dont chacun nous coûtait une heure à franchir* » (FROMENTIN). — *Franchir le Rubicon* (par allusion à la décision de César qui, en franchissant cette rivière, frontière entre la Gaule Cisalpine et l'Italie, déclarait la guerre au Sénat), se décider irrévocablement à engager une partie pleine de risques et grosse de conséquences. ◇ *Fig.* Surmonter, vaincre (une difficulté). « *Les examens je les ai franchis, à hue à dia, tout en gagnant ma croûte* » (CÉLINE). ♦ 2° Aller au-delà de (une limite). V. **Passer.** *Coureur qui franchit la ligne d'arrivée.* « *J'entrai dans la maison comme on franchit le seuil d'une prison* » (FROMENTIN). — *Fig.* « *Sans franchir les limites posées à sa raison* » (CHATEAUB.). V. **Dépasser.** ♦ 3° Traverser (un passage). « *Le Petit Chose franchit bravement la passerelle* » (DAUD.). *Fig. Franchir le pas.* ◇ Aller d'un bout à l'autre de... V. **Parcourir, traverser.** « *L'espace à franchir pour arriver sur le mur n'était guère que de quatorze pieds* » (HUGO). ◇ (Temps) *Sa gloire a franchi les siècles.* « *Nous allons... franchir quatre ou cinq années de sa vie* » (DAUD.).

FRANCHISAGE [frɑ̃ʃizaʒ]. *n. m.* (1973; francisation de l'angl. *franchising*). *Dr. comm.* Contrat par lequel un fabricant (*franchiseur*) concède, moyennant redevances, à un commerçant indépendant (*franchisé*) l'exploitation d'une marque ou d'un brevet en s'engageant à lui fournir son assistance.

FRANCHISE [frɑ̃ʃiz]. *n. f.* (déb. XIIe; de *franc* 2). ♦ 1° *Vx.* Liberté, indépendance. ◇ *Ancien.* Droit (privilège, immunité, etc.) limitant l'autorité souveraine au profit d'une ville, d'un corps, d'un individu. *Charte, lettre de franchise.* « *Qu'elles s'appelassent villes privilégiées ou communes, qu'elles eussent obtenu ou arraché leurs franchises...* » (MICHELET). ◇ *Mod.* Se dit de certaines exemptions ou exonérations. *Franchise douanière :* exonération (temporaire ou définitive) des droits de douane sur certaines marchandises. *Admission en franchise.* — *Dr. fisc.* Exemption légale de taxes ou d'impôts. — *Franchise postale*, exemption de la taxe sur la correspondance (militaires, Sécurité sociale, etc.). *Franchise de bagages*, poids de bagages qu'un voyageur peut emporter sans payer de supplément. — *Comm.* V. **Franchisage.** — (Assurances). Part d'un dommage qu'un assuré conserve à sa charge. ♦ 2° (XVe). Qualité de celui qui est franc. V. **Droiture, franc-parler, loyauté, sincérité, spontanéité.** « *Janin nous disait aujourd'hui dans un accès de franchise...* » (GONCOURT). « *Peu de franchise chez les êtres trop sensibles, qui souffrent dans la peau des autres* » (VALÉRY). « *Tout son visage largement ouvert respirait la franchise* » (FRANCE). — Ellipt. *En toute franchise*, je vous le dis bien franchement. ♦ 3° (XVIIe). Rare. Qualité de ce qui est net dans l'exécution, bien tranché. « *Un tapis de fleurs, d'une franchise de couleurs incomparable* » (RENAN). ◈ ANT. *Dissimulation, fausseté, hypocrisie, sournoiserie.*

FRANCHISSABLE [frɑ̃ʃisabl(ə)]. *adj.* (1864; de *franchir*). Qui peut être franchi. *Col franchissable en été.* ◈ ANT. *Infranchissable.*

FRANCHISSEMENT [frɑ̃ʃismɑ̃]. *n. m.* (XIVe; « affranchissement », XIIIe; de *franchir*). Action de franchir. V. **Passage.** *Le franchissement d'un col, d'un obstacle.*

FRANCIEN [frɑ̃sjɛ̃]. *n. m.* (XIXe; de *France*). *Ling.* Dialecte de langue d'oïl, parlé en Île-de-France et en Orléanais au moyen âge, qui a triomphé des autres dialectes pour donner le français.

FRANCIQUE [frɑ̃sik]. *n. m.* (1864; all. *Fränkisch*; surnom « vainqueur des Francs », fin XVIIe; bas lat. *francicus* « des Francs »). ♦ 1° Langue des anciens Francs, du germanique occidental (reconstituée de façon hypothétique). — *Adj.* Qui appartient à cette langue. *Mots d'origine francique.* ♦ 2° Ensemble des parlers de l'Allemagne centrale, faisant partie du haut allemand.

FRANCISATION [frɑ̃sizasjɔ̃]. *n. f.* (1793; de *franciser*). ♦ 1° *Dr. mar.* Formalité conférant à un bâtiment de guerre le droit de naviguer sous le pavillon français, avec les avantages qui s'y rattachent. *Acte de francisation.* ♦ 2° (1803). Action de donner une forme française, un caractère français; fait d'être francisé. *La francisation d'un mot d'emprunt.*

FRANCISCAIN, AINE [frɑ̃siskɛ̃, ɛn]. *n.* (1757; lat. ecclés. *Franciscanus*, lat. médiév. *Franciscus* « François »). ♦ 1° *N. m.* Religieux de l'ordre fondé, au début du XIIIe s., par saint François d'Assise, et qui comprend aujourd'hui les frères mineurs de l'Observance, usuellement appelés franciscains, les frères mineurs capucins et les frères mineurs conventuels. ◇ *Adj.* (*francisquin*, 1558) Qui appartient, est propre à cet ordre. *Les scolastiques franciscains. L'art franciscain.* ♦ 2° *N. f.* Religieuse du tiers ordre régulier de saint François d'Assise. ◇ *Abusiv.* Clarisse.

FRANCISER [frãsize]. *v. tr.* (1558; var. *françaiser*, XVIᵉ; de *français*). ♦ 1° Revêtir d'une forme française (un mot étranger). « *Le vrai nom de Bonaparte est Buonaparte. Il le francisa ensuite* » (CHATEAUB.). ◇ Revêtir d'un caractère français. « *Ce poète qu'on accuse d'avoir francisé les héros de l'antiquité* » (L. RAC.). ♦ 2° *Mar.* Reconnaître pour français par l'acte de francisation.

FRANCISQUE [frãsisk(ə)]. *n. f.* (1599; bas lat. *(securis) francisca* « (hache) franque »). Hache de guerre des Francs. ◇ (1940) Emblème du gouvernement de Vichy, représentant une hache de guerre.

FRANCITÉ [frãsite]. *n. f.* (v. 1965; de *France*, et -*ité*, Cf. *Grécité*). Caractères propres à la culture française, à la communauté de langue française (V. **Francophonie**). *La Maison de la francité*, à Bruxelles.

FRANCIUM [frãsjɔm]. *n. m.* (1948; de *France*, pays du savant qui découvrit cet élément). *Chim.* Élément radioactif, nº at. 87 (symb. Fr).

FRANC-JEU [frãʒø]. *n. m.* (1973; V. **Franc** 2, II, 1° : *jouer franc jeu*). *Recomm. offic.* pour FAIR*-PLAY.

FRANC-MAÇON, ONNE [frãmasõ, ɔn]. *n. m.* et *adj.* (1735; angl. *free mason*, proprem. « maçon libre »). Adepte de la franc-maçonnerie. V. **Frère, maçon.** « *Radical et francmaçon d'étroite observance* » (MAURIAC). — Adj. « *La presse franc-maçonne* » (HUYSMANS).

FRANC-MAÇONNERIE [frãmasɔnri]. *n. f.* (1747; *franche-maçonnerie*, 1742; de *franc-maçon*). Association internationale, en partie secrète, de caractère mutualiste et philanthropique, dont les membres se reconnaissent à certains signes et emblèmes (certains hérités des corporations anciennes de maçons). V. **Maçonnerie.** *Organisation de la franc-maçonnerie.* V. **Atelier, convent, loge, Orient** (Grand-Orient), **temple.** ◇ *Fig.* Camaraderie spontanée, alliance secrète entre personnes de même profession, de mêmes idées.

FRANC-MAÇONNIQUE [frãmasɔnik]. *adj.* (1788; de *franc-maçon*). *Didact.* Qui a rapport à la franc-maçonnerie. V. **Maçonnique.**

1. FRANCO [frãko]. *adv.* (1754; it. *franco (porto)*, proprem. « port franc »). ♦ 1° Franc de port. *Dr. mar.* (mil. XXᵉ). *Franco de bord.* V. **F.O.B.** ♦ 2° *Pop.* Franchement, carrément. *Allez-y franco.* ◇ ANT. Port dû (en).

2. FRANCO-. ♦ 1° Élément de composition, tiré du rad. de *français.* ♦ 2° Élément invariable d'adjectifs composés exprimant un rapport entre la France et un autre peuple. *Les guerres franco-allemandes. Les accords franco-québécois.* ♦ 3° Élément invariable de noms composés, signifiant « d'ascendance française ». *Les Franco-Américains du Maine.* ♦ 4° Élément invariable d'adjectifs et de noms composés disant du français propre à certaines régions. *Le franco-provençal**. *Le franco-québécois.* V. **Franco-canadien, québécois.**

FRANCO-CANADIEN, IENNE [frãkokanadjɛ̃, jɛn]. *n. m.* et *adj.* (1880; de *franco-* 2, 4°, et *canadien*). Se dit du français propre aux diverses régions francophones du Canada. V. **Acadien, québécois.**

FRANCOLIN [frãkɔlɛ̃]. *n. m.* (déb. XIVᵉ; it. *francolino*). Oiseau gallinacé très voisin de la perdrix, mais de plus grande taille, très répandu en Afrique.

FRANCOPHILE [frãkɔfil]. *adj.* (1834; de *franco-*, et -*phile*). Qui aime la France et les Français, soutient la politique française. Subst. *Un francophile.* ◇ ANT. Francophobe.

FRANCOPHILIE [frãkɔfili]. *n. f.* (1946; de *franco-*, et -*philie*). Disposition d'esprit, attitude d'un étranger francophile. ◇ ANT. Francophobie.

FRANCOPHOBE [frãkɔfɔb]. *adj.* (1872; de *franco-*, et -*phobe*). Hostile à la France et aux Français. ◇ ANT. Francophile.

FRANCOPHOBIE [frãkɔfɔbi]. *n. f.* (1946; de *franco-*, et -*phobie*). État d'esprit, attitude d'un étranger francophobe. ◇ ANT. Francophilie.

FRANCOPHONE [frãkɔfɔn]. *adj.* (1949; de *franco-*, et -*phone*). Qui parle habituellement le français, au moins dans certaines circonstances de la communication, soit comme langue maternelle, soit comme langue seconde. *Les Africains francophones.* ◇ (En parlant d'un groupe, d'une région) Dans lequel le français est pratiqué en tant que langue maternelle, officielle ou véhiculaire (même si les individus ne parlent pas tous le français). *Le Maghreb francophone. La partie francophone de Montréal.* ◇ (Surtout au plur.). Personne appartenant à une telle communauté.

FRANCOPHONIE [frãkɔfɔni]. *n. f.* (av. 1964; de *francophone*). Communauté constituée par les peuples francophones* (France, Belgique, Canada [Québec, Nouveau-Brunswick, Ontario], Suisse, Afrique, Antilles, Levant...).

FRANCO-PROVENÇAL, ALE, AUX [frãkoprɔvãsal,

o]. *n. m.* et *adj.* (1890; de *franco-* 2, 4°, et *provençal*). Se dit des dialectes français de la Suisse romande, de la Savoie, du Dauphiné, du Lyonnais et de la Bresse.

FRANC-PARLER [frãparle]. *n. m.* (fin XVIIIᵉ; de *franc* « libre », et *parler*, n. m.). Liberté de langage; absence de contrainte et de réserve dans ses propos. « *Je dis les choses comme elles me viennent; j'use en plein de mon franc-parler* » (DIDER.). « *Marie n'avait pas son franc-parler, maman ne l'eût point toléré* » (GIDE).

FRANC-QUARTIER [frãkartje]. *n. m.* (1690; de *franc* « libre », et *quartier*). *Blas.* Quartier entier occupant le quart de l'écu à l'un quelconque des angles.

FRANC-TIREUR [frãtirœr]. *n. m.* (1838, répandu 1871; de *franc* « libre », et *tireur*). ♦ 1° *Ancienn.* Membre d'un *corps franc*, d'une unité de volontaires levés en cas d'invasion. ♦ 2° *Mod.* Combattant qui n'appartient pas à une armée régulière. V. **Maquisard, partisan, résistant.** « *Les francs-tireurs étaient là, tout au long du chemin de fer de Soissons* » (DAUD.). *Francs-tireurs et partisans* (F.T.P.), pendant la Résistance (1941-1945). ◇ *Fig.* Celui qui mène une action indépendante, isolée, n'observe pas la discipline d'un groupe. V. **Indépendant.** *Agir en franc-tireur.*

FRANGE [frãʒ]. *n. f.* (fin XIIᵉ; lat. pop. *°frimbia*, métathèse du class. *fimbria*). ♦ 1° Bande de tissu d'où pendent des fils tirés ou des filets rapportés, servant à orner en bordure des vêtements, des meubles, etc. V. **Crépine, passementerie, torsade.** « *Raide, torturant les franges de son châle brun* » (LOTI). *Frange à pompons.* Fig. « *La mer jetait mollement sa frange argentée au sable fin* » (FRANCE). ♦ 2° *Frange de cheveux* ou *frange*, cheveux coupés plus ou moins courts, couvrant le front sur toute sa largeur. « *Son front à demi mangé par une frange noire* » (MART. du G.). ♦ 3° *Par anal.* (1872). *Opt.* Raie lumineuse blanche ou irisée, dont la partie centrale est plus brillante ou plus sombre que les bords. *Franges d'interférence*, raies alternativement brillantes et sombres obtenues par l'interférence de radiations lumineuses. ♦ 4° *Anat. Franges synoviales*, replis graisseux de la membrane interne d'une articulation. ♦ 5° *Fig.* Limite imprécise entre deux états, deux notions. V. **Marge.** *Frange de conscience* (entre la conscience claire et la conscience obscure). « *On ne peut aborder les franges du sommeil que par le rêve* » (BOSCO). ♦ 6° (v. 1966). Minorité, plus ou moins marginale (d'un groupe humain, d'un mouvement d'opinion). *Une frange importante d'étudiants politisés.*

FRANGEANT [frãʒã]. *adj. m.* (1885; angl. *fringing (reef)*, 1842, de *to fringe* « franger »). *Géogr.* Se dit des récifs coralliens qui bordent immédiatement la terre ferme.

FRANGER [frãʒe]. *v. tr.*; *conj. bouger* (1213; de *frange*). Garnir, orner de franges. « *Les boules de laine qui frangeaient le tapis de table* » (CAMUS). ◇ *Par anal.* Orner d'une sorte de frange. V. **Border.** — (Rare, sauf au p. p.) « *La nappe d'eau verte frangée d'écume* » (BARBEY).

FRANGIN, INE [frãʒɛ̃, in]. *n.* (1821; déform. argot. de *frère*, probabl. d'o. it.). *Pop.* Frère, sœur. — Arg. vieilli. (1901, « femme facile »). Amant, maîtresse.

FRANGIPANE [frãʒipan]. *n. f.* (1588; de *Frangipani*, nom de l'inventeur it. du parfum). ♦ 1° Parfum qu'on utilisait surtout pour parfumer les peaux (gants, etc.), les limonades. ♦ 2° (1740). *Mod.* Crème pâtissière à base d'amandes; gâteau garni de cette crème.

FRANGIPANIER [frãʒipanje]. *n. m.* (1700; de *frangipane*). Arbrisseau exotique (*Apocynacées*) dont les fleurs ont un parfum qui rappelle celui de la frangipane.

FRANGLAIS [frãglɛ]. *n. m.* (1959; de *français*, et *anglais*; répandu par Étiemble, 1964). Emploi, usage de la langue française où l'influence anglaise (lexique, syntaxe) est très sensible. « *Le franglais, ce français mâtiné de vocables britanniques, que la mode actuelle nous impose* » (M. RAT). ◇ Adj. *Tournures franglaises.*

FRANQUETTE (À LA BONNE) [alabɔnfrãkɛt]. *loc. adv.* (mil. XVIIIᵉ; *à la franquette*, mil. XVIIᵉ; d'un dimin. pop. de *franc* 2). *Vx.* Franchement, tout bonnement. ◇ *Mod.* Sans façon, sans cérémonie. V. **Simplement.** *Restez donc, on dînera à la bonne franquette.* « *Le laisser-aller du docteur, à la bonne franquette, était autrement sympathique* » (ARAGON).

FRANQUISTE [frãkist(ə)]. *n. et adj.* (v. 1939; de *Franco*, n. pr.). Partisan du général Franco et de son régime (né de l'insurrection de 1936 contre la République espagnole). — Adj. *L'Espagne franquiste.*

FRANSQUILLON [frãskijõ]. *n. m.* (mot wallon *franskillon, francillon* au XVIIᵉ; de *français*, et suff. diminutif). ♦ 1° En Belgique francophone, Personne qui parle le français comme en France, avec affectation. (*Dér.* FRANSQUILLONNER, v. intr.). ♦ 2° (1922). En Belgique de langue flamande, Francophone.

FRAPPAGE [frapaʒ]. *n. m.* (1845; de *frapper*). *Rare.* Frappe (des monnaies).

FRAPPANT, ANTE [frapã, ãt]. *adj.* (déb. XVIIIᵉ; de

frapper). Qui frappe, fait une vive impression. V. **Impressionnant, saisissant.** « *Attirer l'attention des hommes par des images frappantes* » (VOLT.). *Une ressemblance frappante.* V. **Étonnant.** « *Le contraste est frappant* » (CHATEAUB.). ◇ ANT. *Faible.*

1. FRAPPE [fʀap]. *n. f.* (1584; de *frapper*). ♦ 1° *Techn.* Choc qui fait entrer le poinçon formant la matrice d'un caractère ou d'une monnaie; empreinte ainsi obtenue. « *Que la pièce ne soit plus neuve, que la frappe ait cessé d'être nette* » (SUARÈS). ◇ Pression du cylindre d'une machine à imprimer sur la forme. ◇ *Cour.* Action, manière de taper à la machine. V. **Dactylographie.** *Le manuscrit est à la frappe. Faute de frappe.* ♦ 2° *Sports.* Action, manière de frapper à la boxe, d'attaquer le ballon. ◇ *Milit. Force* de frappe.

2. FRAPPE ou **FRAPE** [fʀap]. *n. f.* (1888; var. de *fripouille*). *Pop.* Voyou. « *C'est une sale petite frappe. — C'est un voleur* » (SARTRE).

FRAPPE-DEVANT [fʀapdəvɑ̃]. *n. m. invar.* (1878; de *frapper*, et *devant*). *Techn.* Gros marteau de forgeron.

FRAPPEMENT [fʀapmɑ̃]. *n. m.* (XIIIe; de *frapper*). Action de frapper, coup de ce qui frappe. « *Le frappement alternatif et symétrique des sabots au grand trot* » (HUGO).

FRAPPER [fʀape]. *v.* (XIIe; probabl. du frq. °*hrappan*). I. *V. tr. dir.* ♦ 1° Toucher plus ou moins rudement en portant un ou plusieurs coups. V. **Battre.** « *Il le frappa très vite deux fois à la pointe du menton, puis encore un coup dans les côtes* » (GIONO). *Absolt. Un boxeur qui frappe sec.* ◇ (Compl. de chose) « *En frappant des touches, il réussit à produire un accord* » (V. LARBAUD). « *Scander les membres de phrase, en frappant légèrement la table d'un coupe-papier* » (ROMAINS). *Frapper le sol du pied.* ♦ 2° *Spécialt.* (Techn.). *Frapper les épingles,* en donnant un coup sur une des extrémités pour faire la tête. *Frapper la toile,* en donnant au passage de la navette le coup qui permet de serrer les fils de la trame. — *Estamper. Velours frappé. Décor frappé sur le plat d'une reliure.* ◇ *Frapper la monnaie,* la marquer d'une empreinte (avec le coin, le balancier, le poinçon). *Fig.* et *littér.* « *Il frappe des portraits vifs et satiriques* » (MICHELET). *Des vers bien frappés,* ciselés, pleins de relief, de netteté. *Frapper au coin* (2°) *du bon sens.* ♦ 3° *(Sujet de chose).* Toucher à la suite d'un mouvement rapide, tomber sur. « *La pluie qui frappe le visage* » (ROMAINS). « *La lueur du soleil couchant qui frappait en plein son visage* » (FLAUB.). ◇ (1771) *Vx.* « *Du vin de Champagne frappé de glace* » (BRILLAT-SAV.), qui a reçu l'impression de la glace où on l'a mis à rafraîchir. *Mod. Vin blanc frappé,* refroidi au réfrigérateur ou au seau à glace. *Café frappé.* ♦ 4° Atteindre d'un coup porté avec une arme (ou un instrument quelconque). « *Ne l'ai-je pas vu en songe vous frappant de sa masse d'armes?* » (JARRY). *La balle l'a frappé en pleine poitrine. Frappé à mort,* mortellement atteint. ♦ 5° Donner, porter (un coup). « *Des coups réguliers frappés sur des tambourins* » (FROMENTIN). *Le régisseur a frappé les trois coups* (indiquant que le rideau va se lever). — *Fig. Frapper un grand coup, un coup décisif.* ♦ 6° Atteindre de quelque mal. « *Il fut frappé d'apoplexie* » (R. ROLLAND). « *Elle s'accommoda du grand malheur qui la frappait* » (CÉLINE). *Fig. Une politique frappée d'impuissance.* ◇ (D'un châtiment) Punir. « *La loi frappait les grands coupables d'un châtiment réputé terrible, la privation de sépulture* » (FUSTEL). *Être frappé d'anathème, d'indignité nationale...* V. **Condamner.** ◇ (D'une charge, taxe, etc.) « *Des droits qui frappent le misérable* » (ZOLA). ♦ 7° Affecter d'une certaine impression, généralement vive et soudaine. V. **Impressionner.** « *Ce qui frappe et tire l'œil* » (VALÉRY). — *Spécialt.* (en provoquant une émotion) « *Comme frappé de stupeur* » (DAUD.). ◇ Surprendre, en excitant l'imagination, l'attention ou l'intérêt de être tout entier. V. **Étonner, saisir; frappant.** « *Le récit d'un fait nous frappe souvent plus que son spectacle* » (RIVAROL). « *Je fus frappé de ne pouvoir plus penser qu'à Mme d'Houdetot* » (ROUSS.).

II. *V. tr. indir.* Donner un coup, des coups. « *Il battait la mesure en frappant sur la table* » (GIONO). « *J'ai l'impression de frapper contre un mur* » (MONTHERLANT). ◇ *Frapper à la porte,* ou absolt. *Frapper,* pour se faire ouvrir. V. **Heurter.** *Entrez sans frapper.* « *Elle frappait à la porte avec des gestes retenus* » (Ch.-L. PHILIPPE). — *Fig. Frapper à toutes les portes,* s'adresser à tout le monde (pour obtenir une aide). *Frapper à la bonne, à la mauvaise porte,* s'adresser à la personne qui est ou n'est pas celle qu'il faut en l'occurrence.

III. *SE FRAPPER. v. pron.* ♦ 1° Se donner un coup, des coups. — (Réfl. indir.) « *Avec des marques de repentir, en me frappant la poitrine* » (CHATEAUB.). V. **Coulpe** (battre sa). *Se frapper le front,* peut signifier qu'on a une idée, ou marquer à qqn qu'on le trouve un peu fou. ♦ 2° *Fig.* S'inquiéter plus que de raison, avoir mauvais moral. *Il irait mieux s'il ne se frappait pas tant.* — *Fam.* « *Ne te frappe pas, je me débrouillerai* » (SARTRE), ne te fais pas de bile. *Sans se frapper,* sans s'en faire, tout tranquillement.

FRAPPEUR, EUSE [fʀapœʀ, øz]. *n. et adj.* (XVe; de *frap-*

per). ♦ 1° *N. Techn.* Ouvrier chargé de frapper (les monnaies), d'estamper (le cuir, le papier). ♦ 2° *Adj. Esprits frappeurs,* esprits qui, dans les séances de spiritisme, se signalent en frappant tel ou tel nombre de coups.

FRASIL [fʀazi ou fʀazil]. *n. m.* (1880; prob. de *fraiser*, 1). Cristaux ou fragments de glace entraînés par le courant et flottant à la surface d'un cours d'eau; pellicule formée par la glace qui commence à prendre. « *Le batelier d'hiver possède une véritable science du mouvement et de la résistance des glaces. Il leur a donné des noms. C'est [...] le frasil, quand elles ont consistance de bouillie épaisse* » (SAVARD).

FRASQUE [fʀask(ə)]. *n. f.* (XVe; it. *frasca*). ♦ 1° *Vx.* Mauvaise farce, mauvais tour. ♦ 2° (1762). Écart de conduite. V. **Équipée, fredaine.** *Des frasques de jeunesse.* « *Ce n'est pas toi qui ferais de ces frasques-là. Tu ne quitterais pas ta famille pour aller voir une créature* » (HUGO).

FRATER [fʀateʀ]. *n. m.* (1534; mot lat. « frère », T. relig.). *Vx.* Frère lai; aide d'un barbier, d'un chirurgien.

FRATERNEL, ELLE [fʀateʀnɛl]. *adj.* (XIIe; lat. *fraternus*). ♦ 1° Qui concerne les relations entre frères et sœurs. *L'amour fraternel.* « *Ces vagues de tendresse fraternelle qui le soulevaient* » (MART. du G.). ♦ 2° Propre à des êtres qui se traitent en frères. V. **Affectueux, amical, cordial.** « *Cette formation soudaine d'une âme collective et fraternelle* » (MART. du G.). « *Le beau visage est affectueux, vraiment fraternel* » (DUHAM.). — *Spécialt.* Qui inspire la charité envers le prochain. « *Le geste de ce rude Samaritain est attentif, délicat, fraternel* » (BERNANOS). ◇ *(Personnes)* Qui se conduit comme un frère (envers qqn). *Il s'est montré très fraternel avec moi.*

FRATERNELLEMENT [fʀatɛʀnɛlmɑ̃]. *adv.* (XVe; de *fraternel*). D'une manière fraternelle. « *Ils se serrèrent la main, fraternellement* » (MART. du G.). *Partager fraternellement avec des camarades.*

FRATERNISATION [fʀatɛʀnizasjɔ̃]. *n. f.* (1792; de *fraterniser*). Action de fraterniser. « *Nous supprimons tout obstacle à la fraternisation de l'ouvrier allemand et de l'ouvrier français* » (MART. du G.).

FRATERNISER [fʀatɛʀnize]. *v. intr.* (1548; du rad. de *fraternel*). Faire acte de fraternité (2°), de sympathie ou de solidarité. « *Cérizet fraternisa bientôt avec les ouvriers de Cointet* » (BALZ.). « *Des provinces, naguère divisées, se donnaient la main, et fraternisaient* » (MICHELET). *Ces enfants commencent à fraterniser.* ◇ ANT. *Brouiller* (se).

FRATERNITÉ [fʀatɛʀnite]. *n. f.* (XIIe; lat. *fraternitas*). ♦ 1° *Rare.* Parenté entre frères et sœurs. ♦ 2° Lien existant entre les hommes considérés comme membres de la famille humaine; sentiment profond de ce lien. V. **Charité, solidarité.** « *Dieu a établi la fraternité des hommes en les faisant tous naître d'un seul* » (BOSS.). « *Les coudoiements familiers vous donnent seulement l'illusion de la fraternité humaine* » (MAUPASS.). « *Un mutuel élan de fraternité* » (MICHELET). *Liberté, Égalité, Fraternité,* devise de la République française. ♦ 3° Lien particulier établissant des rapports fraternels. V. **Camaraderie.** *Fraternité d'armes,* entre compagnons d'armes. *Il y a entre eux une fraternité d'esprit.* V. **Communion.** ♦ 4° Nom de certaines communautés religieuses. ◇ ANT. *Inimitié.*

1. FRATRICIDE [fʀatʀisid]. *n. m.* (XIIe, rare av. XVIIIe; bas lat. *fratricidium*). Meurtre d'un frère, d'une sœur.

2. FRATRICIDE [fʀatʀisid]. *n. et adj.* (XVe; lat. *fratricida*). ♦ 1° *N.* Personne qui tue son frère ou sa sœur. ♦ 2° *Adj.* Qui conduit à s'entretuer des hommes qu'unit pourtant une fraternité (compatriotes, compagnons d'armes, etc.). *Des guerres, des haines fratricides.*

FRATRIE [fʀatʀi]. *n. f.* (v. 1970; du lat. *frater* « frère »). *Démogr.* Ensemble des frères et sœurs d'une famille.

FRAUDE [fʀod]. *n. f.* (1255; lat. *fraus, fraudis*). ♦ 1° *Vx.* Action faite de mauvaise foi dans le but de tromper. « *Vous machinez des fraudes les uns contre les autres* » (BOSS.). ♦ 2° Tromperie ou falsification punie par la loi. « *On dut recourir à l'alcool de grain et le mélanger à l'alcool de vin. M. Pommerel se résigna à cette fraude* » (CHARDONNE). *Inspecteurs chargés de la répression des fraudes dans la vente des marchandises.* — *Fraude électorale. Fraude à l'impôt,* ou *fiscale. Fraude dans les examens et concours.* ◇ *Spécialt. (Dr. civ.)* Acte accompli dans l'intention de porter atteinte aux droits ou intérêts d'autrui (créanciers, héritiers, etc.). V. **Dol, escroquerie, tromperie.** ◇ *Loc. adv.* EN FRAUDE, par un acte qui constitue une fraude. V. **Frauduleusement.** « *Un déserteur français qui fabriquait des liqueurs en fraude* » (CÉLINE). *Produit qui passe la frontière en fraude.* — *Fig.* En cachette, secrètement.

FRAUDER [fʀode]. *v.* (1355; lat. *fraudare*). ♦ 1° *V. tr.* *(Vx).* Tromper, abuser. ◇ *Mod.* Commettre une fraude au détriment de (un créancier, l'État, une administration...). V. **Voler.** « *Nous sommes honnêtes et nous fraudons la douane* » (MAUROIS). ♦ 2° *V. intr.* Être coupable de fraude. « *Frauder sur le poids des denrées* » (HUYSMANS).

FRAUDEUR, EUSE [fʀodœʀ, øz]. *n.* (1549; *adj.*, « frauduleux », 1340; de *frauder*). Personne qui fraude. V. **Falsificateur.**

FRAUDULEUSEMENT [fʀodyløzmã]. *adv.* (XIVᵉ; de *frauduleux*). Avec intention frauduleuse, en fraude.

FRAUDULEUX, EUSE [fʀodylø, øz]. *adj.* (1361; lat. jur. *fraudulosus*). ♦ 1° Entaché de fraude. *Marché frauduleux. Banqueroute, concurrence frauduleuse. Intention frauduleuse*, intention de fraude. ◇ *Vx.* Apocryphe. ♦ 2° *Banqueroutier frauduleux*, coupable de banqueroute frauduleuse.

FRAXINELLE [fʀaksinɛl]. *n. f.* (1573; lat. bot. *fraxinella*, de *fraxinus* « frêne »). Autre nom du dictame.

FRAYAGE [fʀɛjaʒ]. *n. m.* (1951; de *frayer*, pour trad. all. *Bahnung*). *Physiol.* Phénomène consistant dans le fait que le passage d'un flux nerveux dans les conducteurs devient plus facile en se répétant.

FRAYEMENT [fʀɛjmã]. *n. m.* (XVIᵉ; de *frayer*). *Vétér.* Inflammation de la peau frayée.

FRAYER [fʀeje]. *v.; conjug. payer* (*Freier, froier*, XIIᵉ; lat. *fricare* « frotter »).
I. *V. tr.* ♦ 1° *Vén.* Frotter. *Le cerf fraye sa tête, son bois aux arbres.* ◇ *Vétér.* Excorier, enflammer par frottement. *Cheval frayé aux ars.* ♦ 2° (Fin XIVᵉ). Tracer (un chemin) par le passage. — Au p. p. « *Le sentier frayé dans lequel ils avaient marché jusqu'alors* » (B. de ST-P.). ◇ *Vx.*, pratiquer (un chemin) en écartant les obstacles. « *Écartant les branches pour lui frayer passage* » (CHARDONNE). « *Jouant des coudes, ils essayent de se frayer un chemin à travers cette marée humaine* » (MART. du G.). — Fig. « *Une critique créatrice, propre à frayer les voies au drame et au poème* » (PAULHAN). V. **Préparer.**
II. *V. intr.* ♦ 1° (1307; la femelle frottant son ventre contre le sable). Se dit de la femelle du poisson qui dépose ses œufs, et du mâle qui les féconde. ♦ 2° *Fig.* (1740). Avoir des relations familières et suivies, fréquenter. « *Il frayait peu avec ses collègues* » (COURTELINE).

FRAYÈRE [fʀejɛʀ]. *n. f.* (1819; de *frayer*). Lieu où les poissons frayent. *Frayère naturelle, artificielle.*

FRAYEUR [fʀejœʀ]. *n. f.* (XVᵉ; *freor* [XIIᵉ] « bruit », et par attract. de *effrayer* « peur »; lat. *fragor* « fracas »). Peur très vive, généralement passagère et peu justifiée. « *Un peu remis de ma frayeur* » (DAUD.). « *J'ai les frayeurs les plus ridicules, j'ai peur d'être quittée, je tremble d'être vieille et laide* » (BALZ.).

FREDAINE [fʀədɛn]. *n. f.* (1420; a. fr. *fredain* « mauvais », de *fradin* « scélérat », probabl. o. germ.). Écart de conduite sans gravité, que l'on regarde généralement avec indulgence. V. **Équipée, folie, frasque.** « *Florian a raconté ses premières aventures, ses fredaines de jeunesse* » (STE-BEUVE).

FREDON [fʀədɔ̃]. *n. m.* (1546; probabl. lat. *fritinnire* « gazouiller, babiller »). *Vx.* Roulade; gai refrain.

FREDONNEMENT [fʀədɔnmã]. *n. m.* (1540; de *fredonner*). Action de fredonner un air.

FREDONNER [fʀədɔne]. *v. tr.* (1549; de *fredon*). Chanter (un air) à mi-voix, à bouche fermée. V. **Chantonner.** « *On entend, du matin au soir, fredonner par les rues le fameux Toréador* » (MAUPASS.).

FREE-MARTIN [fʀimaʀtin]. *n. m.* (XXᵉ; mot angl., 1681; o. i.). *Biol.* Jumeau femelle d'une vache ou d'une chèvre dont le développement ovarien a été arrêté par un échange anormal de sang, au stade embryonnaire, avec le jumeau mâle, et qui est généralement stérile.

FREEZER [fʀizœʀ]. *n. m.* (v. 1955; mot amér., de *to freeze* « geler »). *Anglicisme.* Compartiment d'un réfrigérateur où se forme la glace. V. **Congélateur.**

FRÉGATE [fʀegat]. *n. f.* (XVᵉ; it. *fregata*). ♦ 1° *Ancienn.* Petit bâtiment à rames. — *Depuis le XVIIIᵉ s.*, Bâtiment de guerre à trois mâts ne portant pas plus de soixante canons. ◇ *Mod.* Bâtiment d'escorte anti-sous-marin. ◇ *Capitaine* de frégate.* ♦ 2° (1637). Oiseau de mer (*Pélécaniformes*), aux grandes ailes fines, à la queue fourchue et au bec très long et crochu.

FRÉGATER [fʀegate]. *v. tr.* (XVIIᵉ; de *frégate*). *Techn.* Modifier (un bateau) en en affinant les formes, pour le rendre plus rapide.

FREIN [fʀɛ̃]. *n. m.* (1080; lat. *frenum*).
I. ♦ 1° *Vx.* Mors (du cheval). — *Mod.* (loc. fig.) *Ronger son frein* (comme un cheval impatient), contenir difficilement son impatience, son dépit. ♦ 2° *Fig.* (*Littér.*). Ce qui ralentit, entrave le développement de qqch. « *Les lois ne sont que les freins mis aux passions d'un seul par le retrait de tous les autres* » (SUARÈS). — *Mettre un frein à* (qqch.), opposer un obstacle à (qqch.). — *Sans frein*, effréné. « *L'essor d'une imagination sans frein* » (STE-BEUVE).
II. *Par anal.* ♦ 1° *Anat.* (1690). Nom de divers replis muqueux, cutanés ou fibreux (servant à retenir). *Frein du prépuce, frein de la langue.* V. **Filet.** ♦ 2° (1818, pour trad. l'angl. *brake*; « cerceau autour du rouet d'un moulin à vent, qui arrête le moulin », 1680). Organe ou dispositif servant à ralentir, à arrêter le mouvement d'un ensemble mécanique. *Freins d'appareils. Freins à sabot ou à patin, à tambour ou à mâchoires, à disque. Frein aérodynamique* (ou *aérofrein*), dispositif de freinage par augmentation des forces de traînée. *Frein hydraulique, hydropneumatique* (sur les camions). *Frein à main, pédale de frein d'une automobile.* « *Il y eut un brusque coup de frein et l'autobus s'arrêta* » (SARTRE). — Fig. (XXᵉ). *Coup de frein*, action qui vise à diminuer une évolution. « *Coup de frein donné à l'embauche* » (*Nouv. Obs.*, 27-12-1967). ◇ *Freins d'essais* ou *dynamométrique*, appareils servant à mesurer la puissance d'une machine (freins par frottement, hydrauliques, magnétiques, etc.). ♦ 3° *Par ext. Frein moteur*, résistance opposée par le moteur ralenti à la rotation des roues.
◇ ANT. Accélérateur.

FREINAGE [fʀenaʒ]. *n. m.* (1893; de *freiner*). Action, manière de freiner (une machine, un mécanisme en mouvement). « *Tout véhicule automobile doit être pourvu de deux dispositifs de freinage* » (CODE de la ROUTE). *Bon, mauvais freinage.* — Sport auto. *Épreuve de démarrage-freinage.* ◇ *Fig.* (suivi de *de* et subst.) Retenue, ralentissement. « *Le freinage des augmentations de salaires* » (*Le Figaro*, 1961). ◇ ANT. Accélération.

FREINER [fʀene]. *v.* (fin XIXᵉ; de *frein; frener* « réfréner », XIIIᵉ; lat. *frenare*). ♦ 1° *V. intr.* Ralentir, arrêter la marche d'une machine au moyen d'un frein. « *Il freina brusquement et rangea l'auto au bout du chemin* » (SARTRE). — Par ext. *Voiture qui freine bien*, qui a de bons freins. — Fig. « *Pétain pensa qu'on était allé trop loin, il freina* » (*Nouv. litt.*, 1966). ♦ 2° *V. tr.* Ralentir dans son mouvement. *Le vent freinait les coureurs.* ◇ Fig. Ralentir (une évolution, un essor), empêcher de se développer pleinement. V. **Contrarier, gêner.** « *Ce qui freinait la joie des convives* » (MAURIAC). *Freiner le progrès, l'économie*, V. **Modérer, retenir** (II). ♦ 3° *V. pron.* Fig. et fam. *Se freiner*, se réfréner, se modérer. ◇ ANT. Accélérer, encourager.

FREINTE [fʀɛ̃t]. *n. f.* (1877; mot dial., a. fr. *frainte* « chose brisée, bruit de chose brisée », du p. p. de *fraindre*, XIIᵉ; lat. *frangere*). *Comm.* Perte de volume ou de poids subie par certaines marchandises pendant la fabrication ou le transport.

FRELATAGE [fʀəlataʒ]. *n. m.* (1684; de *frelater*). Action de frelater; son résultat. « *Ce sont, ainsi que pour les produits de la thérapeutique, des frelatages* » (HUYSMANS). V. **Fraude.**

FRELATER [fʀəlate]. *v. tr.* (1546; « transvaser », 1515; moy. néerl. *verlaten*). Altérer dans sa pureté en mêlant des substances étrangères. V. **Dénaturer, falsifier.** « *Aux vins frelatés, mêlés d'alcool* » (GAUTIER). ◇ Fig. (au p. p.) Qui n'est pas pur, pas naturel. « *La vie frelatée de Paris* » (VOLT.). « *Le succès n'en est qu'une imitation frelatée* (de la gloire) » (GIDE).

FRÊLE [fʀɛl]. *adj.* (*Fraile*, fin XIᵉ; lat. *fragilis*. V. **Fragile**). ♦ 1° Dont l'aspect ténu donne une impression de fragilité. « *La haute et frêle galerie d'arcades à trèfles* » (HUGO). « *Un bateau frêle comme un papillon de mai* » (RIMBAUD). ♦ 2° Qui semble manquer de ressources vitales, de force. V. **Débile, délicat, fragile.** « *Quelle âme fiévreuse habitait ce corps frêle !* » (MAURIAC). « *Cette femme frêle et souffreteuse* » (SAND). ◇ Équivalent poétique de *faible*, de *léger*. « *Une voix frêle de vieillard* » (HUYSMANS). « *Mes vers fuiraient, doux et frêles* » (HUGO). ◇ ANT. Fort, gros, robuste.

FRELON [fʀəlɔ̃]. *n. m.* (fin XIIᵉ; frq. *°hurslo*). Grosse guêpe rousse et jaune à corselet noir, dont la piqûre est très douloureuse. *Un essaim, un nid de frelons.* ◇ Fig. (les frelons passant pour piller le miel des abeilles) *Vx.* Fainéant qui profite des travaux d'autrui.

FRELUCHE [fʀəlyʃ]. *n. f.* (1625; de *fanfreluche*). Petite houppe de soie armant le bout d'une ganse, d'un gland.

FRELUQUET [fʀəlykɛ]. *n. m.* (1611; de *freluque* (1493) « mèche »; même rad. que *freluche*). Jeune homme frivole et prétentieux. V. **Godelureau.** « *Un jeune freluquet, tournant autour de ma femme, et lui adressant des vers* » (BALZ.).

FRÉMIR [fʀemiʀ]. *v. intr.* (déb. XIIᵉ; lat. pop. *°fremire*, class. *fremere*). ♦ 1° Être agité d'un faible mouvement d'oscillation ou de vibration qui produit un son léger, confus. V. **Bruire, frissonner, vibrer.** « *Tandis que le feuillage frémissait et que les joncs sifflaient* » (FLAUB.). *Cuis.* Se dit de l'eau sur le point de bouillir. « *Nous écoutions frémir l'eau dans la panse du samovar* » (COLETTE). (1721). Cuire lentement à la limite de la température d'ébullition (liquides). ♦ 2° (*Personnes*). Être agité d'un tremblement causé par le froid, la peur, une émotion. « *Le froid le tira de cette hébétude douce.* « *Il frémit tout entier* » (MAURIAC). « *Il frémit, haletant d'effroi* » (GREEN). — *Frémir de...*, sous l'action de. « *Tout mon corps frémit de plaisir* » (BERNARD. de ST-P.). « *Frémir d'indignation ou d'espoir* » (MART. du G.). ◇ *Absolt.* Frémir d'horreur. *C'est à faire frémir !* c'est horrible.

FRÉMISSANT, ANTE [fʀemisã, ãt]. *adj.* (1480; de *frémir*). Qui frémit. V. **Tremblant.** « *Les sommets frémissants des grands arbres* » (MAUPASS.). « *Sa voix, son regard, tout son*

corps, étaient plus frémissants que les flammes » (BARRÈS).
◇ Toujours prêt à s'émouvoir. V. **Vibrant**. *Une sensibilité frémissante.*

♦ **FRÉMISSEMENT** [fʀemismɑ̃]. *n. m.* (déb. XIIᵉ ; de *frémir*).
♦ 1° Faible mouvement d'oscillation ou de vibration qui rend un léger bruit. V. **Bruissement, murmure**. « *Le seul bruit, c'était un frémissement argentin des grelots au cou de notre mule* » (GAUTIER). — *Le frémissement de l'eau près de bouillir.*
♦ 2° Tremblement léger, causé par une émotion. V. **Frisson**. « *La douceur de cette voix émut la jeune femme, lui fit passer dans la chair un frémissement rapide* » (MAUPASS.). ◇ Agitation qui se propage dans une foule sous l'effet d'une émotion partagée. « *Elle n'a qu'à paraître pour produire dans la salle un frémissement passionné* » (GAUTIER).

FRÊNAIE [fʀɛnɛ]. *n. f.* (XVIᵉ ; *fragnée*, 1280 ; de *frêne*). Terrain planté de frênes.

FRÊNE [fʀɛn]. *n. m.* (*Fraisne*, 1080 ; lat. *fraxinus*). Arbre commun dans nos forêts (*Oléacées*), à bois clair, dur et élastique. ◇ Bois de cet arbre. *Outil à manche de frêne.*

FRÉNÉSIE [fʀenezi]. *n. f.* (déb. XIIIᵉ ; lat. d'o. gr. *phrenesis*). ♦ 1° *Méd. anc.* Délire violent provoqué par une affection cérébrale aiguë. ♦ 2° (1544). État d'agitation fébrile, d'exaltation violente qui met hors de soi. V. **Fièvre, folie**. « *C'était une vraie frénésie qui m'ôtait jusqu'au sommeil* » (STE-BEUVE). ◇ Ardeur ou violence extrême. V. **Fureur, furie**. *Il se mit à travailler avec frénésie.* « *On lui reproche, comme à Delacroix, la frénésie de sa couleur* » (BLOY). ◆ ANT. **Calme, mesure**.

FRÉNÉTIQUE [fʀenetik]. *adj.* (fin XIIᵉ ; lat. d'o. gr. *phreneticus*). ♦ 1° *Méd. anc.* Atteint de frénésie. V. **Fou**. — Subst. « *Je crois voir un frénétique qui me fait l'éloge d'une vipère* » (MARIVAUX). ♦ 2° (Mil. XVIᵉ). Qui marque de la frénésie, est poussé jusqu'à la frénésie. V. **Délirant, effréné, passionné, violent**. « *La passion frénétique de l'art* » (BAUDEL.). « *Les applaudissements frénétiques des spectateurs* » (PROUST). *Un morceau de jazz au rythme frénétique, endiablé.* ♦ 3° *Hist. litt.* Se dit d'une littérature qui a porté à leur paroxysme certaines tendances romantiques (exaltation de l'individu, fantastique, goût de l'horreur ou du macabre, satanisme, etc.). « *Les Chants de Maldoror, monologue frénétique en six chants* » (THIBAUDET).

FRÉNÉTIQUEMENT [fʀenetikmɑ̃]. *adv.* (1872 ; de *frénétique*). D'une manière frénétique. *Applaudir frénétiquement.*

FRÉON [fʀeɔ̃]. *n. m.* (v. 1950 ; nom déposé). Nom d'un fluide frigorifique.

FRÉQUEMMENT [fʀekamɑ̃]. *adv.* (fin XIVᵉ ; de *fréquent*). D'une manière fréquente. V. **Souvent**. *Cela arrive fréquemment.* « *Ces procès de magie si fréquemment intentés aux bohémiens* » (HUGO). ◆ ANT. **Rarement**.

FRÉQUENCE [fʀekɑ̃s]. *n. f.* (1190 ; lat. *frequentia*). ♦ 1° *Vx.* Affluence, foule. ♦ 2° (XVIᵉ). Caractère de ce qui arrive plusieurs fois, et *spécialt.* de ce qui se reproduit périodiquement, à intervalles rapprochés. V. **Nombre, répétition**. « *La fréquence de ces phénomènes commença à me donner de fortes inquiétudes* » (BAUDEL.). ◇ *Statistique.* Nombre d'observations d'un événement. V. **Probabilité**. *Ling. Fréquence d'un mot*, nombre d'occurrences de ce mot dans un corpus. ♦ 3° (1900, *électr.*). Nombre de cycles identiques d'un phénomène par unité de temps (en général, par seconde). *Fréquence d'un diapason. Fréquence sonore. Fréquence respiratoire*, nombre de cycles respiratoires par minute. V. **Cycle, hertz**. *Courants alternatifs à basse, moyenne, haute fréquence.* *Radio. Bande**, gamme de fréquence, ensemble des fréquences comprises dans un intervalle. V. **Octave**. *Fréquence musicale* ou *acoustique*, correspondant aux tons audibles. *Modulation* de fréquence*. ◇ *Acoust.* Fréquence d'un son, nombre de vibrations sonores par unité de temps (dont dépend la sensation de hauteur). ◆ ANT. **Rareté**.

FRÉQUENCEMÈTRE [fʀekɑ̃smɛtʀ(ə)]. *n. m.* (1907 ; de *fréquence*, et -*mètre*). *Phys.* Appareil servant à mesurer la fréquence d'un phénomène périodique.

FRÉQUENT, ENTE [fʀekɑ̃, ɑ̃t]. *adj.* (1552 ; « fréquenté, peuplé », fin XIVᵉ ; lat. *frequens*). ♦ 1° Qui se produit souvent, se répète à intervalles plus ou moins rapprochés. V. **Continuel, nombreux, répété**. « *Ils ne s'aventureraient plus en pleine mer, à cause des coups de vent fréquents de cette saison* » (LAMART.). ◇ Dont on voit de nombreux exemples dans un cas, une circonstance donnée. V. **Commun, courant, habituel, ordinaire**. « *Contraste fréquent dans les choses humaines* » (BALZ.). ♦ 2° Marqué par la répétition d'actes semblables. *J'en ai plus d'un exemple.* « *Notre liaison ne peut être fréquente* » (HUYSMANS). ◆ ANT. **Espacé ; rare**.

FRÉQUENTABLE [fʀekɑ̃tabl(ə)]. *adj.* (1900 ; « fréquent », 1532 ; de *fréquenter*). Que l'on peut fréquenter. *Un individu peu fréquentable.*

FRÉQUENTATIF, IVE [fʀekɑ̃tatif, iv]. *adj.* (1550 ; lat. gram. *frequentativus*). *Ling.* Qui marque la répétition, la fré-

quence de l'action. V. **Itératif**. *Préfixe, suffixe fréquentatif. Verbe fréquentatif.* Subst. *Exciter vient de excitare, fréquentatif de excire.*

FRÉQUENTATION [fʀekɑ̃tasjɔ̃]. *n. f.* (1350 ; lat. *frequentatio* « emploi fréquent »). ♦ 1° Action de fréquenter (un lieu, une personne). *Ce que peut nous apporter la fréquentation des théâtres, des musées.* « *La fréquentation du monde* » (MONTAIGNE). « *La seule habitude qu'on lui connût était la fréquentation assidue des danseurs et des musiciens espagnols* » (CAMUS). ◇ Rapports sociaux habituels, personnes que l'on fréquente. V. **Relation**. « *Quelqu'un qui choisissait ses fréquentations au-dehors de la caste où il était né* » (PROUST). *Ce n'est pas une fréquentation pour lui.* ♦ 2° *Fig. (Vieilli).* Pratique, usage habituel. *La fréquentation des sacrements. La fréquentation des grandes œuvres.*

FRÉQUENTÉ, ÉE [fʀekɑ̃te]. *adj.* (XVIᵉ ; de *fréquenter*). Où il y a habituellement du monde. *Une promenade très fréquentée. Un établissement bien, mal fréquenté*, où viennent des gens convenables, douteux. ◆ ANT. **Désert**.

FRÉQUENTER [fʀekɑ̃te]. *v.* (XIVᵉ ; « célébrer », 1190 ; lat. *frequentare*).
I. *V. tr.* ♦ 1° Aller souvent, habituellement dans (un lieu). V. **Hanter**. « *Il ne fréquentait plus avec assiduité notre maison* » (FRANCE). *Fréquenter les bals.* V. **Courir**. « *Rancé fréquentait les églises, passant des heures à prier* » (CHATEAUB.). ♦ 2° Avoir des relations habituelles avec (qqn) ; rencontrer, voir fréquemment. V. **Frayer, pratiquer**. « *À Trouville, il fréquentait des voisins de plage* » (ROMAINS). « *Il fréquente moins le grand monde que le monde où l'on s'amuse* » (VALÉRY). Pronom. *Ils ont cessé de se fréquenter.* ◇ *Région.* Voir fréquemment pour des raisons sentimentales, courtiser. « *Je suis fâché que tu n'aies pas eu le courage de renoncer à la fréquenter* » (SAND). — Absolt. *(Belgique).* Sortir avec une fille, un garçon). *Il commence à fréquenter.* ◇ *Littér.* Pratiquer (un auteur).
II. *V. intr.* *(Vieilli).* Aller souvent, habituellement. « *Du Moulin de la Galette où fréquentent indistinctement trottins et gigolettes* » (CARCO).
◆ ANT. **Abandonner, éviter**.

FRÈRE [fʀɛʀ]. *n. m.* (1080 ; *fradre*, 842 ; lat. *frater*). ♦ 1° Celui qui est né des mêmes parents que la personne considérée, ou seulement du même père (*frère consanguin*) ou de la même mère (*frère utérin*). V. **Demi-frère**. *Son frère aîné, cadet* (fam. *son grand, son petit frère*). V. **Frangin, frérot**. *Frères jumeaux, siamois.* Par compar. *Il lui ressemble comme un frère*, beaucoup. *Je l'aime comme un frère, c'est un frère pour moi.* *Nous avons vécu comme des frères, en frères. Être, vivre comme frère et sœur*, en parlant d'un homme et d'une femme qui vivent ensemble chastement. ◇ *Frère de lait*, fils de la nourrice de la personne considérée ; nourrisson de la mère de la personne considérée. ♦ 2° Enfant du même Dieu, de la même grande famille humaine. V. **Semblable**. « *Frères humains qui après nous vivez* » (VILLON). « *Vous êtes tous mes frères, catholiques, protestants, athées, car la parole de Dieu est pour tous* » (SARTRE). — Fidèle de la même religion. *Mes (bien chers) frères*, termes par lesquels un prêtre s'adresse aux fidèles. ◇ Appellation des membres de certains ordres religieux. *Les frères mineurs, prêcheurs. Les frères des écoles chrétiennes.* Absolt. *Il a été élevé chez les frères.* — Religieux auxiliaire, dans certains ordres. *Frère convers, frère lai.* ♦ 3° Homme qui a avec la personne considérée une communauté d'origine, d'intérêts, d'idées, qui a avec elle un lien affectif, intellectuel. V. **Ami, camarade, compagnon, confrère, copain...** « *Sa mort survint, presque inaperçue des matelots, ses frères* » (LOTI). Appos. *Des peuples frères.* — Fam. *Vieux frère*, se dit à un ami ou camarade. *Un faux frère*, un homme qui trahit ses amis, ses associés. — *Frère d'armes*, celui qui a combattu aux côtés de la personne considérée. *Les frères maçons* (ou fam. *frères Trois-points*), les membres de la franc-maçonnerie. ♦ 4° *Fig.* Chose, notion apparentée. « *Les vertus devraient être sœurs, Ainsi que les vices sont frères* » (LA FONT.). « *Tel mythe peut être considéré comme frère d'un autre* » (BAUDEL.). ♦ 5° *Fig.* Un des éléments d'une paire ; animal, objet semblable à un autre. *Vous avez un joli vase, j'ai vu son frère chez mon antiquaire.*

FRÉROT [fʀeʀo]. *n. m.* (1558 ; de *frère*). *Fam.* Petit frère.

FRESQUE [fʀɛsk(ə)]. *n. f.* (1669 ; it. *dipingere a) fresco* « (peindre sur un enduit) frais ». V. **Frais 1**). ♦ 1° Procédé de peinture murale qui consiste à utiliser des couleurs délayées à l'eau sur un enduit de mortier frais. « *Un peintre de Paris est venu pour peindre en fleurs à fresque son corridor* » (BALZ.). ♦ 2° Œuvre peinte d'après ce procédé. *Les fresques romaines de Pompéi. La fresque de la coupole du Val-de-Grâce, de Mignard, célébrée par Molière.* ♦ 3° *Par ext.* Vaste peinture murale (fresque proprem. dite, détrempe, peinture à l'huile, à l'encaustique, sgraffite, marouflage). ♦ 4° *Fig.* (1861). Vaste composition littéraire, présentant un tableau d'ensemble d'une époque, d'une société. « *Ce fut l'ambition de plu-*

sieurs romanciers de notre époque que de peindre une fresque de leur temps » (MAUROIS).

FRESQUISTE [fʀɛskist(ə)]. *n.* (1865 ; de *fresque*). Peintre de fresques.

FRESSURE [fʀɛsyʀ]. *n. f.* (*Froissure*, 1220 ; lat. *frixura* « poêle à frire », p.-ê. « friture » en lat. pop.). Ensemble des gros viscères d'un animal (cœur, foie, rate, poumons). « *Vous n'avez pas de la fressure pour mon chat ?* » (SARTRE).

FRET [fʀɛ]. *n. m.* (XIIIᵉ ; néerl. *vrecht*). ♦ 1° Prix du transport des marchandises par mer, et *par ext.* par air ou par route. ◊ Prix de location d'un navire. V. **Nolis**. — Louage d'un navire (*donné à fret*, prêté ; *pris à fret*, affrété). ♦ 2° (1596). Cargaison d'un navire ; chargement d'un avion ou d'un camion. *Débarquer, décharger son fret. Fret d'aller, fret de retour.* — Tout objet transporté en vertu d'un contrat de transport. ♦ 3° Transport de marchandises. *Avions de fret.* ◈ HOM. *Frai* (1 et 2) ; *frais* (1 et 2) ; formes du v. *frayer*.

FRÉTER [fʀete]. *v. tr.*; conjug. *céder* (XIIIᵉ ; de *fret*). ♦ 1° *Rare*. Affréter (un navire). ◊ Prendre en location (un véhicule). « *Ils frétèrent une voiture de louage* » (LOTI). ♦ 2° (1424). Donner en location (un navire). ◈ HOM. *Fretter*.

FRÉTEUR [fʀetœʀ]. *n. m.* (1616 ; de *fréter*, 2°). Personne qui donne en location (un navire). V. **Armateur**. ◈ ANT. *Affréteur*.

FRÉTILLANT, ANTE [fʀetijɑ̃, ɑ̃t]. *adj.* (XVᵉ ; de *frétiller*). Qui frétille. *Poisson frétillant.* « *Un petit vieux frétillant, alerte et gai* » (DAUD.). V. **Remuant, sémillant**.

FRÉTILLEMENT [fʀetijmɑ̃]. *n. m.* (1361 ; de *frétiller*). Mouvement de ce qui frétille.

FRÉTILLER [fʀetije]. *v. intr.* (XIIᵉ ; de l'a. fr. *freter* « frotter », lat. pop. °*frictare*, class. *fricare*). Remuer, s'agiter par petits mouvements rapides. *Poisson qui frétille.* « *Le chien, en frétillant de la queue* » (BAUDEL.). ◊ Se trémousser. *Il frétillait de joie.*

FRETIN [fʀətɛ̃]. *n. m.* (XVIᵉ ; « débris, menus objets », XIIIᵉ ; de *fret*, *frait*, p. p. de l'a. fr. *fraindre*. V. **Freinte**). ♦ 1° Nom collectif désignant les petits poissons que le pêcheur rejette généralement à l'eau. « *Des vairons, des épinoches, négligeable fretin* » (GENEVOIX). ♦ 2° Dans un groupe, une collection, Ce qu'on considère comme négligeable ou insignifiant. « *Il n'y avait là que le fretin des pariers* » (ZOLA). Cour. *Menu fretin.* « *Trier les visiteurs, expédier le menu fretin* » (ROMAINS).

FRETTAGE [fʀetaʒ]. *n. m.* (1723 ; de *fretter*). Action de fretter ; manière dont une pièce est frettée.

1. **FRETTE** [fʀɛt]. *n. f.* (fin XIIᵉ ; probabl. frq. °*fetur*). Anneau ou ceinture métallique servant à renforcer des pièces de bois ou de béton, des tubes de canon, etc.

2. **FRETTE** [fʀɛt]. *n. f.* (1360 ; fém. subst. du p. p. *frait*, *fret*, a. fr. *fraindre*. V. **Freinte, fretin**). ♦ 1° *Blas.* Pièce de l'écu formée d'un entrecroisement de cotices en bande et en barre. ♦ 2° *Archit.* (1872). Demi-baguette dessinant des lignes brisées sur une moulure.

FRETTÉ, ÉE [fʀete]. *adj.* (XIIᵉ ; de *frette* 2). *Blas.* Chargé d'une frette, de frettes (2). ◈ HOM. *Fréter, fretter*.

FRETTER [fʀete]. *v. tr.* (1198 ; de *frette* 1). Garnir d'une frette (1). *Fretter un moyeu, un canon.* ◈ HOM. *Fréter, fretté*.

FREUDIEN, IENNE [fʀødjɛ̃, jɛn]. *adj.* (1936 ; du nom de *Freud*). Propre ou relatif à Freud et au freudisme. — Partisan de Freud, de sa psychanalyse.

FREUDISME [fʀødism(ə)]. *n. m.* (1946 ; du nom de *Freud*). Ensemble des théories et des méthodes psychanalytiques de Freud et de ses disciples.

FREUX [fʀø]. *n. m.* (1493 ; *fros*, déb. XIIIᵉ ; frq. °*hrôk*). Espèce de corneille à bec étroit, dont la base n'est pas garnie de plumes.

FRIABILITÉ [fʀijabilite]. *n. f.* (1641 ; lat. *friabilis*. V. **Friable**). Caractère de ce qui est friable.

FRIABLE [fʀijabl(ə)]. *adj.* (1539 ; lat. *friabilis*, de *friare* « broyer »). Qui peut facilement se réduire en menus fragments, en poudre. « *Un coteau lézardé, friable à force de sécheresse* » (GAUTIER). *Galette à pâte friable.*

1. **FRIAND, ANDE** [fʀijɑ̃, ɑ̃d]. *adj.* (*Friant*, XIIIᵉ ; a. p. prés. de *frier, frire*, au sens de « brûler d'envie », en a. fr.). ♦ 1° *Vx* ou région. Gourmand, qui a le goût fin. « *Excessivement friande, elle aimait à se faire de bons petits plats* » (BALZ.). ◊ FRIAND DE : qui recherche, aime particulièrement (un aliment). *Il est friand de gibier.* ◊ *Fig.* Qui recherche en amateur (qqch.). *Être friand de compliments.* « *Jamais le public ne s'est montré plus avide ni plus friand de poésie* » (GIDE). ♦ 2° *Vx.* D'un goût exquis. « *Des préparations légères et friandes* » (BRILLAT-SAV.).

2. **FRIAND** [fʀijɑ̃]. *n. m.* (1922 ; du précéd.). ♦ 1° Petit pâté feuilleté garni d'un hachis de viande. ♦ 2° Petit gâteau frais très sucré et feuilleté, généralement à pâte d'amandes.

FRIANDISE [fʀijɑ̃diz]. *n. f.* (XIVᵉ ; de *friand*). ♦ 1° *Vx*. Gourmandise. ♦ 2° (1636). Petite pièce de confiserie ou de pâtisserie qu'on mange avec les doigts. V. **Sucrerie**.

« *Les gorgeant de friandises, de sucreries et de gâteaux* » (MAUPASS.).

FRIC [fʀik]. *n. m.* (1879 ; probabl. abrév. de *fricot*. V. **Fricoter**). *Pop. Argent.* « *Mon cheminot se fout de ton fric : il en gagne* » (CARCO).

FRICANDEAU [fʀikɑ̃do]. *n. m.* (1552 ; probabl. rad. de *fricassée, fricot*). Pièce de noix de veau lardée qu'on met à braiser.

FRICASSÉE [fʀikase]. *n. f.* (1490 ; de *fricasser*). ♦ 1° Ragoût fait de morceaux de poulet ou de lapin cuits à la casserole. V. **Gibelotte**. — En Belgique, Omelette au lard. ♦ 2° *Fig.* (1881). *Pop. Fricassée de museaux*, embrassade, gros baisers. « *Tu me mouilles et tu me mets du rouge. Quelle fricassée de museaux !* » (SARTRE).

FRICASSER [fʀikase]. *v. tr.* (XVᵉ ; croisement possible entre *frire* et *casser*). ♦ 1° Faire cuire en fricassée. ♦ 2° *Fig.* Gaspiller. « *Il l'accusa d'avoir fricassé les cinq francs à la daboisson* » (ZOLA). — Dépenser d'une manière malhonnête de l'argent qui n'est pas à soi.

FRICATIF, TIVE [fʀikatif, iv]. *adj.* (1873 ; lat. *fricatum*, supin de *fricare* « frotter »). *Phonét. Consonne fricative*, dont l'articulation comporte un simple resserrement du canal vocal, tel que le mouvement d'expiration détermine un bruit de frottement ou de souffle. V. **Spirante**. — Subst. *Les fricatives* (*f* dans *feu*, *s* dans *sort*, etc.).

FRIC-FRAC [fʀikfʀak]. *n. m.* (1669, onomat. ; repris 1836, arg., d'apr. *fracture*). *Pop.* Effraction, cambriolage avec effraction. *Une série de fric-frac(s)*.

FRICHE [fʀiʃ]. *n. f.* (1251 ; var. a. fr. et dial. *frèche* ; moy. néerl. *versch* « frais »). Terre non cultivée. « *De longues friches où foisonnent les bruyères* » (GENEVOIX). ◊ *Loc. adv.* ou adj. (plus cour.) EN FRICHE, inculte. V. **Abandon** (à l'). « *Ils achetèrent des terres en friche au bord du Tage* » (CHATEAUB.). *Fig.* « *Il ne faut jamais laisser en friche les facultés de la nature* » (FLAUB.).

FRICHTI [fʀiʃti]. *n. m.* (1855 ; de la prononc. alsac. de l'all. *Frühstück* « déjeuner »). *Fam.* Repas, plat que l'on cuisine. V. **Fricot**. *Préparer le frichti.*

FRICOT [fʀiko]. *n. m.* (1767 ; rad. de *fricasser*). *Fam.* Ragoût, mets grossièrement cuisiné. V. **Frichti, rata.** *Faire le fricot*, la cuisine. « *L'odeur du fricot montait* » (Ch.-L. PHILIPPE).

FRICOTAGE [fʀikotaʒ]. *n. m.* (fin XIXᵉ ; de *fricoter*). *Fam.* Trafic malhonnête. V. **Magouille, tripotage**.

FRICOTER [fʀikote]. *v.* (1807 ; de *fricot*). ♦ 1° V. tr. *Fam.* Accommoder en ragoût, préparer (un plat). — *Absolt. Cuisiner.* — *Fig.* Manigancer, mijoter. *Qu'est-ce qu'il fricote encore ?* ♦ 2° *V. intr.* S'occuper d'affaires louches, trafiquer. — *Spécialt.* (suggérant des relations sexuelles) *Qu'est-ce qu'ils fricotent ensemble ?*

FRICOTEUR, EUSE [fʀikotœʀ, øz]. *n.* (1845 ; « maraudeur, pillard », 1812 ; de *fricoter*). *Fam.* Trafiquant malhonnête, profiteur.

FRICTION [fʀiksjɔ̃]. *n. f.* (v. 1370 ; lat. *frictio*). ♦ 1° Manœuvre de massage consistant à frotter vigoureusement une partie du corps pour provoquer une révulsion ou faire absorber un médicament par la peau. « *Une cyanose épaisse avait dépassé le genou. Toutefois sous les frictions la chair s'amollissait, tiédissait* » (GIONO). *Se faire faire une friction* (du cuir chevelu) *chez le coiffeur.* ♦ 2° *Phys.* (1752). Résistance à un mouvement relatif entre des surfaces de contact. V. **Frottement**. *Forces de friction.* — *Mécan. Cône, galet, roue de friction*, organes qui transmettent un mouvement de rotation par leur contact sans glissement. *Embrayage à friction, conique, cylindrique.* — *Géol. Brèche de friction*, roche résultant du broyage réciproque de deux couches géologiques. ♦ 3° *Fig.* Heurt, désaccord entre personnes. « *Il y avait de perpétuels conflits. Tout devenait cause de friction* » (MAUROIS).

FRICTIONNEL, ELLE [fʀiksjɔnɛl]. *adj.* (mil. XXᵉ ; de *friction*). *Sc.* Relatif à la friction, aux frottements. *Pertes frictionnelles* (de l'énergie mécanique), lors de l'écoulement d'un fluide. ◊ *Chômage frictionnel*, inactivité temporaire entre deux contrats de travail due à une mobilité insuffisante de la main-d'œuvre.

FRICTIONNER [fʀiksjɔne]. *v. tr.* (1782 ; de *friction*). Administrer une friction à (qqn, une partie du corps). V. **Frotter**. « *Il fallait me frictionner à l'eau de Cologne* » (RADIGUET). *Pronom. Se frictionner après le bain.*

FRIDOLIN [fʀidɔlɛ̃]. *n. m.* (1917 ; prénom all., var. de *Fritz*). *Fam.* et *péj.* Allemand (durant la Seconde Guerre mondiale). V. **Boche, chleu, fritz, frisé**.

FRIGIDAIRE [fʀiʒidɛʀ]. *n. m.* (1922, nom déposé, tiré du lat. *frigidarium* « glacière »). *Comm.* Réfrigérateur de la marque de ce nom. ◊ *Abusiv.* Tout réfrigérateur. ◊ *Fig.* (Fam.) *Encore un projet, une réforme qu'on va mettre au frigidaire*, qu'on va laisser de côté (pour les reprendre au bout d'un temps indéterminé).

FRIGIDARIUM [fʀiʒidaʀjɔm]. *n. m.* (1845 ; *frigidaire*,

1636; mot lat.). *Archéol.* Partie des thermes antiques où l'on prenait des bains froids (*opposé à* caldarium).

FRIGIDE [fʀiʒid]. *adj.* (1706; lat. *frigidus*). ♦ 1° *Poét.* Froid. « *Une douce obscurité, une frigide pénombre* » (GON-COURT). ◇ *Fig.* Froid, incapable d'amour. « *Le seul trouble de ce cœur frigide, son seul amour* » (LA VARENDE). ♦ 2° (1886). Atteint de frigidité. *Femme frigide.* ⊗ ANT. *Chaud, sensuel.*

FRIGIDITÉ [fʀiʒidite]. *n. f.* (1752; « froid », 1330; bas lat. *frigiditas*). Chez la femme, Absence d'orgasme. ◇ *Méd.* Absence permanente de désir sexuel et incapacité d'obtenir une satisfaction sexuelle (rare chez l'homme). V. **Anaphrodisie.**

FRIGO [fʀigo]. *n. m.* (1919; abrév. pop. de *frigorifié, frigorifique*). ♦ 1° *Fam.* Viande frigorifiée. *Il « découpe du 'frigo' bien rouge, il jette les tranches glacées sur un sac* » (DORGELÈS). ♦ 2° Chambre frigorifique. *Mettre qqch. au frigo.* — *Fam.* Réfrigérateur*.

FRIGORIE [fʀigɔʀi]. *n. f.* (1893; lat. *frigus, frigoris* « froid », d'apr. *calorie*). *Sc.* Unité pratique utilisée dans l'industrie du froid, quantité de chaleur qu'il faut enlever à un kilogramme d'eau à 15° pour abaisser d'un degré sa température (*opposé à* calorie).

FRIGORIFIER [fʀigɔʀifje]. *v. tr.* (1894, intr.; de *frigori[fique]*). Soumettre au froid pour conserver (les viandes). V. **Congeler, réfrigérer.** ◇ *Fam.* (Au p. p.) *Je suis frigorifié, j'ai très froid.*

FRIGORIFIQUE [fʀigɔʀifik]. *adj.* (1676; lat. *frigorificus*). Qui sert à produire le froid. V. **Réfrigérant.** *Mélange frigorifique. Machine frigorifique. Chambre, armoire, wagon... frigorifique*, équipés d'une installation frigorifique en vue de la conservation des denrées. ⊗ ANT. *Calorifique.*

FRIGORISTE [fʀigɔʀist(ə)]. *n. m.* (1948; du lat. *frigus, frigoris* « froid »). *Techn.* Technicien des installations frigorifiques.

FRILEUSEMENT [fʀiløzmɑ̃]. *adv.* (1891; de *frileux*). Avec un geste frileux. « *L'abbé ramena frileusement sur ses genoux la couverture* » (BERNANOS).

FRILEUX, EUSE [fʀilø, øz]. *adj.* (*Frieleus*, XIIIᵉ; *friuleus*, fin XIIᵉ; bas lat. *frigorosus*). Qui craint beaucoup le froid, y est très sensible. « *Il voyageait, toutes portières ouvertes, malgré le froid. Mᵐᵉ de Maintenon, très frileuse, ne pouvait pas s'accoutumer à ces façons* » (L. BERTRAND). — Qui marque la sensibilité au froid. « *Dans une posture un peu frileuse* » (ROMAINS). ◇ *Poét.* Froid. « *Dans le ciel frileux* » (FRANCE).

FRIMAIRE [fʀimɛʀ]. *n. m.* (1793; de *frimas*). Troisième mois de l'année républicaine (du 21-22 novembre au 20-21 décembre).

FRIMAS [fʀima]. *n. m.* (1489; de l'a. fr. *frime*, XIIᵉ; frq. °*frim*). *Poét.* Brouillard formant des dépôts de givre. ◇ *Fig.* (Vx) *Poudré à frimas*, se disait des cheveux poudrés de blanc.

FRIME [fʀim]. *n. f.* (XVᵉ; a. fr. *frume*, XIIᵉ; bas lat. *frumen* « gosier »). *Fam.* Semblant, apparence trompeuse. V. **Comédie.** *C'est de la frime.* « *Le père malade ! Peut-être bien que ce n'était qu'une frime* » (ZOLA). « *Tout le monde savait que je ne serais avocat que pour la frime* » (MONTHER-LANT), pour la galerie, sans exercer sérieusement. ◇ *Arg.* (1836). Visage, mine. Loc. adv. *En frime*, en tête à tête.

FRIMOUSSE [fʀimus]. *n. f.* (1830; *frimouse*, 1611; probabl. de *frime*). *Fam.* Visage enfantin. V. **Minois.** « *Des frimousses jaunes de mousmés* » (FARRÈRE).

FRINGALE [fʀɛ̃gal]. *n. f.* (1780; altér. de *f(r)aimvalle*). *Fam.* Faim violente et pressante. *J'ai la fringale, une de ces fringales !* ◇ *Fig.* Désir violent, irrésistible. V. **Envie.** « *Nous irons ensemble au spectacle. J'ai une fringale de spectacle* » (BALZ.).

FRINGANT, ANTE [fʀɛ̃gɑ̃, ɑ̃t]. *adj.* (1493; de *fringuer* « gambader »). ♦ 1° Se dit d'un cheval vif, toujours en mouvement. « *Deux chevaux fringants qu'un cocher tenait en bride comme s'ils eussent voulu s'échapper* » (BALZ.). ♦ 2° Dont l'allure vive et décidée, la mise élégante dénotent de la vitalité, une belle humeur. V. **Alerte, guilleret, pétulant, pimpant, sémillant, vif.** « *Ce Don Juan resté, à cet âge avancé, élégant, déluré, fringant, ardent* » (MADELIN). Par ext. *Une allure fringante.* ⊗ ANT. *Lourd.*

FRINGILLIDÉS [fʀɛ̃ʒil(l)ide]. *n. m. pl.* (1839; du lat. *fringilla* « pinson »). *Zool.* Famille d'oiseaux passereaux à bec conique, de petite taille (pinson, bouvreuil, chardonneret, etc.).

FRINGUER [fʀɛ̃ge]. *v.* (XVᵉ; de *faire fringues*, XIIIᵉ; o. i.). ♦ 1° V. intr. (*Vx.*). Gambader. ◇ (1743) *Vx.* Faire l'élégant. ♦ 2° V. tr. (1878). *Pop.* Bien habiller. — Habiller (bien ou mal). « *Elle était formidablement bien fringuée* » (SARTRE). Pronom. *Il s'était bien fringué pour sortir.*

FRINGUES [fʀɛ̃g]. *n. f. pl.* (1896; « belle toilette », 1878; de *fringuer*). *Pop.* Vêtements.

FRIPER [fʀipe]. *v. tr.* (1546; de *fripe*, var. dial. a. fr. *frepe* (XIIIᵉ), « guenilles »; lat. *faluppa* « déchets »). Défraîchir en chiffonnant, en froissant. — Au p. p. *Des « robes tristes, fripées aux genoux par les génuflexions* » (FROMENTIN).

◇ *Par anal.* (1879) Rider, flétrir. « *Une figure fripée par la misère* » (MAC ORLAN).

FRIPERIE [fʀipʀi]. *n. f.* (XVIᵉ; *freperie*, XIIIᵉ; de *fripier*). ♦ 1° Vieux habits, linge usagé. ♦ 2° (1611). Commerce, boutique de fripier. « *S'étant précautionnés à la friperie de vêtements chauds... les comédiens ne souffraient pas du froid* » (GAUTIER).

FRIPIER, IÈRE [fʀipje, jɛʀ]. *n.* (1485; *frepier*, 1268; de *fripe*. V. **Friper**). Personne qui revend d'occasion des habits, du linge. V. **Brocanteur.** « *Tout ce monde s'habillait à petits frais chez Latreille, fripier en renom* » (DUHAM.).

FRIPON, ONNE [fʀipɔ̃, ɔn]. *n.* (déb. XVIᵉ, « gourmand, débauché »; *friponnier*, XVᵉ; de *friponner*). ♦ 1° *Vx* (1558). Personne malhonnête, voleur adroit. V. **Coquin, escroc, filou, gredin.** « *Moins il y a de fripons aux galères, plus il y en a dehors* » (NERVAL). ♦ 2° *Mod.* et fam. Se dit à un enfant malicieux, une fille coquette... V. **Brigand, coquin, vaurien.** ◇ *Adj.* Qui a qqch. de malin, d'un peu provocant. « *Le chat qui la regarde D'un petit air fripon* » (Il était une bergère..., chanson pop.). V. **Polisson.**

FRIPONNER [fʀipɔne]. *v. tr.* (XVIᵉ; « faire bonne chère », fin XIVᵉ; o. i., p.-ê. du même rad. que *friper*). *Vx.* Voler, escroquer (qqn).

FRIPONNERIE [fʀipɔnʀi]. *n. f.* (1530; de *fripon*). *Vx.* Caractère ou acte de fripon. V. **Canaillerie, malhonnêteté.** « *Ce serait un vol, une friponnerie* » (BALZ.).

FRIPOUILLE [fʀipuj]. *n. f.* (1797; rad. de *friper*, avec infl. de *fripon*). ♦ 1° *Vx.* Racaille. ♦ 2° *Fam.* Homme sans scrupules, qui se livre à l'escroquerie et à toutes sortes de trafics. V. **Canaille, crapule, escroc.** « *Dans la politique, comme dans la presse, il y a tout un tas de fripouilles* » (AYMÉ).

FRIPOUILLERIE [fʀipujʀi]. *n. f.* (1897; de *fripouille*). *Rare.* Caractère ou acte de fripouille.

FRIQUET [fʀikɛ]. *n. m.* (1555; de l'a. fr. *frique, friche* « vif, éveillé », probabl. d'o. germ.). Espèce de moineau des champs.

FRIRE [fʀiʀ]. *v.* : seult. *je fris, tu fris, il frit; je frirai, tu friras, ils friront; je frirais, tu frirais, ils friraient; fris; frit, frite* (fin XIIᵉ; lat. *frigere*). ♦ 1° *V. tr.* Faire cuire par immersion dans un corps gras bouillant. « *Pour frire une carpe de quatre livres* » (BRILLAT-SAV.). — Au p. p. *Poisson frit.* V. **Friture.** *Pommes de terre frites.* V. **Frite.** — Absolt. *Poêle à frire. Pâte à frire*, utilisée pour les beignets. ◇ *Fig.* (Au p. p.). *Fam.* Perdu, fichu. *On est frit.* V. **Cuit.** ♦ 2° *V. intr.* Cuire dans la friture. *Faire frire, mettre à frire du poisson.*

FRISAGE [fʀizaʒ]. *n. m.* (1845; de *friser*). Action de friser (les cheveux, une pièce d'aluminium).

FRISANT, ANTE [fʀizɑ̃, ɑ̃t]. *adj.* (1870; de *friser*). Se dit de la lumière, d'un rayon qui effleure une surface avec un angle d'incidence très faible. *Lumière frisante, rasante.*

FRISE [fʀiz]. *n. f.* (1528; *frize*, 1520; *freis*, « bandeau brodé d'or », XIᵉ; lat. *phrygium*, proprem. « ouvrage phrygien »). ♦ 1° Partie de l'entablement entre l'architrave et la corniche. *La frise du péristyle se compose de petits tableaux de marbre régulièrement divisés par un triglyphe* » (CHATEAUB.). ♦ 2° Bordure ornementale en forme de bandeau continu (d'un mur, d'une cheminée, d'un chambranle, d'un meuble, etc.). *Frise de papier peint.* ◇ Bande de toile fixée au cintre d'un théâtre et qui descend au niveau des décors. ◇ *Techn.* Planchette.

FRISE (CHEVAL DE) [ʃ(ə)valdəfʀiz]. *n. m.* (1572; néerl. *friese ruiter*, proprem. « cavalier de la Frise », province holl.). Pièce de bois ou de fer hérissée de pointes, utilisée dans les retranchements. *Des chevaux de frise.*

FRISÉ, ÉE [fʀize]. *adj.* (mil. XVIᵉ; de *friser*). Disposé en boucles fines et serrées. V. **Bouclé, crépu.** « *Sa grosse tignasse frisée* » (ROMAINS). — Aux cheveux frisés. « *Frisée comme un mouton* » (FRANCE). — Subst. *Un petit frisé.* ◇ *Velours frisé*, dont le poil reste frisé au lieu d'être coupé. ◇ Aux feuilles finement dentelées. *Chicorée frisée.* ⊗ ANT. *Lisse, plat.*

FRISÉ [fʀize]. *n. m.* (v. 1915; altér. de *Fritz*). *Fam.* et péj. Allemand (durant la Seconde Guerre mondiale). V. **Boche, chleuh, fridolin, fritz.**

FRISELIS [fʀizli]. *n. m.* (1864; d'un dimin. dial. de *friser*). *Littér.* Faible frémissement. « *Les joncs... reprenaient leur friselis monotone* » (GENEVOIX).

FRISER [fʀize]. *v.* (déb. XVᵉ; o. i.). I. *V. tr.* ♦ 1° Mettre en boucles fines et serrées (des cheveux, poils, fibres, etc.). V. **Boucler.** *Friser les cheveux à l'aide du fer à friser, d'une permanente.* « *Un laquais me frisa* » (MARIVAUX), me frisa les cheveux. *Machine à friser les étoffes.* V. **Ratiner.** ◇ *Techn.* Parer (une pièce d'aluminium) en y imprimant des rayures concentriques. ♦ 2° (Fin XVIᵉ). *Rare.* Plisser, rider finement en effleurant. ◇ (1611) Passer au ras de, effleurer. V. **Frôler, raser.** « *Quand la lumière frise l'épaule* » (MART. du G.). ◇ *Fig.* Approcher de très près. « *Elle devait bien friser la soixantaine* » (BOSCO). « *Friser l'hérésie* » (FLAUB.).

II. *V. intr.* ♦ 1° Être ou devenir frisé. « *Ses cheveux*

blonds, très courts, frisaient » (FRANCE). — S'enrouler. « De fins copeaux qui frisent » (CHARDONNE). ♦ 2° (1694). Typogr. Se dit du filet qui est tremblé, double. ◊ Rendre un son tremblé, double. « Le vieil instrument, dont les cordes frisaient » (FLAUB.).
◊ ANT. Défriser.

FRISETTE [fʀizɛt]. n. f. (1827; de friser). Petite boucle de cheveux frisés. « Les frisettes des petits cheveux sur la nuque » (ARAGON). Se faire des frisettes.

FRISOLÉE [fʀizɔle]. n. f. (1785; de friseler, frisoler, dimin. dial. de friser). Agric. Maladie de dégénérescence de la pomme de terre, qui donne aux feuilles un aspect frisé.

FRISON [fʀizɔ̃]. n. m. (1560; de friser). Petite mèche qui frise près du visage ou sur la nuque. « Une petite blonde, avec des frisons plein le front » (ALLAIS). ◊ Copeau, rognure qui frise.

FRISON, ONNE [fʀizɔ̃, ɔn]. adj. (1512; du lat. Frisius, nom de peuple). De la Frise hollandaise et orientale. L'archipel frison. — N. m. Langue constituant une branche du bas allemand, représentée par divers parlers en Hollande du Nord, Slesvig, etc. ◊ De la Frise hollandaise. Race frisonne, race de vaches laitières.

FRISOTTANT, ANTE [fʀizɔtɑ̃, ɑ̃t] ou **FRISOTTÉ, ÉE** [fʀizɔte]. adj. (1885,-1612; de frisotter). Qui frisotte. « Ses cheveux frisottants, coupés court » (MART. du G.). « Une chevelure de mouton frisotté » (HENRIOT).

FRISOTTER [fʀizɔte]. v. (1552; de friser). ♦ 1° V. tr. Friser, enrouler en petites boucles serrées. « Elle frisottait du bout du doigt la rose en papier de son corsage » (GIONO). ♦ 2° V. intr. Friser (II) en petites ondulations serrées.

FRISOTTIS [fʀizɔti]. n. m. (attesté XXe; de frisotter). Littér. Petite mèche frisottée. V. Frisette.

FRISQUET, ETTE [fʀiskɛ, ɛt]. n. m. et adj. (1827: de frisque, dial. du Nord, flam. frisch. V. Frais 1). Littér. Petit froid vif et piquant. « Dans le frisquet de l'aube » (GENEVOIX). ◊ Adj. Cour. Il fait frisquet ce matin.

FRISSON [fʀisɔ̃]. n. m. (Friçon, fin XIIe; bas lat. frictio, du class. frigere « avoir froid »). ♦ 1° Tremblement fin, irrégulier et passager, accompagné d'une sensation de froid (dû à un abaissement de la température ambiante ou à un début de maladie fébrile). « Un grand frisson lui secouait les épaules, et elle devenait plus pâle que le drap » (FLAUB.). ♦ 2° Mouvement convulsif qui accompagne une émotion (désagréable ou non). V. Frémissement, tremblement, tressaillement. « Le frisson d'angoisse et de terreur qui venait de m'envahir » (DAUD.). « Prise d'une répulsion insurmontable, au point d'avoir le frisson » (ROMAINS). « Un frisson, infiniment agréable, né à la racine des cheveux » (ROMAINS). « Un grand frisson de bonheur » (MICHAUX). — Fig. « Vous créez un frisson nouveau » (HUGO). ♦ 3° Poét. Léger mouvement qui se propage par ondulation ou vibration. V. Frémissement, frissonnement, tremblement. « La rivière avait des frissons de lumière » (FROMENTIN). ◊ Bruit léger qui accompagne ce mouvement. V. Bruissement, froissement. « Écoutez la chanson bien douce... Un frisson d'eau sur de la mousse » (VERLAINE).

FRISSONNANT, ANTE [fʀisɔnɑ̃, ɑ̃t]. adj. (1611; de frissonner). Qui frissonne. Être, se sentir frissonnant. « Tressaillant de tout, effarée, frissonnante » (HUGO).

FRISSONNEMENT [fʀisɔnmɑ̃]. n. m. (1540; de frissonner). Littér. Léger frisson dû à une émotion. « On ne pouvait entrer dans une église gothique sans éprouver une sorte de frissonnement » (CHATEAUB.). ◊ Tremblement. « Le frissonnement des petites feuilles de l'arbre » (VALÉRY).

FRISSONNER [fʀisɔne]. v. intr. (fin XVe; de frisson). ♦ 1° Avoir le frisson, être agité de frissons. « Un sueur froide la faisait frissonner » (MART. du G.). ♦ 2° Être saisi d'un léger tremblement produit par une vive émotion. V. Frémir, tressaillir. « Des choses qui me firent frissonner aussitôt de remords et de volupté » (PROUST). ♦ 3° (Choses). Poét. Trembler légèrement. « L'herbe effleurée frissonnait comme le pelage d'une bête vivante » (GENEVOIX). « Une large lueur frissonnait sur l'eau » (HUGO).

FRISURE [fʀizyʀ]. n. f. (1515; de friser). Façon de friser, état des cheveux frisés. Frisure légère. « Si ses cheveux tenaient la frisure » (BALZ.). ◊ Boucle, frisette.

FRIT, FRITE. V. FRIRE.

FRITE [fʀit]. n. f. (1858; pour pomme de terre frite, de frire). Généralement au plur. Petit morceau de pomme de terre que l'on mange frit et chaud. V. Chips. « Il déjeuna d'un cornet de frites » (DUHAM.). Bifteck frites : accompagné de frites. ◊ HOM. Fritte.

FRITERIE [fʀitʀi]. n. f. (1909; de frire). ♦ 1° Dans les fabriques de conserves, Installation pour la friture, ou la cuisson des poissons. ♦ 2° Baraque de marchand de frites. « Les friteries sont campées sous toutes les portes cochères » (DUHAM.).

FRITEUSE [fʀitøz]. n. f. (1955; de frire). Cuis. Récipient pourvu d'un couvercle et d'un égouttoir, destiné aux fritures.

FRITILLAIRE [fʀiti(l)lɛʀ]. n. f. (1669; lat. bot. fritillaria, de fritillus « cornet à dés »). Plante herbacée bulbeuse (Liliacées) dont l'espèce la plus connue, appelée couronne impériale, est cultivée pour ses fleurs décoratives en forme de cloche.

FRITTAGE [fʀitaʒ]. n. m. (1845; de fritter). Techn. Vitrification préparatoire destinée à éliminer les éléments volatils. ◊ Agglomération des poudres métalliques.

FRITTE [fʀit]. n. f. (1690; de frire). Techn. Mélange de sable et de soude, auquel on fait subir une demi-fusion, employé dans la fabrication du verre, de la céramique... ◊ Vx. Frittage. ◊ HOM. Frite.

FRITTER [fʀite]. v. tr. (1765; de fritte). Techn. Soumettre au frittage.

FRITURE [fʀityʀ]. n. f. (déb. XIIe; lat. pop. *frictura, frigere « frire »). ♦ 1° Action, manière de frire un aliment. Friture d'huile, à la graisse. « Tout le mérite d'une bonne friture provient de la surprise » (BRILLAT-SAV.). ◊ Par anal. (1894). Bruit de friture, ou ellipt. Friture : sorte de grésillement qui se produit par moments dans les appareils de téléphone ou de radio. ♦ 2° Matière grasse qui sert à frire et qu'on garde ensuite pour le même usage. « Une marchande de pommes de terre frites... plongeant l'écumoire dans la friture chantante » (FRANCE). ♦ 3° Aliment frit. Une friture de goujons. — Absolt. Poissons frits. Il aime beaucoup la petite friture. ♦ 4° Région. (Belgique). Baraque à frites sur la voie publique. V. Friterie.

FRITZ [fʀits]. n. m. invar. (1915; de Fritz, prénom all. courant). Fam. Soldat allemand. — Allemand. V. Fridolin, frisé.

FRIVOLE [fʀivɔl]. adj. (XIIe; lat. frivolus). ♦ 1° Qui a peu de solidité, de sérieux et, par suite, d'importance. V. Futile, inconsistant, insignifiant, léger, superficiel, vain. « La frivole querelle des romantiques et des classiques » (HUGO). « La philosophie est, selon les jours, une chose frivole ou la seule chose sérieuse » (RENAN). ♦ 2° (XVIIe). Qui ne s'occupe que de choses futiles, ou traite à la légère les choses sérieuses. V. Futile, léger. « Ils doivent me trouver bien frivole, n'abordant pas les graves sujets » (STE-BEUVE). ◊ ANT. Grave, sérieux.

FRIVOLEMENT [fʀivɔlmɑ̃]. adv. (XVe; de frivole). D'une manière frivole.

FRIVOLITÉ [fʀivɔlite]. n. f. (1721; de frivole). ♦ 1° Caractère d'une personne frivole. V. Légèreté. « Ma frivolité me faisait désireux de plaire » (PROUST). ♦ 2° (1802). Chose frivole. V. Bagatelle, futilité. « Des billets de théâtre, des invitations à dîner, mille frivolités de la vie » (GAUTIER). ♦ 3° (1845). Dentelle composée d'anneaux et de picots, exécutée avec une navette et un crochet. « Les navettes à frivolité » (COLETTE). ◊ Au plur. Petits articles de mode, de parure. Marchande de frivolités. V. Colifichet, fanfreluche. ◊ ANT. Gravité, sérieux.

FROC [fʀɔk]. n. m. (XIIe; frq. *hrok; Cf. all. Rock « habit »). ♦ 1° Vieilli. Partie de l'habit des moines qui couvre la tête, les épaules et la poitrine, et par ext. Habit monacal tout entier. « Un vieillard en froc de bure, avec le chapelet au côté » (FLAUB.). — Loc. (symb. de l'état monacal). « Cet ancien professeur de l'Oratoire, qui, sans avoir été prêtre, avait cependant porté le froc » (MADELIN). « On l'accusait d'avoir été capucin dans sa jeunesse, et d'avoir jeté le froc aux orties » (STENDHAL), d'avoir quitté le froc, de s'être défroqué. ♦ 2° (1905, arg.). Pop. Pantalon. « Son froc s'est déchiré » (BARBUSSE).

FROCARD [fʀɔkaʀ]. n. m. (fin XVIIe; de froc). Vx. Moine.

1. **FROID, FROIDE** [fʀwa, fʀwad]. adj. (XIIIe; freit, 1080; lat. frigidus, avec i bref dans fri- en lat. pop.). I. ♦ 1° Qui est à une température sensiblement plus basse que celle du corps humain (V. Frais, glacé). « Il s'aspergeait d'eau froide » (DUHAM.). Un vent, un temps froid. La nuit était froide. « Le parloir me sembla plus froid, plus humide que jamais » (FRANCE). Chambre froide (d'une installation frigorifique). J'ai les mains froides comme la glace. V. Gelé. Sueurs froides. ◊ Qui ne réchauffe pas, semble sans chaleur. « Un froid soleil, souvenir lointain des ardeurs de l'été » (BARRÈS). « Une froide lumière électrique » (VAN DER MEERSCH). ♦ 2° Qui s'est refroidi, qu'on a laissé refroidir. Une odeur de cendre, de pipe froide. Le moteur est encore froid, faites-le tourner. À table ! tout va être froid ! Spécial. Viandes froides, préparées pour être mangées froides. Un repas froid, composé de mets froids. II. Fig. ♦ 1° Qui ne s'anime ou ne s'émeut pas facilement, par tempérament ou par maîtrise de soi. V. Calme, flegmatique. « Aussi ouvert avec moi que le permet son caractère froid » (STENDHAL). Une femme froide, peu sensuelle. V. Frigide. Garder la tête froide, conserver son sang-froid. Une colère, une rage froide, qui n'éclate pas. Guerre* froide. Cheval froid, qui a besoin d'être vivement sollicité par son cavalier pour se mettre en action. ♦ 2° Dont la réserve marque de l'indifférence ou une certaine hostilité. V. Distant, glacial, réservé, sévère. « Un ton froid, détaché » (PAULHAN).

« *Je pris un air froid qui coupa court aux effusions* » (PROUST). « *On la trouvait hautaine et froide* » (JOUHANDEAU). « *Le spectacle me laissa froid* » (DAUD.), indifférent. ♦ 3° Qui manque de sensibilité, de générosité, de ferveur... V. **Dur, insensible, sec.** « *Il semblait froid, sec et méchant* » (MICHELET). « *Greffer sur leur barbarie sa froide cruauté de Hohenzollern* » (LOTI). ♦ 4° *(En art)*. Qui ne suscite aucune émotion, par défaut de sensibilité, de vie. V. **Ennuyeux, inexpressif, languissant, terne.** « *Des génies froids, sans flamme de sentiment* » (FAGUET). *Rien de plus froid que ces allégories. Cette scène a été jugée bien froide.*
III. *Loc. adv.* À FROID : sans mettre au feu, sans chauffer. *Battre, forger le fer à froid. Laminer à froid. Plaque poussée à froid sous le cuir d'une reliure. Pour démarrer à froid, tirez le starter.* ◇ *Opérer à froid*, pratiquer une opération chirurgicale quand les phénomènes inflammatoires ont disparu. Sports. *Prendre, cueillir un adversaire à froid*, le surprendre d'entrée de jeu par une action ou un coup rapide, sans lui laisser le temps de s'échauffer. ◇ *Fig.* Sans chaleur apparente, sans émotion véritable. *S'emporter, s'exciter à froid sur un sujet.* « *Des personnages qui parlent à froid de leurs crimes* » (VOLT.). « *Cette férocité à froid de rustre aigri* » (COURTELINE).
◇ ANT. Chaud. Ardent, fougueux. Affectueux, chaleureux, enthousiaste, expansif. Généreux, sensible. Animé, émouvant, expressif.
2. FROID [fʀwa]. *n. m.* (XIIIe; *freit*, 1080; substant. du précéd.). ♦ 1° État de la matière, de l'atmosphère quand elle est froide ; sensation thermique spécifique résultant du contact avec un corps ou un milieu froid. *Le chaud* et le froid. Un chaud* et un froid. La saison des grands froids. Coup, vague de froid.* « *Ce froid pénétrant des montagnes, qui gèle le sang et paralyse les membres* » (MAUPASS.). *Fam. Un froid noir, un froid de canard, de chien, de loup, un grand froid. Supporter, craindre le froid. La résistance au froid.* Par exagér. *On meurt, on crève de froid ici !* ◇ (Nominal) *Il fait froid, le temps est froid.* V. **Frisquet.** *Avoir froid, éprouver une sensation de froid. Avoir froid aux pieds.* Loc. fig. *N'avoir par froid aux yeux*, avoir un regard résolu, être audacieux, décidé. — *Prendre, attraper froid*, un refroidissement. ◇ *Froid artificiel*, ou *industriel*, produit par les divers procédés de réfrigération et de congélation. *Applications industrielles du froid* (conservation des denrées, climatisation, essais de matériaux, etc.). Phys. *Pôle du froid* (ou zéro absolu). — *Thérapeutique par le froid.* V. **Cryothérapie, hibernation.** ♦ 2° État ou sensation comparable. *Il* « *sentit, en entrant dans la ville, le froid le saisir jusqu'au cœur* » (DAUD.). « *Nous sentons venir le froid du danger et nous en avons le frisson* » (J. VALLÈS). *Cela me fait froid dans le dos* (de peur, d'horreur) *rien que d'y penser. Cela ne me fait ni chaud* ni froid. Ces mots ont jeté un froid dans l'assistance*, ont provoqué un malaise, ont fait l'effet d'une douche. ♦ 3° Littér. Absence ou diminution de chaleur, d'affection dans les relations humaines. « *Il y eut du froid entre la mère et la fille* » (STENDHAL). Cour. EN FROID. « *Fanny vivait très en froid avec son père* » (ZOLA), *n'était pas en bons termes avec lui. Nous sommes en froid*, brouillés, fâchés. ◇ ANT. Chaleur, chaud.
FROIDEMENT [fʀwadmã]. *adv.* (XIIe; de *froid* 1). ♦ 1° (Plaisant.). « *Comment allez-vous ? — Bien, mais froidement* », comme ça peut aller par temps froid. ♦ 2° Avec froideur, sans empressement. V. **Fraîchement.** *La Commune* « *reçut la proposition très froidement... attendit et ajourna* » (MICHELET). ◇ *En gardant la tête froide et lucide.* V. **Calmement.** « *J'ai pesé froidement toutes les circonstances* » (GAUTIER). ◇ *Avec une entière insensibilité, sans aucun scrupule de conscience. Il assassine froidement.*
FROIDEUR [fʀwadœʀ]. *n. f.* (XIIe; de *froid* 1). ♦ 1° Vx. Froid (2). ♦ 2° Mod. Absence relative d'émotivité, de sensibilité. V. **Flegme, impassibilité.** « *Les gens superficiels l'accusent de froideur* » (BALZ.). ◇ *Spécialt.* Manque de sensualité. « *D'une froideur qu'on a pu comparer à celle de la vierge Pallas* » (STE-BEUVE). ♦ 3° Indifférence marquée, manque d'empressement et d'intérêt. V. **Détachement, réserve.** « *Elle me traita avec une froideur qui avait l'air de tenir du mépris* » (MUSS.). ♦ 4° *(En art)*. Défaut de chaleur, d'éclat. V. **Sécheresse.** « *Tant de délicatesse nous semble de la froideur ou de la fadeur* » (TAINE). ◇ ANT. Chaleur. Ardeur, émotion, sensibilité. Cordialité, effusion, éclat, verve.
FROIDURE [fʀwadyʀ]. *n. f.* (XIIe; de *froid* 1). Vx. Atmosphère, saison froide. ◇ *Méd.* Lésion de la peau causée par le froid. *La froidure est une forme atténuée de la gelure*.*
FROISSABLE [fʀwasabl(ə)]. *adj.* (XVIe; de *froisser*). Qui se froisse facilement. *Cette toile est bien froissable.* ◇ ANT. **Infroissable.**
FROISSANT, ANTE [fʀwasã, ãt]. *adj.* (1918; p. prés. de *froisser*). Qui froisse (4°), blesse l'amour-propre. V. **Choquant, désobligeant, vexant.**
FROISSEMENT [fʀwasmã]. *n. m.* (XIIIe; de *froisser*). ♦ 1° Action de froisser, de chiffonner, de plisser ; son résultat. « *De petits froissements de la bouche* » (GONCOURT). Froisse-

ment d'un muscle, claquage. ◇ Bruissement de ce qui est froissé. « *J'entendis... des froissements d'étoffes qu'on pliait* » (LAMART.). « *Elle percevait des froissements légers de papier de soie* » (CHARDONNE). ♦ 2° *Fig.* Choc de caractères, d'intérêts en conflit. V. **Friction, heurt.** « *Malgré l'absence, les froissements, l'incompréhension, Marcelle lui restait chère* » (CHARDONNE). ◇ Ce qui blesse qqn dans son amour-propre, sa sensibilité. V. **Blessure.** « *Mon orgueil sans cesse s'irrite de mille infimes froissements* » (GIDE). ◇ ANT. Entente, satisfaction.
FROISSER [fʀwase]. *v. tr.* (Froissier, 1080; lat. pop. °*frustiare*, de *frustum* « morceau »). ♦ 1° Vx. Vieilli. Meurtrir par un choc brutal. *Le mourant...* « *Que le sabot du cheval froisse* » (BAUDEL.). ♦ Mod. Meurtrir par une pression violente. *Massage maladroit qui froisse les ligaments d'une articulation. Se froisser un muscle.* V. **Claquer.** ♦ 2° Endommager par frottement ou compression (un corps offrant peu de résistance). V. **Écraser.** « *L'herbe livre son suc dès qu'on la froisse* » (COLETTE). « *Il regardait cette herbe pour y retrouver la trace du corps qui l'avait froissée* » (GREEN). ♦ 3° (XVe). Faire prendre de faux plis à (une étoffe). V. **Friper.** « *Sa redingote froissée par la banquette du wagon* » (BENOIT). Pronom. *Un tissu qui ne se froisse pas.* V. **Infroissable.** — Chiffonner. « *Il froissa la dépêche et la mit dans sa poche* » (MAUROIS). ♦ 4° Fig. (XVIe). Blesser légèrement dans son amour-propre, dans sa délicatesse. V. **Désobliger, indisposer, vexer.** « *Je vous ai souvent froissée. Je ne ménageais pas assez votre délicatesse* » (FRANCE). « *J'avais, sans le savoir, froissé certains écrivains en ne les nommant pas* » (MAUROIS). — SE FROISSER, *v. pron.* Se vexer. « *Sans se froisser qu'il l'écoutât son chapeau sur la tête* » (PROUST). ◇ ANT. Défriper, défroisser, repasser. Flatter, ménager.
FROISSURE [fʀwasyʀ]. *n. f.* (XIIe; de *froisser*). Rare. Trace laissée par le froissement. V. **Pli.**
FRÔLEMENT [fʀolmã]. *n. m.* (1700; de *frôler*). Léger et rapide contact d'un objet qui se déplace le long d'un autre. « *Donner des coups très légers, qui sont presque des frôlements et qui accompagnent le cerceau* » (ROMAINS). ◇ Bruit léger qui en résulte. V. **Frémissement, froissement, frou-frou.** « *Percevoir le frôlement d'une robe comme un bruit d'ailes* » (HUGO).
FRÔLER [fʀole]. *v. tr.* (1670; « rosser », mil. XVe; o. i.). ♦ 1° Toucher légèrement en glissant, en passant. V. **Effleurer.** « *De cordes que les archets froleraient à peine* » (LOTI). ♦ 2° Passer très près de, en touchant presque. V. **Raser.** *La voiture a frôlé le trottoir.* « *Il commença sa marche en avant, frôlant les boutiques* » (MAC ORLAN). ◇ Fig. *J'ai frôlé quatre fois la mort* » (APOLLINAIRE).
FRÔLEUR, EUSE [fʀolœʀ, øz]. *n.* (1897; *adj.* « caressant », 1876; de *frôler*). N. f. Aguicheuse, allumeuse. « *Elle agaçait les mâles : c'était une enragée frôleuse* » (R. ROLLAND). ◇ N. m. (1892). Maniaque cherchant les occasions de frôler et toucher les femmes.
FROMAGE [fʀɔmaʒ]. *n. m.* (fin XIIe; var. *formage*, en a. fr.; lat. pop. °*formaticum*, proprem. « ce qui est fait dans une forme »). ♦ 1° Aliment obtenu par la coagulation du lait, suivie ou non de fermentation ; masse moulée de cet aliment se présentant sous une forme déterminée. *Fromage (de lait) de vache, de chèvre.* « *Le fameux fromage mou de la Touraine et du Berry, fait avec du lait de chèvre* » (BALZ.). *Fromages frais*, avec lait écrémé (*fromages maigres* : caillé, caillebotte, *fromage blanc*, jonchée, bruccio de Corse); avec lait entier (angelot, caillé gras, *fromage à la crème*, gournay et neufchâtel frais, yaourt); avec lait enrichi en crème (bonde fine, carré, coulommiers, double-crème, demi-sel double crème, mignon, sarah, cœur à la crème, fontainebleau, petit suisse). *Fromages fermentés à pâte molle*, sans moisissure (cancoillotte, gérómé ou gérardmer, livarot, maroilles, mont-dore, munster, pont-l'évêque) ou avec moisissure apparente (bondon, brie de Meaux ou de Melun, camembert, carré de l'Est, coulommiers, gournay, monsieur-fromage, neufchâtel). *Fromages affinés ou fermentés à pâte dure* (*fromages de chèvre* secs : cendré de l'Yonne ou du Loiret, chabichou, châteauroux, chevrotin, crottin de Chavignol, levroux, sainte-maure), *à pâte pressée et persillée* (bleu d'Auvergne et du Jura, gex, gorgonzola, roquefort, tomme de Savoie, stilton, sassenage, saint-marcellin), *à pâte pressée et chauffée* (cantal, cheddar, chester, édam, fourme de Montbrison et d'Ambert, hollande gouda, hollande tête de maure, mimolette, reblochon, port-salut, saint-paulin, saint-nectaire), *à pâte pressée et cuite* (beaufort, comté, gruyère, emmenthal, montasio, parmesan, sbrinz, vacherin). *Fromages fondus* (crème de gruyère, d'emmenthal, de cheddar, de cantal, de comté). *Fromage qui coule, fermente, se dessèche. Plateau, cloche à fromage. Servir les fromages.* Loc. *Entre la poire et le fromage* : à la fin du repas, quand les propos deviennent moins sérieux. — *Soupe, soufflé, omelette, fondue, tarte, biscuit au fromage.* ♦ 2° Fig. (1878,

se retirer dans un fromage, par allus. à la fable de La Fontaine, *Le rat qui s'est retiré du monde*). Situation, place aussi avantageuse que peu fatigante. V. **Sinécure**. *Il a assez de relations pour obtenir un bon fromage.* ♦ 3º *Par anal.* (de forme). Nom de certains plats préparés dans un moule, une terrine. *Fromage de tête*, sorte de pâté fait avec des morceaux de tête de porc pris en gelée.

1. FROMAGER, ÈRE [fʀɔmaʒe, ɛʀ]. *adj.* (1872; de *fromage*). Relatif au fromage. *Industrie fromagère. Associations fromagères.*

2. FROMAGER [fʀɔmaʒe]. *n. m.* (XIIIᵉ; de *fromage*). ♦ 1º Fabricant, marchand de fromages. ♦ 2º (1755). Très grand arbre tropical *(Malvacées)*, à bois blanc et tendre, dont les fruits fournissent le kapok.

FROMAGERIE [fʀɔmaʒʀi]. *n. f.* (XIVᵉ; de *fromager*). Local où l'on fabrique et vend en gros des fromages; industrie fromagère, commerce des fromages.

FROM(E)GI [fʀɔmʒi] ou **FROM(E)TON** [fʀɔmtɔ̃]. *n. m.* (1878,-1888; déform. argot. de *fromage*). Pop. Fromage.

FROMENT [fʀɔmã]. *n. m.* (XIIᵉ; lat. *frumentum*). ♦ 1º *Agric.* Blé. ◊ *Grains de blé. Farine de froment.* ♦ 2º *Adj.* Se dit de la couleur de la robe des bovidés. *Vache à robe froment clair, froment foncé.*

FROMENTAL [fʀɔmãtal]. *n. m.* (1760; de *froment*). Nom courant d'une avoine fourragère, *l'avoine élevée.*

FRONCE [fʀɔ̃s]. *n. f.* (fin XIᵉ; frq. °*hrunkja* « ride »). Chacun des plis courts et très serrés qu'on donne à une étoffe en exécutant une série de points devant, dits coulissés (l'aiguille glissant dans le tissu pour ne sortir qu'en fin de travail). *Jupe à fronces.*

FRONCEMENT [fʀɔ̃smã]. *n. m.* (1530; de *froncer*). Action de froncer (le sourcil).

FRONCER [fʀɔ̃se]. *v. tr.* (fin XIIᵉ; de *fronce*). ♦ 1º Plisser, rider en contractant, en resserrant. « *Elle françait souvent les sourcils, ce qui couvrait son front de rides* » (RADIGUET). « *Tu ne peux donc pas rire sans froncer ton nez comme ça?* » (COLETTE). — Pronom. « *Les sourcils descendent et se froncent* » (BUFF.). ♦ 2º Plisser (une étoffe) en exécutant des fronces qui resserrent l'ampleur. — Au p. p. « *Une petite jupe froncée sur le ventre* » (HUYSMANS). ◈ ANT. **Défroncer.**

FRONCIS [fʀɔ̃si]. *n. m.* (1563; de *froncer*). Suite de fronces, de plis que l'on fait à une étoffe; bande d'étoffe froncée.

FRONDAISON [fʀɔ̃dɛzɔ̃]. *n. f.* (1823; de *fronde* 1). ♦ 1º Bot. Apparition des feuilles sur les arbres. *Le printemps, époque de la frondaison.* ♦ 2º Cour. Le feuillage lui-même. « *La jeune frondaison des marronniers et des platanes* » (DUHAM.).

1. FRONDE [fʀɔ̃d]. *n. f.* (1832; « feuillage », XVᵉ; lat. *frons, frondis*). Bot. Feuille des plantes acotylédones. *Les frondes des fougères.* — Thalle aplati en lame de certaines algues.

2. FRONDE [fʀɔ̃d]. *n. f.* (XVᵉ; altér. de *fonde, flondre;* lat. *funda*). ♦ 1º Arme de jet utilisant la force centrifuge, formée d'une poche de cuir suspendue par deux cordes et contenant un projectile (balle ou pierre). *Faire tournoyer une fronde. Lancer une pierre avec une fronde.* ♦ 2º *Par anal.* Jouet d'enfant composé d'une petite fourche et d'un caoutchouc. V. **Lance-pierres.**

3. FRONDE [fʀɔ̃d]. *n. f.* (1649; de *fronder*). ♦ 1º Nom donné à la sédition qui éclata contre Mazarin et la reine mère Régente Anne d'Autriche, sous la minorité de Louis XIV. *La Fronde parlementaire et la Fronde des princes. Couplets satiriques chantés pendant la Fronde.* V. **Mazarinade.** — *Par ext.* Le parti des insurgés. ♦ 2º *Fig. Un esprit de fronde, un vent de fronde,* de révolte.

FRONDER [fʀɔ̃de]. *v.* (1611; *fonder*, XIIIᵉ; de *fronde* 2). **I.** *V. intr.* ♦ 1º *Vx.* Lancer un projectile avec une fronde. ♦ 2º *Fig.* Appartenir au parti de la Fronde (1649). *Par anal.* Être frondeur. **II.** *V. tr. Fig.* Attaquer ou railler (une personne ou une chose), généralement entourée de respect, en usant contre elle de traits d'impertinence, de moquerie, de satire... V. **Attaquer, critiquer.** *Fronder le gouvernement, le pouvoir.* (ANT. *Flatter*).

FRONDEUR, EUSE [fʀɔ̃dœʀ, øz]. *n.* (1290; de *fronde* 2). ♦ 1º Ancienn. Soldat armé de la fronde. ♦ 2º *Fig.* Personne qui appartenait au parti de la Fronde. « *Les Frondeurs avaient voulu soulever le peuple* » (RETZ). *Par anal.* Personne qui critique, sans retenue ni déférence, le gouvernement, l'autorité, les règlements, etc. « *Le nom de frondeur qu'on donne aux censeurs du gouvernement* » (VOLT.). — Adj. *Peuple frondeur. Propos frondeurs.* — *Par ext.* Qui est porté à la contradiction, à l'opposition. « *Frondeuse comme une lycéenne, irrévérencieuse envers les vieillards* » (COLETTE). *Esprit frondeur :* enclin à l'impertinence. V. **Moqueur, railler.** ◈ ANT. *Respectueux.*

FRONT [fʀɔ̃]. *n. m.* (1080; lat. *frons*). **I.** ♦ 1º Partie supérieure de la face humaine, comprise

entre les sourcils et la racine des cheveux, et s'étendant d'une tempe à l'autre. *Un front haut, élevé, large, bombé, fuyant. Les rides du front. S'éponger, s'essuyer le front. Gagner son pain à la sueur de son front.* — Partie antérieure et supérieure de la tête de certains animaux. *Cheval qui a une étoile au front.* — Par ext. Littér. La tête, le visage. *Baisser, pencher le front, son front.* — Fig. *Il a dû finalement courber le front.* V. **Humilier** (s'), **incliner** (s'), **soumettre** (se). *Les opprimés, les vaincus commencent à relever le front.* V. **Révolter** (se); **résister.** — *Il peut marcher le front haut,* avec fierté. ♦ 2º *Vx* ou littér. Façon de se présenter. V. **Air, maintien.** « *De quel front soutenir ce fâcheux entretien?* » (RAC.). — *Mod.* Sans effronté. V. **Audace, impudence.** « *Quoi? Vous avez le front de trouver cela beau?* » (MOL.). **II.** *Par anal.* ♦ 1º *Vx* ou poét. V. **Sommet.** ♦ 2º Face antérieure que présentent des choses d'une certaine étendue. *Front d'un bâtiment.* V. **Façade, fronton.** *Front de mer :* avenue en bordure de la mer. — Spécial. Milit. Troupe rangée face à l'ennemi. *Front de bataille :* les premiers rangs d'une troupe déployée en ordre de bataille. V. **Ligne.** *Changement de front.* V. **Revirement.** Fig. *Faire front, faire face.* V. **Résister, tenir.** ♦ 3º Absolt. (XXᵉ). *Le front,* la ligne des positions occupées face à l'ennemi, la zone des batailles (*opposé à* l'arrière). « *Ne fût-ce que pour cacher à ceux de l'arrière les choses effroyables qui se passent au front?* » (MART. du G.). *Les combattants du front. Mourir, tomber au front.* V. **Champ** (d'honneur). ♦ 4º *Par anal.* Union étroite constituée entre des partis ou des individus s'accordant sur un programme commun. V. **Bloc, groupement, ligue.** *Front populaire. Front de libération nationale* (FLN). ♦ 5º Techn. *Front,* plan vertical. *Front de taille :* surface verticale selon laquelle est pratiquée la coupe dans une exploitation minière. *Front d'attaque,* endroit du terrain où l'on attaque les travaux de percement. — Météo. Ligne de démarcation entre les masses* d'air de température et de pression différentes. *Front chaud, front froid d'un cyclone.* — Géom. *Plan de front, ligne de front,* parallèles au plan vertical. ♦ 6º *Loc. adv.* DE FRONT : du côté de la face, par-devant. *Attaquer de front l'ennemi.* Fig. *Attaquer, heurter de front qqn, une opinion, des préjugés...,* directement et sans ménagement. *Aborder de front un problème* (Cf. Prendre le taureau par les cornes, ne pas y aller par quatre chemins). ◊ Sur la même ligne, côte à côte. *Chevaux attelés de front.* « *Un sentier si étroit qu'on n'y pouvait circuler deux de front* » (DUHAM.). Fig. *Mener, faire marcher de front plusieurs affaires.* V. **Ensemble, fois** (à la). ◈ ANT. **Bas, arrière, dos.** — Biais (de), file (à la), séparément.

FRONTAIL [fʀɔ̃taj]. *n. m.* (1583; de *front*). Partie de la têtière du cheval qui passe sur le front.

FRONTAL, ALE, AUX [fʀɔ̃tal, o]. *n. et adj.* (*Frontel,* XIIᵉ; lat. *frontalis*). ♦ 1º *N. m.* Bandeau de front. Frontail. ♦ 2º *Adj.* (XVIᵉ). *Anat.* Du front. *Os frontal,* subst. *Le frontal* (ou *coronal*) : os impair, médian et symétrique, occupant la partie antérieure du crâne. *Fosses frontales,* où sont logés les lobes antérieurs du cerveau. *Muscle frontal.* Pathol. *Syndrome frontal,* provoqué par une lésion du lobe frontal du cerveau. ♦ 3º (XXᵉ). Géom. *Plan frontal, droite frontale,* plan, droite de front. ◊ *N. f.* (XXᵉ). Géom. Droite parallèle au plan vertical de projection.

FRONTALIER, IÈRE [fʀɔ̃talje, jɛʀ]. *n. et adj.* (1730; repris au XIXᵉ; prov. *frountalié* « limitrophe »). Habitant d'une région frontière. *Carte de frontalier.* — Adj. *Population frontalière. Ville frontalière.* V. **Frontière.**

FRONTALITÉ [fʀɔ̃talite]. *n. f.* (fin XIXᵉ; de *frontal*). Archit. et Bx-arts. *Loi de frontalité,* par laquelle la figure humaine reste dans un plan vertical (sculpture archaïque).

FRONTEAU [fʀɔ̃to]. *n. m.* (XVᵉ; *frontel,* XIIᵉ; de *front*). ♦ 1º V. **Frontal** (1º). — (1704) Bandeau de toile faisant partie du vêtement de certaines religieuses. — Bijou porté sur le front (V. **Ferronnière**). ♦ 2º *Archit.* (1611). Petit fronton surmontant une baie. ◈ HOM. *Frontaux* (pl. de *frontal*).

FRONTIÈRE [fʀɔ̃tjɛʀ]. *n. f.* (1213, « front d'armée »; de *front*). ♦ 1º (XVᵉ). Limite d'un territoire qui en détermine l'étendue. V. **Borne, lisière.** *Dans nos frontières. Au delà des frontières.* — *Par ext.* Limite séparant deux États. V. **Démarcation.** *Parties d'un territoire avoisinant la frontière.* V. **Confins; limitrophe.** *Frontières naturelles,* constituées par un obstacle géographique. *Frontière artificielle, conventionnelle :* ligne idéale au tracé arbitraire jalonnée par des signes conventionnels (bornes, barrières, poteaux, bouées). *Poste de police, de douane installé à la frontière.* — *Défendre, protéger ses frontières contre l'ennemi.* — *Incident de frontière.* — *Appos.* ou *adj. invar.* V. **Frontalier, limitrophe.** *Région, zone; poste, ville frontière. Province frontière.* V. **Marche.** ◊ *Par ext. Frontières linguistiques,* des langues, dialectes, patois. ◊ *Math.* L'ensemble des éléments délimitant un domaine. V. **Fermé** (ensemble). ♦ 2º *Fig.* V. **Limite, séparation.** *Être à la frontière de.* V. **Confiner, friser, frôler.** *Aux frontières de la vie et de la mort.* « *Rêver de choses qui* *sont à la frontière du possible et de l'impossible* » (MART. du G.). ◇ ANT. Centre, intérieur, milieu.

FRONTIGNAN [fʀɔ̃tiɲɑ̃]. *n. m.* (1688 ; ville de l'Hérault). Cépage cultivé près de Frontignan ; vin blanc muscat produit par ce cépage.

FRONTISPICE [fʀɔ̃tispis]. *n. m.* (1529 ; bas lat. *frontispicium* « façade »). ♦ 1° Archit. *Vx.* Façade principale d'un grand édifice. ♦ 2° Typogr. Grand titre d'un ouvrage. *Vignettes ornant un frontispice.* ◇ Planche illustrée placée avant la page de titre ; gravure placée face au titre.

FRONTON [fʀɔ̃tɔ̃]. *n. m.* (1653 ; it. *frontone*, augment. de *fronte* « front »). ♦ 1° Couronnement d'un édifice ou d'une partie d'édifice consistant en deux éléments de corniche obliques (V. Rempart) ou en une corniche courbe se raccordant avec la corniche d'un entablement. *Partie intérieure d'un fronton.* V. Tympan. *Fronton surmontant le portique d'un temple. Fronton gothique.* V. Gable. ◇ Fig. *Les principes qui sont inscrits au fronton de la Constitution.* ♦ 2° Spécialt. Partie supérieure du mur contre lequel on joue à la pelote basque. *Par ext.* Ce mur et le terrain qui s'étend devant lui.

FROTTAGE [fʀɔtaʒ]. *n. m.* (1690 ; de *frotter*). Action de frotter, et *spécialt.* Travail du frotteur.

FROTTÉE [fʀɔte]. *n. f.* (1611 ; de *frotter*). ♦ 1° Tartine frottée d'ail. ♦ 2° (1823). Volée de coups. V. Pile, raclée.

FROTTE-MANCHE [fʀɔtmɑ̃ʃ]. *n. m. invar.* (date inc. ; de *frotter*, et *manche*). En Belgique, *Fam.* Flatteur. V. Lèche-cul.

FROTTEMENT [fʀɔtmɑ̃]. *n. m.* (1490 ; de *frotter*). ♦ 1° Action de frotter ; contact de deux corps dont l'un se déplace par rapport à l'autre. V. Friction. *Matière qui use par frottement* (V. Abrasif). *Bruit de frottement.* V. Cri, crissement. — Par ext. *On entendait un bruit de frottement.* Méd. *Frottement pleural, péricardique* perçu à l'auscultation. ◇ Fig. et *vx.* Contact, relations. « *Le frottement continuel des esprits et des intérêts* » (BALZ.). ♦ 2° (1690). Force qui s'oppose au glissement d'une surface sur une autre. *Étude du frottement.* V. Tribologie. — Techn. *Freinage par frottement. Ajustage à frottement. — Frottement anormal des pièces d'une machine, d'un mécanisme.* V. Grippage. *Chaleur produite par le frottement. User, usure par frottement.* V. Abrasion, rodage. *Augmenter le frottement par un adhésif, le diminuer par un lubrifiant. Frottement à sec, onctueux, visqueux. Graisse, huile oxydée par frottement* (V. Cambouis). *Protection des pièces en frottement par un coussin, un coussinet, un alliage antifriction.* ◇ Fig. *Difficulté, friction, tirage. Il y a eu des frottements.* ◇ ANT. Glissement.

FROTTER [fʀɔte]. *v.* (XIIᵉ ; a. fr. *freter*, devenu *froter* par substit. de suff. ; lat. pop. *°frictare*, fréquent. de *fricare*).

I. *V. tr.* ♦ 1° Exercer une pression accompagnée de mouvement (V. Passer), soit en imposant un mouvement à un corps en contact avec un autre (*frotter son doigt contre une table, sur une table*), soit en imposant à un corps la pression d'un autre corps en mouvement (*frotter une table du doigt*). *Frotter fort* (V. Appuyer), *doucement* (V. Effleurer, frôler). *Frotter une allumette* (contre le frottoir). V. Gratter. ♦ 2° Spécialt. Rendre plus propre, plus luisant... en frottant. V. Astiquer, briquer, essuyer, fourbir, lustrer, nettoyer. *Frotter le linge. Frotter les cuivres* (pour les faire reluire), *le plancher, le parquet. Frotter le poil d'un cheval* (V. Bouchonner, étriller). — *Frotter pour enlever un dépôt* (V. Gratter, racler, râper), *pour polir* (V. Polir, poncer, roder). ♦ 3° *Frotter qqn pour le laver, le sécher ; pour le réchauffer, activer sa circulation* (V. Frictionner). *Se frotter le nez.* — Spécialt. *Frotter ses yeux, se frotter les yeux pour mieux voir* (en se réveillant). *— Se frotter les mains, en signe de contentement.* V. Réjouir (se). « *Il se frottait les mains ; il ne pouvait dissimuler sa joie* » (HUGO). — En parlant d'animaux. *Chat qui se frotte le museau.* ♦ 4° Enduire par frottement, par friction. *Frotter d'huile, de graisse, de pommade...* V. Graisser, huiler, oindre, passer (à). *Pain frotté d'ail.* — Fig. et vieilli. *Être frotté de... :* avoir une légère teinture, un vernis (de connaissance, de science). « *Étant un peu frotté de théologie* » (FRANCE). ◇ Absolt. *Peint.* Appliquer un frottis sur. Subst. *Un frotté :* toile recouverte d'un frottis ; dessin au crayon usé par le frottement. ♦ 5° *Vieilli.* Donner des coups à (qqn). V. Battre, frapper ; frottée. ♦ 6° Fig. et littér. Mettre en contact ; faire entrer en relations. « *Frotter et limer notre cervelle contre celle d'autrui* » (MONTAIGNE).

II. SE FROTTER. *v. pron.* ♦ 1° Frotter son corps (V. Friction). ♦ 2° S'enduire. Fig. *Se frotter de latin, de grec :* en prendre une connaissance superficielle. V. Apprendre, teinter (se). ♦ 3° *Se frotter à qqn :* vx, Frayer avec lui ; mod. Le toucher, le caresser avec son corps ; l'attaquer. V. Attaquer, défier, provoquer. *Il vaut mieux ne pas se frotter à ces gens-là ; ne vous y frottez pas.* PROV. *Qui s'y frotte s'y pique**. — Par ext. *Il a eu tort de s'y frotter*, de courir le risque.

III. *V. intr.* Se dit d'une surface dont le glissement sur une autre surface est contrarié par le frottement. *Pièces d'un mécanisme qui frottent.* V. Gripper.
◇ ANT. Glisser.

FROTTEUR, EUSE [fʀɔtœʀ, øz]. *n.* (1372 ; de *frotter*). ♦ 1° Qui frotte. *Spécialt.* (XVIIIᵉ) Celui qui frotte les planchers, les parquets. ♦ 2° Techn. Pièce destinée à produire un frottement. *Frotteur à sabot, à patin.* ♦ 3° Pop. Frôleur, frôleuse.

FROTTIS [fʀɔti]. *n. m.* (1611 ; de *frotter*). ♦ 1° (1872). Mince couche de couleur, laissant paraître le grain de la toile. *Glacis et frottis.* ♦ 2° Biol. Préparation en couche mince d'un produit organique pour examiner au microscope (après étalement, coloration et fixation sur lame de verre). *Frottis vaginal.*

FROTTOIR [fʀɔtwaʀ]. *n. m.* (1423 ; de *frotter*). Objet, ustensile dont on se sert pour frotter. *Frottoir à allumettes.* V. Grattoir. — Brosse (à parquet, etc.). ◇ Phys. Chacun des coussins entre lesquels tourne le plateau d'une machine électrique.

FROUER [fʀue]. *v. intr.* (1732 ; arg., XVᵉ, « tromper au jeu » ; lat. *fraudare* (V. Flouer) ; p.-ê. onomat. au sens actuel ; Cf. Frou-frou). *Chasse.* Imiter à la pipée le cri de la chouette, du geai.

FROU-FROU ou **FROUFROU** [fʀufʀu]. *n. m.* (1738 ; onomat.). Bruit léger produit par le frôlement ou le froissement d'une étoffe soyeuse, de plumes, etc. V. Bruissement, frémissement, friselis. « *Elle les entendait... passer en grand froufrou d'ailes* » (PERGAUD). « *En sa longue robe bleue Toute en satin qui fait froufrou* » (VERLAINE).

FROUFROUTANT, ANTE [fʀufʀutɑ̃, ɑ̃t]. *adj.* (1883 ; de *frou-frou*). Qui froufroute. *Lingeries froufroutantes.*

FROUFROUTEMENT [fʀufʀutmɑ̃]. *n. m.* (1910 ; de *froufrouter*). Action de froufrouter ; son résultat.

FROUFROUTER [fʀufʀute]. *v. intr.* (1876 ; de *froufrou*). Produire un froufrou. V. Bruisser.

FROUSSARD, ARDE [fʀusaʀ, aʀd(ə)]. *adj.* (1890 ; de *frousse*). Pop. Qui a la frousse. V. Peureux, poltron. « *Il était vraiment trop froussard* » (SARTRE). — Subst. *Un froussard.*

FROUSSE [fʀus]. *n. f.* (1858 ; prov. *frous* « bruit strident »). Pop. V. Peur. *Avoir la frousse. Des gens « qui sont partis à l'aveuglette, par frousse* » (SARTRE).

FRUCTIDOR [fʀyktidɔʀ]. *n. m.* (1793 ; lat. *fructus* « fruit », gr. *dôron* « don, présent »). Douzième et dernier mois du calendrier républicain (18, 19 août-17, 18 septembre). *Coup d'État du 18-Fructidor, sous le Directoire.*

FRUCTIFÈRE [fʀyktifɛʀ]. *adj.* (*Fruti-*, 1556 ; lat. *fructifer*, de *fructus* « fruit », et *-fère*). Bot. Qui porte des fruits ou des organes reproducteurs. *Rameau fructifère.*

FRUCTIFICATION [fʀyktifikasjɔ̃]. *n. f.* (XIVᵉ ; bas lat. *fructificatio*). ♦ 1° Formation, production de fruits. *Époque, saison de la fructification.* — Ensemble des fruits que porte un végétal. *Une belle fructification.* ♦ 2° Bot. Disposition des parties dont la réunion forme le fruit. — Ensemble des organes reproducteurs chez les cryptogames. V. Périthèce.

FRUCTIFIER [fʀyktifje]. *v. intr.* (XIIᵉ ; bas lat. *fructificare*, de *fructus*). ♦ 1° Produire, donner des récoltes, en parlant d'une terre. ♦ 2° Produire des fruits. *Arbre qui fructifie tardivement.* ♦ 3° Fig. Produire un effet, des résultats avantageux, heureux. *Idée qui fructifie.* V. Développer (se). ◇ Produire des bénéfices. *Capital qui fructifie.* Comm. *Faire fructifier de l'argent.* V. Rapporter, rendre.

FRUCTOSE [fʀyktoz]. *n. m.* (XXᵉ ; du lat. *fructus* « fruit »). Sucre d'origine végétale, isomère du glucose. V. Lévulose.

FRUCTUEUSEMENT [fʀyktɥøzmɑ̃]. *adv.* (XIVᵉ ; de *fructueux*). Avec fruit, succès. V. Profitablement. *Travailler fructueusement.*

FRUCTUEUX, EUSE [fʀyktɥø, øz]. *adj.* (XIIᵉ ; lat. *fructuosus*). ♦ 1° Vx ou poét. Qui donne des fruits (V. Fructifère). ♦ 2° Cour. Qui donne des résultats avantageux. *Opération financière, spéculation fructueuse.* V. Avantageux, profitable, lucratif, rentable. *Ses travaux, ses efforts ont été fructueux.* V. Fécond, utile. *Essai peu fructueux. Collaboration fructueuse.* V. Fécond, utile. *Essai peu fructueux. Collaboration fructueuse.* ◇ ANT. Improductif, infructueux, stérile.

FRUGAL, ALE, AUX [fʀygal, o]. *adj.* (1534 ; lat. imp. *frugalis*). ♦ 1° Qui consiste en aliments simples, peu recherchés, peu abondants. *Nourriture frugale, repas frugal.* ♦ 2° Qui se contente d'une nourriture simple. V. Sobre. — Par ext. *Vie frugale.* V. Ascétique, austère, simple. ◇ ANT. Abondant, planureux ; glouton, vorace.

FRUGALEMENT [fʀygalmɑ̃]. *adv.* (XIVᵉ ; de *frugal*). Avec frugalité. « *Vivre frugalement* » (FÉN.).

FRUGALITÉ [fʀygalite]. *n. f.* (XIVᵉ ; lat. *frugalitas*). ♦ 1° Qualité de ce qui est frugal. *La frugalité d'un repas.* ♦ 2° Qualité d'une personne frugale. V. Modération, sobriété, tempérance.

FRUGIVORE [fʀyʒivɔʀ]. *adj.* (1762 ; du lat. *frux, frugis* « récolte, fruits de la terre », et *-vore*). *Didact.* Qui se nourrit de fruits. *L'ours, le singe sont frugivores.* Subst. *Un frugivore.*

1. **FRUIT** [fʀɥi]. *n. m.* (Xᵉ ; lat. *fructus* « fruit, produit de la terre ». V. Fructi-).

I. ♦ 1° *(Au plur.).* Produits de la terre en général, qui servent à la nourriture des hommes, des animaux. Littér.

Les fruits de la terre. — Cour. *Fruits de mer* (1852), nom donné à divers mollusques et crustacés comestibles. V. **Coquillage, oursin.** *Plateau de fruits de mer.* ◆ 2° Production des plantes qui fait suite à la fleur. *Bot.* Ovaire développé de la fleur des plantes phanérogames qui contient et protège les ovules devenus graines. V. **Péricarpe.** *Les plantes à fleurs n'ont pas toutes des fruits et les graines peuvent être nues. Fruit charnu* (V. **Baie, drupe**), *fruit sec* (bot.). V. **Akène, capsule** (et pyxide), *caryopse, follicule, gousse, samare, silique. Fruit déhiscent, indéhiscent. Fruit à pépins, fruit à noyau. La tomate, le potiron sont des fruits. Fruit composé* (V. **Grappe,** régime, grain). *Duvet de fruit. Fruits comestibles.* ◆ 3° Cour. Fruit (2°) comestible, lorsqu'il est sucré et qu'on peut le consommer au dessert. *Fruit sauvage, fruit cultivé. Fruits exotiques, tropicaux. Chair, pulpe, peau d'un fruit. Fruit sain; fruit taché, tavelé, véreux, pourri. Fruit vert, fruit mûr, fruit blet; fruit aqueux, juteux, fondant, cotonneux, farineux, pierreux. Fruit doux, sucré, savoureux, succulent, aigre, aigrelet, sur, suret, acide, parfumé... Principes nutritifs des fruits.* V. **Fructose, pectine, suc, vitamine.** *Fruits du même genre que l'orange.* V. **Agrume.** — *Culture des fruits.* V. **Arboriculture,** pomologie, pomiculture. V. aussi **Fruitier, verger; serre.** *Corbeille, coupe, pyramide de fruits. Écorce, pelure, trognon, zeste de fruit. Jus de fruit. Salade, macédoine de fruits. Distillation des fruits.* V. **Alcool, eau-de-vie, vin...** *Fruits cuits.* V. **Compote,** confiture, gelée, marmelade. *Miel de fruits.* V. **Rob** (1). *Fruits confits. Pâte de fruits. Fruit séché ou sec.* V. **Abricot** (sec), figue (sèche), pruneau, raisin (sec). — Loc. *C'est au fruit qu'on connaît l'arbre.* — LE FRUIT DÉFENDU : fruit de l'arbre de la science du bien et du mal, que Dieu avait défendu à Adam et à Ève de manger. V. **Pomme.** — Fig. *Le fruit défendu,* chose dont on doit s'abstenir, et *par ext.* Chose qu'on désire d'autant plus qu'on doit s'en abstenir. « *Le dîner chez les Mannheim avait donc pour lui l'attrait de la nouveauté, et même du fruit défendu* » (R. ROLLAND). — Fig. FRUIT SEC (XIXe) : étudiant, personne qui n'a rien donné de ce qu'elle semblait promettre. V. **Raté.** — FRUIT VERT : se dit d'une jeune fille qui n'est pas encore épanouie.
   II. ◆ 1° (D'apr. le lat. ecclés.). *Littér.* Enfant, considéré comme produit de sa mère, de l'union des sexes. *Le fruit d'une union, d'un mariage; de l'amour.* ◆ 2° *Dr.* (d'apr. le lat. jur.). *Au plur.* Produits que donne une chose à intervalles périodiques, sans altération ni diminution de sa substance. V. **Rapport, revenu, usufruit.** *Fruits naturels; fruits industriels; fruits civils. Fruits pendants par branches ou par racines,* produits agricoles encore sur pied, non récoltés.
   III. *Fig.* Résultat avantageux que produit qqch. V. **Avantage, profit, récompense.** « *Était-ce possible de perdre, en un quart d'heure, le fruit d'un an de travail?* » (ZOLA). ◆ AVEC FRUIT, SANS FRUIT : avec profit, sans profit. *Il a lu avec fruit les auteurs classiques.* V. **Utilement.** — *Par ext.* Produit, effet bon ou mauvais de qqch. V. **Conséquence, effet, produit,** résultat. *Le fruit de profondes réflexions. Le fruit de l'expérience. Une telle erreur ne tarda pas à porter ses fruits.*
   2. **FRUIT** [fʀɥi]. *n. m.* (*Frit,* XVIe ; Cf. Effriter). *Techn.* Diminution d'épaisseur qu'on donne à un mur à mesure qu'on l'élève, l'inclinaison ne portant que sur la face extérieure du mur et la face intérieure restant verticale.
   FRUITÉ, ÉE [fʀɥite]. *adj.* (fin XVIe ; blas., 1690; de *fruit*). Qui a un goût de fruit frais (spécialt. en parlant des huiles, des alcools de fruits). *Vin fruité.* « *Les eaux-de-vie nouvelles... sont fines, moelleuses et fruitées* » (CHARDONNE).
   FRUITERIE [fʀɥitʀi]. *n. f.* (1611 ; « fruits », 1261 ; de *fruit*). ◆ 1° Local où l'on garde des fruits frais. V. **Fruitier.** ◆ 2° *Cour.* Boutique où l'on vend au détail des fruits, et accessoirement des légumes, des laitages. *Commerce du fruitier.*
   FRUITICULTEUR [fʀɥitikyltœʀ]. *n. m.* (1973; de *fruit,* et *-culteur,* d'après *agriculteur*). Celui qui cultive des arbres fruitiers, pour la vente des fruits. REM. La forme *fructiculteur* est le doublet savant de ce mot.
   1. **FRUITIER, IÈRE** [fʀɥitje, jɛʀ]. *adj.* et *n.* (1285, « personne qui prend soin des fruits » ; de *fruit*).
   I. *Adj.* (déb. XVIe). ◆ 1° Qui donne des fruits comestibles, en parlant d'un arbre (généralement cultivé à cet effet). *Culture des arbres fruitiers.* V. **Arboriculture.** *Haie fruitière,* formée de plantes produisant des fruits comestibles. *Jardin fruitier,* verger. *Cultures fruitières.* ◆ 2° Mar. *Cargo fruitier,* spécialement aménagé pour le transport des fruits.
   II. ◆ 1° *N. m.* Lieu planté d'arbres fruitiers. V. **Verger.** « *Un demi-arpent de potager et de fruitier* » (ZOLA). Local où l'on garde les fruits frais (V. **Fruiterie**). *Pommes, poires, conservées dans un fruitier.* Spécialt. Étagère à claire-voie où l'on étale les fruits. ◆ 2° *N. m.* et *f.* Marchand, marchande de fruits qui tient une fruiterie.
   2. **FRUITIER, IÈRE** [fʀɥitje, jɛʀ]. *n.* (*Fruitière,* v. 1800 ; de *fruit,* mot suisse, « produit des bestiaux, laitage »). lat. *fructus*). ◆ 1° *N. f.* Dans les régions avoisinantes de la Suisse, Coopérative de fabrication des fromages ; lieu où ces fromages sont fabriqués. V. **Fromagerie.** *Les fruitières du*

Jura, de Savoie. « *C'était elle qui, matin et soir, portait le lait à la fruitière* » (AYMÉ). ◆ 2° *N. m.* Fabricant de fromage, dans ces régions. V. **Fromager.** *Maître fruitier.*
   FRUMENTACÉ, ÉE [fʀymɑ̃tase]. *adj.* (1865 ; du lat. *frumentaceus,* de *frumentum* « blé, froment »). *Didact.* Se dit des graminées cultivées pour leurs graines comestibles.
   FRUMENTAIRE [fʀymɑ̃tɛʀ]. *adj.* (XVIe ; lat. *frumentarius,* de *frumentum* « froment »). Antiq. rom. *Lois frumentaires,* qui réglaient la distribution du blé.
   FRUSQUES [fʀysk(ə)]. *n. f. pl.* (1790; de *saint-frusquin*). *Pop.* Habits, et spécialt. mauvais habits. V. **Fringues, hardes, nippes.** *De vieilles frusques.*
   FRUSTE [fʀyst(ə)]. *adj.* (XVIe ; it. *frusto* « usé », lat. *frustum* « morceau »). ◆ 1° *Techn.* Qui est usé, altéré par le temps, le frottement. *Médaille, sculpture fruste.* ◆ 2° *Par ext.* (XIXe). Dont le relief est rude, grossier. *Un marbre encore fruste* (HATZF.). ◇ *Cour.* (1845; infl. de *rustre*) Non poli, mal dégrossi. V. **Grossier, rude.** *Un art un peu fruste.* V. **Rudimentaire.** *Manières frustes. Homme fruste.* V. **Balourd, inculte, lourd, lourdaud, primitif.** — *Subst.* Le « *fruste de leurs idées et de leurs caractères* » (BALZ.). ◇ ANT. **Affiné,** cultivé, fin, raffiné.
   FRUSTRANT, ANTE [fʀystʀɑ̃, ɑ̃t]. *adj.* (1967; du p. prés. de *frustrer*). *Psycho.* et *cour.* Qui frustre*, qui est de nature à produire une frustration. *Une attitude frustrante. Il m'a fait attendre une demi-heure; c'était frustrant!*
   FRUSTRATION [fʀystʀasjɔ̃]. *n. f.* (1549; lat. *frustratio*). ◆ 1° Action de frustrer. *Frustration d'un héritier.* ◆ 2° *Psycho.* et *cour.* Action de frustrer; état d'une personne frustrée ou qui se refuse la satisfaction d'une demande pulsionnelle. *Il supporte mal les frustrations. Sentiment de frustration. Frustrations éducatives* (sevrage, dressage à la propreté). *Test de frustration* (ou *de Rosenzweig*) : interprétation donnée par un sujet de dessins illustrant des situations de frustration. ◇ ANT. *Satisfaction; gratification.*
   FRUSTRATOIRE [fʀystʀatwaʀ]. *adj.* (1367 ; bas lat. *frustratorius*). *Dr.* Qui est fait pour frustrer. *Acte frustratoire.*
   FRUSTRER [fʀystʀe]. *v. tr.* (1330; lat. *frustrare*). ◆ 1° Priver (qqn) d'un bien, d'un avantage qu'il était en droit de recevoir ou sur lequel il croyait pouvoir compter. *Frustrer un héritier de sa part.* V. **Déposséder, dépouiller.** — *Absolt. Frustrer un héritier au profit d'un autre.* V. **Défavoriser,** désavantager, déshériter, léser, spolier. ◆ 2° Priver (qqn) d'une satisfaction. « *On l'a frustré de toutes les satisfactions nobles que le métier procurait à l'artisan* » (MART. du G.). *Spécialt.* (*Psychan.* et *cour.*). Mettre dans une situation de frustration. *Cet échec l'a frustré. Être, se sentir frustré. Subst. Les frustrés. Absolt. Frustrer qqn dans son espérance.* V. **Décevoir, désappointer, tromper.** ◇ ANT. *Avantager, favoriser, satisfaire; combler, gratifier.*
   FRUTESCENT, ENTE [fʀytesɑ̃, ɑ̃t]. *adj.* (1811; du lat. *frut*(*ic*)*-escere,* de *frutex* « arbrisseau », d'apr. *arborescent*). *Bot.* Qui a des tiges ligneuses, sans être un arbre. *Plante frutescente.*
   FUCACÉES [fykase]. *n. f. pl.* (1813 ; du lat. *fucus,* et *-acées*). *Bot.* Famille d'algues brunes (*Phéophycées*) marines, dont les types principaux sont le fucus et la sargasse. — Au sing. *Une fucacée.*
   FUCHSIA [fyʃja]. *n. m.* (1693 ; de *Fuchs,* bot. bavarois du XVIe s.). Arbrisseau d'origine exotique (*Onagrariées*), aux fleurs pourpres, roses, en clochettes pendantes, cultivé comme ornemental.
   FUCHSINE [fyksin]. *n. f.* (1859 ; tiré, par le chim. Verquin, de *Fuchs,* trad. all. de *Renard,* nom de l'industriel pour lequel il travaillait). *Chim.* Matière colorante rouge, dite aussi rouge d'aniline. « *Des vins colorés par les fuchsines* » (HUYSMANS).
   FUCUS [fykys]. *n. m.* (XVIe ; lat. *fucus,* gr. *phukos,* nom d'un lichen). *Bot.* Algue brune (*Phéophycées*) de la famille des fucacées, constituant la plus grande partie de ce qu'on nomme communément *goémon* et improprement *varech.*
   FUÉGIEN, IENNE [fɥeʒjɛ̃, jɛn]. *adj.* et *n.* (XXe ; esp. *fueguino,* de *fuego* « feu »). De la Terre de Feu.
   FUEL-OIL [fjulɔjl] ou **FUEL** [fjul]. *n. m.* (XXe ; mot angl. « huile combustible »). Anglicisme pour *Mazout. Fuel domestique.*
   FUGACE [fygas]. *adj.* (*h. 1550;* 1726; lat. *fugax,* de *fugere* « fuir »). ◆ 1° *Vx.* Qui s'enfuit, s'échappe. V. **Fugitif, fuyant.** *Bêtes fugaces.* ◆ 2° Qui disparaît promptement, dure très peu. V. **Fugitif.** *Parfum, odeur fugace. Lueur, reflet fugace.* V. **Bref.** *Beauté fugace.* ◆ **Éphémère, momentané, passager,** périssable. *Méd. Symptôme fugace.* — *Impression, sensation, souvenir fugace.* V. **Court.** « *Je n'ai envie d'écrire que mes impressions fugaces, mes pensées incertaines et contestables* » (CHARDONNE). — Par ext. *Mémoire fugace.* ◇ ANT. *Durable, éternel, permanent, stable, tenace.*
   FUGACITÉ [fygasite]. *n. f.* (1806; bas lat. *fugacitas.* V. **Fugace**). *Littér.* Caractère de ce qui est fugace. *Fugacité d'une lueur, d'une impression.* ◇ ANT. *Permanence.*
   -FUGE. ◆ 1° Élément, du lat. *-fuga* et *-fugus,* de *fugere*

« fuir » (*ex.* : transfuge). ♦ 2° Élément, du lat. *fugare* « faire fuir » (*ex.* : vermifuge).

FUGITIF, IVE [fyʒitif, iv]. *adj. et n.* (v. 1300; lat. *fugitivus*). ♦ 1° Qui s'enfuit, qui s'est échappé. *Esclave, forçat fugitif.* — *Fig.* V. **Vagabond.** « *Une pensée fugitive et indocile* » (DUHAM.). ◇ *N. m. et f.* Personne qui s'est enfuie. V. **Évadé, fuyard.** *La police est à la poursuite des fugitifs.* ♦ 2° *Par ext.* Se dit de choses qui passent, disparaissent, s'éloignent rapidement, de sensations visuelles très brèves. V. **Fugace.** *Vision, image fugitive.* V. **Évanescent.** « *Fugitive beauté* » (BAUDEL.). *Ombres fugitives. Les formes fugitives des nuages, de la fumée.* V. **Instable, mobile, mouvant.** ♦ 3° *Fig.* Qui s'écoule rapidement. « *De l'heure fugitive, hâtons-nous, jouissons* » (LAMART.). — Qui est de brève durée. V. **Bref, court, éphémère, fugace, passager.** *Idée, émotion fugitive.* « *Les impressions de la musique sont fugitives et s'effacent promptement* » (BERLIOZ). ◇ ANT. **Durable, fixe, permanent, solide, stable, tenace.**

FUGITIVEMENT [fyʒitivmã]. *adv.* (1828; de *fugitif*). D'une manière fugitive, brève.

FUGUE [fyg]. *n. f.* (1598, « canon » ; it. *fuga*). ♦ 1° Composition musicale écrite dans le style du contrepoint et dans laquelle un thème et ses imitations successives forment plusieurs parties qui semblent « *se fuir et se poursuivre l'une l'autre* » (ROUSS.). V. **Canon; imitation.** *Parties d'une fugue* : exposition, contre-exposition ; développement ; strette, pédale, conclusion. *L'Art de la fugue,* de J.-S. Bach. — *Par ext.* L'écriture des fugues. *Classe de fugue.* ♦ 2° (Repris à l'it. v. 1775). Action de s'enfuir momentanément du lieu où l'on vit habituellement. V. **Absence, échappée, équipée, escapade, fuite.** *Faire une fugue.* « *Ces fugues sont fréquentes. Ça se termine classiquement par une rentrée au bercail, l'oreille basse* » (ARAGON). — Psychopathol. (Sous l'influence d'une impulsion morbide) *Enfant qui fait des fugues.* V. **Fugueur.**

FUGUÉ, ÉE [fyge]. *adj.* (1845; de *fugue*). Mus. Dont la forme est semblable ou comparable à celle de la fugue. V. **Canon** (2, 5°), **invention** (II, 7°). *Composition, partie fuguée.*

FUGUER [fyge]. *v. intr.* (v. 1960; de *fugue, fugueur*). *Fam.* Faire une fugue.

FUGUEUR, EUSE [fygœʀ, øz]. *n. et adj.* (1930; de *fugue*). Psychopathol. Qui fait des fugues.

FÜHRER [fyʀœʀ]. *n. m.* (v. 1930; mot all. « guide », trad. it. *duce* « chef », appliqué à Hitler). Titre porté par Adolf Hitler. *Par ext.* V. **Dictateur.** ◇ HOM. **Fureur.**

FUIE [fɥi]. *n. f.* (XIIIᵉ, « fuite », puis « refuge » ; lat. *fuga*). Région. Sorte de petit colombier, généralement dressé sur piliers.

FUIR [fɥiʀ]. *v.* : *je fuis, nous fuyons; je fuyais, nous fuyions; je fuis, nous fûmes; je fuirai; je fuirais; fuis, fuyons; que je fuie, que nous fuyions; que je fuisse, que nous fuissions* (inus.); *fuyant; fui* (xᵉ; lat. pop. *fugire,* class. *fugere.* V. **-Fuge**).

I. *V. intr.* ♦ 1° S'éloigner en toute hâte pour échapper à qqn ou qqch. de menaçant. V. **Aller** (s'en), **enfuir** (s'), **fuite** (prendre la), **partir.** *Fuir après une défaite. Fuir loin de sa patrie...* V. **Réfugier** (se). *Fuir devant qqn, devant un danger.* « *La chatte ne fuyait pas à mon approche* » (COLETTE). *Fuir précipitamment, à toutes jambes.* V. **Décamper, détaler** (Cf. *pop.* Caleter, se cavaler, se débiner). *Faire fuir.* V. **Chasser, effrayer.** Fig. *Laid à faire fuir. Fuir de chez qqn sans prévenir.* V. **Brûler** (la politesse), **esquiver** (s'), **filer** (à l'anglaise). ◇ *Fig.* Chercher à échapper à quelque difficulté d'ordre moral. V. **Dérober** (se), **éluder.** *Fuir devant ses responsabilités.* V. **Défiler** (se), **récuser** (se). ♦ 2° (*Choses*). S'éloigner par un mouvement rapide. « *L'eau fuylse où fuit le nez penchante* » (HUGO). — (Par l'effet d'une illusion) « *Les arbres qui bordaient la route fuyaient à mes côtés* » (FRANCE). ◇ *Fig.* S'écouler rapidement. *Poét.* V. **Couler, dissiper** (se), **écouler** (s'), **passer.** « *Le temps m'échappe et fuit* » (LAMART.). *L'été, les beaux jours ont fui.* V. **Évanouir** (s'). ◇ *Arts.* Paraître s'enfoncer dans le lointain par l'effet de la perspective. V. **Fuyant.** — *Par ext. Front qui fuit,* incliné vers l'arrière. V. **Fuyant.** ♦ 3° *Par ext.* Laisser passer quelque issue étroite ou cachée. *Fau qui fuit d'un réservoir.* ♦ 4° *Par ext.* Présenter une issue, une fente par où s'échappe ce qui est contenu. *Tonneau, vase qui fuit.* V. **Perdre.**

II. *V. tr.* ♦ 1° Chercher à éviter en s'éloignant, en se tenant à l'écart. *Fuir qqn, que l'on craint, que l'on déteste... On les fuit comme la peste.* — Pronom. *Ils s'évitent, se fuient.* — *Fuir la présence de qqn.* V. **Cacher** (se). *Fuir le monde, son pays.* V. **Abandonner, quitter.** *Fuir un danger.* V. **Esquiver, éviter, garder** (se), **soustraire** (se). *Un exemple à fuir. Fuir ses responsabilités.* SE FUIR. *v. pron.* Chercher à échapper à soi-même, à se distraire de quelque tourment intérieur. *L'homme, selon Pascal, cherche dans le divertissement un moyen de se fuir.* ♦ 2° (Avec une chose pour sujet). *Littér.* Échapper à la possession de ..., se refuser à... (qqn). *Le sommeil me fuit.* « *Cette paix que je cherche et qui me fuit toujours* » (RAC.).

◇ ANT. **Approcher, demeurer, résister, rester, tenir. — Affronter, chercher, endurer; endosser, rechercher.**

FUITE [fɥit]. *n. f.* (XIIᵉ; p. p. anc. de *fuir;* lat. *fugitus*). I. (*Êtres vivants*). ♦ 1° Action de fuir ; mouvement d'une personne qui fuit. V. **Échappée, évasion.** *Une fuite rapide, éperdue, précipitée. La fuite générale de son armée.* V. **Débâcle, débandade, déroute, panique, sauve-qui-peut.** *Être en fuite,* en train de fuir (V. **Fuyard**). *Prendre la fuite,* se mettre à fuir. *Mettre en fuite,* faire fuir. V. **Disperser.** *Fuite d'un époux, d'un enfant qui quitte le foyer.* V. **Abandon, escapade, fugue.** *La fuite de Louis XVI à Varennes en 1791. Fuite de tout un peuple.* V. **Émigration, exode.** ◇ (1968). *Fuite en avant,* accélération d'un processus (politique, économique) jugé nécessaire mais dangereux ; fait d'accompagner une évolution que l'on ne peut contrôler. — *Arg. milit.* et *scol.* (1905) *La fuite,* la libération du service ; les vacances. *Vivement la fuite!* — *Spécialt.* Dr. *Délit de fuite,* qui se rend coupable l'auteur d'un accident qui poursuit sa route, quoiqu'il en ait connaissance. ♦ 2° *Fig.* Action de se dérober (à une difficulté, à un devoir). V. **Dérobade, échappatoire, excuse, faux-fuyant.** *Fuite de qqn devant ses responsabilités.* Absol. Vx. « *Vous n'échapperez pas par ces fuites* » (PASC.).

II. (*Choses*). ♦ 1° Action de fuir, de s'éloigner. *La fuite des galaxies. Fuite des capitaux à l'étranger.* (1967). *Fuite des cerveaux* (trad. de l'angl. *Brain*-drain*), expatriation des chercheurs vers les pays qui leur proposent de meilleures conditions. ◇ *Fig. La fuite du temps, des jours.* V. **Écoulement.** Psychiatr. *Fuite des idées,* succession rapide d'idées fugaces, sans lien apparent, caractéristique de la psychose maniaque. ♦ 2° Écoulement par quelque issue étroite ou cachée. *Fuite d'eau, de gaz. Fuite de courant, fuites électriques, magnétiques,* énergies qui se dissipent en pure perte. V. **Déperdition, perte.** *Condensateurs de fuite,* condensateurs de grille d'un poste de T.S.F. ◇ *Fig.* (fin XIXᵉ; au cours de l'affaire Dreyfus) Disparition de documents destinés à demeurer secrets. « *Au ministère de la Guerre, on constate des fuites de pièces* » (MART. du G.). *Il y a eu des fuites.* ♦ 3° *Par ext.* L'issue elle-même, la fissure. V. **Fente, trou.** *Il y a une fuite dans le tuyau.* ♦ 4° Aspect des choses qui semblent fuir. — Géom. perspect. *Point de fuite,* point de convergence des lignes parallèles, en perspective.

◇ ANT. **Approche, résistance. Permanence.**

FULGURANCE [fylgyʀãs]. *n. f.* (XXᵉ; de *fulgurer*). Littér. Fulguration*.

FULGURANT, ANTE [fylgyʀã, ãt]. *adj.* (1488, rare av. XIXᵉ; lat. *fulgurans,* de *fulgurare* « faire des éclairs », de *fulgur.* V. **Foudre**). ♦ 1° Qui produit des éclairs, est environné d'éclairs. ♦ 2° *Fig.* Qui jette une lueur vive et rapide comme l'éclair. V. **Brillant, éclatant, étincelant.** *Clarté fulgurante. Regard fulgurant.* V. **Foudroyant.** ♦ 3° Méd. *Douleur fulgurante* (1877), douleur très vive et de courte durée. ♦ 4° Qui frappe vivement et soudainement l'esprit, l'imagination (V. **Violent**). *Idée, découverte fulgurante.* ♦ 5° *Par ext.* Rapide comme l'éclair. *Une rapidité fulgurante. Progrès fulgurants.*

FULGURATION [fylgyʀasjɔ̃]. *n. f.* (1532; lat. *fulguratio*). ♦ 1° Phys. Lueur électrique se produisant dans les hautes régions de l'atmosphère, sans qu'on entende le tonnerre. V. **Éclair** (de chaleur). Métall. Éclair de la coupelle. ♦ 2° Méd. (1890). Nom donné à l'action de la foudre sur les êtres animés, aux accidents causés par l'électricité. — Emploi des décharges de haute fréquence et de haute tension dans la thérapeutique (On dit aussi *Étincelage*). V. **Électrothérapie.** ♦ 3° *Fig.* Le fait de fulgurer.

FULGURER [fylgyʀe]. *v. intr.* (1862; lat. *fulgurare*). Briller comme l'éclair, d'un éclat vif et passager (V. **Étinceler**). « *Sa volonté superbe fulgurait dans ses yeux* » (FLAUB.).

FULIGINEUX, EUSE [fyliʒinø, øz]. *adj.* (1549; lat. imp. *fuliginosus,* de *fuligo* « suie »). ♦ 1° Qui rappelle la suie, qui donne de la suie, qui en a la couleur. V. **Noirâtre.** *Teinte fuligineuse. Flamme fuligineuse.* — Méd. *Langue fuligineuse.* ◇ *Fig.* V. **Fumeux, obscur.** « *La rhétorique fuligineuse de ces orateurs révolutionnaires* » (R. ROLLAND).

FULIGULES [fyligyl]. *n. m. pl.* (1922; d'apr. le lat. *fuligo,* « suie », par allusion à leur plumage terne). Zool. Genre d'anatidés, comprenant divers canards plongeurs (milouins*, macreuses*, morillons*).

FULL [ful]. *n. m.* (1892; de l'angl., « plein »). *Anglicisme.* Au poker*, ensemble formé par un brelan* et une paire (*Syn.* MAIN PLEINE). *Full aux as, aux rois, aux dames* : full comprenant un brelan d'as, de rois, de dames.

FULMI(N)-. Élément, tiré du lat. *fulmen, inis* « foudre ».

FULMICOTON ou **FULMI-COTON** [fylmikɔtɔ̃]. *n. m.* (1865; de *fulmi-* et *coton*). Nitrocellulose qui a un aspect du coton. V. **Coton-poudre, pyroxyle.** *Substance explosive à base de fulmicoton et de nitroglycérine.* V. **Dynamite.**

FULMINANT, ANTE [fylminã, ãt]. *adj.* (XVᵉ; de *fulminer*). ♦ 1° Vx. Qui lance la foudre. *Jupiter fulminant.* ◇ Mod. Qui éclate en menaces sous l'empire de la colère. *Un* *patron toujours fulminant.* — Qui est chargé de menaces, trahit une violente colère. V. **Menaçant**. « *Une lettre fulminante* » (VOLT.). — *Douleur fulminante*, qui survient brutalement. ♦ 2° Qui peut détoner sous l'influence de la chaleur ou par l'effet d'un choc. *Mélange fulminant, poudre fulminante.* V. **Détonant, explosif**. *Sels fulminants.* V. **Fulminate**. *Capsule fulminante.* V. **Amorce**.

FULMINATE [fylminat]. *n. m.* (1823; de *fulmin-*, et *-ate*). *Chim.* Sel détonant produit par la combinaison de l'acide fulminique avec une base. *Fulminate de mercure* (explosif).

FULMINATION [fylminasjɔ̃]. *n. f.* (1406; de *fulminer*). *Dr. can.* Action de fulminer.

FULMINATOIRE [fylminatwaʀ]. *adj.* (1521; de *fulmination*). *Dr. can.* Qui a rapport à la fulmination. *Sentence fulminatoire.*

FULMINER [fylmine]. *v.* (XIVᵉ; lat. *fulminare* « lancer la foudre »).
I. *V. intr.* ♦ 1° *Vx.* Lancer la foudre. ◇ *Mod.* Se laisser aller à une violente explosion de colère, éclater en menaces, en reproches. V. **Éclater, emporter (s'), exploser, invectiver, pester, tempêter, tonner**. *Fulminer contre qqn.* « *Il fulmine contre les manifestations populaires* » (MART. du G.). ♦ 2° (XVIIᵉ). *Chim.* Faire explosion. V. **Détoner, exploser**. *La nitroglycérine fulmine très violemment par le choc.*
II. *V. tr.* ♦ 1° *Dr. can.* Lancer une condamnation dans les formes. V. **Lancer, prononcer**. *Fulminer l'anathème.* « *On oublia les excommunications qu'il avait fulminées* » (STENDHAL). V. **Foudres**. ♦ 2° *Par ext.* Formuler avec véhémence. *Fulminer des imprécations, des reproches contre qqn.*

FULMINIQUE [fylminik]. *adj.* (1824; de *fulmin-*, et *-ique*). *Chim.* Qui fait détoner. *Acide fulminique* (C = N—OH), acide non isolé, dont la combinaison avec certaines bases produit des sels détonants (*fulminates*).

FUMABLE [fymabl(ə)]. *adj.* (1922; de *fumer* 1). Qui peut être fumé, est bon à fumer. ◇ ANT. **Infumable**.

1. FUMAGE [fymaʒ]. *n. m.* (1752; de *fumer* 1). Action d'exposer à la fumée. *Le fumage des jambons, du lard.*

2. FUMAGE [fymaʒ]. *n. m.* (Femage, 1356; de *fumer* 2). Action de fumer une terre (On dit aussi *fumaison* [fymɛzɔ̃]).

FUMAGINE [fymaʒin]. *n. f.* (1865; du lat. *fumus* « fumée »). *Bot.* Maladie des plantes, caractérisée par un dépôt couleur de suie.

FUMAISON [fymɛzɔ̃]. *n. f.* (1865; de *fumer*). *Techn.* Ensemble des procédés de conserve par fumage. — Durée de l'opération de fumage. V. **Fumage** 1°.

FUMANT, ANTE [fymɑ̃, ɑ̃t]. *adj.* (XVIᵉ; p. prés. de *fumer* 1). Qui fume. ♦ 1° Qui émet de la fumée. *Bûches, cendres encore fumantes. Un cratère fumant.* « *La mèche toujours fumante de leurs fusils* » (VIGNY). ♦ 2° Qui émet (ou semble émettre) de la vapeur. *Soupe fumante.* ◇ *Chim.* Se dit des substances volatiles qui s'hydrolysent au contact de la vapeur d'eau de l'air. *Acide nitrique fumant.* ♦ 3° *Fig. Fumant de colère.* V. **Bouillonnant, brûlant**. ◇ *Fam. Un coup fumant* (de l'anc. express. *bloc fumant*, coup par lequel le joueur de billard bloque la bille en faisant un petit nuage de poussière) : coup admirablement réussi. — *Par ext. Fam.* V. **Formidable, sensationnel**. *C'est fumant!*

FUMARIACÉES [fymaʀjase]. *n. f. pl.* (1846; du lat. sc. *fumaria* « fumeterre »). *Bot.* Famille de plantes dicotylédones dont le type est la fumeterre.

FUME-CIGARE [fymsigaʀ], **FUME-CIGARETTE** [fymsigaʀɛt]. *n. m. invar.* (1907,-1894; de *fumer*, et *cigare, cigarette*). Petit tube de bois, d'ambre... au bout duquel on adapte le cigare, la cigarette. *Il* « *serra les dents sur son fume-cigarette* » (COLETTE).

FUMÉ [fyme]. *n. m.* (1835, « empreinte d'un poinçon »; p. p. de *fumer* 1). Épreuve de gravure sur bois, tirée sur la planche préalablement noircie à la fumée. — *Imprim.* Empreinte d'un caractère neuf, noirci à la fumée.

FUMÉ, ÉE [fyme]. *adj.* (1690; V. *fumer* I, II). ♦ 1° Qu'on a fumé (aliments). *Jambon, lard, saumon fumé. Harengs fumés.* V. **Saur**. — *Pouilly fumé*, vin blanc ayant le goût des aliments fumés. ♦ 2° Noirci à la fumée. — (1724) *Verres fumés*, lunettes noires.

FUMÉE [fyme]. *n. f.* (XIIᵉ; de *fumer* 1). ♦ 1° Produit gazeux plus ou moins dense et de couleur variable qui se dégage de corps en combustion ou portés à haute température. *Fumée du feu, d'une bougie. Fumée qui sort de la cheminée d'une locomotive, d'un paquebot. Fumée épaisse, opaque, légère; blanche, noire. Fumée âcre, étouffante. Nuage, panache de fumée. Du noir de fumée.* V. **Suie, smog**. — *Maçon. Conduit de fumée* : tuyau qui évacue la fumée d'une cheminée. *Bouche de fumée* : orifice par lequel un poêle communique avec le conduit de fumée. PROV. *Il n'y a pas de fumée sans feu*, il doit y avoir qqch. de vrai dans le bruit qui court. ◇ *Spécialt. Fumée du tabac. Fumée d'opium. Il* « *aspira la fumée de son cigare et la rendit par le nez* » (BALZ.). *Fumeur qui avale la fumée. La fumée ne vous gêne pas?* ◇ *Fig. S'en aller, s'évanouir en fumée*, être consommé sans profit, ne rien

donner. ♦ 2° *Par ext.* Vapeur qu'exhale un liquide ou un corps humide dont la température est plus élevée que l'air ambiant. V. **Exhalaison, fumet**. *Fumée s'élevant d'un étang, d'une rivière.* — Allus. littér. « *La fumée du rôt* » (RABELAIS) : l'apparence d'une satisfaction dont la réalité est réservée à un autre. ♦ 3° *Plur.* Vapeurs qui sont supposées monter au cerveau sous l'effet de l'alcool, brouillant ainsi les idées. *Les fumées du vin, de l'ivresse.* V. **Excitation**. — *Fig.* « *Déjà les fumées de l'ambition me montaient à la tête* » (ROUSS.). ♦ 4° *Plur. Vén.* (XIVᵉ, à cause de la vapeur qui s'en dégage). Excréments des cerfs et autres bêtes fauves. V. **Laissées**. « *Quel gibier? On consulte les traces; on se penche sur les fumées* » (GIDE).

1. FUMER [fyme]. *v.* (XIIᵉ; lat. *fumare*).
I. *V. intr.* ♦ 1° Dégager de la fumée. « *Près du feu qui palpite et qui fume* » (BAUDEL.). *Le cratère du Vésuve fume depuis quelques jours.* V. **Fumerolle**. « *Quand reverrai-je hélas, de mon petit village Fumer la cheminée* » (DU BELLAY). ◇ (Par suite d'un mauvais tirage, d'un mauvais fonctionnement de l'appareil) *Ma cheminée fume* : la fumée ne s'échappe pas par le tuyau, elle est rabattue sur le foyer. *La lampe fume, baissez la mèche.* V. **Filer**. ♦ 2° Exhaler de la vapeur (surtout en parlant d'un liquide ou d'un corps humide plus chaud que l'air ambiant). *Potage qui fume. Vêtements mouillés qui fument devant le feu.* — *Chim.* (en parlant de certaines substances volatiles en contact avec la vapeur d'eau atmosphérique) *Neige carbonique qui fume.* ♦ 3° (XVᵉ). *Fam.* Ressentir une colère, un dépit violents. V. **Pester, rager**.
II. *V. tr.* (1611). ♦ 1° Exposer, soumettre à l'action de la fumée. *Fumer de la viande, du lard, du poisson ...,* pour les sécher et les conserver. V. **Boucaner, saurer; fumé**. ♦ 2° (1664). Faire brûler du tabac (ou quelque autre substance) en aspirant la fumée par la bouche. *Fumer une cigarette, un cigare.* V. **Griller**. *Fumer une pipe. Fumer la cigarette, fumer ordinairement et de préférence des cigarettes.* — *Absolt. Fumer comme un sapeur*, beaucoup. « *Ne pouvoir travailler qu'en fumant* » (GIDE). *Défense de fumer.*

2. FUMER [fyme]. *v. tr.* (XIVᵉ; par attract. de *fumer* 1; *femer*, fin XIIᵉ; lat. pop. *fimare*, de *fimus*. V. **Fumier**). Amender (une terre) en y épandant du fumier. V. **Engraisser, fertiliser**. *Fumer un champ.*

FUMERIE [fymʀi]. *n. f.* (1786; de *fumer* 1). ♦ 1° Rare. Action ou habitude de fumer (du tabac, de l'opium). « *Il s'enfonça dans une fumerie sans arrêt* » (GIDE). ♦ 2° *Cour.* Lieu où l'on fume l'opium. *Une fumerie clandestine.*

FUMEROLLE [fymʀɔl]. *n. f.* (1813; it. *fumaruolo* « orifice de cheminée », appliqué au Vésuve). Émanation de gaz (chlorures, oxydes, gaz carbonique, etc.), à haute température, s'échappant d'un volcan. *Fumerolles apparaissant sur les flancs d'un volcan éteint. Fumerolles dites froides.* V. **Mofette**.

FUMERON [fymʀɔ̃]. *n. m.* (1611; de *fumer* 1).
I. ♦ 1° Morceau de charbon de bois insuffisamment carbonisé et qui jette encore de la fumée. ♦ 2° Petite lampe portative.
II. *Plur. Pop.* (1833). Jambes. — Jambes maigres.

FUMERONNER [fymʀɔne]. *v. intr.* (attesté XXᵉ; de *fumeron* [I, 1°]). Fumer comme un fumeron.

FUMET [fymɛ]. *n. m.* (XVIᵉ; de *fumer* 1). ♦ 1° Odeur agréable et pénétrante émanant de certaines viandes pendant ou après la cuisson. V. **Fumée**. *Un fumet délicat.* « *Le fumet du rôt tournant devant le feu de sarments* » (GIDE). ♦ 2° Bouquet d'un vin. ♦ 3° Sauce faite de jus de viande assaisonné de truffes et de champignons. ♦ 4° Émanation odorante que dégagent le gibier et certains animaux sauvages, ainsi que les lieux où ils ont passé. V. **Odeur, senteur**. ♦ 5° *Fig.* Parfum. ◇ HOM. Formes du v. *fumer*.

FUMETERRE [fymtɛʀ]. *n. f.* (1372; lat. médiév. *fumus terræ* « fumée de la terre », parce que, selon O. de Serres, « *son jus fait pleurer les yeux comme la fumée* »). Plante à feuilles très découpées et à fleurs roses. *Fumeterre officinale*, employée comme dépuratif.

FUMEUR, EUSE [fymœʀ, øz]. *n.* (1690; de *fumer* 1). Personne qui a l'habitude de fumer (du tabac, ou d'autres substances). *Compartiment* « *fumeurs* » *et* « *non fumeurs* ». « *Un grand fumeur* » (BAUDEL.). *Fumeur d'opium.* — *Cancer des fumeurs.*

FUMEUX, EUSE [fymø, øz]. *adj.* (XIIᵉ; lat. *fumosus*, de *fumus* « fumée »). ♦ 1° Qui répand de la fumée, qui s'enveloppe de fumée. *Flamme, lueur fumeuse.* ♦ 2° Qui exhale une vapeur, qui se couvre de vapeur. V. **Fumant**. *Ciel, fond, lointains fumeux.* ♦ 3° *Fig.* (fin XIXᵉ). Qui manque de clarté ou de netteté. V. **Brumeux, obscur, vague**. *Idées, explications fumeuses.* « *On le tient pour un esprit fumeux* » (ROMAINS). V. **Nébuleux**.

FUMIER [fymje]. *n. m.* (XIIᵉ; var. *femier*; lat. pop. *femarium*, de *fimus* « fumier »; lat. pop. *°femarium*, de *fimus* « fumier »). ♦ 1° Mélange des litières (paille, fourrage, etc.) et des déjections liquides et solides des chevaux et bestiaux, décomposé par la fermentation sous l'action de micro-organismes, et utilisé comme engrais. *Fumier pailleux.*

Trou, fosse à fumier. Épandre du fumier sur un champ. V. Fumer (2). Amas de fumier. Job sur son fumier. ◇ Par ext. Se dit de toutes sortes d'excréments et détritus servant d'engrais. ♦ 2° Fig. « Les plus hautes fleurs de la civilisation humaine ont poussé sur le fumier de la misère » (BERNANOS). ◇ Pop. (très injurieux) Homme méprisable. V. Ordure, salaud. C'est un beau fumier !

FUMIGATEUR [fymigatœR]. n. m. (1803, « celui qui fumige »; de fumiger). Techn. Appareil servant à faire les fumigations (en méd. ou en hortic.). — Préparation combustible pour les fumigations.

FUMIGATION [fymigasjɔ̃]. n. f. (1314; bas lat. fumigatio. V. Fumiger). Méd. Production de fumées ou vapeurs, obtenues en brûlant ou chauffant des substances médicamenteuses. Fumigation des voies respiratoires, servant de remède contre le rhume. V. Inhalation. — Hyg. Dispersion de fines particules gazeuses d'un agent chimique, pour la désinfection de locaux ou l'extermination d'espèces animales nuisibles (insectes, rongeurs). — Agric. Opération qui consiste à combattre les parasites des plantes, au moyen de vapeurs insecticides.

FUMIGATOIRE [fymigatwaR]. adj. (1503; de fumig(ation). Méd., Techn. Qui sert aux fumigations. Appareil fumigatoire.

FUMIGÈNE [fymiʒɛn]. adj. (fin XIXᵉ; lat. fumus « fumée », et -gène). Qui produit de la fumée. Engins, grenades, pots fumigènes (subst. Des fumigènes) produisant d'épais nuages de fumée destinés à dissimuler des mouvements de troupes, d'unités navales, etc. — Appareil fumigène, ou subst. Un fumigène, produisant une fumée qui protège les jeunes plantes contre les gelées.

FUMIGER [fymiʒe]. v. tr.; conjug. bouger (XIVᵉ, rare av. XVIIIᵉ; lat. fumigare, de fumus « fumée »). Didact. Soumettre à des fumigations. V. Désinfecter, enfumer, fumer.

FUMISTE [fymist(ə)]. n. m. (1757; de fumer 1). ♦ 1° Celui dont le métier est d'installer ou de réparer les cheminées et appareils de chauffage. ♦ 2° Fig. (d'apr. un vaudeville de 1840, dont le héros, un fumiste enrichi, se vante de ses bons tours en répétant : « C'est une farce de fumiste »). Fam. Qui se moque du monde, farceur. V. Mystificateur, plaisantin. « Pour beaucoup de nos grands hommes, ce poète (Rimbaud) est un fou ou un fumiste » (MAUPASS.). — Qui ne fait rien sérieusement, sur qui on ne peut compter. V. Amateur, fantaisiste. Il n'a encore rien fait de ce qu'il a promis, quel fumiste ! Adj. Elle est un peu fumiste. ◇ ANT. Sérieux.

FUMISTERIE [fymistəRi]. n. f. (1845; de fumiste). ♦ 1° Métier de fumiste. ♦ 2° Fig. (1852). Fam. Tour, plaisanterie de fumiste. V. Mystification. ◇ Action, chose entièrement dépourvue de sérieux. V. Farce. Ce beau programme est une vaste fumisterie. ◇ ANT. Sérieux.

FUMIVORE [fymivɔR]. adj. (1799; alch., XVIIᵉ; lat. fumus « fumée », et -vore). Qui absorbe de la fumée. Appareil, foyer fumivore, ou subst. Un fumivore, destiné à absorber les fumées.

FUMOIR [fymwaR]. n. m. (1842; de fumer 1). ♦ 1° Local où l'on fume les viandes, les poissons. ♦ 2° (1865). Pièce d'appartement où l'on se tient pour fumer; local, salon disposé pour les fumeurs. Le fumoir d'un théâtre.

FUMURE [fymyR]. n. f. (1357; de fumer 2). Amendement d'une terre par incorporation de fumier. Par ext. Quantité de fumier ou d'engrais apporté sur un champ.

FUN-, FUNI-. Éléments, tirés du lat. funis (a. fr. fun « corde »).

FUNAMBULE [fynɑ̃byl]. n. (v. 1500; lat. funambulus, de funis « corde », et ambulare « marcher »). Personne qui marche, danse sur la corde raide. V. Acrobate, danseur (de corde).

FUNAMBULESQUE [fynɑ̃bylɛsk(ə)]. adj. (1856; de funambule). Qui a rapport au funambule, à l'art du funambule. Odes funambulesques, poèmes de Th. de Banville (1857). ◇ Fig. V. Bizarre, extravagant. Projet funambulesque.

FUNÈBRE [fynɛbR(ə)]. adj. (XIVᵉ; lat. funebris). ♦ 1° Qui a rapport aux funérailles. Ornements funèbres. V. Funéraire, mortuaire. Service des pompes funèbres, service communal chargé de l'organisation des funérailles. V. fam. Croquemort. Cérémonie funèbre. V. Funérailles. Char funèbre. V. Corbillard. Décoration, estrade funèbre. V. Catafalque, chapelle (ardente). Marche funèbre. Service funèbre. V. Absoute, office (des morts). Discours, éloge, oraison funèbre. V. Panégyrique. ♦ 2° Qui se rapporte à la mort. V. Mortuaire. Veillée funèbre. Cloche funèbre, qui annonce la mort d'une personne. V. Glas. — Par ext. Qui évoque l'idée de la mort, inspire un sentiment de sombre tristesse. V. Lugubre, sinistre; funeste. Une mine, un air funèbre (cf. Une tête d'enterrement). Ton, voix funèbre. V. Sépulcral. « Un silence funèbre cernait la patrouille » (MAC ORLAN). Des idées funèbres. V. Noir. ◇ ANT. Gai.

FUNÉRAILLES [fyneRaj]. n. f. pl. (1406; lat. ecclés. funeralia, plur. neutre de funeralis « relatif aux funérailles »). ♦ 1° Ensemble des cérémonies accomplies pour rendre les honneurs suprêmes à la dépouille de qqn. V. Crémation, ensevelissement, enterrement, inhumation, incinération, levée (du corps), obsèques, sépulture, tombeau (mise au). ♦ 2° (1935). Interjection méridionale marquant la déception, le dépit, l'exaspération. « Funérailles ! dit le Marseillais. Alors c'est la guerre ? » (SARTRE).

FUNÉRAIRE [fyneRɛR]. adj. (1565; bas lat. funerarius). Qui concerne les funérailles. V. Funèbre. Colonne funéraire. V. Cippe, stèle. Dalle, pierre funéraire. V. Crypte, hypogée. Vase, urne funéraire. V. Cinéraire. ◇ Au Canada, Salon funéraire (d'apr. l'amér. funeral home ou parlor). Entreprise de pompes funèbres. Spécial. Établissement où le mort est embaumé et préparé pour être placé en chapelle ardente dans un salon réservé à la famille et aux amis du défunt. Cf. Funérarium. V. Mortuaire.

FUNÉRARIUM [fyneRaRjɔm]. n. m. (1973; de funérailles, d'apr. crématorium, etc.). Établissement situé près d'un cimetière, où se réunissent les familles des défunts, avant les obsèques.

FUNESTE [fynɛst(ə)]. adj. (XIVᵉ; lat. funestus). ♦ 1° Littér. Qui cause la mort. V. Fatal, mortel. Épidémie, maladie, accident funeste. — Vx. Qui concerne la mort. — Par ext. Qui annonce, fait présager la mort. Funeste pressentiment. ♦ 2° Qui porte avec soi le malheur et la désolation, ou par ext. Qui est de nature à entraîner de sérieux maux, de graves dommages. V. Affligeant, catastrophique, déplorable, désastreux, désolant, lamentable, malheureux, navrant, sinistre, tragique. Erreurs funestes. Cela peut avoir des suites funestes. V. Dangereux, grave, néfaste, nuisible, regrettable. « Les vieux préjugés sont moins funestes que les nouveaux » (FRANCE). ◇ FUNESTE À. V. Fatal. Son audace lui a été funeste. Politique funeste aux intérêts du pays. V. Contraire, nuisible. ◇ Littér. Qui éveque des idées de mort, de désolation; qui inspire une profonde tristesse, ou du découragement. V. Funèbre, sinistre, sombre, triste. « Pendant ce funeste récit » (BERNARD. de ST-P.). ◇ ANT. Bon, favorable, heureux, propice, salutaire.

FUNESTEMENT [fynɛstəmɑ̃]. adv. (1613; de funeste). Littér. De manière funeste.

FUNICULAIRE [fynikylɛR]. adj. (1725; du lat. funiculus « petite corde »). ♦ 1° Qui fonctionne au moyen de cordes. Chemin de fer, tramway funiculaire, mis en mouvement par un câble. Subst. Cour. (mil. XIXᵉ) Un funiculaire. Funiculaire à crémaillère. ♦ 2° Anat. Qui a rapport à un cordon, notamment au cordon spermatique ou au segment d'une racine nerveuse au niveau de son passage entre les vertèbres. Hernie funiculaire. Sclérose funiculaire.

FUNICULE [fynikyl]. n. m. (1829; lat. funiculus). Bot. Filament qui relie l'ovule au placenta.

FUNIN [fynɛ̃]. n. m. (Funain, XIIᵉ; lat. pop. °funamen, de funis « corde »). Mar. Cordage non goudronné.

FUR [fyR]. n. m. (Feur, XIIᵉ; lat. forum « marché »). (Vx depuis XVIIIᵉ). Taux. Au fur (XVIᵉ) : à proportion, à mesure. — Mod. AU FUR ET À MESURE [ofyRæamzyR] (XVIIᵉ) Locution où mesure reprend le sens de fur devenu obscur. En même temps et proportionnellement ou successivement. — Loc. conj. Au fur et à mesure que ..., à mesure que. S'apercevoir des difficultés au fur et à mesure qu'on avance. — Loc. adv. Regardez ces photos et passez-les-nous au fur et à mesure. — Loc. prép. (1835) « Je vous le remettrai au fur et à mesure de vos besoins » (DUHAM.).

FURAX [fyRaks]. adj. invar. (XXᵉ; repris lat. furax « furieux »). Arg. scol. et fam. Furieux. Elle est furax!

FURET [fyRɛ]. n. m. (Fuiret, XIIᵉ; lat. pop. °furittus, de fur « voleur »). ♦ 1° Mammifère carnivore (Mustélidés), plus petit que le putois, au pelage et aux yeux rouges. — Fig. Se dit d'une personne qui furète partout pour découvrir qqch. V. Fureter. ♦ 2° Jeu de société dans lequel des joueurs assis en rond se passent rapidement de main en main un objet (le furet), tandis qu'un autre joueur se tenant au milieu du cercle doit deviner dans quelle main se trouve le « furet ». Il court, il court le furet.

FURETAGE [fyRtaʒ]. n. m. (1811; de fureter). Action de fureter (1° et 2°).

FURETER [fyRte]. v. intr.; conjug. acheter (XIVᵉ; de furet). ♦ 1° Chasser au furet. ♦ 2° Cour. (1549). Chercher, s'introduire partout avec curiosité dans l'espoir d'une découverte. Fureter dans tous les coins. « Il furetait, fouillait partout » (ZOLA). Indiscret qui furète dans les tiroirs. V. Fouiller, fouiner.

FURETEUR, EUSE [fyRtœR, øz]. n. et adj. (1514; de fureter). ♦ 1° Celui qui chasse avec un furet. ♦ 2° Cour. Fig. N. m. et f. (1611). Personne qui cherche, fouille partout en quête de découvertes. V. Chercheur, fouilleur. Fureteur de bibliothèques. ◇ Adj. (XIXᵉ) Qui cherche partout avec curiosité. V. Curieux, fouineur, indiscret. « Des yeux fureteurs » (FRANCE).

FUREUR [fyʀœʀ]. *n. f.* (xᵉ ; lat. *furor* « folie, égarement »). ♦ 1º *Littér.* Folie poussant à des actes de violence. — Délire de l'inspiré. V. **Enthousiasme, exaltation, inspiration, possession, transport.** *Fureur poétique, prophétique.* ♦ 2º Passion sans mesure, créant un état voisin de la folie. « *Il aimait les femmes à la fureur* » (VOLT.). *La fureur de rimer, de discuter.* V. **Manie, rage.** — FAIRE FUREUR, exciter un empressement et un intérêt passionnés. V. **Engouement, succès, vogue.** *Mode, pièce, chanson, nouveauté qui fait fureur.* ♦ 3º Colère folle, sans mesure. *Accès, crise de fureur. Sa fureur ne connaît plus de borne. Entrer, être ; mettre en fureur.* V. **Enrager.** Colère qu'engendre et entretient l'action violente. *Attaquer, se battre avec fureur.* V. **Acharnement, furie, impétuosité, violence.** ♦ 4º (*Choses*). Caractère d'extrême violence. « *Celui qui met un frein à la fureur des flots* » (RAC.). *La fureur des combats.* ♦ 5º *Au plur.* Mouvement de folle colère. *Entrer dans des fureurs inexplicables.* « *Les fureurs matées tant bien que mal* » (GREEN). — Mouvement de violence. « *Toutes les fureurs de l'imagination* » (FRANCE). ◇ ANT. *Raison, sens (bon). Calme, douceur.* — HOM. *Führer.*

FURFURACÉ, ÉE [fyʀfyʀase]. *adj.* (1806 ; lat. tardif *furfuraceus*, de *furfur* « son » (de céréales). *Didact.* Qui a l'apparence du son. — *Méd. Desquamation furfuracée* : par petites plaques.

FURFURAL [fyʀfyʀal]. *n. m.* (1888, *-ol ;* de *furfur* « son » (de céréales), et suff. *-al*). *Chim.* Aldéhyde (C₄H₃O₂) toxique liquide incolore et huileux, soluble dans l'eau et dans l'alcool. La var. FURFUROL (avec le suff. *-ol* des alcools) est impropre.

FURIA [fyʀja ou fuʀja]. *n. f.* (mil. xxᵉ ; mot ital., d'apr. des expr. comme la *furia francese*). Emportement enthousiaste. « *La furia gauchiste* » (*L'Express*, mars 1969).

FURIBARD, ARDE [fyʀibaʀ, aʀd(ə)]. *adj.* (fin xixᵉ ; de *furibond*.) *Fam.* Furibond.

FURIBOND, ONDE [fyʀibɔ̃, 5d]. *adj.* (xiiiᵉ ; lat. *furibundus.* V. **Fureur**). Qui ressent ou annonce une grande fureur, généralement disproportionnée à l'objet qui l'inspire, au point d'en être légèrement comique. V. **Furieux, furibard.** *Il est furibond. Air furibond. Rouler des yeux furibonds.* D'une furieuse violence. *Colère furibonde.* ◇ ANT. *Calme.*

FURIE [fyʀi]. *n. f.* (xivᵉ ; *fuire,* xiiᵉ ; lat. *furia.* V. **Fureur**.) ♦ 1º *Myth.* Chacune des trois divinités infernales (Alecto, Mégère, Tisiphone) chargées d'exercer sur les criminels la vengeance divine. V. **Euménides.** ◇ *Fig.* Femme que la méchanceté, la haine, la vengeance emportent jusqu'à la fureur. V. **Harpie, mégère.** ♦ 2º Fureur particulièrement vive qui se manifeste avec éclat. V. **Passion.** *S'abandonner à la furie du jeu.* V. **Manie.** — *Mettre qqn en furie.* V. **Colère, rage.** *Lionne en furie.* — *Spécialt.* Colère que développe l'action violente. *Attaquer avec furie. La furie française* (d'apr. l'expression italienne *furia francese*). V. **Ardeur, courage.** ◇ *Mer en furie.* V. **Agitation, violence.** Fig. *La furie des passions.* ◇ ANT. *Calme, douceur.*

FURIEUSEMENT [fyʀjøzmɑ̃]. *adv.* (v. 1400 ; de *furieux*). ♦ 1º D'une manière furieuse, avec fureur. ♦ 2º *Par hyperb.* (vx ou plaisant). Extrêmement, excessivement.

FURIEUX, EUSE [fyʀjø, øz]. *adj.* (v. 1290 ; lat. *furiosus.* V. **Fureur**). ♦ 1º En fureur, plein de fureur. ♦ 1º En proie à la fureur qui caractérise certaines folies. *Un fou furieux. Accès de folie furieuse. Roland furieux* (« *Orlando furioso* », épopée de l'Arioste). — *Subst. Il faut enfermer ces furieux!* V. **Énergumène, enragé, fanatique, forcené.** ♦ 2º Qui est animé, excité par une passion folle, sans frein. *Une haine furieuse.* V. **Exacerbé, exalté.** ♦ 3º En proie à une folle colère. V. **Hors** (de soi) ; **furax, furibard, furibond.** *Être furieux contre qqn. Furieux que je lui aie dit ses vérités.* — *Un lion, un taureau furieux.* — Qui dénote une folle colère. *Air, regards, gestes, cris furieux. Un furieux coup de poing.* ♦ 4º Qui a un caractère d'extrême violence. V. **Violent.** *Vent, torrent furieux.* — V. **Déchaîné.** *Une attaque, une charge furieuse.* V. **Acharné, enragé.** ◇ ANT. *Calme, doux, paisible, sensé, tranquille.*

FURIOSO [fyʀjozo]. *adj.* (xixᵉ ; mot it. « furieux, fou »). *Mus.* Qui a un caractère violent, furieux. *Allegro furioso.*

FUROLE [fyʀɔl]. *n. f.* (*Furolle,* 1520 ; *fuirole,* 1549 ; a. angl. *fyr, fuir,* mod. *fire* « feu »). *Vx* ou *région.* Feu follet.

FURONCLE [fyʀɔ̃kl(ə)]. *n. m.* (1478 ; *feroncle,* 1376 ; lat. *furunculus*). Infection de la peau, circonscrite à un follicule pilo-sébacé, causée par un staphylocoque et se présentant sous la forme d'un bourbillon* entouré d'inflammation. *Furoncle à foyers multiples.* V. **Anthrax.** *Éruption de furoncles. Ouvrir un furoncle.*

FURONCULEUX, EUSE [fyʀɔ̃kylø, øz]. *adj.* (1845 ; du lat. *furunculus*). Qui est de la nature du furoncle. *Abcès furonculeux.* ◇ Qui est atteint de furoncles, de furonculose.

FURONCULOSE [fyʀɔ̃kyloz]. *n. f.* (1864 ; *furunculus*). Formation simultanée ou successive de furoncles en des endroits différents de la peau.

FURTIF, IVE [fyʀtif, iv]. *adj.* (1370, « de voleur » ; lat. *furtivus,* de *furtum* « vol », rac. *fur* « voleur »). ♦ 1º *Vx.*

(xviiᵉ). Que l'on cache, dissimule, garde en secret comme on ferait d'un larcin. V. **Caché, clandestin, secret.** « *Un magasin clandestin d'éditions furtives* » (VOLT.). ♦ 2º *Mod.* Qui se fait à la dérobée, qu'on veut faire passer inaperçu, qui passe presque inaperçu. V. **Discret, rapide.** *Regard, coup d'œil furtif. Sourire furtif.* V. **Errant, fugace, fugitif.** *Geste furtif.* « *L'innocent paradis, plein de plaisirs furtifs* » (BAUDEL.). ◇ ANT. *Franc, ostensible.*

FURTIVEMENT [fyʀtivmɑ̃]. *adv.* (v. 1350 ; de *furtif*). D'une manière furtive. V. **Cachette** (en), **dérobée** (à la), **secret** (en). *S'esquiver furtivement sur la pointe des pieds.*

FUSAIN [fyzɛ̃]. *n. m.* (xiiᵉ ; lat. pop. °*fusago,* de *fusus* « fuseau »). ♦ 1º Arbre ou arbrisseau ornemental, dressé ou grimpant, à feuilles sombres et luisantes et à fruits rouges capsulaires qui font nommer le *fusain* d'Europe *bonnet de prêtre, bonnet carré. Massif, haie, bordure de fusains. Tailler des fusains.* ♦ 2º (1704). Charbon friable fait avec le bois du fusain dont on se sert comme d'un crayon pour dessiner. « *Je dessinais, au fusain, le portrait de M. Dudebat* » (DUHAM.). Par appos. *Crayon fusain.* — *Par ext.* Dessin exécuté au fusain. *Fixer un fusain.*

FUSAINISTE [fyzɛnist(ə)] ou **FUSINISTE** [fyzinist(ə)]. *n.* (1877 ; de *fusain*). Artiste qui fait des dessins au fusain.

FUSANT, ANTE [fyzɑ̃, ɑ̃t]. *adj.* (1865 ; de *fuser*). Qui fuse. — *Fusée fusante,* qui fait éclater le projectile avant le choc, en l'air, *opposé à percutante. Obus fusant.* Subst. *Un fusant.*

1. FUSCINE [fysin]. *n. f.* (xviᵉ ; lat. *fuscina*). *Antiq. rom.* Fourche à trois dents des pêcheurs de l'antiquité, emblème de Neptune, dieu de la mer. V. **Trident.**

2. FUSCINE [fysin]. *n. f.* (1846 « colorant brun » ; du lat. *fuscus* « noir »). *Biochim.* Pigment noir de la rétine.

FUSEAU [fyzo]. *n. m.* (xiiᵉ ; de l'a. fr. *fus ;* lat. *fusus* « fuseau »). ♦ 1º Petit instrument en bois tourné, renflé au milieu et se terminant en pointe aux deux extrémités, qui sert à tordre et à enrouler le fil, lorsqu'on file à la quenouille. *Fil d'un fuseau.* V. **Fusée.** *Le fuseau des Parques.* ♦ 2º *Par ext.* La forme de cet instrument (V. **Fusiforme**). *Colonne en fuseau. Jambes en fuseau.* V. **Fuselé.** — (1950). Par appos. *Pantalon fuseau :* pantalon dont les jambes, se rétrécissant jusqu'à la cheville, sont terminées par un sous-pied. *Pantalon fuseau pour le ski.* Absolt. *Porter un fuseau ou des fuseaux.* ♦ 3º *Par anal. Techn.* Broche conique autour de laquelle on envide un textile (V. **Rochet**), le fil d'une dentelle. — *Zool.* Genre de mollusques gastéropodes à coquille fusiforme avec une spire longue et pointue. — *Anat. Fuseau neuro-musculaire,* faisceau de fibres striées (muscles), muni d'une fibre nerveuse. — *Biol. Fuseau achromatique* ou *fuseau central :* disposition en fuseau des fibres cytoplasmiques, lors de la division cellulaire. ♦ 4º *Fig. Géom. Fuseau sphérique :* portion de la surface d'une sphère comprise entre deux demi-grands cercles ayant leur diamètre commun (ainsi nommée à cause de son aspect). Par ext. *Fuseau cylindrique, conique.* ◇ (1911). *Géogr.* et cour. *Fuseau horaire :* chacun des 24 fuseaux sphériques imaginaires tracés à la surface du globe avec les pôles pour extrémités.

FUSÉE [fyze]. *n. f.* (xiiiᵉ ; a. fr. *fus.* V. **Fuseau**). I. ♦ 1º *Vx.* Quantité de fil enroulée sur le fuseau d'une fileuse. ♦ 2º *Ancien.* Fuseau (forme). — Partie de l'épée qui forme la poignée. *Mod.* Chacune des extrémités de l'essieu d'une voiture qui entrent dans les moyeux des roues. V. **Boîte.** — *Horlog.* Cône cannelé où s'enroule la chaîne (montres de marine, etc.).

II. *Par anal. de forme.* Projectile propulsé par réaction grâce à l'éjection à grande vitesse d'un gaz obtenu par combustion. ♦ 1º (v. 1400). Pièce de feu d'artifice, tube contenant une préparation fusante (V. **Poudre**) et une préparation lumineuse qui, lorsqu'on l'allume, s'élève et éclate en parcelles incandescentes. V. **Chandelle** (romaine). *Fusée volante* ou *à baguette :* longue fusée attachée à une baguette de bois qui en maintient la direction. V. **Serpenteau.** *Gerbe, faisceau de fusées.* V. **Bouquet.** — *Fusée blanche, éclairante. Fusée à parachute.* — Fig. *Partir comme une fusée :* brusquement. V. **Fuser.** *Par métaph.* Position de recherche de vitesse prise par un skieur. ♦ 2º *Par anal.* (avec le trajet de la fusée). Jet de liquide qui gicle. V. **Gerbe.** Trajet long et sinueux d'une fistule. ◇ (Avec le bruit de la fusée) *Mus.* Trait rapide, ascendant ou descendant, entre deux notes éloignées l'une de l'autre. ♦ 3º *Fusées-engins* (militaires). *Fusées antichar. Fusées air-air, air-sol, sol-air, sol-sol.* V. **Lance-fusées, lance-roquettes.** *Rampe de lancement de fusées. Fusée gigogne, à étages.* — Projets de fusées interplanétaires, interstellaires. *Tuyères d'une fusée.* — *Avion-fusée,* avion à réaction qui n'emprunte pas d'oxygène à l'air pour servir à la combustion mais emporte avec lui combustible et comburant. ♦ 4º *Techn.* Composition fusante destinée à mettre le feu à un explosif. *Fusée cylindrique pour faire exploser une mine.* V. **Boudin, saucisson.** — *Artill. Fusée d'obus :* petite fusée fixée sur l'ogive du projectile destinée à le faire éclater. V. **Détonateur.** *Fusée fusante. Fusée percutante.* ◇ HOM. *Fuser.*

FUSEL [fyzɛl]. *n. m.* (1930; *fusel-oïl*, 1855, mot angl., du haut all. *Fusel*). Chim. *Fusel* ou *Huile de fusel*, mélange de liquides provenant de la rectification des alcools, de goût désagréable.

FUSELAGE [fyzlaʒ]. *n. m.* (1911; de *fuselé*, ou de l'express. *fuseau moteur*). Corps d'un avion, auquel sont fixées les ailes.

FUSELÉ, ÉE [fyzle]. *adj.* (XIVᵉ; de *fusel, fuseau*). En forme de fuseau. V. **Fusiforme**. *Doigts fuselés. Jambes fuselées.* Archit. *Colonne fuselée*, dont le fût est légèrement renflé vers le tiers de sa hauteur.

FUSELER [fyzle]. *v. tr.; conjug. appeler* (1865; de *fuselé*). Donner la forme d'un fuseau à (qqch.).

FUSER [fyze]. *v. intr.* (1566; lat. *fusus*, p. p. de *fundere* « fondre, couler »). ♦ 1º Techn. Couler, se répandre en fondant. *Cire, bougie qui fuse.* Chim. En parlant de certains sels, se décomposer en crépitant, au contact de charbons ardents. *Le salpêtre fuse.* Pyrotechn. Se dit de la poudre qui brûle sans détoner. V. **Fusant.** — *Fig.* (1866) Se répandre peu à peu. V. **Glisser, répandre (se).** ♦ 2º (1896; d'apr. *fusée*). Partir, jaillir comme une fusée. V. **Jaillir.** « *Des gerbes de voix... fusaient* » (HUYSMANS). ◇ HOM. Fusée.

FUSETTE [fyzɛt]. *n. f.* (XXᵉ; de *fusée* « fuseau »). Petit tube de carton, de matière plastique sur lequel est enroulé du fil, pour la vente au détail.

FUSIBILITÉ [fyzibilite]. *n. f.* (1641; de *fusible*). Phys. Qualité de ce qui est fusible; disposition à fondre, à se liquéfier. *Fusibilité des métaux. Degré de fusibilité.* ◇ ANT. *Infusibilité.*

FUSIBLE [fyzibl(ə)]. *adj.* et *n. m.* (v. 1500; bas lat. *fusibilis*, lat. *fusilis*). ♦ 1º Adj. Qui peut fondre, passer à l'état liquide sous l'effet de la chaleur. ◇ Qui fond facilement, à une température peu élevée. ♦ 2º N. m. (XXᵉ). Petit fil d'un alliage fusible qu'on interpose dans un circuit. V. **Coupe-circuit, plomb.** ◇ ANT. *Infusible, réfractaire.*

FUSIFORME [fyzifɔrm(ə)]. *adj.* (1784; du lat. *fusus* « fuseau »). Didact. Qui a la forme d'un fuseau. *Coquille, poisson fusiforme.*

FUSIL [fyzi]. *n. m.* (XIIIᵉ; *foisil*, XIIᵉ; lat. pop. *°focilis (petra)* « (pierre) à feu », de *focus.* V. **Feu**). *Vx* (1369). Petite pièce d'acier avec laquelle on bat un silex pour faire jaillir des étincelles. V. **Briquet** (1). *Pierre à fusil.* Mod. Instrument donnant une étincelle et servant à allumer le gaz. ◇ Par ext. Instrument métallique pour aiguiser.
II. (v. 1630). Dans les anciennes armes à feu, Pièce d'acier recouvrant le bassinet contre lequel vient frapper un silex maintenu entre les crocs du chien lorsqu'on presse sur la détente. V. **Platine** (à silex). *Mousquet, pistolet à fusil.* ◇ Cour. (v. 1670) Nom de l'arme à feu portative comportant (à l'origine) cette pièce d'acier. V. pop. **Flingot, pétoire.** *Fusil à percussion* (dont le chien frappe sur un grain de poudre fulminante qui enflamme la charge). *Fusil à aiguille* (1847; modèle perfectionné en 1866). V. **Chassepot.** *Fusil Gras. Fusil modèle 1886* (Lebel). *Fusil automatique, semi-automatique. Fusil de guerre, fusil de chasse, à répétition. Fusil à choke-bore, hammerless. Fusil de gros calibre. Fusil léger.* V. **Carabine, rifle.** *Fusil à canon court.* V. **Mousqueton.** — *Parties du fusil* : canon, boîte de culasse et hausse (V. **Curseur, mire, œilleton**); culasse mobile; mécanismes de détente et de répétition (V. **Éjecteur, extracteur, gâchette, magasin**); monture et garnitures (V. **Bretelle, couche** (plaque de), **crosse, embouchoir, fût, grenadière, pontet, quillon, sous-garde**). *Alimenter, charger un fusil.* V. **Chargeur.** *Munitions du fusil.* V. **Balle, bourre, cartouche, chevrotine, grenaille, plomb.** *Tir au fusil.* *Épauler, braquer son fusil, viser avec un fusil. Envoyer un coup de fusil.* V. **Feu.** *Décharge de plusieurs fusils.* V. **Fusillade, mousqueterie.** *Porter son fusil en bandoulière, à la bretelle. Fusils formés en faisceaux. Mettre son fusil à râteler d'armes. Nettoyer un canon de fusil.* V. **Écouvillon, lavoir; tire-balle.** *Partir à la guerre la fleur au fusil. Fusil sous-marin*, arme qui décoche une flèche reliée au fusil par un fil. — *Par ext.* Se dit du tireur lui-même. *X... est un excellent fusil.* — *Fig. Être couché en chien* de fusil. — Changer son fusil d'épaule* : changer de projet, d'opinion, de parti, de méthode, de métier. — Fam. (1887; arg. « vente d'escroc ») *Coup de fusil* : addition très élevée, dans un restaurant, un hôtel. — (1862) *Pop.* (d'o. milit.) Gosier, estomac. *N'avoir rien dans le fusil.* « *Il ajouta en lui donnant la plus grosse part : colle-toi ça dans le fusil* » (HUGO).

FUSILIER [fyzilje]. *n. m.* (1589; de *fusil*). Soldat armé d'un fusil. *Fusilier voltigeur. Fusilier marin* : matelot breveté ou gradé, initié aux manœuvres de l'infanterie, assurant à bord l'ordre, la discipline et l'instruction et participant aux combats d'abordage et de débarquement. — *Fusilier mitrailleur.* V. **Tireur.**

FUSILLADE [fyzijad]. *n. f.* (1771; de *fusiller*). ♦ 1º Décharge de coups de fusil, et par ext. Combat à coups de fusil. « *Le crépitement de la fusillade* » (FRANCE). ♦ 2º Action de fusiller pour exécuter. « *Les miliciens et suspects* arrêtés sont passés par les armes... Les fusillades continuent » (MALRAUX).

FUSILLER [fyzije]. *v. tr.* (1732; de *fusil*). ♦ 1º Tuer un condamné par une décharge de coups de fusil. V. **Exécuter, passer** (par les armes). *Être fusillé pour trahison. Napoléon fit fusiller le duc d'Enghien.* ♦ 2º *(Rare).* Tuer (qqn) ou tirer sur (qqn) avec une arme à feu. ◇ *Fig.* et fam. *Les photographes n'ont cessé de la fusiller toute la journée de leurs caméras. Fusiller du regard*, foudroyer. ◇ Pop. (1911) Abîmer, détériorer. *Fusiller un moteur.* — Pop. Dépenser (1878).

FUSILLEUR [fyzijœr]. *n. m.* (1797; de *fusiller*). Celui qui fusille. — *Par ext.* Celui qui donne l'ordre d'exécution, qui en est responsable.

FUSIL-MITRAILLEUR [fyzimitrajœr]. *n. m.* (déb. XXᵉ; de *fusil*, et *mitrailleur*). Arme collective automatique, alimentée par boîte-chargeur (abrév. *F.-M.*). *Bipied, cache-flammes d'un fusil-mitrailleur. Tireur, chargeur, pourvoyeur d'un fusil-mitrailleur.*

FUSINISTE. *n.* V. **FUSAINISTE.**

FUSION [fyzjɔ̃]. *n. f.* (1547; lat. *fusio*, rac. *fundere.* V. **Fondre**).
I. ♦ 1º Passage d'un corps solide à l'état liquide sous l'action de la chaleur. V. **Fonte, liquéfaction.** *Lois de la fusion; température, point, chaleur de fusion.* V. **Calorimétrie.** *Le point de fusion de la glace est zéro degré à la pression de 760 mm de mercure. Fusion d'un minerai.* V. **Fondant; creuset, four.** *Fusion réductrice, oxydante. Lit de fusion* : mélange de matières que l'on place dans le four ou le creuset. ♦ 2º État d'une matière liquéfiée par la chaleur. *Métal en fusion.* V. **Coulée.** *Coulées de matières en fusion.* V. **Lave.** ♦ 3º Combinaison, mélange intime. Biol. *Fusion des noyaux des gamètes*, fécondation. Phys. *Fusion nucléaire*, combinaison de noyaux légers à très haute température donnant un noyau plus lourd et un énorme dégagement d'énergie (dans la bombe thermonucléaire). *La domestication de l'énergie de fusion.*
II. *Fig.* (1801). Union intime résultant de la combinaison ou de l'interpénétration d'êtres ou de choses. V. **Fondre** (se); **confondre** (se); **combinaison, mélange, réunion.** *Fusion des cœurs, des esprits dans une communion parfaite. Fusion de l'individu dans la Nature, en Dieu.* V. **Panthéisme, nirvâna.** ◇ Spécialt., en parlant des personnes morales, de réalités sociales, historiques. *Fusion de plusieurs systèmes, religions, philosophies.* V. **Éclectisme, syncrétisme.** *Fusion des races dans le creuset américain.* V. **Assimilation, intégration.** — Écon. *Fusion de sociétés, d'entreprises.* V. **Absorption, concentration, entente, intégration, union.** ◇ ANT. *Congélation, solidification, séparation.*

FUSIONNEMENT [fyzjɔnmã]. *n. m.* (1865; de *fusionner*). Action de fusionner. *Fusionnement de deux entreprises.*

FUSIONNER [fyzjɔne]. *v.* (1802; de *fusion*). ♦ 1º *V. tr.* Unir par fusion (des collectivités auparavant distinctes). V. **Mêler, unifier.** ♦ 2º *V. intr.* S'unir par fusion. « *La maison Russel fusionnait avec sa vieille concurrente* » (BENOIT). V. **Fondre** (se).

FUSTANELLE [fystanɛl]. *n. f.* (1867, *foustanelle*, 1854; du lat. médiév. *fustana.* V. **Futaine**). Court jupon masculin, tuyauté et empesé, qui fait partie du costume national grec. *Évzones portant la fustanelle.*

FUSTET [fystɛ]. *n. m.* (1351; arabe *fustuq* « pistachier »). Bot. Variété de sumac à houppes plumeuses, dont le bois fournit une matière jaune, la *fustine* [fystin].

FUSTIGATION [fystigasjɔ̃]. *n. f.* (1411; de *fustiger*). ♦ 1º Littér. Action de fustiger. ♦ 2º Méd. Sorte de massage consistant à appliquer des coups légers sur une région du corps.

FUSTIGER [fystiʒe]. *v. tr.; conj. bouger* (v. 1400; lat. jur. *fustigare*, de *fustis* « bâton »). ♦ 1º *Vx.* Corriger à coups de bâton, et par ext. à coups de verges, de fouet. V. **Battre, fouetter.** ♦ 2º *Fig.* et littér. V. **Blâmer, stigmatiser.** « *Il exalte la probité, fustigeant les jouisseurs* » (CAMUS).

FÛT [fy]. *n. m.* (*Fust*, 1080; lat. *fustis* « bâton, pieu »). ♦ 1º Partie du tronc d'un arbre comprise entre le sol et les premiers rameaux, et par ext. Tronc d'arbre. *Bois de haut fût.* V. **Futaie.** ♦ 2º Par anal. Tige d'une colonne entre la base et le chapiteau. *Fût monolithe*, d'un seul bloc. *Fût appareillé*, composé de tambours superposés. *Demi-diamètre du fût.* V. **Module.** *Fût lisse; à cannelures.* ♦ 3º Techn. Monture de bois d'une arme. V. **Affût.** *Fût d'un fusil*, partie antérieure de la monture précédant la crosse. — Bois formant le corps d'un meuble, dans lequel on met un outil, un instrument... *Fût de charrue, d'un bât, d'un archet de violon.* ♦ 4º (XIIIᵉ). Tonneau pour mettre le vin, l'eau-de-vie. *Petit fût d'eau-de-vie.* V. **Baril, tonnelet.** *Fût en perce. Vin qui sent le fût*, qui s'est dénaturé dans un fût moisi. ◇ HOM. Formes du v. être.

FUTAIE [fytɛ]. *n. f.* (v. 1375; de *fût*). Cour. Groupe d'arbres de haut fût dans une forêt. *Par ext.* Forêt d'arbres très élevés. — *Eaux et for.* Peuplement forestier composé d'arbres issus de semences et destinés à atteindre un plein développement avant d'être exploités. *Arbre* *qui croît en futaie.* V. **Baliveau.** *Haute futaie :* futaie parvenue à tout son développement.

FUTAILLE [fytɑj]. *n. f.* (XIIIᵉ; de *fût*, 4°). ♦ 1° Récipient de bois en forme de tonneau, pour le vin, les alcools, l'huile. V. **Fût.** *Futailles de vin.* V. **Barrique, bordelaise, feuillette, foudre, muid, pièce, quartaut, queue** (2), **tonneau.** *Futaille servant au transport de denrées sèches.* V. **Baril.** ♦ 2° Nom collectif désignant un ensemble de tonneaux, de fûts, etc. *Ranger la futaille dans un chai.*

FUTAINE [fytɛn]. *n. f.* (*Fustane,* 1234; lat. médiév. *fustaneum,* de *fustis* « fût », trad. du bas gr. *xulina lina* « tissu d'arbre »). Tissu croisé, dont la chaîne est en fil et la trame en coton. V. **Basin.**

FUTÉ, ÉE [fyte]. *adj.* (1690; du moy. fr. *se futer* « échapper au chasseur et éviter les filets »; lat. *fugere.* V. **Fuite**). Qui est plein de finesse, de malice (comme celui qui, à force d'expérience, a appris à esquiver les coups, à déjouer les pièges, etc.). V. **Débrouillard, finaud, madré, malin, roué, rusé.** *Un paysan futé.* Subst. *Une petite futée.* V. **Fripon.** — Par ext. *Air futé.* V. **Malicieux.** ◇ ANT. *Benêt, bête, nigaud.*

FUTÉE [fyte]. *n. f.* (1676; de *fût*). Techn. Mastic composé de sciure de bois et de colle forte, servant à boucher les trous du bois.

FUTILE [fytil]. *adj.* (XIVᵉ; lat. *futilis*). ♦ 1° Qui est dépourvu de sérieux, qui ne mérite pas qu'on s'y arrête. V. **Insignifiant.** *Discours, propos futiles.* V. **Creux, frivole, vain, vide.** *Sous le prétexte le plus futile.* V. **Léger; puéril.** *S'occuper de choses futiles.* V. **Bagatelle, bêtise, futilité, rien.** « *Je me laissais d'abord entraîner par le tourbillon du monde, et je me livrais toute entière à ses distractions futiles* » (LACLOS). ♦ 2° *(Personnes).* Qui ne se préoccupe que de choses sans importance. V. **Frivole, léger, superficiel.** *Un être, une femme futile.* ◇ ANT. *Grave, important, sérieux.*

FUTILEMENT [fytilmɑ̃]. *adv.* (1877; de *futile*). D'une manière futile.

FUTILITÉ [fytilite]. *n. f.* (1672; *futileté,* XVIᵉ; lat. *futilitas*). Caractère futile. V. **Frivolité, inanité, vanité.** *La futilité d'un raisonnement, d'une objection.* V. **Insignifiance, légèreté, nullité, vide.** *Futilité d'une vie consacrée aux plaisirs.* V. **Inutilité.** *Futilité d'esprit.* V. **Enfantillage, puérilité.** — Par ext. Chose futile. « *On parle à Paris, et on ne pense guère; la journée se passe en futilités* » (VOLT.). V. **Bagatelle, broutille.** ◇ ANT. *Gravité, importance, intérêt, poids, sérieux, utilité.*

FUTUR, URE [fytyʀ]. *adj.* et *n. m.* (XIIIᵉ; lat. *futurus,* part. futur de *être* »).

I. *Adj.* ♦ 1° Qui appartient à l'avenir. V. **Prochain, ultérieur.** *Les générations futures. Besoins actuels et futurs.* — Relig. *La vie future,* celle qui doit succéder à la vie terrestre. V. **Éternité, immortalité.** ♦ 2° (L'adj. précédant presque toujours le nom). Qui sera tel dans l'avenir. *Les futurs époux. Sa future épouse,* subst. *Le futur, la future.* V. **Fiancé.** *Vos futurs collègues. C'est un futur ministre. Voir en qqn un futur chef, un futur champion.* V. **Herbe** (en); **graine** (de la graine de).

II. *N. m.* ♦ 1° Partie du temps qui vient après le présent.

V. **Avenir.** *Le passé, le présent et le futur.* « *Le réactionnaire... se soucie de préparer un futur qui soit identique au passé* » (SARTRE). *Romans d'anticipation* * qui évoquent le futur. ♦ 2° Gram. Ensemble des formes d'un verbe qui expriment qu'une action, un état sont placés dans un moment de l'avenir. *Futur simple* (je parlerai). *Futur antérieur* (j'aurai parlé) exprimant l'antériorité par rapport à un autre moment de l'avenir. *Conjuguer un verbe au futur. Vous feriez mieux d'en parler au futur,* en employant le futur et non comme d'une chose présente, assurée. ◇ Temps à venir dans lequel se situe l'action verbale. *On peut exprimer le futur par le verbe aller* (il va venir). *Futur du passé,* le conditionnel présent, dans une complétive au passé (je lui ai écrit que je viendrais). ◇ ANT. *Antérieur, passé, présent.*

FUTURIBLE [fytyʀibl(ə)]. *n.* et *adj.* (1966; de *futur,* [poss]*ible*). Didact. Qui s'adonne à des recherches prospectives sur le futur. V. **Futurologie.**

FUTURISME [fytyʀism(ə)]. *n. m.* (1909; it. *futurismo;* de *futur*). Doctrine esthétique formulée par le poète italien Marinetti, exaltant le mouvement, et tout ce qui dans le présent (vie ardente, vitesse, machinisme, révolte, goût du risque, etc.) préfigurerait le monde futur.

FUTURISTE [fytyʀist(ə)]. *adj.* (XXᵉ; de *futur*). ♦ 1° (1922). Partisan du futurisme. ♦ 2° (1966). Qui évoque l'état futur de l'humanité tel qu'on croit pouvoir l'imaginer (surtout dans l'aspect fantastique des progrès techniques et scientifiques). *Une architecture futuriste.*

FUTUROLOGIE [fytyʀɔlɔʒi]. *n. f.* (v. 1968; de *futur,* et -[ɔ]*logie*). Didact. Ensemble des recherches prospectives concernant l'évolution future, scientifique, économique, sociale, technique, de l'humanité. V. **Prospective.** « *Vous avez fait* [...] *n'ayant que votre scalpel pour 'machine à explorer le temps'* [...] *de la futurologie expérimentale* » (J. ROSTAND).

FUTUROLOGUE [fytyʀɔlɔg]. *n.* (v. 1968; de *futurologie*). Chercheur spécialiste en futurologie. V. **Futurible.**

FUYANT, ANTE [fɥijɑ̃, ɑ̃t]. *adj.* (1213, subst.; 1539, adj.; p. prés. de *fuir*). Qui fuit.

I. *Adj.* ♦ 1° Poét. Qui s'éloigne rapidement, qui court. « *Les eaux fuyantes* » (BAUDEL.). ♦ 2° (Fin XIXᵉ). Qui échappe, qui se dérobe à toute prise. V. **Insaisissable.** *Regard fuyant. Caractère, homme fuyant,* qu'on ne peut retenir, comprendre, amener à une position franche. V. **Évasif.** ♦ 3° Perspect. et Peint. Qui paraît s'éloigner, s'enfoncer dans le lointain. *D'autres semeurs « s'enfonçaient en face, dans la perspective fuyante des terrains plats* » (ZOLA).

II. *N. m. Le fuyant :* l'ensemble des lignes fuyantes; perspective (d'un point). — N. f. *Une fuyante :* une ligne fuyante.

◇ ANT. *Fixe, stable; certain, sûr.*

FUYARD, ARDE [fɥijaʀ, aʀd(ə)]. *adj.* et *n.* (1538; de *fuir*). ♦ 1° Adj. *(Vx)* Qui est porté à s'enfuir. V. **Lâche.** ♦ 2° N. m. Celui qui s'enfuit, et spécialt. Soldat qui abandonne son poste de combat pour fuir. V. **Fugitif.** *Rejoindre un fuyard.* « *Napoléon court au galop le long des fuyards* » (HUGO).

G

G [ʒe]. *n. m.* ♦ 1° Septième lettre, cinquième consonne de l'alphabet : *G, g.* ◇ PHON. 1. G sert à noter l'occlusive sonore postpalatale ou vélaire [g] devant A, O, U ou devant une consonne, et la constrictive sonore prépalatale [ʒ] devant E, I, Y. — 2. GE devant A, O sert à noter [ʒ], et GU devant E, I : [g] — 3. Devant A, O, GU se prononce [g], [gɥ] ou [gw]. — 4. GN transcrit une consonne médiopalatale nasale dite n mouillé [ɲ], sauf dans des emprunts. ♦ 2° g, symb. de *Gramme.* — Symb. de l'intensité de la pesanteur. — *Mus.* Sol. ◇ G, symb. du *gauss.* — Symb. de *giga-.*

Ga Symbole chimique du *gallium*.*

GABARDINE [gabaʀdin]. *n. f.* (fin XIXᵉ; esp. *gabardina;* Cf. a. fr. *Gaverdine* « manteau », 1482; all. *Wallevart* « pèlerinage ». V. **Pèlerine**). Tissu d'armure façonnée. *Gabardine de laine. Pantalon de gabardine.* ◇ *Par ext.* Imperméable en gabardine.

GABARE ou **GABARRE** [gabaʀ]. *n. f.* (1338; gasc. *gabarra,* gr. *karabos* « langouste », « bateau » en gr. byzantin. V. **Caravelle**). ♦ 1° *Mar.* Ancien bâtiment de charge dans la marine de guerre. — Embarcation, souvent plate, pour le transport des marchandises. V. **Allège**. « *Le quai, d'où jadis partaient tant de gabares* » (CHARDONNE). ♦ 2° Filet de pêche. V. **Seine**.

GABARIAGE [gabaʀjaʒ]. *n. m.* (1839; de *gabarier*). *Techn.* Fabrication d'un gabarit; comparaison avec un gabarit.

GABARIER ou **GABARRIER** [gabaʀje]. *n. m.* (1478; de *gabarre*). *Vx.* Patron ou manœuvre, sur une gabarre.

GABARIER [gabaʀje]. *v. tr.* (1764; de *gabarit*). *Techn.* Construire conformément à un gabarit.

GABARIT [gabaʀi]. *n. m.* (1643; prov. *gabarrit,* altér. de *garbi,* gotique °*garwi* « préparation, modèle ». V. **Galbe**). ♦ 1° *Mar.* Modèle d'une pièce de construction établie en vraie grandeur. *Salle des gabarits,* dans un arsenal. ◇ *Par ext. Techn.* Appareil de mesure pour vérifier forme ou dimensions. Ch. de fer. *Gabarit de chargement, de voie.* ♦ 3° *Cour.* Dimension, forme déterminée ou imposée d'avance. « *Une forêt de navires... de tout gabarit et de tout tonnage* » (GAUTIER). — (XIXᵉ) Forme type. V. **Modèle.** ◇ *Fig. Du même gabarit.* V. **Acabit, genre.** « *Les prêtres de son gabarit* » (HUYSMANS).

GABBRO [gabro]. *n. m.* (1778; mot florentin). *Géol.* Roche éruptive grenue à pyroxène.

GABEGIE [gabeʒi]. *n. f.* (1790; mot de l'Est (Cf. a. fr. *Gaber,* anc. scand. *gabb* « raillerie »). Désordre résultant d'une mauvaise administration ou gestion. V. **Gaspillage.** ◇ ANT. *Économie, ordre.*

GABELLE [gabɛl]. *n. f.* (1330; it. *gabella,* arabe *al-qabâla* « l'impôt »). ♦ 1° Impôt indirect, taxe. ♦ 2° Impôt indirect sur le sel (salage). *Pays de petite gabelle* (prix imposé), *de grande gabelle* (prix et quantité achetées imposés). « *L'impôt exécré, c'était la gabelle odieuse* » (ZOLA). ◇ *Par ext.* Administration qui percevait cet impôt. *Employé des gabelles.*

GABELOU [gablu]. *n. m.* (1585; mot de l'Ouest; de *gabelle*). *Ancienn.* Commis de la gabelle. ◇ *Mod. (Péj.)* Employé d'octroi, douanier.

GABIER [gabje]. *n. m.* (1678; de *gabie* (vx), « demi-hune », de l'a. fr. *gabie,* prov. *gabia* « cage »). Matelot chargé de l'entretien, de la manœuvre des voiles, du gréement. « *Étant gabier, il vivait dans sa mâture* » (LOTI). — Matelot breveté de la spécialité manœuvre.

GABION [gabjɔ̃]. *n. m.* (1525; it. *gabbione,* de *gabbia* « cage »). ♦ 1° Cylindre de clayonnage, de branchages tressés, ou de grillage, destiné à être rempli de terre, etc., pour servir de protection. *Gabions d'un parapet.* ♦ 2° *Région.* Grand panier à anses pour le transport du fumier, de la terre. ♦ 3° Abri pour les chasseurs de gibier d'eau.

GABIONNAGE [gabjɔnaʒ]. *n. m.* (1832; de *gabionner*). *Fortif.* Fabrication ou pose de gabions.

GABIONNER [gabjɔne]. *v. tr.* (1540; de *gabion*). *Fortif.* Couvrir, protéger au moyen de gabions. *Gabionner un talus.*

GABLE ou **GÂBLE** [gɑbl(ə)]. *n. m.* (1338; a. scand. *gafl* « plafond »). *Archit.* Pignon décoratif aigu, souvent ajouré et orné (V. **Fronton, pignon**). *Rampants, fleuron d'un gable gothique.* ◇ *Charpente triangulaire d'une lucarne.*

GÂCHAGE [gɑʃaʒ]. *n. m.* (1807; de *gâcher*). ♦ 1° Action de délayer le plâtre, le mortier. ♦ 2° *Fig.* Action de gâcher. « *Rien ne le dégoûtait autant que le sabotage, le gâchage du travail* » (R. ROLLAND). V. **Bousillage, sabotage.** *Gâchage de temps.* V. **Gaspillage, perte.**

1. **GÂCHE** [gɑʃ]. *n. f.* (1294; frq. °*gaspia* « crampon »). *Techn.* Pièce de métal présentant une mortaise dans laquelle s'engage le pêne d'une serrure.

2. **GÂCHE** [gɑʃ]. *n. f.* (1376, « rame »; de *gâcher*). *Techn.* (1636). Outil avec lequel on gâche le plâtre. — Spatule du pâtissier.

GÂCHER [gɑʃe]. *v. tr.* (XIIᵉ, « laver »; frq. °*waskan*). ♦ 1° (Déb. XIVᵉ). Délayer (du mortier, du plâtre) avec de l'eau. ♦ 2° (XVIIIᵉ). *Fig.* Faire (un ouvrage) grossièrement, sans aucun soin. V. **Bâcler, saboter.** *Gâcher la besogne.* ◇ Perdre, manquer (qqch.) faute d'en tirer parti, de savoir, de pouvoir en profiter. V. **Gaspiller.** *Gâcher son argent, son talent* (V. **Galvauder**), *une occasion* (V. **Manquer**). *Gâcher le métier :* travailler à trop bon marché. « *Nous la gâchons* (notre vie) *au hasard* » (GIDE). — *Une vie gâchée.* ◇ *Gâter,* troubler. *Il nous gâche le plaisir.*

GÂCHETTE [gɑ(a)ʃɛt]. *n. f.* (*Glachette,* 1478; de *gâche* 1). ♦ 1° *Techn.* Tige, pièce de métal qui maintient le pêne d'une serrure dans la position de la fermeture. ♦ 2° Dans une arme à feu, Pièce immobilisant le percuteur dans la masse percutante (V. **Chien**). ◇ *Cour.* (abusif, en armement) La détente, qu'on fait agir sur la gâchette pour tirer. *Appuyer sur la gâchette.* V. **Tirer.** *Il s'arrêta, « le doigt sur la gâchette* » (GIONO).

GÂCHEUR, EUSE [gɑʃœʀ, øz]. *n.* (1292; de *gâcher*). ♦ 1° *N. m.* Ouvrier qui gâche le plâtre, le mortier. ♦ 2° (XVIIIᵉ). *Fig.* Personne qui gâche, bâcle, gaspille. V. **Saboteur.** « *Propre à rien! gâcheur de besogne* » (ZOLA). *Gâcheur de papier* (V. **Gaspilleur**), mauvais écrivain. ◇ *Pop. N. f.* Celle qui gâche le plaisir d'autrui en faisant des façons, des chichis. V. **Bêcheuse.**

GÂCHIS [gɑʃi]. *n. m.* (1564; de *gâcher*). ♦ 1° Mortier fait de plâtre, de chaux, de ciment. ◇ *Par anal.* Terrain détrempé. V. **Boue, fange.** ♦ 2° Amas de choses gâchées (abîmées, brisées, renversées). V. **Désordre, pagaïe.** *Gâchis politique.* ♦ 3° *Fig.* (1775). Situation confuse, embrouillée. V. **Désordre, pagaïe.** *Gâchis politique. Nous sommes en plein gâchis.* ♦ 4° Gâchage, gaspillage. *Il y a du gâchis dans cette maison.*

GADE [gad]. *n. m.* (1788; gr. *gados*). *Zool.* Nom générique de quelques poissons (*Gadidés*). V. **Cabillaud, capelan, colin, lieu, merlan, merluche, morue, tacaud.**

GADGET [gadʒɛt]. *n. m.* v. 1946; anglo-amér. *gadget,* arg. des marins, v. 1870; p.-ê. du fr. *gâchette,* appliqué à des mécanismes, ou fr. dial. *gâgée* « outil »). *Américanisme.* Dispositif, objet amusant et nouveau. V. **Bidule, bricole, truc.**

GADIDÉS [gadide]. *n. m. pl.* (*Gadites,* 1839; de *gade*). *Zool.* Famille de poissons téléostéens (*Anacanthiniens*) comprenant les gades* et la lotte.

GADIN [gadɛ̃]. *n. m.* (1914, arg. aviat.; o. i.). *Fam.* Chute (d'une personne). *Ramasser un gadin,* tomber. V. **Pelle.**

GADOLINIUM [gadɔlinjɔm]. *n. m.* (1890; de *gadolinite* (1802), du nom du minéralogiste *Gadolin*). *Chim.* Métal rare, nº 64 (symb. *Gd*).

GADOUE [gadu]. *n. f.* (XVIᵉ; o. i.). ♦ 1° Matières fécales et immondices employées comme engrais (V. **Vidange**). ♦ 2° *Cour.* Terre détrempée. V. **Boue.** *Patauger dans la gadoue* (pop. GADOUILLE [gaduj]).

GAÉLIQUE [gaelik]. *adj. et n.* (1833; angl. *gaelic*). Relatif aux Gaëls (V. **Celte**). *Caractères de l'alphabet gaélique.* V. **Ogamique, rune(s).** *Par ext.* Celtique. *Ballades gaéliques.* ◇ N. m. *Ling.* Groupe des dialectes celtiques d'Irlande. V. **Irlandais; erse.**

GAFFE [gaf]. *n. f.* (XIVᵉ; prov. *gaf,* de *gaffar* « saisir », d'o. got.). ♦ 1° Perche munie d'un croc et d'une pointe, ou de deux crocs, et servant à la manœuvre d'une embarcation, à accrocher le poisson, etc. « *Tantôt on rame, tantôt on se sert de la gaffe* » (MAUPASS.). ♦ 2° (1872; de *gaffer*). *Fam.* Action, parole intempestive ou maladroite. V. **Bévue, impair, maladresse.** *Faire une gaffe.* ♦ 3° (Déb. XIXᵉ, *porter gaffe :* faire sentinelle). *Pop. Faire gaffe,* faire attention.

GAFFER [gafe]. *v.* (1694; de *gaffe*). ♦ 1° *V. tr.* Accrocher avec une gaffe. *Gaffer un poisson.* ♦ 2° *V. tr. intr.* (1872). *Cour.* Faire une gaffe, un impair. « *Hubert pensait que sa lourde sœur* gaffait » (MAURIAC). ♦ 3° *Pop. V. intr.* Regarder attentivement. *Gaffe un peu!*

GAFFEUR, EUSE [gafœʀ, øz]. *n.* (1888; de *gaffer*). *Fam.* Personne qui commet une gaffe, fait des gaffes. V. **Balourd, maladroit, lourd.** *Adj. Elle est gaffeuse.*

GAG [gag]. *n. m.* (1922; mot angl.). *Cinéma.* Effet comique rapide, burlesque. *Un bon gag.*

GAGA [gaga]. *n. et adj.* (1879; de *gâteux*). *Fam.* (Surtout attribut). *Gâteux.*

GAGE [gaʒ]. *n. m.* (XIᵉ; frq. °*waddi*).
I. Ce qu'on dépose ou laisse entre les mains de qqn à titre de garantie. ♦ 1° Contrat de remise d'une chose immobilière à un créancier pour garantir le paiement d'une dette. V. **Caution, dépôt, garantie, nantissement; arrhes.** *Prêteur sur gages.* « *Une reconnaissance du mont-de-piété qui attestait que le valet avait mis sa montre en gage* » (BALZ.). ♦ 2° Biens meubles ou immeubles affectés à la garantie d'une dette. V. **Sûreté; hypothèque, privilège.** *Les biens du débiteur sont le gage commun de ses créanciers. Gage commercial.* ♦ 3° (Jeux de société). Objet que le joueur dépose chaque fois qu'il se trompe et qu'il ne peut retirer, à la fin du jeu, qu'après avoir subi une pénitence; cette pénitence. ♦ 4° Ce que l'on consigne entre les mains d'un tiers, en cas de contestation, pour être ensuite remis à celui qui aura gain de cause. ♦ 5° *Fig.* Ce qui représente un garant ou une garantie. *La garantie portant sur l'avenir* V. **Assurance, promesse.** *Gage de fidélité. Je ne veux d'autre gage que votre parole. Donner, prendre des gages.* « *D'une éternelle paix Hermione est le gage* » (RAC.). « *Ces politiciens dont on dit qu'ils donnent des gages aux partis extrêmes* » (ROMAINS). — (La garantie s'appliquant au passé ou au présent) V. **Preuve, témoignage.** *Gage d'amour.*
II. *Au plur.* (XIIᵉ). Salaire d'un domestique. V. **Appointements.** *Les gages d'une cuisinière.* — Par ext. *Être aux gages de qqn,* être payé par lui pour quelque activité à son service (*par ext.* Être au service de, sous la dépendance de). *Péj.* À GAGES : payé pour remplir tel ou tel rôle. *Tueur à gages.*

GAGER [gaʒe]. *v. tr.*; conjug. *bouger* (1080; de *gage*). ♦ 1° *Vx.* V. **Parier.** « *Je gage cent pistoles que c'est toi* » (MOL.). — (XVIᵉ) *Mod.* (*Littér.*). Pour exprimer un simple avis en n'engageant que son opinion). *Gageons qu'il ne tiendra pas ses promesses.* ♦ 2° *Vx.* Payer, donner des gages à (qqn). ♦ 3° (1872). Garantir par un gage. *Gager un emprunt, une émission de billets.* — Au p. p. *Emprunt gagé.*

GAGEURE [gaʒyʀ; souv. gaʒœʀ, fautif]. *n. f.* (XIIIᵉ, dr.; de *gage*, et *gager*). ♦ 1° *Vieilli.* Promesse réciproque de payer le gage convenu si on perd un pari. « *Soutenir la gageure* » (SÉV.); *au fig.* Persévérer dans une entreprise, une attitude, comme pour tenir un pari. ♦ 2° (1694). *Littér.* Action, projet, opinion si étrange, si difficile, qu'on dirait un pari à tenir. « *C'était une entreprise difficile et... comme une gageure* » (PÉGUY).

GAGISTE [gaʒist(ə)]. *n. m.* (1680; de *gage*). *Dr.* (Fin XIXᵉ). Personne dont la créance est garantie par un gage. — Par appos. *Créancier gagiste.*

GAGMAN [gagman]. *n. m.* (1956; mot angl. de *gag*, et *man* « homme »). *Anglicisme.* Auteur de gags. *Des gagmen* [gagmɛn]. *Le « meilleur gagman de Bob Hope »* (J.-L. GODARD).

GAGNABLE [gaɲabl(ə)]. *adj.* (XIIᵉ, « cultivable »; XVIᵉ, sens mod.; de *gagner*). *Rare.* Que l'on peut gagner. *La partie n'est pas gagnable, mieux vaut abandonner.* ◇ ANT. Ingagnable.

GAGNAGE [gaɲaʒ]. *n. m.* (XIIᵉ; de *gagner*). *Vx* ou *dial.* Pâturage; champ où le gibier va prendre sa nourriture.

GAGNANT, ANTE [gaɲã, ãt]. *adj. et n.* (XIIIᵉ; p. prés. de *gagner*). Qui gagne. *Carte gagnante. Numéro gagnant. Tout le monde donne ce cheval gagnant, prévoit sa victoire. Coup gagnant.* — (Personnes). *Si vous tentez l'opération, vous serez gagnant.* ◇ N. La personne qui gagne. *Le gagnant du gros lot.* — Le cheval (V. **Vainqueur**), le billet... qui gagne. *Il a touché le gagnant.* ◇ ANT. *Perdant.*

GAGNE-PAIN [gaɲpɛ̃]. *n. m. invar.* (1566; « gantelet », XIIIᵉ; de *gagner*, et *pain*). Ce qui permet à qqn de gagner sa vie. « *Pour lui procurer... un gagne-pain honorable* » (ROMAINS). V. **Emploi.**

GAGNE-PETIT [gaɲpəti]. *n. m. invar.* (1597; de *gagner*, et *petit* « peu »). Celui qui a un métier peu rémunérateur.

GAGNER [gaɲe]. *v. tr.* (*Guaaignier*, 1160; frq. °*waidanjan*, « se procurer de la nourriture, du butin »; d'où « paître, brouter », en vénerie).

I. S'assurer (un profit matériel). ♦ 1° (Par un travail, par une activité). *Gagner de l'argent.* « *On a autant de peine... à se passer d'argent qu'à en gagner* » (RENARD). *Gagner tant par mois.* V. **Toucher.** *Marchand qui gagne gros, qui fait de gros bénéfices. Il a gagné tant sur la vente.* V. **Encaisser.** *Gagner de quoi vivre. Gagner son pain à la sueur de son front. Avoir besoin de gagner sa vie,* et pop. *sa croûte, son bifteck.* V. **Travailler.** *Il « ne fit pas fortune, mais il gagna sa vie, et largement »* (DAUD.). — *Bien gagner, gagner bien...; mériter de gagner. Voici dix, cent francs, vous les avez bien gagnés.* ♦ 2° (Par le jeu, par un hasard favorable). V. **Empocher, encaisser, rafler, ramasser.** *Gagner le gros lot. Gagner sur tous les tableaux. À tous les coups l'on gagne! —* Par ext. *Le numéro tant gagne un lot de vingt mille francs. La carte qui gagne,* qui fait la levée. V. **Gagnant.**

II. ♦ 1° Acquérir, obtenir (un avantage). *Il y a gagné une certaine réputation, un peu de tranquillité. Les lauriers gagnés à la guerre. Gagner ses galons.* V. **Acquérir, conquérir, moissonner, recueillir.** *Vous avez bien gagné vos vacances.* V. **Mériter.** *Repos bien gagné.* — *L'enfant a gagné plusieurs kilos.* V. **Prendre.** — *Gagner du temps :* obtenir l'avantage de disposer d'un temps plus long, en différant une échéance (V. **Différer, retarder**). Faire une économie de temps. *Prenez ce raccourci, vous gagnerez un bon quart d'heure.* — Avec un complément indéterminé. *Ne vous embarquez pas dans cette affaire, vous n'y gagnerez rien, rien de bon.* V. **Retirer, tirer.** « *On hasarde de perdre en voulant trop gagner* » (LA FONT.). ◇ *Absolt. Vous y gagnerez,* vous y trouverez un avantage. *Gagner au change.* V. **Bénéficier.** ◇ GAGNER EN, sous le rapport de. « *La passion y gagne en profondeur ce qu'elle paraît perdre en vivacité* » (BALZ.). *Absolt. Il a gagné en aisance,* il a fait des progrès sous le rapport de l'aisance. *Il a gagné en largeur.* V. **Augmenter, croître.** *Son style a gagné en force, en précision.* V. **Améliorer (s').** ◇ *Intrans.* GAGNER À (suivi d'un inf.) : retirer quelque avantage, avoir une meilleure position. *C'est un homme qui gagne, qui ne gagne pas à être connu. Ce livre gagne à être relu.* — GAGNER DE (suivi d'un inf.) : obtenir l'avantage de, arriver à ce résultat que. *Vous y gagnerez d'être enfin tranquille.* ♦ 2° *Iron.* V. **Attraper, contracter, prendre.** *Je n'y ai gagné que des coups.* V. **Récolter.** *Vous passerez pour un sot, c'est tout ce que vous aurez gagné.* V. **Retirer.** ♦ 3° Obtenir (les dispositions favorables d'autrui). V. **Attirer (qqn),** capter, conquérir. *Gagner la faveur, l'amitié, l'estime de qqn.* V. **Plaire.** « *Je ne sais quoi qui gagne le cœur* » (CHATEAUB.). V. **Séduire, subjuguer.** ◇ *Par ext.* Se rendre favorable (qqn). V. **Amadouer, attacher (s'), concilier (se), séduire.** « *Pour gagner un homme, la première chose à savoir est :* « *Qu'aime-t-il?* » (STE-BEUVE). *Se laisser gagner par les prières de qqn.* V. **Convaincre, persuader.** *Nous l'avons enfin gagné à notre cause. Gagner de nouveaux partisans, des fidèles.* V. **Convertir, rallier.** *Témoins suspects de s'être laissé gagner.* V. **Circonvenir, corrompre.**

III. (Dans une compétition, une rivalité). ♦ 1° Obtenir, remporter (l'enjeu). *Gagner le prix. Gagner la coupe.* V. **Enlever.** ♦ 2° Être vainqueur dans (la compétition). *Gagner la bataille.* — *Gagner un procès. Avoir cause gagnée. Gagner un pari, la partie. Absolt. Vous avez gagné, félicitations.* V. **Réussir.** *Jouer à qui perd gagne.* ◇ *Gagner une épreuve, un match, une course. — Absolt.* V. **Emporter (l').** *Boxeur qui gagne aux points.* ♦ 3° L'emporter sur (l'adversaire). V. **Battre, vaincre.** « *Jean-Jacques Rousseau, qui me gagnait toujours aux échecs* » (DIDER.). — *Gagner qqn de vitesse :* arriver avant lui en allant plus vite. V. **Dépasser, devancer.** *Ellipt. Il nous gagne!* il va nous rejoindre. — *Fig.* V. **Prévenir.** *Déjouer les plans d'un rival en le gagnant de vitesse,* par quelque démarche que l'on fait avant lui. ♦ 4° GAGNER DU TERRAIN *sur* qqn, diminuer ou augmenter l'intervalle qui sépare de lui, selon qu'on poursuit ou qu'on est poursuivi. *L'ennemi a gagné du terrain.* V. **Avancer, progresser.** *Fig. L'incendie gagne du terrain.* V. **Étendre (s').** *Idées qui gagnent du terrain.* V. **Propager (se).** — *Mar. Gagner au vent,* avancer malgré le vent contraire.

IV. Atteindre (une position) en parcourant la distance qui en sépare. ♦ 1° Atteindre en se déplaçant. *Le navire a gagné le large, le rivage* (V. **Aborder, toucher**). *Gagner la porte, la sortie. Gagner à nouveau sa place.* V. **Regagner.** ♦ 2° Atteindre en s'étendant. V. **Propager (se), progresser, répandre (se).** *L'inondation gagne les bas quartiers. L'instruction gagne toutes les couches de la population.* V. **Toucher.** ◇ *Fig.* En parlant d'un état d'ordre moral. V. **Communiquer (se).** « *Sa surprise me gagnait* » (FRANCE). ♦ 3° Agir sur (qqn) par une impression. *Le froid, le sommeil, la faim, la fatigue commençaient à le gagner.* V. **Emparer (s').**
◇ ANT. *Perdre. Échouer, reculer. Abandonner, éloigner (s'), quitter.*

GAGNEUR, EUSE [gaɲœʀ, øz]. *n. et adj.* (XIIᵉ; de *gagner*). Personne qui gagne. *Un gagneur de batailles. C'est* *un gagneur, il a un tempérament de gagneur.* — Arg. *Gagneuse,* prostituée.

GAI, GAIE [ge]. *adj.* (v. 1170; gotique °*gâheis* « rapide, vif »). ♦ 1° *(Êtres vivants).* Qui a de la gaieté. V. **Allègre, content, enjoué, espiègle, folâtre, gaillard, guilleret, hilare, jovial, joyeux, mutin, réjoui, rieur, souriant.** *Un gai luron. Elle « était bonne fille, gaie, et riait souvent »* (HENRIOT). *Un caractère gai et facile. Gai comme un pinson.* ◇ *Spécialt.* Dont la gaieté provient d'une légère ivresse. *Être un peu gai.* V. **Éméché, émoustillé, gris.** Dans le même sens : *Avoir le vin gai.* ♦ 2° *(Choses).* Qui marque de la gaieté ; où règne la gaieté. *Un visage gai et riant.* V. **Épanoui.** *« La soirée fut vive, gaie, aimable »* (HUGO). V. **Animé.** *Il n'a pas une vie bien gaie.* V. **Drôle.** Littér. *Le gai savoir,* la poésie des troubadours. ◇ *Vieilli.* V. **Égrillard, gaillard, leste, libre.** *Tenir des propos un peu gais.* ♦ 3° Qui inspire de la gaieté. *Un auteur gai.* V. **Amusant, comique, divertissant, drôle.** *J'aime ces couleurs gaies.* V. **Riant, vif.** *C'est la pièce la plus gaie de l'appartement.* V. **Agréable, plaisant.** *« Ce n'était pas gai, cette cuisine sombre et nue de paysan pauvre »* (ZOLA). *Tout cela n'est pas gai, hélas!* V. **Encourageant, réjouissant.** Iron. *Nous voilà encore en panne, c'est gai!* ♦ 4° Interj. *Vx.* Par ellipse pour : *que l'on soit gai! Gai, gai! marions-nous!* ◈ ANT. **Triste. Ennuyeux, sérieux, sombre. Attristant, décourageant, désolant.** — HOM. **Gué.**

GAÏAC [gajak]. *n. m.* (1532; esp. *guayaco,* mot d'Haïti). Arbre ou arbuste exotique (Amérique Centrale, Antilles), à fleurs bleues ornementales, à feuilles persistantes, à bois dur, compact et résineux. *Gaïac officinal dit « bois de vie ».* *Bleu de gaïac,* matière colorante tirée de la résine de gaïac.

GAÏACOL ou **GAYACOL** [gajakɔl]. *n. m.* (1895 ; de *gaïac).* Chim. Ester extrait de la résine de gaïac, ou de la créosote, des goudrons de chêne, de hêtre, de pin.

GAIEMENT (ACAD.) ou **GAÎMENT** [gemã]. *adv.* (XIVᵉ; de *gai).* Avec gaieté. V. **Joyeusement.** *Chanter gaiement.* — Avec entrain, de bon cœur. *Allons-y gaiement! Le voilà qui reprend gaiement ses mauvaises habitudes,* sans remords. ◈ ANT. **Tristement.**

GAIETÉ (ACAD.) ou **GAÎTÉ** [gete]. *n. f.* (1160 ; de *gai).* ♦ 1° État ou disposition des êtres qu'animent le plaisir de vivre, une humeur riante. V. **Alacrité, allégresse, enjouement, entrain, hilarité, joie, jovialité, jubilation, vivacité.** *Franche gaieté. Perdre, retrouver sa gaieté. Accès de gaieté, de folle gaieté. Mettre en gaieté.* V. **Amuser, égayer, réjouir.** *Gaieté débordante, communicative.* — Loc. adv. DE GAIETÉ DE CŒUR : de son propre mouvement, sans y être obligé (volontairement et volontiers). *Il ne renonce pas de gaieté de cœur à cette habitude.* ♦ 2° Caractère de ce qui marque ou traduit un tel état. *La gaieté de la conversation.* ♦ 3° Caractère d'une œuvre qui traduit un tel état et y dispose. V. **Humour, ironie, sel.** *« J'ai tenté, dans le Barbier de Séville, de ramener au théâtre l'ancienne et franche gaieté »* (BEAUMARCH.). ♦ 4° Trait, acte, geste, propos manifestant un tel état ; chose plaisante. V. **Plaisanterie.** *Les gaietés de l'escadron,* de Courteline. Iron. *Voilà les gaietés de la province, de l'administration.* ◈ ANT. **Chagrin, mélancolie, tristesse. Ennui.**

1. **GAILLARD, ARDE** [gajaʀ, aʀd(ə)]. *adj.* et *n.* (1080 ; du gallo-roman °*galia* « force », mot celtique). ♦ 1° Plein de vie, du fait de sa robuste constitution, de sa bonne santé. V. **Alerte, allègre, vif.** *Vieillard encore très gaillard.* V. **Vert.** ♦ 2° *Vieilli.* Plein d'entrain et de gaieté. V. **Enjoué, gai, jovial, joyeux.** *Humeur gaillarde.* ◇ (XVIIᵉ) Spécialt. *Mod.* D'une gaieté un peu libre. V. **Cru, égrillard, grivois, léger, leste, licencieux.** *« Chacun lui adressait quelque compliment gaillard sur sa tournure »* (MÉRIMÉE). V. **Drôle, gars, lascar.** ♦ 3° *N.* UN GAILLARD. Un homme plein de vigueur et d'entrain. V. **Luron.** *Un grand et solide gaillard.* V. **Costaud.** *Une gaillarde,* une femme hardie, aux allures un peu libres. ◇ *Fam.* V. **Drôle, gars, lascar.** *Ce sont des gaillards qu'il faut avoir à l'œil. « Voilà un petit gaillard qui n'aura pas froid aux yeux »* (BALZ.). ◈ ANT. **Faible; fatigué, triste.**

2. **GAILLARD** [gajaʀ]. *n. m.* (1573; ellipt. pour *château gaillard,* château fort). ♦ 1° *Ancien.* (et *mod.* sur un voilier). Partie extrême du pont supérieur. *Gaillard d'arrière,* à l'arrière du grand mât. *Gaillard d'avant.* ♦ 2° *Mod.* Superstructure à l'avant du pont supérieur. V. **Dunette.**

GAILLARDE [gajaʀd(ə)]. *n. f.* (XVᵉ; de *gaillard* 1). ♦ 1° (XVᵉ) Ancienne danse à trois temps animée ; musique pour cette danse. ♦ 2° *Typogr.* (1694). Caractère d'imprimerie de 8 points, intermédiaire entre le petit-texte et le petit-romain.

GAILLARDEMENT [gajaʀdəmã]. *adv.* (1080 ; de *gaillard* 1). D'une manière gaillarde ; avec entrain, bonne humeur. *Supporter gaillardement qqch. Porter gaillardement sa cinquantaine.*

GAILLARDIE [gajaʀdi] ou **GAILLARDE** [gajaʀd(ə)]. *n. f.* (1839 ; de *Gaillard,* bot. fr.). Plante ornementale à fleurs jaunes ou rouges *(Composacées).*

GAILLARDISE [gajaʀdiz]. *n. f.* (v. 1510; de *gaillard* 1).

Vieilli. Bonne humeur, gaieté un peu libre. ◇ Propos gaillard, un peu libre. V. **Gaudriole, gauloiserie, grivoiserie.**

GAILLET [gajɛ]. *n. m.* (1786; lat. sc. *galium,* gr. *galion,* par croisement avec *caille-lait*). Plante herbacée *(Rubiacées),* annuelle ou vivace des régions tempérées.

GAILLETERIE [gajtʀi; gajɛtʀi]. *n. f.* (1870; de *gaillette*). Techn. Houille en morceaux après triage.

GAILLETIN [gajtɛ̃]. *n. m.* (1853; de *gaillette*). Charbon de terre cassé en petits morceaux, pour l'usage domestique. V. **Tête-de-moineau.**

GAILLETTE [gajɛt]. *n. f.* (1770; mot wallon, dimin. de *gaille* « grosse noix », lat. *(nux) gallica* « (noix) gauloise »). Techn. Morceau de houille de moyenne grosseur.

GAIN [gɛ̃]. *n. m.* (XIIᵉ; de *gagner,* prononcé *gaingner*). ♦ 1° Action de gagner. *Gain d'une bataille.* V. **Succès, victoire.** *Le gain d'un procès.* — *Avoir, obtenir gain de cause.* V. **Emporter** (l'), **réussir.** Absolt. *Chances égales de gain et de perte.* ♦ 2° Ce qu'on gagne ; augmentation d'avoir. — Profit pécuniaire et matériel. V. **Acquêt, appointement, bénéfice, boni, commission, dividende, émolument, excédent, fruit(s), gratification, honoraire(s), intérêt, lucre, prime, produit, profit, rapport, récolte, rémunération, rendement, revenu, salaire, solde, traitement.** *Les gains d'un ouvrier, d'un chef d'entreprise. Gain illicite.* V. **Butin, dessous** (de table), **gratte, pot-de-vin, raccroc, rapine, ristourne, usure.** *Être âpre au gain. Amour, soif du gain. « Son sang de paysanne la poussait au gain »* (FLAUB.). *Céder à l'appât du gain. Compensation des gains et des pertes. Se retirer sur son gain.* V. **Charlemagne** (faire). *Tirer, retirer un gain, du gain de qqch.* V. **Lucratif.** ◇ *Toute espèce d'avantage.* V. **Acquisition, avantage.** *Le gain que l'on retire d'une lecture.* V. **Fruit, profit.** *Un gain de temps, de place.* V. **Économie.** *Gain de puissance.* V. **Accroissement, augmentation.** ♦ 3° Radio. Rapport d'amplification d'un étage de récepteur, de chaîne acoustique, etc. V. **Amplificateur.** ◈ ANT. **Dépense, perte. Désavantage, déperdition, dommage, ruine.**

GAINAGE [gɛnaʒ]. *n. m.* (1930; de *gainer).* Techn. Action de gainer.

GAINE [gɛn]. *n. f.* (déb. XIIIᵉ; lat. *vagina* « fourreau », devenu °*wagina,* sous l'infl. germ.). ♦ 1° Enveloppe ayant la forme de l'objet qu'elle protège. V. **Étui, fourreau.** *La gaine d'un pistolet. Tirer un poignard de sa gaine* (V. **Dégainer**), *le remettre dans sa gaine* (V. **Rengainer**). *Fabrication des gaines.* V. **Gainerie, gainier.** *Gaine d'un meuble.* V. **Housse.** — *Vêtement, robe qui moule comme une gaine.* V. **Gainer.** ◇ *Spécialt.* (déb. XXᵉ) Sous-vêtement en tissu élastique enserrant les hanches et la taille (femmes). V. **Ceinture.** *Gaine-combinaison* (Cf. **Combiné**), *gaine-culotte.* ♦ 2° Fig. et littér. Contrainte qui gêne un développement, une évolution. *« Aucun développement ne se peut sans briser des gaines »* (GIDE). V. **Carcan, corset.** ♦ 3° Sc. nat. Enveloppe résistante qui protège un organe. V. **Aponévrose.** ♦ 4° (1676). Support quadrangulaire plus étroit à la base qu'au sommet. *Gaine de stuc, de marbre.* V. **Piédestal, sellette, socle.** *Commode Empire à colonnes en gaine.* Par appos. *Pieds gaine.* ◇ Statue dont la partie inférieure semble engagée dans une gaine. *Cheminée ornée de deux gaines représentant des personnages.* V. **Cariatide, hermès, terme.** — *Gaine d'une horloge.* V. **Caisse, coffre.** ♦ 5° Techn. *Gaine d'aérage,* qui protège les parois d'une cheminée d'aération (mines). — *Gaine d'un obus,* destinée à recevoir le détonateur et la fusée. — Mar. *Gaine d'une voile* : ourlet qui l'entoure pour la renforcer. *Spécialt.* Enveloppe métallique protégeant, dans les réacteurs nucléaires, les lames d'uranium de la corrosion et évitant la contamination du fluide de refroidissement.

GAINER [gene]. *v. tr.* (1773; de *gaine).* ♦ 1° Techn. Mettre une gaine à. Mar. *Gainer une voile.* ♦ 2° Mouler comme fait une gaine. *« Leurs belles jambes gainées de dentelles »* (JOUHANDEAU).

GAINERIE [gɛnʀi]. *n. f.* (1412; de *gaine).* Art, ouvrage, commerce du gainier. — Fabrique de gaines, d'étuis.

GAINIER, IÈRE [genje, jɛʀ]. *n.* (XIIIᵉ; de *gaine).* Personne qui vend ou fabrique des gaines, des étuis.

GAL [gal]. *n. m.* (1948; de *Galilée*). Phys. Unité d'accélération dans le système C.G.S. (1 centimètre/seconde par seconde ou Cm/S²). ◈ HOM. **Gale, galle.**

GALA [gala]. *n. m.* *(Galla,* 1736; à propos de l'Espagne, 1666; mot esp. ou it.; a. fr. *gale* « réjouissance »). Grande fête souvent de caractère officiel. V. **Cérémonie, réception.** *Soirée de gala.*

GALA-, GALACT(O)-. Éléments, tirés du gr. *gala, galaktos* « lait ».

GALACTAGOGUE [galaktaɡɔɡ]. *adj.* (1865 ; de *galacto-,* et suff. *-agogue).* Méd. Qui favorise la sécrétion lactée. Subst. *Un galactagogue.*

GALACTIQUE [galaktik]. *adj.* (1808, « du lait » ; sens mod. 1877; de *galaxie*). Relatif à la Voie lactée. ◇ (XXᵉ) *Astron.* Qui appartient à une galaxie. *Nuage, nébuleuse galactique.*

GALACTOGÈNE [galaktɔʒɛn]. *adj.* et *n. m.* (1866; a remplacé *galactagogue* (1865)). De *galacto-, -gène).* Physiol.

Qui détermine la sécrétion du lait. *Hormone galactogène* (on dit aussi *lactogène*).

GALACTOMÈTRE [galaktɔmɛtʀ(ə)]. *n. m.* (1796; de *galacto-*, et suff. *-mètre*). *Techn.* Instrument pour mesurer la densité du lait. V. **Pèse-lait.**

GALACTOPHORE [galaktɔfɔʀ]. *adj.* (1729; de *galacto-*, et suff. *-phore*). *Physiol. Canaux galactophores*, conduisant le lait sécrété par les glandes mammaires vers le mamelon.

GALACTOSE [galaktoz]. *n. m.* (1665, « formation de lait dans les mamelles »; du gr. *galactos*). *Chim.* (1793). Sucre dextrogyre obtenu en même temps que le glucose par hydrolyse du lactose.

GALALITHE [galalit]. *n. f.* (attesté 1907; de *gala-*, et suff. *-lithe*). Nom déposé du premier produit plastique obtenu en 1879 par le traitement au formol de la caséine pure. *Peigne en galalithe.*

GALAMMENT [galamã]. *adv.* (XVIIe; remplace l'a. *galantement; de galant*). D'une manière galante. ♦ 1° *Cour.* Avec une politesse qui plaît (ou vise à plaire) aux femmes. *Offrir galamment sa place à une dame.* ♦ 2° *Littér.* En galant homme. *Se conduire galamment,* avec délicatesse.

GALANDAGE [galɑ̃daʒ]. *n. m.* (1785; altér. de *garlandage*. V. **Guirlande).** *Techn.* Cloison de briques posées de chant.

GALANT, ANTE [galɑ̃, ɑ̃t]. *adj.* (1318; p. prés. a. v. *galer* « s'amuser », frq. °*walare*, de °*wala* « bien »). ♦ 1° (De l'a. sens « vif, hardi »). Subst. *(Vx).* Homme vif et rusé. **Vert galant** *(anciennt.),* bandit qui se postait dans les bois. — Homme redoutable pour la vertu des femmes. *Henri IV, surnommé le Vert-Galant.* ♦ 2° (XVIe; altér. *galante*). Empressé, entreprenant auprès des femmes. — Poli, délicat, attentionné à l'égard des femmes. *Soyez galant et offrez votre place à cette dame.* ◇ Péj. *Femme galante* : de mœurs légères. *La Vie des dames galantes,* de Brantôme. — *Par ext.* Qui a rapport aux relations amoureuses. *Surprendre qqn en galante compagnie. Ton, propos galants. Poésie, peinture galante. Conte galant.* V. **Libertin.** ♦ 3° *Vx.* Gracieux et distingué, avec qqch. de vif, de piquant. V. **Coquet, élégant, fin.** « *Ah! qu'en termes galants ces choses-là sont mises* » (MOL.). *Les Indes galantes,* opéra-ballet de Rameau. ♦ 4° *Vieilli. Un galant homme* : un homme d'honneur aux sentiments nobles, aux procédés délicats. V. **Généreux.** ♦ 5° Subst. *Vieilli.* Homme qui aime à faire la cour aux femmes. V. **Bourreau** (des cœurs), **cavalier, coureur, don Juan, godelureau, marcheur, séducteur.** *Littér.* ou plaisant. *Elle est fière de tous ses galants.* V. **Amoureux, soupirant.** ◇ ANT. Froid, *lourdaud; impoli, mufle; commun.*

GALANTERIE [galɑ̃tʀi]. *n. f.* (1537; de *galant*). ♦ 1° *Vx.* Distinction, élégance de l'esprit et des manières. ♦ 2° *Courtoisie* que l'on témoigne aux femmes par des égards, des attentions. V. **Amabilité, civilité, politesse.** *La vieille galanterie française.* ◇ *Spécialt.* Empressement inspiré par le désir de conquérir une femme; goût des bonnes fortunes. *Le manège, le langage de la galanterie.* V. **Coquetterie, cour, flirt, marivaudage, séduction.** ♦ 3° Propos flatteur, galant (adressé à une femme). *Débiter des galanteries.* V. **Compliment, douceur, fleurette.** ♦ 4° Intrigue amoureuse. V. **Aventure, fortune** (bonne), **fredaine, intrigue, liaison.** « *Toute la première partie de sa vie avait été donnée au monde et aux galanteries* » (HUGO). ◇ ANT. Froideur. Brutalité, *impolitesse, muflerie.*

GALANTIN [galɑ̃tɛ̃]. *n. m.* (1555; de *galant*). *Vieilli.* Galant ridicule. *Un vieux galantin.*

GALANTINE [galɑ̃tin]. *n. f.* (XIIIe; altér. de *galatine* [v. 1225], lat. médiév. *galatina*, p.-ê. var. de *gelatina*. V. **Gélatine).** Charcuterie à base de viandes froides désossées (*spécialt.* cochon de lait, veau, volailles), que l'on sert dans sa gelée. V. **Ballotine.** *Galantine de volailles, truffée.*

GALAPIAT [galapja]. *n. m.* (1793; altér. prob. de *galapian,* var. dial. de *galopin*). *Fam.* V. **Vaurien.** *Un petit galapiat.* V. **Polisson.**

GALAXIE [galaksi]. *n. f.* (1557; lat. *galaxias,* mot gr., de *gala* « lait »). ♦ 1° *La* Voie lactée. ♦ 2° *Astron.* (XXe). La nébuleuse spirale dont la Voie lactée est une apparence et à laquelle appartient le Soleil. ◇ *Toute nébuleuse spirale. La fuite des galaxies,* fondement des théories de l'univers en expansion.

GALBE [galb(ə)]. *n. m.* (1578; en prov., 1530; *garbe* « air, allure », 1550; it. *garbo* « belle forme », du gotique °*garwon.* V. **Gabarit).** ♦ 1° (XVIIe). Contour ou profil harmonieux plus ou moins courbe d'une œuvre d'art. *Le galbe d'un vase.* ◇ Profil chantourné d'un meuble, d'un ouvrage de menuiserie. *Le galbe d'une commode Louis XV.* V. **Arrondi, cintrage, courbure, panse.** ♦ 2° Contour harmonieux d'un corps, d'un visage humain. *Un visage d'un beau galbe.*

GALBÉ, ÉE [galbe]. *adj.* (1611, *bien galbé*; de *galbe*). ♦ 1° Qui présente un galbe caractéristique. *Colonne galbée,* légèrement renflée au tiers de sa hauteur. ♦ 2° *Par ext.* Bien fait. « *Ces belles jambes bien galbées* » (DUHAM.).

GALBER [galbe]. *v. tr.* (1907; de *galbe*). Donner du galbe à. *Galber une colonne, un vase.*

GALE [gal]. *n. f.* (1539; var. de *galle* « excroissance », 1205). ♦ 1° Maladie contagieuse, très prurigineuse, de la peau, produite par un parasite animal, l'*acarus** de la gale ou sarcopte, qui creuse dans la peau des sillons ayant l'aspect de fines lignes grisâtres. V. **Gratte** (4°), **grattelle.** — *Par ext.* Se dit de certaines maladies de la peau accompagnées de fortes démangeaisons. *Gale bédouine.* V. **Miliaire.** *Gale du ciment, du nickel.* ◇ Fig. et fam. *Méchant, mauvais comme la gale; d'où Une gale :* une personne très méchante. V. **Peste, teigne.** « *Je suis une gale, une peste* » (SARTRE). ♦ 2° *Vétér.* Maladie cutanée et contagieuse des animaux, produite par des acariens. V. **Rouvieux.** ♦ 3° *Bot.* Maladie des végétaux due à des bactéries ou à des champignons, et caractérisée par des protubérances, ou *galles,* sur l'écorce, les feuilles, les fruits. *Gale de l'écorce.* V. **Teigne.** ◇ HOM. *Gal, galle.*

GALÉASSE ou **GALÉACE** [galeas]. *n. f.* (1420; it. *galeazza,* augment. de *galea* « galère »). *Mar. anc.* Bâtiment à voiles et à rames, grande galère surchargée d'artillerie. V. **Mahonne.**

GALÉJADE [galeʒad]. *n. f.* (1881; prov. *galejada,* de *galeja* « plaisanter », de *gala* « s'amuser ». V. **Galant).** *Région.* (Provence). Histoire inventée ou exagérée, plaisanterie généralement destinée à mystifier. V. **Blague.**

GALÉJER [galeʒe]. *v. intr.;* conjug. *céder* (XXe; de *galéjade). Région.* (Provence). Dire des galéjades. V. **Blaguer, plaisanter.**

GALÈNE [galɛn]. *n. f.* (1556; gr. *galênê* « plomb »). Sulfure naturel de plomb (PbS), gris bleuâtre, à clivage parfait et cristallisation cubique, se rencontrant dans presque tous les terrains. *Utilisation de la galène comme détecteur, dans les postes de T.S.F.* Cour. *Poste à galène.*

GALÉNIQUE [galenik]. *adj.* (1581; lat. *Galenus,* nom lat. de *Galien,* célèbre médecin grec). *Méd.* et *Pharm.* Conforme à la doctrine de Galien. *Remèdes galéniques :* remèdes ayant pour composants des végétaux, et non des substances chimiques pures.

GALÉNISME [galenism(ə)]. *n. m.* (1771; de *Galenus). Hist. méd.* Doctrine médicale de Galien.

GALÉOPITHÈQUE [galeɔpitɛk]. *n. m.* (1545; du gr. *galeos* « belette », et *pithêkos* « singe »). Mammifère insectivore, animal nocturne de la taille d'un chat, qui possède une membrane parachute reliant les membres antérieurs aux membres postérieurs et à la queue.

GALÈRE [galɛʀ]. *n. f.* (1402; catalan *galera,* a. it. *galea;* Cf. a. fr. *Galée.* V. **Galion).** ♦ 1° *Mar. antiq.* Bâtiment de guerre à voiles et à rames. V. **Trière.** ♦ 2° Bâtiment de guerre long et de bas bord, ponté, à deux mâts à antennes, marchant ordinairement à rames et utilisé jusqu'au XVIIIe s. V. **Galéasse, galiote.** *Malfaiteurs condamnés à ramer sur les galères.* V. **Galérien.** *Galères des pirates, des Turcs,* où des chrétiens captifs servaient de rameurs. *Galère capitane, réale.* — Loc. prov. « *Que diable allait-il faire dans cette galère?* » (MOL.), comment a-t-il pu s'embarquer dans cette affaire, en cette compagnie? *Je me suis laissé entraîner dans une drôle de galère!* V. **Mésaventure.** — *Vogue la galère!* arrive ce qui pourra. ♦ 3° *Au plur. Peine des galères,* ou ellipt. **LES GALÈRES,** peine de ceux qui étaient condamnés à ramer sur les galères de l'État. *Condamner, envoyer aux galères.* — *Par ext.* (La peine des galères ayant été abolie en 1791) Peine des fers, des travaux forcés. V. **Chaîne.**

GALERIE [galʀi]. *n. f.* (1316; it. *galleria,* lat. médiév. *galeria*). ♦ 1° Lieu de passage ou de promenade, couvert, beaucoup plus long que large, ménagé à l'extérieur ou à l'intérieur d'un édifice ou d'une salle. *Galerie autour d'un bâtiment.* V. **Péristyle.** *Galerie vitrée.* V. **Véranda.** *Galerie ouverte, cintrée, voûtée, à arcades.* V. **Portique.** — *Galerie intérieure d'un appartement.* V. **Corridor, couloir, vestibule.** *La galerie des Glaces du château de Versailles.* — *Galerie marchande,* galerie bordée de boutiques, notamment dans un centre commercial. — *Spécialt. Galerie construite ou aménagée en vue d'une exposition, d'un salon.* ♦ 2° *Par ext.* Magasin où sont exposés des objets d'art en vue de la vente. *Galeries de la Rive gauche, à Paris.* — *Par méton.* Collection d'objets d'art ou de science dans un musée. *Galerie de tableaux. Galerie d'art, de peinture. Les galeries du Muséum.* ◇ *(Au plur.)* Nom pris par certains magasins. ♦ 3° (D'abord au jeu de paume). Emplacement réservé aux spectateurs; les spectateurs eux-mêmes. — *Par ext.* Le monde, l'opinion des hommes. V. **Auditoire, public, spectateur, témoin.** *Parler, poser pour la galerie. Il fait cela pour amuser la galerie.* ◇ *Dans un théâtre,* Balcon à encorbellement, à plusieurs rangs de spectateurs. *Premières, secondes galeries.* V. **Paradis, poulailler.** — *Dans une église,* Sorte de tribune* continue sur le pourtour intérieur. ♦ 4° Rebord ménagé sur le toit d'une voiture. *Fixer des bagages sur la galerie d'une automobile.* V. **Porte-bagages.** ◇ Devant de foyer d'une cheminée.

♦ 5° Chemin souterrain ou couvert, pratiqué par l'assiégeant pour s'approcher d'une place. V. **Sape**. ◇ *Passage souterrain permettant l'exploitation d'une mine. Galerie d'épuisement, de recette, d'aération* (V. **Aérage**), *de roulage. Boisage d'une galerie.* ◇ *Tout passage souterrain.* V. **Boyau, tunnel**. *Galeries dans une cave, dans un égout. Galeries d'une nécropole.* V. **Catacombe**. ◇ *Petit chemin souterrain creusé par divers animaux* (rongeurs, insectivores). *Galeries de taupe, de mulot.*

GALÉRIEN [galeʀjɛ̃]. *n. m.* (1568 ; de *galère*). Homme condamné à ramer sur les galères du Roi (ou sur celles des Turcs dans le cas d'un chrétien captif). *Organisation du travail des galériens* (V. **Argousin, chiourme, espalier**). ◇ *Par ext.* Bagnard, forçat. *Chaîne de galériens.* — *Mener une vie de galérien :* extrêmement pénible. « *Ils se tuaient à la peine comme des galériens* » (R. ROLLAND).

GALERNE [galɛʀn(ə)]. *n. f.* (v. 1150 ; mot de l'Ouest ; probabl. celtique). *Mar.* Vent d'Ouest-Nord-Ouest, appelé aussi *Vent de galerne*.

GALET [galɛ]. *n. m.* (XIIᵉ ; de l'a. fr. *gal* « caillou » ; o. gaul.).
I. Caillou usé et poli par le frottement, que la mer dépose sur le rivage ou qu'on trouve dans le lit des torrents. *Plage de galets. Au sing. Se promener sur le galet.*
II. *Techn.* (1832). Disque, petite roue de bois, de métal, d'ivoire. *Galets d'un fauteuil, d'un lit, d'une table de nuit.* V. **Roulette**. — *Mécan. Galet simple*, roulant dans une rainure. *Galet à gorge. Mécanisme à galets.*

GALETAS [galtɑ]. *n. m.* (XIVᵉ ; de *Galata*, tour de Constantinople qui domine la ville). ♦ *Vx.* Logement pratiqué sous les combles. V. **Grenier, mansarde**. ♦ 2° *Par ext.* (XVIIᵉ). Logement misérable et sordide. V. **Bouge, réduit, taudis**. « *D'immondes réduits, taudis, galetas* » (MONDOR).

GALETTE [galɛt]. *n. f.* (XIIIᵉ ; de *galet*, à cause de sa forme). ♦ 1° Gâteau plat, fait de farine, de beurre et d'œufs et cuit au four ou sous la cendre. *Galette des Rois*, confectionnée à l'occasion de la fête des Rois et contenant une fève. — *Région.* Crêpe de farine de sarrasin ou de maïs. — *Mar.* Biscuit dur et plat. ♦ 2° *Par compar. Plat comme une galette.* ◇ *Par anal.* Objet en forme de galette. *Siège recouvert d'une galette de cuir.* — *Cinéma.* Enroulement de film non maintenu par les joues (unité de métrage en 9,5 mm). ♦ 3° *Pop.* (1907 ; par anal. avec les pièces de monnaie rondes et plates). V. **Argent**. *Avoir de la galette. La grosse galette.* V. **Fortune**.

GALETTEUX, EUSE [galɛtø, øz]. *adj.* (1907 ; de *galette*). *Pop.* Qui a de la fortune. V. **Riche**.

GALEUX, EUSE [galø, øz]. *adj.* (1495 ; de *gale*). ♦ 1° Atteint de la gale. *Chien galeux. Arbre galeux.* — *Subst.* « *Ce maudit animal, ce pelé, ce galeux, d'où venait tout le mal* » (LA FONT.). ◇ *Fig. Brebis galeuse.* — *Subst. Un galeux :* individu méprisable dont se refuse à fréquenter. ♦ 2° Qui a rapport à la gale. *Éruption galeuse.* ♦ 3° *Par ext.* Qui semble atteint de la gale. *Bois galeux*, hérissé de protubérances. — *Fig. Murs galeux.* V. **Lépreux**. ◈ ANT. *Propre, sain.*

GALGAL [galgal]. *n. m.* (1858 ; gaélique *gal* « caillou »). *Archéol.* Tumulus celtique renfermant une crypte.

GALHAUBAN [galobɑ̃]. *n. m.* (1634 ; comp. de *hauban*, pour « cale-hauban »). *Mar.* Cordage servant à assujettir les mâts supérieurs par le travers, et vers l'arrière.

GALIBOT [galibo]. *n. m.* (1871 ; mot picard, de *galibier* « polisson »). *Techn.* Jeune manœuvre travaillant au service des voies dans les galeries de mines.

1. GALILÉEN, ENNE [galileɛ̃, ɛn]. *adj. et n.* (1673 ; de *Galilée*). *Didact.* De Galilée, province de Palestine. — LE GALILÉEN, Jésus-Christ, qui fut élevé à Nazareth, en Galilée.

2. GALILÉEN, ENNE [galileɛ̃, ɛn]. *adj.* (XXᵉ ; n. pr. en ital. *Galilei* [mathématicien, physicien et astronome italien ; 1564-1642]). *Didact.* Relatif aux travaux de Galilée. *Système galiléen. Conception galiléenne.*

GALIMAFRÉE [galimafʀe]. *n. f.* (1398 ; p.-ê. a. fr. *galer* « s'amuser, mener joyeuse vie » (V. **Galant**), et picard *mafrer* « manger beaucoup » (Cf. *Bâfrer*). *Vx.* Mets peu appétissant.

GALIMATIAS [galimatja]. *n. m.* (1580 ; o. i. ; p.-ê. bas lat. *ballimathia* « chanson obscène »). Discours, écrit confus, embrouillé, inintelligible. V. **Amphigouri, charabia, pathos**.

GALION [galjɔ̃]. *n. m.* (1272 ; de l'a. fr. *galie, galée*). *Ancienn.* (XVIᵉ-XVIIIᵉ). Grand bâtiment destiné au commerce avec l'Amérique, au transport de l'or que l'Espagne tirait de ses colonies.

GALIOTE [galjɔt]. *n. f.* (1358 ; de l'a. fr. *galie, galée*. V. **Galère**). ♦ 1° *Ancienn.* Petite galère. *Une galiote barbaresque.* — Navire à voiles, à formes rondes, dont se servaient les Hollandais. — *Mod.* (Nord) Caboteur, voilier de pêche hollandais. ♦ 2° *Mar.* Traverse métallique qui supporte les panneaux de fermeture des écoutilles.

GALIPETTE [galipɛt]. *n. f.* (1883, titre d'un ouvrage de *Galipaux ; calipette*, v. 1865 dans l'Ouest ; o. i.). *Fam.* V. **Cabriole, culbute, pirouette**. *Faire des galipettes.*

GALIPOT [galipo]. *n. m.* (*Garipot*, XVIᵉ ; o. i.). Matière résineuse qui exsude en hiver des incisions faites à la surface des pins (térébenthine de Bordeaux). ◇ *Mar.* Mastic fait de résines, de matières grasses, qu'on étale à chaud sur les surfaces à protéger de l'eau de mer (carène, pièces métalliques).

GALIPOTER [galipɔte]. *v. tr.* (1866 ; de *galipot*). *Mar.* Enduire de galipot.

GALLE [gal]. *n. f.* (1213 ; lat. *galla*). Excroissance produite sur les tiges et les feuilles de certains végétaux par les piqûres d'insectes parasites (cécidies) qui y déposent leurs œufs. ◇ *Galles du chêne*, ou *Noix de galle*, en forme de noisette ou de noix, provoquées par le cynips, qui se développent sur les chênes. *La noix de galle, riche en tanin, est utilisée pour la fabrication de teintures* (V. **Gallique**). *Galle du rosier.* V. **Bédégar**. ◈ HOM. *Gal, gale.*

GALLEC. V. **GALLO**.

GALLÉRIE [gal(l)eʀi]. *n. f.* (1808 ; lat. sc. *galleria*). Insecte lépidoptère dont la chenille creuse des galeries dans la cire des ruches, détruisant le couvain, provoquant l'écoulement du miel. *La gallérie est aussi appelée fausse teigne des ruches.*

GALLICAN, ANE [gal(l)ikɑ̃, an]. *adj.* (1355 ; lat. médiév. *gallicanus* « gaulois »). Qui concerne l'Église catholique de France, considérée comme jouissant d'une certaine indépendance à l'égard du Saint-Siège. *Le rite gallican. Les libertés de l'Église gallicane.* ◇ Partisan des libertés de l'Église de France. — *Subst. Un gallican.*

GALLICANISME [gal(l)ikanism(ə)]. *n. m.* (1810 ; de *gallican*). Principes et doctrines de l'Église gallicane. — Attachement à ces principes. *Le gallicanisme de Bossuet.*

GALLICISME [gal(l)isism(ə)]. *n. m.* (1578 ; du lat. *gallicus* « gaulois, français »). ♦ 1° Construction ou emploi propre à la langue française. *Gallicisme de vocabulaire* (ex. : à la bonne heure), *de construction* (ex. : s'en donner à cœur joie). ♦ 2° Construction française introduite abusivement dans une autre langue (*par ex.* dans la traduction d'un texte français). *L'anglais moderne emploie de nombreux gallicismes.*

GALLICOLE [gal(l)ikɔl]. *adj.* (1817, *les gallicoles* ; de *galle*, et *-cole*). *Didact.* Qui vit dans les galles, cause l'apparition de galles. *Le cynips, insecte gallicole.*

GALLINACÉ, ÉE [gal(l)inase]. *adj. et n. m.* (1770 ; lat. *gallinaceus*, de *gallina* « poule »). *Zool.* Qui se rapporte ou ressemble à la poule ou au coq. *Oiseau gallinacé.* ◇ *Subst.* GALLINACÉS (*cour.*) ou GALLIFORMES [gal(l)ifɔʀm(ə)]. *n. m. pl.* Ordre d'oiseaux terrestres auquel appartient le genre *gallus* (V. **Coq, poule**). *Principaux gallinacés :* argus, bartavelle, caille, coq, coq de bruyère, dindon, faisan, ganga, gélinote, hocco, lagopède, paon, perdrix, pintade, poule, tétras (genre), tinamou.

GALLIQUE [gal(l)ik]. *adj.* (1789 ; au XVIᵉ [1538] *gallique* correspond au lat. *gallicus* « gaulois, français » ; de *galle*). Qui provient de la noix de galle. *La décomposition du tanin donne l'acide gallique.*

GALLIUM [galjɔm]. *n. m.* (1836 ; du lat. *gallus* « coq », du nom de son inventeur, Lecoq de Boisbaudran). *Chim.* Corps simple métallique, poids at. 69,72 ; dens. 5,9 (symb. Ga).

GALLO-. Élément, du lat. *gallus* « gaulois ». V. **Franco-**.

GALLO, GALLOT [galo] ou **GALLEC** [galɛk]. *n. m.* (XIVᵉ ; du breton *gall* ; lat. *gallus*). Dialecte français parlé en Bretagne. *Le gallo se rapproche du patois de Basse-Normandie.* ◇ HOM. *Galop.*

GALLOIS, OISE [galwa, waz]. *adj.* (av. 1713 ; de *Galles*, angl. *Wales*). Du pays de Galles (Grande-Bretagne). *Les mineurs gallois. L'équipe galloise de rugby.* — *Subst. Les Gallois.* — *Le gallois* (ou cymrique), langue des Gallois. V. **Celtique**.

GALLOMANIE [gal(l)ɔmani]. *n. f.* (1787 ; de *gallo-*, et *-manie*). *Rare.* Tendance à admirer aveuglément tout ce qui est français.

GALLON [galɔ̃]. *n. m.* (1687 ; mot angl., a. norm. *galon*). Mesure de capacité correspondant à 4 pintes* ou 8 chopines*, utilisée dans les pays anglo-saxons pour les grains et les liquides. *Voiture qui fait quarante milles au gallon. Des fleuves de vin au gallon !* » (J. GODBOUT). *Gallon impérial* (anc. en Grande-Bretagne), *gallon canadien*, équivalant à 4,545 litres (abrév. *gal. imp.* ou *can.*). *Gallon américain*, équivalant à 3,785 litres. ◇ HOM. *Galon.*

GALLO-ROMAIN, AINE [gal(l)ɔʀɔmɛ̃, ɛn]. *adj.* (déb. XIXᵉ ; de *gallo-*, et *romain*). Se dit de la race, de la civilisation issue du mélange des Romains et des Gaulois après la conquête de la Gaule. *L'empire gallo-romain. La population gallo-romaine.* Subst. *Les Gallo-Romains. Une Gallo-Romaine.*

GALLO-ROMAN [gal(l)ɔʀɔmɑ̃]. *n. m.* (XXᵉ ; de *gallo-*, et *roman*). Langue romane parlée en Gaule.

GALLUP [galœp]. *n. m.* (XXᵉ ; nom d'un journaliste américain). *Anglicisme.* Sondage* d'opinion.

GALOCHE [galɔʃ]. *n. f.* (1351 ; *galochier*, 1292 ; du rad.

gaul. *gallos « pierre plate ». V. Galet. ♦ 1° Sabot à dessus de cuir et semelle de bois qui se porte par-dessus les souliers ou les chaussons. « *Les galoches noires de mon pays, en bois, bâtées de cuir, sont lourdes et sonores* » (COLETTE). — Chaussure montante à semelle de bois épaisse. V. Brodequin. — Fig. et fam. *Menton en galoche*, long et relevé vers l'avant comme le nez d'une galoche. ♦ 2° *Mar.* Poulie longue et aplatie dont la caisse est ouverte sur l'une de ses faces.

GALON [galɔ̃]. *n. m.* (1379; de *galonner*). ♦ 1° Ruban de tissu épais et serré, qui sert à border ou orner (les vêtements, les rideaux). V. **Passementerie, ruban.** *Galon de soie, de laine, d'argent, d'or. Sortes de galon.* V. **Brandebourg, extra-fort, soutache.** ◊ [Au Canada]. Ruban gradué en pieds*, en pouces* et en lignes*. Cf. Centimètre. *Galon de couturière, de tailleur.* ♦ 2° Signe distinctif des grades et des fonctions dans l'armée. V. *fam.* **Ficelle, sardine.** *Les galons se portent soit en chevron, soit en « sardine », au bras, à l'épaule, à la coiffure. Lieutenant à deux galons.* — *Par ext.* Insignes d'un grade, en forme de galons. *Galons métalliques.* ♦ *Gagner ses galons. Prendre du galon :* monter en grade; *fig.* Obtenir de l'avancement, une promotion. ⊗ HOM. *Gallon.*

GALONNER [galɔne]. *v. tr.* (XIIᵉ, « orner les cheveux de rubans »; p.-ê. de la famille de *galant*). Orner ou border de galon. *Galonner un chapeau.* Au p. p. (*Cour.*) *Revers galonnés.* — *N. m.* (Fam.) UN GALONNÉ : un officier ou un sous-officier.

GALONNIER, IÈRE [galɔnje, jɛʀ]. *n.* et *adj.* (1757; de *galon*). *Rare.* Qui fabrique ou vend des galons.

GALOP [galo]. *n. m.* (1808; de *galoper*). ♦ 1° Allure la plus rapide que prend naturellement le cheval (et certains équidés) lancé à fond de train et faisant une suite de bonds accomplis en trois temps (battues). *Cheval qui prend le galop, qui part au galop, au petit, au grand galop. Un cheval au galop, en train de galoper. Galop d'essai* (V. **Canter**); *fig. Examen blanc.* ◊ *Par ext.* Allure du cavalier dont le cheval est au galop. *Au galop!* commandement militaire. ◊ *Fig.* AU GALOP. V. **Vite.** PROV. « *Chassez le naturel, il revient au galop* » (DESTOUCHES). *Allons! au travail et au galop!* dépêchez-vous (Cf. *pop.* Et que ça saute!). ♦ 2° *Pathol. Bruit de galop :* « triple bruit du cœur constitué par l'addition aux deux temps normaux d'un troisième temps étranger à ceux-ci » (POTAIN). ♦ 3° *Mus.* (1829). Ancienne danse d'origine hongroise au mouvement très vif; air sur lequel se faisait cette danse. ⊗ HOM. *Gallo.*

GALOPADE [galɔpad]. *n. f.* (1611; de *galoper*). ♦ 1° *Manège.* Sorte de galop d'école, raccourci et ralenti. Chevauchée faite au galop. ♦ 2° *Cour.* Course précipitée. ◊ Fig. et fam. *À la galopade*, en hâte et sans soin. *C'est un devoir fait à la galopade!*

GALOPANT, ANTE [galɔpɑ̃, ɑ̃t]. *adj.* (1836; de *galoper*). Qui galope. — *Fig.* (d'apr. l'angl.) Qui a une croissance très rapide. *Démographie galopante. Phtisie* galopante.

GALOPE [galɔp]. *n. f.* (1820; de *galoper*). *Techn.* Outil de relieur servant à tracer rapidement les raies.

GALOPER [galɔpe]. *v.* (v. 1135; frq. **wala-hlaupan;* Cf. all. *Wohl laufen* « bien courir »). ♦ 1° *V. intr.* Aller au galop. *Galoper ventre à terre.* ◊ *Par ext.* Courir rapidement. *Les gamins galopaient derrière lui* (V. **Galopin,** étym.). Courir de côté et d'autre, multiplier les déplacements, les démarches. — *Fig.* Aller, faire vite, se hâter. *Son imagination galope,* s'emballe. ♦ 2° V. tr. *Rare.* Mettre, faire aller au galop. *Galoper un cheval.*

GALOPEUR, EUSE [galɔpœʀ, øz]. *n.* (1872; de *galoper*). Cheval ayant des aptitudes pour le galop. Cheval spécialisé dans les courses au galop (*opposé à* trotteur).

GALOPIN [galɔpɛ̃]. *n. m.* (XIIᵉ; nom propre désignant des messagers ; de *galoper*). ♦ 1° (XIVᵉ). Jeune garçon chargé des commissions. ♦ 2° *Fam.* (1750). Gamin qui court dans les rues. — *Par ext.* Enfant espiègle, effronté. V. **Chenapan, garnement, polisson, vaurien.** *Au fém. Rare. Une galopine* [galɔpin].

GALOUBET [galubɛ]. *n. m.* (1758; prov., p.-ê. a. prov. *galaubia*, got. *galaubei* « beau, de valeur »). Instrument à vent ressemblant au flageolet, dont on joue surtout dans la France méridionale.

GALUCHAT [galyʃa]. *n. m.* (1762; nom de l'inventeur). Peau de certains poissons, raie ou squale, utilisée après traitement approprié, pour couvrir des gaines, des étuis, etc.

GALURIN [galyʀɛ̃] ou *(abrév.)* **GALURE** [galyʀ]. *n. m.* (1867,-1888; Cf. a. fr. *Galere,* lat. *galerus*). *Pop.* Chapeau.

GALVANIQUE [galvanik]. *adj.* (1798; de *Galvani,* physicien it. (1737-1798). ♦ 1° Relatif aux courants électriques continus de basse tension étudiés par Galvani. *Pile, électricité galvanique. Courants galvaniques.* ♦ 2° Relatif au galvanisme. *Théories galvaniques.*

GALVANISATION [galvanizasjɔ̃]. *n. f.* (1802; de *galvaniser*). ♦ 1° Action de galvaniser; fixation d'un dépôt électrolytique (sel métallique) sur un métal pour le préserver de l'oxydation. V. **Métallisation ; argenture, chromage, dorure, nickelage.** ♦ 2° Application de courants galvaniques* à des

structures vivantes (nerfs, muscles) dans une intention expérimentale diagnostique ou thérapeutique.

GALVANISER [galvanize]. *v. tr.* (1799; du nom de *Galvani*). ♦ 1° Électriser au moyen du courant galvanique. ◊ *Spécialt.* Effectuer une galvanisation (2°) sur (un organisme). ♦ 2° *Cour.* Animer d'une énergie soudaine, souvent passagère. V. **Animer, électriser, enflammer, entraîner, exalter, exciter.** *Orateur qui galvanise la foule.* — « *Son énergie... galvanise ceux qui l'entourent* » (GIDE). ♦ 3° *Techn.* Recouvrir (un métal) d'une couche d'un autre métal par galvanisation. V. **Métalliser ; argenter, chromer, dorer, nickeler, zinguer.** — Au p. p. *Fil de fer galvanisé, tôle galvanisée :* recouverts d'une couche de zinc fondu.

GALVANISME [galvanism(ə)]. *n. m.* (1797; du nom de *Galvani*). *Phys.* Nom donné à certains phénomènes électriques, découverts par Galvani et dont les muscles et les nerfs sont le siège.

GALVANO [galvano]. *n. m.* Abrév. de *Galvanotype. Des galvanos.*

GALVANO-. Élément, tiré du nom de *Galvani* (Cf. Galvanisme).

GALVANOCAUTÈRE [galvanɔkɔ(o)tɛʀ]. *n. m.* (1865; de *galvano-,* et *cautère*). Cautère dont l'incandescence est produite par un courant électrique continu.

GALVANOMÈTRE [galvanɔmɛtʀ(ə)]. *n. m.* (1802; de *galvano-,* et *-mètre*). Instrument servant à mesurer l'intensité des courants électriques de faible intensité. V. **Ampèremètre, rhéomètre, voltmètre.** *Galvanomètre à aimant mobile (dit boussole des tangentes), à cadre mobile. Galvanomètre balistique.*

GALVANOPLASTIE [galvanɔplasti]. *n. f.* (1840; de *galvano-,* et *-plastie*). Procédé qui permet d'appliquer un dépôt de sels métalliques libérés par électrolyse sur des objets que l'on veut recouvrir ou dont on veut prendre l'empreinte. V. **Galvanotypie.** *Galvanoplastie en creux, en relief. Déposer par galvanoplastie une couche de métal.* V. **Chromage, dorure, nickelage, ruolz.**

GALVANOPLASTIQUE [galvanɔplastik]. *adj.* (1858; de précéd.) Qui a rapport à la galvanoplastie, qui en est le résultat. « *Un grand bas-relief galvanoplastique* » (GAUTIER).

GALVANOTYPE [galvanɔtip]. *n. m. (Galvanotype,* 1907; de *galvano-,* et *-type). Imprim.* Cliché en relief obtenu par galvanotypie (abrév. *Galvano*).

GALVANOTYPIE [galvanɔtipi]. *n. f.* (1892; de *galvano-,* et *-typie*). Procédé de galvanoplastie qui permet de reproduire des gravures, des caractères d'imprimerie, etc.

GALVAUDAGE [galvodaʒ]. *n. m.* (1876; de *galvauder*). *Rare.* Action de galvauder. *Galvaudage d'un talent.*

GALVAUDER [galvode]. *v.* (1690; o. i.; probabl. de *galer* (Cf. Galant), et *vauder* « poursuivre »).

I. *V. tr.* ♦ 1° *Vx.* Gâter, gâcher (un ouvrage). ♦ 2° *Mod.* Compromettre (un avantage, un don, une qualité) par un mauvais usage. *Galvauder un nom prestigieux.* V. **Avilir, déshonorer.** *Galvauder sa gloire, sa réputation.* — *Galvauder son talent, ses dons,* en les consacrant à des objets indignes de soi. V. **Gaspiller, perdre.** — Pronom. SE GALVAUDER. V. **Abaisser** (s'), **dégrader** (se). « *Vous galvauder ainsi dans ce milieu de faux monde* » (PROUST). — *Galvauder un mot,* en l'employant à tort et à travers.

II. *V. intr. Vieilli.* Traîner, muser sans rien faire. *Il reste là à galvauder* (ACAD.). V. **Galvaudeux.**

GALVAUDEUX, EUSE [galvodø, øz]. *n.* (1865; de *galvauder). Vieilli.* Vagabond, propre à rien, vivant d'expédients.

GAMAY ou **GAMET** [gamɛ]. *n. m.* (av. 1865; de *Gamay,* village de Bourgogne). *Agric.* Cépage de la Côte-d'Or.

GAMBADE [gɑ̃bad]. *n. f.* (1480; prov. *cambado,* de *cambo* « jambe »). Saut avec mouvement des jambes (ou des pattes), marquant de la gaieté, le besoin de s'ébattre. V. **Bond, cabriole, culbute, entrechat, galipette.** *Faire des gambades. Gambades de clown.*

GAMBADER [gɑ̃bade]. *v. intr.* (1425; de *gambade*). Faire des gambades. V. **Bondir, danser, sauter, sautiller.** *Gambader de joie.* « *Gais poulains qui vont gambadant sur l'herbe* » (VERLAINE).

GAMBE [gɑ̃b]. *n. f.* (1704; prov. *cambo;* it. *gamba* « jambe »). ♦ 1° *Mar. Gambes, gambes de revers :* filins qui fournissent aux haubans de hune le point d'appui nécessaire pour permettre leur ridage. ♦ 2° *Mus. Viole de gambe* (empr. it.) : instrument à corde, ancêtre du violoncelle.

GAMBERGE [gɑ̃bɛʀʒ(ə)]. *n. f.* (1952, « calcul »). *Pop.* Réflexion, pensée. *Il manque de gamberge. Folle gamberge,* idées folles.

GAMBERGER [gɑ̃bɛʀʒe]. *v. intr.* et *tr.* (1926; « compter », 1844; var. de *comberger,* p.-ê. altér. de *compter*). *Pop.* — V. intr. Réfléchir, méditer. *Il commença à gamberger et à s'imaginer le pire.* — V. tr. Calculer, combiner. *Gamberger un coup.*

GAMBETTE [gɑ̃bɛt]. *n. f.* et *m.* (1871; *Gambete,* XIIIᵉ; de *gambe* « jambe »). ♦ 1° *Pop.* V. **Jambe.** (1902). *Jouer, tricoter* *des gambettes.* ♦ 2° (1834). Oiseau de rivage, chevalier (échassier) à pieds rouges.

GAMBILLER [gãbije]. *v. intr.* (1611; gambayer, 1540; de *gambe, jambe**). ♦ 1° Fam. *(Vx).* Remuer les jambes quand elles sont pendantes. V. **Gigoter.** ♦ 2° *Pop.* (1837). Danser sur un rythme très vif. V. **Trémousser** (se).

GAMBIT [gãbi]. *n. m.* (1743; it. *gambetto* « croc-en-jambe »). Coup aux échecs, qui consiste à sacrifier un pion, une pièce, pour dégager le jeu, ou pour s'assurer un avantage d'attaque ou de position. *Jouer gambit.*

GAMBUSIE [gãbyzi]. *n. f. (Gambusia,* 1933; o. i.). Poisson des étangs et marais, originaire d'Amérique, qui détruit les larves de moustiques.

-GAME, -GAMIE. Éléments, du gr. *gamos* « mariage » (ex. : *cryptogame, bigamie*). V. **Gamo-.**

GAMELLE [gamɛl]. *n. f.* (1584; it. *gamella,* lat. *camella* « coupe »). ♦ 1° Ancienn. Écuelle dans laquelle plusieurs matelots ou soldats mangeaient ensemble. ♦ 2° (1831). Récipient individuel, muni d'un couvercle, et utilisé dans l'armée, en campagne. *Gamelle de soldat, de campeur. Gamelle et quart en aluminium.* ♦ 3° Table commune des officiers d'un navire (V. **Carré** ; mess). *Chef de gamelle.* ♦ 4° Fig. et pop. *Ramasser une gamelle :* tomber (V. **Gadin, pelle**), et *aussi* Subir un échec.

GAMÈTE [gamɛt]. *n. m.* (1890; gr. *gametê, gametês* « épouse, époux », de *gamos* « mariage »). *Biol.* Cellule reproductrice sexuée possédant la moitié des chromosomes des autres cellules de l'organisme (V. **Méiose**), et qui, en s'unissant à une autre cellule reproductrice de sexe opposé, forme l'œuf d'où sortira un nouvel être vivant (V. **Germen**). *Gamète mâle animal* (V. **Spermatozoïde**), *végétal* (V. **Anthérozoïde**); *gamète femelle animal* (V. **Ovule**), *végétal* (V. **Oosphère**).

GAMÉTOGÉNÈSE [gametɔʒenɛz]. *n. f.* (mil. XXᵉ; de *gamète**, et *-génèse*). *Biol.* Stade génétique de l'union des gamètes mâles et femelles.

GAMIN, INE [gamɛ̃, in]. *n.* (1765; mot dial. de l'Est; o. i.). ♦ 1° Vx. *N. m.* Petit garçon qui servait d'aide, de commissionnaire à un artisan, un commerçant, etc. ♦ 2° (1804). *Vx.* Petit garçon ou petite fille « qui passe son temps à jouer et à polissonner dans les rues » (LAVEAUX). V. **Garnement, polisson.** *Gavroche, type du gamin de Paris dans les « Misérables ».* ♦ 3° Mod. Garçon, fille jeune et espiègle. *« Un esprit de gamin expérimentée qui voit les choses avec insouciance »* (MAUPASS.). ◇ *Adj.* V. **Espiègle, mutin.** *Air, ton, esprit gamin. Gaieté gamine.* Par ext. *« Un petit chapeau de cuir, sportif et gamin »* (COLETTE). ♦ 4° Fam. Enfant, adolescent(e). V. **Gosse.** *Une gamine de onze ans.* Adj. *Elle est encore gamine.* — Pop. (Marquant la filiation) Fils, fille encore jeune. *Son gamin.* ◇ ANT. **Adulte, sérieux.**

GAMINER [gamine]. *v. intr.* (1836; de *gamin*). *Rare.* Faire le gamin, jouer comme un gamin.

GAMINERIE [gaminʀi]. *n. f.* (1836; de *gamin*). Comportement, acte, propos de gamin, dignes d'un gamin. V. **Enfantillage.** *Il a passé l'âge de ces gamineries.*

GAMMA [gam(m)a]. *n. m.* (transcrit 1839; mot gr.). ♦ 1° Troisième lettre de l'alphabet grec [γ], correspondant au G [g]. ♦ 2° Astron. *Point gamma :* intersection de l'écliptique avec le plan de l'équateur. ◇ *Arg. scol.* Fête de l'École polytechnique. ♦ 3° Phys. Abrév. de millionième de gramme. — *Rayons gamma :* radiations électromagnétiques très pénétrantes, de même nature que les rayons X, mais de longueur d'onde beaucoup plus petite.

GAMMAGLOBULINE [gam(m)aglɔbylin]. *n. f.* (1959; de *gamma*, et *globuline*). *Méd.* Globuline sérique qui contient la majeure partie des anticorps sanguins.

GAMMAGRAPHIE [gam(m)agʀafi]. *n. f.* (1953; de [rayons] *gamma*, et *-graphie*). *Didact.* Étude de la structure interne des corps opaques, ainsi que de certains organes (thyroïde, foie), au moyen des rayons gamma*.

GAMMATHÉRAPIE [gam(m)ateʀapi]. *n. f.* (mil. XXᵉ; de *gamma*, et *-thérapie*). *Méd.* Traitement (des cellules cancéreuses) par rayons gamma*. V. **Curiethérapie, radiumthérapie.**

GAMMARE [gam(m)aʀ]. *n. m.* (XVIᵉ; lat. *gammarus, cammarus* « écrevisse »). *Zool.* Crustacé appelé *crevette* d'eau douce, puce d'eau.*

GAMME [gam]. *n. f.* (déb. XIIᵉ; de la lettre gr. *gamma* « première note de la gamme »). ♦ 1° Cour. Dans un système musical donné (V. **Mode**), Suite des hauteurs par mouvement conjoint (ascendant ou descendant), comprises dans l'intervalle d'une octave (V. **Échelle.** *Gamme ascendante, descendante. Gamme de cinq sons* (pentatonique), *de sept sons. Gamme tempérée,* où l'octave est divisée en douze demi-tons égaux (V. **Chromatique**). *Gamme diatonique,* formée de tons et de demi-tons. — *Faire ses gammes au piano.* ♦ 2° Par anal. Série de couleurs en gradation naturelle. *Gamme de nuances. « Une gamme qui va du blanc au brun en passant par les ocres »* (MALRAUX). ♦ 3° Fig. (1840). Série continue où tous les degrés, toutes les espèces sont représentés. *Toute la*

gamme des sentiments, des sensations. — Fam. *Toute la gamme!* du premier, jusqu'au dernier.

GAMMÉE [game]. *adj. fém.* (1872; de *gamma*). CROIX GAMMÉE, dont les branches sont coudées en forme de gamma (V. **Svastika**). *La croix gammée, emblème de l'Allemagne nazie.*

GAMO-. Élément, du gr. *gamos* « mariage ».

GAMOPÉTALE [gamɔpetal]. *adj. et n. f. pl.* (déb. XIXᵉ; de *gamo-*, et *pétale*). *Bot.* À pétales unis. *N. f. pl.* Sous-classe de végétaux phanérogames angiospermes (dicotylédones) dont les fleurs ont les pétales de la corolle soudés (On dit aussi *Monopétales*).

GAMOSÉPALE [gamɔsepal]. *adj.* (1865; de *gamo-*, et *sépale*). *Bot.* Se dit d'une fleur dont les sépales sont soudés.

GANACHE [ganaʃ]. *n. f.* (1642; it. *ganascia* « mâchoire »). ♦ 1° Région latérale de la tête du cheval entre la joue et les bords inférieurs du maxillaire inférieur (V. **Mâchoire**). — *Pop. et vx.* Mâchoire, tête. ♦ 2° (Fin XVIIIᵉ) *Fam.* Personne sans intelligence, sans capacité. V. **Bête, incapable, sot.** *Traiter ses professeurs de vieilles ganaches.* — Adj. *Il est un peu ganache.*

GANACHERIE [ganaʃʀi]. *n. f.* (XXᵉ; de *ganache*). Caractère de la ganache (2°). *Une « forme de ganacherie prudente »* (DUHAM.).

GANADERIA [ganadeʀja]. *n. f.* (1840; mot esp., de *ganado* « troupeau »). *Taurom.* Élevage de taureaux de combat (domaine ou ensemble des taureaux).

GANDIN [gãdɛ̃]. *n. m.* (1710, répandu 1855; probabl. « habitué du boulevard de *Gand* », aujourd'hui boulevard des Italiens). Jeune élégant raffiné et plus ou moins ridicule. V. **Élégant; dandy.**

GANDOURA [gãduʀa]. *n. f.* (1852; mot arabe du Maghreb). Sorte de tunique sans manche, que les Arabes portent sous le burnous.

GANG [gãg]. *n. m.* (1837, Mérimée, au sens de « bande, clan », sens vivant au Québec sous la forme *gagne*, n. f.; repris XXᵉ; mot angl. « équipe »). Bande organisée, association de malfaiteurs (V. **Gangster**). *« La morale du gang »* (CAMUS). ◇ HOM. **Gangue.**

GANGA [gãga]. *n. m.* (1771; mot catalan). *Zool.* Oiseau galliforme *(Gallinacés)* appelé couramment *gélinotte des Pyrénées.*

GANGÉTIQUE [gãʒetik]. *adj.* (1897; de *Gange*). *Didact.* Qui appartient, qui a rapport au Gange. V. **Indo-gangétique.**

GANGLION [gãgliɔ̃]. *n. m.* (XVIᵉ; bas lat. *ganglion*, gr. *gagglion*). Petit renflement sur le trajet des vaisseaux lymphatiques *(ganglion lymphatique,* ou pop. *glande)* et de certains nerfs *(ganglions nerveux). Ganglion sympathique, parasympathique. Ganglions lymphatiques du cou, de l'aisselle, de l'aine. Inflammation, engorgement des ganglions lymphatiques.* V. **Adénite, bubon, lymphogranulomatose.** ◇ Fam. *Cet enfant a des ganglions.*

GANGLIONNAIRE [gãgliɔnɛʀ]. *adj.* (1827; de *ganglion*). *Anat.* Qui concerne les ganglions nerveux *(système ganglionnaire),* les ganglions lymphatiques *(fièvre ganglionnaire).* V. **Adénite.**

GANGRÈNE [gãgʀɛn]. *n. f.* (1495; lat. *gangræna*, gr. *gaggraina* « pourriture »). ♦ 1° Mortification et putréfaction des tissus. V. **Nécrose.** *La gangrène peut être due à une action directe* (brûlure, plaie, traumatisme), *à une cause générale* (infection, altération sanguine). *Gangrène sèche,* dans laquelle les tissus sont noirs, desséchés et la pourriture faible, à l'inverse de la *gangrène humide. Gangrène gazeuse, foudroyante :* infection des plaies par des germes pathogènes (surtout anaérobies). — *Escarre** provoquée par la gangrène. *Amputer la partie malade pour arrêter la gangrène.* ♦ 2° Fig. Ce qui pourrit, corrompt. V. **Corruption, décomposition, destruction, pourriture.** *Gangrène de l'âme. « La gangrène du fanatisme »* (VOLT.).

GANGRENER [gãgʀəne]. *v. tr.;* conjug. lever (1503; de *gangrène*). ♦ 1° Affecter de gangrène. — Pronom. (1680) *Membre, plaie qui se gangrène.* — *Membre gangrené jusqu'à l'os.* ♦ 2° Fig. (XVIIIᵉ). V. **Corrompre, empoisonner, ronger,** vicier.

GANGRENEUX, EUSE [gãgʀənø, øz]. *adj.* (1539; de *gangrène*). Qui est de la nature de la gangrène. *Plaie, ulcère gangreneux.*

GANGSTER [gãgstɛʀ]. *n. m.* (v. 1925; mot amér., de *gang*). Membre d'un gang. V. **Bandit, malfaiteur.** *Film de gangsters. « Dans notre roman noir, le gangster héroïque a succédé au policier génial »* (MALRAUX). ◇ Crapule. *Ce financier est un vrai gangster.*

GANGSTÉRISME [gãgsteʀism(ə)]. *n. m.* (1935; de *gangster*). Méfaits des gangsters. Fig. Comportement digne d'un gangster. *C'est du gangstérisme!*

GANGUE [gãg]. *n. f.* (1552; all. *Gang* « chemin », sens fig. de « filon »). ♦ 1° Substance qui entoure un minerai, une pierre précieuse à l'état naturel. *Gangue terreuse, métal-*

lique. *Débarrasser un minerai de sa gangue par lavage, broyage, fusion.* — Par anal. *Épave entourée d'une gangue de boue.* ♦ 2° Fig. V. **Enveloppe**. *Dégager des idées de leur gangue.* ◇ HOM. **Gang.**

GANGUÉ, ÉE [gãge]. *adj.* (XXᵉ; de *gangue*). Entouré d'une gangue. « *Des perce-neige en pied, avec leur bulbe gangué de terre* » (COLETTE).

GANOÏDE [ganɔid]. *adj.* et *n. m. pl.* (1872; gr. *ganos* « éclat », et suff. *-oïde*). Zool. *Écailles ganoïdes*, caractérisées par une couche épaisse d'émail brillant. — N. *m. pl.* Sousclasse de poissons au squelette cartilagineux (*Chondroganoïdes*) ou plus ou moins ossifié (*Ostéoganoïdes*), possédant une platine operculée de chaque côté de la tête, une vessie natatoire, une queue à lobes très inégaux. V. **Esturgeon, polyptère.** *La plupart des ganoïdes sont fossiles.* Au sing. *Un ganoïde.*

GANSE [gãs]. *n. f.* (1594; prov. *ganso*, proprem. « boucle d'un lacet », gr. *gampsos* « courbé »). Cordonnet ou ruban étroit servant à border, à faire des brides, à orner. V. **Cordon, passement.** « *Son veston noir bordé de ganses* » (GIRAUDOUX). *Ganse de coton, de soie. Coudre, poser une ganse. Ganse de botte.* V. **Tirant.**

GANSER [gãse]. *v. tr.* (1765; de *ganse*). Garnir d'une ganse. *Ganser une couverture, un habit. Veste gansée de noir.*

GANSETTE [gãsɛt]. *n. f.* (1754; de *ganse*). Petite ganse.

GANT [gã]. *n. m.* (1080; frq. °*want*). ♦ 1° Pièce de l'habillement qui s'adapte exactement à la main et la recouvre au moins jusqu'au poignet (*spécialt.* en épousant la forme de chaque doigt séparément). *Une paire de gants. Doigts, empaumure, manchette d'un gant. Gant n'ayant qu'un seul doigt séparé, le pouce* (V. **Moufle**), *laissant à nu les premières phalanges* (V. **Mitaine**). *Fabrication des gants.* V. **Ganterie, gantier.** *Gants façon sellier. Gants de peau* (agneau, chamois, chevreau, daim, pécari). *Gants de laine. Gants fourrés. Gants blancs, beurre frais. Pointure de gants. Mettre des gants.* V. **Ganter** (se). *Enlever, quitter, retirer ses gants* (V. **Déganter** (se). ◇ Spécialt. *Gant de protection.* — Ancienn. Pièce de l'armure. V. **Gantelet.** — Sports. *Gant d'escrime.* GANT DE BOXE : gros gant de cuir bourré de crin à pouce séparé. *Gants de 5, 6 onces. Remettre ses gants* : refaire de la boxe. — *Gant d'ouvrier, d'artisan.* V. **Gantelet, manicle, paumelle.** *Gants de caoutchouc.* ◇ Par anal. *Gant de crin*, avec lequel on frictionne la peau pour activer la circulation du sang. « *Il frictionnait au gant de crin son jeune corps musclé* » (ARAGON). — GANT DE TOILETTE : sorte de poche généralement en tissu éponge dans laquelle on enfile la main pour faire sa toilette. V. **Main.** ◇ Spécialt. *Gant de pelote basque.* V. **Chistera.** « *Les lanières qui tiennent le gant de bois, d'osier et de cuir* » (LOTI). ◇ Fig. *Gant de Notre-Dame*, nom courant de l'ancolie, de la digitale (V. **Gantelée, ganteline**). ♦ 2° Loc. *Être souple comme un gant*, avoir un caractère docile, servile. — *Se retourner comme un gant*, facilement et complètement. Fig. *Retourner qqn comme un gant* : le faire changer complètement d'avis. — *Aller comme un gant* : convenir parfaitement (comme le gant qui épouse étroitement la main). — *Une main* de fer dans un gant de velours.* — *Jeter le gant* : défier, provoquer (d'une coutume médiévale par laquelle un chevalier en défiait un autre au combat lui jetait son gant, que ce dernier ramassait s'il acceptait le combat). *Ramasser, relever le gant* : accepter le combat, se disposer à la riposte. ◇ Fam. *Prendre, mettre des gants* : agir avec ménagement, précaution. V. **Forme.** « *Il n'a pas pris de gants pour le lui dire* » (BALZ.). — *Se donner des gants* (de qqch.) : s'en attribuer l'honneur, le mérite, généralement mal à propos. V. **Flatter** (se), **vanter** (se). « *Il s'était donné les gants de le défendre* » (ROMAINS).

GANTELÉE [gãtle] ou **GANTELINE** [gãtlin]. *n. f.* (XIIIᵉ,-1820; de *gant*). Nom courant de plusieurs plantes dont les fleurs sont en doigt de gant (ancolie, digitale, campanule).

GANTELET [gãtlɛ]. *n. m.* (1260; de *gant*). ♦ 1° Ancienn. Gant de peau couvert de lames de fer, d'acier, qui faisait partie de l'armure. ♦ 2° Gant de cuir épais pour la chasse au faucon. ♦ 3° Morceau de cuir avec lequel certains artisans (bourreliers, relieurs, cordonniers, chapeliers) protègent la paume de leurs mains.

GANTER [gãte]. *v. tr.* (1488; de *gant*). ♦ 1° Mettre un gant, des gants à. *Main difficile à ganter.* — *Un monsieur ganté et cravaté.* — Par ext. *Main gantée de blanc.* — Pronom. SE GANTER : mettre des gants. ♦ 2° Aller, en parlant des gants. *Ces gants noirs vous gantent très bien.* ♦ 3° Absolt. Avoir comme pointure de gants. *Ganter du sept.* ◇ ANT. **Déganter.**

GANTERIE [gãtri]. *n. f.* (1337; de *gantier*). Industrie, commerce du gantier. Lieu où l'on fabrique, où l'on vend des gants.

GANTIER, IÈRE [gãtje, jɛr]. *n.* (1241; de *gant*). Personne qui confectionne, qui vend des gants. — Adj. *Ouvrier, marchand gantier.*

GAP [gap]. *n. m.* (1959; mot angl. *gap* « trou », c.-à-d. retard, déficit). Anglicisme. Fossé, au fig.; écart entre deux réalités; retard. « *On pourrait parler du gap des générations*

pour déplorer le conflit entre les jeunes et leurs parents* » (C. COLLANGE). ◇ SYN. *Écart.*

GARAGE [garaʒ]. *n. m.* (1802; de *garer*). ♦ 1° Action de garer (un véhicule). — Ch. de fer. Action de garer des wagons à l'écart de la voie principale. VOIE DE GARAGE : voie se détachant de la voie principale par un aiguillage, où l'on gare les trains, les wagons. ◇ Auto. (Rare). V. **Stationnement.** « *Voiture en garage* » (DUHAM.). ♦ 2° (1891). Cour. Lieu couvert généralement clos, abri destiné à recevoir des véhicules de toute sorte à l'exclusion des véhicules hippomobiles (V. **Remise**). *Garage d'avions. Garage de canots. Garage de cycles, d'automobiles, d'autobus* (V. **Dépôt**). *Villa avec garage au sous-sol, au rez-de-chaussée. Sortie de garage. Rentrer sa voiture, sa bicyclette au garage.* ◇ Spécialt. (1896). Entreprise commerciale s'occupant de tout ce qui concerne la garde, l'entretien et les réparations des automobiles. *Garage de plain-pied, à étages. Emplacement pour les automobiles* (V. **Box**), *atelier de réparations, distributeur d'essence* (V. **Pompe**), *bureau, magasin d'un garage.* « *Le garage... bariolé de laque rouge et dardant son pylône à tuyau* » (GENEVOIX). *Personnel d'un garage* (V. **Garagiste, laveur, mécanicien, pompiste**).

GARAGISTE [garaʒist(ə)]. *n.* (déb. XXᵉ; de *garage*). Personne qui tient un garage.

GARANÇAGE [garãsaʒ]. *n. m.* (1671; de *garance*). Techn. Action de teindre à la garance.

GARANCE [garãs]. *n. f.* (XIᵉ; lat. médiév. *warantia*, frq. °*wratja*). ♦ 1° Plante herbacée (*Rubiacées*) des régions chaudes et tempérées, dont la racine rougeâtre (V. **Alizari**) fournit une matière colorante rouge (V. **Alizarine, purpurine**). ♦ 2° Teinture tirée de cette plante. *Appos.* Couleur de cette teinture, rouge vif. *Les pantalons garance de l'ancienne infanterie de ligne.*

GARANCER [garãse]. *v. tr.*; conjug. *placer* (XIVᵉ; de *garance*). Techn. Teindre avec la garance.

GARANCERIE [garãsri]. *n. f.* (1872; de *garance*). Techn. Lieu où l'on opère le garançage des étoffes.

GARANCEUR [garãsœr]. *n. m.* (1671; de *garance*). Techn. Ouvrier qui fait le garançage.

GARANCIÈRE [garãsjer]. *n. f.* (XVIᵉ; de *garance*). Vx. Champ semé de garance.

GARANT, ANTE [garã, ãt]. *n.* (1080; p. prés. du frq. °*warjan* « garantir comme vrai »; Cf. all. *wahr* « vrai ». V. aussi **Warant**). ♦ 1° Dr. Personne tenue légalement envers une autre de l'obligation de garantie. *Vous serez garant des avaries, des pertes de marchandises.* V. **Responsable.** — Personne qui répond de la dette d'autrui. V. **Caution.** *Se rendre, se porter garant.* ♦ 2° Dr. internat. État qui garantit une situation, s'engage à la respecter. ♦ 3° Cour. ÊTRE, SE PORTER GARANT. *Se porter garant de la bonne volonté, de la conduite de qqn.* « *Le parti socialiste allemand se portait... garant des intentions pacifiques de son gouvernement* » (MART. du G.). *Je suis garant que.* V. **Assurer, répondre.** ◇ Chose qui garantit. V. **Assurance, gage, garantie, sûreté.** (REM. Dans ces cas, *garant* reste masculin, même s'il se rapporte à un nom au féminin). *L'estime qu'il m'a toujours gardée est le plus sûr garant de mon innocence.* ♦ 4° Mar. (*N. m.*). Se dit d'un cordage lorsqu'il est employé pour former un palan.

GARANTIE [garãti]. *n. f.* (1160; de *garant*). ♦ 1° Dr. Obligation d'assurer à qqn la jouissance d'une chose, d'un droit, ou de le protéger contre un dommage éventuel; responsabilité résultant de cette obligation. *Garantie légale. Action, recours en garantie. Contrat de garantie*, dont l'objet principal est de fournir une garantie à un créancier. V. **Aval, caution, cautionnement, consignation, gage, hypothèque, sûreté, warrant.** *Donner sa garantie.* V. **Engagement, signature.** — Affectation d'un bien procuré par le débiteur au paiement du créancier. ◇ Cour. *Vendre un objet avec garantie. Ma montre est encore sous la garantie. Bulletin de garantie. Garantie contre les risques.* V. **Assurance.** — Dr. pub. *Garantie d'intérêts*, donnée par l'État pour certains emprunts contractés par des collectivités publiques. *Brevet délivré sans garantie du gouvernement* (abrév. S.G.D.G.) : l'État ne garantissant pas la qualité, la valeur de l'invention. ◇ Dr. intern. Obligation incombant à un État en vertu de l'engagement qu'il a pris d'assurer le maintien et le respect des droits d'un autre État. *Pacte de garantie et d'assistance.* ♦ 2° Cour. Ce qui garantit, sert à garantir. *Il offre, présente des garanties, toutes les garanties. Demander des garanties pour l'avenir.* V. **Assurance.** *Prendre des garanties.* V. **Précaution.** ◇ Ce qui assure la protection, la sauvegarde. Dr. Dispositions juridiques tendant à protéger certains droits. *Garanties parlementaires.*

GARANTIR [garãtir]. *v. tr.* (1080; de *garant*). I. Assurer sous sa responsabilité (qqch.) à qqn. V. **Répondre** (de). ♦ 1° Dr. (En parlant du débiteur de l'obligation). V. **Cautionner.** *Le donneur d'aval garantit le paiement de la traite.* V. **Avaliser.** *La République garantit le libre exercice*

des cultes. ◇ (En parlant de ce qui contient une *garantie*, de ce qui assure l'exécution d'une obligation) *Lois garantissant les libertés, les droits du citoyen.* — *Cour.* Garantir la qualité ou le bon fonctionnement d'une chose. *Cette voiture n'est pas neuve, mais le vendeur me l'a garantie. Garanti sur facture.* ♦ 2° *Cour.* Rendre sûr ou assuré. V. **Répondre.** *Je vous garantis le succès.* V. **Promettre.** ◇ *Par ext.* Donner pour vrai, en prenant l'affirmation sous sa propre responsabilité. V. **Affirmer, certifier.** *Je peux vous garantir le fait.* V. **Attester.** *Garantir les faits.* V. **Confirmer.** — GARANTIR QUE... V. **Assurer.** « *Qui me garantit que je le reverrai?* » (ROMAINS). *Je te garantis que tout ira bien. Je vous garantis que vous aurez de mes nouvelles!* (Cf. Ficher son billet que).
II. Assurer (qqn ou qqch.) contre quelque éventualité, quelque événement fâcheux. ♦ 1° *Dr.* Assurer par une garantie. ♦ 2° *Cour.* Mettre à l'abri de. V. **Défendre, préserver, protéger.** *Volets, rideaux, écrans qui garantissent du vent, du soleil.* V. **Abriter.** « *L'esprit n'a jamais garanti personne d'être fou* » (HENRIOT).
◇ ANT. *Compromettre, exposer.*

GARBURE [garbyr]. *n. f.* (1750, *à la galbeure*, 1735 ; gasc. *garburo*). *Région.* Dans le sud-ouest de la France, Soupe épaisse faite de pain de seigle, de choux, de lard et de confit d'oie. Par appos. *Potage garbure.*

GARCE [gars(ə)]. *n. f.* (XIIᵉ ; de *gars*). ♦ 1° *Ancienn.* (Jusqu'au XVIᵉ). Féminin de *gars.* V. **Fille.** ♦ 2° *Mod. Vulg.* Fille* de mauvaise vie. « *Les grandes garces fardées qui sortaient des magasins* » (SARTRE). — *Pop. Fils de garce,* terme d'injure. — *Fam.* Se dit d'une femme dont on a à se plaindre pour quelque raison. V. **Chameau, chipie.** — *Par anal.* (En parlant d'une chose désagréable, fâcheuse) *Cette garce de vie.* V. **Chienne.** — Adj. *Elle est un peu garce.*

GARCETTE [garsɛt]. *n. f.* (XIIIᵉ, « petite fille » ; 1643, mar. ; de *garce*). *Mar. (Ancienn.).* Petite tresse faite de vieux cordages avec laquelle on donnait les punitions. — *Mod.* Cordage court en tresse.

GARÇON [garsɔ̃]. *n. m.* (1080 ; anc. cas régime de *gars*, probabl. frq. °*wrakjo* « valet », puis « enfant mâle », XIIIᵉ). ♦ 1° Enfant mâle. *Les filles et les garçons. Fille habillée en garçon. Cette petite est un vrai garçon, un garçon manqué.* — *Ils n'ont que des garçons et souhaitent avoir une fille.* V. **Fils.** — PETIT GARÇON : enfant entre l'âge du bébé et la douzième année environ. V. **Garçonnet.** *Fig. Être, se sentir tout petit garçon auprès de qqn* (V. **Inférieur**). *Il le traite en petit garçon.* — GRAND GARÇON. *Tu es un grand garçon,* se dit à un petit garçon pour lui marquer de la considération, faire appel à sa raison. — JEUNE GARÇON, adolescent. ♦ 2° *Par ext.* Jeune homme. *Un garçon de vingt ans.* Loc. *Un beau, un joli garçon.* V. **Homme** (bel). *Bon, brave garçon. C'est un garçon distingué, discret, bien élevé. Mauvais garçon.* — *Mon garçon,* manière familière et condescendante de s'adresser à qqn. ♦ 3° (1539). Jeune homme non marié. V. **Célibataire.** *Rester garçon. Vieux garçon,* celui qui ne se mariera pas. *Appartement de garçon.* V. **Garçonnière.** « *Un Ménage de garçon* », roman de Balzac. *Enterrer sa vie de garçon.* — *Garçons d'honneur,* dans un mariage. ♦ 4° *Vx.* Domestique, valet, ouvrier. ◇ (XVIIIᵉ) Homme en service ou employé subalterne, dans certains établissements ou administrations généralement chargé d'accueillir et servir la clientèle. *Garçon coiffeur, épicier, boucher. Garçon de magasin, de laboratoire, de salle, de ferme, d'écurie* (V. **Lad**). *Garçon de cabine,* au service des passagers d'un paquebot. V. **Steward.** *Garçon de recettes,* chargé de faire les encaissements. *Garçon de courses.* V. **Coursier, groom, livreur.** ◇ *Spécialt. Garçon de café, de restaurant, d'hôtel.* V. **Serveur.** — *Absolt. Garçon, un demi!*

GARÇONNE [garsɔn]. *n. f.* (1880 ; répandu depuis *La Garçonne* [1922], roman de V. Margueritte ; de *garçon*). Jeune fille menant une vie indépendante.

GARÇONNET [garsɔnɛ]. *n. m.* (1185 ; de *garçon*). Petit garçon. *Taille « garçonnet »,* dans la confection.

GARÇONNIER, IÈRE [garsɔnje, jɛr]. *adj.* (XIIᵉ ; de *garçon*). Qui, chez une fille, rappelle les formes, les allures d'un garçon ; qui convient plutôt à un garçon. *Habitudes, manières garçonnières.*

GARÇONNIÈRE [garsɔnjɛr]. *n. f.* (1835 ; de *garçon*). Petit appartement pour une personne seule (V. **Studio**). « *Un rez-de-chaussée meublé en garçonnière, qu'Antoine avait loué au début de leur liaison* » (MART. du G.).

1. GARDE [gard(ə)]. *n. f.* (1050 ; de *garder*). I. Action de garder avec attention, en surveillant ou en protégeant. ♦ 1° Action de garder, de conserver une chose. V. **Conservation, préservation, protection, surveillance.** *Être préposé à la garde des documents. Mettre des bijoux, des titres en garde dans une banque* : au coffre. *Le service de la consigne se charge de la garde des bagages. Mettre, tenir sous bonne garde.* V. **Sûreté** (en). — *De (bonne) garde* : qui se conserve bien. ◇ *Dr.* Le fait de détenir, de conserver une chose. — *Spécialt.* Obligation, pour le propriétaire, l'utilisateur d'une chose (ou d'un animal) d'empêcher que cette chose ne cause

dommage à autrui. — Le fait de détenir la chose d'autrui. *Garde d'un dépôt.* — *Garde judiciaire* : surveillance légale d'objets saisis, mis sous scellés ou sous séquestre. *Garde à vue,* mesure par laquelle un officier de police judiciaire retient dans les locaux de la police, pendant une durée de 24 à 48 heures, toute personne qui, pour les nécessités d'une enquête, doit rester à la disposition des services de police. ♦ 2° (*Après une prép.*). Action de veiller sur un être vivant, soit pour le protéger (V. **Défense, protection**), soit pour l'empêcher de nuire (V. **Surveillance**). *Confier un enfant à la garde de qqn.* V. **Soin.** *Spécial. Que Dieu nous ait en garde, en sa sainte garde.* — *Dr. Droit de garde* (de l'enfant), attribut de l'autorité parentale. ♦ 3° *Surveillance. Patrouille, ronde qui assure la garde* (V. **Guet**). *Faire bonne garde. Poste de garde* (V. **Guérite**). — *Chien de garde* : chien dont le rôle est de veiller sur une maison, une ferme, des animaux. ◇ *Spécialt.* Service de surveillance qui revient périodiquement. *Garde de nuit.* V. **Veille.** — DE GARDE. *Être de garde,* être chargé de garder un poste, d'effectuer un certain service. *Tour de garde.* — *Médecin, pharmacie de garde.* — *Milit. Officier de garde.* V. **Service.** *Sentinelle de garde.* V. **Faction.** — Loc. *Monter la garde* : se rendre à un poste pour le garder ; garder, surveiller. — *Descendre la garde* : quitter le poste après son tour de garde. ♦ 4° Position de défense en vue d'éviter un coup, un danger. ◇ *Escr.* Attitude, manière de tenir son arme pour parer les coups ou attaquer. *Être en garde.* Ellipt. *En garde!* : mettez-vous en garde. *Avoir, tenir la garde haute, basse* : tenir la pointe du fleuret plus haut, plus bas que le poignet. *Fermer, ouvrir sa garde.* — *Gardes* (au plur.), se dit des différentes positions de l'arme. V. **Prime, quarte, quinte, seconde, tierce.** ◇ *Boxe.* Position du corps et des bras du boxeur prêt à parer les coups de l'adversaire ou à le frapper. *Fausse garde.* ♦ 5° EN GARDE : dans un état de méfiance, de vigilance. *Être en garde contre qqn ou qqch. Mettre en garde.* V. **Alerter, avertir, prévenir.** *Je « l'ai mise en garde contre la confusion du sacré et du profane* » (MONTHERLANT). *Être, se mettre, se tenir sur ses gardes.* V. **Aguets** (aux), *qui-vive* (sur le) ; *défier* (se), *méfier* (se). ♦ 6° PRENDRE GARDE : faire, prêter attention (pour éviter un danger, se protéger) ou *Être* attentif à ce qui se passe autour de soi. V. **Aviser** (s'), **considérer, penser, veiller.** *Prenez garde! Attention, casse-cou, gare!* (Cf. *pop.* Faire gaffe). *Prenez garde à vous.* V. **Garde-à-vous.** *Prenez garde aux voitures en traversant la rue.* V. **Éviter, garer** (se). *Vieilli. Prendre garde à* (faire) : avoir soin de faire qqch. V. **Efforcer** (s'), **tâcher, veiller.** — *Vieilli. Prendre garde de* (faire) : s'efforcer d'éviter de, avoir soin de ne pas (faire). « *Prends garde d'avoir froid* » (ESTAUNIÉ). V. **Attention** (faire), **craindre, éviter, garder** (se). — *Mod. Prendre garde de ne pas* (faire) : avoir soin de ne pas (faire). « *Prenez bien garde de ne pas tacher vos tabliers* » (AYMÉ). — *Prenez garde de ne vous y revenir.* V. **Noter, observer.** *Prenez garde qu'il ne s'en aperçoive, qu'il ne s'en aperçoive pas!* V. **Éviter** (que). ♦ 7° N'AVOIR GARDE DE (faire une chose) : s'abstenir soigneusement, n'avoir aucunement l'intention, être bien éloigné de (la faire). V. **Garder** (se). « *Il n'aurait eu garde d'abuser de ses avantages* » (R. ROLLAND). ♦ 8° *Vx.* SE DONNER GARDE DE : se défier, éviter.
II. ♦ 1° Groupe de personnes qui gardent, de gardes (2). *Garde d'honneur.* V. **Escorte.** *Hist. Garde prétorienne. Garde noble pontificale.* ◇ *Par ext.* Corps de troupe. V. **Milice, troupe.** *Garde impériale.* « *Le mot : La garde meurt et ne se rend pas,* est une invention qu'on n'ose plus défendre » (CHATEAUB.). *Garde nationale* (1789-1871). — *Garde mobile,* corps de la gendarmerie, qui forme des cadres de l'armée active en temps de guerre. — *Garde municipale,* garde chargée de la police militaire de Paris, appelée aussi *Garde républicaine* (abrév. *la Garde*). *Garde mobile,* corps de gendarmerie chargé de la protection du territoire. *Fig. Vieille garde* : les amis fidèles et anciens partisans d'un chef d'État, d'un politicien, etc. ♦ 2° Ensemble des soldats en armes qui occupent un poste, exercent une surveillance (V. **Guet, sentinelle, vigile**). *Garde montante,* qui va prendre son service ; *garde descendante,* qui vient de terminer son service. — *Par ext.* Batterie de tambour destinée à prévenir les hommes qui doivent prendre la garde. ◇ CORPS DE GARDE, groupe de soldats chargés de garder un poste, un bâtiment, une caserne. — *Histoire, plaisanterie de corps de garde* : grossière. — *Par ext.* Local ou bâtiment dans lequel se tiennent les soldats de garde.
III. (Choses qui gardent.) ♦ 1° *Garde d'une épée, d'un sabre* : rebord placé entre la lame et la poignée, et servant à protéger la main. *Coquille et branches de la garde.* « *Je lui plongeai mon sabre jusqu'à la garde dans le dos* » (BARBEY). — *Fig. S'enferrer jusqu'à la garde* : s'enfoncer dans l'erreur, se tromper complètement, se mettre dans une situation inextricable. ♦ 2° *Gardes, pages de garde* : pages qui se trouvent au commencement et à la fin d'un livre, entre le titre (ou l'avant-titre) et la couverture. ♦ 3° *Techn.* GARDES : pièces placées à l'intérieur d'une serrure pour empêcher

qu'une autre clé ne puisse l'ouvrir. V. **Bouterolle.** ♦ 4º *Mar.* Palans.

2. GARDE [gaʀd(ə)]. *n. m.* (XIIᵉ; de *garder*). Qui garde, conserve, surveille, défend. ♦ 1º Celui qui garde une chose, un dépôt, un lieu. V. **Conservateur, dépositaire, gardien, surveillant.** — *Garde des Sceaux,* ministre auquel sont confiés les sceaux de l'État (*ancien*). Chancelier; *mod.* Ministre de la Justice). — *Garde forestier,* nommé et appointé par un propriétaire foncier, pour surveiller ses forêts; officier des Eaux et forêts. V. **Forestier, garde-chasse.** — GARDE CHAMPÊ- TRE, agent de la force publique, préposé à la garde des pro- priétés rurales, dans une commune (parfois *garde-cham- pêtre*). — *Spécialt.* Soldat qui surveille un poste, un dépôt de munitions, un arsenal, etc. V. **Sentinelle.** — *Garde de nuit.* ♦ 2º Celui qui a la garde d'un prisonnier. V. **Gardien, geôlier.** ♦ 3º Celui qui veille sur la personne d'un souverain, d'un prince, d'un chef d'armée. — *Garde du corps,* chargé de garder la personne du souverain. *Fig.* Personne qui en suit toujours une autre comme ferait un garde. *Il ne sort jamais qu'avec son garde du corps.* ◇ Soldat d'une garde (1, II). *Garde impérial, national, municipal, républicain.* — *Des gardes nationaux. Un garde française. Un garde mobile.* V. **Moblot.** — *Garde maritime.* V. **Garde-pêche.**

3. GARDE [gaʀd(ə)]. *n. f.* (XVIIIᵉ; ellipse de *garde-malade*). Celle qui garde un malade, un enfant. V. **Garde-malade, infirmière, nurse.** *La garde a veillé toute la nuit. Garde de jour, de nuit.*

4. GARDE-. Élément de mots composés représentant le v. *Garder,* ou le subst. *Garde* (2).

GARDÉ, ÉE [gaʀde]. *adj.* (V. **Garder**). *Chasse gardée :* chasse réservée à son propriétaire, et généralement sous la surveillance d'un garde (V. **Garde-chasse**). — *Toute propor- tion gardée, toutes proportions gardées :* en tenant compte des différences entre les choses ou les personnes que l'on compare.

GARDE-À-VOUS [gaʀdavu]. *loc.* et *n. m.* (1835; abrév. de *prenez garde à vous*). ♦ 1º *Garde-à-vous!* commandement militaire ordonnant aux soldats de se tenir debout, dans une attitude d'immobilité attentive et respectueuse. V. **Fixe.** ♦ 2º Par ext. N. m. Position immobile du soldat qui est prêt à exécuter un ordre. *Se mettre, rester au garde-à-vous. Des garde-à-vous impeccables.* — *Fig.* Attitude contraire, raidissement. « *Il est quantité de gens qui, dès l'éveil, se mettent au garde-à-vous et cherchent à remplir leur person- nage* » (GIDE). ◆ ANT. *Repos.*

GARDE-BARRIÈRE [gaʀd(ə)baʀjɛʀ]. *n. m.* et *f.* (1865; de *garde-,* et *barrière*). Personne qui surveille un passage à niveau sur une voie ferrée. — *La maison des gardes- barrière(s).*

GARDE-BŒUF [gaʀdəbœf]. *n. m.* (1845; de *garde,* et *bœuf*). Oiseau échassier (Hérons), qui se pose sur les bœufs, les buffles, les éléphants, pour manger les larves parasites logées dans la peau de ces animaux. V. **Pique-bœuf.** *Des garde-bœuf(s)* [bœf, bø].

GARDE-BOUE [gaʀdəbu]. *n. m. invar.* (1869; de *garde-,* et *boue*). Bande de métal incurvée qui recouvre en partie la roue d'une bicyclette, d'une moto, des anciennes automo- biles, et protège contre les éclaboussures. V. **Aile** (de voiture).

GARDE CHAMPÊTRE [gaʀdʃɑ̃pɛtʀ(ə)]. V. GARDE (2).

GARDE-CHASSE [gaʀdəʃas]. *n. m.* (1669; de *garde-,* et *chasse*). Homme préposé à la garde du gibier, dans un domaine privé. *Des gardes-chasse(s).*

GARDE-CHIOURME [gaʀdʃjuʀm(ə)]. *n. m.* (1828; de *garde-,* et *chiourme**). ♦ 1º *Ancienn.* Surveillant des forçats, dans un bagne ou une galère. ♦ 2º *Fig.* et *mod.* Surveillant brutal et sans scrupules. *Des garde(s)-chiourme(s).*

GARDE-CORPS [gaʀdəkɔʀ]. *n. m. invar.* (1360; de *garde-,* et *corps*). ♦ 1º *Mar.* Cordage tendu sur le pont d'un navire pour servir d'appui aux matelots. — *Faux garde-corps :* cordage fixé à la tête du beaupré, servant à diriger ce mât quand on le met en place. V. **Bastingage, rambarde.** ♦ 2º Para- pet établi pour empêcher de tomber d'un pont, d'un lieu élevé. V. **Garde-fou.**

GARDE-CÔTE [gaʀdəkot]. *n. m.* et *adi.* (1599; de *garde-,* et *côte*). ♦ 1º *Ancien.* Service de guet le long des côtes. ♦ 2º Vaisseau cuirassé à faible rayon d'action, chargé de défendre les côtes. *Des garde-côte(s).* ♦ 3º Petit bateau du genre cotre, chargé de surveiller la pêche le long des côtes. V. **Garde-pêche.**

GARDE-FEU [gaʀdəfø]. *n. m. invar.* (1619; de *garde-,* et *feu*). Grille de toile métallique ou plaque de tôle que l'on place devant une cheminée pour se préserver des étincelles. V. **Paravent.**

GARDE-FOU [gaʀdəfu]. *n. m.* (1400; de *garde-,* et *fou*). Parapet, balustrade que l'on met au bord d'un fossé, d'un pont, d'un quai, d'une terrasse pour empêcher les gens de tomber. V. **Barrière, garde-corps.** « *Le chemin accentuait sa pente... Le garde-fou leur apparut, ses barreaux de fonte peints en blanc* » (GENEVOIX). *Des garde-fous.*

GARDE-FREIN [gaʀdəfʀɛ̃]. *n. m.* (1857; de *garde-,* et *frein*). Employé de chemin de fer, chargé de manœuvrer les freins à main. *Des gardes-frein(s).*

GARDE-MAGASIN [gaʀdmagazɛ̃]. *n. m.* (1669; de *garde-,* et *magasin*). ♦ 1º Employé chargé de garder un magasin (V. **Magasinier**). ♦ 2º *Milit.* Sous-officier chargé de surveiller les magasins d'un corps de troupe (arg. *Garde- mites*). *Des gardes-magasin(s).*

GARDE-MALADE [gaʀd(ə)malad]. *n. m.* et *f.* (1754; de *garde-,* et *malade*). Personne qui garde et soigne les malades. V. **Garde** (3). *Des gardes-malades.*

GARDE-MANGER [gaʀdmɑ̃ʒe]. *n. m. invar.* (1304; de *garde-,* et *manger,* n.). *Vx.* Pièce dans laquelle on met des aliments pour les conserver. ◇ *Mod.* Petite armoire mobile, placard extérieur, généralement garni de toile métallique, dans lequel on conserve des aliments.

GARDE-MEUBLE [gaʀdəmœbl(ə)]. *n. m.* (1680, « officier préposé à la garde des meubles du roi »; de *garde-,* et *meuble*). Lieu où l'on garde les meubles (de l'État ou des particuliers). *Des garde-meuble(s).* *Mettre un piano au garde-meuble.*

GARDE-MITES [gaʀdəmit]. *n. m.* (1909; de *garde-,* et *mites;* d'apr. *garde-magasin*). *Arg. milit.* V. **Garde-magasin.** *Des gardes-mites.*

GARDÉNAL [gaʀdenal]. *n. m.* (1950; nom déposé; de l'avis exprimé par un chimiste de la société Rhône- Poulenc, qu'il fallait « garder *nal* » de *véronal* dans le nom à donner au nouveau produit). Nom courant du phéno- barbital, barbiturique utilisé comme sédatif général et tranquillisant.

GARDE-NAPPE [gaʀdanap]. *n. m.* (XVIIIᵉ; de *garde-,* et *nappe*). Petit plateau d'osier, plaque de plastique, ou pièce d'étoffe, que l'on place sous les assiettes, les plats, les bouteilles pour protéger la nappe. V. **Dessous.** — Au plur. *Des garde-nappe(s).*

GARDÉNIA [gaʀdenja]. *n. m.* (1777; lat. bot., du nom de *Garden,* botaniste écoss. du XVIIIᵉ). Arbuste exotique (*Rubia- cées*) à feuilles persistantes, à fleurs simples ou doubles d'un beau blanc mat. — Cette fleur.

GARDEN-PARTY [gaʀdɛnpaʀti]. *n. f.* (1885; angl. *garden* « jardin », et *party* « partie de plaisir »). Réception mondaine donnée dans un grand jardin ou dans un parc. « *Pour m'invi- ter à leurs garden-parties* » (PROUST).

GARDE-PÊCHE [gaʀdəpɛʃ]. *n. m.* (1669; de *garde-,* et *pêche*). ♦ 1º Agent chargé de surveiller la pêche. *Des gardes- pêche.* ♦ 2º *Vedette garde-pêche :* petite embarcation utilisée pour la surveillance des pêches côtières. V. **Garde-côte.** ♦ 3º Navire de guerre qui protège les pêcheurs dans certaines régions éloignées de la métropole. *Des garde- pêche.*

GARDE-PLACE [gaʀdəplas]. *n. m.* (XXᵉ; de *garde-,* et *place*). Petit cadre fixé au-dessus de chaque place d'un com- partiment de chemin de fer, pour recevoir le ticket numéroté du voyageur qui a réservé une place. — *Des garde-place(s) vides.*

GARDE-PORT [gaʀdəpɔʀ]. *n. m.* (1641; de *garder,* et *port*). *Comm.* Celui qui reçoit et dispose les marchandises, dans un port fluvial. *Des garde-port(s).*

GARDER [gaʀde]. *v. tr.* (1050; germ. °*wardôn;* Cf. all. *Warten* « veiller, prendre garde »).

I. ♦ 1º Prendre soin de (une personne, un animal). V. **Veiller** (sur); **surveiller.** *Garder des bestiaux.* V. **Berger, gardeur.** *Jeanne d'Arc gardait ses moutons quand elle entendit des voix.* PROV. « *À chacun son métier, Les vaches seront bien gardées* » (FLORIAN). — Fig. et fam. *Dites donc! nous n'avons pas gardé les cochons ensemble :* de quel droit êtes-vous si familier? — *Garder des enfants,* rester avec eux et les surveiller en l'absence de leurs parents. ♦ 2º Empêcher une personne de sortir, de s'en aller. V. **Enfermer, séquestrer.** « *Il nous le fait garder jour et nuit, et de près* » (RAC.). *Garder un prison- nier.* V. **Détenir.** — *Garder qqn soigneusement,* ne pas perdre de vue. ♦ 3º Rester dans un lieu pour le sur- veiller, pour défendre qqn ou qqch. *Garder une maison, un magasin. Sentinelle, patrouille qui garde un arsenal, une caserne. Garder une porte, une entrée :* surveiller tous ceux qui entrent ou qui sortent. — *Fig.* En parlant d'une statue, d'une maison, d'un bâtiment. *Deux ormes gardent l'allée du château.* ◇ *Garder la chambre :* ne pas la quitter. *Le malade doit garder la chambre plusieurs jours.* ♦ 4º *Littér.* Protéger; préserver (d'un mal, d'un accident, d'un danger). V. **Garantir, protéger, sauvegarder.** *Garder qqn de l'erreur.* — Au subjonctif, sans *que* (valeur optative) *Dieu me garde de la maladie.* V. **Protéger.** — « *Dieu me garde de mes amis!* » *Quant à mes ennemis, je m'en charge* », mot attribué à Vol- taire.

II. ♦ 1º Empêcher qu'une chose ne se gâte, ne disparaisse. *Il est difficile de garder la viande pendant les grosses chaleurs.* — Mettre en lieu sûr. *Garder des marchandises en entrepôt.* V. **Entreposer.** ♦ 2º Conserver pour soi, ne pas se dessaisir de. « *Il est plus difficile de garder une fortune que de la gagner* »

(BAINVILLE). V. **Amasser, économiser, épargner, mettre** (mettre de côté). *Garder un objet volé.* V. **Receler.** ◇ *Ne pas rendre. Garder qqch. que l'on vous a confié.* — *Spécialt. Garder un lavement :* ne pas l'évacuer. ♦ 3° *Conserver sur soi* (un vêtement, un bijou). *Gardez votre chapeau.* ♦ 4° *Retenir* (une personne) *avec soi. Garder qqn à dîner. Il m'a gardé une heure.* V. **Tenir.** ◇ *Conserver un employé, un domestique à son service.* — *Garder un client,* conserver qqn dans sa clientèle. ♦ 5° *Ne pas dévoiler, ne pas divulguer. Garder un secret. Gardez cela pour vous :* n'en dites pas un mot, soyez discret. — *Par ext.* Ne pas communiquer, garder pour soi. *Garder vos réflexions, vos remarques :* je vous dispense de me les faire connaître. *Garder tout en soi-même :* être renfermé, réservé, secret. ♦ 6° *Continuer à avoir* (une qualité, une idée, un sentiment, une attitude, une position). *Suivre un régime pour garder la ligne.* — *Garder son calme, son sérieux, une habitude.* « *Il affectait de garder une attitude insouciante* » (BARRÈS). — *Garder le silence.* V. **Observer.** *Garder son équilibre.* « *Gardez de cette nuit, gardez belle nature, Au moins le souvenir!* » (LAMART.). *Garder rancune,* ne pas pardonner. ♦ 7° (Avec un adj. attribut). *Garder les yeux baissés.* V. **Tenir.** *Garder la tête libre.* « *Il avait gardé intacte la chambre de sa compagne* » (MAUPASS.). **III.** Mettre de côté, en réserve. V. **Réserver.** *Garder de la viande froide pour le dîner. Si vous arrivez le premier au train, gardez-moi une place.* — *Loc. fig. Garder une dent contre qqn. Garder à qqn un chien de sa chienne,* pour se venger. *Garder une poire pour la soif :* ménager qqch. en prévision des besoins à venir (V. **Épargner**). — *Garder pour la bonne bouche :* réserver un bon morceau pour la fin du repas. *Au fig.* Réserver le meilleur pour la fin.
IV. Observer fidèlement, avec soin. V. **Observer, pratiquer, respecter.** *Garder le jeûne. Garder les convenances. Il faut garder une mesure en tout,* ne pas dépasser certaines limites. *Garder son rang, ses distances :* s'abstenir de toute familiarité. V. **Maintenir.**
V. SE GARDER. *v. pron.* ♦ 1° *Vx.* Se protéger, se défendre. *Se garder à carreau :* se tenir sur ses gardes. V. **Tenir** (se). ♦ 2° *Se garder de* (suivi d'un nom de personne ou de chose abstraite) : prendre garde à. V. **Défier** (se), **méfier** (se), **préserver** (se). *Gardez-vous des flatteurs. Il faut se garder des jugements hâtifs.* — *Se garder de* (suivi d'un infinitif) : s'abstenir soigneusement de, avoir soin de ne pas (faire). « *Gardez-vous, leur dit-il, de vendre l'héritage* » (LA FONT.). *Vous détromper? Je m'en garderai bien!* ♦ 3° (*Pass.*). Se conserver. *Ce fromage ne se garde pas plus de deux jours.*
◈ ANT. *Abandonner, céder, changer, congédier, détruire, donner, enlever, gâter, laisser, rendre, renoncer (à). Débarrasser (se), défaire (se). Négliger, oublier, perdre. Révéler. Enfreindre.*

GARDERIE [gardəri]. *n. f.* (1579; de *garder*). ♦ 1° *Eaux et Forêts.* Étendue de bois que surveille un seul garde forestier. ♦ 2° (1877). École, local où l'on reçoit les enfants en bas âge ou les jeunes élèves des écoles en dehors des heures de classe. V. **Crèche, jardin** (d'enfants).

GARDE-ROBE [gardərɔb]. *n. f.* (XIIe; de *garde-*, et *robe*). ♦ 1° Armoire dans laquelle on range les robes, les vêtements. V. **Penderie.** ♦ 2° *Par ext.* L'ensemble des vêtements d'une personne. *Renouveler sa garde-robe.* ♦ 3° (XVIe; 1314, dans un texte angl.). *Vx.* Lieu où l'on plaçait autrefois la chaise percée. *Aller à la garde-robe.* V. **Cabinet, selle.** — Plur. *Des garde-robes.*

GARDEUR, EUSE [gardœr, øz]. *n.* (XIIe; de *garder*). Personne qui garde des animaux. V. **Berger, gardien.** *Gardeuse d'oies.* « *Des mains de gardeuse de dindons* » (GAUTIER).

GARDE-VOIE [gardəvwa]. *n. m.* (1872; de *garde-*, et *voie*). Employé de chemin de fer, soldat chargé de garder la voie. *Des gardes-voie(s).*

GARDE-VUE [gardəvy]. *n. m. invar.* (1749; de *garde-*, et *vue*). *Techn.* Visière que l'on met sur les yeux pour les protéger contre l'excès de lumière. « *Il était obligé de mettre la main sur ses sourcils, comme un garde-vue* » (BARBEY).

GARDIAN [gardjã]. *n. m.* (1930, repris au prov. mod. « gardien »). Gardien de bœufs, de taureaux, de chevaux, dans la Camargue. *Le gardian et son troupeau* (V. **Manade**).

GARDIEN, IENNE [gardjɛ̃, jɛn]. *n.* (1255; *gardene*, 1160; de *garder* 1). ♦ 1° Personne qui a charge de garder qqn, un animal, un lieu, un bâtiment, etc. V. **Garde.** *Gardien de prison.* V. **Geôlier, surveillant.** *Gardien des portes.* V. **Sentinelle.** *Gardien sévère, vigilant.* V. **Cerbère, dragon.** *Gardien d'un hôtel, d'un immeuble, d'un bureau.* V. **Concierge, huissier, portier.** *Gardien de nuit.* V. **Veilleur.** *Gardien de musée. Gardien d'objets, de marchandises en dépôt, en entrepôt.* V. **Consignataire, dépositaire, magasinier.** *Gardien de troupeaux, de bestiaux.* V. **Berger.** *Gardien judiciaire* (ou *des scellés*), préposé par la justice à la garde des objets saisis mis sous scellés. — *Sports. Gardien de but :* le joueur chargé de défendre le but au football, au hockey... V. **Goal.** ♦ 2° *Par ext.* Celui qui garde, qui défend, protège. V. **Garant, protecteur.** *Un sénat, gardien de la Constitution.* — (1870)

Gardiens de la paix : agents de police ou sergents de ville. V. **Agent.** ◇ *Adj. Ange* gardien.* ♦ 3° *Région.* (Belgique). École maternelle (cette expression étant elle-même inusitée). *Mettre un enfant en gardienne.*

GARDIENNAGE [gardjɛnaʒ]. *n. m.* (1823; de *gardien*). Emploi de gardien. Service du gardien. — *Spécialt.* Service de surveillance dans un port.

GARDON [gardɔ̃]. *n. m.* (1220; o. i., p.-ê. germ.). Poisson (*Cyprinidés*), appelé aussi *able,* qui vit de préférence dans les eaux douces. — *Frais comme un gardon,* en bonne santé, en bonne forme.

1. GARE [ga(ɑ)r]. *n. f.* (1690, au sens 1°; de *garer*). ♦ 1° *Navig.* Bassin, élargissement d'un cours d'eau navigable où les bateaux peuvent se croiser, se garer. ♦ 2° À l'origine, Emplacement disposé sur une voie de chemin de fer pour le croisement des trains. *Gare d'évitement.* — *Cour.* (1835) Ensemble des bâtiments et installations établis aux stations des lignes de chemin de fer pour l'embarquement et le débarquement des voyageurs et des marchandises. *Gare de voyageurs, de marchandises. Gare de départ, d'arrivée,* d'où l'on part, où l'on arrive. *Gare terminus. Gare de triage,* où se fait le triage des wagons de marchandises et se forment les trains. *Gare maritime,* dont les voies aboutissent aux quais du port d'embarquement ou de débarquement. *Salle d'attente, hall, bureaux, guichets, consigne, buffet, buvette d'une gare. Chef de gare. Gare de l'Est, du Nord. Gare Saint-Lazare. Petite gare de campagne. Halte sans gare. Aller à la gare.* — EN GARE. « *L'entrée en gare du train de 8 h 47* » (COURTELINE). ♦ 3° *Pop.* (XXe). *À la gare!* exclamation pour « envoyer promener » qqn ou qqch. ♦ 4° *Par ext. Techn.* Station de métro. ♦ 5° *Gare aérienne.* V. **Aérogare.** — *Gare de fret,* bâtiment affecté au trafic des marchandises sur les aéroports. ◇ *Gare routière,* espace destiné à accueillir les véhicules routiers de gros tonnage.

2. GARE! [gar]. *interj.* (1460; impér. de *garer*). Interjection pour avertir de se garer; de laisser passer qqn, qqch., et *par ext.* de prendre garde à quelque éventualité fâcheuse. *Gare!* V. **Attention.** Crier gare. *Ils sont arrivés sans crier gare.* — GARE À... *Gare à la peinture. Gare à la casse!* — (Menace) « *Gare au premier qui rira* » (DAUD.). *Gare à toi, gare à tes fesses si tu désobéis.*

GARENNE [garɛn]. *n. f.* (XIIIe; lat. médiév. *warenna,* p.-ê. du germ. *wardôn* « garder », *warôn* « garer »). ♦ 1° *Féod.* Réserve de gibier, domaine de chasse réservée. ♦ 2° *Bois,* étendue boisée où les lapins vivent et se multiplient à l'état sauvage. *Terriers d'une garenne.* — *Lapin de garenne,* et ellipt. *Un garenne* (n. m.). *Des garennes* ou « *des garenne* » (COLETTE). ♦ 3° *Pêch.* Endroit d'une rivière où la pêche est réservée.

GARER [gare]. *v. tr.* (rép. XVe; en Bretagne (1180), *varer;* frq. °*warôn* « avoir soin »). ♦ 1° Mettre (un bateau, un véhicule) à l'écart, à l'abri, en un lieu sûr ou spécialement aménagé. V. **Abriter, ranger; garage.** — *Par ext. Fam. Garer les meubles,* sauver son bien. ◇ SE GARER. *v. pron.* Se ranger de côté pour laisser passer (un bateau, un train, une voiture). — Se mettre à l'abri en un lieu de stationnement. « *L'auto s'est garée dans la remise de l'hôtel* » (GIDE). — *Fam. Je me suis garé dans la rue voisine :* j'y ai garé ma voiture. ♦ 2° *Garer de,* mettre à l'abri de; surtout au pronom. SE GARER DE : prendre garde d'éviter, faire en sorte d'éviter. *Se garer des voitures. Se garer des coups.* V. **Préserver** (se), **protéger** (se).

GARGAMELLE [gargamɛl]. *n. f.* (1468; prov. *gargamela* « gosier », rad. *garg-* « gorge »). *Pop.* Gorge, gosier.

GARGANTUA [gargãtɥa]. *n. m.* (1532; personnage de Rabelais, doué d'un appétit prodigieux). Gros mangeur. *Un appétit, un repas de Gargantua.*

GARGANTUESQUE [gargãtɥɛsk(ə)]. *adj.* (XIXe; de *Gargantua*). Digne de Gargantua. « *Repas gargantuesque* » (BALZ.).

GARGARISER (SE) [gargarize]. *v. pron.* (*Gargariser,* 1398; lat. *gargarizare,* gr. *gargarizein*). ♦ 1° Se rincer (l'arrière-bouche, la gorge) avec de l'eau ou un liquide médicamenteux. ♦ 2° *Fig.* et *fam.* V. **Délecter** (se), **savourer.** « *Il se gargarise de lieux communs!* » (MART. DU G.).

GARGARISME [gargarism(ə)]. *n. m.* (XIIIe; lat. *gargarisma,* o. gr.). ♦ 1° Médicament liquide dont on fait usage pour se gargariser. V. **Collutoire.** ♦ 2° Action de se gargariser. *Ordonner des gargarismes et des pulvérisations.*

GARGOTE [gargɔt]. *n. f.* (1680; de *gargoter* (XIVe), « manger malproprement »; rad. *garg-* « gorge »). *Péj.* Restaurant à bon marché, où la cuisine et le service manquent de soin. V. **Auberge, taverne.** *Cuisine de gargote.*

GARGOTIER, IÈRE [gargɔtje, jɛr]. *n.* (1642; de *gargote*). Personne qui tient une gargote. — *Péj.* Cuisinier, traiteur qui fait de la cuisine de gargote.

GARGOUILLE [garguj]. *n. f.* (1500; *gargoule,* 1295; du rad. *garg-* « gorge », et *goule* « gueule »). ♦ 1° Dégorgeoir en saillie par lequel s'écoulent, à distance des murs, les eaux de pluie recueillies dans les gouttières, les chéneaux. *Gargouilles sculptées* (en démon, dragon...) *de Notre-Dame de Paris.* ♦ 2° Partie d'une gouttière ou d'un tuyau servant à l'écoulement des eaux pluviales.

GARGOUILLEMENT [gaʀgujmã]. *n. m.* (1532 ; de *gargouiller*). Tout bruit analogue à celui de l'eau tombant d'une gargouille. V. **Gargouillis, glouglou.** « *Les gargouillements de la fontaine* » (DUHAM.). ◊ Bruit produit par le passage de bulles de gaz à travers un liquide, dans une cavité naturelle ou pathologique d'un organisme. *Gargouillements gastro-intestinaux.* V. **Borborygme.**

GARGOUILLER [gaʀguje]. *v. intr.* (1337 ; de *gargouille*). Produire un bruit analogue à celui de l'eau tombant d'une gargouille. ◊ Produire des gargouillements dans le corps. *Avoir les intestins qui gargouillent.*

GARGOUILLIS [gaʀguji]. *n. m.* (1581 ; de *gargouiller*). V. **Gargouillement.** Fig. « *Les gargouillis d'une radio* » (DUHAM.).

GARGOULETTE [gaʀgulɛt]. *n. f.* (1397 ; de *gargoule*, forme de *gargouille*). ♦ 1° Vase poreux dans lequel les liquides se rafraîchissent par évaporation. V. **Alcarazas.** ♦ 2° *Pop.* Gosier. *Il lui a serré la gargoulette.*

GARGOUSSE [gaʀgus]. *n. f.* (déb. XVIᵉ ; altér. prov. *cargousse*, de *carga* « charger »). *Techn.* Charge de poudre à canon, dans son enveloppe cylindrique. *La gargousse, cartouche à canon.*

GARIBALDIEN, IENNE [gaʀibaldjɛ̃, jɛn]. *adj. et n.* (1872 ; de *Garibaldi*). *Hist.* Relatif à Garibaldi. — *N.* Soldat de Garibaldi appelé aussi *Chemise rouge* (Campagnes de 1860-1862 ; 1866-1870).

GARNEMENT [gaʀnəmã]. *n. m.* (1080 ; anc. dér. de *garnir* « ce qui garnit, ce qui protège », puis (XIVᵉ), « protecteur, souteneur », et enfin « voyou, vaurien »). ♦ 1° *Vieilli* (1380). V. **Vaurien, voyou.** ♦ 2° *Au sens faible,* Enfant, jeune homme turbulent, insupportable. V. **Galopin.** « *Oh! le petit garnement! Aussi leste que joli!* » (BEAUMARCH.).

GARNI [gaʀni]. *n. m.* (1841 ; p. p. substant. de *garnir*). *Vieilli.* Maison, chambre meublée, affectée à la location. *Loger en garni.* ◊ « *Garni, c'était un mot triste qu'il avait lu souvent dans les romans naturalistes* » (SARTRE).

GARNIÉRITE [gaʀnjeʀit]. *n. f.* (1890 ; du nom du voyageur *Garnier*). *Minér.* Minerai de nickel (silicate de nickel et de magnésium).

GARNIR [gaʀniʀ]. *v. tr.* (XIᵉ ; frq. °*warnjan* « prendre garde », d'où « protéger »). Pourvoir une chose de ce qu'il est nécessaire ou utile d'y mettre ou d'y ajouter. ♦ 1° Pourvoir d'éléments destinés à protéger ou à renforcer. *Garnir de plaques d'acier* (V. **Blinder, cuirasser**) *de bois* (V. **Boiser**), *d'un revêtement* (V. **Revêtir**), *de piquants* (V. **Hérisser**), etc. — *Mar. Garnir un cordage, un espar.* V. **Fourrer.** ♦ 2° Pourvoir de tous les éléments dont la présence est nécessaire ou normale. V. **Approvisionner, équiper, outiller, remplir.** — Au p. p. *Bourse, portefeuille bien garnis* (d'argent). — (Vieilli) *Maison, appartement, chambre garnis* (des meubles et objets nécessaires). V. **Garni, meublé.** — *Pronom.* (Pass.) *La salle se garnissait peu à peu* (de gens). V. **Emplir** (s'). ◊ *Remplir, recouvrir* (en tant que garniture). *Livres qui garnissent les rayons d'une bibliothèque.* ◊ *Par ext.* Couvrir, recouvrir un espace. V. **Occuper, remplir.** *Cheveux qui garnissent la tête.* ♦ 3° Pourvoir d'éléments qui s'ajoutent à titre d'accessoires ou d'ornements. *Garnir une robe de dentelle, de broderies, de passementeries.* V. **Agrémenter, enrichir, orner.** *Garnir un manteau de fourrure.* V. **Doubler, fourrer.** — GARNI. p. p. *Plat de viande garni* (de légumes). V. **Garniture.** *Choucroute garnie,* accompagnée de charcuteries diverses. ◊ Orner (en tant que garniture) *Chandeliers qui garnissent une cheminée.* ◈ ANT. **Dégarnir, priver. Dépeupler, vider.**

GARNISON [gaʀnizɔ̃]. *n. f.* (XVIᵉ ; « action de garnir », XIᵉ ; de *garnir*). Troupes qu'on met dans une place, pour en assurer la défense et tenir le pays. *Garnison d'une ville frontière. Par ext.* Corps de troupes caserné dans une ville. *Être en garnison, tenir garnison à Metz.* ◊ *Ville de garnison,* où séjourne une garnison. — Ellipt. *Commandant d'armes d'une garnison. Vie de garnison.*

GARNISSAGE [gaʀnisaʒ]. *n. m.* (1785 ; de *garnir*). Action de garnir ; son résultat. *Techn.* Placement des petites pièces nécessaires au montage d'un métier à tisser et des armures. — Opération dans l'apprêt des draps destinée à les rendre laineux. — Mise en place des ornements dans les ouvrages de céramique.

GARNISSEUR, EUSE [gaʀnisœʀ, øz]. *n.* (XIIIᵉ ; de *garnir*). *Techn.* Ouvrier qui garnit, qui pose des garnitures.

GARNITURE [gaʀnityʀ]. *n. f.* (1327 ; de *garnir*). Ce qui peut servir à garnir une chose, pour la renforcer, la compléter ou l'orner. V. **Ornement, parure.** *Garniture de cheminée :* ensemble des objets ornant le dessus d'une cheminée. *Garniture de foyer :* pelle, pincettes, chenets, etc. ◊ *Spécialt. Mar. Garniture d'un mât, d'une voile, d'une vergue.* V. **Armement, gréement.** — *Imprim.* Ensemble des pièces consolidant

une forme d'imprimerie. *Garniture de bois, de fonte :* pièces servant à séparer les pages dans la forme. — Techn. *Garnitures métalliques, en cuir, en caoutchouc,* destinées à protéger ou à renforcer divers objets. V. **Enveloppe, protection, renfort** (organe de). — *Garniture de frein :* matériau de friction à la périphérie des mâchoires. — Intérieur et accessoires de literie. — *Archit.* Ce qui sert à garnir un comble, un toit. — Dispositif, joint assurant l'étanchéité. *Garnitures d'une pompe.* — *Céram.* Pièce fabriquée à part (anse, bec, pied) et collée aux poteries. — Petites pièces d'artifice destinées à augmenter l'effet des fusées. ◊ *Cour.* Ce qui remplit, accompagne, en cuisine. *Garniture d'un vol-au-vent. Garniture d'un plat de viande :* les légumes qui l'accompagnent.

1. **GAROU** [gaʀu]. *n. m.* (XIIᵉ). V. **LOUP-GAROU.**

2. **GAROU** [gaʀu]. *n. m.* (1700 ; prov. mod. *garoup,* XVIᵉ ; mot germ.). Variété du daphné, arbrisseau appelé aussi *bois gentil, malherbe, sainbois.*

GARRIGUE [gaʀig]. *n. f.* (1546 ; prov. *garriga,* de *garric* « chêne ; terrain pierreux », rad. prélat. °*carra* « pierre »). Terrain aride à sous-sol calcaire de la région méditerranéenne ; végétation broussailleuse qui couvre ce genre de terrain. V. **Lande, maquis.** « *Ces garrigues brûlées sur lesquelles végètent... les chênes verts et les buissons épineux* » (DUHAM.).

1. **GARROT** [gaʀo]. *n. m.* (XIIIᵉ ; prov. *garrot,* même rac. que *jarret*). Chez les grands quadrupèdes, Partie du corps située au-dessus de l'épaule et qui prolonge l'encolure.

2. **GARROT** [gaʀo]. *n. m.* (1302, « trait d'arbalète », bâton » ; de la fr. *guaroc,* du v. *garokier* « tordre », o. frq.). ♦ 1° Morceau de bois passé dans une corde pour la serrer en tordant. *Garrot d'une scie.* ♦ 2° *Par ext.* Lien servant à comprimer circulairement un membre pour arrêter une hémorragie. « *Poser un garrot* » (DUHAM.). ♦ 3° *Supplice du garrot,* et absolt. *Le garrot :* instrument de supplice, sorte de collier de fer serré par une vis, pour étrangler. *Condamné au garrot* (en Espagne).

GARROTTAGE [gaʀɔtaʒ]. *n. m.* (1588 ; de *garrotter*). Action de garrotter ; son résultat.

GARROTTE [gaʀɔt]. *n. f.* (XVIIᵉ, repris de l'esp. XIXᵉ ; de *garrot* 2). *Vx.* Supplice du garrot.

GARROTTER [gaʀɔte]. *v. tr.* (1535 ; de *garrot* 2). Attacher, lier très solidement, comme un garrot (2). *Garrotter un prisonnier.* Spécialt. *Garrotter les jambes sous les éclisses.* ◊ Fig. (av. 1592). *Garrotter l'opposition.* V. **Bâillonner, museler.** — Au p. p. « *Je me sentis lié, garrotté, par d'autres serments* » (STE-BEUVE). V. **Lier.** ◈ ANT. **Délier, délivrer, libérer.**

GARS [gɑ]. *n. m.* (XIIᵉ ; a. cas sujet de *garçon*). *Fam.* Garçon, jeune homme, et *par ext.* Homme. *Un petit gars. C'est un drôle de gars.* V. **Type.** *Un brave gars. Un beau gars. Des gars du milieu. — Les gars de la marine.* En appos. *Le gars Ernest.* ◊ (1846). Garçon résolu. V. **Gaillard.** « *Ça c'est un gars!* » (ROMAINS). ◊ (Appellation fam.) *Eh les gars! Bonjour, mon petit gars!*

GASCON, ONNE [gaskɔ̃, ɔn]. *adj. et n.* (déb. XVIIᵉ ; lat. *Vasco,* devenu *Wasco*). De la Gascogne, ancienne province de France. — *Le gascon, le parler gascon,* dialecte d'oc. ◊ Fig. (XVIIᵉ). Qui a des traits de caractère attribués aux Gascons. V. **Fanfaron, hâbleur.** *Histoire de Gascon.* V. **Gasconnade.** *Offre, promesse de Gascon,* qu'on ne peut réaliser, tenir.

GASCONNADE [gaskɔnad]. *n. f.* (fin XVIᵉ ; de *gascon*). Action, propos de Gascon, digne d'un Gascon. *Dire des gasconnades* ou *gasconner.* V. **Fanfaronnade, hâblerie, vanterie.**

GASCONNISME [gaskɔnism(ə)]. *n. m.* (1584 ; de *gascon*). *Ancienn.* Tour, mot gascon employé en français.

GAS-OIL [gazɔjl ; gazwal]. *n. m.* (v. 1925 ; de l'angl. *gas* « gaz », et *oil* « huile, pétrole »). Produit combustible de la distillation des pétroles, brun et dense, carburant utilisé dans les moteurs Diesel.

GASPACHO [gaspatʃo]. *n. m.* (1845, répandu mil. XXᵉ ; mot esp.). Potage froid à base de tomate, de piments et d'épices, dans lequel on met à volonté des petits morceaux de tomate crue, de concombre, de pain, couramment servi en Espagne.

GASPILLAGE [gaspijaʒ]. *n. m.* (1732 ; de *gaspiller*). Action de gaspiller, de faire des dépenses excessives ou inutiles. V. **Dilapidation, dissipation, prodigalité.** *Gaspillage par manque de soin ou d'attention.* V. **Coulage, déprédation, perte.** — Fig. *Gaspillage de forces, de talent.* ◈ ANT. **Conservation, économie, épargne.**

GASPILLER [gaspije]. *v. tr.* (1549 ; dial. *gapailler,* et prov. *gaspilha ;* probabl. d'o. gaul.). Dépenser, consommer sans discernement, inutilement. *Gaspiller sa fortune, son argent.* — *Gaspiller l'eau en période de sécheresse.* V. **Perdre.** ◊ Fig. « *La guerre qui gaspille tout, le sang, la vie, le courage...* » (DUHAM.). *Gaspiller son temps, ses forces, ses dons.* ◈ ANT. **Conserver, économiser, épargner.**

GASPILLEUR, EUSE [gaspijœʀ, øz]. *n.* (1538 ; de *gaspiller*). Qui gaspille. V. **Dépensier, dissipateur, prodigue.** Adj. *Il est très gaspilleur.* ◈ ANT. **Avare, économe.**

GASTÉRO-, GASTR(O)-, -GASTRE. Éléments, tirés du gr. *gastêr, gastros* « ventre », « estomac ».

GASTÉROMYCÈTES [gasteʀɔmisɛt]. *n. m. pl.* (*Gastéromyces,* 1839 ; de *gastéro-,* et *-mycète*). *Bot.* Champignons *basidiomycètes,* dont les spores se forment à l'intérieur d'une enveloppe close (*vesse-de-loup*).

GASTÉROPODES [gasteʀɔpɔd]. *n. m. pl.* (1795 ; de *gastéro-,* et *-pode*). Classe de mollusques caractérisés par un pied aplati en disque charnu, servant à la reptation (escargot, limace). *Coquilles des gastéropodes.* — *Sing. Un gastéropode.* — On dit parfois *gastropode(s).*

GASTRALGIE [gastʀalʒi]. *n. f.* (1825 ; de *gastr(o)-,* et *-algie*). *Méd.* Douleur vive, localisée au niveau de l'estomac.

GASTRALGIQUE [gastʀalʒik]. *adj.* (1845 ; de *gastralgie*). *Méd.* De la gastralgie.

GASTRECTOMIE [gastʀɛktɔmi]. *n. f.* (1890 ; *gastrotomie,* 1611 ; de *gastr(o)-,* et *-ectomie*). *Méd.* Ablation de l'estomac (ou d'une partie de l'estomac).

GASTRIQUE [gastʀik]. *adj.* (XVIᵉ ; du gr. *gastros* « estomac »). De l'estomac. V. **Stomacal.** *Artères gastriques. Suc gastrique. Ulcère gastrique.* — *Par ext. Subst. Un gastrique,* malade qui souffre de l'estomac.

GASTRITE [gastʀit]. *n. f.* (1803 ; lat. mod. *gastritis* ; du gr. *gastros,* et *-ite*). *Méd.* Inflammation aiguë ou chronique de la muqueuse de l'estomac.

GASTRO-ENTÉRITE [gastʀɔɑ̃teʀit]. *n. f.* (1823 ; de *gastro-,* et *entérite*). *Méd.* Inflammation simultanée des muqueuses de l'estomac et de l'intestin grêle. *Des gastro-entérites.*

GASTRO-ENTÉROLOGIE [gastʀɔɑ̃teʀɔlɔʒi]. *n. f.* (mil. XXᵉ ; de *gastro-, entéro-,* et *-logie*). *Méd.* Médecine du tube digestif. *Service de gastro-entérologie d'un hôpital.*

GASTRO-ENTÉROLOGUE [gastʀɔɑ̃teʀɔlɔg]. *n.* (mil. XXᵉ ; du précéd.). *Méd.* Médecin spécialiste du tube digestif.

GASTRO-INTESTINAL, ALE, AUX [gastʀɔɛ̃tɛstinal, o]. *adj.* (1808 ; de *gastro-,* et *intestinal*). *Méd.* Qui a rapport à la fois à l'estomac et à l'intestin. *Troubles gastro-intestinaux.*

GASTRONOME [gastʀɔnɔm]. *n. m.* (1803 ; de *gastronomie*). Amateur de bonne chère. V. **Gourmet.**

GASTRONOMIE [gastʀɔnɔmi]. *n. f.* (1623, puis 1800 ; gr. *gastronomia*). Art de la bonne chère (cuisine, vins, ordonnance des repas, etc.). V. **Cuisine.**

GASTRONOMIQUE [gastʀɔnɔmik]. *adj.* (1807 ; de *gastronomie*). Qui a rapport à la gastronomie. V. **Culinaire.** *Recette, repas gastronomique.* « *Le snobisme gastronomique* » (COLETTE).

GASTROSCOPE [gastʀɔskɔp]. *n. m.* (1930 ; de *gastro-,* et *-scope*). *Méd.* Endoscope pour l'estomac.

GASTROSCOPIE [gastʀɔskɔpi]. *n. f.* (1930 ; de *gastro-,* et *-scopie*). *Méd.* Examen visuel de l'intérieur de l'estomac à l'aide d'un endoscope*.

GASTROTOMIE [gastʀɔtɔmi]. *n. f.* (1611 ; de *gastro-,* et *-tomie*). *Chir.* Opération qui consiste à ouvrir l'estomac.

GASTRULA [gastʀyla]. *n. f.* (fin XIXᵉ ; lat. sav. mod., dimin. de *gastra* « vase », rac. *gaster*). *Embryol.* Stade du développement embryonnaire caractérisé par l'invagination de l'un des pôles de la blastula* sous forme d'un sac à deux ou trois feuillets (ectoderme et endoderme ; ou ectoderme, mésoderme et endoderme, selon le groupe animal). V. *aussi* **Morula.**

GÂTE-. Élément, du v. *gâter.*

GÂTÉ, ÉE [gate]. *adj.* (V. **Gâter**). ♦ 1° Abîmé par putréfaction. *Fruits gâtés. Dent gâtée.* V. **Carié, malade.** ♦ 2° *ENFANT GÂTÉ,* que ses parents choient trop, à qui l'on passe tous ses caprices. *Par ext.* Personne capricieuse, habituée à voir satisfaire ses moindres désirs. « *C'est une mince poupée qui ne fait rien qu'à sa guise, un véritable enfant gâté* » (MUSS.). — *Être l'enfant gâté de...,* être très choyé par. V. **Chéri.** « *J'étais un peu l'enfant gâté du bord, mais... il m'est indifférent de les quitter* » (LOTI).

1. GÂTEAU [gato]. *n. m.* (*Gastel, wastel,* XIIᵉ ; probabl. frq. *°wastil* « nourriture »). ♦ 1° Pâtisserie ordinairement à base de farine, de beurre et d'œufs, le plus souvent sucrée. V. **Baba, barquette, bûche, cake, chausson, chou, clafoutis, éclair, feuilleté, four** (petit), **friand, kouglof, meringue, mille-feuilles, moka, pithiviers, plum-cake, polonaise, pouding, quatre-quarts, religieuse, saint-honoré, tarte, vacherin...** *Servir des gâteaux au dessert. Gâteaux secs :* qui se conservent, vendus au poids ou en paquet. V. **Biscuit, galette, gaufre, gaufrette, macaron, madeleine, massepain, nonnette, palmier, petit-beurre, sablé...** *Par ext. Gâteau de riz, de semoule.* V. **Entremets.** — *Gâteau d'anniversaire. Gâteau des Rois,* contenant la fève. V. **Galette.** ◇ *Fig. et fam. Avoir part au gâteau,* au profit. *C'est du gâteau !* se dit de qqch. d'agréable, de facile. ♦ 2° *Par anal.* Masse d'une substance analogue à la pâte et prenant la forme aplatie d'un gâteau. *Gâteau de plâtre. Gâteau de graines pressées.* V. **Tourteau.** — *Spécialt. Gâteau de cire, de miel,* masse d'alvéoles, où les abeilles déposent leur miel. V. **Rayon.** ◇ *Techn.* Morceau de cire ou de terre dont les sculpteurs garnissent les creux d'un moule.

2. GÂTEAU [gato]. *adj. invar.* (1785 ; de *gâter,* II). *Fam. Papa-, maman-gâteau,* qui gâte les enfants.

GÂTE-BOIS [gatbwa(ɑ)]. *n. m.* (1829 ; « mauvais menuisier », 1397 ; de *gâte-,* et *bois*). Nom courant d'un insecte, le *cossus.*

GÂTE-PAPIER [gatpapje]. *n. m.* (XIIIᵉ ; de *gâte-,* et *papier*). *Vx.* Mauvais écrivain. V. **Ecrivailleur, écrivassier, scribouillard.**

GÂTER [gate]. *v. tr.* (*Guaster,* 1080 ; lat. *vastare* « ravager », devenu *wastare,* sous l'infl. du germ. ; « dévaster » jusqu'au XVIIᵉ).
I. Mettre (une chose) en mauvais état. ♦ 1° *Vx.* V. **Endommager, salir, tacher.** *Gâter son tablier.* ♦ 2° (Surtout *au passif*). Détériorer en pourrissant, en putréfiant. V. **Altérer, avarier, corrompre.** *Des fruits gâtés par l'humidité.* ♦ 3° Priver de sa beauté, de ses qualités naturelles. V. **Défigurer, enlaidir.** *Cette bâtisse gâte la vue, la perspective.* — *Gâter un texte.* « *L'art gâte quelquefois la nature* » (LA BRUY.). « *Un auteur gâte tout quand il veut trop bien faire* » (LA FONT.). ♦ 4° Priver de ses avantages, de ses effets profitables, heureux, favorables. *Gâter les affaires. Vx. Gâter le métier.* V. **Gâcher.** — *Tout gâter,* ruiner toutes les possibilités du succès. V. **Compromettre.** *Ce qui ne gâte rien,* s'emploie pour signifier qu'il s'agit d'un avantage supplémentaire. *Elle est jolie, bien élevée, et, de plus, riche, ce qui ne gâte rien.* ♦ 5° Affaiblir, diminuer, détruire en privant de son effet agréable. « *Nous te regrettons tous, cela gâte un peu le plaisir que nous avons à être ici* » (FLAUB.). *Cette mauvaise nouvelle nous a gâté nos vacances.* V. **Empoisonner, gâcher.** « *L'esprit qu'on veut avoir gâte celui qu'on a* » (GRESSET).
II. Avec un compl. de personne. ♦ 1° (1530). *Vieilli.* Traiter (un enfant) avec une faiblesse et une indulgence extrêmes, qui risquent d'entretenir ses défauts. « *Moi seul ai causé le désordre de mes filles, je les ai gâtées* » (BALZ.). ♦ 2° *Mod.* Traiter (un enfant, une personne quelconque) en comblant de prévenances, de cadeaux, de gentillesses... *Sa grand-mère l'a gâté pour Noël.* V. **Gâteau** (2). *C'est trop, vous me gâtez !* V. **Combler.** — En parlant d'un temps, d'événements exceptionnellement favorables. *Quel beau temps, nous sommes gâtés.* *Iron. Quelle pluie, nous sommes gâtés !*
III. SE GÂTER. *v. pron.* ♦ 1° S'abîmer, pourrir. *Fruits qui commencent à se gâter.* ♦ 2° Se détériorer. *Le temps se gâte,* commence à devenir mauvais. V. **Brouiller** (se). *Les choses se gâtent,* tournent mal. *Attention, cela va se gâter.*
◇ ANT. Améliorer, conserver, corriger, maintenir. Décorer. Purifier.

GÂTERIE [gatʀi]. *n. f.* (1815 ; « altération d'un texte », 1609 ; de *gâter*). Action ou moyen de gâter, de choyer (qqn). V. **Cajolerie, indulgence, prévenance, soins.** — *Spécialt.* Menus cadeaux (surprises, friandises,...).

GÂTE-SAUCE [gatsos]. *n. m.* (1811 ; de *gâte-,* et *sauce*). *Vx.* Mauvais cuisinier. — *Mod.* Marmiton. V. **Tournebroche.**

GÂTEUX, EUSE [gatø, øz]. *n. et adj.* (1835 ; arg. des hôpitaux, var. péj. de *gâteur* « qui gâte ses draps, ses vêtements »). ♦ 1° Dont les fonctions, et particulièrement les facultés intellectuelles, sont troublées ou paralysées par l'effet de l'âge ou de la maladie. V. **Enfance** (tombé en). *Complètement gâteux.* ♦ 2° *Par exagér.* (1872). Aussi dénué d'intelligence qu'un véritable gâteux. V. **Idiot.** — *Spécialt.* Qui devient stupide sous l'empire d'un sentiment violent auquel l'intelligence critique ne s'oppose plus. *Il adore cette petite, il en est gâteux !* V. **Gaga.**

GÂTIFIER [gatifje]. *v. intr.* (mil. XXᵉ ; de *gâteux*). *Fam.* Devenir gâteux ; se comporter comme un vieillard gâteux. *Il gâtifie avec son petit-fils.* V. **Bêtifier.**

GÂTINE [gatin]. *n. f.* (déb. XIIᵉ ; de *gâter,* proprem. « terre dévastée, déserte » ; Cf. *la forêt de Gâtine,* RONSARD). *Région.* Terre marécageuse et stérile, par suite de l'imperméabilité du sous-sol.

GÂTISME [gatism(ə)]. *n. m.* (1868 ; de *gâteux*). État de celui qui est gâteux (dans tous les sens de ce mot). *En voilà un raisonnement ! c'est du gâtisme.*

GATTE [gat]. *n. f.* (1540, « hune » ; var. région. de *jatte*). *Mar.* Emplacement à l'avant du navire où sont lovées les chaînes d'ancre.

GATTILIER [gatilje]. *n. m.* (1755 ; esp. *gatillo,* altér. de (*agno*) *castil,* par crois. avec *gato* « chat »). *Bot.* V. **Agnuscastus.**

GAUCHE [goʃ]. *adj. et n.* (1471 ; adj. verbal de *gauchir*).
I. ♦ 1° Qui est de travers, qui présente une déviation. V. **Dévié, oblique, tordu.** *Table, planche gauche.* — *Spécialt. Géom. Courbe gauche. Quadrilatère gauche,* dont tous les côtés ne sont pas dans le même plan. *Surface gauche :* surface réglée non développable. ♦ 2° (*Personnes*). Qui s'y prend de travers. V. **Maladroit, malhabile ;** inhabile. « *Il se sentait fort gauche dans ce rôle de mentor* » (MART. du G.). — *Par ext. Geste gauche,* maladroit ou disgracieux. *Manières gauches.*

Attitude, air gauche : gêné et mal à l'aise. V. **Contraint, embarrassé.**
II. *Cour.* (a remplacé *Senestre*, vx). ♦ 1° *En parlant de la main.* Qui est situé du côté du cœur, parce que cette main est ordinairement malhabile, *gauche* (I, 2°). *Par ext.* Se dit du côté où est la main gauche, *opposé à droit. Main, bras gauche.* Subst. *Un crochet du gauche :* du poing gauche. *À main gauche :* du côté gauche. — *Mariage de la main gauche :* union libre, concubinage. — *Se lever du pied gauche; au fig.* Se lever du mauvais pied, être mal à son aise, de mauvaise humeur. ◇ *Par anal.* En parlant des choses orientées (qui ont un avant et un arrière, ou un sens défini) Se dit du côté correspondant au côté gauche d'une personne orientée de même manière. *Aile gauche, flanc gauche d'une armée. Côté gauche d'un navire.* V. **Bâbord.** *Rive gauche de la Seine.* — Chim. *Acide tartrique gauche.* V. **Lévogyre.** ◇ *Par ext.* En parlant de la partie d'une chose qui est du côté gauche dans le champ visuel de l'observateur. *Le côté gauche de la chaussée.* — *Polit.* (1672; empr. angl.) Se dit dans une assemblée délibérante le côté situé à main gauche du président. ◇ La GAUCHE : orientation de l'espace correspondant au côté gauche d'une personne, et *par anal.* d'une chose. *S'asseoir à la gauche de qqn. À ma gauche, sur notre gauche.* — Fig. *Jusqu'à la gauche,* complètement. *Il est endetté jusqu'à la gauche.* — Partie, côté d'une chose qu'un observateur voit à sa gauche. *Ne roulez pas sur la gauche !* ◇ *Loc. adv.* À GAUCHE : du côté gauche, sur la gauche. Milit. *Demi-tour à gauche, Gauche !* *Première à gauche. Doubler à gauche.* — Loc. prép. *À gauche de l'escalier.* — Fig. *Passer l'arme à gauche.* V. **Mourir.** — *Mettre de l'argent à gauche :* de côté, en le dissimulant. — *De gauche à droite.* ♦ *À droite et à gauche.* Fig. De tous les côtés, de toute part. — *De droite et de gauche :* de tous côtés. ♦ 2° *Spécialt.* N. f. (1791). La GAUCHE : les membres d'une assemblée politique qui siègent à la gauche du président et professent des idées avancées, progressistes. La fraction de l'opinion que représentent ces membres de l'assemblée. « *Si la gauche fait une politique de droite, ce n'est plus la gauche* » (BEAUVOIR). *Gouvernement, politique de gauche. Extrême gauche :* partie de la gauche dont les opinions sont les plus avancées. — *Au plur.* (*n. m.*) Les partis de gauche. *Union des gauches.* — Loc. adv. *Être à gauche,* avoir des opinions de gauche.
◊ ANT. *Droit, plan; adroit, habile, droit. Droite.*

GAUCHEMENT [goʃmɑ̃]. *adv.* (1575; de *gauche*). D'une manière gauche, maladroite ou contrainte. V. **Maladroitement.** *Imiter gauchement un geste. S'y prendre gauchement.*
◊ ANT. *Adroitement, habilement.*

GAUCHER, ÈRE [goʃe, ɛʀ]. *adj.* (xve; de *gauche*). Qui se sert ordinairement de la main gauche. *Ce joueur de tennis est gaucher.* Subst. *Un gaucher, une gauchère.* ◊ ANT. *Droitier.*

GAUCHERIE [goʃʀi]. *n. f.* (1762; de *gauche*). ♦ 1° Manque d'adresse, d'aisance, de grâce. *Gaucherie d'adolescent.* Embarras, timidité. *Gaucherie dans l'expression.* V. **Lourdeur, maladresse.** ♦ 2° Acte, geste gauche, faute qui dénote de la maladresse. *Gaucherie commise par ignorance.* V. **Balourdise.** « *Les gaucheries, des oublis, des inadvertances* » (STE-BEUVE). ♦ 3° (v. 1950). *Psycho.* État du gaucher. ◊ ANT. *Adresse, dextérité; aisance, grâce.*

GAUCHIR [goʃiʀ]. *v.* (v. 1210; a. fr. *guenchir* « faire des détours », de *gauchier* « fouler », et frq. °*wenkjan* « vaciller »).
I. *V. intr.* ♦ 1° *En parlant des choses planes.* Perdre sa forme, se contourner. V. **Courber** (se), **déformer** (se), **gondoler, tordre** (se), **voiler** (se). *Règle, planche qui gauchit.* ♦ 2° (*Vx*) Se détourner de la position qu'on a, de la route qu'on suit (*pr.* et *fig.*). V. **Dévier.**
II. *V. tr.* ♦ 1° Rendre gauche. V. **Déformer, tordre.** *Gauchir un battant de porte.* — *Aviat.* Abaisser (les extrémités mobiles, les ailerons d'une aile d'avion) pour incliner ou redresser l'appareil. ♦ 2° Fig. (xviie). Altérer, déformer, fausser. *Gauchir un fait, une idée.*
◊ ANT. *Dresser, redresser.*

GAUCHISANT, ANTE [goʃizɑ̃, ɑ̃t]. *adj.* et *n.* (1959; de *gauche*). Dont les idées se rapprochent de celles de la gauche, qui est plutôt favorable à la gauche. *Écrivain gauchisant.*

GAUCHISME [goʃism(ə)]. *n. m.* (déb. xxe; de *gauche*). *Polit.* Attitude des gauchistes.

GAUCHISSEMENT [goʃismɑ̃]. *n. m.* (1547; de *gauchir*). Action de gauchir; son résultat. V. **Déformation.** — Fig. V. **Altération, déviation.**

GAUCHISTE [goʃist(ə)]. *n.* et *adj.* (1842, répandu surtout dep. 1968; de *gauche*). *Polit.* Partisan extrême des solutions de gauche, révolutionnaires [dans un parti (vocab. marxiste). — Abrév. fam. GAUCHO [goʃo].

GAUCHO [go(t)ʃo]. *n. m.* (1822; mot esp., tiré de l'araucan ou du quichua *cachu* « camarade »). Berger chargé de surveiller les troupeaux dans les pampas de l'Amérique du Sud. *Des gauchos adroits au lasso.*

GAUDE [god]. *n. f.* (1268; germ. °*walda*). *Bot.* Variété de réséda, fournissant une teinture jaune.

GAUDRIOLE [godʀijɔl]. *n. f.* (1741; de l'anc. v. *gaudir*, (xiiie), lat. *gaudere* « se réjouir », sur le modèle de *cabriole*). ♦ 1° *Fam.* Propos gai, plaisanterie un peu leste. V. **Gauloiserie, grivoiserie.** *Dire, débiter des gaudrioles.* ♦ 2° (Au sing.). V. **Bagatelle, débauche.** *Il ne pense qu'à la gaudriole.*

GAUFRAGE [gofʀaʒ]. *n. m.* (1806; de *gaufrer*). Action de gaufrer.

GAUFRE [gofʀ(ə)]. *n. f.* (*Walfre*, xiie; a. frq. °*wafel* « rayon de miel »). ♦ 1° Pâtisserie de pâte légère, cuite entre deux fers qui lui impriment un dessin en relief. *Moule à gaufre.* V. **Gaufrier.** *Petite gaufre.* V. **Gaufrette.** ♦ 2° (1585). Gâteau de cire des abeilles.

GAUFRER [gofʀe]. *v. tr.* (1439; de *gaufre*). Imprimer sur (une étoffe, du cuir, du papier, etc.) des motifs ornementaux en relief ou en creux. *Gaufrer une étoffe.* V. **Cloquer.** *Fer à gaufrer.* V. **Gaufroir.** — Au p. p. *Papier gaufré.*

GAUFRETTE [gofʀɛt]. *n. f.* (1536; de *gaufre*). Petite gaufre. ◇ *Cour.* Biscuit sec feuilleté, parfois fourré de crème, de confiture.

GAUFREUR, EUSE [gofʀœʀ, øz]. *n.* (1677; de *gaufrer*). *Techn.* Personne qui gaufre. ◇ *N. f.* Machine à gaufrer.

GAUFRIER [gofʀije]. *n. m.* (1635; de *gaufre*). Moule formé de deux plaques entre lesquelles on fait cuire les gaufres.

GAUFROIR [gofʀwaʀ]. *n. m.* (1784; de *gaufrer*). *Techn.* Fer à gaufrer. *Gaufroir de relieur.*

GAUFRURE [gofʀyʀ]. *n. f.* (xve; de *gaufrer*). Apprêt, empreinte résultant du gaufrage.

GAULAGE [golaʒ]. *n. m.* (1846; de *gauler*). Action de gauler. *Le gaulage des noix.*

GAULE [gol]. *n. f.* (1278; frq. °*walu*). ♦ 1° Longue perche. *Il « piquait le flanc des bœufs avec une gaule longue et légère* » (SAND). — Canne à pêche. ♦ 2° Bâton ou baguette dont on se sert pour frapper. ◇ HOM. *Goal.*

GAULEITER [golajtœʀ]. *n. m.* (v. 1940; mot all.; de *gau* « district », et *leiter* « chef »). Chef de district, dans l'Allemagne hitlérienne.

GAULER [gole]. *v. tr.* (1360; de *gaule*). Battre (un arbre) avec une gaule pour faire tomber les fruits. *Gauler un châtaignier.* Par ext. *Gauler des noix, des pommes.*

GAULIS [goli]. *n. m.* (1392; de *gaule*). *Agric.* Branche d'un taillis qu'on a laissé croître. ◇ Ensemble forestier dont les pousses, devenues grandes, sont encore minces. *Le gaulis est intermédiaire entre le taillis et la futaie.*

GAULLIEN, IENNE [goljɛ̃, jɛn]. *adj.* (v. 1958; de *Gaulle*). Relatif à la personne du général de Gaulle (et non à la tendance politique qu'il représente; V. **Gaulliste**). *Conceptions gaulliennes, style gaullien.*

GAULLISME [golism(ə)]. *n. m.* (1943; de *de Gaulle*). Attitude des gaullistes.

GAULLISTE [golist(ə)]. *adj.* et *n.* (v. 1941; de *de Gaulle*). Partisan du général de Gaulle; relatif à sa politique : a) à la politique de lutte contre l'occupant pendant la guerre de Gaulle. *La résistance gaulliste et communiste.* N. Les *gaullistes* (opposé à *collabos*); b) (Après 1945) De la doctrine politique présidentielle de Gaulle. *Politique gaulliste.*

GAULOIS, OISE [golwa, waz]. *adj.* et *n.* (xve; de *Gaule*, frq. °*Walha* « pays des Walh » ou Romans). ♦ 1° Adj. De Gaule. *Les peuples gaulois, la race gauloise.* V. **Celte.** *Poète gaulois* (barde). *Prêtres gaulois :* druides, eubages. *Moustache à la gauloise,* longue et tombante. ◇ *Par ext.* Français, en tant que descendant des Gaulois. *Le coq gaulois,* symbole de la France. ♦ 2° (xviie). Qui a la franche gaieté un peu libre des « bons vieux temps ». *L'esprit gaulois des fabliaux, de Rabelais. Histoire gauloise.* V. **Gaillard, grivois, licencieux; gauloiserie.** ♦ 3° Subst. *Un Gaulois.* — *Le gaulois,* la langue celtique des Gaulois.

GAULOISE [golwaz]. *n. f.* (1910; du précéd.). Cigarette de tabac brun, de la Régie française. *Un paquet de gauloises.*

GAULOISEMENT [golwazmɑ̃]. *adv.* (1877; de *gaulois*). D'une manière gauloise (2°).

GAULOISERIE [golwazʀi]. *n. f.* (1865; de *gaulois*). ♦ 1° Propos licencieux ou leste. *Dire, raconter des gauloiseries.* V. **Gaudriole, grivoiserie.** ♦ 2° Caractère gaulois, grivois. *La gauloiserie d'un récit.*

GAULTHÉRIE [golteʀi]. *n. f.* (*Gaulthéria*, 1839; du nom du bot. canadien *Gaulther*). Arbuste (*Éricinées*) à feuilles odorantes et persistantes qui donnent l' « essence de Wintergreen ».

GAUPE [gop]. *n. f.* (1401; all. du Sud *Walpe* « femme sotte »). *Pop.* et *vx.* Femme malpropre (V. **Souillon**); prostituée.

GAUR [goʀ]. *n. m.* (xixe; hindoustani *gour*, transcr. *gore*, *gaur* en angl.). Bœuf sauvage de l'Inde et de la Malaisie. ◇ HOM. *Gord.*

GAUSS [gos]. *n. m.* (fin xixe; de K.-F. *Gauss* (1777-1855). *Phys.* Ancien nom de l'unité C.G.S. d'intensité de champ magnétique. V. **Œrsted**. ◇ Ancienne unité C.G.S. d'induction magnétique (symb. G).

GAUSSER (SE) [gose]. *v. pron.* (XVIᵉ ; o. i.). *Littér.* Se moquer ouvertement de (qqn ou de qqch.). V. **Railler**. — Absolt. V. **Moquer** (se), plaisanter. *Vous vous gaussez !* « *On le prenait à la blague, on se gaussait* » (GIDE).

GAVAGE [gavaʒ]. *n. m.* (1877 ; de *gaver*). Action de gaver ; son résultat. *Engraissement des volailles par le gavage* (à l'aide d'un entonnoir, d'une gaveuse). ◇ *Méd.* Introduction d'aliments dans l'estomac d'un malade à l'aide d'un tube.

GAVE [gav]. *n. m.* (1671 ; béarn. *gabe*). Cours d'eau, torrent pyrénéen. « *Sources, gaves, ruisseaux, torrents des Pyrénées* » (VIGNY).

GAVER [gave]. *v. tr.* (1642, v. pron. ; d'un rad. *gab-*, *gav-* « gorge », o. prélat.) ♦ 1° Faire manger de force et abondamment (les animaux qu'on veut engraisser). *Gaver des oies.* Par anal. « *Léa le réveillait pour le gaver de fraises, de crème, de lait* » (COLETTE). V. **Bourrer, gorger.** *Se gaver* : manger avec excès. — Fig. *Être gavé de compliments, d'honneurs.* V. **Comblé.** ♦ 2° *Aviat. Gaver un moteur* : le munir de compresseurs pour le vol à haute altitude. ◇ ANT. *Priver.*

GAVEUR, EUSE [gavœr, øz]. *n.* (1870 ; de *gaver*). ♦ 1° Personne qui gave les volailles. ♦ 2° *N. f.* (1889). Appareil pour gaver les volailles. ♦ 3° *N. m. Techn.* Compresseur employé pour les moteurs d'avion.

GAVIAL [gavjal]. *n. m.* (1789 ; hindi *gharvial*). Reptile crocodilien dont les mâchoires, allongées en forme de bec, sont munies d'une protubérance à leur extrémité. *Les gavials du Gange.*

GAVOTTE [gavɔt]. *n. f.* (1588 ; prov. *gavoto*, danse des *gavots* ou montagnards ; rad. *gave* « gorge »). *Ancienn.* ou *Mus.* Danse à rythme binaire ; air sur lequel on la danse.

GAVROCHE [gavroʃ]. *n. m. et adj.* (fin XIXᵉ ; personnage des « Misérables », de Hugo 1862). Gamin de Paris, spirituel et moqueur. V. **Titi.** — Adj. *Il est un peu gavroche.*

GAYAL [gajal]. *n. m.* (1877 ; mot hindi). Bœuf sauvage de l'Inde, ressemblant au zébu. *Des gayals.*

GAZ [gaz]. *n. m. invar.* (*Gas*, 1670 ; mot de Van Helmont (1577-1644), d'apr. lat. *chaos*). ♦ 1° *Vx.* Vapeur invisible, émanation. ♦ 2° *Mod.* (1787). Tout corps qui se présente à l'état de fluide expansible et compressible (état gazeux) dans les conditions de température et de pression normales. *Gaz parfait* (opposé à *gaz réel*) : qui suivrait les lois théoriques. *Propriétés des gaz* : expansibilité, élasticité, compressibilité, pesanteur. *Gaz permanent. Gaz comprimé, raréfié. Température des gaz* (V. **Thermodynamique**). *Théorie cinétique des gaz.* — GAZ RARES, gaz se trouvant en très faible proportion dans l'atmosphère. V. **Argon, crypton** (ou **krypton**), **hélium, néon, radon, xénon.** — *Gaz carbonique.* Gaz (anhydride) *sulfureux.* ◇ *Cour. Gaz qui s'échappe de certains corps.* V. **Émanation, exhalaison, fumée, fumerolle, vapeur.** *Gaz des marais* (V. **Formène** ou **méthane**), *des houillères* (V. **Grisou**). ◇ *N. m. pl.* Les GAZ (1863), gaz accumulés dans le tube digestif (estomac, gros intestin). V. **Éructation, flatulence, météorisme, pet.** *Avoir des gaz.* ♦ 3° (1836). Corps gazeux utilisable pour l'éclairage, le chauffage, etc. *Gaz combustibles.* — *Techn. Gaz à l'eau*, obtenu par l'action du carbone sur la vapeur d'eau. *Gaz riche*, mélange d'hydrogène et d'oxyde de carbone. *Gaz pauvre* (ou *gaz à l'air* (azote et oxyde de carbone), *gaz mixte* (obtenu par addition d'air humide). V. **Gazogène.** *Gaz de houille, gaz Lebon*, obtenu par distillation de la houille. *Gaz naturel*, constitué principalement de méthane. — *Gaz de pétrole* : gaz naturel exploité par puits. ◇ *Absolt. et cour.* LE GAZ (surtout en parlant du gaz de houille). *Usine à gaz. Transport du gaz par « feeders »* (canalisation). V. **Gazoduc.** *Distribution du gaz* (V. **Gazomètre**). *Compteur à gaz. Gaz de ville* : distribué par la ville. *Gaz en bouteilles* (butane, propane). *Cuisinière, réchaud à gaz* (V. aussi **Camping-gaz**). *Mettre une casserole au gaz*, sur la flamme du réchaud. *Compagnie du gaz* ; *employé, contrôleur du gaz.* — *Bec, brûleur, chalumeau, lampe à gaz.* BEC DE GAZ, pour l'éclairage des voies publiques. V. **Réverbère.** — Fig. et pop. *Il y a de l'eau dans le gaz* : l'atmosphère est à la querelle (Cf. Il y a de l'orage dans l'air). ♦ 4° Corps gazeux destiné à produire des effets nocifs sur l'organisme. *Gaz asphyxiants, lacrymogènes, hilarants. Gaz de combat* (V. **Chloropicrine, cyanogène, ypérite**). *Masque à gaz* : contre l'intoxication par les gaz (On dit mieux : *masque antigaz*). *Intoxiqué par les gaz.* V. **Gazé.** — *Chambre à gaz*, pour l'exécution des condamnés à mort. ♦ 5° Mélange gazeux utilisé dans les moteurs dits à explosion. *Gaz d'admission, d'échappement. Compression, combustion, explosion, détente des gaz. À pleins gaz* : à pleine puissance. *Ellipt. Fam. Pleins gaz. Mettre les gaz*, accélérer à l'aide de la manette des gaz d'un avion. V. **Gomme** (mettre la). *Remettre les gaz* (renoncer à atterrir). ◇ ANT. *Liquide, solide.* — HOM. *Gaze.*

GAZAGE [gazaʒ]. *n. m.* (1877 ; de *gazer* 2). *Techn.* Action de gazer les fils des tissus.

GAZE [gaz]. *n. f.* (1554 ; p.-ê. de la ville de *Gaza*). ♦ 1° Tissu léger de soie, de lin ou de laine, à armure complexe, à fils sinueux. *Étoffe, robe de gaze.* ◇ *Spécialt. Bande, pansement, tampon de gaze.* V. **Taffetas.** « *La gaze enveloppait le crâne et tournait autour du cou* » (ARAGON). ♦ 2° Par anal. Voile transparent. — Fig. et *vieilli.* Ce qui voile légèrement la pensée. ◇ HOM. *Gaz.*

GAZÉ, ÉE [gaze]. *adj. et n.* (1914-1918 ; de *gaz*). Intoxiqué par les gaz de combat. Subst. *Les gazés de la Grande Guerre.*

GAZÉIFICATION [gazeifikasjɔ̃]. *n. f.* (1842 ; de *gazéifier*). *Techn.* Action de gazéifier. *Gazéification souterraine* : transformation du charbon en gaz dans la mine.

GAZÉIFIER [gazeifje]. *v. tr.* (1802 ; de *gaz*, et *-fier*). ♦ 1° *Chim.* Faire passer à l'état de gaz. V. **Sublimer, vaporiser.** ♦ 2° Faire dissoudre du gaz carbonique dans (un liquide). *Gazéifier une eau minérale.* — *Boisson gazéifiée.* V. **Gazeux.**

GAZELLE [gazɛl]. *n. f.* (*Gazel*, 1272 ; arabe *ghazâl*, *ghazâla*). Mammifère ongulé d'Afrique et d'Asie (*Bovidés antilopinés*). V. **Antilope**), ruminant, à longues pattes fines, à cornes annelées, à pelage jaunâtre. — Fig. *Des yeux de gazelle* : de grands yeux doux.

1. GAZER [gaze]. *v. tr.* (1762 ; de *gaze*). ♦ 1° Vx. Couvrir d'une gaze. ♦ 2° Fig. *Vx* ou *littér.* Déguiser, dissimuler, voiler (ce qu'on dit, ce qu'on écrit) sous une forme transparente. « *Le drôle n'avait pas pris la peine de gazer son opinion* » (BALZ.).

2. GAZER [gaze]. *v.* (1829 ; de *gaz*). ♦ 1° V. tr. *Techn.* Passer à la flamme (des fils dont on veut enlever le duvet). V. **Flamber.** ♦ 2° (1914-1918). Intoxiquer par un gaz de combat. V. **Asphyxier.** ♦ 3° *V. intr.* (1915). *Fam.* Aller à toute vitesse, à pleins gaz. V. **Filer, foncer.** *Par ext.* Aller à souhait, marcher. *Ça ne pourra pas gazer.*

GAZETIER, IÈRE [gaztje, jɛʀ]. *n.* (1578 ; de *gazette*). *Ancienn.* Personne qui rédigeait, publiait une gazette. V. **Journaliste.**

GAZETTE [gazɛt]. *n. f.* (1600 ; it. *gazzetta* « petite monnaie », prix d'une gazette). ♦ 1° *Vx, région.* ou *plais.* Écrit périodique contenant des nouvelles. V. **Journal, revue.** La « *Gazette* », de Théophraste Renaudot (1631). ◇ *Fig.* Colportage de nouvelles ; récit. ♦ 2° Personne qui aime à colporter des nouvelles. V. **Bavard, concierge.**

GAZEUX, EUSE [gazø, øz]. *adj.* (1755 ; de *gaz*). ♦ 1° Relatif au gaz, de la nature des gaz. *État gazeux.* — *Corps, fluide gazeux.* ♦ 2° Qui contient du gaz en dissolution. *Eau, boisson gazeuse. Eau gazeuse naturelle. Eau minérale non gazeuse.* — *Méd. Gangrène gazeuse.* ◇ ANT. *Solide ; liquide.*

GAZIER, IÈRE [gazje, jɛʀ]. *adj. et n.* (1802 ; de *gaz*). ♦ 1° Adj. Relatif au gaz d'éclairage. *Industrie gazière.* ♦ 2° *N. m.* Ouvrier dans une usine à gaz. Employé d'une compagnie du gaz. ◇ *Arg. milit.* V. **Gars, homme.**

GAZODUC [ga(a)zodyk]. *n. m.* (1958 ; de *gaz*, d'apr. *oléoduc*). *Techn.* Conduite d'alimentation en gaz (*angl.* feeder).

GAZOGÈNE [ga(a)zoʒɛn]. *n. m.* (1829 ; de *gaz*, et *-gène*). ♦ 1° Vx. Appareil portatif pour fabriquer de l'eau de Seltz. ♦ 2° Appareil transformant par oxydation incomplète un combustible solide en gaz. *Gaz de gazogène* : gaz à l'air, à l'eau, mixte. *Gazogène à épurateur*, alimentant un moteur à explosion. « *Il équipa sa camionnette au gazogène* » (DUTOURD).

GAZOLE [gazɔl]. *n. m.* (1973 ; adapt. fr. de *gas-oil*). Syn. francisé de Gas-oil* (*recomm. offic.*).

GAZOLINE [ga(a)zɔlin]. *n. f.* (1895 ; de *gaz*, *-ol* et *-ine*). *Comm.* Éther de pétrole.

GAZOMÈTRE [ga(a)zɔmɛtʀ(ə)]. *n. m.* (1789 ; de *gaz*, et *-mètre*). ♦ 1° *Vx.* Appareil pour mesurer le volume des gaz. ♦ 2° (1809). Appareil mesurant le volume et réglant le débit du gaz d'éclairage. V. **Compteur.** ◇ *Spécialt. Cour.* (1858). Grand appareil de réserve de gaz régularisant la pression. V. **Réservoir.** « *Les gazomètres de Vanves, carcasses de Colisées* » (MORAND).

GAZON [gazɔ̃]. *n. m.* (*Wason*, 1213 ; frq. *waso* « motte de terre garnie d'herbe »). ♦ 1° *Hortic.* Motte, plaque de terre couverte d'herbe. — *Par ext.* Terre garnie d'herbe. *Motte de gazon.* ♦ 2° *Cour.* Herbe courte et fine. « *On les plante* (ces terrains) *en gazon anglais, c'est-à-dire avec la graminée la moins chargée en mystère* » (GIRAUDOUX). *Tondeuse à gazon.* — *Bordure, pelouse de gazon.* V. **Pelouse, prés, verdure.** *Marcher, se coucher sur le gazon.* ♦ 3° Surface couverte de gazon.

GAZONNANT, ANTE [gazɔnɑ̃, ɑ̃t]. *adj.* (1338 ; de *gazonner*). Qui pousse, se développe en formant du gazon. *Plantes gazonnantes* (On dit aussi GAZONNEUX, EUSE [gazɔnø, øz], 1808).

GAZONNÉ, ÉE [gazɔne]. *adj.* (XVIᵉ ; V. **Gazonner**). Où pousse du gazon. *Talus gazonné.*

GAZONNEMENT [gazɔnmɑ̃] ou **GAZONNAGE** [gazɔnaʒ]. *n. m.* (1762, -av. 1683 ; de *gazonner*). Action de

revêtir de gazon. *Gazonnement d'une pente de montagne.*
GAZONNER [gɑzɔne]. *v. (Wassonner,* 1295 ; de *gazon).*
♦ 1° *V. tr.* Revêtir de gazon. ♦ 2° *V. intr.* Pousser en gazon.
Herbe qui gazonne. — Se couvrir de gazon. *Les prés gazonnent.*
GAZOUILLANT, ANTE [gazujã, ãt]. *adj.* (1846 ; de *gazouiller).* Qui gazouille. *Ruisseau gazouillant.*
GAZOUILLEMENT [gazujmã]. *n. m.* (XIVᵉ ; de *gazouiller).* Action de gazouiller ; bruit qui en résulte. V. **Murmure, ramage.** *Gazouillement d'un enfant* (V. **Babil, gazouillis).**
« *Sa voix est un gazouillement si mélodieux...* » (GAUTIER).
GAZOUILLER [gazuje]. *v. intr.* (1316 ; onomat. V. **Jaser).**
♦ 1° Produire un bruit léger et doux « tel que celui d'un petit ruisseau sur des cailloux, ou celui des petits oiseaux »
(FURET.). V. **Bruire, murmurer.** *Oiseaux qui gazouillent.*
V. **Babiller, chanter, jaser.** ♦ 2° (XIVᵉ). Faire entendre des sons articulés, en parlant d'un petit enfant. V. **Babiller.**
GAZOUILLEUR, EUSE [gazujœʀ, øz]. *adj. (Néol. ; de gazouiller).* Qui gazouille. *Enfant gazouilleur.*
GAZOUILLIS [gazuji]. *n. m.* (1552 ; de *gazouiller).* Bruit produit par un ensemble de gazouillements. *Le gazouillis des oiseaux.* « *Ce doux gazouillis des fontaines* » (R. BELLEAU).
Gd Symbole chimique du *godolinium.*
Ge Symbole chimique du *germanium.*
GEAI [ʒɛ]. *n. m.* (XIIᵉ ; bas lat. *gaius,* onomat. ou nom pr.). Oiseau passereau *(Corvidés),* de la taille du pigeon, à plumage bigarré. *Geai bleu.* V. **Rollier.** *Le geai jase.* —
Allus. littér. « *Le geai paré des plumes du paon* » (LA FONT.), celui qui se fait gloire d'une chose empruntée. ⊗ HOM. *Jais, jet.*
GÉANT, ANTE [ʒeã, ãt]. *n. (Jaiant,* 1080 ; lat. pop. °*gagantem,* accus. de °*gagas,* altér. de *Gigas,* rac. myth.).
Être dont la taille est anormalement grande. ♦ 1° *Myth.*
Être fabuleux, né de la Terre (Gaïa) et du Ciel (Ouranos).
V. **Cyclope, titan.** *La guerre des Géants.* V. **Gigantomachie.**
— Être fabuleux, gigantesque, génie bienfaisant ou malfaisant. V. **Ogre.** ◇ *Géogr. Saut du géant ; chaussée des Géants,* désignent des accidents géographiques. ♦ 2° Personne dont la taille excède anormalement la moyenne. V. **Gigantisme.**
◇ *Par ext.* Personne dont la taille, sans être la conséquence de troubles pathologiques, dépasse largement la moyenne.
V. **Colosse.** — *Pas de géant.* ♦ 3° *Fig.* V. **Génie, héros, surhomme, titan.** *Les géants de la pensée, de l'art.* — (Choses : pays, forces, etc.) « *Le monde est simplifié : deux géants se dressent seuls* » (SARTRE). ♦ 4° *Adj.* Dont la taille dépasse de beaucoup la moyenne. V. **Colossal, énorme, gigantesque, grand, immense.** *Paquet géant.* « *Le pain blanc poussait, débordait en moissons géantes* » (ZOLA). ◇ ANT. **Nain, petit.**
GECKO [ʒeko]. *n. m.* (1768 ; mot malais). Reptile saurien *(Crassilingue)* portant aux doigts des quatre pattes des lamelles adhésives.
-GÉE. Élément, du gr. *gê* « terre ». V. **Géo-.**
GÉHENNE [ʒeɛn]. *n. f.* (XIIIᵉ ; lat. *gehenna,* hébreu *ge-hinnom* « vallée de Hinnom », près de Jérusalem). ♦ 1° *Bible.*
Séjour des réprouvés. V. **Enfer.** ♦ 2° (Par crois. avec *gêne).*
Fig. et *vieilli.* Torture appliquée aux criminels. V. **Question.** ◇ Souffrance intense, intolérable. V. **Douleur, souffrance, supplice.**
GEIGNARD, ARDE [ʒɛɲaʀ, aʀd(ə)]. *adj.* (1867 ; de *geindre).* *Fam.* Qui se lamente à tout propos. V. **Pleurnicheur.** — Par anal. *Une musique geignarde.* V. **Plaintif.** ◇ Subst. *Quelle geignarde !*
GEIGNEMENT [ʒɛɲmã]. *n. m.* (1842 ; de *geindre).* *Rare.*
Action de gémir. V. **Gémissement, plainte.** « *Avec des geignements et de sourdes malédictions* » (BARBUSSE).
1. GEINDRE [ʒɛ̃dʀ(ə)]. *v. intr. ;* conjug. *peindre (Giembre,* XIIᵉ ; lat. *gemere).* ♦ 1° Faire entendre des plaintes faibles et inarticulées. V. **Gémir, plaindre** (se). ♦ 2° Par anal.
« *L'orgue... geignait lamentablement* » (GAUTIER). ♦ 3° (XVIᵉ).
Fam. et *péj.* Se lamenter à tout propos, sans raison valable.
V. **Geignard.**
2. GEINDRE [ʒɛ̃dʀ(ə)]. *n. m.* V. **GINDRE.**
GEISHA ou **GHESHA** [ɡeʃa]. *n. f. (Guécha,* 1887 ; mot jap.). Chanteuse et danseuse japonaise.
GEL [ʒɛl]. *n. m. (Giel,* 1080 ; rare du XVIᵉ au XIXᵉ ; lat. *gelu).* ♦ 1° Temps de gelée. *Persistance, rigueur du gel.*
« *Un matin de gel, où les traineaux glissaient* » (APOLLINAIRE).
♦ 2° Congélation des eaux (et de la vapeur d'eau atmosphérique). V. **Givre, glace.** *Arborisations produites par le gel sur les vitres. Le gel a fait éclater les tuyauteries.* ◇ *Spécialt.*
Congélation de l'eau des tissus végétaux, des eaux d'infiltration *(agric., géol.).* ♦ 3° *Phys.* Substance transparente, souple, obtenue par floculation d'une solution colloïdale. ♦ 4° *Fig.*
Arrêt, blocage, interruption (notamment, d'un processus économique ou financier). *Gel des crédits.* V. **Gelé.** ⊗ ANT.
Dégel.
GÉLATINE [ʒelatin]. *n. f.* (1611 ; it. *gelatina).* Substance albuminoïde extraite, sous forme de gelée, de tissus animaux riches en collagène, soumis à l'action prolongée de l'eau

bouillante. *Gélatine de poisson.* V. **Ichtyocolle.** *Utilisation de la gélatine dans la fabrication des colles ; dans l'industrie photographique et cinématographique ; en photogravure ; en microbiologie* (milieu de culture).
GÉLATINÉ, ÉE [ʒelatine]. *adj.* (1874 ; de *gélatine).*
Enduit de gélatine. *Plaque gélatinée.*
GÉLATINEUX, EUSE [ʒelatinø, øz]. *adj.* (1743 ; de *gélatine).* Qui a la nature, la consistance ou l'apparence de la gélatine, de la gelée. *Confiture, sauce gélatineuse. Chair gélatineuse et flasque.*
GÉLATINIFORME [ʒelatinifɔʀm(ə)]. *adj.* (1845 ; de *gélatine,* et *-forme). Méd.* Semblable à de la gélatine. *Tumeur gélatiniforme.*
GÉLATINO-BROMURE [ʒelatinobʀɔmyʀ], **GÉLATINO-CHLORURE** [ʒelatinoklɔʀyʀ]. *n. m.* (1890,-v. 1900 ; de *gélatine,* et *bromure, chlorure). Chim., Techn.* Composition formée d'un sel d'argent, bromure ou chlorure, en suspension dans la gélatine. — Phot. *Gélatino-bromure d'argent.*
GELÉ, ÉE [ʒ(ə)le]. *adj.* (V. **Geler).** ♦ 1° Dont l'eau a gelé. *Rivière, terre gelée.* ♦ 2° *Par ext.* Très froid. *Avoir les pieds gelés.* V. **Glacé.** *Être gelé jusqu'aux os.* V. **Transi.**
♦ 3° *Écon.* (de l'angl.). *Crédits gelés,* immobilisés dans des investissements, donc indisponibles.
GELÉE [ʒ(ə)le]. *n. f.* (1080 ; *gelata,* VIIIᵉ ; lat. *gelatus,* de *gelare).* ♦ 1° État de la température lorsqu'elle s'abaisse au-dessous du zéro de l'échelle thermométrique et provoque la congélation de l'eau. V. **Gel, glace, verglas.** *Gelées hâtives* (ou d'automne). *Gelées tardives* (ou printanières). — *Gelée blanche,* congélation de la rosée avant le lever du soleil (printemps, automne). ♦ 2° Suc de substance animale (viande, etc.) qui s'est coagulé en se refroidissant. *Bœuf en gelée. Poulet à la gelée.* ◇ *Par anal.* Jus de fruit cuits avec du sucre, qui se coagule en se refroidissant. V. **Confiture.** *Gelée de pommes.* ♦ 3° Tout corps de consistance gélatineuse. — *Gelée royale,* sécrétion des glandes pharyngiennes de l'abeille servant à nourrir les jeunes larves (elle doit son nom à ce qu'elle peut transformer en reine une larve d'abeille ouvrière).
GELER [ʒ(ə)le]. *v. : je gèle, nous gelons ; je gèlerai* (XIIᵉ ; lat. *gelare).*
I. *V. tr.* ♦ 1° Transformer en glace, solidifier par le froid.
V. **Congeler.** *Un temps « à geler le mercure »* (GAUTIER). —
Par ext. Durcir par le froid. *L'hiver sibérien gèle profondément le sol.* ♦ 2° Désorganiser par un froid excessif (des tissus vivants animaux ou végétaux). *Geler le nez et les oreilles.*
Les nuits printanières trop froides gèlent les bourgeons. V.
Griller. ♦ 3° Faire souffrir du froid. Pronom. *Ne restez pas dehors à vous geler.* ♦ 4° *Fig.* Bloquer, immobiliser, mettre en réserve. « *Geler une partie de la production* » (L'Express, 1972). *Geler les crédits. Capitaux gelés.*
II. *V. intr.* ♦ 1° Se transformer en glace. V. **Congeler** (se), **figer** (se), **prendre** (se). *La mer gèle rarement dans les fiords.* ◇ *Par ext.* Être endommagé par le froid. *Plantes qui gèlent sur pied, sur tige.* ♦ 2° Souffrir du froid. V. **Grelotter, transir.** *Fermez donc la fenêtre, on gèle ici ! « Vite, mon petit, je gèle. J'ai pris froid »* (COLETTE).
III. (Sujet impers.). *Il a gelé cette nuit. Il gèle à pierre fendre,* si fort que les pierres peuvent éclater par la congélation de leur eau d'imbibition.
⊗ ANT. *Dégeler, fondre, liquéfier, réchauffer.*
GÉLIF, IVE [ʒelif, iv]. *adj.* (XVIᵉ ; de *geler). Didact.* Qui se fend, s'est fendu par le gel. *Arbres gélifs.* — Géol. *Pierres gélives.*
GÉLIFIER [ʒelifje]. *v. tr.* (Se *gélifier,* 1922 ; p. p., v. 1900 ; de *gel). Chim.* Transformer en gel (3°). ◇ *Spécialt.* Substance *gélifiée* (subst. GÉLIFICATION [ʒelifikasjɔ] *n. f.,* 1890).
GÉLINOTTE [ʒelinɔt]. *n. f.* (1519 ; a. fr. *géline* « poule »).
Oiseau galliforme *(Gallinacés),* très voisin de la perdrix, communément appelé *coq des marais. Gélinotte commune,* dite *poule des bois. Gélinotte des Pyrénées.* V. **Ganga.** *Gélinotte d'Écosse.* V. **Grouse.** *Gélinotte blanche.* V. **Lagopède.**
GÉLIVURE [ʒelivyʀ]. *n. f.* (1737 ; de *gélif). Didact.* Fente creusée par le gel dans les arbres, les pierres. V. **Gerçure** (2°).
GÉLOLEVURE [ʒelolvyʀ]. *n. f.* (1922 ; de *gélose,* et *levure). Sc.* Levure cultivée sur gélose.
GÉLOSE [ʒeloz]. *n. f.* (1858 ; rad. *gélatine,* et *-ose).* Substance mucilagineuse, extraite d'algues marines du Pacifique et de l'océan Indien. V. **Agar-agar.** *La gélose, milieu de culture microbienne.*
GÉLULE [ʒelyl]. *n. f.* (XXᵉ ; de *gél[atine],* sur le modèle de *caps[ule]). Pharm.* Capsule gélatineuse à double paroi, contenant des substances médicamenteuses. *Les gélules remplacent fréquemment les cachets*.*
GELURE [ʒ(ə)lyʀ]. *n. f.* (1807 ; de *geler). Méd.* Lésion très grave de la peau causée par le froid, pouvant aller jusqu'à la congélation des tissus et aux escarres. V. **Engelure, froidure.**
GÉMEAU, ELLE, EAUX [ʒemo, ɛl, o]. *adj. et n.* (fin

XIIᵉ; réfect. de *jumeau*, d'apr. lat. *gemellus*). *Vx.* V. **Jumeau**.
◊ *N. m. pl.* (1546) *Les Gémeaux* (Castor et Pollux) : constellation zodiacale, troisième signe du Zodiaque.

GÉMELLAIRE [ʒeme(ɛl)lɛʀ]. *adj.* (1842 ; du lat. *gemellus*). *Didact.* Qui se rapporte aux jumeaux. *Grossesse, portée gémellaire.*

GÉMELLIPARE [ʒeme(ɛl)lipaʀ]. *adj.* (1842 ; lat. *gemellus*, et *-pare*). *Méd.* Qui accouche de jumeaux. *Femelle gémellipare.*

GÉMELLIPARITÉ [ʒeme(ɛl)lipaʀite]. *n. f.* (XIXᵉ ; de *gémellipare*). *Méd.* État d'une femelle qui porte des jumeaux. V. *gémellipare*.

GÉMELLITÉ [ʒeme(ɛl)lite]. *n. f.* (1866 ; lat. *gemellus*). *Didact.* Cas où se présentent des jumeaux. « *Taux de gémellité* » (J. ROSTAND).

GÉMINATION [ʒeminɑsjɔ̃]. *n. f.* (1478 ; lat. *geminatio*). *Didact.* État de ce qui est disposé par paire. — *Rhét.* Répétition d'un mot. — *Ling.* Redoublement expressif d'un phonème ou d'une syllabe : *la fifille à sa mémère.* — *Pédag.* *Gémination des classes* (de garçons et de filles). V. **Mixité**.

GÉMINÉ, ÉE [ʒemine]. *adj.* (1529 ; lat. *geminatus*). Doublé. — *Archit.* *Colonnes, fenêtres, arcades géminées* : groupées deux par deux sans être en contact direct. V. **Jumelé**. — *Biol.* *Noyaux géminés.* *Bot.* *Organes géminés.* *Phonét.* *Consonnes géminées* : deux consonnes identiques consécutives prononcées (*ex.* : illusion [illyzjɔ̃], elle l'a vu [ɛllavy]). — *Didact.* (Fig.) « *Des raisonnements conjugués,... géminés* » (PÉGUY).

GÉMIR [ʒemiʀ]. *v. intr.*; (v. 1150 ; lat. *gemere* [pour *°gémer*] V. **Geindre**). ♦ 1° Exprimer sa souffrance d'une voix plaintive et inarticulée. V. **Crier**, **geindre**, **lamenter** (se), **plaindre** (se). *Voix qui gémit et pleure.* « *À chaque pas elle s'arrêtait, gémissant, geignant* » (JOUHANDEAU). *Par ext.* Manifester sa douleur, son infortune, par des plaintes. V. **Plaindre** (se), **pleurer**. « *Gémir, pleurer, prier est également lâche* » (VIGNY). ♦ 2° Faire entendre un cri, un chant plaintif. *La colombe, la tourterelle gémissent.* ♦ 3° (*Choses*). Émettre une sorte de murmure prolongé et plaintif. *Le vent gémit dans les arbres.* « *La porte de fer gémissait* » (COCTEAU). *Ressorts, coussins qui s'affaissent en gémissant.* ♦ 4° *Fig.* Éprouver des tourments ; être accablé, opprimé. V. **Souffrir**. *Gémir sous l'oppression, la tyrannie. Vieux cheval gémissant au timon d'un fiacre.* « *Ceux qui cherchent en gémissant* » (PASC.). ♦ 5° *Trans.* (*Littér.*). Faire entendre en gémissant. *Gémir une plainte.*

GÉMISSANT, ANTE [ʒemisɑ̃, ɑ̃t]. *adj.* (XVᵉ ; de *gémir*). Qui gémit. *Parler d'une voix gémissante.* V. **Plaintif**. — Par ext. « *Les grands chars gémissants...* » (HUGO).

GÉMISSEMENT [ʒemismɑ̃]. *n. m.* (déb. XIIᵉ ; de *gémir*). ♦ 1° Expression vocale, inarticulée et plaintive, de la douleur. V. **Lamentation**, **plainte**. *Gémissements de douleur.* *Pousser des gémissements. Gémissements outrés.* V. **Jérémiade**. ◊ Par anal. Cri de certains oiseaux. *Le gémissement de la tourterelle.* ♦ 2° Son plaintif. *Le gémissement du vent dans les ramures.* ♦ 3° *Fig.* Expression de la douleur. *Plainte.* « *Sa pensée poétique* (de Byron) *n'est qu'un gémissement, une plainte* » (CHATEAUB.).

GEMMAGE [ʒem(m)aʒ]. *n. m.* (1864 ; de *gemmer*). *Arbor.* Action de gemmer (les pins).

GEMMAIL, AUX [ʒem(m)aj, o]. (v. 1957 ; de *gemme*, et *vitrail*). Panneau constitué de morceaux de verre colorés juxtaposés et superposés sans plomb. (V. aussi **Vitrail**).

GEMMATION [ʒem(m)asjɔ̃]. *n. f.* (1798 ; du lat. *gemmare*). *Bot.* Développement des bourgeons. Moment où se produit ce développement. *Zool.* Reproduction par gemmation ou GEMMIPARITÉ [ʒem(m)ipaʀite]. V. **Bourgeonnement**.

GEMME [ʒem]. *n. f.* (1080 ; lat. *gemma* « pierre précieuse », et « bourgeon »).
I. ♦ 1° *Minér.* Nom générique des minéraux considérés comme *pierres précieuses.* — Adj. (XVIᵉ). *Sel gemme*, chlorure de sodium qu'on tire des mines. ♦ 2° (1391). Suc résineux qui coule des pins par les entailles de leur tige (V. **Résine**).
II. *Bot.* *Vx* (1829). V. **Bourgeon**.

GEMMÉ, ÉE [ʒe(ɛm)me]. *adj.* (XVIᵉ ; *gemé*, v. 1100 ; de *gemme*). *Littér.* Orné de pierres précieuses.

GEMMER [ʒe(ɛm)me]. *v.* (fin XVIIIᵉ ; lat. *gemmare*). ♦ 1° *V. tr. Arbor.* Inciser (l'écorce des pins) pour recueillir la gemme ou résine. ♦ 2° *V. intr.* (1845). Pousser des bourgeons.

GEMMEUR [ʒem(m)œʀ]. *n. et adj.* (1877 ; de *gemmer*). *Arbor.* Qui gemme les pins. *Ouvrier gemmeur.*

GEMMIFÈRE [ʒem(m)ifɛʀ]. *adj.* (1596 ; lat. *gemmifer*). *Minér.* Qui contient des gemmes. ◊ *Bot.* Qui porte des bourgeons. ◊ *Arbor.* Qui produit de la gemme. *Le pin maritime est gemmifère.*

GEMMIPARITÉ. V. **Gemmation**.

GEMMULE [ʒe(ɛm)myl]. *n. f.* (1808 ; lat. *gemmula*, dimin. de *gemma*). V. **Gemme**). *Bot.* Bourgeon de l'embryon, rudiment de tige.

GÉMONIES [ʒemɔni]. *n. f. pl.* (1548 ; lat. *gemoniæ* (*scalæ*) « escalier des gémissements », à Rome, où on exposait les cadavres des condamnés après leur strangulation, avant de les jeter dans le Tibre). Loc. mod. *Vouer qqn aux gémonies* : l'accabler publiquement de mépris, d'opprobre.

GÊNANT, ANTE [ʒɛnɑ̃, ɑ̃t]. *adj.* (*Gehinnant*, XVIᵉ ; *gesnant*, XVIIᵉ ; de *gêner*). Qui gêne, incommode, importune. V. **Embarrassant**, **ennuyeux**. *Un objet, un meuble gênant.* V. **Encombrant**. *À force d'empressement, il devient gênant.* V. **Envahissant**, **fâcheux**, **gêneur**. ◊ ANT. *Agréable*, *commode*.

GENCIVE [ʒɑ̃siv]. *n. f.* (XIIᵉ ; adapt. lat. *gingiva*). Portion de la muqueuse buccale qui recouvre le bord alvéolaire (V. **Alvéole**) des deux maxillaires, et fixe les dents en enserrant leur collet. *Inflammation, tumeur des gencives.* V. **Gingivite**. ◊ *Par ext. et pop.* La mâchoire, les dents. *Un grand coup dans les gencives. Il en a pris dans les gencives.*

GENDARME [ʒɑ̃daʀm(ə)]. *n. m.* (XVᵉ ; *gensdarmes*, 1330 ; de *gens*, et *arme*).
I. *Ancien.* Homme de guerre à cheval, ayant sous ses ordres un certain nombre d'autres cavaliers. ◊ *Spécialt.* S'est dit de certains gentilshommes cavaliers. ◊ *Par ext.* Soldat, en général.
II. (1790). *Mod.* Militaire appartenant à un corps spécialement chargé de veiller au maintien de l'ordre et de la sûreté publique, à la recherche et à la constatation de certaines infractions et à l'exécution des arrêts judiciaires (V. **Gendarmerie**, **maréchaussée**. *Brigade de gendarmes* (V. **Brigadier**). *Être arrêté par les gendarmes, ramené entre deux gendarmes. Jouer au gendarme et au voleur.* ◊ LE GENDARME : symbole de la force publique, de l'ordre. *La peur du gendarme.* ◊ *Loc. fam. Faire le gendarme* : faire régner l'ordre, la discipline (en surveillant, en grondant). V. **Gendarmer** (se). *C'est un gendarme*, se dit d'une personne, et *spécialt.* d'une grande femme, à l'air autoritaire et revêche (V. **Virago**). ◊ *Loc. Chapeau de gendarme* : ancien bicorne des gendarmes. *Par anal.* Chapeau de papier.
III. *Fig.* ♦ 1° *Pop.* (1477, dial., d'apr. sa raideur). Hareng saur. ◊ *Saucisse sèche et plate.* ♦ 2° (1599). Paillette, défaut dans une pierre précieuse, un diamant. ♦ 3° *Nom donné*, dans certaines régions, à des poissons (vairon, en Lorraine), des insectes (punaise des bois), des plantes. ♦ 4° *Piton rocheux difficile à franchir.*

GENDARMER (SE) [ʒɑ̃daʀme]. *v. pron.* (1547, « gouverner despotiquement » ; de *gendarme*). S'irriter, s'emporter pour une cause légère. *Se gendarmer contre qqn, qqch.* V. **Emporter** (s'). « *Mon goût correct s'est gendarmé Contre ces vers de Mallarmé* » (MALLARMÉ). — Protester, réagir vivement. *Il a dû se gendarmer pour le faire tenir tranquille.* V. **Fâcher**.

GENDARMERIE [ʒɑ̃daʀməʀi]. *n. f.* (1473 ; de *gendarme*).
I. *Ancienn.* Corps de gendarmes, cavalerie lourde. — Corps de troupes de police qui relevaient des maréchaux de France. *Gendarmerie de la maréchaussée.* V. **Maréchaussée**. — Corps d'élite, attaché à la Maison du roi, de la reine, ou des princes.
II. *Mod.* ♦ 1° « Corps militaire, chargé d'assumer la police administrative du territoire, la surveillance des armées de terre et de mer (V. **Prévôté**) et de collaborer à la police judiciaire » (CAPITANT). Cf. *Compagnie républicaine de sécurité. Gendarmerie nationale. Gendarmerie départementale* : Garde républicaine et Garde mobile. *Gendarmerie de l'air.* ♦ 2° *Par ext.* Caserne où les gendarmes sont logés ; bureaux où ils remplissent leurs fonctions administratives. *Faire viser son livret militaire à la gendarmerie.*

GENDELETTRE [ʒɑ̃dlɛtʀ(ə)]. *n. m.* (1843 ; de *gens de lettres*, 1576). *Iron.* Gens. *Fam.* et *iron.* Homme, femme de lettres. « *Gendelettre dans l'âme, elle faisait passer la copie avant tout* » (PROUST).

GENDRE [ʒɑ̃dʀ(ə)]. *n. m.* (XIᵉ ; lat. *gener*). Le mari d'une femme par rapport au père et à la mère de celle-ci. V. **Beau-fils**. *Gendre et beau-père.* « *Le Gendre de Monsieur Poirier* », comédie d'É. Augier et J. Sandeau.

GÊNE [ʒɛn]. *n. f.* (1538 ; altér., d'apr. *géhenne*, de l'a. fr. *gehine* « torture », de *gehir* « avouer » ; frq. *°jehhjan*). ♦ 1° *Vx.* V. **Torture**. ◊ *Tourment, peine extrême.* ♦ 2° *Mod.* Malaise ou trouble physique que l'on éprouve dans l'accomplissement de certaines fonctions ou de certains actes. *Avoir, sentir de la gêne dans la respiration* : étouffer, suffoquer. *Éprouver une sensation de gêne* : être incommodé. *Éprouver une certaine gêne à avaler.* V. **Difficulté**. ♦ 3° Situation embarrassante, imposant une contrainte, un désagrément. V. **Embarras**, **ennui**, **incommodité**, **sujétion**. *Je voudrais être sûr de ne vous causer aucune gêne.* V. **Dérangement**. — Vieilli. *Mettre à la gêne.* V. **Embarrasser**. — PROV. *Où (il) y a de la gêne, (il n'y) a pas de plaisir.* ◊ *Spécialt.* (av. 1813). Situation embarrassante due au manque d'argent. V. **Pauvreté**, **privation**. *Être dans la gêne.* V. **Besoin**. « *Payer toutes ses dettes et sortir de la gêne* » (SUARÈS). ◊ *Didact.* V. **Nuisance**. ♦ 4° Impression désagréable que l'on éprouve devant qqn quand on se sent mal à l'aise. V. **Confusion**, **embarras**, trouble. « *Il n'y a entre nous aucune contrainte, aucune gêne* » (LÉAUTAUD). *Éprouver de la gêne. Il y eut un moment de gêne, de silence.* V. **Froid** (jeter un). ◇ SANS GÊNE (*loc. adv.* employée adj.*), qui prend ses aises, sans s'inquiéter de l'opinion, ou de la commodité d'autrui. V. **Désinvolte, effronté, impoli.** *Je n'ai jamais vu personne d'aussi sans gêne. Madame Sans-Gêne.* Subst. *C'est un sans gêne.* ◇ ANT. *Aisance, facilité, liberté; fortune.* Aplomb, assurance, familiarité. — HOM. Formes de gêner. *Gêne.*

GÈNE [ʒɛn]. *n. m.* (1911; angl. *gene,* du gr. V. **-Gène**). *Biol.* Nom donné à des unités définies, localisées sur les chromosomes, et responsables de la production des caractères héréditaires. V. **Génotype, phénotype.** *Gène dominant, récessif. Composition des gènes.* V. **Désoxyribonucléique** (acide). *L'altération d'un gène est une des causes de mutation.* ◇ HOM. *Gêne.*

-GÈNE. Élément, du gr. *-genês,* de *genos* « naissance, origine » (ex. : *thermogène*).

GÉNÉALOGIE [ʒenealɔʒi]. *n. f.* (XIIe; bas lat. *genealogia,* du gr.). ◆ 1° Suite d'ancêtres qui établit une filiation (V. **Ascendance, descendance, famille, filiation, lignée, race**). *Faire dresser la généalogie d'un individu, d'une famille.* — Par anal. *Généalogie d'un pur-sang, d'animaux de race.* V. **Pedigree.** *Généalogie des espèces vivantes, en biologie.* V. **Phylogenèse.** ◆ 2° Science qui a pour objet la recherche des filiations. *Connaître l'héraldique et la généalogie.*

GÉNÉALOGIQUE [ʒenealɔʒik]. *adj.* (1480; de *généalogie*). Relatif à la généalogie. *Degrés généalogiques. Pièce, document généalogique.* V. **Nobiliaire.** — *Livres généalogiques,* établissant la généalogie des animaux de race pure. V. **Herdbook, stud-book.** ◇ *Arbre généalogique* (1671): représentation en arbre de la généalogie. Fig. « *Arbre généalogique du règne animal* » (J. ROSTAND).

GÉNÉALOGIQUEMENT [ʒenealɔʒikmɑ̃]. *adv.* (XIXe; de *généalogique*). Par la généalogie. *Noblesse authentique, généalogiquement établie.*

GÉNÉALOGISTE [ʒenealɔʒist(ə)]. *n. m.* (1654; de *généalogie*). Celui qui fait les généalogies, qui s'occupe de généalogie.

GÉNÉPI [ʒenepi] ou **GENÉPI** [ʒənepi]. *n. m.* (1733; mot savoy.). Nom générique des absinthes ou armoises de haute montagne. ◇ Liqueur (absinthe) ou vulnéraire faite avec ces plantes.

GÊNER [ʒene]. *v. tr.* (*Gehiné,* p. p., 1381; de *gêne*). Soumettre, exposer à la gêne, à une gêne. ◆ 1° *Vx.* Mettre à la torture, au supplice. V. **Supplicier, torturer.** — Par ext. *Vx.* Faire souffrir. V. **Tourmenter.** « *Et le puis-je, Madame? Ah! que vous me gênez!* » (RAC.). ◆ 2° Mettre (un être vivant) à l'étroit ou mal à l'aise, en causant une gêne physique. *Ces souliers me gênent.* V. **Serrer.** *Gêné dans des vêtements trop raides.* V. **Engoncé.** *Est-ce que le soleil, la fumée vous gêne?* V. **Déranger, incommoder, indisposer.** ◇ Entraver, freiner, empêcher le mouvement, l'action de. *Donnez-moi ce paquet qui vous gêne.* V. **Embarrasser, encombrer.** — Par ext. *Le terrain difficile gêne le mouvement des troupes.* V. **Entraver.** ◆ 3° Mettre dans une situation embarrassante, difficile, où s'exerce une contrainte. V. **Embarrasser, empêcher.** *Il me gêne dans mes projets. J'ai été gêné par le manque de temps, de place.* V. **Contraindre.** — Par ext. *Gêner les penchants, les habitudes, les intérêts de qqn.* V. **Contrarier, paralyser.** ◇ Infliger à qqn l'importunité d'une présence, d'une démarche. V. **Déplaire, déranger, importuner.** *Je crains de vous gêner en m'installant chez vous.* Absolt. *Il a toujours peur de s'imposer, de gêner.* ◇ *Spécialt.* Mettre dans une situation financière embarrassante. *C'est une dépense qui va me gêner.* Au p. p. *Je me trouve un peu gêné.* V. **Court** (à), **serré.** ◆ 4° Mettre mal à l'aise. V. **Intimider, troubler.** « *Le regard oblique qu'il jeta sur Jean, gêna beaucoup ce dernier* » (ZOLA). Au p. p. *Contenance gênée.* V. **Affecté, contraint, emprunté, gauche.** *Avoir l'air gêné.* « *Il était d'autant plus gêné... d'avoir paru gêné* » (PROUST). ◆ 5° SE GÊNER. *Réfl.* S'imposer quelque contrainte physique ou morale. *Nous vous gênant un peu, vous pourriez tenir à trois sur la banquette arrière.* V. **Serrer** (se). *Un homme avec qui l'on ne se gêne pas.* V. **Contraindre** (se). *On ne lui dit rien, il aurait tort de se gêner!* Iron. *Ne vous gênez pas!* se dit à qqn d'indiscret, d'inconvenant, qui en prend un peu trop à son aise. « *C'est ça, insulte-moi... Ne te gêne pas!* » (ARAGON). ◇ ANT. Soulager. Aider, dégager, libérer, servir. Mettre (à l'aise).

1. GÉNÉRAL, ALE, AUX [ʒeneral, o]. *adj.* (1190; lat. *generalis* « qui appartient à un genre »). ◆ 1° Qui s'applique, se réfère à un ensemble de cas ou d'individus (*opposé à :* particulier). *Idées, notions, conceptions, critiques, observations, vues générales. D'une manière générale,* sans application à un cas spécial. *Sens, signification générale d'un mot.* V. **Large.** *Animal est plus général que chien.* — Log. *Proposition générale.* ◇ Subst. (neutre) *Conclure du particulier au général.* V. **Généraliser.** *Il n'y a de science que du général*

(maxime d'Aristote). ◆ 2° Qui s'applique à l'ensemble ou à la majorité des cas ou des individus d'une classe. *En règle générale. Une tendance générale.* V. **Constant, courant, dominant, habituel, ordinaire.** « *Les phénomènes les plus simples sont nécessairement les plus généraux* » (A. COMTE). *Travailler au bien général.* V. **Commun.** ◆ 3° Qui intéresse, réunit sans exception tous les individus, tous les éléments d'un ensemble. V. **Total.** *Assemblée générale. Amnistie générale. Un cri général.* V. **Unanime.** *Concours général. Grève générale. Mobilisation générale. États généraux. Culpabilité, responsabilité générale.* V. **Collectif, global.** *Récapitulation générale.* ◇ *Milit.* Assemblée générale, alarme générale, ou ellipt. GÉNÉRALE (*n. f.*) : batterie ou sonnerie militaire. *Sonner la générale.* ◇ *Théât.* Répétition générale, ou ellipt. GÉNÉRALE (*n. f.*) : ultime répétition d'ensemble d'une pièce (avant la « première ») sous la forme d'une représentation devant un public de privilégiés. *Être invité à la générale d'une pièce.* ◇ En parlant de la connaissance, des notions relatives à un ensemble de connaissances. *Culture générale. Histoire, médecine, philosophie générale. Tableau général.* V. **Synoptique.** *Idée générale d'un chapitre.* ◇ Qui intéresse toutes les parties d'un individu, d'un organisme. *État général. Paralysie* générale.* ◆ 4° Qui embrasse l'ensemble d'un service, d'une organisation. *Direction générale. Quartier général, Conseil* général.* — Qualifiant le titulaire lui-même d'une haute fonction, d'un grade supérieur. *Fermiers généraux. Officiers généraux. Président-directeur général.* ◆ 5° *Loc. adv.* EN GÉNÉRAL (XIVe) : d'un point de vue général, en considérant que les caractères généraux (*opposé à :* en particulier). *Parler en général,* abstraction faite des cas spéciaux. « *C'est l'homme en général et non tel homme qu'ils représentent* » (TAINE). — *Ellipt.* Pour parler en général, d'une manière générale. — Dans la plupart des cas, le plus souvent. V. **Communément, généralement.** *C'est en général ce qui arrive.* ◇ ANT. *Individuel, particulier, singulier, spécial; exceptionnel, inhabituel, local, partiel, rare.*

2. GÉNÉRAL, ALE, AUX [ʒeneral, o]. *n.* (XVe; de *capitaine général*). I. *N. m.* ◆ 1° Celui qui commande en chef une armée, une unité militaire importante. *Général en chef. Alexandre, Hannibal, César comptent parmi les plus fameux généraux de l'antiquité.* V. **Capitaine.** ◆ 2° Par anal. Celui qui est à la tête d'un ordre religieux. V. **Supérieur.** *Le général des Jésuites, des Dominicains.* ◆ 3° Officier du plus haut grade commandant une grande unité dans les armées de terre et de l'air. *Général de brigade* (2 étoiles), *de division* (3), *de corps d'armée* (4), *d'armée et commandant en chef* (5). V. **Généralissime.** *Insignes des généraux* (feuilles de chêne, étoiles). II. *Général. n. f.* ◆ 1° (XVIIIe). Supérieure de certains ordres religieux. ◆ 2° (1802). La femme d'un général. « *La générale Hugo* » (MAUROIS). *Madame la générale.*

GÉNÉRALAT [ʒenerala]. *n. m.* (1554; de *général* 2). *Rare.* ◆ 1° Grade, fonctions de général (dans l'armée). ◇ Dignité de général d'un ordre religieux. *Le généralat de l'Oratoire.* ◆ 2° Temps que durent les fonctions de général. *À la fin de son généralat.*

GÉNÉRALE. *n. f.* V. GÉNÉRAL (1 et 2).

GÉNÉRALEMENT [ʒeneralmɑ̃]. *adv.* (1190; de *général* 1). ◆ 1° D'un point de vue général, à prendre les choses en général. *Généralement parlant.* ◆ 2° Dans l'ensemble ou la grande majorité des individus. V. **Communément.** *Usage très généralement répandu.* ◆ 3° Dans la plupart des cas, le plus souvent. V. **Général** (en général), habituellement, ordinairement. *Il fait généralement beau à cette époque de l'année.* ◇ ANT. *Particulièrement, spécialement. Jamais, rarement.*

GÉNÉRALISABLE [ʒeneralizabl(ə)]. *adj.* (1845; de *généraliser*). Qui peut être généralisé. *Mesures généralisables.*

GÉNÉRALISATEUR, TRICE [ʒeneralizatœR, tRis]. *adj.* (1792; de *généraliser*). Qui généralise, aime à généraliser. *Esprit généralisateur.*

GÉNÉRALISATION [ʒeneralizasjɔ̃]. *n. f.* (v. 1760; de *généraliser*). ◆ 1° Action de généraliser ou de se généraliser. *Souhaiter la généralisation d'une mesure. Risques de généralisation d'un conflit.* V. **Extension.** — Pathol. *Généralisation d'un cancer* (métastase). ◆ 2° (*Abstrait*). Opération intellectuelle par laquelle on étend à l'ensemble d'une classe, à une autre classe, les propriétés et caractères observés sur un nombre limité de cas ou d'individus (V. **Analogie, induction**); son résultat. *L'abstraction est inséparable de la généralisation. Généralisation hâtive, imprudente.* ◇ Log. « Opération par laquelle, reconnaissant des caractères communs entre plusieurs objets singuliers, on réunit ceux-ci sous un concept unique dont ces caractères forment la compréhension » (LALANDE). V. **Concept, idée** (générale). ◇ ANT. *Individualisation. Imitation, localisation.*

GÉNÉRALISER [ʒeneralize]. *v. tr.* (1578; de *général* 1). Rendre général. ◆ 1° Étendre, appliquer (qqch.) à l'ensemble ou à la majorité des individus. V. **Étendre, universaliser.**

Généraliser une mesure. Pronom. *L'instruction s'est généralisée en France.* V. **Répandre.** — *Crise généralisée.* ◊ S'étendre à l'ensemble d'un organisme. *Le mal tend à se généraliser.* — *Cancer généralisé.* ♦ 2° *(Abstrait).* Affecter d'une extension ou d'une portée plus grande. « *Une tête capable de généraliser des idées* » (VOLT.). ◊ *Absolt.* Raisonner par généralisation. « *Le savant généralise, l'artiste individualise* » (RENARD). ◈ ANT. Limiter, restreindre. Distinguer, individualiser, spécialiser, spécifier.

GÉNÉRALISSIME [ʒeneralism]. *n. m.* (1558; it. *generalissimo,* superl. de *generale* « général »). Général chargé du commandement en chef, ayant sous ses ordres les autres généraux. *Foch fut nommé en 1918 généralissime des armées alliées.*

GÉNÉRALISTE [ʒeneralist(ə)]. *adj. et n. m.* (1963; de médecine *générale,* et suff. *-iste;* Cf. Spécialiste). *Didact.* Médecin de médecine générale. V. **Omnipraticien.** ◈ ANT. Spécialiste.

GÉNÉRALITÉ [ʒeneralite]. *n. f.* (1265; lat. philo. *generalitas*).
I. (De *général* 1). ♦ 1° Caractère de ce qui est général (1°). *Généralité d'une proposition.* Idée, notion générale (surtout *au plur.*). *Ouvrir un cours par une leçon de généralités.* — *Péj.* (surtout *au plur.*) Propos, discours d'un caractère si général qu'il apparaît sans rapport direct avec le sujet. *Orateur qui se perd dans de vagues généralités.* ♦ 2° *Vx.* L'ensemble des individus, des citoyens. V. **Totalité.** « *La puissance exécutrice ne peut appartenir à la généralité* » (ROUSS.). — Mod. *La généralité des... :* le plus grand nombre. V. **Commun, majorité, multitude, plupart** (la). *C'est l'opinion de la généralité des hommes. Dans la généralité des cas.*
II. (1443; de *général* 2). *Hist.* Circonscription financière dirigée par un *général des finances* (au XVIIᵉ s., *intendance*). ◈ ANT. Particularité, spécialité; détail, précision. Exception. Minorité.

GÉNÉRATEUR, TRICE [ʒeneratœʀ, tʀis]. *adj. et n.* (1519; lat. *generator*).
I. *Adj.* ♦ 1° Qui engendre, sert à engendrer. *Fonction génératrice.* V. **Reproduction.** — Fig. *Principe générateur* (de certains effets). *Acte, mouvement générateur de désordres.* V. **Créateur.** ♦ 2° (XVIIIᵉ). *Géom.* Qui engendre par son mouvement (une ligne, une surface, un solide). *Ligne génératrice d'une surface.* Subst. *La génératrice d'une surface de révolution. Droite engendrant une surface.* V. **Réglé** (II, 2°). — *Math. Système générateur,* ensemble de vecteurs dont les combinaisons engendrent tous les vecteurs de l'espace.
II. *N. m.* (1857; ellipse de *appareil générateur*) ou *f.* (1883; de *machine génératrice*). *Techn. Générateur de vapeur,* chaudière; *génératrice d'électricité,* transformant une énergie quelconque en énergie électrique. V. **Dynamo, magnéto; accumulateur, alternateur, pile, réacteur.** ◈ ANT. Destructeur. Récepteur.

GÉNÉRATIF, IVE [ʒeneratif, iv]. *adj.* (v. 1300; de *génération*). *Didact.* Relatif à la génération. ◊ *Ling.* (1965; empr. angl.) *Grammaire générative,* description systématique, plus ou moins formalisée, de la génération* du discours, des phrases d'une langue (formation des phrases possibles, et seulement de ces phrases).

GÉNÉRATION [ʒeneʀɑsjɔ̃]. *n. f.* (1190; lat. *generatio*). Action d'engendrer. ♦ 1° Production d'un nouvel individu; fonction par laquelle les êtres se reproduisent. V. **Reproduction.** *Génération asexuée.* V. **Multiplication.** *Génération sexuée.* V. **Sexe; fécondation, gamète.** *Organe de la génération chez les animaux* (V. **Génital**). *Génération par accouplement, par insémination artificielle. Génération ovipare* (V. **Œuf**), *vivipare* (V. **Embryon, enfant, fœtus; conception, gestation, grossesse; accouchement**). *Génération et hérédité.* V. **Génétique.** (1859). *Génération spontanée :* théorie répandue avant les travaux de Pasteur, d'après laquelle certains êtres organisés naîtraient spontanément, par la seule force de la matière. V. **Hétérogénie.** ◊ *Spécialt. L'acte de la génération,* et *ellipt.* (vx) *La génération :* acte sexuel. ◊ *Fig.* et *didact.* V. **Genèse, production.** « *La génération des mots* » (BAUDEL.). — Géom. *Génération d'une surface, d'un solide,* par mouvement ou révolution. *Définition d'une figure par la façon dont elle est engendrée.* — Math. *Génération d'un nombre,* sa formation à l'aide de l'unité ou d'autres nombres. — Mus. *Génération d'un accord,* par le son fondamental et les harmoniques. — *Ling.* (angl.) Production du discours, des phrases par le locuteur. V. **Génératif.** ♦ 2° *Cour.* Ensemble des êtres qui descendent de qqn à chacun des degrés de filiation. V. **Progéniture.** *De génération en génération.* ◊ *Par ext.* Espace de temps correspondant à l'intervalle qui sépare chacun des degrés d'une filiation (évalué à une trentaine d'années). « *Chaque génération est de trente-trois années : la vie du Christ* » (CHATEAUB.). ♦ 3° Ensemble des individus ayant à peu près le même âge. *La jeune, la nouvelle génération. Une génération sacrifiée.*

GÉNÉRER [ʒeneʀe]. *v. tr.* (1877; biol. « engendrer »;

d'apr. *génération*). *Ling.* (mil. XXᵉ; repris angl. *to generate*). Produire (une phrase). *Spécialt.* (Dans les théories génératives*). Décrire explicitement les règles conduisant à l'ensemble des phrases possibles d'une langue. ◊ Produire, engendrer.

GÉNÉREUSEMENT [ʒeneʀøzmã]. *adv.* (XVIᵉ; de *généreux*). Avec générosité. ♦ 1° *Vx.* Courageusement. ♦ 2° En montrant de la grandeur d'âme; de la magnanimité. *Se conduire généreusement envers un vaincu.* ◊ Avec libéralité. *Récompenser généreusement qqn.* — Sans épargner sa peine, son dévouement. ♦ 4° Avec abondance. *Verser généreusement à boire.*

GÉNÉREUX, EUSE [ʒeneʀø, øz]. *adj.* (XIVᵉ; lat. *generosus* « de bonne race », nad. *genus*). ♦ 1° *Vx.* De race noble. *Prince d'un sang généreux.* ♦ 2° *Vieilli.* Qui a l'âme grande et noble. V. **Brave, chevaleresque, courageux, intrépide, vaillant.** « *Qui m'aima généreux me haïrait infâme* » (CORN.). ◊ *Mod.* Qui a un grand cœur, de nobles sentiments qui le portent au désintéressement, au dévouement pour son prochain. V. **Bon, charitable, humain.** *Vainqueur généreux envers le vaincu. Par ext. Sentiments, actes généreux.* V. **Élevé grand, noble.** *Généreux appui.* V. **Bienveillant, fraternel, obligeant.** ♦ 3° (XVIIᵉ). Qui donne, est enclin à donner plus qu'il n'est tenu de le faire. V. **Charitable, large, libéral, prodigue.** « *Les gens généreux font de mauvais commerçants* » (BALZ.). *Généreux donateur.* V. **Mécène.** — *Don, geste généreux.* — Subst. *Faire le généreux.* ♦ 4° (Choses). *Sol généreux, terre généreuse,* qui a une grande force productive. V. **Fécond, fertile, riche.** *Sève généreuse.* V. **Fort, vivace.** *Vin généreux.* V. **Corsé, tonique.** — *Une poitrine, une gorge généreuse.* V. **Plantureux.** ◈ ANT. Bas, lâche, mesquin, vil; avare, cupide, égoïste, intéressé. Aride, pauvre, stérile.

GÉNÉRIQUE [ʒeneʀik]. *adj. et n. m.* (1582; du lat. *genus, eris.* V. **Genre**). ♦ 1° *Didact.* Qui appartient à la compréhension logique du genre (*opposé à* spécifique). *Voie est le terme générique désignant les chemins, routes, rues, etc.* V. **Commun, général.** ♦ 2° *Cin.* UN GÉNÉRIQUE (déb. XXᵉ) : présentation d'un film, faisant partie de la bande cinématographique (généralement au début) et où sont indiqués les noms des auteurs, collaborateurs, producteurs, etc. ◈ ANT. Spécifique; spécial. Individuel, particulier.

GÉNÉROSITÉ [ʒeneʀozite]. *n. f.* (v. 1400; lat. *generositas*). Caractère d'un être généreux, d'une action généreuse. ♦ 1° *Vx.* Qualité d'une âme fière, bien née; sentiment de l'honneur. V. **Courage, noblesse, vaillance, valeur.** ♦ 2° Qualité qui élève l'homme au-dessus de lui-même et le dispose à sacrifier son intérêt personnel, son avantage à celui des autres, à se dévouer. V. **Abandon, don, oubli** (de soi-même); **abnégation, désintéressement; cœur, grandeur** (d'âme), **noblesse.** ◊ *Spécialt.* Sentiment d'humanité qui porte à se montrer bienveillant, charitable, à pardonner, à épargner un ennemi. V. **Bonté, indulgence.** *Il en a parlé sans générosité.* ♦ 3° Disposition à donner plus qu'on n'est tenu de le faire. V. **Largesse, libéralité.** « *La générosité est si sacrée chez ce peuple qu'il est permis de voler pour donner* » (STENDHAL). *Générosité démesurée, excessive.* V. **Prodigalité.** — Au plur. *Faire des générosités.* V. **Bienfait, cadeau, don.** « *Ceux-là qui s'enrichissent de ses générosités trouvent qu'il ne fait que son devoir* » (B. CONSTANT).

-GÉNÈSE, (-GENÈSE), -GÉNÉSIE. Éléments, du lat. *genesis* « naissance, formation, production ». V. **-Génie.**

GENÈSE [ʒɛnɛz]. *n. f.* (XVᵉ; lat. *genesis* « naissance, génération »; mot gr.). ♦ 1° Nom du premier livre de l'Ancien Testament qui contient le récit de la création. ◊ *Par ext.* Cosmogonie. ♦ 2° *Fig.* (XIXᵉ). Ensemble des formes ou des éléments qui ont contribué à produire qqch.; manière dont une chose s'est formée. V. **Élaboration, formation.** *Genèse d'une œuvre d'art. Genèse d'un sentiment.*

GÉNÉSIAQUE [ʒenezjak]. *adj.* (1839; bas lat. *genesiacus*). *Didact.* Relatif à la genèse. *Jours génésiaques.*

GÉNÉSIQUE [ʒenezik]. *adj.* (1825; de *genèse*). *Vx* ou *didact.* Relatif à la génération, à la sexualité. V. **Sexuel.** *Instinct génésique.* « *Les entraînements génésiques* » (HUYSMANS).

GENET [ʒ(ə)nɛ]. *n. m.* (XIVᵉ; esp. *jinette* « cavalier armé à la légère », d'où *jennet*). Petit cheval de race espagnole. *Il était monté sur un genet d'Espagne.*

GENÊT [ʒ(ə)nɛ]. *n. m.* (*Geneste,* n. f.; XIIᵉ; lat. *genesta, genista*). Arbrisseau épineux ou non (*Papilionacées*), à fleurs jaunes d'or odorantes. *Genêt à balais.* V. **Cytise, hérissonne.** *Les genêts sont en fleurs.* ◊ HOM. Genet.

GÉNÉTHLIAQUE [ʒenetliak]. *adj.* (XVIᵉ, « horoscope »; lat. *genethliacus,* gr. *genethliakos*). *Vx.* Relatif à la naissance d'un enfant. — *Astrol.* Relatif à l'horoscope.

GÉNÉTICIEN, IENNE [ʒenetisjɛ̃, jɛn]. *n.* (XXᵉ; de *génétique*). *Didact.* Spécialiste de la génétique.

GENÊTIÈRE [ʒ(ə)nɛtjɛʀ]. *n. f.* (*Genestrière,* 1611; de *genêt*). *Rare.* Terrain couvert de genêts.

GÉNÉTIQUE [ʒenetik]. *adj.* et *n. f.* (1846, adj.; gr. *gennêtikos* « propre à la génération »). ♦ 1° Adj. *Philo.* Qui concerne une genèse. ◇ *Biol.* Relatif à l'hérédité. V. **Héréditaire**. *Par ext.* Relatif aux gènes. V. **Génique**. « *Quelle est l'origine de la diversité génétique de l'espèce?* » (J. ROSTAND). — *Théories génétiques.* V. **Génétisme**. ♦ 2° *N. f.* (Déb. XXᵉ). Branche de la biologie, science de l'hérédité. *La génétique étudie les caractères héréditaires et les variations accidentelles* (V. **Mutation**); *elle contribue à l'explication du transformisme et, dans le domaine pratique, à l'amélioration des espèces.*

GÉNÉTIQUEMENT [ʒenetikmã]. *adv.* (XXᵉ; de *génétique*). D'un point de vue génétique.

GÉNÉTISME [ʒenetism(ə)]. *n. m.* (fin XIXᵉ; mot angl., du rad. de *génétique*). *Philo.* Théorie d'après laquelle la perception de l'espace, du monde extérieur n'est pas naturelle mais acquise. V. **Empirisme** (3°). *Partisan du génétisme* : génétiste *(adj.* et *n.).*

GENETTE [ʒ(ə)nɛt]. *n. f.* (XIIIᵉ; esp. *jineta*, o. arabe). Mammifère carnivore (*Viverridés*) au corps allongé, à longue queue annelée, espèce de civette d'Afrique et d'Europe méridionale.

GÊNEUR, EUSE [ʒɛnœʀ, øz]. *n.* (1866; de *gêner*). Personne qui gêne, empêche d'agir librement. « *L'idée de supprimer un gêneur* » (AYMÉ).

GENÉVRIER [ʒənevʀije]. *n. m.* (1372; de *genièvre*). Arbre ou arbrisseau (*Conifères-Cupressinées*) à feuilles persistantes écailleuse ou en aiguille, à fruits noirs ou violets (V. **Genièvre**), dont il est utilisé en marqueterie.

GENEVRIÈRE [ʒənevʀijɛʀ]. *n. f.* (1839; de *genévrier*). *Rare.* Terrain couvert de genévriers.

GÉNIAL, ALE, AUX [ʒenjal, o]. *adj.* (1838; de *génie*). ♦ 1° Inspiré par le génie. *Géniale invention.* — Avec un sens affaibli. *Idée géniale.* V. **Bon, ingénieux**. ♦ 2° (1890). Qui a du génie. *Un mathématicien génial. Shakespeare,* « *le plus génial des hommes de lettres* » (R. ROLLAND). ◇ ANT. *Faible, médiocre.*

GÉNIALEMENT [ʒenjalmã]. *adv.* (1869; de *génial*). D'une manière géniale. *Œuvre génialement traduite.* V. **Magistralement**.

GÉNIALITÉ [ʒenjalite]. *n. f.* (1873; de *génial*). *Rare.* Caractère de ce qui est génial. « *La génialité de son verbe* » (HENRIOT).

GÉNIE [ʒeni]. *n. m.* (1532; lat. *genius* « divinité tutélaire », *au fig.* « inclination, talent »).

I. ♦ 1° *Mythol.* Esprit qui présidait à la destinée de chacun, à une collectivité, une organisation, un lieu. *Génie tutélaire.* ◇ *Mod.* Être mythique, esprit bon ou mauvais qui influe sur la destinée. *Bon génie, génie protecteur, mauvais génie. Par anal.* Personne qui a une influence déterminante sur qqn. V. **Ange** (bon, mauvais ange). « *Il assure que vous êtes son bon génie* » (SÉV.). ♦ 2° Être mythique doué d'un pouvoir magique. V. **Démon, esprit**. ♦ 3° Être allégorique personnifiant une idée abstraite. *Le génie des arts, du commerce. Le génie de la liberté.*

II. (Du lat. *ingenium*). ♦ 1° *Vx* (XVIIᵉ). Aptitudes innées, dispositions naturelles; l'esprit, la personne qui possède ces aptitudes. V. **Caractère, esprit, nature**. « *Ceux que l'on choisit pour de différents emplois, chacun selon son génie* » (LA BRUY.). ◇ *Mod.* LE GÉNIE DE : caractères distinctifs qui forment la nature propre d'une chose, d'une réalité vivante, son originalité, son individualité. *Le génie d'une race, d'un peuple, d'un pays. Le génie du christianisme,* œuvre de Chateaubriand. — Disposition naturelle, aptitude remarquable. V. **Disposition, don, goût, penchant, talent**. *Il a le génie des affaires.* V. **Bosse**. « *Il avait le génie de la chicane* » (FRANCE). *Il a le génie du mal.* ♦ 2° (Fin XVIIᵉ). Aptitude supérieure de l'esprit qui élève un homme au-dessus de la commune mesure et le rend capable de créations, d'inventions, d'entreprises qui paraissent extraordinaires ou surhumaines à ses semblables. *Génie poétique, musical. Avoir du génie.* « *Le génie peut être défini faculté créatrice* » (RIVAROL). « *Ah! frappe-toi le cœur, c'est là qu'est le génie* » (MUSS.). « *Le talent sans génie est peu de chose. Le génie sans talent n'est rien* » (VALÉRY). — Loc. prov. *Le génie est une longue patience,* d'après l'idée non attribuée à Buffon. ◇ DE GÉNIE : qui a du génie ou qui en porte la marque. V. **Génial**. *Un homme de génie. Œuvre, invention de génie.* — (Sens affaibli) *Un moqueur de génie* : étonnant, extraordinaire. *Idée, trait de génie,* plein d'ingéniosité, d'astuce. ◇ *N. m.* Personne qui a du génie. *Un génie sublime. Génie méconnu. Ce n'est pas un génie* !! V. **Aigle, phénix**), se dit d'une personne médiocre.

III. (1759; d'apr. *ingénieur*). ♦ 1° *Milit. Génie militaire* : art des fortifications. *Par ext.* Arme, service technique chargé de travaux (construction et entretien des casernements, fortifications, mise en œuvre de ponts, chemins de fer, transmissions). *Soldats, officiers du génie* : caserniers, sapeurs, mineurs, électro-mécaniciens, mineurs-artificiers, pontonniers, sapeurs de chemins de fer et de communications, télégraphistes, radio-télégraphistes. ◇ *Génie maritime* : art des constructions navales. Corps d'officiers chargés de la construction des bâtiments de l'État. ♦ 2° *Génie civil* : art des constructions; ensemble des ingénieurs civils. ♦ 3° *Génie chimique, génie atomique* : connaissances et techniques de l'ingénieur* (en chimie, physique atomique). V. **Ingénierie**. ◇ ANT. (de II) *Médiocrité, nullité.*

-GÉNIE. Élément, du gr. *-geneia* « production, formation » (ex. : *embryogénie*). V. **-Génèse**.

GENIÈVRE [ʒənjɛvʀ(ə)]. *n. m.* (fin XIVᵉ; *geneivre,* XIIᵉ; lat. *juniperus*). ♦ 1° Genévrier. *Baies de genièvre.* ♦ 2° Fruit du genévrier, petite baie violette ou noire très parfumée. *Le genièvre est employé comme aromate dans la cuisine.* ♦ 3° *Cour.* Eau-de-vie obtenue par distillation de moûts fermentés de céréales, et autrefois distillés sur des baies de genièvre. V. **Schiedam, gin**.

GENIÈVRERIE [ʒənjɛvʀəʀi]. *n. f.* (1791; de *genièvre*). Fabrique de genièvre (alcool).

GÉNIQUE [ʒenik]. *adj.* (XXᵉ; de *gène*). *Biol.* Des gènes; relatif aux gènes. (V. **Génétique**). *Échange, équilibre génique.*

GÉNISSE [ʒenis]. *n. f.* (*Genice,* XIIᵉ; lat. pop. °*junicia,* class. *junix*). Jeune vache qui n'a pas encore vêlé (syn. °*Taure*). *Foie de génisse.* — V. *aussi* **Veau**.

GÉNITAL, ALE, AUX [ʒenital, o]. *adj.* (XIVᵉ; lat. *genitalis* « qui engendre »). Qui a rapport à la reproduction sexuée des animaux et de l'homme. *Parties génitales* (V. **Sexe**). *Appareil génital mâle, femelle. Productions des organes génitaux.* V. **Ovule, spermatozoïde, sperme**. *Hormones génitales mâles* (V. **Testostérone**), *femelles* (V. **Folliculine, progestérone**). ◇ Qui concerne la reproduction, les organes de la reproduction. V. **Sexuel**. *Vie génitale. Cycle génital.* *Psychan. Stade génital de la libido* (opposé à oral, anal).

GÉNITALITÉ [ʒenitalite]. *n. f.* (1878; de *génital*). *Biol.* Capacité de reproduction des organismes sexués. V. **Sexualité**.

. GÉNITEUR, TRICE [ʒenitœʀ, tʀis]. *n.* (1137; lat. *genitor*). ♦ 1° *Plaisant.* Personne qui engendre. *Nos géniteurs.* V. **Parent**. ♦ 2° *Zool. N. m.* (XIXᵉ). Animal mâle destiné à la reproduction. V. **Reproducteur**.

GÉNITIF [ʒenitif]. *n. m.* (XIVᵉ; lat. *genitivus casus* « cas qui engendre », parce qu'il marque l'origine). Dans les langues à déclinaisons, *Cas* des noms, adjectifs, pronoms, participes, qui exprime le plus souvent la dépendance ou l'appartenance (français *de*). *Génitif possessif; de qualité. Désinence du génitif. Mettre un mot au génitif singulier, pluriel. Génitif absolu,* proposition participiale dont le sujet et le verbe sont au génitif.

GÉNITO-. Élément, de *génital*.

GÉNITO-URINAIRE [ʒenitoyʀinɛʀ]. *adj.* (1846; de *génito-,* et *urinaire*). *Anat.* Qui a rapport aux fonctions de la reproduction et à l'excrétion urinaire. *Organe, appareil génito-urinaire. Maladie génito-urinaire.*

GÉNOCIDE [ʒenɔsid]. *n. m.* (1944; du gr. *genos* « race », et suff. *-cide*). Destruction méthodique d'un groupe ethnique. V. **Ethnocide**. *L'extermination des Juifs par les nazis est un génocide.* — *Par ext.* Extermination (d'un groupe important de personnes en peu de temps). ◇ *Adj.* Qui pousse au génocide, tient du génocide. *Des actes génocides.*

GÉNOIS, OISE [ʒenwa, waz]. *adj.* et *n.* (de *Gênes*). ♦ 1° De Gênes. ♦ 2° (1735). GÉNOISE. *n. f.* Petit gâteau aux amandes. ◇ Frise provençale composée de tuiles superposées.

GÉNOME [ʒenom]. *n. m.* (XXᵉ; de *géno*[type], et *-ome*). *Biol.* Lot chromosomique du gamète (mâle ou femelle) dont le nombre est spécifique de chaque espèce. *Le génome de l'espèce humaine comprend 23 chromosomes.*

GÉNOTYPE [ʒenɔtip]. *n. m.* (1937; de *gène,* et *type*). *Biol.* Patrimoine génétique d'un individu dépendant des gènes hérités de ses parents (opposé à *phénotype*). *Les jumeaux vrais ont même génotype.*

GENOU [ʒ(ə)nu]. *n. m.* (*Genoil,* 1080; *genou,* d'apr. plur. *genouz;* lat. pop. °*genuculum,* de *geniculum,* dimin. de *genu*.) ♦ 1° Articulation du fémur (cuisse) et du tibia (jambe), et région avoisinante, chez l'homme. *Face antérieure du genou,* face postérieure du genou (V. **Jarret**). *Anat. Fibro-cartilages du genou* : cartilages semi-lunaires ou falciformes (V. **Ménisque**). *Séreuse articulaire du genou* (V. **Synovie**). *Cour.* « *Elle releva ses jupes jusqu'aux cuisses... pour voir ses genoux qui la brûlaient* » (ZOLA). *Ses genoux se dérobaient sous lui. S'enfoncer jusqu'aux genoux. Pantalon usé aux genoux* : à l'endroit des genoux. — *Frôler du genou.* Spécialt. *Faire du genou à une femme.* — *Prendre un enfant, qqn sur ses genoux.* — *Tomber aux genoux de qqn* : se prosterner devant lui; *fig.* Se soumettre, s'humilier devant qqn ou pour le bénir, l'adorer comme un bienfaiteur. *Fléchir, plier, ployer le genou, les genoux* (V. **Génuflexion**). — *Mettre un genou en terre,* pour tirer ou en signe de dévouement, de soumission. — Fig.

Être sur les genoux : très fatigué. ◊ *Loc adv.* à GENOUX : les genoux en terre. *Se mettre à genoux.* V. **Agenouiller** (s'). Ellipt. *À genoux!* Fig. *C'est à se mettre à genoux :* c'est admirable. *Tomber, se jeter à genoux. Demander à genoux, à deux genoux :* avec une grande insistance, en s'abaissant. *Prier à genoux.* ♦ 2° *Par anal.* Chez les quadrupèdes, Articulation du membre antérieur, entre l'avant-bras et le canon. *Cheval à genoux arqués* (V. **Brassicourt**), *effacés.* ♦ 3° *Techn.* Articulation, joint constitué par l'emboîtement d'une partie convexe et d'une partie concave. — *Mar.* Pièce courbée unissant la varangue à l'allonge.

GENOUILLÈRE [ʒ(ə)nujɛʀ]. *n. f.* (1160; de *genoil.* V. **Genou).** ♦ 1° Ce qu'on attache au genou, sur le genou pour le protéger. *Bottes à genouillère. Méd.* Manchon élastique que l'on met au genou. — *Sports. Genouillères de gardien de but, de joueur de hockey.* ♦ 2° (XVIIe). *Techn.* Charnière mobile. — *Partie coudée d'un tuyau.*

GENRE [ʒɑ̃ʀ]. *n. m.* (XIIe, « race »; lat. *genus, generis* « origine, naissance »).

I. *Vx.* Race. — Mod. *Le genre humain,* ensemble des hommes. V. **Espèce.** *Histoire du genre humain.*

II. ♦ 1° (XIVe). *Didact.* Idée générale d'un groupe d'êtres ou d'objets présentant des caractères communs. V. **Concept.** *Caractères communs à tout un genre.* V. **Générique.** ♦ 2° Subdivision de la famille (en botanique, zoologie, microbiologie). V. **Taxinomie.** *Plusieurs espèces voisines forment un genre.* ♦ 3° Catégorie d'œuvres, définie par la tradition (d'après le sujet, le ton, le style). « *Nous recourrons à tous les genres littéraires pour familiariser le lecteur avec nos conceptions* » (SARTRE). *Genres en vers :* lyrisme, épopée, drame, poésie didactique, bucolique. *Genres en prose :* éloquence, philosophie, histoire, critique, correspondance (*genre épistolaire*), science, roman, nouvelle, essai. *Genre dramatique, grave, comique, genre anecdotique.* ◊ *Arts.* Classe ou nature du sujet traité par l'artiste. *Le genre (du) portrait, (du) paysage. Tableau, peinture de genre :* jusqu'au XVIIIe s., tout ce qui n'était pas peinture d'histoire (ou de style); *mod.* Les tableaux d'intérieurs, natures mortes, peintures d'animaux.

III. *Gram.* et *Ling.* (1350). Catégorie exprimant parfois l'appartenance au sexe masculin, au sexe féminin ou aux choses (neutre). En français, Catégorie de certains mots (nom, pronom, adjectif, article, participe passé) qui est soit le masculin, soit le féminin, et qui est exprimée soit par leur propre forme (au fém. , *elle, la,* recouver*te,* son amie), soit par la forme de leur entourage (le sort, *la mort,* des manches long*ues, une* dentiste, l'acrobate br*une*). *Mot qui varie en genre et en nombre. Accord en genre. Genre marqué :* le féminin.

IV. (v. 1400). *Cour.* ♦ 1° V. **Espèce, sorte, type.** *Quel genre de chapeau, de costume désirez-vous? Il goûte fort ce genre d'esprit* (V. **Forme).** « *Si j'avais voulu, j'aurais eu des centaines d'occasions de ce genre* » (SARTRE). *Chaussures en tout genre, en tous genres. Du même genre,* de même espèce, de même famille. *Dans son genre, en son genre :* dans le genre dont fait partie la personne ou la chose en question. *Unique en son genre.* ♦ 2° (XVIIe). V. **Façon, manière, mode.** *Genre de vie :* façon de vivre, ensemble des habitudes d'un individu ou d'un groupe d'individus. ♦ 3° Façons de s'habiller, de se comporter. V. **Allure, attitude, manière(s), tenue.** *Je n'aime pas son genre. Elle a un mauvais genre, un drôle de genre,* elle ne sait pas se conduire en société, elle a de mauvaises manières. *Avoir bon genre,* être bien élevé, élégant, distingué. V. **Façon.** — *Suivi d'un nom ou d'un adjectif en apposition. Le genre bohème, le genre artiste.* ◊ Absolt. *Faire du genre,* poser, affecter certaines manières. V. **Affectation.** ♦ 4° *Ce n'est pas mon genre,* ce n'est pas de mon goût, ce n'est pas dans mes goûts.

1. **GENS** [ʒɑ̃]. *n. m.* et *f. pl.* (plur. de *gent**). REM. *Gens* gouverne le masculin, sauf quand il est immédiatement précédé par un adj. à partie féminine distincte (*toutes ces bonnes gens, ces vieilles gens sont ennuyeux; les braves gens sont hospitaliers*). ♦ 1° Personnes, en nombre indéterminé (jusqu'au XVIIe s. on a dit *cent, mille gens*). V. **Homme, personne.** *Peu de gens, beaucoup de gens. Bien des gens. La plupart des gens. Un tas de gens* (fam.). *Ces gens-là.* — Avec un adjectif épithète, un déterminatif. *Gens simples. Gens braves :* courageux. *Braves gens :* gens honnêtes et bons. — *Bonnes gens. Honnêtes gens. Les plus honnêtes qui soient.* « *Des gens comme toi et moi. Des Français* » (ARAGON). — *Gens sans aveu.* V. **Malfaiteur.** *Sales gens. Des gens bien. Les pauvres gens.* — *Gens du peuple, des villages, des villages, hommes, femmes, enfants* » (HUGO). V. **Habitant.** *Gens du Nord, du Midi.* — *Rencontrer des gens de connaissance.* — *Vieilles gens.* ◊ Absolt. « *Les hommes en général. Les bêtes et les gens.* » — *Spécialt.* (en parlant de personnes déterminées et, parfois, d'une seule personne) *Appeler les gens par leur nom. Il a une façon de regarder les gens sous le nez!* « *Il ne faut point juger des gens sur l'apparence* » (LA FONT.). ♦ 2° JEUNES GENS : gens jeunes célibataires, filles et garçons. V. **Adolescent.** *Un groupe de*

jeunes gens. Aimer la compagnie des jeunes gens. V. **Jeunesse.** ◊ Plur. de « jeune homme » (V. **Homme**). *Les jeunes filles et les jeunes gens.* V. **Garçon.** « *Des bandes de jeunes gens... avec leur pardessus de drap bleu à larges revers* » (CHARDONNE). ♦ 3° GENS DE, suivi d'un nom désignant l'état, la profession. *Gens de justice, gens de loi. Gens d'Église. Gens d'armes* (vx). V. **Gendarme.** *Gens de mer.* V. **Marin.** *Gens d'affaires. Gens de maison, de service.* V. **Domestique.** — *Les gens de lettres.* V. **Auteur, écrivain, gendelettre.** ♦ 4° *Vieilli.* Les personnes qui font partie d'un ensemble déterminé (troupe, parti). — Domestiques, serviteurs. *Un grand seigneur et ses gens.* V. **Suite.** ♦ 5° *Droit des gens.* V. **Gent.** ◊ HOM. **Gent.**

2. **GENS** [ʒɛ̃s]. *n. f.* (XIXe; mot. lat.) *Ant. rom.* Groupe de familles dont les chefs descendaient d'un ancêtre commun. V. **Éponyme.**

GENT [ʒɑ̃]. *n. f.* (1080; lat. *gens, gentis* « nation, race, peuple »). ♦ 1° *Vx.* V. **Nation, peuple.** ♦ 2° *Vieilli* ou *littér.* (souvent iron.). V. **Race.** « *La gent trotte-menu* » : les souris (LA FONT.). — (*En parlant des hommes*). V. **Espèce, famille, race** *(fig.). La gent épicière.* ♦ 3° *Droit des gens* (1668) : droit des nations, trad. du lat. *jus gentium,* qui désigne aussi le droit naturel, le droit international public. ◊ HOM. **Gens** (1).

GENTIANE [ʒɑ̃sjan]. *n. f.* (XIIIe; lat. *gentiana*). Plante herbacée à suc amer, qui croît dans les montagnes. *Gentiane jaune ou grande gentiane.* Propriétés toniques, digestives *de la racine de gentiane.* — *Par ext.* Toute boisson (généralement apéritive) à base de racine de gentiane. V. **Amer.**

1. **GENTIL** [ʒɑ̃ti]. *n. m.* (1488; lat. *gentiles* « étrangers », « païens », en bas lat.). *Hist. relig.* Nom que les juifs et les premiers chrétiens donnaient aux païens. V. **Infidèle.** ◊ ANT. **Chrétien, juif.**

2. **GENTIL, ILLE** [ʒɑ̃ti, ij]. *adj.* (XIe; lat. *gentilis* « de famille, de race »). ♦ 1° *Vx.* Noble de naissance. V. **Gentilhomme.** ◊ Noble de cœur (V. **Généreux**); brave, vaillant (V. **Preux**). ♦ 2° (XVIe). Qui plaît par la grâce familière de ses formes, de son allure, de ses manières. V. **Agréable, aimable, beau, gracieux, joli, mignon, plaisant.** *Elle est gentille comme un cœur. Un gentil minois.* « *De petits êtres gentils, fort mignons et fort poupins* » (GAUTIER). — (*Choses*) V. **Charmant.** *Une gentille petite robe. C'est gentil comme tout.* Fam. *C'est gentil tout plein.* — *Péj.* Agréable mais un peu superficiel. V. **Gentillet.** ♦ 3° (XIXe). Qui plaît par sa délicatesse morale, sa douceur, sa bienveillance. V. **Délicat, généreux.** *Gentille attention. J'ai reçu votre gentille lettre. Être gentil avec qqn, pour qqn,* avoir pour lui des égards, des attentions. *Vous êtes trop gentil.* — « *Vous venez faire une visite au vieux capitaine; c'est gentil à vous* » (VIGNY). ♦ 4° (*Enfants*). V. **Sage, tranquille.** *Les enfants sont restés bien gentils toute la journée.* ♦ 5° D'une certaine importance. V. **Coquet.** *Il en coûte la gentille somme de...* ◊ ANT. **Laid.** *Désagréable, dur, égoïste, méchant. Insupportable.*

GENTILHOMME [ʒɑ̃tijɔm], plur. **GENTILSHOMMES** [ʒɑ̃tizɔm]. *n. m.* (1080; de *gentil* (2), et *homme*). ♦ 1° Homme noble de race, de naissance. V. **Noble.** *Nom et armes d'un gentilhomme. Gentilhomme de vieille souche, de haut lignage. Gentilhomme campagnard.* V. **Hobereau.** *Le Bourgeois gentilhomme,* comédie de Molière. ◊ *Spécialt.* Noble attaché à la personne du roi, d'un prince, d'un grand. V. **Chambellan, écuyer.** *Compagnie de gentilshommes.* V. **Cadet, mousquetaire.** ♦ 2° *Vx* ou *littér.* Homme qui montre de la noblesse, de la générosité dans ses actes, de la distinction dans ses manières. *Se conduire en gentilhomme.* V. **Gentleman, seigneur.** ◊ ANT. **Bourgeois.**

GENTILHOMMIÈRE [ʒɑ̃tijɔmjɛʀ]. *n. f.* (XVIe; de *gentilhomme*). ♦ 1° Maison de campagne d'un gentilhomme. ♦ 2° Petit château à la campagne. V. **Manoir.**

GENTILITÉ [ʒɑ̃tilite]. *n. f.* (1327; lat. *gentilitas*). Relig. Ensemble des peuples païens. *Par ext.* V. **Idolâtrie, paganisme.** ◊ ANT. **Chrétienté.**

GENTILLESSE [ʒɑ̃tijɛs]. *n. f.* (1175, « noblesse »; de gentil 2). ♦ 1° *Rare.* Charme de ce qui est joli, gentil (2°). V. **Grâce.** ♦ 2° *Vx.* Chose spirituelle. « *Peste! où prend mon esprit toutes ces gentillesses?* » (MOL.). *Iron.* Trait méchant, injure. « *Toutes les gentillesses qu'on a débitées sur mon compte* » (ROUSS.). ♦ 3° *Cour.* (XIXe). Qualité d'une personne qui a de la bonne grâce, du l'empressement à être agréable, serviable. V. **Amabilité, aménité, complaisance, obligeance.** *Il a eu la gentillesse de m'aider.* « *Il poussait même la gentillesse jusqu'à faire la conversation avec la servante* » (HENRIOT). *Je vous remercie de votre gentillesse. Il abuse de votre gentillesse.* V. **Bienveillance, bonté, générosité, indulgence.** — Action, parole pleine de gentillesse. V. **Attention, prévenance.** *Je vous remercie de toutes les gentillesses que vous avez eues pour moi. Faites-moi la gentillesse d'accepter.* ◊ ANT. **Grossièreté, rudesse; dureté, méchanceté.**

GENTILLET, ETTE [ʒɑ̃tijɛ, ɛt]. *adj.* (XVIe; de *gentil* 2). Assez gentil; petit et gentil. *C'est gentillet ce petit*

jardin. ◇ Agréable mais insignifiant. *Un roman gentillet*.
GENTIMENT [ʒɑ̃timɑ̃]. *adv.* (XVIᵉ; *gentilment*, XIIᵉ; de *gentil* 2). D'une manière gentille. *Accueillez-le gentiment*. V. **Aimablement**. — Sagement. *S'amuser gentiment*. ◇ ANT. *Méchamment*.

GENTLEMAN [dʒɛntləman]. *n. m.* (1698; *gentilleman*, 1558; angl. *gentleman*). ♦ 1° Homme distingué, d'une parfaite éducation. *Se comporter en gentleman*. Plur. *Des gentlemen* [-mɛn]. ♦ 2° *Turf* (Pour *gentleman-rider*). Jockey amateur. *Course de gentlemen*.

GENTLEMAN-FARMER [dʒɛntləmanfaʀmœʀ]. *n. m.* (1922; mot angl. « gentilhomme fermier »). Propriétaire foncier qui vit sur ses terres et s'occupe de leur exploitation. *Des gentlemen-farmers*.

GENTLEMEN'S AGREEMENT [dʒɛntləmɛnsagʀimɛnt] ou **GENTLEMAN'S AGREEMENT** [dʒɛntləmansagʀimɛnt]. *n. m.* (1948; américanisme « accord de gentlemen »). Accord international engageant moralement les personnes publiques ou privées, mais dépourvu de force juridique; *par ext.* accord, promesse qui n'a pour garant que l'honneur de ceux qui ont donné leur parole. « *Une sorte de gentlemen's agreement passé par M. Macmillan avec ses principaux lieutenants* » (*Le Figaro*, 18-6-1963).

GENTRY [dʒɛntʀi]. *n. f.* (1688; mot angl.). Noblesse anglaise non titrée. *La gentry et la noblesse titrée* (nobility).

GÉNUFLECTEUR, TRICE [ʒenyflɛktœʀ, tʀis]. *adj. et n.* (1808; du lat. *genuflectere*). *Didact.* Qui fait des génuflexions. Subst. *Un génuflecteur*. Fig. V. **Adulateur, servile**.

GÉNUFLEXION [ʒenyflɛksjɔ̃]. *n. f.* (1372; lat. médiév. *genuflexio*, de *genuflectere*). Action de fléchir le genou, les genoux en signe d'adoration, de respect, de soumission. V. **Agenouillement, prosternation**. *Faire, esquisser des génuflexions devant l'autel*. « *L'oblique génuflexion des dévots pressés* » (FLAUB.). ◇ Fig. et littér. Acte de respect, de soumission. V. **Flatterie, obséquiosité, servilité**.

GÉO-. Élément, du gr. *gê* « terre ».

GÉOCENTRIQUE [ʒeɔsɑ̃tʀik]. *adj.* (1732; de *géo-, centre*, et *-ique*). *Astron.* Qui est mesuré, considéré par rapport à la Terre prise pour centre. *Mouvement géocentrique d'une planète* : mouvement apparent vu de la Terre. *Système astronomique géocentrique* : faisant de la Terre le centre de l'univers (hist. sc.).

GÉOCENTRISME [ʒeɔsɑ̃tʀism(ə)]. *n. m. (Néol.;* de *géocentrique).* Hist. sc. Théorie faisant de la Terre le centre de l'univers.

GÉOCHIMIE [ʒeɔʃimi]. *n. f.* (XXᵉ; de *géo-*, et *chimie*). *Didact.* Science qui a pour objet l'étude de la composition chimique de la croûte terrestre (genèse, répartition...). V. **Minéralogie, pétrographie**.

GÉODE [ʒeɔd]. *n. f.* (1556; gr. *geôdes* « terreux »). ♦ 1° *Minér.* Masse pierreuse sphérique ou voûtée, creuse, dont l'intérieur est tapissé de cristaux. ♦ 2° *Pathol.* Petite cavité bien circonscrite, constituée dans un tissu (surtout osseux) à la suite d'un processus pathologique.

GÉODÉSIE [ʒeɔdezi]. *n. f.* (1647; gr. *geodaisia* « partage de la Terre »). Science qui a pour objet la détermination de la forme de la Terre, la mesure de ses dimensions, l'établissement des cartes. V. **Topographie**. *Opérations de géodésie* : arpentage, canevas, levée, nivellement, planimétrie, triangulation. *Instruments, appareils de géodésie* : goniomètre, graphomètre, jalon, mire, niveau, planchette, tachéomètre, théodolite.

GÉODÉSIQUE [ʒeɔdezik]. *adj.* (1742; de *géodésie*). Relatif à la géodésie. *Opération, instrument géodésique*.

GÉODYNAMIQUE [ʒeɔdinamik]. *adj. et n. f.* (1886; de *géo-*, et *dynamique*). *Didact.* Étude des modifications de l'écorce terrestre dues aux agents externes et internes. V. **Géologie**. *Géodynamique interne, externe*.

GÉOGRAPHE [ʒeɔgʀaf]. *n.* (1542; bas lat. *geographus*, gr. *geôgraphos*). Personne versée dans l'étude ou l'enseignement de la géographie. ◇ Par appos. *Ingénieur géographe*.

GÉOGRAPHIE [ʒeɔgʀafi]. *n. f.* (v. 1500; lat. *geographia*; mot gr.). ♦ 1° Science qui a pour objet l'étude des phénomènes physiques, biologiques, humains localisés à la surface du globe terrestre, et *spécialt.* l'étude de leur répartition, des forces qui les gouvernent et de leurs relations réciproques. *Géographie générale; géographie régionale, locale. Géographie physique générale*. V. **Climatologie, météorologie; hydrographie, hydrologie; géomorphologie**. *Géographie humaine, géographie linguistique, géographie économique. Carte de géographie. Professeur de géographie*. — Abrév. fam. GÉO [ʒeɔ]. *Faire de la géo. Prof de géo*. ◇ Par ext. Livre, traité de géographie. ♦ 2° La réalité physique, biologique, humaine qui fait l'objet d'étude de la science géographique. *La géographie de la France, du bassin parisien, de la Méditerranée*.

GÉOGRAPHIQUE [ʒeɔgʀafik]. *adj.* (1546; bas lat. *geographicus*, gr. *geôgraphikos*). Relatif à la géographie. *Réalité,*

nécessité géographique. Carte géographique. Service géographique de l'armée. Institut géographique national.

GÉOGRAPHIQUEMENT [ʒeɔgʀafikmɑ̃]. *adv.* (1555; de *géographique*). Quant à la géographie.

GÉOÏDE [ʒeɔid]. *n. m.* (1890; de *géo-*, et suff. *-oïde*). Sc. Volume géométrique correspondant à la forme réelle de la Terre (proche de l'ellipsoïde).

GEÔLE [ʒol]. *n. f.* (*Jaiole*, XIIᵉ; bas lat. *caveola*, de *cavea* « cage »). *Vx* ou *littér.* V. **Cachot, prison**. *La Ballade de la geôle de Reading*, d'O. Wilde.

GEÔLIER, IÈRE [ʒolje, jɛʀ]. *n.* (1294; de *geôle*). *Vx* ou *littér.* Personne qui garde les prisonniers; concierge d'une prison. V. **Gardien, guichetier**. *Être gardé, surveillé par un geôlier*.

GÉOLOGIE [ʒeɔlɔʒi]. *n. f.* (1751; mot it., 1603; lat. médiév. *geologia*; suff. *-logie*). ♦ 1° Science qui a pour objet l'histoire du globe terrestre, et *spécialt.* l'étude de la structure et de l'évolution de l'écorce terrestre. *Sciences utilisées par la géologie*. V. **Minéralogie, paléontologie, pétrographies, stratigraphie; spéléologie**. *Géologie descriptive, régionale* (V. **Géographie; orographie**). *Géologie dynamique externe et interne* (V. **Géodynamique, géomorphologie, géophysique, orogénie, tectonique**). ◇ Par ext. Livre, traité de géologie. ♦ 2° Les terrains, formations, etc., que la géologie étudie. *La géologie du bassin parisien*. V. **Orographie, structure**.

GÉOLOGIQUE [ʒeɔlɔʒik]. *adj.* (1798; de *géologie*). Qui concerne la géologie. *Étude géologique d'une région, d'un terrain. Carte géologique. Les temps géologiques. Formations géologiques*.

GÉOLOGIQUEMENT [ʒeɔlɔʒikmɑ̃]. *adv.* (XIXᵉ; de *géologique*). Quant à la géologie, du point de vue de la géologie.

GÉOLOGUE [ʒeɔlɔg]. *n. m.* (1798; de *géologie*). Spécialiste de la géologie.

GÉOMAGNÉTIQUE [ʒeɔmaɲetik]. *adj.* (1962; de *géo-*, et *magnétique*). *Sc.* Relatif au géomagnétisme.

GÉOMAGNÉTISME [ʒeɔmaɲetism(ə)]. *n. m.* (1962; de *géo-*, et *magnétisme*). *Sc.* Magnétisme terrestre.

GÉOMANCIE [ʒeɔmɑ̃si]. *n. f.* (1327; bas lat. *geomantia*, mot gr.; suff. *-mancie*). *Didact.* Divination par la terre, la poussière, les cailloux ou par des points marqués au hasard et réunis pour former des figures.

GÉOMÉTRAL, ALE, AUX [ʒeɔmetʀal, o]. *adj.* (1665; du rad. de *géométrie*). *Didact.* Qui représente un objet avec ses dimensions relatives exactes, sans tenir compte de la perspective. *Plan géométral* (absolt. *Un géométral*). *Dessin géométral. Coupe, élévation géométrale*.

GÉOMÈTRE [ʒeɔmɛtʀ(ə)]. *n. m.* (v. 1300; lat. *geometres*, du gr.). ♦ 1° Spécialiste de la géométrie. ♦ 2° Par appos. *Arpenteur géomètre*, et absolt. *Géomètre* : technicien qui s'occupe du levé des plans, du nivellement. V. **Arpenteur**. ♦ 3° *Vx.* Mathématicien (V. **Géométrie**, 2°). « *Newton fut un grand géomètre* » (LITTRÉ). ♦ 4° *Papillon de la famille des Géométridés*, à cause de la démarche de leurs chenilles, qui paraissent mesurer le sol. V. **Arpenteuse; phalène**.

GÉOMÉTRIDÉS [ʒeɔmetʀide]. *n. m. plur.* (XXᵉ; de *géomètre*, 3°). *Zool.* Famille d'insectes lépidoptères hétérocères comprenant plus de deux mille espèces de grands papillons nocturnes. V. **Phalène; géomètre** (4°).

GÉOMÉTRIE [ʒeɔmetʀi]. *n. f.* (1175, « arpentage »; lat. *geometria*, o. gr.; suff. *-métrie*). ♦ 1° Science de l'espace. *La géométrie « science de toutes les espèces d'espace »* (d'apr. KANT), « *science des ensembles ordonnés à plusieurs dimensions* » (d'apr. RUSSELL). *Géométrie plane; dans l'espace. Géométrie analytique* [créée par Descartes et Fermat], où l'on utilise le calcul algébrique sur les coordonnées des points. *Géométrie descriptive*, où les figures de l'espace sont définies par leurs projections orthogonales sur deux plans perpendiculaires; *spécialt.* **Géométrie cotée**. V. **Cote**. *Spécialt.* Étude des propriétés invariantes dans certaines transformations. *Géométrie projective* (étude de la transformation des propriétés des figures par projection). V. **Affine, affinité**. *Géométrie euclidienne*, *non-euclidienne*. — *Figure de géométrie* (ou Topologie, ou Analysis situs). — *Figure de géométrie. Sciences voisines*, utilisant la géométrie ou utilisées par elle. V. **Arpentage, dessin** (industriel), **géodésie, planimétrie**. *Étudier, enseigner la géométrie. Leçon, cours de géométrie. La géométrie de Descartes*. ♦ 2° (Au XVIIᵉ). *Vx.* Mathématiques. « *Esprit de géométrie* » (PASC.). ♦ 3° Configuration* d'un avion, de ses ailes. *Avion à géométrie variable*.

GÉOMÉTRIQUE [ʒeɔmetʀik]. *adj.* (1360; lat. *geometricus*, du gr.). ♦ 1° De la géométrie. *Méthode, démonstration géométrique. Progression géométrique. Lieu* (I, 4°) *géométrique. Espace géométrique. Figure géométrique*. ♦ 2° Simple et régulier comme les figures géométriques. *Formes géométriques d'un édifice*. — *Ornementation géométrique*, sans éléments animaux ou végétaux (*ex.* : damiers, dents de scie, grecques). ♦ 3° Qui procède avec la rigueur, la précision de la « géométrie », au sens ancien de Mathématiques. *Exactitude, précision, rigueur géométrique*. V. **Mathématique**.

GÉOMÉTRIQUEMENT [ʒeɔmetʀikmã]. *adv.* (1336; de *géométrique*). ♦ 1° Par la géométrie. *Démontrer, prouver géométriquement*. ♦ 2° D'une manière géométrique (2°). ♦ 3° D'une manière précise, scientifique, rigoureuse. V. **Mathématiquement**.

GÉOMORPHOLOGIE [ʒeɔmɔʀfɔlɔʒi]. *n. f.* (mil. XXᵉ; de *géo-*, et *morphologie*). *Sc.* Étude de la forme et de l'évolution du relief terrestre.

GÉOPHAGE [ʒeɔfaʒ]. *adj.* (1827; de *géo-*, et *-phage*). *Didact.* Qui mange de la terre.

GÉOPHILE [ʒeɔfil]. *n. m.* (1839; de *géo-*, et *phile*). *Zool.* Animal arthropode *(mille-pattes)*, au corps étroit et long, qui vit sous la mousse, dans la terre.

GÉOPHYSICIEN, IENNE [ʒeɔfizisjɛ̃, jɛn]. *n.* (XXᵉ; de *géophysique*). *Didact.* Spécialiste de géophysique.

GÉOPHYSIQUE [ʒeɔfizik]. *n. f.* (fin XIXᵉ; de *géo-*, et *physique*). *Sc.* Étude des propriétés physiques du globe terrestre (mouvements de l'écorce, magnétisme, terrestre, électricité terrestre, météorologie). *Adj. Études, prospection géophysiques. Union géodésique et géophysique internationale*.

GÉOPOLITIQUE [ʒeɔpɔlitik]. *n. f.* et *adj.* (1924; mot all., créé en suédois, de *géo-*, et *politique*). Étude des rapports entre les données naturelles de la géographie et la politique des États. — *Adj. Théories géopolitiques*.

GÉORGIEN, IENNE [ʒeɔʀʒjɛ̃, jɛn]. *adj.* et *n.* (de *Géorgie*). Relatif à la Géorgie, habitant de la Géorgie (État des États-Unis d'Amérique ou République membre de l'U.R.S.S.). ◇ N. m. *Ling.* La plus importante des langues caucasiques.

GÉORGIQUE [ʒeɔʀʒik]. *adj.* (XVIIIᵉ; lat. *georgicus*, gr. *geôrgikos*, rad. *ergon* « travail »). *Hist. litt.* Qui concerne les travaux des champs. *Genre, poème géorgique*.

GÉOSTATION [ʒeɔstasjɔ̃]. *n. f.* (mil. XXᵉ; de *géo-*, et *station*). *Astronautique.* Station scientifique établie à terre.

GÉOSTATIONNAIRE [ʒeɔstasjɔnɛʀ]. *adj.* (1966; de *géo-*, et *stationnaire*). *Astronautique.* Se dit d'un satellite artificiel qui se déplace sur son orbite en suivant le mouvement de rotation de la Terre sur elle-même (il paraît donc immobile pour un observateur terrestre).

GÉOSYNCLINAL, AUX [ʒeɔsɛ̃klinal, o]. *n. m.* (1890; de *géo-*, et *synclinal*). *Géol.* Vaste dépression synclinale, caractérisée par une grande épaisseur de sédiments (V. **Fosse**).

GÉOTECHNIQUE [ʒeɔtɛknik]. *adj.* (1967; de *géo-*, et *technique*). *Didact.* Qui concerne les applications techniques (mines, routes, voies ferrées) de recherches géologiques.

GÉOTHERMIE [ʒeɔtɛʀmi]. *n. f.* (1865; de *géo-*, et *thermie*). *Sc.* Chaleur de la terre. Étude des variations de la température avec la profondeur.

GÉOTHERMIQUE [ʒeɔtɛʀmik]. *adj.* (1860; de *géothermie*). *Sc.* Relatif à la chaleur de la terre. *Degré* ou *gradient géothermique :* profondeur de laquelle on s'enfonce pour observer une augmentation de température de 1° (31 mètres près de la surface terrestre).

GÉOTROPISME [ʒeɔtʀɔpism(ə)]. *n. m.* (1868; de *géo-*, et *tropisme*). *Biol.* Réaction d'orientation de la matière vivante (V. **Tropisme**) sous l'influence de la pesanteur.

GÉOTRUPE [ʒeɔtʀyp]. *n. m.* (1827; de *géo-*, et *trupaô* « percer »). *Zool.* Insecte coléoptère du groupe des bousiers.

GÉPHYRIENS [ʒefiʀjɛ̃]. *n. m. pl.* (1890; lat. sc. *gephyrea*, du gr. *gephura* « pont »). *Zool.* Classe d'annélides marins vivant dans la vase.

GÉRANCE [ʒeʀɑ̃s]. *n. f.* (1843; de *gérant*). Fonction de gérant. *Gérance d'une entreprise, d'une société*. V. **Administration, gestion**. *Mettre, donner un fonds de commerce en gérance. Gérance-location*. — *Par ext.* Temps que dure cette fonction. *Gérance de trois ans*.

GÉRANIÉES [ʒeʀanje] ou **GÉRANIACÉES** [ʒeʀanjase]. *n. f. pl.* (1827;-1820; de *géranium*). *Bot.* Famille de plantes dicotylédones dialypétales, herbacées, généralement odorantes, et pour la plupart ornementales (capucine, géranium, pélargonium).

GÉRANIUM [ʒeʀanjɔm]. *n. m.* (1545; lat. bot., du class. *geranion*, mot gr., de *geranos* « grue »). Plante *(Géraniées)*, herbacée, odorante et souvent ornementale. — *Par ext. (Cour.)* Nom communément donné au *pélargonium*, plante à feuilles arrondies et à fleurs en ombelles roses, blanches ou rouges. « *Elle coupait cinq ou six tiges de géraniums rouges* » (GREEN).

GÉRANT, ANTE [ʒeʀɑ̃, ɑ̃t]. *n.* (1787; subst. part. de *gérer*). Personne qui gère pour le compte d'autrui. V. **Administrateur, agent, directeur, dirigeant, gestionnaire, mandataire**. *Gérant de portefeuille. Gérant d'affaires, d'immeubles*. ◇ Mandataire placé à la tête d'une entreprise. *Gérant d'un fonds de commerce, d'une succursale*. ◇ Dans certains types de société, Personne chargée par la loi, les statuts ou les associés, de l'administration des affaires sociales. ◇ *Gérant d'un journal, d'un périodique*, directeur responsable de la publication.

GERBAGE [ʒɛʀbaʒ]. *n. m.* (XVIᵉ; de *gerber*). *Agric.* Action de gerber (des céréales). *Gerbage des blés*. ◇ *Techn.* Action d'empiler.

GERBE [ʒɛʀb(ə)]. *n. f.* (XIVᵉ; *jarbe*, XIIᵉ; frq. °*garba*). ♦ 1° Botte de céréales coupées, où les épis sont disposés d'un même côté et qui va s'élargissant aux queues aux têtes. *Gerbe de blé, d'avoine. Mettre le blé en gerbes*. « *Elle soulevait trois, quatre javelles... puis, avec un lien tout prêt, elle nouait sa gerbe fortement* » (ZOLA). *Mettre les gerbes en tas, en meule après la moisson*. ♦ 2° *Par anal.* Botte de fleurs coupées à longues tiges. *Gerbes de fleurs, de roses. Offrir une gerbe à une mariée. Gerbe d'osier :* botte d'osier, des vanniers. ♦ 3° *Par anal. de forme.* V. **Bouquet, faisceau**. *Gerbes de colonnes*. — (De ce qui s'élance, jaillit en forme de gerbe) *Gerbe d'eau qui gicle* (V. **Fusée**), *qui jaillit d'un bassin. Gerbe d'écume*. « *Des étincelles qui montaient en gerbes pour retomber en pluie d'or* » (FRANCE). — *Artill.* Ensemble des trajectoires parcourues par les projectiles lancés sur un même but dans les tirs successifs d'une même pièce. *Gerbe d'éclatement :* ensemble des trajectoires des éclats d'obus. — *Phys.* Faisceau de trajectoires de particules électrisées, lors de la désintégration d'un atome. ♦ 4° *Fig.* Ensemble de choses semblables réunies. « *La Dernière Gerbe* », recueil de poèmes de Hugo.

GERBÉE [ʒɛʀbe]. *n. f.* (1432; de *gerbe*). *Agric.* Botte de paille où il reste quelques épis. — Botte de fanes, de tiges de céréales, etc., servant de fourrage.

GERBER [ʒɛʀbe]. *v. tr.* (XIIIᵉ; de *gerbe*). ♦ 1° Mettre en gerbes. V. **Engerber**. ♦ 2° *Techn.* Mettre (des tonneaux) les uns sur les autres dans une cave.

GERBEUR, EUSE [ʒɛʀbœʀ, øz]. *adj.* et *n. f.* (XVIᵉ; de *gerber*). *Agric., Techn.* ♦ 1° Qui sert au gerbage. ♦ 2° N. f. Appareil de levage pour gerber les tonneaux.

GERBIER [ʒɛʀbje]. *n. m.* (XIIIᵉ; de *gerbe*). Grand tas de gerbes isolé dans les champs. V. **Meule**.

GERBIÈRE [ʒɛʀbjɛʀ]. *n. f.* (1803; de *gerbe*). *Agric.* Charrette pour le transport des gerbes.

GERBILLE [ʒɛʀbij]. *n. f.* (1846; lat. zool. *gerbillus*; Cf. Gerboise). *Zool.* Rongeur qui rappelle la gerboise par ses pattes postérieures plus longues que les antérieures.

GERBOISE [ʒɛʀbwaz]. *n. f.* (1765; *gerbo*, 1700; lat. zool. *gerboa*, arabe *djerboû*). Petit rongeur à pattes antérieures très courtes, à pattes postérieures et queue très longues, qui lui permettent de se tenir debout comme le kangourou et de faire des bonds.

GERCE [ʒɛʀs(ə)]. *n. f.* (XVIᵉ, au sens 1°; de *gercer*). *Techn.* ♦ 1° Teigne qui ronge les étoffes, les papiers. ♦ 2° (1777). Fente dans le bois causée par la dessiccation.

GERCER [ʒɛʀse]. *v.; conjug. placer* (*Gerser*, XIVᵉ; *jarser*, XIIᵉ; lat. pop. °*charissare*, gr. *kharassein* « entailler »). ♦ 1° *V. tr.* Faire de petites crevasses, en parlant de l'action du froid ou de la sécheresse. V. **Crevasser, fendiller, fendre**. — *Pronom.* *Mains qui se gercent*. ♦ 2° *V. intr.* Se couvrir de petites crevasses. *Lèvres qui gercent*. — *Lèvres gercées*.

GERÇURE [ʒɛʀsyʀ]. *n. f.* (1379; de *gercer*). ♦ 1° Petite fissure de la peau, au niveau d'une lésion inflammatoire. V. **Crevasse**. *Gerçures aux mains*. ♦ 2° Petite fente qui se produit à la surface de la terre, aux troncs d'arbres. V. **Gélivure**. ♦ 3° *Techn.* Fendillement à la surface d'une matière, d'un revêtement. *Gerçures d'un enduit de tableau*.

GÉRER [ʒeʀe]. *v. tr.; conjug. céder* (1445; lat. *gerere*). ♦ 1° Administrer (les intérêts, les affaires d'un autre). V. **Gestion**. *Gérer un commerce, un domaine, une affaire. Gérer les biens d'un mineur, d'un incapable, gérer une tutelle*. V. **Tuteur**. ♦ 2° (En parlant de ses propres affaires). V. **Administrer, conduire, diriger, gouverner, régir**. *Gérer son avoir avec économie*. — Au p. p. *Affaire bien, mal gérée*.

GERFAUT [ʒɛʀfo]. *n. m.* (XIVᵉ; *girfaut*, v. 1180; germ. *girfalko* « vautour-faucon »). Oiseau rapace diurne, de grande taille, à bec très crochu, qui vit dans les pays du Nord, niche dans les falaises ou sur les arbres. *Gerfaut d'Islande, de Norvège. Le gerfaut était très estimé au moyen âge pour la fauconnerie*. « *Comme un vol de gerfauts hors du charnier natal* » (HEREDIA).

GÉRIATRIE [ʒeʀjatʀi]. *n. f.* (1961; rad. du gr. *gerôn* « vieillard », et *-iatrie*). *Méd.* Médecine de la vieillesse. V. **Gérontologie**.

1. **GERMAIN, AINE** [ʒɛʀmɛ̃, ɛn]. *adj.* et *n.* (v. 1170; lat. *germanus*, de *germen* « qui est du même sang »). ♦ 1° Adj. *Vx* ou *Dr.* Né des mêmes père et mère. *Frères germains* (opposé à *utérin* et à *consanguin*). N. *Les germains* : frères, sœurs, parents. ♦ 2° (XIXᵉ). *Cour. Cousins germains*, des cousins ayant au moins une grand-mère ou un grand-père commun. *Subst. Cousins issus de germains :* cousins au cinquième ou au sixième degré de parenté, qui descendent

d'un cousin germain (ou d'une cousine germaine) ou dont les parents sont cousins germains entre eux.

2. GERMAIN, AINE [ʒɛʀmɛ̃, ɛn]. *adj.* et *n.* (1512; lat. *Germanus*, p.-ê. du celt. *gair* « voisin », et *maon*, *man* « peuple »). ♦ 1° *Adj.* Qui appartient à la Germanie, nom de la région correspondant à peu près à l'Allemagne, à l'époque du Bas-Empire et du haut moyen âge. V. **Germanique.** ♦ 2° *N.* Habitant de la Germanie. *Les Germains* (Burgondes, Francs, Goths, Lombards, Saxons, Suèves, Teutons, Vandales). ◇ HOM. *Germen.*

GERMANDRÉE [ʒɛʀmɑ̃dʀe]. *n. f.* (XIVe; *gemandree*, XIIe; altér. lat. médiév. *calamendria*, class. *chamœdrys*, gr. *khamaidrus* « chêne nain »). Herbe ou arbrisseau aromatique. *Germandrée sauvage*, dite *sauge des bois*, *mélisse des bois. Germandrée aquatique.*

GERMANIQUE [ʒɛʀmanik]. *adj.* (1532; lat. *germanicus*). ♦ 1° Qui a rapport aux Germains. V. **Germain** (2), **teuton.** *Empire romain germanique.* — *Subst. Louis le Germanique,* fils de Charlemagne. — *Langues germaniques :* nom donné aux langues des peuples que les Romains nommaient Germains, et à celles qui en dérivent. Subst. *Le germanique. Germanique oriental :* gotique. *Germanique septentrional :* norrois ou nordique (inscriptions runiques), islandais, norvégien, suédois, danois. *Germanique occidental :* allemand ; haut allemand (bavarois, alaman, francique), yiddish; bas allemand, hollandais, flamand, frison; anglais, anglosaxon (ou vieil anglais). ♦ 2° De l'Allemagne. V. **Allemand.** ◇ Des régions de langue et de civilisation allemandes (Allemagne, Suisse, Autriche). *Les pays latins et les pays germaniques.* — *Subst.* Habitant de ces pays (surtout *opposé à* latin, slave).

GERMANISANT, ANTE [ʒɛʀmanizɑ̃, ɑ̃t]. *adj.* (1872; de *germaniser*). Qui affectionne ce qui est germanique, allemand. Subst. *Un germanisant.*

GERMANISATION [ʒɛʀmanizasjɔ̃]. *n. f.* (1876; de *germaniser*). Action de germaniser, de se germaniser; son résultat. « *La résistance du peuple polonais aux exactions de la germanisation prussienne* » (PÉGUY).

GERMANISER [ʒɛʀmanize]. *v. tr.* (XVIe; de *germain* 2). Rendre germanique; imposer le caractère germanique. — *Pays germanisé par l'occupation allemande.* « *Battus, nous serons germanisés* » (SARTRE).

GERMANISME [ʒɛʀmanism(ə)]. *n. m.* (1720; de *germanique*). Ling. Tournure, idiotisme propre à la langue allemande. Emprunt à l'allemand.

GERMANISTE [ʒɛʀmanist(ə)]. *n.* (1866; de *germanique*). Linguiste spécialisé dans l'étude des langues germaniques, et plus spécialement de l'allemand. — *Par ext.* Spécialiste d'études allemandes.

GERMANIUM [ʒɛʀmanjɔm]. *n. m.* (1885; de *Germania* « Allemagne », où il fut découvert). Chim. Corps simple métallique (no at. 32; masse at. 72,6; dens. 5,46; symb. Ge) utilisé dans la fabrication des diodes et des transistors grâce à ses propriétés de semi-conducteur*.

GERMANO-. Élément, du lat. *germanus.*

GERMANOPHILE [ʒɛʀmanɔfil]. *adj.* et *n.* (1894; de *germano-*, et *phile*). Qui aime les Allemands. — (N. f. *Germanophilie* [ʒɛʀmanɔfili]).

GERMANOPHOBE [ʒɛʀmanɔfɔb]. *adj.* et *n.* (1894; de *germano-*, et *phobe*). Qui déteste les Allemands. — (N. f. *Germanophobie* [ʒɛʀmanɔfɔbi]).

GERME [ʒɛʀm(ə)]. *n. m.* (XIIe; lat. *germen*). ♦ ❹ ♦ 1° *Cour.* Premier stade d'un être vivant (V. **Gamète; embryon, graine).** *Pasteur réfuta la théorie de la génération* spontanée *en démontrant la présence des germes.* ♦ 2° *Biol.* Partie de l'œuf fécondé qui donne naissance à l'embryon. ◇ *Bot.* Partie de la semence, qui se développe en formant la plante. V. **Germe.** — *Cour.* Première pousse de ce germe qui sort de la graine, du bulbe, du tubercule (V. **Germer).** *Germes de blé, d'orge. Enlever les germes des pommes de terre.* V. **Dégermer.** Cuis. *Poulet aux germes de soja.* ♦ 3° (1873). Tout micro-organisme capable de provoquer une maladie. *Germes microbiens, pathogènes, infectieux.* V. **Bactérie, microbe, virus.** ❻ *Fig.* Principe, élément de développement (de qqch.). V. **Cause, principe, semence, source.** *Germe de vie, de mort, de maladie. Germe d'une idée. Germes d'une crise économique.* V. **Origine.** « *La réforme politique contient en germe les réformes sociales* » (GAMBETTA).

GERMEN [ʒɛʀmɛn]. *n. m.* (déb. XXe; mot. lat.). Biol. Ensemble des cellules reproductrices (V. **Gamète**) d'un être vivant (*opposé à* soma). ◇ HOM. *Germaine* (de germain).

GERMER [ʒɛʀme]. *v. intr.* (1130; lat. *germinare*). ♦ 1° Se dit des graines, bulbes ou tubercules, destinés ou non à la semence, qui poussent leur germe au dehors. *Semence qui germe dans le sol. On fait germer l'orge pour la fabrication de la bière.* V. **Germoir.** *Pommes de terre germées.* Par ext. *Plante qui germe, dont la graine germe.* ♦ 2° *Fig.* Commencer à se développer. V. **Former** (se), **naître.** *Cette idée commence à germer dans les esprits.*

GERMICIDE [ʒɛʀmisid]. *adj.* (1873; de *germe*, et *-cide*). Qui tue les germes (3°).

GERMINAL [ʒɛʀminal]. *n. m.* (1793; du lat. *germen, germinis*). Septième mois du calendrier républicain (21, 22 mars-18, 19 avril), mois de la germination. — *Germinal,* roman de Zola.

GERMINAL, ALE, AUX [ʒɛʀminal, o]. *adj.* (1845; Cf. le précéd.). Biol. Relatif au germe ou au germen. *Cellule germinale,* cellule reproductrice. V. **Gamète.**

GERMINATEUR, TRICE [ʒɛʀminatœʀ, tʀis]. *adj.* (1770; du rad. de *germination*). Bot. Qui a le pouvoir de faire germer.

GERMINATIF, IVE [ʒɛʀminatif, iv]. *adj.* (XVIe; du lat. *germinare* « germer »). Qui a rapport au germe ou à la germination. — Embryol. *Vésicule germinative,* noyau de l'oocyte. ◇ Biol. Qui a rapport au germen. *Théorie de la continuité du plasma germinatif,* affirmant l'indépendance du germen et niant l'hérédité des caractères acquis.

GERMINATION [ʒɛʀminasjɔ̃]. *n. f.* (1455; lat. *germinatio,* de *germen*). ♦ 1° Bot. Ensemble des phénomènes par lesquels une graine développe son embryon et donne naissance à une nouvelle plante de même espèce que celle qui l'a formée. ♦ 2° Chim. *Germination des cristaux :* apparition de « germes » à partir desquels se développent des cristaux.

GERMOIR [ʒɛʀmwaʀ]. *n. m.* (1700; de *germer*). Caisse, pot destiné à recevoir certaines graines qui doivent être mises en terre après leur séparation de la plante, mais qu'on ne veut semer que plus tard. ◇ Bâtiment où l'on fait germer des semences, des plantes. *Germoir d'une brasserie,* où l'on fait germer l'orge.

GERMON [ʒɛʀmɔ̃]. *n. m.* (1769; *gernon*, v. 1290; p.-ê. de *germe*, a. fr. *germon* (XIVe). Rare. Thon blanc.

GÉROMÉ [ʒeʀɔme]. *n. m.* (Giraumé, 1757; prononc. région. de *Gérardmer*). Fromage affiné à pâte molle fabriqué dans les Vosges.

GÉRONDIF [ʒeʀɔ̃dif]. *n. m.* (1520; du lat. gram. *gerundium*, de *gerere* « faire »). ♦ 1° En lat. Forme verbale, déclinaison de l'infinitif; *candi, cantandum, cantando.* ♦ 2° En fr. Forme verbale en *ant* (V. **Participe**), généralement précédée de la préposition *en,* et servant à exprimer des compléments circonstanciels de simultanéité, de manière, de moyen, de cause, etc. Ex. : « *En se plaignant, on se console* » (MUSS.). *En forgeant, on devient forgeron.*

GÉRONTE [ʒeʀɔ̃t]. *n. m.* (1636; gr. *gerôn* « vieillard »; nom propre habituel des personnages de vieillards dans la comédie classique). Vx (1829). Vieillard crédule, facile à berner.

GÉRONTISME [ʒeʀɔ̃tism(ə)]. *n. m.* (1866; de *géronte*). Didact. Vieillissement prématuré chez un adulte ou un enfant. Syn. **SÉNILISME.**

GÉRONT(O)-. Élément, du gr. *gerôn, gerontos* « vieillard ».

GÉRONTOCRATIE [ʒeʀɔ̃tɔkʀasi]. *n. f.* (1825; de *géronto-,* et *-cratie*). Didact. Gouvernement, domination des vieillards.

GÉRONTOLOGIE [ʒeʀɔ̃tɔlɔʒi]. *n. f.* (1950; de *géronto-,* et *-logie*). Méd. Étude des phénomènes liés au vieillissement de l'organisme humain; étude de la vieillesse (sociologie, médecine). V. **Gériatrie.**

GÉRONTOLOGUE [ʒeʀɔ̃tɔlɔg]. *n. m.* (1965; de *gérontologie*). Spécialiste de la gérontologie. — On emploie parfois GÉRONTOLOGISTE, n. et adj.

GERSEAU [ʒɛʀso]. *n. m.* (1678; altér. prov. de *herseau,* dimin. de *herse*). Mar. Filin ou cordage qui renforce une poulie.

GERZEAU [ʒɛʀzo]. *n. m.* (1795; *jarzeau,* XIIe; p.-ê. de *jard.* V. **Jarre** 2). Nom familier d'une plante, la nielle des blés.

GÉSIER [ʒezje]. *n. m.* (v. 1300; bas lat. *gigerium,* plur. class. *gigeria* « entrailles des volailles »). Troisième poche digestive des oiseaux, faisant suite au jabot et au ventricule succenturié. V. **Estomac.** ◇ Pop. Estomac, ventre. *Mets-toi ça dans le gésier !*

GÉSINE [ʒezin]. *n. f.* (XIIe; de *gésir*). Vx. V. **Accouchement, parturition.** (Surtout dans l'express. *Une femme en gésine*).

GÉSIR [ʒeziʀ]. *v. intr.* défectif; seult. : *je gis, tu gis, il gît, nous gisons, vous gisez, ils gisent; je gisais, tu gisais, il gisait, nous gisions, vous gisiez, ils gisaient; gisant* (1050; lat. *jacere* « être étendu ». V. **Gisement, gîte).** Littér. ♦ 1° Être couché, étendu, sans mouvement (V. **Gisant**). *Malade qui gît sur son lit.* — Être tombé, renversé. « *Des chaises gisaient par terre* » (ZOLA). — Être couché. CI-GÎT [siʒi], formule d'épitaphe. ♦ 2° Par ext. Se trouver (en parlant de choses cachées). Loc. prov. *C'est là que gît le lièvre.*

GESSE [ʒɛs]. *n. f.* (*Jaisse,* v. 1100; prov. *geissa,* p.-ê. de *sagyptius*). Plante *(Légumineuses)* dont quelques espèces sont cultivées comme fourrage. *Gesse chiche.* V. **Jarosse** (ou **jarousse**). *Gesse odorante :* pois de senteur.

GESTALTISME [ɡɛʃtaltism(ə)]. *n. m.* (mil. XXe; de

l'all. *Gestalt* « forme », pour traduire *Gestalt-theorie*). *Philo.* Théorie de la forme*. — GESTALTISTE. *adj.* Relatif au gestaltisme, *adj.* et *n.* Partisan du gestaltisme.

GESTAPO [gɛstapo]. *n. f.* (1934; de l'all. *Geheime Staats Polizei*). Police politique de l'Allemagne nazie.

GESTATION [ʒɛstasjɔ̃]. *n. f.* (1748; sens lat., 1537; lat. *gestatio* « action de porter », de *gestare*, de *gerere* « porter »). ♦ 1° *Physiol.* Période pendant laquelle une femelle vivipare porte son petit, depuis la conception jusqu'à l'accouchement. *Gestation de la femme.* V. **Grossesse.** ♦ 2° *Fig.* (1866). Travail latent qui prépare la naissance, la mise au jour d'une création de l'esprit, d'une situation nouvelle. *La gestation d'un poème* (ACAD.). V. **Genèse.** *Une œuvre en gestation*, qui se prépare, se fait.

GESTATOIRE [ʒɛstatwaʀ]. *adj.* (1531; lat. *gestatorius*). Vx. *Chaise gestatoire* (1752) : chaise à porteurs dont le pape fait usage. V. **Sedia gestatoria.**

1. GESTE [ʒɛst(ə)]. *n. m.* (fin XIVe; lat. *gestus*). ♦ 1° Mouvement du corps (principalement des bras, des mains, de la tête) volontaire ou involontaire, révélant un état psychologique, ou visant à exprimer, à exécuter qqch. V. **Attitude, mouvement.** *Le geste, moyen d'expression. Faire beaucoup de gestes en parlant.* V. **Gesticuler.** *L'expression par le geste.* V. **Mimique, pantomime.** *Encourager qqn de la voix et du geste. Joindre les gestes à la parole.* « *Les gestes de l'orateur sont des métaphores* » (VALÉRY). *Gestes lents, brusques, vifs.* « *Ses gestes incohérents trahissaient sa fébrilité* » (MART. du G.). *Précision des gestes chez un chirurgien.* ◊ Simple mouvement expressif ou caractéristique, du bras, de la main, de la tête. V. **Signe.** *Faire un geste de la main. Geste approbateur de la tête.* V. **Hochement.** *Geste du salut, du serment.* « *Le geste auguste du semeur* » (HUGO). — *Avoir le geste large* : être généreux, donner, accorder généreusement. ♦ 2° *(Abstrait).* V. **Acte, action.** *Geste d'autorité, de générosité. Faire un beau geste. Les faits et gestes.* V. **Geste (2).**

2. GESTE [ʒɛst(ə)]. *n. f.* (1080; lat. *gesta*). *Vx.* V. **Exploit.** — *Hist. litt.* Ensemble des poèmes épiques du moyen âge, relatant les exploits d'un même héros. V. **Cycle.** *Chanson de geste.* ◊ *Au plur.* Cour. (1615) *Les faits et gestes de qqn*, toute sa conduite. *La police interrogea le prévenu sur ses faits et gestes.*

GESTICULANT, ANTE [ʒɛstikylɑ̃, ɑ̃t]. *adj.* (1845; de *gesticuler*). Qui gesticule. *Foule gesticulante et hurlante.*

GESTICULATION [ʒɛstikylɑsjɔ̃]. *n. f.* (1327; lat. *gesticulatio*). Action de gesticuler. *Évoquer, exprimer qqch. par la gesticulation.* V. **Pantomime.**

GESTICULER [ʒɛstikyle]. *v. intr.* (1578; lat. *gesticulari*). Faire beaucoup de gestes, trop de gestes. *Gesticuler en parlant.*

GESTION [ʒɛstjɔ̃]. *n. f.* (1455; lat. *gestio*, de *gerere*; Cf. Gérer). Action de gérer (les affaires d'un autre, et *par ext.* ses propres affaires). V. **Administration, direction, organisation.** *Gestion d'un patrimoine, d'une fortune. Gérant responsable de sa gestion.* V. **Gérance.** *Avoir la gestion des fonds.* V. **Maniement.** *Une bonne, sage, saine gestion. Dr. civ.* Administration des biens d'une personne physique ou morale par son représentant. *Gestion des biens de la communauté par le mari.* — *Fin. pub. Compte de gestion*, établi pour l'ensemble des opérations effectuées pendant l'année budgétaire. V. **Exercice.** ◊ *Dr. civ. Gestion d'affaires* : acte d'une personne (appelée *gérant*) qui a voulu agir pour le compte d'une tiers (appelé *géré*) dans son intérêt, sans avoir reçu mandat de celui-ci. *Gestion publique, privée.* V. **Mandat.**

GESTIONNAIRE [ʒɛstjɔnɛʀ]. *adj.* (1874; de *gestion*). Qui concerne la gestion d'une affaire, ou qui en est chargé. *Administrateur gestionnaire.* — *Subst. Un gestionnaire* : *spécialt.* Sous-officier qui administre une manutention, un mess, etc.

GESTUEL, ELLE [ʒɛstɥɛl]. *adj.* (1945; de *geste;* Cf. Manuel). *Didact.* Du geste. — GESTUELLE. *n. f.* Ensemble des gestes expressifs considérés comme des signes. *Étude sémiotique des gestuelles.*

GETTER [gɛtɛʀ]. *n. m.* (1953; mot angl., de *to get* « obtenir »). Anglicisme. *Phys.* Substance métallique utilisée pour obtenir un vide poussé dans les lampes de T.S.F., etc.

GEYSER [ʒezɛʀ]. *n. m.* (1783; angl. *geyser*, o. island.). Source d'eau chaude jaillissant par intermittence. — *Fig.* Grande gerbe jaillissante. « *Des gros obus tombaient... soulevant des geysers noirs* » (DORGELÈS).

GHETTO [gɛ(e)to]. *n. m.* (1817; h. 1690; mot. it., quartier de résidence forcée des Juifs à Venise). Quartier juif, quartier où les Juifs étaient forcés de résider. « *L'extermination du ghetto de Varsovie.* — *Par ext.* Lieu où une communauté vit, séparée du reste de la population. *Les ghettos noirs des grandes villes américaines.* ◊ *Fig.* Situation de ségrégation. « *Prolétaires de tous les pays, sortez de votre ghetto* » (MAURIAC).

GHILDE. V. GUILDE.

GIAOUR [ʒjauʀ]. *n. m.* (1740; turc *giaour* « incroyant »). *Hist.* Terme de mépris appliqué aux « infidèles » en Turquie. V. **Roumi.**

GIBBEUX, EUSE [ʒibø, øz]. *adj.* (XVe; lat. *gibbosus*, de *gibbus* « bosse »). *Didact.* Qui a la forme d'une bosse. ◊ Qui est muni d'une ou plusieurs bosses. « *Chameaux profilant sur l'horizon fauve leurs dos gibbeux* » (GAUTIER).

GIBBON [ʒibɔ̃]. *n. m.* (1766; d'un dial. de l'Inde). Singe d'Asie, sans queue et à longs bras.

GIBBOSITÉ [ʒibozite]. *n. f.* (1314; du lat. *gibbosus*). Bosse produite par une difformité de la colonne vertébrale. « *Des figures grotesques ornées d'une double gibbosité* » (GAUTIER). — *Par anal.* Toute proéminence en forme de bosse.

GIBECIÈRE [ʒibsjɛʀ]. *n. f.* (1280; de l'a. fr. *gibecier* « aller à la chasse ». V. **Gibier.** ♦ 1° *Ancienn.* Sorte de bourse qu'on portait à la ceinture. ♦ 2° Sac, ordinairement de cuir, dont se servent les chasseurs, les paysans, les pêcheurs, et qu'on porte en bandoulière. V. **Sac; carnassière, carnier, sacoche.** — *Vieilli.* Sac de cuir des écoliers, porté à l'épaule.

GIBELIN [ʒiblɛ̃]. *n. m.* (1339; de *Weibelingen*, élu en 1138 empereur d'Allemagne). Nom donné en Italie aux partisans des empereurs d'Allemagne. *Les gibelins étaient les ennemis des guelfes qui soutenaient la papauté.*

GIBELOTTE [ʒiblɔt]. *n. f.* (1617; de l'a. fr. *gibelet* « plat d'oiseaux ». V. **Gibier.** Fricassée au vin blanc. *Gibelotte de lapin. Lapin en gibelotte.*

GIBERNE [ʒibɛʀn(ə)]. *n. f.* (1748; h. 1585; o. i.; Cf. bas lat. *Zaberna*). Boîte recouverte de cuir, portée à la ceinture ou en bandoulière, où les soldats mettaient leurs cartouches. V. **Cartouchière.** — *Fig. Avoir le bâton de maréchal dans sa giberne*, pouvoir, étant simple soldat, parvenir aux plus hauts grades.

GIBET [ʒibɛ]. *n. m.* (1155; du frq. °*gibb* « bâton fourchu »). ♦ 1° Potence où l'on exécute les condamnés à la pendaison. *Condamner, envoyer un criminel au gibet. Se dit aussi des Fourches patibulaires où l'on exposait les cadavres des suppliciés. Le gibet de Montfaucon.* ♦ 2° *Didact.* Instrument de supplice. *Le gibet du Christ*, la croix.

GIBIER [ʒibje]. *n. m.* (1190, « chasse »; frq. °*gabaiti* « chasse au faucon »). ♦ 1° *(au XVIe)*. Tous les animaux bons à manger que l'on prend à la chasse. *Pays qui abonde en gibier.* V. **Giboyeux.** *Gros gibier.* V. **Cerf, chevreuil, daim, sanglier.** *Menu, petit gibier.* V. **Bécasse, caille, faisan, lapin, lièvre, perdrix.** *Gibier à plume* (V. **Oiseau**). *Gibier à poil. Gibier d'eau* (V. **Canard, poule, sarcelle**), *de plaine, de passage* (V. **Bécasse, palombe**). *Appâts, pièges, collets à gibier.* V. **Braconnier.** *Poursuivre, rabattre le gibier.* V. **Chasse.** *Pièce de gibier.* ◊ *Viande du gibier. Manger du gibier. Gibier mariné, mortifié, faisandé.* V. **Venaison.** *Gibier en civet.* ♦ 2° Personne qu'on cherche à prendre, à attraper, à duper. — *Gibier de potence* : personne qui mérite d'être pendue. ◊ En parlant de choses, d'objets que l'on poursuit ou dont on fait sa nourriture intellectuelle. « *L'homme qui vit avec force n'a que faire des idées mortes, ce gibier de savant* » (SUARÈS). V. **Pâture.**

GIBOULÉE [ʒibule]. *n. f.* (1548; o. i.). Pluie soudaine, quelquefois accompagnée de vent, de grêle ou même de neige, et bientôt suivie d'une éclaircie. V. **Averse, ondée.** *Les giboulées de mars.*

GIBOYEUX, EUSE [ʒibwajø, øz]. *adj.* (1700; de *giboyer* (vx) « chasser »). Riche en gibier. *Pays giboyeux.*

GIBUS [ʒibys]. *n. m.* (1834; nom de l'inventeur). Chapeau haut de forme qu'on peut aplatir grâce à des ressorts qui sont placés à l'intérieur de la coiffe. Adj. *Un chapeau gibus.* V. **Claque.**

GICLÉE [ʒikle]. *n. f.* (XXe; de *gicler*). Jet de liquide qui gicle.

GICLEMENT [ʒikləmɑ̃]. *n. m.* (1918; de *gicler*). L'action ou le fait de gicler. « *Le fatal giclement de mon sang* » (APOLLINAIRE).

GICLER [ʒikle]. *v. intr.* (1810; h. 1542; prov. *giscla*). Jaillir, rejaillir avec une certaine force (liquides). *La boue a giclé sur les passants.* V. **Éclabousser.** *Le sang giclait de sa blessure. Par ext. Littér.* « *La lumière a giclé sur l'acier* » (CAMUS).

GICLEUR [ʒiklœʀ]. *n. m.* (1907; de *gicler*). Petit tube du carburateur servant à faire gicler l'essence dans le courant d'air aspiré par le moteur. *Gicleur de ralenti.*

GIFLE [ʒifl(ə)]. *n. f.* (1807; *gifle*, du XIIIe au XVIIe, « joue »; mot du Nord-Est; frq °*kifel* « mâchoire »). Coup donné du plat ou du revers de la main sur la joue de qqn. V. **Soufflet;** et *(fam.* et *pop.)* **Baffe, beigne, calotte, claque, giroflée** (à cinq feuilles), **mandale, mornifle, pain, talmouse, taloche, tape, tarte, torgnole.** *Donner, flanquer, recevoir une gifle. Une paire de gifles* : deux gifles données sur les deux joues par un va-et-vient de la main, du plat et du revers. — *Fam. Tête à gifles*, visage déplaisant par un air de fatuité, d'entêtement, de bêtise. (Cf. **Tête à claques**). ◊ *Fig.* Affront, humiliation. « *Ce jour-là, les Lengaigne l'emportaient, c'était une vraie gifle pour les Macqueron* » (ZOLA).

GIFLER [ʒifle]. *v. tr.* (1808; de *gifle*). Frapper (qqn) sur la joue, du plat ou du revers de la main. *Gifler un insolent.* V. **Souffleter.** *Gifler un enfant.* V. **Battre.** — Par ext. *Visage giflé par la pluie, le vent.* V. **Cingler, fouetter.** ◇ *Fig.* Humilier. « *Des mots malpropres qui la giflent* » (AYMÉ).

GIGA-. *Phys.* Élément qui, devant un nom d'unité, multiplie cette unité par un milliard (symb. G).

GIGANTESQUE [ʒigɑ̃tɛsk(ə)]. *adj.* (1598; it. *gigantesco*, de *gigante* « géant »). ♦ 1° Qui tient du géant; qui, dans son genre, dépasse de beaucoup la taille ordinaire ou qui, à l'échelle humaine, nous paraît extrêmement grand. V. **Grand**; **colossal, cyclopéen, démesuré, éléphantesque, énorme, géant** *(adj.)*, **monstrueux, prodigieux, titanesque.** *Homme d'une taille gigantesque. Le sequoia, arbre gigantesque. Édifice, monument gigantesque.* ♦ 2° *Fig.* Qui dépasse la commune mesure. V. **Énorme, étonnant, formidable, prodigieux.** *L'œuvre gigantesque de Balzac. Entreprise, tâche gigantesque.* Iron. *Mystification, blague gigantesque. Une bêtise gigantesque.* V. **Incommensurable, monumental.** — Subst. *Aimer le gigantesque.* ◇ ANT. *Petit; minuscule, moyen.*

GIGANTESQUEMENT [ʒigɑ̃tɛskəmɑ̃]. *adv.* (1845; de *gigantesque*). D'une manière gigantesque.

GIGANTISME [ʒigɑ̃tism(ə)]. *n. m.* (XVIIIᵉ; du lat. *gigas*. V. **Géant**). ♦ 1° Développement excessif du squelette dans toutes ses dimensions; taille excessive par rapport à la taille normale des autres individus de la même race et du même âge. *Gigantisme constitutionnel. Gigantisme acromégalique.* ♦ 2° Caractère démesuré, gigantesque. *Le gigantisme historique de l'ère napoléonienne.* ◇ ANT. *Nanisme.*

GIGANTOMACHIE [ʒigɑ̃tɔmaʃi]. *n. f.* (XVIᵉ; lat. *gigantomachiæ*, mot gr.; de -*machie*). *Mythol.* Combat des géants contre les dieux. V. **Géant.** — Œuvre dont ce combat est le sujet.

GIGOGNE [ʒigɔɲ]. *n. f.* (1659, *Mère Gigogne* ou *Dame Gigogne*, personnage de théâtre créé en 1602, femme géante, des jupes de laquelle sortaient une foule d'enfants; altér. prob. de *cigogne*). *Une femme gigogne* : une femme qui a beaucoup d'enfants ou qui aime à s'entourer de nombreux enfants. « *Affreuse mère Gigogne que tu es!* » (BALZ.). ◇ *Table gigogne* : meuble composé d'une série de tables, de tablettes s'emboîtant les unes dans les autres. *Lit gigogne. Fusée gigogne.*

GIGOLO [ʒigɔlo]. *n. m.* (1850; de *gigolette* « fille délurée »; de *gigue* (1). ♦ 1° *Vx.* Amant de la « gigolette ». ♦ 2° (v. 1900). *Fam.* Jeune amant entretenu d'une femme plus âgée. *Elle a un gigolo.* « *Tu lui parleras en maître* (à ta femme) *mais pas en gigolo capricieux* » (COLETTE). — Jeune élégant entretenu.

GIGOT [ʒigo]. *n. m.* (XVᵉ; de l'a. fr. *gigue* (XIIᵉ), « instrument à cordes », mot germ.; par anal. de forme). ♦ 1° Cuisse de mouton, d'agneau, de chevreuil (V. **Cuissot, gigue**), coupée pour être mangée. *Gigot de mouton,* ou absolt. *Gigot. Manger un gigot, du gigot. Tranche de gigot rôti aux flageolets. Le manche du gigot ;* la partie de l'os par où on peut prendre le gigot. *Manche à gigot :* instrument qui emboîte cet os et sert à maintenir le gigot quand on le découpe. ♦ 2° Jambe de derrière d'un cheval. ♦ 3° Par plaisant. *(Fam.).* Jambe, cuisse d'une personne. *Avoir de bons gigots.* ♦ 4° Par anal. *de forme.* Manche longue, ajustée dans le bas et bouffante aux épaules. *Porter des gigots* (vx), *des manches à gigot* (vx), *des manches gigot* (mod.).

GIGOTÉ ou *(vx)* **GIGOTTÉ** [ʒigɔte]. *adj.* (1655; de *gigot*). Rare. Qui a les cuisses, les membres faits de telle ou telle façon, en parlant du cheval, du chien. *Cheval bien gigoté, mal gigoté.*

GIGOTER [ʒigɔte]. *v. intr.* (1694; d'abord *gigotter;* de *gigot,* ou fréquent. de *giguer*). *Fam.* Remuer vivement les jambes, et *par ext.* agiter ses membres, tout son corps. V. **Trémousser** (se). *Enfant, bébé qui gigote. Se débattre en gigotant.* ◇ Se dit d'un animal (*spécialt.* du lièvre) qui agite convulsivement ses pattes avant de mourir.

1. GIGUE [ʒig]. *n. f.* (1650; de *gigot*). ♦ 1° *Fam.* V. **Jambe.** *Avoir de grandes gigues.* V. **Gigot.** — Vén., Cuis. *Gigue de chevreuil.* V. **Cuisse, cuissot, gigot.** ♦ 2° (1650). Pop. *Une grande gigue,* une fille grande et maigre. V. **Bringue.**

2. GIGUE [ʒig]. *n. f.* (1650; angl. *jig;* empr. prob. au précéd.). Danse d'origine anglaise ou irlandaise, consistant en mouvements rapides des jambes, des talons et des pieds exécutés par un danseur seul, sur un rythme vif à deux temps. — *Air sur lequel se danse la gigue. La gigue servait souvent de conclusion à la suite instrumentale.* ◇ Par ext. *Danser la gigue :* danser, s'agiter violemment, se trémousser.

GILDE. V. **GUILDE.**

GILET [ʒilɛ]. *n. m.* (1557, puis 1736; esp. *jileco,* du turc *yelek*). ♦ 1° Vêtement court sans manches, ne couvrant que le torse, qui se porte par-dessus la chemise et sous le veston. *Costume trois pièces comprenant un gilet. Dos de gilet en satin. Gilet de velours, de soie, de daim. Poche de gilet. Le gilet rouge de Gautier.* — Fig. *Venir pleurer dans le gilet de qqn,* venir se plaindre et chercher une consolation. ◇ *Gilet de sauvetage,* gonflé à l'air comprimé. — *Gilet d'armes,* pour se garantir des coups d'armes blanches. ♦ 2° Vêtement court, avec ou sans manches, se portant sur la peau ou sur la chemise. *Gilet de peau* (porté sur la peau). — *Gilet de flanelle, de coton.* ♦ 3° Tricot de femme à manches longues ouvert devant. *Porter un gilet sur une robe.*

GILETIER, IÈRE [ʒiltje, jɛR]. *n.* (1828; de *gilet*). Personne qui fabrique des gilets. V. **Tailleur.**

GILLE [ʒil]. *n. m.* (1640; nom d'un bouffon de foire, p.-ê. du lat. *Ægidius*). *Vx.* Personnage niais et naïf. — Région. *Les Gilles,* bouffons du Nord.

GIMBLETTE [ʒɛblɛt]. *n. f.* (1680; prov. mod. *gimbleto*). Petit gâteau sec en forme d'anneau.

GIN [dʒin]. *n. m.* (1794; angl. *gin,* adapt. du néerl. *genever* « genièvre »). Eau-de-vie de grains, fabriquée dans les pays anglo-saxons. *Cocktail au gin et au citron* (GIN-FIZZ [dʒinfiz]). *Boisson faite de gin et d'eau tonique* (tonic water) (GIN-TONIC [dʒintɔnik]). ◇ HOM. Djinn.

GINDRE ou **GEINDRE** [ʒɛdR(ə)]. *n. m.* (1694; *joindre,* 1268; lat. *junior* « plus jeune »). *Techn.* Ouvrier boulanger qui pétrit le pain. ◇ HOM. Geindre (v.).

GINGEMBRE [ʒɛʒɑ̃bR(ə)]. *n. m.* (v. 1100; lat. *zingiberi,* gr. *ziggiberis,* d'un mot indien). Plante herbacée *(Scitaminées; Zingibéracées),* à rhizome charnu employé comme condiment, stimulant, digestif. ◇ *Par ext.* Le condiment tiré du gingembre. *Biscuits au gingembre.*

GINGIVAL, ALE, AUX [ʒɛʒival, o]. *adj.* (1866; du lat. *gingiva* « gencive »). *Didact.* Relatif aux gencives. *Muqueuse gingivale.*

GINGIVITE [ʒɛʒivit]. *n. f.* (1830; du lat. *gingiva*). Inflammation des gencives, souvent associée à la stomatite. *Gingivite expulsive* (déchaussement des dents).

GINGLARD ou **GINGLET.** *n. m.* V. **GINGUET.**

GINGUET, ETTE [ʒɛgɛ, ɛt]. *adj.* (1554; de *ginguer, giguer* (région.), « sauter », parce que le vin vert, acide, fait sursauter). Région. *Vin ginguet :* un peu aigre, acide. Subst. *Boire du ginguet.* — (Var. *Ginglet* [ʒɛglɛ], 1852; *Ginglard* [ʒɛglaR], 1878).

GINKGO [ʒɛko]. *n. m.* (1869; *Gingo,* 1808; mot chinois). Arbre originaire d'Extrême-Orient *(Conifères, Taxinées),* à feuilles en éventail, à amandes comestibles.

GINSENG [ʒinsɛg]. *n. m.* (1686, var. *jin-seng,* 1844, Huc; du chinois *gen-chen* « plante-homme »). Plante de la famille des Araliacées, du genre *panax,* qui croît en Chine, et dont la racine possède de remarquables qualités toniques. — Cette racine et les drogues qu'on en tire.

GIORNO (A) [adʒɔrno; aʒjɔrno]. *loc. adv.* (1842; loc. it.). Aussi brillamment que par la lumière du jour. *Salles, jardins éclairés a giorno* (ou vieilli : *a giorno*). Adj. *Éclairage à giorno.*

GIRAFE [ʒiraf]. *n. f.* (1298; it. *giraffa,* arabe *zarâfa*). ♦ 1° Grand mammifère ongulé *(Girafidés),* à cou très long et rigide, à pelage roux marqué d'un système de raies claires formant un cloisonnement polygonal. *La girafe ne peut marcher que l'amble.* — *Cou de girafe :* cou très long. — Fig. et fam. *Peigner la girafe :* faire un travail inutile et long, ou *encore* ne rien faire. « *Faire ça, ou peigner la girafe!* » (MART. du G.). ♦ 2° Pop. Personne grande et maigre. ♦ 3° Cinéma et Radio. (1931). Longue perche ou potence articulée qui supporte un microphone et que l'on déplace pour suivre une source sonore mobile.

GIRAFEAU [ʒirafo]. *n. m.* (1874; de *girafe*). Petit de la girafe.

GIRANDOLE [ʒirɑ̃dɔl]. *n. f.* (1571; it. *girandola,* dimin. de *giranda* « gerbe de feu », lat. *gyrare* « tourner »). ♦ 1° Faisceau de jets d'eau, de fusées. V. **Gerbe.** *Girandole d'un feu d'artifice :* gerbe tournante. V. **Soleil.** ♦ 2° Chandelier à plusieurs branches disposées en pyramide. — Assemblage de diamants, de pierres précieuses formant pendants d'oreilles. V. **Pendant, pendentif.** ◇ *Jardin.* Grappe de fleurs. « *Le lilas de Perse, qui élève droit en l'air ses girandoles gris de lin* » (BERNARD. DE ST-P.). Taille en pyramide des arbres à fruits. ♦ 3° (Par attraction de *guirlande*). Cour. Guirlande lumineuse servant d'enseigne, de décoration pour une fête, etc. *Girandole formant des festons, des astragales.*

GIRASOL [ʒirasɔl]. *n. m.* (1542; it. *girasole,* de *girare* « tourner », et *sole* « soleil »). *Minér.* Variété d'opale (quartz hyalin), employée en joaillerie.

GIRATION [ʒirasjɔ]. *n. f.* (1377; du lat. *gyrare,* repris XIXᵉ). *Didact.* Mouvement circulaire. V. **Rotation.** *Rayon de giration.* Mar. *Cercle de giration,* décrit par un navire dans un tour complet.

GIRATOIRE [ʒiratwaR]. *adj.* (1779; du lat. *gyrare*). Qui est circulaire (mouvement). *Mouvement giratoire.* V. **Rotatif.** Par ext. *Point giratoire,* autour duquel s'effectue un mouvement giratoire. — Cour. *Sens giratoire :* sens obligatoire que doivent suivre les véhicules autour d'un rond-point.

GIRAUMONT ou **GIRAUMON** [ʒirom]. *n. m.* (1732; o. i.). Courge d'Amérique (courge potiron).

GIRAVION [ʒiravjɔ̃]. *n. m.* (mil. XXᵉ; de *gyro-*, et *avion*). *Techn.* Appareil volant dont la sustentation est assurée par des voilures tournantes. V. **Hélicoptère, girodyne.**

GIRELLE [ʒiʀɛl]. *n. f.* (1562; du prov. *gir* « tournoiement », lat. *gyrus* « cercle, tour »). Petit poisson des mers chaudes. « *La girelle à baudrier d'azur* » (COLETTE).

GIRIE [ʒiʀi]. *n. f.* (1790; a. fr. *girer* « tourner »; lat. *gyrare*). *Fam.* et *vieilli.* Plainte affectée. V. **Jérémiade.** « *Elle malade? Mais c'est des giries* » (BALZ.). Manière affectée. V. **Chichi.**

GIRL [gœʀl]. *n. f.* (déb. XXᵉ; angl. *girl* « fille, jeune fille »). Jeune danseuse de music-hall faisant partie d'une troupe, d'un ensemble chorégraphique. « *Cinquante girls... lèvent la jambe* » (DUHAM.).

GIRODYNE [ʒiʀɔdin]. *n. m.* (mil. XXᵉ; de *gyro-*, et gr. *dunamis* « force »). *Techn.* Giravion* dont la propulsion n'est pas assurée par les voilures tournantes destinées à la sustentation.

GIROFLE [ʒiʀɔfl(ə)]. *n. m.* (*Girofre*, 1190; lat. *caryophyllon*, mot gr.). Bouton des fleurs du giroflier, ayant la forme d'un clou à tête utilisé comme épice, dit plus souvent *clou de girofle.*

GIROFLÉE [ʒiʀɔfle]. *n. f.* (1393; de *girofle*, parce qu'elle a l'odeur des clous de girofle). Plante herbacée, à fleurs jaunes ou rousses très odorantes. *Variétés de giroflées*, de couleurs diverses. V. **Matthiole, quarantaine, ravenelle, violier.** ◇ Fig. et fam. *Giroflée à cinq feuilles*, marque des cinq doigts laissée par une gifle. *Par ext.* V. **Gifle.**

GIROFLIER [ʒiʀɔflije]. *n. m.* (1372; de *girofle*). Arbre exotique de grande taille *(Myrtacées)* fournissant les clous de girofle.

GIROLLE [ʒiʀɔl]. *n. f.* (1513; probabl. de *girer* « tourner »). Chanterelle comestible, champignon jaune très apprécié. *Poulet aux girolles.*

GIRON [ʒiʀɔ̃]. *n. m.* (déb. XIIᵉ, frq. °*goiro* « pièce d'étoffe en pointe »). ♦ 1° *Ancienn.* Pan de vêtement taillé en pointe, et spécialt. Pan du vêtement allant de la ceinture aux genoux. ◇ *Mod.* (XIIᵉ) Partie du corps allant de la ceinture aux genoux, chez une personne assise. « *La petite déjà blottie dans son giron* » (BALZ.). ♦ 2° *Fig.* (Littér.). V. **Milieu, sein.** *Enfant élevé dans le giron maternel, le giron familial. Le giron de l'Église* : la communion des fidèles. ♦ 3° *Blas.* (XVIᵉ). Surface triangulaire dont la pointe aboutit au centre de l'écu. ♦ 4° *Techn.* (1676). Largeur de la marche d'un escalier. *Cette marche a vingt-cinq centimètres de giron. Marche à giron droit*, rectangulaire (opposé à marche de forme oblique des escaliers à vis). V. **Limon.** ⋄ HOM. **Girond.**

GIROND, ONDE [ʒiʀɔ̃, ɔ̃d]. *adj.* (1828, fém.; o. i.; p.-ê. dial., du lat. *gyrare*). *Pop.* Se dit d'une femme bien faite (et parfois d'un beau garçon). ◇ *Spécialt.* (par attract. de *rond*) Bien en chair. « *Elle est charmante la caissière. Un peu gironde, peut-être* » (ANOUILH). ⋄ HOM. **Giron.**

GIRONDIN, INE [ʒiʀɔ̃dɛ̃, in]. *adj.* et *n.* (1793; de *Gironde*). De la Gironde. *Le vignoble girondin.* ◇ *Spécialt.* S'est dit du parti qui se forma en 1791 autour de quelques députés de la Gironde. *Le parti girondin.* Par ext. *La politique girondine à tendance fédéraliste.* Subst. *Les Girondins et les Jacobins.*

GIRONNÉ, ÉE [ʒiʀɔne]. *adj.* (XIIᵉ; du rad. de *gyrare* « tourner »). *Blas. Marche gironnée*, d'un escalier tournant. — *Blas.* Divisé en girons de deux émaux alternés. *Écu gironné.*

GIROUETTE [ʒiʀwɛt]. *n. f.* (1509; a. norm. *wirewite*, croisé avec *girer*). ♦ 1° Plaque de métal qui, en tournant autour d'un axe vertical placé au sommet d'un édifice, indique, par son orientation, la direction du vent. *Girouette en forme de banderole, de flèche, de pennon, de coq. Girouette qui tourne à tous vents.* ♦ 2° *Fig.* Personne versatile qui change aisément d'avis, de sentiment. *Ne vous fiez pas à lui, c'est une girouette.* V. **Pantin.** — *Il change d'avis comme une girouette.*

GISANT, ANTE [ʒizɑ̃, ɑ̃t]. *adj.* et *n. m.* (1260; de *gésir*). ♦ 1° *Adj.* Qui gît (V. **Gésir**). Littér. « *Ces masses inertes qui restaient gisantes comme des cadavres* » (MICHELET). ♦ 2° *N. m.* (1930). Statue représentant un mort étendu. « *Une tombe de pierre sur laquelle étaient sculptés des gisants, un seigneur et sa dame* » (MAUROIS).

GISEMENT [ʒizmɑ̃]. *n. m.* (1200, « action de se coucher »; de *gésir*). ♦ 1° *Mar.* (1632). *Vx.* Situation d'une côte précisée par le calcul. — Angle que fait une direction avec l'axe d'un navire. ♦ 2° *Minér.* (1721). Disposition des couches de minéraux dans le sous-sol. *Un gisement continu, interrompu, horizontal, oblique.* V. **Veine.** ◇ *Cour.* Masse minérale importante, propre à l'exploitation. *Prospecter une contrée riche en gisements.* V. **Bassin, gîte.** *Découvrir un gisement pétrolifère, métallifère.* V. **Minerai.** *Un gisement d'or* (V. **Placer**), *de tourbe, de soufre.* ♦ 3° Emplacement où vivent les coquillages, en nombre suffisant pour permettre une exploitation coquillière. *Gisement* (ou banc) *d'huîtres* (opposé aux *parcs*).

GÎT. V. **GÉSIR.**

GITAN, ANE [ʒitɑ̃, an]. *n.* (1823; esp. *gitan, gitana* « tzigane »; lat. *Ægyptanus* « Égyptien »). ♦ 1° Bohémien, bohémienne d'Espagne. *Gitans de Camargue.* Adj. *Un flamenco gitan. Gitans et manouches*.* ♦ 2° GITANE. *n. f.* Cigarette noire d'une marque de la Régie française des tabacs. *Fumer une gitane.*

GÎTE [ʒit]. *n.* (1175; a. p. p. du v. *gésir*). **I.** *N. m.* ♦ 1° Lieu où l'on trouve à se loger, où l'on peut coucher. V. **Abri, demeure, logement, maison.** *Offrir le gîte et le couvert à qqn.* ♦ 2° Lieu où s'abrite le gibier, et spécialt. le lièvre. V. **Bauge, forme, refuge, repaire, retraite, tanière, terrier.** *Lever un lièvre au gîte.* ♦ 3° *Minér.* Dépôt de minerai contenant des gisements. *Gîte houiller, aurifère.* ♦ 4° (XIVᵉ). Partie inférieure de la cuisse du bœuf vendue en boucherie. *Gîte à la noix*, le morceau du gîte où se trouve la noix. *Gîte à l'os*, derrière le gîte. **II.** *N. f.* *Mar.* (XIXᵉ). ♦ 1° V. **Bande.** *Donner de la gîte.* V. **Giter.** ♦ 2° Lieu où s'est enfoncé un navire échoué. V. **Souille.**

GÎTER [ʒite]. *v.* (XIIIᵉ; de *gîte*). ♦ 1° V. intr. *Vx* ou *littér.* Avoir son gîte quelque part. V. **Coucher, demeurer, habiter, loger.** *Une auberge où gîter pour la nuit.* « *Le lièvre était gîté dessous un maître chou* » (LA FONT.). ♦ 2° V. intr. *Mar.* Donner de la gîte, s'incliner sur un bord. — Être échoué. *Le bateau gîte sur ce fond.* ♦ 3° V. tr. *(Vx).* Pourvoir d'un gîte. Pronom. « *J'ignore où il a été se gîter* » (ACAD.).

GITON [ʒitɔ̃]. *n. m.* (1714; du nom d'un personnage du *Satiricon* de Pétrone : *Gito*). Littér. Jeune homme entretenu par un homosexuel. V. **Mignon.**

GIVRAGE [ʒivʀaʒ]. *n. m.* (*Néol.*; de *givrer*). *Aviat.* Formation de givre sur les parties exposées (ailes, hélices) d'un avion.

GIVRE [ʒivʀ(ə)]. *n. m.* (1611; *joivre*, XVᵉ; mot prélat.). ♦ 1° Couche de glace extrêmement ténue et blanche, provenant de la cristallisation, par temps froid, au contact d'un corps solide exposé à l'air, des fines gouttelettes d'eau en surfusion (brouillards, nuages). V. **Frimas, gelée** (blanche). *Cristaux de givre.* « *Vallons que tapissait le givre du matin* » (LAMART.). *Ôter le givre qui se forme.* V. **Dégivrer.** ♦ 2° *Chim.* Cristaux blancs apparaissant à la surface d'un récipient en cas de refroidissement dû à l'évaporation d'un liquide ou à la détente d'un gaz. ◇ *Par ext.* Petits cristaux blancs de diverses substances qui se déposent sur certains fruits desséchés, sur la vanille, etc.

GIVRER [ʒivʀe]. *v. tr.* (*Givré*, 1845; de *givre*). Couvrir de givre. Adj. *Arbres givrés. Orange givrée*, orange remplie d'un sorbet à l'orange. — Pronom. Subir le phénomène du givrage. *Pare-brise, pales d'hélice qui se givrent.* ◇ Couvrir de quelque couche blanche que le givre. Adj. « *Frites givrées de sel* » (MART. du G.).

GIVREUX, EUSE [ʒivʀø, øz]. *adj.* (1829; de *givre*). *Techn.* (*Joaill.*). Qui présente une petite tache blanche (V. **Glace**) provenant de l'éclat fait par l'outil du lapidaire. *Pierres, diamants givreux.* V. **Glaceux.**

GIVRURE [ʒivʀyʀ]. *n. f.* (XVIIIᵉ; de *givreux*). *Techn.* Tache végétale, défaut de la pierre givreuse. V. **Glace.**

GLABELLE [glabɛl]. *n. f.* (1806; lat. *glabella*, dimin. de *glaber* « glabre »). *Anat.* Région, légèrement proéminente, comprise entre les deux sourcils.

GLABRE [glabʀ(ə)]. *adj.* (1545; lat. *glaber*). Dépourvu de poils (imberbe ou rasé). *Menton, visage glabre.* — *Bot.* Sans poils, sans duvet. *Tiges, feuilles, plantes glabres.* ⋄ ANT. *Barbu, cotonné, cotonneux, duveté, duveteux, poilu, velouté.*

GLAÇAGE [glasaʒ]. *n. m.* (1872; de *glacer*). Action de glacer (en polissant, en apprêtant). *Glaçage des étoffes, du papier, des épreuves photographiques.* V. **Lissage, lustrage, satinage.**

GLAÇANT, ANTE [glasɑ̃, ɑ̃t]. *adj.* (XVIIIᵉ; « glissant », XIIᵉ; de *glacer*). Qui glace. Vieilli (au sens propre) *Froid, vent glaçant.* V. **Glacial.** ◇ *Fig. Attitude, manières glaçantes.* V. **Froid, glacial; réfrigérant.**

GLACE [glas]. *n. f.* (1160; lat. pop. *glacia*, class. *glacies*). **I.** ♦ 1° Eau congelée (V. aussi **Givre, neige, verglas**). *Cours d'eau, lac recouvert d'une couche de glace.* V. **Embâcle.** *Patiner, glisser sur la glace. Mer de glace.* V. **Glacier.** *Casser la glace d'une fontaine. Froid comme la glace.* — Plur. *Morceau, bloc, masse de glace. Navire pris dans les glaces. Glaces de fond, flottantes.* V. **Banquise, iceberg.** [Au Canada]. *Pont de glace* : chemin de glace formé dans un cours d'eau, l'hiver, et utilisé pour passer en voiture d'une rive à l'autre. ◇ *Glace artificielle.* Fabrication de la glace. V. **Congélateur, frigorifique, réfrigérateur; froid.** *Barre, pain de glace, en glacière*. Rafraîchir une boisson avec de la glace.* V. **Glaçon.** ◇ *Loc. fig.* (Symbole de la froideur, de l'insensibilité) *Être de glace* : absolument insensible. *Un accueil de glace.* V. **Glacial.** *Rompre, briser la glace* : dissiper la gêne; faire cesser la contrainte dans un entretien, une entrevue, etc. *La glace est rompue.* ♦ 2° (1669). Boisson ou crème congelée et fon-

dante, parfumée aux diverses essences ou substances employées en confiserie. *Cornet de glace. Glace à la vanille, à la pistache, au café, au chocolat, à la fraise, pralinée, pana-chée.* V. **Cassate, liégeois, parfait, plombières, sorbet.** *Glaces de formes spéciales.* V. **Bombe, tranche** (napolitaine).
II. (1245). *Par anal.* d'aspect de I, 1°. ♦ 1° Plaque de verre ou de cristal employée à divers usages, selon qu'elle est ou non étamée. *Fabrication des glaces.* V. **Glacerie, miroiterie.** *Glaces sans tain.* V. **Vitre.** *Glace de vitrine, d'une porte. Bris de glaces.* ◇ Châssis vitré, vitre fixe ou mobile d'une voiture, d'une automobile. V. **Déflecteur, pare-brise.** *Baisser, lever les glaces. Glaces de sécurité,* faites avec du verre spécialement trempé qui ne se brise pas en éclats dangereux. ♦ 2° Grande plaque de verre à l'étain, au mercure, qui reflète les images. *Glace taillée, biseautée, de Venise, de Saint-Gobain. La galerie des Glaces,* au château de Versailles. *Glace au-dessus d'une cheminée.* V. **Trumeau.** *Glace ovale, articulée.* V. **Psyché.** *Armoire à glace. Se voir, se regarder dans une glace. — Par ext.* (fin XIXe) Toute espèce de miroir, même de petite dimension. V. **Miroir.** *Glace à main. Glace d'un poudrier.* ♦ 3° (1669). *Pâtiss.* Couche brillante et lisse comme un vernis, à base de sucre et de blanc d'œuf, dont on recouvre certains gâteaux, certaines confiseries (V. **Glacer**). *Appos. Sucre* glace.* ♦ 4° *Joaill.* Petite trace d'éclat sur une pierre précieuse. V. **Givrure.**
◇ HOM. *Glass.*

GLACÉ, ÉE [glase]. *adj.* (XIIe; V. **Glacer**). ♦ 1° Converti en glace. *Neige glacée.* V. **Gelé.** — *Crème glacée.* V. **Glace.** *Chocolat glacé.* V. **Esquimau.** ♦ 2° Très froid. *Eau, pluie glacée. Vent glacé.* « *Un air glacé les refoula dans le hall* » (CHARDONNE). *Chambre glacée.* V. **Glacial.** ◇ Refroidi par de la glace artificielle. *Orangeade glacée. Café glacé. Servir glacé.* ♦ 3° Très froid, qui n'est pas à la température normale du corps. *Avoir les mains, les pieds glacés.* V. **Gelé.** *Par ext. Être glacé,* avoir très froid. V. **Transi.** ♦ 4° *Fig.* Empreint d'une grande froideur. V. **Indifférent, hostile.** *Air glacé. Accueil glacé.* « *Une politesse glacée* » (LESAGE). ♦ 5° Recouvert d'une couche de surface transparente. *Fruits, marrons glacés.* ♦ 6° Qui a un apprêt brillant. *Col glacé. Tissu glacé. Gants en chevreau glacé. Papier glacé.* ◇ ANT. Fondu, brûlant; bouillant, chaleureux.

GLACER [glase]. *v. tr.*; conjug. *placer* (1160; en a. fr. aussi « glisser »; lat. *glaciare.* V. **Glace**). ♦ 1° *Rare.* Convertir (un liquide) en glace. V. **Congeler, geler.** *Pronom. Fleuves qui se glacent.* — *Fig.* et littér. *Glacer le sang* : saisir d'une émotion si forte que le sang paraît brusquement se figer. *Pronom.* « *Tout mon sang dans mes veines se glace* » (RAC.). ◇ Durcir sous l'effet d'un froid intense. ♦ 2° Rendre très froid. V. **Refroidir.** « *L'hiver a quitté la plaine Qu'hier il glaçait encor* » (HUGO). — Refroidir à la glace artificielle. *Glacer une boisson, du champagne.* V. **Frapper.** ♦ 3° *Cour.* Causer une vive sensation de froid, pénétrer d'un froid très vif. *Cette petite pluie fine me glace.* V. **Transir.** — *Poét.* Priver de la chaleur caractéristique de la jeunesse et de la vie. V. **Engourdir, refroidir.** *Quand l'âge nous glace.* ♦ 4° *Fig.* Paralyser, décourager par sa froideur ou quelque aspect rebutant. *Abord, attitude qui glace les gens.* V. **Glaçant, glacial, réfrigérant.** *Cet examinateur glace les candidats.* V. **Intimider.** « *Je glaçais les gens, par mon seul aspect* » (MAURIAC). ♦ 5° *Fig.* Frapper d'une émotion violente et profonde, qui cloue sur place. V. **Pétrifier.** *Ce hurlement dans la nuit les glaça d'horreur. Des choses si qui glaceront le cœur des plus braves d'une indicible épouvante !* » (COURTELINE). ♦ 6° (XVIIe). Revêtir d'un vernis lisse et brillant. — Couvrir d'une couche de sucre unie et transparente. *Glacer des mille-feuilles.* ◇ *Techn.* Garnir d'un apprêt, d'un enduit. V. **Calandrer, cirer.** *Glacer des étoffes, un plastron, des peaux.* — *Peint.* Revêtir d'une couleur brillante et transparente (une couleur déjà sèche). V. **Glacis (2).** ◇ ANT. Dégeler, fondre; brûler, chauffer, échauffer, réchauffer; attirer, émouvoir, encourager, enivrer, enthousiasmer, exciter.

GLACERIE [glasʀi]. *n. f.* (1765; de *glace*). Industrie ou commerce des glaces de verre. ◇ Manufacture de glaces.

GLACEUR [glasœʀ]. *n. m.* (1829; de *glacer*). *Techn.* Ouvrier employé au glaçage.

GLACEUX, EUSE [glasø, øz]. *adj.* (1400; de *glacer*). *Techn.* (*Joaill.*). Qui présente des glaces. *Diamant glaceux.* V. **Givreux.**

GLACIAIRE [glasjɛʀ]. *adj.* (1866; du lat. *glacies*). Propre aux glaciers. *Calotte, relief, érosion glaciaire. Vallées* (ou *auges*) *glaciaires* (V. **Fjord**). — (1872). *Géol. Période glaciaire* : période consécutive à un abaissement considérable de la température atmosphérique et caractérisée par l'extension des glaciers sur d'immenses étendues. V. **Glaciation** (*ex.* : le pléistocène). *Régime glaciaire* (d'un cours d'eau), qui dépend de la fonte des glaciers. ◇ HOM. *Glacière.*

GLACIAL, ALE, ALS ou **AUX** [glasjal, o] (plur. rare). *adj.* (v. 1390; lat. *glacialis*, de *glacies*. V. **Glace**). ♦ 1° Qui a la température de la glace, qui pénètre d'un froid très vif.

Air, vent glacial. Nuit glaciale d'hiver. — *Zone glaciale,* entre le cercle polaire et le pôle. *Océan glacial.* ♦ 2° *Fig.* D'une froideur qui glace, rebute, paralyse. V. **Glaçant.** *Un accueil glacial.* V. **Dur, froid, hautain, sec.** *Un homme glacial.* V. **Glace** (de), **marbre** (de); **imperturbable, insensible.** « *Un silence glacial accueillit cette lecture* » (BENOIT). — *Adv.* (*Rare*) GLACIALEMENT [glasjalmɑ̃]. ◇ ANT. Ardent, brûlant, chaud; accueillant, chaleureux, enthousiaste, sensible.

GLACIATION [glasjasjɔ̃]. *n. f.* (1560; de *glacer*). ♦ 1° Action de transformer, de se transformer en glace. ♦ 2° *Géol.* Formation particulière des périodes glaciaires; période pendant laquelle une région a été recouverte par les glaces.

1. GLACIER [glasje]. *n. m.* (1322, région; répandu XVIIIe; de *glace*). Champ de glace éternelle, formé par l'accumulation d'épaisses couches de neige que la pression due à leur propre poids transforme en glace. *Mouvement de descente des glaciers. Glaciers polaires* (inlandsis); *glaciers de montagne, en calotte ou encaissés. Cassure d'un glacier* : crevasse. *Érosion par les glaciers.* V. **Glaciaire.**

2. GLACIER [glasje]. *n. m.* (1757, « fabricant d'entremets »; de *glace*). ♦ 1° (1765). *Vx.* Fabricant, vendeur de glaces de verre. V. **Miroitier.** ♦ 2° (1803). *Mod.* Celui qui prépare ou débite des glaces, des sorbets. *Pâtissier-glacier.*

GLACIÈRE [glasjɛʀ]. *n. f.* (1640; de *glace*). ♦ 1° *Vx.* V. **Glacier** (1). ♦ 2° *Anciennt.* Cavité souterraine en maçonnerie dans laquelle on conservait la glace produite pendant l'hiver. — *Mod.* (1858) Sorte d'armoire hermétiquement close et tapissée de matières isolantes dans laquelle sont ménagés des récipients destinés à recevoir la glace qui entretient dans l'appareil une basse température favorable à la conservation des denrées. *Mettre un bloc de glace dans la glacière.* — *Abusivt.* Réfrigérateur. ♦ 3° *Fam.* Lieu extrêmement froid. *Cette chambre est une glacière, une vraie glacière.* ◇ ANT. (*fig.*) : Étuve, fournaise. — HOM. *Glaciaire.*

GLACIOLOGIE [glasjɔlɔʒi]. *n. f.* (v. 1900; de *glacio-* (glace), et *-logie*). *Sc.* Étude des glaciers; de la glace et des terres glaciaires (dans l'Arctique ou l'Antarctique).

GLACIOLOGIQUE [glasjɔlɔʒik]. *adj.* (XXe; de *glaciologie*). *Didact.* Relatif à la glaciologie. *Phénomènes glaciologiques.*

GLACIOLOGUE [glasjɔlɔg]. *n.* (mil. XXe; *glaciologiste,* v. 1900; *glaciériste,* 1878; du précéd., suff. *-logue*). *Sc.* Spécialiste de la glaciologie.

1. GLACIS [glasi]. *n. m.* (1421; de *glacer*, au sens anc. de « glisser »). ♦ 1° Talus incliné qui s'étend en avant d'une fortification. — *Fig. Pol.* Zone protectrice formée par les États satellites de l'U.R.S.S. ♦ 2° *Géol.* Surface d'érosion, en pente. ♦ 3° *Archit.* Pente donnée à la saillie d'une corniche, d'un cimaise pour l'écoulement des eaux.

2. GLACIS [glasi]. *n. m.* (1757; de *glacer*). Mince couche de couleur, transparente comme une glace, qu'on étend sur des couleurs déjà sèches pour en harmoniser les teintes et leur donner plus d'éclat. *Étendre, poser les glacis.* V. **Glacer.**

GLAÇON [glasɔ̃]. *n. m.* (1160; de *glace*). ♦ 1° Morceau de glace. *La rivière charrie des glaçons. Froid comme un glaçon.* — Petit cube de glace artificielle. *Mettre un glaçon dans son verre.* ♦ 2° *Fig.* et *fam.* Personne froide, surtout en amour. *C'est un vrai glaçon.*

GLAÇURE [glasyʀ]. *n. f.* (1771; all. *Glasur* « vernis de la porcelaine », d'apr. *glacer*). *Techn.* Enduit ou préparation qui donne à certaines matières un aspect vitrifié ou glacé.

GLADIATEUR [gladjatœʀ]. *n. m.* (XIIIe; lat. *gladiator* « qui combat avec le glaive »). Homme qui combattait dans les jeux du cirque, à Rome. V. **Belluaire, bestiaire, mirmillon, rétiaire.** *Combat de gladiateurs dans l'arène* (hoplomachie). « *Spartacus, un esclave, un vil gladiateur* » (RAC.).

GLAÏEUL [glajœl]. *n. m.* (XIIIe; lat. *gladiolus,* dimin. de *gladius* « glaive »). Plante (*Iridacées*) à feuilles longues et pointues, à hampe florale droite portant de grandes fleurs décoratives en épi. *Par ext.* La fleur coupée. *Gerbe de glaïeuls.*

GLAIRE [glɛʀ]. *n. f.* (XIIe; lat. pop. °*claria,* de *clarus* « clair »). ♦ 1° Blanc d'œuf cru. *Séparer la glaire et le jaune d'œuf.* ♦ 2° (XVIIe). Matière visqueuse plus consistante que le mucus que sécrètent les muqueuses dans certains états pathologiques.

GLAIRER [glɛʀe]. *v. tr.* (1680; de *glaire*). *Techn.* Frotter de blanc d'œuf (cuir ou glairure) la couverture d'un livre pour lui donner un lustre.

GLAIREUX, EUSE [glɛʀø, øz]. *adj.* (XIIIe; de *glaire*). Qui a la nature ou l'aspect de la glaire; visqueux et clair.

GLAIRURE [glɛʀyʀ]. *n. f.* (1819; de *glairer*). *Techn.* Blanc d'œuf mélangé d'alcool dont on frotte la reliure d'un livre pour lui donner le lustre.

GLAISE [glɛz]. *n. f.* (XIIe; gaul. *gliso*). Terre grasse compacte et plastique, imperméable. V. **Argile, marne.** *Carrière de glaise.* V. **Glaisière.** *Ébauche en glaise d'une statue.* Adj. *Cahute de terre glaise.*

GLAISER [glɛze]. *v. tr.* (1690; de *glaise*). *Techn.* ♦ 1° Enduire de glaise. *Glaiser un bassin.* ♦ 2° Amender un sol en y mêlant de la glaise. *Glaiser un champ, une terre.*

GLAISEUX, EUSE [glɛzø, øz]. *adj.* (XIIᵉ; de *glaise*). *Techn., Agric.* Qui est de la nature de la terre glaise, qui contient de la glaise. *Sol glaiseux.* — *Subst. Péj.* Paysan.

GLAISIÈRE [glɛzjɛʀ]. *n. f.* (1762; de *glaise*). *Techn.* Terrain d'où l'on tire de la glaise.

GLAIVE [glɛv]. *n. m.* (1160; *gladie*, Xᵉ; lat. *gladius*). ♦ 1° *Ancienn.* Épée de combat à deux tranchants, pour frapper d'estoc et de taille. *Gladiateur combattant avec le glaive.* ♦ 2° *Vx* ou *littér.* V. Épée. Symbole de la guerre, de la justice divine, de la justice. *Le glaive de la loi.*

GLANAGE [glanaʒ]. *n. m.* (1596; de *glaner*). Action de glaner.

GLAND [glɑ̃]. *n. m.* (XIᵉ; lat. *glans, glandis* (au sens 1°). ♦ 1° Fruit du chêne, akène contenant une graine, enveloppé à sa base dans une cupule. *Ramasser des glands pour les cochons.* ♦ 2° (1538). Extrémité antérieure de la verge. ♦ 3° (XIVᵉ). Morceau de bois, de métal, de verroterie ayant la forme du gland. — Ouvrage tressé ayant la forme d'un gland, souvent orné de houppes ou de franges. *Glands de cordelière, de coussin. Gland de soie, d'or. Glands du poêle,* terminant les cordons accrochés aux quatre coins d'un corbillard.

GLANDAGE [glɑ̃daʒ]. *n. m.* (1443, a. prov.; de *gland*). *Agric.* Lieu où l'on recueille les glands. *Ancienn.* Droit de ramasser les glands ou droit de glandée.

GLANDE [glɑ̃d]. *n. f.* (*Glandre*, XIIIᵉ; lat. méd. *glandula*, de *glans* « gland »). ♦ 1° Organe dont la fonction est de produire une sécrétion. *Glandes salivaires, mammaires, sudoripares.* — *Glandes ouvertes* ou *exocrines*, déversant à l'extérieur leurs produits (lait, larme, mucus, pituite, sébum, salive). *Glandes endocrines*, à sécrétion interne (*glande pituitaire* ou *hypophyse*, *glandes* ou *capsules surrénales, glande* ou *corps thyroïde*, thymus. V. **Hormone**). — *Glandes mixtes, endocrines et exocrines* : foie, pancréas, testicule; ovaire. *Glandes génitales, reproductrices, sexuelles* : gonade, ovaire, testicule. *Usage médical des extraits de glandes.* V. **Opothérapie.** *Tumeur d'une glande.* V. **Adénome.** ♦ 2° *Cour.* Ganglion lymphatique, et *par ext.*, engorgement, inflammation de ganglions lymphatiques (V. **Adénite**). *Cet enfant a des glandes (Syn.* GANGLIONS).

GLANDÉE [glɑ̃de]. *n. f.* (v. 1500; de *gland*). *Agric.* Récolte de glands.

GLANDER [glɑ̃de]. *v. intr.* (1941; de *gland* « sot », par raillerie). *Pop.* Ne rien faire, perdre son temps. (On dit aussi *glandouiller*).

GLANDULAIRE [glɑ̃dylɛʀ]. *adj.* (1611; de *glandule*). ♦ 1° Qui a la nature ou la forme d'une glande. Syn. *Glanduleux.* ♦ 2° Qui a rapport aux glandes. *Troubles glandulaires.*

GLANDULE [glɑ̃dyl]. *n. f.* (1478; de *glande*). *Méd.* Petite glande. V. **Parathyroïde.**

GLANDULEUX, EUSE [glɑ̃dylø, øz]. *adj.* (1314; lat. *glandulosus*. V. **Glande**). Glandulaire.

GLANE [glan]. *n. f.* (fin XIIIᵉ; de *glaner*). ♦ 1° *Vx* ou *région.* Poignée d'épis glanés. ◇ *Par ext. Glane d'oignons,* chapelet d'oignons attachés ensemble. ♦ 2° *Agric.* Action de glaner. *Droit de glane.*

GLANER [glane]. *v. tr.* (XVIᵉ; *glener*, XIIIᵉ; bas lat. *glenare,* mot gaul.). ♦ 1° Ramasser dans les champs, après la moisson, les épis qui ont échappé aux moissonneurs. *Glaner quelques épis.* — *Par ext. Glaner un champ. Absolt. Trouver à glaner.* ♦ 2° *Fig.* Recueillir par-ci par-là des bribes dont on peut tirer parti. V. **Butiner, grappiller.** « *Tout est dit... l'on ne fait que glaner après les anciens* » (LA BRUY.). *Il n'y a plus rien à glaner.*

GLANEUR, EUSE [glanœʀ, øz]. *n.* (XIIIᵉ; de *glaner*). Personne qui glane. *Les Glaneuses,* tableau de J.-F. Millet.

GLANURE [glanyʀ]. *n. f.* (XVIᵉ; de *glaner*). *Agric., Didact.* ♦ 1° Ce que l'on glane. ♦ 2° *Fig.* Ce que l'on recueille dans un domaine déjà exploité. V. **Glaner** (2°). ◇ *Spécialt.* Courte note sur un sujet scientifique.

GLAPIR [glapiʀ]. *v. intr.* (v. 1200; altér. de *glatir,* d'apr. *japper*). ♦ 1° Se dit des animaux qui poussent un cri (aboi, etc.) bref et aigu, le lapin, l'épervier, la grue glapissent. *Petit chien qui glapit.* ♦ 2° (*Personnes*). Faire entendre une voix aigre, des cris aigus. *Trans. Glapir des injures.* (*Choses*) « *Un phonographe glapissait dans un cabaret borgne* » (MART. du G.).

GLAPISSANT, ANTE [glapisɑ̃, ɑ̃t]. *adj.* (1665; de *glapir*). Qui glapit. *Animal, personnage glapissant.* V. **Criard.** « *Sa voix glapissante déchirait le tympan* » (BALZ.).

GLAPISSEMENT [glapismɑ̃]. *n. m.* (1538; de *glapir*). Cri aigu de certains animaux. *Le glapissement du renard, du chacal.* — (*Personnes*) *Il poussait des glapissements.*

GLARÉOLE [glaʀeɔl]. *n. f.* (1795; lat. sc. *glareola,* de *glarea* « gravier »). Petit oiseau échassier vivant en colonies sur les grèves, dans les marais, nommé communément *hirondelle des marais, perdrix de mer.*

GLAS [glɑ]. *n. m.* (1564; *clas,* XIVᵉ; « sonnerie de trom-*

pette* », déb. XIIᵉ; lat. médiév. °*classum,* class. *classicum* « sonnerie de trompette »). Tintement d'une cloche d'église pour annoncer l'agonie, la mort ou les obsèques d'une personne. *Sonner le glas.* « *Des glas noirs, lugubres, dont les notes tombaient une à une comme des larmes* » (DAUD.). ◇ *Fig. Sonner le glas d'une espérance, d'une institution, d'une mode* : annoncer leur fin, leur ruine. « *Montaigne sonne le glas de la Renaissance* » (BRUNSCHVICG).

GLASS [glas]. *n. m.* (1628; all. *Glass.,* repris à l'angl., 1891). *Arg.* Verre à boire. *Payer un glass.* ◇ HOM. Glace.

GLATIR [glatiʀ]. *v. intr.* (1080; lat. *glattire* « japper »). *Vx.* V. **Glapir.** ◇ *Mod.* (*Rare*) Crier, en parlant de l'aigle.

GLAUCOME [glokom]. *n. m.* (1649; lat. *glaucoma,* mot gr.). *Méd.* Maladie de l'œil caractérisée par une augmentation de la pression intra-oculaire qui accroît la dureté du globe, et détermine une compression du nerf optique compliquée d'une diminution de l'acuité visuelle. *Glaucome infantile, traumatique.* — *Adj.* GLAUCOMATEUX, EUSE [glokomatø, øz].

GLAUQUE [glok]. *adj.* (1503; lat. *glaucus*). D'un vert qui rappelle l'eau de mer. V. **Verdâtre.** *Mer glauque.* « *L'amère senteur des glauques goémons* » (HUGO).

GLAVIOT [glavjo]. *n. m.* (1866; altér., probabl. d'après *glaire,* de *claviot* [1808], de la famille de *clavus* « clou »; Cf. Clavelée). *Pop.* Crachat.

GLÈBE [glɛb]. *n. f.* (XVᵉ; lat. *gleba*). ♦ 1° *Vx.* Motte de terre. ♦ 2° *Littér.* Champ; sol cultivé. « *Pas un corbeau ne picorait la glèbe* » (BOSCO). ◇ *Féod.* Fonds de terre avec ses serfs attachés à la terre qu'ils doivent cultiver. *Serfs attachés à la glèbe.*

GLÉCHOME ou **GLÉCOME** [glekom]. *n. m.* (1839; lat. sc. *glechoma,* du gr. *glêkhon* « pouliot »). *Bot.* Plante à tiges rampantes, communément appelée *lierre terrestre, herbe de la Saint-Jean.*

1. GLÈNE [glɛn]. *n. f.* (1560; gr. *glênê*). *Anat.* Cavité arrondie d'un os dans laquelle s'emboîte un autre os (V. **Glénoïde**).

2. GLÈNE [glɛn]. *n. f.* (1786; prov. *gleno*). *Mar.* Portion de cordage pliée sur elle-même.

GLÉNER [glene]. *v. tr.; conj. céder* (1865; de *glène* 2). *Mar.* Lover un cordage.

GLÉNOÏDE [glenɔid]. *adj.* (1541; de *glène* 1, et -*oïde*). *Anat.* Se dit de toute cavité arrondie recevant un condyle (V. **Articulation**). *Cavité glénoïde de l'omoplate,* où s'emboîte le condyle huméral.

GLIOME [glijom]. *n. m.* (1869; lat. mod. *glioma* (v. 1870), du gr. *glia* « glu », suff. -*ome*). *Pathol.* Tumeur constituée par la prolifération du tissu conjonctif de soutien d'une structure nerveuse (*spécialt.* au niveau du cerveau).

GLISSADE [glisad]. *n. f.* (1553; de *glisser*). Action de glisser; mouvement que l'on fait en glissant. *Faire des glissades sur la glace.* ◇ *Pas de danse* qui consiste à passer lentement le pied devant soi, à gauche ou à droite, en frôlant le sol. V. **Glissé.** *Glissade battue, emboîtée.* ◇ (XXᵉ) Manœuvre acrobatique (avion). *Amorcer une glissade.*

GLISSAGE [glisaʒ]. *n. m.* (1866; de *glisser*). Opération consistant à faire descendre, le long des pentes, les bois abattus. V. **Schlittage.**

GLISSANT, ANTE [glisɑ̃, ɑ̃t]. *adj.* (v. 1370; de *glisser*). ♦ 1° Où l'on glisse facilement. *Spécialt. Pavé glissant. Chaussée glissante.* — *Fig. Terrain glissant, pente glissante* : chose, affaire, circonstance qui mène à un danger. V. **Dangereux, hasardeux.** « *Vous allez à la cour; c'est un terrain glissant aujourd'hui* » (VIGNY). ♦ 2° Qui glisse facilement entre les mains ou la peau d'un autre corps. *Poisson glissant qui échappe des mains.* « *Ramuntcho trouve... ce tronc d'arbre mouillé, glissant et rond* » (LOTI). ♦ 3° *Math. Vecteur glissant.* V. **Glisser** (II, 1°).

GLISSÉ, ÉE [glise]. *adj.* (1752; V. **Glisser**). *Danse. Un pas glissé. Subst. Un glissé.* V. **Glissade;** *coulé.*

GLISSEMENT [glismɑ̃]. *n. m.* (1360; de *glisser*). ♦ 1° Action de glisser, mouvement de ce qui glisse. *Glissement d'un traîneau sur la neige, d'un rideau le long de sa tringle.* ◇ *Par ext.* Bruit de ce qui glisse. « *Nous avons entendu le glissement d'une auto qui passait* » (CAMUS). ◇ *Mécan.* Frottement de glissement. *Faciliter le glissement des pièces d'une machine au moyen d'un lubrifiant.* — *Géol. Glissement vertical le long d'un plan de faille.* V. **Affaissement.** *Cour. Glissement de terrain* : déplacement plus ou moins lent des couches superficielles de l'écorce terrestre. ♦ 2° *Fig.* Action de tendre progressivement et insensiblement vers qqch. V. **Évolution.** *Mot qui change de sens par glissement d'une idée à une autre (glissement de sens). Le résultat des élections marque un léger glissement à gauche.*

GLISSER [glise]. *v.* (*Glicier,* 1190; altér. a. fr. *glier,* frq. °*glidan,* par infl. de *glacer*).

I. *V. intr.* ♦ 1° Se déplacer d'un mouvement continu, volontaire ou non, sur une surface lisse ou le long d'un autre corps, par une impulsion donnée. *Glisser sur une pente raide.*

Glisser sur la glace avec des patins (V. **Patiner**), *sur la neige avec des skis* (V. **Skier**). *Glisser sur un parquet ciré, sur une peau de banane.* « *Dans la rue les plus dignes sont ceux qui viennent de glisser sur du crottin* » (GIRAUDOUX). *Son pied a glissé.* — *Voiture qui glisse sur le verglas.* V. **Déraper**. — *Curseur qui glisse dans sa coulisse.* V. **Coulisser**. — *Glisser des mains.* V. **Échapper, tomber**. *Savon qui glisse des mains. Le verre m'a glissé des mains.* ◇ Fig. *Glisser entre les doigts comme une couleuvre, un poisson.* V. **Filer**. ♦ 2° Avancer comme en glissant. *Cygne, embarcation qui glisse au fil de l'eau.* « *Un ciel immense où glissent les nuages* » (BARRÈS). ◇ *Par métaph.* Passer doucement, graduellement, insensiblement. *La majorité gouvernementale glisse vers la droite.* « *Plus d'un écrivain glisse à la morale* » (PAULHAN). ♦ 3° Fig. Se laisser aller. V. **Abandonner** (s'). « *Glissez, mortels, n'appuyez pas* » (P.-Ch. ROY). ◇ Ne faire qu'une impression faible ou nulle sur qqn. *Un être sur qui tout glisse.* V. **Indifférent, insensible**. *Les injures glissent sur eux.*
II. *V. tr.* Faire passer, introduire adroitement ou furtivement (qqch.). V. **Insinuer, passer**. *Glisser un levier sous une pierre.* V. **Engager**. *Glisser du courrier sous la porte de qqn; un billet dans une enveloppe.* « *Au revoir, Madame*, dit *Daniel* en glissant un billet dans la main de la vieille » (SARTRE). ◇ Fig. *Glisser un mot à l'oreille de qqn.* V. **Dire**. *Tâche de lui glisser cela.*
III. SE GLISSER. *v. pron.* Passer, pénétrer adroitement ou subrepticement quelque part. V. **Couler** (se), **faufiler** (se), **insinuer** (s'), **introduire** (s'). *Se glisser dans des draps, sous une clôture.* « *Elle s'était glissée derrière un mur* » (GIONO). ◇ Fig. *Un soupçon s'était glissé en moi. Une erreur qui s'est glissée dans un texte.* — Impers. *Il s'est glissé quelques fautes dans l'impression de ce livre.*
◈ ANT. *Approfondir, appuyer, enfoncer, frotter, insister.*

GLISSEUR, EUSE [glisœr, øz]. *n.* (1636; de *glisser*). I. *Rare.* Personne qui glisse sur la glace. II. *N. m.* (Didact.). ♦ 1° Math. (1930). Vecteur glissant, qui se déplace sur son support. *Ensemble de glisseurs.* V. **Torseur**. ♦ 2° Technol. Dispositif permettant le glissement de certains véhicules. V. **Aéroglisseur, hydroglisseur**.

GLISSIÈRE [glisjɛr]. *n. f.* (1866; de *glisser*). Pièce métallique retenant par une rainure une autre pièce que le mouvement ferait dévier. *Fermeture à glissière.* V. **Coulisse**. Mécan. *Glissière de la tige du piston dans une machine à vapeur.* V. **Guide**. *Glissière de sécurité*, bordure métallique le long d'une route, d'une autoroute.

GLISSOIR [gliswar]. *n. m.* (1636; de glisser). Techn. ♦ 1° Petit coulant mobile où passe une chaîne. ♦ 2° Couloir ménagé sur le versant d'une montagne pour l'opération du glissage. ◇ HOM. *Glissoire.*

GLISSOIRE [gliswar]. *n. f.* (1608; « conduit pour écouler l'eau », 1308; de *glisser*). Sentier frayé sur la glace où les enfants s'amusent à glisser. V. **Glissade**. ◇ HOM. *Glissoir.*

GLOBAL, ALE, AUX [global, o]. *adj.* (1864; de *globe* (fig.), « masse totale »). V. **Englober**. Qui s'applique à un ensemble, qui est pris en bloc. (V. **Molaire**). *Revenu global.* V. **Entier, total**. *Somme globale.* ◇ Pédag. *Méthode globale*, méthode de lecture consistant à faire reconnaître aux enfants l'ensemble du mot avant d'en analyser les éléments. ◈ ANT. *Partiel.*

GLOBALEMENT [globalmã]. *adv.* (1842; de *global*). D'une manière globale, dans son ensemble. V. **Bloc** (en). ◈ ANT. *Détail* (en).

GLOBALISER [globalize]. *v. tr.* (1965; de *global*). Prendre, présenter en bloc, d'une manière globale. « *Globaliser les revendications* » (*Le Monde*, 1966).

GLOBALISME [globalism(ə)]. *n. m.* (XXᵉ; de [méthode] globale). Didact. ♦ 1° Méthode globale*, pour l'apprentissage de la lecture. ♦ 2° Philo. Doctrine d'après laquelle un tout composé a des propriétés que les composants n'ont pas. V. **Structuralisme**.

GLOBE [glob]. *n. m.* (XIVᵉ; lat. *globus*). Corps sphérique ou sphéroïdal. ♦ 1° Boule, sphère. *Le centre, le diamètre d'un globe. Petit globe.* V. **Globule** (1°). Littér. *Le globe d'un sein.* — Anat. *Globe de l'œil, globe oculaire.* V. **Œil**. ♦ 2° En parlant des astres. Vieilli. *Le globe du Soleil, de la Lune. Globe de feu* : météore. — Mod. *Globe terrestre.* V. **Terre**. *Formation du globe terrestre.* — Absolt. *Le globe. Bouleversements, cataclysmes qui ont modifié la surface du globe. Moitié du globe.* V. **Hémisphère**. *Une partie, une région du globe : la surface terrestre. Voyageur qui parcourt le globe.* V. **Globe-trotter**. *Carte du globe.* V. **Mappemonde, planisphère**. ♦ 3° Sphère matérielle représentant le globe terrestre, le globe céleste. V. **Armillaire** (sphère). « *Un globe terrestre de verre, éclairé intérieurement et qui tournait avec lenteur* » (BOSCO). ♦ 4° Sphère ou demi-sphère creuse de verre, de cristal. *Globe d'un luminaire.* « *Et tombant des globes laiteux, une lumière de sacristie* » (ROMAINS). *Globe électrique. Pendule, couronne de mariée sous globe.* Fig. *Mettre sous globe* (une personne, une chose) : tenir à l'abri de tout danger. *C'est à mettre sous globe* : à conserver soigneusement (*iron.*).

GLOBE-TROTTER [globtrotœr]. *n. m.* (1898; mot angl.; de *globe*, et *trotter* « coureur »). Voyageur qui parcourt le monde. Par appos. *Des journalistes globe-trotters.*

GLOBIGÉRINE [globiʒerin]. *n. f.* (1872; lat. *globus*, et *gerere* « porter »). Sc. Protozoaire *(Foraminifères)* pélagique, dont les coquilles constituent des dépôts calcaires (*Boue à globigérine*).

GLOBINE [globin]. *n. f.* (1901; de [hémo]*globine*, *globuline*). Biochim. Protéine formée de plusieurs polypeptides et entrant dans la composition de l'hémoglobine du sang.

GLOBULAIRE [globylɛr]. *adj. et n.* (1679, « composé de globules »; de *globule*). ♦ 1° *Adj.* Qui a la forme d'un globe, d'une sphère. *Masses globulaires.* ◇ Qui concerne les globules (2°). *Numération globulaire.* ♦ 2° *N. f.* (1694). Plante dicotylédone fournissant une décoction purgative (séné des Provençaux). *Les globulaires ont des fleurs réunies en capitules globuleux.*

GLOBULE [globyl]. *n. m.* (déb. XVIIᵉ; lat. *globulus*, dimin. de *globus*. V. **Globe**). ♦ 1° *Vx.* Corpuscule sphérique ou sphéroïde. V. **Boulette, grain**. *Des globules de mercure, d'eau, d'air.* V. **Bulle**. ♦ 2° (1860). Mod. Élément qui se trouve en suspension dans certains liquides organiques. *Globules de la lymphe, du lait. Globules du sang, globules sanguins* ou « éléments figurés du sang ». *Globules rouges* (V. **Hématie**), *blancs* (V. **Leucocyte**). V. aussi **Plaquette**. *Les globules rouges adultes sont privés de noyau, les globules blancs sont des cellules complètes. Matière colorante des globules rouges.* V. **Oxyhémoglobine**. *Le foie détruit les vieux globules rouges. Antitoxines élaborés par les globules blancs.* ♦ 3° Biol. (1897). *Globules polaires* : chacune des deux petites masses sphériques expulsées par les ovocytes pour former, par réduction des chromosomes, le gamète femelle. ♦ 4° Pharm. Petite pilule.

GLOBULEUX, EUSE [globylø, øz]. *adj.* (1611; de *globule*). ♦ 1° Qui a la forme d'un globule, d'un petit globe. V. **Globulaire**. ♦ 2° *Œil globuleux*, dont le globe est saillant. *L'œil globuleux d'une grenouille.*

GLOBULINE [globylin]. *n. f.* (1845; de *globule*). Biochim. Toute protéine de poids moléculaire très élevé, généralement insoluble dans l'eau. *Globulines du sérum sanguin. Le fibrogène, la myosine sont des globulines.*

GLOCKENSPIEL [glokɛnʃpil]. *n. m.* (1872; mot all. « jeu de cloches »). Mus. Instrument de percussion, sorte de carillon à main.

GLOIRE [glwar]. *n. f.* (XIIᵉ; *glorie*, XIᵉ; lat. *gloria*).
I. ♦ 1° Grande renommée répandue dans un très vaste public, et tenant à des mérites, des actions ou des œuvres jugés remarquables. V. **Célébrité, éclat, honneur, illustration, lustre, renom, renommée, réputation**, *Amour de la gloire.* V. **Ambition**. *Être avide de gloire. Se couvrir de gloire. Être couvert de gloire.* V. **Célèbre, glorieux**. « *À vaincre sans péril on triomphe sans gloire* » (CORN.). « *La gloire est le soleil des morts* » (BALZ.). *La gloire des grands hommes, des héros, des conquérants. Célébrer, vanter la gloire de qqn.* V. **Glorifier**. *Transmettre sa gloire à la postérité.* V. **Nom, renom**. ◇ Personnification de cette renommée. ◇ *Dire, publier qqch. à la gloire de qqn* : faire connaître qqch. qui lui fait gloire, honneur. *Poème à la gloire de.* V. **Éloge**. *Il faut dire à sa gloire.* ◇ En parlant des choses. *La gloire de son nom, de son pays. Cette mode est son heure de gloire.* ♦ 2° La *gloire de* : honneur acquis par une action, un mérite. *S'attribuer toute la gloire de qqch.* V. **Mérite**. « *C'est le bonheur de vivre qui fait la gloire de mourir* » (HUGO). — *Se faire gloire de*, se vanter d'une chose, en tirer orgueil, fierté. *Se faire gloire d'une mauvaise action.* ♦ 3° *Par ext.* Personne célèbre. V. **Célébrité**. *Il fut une des gloires de son pays, de son siècle.* « *Ton avenir, qui veut faire oublier tant de gloires présentes* » (SAND). *Une gloire consacrée, une fausse gloire.*
II. ♦ 1° *Vx* ou littér. Éclat prestigieux dont la grandeur est environnée. V. **Éclat, lustre, prestige, rayonnement, splendeur**. *La gloire de Carthage, de Rome. Nostalgie de la gloire passée.* ♦ 2° Relig. Splendeur des manifestations divines. *La gloire de Dieu.* V. **Majesté**. *Trône de gloire.* ♦ 3° Les hommages rendus à la divinité. *Rendre gloire à Dieu.* Ellipt. *Gloire à Dieu.* V. **Gloria**. ◇ Hommage de respect, d'admiration. « *Gloire à notre France éternelle* » (HUGO). — *Rendre gloire à qqn.* Fig. *Rendre gloire à la vérité, à la justice.* V. **Témoignage**. ♦ 4° Théol. La béatitude des élus. *Élévation à la gloire éternelle.* V. **Glorification, sainteté**. *Le séjour de gloire, la ville de gloire* : le paradis. *Couronne de gloire.* ♦ 5° Arts (XVIIIᵉ). Auréole enveloppant le corps du Christ (différent du nimbe). *Christ en gloire, au tympan d'une église romane, gothique.* — Représentation picturale du ciel, avec

des anges et des saints. *La « Gloire de Venise », du Tintoret.* — Faisceau de rayons divergents d'un triangle représentant la Trinité (style jésuite). ◇ *Fig.* et *littér.* V. **Auréole, nimbe.** *« Nous voyons le troupeau s'avancer dans une gloire de poussière »* (DAUD.).
◈ ANT. *Déshonneur, flétrissure (2), honte, humiliation, ignominie, infamie, obscurité, opprobre, turpitude.*

GLOME [glɔm]. *n. m.* (1878; lat. *glomus* « peloton, boule »). *Vétér.* Plaque cornée du sabot, chez les Solipèdes *(Équidés).*

GLOMÉRIS [glɔmeRis]. *n. m.* (1839; lat. *glomus, eris* « peloton »). *Zool.* Animal arthropode *(Myriapodes)* voisin du cloporte. *Le gloméris peut se rouler en boule.*

GLOMÉRULE [glɔmeRyl]. *n. m.* (1846; lat. mod. *glomerulus,* de *glomus*). *Didact.* Petit amas. *Bot.* Réunion compacte et irrégulière de fleurs, de fruits. V. **Inflorescence.** *Anat.* Peloton vasculaire, glandulaire ou nerveux. *Glomérules de Malpighi* (glomérules rénaux). *Glomérules sudoripares, olfactifs.* — Adj. GLOMÉRULAIRE [glɔmeRylɛR].

GLORIA [glɔRja]. *n. m. invar.* (1680; mot lat. « gloire »). ♦ 1° Hymne récitée ou chantée à la Messe, après le Kyrie, et qui commence par les mots *Gloria in excelsis Deo* (Gloire à Dieu). *Chanter un gloria, des gloria.* ♦ 2° (1817). *Fam.* et *vx.* Café mélangé d'eau-de-vie. *« Les tables noires sont poissées par les gloria »* (FLAUB.).

GLORIETTE [glɔRjɛt]. *n. f.* (XIIᵉ; « petite chambre, pavillon »; de *glorie.* V. **Gloire**). ♦ 1° Petit pavillon. *La gloriette du château de Schœnbrunn. Spécialt.* Pavillon de verdure, dans un jardin. V. **Tonnelle.** ♦ 2° (XIVᵉ). Grande cage à oiseaux, en forme de pavillon. V. **Volière.**

GLORIEUSEMENT [glɔRjøzmɑ̃]. *adv.* (XIIᵉ; de *glorieux*). D'une manière glorieuse, avec gloire. *Mourir glorieusement.* *« Des fautes glorieusement réparées »* (BOSS.). *« Finir glorieusement sa carrière »* (VOLT.). ◇ *Par ext.* V. **Splendidement.** *Nudité glorieusement étalée.*

GLORIEUX, EUSE [glɔRjø, øz]. *adj.* (*Glorius,* 1080; d'abord subst. en parlant de Dieu, des élus; lat. *gloriosus,* de *gloria.* V. **Gloire**). ♦ 1° Qui donne, procure la gloire; qui est plein de gloire *(choses).* V. **Célèbre, éclatant, fameux, illustre, magnifique, mémorable.** *Glorieux exploits. Nom glorieux. Histoire glorieuse d'un pays. Mort glorieuse.* — *Journée glorieuse.* Absolt. et subst. *Les trois Glorieuses :* les 27, 28 et 29 juillet 1830. ♦ 2° Qui s'est acquis, qui a de la gloire (surtout la gloire des armes). V. **Célèbre, fameux, illustre.** *Glorieux conquérant. Général glorieux.* — Subst. et rare. *« Les triomphants et les glorieux de ce monde »* (GIDE). V. **Célébrité, gloire, grand.** ♦ 3° *Vieilli.* Qui a le sentiment d'une gloire personnelle dont il tire orgueil. V. **Fier, orgueilleux.** — *Littér.* et *péj.* Qui a trop bonne opinion de lui-même, qui affecte des airs de supériorité. V. **Avantageux, fat, fier, présomptueux, suffisant, vaniteux.** *Glorieux de sa richesse, de son rang. Un air glorieux.* V. **Avantageux, important, suffisant.** ◇ Subst. et vx. *Un glorieux, une glorieuse. Faire le glorieux.* ♦ 4° *Relig.* Qui participe de la gloire (II) céleste. Subst. *Les glorieux.* V. **Élu, saint.** — *Théol. Corps glorieux,* les corps des bienheureux après la résurrection. ◈ ANT. *Avilissant, déshonorant, ignominieux, infamant, infâme, ignoré, obscur, méprisé.* Humble, modeste.

GLORIFICATEUR, TRICE [glɔRifikatœR, tRis]. *adj.* et *n.* (fin XVᵉ; n.; de *glorification*). *Littér.* Qui glorifie.

GLORIFICATION [glɔRifikasjɔ̃]. *n. f.* (1361; lat. ecclés. *glorificatio,* de *gloria.* V. **Gloire**). Action de glorifier; son résultat. V. **Apologie, célébration, exaltation, louange.** *« La représentation de l'homme illustre, la glorification du génie humain »* (GAUTIER). ◈ ANT. *Abaissement, avilissement.*

GLORIFIER [glɔRifje]. *v. tr.* (déb. XIIᵉ; lat. ecclés. *glorificare*). ♦ 1° Honorer (qqn, qqch.) en proclamant ses mérites, sa gloire. V. **Célébrer, exalter, louer, magnifier.** *On la glorifié à l'égal d'un dieu.* V. **Déifier, diviniser.** *Glorifier une victoire, une révolution. « Une pensée qui prône l'effort, qui glorifie l'effort »* (DUHAM.). V. **Vanter.** *Poème qui glorifie les actions, les hauts faits de qqn.* V. **Chanter.** ♦ 2° *Spécialt.* Rendre gloire à (Dieu). V. **Louer; bénir.** ♦ 3° Rendre plus beau. *« La lumière glorifie les objets »* (COLETTE). ♦ 4° SE GLORIFIER. *v. pron.* Se faire gloire, tirer gloire de. V. **Enorgueillir** (s') ; *flatter* (se), *louer* (se), *vanter* (se). ◈ ANT. *Avilir, déshonorer, humilier, rabaisser.*

GLORIOLE [glɔRjɔl]. *n. f.* (1753; créé par l'abbé de Saint-Pierre, mort en 1743; lat. *gloriola,* dimin. de *gloria*). Vaine gloire, vanité* qu'on tire de petites choses. V. **Orgueil.** *Afficher, étaler ses richesses par pure gloriole.* V. **Ostentation.** *« Ce mot de gloriole, si bien adapté à cette vanité puérile qui ne vit... que de la fumée la plus légère »* (D'ALEMB.). ◈ ANT. Humilité, simplicité.

GLOSE [gloz]. *n. f.* (XIIᵉ; bas lat. *glosa* « mot qui a besoin d'être expliqué », gr. *glôssa* « langue »). ♦ 1° Annotation d'un texte, au moyen d'un texte, pour expliquer un mot difficile, éclaircir un passage obscur. V. **Explication, interprétation, note.** *Glose marginale. Les gloses de Reichenau.*

◇ *Par ext.* Commentaire, note explicative. *Ces éditions « illustrées de notes, gloses et commentaires très savants »* (FRANCE). ♦ 2° Commentaire oiseux ou malveillant. *Les gloses des bavards, des commères.*

GLOSER [gloze]. *v. tr.* (XIIᵉ; de *glose*). ♦ 1° Expliquer par une glose, un commentaire. V. **Annoter, commenter.** ◇ *Intrans.* Se perdre en discussions, en vains discours à propos de tout. *Gloser sur un texte. « Nous glosions sur tout et coupions en quatre les plus ténus cheveux »* (GIDE). ♦ 2° *Fig.* Vieilli. V. **Critiquer.**

GLOSSAIRE [glɔsɛR]. *n. m.* (1664; *glosaire,* XVIᵉ; bas lat. *glossarium*). Dictionnaire qui donne l'explication de mots anciens ou mal connus. *Le Glossaire du bas latin de Du Cange.* ◇ Lexique d'une langue vivante, *spécialt.* d'un dialecte ou patois. ◇ Lexique d'un domaine spécialisé. V. **Micro-glossaire.** *Glossaire de génétique.*

GLOSSATEUR [glɔsatœR]. *n. m.* (1426; du lat. *glossa*). *Didact.* Auteur d'une glose ou d'un recueil de gloses. V. **Commentateur.**

-GLOSSE, GLOSS(O)-. Éléments, du gr. *glôssa* « langue ».

GLOSSINE [glɔsin]. *n. f.* (1872; du lat. sav.; gr. *glôssa*). *Zool.* Insecte diptère *(Muscidés),* dont le type est la mouche tsé-tsé.

GLOSSITE [glɔsit]. *n. f.* (1811; du gr. *glôssa,* et *-ite*). *Méd.* Inflammation de la langue.

GLOSSO-PHARYNGIEN, IENNE [glɔsɔfaRɛ̃ʒjɛ̃, jɛn], *adj.* (1747; de *glosso-,* et *pharyngien*). *Anat.* Relatif à la langue et au pharynx. *Nerf glosso-pharyngien.* — Subst. *Le glosso-pharyngien.*

GLOSSOTOMIE [glɔsɔtɔmi]. *n. f.* (1771; de *glosso-,* et *-tomie*). *Chir.* Incision de la langue.

GLOTTAL, ALE, AUX [glɔtal, o]. *adj.* (XXᵉ; de *glotte*). *Didact.* Qui est émis par la glotte.

GLOTTE [glɔt]. *n. f.* (1618; gr. *glôtta* « langue »). Orifice du larynx servant à l'émission de la voix. *Coup de glotte.* *« Un spasme de la glotte, désordre fugace, mais parfois dangereux »* (DUHAM.).

GLOTTIQUE [glɔtik]. *adj.* (1856; de *glotte*). *Didact.* Relatif à la glotte.

GLOUGLOU [gluglu]. *n. m.* (1628; onomat.). ♦ 1° *Fam.* Bruit que fait un liquide qui coule dans un conduit, d'un récipient, etc. *« Un glouglou de bouteille qui se vide »* (DORGELÈS). ♦ 2° Cri du dindon, de la dinde.

GLOUGLOUTER [gluglute]. *v. intr.* (1560; de *glouglou*). Produire un glouglou. *« La dinde glougloute d'orgueil »* (RENARD).

GLOUSSANT, ANTE [glusɑ̃, ɑ̃t]. *adj.* (XVIᵉ; de *glousser*). Qui fait un bruit de gloussement. *« Un petit rire gloussant »* (DUHAM.).

GLOUSSEMENT [glusmɑ̃]. *n. m.* (*Glocement,* XVᵉ; de *glousser*). ♦ 1° Cri de la poule, de la gélinotte. ♦ 2° Par anal. *Gloussements de satisfaction.* V. **Glousser** (2°).

GLOUSSER [gluse]. *v. intr.* (*Glocir,* XIIᵉ; *clousser,* XIVᵉ; *glosser,* 1538; lat. pop. °*clociare,* de *glocire*). ♦ 1° Pousser des cris brefs, répétés (spécialt. la poule). *La poule glousse pour appeler ses petits.* ♦ 2° *Par anal.* Rire en poussant de petits cris.

GLOUTERON [glutRɔ̃]. *n. m.* (XVᵉ; crois. entre l'a. fr. *gleteron* et *glouton.* V. **Grateron**). *Région.* Nom courant de la bardane.

GLOUTON, ONNE [glutɔ̃, ɔn]. *adj.* et *n. m.* (*Gloton,* 1080; bas lat. *glutto,* de *gluttire* « avaler », de *gluttus* « gosier »). ♦ 1° Qui mange avidement, excessivement, en engloutissant les morceaux. V. **Goinfre, goulu, vorace.** *Un homme, un enfant glouton.* — Par ext. *Appétit glouton.* — Subst. *Avaler comme un glouton.* ♦ 2° (1671). *N. m.* Mammifère carnivore *(Mustélidés),* appelé aussi « goulu » ou « carcajou ». ◈ ANT. *Frugal, gourmet, sobre, tempérant.*

GLOUTONNEMENT [glutɔnmɑ̃]. *adv.* (XVᵉ; de *glouton*). À la façon du glouton. *« Les loups mangent gloutonnement »* (LA FONT.). *Fig.* *Lire gloutonnement.*

GLOUTONNERIE [glutɔnRi]. *n. f.* (*Glotonnerie,* XIIᵉ; *glutunie,* 1119; de *glouton*). Avidité de glouton. *Une écœurante gloutonnerie.* ◇ *Fig.* **Appétit, avidité.** *« Une folle gloutonnerie de conquêtes »* (LOTI).

GLU [gly]. *n. f.* (v. 1175; *ghe,* 1155; bas lat. *glus,* class. *gluten*). ♦ 1° Matière visqueuse et tenace, extraite de l'écorce du houx. *Prendre des oiseaux à des bâtons enduits de glu* (V. **Glau; engluer**). ♦ 2° Colle forte. — *Il est collant comme de la glu :* indiscret, importun.

GLUANT, ANTE [glyɑ̃, ɑ̃t]. *adj.* (v. 1265; du v. *gluer* « engluer »). Qui est de la nature de la glu. V. **Collant, visqueux.** *Mains gluantes.* V. **Poisseux.** *« L'eau coulait de partout, de la paroi gluante »* (DORGELÈS).

GLUAU [glyo]. *n. m.* (v. 1375; de *gluer* « engluer »). Branche ou planchette enduite de glu pour prendre les petits oiseaux. *La chasse aux gluaux est prohibée. « Il avait des gluaux perfectionnés pour les alouettes et pour les cailles »* (ZOLA).

GLUC(O)-, GLYC(O)-. Éléments, du gr. *glukus* « doux ».

GLUCIDE [glysid]. *n. m.* (1923; de *gluc(o)-*, et *-ide*). *Biochim.* Substance naturelle ou artificielle, composée de carbone, d'hydrogène et d'oxygène, de formule $C_z(H_2O)_y$ *(hydrate de carbone).* V. **Ose, oside.** *Aliments énergétiques, riches en glucides. Le glucose, substance de référence de la classe des glucides. Trouble de l'assimilation des glucides.* V. **Diabète, glycosurie.**

GLUCIDIQUE [glysidik]. *adj.* (v. 1960; de *glucide*). *Biochim.* Relatif aux glucides ou au glucose.

GLUCINIUM [glysinjɔm]. *n. m.* (1839; angl. 1812; lat. mod., de *gluc(o)-).* *Chim.* V. **Béryllium.**

GLUCOMÈTRE [glykɔmɛtʀ(ə)] ou **GLYCOMÈTRE** [glikɔmɛtʀ(ə)]. *n. m.* (1872; de *gluco-*, et *-mètre*). Aréomètre destiné à mesurer la quantité de sucre des moûts (V. **Pèse-moût**).

GLUCOSE [glykoz]. *n. m.* (1853; de *gluco-*, et *-ose*). *Biochim.* Glucide à 6 atomes de carbone ($C_6H_{12}O_6$) très répandu dans la nature (miel, raisin, amidon), qui représente la source énergétique essentielle de l'organisme. *Glucose du sang.* V. **Glycémie.** *Glucose mis en réserve par le foie.* V. **Glycogène.** *Glucose provenant de la décomposition du lactose* (sous l'action de l'enzyme lactase), *du saccharose* (sous l'action de l'invertase).

GLUCOSERIE [glykozʀi]. *n. f.* (déb. xxᵉ; du précéd.). *Techn.* Fabrique de glucose.

GLUCOSIDE [glykozid]. *n. m.* (1872; de *glucose*, et *-ide*). *Biochim.* Nom générique des substances d'origine végétale constituées de glucose lié à une fraction non glucidique. *La saponine, la salicine sont des glucosides.*

GLUI [glɥi]. *n. m.* (1175; rad. gallo-rom. °*clodiu*). *Vx.* Paille de seigle servant à couvrir les toits, à faire des liens.

GLUME [glym]. *n. f.* (*h. 1584;* 1802; lat. *gluma*). *Bot.* Enveloppe des fleurs de graminées, puis de leurs graines. V. **Balle (3).**

GLUMELLE [glymɛl]. *n. f.* (1828; de *glume*). *Bot.* Une des deux bractées verdâtres qui enveloppent immédiatement les fleurs graminées.

GLUTEN [glytɛn]. *n. m.* (1515; mot lat. « glu, colle »). Matière visqueuse de nature protidique qui subsiste après élimination de l'amidon des farines de céréales. *Le gluten contribue à la fermentation du pain.*

GLUTINEUX, EUSE [glytinø, øz]. *adj.* (v. 1265, « visqueux »; lat. *glutinosus;* de *gluten*). *Techn.* De la nature du gluten. V. **Adhésif, gluant, visqueux.** — Qui contient du gluten.

GLYCÉMIE [glisemi]. *n. f.* (1872; de *glyc(o)-*, et *-émie*). *Physiol.* Présence de glucose dans le sang.

GLYCÉRIDE [gliseʀid]. *n. f.* (1869; de *glyc(o)-*, et *-ide*). *Chim.* Ester de la glycérine.

GLYCÉRIE [gliseʀi]. *n. f.* (1827; lat. sav., du gr. *glukeros* « doux »). *Bot.* Plante herbacée *(Graminées),* qui pousse au bord de la mer, des étangs.

GLYCÉRINE [gliseʀin] *n. f.* ou **GLYCÉROL** [gliseʀɔl]. *n. m.* (1823; gr. *glukeros* « doux »). *Chim.* (et cour. Glycérine). Tri-alcool, liquide incolore, sirupeux, de saveur sucrée, soluble dans l'alcool, de densité 1,26, existant sous forme d'esters dans divers lipides. *La glycérine est obtenue comme sous-produit lors de la fabrication des savons et bougies.*

GLYCÉRINER [gliseʀine]. *v. tr.* (*Glycériné,* 1872; de *glycérine*). Enduire de glycérine.

GLYCÉRIQUE [gliseʀik]. *adj.* (1862; de *glycérine*). *Chim. Acide glycérique,* obtenu par oxydation de la glycérine.

GLYCÉROPHOSPHATE [gliseʀɔfɔsfat]. *n. m.* (1872; de *glycérine*, et *phosphate*). *Méd.* Sel dérivant de l'acide glycérophosphorique (obtenu par la combinaison de l'acide phosphorique et de la glycérine), tonique du système nerveux.

1. GLYCINE [glisin]. *n. f.* (1786; lat. sav., du gr. *glukus*). Plante d'origine exotique, à grappes de fleurs mauves et odorantes. « *Une glycine extravagante : ses cent lianes se lacent, s'entremêlent, se nouent...* » (CLAUDEL).

2. GLYCINE [glisin]. *n. f.* (1866; var. de *glucine*). *Techn.* V. **Glycocolle.**

GLYCO-. V. **GLUCO-.**

GLYCOCOLLE [glikɔkɔl]. *n. m.* (1866; de *glyco-*, et *colle*). *Biochim.* Acide amino-acétique. (Syn. **GLYCINE, SUCRE DE GÉLATINE**).

GLYCOGÈNE [glikɔʒɛn]. *n. m.* (1853; de *glyco-*, et *-gène*). *Biochim.* Substance glucidique de structure semblable à celle de l'amidon, formant une réserve importante de glucose pour l'organisme humain et animal. *Le glycogène est emmagasiné dans le foie et les muscles.*

GLYCOGÉNÈSE [glikɔʒenɛz]. *n. f.* (1877; de *glyco-*, et *-génèse*). *Biochim.* Formation du glucose dans la cellule vivante, et *spécialt.* dans le foie, à partir du glycogène qui s'y trouve emmagasiné. (On dit aussi GLYCOGÉNIE [glikɔʒeni], 1853).

GLYCOGÉNIQUE [glikɔʒenik]. *adj.* (1853; de *glyco-*, et *génique*). *Physiol.* Qui a rapport à la glycogénèse. *La fonction glycogénique du foie.*

GLYCOL [glikɔl]. *n. m.* (1855; de *glyco-*, et *-ol*). *Chim.* Nom générique des corps possédant deux fois la fonction alcool. Syn. DIOL. *Glycol utilisé comme antigel.*

GLYCOLIPIDE [glikɔlipid] ou **GLUCOLIPIDE** [glykɔlipid]. *n. m.* (v. 1970; de *glyco-*, *gluco-*, et *lipide*). *Biochim.* Lipide contenant des sucres.

GLYCOLYSE [glikɔliz]. *n. f.* (1896; de *glyco-*, et *-lyse*). *Biochim.* Dégradation du glucose d'un organisme vivant, sous l'action d'enzymes. *Glycolyse dans les muscles. Glycolyse par les levures.* V. **Fermentation.** — Adj. GLYCOLYTIQUE [glikɔlitik].

GLYCOPROTÉINE [glikɔpʀɔtein]. *n. f.* (v. 1970; de *glyco-*, et *protéine*). *Biochim.* Protéine combinée à des sucres.

GLYCOSURIE [glikozyʀi]. *n. f.* (1853; de *glyco-*, et suff. *-urie*, du gr. *ourein* « uriner »). *Méd.* Présence anormale de sucre dans l'urine. V. **Diabète.**

GLYCOSURIQUE [glikozyʀik]. *adj. et n.* (1878; du précéd.). *Méd.* Se dit des personnes atteintes de glycosurie. V. **Diabétique.**

GLYPHE [glif]. *n. m.* (1701; gr. *gluphê* « ciselure »). *Archéol.* Trait gravé en creux. V. **Triglyphe.**

GLYPTIQUE [gliptik]. *n. f.* (1796; gr. *gluptikos* « relatif à la gravure »). Art de graver sur pierres fines. V. **Camée, intaille.**

GLYPTO-. Élément, du gr. *gluptos* « gravé ».

GLYPTODON [gliptɔdɔ̃] ou **GLYPTODONTE** [gliptɔdɔ̃t]. *n. m.* (1872; de *glypto-*, et gr. *odous, odontos* « dent »). *Paléont.* Genre de mammifères édentés, couverts d'une carapace, qu'on trouve à l'état fossile dans les terrains quaternaires d'Amérique.

GLYPTOGRAPHIE [gliptɔgʀafi]. *n. f.* (1756; de *glypto-*, et *-graphie*). *Didact.* Science qui a pour objet l'étude des pierres gravées de l'antiquité.

GLYPTOTHÈQUE [gliptɔtɛk]. *n. f.* (1829; de *glypto-*, et *-thèque*). Cabinet, musée de pierres gravées, de camées. *La glyptothèque de Munich.*

G.M.T. [ʒeɛmte]. Abréviation de l'anglais « Greenwich mean time », heure moyenne du méridien de Greenwich. *Treize heures G.M.T.*

GNAF ou **GNIAF** [naf]. *n. m.* (*Gnafe,* 1808; du lyonnais *gnafre* « cordonnier »). *Pop.* V. **Cordonnier.**

GNANGNAN, GNIAN-GNIAN [nɑ̃nɑ̃]. *n. et adj.* (1784, onomat.; n., 1859). Fam. *N.* Personne molle, sans énergie, à qui le moindre effort arrache des plaintes. — Adj. invar. *Elles sont un peu gnangnan.* V. **Mollasse.**

-GNATHE. Élément, du gr. *gnathos* « mâchoire ».

GNEISS [gnɛs]. *n. m.* (1779; mot all.). *Géol.* Roche métamorphique, composée de feldspath, de quartz, de mica et d'éléments variables (amphibole, apatite, cordiérite, hornblende, grenat).

GNEISSEUX, EUSE [gnɛsø, øz] ou **GNEISSIQUE** [gnesik]. *adj.* (1877,-1846; de *gneiss*). *Minér.* Qui est de la nature du gneiss.

GNÈTE [gnɛt]. *n. f.* (*Gnet,* 1839; lat. bot. *gnetum*). *Bot.* Plante phanérogame, ligneuse, volubile, liane des régions tropicales.

GNOCCHI [nɔki]. *n. m. pl.* (v. 1900; *gnocci,* 1894; mot it.). Pâtes italiennes faites de farine, d'œufs, de fromage, que l'on fait cuire au lait bouillant, puis gratiner au four.

GNOGNOTE ou **GNOGNOTTE** [nɔnɔt]. *n. f.* (1840; onomat.; ou forme région. de *niais*). *Fam. C'est de la gnognote :* c'est quelque chose de tout à fait négligeable.

GNÔLE, GNIOLE, GNAULE [nol] ou **NIOLE** [njol]. *n. f.* (1882; « coup », 1701 (V. **Gnon**); mot lyonnais). *Fam.* Eau-de-vie, alcool. *Un petit verre de gnôle.* On écrit aussi *Gnole.*

GNOME [gnom]. *n. m.* (1583; lat. alchim. *gnomus* « intelligence »; Cf. Gnomique). Nom de petits génies laids et difformes qui, selon le Talmud et les Cabalistes, président à la terre dont ils gardent les trésors. V. **Esprit.** ◊ Homme très petit et contrefait. V. **Nabot, nain.**

GNOMIQUE [gnɔmik]. *adj.* (1616; gr. *gnômikos* « sentencieux »). *Didact.* Qui se présente sous forme de sentences. *Poésie gnomique,* ensemble de maximes, de préceptes, de conseils pratiques versifiés.

GNOMON [gnɔmɔ̃]. *n. m.* (1547; lat. *gnomon*, mot gr.). Ancien instrument astronomique composé d'une tige verticale (V. **Style**) faisant ombre sur une surface plane, ou d'une plaque percée d'un trou, projetant une image elliptique du soleil. V. **Cadran** (solaire).

GNOMONIQUE [gnɔmɔnik]. *adj. et n. f.* (1547; du précéd.). *Adj.* Relatif aux gnomons. ◊ *N. f.* Art de construire les gnomons. *Traité de gnomonique.*

GNON [nɔ̃]. *n. m.* (1651, pop., « enflure provoquée par un coup »; apocope *d'oignon*). *Pop.* Coup. *Donner, recevoir un gnon, des gnons.*

GNOSE [gnoz]. *n. f.* (fin XVIIᵉ; gr. *gnôsis* « connaissance »).

♦ 1° *Vx.* Connaissance suprême des mystères de la religion. ♦ 2° *Hist. relig.* Éclectisme philosophique « prétendant à concilier toutes les religions et à en expliquer le sens profond par une connaissance ésotérique des choses divines, communicables par tradition et par initiation » (LALANDE). V. **Gnosticisme.** ♦ 3° Philosophie suprême contenant toutes les connaissances sacrées, et *par ext.* Tout savoir qui se donne comme le Savoir par excellence. V. **Ésotérisme, théosophie.**

-GNOSE, -GNOSIE, -GNOSTIQUE. Éléments, du gr. *gnôsis* « connaissance ».

GNOSÉOLOGIE [gnozeɔlɔʒi]. *n. f.* (XXᵉ; du gr. *gnosis* « connaissance »). *Philo.* Théorie de la connaissance. *L'épistémologie* est la gnoséologie de la science. — *Dér.* GNOSÉOLOGIQUE. *adj.*

GNOSIE [gnozi]. *n. f.* (mil. XXᵉ; du gr. *gnosis* « connaissance »). *Philo.* Perception, connaissance élémentaire. — *Adj.* GNOSIQUE [gnozik].

GNOSTICISME [gnɔstisism(ə)]. *n.m.* (1838; de *gnostique*). *Hist. relig.* Ensemble des doctrines de la gnose qui apparurent vers le IIᵉ s. après J.-C. « *C'est par le gnosticisme que l'Église fit sa jonction avec les mystères antiques* » (RENAN).

GNOSTIQUE [gnɔstik]. *n.* (fin XVIᵉ; gr. *gnôstikos* « qui sait »). ♦ 1° *Vx.* Celui qui a la connaissance des mystères de la religion. ♦ 2° Adepte de la gnose (2°). *Adj. Secte gnostique des ophites.* — ♦ 3° Tout initiateur d'une doctrine secrète de salut. *Adj.* Qui a un rapport à une telle doctrine.

GNÔTHI SEAUTON [gnotiseotɔn]. Mots grecs, maxime de Socrate qui signifie « Connais-toi toi-même ». *Subst. Le gnôthi seauton de Socrate.*

GNOU [gnu]. *n. m.* (*Nou*, 1775; var. *gnau* ou *niou*; mot hottentot). Mammifère ongulé d'Afrique du Sud, au corps lourd, à la tête épaisse et velue, aux membres grêles, qui rappelle l'antilope par le corps, le taureau par la tête et les cornes, le cheval par la queue et la crinière.

GO [go]. *n. m.* (1969; mot japonais). Jeu japonais d'origine chinoise dans lequel deux joueurs font manœuvrer des pions *(go-ishi)* blancs contre des pions noirs sur un damier *(goban)* comprenant 19 lignes horizontales et 19 lignes verticales se coupant en 361 intersections, le vainqueur devant placer ses pions de manière à ce qu'ils soient au centre des plus grands espaces possibles.

GO (TOUT DE) [tudgo]. *loc. adv.* (1579, *avaler tout de gob* « d'un trait »; de *gober*). *Fam.* Directement, sans détour. *N'allez pas lui avouer cela tout de go.* « *Il pouvait sortir tout de go ce qui lui passait par la tête* » (GIDE). — Librement, sans façon ni cérémonie. *Il est entré tout de go.*

GOAL [gol]. *n. m.* (1882; mot anglais). ♦ 1° *Vieilli.* But (foot-ball, rugby, polo, etc.). Gardien de but. ♦ 2° GOAL AVERAGE [golav(e)raʒ]. *n. m.* (1933). *Anglicisme.* Différence du total des points marqués par une équipe et du total des points concédés par elle au cours de plusieurs matchs, permettant de départager deux équipes ex aequo lors d'un championnat. ◇ HOM. *Gaule.*

GOBELET [gɔblɛ]. *n. m.* (*Gubelet*, XIIIᵉ; de l'a. fr. *gobel*. V. *Gober*). ♦ 1° Récipient à boire, généralement plus haut que large, et ordinairement sans pied. V. **Chope, godet, quart, tasse, timbale.** « *La veste blanche du barman, la grâce avec laquelle il secouait les gobelets d'argent* » (RADIGUET). V. **Shaker.** — Par ext. *Boire un gobelet de cidre, de vin.* ♦ 2° (1549). Instrument de prestidigitation, ayant la forme d'un gobelet à boire. ◇ Récipient tronconique servant à lancer les dés.

GOBELETERIE [gɔbletri]. *n. f.* (1791; de *gobelet*). Fabrication, vente de récipients à boire (gobelets, verres).

GOBELETIER [gɔblətje]. *n. m.* (1803; de *gobelet*). Celui qui fabrique, vend de la gobeleterie.

GOBELIN [gɔblɛ̃]. *n. m.* (XXᵉ, comme n. commun; nom de la manufacture de tapisserie fondée au XVIIᵉ s. à Paris dans la maison des *Gobelins*, célèbre famille de teinturiers). Tapisserie provenant de la manufacture des Gobelins. *Salon orné de beaux gobelins.*

GOBE-MOUCHE ou **GOBE-MOUCHES** [gɔbmuʃ]. *n. m.* (1548; de *gober*, et *mouche*). ♦ 1° Oiseau passereau, se nourrissant d'insectes. *Des gobe-mouches.* ♦ 2° *Fig.* et *fam. Vieilli.* Homme crédule, qui « gobe » toutes les nouvelles, toutes les opinions. V. **Gogo, naïf.** *Faire le gobe-mouche dans les rues.* V. **Badaud.**

GOBER [gɔbe]. *v. tr.* (1549; *se gober* « se vanter », XIIIᵉ; d'un rad. gaul. °*gobbo-* « bouche »). ♦ 1° Avaler vivement en aspirant, et généralement sans mâcher. *Gober une huître, un œuf cru.* ◇ *Fam.* V. **Manger.** — *Pop.* Attraper, choper. ♦ 2° *Fig.* et *fam.* (1650). Croire sans examen. *Il gobe tout ce qu'on lui dit, c'est un gobeur.* ◇ *Il demeurais pantelant, gobant leur propos* » (GIDE). ◇ (1846) Estimer, apprécier. *Elle ne le gobe pas beaucoup.* — SE GOBER. *v. pron.* Avoir une haute opinion de soi-même, être plein de suffisance, de fatuité.

GOBERGER (SE) [gɔbɛrʒe]. *v. pron.*; conjug. *bouger* (XVᵉ, « se gausser »; de l'a. fr. *gobert* « facétieux »; rad. °*gobbo-*. V. *Gober*). — (1648). Prendre ses aises, bien se

traiter, faire bombance. « *Tu vis là, chez moi, comme un chanoine, comme un coq en pâte, à te goberger* » (FLAUB.).

GOBEUR, EUSE [gɔbœr, øz]. *n.* (1554; de *gober*). Personne qui gobe. ◇ *Fig.* et *fam.* (1721) Personne qui croit naïvement tout ce qu'on lui dit. V. **Crédule, naïf.** *Gobeur de fausses nouvelles.*

GOBICHONNER [gɔbiʃɔne]. *v. intr.* (1847; de *gober*). *Fam.* et *vieilli.* Mener joyeuse vie, bien manger. V. **Festiner, festoyer, goberger** (se).

GOBIE [gɔbi]. *n. m.* (1803; du lat. *gobius* « goujon »). *Rare.* Poisson du littoral, qui se fixe au rocher par sa nageoire ventrale.

GODAGE [gɔdaʒ]. *n. m.* (1774; de *goder*). État de ce qui gode (V. **Godet,** 3°).

GODAILLER [gɔdaje]. V. **Goder.**

GODASSE [gɔdas]. *n. f.* (fin XIXᵉ; de *godillot*). *Pop.* Chaussure.

GODELUREAU [gɔdlyro]. *n. m.* (v. 1500; d'un rad. *god-*, et *galureau*, crois. de *gal*(ant) et *lureau* « luron »). Jeune élégant. V. **Freluquet.**

GODEMICHÉ [gɔdmiʃe]. *n. m.* (*Godemichi, godmicy*, XVIᵉ; traditionnellement rattaché au lat. *gaude mihi*, de *gaudere* « jouir »). Phallus artificiel destiné au plaisir. — (XXᵉ). *Arg.* Par abrév. **Gode.**

GODER [gɔde]. *v. intr.* (1762; du rad. de *godron.* V. **Godet**). *Cout.* Faire de faux plis en bombant, soit par suite d'une mauvaise coupe, soit par un ajustage défectueux de l'étoffe sur la doublure. V. **Grigner.** *Jupe qui gode, godaille.* « *Un pardessus d'hiver démodé, dont le col godait à la nuque* » (DUHAM.).

GODET [gɔdɛ]. *n. m.* (XIIIᵉ; moy. néerl. *codde* « morceau de bois cylindrique »). ♦ 1° Petit récipient à boire sans pied ni anse. V. **Gobelet.** ◇ *Pop.* V. **Verre.** « *Viens prendre un godet avec nous* » (MAC ORLAN). ◇ Tout petit récipient de même forme où l'on recueille la résine, le latex, etc. ♦ 2° *Mécan.* Auge, auget. *Roue à godets. Chaîne à godets,* chaîne sans fin d'un élévateur, d'une drague. ♦ 3° Faux pli d'un vêtement, d'une étoffe, d'un papier qui gode. — *Cout. Jupe à godets,* à gros plis souples, ronds et sinueux, qui tombent en s'évasant.

GODICHE [gɔdiʃ]. *adj.* (1752; p.-ê. du rad. de *Godon* « Claude »). *Fam.* V. **Benêt, maladroit, niais.** « *Plutôt qu'aux freluquets à l'air godiche ou sec* » (VERLAINE). V. **Emprunté, gauche.** *Subst. Quelle godiche, cette fille!*

GODILLE [gɔdij]. *n. f.* (*Goudille,* 1792; o. i.). ♦ 1° Aviron placé à l'arrière d'une embarcation et permettant la propulsion par un mouvement hélicoïdal. *Les jonques* « *marchent sans bruit à la godille* » (LOTI). ♦ 2° *Ski.* Mouvements latéraux de chassé pour ralentir la descente.

GODILLER [gɔdije]. *v. intr.* (1792; de *godille*). ♦ 1° Manœuvrer une embarcation avec la godille. ♦ 2° Faire la godille, en ski.

GODILLEUR [gɔdijœr]. *n. m.* (1846; de *godiller*). *Rare.* Batelier qui godille.

GODILLOT [gɔdijo]. *n. m.* (1876; du nom d'Alexis *Godillot,* fournisseur de l'armée). Chaussure militaire à tige courte. V. **Brodequin.** ◇ *Pop.* Gros soulier. V. **Croquenot, godasse.**

GODIVEAU [gɔdivo]. *n. m.* (*Godebillaux,* 1546; de *god-,* et *beille* « ventre », lat. *botulus* « boyau », d'apr. *veau*). *Cuis.* Hachis de viande façonné en boulettes oblongues (V. **Quenelle**), pochées à l'eau bouillante salée. V. **Farce.**

GODRON [gɔdrɔ̃]. *n. m.* (*Goderon,* 1379; de *godet*). ♦ 1° Ornement creux ou saillant, de forme ovoïde, aux bords de la vaisselle d'argent. *Argenterie à godrons.* — *Par ext.* Pièce d'orfèvrerie à godrons. ◇ *Archit., Menuis.* Ornement de même forme. ♦ 2° *Ancienn.* (XVIᵉ). Gros pli rond et empesé d'une fraise, d'un jabot. V. **Tuyau.** *Collerette à godrons.*

GODRONNAGE [gɔdrɔnaʒ]. *n. m.* (1842; de *godronner*). Action de godronner; résultat de cette action. *Le godronnage élégant d'un jabot.*

GODRONNER [gɔdrɔne]. *v. tr.* (1379; de *godron*). ♦ 1° Border, orner de godrons. *Godronner de la vaisselle.* ♦ 2° Plisser, friser en godrons. *Manchette godronnée.*

GOÉLAND [gɔelɑ̃]. *n. m.* (*Gaellans,* v. 1500; bas breton *gwelan* « mouette »). Oiseau de mer (*Palmipèdes*) de la taille d'une grosse mouette, vivant en colonies. *Les* « *ailes relevées en ciseaux d'un goéland qui pêche* » (FROMENTIN).

GOÉLETTE [gɔelɛt]. *n. f.* (*Goualette,* 1752; de *goéland*). ♦ 1° Bâtiment léger à deux mâts à voiles auriques. *Goélette de pêche.* V. **Schooner.** ♦ 2° Voile aurique (d'une goélette ou de tout autre bâtiment). *Appos. Misaine goélette.* V. **Fortune.**

GOÉMON [gɔemɔ̃]. *n. m.* (*Goumon,* XIVᵉ; bas breton *gwemon*). Algues marines appartenant principalement au genre *fucus.* V. **Varech.** ◇ *Par ext.* Engrais fait de goémon.

GOÉTIE [gɔesi]. *n. f.* (XVIᵉ; gr. *goêteia* « sorcellerie »).

Antiq. Magie incantatoire par laquelle on invoquait les esprits malfaisants.

GOGLU [gɔgly]. *n. m.* (1880; o. i.). [Au Canada]. Passereau chanteur de l'Amérique du Nord, du genre *dolichonyx*.

1. **GOGO (À)** [agɔgo]. *loc. adv.* (1440; de *gogue* « réjouissance »). *Fam.* Abondamment, à discrétion. *Avoir tout à gogo.*

2. **GOGO** [gɔgo]. *n. m.* (1834; nom d'un personnage de « Robert Macaire », comédie de Frédérick Lemaître). *Fam.* Homme crédule et niais, facile à tromper. V. **Naïf.** *C'est bon pour les gogos.*

GOGUENARD, ARDE [gɔgnaʀ, aʀd(ə)]. *adj.* (1607; de l'a. fr. *gogue* « réjouissance »). Qui plaisante en se moquant ; qui a l'air de se moquer d'autrui. V. **Moqueur, narquois, railleur.** *Ton, sourire, œil goguenard.* « *Son rire goguenard qui avait l'air de se ficher du monde* » (ZOLA). ◇ ANT. *Sérieux.*

GOGUENARDISE [gɔgnaʀdiz]. *n. f.* (1872; du précéd.). Plaisanterie, raillerie. *Un ton de goguenardise.*

GOGUENOT [gɔgno]. *n. m.* (*Gogueneau* « pot à cidre », 1823; mot normand). *Pop.* Vase de nuit; latrines. Abrév. vulg. *Gogues* [gɔg].

GOGUETTE [gɔgɛt]. *n. f.* (XIIIᵉ, « propos joyeux »; a. fr. *gogue*. V. **Goguenard**). *Fam.* (1829). *En goguette :* émoustillé, légèrement ivre. *Être en goguette.*

GOÏ, GOÏM. V. **Goy.**

GOINFRE [gwɛ̃fʀ(ə)]. *n. m.* et *adj.* (1578; o. i., p.-ê. rad. de *goujat*). Individu qui mange avec excès et salement. V. **Glouton, goulu, vorace.** *Il se jette sur les plats comme un goinfre.* « *Il bâfra; comme un goinfre, comme un pourceau* » (GIDE). ◇ ANT. *Frugal, sobre, tempérant.*

GOINFRER [gwɛ̃fʀe]. *v. intr.* (v. 1628; de *goinfre*). *Fam. Vx.* Manger comme un goinfre. *Mod. Se goinfrer* (même sens).

GOINFRERIE [gwɛ̃fʀəʀi]. *n. f.* (av. 1646; de *goinfre*). Caractère du goinfre; manière de manger du goinfre.

GOITRE [gwatʀ(ə)]. *n. m.* (1530; *goyetre*, 1492; a. fr. *goitron* « gorge », XIIᵉ; lat. pop. °*gutturio, onis*, de *guttur* « gorge »). Déformation de la partie antérieure du cou, résultant d'une augmentation de volume de la glande thyroïde, dans sa totalité ou sous forme de nodules. *Goitre endémique de certaines régions montagneuses* (crétinisme). *Goitre exophtalmique.*

GOITREUX, EUSE [gwatʀø, øz]. *adj.* (1411; de *goitre*). Qui est de la nature du goitre. *Tumeur goitreuse.* ◇ Qui est atteint d'un goitre. *Subst. Un goitreux.*

GOLDEN [gɔldɛn]. *n. f. invar.* (Néol.; angl. *golden delicious* « délicieuse dorée »). Pomme à manger au couteau, à peau jaune et à chair juteuse. *Appos. Des pommes golden.*

GOLD POINT [gɔldpɔjnt]. *n. m.* (v. 1900; mot angl., de *gold* « or »). *Écon.* Se dit des cours extrêmes du change au delà desquels il devient avantageux d'exporter ou d'importer de l'or.

GOLF [gɔlf]. *n. m.* (*Goff*, 1792, répandu v. 1890; mot angl.). ♦ 1° *Sport* qui consiste à faire pénétrer une balle dans des trous disposés le long d'un parcours. *Crosse de golf* (V. **Club**) *que porte un garçon* (V. **Caddie**). ◇ *Néol. Golf-miniature,* jeu de jardin ou de salon. ♦ 2° *Culottes (pantalon) de golf,* bouffantes, et serrées au-dessous du genou. V. **Knickerbocker.** « *Un costume à larges carreaux, avec culottes de golf* » (AYMÉ). — *Des golfs :* des culottes de golf. ◇ HOM. *Golfe.*

GOLFE [gɔlf(ə)]. *n. m.* (fin XIIᵉ; it. *golfo*, du gr. *kolpos*. V. **Gouffre**). Vaste bassin en cul-de-sac plus ou moins largement ouvert, que forme la mer dans son avancée à l'intérieur des terres. V. **Échancrure.** *Petit golfe.* V. **Baie.** *Golfe étroit et profond, en Norvège.* V. **Fiord.** *Golfe à l'embouchure d'un fleuve.* V. **Estuaire.** ◇ HOM. *Golf.*

GOLFEUR, EUSE [gɔlfœʀ, øz]. *n.* (déb. XXᵉ; de *golf*). Joueur, joueuse de golf.

GOLMOTTE [gɔlmɔt]. *n. f.* (déb. XXᵉ; o. i.). Nom courant de quelques champignons (lépiote, amanite).

GOMBO [gɔbo]. *n. m.* (1765; mot anglo-amér. *gumbo*, *gombo*, introduit par les Noirs, de l'angolais *ngombo*). Plante (*Malvacées*) à fleurs jaunes, cultivée dans les régions tropicales pour ses fruits (capsules). Fruits de cette plante employés pour faire la soupe (Louisiane, États du Sud), comme condiment (Antilles).

GOMÉNOL [gɔmenɔl]. *n. m.* (1896; de *Gomen*, localité de Nouvelle-Calédonie; marque déposée). Liquide huileux employé comme désinfectant, en gouttes nasales.

GOMÉNOLÉ, ÉE [gɔmenɔle]. *adj.* (1912; de *goménol*). Qui renferme du goménol. *Huile goménolée.*

GOMINA [gɔmina]. *n. f.* (1935; nom déposé, de l'esp. *goma*). Pommade pour les cheveux. « *Ses rouflaquettes, ses yeux trop bistrés et sa gomina argentina* » (QUENEAU).

GOMINER (SE) [gɔmine]. *v. pron.* (v. 1935; de *gomina*). Passer ses cheveux à la gomina. ◇ Au p. p. *Cheveux gominés.*

GOMMAGE [gɔmaʒ]. *n. m.* (1834; de *gommer*). Action de gommer; son résultat. *Gommage des tissus,* opération de

teinture. Gommage des étoffes, apprêt. ◇ *Par ext.* Action d'atténuer, d'effacer (les caractères distinctifs de qqch.).

GOMME [gɔm]. *n. f.* (*Gome,* XIIᵉ; bas lat. *gumma*, class. *gummi,* gr. *kommi,* d'o. orient.). ♦ 1° *Substance* mucilagineuse transparente qui suinte de l'écorce de certains arbres (gommiers). *Gomme adragante* (V. **Astragale**). *Gomme arabique* ou *d'Arabie,* du *Sénégal,* provenant d'un acacia. *Gomme de l'hévéa* ou *latex,* dont on fait le caoutchouc. [Au Canada]. *Gomme d'épinette** (1, II), *gomme de sapin* V. **Baume** (du Canada). — *La gomme laque est en réalité une résine.* — GOMMES-RÉSINES, *aromatiques.* V. **Assa-fœtida,** *calamite, encens, ladanum, myrrhe, oliban, opopanax.* — (1654) GOMME-GUTTE, sorte de gomme-résine, de couleur jaune, utilisée en peinture et en médecine. *Pastilles, boules de gomme.* — *Gomme à mâcher :* chewing-gum. ♦ 2° (XIXᵉ). Bloc de caoutchouc servant à effacer. *Il « fut effacé comme un trait de crayon d'un coup de gomme* » (MAC ORLAN). ♦ 3° *Bot.* (1742). Maladie de certains arbres qui se traduit par des ulcérations d'où suintent des liquides visqueux (On dit plutôt GOMMOSE [gɔmoz]). ◇ *Pathol.* (1845) Nodosité inflammatoire infectieuse de la peau ou d'un autre tissu, évoluant vers le ramollissement et l'ulcération. *Gomme syphilitique, tuberculeuse.* ♦ 4° *Pop.* (1921; de *gomme* « chiqué »; Cf. Gommeux). *Un individu, un type à la gomme,* incapable, sans valeur. ♦ 5° *Pop.* (1925). *Mettre la gomme,* toute la gomme : activer l'allure (d'un véhicule, d'un moteur). V. **Gaz** (5°).

GOMMÉ, ÉE [gɔme]. *adj.* (V. **Gommer**). Enduit de gomme. *Enveloppe gommée; papier gommé. Taffetas gommé.*

GOMME-GUTTE [gɔmgyt], **GOMME-RÉSINE** [gɔm rezin]. *n. f.* V. GOMME (1°).

GOMMER [gɔme]. *v. tr.* (XIVᵉ; de *gomme*). ♦ 1° *Techn.* Enduire de gomme. *Gommer les bords d'une enveloppe.* V. **Coller.** Empeser par gommage. ◇ Mélanger de gomme. *Gommer une couleur,* pour la rendre adhésive. ♦ 2° (XXᵉ). *Cour.* Frotter avec une gomme de caoutchouc. *Gommer un dessin, un mot.* V. **Effacer.** ◇ *Par ext.* Estomper, effacer. « *Gommer la réalité* » (*Nouv. Obs.,* 1966).

GOMMEUX, EUSE [gɔmø, øz]. *adj.* et *n.* (1314; de *gomme*). I. ♦ 1° Qui produit de la gomme. *Arbres gommeux et résineux.* ◇ Qui est de la nature de la gomme. *Substance gommeuse.* ♦ 2° *Pathol. Lésion gommeuse.* V. **Gomme** (3°). II. *N.* et *adj.* (1842). *Vx.* Jeune homme dont son élégance excessive et son air prétentieux rendent ridicule.

GOMMIER [gɔmje]. *n. m.* (1645; de *gomme*). Nom générique d'arbres fournissant de la gomme (acacia, mimosa, eucalyptus).

GOMORRHÉEN, ÉENNE [gɔmɔʀeɛ̃, eɛn]. *adj.* et *n. f.* (attesté XXᵉ; de *Gomorrhe*). *Littér.* Relatif à l'homosexualité féminine (Cf. Sodomite).

GONADE [gɔnad]. *n. f.* (v. 1920; du gr. *gonê* « semence »). *Biol. anim.* Organe qui produit les gamètes; glande sexuelle. *Gonade mâle* (V. **Testicule**), *femelle* (V. **Ovaire**).

GONADIQUE [gɔnadik]. *adj.* (XXᵉ; de *gonade*). *Biol.* Qui a rapport aux gonades. *Régions gonadiques de l'embryon.*

GONADOSTIMULINE [gɔnadostimylin] ou **GONADOTROPHINE** [gɔnadotʀɔfin]. *n. f.* (mil. XXᵉ; de *gonade* et *stimuline,* ou *-trophe* et suff. *-ine*). *Biochim.* Hormone agissant sur le développement, stimulant l'activité des glandes sexuelles (*gonades*) et favorisant la gestation chez la femme. V. **Gonadotrope, prolan.**

GONADOTROPE [gɔnadotʀɔp]. *adj.* (XXᵉ; de *gonade,* et suff. *-trope*). *Physiol.* Qui agit sur les glandes sexuelles, les gonades. *Hormones gonadotropes* sécrétées par l'hypophyse et qui stimulent l'activité fonctionnelle des glandes sexuelles.

GOND [gɔ̃]. *n. m.* (v. 1100; lat. *gomphus* « cheville », gr. *gomphos*). Pièce de fer coudée en équerre, sur laquelle tournent les pentures d'une porte ou d'une fenêtre. V. **Charnière; crapaudine** (3°), **paumelle.** *Gonds arrachés, rouillés. La porte « tourna aussitôt sur ses gonds rouillés et criards »* (BALZ.). ◇ *Loc. fig. Jeter, mettre qqn hors des gonds,* hors de ses gonds : hors de lui-même. *Sortir d'une ses gonds.* V. **Emporter** (s'). ◇ HOM. *Gong.*

GONDOLAGE [gɔ̃dɔlaʒ] ou **GONDOLEMENT** [gɔ̃dɔl mɑ̃]. *n. m.* (1846,-XXᵉ; de *gondoler*). Action de se gondoler; état de ce qui est gondolé. *Le gondolage du bois.*

GONDOLANT, ANTE [gɔ̃dɔlɑ̃, ɑ̃t]. *adj.* (fin XIXᵉ; de *se gondoler*). *Pop.* Qui fait rire. V. **Amusant, comique, tordant.** *C'est gondolant, cette histoire.*

GONDOLE [gɔ̃dɔl]. *n. f.* (1549; *gondele,* XIIIᵉ; vénitien *gondola;* probabl. du gr. *kondy* « vase »). Barque vénitienne à un seul aviron, longue et plate, aux extrémités relevées et recourbées. *Faire une promenade en gondole, sur une gondole.* ◇ *Comm.* Meuble servant à présenter la marchandise dans un magasin à libre-service. (GONDOLIÈRE, *n. f.* Employée chargée d'approvisionner la gondole).

GONDOLER [gɔ̃dɔle]. *v. intr.* (*Gondolé,* mar., 1687; de *gondole*). ♦ 1° *Mar.* Être relevé de l'avant et de l'arrière comme une gondole. ◇ *Cour.* (1845) Se recourber dans certaines parties. V. **Bomber** (se), **courber** (se), **déjeter** (se), **gauchir**, **gonfler** (se). *Planche, carton, tôle qui gondole.* ◇ Pronom. *Cette planche s'est gondolée.* ♦ 2° Se **GONDOLER**. *v. pron.* (1881). *Pop.* Rire à se tordre. ◇ ANT. *Aplatir* (*s'*), *redresser* (se).

GONDOLIER, IÈRE [gɔ̃dɔlje, jɛʀ]. *n.* (1532; vénitien *gondoliere*. V. **Gondole**). Batelier, batelière qui conduit une gondole. *Les gondoliers de Venise.*

1. **-GONE, -GONAL**. Éléments, du gr. *-gônos*, de *gônia* « angle » (ex. : *décagone, diagonal*).

2. **-GONE, -GONIE**. Éléments, du gr. *gonos, gonia* « génération » (ex. : *cosmogonie, théogonie*).

GONFANON [gɔ̃fanɔ̃] ou **GONFALON** [gɔ̃falɔ̃]. *n. m.* (XIᵉ-XIIIᵉ; frq. *gunfano* « étendard de combat ». V. **Fanion**). Au moyen âge, Bannière de guerre faite d'une bandelette à plusieurs pointes, suspendue à une lance. V. **Oriflamme**.

GONFANONIER [gɔ̃fanɔ̃nje] ou **GONFALONIER** [gɔ̃falɔ̃nje]. *n. m.* (1080,-XIVᵉ; de *gonfanon, -lon*). *Ancienn.* Porteur du gonfanon. ◇ *Gonfalonier de justice*, magistrat suprême de certaines municipalités italiennes.

GONFLAGE [gɔ̃flaʒ]. *n. m.* (1893; de *gonfler*). Action de gonfler (un pneumatique). *Gonflage des pneus.*

GONFLÉ, ÉE [gɔ̃fle]. *adj.* V. **GONFLER**.

GONFLEMENT [gɔ̃flᵊmɑ̃]. *n. m.* (1542; de *gonfler*). Action de gonfler (V. **Gonflage**) ou de se gonfler; état de ce qui est gonflé. *Gonflement d'un ballon. Gonflement d'une partie du corps, d'un organe.* V. **Ballonnement**, **bouffissure**, **dilatation**, **distension**, **empâtement**, **enflure**, **engorgement**, **fluxion**, **grosseur**, **grossissement**, **hypertrophie**, **intumescence**, **météorisme**, **œdème**, **tuméfaction**, **turgescence**. ◇ *Fig.* Augmentation exagérée. *Gonflement de la circulation des billets.* V. **Inflation**. ◇ ANT. *Dégonflement*; contraction, dépression, diminution, rétrécissement.

GONFLER [gɔ̃fle]. *v. tr.* (1559; lat. *conflare*, de *flare* « souffler »). ♦ 1° Distendre en remplissant d'air, de gaz. *Gonfler un ballon, une chambre à air, un pneu. Gonfler sa poitrine* (V. **Bomber**), *ses joues, ses narines* (V. **Dilater**, **enfler**). *« Parfois un soupir gonflait sa poitrine »* (GAUTIER). ◇ *Fig.* (Fam.) *Être gonflé à bloc*, rempli d'une ardeur et d'une assurance à toute épreuve. V. **Remonté**. Ellipt. (Pop.) *Il est vraiment gonflé !* il est courageux, et *aussi* il a du culot. ♦ 2° Faire augmenter de volume, sous l'action d'une cause quelconque. — *Torrent gonflé par les pluies. Éponge gonflée d'eau.* — En parlant du corps, d'organes. *Yeux gonflés de larmes.* « *Un visage que la fatigue a gonflé* » (ROMAINS). V. **Bouffir**, **boursoufler**, **dilater**. *Face congestionnée et gonflée.* V. **Soufflé**. ♦ 3° *Fig.* Remplir à l'excès ou complètement. *Ses succès l'ont gonflé d'orgueil.* V. **Remplir**. « *Un espoir immense me gonfle le cœur* » (DUHAM.). *Cœur gonflé de chagrin* (V. **Gros**), *d'enthousiasme* (V. **Débordant**). ♦ 4° Grossir. *Gonfler l'importance d'un incident, le nombre des manifestants. Gonfler le prix d'une denrée. Valeurs boursières artificiellement gonflées.* ♦ 5° Intrans. Augmenter de volume, devenir volumineux. V. **Grossir**. *Crème, pâte qui gonfle.* V. **Foisonner**, **lever**. *Le bois a gonflé.* V. **Travailler**. — *Le genou a gonflé.* V. **Enfler**. « *Les ganglions du cou et les membres avaient gonflé* » (CAMUS). ♦ 6° Se **GONFLER**. *v. pron.* Devenir gonflé, enflé. ◇ *Fig.* V. **Augmenter**, **croître**, **grandir**, **grossir**. — En parlant de l'homme, du cœur (sous l'action de certains sentiments). *Se gonfler d'orgueil.* ◇ ANT. *Dégonfler. Aplatir*, comprimer, contracter, déprimer, rétrécir, vider. — (du p. p.) *Plat.*

GONFLEUR [gɔ̃flœʀ]. *n. m.* (1930; de *gonfler*). Appareil servant à gonfler. *Gonfleur à air comprimé.*

GONG [gɔ̃(g)]. *n. m.* (1691; mot malais). ♦ 1° Instrument de percussion employé en Extrême-Orient, composé d'un plateau de métal suspendu, sur lequel on frappe avec une baguette à tampon. *Vibrations d'un gong.* ♦ 2° Instrument analogue utilisé pour donner un signal particulièrement sonore. *Gong d'appartement pour annoncer les repas.* — Boxe. (1935). « *Au coup de gong annonçant le commencement du premier round* » (HÉMON). ◇ HOM. **Gond**.

GONGORISME [gɔ̃gɔʀismᵊ]. *n. m.* (1842; de *Gongora*, poète espagnol, 1561-1627). *Didact.* Préciosité, recherche dans le style (abus des images, des métaphores, etc.). V. **Euphuisme**.

GONIO-. Élément, du gr. *gônia* « angle ».

GONIOMÈTRE [gɔnjɔmɛtʀ(ᵊ)]. *n. m.* (1783; de *gonio-*, et *-mètre*). Instrument servant à mesurer les angles. *Goniomètre d'arpenteur.* — *Goniomètres d'application, à réflexion,* mesurant les indices des verres et cristaux liés en prisme. — *Radio.* V. **Radiogoniomètre**. ◇ *Méd.* Appareil servant à mesurer les angles des articulations osseuses, en cas de déplacement.

GONIOMÉTRIE [gɔnjɔmetʀi]. *n. f.* (1724; de *goniomètre*). *Géom.* Mesure des angles selon des méthodes scientifiques.

GONIOMÉTRIQUE [gɔnjɔmetʀik]. *adj.* (XIXᵉ; de *goniométrie*). *Géom.* Qui a rapport à la goniométrie.

GO(N)NELLE [gɔnɛl]. *n. f.* (1839; p.-ê. a. fr. *gonnelle* [XIIᵉ], « robe »). Poisson de la côte atlantique, à flancs tachetés.

GONOCHORISME [gɔnɔkɔʀism(ᵊ)]. *n. m.* (1898; gr. *gonos* « génération », et *khôrismos* « séparation »). *Biol.* Séparation complète des sexes dans des individus distincts.

GONOCOCCIE [gɔnɔkɔksi]. *n. f.* (1901; de *gonocoque*). *Méd.* Infection provoquée par le gonocoque. V. **Blennorragie**.

GONOCOQUE [gɔnɔkɔk]. *n. m.* (1890; *gonococcus*, 1885; gr. *gonos* « semence », et *kokkos* « grain »). Microbe spécifique de la blennorragie, découvert en 1879 par Neisser.

GONOPHORE [gɔnɔfɔʀ]. *n. m.* (1889; du gr. *gonos*, gonê « semence », et *-phore* « qui porte »). *Zool.* Polype reproducteur, dans une colonie d'hydrozoaires (hydroïdes).

GONOZOÏDE [gɔnɔzɔid]. *n. m.* (XXᵉ; du gr. *gonos*, gonê « génération, semence », et *-zoïde*). *Zool.* Individu mâle ou femelle des colonies de siphonophores, assurant leur reproduction.

GONZE [gɔ̃z]. *n. m.* (1628; arg. it. *gonzo* « lourdaud »). *Arg.* (1821). V. **Gars**, **homme**, **type**. ◇ *Fém.* GONZESSE [gɔ̃zɛs] (1811) *Vulg.* V. **Femme**.

GORD [gɔʀ]. *n. m.* (*Gort*, XIIIᵉ; scand. *gardr* « haie »). *Pêch.* Pêcherie formée d'une double rangée de perches en angle au fond d'une rivière, fermée au sommet par un filet. ◇ HOM. **Gaur**.

GORDIEN. V. **NŒUD**.

GORET [gɔʀɛ]. *n. m.* (1297; de l'a. fr. *gore* « truie »; onomat.). ♦ 1° Jeune cochon. « *Une centaine de petits gorets ronchonneurs* » (MAC ORLAN). ♦ *Fam.* Enfant sale, malpropre. *Va te laver, petit goret !* ♦ 2° *Mar.* (1694). Balai très raide, grande brosse, pour nettoyer la carène.

GORFOU [gɔʀfu]. *n. m.* (1808; danois *goirfugl*, nom d'un pingouin). Oiseau (*Palmipèdes*) des mers australes, de la taille d'un canard.

GORGE [gɔʀʒ(ᵊ)]. *n. f.* (1160; lat. pop. °*gurga*, class. *gurges* « gouffre »).

I. ♦ 1° Parties antérieure et latérale du cou. *Serrer la gorge.* V. (pop.) **Kiki**, **sifflet**. *Chien qui saute à la gorge d'un voleur. Couper la gorge à qqn* (V. **Égorger**). *Veines de la gorge.* V. **Jugulaire**. — Loc. fig. *Prendre qqn à la gorge* : le contraindre par la violence, par une pression impitoyable. « *Le danger est là qui les prend à la gorge* » (TAINE). *Mettre à qqn le couteau, le pistolet sur la gorge* : lui imposer sa volonté par la violence et les pires menaces. V. **Contraindre**. *Avoir le couteau sur* (ou *sous*) *la gorge* : être l'objet de cette violence et de ces menaces. *Tendre la gorge*, se laisser tuer, accabler sans résistance. ◇ (Animaux) *Gorge d'un oiseau, d'un pigeon.* V. **Gorge-de-pigeon**, **rouge-gorge**. ♦ 2° (XIIIᵉ). *Littér.* Seins de femme. V. **Buste**, **poitrine**. *Un pectoral* « *couvrait la poitrine de la base du col à la naissance de la gorge* » (GAUTIER).

II. ♦ 1° *Anat.* et *cour.* Région située au fond de la bouche, à l'entrée du pharynx, correspondant à la partie antérolatérale supérieure du cou et comprenant le voile du palais, la luette et les deux amygdales. V. **Gosier**. *Mal de gorge :* amygdalite, angine, laryngite, pharyngite. *Avoir un chat*, une boule dans la gorge. Introduire dans la gorge.* V. **Ingurgiter**. *Gorge serrée par l'angoisse. Sanglot qui monte à la gorge. L'odeur âcre nous prenait à la gorge :* nous suffoquait. ◇ (Considéré comme le centre de production de la voix) « *Sa gorge contractée laissait passer un son rauque* » (GREEN). *Crier, chanter à pleine gorge.* — *Voix de gorge.* V. **Guttural**. — *Faire rentrer à qqn ses mots dans la gorge :* l'obliger à se rétracter, à désavouer ses propos. ♦ 2° *Par méton.* (Fauconn., XVIᵉ). *Vx.* Ce qui entre dans la gorge, le jabot de l'oiseau de proie, l'aliment qu'on lui donne. *Gorge chaude :* chair encore chaude et palpitante qu'on donne à l'oiseau. — Mod. *Faire des gorges chaudes de qqch.,* se répandre en plaisanteries malveillantes, s'en régaler. V. **Moquer** (se). ◇ *Rendre gorge*, de l'oiseau rendant la viande qu'il avait avalée. Mod. Restituer par force ce qu'on a pris par des moyens illicites.

III. *Par anal.* Se dit de divers lieux ou objets creux et étroits. ♦ 1° (1675). Passage étroit, défilé entre deux montagnes; vallée étroite et encaissée. V. **Cañon**, **col**, **couloir**, **porte**. *Les gorges du Tarn.* « *La gorge étroite qui semblait fermer le vallon* » (BALZ.). ◇ *Fortif.* Entrée d'un ouvrage fortifié. ♦ 2° Partie creuse, cannelure, rainure. « *Elle passa le bout de son doigt dans la gorge d'une moulure* » (COLETTE). *Gorge d'une poulie. Gorge d'un sac de cartouche. Gorge* (main). Échancrure, entaille. *Gorge d'une serrure. Gorge d'une charrue*, partie antérieure du versoir. *Gorge d'un isolateur électrique*, l'échancrure dans laquelle repose le fil.

GORGE-DE-PIGEON [gɔʀʒᵊdᵊpiʒɔ̃]. *adj. invar.* (1653; de *gorge*, et *pigeon*). D'une couleur à reflets changeants comme la gorge du pigeon. « *Les draperies gorge-de-pigeon* » (GAUTIER).

GORGÉE [gɔʀʒe]. *n. f.* (1175; de *gorge*). Quantité de liquide qu'on avale en un seul mouvement de déglutition.

V. Lampée. *Boire à petites gorgées.* — « *Il huma une grande gorgée d'air glacé* » (MAC ORLAN).

GORGER [gɔʀʒe]. *v. tr.*; conjug. *bouger* (1220; de *gorge*). ♦ 1° *Rare.* Remplir (de nourriture) jusqu'à la gorge, avec excès. *Ils nous ont gorgés des produits de leur ferme. Cour.* SE GORGER. *v. pron.* V. Bourrer (se), empiffrer (s'). — Au p. p. « *Gorgés de vin et de nourriture* » (MICHELET). ◇ Spécialt. *Gorger des volailles, pour les engraisser.* V. Gaver. ♦ 2° (Surtout *au p. p.*). Remplir jusqu'à gonfler, imprégner, saturer. *La pluie a gorgé la terre.* ♦ 3° *Fig.* Pourvoir à profusion. V. Combler, remplir. *Voyageur gorgé d'impressions, de souvenirs.* V. Plein. ◇ ANT. *Priver, vider.*

GORGERETTE [gɔʀʒəʀɛt]. *n. f.* (v. 1260; a. fr. *gorgère*; de *gorge*). *Ancienn.* Collerette de femme.

GORGERIN [gɔʀʒəʀɛ̃]. *n. m.* (1336; de *gorgère*. V. Gorgerette). ♦ 1° *Ancienn.* Partie inférieure d'un casque servant à protéger le cou. ♦ 2° *Archit.* (1564). Partie étroite du chapiteau dorique ou toscan, au-dessus de l'astragale de la colonne (dite aussi *gorge*).

GORGET [gɔʀʒɛ]. *n. m.* (1757; de *gorge*). *Techn.* ♦ 1° Rabot pour faire les moulures dites *gorges*. V. Bouvet. ♦ 2° Petite moulure ou *gorge*.

GORGONE [gɔʀgɔn]. *n. f.* (XVIᵉ, myth.; lat. *gorgon*, mot gr.). ♦ 1° *Myth.* Monstre mythologique à la chevelure de serpents. ◇ *Archit.* Tête décorative de femme à la bouche ouverte et à la chevelure de serpents. ♦ 2° (1856). Animal cœlentéré coralliaire pourvu d'un polypier corné et formant une colonie arborescente qui rappelle la tête d'une Gorgone (On dit *aussi* GORGONIE [gɔʀgɔni]). V. Polypier.

GORGONZOLA [gɔʀgɔ̃zɔla]. *n. m.* (1894; nom de ville italienne). Fromage italien, qui rappelle le roquefort.

GORILLE [gɔʀij]. *n. m.* (1847; lat. zool. *gorilla*, d'apr. un mot gr.). ♦ 1° Grand singe anthropoïde dont la taille peut atteindre deux mètres. *Un homme* « *avec des bras et des mains de gorille* » (GIDE). ♦ 2° *Fig.* et *fam.* (1954). Garde du corps. *Les gorilles du Président.*

GOSETTE [gɔzɛt]. *n. f.* (d. i.; p.-ê. de l'anc. *gozête* « gosier », région.). *Fr.* (Belgique). Chausson aux pommes (cette expression étant elle-même inusitée).

GOSIER [gozje]. *n. m.* (1512; *josier*, 1270; bas lat. *geusiæ* « joue », o. gaul.). Gorge, dans sa partie intérieure. ♦ 1° Arrière-gorge et première partie du pharynx, comme partie des voies digestives (V. Gorge II, 1°). V. (*pop.*) Corridor, dalle, entonnoir, fusil, gargamelle, goulot. *Entrée du gosier.* V. Amygdale, luette. *Gosier obstrué, serré* (V. Étrangler). — Anat. *L'isthme du gosier.* ♦ 2° Siège de la voix. *Chanter, crier à plein gosier.* V. Égosiller (s'); gorge. *Coup de gosier :* émission de voix, de son en un seul effort. « *Joseph le rattrapa d'un énergique coup de gosier* » (DUHAM.).

GOSPEL [gɔspɛl]. *n. m.* (1968; amér. *gospel song*, de *gospel* « évangile », et *song* « chant »). Anglicisme. Musique sacrée chrétienne des noirs d'Amérique du Nord (le terme tend à se substituer à celui de negro*-spiritual).

GOSSE [gɔs]. *n. m.* (1798; o. i., p.-ê. altér. de *gonze*). *Fam.* Enfant, jeune garçon ou fille. *Un gosse d'une dizaine d'années.* V. Drôle, gamin. *Un sale gosse,* un enfant insupportable. *C'est un grand gosse,* un vrai gosse, se dit de qqn qui est resté très enfant. Adj. *J'étais encore tout gosse.* V. Môme. ◇ (*Pop.*) *Un beau gosse,* une belle gosse : beau garçon, belle fille. Adj. *Être beau gosse.* « *J'étais beau gosse ! J'avais des mollets, mon vieux* » (CÉLINE). ◇ *Fam.* et *pop.* Enfant jeune, à l'égard de la filiation. *Avoir des gosses,* une femme et des gosses. « *Barnabé, qui redoute le bruit, marmonne : c'est une usine à gosses, chez vous !* » (DUHAM.).

GOTHIQUE [gɔtik]. *adj.* et *n.* (1440, « médiéval »; bas lat. *gothicus* « relatif aux Goths »). ♦ 1° *Vx* et *péj.* Du moyen âge. V. Médiéval. *Les siècles gothiques.* ♦ 2° *Mod. Bx-arts* (1615; s'est dit de tout l'art du moyen âge [V. Roman] jusqu'au XIXᵉ). *Style gothique,* style répandu en Europe du XIIᵉ au XVIᵉ s., entre le style roman et le style Renaissance. *Architecture gothique,* anciennement nommée *ogivale* (V. Ogive). *Notre-Dame de Paris, cathédrale gothique. Sculpture gothique. Peinture gothique.* Subst. *Le gothique,* le style gothique. *Premier gothique; gothique tardif* (rayonnant, flamboyant). *Gothique perpendiculaire anglais. Faux gothique* ou *néo-gothique* (du XIXᵉ). — Par ext. *Architecte, peintre gothique.* ♦ 3° *Écriture gothique,* écriture à caractères droits, à angles et à crochets, qui remplaça vers le XIIᵉ s. l'écriture romane. *Écriture semi-gothique* ou *gothique onciale.* — Subst. *La gothique. Écrire en gothique.* ◇ *Ling. n. m. Le gothique* ou (plus souvent) GOTIQUE, langue des Goths, rameau oriental des langues germaniques.

GOTIQUE. V. GOTHIQUE (3°).

GOTON [gɔtɔ̃]. *n. f.* (1809; de *Margoton,* tiré de Margot, hypocoristique de *Marguerite,* prénom fém.). *Vx.* Fille de campagne. — *Vieilli.* Femme dissolue, prostituée. « *Il le voyait courir après toutes les gotons du village* » (FLAUB.).

GOUACHE [gwaʃ]. *n. f.* (1752; it. *guazzo* « détrempe », lat. *aquatio* « action de mouiller »). Préparation où les matières colorantes sont délayées dans de l'eau mêlée de gomme. *Dessin rehaussé de gouache.* ◇ Tableau peint à la gouache.

GOUACHER [gwaʃe]. *v. tr.* (déb. XIXᵉ; du précéd.). Rehausser de touches de gouache. *Gouacher un dessin, une aquarelle.* — *Dessin gouaché.*

GOUAILLE [gwaj]. *n. f.* (1749; de *gouailler*). Action, habitude de gouailler. *La gaieté faubourienne.*

GOUAILLER [gwaje]. *v.* (1747; même rad. *gab-* que dans *gaver, engouer*). ♦ 1° V. tr. *(Vieilli).* Railler sans délicatesse. *Gouailler qqn.* V. Plaisanter, railler. ♦ 2° V. intr. *Mod.* Dire des railleries. V. Moquer (se). « *Cet être raille, braille, gouaille, bataille* » (HUGO).

GOUAILLERIE [gwajʀi]. *n. f.* (1823; de *gouailler*). Caractère de celui qui aime à gouailler. « *Cette gouaillerie française qui semble la moelle de notre race* » (MAUPASS.).

GOUAILLEUR, EUSE [gwajœʀ, øz]. *adj.* (1755; de *gouailler*). Qui gouaille, qui aime à railler. V. Facétieux, moqueur, railleur. *Sourire gouailleur.* « *Un ton d'assurance un peu gouailleur* » (GIDE).

GOUALANTE [gwalɑ̃t]. *n. f.* (1836; du v. *goualer* « chanter », p.-ê. de *gouailler*). *Fam.* Chanson, complainte populaire.

GOUALEUSE [gwaløz]. *n. f.* (1842, sobriquet; de *goualer*). *Fam.* et *vieilli.* Chanteuse des rues. « *Elle chante en cousette et en goualeuse des rues* » (COLETTE).

GOUAPE [gwap]. *n. f.* (1835; prov. mod. *gouapo* « gueux », arg. esp. *guapo* « brigand »). *Pop.* V. Frappe, voyou. *Ce type est une petite gouape.*

GOUDA [guda]. *n. m.* (1957; de *Gouda,* ville de Hollande). Fromage de Hollande à pâte cuite, lisse et sans trou. *Des goudas.*

GOUDRON [gudʀɔ̃]. *n. m.* (XVIᵉ; *gotron,* 1381; altér. de *catran,* XIIIᵉ; arabe égypt. *qatran*). Produit huileux, visqueux, de couleur brune ou noire, à odeur empyreumatique, obtenu par la distillation sèche de nombreuses matières organiques. *Goudron végétal* ou *goudron de bois :* substance résineuse obtenue par distillation ou carbonisation du bois (V. Poix). *Goudron animal,* produit par la distillation des os. *Goudron de houille* (V. Coaltar), un des produits de la distillation de la houille. Utilisation des goudrons, en marine, médecine. ◇ *Trav. pub.* et cour. *Goudron (routier),* goudron de houille, mélangé à du laitier, des cailloux, pour le revêtement des routes. V. Asphalte, bitume, macadam; goudronnage. « *Telle était la chaleur que se liquéfiait le goudron des routes* » (MAURIAC).

GOUDRONNAGE [gudʀɔnaʒ]. *n. m.* (1675; de *goudronner*). Action de goudronner; résultat de cette action. *Goudronnage des routes,* opération consistant à répandre du goudron sur les voies macadamisées.

GOUDRONNER [gudʀɔne]. *v. tr.* (1457; de *goudron*). Enduire ou imbiber de goudron. *Goudronner du carton, de la toile, une route.* ◇ Au p. p. *Papier goudronné pour emballage. Une belle route goudronnée.*

GOUDRONNEUR [gudʀɔnœʀ]. *n. m.* (1532; de *goudronner*). Ouvrier qui goudronne.

GOUDRONNEUX, EUSE [gudʀɔnø, øz]. *adj.* et *n. f.* (1845; de *goudron*). De la nature du goudron. *La poix est une matière goudronneuse.* ◇ *N. f.* Machine à goudronner.

GOUET [gwɛ]. *n. m.* (1382; de *goi* (1376), prononcé *goué,* lat. pop. °*gubius.* V. Gouge). ♦ 1° *Vx* ou *région.* Grosse serpe de bûcheron. ♦ 2° Dénomination courante de l'*arum**.

GOUFFRE [gufʀ(ə)]. *n. m.* (XIIᵉ; bas lat. *colpus,* gr. *kolpos.* V. Golfe). ♦ 1° Trou vertical, effrayant par sa profondeur et sa largeur. V. Abîme. *Les bords, les parois, le fond d'un gouffre. Gouffre béant. Gouffre d'un terrain accidenté* (V. Précipice). *Gouffre sous-marin* (V. Fosse). ◇ Spécialt. Courant tourbillonnaire. *Le gouffre du Maelstrom.* ◇ Géol. Vaste cavité en forme d'entonnoir creusée par les eaux de ruissellement dans les terrains calcaires. V. Aven, bétoire, doline, igue. *Gouffre de Padirac.* ♦ 2° *Fig.* En parlant de ce qui a la profondeur d'un gouffre, de ce qui est insondable. *Le gouffre du néant, de l'oubli.* « *Pascal avait son gouffre avec lui se mouvant* » (BAUDEL.). — En parlant d'une situation déplorable. *Un gouffre de malheurs, de souffrances. Être au bord du gouffre,* devant un péril imminent (V. Précipice). ♦ 3° *Spécialt.* Ce qui engloutit de l'argent, chose ruineuse. *Ce procès est un gouffre.* V. Ruine. « *Le gouffre sans cesse élargi de ses dilapidations et de ses spéculations* » (HENRIOT).

GOUGE [guʒ]. *n. f.* (XIVᵉ; bas lat. *gubia.* V. Gouet). *Techn.* Outil creusé en canal, à bout tranchant et courbe. *Gouge de forgeron, de menuisier, de sculpteur, de cordonnier.*

GOUGELHOF. V. KOUGLOF.

GOUGÈRE [guʒɛʀ]. *n. f.* (*Gocere,* XIIIᵉ; o. i.). *Cuis.* Tarte ou chou au fromage.

GOUINE [gwin]. *n. f.* (*Gouin,* masc. XVᵉ; même rac. que *goujat*). ♦ 1° *Vx.* Prostituée. ♦ 2° *Pop.* Homosexuelle.

GOUJAT [guʒa]. *n. m.* (*Gougeas,* plur., XVᵉ; mot languedoc. « garçon », hébr. *goja* « servante chrétienne ». V. Goy). ♦ 1° *Vx.* Valet d'armée. ♦ 2° *Fig.* (v. 1720). *Vieilli.* Rustre. ◇ *Mod.* Homme sans usage, manquant de savoir-vivre et d'honnêteté, et dont les indélicatesses sont offensantes. V. **Malotru, mufle.** « *De quoi vous mêlez-vous ? Vous êtes un goujat* » (COURTELINE). — Adj. *Des manières goujates.*

GOUJATERIE [guʒatʀi]. *n. f.* (1853 ; « fonction de goujat » [1°], 1611 ; de *goujat*). Caractère, conduite, action de goujat. V. **Grossièreté, impolitesse, indélicatesse, muflerie.** « *La vie retombe assez vite à la goujaterie et à l'abjection* » (DUHAM.).

1. **GOUJON** [guʒɔ̃]. *n. m.* (XIIᵉ ; de *gouge*). Techn. ♦ 1° Petite gouge de sculpteur. ♦ 2° Cheville de bois ; de métal. Broche qui unit les deux parties d'une charnière. V. **Goupille.** — Clou à deux pointes. ♦ 3° Axe de poulie.

2. **GOUJON** [guʒɔ̃]. *n. m.* (1392 ; lat. *gobio, onis*). Poisson (*Cyprinidés*), dont la taille ne dépasse guère 15 cm, très commun dans les eaux douces limpides. *Pêcher le goujon. Friture de goujons.*

GOUJONNER [guʒɔne]. *v. tr.* (1467 ; de *goujon* 1). Techn. Assembler avec des goujons (1). *Goujonner des planches.*

GOUJONNIÈRE [guʒɔnjɛʀ]. *adj. f.* (1845 ; de *goujon* 2). *Perche goujonnière :* la grémille.

GOULAFRE [gulafʀ(ə)]. *adj. et n.* (1821 ; *gouillafre* 1630 « goinfre » ; de *goule, gueule,* lat. *gula*). Région. (Belgique, Nord-Est). Goinfre, glouton.

GOULASCH ou **GOULACHE** [gulaʃ]. *n. m.* ou *f.* (fin XIXᵉ ; mot hongrois). Cuis. Bœuf cuit et assaisonné à la mode hongroise.

GOULE [gul]. *n. f.* (1821 ; arabe *ghoûl* « démon »). Sorte de vampire femelle des légendes orientales.

GOULÉE [gule]. *n. f.* (XIIᵉ ; de l'a. fr. *goule.* V. **Gueule**). Fam. Grosse bouchée ou gorgée. — Par ext. *Une goulée d'air.*

GOULET [gulɛ]. *n. m.* (1358 ; « vin » ; de l'a. fr. *goule.* V. **Gueule**). ♦ 1° Vx (XVIᵉ). V. **Goulot.** ♦ 2° (1555). Passage, couloir étroit dans les montagnes ♦ 3° (1743). Entrée étroite d'un port, d'une rade. *Franchir le goulet.* ♦ 4° Fig. (1959). GOULET (ou GOULOT) D'ÉTRANGLEMENT : passage difficile ; cause de retard d'un processus.

GOULOT [gulo]. *n. m.* (1611 ; de l'a. fr. *goule.* V. **Gueule**). ♦ 1° Col étroit d'un récipient. *Goulot d'une bouteille. Boire au goulot. Casser le goulot.* ♦ 2° GOULOT D'ÉTRANGLEMENT. V. **Goulet, 4°.**

GOULOTTE [gulɔt]. *n. f.* (1694 ; *goulette,* 1611 ; de l'a. fr. *goule.* V. **Gueule**). Techn. ♦ 1° Conduit d'écoulement des eaux (rigole, petit canal). ♦ 2° Conduit incliné dans lequel passent matières ou produits entraînés par gravité.

GOULU, UE [guly]. *adj.* (XVᵉ ; de l'a. fr. *goule.* V. **Gueule**). ♦ 1° Qui mange avec avidité. V. **Glouton.** — Subst. *Un goulu.* — Par ext. *Regards goulus.* ◇ Pop. *(Vieilli)* Femme à grande bouche. *La Goulue,* danseuse du Moulin-Rouge dont Toulouse-Lautrec fit le portrait. ♦ 2° (1771). *Pois goulus* ou *gourmands.* V. **Mangetout.** ◇ ANT. *Frugal, sobre.*

GOULÛMENT [gulymɑ̃]. *adv.* (1546 ; de *goulu*). D'une façon goulue, à la manière d'un goulu. « *On ne se lassait pas de bâfrer goulûment* » (DORGELÈS).

GOUM [gum]. *n. m.* (1849 ; arabe *gaum* « troupe »). Ancien. Contingent militaire fourni par une tribu à l'armée française, en Algérie.

GOUMIER [gumje]. *n. m.* (mil. XIXᵉ ; de *goum*). Cavalier d'un goum.

GOUPIL [gupi(l)]. *n. m.* (déb. XIIᵉ ; bas lat. *vulpiculus,* de *vulpes ;* infl. germ. à l'initiale). Nom ancien du renard. V. **Renard.**

GOUPILLE [gupij]. *n. f.* (1439 ; fém. du précéd. ; Cf. Goupiller). Cheville ou broche métallique qui sert à assembler deux pièces percées chacun d'un trou. *Goupille pleine. Goupille fendue, dont on écarte les branches.* V. *aussi* **Goujon.**

GOUPILLER [gupije]. *v. tr.* (1671 ; en a. fr. « ruser » ; de *goupille*). ♦ 1° Techn. Fixer avec des goupilles. *Goupiller une roue sur un axe.* ♦ 2° Fam. (XXᵉ). V. **Arranger, combiner, préparer.** *Ça s'est bien, mal goupillé.*

GOUPILLON [gupijɔ̃]. *n. m.* (1539 ; *guipellon,* XIIᵉ ; de l'a. fr. *guipon ;* néerl. *wisp* « bouchon de paille »). ♦ 1° Tige garnie de touffes de poil, ou boule de métal creuse et percée de trous, montée au bout d'un manche, dont on se sert, dans les cérémonies de l'Église, pour asperger d'eau bénite. V. **Aspersoir.** *Ils « aspergeaient la dépouille mortelle du portier d'un coup de goupillon* » (BALZ.). — *Le sabre et le goupillon :* l'Armée et l'Église. ♦ 2° Brosse ou balai ressemblant à un goupillon. V. **Écouvillon.**

GOUR [guʀ]. *n. m. pl.* (fin XIXᵉ ; mot arabe, plur. de *gara*). Géogr. Fragments de plateau isolés par l'érosion éolienne, formant butte. *Les gour du Sahara.* ◇ HOM. **Gourd.**

GOURA [guʀa]. *n. m.* (1823 ; nom indigène). Zool. Pigeon à huppe d'Océanie.

GOURANCE [guʀɑ̃s]. *n. f.* (1913 ; « soupçon », 1899 ; de *se gourer*). Pop. Le fait de se gourer*, erreur. — On dit aussi GOURANTE [guʀɑ̃t]. *n. f.*

GOURBI [guʀbi]. *n. m.* (1841 ; mot arabe algérien). ♦ 1° Nom donné aux habitations sommaires des Arabes. V. **Cabane, hutte.** ♦ 2° Par ext. (1914-18). Abri de tranchée (V. **Cagna**). Habitation misérable et sale.

GOURD, GOURDE [guʀ, guʀd(ə)]. *adj.* (XIIᵉ ; *gort,* fém. *gorde ;* bas lat. *gurdus* « lourdaud, grossier »). Engourdi et comme perclus par le froid. *Avoir les doigts gourds.* « *Secouant leurs membres gourds,... (ils) cherchent à se mouvoir* » (HUYSMANS). ◇ ANT. **Agile, dégourdi.** — HOM. **Gour.**

GOURDE [guʀd(ə)]. *n. f.* (XIVᵉ ; *gorde,* XIIIᵉ ; altér. de *coorde,* lat. *cucurbita*). ♦ 1° Espèce de courge dite courge calebasse. — Par ext. (XVIᵉ) Récipient constitué par le fruit de la gourde après séchage et vidage. ◇ Plus cour. (XIXᵉ) Bouteille ou bidon protégé par une enveloppe d'osier, cuir ou de drap. V. **Bidon, flacon.** ♦ 2° Fig. et fam. Personne niaise, maladroite. Adj. *Elle est « jolie et un peu gourde* » (ROMAINS). *Ce qu'il est gourde !* (Cf. *l'adj.* Gourde).

GOURDIN [guʀdɛ̃]. *n. m.* (déb. XVIᵉ ; it. *cordino,* de *corda*). Gros bâton lourd et solide. V. **Matraque.** *Mener les hommes au gourdin.* V. **Trique.**

GOURER (SE) [guʀe]. *v. pron.* (XVᵉ, v. tr.) ; *gorré,* XIIIᵉ ; p.-ê. rad. de *goret*). Pop. Se tromper. « *Je me suis un peu gourée de route en chemin* » (QUENEAU).

GOURGANDINE [guʀgɑ̃din]. *n. f.* (1642, dial. ; p.-ê. rad. de *gouret, goret,* et a. fr. *gander.* V. **Gandin**). Fam. Femme facile, dévergondée.

GOURMAND, ANDE [guʀmɑ̃, ɑ̃d]. *adj.* (1354 ; o. i. V. Gourmet). ♦ 1° Vx. Gros mangeur. V. **Glouton, goinfre.** ◇ Mod. Qui aime la bonne cuisine, est exigeant en matière de nourriture. *Il est très gourmand. Gourmand comme un chat.* — (Suivi d'un complément) *Être gourmand de.* V. **Amateur, friand.** *Il est très gourmand de gibier.* — Subst. *Un gourmand raffiné.* V. **Bec** (bec fin), **gastronome, gourmet, gueule** (fine). « *L'âme d'un gourmand est toute dans son palais* » (ROUSS.). — Fig. *Jeter sur une femme des regards gourmands. Être gourmand d'honneurs, de flatteries.* V. **Avide, passionné.** *Les âmes « vives et gourmandes de vivre* » (R. ROLLAND). ♦ 2° Arbor. (XVIIᵉ). *Branche gourmande,* dont la pousse nuit aux rameaux fruitiers voisins en absorbant la sève à son profit. Subst. *Élaguer les gourmands.* ◇ ANT. **Frugal, sobre, tempérant.**

GOURMANDER [guʀmɑ̃de]. *v. tr.* (1372, « dévorer avidement » ; « réprimander », sous l'infl. de *gourmer ;* de *gourmand*). ♦ 1° Vx. Manier durement (un cheval). V. **Gourmer.** — Fig. Contenir, maîtriser (MOL.). ♦ 2° Mod. *(Littér.).* Reprendre qqn en lui adressant des critiques, des reproches sévères. V. **Gronder, morigéner, réprimander, tancer.** « *Elle le gourmandait sans cesse... lui reprochait aigrement ses moindres actes* » (MAUPASS.).

GOURMANDISE [guʀmɑ̃diz]. *n. f.* (v. 1400 ; de *gourmand*). ♦ 1° Caractère, défaut de celui qui est gourmand. « *C'est dans la gourmandise que l'égoïsme se manifeste le plus honteusement* » (GIDE). ♦ 2° Plur. (1866). Mets capables de plaire à un gourmand. V. **Bonbon, friandise.** ◇ ANT. **Frugalité, sobriété.**

GOURME [guʀm(ə)]. *n. f.* (XIIIᵉ ; frq. *worm* « pus »). ♦ 1° Nom des dermatoses (V. **Eczéma, impétigo**) qui affectent le visage et le cuir chevelu des enfants mal soignés. — Vétér. Maladie spécifique du cheval, caractérisée par une inflammation des voies respiratoires. ♦ 2° Fig. *Jeter sa gourme,* se dit des jeunes gens qui font leurs premières folies, leurs premières frasques. « *Un jeune homme doit jeter sa gourme* » (A. HERMANT).

GOURMÉ, ÉE [guʀme]. *adj.* (XVIIIᵉ ; du v. *gourmer* (1320), « brider un cheval » ; de *gourme*). Qui affecte un maintien grave, raide. *Une personne gourmée.* « *Il était gourmé et précieux comme un âne chargé de reliques* » (SARTRE). Par ext. *Air, maintien gourmé.* V. **Affecté, compassé, grave, important, prétentieux.**

GOURMET [guʀmɛ]. *n. m.* (XVᵉ ; *grommes,* 1352 ; a. fr. *gromet* « valet [de marchand de vins] » ; o. i. ; un rapport s'est établi avec *gourmand*). ♦ 1° Vieilli. Dégustateur en vins. ♦ 2° (XVIIIᵉ). Mod. Personne qui apprécie le raffinement en matière de boire et de manger. V. **Gourmand.** ◇ Fig. (XIXᵉ) « *Les fins connaisseurs, gourmets de la littérature* » (BALZ.).

GOURMETTE [guʀmɛt]. *n. f.* (1442 ; de *gourme,* affection atteignant souvent la bouche du cheval). ♦ 1° Chaînette à mailles serrées qui fixe le mors dans la bouche du cheval, en passant sous la ganache. ♦ 2° Chaîne de montre, ou bracelet en mailles de métal aplaties. « *La gourmette d'or qu'elle portait au poignet* » (MART. du G.).

GOURNABLE [guʀnabl(ə)]. *n. f.* (1694 ; o. i.). *Mar.* Cheville de chêne employée sur les navires en bois pour fixer les bordages (*gournable* [gurnable]).

GOUROU ou **GURU** [guʀu]. *n. m.* (1866 ; mot sanskrit « vénérable »). Dans la religion brahmanique, maître spirituel. — (Répandu v. 1960). Maître spirituel. « *Le grand guru de l'Underground...* » (*L'Express,* 6-1973).

GOUSSE [gus]. *n. f.* (v. 1520 ; o. i.). ♦ 1° Cour. Capsule allongée s'ouvrant par deux fentes, fruit de légumineuses (V. **Cosse**) et de quelques plantes. *Gousse de vanille.* ♦ 2° Cour. Caïeu. « *Il mangeait des gousses d'ail cru tout le jour* » (GIONO).

GOUSSET [gusɛ]. *n. m.* (1278 ; de *gousse*). ♦ 1° Vx.

Creux de l'aisselle. ♦ 2° *Ancienn.* Petite bourse, d'abord portée sous l'aisselle, et plus tard en dedans de la ceinture du pantalon. — *Mod.* Petite poche de gilet ou de pantalon. *Montre de gousset.* ♦ 3° *Techn.* Pièce d'assemblage triangulaire. — *Support de console.* ♦ 4° *Blas.* Pairle plein à sa partie supérieure.

GOÛT [gu]. *n. m.* (*Gost*, XIIᵉ ; lat. *gustus*).
I. ♦ 1° Sens grâce auquel l'homme et les animaux perçoivent les saveurs propres aux aliments. V. **Goûter; déguster, gustatif.** *La langue avec ses papilles gustatives, organe du goût chez l'homme. Aliment agréable au goût. Physiologie du goût*, ouvrage de Brillat-Savarin (1824). ♦ 2° **Saveur.** *Relever le goût d'une sauce.* V. **Assaisonner.** *Goût acide, âcre, aigre, amer, âpre, doux, fade, fort, fruité, relevé, sucré. Aliment qui a bon goût :* appétissant, délectable, délicieux, exquis, fin. *Aliment dépourvu de goût* (V. **Insipide**), *qui a mauvais goût. Goût de fumée, de moisi, de pourri, de roussi. Vin qui a un goût de terroir, de pierre à fusil.* Fig. « *Cette journée avait une saveur faible..., un goût inconnu qui ne s'en irait plus* » (FRANCE). ♦ 3° Appétit, envie (dans des expressions). « *Je n'avais goût à rien* » (GIDE). *Mettre en goût.* V. **Allécher.** *Manger de tel ou tel mets avec goût.* V. **Déguster, goûter.** ◇ Loc. fig. *Faire passer à qqn le goût du pain :* lui ôter la vie, ou *par ext.* lui faire perdre l'envie de recommencer.
II. Fig. ♦ 1° Aptitude à sentir, à discerner les beautés et les défauts d'une œuvre d'art, d'une production de l'esprit. *Avoir le goût délicat, difficile, fin, infaillible, sévère. Mauvais goût.* — *Par ext.* Avis, jugement, opinion. *À mon goût, ceci ne vaut rien.* ♦ 2° Absolt. LE BON GOÛT, ou absolt. LE GOÛT : « Faculté de juger intuitivement et sûrement des valeurs esthétiques, en particulier ce qu'elles ont de correct ou de délicat » (LALANDE). « *Le goût, qui fait deviner le beau où il est* » (DELACROIX). *Avoir du goût ; manquer de goût.* — *Femme habillée, coiffée avec goût.* V. **Élégance, ton** (bon ton). ♦ 3° GOÛT DE, POUR (QQCH.) : penchant accompagné ou non de l'aptitude à le satisfaire. V. **Amour, disposition, vocation.** *Il a peu de goût pour ce genre de travail. Avoir un goût très vif, un goût passionné pour une chose :* s'y intéresser vivement. V. **Aimer.** *Mettez donc du goût dans ce que vous faites.* V. **Cœur.** *Prendre goût à,* se mettre à apprécier. V. **Attacher** (s'). ◇ *Être au goût de.* V. **Plaire.** *Cela est à mon goût,* à ma convenance. V. **Gré, guise.** ◇ *Au plur.* Tendances, préférences qui se manifestent dans le genre de vie, les habitudes de chacun. *Être liés par des goûts communs. Affinités de goûts* (V. **Caractère**); *contrariété de goûts. Avoir des goûts très éclectiques. Des goûts bizarres, maladifs, dépravés.* V. **Manie, singularité.** — Loc. prov. *Des goûts et des couleurs on ne dispute point.* V. **Opinion.** *Tous les goûts sont dans la nature,* il faut savoir admettre la diversité des goûts. ◇ *Spécialt.* Inclination amoureuse pour une personne. V. **Attirance, attrait, désir, faible, prédilection.** *Avoir du goût pour qqn. Trouver qqn à son goût.* « *Il a pris un goût vif pour de la passion* » (GAUTIER). ♦ 4° DE (tel ou tel) GOÛT : se dit des choses qui dénotent, révèlent tel ou tel goût (bon ou mauvais). *Édifice, bijoux de mauvais goût. Vêtements, meubles de bon goût, d'un goût douteux. Il serait de mauvais goût d'insister.* ♦ 5° DANS LE, AU GOÛT... V. **Genre, manière, mode, style.** *Tableau dans le goût classique, moderne. Ouvrage, ornement au goût du jour.* « *J'entreprends un nouveau procès dans le goût de celui des Calas* » (VOLT.). V. **Semblable.**
◇ ANT. **Dégoût. Antipathie, aversion, répulsion. Grossièreté, vulgarité.**

1. **GOÛTER** [gute]. *v.* (*Goster*, XIIᵉ ; lat. *gustare*).
I. *V. tr.* ♦ 1° Percevoir, apprécier par le sens du goût (la saveur d'un aliment, d'une boisson). V. **Déguster, savourer.** *Prenez le temps de bien goûter ce plat.* — Absolt. *Avaler sans goûter.* ◇ *Spécialt.* Manger ou boire une petite quantité, afin d'en éprouver la saveur. V. **Essayer.** *Cuisinier qui goûte une sauce. Expert qui goûte un vin.* V. **Dégustateur.** ♦ 2° Fig. Éprouver avec plaisir (une sensation, une émotion). V. **Délecter** (se), **jouir, savourer.** « *Je goûtai pour la première fois l'inexprimable bonheur de la solitude* » (B. CONSTANT). ♦ 3° Trouver à son goût, juger favorablement. V. **Aimer, apprécier, estimer.** « *Je goûte vivement la poésie* » (J. RENARD).
II. *V. tr. indir.* ♦ 1° GOÛTER À : prendre un peu d'une chose dont on n'a pas encore bu ou mangé. *Goûtez-y, vous m'en direz des nouvelles. On lui avait servi un bon plat, il y a à peine goûté.* V. **Toucher.** — Fig. *Ils « ont goûté sans vergogne aux plaisirs ordinaires* » (DUHAM.). ♦ 2° GOÛTER DE : boire ou manger pour la première fois. « *Il a d'abord goûté d'une pomme âcre* » (DUHAM.). Fig. Faire l'épreuve de. *Il a goûté du métier.* V. **Expérimenter ; essayer** (de), **tâter** (de).
III. *V. intr.* (1538). Faire une collation, entre le déjeuner et le dîner. *Goûter à cinq heures. Donner à goûter aux enfants.* V. **Goûter** (2).
IV. (Sujet de chose) *Région.* (Nord, Belgique) ♦ 1° *V. tr. dir.* Avoir le goût de... *La soupe goûte le brûlé.* ♦ 2° *V. tr. ind.* Plaire par le goût. *Cette sauce me goûte.*

Rien ne lui goûte, il n'aime rien, ou n'a envie de rien.
2. **GOÛTER** [gute]. *n. m.* (1538 ; du précéd.). Nourriture, et boisson que l'on prend dans l'après-midi (entre le déjeuner et le dîner). V. **Collation.** *Enfant qui emporte son goûter dans son sac. C'est l'heure du goûter. Voilà du chocolat pour ton goûter.* ◇ HOM. **Goutter.**
GOÛTEUR, EUSE [gutœʀ, øz]. *n.* (attesté XXᵉ ; région. *goutour* « dégustateur » ; de *goûter*). ♦ 1° Personne qui goûte, dont le métier est de goûter (une boisson, une préparation). *Goûteur de cru.* V. **Dégustateur.** *Goûteur d'eau.* ♦ 2° Celui, celle qui prend un goûter (2).

1. **GOUTTE** [gut]. *n. f.* (*Gote*, Xᵉ ; lat. *gutta*).
I. ♦ 1° Très petite quantité de liquide qui prend une forme arrondie, sous l'action des forces capillaires. V. **Globule.** *Goutte d'eau, de vin. Arroser, verser par gouttes, réduire en gouttes* (V. **Asperger, pulvériser**). *Le brouillard se condense en gouttes d'eau. Il n'est pas tombé une goutte de pluie depuis des mois. Goutte de rosée.* V. **Perle** (fig.). ◇ *Goutte de sang.* Par exagér. *Ne pas avoir une goutte de sang dans les veines :* être sans énergie, sans caractère (V. **Lâche, mou, veule**). *Jusqu'à la dernière goutte de sang :* jusqu'au bout, jusqu'aux dernières limites. ◇ *Goutte de sueur. Suer à grosses gouttes :* transpirer abondamment. — *Fam. Avoir la goutte au nez,* avoir le nez qui coule (en parlant des mucosités qui s'écoulent des fosses nasales). V. **Morve, roupie.** ♦ 2° Par métaph. « *Des gouttes de soleil* » (MAUPASS.). « *Cette goutte de clair de lune* » (FRANCE). ♦ 3° Loc. (1664). *Se ressembler comme deux gouttes d'eau :* se dit de deux personnes, de deux choses, qui se ressemblent trait pour trait. — *La dernière goutte.* Boire, épuiser *jusqu'à la dernière goutte. Pressurer jusqu'à la dernière goutte.* V. **Fin.** — *Il n'y en a plus une goutte :* plus du tout. Fig. « *Je n'avais pas pour lui une goutte de tendresse* » (STENDHAL). ◇ Loc. prov. *C'est la goutte d'eau qui fait déborder* le vase.* — *C'est une goutte d'eau dans la mer, dans l'océan :* c'est une quantité négligeable, insignifiante. V. **Rien.** ◇ Loc. adv. GOUTTE À GOUTTE : une goutte après l'autre. *Verser un liquide goutte à goutte.* V. **Instiller.** *Couler goutte à goutte.* V. **Dégouliner, dégoutter, égoutter** (s'), **goutter.** Fig. « *De petits bonheurs savourés goutte à goutte* » (DAUD.). V. **Goutte-à-goutte.** ♦ 4° Par ext. Très petite quantité de liquide, et *spécialt.* de boisson. *Voulez-vous du café ? Juste une goutte.* V. **Peu.** *Goutte de lait :* organisation d'assistance sociale qui distribue du lait à prix réduit aux enfants en bas âge. ◇ *Spécialt.* Petite quantité de boisson alcoolique. *Une goutte de vin ne vous fera pas de mal.* V. **Doigt, larme.** — Fam. Absolt. (1795) *Boire la goutte :* boire un petit verre d'alcool, d'eau-de-vie. ◇ *Techn. Mère goutte,* ou *première goutte :* ce qui coule de la cuve ou du pressoir avant le pressurage du raisin ou des pommes. *Vin, cidre de mère goutte, de première goutte,* ou absolt. *de goutte.* ♦ 5° *Pharm.* Unité de mesure de certains liquides qui s'emploient à très petite dose. *Plur.* Cour. *Gouttes :* nom donné à certains médicaments qui sont prescrits et administrés en gouttes. *Pratiquer son administration par gouttes.* V. **Compte-gouttes, pipette.** ♦ 6° Par anal. Petit objet ou tache comparable à une goutte. *Oiseau « tout parsemé de gouttes blanches* » (BUFF.). — *Joaill. Goutte d'eau :* pierre précieuse taillée en forme de goutte et montée en pendentif. — *Archit.* Petits ornements de forme conique (dans l'ordre dorique).
II. *Vieilli* ou *plais.* (XIIᵉ ; de *il ne boit goutte*). GOUTTE ; avec la particule NE (et les verbes *voir, entendre, comprendre, connaître*) forme une négation renforcée. *N'y voir goutte,* ne rien voir du tout. *N'y entendre goutte,* ne rien comprendre. V. **Pas** (du tout), **rien.** « *Ici, toutes les femmes parlent politique. Je n'y entends goutte* » (E. PAILLERON).
2. **GOUTTE** [gut]. *n. f.* (XIIIᵉ ; de *goutte* 1 : « gouttes d'humeur viciée »). Diathèse, souvent héréditaire, caractérisée par des poussées inflammatoires douloureuses autour des articulations, avec dépôt d'urates. *Avoir la goutte. Une attaque de goutte.* — Spécialt. *Goutte articulaire* (cour. *la goutte*) qui se présente sous forme d'accès douloureux (*attaques de goutte*). *Goutte aux pieds.* V. **Podagre.** ◇ HOM. Formes des v. *goûter, goutter.*
GOUTTE-À-GOUTTE [gutagut]. *n. m. invar.* (1933 ; de la loc. *goutte*-à-goutte*). Appareil médical permettant de faire une perfusion* ; cette perfusion. *Pratiquer des goutte-à-goutte.*
GOUTTELETTE [gutlɛt]. *n. f.* (XIIIᵉ ; de *goutte* 1). Petite goutte d'un liquide. « *La rosée se déposait en gouttelettes serrées sur les planches de la barque* » (LOTI).
GOUTTER [gute]. *v. intr.* (XIVᵉ ; de *goutte* 1, ou lat. *guttare*). ♦ 1° Laisser couler goutte à goutte. V. **Dégoutter.** *Les toits gouttaient après l'orage.* ♦ 2° Couler goutte à goutte. *Eau qui goutte d'un robinet.* ◇ HOM. **Goûter.**
GOUTTEREAU [gutʀo]. *adj. m.* (1398 ; de *gouttière*). Archéol. *Murs gouttereaux :* se dit des murs latéraux des édifices gothiques, surmontés de gouttières.
GOUTTEUX, EUSE [gutø, øz]. *adj.* (1190 ; de *goutte* 2). ♦ 1° Qui est atteint de la goutte. *Un vieillard goutteux.* — Subst. *Un goutteux.* ♦ 2° Qui se rapporte à la goutte, est causé par elle. *Déformation goutteuse de la cheville.*

GOUTTIÈRE [gutjɛʀ]. *n. f.* (1120; de *goutte* 1). ♦ 1° *Vx.* Partie inférieure d'un toit, d'où l'eau tombe goutte à goutte (V. **Larmier**). ◇ *Chat de gouttière*, chat de l'espèce banale. ♦ 2° Canal demi-cylindrique, fixé au bord inférieur des toits. V. **Chéneau**. *Gouttière en zinc.* « *Les gouttières gorgées vomissaient l'eau à pleine gueule* » (COURTELINE). ♦ 3° Appareil destiné à immobiliser un membre ou une partie du corps dans les cas de fracture. ♦ 4° *Anat.* Rainure à la surface d'un os. *Gouttières vertébrales*, sillons situés de part et d'autre de l'épine dorsale et occupés par les muscles spinaux.

GOUVERNABLE [guvɛʀnabl(ə)]. *adj.* (1829; de *gouverner*). Susceptible d'être gouverné. *Peuple difficilement gouvernable.* ◈ ANT. **Ingouvernable**.

GOUVERNAIL [guvɛʀnaj]. *n. m.* (XIIᵉ; lat. *gubernaculum* « aviron »). ♦ 1° Plan mince orientable servant à régler la direction, les évolutions d'un navire. *Le gouvernail est généralement situé à l'arrière, en poupe. Parties du gouvernail :* aiguillot, jaumière, mèche, safran. *Manœuvre du gouvernail* (V. **Barre, timon**). ◇ *Gouvernail de profondeur d'un sousmarin :* servant à régler la profondeur d'immersion (barre de plongée). ◇ *Aviat.* (1911). *Gouvernail de direction, de profondeur.* V. **Empennage, gouverne**. ♦ 2° *Par métaph.* ou *fig.* (XVIᵉ). Ce qui sert à diriger, à conduire; conduite des affaires. *Saisir, tenir, abandonner le gouvernail. Des gouvernails.*

GOUVERNANCE [guvɛʀnãs]. *n. f.* (XIIIᵉ; de *gouverner*). *Ancienn.* Bailliages de l'Artois et de la Flandre.

GOUVERNANT, ANTE [guvɛʀnã, ãt]. *adj.* et *n.* (1437; de *gouverner*).
I. Adj. *Rare.* Qui gouverne (un pays, l'État). « *Assurer le recrutement d'une classe gouvernante* » (MAUROIS). V. **Dirigeant**.
II. *N.* ♦ 1° (XVᵉ). *Vx.* V. **Gouverneur**. ♦ 2° (1794). *Les gouvernants :* ceux qui détiennent et exercent le pouvoir politique, et *spécial.* le pouvoir exécutif. V. **Gouvernement**. *Collect.* « *Le mouvement de bascule qui substitue le gouverné au gouvernant* » (ALAIN). ◈ ANT. *Gouverné, sujet*.

GOUVERNANTE [guvɛʀnãt]. *n. f.* (1534; du précéd.). ♦ 1° Femme à qui l'on confie la garde et l'éducation d'un ou de plusieurs enfants. V. **Bonne** (d'enfant), **nourrice, nurse**. — *Vieilli.* V. **Chaperon, duègne**. ♦ 2° (1690). Femme chargée de s'occuper d'une personne seule.

GOUVERNE [guvɛʀn(ə)]. *n. f.* (1292, « gouvernement, conduite »; de *gouverner*). ♦ 1° (1723; Comm.). *Vx.* Ce qui doit servir de règle de conduite. Mod. *Je vous confie cela pour votre gouverne.* « *J'ai seulement pris ces chiffres pour votre gouverne* » (ZOLA). ♦ 2° (XIXᵉ). *Mar.* Direction d'une embarcation. — *Aviat.* Surface mobile, et *par ext.* tout dispositif servant à la conduite d'un avion, d'un dirigeable, d'une fusée. *Gouvernes d'un avion.* V. **Empennage, gouvernail; aileron**.

GOUVERNÉ, ÉE [guvɛʀne]. *adj.* (V. **Gouverner**). Qui est dirigé, gouverné. *Littér.* (V. **Gouverner, II**). « *La simple humeur non gouvernée* » (ALAIN). ◇ *Subst. Les gouvernés*, l'ensemble de ceux qui doivent obéir au pouvoir politique, et que l'on oppose aux gouvernants. V. **Sujet**.

GOUVERNEMENT [guvɛʀnəmã]. *n. m.* (1190; de *gouverner*).
I. Action de gouverner. ♦ 1° *Vx.* Action ou manière de diriger, de régir (qqch. ou qqn). V. **Administration, conduite, direction, gestion**. *Gouvernement d'une maison, d'une famille.* V. **Économie, ménage**. — *Vieilli. Gouvernement des esprits, des âmes.* V. **Direction, éducation**. « *Le gouvernement de soi* » (MONTAIGNE). V. **Maîtrise**. ♦ 2° *Littér.* Action d'exercer le pouvoir politique sur (un groupe social). V. **Administration**. *Prendre en mains le gouvernement d'un pays.* — Absolt. *Méthode de gouvernement. Organe de gouvernement.* — *Le gouvernement d'une classe :* le fait qu'elle gouverne. *Par ext.* Le fait d'exercer une influence déterminante et excessive sur la vie politique. V. *suff.* **-Crate, -cratie**. ♦ 3° *Dr. anc.* Direction politique et administrative d'une ville, d'une province; charge de gouverneur. — *Par ext. Vieilli.* Ville, circonscription régie par un gouverneur (V. **Domaine**). « *Le territoire du gouvernement de Moscou* » (SÉGUR).
II. *Mod.* et *cour.* Le pouvoir qui gouverne un État (V. **Autorité, force** (publique), **pouvoir, puissance**); ceux qui le détiennent. ♦ 1° Le pouvoir politique; les organes de ce pouvoir (exécutif, législatif). V. **État**. « *Une société ne saurait subsister sans un gouvernement* » (MONTESQ.). *Gouvernement central, gouvernements locaux d'un État fédéral.* — *Gouvernement établi. Gouvernement instable, faible, fort. Gouvernement révolutionnaire, insurrectionnel.* — En parlant d'un régime politique précis. *Le gouvernement des Bourbons, de l'Empire, de la Restauration.* V. **Règne**. ♦ 2° Le pouvoir exécutif, suprême (*opposé à* administration); les organes de ce pouvoir (*opposé à* pouvoir législatif). *Faiblesse, renforcement du gouvernement par rapport au pouvoir législatif. Gouvernement français* (chef de l'État; conseil des ministres), *anglais* (couronne; cabinet), *américain* (Président), *soviétique*

(présidium du Soviet suprême; conseil des ministres). — *Abusiv.* En parlant de l'Administration centrale de l'État. *Employé du gouvernement. Aux frais du gouvernement* (Cf. Aux frais de la princesse). ♦ 3° *Dans les régimes parlementaires,* La partie du pouvoir exécutif qui est responsable devant le Parlement; le corps des ministres. V. **Cabinet, conseil, ministère**. *Chef du gouvernement. Les pouvoirs du gouvernement; acte du gouvernement* (qui n'est susceptible d'aucun recours). V. **Arrêté, décision, décret, instruction; police, réglementaire** (pouvoir).
III. Organisation, structure politique de l'État. V. **Constitution, institution(s), régime, système**. *Gouvernement monarchique, impérial, consulaire. Gouvernement absolu* (V. **Absolutisme, despotisme, dictature**). *Gouvernement démocratique, républicain* (V. **Démocratie, république**). *Gouvernement parlementaire* (V. **Parlementarisme**), *représentatif.* « *Toute nation a le gouvernement qu'elle mérite* » (DE MAISTRE).
◈ ANT. *Anarchie, désordre. Opposition*.

GOUVERNEMENTAL, ALE, AUX [guvɛʀnəmãtal, o]. *adj.* (1081; de *gouvernement*). ♦ 1° Relatif au gouvernement, au pouvoir exécutif. *Organes gouvernementaux.* ♦ 2° Relatif au ministère. V. **Ministériel**. *L'équipe gouvernementale. La politique gouvernementale.* ◇ Qui soutient le gouvernement, le ministère. *Journal, parti gouvernemental.*

GOUVERNEMENTALISME [guvɛʀnəmãtalism(ə)]. *n. m.* (1842; du précéd.). *Vieilli.* Attitude politique qui consiste à approuver, à soutenir le pouvoir, le gouvernement. — « *Le gouvernementalisme (nom barbare du parti correct)* » (HUGO).

GOUVERNER [guvɛʀne]. *v. tr.* (XIᵉ; lat. *gubernare*, gr. *kubernân*. V. **Cybernétique**).
I. ♦ 1° Diriger (une embarcation). V. **Diriger, manœuvrer**. — *Absolt. Gouverner à la lame, vent arrière. Gouverner vers bâbord. Gouverner sur un cap.* V. **Diriger**. ♦ 2° *Vx.* V. **Conduire, mener**. « *La manière dont* (il) *gouvernait son cheval* » (VOLT.). ♦ 3° *Intrans. Mar.* Être gouverné, piloté (en parlant d'un navire). *Gouverner sur son ancre, sur sa bouée :* être pourvu par le courant, le vent.
II. Diriger la conduite de (qqch., qqn). ♦ 1° *Vx.* Administrer, gérer. ♦ 2° *Vieilli.* Exercer une influence déterminante sur la conduite de (qqn). V. **Diriger, élever, instruire**. *Il se laisse gouverner par sa femme.* V. **Mener, régenter**. — *Fig. Gouverner son cœur, ses sentiments.* V. **Maîtriser**. « *Je ne prétends pas gouverner ma vie* » (BERNANOS). — Exercer son empire sur. V. **Dominer**. *L'intérêt, l'ambition, la crainte le gouvernent.* V. **Mener**. ♦ 3° *Gram. anc.* V. **Régir**. En latin, le verbe actif gouverne l'accusatif.
III. Exercer le pouvoir politique sur (V. **Gouvernement**). *Gouverner les peuples, les hommes.* V. **Conduire, diriger**. *Chef, monarque qui gouverne un pays.* « *Il m'importe assez peu par qui je suis gouverné, si je suis trop gouverné* » (RENAN). ◇ *Absolt.* Diriger les affaires publiques d'un État, détenir et exercer le pouvoir politique, et *spécial.* le pouvoir exécutif. *Ceux qui gouvernent.* V. **Chef, gouvernant, homme** (d'État). « *Gouverner c'est prévoir* », mot attribué à É. de Girardin, et parfois à Thiers. *Le roi ne gouverne pas, il règne.* ◇ SE GOUVERNER. *v. pron.* Exercer le pouvoir politique sur soimême (en parlant d'une société). *Droit des peuples à se gouverner eux-mêmes.*

GOUVERNEUR [guvɛʀnœʀ]. *n. m.* (v. 1050; de *gouverner*).
I. ♦ 1° *Anc. dr.* Haut fonctionnaire royal à qui était confié un gouvernement militaire. ◇ *Par ext. Gouverneurs de provinces, dans divers temps et pays.* V. **Bey, dey, légat, proconsul, satrape, stathouder, tétrarque, vicaire, voïvode**. ♦ 2° *Milit. Gouverneur militaire :* officier général placé à la tête de certaines régions militaires. *Gouverneurs d'une place forte.* ♦ 3° Chef de certaines grandes institutions financières, et *spécial.* de la Banque de France. ♦ 4° *Ancien.* Fonctionnaire qui, dans une colonie ou un territoire dépendant d'une métropole, était à la fois le principal représentant de l'autorité métropolitaine et le chef de l'administration. ♦ 5° *Mod.* Aux États-Unis, Chef du pouvoir exécutif d'un État, élu généralement pour un mandat de quatre ans, disposant d'un droit de veto et du droit de grâce. ♦ 6° Au Canada, *Gouverneur général* (1926; autre sens, 1867). Représentant de la reine (ou du roi), nommé pour cinq ans par le souverain d'Angleterre, sur la recommandation du Premier ministre du Canada. — LIEUTENANT-GOUVERNEUR (1867). Haut fonctionnaire nommé pour cinq ans par le gouverneur général pour représenter la reine (ou le roi) dans chaque province* du Canada.
II. *Vx* ou *Hist.* (XVᵉ). Celui qui dirigeait l'éducation d'un ou plusieurs enfants. V. **Mentor, précepteur, régent; gouvernante**.
III. *Techn.* Ouvrier papetier chargé de la préparation des chiffons destinés à la fabrication de la pâte à papier.

GOUZI-GOUZI [guziguzi]. *n. m.* (1950; onomat.). *Fam.* Syn. de *Guili-guili*. « *Alors ça lui a fait un gouzi-gouzi au cœur* » (NIMIER).

GOY, GOÏ [gɔj]. *n. m.* (XVIᵉ; hébr. *goï* « chrétien ». V. Goujat). Nom donné par les Israélites aux personnes étrangères à leur culte, et *spécialt.* aux chrétiens (plur. *goym* [gɔjm], *goyim* [gɔjim]).

GOYAVE [gɔjav]. *n. f.* (1601; *guayaba*, 1555; esp. *guayaba*, mot caraïbe). Fruit du goyavier, baie parfumée et sucrée. *Gelée, confiture de goyave.*

GOYAVIER [gɔjavje]. *n. m.* (1555; du précéd.). Arbre d'Amérique tropicale qui produit les goyaves.

Gr Symbole du grade* (2°).

GRABAT [gʀaba]. *n. m.* (1560; *grabatum*, fin XIᵉ; lat. *grabatus*, gr. *krabbatos*). Lit misérable. ◇ *Par ext.* et *vx.* *Être sur le grabat* : malade. V. Grabataire.

GRABATAIRE [gʀabatɛʀ]. *adj.* et *n.* (1721; de *grabat*). *Vx.* Qui est malade et ne quitte pas le lit. *Vieillard grabataire* (V. **Infirme**). N. *Un grabataire.*

GRABEN [gʀabɛn]. *n. m.* (XIXᵉ; de l'all. *graben* « fossé »). *Géol.* Bloc effondré entre deux compartiments soulevés (*opposé à* horst). V. Fossé (tectonique). *Des grabens.*

GRABUGE [gʀabyʒ]. *n. m.* (1532; *grabouil*, XVᵉ; it. *garbuglio*). *Fam.* Dispute, querelle bruyante; désordre qui en résulte. — *Par ext.* V. Bagarre, bataille. « *Il pourrait bien y avoir du grabuge* » (BALZ.).

GRÂCE [gʀɑs]. *n. f.* (XIᵉ, « aide de Dieu »; lat. *gratia*). **I. A ♦ 1°** (XIIᵉ). Ce qu'on accorde à qqn pour lui être agréable, sans que cela lui soit dû. V. **Avantage, bienfait, don, faveur.** *Demander, solliciter, obtenir, recevoir une grâce. Faire à qqn la grâce de.* V. **Plaisir.** *Implorer une grâce.* — Fig. *Par hyperb.* (Formule de politesse). *Me ferez-vous la grâce d'accepter?* V. **Amabilité, honneur. ♦ 2°** *Les bonnes grâces de qqn* : les faveurs qu'il accorde; ses dispositions favorables. V. **Bienveillance, faveur.** *Être, rentrer dans les bonnes grâces de qqn.* **♦ 3°** Disposition à faire des faveurs, à être agréable à qqn. V. **Bienveillance, bonté, protection.** *Rentrer en grâce* : retrouver une faveur. — Fig. *Trouver grâce devant qqn, aux yeux de qqn* : lui plaire, gagner sa bienveillance, son indulgence. — *Vx. Délai de grâce.* Terme de droit : délai que les juges peuvent accorder à un débiteur. — DE GRÂCE. *Vx.* Par bonté. *Mod.* Je vous en prie. **♦ 4°** (De l'angl.) Titre d'honneur (surtout dans les pays anglo-saxons). *Votre Grâce.*

B Faveur de Dieu. **♦ 1°** La bonté divine; les faveurs qu'elle dispense. V. **Bénédiction, faveur.** *La grâce de Dieu.* Loc. *Louis, par la grâce de Dieu, roi de France et de Navarre.* V. **Volonté.** ◇ *An de grâce,* se dit de chacune des années de l'ère chrétienne (*vx* ou *plaisant*). — *Havre de grâce.* ◇ Loc. *À la grâce de Dieu* : comme il plaira à Dieu, sans autre secours, et par iron. n'importe comment. **♦ 2°** *Théol. chrét.* Aide surnaturelle qui rend l'homme capable d'accomplir la volonté de Dieu et de parvenir au salut. V. **Bénédiction, inspiration.** *Dieu accorde, donne, répand sa grâce. La grâce a touché ce pécheur. Les sacrements sont destinés à produire, à fortifier la grâce dans les âmes. Grâce et prédestination*. — *Être en état de grâce* (V. **Pureté**). *Je vous salue, Marie, pleine de grâce.* — *Grâce efficace, sanctifiante, suffisante, vivifiante.* — *Grâce d'état* : grâce attachée à une situation particulière. *Fig.* Ce qui permet de supporter une situation, un état pénible, douloureux. **♦ 3°** *Avoir la grâce.* V. **Don, inspiration.** *Pour créer de telles œuvres, il faut avoir la grâce.*

C Pardon. **♦ 1°** (XIIIᵉ). Pardon, remise de peine, de dette accordée bénévolement. V. **Amnistie, sursis.** *Requête, supplique pour obtenir une grâce.* ◇ (Sans article) *Demander grâce.* V. **Miséricorde, quartier.** *Crier grâce.* V. **Supplier.** *Ellipt. Grâce!* V. **Merci,** pitié. *Faire grâce.* V. **Excuser, pardonner.** ♦ *Faire grâce à qqn d'une dette, d'une obligation.* V. **Dispenser, exempter, remettre.** — *Fig. Je vous fais grâce du détail. Iron. Faites-moi grâce de vos observations!* V. **Épargner.** ♦ **2°** *Coup de grâce* : coup qui termine les souffrances d'un blessé, d'un supplicié en lui donnant la mort. *Donner le coup de grâce à un fusillé.* ◇ *Par ext.* Coup qui achève d'abattre, de perdre qqn ou qqch. *Donner, porter le coup de grâce.* V. **Achever, perdre.** ♦ **3°** *Dr. pén.* Mesure de clémence au profit d'un coupable irrévocablement condamné. *Le droit de grâce appartient au président de la République. Recours en grâce.* V. **Requête, supplique.** *Grâce simple, grâce amnistiante* (V. **Amnistie**).

II. (XIIᵉ). *Dans des expressions.* Action de reconnaître un bienfait, une grâce. V. **Reconnaissance, remerciements.** *Rendre grâce.* V. **Remercier.** « *La France rend grâce à Voltaire* » (MICHELET). — *Action de grâce,* de grâces, témoignage de reconnaissance rendu à Dieu. En Amérique du Nord, *Jour d'action de grâce* (équiv. de *Thanksgiving Day* [1674]). Jour férié commémorant la prière de remerciement à Dieu des colons de Plymouth, après la première récolte (1621). (Aux États-Unis, le quatrième jeudi de novembre; au Canada, le deuxième lundi d'octobre.) — *Cantique d'action de grâces.* V. **Te Deum**; doxologie, gloria. — Absolt. *Les grâces* : prière de remerciement qui se dit après les repas. ◇ *Ellipt. Grâce (en soit rendue) à Dieu. Grâce à Dieu, nous avons réussi.*

V. Bonheur (par), heureusement, merci (Dieu merci). ◇ *Loc. prép.* GRÂCE À (qqn, qqch.) : à l'aide, au moyen de (en parlant d'un résultat heureux, ou par ironie : « *Je fis fort peu de progrès, grâce aux lenteurs d'une détestable méthode* » (STENDHAL). *Grâce à son aide, nous avons pu y arriver.* V. **Avec.** « *Grâce à l'auto, l'étape a été peu fatigante* » (GIDE).

III. (1280). **♦ 1°** Sorte de charme, d'agrément qui réside dans les personnes, les choses. V. **Agrément, attrait, charme.** *Grâce qui réside dans la douceur, l'harmonie, l'élégance, la simplicité. Grâce naturelle, nonchalante, juvénile. Avoir de la grâce. Femme bien faite, mais sans grâce.* — *Grâce des gestes, des mouvements, des attitudes.* V. **Aisance, désinvolture, facilité.** *Évoluer, danser avec grâce.* — *La grâce d'un paysage, des fleurs.* — *Spécialt. Grâce des propos, de l'expression.* V. **Aisance, élégance, facilité.** *Parler, s'exprimer, badiner avec grâce.* — *Au plur.* LES GRÂCES. V. **Beauté, finesse, ornement.** — *Les grâces d'une personne* (vieilli). V. **Attrait, charme.** « *Et son cœur est épris des grâces d'Henriette* » (MOL.). — *Par ext.* (souvent iron.) Manières gracieuses. *Faire des grâces.* V. **Façon.** — Démonstrations d'amitié, politesse. « *L'une d'elles refusa avec mille grâces* » (CÉLINE). **♦ 2°** BONNE (MAUVAISE) GRÂCE : bonne volonté naturelle et aimable. V. **Affabilité, amabilité, aménité, douceur, gentillesse.** *Faire qqch. de bonne grâce.* V. **Bénévolement, gré** (de bon gré), volontiers. *Il a accueilli ma demande avec beaucoup de bonne grâce.* — *Mauvaise grâce* : mauvaise volonté. *Avoir mauvaise grâce* à : être mal venu de, n'être pas bien placé pour. *Il aurait mauvaise grâce à se plaindre, à se plaindre : il n'a donné tout ce qu'il demandait.* **♦ 3°** Mythol. *Les trois Grâces* : les trois déesses (*Aglaé, Thalie et Euphrosyne*), qui personnifiaient le don de plaire.

◇ ANT. *Dette, obligation; défaveur, haine, malveillance. Condamnation, disgrâce. Laideur, lourdeur, maladresse; grossièreté.* — HOM. *Grasse.*

GRACIER [gʀasje]. *v. tr.* (1336; « remercier », XIᵉ, jusqu'au XVIᵉ; de *grâce*). Faire grâce à (un condamné) : remettre ou commuer la peine de (qqn). *Condamné gracié par le chef de l'État.* ◇ ANT. *Condamner, exécuter, punir.*

GRACIEUSEMENT [gʀasjøzmɑ̃]. *adv.* (1302; de *gracieux*). **♦ 1°** D'une manière gracieuse. *Accueillir gracieusement qqn.* V. **Aimablement. ♦ 2°** À titre gracieux. *Un cadeau sera remis gracieusement à tout acheteur.* V. **Gratuitement. ♦ 3°** Avec grâce. *Elle sourit gracieusement.*

GRACIEUSETÉ [gʀasjøzte]. *n. f.* (1462; de *gracieux*). **♦ 1°** Manière aimable, pleine de bonne grâce. V. **Amabilité, civilité, politesse.** *Faire mille gracieusetés.* **♦ 2°** Vieilli. Don gracieux. V. **Gratification**; cadeau, don.

GRACIEUX, IEUSE [gʀasjø, jøz]. *adj.* (*Gracios*, XIIᵉ; lat. *gratiosus* « obligeant »). **♦ 1°** *Vx.* Bienveillant, bon. *Notre gracieux souverain.* **♦ 2°** *Par ext.* Qui est aimable et souriant. V. **Aimable.** *Un enfant gracieux.* « *Et quel est cet abord? qu'il est peu gracieux!* » (ROTROU). **♦ 3°** Qui est accordé, sans être dû, sans que rien soit exigé en retour. V. **Bénévole, gratuit.** *Prêter un concours gracieux. Faire qqch. à titre gracieux* : bénévolement. *Recours gracieux* (V. **Recours**). **♦ 4°** Qui a de la grâce. V. **Attrayant, charmant, élégant, gentil, joli, mignon.** *Un corps svelte et gracieux.* — *Un enfant gracieux.* — *Un gracieux animal.* « *Les formes gracieuses d'une Diane chasseresse* » (MUSS.). *Geste gracieux.* — Subst. *Le gracieux* : le gracieux; le genre gracieux, en littérature, en art (*vieilli*). ◇ ANT. *Méchant, sévère; abrupt, impoli, malgracieux, pesant; onéreux; disgracieux, laid.*

GRACILE [gʀasil]. *adj.* (1515, repris XIXᵉ; lat. *gracilis.* V. **Grêle**). Mince et délicat. V. **Élancé, grêle.** *Cette fillette a des formes gracieuses. Svelte et gracile.* ◇ ANT. *Épais, trapu.*

GRACILITÉ [gʀasilite]. *n. f.* (1488; lat. *gracilitas.* V. **Gracile**). Minceur délicate. *Une gracilité juvénile.* ◇ ANT. *Grosseur, robustesse.*

GRACIOSO [gʀasjozo]. *adv.* (*Grazioso*, 1846; mot it.). *Mus.* Gracieusement.

GRADATION [gʀadɑsjɔ̃]. *n. f.* (1464; lat. *gradatio*; de *gradus* « degré »). **♦ 1°** Progression par degrés successifs, et le plus souvent ascendante. *Gradations d'effets. L'âme « est amenée par une gradation insensible, jusqu'à ce point d'attendrissement où les sanglots nous étouffent* » (MARMONTEL). *Par gradation.* V. **Graduellement.** — *Mus.* Progression ascendante, suivant l'échelle des sons. *Gradation des notes de la gamme.* — *Rhét.* Figure qui consiste à disposer plusieurs mots ou expressions selon une progression de sens croissante et décroissante. — Passage insensible d'un ton à un autre, en peinture. **♦ 2°** *Par ext.* V. **Degré, grade, palier.** *Passer par une suite de gradations.* ◇ ANT. *Saut, saute.*

1. GRADE [gʀad]. *n. m.* (1578; it. *grado,* ou lat. *gradus*). **♦ 1°** Degré d'une hiérarchie. V. **Échelon.** *Grades de la police. Assimilation, équivalence de grades. Avancer, monter en grade* (V. **Avancement, promotion**). ◇ (1898) Degré de la hiérarchie militaire, distinct de la dignité ou du titre. *Grades* *dans les Armées de terre et de l'air.* Troupe : V. **Caporal, caporal-chef.** Sous-officiers : V. **Sergent** (ou Maréchal des logis), **sergent-chef, sergent-major, adjudant, adjudant-chef.** *Grade d'aspirant.* — Officiers subalternes : V. **Sous-lieutenant, lieutenant, capitaine.** — Officiers supérieurs : V. **Commandant** (chef de bataillon ; chef d'escadron), **lieutenant-colonel, colonel.** — Officiers généraux : V. **Général.** — *Grades dans l'armée de mer.* Équipages de la flotte. V. **Quartier-maître ; aspirant...** Officiers : V. **Enseigne ; lieutenant** (de vaisseau), **capitaine** (de corvette, de frégate ; de vaisseau) ; **contre-amiral, vice-amiral, amiral.** — *Épaulettes, étoiles, galons, insignes de grade. Casser un sous-officier, un officier de son grade.* V. **Dégrader.** ◇ *Loc. fam. En prendre, prendre qqch. pour son grade* : se faire réprimander vertement. *En avoir pour son grade* : en avoir pleine mesure. ◇ *Grade universitaire,* attesté par un diplôme* conféré après examen. *Être admis au grade de docteur ès lettres.* V. **Diplôme.** ♦ 2° *Géom.* (1803). Centième partie d'un quadrant, dans un système de graduation centésimale de la circonférence. *Le grade* (gr), *quatre-centième partie de la circonférence. Sous-multiples du grade :* décigrade, centigrade, milligrade.

2. **GRADE** [grad]. *n. m.* (mil. XXe ; mot angl. « degré »). *Américanisme. Pétr.* (affectée d'un numéro). Catégorie S.A.E.* de viscosité d'une huile.

-GRADE. Élément, du lat. *-gradus,* de *gradi* « marcher » (ex. : *plantigrade*).

GRADÉ, ÉE [grade]. *adj.* (1796 ; de *grade*). Qui a un grade (inférieur) dans l'armée. *Subst. De simples gradés.*

GRADER [gradœr]. *n. m.* (1958 ; mot angl., de *to grade* « niveler »). *Anglicisme. Techn.* Machine automobile, dont l'élément actif est une lame d'acier travaillant horizontalement, soit pour niveler un terrain, soit pour répandre également une matière (graviers, sable...). *Recom. offic.* Profileuse. V. *aussi* **Niveleuse.**

GRADIENT [gradjã]. *n. m.* (1888 ; lat, *gradiens, entis,* de *gradus* « grade »). *Sc.* Taux de variation d'une grandeur en fonction de la distance. ♦ 1° *Météor., Géogr. Gradient de température,* variation de la température en fonction de l'altitude, mesurée en degré par centaine de mètres. *Gradient de pression,* variation de la pression atmosphérique par unité de distance sur la terre. ◇ *Gradient géothermique*.* ♦ 2° *Électr.* (mil. XXe). *Gradient de potentiel,* variation du potentiel (électrique ou magnétique) entre deux points. ♦ 3° *Biol.* Taux de variation d'une propriété physiologique dans un organisme.

GRADIN [gradẽ]. *n. m.* (1648 ; it. *gradino* dimin. de *grado* « degré d'escalier ». V. **Grade**). ♦ 1° Chacun des bancs disposés en étages dans un amphithéâtre. « *Des gradins de vélodrome, surchargés de spectateurs* » (MART. du G.). ♦ 2° *Par anal.* Les différents plans d'un terrain. *Collines, cultures en gradins.* V. **Étage.** *Gradins de gazon,* marches de terre gazonnée. ♦ *Techn.* Petite marche formant étagère sur un meuble, un autel.

GRADUATION [graduasjõ]. *n. f.* (XIVe ; lat. médiév. *graduatio*). ♦ 1° Division en degrés d'égale longueur effectuée sur un instrument de mesure. *Graduation centésimale d'un thermomètre.* — *Par ext.* Ensemble des divisions marquant ces degrés. ♦ 2° *Techn.* Concentration graduelle de l'eau des marais salants pour recueillir le sel marin.

GRADUÉ, ÉE [gradɥe]. *adj.* (1625 ; de *graduer*). ♦ 1° Progressif. *Recueil de problèmes, d'exercices gradués.* ♦ 2° (1690). Qui porte une graduation. *Thermomètre gradué. Cercle gradué servant à la mesure des angles.*

GRADUEL, ELLE [gradɥɛl]. *adj. et n. m.* (XVIe ; lat. médiév. *gradualis,* de *gradus* « marche »). I. *Liturg. Versets graduels,* et subst. *Le graduel,* partie de la messe entre l'épître et l'évangile, qui se disait autrefois sur les degrés du jubé ou de l'ambon. *Chanter le graduel.* — *Par ext.* Livre de chants pour la messe. II. (1688 ; d'apr. *grade* « degré »). Qui va par degrés. V. **Progressif.** *Aggravation graduelle d'une maladie. Difficultés graduelles.* « *Je sentais un refroidissement graduel dans les lettres de Mme d'Houdetot* » (ROUSS.). — (ANT. **Brusque, soudain, subit**).

GRADUELLEMENT [gradɥɛlmã]. *adv.* (1596 ; « sur les marches », XIVe ; de *graduel*). Par degrés, par échelons. V. **Petit** (à petit), **peu** (à peu) ; **progressivement ; doucement.** *Avancer, gagner du terrain graduellement. Amener graduellement un art à sa perfection.* « *Graduellement, je sentis que mon esprit acquiesçait* » (DUHAM.).

GRADUER [gradɥe]. *v. tr.* (1404, « conférer un grade » ; lat. médiév. *graduare,* de *gradus.* V. **Grade**). ♦ 1° (1545). Augmenter graduellement. *Graduer les difficultés. Graduer l'intérêt, les effets* (V. **Gradation**). — Augmenter graduellement l'intensité, la difficulté de. « *Graduer l'expérience, c'est l'art d'instruire* » (ALAIN). ♦ 2° (1690). Diviser en degrés. *Graduer une éprouvette, une règle* (V. **Graduation**).

GRADUS [gradys]. *n. m.* (1845 ; abrév. de *Gradus ad Parnassum* « Degré vers le Parnasse » (1702). Dictionnaire

de prosodie latine. — *Par ext.* Dictionnaire poétique. *Un gradus français.*

GRAFFITI [grafiti]. *n. m. plur.* (*Graffito,* au sing., 1866 ; mot it.). *Archéol.* Inscriptions ou dessins tracés sur les murailles, les monuments des villes antiques. *Les graffiti des catacombes.* ◇ *Cour.* Inscriptions ou dessins griffonnés sur les murs, les portes. « *Des graffiti obscènes sont charbonnés à la porte des appartements* » (PROUST).

GRAILLEMENT [grajmã]. *n. m.* (1671 ; « croassement », XIVe ; de *grailler* 1). Son de voix enrouée, rauque.

1. **GRAILLER** [graje]. *v. intr.* (XVe ; « caqueter », XIIIe ; de *graille* « corneille » ; lat. *gracula*). ♦ 1° Crier (en parlant des corneilles). V. **Crailler.** ♦ 2° (d'apr. *graillon* 1). Parler d'une voix enrouée. V. **Graillonner** 1.

2. **GRAILLER** [graje]. *v. intr.* (fin XVIe ; var. *grailer,* a. fr. *graile* « trompette » ; lat. *gracilis* « fluet » (son). *Vén.* Sonner du cor pour rappeler les chiens. « *Un piqueux graillait aux chiens perdus* » (LA VARENDE).

3. **GRAILLER** [graje]. *v. tr.* (1944 ; de *graille* « nourriture », de *graillon* 2). *Pop.* Manger. *Rien à grailler !* Absolt. *Ils sont en train de grailler.*

1. **GRAILLON** [grajõ]. *n. m.* (1808 ; var. de *craillon,* de *crailler* « cracher », rad. germ. °*krakk*). *Pop.* Mucosité épaisse expectorée. V. **Crachat.**

2. **GRAILLON** [grajõ]. *n. m.* (1642, « restes, rogatons » ; région. *grailler* « griller ». V. **Grille**). ♦ 1° *Plur.* Morceaux* de gras frits qui restent d'un plat. ♦ 2° (1762). Odeur de graisse brûlée. *Cuisine qui sent le graillon.* — Mauvaise cuisine à la graisse. « *J'ai l'estomac fragile et horreur du graillon* » (ROMAINS).

1. **GRAILLONNER** [grajone]. *v. intr.* (1808 ; de *graillon* 1). *Fam.* Tousser pour expectorer des graillons. V. **Cracher.** ◇ Parler d'une voix grasse, enrouée (Adj. **GRAILLONNANT** [grajonã]). « *Les yeux bouffis, la gorge graillonnante* » (MIRBEAU).

2. **GRAILLONNER** [grajone]. *v. intr.* (1866 ; de *graillon* 2). Prendre une odeur de graillon. « *Des roux graillonnaient dans des poêlons* » (ZOLA).

GRAIN [grẽ]. *n. m.* (XIe ; lat. *granum.* V. **Grani-**). I. ♦ 1° Fruit comestible des graminées. *Le grain des céréales est un caryopse. Grain de blé, de maïs, de mil, de riz, d'orge. Ôter les grains d'un épi.* V. **Égrener.** ◇ *Fig.* GRAIN D'ORGE. *Méd.* V. **Orgelet.** *Cout.* Point rappelant un grain d'orge. *Menuis.* Petit morceau de bois pour remplir un vide, une fente. *Assemblage à grain d'orge,* assemblage de deux pièces de bois taillées l'une à angle aigu, l'autre à angle rentrant. ◇ LES GRAINS ou LE GRAIN (collectif) : les grains récoltés des céréales. *Le grain est séparé des tiges et enveloppes par le battage. Conservation du grain.* V. **Grange, grenier.** *Moudre le grain* (V. **Farine**). *Jeter du grain aux oiseaux.* — *Poulet de grain,* poulet de qualité supérieure nourri exclusivement de grains de céréales. *Alcool, eau-de-vie de grains,* de céréales. — Loc. fig. *Séparer la paille des mots* (la forme) *et le grain des choses* (le fond, la substance) : formule de Leibniz. ♦ 2° Grain destiné à la semence, et *par ext.* Toute semence comestible (légumineuses ; vesce, lentille, haricot). V. **Graine.** *Semer le grain.* — *Bible. Parabole du bon grain et de l'ivraie ; du grain de sénevé.* « *Si le grain ne meurt* » (BIBLE), sous-entendu : la plante ne poussera pas. ♦ 3° *Par ext.* Fruit, graine ou toute autre partie menue et arrondie de certaines plantes. *Grain de raisin, de groseille. Les grains d'une grenade, d'une framboise. Grain de café.* — *Café, poivre en grains* (opposé à *moulu*). *Haricots en grains* (opposé à *haricots verts* ou en *cosses*). ♦ 4° *Par anal.* Petite chose arrondie, rappelant un grain. *Grain d'ambre* (V. **Perle**). *Grain de chapelet.* — *Pharm.* Petite pilule. V. **Granule.** — Parcelle généralement de forme arrondie, ou trop petite pour qu'on en distingue la forme. V. **Corpuscule, fragment.** *Grain de grêle.* — V. **Grêlon.** *Grains de métal.* V. **Grenaille.** *Grain de sable,* de poussière, de poudre, de farine, de pollen. *Il y a un grain de sable dans l'engrenage. Grain de sel.* — *Fam.* Mettre, mêler son grain de sel : intervenir, s'immiscer mal à propos (dans une conversation, une affaire). *Il faut toujours qu'il vienne mettre son grain de sel.* ◇ *Fig. Grain de poudre,* nom d'un drap de laine fin et serré. ♦ 5° *Par anal.* Aspérité grenue d'une surface, d'une matière. *Granit à gros grains, à petits grains. Grains d'une peau d'orange.* — GRAIN DE BEAUTÉ : petit nævus pigmenté de la peau, plat ou saillant. *Les grains de beauté font ressortir la blancheur du teint.* V. **Lentigo.** ♦ 6° LE GRAIN : aspect d'une surface plus ou moins grenue. *Grain de la peau. Le grain d'un cuir.* « *Une chair dont le tissu et le grain rappellent... l'ivoire, la pierre* » (NIZAN). *Grain d'un papier. Grain d'une étoffe. Soie gros grain.* V. **Gros-grain.** Spécialt. *Grain d'une plaque photographique,* dimension des particules de bromure d'argent précipitées dans l'émulsion qui le recouvre. — *Grav.* Effet produit par les tailles diversement croisées d'une gravure. ◇ Aspect des particules plus ou moins apparentes formant la masse d'une matière solide, inorganique ou organique. *L'acier a le* *grain plus fin que le bronze.* ♦ 7° *Fig.* Très petite quantité. V. **Atome, once, pointe.** *Il n'a pas un grain de bon sens.* V. **Brin.** *Un grain de fantaisie, de folie.* « *Le moindre grain de talent* » (RENAN). *Absolt. Avoir un grain, un petit grain :* être un peu fou*. ◇ Spécialt. *Vx.* Petit poids valant 0,053 g. *Poids de 480 grains.* V. **Once.** « *Quelques grains d'ellébore* » (LA FONT.). *Mod.* [Au Canada.] Poids équivalant à 0,002 once* ou à 0,0647 gramme. — **II.** (1552 ; p.-ê. à cause des grêlons). *Mar.* Vent violent et de peu de durée qui s'élève soudainement et qui est généralement accompagné de précipitations (pluie, neige, grêle). *Veiller au grain ; fig.* Être prudent, veiller à toute éventualité. *Recevoir un grain.* « *Un grain creva, noyant tout* » (VERCEL). ◇ *Cour.* V. **Averse.** Averse soudaine et brève apportée par le vent. V. **Averse, ondée.**

GRAINAGE. V. **GRENAGE.**

GRAINE [grɛn]. *n. f.* (XIIᵉ ; lat. *grana,* pl. neutre pris comme fém. de *granum.* V. **Grain**). ♦ 1° Partie des plantes à fleurs (phanérogames) qui assure leur reproduction ; ovule fécondé de la fleur. *La graine est contenue dans le fruit* (angiospermes), ou *nue* (gymnospermes). *Graines d'une baie.* V. **Pépin.** *La graine d'une drupe* (V. **Amande**) *est enfermée dans l'endocarpe lignifié* (V. **Noyau**). *Structure, albumen, tégument de la graine. Graine ciliée, ailée, à aigrette.* — *Dissémination,* « *sémination* » *des graines. Germination, pousse d'une graine. Semer des graines* (V. **Semence**). *La graine, de la graine de...,* collectif désignant les graines, la semence. *Plante qui monte en graine, qui produit sa semence. Graines oléagineuses, dont on tire l'huile par concassage.* — Spécialt. *Graine de paradis :* la cardamome. — *Épaulette à graine d'épinard*.* ♦ 2° *Loc. fig. Monter en graine,* se dit d'une jeune fille qui avance en âge et tarde à se marier. — *En prendre de la graine,* en tirer un exemple, une leçon (capable de produire les mêmes bons résultats). *Ton frère était bachelier à 16 ans ; prends-en de la graine.* ◇ GRAINE DE (*péj.*), pour exprimer ce qu'on pense qu'une personne sera dans l'avenir. *Graine d'assassin ! Surveillez ce jeune homme, c'est de la graine de voyou.* — Dans le même sens, *Mauvaise graine,* se dit d'enfants dont on ne présage rien de bon (V. **Engeance**), et *par plaisant.* d'enfants turbulents, malicieux. ♦ 3° *Par anal.* Nom donné à l'œuf du ver à soie.

GRAINER [grɛne]. V. **GRENER.**

GRAINETERIE [grɛnt(ə)ʀi, grɛnɛtʀi]. *n. f.* (*Grèneterie,* 1660 ; de *grainetier*). Commerce, magasin du grainetier.

GRAINETIER, IÈRE [grɛntje, jɛʀ]. *n.* (*Grènetier,* 1572 ; de *grain*). Personne qui vend des grains, des graines destinés à la consommation, et parfois des fourrages, des légumes.

GRAINIER, IÈRE [grɛnje, grɛnjɛʀ]. *n.* (1636 ; de *graine*). ♦ 1° Personne qui vend des graines de semences. ♦ 2° *N. m.* Local où l'on conserve les graines de semence (*agric.*).

GRAISSAGE [grɛsaʒ]. *n. m.* (1460 ; de *graisser*). Action de graisser. Interposition d'un corps lubrifiant entre deux surfaces de frottement. *Le graissage empêche le grippage. Huiles* de graissage.*

GRAISSE [grɛs]. *n. f.* (*Craisse,* déb. XIIᵉ ; lat. pop. °*crassia,* de *crassus.* V. **Gras**). ♦ 1° Substance onctueuse, de fusion facile, répartie en diverses parties du corps de l'homme (et des mammifères), surtout dans le tissu conjonctif sous-cutané. *Excès de graisse, mauvaise graisse.* V. **Adiposité, embonpoint, obésité.** *Prendre de la graisse.* V. **Engraisser.** *Boule, bourrelet de graisse. Destruction de la graisse.* V. **Lipolyse.** ♦ 2° Cette substance, tirée du corps de certains animaux, et servant à divers usages industriels et domestiques. V. **Gras.** *Graisse de porc.* V. **Lard, panne ; saindoux.** *Graisse de phoque. Graisse à frire.* V. **Friture.** *Odeur de graisse.* V. **Graillon** (2). *Ronds de graisse sur un bouillon.* V. **Yeux.** ♦ 3° Corps gras, matière grasse. *Graisses animales, végétales* (alimentaires ou industrielles). V. **Beurre, huile, lanoline, margarine, spermaceti, suif.** *Les graisses sont insolubles dans l'eau, combustibles et saponifiables. Graisses minérales* obtenues par distillation du pétrole. V. **Paraffine, vaseline.** *L'oléine, la stéarine, la butyrine, principaux constituants de nombreuses graisses.* V. **Lipide.** — *Graisses utilisées pour la lubrification des pièces de machine* (V. **Cambouis ; graissage**). « *Ces graisses qui jaunissaient déjà les mains de mécanicien* » (ZOLA). *Tache de graisse.* ♦ 4° *Techn.* (*Imprim.*). Épaisseur des pleins de la lettre, dans les caractères d'imprimerie (qu'ils soient maigres, demi-gras ou gras*). ♦ 5° *Par anal.* Altération des vins, bières, cidres, qui leur donne une consistance visqueuse. *Aspect filant du vin atteint de graisse.* ◇ ANT. *Maigre* (n.).

GRAISSER [grɛse]. *v.* (v. 1500 ; de *graisse*). — **I.** *V. tr.* ♦ 1° Enduire, frotter d'un corps gras. V. **Oindre.** *Il* « *graissait ses souliers de chasse avec le lard de ses cochons* » (FLAUB.). *Faire graisser sa voiture, les engrenages d'une machine.* V. **Huiler, lubrifier.** ◇ *Fig.* et fam. *Graisser ses bottes** — *Graisser la patte à qqn :* lui mettre de l'argent dans la main pour gagner ses bons offices, le soudoyer. ♦ 2° Tacher de graisse ; rendre gras. V. **Salir.** « *Ses cheveux,*

luxuriants sur les épaules, graissent les places qu'ils caressent » (BALZ.). — **II.** *V. intr. Techn.* Tourner en graisse. *Le collage empêche le vin de graisser.* ◇ ANT. *Dégraisser.*

GRAISSEUR [grɛsœr]. *n. m.* (1532 ; de *graisser*). *Techn.* (1845). Ouvrier ou appareil automatique qui opère le graissage. *Adj.* « *Le godet graisseur du cylindre* » (ZOLA).

GRAISSEUX, EUSE [grɛsø, øz]. *adj.* (1532 ; de *graisse*). ♦ 1° De la nature de la graisse. V. **Adipeux.** *Tissu graisseux. Tumeur graisseuse.* V. **Lipome.** ♦ 2° Taché de graisse. V. **Gras.** « *Sortant de sa poche un carnet graisseux* » (ZOLA).

GRAM [gram]. *n. m.* (déb. XXᵉ ; nom d'un bactériologiste danois). *Sc.* Solution iodo-iodurée employée en bactériologie pour colorer les microbes. *Gram positif, négatif.* ◇ HOM. *Gramme.*

GRAMEN [gramɛn]. *n. m.* (1372 ; mot lat. « herbe »). *Bot.* Nom générique des graminacées, des herbes de gazon, etc. *D'épais gramens.*

GRAMINACÉES [graminase]. *n. f. pl.* (1754 ; du lat. *gramen*). *Bot.* Famille de plantes phanérogames angiospermes, à tige cylindrique (V. **Chaume**), à fleurs peu apparentes groupées en épillets, dont l'axe porte des bractées (glumes, glumelles). — Le langage courant emploie *graminées.*

GRAMINÉE [gramine]. *adj.* et *n. f.* (1732 ; lat. *gramineus*). *Cour.* De la famille des graminacées. *Plante graminée,* et *subst. Une graminée. La tige des graminées fournit la paille. Principales graminées :* agrostide, alfa, alpiste, avoine, blé, chiendent, cretelle, dactyle, fétuque, fléole, flouve, gramen, ivraie, orge, oyat, panic, paturin, phragmite, riz, seigle, sorgho, vétiver, vulpin. ◇ *Par ext.* V. **Herbe.** « *Toi qui sèches les pleurs des moindres graminées* » (ROSTAND).

GRAMMAIRE [gra(m)mɛr]. *n. f.* (1119 ; dér. irrég. du lat. *grammatica,* gr. *grammatikê,* proprem. « art de lire et d'écrire ». V. **Grimoire**). ♦ 1° *Vx* ou *cour.* Ensemble des règles à suivre pour parler et écrire correctement une langue. *Règle, faute de grammaire. Livre, exercice de grammaire.* — *Ling.* Ensemble des structures et des règles qui permettent de produire tous les énoncés appartenant à une langue et seulement eux (V. **Grammaticalité**). *La grammaire du français* (par oppos. à *lexique*). V. **Morphologie, syntaxe.** ♦ 2° *Ling.* Étude systématique des éléments constitutifs d'une langue. V. **Phonétique, phonologie ; morphologie, syntaxe.** *La grammaire et le lexicologie, et la sémantique.* — *Spécialt.* Étude des formes et des fonctions (morphologie et syntaxe). *Grammaire descriptive* ou *synchronique. Grammaires structurales. Grammaire distributionnelle, par constituants immédiats. Grammaire transformationnelle, générative-transformationnelle, applicative. Grammaire historique* ou *diachronique. Grammaire normative, dogmatique,* ou « *bon usage* ». *Grammaire générale.* V. **Linguistique.** *Grammaire et philologie. Agrégation de grammaire.* ♦ 3° *Par ext.* Livre, traité, manuel de grammaire. *Grammaire scolaire.* « *Ces phrases que j'ai apprises là-bas, à coups de lexique et de grammaire* » (LOTI). ♦ 4° *Par anal.* (1867). Ensemble des règles d'un art. *Grammaire de la musique, de la peinture.*

GRAMMAIRIEN, IENNE [gra(m)mɛrjɛ̃, jɛn]. *n.* (XIIIᵉ ; de *grammaire*). ♦ 1° Personne spécialisée dans l'étude de la grammaire. — Lettré qui étudie la langue et fixe les règles du bon usage (il le justifie par la tradition, l'étymologie, la logique, le souci de clarté et d'élégance, etc. *Meigret, Vaugelas, Ménage, Arnauld, grammairiens célèbres. Grammairien puriste.* ♦ 2° (XIXᵉ). Personne spécialisée dans l'étude de la morphologie et de la syntaxe. V. **Linguiste.**

GRAMMATICAL, ALE, AUX [gram(m)atikal, o]. *adj.* (XVᵉ ; lat. *grammaticalis*). ♦ 1° Relatif à la grammaire ; de la grammaire [2° Spécialt.] (V. **Morphologique, syntaxique**). *Règle grammaticale. Mots grammaticaux,* mots invariables recensés et étudiés par la grammaire, qui comprennent notamment des termes de relation, en nombre déterminé et restreint dans chaque langue (par oppos. à *Mots lexicaux**). *Les conjonctions, les pronoms sont des mots grammaticaux. Morphème grammatical,* dont l'apparition dépend de la syntaxe (par ex. le *s* du pluriel). *Analyse grammaticale,* analyse de mots dans une phrase donnée (nature, genre, nombre, fonction, groupe, voix, forme, sens, mode, temps, personne). ♦ 2° Conforme à la grammaire et à ses règles. *Phrases grammaticales.* ◇ ANT. *Agrammatical.*

GRAMMATICALEMENT [gram(m)atikalmɑ̃]. *adv.* (1529 ; de *grammatical*). D'une manière grammaticale.

GRAMMATICALISÉ, ÉE [gram(m)atikalize]. *adj.* (h. 1845 ; XXᵉ ; de *grammatical*). Qui a acquis les caractères d'un mot grammatical. *Le mot point est grammaticalisé dans la négation ne... point.*

GRAMMATICALISER [gram(m)atikalize]. *v. tr.* (XXᵉ ; d'abord au p. p., h. 1845). *Ling.* Donner à (un élément linguistique) le caractère grammatical, une fonction grammaticale (morpho-syntaxique). *Le latin* mens, mentis *s'est* grammaticalisé en français pour donner le suffixe adverbial -ment. *Les mots* pas, point *sont grammaticalisés dans la négation française* ne... pas, ne... point. (*Dér.* GRAMMATICA-LISATION. n. f.). — S'oppose à *Lexicaliser*.

GRAMMATICALITÉ [gram(m)atikalite]. *n. f.* (v. 1960; de *grammatical*). *Ling.* Caractère d'une phrase bien construite, dont la syntaxe est correcte. V. **Acceptabilité.**

GRAMMATISTE [gram(m)atist(ə)]. *n. m.* (1575; lat. *grammatista*). *Antiq.* Celui qui enseignait à lire et à écrire, chez les Grecs.

GRAMME [gram]. *n. m.* (1793; sens étym. 1790; gr. *gramma*, trad. lat. *scrupulum* « vingt-quatrième partie d'une once »). Unité de masse (abrév. *g*) du système C.G.S., valant un millième de kilogramme*. *La masse d'un centimètre cube d'eau pure à 4° est d'un gramme. Gramme-force, gramme-poids*, force, poids valant 981 dynes (correspondant à l'attraction terrestre d'une masse de 1 gramme). ◇ *Fig.* Très petite quantité. *Il n'a pas un gramme de bon sens.* ◈ HOM. *Gram.*

-GRAMME. Élément, du gr. *gramma* « lettre, écriture ». Au sens de « lettre », *ex. :* télégramme. — Au sens de « graphique », *ex. :* marégramme.

GRAMOPHONE [gramɔfɔn]. *n. m.* (*Grammophone*, 1887; nom d'une marque industr. angl., de *gramo-* (V. -Gramme), et *-phone*). Vieilli. Phonographe à disques. « *De nouveaux disques pour mon gramophone* » (MAUROIS).

GRAND, GRANDE [grã, grãd]. *adj.* (*Grant*, Xe; lat. *grandis*, qui a éliminé *magnus*).

I. *Dans l'ordre physique* (avec possibilité de mesure). ♦ 1° Dont la hauteur, la taille dépasse la moyenne. *Grand et mince.* V. **Élancé.** *Grand et fort. Extrêmement grand.* V. **Géant, gigantesque, immense.** *Un homme grand, grand et maigre.* V. **Asperge, échalas, escogriffe, flandrin, perche.** *Un personnage de grande taille.* V. **Élevé, haut.** *Les grands singes. Grands arbres. Grand mât.* ♦ 2° *Spécialt.* Qui atteint toute sa taille ou une taille notable. V. **Adulte.** *Tu comprendras quand tu seras grand. Les grandes personnes*, les adultes. « *Petit poisson deviendra grand* » (LA FONT.). V. **Grandir.** ◇ *Subst.* (Fam.) *Les grands*, les enfants les plus âgés; les adultes. *Le réfectoire des grands. Tout seul, comme un grand.* Fam. *Mon grand* (en s'adressant à un enfant). ◇ Loc. fam. *Être assez grand pour*, être de taille à, en état de (sans avoir besoin de l'aide de personne). *Je suis assez grand pour savoir ce que j'ai à faire.* ♦ 3° Dont la longueur dépasse la moyenne. V. **Long.** *Grands pieds. Marcher à grands pas. Grandes lignes.* ♦ 4° Dont la surface dépasse la moyenne. V. **Ample, étendu, large, spacieux, vaste.** *Grand appartement* [grãtapartəmã], *grande pièce. Grand magasin*. *Grande surface*. *Grand ensemble.* V. **Grand ensemble.** *Grande ville* : vaste et peuplée, importante. *Rendre plus grand.* V. **Agrandir, augmenter.** *Ouvrir la fenêtre toute grande. Grand ouvert*, ouvert autant qu'il est possible. ♦ 5° Dont le volume, l'ensemble des dimensions en général dépasse la moyenne. *Extrêmement grand*, V. **Colossal, démesuré, énorme, monumental.** *Grand édifice. Grand trou.* V. **Profond.** « *Le plus grand barrage du monde* » (SARTRE). — *Dessiner, sculpter plus grand que nature*, en donnant des proportions supérieures aux dimensions naturelles. — Subst. *L'infiniment grand.* ♦ 6° En parlant des mesures. *Grande hauteur, profondeur, largeur. Grand poids. Grande quantité. Grand nombre. À grande vitesse* (Cf. À toute vitesse). *Aller grand train. Grand âge.* — *Spécialt.* Un peu plus long que le nombre indiqué. *Deux grandes heures*, deux heures et plus. « *Jean réfléchit une grande minute* » (ZOLA). — Qui paraît long. « *Depuis quinze grands jours vous n'êtes pas venue!* » (BANVILLE). ♦ 7° Très abondant ou très intense, très important. *Grande foule.* V. **Nombreux.** Loc. *Il n'y a pas grand monde dans la salle. — Les grandes eaux de Versailles*, la mise en action simultanée de tous les jets d'eau et cascades. *Laver à grande eau*, avec beaucoup d'eau. — *Grande fortune.* V. **Ample, beau, gros.** *Grande dépense.* V. **Considérable.** *À grands frais* : en dépensant beaucoup. — *Grand vent. Grande marée. Grande chaleur, grand froid.* V. **Intense, terrible, vif, violent.** *Grand bruit. Grand effort. Grand coup.* — Loc. *Au grand jour. Au grand air* : en plein air, à l'air libre.

II. *Dans l'ordre qualitatif* (non mesurable). ♦ 1° Au sens le plus général. V. **Considérable, important.** *Grande nouvelle. Grands événements. Grand chagrin, grand mérite.* — (Sans article) *Avoir grand avantage. Faire grand tort. Avoir grand besoin.* ◇ *Spécialt.* (équivalent d'un superlatif) *Grand travailleur. Grand joueur, grand buveur. Grand dépensier. Grand blessé* : blessé grave. — *De grand matin. Au grand complet.* ♦ 2° (Majoratif, qui distingue parmi les autres). V. **Essentiel, important, principal.** *Les grandes puissances.* — Substant. masc. *Les trois, les cinq... Grands* : les trois, cinq plus grandes puissances. V. **Super-grands.** *La grande industrie. La Grande Guerre. Grandes écoles. Grands vins, grands crus.* V. **Meilleur.** ♦ 3° (*Personnes*). Qui a une importance sociale ou politique (condition, rang, dignité). *Un grand*

personnage. Grand seigneur. Grande dame. Le grand monde. « *Pour grands que soient les rois...* » (CORN.). ◇ Qui a le titre le plus haut. *Grand prêtre. Grand veneur. Grand officier de la Légion d'honneur. Le Grand Turc.* V. **Sultan.** Subst. *Vx.* Grand personnage, grand seigneur. V. **Aristocrate, magnat, noble.** *Lutte de Richelieu contre les grands. Les grands de ce monde. Grand d'Espagne*, titre donné aux plus hauts seigneurs qui ont le privilège de rester couverts devant le roi. ♦ 4° *Par ext.* Propre aux grands personnages, aux occasions où ils paraissent. *Avoir grand air. Être en grande tenue. Grande cérémonie. En grande pompe. Un grand nom.* V. **Auguste.** *Grand poste.* V. **Élevé.** ♦ 5° Qui a de la valeur (mérite, qualités intellectuelles ou morales, talents). V. **Fameux, glorieux, illustre, supérieur.** *Grand homme.* V. **Génie, héros.** *Grande figure du passé. Les grands créateurs. Les grands maîtres. Un grand champion.* — *Notre grand Molière.* — *Louis le Grand, Louis XIV. Pierre le Grand.* — *Être grand* (intellectuellement, moralement). « *Rien ne nous rend si grands qu'une grande douleur* » (MUSS.). ♦ 6° *Par ext.* (en parlant des choses et qualités humaines). V. **Beau, grandiose, magnifique, noble.** *Grandes actions. Grand ouvrage.* V. **Magistral.** *Rien de grand ne se fait sans audace.* — *Grand âme, grand cœur.* V. **Courageux, fier, généreux, magnanime.** *De grand cœur. Grand art. De grande classe.* V. **Excellent.** *Le Grand Siècle.* « *Il est impossible d'imaginer une grande civilisation sans une grande littérature* » (DUHAM.). *La Grande Armée.*

III. (*Vx*, ou dans des expressions). Sous la forme masculine, au féminin. *Grand-rue*, la rue principale. « *La Grand' Rue, on appelle aussi rue Grande* » (AYMÉ). *Grand-route. Grand-messe. Grand-croix. Avoir grand-faim, grand-soif. J'ai grand-peur que cela ne tourne mal.* — Loc. adv. *À grand-peine* : très difficilement. — *Pas grand-chose.* V. **Grand-chose.**

IV. *Adv.* ♦ 1° *Voir grand, faire grand* : avoir de grands projets, de grandes vues, faire de grandes réalisations. *Il a su voir grand. Un architecte qui fait grand.* ♦ 2° EN GRAND (1690), en observant de grandes dimensions, un vaste plan; hors de toute vue étroite. *Il a réalisé en grand ce que vous avez fait en petit.*

◈ ANT. *Petit. Minime. Bref, court. Exigu. Faible, médiocre, modeste. Bas, mesquin.*

GRAND-ANGULAIRE [grãtãgylɛr]. *adj. et n. m.* (XXe; de *grand*, et *angulaire*). Opt. Se dit d'un objectif à courte focale couvrant un angle important (On dit aussi *Objectif grand angle*).

GRAND-CHOSE [grãʃoz]. *n. invar.* (fin XVe; de *grand*, et *chose*). ♦ 1° PAS GRAND-CHOSE, peu de chose. *Cela ne vaut pas grand-chose. Il n'en sortira pas grand-chose de bon.* ♦ 2° Fam. *Un, une pas grand-chose* : qqn qui ne mérite pas d'estime.

GRAND-CROIX [grãkrwa]. *n. f. invar.* (1680; de *grand*, et *croix*). Grade le plus élevé dans l'ordre de Malte. ◇ *Mod.* (1802) V. **Croix** (5°).

GRAND-DUC [grãdyk]. *n. m.* (1694; de *grand*, et *duc*). ♦ 1° Titre de princes souverains. ◇ Prince de la famille impériale de Russie. Fam. *Faire la tournée des grands-ducs*, la tournée des restaurants, des cabarets luxueux. ♦ 2° (1690) V. **Duc** (oiseau).

GRAND-DUCAL, ALE, AUX [grãdykal, o]. *adj.* (déb. XXe; de *grand-duc*, d'apr. *ducal*). ♦ 1° Du grand-duc. *Dignité grand-ducale.* ♦ 2° Du grand-duché de Luxembourg. V. **Luxembourgeois.** *Le français grand-ducal* (REM. Surtout usité en Belgique et au Luxembourg en ce sens).

GRAND-DUCHÉ [grãdyʃe]. *n. m.* (1843; de *grand-duc*, d'apr. *duché*). Pays gouverné par un grand-duc, une grande-duchesse. *Le grand-duché de Luxembourg.*

GRANDE-DUCHESSE [grãddyʃɛs]. *n. f.* (1843; d'apr. *grand-duc*). ♦ 1° Femme ou fille d'un grand-duc. ♦ 2° Souveraine d'un grand-duché.

GRANDELET, ETTE [grãdlɛ, ɛt]. *adj.* (1380; dimin. de *grand*). Fam. Qui commence à devenir grand. *Ce n'est pas encore une jeune fille, mais elle est grandelette* (On dit aussi GRANDET, ETTE [grãdɛ, ɛt]). « *Filles et garçons déjà grandets* » (ALLAIS).

GRANDEMENT [grãdmã]. *adv.* (XIVe; *gramment*, XIIe; de *grand*). ♦ 1° Beaucoup, tout à fait. *Il s'est grandement trompé. Il a grandement contribué au succès.* V. **Fortement.** « *Il était grandement l'heure de déjeuner* » (ARAGON). — Largement, en abondance. *Il a grandement de quoi vivre.* V. **Amplement.** ♦ 2° Dans des proportions et avec une ampleur qui dépasse l'ordinaire. *Être logé grandement. Faire les choses grandement*, sans rien épargner. V. **Généreusement.** ♦ 3° D'une façon moralement grande, élevée. V. **Noblement.**

◈ ANT. *Peu. Peine (à). Mesquinement, petitement. Bassement.*

GRAND ENSEMBLE [grãtãsãbl(ə)]. *n. m.* (v. 1954; de *grand*, et *ensemble* 2). Groupe important d'habitations collectives présentant un caractère d'unité architecturale, souvent situé dans une zone urbaine.

GRANDESSE [gʀɑ̃dɛs]. *n. f.* (1667, esp. *grandeza;* XIIᵉ, « grandeur », de *grand*). *Hist.* Dignité de grand d'Espagne.

GRANDET, ETTE [gʀɑ̃dɛ, ɛt]. *adj.*(1250; dimin. de *grand*). *Vx.* ou *région.* Un peu grand, plutôt grand. V. **Grandelet**.

GRANDEUR [gʀɑ̃dœʀ]. *n. f.* (XIIᵉ; de *grand*).
I. (*Sens absolu*). ◆ 1° *Vx.* Caractère de ce qui est grand matériellement; grande taille. *La grandeur de l'éléphant.* ◇ *Loc. mod. Regarder qqn du haut de sa grandeur,* de haut en bas, avec un air de supériorité, de dédain. ◆ 2° (XIIᵉ). Caractère de ce qui est grand, important. V. **Ampleur**, étendue, immensité, importance. *Grandeur d'un crime.* V. **Énormité**, gravité. *Grandeur d'un sacrifice.* V. **Grandeur des désirs.** V. **Intensité.** « *Il est saisi... par la grandeur et l'imminence des dangers* » (ROMAINS). ◆ 3° Importance sociale, politique (*personnes*). V. **Gloire, pouvoir, puissance.** *Air de grandeur.* V. **Majesté.** *Rester simple au sein de la grandeur. Du temps de sa grandeur.* V. **Fortune**, prospérité. *Grandeur d'un État. Considérations sur les causes de la grandeur des Romains et de leur décadence,* œuvre de Montesquieu (1734). ◇ Titre honorifique employé autrefois pour tous les grands seigneurs, et récemment encore pour les évêques. *Votre Grandeur.* — Littér. *Les grandeurs.* V. **Dignité, distinction, honneur.** *L'éclat des grandeurs. Avoir le goût, l'amour des grandeurs.* Cour. *Il a la folie des grandeurs* (V. **Mégalomanie**). ◆ 4° V. **Élévation**, noblesse. *Grandeur et misère de l'homme selon Pascal.* ◇ *Grandeur d'âme.* V. **Générosité, magnanimité.**
II. (*Sens relatif*). ◆ 1° Qualité de ce qui est plus ou moins grand, de ce qui peut devenir plus grand et plus petit. V. **Dimension, étendue, taille.** *De la grandeur d'une main. Choses d'égale grandeur. Un certain ordre de grandeur. Grandeur d'un phénomène.* V. **Amplitude.** *Des livres de toutes les grandeurs.* V. **Format.** ◆ 2° GRANDEUR NATURE (*express. adj.*) : aux dimensions réelles; qui est représenté ni plus grand ni plus petit que nature. *Portrait, statue grandeur nature. « Un cœur grandeur nature avec une flèche* » (GIRAUDOUX). ◆ 3° *Astron.* (XVIIᵉ). Unité de mesure de l'éclat des étoiles. V. **Magnitude.** *Étoile de première grandeur,* la plus brillante.
III. *Sc.* (v. 1650). Ce qui est susceptible de variation. V. **Variable; quantité.** *Grandeur repérable, mesurable.* V. **Valeur.** *Définition d'une grandeur. Échelle des grandeurs.*
◈ ANT. *Exiguïté, petitesse. Faiblesse, médiocrité. Décadence, misère. Bassesse, mesquinerie.*

GRAND-GUIGNOLESQUE [gʀɑ̃ɡiɲɔlɛsk(ə)]. *adj.* (déb. XXᵉ; du *Grand-Guignol,* théâtre fondé en 1897 et spécialisé dans les mélodrames horrifiants). Digne du Grand-Guignol. *C'est grand-guignolesque* ou *c'est du Grand-Guignol.*

GRANDILOQUENCE [gʀɑ̃dilɔkɑ̃s]. *n. f.* (1547, repris 1868; lat. *grandiloquus,* de *grandis* « sublime », et *loqui* « parler », d'apr. *éloquence*). Éloquence ou style affecté, qui abuse des grands mots et des effets faciles. V. **Emphase.** *Évitez ici « la grandiloquence et l'excès de noblesse* » (GIDE). ◈ ANT. *Naturel, simplicité.*

GRANDILOQUENT, ENTE [gʀɑ̃dilɔkɑ̃, ɑ̃t]. *adj.* (1890; du précéd.). ◆ 1° Qui s'exprime avec grandiloquence. V. **Emphatique, pompeux.** ◆ 2° Où il entre de la grandiloquence. *Style, discours grandiloquent.*

GRANDIOSE [gʀɑ̃djoz]. *adj.* (1798; it. *grandioso*). Qui frappe, impressionne par son caractère de grandeur, son aspect majestueux. V. **Imposant, impressionnant, majestueux, magnifique.** « *Un art magnifique, grandiose, solennel, mais... légèrement ennuyeux* » (GAUTIER). *Paysage, spectacle grandiose. Œuvre grandiose.* V. **Monumental.** ◇ *Subst.* Caractère grandiose. V. **Grandeur, noblesse.** « *Le grandiose de la campagne romaine* » (CHATEAUB.). ◈ ANT. *Médiocre, mesquin, petit.*

GRANDIR [gʀɑ̃diʀ]. *v.* (v. 1260; de *grand*).
I. *V. intr.* ◆ 1° Devenir plus grand. *Il a grandi de cinq centimètres. Comme il est grandi! Enfant grandi trop vite. Plante qui grandit.* V. **Croître, développer (se), pousser.** *Grandir à vue d'œil.* « *Comme au couchant Grandit l'ombre des arbres* » (HUGO). ◆ 2° Devenir plus intense. *L'obscurité grandit. Le vacarme ne cessait de grandir.* ◆ 3° Fig. *Grandir en sagesse, en vertu,* devenir plus sage, plus vertueux. ◇ *Pouvoir qui grandit, va grandissant.* V. **Accroître (s'), augmenter, étendre (s').** *Le mécontentement grandissait, ne cessait de grandir.* V. **Augmenter (s').** — « *Son orgueil a grandi avec l'humiliation* » (SUARÈS). ◆ 4° *Par ext.* Gagner en autorité, en noblesse. V. **Élever (s').** « *Le nom grandit quand l'homme tombe* » (HUGO). *Il sort grandi de cette épreuve.*
II. *V. tr.* (Rare av. XIXᵉ). ◆ 1° Rendre plus grand. *De hauts talons qui la grandissent.* V. **Hausser.** ◆ 2° (1824). Faire paraître plus grand. *Microscope qui grandit les objets.* V. **Agrandir, grossir.** ◆ 3° Imaginer plus grand. *Les enfants grandissent ce qui les entoure. L'imagination grandit les dangers.* V. **Exagérer.** ◆ 4° Fig. Donner plus de grandeur, de noblesse. V. **Ennoblir.** *Vertus qui grandissent un homme* (V. **Élever, exalter**). « *Le pouvoir ne grandit que les grands* » (BALZ.). ◆ 5° Donner plus d'intensité, de force. V. **Amplifier, développer, fortifier.** ◆ 6° SE GRANDIR. *v. pron.* Se rendre plus grand. *Se grandir en se haussant sur la pointe des*

pieds. — *Fig.* V. **Élever** (s'). *L'Angleterre « louera Napoléon pour se mieux grandir elle-même* » (DUHAM.).
◈ ANT. *Décroître, diminuer, rapetisser. Atténuer, réduire, restreindre.*

GRANDISSANT, ANTE [gʀɑ̃disɑ̃, ɑ̃t]. *adj.* (1845; de *grandir*). Qui grandit peu à peu, qui va croissant. *Inclinaison grandissante du plancher. Bruit, jour grandissant.* « *Il attendit le jour du dîner avec une impatience grandissante* » (MAUPASS.).

GRANDISSEMENT [gʀɑ̃dismɑ̃]. *n. m.* (1845; de *grandir*). Vieilli. Fait de devenir plus grand, action de rendre plus grand. V. **Agrandissement.** ◇ *Opt.* Rapport des dimensions d'une image à celles de l'objet. V. **Grossissement.**

GRANDISSIME [gʀɑ̃disim]. *adj.* (v. 1300; it. *grandissimo*). *Fam.* Très grand.

GRAND-LIVRE. *n. m.* V. **Livre** (1, II, 2°).

GRAND-MÈRE [gʀɑ̃mɛʀ]. *n. f.* (XIIᵉ; de *grand* « âgé », et *mère*). ◆ 1° Mère du père ou de la mère de qqn. V. **Aïeul(e)**; et fam. **maman** (grand-, bonne-), **mémé, mémère.** *Grand-mère maternelle, paternelle. Du temps de nos grands-mères.* ◇ *Vx* (sous la forme *mère-grand*) « *Sa mère en était folle, et sa mère-grand plus folle encore* » (PERRAULT). ◆ 2° *Fam.* Vieille femme. *Une vieille grand-mère assise devant sa porte. Des contes de grand-mère,* de bonne femme.

GRAND-MESSE. V. **Messe.**

GRAND-ONCLE [gʀɑ̃tɔ̃kl(ə)]. *n. m.* (1538; de *grand,* et *oncle*). Frère du grand-père ou de la grand-mère. *Un de mes grands-oncles* (On dit aussi *oncle* en ce sens).

GRAND-PEINE (À). V. **Grand** (III).

GRAND-PÈRE [gʀɑ̃pɛʀ]. *n. m.* (XIIᵉ; de *grand,* et *père*). ◆ 1° Père du père ou de la mère de qqn. V. **Aïeul**; et fam. **Papa** (grand-, bon-), **pépé, pépère.** *Grand-père paternel, maternel. L'époque de nos grands-pères.* ◆ 2° *Fam.* Homme âgé, vieillard. *Un vieux grand-père.*

GRANDS-PARENTS [gʀɑ̃paʀɑ̃]. *n. m. pl.* (1798; de *grand,* et *parents*). Le grand-père et la grand-mère du côté paternel et maternel. V. **Aïeul, ascendant.**

GRAND-TANTE [gʀɑ̃tɑ̃t]. *n. f.* (1538; de *grand,* et *tante*). Sœur du grand-père ou de la grand-mère. « *La cousine de mon grand-père — ma grand-tante* » (PROUST). *Une de ses grands-tantes* [gʀɑ̃tɑ̃t]. (On dit aussi *tante* en ce sens).

GRANGE [gʀɑ̃ʒ]. *n. f.* (1160; lat. pop. °*granica,* de *granum.* V. **Grain**). Bâtiment clos servant à abriter la récolte, dans une exploitation agricole. V. **Fenil, grenier; gerbier, hangar** (à récolte), **magasin.** *Emmagasiner les céréales en gerbes, la paille, le foin dans une grange.* V. **Engranger.** *Battre en grange, batteur en grange. Dormir dans une grange.*

GRANGÉE [gʀɑ̃ʒe]. *n. f.* (1564; de *grange*). *Agric.* Contenu d'une grange pleine. *Grangée de blé.*

GRANI-. Élément, du lat. *granum* « grain ».

GRANIT ou **GRANITE** [gʀanit]. *n. m.* (1611; it. *granito* « grenu ». V. **Grain**). Roche dure, formée de cristaux de feldspath, de quartz et de mica ou d'amphibole. *Granit, roche magmatique, cristalline, à texture grenue, se présente en massif, en filons. Granite à gros éléments.* V. **Pegmatite.** *Bloc de granit. Terrains, rivages, côtes de granit.* V. **Granitique.** *Édifice, monument de granit.* « *Le chaume et le granit brut qui jettent encore dans les villages bretons une note primitive* » (LOTI). ◇ *Fig.* (symbole de dureté) *Cœur de granit :* insensible, impitoyable (V. **Pierre**).

GRANITÉ, ÉE [gʀanite]. *adj.* (1842; de *graniter*). Qui présente des grains comme le granit. V. **Grenu.** *Papier granité.* ◇ *Subst. Le granité :* tissu de laine à gros grains. *L'armure du granité est dérivée de celle du satin. — Confis.* Glace granulée, sorte d'entremets.

GRANITER [gʀanite]. *v. tr.* (1866; de *granit*). *Techn.* Peindre, moucheter (une surface) de manière à imiter le granit. *Graniter des stucs, une toile.*

GRANITEUX, EUSE [gʀanitø, øz]. *adj.* (1783; de *granit*). *Minér.* Qui contient du granit.

GRANITIQUE [gʀanitik]. *adj.* (1780; de *granit*). Qui est de la nature du granit. *Sol, terrain granitique, roches granitiques.* Qui est propre au granit. *Relief granitique.* ◇ *Fig.* et *littér.* De granit, de pierre. V. **Dur.** « *Une sérénité granitique* » (GAUTIER).

GRANITOÏDE [gʀanitɔid]. *adj.* (XVIIIᵉ; de *granit,* et -*oïde*). *Minéral.* Qui a l'apparence du granit, qui ressemble au granit. *Roches granitoïdes* (diorite, syénite).

GRANIVORE [gʀanivɔʀ]. *adj.* (1751; de *grani-,* et suff. -*vore*). *Zool.* Qui se nourrit de grains. *Oiseaux granivores.* Subst. *Les granivores.*

GRANULAIRE [gʀanylɛʀ]. *adj.* (1845; de *granule*). *Sc.* Qui est formé de petits grains.

GRANULAT [gʀanyla]. *n. m.* (v. 1960; du rad. de *granuler*). *Techn.* Ensemble de matériaux inertes (sable, gravier, etc.) entrant dans la composition des mortiers et bétons. Cf. **Agrégat,** 1°.

GRANULATION [gʀanylasjɔ̃]. *n. f.* (1651; de *granuler*). ◆ 1° *Techn.* Formation d'une substance en petits grains (par réduction, agglomération). *Granulation d'un métal par* *fusion et passage au crible.* — **Métall.** Opération consistant à mettre en contact un alliage, etc., en fusion, avec de l'eau, pour produire une fragmentation. ♦ 2° *Cour.* (surtout plur.). *Surface qui présente des granulations.* V. **Grain, granule.** *Pathol.* Petite masse arrondie, de structure variable, constituée dans un tissu ou un organe au cours de divers processus pathologiques. « *Granulations grises, tuberculeuses* » (LAENNEC), ou tubercules miliaires. V. **Granulie.** *Granulations trachomateuses* (sur la conjonctive de l'œil). ◊ *Biol.* **Granulations cytoplasmiques.** V. **Chondriosome, mitochondrie.**

GRANULE [gʀanyl]. *n. m.* (1842 ; bas lat. *granulum*, dimin. « de *granum* » « grain »). *Didact.* Petit grain. *Pharm.* Petite pilule. *Granules homéopathiques.*

GRANULÉ, ÉE [gʀanyle]. *adj.* et *n. m.* (1798 ; du lat. *granulum*). ♦ 1° Qui présente des granulations, qui est formé de petits grains, de granules. V. **Granulaire, granuleux.** ♦ 2° N. m. *Pharm.* Préparation pharmaceutique constituée par du sucre granulé auquel est ajoutée une substance médicamenteuse. *Une cuillerée de granulés.* Par ext. *(Cour.)* Chaque grain de la préparation. *Des granulés de phosphate de chaux.*

GRANULER [gʀanyle]. *v. tr.* (1611 ; du lat. *granulum*. V. **Granule.** Réduire en granules. *Granuler du plomb, de l'étain* (V. **Grenaille**). *Granuler une poudre pharmaceutique.*

GRANULEUX, EUSE [gʀanylø, øz]. *adj.* (1560 ; du lat. *granulum*). ♦ 1° Formé de petits grains. *Roche, terre granuleuse.* — Dont la surface est ou semble couverte de petits grains. *Papier granuleux.* ♦ 2° *Méd.* Formé de granulations ; présentant des granulations. *Tumeur granuleuse.* ◊ ANT. *Compact, lisse.*

GRANULIE [gʀanyli]. *n. f.* (1865 ; du lat. *granulum*). *Méd.* Forme aiguë et généralisée de la tuberculose, les poumons et de nombreux organes étant envahis de granulations grises (dite aussi *tuberculose miliaire*).

GRANULITE [gʀanylit]. *n. f.* (1889 ; du lat. *granulum*). *Minér.* Roche granitoïde à structure grenue, à feldspath alcalin et à mica blanc et noir (On l'appelle parfois *Granit à deux micas*).

GRANULOCYTE [gʀanylɔsit]. *n. m.* (mil. XXᵉ ; de *granule*, et *-cyte*). *Biol., méd.* Leucocyte* polynucléaire du sang (appelé ainsi à cause des granulations qu'il présente).

GRANULOME [gʀanylom]. *n. m.* (1869 ; de *granule*, et *-ome*). *Méd.* Tumeur de nature inflammatoire, bourgeonnante, formée de cellules très diverses, au sein d'un tissu. *Granulome inguinal, dentaire.*

GRANULOMÉTRIE [gʀanylɔmetʀi]. *n. f.* (mil. XXᵉ ; de *granule*, et *-métrie*). *Sc.* « Mesure des dimensions et détermination de la forme des particules ou des grains » (AFNOR). ◊ *Techn.* Méthode de classement des produits pulvérulents selon la proportion de grains de différentes tailles.

GRAPE-FRUIT ou **GRAPEFRUIT** [gʀɛpfʀut]. *n. m.* (1947 ; mot amér.). *Anglicisme.* Fruit de la famille des *Aurantiacées* (groupe des *Citrus*), appelé couramment pamplemousse (c'est un pomélo).

GRAPHE [gʀaf]. *n. m.* (mil. XXᵉ ; de *graphique* II). *Math., Log.* Ensemble des couples d'éléments vérifiant une relation donnée. *Diagramme représentant le graphe d'une relation. Théorie des graphes.* — Représentation graphique d'une fonction.

-GRAPHE, -GRAPHIE, -GRAPHIQUE. Éléments, du gr. *-graphos, -graphia*, de *graphein* « écrire ». *Le suffixe* -graphe *sert à former des substantifs désignant des personnes* (auteurs, écrivains : *biographe*) *ou des instruments* (*baromètre* : *baromètre enregistreur* ; *télégraphe*) ; *des adjectifs* (*autographe*). *Le suffixe* -graphie *entre dans la composition de substantifs désignant des procédés d'enregistrement* (*photographie, télégraphie*), *des ouvrages* (*biographie*), *des enregistrements* (*radiographie*). *Le suffixe* -graphique *sert à former des adjectifs.*

GRAPHÈME [gʀafɛm]. *n. m.* (XXᵉ ; de *graphie*, d'apr. *phonème*). *Ling.* Unité distinctive de l'écriture (analogue au phonème*). V. **Lettre.**

GRAPHIE [gʀafi]. *n. f.* (1878, n. m. ; de *-graphie*). *Ling.* « Mode ou élément de représentation de la parole par l'écriture » (MAROUZEAU). *Graphies phonétiques.* V. **Transcription.** *Graphie traditionnelle.* V. **Orthographe.**

GRAPHIQUE [gʀafik]. *adj.* et *n. m.* (1757 ; gr. *graphikos*).
I. *Adj.* Qui représente, par des lignes, des figures sur une surface. *Signes, caractères graphiques. Description, représentation graphique. Système graphique.* V. **Alphabet, écriture. Arts graphiques.** V. **Dessin, peinture.** Par ext. Relatif aux procédés d'impression artistique. *Construction graphique : représentation d'un corps par des coupes, plans, élévations. Méthodes, procédés graphiques : représentation graphique de relations abstraites ; emploi des appareils enregistreurs.*
II. *N. m.* (1845, « dessin appliqué aux sciences »). *Sc.* Représentation du rapport de deux variables par une ligne joignant des points caractéristiques (les abscisses représentant

une grandeur, *ex.* le temps ; les ordonnées l'autre, *ex.* l'espace). Par ext. *Cour.* Toute représentation graphique. V. **Courbe, diagramme, tracé.** *Graphique tracé par un appareil enregistreur. Mise en graphique d'une statistique.* « *Il inscrit... sur des graphiques les courbes de production de la fabrique* » (ARAGON).
III. *N. f.* (1900). *Didact.* Technique de représentation d'un phénomène ou d'une réalité quelconque à l'aide de dessins, d'images ou de schémas.
◊ ANT. *Oral.*

GRAPHIQUEMENT [gʀafikmã]. *adv.* (1762 ; « excellement », trad. lat. *grafice*, 1669 ; du précéd.). Par le dessin et l'écriture.

GRAPHISME [gʀafism(ə)]. *n. m.* (1875 ; du gr. *graphein* « écrire »). Caractère propre de l'écriture, et *spécialt.* Caractères particuliers d'une écriture individuelle, donnant des indications sur la psychologie, les tendances du scripteur (V. **Graphologie**). ◊ *(Néol.)* Aspect des signes graphiques, considérés sur le plan esthétique. « *Léonard de Vinci eut la fortune de dire presque tout dans l'idiome international du graphisme* » (COCTEAU).

GRAPHITAGE [gʀafitaʒ]. *n. m.* (1896 ; de *graphiter*). *Techn.* Lubrification de pièces mobiles métalliques par enduit de graphite.

GRAPHITE [gʀafit]. *n. m.* (1799 ; du gr. *graphein*). Variété de carbone cristallisé, appelée aussi *plombagine, mine de plomb*, et formée de carbone presque pur. *Électrodes de graphite. Lubrifiant au graphite. Modérateur de neutrons en graphite.* V. **Filière, réacteur.**

GRAPHITER [gʀafite]. *v. tr.* (1907 ; de *graphite*). Enduire de graphite ; mélanger à du graphite. *Lubrifiant graphité.*

GRAPHITEUX, EUSE [gʀafitø, øz]. *adj.* (1846 ; de *graphite*). Qui contient du graphite. *Minerai graphiteux.* On dit aussi GRAPHITIQUE [gʀafitik].

GRAPHO-. Élément, du gr. *graphein* « écrire ».

GRAPHOLOGIE [gʀafɔlɔʒi]. *n. f.* (1868 ; de *grapho-*, et *-logie*). Étude du graphisme, de ses lois physiologiques et psychologiques.

GRAPHOLOGIQUE [gʀafɔlɔʒik]. *adj.* (1907 ; du précéd.). Relatif à la graphologie. *Observation, analyse, esquisse graphologique.*

GRAPHOLOGUE [gʀafɔlɔg]. *n.* (1877 ; de *graphologie*). Personne qui étudie, qui pratique la graphologie. *Le graphologue analyse le caractère et les tendances du scripteur, alors que l'expert en écriture détermine l'identité du scripteur.*

GRAPHOMÈTRE [gʀafɔmɛtʀ(ə)]. *n. m.* (1597 ; de *grapho-*, et *-mètre*). Instrument de topographie destiné à la mesure des angles. « *Nous allions lever des plans au graphomètre et à la planchette* » (STENDHAL).

GRAPPE [gʀap]. *n. f.* (*Grape*, XIᵉ ; frq. *°krappo* « crochet » ; Cf. **Grappin**). ♦ 1° Assemblage de fleurs ou de fruits portés par des pédoncules étagés sur un axe commun (V. **Inflorescence**). *Grappes de cytise, de glycine.* — *Spécialt. Grappes de la vigne. Fouler les grappes de raisin pour en exprimer le jus.* ♦ 2° Assemblage serré de petits objets (grains, etc.), ou de personnes. *Certains animaux* (oiseaux, seiches, insectes) *portent ou déposent leurs œufs en grappes. Grappes humaines.* « *Ils s'accrochaient par grappes aux marchepieds* » (SARTRE). ◊ *Techn.* Groupe d'éléments réunis (Cf. **Faisceau**).

GRAPPILLAGE [gʀapijaʒ]. *n. m.* (1537 ; de *grappiller*). Action de grappiller. *Le grappillage de la vigne.* — *Fig.* Petits larcins. V. **Gratte.**

GRAPPILLER [gʀapije]. *v.* (1549 ; de *grappe*).
I. *V. intr.* ♦ 1° Cueillir les petites grappes de raisin qui restent dans une vigne après la vendange. ♦ 2° (1683). *Fig.* Faire de petits profits secrets, plus ou moins illicites. V. **Grappiller.**
II. *V. tr.* ♦ 1° Prendre de-ci, de-là (des fruits, des fleurs). V. **Cueillir, ramasser.** ♦ 2° *Fig.* Prendre, recueillir au hasard. « *En prenant des matériaux de-ci et de-là... grappillant au château les choses de rebut* » (BALZ.). *Grappiller des nouvelles, des connaissances.* — *Spécialt.* V. **Écornifler, gratter.** *Grappiller quelques sous.*

GRAPPILLEUR, EUSE [gʀapijœʀ, øz]. *n.* (1611 ; de *grappiller*). *Vx* ou *fig.* Personne qui grappille.

GRAPPILLON [gʀapijɔ̃]. *n. m.* (1584 ; de *grappe*). Partie d'une grappe de raisin ou petite grappe entière.

GRAPPIN [gʀapɛ̃]. *n. m.* (1376 ; prov. *grapi*, frq. *°krappo*. V. **Grappe**). ♦ 1° *Mar.* Petite ancre d'embarcation à quatre pointes recourbées. — Crochet d'abordage à l'extrémité d'un cordage. V. **Crampon, croc.** *Jeter le grappin sur un bâtiment.* — *Fig.* et *fam. Mettre le grappin sur... :* accaparer et aussi Saisir, empoigner (V. **Harponner**). *C'est un raseur, quand il a mis le grappin sur vous, il ne vous lâche plus.* ♦ 2° *Techn.* Tout instrument muni de crochets. *Grappin de pêche.*

GRAS, GRASSE [gʀɑ, gʀɑs]. *adj.* (*Cras*, XIIᵉ ; lat. *crassus* « épais », avec infl. probable de *grossus* « gros »).
I. ♦ 1° Formé de graisse ; de nature graisseuse. *Matière,*

substance grasse. Chim. *Corps gras :* esters de la glycérine. V. **Graisse; lipide.** *Acides* gras.* — *Crème grasse pour peaux sèches.* Spécialt. *Aliments gras,* à base de viande ou de graisse. *Bouillon gras. Choux gras,* accommodés avec du jus de viande ou de la graisse (fig. et fam. *Faire ses choux* gras*). Par ext. *Jours gras,* où l'Église catholique permet à ses fidèles de consommer de la viande. *Mardi-Gras.* — Subst. *Le gras,* la partie grasse de la viande. *Faire gras,* manger de la viande (Adv. *Manger gras*). *Riz au gras.* ♦ 2° Vieilli. *Propos gras.* V. **Licencieux** (par allusion à la licence de langage des *jours gras*). « *Son discours était émaillé de paroles grasses, presque obscènes* » (APOLLINAIRE). ♦ 3° *(Personnes).* Qui a beaucoup de graisse. V. **Adipeux, corpulent, dodu, grassouillet, gros, rond.** *Gras et bedonnant.* V. **Obèse, pansu, replet, ventru.** *Visage gras et empâté.* V. **Bouffi, plein.** *Être gras comme un porc, comme un moine, un chanoine; gras à lard.* — Pop. *Gras du bide.* — Subst. *Les gras et les maigres.* ◇ (Animaux) *Chapon gras.* — Spécialt. *Bœuf* gras. Les sept vaches grasses. Tuer le veau gras.* — *Foie* gras.* ♦ 4° Enduit, sali de graisse. V. **Graisseux, huileux, poisseux.** *Avoir les cheveux gras, les mains grasses.*
II. *Par anal.* ♦ 1° Qui évoque la graisse par sa consistance. V. **Onctueux.** *Terre argileuse et grasse. Boue grasse.* V. **Gluant.** — Spécialt. *Vin gras :* atteint de la graisse. — *Couvert d'une substance grasse.* « *Le pavé était gras, la brume tombait* » (FLAUB.). ◇ Par ext. *Toux grasse,* accompagnée d'une expectoration de mucosités. ♦ 2° Important par le volume, l'épaisseur. V. **Épais.** ◇ (En parlant d'un son) V. **Pâteux.** *Voix grasse. Rire gras. Avoir la langue grasse, le parler gras,* et adv. *Parler gras.* V. **Grasseyer.** ◇ *Encre grasse. Caractères gras.* Subst. *Écrire en gras.* ◇ Bot. *Plantes grasses,* à feuilles épaisses et charnues. V. **Cactées.** ◇ Subst. *Le gras de la jambe,* la partie la plus charnue, le mollet. ♦ 3° *Fig.* V. **Abondant, plantureux.** « *De gras paturages* » (GAUTIER). — Par métaph. *Distribuer de grasses récompenses* (V. **Grassement**). — *Dormir la grasse matinée, faire (la) grasse matinée,* se lever très tard. « *Comme nous faisions la grasse matinée, elle nous apportait le petit déjeuner au lit* » (SARTRE). ♦ 4° Adv. et pop. *Il n'y a de gras à manger,* pas beaucoup.
◇ ANT. **Maigre, pauvre, sec.** — HOM. **Grâce.**

GRAS-DOUBLE [ɡʀadublə]. *n. m.* (1611; de *gras,* et *double,* n., « panse »). Membrane comestible de l'estomac du bœuf. *Plat de gras-double. Des gras-doubles.*

GRASSEMENT [ɡʀasmã]. *adv.* (1355; de *gras,* II). ♦ 1° Abondamment, largement. *Payer, rétribuer, entretenir grassement.* V. **Généreusement.** ♦ 2° D'une manière grasse (II, 2°). *Parler, rire grassement.* ◇ ANT. **Chichement.**

GRASSERIE [ɡʀasʀi]. *n. f.* (*Gras,* n. m., 1763; de *gras*). Techn. Maladie des vers à soie.

GRASSET [ɡʀasɛ]. *n. m.* (1755; « un peu gras », XIIᵉ; de *gras*). Région du membre postérieur du bœuf, du cheval, comprenant la rotule et les parties molles environnantes.

GRASSEYANT, ANTE [ɡʀasɛjã, ãt]. *adj.* (v. 1780; de *grasseyer*). Qui grasseye. « *Un bel homme à la barbe blonde, au parler grasseyant* » (R. ROLLAND).

GRASSEYEMENT [ɡʀasɛjmã]. *n. m.* (1694; de *grasseyer*). Prononciation d'une personne qui grasseye.

GRASSEYER [ɡʀasɛje]. *v. intr.* (XVIIᵉ; *grassier,* 1530; de *gras*). ♦ 1° Parler gras, avec une prononciation gutturale ou peu distincte des R. ♦ 2° Prononcer les R sans l'action de la langue (prononciation dite parisienne, considérée comme un défaut quand le R était roulé). Trans. *Grasseyer les r. R grasseyé* (*opposé* à roulé).

GRASSOUILLET, ETTE [ɡʀasujɛ, ɛt]. *adj.* (1680; de *gras*). Assez gras et rebondi. V. **Potelé.** « *L'abbé Cruchot, petit homme dodu, grassouillet* » (BALZ.).

GRATERON, GRATTERON [ɡʀatʀɔ̃]. *n. m.* (1314; altér., d'apr. *gratter,* de *gleteron;* frq. °*kletto* « bardane »). Nom courant de plusieurs plantes accrochantes. V. **Gaillet.**

GRATICULATION [ɡʀatikylasjɔ̃]. *n. f.* (1845; de *graticuler*). Techn. Action de graticuler un dessin.

GRATICULER [ɡʀatikyle]. *v. tr.* (1671; it. *graticolare,* de *graticola,* proprem. « petit gril »; lat. *craticula* « petite grille »). Techn. Diviser (un dessin, une peinture) en carrés égaux que l'on reproduit en réduction, afin de conserver les proportions de l'original.

GRATIFICATION [ɡʀatifikasjɔ̃]. *n. f.* (1362; lat. *gratificatio* « libéralité »). ♦ 1° Somme d'argent donnée à qqn en sus de ce qui lui est dû. V. **Cadeau, don, libéralité, pourboire, récompense.** *Gratification de fin d'année.* V. **Étrennes.** *Gratification cachée, illicite.* V. **Dessous** (de table), **pot-de-vin.** — Spécialt. Ce qui est fourni par un employeur en sus du salaire. *Gratifications diverses remises aux ouvriers* (V. **Prime**), *aux vendeurs* (V. **Guelte**). ♦ 2° Psycho. Ce qui gratifie. « *Toute sincérité mérite un peu d'attention, une petite gratification* » (SARRAUTE). *Opposé* à frustration. ◇ ANT. **Retenue.**

GRATIFIER [ɡʀatifje]. *v. tr.* (1366; lat. *gratificari* « faire

plaisir »). ♦ 1° (XVIIᵉ). Pourvoir libéralement de quelque avantage (don, faveur, honneur). V. **Nantir.** « *Les concerts dont la musique des régiments gratifie le peuple parisien* » (BAUDEL.). « *On l'avait gratifié... de deux béquilles neuves* » (DUHAM.). V. **Doter.** ◇ Absolt. Psycho. Donner quelque satisfaction psychologique à (*opposé* à frustrer). *Gratifier un enfant.* ♦ 2° *Iron.* Affliger de qqch. de mauvais, de dérisoire. *Gratifier un garnement d'une paire de gifles.* V. **Donner, flanquer.** *Auteur qui se voit gratifié des erreurs d'un autre.* V. **Attribuer, imputer.** « *La haine dont je veux gratifier mon mari* » (LACLOS). ◇ ANT. **Priver.**

GRATIN [ɡʀatɛ̃]. *n. m.* (1564; de *gratter*). ♦ 1° *Vx.* Partie de certains mets qui s'attache et rissole au fond ou sur les parois du récipient dans lequel on l'a fait cuire, et qu'on ne détache qu'en grattant. ♦ 2° *Mod.* (1829). Manière d'apprêter certains mets que l'on met au four et fait rissoler après les avoir recouverts de chapelure, de fromage râpé. *Merlan, macaroni au gratin.* ◇ *Par ext.* Croûte légère qui se forme à la surface d'un mets ainsi préparé; le mets lui-même. *Un gratin au fromage. Gratin dauphinois,* plat composé de pommes de terre, de lait et de fromage. ♦ 3° *Fam.* (1881). Partie d'une société particulièrement relevée par ses titres, son élégance, sa richesse. V. **Crème, élite, fleur** (fine), **panier** (dessus du). « *Le pur ' gratin ' de l'aristocratie* » (PROUST).

GRATINÉ, ÉE [ɡʀatine]. *adj.* (1829; de *gratiner*). ♦ 1° Cuit au gratin. Subst. UNE GRATINÉE : soupe au gratin. ♦ 2° *Fig.* et *fam.* Extraordinaire, dans l'outrance ou le ridicule.

GRATINER [ɡʀatine]. *v.* (1825; de *gratin*). ♦ 1° intr. *(Vieilli).* S'attacher et rissoler en cuisant. V. **Cramer.** ♦ 2° V. tr. *Mod.* Faire cuire au gratin. *Gratiner des pommes de terre.*

GRATIOLE [ɡʀasjɔl]. *n. f.* (1572; bas lat. *gratiola,* dimin. de *gratia* « grâce », à cause de ses vertus médicales). Plante herbacée, vivace, communément appelée *séné des prés,* qui croît dans les prés humides.

GRATIS [ɡʀatis]. *adv.* (1496; adv. lat.). Sans qu'il en coûte rien au bénéficiaire. V. **Gratuitement,** et pop. *Œil* (à l'). *Assister gratis à un spectacle. Avoir le vivre et le couvert gratis.* — Loc. *Demain on rasera gratis.* — Loc. lat. *Gratis pro Deo :* littéralement « gratuitement pour (l'amour de) Dieu ». ◇ Adj. *Spectacle, billet gratis.* V. **Gratuit.**

GRATITUDE [ɡʀatityd]. *n. f.* (1445; lat. médiév. *gratitudo,* de *gratus* « reconnaissant »). Sentiment d'affection que l'on ressent pour celui dont on est l'obligé. V. **Gré, reconnaissance.** *Sentiment de gratitude.* « *Tu as fait de moi un ingrat. Pourtant, ce doit être si bon d'éprouver de la gratitude* » (DUHAM.). *Manifester, exprimer, témoigner toute sa gratitude à qqn. Remercier qqn avec gratitude, lui dire sa gratitude. Marques de gratitude.* ◇ ANT. **Ingratitude.**

GRATTAGE [ɡʀataʒ]. *n. m.* (1786; de *gratter*). Action de gratter; son résultat. *Grattage de la façade d'une maison.* V. **Ravalement.** *Effacer un mot par grattage.* — Spécialt. (Chir.) *Grattage d'un os.*

GRATTE [ɡʀat]. *n. f.* (1549, « gale »; de *gratter*). ♦ 1° *Mar.* (1786). Raclette plate, triangulaire, tranchante, dont on se sert pour gratter les diverses parties d'un bâtiment. ♦ 2° *Agric.* Sorte de sarcloir. ♦ 3° (1866). *Fam.* Petit profit obtenu en grappillant (II, 2°). *Faire de la gratte.* ♦ 4° Gale, grattelle.

GRATTE-CIEL [ɡʀatsjɛl]. *n. m. invar.* (fin XIXᵉ; trad. angl. *sky-scraper*). Immeuble à très nombreux étages, atteignant une grande hauteur.

GRATTE-CUL [ɡʀatky]. *n. m.* (1530; de *gratter,* et *cul*). Fruit du rosier, fruit de l'églantier ou rosier sauvage, capitule de la bardane commune. « *Une s'écorchait les mains à des gratte-culs, qu'on met chez nous en confiture* » (COLETTE).

GRATTE-DOS [ɡʀatdo]. *n. m. invar.* (déb. XXᵉ; de *gratter,* et *dos*). Baguette portant à l'une de ses extrémités une petite main d'os, d'ivoire, permettant de se gratter le dos.

GRATTELLE [ɡʀatɛl]. *n. f.* (XIIIᵉ; de *gratter*). Fam. vieilli. Gale légère (gratte).

GRATTEMENT [ɡʀatmã]. *n. m.* (1570; de *gratter*). Action de gratter; bruit de ce qui gratte. « *De pensifs grattements de tête* » (GONCOURT).

GRATTE-PAPIER [ɡʀatpapje]. *n. m.* (1578; de *gratter,* et *papier*). Péj. Modeste employé chargé des écritures. V. **Bureaucrate, copiste, scribouillard.** « *Des gratte-papier intrigants et paresseux..., fiers de leur bureau* » (FRANCE). ♦ *Vx.* Mauvais écrivain. V. **Plumitif.** *Des gratte-papier(s).*

GRATTER [ɡʀate]. *v.* (1155; frq. °*krattôn*). I. *V. tr.* ♦ 1° Frotter avec qqch. de dur en entamant très légèrement la surface. V. **Racler.** *Gratter une surface métallique à décaper. Gratter légèrement la terre pour y semer des graines.* — Absolt. *Plume qui gratte* (le papier), qui ne court pas aisément, qui accroche. « *Une plume qui gratte, et mon style est embarrassé* » (GIDE). — Loc. div. *Gratter le papier.* V. **Gratte-papier.** *Gratter la terre :* labourer superficiellement. *Par ext.* Faire de la culture. ♦ 2° (En employant les ongles, les griffes). *Gratter sa manche avec son ongle, pour enlever*

une tache. Se gratter la tête, le front, par énervement, par ennui, pour se donner une contenance. — *Chien qui gratte le sol.* V. **Fouiller, remuer.** ◇ Gratter une partie du corps qui démange. *Se gratter les jambes, les mains.* Envenimer une *plaie en la grattant.* — PROV. *Trop parler nuit, trop gratter cuit.* — Fig. *Gratter une vieille plaie, une vieille blessure d'amour-propre.* V. **Entretenir, ranimer.** ◇ Par ext. *Fam.* Faire éprouver une démangeaison. *Ça me gratte terriblement. Poil à gratter.* ♦ 3° Faire disparaître ce qui est sur la surface ainsi frottée. V. **Enlever; effacer.** *Gratter un mot, une inscription. Elle « gratte les gouttes de cire sur les bobèches »* (GREEN). ♦ 4° *Fig.* et *fam.* Recueillir tout ce qui peut être utilisé. *Gratter les fonds de tiroir.* ◇ En parlant de ce qu'on prélève à son profit, de ce qu'on gagne ou met de côté par de petits moyens. V. **Gratte, vol.** *C'est une affaire où il n'y a pas grand-chose à gratter.* V. **Grappiller.** Absolt. *Gratter sur tout, sur la dépense.* ♦ 5° *Fam.* (1895, arg. cycliste). Dépasser (un concurrent). V. **Devancer, griller.** *Coureur cycliste qui gratte ses concurrents dans une côte. Il ne songe qu'à gratter les autres voitures sur la route.* V. **Doubler.**
  II. V. intr. ♦ 1° *Gratter à la porte,* au lieu de frapper, (par discrétion, timidité). — *Gratter du violon, de la guitare,* en jouer médiocrement. ♦ 2° *Pop.* (1889). Travailler.
  III. SE GRATTER. v. pron. *Réfl.* ♦ 1° Gratter son corps; une partie du corps lorsqu'on a des démangeaisons. *Se gratter jusqu'au sang.* ♦ 2° *Pop.* Tu peux toujours te gratter, tu n'obtiendras rien. V. Fouiller (se).

GRATTEUR, EUSE [gratœr, øz]. *n.* (XIII°; de *gratter*). Personne qui gratte. *Gratteur de papier.* V. **Gratte-papier.**

GRATTOIR [gratwaʀ]. *n. m.* (1611; de *gratter*). Instrument qui sert à gratter. Spécialt. Sorte de canif à lame ovale servant à gratter l'écriture; les taches. ◇ *Techn.* Nom donné à divers instruments de formes variées servant à gratter, ciseler, graver, inciser, racler, etc. ◇ **Grille,** lame de métal où l'on gratte ses chaussures avant d'entrer.

GRATTURE [gratyʀ]. *n. f.* (XIII°; de *gratter*). *Techn.* Débris provenant d'un grattage. *Grattures de cuivre.*

GRATUIT, UITE [gratɥi, ɥit]. *adj.* (XIV°; lat. *gratuitus,* de *gratis*). ♦ 1° *Littér.* Qui se fait, qui se donne pour rien. V. **Désintéressé.** *Bienveillance gratuite.* V. **Bénévole, gracieux.** Dr. *Avantage gratuit* (contrat de bienfaisance). ◇ *Cour.* Que l'on donne sans faire payer; dont on jouit sans payer. *Enseignement gratuit et obligatoire.* Par ext. *École gratuite :* où l'enseignement est gratuit. — *Entrée gratuite à un spectacle.* V. **Libre.** ♦ 2° (XVIII°). Qui n'a pas de raison valable; de fondement, de preuve. V. **Arbitraire, hasardeux, incertain.** *Ce n'est « pas une supposition précaire ou gratuite »* (BUFF.). *Hypothèse toute gratuite. Imputation gratuite.* V. **Absurde, injustifié.** ◇ Par ext. Qui n'est pas déterminé par des motifs extérieurs ou des considérations rationnelles (V. **Irrationnel).** *Théorie de l'acte gratuit. « Un acte absolument gratuit. Je veux dire que sa motivation n'est pas extérieure »* (GIDE). ◇ ANT. *Intéressé. Payant. Fondé, motivé.*

GRATUITÉ [gratɥite]. *n. f.* (XIV°; lat. *gratuitas*). ♦ 1° Caractère de ce qui est gratuit (1°), bénévole, et spécialt. non payant. ♦ 2° *Fig.* Caractère de ce qui est injustifié, non motivé ou désintéressé. *« La gratuité, l'insouciance et le détachement... »* (ROMAINS). ◇ ANT. *Intérêt. Cherté. Utilité.*

GRATUITEMENT [gratɥitmɑ̃]. *adv.* (1400; de *gratuit*). ♦ 1° Sans rétribution, sans contrepartie. V. **Gracieusement, gratis.** *Soigner un malade gratuitement. « Cette option... je l'aie eue gratuitement. Mais j'étais prêt à la payer »* (ROMAINS). — *Concéder gratuitement.* V. **Bénévolement.** ♦ 2° Sans motif, sans fondement. *Prêter gratuitement à qqn des intentions mauvaises.* ♦ 3° Sans motif extérieur ou rationnel. *Agir gratuitement, par simple caprice, par jeu. « Je prétends t'amener à commettre gratuitement le crime »* (GIDE).

GRAU [gro]. *n. m.* (1849; lat. *gradus* « degré »). Région. Dans le Midi de la France, Chenal par lequel un cours d'eau, un étang débouche dans la mer. V. **Embouchure.** ◇ *Défilé,* passage montagneux. ◇ HOM. *Gros.*

GRAVATIER [gravatje]. *n. m.* (1762; de *gravats*). *Techn.* Celui qui enlève les gravats, les décombres d'un chantier.

GRAVATS [grava]. *n. m. pl.* (1771; *gravoi,* XII°; de *grève*). ♦ 1° Partie du plâtre qui ne traverse pas le tamis. ♦ 2° Débris provenant d'une démolition. V. **Décombre, plâtras.** *Tas de gravats,* de gravois.

GRAVE [grav]. *adj.* (mil. XV°, « digne, noble » [habillement]; lat. *gravis*).
  I. (*Abstrait*). ♦ 1° Fig. (1549). Qui se comporte, agit avec réserve et dignité; qui donne de l'importance aux choses. V. **Austère, digne, posé, sérieux.** *Un grave magistrat.* V. **Imposant, majestueux, solennel.** *Un moraliste grave et froid.* V. **Raide, rigide, sévère.** Par ext. *Un grave tribunal, une grave assemblée.* ◇ En parlant d'un fait momentané. *Devenir subitement grave.* — Par ext. *Air grave. Figure, visage grave. Attitude grave et étudiée.* V. **Compassé, empesé, solennel.** *De graves réflexions.* — *Parler d'un ton grave.* ♦ 2° (XVI°).

Qui a de l'importance, du poids. V. **Important, sérieux.** *Avoir des motifs, des raisons graves pour... « Question grave et qui demanderait un chapitre grave comme un feuilleton de science »* (BAUDEL.). ♦ 3° Susceptible de conséquences sérieuses, de suites fâcheuses, dangereuses. *Situation grave, grave affaire. De graves ennuis. L'heure, l'instant, le moment est grave.* V. **Critique, dramatique, tragique.** *Souffrir d'une grave blessure.* V. **Cruel.** *Maladie grave et peut-être mortelle.* — Par ext. *Blessé grave.* ◇ En parlant d'une faute, d'une punition. *Graves sanctions.*
  II. (*Concret*). ♦ 1° *Vx* (XVI°). Lourd, pesant. ♦ 2° (XV°). Se dit des sons produits par des ondes de faible fréquence (par ex. : de 100 à 200 périodes par secondes), appartenant aux degrés inférieurs de l'échelle musicale. V. **Bas. Son, note grave. Voix grave.** V. **Caverneux, profond; basse, contralto.** — Subst. *Le grave :* le registre des sons graves. *Passer du grave à l'aigu.* ♦ 3° *Gram.* (1548). *Accent grave,* dans la prononciation grecque, désignation de l'absence de ton, et par ext. signe graphique marquant cet aspect du ton. ◇ *En français,* signe (`) servant à noter le timbre de l'*e* ouvert [ɛ] et à distinguer certains mots de leurs homonymes (à, où, là).
  III. Adj. et adv. *Mus.* (ital. *grave* « lent, solennel »). Lent, majestueux, solennel (en parlant d'un mouvement musical).
  ◇ ANT. (du I) *Badin, familier, frivole; futile. Bénin.* — (du II) *Léger. Aigu.* — HOM. *Graves.*

GRAVELÉE [gravle]. *adj.* et *n. f.* (1534; *clavelée,* XIII°; a. fr. *gravele* « sable »). *Techn.* Se dit de la cendre de lie de vin. *Cendre gravelée.* N. f. *De la gravelée.*

GRAVELEUX, EUSE [gravlø, øz]. *adj.* (XIII°; de *gravelle*). ♦ 1° Qui contient du gravier. *Terre graveleuse.* V. **Caillouteux, pierreux.** — Spécialt. *Fruit graveleux :* dont la chair contient de petits amas de corps durs. ♦ 2° *Méd.* (XVI°). *Vx.* De la gravelle. ♦ 3° (Fin XVII°). Fig. « Pénible pour la conscience comme la gravelle pour le corps » (DAUZAT). Très licencieux. *Contes, propos graveleux.* V. **Cru, libre, licencieux.** *« Un sujet gai... et même un peu graveleux »* (DIDER.).

GRAVELLE [gravel]. *n. f.* (*Gravele* « gravier », 1120; sens méd., XIII°; de *grève*). Méd. *Vx.* Concrétion rénale, petit calcul; maladie qui cause ces concrétions (lithiase).

GRAVELURE [gravlyʀ]. *n. f.* (1707; de *graveleux*). Rare. Propos, discours; anecdotes graveleuses. *« Ses discours comportaient des gravelures »* (BALZ.). V. **Grivoiserie, obscénité.**

GRAVEMENT [gravmɑ̃]. *adv.* (XVI°; de *grave*). ♦ 1° Avec gravité. V. **Dignement.** *Marcher, parler gravement.* ♦ 2° D'une manière importante, dangereuse. *Gravement menacé. Gravement blessé.* V. **Grièvement.**

GRAVER [grave]. v. tr. (XII°, « faire une raie dans les cheveux »; frq. *graban*). ♦ 1° (XIV°). Tracer en creux sur une matière dure (métal, pierre, bois), au moyen d'un instrument pointu (burin, ciseau). V. **Buriner.** *Graver une inscription, des caractères. Graver un nom sur un arbre.* — Par anal. *Graver un disque.* V. **Enregistrer; gravure.** ♦ 2° Tracer en creux (un dessin, des caractères, etc.), sur une matière dure, en vue de leur reproduction (*gravure*). *Portrait gravé au burin.* Absolt. *Instruments servant à graver :* burin, échoppe, poinçon. *Graver à l'eau-forte. Graver sur pierre.* V. **Lithographier.** *Graver une médaille, une monnaie :* graver le poinçon avec lequel on frappe le coin d'une médaille, d'une monnaie. — *Graver des caractères d'imprimerie :* graver les poinçons avec lesquels on frappe les matrices. ◇ Reproduire par le procédé de la gravure. *Faire graver des cartes de visite.* ♦ 3° *Fig.* Rendre manifeste, concrétiser par qqch. de remarquable. V. **Fixer, sculpter, tracer.** *« Ses rides sur son front ont gravé ses exploits »* (CORN.). Rendre durable (dans l'esprit, le cœur). V. **Empreindre, fixer, imprimer.** *Graver une chose dans le cœur. Je n'ai plus « la moindre envie de graver le nom de Pierre Nozière dans la mémoire des hommes »* (FRANCE).

GRAVES [grav]. *n. f. pl.* et *n. m.* (1690, « rivages »). V. **Grève).** ♦ 1° *Géol.* Terrains tertiaires de la Gironde. ♦ 2° GRAVES. *n. m.* Vin des vignobles poussant sur les graves. *Une bouteille de graves.* ◇ HOM. *Grave.*

GRAVEUR [gravœʀ]. *n. m.* (1335; de *graver*). Personne dont la profession est de graver. V. **Ciseleur, nielleur, sculpteur.** *Graveur sur métaux, sur bois. Graveur en bijouterie* (V. **Bijoutier, orfèvre).** ◇ Spécialt. Artiste qui, par les divers procédés de la gravure, confectionne des planches destinées à la reproduction. *Graveur à l'eau forte* (V. **Aquafortiste),** *à la pointe sèche. Graveur sur bois, sur pierre,* etc. (V. **Xylographe; lithographe).** *Graveur de médailles, de monnaies* (V. **Médailleur, médailliste).** *Outils, matériel de graveur :* boësse, bouterolle, brunissoir, ciseau, échoppe, grattoir, matoir, mollette, onglette, poinçon, pointe, racloir, touret, planche, pupitre, tampon, vernis. ◇ Par ext. En photogravure, Ouvrier qui traite à l'acide les copies sur métal.

GRAVIDE [gravid]. *adj.* (1866; lat. *gravida* « enceinte », de *gravis* « lourd »). *Méd.* Qui contient un embryon, un fœtus. *Utérus gravide.* ◊ Se dit de la femelle de mammifères en période de gestation (et parfois de la femme enceinte). *Jument gravide :* pleine.

GRAVIDIQUE [gravidik]. *adj.* (1857; de *gravide*). *Méd.* Relatif à la grossesse. *Albuminerie, ictère gravidique.*

GRAVIDITÉ [graviditе]. *n. f.* (1872; du lat. *graviditas*). *Méd.* État d'une femelle ou d'un utérus gravide (V. **Grossesse**).

GRAVIER [gravje]. *n. m.* (1160; dér. anc. de *grève*). ♦ 1° *Cour.* Ensemble de petits cailloux servant au revêtement des allées, dans un jardin, etc. *Le gravier d'une allée; une allée de gravier. Ratisser le gravier.* ♦ 2° *Géol.* Roche détritique à éléments assez gros (sables grossiers et cailloux), d'origine fluviale ou littorale. ♦ 3° Au plur. *Des graviers.* ♦ 4° *Méd.* Vx. Concrétion qui se forme dans les reins, la vessie. V. **Calcul, gravelle, pierre**.

GRAVILLON [gravijɔ̃]. *n. m.* (1571, « caillou »; de *grave* « gravier »). Fin gravier. *Répandre du gravillon sur une route* (opération du **GRAVILLONNAGE** [gravijɔnaʒ]; *route gravillonnée*). Au plur. *Des gravillons* (pour du *gravillon*).

GRAVIMÉTRIE [gravimetri]. *n. f.* (1922; du lat. *gravis*, et -*métrie*). *Sc.* Mesure de l'intensité de la pesanteur. — *Chim.* Analyse par pesées. — *Dér.* **GRAVIMÉTRIQUE** [gravimetrik], *adj. Analyse gravimétrique.*

GRAVIR [gravir]. *v.* (1213; probabl. frq. °*krawjan* « griffer, grimper en s'aidant des griffes »). ♦ 1° *V. tr. indir.* GRAVIR SUR, À... *(Vieilli).* Monter avec effort, en s'aidant des mains, en s'accrochant (V. **Escalader**), et *par ext.* S'élever sur une pente escarpée (V. **Monter; grimper**). *Gravir sur une muraille, au haut d'une muraille. « Gravir jusqu'au sommet de la colline »* (LITTRÉ). ♦ 2° *V. tr.* (XVI°). Monter avec effort (une pente rude). V. **Escalader, monter**. *Gravir un raidillon, une côte. Gravir une colline, une montagne. « Je gravis d'un pas lourd les degrés de mon escalier »* (FRANCE). ◊ ANT. Descendre.

GRAVITATION [gravitasjɔ̃]. *n. f.* (1722; lat. sc. *gravitatio*; de *gravitas*. V. **Gravité**). *Phys., astron.* Phénomène par lequel deux corps quelconques s'attirent avec une force proportionnelle au produit de leur masse et inversement proportionnelle au carré de leur distance. V. **Attraction**. *Les lois de la gravitation universelle, pressenties par Képler, ont été formulées par Newton.* — (Adj. *Gravifique* (vieilli) ou *Gravitationnel* [gravitasjɔnɛl], 1921).

GRAVITÉ [gravite]. *n. f.* (v. 1200; lat. *gravitas*). ♦ 1° Qualité d'une personne grave; air, maintien grave. V. **Austérité, componction, dignité, majesté, raideur, sévérité.** « *La gravité solennelle..., l'air compassé qui impressionnait tout le monde* » (GOBINEAU). *La gravité du ton, des paroles.* ♦ 2° (XVII°). Caractère de ce qui a de l'importance, qui peut entraîner de graves conséquences. *La gravité de la question, du problème. « Comprenez-vous... la gravité de l'action que vous avez commise? »* (FRANCE). — *Spécialt.* Caractère dangereux. *Gravité d'une maladie. Un accident sans gravité.* ♦ 3° *Phys.* (1377; sens lat. *gravitas*). *Vieilli.* Phénomène par lequel un corps est attiré vers le centre de la terre. V. **Pesanteur; attraction, gravitation**. *Lois de la gravité : de la chute des corps.* ◊ Loc. mod. *Centre* de gravité.* V. **Barycentre.** ◊ *Techn. Chem. de fer.* Manœuvre des wagons sous l'effet de la pesanteur (par poussée, plan incliné). *Triage par gravité. Ce wagon ne doit pas passer à la gravité :* au triage par gravité. ♦ 4° Caractère d'un son grave* (II, 2°). ◊ ANT. **Gaieté, légèreté. Bénignité.**

GRAVITER [gravite]. *v. intr.* (1732; lat. sc. *gravitare*, de *gravitas*). Obéir aux lois de la gravitation. ♦ 1° *Vx.* Tendre vers un point. *Graviter vers la terre.* V. **Tomber**. — Fig. et vieilli. *Graviter à, vers qqch.* V. **Porter** (se), **tendre** (vers). « *L'union gravite à l'unité* » (MICHELET). ♦ 2° GRAVITER AUTOUR : tourner autour (d'un centre d'attraction). *Les planètes gravitent autour du Soleil.* ◊ Fig. « *Graviter autour de quelqu'un que l'on admire, que l'on aime* » (GAUTIER). « *L'orbite où ils gravitaient* » (DUHAM.).

GRAVOIS [gravwa]. *n. m. pl.* (XII°; de *grève*). *Vieilli.* Gravats. « *Des terrains vagues encombrés de gravois* » (DUHAM.).

GRAVURE [gravyr]. *n. f.* (déb. XIII°, « rainure d'arbalète »; de *graver*). ♦ 1° *Vx.* Sillon, trait gravé. V. **Entaille**. ♦ 2° Action de graver. *La gravure d'une inscription.* — Manière dont un objet est gravé. *La gravure d'un bijou.* ♦ 3° *Absolt.* Art de graver, soit pour orner un objet dur, soit pour reproduire une œuvre graphique. *Gravure en pierres dures.* V. **Glyptique.** *Gravure sur métaux,* etc. V. **Toreutique.** *Gravure d'orfèvrerie.* V. **Ciselure.** *Gravure sur bois, à l'aide d'une pointe rougie au feu.* V. **Pyrogravure.** ◊ *Spécialt.* La GRAVURE, procédé de reproduction. « *La gravure est une véritable traduction, c'est-à-dire l'art de transporter une idée d'un art dans un autre* » (DELACROIX). *Gravure en relief, en taille d'épargne* (où les blancs du dessin sont évidés et les parties qui doivent venir en noir épargnées); *gravure sur bois* (V.

Xylographie). — *Gravure en creux* (où les parties creusées de la planche apparaissent en noir, après avoir été bourrées au tampon). *Gravure sur métaux, sur cuivre* (V. **Chalcographie**). *Gravure au burin, en taille douce, à la pointe sèche. Gravure à l'eau-forte* (où les parties de la planche de cuivre dégarnies de vernis à la pointe sont attaquées par l'acide azotique). V. **Eau-forte, mordant.** *Gravure au vernis mou. Gravure au burin ou à l'eau-forte* (où la taille est remplacée par des pointillés). *Gravure à la manière noire* (V. **Mezzotinte**), *en manière de lavis* (V. **Aquatinte**). *Gravure sur pierre* (V. **Lithographie**). — *Gravure en couleurs : sur trois planches de cuivre* (trichromie), *sur pierre* (chromolithographie, lithochromie). ◊ *Par ext. Gravure photochimique, électrochimique :* procédés à plat ou « planographiques » (V. **Phototypie, photolithographie, zincographie; offset**); procédés en relief ou typographiques (V. **Photogravure; similigravure**); procédés en creux (V. **Héliogravure, photoglyptie**). ♦ 4° Reproduction de l'ouvrage du graveur, par un procédé quelconque. V. **Épreuve, estampe, illustration.** *Gravure en couleurs. Gravure sur bois, sur pierre.* — *Spécialt. Gravure de mode.* « *Ils voudraient tous avoir l'air de gravures de mode pour tailleurs* » (MAUROIS). — *Par ext.* Toute image reproduisant un tableau, une photographie, etc. (V. **Reproduction; photographie**). *Accrocher des gravures au mur.* ♦ 5° Action de graver un disque phonographique; son résultat. *Enregistrement et gravure.*

GRÉ [gre]. *n. m.* (*Gred*, X°; lat. *gratum*, neutre substant. de *gratus* « chose agréable »). ♦ 1° Ce qui plaît, ce qui convient (seulement dans des expressions). AU GRÉ DE, selon le goût, la volonté de. *Trouver qqn, qqch. à son gré. À votre gré.* V. **Convenance, guise.** « *Je changeais à mon gré de nature* » (FRANCE). « *Tout allait au gré de mes désirs* » (ROUSS.). *Nous ne pouvons pas changer cela à notre gré.* V. **Volonté** (à). — Fig. *Au gré des événements, des circonstances :* comme, quand les circonstances le permettent. *Flotter au gré des flots.* Par ext. *Cela est préférable, à mon gré :* à mon avis, à mon sens. ◊ *Vx.* AVOIR, PRENDRE EN GRÉ. V. **Agréer.** ◊ DE SON GRÉ, *de son plein gré.* V. **Bénévolement, volontairement, volontiers.** *Obéir de bon gré, sans rechigner.* V. **Grâce** (de bonne grâce). — DE GRÉ OU DE FORCE*. — DE GRÉ À GRÉ, à l'amiable, en se mettant d'accord. — CONTRE LE GRÉ : contre la volonté. *Faire qqch. contre le gré de ses parents.* — *Loc. adv.* BON GRÉ MAL GRÉ : en se résignant, malgré soi. *Cette « partie diplomatique où elle (l'Europe) se trouvait bon gré mal gré engagée* » (MART. du G.). ♦ 2° *Vx.* Gratitude, reconnaissance. Mod. SAVOIR GRÉ : avoir de la reconnaissance pour qqn. *Il faut en savoir gré à l'auteur.* V. **Remercier.** — *Savoir mauvais gré à qqn de qqch.,* être peu satisfait, mécontent de ce qu'il a dit ou fait. V. **Maugréer.**

GRÈBE [grɛb]. *n. m.* (1557; mot savoyard; o. i.). Oiseau aquatique palmipède, dont la taille varie de celle du pigeon à celle du canard, remarquable par son plumage. V. **Plongeon.** *Nid flottant du grèbe.*

GRÉBICHE [grebiʃ], **GRÉBIGE** [grebiʒ] ou **GRIBICHE** [gribiʃ]. *n. f.* (1866; o. i.). *Techn.* ♦ 1° *Imprim.* Numéro d'inscription d'un manuscrit sur les registres d'un imprimeur. — Ligne où se trouve le nom de l'imprimeur. ♦ 2° Reliure volante. ♦ 3° Garniture métallique du bord d'un vêtement, d'un objet de maroquinerie.

GREC, GRECQUE [grɛk]. *adj. et n.* (1512; lat. *græcus*). De Grèce. ♦ 1° *Adj.* La péninsule, les îles grecques. *Le peuple grec.* — (Grèce ancienne) *L'antiquité grecque.* V. **Préhellénique; minoen, mycénien.** *Les cités, les républiques grecques.* V. **Athénien, spartiate.** — *Mythologie grecque. Le panthéon des dieux grecs.* — *Les trois ordres de l'architecture grecque* (corinthien, dorique, ionique). *Le profil grec. La civilisation grecque antique.* « *Le miracle grec* » (RENAN). — *Renvoyer aux calendes grecques.* — *Période de l'histoire grecque d'Alexandre en* 323 av. J.-C.) *jusqu'à la conquête romaine.* V. **Alexandrin, hellénistique.** *Empire grec,* ou empire romain d'Orient (476-1453). V. **Byzantin.** ♦ 2° *N. Les Grecs.* **Hellène.** — *N. m.* La langue grecque. *Le grec ancien fait, avec le latin, partie des humanités classiques. Le grec moderne* ou *néo-grec* (V. **Romaïque**). ♦ 4° *Loc.* À la grecque, se dit de légumes, etc. préparés à l'huile et aux aromates. *Champignons à la grecque.* ◊ HOM. **Grecque.**

GRÉCISER [gresize]. *v. tr.* (1551; de *grec*). Donner une forme grecque à (un mot), soit à l'aide d'une désinence, soit en le traduisant. *L'humaniste Schwartzerd avait grécisé son nom en Melanchton.*

GRÉCITÉ [gresite]. *n. f.* (1808; de *grec*). *Didact.* Caractère de ce qui est grec. V. **Hellénisme.**

GRÉCO-BOUDDHIQUE [grekɔbudik]. *adj.* (1930; de *gréco-*, et *bouddhique*). Se dit d'un art de l'Inde où paraissent des influences grecques.

GRÉCO-LATIN, INE [grekɔlatɛ̃, in]. *adj.* (1856; de *gréco-*, et *latin*). Qui concerne à la fois le grec et le latin. *Les humanités gréco-latines.*

GRÉCO-ROMAIN, AINE [grekɔrɔmɛ̃, ɛn]. *adj.* (1856;

de *gréco-*, et *romain*). Qui appartient aux Grecs et aux Romains. *Art, polythéisme gréco-romain.* — *Sport* (fin XIXᵉ) *Lutte gréco-romaine*, excluant coups et clés (*opposé* à catch, judo, lutte libre) et n'autorisant de prises qu'au-dessus de la ceinture.

GRECQUE [gʀɛk]. *n. f.* (1702; de *grec*). ♦ 1° *Techn.* Scie de relieur; entaille obtenue avec cette scie. ♦ 2° *Bx-arts* (1835). Ornement fait de lignes droites qui reviennent sur elles-mêmes à angle droit. *Grecque ornant une frise d'architecture. Orner d'une grecque* (grecquer). ◇ HOM. Grec.

GREDIN, INE [gʀədɛ̃, in]. *n.* (1640, moy. néerl. *gredich*). ♦ 1° *Vx.* Misérable, mendiant. ♦ 2° Personne sans honneur, sans probité, méprisable. V. **Bandit, coquin, malfaiteur.** *« Ce gredin de mari a pour lui la loi »* (BALZ.). ◇ (Sens atténué) *Fam.* V. **Chenapan, fripon, garnement.** *Petit gredin, je vais te tirer les oreilles !*

GREDINERIE [gʀədinʀi]. *n. f.* (1690; de *gredin*). Vieilli. Manière d'agir, action de gredin. V. **Friponnerie.**

GRÉEMENT [gʀemɑ̃]. *n. m.* (1670; de *gréer*). ♦ 1° *Mar.* Action de gréer. *Achever le gréement* (ou gréage) *d'une barque.* ♦ 2° *Cour.* Ensemble des objets et appareils nécessaires à la propulsion et à la manœuvre des navires à voiles; aux mâts et cheminées des navires à vapeur; à l'amarrage et à la sécurité de tous les navires (V. **Agrès, cordage, manœuvre, mâture, voile**). *« Le bateau et un gréement tout neuf, voiles..., cordages, ancre de fer, tout fut à nous »* (LAMART.).

GRÉER [gʀee]. *v. tr.* (1636; *agreier*, XIIᵉ; scand. *greida* « équiper »). *Mar.* Garnir (un bâtiment, *et par ext.* un mât, de voiles, poulies, cordages, etc. (V. **Gréement**). *Navire gréé en goélette.*

GREFFAGE [gʀefaʒ]. *n. m.* (1872; de *greffer*). Action de greffer; ensemble des opérations dont la greffe est le résultat.

1. **GREFFE** [gʀɛf]. *n. m.* (*Groife*, v. 1100; lat. *graphium* « stylet », gr. *grapheion*). ♦ 1° *Vx.* Stylet, poinçon pour écrire. ♦ 2° *Mod.* (1320). Bureau où l'on garde les minutes des actes de procédure. *Le greffe de la justice de paix, du tribunal. Déposer un dossier au greffe.*

2. **GREFFE** [gʀɛf]. *n. f.* (1538; *greife*, n. m., XIIIᵉ; métaph. de *greffe* 1). ♦ 1° Pousse d'une plante (œil, branche) que l'on insère dans une autre plante (*sujet*) pour que celle-ci produise les fruits de la première. V. **Greffon; ente, scion.** *Greffe qui prend bien.* ◇ *Par anal. Greffe animale :* portion d'organisme prélevée sur un individu afin de l'implanter soit sur une autre partie du corps de celui-ci (*autogreffe*), soit sur le corps d'un autre individu de même espèce (*homéogreffe*). ♦ 2° (XVIIᵉ). Opération par laquelle on implante un greffon (*greffage*); résultat de cette action. *Greffe en couronne, en écusson. « Au moyen de la greffe, l'homme a pour ainsi dire créé des espèces secondaires »* (BUFF.). ◇ *Chir. Greffe expérimentale opérée sur des animaux. Greffe réparatrice sur les plaies des accidentés, des brûlés. Greffe de tissus. Greffe siamoise.* V. **Parabiose.** *Origine variée du greffon utilisé pour la greffe.* V. **Autoplastie, hétéroplastie.** *Greffe du cœur*. V. **Transplantation** (cardiaque).

GREFFER [gʀefe]. *v. tr.* (1530; de *greffe* 2). ♦ 1° Insérer une greffe (*greffon*) sur (un sujet). V. **Enter.** *Greffer* (une espèce d'arbre) *sur un franc, sur sauvageon.* — Soumettre (un sujet, un porte-greffe) à l'opération de la greffe. *Plants assez vigoureux pour être greffés.* ◇ *Par ext.* (Biol.) *Greffer une cornée prélevée sur un cadavre; greffer un rein.* ♦ 2° *Fig.* V. **Ajouter, insérer, introduire.** *Des complications imprévues sont venues se greffer là-dessus. « La Grèce dont l'esprit s'est pour ainsi dire greffé sur notre esprit »* (FUSTEL).

GREFFIER [gʀefje]. *n. m.* (1378; de *greffe* 1). Officier public préposé au greffe. *Greffier du tribunal civil, de la justice de paix. Registre du greffier d'audience.* V. **Plumitif.**

GREFFOIR [gʀefwaʀ]. *n. m.* (1700; de *greffer*). Techn. (*Agric.*). Outil, sorte de couteau à greffer.

GREFFON [gʀefɔ̃]. *n. m.* (*Grafon*, XVIᵉ; repris v. 1870; de *greffer*). Partie d'un végétal dont on veut obtenir de nouveaux spécimens et qu'on greffe sur un autre végétal dit *sujet* ou *porte-greffe*. V. **Greffe.** *Choix des greffons sur les arbres-étalons.* ◇ *Chir.* Fragment de tissu ou d'organe transplanté dans l'opération de la greffe. *Prélever un greffon.* V. **Transplant.**

GRÉGAIRE [gʀegɛʀ]. *adj.* (XVIᵉ; *soldat grégaire* « simple soldat »; lat. *gregarius*, de *grex, gregis* « troupeau »). ♦ 1° *Biol.* (1829). Se dit des espèces dont les individus vivent en troupes. ♦ 2° *Cour.* (1909). Qui provoque le groupement d'êtres vivants, ou qui en résulte. *Tendance, instinct grégaire. Spécialt.* Qui porte certains individus à suivre docilement les impulsions du groupe où ils se trouvent. *Esprit grégaire* (V. **Moutonnier**).

GRÉGARISME [gʀegaʀism(ə)]. *n. m.* (1876; du lat. *gregarius*). Tendance à vivre en troupes; état des êtres qui vivent en troupes. Instinct grégaire. *« Tout nous contraint à subir la loi du grégarisme le plus accablant »* (DANIEL-ROPS).

GRÈGE [gʀɛʒ]. *adj.* (1679; it. (*seta*) *greggia* « (soie)

brute »). *Soie grège*, telle qu'on l'obtient après simple dévidage du cocon. Par ext. *Fil grège.*

GRÉGEOIS [gʀeʒwa]. *adj. m.* (XIIᵉ; a. fr. *grégois* « grec »; lat. *græcus*). *Feu grégeois :* mélange de soufre, de poix, de salpêtre, etc., que les Byzantins utilisaient à la guerre. *« Les flammèches du feu grégeois se collaient à sa cuirasse »* (FLAUB.).

GRÉGORIEN, IENNE [gʀegɔʀjɛ̃, jɛn]. *adj.* (1410; de *Gregorius*, nom de pape). Se dit de modifications liturgiques introduites par le pape Grégoire Iᵉʳ au VIᵉ s. *Rite grégorien, réforme grégorienne.* ◇ *Chant grégorien*, et subst. *Le grégorien :* le plain-chant. ◇ *Calendrier grégorien.*

GRÈGUES [gʀɛg]. *n. f. pl.* (XVᵉ; prov. *grega* « grecque »). *Ancienn.* (surtout *plur.*). Haut-de-chausses. V. **Culotte.** *Vx. Tirer ses grègues :* s'enfuir.

1. **GRÊLE** [gʀɛl]. *n. f.* (1119; de *grêler*). ♦ 1° Pluie qui, sous l'effet de la congélation, tombe en grains. V. **Grêlon, grésil.** *« La grêle jette sur nous... ses perles de verre »* (LOTI). ♦ 2° *Fig. Une grêle de balles.* — *Accabler qqn sous une grêle d'injures. Il l'accablait « d'une grêle de phrases qui répétaient la même idée »* (BALZ.).

2. **GRÊLE** [gʀɛl]. *adj.* (*Graisle*, v. 1100; lat. *gracilis*. V. **Gracile**). ♦ 1° D'une longueur, d'une finesse excessive. V. **Filiforme, fin, fluet, maigre, mince.** *Échassier perché sur ses pattes grêles. Silhouette grêle d'un pont métallique.* ♦ 2° *Par ext.* Se dit d'un son aigu et peu intense. *Voix grêle.* ♦ 3° *Anat. L'intestin grêle*, ou subst. *Le grêle*, portion de l'intestin comprise entre le duodénum et le cæcum. V. **Iléon, jéjunum.**

GRÊLÉ, ÉE [gʀɛle]. *adj.* (1611; « dévasté par la grêle », XIIIᵉ; de *grêler*). Marqué par la petite vérole. *Visage grêlé. Il « était petit, laid et grêlé »* (BALZ.).

GRÊLER [gʀɛle]. *v. impers.* (XIIᵉ; frq. *°grisilôn*). Se dit quand il tombe de la grêle. *Il va grêler.* V. aussi **Grésiller.** ◇ *Trans.* Gâter, dévaster par la grêle. *Toute cette région a été grêlée.*

GRELIN [gʀəlɛ̃]. *n. m.* (*Guerlin*, 1634; néerl. *greling*, du rad. de *grêle* 2). *Mar.* Fort cordage (plus mince, plus grêle que le câble). *« Un grelin gros comme un doigt »* (R. VERCEL). *Grelin de halage, d'amarrage.*

GRÊLON [gʀɛlɔ̃]. *n. m.* (XVIᵉ; de *grêler*). Grain d'eau congelée qui tombe pendant une averse de grêle. *« La nuit n'était plus si sombre, les grêlons l'éclairaient de rayures pâles, innombrables »* (ZOLA).

GRELOT [gʀəlo]. *n. m.* (*Grilot*, 1392; moy. haut all. *grillen* « crier », de *grell* « aigu »). Sonnette constituée d'une boule de métal creuse, percée de trous, contenant un morceau de métal qui la fait résonner dès qu'on l'agite. *Grelot attaché au collier d'un cheval, d'un chien. Tintement de grelots* (V. **Grelotter**). ◇ *Loc. Attacher le grelot :* faire le premier pas dans une affaire délicate, donner l'alarme le premier. — *Pop. Avoir les grelots :* avoir peur, trembler.

GRELOTTANT, ANTE [gʀəlɔtɑ̃, ɑ̃t]. *adj.* (1861; de *grelotter*). Qui grelotte. *Elle est toute grelottante. « Un malade..., ratatiné et grelottant »* (GIONO).

GRELOTTEMENT [gʀəlɔtmɑ̃]. *n. m.* (1859; de *grelotter*). Tremblement, bruit de ce qui grelotte. *Les souvenirs « que déclenche un grelottement de sonnette »* (COLETTE). ◇ (*Personnes*) *Le fait de grelotter* (1°).

GRELOTTER [gʀəlɔte]. *v. intr.* (1566; d'apr. la loc. anc. *trembler le grelot; de grelot*). ♦ 1° Trembler de froid. V. **Claquer** (des dents), **frissonner, trembler.** *Grelotter de peur. Grelotter de fièvre.* ♦ 2° Émettre un bruit de grelot. *« Un timbre aigu et perforant grelottait interminablement »* (MART. du G.).

GRELUCHON [gʀəlyʃɔ̃]. *n. m.* (1725; de *grelu* « gueux ». V. **Grêle** 2). Vieilli. Amant de cœur. V. **Gigolo.**

GRÉMIL [gʀemil]. *n. m.* (XIIIᵉ; de *grès*, et a. fr. *mil* « millet »). Plante (herbe aux perles) dont une espèce est officinale.

GRÉMILLE [gʀemij]. *n. f.* (1802; du lat. pop. *°grumellus*, lat. *grumulus*; Cf. Grumeau (ce poisson vit sur des fonds de gravier, dial. *grémilles*). Petite perche sans écailles, vivant en eau douce.

GRENACHE [gʀənaʃ]. *n. m.* (*Garnache*, XIIIᵉ; it. *vernaccia*, de la ville de *Vernazza*). Cépage noir, à gros grains, cultivé dans le Languedoc, le Roussillon. — Vin produit par ce cépage.

GRENADAGE [gʀənadaʒ]. *n. m.* (v. 1914; de *grenade* 2). *Milit.* Action de lancer des grenades contre un ennemi. *Le grenadage d'un sous-marin.*

1. **GRENADE** [gʀənad]. *n. f.* (XVᵉ; *pume grenate*, XIIᵉ; lat. *granatum* « (fruit) à grains »). Fruit du grenadier, baie ronde de la grosseur d'une orange, renfermant de nombreux pépins entourés d'une pulpe rouge.

2. **GRENADE** [gʀənad]. *n. f.* (1520; du précéd.). ♦ 1° Projectile formé d'une charge d'explosif enveloppée de métal, muni d'un détonateur pour en régler l'explosion. *Grenade à main, à fusil. Grenade fumigène, incendiaire.* — *Dégoupiller une grenade. Grenade sous-marine*, contre les

submersibles. ♦ 2° Ornement de l'uniforme des soldats du génie, des sapeurs-pompiers.

GRENADEUR [grənadœr]. *n. m.* (v. 1950; de *grenade* 2). *Milit.* Appareil servant au lancement des grenades sous-marines.

1. **GRENADIER** [grənadje]. *n. m.* (1425; de *grenade* 1). Arbrisseau épineux à fleurs rouges, qui produit les grenades.

2. **GRENADIER** [grənadje]. *n. m.* (1667; de *grenade* 2). Soldat spécialisé dans le lancement des grenades, et *par ext.* Soldat d'élite. « *Les hauts bonnets des grenadiers de la garde avec la large plaque à l'aigle* » (HUGO). Par métaph. *Un vrai grenadier* : un homme de grande taille ; une femme grande, d'allure virile. *Boire comme un grenadier* : beaucoup.

GRENADIÈRE [grənadjɛr]. *n. f.* (1680; de *grenade* 2). *Vieilli.* Gibecière à grenades. ◇ (1803). Bague métallique reliant le canon au fût d'un fusil.

GRENADILLE [grənadij]. *n. f.* (1598; de *grenade* 1). Espèce de passiflore dont le fruit rappelle la grenade.

GRENADIN [grənadɛ̃]. *n. m.* (1775; de *grenade* 1). ♦ 1° Petit oiseau d'Afrique. ♦ 2° Variété d'œillet. ♦ 3° *Cuis.* (1798). Petit fricandeau.

GRENADINE [grənadin]. *n. f.* (1827; de *grenade* 1). ♦ 1° *Techn.* Fil de soie constitué de deux brins fortement tordus ; soierie légère tissée de ces fils. ♦ 2° (1866). *Cour.* Sirop rougeâtre fait à l'origine de jus de grenade.

GRENAGE [grənaʒ] ou **GRAINAGE** [grɛnaʒ]. *n. m.* (1730; de *grener*). *Techn.* Action de réduire en grains (la poudre à canon, le sucre).

GRENAILLE [grənaj]. *n. f.* (1354; de *grain*). ♦ 1° *Agric.* Rebut de grain. *Jeter, donner la grenaille aux poules.* ♦ 2° *Cour.* Métal réduit en grains. *Cartouche chargée de grenaille de plomb.*

GRENAILLER [grənaje]. *v. tr.* (1757; du précéd.). *Techn.* Réduire en petits grains. *Grenailler du plomb.* Dér. GRENAILLAGE [grənajaʒ], *n. m.* Décapage par projection de grenaille.

GRENAISON [grɛnɛzɔ̃]. *n. f.* (1752; « récolte », XVIe; de *grener*). *Agric.* Formation du grain des céréales. *Grenaison précoce.*

GRENAT [grəna]. *n. m.* (1160; de *grenate*, adj. V. Grenade). ♦ 1° *Minér.* Pierre précieuse très dure (silicates complexes), généralement d'un beau rouge. V. Almandin, escarboucle. *Variété noire de grenat.* V. Pyrénéite. ♦ 2° *Par ext.* *Cour.* *Couleur grenat,* ou ellipt. *Grenat,* rouge sombre. V. Bordeaux. *Des gants grenat.*

GRENÉ, ÉE [grəne]. *adj.* (1528; V. Grener). Qui offre à la vue ou au toucher une multitude de petits grains très rapprochés. V. Grenu. *Dessin grené, cuir grené.* Subst. (1829) *Un beau grené, le grené d'une gravure, d'une reliure de peau.*

GRENELER [grən(ə)le]. *v. tr.; conjug. appeler* (1611; de *grener*). *Techn.* Préparer un cuir, un papier de telle sorte qu'il paraisse couvert de grains.

GRENER [grəne]. *v.; conjug. lever* (XIIe; du rad. de *grain*). ♦ 1° *V. intr.* *Agric.* Produire de la graine. *Le blé grène mal cette année.* ♦ 2° *V. tr.* GRENER ou GRAINER [grɛne]. *Techn.* Réduire en petits grains. *Grener de la terre,* l'émietter. *Grener du sel, du sucre.* — Au p. p. *Poudre grenée.*

GRÈNETIS [grɛnti]. *n. m.* (1676; du rad. de *grener*). *Techn.* Cordon fait de petits grains au bord des monnaies, des médailles. V. Crénelage.

GRENEUR [grənœr] ou **GRAINEUR** [grɛnœr]. *n. m.* (1907; *graineur,* 1865, autre sens; de *grener*). *Techn.* Ouvrier qui donne le grain aux pierres ou aux plaques de métal utilisées en gravure.

GRENIER [grənje]. *n. m.* (XIIe; lat. *granarium,* de *granum* « grain »). ♦ 1° Partie d'un bâtiment rural, d'ordinaire située sous les combles, où l'on conserve les grains et les fourrages. V. Fenil, grange, pailler. *Grenier à blé, à foin.* Par ext. V. Silo. Par anal. *Grenier à sel.* ◇ Fig. Pays, contrée fertile en blé. *La Sicile « qui fut appelée le grenier de l'Italie »* (MAUPASS.). ♦ 2° *Par ext.* Étage supérieur d'une maison sous les combles. V. Comble, mansarde. *« Un grenier éclairé par une lucarne. Pêle-mêle d'objets hétéroclites »* (SARTRE). — Fouiller une maison de la cave au grenier : depuis le bas jusqu'en haut.

GRENOUILLAGE [grənujaʒ]. *n. m.* (1894; de *mare aux grenouilles*). *Polit.* (*Fam.*). Intrigues louches, tractations immorales. V. Magouille. (On emploie aussi le v. Grenouiller [grənuje]).

GRENOUILLE [grənuj]. *n. f.* (1215; a. fr. *reinoille* (XIIe); lat. pop. *°ranucula,* dimin. de *rana* « grenouille ». V. Rainette). ♦ 1° Batracien anoure aux pattes postérieures longues et palmées, à peau lisse, nageur et sauteur. *Grenouille verte, rousse.* V. Rainette, roussette. *Coassements des grenouilles. Larve de grenouille.* V. Têtard. ♦ 2° *Fig.* et *fam.* Tirelire en forme de grenouille. *Par ext.* (1793) *Le caissier a mangé la grenouille,* s'est approprié les fonds déposés.

GRENOUILLÈRE [grənujɛr]. *n. f.* (1534; de *grenouille*). *Rare* (sauf comme nom de lieu-dit). Lieu marécageux, habité par des grenouilles.

GRENOUILLETTE [grənujɛt]. *n. f.* (1549; de *grenouille*). ♦ 1° Espèce de renoncule. ♦ 2° (1615). Tumeur placée sous la langue.

GRENU, UE [grəny]. *adj.* (XIIIe; de *grain*). ♦ 1° *Bot.* Riche en grains. *Épis grenus.* ♦ 2° Se dit de la peau, des tissus dont le grain est apparent. *Cuir grenu.* ◇ *Géol. Roches grenues,* à cristaux visibles (ex. *diorite*). ♦ 3° Subst. *Le grenu :* l'aspect d'une peau, d'une roche grenue.

GRENURE [grənyr]. *n. f.* (1757; de *grener*). *Techn.* ♦ 1° Action de grener les parties ombrées d'une gravure. ♦ 2° (1845). État du cuir grené.

GRÈS [grɛ]. *n. m.* (1175; frq. *°greot* « gravier »). ♦ 1° Roche sédimentaire formée de nombreux petits éléments (V. Sable) unis par un ciment de nature variable. *Grès siliceux, calcaires, ferrugineux* (grès rouge des Vosges), *gypseux.* V. Alios, mollasse, quartzite. *Carrière de grès* (grésière). « *Des grès de teinte grise, entremêlés... de bruyères* » (NERVAL). *Pavé, moellon de grès.* ♦ 2° (1330). Terre glaise mêlée de sable fin dont on fait des poteries. *Pot de grès. Grès cérame. Grès flammés* ou *flambés.*

GRÉSAGE [grezaʒ]. *n. m.* (1872; de *gréser*). *Techn.* Action de gréser.

GRÉSER [greze]. *v. tr.; conjug. céder* (1676; de *grès*). *Techn.* ♦ 1° Polir, poncer avec une meule, de la poudre de grès. ♦ 2° Rogner au grésoir.

GRÉSEUX, EUSE [grezø, øz]. *adj.* (1827; de *grès*). De la nature du grès; contenant du grès.

GRÉSIL [grezi(l)]. *n. m.* (1080; frq. *°grisilôn.* V. Grêle). Variété de grêle, fine, blanche et dure qui tombe surtout au printemps. *Un vent froid « mouillé d'aiguilles de grésil »* (DUHAM.).

GRÉSILLEMENT [grezijmã]. *n. m.* (1721; de *grésiller* 2). ♦ 1° Léger crépitement. « *Le grésillement du sable... qui pleuvait finement contre les murs* » (COLETTE). *Le grésillement de la friture.* ♦ 2° *Rare.* Bruit du grillon.

1. **GRÉSILLER** [grezije]. *v. impers.* (v. 1120; de *grésil*). *Rare.* Se dit du grésil qui tombe. *Il a plu et grésillé.* V. Grêler.

2. **GRÉSILLER** [grezije]. *v.* (1398; altér. de *grediller,* var. région. de *griller,* sous l'infl. de *grésiller* 1). ♦ 1° *V. tr.* (*Rare*). Déterminer un plissement, un racornissement, sous l'action de la chaleur. V. Racornir, sécher. ♦ 2° *V. intr.* *Cour.* Produire un crépitement rapide et assez faible. « *L'omelette grésillait dans la poêle* » (GENEVOIX).

GRÉSOIR [grezwar]. *n. m.* (Groisoir, 1636; de *gréser*). *Techn.* Instrument du vitrier servant à gréser le verre coupé au diamant.

GRESSIN [gresɛ̃]. *n. m.* (Grisse, 1808; greisin, 1853; it. *grissino*). Petite flûte de pain biscotté.

1. **GRÈVE** [grɛv]. *n. f.* (1190; lat. pop. *°grava,* d'o. gaul.). ♦ 1° Terrain plat (formé de sables, graviers), situé au bord de la mer ou d'un cours d'eau. V. Bord, côte, plage, rivage. *Flots, vagues qui déferlent sur la grève.* « *La mer qui vient dormir sur la grève argentée* » (LAMART.). *Grèves de la Gironde.* V. Graves. — *Par ext.* Bande de sable mobile. *Les grèves de la Loire.* ♦ 2° *Spécialt. La Grève,* la place de Grève, place de Paris située au bord de la Seine, à l'emplacement de l'actuel Hôtel de Ville, où avaient lieu les exécutions. *Être roué, pendu en Grève.*

2. **GRÈVE** [grɛv]. *n. f.* (1805; des loc. *faire grève, être en grève* « se tenir sur la place de Grève, en attendant de l'ouvrage »). Cessation volontaire et collective du travail décidée par des salariés pour obtenir des avantages matériels ou moraux. V. Arrêt (de travail), débrayage. *Faire grève, se mettre en grève. Droit de grève. Syndicat qui lance un ordre de grève. Grève de solidarité.* « *C'est dans les grèves que le prolétariat affirme son existence* » (G. SOREL). — *Grève générale. Grève perlée. Grève tournante,* qui affecte successivement tous les secteurs de production. *Grève sur le tas, grève des bras croisés,* les ouvriers, les employés, présents à leur poste de travail, demeurant inactifs. *Grève du zèle*. *Grève bouchon,* grève partielle suffisant à bloquer la marche d'une entreprise. *Grève surprise,* déclenchée sans préavis. *Grève sauvage,* qui éclate spontanément en dehors de toute consigne syndicale. — *Piquet de grève.* ◇ *Grève du lait,* interruption volontaire dans la livraison, le ramassage ou la distribution du lait. *Grève du gaz, des transports. Grève de l'impôt :* refus concerté et collectif d'acquitter les contributions légales. ◇ *Briseur de grève. Ouvriers qui refusent de faire la grève.* V. Jaune. *Répondre à la grève par un lock-out.* ◇ *Par ext.* Faire *la grève de la faim* (en parlant de prisonniers, de détenus) : refuser de manger, en forme de protestation.

GREVER [grəve]. *v. tr.; conjug. lever* (XIIe; lat. *gravare* « charger »). ♦ 1° *Vx.* Accabler, affliger. ♦ 2° (1636). Frapper de charges financières, de servitudes. V. Charger, imposer. *Dépenses qui grèvent un budget.* V. Alourdir. *Hypothèques qui grèvent une succession.* *Grever l'économie d'un pays.* V. Accabler, surcharger. ◇ *Dr.* Charger (qqn) d'une substitution, d'un fidéicommis. *Grever un légataire, un héritier.*

◇ ANT. *Affranchir, aider, alléger, assister, décharger, dégrever.*

GRÉVISTE [gʀevist(ə)]. *n.* (1821 ; de *grève* 2). Salarié qui fait grève. *Négocier la reprise du travail avec les grévistes.* — Adj. *Le mouvement gréviste.*

GRIBOUILLAGE [gʀibujaʒ]. *n. m.* (1743 ; de *gribouiller*). Dessin confus, informe. V. **Gribouillis, griffonnage.** *Buvard couvert de gribouillages.* ◇ Écriture informe, illisible. « *Un gribouillage presque illisible. La main ne dirigeait plus la plume* » (MONTHERLANT).

GRIBOUILLE [gʀibuj]. *n. m.* (1548, nom d'un personnage naïf et sot ; du rad. de *gribouiller*). Personne naïve et mal avisée qui se jette stupidement dans les ennuis, les maux mêmes qu'elle voulait éviter. *Une politique de Gribouille.*

GRIBOUILLER [gʀibuje]. *v.* (1611 ; néerl. *kriebelen*, ou var. de *grabouiller*, dial.). ♦ 1° *V. intr.* (fin XVIIᵉ). Faire des gribouillages. V. **Barbouiller, griffonner.** *Empêcher un enfant de gribouiller sur les murs.* ♦ 2° *V. tr.* Écrire, dessiner de manière confuse. — Au p. p. *Message gribouillé, illisible.* ◇ ANT. *Calligraphier.*

GRIBOUILLEUR, EUSE [gʀibujœʀ, øz]. *n.* (1808 ; de *gribouiller*). Personne qui gribouille. V. **Barbouilleur.**

GRIBOUILLIS [gʀibuji]. *n. m.* (1540, nom d'un diable ; sens mod., 1826 ; de *gribouiller*). Dessin, écriture informe. V. **Gribouillage.** *Il sortit un carnet « et couvrit une page de gribouillis »* (DUHAM.).

GRIÈCHE [gʀijɛʃ]. *adj.* (XIIIᵉ ; a. fr. *griesche* « grecque », sens péj.). V. **Pie-grièche.**

GRIEF [gʀijɛf]. *n. m.* (XIIᵉ ; de *grever*). ♦ 1° *Vx.* Dommage que l'on subit. — Mod. Dr. *Griefs d'appel*, ce en quoi le demandeur se trouve lésé par un jugement dont il appelle. ♦ 2° *(Plur. ou loc.).* Sujet, motif de plainte (généralement contre une personne). V. **Doléance, plainte, reproche.** *Avoir des griefs contre qqn. Exposer, formuler ses griefs :* se plaindre, protester. *Ses griefs sont justifiés.* — *Faire grief de qqch. à qqn*, lui en savoir mauvais gré, le lui reprocher. V. **Blâmer, reprocher.** ◇ Dr. *Griefs d'accusation.* V. **Réquisitoire.**

GRIÈVEMENT [gʀijɛvmɑ̃]. *adv.* (XIVᵉ ; a. fr. *grief* « grave » ; lat. *grevis*). *Vx* (sauf dans l'express. cour. *grièvement blessé*). V. **Gravement, sérieusement.** ◇ ANT. *Légèrement.*

GRIFFADE [gʀifad]. *n. f.* (1564 ; de *griffer*). Coup de griffe.

GRIFFE [gʀif]. *n. f.* (v. 1500 ; *grif*, n. m., v. 1220 ; de *griffer*). ♦ 1° Ongle* pointu et crochu de certains animaux (mammifères, oiseaux, reptiles). *Griffe fixe, rétractile. Griffes des carnassiers ; des oiseaux de proie* (V. **Serre**). *Sortir ses griffes* (pour attaquer ou se défendre). *Coup de griffe.* « *Des ongles invraisemblables, effilés en griffes* » (LOTI). — Par ext. *La griffe, les griffes :* les pattes armées de griffes. — Méd. *Main en griffe*, aux doigts figés en position incurvée, par paralysie de certains muscles. ◇ Fig. LES GRIFFES, symbole d'agressivité, de rapacité. *Montrer ses griffes :* menacer. *Rentrer ses griffes :* revenir à des sentiments moins belliqueux. « *L'Allemagne avait... forcé l'Autriche à rentrer ses griffes* » (MART. du G.). *Coup de griffe*, attaque, critique malveillante, remarque blessante. *Tomber sous la griffe de qqn :* en son pouvoir. *Arracher une personne des griffes d'une autre.* — *Région.* (Belgique). Égratignure, éraflure. ♦ 2° Bot. Racine tubéreuse de certaines plantes. *Griffes d'asperge, de renoncule.* ♦ 3° Techn. Nom de divers outils, instruments, pièces, en forme de griffe. *Griffe de plombier, de tapissier, de doreur. Griffe à musique*, plume à cinq becs pour tracer les portées. — *Bijout.* Petit crochet qui maintient une pierre sur un bijou. ◇ Crampons qui aident certains ouvriers à grimper (aux arbres, aux poteaux). ♦ 4° (XVIIIᵉ). Empreinte imitant une signature ; ce qui sert à faire cette empreinte. — *Particult.* Marque apposée à un vêtement ou à un objet de luxe et portant le nom du fabricant. *(Dér.* GRIFFÉ, ÉE : muni d'une griffe). ♦ 5° Fig. (XIXᵉ). Marque de la personnalité de qqn dans ses œuvres. V. **Empreinte.** *Cet article porte sa griffe. La griffe de l'auteur.*

GRIFFER [gʀife]. *v. tr.* (1386 ; haut. all. *gripan*, all. mod. *greifen*). Égratigner d'un coup de griffe ou d'ongle. « *Elle se mordait les lèvres ; elle griffait le drap avec ses ongles* » (ROMAINS). Absolt. *Ce chat griffe si on le taquine.* ◇ HOM. *Gryphée.*

GRIFFEUR, EUSE [gʀifœʀ, øz]. *adj. et n.* (XXᵉ ; de *griffer*). Qui griffe.

GRIFFON [gʀifɔ̃]. *n. m.* (1080 ; lat. *gryp(h)us*, gr. *grups*). ♦ 1° Animal fabuleux, monstre à corps de lion, à tête et à ailes d'aigle (Cf. *aussi* Hippogriffe). ♦ 2° (1672). Nom de certains grands oiseaux de proie, du martinet noir. ♦ 3° (1660). Chien de chasse (barbet) à poils longs et broussailleux. *Griffons courants, d'arrêt.* ♦ 4° *Vx.* Fontaine publique jaillissante (d'apr. l'ornementation des anciens robinets). Mod. Endroit où l'eau d'une source sort du sol.

GRIFFONNAGE [gʀifɔnaʒ]. *n. m.* (1621 ; de *griffonner*). Écriture mal formée, illisible ; dessin informe. V. **Barbouillage, gribouillage, gribouillis.** « *Le griffonnage inconscient, les jeux de la plume qui tourne en rond autour d'une tache*

d'encre » (COLETTE). ◇ *Fig.* Ce qu'on rédige hâtivement, avec maladresse. *Griffonnages de jeunesse.*

GRIFFONNEMENT [gʀifɔnmɑ̃]. *n. m.* (v. 1630 ; de *griffonner*). Arts. Ébauche d'une sculpture, en cire ou en terre.

GRIFFONNER [gʀifɔne]. *v. tr.* (1555 ; de *griffer*). ♦ 1° Écrire (qqch.) d'une manière confuse, peu lisible. *Griffonner son nom. Les médecins qui « griffonnent, dit-on, des ordonnances illisibles »* (ROMAINS). ◇ Dessiner (qqch.) grossièrement, confusément. — Absolt. Faire des lettres, des signes, des dessins informes. V. **Gribouiller.** ♦ 2° Rédiger à la hâte. *Griffonner un billet. Après avoir « griffonné de longues pages, je découvre n'avoir pas fait une phrase »* (FLAUB.). ◇ ANT. *Calligraphier.*

GRIFFONNEUR, EUSE [gʀifɔnœʀ, øz]. *n.* (1584 ; de *griffonner*). Rare. Personne qui griffonne.

GRIFFU, UE [gʀify]. *adj.* (XVIᵉ, repris XIXᵉ ; de *griffe*). Armé de griffes, et *par ext.* d'ongles longs et crochus. « *Ces mains noueuses, griffues* » (GAUTIER). — Fig. *Mains griffues*, mains d'une personne cruelle, avide. V. **Griffe** *(fig.).*

GRIFFURE [gʀifyʀ]. *n. f.* (1867 ; de *griffer*). Égratignure. V. **Écorchure, éraflure.**

GRIGNE [gʀiɲ]. *n. f.* (1771 ; de *grigner*). Techn. ♦ 1° Inégalité du feutre. ♦ 2° (1845 ; « grignon », 1694). Fente que le boulanger fait sur le pain. *Par ext.* Couleur dorée du pain bien cuit.

GRIGNER [gʀiɲe]. *v. intr.* (1180, « plisser les lèvres et montrer les dents » ; frq. °*grînan*). Techn. (fin XIXᵉ). Faire des plis, des fronces (défaut). *Étoffe, couture qui grigne.* V. **Goder.**

GRIGNON [gʀiɲɔ̃]. *n. m.* (1564 ; de *grigner*). ♦ 1° *Vx* ou *région.* Morceau croustillant pris sur le côté le plus cuit du pain. ♦ 2° Tourteau d'olives.

GRIGNOTAGE [gʀiɲɔtaʒ]. *n. m.* (1966 ; de *grignoter*). Action de grignoter (fig.). *Polit.* Tactique d'usure consistant en opérations restreintes et répétées. « *La tactique du harcèlement et du grignotage* » (A. P. LENTIN). — *Par ext.* Destruction lente et progressive.

GRIGNOTEMENT [gʀiɲɔtmɑ̃]. *n. m.* (1868 ; de *grignoter*). Action de grignoter. ◇ *Par ext.* Bruit ainsi produit. « *Un grignotement de rat... prenait des résonances étranges* » (GAUTIER).

GRIGNOTER [gʀiɲɔte]. *v.* (1532 ; de *grigner*). ♦ 1° *V. intr.* Manger en rongeant. *Spécialt.* Manger très peu, du bout des dents. V. **Chipoter.** ♦ 2° *V. tr.* Manger (qqch.) petit à petit, lentement, en rongeant. *Grignoter un biscuit. Souris qui grignote un fromage* (V. **Ronger**). ◇ Fig. Détruire peu à peu, lentement. *Grignoter son capital.* V. **Manger.** « *Ce défilé infini des petites secondes pressées qui grignotent le corps et la vie des hommes* » (MAUPASS.). *Grignoter un adversaire.* ◇ S'approprier, gagner. *Il n'y a rien à grignoter dans cette affaire.*

GRIGNOTEUR, EUSE [gʀiɲɔtœʀ, øz]. *adj. et n.* (1564 ; de *grignoter*). Qui grignote. ◇ Techn. N. f. *(Néol).* Machine-outil pour le découpage des bois, des métaux en feuille.

GRIGNOTIS [gʀiɲɔti]. *n. m.* (v. 1500 ; de *grignoter*). Techn. Taille en traits courts (gravure).

GRIGOU [gʀigu]. *n. m.* (1658 ; languedoc. *grigou* « gredin, filou », gr. du *grec*, péj.). *Fam.* V. **Avare, ladre.** *Quel grigou! Un vieux grigou.*

GRI-GRI. V. **Gris-gris.**

GRIL [gʀi(l)]. *n. m. (Graïl*, XIIᵉ ; forme masc. de *grille*). ♦ 1° Ustensile de cuisine à tiges métalliques parallèles sur lequel on fait cuire à feu vif de la viande, du poisson. *Bifteck cuit sur le gril. Gril pour rôties.* V. **Grille-pain.** ◇ Ancien instrument de supplice. — Fig. et fam. *Être sur le gril*, extrêmement anxieux ou impatient. *Tenir qqn sur le gril.* « *Paul se retournait sur le gril, brûlé de curiosité* » (COCTEAU). ♦ 2° Techn. Claire-voie en amont d'une vanne d'écluse. — Plancher à claire-voie au-dessus du cintre d'un théâtre. — Mar. Chantier de carénage à claire-voie. ♦ 3° Méd. *Gril costal*, cage thoracique.

GRILL [gʀil]. *n. m.* V. **Grill-room.**

GRILLADE [gʀijad]. *n. f.* (1628 ; de *griller*). ♦ 1° Rare. Manière d'apprêter de la viande ou du poisson en les grillant. ♦ 2° Cour. Viande grillée.

1. GRILLAGE [gʀijaʒ]. *n. m.* (1342 ; de *grille*). ♦ 1° Treillis le plus souvent métallique qu'on met aux fenêtres, aux portes à jour, etc. *Poser un grillage à la porte d'un garde-manger. Grillage en bois des fenêtres arabes.* V. **Moucharabieh.** ◇ Clôture en treillis de fils de fer. V. **Claire-voie.** *Jardins enclos d'un grillage.* ♦ 2° Treillage bouchant un étang (pour y retenir le poisson). « *Des grillages à mailles fines... bouchaient de place en place le ruisseau d'écoulement* » (GENEVOIX).

2. GRILLAGE [gʀijaʒ]. *n. m.* (1739 ; de *griller*). Action de griller. *Grillage des cacahuètes.* — Techn. Opération consistant à chauffer au rouge un minerai en présence d'oxygène, soit pour le rendre plus friable, soit pour en dégager certaines substances combinées avec lui. *On obtient le mercure* *par grillage de son sulfure.* ◇ Action de griller les étoffes (apprêt des tissus de coton).

GRILLAGER [gʀijaʒe]. *v. tr.* (1845; de *grillage* 1). Munir d'un grillage. Au p. p. *Guichet grillagé.*

GRILLAGEUR [gʀijaʒœʀ]. *n. m.* (1845; de *grillager*). *Techn.* Ouvrier qui fabrique ou pose des grillages.

GRILLE [gʀij]. *n. f.* (XVᵉ; *grille*, XIIIᵉ; a. fr. *gradilie* (980) « gril »; lat. *craticula* « petit gril »). ♦ 1º (1508; *crille*, 1402). Assemblage à claire-voie de barreaux entrecroisés ou non, fermant une ouverture ou servant de séparation à l'intérieur d'un édifice. *Grilles aux fenêtres d'une prison. Être, mettre sous les grilles,* en prison. *Grille d'un château fort.* V. **Herse.** *Grille d'égout. Un trou, « grillé d'une grille en fer à barreaux entrecroisés »* (HUGO). — *Grille d'un confessional,* séparant le pénitent du confesseur. *Grille du parloir d'un couvent, d'une prison,* séparant les religieux ou les détenus de leurs visiteurs. ◇ Clôture généralement formée de barreaux montants et parallèles, plus ou moins ouvragés. *Grille d'un square, d'un jardin. Montants, pilastres, sommiers, traverses d'une grille.* — *Spécial.* V. **Porte.** « *Chéri referma derrière lui la grille du petit jardin* » (COLETTE). ♦ 2º *Techn.* (1680). Châssis formé de barres de fer ou de fonte soutenant le charbon dans un fourneau. ◇ Coquille en fonte à claire-voie, où l'on brûle du coke ou de la houille. ♦ 3º *Archéol.* (1690). Barreaux de la visière du heaume (qui protégeaient les yeux du guerrier). ♦ 4º *Électr.* Électrode en forme de grille. *Lampe à double grille.* V. **Bigrille.** ♦ 5º (1864). Carton à jours conventionnels pour la lecture des textes rédigés en langage chiffré. « *Comme on ajuste sur les papiers diplomatiques la « grille » qui isole les mots vrais* » (CLAUDEL). — Quadrillage pour le chiffrement et le déchiffrement des messages. V. **Cryptographie.** Par anal. *Grille de mots croisés.* — Organisation et répartition représentable par un tableau; ce tableau. *Grille des salaires, grille d'horaires.*

GRILLÉ, ÉE. *adj.* V. **GRILLER** (1 et 2).

GRILLE-PAIN [gʀijpɛ̃]. *n. m. invar.* (1835; de *griller*, et *pain*). Appareil sur lequel on grille des tranches de pain. *Grille-pain électrique.*

1. **GRILLER** [gʀije]. *v.* (*Graeiller*, XIIᵉ; de *gril*).
I. *V. tr.* ♦ 1º Faire cuire, rôtir sur le gril. *Griller du boudin.* — *Viande grillée* (V. **Grillade**), *grillée sur des braises* (V. **Carbonnade**). *Pain grillé.* ◇ Cuire à sec sur charbons ou de la braise. *Griller des marrons.* « *L'odeur du feu de bois et la châtaigne grillée* » (COLETTE). ◇ *Techn.* (1845) Soumettre (une substance), en présence ou non d'oxygène, à l'action de la chaleur. — Faire passer (les toiles de coton) à la flamme, après le tissage, pour enlever le duvet. ♦ 2º V. **Brûler.** *Les Chauffeurs grillaient la plante des pieds de leurs victimes.* — *Par anal.* Chauffer à l'excès. « *La flambée qui lui grillait le visage* » (MART. du G.). ◇ *Par ext.* Racornir par un excès de chaleur (ou de froid). V. **Dessécher.** *La gelée grille les bourgeons.* ♦ 3º Torréfier. *Griller du café.* — *Amandes grillées.* ♦ 4º (1866). *Fam. Griller une cigarette.* V. **Fumer.** ♦ 5º *Électr.* Mettre hors d'usage par un court-circuit ou par un courant trop intense. *Griller une résistance.* ♦ 6º *Fig.* — *Le voilà grillé.* ◇ *Fam.* (1907) Dépasser, supplanter (un concurrent).
II. *V. intr.* ♦ 1º Se rôtir sur le gril. *Mettre des châtaignes à griller.* — *Fam.* Être exposé à une chaleur trop vive. « *Ce n'est plus tenable, nous grillons* » (ZOLA). ♦ 2º *Fig.* (1546). V. **Brûler.** *Griller d'impatience.* « *Nous grillons de vous entendre!* » (GIRAUDOUX). — *Spécial.* Dans les jeux de recherche ou de devinette, être près du but. V. **Brûler.**

2. **GRILLER** [gʀije]. *v. tr.* (1463; de *grille*). Fermer d'une grille. V. **Griller.** « *Faites donc... griller les croisées qui donnent sur mes couches* » (BEAUMARCH.). — *Fenêtre grillée.* ◇ Par ext. (*Vx*) Enfermer, cloîtrer.

GRILLOIR [gʀijwaʀ]. *n. m.* (1819; de *griller* 1). *Techn.* Fourneau pour griller les étoffes. ◇ Local où s'opère le grillage.

GRILLON [gʀijɔ̃]. *n. m.* (1372; a. fr. *grillet, grille; lat. grillus,* avec infl. prob. a. fr. *grésillon,* même sens). Insecte orthoptère sauteur, de couleur noire, communément appelé *cri-cri,* en raison de la stridulation produite (chez le mâle) par le frottement des élytres. *Grillon des champs, du foyer. Grillon-taupe* (ou *taupe-grillon*). V. **Courtilière.**

GRILL-ROOM [gʀilʀum]. *n. m.* (1896; mot angl.). Restaurant où l'on consomme des grillades, en principe préparées sous les yeux des clients. — Plur. *Des grill-rooms.* Par abrév. *Grill.*

GRIMAÇANT, ANTE [gʀimasɑ̃, ɑ̃t]. *adj.* (v. 1660; de *grimacer*). Qui grimace. *Figure, bouche grimaçante.* « *Le visage grimaçant, déformé de douleur* » (ARAGON).

GRIMACE [gʀimas]. *n. f.* (*Grimache,* fin XIVᵉ; a. fr. *grimuche* (1202); probabl. du frq. °*grima* « masque »). ♦ 1º Contorsion du visage, involontaire (V. **Tic**) ou faite à dessein. *Grimace de dégoût, de douleur.* « *Il se renvoyait des grimaces* (dans la glace). *Il fronçait le nez, tirait sa langue...* » (COURTELINE). *Les enfants s'amusent à se faire des grimaces.* ◇

Fig. Faire la grimace, manifester son mécontentement, son dégoût. V. **Moue** (faire la), **renfrogner** (se). *Loc. fam. La soupe à la grimace :* l'accueil hostile d'une épouse acariâtre. ♦ 2º Mauvais pli (d'une étoffe, d'un habit). ♦ 3º *Fig.* et *vx.* Mine affectée par feinte. V. **Dissimulation, frime, hypocrisie.** « *La grimace de la vertu* » (FLAUB.). Au plur. *Mod.* V. **Façon, mine, simagrée, singerie.** *Voilà bien des grimaces!* — *Loc. prov. On n'apprend pas à un vieux singe* à faire des grimaces.* ♦ 4º *Archéol.* Figure grotesque sculptée sur les sièges, des stalles.

GRIMACER [gʀimase]. *v. intr.; conjug. placer* (1428; de *grimace*). ♦ 1º Faire des grimaces. *Grimacer de dégoût.* « *Pierre grimaçait un peu à cause du soleil* » (SARTRE). ♦ 2º Faire un faux pli. V. **Grigner.**

GRIMACIER, IÈRE [gʀimasje, jɛʀ]. *adj.* (1580, « sculpteur de grimaces, 4º »; 1660, sens mod.; de *grimace*). ♦ 1º Qui a l'habitude de faire des grimaces. ♦ 2º *Fig.* (Vieilli). V. **Affecté.** « *Il n'y a que mensonge et fausseté dans les démonstrations grimacières qu'on me prodigue* » (ROUSS.). — *Subst.* Hypocrite. ♦ 3º *Spécial.* Qui minaude avec affectation.

GRIMAGE [gʀimaʒ]. *n. m.* (1858; de *grimer*). Maquillage de théâtre.

GRIMAUD [gʀimo]. *n. m.* (1480, n. pr.; du frq. °*grima* « masque »). *Péj.* ♦ 1º *Vx.* Écolier des petites classes, élève ignorant. ♦ 2º *Vieilli.* Homme inculte ou pédant. Mauvais écrivain. « *Un terne et suffisant grimaud... Une plume banale par excellence* » (VILLIERS).

GRIME [gʀim]. *n. m.* (1778; *faire la grime* « la moue », 1694; frq. °*grima* « masque »). *Vx.* Rôle de vieillard ridicule; acteur qui joue ce rôle.

GRIMER [gʀime]. *v. tr.* (1828; de *grime*). ♦ 1º *Vx.* Marquer (un acteur) de rides pour lui vieillir le visage. ♦ 2º (1827). *Mod.* Farder, maquiller pour le théâtre, le cinéma, etc. (ou d'une manière outrancière). « *Il excellait à se déguiser, à se grimer; il eût donné des leçons à Frédérick Lemaître* » (BALZ.).

GRIMOIRE [gʀimwaʀ]. *n. m.* (XIIIᵉ; altér. de *grammaire,* désignant la grammaire latine, inintelligible pour le vulgaire). ♦ 1º Livre de magie à l'usage des sorciers. ♦ 2º Ouvrage ou discours obscur, inintelligible. — Écrit indéchiffrable, illisible. V. **Hiéroglyphe.**

GRIMPANT, ANTE [gʀɛ̃pɑ̃, ɑ̃t]. *adj.* (1691; de *grimper*). ♦ 1º Qui grimpe, a l'habitude de grimper. — *Plante grimpante,* dont la tige s'élève en s'accrochant ou en s'enroulant aux corps voisins. « *Des plantes grimpantes... accrochant leurs vrilles à un treillage* » (GAUTIER). *Rosier grimpant.* ♦ 2º *Pop.* (1872). V. **Pantalon.** « *Les « grimpants » raidis de plâtre, les cottes bleues* » (COLETTE).

GRIMPÉE [gʀɛ̃pe]. *n. f.* (1865; de *grimper*). Ascension rude et pénible (V. **Grimpette**).

GRIMPER [gʀɛ̃pe]. *v. intr.* et *tr. indir.* (1495; forme nasalisée de *gripper*). ♦ 1º Monter en s'aidant des mains et des pieds. *Grimper aux arbres, sur un arbre. Grimper à l'échelle. Il ne sait pas grimper.* ◇ *Subst.* LE GRIMPER, exercice à la corde lisse ou à nœuds. ♦ 2º En parlant de plantes. « *Que le lierre vivant grimpe aux acanthes mortes* » (HUGO). V. **Grimpant.** ♦ 3º *Par ext.* Monter avec effort sur un lieu élevé, d'accès difficile. *Grimper à travers les éboulements de roches. Grimper à l'assaut de... * V. **Escalader.** — (*Sans se presser, il grimpa sur un tabouret* » (MAC ORLAN). ♦ 4º (*Choses*). S'élever en pente raide. *La route grimpe dur.* ♦ 5º *Fig.* et *fam.* Monter, s'élever, augmenter rapidement. *Les prix ont grimpé.* ♦ 6º *Trans.* V. **Escalader, gravir.** *Grimper un étage, un escalier quatre à quatre.* Au p. p. *Un couvreur grimpé sur un toit.* V. **Juché, perché.** ◇ ANT. **Descendre, dévaler.**

GRIMPEREAU [gʀɛ̃pʀo]. *n. m.* (1555; de *grimper*). Oiseau passeriforme (*Passereaux*), plus petit que le moineau. V. **Sittelle.**

GRIMPETTE [gʀɛ̃pɛt]. *n. f.* (1922; de *grimper*). *Fam.* Chemin court en pente rapide.

GRIMPEUR, EUSE [gʀɛ̃pœʀ, øz]. *adj.* (1596; de *grimper*). ♦ 1º Qui a l'habitude de grimper. *Oiseaux grimpeurs,* et *ellipt.* (1803) LES GRIMPEURS, ordre d'oiseaux caractérisés par un bec allongé et par une disposition de doigts (deux en avant, deux en arrière), qui leur permet de s'accrocher aux arbres et d'y grimper (*ex. :* perroquet). ♦ 2º *Sports* (1877). *Un grimpeur,* un alpiniste. ◇ *Cyclisme* (Néol.) *Un grimpeur,* coureur qui excelle à monter les côtes.

GRINÇANT, ANTE [gʀɛ̃sɑ̃, ɑ̃t]. *adj.* (1900; de *grincer*). ♦ 1º Qui grince. *Des « antiques guimbardes aux essieux grinçants »* (DORGELÈS). ♦ 2º *Fig. Une musique grinçante.* V. **Discordant.** — *Des compliments grinçants.* V. **Aigre.**

GRINCEMENT [gʀɛ̃smɑ̃]. *n. m.* (1530; de *grincer*). Action de grincer; bruit aigre ou strident qui en résulte. *Grincement d'une porte, des roues d'une charrette, d'une plume sur le papier.* « *Le grincement d'une girouette ou d'une poulie rouillée* » (LOTI). — *Grincement de dents.* « *Il y aura des pleurs et des grincements de dents* » (BIBLE).

GRINCER [gʀɛ̃se]. *v. intr.; conjug. placer* (1311; forme

nasalisée de *grisser*. V. **Crisser**). ◆ 1° GRINCER DES DENTS :
faire entendre un son en serrant les mâchoires et en frottant les dents d'en bas contre celles d'en haut. V. **Crisser**.
Grincer des dents de douleur, de colère. ◆ 2° *(Choses)*. Produire un son aigu et prolongé, désagréable. V. **Crier. Roue,**
essieux qui grincent. « *Le sommier rebelle allait grincer* »
(DUHAM.). ◆ 3° *Spécialt.* (Animaux). *La chauve-souris grince :*
émet un cri grinçant.

GRINCHEUX, EUSE [gʀɛ̃ʃø, øz]. *adj.* (1844 ; var. dial.
de *grinceur* (1611) « qui grince facilement des dents »).
D'humeur maussade et revêche. V. **Acariâtre, hargneux.**
« *Un homme du Nord, pas méchant, plutôt grincheux, quinteux* » (DUHAM.). ◇ Par ext. *Humeur grincheuse.* ◇ Subst.
C'est un vieux grincheux.

GRINGALET [gʀɛ̃galɛ]. *n. m.* (1611, « bouffon » ; suisse
all. *gränggeli*, ou a. fr. *guingalet* [XIIᵉ] « cheval », du gallois).
Homme de petite taille, de corps maigre et chétif. Adj.
« *Il le trouvait... un peu gringalet* » (FLAUB.).

1. GRIOT [gʀijo]. *n. m.* (1751 ; var. de *gruau*). *Agric.*
Recoupe du blé.

2. GRIOT, GRIOTTE [gʀijo, gʀijɔt]. *n.* (1802 ; *guiriot,*
1637 ; p.-ê. port. *criado*). Noir d'Afrique appartenant à une
caste spéciale, à la fois poète, musicien et sorcier.

GRIOTTE [gʀijɔt]. *n. f.* (1539 ; var. *agriotte*, prov. *agriota,*
de *agre* « aigre »). ◆ 1° Cerise à queue courte, à chair molle
et très acidulée, à jus coloré. ◇ Confiserie aux cerises. ◆
2° *Minér.* Marbre taché de rouge et de brun.

GRIOTTIER [gʀijɔtje]. *n. m.* (XVIᵉ ; de *griotte*). *Rare.*
Cerisier qui produit les griottes.

GRIPPAGE [gʀipaʒ]. *n. m.* (1869 ; de *gripper*). Ralentissement ou arrêt du mouvement de pièces ou organes mécaniques, provoqué par le frottement et la dilatation des surfaces métalliques mal lubrifiées.

GRIPPAL, ALE, AUX [gʀipal, o]. *adj.* (1894 ; de *grippe*).
Propre à la grippe. *État grippal.*

GRIPPE [gʀip]. *n. f.* (v. 1300, « griffe », fig. « rapine,
querelle » ; de *gripper*). ◆ 1° *Vx* (XVIIᵉ). Fantaisie soudaine,
caprice. ◇ *Par antiphr.* (1762) Loc. mod. *Prendre en grippe :*
avoir une antipathie soudaine contre (qqn, qqch.). Par ext.
« *J'avais pris en grippe cette belle ville* » (MÉRIMÉE). ◆
2° (1743 ; parce qu'elle saisit brusquement). *Cour.* Maladie
infectieuse, à virus, contagieuse, en général épidémique,
caractérisée par un abattement général et des symptômes
variés (fièvre, courbatures, atteintes des voies respiratoires,
parfois compliquées d'infections bactériennes). V. **Influenza.**
*Épidémie de grippe. Attraper, avoir la grippe. — Grippe
espagnole, asiatique* (d'apr. l'origine de l'épidémie).

GRIPPÉ, ÉE [gʀipe]. *adj.* (1782 ; de *grippe*). ◆ 1° Atteint
de la grippe. « *Je me réveillai courbaturé, grippé* » (GIDE).
Subst. *Les enrhumés et les grippés.* ◆ 2° (1814 ; de *grippe*).
Méd. Faciès grippé, aspect contracté du visage, dans certaines maladies abdominales très graves. ◆ 3° (de *gripper,*
I, 2°). *Moteur grippé.* (V. **Grippage**).

GRIPPEMENT [gʀipmã]. *n. m.* (1606, « action de saisir » ;
de *gripper*). *Techn.* (1845). V. **Grippage.**

GRIPPER [gʀipe]. *v.* (1405 ; frq. °*gripan* « saisir »).
I. *V. tr.* ◆ 1° *Vx.* Attraper, saisir lestement et avidement.
V. **Happer.** — Prendre au collet, arrêter (un voleur). ◆
2° *Techn.* Provoquer un grippage dans (un mécanisme).
II. *V. intr.* ◆ 1° (1752). Se froncer, se retirer (en parlant
des étoffes). ◆ 2° (1757). *Techn.* S'accrocher, se coincer,
s'arrêter par l'effet du grippage. *Le moteur va gripper si on
ne le graisse pas* (on emploie aussi SE GRIPPER. *v. pron.*).
◇ ANT. *Lâcher. Tourner* (rond).

GRIPPE-SOU [gʀipsu]. *n. m.* (1680 ; de *gripper,* et *sou*).
Avare qui fait petits gains sordides, de misérables économies. — Adj. *Il est assez grippe-sou.*

GRIS, GRISE [gʀi, gʀiz]. *adj. et n.* (1160 ; frq. °*grîs*).
I. ◆ 1° D'une couleur intermédiaire entre le blanc et le
noir. *Les tons gris d'un ciel d'automne. La lumière grise
d'un jour sans soleil. Temps gris.* Ellipt. *Il fait gris,* le temps
est couvert. — Loc. prov. *La nuit tous les chats sont gris.* —
Yeux gris. Peau grise et terne. Costume gris. — Par méton.
Éminence grise. *Grise* de poussière, couvert d'une couche
de poussière grise. « *Les camions étaient gris de la poussière
des routes* » (BERNANOS). — Typogr. *Page grise,* par suite
d'un mauvais encrage. ◆ 2° (Servant à désigner certains
êtres ou objets, certaines espèces). *Ambre gris. Vin gris.* —
Anat. *Substance grise du cerveau. Matière° grise.* ◆ 3° Spécialt. *Cheveux, poils gris.* V. **Argenté.** Par méton. *Avoir déjà
la tête grise.* ◆ 4° Fig. Sans éclat, sans intérêt. V. **Morne.**
« *Une vie terne et grise... où l'absence de toute émotion était une
félicité* » (BALZ.). ◇ (XVᵉ) *Faire grise mine à qqn :* lui faire
mauvais visage, médiocre accueil. V. **Maussade.** ◆ 5° (1690).
Qui est près d'être ivre, pris de vin. *Il tomba* « *la tête sur la
table, non pas gris, mais ivre mort* » (BALZ.). V. **Gai, soûl.**
II. *N. m.* ◆ 1° (1538). V. *Couleur grise. Peindre des volets
en gris.* « *L'ennui de toute peinture est le gris* » (DELACROIX).
Gris perle. Gris souris. Gris fer. Gris ardoise. Gris anthracite.

— Adj. *Robe gris-souris.* « *Une mer unie gris-perle* » (CHARDONNE). ◆ 2° *Spécialt.* Robe d'un cheval, caractérisée par
un mélange de poils blancs, noirs et autres. *Gris pommelé.*
◇ *Un gris,* un cheval dont le poil est gris. ◆ 3° *Vêtements gris.
S'habiller de gris. Le gris est peu salissant.* ◆ 4° Tabac ordinaire de la Régie (enveloppé de papier gris). *Un paquet de gris.*
◆ 5° *Zool.* V. **Petit-gris.**

GRISAILLE [gʀizaj]. *n. f.* (1625 ; de *gris,* et -*aille*). ◆
1° *Arts.* Peinture monochrome en camaïeu gris. *Peindre en
grisaille.* — Par ext. *Exécuter une grisaille.* ◆ 2° (Fin XIXᵉ).
Littér. Ton ou aspect naturel qui fait songer à la peinture en
grisaille. « *Les grisailles de l'hiver* » (LOTI). ◆ 3° *Cour.* Caractère terne, atmosphère morne, manque d'éclat ou d'intérêt.
La grisaille d'une vie sans histoire. V. **Monotonie.** ◇ ANT.
Couleur, éclat, fraîcheur.

GRISAILLER [gʀizaje]. *v.* (1649 ; de *grisaille*). *Vx.* ◆
1° *V. tr.* Peindre en grisaille. ◆ 2° *V. intr.* Prendre une teinte
grise, grisâtre.

GRISANT, ANTE [gʀizã, ãt]. *adj.* (1877 ; de *griser*). Qui
grise en exaltant, en surexcitant. V. **Enivrant, excitant.** « *Je
ne sais rien de grisant comme l'odeur des filles de Provence, un
soir de bal* » (L. DAUD.).

GRISARD [gʀizaʀ]. *n. m.* (1351, adj., « grisâtre » ; de
gris). ◆ 1° (1549). Blaireau. — (1562). Goéland rayé. ◆
2° (1786). Peuplier blanc. ◆ 3° (1829). Grès très dur.

GRISÂTRE [gʀizɑtʀ(ə)]. *adj.* (v. 1500 ; de *gris*). Qui tire
sur le gris. *Bâtisses grisâtres. Ciel, jour grisâtre.* ◇ Fig. Désolant, morne. « *Un grisâtre impératif moral* » (ROMAINS).

GRISBI [gʀizbi]. *n. m.* (1895, répandu 1953 ; de *gris* (monnaie grise ; Cf. rouchi *Griset* (1834) « liard »), et suff. pop. -*bi*).
Arg. Argent. *Touchez pas au grisbi,* roman de Simonin.

GRISÉ [gʀize]. *n. m.* (1873 ; de *griser* [vx], « devenir gris »).
Teinte grise obtenue par des hachures, par un pointillé (sur
une gravure, une carte).

GRISER [gʀize]. *v. tr.* (1538 ; de *gris*).
I. ◆ 1° (1718). Rendre gris. V. **Enivrer.** *Alcool qui grise,
monte, porte à la tête*°. « *Vous voulez me griser, dit-elle, en
affectant un ton de théâtre* » (ROMAINS). ◇ Mettre dans un
état d'excitation physique comparable aux premières impressions de l'ivresse. « *Cet air vif des montagnes qui grise et qui
fait danser* » (DAUD.). ◆ 2° Étourdir légèrement. V. **Enivrer, étourdir, exciter.** *Griser qqn de beaux discours.* — *Se
laisser griser par le succès.*
II. SE GRISER. *v. pron.* ◆ 1° S'enivrer. — Par anal. *Se
griser d'air pur.* ◆ 2° Fig. S'exalter, se repaître (de qqch.
d'exaltant). *Se griser de ses propres paroles.* « *Je me grise avec
de l'encre, comme d'autres avec du vin* » (FLAUB.).

GRISERIE [gʀizʀi]. *n. f.* (1838 ; de *griser*). ◆ 1° Excitation
comparable aux premiers effets de l'ivresse. V. **Étourdissement, exaltation, ivresse.** *Griserie de grand air.* « *La vitesse,
griserie inconnue de nos pères* » (MAURIAC). ◆ 2° Fig. Exaltation morale, intellectuelle, s'accompagnant d'une certaine
altération du jugement. *Griserie du succès, du pouvoir.* Rechercher « *si l'écrivain a échappé à la griserie des mots* »
(PAULHAN).

GRISET [gʀize]. *n. m.* (XIIᵉ, adj., « un peu gris » ; de *gris*).
◆ 1° (1721). Nom de petits passereaux. ◆ 2° (1791). Petit
requin de la Méditerranée.

GRISETTE [gʀizet]. *n. f.* (XIIᵉ, adj. ; de *gris*). ◆ 1° (1651).
Vx. Étoffe commune de teinte grise. ◆ 2° *Ancienn.* (1660,
« fille vêtue de grisette »). Fille de petite condition (ouvrière
de modes), de mœurs faciles et hardies. *Étudiants et grisettes
de l'époque romantique.* ◆ 3° *Région.* Nom de certaines
espèces de fauvettes, de macreuses, de râles, de papillons
de nuit.

GRIS-GRIS ou **GRI-GRI** [gʀigʀi]. *n. m.* (1637,-1557 ; o. i.).
Amulette des peuplades noires de l'Afrique. *Par ext.* Toute
espèce d'amulette, de fétiche.

GRISOLLER [gʀizɔle]. *v. intr.* (1718 ; d'un rad. onomat.).
Rare. Faire entendre son chant (en parlant de l'alouette).

1. GRISON, ONNE [gʀizɔ̃, ɔn]. *adj. et n.* (1449 ; de *gris*).
◆ 1° Adj. *Vx.* Qui grisonne. ◆ 2° N. *Vx.* Celui qui grisonne.
◇ *Âne* (LA FONT.).

2. GRISON, ONNE [gʀizɔ̃, ɔn]. *adj. et n. m.* (1872 ;
romanche *grischun*). ◆ 1° Adj. Du canton suisse des Grisons.
◆ 2° N. Habitant ou originaire de ce canton. ◆ 3° *N. m.*
Langue parlée par les Grisons.

GRISONNANT, ANTE [gʀizɔnã, ãt]. *adj.* (1546 ; de
grisonner). Qui grisonne. *Cheveux grisonnants.* « *Un homme
entre deux âges, grisonnant et déplumé* » (DAUD.).

GRISONNEMENT [gʀizɔnmã]. *n. m.* (1546 ; de *grisonner*). Le fait de grisonner. « *Le léger grisonnement des tempes* »
(ROMAINS).

GRISONNER [gʀizɔne]. *v. intr.* (1470 ; de *grison*). Commencer à devenir gris (en parlant du poil), à avoir le poil gris
par la tête (du visage). *Ses cheveux grisonnent ; il grisonne.*

GRISOU [gʀizu]. *n. m.* (1754 ; forme wallonne de *grégeois*).
Gaz combustible qui se dégage spontanément dans certaines
mines de houille. *Le grisou est formé de méthane, de petites*

quantités d'anhydride carbonique et d'azote. Jet de grisou.
V. **Soufflard**. *Le grisou et l'air forment un mélange explosif.*
— Coup de grisou : explosion du grisou.

GRISOUMÈTRE [ɡʀizumɛtʀ(ə)]. *n. m.* (1877; de *grisou*,
et *mètre*). *Techn.* Appareil servant à mesurer la proportion
de grisou dans l'atmosphère d'une mine.

GRISOUTEUX, EUSE [ɡʀizutø, øz]. *adj.* (1876; de
grisou). *Techn.* Qui contient du grisou. *Air grisouteux.*

GRIVE [ɡʀiv]. *n. f.* (v. 1280; fém. a. fr. *griu* « grec » (Cf.
Pie *grièche*), par allus. aux migrations de l'oiseau). Oiseau
(Passereaux) dont le plumage est brun plus ou moins clair,
parsemé de noirâtre. *Grive commune, musicienne, ou grive des
vignes* (V. **Vendangette**); *grosse grive* (V. **Draine**); *grive
litorne* (V. **Jocasse, litorne**); *grive mauvis. La grive chante,
babille. Pâté de grives.* — Loc. *Soûl comme une grive*, complètement soûl, par allus. à l'habitude qu'a la grive de se gorger
de raisin. PROV. *Faute de grives, on mange des merles :* faute
de ce que l'on désire, il faut se contenter de ce que l'on a.

GRIVELÉ, ÉE [ɡʀivle]. *adj.* (XIIIᵉ; de *grive*). *Vx* ou *didact.*
Tacheté, mêlé de brun (ou de gris) et de blanc comme le
plumage de la grive. *Oiseau grivelé.*

GRIVELER [ɡʀivle]. *v. intr.; conjug. appeler* (1620; de
grive, par allus. aux pillages des grives dans les vignes). *Vx.*
Tirer d'un emploi des profits illicites. Être coupable de grive-
lerie.

GRIVÈLERIE [ɡʀivɛlʀi]. *n. f.* (XVIᵉ; de *griveler*). Action de
griveler, et *spécialt.* Petite escroquerie qui consiste à consommer sans payer, dans un café, un restaurant, un hôtel. V.
Fraude, resquille. *Ils «fichent au bloc pour six mois un mendiant
coupable de grivèlerie* » (BERNANOS).

GRIVELURE [ɡʀivlyʀ]. *n. f.* (1545; de *grivelé*). *Didact.*
Coloration, nuance blanche, grise et brune.

GRIVETON [ɡʀivtɔ̃] ou **GRIF(F)TON** [ɡʀiftɔ̃]. *n. m.*
(1881; de *grive* « guerre » (1628), p.-ê. de *grief* ou de *grive*
(oiseau marauder). *Pop.* Simple soldat.

GRIVOIS, OISE [ɡʀivwa, waz]. *n.* et *adj.* (1690; de
grive). ♦ 1º N. m. *Vx.* Mercenaire, soldat. ◊ Gai luron.
♦ 2º (1707). *Adj.* Qui est d'une gaieté licencieuse, un peu
hardie. V. **Égrillard, gaillard, gaulois, leste, libre, licencieux**.
Un conteur grivois. Chansons grivoises. V. **Cru, épicé**. ◊ ANT.
Honnête, prude, pudibond.

GRIVOISERIE [ɡʀivwazʀi]. *n. f.* (1872; de *grivois*).
Caractère de ce qui est grivois. V. **Gauloiserie, licence**. ◊
Action ou parole grivoise. V. **Gaudriole**.

GRIZZLI ou **GRIZZLY** [ɡʀizli]. *n. m.* (1866; var. *grisly*,
1860; amér. *grizzly (bear)* « (ours) grisâtre », de *grizzle*
« gris »). Ours gris des montagnes Rocheuses.

GRŒNENDAEL [ɡʀɔ(n)ɛndal]. *n. m.* (1933; mot flamand,
village de Belgique). Chien de berger à longs poils noirs.

GROG [ɡʀɔɡ]. *n. m.* (1776; angl. *grog*, sobriquet de l'amiral Vernon, *Old Grog* (il était habillé de gros grain, *grogram*),
qui obligea ses marins à étendre d'eau leur ration de rhum).
Boisson faite d'eau chaude sucrée et d'eau-de-vie, de rhum.
« *Je lui ferai faire un grog bien chaud... Je l'envelopperai de
couvertures* » (ST-EXUP.).

GROGGY [ɡʀɔɡi]. *adj.* (1926; mot angl. « ivre »). *Boxe.*
Étourdi par les coups, qui semble près de s'écrouler. V.
Sonné. — *Par ext. Fam.* « *Ce qui m'a achevé, c'est le champagne au gin. À la cinquième coupe, j'étais complètement
groggy* » (AYMÉ).

GROGNARD ARDE, [ɡʀɔɲaʀ, aʀd(ə)]. *adj.* et *n. m.*
(XIIIᵉ; de *grogner*). ♦ 1º *Vieilli.* Qui a l'habitude de grogner,
de protester. — « *L'air grognard et maussade des valets* »
(ROUSS.). ♦ 2º *Hist.* Soldat de la vieille garde, sous Napoléon Iᵉʳ.

GROGNASSE [ɡʀɔɲas]. *n. f.* (1883; de *grogner*, et suff.
péj. *-asse*). Femme vieille et laide *(péj. et pop.)*. V. **Pouffiasse**.

GROGNE [ɡʀɔɲ]. *n. f.* (XIVᵉ; de *grogner*). *Fam.* Mécontentement exprimé en grognant. « *La hargne, la rogne et
la grogne* » (de GAULLE).

GROGNEMENT [ɡʀɔɲmɑ̃]. *n. m.* (XVᵉ; de *grogner*).
♦ 1º Cri du cochon, du sanglier (on dit aussi *Grommellement*), de l'ours, consistant en une sorte de ronflement bref
et sourd. ♦ 2º Action de grogner, en parlant des personnes.
V. **Bougonnement, grommellement**. *Des grognements de protestation.* « *Un grognement arriva du palier, la voix de Maheu
bégayait, empâtée* » (ZOLA).

GROGNER [ɡʀɔɲe]. *v. intr.* (sens 2º, 1190; lat. *grunnire*,
var. de *grundire*. V. **Gronder**). ♦ 1º (1250). Pousser son cri,
en parlant du cochon, du sanglier, et *par ext.* de l'ours, etc.
V. **Grognement**. ◊ Émettre un bruit sourd, une sorte de
grondement. V. **Gronder**. *Chien qui grogne.* ♦ 2º Manifester
son mécontentement par de sourdes protestations. V. **Bougonner, grommeler, gronder, ronchonner**. *Obéir en grognant.*
V. **Pester, râler, rouspéter**. *Grogner contre qqn.* « *Vous étiez
toujours à grogner après quelqu'un* » (SARTRE). ◊ *Trans.*
Dire (qqch.) en grognant. *Grogner des insultes. Qu'est-ce que
tu grognes?*

GROGNERIE [ɡʀɔɲʀi]. *n. f.* (XVᵉ; de *grogner*). *Rare.*

Action de grogner, murmures, plaintes, gronderies continuelles.

GROGNEUR, EUSE [ɡʀɔɲœʀ, øz]. *adj.* (1486; de *grogner*). *Rare.* Qui grogne souvent par mécontentement. V.
Grognon. — Qui exprime la mauvaise humeur. « *J'aimais sa
figure grogneuse, la moue de sa bouche* » (MAUPASS.).

GROGNON, ONNE [ɡʀɔɲɔ̃, ɔn]. *adj.* et *n.* (1721, mère
Grognon; de *grogner*). Qui a l'habitude de grogner, qui est
d'une humeur maussade, désagréable. V. **Grogneur**; acariâtre, bougon. *Enfant grognon, qui pleure, se plaint sans cesse.*
V. **Pleurnicheur**. *Une femme grognon, grognonne.* « *Tu sais
bien qu'elle est toujours grognon* » (BALZ.). — N. m. *Un
vieux grognon.* V. **Ronchon, rouspéteur** *(fam.)*. — *Par ext. Un
air grognon; une moue grognon, grognonne.* ◊ ANT. Affable,
aimable, gai.

GROGNONNER [ɡʀɔɲɔne]. *v. intr.* (1634; de *grognon*).
Pousser des grognements comme le pourceau; faire le grognon. « *Le baron se plaignait de ses rhumatismes et grognon-
nait* » (GIDE).

GROIN [ɡʀwɛ̃]. *n. m.* (*Gruing*, 1190; lat. pop. °*grunnium*,
de *grunnire*. V. **Grogner**). Museau du porc, du sanglier, et
par ext. Museau tronqué et propre à fouir. *Les porcs « enfonçaient en terre leur groin* » (FLAUB.). *Extrémité du groin.* V.
Boutoir. — *Par anal.* Visage hideux, bestial.

GROISIL [ɡʀwazi(l)]. *n. m.* (1771; var. de *grésil*). *Techn.*
Débris de verre pulvérisés utilisés dans la fabrication des
verres communs.

1. GROLE ou **GROLLE** [ɡʀɔl]. *n. f.* (1523; lat. *gracula*.
V. **Grailler**). *Dial.* (Ouest, Berry). Corneille, choucas, freux.

2. GROLE ou **GROLLE** [ɡʀɔl]. *n. f.* (XIIIᵉ; d'abord dial.;
o.i.). *Pop.* V. **Chaussure, soulier**. « *J'ai enlevé mes grolles parce
qu'elles me faisaient drôlement mal* » (QUENEAU).

GROMMELER [ɡʀɔmle]. *v.; conjug. appeler* (1375; *grom-
mer*, XIIᵉ; *grummeler*, XIIIᵉ; moy. néerl. *grommen*). ♦ 1º *V.
intr.* Murmurer, se plaindre entre ses dents. V. **Bougonner, grogner, gronder, murmurer**. *Céder qqch. en grommelant.* ◊ *Spécialt.* Grogner, en parlant du sanglier. ♦ 2º *V. tr.* Dire en
grommelant. *Grommeler des injures entre ses dents.* « *L'on
n'entend rien à ce qu'il grommelle entre ses dents* » (ROUSS.).

GROMMELLEMENT [ɡʀɔmɛlmɑ̃]. *n. m.* (XVIᵉ; de *grommeler*). Action de grommeler; ce que l'on grommelle.

GRONDANT, ANTE [ɡʀɔ̃dɑ̃, ɑ̃t]. *adj.* (XVIᵉ; de *gronder*).
Qui gronde. *Fauves grondants et rugissants. Murmure gron-
dant d'orage.* — « *La foule grondante ne se calme plus* »
(ARAGON). V. **Menaçant**.

GRONDEMENT [ɡʀɔ̃dmɑ̃]. *n. m.* (XIIIᵉ; de *gronder*).
♦ 1º Son menaçant, sourd et prolongé que font entendre
certains animaux. V. **Grognement**. *Les grondements d'un
chien furieux.* ♦ 2º Bruit sourd et prolongé. *Grondement du
canon, d'un moteur.* « *Le tumulte d'un orage de montagne,
le grondement d'un torrent gonflé par les pluies* » (DUHAM.).
Grondement de tonnerre. ◊ ANT. Gazouillis, murmure.

GRONDER [ɡʀɔ̃de]. *v.* (1210; var. *grondir, grondre*; lat.
grundire, var. de *grunnire*. V. **Grogner**).
I. *V. intr.* ♦ 1º Émettre un son menaçant et sourd. V.
Grogner. *Chien qui gronde.* ♦ 2º *Par anal.* Produire un
bruit sourd, grave et terrible. *Le canon gronde. Le tonnerre
gronde.* V. **Tonner**. « *Nos passions sont comme les volcans :
elles grondent toujours, mais les éruptions sont intermittentes* »
(FLAUB.). ◊ *Fig.* Être menaçant, près d'éclater. *L'émeute
gronde.* ◊ Produire un son grave, sourd. *On entend « sans
cesse gronder les trains sur les deux ponts de fer* » (ROMAINS).
♦ 3º *Vx* ou *littér.* Murmurer, se plaindre à voix basse entre
ses dents, sous l'effet de la colère, etc. V. **Bougonner, grogner,
grommeler, murmurer, ronchonner**. *Gronder entre ses dents.*
II. *V. tr.* (1665). Réprimander (un enfant). V. **Admonester,
attraper, disputer** *(fam.)*, **engueuler** *(pop.)*, **gourmander,
morigéner, quereller, rabrouer, réprimander, secouer** *(fam.)*,
tancer. *Gronder un enfant désobéissant. Tu vas te faire gronder.*
« *Sous le couperet, ma mère m'aurait grondé pour avoir oublié
mon foulard* » (CÉLINE). — Réprimander amicalement. *Nous
devons vous gronder d'avoir fait une telle folie, un si beau
cadeau.*
◊ ANT. (de II) Louer, remercier.

GRONDERIE [ɡʀɔ̃dʀi]. *n. f.* (XVIᵉ; de *gronder*). Action de
gronder; réprimande adressée à un enfant, ou faite sur un
ton amical. « *Ces charmantes gronderies tendres qui ont tant
de grâce remontant de la fille au père* » (HUGO).

GRONDEUR, EUSE [ɡʀɔ̃dœʀ, øz]. *adj.* (1586; de *gronder*). ♦ 1º Qui a l'habitude de gronder, de bougonner ou
de réprimander. *Un homme grondeur.* Subst. et vieilli. *Un
grondeur.* V. **Bougon, grognon**. — *Par ext. Humeur, voix gron-
deuse.* V. **Coléreux**. ♦ 2º *Fig.* Qui gronde, émet un grondement. V. **Bruyant, tonnant**. « *L'immense orage des vents gron-
deurs* » (BAUDEL.). ◊ ANT. Aimable, doux. Silencieux.

GRONDIN [ɡʀɔ̃dɛ̃]. *n. m.* (1598; *grimondin*, 1398; de
gronder, à cause du grondement qu'il fait entendre quand il
est pris). Poisson comestible, appelé aussi *rouget**.

GROOM [ɡʀum]. *n. m.* (1669, rare av. déb. XIXᵉ; mot

angl. V. **Gourmet**. ♦ 1° *Vx.* Jeune laquais d'écurie. ♦ 2° *Mod.* (fin XIXᵉ). Jeune domestique en livrée, chargé de faire les courses dans les hôtels, restaurants, cercles. V. **Chasseur**.

GROS, GROSSE [gʀo, gʀos]. *adj., adv.* et *n.* (1080; lat. imp. *grossus*).

I. *Adj.* ♦ 1° Qui, dans son genre, dépasse la mesure ordinaire. *Une grosse pierre. Gros nuage, grosse vague. Grosse goutte.* V. **Large**. *Gros paquet, grosse valise.* V. **Volumineux**. *Grosse voiture. Gros livre. Grosse écriture, gros caractères. Fruit à grosse peau.* V. **Épais**. *Gros arbre. Gros chat.* « *La grenouille qui veut se faire aussi grosse que le bœuf* » (LA FONT.). ◊ *(Personnes)* Qui est plus large ou plus gras que la moyenne des hommes. V. **Corpulent, empâté, énorme, épais, fort, gras, massif, obèse, pesant, rebondi, replet, rond, rondelet, ventripotent, ventru**. *Gros et court* (V. **Boulot, courtaud, trapu**), *gros et grand* (V. **Important, imposant**). « *Il était fabuleusement gros... gros yeux, gros nez, grosses lèvres, double menton... le ventre comme un tonneau* » (R. ROLLAND). *Gros et gras. Un gros homme. Un gros père.* V. **Patapouf, pataud, poussah**. *Grosse femme, grosse bonne femme, grosse fille, grosse dame; grosse dondon, grosse mémère. Gros bébé.* V. **Joufflu, potelé**. *Être gros comme une boule, une barrique, une bonbonne, un tonneau, un pot à tabac, une tour.* — *La grosse Margot. Loc. fig. Être Gros-Jean comme devant*, éprouver quelque désillusion (par allus. au type pop. du Gros-Jean, homme du commun, modeste). ◊ *(Parties du corps) Un gros ventre.* V. **Arrondi, bombé, renflé**. *Avoir une grosse tête, de gros os. Grosse poitrine.* V. **Plein**. *Avoir une grosse figure.* V. **Plein**. *Avoir de grosses joues* (V. **Joufflu**), *un gros nez. Grosses lèvres.* V. **Charnu, épais**. *Gros yeux ronds.* V. **Globuleux**. *Fig. Faire les gros yeux.* — Loc. *Chat qui fait le gros dos. Avoir les yeux* plus *gros que le ventre.* ◊ GROS exprimant les dimensions relatives. *Gros comme le poing, comme une tête d'épingle, comme le petit doigt; comme une puce, un fil.* — *Gros comme le bras. Gros comme une maison.* ♦ 2° *Spécialt.* Désignant une catégorie de grande taille par rapport à une autre. *Gros sel. Gros pain. Gros gibier, gros bétail. Les grosses dents, les molaires. Le gros intestin. Une grosse caisse. Gros grain.* ♦ 3° Qui est temporairement, anormalement gros. *Avoir la joue grosse d'une fluxion.* V. **Enflé**. *Se sentir l'estomac, le ventre gros.* V. **Ballonné, gonflé**. *Fig. Cœur gros de soupirs*, oppressé. *Avoir le cœur gros* : avoir du chagrin. — « *Les yeux gros de larmes* » (FRANCE). V. **Gonflé**. « *Le cœur gros de rancune et de désirs amers* » (BAUDEL.). ◊ *Mar. Grosse mer*, mer houleuse dont les vagues s'enflent. Par ext. *Gros temps*, mauvais temps. ◊ *(Après le nom) Vieilli* (XIIᵉ). *Femme grosse.* V. **Enceinte; grossesse**. *Rendre grosse.* V. **Engrosser**. « *C'est ma sœur Lise... qui est grosse de six mois* » (ZOLA). ◊ *Fig.* (fém. ou masc.) GROS DE, qui recèle certaines choses en germe, en puissance. *Nuée grosse d'orage. Un fait gros de conséquences.* « *Le présent est gros de l'avenir* » (DIDER.). ♦ 4° (XIIIᵉ; *choses*). Abondant, important. *Grosse averse, grosse chute de neige. Grosse récolte. Gros bourg.* — *Gros appétit*, qui ne se satisfait que par une grande quantité de nourriture. ◊ *Spécialt.* Qui dépasse ou semble dépasser la mesure exprimée. *Un gros kilo. Un gros quart d'heure.* V. **Bon**. ◊ *Grosse fortune. Grosse somme, gros héritage. Fam. Gros bonnet*, *grosse légume.* ♦ 6° Dont les effets sont importants. V. **Fort, intense**. *Gros bruit. Grosse voix*, forte et grave. *Faire la grosse voix pour gronder qqn. Gros baiser.* V. **Sonore**. *Gros soupir.* V. **Profond**. — *Gros bleu, bleu soutenu.* — *Grosse fièvre.* V. **Violent**. — *Gros rhume. De gros ennuis. Gros chagrin. Grosse erreur.* V. **Grave**. — Litt. *Gros mot*, grand mot*, qui exprime qqch. de grave. « *L'honneur... Avec toi, tout de suite les gros mots !* » (ANOUILH). ♦ 7° (1265). Qui manque de raffinement, de finesse, de délicatesse. V. **Commun, épais, grossier, ordinaire**. *Avoir de gros traits. Gros drap. Gros vin. Gros rouge. Gros travaux.* V. **Pénible**. — *Fig. Gros rire. Grosse plaisanterie.* V. **Vulgaire**. *Grosses vérités* : évidentes pour tous. « *Des questions de gros bon sens* » (GIDE). V. **Simple, solide**. — GROS MOT, mot grossier. V. **Grossièreté**. ♦ 8° *Spécialt.* Pour renforcer une qualification péjorative. V. **Grand**. *Gros fainéant. Gros malin. Gros béta. Gros nigaud.*

II. *Adv.* ♦ 1° Dans de grandes dimensions. *Écrire gros*, avec de gros caractères. *On voit gros avec ces lunettes.* ◊ *Par ext.* V. **Beaucoup**. « *Je gagne gros dans mon commerce* » (STENDHAL). *Cela coûte gros.* V. **Cher**. *Jouer gros*, une grosse somme. *Fig. Il y a gros à parier que. Risquer gros.* — *En avoir gros sur le cœur, sur la patate* (pop.), avoir du chagrin, du dépit. ♦ 2° EN GROS *(loc. adv.)* : en grandes dimensions. *C'est écrit en gros sur l'écriteau.* — En grande quantité. *Vente en gros ou au détail. En gros et en détail*, dans l'ensemble et dans le détail. — Dans les grandes lignes, sans entrer dans les détails. V. **Grosso modo**. *Savoir en gros ce qu'est une chose. Dites-moi en gros ce dont il s'agit.* V. **Abrégé** (en), **substance** (en). « *C'est fort bien en gros et sous réserve de quelques objections* » (DUHAM.).

III. *N.* Ⓐ *N. m.* et *f.* ♦ 1° Personne grosse. *Un bon gros. Fam. Un gros plein de soupe. Mon gros*, terme familier à l'adresse d'un enfant ou d'une grande personne (grosse ou non). ♦ 2° Personne riche, influente *(pop.)*. *Les petits payent pour les gros.* « *Que peut-on gagner à plaider contre un gros ?* » (STENDHAL). Ⓑ *N. m.* ♦ 1° (1080). La partie la plus grosse d'une chose. *Le gros de l'arbre, le tronc.* — La plus grande quantité de qqch. *Le gros de l'assemblée, de la nation. Le gros de l'armée, des troupes.* ♦ 2° Le moment le plus intense. « *Elle tremblait comme au gros de l'hiver* » (ARAGON). V. **Fort**. — La partie la plus importante. V. **Essentiel, important, principal**. *Le gros d'un travail. Le gros de l'affaire.* ◊ *Spécialt.* Opposé à DÉTAIL *(vendre en gros*, XIIIᵉ). Comm. *Commerce de gros* : d'achat et de vente en grandes quantités. *Maison de gros* (V. **Grossiste**). *Prix de gros.* ♦ 3° Gros de Naples, de Tours : armures dérivées de l'uni; tissu de cette armure (de soie, etc.) à gros grains.

⬦ ANT. *Fin, petit; maigre. Faible; délicat, fin. Détail.* — HOM. *Grau.*

GROS-BEC [gʀobɛk]. *n. m.* (1555; de *gros*, et *bec*). Variété de moineau qui se nourrit d'insectes, de graines, d'amandes de fruits. *Les gros-becs sont dévastateurs de cerisiers.*

GROSCHEN [gʀɔʃən]. *n. m.* (1757, « monnaie allemande » ; mot all.). Centième du schilling autrichien. *Une pièce de cinquante groschens.*

GROSEILLE [gʀozɛj]. *n. f.* (*Groselle*, fin XIIᵉ; moy. néerl. *Croesel*, frq. *°krusil*). ♦ 1° Fruit du groseillier. *Groseilles rouges, blanches* : petites baies rouges ou blanches, en grappes, de saveur acide. *Gelée, sirop de groseille(s). Absolt. De la groseille* : du sirop de groseille. — *Groseille à maquereau* : grosse baie employée dans une sauce pour le maquereau. ◊ *Groseille noire.* V. **Cassis**. ♦ 2° Par ext. La couleur de la groseille rouge, rose vif voisin du rouge. *Adj. invar.* « *Des gants groseille* » (COLETTE).

GROSEILLIER [gʀozɛje]. *n. m.* (XIIᵉ; de *groseille*). Arbuste cultivé pour ses fruits, les groseilles. *Groseillier rouge* ou *groseillier à grappes*, à fruits rouges ou blancs en grappes. *Groseillier épineux*, dit *groseillier à maquereau*, à fruits solitaires. ◊ *Groseillier noir*, à feuilles odorantes et fruits noirs. V. **Cassis**.

GROS-GRAIN [gʀogʀɛ̃]. *n. m.* (*Grosgrain*, XVIᵉ; de *gros*, et *grain*). Tissu de soie à côtes plus ou moins grosses. V. **Ottoman**. *Veste de gros-grain.* ◊ Ruban de ce tissu, vendu au mètre. *Gros-grain de chapeau. Monter une jupe sur un gros-grain.*

GROS-PORTEUR [gʀopɔʀtœʀ]. *adj.* et *n. m.* (1969; de *gros*, et *porteur*). Avion de transport de grande capacité. *Des gros-porteurs.*

GROSSE [gʀos]. *n. f.* (1835; de *gros*). ♦ 1° *Vx.* Écriture en gros caractères. ♦ 2° *Dr.* (XVᵉ). Expédition d'une obligation notariée ou d'une décision judiciaire, dont les caractères sont plus gros que ceux de la minute, et est revêtue de la formule exécutoire. V. **Copie**. « *Cette minute, qui reste au dossier, s'appelle la grosse* » (BALZ.). *Grosse d'un contrat, d'un jugement. Faire une grosse.* V. **Grossoyer**. ♦ 3° *Comm.* (1453). Douze douzaines. *Une grosse de peignes, de brosses.*

GROSSERIE [gʀosʀi]. *n. f.* (XVIᵉ, « grossièreté » ; de *gros*). ♦ 1° *Techn.* (1611). Nom générique des gros ouvrages de taillandier. ♦ 2° *Techn.* Vaisselle d'argent. ♦ 3° *Vx.* Commerce de gros.

GROSSESSE [gʀosɛs]. *n. f.* (1283, aussi « grosseur »; de *gros*). État d'une femme enceinte, de la conception à l'accouchement (durée 9 mois). V. **Gestation, maternité**. *Robe de grossesse. Mener sa grossesse à terme.* V. **Accouchement, délivrance**. « *Après une grossesse, non pas très pénible, mais assez troublée,... (elle) avait mis au monde un fils* » (ROMAINS). *Grossesse interrompue avant le 180ᵉ jour* (V. **Avortement**). *Grossesse utérine*, cas normal où l'ovule se fixe dans l'utérus. *Grossesse extra-utérine*, par fixation de l'œuf hors de l'utérus (trompe, ovaire, abdomen). ◊ *Grossesse nerveuse* ou *fausse grossesse* : état morbide présentant quelques-uns des signes de la grossesse, sans développement d'un produit de la conception.

GROSSEUR [gʀosœʀ]. *n. f.* (XIIᵉ; de *gros*). ♦ 1° *(Sens absolu).* État d'une personne grosse. V. **Corpulence, embonpoint, obésité**. « *Une race un peu molle dans sa grosseur* » (TAINE). ♦ 2° *(Sens relatif).* Volume de ce qui est plus ou moins gros. V. **Dimension, épaisseur, largeur, taille, volume**. *Trier des œufs, des fruits selon leur grosseur. Grosseur* *d'un paquet.* V. **Volume.** *Des fils de grosseur différente. Une bague à la grosseur de son doigt.* ♦ 3° UNE GROSSEUR : sorte d'enflure ou de boule, visible ou sensible au palper. V. **Bosse, boule, tumeur.** *Avoir une grosseur à l'aine.* ◇ ANT. *Finesse, minceur, petitesse.*

GROSSIER, IÈRE [gʀosje, jɛʀ]. *adj.* (XIIᵉ, au sens 3°; de *gros*). ♦ 1° (Attesté XVIIᵉ). Qui est de mauvaise qualité ou qui est façonné rudimentairement. V. **Brut, commun, gros** (I, 7°), **ordinaire.** *Matière grossière.* « *De la mauvaise nourriture, du vin grossier* » (ROMAINS). *Instrument grossier.* V. **Rudimentaire.** *Vêtement grossier.* ◇ Qui manque de soin, de fini. *Travail grossier* (Cf. Ni fait ni à faire). *Savonnage, lavage grossier.* V. **Sommaire.** *Dessin grossier.* V. **Informe.** *Grossière imitation.* ◇ *(Abstrait)* Qui manque d'élaboration, d'approfondissement. *Solution grossière.* V. **Approximatif.** *Je n'en ai qu'une idée grossière.* V. **Elémentaire, imparfait, imprécis, vague.** ♦ 2° Qui manque de finesse, de grâce. V. **Épais, lourd.** *Visage aux traits grossiers. Attaches grossières.* ♦ 3° *Vx* ou *littér.* Qui n'a pas été dégrossi, poli par la culture, l'éducation. *Peuples grossiers.* V. **Barbare, fruste, inculte, primitif, rude.** *Homme grossier dans ses manières.* V. **Balourd, dégrossi** (mal dégrossi), **lourdaud, rustre.** « *Gens grossiers, sans esprit, à qui l'on n'apprend rien* » (LA FONT.). ◇ *Par ext. (Cour.)* Digne d'un esprit peu subtil, peu cultivé. V. **Gros, maladroit.** *Grossier artifice, ruse grossière* (Cf. Cousu de fil blanc). *Faute, erreur grossière.* V. **Balourdise.** *Ignorance grossière.* V. **Crasse.** ◇ *Littér.* Relatif à ce qui est bassement matériel, charnel. *Préoccupations grossières. Plaisirs grossiers.* V. **Animal, bas, bestial, sensuel.** ♦ 4° *Cour.* Qui offense la pudeur, qui est contraire aux bienséances. *Propos grossiers.* V. **Choquant, cru, malhonnête, obscène, ordurier, trivial, vulgaire.** *Mot grossier.* V. **Gros** (mot). ♦ 5° (Fin XVIIᵉ). *Cour.* Qui agit d'une manière contraire aux bienséances. « *Il s'est montré grossier, violent, incorrect à tous points de vue* » (DUHAM.). *Un homme grossier envers les femmes.* V. **Discourtois, incorrect, insolent.** *Grossier personnage.* ◇ ANT. **Fini, raffiné. Délicat, fin, parfait, précis. Civilisé, cultivé. Correct, décent, distingué, élégant; civil, courtois.**

GROSSIÈREMENT [gʀosjɛʀmɑ̃]. *adv.* (XIVᵉ; de *grossier*). ♦ 1° D'une manière grossière. *Bois grossièrement équarri.* V. **Imparfaitement, sommairement.** *Motif grossièrement dessiné, sculpté.* V. **Maladroitement.** — *Calculer grossièrement un prix de revient.* V. **Approximativement.** ◇ *Se tromper grossièrement.* V. **Lourdement.** *Une « couleur qui jurait grossièrement avec le ton de ses cheveux* » (FLAUB.). ♦ 2° D'une façon blessante ou inconvenante. *Répondre grossièrement à qqn.* V. **Brutalement, effrontément.**

GROSSIÈRETÉ [gʀosjɛʀte]. *n. f.* (1642, au sens 2°; de *grossier*). ♦ 1° Caractère de ce qui est grossier, de peu de valeur, ou imparfaitement façonné, exécuté. *Grossièreté de fabrication.* ♦ 2° *Vx* ou *littér.* Manque de délicatesse, de culture, de raffinement. V. **Brutalité, rudesse, rusticité.** ◇ *Cour.* Ignorance ou mépris des bonnes manières; action peu délicate, dans les relations sociales. « *Cette impolitesse... se rattachait à la grossièreté générale de l'époque* » (ROMAINS). V. **Impolitesse, incorrection, insolence, muflerie.** ♦ 3° (1704). Caractère de ce qui offense la pudeur, les bienséances. V. **Inconvenance, obscénité, trivialité, vulgarité.** *Grossièreté d'un mot, d'une plaisanterie.* — Caractère d'une personne grossière dans son langage. ◇ *Par ext.* Mot, propos grossier. *Dire, débiter des grossièretés.* V. **Cochonnerie, obscénité, ordure, saleté.** ◇ ANT. **Finesse. Délicatesse. Civilité, politesse. Bienséance, correction, distinction.**

GROSSIR [gʀosiʀ]. *v.* (fin XIIᵉ; de *gros*). **I.** *V. intr.* ♦ 1° Devenir gros, plus gros. — *(Personnes)* V. **Engraisser, épaissir; empâter** (s'). *Cet enfant a bien grossi depuis qu'il est à la campagne.* V. **Développer** (se), **forcir.** *Régime qui empêche de grossir.* — *(Choses) La rivière a grossi.* ♦ 2°. V. **Enfler, gonfler, tuméfier** (se). « *Les ganglions avaient encore grossi* » (CAMUS). ♦ 3° Augmenter en nombre, en importance, en intensité. V. **Augmenter.** *La foule des badauds grossissait. Bruit qui grossit.* ♦ 4° *Fig.* Prendre de l'ampleur, des proportions. V. **Amplifier** (s'). *Nouvelle qui s'enfle, grossit.* **II.** *V. tr.* (XVIᵉ). ♦ 1° Rendre gros, plus gros, volumineux. *La pluie tombait... grossissait les rigoles d'eau boueuse* » (GREEN). ◇ Faire paraître gros, plus gros. *Ce vêtement vous grossit.* Absolt. *Les jupes froncées grossissent.* — *Verre qui grossit les objets.* V. **Grossissant.** *Microscope qui grossit mille fois.* ♦ 2° Rendre plus nombreux, plus important. V. **Accroître, augmenter.** *Troupes qui grossissent une armée.* V. **Renforcer.** *Grossir le nombre des mécontents. Les Buteau « grossissaient la note des frais* » (ZOLA). ♦ 3° Rendre plus intense, plus fort. *Grossir sa voix pour intimider qqn.* ♦ 4° V. **Amplifier, exagérer.** « *Les désordres... ont été grossis à plaisir, complaisamment exagérés* » (MICHELET). V. **Dramatiser.** *On a grossi l'affaire à des fins politiques.* ◇ ANT. **Maigrir. Rapetisser. Décroître, faiblir. Amincir. Amoindrir.**

GROSSISSANT, ANTE [gʀosisɑ̃, ɑ̃t]. *adj.* (1763; de *grossir*). ♦ 1° *Rare.* Qui devient de plus en plus gros. « *Comme un flot grossissant* » (HUGO). ♦ 2° *Cour.* Qui fait paraître plus gros. *Verre grossissant. Fig.* « *Mon imagination excessive, grossissante et romanesque* » (MIRBEAU).

GROSSISSEMENT [gʀosismɑ̃]. *n. m.* (1560; de *grossir*). ♦ 1° Le fait de devenir gros; augmentation de volume. *Grossissement anormal d'une personne. Grossissement d'une tumeur.* V. **Accroissement, développement.** ♦ 2° Action de rendre plus gros. V. **Agrandissement.** ◇ *Opt.* Rapport des angles sous lesquels l'image d'un objet est vue dans un instrument d'optique et l'objet lui-même à l'œil nu. ♦ 3° *Fig.* V. **Amplification, déformation, exagération.** *Le grossissement de l'imagination, du souvenir. Des choses qui, vues « sous un certain angle, avec un certain grossissement... offrent des côtés ridicules* » (R. ROLLAND). ◇ ANT. *Amaigrissement. Amoindrissement, réduction.*

GROSSISTE [gʀosist(ə)]. *n.* (fin XIXᵉ; p.-ê. all. *Grossist*, ou de *gros*). Marchand en gros, intermédiaire entre le détaillant et le producteur ou le fabricant. — *Par appos. Épicier grossiste.* ◇ ANT. *Détaillant.*

GROSSO MODO [gʀosomɔdo]. *loc. adv.* (1566; lat. scolast. « d'une manière grosse »). En gros, sans entrer dans le détail. *Dites-nous grosso modo de quoi il s'agit.* ◇ ANT. *Exactement, précisément.*

GROSSOYER [gʀoswaje]. *v. tr.; conjug. noyer* (1335; de *grosse*, n. f.). *Dr.* Faire la grosse de. V. **Copier, expédier.** *Notaire, greffier qui grossoie un acte, un jugement, un contrat.*

GROTESQUE [gʀɔtɛsk(ə)]. *n. et adj.* (1532; it. *grottesca*, de *grotta* « grotte ». V. **Grotte.**) **I.** *N. f. Arts.* ♦ 1° Nom donné aux ornements fantastiques découverts aux XVᵉ et XVIᵉ s. dans les ruines des monuments antiques italiens (appelées grottes). — *Par ext. Les grotesques de Raphaël*, à l'imitation des grotesques antiques. ♦ 2° Figures fantasques, caricaturales. *Peintre de grotesques.* **II.** *Adj.* (XVIIᵉ). *Cour.* ♦ 1° Risible par son apparence bizarre, caricaturale. V. **Burlesque, extravagant.** *Personnage, figure, allure grotesque. Accoutrement, scène grotesque.* ◇ *Par ext.* Qui prête à rire (sans idée de bizarrerie). V. **Ridicule.** *Une histoire banale et grotesque.* « *Cela frise le mélo, maintenant. Je me sens grotesque* » (ANOUILH). ♦ 2° *N. m.* Ce qui est grotesque, le genre grotesque. *Il est d'un grotesque achevé.* ◇ *Art et littér.* Le comique de caricature poussé jusqu'au fantastique, à l'irréel. *Le grotesque « crée le difforme et l'horrible... le comique et le bouffon. Le grotesque est, selon nous, la plus riche source que la nature puisse offrir à l'art* » (HUGO). ◇ ANT. (de II) *Normal, ordinaire. Émouvant.*

GROTESQUEMENT [gʀɔtɛskəmɑ̃]. *adv.* (1632; de *grotesque*). D'une manière grotesque. *Être grotesquement accoutré.* V. **Absurdement, burlesquement, ridiculement.** « *grotesquement les traits de cette caricature* » (SARRAUTE).

GROTTE [gʀɔt]. *n. f.* (1537; *grote*, XIIIᵉ; it. *grotta*, lat. *crypta*. V. **Crypte**). Cavité de grande taille dans le rocher, le flanc d'une montagne. V. **Antre, caverne; spéléo—.** *Grotte naturelle. Grotte marine. Grotte miraculeuse. Les stalactites et stalagmites d'une grotte. Grottes préhistoriques, ayant servi d'abri aux hominiens. Grottes à ossements. Grottes à peinture.*

GROUILLANT, ANTE [gʀujɑ̃, ɑ̃t]. *adj.* (1540; de *grouiller*). ♦ 1° Qui grouille, remue en masse confuse. V. **Fourmillant, pullulant.** *Foule grouillante.* ♦ 2° Qui grouille (de...). *Place grouillante de monde. Matelas grouillant de vermine.* ◇ *Sans compl.* Populeux. « *Les bistrots grouillants de la rue Rochechouart* » (SARTRE). ◇ ANT. *Immobile. Désert.*

GROUILLEMENT [gʀujmɑ̃]. *n. m.* (XVIIIᵉ; de *grouiller*). État de ce qui grouille. V. **Fourmillement, pullulement.** *Le grouillement de la foule.*

GROUILLER [gʀuje]. *v. intr.* (v. 1460; p.-ê. de *grouler*, forme région. de *crouler*). **I.** ♦ 1° *Vx* ou région. V. **Bouger, remuer.** « *Il n'a pas grouillé d'un pouce* » (ZOLA). « *Le garçon, tournant manettes et leviers, grouille comme un mécanicien sur sa locomotive* » (ROMAINS). ♦ 2° *Mod.* Remuer, s'agiter en masse confuse, en parlant d'éléments nombreux. V. **Fourmiller, pulluler.** *La foule grouillait sur la place.* « *Ces enfants grouillaient tous, pêle-mêle comme une nichée de chiens* » (BALZ.). ♦ 3° *(Choses).* Présenter une agitation confuse; être plein de, abonder en. *Cette branche grouille d'insectes. Rue qui grouille de monde.* Absolt. *Le boulevard grouillait.* ◇ *Fig.* « *Je suis dévoré de comparaisons, comme on l'est de poux; mes phrases en grouillent* » (FLAUB.). **II.** *SE GROUILLER. v. pron.* ♦ 1° *Vx.* Se remuer, bouger. « *Vous ne vous grouillez pas?* » (MOL.). ♦ 2° *Pop.* (1649). Se dépêcher, se hâter. *Allons, grouillez-vous!*

GROUILLOT [gʀujo]. *n. m.* (1913; de *grouiller*). *Bourse.* Jeune employé qui porte les ordres d'achat, de vente. *Une queue « composée de grouillots, de commis et de potaches* » (QUENEAU).

GROUP [gʀup]. *n. m.* (1723; it. *gruppo.* V. **Groupe**).

Comm. Sac d'espèces monnayées qu'on expédie cacheté d'un lieu à un autre. ◇ HOM. *Groupe.*

GROUPAGE [grupaʒ]. *n. m.* (1866; de *grouper*). Action de réunir des colis ayant une même destination.

GROUPE [grup]. *n. m.* (1668; it. *gruppo* « nœud, assemblage », d'o. germ. °*kruppa* « masse arrondie »; Cf. Groupe). ♦ 1° Réunion de plusieurs personnages, formant une unité organique dans une œuvre d'art (peinture, sculpture). *Le groupe des trois Grâces.* ♦ 2° (2ᵉ moitié XVIIIᵉ). *Cour.* Réunion de plusieurs personnes dans un même lieu. « *Les gens allaient et venaient par groupes* » (R. ROLLAND). *Groupe compact.* V. **Essaim, grappe** (*fig.*). *Des groupes se formèrent dans la rue.* V. **Attroupement.** *Le groupe de tête, dans une course.* V. **Peloton.** ♦ 3° Ensemble de personnes ayant qqch. en commun (indépendamment de leur présence au même endroit). V. **Association.** *Groupe humain, groupe social.* V. **Collectivité, société.** *Groupe ethnique.* V. **Race.** *Opposition du groupe et de l'individu dans la société. Psychologie du groupe. S'affilier, appartenir à un groupe. Groupe fermé.* V. **Clan, coterie.** *Groupe de travail.* V. **Comité, commission.** « *Travail en groupe, en équipe* ». V. **Collectif.** ◇ *Spécialt. Groupe politique, parlementaire :* ensemble des parlementaires d'un même parti. *Discipline de groupe. Groupe de pression,* ensemble de personnes ayant des intérêts communs et qui exercent une pression sur les organismes de décision. — *Groupe littéraire, artistique.* V. **Cénacle, école.** *Le groupe de la Pléiade. Le groupe des Six* (groupe musical fondé en 1918 par Cocteau, Honegger, Milhaud, etc.). — *Groupe financier. Groupe industriel :* ensemble d'entreprises (personnes morales) qui établissent des liens entre elles. ◇ *Unité élémentaire de combat, dans l'infanterie. Section comprenant trois groupes. Groupe franc, commando.* — *Unité, dans l'armée de l'air. Le groupe comprend le plus souvent deux escadrilles.* ♦ 4° Ensemble de choses. « *Des bosquets d'arbustes, des groupes d'arbres* » (CHATEAUB.). ◇ *Mus.* Gruppetto. « *Écoutez les groupes aux violons* » (ALAIN). ◇ *Techn. Groupe d'appareils.* Spécialt. *Groupe électrogène.* ◇ *Groupe scolaire :* ensemble des bâtiments d'une école communale. ◇ *Math.* Ensemble ayant une structure de groupe, où il existe une loi de composition interne, associative, ayant un élément neutre unique, et par laquelle tout élément a un seul symétrique. Cet ensemble lui-même. V. **Anneau, corps, idéal.** *Le groupe des déplacements.* ♦ 5° *Dans une classification,* Ensemble de personnes, de choses ayant un caractère commun. V. **Espèce, famille, ordre; sous-groupe.** *Groupe de corps chimiques. Groupe de langues, de dialectes.* — *Groupes sanguins :* classification des individus selon la présence ou l'absence d'agglutinogènes (antigènes) et d'agglutinines (anticorps) spécifiques des globules rouges et du sérum. *Groupe AB* (récepteurs universels) ; *groupe 4 ou O* (donneurs universels). ◇ HOM. *Group.*

GROUPEMENT [grupmã]. *n. m.* (1801; de *grouper*). ♦ 1° Action de réunir en groupe. V. **Assemblage, rassemblement.** *Groupement de matériel de guerre sur un point stratégique.* V. **Accumulation, concentration.** « *Le groupement des enfants d'après l'âge se fait de lui-même* » (ALAIN). — État de ce qui est en groupe. *Le groupement des parties.* V. **Arrangement, disposition.** ♦ 2° Réunion importante de personnes ou de choses volontairement groupées. V. **Association.** « *Ils formaient à Genève un vaste groupement de jeunes révolutionnaires sans ressources* » (MART. du G.). *Groupement syndical.* V. **Confédération, fédération.** *Groupement de partis politiques.* V. **Bloc, coalition, front, rassemblement.** *Groupement d'achat.* — *Milit. Groupement tactique :* réunion temporaire d'éléments de diverses armes, destinés à l'accomplissement d'une mission précise. ◇ ANT. *Dispersion, division.*

GROUPER [grupe]. *v. tr.* (1680; de *groupe*). ♦ 1° *Arts.* Disposer en groupe (1°). V. **Réunir.** *Grouper des figures, des personnages.* ♦ 2° *Cour.* Mettre ensemble. V. **Assembler, réunir.** *Grouper tous les adversaires du régime.* V. **Coaliser.** — *Grouper des objets de provenances diverses.* V. **Amasser.** « *L'aptitude à grouper les faits, à confronter les signes* » (DUHAM.). ◇ *Grouper dans une même classe.* V. **Classer, ranger.** ♦ 3° SE GROUPER. *v. pron. Se grouper autour d'un chef.* ◇ ANT. *Disperser, diviser, séparer. Développer, étendre.*

GROUPUSCULE [grupyskyl]. *n. m.* (1955; de *groupe,* d'apr. les dimin. en -icule [lat. -iculus] et avec infl. de *minuscule). Fam.* et *péj.* Petit groupement insignifiant. *Des groupuscules gauchistes.*

GROUSE [gruz]. *n. f.* (*Grou*, 1771; mot écossais). Coq de bruyère (*Lagopède*).

1. **GRUAU** [gryo]. *n. m.* (1390; *gruel,* XIIᵉ; frq. °*grût*). ♦ 1° Grain d'avoine, privé de son. *Plat à base de gruau. Le gruau engraisse.* ◇ *Techn.* Grain d'une céréale quelconque. V. **Farine.** *Faire passer des gruaux dans un convertisseur.* ♦ 2° Fine fleur de froment. *Pain de gruau.*

2. **GRUAU** [gryo] ou **GRUON** [gryõ]. *n. m.* (1542; de *grue). Rare.* Petit de la grue.

GRUE [gry]. *n. f.* (déb. XIIᵉ; lat. pop. °*grua;* lat. class. *grus).* ♦ 1° Échassier, migrateur, qui vole par bandes. *La grue craquète, glapit. Grue couronnée.* V. **Trompette.** ◇

Loc. fig. Faire le pied de grue, attendre longtemps sur ses jambes (comme une grue qui se tient sur une patte). « *J'avais fait le pied de grue un instant devant sa porte* » (STENDHAL). ♦ 2° (1415). *Fig.* et *pop.* (des stations prolongées de la fille qui *fait le pied de grue*). Femme de mœurs légères et vénales. V. **Prostituée.** ♦ 3° (1467; moy. néerl. *crane).* Machine de levage et de manutention. V. **Chèvre, derrick; grutier.** *Grue montée sur rails. Grue à vapeur, électrique. Grue de chantier. Grue flottante,* pour le chargement et le déchargement des navires. ◇ *Cin. Grue de prise de vues :* appareil articulé permettant les mouvements de caméra. *Travelling à la grue.*

GRUGER [gryʒe]. *v. tr.;* conjug. *bouger* (*Grugier,* 1482; du néerl. *gruizen* « écraser », rad. frq. °*grût.* V. **Gruau**). ♦ 1° *Vx.* Réduire en grains. V. **Égruger.** ♦ 2° (1660). *Vx.* Briser avec les dents (V. **Croquer; avaler**). « *Perrin fort gravement ouvre l'huître et la gruge* » (LA FONT.). ♦ 3° *Fig.* et *littér.* (XVIIᵉ). Duper qqn en affaires; le dépouiller de son bien. V. **Spolier, voler.** « *Vous vous laisseriez gruger jusqu'au dernier sou par ce misérable* » (BALZ.).

GRUME [grym]. *n. f.* (1552, « grain de raisin »; bas lat. *gruma,* class. *gluma* « cosse, écorce »). ♦ 1° *Vitic.* Grain de raisin. ♦ 2° (1685). Écorce qui reste sur le bois coupé non encore équarri. *Bois de grume, en grume,* couvert de son écorce. ◇ Pièce de bois non encore équarrie. « *La senteur des grumes chauffées par le soleil* » (GENEVOIX).

GRUMEAU [grymo]. *n. m.* (*Grumel,* 1256; lat. pop. °*grumellus,* class. *grumulus,* dimin. de *grumus* « motte (de terre) »). ♦ 1° Petite portion de matière agglutinée en grain. *Grumeaux de sel, de sable. Sel en grumeaux.* ♦ 2° Masse coagulée et gluante dans un liquide, une pâte. *Grumeaux dans une sauce, une pâte. Grumeaux de sang.* V. **Caillot.**

GRUMELER (SE) [grymle]. *v. pron.;* conjug. *appeler* (XIIIᵉ; de *grumeau*). Se mettre en grumeaux. *Lait qui tourne et se grumelle.* ◇ *Trans.* Couvrir de grumeaux, d'espèces grumeaux. « *Une coupe de cidre, où des bulles grumelaient le verre* » (MAUROIS).

GRUMELEUX, EUSE [grymlø, øz]. *adj.* (1360; de *grumeau*). ♦ 1° Qui est en grumeaux. ♦ 2° Qui présente des granulations. *Poires grumeleuses.* « *Une peau grumeleuse, parce qu'elle avait la chair de poule* » (SARTRE).

GRUMELURE [grymlyr]. *n. f.* (1769; de *grumeler*). *Techn.* Trou ou soufflure dans une pièce de métal fondu.

GRUPPETTO [grupe(t)to]. *n. m.* (1842; mot it. « petit groupe »). *Mus.* Ornement composé de trois ou quatre petites notes brodant autour d'une note principale. V. **Groupe.** *Exécuter des gruppetti* [grupe(ɛt)ti] *avec légèreté.*

GRUTIER [grytje]. *n. m.* (XXᵉ; de *grue*). Ouvrier ou mécanicien qui manœuvre une grue.

GRUYÈRE [gryjɛr]. *n. m.* (1674; n. de lieu). Fromage de lait de vache fabriqué dans la Gruyère (Suisse), puis dans le Jura français et les Vosges. *Une meule de gruyère. Les yeux du gruyère. Gruyère râpé.* — *Les fromages de gruyère :* gruyère, comté, emmenthal.

GRYPHÉE [grife]. *n. f.* (1808; bas lat. *grypus* « recourbé », gr. *grupos.* V. **Griffon**). *Zool.* Mollusque lamellibranche, à coquille allongée et irrégulière. *Gryphée comestible ou huître* [*] *portugaise.* ◇ HOM. *Griffer.*

GUAI ou **GUAIS** [gɛ]. *adj. m.* (1723, *hareng gai;* de *gai* au sens anc. « qui joue librement, qui a du jeu »). *Pêche.* Se dit du hareng quand il est vide de laite et d'œufs. ◇ HOM. *Guet.*

GUANACO [gwanako]. *n. m.* (1766; péruvien *huanaco).* Lama à l'état sauvage.

GUANO [gwano]. *n. m.* (1598, repris XVIIIᵉ; esp. *guano,* du péruvien *huano).* ♦ 1° Matière constituée par les amas de déjections d'oiseaux marins. *Le guano est un puissant engrais.* ♦ 2° *Techn.* Engrais fabriqué avec des débris et déchets d'origine animale. *Guano de poisson, de viande.*

GUARANI [gwarani]. *adj.* et *n.* (1846; mot guarani). Qui appartient à une population indienne du Paraguay. *Des Guarani(s).* V. **Tupi.** ◇ *N. m. Le guarani,* la langue des Guaranis. — Unité monétaire du Paraguay.

1. **GUÉ** [ge]. *n. m.* (*Guet,* déb. XIIᵉ; lat. *vadum,* croisé avec un germ. °*wad*). Endroit d'une rivière où le niveau de l'eau est assez bas pour qu'on puisse traverser à pied. V. **Passage.** *Passer un gué.* — *Traverser à gué.* V. **Guéer.** *Il* « *passa bravement le ruisseau à gué, ayant de l'eau jusqu'à mi-jambes* » (GAUTIER). ◇ HOM. *Gai.*

2. **GUÉ !** [ge]. *interj.* (1666; plus ancien dans les chansons; var. de *gai, gay*). *Vx* ou *dans des refrains de chanson.* Interjection exprimant la joie. *La bonne aventure, ô gué !* ◇ HOM. *Gai.*

GUÉABLE [geabl(ə)]. *adj.* (1160; de *guéer*). Que l'on peut passer à gué. *La rivière est guéable en été.*

GUÈBRE [gɛbr(ə)]. *n.* (*Quebre,* 1657; persan *gabr* « adorateur du feu »). *Vieilli.* Perse qui suit la religion de Zoroastre. V. **Parsi.**

GUÈDE [ged]. *n. f.* (XIᵉ; germ. °*waizda,* all. *Waid).* ♦ 1° Nom du pastel (plante). ♦ 2° *Techn.* Couleur bleue extraite de la guède et employée en teinturerie.

GUÉER [gee]. *v. tr.;* conjug. *créer* (déb. XIIᵉ; bas lat. *vadare*). *Rare.* Passer à gué. *Guéer un cours d'eau.*

GUELFE [gɛlf(ə)]. *n. m.* (1339; de *Welf,* nom d'une famille d'Allemagne qui prit le parti des papes). Nom donné en Italie aux partisans des papes. *Les guelfes, ennemis des gibelins* qui soutenaient l'empereur d'Allemagne.*

GUELTE [gɛlt(ə)]. *n. f.* (1866; « paye », 1859, arg.; all. *Geld* « argent »). Tantième accordé à un employé de commerce, proportionnellement aux ventes qu'il effectue. V. **Boni, gratification, prime.** « *La vente marchait bien. Je me faisais de bonnes gueltes* » (AYMÉ).

GUENILLE [gənij]. *n. f.* (1605, « chiffon »; dial. Ouest; o. i.; p.-ê. rad. gaul. °*wadana* « eau »). ♦ 1° *Au plur.* Vêtement en lambeaux. V. **Haillon, hardes.** « *Une vieille femme accroupie, vêtue de guenilles terreuses* » (GIDE). *En guenilles.* ♦ 2° *Fig.* Chose méprisable, d'importance nulle. « *Le corps, cette guenille* » (MOL.). « *Guenille, si l'on veut; ma guenille m'est chère* » (MOL.). ♦ 3° *Métaph. (Littér.).* Homme usé par l'âge, la maladie, ou dénué de toute vigueur morale. V. **Loque.**

GUENON [gənɔ̃]. *n. f.* (1505; o. i.; p.-ê. même rad. que *guenille*). ♦ 1° *Vx.* Nom des cercopithèques. « *Variété de singe, de petite taille, à longue queue* » (BUFF.). ♦ 2° *Mod.* Femelle du singe. ◇ *Fig. et fam.* Femme très laide.

GUÉPARD [gepar]. *n. m.* (*Gapard,* 1706; adapt. it. *gattopardo* « chat-léopard »). Mammifère carnivore, qui ne diffère de la panthère que par un corps plus haut sur pattes, une tête plus petite, une très courte crinière et des ongles non rétractiles.

GUÊPE [gɛp]. *n. f. (Guespe,* fin XIIᵉ; lat. *vespa, wespa,* par a. haut all. *wefsa*). ♦ 1° Insecte hyménoptère, dont la femelle porte un aiguillon. *Guêpe qui bourdonne. Grosse guêpe.* V. **Frelon.** ◇ *Taille de guêpe,* taille très fine (*par anal.* avec le mince pédoncule qui relie, chez la guêpe, le corselet à l'abdomen). « *Sa taille de guêpe se cambre* » (GAUTIER). ♦ 2° *Fig. Une fine guêpe,* une femme rouée. V. **Mouche** (fine). Loc. fam. *Pas folle la guêpe!* il (elle) a trop de ruse pour se laisser tromper.

GUÊPIER [gepje]. *n. m.* (1360; de *guêpe*). ♦ 1° Passereau, plus petit que le merle et se nourrissant surtout d'abeilles et de guêpes. « *D'étincelants guêpiers vert-émeraude* » (GIDE). ♦ 2° (1636; *guespiere,* XVIᵉ). Nid de guêpes. *Les rayons d'un guêpier sont formés d'alvéoles. — Société des guêpes vivant dans un même nid. Enfumer un guêpier.* ◇ *Fig.* (1812) Position critique dans une affaire, ou parmi des gens qui cherchent à nuire. *Se fourrer, donner, tomber dans un guêpier.* V. **Piège.**

GUÊPIÈRE, [gepjɛr]. *n. f.* (v. 1945; de *taille de guêpe*). Gaine étroite qui amincit la taille.

GUÈRE ou (*vx* ou *poét.)* **GUÈRES** [gɛr]. *adv.* (*Guaires,* 1080; frq. °*waigaro* « beaucoup »). I. *Vx.* Beaucoup, très. « *Si nature ne prête un peu, il est malaisé que l'art et l'industrie aillent guière* (guère) *avant* » (MONTAIGNE). II. *Mod.* NE... GUÈRE : pas beaucoup, pas très. V. **Autrement** (pas), **médiocrement, peu.** ♦ 1° Devant un adj. *Vous n'êtes guère raisonnable.* « *Ça ne sera guère difficile* » (GENEVOIX). ♦ 2° Devant un adv. *Vous ne l'avez guère bien reçu.* ♦ 3° Devant un compar. « *La plus vieille... n'a guère plus de soixante ans* » (GAUTIER). *Il ne va guère mieux.* ♦ 4° Avec un verbe. *Cela ne se dit guère. Je n'aime guère ce quartier. Cette robe ne lui va guère.* ◇ (*Temps)* Pas longtemps. *La paix ne dura guère. Tu ne tarderas guère.* — *Pas souvent, presque jamais.* V. **Rarement.** *Vous ne venez guère nous voir.* ♦ 5° NE... GUÈRE DE, devant un nom qu'il détermine. « *Il n'est guère de passion sans lutte* » (CAMUS). *Je n'ai guère de courage.* ♦ 6° Avec *ne... plus. Un vieux médecin qui n'exerce plus guère. Mot qui n'est plus guère employé.* ♦ 7° Avec *ne... que :* presque, seulement, si ce n'est. *Il n'y a guère que vous qui puissiez faire ce travail. Il n'y a que deux heures qu'elle est partie.* III. *Ellipt.* GUÈRE, sans négation. Pas beaucoup. « *Vous exagérez un peu... — Guère, Hamond !* » (COLETTE). *Il « mange cette chair... guère moins vivante que la sienne* » (ROMAINS). ◇ ANT. Beaucoup, très. — HOM. Guerre.

GUÉRET [gerɛ]. *n. m.* (*Guaret,* 1080; lat. *vervactum* « jachère », infl. germ. sur l'initiale). Terre labourée et non ensemencée. — *Par ext.* V. **Jachère.** *Ces sommets « avaient l'air de guérets abandonnés* » (CHATEAUB.). *Laisser une terre en guérets. Lever, relever les guérets,* labourer une terre qu'on a laissé reposer.

GUÉRI, IE [geri]. *adj.* (XVIIᵉ; V. **Guérir**). Rétabli d'un mal physique. « *Il est très malade, mais le voilà guéri.* » **Pied** (sur). ◇ *Fig. Être guéri de.* V. **Revenu** (en être). « *À tout jamais je suis guéri des bêtes. Je n'en veux plus* » (GENEVOIX). *J'en suis guéri, de dépenser pour de pareilles bêtises !*

GUÉRIDON [geridɔ̃]. *n. m.* (1615; nom d'un personnage de farce *Guéridon* ou *Guélidon*). Table ronde, pourvue d'un seul pied (d'une tige centrale portant des pieds) et généralement d'un dessus de marbre.

GUÉRILLA [gerija]. *n. f.* (1814; mot esp. « ligne de tirailleurs »). ♦ 1° Troupe de partisans. « *Don Blas fut l'un des plus fameux chefs de guerillas* » (STENDHAL). *Franc-tireur d'une guérilla.* ♦ 2° *Par ext.* Guerre de coups de main. *Guérilla sanglante, meurtrière.*

GUÉRILLERO [gerijero]. *n. m.* (1842; mot esp., du précéd.). Soldat d'une guérilla. V. **Franc-tireur.** *Les guérilleros espagnols.*

GUÉRIR [gerir]. *v.* (XVIᵉ; var. de *guarir* (1050), *garir* « protéger », puis XIIᵉ, sens mod.; germ. °*warjan*). I. *V. tr.* ♦ 1° Délivrer d'un mal physique; rendre la santé à (qqn). V. **Sauver.** *Guérir un malade. Guérir un toxicomane.* V. **Désintoxiquer.** — *Médicament, remède qui guérit de la fièvre :* la fait tomber. *Traitement qui guérit de la tuberculose. — Absolt.* « *Il n'y a point de médecin sans la passion de soigner et de guérir* » (DUHAM.). ◇ *Par ext. Guérir une maladie. Panacée propre à guérir tous les maux.* ♦ 2° *Fig.* Délivrer d'un mal moral. *Il faut le guérir de cette obsession, de ce souci.* V. **Débarrasser, ôter.** « *Il est peu de plaies morales que la solitude ne guérisse* » (BALZ.). ◇ *Vx. Guérir de,* suivi d'un inf. V. **Consoler.** « *Un soupir, une larme à regret épandue M'aurait déjà guéri de vous avoir perdue* » (CORN.). II. *V. intr.* ♦ 1° Recouvrer la santé; aller mieux et sortir de maladie. V. **Rétablir** (se). *Espérons qu'elle guérira.* « *Le seul moyen de guérir, c'est de se considérer comme guéri* » (FLAUB.). — *Par ext. Plaie qui guérit vite.* V. **Cicatriser** (se), *fermer* (se). *Rhume mal soigné, qui ne guérit pas.* ♦ 2° *Fig. Souffrance qui ne guérit pas.* III. SE GUÉRIR. *v. pron.* ♦ 1° Se délivrer d'un mal physique. *Il se guérira peu à peu.* V. **Tirer** (s'en). ♦ 2° Se procurer la guérison à soi-même. *Il s'est guéri par sa persévérance à faire ce qu'il fallait.* ♦ 3° *Fig. Il ne s'est pas encore guéri de ses préjugés.* V. **Débarrasser** (se); **délivrer** (se); *perdre. Il finira par se guérir de cette manie.* V. **Corriger** (se). ◇ ANT. Aggraver, détraquer; attraper (une maladie), tomber (malade).

GUÉRISON [gerizɔ̃]. *n. f.* (1080; de *guérir*). ♦ 1° Le fait de guérir. V. **Rétablissement.** *Convalescent en voie de guérison. Guérison complète, inespérée.* V. **Résurrection.** ♦ 2° *Fig. Guérison d'un chagrin.* V. **Apaisement.** « *Attendre la guérison, la fin de l'amour* » (COLETTE). ◇ ANT. Aggravation.

GUÉRISSABLE [gerisabl(ə)]. *adj.* (XIIIᵉ; de *guérir*). Qui peut être guéri. V. **Curable.** *Blessé guérissable. Mal guérissable.* ◇ ANT. Incurable, inguérissable.

GUÉRISSEUR, EUSE [gerisœr, øz]. *n. (Gariseor,* XIVᵉ, « *garant* »; XVIIᵉ, adj.; de *guérir*). ♦ 1° Personne qui guérit. *Les Anglais* « *considèrent la mer comme une grande guérisseuse* » (LACRETELLE). ♦ 2° *Cour.* (1526). Personne qui fait profession de guérir sans avoir la qualité officielle de médecin. V. **Empirique, rebouteur.** *Procès intenté par l'ordre des médecins contre un guérisseur.*

GUÉRITE [gerit]. *n. f. (Garite,* 1220; adapt. prob. du prov. *garida,* de *garir* « protéger ». V. **Guérir**). Abri où une sentinelle se met à couvert. V. **Guitoune** (pop.). ♦ Factionnaire qui monte la garde dans sa guérite. ◇ Baraque aménagée pour abriter un travailleur isolé, faire office de bureau sur un chantier, etc. « *La petite guérite percée d'un guichet qui servait de bureau et de caisse* » (MAC ORLAN).

GUERRE [gɛr]. *n. f.* (1080; frq. °*werra*). I. ♦ 1° Lutte armée entre groupes sociaux, et *spécialt.* entre États, considérée comme un phénomène social. « *La guerre est un mal qui déshonore le genre humain* » (FÉN.). *L'épée, le glaive, symbole de la guerre. Mars, dieu de la guerre. L'art de la guerre.* V. **Stratégie, tactique.** *Le nerf de la guerre :* l'argent. — *Législation internationale sur la prévention directe* (V. **Charte, pacte, garantie**) *ou indirecte* (V. **Désarmement**) *de la guerre. Droit préventif de la guerre.* V. **Arbitrage, médiation, sanction.** *Le droit de la guerre a été codifié par les conventions de La Haye* (1899; 1907). — *Déclarer la guerre. Attaquer sans déclaration de guerre.* Loc. prov. *Si tu veux la paix, prépare la guerre :* adage latin (Si vis pacem, para bellum). *Déclaration de guerre conditionnelle.* V. **Ultimatum.** *Faire la guerre. L'armistice ne fait pas cesser la guerre. La guerre et la paix.* ◇ EN GUERRE : en état de guerre. *Nations en guerre. Ceux contre qui on est en guerre.* V. **Ennemi.** *Entrer en guerre.* ◇ DE GUERRE. *État de guerre.* V. **Belligérance.** *Faits de guerre; opérations de guerre.* V. **Bataille, campagne; attaque, bombardement, débarquement, défensive, offensive, retraite, siège.** *Crime de guerre. Sur le pied* de guerre. Ruse de guerre.* V. **Embuscade, piège;** *fig.* **Artifice.** *Cri de guerre. Noms de guerre,* que prenaient les soldats en s'enrôlant; *fig.* V. **Pseudonyme, surnom.** *Correspondant de guerre d'un journal. Communiqué de guerre.* — *Homme de guerre; gens de guerre :* soldats de métier. *Blessé, mutilé de guerre. Prise de guerre.* V. **Butin.** *Prisonnier de guerre. Foudre de guerre. Fauteur de guerre. Profiteur de guerre.* — *Croix de guerre. — Matériel de guerre.* V. **Armement.**

Armes de guerre. Au moyen âge, *Armure de guerre* (*opposé à* armure de tournoi). *Cheval de guerre. Machines de guerre. Place de guerre.* V. **Fortification.** — *Navire de guerre. Marine de guerre. Port de guerre.* — *Industrie de guerre. Trésor de guerre. Indemnités de guerre,* payées par le pays vaincu. *Dommage de guerre.* ♦ 2° Les questions militaires; l'organisation des armées (en temps de paix comme en temps de guerre). *Conseil de guerre. Ministère de la Guerre,* et absolt. *La Guerre.* V. **Défense** (nationale). ♦ 3° UNE (LA) GUERRE, considérée comme un phénomène historique, localisé dans l'espace et dans le temps. V. **Conflagration, conflit, hostilité, lutte** (armée). *Menaces de guerre. En cas de guerre :* au cas où la guerre éclaterait. *Début d'une guerre. Guerre qui éclate. Issue d'une guerre; gagner, perdre une guerre.* V. **Victoire; capitulation, défaite.** *Attendre la fin de la guerre; la guerre est finie. Durant, pendant la guerre. En temps de guerre.* ◇ En parlant d'une guerre, d'une campagne, d'une expédition, précisément désignée. *La guerre de Trente ans, de Cent ans. La guerre de 70* (1870). *La Grande Guerre, la guerre de 14* (1914). *La drôle de guerre :* nom donné à la période de guerre qui précéda l'invasion allemande (sept. 1939-mai 1940). *Depuis la guerre, avant la guerre :* depuis, avant la dernière guerre. ◇ (En parlant du caractère d'un conflit) *Guerre juste, injuste. Guerre de défense; guerre de libération* (V. **Résistance**). *Guerre d'agression, de conquête. Guerre de pacification. Guerre d'extermination. Guerre raciale* (V. **Génocide**). *Guerre coloniale.* — *Guerre locale. Guerre mondiale. Guerre planétaire :* qui s'étend à une partie importante de la planète. *Guerre ouverte. Guerre totale. Guerre d'usure. Guerre préventive.* — *Guerre de positions, de tranchées. Guerre de mouvement. Guerre éclair :* basée sur le principe d'une attaque foudroyante. *Guerre terrestre; aérienne; navale; guerre sous-marine. Guerre électronique,* ensemble des techniques visant à l'écoute des émissions radioélectriques adverses, à leur brouillage, etc. *Guerre chimique, bactériologique. Guerre presse-bouton,* qui se fait au moyen de dispositifs automatiques. *Guerre atomique.* — *Guerre de partisans, d'escarmouches.* V. **Guérilla.** — PETITE GUERRE : guerre de harcèlement, et *par ext.* Simulacre de guerre. V. **Exercice, manœuvre.** *Enfants qui jouent à la petite guerre.* — *La guerre en dentelle :* la guerre au XVIII° s. — *Guerre sainte :* guerre que mènent les fidèles d'une religion au nom de leur foi (V. **Croisade**). *Guerres de Religion* (*spécialt.* en France) : les luttes armées entre catholiques et protestants aux XVI° et XVII° s. — GUERRE CIVILE, *intestine :* lutte armée entre groupes et citoyens d'un même État. V. **Révolte, révolution.** *Allumer, exciter la guerre civile.* ♦ 4° Action de se battre dans un conflit armé; situation individuelle de celui qui se bat. V. **Bataille, combat;** et *fam.* **Baroud, boucherie, casse-gueule, casse-pipes.** *Aller à la guerre, partir pour la guerre. Mourir à la guerre :* au champ d'honneur. V. **Front.** *Indiens sur le sentier de la guerre.* ♦ 5° *Par ext.* Hostilité, lutte entre groupes sociaux, États, n'allant pas jusqu'au conflit armé et sanglant. *Guerre économique. Guerre de propagande, guerre idéologique. Guerre psychologique. Guerre des nerfs,* visant à briser la résistance morale de l'adversaire. — *Guerre froide* (Néol.) : état de tension, d'hostilité entre États. « *La 'guerre froide' n'est pas la guerre* » (BOUTHOUL). ♦ II. ♦ 1° Toute espèce de combat, de lutte. Vx. *Guerre de plume :* querelle d'écrivains. — *Vivre en guerre, en état de guerre, sur le pied de guerre avec tout le monde.* V. **Hostilité, inimitié.** *Guerre ouverte, déclarée entre deux personnes.* ◇ *Faire la guerre à qqn sur qqch., à propos de qqch. :* réprimer cette chose en lui. *Ne lui faites point la guerre sur tout ceci.* — *Faire la guerre à une chose :* chercher à la détruire. *Faire la guerre aux abus, aux injustices.* ♦ 2° Loc. fig. *De guerre lasse :* en renonçant à résister, à combattre. — *De bonne guerre :* sans hypocrisie ni traîtrise. V. **Loyalement.** — *À la guerre comme à la guerre :* il faut accepter les inconvénients qu'imposent les circonstances (V. **Résignation**), ou encore : la guerre justifie les moyens. PROV. *Qui terre a guerre a :* la possession de terres, de richesses est source de conflits.
◇ ANT. **Paix; concorde, entente.** — V. **Guère.**

GUERRIER, IÈRE [gɛrje, jɛr]. *n.* et *adj.* (1080; de *guerre*). I. N. *Ancienn.* Personne dont le métier était de faire la guerre. V. **Combattant, militaire, soldat.** *Les guerriers francs, germains. Un grand, un célèbre guerrier.* V. **Capitaine, conquérant.** ◇ *Mod.* Collect. *Le guerrier :* l'homme de guerre, le soldat. *La psychologie du guerrier.* II. Adj. ♦ 1° Littér. Relatif à la guerre, au combat, aux armes. V. **Militaire.** *Chant guerrier.* « *La trompette guerrière A sonné l'heure du combat* » (M.-J. CHÉNIER). ♦ 2° Qui a ou qui montre des dispositions pour la guerre, les armes, aime à se battre. V. **Belliqueux.** *Nation, race guerrière.* ◇ *Par ext. Air guerrier, mine guerrière.* V. **Martial.**
◇ ANT. **Pacifique, pacifiste.**

GUERROYER [gɛrwaje]. *v.;* conjug. *noyer* (1080; de *guerre*). I. V. intr. Faire la guerre (contre qqn). *Le seigneur guer-* royait contre ses vassaux. V. **Batailler, battre** (se). ◇ Fig. *Guerroyer contre les abus, les privilèges.* II. V. tr. *Vx.* Combattre (qqn). « *Venez-vous-en avec moi, car je veux guerroyer le roi mon seigneur* » (VOLT.).

GUET [gɛ]. *n. m.* (XIII°; de *guetter*). ♦ 1° Action de guetter. *Faire le guet.* — *Être au guet.* V. **Affût, aguet(s).** *Avoir l'œil, l'oreille au guet.* V. **Ouvrir** (l'œil), **prêter** (l'oreille). ♦ 2° *Vieilli.* Surveillance exercée de nuit par la troupe ou la police (en vue de protéger un camp, ou de maintenir l'ordre). *Postes de guet. Sentinelle chargée du guet.* V. **Faction, garde.** ◇ *Par ext. (Ancienn.)* Patrouille, garde qui faisait le guet. *Guet à cheval, à pied. Mot du guet,* mot d'ordre. ⊗ HOM. **Guai.**

GUET-APENS [gɛtapɑ̃]. *n. m.* (fin XVI°; de *guet apens,* 1472; altér. de *guet apensé,* de *guet, aguet,* et a. fr. *apenser* « réfléchir, préméditer »). Fait d'attendre qqn en un endroit pour exercer sur lui des actes de violence, le tuer. *Attirer qqn dans un guet-apens. Tomber dans un guet-apens.* ◇ *Par ext.* Machination perfidement préparée en vue de nuire gravement à qqn qu'on veut surprendre. V. **Attaque, attentat, embûche, embuscade, piège.** *Le coup d'État du 2 décembre, guet-apens contre la République.*

GUÊTRE [gɛtr(ə)]. *n. f.* (*Guietre,* XV°; p.-ê. frq. °*wrist* « cou-de-pied »). Enveloppe de tissu ou de cuir qui recouvre le haut de la chaussure et parfois le bas de la jambe. *Une paire de guêtres. Sous-pied d'une guêtre. Bouton de guêtre. Guêtres de chasse en cuir.* V. **Houseau, jambière.** — *Demi-guêtres de ville, en drap.*

GUÊTRER [gɛtre]. *v. tr.* (1549; de *guêtre*). Rare. Chausser de guêtres. *Se guêtrer. Être guêtré.*

GUÊTRON [gɛtrɔ̃]. *n. m.* (1808; de *guêtre*). Vx. Guêtre à courte tige.

GUETTE ou **GUÈTE** [gɛt]. *n. f.* (1676; p.-ê. prononc. pop. de *guêtre*). Techn. (Menuis.). Demi-croix de Saint-André, posée en contre-fiche dans une charpente.

GUETTER [gete]. *v. tr.* (*Guaitier,* 1080; frq. °*wahtôn* « veiller »). Surveiller avec attention pour se prémunir contre un danger, pour attendre un événement que l'on prévoit ou espère. ♦ 1° Épier, observer. *Le chat guette la souris.* — Pronom. « *Les deux lignes, face à face, se guettaient, haineuses et résignées* » (DORGELÈS). — Absolt. *Guetter à sa fenêtre.* ♦ 2° Attendre avec impatience (une chose à venir) en étant attentif à ne pas (la) laisser échapper. *Guetter une occasion favorable.* V. **Affût** (être à l'). *Guetter un signal. Guetter le passage, la sortie d'une vedette.* ♦ 3° (Sujet de chose). Attendre (qqn) en faisant peser sur lui une menace. *La mort, la maladie le guette.* « *L'ennui le guette et bientôt le tient* » (ALAIN).

GUETTEUR [gɛtœr]. *n. m.* (XIII°; de *guetter*). Celui qui guette, qui est chargé de guetter. *Guetteur à l'affût.* ◇ *Ancienn.* Homme posté au haut d'un beffroi et chargé d'annoncer les dangers (attaque, incendie, etc.). V. **Veilleur.** *Le guetteur donnait l'alarme.* ◇ *Mod.* Soldat qui veille dans une tranchée, un poste d'écoute. V. **Sentinelle.** — *Mar.* Préposé à la signalisation optique ou électrique, dans les phares, les sémaphores, les stations radio-émettrices des côtes.

GUEULANTE [gœlɑ̃t]. *n. f.* (v. 1950; de *gueuler*). *Arg. scol.* Clameur de protestation ou d'acclamation. *Élèves qui poussent une gueulante.*

1. GUEULARD [gœlar]. *n. m.* (1774; « grosse cruche », 1395; de *gueule*). Ouverture supérieure d'un haut fourneau, par où se fait le chargement. — Ouverture du foyer d'une chaudière (de locomotive, de bateau).

2. GUEULARD, ARDE [gœlar, ard(ə)]. *adj.* et *n.* I. (*Gouliart,* XIII°; de *goule, gueule*). Région. Gourmand, glouton, goinfre. II. (De *gueuler*). ♦ 1° (1567). *Fam.* Qui a l'habitude de gueuler, de parler haut et fort. — Subst. *Faites taire ce gueulard !* V. **Braillard.** ♦ 2° *Mar. N. m.* (1917; « petit canon », en arg., 1791). Porte-voix de marine.

GUEULE [gœl]. *n. f.* (*Goule,* XI°; *gola,* 980; lat. *gula* « gosier, bouche »). I. Bouche de certains animaux, surtout carnassiers. *La gueule d'un chien, d'un poisson carnassier, d'un reptile.* « *Les crocodiles et les requins qui passent entre deux eaux la gueule ouverte* » (CÉLINE). — Loc. prov. *Se jeter, se précipiter dans la gueule du loup,* dans un danger certain, et de façon imprudente. II. (*Goule,* XI°). Pop. Bouche humaine. V. **Bouche.** ♦ 1° La bouche considérée comme servant à parler ou crier. *Vas-tu fermer ta gueule !* te taire ! Ellipt. *Ta gueule !* tais-toi ! — *Pousser un coup de gueule :* crier, chanter très fort. *Un fort en gueule, une grande gueule :* un homme bavard et grossier (V. **Braillard, gueulard** 2) ou encore, qui est plus fort en paroles qu'en actes. « *Aussi marioles qu'ils se croient, ils parlent trop; c'est* (sic) *des grandes gueules* » (CARCO). ♦ 2° La bouche considérée comme servant à manger. *S'en mettre plein la gueule.* — *Avoir la gueule de bois**. — *Une*

fine gueule. V. **Gastronome, gourmand, gourmet.** ♦ 3º (1673). Figure, visage. *Une bonne gueule, une sale gueule. Faire une gueule d'enterrement. Faire la gueule.* V. **Bouder; tête** (faire la). *Il est venu, la gueule enfarinée**. — *Se casser la gueule.* V. **Tomber.** *Casser la gueule de qqn.* V. **Battre.** *Soldat qui va se faire casser la gueule.* V. **Tuer.** ◇ *Une jolie petite gueule. Gueule d'amour,* surnom populaire de séducteurs irrésistibles. ◇ Arg. milit. *Une gueule cassée,* un mutilé de guerre blessé au visage. ◇ (Arg. du Nord) *Gueules noires,* surnom des mineurs. ♦ 4º (Néol.). *Fam.* Se dit de l'aspect, de la forme d'un objet. *Ce chapeau a une drôle de gueule.* — (Absolt.) *Ce tableau a de la gueule :* il fait grand effet.
III. *Par anal.* (de choses dont la forme rappelle la gueule d'un animal). ♦ 1º *Bot. Fleur, corolle en gueule,* divisée en deux lèvres qui demeurent plus ou moins ouvertes. Cour. *Gueule-de-loup* (voir ce mot). ♦ 2º (1360). Ouverture par laquelle entre ou sort qqch. *La gueule d'un pot, d'un haut fourneau* (V. **Gueulard** 1). — Spécialt. *La gueule d'un canon.* ◇ HOM. *Gueules.*

GUEULE-DE-LOUP [gœldəlu]. *n. f.* (1809; de *gueule,* et *loup*). ♦ 1º *Bot.* Muflier des jardins. ♦ 2º *Techn.* Tuyau coudé monté sur pivot au sommet d'une cheminée. ♦ 3º *Archit.* Assemblage de deux pièces par une surface courbe. Partie courbe d'une cimaise, d'une doucine. ♦ 4º (1837). *Pathol.* V. **Bec-de-lièvre.**

GUEULEMENT [gœlmã]. *n. m.* (1877; de *gueuler*). *Fam.* Cri. « *Saigneur poussa un gueulement de souffrance* » (AYMÉ).

GUEULER [gœle]. *v.* (1648; de *gueule*). *Pop.* ou *fam.* ♦ 1º *V. intr.* Chanter, crier, parler très fort. *Il gueule pour un rien.* — *Faire gueuler son poste de radio.* V. **Beugler, brailler.** — *Par ext.* V. **Protester, tempêter.** « *Nous gueulons contre notre époque* » (FLAUB.). *Les nouveaux impôts vont faire gueuler les commerçants.* ♦ 2º *V. tr.* Proférer en criant. *Gueuler des ordres.*

GUEULES [gœl]. *n. m.* (XIIIᵉ; même mot que *gueule,* au plur. *gueules;* au moy. âge, petits morceaux de fourrures découpés dans la peau du gosier de l'animal et servant d'ornement). *Blas.* La couleur rouge de l'écu. *Il porte de gueules à bande d'or.* ◇ HOM. *Gueule.*

GUEULETON [gœltɔ̃]. *n. m.* (1743; de *gueule*). *Fam.* Repas gai, d'ordinaire entre amis, où l'on mange et boit avec excès. V. **Festin.** *Faire un gueuleton, un gueuleton à tout casser, un bon petit gueuleton.*

GUEULETONNER [gœltɔne]. *v. intr.* (1838; de *gueuleton*). Faire un gueuleton.

1. GUEUSE [gøz]. *n. f.* (1543; all. *Göse* « morceaux informes de fer fondu », plur. bas all. de *Gans,* proprem. « oie »). ♦ 1º Masse de fer fondu, telle qu'elle sort du haut fourneau. V. **Fonderie.** *Couler une gueuse.* — Lingot de fonte. ♦ 2º *Techn.* Moule de sable dans lequel on verse le métal en fusion. ◇ HOM. *Gueuse* 2 (fém. de *gueux*).

2. GUEUSE. V. GUEUX.

GUEUSER [gøze]. *v. intr.* (1501; de *gueux*). *Vx.* Vivre en gueux, mendier.

GUEUSERIE [gøzʀi]. *n. f.* (1606; de *gueux*). ♦ 1º *Vx* ou *littér.* Condition de gueux. V. **Mendicité, misère.** ♦ 2º *Vieilli.* Action vile. V. **Friponnerie, indélicatesse.** « *Je vous ai dit de ne pas nous mêler à toutes ces gueuseries* » (ZOLA).

GUEUX, GUEUSE [gø, gøz]. *n.* (1452; moy. néerl. *guit* « fripon, fourbe »). ♦ 1º *Vx.* Personne qui vit d'aumônes, est réduite à mendier pour vivre. V. **Clochard, miséreux, vagabond, va-nu-pieds.** *Mener une vie de gueux. La Chanson des gueux,* de J. Richepin. ◇ *Par ext.* **Pauvre.** « *L'avare vit en gueux* » (LA FONT.). ♦ 2º *Vx.* V. **Coquin, fripon.** ◇ *Au fém.* Femme de mauvaise vie. *Mod. Courir la gueuse :* se débaucher. ◇ HOM. (du fém.) *Gueuse* (1).

GUEUZE ou **GUEUSE** [gøz]. *n. f.* (v. 1900; du moy. néerl. *guit* « coquin »; V. **Gueux**). Bière belge, forte et aigre, faite avec du malt et du froment non germé, par fermentation spontanée. V. **Faro.** (REM. On dit aussi *Gueuse-lambic.* V. **Lambic**).

1. GUI [gi]. *n. m.* (v. 1330; lat. *viscum*). Plante parasite qui croît sur les branches de certains arbres (poirier, pommier, peuplier, plus rarement chêne). *Boules de gui. Le gui, plante sacrée chez les Gaulois. Au gui l'an neuf !* loc. associant le gui aux fêtes du premier de l'An.

2. GUI [gi]. *n. m.* (1694; néerl. *giek* ou *gijk*). *Mar.* Fort espar arrondi sur lequel vient se border toute voile à corne.

GUIBOLE ou **GUIBOLLE** [gibɔl]. *n. f.* (1840; p.-ê. du norm. *guibon* (XVIIᵉ), *guibonne,* rad. de *regimber*). *Pop.* V. **Jambe.** « *Il se plaignait d'avoir des guibolles de coton* » (ZOLA).

GUIBRE [gibʀ(ə)]. *n. f.* (1836; altér. de *guivre**). *Mar.* *(Ancienn.).* Avant de navire où l'on sculptait un poisson de mer. — Sur des navires en bois, Construction rapportée à l'avant et destinée à fournir les points d'appui nécessaires pour l'attache du beaupré.

GUICHE [giʃ]. *n. f.* (XIIᵉ; var. *guige,* en a. fr.; probabl. frq. °*whitig* « lien d'osier »). ♦ 1º *Archéol.* Courroie pour suspendre un bouclier. ♦ 2º Bande d'étoffe attachée de

chaque côté de la robe des chartreux. ♦ 3º *Cour.* GUICHES. *n. f. pl.* Mèches de cheveux frisés plaquées sur le front, les tempes. V. **Accroche-cœur.**

GUICHET [giʃɛ]. *n. m.* (1160, « petite porte »; du scand. *vik* « cachette »). ♦ 1º Petite ouverture, pratiquée dans une porte, un mur, et par laquelle on peut parler à qqn, faire passer des objets. *Guichet grillé, grillagé.* V. **Judas.** — *Guichet d'un confessionnal.* ♦ 2º Petite ouverture par laquelle le public communique avec les employés d'une administration, d'un bureau. *Se présenter au guichet de la poste.* — (Symbole de l'administration) « *Le guichet... a dompté, a maté le peuple de France* » (DUHAM.). — *Banque qui paye à guichets ouverts. Troupe qui joue à guichets fermés* (*ou bureaux fermés*), après avoir loué la totalité des places disponibles. — Spécialt. *Les guichets du Louvre, des Tuileries,* étroits passages voûtés qui font communiquer les cours intérieures et les abords du palais.

GUICHETIER, IÈRE [giʃtje, jɛʀ]. *n.* (1611; de *guichet*). Personne qui est préposée à un guichet.

GUIDAGE [gidaʒ]. *n. m.* (1611; de *guider*). ♦ 1º *Techn.* Ensemble de pièces qui guident la descente et la remontée des cages d'extraction dans les mines. — *Mécan.* Dispositif qui guide une pièce mobile d'une machine. ♦ 2º (XXᵉ). Aide apportée aux avions en vol par des stations radioélectriques. V. **Radioguidage.** ♦ 3º Ensemble des procédés destinés à imposer une trajectoire donnée à un mobile, ou à lui faire atteindre une cible. V. **Autoguidage, radioguidage, téléguidage.**

GUIDE [gid]. *n. m.* et *f.* (1370; a. prov. ou it. *guida,* même sens).
I. *N. m.* ♦ 1º Personne qui accompagne pour montrer le chemin. *Servir de guide à qqn.* V. **Cicerone.** — *Guide de montagne,* alpiniste professionnel diplômé. *Suivez le guide! Le guide vous fera visiter dans un quart d'heure. Elle est guide. Fam.* (n. f.). *La guide.* ◇ *Milit.* Soldat ou gradé sur lequel tout le rang doit régler son alignement et sa marche. — Personne qui connaît le pays et peut renseigner une armée en campagne. — Nom donné à certains cavaliers sous la Révolution et le Second Empire. *Régiment de guides.* ◇ *Mar. Guide d'une escadre,* navire sur lequel les autres navires règlent leurs mouvements. ♦ 2º *Fig.* Celui, celle qui conduit d'autres personnes dans la vie, les affaires. V. **Conducteur, conseiller, pilote.** *Maîtres qu'on prend pour guides.* — *Les guides des peuples.* V. **Chef.** (Cf. aussi *Führer, Duce*). ◇ *Par ext.* En parlant d'une chose, d'un principe directeur. *N'avoir d'autre guide que son caprice.* V. **Vade-mecum.** — Spécialt. Description d'une région, d'un pays à l'usage des voyageurs. *Guide illustré d'Italie.*
II. *N. f.* (XXᵉ). Jeune fille appartenant à un mouvement féminin de scoutisme.
III. *N. m. Techn.* Se dit de parties d'outillage dont le rôle est de guider le mouvement de pièces mobiles. V. **Glissière.**

GUIDE-ÂNE [gidan]. *n. m.* (1732; de *guider,* et *âne*). Petit livre, aide-mémoire contenant des instructions élémentaires pour guider les débutants dans un art, une profession. V. **Pense-bête.** *Des guide-âne,* ou *guide-ânes.*

GUIDEAU [gido]. *n. m.* (1322; de *guider*). ♦ 1º *Mar.* Sorte de barrage fait de planches inclinées, pour diriger l'écoulement des eaux. *Dresser des guideaux à l'entrée d'un port.* ♦ 2º *Pêche.* Filet en forme de sac.

GUIDE-FIL [gidfil]. *n. m. invar.* (1872; de *guider,* et *fil*). *Techn.* Petit appareil destiné à guider les fils sur les bobines des métiers à filer et des machines à coudre.

GUIDER [gide]. *v. tr.* (1637; réfect., d'apr. *guide,* de l'a. fr. *guier,* XIIᵉ; frq. °*witan* « montrer une direction »). ♦ 1º Accompagner en montrant le chemin. V. **Conduire, piloter.** *Guider un voyageur, un touriste.* — Spécialt. (en soutenant, en veillant à la marche) *Guider un aveugle à travers une rue.* ♦ 2º *Par ext.* Faire aller, pousser dans une certaine direction. V. **Diriger, mener.** *Cavalier guidant son cheval.* — (Techn.) *Bateau, avion, fusée guidés par radio.* V. **Radioguider, téléguider.** ♦ 3º (*Choses*). Mettre sur la voie, aider à reconnaître le chemin. *L'étoile qui guida les Rois mages.* ♦ 4º (*Abstrait*). Entraîner dans une certaine direction morale, intellectuelle; aider à choisir une direction. V. **Conseiller, éclairer, orienter.** *Guider un enfant dans le choix d'une carrière.* « *Laissez-moi vous guider dans la vie* » (BALZ.). *Il se laisse plutôt guider par son flair* » (ROMAINS). V. **Conduire, mener; déterminer.** ♦ 5º SE GUIDER. *v. pron.* Trouver son chemin. — *Se guider sur,* se diriger d'après qqch. que l'on prend pour repère. *Se guider sur le soleil. Se guider sur l'exemple de qqn.* ◇ ANT. Aveugler, égarer, tromper.

GUIDEROPE [gidʀɔp]. *n. m.* (1855; angl. *guide-rope,* formé du fr. *guide,* et *rope* « corde »). Cordage que les pilotes d'aérostats laissent traîner sur le sol dans certaines manœuvres.

GUIDES [gid]. *n. f. pl.* (1680; de *guider*). Lanières de cuir, attachées au mors d'un cheval attelé et servant à le diriger. *Tirer sur les guides, lâcher les guides.* V. **Rêne(s).** *Conduire à grandes guides,* aller à toute vitesse. ◇ *Fig. Mener la vie à grandes guides : vx,* Prodiguer sa fortune, sa santé; *mod.* Faire de grandes dépenses. V. **Train** (mener grand).

GUIDON [gidɔ̃]. *n. m.* (XIVᵉ; it. *guidone*). ♦ 1° *Vx.* Étendard d'une compagnie de gendarmerie ou de cavalerie lourde. V. **Drapeau, fanion.** — *Par ext.* Celui qui portait cet étendard. V. **Enseigne.** ◇ *Mar.* Pavillon triangulaire ou à deux pointes. ◇ *Milit.* Fanion servant à déterminer l'alignement dans les manœuvres d'infanterie. ♦ 2° (1757). *Mod.* Petite saillie, à l'extrémité du canon d'une arme à feu, qui donne la ligne de mire. *Viser plein guidon.* ♦ 3° *Typogr. Guidon de renvoi,* repère qui signale où l'on doit placer une addition à un texte. ♦ 4° (*h.* 1869; 1892). *Cour.* Tube de métal qui commande la roue directrice d'une bicyclette, d'une motocyclette. *Guidon de vélo de course. Poignées de guidon.*

1. GUIGNARD [giɲar]. *n. m.* (1890; a. fr. *guignard* « qui cligne de l'œil ». V. **Guigner).** Nom de petits échassiers à la chair délicate (appelés aussi pluviers des Alpes).

2. GUIGNARD, ARDE [giɲar, ard(ə)]. *adj.* (v. 1900; de *guigne* 2). *Fam.* et *vieilli.* Qui a la guigne. V. **Malchanceux.** *Je suis guignard aujourd'hui.* — *Subst. C'est une guignarde.* ◇ ANT. Veinard, verni.

1. GUIGNE [giɲ]. *n. f.* (*Guine,* 1393; lat. médiév. *guina;* p.-ê. a. haut all. *wîhsila,* all. mod. *Weichsel* « griotte »). Petite cerise à longue queue, à chair molle, rouge et très sucrée, dont la forme rappelle celle du bigarreau. — *Fam. Se soucier de qqn, de qqch. comme d'une guigne :* très peu, pas du tout.

2. GUIGNE [giɲ]. *n. f.* (1821; *avoir la guigne* « loucher », 1864; var. pop. de *guignon*). *Fam.* Mauvaise chance qui semble s'attacher à qqn. *Avoir la guigne, porter la guigne à qqn.* V. **Malchance;** et *fam.* **Poisse.** « *Je ne crois pas du tout à la guigne* » (GIDE). *Une guigne noire.* ◇ ANT. Chance; et *fam.* Pot, veine.

GUIGNER [giɲe]. *v. tr.* (XIIᵉ, « faire signe », puis « loucher »; frq. *°wingjan* « faire signe »; Cf. all. *Winken).* Regarder à la dérobée (et généralement avec convoitise). *Guigner le jeu du voisin. Guigner une femme au passage.* « *Son fils le guignait du coin de l'œil* » (ARAGON). — Absolt. *Guigner de l'œil, du coin de l'œil.* V. **Lorgner.** ◇ *Fig.* Guetter avec convoitise. *Guigner une place, un beau parti :* avoir des vues sur.

GUIGNETTE [giɲɛt]. *n. f.* (1465; du bas lat. *gubia* « serpette, gouge »). ♦ 1° Petite serpe. — *Mar.* (1845) Outil de calfat. ♦ 2° (*Par anal.* de forme). *Pêche* (1872) Le vigneau ou littorine.

GUIGNIER [giɲje]. *n. m.* (*Guinier,* 1544; de *guigne* 1). *Rare.* Variété de cerisier qui produit les guignes.

GUIGNOL [giɲɔl]. *n. m.* (1848; du nom du canut lyonnais *Guignol,* devenu le héros des marionnettes de Mourguet en 1795). ♦ 1° Marionnette sans fils, animée par les doigts de l'opérateur. ◇ *Fig.* (« cabotin », 1856) Personne involontairement comique ou ridicule. V. **Pantin.** *Ne fais donc pas le guignol.* « *Tu voudrais que j'écoute l'avis d'un guignol pareil?* » (QUENEAU). — *Pop.* Gendarme. ♦ 2° Théâtre de marionnettes où l'on joue des pièces dont Guignol est le héros; ces pièces elles-mêmes. *Mener ses enfants au guignol.* — *C'est du guignol!* une vraie farce.

GUIGNOLET [giɲɔlɛ]. *n. m.* (1829; de *guigne* 1). Liqueur faite avec des guignes (cerises), fabriquée particulièrement en Anjou.

GUIGNON [giɲɔ̃]. *n. m.* (XIIᵉ; de *guigner* « regarder de côté, ou de travers »). *Fam.* et *vieilli.* Mauvaise chance persistante (au jeu, dans la vie). *Avoir du guignon.* V. **Guigne** (2), **malchance, poisse.** « *Il n'y a pas de guignon. Si vous avez du guignon, c'est qu'il vous manque quelque chose* » (BAUDEL.). ◇ ANT. Bonheur, chance, veine.

GUILDE ou **GILDE** [gild(ə)]. *n. f.* (1788; *gelde,* XIIᵉ; lat. médiév. *gilda,* du moy. néerl. *gilde* « troupe, corporation »). ♦ 1° *Au moyen âge,* Sorte d'association de secours mutuel entre marchands (V. **Hanse),** artisans, bourgeois. ♦ 2° *Mod.* Association destinée à procurer à ses adhérents des conditions commerciales particulières. *La Guilde du disque.*

GUILI-GUILI [giligili]. *n. m.* (XXᵉ; onomat.). *Fam. Faire guili-guili à quelqu'un,* le chatouiller.

GUILLAUME [gijom]. *n. m.* (1600; nom propre). *Techn.* Rabot servant à faire les rainures, les moulures. ◇ Outil des ravaleurs, pour gratter et nettoyer les pierres.

GUILLEDOU (COURIR LE) [gijdu]. *n. m.* (*Courir le guildrou,* XVIᵉ; o. i., p.-ê. de l'a. fr. *guiller* « tromper, séduire », et *doux,* adv.). *Loc. fam.* Aller en quête d'aventure galante. « *Tiens, voilà monsieur Pons qui va courir le guilledou* » (BALZ.).

GUILLEMET [gijmɛ]. *n. m.* (1677; de *Guillaume,* imprimeur qui inventa ce signe). Signe typographique (« ... ») qu'on emploie pour isoler un mot, un groupe de mots, etc., mentionnés ou cités, rapportés, pour indiquer un sens, ou pour se distancer d'un emploi (presque toujours *au plur.*).

Mettre une citation entre guillemets. Ouvrir, fermer les guillemets (cf. Fin de citation*) ◇ *Fig. Entre guillemets.* expression propre à souligner qu'on ne prend pas à son compte le mot ou la locution qu'on emploie. *C'est une révolution entre guillemets :* une prétendue révolution. (V. **Soi-disant).**

GUILLEMETER [gijmete]. *v. tr.;* conjug. *jeter* (1800; de *guillemet).* Mettre entre guillemets. *Guillemeter une citation, un mot.*

GUILLEMOT [gijmo]. *n. m.* (1555; dimin. de *Guillaume,* surnom de cet oiseau). Oiseau palmipède voisin du pingouin, habitant les régions arctiques.

GUILLERET, ETTE [gijrɛ, ɛt]. *adj.* (1460; probabl. même rad. que *guilleri* « chant du moineau », p.-ê. de l'a. fr. *guiller.* V. **Guilledou).** Qui manifeste une belle humeur, pétulante. V. **Frétillant, fringant; gai, vif.** — (Surtout dans *Tout guilleret*) *Il est tout guilleret dès le matin.* — *Air guilleret.* V. **Réjoui.** ◇ Un peu libre, léger. V. **Leste.** *Propos guilleret.* ◇ ANT. Accablé, triste.

GUILLOCHAGE [gijɔʃaʒ]. *n. m.* (1792; de *guillocher).* Action de guillocher; son résultat.

GUILLOCHE [gijɔʃ]. *n. f.* (1866; de *guillocher).* *Techn.* Outil à guillocher. V. **Burin.**

GUILLOCHÉ, ÉE [gijɔʃe]. *adj.* (V. **Guillocher).** Orné de guillochis. *Boîtier de montre guilloché.* Subst. *Du guilloché.*

GUILLOCHER [gijɔʃe]. *v. tr.* (1558; probabl. it. *ghiocciare,* var. de *gocciare,* de *goccia* « goutte », ornement archit.). Orner de traits gravés, sculptés en creux et entrecroisés. *Guillocher une plaque de cuivre, un cadre d'ébène.*

GUILLOCHEUR [gijɔʃœr]. *n. m.* (1756; de *guillocher).* *Techn.* Ouvrier, artiste qui guilloche. V. **Graveur.**

GUILLOCHIS [gijɔʃi]. *n. m.* (1560; de *guillocher).* *Techn.* Ornement formé de traits gravés entrecroisés avec régularité, symétrie.

GUILLOCHURE [gijɔʃyr]. *n. f.* (v. 1900; de *guillocher).* Chacun des traits, des entrecroisements de traits formant un guillochis. *Guillochures d'un bijou.* « *Des sabots noirs à guillochures* » (ROMAINS).

GUILLOTINE [gijɔtin]. *n. f.* (1790; de *Guillotin,* qui en préconisa l'usage). ♦ 1° Instrument de supplice servant à trancher la tête des condamnés à mort par la chute d'un couperet qui glisse entre deux montants verticaux. V. **Échafaud.** *Couperet, lunette de guillotine. Dresser la guillotine.* — Le supplice de la guillotine. V. **Décapitation, exécution.** *Envoyer un criminel à la guillotine,* à la mort. ♦ 2° *Fenêtre à guillotine,* dont le châssis glisse verticalement entre deux rainures et peut se retenir en l'air, au moyen de tourniquets.

GUILLOTINER [gijɔtine]. *v. tr.* (1790; de *guillotine).* Faire mourir par le supplice de la guillotine. V. **Décapiter.** — Au *p. p. Assassin guillotiné.* Subst. *Le cadavre d'un guillotiné.*

GUILLOTINEUR [gijɔtinœr]. *n. m.* (1790; de *guillotiner).* Celui qui guillotine (V. **Bourreau, exécuteur)** ou est responsable de condamnations à la guillotine. « *Plutôt cent fois être guillotiné que guillotineur* » (attribué à DANTON).

GUIMAUVE [gimov]. *n. f.* (*Widmalve,* XIIᵉ; d'un élément *gui-,* du lat. *hibiscus,* altéré par crois. avec *gui-,* et de *mauve,* ajouté pour éviter une confusion de sens). ♦ 1° Plante herbacée, à tige plus haute et à feuilles plus petites que la mauve. *Guimauve rose,* ou rose trémière. *Les fleurs, feuilles et racines de guimauve sont émollientes. Infusion, sirop de guimauve.* ♦ 2° *Pâte de guimauve, guimauve,* pâte molle et sucrée. « *Il était mou, comme en guimauve; sa main fondait dans celle qu'on lui tendait* » (GIDE). ◇ *Fig. Une sentimentalité de guimauve,* à la guimauve, fade et molle.

GUIMBARDE [gɛbard(ə)]. *n. f.* (1622, « danse », puis « instrument de musique »; prov. mod. *guimbardo* « danse », de *guimba* « sauter ». V. **Guibole).** ♦ 1° *Vx.* Petit instrument de musique rudimentaire. Mauvaise guitare. ♦ 2° *Techn.* Petit rabot de menuisier, d'ébéniste, pour aplanir le fond des creux. ♦ 3° *Vx* (1723). Long chariot couvert à quatre roues. — *Mod.* Vieille voiture, vieille automobile délabrée. V. **Tacot.** « *Sa véritable guimbarde disloquée* » (ZOLA).

GUIMPE [gɛp]. *n. f.* (*Guimple,* XIIᵉ; frq. *°wimpil,* all. *Wimpel* « banderole »). ♦ 1° Morceau de toile qui couvre la tête, encadre le visage des religieuses. V. **Barbette.** ♦ 2° *Cour.* Chemisette sans manches, très montante, en tissu léger. — Sorte de plastron formant dos, que l'on porte avec une robe décolletée, une veste de tailleur.

GUINCHER [gɛʃe]. *v. intr.* (1821; de *guinche* [gɛʃ] « bal public »; o. i., p.-ê. du même rad. que *guinguette).* *Pop.* V. **Danser.**

GUINDAGE [gɛdaʒ]. *n. m.* (1517; de *guinder).* *Mar.* Action de guinder, d'élever un fardeau, un mât avec un palan.

GUINDANT [gɛdɑ̃]. *n. m.* (1643; de *guinder).* *Mar. Guindant de mât,* hauteur comprise entre les jotereaux et le pont supérieur. *Guindant d'une voile,* hauteur le long du mât d'une voile carrée ou aurique.

GUINDÉ, ÉE [gɛde]. *adj.* (XVIIᵉ; V. **Guinder).** Qui manque de naturel en s'efforçant de paraître digne, supérieur. *Par ext.* Mal à l'aise. V. **Contraint.** *Avoir un air guindé.* **Affecté, solennel.** « *Un peu guindé dans ses vêtements noirs* » (MART. du G.). V. **Engoncé.** ◇ (1655) *Style guindé.* V. **Ampoulé, emphatique, pompeux.** « *Le ton* (de ces pages) *m'en paraît guindé* » (GIDE). ◈ ANT. *Aisé, naturel.*

GUINDEAU [gɛ̃do]. *n. m.* (XIIᵉ; de *guinder*). *Mar.* Cabestan horizontal pour lever l'ancre. « *Est-on à relever l'ancre, et le guindeau (qui est le treuil avant) fait-il son bruit monotone...* » (J.-R. BLOCH).

GUINDER [gɛ̃de]. *v. tr.* (*Windé*, XIIᵉ; scand. *winda* « hausser »). ◈ 1º *Mar.* Hisser (un mât) au moyen d'un palan. *Guinder un mât de hune.* — *Techn.* Élever (un fardeau) avec une machine (grue, poulie). V. **Lever.** ◈ 2º (XVIᵉ). Donner une tenue factice qui s'accompagne de raideur. *Guinder son allure.* — Pronom. « *Sa dignité se guinda* » (BALZ.). Fig. « *Le récit se guinde un peu* » (SARTRE). ◈ ANT. *Abaisser, laisser* (aller).

GUINDERESSE [gɛ̃drɛs]. *n. f.* (1525; de *guinder*). *Mar.* Gros cordage ou fil d'acier pour guinder un mât.

GUINÉE [gine]. *n. f.* (1669; angl. *guinea*). ◈ 1º Ancienne monnaie anglaise en or de Guinée, valant 21 shillings. *La guinée, remplacée par le souverain en 1817, n'est plus de nos jours qu'une monnaie de compte.* ◈ 2º (1682). *Vx.* Toile de coton de qualité courante dont on se servait comme moyen d'échange avec les Guinéens.

GUINGOIS (DE) [d(ə)gɛ̃gwa]. *loc. adv.* (1442; de *gingois*; du rad. germ. *giga* « violon », V. **Gigot**). *Fam.* De travers. V. **Obliquement.** *Cette planche est placée de guingois.* « *Toujours assis de guingois, comme sur un bras de fauteuil* » (GIDE). ◇ Fig. « *Tout va de guingois* » (HUGO), de travers, mal. ◈ ANT. *Droit.*

GUINGUETTE [gɛ̃gɛt]. *n. f.* (1697; fém. de *guiguet* « étroit » (maison guinguette), de l'a. fr. *giguer, ginguer* « sauter », rad. germ. *giga*; Cf. le précéd.). Café populaire où l'on consomme et où l'on danse, le plus souvent en plein air dans la verdure. V. **Bal, bastringue.** *Guinguette au bord de l'eau.*

GUIPAGE [gipaʒ]. *n. m.* (1877; de *guiper*). ◈ 1º *Techn.* Action de guiper. ◈ 2º *Électr.* Gaine qui isole un fil électrique.

GUIPER [gipe]. *v. tr.* (1350; frq. *wipan* « entourer de soie »). ◈ 1º *Techn.* Passer un brin de textile sur (ce qui est déjà tors). *Guiper des franges*, les tordre au guipoir. ◈ 2º *Techn.* Imiter sur vélin la dentelle nommée guipure. ◈ 3º *Électr.* Entourer (un fil électrique) d'un isolant.

GUIPOIR [gipwar]. *n. m.* (1723; de *guiper*). *Techn.* Outil de passementier, pour faire des torsades.

GUIPON [gipɔ̃]. *n. m.* (1342; de *guiper*). *Mar.* Balai qui sert à laver le plancher ou à étendre le goudron sur les carènes.

GUIPURE [gipyr]. *n. f.* (1393; de *guiper*). Dentelle sans fond dont les motifs sont séparés par de grands vides. *Guipure au fuseau, à l'aiguille, à la machine. Guipure de Venise, de Flandre, du Puy. Col, manchettes de guipure.* ◇ Fig. Ce qui rappelle la guipure par l'aspect ajouré et délicat. V. **Dentelle.** « *La rosée avait laissé sur les choux des guipures d'argent* » (FLAUB.).

GUIRLANDE [girlɑ̃d]. *n. f.* (1540; a. fr. *guerlande*, v. 1400; repris à l'it. *ghirlanda*). ◈ 1º Cordon décoratif de végétaux naturels ou artificiels, de papier découpé, que l'on pend en feston, enroule en couronne, etc. *Tresser une guirlande. Guirlande de fleurs.* ◇ *Par ext.* Sa représentation dans les arts (peinture, sculpture). *Guirlande sculptée de feuilles d'acanthe. Papier orné de guirlandes de roses.* ◇ *Par anal.* Végétation qui présente l'aspect de guirlandes. *Les guirlandes du lierre, de la glycine.* ◈ 2º Ce qui a la forme d'une guirlande. V. **Feston.** *Guirlande de diamants.* ◈ 3º *Mar.* Pièce de bois courbe qui sert de liaison à l'avant, en dedans de l'étrave, et à l'arrière d'un navire.

GUISARME [gyizarm(ə)]. *n. f.* (XIIᵉ; o. i.). *Ancienn.* Arme médiévale à lame asymétrique prolongée en dague et munie d'un ou deux crochets. *Les guisarmiers, francs-archers qui portaient la guisarme.*

GUISE [giz]. *n. f.* (v. 1050; germ. °*wisa* « manière »). ◈ 1º *Vx* (dans *en cette guise, de telle guise*). V. **Façon, manière, sorte.** ◈ 2º *Mod.* À SA GUISE, selon son goût, sa volonté propre. *Laissez chacun vivre, agir à sa guise* : à son gré, à sa fantaisie. *À votre guise, comme vous voudrez. Il n'en fait qu'à sa guise*, à sa tête. ◇ EN GUISE DE (*loc. prép.*) : en manière de, comme. *On lui a donné ce petit emploi en guise de consolation.* — À la place de. *Il portait un simple ruban en guise de cravate. Des murs « percés, en guise de portes, de trous carrés* » (FROMENTIN).

GUITARE [gitar]. *n. f.* (1360; esp. *guitarra*, arabe *gîtâra*, gr. *kithara*; Cf. Cithare). Instrument de musique à six cordes que l'on pince avec les doigts. *Rosace* (ouverture) *d'une guitare. Manche de guitare* (V. **Touche, touchette**). *Jouer, racler de la guitare.* — *Guitare électrique*, à son amplifié. ◇ *Par ext.* et abusiv. S'emploie pour désigner tout instru-

ment à cordes pincées ou grattées. V. **Balalaïka, banjo, cithare, mandoline.** *Guitare hawaïenne*, aux sons gémissants. ◇ *Par compar.* « *Les nerfs d'Isabelle, frémissants comme les cordes d'une guitare qu'on vient de pincer* » (GAUTIER).

GUITARISTE [gitarist(ə)]. *n.* (1829; de *guitare*). Personne qui joue de la guitare.

GUITOUNE [gitun]. *n. f.* (1914; arabe *kitoun* « tente »). *Arg. milit.* Tente de campement; abri de tranchée. « *Notre guitoune, petite cave basse sentant le moisi* » (BARBUSSE). ◇ *Fam.* V. **Tente.** *Guitoune de campeur.*

GUIVRE [givr(ə)]. *n. f.* (1080; lat. *vipera*, avec infl. germ. pour le *gu-*; Cf. Vouivre). *Vx* (jusqu'au XVᵉ). Nom d'un serpent. ◇ *Mod. Blas.* V. **Serpent.**

GUIVRÉ, ÉE [givre]. *adj.* (1611; de *guivre*). *Blas.* Orné de guivres, d'une tête de guivre.

GULDEN [guldɛn]. *n. m.* (1771; mot holl.). Pièce de monnaie hollandaise en or, valant un florin* (On dit aussi *guilder* [gildɛr]).

GUMMIFÈRE [gɔ(m)mifɛr]. *adj.* (1845; bas lat. *gumma*, et *-fère*). *Didact.* Qui produit de la gomme (syn. et hom. *Gommifère*).

GUNITE [gynit]. *n. f.* (v. 1940; mot angl., de *gun* « canon »). *Techn.* Mélange de sable et de ciment projeté comme enduit (pour remettre en état des constructions en béton armé, etc. : opération du *gunitage* [gynitaʒ]).

GUPPY [gypi]. *n. m.* (Néol.; o. i.). Petit poisson d'aquarium *(Cyprinodontes).*

GURU. V. **Gourou.**

GUS(S) [gys]. *n. m.* (1954, arg. milit.; de *Gusse*, *Auguste*). *Arg. milit.* Type, mec. V. **Bidasse.**

GUSTATIF, IVE [gystatif, iv]. *adj.* (1503; du lat. *gustare* « goûter »). Qui a rapport au goût. *Récepteur gustatif*, bourgeon du goût des papilles de la langue. *Perte de la sensibilité gustative.* — *Plaisant.* Bon, excellent.

GUSTATION [gystasjɔ̃]. *n. f.* (1530; lat. imp. *gustatio*). *Didact.* Perception des saveurs par le goût. *Les papilles gustatives, organes de la gustation, avec l'ensemble des muqueuses de la bouche.*

GUSTOMÉTRIE [gystɔmetri]. *n. f.* (XXᵉ; du lat. *gustare* « goûter », et de *-métrie*). *Méd.* Appréciation de l'intensité des sensations gustatives.

GUTTA-PERCHA [gytaperka]. *n. f.* (1845; mot angl. tiré du malais). Sorte de gomme obtenue par solidification du latex de certains arbres. *La gutta-percha, mauvais conducteur de l'électricité, sert d'isolant. Chatterton* en *gutta-percha.*

GUTTURAL, ALE, AUX [gytyral, o]. *adj.* (1578; du lat. *guttur* « gosier »). Qui appartient au gosier. *Artère gutturale.* ◇ Émis par le gosier. *Toux, voix gutturale. Son guttural.* — Phonét. *Consonne gutturale*, et subst. *Une gutturale.* V. **Vélaire.**

GUZLA [gyzla]. *n. f.* (1791; mot croate). Instrument de musique monocorde, espèce de violon, en usage chez les peuples dalmates.

GYM. V. **Gymnastique.**

GYMKHANA [ʒimkana]. *n. m.* (1922; mot indou apparu en angl. en 1861). Fête de plein air, avec des jeux ou des épreuves d'adresse, telles que des courses d'obstacles bizarrement placés. *Gymkhana automobile, motocycliste.*

GYMNASE [ʒimnaz]. *n. m.* (1704; *gynnasy*, XIIᵉ; lat. d'o. gr. *gymnasium*). ◈ 1º *Antiq. gr.* École publique de culture physique, d'athlétisme. V. **Palestre.** *Les athlètes grecs s'entraînaient dans le gymnase. Portique, xyste d'un gymnase.* ◈ 2º (XVIIIᵉ). *Mod.* Établissement où l'on pratique les exercices du corps, vaste salle aménagée à cet effet, avec tous les appareils nécessaires. *Séances de culture physique dans un gymnase.* « *L'odeur de sciure et de poussière des gymnases me gênait* » (J. PRÉVOST). ◈ 3º En Allemagne, en Suisse (all. *Gymnasium*), École secondaire. V. **Lycée.**

GYMNASIARQUE [ʒimnazjark(ə)]. *n. m.* (1530, « directeur d'école »; lat. d'o. gr. *gymnasiarchus*). ◈ 1º (1700). *Antiq.* Chef de gymnase antique. *La gymnasiarquie, dignité du gymnasiarque.* ◈ 2º (1845). *Rare.* Gymnaste.

GYMNASTE [ʒimnast(ə)]. *n.* (1534; gr. *gymnastês*). ◈ 1º *Antiq. gr.* Maître qui dirigeait les exercices et formait les athlètes dans les gymnases. ◈ 2º *Mod.* (1855). Professionnel(le) de la gymnastique. V. **Acrobate.** — Personne qui s'adonne régulièrement et avec méthode à la gymnastique. *Équipe de gymnastes.*

GYMNASTIQUE [ʒimnastik]. *adj.* et *n. f.* (XIVᵉ; lat. d'o. gr. *gymnasticus.* V. **Gymno-**). ◈ 1º Adj. *(Rare.)* Qui a rapport aux exercices du corps. *Entraînement gymnastique.* V. **Athlétique.** — *Par ext.* Pas gymnastique (cour. *Pas de gymnastique*), pas de course cadencé. « *J'ai pris le pas de gymnastique pour venir chez vous* » (AYMÉ). ◈ 2º N. f. LA GYMNASTIQUE, art d'assouplir et de fortifier le corps par des exercices convenables; ces exercices. V. **Éducation** (physique), **sport.** *Appareils et instruments de gymnastique* (agrès, barre, anneaux, trapèze, etc.). *Gymnastique suédoise, médicale, corrective, rythmique. Gymnastique acrobatique.* V. **Voltige.**

Professeur, moniteur de gymnastique. ◊ (1878) *Abrév. fam.* **Gym** [ʒim]. ◊ *Par ext.* Série de mouvements plus ou moins acrobatiques, exécutés sans méthode et à des fins autres que l'éducation physique. *Se livrer à une gymnastique étrange.* ◊ *Fig.* V. **Exercice, travail.** *Gymnastique de l'esprit, de la pensée.*

GYMNIQUE [ʒimnik]. *adj. et n. f.* (1542 ; lat. d'o. gr. *gymnicus*). ♦ 1° Adj. *Antiq.* Qui a rapport aux exercices que les athlètes pratiquaient nus. *Jeux gymniques du cirque.* ♦ 2° N. f. *(Didact.).* Science des exercices du corps.

GYMN(O)-. Élément, du gr. *gumnos* « nu ».

GYMNOCARPE [ʒimnɔkaʀp]. *adj.* (1823 ; du gr. *gumnos* « nu », et *karpos* « fruit »). *Bot.* Se dit des plantes dont le fruit n'est enveloppé d'aucun organe accessoire.

GYMNOSOPHISTE [ʒimnɔsɔfist(ə)]. *n. m.* (1488 ; lat. d'o. gr. *gymnosophista*). *Didact.* Philosophe d'une ancienne secte hindoue, dont les membres ne portaient pas de vêtements et menaient une vie d'ascètes contemplatifs.

GYMNOSPERME [ʒimnɔspɛʀm(ə)]. *adj. et n. f. pl.* (XVIIIᵉ ; gr. *gumnospermos* ; de -*sperme*). *Bot.* Dont la graine est nue. — LES GYMNOSPERMES. *n. f. pl.* Sous-embranchement des phanérogames, comprenant des plantes à ovule nu porté par une feuille fertile. V. **Conifère.** ◊ ANT. *Angiosperme.*

GYMNOTE [ʒimnɔt]. *n. m.* (1771 ; lat. sc. *gymnotus*, pour *gymnonotus*, du gr. *nôtos* proprem. « dos nu »). Poisson d'eau douce *(Téléostéens)*, dépourvu de nageoire dorsale et muni, de chaque côté de la queue, de lamelles membraneuses qui déchargent de l'électricité. *Le gymnote, anguille électrique, se nourrit de poissons que ses décharges paralysent.*

-GYNE. Second élément, du gr. *gunê* (V. **Gynéco-**) entrant dans la composition de mots (*ex. :* androgyne, misogyne).

GYNÉ(CO)-. Premier élément, du gr. *gunê*, *gunaïkos* « femme ».

GYNÉCÉE [ʒinese]. *n. m.* (1694 ; lat. d'o. gr. *gynæceum*). ♦ 1° *Antiq.* Appartement des femmes dans les maisons grecques et romaines. V. **Harem.** *Fig.* Lieu qui évoque l'atmosphère d'un gynécée. V. **Pistil.** ♦ 2° *Bot.* Ensemble des carpelles. V. **Pistil.**

GYNÉCOLOGIE [ʒinekɔlɔʒi]. *n. f.* (1845, « étude de la femme » ; *gynéologie*, 1826 ; sens mod., v. 1900 ; de *gynéco-*, et -*logie*). Médecine de la femme.

GYNÉCOLOGIQUE [ʒinekɔlɔʒik]. *adj.* (1845 ; sens mod., 1873 ; du précéd.). De la gynécologie. *Examen gynécologique. Troubles gynécologiques.*

GYNÉCOLOGISTE [ʒinekɔlɔʒist(ə)] ou **GYNÉCOLOGUE** [ʒinekɔlɔg]. *n.* (1845,-1866 ; de *gynécologie*). Médecin spécialiste des maladies des femmes, des accouchements, etc. (V. **Accoucheur**).

GYNÉCOMASTIE [ʒinekɔmasti]. *n. f.* (v. 1900 ; de *gynéco-*, et gr. *mastos* « mamelle »). *Méd.* Augmentation anormale des glandes mammaires chez l'homme.

GYPAÈTE [ʒipaɛt]. *n. m.* (1800 ; du gr. *gups* « vautour », et *ætos* « aigle »). Grand oiseau rapace diurne *(Falconidés)*, à long bec crochu, à large et longue queue, et à vastes ailes. *Le gypaète, ou vautour des agneaux, se nourrit surtout de charognes.*

GYPSE [ʒips(ə)]. *n. m.* (1750 ; *gips*, 1464 ; lat. d'o. gr. *gypsum* « plâtre »). Sulfate hydraté de calcium naturel, communément appelé *pierre à plâtre**. *Cristaux de gypse. Lits de gypse. Variétés de gypse.* V. **Alabastrite, albâtre.**

GYPSEUX, EUSE [ʒipsø, øz]. *adj.* (XVIᵉ ; de *gypse*). *Minér.* De la nature du gypse. *Albâtre gypseux.*

GYPSOMÈTRE [ʒipsɔmɛtʀ(ə)]. *n. m.* (1890 ; de *gypse*, et suff. -*mètre*). *Techn.* Appareil servant à déterminer la teneur des vins en sulfate de potassium.

GYPSOPHILE [ʒipsɔfil]. *n. f.* (1803 ; de *gypse*, et suff. -*phile*). Plante herbacée *(Caryophyllacées)* à fleurs blanches.

-GYRE ou **-GIRE.** Second élément, du gr. *guros.* (V. Gyr(o)-), servant à former des mots savants (*ex. :* autogyre, lévogyre).

GYRIN [ʒiʀɛ̃]. *n. m.* (1770 ; lat. d'o. gr. *gyrinus*. V. Gyr(o)-). Insecte coléoptère de l'hémisphère boréal, appelé aussi *tourniquet*, parce qu'il tournoie à la surface des eaux stagnantes.

GYR(O)- ou **GIR(O)-.** Élément, du gr. *guros* « cercle ».

GYROCOMPAS [ʒiʀɔkɔ̃pa]. *n. m.* (1922 ; de *gyro* (scope), et *compas*). *Techn.* Compas gyroscopique (gyroscope électrique à orientation constante).

GYROMÈTRE [ʒiʀɔmɛtʀ(ə)]. *n. m.* (mil. XXᵉ ; « compte-tours », 1890 ; de *gyro-*, et -*mètre*). *Aviat.* Appareil qui indique les variations de direction.

GYROPILOTE [ʒiʀɔpilɔt]. *n. m.* (*Néol.* ; de *gyro* (scope), et *pilote*). *Aviat.* Compas gyroscopique actionnant automatiquement les gouvernes.

GYROSCOPE [ʒiʀɔskɔp]. *n. m.* (1852 ; de *gyr(o)-*, et suff. -*scope*). Appareil comprenant un gyrostat et utilisant ses propriétés particulières, dues à la rapidité de son mouvement de rotation (fixité de l'orientation de son axe, effet gyroscopique [précession*], détection des forces agissant sur ses armatures). V. **Gyrocompas, gyromètre, gyropilote, gyrostat.**

GYROSCOPIQUE [ʒiʀɔskɔpik]. *adj.* (v. 1900 ; de *gyroscope*). Qui ressemble ou a rapport au gyroscope. *Couple gyroscopique. Compas gyroscopique.* V. **Gyrocompas.** *Effet gyroscopique.* — V. Aviat. *Horizon gyroscopique.*

GYROSTAT [ʒiʀɔsta]. *n. m.* (1917 ; de *gyr(o)-*, et suff. -*stat*). *Sc.* Tout solide animé d'un mouvement de rotation autour de son axe. V. **Gyroscope.** *Application du gyrostat à des fins de stabilisation.*

H

H [aʃ] *n. m.* ou *f.* (de la lettre lat. *h*, devenue muette dès l'Empire, ou du *h* aspiré initial germ.). ♦ **1°** Huitième lettre, sixième consonne de l'alphabet. *H* (majuscule); *h* (minuscule). — *H aspiré*, son expiré qui n'existe pas en français moderne (sauf dans quelques exclamations vigoureuses, ex. : *Hum!*). — Abusiv. *H aspiré*, signe qui sert à maintenir un hiatus en empêchant la liaison et l'élision (ex. : *Un héros* [œ̃ero]; *des haricots*; *enhardir*). *L'H aspiré initial est noté* ['] *en phonétique*. — *H muet*, simple signe graphique qui ne correspond à aucune modification dans la prononciation *(Un homme* [œ̃nɔm], *des hommes*; *bonheur)*. ◇ Le groupe CH transcrit soit un son chuintant [ʃ] inconnu au latin (*chant, chapeau*), soit le *ke* [k] aspiré grec (*chiromancie*). ♦ **2°** Abrév. Chim. H, symb. de *Hydrogène*. *Rayons* H, obtenus en bombardant des atomes d'hydrogène avec des rayons alpha. *Bombe* H, bombe atomique à l'hydrogène. — *Phys*. h, symb. de *heure*. — *L'heure** H. — Abrév. de *Hautesse*. ◇ HOM. *Hache*; *ache*.

HA! ['a; ha]. *interj.* (onomat.; XIIᵉ). Variante désuète de *ah*. ♦ **1°** Sert à donner plus de force à l'expression : « *Ha! si vous aviez vu comme j'en fis rencontre* » (MOL.). ♦ **2°** Exprime la douleur : « *Toinette se plaint toujours en disant : Ha!* » (MOL.). ♦ **3°** Exprime la surprise, agréable ou non : « *Ha! que me dites-vous?* » (MOL.). Subst. *Pousser des ha! et des ha!* ♦ **4°** Exprime le rire, surtout sous la forme redoublée *ha, ha!*

HABANERA ['abaneʀa]. *n. f.* (1878; mot esp. dér. de *Habana* : île de La Havane). Danse espagnole, originaire de La Havane. *Danser une habanera*. — Musique sur laquelle s'exécute cette danse. *La célèbre habanera pour violon, de Maurice Ravel.*

HABEAS CORPUS (ad subjiciendum) [abeaskɔrpys]. *n. m.* Mots latins signifiant *que tu aies le corps* (s.-ent. *ad subjiciendum* « pour le produire » devant la cour) et par lesquels commençait le *writ* ou acte délivré par la juridiction compétente pour notifier que le prévenu doit comparaître devant le juge ou devant la cour, afin qu'il soit statué sur la validité de son arrestation. *Par ext.* Cet acte lui-même (*writ d'habeas corpus*). — Nom donné à l'institution garantie par la loi anglaise de 1679 (communément appelée *Habeas corpus Act*) en vue d'assurer le respect de la liberté individuelle.

HABILE [abil]. *adj.* (XVᵉ; *able*, XIIIᵉ, « propre à »; lat. *habilis*).
I. *Vx.* Capable, convenable, propre. — *Mod. Dr.* Qui remplit les conditions requises pour l'exercice d'un droit. *Rendre une personne habile à contracter, à succéder.* V. **Habiliter.**
II. ♦ **1°** (1538). Qui exécute ce qu'il entreprend, avec autant d'adresse que d'intelligence ou de compétence. V. **Capable.** *Ouvrier habile et expérimenté*. V. **Émérite, expert.** *Une couturière très habile.* — *Par ext. Des mains, des doigts habiles* (Cf. *Des doigts de fée*). *L'affaire est entre des mains habiles* : en bonnes mains. — *Politicien habile. Être habile dans les relations sociales*. V. **Diplomate, politique.** *Habile et plein de ressources.* V. **Intrigant, roublard,** rusé. *Il ne faut pas être bien habile pour faire cela* (Cf. Il ne faut pas être grand clerc, grand sorcier). V. **Fort, malin.** — Péj. *Habile courtisan, habile flatteur.* — Subst. *Les habiles* : les malins (général. péj.). ◇ HABILE A... (suivi d'un verbe à l'inf.). V. **Apte, propre** (à). « *Aussi habiles à rendre la beauté sur la toile que dans le marbre* » (GAUTIER). V. **Exceller** (à), **savoir.** *Homme habile à ruser, à tromper.* — *Habile à...* (qqch.). *Être habile à un jeu d'adresse.* ♦ **2°** *Spécialt.* (dans le domaine intellectuel). *Vx.* Docte, savant. « *Habile homme* » (MOL.). — Mod. *Écrivain habile et froid* : ingénieux, bon technicien,... ♦ **3°** *Par ext.* Qui est fait avec adresse et intelligence. *Manœuvre, opération habile. Ce qu'il a répondu était très habile.* — *Spécialt.* (en parlant d'une œuvre d'art, d'une œuvre littéraire) *Un film habile. C'est habile mais c'est peu génial.*
◇ ANT. *Gauche, inhabile, maladroit, malhabile, sot.*

HABILEMENT [abilmɑ̃]. *adv.* (1374; de *habile*). Avec habileté, art, intelligence. V. **Adroitement, expertement.** *Écrire,*

peindre, travailler habilement. Tirer habilement son épingle du jeu. Homme politique qui conduit habilement une négociation. ◇ ANT. *Maladroitement.*

HABILETÉ [abilte]. *n. f.* (1539; lat. *habilitas*).
I. *Vx.* V. **Aptitude, capacité.** — *Mod.* (Dr.) V. **Habilité.** « *Leur habileté à disputer les droits des couronnes* » (FLÉCH.).
II. ♦ **1°** Qualité d'une personne habile, de ce qui est habile. V. **Adresse.** *Habileté de main.* V. **Dextérité, tour** (de main); **patte** *(fig.). Ouvrage, travail exécuté avec habileté* (de main de maître). *Extrême habileté d'un exécutant, d'un musicien.* V. **Brio, virtuosité** (Cf. Avoir beaucoup de technique). — *Habileté dans les affaires humaines, dans les relations sociales.* V. **Diplomatie, doigté, perspicacité, savoir-faire.** « *Une affaire épineuse où il fallait de l'habileté* » (SÉV.). *Habileté à réussir dans le monde.* V. **Entregent.** *Une habileté sans scrupule.* V. **Roublardise, rouerie.** — *Habileté dans le domaine intellectuel.* V. **Art, artifice, ingéniosité, talent.** ♦ **2°** Acte, procédé habile. V. **Finesse.** *Les habiletés du métier.* V. **Artifice, ficelle, truc.** « *Les finesses et les habiletés comptent pour peu de chose dans l'œuvre des véritables hommes d'État* » (SIEGFRIED). V. **Ruse.**
◇ ANT. *Gaucherie, inhabileté, maladresse.*

HABILITATION [abilitasjɔ̃]. *n. f.* (1373; lat. médiév. *habilitatio*). Dr. Action de conférer la capacité à un incapable.

HABILITÉ [abilite]. *n. f.* (v. 1260; lat. *habilitas*). *Vx.* Qualité qui rend apte à. « *Nous n'apportons point en naissant l'habilité à faire ces choses* » (Boss.). — *Mod.* Dr. V. **Capacité.**

HABILITER [abilite]. *v. tr.* (v. 1300; lat. médiév. *habilitare*). Dr. Rendre (qqn) habile, conférer à (un incapable) la capacité juridique. *Habiliter un incapable à passer un acte juridique.* V. **Autoriser.** ◇ Rendre (qqn) légalement capable d'exercer certains pouvoirs, d'accomplir certains actes. *Il est habilité à passer ce marché au nom de l'État.* V. **Qualité** (avoir qualité pour).

HABILLABLE [abijabl(ə)]. *adj.* (1846; de *habiller*). Qu'on peut habiller. *Rien ne lui va : il n'est pas habillable.*

HABILLAGE [abijaʒ]. *n. m.* (1462; de *habiller*). Techn. ♦ **1°** Action d'habiller (I), d'apprêter. *Habillage d'une bête de boucherie; d'une montre; d'un arbre.* ♦ **2°** Action d'habiller (II, 5°), de couvrir comme d'un vêtement. *Habillage d'une bouteille; d'une gravure.* ♦ **3°** Action d'habiller, de s'habiller (avec des vêtements). *Habillage d'un acteur. Salon d'habillage.* ◇ ANT. *Déshabillage.*

HABILLÉ, ÉE [abije]. *adj.* (XIVᵉ; de *habiller*). ♦ **1°** Couvert de vêtements *(opposé à nu)*. — *Spécialt.* Dans une tenue où l'on peut être vu. *Je ne puis vous recevoir, je ne suis pas habillé. Se coucher tout habillé.* ◇ Couvert de tels ou tels vêtements. *Elle est bien habillée.* V. **Chic, élégant.** *Habillé de blanc.* ♦ **2°** Dans une tenue qui a quelque apparat, une tenue de soirée. *Elle était trop habillée pour la circonstance.* — *Par ext. Une robe habillée. Un tissu, une couleur qui fait habillé.* ◇ ANT. *Nu, dévêtu.* Négligé.

HABILLEMENT [abijmɑ̃]. *n. m.* (1374; de *habiller*). ♦ **1°** Action de pourvoir ou de se pourvoir de vêtements. *Dépenses d'habillement. L'habillement des troupes. Magasin d'habillement.* ♦ **2°** Ensemble des habits dont on est vêtu. V. **Costume, habit, effet(s), vêtement.** *Un habillement bizarre, grotesque.* V. **Mise, tenue; accoutrement, attifement, déguisement.**

HABILLER [abije]. *v. tr.* (*Abillier*, XIIIᵉ; « vêtir », v. 1400, sous l'infl. d'*habit;* de *bille* 2).
I. *Techn.* Apprêter une chose pour l'usage qu'on en veut faire. *Habiller une bête de boucherie, un poisson* : les mettre en état pour les vendre ou les accommoder. *Habiller une montre* : disposer les diverses pièces de son mécanisme. V. **Ajuster.** *Habiller un arbre* : tailler les racines et les branches d'un arbre que l'on a arraché pour le replanter ailleurs.
II. Couvrir de vêtements; mettre des habits à (qqn). ♦ **1°** Couvrir (qqn) de ses vêtements habituels. *Habiller un enfant.* — *Par anal.* (Bx-arts) *Habiller une figure nue, une académie.* ♦ **2°** Fournir qqn en vêtements. *Officier chargé,*

dans une caserne, d'habiller les recrues. V. **Équiper.** ◇ Faire et vendre des vêtements à. *Le grand couturier qui habille la présidente.* « *Il me fit habiller à ses frais des pieds à la tête* » (LESAGE). Absolt. *Ce tailleur habille bien.* ♦ 3° HABILLER DE, EN : couvrir de tels ou tels vêtements, de telle ou telle manière. *Habillez-le de laine pour l'envoyer à la montagne.* — *Habiller qqn de façon disgracieuse, grotesque.* V. **Accoutrer, affubler, attifer, endimancher, fagoter, ficeler.** *Habiller à l'antique.* V. **Draper.** *Habillé en soldat, en civil. Enfants qu'on habille en Pierrot, en Sioux pour le Mardi-Gras.* V. **Costumer, déguiser, travestir.** ♦ 4° *Par ext.* (En parlant des vêtements). V. **Aller, convenir, seoir.** *Cette robe vous habille bien. Un rien l'habille,* tout lui va. Absolt. *Ce tissu habille bien.* ♦ 5° *Par anal.* Couvrir comme d'un vêtement. V. **Entourer, envelopper.** *Habiller de housses les chaises, des fauteuils.* Spécial. *Habiller les bouteilles :* les revêtir d'étiquettes, de capsules et de coiffes de papier métallique. *Habiller une gravure :* disposer le texte autour de l'illustration. ♦ 6° Vieilli. Arranger. « *Souvent j'habille en vers une maligne prose* » (BOIL.). — *Habiller un texte,* le présenter de telle façon qu'on en fausse le sens, la portée. — Fam. *Habiller qqn,* en dire du mal. V. **Calomnier, médire** (de). ◇ Envelopper. « *Les passions dépouillées de ce qui les habille* » (SUARÈS). *Orateur qui habille de phrases sonores des pensées banales.* V. **Orner, parer.**

III. S'HABILLER. ♦ 1° Mettre ses habits. V. **Vêtir** (se). *S'habiller de pied en cap. Il lui faut une heure pour s'habiller, se farder... Aidez-le à s'habiller.* V. **Arranger** (s'), **boutonner** (se), **chausser** (se). ♦ 2° Se vêtir, mettre telle sorte d'habits. *Habillez-vous plus légèrement. S'habiller court, long. S'habiller de noir.* V. **Porter.** *S'habiller avec recherche, à la dernière mode.* — *Comment t'habilles-tu?* (Cf. fam. Qu'est-ce que tu mets*?). — Absolt. *Cette femme ne sait pas s'habiller :* elle n'a aucun goût. ◇ Revêtir des habits de cérémonie, une tenue de soirée. *Faut-il s'habiller pour cette réception?* ♦ 3° V. fam. Fringuer (se), nipper (se).

◈ ANT. **Déshabiller, dévêtir.**

HABILLEUR, EUSE [abijœʀ, øz]. *n.* (1552; de *habiller*). ♦ 1° *N. m.* Ouvrier corroyeur qui habille les peaux. ♦ 2° *N. m.* Pêcheur chargé de préparer la morue. ♦ 3° *N.* Personne qui aide les acteurs et actrices, les mannequins à s'habiller, prend soin de leurs costumes (surtout au fém. : *habilleuse*).

HABIT [abi]. *n. m.* (XIIᵉ; lat. *habitus* « manière d'être, costume »). ♦ 1° *Au sing.* Vieilli. V. **Costume, vêtement.** *L'étoffe d'un habit. Habit de velours.* ♦ 2° *Au plur.* LES HABITS : l'ensemble des pièces composant l'habillement. *Affaires; effets, vêtements; et (fam.) Fringues, frusques, hardes, nippes.* « *S'il avait soin de lui-même et de ses habits, il n'aurait pas l'air d'un va-nu-pieds* » (BALZ.). *De vieux habits.* V. **Hardes.** *Habits qui tombent en loques.* V. **Guenille.** *Habits grotesques, ridicules* (V. **Défroque,** oripeau). *Marchand d'habits.* V. **Fripier.** *Brosse à habits.* — *Habits de deuil. Habits de travail. Habits du dimanche.* ♦ 3° Vêtement caractéristique d'une époque, ou propre à une fonction, une profession. — Ancienn. *Habit à la française, à l'espagnole. Habit de cour.* — Mod. *Habit de chasse, de cheval, de gala.* V. **Costume.** *Elle portait un habit de voyage. Il était en habit d'arlequin.* — *Habit de laquais.* V. **Livrée.** *Habit d'huissier, de magistrat* (V. **Robe**). *L'habit vert,* tenue officielle des membres de l'Institut de France. *Briguer l'habit vert,* le titre d'académicien. *L'habit militaire.* V. **Uniforme.** *Habit de prêtre.* V. **Soutane.** *Habit de chartreux, de capucin.* Absolt. *Prendre l'habit :* devenir prêtre, moine. *Cérémonie de la prise d'habit :* entrée en religion, prise de voile. *Quitter l'habit :* se défroquer. PROV. *L'habit ne fait pas le moine :* on ne doit pas juger des gens sur l'apparence. ♦ 4° *Vx.* Veste de cérémonie. V. **Jaquette.** — Mod. Costume de cérémonie à veste ajustée, très courte par-devant et à longues basques par derrière. V. **Frac.** *L'habit est obligatoire.* V. **Tenue** (de soirée). *Il porte bien l'habit. Des hommes en habit.*

HABITABILITÉ [abitabilite]. *n. f.* (1845; de *habitable*). ♦ 1° Qualité de ce qui est habitable. ♦ 2° Qualité de ce qui offre plus ou moins de place pour des personnes. *Habitabilité d'une voiture; d'un ascenseur.*

HABITABLE [abitabl(ə)]. *adj.* (v. 1150; lat. *habitabilis*). Où l'on peut habiter, vivre. *Maison, logement habitable,* en bon état, salubre, etc. — *Sous un tel régime politique ce pays n'est plus habitable.* V. **Vivable.** ◈ ANT. **Inhabitable.**

HABITACLE [abitakl(ə)]. *n. m.* (v. 1120; lat. imp. *habitaculum*). ♦ 1° *(Relig. ou poét.)* V. **Demeure.** *L'habitacle du Très-Haut.* « *Cet habitacle de mélancolie* » (BAUDEL.). ♦ 2° *Mar.* Sorte d'armoire qui contient le compas de route et les lampes. *Fanal enfermé dans son habitacle.* ♦ 3° Partie de l'avion où s'installe le pilote ou l'équipage. V. **Poste** (de pilotage).

HABITANT, ANTE [abitã, ãt]. *n.* (déb. XIIᵉ; de *habiter*). ♦ 1° *(Sens gén.).* Se dit des êtres vivants qui habitent, peuplent un lieu. V. **Faune, occupant;** et suff. **-Cole.** *Les habi-*

tants du globe terrestre. V. **Terrien.** *Tous les habitants de la terre.* V. **Homme, humain.** *Habitants des cavernes.* V. **Troglodyte.** — Poét. *Les habitants des bois :* les oiseaux, les animaux sauvages.* V. **Hôte.** *Les habitants de l'Olympe :* les dieux de la mythologie; *du Parnasse :* les poètes. — *Au fém.* HABITANTE. « *Habitante du ciel, passagère en ces lieux!* » (LAMART.). ♦ 2° Personne qui a sa demeure ou sa résidence habituelle en un lieu déterminé. *Les habitants d'un pays.* V. **Peuple, population.** *Habitants originaires* (V. **Autochtone, indigène, natif**), *non originaires* (V. **Allogène, étranger, naturalisé**) *du pays qu'ils habitent. Nationalité des habitants* (V. **Citoyen, étranger, résident, sujet**). *Recensement des habitants. La France compte près de cinquante millions d'habitants.* V. **Âme.** *Nombre d'habitants au kilomètre carré,* densité de population. *Les habitants de la région, du village.* V. **Gens.** — *Au fém.* (Rare) *Les habitantes d'un village.* ◇ Collect. *Loger l'habitant :* chez les gens du pays. ♦ 3° Personne qui habite (une maison). V. **Occupant.** *Les habitants d'un grand immeuble.* ♦ 4° *Région.* (Canada, 1675). Fam. Personne qui cultive la terre. V. **Cultivateur, fermier, paysan.** « *Un habitant, bon cultivateur* » (J. FERRON). — Fig. et péj. Rustre. « *Sa femme! Maudit habitant!* [...] *les femmes sont à personne* » (J.-J. RICHARD).

HABITAT [abita]. *n. m.* (1808; de *habiter*). ♦ 1° Milieu géographique propre à la vie d'une espèce animale ou végétale. ♦ 2° (XXᵉ). Mode d'organisation et de peuplement par l'homme du milieu où il vit. *Géographie de l'habitat. Habitat rural, urbain. Habitat sédentaire, nomade.* — *Par ext. (Néol.)* Ensemble des conditions d'habitation, de logement. *Amélioration de l'habitat.*

HABITATION [abitasjɔ̃]. *n. f.* (1120; lat. *habitatio,* de *habitare*). ♦ 1° Le fait de loger d'une manière durable dans une maison, sous un toit. *Cette expérience d'habitation en commun ne fut pas de longue durée.* V. **Cohabitation.** *Locaux à usage d'habitation* (opposé à usage commercial, etc.). *Améliorer les conditions d'habitation.* V. **Habitat.** ♦ 2° Lieu où l'on habite. V. **Demeure, domicile, logement, maison, résidence; gîte, toit.** *Les quelques pièces qui lui servent d'habitation.* V. **Appartement.** *Changer d'habitation, déménager. Habitation retirée.* V. **Ermitage, retraite.** *Êtres* d'une habitation. Groupe d'habitations.* V. **Agglomération; immeuble.** *Habitations à bon marché (H.B.M.), à loyer modéré (H.L.M.). Riche habitation.* V. **Château, manoir, palais.** *Habitation de plaisance.* V. **Propriété, villa.** *Habitation rurale.* V. **Ferme.** *Habitation destinée aux prêtres, aux religieux.* V. **Couvent, cure, presbytère.** *Habitation rudimentaire.* V. **Abri, cabane, cahute, case, hutte.**

HABITÉ, ÉE [abite]. *adj.* (XIIᵉ; de *habiter*). Qui a des habitants. *Des régions habitées. On ne sait si cette planète est habitée.* — Qui est occupé (maison). *Château habité.* ◈ ANT. **Désert. Abandonné, inhabité, vide.**

HABITER [abite]. *v.* (déb. XIIᵉ; lat. *habitare*). **I.** *V. intr.* Avoir sa demeure. V. **Demeurer, loger, résider, vivre; crécher** (pop.). *Habiter à la campagne.* — *Il habite près de Fontainebleau, en France, à l'étranger. Il habite 2, rue Taitbout. Habiter chez des amis. Habiter avec qqn.* V. **Cohabiter.** — Spécial. (style bibl.) *Homme et femme qui habitent ensemble,* qui ont des relations charnelles. ◇ Fig. « *L'avenir habite en nous sans que nous le sachions* » (PROUST). **II.** *V. tr.* ♦ 1° Occuper (une habitation, un logis) de façon durable. V. **Vivre** (dans, à). *Habiter une maison, une villa, un palais. Habiter une chambre d'hôtel.* ♦ 2° *Par ext.* Avoir sa demeure dans. *Il habite Paris. Habiter la ville, la campagne. Habiter un quartier mal famé.* ◇ (Animaux) *Les fauvettes qui habitent nos jardins.* ♦ 3° Fig. Être comme dans une demeure. V. **Hanter, résider** (dans). *L'âme fiévreuse qui habite ce corps. La croyance qui l'habite.* V. **Animer, posséder.**

HABITUDE [abityd]. *n. f.* (XIVᵉ, « complexion »; lat. *habitudo*). **I.** *Vx.* Complexion, constitution d'un être. V. **Habitus.** **II.** ♦ 1° Manière de se comporter, d'agir, individuelle, fréquemment répétée. « *Ce qui forme les habitudes, ce sont les actes fréquents et réitérés* » (BOURDALOUE). *Des habitudes de paresse.* « *Les anciennes habitudes élégantes de l'homme du monde* » (ROMAINS). « *La lâche habitude de fumer en travaillant* » (GIDE). *De vieilles habitudes. Douce habitude, habitude qui devient un tic.* V. **Manie, marotte.** *Prendre une bonne, une mauvaise habitude.* V. **Pli.** « *La seule habitude qu'on doit laisser prendre à un enfant est de n'en contracter aucune* » (ROUSS.). *Être esclave de ses habitudes. Changer d'habitudes.* « *Grognon comme un vieux chien qu'on aurait dérangé dans ses habitudes* » (CÉLINE). *Cela n'est pas son habitude, dans ses habitudes; cela n'est pas de ses habitudes,* il n'agit pas ainsi d'ordinaire. Loc. *Par habitude,* parce qu'on a toujours agi de telle façon, sans réflexion. V. **Machinalement; routine.** *À son habitude, selon, suivant son habitude; comme à son habitude,* comme il fait d'ordinaire. ◇ AVOIR L'HABITUDE DE (et inf.) « *Quand vous avez l'habitude de vous* coucher sur la droite, ce n'est pas à mon âge que vous changez » (ROMAINS). Je n'ai pas l'habitude de répéter, je ne vous le répéterai pas. ◊ Absolt. (collectif) L'habitude, l'ensemble des habitudes de qqn. PROV. L'habitude est une seconde nature. « L'habitude abêtissante qui pendant tout le cours de notre vie nous cache à peu près tout l'univers » (PROUST). ♦ 2° Usage d'une collectivité, en un lieu. V. Coutume, mœurs, règle, tradition, usage. « La vie sociale nous apparaît comme un système d'habitudes » (BERGSON). Ce sont les habitudes de l'endroit, du pays. Avoir des habitudes de paysan, de bourgeois. V. Manière. ♦ 3° Le fait d'être constamment en contact, en relation, d'éprouver constamment, par lequel se crée la familiarité. V. Accoutumance. « Qui t'a donné une philosophie aussi gaie? — L'habitude du malheur » (BEAUMARCH.). Elle a une grande habitude des enfants. Il vous laisse seule? Ce n'est rien, j'en ai l'habitude, j'y suis habituée, c'est toujours ainsi. C'est une question d'habitude, vous vous y ferez. L'habitude émousse les sensations. « Ce n'est pas dans la nouveauté, c'est dans l'habitude que nous trouvons les plus grands plaisirs » (RADIGUET). ♦ 4° Spécialt. Usage répété, action répétée qui apporte l'habileté ou la connaissance. V. Pratique. « L'habitude du métier est si nécessaire dans tous les arts... » (GAUTIER). Acteur qui a une grande, une longue habitude de la scène. Je n'ai pas l'habitude de cette voiture; de ces méthodes. V. Expérience. Dresser, éduquer par l'habitude. ♦ 5° D'HABITUDE (loc. adv.) : comme c'est d'ordinaire, comme le plus souvent. V. Habituellement. D'habitude, je me lève tard. Il vient d'habitude le mardi. V. Généralement. Le café est meilleur que d'habitude. V. Ordinairement. Il n'est pas comme d'habitude.

◊ ANT. Accident, exception. Nouveauté. Inexpérience.

HABITUÉ, ÉE [abitɥe]. n. (v. 1370-80; V. Habituer). Personne qui fréquente habituellement un lieu. « Les clients de ce café, ce sont les habitués que j'ai vus depuis des années revenir aux mêmes places » (ARAGON). V. Client. « Les habitués de la maison » (BALZ.). V. Familier.

HABITUEL, ELLE [abitɥel]. adj. (XIVe; lat. médiév. habitualis). Qui tient de l'habitude par sa régularité, sa constance. V. Coutumier, commun, ordinaire. Ce comportement ne lui est pas habituel. Gestes habituels. V. Familier, machinal, quotidien. Les réjouissances habituelles du Mardi-Gras. V. Traditionnel. Le cérémonial religieux habituel. V. Rituel. Clause de style habituelle dans certains contrats. V. Consacré, usuel; usage (d'). Expédier les affaires habituelles. V. Courant. ♦ 2° Qui est constant, ou très fréquent. V. Ordinaire. Ce n'est pas très habituel. V. Courant, fréquent. Au sens habituel du terme. Fam. C'est l'histoire habituelle, le coup habituel. V. Classique. État habituel. V. Normal. Il souffre du foie de façon habituelle. V. Chronique. ◊ ANT. Accidentel, anormal, exceptionnel, inaccoutumé, inhabituel, insolite, inusité, occasionnel, rare, unique.

HABITUELLEMENT [abitɥelmã]. adv. (1382; de habituel). ♦ 1° D'une manière habituelle. V. Ordinaire (d'), ordinairement. Il est habituellement vêtu d'un complet bleu. ◊ Selon l'usage, la coutume. Les classes se terminent habituellement en juillet. ♦ 2° De façon très fréquente; presque toujours. V. Couramment, généralement, normalement. Il fait habituellement plus chaud en mars. ◊ ANT. Accidentellement, exceptionnellement, rarement.

HABITUER [abitɥe]. v. tr. (v. 1320; lat. médiév. habituare, de habitus « manière d'être »). ♦ 1° Rendre familier, par l'habitude (II, 4). V. Accoutumer. Habituer un enfant au froid, à la fatigue. V. Endurcir; entraîner. ♦ 2° Faire acquérir une façon d'agir, une aptitude à... V. Apprendre, dresser, éduquer, former. Personne ne les a habitués à la politesse. V. Initier. Il faut l'habituer à prendre ses responsabilités. Habituer un animal à venir manger dans la main. ♦ 3° S'HABITUER À. v. pron. Prendre l'habitude (II, 3°) de. V. Accoutumer (s'). Les yeux s'habituent à l'obscurité. À la longue on s'habitue à cette température, à ce climat. V. Adapter (s'), faire (se faire). S'habituer à l'idée de la mort. V. Familiariser (se). ◊ Prendre l'habitude (II, 4°), la pratique de qqch. en s'y exerçant. S'habituer à parler, à improviser devant un auditoire. ♦ 4° (Passif) ÊTRE HABITUÉ À : avoir l'habitude (II, 3°) de. Nous sommes habitués au bruit, nous y sommes habitués. « Phèdre est habituée à ce qu'on ne lui résiste pas » (GIDE). Les enfants ne sont pas habitués à rester seuls. ◊ ANT. Désaccoutumer, dépayser, déshabituer.

HABITUS [abitys]. n. m. (1586; lat. habitus « manière d'être »). Méd. Apparence générale du corps, en tant qu'indication de l'état général de santé ou de maladie. V. Habitude (1). Habitus physiologique. Habitus morbides.

HÂBLERIE [abləri]. n. f. (1628; de hâbler (1542), « se vanter »; de l'esp. hablar « parler »). Propos, manière d'être du hâbleur. V. Fanfaronnade, forfanterie, gasconnade, mensonge, vantardise. « Un discours plein de hâbleries, d'exagérations et de rodomontades » (GAUTIER).

HÂBLEUR, EUSE ['ablœr, øz]. n. et adj. (1555; de hâbler. V. Hâblerie). Personne qui a l'habitude de parler beaucoup en exagérant, en promettant, en se vantant. C'est un hâbleur. Adj. « L'humeur hâbleuse des chasseurs » (MAUPASS.).

HACHAGE ['aʃaʒ] ou **HACHEMENT** ['aʃmã]. n. m. (1866,-1606; de hacher). Action de hacher; son résultat. Le hachage de la paille.

HACHE ['aʃ]. n. f. (1138; frq. °hâppja). Instrument servant à fendre, formé d'une lame tranchante de forme variable, fixée à un manche. Abattre un arbre à coups de hache. Fendre du bois avec une hache. — Hache à main (ou hachette), à manche court, maniable d'une seule main. Hache de pierre préhistorique. Hache de bûcheron (V. Cognée, merlin), de charpentier (V. Herminette), de tonnelier (V. Doloire), d'ardoisier (V. Doleau). Hache formant marteau. V. Hachereau. — Par métaph. « La phrase qui avait coupé tous liens entre eux, comme un coup de hache » (ZOLA). — Fig. Fait, taillé à coups de hache : grossièrement (V. Serpe). — Porter la hache dans une administration : y supprimer les abus, les emplois superflus. ◊ Spécialt. Hache de guerre. V. Francisque, tomahawk. Hache d'armes, ancienne arme d'hast, composée d'une forte hache à très long manche. — Mar. Hache d'abordage. — Hache du bourreau, avec laquelle il tranche la tête du condamné. Périr sous la hache, sur l'échafaud. ◊ HOM. Ache, H.

HACHÉ, ÉE ['aʃe]. adj. et n. m. (1690; « ciselé », 1380; V. Hacher). ♦ 1° Coupé en petits morceaux. Viande hachée, bifteck haché. N. m. Du haché. ♦ 2° Fig. Entrecoupé, interrompu. Style haché. V. Heurté, saccadé. « En phrases hachées, coupées d'incidentes étrangères au sujet » (ZOLA).

HACHE-LÉGUMES ['aʃlegym]. n. m. invar. (1866; de hacher, et légumes). Hachoir à légumes.

HACHE-PAILLE ['aʃpɑj]. n. m. invar. (1765; de hacher, et paille). Instrument servant à hacher la paille et le fourrage dont on nourrit le bétail.

HACHER ['aʃe]. v. tr. (v. 1300; déhachier, XIIe; de hache). ♦ 1° Réduire, couper en menus morceaux avec une hache ou tout autre instrument tranchant. Hacher du persil, des oignons. Hacher du tabac. — Absolt. Couperet, hachoir qui hache gros, fin. — Loc. prov. Hacher menu comme chair à pâté. — Fig. Se faire hacher : se défendre jusqu'à complète extermination. « Se faire hacher par bataillons » (DORGELÈS). — Par exager. Être disposé à tout souffrir pour défendre qqn, qqch. Elle se ferait hacher pour vous. « Il se ferait plutôt hacher que de céder » (ZOLA). ♦ 2° Par anal. Découper maladroitement, grossièrement. V. Déchiqueter. — Par ext. Endommager en brisant en petits morceaux. « L'orage qui hachera toute vendange » (MAURIAC). Une rafale de mitrailleuse hache les assaillants. ♦ 3° Fig. Couper, entrecouper, interrompre. « La toux qui hachait ses phrases » (MART. du G.). ♦ 4° Techn. Entailler avec une hache, un ciseau. Hacher une planche pour en dégrossir le parement. ♦ 5° (1355). Dess. et Grav. Sillonner de hachures. Hacher une estampe. V. Hachurer.

HACHEREAU ['aʃro]. n. m. (XVe; de hache). Techn. Petite hache de charpentier en forme de marteau tranchant d'un côté. — Petite cognée.

HACHETTE ['aʃɛt]. n. f. (v. 1300; de hache). Petite hache. Hachette à bois.

HACHE-VIANDE ['aʃvjãd]. n. m. invar. (1908; de hacher, et viande). Hachoir à viande.

HACHIS ['aʃi]. n. m. (1538; de hacher). Préparation de viande ou de poisson hachés très fin. Hachis de porc. Chair (B, 2°) à saucisse. Farcir une volaille avec du hachis. V. Farce. Boulette de hachis. V. Croquette. — Hachis Parmentier, hachis de bœuf recouvert de purée de pommes de terre. ◊ Tout comestible haché. Hachis d'échalotes, de champignons. (REM. Hachis est inusité en Belgique. V. Haché).

HACHISCH. V. HASCHISCH.

HACHOIR ['aʃwar]. n. m. (1471; de hacher). ♦ 1° Large couteau (V. Couperet) ou instrument à vis qu'on tourne à la manivelle, qui sert à hacher (viandes, légumes...). V. Hache-légumes, hache-viande. Le hachoir du boucher. ♦ 2° Par ext. Épaisse planche de chêne ou de hêtre sur laquelle on hache.

HACHURE ['aʃyr]. n. f. (1440; de hacher). ♦ 1° Traits parallèles ou croisés qui marquent les demi-teintes, les ombres d'un dessin, d'une gravure. — Cartogr. Traits conventionnels qui figurent les accidents de terrain, la densité de la population, etc. ◊ Techn. Entailles pratiquées sur les métaux avant de les dorer ou de les argenter. ♦ 2° Fig. V. Raie, rayure. L'ombre « rayait à peine de légères hachures la rive ensoleillée » (ZOLA).

HACHURER ['aʃyre]. v. tr. (1893; de hachure). Couvrir de hachures. V. Hacher, rayer. Parties hachurées d'une carte.

HACIENDA [asjɛnda]. n. f. (1860; mot esp., de hacer « faire »). Grande exploitation rurale, en Amérique du Sud; habitation du maître (Cf. Fazenda).

HADDOCK ['adɔk]. n. m. (1708; hadot, XIIIe; mot angl.).

Nom de l'aiglefin (famille des morues) qui se consomme généralement fumé. *Il demanda « un haddok (sic), une sorte de merluche fumée...* » (HUYSMANS). ◇ HOM. Ad hoc.

HADÎTH ['adit]. *n. m.* (XXᵉ en franç.; mot arabe signifiant « conversation » ou « récit »). *Didact.* Recueil des actes et paroles de Mahomet. *Les hadîths complètent le Coran*.

HADJI ['adʒi]. *n. m.* (1839; *hagis*, 1568; mot arabe). Musulman qui a fait le pèlerinage de La Mecque. « *Les hadjis* » (GAUTIER). — On emploie aussi la forme HADJ ['adʒ].

HAFNIUM [afnjɔm]. *n. m.* (1924; du danois [kjœben] *havn* « Copenhague », lieu de découverte, en 1923, et suff. *-ium*). *Chim.* Corps simple, métal (symb. *Hf*), de numéro at. 72, du groupe des terres rares.

HAGARD, ARDE ['agar, ard(ə)]. *adj.* (1393; o. germ.; Cf. all. *Hagerfalk* « faucon sauvage »). ♦ 1° *Vx* (Fauconn.). *Oiseau hagard* : trop farouche pour pouvoir être apprivoisé (*opposé à l'oiseau niais*). ♦ 2° *Mod.* (XVIᵉ). Qui a une expression égarée et farouche. V. **Effaré.** *Œil hagard. Air, visage hagard.* « *Les amants séparés font des gestes hagards* » (ARAGON). ♦ 3° *Littér.* Qui rend l'homme hagard, qui a un caractère inquiétant. V. **Sauvage.** « *La colère hagarde* » (HUGO).

HAGIOGRAPHE [aʒjɔgraf]. *adj.* et *n.* (1455; bas lat. *hagiographa*, du gr. *hagios* « sacré », et *graphein* « écrire »). ♦ 1° *Vx* (Adj.). *Livres hagiographes*, de l'Ancien Testament qui ne sont pas inclus dans la Loi et les Prophètes. — Écrivain sacré, auteur d'un des livres hagiographes. ♦ 2° *Mod.* (*N.*). Auteur qui traite de la vie et des actions des saints. ◇ *Par ext.* Biographe qui embellit systématiquement la vie de son héros.

HAGIOGRAPHIE [aʒjɔgrafi]. *n. f.* (1813; de *hagiographe*). Rédaction des vies des saints. *Le sourire « que les petits livres d'hagiographie prêtent aux saints personnages de jadis »* (BARRÈS). ◇ *Par ext.* Biographie excessivement élogieuse.

HAGIOGRAPHIQUE [aʒjɔgrafik]. *adj.* (1842; de *hagiographie*). Qui a rapport à l'hagiographie. *Récits hagiographiques.*

HAIE ['ɛ]. *n. f.* (XIIᵉ; frq. °*hagja*). I. ♦ 1° Clôture faite d'arbres, d'arbustes, d'épines ou de branchages, et servant à limiter ou à protéger un champ, un jardin. V. **Bordure.** *Prairie bordée de haies. Haies de fusains, d'aubépines.* « *Une haie touffue où se mêlaient des mûriers, des noisetiers, de jeunes acacias* » (BENOIT). *Échalier pour franchir une haie. Tailler une haie. Haie vive*, formée d'arbustes en pleine végétation. *Haie servant d'abri contre le vent.* V. **Brise-vent.** *Haie morte* ou *sèche*, faite de branches sèches, de bois mort. — *Des haies, qui pousse dans les haies. Prunellier des haies.* ◇ *Sports* (Hipp.). *Course de haies*, où les chevaux ont à franchir des haies (naturelles ou factices). *Dresser un cheval sur les haies.* — *Athlét. Course de haies*, où le coureur doit franchir un certain nombre de haies factices. *110 mètres haies; 400 mètres haies.* ♦ 2° Obstacle constitué par une file de choses qui interdisent le passage. *Haie de rochers, d'écueils.* ♦ 3° *Fig.* (XIVᵉ). File de personnes bordant une voie pour laisser passage à qqn, à un cortège. V. **File, rang.** *Une haie d'agents de police.* V. **Cordon.** *Cortège qui défile entre deux haies de spectateurs. Haie d'honneur.* Former, faire la haie, être rangé, se disposer en haie. « *Toute la paroisse rangée en deux haies* » (BALZ.). II. *Techn.* Age* d'une charrue. ◇ HOM. Ais; formes des v. être, haïr.

HAÏK ['aik]. *n. m.* (1830; *heyque*, XVIIᵉ; mot arabe). Longue pièce d'étoffe rectangulaire, dans laquelle les femmes musulmanes se drapent comme dans un manteau, par-dessus les autres vêtements. *Haïks et burnous.*

HAÏKAÏ ['aikai]. *n. m.* V. HAÏKU.

HAÏKU ['aiku] ou **HAÏKAÏ** ['aikai]. *n. m.* (1922; mot. jap.). Poème classique japonais de trois vers dont le premier et le troisième sont pentasyllabiques, le deuxième heptasyllabique.

HAILLON ['ajɔ̃]. *n. m.* (1404; moy. haut all. *hadel* « lambeau »). Vieux lambeau d'étoffe servant de vêtement. V. **Guenille, loque.** *Vêtu, couvert de haillons. Un mendiant en haillons.* — *Fig.* « *La génération nouvelle a décidément jeté là le haillon classique* » (HUGO). V. **Oripeau.**

HAILLONNEUX, EUSE ['ajɔnø, øz]. *adj.* (1560; de *haillon*). ♦ 1° *Vieilli.* De haillons. *Vêtements haillonneux.* ♦ 2° (v. 1580). En haillons. « *Elle errait, haillonneuse, vermineuse* » (MAUPASS.).

HAINE ['ɛn]. *n. f.* (*Haïne*, XIIᵉ; de *haïr*). ♦ 1° Sentiment violent qui pousse à vouloir du mal à qqn et à se réjouir du mal qui lui arrive. V. **Abomination, antipathie, aversion, colère, détestation, exécration, horreur, hostilité, répulsion, ressentiment;** suff. **-Phobe;** préf. **Mis-.** « *La haine, c'est la colère des faibles* » (DAUD.). *L'amour et la haine, la jalousie, ferments de haine.* — *Haine implacable, jurée, déclarée. Fam. Une haine cordiale. Avoir, concevoir, éprouver de la haine pour qqn. Prendre qqn en haine. Nourrir une haine*

contre qqn. Assouvir sa haine. V. **Vengeance.** *S'attirer, exciter la haine de qqn.* V. **Odieux.** *La haine de qqn*, peut signifier aussi celle qu'on a *pour qqn. Haine raciale, religieuse.* V. **Fanatisme, intolérance.** ◇ *Au plur. Fomenter, allumer, exciter, déchaîner, attiser les haines. Les haines publiques et particulières.* V. **Antagonisme, dissension, querelle, rivalité.** *Haines sourdes. De vieilles haines.* ♦ 2° Aversion profonde pour qqch. *La haine du domicile et la passion du voyage* » (BAUDEL.). *Sujet de haine. J'ai pris la vie en haine.* ♦ 3° *Loc. prép.* EN HAINE DE..., à cause de la haine qu'on éprouve pour (qqn ou qqch.). *Organiser la révolte en haine des oppresseurs.* ◇ PAR HAINE DE... « *Toutes ces vies jouées à pile ou face par haine du projet* » (SARTRE). ◇ ANT. *Amour. Affection, amitié, concorde, fraternité. Culte, passion.* — HOM. Aine.

HAINEUSEMENT ['ɛnøzmɑ̃]. *adv.* (*Haingeusement*, v. 1350; de *haineux*). D'une façon haineuse, par haine.

HAINEUX, EUSE ['ɛnø, øz]. *adj.* (*Hainos*, XIIᵉ; de *haine*). ♦ 1° Naturellement porté à la haine. V. **Malveillant, vindicatif.** *Un homme « haineux et capable de couver une vengeance pendant vingt ans* » (BALZ.). *Caractère haineux.* — *Subst. Rare. Un haineux.* ♦ 2° Qui trahit la haine. *Regards haineux.* « *Il parlait la bouche serrée, les dents haineuses* » (FRANCE). ♦ 3° Inspiré par la haine. V. **Fielleux, venimeux.** *Une joie mauvaise, haineuse.* ◇ ANT. *Affectueux, bienveillant, tendre.*

HAÏR ['air]. *v. tr.* : *je hais* ['ɛ], *tu hais, il hait, nous haïssons* [ais5] *vous haïssez, ils haïssent; je haïssais; je haïs; je haïrai; je haïrais; haïs, haïssons; que je haïsse, que je haïsses; qu'il haït; haïssant; haï* (1080; frq. °*hatjan*). ♦ 1° Avoir (qqn) en haine. V. **Abhorrer, détester, exécrer, honnir** (Cf. Ne pas pouvoir sentir, souffrir, voir). « *Ils nous haïssent de toute la haine du domestique pour le maître, du petit pour le grand* » (GAUTIER). Par euphém. « *Va, je ne te hais point* » (CORN.) : je t'aime. « *L'amour qu'il a pour la comtesse, qui peut-être ne le hait pas* » (MARIVAUX). — Avec un compl. de cause. *Je le hais de m'avoir toujours trompé.* « *Elle le haïssait de ce qu'elle l'avait aimé* » (R. ROLLAND). — Absolt. *Aimer ou haïr. Je ne sais pas haïr.* ♦ 2° Avoir (qqch.) en haine. *Haïr le vice, le péché, les plaisirs. Haïr la dictature, la contrainte, l'étude. Je hais cette façon de parler. Haïr une chose comme la peste.* V. **Fuir.** ♦ 3° *Vx* ou *littér.* HAÏR DE... *Je hais d'être dérangé à chaque instant.* V. **Horreur** (avoir). « *Je hais toujours de vous déplaire* » (SÉV.). ◇ HAÏR QUE... et le subj. : avoir horreur que. *Il ne hait pas que..., il aime assez que...; il y prend plutôt plaisir.* « *Il ne hait pas qu'on l'admire; pour le reste, il ne s'occupe pas des autres* » (SUARÈS). ♦ 4° SE HAÏR. Réfl. *Il déteste son crime, il se hait lui-même.* Relig. *Mépriser en soi la nature pécheresse.* « *La vraie et unique vertu est de se haïr* » (PASC.). ◇ Récipr. *Deux hommes se haïssent cordialement. Pourquoi nous haïr?* ◇ ANT. *Aimer. Adorer, chérir; entendre (s').*

HAIRE ['ɛr]. *n. f.* (v. 980; frq. °*hârja* « vêtement grossier fait de poil »; Cf. all. *Haar*, et angl. *hair* « cheveu »). ♦ 1° Grossière chemise de poils de chèvre, de crin, portée à même la peau par esprit de mortification et de pénitence. *Porter la haire et le cilice.* « *Laurent, serrez ma haire avec ma discipline* » (MOL.). ♦ 2° *Techn.* Première forme que présente le drap quand les poils n'ont pas encore été soumis au foulage. *Drap en haire.* ◇ HOM. V. Air.

HAÏSSABLE ['aisabl(ə)]. *adj.* (1569; de *haïr*). Qui mérite d'être haï. V. **Détestable, exécrable, odieux.** *Un individu haïssable. Un enfant haïssable.* V. **Insupportable.** « *Le moi est haïssable* » (PASC.). « *Je trouve la guerre haïssable, mais haïssables bien plus ceux qui la chantent sans la faire* » (R. ROLLAND). ◇ *Par hyperb. Il fait un temps haïssable cet été.* ◇ ANT. *Aimable.*

HAÏTIEN, IENNE [aisjɛ̃, jɛn] *.adj.* et *n.* (1846; de *Haïti*). De Haïti (Antilles). *Coutumes haïtiennes. Un Haïtien.*

HALAGE ['a(ɑ)laʒ]. *n. m.* (1488; de *haler*). Action de haler un bateau. *Halage d'un navire par un autre. Halage d'une péniche du bord d'un fleuve. Halage à bras d'hommes. Chevaux de halage* (V. **Tirage**). — *Chemin de halage*, et ellipt. *Le halage*, chemin qui longe un cours d'eau pour permettre le halage des bateaux. V. **Lé; marchepied.** ◇ HOM. Hallage.

HALBI ['albi]. *n. m.* (1771; néerl. *haalbier* « petite bière »). *Région.* Boisson normande faite de pommes et de poires fermentées.

HALBRAN ['albrɑ̃]. *n. m.* (*Halebran*, fin XIVᵉ; moy. haut all. *halber-ant* « demi-canard »). Jeune canard sauvage. « *Il s'enfonçait dans un marais pour guetter les oies, les loutres et les halbrans* » (FLAUB.).

HÂLE ['al]. *n. m.* (*Hasle*, 1175; de *hâler*). ♦ 1° *Vx.* Action de l'air et du soleil, qui jaunit et flétrit les corps organiques. *Le hâle a fané les herbes.* — Vieilli ou littér. *Visage bruni par le hâle.* ♦ 2° *Mod.* (1840). Couleur plus ou moins brune que prend la peau exposée à l'air et au soleil. *Le hâle lui va bien.* V. **Bronzage.** « *Comme vous êtes brun...! C'est du hâle de luxe... Ça s'attrape sur les plages, à ne rien faire* » (SARTRE).

HÂLÉ, ÉE ['ale]. *adj.* (XIIᵉ-XIIIᵉ; de *hâler*). ♦ 1° *Vx.* Desséché. ♦ 2° *Mod.* Bruni par le soleil. V. **Bronzé, cuivré.** « *Peau hâlée et dorée de soleil* » (ZOLA).

HALECRET ['alkʀɛ]. *n. m.* (1489; moy. néerl. *halskleedt,* all. mod. *Halskragen*). *Archéol.* Pièce de l'armure, corselet de fer battu formé de deux parties pour le devant et le derrière.

HALEINE [alɛn]. *n. f.* (*Aleine,* 1080; a. fr. *alener,* lat. *anhelare; h* du lat. *halare* « souffler »).
I. ♦ 1° Mélange gazeux qui sort des poumons pendant l'expiration. *Tiédeur de l'haleine. Haleine fraîche, parfumée.* « *Le parfum de ta douce haleine* » (HUGO). *Haleine qui sent l'ail, le tabac, l'alcool. Haleine forte, fétide. Avoir mauvaise haleine :* sentir mauvais de la bouche. ♦ 2° L'expiration elle-même, *et par ext.* La respiration (inspiration et expiration). V. **Souffle.** *Respirer d'une haleine égale.* « *De ma chambre, j'écoutais sans le vouloir, retenant mon haleine* » (DUHAM.). ◇ *Loc. Perdre haleine,* ne plus pouvoir respirer à la suite d'un effort trop soutenu. « *N'allons pas perdre haleine À tant courir* » (VERLAINE). — À PERDRE HALEINE. *loc. adv. Courir à perdre haleine. Tenir des discours à perdre haleine.* V. **Longuement.** — *Être hors d'haleine :* à bout de souffle. V. **Haletant.** — *Reprendre haleine :* reprendre sa respiration après une interruption, un effort (V. **Souffler**); s'arrêter, se reposer pour reprendre des forces. *Travailleur qui reprend haleine. Laissez-nous reprendre haleine.* ♦ 3° Temps pendant lequel on peut rester sans respirer, intervalle entre deux inspirations. « *Haletant, palpitant, l'haleine courte* » (BARBEY). *Fig. Travail de longue haleine,* qui exige beaucoup de temps et d'efforts. ◇ *D'une haleine* (littér.) : sans s'arrêter pour respirer. V. **Trait** (d'un). *Boire un bol de café; débiter une phrase d'une haleine, d'une seule haleine.* « *Je filai d'une seule haleine jusqu'au boulevard* » (DUHAM.). ◇ *Cour. Tenir qqn en haleine :* maintenir son attention en éveil; maintenir dans un état d'incertitude, d'attente. « *La curiosité me tenait en haleine* » (ROUSS.).
II. *Littér.* Ce qui rappelle l'haleine d'une personne. ◇ Souffle (du vent). *Les premières haleines du printemps.* V. **Brise.** ◇ Odeur qui se dégage. V. **Effluve, émanation.** « *L'haleine des abattoirs* » (DUHAM.).
◇ HOM. **Alène.**

HALENER [alne]. *v. tr.;* conjug. *lever* (XIVᵉ; de *haleine*). *Chasse.* Flairer (l'odeur de la bête), en parlant d'un chien.

HALER ['a(ɑ)le]. *v. tr.* (XIIᵉ; a. néerl. *halen,* ou bas all. °*halon*). ♦ 1° *Trans. dir. Mar.* Tirer sur. *Haler un câble, un cordage à la main.* V. **Paumoyer.** ◇ Tirer au moyen d'un cordage. *Haler une bouée à bord.* ♦ 2° *Cour.* Remorquer (un bateau) au moyen d'un cordage tiré du rivage. *Chevaux qui halent une péniche. Bateau halé par un cabestan électrique.* V. **Remorquer, touer.** ♦ 3° HALER SUR. V. **Tirer.** *Haler sur une manœuvre, une bouline.* ◇ ANT. **Pousser.** — HOM. **Aller, allée; hâler.**

HÂLER ['a'le]. *v. tr.* (XIIᵉ; p.-ê. lat. pop. °*assulare,* class. *assare* « rôtir », et néerl. *hael* « desséché »). ♦ 1° *Vx.* Dessécher (les végétaux), en parlant de l'air, du soleil. ♦ 2° *Mod.* Rendre (la peau, le teint) plus ou moins brun ou rougeâtre, en parlant de l'air et du soleil. V. **Bronzer, brunir.** « *Elle avait la peau très brune, hâlée et dorée de soleil* » (ZOLA). ◇ ANT. **Blanchir; blanc.** — HOM. **Haler.**

HALETANT, ANTE [altã, ãt]. *adj.* (1539; de *haleter*). Dont le rythme de respiration est anormalement précipité; hors d'haleine. V. **Essoufflé, pantelant.** *Chien, cheval haletant. Être haletant de fièvre, d'émotion.* — *Par ext. Poitrine haletante.* « *Elle sentait contre sa joue le souffle d'une respiration haletante* » (FLAUB.). V. **Précipité.** ◇ *Par métaph. Être haletant d'impatience,* très impatient, excité par l'attente. *Fig.* « *Les tocsins haletants* » (MAURIAC).

HALÈTEMENT ['alɛtmã]. *n. m.* (1495; de *haleter*). Le fait de haleter; état de ce qui est haletant. V. **Essoufflement, oppression.** *Halètement d'une personne qui a couru. Halètement d'un asthmatique.* — *Par ext. Halètement de la poitrine,* mouvement précipité de la poitrine qui se soulève et s'abaisse. ◇ *Par anal.* « *Le halètement d'un train en partance rappelait une poitrine oppressée* » (MAURIAC). ◇ HOM. **Allaitement.**

HALETER ['alte]. *v. intr.;* conjug. *acheter* (XIIᵉ; pour *aleter* « battre des ailes, palpiter ». V. **Aile**). Respirer avec gêne à un rythme anormalement précipité; être à bout de souffle. V. **Essouffler** (s'), souffler. *Haleter après une course. Haleter de soif, d'émotion. Par ext. Poitrine qui halète.* — *Par anal.* « *Une locomotive halète à coups espacés* » (ROMAINS). ◇ *Fig.* En parlant de ce qui est tenu en haleine. *Tout l'auditoire haletait.* ◇ HOM. Formes du v. *allaiter.*

HALEUR, EUSE ['a(ɑ)lœʀ, øz]. *n.* (1680; de *haler*). Personne qui fait métier de haler les bateaux le long des cours d'eau. « *Comme je descendais des fleuves impassibles Je ne me sentis plus guidé par les haleurs* » (RIMBAUD).

HALF-TRACK ['aftʀak]. *n. m.* (1950; mot amér. « semi-traction »). Anglicisme. *Milit.* Véhicule blindé, semi-chenillé. *Des half-tracks.*

HALICTE [alikt(ə)]. *n. m.* (1817; lat. zool. *halictus;*

o. i.). Insecte hyménoptère (*Apidés*) qui fait son nid dans le sol.

HALIEUTIQUE [aljøtik]. *adj. et n. f.* (1732; gr. *halieutikos*). *Didact.* Qui concerne la pêche. ◇ N. f. *L'halieutique,* art de la pêche.

HALIOTIDE [aljɔtid]. *n. f.* (1803; *Haliotite,* 1768; gr. *halios* « marin », et *ous, ôtos* « oreille »). *Zool.* Mollusque gastéropode (*Prosobranches*), appelé couramment *ormeau, oreille de mer.*

HALIPLE [alipl(ə)]. *n. m.* (1827; gr. *haliplous* « qui nage en mer »). *Zool.* Insecte coléoptère carnivore (*Dysticidés*) qui vit dans les eaux douces ou saumâtres.

HALITUEUX, EUSE [alitɥø, øz]. *adj.* (XVIᵉ; du lat. *halitus* « vapeur »). *Méd.* (vx) *Peau halitueuse,* chaude et moite de sueur.

HALL ['ol]. *n. m.* (1672, répandu v. 1868; angl. *hall;* Cf. *Halle*). Grande salle où l'on a d'abord accès, dans les édifices publics ou les grandes maisons particulières. V. **Entrée, salle, vestibule.** *Hall d'hôtel. Hall de la gare Saint-Lazare, dit salle des Pas perdus. Hall de château, de villa.* V. **Antichambre.** *Le domestique montait sa valise* « *par le grand escalier du hall, vaste salle au plafond surélevé d'un étage* » (CHARDONNE).

HALLAGE ['alaʒ]. *n. m.* (XIIIᵉ; de *halle*). *Comm.* Droit, redevance payé(e) par les marchands pour vendre aux halles, au marché d'une commune. ◇ HOM. **Halage.**

HALLALI [alali]. *interj. et n. m.* (1751; *hale* (pour *hare* à *lui*), a. fr. *hare,* frq. °*hara* « par ici! »; Cf. **Harasser**). *Vén.* Cri de chasse qui annonce que la bête poursuivie est aux abois. ◇ N. m. Ce cri lui-même, ou la sonnerie du cor qui le remplace. *Sonner l'hallali.* — *Par ext.* Le dernier temps de la chasse, où la bête est mise à mort.

HALLE ['al]. *n. f.* (1213; frq. °*halla.* V. **Hall**). ♦ 1° *Sing.* Vaste emplacement couvert où se tient un marché; grand bâtiment public qui abrite un marché, un commerce en gros de marchandises. V. **Marché; hangar, magasin.** *Halle aux vins. Halle au blé.* ◇ *Par ext.* Grand bâtiment sommaire. *Une* « *sorte de halle close servant tout à la fois de bibliothèque, de réfectoire et de dortoir* » (THARAUD). ♦ 2° *Plur.* LES HALLES, emplacement, bâtiment où se tient le marché central de denrées alimentaires d'une ville. — *Absolt.* Les Halles centrales, les Halles (de Paris). *Le personnel des Halles.* V. **Marchand; commissionnaire** (1°), **facteur** (II), **mandataire.** *Porteur des Halles.* V. **Fort.** *Le carreau des Halles.* — *Péj. Le langage des halles :* la langue populaire, la langue verte.

HALLEBARDE ['albaʀd(ə)]. *n. f.* (1448; *labarde,* 1333; it. *alabarda;* moy. haut all. *helmbarte* « hache (*bart*)e à poignée (*helme*) »). *Ancienn.* Arme d'hast à longue hampe, munie d'un fer tranchant et pointu et de deux fers latéraux ou ailes, l'une en forme de croissant, l'autre en pointe (V. **Guisarme, pertuisane, pique, vouge**). — *Les suisses d'église portent encore la hallebarde.* « *Le bruit solennel de la hallebarde du suisse* » (MAUROIS). ◇ *Loc. fam. Il pleut, il tombe des hallebardes :* il pleut très fort, à verse.

HALLEBARDIER ['albaʀdje]. *n. m.* (1483; de *hallebarde*). *Ancienn.* Homme d'arme, fantassin portant la hallebarde.

HALLIER ['alje]. *n. m.* (XVᵉ; lat. pop. *hasla* « rameau », frq. °*hasal*). Groupe de buissons serrés et touffus. *Halliers épais, impénétrables. Battre les halliers, à la chasse.* ◇ HOM. **Allié.**

HALLOWEEN [alɔwin]. *n. f.* (mil. XXᵉ; mot angl. [1556], abrév. de All Hallow Even « veille de la Toussaint »). [Canada]. *Anglicisme.* Fête annuelle (31 octobre), comparable à la mi-carême, à l'occasion de laquelle les enfants masqués et déguisés viennent présenter des sacs ou des paniers pour qu'on y dépose des friandises. « *Chaque mot, c'est une histoire qui surgit, comme un enfant masqué, dans ton dos, un soir d'halloween* » (J. FERRON).

HALLSTATTIEN, IENNE ['alstatjɛ̃, jɛn]. *adj.* (1893; de *Hallstatt,* en Autriche). *Sc.* Relatif à la première période de l' « âge du fer » (1000 à 500 av. J.-C.).

HALLUCINANT, ANTE [al(l)ysinã, ãt]. *adj.* (1862; de *halluciné*). *Cour.* Qui a une grande puissance d'illusion, d'évocation. *Une ressemblance hallucinante.* V. **Extraordinaire.**

HALLUCINATION [al(l)ysinasjɔ̃]. *n. f.* (1660; lat. *hallucinatio*). *Méd.* Perception pathologique de faits, d'objets qui n'existent pas, de sensations en l'absence de tout stimulus extérieur. V. **Illusion, rêve.** *Hallucinations visuelles* (V. **Phantasme, vision**), *auditives* (V. **Voix** [entendre des voix]), *olfactives. Hallucinations hypnagogiques. Hallucinations dues aux toxiques* (cocaïne, haschisch). *Hallucinations des délires chroniques, des démences précoces. Hallucination collective.* — *Par ext.* « *La perception extérieure est une hallucination vraie* » (TAINE). ◇ *Cour.* (par exagér.). Erreur des sens, illusion. *J'ai cru le voir ici, je dois avoir des hallucinations.*

HALLUCINATOIRE [al(l)ysinatwaʀ]. *adj.* (1873; de *halluciné*). *Didact.* ♦ 1° De l'hallucination. *Vision hallucinatoire.* ♦ 2° Qui provoque l'hallucination. *Psychoses hallucinatoires.*

HALLUCINÉ, ÉE [al(l)ysine]. *adj. et n.* (1611; lat. *hallucinatus*). Qui a des hallucinations. *Fou, toxicomane halluciné.* Par ext. *Un air halluciné.* V. **Égaré; bizarre.** — Subst. *Les visions d'un halluciné.* V. **Visionnaire.** « *Des gestes de somnambule et d'halluciné* » (GONCOURT).

HALLUCINER [al(l)ysine]. *v. tr.* (1862; de *halluciné*). Rare. Produire des hallucinations. Rendre halluciné.

HALLUCINOGÈNE [al(l)ysinɔʒɛn]. *adj. et n. m.* (v. 1955; de *halluciner*, et -*gène*). Didact. Qui provoque des hallucinations (substance). *Les champignons hallucinogènes du Mexique.* ◊ *N. m.* Drogue provoquant un état psychédélique*. Cf. Psychodysleptique.

HALLUCINOSE [al(l)ysinoz]. *n. f.* (1911; du rad. de *halluciner*, et -*ose*). Didact. Phénomène hallucinatoire dont le sujet reconnaît l'irréalité (à la différence de l'hallucination).

HALO ['alo]. *n. m.* (1360; lat. *halos*, mot gr.). ♦ 1° Cercle lumineux, couronne brillante autour d'un astre, due à la présence de nuages de glace. « *Un grand halo laiteux... remplaçait l'astre* » (COLETTE). ◊ *Par ext.* Auréole lumineuse diffuse autour d'une source lumineuse. *Halo des réverbères dans le brouillard.* ♦ 2° (1890). Phot. Irradiation lumineuse autour de l'image photographique d'un point lumineux. ♦ 3° *Fig.* V. **Auréole.** *Un halo de gloire.* ⊗ HOM. *Allô!*

HALOGÉNATION [alɔʒenasjɔ̃]. *n. f.* (XXᵉ; de *halogène*). Chim. Introduction d'halogènes* dans une molécule (chloruration, bromuration, ioduration, etc.).

HALOGÈNE [alɔʒɛn]. *adj. et n. m.* (1846; gr. *hals, halos* « sel », et suff. -*gène*). Chim. Élément chimique de la famille du chlore*. V. **Brome, fluor, iode.** *Corps halogènes.* — *Un halogène.* ⊗ HOM. *Allogène.*

HALOGÉNURE [alɔʒenyʀ]. *n. m.* (1970; de *halogène*). Chim. Nom générique des sels ou esters contenant un halogène*. *Halogénure d'argent.*

HALOGRAPHIE [alɔgʀafi]. *n. f.* (1819; gr. *hals, halos* « sel », et suff. -*graphie*). Sc. Étude, description des sels.

HÂLOIR ['alwaʀ]. *n. m.* (1752; de *hâler*). Région. Lieu où l'on sèche le chanvre. ◊ Séchoir où sont déposés après salage les fromages à pâte molle.

HALOPHILE [alɔfil] ou **HALOPHYTE** [alɔfit]. *adj.* (1846,-1878; gr. *hals, halos* « sel », et suff. -*phile*, -*phyte*). Bot. Qui croît dans les terrains imprégnés de sel marin. *Plantes halophiles.*

HALTE ['alt(ə)]. *n. f.* (1585; *halt*, XIIᵉ, a. picard « lieu où l'on séjourne »; all. *Halt* « arrêt »). ♦ 1° Arrêt, temps d'arrêt consacré au repos, au cours d'une marche ou d'un voyage. V. **Station.** *Faire halte. Halte horaire.* ◊ *Par ext.* (sans idée de repos) *Faire halte,* s'arrêter (dans un mouvement quelconque). ♦ 2° Lieu où se fait la halte. V. **Escale, étape, gîte, relais.** *Arriver avant la nuit à la halte fixée.* ◊ *Ch. de fer.* Point d'arrêt sur une ligne, où le train ne prend que les voyageurs, sans que soit prévu un temps d'arrêt déterminé. ♦ 3° *Fig.* Moment de pause, interruption momentanée au cours d'une action ou d'une évolution. V. **Répit.** « *Il y a des haltes, des repos, des reprises d'haleine dans la marche des peuples* » (HUGO). ♦ 4° *Interj.* HALTE! commandement militaire par lequel on ordonne à une troupe de s'arrêter (ANT. *Marche!*). *Section, halte!* — Fig. *Dire halte! à la guerre.* Ellipt. *Halte aux factieux!* — HALTE-LÀ! commandement d'une sentinelle, d'une patrouille enjoignant à un suspect de s'arrêter. V. **Qui-vive!** Fig. *Halte-là! en voilà assez!* ⊗ ANT. *Marche. Continuation, reprise.*

HALTÈRE [altɛʀ]. *n. m.* (*Alteres*, 1534; lat. *halteres*, gr. *haltêres* « balancier pour le saut, la danse »). Instrument de gymnastique fait de deux boules ou disques de métal réunis par une tige. *Un haltère. Il ramassa « un pesant haltère qui traînait* » (MAUPASS.). REM. *Haltère* est parfois mis par erreur au féminin. *Faire des haltères.* ◊ *Poids et haltères,* sport consistant à soulever, en exécutant certains mouvements (*arraché, développé, épaulé et jeté*), les haltères les plus lourds possible. ⊗ HOM. Formes du v. *altérer, haleter.*

HALTÉROPHILE [alteʀɔfil]. *n. et adj.* (1934; de *haltère*, et suff. -*phile*). Qui pratique le sport des poids et haltères.

HALTÉROPHILIE [alteʀɔfili]. *n. f.* (XXᵉ; de *haltérophile*). Sport des poids et haltères.

HALVA ['alva]. *n. m.* (fin XIXᵉ; mot turc). Confiserie turque, faite de farine, d'huile de sésame, de miel, de fruits et amandes (ou noisettes, pistaches). Cf. Loukoum.

HAMAC ['amak]. *n. m.* (1519; *amache, hamacque*, XVIᵉ; esp. *hamaca*, du caraïbe *hamacu*). Rectangle de toile ou de filet suspendu horizontalement par ses deux extrémités, utilisé comme lit. *Hamac de marin. Se balancer dans un hamac.*

HAMADA ['amada]. *n. f.* (1890; mot arabe). Plateau pierreux des déserts sahariens (*opposé à* erg). *Les hamadas sahariennes.*

HAMADRYADE [amadʀijad]. *n. f.* (XVᵉ; lat. *hamadryas*, mot gr.; Cf. Dryade). Myth. Nymphe des bois identifiée à un arbre qu'elle était censée habiter, naissant et mourant avec lui.

HAMADRYAS [amadʀijas]. *n. m.* (1839; *simia hamadryas*; Cf. le précéd.). Grand singe du genre cynocéphale, remarquable par la disposition de sa crinière. *L'hamadryas était le singe sacré de l'ancienne Égypte.*

HAMAMÉLIS [amamelis]. *n. m.* (1615; gr. *hamamêlis* « sorte de néflier »). Arbrisseau d'Amérique du Nord, dont la feuille ressemble à celle du noisetier et dont l'écorce, les feuilles sont employées en pharmacie (action astringente et vasoconstrictive).

HAMBURGER ['aburgœr]. *n. m.* (1930; mot amér., abrév. de *Hamburger steak*, 1902, de *Hambourg*, ville allemande). Américanisme. Bifteck haché de forme ronde, souvent servi dans un pain rond (ou, en France, recouvert d'un œuf au plat).

HAMEAU ['amo]. *n. m.* (XIIIᵉ; de l'a. fr. *ham,* frq. °*haim*; all. *Heim,* angl. *home* « domicile »). Agglomération de quelques maisons rurales situées à l'écart d'un village, ne formant pas une commune. V. **Écart, lieudit.** « *Le hameau enfoncé dans un pli du vallon... hameau paysan composé de dix maisons normandes* » (MAUPASS.).

HAMEÇON [amsɔ̃]. *n. m.* (*Ameçon,* v. 1100; de l'a. fr. *ain, hain;* lat. *hamus*). ♦ 1° Petit engin de métal en forme de crochet, armé de pointes, qu'on adapte au bout d'une ligne et qu'on garnit d'un appât pour prendre le poisson. *Hameçon simple, à deux crochets. Le poisson a avalé l'hameçon, a mordu à l'hameçon.* ♦ 2° Fig. *Mordre à l'hameçon, gober l'hameçon,* se laisser prendre. V. **Appât, piège.**

HAMEÇONNER [amsɔne]. *v. tr.* (XVᵉ, *hameçonné* « en forme d'hameçon »; de *hameçon*). Pêche. ♦ 1° (1611). Garnir d'hameçons. *Hameçonner une ligne.* Au p. p. *Ligne hameçonnée.* ♦ 2° (1617). Prendre à l'hameçon (un poisson).

HAMMAM [amam]. *n. m.* (1876; mot arabo-turc « bain chaud »). Établissement de bains turcs où à la mode turque.

HAMMERLESS ['amɛʀlɛs]. *n. m.* (1878; mot angl., de *hammer* « marteau », et *less* « sans »). Anglicisme. Fusil de chasse à percussion centrale, sans chiens apparents.

1. HAMPE ['ãp]. *n. f.* (XVIᵉ; a. fr. *hanste* ou *hante,* lat. *hasta* « lance, tige », et frq. °*hant* « main ». V. **Ante.** ♦ 1° Long manche de bois auquel est fixé le fer d'une arme d'hast, une croix, un drapeau. V. **Bâton, bois, digon.** *Hampe d'une lance.* ◊ *Par ext.* Long manche de certains instruments (écouvillon, refouloir, pinceau). ♦ 2° (1771). Bot. Axe, tige allongée terminée par une fleur unique ou un groupe de fleurs, et dépourvue de feuilles. *La hampe d'un roseau.* ♦ 3° Trait vertical de certaines lettres. *Hampe de h; de p* (V. **Queue**).

2. HAMPE ['ãp]. *n. f.* (1270; p.-ê. de l'a. haut all. *wampa* « fanon »). Vén. Poitrine du cerf. ◊ *Bouch.* Partie supérieure et latérale du ventre du bœuf, du côté de la cuisse. V. **Grasset, maniement.**

HAMSTER ['amstɛʀ]. *n. m.* (1765; mot all.). Petit mammifère rongeur, au pelage roux et à ventre blanc, commun à l'est de l'Europe, qui creuse des terriers compliqués où il amasse des provisions.

HAN! ['ã; hã]. *interj.* (XVIᵉ; onomat.). Onomatopée (cri sourd d'un homme qui fait un violent effort, soupir). — Subst. m. *Faire, pousser un han.* ⊗ HOM. *An, en.*

HANAP ['anap]. *n. m.* (v. 1100; lat. pop. *hanappus,* frq. °*hnapp*). Ancienn. Grand vase à boire en métal, monté sur un pied et muni d'un couvercle. « *Un canon de vin de Suresnes, dans les hanaps d'étain de maître Raymond* » (NERVAL).

HANCHE ['ãʃ]. *n. f.* (1155; germ. °*hanka*). ♦ 1° Chacune des deux régions symétriques du corps formant saillie au-dessous des flancs, entre la fesse en arrière et le pli de l'aine en avant. *Articulation de la hanche.* V. **Bassin, cuisse; coxal** (os), **iliaque** (os). *Affections, malformation de la hanche* (coxalgie, coxarthrose, luxation). *Hanches étroites, larges, rondes. Tour de hanches. Jupe serrant les hanches.* — *Rouler, balancer les hanches.* V. **Déhancher** (se). « *Ces jolies personnes qui vont trottant menu... tortillant un peu des hanches* » (BEAUMARCH.). *Mettre les poings sur les hanches,* posture marquant souvent le défi, l'effronterie. ◊ *Manège* (XIVᵉ) Région de l'arrière-train du cheval, comprise entre le rein et la croupe, en haut du flanc. *Mettre un cheval sur les hanches,* le dresser de façon qu'il se soutienne sur les hanches en galopant. ◊ (1832) Zool. Chez les insectes, Segment des pattes, articulé au corset. ♦ 2° (1678). Mar. Partie supérieure de la muraille d'un navire qui avoisine le tableau. ⊗ HOM. *Anche.*

HANCHEMENT ['ãʃmã]. *n. m.* (1877; de *hancher*). Attitude hanchée. *Le hanchement des Vierges gothiques du XIVᵉ s.*

HANCHER ['ãʃe]. *v.* (1835; de *hanche*). ♦ 1° V. intr. Se tenir, se camper dans une attitude qui creuse une hanche. — (Animaux) *Les deux jars « s'arrêtèrent brusquement, hanchant sur une patte* » (ZOLA). ♦ 2° V. tr. Représenter (un personnage) de manière à faire saillir une hanche. ◊ HANCHÉ, ÉE. p. p. et adj. Posture, station hanchée. « *La belle 'Vierge dorée' du trumeau, légèrement hanchée* » (M. AUBERT).

HAND-BALL ['ãdbal]. *n. m.* (XXᵉ; mot all. « balle à la main »). Sport d'équipe analogue au football, mais qui se joue uniquement avec les mains.

HANDBALLEUR ['ɑ̃dbalœʀ ou 'ɑ̃dbɔlœʀ]. *n. m.* (1966; de *hand-ball**). Joueur de hand-ball.

HANDICAP ['ɑ̃dikap]. *n. m.* (1827; mot angl., *hand in cap* « main dans le chapeau », T. de jeu). ♦ 1° *Turf.* Course ouverte à des chevaux dont les chances de vaincre, naturellement inégales, sont, en principe, égalisées par l'obligation faite aux meilleurs de porter un poids plus grand (courses au galop) ou de parcourir une distance plus longue (courses au trot). V. **Omnium.** *Cheval qui rend vingt-cinq mètres dans un handicap.* ◊ *Par anal.* Épreuve sportive où l'inégalité des chances des concurrents est compensée au départ. ♦ 2° *Par ext.* Désavantage imposé à un concurrent pour que les chances se trouvent égales (V. **Surcharge**). *Combler son handicap.* ♦ 3° *Fig.* (v. 1950). Désavantage, infériorité qu'on doit supporter. *Il a les mêmes titres, mais son âge est un sérieux handicap.* « *Il aimait à nager et à plonger. Dans l'eau, son infirmité* (de Byron) *cessait d'être un handicap* » (MAUROIS) ◊ (1964). Infériorité momentanée (économique, sociale, politique) d'une collectivité par rapport à une autre. ◈ ANT. *Avance, avantage.*

HANDICAPER ['ɑ̃dikape]. *v. tr.* (1854; de *handicap*). ♦ 1° Imposer à (un cheval, un concurrent) un désavantage quelconque selon la formule du handicap. *Cheval équitablement, sévèrement handicapé.* ♦ 2° *Fig.* (1889). Mettre (qqn) en état d'infériorité. V. **Défavoriser, désavantager.** *Il est vraiment handicapé depuis son accident.* ◊ (1957) HANDICAPÉ, ÉE. *adj.* et *n.* Se dit d'une personne présentant une déficience (congénitale ou acquise) des capacités physiques ou mentales, qui l'empêche de travailler normalement. *Un handicapé visuel, moteur.* V. **Infirme, invalide.** *Par ext.* Victime d'un handicap (3°), désavantagé. « *La mort du père fait des orphelins des enfants 'handicapés' sur le plan affectif et matériel* » (*Le Monde*, 10-2-1966). ◈ ANT. *Avantager, douer, favoriser.*

HANDICAPEUR ['ɑ̃dikapœʀ]. *n. m.* (1872; de *handicaper*). *Turf.* Commissaire d'une société de courses chargé d'établir les handicaps. — *Appos. Le commissaire handicapeur.*

HANGAR ['ɑ̃gaʀ]. *n. m.* (1338; frq. *°haimgard*, de *°haim* « hameau », et *°gard* « enclos »). Construction formée d'une couverture soutenue par des supports et destinée à abriter du matériel, certaines marchandises. V. **Abri, entrepôt, remise.** *Hangar à récoltes, à fourrage* (V. **Grange; fenil, herbier**). *Hangars d'un port.* V. **Dock.** *Hangar à locomotives.* V. **Rotonde.** ◊ Vaste construction close servant d'abri aux avions. « *Toulouse, Barcelone, Alicante... rentraient les avions, fermaient les hangars* » (St-Exup.).

HANNETON ['antɔ̃]. *n. m.* (XIᵉ; du frq. *°hano* « coq »). ♦ 1° Insecte coléoptère, lourd, ordinairement roux, à antennes en lamelles. *Larves de hannetons.* V. **Man, ver** (blanc). ◊ *Par ext.* Insecte de la même famille. *Hanneton des jardins, des roses* (cétoine dorée). ♦ 2° *Fam. Vieilli. Être étourdi comme un hanneton,* par allus. au vol maladroit du hanneton. *Absolt. C'est un hanneton, un vrai hanneton* : un esprit léger et désordonné. ◊ *Fam.* et mod. *Qui n'est pas piqué* (mangé) *des hannetons,* qui se manifeste dans toute sa force. « *Un petit froid qui n'est pas piqué des hannetons* » (ARAGON).

HANNETONNAGE ['antɔnaʒ]. *n. m.* (1866; de *hannetonner*). *Agric.* Opération qui a pour but la destruction des hannetons.

HANNETONNER ['antɔne]. *v. intr.* (1767; de *hanneton*). *Agric.* Détruire les hannetons. — *Trans. Hannetonner une région.*

HANSART ['ɑ̃saʀ]. *n. m.* (XIIIᵉ; germ. *hand sax* « poignard »). *Dial.* (Ouest). Couperet, hachoir à viande.

HANSE ['ɑ̃s]. *n. f.* (1240; moy. bas all. *hansa* « troupe »). *Hist.* Au moyen âge, Association de marchands ayant le monopole du commerce par eau, dans une région. *Hanse germanique,* et absolt. *La Hanse :* association de villes commerçantes de la mer du Nord et de la Baltique. ◊ *Par ext.* Nom donné à certaines corporations, compagnies de marchands. ◈ HOM. *Anse.*

HANSÉATIQUE ['ɑ̃seatik]. *adj.* (1690; anséatique, 1650; all. *Hanseatisch.* V. **Hanse**). Relatif, appartenant à la Hanse. *Ville, ligue hanséatique.* « *Cette bonne ville hanséatique de Hambourg* » (GAUTIER).

HANTÉ, ÉE ['ɑ̃te]. *adj.* (déb. XIXᵉ; angl. *haunted.* V. **Hanter,** 3°). Visité par des fantômes, des esprits. *Château hanté.*

HANTER ['ɑ̃te]. *v. tr.* (v. 1138, « habiter »; a. scand. *heimta,* rad. *haim.* V. **Hameau**). ♦ 1° *Littér.* Fréquenter (un lieu) d'une manière habituelle, familière. *Hanter les tripots, les mauvais lieux.* ♦ 2° *Vieilli.* Fréquenter habituellement (qqn). « *Je hante la noblesse* » (MOL.). ♦ 3° *Mod.* (déb. XIXᵉ; empr. angl.). En parlant des esprits, des fantômes. « *Saint Nectaire débarrassa une maison hantée par des lémures* » (HUYSMANS). ♦ 4° *Fig.* (XIXᵉ). V. **Obséder, poursuivre.** *Ce souvenir le hantait. Les rêves qui hantent son sommeil.* V. **Habiter, peupler** (fig.). « *L'idée du suicide le*

hante » (SUARÈS). ◈ ANT. *Fuir; éloigner* (s'). — HOM. *Enter.*

HANTISE ['ɑ̃tiz]. *n. f.* (XIIIᵉ; de *hanter*). ♦ 1° *Vx.* Action de hanter, de fréquenter (une personne). ♦ 2° *Mod.* (XIXᵉ). Caractère obsédant d'une idée, d'une pensée, d'un souvenir; préoccupation constante dont on ne parvient pas à se libérer. V. **Obsession, idée** (fixe*), **manie.** *La hantise du péché, de la mort* (V. **Peur**). « *La hantise du concours... qui ne me quitte jamais tout à fait* » (ROMAINS).

HAPAX [apaks]. *n. m.* (1922; gr. *hapax (legomenon)* « chose dite une seule fois »). *Ling.* Mot, forme, emploi dont on ne peut relever qu'un exemple (à une époque donnée).

HAPLO-. Élément, du gr. *haplous* « simple ».

HAPLOÏDE [aplɔid]. *adj.* (XXᵉ; de *haplo-,* et *-oïde*). *Biol.* Se dit des gamètes dont le nombre de chromosomes est réduit à un élément de chaque paire après la méiose, afin qu'ils puissent s'apparier avec d'autres dans la fécondation (*opposé à* diploïde*). *Cellule haploïde.*

HAPLOLOGIE [aplɔlɔʒi]. *n. f.* (1908; de *haplo-,* et *-logie*). *Phonét.* Le fait de n'énoncer que l'une de deux articulations semblables et successives (cas de dissimilation*). Ex. : *haplogie* pour *haplologie.*

HAPPE ['ap]. *n. f.* (v. 1268; de *happer*). *Techn.* ♦ 1° Crampon qui sert à lier deux pièces de charpente, deux pierres. ♦ 2° Demi-cercle de métal qui protège de l'usure chaque extrémité d'un essieu de charrette).

HAPPEMENT ['apmɑ̃]. *n. m.* (1330; de *happer*). ♦ 1° *Rare.* Action de happer. ♦ 2° Adhérence (de l'argile, etc.) sur la langue.

HAPPENING ['ap(ə)niŋ]. *n. m.* (1964; mot angl. « événement »), p. prés. substantivé de *to happen,* « arriver, survenir »). *Américanisme.* Spectacle où la part d'imprévu et de spontanéité est essentielle. *Par ext.* Événement collectif comparé à ce type de spectacle. *Des happenings.* ◊ Méthode de psychothérapie de groupe, utilisant les possibilités créatrices des malades au cours de réunions organisées sous forme de représentations théâtrales, de jeux.

HAPPER ['ape]. *v.* (XIIᵉ; rad. onomat. germ. *happ-*). ♦ 1° *V. tr.* Saisir, attraper brusquement et avec violence. *Être happé par un train.* ◊ *Spécialt.* Attraper, prendre brusquement dans la bouche, la gueule, le bec, en parlant de certains animaux. *Chien qui happe un morceau de viande.* ♦ 2° *V. intr. Vx.* Adhérer fortement. ◈ ANT. *Lâcher, laisser.*

HAPPY END [apiɛnd]. *n. m.* ou *n. f.* (1947; de l'angl. « fin [*end*] heureuse [*happy*] »). *Anglicisme.* Heureuse fin (d'un film tragique) souvent considérée comme une concession au goût du public. — *Par ext.* et *fam.* Fin heureuse.

HAQUEBUTE ['akbyt]. *n. f.* (1473; moy. néerl. *hakebusse*). *Ancien.* V. **Arquebuse.** — On écrit aussi *Hacquebute*).

HAQUENÉE [akne]. *n. f.* (1360; moy. angl. *haquenei,* de *Hackney,* village dont les chevaux étaient renommés). *Vx.* Cheval ou jument de taille moyenne, d'allure douce, allant ordinairement l'amble, que montaient les dames. ◈ HOM. *Acné.*

HAQUET ['akɛ]. *n. m.* (1327; p.-ê. ext. de l'a. fr. *haquet* « cheval », probabl. de même rac. que *haquenée*). Charrette étroite et longue, sans ridelles. « *Des haquets chargés de barriques* » (BARBUSSE). ◈ HOM. *Acquêt.*

HARA-KIRI ['aʀakiʀi]. *n. m.* (1873; mot jap. « ouverture du ventre »). Mode de suicide particulièrement honorable, au Japon. *Les samouraïs condamnés à mort avaient le privilège du hara-kiri.* ◊ *Par ext.* et plaisant. *Faire hara-kiri :* se suicider; ou *fig.* Se sacrifier.

HARANGUE ['aʀɑ̃g]. *n. f.* (v. 1500; *arenge,* v. 1400; it. *aringa,* ou bas lat. *harenga,* frq. *°hring;* Cf. Rang). ♦ 1° Discours solennel prononcé devant une assemblée, un haut personnage. *Harangue violente.* V. **Catilinaire, philippique.** *Courte harangue. La tribune aux harangues d'Athènes.* ♦ 2° *Par ext.* Discours pompeux et ennuyeux; remontrance interminable (V. **Sermon**).

HARANGUER ['aʀɑ̃ge]. *v. tr.* (déb. XVᵉ; de *harangue*). Adresser une harangue à. *Haranguer des soldats, le peuple.* « *Des hommes d'une éloquence frénétique haranguaient la foule au coin des rues* » (FLAUB.). ◊ *Fig.* Faire d'ennuyeux discours, de longues remontrances à. V. **Sermonner.**

HARANGUEUR, EUSE ['aʀɑ̃gœʀ, øz]. *n. m.* (1530; de *haranguer*). *Vieilli.* V. **Orateur.** — *Fig.* et *littér.* Personne qui discourt interminablement.

HARAS ['aʀɑ]. *n. m.* (*Haraz,* XIIᵉ; p.-ê. a. scand. *hārr* « qui a le poil gris »). Lieu, établissement destiné à la reproduction de l'espèce chevaline, à l'amélioration des races de chevaux par la sélection des étalons. *Registre d'un haras de pur-sang.* V. **Stud-book.** *Haras nationaux,* appartenant à l'État. *Direction générale des haras* (*Ministère de l'Agriculture*).

HARASSANT, ANTE ['aʀasɑ̃, ɑ̃t]. *adj.* (1845; de *harasser*). Qui harasse. V. **Fatigant.** *Travail harassant.* « *Ces harassantes journées de douze heures* » (ROMAINS).

HARASSE ['aʀas]. *n. f.* (fin XIIᵉ; altér. de *charace,* gr. *kharax* « pieu », d'apr. *harasser;* a. haut all. *°hrāza*). *Techn.*

Emballage léger, caisse à claire-voie, pour le transport du verre, de la porcelaine.

HARASSÉ, ÉE ['aʀase]. *adj.* (V. Harasser). Épuisé de fatigue. *Être harassé, à bout* de force, sur les dents**. — Par ext. « *L'expression inquiète et parfois harassée de son regard* » (GIDE). ◊ ANT. *Dispos, fort, frais.*

HARASSEMENT ['aʀasmɑ̃]. *n. m.* (XVIᵉ ; de *harasser*). *Rare.* Action de harasser ; fatigue extrême.

HARASSER ['aʀase]. *v. tr.* (1527 ; a. fr. *harace* « poursuite », de *hare* « cri pour exciter les chiens », interj. d'o. frq.). *Vx.* sauf aux temps comp. et p. p. (V. Harassé). Accabler de fatigue. V. Fatiguer. *Être harassé de travail, d'écrire.* ◊ ANT. *Délaisser, reposer.*

HARCELANT, ANTE ['aʀsəlɑ̃, ɑ̃t]. *adj.* (1845 ; de *harceler*). Qui harcèle. *Créanciers harcelants. Occupations harcelantes.*

HARCÈLEMENT ['aʀsɛlmɑ̃]. *n. m.* (XVIᵉ ; de *harceler*). Action de harceler (en actes ou en paroles). *Guerre de harcèlement.* V. Guérilla. *Tir de harcèlement.*

HARCELER ['aʀsəle]. *v. tr.* ; conjug. *geler* (1493 ; var. pop. de *herceler*, de *herser*, au fig. « tourmenter »). Soumettre sans répit à de petites attaques réitérées, à de rapides assauts incessants. *Harceler l'ennemi par d'incessantes escarmouches. Harceler un lièvre jusqu'à épuisement.* V. Poursuivre. *Un âne « harcelé par un malotru armé d'un fouet »* (BAUDEL.). *Ses créanciers ne cessent de le harceler.* V. Presser, talonner (Cf. Mettre l'épée dans les reins*). « *Sa bru la suivait pas à pas... la harcelant de questions* » (MAURIAC). — Fig. *Être harcelé de soucis.* ◊ ANT. *Apaiser, calmer. Laisser.*

1. HARDE ['aʀd(ə)]. *n. f.* (*Herde*, XIIᵉ ; frq. °*herda* ; Cf. all. *Herde* « troupeau »). *Vén.* Troupe de bêtes sauvages vivant ensemble. *Harde de cerfs, de daims.* V. Harpail.

2. HARDE ['aʀd(ə)]. *n. f.* (1391, « corde » ; var. fém. de *hart*). *Vén.* Lien servant à attacher les chiens, par quatre ou par six. *Couples de chiens ainsi attachés.* ◊ HOM. Hardes.

HARDER ['aʀde]. *v. tr.* (1561 ; de *harde* 2). *Vén.* Attacher (les chiens) à la harde.

HARDES ['aʀd(ə)]. *n. f. pl.* (1539 ; *fardes* en a. fr., prononcé *hardes* en gasc. ; arabe *fard.* V. Fardeau). ♦ 1º *Vx* ou dial. *Dr.* Ensemble des effets personnels (vêtements, linge et même meubles voyageant avec les bagages). ♦ 2º *Péj.* Vêtements pauvres et usagés. V. Guenilles, haillons, nippes ; Cf. Fripes. *Un paquet de vieilles hardes.* « *Ce qu'il y avait de pauvre et de triste dans ces hardes usées* » (GREEN). ◊ HOM. Harde.

HARDI, IE ['aʀdi]. *adj.* (XIᵉ ; p. p. d'un a. fr. *hardir* « rendre, devenir dur », frq. °*hardjan* ; Cf. all. *Härten* « durcir »). ♦ 1º Qui manifeste, dénote un tempérament, un esprit prompt à oser sans se laisser intimider. V. Audacieux, aventureux, brave, courageux, déterminé, énergique, entreprenant, intrépide, résolu. *Guerriers hardis. Hardi à l'excès.* V. Risquetout, téméraire. « *Plus hardi à faire qu'à parler* » (BOSS.). ◊ (Blas.) *Coq hardi*, figuré la patte levée et le bec ouvert. ◊ *Contenance fière et hardie.* V. Assuré, décidé. *Entreprise hardie. Un projet particulièrement hardi. Faire une réponse hardie.* ♦ 2º *Péj.* et *vieilli.* V. Effronté, impudent, insolent. « *Qui te rend si hardi de troubler mon breuvage?* » (LA FONT.). *Un hardi coquin.* ◊ *Spécialt.* V. Impudique, provocant. *Une fille hardie. Décolleté hardi.* V. Audacieux. *Vous ne trouvez pas ce passage un peu hardi?* V. Osé, risqué. ♦ 3º Qui est audacieux avec bonheur. V. Original ; nouveau. « *Un talent hardi et novateur* » (ROMAINS). *Imagination hardie.* ◊ Qui a qqch. de franc et d'aisé dans son audace. *Une touche hardie. La flèche hardie de cette église gothique.* ♦ 4º *HARDI!* *loc. interj.* Expression servant à encourager et pousser en avant. *Hardi, les gars!* V. Courage. Fam. *Hardi petit!* ◊ ANT. *Lâche, peureux, timide. Modeste. Banal, plat, terne.*

HARDIESSE ['aʀdjɛs]. *n. f.* (XIᵉ ; de *hardi*). **I.** *Littér.* ♦ 1º Qualité de celui qui est hardi, de ce qui est hardi. V. Assurance, audace, bravoure, cœur, courage, énergie, fermeté, intrépidité. *Avoir, montrer de la hardiesse.* « *Il faut une grande hardiesse pour oser être soi* » (DELACROIX). « *Sa hardiesse ressemblait à la présomption, à la témérité* » (DUHAM.). — *Avoir la hardiesse de résister.* « *Une réserve d'énergie égale à la hardiesse de son dessein* » (LEMAITRE). ♦ 2º *Péj.* Avoir la hardiesse de soutenir cela! V. Effronterie, impudence. ♦ 3º *Hardiesse du style.* V. Originalité, nouveauté. *Une grande hardiesse de pinceau, une grande franchise dans l'exécution.* V. Vigueur. **II.** Action, idée, parole, expression hardie. *Se permettre certaines hardiesses.* V. Liberté, licence. « *Il a des hardiesses et des outrances de jeune* » (MAUROIS).

◊ ANT. *Lâcheté, timidité. Décence, modestie. Banalité, platitude.*

HARDIMENT ['aʀdimɑ̃]. *adv.* (1155 ; de *hardi*). D'une manière hardie, avec hardiesse. *S'exposer hardiment aux dangers.* V. Courageusement. *Parler hardiment.* V. Carrément. ◊ Avec une hardiesse qui tient de l'inconscience ou

de l'effronterie. *S'engager bien hardiment* (Cf. À la légère*, sans réfléchir). *Nier hardiment.* V. Effrontément, impudemment. ◊ ANT. *Craintivement, timidement ; modestement.*

HARD-TOP ['aʀdtɔp]. *n. m.* (v. 1950 ; mot angl. « dessus » (*top*), « dur », *hard*). Anglicisme. Toit en tôle amovible pour automobile. *Des hard-tops.*

HARDWARE ['aʀdwaʀ ou, à l'angl., 'aʀdwɛʀ]. *n. m.* (1965 ; mot amér., formation plaisante de l'argot des ingénieurs, de *hard* « dur », et -*ware*, suff. servant à former des noms d'instruments ménagers). *Américanisme.* Les éléments matériels d'un système informatique. — Recomm. *offic.* *Matériel** (on a proposé d'autres équivalents, notamment *Quincaille*). ◊ ANT. *Software** (recomm. offic. *logiciel*).

HAREM ['aʀɛm]. *n. m.* (1835 ; var. *hara*, 1632, *haram*, 1663 ; arabe *haram* « ce qui est défendu, sacré »). ♦ 1º Appartement des femmes, chez les peuples musulmans. V. Gynécée. *Le harem du palais du sultan. Eunuques servant dans un harem.* ♦ 2º Ensemble des femmes qui habitent le harem. « *Le harem, de nos jours, c'est tout simplement la partie féminine d'une famille* » (LOTI).

HARENG ['aʀɑ̃]. *n. m.* (XIIᵉ ; frq. °*hāring*). Poisson de mer (*Clupéidés*), vivant en bancs souvent immenses. Plaisant. *La mare aux harengs* : l'Atlantique Nord, où le hareng commun est abondant. *Pêche au hareng. Harengs frais. Hareng blanc, sommairement salé. Hareng au vin blanc.* V. Rollmops. *Hareng saur**. V. Bouffi, gendarme. *Hareng guai*. Harengs en caque. Filets de hareng.* — Loc. fam. *Sec comme un hareng. Être serrés comme des harengs* (Cf. Comme des sardines). *La caque* sent toujours le hareng.*

HARENGAISON ['aʀɑ̃gɛzɔ̃]. *n. f.* (XIVᵉ ; de *hareng*). *Pêche.* Pêche au hareng ; temps où elle a lieu.

HARENGÈRE ['aʀɑ̃ʒɛʀ]. *n. f.* (1226 ; de *hareng*). ♦ 1º *Vx.* Vendeuse au détail des harengs et autres poissons. ♦ 2º Femme grossière, criarde, mal embouchée. « *Sa femme se déchaînait partout contre moi... elle était connue de tout le monde pour une harengère* » (ROUSS.).

HARENGUET ou **HARANGUET** ['aʀɑ̃gɛ]. *n. m.* (1775 ; de *hareng*). Autre nom du sprat.

HARENGUIER ['aʀɑ̃gje] ou **HARENGUEUX** ['aʀɑ̃gø]. *n. m.* (1922,-1877 ; de *hareng*). *Pêche.* Bateau spécialisé pour la pêche du hareng.

HARET ['aʀɛ]. *adj. m.* (1690 ; a. fr. *harer* « crier hare, traquer ». V. Harasser). *Rare.* *Chat haret*, chat qui est retourné à l'état sauvage et vit de gibier. — Subst. *Un haret.* ◊ HOM. *Arrêt.*

HARFANG ['aʀfɑ̃]. *n. m.* (1760 ; mot suéd.). Oiseau rapace nocturne des régions septentrionales, dit *chouette blanche*.

HARGNE ['aʀɲ(ə)]. *n. f.* (déb. XXᵉ ; « querelle », XIIIᵉ-XVIᵉ ; d'un frq. °*harmjan*). Mauvaise humeur se traduisant par des propos acerbes, un comportement agressif, parfois même méchant ou haineux. V. Colère. *Attaquer, répliquer avec hargne. Il « me semblait prêcher la haine, la hargne et l'amertume »* (GIDE).

HARGNEUSEMENT ['aʀɲøzmɑ̃]. *adv.* (XXᵉ ; de *hargneux*). D'une façon hargneuse.

HARGNEUX, EUSE ['aʀɲø, øz]. *adj.* (1160 ; de *hargne*). ♦ 1º Qui est plein de hargne. V. Acariâtre, grincheux, querelleur, rageur. *Une femme hargneuse.* V. Mégère, teigne. *Il était « sournoisement mauvais, hargneux, taquin »* (GONCOURT). *Caractère hargneux.* — *Chien hargneux.* V. Méchant. ♦ 2º Par ext. Qui exprime ou dénote de la hargne. *Mine hargneuse.* V. Rechigné, revêche. *Ton hargneux.* — *Critiques hargneuses.* V. Acerbe. « *L'aîné avait le réveil hargneux* » (ARAGON). ◊ ANT. *Aimable, doux.*

HARICOT ['aʀiko]. *n. m.* (*Hericoq de mouton*, 1393 ; a. fr. *harigoter* « couper en morceaux », du frq. °*harión*). **I.** *Ragoût de mouton. Un haricot de mouton.* **II.** (1651 ; *fèves de haricot* (« de ragoût »), 1642). ♦ 1º Plante herbacée, annuelle (*Légumineuses papilionacées*), à fleurs groupées en grappes, à fruits comestibles. *Haricots grimpants, à rames. Haricots mange-tout*, à gousses comestibles (*haricots jaunes, haricots beurre*). *Haricots à écosser*, variété dont seules les graines se mangent (*haricots noirs* (V. Dolic), *rouges, de Soissons*). *Planter des haricots. Pied de haricot.* ♦ 2º *Spécialt. Des haricots* : la partie comestible de cette plante, comprenant soit les gousses encore vertes (*Haricots verts*), soit les gousses contenant les graines mûres (*Haricots mange-tout*), soit les graines seules, imparfaitement mûres (*Flageolets*) ou mûres (*Haricots blancs*). ◊ *Absolt.* Graines des espèces « à écosser » qui se mangent fraîches ou sèches. V. Fayot (*pop.*). *Haricots blancs, rouges. Faire tremper des haricots. Gigot de mouton aux haricots. Ragoût toulousain aux haricots.* V. Cassoulet. ♦ 3º Fig. et pop. *Des haricots!* vous n'aurez rien du tout! *C'est la fin des haricots* : la fin de tout. ◊ *Tête. Courir, taper sur le haricot* : ennuyer, importuner.

HARIDELLE ['aʀidɛl]. *n. f.* (XVIᵉ ; o. i., p.-ê. du rad. de *haras*). Mauvais cheval maigre et efflanqué. V. Rosse, rossinante. *Un cocher « qui conduisait une haridelle boiteuse... un horrible canasson »* (FRANCE).

HARKI ['aʀki]. *n. m.* (répandu v. 1960 ; mot arabe, de *harka* « mouvement »). Militaire servant dans une milice supplétive *(harka)*. V. **Supplétif.** *Les harkis.*

HARLE ['aʀl(ə)]. *n. m.* (1555 ; mot dial. du Nivernais ; o. i.). Oiseau palmipède *(Anatidés)* voisin du canard.

HARMATTAN ['aʀmatɑ̃]. *n. m.* (1765 ; mot africain). Vent très chaud et sec qui souffle de l'Est, en Afrique occidentale.

HARMONICA [aʀmɔnika]. *n. m.* (1773 ; angl. *harmonica*, 1762 ; fém. du lat. *harmonicus* « harmonieux »). ◊ 1° *Vx.* Instrument de musique consistant en récipients de verre de timbres différents que l'on faisait résonner par frottement. *« Les sons de l'harmonica, produits de l'eau et du cristal »* (CHATEAUB.). ♦ 2° (Fin XIXᵉ ; all. *Harmonika*, 1829). Instrument de musique composé de petits tuyaux à anche métallique juxtaposés que l'on fait vibrer par le souffle. *Harmonica chromatique,* à poussoir.

HARMONICISTE [aʀmɔnisist(ə)]. *n.* (1953 ; de *harmonica*). Joueur d'harmonica.

HARMONICORDE [aʀmɔnikɔʀd(ə)]. *n. m.* (1839 ; de *harmonium,* et *corde*). *Ancienn.* Nom donné à une sorte d'harmonium à anches libres et à cordes métalliques.

HARMONIE [aʀmɔni]. *n. f.* (fin XIIᵉ ; lat. *harmonia,* mot gr., proprem. « assemblage »).
I. ♦ 1° Sons assemblés. V. **Musique.** ♦ 1° *Vx* ou *littér.* Combinaison, ensemble de sons perçus simultanément d'une manière agréable à l'oreille (V. **Accord**). *L'harmonie des voix, des instruments.* V. **Chœur, concert.** *Absolt. L'harmonie des sphères :* les sons harmonieux que les pythagoriciens croyaient produits par le mouvement des corps célestes. ♦ 2° *Vx.* Son, succession de sons agréables. *L'harmonie d'une harpe.* — *Mod. Table d'harmonie :* table sur laquelle sont tendues les cordes d'un instrument de musique. ♦ 3° Ensemble des principes sur lesquels est basé en musique l'emploi des sons simultanés, la combinaison des parties ou des voix ; science, théorie des accords et des simultanéités. *Les règles, les lois de l'harmonie classique. Étudier l'harmonie, le contrepoint. Traité d'harmonie. « L'Allemagne, terre de l'harmonie, à des symphonistes »* (HUGO). ◊ *Les harmonies :* les accords conformes aux règles de l'harmonie. *Harmonies consonantes, dissonantes.* V. **Consonance, dissonance.** ♦ 4° *L'harmonie d'un orchestre :* les bois, les cuivres et la percussion. *Concert d'harmonie. Absolt. Harmonie.* V. **Fanfare, orphéon.** ♦ 5° *Gram.* et *littér.* Ensemble des caractères (combinaisons de sons, accents, rythme) qui rendent un discours agréable à l'oreille. V. **Euphonie.** *Harmonie des périodes.* V. **Cadence, nombre, rythme.** *Morceau dépourvu d'harmonie. L'harmonie des vers.* ◊ *Spécialt. Harmonie imitative,* qui, par la sonorité des mots employés, imite ou évoque le bruit de la chose signifiée. ◊ *Littér.* La poésie. *« Fille de la douleur, harmonie ! harmonie! »* (MUSS.).
II. ♦ 1° Relations existant entre les diverses parties d'un tout et qui font que ces parties concourent à un même effet d'ensemble ; cet effet. V. **Unité.** *L'harmonie des parties d'un ensemble.* V. **Ordre, organisation.** *« Tous les phénomènes d'un corps vivant sont dans une harmonie réciproque »* (Cl. BERNARD). *Harmonie des vues, des sentiments de plusieurs personnes.* V. **Communauté, concordance, conformité, correspondance.** *Être en harmonie avec.* V. **Convenir, correspondre.** *Ces deux choses sont en parfaite harmonie :* vont ensemble. — *Philo. Harmonie préétablie :* doctrine de Leibniz suivant laquelle le développement parallèle des substances créées se conforme à une relation préétablie. ♦ 2° *Littér.* Accord, bonnes relations entre personnes. V. **Entente, paix, union.** *L'harmonie qui règne dans une société, une famille. Détruire, rétablir l'harmonie.* V. **Amitié, entente, sympathie.** ♦ 3° Ensemble des rapports entre les parties, les éléments d'un objet, d'une œuvre d'art, d'un spectacle (du point de vue esthétique). V. **Ensemble, équilibre.** *Harmonie d'une composition. Harmonie des volumes, des proportions, dans un tableau.* V. **Balancement.** — *Harmonie d'un visage.* V. **Beauté, régularité, symétrie.** *« Il aimait un corps humain comme une harmonie matérielle, comme une belle architecture »* (BAUDEL.). ♦ 4° *Math.* Se dit d'une relation caractéristique entre deux grandeurs. V. **Harmonique.** *Rapport d'harmonie.*
◊ ANT. Désaccord, désordre, discordance ; antagonisme, incompatibilité. Discorde, dissentiment.

HARMONIEUSEMENT [aʀmɔnjøzmɑ̃]. *adv.* (1510 ; de *harmonieux*). D'une manière harmonieuse. *Chanter harmonieusement.* — *Ville harmonieusement étagée. Univers harmonieusement ordonné.*

HARMONIEUX, EUSE [aʀmɔnjø, øz]. *adj.* (1361 ; de *harmonie*).
I. ♦ 1° Agréable à l'oreille (en parlant d'un son, d'une combinaison de sons). V. **Mélodieux.** *Voix harmonieuse. La musique « est la parole la plus profonde de l'âme, le cri harmonieux de sa joie et de sa douleur »* (R. ROLLAND). ♦

2° Qui produit des sons agréables. *Instrument harmonieux.* ♦ 3° Qui a de l'harmonie, en parlant du discours, du langage. *Style harmonieux. Périodes harmonieuses.* V. **Cadencé, nombreux, rythmé.**
II. Qui a, qui produit de l'harmonie, par les relations qui existent entre ses éléments ; qui est en harmonie avec les autres éléments. *Système harmonieux.* V. **Cohérent.** *« L'harmonieux équilibre des éléments très divers »* (GIDE). V. **Juste, proportionné.** — *Formes, couleurs harmonieuses. Réussite harmonieuse d'une architecture. « Suspendant ton allure harmonieuse et lente »* (BAUDEL.).
◊ ANT. Criard, discordant, dissonant. Désorganisé, disparate, disproportionné, incohérent.

HARMONIQUE [aʀmɔnik]. *adj.* (XIVᵉ ; lat. *harmonicus,* gr. *harmonikos*). Relatif à l'harmonie. ♦ 1° Se dit de certains sons, de certains rapports ou assemblages de sons caractéristiques, en harmonie. *Gamme, échelle harmonique.* V. **Diatonique.** *Marche harmonique.* ◊ *Son harmonique,* et *subst.* HARMONIQUE (*n. m.* ou *f.*) : son musical simple dont la fréquence est un multiple entier de celle d'un son de référence (Son fondamental*). *Harmoniques du deuxième, troisième rang ; deuxième, troisième harmoniques :* ceux dont la fréquence est double, triple de celle du son fondamental. ♦ 2° Qui concourt à l'harmonie, ou dont toutes les parties sont en harmonie. V. **Harmonieux.** *Unité harmonique.* « *La fonction du poète est de rendre aux mots leur valeur harmonique »* (MAUROIS). ♦ 3° *Géom.* Division *harmonique,* formée par quatre points alignés A, B, C et D,
lorsqu'ils sont dans un rapport tel $\dfrac{\overline{CA}}{\overline{CB}} = -\dfrac{\overline{DA}}{\overline{DB}}$ (les points
C et D étant *conjugués harmoniques* par rapport à A et B et inversement). V. **Birapport.** *Faisceau harmonique,* formé par les quatre droites joignant un point du plan à quatre points formant une division harmonique. — *Alg. Série harmonique :* la série $1 + 1/2 + 1/3 + 1/4...$ *Moyenne harmonique de plusieurs nombres,* l'inverse de la moyenne arithmétique de leur inverse.

HARMONIQUEMENT [aʀmɔnikmɑ̃]. *adv.* (1579 ; de *harmonique*). ♦ 1° *Mus.* Suivant les lois de l'harmonie. ♦ 2° *Math.* Conformément aux rapports harmoniques. *Droite divisée harmoniquement par quatre points.*

HARMONISATION [aʀmɔnizasjɔ̃]. *n. f.* (1873 ; de *harmoniser*). ♦ 1° Action d'harmoniser ; résultat de cette action. V. **Accompagnement, arrangement, orchestration.** ♦ 2° *Phonét. Harmonisation vocalique,* fermeture d'un È ouvert [ɛ] inaccentué en syllabe ouverte sous l'influence d'une voyelle palatale suivante : bêtise [betiz], au lieu de [bɛtiz].

HARMONISER [aʀmɔnize]. *v. tr.* (XVᵉ ; repris XIXᵉ, d'après *harmonier ;* de *harmonie*). ♦ 1° Mettre en harmonie, en accord. V. **Accorder, arranger, coordonner, équilibrer.** *Harmoniser les intérêts de plusieurs personnes.* V. **Concilier.** ♦ 2° *Mus.* Combiner (une mélodie) avec d'autres parties ou avec des suites d'accords, en vue de réaliser un ensemble harmonique. *Harmoniser un chant,* composer un accompagnement. *Harmoniser un air pour chœur et orchestre.* V. **Arranger, orchestrer.** ♦ 3° S'HARMONISER. *v. pron.* Se mettre, être en harmonie. V. **Accorder (s'), concorder, correspondre.** *Couleurs, teintes qui s'harmonisent. « Le sentiment s'harmonisait avec le milieu »* (FLAUB.). ◊ ANT. Désaccorder. Détonner, dissoner.

HARMONISTE [aʀmɔnist(ə)]. *n. m.* (fin XVIIIᵉ ; de *harmonie). Mus.* Musicien spécialiste de l'harmonie. *Techn.* Professionnel qui règle les jeux d'orgues.

HARMONIUM [aʀmɔnjɔm]. *n. m.* (1840 ; d'apr. *harmonie*). Instrument à clavier et à soufflerie, comme l'orgue, mais qui est (comme l'accordéon) muni d'anches libres au lieu de tuyaux (V. **Harmonicorde**). *Jouer de l'harmonium à l'église.*

HARNACHEMENT ['aʀnaʃmɑ̃]. *n. m.* (1561 ; de *harnacher*). ♦ 1° Action de harnacher. ♦ 2° Ensemble des harnais, équipement des chevaux et animaux de selle. V. **Harnais.** *Harnachement de trait, de bât, de dressage* (chevaux). ♦ 3° *Par anal.* Habillement lourd et incommode. *Le harnachement d'un fantassin.* V. **Équipement.** *Un harnachement complet d'alpiniste.*

HARNACHER ['aʀnaʃe]. *v. tr.* (*Harneschier,* v. 1200 ; de *herneis* « harnais »). ♦ 1° Mettre le harnais, les harnais à (un cheval, un animal de selle). V. **Enharnacher.** *Harnacher les chevaux. Cheval richement harnaché.* ♦ 2° (Surtout p. p. ou pron.). Accoutrer (qqn) comme d'un harnais. *Être grotesquement harnaché.* V. **Ficelé.** *« Il est prêt à partir, tout harnaché de courroies et de musettes »* (GIONO). *Se harnacher :* s'équiper, en parlant d'un soldat, d'un chasseur, d'un alpiniste.

HARNACHEUR ['aʀnaʃœʀ]. *n. m.* (1402 ; de *harnacher*). *Vx.* Artisan qui fait des harnais et travaille pour un sellier. Palefrenier qui harnache les chevaux.

HARNAIS ['aʀnɛ] ou (*vx*) **HARNOIS** ['aʀnwa]. *n. m.* (*Herneis,* 1155 ; a. scand. °*her-nest* « provision de voyage »).

♦ **1°** *Ancienn.* Armure, équipement complet d'un homme d'arme. — *Par anal.* V. **Accoutrement, vêtement.** « *Sa prestance s'accommodait assez bien de ce harnais officiel* » (MART. du G.). ◇ Fig. « *Le pesant harnais de la discipline militaire* » (BALZ.). *Blanchi sous le harnois :* vieilli dans le métier (des armes, etc.). ♦ **2°** Équipement d'un cheval de selle, de trait et *par ext.* de tout animal de travail. V. **Harnachement.** *Pièces du harnais.* V. **Attelle, avaloire, bât, bricole, bride, collier** (d'attelage), **croupière, culière, dossière, frein, guide, joug, licol** ou **licou, martingale, montant** (de bride), **mors, muserolle, œillère, poitrail, reculement, rêne, selle, sellette, sous-barbe, sous-gorge, sous-ventrière, surdos, surfaix, têtière, trait, trousse-queue.** — Pièce de harnachement, et *spécialt.* pièce souple, en cuir, etc. *Changer les harnais d'un cheval.* ♦ **3°** *Techn.* Ensemble de pièces (lisses) d'un métier à tisser. ◇ *Harnais d'engrenage :* groupe d'engrenages commandant un arbre secondaire.

HARO ['aro]. *interj.* et *n. m.* (XIIᵉ ; de *hare.* V. **Harasser**.) ♦ **1°** *Anc. Dr.* Cri d'appel à l'aide, poussé par la victime d'un flagrant délit, et qui rendait obligatoire l'intervention des auditeurs. Spécialt. *Clameur de haro, Haro :* formule qui donnait à chacun le droit d'arrêter le coupable. ♦ **2°** Fig. *Crier haro sur* (qqn, qqch.) : dénoncer à l'indignation de tous. « *Crier haro sur la bêtise contemporaine* » (BAUDEL.).

HARPAGON [arpagɔ̃]. *n. m.* (1721 ; du nom de l'*Avare* de Molière). Homme d'une grande avarice. *Un vieil harpagon.*

HARPAIL *n. m.* ou **HARPAILLE** ['arpaj]. *n. f.* (1390 ; de l'a. v. *harpailler* « séparer », rad. lat. *harpa.* V. **Harpe** 2). *Vén.* Troupe de biches et de jeunes cerfs (V. **Harde**).

1. HARPE ['arp(ə)]. *n. f.* (déb. XIIᵉ ; germ. °*harpa*). ♦ **1°** Instrument à cordes pincées, formé d'un cadre (souvent triangulaire) et de cordes de longueur inégale (au XVIᵉ, *harpe* désigne aussi des instruments voisins. V. **Luth, lyre**). *La harpe de David.* ◇ Fig. et *vx.* La poésie sacrée. Littér. « *Poésie, harpe intérieure...* » (LAMART.). ◇ Mod. Le plus grand des instruments à cordes pincées. *Harpe chromatique,* à 78 cordes. *Sonate pour harpe, flûte et alto.* ♦ **2°** (1765). Mollusque gastéropode prosobranche, dont la coquille présente des côtes longitudinales.

2. HARPE ['arp(ə)]. *n. f.* (1485 ; de l'a. fr. *harper* « empoigner », d'o. germ., av. inf. lat. *harpa,* mot gr. « faucille, crochet »). ♦ **1°** *Techn.* Saillie des pierres d'attente, servant au raccord d'une construction voisine. ♦ **2°** *Vén.* Griffe de chien. ♦ **3°** *Dial.* Nom d'instruments en forme de griffe, de croc.

HARPIE ['arpi]. *n. f.* (*Arpe,* XIVᵉ ; lat. *harpya,* mot gr.). ♦ **1°** *Mythol.* Monstre fabuleux, à tête de femme et à corps d'oiseau, à griffes acérées. ◇ Fig. Personne avide, rapace. Femme méchante, acariâtre. V. **Mégère.** *Une vieille harpie.* ♦ **2°** (1809). Oiseau rapace *(Aquilidés)* vivant en Amérique du Sud. ◇ Genre de chauves-souris.

HARPISTE ['arpist(ə)]. *n.* (1677 ; de *harpe* 1). Personne qui joue de la harpe.

HARPON ['arpɔ̃]. *n. m.* (1474 ; en anglo-normand, XIIᵉ ; probabl. de l'a. scand. *harpa,* comme *harpe* 2). ♦ **1°** *Techn.* Pièce de métal coudée servant à relier deux pièces de maçonnerie. V. **Crampon, harpe** 2. ♦ **2°** (1643). *Ancienn.* Grappin pour l'abordage des vaisseaux. ♦ **3°** (1690). Instrument en forme de flèche qui sert à prendre les gros poissons, les cétacés. *Pêche au harpon. Fusil à harpon pour la pêche sous-marine. Canon lance-harpon des baleiniers.*

HARPONNAGE ['arpɔnaʒ] ou **HARPONNEMENT** ['arpɔnmɑ̃]. *n. m.* (1769-1866 ; de *harponner*). Action de harponner.

HARPONNER ['arpɔne]. *v. tr.* (1614 ; de *harpon*). ♦ **1°** Atteindre, accrocher avec un harpon, et *par ext.* avec tout instrument du même genre. *Harponner une baleine.* ♦ **2°** Fig. et *fam.* (fin XIXᵉ). Arrêter, saisir brutalement. *Harponner un malfaiteur.*

HARPONNEUR ['arpɔnœr]. *n. m.* (1671 ; de *harponner*). Matelot qui lance le harpon.

HART ['ar]. *n. f.* (XIIᵉ ; frq. °*hard* « filasse »). ♦ **1°** *Vx* ou *dial.* Lien d'osier, de bois flexible pour attacher les fagots, etc. ♦ **2°** *Vx.* Corde avec laquelle on pendait les condamnés. — La pendaison elle-même. ◇ HOM. *Are, arrhes, ars, art.*

HARUSPICE. V. **ARUSPICE.**

HASARD ['azar]. *n. m. (Hasart,* XIIᵉ ; arabe *az-zahr* « le dé », par l'esp. *azar*). **I.** ♦ **1°** *Vx.* Nom d'un jeu de dés en usage au moyen âge ; coup heureux à ce jeu (le six). ♦ **2°** *Jeu de hasard,* jeu où le calcul, l'habileté n'ont aucune part (dés, roulette, baccara, loterie, etc.). REM. Dans cette expression, *Hasard* est compris au sens III. **II.** ♦ **1°** *Vx.* Risque, circonstance périlleuse. V. **Danger.** *Être, mettre au hasard, en hasard,* s'exposer, exposer à un risque, un péril. V. **Hasarder.** ◇ Mod. *Les hasards de la guerre.* V. **Aléa.** ♦ **2°** Cas, événement fortuit ; concours de circonstances inattendu et inexplicable. *Quel hasard !* V. **Coïncidence ; aléatoire.** *C'est un vrai, un pur hasard,* rien n'était calculé, prémédité. *Heureux hasard.* V. **Aubaine,**

chance, veine. *Profiter d'un hasard favorable.* V. **Occasion.** *Hasard malheureux.* V. **Accident, déveine, malchance.** *Coup de hasard,* événement fortuit. *Des vues* « *que les hasards de la discussion avaient fait naître* » (ROMAINS). **III.** *Absolt.* ♦ **1°** LE HASARD : cause fictive de ce qui arrive sans raison apparente ou explicable, souvent personnifiée au même titre que le sort, la fortune, etc. *Le hasard fait bien les choses.* « *Le hasard sait toujours trouver ceux qui savent s'en servir* » (R. ROLLAND). *Caprices du hasard.* V. **Destin, fatalité, sort.** « *Le souci de ne rien laisser au hasard* » (MAURIAC). *Faire la part du hasard dans une prévision.* ◇ Spécialt. *Dr.* Cas fortuit. ◇ *Philo.* Caractère de ce qui arrive en dehors de normes objectives ou subjectives, de ce qui est moralement non délibéré. *Lois du hasard.* V. **Probabilité.** ♦ **2°** AU HASARD *(loc. adv.)* : à l'aventure, n'importe où. *Coups tirés au hasard.* — Sans réflexion, sans choix ni règle. *Conseils donnés au hasard.* V. **Bonheur** (au petit bonheur), inconsidérément. « *Les abus et les décorations tombent au hasard, sur le juste et l'injuste* » (MAUROIS). — AU HASARD DE... *(loc. prép.)* : selon les hasards de. *Au hasard des rencontres.* « *Disant mes idées au hasard de l'improvisation* » (LÉAUTAUD). — *Au hasard de la fourchette,* à la fortune* du pot. ◇ À TOUT HASARD (loc. adv.) *Vx.* Quoi qu'il puisse arriver. — *Mod.* En prévision ou dans l'attente de toute espèce d'événements possibles. *Il était venu là à tout hasard.* ♦ **3°** PAR HASARD *(loc. adv.).* V. **Accidentellement, fortuitement.** *Rencontrer par hasard* (Cf. Tomber sur). « *Des figures formées au hasard ne sont que par hasard des figures harmoniques* » (VALÉRY). *Une fois par hasard.* — *Comme par hasard,* comme si c'était un hasard. — *Si par hasard,* au cas où, éventuellement. *Auriez-vous par hasard l'intention de louer votre maison?* ◇ ANT. **Déterminisme, finalité.**

HASARDÉ, ÉE ['azarde]. *adj.* (V. **Hasarder**). *Littér.* ♦ **1°** Risqué. *Entreprise hasardée.* V. **Hasardeux.** ♦ **2°** Dont l'issue est douteuse. *Démarche hasardée.* ♦ **3°** Peu sûr, avancé à la légère. *Hypothèse hasardée.* V. **Téméraire.** ◇ Vieilli. *Expression hasardée,* employée de façon anormale ou incorrecte. « *Cette veuve avait la plaisanterie lourde et hasardée* » (SAND) : déplacée.

HASARDER ['azarde]. *v. tr.* (1407, intr., « jouer au hasard », jeu de dés ; de *hasard*). ♦ **1°** *Littér.* Livrer (qqch.) au hasard, aux aléas du hasard, du sort. V. **Aventurer, exposer, risquer.** *Hasarder sa vie, sa réputation.* « *Hasarder cent mille francs d'un coup, sans sourciller* » (BALZ.). ♦ **2°** *Vieilli.* HASARDER DE (avec un inf.) : courir le risque de. V. **Risquer** (de). « *Il vaut mieux hasarder de sauver un coupable que de condamner un innocent* » (VOLT.). ♦ **3°** Faire, entreprendre (qqch.) en courant le risque d'échouer ou de déplaire. V. **Essayer, tenter.** *Hasarder une démarche.* ♦ **4°** Mettre en avant, se risquer à exprimer. V. **Avancer.** « *Les quelques remarques qu'il a craintivement hasardées* » (GIDE). *Hasarder une boutade.* — *Hasarder une expression :* se servir d'une expression nouvelle ou dont l'usage n'est pas encore bien établi. ◇ Mod. SE HASARDER. v. pron. *Vieilli.* S'exposer à un péril. ◇ Mod. Aller, se risquer (en un lieu où il y a danger). *Il n'est pas prudent de s'y hasarder.* V. **Aventurer** (s'). ◇ SE HASARDER À. V. **Risquer** (se risquer à). *Elle « se hasarda à me demander, d'une voix timide : Quelque fâcheuse nouvelle...? »* (GIDE).

HASARDEUX, EUSE ['azardø, øz]. *adj.* (1544 ; de *hasarder*). ♦ **1°** *Vx.* Qui s'expose volontiers. V. **Aventureux, imprudent.** ♦ **2°** *Mod.* Qui expose à des hasards, des périls ; qui comporte des risques. *Entreprise hasardeuse.* V. **Aléatoire, aventuré, dangereux.** *Parole, conjecture hasardeuse. Il serait bien hasardeux de.* V. **Problématique, risqué.** — *Littér.* Ce chemin « *hasardeux comme une passerelle sur un torrent* » (ROMAINS). ◇ ANT. **Sûr.**

HASCH ['aʃ]. *n. m.* (v. 1968). *Fam.* Haschisch*. *Il du hasch.* ◇ HOM. *H, hache.*

HASCHISCH, HACHISCH ou **HASCHICH** ['aʃiʃ]. *n. m. (Aschy,* 1556 ; arabe *hâchich* « herbe ». V. **Assassin** étym.). Chanvre indien dont on mâche ou fume les feuilles séchées (V. **Kif**). ◇ *Par ext.* Drogue enivrante ou stupéfiant préparé avec ce chanvre. *Prendre du haschisch. Hallucinations occasionnées par le haschisch.* « *Du vin et du haschisch* », œuvre de Baudelaire. (Abrév. fam. *Hasch*). V. **Kif, marijuana.**

HASCHICHIN [aʃiʃɛ̃]. *n. m.* (v. 1850 ; en a. fr. diverses adapt., XIIᵉ ; *assassin,* XIIIᵉ). V. **Assassin** ; mot arabe, de *hachich*). Personne qui fume du haschisch. ◇ *Hist.* Fanatique soumis au Vieux de la Montagne.

HASE ['az]. *n. f.* (1556 ; all. *Hase* « lièvre »). *Chasse.* Femelle du lièvre ou du lapin de garenne. V. **Lapine.** « *Les hases avaient fait des troupes de petits levrauts* » (GIONO).

HAST [ast]. *n. m.* ou **HASTE** [ast(ə)]. *n. f.* (XVIᵉ,-1704 ; lat. *hasta* « lance, hampe de lance »). ♦ **1°** *Ancienn.* Lance, javelot. ♦ **2°** *Arme d'hast,* se dit de toute arme dont le fer est monté sur une longue hampe. ◇ HOM. V. **Hâte** (1).

HASTAIRE ['aster]. *n. m.* (1549 ; lat. *hastarius,* de *hasta.*

V. **Hast**). *Antiq.* Soldat romain armé de la lance ou du javelot. ◇ HOM. *Aster.*

HASTÉ, ÉE ['aste]. *adj.* (1789; de *hast*). *Bot.* Qui a la forme d'un fer de lance. *Feuilles hastées.*

1. **HÂTE** ['αt] ou **HASTE** ['ast(ə)]. *n. f.* (XIIᵉ; crois. entre lat. *hasta* (V. **Hast**) et germ. *harsta* « gril »). *Vx.* Broche à rôtir ; viande rôtie.

2. **HÂTE** ['αt]. *n. f.* (*Haste*, XIIᵉ; frq. °*haist* « violence, vivacité »). Grande promptitude (dans l'exécution d'un travail, etc.). V. **Activité, empressement.** *Mettre de la hâte, peu de hâte à faire qqch. La hâte d'en avoir terminé.* V. **Impatience.** *Hâte excessive.* V. **Précipitation.** *— Avoir hâte.* V. **Pressé** (être pressé). *Il avait hâte de sortir.* — « *Je n'ai eu qu'une hâte, c'est qu'on en finisse* » (CAMUS). — *Sans hâte* : calmement, en prenant tout son temps. ◇ EN HÂTE (*loc. adv.*) : avec promptitude, rapidité. V. **Promptement, rapidement, vite.** *On l'envoya en hâte. Venez en toute hâte!* V. **Urgence** (d'). *En grande hâte.* ◇ À LA HÂTE (*loc. adv.*) : avec précipitation, au plus vite (Cf. *fam.* À la six-quatre-deux, à la va vite). *Travail fait à la hâte.* V. **Hâtif.** « *Tout le monde signe... à la hâte, la plupart sans lire* » (MICHELET). ◇ ANT. *Atermoiement, calme, lenteur.*

HÂTELET ['αtlɛ]. *n. m.* (1751; de *hâte* 1). *Vx.* Petite broche à rôtir. V. **Brochette.**

HÂTELLE ['αtɛl] ou **HÂTELETTE** ['αtlɛt]. *n. f.* (1611; de *hâte* 1). *Vx.* Petit morceau de viande rôtie.

HÂTER ['αte]. *v. tr.* (*Haster*, 1080; de *hâte* 2). ◆ 1° Littér. Faire arriver plus tôt, plus vite. V. **Avancer, brusquer, presser.** *Hâter son départ.* « *L'émotion précoce, qui hâte l'éveil de l'intelligence* » (MONTHERLANT). ◆ 2° Faire évoluer plus vite, rendre plus rapide. V. **Accélérer, activer.** *Hâter le mouvement.* V. **Presser.** *Hâter le pas. Hâter les productions d'un arbre.* Par ext. *Hâter une plante, les fruits.* V. **Forcer.** ◆ 3° *Vx.* Faire dépêcher (qqn). « *Que l'on coure avertir et hâter la princesse* » (RAC.). *Hâter qqn de* (suivi d'un inf.). V. **Presser.** ◆ 4° *Mod.* SE HÂTER. *v. pron.* Aller vite, faire vite ; faire diligence, ne pas perdre son temps. V. **Dépêcher** (se). *Hâtez-vous. Se hâter vers la sortie.* V. **Courir, précipiter** (se). « *Un monde occupé moins de vivre que de se hâter vers la mort* » (DUHAM.). — Loc. *Hâte-toi lentement,* maxime grecque et latine (*festina lente*). ◇ *Se hâter de sortir, de terminer un travail.* « *Il ne faut point se hâter de juger les caractères* » (ALAIN). ◇ ANT. *Ajourner, attendre, différer, ralentir, retarder, tarder, temporiser. Arrêter* (s').

HÂTEREAU ['αtʁo]. *n. m.* (XVIᵉ; de *hâte* 1). *Vx.* Boulette de foie de porc rôtie.

HÂTIER ['αtje]. *n. m.* (1530; « broche », XIIᵉ; de *hâte* 1). Grand chenet de cuisine, muni de crochets sur lesquels on appuie les broches.

HÂTIF, IVE ['αtif, iv]. *adj.* (*Hastif*, en 1080; de *hâte* 2). ◆ 1° Qui se produit avant la date normale ou prévue; dont l'évolution, la course est trop rapide. *Développement hâtif; croissance hâtive.* V. **Prématuré, précoce.** ◆ 2° Qui se fait ou a été fait trop vite, avec une hâte excessive. *Travail hâtif.* V. **Bâclé.** « *L'action violente et hâtive est un alcool* » (R. ROLLAND). ◆ 3° (XXᵉ). Qui se hâte. *Des « imbéciles hâtifs et prétentieux* » (MAUROIS). V. **Pressé.** ◆ 4° *Agric.* Qui se produit, arrive à maturité plus tôt que les autres individus de l'espèce (en parlant d'un végétal). V. **Précoce; hâtiveau.** *Fraises hâtives.* ◇ ANT. *Lent, retardataire, retardé, tardif.*

HÂTIVEAU ['αtivo]. *n. m.* (*Hastivel*, XIIIᵉ ; de *hâtif*). *Vx* ou *région.* Fruit ou légume hâtif, précoce.

HÂTIVEMENT ['αtivmã]. *adv.* (XIᵉ; de *hâtif*). D'une manière hâtive (2°); trop vite. ◇ ANT. *Lentement, tardivement.*

HAUBAN ['obã]. *n. m.* (*Hobent*, 1138; a. scand. *höfudben-dur* « lien du sommet » [du mât]). ◆ 1° *Mar.* Cordage servant à assujettir un mât par le travers ou par l'arrière. *Haubans des mâts supérieurs.* V. **Galhauban.** *Haubans supplémentaires.* V. **Pataras.** *Grands haubans :* haubans de grand mât. *Haubans de misaine, d'artimon.* ◆ 2° Par ext. Cordage, câble métallique servant à maintenir, à consolider. *Spécialt.* (Aviat.) *Haubans renforçant les ailes des premiers avions* (biplans).

HAUBANAGE ['obanaʒ]. *n. m.* (1930; de *hauban*). *Aviat.* Ensemble des haubans (d'un avion).

HAUBANER ['obane]. *v. tr.* (1676; de *hauban*). *Mar., aviat.* Assujettir, consolider au moyen de haubans.

HAUBERT ['obɛʁ]. *n. m.* (*Hauberc*, v. 1100; frq. °*halsberg* « ce qui protège le cou »). *Ancien.* Chemise de mailles à manches à gorgerin et à coiffe, que portaient les hommes d'armes au moyen âge. V. **Cotte** (de mailles), *jaseran.* HOM. *Aubère.*

HAUSSE ['os]. *n. f.* (XIIIᵉ; de *hausser*). ◆ 1° *Techn.* Se dit de tout objet ou dispositif qui sert à hausser, à élever. — *Spécialt.* Planche mobile placée sur les vannes d'un barrage pour hausser le niveau des eaux. ◆ 2° Système de visée, appareil articulé et gradué qui permet de régler le tir à grande distance en inclinant plus ou moins la ligne de mire par rapport à l'axe du canon. *Curseur de hausse.* Par ext. *Augmenter, diminuer la hausse, l'angle de hausse.* ◆ 3° Action de hausser, de s'élever. *Hausse de la température.* V. **Augmentation.** *Le baromètre est en hausse,* la pression barométrique remonte. ◇ *Augmentation de prix, de valeur.* V. **Augmentation, élévation.** *Les producteurs réclament la hausse des cours.* V. **Majoration, relèvement, valorisation.** *Hausse illicite. Hausse sensible de l'indice des prix.* V. **Bond.** *Hausse du coût de la vie.* V. **Renchérissement.** *Jouer à la hausse :* spéculer sur la hausse des marchandises, des valeurs (V. **Haussier**). — *Fig.* et *fam. Ses actions sont en hausse :* ses affaires vont mieux. ◇ ANT. *Baisse, dépréciation, effondrement.*

HAUSSE-COL ['oskɔl]. *n. m.* (1480; altér. de *houscot* (moy. néerl. *halskote* « vêtement de cou »), d'apr. *hausser,* et *col*). *Milit.* (*Ancienn.*). Pièce d'acier, de cuivre protégeant la base du cou. *Des hausse-cols.*

HAUSSEMENT ['osmã]. *n. m.* (1327; de *hausser*). ◆ 1° *Vx.* Action de hausser. V. **Hausse.** ◆ 2° *Mod. Haussement d'épaules,* mouvement par lequel on élève les épaules en indiquant certains sentiments (dédain, résignation).

HAUSSER ['ose]. *v.* (*Halcer*, XIIᵉ; lat. pop. °*altiare,* de *altus* « haut »).

I. *V. tr.* Rendre plus haut. V. **Élever.** ◆ 1° Donner à (qqch.) de plus grandes dimensions dans le sens de la hauteur. *Hausser une maison d'un étage.* V. **Exhausser, surélever.** ◆ 2° Donner plus d'ampleur, d'intensité à. *Hausser la voix, le ton.* V. **Enfler.** « *Il s'était permis de répliquer, et peut-être de hausser le ton* » (ROMAINS). ◆ 3° Mettre à un niveau plus élevé. V. **Lever.** *Manivelle pour hausser l'affût d'une mitrailleuse.* V. **Monter.** — *Hausser les épaules.* — Pronom. *Se hausser sur la pointe des pieds.* V. **Dresser** (se). ◆ 4° *Fig.* V. **Élever.** *Cela ne le hausse pas dans mon estime.* — Pronom. *Se hausser jusqu'au sacrifice.* V. **Parvenir.**

II. *V. intr.* Vieilli. V. **Augmenter, monter.** *Les prix ont haussé.*

◇ ANT. *Abaisser, avilir, baisser, descendre.*

HAUSSIER ['osje]. *n. m.* (1823; de *hausse*). *Bourse.* Qui joue à la hausse. ◇ ANT. *Baissier.*

HAUSSIÈRE ['osjɛʁ] ou **AUSSIÈRE**. *n. f.* (1382; probabl. lat. pop. °*helciara,* de *helcium* « collier de trait »). *Mar.* Cordage du haleur servant à touer ou amarrer.

HAUT, HAUTE ['o, 'ot]. *adj., n. m.* et *adv.* (*Halt,* fin XIᵉ; lat. *altus, h* dû à une infl. germ.).

I. *Adj.* HAUT, au sens propre, définissant soit une dimension dans le sens vertical, soit une position sur la verticale. **A** (*Dimension*). ◆ 1° Qui est d'une certaine dimension dans le sens vertical. *Mur haut de deux mètres. Pas plus haut qu'une botte.* « *Un enfant qui aurait comme trois pommes* » (ARAGON) : tout petit. ◆ 2° Qui est, dans le sens vertical, d'une dimension considérable, par rapport aux êtres ou objets de même espèce. V. **Élevé.** *De hautes montagnes. Hautes herbes. Une tour assez haute.* « *La fière et haute forteresse* » (HUGO). *Pièces hautes de plafond. Hautes cheminées.* Loc. *Haut fourneau*. — *Homme de haute taille. Front haut. Col haut. Talons hauts.* **B** (*Position*). ◆ 1° Qui est mis ou porté au-dessus de la position normale ou habituelle. V. **Dressé, levé.** « *Un homme qui tient haute une épée à deux mains* » (HUGO). *Marcher la tête haute. Fig. Il peut aller partout la tête haute,* sans craindre de reproches ni d'affronts. — *Rester l'arme haute. Escr. Garde haute.* — *La main haute,* levée en un geste menaçant. *Fig. Avoir la haute main dans une affaire,* y avoir l'autorité, la part prépondérante. — *Oiseaux de haut vol. Fig. Escroc de haute volée*. *Mar. Pavillon* haut. — *Hautes eaux. Marée haute.* ◆ 2° Qui se trouve situé au-dessus, par rapport aux choses de même espèce, ou par rapport au reste de la chose. *Un lieu haut.* V. **Dominant.** *Haut plateau. Les hautes régions de l'air.* Le plus haut point. V. **Culminant.** — *Subst.* (Superlatif neutre) *Astre au plus haut de sa course.* V. **Apogée, zénith.** ◇ *La ville haute,* la partie haute de la ville. — *La haute Savoie, le haut Rhin, la haute Loire* (régions les plus éloignées de la mer ou les plus proches de la source, *opposé* à bas). ◆ 3° *Dans le temps* (avant le nom). Qui est près de l'origine, de la source. V. **Ancien, éloigné, reculé.** *Coutume de la plus haute antiquité. Le haut moyen âge.* ◆ 4° (Sur l'échelle des degrés d'intensité). V. **Fort, grand, intense.** *Haute pression. Haute fréquence. Mets de haut goût. De haute lutte. Haut en couleur.* V. **Coloré.** ◇ (Sur l'échelle, le registre des sons) V. **Aigu, élevé.** *Ton haut, notes hautes.* ◇ (Sur l'échelle des degrés de puissance de la voix) V. **Éclatant, fort, sonore, retentissant.** *À haute voix. Pousser les hauts cris.* — *Fig. Avoir le verbe haut. N'avoir jamais une parole plus haute que l'autre,* parler sur un ton uni qui marque l'égalité d'humeur ou le sang-froid. ◆ 5° (Sur l'échelle des prix, des valeurs cotées). *Haut prix. Les cotons sont hauts,* les cours en sont hauts. — *Les fonds sont hauts. Hauts salaires.* ◇ (Jeu) *Hautes cartes,* celles qui ont le plus « de valeur ». **C** (*Abstrait; avant le nom*). ◆ 1° (Dans l'ordre de la puissance, sur l'échelle sociale et politique).

V. **Éminent, grand, important.** *Hauts fonctionnaires. La haute finance. Hautes sphères. La haute société,* et subst. (pop.) LA HAUTE : en haut lieu. — (Titre honorifique) *Haut et puissant seigneur.* — Subst. *Le Très-Haut :* Dieu. — Diplom. *Les hautes puissances contractantes. La Haute Assemblée. Haute cour de justice,* ou absolt. *Haute Cour.* V. **Cour** (III, 3º). ♦ 2º Qui occupe une position nettement au-dessus de la moyenne dans l'échelle des valeurs. V. **Supérieur.** *Haute intelligence.* « *Dans l'ordre des hauts génies, Rabelais suit... Dante* » (HUGO). *Avoir, donner une haute idée de. Le haut style,* le style élevé. *Hautes mathématiques.* — *Hautes classes d'un lycée. Institut des hautes études. Exercice de haute école.* Comm. *Haute couture, coiffure.* ◇ (Dans l'ordre moral) *Vx.* V. **Beau, élevé, noble.** *Âme haute.* Mod. *Hauts faits.* V. **Héroïque.** ◇ Vieilli. V. **Altier, hautain.** *Prendre des airs trop hauts.* ♦ 3º Très grand. V. **Extrême.** *Tenir en haute estime. Communication de la plus haute importance. Une haute idée de soi-même.* V. **Exagéré.** *C'est de la plus haute fantaisie, une invention sans aucun fondement. Des prétentions du plus haut comique. Instrument de haute précision. Haute fidélité* (trad. angl.) : reproduction sonore très fidèle. *Disque microsillon de haute fidélité.* Appos. *Pick-up, chaîne haute fidélité.* — *Haute trahison.*

II. *N. m.* ♦ 1º Dimension dans le sens vertical, de la base au sommet. V. **Altitude, hauteur.** *La tour Eiffel a trois cent vingt mètres de haut.* ♦ 2º Position déterminée sur la verticale. *Voler à cent mètres de haut. Parler du haut de la tribune. Tomber du haut du cinquième étage. Tomber de son haut :* de toute sa hauteur ; *fig.* Éprouver une extrême surprise. V. **Renversé** (être). ♦ 3º Partie, région haute d'une chose. *Objets dessinés dans le haut d'un tableau. Frise régnant au haut d'un mur. Caisse portant la mention : haut et bas.* — Mus. *Le haut,* les notes hautes. — Mar. *Les hauts d'un navire,* la partie émergée, ou au moins celle qui est au-dessus du premier pont. — *Le haut d'une robe,* la partie au-dessus de la taille.* V. **Corsage.** ♦ 4º Le partie la plus haute, le point culminant. V. **Sommet.** *Perché sur le haut d'un arbre. Arriver en haut d'une côte.* Fig. *Tenir le haut du pavé.* — *Rouler du haut d'un escalier. Nettoyer, visiter une maison du haut en bas* (Cf. De la cave au grenier). *Du haut en bas de l'échelle.* Fig. *Il nous traite, il nous juge du haut de sa grandeur* (Cf. *ci-dessous* DE HAUT). ♦ 5º Spécialt. *Des hauts et des bas.* V. **Bas** (III, 2º). ♦ 6º *Vx* ou dial. *Terrain élevé.* V. **Hauteur, montagne.** *Les Hauts de Meuse. Les Hauts de Hurlevent* (trad. du titre angl. *Wuthering Heights*).

III. **Ⓐ** *Adj.* à valeur adverbiale. — (Dans un commandement) En position haute. *Haut les mains !* sommation faite à un adversaire de lever les mains ouvertes. — *Haut la main,* la main en position haute ; *fig.* Avec autorité, en surmontant aisément tous les obstacles. *L'emporter haut la main.* — HAUT LE PIED *(vx)* : en levant le pied (pour mieux courir, pour s'enfuir). Par ext. *(Vieilli)* Non monté, non chargé. *Cheval, mulet haut le pied.* — (Ch. de fer) *Locomotive haut le pied,* qui circule sans être attelée à un train. **Ⓑ** *Adv.* ♦ 1º En un endroit, un point haut sur la verticale. *Monter, sauter haut, plus haut.* « *Le soleil luisait haut dans un ciel calme et lisse* » (VERLAINE). *Tenir, lever haut, plus haut.* V. **Élever, hisser, monter.** *Pendu haut et court.* ♦ 2º En un point reculé dans le temps. V. **Loin.** *Remonter plus haut, reprendre les choses de plus haut :* dès l'origine des faits. — *Plus haut,* précédemment (dans l'ordre de déroulement de la lecture d'un texte). V. **Ci-dessus, supra.** ♦ 3º (Intensité). À haute voix, d'une voix forte. V. **Fort.** *Parlez plus haut. Lire tout haut.* « — *Je te dis de parler tout haut.* — *Mais cela ne doit être entendu que de vous seul* » (HUGO). — *Penser tout haut,* ne pas garder ses pensées pour soi. ◇ *Sans craindre de se faire entendre, sans ambages.* V. **Franchement, hautement, publiquement.** *Je le dirai bien haut, s'il le faut. Parler haut et clair.* — *Monter haut* (dans le registre des sons) : atteindre des notes élevées, aiguës. ♦ 4º À un haut degré de puissance, à un haut degré de l'échelle sociale. *Des personnes haut placées. Il prétend, il vise trop haut.* ♦ 5º À un haut degré sur l'échelle des prix, des valeurs. *Monter haut,* s'élever à un prix considérable. « *S'ils décidaient de pousser l'enchère beaucoup plus haut* » (ROMAINS). ♦ 6º À un haut degré sur l'échelle des valeurs intellectuelles, esthétiques, morales. *Admiration excessive qui place un écrivain trop haut. Estimer très haut certaines qualités.* **Ⓒ** *Loc. adv.* ♦ 1º DE HAUT : d'un lieu, d'un point haut sur la verticale. *Voir qqch. de haut. Tomber de haut.* — Fig. *Voir les choses de haut,* d'une vue générale et sereine. — *Le prendre de haut, de très haut,* réagir avec arrogance. *Regarder, traiter qqn de haut en bas :* avec dédain, arrogance. ♦ 2º EN HAUT : dans la région, la partie haute, la plus haute. *Le loge en haut et moi en bas. Gilet boutonné jusqu'en haut. Tout en haut,* au point le plus haut. — *Par en haut,* par le haut. — En direction du haut. *Regarder en haut. Mouvement de bas en haut.* ♦ 3º EN HAUT DE *(loc. prép.)* : dans la partie supérieure de. *Fanal en haut du mât.* ♦ 4º D'EN HAUT : de la partie haute, de la région supérieure. *La lumière vient d'en*

haut. — Fig. Du ciel, de Dieu. « *Une inspiration d'en haut* » (ARAGON). — D'une autorité supérieure. *Des ordres qui viennent d'en haut.* ♦ 5º LÀ-HAUT. V. **Là.**
◇ **ANT. Bas.** Petit. Moderne, récent. Faible. Modeste. Bas, base, fond. — Bas. Près, récemment. Infra. — HOM. masc. *Au, aulx, aux, eau, ô, oh!, os* (pl.) ; fém. *Hôte.*

HAUTAIN, AINE ['otɛ̃, ɛn]. *adj.* (XIIe ; de *haut*). ♦ 1º *Vx* ou *poét.* Qui s'élève. ◇ *Vx* ou *littér.* Élevé, noble. « *Le renoncement volontaire, la vie hautaine et pure* » (MONTHERLANT). ♦ 2º (XVIIe). Qui, dans ses manières et son aspect, marque une fierté dédaigneuse et arrogante. V. **Altier, arrogant, condescendant, dédaigneux, orgueilleux.** *Homme hautain et distant.* « *Il se montrait hautain, batailleur, ombrageux* » (MAUROIS). — Par ext. *Manières hautaines, air hautain.* V. **Grand** (grands airs), impérieux. ◇ **ANT. Affable,** modeste. — HOM. *Hautin.*

HAUTBOIS ['obwa]. *n. m.* (v. 1500 ; « *bois à son haut* »). ♦ 1º Instrument de musique à vent, à anche double. *Hautbois alto, cor anglais.* — *Par ext.* V. **Hautboïste.** ♦ 2º Par anal. Jeu d'orgue faisant partie des jeux d'anches.

HAUTBOÏSTE ['obɔist(ə)]. *n.* (1836 ; all. *Hoboist;* du précéd.). Musicien qui joue du hautbois.

HAUT-DE-CHAUSSES ou **HAUT-DE-CHAUSSE** ['odʃos]. *n. m.* (1546 ; de *haut,* et *chausse*). Ancienn. Partie de l'habillement masculin allant de la ceinture aux genoux. V. **Chausse(s), culotte.**

HAUT-DE-FORME ['odfɔrm(ə)] ou **HAUTE-FORME** ['otfɔrm(ə)]. *n. m.* (fin XIXe, -1888 ; de *haut,* et *forme*; ellipse de *chapeau haut de forme, chapeau à haute forme*). Chapeau d'homme, en soie, haut et cylindrique, à bords plus ou moins larges, qui se porte avec la redingote ou l'habit. V. **Claque, gibus.** *Des hauts-de-forme.*

HAUTE. *n. f.* V. **HAUT** (I).

HAUTE-CONTRE ['otkɔ̃tʀ(ə)]. *n.* (1511 ; de *haut,* et *contre*; Cf. Contralto). — Mus. *N. f.* Voix masculine aiguë, plus étendue dans le haut que celle de ténor. *N. m.* et *adj.* Chanteur qui a cette voix. *Ténor haute-contre.*

HAUTE-FIDÉLITÉ ['otfidelite]. *n. f.* (1955 ; d'apr. l'angl. *high fidelity;* abrév. *hi*-fi*). V. **Fidélité.**

HAUTEMENT ['otmɑ̃]. *adv.* (1080 ; de *haut*). ♦ 1º *Vx.* À haute voix. — Tout haut et sans craindre de se faire entendre. V. **Franchement, nettement, ouvertement.** *Déclarer, professer hautement.* ♦ 2º À un haut degré, fortement, supérieurement. *Mot hautement caractéristique.* « *Chez l'être hautement civilisé* » (CARREL). ◇ **ANT. Timidement.** Médiocrement, peu.

HAUTESSE ['otɛs]. *n. f.* (déb. XIIe ; de *haut*). Titre honorifique donné autrefois à certains hauts personnages, et en particulier au sultan de Turquie. *Sa Hautesse.* ◇ **HOM.** *Hôtesse.*

HAUTEUR ['otœʀ]. *n. f.* (XIIe ; de *haut*).
I. ♦ 1º Dimension dans le sens vertical, de la base au sommet. V. **Haut.** *Hauteur d'un mur, d'une tour. Hauteur relative d'une montagne,* calculée par rapport au sol où elle s'élève ; *hauteur absolue,* par rapport au niveau de la mer. V. **Altitude.** ◇ *(Vieilli)* En parlant des êtres. V. **Taille.** *Se dresser de toute sa hauteur.* ◇ Absolt. Dimension considérable, grande taille. *Pont remarquable par la hauteur de ses arches.* ◇ Géom. *Hauteur d'un triangle, d'un tétraèdre,* droite issue d'un sommet, perpendiculaire à un côté, à la face opposée ; la distance de ce sommet à ce côté, à cette face. *Hauteur d'un parallélogramme, d'un cylindre,* la distance de deux côtés, de deux faces parallèles. ♦ 2º Position déterminée sur la verticale. *Aigle volant à une grande hauteur. Hauteur vertigineuse.* — À hauteur d'homme. *Fenêtre à hauteur d'appui.* — (Sport) *Saut en hauteur.* ◇ Absolt. *Prendre de la hauteur,* s'élever de plus en plus. — *Tomber de sa hauteur,* de son haut. Fig. « *J'avais bien éprouvé des changements de fortune..., mais je n'étais jamais tombé d'une pareille hauteur* » (CHATEAUB.). ◇ Astron. *Hauteur d'un astre,* angle que fait sa direction avec le plan de l'horizon. *Hauteur méridienne d'un astre. Prendre la hauteur du Soleil, prendre hauteur,* afin de faire le point en mer. ♦ 3º À LA HAUTEUR DE *(loc. prép.)*. *Mettre une chose à la hauteur d'une autre.* V. **Niveau.** — Fig. *Élever qqch. à la hauteur d'une institution.* — *Être à la hauteur de,* être au même niveau (intellectuel, moral) que, être l'égal de. *Être à la hauteur de la situation,* avoir, montrer les qualités requises pour y faire face. « *Elle avait promis... d'être à la hauteur des circonstances* » (MAURIAC). Absolt. (Néol. fam.) *Il n'est pas à la hauteur :* il n'a pas les capacités suffisantes. ♦ Mar. *Être à la hauteur d'un cap, d'une île,* se trouver à la même latitude, sur le même parallèle. — Par ext. Au niveau de, sur la même ligne que. — *Côté* (à côté de), *face* (face de). « *Il était à la hauteur d'une petite épicerie* » (ROMAINS). ♦ 4º *Hauteur d'un son* : sensation auditive liée à la fréquence plus ou moins élevée d'un son périodique (sensation d'aigu ou de grave), acuité. ♦ 5º Terrain, lieu élevé. V. **Élévation, montagne.** *Maison sur une hauteur. Les hauteurs qui dominent la ville.* ◇ Région, partie haute. *Les hauteurs de l'air* (littér.).

II. ♦ 1° Caractère élevé (d'une personne, d'une chose d'ordre moral). V. **Élévation, grandeur, noblesse, supériorité.** — Vx. *Grande hauteur d'âme.* ◇ Mod. *Hauteur de vues.* ♦ 2° *Péj.* Caractère, attitude de celui qui regarde les autres du haut de sa grandeur. V. **Arrogance, condescendance, dédain, orgueil.** *Parler avec hauteur.* « *Cette expression de hauteur par laquelle les princes de la terre vous font mesurer la distance qui se trouve entre eux et vous* » (BALZ.). ◇ ANT. *Petitesse. Abîme, bas-fond, enfoncement. Bassesse, médiocrité. Affabilité, humilité, simplicité.* — HOM. *Auteur.*

HAUT-FOND ['of̃ɔ̃]. *n. m.* (1732; de *haut,* et *fond*). Sommet sous-marin recouvert d'une eau peu profonde, et dangereux pour la navigation. *Des hauts-fonds.* V. **Banc, bas-fond.**

HAUTIN ou **HAUTAIN** ['otɛ̃]. *n. m.* (XVIᵉ; de *haut*). Techn. (*Vitic.*). Vigne cultivée en hauteur et s'appuyant sur des arbres ou des échalas.

HAUT-LE-CŒUR ['olkœʀ]. *n. m. invar.* (1857; de *haut, le,* et *cœur*). Soulèvement de l'estomac. V. **Nausée.** *Avoir un haut-le-cœur.* — *Par métaph.* et *fig.* V. **Dégoût, répulsion.**

HAUT-LE-CORPS ['olkɔʀ]. *n. m. invar.* (1601; de *haut, le,* et *corps*). ♦ 1° Bond, saut brusque d'un cheval. ♦ 2° Mouvement brusque et involontaire marquant une vive surprise, l'indignation ou la révolte. V. **Sursaut, tressaillement.** *Avoir, faire un haut-le-corps.*

HAUT-PARLEUR ['opaʀlœʀ]. *n. m.* (1902; trad. angl. *loud speaker*). Appareil destiné à transformer en ondes sonores les courants électriques détectés et amplifiés par le récepteur. « *Les énormes voix des haut-parleurs dans le crépuscule* » (CAMUS). *Haut-parleurs d'une radio, d'une télévision, d'un électrophone.* V. **Baffle, enceinte** (acoustique).

HAUT-RELIEF ['oʀəljɛf]. *n. m.* (1669, *figures de haut relief;* ellipt. fin XIXᵉ). *Arts.* Sculpture présentant un relief très saillant sans se détacher toutefois du fond dans toute son épaisseur (intermédiaire entre le bas-relief et la ronde-bosse). *Des hauts-reliefs.* ◇ ANT. *Bas-relief.*

HAUTURIER, IÈRE ['otyʀje, jɛʀ]. *adj.* (1671; prov. mod. *auturié,* de *auturo* « hauteur »). *Mar.* De la haute mer. *Pilote hauturier. Navigation hauturière,* au large (*opposé à* cabotage).

HAVAGE ['avaʒ]. *n. m.* (1872; de *haver*). Techn. Mode de travail qui consiste à pratiquer de profondes entailles parallèles à la stratification, afin de faciliter l'abattage, dans une mine. ◇ *L'entaille elle-même.*

HAVANAIS, AISE ['avanɛ, ɛz]. *adj.* et *n.* (de *La Havane,* esp. *Habana,* capitale de Cuba). De La Havane. ◇ *N. m.* Petit chien à poils soyeux et longs, généralement blancs.

HAVANE ['avan]. *n. m.* (1840; de *La Havane*). ♦ 1° Tabac de La Havane. *Spécialt.* Cigare réputé, fabriqué avec ce tabac. « *Une boîte de havanes* » (APOLLINAIRE). ♦ 2° *Adj. invar.* De la couleur (marron clair) des havanes. *Reliure en maroquin havane.* « *Des couvertures rouges, vertes, havane* » (BARBUSSE).

HÂVE ['ɑv]. *adj.* (v. 1175; frq. °*haswi*). Amaigri et pâli par la faim, la fatigue, la souffrance. V. **Émacié, maigre.** *Gens hâves et déguenillés.* — *Visage, teint hâve.* V. **Blafard, blême.** ◇ ANT. *Frais, rouge.*

HAVENEAU ['avno] ou **HAVENET** ['avnɛ]. *n. m.* (1713; a. scand. *hafr-net*). Pêche. Filet utilisé sur les plages sablonneuses pour la pêche à la crevette et aux poissons plats. *Il tend* « *son haveneau débordant de nacres vivantes* » (COLETTE).

HAVER ['ave]. *v. tr.* (1872; « creuser », en a. fr., var. de *caver**). Techn. Entamer et abattre par l'opération du havage. ◇ HOM. *Ave.* Formes du *v. avoir.*

HAVEUR ['avœʀ]. *n. m.* (1872; de *haver*). Techn. Mineur pratiquant le havage.

HAVEUSE ['avøz]. *n. f.* (1890; de *haver*). Techn. Machine destinée au havage.

HAVIR ['aviʀ]. *v. tr.* (fin XIIIᵉ; de *hâve*). Rare. Dessécher et brûler en surface (la viande) sans cuire en dedans. ◇ Intrans. *Viande qui havit.* ◇ HAVI ['avi]. *p. p.* subst. *m.* Action produite par un four chaud qui havit. ◇ HOM. (du *p. p.*) *Avis.*

HAVRE ['avʀ(ə)]. *n. m.* (XIIᵉ; var. *havene, hafne,* en a. fr.; moy. néerl. *havene*). ♦ 1° Vx ou région. Petit port naturel ou artificiel, bien abrité, généralement à l'embouchure d'un fleuve. *Le Havre-de-Grâce,* nom ancien du port du Havre. ♦ 2° *Fig.* et *littér.* V. **Abri, port, refuge.** *Un havre de paix; havre pour l'esprit. Cette ville* « *où il était venu chercher le havre de grâce de sa vie* » (BARBEY).

HAVRESAC ['ɑ(a)vʀəsak]. *n. m.* (1672; var. *habresac;* all. *Habersack,* proprem. « sac à avoine »). Milit. (*Ancienn.*). Sac contenant l'équipement du fantassin et porté sur le dos à l'aide de bretelles. ◇ Sac du même genre, que l'on porte sur le dos et où l'on met des outils, des provisions, etc.

HAWAÏEN, ÏENNE [awajɛ̃, jɛn]. *adj.* et *n.* (de *Hawaï,* nom polynésien de la plus grande des îles Sandwich). Des îles Hawaï. *Guitare* *hawaïenne.* ◇ Géol. *Éruption volcanique*

du type hawaïen, avec émission de lave fluide, sans explosion.

HAYON ['ɛjɔ̃]. *n. m.* (1280, dial.; de *haie*). *Dial.* Claie formant abri. Panneau amovible à l'avant ou à l'arrière d'une charrette (var. LAYON). ◇ *Néol.* Partie mobile articulée tenant lieu de porte à l'arrière d'une camionnette, d'une voiture de tourisme.

He Symbole chimique de l'*hélium.*

HÉ! ['e, he]. *interj.* (XIᵉ; onomat.). Sert à interpeller, à appeler, à attirer l'attention. *Hé! vous, là-bas.* « *Holà! hé! pas si vite!* » (COURTELINE). — Pour renforcer ce qui suit. V. **Eh!** *Hé oui!* — *Hé! Hé!* (approbation, appréciation, ironie, moquerie, selon le ton). « *Hé!... hé!... peut-être... je ne dis pas* » (DAUD.). ◇ HOM. *Et.*

HEAUME ['om]. *n. m.* (*Helmus,* XIIIᵉ; *helme,* 1080; frq. °*helm* « casque »). Grand casque enveloppant toute la tête et le visage, que portaient les hommes d'armes au moyen âge. *Ventail d'un heaume.* — *Blas.* Casque surmontant l'écu d'arme et servant à indiquer le rang, le degré de noblesse du possesseur. *Heaume de prince, de comte, de baron.* ◇ HOM. *Home, ohm.*

HEAUMIER ['omje]. *n. m.* (1260; de *heaume*). Vx. Fabricant de heaumes. — *Les Regrets, la Ballade de la Belle Heaumière* ['omjɛʀ] (Villon), de l'épouse du heaumier.

HEBDOMADAIRE [ɛbdɔmadɛʀ]. *adj.* et *n. m.* (1596; lat. ecclés. *hebdomadarius,* de *hebdomas* « semaine », mot gr.). ♦ 1° Adj. Qui appartient à la semaine, se renouvelle chaque semaine. *Repos hebdomadaire du dimanche. Revue, bulletin hebdomadaire.* Abusiv. *Journal hebdomadaire.* ♦ 2° *N. m.* (1758). *Un hebdomadaire,* publication qui paraît régulièrement chaque semaine. *Un hebdomadaire illustré.* Abrév. fam. *Un hebdo* [ɛbdo].

HEBDOMADAIREMENT [ɛbdɔmadɛʀmɑ̃]. *adv.* (XVIIIᵉ; de *hebdomadaire*). Chaque semaine, une fois par semaine.

HEBDOMADIER, IÈRE [ɛbdɔmadje, jɛʀ]. *n.* (1511; lat. ecclés. *hebdomadarius*). Relig. Religieux (euse) qui exerce une certaine fonction dans une communauté pendant une semaine (V. **Semainier**).

HÉBÉPHRÉNIE [ebefʀeni]. *n. f.* (fin XIXᵉ; mot all. (1871), du gr. *hébé* « jeunesse », et *phrēn* « esprit »). *Psychiatr.* ♦ 1° Vieilli. Forme de démence précoce. ♦ 2° Mod. Psychose considérée comme une forme de schizophrénie. (Adj. *Hébéphrénique* [ebefʀenik]).

HÉBÉPHRÉNIQUE [ebefʀenik]. *n.* (fin XIXᵉ; de *hébéphrénie*). Qui est atteint d'hébéphrénie.

HÉBERGE [ebɛʀʒ(ə)]. *n. f.* (v. 1050; frq. °*haribergon* « donner un gîte ». V. **Auberge.** ♦ 1° Vx. Logement, logis. ♦ 2° *Dr.* Partie supérieure du bâtiment le moins élevé, quand deux bâtiments sont contigus. *Mur d'héberge.* (V. **Mitoyen**).

HÉBERGEMENT [ebɛʀʒəmɑ̃]. *n. m.* (1160; « logement », XIIᵉ; de *héberger*). (XVIᵉ). Action de loger. V. **Logement.** *Centre d'hébergement pour réfugiés, émigrés.*

HÉBERGER [ebɛʀʒe]. *v. tr.* (v. 1050; V. **Héberge**). ♦ 1° Loger (qqn) chez soi. *Pouvez-vous nous héberger pour la nuit?* V. **Abriter.** — *Être hébergé pendant une semaine par un ami.* V. **Recevoir.** ♦ 2° *Par ext.* Accueillir, recevoir sur son sol. *Héberger des réfugiés.*

HÉBERTISME [ebɛʀtism(ə)]. *n. m.* (XXᵉ; de *Hébert*). Méthode d'éducation physique qui consiste en exercices naturels (marche, saut, nage, etc.) effectués en plein air.

HÉBÉTÉ, ÉE [ebete]. *adj.* (V. **Hébéter**). Rendu stupide. *Air, regard, yeux hébétés.* V. **Abasourdi, ahuri, sidéré, stupide.** *Hébété de joie, de douleur, de stupeur, de fatigue.*

HÉBÉTEMENT [ebɛtmɑ̃]. *n. m.* (1583; de *hébéter*). État d'une personne hébétée.

HÉBÉTER [ebete]. *v. tr.*; conjug. *céder* (1355; lat. *hebetare* « émousser »). ♦ 1° Rare. Enlever toute vivacité, toute subtilité à (l'esprit, l'intelligence). *L'alcool hébète le cerveau, l'esprit, la raison.* V. **Émousser, engourdir.** ♦ 2° Rendre (qqn) stupide. V. **Abêtir, abrutir.** ◇ ANT. *Dégourdir, éveiller, réveiller.*

HÉBÉTUDE [ebetyd]. *n. f.* (1535; bas lat. *hebetudo*). ♦ 1° *Méd.* État morbide marqué par une obnubilation des fonctions intellectuelles (émotion violente, abus de calmants ou de tranquillisants). *L'hébétude, premier degré de la stupeur.* ♦ 2° *Littér.* État de celui qui est hébété, stupide. V. **Abrutissement, stupeur.** *Hébétude de l'ivresse, de la fièvre.*

HÉBRAÏQUE [ebʀaik]. *adj.* (1327; lat. *hebraicus*). ♦ 1° Qui appartient aux Hébreux. V. **Hébreu.** *Alphabet, caractère, langue hébraïque.* ♦ 2° Qui concerne les Hébreux, leur civilisation. *Revue des études hébraïques. Université hébraïque de Jérusalem.*

HÉBRAÏSANT, ANTE [ebʀaizɑ̃, ɑ̃t] ou **HÉBRAÏSTE** [ebʀaist(ə)]. *n.* et *adj.* (XVIᵉ,-1839; de *hébraïser, hébraïque*). Didact. Personne qui s'adonne à l'étude de la langue hébraïque, ou *plus spécialt.* des textes sacrés hébreux. *Un congrès d'hébraïsants.*

HÉBRAÏSER [ebʀaize]. *v.* (1771; gr. *hebraizein*). V.

Hébreu). *Didact.* ♦ 1° *V. intr.* Se servir de tournures propres à la langue hébraïque. Vivre selon les coutumes, les dogmes hébraïques. ◊ Étudier l'hébreu, le parler. ♦ 2° *V. tr.* Marquer du caractère de la civilisation hébraïque. — Au p. p. *Des populations hébraïsées.*

HÉBRAÏSME [ebʀaism(ə)]. *n. m.* (xvie; de *hébraïque*). *Didact.* Façon de parler, expression propre à la langue hébraïque. « *Un grec mêlé d'hébraïsme* » (BOSS.).

HÉBREU [ebʀø]. *n. et adj. m.* (v. 1119; lat. *hebraeus*, gr. *hebraios*).
I. *N. m.* ♦ 1° Nom primitif du peuple juif. V. **Juif.** *Captivité des Hébreux à Babylone. La Bible, livre sacré des Hébreux.* V. **Massorah.** *Religion des Hébreux.* V. **Judaïsme.** ♦ 2° La langue hébraïque. *L'hébreu, langue sémitique.* ◊ Fam. *C'est de l'hébreu, c'est inintelligible* (Cf. Du chinois).
II. *Adj. m.* (*Au fém.*, on emploie Israélite, juive). V. **Hébraïque.** *Le peuple hébreu. Un texte hébreu.*

HÉCATOMBE [ekat5b]. *n. f.* (v. 1500; gr. *hekatombê* (sacrifice) « de cent *(hekaton)* bœufs *(bous)* »). ♦ 1° *Antiq.* Sacrifice de cent bœufs, et *par ext.* d'un grand nombre d'animaux. V. **Immolation, sacrifice.** ♦ 2° *Cour.* (1667). Massacre d'un grand nombre d'hommes. V. **Boucherie, carnage, massacre, tuerie.** *Les hécatombes et les destructions de la guerre.* — *Fig. et plaisant. Quatre-vingts pour cent de recalés à cet examen, quelle hécatombe !*

HECTARE [ektaʀ]. *n. m.* (1795; de *hect(o-)*, et *are*). Mesure de superficie équivalant à cent ares, ou dix mille mètres carrés (100 × 100. Abrév. *ha*). *Une ferme de cinquante hectares.*

HECTIQUE [ɛktik]. *adj.* (xve; bas lat. *hecticus*; gr. *hektikos* « habituel »). *Méd. Fièvre hectique :* fièvre des états septicémiques graves caractérisée par de grandes oscillations de température avec frissons violents suivis de transpiration profuse. *Fièvre hectique du paludisme, de la tuberculose avancée.* ◊ *Vx.* Qui est le symptôme de l'hectisie ou étisie*. « *La légère tache hectique plaquée sur son teint* » (BAUDEL.).

HECTISIE [ektizi]. *n. f.* V. **ÉTISIE.**

HECTO [ɛkto]. *n. m.* (1866; abrév.). Abréviation d'*hectogramme;* d'*hectolitre. Il a récolté cette année deux mille hectos de Pommard.*

HECT(O)-. Élément, du gr. *hekaton* « cent » (noms savants de mesure).

HECTOGRAMME [ɛktɔgʀam]. *n. m.* (1795; de *hect(o-)*, et *gramme*). Poids de cent grammes (symb. hg). V. **Hecto.**

HECTOLITRE [ɛktɔlitʀ(ə)]. *n. m.* (1795; de *hect(o)-*, et *litre*). Mesure de cent litres (symb. hl). V. **Hecto.**

HECTOMÈTRE [ɛktɔmɛtʀ(ə)]. *n. m.* (1795; de *hect(o)-*, et *mètre*). Longueur de cent mètres (symb. hm).

HECTOMÉTRIQUE [ɛktɔmetʀik]. *adj.* (1843; de *hectomètre*). Qui sert à jalonner les hectomètres. *Bornes hectométriques le long des routes.*

HECTOPIÈZE [ɛktɔpjɛz]. *n. f.* (1922; de *hect(o)-*, et *pièze*). *Phys.* Mesure de pression valant cent pièzes (symb. hpz). V. **Bar.** On dit *aussi* MÉGABARYE.

HECTOWATT [ɛktɔwat]. *n. m.* (v. 1900; de *hect(o)-*, et *watt*). Unité de puissance, valant cent watts (symb. hW).

HÉDONISME [edɔnism(ə)]. *n. m.* (1877; du gr. *hedonê* « plaisir »). *Philo.* Doctrine qui prend principe de la morale la recherche du plaisir, de la satisfaction. V. **Eudémonisme.** — *Psychan.* Recherche du plaisir par investissement de la libido sur certaines parties du corps, au cours du développement normal de l'enfant. *Hédonisme oral, anal, génital.* — *Écon.* Conception de l'économie selon laquelle toute activité économique repose sur la poursuite du maximum de satisfactions avec le moindre effort.

HÉDONISTE [edɔnist(ə)]. *n. et adj.* (1884; de *hédonisme*). ♦ 1° Adepte de l'hédonisme. *Adj.* Qui pratique ou prône l'hédonisme. *Philosophie hédoniste.* ♦ 2° Relatif à l'hédonisme. *Morale hédoniste* (On dit *aussi* HÉDONISTIQUE [edɔnistik] : *principe hédonistique*).

HÉGÉLIANISME [egeljanism(ə)]. *n. m.* (mil. xixe; du philos. all. *Hegel*, 1770-1831). *Philo.* Doctrine de Hegel. *L'hégélianisme, philosophie de l'histoire.*

HÉGÉLIEN, IENNE [egeljɛ̃, jɛn]. *adj.* (mil. xixe; de *Hegel*). *Philo.* De Hegel. *La dialectique hégélienne.* — Subst. *Un hégélien,* partisan de Hegel, de sa doctrine.

HÉGÉMONIE [eʒemɔni]. *n. f.* (1838; gr. *hêgemonia*, de *hêgemôn* « chef »). ♦ 1° *Antiq. gr.* Suprématie d'une cité, d'un peuple, dans les fédérations ou amphictyonies. *Lutte de Sparte et d'Athènes pour l'hégémonie de la Grèce.* ♦ 2° *Mod.* V. **Autorité, direction, pouvoir, prépondérance, suprématie.** *Conquérir l'hégémonie du monde.* V. **Domination, empire.** *Guerre d'hégémonie.*

HÉGIRE [eʒiʀ]. *n. f.* (1556; arabe *hedjra* « fuite », par l'italien). Ère des Mahométans. *L'hégire ou fuite de Mahomet à Médine, première date de la chronologie musulmane (622 de l'ère chrétienne). « En Turquie, l'année 1322 de l'hégire »* (LOTI).

HEIDUQUE [edyk]. *n. m.* (*Hidouque*, fin xvie; hongr. *hajduk* « boyard »). Av. le xviie s., Domestique en livrée à la hongroise. — Soldat de certaines milices hongroises *(ancienn.).*

HEIMATLOS ['aj(ɛ)matlos]. *adj. invar.* (1922; mot all. « sans patrie »). *Rare.* Se dit de celui, celle qui ayant perdu sa nationalité d'origine, n'a pas acquis de nationalité nouvelle. V. **Apatride.** ◊ Subst. *Un, une, des heimatlos.*

HEIMATLOSAT ['aj(ɛ)matloza]. *n. m.* (déb. xxe; de *heimatlos*). *Didact.* Situation juridique d'un *heimatlos.*

HEIN ! ['ɛ̃; hɛ̃]. *interj.* (1765; *hen*, xvie; lat. *hem*, onomat.). Interjection familière d'interrogation. ♦ 1° S'emploie seul, soit pour inviter l'interlocuteur à répéter une chose qu'on a ou qu'on feint d'avoir mal entendue, soit pour l'interroger avec impatience. V. **Comment, plaît-il.** ♦ 2° Se joint à une interrogation pour la renforcer. *Qu'en penses-tu, hein?* ♦ 3° Se joint à une phrase (interrogative ou exclamative) pour marquer la surprise, l'étonnement. *Hein? que me chantez-vous là?* ◊ Pour demander une approbation, solliciter un consentement. « *Je suis vilaine, hein? Vous m'en voulez?* » (COLETTE). ◊ Pour renforcer un ordre, une menace. « *Fiche-moi la paix, hein!* » (DORGELÈS).

HÉLAS ! ['elas]. *interj.* (xiie; de *hé !*, et a. fr. *las* « malheureux »). Interjection de plainte, exprimant la douleur, le regret. V. **Las.** « *Hélas ! les beaux jours sont finis !* » (GAUTIER). — *Va-t-il mieux? Hélas ! non.* — (Répété) *Hélas, trois fois hélas !*

HÉLÉPOLE [elepɔl]. *n. f.* (1765; gr. *helepolis*, de *helein* « prendre », et *polis* « ville »). *Antiq.* Machine de guerre en forme de tour mobile, pour s'élever jusqu'à la hauteur de remparts.

HÉLER ['ele]. *v. tr.; conjug. céder* (v. 1491; angl. *to hail*). ♦ 1° Appeler (une embarcation), souvent à l'aide d'un porte-voix. *Héler un bâtiment pour l'arraisonner.* Pronom. *Marins qui se hèlent d'un bord à une autre.* V. **Interpeller (s').** ◊ *Par anal.* Appeler en se servant des mains comme d'un porte-voix. ♦ 2° *Cour.* Appeler de loin. *Héler un taxi, un porteur.* ◊ HOM. Ailé.

HÉLI-. V. **HÉLIO.**

HÉLIANTHE [eljɑ̃t]. *n. m.* (1615; lat. *helianthus;* suff. *-anthe*). Plante à grands capitules jaunes *(Composacées).* Bot. *Hélianthe tubéreux.* V. **Topinambour.** — Cour. *Hélianthe annuel, fleur d'ornement.* V. **Soleil, tournesol.** « *L'hélianthe tord sa tige pour suivre le soleil dont il est l'image* » (COLETTE).

HÉLIANTHÈME [eljɑ̃tɛm]. *n. m.* (1615; lat. bot. *helianthemum;* suff. *-anthème*). *Bot.* Plante à fleurs d'un beau jaune luisant, disposées en épi *(Cistinées),* communément appelée *gerbe d'or* ou *herbe d'or.*

HÉLIANTHINE [eljɑ̃tin]. *n. f.* (1890; de *hélianthe*). *Chim.* Colorant azoïque qui tourne au jaune-orange en milieu basique et au rouge en milieu acide.

HÉLIAQUE [eljak]. *adj.* (1582; gr. *hêliakos.* V. **Hélio-**). *Astron. Lever, coucher héliaque d'un astre,* lever ou coucher peu avant le lever ou peu après le coucher du Soleil.

HÉLIASTE [eljast(ə)]. *n. m.* (1751; gr. *hêliastês*). *Antiq.* Juge ou juré d'un tribunal athénien, l'*héliée* [elje], dont les audiences commençaient au lever du soleil.

HÉLICE [elis]. *n. f.* (1685; « constellation », 1547; *elyce*, 1529; lat. *helix,* mot gr. « spirale »). ♦ 1° *Géom. Hélice circulaire* (absolt. *hélice*), courbe gauche engendrée par enroulement sur un cylindre de révolution d'une droite oblique par rapport à son axe. ◊ *Toute autre courbe coupant sous un angle constant les génératrices d'une surface de révolution. Pas, spires d'une hélice.* ♦ 2° Filet en hélice d'une vis, d'une vrille. — *Escalier en hélice.* V. **Colimaçon** (en), spirale (en), vis (à). ◊ *Archit.* Volute latérale d'un chapiteau corinthien. ♦ 3° *Cour.* (1803). Appareil constitué de deux, trois pales (ou ailes) solidaires d'un arbre. Organe de propulsion ou de traction. *Hélice d'un navire. Hélices d'un avion en métal, à pas variable, mues par un moteur à piston, un turbopropulseur.* « *L'avion, happé par l'hélice, fonce* » (ST-EXUP.). *Aéronef à hélices horizontales.* V. **Autogire,** hélicoptère. — Par ext. *Ventilateur à hélice.*

HÉLICICULTEUR, TRICE [elisikyltœʀ, tʀis]. *n.* (1955; de *hélix* [2°], et *-culteur). Didact.* Qui élève des escargots. (V. **Héliciculture).**

HÉLICICULTURE [elisikyltyʀ]. *n. f.* (1914; de *hélix* [2°], et *culture). Didact.* Élevage des escargots.

HÉLICOÏDAL, ALE, AUX [elikɔidal, o]. *adj.* (1854; de *hélicoïde*). ♦ 1° *Didact.* En forme d'hélice. ♦ 2° *Mécan. Mouvement hélicoïdal,* mouvement d'un solide qui tourne autour d'un axe fixe en se déplaçant le long de cet axe. *Engrenage hélicoïdal.*

HÉLICOÏDE [elikɔid]. *adj. et n.* (1704; gr. *helikoeidês*). *Géom.* En forme d'hélice. *Parabole hélicoïde.* ◊ N. m. *Un hélicoïde :* toute surface engendrée par le mouvement hélicoïdal d'une droite autour d'un axe.

HÉLICON [eliki̇̄]. *n. m.* (v. 1900; antiq., 1740; gr. *helikos* « sinueux »). *Mus.* Instrument de cuivre, à vent et à pistons, que sa forme circulaire permet de porter autour du corps en le faisant reposer sur une épaule. V. **Saxhorn.**

HÉLICOPTÈRE [elikɔptɛʀ]. *n. m.* (1862, « aéronef » et « jouet d'enfant »; du gr. *helix, helikos* « spirale », et *pteron* « aile »). Type d'appareil dont la sustentation et la propulsion sont assurées par de grandes hélices horizontales placées au-dessus de l'appareil. V. **Autogire, giravion, girodyne;** et *aussi* **Héligare, héliport, héliporté.** *Rotors, voilure tournante d'un hélicoptère. L'hélicoptère décolle à la verticale.*

-HÉLIE, HÉLIO-. Éléments, du gr. *hêlios* « soleil » (ex. : *Périhélie, héliothérapie*).

HÉLIGARE [eligaʀ]. *n. f.* (1957; de *héli(coptère)*, et *gare;* Cf. Aérogare). Gare d'hélicoptères.

HÉLIOCENTRIQUE [eljɔsɑ̃tʀik]. *adj.* (1721; de *hélio-,* et *centre*). *Astron.* Qui est mesuré, considéré par rapport au centre du Soleil (*opposé à* géocentrique). *Théorie héliocentrique* (ou *héliocentrisme*) *de Copernic. Mouvement héliocentrique d'une planète.*

HÉLIOCHROMIE [eljɔkʀɔmi]. *n. f.* (1866; de *hélio-,* et *-chromie*). *Techn.* Reproduction des couleurs par la photographie.

HÉLIOGRAPHE [eljɔgʀaf]. *n. m.* (1857; de *hélio-,* et *-graphe*). ♦ 1° *Ancienn.* Appareil télégraphique optique utilisant les rayons du soleil. ♦ 2° *Phys.* V. **Héliostat.**

HÉLIOGRAPHIE [eljɔgʀafi]. *n. f.* (1802; de *hélio-,* et *-graphie*). ♦ 1° *Astron.* Description du Soleil. ♦ 2° (1866). Procédé photographique de gravure. V. **Photogravure.**

HÉLIOGRAVEUR [eljɔgʀavœʀ]. *n. m.* (1907; de *héliogravure,* d'apr. *graveur*). Celui qui fait de l'héliogravure.

HÉLIOGRAVURE [eljɔgʀavyʀ] ou **HÉLIO** [eljo]. *n. f.* (1873; de *hélio-,* et *gravure*). Procédé de photogravure* en creux, se tirant comme la gravure en taille-douce. *L'héliogravure utilise les clichés galvanoplastiques. Héliogravure rotative.* V. **Rotogravure.** ◇ Gravure exécutée selon ce procédé. *Livre orné d'héliogravures.*

HÉLIOMARIN, INE [eljɔmaʀɛ̃, in]. *adj.* (1948; de *hélio-,* et *marin*). *Méd.* Qui utilise l'action simultanée des rayons solaires et de l'air marin. *Cure héliomarine. Établissement, sanatorium héliomarin.*

HÉLIOMÈTRE [eljɔmɛtʀ(ə)]. *n. m.* (1747; de *hélio-,* et *-mètre*). *Astron.* Lunette servant à mesurer le diamètre apparent des corps célestes (Soleil, Lune, planètes).

HÉLION [eljɔ̃]. *n. m.* (v. 1935; de *hélium*). *Phys.* Noyau d'hélium, particule du rayonnement α (alpha).

HÉLIOSTAT [eljɔsta]. *n. m.* (1764; de *hélio-,* et gr. *statos* « arrêté »). *Phys.* Instrument d'optique formé d'un miroir plan mû par un mécanisme d'horlogerie qui assure, malgré le mouvement apparent du Soleil, la projection en un point fixe des rayons solaires réfléchis (Syn. *Héliographe*).

HÉLIOTHÉRAPIE [eljɔteʀapi]. *n. f.* (1900; de *hélio-,* et *-thérapie*). *Méd.* Traitement de certaines maladies par la lumière et la chaleur solaires (bains de soleil). *Héliothérapie artificielle par lampes à arc, lampes à rayons ultraviolets.* « Un couloir à mur de vitres que Patrick destinait à l'héliothérapie » (COLETTE).

HÉLIOTROPE [eljɔtʀɔp]. *n. m.* (*Eliotrope,* 1372; lat. d'o. gr. *heliotropium* « qui se tourne vers le soleil »). ♦ 1° Plante à feuilles alternes et persistantes, à fleurs odorantes (*Borraginacées*), des régions chaudes et tempérées. *L'héliotrope d'Europe, à fleurs blanches, appelé* tournesol. *L'héliotrope du Pérou, à petites fleurs bleues ou lilas.* « L'héliotrope mauve aux senteurs de vanille » (NOAILLES). ♦ 2° *Minér.* Calcédoine à fond verdâtre jaspé de veines rouges.

HÉLIOTROPINE [eljɔtʀɔpin]. *n. f.* (v. 1900; de *héliotrope*). *Chim.* Composé aromatique, à base d'essence de sassafras, d'un parfum analogue à celui de l'héliotrope. V. **Pipéronal.**

HÉLIOTROPISME [eljɔtʀɔpism(ə)]. *n. m.* (1828; de *hélio-,* et *tropisme*). *Biol.* Propriété des végétaux et des animaux inférieurs fixés de se tourner vers la lumière solaire (*héliotropisme positif*) ou de s'en détourner (*héliotropisme négatif*). V. **Phototropisme.**

HÉLIPORT [elipɔʀ]. *n. m.* (1952; comp. irrég. de *héli[coptère]*, et *port;* Cf. Aéroport). Aéroport pour hélicoptères.

HÉLIPORTAGE [elipɔʀtaʒ]. *n. m.* (1967; de *héliport*). Transport par hélicoptère.

HÉLIPORTÉ, ÉE [elipɔʀte]. *adj.* (1955; de *héli[coptère]*, et *porté;* Cf. Aéroporté). Transporté par hélicoptère. *Commando héliporté.*

HÉLIUM [eljɔm]. *n. m.* (1868; lat. mod., du gr. *hêlios* « soleil »). Corps simple gazeux (He; n° at. 2) très léger (dens. 0,13), mono-atomique et ininflammable, découvert dans la chromosphère solaire et très rare dans l'air. *Ballon gonflé à l'hélium. Noyau d'hélium.* V. **Hélion.**

HÉLIX [eliks]. *n. m.* (1714; gr. *helix* « spirale »). ♦ 1° *Anat.* Ourlet du pavillon de l'oreille, décrivant un demi-cercle en partant de la conque jusqu'à la partie supérieure du lobule. ♦ 2° *Zool.* Nom scientifique de l'escargot.

HELLÉBORE [e(ɛl)lebɔʀ]. V. **ELLÉBORE.**

HELLÈNE [e(ɛl)lɛn]. *n.* (fin XVIIe; gr. *Hellên, Hellênos,* nom que se donnaient les Grecs). De la Grèce ancienne (*Hellade*) ou moderne. V. **Grec.** *Les Hellènes.* Adj. *Le peuple, l'armée hellène.*

HELLÉNIQUE [e(ɛl)lenik]. *adj.* (1712; gr. *hellênikos*). Qui a rapport aux Hellènes, à la Grèce (antique ou moderne). V. **Grec.** *Civilisation, langue hellénique.*

HELLÉNISANT, ANTE [e(ɛl)lenizɑ̃, ɑ̃t]. *n.* et *adj.* (1846; de *helléniser*). ♦ 1° *Hist.* Juif parlant grec, marqué par l'hellénisme. Adj. *Juif hellénisant.* ♦ 2° *Didact.* Personne qui s'occupe d'études grecques. V. **Helléniste.**

HELLÉNISATION [e(ɛl)lenizasjɔ̃]. *n. f.* (1876; de *helléniser*). Action de marquer d'un caractère hellénique. *Hellénisation d'une peuple, d'un pays.*

HELLÉNISER [e(ɛl)lenize]. *v.* (1842; gr. *hellênizein.* V. **Hellène**). ♦ 1° *V. tr.* Donner un caractère grec à. V. **Gréciser.** « *Raphaël hellénise ou latinise tout naturellement la Bible* » (MALRAUX). Pronom. *S'helléniser,* prendre un caractère grec. ♦ 2° *V. intr. Rare.* S'occuper d'études grecques.

HELLÉNISME [e(ɛl)lenism(ə)]. *n. m.* (1580; gr. *hellênismos*). ♦ 1° *Ling.* Construction ou emploi propre à la langue grecque. *Latin mêlé d'hellénismes.* ♦ 2° *Hist.* Civilisation grecque. *Le siècle de Périclès marqua le triomphe de l'hellénisme.*

HELLÉNISTE [e(ɛl)lenist(ə)]. *n.* (1651, « juif hellénisant »; gr. *hellênistês*). Mod. (1808). Savant ou lettré qui s'occupe de philologie, de littérature grecque. *L'helléniste Henri Estienne.*

HELLÉNISTIQUE [e(ɛl)lenistik]. *adj.* (1681; de *helléniste* « juif hellénisant »). ♦ 1° S'est dit de la langue grecque mêlée d'hébraïsmes parlée par les juifs hellénisants. ♦ 2° (1883; d'abord en all.). Se dit de la période historique qui va de la mort d'Alexandre à la conquête romaine, et de tout ce qui se rapporte à cette période d'adaptation de l'hellénisme à l'Orient. *Les grandes monarchies hellénistiques. Art, poésie hellénistique.* V. **Alexandrin.**

HELLO ! ['ello]. *interj.* (1895). *Anglicisme.* Interjection pour appeler quelqu'un en le saluant. V. **Allô.**

HELMINTHE [ɛlmɛ̃t]. *n. m.* (*Elmynthe,* 1538; gr. *helmins, -minthos* « ver »). *Zool.* et *Méd.* Se dit de tout ver parasite de l'homme ou des animaux. *Les helminthes appartiennent aux classes des némathelminthes*, et des plathelminthes*.*

HELMINTHIASE [ɛlmɛ̃tjaz]. *n. f.* (1839; du gr. *helminthian* « avoir des vers »). *Méd.* Maladie causée par les helminthes. V. **Ascaridiose, distomatose, filariose, strongylose, trichinose.**

HELMINTHIQUE [ɛlmɛ̃tik]. *n.* et *adj.* (1752; de *helminthe*). Qui se rapporte aux vers parasites.

HELMINTHOLOGIE [ɛlmɛ̃tɔlɔʒi]. *n. f.* (1803, var. *helmontologie,* 1778; de *helminthe,* et suff. *-logie*). *Didact.* Étude des vers parasites.

HÉLODÉE. V. **ÉLODÉE.**

HELVELLE [ɛlvɛl]. *n. f.* (1808; lat. *helvella* « petit chou »). Champignon comestible (*Discomycètes*) dont la tête est formée de lames minces et lisses. « *L'helvelle, dont le chapeau a l'air d'une mitre d'évêque* » (THEURIET).

HELVÈTE [ɛlvɛt]. *adj.* (*Helvètes,* 1866; V. **Helvétique**). *Hist.* De l'Helvétie. V. **Suisse.** Subst. *Les Helvètes,* nom latin du peuple habitant la Suisse.

HELVÉTIQUE [ɛlvetik]. *adj.* (déb. XVIIIe; lat. *helveticus,* de *Helvetii* « les Helvètes »). Relatif à la Suisse. V. **Suisse.** *La Constitution, la Confédération helvétique.*

HELVÉTISME [ɛlvetism(ə)]. *n. m.* (1846; de *helvétique*). *Ling.* Locution, tournure française propre aux habitants de la Suisse romande.

HEM ! ['ɛm; hɛm]. *interj.* (XVIe; onomat.). Interjection servant à appeler (V. **Hé ! holà !**), à interroger (V. **Hein**), à exprimer le doute, un scepticisme moqueur, certains sous-entendus (V. **Hum**). ◇ Onomatopée imitant un raclement de gorge, un toussotement.

HÉMA-, HÉMAT(O)-, HÉMO-. Éléments, du gr. *haima, haimatos* « sang ». V. *suff.* **-Émie.**

HÉMARTHROSE [emaʀtʀoz]. *n. f.* (fin XIXe; de *héma-,* et *arthrose*). *Méd.* Épanchement du sang dans une articulation.

HÉMATÉMÈSE [ematemɛz]. *n. f.* (1803; de *hémat[o]-,* et gr. *emesis* « vomissement »). *Méd.* Vomissement de sang, provenant du tube digestif (surtout de l'estomac). (V. *aussi* Hémoptysie).

HÉMATIDROSE ou **HÉMATHIDROSE** [ematidʀoz]. *n. f.* (1861; de *hémat(o),* et gr. *hidrôs* « sueur »). *Méd.* Suintement de sang par les pores cutanés, décrit dans certains cas de purpura.

HÉMATIE [emati ou emasi]. *n. f.* (1859 ; du gr. *haimatos*). *Biol.* Globule rouge du sang (5 millions dans un mm³, chez l'homme). *L'hématie adulte a la forme d'une lentille biconcave de 7 μ de diamètre ; elle est dépourvue de noyau.* ◇ Syn. ÉRYTHROCYTE.

HÉMATINE [ematin]. *n. f.* (1823, autre sens ; du gr. *haimatos*). *Biochim.* Forme oxydée de la matière colorante de l'hémoglobine, qui peut être trouvée dans le sang lors de certaines infections et dans l'anémie pernicieuse.

HÉMATIQUE [ematik]. *adj.* (1858 ; gr. *haimatikos*). *Méd.* D'origine sanguine. *Crise hématique, kyste hématique.*

HÉMATITE [ematit]. *n. f.* (*Ematite*, XIIᵉ ; lat. *hœmatites*, mot gr.). Sesquioxyde naturel de fer, de couleur rougeâtre ou brune, minerai de fer le plus répandu. *Hématite rouge.* V. **Ferret** (d'Espagne), **oligiste**. *Hématite brune.* V. **Limonite**.

HÉMATO-. V. Héma-.

HÉMATOLOGIE [ematɔlɔʒi]. *n. f.* (1803 ; de *hémato-*, et *-logie*). *Didact.* Branche de la médecine consacrée à l'étude et au traitement des maladies du sang et des organes formateurs du sang.

HÉMATOLOGIQUE [ematɔlɔʒik]. *adj.* (1843 ; de *hématologie*). *Didact.* De l'hématologie.

HÉMATOLOGISTE [ematɔlɔʒist(ə)] ou **HÉMATOLOGUE** [ematɔlɔg]. *n.* (XXᵉ,-1846 ; de *hématologie*). *Didact.* Spécialiste de l'hématologie.

HÉMATOME [ematom]. *n. m.* (1866 ; de *hémato-*, et *-ome*). *Méd.* Accumulation circonscrite de sang dans un tissu (surtout dans le tissu cutané), due à des lésions vasculaires. V. **Ecchymose**.

HÉMATOPOÏÈSE [ematɔpɔjɛz]. *n. f.* (*Hématopoèse*, 1877 ; du gr. *haimatôpoiein*, de *poiein* « faire »). *Physiol.* Formation des globules sanguins.

HÉMATOPOÏÉTIQUE [ematɔpɔjetik]. *adj.* (v. 1865 ; du précéd.). *Physiol. Organes hématopoïétiques*, où se forment les globules (moelle osseuse, etc.).

HÉMATOSE [ematoz]. *n. f.* (1633 ; gr. *haimatôsis*). *Physiol.* Échanges gazeux qui se produisent dans le poumon au cours de la respiration (l'oxygène de l'air inspiré passe dans le sang et le gaz carbonique du sang est éliminé par l'expiration).

HÉMATOZOAIRE [ematozɔɛʀ]. *n. m.* (1845 ; de *hémato-*, et *-zoaire*). *Zool.* Parasite animal (sporozoaire) vivant dans le sang. *Hématozoaire du paludisme* (plasmodium).

HÉMATURIE [ematyʀi]. *n. f.* (1771 ; de *hémato-*, et *-urie*). *Méd.* Présence de sang dans l'urine (pissement de sang).

HÉMÉRALOPE [emeralɔp]. *adj. et n.* (1866 ; de *héméralopie*). *Méd.* Qui est atteint d'héméralopie*. — *Subst. Un, une héméralope.*

HÉMÉRALOPIE [emeralɔpi]. *n. f.* (1756 ; gr. *hêmera* « jour », et *ops* « œil » ; d'apr. *nyctalopie*). *Pathol.* Diminution considérable de la vision lorsque l'éclairage est faible. V. **Amblyopie, nyctalopie**.

HÉMÉROCALLE [emerɔkal]. *n. f.* (v. 1600 ; lat. *hemerocalles*, mot gr. ; « belle d'un jour »). *Bot.* Plante (*Liliacées*), appelée *lis jaune, belle-d'un-jour*, dont les fleurs très décoratives ne durent chacune qu'un jour. *Hémérocalle jaune. Hémérocalle fauve.*

HÉMI-. Élément, du gr. *hêmi* « à moitié ».

HÉMIALGIE ou **HÉMICRÂNIE** [emialʒi ou emikʀani]. *n. f.* (1907,-1765 ; de *hémi-* et *-algie* ; lat. *hémicrania*, mot gr. V. **Migraine**). *Didact.* *(Méd.)*. Douleur localisée à une moitié du crâne ; *spécialt.* migraine*. V. **Céphalée**.

HÉMICYCLE [emisikl(ə)]. *n. m.* (1547 ; lat. *hemicyclium*, mot gr. V. **Cycle**). Espace, construction qui a la forme d'un demi-cercle. *Hémicycle d'un théâtre. Hémicycle d'une basilique*, l'abside. ◇ *Spécialt.* Rangées de gradins semi-circulaires et concentriques, destinées à des auditeurs, des spectateurs, aux membres d'une assemblée. *Hémicycle de l'Assemblée nationale.* Absolt. *Les députés « se pressent debout dans le bas de l'hémicycle* » (BARRÈS).

HÉMICYLINDRIQUE [emisilɛ̃dʀik]. *adj.* (1846 ; de *hémi-*, et *cylindrique*). *Didact.* Qui a la forme d'un demi-cylindre. *Baguette, moulure hémicylindrique* (On dit aussi Demi-cylindrique).

HÉMIÈDRE [emiɛdʀ(ə)] ou **HÉMIÉDRIQUE** [emiedʀik]. *adj.* (1847,-1846 ; de *hémi-*, et *edra* « face »). *Minér.* Qui présente les caractères de l'hémiédrie. *Cristaux hémièdres.*

HÉMIÉDRIE [emiedʀi]. *n. f.* (1846 ; gr. *edra* « face »). *Minér.* Caractère de certains cristaux qui ne présentent de modifications que sur la moitié des arêtes ou des angles semblables. *Hémiédrie des cristaux de quartz.*

HÉMINE [emin]. *n. f.* (1671 ; gr. *hêmina* « moitié » [d'un setier]). ♦ 1° *Antiq.* Mesure de capacité valant un demi-setier ou 12 onces (0,271 l). ♦ 2° *Méd.* Substance cristallisée obtenue

par un procédé spécial à partir de l'hémoglobine. *L'hémine permet de déceler la présence de sang dans des taches suspectes* (en médecine légale).

HÉMIONE [emjɔn]. *n. m.* (1838 ; lat. zool. *hemionus*, gr. *hêmionos* « demi-âne »). Mammifère ongulé *(equus hemionus, Équidés)* qui tient de l'âne et du cheval et qui vit en Asie occidentale. « *L'indomptable âne rouge, que les savants appellent l'hémione* » (ALAIN).

HÉMIPARÉSIE [emipaʀezi]. *n. f.* (1959 ; de *hémi-*, et *-parésie*). *Méd.* Parésie légère d'un côté du corps. V. **Hémiplégie**.

HÉMIPLÉGIE [emipleʒi]. *n. f.* (1707 ; *hémiplexie*, 1573 ; du gr. *hêmiplêgês* « à moitié frappé »). Paralysie complète ou incomplète frappant une moitié provoquée par des lésions des centres nerveux moteurs ou des voies motrices.

HÉMIPLÉGIQUE [emipleʒik]. *adj. et n.* (1795 ; du précéd.). Qui a rapport à l'hémiplégie. ◇ *N.* Personne atteinte d'hémiplégie. *Un, une hémiplégique.*

HÉMIPTÈRES [emiptɛʀ]. *n. m. pl.* (1775 ; de *hémi-*, et *-ptère*). Ordre d'insectes ptérygotes ainsi nommés à cause des demi-élytres de certaines espèces. V. **Rhynchotes**. ◇ N. m. et adj. *Un hémiptère. Insecte hémiptère.*

HÉMISPHÈRE [emisfɛʀ]. *n. m.* (*Emispere*, XIIIᵉ ; lat. *hemispherium*, mot gr. V. **Sphère**). Chacune des deux moitiés d'une sphère limitée par un des plans passant par le centre. V. **Calotte** (sphérique). *Voûte en hémisphère.* V. **Coupole**. ◇ *Spécialt.* ♦ 1° *Phys. Hémisphères de Magdebourg* : hémisphères creux dont Otto de Guerick, bourgmestre de Magdebourg, se servit en 1654 pour démontrer la pression atmosphérique. ♦ 2° *Géogr. et cour.* Moitié du globe terrestre. *Chaque méridien divise le globe en deux hémisphères.* ◇ *Spécialt.* Chacune des deux moitiés du globe limitée par l'équateur. *Hémisphère nord ou boréal, sud ou austral.* « *On était en août, et c'était le froid de l'autre hémisphère qui commençait* » (LOTI). ♦ 3° *Astron.* Moitié de la sphère céleste. *Hémisphères septentrional et méridional*, limités par l'équateur céleste ; *oriental et occidental*, limités par le méridien ; *supérieur et inférieur*, limités par l'horizon. ♦ 4° *Anat. Hémisphères cérébraux*, les deux moitiés symétriques, droite et gauche, du cerveau.

HÉMISPHÉRIQUE [emisfeʀik]. *adj.* (1551 ; du précéd.). Qui a la forme d'un hémisphère. *Calotte* hémisphérique. Voûte, vase, coupe hémisphérique.*

HÉMISTICHE [emistiʃ]. *n. m.* (1548 ; lat. *hemistichium*, mot gr., rad. *stikhos* « vers »). ♦ 1° Moitié d'un vers (*spécialt.* de l'alexandrin), marquée par un repos ou césure. *Chaque hémistiche de l'alexandrin a six syllabes.* ♦ 2° Par ext. Césure placée au milieu d'un vers. *Rime intérieure à l'hémistiche.* « *Hémistiche : moitié de vers... repos au milieu du vers* » (VOLT.).

HÉMITROPIE [emitʀɔpi]. *n. f.* (1801 ; de *hémi-*, et *-tropie*). *Minér.* Groupement régulier de cristaux de même forme et de même nature (V. **Macle**) dans lequel deux cristaux s'accolent suivant une face commune après rotation de l'un d'eux (180° ou 60°) autour d'un axe perpendiculaire ou parallèle à cette face ; caractère des cristaux ainsi groupés. *Hémitropie du gypse, de la pyrite.*

HÉMO-. V. Héma-.

HÉMOCULTURE [emɔkyltyʀ]. *n. f.* (1922 ; de *hémo-*, et *culture*). *Didact.* Ensemencement d'un milieu de culture avec du sang pour la recherche des microbes susceptibles de s'y trouver.

HÉMOCYANINE [emɔsjanin]. *n. f.* (1892 ; de *hémo-*, et gr. *kuanos* « bleu »). *Chim., biol.* Protéide renfermant du cuivre, pigment respiratoire du sang des mollusques et des crustacés.

HÉMODIALYSE [emɔdjaliz]. *n. f.* (apr. 1947 ; de *hémo-*, et *dialyse*). *Méd.* Élimination de produits toxiques contenus dans le sang (en particulier de l'urée accumulée en cas d'insuffisance rénale), par dérivation du sang hors de l'organisme et passage à travers une membrane semi-perméable qui retient les produits toxiques. *Le rein artificiel est un appareil servant à l'hémodialyse.*

HÉMODYNAMIQUE [emodinamik]. *adj.* (1878, *n. f.* ; de *hémo-*, et *dynamique*). *Didact.* (Physiol., méd.). Qui se rapporte aux conditions mécaniques de la circulation du sang (pression, débit, etc.).

HÉMOGÉNIE [emɔʒeni]. *n. f.* (mil. XXᵉ ; de *hémo-*, et *-génie*). *Méd.* Toute maladie caractérisée par des hémorragies répétées diverses (purpura, épistaxis, hémorragies utérines), de causes variées. V. **Hémophilie**. (adj. HÉMOGÉNIQUE [emɔʒenik]).

HÉMOGLOBINE [emɔglɔbin]. *n. f.* (1873 ; de *hémo-*, et du rad. de *globuline*). Substance protéique contenue dans les globules rouges du sang, et qui transporte l'oxygène. *L'hémoglobine est un pigment respiratoire qui joue un rôle essentiel dans le transport de l'oxygène.* (V. **Oxyhémoglobine**).

HÉMOGRAMME [emɔgʀam]. *n. m.* (1953; de *hémo-*, et *gramme*). *Méd.* Résultat de l'étude quantitative et qualitative des éléments figurés du sang*.

HÉMOLYSE [emɔliz]. *n. f.* (1901; de *hémo-*, et *-lyse*). *Méd.* Destruction des globules rouges du sang avec libération de l'hémoglobine (dans le sang ou dans le liquide qui entoure les cellules de divers tissus). *Hémolyse physiologique* (vieillissement des globules rouges). *Hémolyse pathologique* (intoxications, incompatibilité des groupes sanguins, action toxique des microbes).

HÉMOLYSINE [emɔlizin]. *n. f.* (1907; du précéd.). *Méd.* Nom donné aux substances (toxines bactériennes, anticorps, venins) qui détruisent les globules rouges du sang.

HÉMOLYTIQUE [emɔlitik]. *adj.* (1901; de *hémolyse*). *Méd.* Qui provoque l'hémolyse, qui s'accompagne d'hémolyse. *Sérum hémolytique. Anémie hémolytique.*

HÉMOPATHIE [emɔpati]. *n. f.* (1873; de *hémo-*, et *-pathie*). *Méd.* Nom générique des maladies du sang. V. **Anémie, leucémie.**

HÉMOPHILE [emɔfil]. *adj.* (1873; de *hémophilie*). Atteint d'hémophilie. — Subst. *Un(e) hémophile.*

HÉMOPHILIE [emɔfili]. *n. f.* (1855; de *hémo-*, et *-philie*). ♦ 1° *Didact.* Disposition pathologique aux hémorragies prolongées, due à l'absence d'un facteur de coagulation dans le sang, affection héréditaire transmise par les femmes uniquement aux enfants de sexe masculin. ♦ 2° *Cour.* État pathologique, non héréditaire, qui offre certains caractères de l'hémophilie vraie, et qui peut affecter les deux sexes.

HÉMOPTYSIE [emɔptizi]. *n.f.* (1694; du gr. *haimoptuikos* « qui crache le sang », de *ptuein* « cracher »). Crachement de sang provenant des voies respiratoires (trachée, bronches, poumons). *Hémoptysie symptomatique de la tuberculose pulmonaire.* V. *aussi* **Hématémèse.**

HÉMOPTYSIQUE [emɔptizik]. *adj.* et *n.* (1743; du précéd.). Relatif à l'hémoptysie. ◇ *N.* Malade qui a des hémoptysies.

HÉMORRAGIE [emɔraʒi]. *n. f.* (1538; lat. *hæmorrhagia*, mot gr.; suff. *-rragie*). ♦ 1° *Cour.* Effusion de sang hors d'un vaisseau sanguin (V. **Saignement**). *Hémorragie artérielle, veineuse, capillaire. Hémorragie interne; sous-cutanée* (V. **Ecchymose, hématome**). *Hémorragie cutanée* (V. **Purpura**). *Hémorragie cérébrale* (V. **Apoplexie**). *nasale* (V. **Épistaxis**), *stomacale* (V. **Hématémèse**), *urinaire* (V. **Hématurie**), *utérine* (V. **Métrorragie**), *ano-rectale* (V. **Hémorroïde**). *Hémorragie de l'appareil respiratoire* (V. **Hémoptysie**). — *Prédisposition aux hémorragies.* V. **Hémophilie.** *Arrêter une hémorragie par un garrot.* V. **Hémostase.** ♦ 2° *Fig.* Perte de vies humaines. *L'hémorragie causée par une guerre.* — *Par ext.* Perte, fuite. *L'hémorragie des capitaux.*

HÉMORRAGIQUE [emɔraʒik]. *adj.* (1795; du précéd.). Relatif à l'hémorragie. *Accidents hémorragiques.*

HÉMORROÏDAIRE [emɔʀɔidɛʀ]. *adj.* et *n.* (1795; de *hémorroïde*). *Méd.* Qui est affecté d'hémorroïdes.

HÉMORROÏDAL, ALE, AUX [emɔʀɔidal, o]. *adj.* (1559; de *hémorroïde*). ♦ 1° Relatif aux hémorroïdes. *Varices hémorroïdales. Sang hémorroïdal.* ♦ 2° *Anat.* Qui appartient à la région du rectum, de l'anus. *Artères, veines hémorroïdales. Nerf, plexus hémorroïdal.*

HÉMORROÏDE [emɔʀɔid]. *n. f.* (*Emoroyde*, XIIIᵉ; lat. *hæmorrhois, oidis*, mot gr., de *rhein* « couler »). *Surtout plur.* Tumeur variqueuse qui se forme à l'anus et au rectum par la dilatation des veines.

HÉMOSTASE [emɔstaz] ou **HÉMOSTASIE** [emɔstazi]. *n. f.* (1748; gr. *haimostasis*, de *stasis* « arrêt »). *Didact.* (*Méd.*). Arrêt d'une hémorragie. *Hémostase spontanée, physiologique* (V. **Coagulation**). *Hémostase provoquée* (V. **Compression, forcipressure, garrot, ligature, tamponnement**).

HÉMOSTATIQUE [emɔstatik]. *adj.* et *n.* (1748; gr. *haimostatikos*). ♦ 1° *Adj.* Relatif à l'hémostase, qui peut arrêter une hémorragie. *Pinces hémostatiques*, munies de crans d'arrêt permettant de les maintenir fermées. *Médicaments, remèdes hémostatiques*, coagulants ou vaso-constricteurs. ♦ 2° *N. m. Les hémostatiques.* ♦ 3° *N. f. Physiol.* Ensemble d'études se rapportant à l'équilibre du sang dans les vaisseaux.

HENDÉCA-. Élément, du gr. *hendeka* « onze ».

HENDÉCAGONE [ɛ̃dekagɔn]. *n. m.* (1652; de *hendéca-*, et *-gone*). *Géom.* Polygone qui a onze angles et onze côtés. — Adj. *Figure hendécagone.*

HENDÉCASYLLABE [ɛ̃dekasil(l)ab]. *n. m.* (1549; de *hendéca-*, et *syllabe*). *Prosod.* Vers qui compte onze syllabes. *Hendécasyllabes saphiques.* Adj. *Vers hendécasyllabe.*

HENDYADIS ou **HENDYADYIN** [ɛ̃djadis ou ɛ̃djadin]. *n. m.* (du gr. *hen dia duoin* « une chose au moyen de deux mots »). *Didact.* Figure de rhétorique* qui consiste à dissocier en deux noms coordonnés une expression unique (nom

et adjectif ou nom et complément). Ex. : « *Un temple rempli de voix et de prières* » (LAMART.).

HENNÉ ['ene]. *n. m.* (1553; arabe *hinna*). ♦ 1° *Rare.* Arbuste des régions tropicales (*Lythrariacées*), dont l'écorce et les feuilles séchées et pulvérisées fournissent une poudre colorante jaune ou rouge. ♦ 2° *Cour.* Cette poudre utilisée dans les pays musulmans pour la teinture des cheveux, des lèvres, des paupières, des doigts. *Elle avait « les mains enluminées de henné, les pieds aussi »* (FROMENTIN).

HENNIN ['enɛ̃]. *n. m.* (1428; néerl. *henninck* « coq »). *Ancienn.* Coiffure féminine du moyen âge, en forme de bonnet conique, très haut et rigide.

HENNIR [eniʀ]. *v. intr.* (1080; lat. *hinnire*). En parlant du *cheval.* Pousser le cri particulier à son espèce. « *Des étalons cabrés, qui hennissaient à pleins naseaux du côté des juments* » (FLAUB.). ◇ Par anal. « *Et soudain, des trompettes hennirent* » (HUYSMANS).

HENNISSANT, ANTE ['enisɑ̃, ɑ̃t]. *adj.* (1673; du précéd.). Qui hennit.

HENNISSEMENT ['enismɑ̃]. *n. m.* (v. 1220; de *hennir*). Cri spécifique du cheval. « *Des hennissements aigus comme un éclat de trompette* » (FROMENTIN). ◇ Par anal. « *Les hennissements d'un orgue mécanique* » (DUHAM.).

HENRY [ɑ̃ʀi]. *n. m.* (v. 1894; nom propre). *Sc.* Unité pratique d'inductance électrique (Symb. *H*). *Des henrys.*

HEP! ['ɛp; hɛp]. *interj.* (1879; onomat.). Interjection servant à appeler. « *Hep! vous oubliez cela...* » (MORAND).

HÉPARINE [epaʀin]. *n. f.* (1948; du gr. *hêpar* « foie »). *Biochim.* Substance polysaccharidique acide à propriétés anticoagulantes, présente dans tous les tissus (abondante dans le foie, les muscles et le poumon), et élaborée par des cellules du tissu conjonctif (mastocytes). *Administration d'héparine dans le traitement de l'infarctus du myocarde, des phlébites.*

HÉPAT(O)-. Élément, tiré du gr. *hêpar, hêpatos* « foie ».

HÉPATALGIE [epatalʒi]. *n. f.* (1803; de *hépat*[o]-, et *-algie*). *Méd.* Douleur au niveau du foie irradiant en général vers l'épaule droite.

HÉPATIQUE [epatik]. *n.* et *adj.* (*Epatique*, XIIIᵉ-XVᵉ; lat. *hepaticus*, d'o. gr. V. **Hépato-**).
I. ♦ 1° *Anat.* et *méd.* Qui a rapport au foie. *Artère, canal hépatique.* Bile hépatique (se différencie de la bile vésiculaire). ♦ 2° *Colique hépatique* : crise douloureuse des voies biliaires (V. **Hépatalgie**). ♦ 3° *Méd.* et *cour.* Qui souffre du foie. « *Quatre agents des postes du Gabon, hépatiques, édentés* » (CÉLINE). Subst. *Un, une hépatique.*
II. *Bot. N. f. pl.* (de *hépatique*, 1611, renonculacée employée comme remède contre les affections du foie). Classe des plantes cryptogames (*Bryophytes*), à reproduction sexuée, intermédiaires entre les lichens et les mousses. — Sing. *Une hépatique.*

HÉPATISATION [epatizasjɔ̃]. *n. f.* (1842; du rad. de *hépatique*). *Méd.* État pathologique d'un tissu organique qui prend la coloration et la densité du tissu hépatique. *Hépatisation du poumon au cours d'une pneumonie.*

HÉPATISME [epatism(ə)]. *n. m.* (1898; de *hépatique*). *Méd.* Ensemble des symptômes relevant des affections chroniques du foie.

HÉPATITE [epatit]. *n. f.* (1655; lat. méd. *hepatitis*; suff. *-ite*). *Méd.* Affection inflammatoire du foie. *Hépatite amibienne, virale.* V. *aussi* **Cirrhose, ictère.**

HÉPATO-. V. **Hépat-.**

HÉPATOCÈLE [epatɔsɛl]. *n. f.* (1808; de *hépato-*, et *-cèle*). *Méd.* Hernie partielle du foie.

HÉPATOLOGIE [epatɔlɔʒi]. *n. f.* (1793; de *hépato-*, et *-logie*). *Méd.* Étude du foie sain et malade.

HÉPATOMÉGALIE [epatɔmegali]. *n. f.* (déb. XXᵉ; de *hépato-*, et *mégalie*; Cf. *-mégalie*). *Méd.* Augmentation de volume du foie*.

HEPT(A)-. Élément, du gr. *hepta* « sept ».

HEPTACORDE [ɛptakɔʀd(ə)]. *adj.* et *n. m.* (*Eptacorde*, XVIᵉ; gr. *heptakhordos*; Cf. **Hepta-**, et *corde*). *Mus.* ♦ 1° Qui a sept cordes. *Lyre heptacorde.* Subst. *Un heptacorde.* ♦ 2° *N. m.* Gamme de sept tons.

HEPTAÈDRE [ɛptaɛdʀ(ə)]. *n. m.* (1772; lat. sav., de *hepta-*, et gr. *edra*; Cf. *-Èdre*). *Géom.* Solide à sept faces (adj. *Heptaédrique* [ɛptaedʀik]).

HEPTAGONAL, ALE, AUX [ɛptagɔnal, o]. *adj.* (1633; de *heptagone*). *Géom.* Qui a sept angles et sept côtés. *Pyramide heptagonale*, dont la base est un heptagone.

HEPTAGONE [ɛptagɔn]. *n. m.* (1542; gr. *heptagonos*). *Géom.* Polygone qui a sept angles et sept côtés. *Un heptagone régulier.*

HEPTAMÈTRE [ɛptamɛtʀ(ə)]. *adj.* (1827; lat. *heptametrum*; Cf. **Hepta-**, et *-mètre*). *Versif.* Qui a sept pieds. *Vers heptamètre*, et subst. *Un heptamètre.*

HEPTARCHIE [ɛptaʀʃi]. *n. f.* (1740; de *hepta-*, et *-archie*).

Hist. Nom donné aux sept royaumes germains de Grande-Bretagne.

HEPTASYLLABE [ɛptasi(l)lab]. *adj.* (1846; de *hepta-*, et *syllabe*). *Didact.* De sept syllabes.

HÉRALDIQUE [ɛraldik]. *adj.* et *n. f.* (xvᵉ; lat. médiév. *heraldicus*, de *heraldus* « héraut »). ♦ 1º Relatif au blason. *Science héraldique. Pièce, meuble, figure, ornement héraldique.* ♦ 2º *N. f.* (1845). *L'héraldique*, connaissance des armoiries. *Livre d'héraldique.* ◇ Ensemble des emblèmes de blason.

HÉRALDISTE [ɛraldist(ə)]. *n.* (1873; de *héraldique*). Spécialiste du blason.

HÉRAUT ['ero]. *n. m.* (*Hirauz*, xııᵉ; frq. °*hariwald*, °*heriwald* « chef d'armée »). ♦ 1º *Héraut d'armes* ou *héraut* : au moyen âge, Officier d'un grade intermédiaire entre le « poursuivant d'armes » et le « roi d'armes », dont les fonctions étaient la transmission des messages, les proclamations solennelles, l'ordonnance des cérémonies. ♦ 2º *Fig.* et *littér.* « *Cette brillante civilisation dont l'Amérique est... le protagoniste, le héraut, le prophète* » (DUHAM.). V. **Annonciateur, messager.** ◇ HOM. *Héros.*

HERBACÉ, ÉE [ɛrbase]. *adj.* (1566; lat. *herbaceus*). *Bot.* Qui a les caractères, l'apparence de l'herbe. *Filet herbacé.* ◇ *Spécialt.* (*opposé à ligneux*) *Tige herbacée :* tige molle et généralement verte, peu résistante. *Plantes herbacées,* plantes non ligneuses, dont la partie aérienne meurt après la fructification.

HERBAGE [ɛrbaʒ]. *n. m.* (fin xııᵉ; de *herbe*). ♦ 1º Herbe des prés. ♦ 2º Prairie naturelle dont l'herbe, consommée sur place par le bétail, est suffisamment riche pour l'engraisser. V. **Embouche.** *Herbages plantés (de graminées, de légumineuses) « Cette Beauce si sèche, dépourvue d'herbages naturels »* (ZOLA).

HERBAGER, ÈRE [ɛrbaʒe, ɛr]. *n.* (1732; de *herbage*). *Agric.* Éleveur, personne qui s'occupe d'engraisser les bovins.

HERBAGER [ɛrbaʒe]. *v. tr.;* conjug. *bouger* (1409; de *herbage*). *Agric.* Mettre à paître dans un herbage. *Action d'herbager des bœufs,* ou herbagement.

HERBE [ɛrb(ə)]. *n. f.* (*Erbe*, 1080; lat. *herba*). ♦ 1º (Surtout dans des expressions). Petite plante phanérogame non ligneuse dont les parties aériennes meurent chaque année. *Herbe cultivée, herbe sauvage, herbe des champs. Herbes aquatiques. Cueillir des herbes, en faire une collection.* V. **Herbier; herboriser.** *Herbes médicinales, officinales.* V. **Herboriste.** — *Herbes odorantes, aromatiques.* ◇ FINES HERBES, herbes aromatiques qui entrent dans l'assaisonnement de certains mets. V. **Cerfeuil, civette, estragon, persil, pimprenelle.** *Omelette aux fines herbes.* ◇ (Dans les noms courants de plantes herbacées ou non) *Herbe aux ânes* (Onagre ou onagraire). *Herbe au chantre* (Sisymbre et vélar). *Herbe aux chats* (Népète, cataire, valériane). *Herbe à éternuer* (Achillée ou bouton-d'argent). *Herbe de Saint-Jean* (Armoise, millepertuis). *Herbe à tous les maux, herbe sacrée* (Verveine). *Herbes de la Saint-Jean,* herbes que l'on cueillait le jour de la Saint-Jean, et auxquelles on attribuait des vertus magiques. *Fig.* et *vieilli. Toutes les herbes de la Saint-Jean,* tous les moyens nécessaires. ◇ *Bot.* Toute plante herbacée. *Le bananier est une herbe arborescente.* ♦ 2º *Cour.* Plante herbacée, graminée qui pousse naturellement partout où les conditions lui sont favorables. V. **Graminée.** *Hautes herbes des prés, des savanes. Herbes folles. Herbes sèches. Moulin abandonné, envahi par les herbes.* — *Mauvaise herbe :* toute herbe qui n'est d'aucune utilité et nuit aux cultures qu'elle envahit (V. **Chiendent**). *Enlever, arracher les mauvaises herbes :* désherber, sarcler. *Par* métaph. *Pousser comme une mauvaise herbe,* pousser rapidement, facilement. V. **Graine** (mauvaise). « *L'enfant... avait poussé dru, en mauvaise herbe* » (ZOLA). ♦ 3º *Sing. collect.* DE L'HERBE : végétation naturelle de plantes herbacées peu élevées où les graminées dominent. V. **Ray-grass; gazon.** *Touffe, brin d'herbe. Herbe rase, courte, grasse, drue, haute, touffue. Herbe verte* (V. **Verdure**). *Lieux couverts d'herbe.* V. **Herbage, pâture, prairie, pré, savane.** *Herbes entretenues pour la décoration des jardins.* V. **Gazon, pelouse.** — *Marcher, courir dans l'herbe, sur l'herbe. Déjeuner sur l'herbe. Couper, faucher l'herbe des prés. Herbe coupée, fauchée, herbe séchée* (V. **Foin**). « *Quelle herbe! savoureuse, fine, dentelée, faite de mille plantes... C'était bien autre chose que le gazon du clos* » (DAUD.). *Faire de l'herbe pour les lapins,* en couper, en récolter. *Apporter de l'herbe aux bêtes.* V. **Fourrage.** — *Loc. Couper l'herbe sous les pieds de qqn :* frustrer qqn d'un avantage en le devançant, en le supplantant. ♦ 4º *Par anal.* EN HERBE : se dit des céréales qui, au début de leur croissance, sont vertes, courtes et molles comme de l'herbe. *Blés en herbe.* ◇ *Manger son blé en herbe :* le manger avant qu'il ne soit mûr (en gerbe), en perdant la récolte; *fig.* Utiliser, dépenser un bien productif avant qu'il n'ait rapporté. V. **Dilapider.** ◇ En parlant d'enfants, de jeunes gens qui ont des dispositions pour qqch., qui se destinent à un métier. « *Un mécanicien en herbe* » (BALZ.). V. **Apprenti, futur.**

HERBER [ɛrbe]. *v. tr.* (xııᵉ; de *herbe*). *Vieilli.* Exposer sur l'herbe (de la toile qu'on veut blanchir). *Herber de la toile, des draps.*

HERBERIE [ɛrb(ə)ri]. *n. f.* (xıııᵉ; de *herbe*). ♦ 1º *Vx.* Marché aux herbes. *Le Dit de l'Herberie,* de Rutebeuf (xıııᵉ). ♦ 2º *Vieilli.* Lieu où l'on herbe la toile, le linge.

HERBETTE [ɛrbɛt]. *n. f.* (v. 1392; de *herbe*). *Vx* (poésies du xvıᵉ s.). Herbe courte et fine.

HERBEUX, EUSE [ɛrbø, øz]. *adj.* (1553; *herbous*, 1080; lat. *herbosus*). Où il pousse de l'herbe (V. **Herbu**). *Sentiers herbeux.* « *Elle se mit à marcher sur le côté herbeux du chemin, en évitant les pierres* » (TOULET). ◇ *Géogr. Associations herbeuses des prairies, des steppes et des savanes.*

HERBICIDE [ɛrbisid]. *adj.* et *n. m.* (v. 1930; de *herbe*, et *-cide*). Qui détruit les mauvaises herbes. *Produit herbicide.* — *N. m. Un herbicide.* V. *aussi* **Pesticide;** désembroussaillant, défoliant, désherbant.

HERBIER [ɛrbje]. *n. m.* (fin xııᵉ, « terrain herbeux »; de *herbe*). ♦ 1º *Vx* (xvᵉ). Traité de botanique. ♦ 2º (1704). Collection de plantes, entières ou fragmentées, destinées à l'étude, et que l'on garde séchées ou aplaties entre des feuillets auxquels elles sont généralement fixées. ◇ *Herbier (artificiel),* collection de planches illustrées représentant des plantes. ♦ 3º Banc d'herbes ou d'algues, sous l'eau.

HERBIVORE [ɛrbivɔr]. *adj.* et *n.* (1748; de *herbe*, et *-vore*). Qui se nourrit d'herbes, de feuilles. *Animal herbivore.* ◇ *N. m. pl. Les herbivores,* ensemble de mammifères qui se nourrissent d'herbes, de feuilles, qu'ils coupent grâce à leurs incisives en ciseaux, appelées pinces (V. **Ruminant**). *Le bœuf, le mouton, le rhinocéros sont des herbivores.* — *Sing. Un herbivore.*

HERBORISATEUR, TRICE [ɛrbɔrizatœr, tris]. *n.* (1845; de *herboriser*). *Rare.* Personne qui herborise. « *Cette contrée présentait un herborisateur des familles de plantes remarquables* » (NERVAL).

HERBORISATION [ɛrbɔrizasjɔ̃]. *n. f.* (1719; de *herboriser*). Action d'herboriser; excursion au cours de laquelle on herborise. « *La vie que je mène depuis dix ans à la campagne n'est guère qu'une herborisation continuelle* » (ROUSS.).

HERBORISÉ, ÉE [ɛrbɔrize]. *adj.* (1783; V. **Herboriser**). *Agate, pierre herborisée* (V. **Arborisé**).

HERBORISER [ɛrbɔrize]. *v. intr.* (1611; *arboriser*, 1534; de *herboriste*). Recueillir des plantes là où elles poussent spontanément, soit pour les étudier, en faire un herbier, soit pour utiliser leurs vertus médicinales. *Herboriser pour étudier la botanique.*

HERBORISTE [ɛrbɔrist(ə)]. *n.* (1690; « botaniste », 1545; *arboliste,* 1499; du lat. *herbula,* dimin. de *herba*). Personne qui vend des plantes médicinales et, accessoirement, de nos jours, des drogues simples (à l'exclusion des médicaments), des produits hygiéniques, de la parfumerie. *Pharmacien herboriste,* diplômé de la faculté de pharmacie.

HERBORISTERIE [ɛrbɔrist(ə)ri]. *n. f.* (1838; du précéd.). Commerce, boutique d'herboriste. *Tenir une herboristerie.*

HERBU, UE [ɛrby]. *adj.* (*Erbu,* xııᵉ; de *herbe*). Où l'herbe foisonne (V. **Herbeux**). *Prairie herbue.* « *Il y a des morceaux de Provence, gras, herbus, baignés de sources* » (COLETTE). ◇ HOM. *Herbue.*

HERBUE ou **ERBUE** [ɛrby]. *n. f.* (1842; de *herbe*). *Agric.* Terre légère et peu profonde qui ne peut servir qu'à faire des pâturages. ◇ HOM. *Herbu.*

HERCHER. V. **HERSCHER.**

HERCULE [ɛrkyl]. *n. m.* (1668; nom d'un demi-dieu de la mythologie gréco-latine (lat. *Hercules,* du gr. *Hêraklês*), symbole de la force physique). Homme d'une force physique exceptionnelle. *Cet athlète est un hercule.* « *Un homme d'assez haute taille, bâti en hercule* » (ARAGON). ◇ *Spécialt. Hercule de foire, hercule forain,* qui fait des tours de force. V. **Lutteur.**

HERCULÉEN, ÉENNE [ɛrkyleɛ̃, eɛn]. *adj.* (1520; du nom d'*Hercule*). Digne d'Hercule. *Cour. Force herculéenne. Littér. Carrure herculéenne.* V. **Colossal.**

HERCYNIEN, ENNE [ɛrsinjɛ̃, ɛn]. *adj.* (1842; du lat. *Hercynia silva,* Forêt-Noire). *Géol.* Se dit de plissements géologiques du primaire (époque carbonifère). *Plissements, soulèvements hercyniens.*

HERD-BOOK ['œrdbuk]. *n. m.* (1839; mot angl. « livre de troupeau »). *Anglicisme. Agric.* Livre généalogique des races bovines.

1. **HÈRE** ['ɛr]. *n. m.* (xvıᵉ; p.-ê. de l'all. *Herr* « seigneur », empl. iron., ou de *haire,* par méton.). ♦ 1º *Vx.* Homme misérable. ♦ 2º *Mod.* PAUVRE HÈRE. *Une clientèle « d'épaves, de pauvres hères charriés du jour au soir par quelles vagues de misère, de crime ou de déveine* » (MART. du G.).

2. **HÈRE** ['ɛr]. *n. m.* (1750; néerl. *hert* « cerf »). *Vén.* Jeune cerf de plus de six mois qui n'est pas encore daguet. « *Il n'était plus un faon, mais un hère déjà grand* » (GENEVOIX). ◇ HOM. *Air, aire, ère, erre* (forme du v. *errer*), *haire, R.*

HÉRÉDITAIRE [eredɪtɛr]. *adj.* (1459; lat. *hereditarius.*

V. **Hérédité**). ♦ 1° Relatif à l'hérédité. *Droit héréditaire, droit de recueillir une succession.* — Qui se transmet par droit de succession. *Biens héréditaires. Monarchie, royauté héréditaire. Titre héréditaire.* ◊ Qui a la qualité d'héritier. *Prince héréditaire* (V. **Successible**). ♦ 2° (1549). Qui se transmet par voie de reproduction, des parents aux descendants. *Caractères héréditaires. Aptitudes héréditaires* (V. **Atavique**). ◊ *Biol.* (XIXᵉ) Transmis par hérédité. *Patrimoine héréditaire,* ensemble des caractères liés aux chromosomes maternels et paternels réunis dans l'œuf en un même noyau. V. **Génotype**. « *Beaucoup prétendent que la transmission héréditaire d'un caractère acquis serait chose inconcevable* » (BERGSON). *Maladie héréditaire,* transmise par les chromosomes maternels et paternels. — *Abusiv.* V. **Congénital**. *Syphilis héréditaire.* V. **Hérédo**. ♦ 3° Hérité des parents, des ancêtres par l'habitude, la tradition. *Haine, aversion héréditaire. L'ennemi héréditaire.*

HÉRÉDITAIREMENT [eʀediteʀmɑ̃]. *adv.* (1323; du précéd.). D'une façon héréditaire. *Dr. Posséder héréditairement un immeuble.* ◊ *Biol. Caractères qui se transmettent héréditairement.*

HÉRÉDITÉ [eʀedite]. *n. f.* (*Ered'itez* « héritage », 1050; lat. *hereditas*, de *heres, heredis* « héritier »).
I. *Dr.* ♦ 1° Qualité d'héritier; droit de recueillir une succession. *Accepter, refuser l'hérédité.* ♦ 2° Caractère héréditaire; transmission par voie de succession. *Hérédité de la couronne.* « *L'hérédité enfante la légitimité, ou la permanence* » (CHATEAUB.).
II. ♦ 1° *Biol.* (1835). Transmission des caractères d'un être vivant à ses descendants. *Hérédité spécifique, raciale* : transmission rigoureuse des caractères spécifiques, raciaux, par laquelle deux individus (ou un individu hermaphrodite) d'une espèce, d'une race donnée, ne peuvent engendrer que des individus de la même espèce, de la même race. — *Spécialt. Hérédité individuelle* : transmission de certains caractères individuels des parents à leurs descendants. *Science de l'hérédité.* V. **Génétique**. *Lois de l'hérédité formulées par Mendel. Théorie chromosomique de l'hérédité* (V. **Chromosome, gène, génotype, germen, phénotype, soma**). *Hérédité dominante*. *Hérédité récessive. Hérédité maternelle, paternelle. Hérédité discontinue.* V. **Atavisme**. *Hérédité liée au sexe* (ex. : l'hémophilie, transmise par les femmes). V. aussi **Parenté, ressemblance**. ♦ 2° *Cour.* L'ensemble des caractères, des dispositions que l'on hérite de ses aïeux, le « patrimoine héréditaire ». *Une lourde hérédité, une hérédité chargée,* comportant des tares physiques ou mentales. « *Aussi lourde que soit l'hérédité d'un enfant...* » (MAURIAC). ◊ Caractères qu'on retrouve à chaque génération dans certains milieux géographiques, sociaux. V. **Héritage**. « *Hérédité paysanne et bourgeoise* » (MAUROIS).

HÉRÉDO-. Premier élément, du lat. *heres, heredis* « héritier ».

HÉRÉDOCONTAGION [eʀedɔkɔ̃taʒjɔ̃]. *n. f.* (1897; de *hérédo-,* et *contagion*). *Méd.* (*Vieilli*). Transmission présumée héréditaire de germes pathogènes au fœtus par l'ovule ou le spermatozoïde.

HÉRÉDOSYPHILIS [eʀedɔsifilis] ou **HÉRÉDO** [eʀedo]. *n. f.* (1907,-1916; de *hérédo-,* et *syphilis*). *Vx.* Syphilis dite héréditaire, non acquise, généralement transmise au fœtus par la mère lors de la gestation. V. **Congénital**.

HÉRÉDOSYPHILITIQUE [eʀedɔsifilitik] ou **HÉRÉDO** [eʀedo]. *adj.* et *n.* (1879; du précéd.). *Vx.* Qui est atteint d'hérédosyphilis. *Enfant hérédosyphilitique. Une hérédo, des hérédos.*

HÉRÉSIARQUE [eʀezjaʀk(ə)]. *n. m.* (1524; lat. ecclés. *hæresiarches,* mot gr. V. **Hérésie**). *Relig.* Auteur d'une hérésie; chef d'une secte hérétique. ◊ ANT. **Orthodoxe**.

HÉRÉSIE [eʀezi]. *n. f.* (*Eresie,* 1118; lat. *hæresis* « doctrine », spécialt. en lat. ecclés., du gr. *hairesis*). ♦ 1° (Dans la relig. cathol.). Doctrine, opinion émise au sein de l'Église catholique et condamnée par elle comme corrompant les dogmes. V. **Hétérodoxie, secte**. *Théologien coupable d'hérésie.* V. **Hérésiarque**. *Principales hérésies* : adamisme, arianisme, calvinisme, jansénisme, luthérianisme, manichéisme, montanisme, protestantisme, quiétisme, socinianisme. *Hérésie des unitaires ou unitariens, des valentiniens, des vaudois. Hérésie qui provoque un schisme. Être suspect d'hérésie.* « *L'hydre de l'hérésie* » (CHATEAUB.). ◊ *Par ext.* Doctrine contraire à l'orthodoxie au sein d'une religion établie. *Les hérésies musulmanes.* ♦ 2° Idée, théorie, pratique qui heurte les opinions considérées comme justes et raisonnables. *Hérésie scientifique, littéraire.* — *Par plaisant. Servir du bourgogne rouge avec le poisson! Quelle hérésie!* V. **Sacrilège**.

HÉRÉTICITÉ [eʀetisite]. *n. f.* (v. 1700; de *hérétique*). *Didact.* (*Rare*) Caractère d'une secte hérétique.

HÉRÉTIQUE [eʀetik]. *adj.* (XIVᵉ; lat. ecclés. *hæreticus.* V. **Hérésie**). ♦ 1° (Dans la religion catholique). Qui soutient une hérésie. *Auteur hérétique. Fondateur d'une secte hérétique.*

V. **Hérésiarque**. — *Subst.* « *L'hérétique est celui qui, ayant été baptisé, connaît les dogmes de la foi, les altère ou les combat* » (FRANCE). *L'Église excommunie les hérétiques. Hérétique qui a abandonné la foi catholique.* V. **Apostat, relaps, renégat**. ♦ 2° Entaché d'hérésie. V. **Hétérodoxe**. *Proposition, doctrine hérétique.* ♦ 3° Qui soutient une opinion, une doctrine contraire aux idées reçues (par un groupe). V. **Dissident**. « *Freud est* (pour les marxistes) *un penseur hérétique* » (CAMUS). *Subst. Un hérétique en littérature, en médecine.*

HÉRISSÉ, ÉE [eʀise]. *adj.* (XIIᵉ; V. **Hérisser**). ♦ 1° Dressé. *Poils, cheveux hérissés.* V. **Hirsute**. ♦ 2° Garni de pointes. *Cactus hérissé.* V. **Épineux**. *Tige hérissée.* V. **Hispide**. ◊ *Subst.* HÉRISSÉ. *n. m.* Nom donné à divers poissons. ♦ 3° *Fig.* V. **Hargneux, rude**. « *Amour-propre hérissé* » (R. ROLLAND). « *Il est rude, hérissé et presque sauvage* » (STE-BEUVE). V. **Susceptible**. ◊ ANT. *Arrondi, lisse, plat. Aimable, avenant, doux; facile.*

HÉRISSEMENT [eʀismɑ̃]. *n. m.* (v. 1420; de *hérisser*). Le fait de se hérisser ou d'être hérissé (en parlant des poils, des plumes). *Hérissement en boule du porc-épic.* ◊ *Fig. Hérissement de colère, de rage* (V. **Horripilation**).

HÉRISSER [eʀise]. *v. tr.* (*Héricier,* XIIᵉ; lat. pop. °*ericiare;* de *ericius.* V. **Hérisson**).
I. *V. tr.* ♦ 1° Dresser (ses poils, ses plumes), en parlant des animaux. « *Comme un coursier indompté hérisse ses crins* » (ROUSS.). ◊ Présenter des pointes. *Cactus qui hérisse ses épines.* ◊ *Par ext.* Faire dresser (les poils, les plumes). *Le froid hérisse les poils* (V. **Horripiler**). ♦ 2° Se dresser sur (en parlant de choses pointues, saillantes). *Pointes, clous qui hérissent une planche, une paroi.* — « *Une grosse tête hérissée de cheveux roux* » (HUGO). *Parcours de steeple hérissé d'obstacles.* ♦ 3° Garnir, munir de choses aiguës, pointues. *Hérisser une grille de pointes de fer* (V. **Hérisson**). *Hérisser de mitrailleuses une ligne de défense.* ♦ 4° (*Abstrait*). Garnir, remplir de choses rébarbatives, désagréables, difficiles. *Hérisser sa prose de mots savants, de citations* V. **Embarrasser, surcharger**. — *Question de concours hérissée de difficultés.* ♦ 5° Disposer défavorablement (qqn) en inspirant de la colère, de la défiance. V. **Horripiler, indisposer, irriter**. *Cela me hérisse.*
II. SE HÉRISSER. *v. pron.* ♦ 1° Se dresser (en parlant des poils, des plumes). *Il « criait et grinçait des dents, ses cheveux roux se hérissaient* » (HUGO). ◊ Dresser son poil, ses plumes. « *Dans le danger, le porc-épic se hérisse* » (HUGO). ♦ 2° Se dresser, en parlant de choses aiguës, pointues. « *L'aloès et le cactus se hérissaient parmi les broussailles* » (NERVAL). — *Se hérisser de,* être garni, muni, entouré de. *Surface qui se hérisse de pointes, de clous.* ♦ 3° (*Personnes*). Manifester son opposition, sa colère. V. **Fâcher** (se), **irriter** (s'). *À cette proposition, il se hérissa.* V. **Raidir** (se).
◊ ANT. *Aplatir, lisser; adoucir, calmer.*

HÉRISSON [eʀisɔ̃]. *n. m.* (*Hericum,* déb. XIIᵉ; du lat. [*h*]*ericius*). ♦ 1° Petit mammifère insectivore, au corps recouvert de piquants, lisses en temps normal, mais susceptibles d'érection. *Le hérisson se roule en boule et hérisse ses piquants à l'approche du danger.* ♦ 2° *Fig.* Personne d'un caractère, d'un abord difficile. « *Un caractère qui n'est qu'un hérisson tout en pointes* » (HUGO). ♦ 3° Nom donné à divers animaux dont le corps est garni de piquants. *Hérisson de mer.* V. **Oursin**; et aussi **Tétrodon**. ◊ Champignon comestible dont la masse charnue est couverte d'aiguillons pendants. *Hydne hérisson.* ♦ 4° *Techn.* Appareil, instrument muni de pointes. — Grappin à quatre becs. — Assemblage de pointes de fer garnissant le sommet d'un mur, d'une clôture, pour en empêcher l'escalade. ◊ Élément mobile d'un réseau barbelé, formé d'un quadrilatère de fils de fer barbelés. ◊ Tige garnie de chevilles où l'on place les bouteilles à égoutter. V. **Égouttoir, porte-bouteilles**. ◊ Rouleau garni de pointes pour écraser les mottes de terre (V. **Herse**). — Organe distributeur du semoir d'engrais. ◊ Brosse métallique sphérique, servant à ramoner les cheminées. ♦ 5° *Constr.* Disposition des briques, moellons dressés de chant sur la ligne supérieure d'un mur. ♦ 6° *Fig. Milit.* Centre de résistance; point fortifié d'un front discontinu. *Tactique des hérissons.*

HÉRISSONNE [eʀisɔn]. *n. f.* (XVIIIᵉ, sens 3° et fig.; de *hérisson*). ♦ 1° *Rare.* Femelle du hérisson. « *Ils traversent les routes la nuit ... hérissons et hérissonnes qu'ils sont, et ils se font écraser* » (GIRAUDOUX). ♦ 2° Plante appelée Genêt à balai. *Hérissonne piquante.* ♦ 3° (XVIIIᵉ). Chenille de certains papillons nocturnes.

HÉRISSONNER [eʀisɔne]. *v. tr.* (1160; de *hérisson*). *Constr.* Couvrir (un mur) d'une couche de mortier que l'on n'égalise pas et qui reste pleine d'aspérités. On dit aussi *Hérisser*.

HÉRITABILITÉ [eʀitabilite]. *n. f.* (v. 1950; angl. *heritability,* du rad. de *hériter*). *Biol.* Probabilité pour qu'une caractéristique apparente, manifeste d'un individu (V. **Phénotype**) soit transmise héréditairement par les facteurs génétiques exclusivement.

HÉRITAGE [eʀitaʒ]. *n. m.* (fin XIIᵉ; de *hériter*). ♦ 1º Patrimoine laissé par une personne décédée et transmis par succession; action d'hériter. V. **Succession; hérédité, hoirie.** *Faire un héritage, un grand héritage* : le recueillir. — *Laisser un bien pour héritage, en héritage; transmettre en héritage* (V. **Léguer; legs, testament).** *Entrer en possession d'un héritage. Partage d'un héritage entre cohéritiers. Les parts d'un héritage. Priver qqn d'un héritage* (V. **Déshériter, exhéréder).** *Refuser un héritage* (V. **Renonciation).** ♦ 2º *Vx.* Immeuble par nature faisant ou non l'objet d'une succession. V. **Domaine, propriété.** « *Cette route est fleurie d'héritages entourés de haies* » (BALZ.). ♦ 3º *Fig.* Ce qui est transmis comme par succession. *Héritage de croyances, de coutumes, d'une civilisation.* « *Il importe de sauver l'héritage spirituel* » (ST-EXUP.). *L'héritage vital réside dans les chromosomes.* V. **Hérédité.**

HÉRITER [eʀite]. *v.* (déb. XIIᵉ; bas lat. *hereditare.* V. **Hérédité).** I. *V. tr. indir.* Devenir propriétaire (d'un bien), titulaire (d'un droit) par voie de succession. *Hériter d'un immeuble.* « *Toute la fortune dont je viens d'hériter* » (BEAUMARCH.). — *Absolt. Depuis qu'il a hérité, il mène grand train.* ◇ *Par ext. (Fam.)* Recueillir la possession, l'usage, la jouissance (de qqch. qu'on vous donne). *J'ai hérité d'un beau tapis.* II. *V. tr.* ♦ 1º *Littér.* Recevoir, recueillir (qqch.) par héritage, par voie de succession. « *L'archevêque, qui vient d'hériter la très grosse fortune de Fernisoun* » (APOLLINAIRE). *Cour. Une maison qu'il a héritée de son père.* ◇ (Sans compl. dir.) *Il a hérité d'un oncle.* ♦ 2º *Fig.* V. **Recevoir, recueillir.** *Hériter une tradition, une culture.* Pronom. « *La culture ne s'hérite pas, elle se conquiert* » (MALRAUX).
◇ ANT. **Léguer; créer, inventer.**

HÉRITIER, IÈRE [eʀitje, jɛʀ]. *n.* (fin XIIᵉ; lat. *hereditarius.* V. **Hérédité).** ♦ 1º *Dr.* Parent appelé par la loi à recueillir la succession d'un défunt. V. **Hoir** (vx); **ayant cause.** *Les héritiers ou héritiers du sang se distinguent des successeurs irréguliers, des légataires. Qualité, titre d'héritier.* V. **Hérédité.** *Héritiers légitimes naturels. Les héritiers sont classés par la loi en ordres* (descendants, ascendants, collatéraux), *en lignes* (paternelle, maternelle), *en degrés.* — *Héritier présomptif.* V. **Successible.** *Héritier ab intestat*. *Héritier testamentaire**. ♦ 2º Au sens large (*Cour.*) Personne qui reçoit des biens en héritage. V. **Légataire, successeur.** *Époux héritier de son conjoint.* — *L'héritier d'une grande fortune, d'une propriété. Héritier présomptif de la couronne*.* — *Héritière, riche héritière* : fille qui doit hériter d'une grande succession. *Chercher à épouser une héritière.* ♦ 3º *Fig.* V. **Continuateur, successeur.** *Héritier de la gloire, d'une civilisation.* « *La Grèce, dont nous sommes les héritiers* » (GIDE). ♦ 4º *Vx* ou *plais.* Enfant. *La mère* « *ne souffrait pas que l'héritier fût désobéi en rien* » (ROUSS.). ◇ ANT. **Auteur,** de *cujus,* testateur.

HERMANDAD [eʀman(ã)dad]. *n. f.* (1808; mot esp. « confrérie »). *Hist.* Fédération de villes espagnoles, au moyen âge.

HERMAPHRODISME [eʀmafʀɔdism(ə)]. *n. m.* (1765; de *hermaphrodite*). *Biol.* Présence des deux sexes ou de caractères des deux sexes chez le même individu. V. **Androgynie, intersexualité.** (1797). Nature à la fois masculine et féminine (sur le plan psychologique).

HERMAPHRODITE [eʀmafʀɔdit]. *n. m.* et *adj.* (1488; *hermefrodis,* XIIIᵉ; lat. *hermaphroditus,* nom gr. d'un androgyne mythol., fils d'*Hermès* et d'*Aphrodite*). I. *N. m.* ♦ 1º Être légendaire auquel on supposait une forme humaine à deux sexes. ◇ *Arts.* Sujet doté à la fois de formes masculines et féminines. ♦ 2º *Biol.* [Stricto sensu]. Être humain anormal possédant un ovaire d'un côté et un testicule de l'autre, ou bien la réunion des deux glandes de chaque côté. *Hermaphrodite vrai. Pseudo-hermaphrodite.* — [Lato sensu]. Se dit du pseudo-hermaphrodite, individu qui a les glandes génitales d'un sexe, mais dont les organes génitaux externes et les caractères sexuels secondaires ressemblent à ceux de l'autre sexe. V. **Androgyne.** II. *Adj.* ♦ 1º Qui est doté de caractères des deux sexes. *Statue de dieu hermaphrodite.* ♦ 2º *Bot.* (1704). Se dit des végétaux qui contiennent dans une même fleur les organes mâles (étamines) et femelles (pistil). *Plante hermaphrodite où le pistil arrive le premier à maturation* (V. **Protogynie).** — *Zool.* Animal portant à la fois les gonades mâle et femelle. *De nombreux invertébrés sont hermaphrodites : l'escargot, la sangsue, le ver de terre.* ◇ ANT. **Asexué, unisexué.**

HERMÉNEUTIQUE [eʀmenøtik]. *adj.* et *n. f.* (1777; gr. *hermêneutikos*). ♦ 1º Qui a pour objet l'interprétation des textes (philosophiques, religieux). *L'art, la science herméneutique.* V. **Critique.** — L'HERMÉNEUTIQUE. ♦ 1º Interprétation des textes, des symboles (de la Bible, *par ex.*). ♦ 2º Relatif à l'interprétation des phénomènes considérés en tant que signes*. *N. f. Les herméneutiques, système d'interprétation du monde* (V. aussi **Sémiologie).**

HERMÈS [eʀmɛs]. *n. m.* (1756; lat. *Hermes,* nom d'une divinité grecque correspondant à Mercure). *Arts.* Statue, tête de Mercure. *Un hermès de marbre.* ◇ Tête ou buste surmontant une gaine. *Buste en hermès, dont les épaules, la poitrine, le dos sont coupés par des plans.* « *Des consoles ... étaient portées par des gaines d'hermès* » (GONCOURT).

HERMÉTICITÉ [eʀmetisite]. *n. f.* (1866; de *hermétique*). *Rare.* Qualité de ce qui est fermé, clos d'une manière hermétique. V. **Étanchéité.** — Caractère hermétique (3º).

HERMÉTIQUE [eʀmetik]. *adj.* et *n. f.* (1610, de *Hermes* (Trismégiste). ♦ 1º *Vx.* Relatif à l'alchimie. V. **Alchimique.** *Spécialt. Sceau hermétique, fermeture hermétique,* « la manière de boucher les vaisseaux (récipients) pour les opérations chimiques, si exactement, que rien ne se puisse exhaler » (FURET.). — *Didact.* Relatif à la partie occulte de l'alchimie. V. **Hermétisme.** « *Les livres hermétiques de Raymond Lulle!* » (A. BERTRAND). — *N. f.* (XVIIIᵉ) L'HERMÉTIQUE : la philosophie, les doctrines ésotériques de l'alchimie (V. **Hermétiste).** ♦ 2º *Mod.* Se dit d'une fermeture aussi parfaite que le « sceau hermétique » des alchimistes. V. **Étanche.** *Fermeture hermétique d'un récipient, d'une bouteille.* — *Par ext.* V. **Clos, fermé.** *Boîte, récipient hermétique.* ♦ 3º (XIXᵉ). *Impénétrable,* difficile ou impossible à comprendre. V. **Obscur.** *Écrivain, poète hermétique.* « *Un style si personnel qu'il est à peu près hermétique* » (AYMÉ). V. **Ésotérique.** « *Un visage strictement hermétique* » (MAURIAC), sans expression. V. **Fermé, impénétrable.** ◇ ANT. **Clair. Ouvert.**

HERMÉTIQUEMENT [eʀmetikmã]. *adv.* (1608; de *hermétique*). Par une fermeture hermétique. *Récipient fermé, bouché, scellé hermétiquement. Par ext.* « *Il avait laissé les volets hermétiquement clos* » (MART. du G.).

HERMÉTISME [eʀmetism(ə)]. *n. m.* (v. 1900; de *hermétique*). ♦ 1º *Didact.* Ensemble des doctrines ésotériques des alchimistes (V. **Alchimie);** philosophie hermétique (V. **Ésotérisme, magie, occultisme).** ♦ 2º *Littér.* Caractère de ce qui est incompréhensible, obscur. « *L'hermétisme de la poésie contemporaine* » (ARAGON).

HERMÉTISTE [eʀmetist(ə)]. *n. m.* (v. 1900; du précéd.). *Didact.* Celui qui est versé dans l'hermétisme.

HERMINE [eʀmin]. *n. f.* (déb. XIIᵉ; fém. de l'a. adj. (h)ermin, du lat. *armenius* (mus) « rat d'Arménie »). ♦ 1º Mammifère carnivore (*Mustélidés*), un peu plus grand que la belette à laquelle il ressemble. V. **Martre** (blanche). *Le pelage de l'hermine, brun rouge en été, devient blanc l'hiver, sauf le bout de la queue qui reste noir.* V. **Roselet.** — *La blancheur de l'hermine, symbole de la pureté, de l'innocence.* ♦ 2º Peau, fourrure de l'hermine. *Bande d'hermine du costume d'apparat de certains magistrats et professeurs.* ◇ Absolt. *L'hermine des magistrats, des professeurs.* ◇ Une des deux fourrures du blason, figurée par un champ d'argent moucheté de petites croix de sable, à pied élargi et se terminant par trois pointes. *L'hermine et le vair* (V. aussi **Contre-hermine).**

HERMINETTE ou **ERMINETTE** [eʀminɛt]. *n. f.* (XVIᵉ; de *hermine*). Hachette à tranchant recourbé (comme le museau de l'hermine). *Herminette de charpentier, de tonnelier, à un seul tranchant.*

HERNIAIRE [ɛʀnjɛʀ]. *n. f.* et *adj.* (1611; de *hernie*). ♦ 1º *Bot.* Plante dicotylédone vivace, employée jadis en cataplasme contre les hernies. ♦ 2º *Adj.* (1697). *Méd.* Qui a rapport à une hernie. *Sac, tumeur herniaire.* « *Des bandages herniaires pour toutes les variétés de hernies* » (ARAGON).

HERNIE [ɛʀni]. *n. f.* (1490; lat. *hernia*). ♦ 1º Tumeur molle formée par un organe totalement ou partiellement sorti (par un orifice naturel ou accidentel) de la cavité qui le contient à l'état normal. V. **Cèle.** *Hernie de la moelle épinière.* V. **Spina-bifida.** *Hernie du foie* (V. **Hépatocèle**). *Hernie abdominale.* V. **Éventration.** *Hernie discale,* d'un disque intervertébral. *Hernie interne,* à l'intérieur de la cavité abdominale. *Hernie étranglée,* où le resserrement du col d'un sac herniaire entraîne la constriction de l'organe hernié. ♦ 2º *Par anal.* (XXᵉ). Excroissance formée par une chambre à air à travers une déchirure de l'enveloppe d'un pneumatique. *Nos pneus* « *étaient rapiécés et gonflés de bizarres hernies* » (BEAUVOIR).

HERNIÉ, ÉE [ɛʀnje]. *adj.* (1836; de *hernie*). *Méd.* Sorti par hernie. *Anse intestinale herniée.*

HERNIEUX, EUSE [ɛʀnjø, øz]. *adj.* (1549; de *hernie*). *Méd.* Qui est atteint d'une hernie. ◇ *Subst. Un hernieux.*

HÉROÏCITÉ [eʀɔisite]. *n. f.* (1716; de *héroïque*). *Rare.* Qualité de ce qui est héroïque.

HÉROÏ-COMIQUE [eʀɔikɔmik]. *adj.* (1660; pour *héroïco-comique;* de *héroïque,* et *comique*). Qui tient de l'héroïque et du comique, en littérature. *Théâtre héroïcomique. Le* « *Lutrin* », *poème héroï-comique.*

1. **HÉROÏNE** [eʀɔin]. *n. f.* (1540; lat. *heroine,* du gr.).

♦ 1º Femme d'un grand courage, qui fait preuve par sa conduite, en des circonstances exceptionnelles, d'une force d'âme au-dessus du commun. V. **Héros.** *Jeanne d'Arc, héroïne nationale française.* ♦ 2º Principal personnage féminin d'une œuvre littéraire. *Héroïne cornélienne.* ◇ Principal personnage féminin d'une aventure, d'un événement réel. « *Elle était devenue une héroïne de cour d'assises* » (BLOY).

2. **HÉROÏNE** [eʀɔin]. *n. f.* (1904; all. *Heroïn*, du gr. *hêros*, par allus. aux effets de ce produit). ♦ 1º *Chim.* Nom d'un ester de la morphine*. ♦ 2º *Cour.* Médicament et stupéfiant*, poudre blanche cristalline, très toxique.

HÉROÏNOMANE [eʀɔinɔman]. *n.* et *adj.* (1906; de *héroïne* 2, et *-mane*). Intoxiqué par l'héroïne (V. **Drogué**).

HÉROÏNOMANIE [eʀɔinɔmani]. *n. f.* (1906; de *héroïne* 2, et *-manie*). Habitude morbide de l'héroïne.

HÉROÏQUE [eʀɔik]. *adj.* (1361; lat. *heroïcus*, du gr.). ♦ 1º Qui a rapport aux anciens héros. « *Chez les Grecs, dans les temps héroïques* » (MONTESQ.). — Par plaisant. *Remonter aux temps héroïques :* très reculés. — *Par anal.* En parlant d'un temps où se sont déroulés des événements mémorables, qui, avec l'éloignement, prennent un caractère de légende. « *Marie* (d'Agoult) *et Franz* (Liszt), *au temps héroïque de leur liaison* » (HENRIOT). ♦ 2º *Littér.* Qui célèbre, conte les exploits des héros, des hommes illustres. *Poète héroïque.* V. **Barde.** *Poème, poésie héroïque.* V. **Épique.** ♦ 3º (1552). Qui est digne d'un héros; qui dénote de l'héroïsme. *Une âme héroïque. Courage héroïque.* V. **Fort, impavide, stoïque.** *Combat, lutte, résistance héroïque.* ◇ Par ext. *Les heures héroïques de la libération de Paris. Une décision héroïque.* ♦ 4º Qui fait preuve d'héroïsme. V. **Brave, courageux.** « *Wellington fut là froidement héroïque. Les boulets pleuvaient* » (HUGO). *Les héroïques défenseurs de Verdun.* ◇ ANT. **Lâche.**

HÉROÏQUEMENT [eʀɔikmã]. *adv.* (1552; de *héroïque*). D'une manière héroïque. V. **Bravement, courageusement.** *Se conduire héroïquement. Souffrir héroïquement.* V. **Stoïquement.** « *Les difficultés de tout genre héroïquement surmontées* » (BALZ.).

HÉROÏSME [eʀɔism(ə)]. *n. m.* (1658; de *héros*). Courage, force d'âme qui fait les héros; fermeté exceptionnelle devant le danger, la douleur (physique ou morale). *Héroïsme d'un martyr, d'un soldat.* V. **Bravoure, courage, sacrifice.** *Faire preuve d'un héroïsme sublime, surhumain.* « *Un héroïsme tout de résignation et de patience* » (STE-BEUVE). *Actes d'héroïsme.* — *Par anal. Héroïsme d'un geste, d'une tâche, d'une vie.* V. **Grandeur.** — *Par plaisant. Vivre avec une femme pareille, c'est de l'héroïsme.* V. **Vertu.** ◇ ANT. **Lâcheté.**

HÉRON [eʀɔ̃]. *n. m.* (*Hairon*, déb. XIIᵉ; frq. *°haigro*). Grand oiseau échassier à long cou grêle en S (au repos et pendant le vol), à bec très long, droit, conique. « *Le héron au long bec emmanché d'un long cou* » (LA FONT.). *Héron cendré, héron pourpre.* ◇ (Oiseaux voisins) *Héron bihoreau, héron butor. Héron crabier.* V. **Garde-bœuf.** Appos. *Coq héron.* V. **Huppe.**

HÉRONNEAU [eʀɔno]. *n. m.* (1542; de *héron*). *Rare.* Jeune héron.

HÉRONNIÈRE [eʀɔnjɛʀ]. *n. f.* (1304; de *héron*). *Rare* ou *spécialt.* Lieu où les hérons font leur nid. Endroit aménagé pour l'élevage des hérons.

HÉROS [eʀo]. *n. m.* (1361; lat. *heros*, du gr.). ♦ 1º *Mythol. antiq.* V. **Demi-dieu.** *Hercule, héros vainqueur d'Antée. Les dieux et les héros dans l'art antique.* — *Par anal.* Personnage légendaire auquel on prête un courage et des exploits remarquables. *Siegfried, héros de la tragédie germanique.* ♦ 2º (1550). Celui qui se distingue par ses exploits ou un courage extraordinaire (dans le domaine des armes). V. **Brave.** « *Les héros ont leur accès de crainte, les poltrons les instants de bravoure* » (STENDHAL). *Combattants qui meurent, qui tombent en héros* (V. **Héroïquement**). *Héros de la Résistance. Héros de l'Union soviétique,* haute distinction militaire soviétique, décernée depuis 1934. — Appos. « *Le peuple héros* » (MICHELET). ♦ 3º Tout homme digne de l'estime publique, de la gloire, par sa force de caractère (V. **Héroïsme**), son génie, son dévouement total à une cause, une œuvre. *Pierre le Grand, héros national russe.* — *Héros de la foi, de la science.* « *Ces héros du travail, dont l'obstination est sans limite* » (ALAIN). *Héros du travail socialiste,* haute distinction civile soviétique, décernée depuis 1938. Loc. prov. *Il n'y a point de héros pour son valet de chambre :* ceux qui vivent dans l'intimité des grands hommes ne peuvent les considérer comme des héros : ils en connaissent trop les faiblesses, les petitesses. ♦ 4º (XVIIᵉ). Personnage principal d'une œuvre littéraire, dramatique, cinématographique (V. *aussi* **Héroïne**). *Héros de tragédie, de roman.* « *Les héros de roman naissent du mariage que le romancier contracte avec la réalité* » (MAURIAC). *Le héros romantique.* ◇ Par ext. *Le héros d'une aventure :* celui à qui elle est arrivée, qui en a été le principal acteur. *Le triste héros de ce fait divers. Le héros de la fête,* le personnage en l'honneur duquel elle se donne. *Le héros du jour,* celui qui

accapare l'attention du moment, qui occupe le premier rang de l'actualité. ◇ ANT. **Bravache, lâche.** — HOM. **Héraut.**

HERPE [ɛʀp(ə)]. *n. f.* (1671; var. prob. de *harpe* 2). ♦ 1º *Vén.* V. **Harpe** (2). *Chien de bonne herpe,* qui a de bonnes griffes. ♦ 2º *Anc. dr. marit.* N. f. pl. *Herpes marines, épaves maritimes.* ♦ 3º *Mar. anc.* (1765). Pièce de construction du garde-corps, dont une extrémité soutient la partie supérieure de la guibre. V. **Lisse.**

HERPÈS [ɛʀpɛs]. *n. m.* (XVᵉ; mot lat. et gr.). Affection cutanée caractérisée par une éruption de petites vésicules transparentes, groupées en nombre variable sur une tache congestive, provoquée par un virus. *Herpès de la face. Herpès du pharynx* ou *angine herpétique.*

HERPÉTIQUE [ɛʀpetik]. *adj.* (1793; de *herpès*). *Méd.* Qui a rapport à l'herpès. *Éruption herpétique.*

HERPÉTISME [ɛʀpetism(ə)]. *n. m.* (1853; de *herpès*). *Méd.* Nom donné au XIXᵉ s. à un état pathologique constitutionnel caractérisé par une prédisposition à certaines maladies de la peau et des muqueuses (eczéma, bronchites, rhumes). V. **Diathèse.** *La médecine moderne fait entrer les manifestations de l'herpétisme dans le cadre de la diathèse neuro-arthritique.*

HERPÉTOLOGIE ou **ERPÉTOLOGIE** [ɛʀpetɔlɔʒi]. *n. f.* (1789; du gr. *herpeton* « reptile », et *-logie*). *Zool.* Étude des reptiles. *Cours d'herpétologie.*

HERSAGE [ɛʀsaʒ]. *n. m.* (v. 1300; de *herser*). Façon que l'on donne à la terre avec la herse.

HERSCHAGE ou **HERCHAGE** [ɛʀʃaʒ]. *n. m.* (*Hierchage*, 1769; de *herscher*). *Techn.* Action de herscher; roulage au fond par wagonnets poussés.

HERSCHER ou **HERCHER** [ɛʀʃe]. *v. intr.* (*Hiercher*, 1769; mot wallon, lat. pop. *°hirpicare*, de *hirpex* « herse »). *Techn.* Pousser les wagonnets de minerai, de charbon, au fond d'une mine.

HERSCHEUR, EUSE [ɛʀʃœʀ, øz]. *n.* (*Hiercheur*, 1769; de *herscher*). *Techn.* Mineur chargé du herschage.

HERSE [ɛʀs(ə)]. *n. f.* (*Herce,* fin XIIᵉ; lat. *hirpex, -icis*). ♦ 1º Instrument à dents fixées à un bâti, qu'un attelage ou un tracteur traîne ou roule sur une terre labourée pour briser les mottes, enfouir les semences. *Herse roulante, herse norvégienne,* dont les dents sont fixées à des cylindres rotatifs. V. **Écroûteuse, émotteuse, hérisson.** ♦ 2º (XIIIᵉ). *Ancienn.* Grille armée par le bas de fortes pointes, et qui, suspendue par une chaîne à l'entrée d'un château fort, d'une forteresse, pouvait être, à volonté, abaissée pour en défendre l'accès. « *On vivait en paix depuis si longtemps que la herse ne s'abaissait plus* » (FLAUB.). ♦ 3º *Archit.* Épure d'un comble tracée sur le sol. ♦ 4º *Agric.* Ensemble des pointes des échalas d'un treillage. V. **Peigne.** ♦ 5º (1198). *Liturg.* Grand chandelier hérissé de pointes sur lesquelles on pique les cierges. ♦ 6º *Théât.* (1765). Appareil d'éclairage dissimulé dans les cintres des scènes de théâtre. *Herse électrique.* ♦ 7º *Météo.* Instrument pour mesurer la vitesse des nuages. ◇ HOM. *Erse* (1 et 2).

HERSER [ɛʀse]. *v. tr.* (1175; var. dial. *harser, hercher* (V. **Harceler, herscher**); de *herse*). Soumettre à l'action de la herse. *Herser une terre, un guéret.* V. **Ameublir, émotter, labourer.** « *En mars, il hersa ses blés, en avril ses avoines* » (ZOLA). — Au p. p. *Des champs hersés.*

HERSEUR, EUSE [ɛʀsœʀ, øz]. *n.* (XIIᵉ; var. dial. *hercheux;* de *herser*). *Agric.* Personne qui herse. « *Laboureurs, semeurs, herseurs* » (ZOLA). — Adj. *Rouleau herseur.* ◇ N. f. Herse mécanique.

HERTZ [ɛʀts]. *n. m.* (1930; nom du phys. all. *Hertz*). *Électr.* Unité de fréquence égale à un cycle par seconde (Abrév. *Hz*).

HERTZIEN, IENNE [ɛʀts(dz)jɛ̃, jɛn]. (1894; de *Hertz*). Qui a rapport aux ondes électromagnétiques. *Ondes hertziennes employées en T.S.F.* V. **Radio.** *Signaux hertziens.*

HÉSITANT, ANTE [ezitã, ãt]. *adj.* (1721, *les hésitans,* subst.; adj., 1829; de *hésiter*). ♦ 1º (*Personnes*). Qui hésite, a de la peine à se déterminer. V. **Incertain, indécis, irrésolu.** *Demeurer hésitant.* V. **Perplexe.** *Être tout hésitant.* V. **Désorienté.** ♦ 2º (*Choses*). V. **Flottant, fluctuant.** « *Début trouble, incertain, hésitant* » (HUGO). *Entre les deux camps la victoire demeura longtemps hésitante.* V. **Douteux, suspendu.** ♦ 3º Qui exprime ou trahit l'hésitation; qui manque d'assurance, de fermeté. *Voix hésitante. Geste, pas hésitant.* V. **Chancelant.** « *Une démarche hésitante, qui ne s'adaptait plus aux choses environnantes* » (GREEN). ◇ ANT. **Assuré, certain, décidé, ferme, résolu.**

HÉSITATION [ezitasjɔ̃]. *n. f.* (v. 1220; lat. *hæsitatio*). ♦ 1º Le fait d'hésiter. V. **Doute, embarras, flottement, incertitude, indécision.** *Hésitation entre deux partis. N'avoir plus aucune hésitation.* « *Ses continuelles hésitations, ses atermoiements et ses retours* » (Sainte-Beuve ; A. BILLY). *Il a fini par se décider, par accepter après bien des hésitations.* V. **Atermoiement, façon, tergiversation; errement, tâtonne-**

ment. *Lever les dernières hésitations de qqn.* V. **Résistance, réticence, scrupule.** *Obéir sans hésitation.* ♦ 2° Arrêt dans l'action ; attitude qui trahit de l'indécision, de l'embarras. *Il eut une minute d'hésitation, puis se remit en route.* « *Les assistants remarquèrent une certaine hésitation dans son débit* » (CAMUS). ◊ ANT. *Assurance, décision, détermination, résolution.*

HÉSITER [ezite]. *v. intr.* (1406 ; lat. *hæsitare*). ♦ 1° Être dans un état d'incertitude, d'irrésolution qui suspend l'action, la détermination. V. **Balancer, flotter, tâter** (se). *Se décider après avoir longtemps hésité.* V. **Délibérer.** *N'hésitez plus, le temps presse.* V. **Atermoyer, attendre, reculer, tergiverser.** *Il n'y a pas à hésiter.* V. **Tortiller** *(fam.). Il n'hésita pas une seconde. Prendre une décision sans hésiter.* — HÉSITER SUR. *Hésiter sur l'orthographe d'un mot.* « *Il hésita sur ce qu'il ferait* » (MAUPASS.). — HÉSITER ENTRE. V. **Balancer, flotter, osciller.** « *Nous hésitons entre les deux routes* » (GAUTIER). — HÉSITER À. *Hésiter à aborder un grand personnage, à engager une bataille.* V. **Craindre** (de). *J'hésite à vous déranger.* V. **Scrupule** (avoir). — Littér. HÉSITER SI (suivi de l'ind. ou du condit.). V. **Demander** (se). *Il hésite encore s'il doit accepter.* ♦ 2° Marquer de l'indécision (par un temps d'arrêt, un mouvement de recul). *Cheval qui hésite devant l'obstacle.* V. **Broncher.** « *La nuée un moment hésita dans l'espace* » (HUGO). *Mémoire, pas qui hésite.* V. **Chanceler, vaciller ; hésitant.** — Spécialt. *Hésiter en parlant,* par timidité, défaut de mémoire ou d'élocution. V. **Balbutier, bégayer, chercher** (ses mots). « *Je lui soufflais la leçon quand il hésitait* » (ROUSS.). ◊ ANT. *Agir, choisir, décider* (se).

HÉTAÏRE [etaiʀ]. *n. f.* (1799 ; gr. *hetaira). Antiq. gr.* Courtisane d'un rang social assez relevé. ◊ Littér. V. **Prostituée.**

HÉTAIRIE ou **HÉTÉRIE** [eteʀi]. *n. f.* (1799 ; *gr. hetaireia* « association d'amis »). *Antiq. gr.* Association plus ou moins secrète, à caractère généralement politique. ◊ *Mod.* Société politique ou littéraire de la Grèce moderne.

HÉTÉR(O)-. Premier élément, du gr. *heteros* « autre ». ◊ ANT. *Homo-, iso-; auto-.*

HÉTÉROCENTRIQUE [eteʀɔsɑ̃tʀik]. *adj.* (1948 ; de *hétéro-,* et *centre,* d'apr. *anthropocentrique, géocentrique,* etc.). *Psycho.* Dont les principaux centres d'intérêt concernent le monde extérieur, et non la personne elle-même. V. **Altruiste.** ◊ ANT. *Égocentrique*.*

HÉTÉROCERQUE [eteʀɔseʀk(ə)]. *adj.* (1866 ; de *hétéro-,* et gr. *kerkos* « queue »). *Zool.* Qui a deux lobes inégaux, en parlant de la nageoire caudale de certains poissons. — Par ext. *Poisson hétérocerque* (squale, esturgeon).

HÉTÉROCHROMIE [eteʀɔkʀɔmi]. *n. f.* (1922 ; de *hétéro-,* et *-chromie). Didact.* Coloration différente (en parlant de parties qui sont normalement de la même couleur). *Hétérochromie de l'iris.* V. **Vairon** [yeux vairons].

HÉTÉROCHROMOSOME [eteʀɔkʀɔmozom]. *n. m.* (1931 ; de *hétéro-,* et *chromosome). Biol.* Chromosome qui détermine le sexe, différent de son homologue de l'autre sexe (dans l'espèce humaine, le second chromosome X de la paire XX chez la femme et le chromosome Y de la paire XY chez l'homme).

HÉTÉROCLITE [eteʀɔklit]. *adj.* (XVe ; lat. gram. *heteroclitus,* d'o. gr.). ♦ 1° *Didact.* Qui s'écarte des règles. ♦ 2° Se dit d'une œuvre faite de parties appartenant à des styles ou à des genres différents. *Pièces de théâtre, roman hétéroclite ; édifice hétéroclite.* V. **Composite, disparate.** ◊ *Cour.* V. **Bigarré, divers, mélangé, varié.** « *Tant de peaux différentes et de costumes hétéroclites* » (GOBINEAU). ♦ 3° (XVIIe). V. **Bizarre, singulier.** « *J'ai du goût pour sa personne hétéroclite* » (CHATEAUB.). V. ANT. *Homogène.*

HÉTÉROCYCLIQUE [eteʀɔsiklik]. *adj.* (1931 ; de *hétéro-,* et *cyclique). Chim.* Se dit des corps à chaîne fermée (composés cycliques) lorsque cette chaîne comprend des atomes d'éléments autres que le carbone. *Composé hétérocyclique* (opposé à homocyclique).

HÉTÉRODONTE [eteʀɔdɔ̃t]. *adj.* (1846 ; de *hétéro-,* et *-odonte* « dent »). *Zool.* Qui possède plusieurs types de dents. ◊ ANT. *Homodonte*.*

HÉTÉRODOXE [eteʀɔdɔks(ə)]. *adj.* (1667 ; gr. *heterodoxos).* ♦ 1° *Relig.* Qui s'écarte de la doctrine reçue. *Théologien, opinion hétérodoxe.* V. **Hérétique.** — Subst. *Un hétérodoxe.* ♦ 2° *Par ext.* et *didact.* (fin XIXe). Qui n'est pas orthodoxe, conformiste. *Savant aux idées hétérodoxes.* V. **Dissident.** ◊ ANT. *Conformiste, orthodoxe.*

HÉTÉRODOXIE [eteʀɔdɔksi]. *n. f.* (1690 ; gr. *heterodoxia). Relig.* ou *Didact.* Doctrine hétérodoxe ; caractère de ce qui est hétérodoxe. « *Il ne peut y avoir hétérodoxie, s'il n'y a pas orthodoxie* » (GIDE). ◊ ANT. *Orthodoxie.*

HÉTÉRODYNE [eteʀɔdin]. *n. f.* et *adj.* (1922 ; de *hétéro-,* et gr. *dunamis* « force »). *Radio.* Générateur d'ondes entretenues qui joue le rôle d'amplificateur des ondes captées par le poste récepteur. *Une hétérodyne à cristal, à haute, à basse*

fréquence. — Adj. *Générateur hétérodyne.* (V. **Superhétérodyne.**)

HÉTÉROGAMIE [eteʀɔgami]. *n. f.* (1842 ; de *hétéro-,* et *-gamie). Biol.* Reproduction sexuée par deux gamètes de morphologie différente (syn. *Anisogamie). La fécondation de l'ovule par le spermatozoïde, type de l'hétérogamie.* ◊ ANT. *Isogamie.*

HÉTÉROGÈNE [eteʀɔʒɛn]. *adj.* (1616 ; hétérogénée, XVIe ; lat. scol. *heterogeneus,* d'o. gr. V. **-Gène**). ♦ 1° Qui est de nature différente. *Éléments hétérogènes d'un corps.* ♦ 2° Qui est composé d'éléments de nature différente. *Corps, roche hétérogène.* ♦ 3° (XIXe). Qui n'a pas d'unité. V. **Composite, disparate, divers, hétéroclite.** *Nation hétérogène.* « *Curieux livre, où tout est excellent mais hétérogène* » (GIDE). ◊ ANT. *Homogène ; analogue.*

HÉTÉROGÉNÉITÉ [eteʀɔʒeneite]. *n. f.* (1586 ; lat. scol. *heterogeneitas).* Caractère de ce qui est hétérogène (au pr. et au fig.). V. **Disparité, dissemblance, diversité.** ◊ ANT. *Homogénéité ; analogie.*

HÉTÉROGÉNIE [eteʀɔʒeni]. *n. f.* (1846 ; de *hétéro-,* et *-génie).* ♦ 1° *Vx* ou *Hist. sc.* Génération spontanée. ♦ 2° *Biol.* Apparition, au cours de générations successives, de caractères différents (On dit aussi *hétérogenèse).* V. **Mutation.**

HÉTÉROGREFFE [eteʀɔgʀɛf]. *n. f.* (mil. XXe ; de *hétéro-,* et *greffe). Chir.* V. **Hétéroplastie.** ◊ ANT. *Homogreffe.*

HÉTÉROLOGUE [eteʀɔlɔg]. *adj.* (1857 ; de *hétéro-,* et *-logue,* d'apr. *homologue). Didact.* Qui ne présente pas d'analogie de structure ; qui est d'origine ou d'espèce différente. *Greffe hétérologue.* V. **Hétéroplastie.** *Tissu hétérologue. Stimulus hétérologue.* ◊ ANT. *Homologue.*

HÉTÉROMORPHE [eteʀɔmɔʀf(ə)]. *adj.* (1839 ; gr. *heteromorphos ; suff. -morphe).* ♦ 1° *Vx.* V. **Polymorphe.** ♦ 2° *Sc.* Qui présente des formes très différentes (en parlant d'individus de la même espèce). *Zool. Femelles hétéromorphes. Bot. Organes hétéromorphes. Chim. Substances hétéromorphes.*

HÉTÉROMORPHISME [eteʀɔmɔʀfism(ə)]. *n. m.* (1866 ; du précéd.). *Sc.* Caractère de ce qui est hétéromorphe. *Hétéromorphisme sexuel.* V. **Dimorphisme.**

HÉTÉRONOME [eteʀɔnɔm]. *adj.* (1846 ; de *hétéro-,* et *nomos* « loi »). *Didact.* Qui reçoit de l'extérieur les lois qui le gouvernent. ◊ ANT. *Autonome.*

HÉTÉRONOMIE [eteʀɔnɔmi]. *n. f.* (1866 ; du précéd.). *Didact. (Philo., dr.).* ♦ 1° État de la volonté qui puise hors d'elle-même, dans les impulsions ou dans les règles sociales, le principe de son action. *L'hétéronomie de la volonté, obstacle, selon Kant, à l'action morale authentique.* ♦ 2° Absence d'autonomie.

HÉTÉRONYME [eteʀɔnim]. *adj.* (1866 ; de *hétéro-,* et *-onyme,* du gr. *ónuma* « nom », d'apr. *homonyme).* ♦ 1° *Méd.* Qui est en relation d'opposition et plus particulièrement qui intéresse deux parties symétriques de l'organisme. *Image hétéronyme. Diplopie* hétéronyme.* ♦ 2° *Ling.* Qui n'a pas le même nom. V. **Homonyme.**

HÉTÉROPLASTIE [eteʀɔplasti]. *n. f.* (1878 ; de *hétéro-,* et suff. *-plastie). Chir.* Transplantation sur un sujet de greffons prélevés sur un individu appartenant à une espèce différente. (On dit aussi *hétérogreffe* ou *greffe hétérologue).*

HÉTÉROPLASTIQUE [eteʀɔplastik]. *adj.* (1878 ; du précéd.). *Chir.* Qui a rapport à l'hétéroplastie. *Greffe hétéroplastique.*

HÉTÉROPROTÉINE [eteʀɔpʀɔtein]. *n. f.* (v. 1850 ; de *hétéro-,* et *protéine). Biochim.* Protéine liée à un groupement non protéique (chromoprotéines, glycoprotéines, lipoprotéines, nucléoprotéines*).

HÉTÉROPTÈRES [eteʀɔptɛʀ]. *n. m. pl.* (1834 ; de *hétéro-,* et *-ptère). Zool.* Ordre d'insectes (comprenant la cigale et la punaise) qui fait partie du super-ordre des hémiptères*. (V. aussi *Rhynchotes).*

HÉTÉROSEXUALITÉ [eteʀɔsɛksɥalite]. *n. f.* (1911 ; *hétérosexuel). Didact.* Sexualité normale de l'hétérosexuel. ◊ ANT. *Homosexuel.*

HÉTÉROSEXUEL, ELLE [eteʀɔsɛksɥɛl]. *adj.* (XXe ; de *hétéro-,* et *sexuel).* Qui éprouve une appétence sexuelle normale pour les individus du sexe opposé. Par abrév. (fam.) *Un hétéro* (opposé à homo). ◊ ANT. *Homosexuel.*

HÉTÉROSIDE [eteʀɔsid]. *n. m.* (v. 1900 ; de *hétéro-,* et *oside). Biochim.* Substance glucidique (V. **Oside**) composée d'un ou plusieurs sucres (oses) et d'une partie non glucidique (aglycone) et qui peut être décomposée par hydrolyse. (V. aussi *Holoside).*

HÉTÉROTROPHE [eteʀɔtʀɔf]. *adj.* (v. 1900 ; de *hétéro-,* et gr. *trophé* « nourriture »). *Biol.* Qui se nourrit de substances organiques, ne peut effectuer lui-même la synthèse de ses éléments constituants. ◊ ANT. *Autotrophe.*

HÉTÉROZYGOTE [eteʀozigɔt]. *adj.* (1933 ; de *hétéro-,* et *zygote). Biol.* Se dit d'une cellule ou d'un individu qui possède deux gènes différents aux localisations correspondantes des deux chromosomes d'une même paire. — *Par ext.* Se dit d'un organisme provenant de l'union de gamètes de constitution génétique dissemblable. ◊ ANT. *Homozygote.*

HETMAN [ɛtmã; -an]. *n. m.* (*Edman,* 1765; *hetman,* 1769; mot slave). *Hist.* Chef élu des clans cosaques (populations guerrières de l'Ukraine, des bords du Don), à l'époque de leur indépendance (On a dit aussi ATAMAN [atamã]).

HÊTRAIE ['ɛtRɛ]. *n. f.* (XVIIIe; de *hêtre*). Lieu planté de hêtres.

HÊTRE ['ɛtR(ə)]. *n. m.* (1210, « jeune hêtre »; 1401, sens mod., a éliminé *fou* (2); frq. *°haistr,* rad. *°haisi* « fourré »). Arbre forestier (*Cupuliféracées*), de grande taille, à tronc droit, cylindrique, à écorce lisse de couleur cendrée, à feuilles ovales, à fleurs monoïques, à fruits (faînes) enchâssés dans une cupule. « *Les hêtres, à l'écorce blanche et lisse, entremêlaient leurs couronnes* » (FLAUB.). *Noms régionaux du hêtre.* V. **Fayard.** ◊ Le bois de cet arbre. *Meuble, sabots en hêtre.* ◊ HOM. *Être.*

HEU ! ['ø]. *interj.* (XVe; onomat.). Interjection qui marque l'embarras, le doute, et *spécial.* la difficulté à trouver ses mots. — *Subst.* « *Les mots ne venaient pas, il poussait des heu! heu! sans jamais pouvoir finir ses phrases* » (ZOLA). ◊ HOM. *Eux, œufs.*

HEUR [œR]. *n. m.* (*Eür* et *aür,* v. 1160; lat. imp. *agurium,* class. *augurium* « présage »). ♦ 1° *Vx.* Bonne fortune. V. **Bonheur; heureux.** ♦ 2° *Loc. mod. Avoir l'heur de plaire à qqn. Je n'ai pas eu l'heur de lui plaire* (littér. ou iron.). ◊ ANT. *Malheur.* — HOM. *Heure, heurt.*

HEURE [œR]. *n. f.* (*Ore, eure,* 1080; lat. *hora*). ♦ 1° Espace de temps égal à la vingt-quatrième partie du jour (pratiquement, aujourd'hui, du jour solaire moyen). *Heure sidérale, heure solaire vraie, heure solaire moyenne. L'heure est subdivisée en 60 minutes. Demi-heure, quart d'heure.* — *En une, en quelques heures. Deux heures avant, après, plus tôt, plus tard. Revenez dans une heure. Délai de vingt-quatre, quarante-huit heures.* — *Heure de, heure consacrée à, occupée par. Une heure de liberté, de route, de chemin de fer. Heure de classe, de bureau, de travail. Journée de huit heures, semaine de quarante heures* (de travail). *Plusieurs heures par heure. Vingt fois l'heure.* — *Faire cent kilomètres à l'heure, aller à une vitesse qui, constamment soutenue, ferait parcourir cent kilomètres en une heure. Rouler à cent à l'heure. Kilomètre-heure* (abrév. Km/h). — *Ouvrier payé à l'heure, dont la paye est calculée d'après le nombre d'heures de travail fourni* (*opposé à* : à la tâche, aux pièces). *Heure supplémentaire,* effectuée en dehors des heures normales et mieux rémunérée. *Il touche deux cents francs l'heure,* et fam. *de l'heure* : par heure. *Par plaisant. S'embêter à cent sous de l'heure,* au plus haut point. ◊ *Une bonne, une grande heure* : une heure entière ou même un peu plus. *Trois bons quarts d'heure. Une petite heure,* un peu moins d'une heure. ◊ *Par exagér. Voilà une heure qu'on t'attend, dépêche-toi un peu!* V. **Longtemps.** ◊ *Poét.* Symbole du temps. *L'heure s'enfuit. Les heures passaient vite, lentement.* ♦ 2° Point précis du jour, pratiquement déterminé par référence à une horloge, et chiffré de 0 à 11 (12 divisions de la demi-journée) ou de 0 à 23 (24 divisions du jour). Abrév. *h. Magasin ouvert de 8 h à 12 h. 0 heure.* V. **Minuit.** *12 heures.* V. **Midi.** *Chercher midi* à quatorze heures. *15 heures* ou (cour.) *3 heures de l'après-midi; 19 heures* ou (cour.) *7 heures du soir.* ◊ *Heure locale,* différente d'un méridien à l'autre. *L'heure est uniforme à l'intérieur de chacun des 24 fuseaux horaires. Heure légale,* en France, celle du méridien de Greenwich avancée d'une heure. V. **Temps** (légal). Au Canada, *Heure normale du Nord* (T.U. — 3 h 30), *de l'Atlantique* (T.U. — 4 h), *de l'Est* (T.U. — 5 h), *du Centre* (T.U. — 6 h), *des Rocheuses* (T.U. — 7 h), *du Pacifique* (T.U. — 8 h). *Avancer, retarder l'heure. Heure d'été,* temps en usage avancé d'une heure (parfois de deux) par rapport au temps* universel, pendant l'été (au Canada, *heure avancée*). ◊ *Demander l'heure. Quelle heure est-il? Fam. Je ne vous demande pas l'heure qu'il est!* je ne vous ai pas adressé la parole, mêlez-vous de ce qui vous regarde. — *L'heure exacte, juste. Mettre sa montre à l'heure. À quelle heure. À heures fixes. Toutes les heures, tous les quarts d'heure.* — *À cinq heures juste(s), sonnant(es), tapant(es).* — *Il est plus de huit heures, huit heures passées.* — *Deux heures quinze* (les minutes 15, 30 et 45 sont remplacées dans la langue courante par des expressions formées avec *quart* et *demie*). *Six heures un quart, et quart, et demie, trois quarts.* — *Deux heures dix, six heures moins vingt, six heures moins un quart,* et (cour.) *moins le quart.* — Ellipt. *De deux à trois, de cinq à sept* (heures). ◊ *L'horloge sonne, carillonne les heures, la demie et les quarts. Trois heures ont sonné. Sur le coup* de dix heures, de midi. — Mar. *Heure de bord,* celle qu'indique la montre d'habitacle. ◊ Absolt. *L'heure, l'heure fixée, prévue. Commencer avant l'heure. Arriver, être à l'heure.* V. **Exact, ponctuel.** *N'avoir pas d'heure,* négliger d'observer un horaire régulier. — *Loc. fam. Avant*

l'heure, c'est (ce n'est) *pas l'heure, après l'heure c'est plus l'heure.* ♦ 3° Liturg. rom. *Heures canoniales,* celles où l'on récite les diverses parties du bréviaire, et *par ext.* Ces parties elles-mêmes. *Grandes heures.* V. **Laudes, matines, vêpres.** *Petites heures.* V. **Complies, none, prime, sexte, tierce.** — *Livres d'Heures,* ou ellipt. *Heures,* recueil de dévotion renfermant les prières de l'office divin. ♦ 4° *(Qualifié).* Moment de la journée selon son emploi ou l'aspect sous lequel il est considéré. *Aux heures des repas. Heures d'affluence, de pointe*.* « *Les tramways étaient toujours pleins aux heures de pointe* » (CAMUS). *Heures creuses*. Une heure indue. À une heure avancée.* V. **Tard.** *C'est l'heure d'aller se coucher.* « *C'était l'heure tranquille où les lions vont boire* » (HUGO). ◊ *À la première heure,* de très bon matin, le plus tôt possible. Fig. *Les combattants de la première heure,* ceux du début, les premiers à avoir combattu. — *Nouvelles de la dernière heure, de dernière heure,* celles qui parviennent à un journal dans les ultimes moments précédant la mise sous presse. *Dernière heure,* rubrique réservée dans la presse à ces dernières nouvelles. Fig. *Les combattants, les résistants de la dernière heure.* ◊ *(Avec un possessif)* Moment habituel ou agréable à qqn pour faire telle ou telle chose. *Ce doit être lui qui arrive, c'est son heure. Il est poète à ses heures,* quand ça lui chante, selon sa fantaisie. ◊ À LA BONNE HEURE *(loc. adv.)* : au bon moment, à propos; *par ext.* (marquant l'approbation) C'est très bien, c'est parfait; j'y consens, soit. « *Si tu avais senti quelque inclination pour elle, à la bonne heure : je te l'aurais fait épouser* » (MOL.). Iron. *Eh bien! à la bonne heure, ne vous gênez pas!* ♦ 5° Moment de la vie d'un individu ou d'une société. V. **Époque, instant, temps.** *Connaître dans sa vie des heures agréables, tranquilles, heureuses, propices, claires ou sombres, exaltantes, misérables.* « *Certaines heures semblent impossibles à vivre. Il faudrait pouvoir les sauter, les omettre* » (GREEN). *Aux heures de bonheur, d'épanchement. L'heure du danger.* — *Avoir son heure de gloire, de célébrité. L'heure suprême, dernière,* les derniers instants d'une vie. Ellipt. *Son heure est venue, a sonné,* il va bientôt mourir. ◊ *(Avec un possessif)* Moment, époque de la vie où s'offre une chance favorable à la réussite de qqch., au succès de qqn, au bonheur de son existence. *Il sait qu'il aura son heure, que son heure viendra.* V. **Tour.** *Son heure est passée.* — *École, salon, parti, mode qui a son heure de gloire.* ◊ Absolt. *L'heure, l'heure actuelle. L'heure est grave.* V. **Circonstance.** *Difficultés, problèmes de l'heure.* V. **Actuel.** — Absolt. Moment favorable, propice. Néol. *L'heure H :* l'heure prévue pour l'attaque; l'heure de la décision. ♦ 6° *Loc.* À CETTE HEURE [astœR] (vieilli ou rural) : maintenant, présentement. « *À cette heure, ils* (les crimes) *ne révoltent plus* » (CHATEAUB.). « *N'allez-vous pas effrayer tout le voisinage... à c't'heure?* » (BALZ.). — À L'HEURE QU'IL EST, en ce moment de la journée; à l'époque actuelle. V. **Aujourd'hui; actuellement.** — À TOUTE HEURE, à tout moment de la journée, sans interruption. **Constamment, continuellement.** *Pharmacie, brasserie ouverte à toute heure.* — À n'importe quel moment. *Repas chaud à toute heure.* ◊ À L'HEURE (et adj. ethnique). « *Mon village à l'heure allemande* » (J.-L. BORY). — À l'heure (et adj.) : à l'ère, à l'époque (caractérisée par un élément). *Vivre à l'heure atomique. Se mettre à l'heure audio-visuelle.* — À l'heure de (et subst. compl.) : à l'époque de; à la manière de, sous l'influence de. « *Air France à l'heure de la décentralisation* » (*Le Monde,* 1966). ◊ POUR L'HEURE, pour le moment, dans les circonstances actuelles. ◊ SUR L'HEURE, aussitôt, à l'instant, sur-le-champ. V. **Immédiatement, incontinent.** ◊ TOUT À L'HEURE : a) *Vx.* Tout de suite, sur-le-champ. « *Hors d'ici tout à l'heure* » (MOL.); b) *Mod.* Dans un moment, après un bref laps de temps. *Nous verrons cela tout à l'heure;* c) Il y a un moment, il y a très peu de temps. *Je l'ai vu tout à l'heure, il ne peut être bien loin. La conversation de tout à l'heure.* ◊ D'HEURE EN HEURE : a) Toutes les heures. « *Ils se plaisantaient chez moi d'heure en heure* » (CHATEAUB.); b) D'une heure à l'autre, à mesure que l'heure, le temps passe. « *Le vent qui n'a fait que s'accroître d'heure en heure* » (FROMENTIN). *La situation s'aggrave d'heure en heure.* D'UNE HEURE À L'AUTRE, en l'espace d'une heure, d'un moment à l'autre. *La situation peut changer d'une heure à l'autre.* ◊ DE BONNE HEURE, à une heure matinale, ou en avance sur l'heure fixée, habituelle. *Se lever de bonne heure.* « *Si vous allez de ce train, vous n'y arriverez pas de bonne heure* » (HUGO). *De très bonne heure, de trop bonne heure. Le soleil se lève l'été de meilleure heure que l'hiver.* — Avant l'époque habituelle, normale. *Cette année les cerises ont été mûres de bonne heure :* précocement. « *Les familles mariairent de fort bonne heure leurs enfants* » (BALZ.). ◊ HOM. *Heur, heurt.*

HEUREUSEMENT [œRøzmã]. *adv.* (XVIe; de *heureux*). ♦ 1° *Vx.* Dans l'état de bonheur. *Vivre heureusement,* vivre heureux. ♦ 2° D'une manière heureuse, avantageuse ou favorable; avec succès. V. **Avantageusement, bien, favorablement.** *Terminer heureusement une affaire.* ♦ 3° D'une manière esthétiquement heureuse, réussie; avec bonheur. *Cela est* *heureusement exprimé.* ♦ 4° *Cour.* Par une heureuse chance, par bonheur. V. **Dieu** (Dieu merci, grâce à Dieu), **ciel** (grâce au). *Heureusement, il est indemne. Il a enfin compris, heureusement.* — Ellipt. *Heureusement pour moi, pour lui :* c'est heureux pour moi, pour lui. — « *Heureusement que je ne m'en soucie guère* » (BEAUMARCH.). ◇ ANT. Malheureusement.

HEUREUX, EUSE [œʀø, øz]. *adj.* (1213; de *heur*).
I. ♦ 1° *(Personnes).* Qui bénéficie d'une chance favorable, que le sort favorise. V. **Chanceux, favorisé, fortuné, veinard.** *Maurice de Saxe,* « *général heureux et qui méritait son bonheur* » (MAUROIS). *Être heureux au jeu, en affaires. Vous êtes un heureux mortel. S'estimer heureux de, que :* estimer qu'on a de la chance de, que (et, par conséquent, ne rien demander de plus). *Il a liquidé l'affaire, trop heureux de n'avoir pas tout perdu. Bien heureux, trop heureux si...* ♦ 2° *(Choses).* Qui est favorable. V. **Avantageux, bon, favorable.** *Heureux hasard. Un coup heureux.* V. **Beau.** *Heureuse issue, heureux résultat.* ◇ *Que le succès accompagne, couronne. Choix heureux. Heureux changement.* — *Avoir la main heureuse :* réussir ordinairement dans les choses qu'on entreprend. V. **Qui est signe ou promesse de succès.** *Heureux présage, augure. Être né sous une heureuse étoile.* V. **Bon.** ◇ Impers. *C'est heureux pour vous,* c'est une chance pour vous. Iron. En manière d'approbation. *Enfin vous en convenez, c'est heureux.* Ellipt. *Encore heureux qu'on ne lui ait pas volé son passeport!* ♦ 3° Qui marque une disposition favorable de la nature; qui est remarquable et rare en son genre. V. **Bon.** ◇ *Heureux caractère. Heureuse nature,* portée à l'optimisme. « *D'heureux dons de comédienne* » (HENRIOT). ♦ 4° *(Esthétique).* Dont l'originalité, la justesse, l'habileté ont qqch. d'inspiré qui semble dû à la chance. V. **Juste, original, réussi, trouvé** (bien). *Expression, repartie, formule heureuse. Un heureux choix de mots. Heureux équilibre.*

II. ♦ 1° *(Personnes).* Qui jouit du bonheur. *Il a tout pour être heureux.* « *Être bête, égoïste, et avoir une bonne santé, voilà les trois conditions voulues pour être heureux* » (FLAUB.). *Couple, amants heureux. Parfaitement heureux, heureux comme un roi. Heureux comme un poisson dans l'eau.* « *Il faut rire avant que d'être heureux, de peur de mourir sans avoir ri* » (LA BRUY.). — Exclam. *Heureux celui qui...!* V. **Bienheureux.** « *Heureux qui, comme Ulysse, a fait un beau voyage* » (DU BELLAY). *Être heureux de.* V. **Aise, content, satisfait; réjouir** (se). *Je suis très heureux de votre succès, de vous revoir. Très heureux d'avoir fait votre connaissance.* V. **Charmé, enchanté, ravi.** *Je suis très heureux qu'il aille mieux.* ◇ Subst. « *Pitié pour les malheureux, mais indulgence pour les heureux* » (HUGO). *Les heureux de ce monde, les riches. Faire un heureux, des heureux,* faire le bonheur de qqn, de quelques personnes. ♦ 2° Qui exprime le bonheur. *Un air, un visage heureux.* V. **Radieux, triomphant.** ♦ 3° *(Choses).* Marqué par le bonheur; où règne le bonheur. *Situation, condition heureuse.* V. **Prospère.** *Vie heureuse.* V. **Beau.** *Époque heureuse :* âge d'or. *Bonne et heureuse année! Ce mariage n'a pas été heureux.* « *Un souvenir heureux est peut-être sur terre Plus vrai que le bonheur* » (MUSS.). ◇ ANT. **Malheureux. Infortuné, malchanceux.** Affligeant, déplorable, désolant, douloureux, fâcheux, funeste. Fâché, mécontent, triste.

HEURISTIQUE ou **EURISTIQUE** [øʀistik]. *adj.* et *n. f.* (1859; du gr. *heuriskein* « trouver »). *Didact.* ♦ 1° *Adj.* Qui sert à la découverte. *Hypothèse heuristique.* — Pédag. *Méthode heuristique,* consistant à faire découvrir à l'élève ce qu'on veut lui enseigner. ♦ 2° *N. f.* Partie de la science qui a pour objet la découverte des faits.

HEURT [œʀ]. *n. m.* (XII°; de *heurter*). ♦ 1° Action de heurter; résultat de cette action. V. **Coup; choc.** « *Le heurt d'un lourd vantail qui se referme* » (L. BERTRAND). *Prendre des précautions pour déplacer sans heurt un objet fragile.* V. **À-coup, cahot, saccade.** *Heurt de deux, de plusieurs voitures.* V. **Carambolage.** ♦ 2° *(Abstrait).* Opposition brutale, choc résultant d'un désaccord, d'une dispute. V. **Antagonisme, conflit, friction, froissement.** *Leur collaboration ne va pas sans quelques heurts.* ♦ 3° *(Esthétique).* Opposition forte. V. **Contraste.** *Heurt déplaisant de sonorités. Le peintre dispose* « *des pâtes colorées dont... les fusions et les heurts doivent lui servir à s'exprimer* » (VALÉRY). ◇ ANT. **Conciliation.** Harmonie. — HOM. Heur, heure.

HEURTÉ, ÉE [œʀte]. *adj.* (1752; de *heurter*). Qui manque de fondu, qui est fait de contrastes très (souvent trop) appuyés. *Tons, contours heurtés.* — *Style heurté.* V. **Abrupt.** « *Ce discours heurté, fougueux, ces contrastes...* » (FAGUET). *Exécution heurtée d'une œuvre musicale.* ◇ ANT. *Fondu, lié.* Harmonieux.

HEURTER [œʀte]. *v.* (*Hurter,* 1160; du frq. °*hurt;* Cf. a. scand. *Hrütr* « bélier »).
I. *V. tr.* ♦ 1° Toucher plus ou moins rudement, en entrant brusquement en contact avec (généralement de façon accidentelle). V. **Choquer, cogner.** *Casser en heurtant.* « *Les ménagères vous heurtaient avec leurs grands parapluies, leurs*

paniers et leurs bambins » (FLAUB.). *Heurter une voiture.* V. **Emboutir, percuter, tamponner.** ◇ Faire entrer brutalement en contact. *Heurter son front, sa tête contre, à qqch.* ♦ 2° *(Abstrait; 1280).* Venir contrecarrer (qqn), aller à l'encontre de (sentiments, intérêts), d'une façon choquante, rude ou maladroite qui provoque ou durcit la résistance. V. **Blesser, choquer, contrarier, froisser, offenser, scandaliser, vexer.** *Heurter de front qqn, ses sentiments, ses idées.* V. **Affronter, attaquer, combattre.** *Heurter les intérêts, les préjugés, l'opinion.* V. **Atteindre.**
II. *V. intr.* ♦ 1° *Vieilli* (avec *contre*). Entrer rudement en contact avec. V. **Achopper, buter, cogner, donner, porter, taper.** *Heurter contre un caillou, une marche. La petite Fadette* « *heurta contre Landry* » (SAND). ♦ 2° *Heurter à :* frapper avec intention à. *Heurter à la porte, à la vitre.*
III. SE HEURTER. *v. pron.* ♦ 1° (Réfl.). Se heurter contre, à un mur. V. **Cogner** (se). ◇ *Fig.* Rencontrer un obstacle d'ordre humain, moral. *Ses idées se heurtèrent à une forte opposition. Se heurter à un refus.* ♦ 2° (Récipr.). *Passants pressés qui se heurtent. Navires ballottés qui se heurtent.* V. **Entrechoquer** (s'). *Les deux voitures se sont heurtées de plein* fouet. ◇ *Fig.* Se contrarier, entrer en conflit. V. **Accrocher** (s'), **affronter** (s'). *Avec des caractères si différents, ils ne peuvent que se heurter.* « *On ne se rencontre qu'en se heurtant* » (FLAUB.). ◇ Faire un violent contraste. *Ces couleurs, ces tons se heurtent.*

HEURTOIR [œʀtwaʀ]. *n. m.* (1302; de *heurter*). ♦ 1° Marteau adapté à la porte d'entrée d'une maison, dont on se sert pour frapper (en le faisant retomber sur le « *contre-heurtoir* »). ♦ 2° Techn. Pièce disposée de façon à arrêter un objet mobile. V. **Amortisseur, butoir.**

HÉVÉA [evea]. *n. m.* (*Hhévé,* 1751; *hévée,* 1808; mot quichua (Pérou) latinisé en *hevea*). Arbre de grande taille originaire de la Guyane. *L'hévéa contient le latex, d'où l'on extrait le caoutchouc ou gomme élastique. Des hévéas.*

HEXA-. Élément, du gr. *hexa-,* de *hex* « six ». ◇ *Chim.* Sert à former des mots désignant des composés dont la molécule contient six atomes d'un élément (ex. : hexachlorophène [bactéricide], hexose*).

HEXACORALLIAIRES [ɛgzakɔʀaljɛʀ]. *n. m. pl.* (1924; *hexacoralla,* 1894; de *hexa-,* et *coralliaires*). *Zool.* Polypes de grande taille *(Cœlentérés)* aux cloisons disposées en hexagone. V. **Madrépore.**

HEXACORDE [ɛgzakɔʀd(ə)]. *n. m.* (1690; de *hexa-,* et *corde*). *Mus.* Système musical fondé sur une gamme de six sons.

HEXAÈDRE [ɛgzaɛdʀ(ə)]. *adj.* (1701; de *hexa-,* et suff. *-èdre*). *Géom.* Qui a six faces planes. *Subst.* Polyèdre à six faces. *Le cube, hexaèdre régulier.*

HEXAÉDRIQUE [ɛgzaedʀik]. *adj.* (1846; de *hexaèdre*). *Géom.* Relatif à l'hexaèdre, à sa forme. *Solide hexaédrique.*

HEXAGONAL, ALE, AUX [ɛgzagɔnal, o]. *adj.* (1633; de *hexagone*). ♦ 1° Qui a six angles et six côtés. *Figure hexagonale.* ◇ Dont la base est un hexagone. *Pyramide hexagonale.* ◇ Sc. *Système hexagonal d'un cristal* (V. **Cristallins** [Systèmes]). *Le graphite cristallise dans le système hexagonal.* ♦ 2° (1960; avec une valeur souvent péj.). Qui concerne l'Hexagone* (français). V. **Français, métropolitain.** *N. m.* Le français parlé en France.

HEXAGONE [ɛgzagɔn]. *adj.* et *n. m.* (1377; lat. d'o. gr. *hexagonus;* suff. *-gone*). ♦ 1° Vx. Hexagonal. ♦ 2° N. m. Polygone à six côtés. *Hexagone régulier.* Spécialt. *L'Hexagone (français) :* la France métropolitaine (à cause de la forme de la carte de France, qu'on peut inscrire dans un hexagone).

HEXAMÈTRE [ɛgzamɛtʀ(ə)]. *adj.* et *n. m.* (1488; lat. d'o. gr. *hexametrus;* suff. *-mètre*). *Versif.* Qui a six pieds ou six mesures. *Vers hexamètre.* Subst. *Un hexamètre.*

HEXAPODE [ɛgzapɔd]. *adj.* et *n.* (1764; de *hexa-,* et suff. *-pode*). *Zool.* Qui a six pattes (Se dit des larves à six pattes développées, dans les groupes où ce caractère est remarquable). ◇ LES HEXAPODES. *n. m. pl.* V. **Insecte.**

HEXOSE [ɛgzoz]. *n. m.* (1924; de *hex*[a]-, et -*ose*). *Biochim.* Sucre réducteur non hydrolysable possédant dans sa molécule 6 atomes de carbone (ex. : galactose, glucose, fructose).

Hf Symbole chimique du *hafnium*.

Hg Symbole chimique du *mercure*.

HI! [i; hi]. *interj.* Onomatopée qui, répétée, figure le rire et, parfois, les pleurs. ◇ HOM. l; hie; y.

HIATAL, ALE [jatal]. *adj.* (déb. XX°; de *hiatus*). *Didact.* Qui concerne un hiatus (2°). *Hernie hiatale,* hernie de l'hiatus œsophagien.

HIATUS [jatys]. *n. m.* (1521; mot lat. « ouverture », puis « hiatus »). ♦ 1° Ling. Rencontre de deux voyelles, de deux éléments vocaliques, soit à l'intérieur d'un mot (aérer, géant) soit entre deux mots énoncés sans pause (il a été). *L'hiatus.* ♦ 2° *Vieilli.* Solution de continuité, espace entre deux choses, dans une chose. V. **Interruption.** ◇ *Anat.* Ouverture, fente. (adj. *Hiatal*). ♦ 3° *(Abstrait;* 1690, au théâtre). Mod. « *Le dimanche est un hiatus, une solution de continuité dans la trame des jours vivants* » (DUHAM.). V. **Interruption, lacune.** ◇ ANT. *Liaison; continuité.*

HIBERNAL, ALE, AUX [ibɛʀnal, o]. *adj.* (1567, repris déb. XIXᵉ; bas lat. *hibernalis*). *Didact.* Relatif à l'engourdissement d'hiver. *Sommeil hibernal.*

HIBERNANT, ANTE [ibɛʀnɑ̃, ɑ̃t]. *adj.* (1824; de *hiberner*). Qui hiberne. *Animaux hibernants :* chauve-souris, marmotte, loir, hérisson.

HIBERNATION [ibɛʀnasjɔ̃]. *n. f.* (1830, *hivernation,* 1829 ; bas lat. *hibernatio*). ♦ 1° Ensemble des modifications de toute nature que subissent les animaux sous l'action du froid hivernal. — *Spécialt.* État d'engourdissement où tombent certains mammifères, pendant l'hiver. ◇ *Hibernation artificielle :* refroidissement du corps humain dans un but thérapeutique (chirurgie, etc.). ♦ 2° *Fig.* (1966). Inactivité, inertie, stagnation. *Il est maintenu dans un état d'hibernation intellectuelle.* ◇ *En hibernation,* en réserve, en attente. *Mettre un dossier en hibernation.* Cf. Au réfrigérateur.

HIBERNER [ibɛʀne]. *v. intr.* (1792; lat. *hibernare*). Passer l'hiver dans un état d'engourdissement. *La marmotte, le loir hibernent.*

HIBISCUS [ibiskys]. *n. m.* (1839; mot. lat., gr. *hibiskos.* V. **Guimauve**). Arbre tropical, plante utilisée comme ornementale ou comme textile. V. **Ketmie.** « *Des hibiscus... étalaient de fabuleuses fleurs rayonnantes* » (GENEVOIX).

HIBOU ['ibu]. *n. m.* (xᵉ; probabl. onomat.). ♦ 1° Oiseau rapace nocturne, portant des aigrettes (V. **Duc**). *Le hibou ulule, hue* (3). — Loc. *Avoir des yeux de hibou :* de gros yeux ronds. *Un nid de hiboux :* une vieille maison, un vieux château abandonné, inhabité. ♦ 2° *Vx.* Homme triste, solitaire. *Un vieux hibou taciturne.* « *On disait de J.-J. Rousseau : C'est un hibou* » (CHAMFORT).

HIC ['ik]. *n. m.* (1690; lat. *hic* (ici) *est questio* « est la question »). *Fam.* Point difficile, essentiel d'une chose, d'une affaire. V. **Nœud; crucial.** *Voilà le hic; c'est bien là le hic.*

HIC ET NUNC [ikɛtnʒk]. *loc. adv.* (1846; mots lat. « ici et maintenant »). *Didact.* Sur-le-champ, sans délai. « *L'héroïsme le plus naturel se manifeste, 'hic et nunc', à chaque jour, à chaque instant* » (DANIEL-ROPS).

HICKORY ['ikɔʀi]. *n. m.* (1803; angl. *hickory,* XVIIᵉ; abrév. de *pohickery,* mot indien de Virginie). Arbre de grande taille voisin du noyer (Noyer blanc d'Amérique). *Bois de hickory. Ski, canoé en hickory.*

HIDALGO [idalgo]. *n. m.* (1534, var. *indalgo;* mot esp. contract. de *hijo de algo* « fils de quelque chose »). Noble espagnol. *De pauvres hidalgos.*

HIDEUR [idœʀ]. *n. f.* (*Hisdeur,* XIIᵉ; rare XVIᵉ-XIXᵉ; de l'a. fr. *hisde* « horreur, peur », probabl. d'o. germ.). Qualité, état de ce qui est hideux ; laideur extrême. « *Elle ne se rendait pas compte de la hideur des meubles* » (ARAGON). *La hideur d'un visage.* ◇ (Abstrait) *Hideur morale. Hideur d'une action, d'un crime.* ◇ Chose hideuse. « *Voué, par nature, à l'observation des hideurs sociales* » (HUYSMANS). ◇ ANT. *Beauté.*

HIDEUSEMENT ['idøzmã]. *adv.* (*Hisdosement,* XIIᵉ; de *hideux*). D'une manière hideuse. *Il a été hideusement défiguré par l'explosion.*

HIDEUX, EUSE ['idø, øz]. *adj.* (*Hisdos,* XIIᵉ; V. **Hideur**). D'une laideur repoussante, horrible. V. **Laid.** *Corps, visage hideux; monstre hideux. Chose hideuse à voir.* ◇ (Abstrait) V. **Ignoble, répugnant.** *La « hideuse banqueroute »* (MIRABEAU). « *Le hideux métier de rond-de-cuir* » (DUHAM.). ◇ ANT. *Beau.*

HIDRO(S)-. Premier élément, du gr. *hidrôs* « sueur ». ◇ HOM. *Hydro-.*

HIDROSADÉNITE [idrɔzadenit]. *n. f.* (1854; du gr. *hidrôs* « sueur », et *adén* « glande »). *Méd.* Abcès atteignant une glande sudoripare, généralement dans la région de l'aisselle.

HIE ['i]. *n. f.* (1190; moy. néerl. *heie*). *Techn.* Instrument, formé d'une lourde masse et d'un manche, servant à enfoncer les pavés (V. **Dame, demoiselle**), les pilotis (V. **Mouton, sonnette**). ◇ HOM. *I; hi!; y.*

HIÈBLE ou **YÈBLE** [iɛbl(ə)]. *n. f.* (XIIᵉ; lat. *ebulum*). Variété de sureau à tige herbacée. *L'hièble.*

HIÉMAL, ALE, AUX [jemal, o]. *adj.* (*Hyemal,* v. 1500; lat. *hiemalis,* de *hiems* « hiver »). *Didact.* (plur. masc., rare). De l'hiver. *Sommeil hiémal de certains animaux.* V. **Hibernal.** *Plantes hiémales :* qui croissent en hiver. Littér. « *Le parc nous semblait fort beau dans son austérité hiémale* » (DUHAM.).

HIER [jɛʀ]. *adv.* (*Ier, er,* 1080; lat. *heri*). ♦ 1° Le jour qui précède immédiatement celui où l'on est. *Hier matin; hier soir, hier au soir. Il est à peine arrivé depuis hier, d'hier au soir.* ◇ *Subst.* (N. m.) *Vous aviez tout hier pour vous décider.* ♦ 2° Dans un passé récent, à une date récente. *Sa fortune, son mariage ne datent que d'hier. Je m'en souviens comme si c'était hier :* très bien. — Loc. fam. *Il n'est pas né d'hier :* il a de l'expérience.* « *Tous ces discours me persuadent peu; je ne suis pas né d'hier, moi* » (P.-L. COUR.). ◇ ANT. *Aujourd'hui; demain.*

HIÉR(O)-. Premier élément, du gr. *hieros* « sacré ».

HIÉRARCHIE ['jeʀaʀʃi]. *n. f.* (*Ierarchie,* 1332; lat. médiév. *hierarchia,* du gr. ; suff. *-archie*). ♦ 1° *Relig.* Ordre et subordination des différents chœurs des anges. *Les trois hiérarchies d'anges* (V. **Ordre**). ◇ Ordre et subordination des divers degrés de l'état ecclésiastique. *Hiérarchies de l'Église catholique :* hiérarchie d'ordre (Évêques, prêtres, ministres ; diacres, etc.); *hiérarchie de juridiction* (Pape, évêques, curés). ♦ 2° *Cour.* Organisation sociale dans laquelle chacun se trouve dans une série ascendante de pouvoirs ou de situation. V. **Ordre, subordination.** « *La hiérarchie, c'est-à-dire la subordination des fonctionnaires les uns aux autres* » (FUSTEL). *Les degrés, les échelons de la hiérarchie. Être au sommet de la hiérarchie. Du haut en bas de la hiérarchie, de l'échelle. La hiérarchie militaire.* ♦ 3° (XVIIIᵉ). Organisation d'un ensemble en une série où chaque terme est supérieur au terme suivant, par un caractère de nature normative. V. **Classement, classification, ordre.** *Hiérarchie des valeurs, des devoirs, des droits. Hiérarchie morale, intellectuelle. Régler, organiser selon une hiérarchie.* V. **Hiérarchiser.** « *Il y a une hiérarchie jusque dans l'infamie* » (VILLIERS). ◇ ANT. *Anarchie, désordre. Égalité.*

HIÉRARCHIQUE ['jeʀaʀʃik]. *adj.* (*Ierarcicque,* XIVᵉ; de *hiérarchie*). Relatif à la hiérarchie, qui appartient à une hiérarchie. *Degré, ordre hiérarchique. Recours hiérarchique. Adressez-vous à vos supérieurs hiérarchiques. Suivre la voie hiérarchique.* « *Il demanda à parler au colonel par la voie hiérarchique* » (MAC ORLAN). ◇ ANT. *Anarchique, égalitaire.*

HIÉRARCHIQUEMENT ['jeʀaʀʃikmã]. *adv.* (1690; de *hiérarchie*). Par une hiérarchie ou conformément à elle. *Société organisée hiérarchiquement.*

HIÉRARCHISATION ['jeʀaʀʃizasjɔ̃]. *n. f.* (1840; de *hiérarchiser*). Action de hiérarchiser; organisation selon une hiérarchie.

HIÉRARCHISER ['jeʀaʀʃize]. *v. tr.* (1846; de *hiérarchie*). Organiser, régler selon une hiérarchie, d'après un ordre hiérarchique. V. **Ordonner.** *Hiérarchiser une société, une assemblée.* Au p. p. « *Les milieux fortement hiérarchisés* » (PROUST). ◇ ANT. *Désorganiser, égaliser.*

HIÉRATIQUE [jeʀatik]. *adj.* (1566; lat. *hieraticus,* gr. *hieratikos*). ♦ 1° *Didact.* Qui concerne les choses sacrées, et spécialt. Le formalisme religieux, la liturgie. *Célébration hiératique d'une fête religieuse. Gestes hiératiques d'un prêtre célébrant un sacrifice.* ◇ *Ling. Écriture hiératique :* écriture cursive ancienne des Égyptiens. ◇ *Arts.* Se dit de tout art, de tout style imposé ou réglé par une tradition sacrée. *L'art égyptien, l'art byzantin sont hiératiques.* ♦ 2° *Cour.* Qui semble réglé, imposé par un rite, un cérémonial, une tradition. V. **Solennel.** *Figure, personnage, visage hiératique.* V. **Immobile, figé.** *Attitudes, gestes hiératiques.* « *Les gestes étaient solennels et presque hiératiques* » (R. ROLLAND). ◇ ANT. *Laïque, profane. Libre. Mobile, vivant.*

HIÉRATIQUEMENT [jeʀatikmã]. *adv.* (1855; de *hiératique*). D'une manière hiératique.

HIÉRATISME [jeʀatism(ə)]. *n. m.* (1868; de *hiératique*). *Didact.* Caractère, aspect hiératique. *Hiératisme des icônes byzantines. L'hiératisme d'un visage, d'une attitude.*

HIÉRO-. V. **HIÉR-.**

HIÉRODULE ['jeʀɔdyl]. *n. m.* (*Hiérodoule,* 1862; bas lat. *hierodulus,* mot gr., de *hieros* (V. **Hiér-**), et *doulos* « esclave »). *Antiq. gr.* Esclave attaché au service d'un temple.

HIÉROGLYPHE ['jeʀɔglif]. *n. m.* (1576; de *hiéroglyphique*). ♦ 1° Caractère, signe des plus anciennes écritures égyptiennes. *Les hiéroglyphes peuvent avoir une valeur figurative* (un signe « lion » représentant le lion), *idéographique* (le signe « homme dansant » représentant la joie, etc.) ou *phonétique* (un signe représentant deux ou trois consonnes). « *Les hiéroglyphes usuels sont au nombre de 600 environ* » (MEILLET et COHEN). ♦ 2° *Fig.* Signe, caractère difficile ou impossible à comprendre. « *Ce n'est plus de l'écriture... ce sont des hiéroglyphes* » (Ch. de SÉVIGNÉ).

HIÉROGLYPHIQUE ['jeʀɔglifik]. *adj.* (1529; lat. *hieroglyphicus,* mot gr., de *hieros* (V. **Hiér-**) et *gluphein* « graver »). ♦ 1° Formé de hiéroglyphes. *Écriture hiéroglyphique.* — Qui constitue un hiéroglyphe. *Caractère, signe hiéroglyphique.* ♦ 2° *Fig.* Obscur, incompréhensible (en parlant d'une écriture, d'un signe, d'un symbole). *Des brouillons « raturés, surchargés, presque hiéroglyphiques* » (GAUTIER). ◇ ANT. *Clair.*

HIÉROGRAMMATE ['jeʀɔgram(m)at] ou **HIÉRO-GRAMMATISTE** ['jeʀɔgram(m)atist(ə)]. *n. m.* (*Hiérogrammatée,* 1765; gr. *hierogrammateus,* de *hieros,* et *grammateus* « scribe »). *Antiq. égypt.* Scribe au service d'un temple ; prêtre qui interprétait les textes sacrés.

HIÉRONYMITE [jeʀɔnimit]. *n. m.* (1690; du lat. *Hieronymus* « (saint) Jérôme »). Religieux d'un des ordres fondés en Espagne et en Italie, aux XIVe et XVe s., et qui prirent saint Jérôme pour patron.

HIÉROPHANTE [jeʀɔfɑ̃t]. *n. m.* (1535; lat. *hierophantes*, mot gr., de *hieros*, et *phainein* « révéler »). ♦ 1° *Antiq. gr.* Prêtre qui présidait aux mystères d'Éleusis, instruisait les initiés. ♦ 2° *Fig.* et *didact.* V. **Prêtre, pontife.** *Les « hiérophantes rationalistes qui lèvent le voile des vieux mystères »* (RENAN).

HI-FI ['ifi]. *n. f.* et *adj.* (1956; abrév. de l'angl. *high fidelity*). *Anglicisme.* Haute-fidélité. V. **Fidélité.**

HIGHLANDER ['ajlɑ̃dœʀ]. *n. m.* (1708; mot angl.). ♦ 1° Habitant ou natif des Highlands (« Hautes Terres »), en Écosse. ♦ 2° Soldat d'un régiment écossais. *Cornemuse, kilt des highlanders.*

HI-HAN ['iɑ̃]. *onomat.* (1860). Onomatopée désignant le braiement de l'âne. *Subst. Âne qui pousse des hi-hans.* V. **Braiement.**

HILAIRE ['ilɛʀ]. *adj.* (1846; de *hile*). *Didact.* Relatif à un hile. *Ganglions hilaires,* du hile pulmonaire.

HILARANT, ANTE [ilaʀɑ̃, ɑ̃t]. *adj.* (1805; du lat. *hilarare* « rendre gai »). ♦ 1° *Gaz hilarant,* le protoxyde d'azote, qui produit une sorte d'exaltation. ♦ 2° *(Néol.).* Qui excite à la gaieté. V. **Amusant, comique.** *Histoire hilarante.*

HILARE [ilaʀ]. *adj.* (1519; *hilaire,* XIIIe; rare XVIe-XIXe; lat. *hilaris*). Qui est dans un état d'euphorie, de contentement béat, de douce gaieté. V. **Gai.** *« Un vieux faune hilare »* (HUGO). — Par ext. *Face, visage hilare.* V. **Réjoui.** ◇ ANT. *Chagrin, maussade.*

HILARITÉ [ilaʀite]. *n. f.* (*Ilarité,* XIIIe; lat. *hilaritas*). ♦ 1° Vieilli. Joie douce et calme; contentement béat. ♦ 2° Mod. Brusque accès de gaieté; explosion de rires. *Plaisanterie qui déchaîne, déclenche l'hilarité générale* (V. **Hilarant**). *« On se tordait; chaque élève riait comme il n'est pas souvent donné de rire en classe... l'hilarité était irrésistible »* (GIDE). ◇ ANT. *Chagrin, tristesse.*

HILE ['il]. *n. m.* (1600; lat. *hilum*). ♦ 1° *Bot.* Cicatrice laissée sur le tégument d'une graine par la rupture du funicule. *Hile de la fève.* ♦ 2° *Anat.* Point d'insertion, généralement déprimé, des vaisseaux et des conduits excréteurs sur un organe. *Hile du foie, du rein.* ◇ HOM. *Il, île, iles.*

HIMALAYEN, ENNE [imalajɛ̃, ɛn]. *adj.* (1830; de *Himalaya*). De l'Himalaya. *Fig.* Immense, très élevé. *« Les poussiéreuses et himalayennes montagnes de contrats et d'actes »* (Cl. SIMON).

HIMATION [imatjɔn]. *n. m.* (1876; mot gr.). *Antiq. gr.* Manteau sans manches.

HINDI ou **HINDOUSTANI** ['indi ou ɛ̃dustani]. *n. m.* et *adj.* (1846, mot hindi; 1866, dér. de *Hindoustan*). L'une des principales langues de l'Inde, langue nationale de l'Union indienne.

HINDOU, OUE [ɛ̃du]. *adj.* et *n.* (1830; de *Inde.* V. **Indou**). De l'Inde et relatif à la civilisation brahmanique (V. **Indien**). *Castes de la société hindoue.* ◇ N. *Un Hindou. Une Hindoue.* — Spécialt. Adepte de l'hindouisme. V. **Hindouiste.**

HINDOUISME [ɛ̃duism(ə)]. *n. m.* (1876; de *hindou*). Religion de la grande majorité des Hindous. *L'hindouisme, ou « brahmanisme sectaire ».*

HINDOUISTE [ɛ̃duist(ə)]. *adj.* (1948; de *hindou*). Qui a rapport à l'hindouisme. *Mythes, rites hindouistes.* — *Subst.* Adepte de l'hindouisme.

HINTERLAND [intɛʀlɑ̃d]. *n. m.* (1894; mot all., de *hinter* « derrière », et *Land* « pays »). *Dr., Géogr.* Arrière-pays.

HIPP(O)-. Premier élément, du gr. *hippos* « cheval ».

HIPPARCHIE [ipaʀʃi]. *n. f.* (1843; gr. *hipparkhia;* suff. *-archie*). *Antiq. gr.* ♦ 1° Division de cavalerie grecque, comprenant environ 500 hommes. ♦ 2° Grade d'hipparque.

HIPPARION [ipaʀjɔ̃]. *n. m.* (1843; gr. *hipparion* « petit cheval »). *Paléont.* Mammifère périssodactyle *(Équidés),* fossile dans le tertiaire.

HIPPARQUE [ipaʀk(ə)]. *n. m.* (1765; gr. *hipparkhos;* suff. *-arque*). *Antiq. gr.* Général commandant une hipparchie.

HIPPIATRE [ipjatʀ(ə)]. *n. m.* (1772; gr. *hippiatros;* suff. *-iatre*). *Didact.* et *vieilli.* Vétérinaire spécialiste des maladies du cheval.

HIPPIATRIE [ipjatʀi] (n. f.) ou **HIPPIATRIQUE** [ipjatʀik]. *adj.* et *n. f.* (1534,-1750; gr. *hippiatrikos*). *Didact.* Thérapeutique du cheval.

HIPPIE ou **HIPPY**, pl. **HIPPIES** ['ipi]. *n.* et *adj.* (1967; mot amér.). *Amér.* Personne qui refuse les valeurs sociales et culturelles de la société de consommation (conventions vestimentaires et mode de vie, recherche du prestige social et de l'argent, développement technique et industriel). *Les hippies sont non-violents, prônent la liberté sexuelle.* Adj. *La mentalité hippie. La mode hippie.* — Abrév. fam. *Hip.* ◇ ANT. *Bourgeois.*

HIPPIQUE [ipik]. *adj.* (1838; gr. *hippikos*). Qui a rapport au cheval. *Concours hippique. Sport hippique* V. **Hippisme.** ◇ Qui a rapport à l'hippisme. *Chronique hippique.*

HIPPISME [ipism(ə)]. *n. m.* (1907; de *hippique*). Sport hippique; ensemble des exercices équestres. V. **Course(s), équitation.**

HIPPOCAMPE [ipɔkɑ̃p]. *n. m.* (1566; lat. d'o. gr. *hippocampus*). ♦ 1° *Myth.* Animal fabuleux, moitié cheval, moitié poisson. ♦ 2° Petit poisson qui nage en position verticale et porte la tête inclinée et rabattue contre la gorge, comme le cheval dont il rappelle le profil. *« Planche folle, escortée des hippocampes noirs »* (RIMBAUD).

HIPPOCASTANACÉES [ipɔkastanase]. *n. f. pl.* (*Hippocastanées,* 1846; de *hipp(o)-,* et *castana* « châtaigne »). *Bot.* Famille de plantes qui comprend le marronnier d'Inde.

HIPPOCRATIQUE [ipɔkratik]. *adj.* (1765; de *Hippocrate,* médecin célèbre de l'Antiquité). *Méd.* Qui a rapport à Hippocrate, à sa doctrine.

HIPPOCRATISME [ipɔkratism(ə)]. *n. m.* (1765; de *Hippocrate*). *Méd.* ♦ 1° Doctrine inspirée des principes d'Hippocrate, selon laquelle la thérapeutique doit observer les efforts que fait la nature dans sa lutte contre la maladie et agir dans le même sens *(Loi d'analogie et de similitude).* ♦ 2° (1876). *Hippocratisme digital :* déformation de l'extrémité des doigts et des orteils entraînant une incurvation des ongles (dite en « verre de montre »), caractéristique des infections chroniques, et des maladies cardiaques.

HIPPODROME [ipɔdʀom]. *n. m.* (1534; *ypodrome,* 1190; lat. d'o. gr. *hippodromus*). ♦ 1° *Antiq.* Cirque* de forme oblongue aménagé pour les courses de chevaux et de chars. ♦ 2° *Mod.* (1853). Terrain de sport hippique; champ de courses. *Hippodrome d'Auteuil, de Longchamp.*

HIPPOGRIFFE [ipɔgʀif]. *n. m.* (1560; it. *ippogrifo,* de *hipp(o)-,* et *grifo* « griffon »). Animal fabuleux, monstre ailé, moitié cheval, moitié griffon.

HIPPOLOGIE [ipɔlɔʒi]. *n. f.* (1858; de *hipp(o)-,* et *-logie*). *Didact.* Étude du cheval.

HIPPOLOGIQUE [ipɔlɔʒik]. *adj.* (1866; du précéd.). *Didact.* Du cheval. *Thérapeutique hippologique* (hippiatrie).

HIPPOMOBILE [ipɔmɔbil]. *adj.* (1900; de *hipp(o)-,* et *-mobile*). *Admin.* Mû par un ou plusieurs chevaux. *Véhicule, voiture hippomobile.*

HIPPOPHAÉ [ipɔfae]. *n. m.* (1740; lat. *hippophaes,* mot gr.). *Bot.* Argousier.

HIPPOPHAGIE [ipɔfaʒi]. *n. f.* (1848; de *hipp(o)-,* et *-phagie*). *Didact.* Usage alimentaire de la viande de cheval.

HIPPOPHAGIQUE [ipɔfaʒik]. *adj.* (1836; du précéd.). *Boucherie hippophagique.* V. **Chevalin.**

HIPPOPOTAME [ipɔpɔtam]. *n. m.* (*Ypopotame,* 1265; lat. d'o. gr. *hippopotamus* « cheval de fleuve »). Gros mammifère ongulé amphibie, au corps massif couvert d'une peau très épaisse, brunâtre ou bleuâtre, et porté par des membres trapus à quatre doigts. *« L'hippopotame au ventre énorme »* (HUGO). ◇ *Fig.* et *fam.* Personne énorme.

HIPPOPOTAMESQUE [ipɔpɔtamɛsk(ə)]. *adj.* (1874; de *hippopotame*). Qui ressemble à un hippopotame, évoque l'hippopotame, sa lourdeur. *Une grâce hippopotamesque.* (Cf. **Éléphantesque**).

HIPPOTECHNIE [ipɔtɛkni]. *n. f.* (1878; de *hipp(o)-,* et *-technie*). *Didact.* Technique de l'élevage et du dressage des chevaux.

HIPPURIQUE [ipyʀik]. *adj.* (1831; de *hipp(o)-,* et *ouron* « urine »). *Chim. Acide hippurique,* abondant dans l'urine des herbivores, surtout des ruminants et présent également dans l'urine humaine.

HIRCIN, INE [iʀsɛ̃, in]. *adj.* (1611; lat. *hircinus*). *Didact.* De bouc. *Puanteur hircine.*

HIRONDEAU [iʀɔ̃do]. *n. m.* (1660; a. fr. *arondeau, arondel,* dimin. de *aronde*). *Vieilli.* Petit de l'hirondelle.

HIRONDELLE [iʀɔ̃dɛl]. *n. f.* (*Hyrondelle,* 1546; a. fr. *aronde*, *arondelle;* refait d'apr. lat. *hirundo*). ♦ 1° Oiseau migrateur *(Passereaux),* à queue fourchue, aux ailes fines et très longues. *L'hirondelle, messagère du printemps.* Loc. *Une hirondelle ne fait pas le printemps :* un fait isolé, un seul exemple n'autorise pas de conclusion générale. — *Le guêpier, le martinet, oiseaux proches de l'hirondelle. L'hirondelle chante, gazouille, trisse.* ◇ *Hirondelles de mer,* oiseaux palmipèdes de la famille des mouettes. V. **Sterne.** — *Nid d'hirondelle,* nid de la salangane, qui constitue un mets très apprécié en Extrême-Orient. ♦ 2° *Pop.* (1915, « gendarme »). Agent cycliste.

HIRSUTE [iʀsyt]. *adj.* (1802; lat. *hirsutus*). ♦ 1° *Sc. nat.* Garni de longs poils très fournis. ♦ 2° *Cour.* (fin XIXe). Ébouriffé, échevelé. *Tête hirsute. Gamin hirsute. Barbe, tignasse hirsute.* V. **Hérissé, inculte, touffu.** *« La brosse hirsute des cheveux poivre et sel »* (MART. du G.).

HIRSUTISME [iʀsytism(ə)]. *n. m.* (1922; de *hirsute*). *Méd.* Développement excessif du système pilceux. *L'hirsutisme* *est une manifestation d'une sécrétion exagérée d'hormones cortico-surrénales.*

HIRUDINÉES [iʀydine]. *n. f. pl.* (1846 ; lat. *hirudo* « sangsue »). *Zool.* Classe d'annélides discophores comprenant les sangsues. *Sing. Une hirudinée.*

HISPAN(O)-. Élément du lat. *hispanus* « espagnol ». **HISPANIQUE** [ispanik]. *adj.* (1843 ; lat. imp. *Hispanicus*). Qui a trait à l'Espagne, aux Espagnols. V. **Ibérique**. *Institut d'études hispaniques.*

HISPANISANT, ANTE [ispanizɑ̃, ɑ̃t] ou **HISPANISTE** [ispanist(ə)]. *n.* (1930,-v. 1933 ; de *hispanique*). *Didact.* Linguiste spécialisé dans l'étude de la langue espagnole ; spécialiste de l'Espagne.

HISPANISME [ispanism(ə)]. *n. m.* (1771 ; du lat. *hispanus*). *Ling.* Construction ou emploi propre à la langue espagnole.

HISPANO-AMÉRICAIN, AINE [ispanɔameʀikɛ̃, ɛn]. *adj.* (1846 ; de *hispano-*, et *américain*). Qui a rapport à l'Amérique et à l'Espagne. *Guerre hispano-américaine* (1898), entre les États-Unis et l'Espagne. — *Subst. Les Hispano-Américains,* de l'Amérique centrale ou méridionale.

HISPANO-ARABE [ispanɔaʀab] ou **HISPANO-MORESQUE** [ispanɔmɔʀɛsk(ə)]. *adj.* (1933 ; de *hispano-*, et *arabe, moresque*). *Art hispano-moresque,* art musulman qui appartient à l'époque où les califes de Cordoue réunirent sous leur domination le Maroc et l'Espagne.

HISPIDE [ispid]. *adj.* (1495 ; lat. *hispidus*). *Bot.* Hérissé de poils rudes et épais. *Tige hispide.*

HISSE (OH!) [ʼois]. *interj.* (1773 ; *hisse !* 1721 ; impér. de *hisser*). Interjection qui accompagne un effort collectif, rythmé, pour hisser, tirer.

HISSER [ʼise]. *v. tr.* (1552 ; bas all. *hissen*). ♦ 1° *Mar.* Élever, faire monter au moyen d'une drisse. *Hisser un mât.* V. **Guinder**. *Cour. Hisser les couleurs.* V. **Envoyer**. *Hisser un pavillon.* V. **Arborer**. ♦ 2° Tirer en haut et avec effort. V. **Élever**. « *Une pierre de taille lentement hissée dans l'air par des travailleurs* » (GAUTIER). *Fig. Hisser sur le pavois.* ♦ 3° SE HISSER. *v. pron.* S'élever avec effort. V. **Grimper, monter**. *Se hisser sur un mur avec agilité.* — *Fig.* V. **Élever (s'), hausser** (se). *Se hisser à la force du poignet.* ◇ ANT. **Amener, baisser** (les couleurs) ; descendre ; abattre.

HISTAMINE [istamin]. *n. f.* (mil. XXᵉ ; de *histo-*, et *amine*). *Biochim.* Amine dérivée de l'histidine, présente dans la plupart des tissus animaux. *L'histamine dilate les capillaires, contracte les fibres musculaires lisses, augmente les sécrétions organiques. Rôle de l'histamine dans les manifestations allergiques* (choc anaphylactique, urticaire). *Qui combat les effets de l'histamine.* V. **Antihistaminique**.

HISTAMINIQUE [istaminik]. *adj.* (mil. XXᵉ ; du précéd.). *Biol.* Qui a rapport à l'histamine. *Choc histaminique.*

HISTIDINE [istidin]. *n. f.* (1899 ; mot all. de *histo-*, -*ide*, et -*ine*). *Biochim.* Acide aminé, constituant des protéines animales et végétales, qui fournit par dégradation enzymatique l'histamine.

HISTIOCYTE [istjɔsit]. *n. m.* (1917 ; du gr. *histiόn*, « voile de navire, tenture, toile », et -*cyte*). *Biol., histol.* Se dit des cellules libres du tissu conjonctif, issues des monocytes* et des épithéliums embryonnaires qui servent à la différenciation et au remplacement des cellules de plusieurs tissus. V. **Macrophage**.

HISTO-. Élément, du gr. *histos* « tissu ».

HISTOCHIMIE [istɔʃimi]. *n. f.* (1866 ; de *histo-*, et *chimie*). *Didact.* Étude de la composition chimique des cellules et des tissus vivants et des réactions chimiques cellulaires et tissulaires au cours des processus métaboliques.

HISTOCOMPATIBILITÉ [istɔkɔ̃patibilite]. *n. f.* (v. 1971 ; de *histo-*, et -*compatibilité*). *Didact.* Compatibilité immunologique des tissus (d'individus différents).

HISTOGENÈSE [istɔʒenɛz]. *n. f.* (1863 ; de *histo-*, et -*génèse*). *Embryol.* Formation de divers tissus au cours du développement embryonnaire, à partir de cellules non différenciées.

HISTOGRAMME [istɔgram(ə)]. *n. m.* (1956 ; de l'angl. *histogram*, 1903 ; du gr. *histos* « texture, trame »). *Statistique.* Graphique représentant la densité d'un effectif en fonction des valeurs d'un caractère, et formé par une série de rectangles dont la base constitue un intervalle de variation de ces valeurs et la surface l'effectif correspondant.

HISTOIRE [istwaʀ]. *n. f.* (1361 ; *estoire*, 1155, « récit d'événements mémorables » ; lat. *historia*, mot gr.).

I. ♦ 1° Connaissance ou relation des événements du passé, des faits relatifs à l'évolution de l'humanité (d'un groupe social, d'une activité humaine), qui sont dignes ou jugés dignes de mémoire ; les événements, les faits ainsi relatés. *Histoire générale, universelle d'un peuple, d'un État, d'une nation. Histoire de France. Histoire d'une période, d'une époque. Histoire de la Révolution française, de Michelet. Histoire ancienne, histoire du moyen âge* (395 à 1453), *histoire des temps modernes* (1453-1789), *histoire contemporaine. Histoire d'un souverain, d'un grand homme, d'un héros.* V.

Biographie, vie. Histoire politique, sociale, économique. Histoire de l'art, de la littérature, des sciences. ◇ **Histoire sainte** (*opposé à l'histoire profane*). *L'Histoire sainte, contée dans la Bible.* ◇ *La petite histoire :* les anecdotes, les petits événements qui se rattachent à une période historique. ♦ 2° Étude scientifique d'une évolution, d'un passé ; cette évolution. *Histoire du globe. Histoire géologique.* ♦ 3° *Absolt.* Ensemble des connaissances relatives à l'évolution, au passé de l'humanité ; science et méthode permettant d'acquérir et de transmettre ces connaissances ; *par ext.* L'évolution humaine considérée comme objet d'étude. *Clio, muse de l'histoire.* « *L'Histoire est la science des choses qui ne se répètent pas* » (VALÉRY). *Événements de l'histoire situés dans le temps.* V. **Date ; chronologie**. *Les sources, les documents de l'histoire :* annales, archives, chronique, commentaire, fastes, mémoires, souvenirs. *Sciences annexes de l'histoire.* V. **Archéologie, chronologie, diplomatique, épigraphie, généalogie, paléographie**. *Allus. littér.* « *Voilà comme on écrit l'histoire* » (VOLT.). : voilà comment un événement est déformé, mal rapporté. ◇ *Professeur d'histoire. Licence, agrégation d'histoire.* — *Les enseignements, les leçons de l'histoire.* ♦ *Par ext.* L'histoire des hommes, le jugement de la postérité. *L'histoire enregistre certains événements. Laisser son nom dans l'histoire. Le témoignage, le jugement de l'histoire. L'histoire jugera, dira s'il a eu raison d'agir ainsi.* ◇ *La vérité historique. Récit conforme à l'histoire. Mélanger l'histoire et la fiction. L'histoire et la fable.* ♦ 5° *Par ext.* La suite des événements qu'étudie l'histoire (V. **Passé**). *Au cours de l'histoire, dans l'histoire. Le cours, la marche de l'histoire. Le sens de l'histoire. L'accélération de l'histoire.* « *Nous vivons dans l'histoire comme des poissons dans l'eau* » (SARTRE). ♦ 6° *Spécialt.* Ensemble de facteurs historiques (*opposé à nature, géographie*). *L'unité de ce pays a été déterminée par l'histoire.* ♦ 7° La période connue par des documents, opposée aux périodes antérieures de l'évolution humaine (V. **Préhistoire, protohistoire**). ♦ 8° Récit, écrit, livre d'histoire. *Acheter une histoire, une histoire de France.* ♦ 9° *L'Histoire,* considérée comme un genre littéraire (V. **Genre, littérature**). *Histoire et tragédie.* — *(Peinture)* En parlant de la représentation de scènes célèbres, tirées de l'Histoire, de la Fable. *Van Loo, H. Vernet, peintres d'histoire et de batailles.*

II. ♦ 1° *Vx* et *didact.* La partie des connaissances humaines, reposant sur l'observation et la description des faits, et dont l'acquisition met en jeu la mémoire, opposée à la Philosophie, à la Science (objets de raison), à la Poésie, aux Beaux-arts (objets d'imagination). *Histoire d'un animal, d'une plante.* V. **Description, étude**. ♦ 2° (1551). **HISTOIRE NATURELLE** : étude, description des corps observables dans l'univers, et *spécialt.* sur le globe terrestre. V. **Botanique, géologie, minéralogie, zoologie**. *Histoire naturelle des animaux sans vertèbres,* de Lamarck. REM. On dit plutôt de nos jours *Sciences* naturelles.

III. (Mil. XVᵉ). UNE, DES HISTOIRE(S). ♦ 1° Récit d'actions, d'événements réels ou imaginaires. V. **Anecdote, épisode, récit, relation**. *Conter, raconter une histoire, des histoires. Histoire vraie, véridique. Histoire merveilleuse, légendaire, fabuleuse.* V. **Conte, légende**. *L'intrigue, le sujet, les épisodes d'une histoire. La morale de cette histoire. Petite, courte histoire.* V. **Historiette**. *Bonne histoire* (*ellipt.* et *fam.* Une bien bonne*). *Histoires marseillaises, de commis-voyageurs. Histoires de chasse, de pêche,* pleines de vantardises. — *L'histoire d'un homme.* V. **Biographie, vie**. *Raconter, conter, écrire sa propre histoire.* V. **Autobiographie, mémoires, souvenirs**. *Histoire d'une vie.* ♦ 2° (XVIIᵉ). *Spécialt.* Histoire inventée, invraisemblable ou destinée à tromper, à mystifier. V. **Conte** (3°), fable, mensonge. *Histoires de brigands. Histoires à dormir* debout. « *Il en contait, des contes bleus, des histoires de brigands, de l'autre monde ou à dormir debout !* » (APOLLINAIRE). *Absolt. Ce sont des histoires, il n'y a pas un mot de vrai dans tout cela.* V. **Baliverne, blague, frime.** ♦ 3° *Par ext.* Succession d'événements. V. **Affaire, aventure**. *Il faut oublier cette histoire. C'est une tout autre histoire. Le plus beau de l'histoire :* le plus extraordinaire, le plus curieux. — *Il m'est arrivé une drôle d'histoire. Se fourrer dans une drôle d'histoire, dans une sale histoire :* dans une mauvaise affaire. *C'est toujours la même histoire :* les mêmes choses se reproduisent, les mêmes ennuis se répètent. ◇ *Absolt. Il va s'attirer des histoires.* V. **Ennui(s)**. — *Allons, pas d'histoires !* V. **Embarras, façon(s), manière(s)**. ◇ *Événements compliqués. C'est une histoire, toute une histoire. Quand il part en voyage, c'est toute une histoire.* V. **Événement**. ◇ *Loc. fam.* HISTOIRE DE (suivi de l'inf.) marque le but, l'intention. V. **Pour**. « *J'ai attendu le père Goriot pour voir : histoire de rire* » (BALZ.). V. **Affaire, machin, truc**.

HISTOLOGIE [istɔlɔʒi]. *n. f.* (1836 ; de *histo-*, et -*logie*). *Sc.* Science qui traite de la structure des tissus et des cellules qui constituent les êtres vivants. V. **Biologie, cytologie**.

HISTOLOGIQUE [istɔlɔʒik]. *adj.* (1846; du précéd.). *Sc.* Qui a rapport à l'histologie. *Coupe, préparation, examen histologique.*

HISTOLYSE [istɔliz]. *n. f.* (1890; *histolysie*, 1878; de *histo-*, et -*lyse*). *Biol.* Dissolution de tissus vivants.

HISTOPLASMOSE [istɔplasmoz]. *n. f.* (1re moitié du xxe s. [apr. 1908]; de *histoplasma*, nom de l'agent responsable, et -*ose* 2). *Méd.* Infection interne due à des champignons microscopiques lévuriformes (Histoplasma) dont les spores sont inhalées avec l'air et qui se développent à l'intérieur des cellules, spécialement du tissu conjonctif. *Histoplasmose généralisée*, grave, atteignant surtout l'enfant en bas âge. *Histoplasmose localisée*, atteignant surtout le poumon.

HISTORICITÉ [istɔʀisite]. *n. f.* (1872; de *historique*). *Didact.* Caractère de ce qui est historique. *Offrir toutes les garanties désirables d'historicité.* V. **Authenticité.**

HISTORICO- [istɔʀiko] de *historique* (adj.). Premier élément d'adjectifs composés (ex. HISTORICO-CRITIQUE, *adj.*, relatif aux problèmes épistémologiques de la science historique).

HISTORIÉ, ÉE [istɔʀje]. *adj.* (déb. XIXe; V. Historier). *Arts.* Décoré de scènes à personnages. « *On les appelle historiés* (les chapiteaux) *quand ils sont ornés de bas-reliefs représentant des êtres animés* » (STENDHAL).

HISTORIEN, IENNE [istɔʀjɛ̃, jɛn]. *n.* (1213; du lat. *historia*). ♦ 1° Auteur d'ouvrages d'histoire, de travaux historiques. V. **Annaliste, chroniqueur, mémorialiste.** *Historien et historiographe. Historien impartial. Les historiens de la Révolution. L'historien d'un personnage.* V. **Biographe.** ♦ 2° Étudiant, étudiante en histoire, dans certaines grandes écoles (Normale supérieure, etc.), dans les facultés.

HISTORIER [istɔʀje]. *v. tr.* (XVe; « raconter », XIVe; lat. médiév. *historiare*). *Arts.* Rare à l'actif (V. Historié). Décorer de scènes à personnages, et *spécialt.* de scènes tirées de l'Écriture sainte, de la vie des saints (appelées au moyen âge « histoires »). *Historier un chapiteau.* ◇ Enjoliver d'ornements (avec ou sans personnages). V. **Orner.** « *Des piliers historiés d'hiéroglyphes* » (GAUTIER).

HISTORIETTE [istɔʀjɛt]. *n. f.* (1651; du rad. lat. *historia*). Récit d'une petite aventure, d'événements de peu d'importance. V. **Anecdote, conte, nouvelle.** *Historiette amusante, comique. Les Historiettes*, recueil d'anecdotes de Tallemant des Réaux (1657).

HISTORIOGRAPHE [istɔʀjɔgʀaf]. *n. m.* (*Storiographe*, v. 1300; bas lat. *historiographus*, d'o. gr.; suff. -*graphe*). Auteur, écrivain chargé officiellement d'écrire l'histoire de son temps. *Racine, Boileau, historiographes de Louis XIV.*

HISTORIOGRAPHIE [istɔʀjɔgʀafi]. *n. f.* (1550; du précéd.). *Didact.* Art, travail de l'historiographe. ◇ Ensemble d'ouvrages d'historiographes. *L'historiographie byzantine.*

HISTORIQUE [istɔʀik]. *adj. et n. m.* (1447; lat. *historicus*). ♦ 1° Qui a rapport à l'histoire, à l'étude ou aux perspectives de l'histoire. *Ouvrage, narration, recueil, tableau historique. Exposé historique d'une question. Circonstances historiques. Études historiques. Critique historique.* « *Qu'est cette vérité historique la plupart du temps ? Une fable convenue* » (NAPOLÉON). *Grammaire, dictionnaire historique.* V. **Diachronique.** — *Matérialisme historique.* ♦ 2° (1694). Opposé à légendaire, fabuleux, imaginaire. V. **Réel, vrai.** *Personnage historique.* *Spécialt. Roman historique* : dont le sujet est emprunté partiellement à l'histoire. ◇ *Opposé à préhistorique. Temps historiques.* ♦ 3° Qui est ou mérite d'être conservé par l'histoire. *Famille historique.* V. **Célèbre, connu.** *Événement historique.* « *Un de ces mots historiques qu'on retient parce qu'il est éclairé de gloire* » (STE-BEUVE). — *Monument historique* : monument présentant un intérêt historique et artistique, et qui est, comme tel, protégé par l'État. *Inspection des monuments historiques.* ♦ 4° *N. m.* Exposé chronologique des faits. *Exposé, narration, récit. Faire l'historique d'une question, d'une affaire.* ◇ ANT. *Fabuleux, faux, mythologique.*

HISTORIQUEMENT [istɔʀikmɑ̃]. *adv.* (1617; du précéd.). D'une manière historique. *Fait historiquement exact; explicable.*

HISTORISME [istɔʀism(ə)] ou **HISTORICISME** [istɔʀisism(ə)]. *n. m.* (1937; de *historique*). *Philo.* ♦ 1° Étude des objets, des événements dans leur liaison avec les conditions historiques. *Historisme marxiste.* ♦ 2° Doctrine selon laquelle toute vérité évolue avec l'histoire, relativisme* historique.

HISTRION [istʀijɔ̃]. *n. m.* (1544; lat. *histrio*). *Antiq.* Acteur jouant des farces grossières, bouffon. ◇ *Péj. et littér.* Comédien. V. **Cabotin.**

HITLÉRIEN, IENNE [itleʀjɛ̃, jɛn]. *adj.* (v. 1925; de *Hitler*, n. pr.). Qui a rapport à Hitler. *Parti hitlérien.* V. **National-socialiste, nazi.** *Jeunesses hitlériennes. La croix gammée, emblème hitlérien.* — *Subst.* Adepte d'Hitler ou d'un régime totalitaire analogue au nazisme.

HITLÉRISME [itleʀism(ə)]. *n. m.* (attesté 1959; de *Hitler*, n. pr.). Doctrine de Hitler. V. **Nazisme.**

HIT-PARADE ['itpaʀad]. *n. m.* (1964; au Canada, av. 1950 mot américain, de *hit* « succès fracassant », et *parade*, empr. au franç.). *Anglicisme.* Palmarès des meilleurs succès de vente dans le domaine des disques de variétés. — *Par ext.*, à propos de toute forme de spectacle (notamment le cinéma), ou de manifestation. « *Hit-parade de l'élégance* » (*L'Express*, 1966). *Des hit-parades.* Recomm. offic. Palmarès.

HITTITE ['itit]. *adj.* (v. 1890; angl. *hittite*, appell. qui s'est imposée pour différencier ce peuple de la tribu cananéenne des *Hétéens*, 1740; lat. bibl. *Hethei*, hébr. *Hittim*). Relatif aux Hittites, peuple de l'antiquité. *L'Empire hittite d'Asie Mineure* (v. 2000 à 1400 av. J.-C.). *Art hittite.*

HIVER [ivɛʀ]. *n. m.* (*Iver*, XIe; bas lat. *hibernum*, subst. de *hibernus* « hivernal »). La plus froide des quatre saisons de l'année, qui succède à l'automne. *Hiver astronomique, hiver boréal*, qui commence au solstice de décembre (22 déc.) et se termine à l'équinoxe de mars (20 ou 21 mars) dans l'hémisphère nord (*L'hiver austral* commence au solstice de juin et se termine à l'équinoxe de septembre). ◇ *Cour.* L'hiver météorologique, dans les zones tempérées, dont la durée est variable. *Être en hiver. Hiver rigoureux, rude. Longues soirées d'hiver. Sommeil de la nature, des animaux pendant l'hiver.* V. **Hibernation.** *Plantes d'hiver*, qui poussent, produisent en hiver. V. **Hiémal.** *Blé d'hiver. Jardin* d'hiver.* ◇ *Sports d'hiver*, qui se pratiquent sur la neige, la glace (ski, luge, patinage, bobsleigh, etc.). ◇ *Fig. et poét. L'hiver de la vie, des ans.* V. **Vieillesse.** ◇ ANT. *Été.*

HIVERNAGE [ivɛʀnaʒ]. *n. m.* (fin XIIe; de *hiverner*). ♦ 1° *Mar.* Temps de la mauvaise saison que les navires passent en relâche. *Hivernage d'une expédition polaire.* — *Par ext.* Port où les navires relâchent. ♦ 2° *Géogr.* Saison des pluies, dans les régions tropicales. ♦ 3° *Agric.* Labour qui précède l'hiver. — Séjour des bestiaux à l'étable pendant l'hiver. V. **Stabulation.** ◇ Fourrage destiné à la consommation d'hiver. *Hivernage de seigle et de vesce.* ♦ 4° (XIXe). *Techn.* et *Agric.* Maintien des végétaux, des œufs de ver à soie à une température assez basse pour retarder leur développement.

HIVERNAL, ALE, AUX [ivɛʀnal, o]. *adj.* (v. 1119; bas lat. *hibernalis;* d'apr. *hiver*). Propre à l'hiver, de l'hiver. V. **Hibernal, hiémal.** *Froid hivernal, brume hivernale. Les étoiles « avaient cet éclat hivernal* » (ALAIN). ◇ ANT. *Estival.*

HIVERNALE [ivɛʀnal]. *n. f.* (1966; de *course hivernale*). *Alpinisme.* Ascension, course effectuée l'hiver en haute montagne.

HIVERNANT, ANTE [ivɛʀnɑ̃, ɑ̃t]. *n.* (1894; « hibernant », 1829; de *hiverner*). Personne qui séjourne dans un lieu pendant l'hiver (*opposé à* estivant). *Les hivernants ont été nombreux cette année sur la Côte d'Azur.* ◇ *Spécialt.* Personne qui séjourne dans une station de sports d'hiver.

HIVERNER [ivɛʀne]. *v.* (fin XIIe; lat. *hibernare;* d'apr. *hiver*). ♦ 1° *V. intr.* Passer l'hiver à l'abri (navires, troupes) ou dans un lieu (animaux). ♦ 2° *V. tr. Hiverner une terre*, labourer cette terre avant l'hiver. ◇ *Hiverner les bestiaux*, les mettre à l'étable pendant l'hiver. ◇ ANT. *Estiver.*

H.L.M. ['aʃɛlɛm]. *n. f.* ou *n. m.* (v. 1950; habitation à loyer modéré). Grand immeuble construit par une collectivité et affecté aux foyers qui ont de petits revenus; par ext. Tout immeuble moderne à appartements bon marché. *Construction d'H.L.M. aux portes de Paris. Habiter un, une H.L.M.*

Ho Symbole chimique de l'*holmium**.

HO ! ['o, ho]. *interj.* (XVe). Onomatopée servant à appeler (V. **Eh, hé**); à exprimer l'étonnement, l'indignation. V. **Oh !** ◇ HOM. *Au, aulx* (pl. de *ail*), *aux, eau, haut, ô, oh!, os.*

HOBBY ['ɔbi]. *n. m.* (1815; répandu mil. xxe; mot angl. *hobby* (horse, « dada »)). *Anglicisme.* Passe-temps pour se distraire (*en français* : passe-temps, violon d'Ingres).

HOBEREAU ['ɔbʀo]. *n. m.* (1370; *hoberel*, 1196; a. fr. *hobeler*, moy. néerl. *hobelen* « bouger, se démener ») ♦ 1° Oiseau rapace diurne, de petite taille, parfois nommé émouchet, à gorge blanche, tiercelet bleu. V. **Faucon.** ♦ 2° (1539). *Fig.* (d'abord région. et péj.) : « *On donne le nom de hobereau aux petits seigneurs qui tyrannisent leurs paysans* » (BUFF.). Gentilhomme campagnard de petite noblesse, qui vit sur ses terres.

HOCCO ['ɔko]. *n. m.* (1745; mot de la Guyane). Oiseau (*Gallinacés*) appelé *coq indien, coq d'Amérique*, qui tient du faisan et du pigeon.

HOCHEMENT ['ɔʃmɑ̃]. *n. m.* (1550; de *hocher*). *Hochement de tête* : action de hocher (la tête); mouvement qui en résulte. *Des « hochements de tête pensifs* » (COURTELINE).

HOCHE-QUEUE ou **HOCHEQUEUE** ['ɔʃkø]. *n. m.* (1549; de *hocher*, et *queue*). Un des noms de la bergeronnette, ainsi nommée parce que cet oiseau remue la queue en sautillant. V. **Bergeronnette, lavandière.** *Des hochequeues.*

HOCHER ['ɔʃe]. *v. tr.* (*Hocier*, XIIe; frq. °*hottison*). *Vx.* Secouer, remuer. ◇ *Mod. Hocher la tête*, de haut en bas, ou de droite à gauche. *Hocher la tête en signe de dénégation, de mépris.* « *Il hocha silencieusement la tête* *de droite à gauche, comme s'il se refusait quelque chose* » (HUGO).

HOCHET ['ɔʃɛ]. *n. m.* (1331; de *hocher*). ♦ 1° Jouet des enfants en bas âge, formé d'un manche et d'une partie qui fait du bruit quand on la secoue. *Agiter un hochet pour amuser un bébé. Enfant qui mord son hochet pour se faire les dents.* ♦ 2° *Fig.* et *littér.* (XVIIIe). Chose futile qui contente, console l'esprit, qui flatte les passions (V. **Illusions**). *Les hochets de la vanité.*

HOCKEY ['ɔkɛ]. *n. m.* (1889; mot angl., p.-ê. de l'a. fr. *hoquet* « crochet, bâton crochu », frq. °*hôk*). Sport d'équipe, dont les règles rappellent celles du football, et qui consiste à faire passer une balle de cuir entre deux poteaux (buts), au moyen d'une crosse aplatie dans sa partie courbe. *Hockey sur gazon.* — *Hockey sur glace*, où la balle est remplacée par un palet que se disputent deux équipes de six joueurs chaussés de patins à glace (V. **Hockeyeur**). ◇ HOM. *Hoquet.*

HOCKEYEUR ['ɔkɛjœʀ]. *n. m.* (*Hockeyer*, n., 1932; de *hockey*). Joueur de hockey.

HOIR [waʀ]. *n. m.* (*Heir*, 1080; lat. pop. °*herem*, class. *heredem*, accus. de *heres*). *Vx.* Héritier. *Montaigne « espérait un hoir mâle »* (DUHAM.).

HOIRIE [waʀi]. *n. f.* (1318; de *hoir*). *Dr.* — *Vx.* Héritage. — *Mod. Avance, avancement* d'hoirie.*

HOLÀ! ['ɔla; hɔla]. *interj.* (1445; de *ho!*, et *là*). ♦ 1° Sert à appeler. ♦ 2° Sert à modérer, à arrêter. V. **Assez, doucement.** *Holà! pas si vite.* ◇ *Subst.* (1640) *Mettre le holà à*, mettre fin, bon ordre à. *Le père « venant mettre le holà aux fredaines... de son fils »* (GAUTIER).

HOLDING ['ɔldiŋ]. *n. m.* (1930; mot angl., abrév. de *holding company*, 1912). *Écon.* Société financière qui possède les actions d'autres sociétés, accomplit les opérations financières intéressant ces sociétés et dirige ou contrôle leur activité. V. **Trust** (*cour.*). ◇ *Holding trust* (aussi en angl. *investment trust*), société de placement de fonds, qui gère un portefeuille de valeurs mobilières.

HOLD-UP ['ɔldœp]. *n. m. invar.* (v. 1930; mot amér., de *to hold up one's hands* « tenir les mains en l'air »). *Américanisme.* Attaque à main armée dans un lieu public, pour effectuer un cambriolage. *Hold-up d'une banque, d'un fourgon postal.*

HOLLANDAIS, AISE ['ɔl(l)ᾶdɛ, ɛz]. *adj.* et *n.* (1512; de *Hollande*, germ. *Holland*). De Hollande, des Pays-Bas. V. **Néerlandais.** *Les canaux, les polders hollandais. Le frison, dialecte hollandais. Les grands peintres de l'école hollandaise.* ◇ *Vache hollandaise* (ou *frisonne*), et subst. *Hollandaise*, vache laitière à pelage pie noir. — *Cuis. Sauce hollandaise.* ◇ *N. Les Hollandais. Une Hollandaise.* — *Le hollandais*, la langue germanique parlée en Hollande. V. **Néerlandais.**

HOLLANDE ['ɔl(l)ᾶd]. *n.* (1598; de *Hollande*). I. *n. f.* ♦ 1° Toile de lin très fine, fabriquée en Hollande. ♦ 2° Porcelaine de Hollande. ♦ 3° Variété de pomme de terre. II. *n. m.* Fromage de Hollande. V. **Gouda.**

HOLLYWOODIEN, IENNE ['ɔliwudjɛ̃, jɛn]. *adj.* (1945; de *Hollywood*). De Hollywood, capitale du cinéma américain. — Qui rappelle le luxe tapageur de Hollywood. « *Les hollywoodiennes villas des négociants en vin, pourvues de pergolas, de piscines, de palmiers hollywoodiens* » (Cl. SIMON).

HOLMIUM ['ɔlmjɔm]. *n. m.* (1880; dern. syll. de *Stockholm*, et suff. *-ium*). *Chim.* Métal du groupe des terres rares (n° at. 67).

HOLO-. Élément, du gr. *holos* « entier ».

HOLOCAUSTE [ɔlɔkost(ə)]. *n. m.* (XIIe; lat. ecclés. d'o. gr. *holocaustum* « brûlé tout entier »). ♦ 1° *Hist. relig.* Chez les Juifs, Sacrifice religieux où la victime était entièrement consumée par le feu. *Offrir un bélier en holocauste.* — *Par anal.* Tout sacrifice religieux. V. **Immolation.** ♦ 2° (Déb. XVIIe). *Fig.* Sacrifice total, à caractère religieux ou non. *Faire l'holocauste de son cœur, de ses désirs, de ses goûts.* ♦ 3° La victime immolée. « *Ô femme, volontaire holocauste pour l'amour de Dieu* » (VILLIERS).

HOLOCÈNE [ɔlɔsɛn]. *adj.* et *n. m.* (v. 1970; du gr. *holos* « tout », et *kainos* « nouveau »). *Géol.* Se dit de la période la plus récente du quaternaire*, succédant au pléistocène*. *Subst. Holocène ancien* ou *inférieur* (V. **Mésolithique**), *moyen* (V. **Néolithique**); *Holocène récent* ou *supérieur* (« âge des métaux »).

HOLOGAMIE [ɔlɔgami]. *n. f.* (1970; de *holo-*, et *-gamie*). *Biol.* Chez les organismes inférieurs (protozoaires, algues, champignons) mode de reproduction sexuée par union de deux cellules végétatives qui se comportent comme des cellules sexuelles.

HOLOGRAPHIE [ɔlɔgʀafi]. *n. f.* (1947; de *holo-*, et (*photo*)*graphie*). *Didact.* Méthode de photographie restituant le relief des objets, grâce aux interférences de faisceaux lasers.

HOLOPHRASTIQUE [ɔlɔfʀastik]. *adj.* (1866; de *holo-*, et gr. *phrasis* « énoncé »). *Gram.* Se dit d'une langue dans laquelle une phrase entière s'exprime par un seul mot ou « mot-phrase ».

HOLOPROTÉINE [ɔlɔpʀɔtein]. *n. f.* (mil. XXe; de *holo-* et *protéine*). *Chim.*, *biol.* Protéine constituée exclusivement par des acides aminés. V. *aussi* **Hétéroprotéine.** *Les holoprotéines sont décomposables par hydrolyse. L'albumine du sérum sanguin est une holoprotéine.*

HOLOSIDE [ɔlɔsid]. *n. m.* (v. 1950; de *hol*[*o*]-, et *-oside*). *Biochim.* Substance glucidique (V. **Oside**) constituée par la condensation de sucres non hydrolysables (oses) et qui donne par hydrolyse ces sucres. (V. *aussi* **Hétéroside.**

HOLOTHURIE [ɔlɔtyʀi]. *n. f.* (1572; lat. d'o. gr. *holothuria*). Animal marin (*Échinodermes*), muni de ventouses sur la face ventrale et de papilles rétractiles sur la face dorsale. *Holothurie tubuleuse rampante.*

HOMARD ['ɔmaʀ]. *n. m.* (*Houmar*, 1532; a. nord. *humarr*). Grand crustacé marin décapode, aux pattes antérieures armées d'énormes pinces. *Pêcher le homard avec des casiers. Parc à homards.* V. **Homarderie.** — *Beurre, bisque, salade de homard. Homard à l'américaine, homard Thermidor.* — *Loc. fam. Être rouge comme un homard*, très rouge, comme l'est un homard après la cuisson.

HOMARDERIE [ɔmaʀd(ə)ʀi]. *n. f.* (1907; de *homard*). Parc où l'on élève les homards. *Homarderies de Concarneau.*

HOMBRE [5bʀ(ə)]. *n. m.* (1657; esp. *hombre* « homme », nom de celui qui mène la partie). Ancien jeu de cartes d'origine espagnole, où les cartes maîtresses s'appelaient matadors. ◇ HOM. *Ombre.*

HOME ['om]. *n. m.* (1816; mot angl. « maison »). *Anglicisme.* ♦ 1° Domicile, logis considéré sous son aspect intime et familial. V. **Chez*-soi, foyer.** *L'intimité du home.* « *L'essentiel pour eux* (les Américains), *c'est d'emporter leur 'home' avec eux* » (SARTRE). ◇ *At home* [atom]; à la maison, chez soi. ◇ HOM. *Heaume, ohm.*

HOMÉLIE [ɔmeli]. *n. f.* (*Omélie*, XIIe; lat. ecclés. *homilia*, mot gr.; Cf. Homilétique). ♦ 1° Sermon simple et de ton familier. V. **Instruction, prêche, prône.** ♦ 2° Longue et ennuyeuse leçon de morale. V. **Discours, remontrance, réprimande, sermon.** « *J'avais à subir des homélies continuelles sur l'amour paternel* » (STENDHAL).

HOMÉO- ou **HOMŒO-**. Élément, du lat. *homœo*, tiré du gr. *homoios* « semblable ». V. **Homo-.** ◇ ANT. *Allo-, hétéro-.*

HOMÉOMORPHE [ɔmeɔmɔʀf]. *adj.* (mil. XXe; de *homéo-*, et *-morphe*). *Math., Log.* Dont la correspondance est un homéomorphisme. *Ensembles, espaces homéomorphes.*

HOMÉOMORPHISME [ɔmeɔmɔʀfism(ə)]. *n. m.* (mil. XXe; de *homéomorphe*). *Math., Log.* Bijection* faisant correspondre à deux éléments, voisins de l'ensemble, deux éléments également voisins d'un autre.

HOMÉOPATHE [ɔmeɔpat]. *n.* (1827; de *homéopathie*). Partisan de l'homéopathie, qui la pratique. *Consulter un homéopathe.* — Adj. *Médecin homéopathe.* ◇ ANT. *Allopathe.*

HOMÉOPATHIE [ɔmeɔpati]. *n. f.* (1827; all. *Homöopathie*, 1796; du gr.; suff. *-pathie*). Méthode thérapeutique (du médecin allemand Hahnemann) qui consiste à soigner les malades au moyen de remèdes (à doses infinitésimales obtenues par dilution) capables, à des doses plus élevées, de produire sur l'homme sain des symptômes semblables à ceux de la maladie à combattre. ◇ ANT. *Allopathie.*

HOMÉOPATHIQUE [ɔmeɔpatik]. *adj.* (1827; de *homéopathie*). Qui a rapport à l'homéopathie. *Pharmacie, remède homéopathique. Dose homéopathique*, infinitésimale. *Des tons « pâlis et pris à une dose homéopathique »* (BAUDEL.).

HOMÉOSTASIE [ɔmeɔstazi]. *n. f.* (av. 1959; de *homéo-*, et *stasie* « position »). *Physiol.* Stabilisation, chez les organismes vivants, des différentes constantes physiologiques (*équilibre homéostatique*).

HOMÉOSTAT [ɔmeɔsta]. *n. m.* (mil. XXe; de *homéo-*, et *-stat*). *Cybern.* Appareil complexe, qui règle lui-même son fonctionnement d'après un équilibre préalablement fixé.

HOMÉOTHERME [ɔmeɔtɛʀm(ə)]. *adj.* et *n.* (1893; de *homéo-*, et *-therme*). *Biol.* Se dit des animaux qui présentent une température constante, non influencée par celle du milieu ambiant, grâce au mécanisme physiologique de thermorégulation*. *Les mammifères et les oiseaux sont des homéothermes* (animaux à sang chaud). ◇ ANT. *Poïkilotherme.*

HOMÉRIQUE [ɔmeʀik]. *adj.* (1546; lat. *homericus*). ♦ 1° Qui appartient, qui a rapport à Homère. *L'Illiade et l'Odyssée, poèmes homériques.* ♦ 2° Qui est digne d'Homère, de sa manière. *Personnage homérique. Lutte homérique.* ◇ *Loc.* (1836) *Rire homérique*, fou rire bruyant, pareil à celui qu'Homère prête aux dieux de l'Olympe. « *Un éclat de rire immense, homérique, olympien* » (GAUTIER).

HOMESPUN ['omspœn]. *n. m.* (1922; mot angl. « filé (*spun*) à la maison »). Tissu écossais primitivement fabriqué à domicile par des artisans.

1. HOMICIDE [ɔmisid]. *n.* et *adj.* (XIIe; lat. *homicida*). I. N. *Littér.* Personne qui tue un être humain. V. **Assassin,**

criminel, meurtrier. « *Des enfants de son fils détestable homicide* » (RAC.).
II. *Adj.* (XIVe, *homicidial*). *Vx* ou *littér.* Qui a commis ou va commettre un meurtre. ◇ Qui cause la mort d'une ou de nombreuses personnes. V. **Meurtrier.** « *Cette guerre homicide* » (VOLT.).
2. HOMICIDE [ɔmisid]. *n. m. (Omecide,* XIIe ; lat. *homicidium*). *Cour.* Action de tuer un être humain. *Commettre un homicide involontaire, par imprudence. Être accusé d'homicide volontaire.* V. **Assassinat, crime, meurtre;** infanticide, parricide.
HOMILÉTIQUE [ɔmiletik]. *n. f.* (1765; du lat. ecclés. d'o. gr. *homileticus.* V. **Homélie**). *Didact.* et *vieilli.* Partie de la rhétorique qui traite de l'éloquence de la chaire.
HOMINIDÉS [ɔminide]. *n. m. pl.* (1845; du lat. *homo, hominis* « homme », et suff. zool. *-idés*). *Zool.* Famille de primates qui comprend le genre *Homo,* dont une seule espèce vivante, *Homo sapiens* (l'homme actuel) et plusieurs groupes fossiles (pithécanthrope, homme de Néandertal). Au sing. *Un hominidé.*
HOMINIENS [ɔminjɛ̃]. *n. m. pl.* (1878; du lat. *homo, hominis* « homme », et suff. zool. *-iens*). *Zool.* Sous-ordre de primates qui comprend plusieurs genres fossiles appartenant à deux familles (Australopithécidés et Hominidés) et un seul représentant actuel, qui est l'homme. Au sing. *Un hominien.*
HOMINISATION [ɔminizasjɔ̃]. *n. f.* (v. 1955; lat. *homin[is],* et suff. *-isation*). *Anthrop.* Ensemble des processus évolutifs, physiques, physiologiques et psychiques qui caractérisent le passage du primate à l'homme.
HOMINISER [ɔminize]. *v. tr.* (v. 1962; d'apr. *hominisation*). *Anthrop.* Qui a subi le processus d'hominisation.
HOMMAGE [ɔmaʒ]. *n. m.* (1160; de *homme*). ♦ **1°** *Féod.* Acte par lequel le vassal se déclarait l'homme (II, C) de son seigneur, en lui promettant une fidélité et un dévouement absolus. *La cérémonie symbolique de l'hommage était suivie de l'aveu. Jurer foi et hommage.* — *Hommage lige.* — Fig. et vieilli. *Rendre hommage d'une chose à qqn* : en faire gloire avec reconnaissance à celui de qui on la tient. ♦ **2°** Acte de courtoisie, preuve de dévouement d'un homme à une femme. ◇ *Au plur.* V. **Flatterie.** « *J'ai connu, depuis trois ans, pas mal d'hommages... mais qui n'avaient rien de respectueux* » (COLETTE). — (Dans le sens affaibli d'une formule de politesse) V. **Civilité, compliment, devoir, respect.** « *Se découvrant pour présenter ses hommages à la duchesse* » (PROUST). *Daignez agréer, Madame, mes respectueux hommages.* ♦ **3°** Marque de vénération, de soumission respectueuse. V. **Culte.** *Rendre hommage à Dieu* (V. **Adorer**). — Témoignage de respect, d'admiration, de reconnaissance. *Rendre hommage à qqn.* V. **Honorer.** *Rendre hommage au mérite, au talent, à la vertu.* V. **Saluer.** ♦ **4°** Don respectueux, offrande. *Auteur qui fait (l')hommage de son livre à qqn,* qui lui dédie, lui en offre un exemplaire (généralement dédicacé). *Hommage de l'éditeur, de l'auteur* (V. **Dédicace**). *Daignez agréer qqn comme un hommage, en hommage de ma reconnaissance.* V. **Expression, témoignage.** « *J'allais, sans façon, offrir l'hommage de mon respect au roi* » (CHATEAUB.).
HOMMASSE [ɔmas]. *adj.* (XIVe ; de *homme,* II). *Péj.* Qui ressemble à un homme par l'allure, les manières, en parlant d'une femme. V. **Masculin.** — Subst. *Elle* « *s'habillait un peu à l'hommasse et s'adonnait au tabac fort* » (QUENEAU). Par ext. *Traits, silhouette, manières hommasses.*
HOMME [ɔm]. *n. m.* (XIe ; lat. *homo, inis.* V. **On**).
I. Ⓐ Être appartenant à l'espèce animale la plus évoluée de la Terre. V. **Individu, personne; femme; -anthrope, anthropo-.** — *Biol.* Mammifère primate*, famille des Hominidés*, représentant de son espèce (*Homo sapiens*). *L'homme est un animal très proche des grands singes.* V. **Anthropoïde.** *Principaux caractères spéciaux à l'homme : station verticale, différenciation fonctionnelle des mains et des pieds, masse plus importante du cerveau, langage articulé, intelligence développée, en particulier faculté d'abstraction et de généralisation.* ◇ *Par ext.* Hominien. *L'homme de Néandertal.* ◇ *Les hommes,* ou *l'homme.* V. **Humanité.** *Variété de l'homme.* V. **Race;** anthropologie, ethnologie. *Répartition des hommes sur la terre.* V. **Habitant, population.** — *Conceptions matérialistes, spiritualistes de l'homme.* V. **Âme, esprit.** « *L'Homme-machine* », œuvre de La Mettrie. *L'homme est un « animal raisonnable ». L'homme moral.* V. **Psychologie.** « *Certes, c'est un sujet merveilleusement vain, divers et ondoyant que l'homme* » (MONTAIGNE). « *L'homme est l'avenir de l'homme* » (PONGE). *Les dieux et les hommes.* V. **Créature, mortel.** ◇ *Relig. chrét. Homme de péché* (V. **Pécheur**). *Dépouiller le vieil homme* : abandonner les habitudes de péché. *Le Christ s'est fait homme.* V. **Incarnation.** *Le fils de Dieu fait homme, le Fils de l'Homme, l'Homme-Dieu* : le Christ. Ⓑ *Spécialt.* **1°** L'homme considéré dans ses qualités. *Être digne du nom d'homme.* « *On n'est pas un homme tant qu'on n'a pas trouvé quelque chose pour quoi on accepterait de mourir* » (SARTRE).

♦ **2°** L'homme considéré dans ses faiblesses. *Ce n'est qu'un homme.* « *J'ai le cœur aussi bon, mais enfin je suis homme* » (CORN.). « *Ah! pour être dévot, je n'en suis pas moins homme* » (MOL.). ♦ **3°** Humain, personne humaine (*opposé à la fonction, au rang*). « *On s'attendait de voir un auteur, et on trouve un homme* » (PASC.).
II. Ⓐ Être humain mâle. V. **Garçon, mâle, masculin;** andro-, vir-. *Caractères physiologiques, sexuels de l'homme.* V. **Génital, sexe.** *Les hommes,* considérés comme le sexe fort. *Homme dans l'enfance, l'adolescence.* V. **Adolescent, enfant, garçon** (fam. *Petit homme*). *Homme fait. Homme dans la force de l'âge. Vieil homme.* V. **Vieillard, vieux.** ◇ *Spécialt.* L'homme considéré comme possédant les qualités de courage, de hardiesse, de droiture propres à son sexe. *Ose le répéter, si tu es un homme.* « *Si tu es un homme, tu sortiras seul avec moi* » (MAC ORLAN). *Parole d'homme.* Ⓑ Être humain mâle et adulte. *Un homme.* V. **Bonhomme, gars, quidam, type** (*fam.*). Cf. *arg.* Gonze, jules, mec, pante. *Parvenir à l'âge d'homme. Une voix d'homme. Femme bâtie comme un homme.* V. **Hommasse.** *Homme fort.* V. **Hercule.** *Bel homme.* V. **Adonis, Apollon.** *Homme à la mode.* V. **Dandy, minet, play-boy.** *Brave homme* (Cf. *Chic type*). *Saint homme. Galant homme. Honnête homme. Grand homme. Homme qui refuse la liberté aux femmes* (Cf. Macho, machiste, phallocrate). *Homme qui préfère les hommes* (V. **Pédéraste**), *s'habille en femme* (V. **Travesti**). — *Homme d'action. Homme de bien. Homme de mérite. Homme de confiance*. Homme de peu. Homme de génie. Homme d'esprit. Homme de goût.* — *Homme vierge.* V. **Puceau.** *Homme châtré.* V. **Eunuque.** *Homme insuffisant, impuissant** (V. **Andropause**). *Homme viril. Homme à femmes, à bonnes fortunes.* V. **Don Juan,** séducteur. — *Homme célibataire.* V. **Garçon.** *Homme marié* (V. **Époux, mari**), *qui a des enfants* (V. **Père**). — *L'homme dans la société.* V. **Monsieur; camarade, citoyen.** Anciens. *Homme de qualité, de condition :* gentilhomme, grand, noble. — *Homme du monde. Homme du peuple. L'homme de la rue* (angl. *The man in the street*), celui qu'on peut rencontrer dans la rue, l'homme moyen quelconque. *Homme public. L'homme du jour.* — *L'homme,* appellation condescendante à l'adresse d'un homme du peuple *(vx*). — *Homme d'État. Homme politique. Homme de loi :* magistrat, avocat, juriste. *Homme d'affaires :* qui fait des affaires. *Homme d'église :* ecclésiastique. *Homme de guerre :* guerrier, militaire. *Homme de troupe* :* soldat. *Homme de mer :* marin, matelot. *Homme d'équipage, de quart, de barre, de vigie.* — *Homme de lettres :* écrivain. *Homme de science :* savant. — *Homme de l'art* (*spécialt.* médecin). — *Homme d'équipe. Homme de peine :* domestique, manœuvre. (1972). *Homme de ménage,* homme qui fait les travaux de ménage. — *Homme à toute main*. Homme de paille* :* prête-nom. *Homme de main*.* ◇ *Être un homme à...,* être homme à..., être capable de. « *On voyait qu'il était homme à soutenir son dire* » (STENDHAL). ◇ (Précédé d'un possessif) *L'homme dont il est question;* auquel on a affaire. *Voilà mon homme.* « *Sûr de leur son homme, et de n'être point tué* » (MOL.). — *L'homme qui convient, dont on a besoin. Le parti a trouvé son homme.* — *Spécialt. Homme qui fait ce qu'on réclame de lui. Je suis votre homme.* « *Rendez-lui service, soyez son homme* » (BALZ.). ◇ *D'homme à* **homme** : directement, en toute franchise et sans intermédiaire. — *Spécialt.* ♦ **1°** Garçon physiquement adulte. *À quinze ans il était déjà un homme. Il se fait homme.* ♦ **2°** Garçon moralement adulte. *Ne pleure pas! Sois un homme!* « *Chez nous, dans les grands jours, les enfants sont des hommes* » (HUGO). ♦ **3°** Homme en pleine possession de ses capacités sexuelles. « *Une femme regarde toujours un homme comme un homme* » (LA BRUY.). ♦ **4°** *Pop.* Mari ou amant. « *La Marie vit son homme* » (SARTRE). Ⓒ Individu considéré comme dépendant d'un autre, sous son autorité. ◇ *Féod. Homme lige.* V. **Vassal.** « *Harold s'était donc fait l'homme de Guillaume* » (MICHELET). *Serment qui lie l'homme au seigneur.* V. **Hommage.** ◇ Exécutant, militaire ou civil, dans une hiérarchie, une équipe. *Trente mille hommes en bataille rangée.* V. **Soldat.** *Le caporal et ses hommes.* « *La salle de police des 'hommes' est pleine. On va vous mettre dans la salle des sous-officiers* » (ALLAIS). Contremaître; chef de chantier et ses hommes. V. **Ouvrier.** — *Loc.* **COMME UN SEUL HOMME,** avec un ensemble parfait. *Agir comme un seul homme.* Ⓓ **JEUNE HOMME.** ♦ **1°** Homme jeune. *Vx.* « *Un jeune homme et sa femme* » (VOLT.). — *Un vieillard n'a plus de jambes de jeune homme. Littér. Des jeunes hommes.* « *Suzanne et les jeunes hommes* », roman de Duhamel. ♦ **2°** *Cour.* Garçon pubère, homme jeune célibataire. V. **Adolescent, garçon, gars** (plur. *jeunes gens.* V. **Gens**). *Un jeune homme, une jeune fille. Un tout jeune homme, qui sort à peine de l'enfance. Un grand jeune homme.* « *Les jeune homme est souvent sot et timide* » (ROMAINS). ◇ *Pop.* V. **Fils.** *Votre jeune homme.* ◇ *Fam.* (pour nommer, appeler un enfant, un adolescent trop jeune pour qu'on lui dise « Monsieur »). V. **Petit.** *Que veut ce jeune homme? Eh, jeune homme, vous pourriez dire merci!*
◈ ANT. **Femme.**

HOMME-GRENOUILLE [ɔmgRənuj]. *n. m.* (v. 1960; de *homme*, et *grenouille*). Technicien, soldat muni d'un scaphandre autonome, qui travaille sous l'eau. (Cf. Nageur* de combat). *Des hommes-grenouilles.*

HOMME-ORCHESTRE [ɔmɔRkɛstR(ə)]. *n. m.* (1885; de *homme*, et *orchestre*). Musicien qui joue simultanément de plusieurs instruments, en manière d'attraction. ◇ *Par anal.* (v. 1964). Personne qui accomplit des fonctions diverses, dans un domaine, une entreprise. ◇ Plur. *Des hommes-orchestres* [ɔmɔRkɛstR(ə)].

HOMME-ROBOT [ɔmRɔbo]. *n. m.* (v. 1956; de *homme*, et *robot*). Être humain que la société industrielle semble avoir automatisé. V. **Robot**.

HOMME-SANDWICH [ɔmsãdwitʃ]. *n. m.* (1881; de *homme*, et *sandwich*). Homme qui promène dans les rues deux affiches publicitaires, l'une sur la poitrine, l'autre dans le dos. *Des hommes-sandwiches.*

HOMO [ɔmo]. *n. m.* V. **Homosexuel**.

HOMO-. Élément, du gr. *homos* « semblable, le même ». ◇ **ANT. Hétéro-.**

HOMOCENTRE [ɔmɔsãtR(ə)]. *n. m.* (1827; de *homocentrique*). *Géom.* Centre commun de plusieurs cercles (concentriques).

HOMOCENTRIQUE [ɔmɔsãtRik]. *adj.* (1690; du gr. *homokentros*, de *kentron* « centre »). *Sc.* Concentrique. *Faisceau lumineux homocentrique*, dont tous les rayons passent par un même point.

HOMOCERQUE [ɔmɔsɛRk(ə)]. *adj.* (1866; de *homo-*, et gr. *kerkos* « queue »). *Zool.* Qui a les deux lobes égaux, en parlant de la nageoire caudale des poissons. Par ext. *Les carpes sont homocerques.* ◇ **ANT. Hétérocerque.**

HOMOCHROMIE [ɔmɔkRɔmi]. *n. f.* (1922; de *homo-*, et *-chromie*). *Didact.* Identité de couleur, d'aspect entre un animal et le milieu où il vit. *Homochromie par mimétisme*.

HOMOCINÉTIQUE [ɔmɔsinetik]. *adj.* (1931; de *homo-*, et *cinétique*). ♦ 1° *Mécan.* Liaison homocinétique, transmission régulière des vitesses entre deux arbres non alignés. ♦ 2° *Phys.* (mil. XXᵉ). De même vitesse. *Particules homocinétiques.*

HOMOCYCLIQUE [ɔmɔsiklik]. *adj.* (XXᵉ; de *homo-*, et *cyclique*). *Chim.* Se dit des composés organiques dont les chaînes fermées sont exclusivement formées de carbone (*opposé à* hétérocyclique).

HOMODONTE [ɔmɔdɔ̃t]. *adj.* (1972; de *homo-* « le même », et *-odonte* « dent »). *Zool.* Qui ne possède qu'un seul type de dents. ◇ **ANT. Hétérodonte.**

HOMOFOCAL, ALE, AUX [ɔmɔfɔkal, o]. *adj.* (XXᵉ; de *homo-*, et *focal*). *Math.* Dont le ou les foyers sont communs. *Coniques homofocales.*

HOMOGÈNE [ɔmɔʒɛn]. *adj.* (*Homogénée*, 1503; lat. scolast. *homogeneus*, gr. *homogenês*; suff. *-gène*). ♦ 1° (En parlant d'un tout, d'un ensemble). De structure uniforme; dont les éléments constitutifs, les parties, sont de même nature ou répartis de façon uniforme. *Mélange, ensemble, tout homogène. Substance, pâte, liquide homogène.* ◇ (Abstrait) V. **Cohérent, régulier, uni, uniforme.** *Groupe, réunion homogène.* « *La nation est un organisme homogène et viable* » (MAUROIS). *Livre, œuvre homogène* : qui a une grande unité. *Formation, équipe, ministère homogène.* *Géom.* *Coordonnées homogènes*, définissant tous les points du plan ou de l'espace à distance finie ou infinie. *Math.* *Fonction homogène, polynôme homogène*, dont les divers termes sont du même degré par rapport à l'ensemble des variables. — *Log.* Qui ne comprend que des éléments appartenant à un même système logique. ♦ 2° Plur. (En parlant des parties). Qui sont de même nature. V. **Même, semblable.** *Les parties homogènes, les tissus homogènes, d'une substance chimiquement pure.* ◇ **ANT. Hétérogène.**

HOMOGÉNÉISATEUR, TRICE [ɔmɔʒeneizatœR, tRis]. *adj.* (1907; de *homogénéiser*, et suff. *-ateur*). *Techn.* Se dit d'un appareil servant à l'homogénéisation* (des liquides, des aliments). — N. m. *Un homogénéisateur.*

HOMOGÉNÉISATION [ɔmɔʒeneizasjɔ̃]. *n. f.* (1907; de *homogénéiser*). *Didact., Techn.* Action de rendre homogène. Spécialt. *Homogénéisation du lait, d'un liquide organique avant centrifugation.* — (Abstrait) « *Y a-t-il à l'échelle mondiale homogénéisation du quotidien et du ' moderne '?* » (H. LEFEBVRE).

HOMOGÉNÉISER [ɔmɔʒeneize] ou **HOMOGÉNÉIFIER** [ɔmɔʒeneifje]. *v. tr.* (1846-1907; de *homogène*). *Sc.* Rendre homogène. *Homogénéiser une substance.* — *Cour.* *Lait homogénéisé*, dont les globules ont été fragmentés et mélangés.

HOMOGÉNÉITÉ [ɔmɔʒeneite]. *n. f.* (1503; lat. scolast. *homogeneitas*). Caractère de ce qui est homogène. *Homogénéité d'une substance.* ◇ (Abstrait) V. **Cohérence, cohésion, harmonie, régularité, unité.** — *Math.* *Degré, condition d'homogénéité.* ◇ **ANT. Hétérogénéité.**

HOMOGRAPHE [ɔmɔgRafl. *adj.* (1839; de *homo-*, et *-gra-*

phe). *Ling.* Se dit des mots qui ont même orthographe. *Mots homographes*, à même prononciation (V. **Homonyme**), à prononciation différente (*ex.* : Nous portions [pɔRtjɔ̃] les portions [pɔRsjɔ̃]). Subst. *Des homographes.*

HOMOGRAPHIE [ɔmɔgRafi]. *n. f.* (1837; de *homo-*, et *-graphie*). *Géom.* Transformation ponctuelle biunivoque définie par la fonction homographique*.

HOMOGRAPHIQUE [ɔmɔgRafik]. *adj.* (1866; de *homographie*). *Géom.* Relatif à l'homographie. *Figures homographiques. Fonction homographique*, fonction, quotient de deux fonctions du premier degré, dont la courbe représentative est une hyperbole dont les asymptotes sont parallèles aux axes de coordonnées. *Relation homographique entre deux variables*, relation du premier degré par rapport à chacune d'elles.

HOMOGREFFE [ɔmɔgRɛf]. *n. f.* (XXᵉ; de *homo-*, et *greffe*). *Chir.* Greffe au moyen d'un greffon provenant d'un sujet de même espèce que celle du receveur. V. **Autoplastie**, hétéroplastie.

HOMOLOGATION [ɔmɔlɔgasjɔ̃]. *n. f.* (1537; de *homologuer*). ♦ 1° Action d'homologuer; *Dr.* Approbation emportant force exécutoire. *Homologation administrative, judiciaire.* V. **Entérinement, ratification, validation.** ♦ 2° Confirmation, validation. — *Sports. Homologation d'une performance.* ◇ **ANT. Annulation.**

HOMOLOGIE [ɔmɔlɔʒi]. *n. f.* (1855; gr. *homologia*. V. **Homologue**). *Sc.* État d'éléments homologues. — *Math.* Correspondance entre deux points M et M' telle que la droite qui les joint passe par un point fixe O et coupe une droite fixe en un point P formant avec les trois précédents un birapport* (OPMM') constant.

HOMOLOGUE [ɔmɔlɔg]. *adj.* (1585; gr. *homologos*, de *logos* « discours »). ♦ 1° *Sc.* Se dit des éléments qui se correspondent à l'intérieur d'ensembles différents liés par une relation. — *Géom.* Se dit des points, droites, qui se correspondent dans deux figures semblables, homographiques ou homothétiques et dans toute autre transformation. *Côtés homologues de deux triangles semblables.* — *Cristall.* Se dit des éléments de même nature des cristaux de même forme. *Les faces, les arêtes homologues de deux cristaux.* ◇ *Anat.* Se dit des parties du corps qui se correspondent d'une espèce à une autre (membres antérieurs des mammifères, ailes des oiseaux, etc.), d'un sexe à l'autre, d'une partie du corps à une autre (genou et coude). ♦ 2° *Cour.* Équivalent. *Le grade de chef d'escadron est homologue de celui de chef de bataillon.* — Subst. *L'ouvrier américain a un revenu plus élevé que son homologue français.* ♦ 3° (1857). *Chim.* Se dit d'une série de composés chimiques dont chaque terme diffère du précédent par un même groupe d'atomes constant et défini (*par ex.* le groupe CH_2); les termes de cette série. *La série des paraffines est homologue. Le méthane* (CH_4), *l'éthane* (C_2H_6) *sont homologues*; subst., *sont des homologues.* ◇ **ANT. Hétérologue.**

HOMOLOGUER [ɔmɔlɔge]. *v. tr.* (1461; lat. médiév. *homologare*, d'o. gr.). ♦ 1° *Dr.* Approuver (un acte) par une mesure lui donnant force exécutoire. V. **Entériner, ratifier, sanctionner, valider.** *Homologuer un partage de succession, un concordat.* — *Tarif homologué.* ♦ 2° Reconnaître, enregistrer officiellement (une performance, un record) après vérification de la conformité à certaines normes. « *Sa performance, accomplie sans témoins officiels, ne serait pas homologuée* » (MONTHERLANT).

HOMOMORPHISME. *n. m.* V. **MORPHISME**.

HOMONYME [ɔmɔnim]. *adj.* (1534; lat. d'o. gr. *homonymus*, de *onoma* « nom »). ♦ 1° Se dit des mots de prononciation identique (V. **Homophone**) et de sens différents (Abrév. dans ce dictionnaire : HOM.). *Noms, adjectifs homonymes* (*ex.* : ceint, sain, sein, seing [sɛ̃]). *Mots homonymes et homographes* (*ex.* : canon 1 et canon 2). — Subst. *Jeux de mots utilisant les homonymes* (V. **Calembour, équivoque**). ♦ 2° Subst. Se dit des personnes, des villes, etc., qui portent le même nom. *Confondre qqn avec un de ses homonymes. Troyes et son homonyme Troie* [tRwa]. ◇ **ANT. Hétéronyme.**

HOMONYMIE [ɔmɔnimi]. *n. f.* (1534, « calembour »; du lat. *homonymia*. V. **Homonyme**). Caractère de ce qui est homonyme.

HOMONYMIQUE [ɔmɔnimik]. *adj.* (1970; de *homonyme*). Qui concerne l'homonymie; de l'homonymie.

HOMOPHONE [ɔmɔfɔn]. *adj.* (1827; gr. *homophônos*, de *phônê* « son »). *Ling.* Qui a le même son. *Signes homophones* (*ex.* : f et ph [f] en français). *Syllabes homophones* (*ex.* : au, eau [o]). *Mots homophones.* V. **Homonyme.** Subst. *Des homophones.*

HOMOPHONIE [ɔmɔfɔni]. *n. f.* (1752; gr. *homophônia.* V. **Homophone**). ♦ 1° *Mus.* Musique de l'antiquité qui s'exécutait à l'unisson (ANT. **Polyphonie**). ♦ 2° *Ling.* Identité des sons représentés par des signes différents. *L'homophonie inconsciemment perçue des mots 'Brésil' et 'grésiller'* » (Cl. LÉVI-STRAUSS).

HOMOSEXUALITÉ [ɔmɔsɛksyalite]. *n. f.* (1907; de

homosexuel). Tendance, conduite des homosexuels. V. **Inversion.**

HOMOSEXUEL, ELLE [ɔmɔsɛksɥɛl]. *n.* (1907; de *homo-*, et *sexe*). ♦ 1° Personne qui éprouve une appétence sexuelle plus ou moins exclusive pour les individus de son propre sexe (V. **Inverti**). *Un homosexuel.* V. **Pédéraste** (Cf. **Pédale, pédé, tante, tantouse**). *Homosexuel habillé en femme.* V. **Travesti.** Par abrév. *Un homo* (opposé à *un hétéro*). *Une homosexuelle.* V. **Lesbienne** (Cf. **Gouine, gousse**). ♦ 2° Adj. *Elle est homosexuelle. Être homosexuel et hétérosexuel.* (Cf. *Fam.* À voile et à vapeur, bique et bouc). — Relatif à l'homosexualité. *Tendances homosexuelles. Manières homosexuelles* (V. **Pédérastique**). ◇ ANT. **Hétérosexuel.**

HOMOSPHÈRE [ɔmɔsfɛr]. *n. f.* (1962; de *homo-*, et *sphère*). Couche de l'atmosphère*, située entre le sol et une altitude de 100 km et qui comprend la troposphère*, la stratosphère* et la mésosphère*.

HOMOTHERMIE [ɔmɔtɛrmi]. *n. f.* (1953; de *homo-*, et *-thermie*). *Didact.* État d'un corps dont la température est homogène et constante.

HOMOTHÉTIE [ɔmɔtesi]. *n. f.* (v. 1850; de *homo-*, et gr. *thesis* « position »). *Géom.* Transformation géométrique qui, étant donné un point fixe O *(centre, pôle d'homothétie)* et un nombre K *(rapport d'homothétie)*, fait correspondre à tout point M de l'espace un point M′ tel que : OM′ = KOM. V. **Homologue.** *L'homothétie est un cas de similitude.*

HOMOTHÉTIQUE [ɔmɔtetik]. *adj.* (v. 1872; du précéd.). *Géom.* Qui se correspond par homothétie. *Points, figures homothétiques.*

HOMOZYGOTE [ɔmɔzigɔt]. *adj. et n.* (1933; de *homo-*, et *zygote*). *Biol.* Se dit d'une cellule, d'un individu, qui possède deux gènes identiques situés aux endroits correspondants des deux chromosomes d'une même paire. — Subst. *Un homozygote* (un individu pur). ◇ ANT. **Hétérozygote.**

HOMUNCULE (ACAD.) ou **HOMONCULE** [ɔmɔkyl]. *n. m.* (1611; lat. *homunculus*, dimin. de *homo* « homme »). ♦ 1° *Hist. sc.* (Souvent sous la forme lat. *homunculus*, XIXᵉ). Petit être vivant à forme humaine, que les alchimistes prétendaient fabriquer. ♦ 2° *Vx.* Petit homme. V. **Avorton.** « *Un homoncule, un nain manqué, un pygmée* » (BUFF.).

HONCHETS. V. **JONCHETS.**

HONGRE [ˈɔ̃gʀ(ə)]. *adj. (Cheval) hongre* (XVᵉ) « hongrois », l'usage de châtrer les chevaux étant venu de Hongrie. V. **Hongrois).** Châtré, en parlant du cheval. *Poulain hongre.* Subst. *Un attelage de hongres.* ◇ ANT. **Entier, étalon.**

HONGRER [ˈɔ̃gʀe]. *v. tr.* (XVIᵉ; de *hongre*). *Rare.* Rendre (un cheval) hongre. V. **Castrer; châtrer.**

HONGROIERIE [ˈɔ̃gʀwaʀi]. *n. f.* (1790; de *hongroyer*). *Techn.* Industrie, commerce des cuirs hongroyés.

HONGROIS, OISE [ˈɔ̃gʀwa, waz]. *adj. et n. m.* (*Hongre, ongre* jusqu'au XVIᵉ; du lat. d'Allemagne *hungarus*, turc *ogur* « flèche », mot par lequel les Turcs désignaient les Magyars). De Hongrie. V. **Magyar.** *Blouses, broderies hongroises. Musique hongroise* (V. **Tzigane**). *Danses hongroises* (czardas, polka). — Subst. *Un Hongrois, une Hongroise.* ◇ N. m. *Le hongrois* : langue finno-ougrienne* parlée en Hongrie.

HONGROYAGE [ˈɔ̃gʀwajaʒ]. *n. m.* (1873; de *hongroyer*). *Techn.* Préparation du cuir hongroyé (V. **Hongroyer**).

HONGROYER [ˈɔ̃gʀwaje]. *v. tr.* (1734; pour *hongrier*, de *Hongrie*). Apprêter, préparer (le cuir) à la manière des cuirs dits « de Hongrie », au gros sel et à l'alun. — Au p. p. *Cuirs hongroyés.*

HONGROYEUR [ˈɔ̃gʀwajœʀ]. *n. m.* (1734; de *hongroyer*). *Techn.* Artisan, ouvrier qui prépare les cuirs « de Hongrie ».

HONNÊTE [ɔnɛt]. *adj. et n. m.* (XIIᵉ, aussi « honoré, noble »; lat. *honestus*). I. Qui se conforme aux lois de la probité, du devoir, de la vertu. ♦ 1° *(Personnes).* V. **Brave, droit, franc, intègre, loyal, moral, probe, scrupuleux, vertueux.** *C'est un honnête homme, un parfait honnête homme. Un homme honnête, foncièrement honnête.* « *C'est un brave et honnête homme... qui n'a jamais fait de mal* » (BALZ.). *Ministre intègre et honnête.* V. **Incorruptible.** ◇ *(Femmes)* Irréprochable dans sa conduite, de mœurs pures. V. **Chaste, fidèle, vertueux.** *Une femme honnête. Je suis une honnête femme, Monsieur* ! ♦ 2° *(Choses).* V. **Beau, bon, louable, moral.** *Une vie, une conduite honnête. But, motif, fin honnête.* V. **Avouable.** « *Deux siècles de commerce honnête, de bonnes mœurs* » (CHARDONNE). — N. m. *Préférer l'honnête à l'utile.* ◇ *Spécialt.* Où n'entre aucune fraude, aucune falsification. « *Des eaux-de-vie... naturelles, passables, saines, en somme honnêtes* » (CHARDONNE). II. (XIIᵉ, *choses*). Qui se conforme aux bienséances, ou à certaines normes raisonnables. ♦ 1° *(Personnes).* *Vx.* HON-NÊTE HOMME (au XVIIᵉ s., notion essentielle de la morale mondaine) : homme du monde, agréable et distingué par les manières comme par l'esprit. ♦ 2° *Vx.* Qui fait preuve de politesse, de savoir-vivre. V. **Civil, poli.** — (Vieilli) *Vous êtes bien honnête, vous êtes trop honnête,* formule par laquelle on

témoigne qu'on est sensible aux politesses de qqn (souvent *iron.*). ♦ 3° (Mil. XVIIᵉ). *Cour.* Qui ne s'écarte pas de la moyenne et peut être considéré comme satisfaisant. V. **Convenable, correct, honorable, moyen, passable, satisfaisant, suffisant.** *Une honnête moyenne. Obtenir des résultats honnêtes, plus qu'honnêtes. Nous avons fait un repas honnête, sans plus.* V. **Acceptable, correct.** *C'est un vêtement qui est encore très honnête.* V. **Décent, mettable.**

◇ ANT. **Malhonnête. Brutal, grossier, impoli; malséant, mauvais. Extraordinaire, supérieur.**

HONNÊTEMENT [ɔnɛtmɑ̃]. *adv.* (1190; de *honnête*). D'une manière honnête. ♦ 1° Selon le devoir, la vertu, la probité. V. **Bien.** *Gérer honnêtement une affaire.* « *Il faut vivre honnêtement la vie de tous les jours* » (PÉGUY). *Il m'a honnêtement mis en garde.* V. **Loyalement.** ◇ *Ellipt.* Franchement. *Honnêtement, n'étiez-vous pas au courant?* ♦ 2° *Vieilli.* Selon les bienséances; poliment, civilement. *Recevoir, accueillir qqn fort honnêtement.* ♦ 3° Selon des normes raisonnables ou moyennes. V. **Moyennement, passablement, suffisamment.** *Son travail est honnêtement payé. Il s'en tire très honnêtement, assez bien.* ◇ ANT. **Malhonnêtement.**

HONNÊTETÉ [ɔnɛte]. *n. f.* (1372; *honesté*, v. 880; *honesteté*, v. 1260; de *honnête*, ou lat. *honestas*). ♦ 1° Qualité de celui qui est honnête ou de ce qui est honnête (I). V. **Dignité, droiture, intégrité, moralité, probité.** *Un homme d'une parfaite honnêteté. L'honnêteté de sa conduite, de ses intentions. Honnêteté en affaires.* V. **Correction.** *Honnêteté absolue, insoupçonnable, scrupuleuse.* V. **Conscience, délicatesse.** *Ayez l'honnêteté de le reconnaître.* V. **Foi** (bonne). ◇ *Vieilli (Femmes)* V. **Pureté, vertu.** « *L'honnêteté des femmes... n'est souvent qu'une chose qu'un art de paraître honnête* » (LA ROCHEF.). *Honnêteté d'une épouse.* V. **Fidélité.** ◇ *Absolt.* (*Vx* ou dans des expressions) V. **Décence, modestie, pudeur.** « *Le latin, dans les mots, brave l'honnêteté* » (BOIL.). ♦ 2° *Vx* (1538). Qualité de « l'honnête homme ». ♦ 3° *Vx.* Civilité, politesse où entre de l'affabilité, de l'obligeance. — Témoignage (acte ou parole) de politesse et d'obligeance. « *Sans me faire la moindre honnêteté* » (ROUSS.). ◇ ANT. **Malhonnêteté.** *Grossièreté; impolitesse.*

HONNEUR [ɔnœʀ]. *n. m.* (*Honor, onor*, XIIᵉ; var. pop. *enour; lat. honor*).

I. Dignité morale. ♦ 1° Bien moral dont on jouit quand on a le sentiment de mériter de la considération et de garder le droit à sa propre estime. V. **Dignité, fierté; estime, respect** (de soi-même). « *Tout est perdu, fors l'honneur* » (FRANÇOIS Iᵉʳ). *Sauver l'honneur. Mon honneur est en jeu.* « *L'honneur, c'est la poésie du devoir* » (VIGNY). « *Le Monde a besoin d'honneur... le Monde a perdu le sens de soi* » (BERNANOS). ◇ POINT D'HONNEUR, ce qu'on regarde comme intéressant au premier chef l'honneur. *Se faire un point d'honneur de qqch. Mettre un point d'honneur, son point d'honneur à, se faire un point d'honneur de.* ◇ *Affaire d'honneur* : affaire où l'honneur est engagé (*spécialt.* duel). *Réparation d'honneur. Dette d'honneur. Engagement d'honneur* : promesse, serment. *Donner sa parole d'honneur* : jurer. Exclam. *(Ma) parole d'honneur! — Je l'atteste sur l'honneur, je vous en réponds sur mon honneur.* Ellipt. *Sur l'honneur, je le jure sur l'honneur.* ◇ *Spécialt. L'honneur d'une femme,* honneur lié au caractère irréprochable de ses mœurs ou de sa situation. « *Une femme outragée dans son honneur* » (STENDHAL). *En tout bien* (II) *tout honneur.* ◇ (En parlant d'une collectivité, d'un corps, d'une profession) *Compromettre, sauver l'honneur de la famille, du nom, de la corporation. L'honneur national d'un Français.* ♦ 2° L'HONNEUR : le sentiment qui pousse à obtenir ou à préserver ce bien moral. *Règles, lois, code de l'honneur. L'honneur veut, exige... Manquer à l'honneur. Homme d'honneur,* animé par le sentiment de l'honneur. *Bandit d'honneur,* dont le mobile est de conserver l'honneur. ◇ *(Femmes)* V. **Honnêteté, pudeur.** « *Honneur, cruel tyran des belles passions* » (RACAN).

II. Considération, marques de distinction qu'on accorde au mérite reconnu. ❶ L'HONNEUR. ♦ 1° Considération qui s'attache au mérite, à la vertu, aux talents. V. **Estime, gloire, réputation.** *Il s'en est tiré avec honneur,* en acquérant de l'honneur, avec succès. *C'est tout à son honneur. Travailler pour l'honneur,* de façon désintéressée. ◇ EN HONNEUR (Choses) *Être en honneur* : entouré de considération. V. **Apprécié, estimé.** *La taille fine reste en honneur.* V. **Mode** (à la), **vogue** (en). *Mettre en honneur* : faire qu'une chose soit en honneur. « *Remettant en honneur les dons naturels...* » (STE-BEUVE). ◇ *Être l'honneur de,* une source d'honneur pour. V. **Fierté, ornement.** « *Ah! tu seras un jour l'honneur de ta famille* » (RAC.). « *Vous serez l'honneur de ma vieillesse* » (PÉGUY). ◇ CHAMP D'HONNEUR, où l'on acquiert de l'honneur. *Mourir au champ d'honneur,* sur le champ de bataille, à la guerre. — *Fam. Baroud* d'honneur. ♦ 2° Traitement spécial destiné à honorer qqn, à lui marquer de la considération; privilège qui distingue du commun. *Honneur rendu aux dieux.* V. **Culte, vénération.** *Je n'ai pas mérité cet honneur.*

À vous l'honneur! à vous de commencer (dans un jeu, une rencontre sportive). *Sauf votre honneur* : sauf le respect que je vous dois. PROV. *À tout seigneur tout honneur,* à chacun selon son rang ; nous vous devons bien cela. — *Faire un grand honneur à qqn. C'est beaucoup d'honneur, c'est trop d'honneur que vous me faites!* (iron. : vous me traitez, vous me jugez bien mal). — *C'est lui faire trop d'honneur,* il ne mérite pas que vous le traitiez, que vous le jugiez d'une façon si favorable, si obligeante. — EN L'HONNEUR DE (qqn) : en vue de lui rendre honneur, afin de l'honorer. V. **Hommage** (en). *En son, en votre honneur.* V. **Intention, louange** (à la). — *En l'honneur de* (quelque événement) : en vue de fêter, de célébrer. *Cloches qui sonnent en l'honneur d'un mariage.* — Fam. *En quel honneur?* pourquoi? ou (avec une intention malicieuse) à cause de qui? pour qui? *En quel honneur cette nouvelle toilette?* ◊ L'HONNEUR DE (avec l'inf.) : l'honneur qui consiste à. *Le roi lui fit l'honneur de le recevoir.* V. **Faveur, grâce.** *« Le reste ne vaut pas l'honneur d'être nommé »* (CORN.). *Il a l'honneur de siéger dans cette assemblée.* V. **Prérogative, privilège.** — (Dans un sens affaibli, comme formule de politesse) *Pouvez-vous me faire l'honneur d'assister à la cérémonie?* Iron. *C'est comme j'ai l'honneur de vous le dire* : c'est comme je vous le dis. Ellipt. *À qui ai-je l'honneur* (de parler). *Monsieur, j'ai bien l'honneur* (de vous saluer). ♦ 3° D'HONNEUR, après un substantif, marque que la personne ou la chose est destinée à rendre ou conférer un honneur. *Garçon, demoiselle, dame d'honneur. Cour, escalier d'honneur d'un bâtiment. Place d'honneur. Vin d'honneur. Prix, tableau d'honneur. Croix d'honneur. Légion d'honneur. Titre d'honneur.* V. **Honorifique.** — *Président, membre d'honneur.* V. **Honoris causa ; honoraire.** ♦ 4° FAIRE HONNEUR À, valoir de l'honneur, de la considération publique à. *Élève qui fait honneur à son maître. « Deux belles livrées qui font honneur à une maison »* (ROMAINS). *Ces scrupules vous font honneur.* — *Faire honneur à qqch.,* en y restant fidèle, en s'en montrant digne. *Faire honneur à son éducation. Faire honneur à ses engagements, à ses obligations,* les tenir, les remplir. *Faire honneur à sa signature, à une lettre de change,* respecter l'engagement souscrit, payer ce qu'on doit. — Par ext. Fam. *Faire honneur à un repas, à un plat,* en manger largement et avec entrain. — Mar. *Faire honneur à une terre, ranger une terre à l'honneur,* en passer près, en se tenant à une distance respectueuse. ◊ *Se faire honneur de qqch.* : considérer qu'on en tire honneur, s'enorgueillir de. ♦ 5° VOTRE HONNEUR, transcription française d'un titre usité (au vocatif), en Angleterre et dans l'ancienne Russie, pour marquer son respect à certains hauts personnages. Ⓑ (XII°) LES HONNEURS : ♦ 1° *Témoignages d'honneur. Rendre à qqn les honneurs qu'il mérite. Il a été reçu avec tous les honneurs dus à son rang.* V. **Égard.** — *Honneurs militaires,* saluts, salves d'artillerie, sonneries. *Obtenir les honneurs de la guerre,* bénéficier dans une capitulation de conditions stipulant que la garnison qui se rend se retirera libre de la place, avec armes et bagages. Fig. *Sortir d'un procès, d'une discussion avec les honneurs de la guerre,* dans des conditions flatteuses. — *Honneurs funèbres, suprêmes,* ceux qui sont rendus lors des funérailles. — *Avoir les honneurs de la première page,* être cité, mentionné à la première page d'un journal. ◊ *Faire (à qqn) les honneurs d'une maison, du logis,* recevoir des hôtes avec une politesse marquée et avec le souci de leur être agréable, en les introduisant et les guidant soi-même. V. **Accueillir.** ♦ 2° Absolt. *Ce qui confère éclat ou distinction dans la société.* V. **Grandeur ; dignité, privilège.** *Rechercher, briguer les honneurs. Être élevé aux honneurs. « Les honneurs changent » (FLAUB.). Ceux qui refusent les honneurs sont encore plus orgueilleux... ils réclament l'honneur de mépriser les honneurs »* (DUHAM.). ♦ 3° *Spécialt.* (retour au sens lat.). *Hiérarchie des magistratures et fonctions publiques. Honneurs militaires et civils.* ♦ 4° *Cartes.* Les figures ou, plus généralement, les cartes les plus hautes à certains jeux (notamment au bridge). *Jouer honneur sur honneur* (en jouant un honneur supérieur). *Points d'honneurs.*

◊ ANT. *Déshonneur, discrédit, honte, infamie, opprobre ; improbité, malhonnêteté. Humiliation, vexation.*

HONNIR [ˈɔniʀ]. v. tr. (XII° ; frq. °haunjan, dér. °haunita. V. **Honte.** Vieilli). *Dénoncer, vouer à la détestation et au mépris publics de façon à couvrir de honte.* V. **Blâmer, conspuer, mépriser, vilipender, vomir.** *« Il est honni partout, par tout le monde. « Vous commencez vous-même à honnir à proscrire » (GIDE).* ◊ *Honni soit qui mal y pense!* honte à celui qui y voit du mal (devise de l'ordre de la Jarretière, en Angleterre.) ◊ ANT. *Louer ; encenser. Honorer.*

HONORABILITÉ [ɔnɔʀabilite]. n. f. (1845 ; *honorableté,* XIII° ; lat. médiév. *honorabilitas.* V. **Honorable).** *Qualité d'une personne honorable. Un homme d'une parfaite honorabilité.* V. **Honneur, respectabilité.**

HONORABLE [ɔnɔʀabl(ə)]. adj. (XI° ; lat. *honorabilis).* ♦ 1° *Qui mérite d'être honoré, estimé.* V. **Digne, estimable, respectable.** *Une famille honorable. Par plaisant. L'honorable*

compagnie. ◊ (XIX° ; d'apr. l'angl. *honorable)* En parlant d'un député. *Je répondrai à mon honorable contradicteur.* ♦ 2° *Qui honore, qui attire la considération, le respect, ou sauvegarde l'honneur, la dignité.* V. **Beau.** *Profession, condition honorable. Sentiments honorables.* V. **Bon, digne.** *« Un scrupule honorable mais déplacé »* (CHARDONNE). *Classement, rang très honorable. Mention honorable, très honorable.* Spécialt. *Amende honorable.* V. **Amende** (2°). — Blas. *Pièces* honorables de l'écu.* ♦ 3° (Sens affaibli). V. **Convenable, honnête, moyen, suffisant.** *« Le résultat plus qu'honorable d'une campagne menée avec énergie »* (ROMAINS). ◊ ANT. *Déshonoré ; avilissant, déshonorant, honteux, infamant.*

HONORABLEMENT [ɔnɔʀabləmɑ̃]. adv. (v. 1175 ; de *honorable).* ♦ 1° *D'une manière honorable, avec honneur. Se conduire, vivre honorablement.* V. **Bien.** *Gagner honorablement sa vie. Il est honorablement connu dans le quartier.* ♦ 2° *D'une manière suffisante, convenable.*

1. **HONORAIRE** [ɔnɔʀɛʀ]. adj. (1496 ; lat. *honorarius).* ♦ 1° *Qui, ayant cessé d'exercer une fonction, en garde le titre et les prérogatives honorifiques. Conseiller, professeur honoraire.* ♦ 2° *Qui, sans exercer la fonction, en a le titre honorifique. Président, membre honoraire d'une société.* V. **Honneur** (d').

2. **HONORAIRES** [ɔnɔʀɛʀ]. n. m. pl. (1747 ; au sing., 1597 ; lat. *honorarium).* *Rétribution accordée en échange de leurs services aux personnes exerçant une profession libérale.* V. **Appointements, émoluments.** *Les honoraires d'un médecin, d'un avocat.*

HONORARIAT [ɔnɔʀaʀja]. n. m. (1836 ; de *honoraire* 1). *Qualité, dignité de celui qui conserve le titre après avoir cessé d'exercer la fonction. Conférer, obtenir l'honorariat.*

HONORÉ, ÉE [ɔnɔʀe]. adj. et n. f. (XII°-XIII° ; V. **Honorer).** ♦ 1° (Politesse). *Flatté. Je suis très honoré.* ♦ 2° (Dans des expressions, en s'adressant à qqn). *Que l'on honore. Mon cher et honoré maître.* Polit. *Mon honoré confrère.* V. **Estimé, honorable.** ♦ 3° *N. f.* Lettre (Comm.). *J'ai bien reçu votre honorée du 10 courant.*

HONORER [ɔnɔʀe]. v. tr. (X° ; lat. *honorare).* I. ♦ 1° *Procurer de l'honneur à, mettre en honneur.* V. **Honneur** (II). — Vieilli. *« Tous les ouvrages qui honorèrent ce siècle »* (VOLT.). — Mod. (Sentiment) *« Cette franchise vous honore »* (MAUPASS). ♦ 2° *Rendre honneur à, traiter avec beaucoup de respect et d'égard. Honorer Dieu, les saints.* V. **Adorer, célébrer.** *Honorer son père et sa mère. Honorer à l'égal d'un dieu.* V. **Déifier.** — Par plaisant. *Honorer une, sa femme,* avoir des relations sexuelles avec elle. — *Honorer la mémoire de qqn.* V. **Célébrer, glorifier, saluer.** ◊ (Avec un complément précisant l'honneur que l'on accorde) V. **Gratifier.** *Honorer qqn de son amour. Honorer qqn de son amitié.* Par ext. *Votre confiance m'honore. « Honoré de la confiance de mon client... »* (FRANCE). ♦ 3° *Tenir en haute estime.* V. **Estimer, respecter, révérer.** *« L'illustre profession de savetier, que j'honore à l'égal de la profession de monarque constitutionnel »* (GAUTIER). ♦ 4° *Comm.* *Acquitter, payer afin de faire honneur à un engagement. Honorer une lettre de change. Honorer un ticket de ravitaillement :* livrer la marchandise à laquelle il donne droit. — Par ext. *Honorer sa signature.* ◊ (Rare) *Payer* (un médecin, un avocat), lui régler ses honoraires.

II. S'HONORER. v. pron. (Réfl.). *S'honorer de,* tirer honneur, orgueil, fierté de. V. **Enorgueillir** (s') ; **gloire** (se faire gloire). *Je m'honore de son estime. Je m'honore d'être son ami.*

◊ ANT. *Abaisser, déshonorer, mépriser, rabaisser.*

HONORIFIQUE [ɔnɔʀifik]. adj. (1488 ; lat. *honorificus).* ♦ 1° *Qui confère des honneurs (sans avantages matériels). Titres, distinctions, privilèges honorifiques.* ◊ Ancienn. *Droits honorifiques,* ensemble de droits à certains honneurs et distinctions, réservés aux seigneurs féodaux. ♦ 2° *À titre honorifique,* sans autre droit, sans autre qualité qu'un titre purement honorifique. *Président à titre honorifique.* V. **Honneur** (d'), **honoraire.**

HONORIS CAUSA [ɔnɔʀiskoza]. (1894 ; loc. lat. signifiant « pour l'honneur »). *Docteur honoris causa :* à titre honorifique. *Homme d'État nommé docteur honoris causa de l'université de Paris.*

HONTE [ˈɔt]. n. f. (fin XI° ; frq. °haunita, même rac. que *honnir).* ♦ 1° *Déshonneur humiliant.* V. **Abjection, bassesse, dégradation, déshonneur, humiliation, indignité, opprobre, turpitude.** *Infliger, essuyer la honte d'un affront ; d'un démenti, d'une insulte* (V. **Flétrissure).** *« Viens mon fils, viens mon sang, viens réparer ma honte »* (CORN.). — *À la honte de qqn* : en lui infligeant, en lui faisant souffrir un déshonneur. — *Être la honte, faire la honte de sa famille.* ◊ *C'est une honte! Quelle honte!* c'est une chose honteuse. ◊ *Honte à celui, à ceux qui* : que le déshonneur soit sur lui, sur eux. *« Honte à toi qui la première M'a appris la trahison »* (MUSS.). ♦ 2° *Sentiment pénible de son infériorité, son indignité ou de son humiliation devant autrui, de son abaissement dans l'opinion des autres* (sentiment du déshonneur). V.

Confusion, humiliation; et *aussi* Regret, remords, repentir. *Avoir honte* : avoir, éprouver de la honte (de qqch.). « *La honte l'oppressait* » (MART. du G.). *Rougir de honte.* Par exager. *Mourir de honte.* — Loc. *Avoir toute honte bue* : devenir inaccessible à la honte, pour avoir trop supporté d'avanies, ou avoir trop commis de méfaits. « *Pour convertir l'amour en instrument de fortune, il fallait avoir bu toute honte* » (BALZ.). ♦ 3° FAIRE HONTE (à qqn) : être pour lui un sujet de honte. *La conduite de ce garçon fait honte à son père.* — Faire à qqn des remontrances, des reproches destinés à lui inspirer de la honte, de la confusion. *Faites-lui honte, il le mérite bien.* — Inspirer de la honte à qqn en lui donnant conscience de son infériorité. *Cet écolier fait honte à tous les autres par son application.* V. **Humilier.** « *Je vous gêne, je vous fais honte. Je suis restée ici, fidèle, irréprochable* » (CHARDONNE). ♦ 4° COURTE HONTE. V. **Échec, insuccès.** *Il en sera pour sa courte honte.* ♦ 5° FAUSSE HONTE, mauvaise honte : honte éprouvée, par un scrupule excessif ou timidité, à propos de qqch. qui n'est pas blâmable. V. **Réserve, respect (humain), retenue.** « *La fausse honte, qui en est bien une très véritable* » (MUSS.). ♦ 6° Sentiment de gêne éprouvé par scrupule de conscience, timidité, modestie, crainte du ridicule, etc. *Étaler son luxe sans honte.* V. **Pudeur, scrupule, vergogne.** *La honte qui l'empêche d'être naturel.* V. **Contrainte, réserve, retenue.** ◊ ANT. Gloire, honneur. Audace.

HONTEUSEMENT ['õtøzmã]. adv. (1138 ; de *honteux*). D'une manière honteuse, avec honte. *Il a été renvoyé honteusement. Fuir honteusement. Il est honteusement mal payé.* V. **Ridiculement** *(fam.).*

HONTEUX, EUSE ['õtø, øz]. adj. (*Hontos*, XIIᵉ ; de *honte*). ♦ 1° Qui cause de la honte, du déshonneur ; qui suscite un sentiment de honte. V. **Avilissant, dégradant, déshonorant, ignominieux, scandaleux.** *Action honteuse.* V. **Abject, bas, dégoûtant, ignoble, immoral, infâme, méprisable, vil.** *Honteuse pensée.* V. **Inavouable.** *Un honteux chantage. Il est, il serait honteux de* (avec le subj.). — *Fuite, reculade honteuse.* V. **Lâche.** « *Honteux attachements de la chair et du monde* » (CORN.). ◊ Dont on a honte, que l'on cache. « *Les secrets pénibles, les secrets honteux* » (MAUPASS.). Spécialt. *Les parties honteuses* : les organes génitaux. *Maladie honteuse.* V. **Vénérien.** — Anat. Suc dit nerfs, d'artères des régions génitales. *Nerf honteux, artère honteuse.* ♦ 2° Qui éprouve un sentiment de honte. V. **Confus, consterné.** *Être honteux de son ignorance. Honteux d'avoir été ridicule.* V. **Déconfit, penaud.** « *Honteux comme un renard qu'une poule aurait pris* » (LA FONT.). ♦ 3° (Épithète; après le nom). *Vieilli.* Qui éprouve facilement un sentiment de honte, de gêne, de timidité. V. **Craintif, embarrassé, timide.** *Un enfant timide et honteux.* ◊ Mod. *Les pauvres honteux* : ceux qui cachent leur pauvreté, n'osent faire appel à la charité. *Un chrétien, un communiste honteux* : qui craint de l'être, n'affiche pas ses convictions (V. **Cryptocommuniste**).

HOP! ['ɔp ; hɔp]. interj. (1828 ; onomat.). Interjection servant à stimuler, à faire sauter. *Allez, hop ! Hop là !* (var. *houp*). ◊ Pour exprimer un geste, une action brusque. *Et hop ! allons-y.*

HÔPITAL, AUX [ɔ(o)pital, o]. n. m. (*Ospital*, 1181 ; *Hospital*, 1190 ; lat. *hospitalis* « d'hôte, hospitalier », substantivé. V. **Hôtel**). ♦ 1° Ancienn. Établissement charitable, hospitalier, où l'on recevait les gens sans ressources, pour les entretenir, les soigner. V. **Asile, hospice.** « *L'hôpital général est celui où l'on reçoit tous les mendiants* » (FURET.). ♦ 2° (1675 ; répandu déb. XIXᵉ). Mod. Établissement public, payant ou gratuit, qui reçoit ou traite pendant un temps limité les malades, les blessés et les femmes en couches. *Personnel médical d'un hôpital* : médecins, chirurgiens, spécialistes, assistants, anesthésistes, internes, externes. *Médecin, chirurgien des hôpitaux. Dr X, ex-interne des hôpitaux de Paris. Les salles d'un hôpital. Lit d'hôpital. Envoyer, admettre un malade dans un hôpital, à l'hôpital.* V. **Hospitaliser.** *Hôpital militaire.* — *Navire, bateau-hôpital* : aménagé en hôpital. — *Hôpital psychiatrique* (ancienn. asile). *Hôpital maritime de Berck.* V. **Sanatorium.** ◊ Par ext. *Hôpital privé.* V. **Clinique, maison** (de repos).

HOPLITE [ɔplit]. n. m. (1732 ; lat. *hoplites*, mot gr., de *hoplon* « arme »). Antiq. gr. Fantassin pesamment armé.

HOQUET ['ɔkɛ]. n. m. (1314, « choc », « secousse »; onomat.). ♦ 1° Vx. Choc, heurt. ◊ Fig. Empêchement, difficulté soudaine (ST-SIM.). ♦ 2° Mus. anc. Alternance de deux voix se répondant, dans la polyphonie médiévale. ♦ 3° Cour. (XVᵉ). Contraction spasmodique du diaphragme provoquant un appel d'air assez fort pour faire vibrer les cordes vocales ; bruit rauque qui en résulte. *Hoquets d'origine nerveuse.* « *À la fin de chaque phrase, elle avait comme un hoquet, un hoquet de dégoût, de fatigue* » (BERNANOS). — État caractérisé par des hoquets répétés, chroniques. *Avoir le hoquet.* ◊ HOM. Hockey, O.K.

HOQUETER ['ɔkte]. v. intr.; conjug. *jeter* (1538; « secouer », XIIᵉ; de *hoquet*). Avoir un hoquet, le hoquet.

Hoqueter bruyamment. « *Il faillit éclater en sanglots. Il hoqueta, mais se ressaisit* » (MART. du G.).

HOQUETON ['ɔktɔ̃]. n. m. (*Auqueton*, XIIᵉ, « cape de coton »; arabe *al-goton* « le coton »). Ancienn. Veste de grosse toile que les hommes d'armes portaient sous le haubert. — Casaque de paysan. *Hoqueton de berger.*

HORAIRE [ɔRɛR]. adj. et n. (1680; du lat. *hora* « heure »; 1532, latinisme de l'écolier limousin, calque du lat. médiév. *horarius* « propre aux heures liturgiques »).
I. ♦ 1° *Adj.* Relatif aux heures ; à ce qui est mesuré en heures. — Astron. *Cercles horaires* : grands cercles de la sphère céleste, passant par les pôles et par un astre. *Angle horaire d'un astre*, formé par le méridien de l'observateur et le cercle horaire de l'astre. *Mouvement horaire* : déplacement apparent (d'un astre) sur la sphère céleste. — Géogr. *Fuseau horaire.* ♦ 2° Qui a lieu toutes les heures. Qui correspond à une durée d'une heure. *Vitesse, moyenne horaire. Salaire horaire.*
II. *N. m.* (1868). ♦ 1° Relevé des heures de départ, de passage, d'arrivée des services de transport. *Horaire de chemins de fer, de bateaux, d'avions. Ce train, cet autocar est en retard, en avance sur l'horaire, sur son horaire.* — Tableau, livret... indiquant un horaire. « *Sept heures cinquante, murmura Meynestrel en consultant l'horaire des chemins de fer* » (MART. du G.). V. **Indicateur.** ♦ 2° Emploi du temps réparti par heure. V. **Programme.** *Afficher l'horaire des cours. Avoir un horaire chargé.* — Répartition des heures de travail. *Un horaire commode. Horaire souple, variable.* ♦ 3° N. (1968). *Fam.* Personne payée à l'heure. *La mensualisation des horaires.*

HORDE ['ɔRd(ə)]. n. f. (1559; tartare *orda*, *horda*. V. **Ourdou**). ♦ 1° Didact. Tribu errante, nomade (chez les peuples de l'Asie centrale). *La Grande Horde, la Horde d'or* : la tribu la plus importante, chez les Mongols. — Troupe, peuplade errante. ♦ 2° Cour. (XVIIIᵉ). Troupe ou groupe d'hommes indisciplinés. « *Cette horde d'excitateurs révolutionnaires* » (MART. du G.).

HORDÉACÉ, ÉE [ɔRdease]. adj. (1846; lat. *hordeaceus*, de *hordeum* « orge »). Didact. Qui ressemble à un grain d'orge. Bot. Relatif à l'orge.

HORDÉINE [ɔRdein]. n. f. (1819; du lat. *hordeum* « orge »). Biochim. Protéine simple extraite de l'orge.

HORION [ɔRjɔ̃]. n. m. (XVIIᵉ; p.-ê. d'*oreille*; Cf. a. fr. *oreillon* « coup sur l'oreille »). Généralement au plur. Coup violent. *Donner, échanger des horions. Attraper « force horions* » (ROUSS.).

HORIZON [ɔRizɔ̃]. n. m. (*Orizonte*, XIIIᵉ; *orizon*, v. 1360; lat. *horizon*, mot gr., du v. *horizein* « borner »). ♦ 1° Limite circulaire de la vue, pour un observateur et à son centre. *Plaine qui s'étend jusqu'à l'horizon. Le soleil descend sur l'horizon, disparaît au-dessous de l'horizon. La ligne de l'horizon, la ligne d'horizon* : la ligne qui semble séparer le ciel de la terre (ou de la mer), à l'horizon. — (Dessin) *Ligne d'horizon d'un dessin. Point de fuite situé sur l'horizon.* — Astron. *Grand cercle théorique divisant la sphère céleste en deux parties égales*, l'une visible, l'autre invisible. *Horizon astronomique.* — *Horizon apparent, visuel, sensible*, déterminé par les rayons visuels de l'observateur tangents à la surface de la Terre. — *Sur l'horizon* : la partie visible du ciel. *Astre qui passe par le point le plus élevé par rapport à l'horizon.* V. **Culminer.** *Points de l'horizon où le Soleil se lève, se couche.* V. **Orient; occident.** — Mar. *Horizon artificiel*, surface rigoureusement plane et horizontale (miroir, surface de mercure) remplaçant l'horizon visuel pour les observations astronomiques (au sextant, par ex.). — Aviat. *Horizon artificiel*, système gyroscopique matérialisant au pilote la direction de son avion par rapport à son plan horizontal. ♦ 2° (1671). *Les parties de la surface terrestre ou du ciel voisines de l'horizon visuel.* « *L'horizon calme, avec ses bois, ses maisons, ses coteaux* » (MONTHERLANT). *Teinte bleuâtre de l'horizon.* Par appos. *Bleu horizon*, couleur des uniformes français pendant et après la guerre de 1914-1918. — *Voir, apercevoir à l'horizon.* V. **Loin, lointain.** *Interroger, scruter l'horizon. Du fond, du bout de l'horizon.* « *De gros nuages couraient d'un horizon à l'autre* » (CAMUS). ◊ Espace visible au niveau de l'horizon. V. **Distance, étendue.** *Un large horizon. Chaîne de montagnes qui borne, limite, ferme l'horizon.* — De ce lieu, de cette montagne, on embrasse un immense horizon. V. **Paysage, vue.** — Par métaph. *Voir toujours le même horizon, ne jamais changer d'horizon.* ♦ 3° Fig. (déb. XIXᵉ). Domaine qui s'ouvre à la pensée, à l'activité de qqn. V. **Champ** (d'action), **perspective.** *Ce livre m'a découvert, révélé, dévoilé des horizons insoupçonnés. Ouvrir des horizons nouveaux, illimités. L'horizon politique, économique : les perspectives politiques, économiques. L'horizon international s'éclaircit, s'assombrit.* V. **Avenir.** — *Faire un tour d'horizon*, aborder successivement et rapidement toutes les questions.
♦ 4° Géol., Pédologie. Couche bien caractérisée (par des fossiles, par la composition du sol). *Éléments d'accumulation dans un horizon du sol* (illuviation*).

HORIZONTAL, ALE, AUX [ɔʀizɔtal, o]. *adj.* et *n. f.* (*Orizontal*, 1545 ; de *horizon*). ♦ 1° Qui est parallèle à l'horizon astronomique, c'est-à-dire perpendiculaire à la direction de la pesanteur en un lieu. *Plan horizontal ; ligne, droite horizontale.* « *Des collines horizontales qu'on dirait aplaties avec la main* » (FROMENTIN). — *Stratifications, couches horizontales,* en géologie. — *Écriture horizontale,* se traçant de droite à gauche ou de gauche à droite. — Fam. *Prendre la position horizontale,* se coucher, s'allonger. ◇ *Par ext.* Qui se rapporte à la direction horizontale. *Projection horizontale,* sur un plan horizontal. ♦ 2° HORIZONTALE. *n. f.* Position horizontale. *À l'horizontale.* — Droite horizontale. *Les horizontales d'un plan.* ◇ *Spécialt.* (1883) Vieilli. *Une horizontale,* une prostituée. ◇ ANT. *Vertical.*

HORIZONTALEMENT [ɔʀizɔtalmɑ̃]. *adv.* (1596 ; de *horizontal*). Dans une direction, une position horizontale. *Glisser horizontalement.*

HORIZONTALITÉ [ɔʀizɔtalite]. *n. f.* (1786 ; de *horizontal*). ♦ 1° Caractère de ce qui est horizontal. *Vérifier l'horizontalité d'une surface à l'aide d'un niveau.* ♦ 2° *Arts.* Prépondérance des lignes horizontales (en architecture, décoration). « *Il* (un peintre) *exprimait avec sa puissante horizontalité le lourd temple égyptien* » (GAUTIER).

HORLOGE [ɔʀlɔʒ]. *n. f.* (*Oriloge,* fin XIIᵉ ; lat. d'o. gr. *horologium*). ♦ 1° *Vieilli.* Tout appareil destiné à indiquer l'heure, à marquer les heures. *Horloge solaire.* V. **Cadran** (solaire), **gnomon.** *Horloge à sable.* V. **Sablier.** *Horloge à eau.* V. **Clepsydre.** ◇ *Mod. Horloge à quartz,* réglée par un cristal de quartz dont les oscillations sont entretenues. *Horloge atomique,* chronographe piloté, en résonance, par la fréquence étalon d'un rayonnement atomique. ♦ 2° *Cour.* Machine de grande dimension, souvent munie d'une sonnerie, et destinée à indiquer l'heure par des aiguilles, notamment dans les lieux publics. *Pièces, mécanisme, mouvement d'une horloge.* V. **Horlogerie.** *Horloge à poids, à balancier. La tour de l'horloge. Horloge monumentale à personnages, à jaquemart*. Horloge de précision ; horloge de compensation. Horloge électrique. Horloge pneumatique,* fonctionnant à l'air comprimé. — *Le tic-tac d'une horloge. Sonnerie, carillon d'une horloge. Horloge qui avance, retarde. Mettre une horloge à l'heure. Monter, remonter une horloge.* — Par ext. *L'horloge parlante :* procédé de diffusion de l'heure de l'Observatoire par T.S.F. ◇ *Fig. Une régularité, une exactitude d'horloge. Une heure d'une horloge,* une heure entière. ♦ 3° Par métaph. « *L'univers m'embarrasse, et je ne puis songer Que cette horloge existe et n'ait point d'horloger* » (VOLT.) : cette machine, ce mécanisme. ◇ *Horloge physiologique :* particularité qu'ont les êtres vivants, animaux et végétaux, d'avoir une certaine possibilité de se repérer dans le temps même en l'absence des modifications de luminosité du jour et de la nuit.

HORLOGER, ÈRE [ɔʀlɔʒe, ɛʀ]. *n.* (*Orloger,* v. 1360 ; de *horloge*). ♦ 1° Personne qui fabrique, répare, vend des objets d'horlogerie (horloges, montres, pendules). *Horloger bijoutier.* ♦ 2° *Adj.* (1874). Relatif à l'horlogerie. *L'industrie horlogère.*

HORLOGERIE [ɔʀlɔʒʀi]. *n. f.* (1660 ; de *horloger*). ♦ 1° Fabrication, industrie et commerce des instruments destinés à la mesure du temps. *Grosse horlogerie ; horlogerie de précision.* ♦ 2° (1762). Ouvrages de cette industrie (chronomètres, horloges, pendules, montres). *Pièces d'horlogerie :* aiguille, ancre, balancier, barillet, boîtier, cadran, cliquet, compensateur, échappement, fourchette, fusée, pendule (*n. m.*), pignon, platine, poids, régulateur, remontoir, ressort, rochet, roue, sonnerie, spiral, tambour, tympan, verre, volant. ♦ 3° (1803, « atelier d'horlogerie »). Magasin d'horloger. *Ouvrir une horlogerie.*

HORMIS [ˈɔʀmi]. *prép.* (XIIIᵉ ; de *hors,* et *mis* « étant mis hors »). *Vieilli* ou *littér.* À part. V. **Excepté, hors, sauf.** *Hormis les cas de force majeure. Tout, hormis ceci.* ◇ ANT. *Compris* (y compris), *inclus.*

HORMONAL, ALE, AUX [ɔʀmɔnal, o]. *adj.* (1941 ; de *hormone*). Relatif à une hormone, aux hormones. *Régulations hormonales. Troubles hormonaux.*

HORMONE [ɔʀmɔn]. *n. f.* (1911 ; angl. *hormone,* 1905 ; du gr. *hormôn* « exciter »). *Biochim.* Substance chimique spécifique élaborée par un groupe de cellules ou un organe, et qui exerce une action spécifique sur un autre tissu ou un autre organe. *Les hormones sont généralement sécrétées par des organes de structure glandulaire* (V. **Glande ; endocrine**) *et transportées par le sang. Hormones hypophysaires* (gonadotrope, ocytocine, stimuline, vasopressine). *Hormones thyroïdiennes* (V. **Thyroxine**) *et parathyroïdiennes* (V. **Parathormone**). *Hormones des glandes surrénales* (V. **Adrénaline, cortisone**). *Hormones pancréatiques* (V. **Insuline**). *Hormones sexuelles mâles* (V. **Testostérone**) ; *femelles* (V. **Folliculine, progestérone**). — *Rôle des hormones dans l'organisme. Hormones de croissance ; de gestation ; métaboliques.* — *Troubles dus aux excès ou insuffisances d'hormones.* — *Traitement par les hormones :* hormonothérapie, opothérapie.

HORMONOTHÉRAPIE [ɔʀmɔnɔteʀapi]. *n. f.* (1940 ; de *hormone,* et *-thérapie*). *Méd.* Traitement par les hormones, d'abord administrées sous forme d'extraits de glandes endocrines (opothérapie), puis, de nos jours, sous forme de produits de synthèse.

HORNBLENDE [ˈɔʀnblɛ̃d]. *n. f.* (1785 ; all. *Hornblende,* de *Horn* « corne », parce que ces blendes ont l'apparence de la corne). *Minér.* Minéral noir ou vert foncé, silicate de fer, d'aluminium et de magnésium, appartenant au groupe des amphiboles*. *Les gneiss renferment de la hornblende.*

HORO-. Élément, du gr. *hôro-,* de *hôra* « heure ».

HORODATEUR [ɔʀodatœʀ]. *n. m.* (Néol. ; de *horo-,* et *dateur*). Appareil servant à imprimer la date et l'heure.

HOROKILOMÉTRIQUE [ɔʀokilɔmetʀik]. *adj.* (1894 ; de *horo-,* et *kilomètre*). Relatif à une vitesse exprimée en kilomètres-heure. *Compteur horokilométrique.*

HOROSCOPE [ɔʀɔskɔp]. *n. m.* (1512 ; *Oroscope,* 1529 ; lat. *horoscopus,* gr. *hôroskopos* « qui considère (*skopein*) l'heure de la naissance »). ♦ 1° Étude que les astrologues font de la destinée d'un individu en se fondant sur les influences astrales qui s'exercent sur lui depuis l'heure de sa naissance, par observation de l'état du ciel, des aspects des astres à ce moment. *Tirer l'horoscope de qqn. Lire, consulter son horoscope.* ♦ 2° Par ext. Prédiction de l'avenir par un procédé quelconque. V. **Magie ;** suff. **-Mancie.**

HORREUR [ɔʀœʀ]. *n. f.* (1160 ; lat. *horror*). I. *Sens subjectif.* ♦ 1° Impression violente causée par la vue ou la pensée d'une chose affreuse ou ignoble. V. **Effroi, épouvante, peur, répulsion.** *Frémir d'horreur. Être frappé, glacé, muet, pâle d'horreur.* « *Il tomba... Un hurlement d'horreur s'éleva de la foule* » (FLAUB.). — FAIRE HORREUR (À) : répugner ; dégoûter, écœurer. *Action, chose, idée, personne qui fait horreur* (V. **Horrible**). — *Cette vue la remplissait d'horreur. Objet d'horreur.* ◇ *Littér.* Sentiment de crainte, mêlée d'admiration, de respect devant l'inconnu ou le sublime. *Horreur sacrée.* « *Sainte horreur* » (RAC.). ♦ 2° Sentiment violemment défavorable qu'une chose inspire. V. **Abomination, aversion, dégoût, détestation, exécration, haine, répugnance.** *Inspirer au peuple l'horreur du crime. L'horreur d'agir. L'horreur du risque. L'horreur de l'eau, de la lumière...* V. **Phobie.** — *Avoir horreur de la guerre.* V. **Abhorrer, abominer, détester, exécrer, haïr.** « *L'homme a horreur de la solitude* » (BALZ.). — (Sens affaibli) *Elle a horreur de ce prénom :* elle ne l'aime pas, il lui déplaît. *Avoir horreur de se lever tôt.* — *Avoir, prendre* (qqn ou qqch.) *en horreur.* — *Vieilli. Être en horreur (à).* V. **Odieux.** « *Ces lépreux,... en horreur à tous les hommes* » (CHATEAUB.).

II. *Sens objectif.* ♦ 1° Caractère de ce qui inspire ou peut inspirer de l'effroi, de la répulsion (V. **Effroyable, horrible**). *L'horreur d'un cachot. C'est la misère dans toute son horreur. L'horreur d'un supplice.* V. **Cruauté.** *Vision d'horreur.* « *Toute l'horreur d'un combat ténébreux* » (RAC.). « *C'était pendant l'horreur d'une profonde nuit* » (RAC.). *L'horreur d'un crime.* V. **Abjection, atrocité, infamie, noirceur.** ♦ 2° La chose qui inspire ou devrait inspirer un sentiment d'horreur. V. **Crime, monstruosité.** — Fam. *Par exagér.* Ce qui est repoussant par sa laideur, sa saleté, ou simplement très désagréable, très gênant. *Jolie, elle? Une horreur !* V. **Laid.** « *Quelle horreur que cette campagne française* » (RIMBAUD). — Fam. Exclamation marquant le dégoût, la répulsion. *Quelle horreur !* ♦ 3° *Au plur.* Aspects horribles d'une chose ; choses horribles. *Les horreurs de la guerre.* V. **Atrocité.** ◇ Objets horribles. *C'est le musée des horreurs* (par plaisant. : un ensemble de choses affreuses). ◇ Sentiments criminels, actes infâmes, cruels, sanglants. V. **Atrocité.** *Commettre des horreurs.* « *Toutes les horreurs que les romanciers croient inventer sont toujours au-dessous de la vérité* » (BALZ.). ♦ 4° *Au plur.* Imputations outrageantes. Propos obscènes. V. **Grossièreté, obscénité.** *Dire, débiter des horreurs.* « *Ils racontaient sur mon compte des horreurs à n'en plus finir* » (CÉLINE).

◇ ANT. *Admiration, amour ; beauté, charme.*

HORRIBLE [ɔʀibl(ə)]. *adj.* (1175 ; lat. *horribilis*). ♦ 1° Qui fait horreur, remplit d'horreur ou de dégoût. V. **Abominable, affreux, atroce, effrayant, effroyable, épouvantable, hideux.** *Chose horrible. Cris horribles.* « *L'horrible silence qui y régnait me glaçait le cœur* » (FRANCE). *Monstre horrible à voir. Une mort horrible. Horrible vision, crime horrible.* V. **Exécrable, infâme, monstrueux, révoltant.** — Subst. « *La soif de l'inconnu et le goût de l'horrible* » (BAUDEL.). ♦ 2° (XVIIᵉ). Très laid, très mauvais. V. **Détestable, exécrable.** *Un temps horrible. Vous avez une écriture horrible. Un horrible petit chapeau.* « *De grandes feuilles d'un horrible papier quadrillé* » (ROMAINS). ♦ 3° Qui passe les bornes d'une chose désagréable ou dangereuse. V. **Excessif, extrême, terrible.** *Chaleur horrible.* « *Une soif horrible le fait geindre* » (DORGELÈS). V. **Intolérable.** ◇ ANT. *Beau.*

HORRIBLEMENT [ɔʀibləmɑ̃]. *adv.* (XIIᵉ ; de *horrible*). D'une manière horrible. *Un nain horriblement contrefait.* — Par exagér. V. **Extrêmement.** *C'est horriblement cher.*

HORRIFIANT, ANTE [ɔʀifjã, ãt]. *adj.* (1909; de *horrifier*). Qui horrifie. V. **Épouvantable, terrifiant.** *Tableau horrifiant.* « *Des accusations horrifiantes* » (D. de ROUGEMONT).

HORRIFIER [ɔʀifje]. *v. tr.* (1907; lat. *horrificare*). Rare. Remplir, frapper d'horreur. ◇ *Cour.* Au p. p. *Elle se récria, horrifiée : scandalisée.*

HORRIFIQUE [ɔʀifik]. *adj.* (1500; lat. *horrificus*). *Plaisant.* Qui cause ou est de nature à causer de l'horreur. « *Mon horrifique bouquin* » (FLAUB.).

HORRIPILANT, ANTE [ɔʀipilã, ãt]. *adj.* (1843; de *horripiler*). Qui horripile. V. **Agaçant, exaspérant.** *Un enfant horripilant.*

HORRIPILATION [ɔʀipilasjɔ̃]. *n. f.* (XIVᵉ; bas lat. *horripilatio*). ◆ 1º *Physiol.* Érection des poils (chair de poule) dans le frisson. V. **Hérissement.** *Le froid provoque l'horripilation.* ◆ 2º *Fam.* État d'agacement, d'exaspération extrême. « *Une répugnance, une horripilation extrême à me laisser juger par M. Lévy* » (FLAUB.).

HORRIPILER [ɔʀipile]. *v. tr.* (1843, fig.; lat. imp. *horripilare* « avoir le poil hérissé »). ◆ 1º *Physiol.* Causer l'horripilation. ◆ 2º (1852). *Fam.* Agacer, exaspérer, impatienter. « *Joseph a commencé de m'agacer, de m'horripiler même* » (DUHAM.).

HORS [ɔʀ]. *adv.* et *prép.* (fin XIᵉ; de *dehors*).
I. *Adv.* de lieu (Vx). V. **Dehors.** *Aller hors.*
II. *Prép.* À l'extérieur de, au delà de. ◆ 1º *Vx.* À l'extérieur de. « *On goûtait dans un cabaret hors la ville* » (ROUSS.). — *Mod.* Dans des expressions. *L'église de Saint-Paul-hors-les-murs, à Rome.* — *Fonctionnaire, officier hors cadre(s). Préfet hors classe. Modèle hors série*; fig. *Destin hors série. Talent hors ligne, hors pair. Exemplaires hors commerce.* V. aussi **Hors-concours.** ◇ *Milit. Compagnie, section hors rang,* formée de soldats qui ne sont pas normalement appelés à combattre. ◇ *Sports. Joueur hors jeu* (football, rugby, etc.) : qui se met « hors du jeu », contrevient aux règles du jeu par sa position au delà de la ligne permise. V. **Hors-jeu.** ◇ *Mettre* (qqn) *hors la loi :* décréter qu'il ne bénéficiera plus de la protection des lois et sera passible d'exécution sans jugement. Par ext. *Être, se mettre hors la loi.* V. **Hors-la-loi.** ◆ 2º *Littér.* À l'exclusion de. V. **Excepté, hormis, sauf.** « *Le spectateur pardonne tout, hors la langueur* » (VOLT.). — *Ils y sont tous allés, hors deux ou trois.*
III. *Cour.* **HORS DE.** *loc. prép.* ◆ 1º En dehors de. *Un jardin hors de la ville. Il s'élança hors de sa chambre. Il « trouva son malade à demi versé hors du lit* » (CAMUS). *Poisson qui saute hors de l'eau.* — Ellipt. *Hors d'ici!* interjection exprimant l'ordre de sortir. — Par anal. *Hors de l'Église, point de salut. Hors du monde.* V. **Écart** (à l'), **loin.** — *Hors d'atteinte. Hors de portée. Épisode hors du sujet.* V. **Côté** (à côté de). — *Mettre hors de cause.* V. **Cause** (II, 1º). *Fam. Être hors du coup* (*opposé à* dans le coup). ◇ Au sens temporel d'exclusion, d'extériorité. *Hors du temps. Hors de saison.* ◆ 2º *Loc.* fig. *Hors de danger. Hors d'état de nuire. Mettre hors de combat. Hors d'haleine**. *Hors d'usage. Hors de mesure, de proportion. Hors de comparaison. Hors de pair. Hors de propos. Hors de prix. Il est hors de doute que. Hors de là, sorti de là, à part cela.* — *Hors de soi :* furieux, et aussi, en proie à l'agitation, à l'égarement ou à l'extase. *Fabrice était « hors de lui d'enthousiasme et de bonheur* » (STENDHAL).
IV. *Littér.* **HORS QUE.** *loc. conj.* avec l'indicatif ou le conditionnel (V. **Excepté, hormis, sauf, sinon** (que), ou avec le subjonctif (V. **Moins** (à moins que). « *Ignorant tout du monde, hors que j'y brassaient d'obscures affaires* » (A. de CHÂTEAUBRIANT).
◈ ANT. *Dans, dedans, en; compris* (y). — HOM. *Ord, or, ores.*

HORS-BORD [ɔʀbɔʀ]. *n. m. invar.* (1931; d'apr. l'angl. *out board* « à l'extérieur de la coque »; de *hors*, et *bord*). Petit canot automobile, très léger et rapide, dont le moteur, généralement amovible, est placé en dehors de la coque. *Courses de hors-bord.*

HORS-CONCOURS [ɔʀkɔ̃kuʀ]. *n. m. invar.* (1884; de *hors*, et *concours*). Celui qui ne peut participer à un concours, parce qu'il a déjà été lauréat ou qu'il est membre du jury. *Les hors-concours qui exposent au Salon.* — Celui qui ne peut concourir à cause d'une supériorité écrasante sur ses concurrents. ◇ *Adj.* ou *adv.* (avec ou sans trait d'union) *Être, être mis hors concours, hors-concours.*

HORS-D'ŒUVRE [ɔʀdœvʀ(ə)]. *n. m. invar.* (1596; de *hors*, et *œuvre*). ◆ 1º *Archit.* Pièce en saillie détachée du corps d'un bâtiment. — *Littér.* et *Arts.* Morceau accessoire ou superflu. ◆ 2º *Cour.* (XVIIᵉ). Petit plat froid que l'on sert au début du repas, avant les entrées ou le plat principal. *Saucisson, radis servis en hors-d'œuvre. Hors-d'œuvre variés.* « *Des anchois, du fromage, des olives, des tranches de saucisson... et autres hors-d'œuvre* » (GAUTIER).

HORSE-GUARD [ɔʀsg(w)aʀd]. *n. m.* (1792; mot angl., de *horse* « cheval », et *guard*). Soldat de l'armée britannique, appartenant au régiment des gardes à cheval. *Des horse-guards.*

HORSE-POWER [ɔʀspɔwœʀ]. *n. m. invar.* (v. 1820; mot angl. « cheval-puissance »). *Mécan.* Unité de puissance adoptée en Angleterre et équivalant à 75,9 kilogrammètres par seconde (Abrév. *HP*). V. **Cheval-vapeur.**

HORSE-POX [ɔʀspɔks]. *n. m.* (1864; angl. *horse* « cheval », et *pox* « variole »). *Vétér.* Vaccine du cheval.

HORS-JEU [ɔʀʒø]. *n. m. invar.* (1925; de *hors*, et *jeu*). *Sport.* Faute du joueur hors jeu. « *N'étaient un hors-jeu près des buts, l'association* (foot-ball) *pourrait presque se passer d'arbitre* » (J. PRÉVOST).

HORS-LA-LOI [ɔʀlalwa]. *n. m. invar.* (v. 1940; adj. et adv., 1774; de *hors*, et *loi*; trad. angl. *outlaw*). Individu qui est mis ou se met hors la loi (V. **Desperado**). Par ext. Celui qui s'affranchit des lois, vit en marge des lois.

HORS-LIGNE [ɔʀliɲ]. *n. m. invar.* (1867; de *hors*, et *ligne*). *Techn.* Portion de terrain restée en dehors de la ligne tracée pour la construction d'une voie publique.

HORST [ɔʀst]. *n. m.* (1902; mot all. « butoir »). *Géol.* Espace de terrain soulevé entre deux failles (*opposé à* graben). V. **Môle.**

HORS-TEXTE [ɔʀtɛkst(ə)]. *n. m. invar.* (1922; de *hors*, et *texte*). Gravure tirée à part, intercalée ensuite dans un livre, et non comprise dans la pagination.

HORTENSIA [ɔʀtãsja]. *n. m.* (1801; lat. bot., fin XVIIIᵉ; du prénom *Hortense*). *Bot.* Arbrisseau ornemental, cultivé pour ses grosses inflorescences en corymbes arrondis. ◇ *Cour.* Ces inflorescences. *Hortensias roses, blancs, bleus. Pot d'hortensia.*

HORTICOLE [ɔʀtikɔl]. *adj.* (1826; du lat. *hortus*; d'apr. *agricole*). Relatif à la culture des jardins (V. **Horticulture**). *Exposition horticole.*

HORTICULTEUR [ɔʀtikyltœʀ]. *n. m.* (1826; du lat. *hortus*; d'apr. *agriculteur*). Celui qui pratique l'horticulture. V. **Jardinier, maraîcher.** — *Spécialt.* Celui qui cultive des plantes d'ornement (arbres, fleurs). V. **Arboriculteur, fleuriste** (jardinier fleuriste).

HORTICULTURE [ɔʀtikyltyʀ]. *n. f.* (1826; du lat. *hortus*; d'apr. *agriculture*). Culture des jardins : arboriculture, floriculture; culture maraîchère, potagère. *Horticulture forcée :* en serres, etc. (V. **Primeur**). *École nationale d'horticulture.*

HORTILLONNAGE [ɔʀtijɔnaʒ]. *n. m.* (1870; mot picard; de *(h)ortillon* « jardinier », dér. de *ortillier* « cultiver », du lat. *hortus* « jardin »). *En Picardie,* Marais utilisé pour la culture des légumes; mode de culture qui y est pratiqué. *Les hortillonnages sont divisés par des canaux.*

HOSANNA [ozan(n)a]. *n. m.* (*Osanne*, 1276; lat. ecclés. *hosanna*, de l'hébr. *hôschî a-nâ* « sauve(-nous) de grâce »). ◆ 1º Acclamation religieuse utilisée dans les cérémonies, les processions, certaines prières juives. — Hymne catholique, chanté le jour des Rameaux. ◆ 2º *Littér.* Chant, cri de triomphe, de joie. V. **Hymne.**

HOSANNIÈRE [ozanjɛʀ]. *adj. f.* (*Osanière*, XVIᵉ; de *hosanna*). *Archéol. Croix hosannière :* croix votive ornée de l'inscription « Hosanna ».

HOSPICE [ɔspis]. *n. m.* (1690; « hospitalité », 1294; lat. *hospitium*). ◆ 1º Maison où des Religieux donnent l'hospitalité aux pèlerins, aux voyageurs (V. **Hospitalier**, 1). *L'hospice du Grand-Saint-Bernard.* ◆ 2º (1770). *Cour.* Établissement public ou privé destiné à recevoir et à entretenir des orphelins, des enfants abandonnés, des vieillards, des infirmes, des malades incurables. V. **Asile.** *Régime administratif des hospices et hôpitaux* (V. **Assistance**). — Spécialt. *Hospice de vieillards, d'invalides. Finir à l'hospice, dans un hospice :* dans la misère. ◈ HOM. *Auspice.*

HOSPITALIER, IÈRE [ɔspitalje, jɛʀ]. *adj.* et *n.* (XIIᵉ; lat. médiév. *hospitalarius*).
I. ◆ 1º *Ancien.* Qui recueille les voyageurs, les indigents (en parlant des religieux et religieuses de certains ordres). N. *Les hospitaliers,* membres de certains ordres charitables ou militaires. — Spécialt. *Sœurs hospitalières :* les filles de la Charité. ◆ 2º *Mod.* Relatif aux hôpitaux, aux hospices. *Établissements, services hospitaliers.*
II. *Cour.* (1488; de *hospitalité*). ◆ 1º Qui pratique volontiers l'hospitalité. V. **Accueillant.** *Il est très hospitalier : sa maison est ouverte à tous.* « *Soyez hospitalier, même à votre ennemi* » (HUGO). *La légende de saint Julien l'Hospitalier,* conte de Flaubert. ◆ 2º Où l'hospitalité est pratiquée. *Table hospitalière.* « *En quittant l'hospitalier territoire de Weimar* » (B. CONSTANT).
◈ ANT. **Hostile. Inhospitalier.**

HOSPITALISATION [ɔspitalizasjɔ̃]. *n. f.* (1866; de *hospitaliser*). Action d'hospitaliser; admission dans un établissement hospitalier. *Hospitalisation d'un blessé. Jours d'hospitalisation remboursés par la Sécurité sociale.*

HOSPITALISER [ɔspitalize]. *v. tr.* (1801; du lat. *hospitalis*). Faire entrer, admettre (qqn) dans un établissement hospitalier (asile, hospice), et *spécialt.* dans un hôpital.

Hospitaliser un malade. — Au p. p. *Malades hospitalisés,* et subst. *Les hospitalisés.*

HOSPITALISME [ɔspitalism(ə)]. *n. m.* (1962; de l'amér. *hospitalism,* de *hospital* « hôpital »). *Psychol.* Troubles psychosomatiques présentés par un enfant élevé hors de sa famille naturelle, dans une communauté publique ou par un adulte à la suite d'une longue hospitalisation.

HOSPITALITÉ [ɔspitalite]. *n. f.* (fin XIIᵉ; lat. *hospitalitas*). ♦ 1° *Vx.* Charité qui consiste à recueillir, à loger et nourrir gratuitement les indigents, les voyageurs dans un établissement prévu à cet effet (hospice). ♦ 2° *Antiq.* Droit réciproque de trouver logement et protection les uns chez les autres. ♦ 3° (XVIIIᵉ). *Cour.* Libéralité qu'on exerce en recevant qqn sous son toit, en le logeant gratuitement (V. **Hôte**). *Donner, offrir l'hospitalité à qqn. Demander, accepter, recevoir l'hospitalité* (V. **Abri, asile, logement, refuge**). ◇ *Par ext.* Action de recevoir chez soi, d'accueillir avec bonne grâce. V. **Accueil, réception.** *Merci de votre aimable hospitalité.*

HOSPITALO-. Premier élément de mots didact., tiré du lat. *hospitalis.* V. **Hôpital.** Ex. : *Hospitalo-universitaire,* adj.

HOSPITALO-UNIVERSITAIRE [ɔspitalɔyniversitɛʀ]. *adj.* (1969; de *hospitalo-,* et *universitaire*). De l'hôpital, dans la mesure où les futurs médecins y font leurs études. *Enseignement hospitalo-universitaire. Centre hospitalo-universitaire.*

HOSPODAR [ɔspɔdaʀ]. *n. m.* (1690; mot slave « maître, seigneur »). *Hist.* Ancien titre des princes vassaux du sultan de Turquie.

HOSTEAU, HOSTO, ou **OSTO** [ɔsto]. *n. m.* (1886; lat. *hospitale;* Cf. anc. fr. et dial. *Hostau, osto,* « maison, logis »). *Pop.* Hôpital. *Il est à l'hosto.*

HOSTELLERIE [ɔstɛlʀi]. *n. f.* (1130, repris XXᵉ; forme archaïque de *hôtellerie*). Hôtellerie (I, 3°). « *Le snobisme gastronomique suscite une levée d'hostelleries et d'auberges* » (COLETTE).

HOSTIE [ɔsti]. *n. f.* (XIIIᵉ; *oiste,* XIIᵉ; lat. *hostia* « victime », sens chrét., au IVᵉ s.).

I. L'Espèce eucharistique du pain, consistant de nos jours en une petite rondelle de pain de froment, généralement azyme (dans les Églises latine, arménienne, maronite). *Consécration de l'hostie. La sainte hostie. Ciboire, patène contenant des hosties. Élévation de l'hostie. Exposition de l'hostie dans l'ostensoir. Déposer l'hostie sur la langue d'un communiant* (V. **Communion**). *Dogme de la présence réelle du Christ dans l'hostie* (V. **Transsubstantiation**). ◇ *Par ext.* Pain d'autel préparé pour être consacré au cours de la messe.

II. *Vx* (XIVᵉ-XVIIᵉ). Victime offerte en sacrifice. « *Frappons! Voilà l'hostie...* » (CYRANO).

HOSTILE [ɔstil]. *adj.* (1450, rare XVIIᵉ-XVIIIᵉ; lat. *hostilis,* de *hostis* « ennemi »). ♦ 1° Qui est ennemi, se conduit en ennemi. *Groupes hostiles qui font la guerre.* V. **Adverse, ennemi.** *Foule hostile et menaçante.* — *Fig. Nature hostile. Forces hostiles.* V. **Néfaste.** — En parlant des choses qui s'opposent, se contrarient par nature. *Caractères, naturels hostiles.* V. **Antagoniste, opposé.** ◇ HOSTILE À ... V. **Défavorable;** *contraire, opposé* (à). *Il est hostile à ce projet, à cette opinion, à ce candidat.* V. **Contre** (il est contre). *Hostile à un pays.* V. *suff.* **-Phobe.** — *Par ext. Élection, vote hostile à un régime.* ♦ 2° Qui est d'un ennemi, annonce, caractérise un ennemi. *Action, entreprise hostile.* « *Il se raidit et prit une attitude hostile* » (BALZ.). *Accueil hostile.* V. **Froid, glacé.** *Silence, regard hostile.* V. **Inamical.** *Propos hostiles.* V. **Malveillant.** — « *Il y avait dans la nature quelque chose d'hostile* » (STAËL). ◇ ANT. *Amical, bienveillant, cordial, favorable.*

HOSTILEMENT [ɔstilmɑ̃]. *adv.* (1418; de *hostile*). D'une manière hostile, en ennemi.

HOSTILITÉ [ɔstilite]. *n. f.* (1353; bas lat. *hostilitas*). ♦ 1° *Vx.* Acte d'un ennemi en guerre. « *Il y eut beaucoup d'hostilités entre les Chinois et les Russes* » (VOLT.). — *Mod.* LES HOSTILITÉS, l'ensemble des actions, des opérations de guerre. *Commencer, engager les hostilités. Cessation des hostilités.* V. **Armistice, trêve.** *Pendant la durée des hostilités.* V. **Conflit.** ♦ 2° (1606). Disposition hostile, inamicale. V. **Antipathie, haine, malveillance.** *Hostilité envers, contre qqn.* V. **Opposition.** *Acte d'hostilité. Ils affectaient « une vive hostilité à ce projet »* (MAURIAC). ◇ ANT. *Amitié, bienveillance.*

HOT [ɔt]. *adj. et n. m.* (déb. XXᵉ; mot amér. « chaud »). Se dit du jazz joué avec force, avec un rythme violent, « échauffé ». *Style hot. Il « siffle un air hot »* (QUENEAU). ◇ HOM. *Hotte.*

HOT-DOG [ɔtdɔg]. *n. m.* (1930; express. d'arg. amér., signifiant littéralt. « chien chaud »). *Américanisme.* Saucisse de Francfort, servie chaude dans un petit pain. *Des hot-dogs.* Invar. « *Les marchands de hot-dog* » (Cl. ROY).

HÔTE, HÔTESSE [ot, otɛs]. *n.* (*Oste, hoste,* XIIᵉ; fém., XIIIᵉ; lat. *hospes, -itis*).

I. ♦ 1° Personne qui donne l'hospitalité, qui reçoit qqn. V. **Amphitryon, maître** (de maison). *Hôtesse charmante,*

avenante, cordiale. Remercier ses hôtes. ♦ 2° *Vieilli.* V. **Aubergiste, cabaretier, hôtelier, restaurateur.** *L'hôtesse d'une auberge.* — *Loc.* (1640) *Table d'hôte,* table où plusieurs personnes réunies mangent à prix fixe. ♦ 3° (v. 1950). *Mod.* HÔTESSE DE L'AIR, et absolt. *Hôtesse* : jeune femme, jeune fille chargée de veiller au confort, à la sécurité des passagers, de s'occuper des enfants voyageant seuls, etc., dans les appareils des compagnies de transport aérien. *L'hôtesse et le steward font partie de l'équipage.* — *Par ext.* Jeune fille ou femme chargée de l'accueil (dans des centres, des villes, des gares, etc.). *Hôtesse d'accueil. Hôtesse d'agence, de grand magasin.* ♦ 4° (fin XIXᵉ). Organisme animal ou végétal qui héberge un parasite. *Hôte définitif. Hôte intermédiaire.*

II. ♦ 1° Personne qui reçoit l'hospitalité (fém. HÔTE). *Recevoir, loger, nourrir, régaler un hôte, une hôte, ses hôtes.* V. **Invité.** « *Il était pour ce dernier soir, non plus un membre, mais l'hôte du mess* » (MAUROIS). *Hôte de marque. Hôtes réunis chez qqn.* V. **Commensal, convive.** — *Hôte payant,* qui prend pension chez qqn, moyennant redevance. ◇ *Client d'une auberge, d'un hôtel.* — *Par ext. Les hôtes successifs d'une chambre d'hôtel, d'un appartement meublé.* V. **Habitant, locataire, occupant.** ♦ 2° (1668). *Littér. et vx.* En parlant de ce qui vit dans un lieu. V. **Habitant.** *Les hôtes de l'air* : les oiseaux. ◇ HOM. *Haute, hautesse.*

HÔTEL [o(ɔ)tɛl]. *n. m.* (*Ostel,* XIᵉ, « demeure, logis »; bas lat. *hospitale* « chambre pour les hôtes ». V. **Hôpital**). ♦ 1° (XIIIᵉ, dans le Nord). Maison meublée où on loge et où l'on trouve toutes les commodités du service (à la différence du meublé). V. **Auberge, hôtellerie.** *Hôtel de première classe; hôtel luxueux; grand hôtel international.* V. **Palace.** *Hôtel de tourisme. Hôtel-restaurant. Café-hôtel. Hôtel où l'on prend pension.* V. **Pension.** *Le hall, la réception d'un hôtel. Chambre d'hôtel.* — *Propriétaire, directeur d'hôtel* (V. **Hôtelier**). *Chasseur, concierge, groom, portier d'un hôtel. Garçon, femme de chambre dans un hôtel. Rat* d'hôtel.* ♦ 2° (Déb. XVᵉ). Demeure citadine d'un grand seigneur (*ancienn.*) ou d'un riche particulier. V. **Palais.** *Hôtel de Lauzun, de Luynes; hôtel Crillon. Un vieil hôtel du XVIIIᵉ s.* Cour. *Hôtel particulier* (pour distinguer de *Hôtel,* 1°). V. **Immeuble.** « *Neuilly, plein d'hôtels particuliers* » (ARAGON). ♦ 3° MAÎTRE D'HÔTEL : celui qui dirige les services de table, chez un riche particulier (V. **Majordome**), ou dans un restaurant. *Le maître d'hôtel et les garçons.* ◇ [À la] *maître d'hôtel* : qualifie une préparation à base de beurre et de persil. ♦ 4° *Par ext.* Grand édifice destiné à un établissement public. *Hôtel de la Monnaie. Hôtel des ventes* : salle des ventes. ◇ HÔTEL DE VILLE : édifice où siège l'autorité municipale dans une grande ville. V. **Mairie.** ◇ HOM. *Autel.*

HÔTEL-DIEU [o(ɔ)tɛldjø]. *n. m.* (v. 1250, « maison de Dieu »). Se dit de l'hôpital principal de certaines villes. *L'Hôtel-Dieu de Beaune.* V. **Hospice.** *Des hôtels-dieu.* Absolt. *L'Hôtel-Dieu* : celui de Paris.

HÔTELIER, IÈRE [o(ɔ)təlje, jɛʀ]. *n. et adj.* (1130; de *hôtel*).

I. ♦ 1° *Ancienn.* Personne qui tient un hôtel, une hôtellerie, une auberge. V. **Aubergiste, logeur.** ♦ 2° N. m. (*Vx*). Religieux chargé de recevoir les hôtes, les voyageurs, dans certaines abbayes. — *Mod.* Adj. *Le père hôtelier.*

II. *Adj.* (1906; « hospitalier », en a. fr.). Relatif aux hôtels, à l'hôtellerie (II). *Industrie hôtelière. Crédit hôtelier. École hôtelière,* formant les élèves aux diverses professions de l'hôtellerie. *Syndicats hôteliers.*

HÔTELLERIE [o(ɔ)tɛlʀi]. *n. f.* (1130; de *hôtel*).

I. ♦ 1° *Ancien.* Maison où les voyageurs peuvent être logés et nourris, moyennant rétribution; hôtel simple ou rustique. V. **Auberge.** ♦ 2° *Archit.* Bâtiment d'une abbaye destiné à recevoir les hôtes. ♦ 3° *Vieilli.* Auberge. « *La tablée vulgaire de n'importe quelle hôtellerie provinciale* » (BLOY). ◇ *Mod.* Hôtel ou restaurant d'apparence rustique confortable ou même luxueux. V. **Hostellerie.**

II. Métier, profession d'hôtelier; industrie hôtelière. *École d'hôtellerie. Travailler dans l'hôtellerie. Crise de l'hôtellerie.*

HÔTESSE. *n. f.* V. HÔTE (I).

HOTTE [ɔt]. *n. f.* (*Hote,* XIIIᵉ; frq. °*hotta*). ♦ 1° Grand panier ou cuve, qu'on porte sur le dos au moyen de bretelles (ou brassières). *Hotte de vendangeur,* pour le transport des raisins au lieu de cueillette aux bennes. V. **Bouille.** *La hotte du père Noël.* ♦ 2° (1676). Construction en forme de hotte renversée, se raccordant au bas d'un tuyau de cheminée, d'un conduit d'aération. *Hotte d'une cheminée de cuisine, hotte aspirante. Hotte de forge.* « *Une cheminée à hotte dans laquelle des sarments de genévrier pétillent* » (HUYSMANS). *Hotte de laboratoire.* ◇ HOM. *Hot.*

HOTTÉE [ɔte]. *n. f.* (1496; de *hotte*). *Rare.* Capacité d'une hotte; contenu d'une hotte pleine.

HOTTENTOT, OTE [ɔtɑ̃to, ɔt]. *adj. et n.* (1685; mot holl. « bégayeur »). Relatif à une population de pasteurs nomades de l'Afrique du Sud-Ouest (parfois appliqué *abusiv.*

aux Boschimans, leurs voisins). *Population hottentote. Les Hottentots.* — Spécialt. *Vénus hottentote* : type de femme boschimane à fesses énormes (stéatopyge).

HOTTER ['ɔte]. *v. tr.* (1412; de *hotte*). Rare. Transporter dans une hotte. *Hotter des raisins.*

HOTTEREAU ['ɔtʀo] ou **HOTTERET** ['ɔtʀɛ]. *n. m.* (1359; de *hotte*). Rare. Petite hotte.

HOU! ['u; hu]. *interj.* (XIVᵉ; onomat.). Interjection pour railler, faire peur ou honte. *Hou! la vilaine!* ◇ HOM. V. **Ou.**

HOUACHE ['waʃ], **HOUAICHE** ['wɛʃ] ou **OUAICHE** [wɛʃ]. *n. f.* (1678; adapt. angl. *wake* « sillage »). Mar. *(Vx).* Sillage d'un navire en marche.

HOUBLON ['ublɔ̃]. *n. m.* (*Oubelon*, 1413; néerl. *hoppe*, avec infl. a. fr. *homlon* lat. médiév. *humlone*, frq. °*humilo*). Plante grimpante (*Urticacées*), vivace, à tige volubile. *Les fleurs femelles du houblon servent à aromatiser la bière. Perches à houblon.*

HOUBLONNAGE ['ublɔnaʒ]. *n. m.* (1874; de *houblonner*). Techn. Action de houblonner; troisième opération dans la fabrication de la bière.

HOUBLONNER ['ublɔne]. *v. tr.* (1694; de *houblon*). Techn. Mettre du houblon dans (une boisson). *Houblonner la bière.* — Au p. p. *Le stout, bière fortement houblonnée.*

HOUBLONNIER, IÈRE ['ublɔnje, jɛʀ]. *n. m. et adj.* (1873; de *houblon*). Celui qui cultive le houblon. ◇ *Adj.* (1877) Qui produit du houblon. *Pays houblonnier. Région houblonnière.*

HOUBLONNIÈRE ['ublɔnjɛʀ]. *n. f.* (1535; de *houblon*). Champ de houblon. *Houblonnière d'Alsace, de Belgique.*

HOUDAN ['udɑ̃]. *n. f.* (1908; de *Houdan*, nom de ville). Agric. Poule, poulet d'une race élevée à Houdan.

HOUE ['u]. *n. f.* (fin XIIᵉ; frq. °*hauwa*). Pioche à lame assez large dont on se sert pour les binages. *Houe à main.* V. **Fossoir, hoyau.** « *Une femme... occupée à labourer la terre à la houe* » (BALZ.). — *Houe à cheval*, charrue légère à un ou plusieurs petits socs triangulaires. V. **Bineuse.** ◇ HOM. V. **Ou.**

HOUER ['we]. *v. tr.* (fin XIIᵉ; de *houe*). *Vx.* Labourer avec la houe.

HOUILLE ['uj]. *n. f.* (1611; *oille de charbon*, 1502; wallon *hoye*, du frq. °*hukila* « bosse, tas »). Combustible minéral de formation sédimentaire (densité moyenne 1,3), généralement noir, à facettes brillantes, et renfermant 75 à 93 % de carbone pur. *La houille, charbon naturel fossile, autrefois nommé « charbon de terre, charbon de pierre ». La houille provient de végétaux décomposés* (« *houillification* » *des végétaux*). *Composition de la houille, matière combustible* : carbone, hydrogène, oxygène, azote, soufre (pyrites, sulfates); silicates, alumine, oxyde de fer, chaux, eau. *Variétés de houilles* : *houilles grasses* (plus de 25 % de matières volatiles, *ex.* : *maréchale*), *demi-grasses* (15 à 18 %), *maigres* (12 à 14 %) et *anthraciteuses* (4 à 11 %). V. **Anthracite.** *Gisement de houille* (Cf. Bassin houiller). *Filon, veine de houille. Gaz dans les mines de houille* (grisou, méthane). *Aspect des morceaux de houille dans le commerce* : fines, gaillette, poussier, aggloméré, briquettes, boulets. *Emploi de la houille comme combustible. Produits de la distillation de la houille.* V. **Coke, goudron; gaz** (d'éclairage). *Gaz de houille; gazéification de la houille dans la mine. Goudron de houille*, coaltar. ◇ *Par anal.* d'utilisation. *Cour.* (1906) HOUILLE BLANCHE : énergie hydraulique fournie par les chutes d'eau en montagne. V. **Barrage; hydro-électrique.** — Géogr. *Houille verte* : énergie hydraulique fournie par les vagues et les marées. V. **Marémotrice** (usine). ◇ HOM. *Ouille!*

HOUILLER ['uje]. *n. m.* Syn. de *Carbonifère*.

HOUILLER, ÈRE ['uje, ɛʀ]. *adj.* (1793; de *houille*). Qui renferme des couches de houille. *Terrain, bassin houiller.* ◇ Relatif à la houille. *Richesse houillère. Industries houillères.*

HOUILLÈRE ['ujɛʀ]. *n. f.* (1541; de *houille*). Mine de houille. *Les houillères du nord de la France. Exploitation d'une houillère.* V. **Charbonnage.**

HOUKA ['uka]. *n. m.* (1812; hindi *hukka*, mot arabe). Pipe à réservoir, sorte de narguilé (aux Indes). « *Le bec d'ambre d'un magnifique houka de l'Inde* » (BALZ.).

HOULE ['ul]. *n. f.* (1484; germ. *hol* « creux »). ♦ 1° Mouvement ondulatoire qui agite la mer sans faire déferler les vagues. *Forte, grosse houle. Navire balancé par la houle.* V. **Roulis.** — *Hauteur de la houle*, dénivellation entre le creux et la crête. — *Période de la houle*, temps qui sépare le passage de deux crêtes successives. ◇ *(Au plur.)* Grosses vagues d'une mer agitée. « *Occupés à regarder mourir à nos pieds les longues houles qui venaient d'Amérique* » (FROMENTIN). ♦ 2° Ce qui rappelle, par son aspect (ou son mouvement) la surface d'une mer houleuse. « *Il contemplait l'énorme houle des verdures forestières* » (L. BERTRAND). *Une houle humaine.*

HOULETTE ['ulɛt]. *n. f.* (1278; de l'a. fr. *houler* « jeter », moy. néerl. *hollen*). ♦ 1° Bâton de berger, muni à son extrémité d'une plaque de fer en forme de gouttière servant à jeter des mottes de terre ou des pierres aux moutons qui

s'écartent du troupeau. — *Par métaph.* V. **Bâton.** *La houlette de l'évêque.* V. **Crosse.** « *Votre pasteur vous rassemble sous sa houlette* » (CHATEAUB.). : sous sa conduite. ♦ 2° Techn. Petite bêche de jardinier en forme de houlette pour lever de terre les oignons de fleurs.

HOULEUX, EUSE ['ulø, øz]. *adj.* (1716; de *houle*). ♦ 1° Agité par la houle. *Mer houleuse.* ♦ 2° Fig. (1907). V. **Agité, troublé.** *Assemblée, salle houleuse. Séance houleuse.* V. **Mouvementé, orageux.** ◇ ANT. **Calme, paisible.**

HOULQUE ['ulk(ə)] ou **HOUQUE** ['uk]. *n. f.* (1789; lat. *holcus* « orge sauvage »). Plante herbacée (*Graminées*), vivace, à tige souterraine, à feuilles velues, qui pousse en grosses touffes. *La houlque laineuse forme un excellent fourrage.*

HOUP! ['up; hup]. *interj.* (1826; onomat.). V. **Hop!** « *Allons, houp! débarrassez le plancher!* » (ZOLA). ◇ HOM. **Houppe.**

HOUPPE ['up]. *n. f.* (déb. XIVᵉ; a. frq. °*huppo* « touffe »). ♦ 1° Assemblage de brins de fil, de laine, de soie formant une touffe et servant généralement d'ornement. V. **Floche, houppette, pompon.** — Spécialt. *Houppe à poudrer.* V. **Houppette.** « *Prête-moi ta houppe à poudre* » (COLETTE). ♦ 2° (1559, « plumes » ; par anal. de forme). *Houppe de cheveux.* V. **Toupet.** *Riquet à la houppe*, personnage des contes de Perrault. *Houppe de plumes.* V. **Aigrette, huppe.** *Houppe de poils.* « *Sur les sureaux... une houppe neuve de verdure tendre* » (COLETTE). ◇ *Anat.* Papilles nerveuses terminant certains nerfs. ◇ HOM. **Houp!**

HOUPPELANDE ['uplɑ̃d]. *n. f.* (*Hoppelande*, 1281 ; probabl. a. angl. *hop-pâda* « pardessus »). Long vêtement de dessus, très ample et ouvert par-devant, souvent ouaté et fourré, à col plat, à larges manches flottantes évasées. V. **Cape.** « *Le cocher à grosse houppelande bleue brodée de rouge* » (BALZ.).

HOUPPER ['upe]. *v. tr.* (1680 ; *houppé*, XVIᵉ ; de *houppe*). Techn. Disposer en houppes, garnir de houppes. *Houpper de la laine, la peigner.*

HOUPPETTE ['upɛt]. *n. f.* (1399 ; de *houppe*). Petite houppe. *Houppette à poudre de riz*, petit tampon arrondi (de coton, de cygne) pour se poudrer.

HOUPPIER ['upje]. *n. m.* (1343 ; de *houppe*). Eaux et for. Sommet d'un arbre ébranché, et *par ext.* cet arbre.

HOUQUE. V. **Houlque.**

HOURD ['uʀ]. *n. m.* (XIIIᵉ, « palissade » ; frq. °*hurd*). Ancienn. Palissade. Estrade pour les spectateurs d'un tournoi; scène de théâtre en charpente (au moyen âge). ◇ *Fortif.* Charpente en encorbellement au sommet d'une tour, d'une muraille.

HOURDAGE ['uʀdaʒ]. *n. m.* (XVᵉ; de *hourder*). Techn. Action de hourder. *Par ext.* Maçonnage grossier (d'une cloison). V. **Hourdis.** — Couche de plâtre étendue sur un lattis pour former l'aire d'un plancher.

HOURDER ['uʀde]. *v. tr.* (XIIᵉ; de *hourd*). Techn. *(Constr.).* ♦ 1° Garnir de hourds. *Chemin de ronde hourdé.* ♦ 2° Maçonner grossièrement avec du plâtre. *Hourder une cloison.*

HOURDIS ['uʀdi]. *n. m.* (*Hordeïs*, fin XIIᵉ; de *hourder*). Techn. Maçonnerie légère qui garnit un colombage, une armature en pans de bois. — Corps creux en terre cuite. ◇ HOM. *Ourdi* (p. p. de *ourdir*).

HOURI ['uʀi]. *n. f.* (1654; mot persan, de l'arabe *hour*, adj. désignant les femmes qui ont le blanc et le noir des yeux très tranchés). Beauté céleste que le Coran promet au musulman fidèle dans le paradis d'Allah. — Fam. *Une croupe de houri.*

HOURQUE ['uʀk(ə)]. *n. f.* (*Hulke*, 1326; moy. néerl. *hulke; hourque* par crois. avec *hoeker*, type de navire). Mar. Bâtiment de transport à varangues plates à flancs renflés, en usage en Hollande. *Les hourques sont très lentes.* — *Les vieilles hourques hollandaises, grosses et dures comme une noix vernie!* » (CLAUDEL).

HOURRA ['uʀa; huʀa]. *n. m.* (*Houra*, 1722; angl. *hussa*, *huzza* (XVIᵉ), var. *hurrah* (XVIIᵉ). ♦ 1° Cri d'acclamation poussé par les marins. *L'amiral fut salué d'un triple hourra.* ◇ *Cour.* Cri d'enthousiasme, d'acclamation. « *Des hourras et des applaudissements retentirent frénétiquement* » (CARCO). — Interj. *Hourra! Hip, hip, hip; hourra!* ♦ 2° *Vx.* Cri de guerre des Cosaques.

HOURVARI ['uʀvaʀi]. *n. m.* (1561; probabl. crois. entre *hou, hari* « cris pour exciter les chiens », et *charivari*). ♦ 1° Vén. Cri des chasseurs, sonnerie de trompe pour ramener des chiens tombés en défaut. — Ruse d'une bête traquée qui revient à son point de départ pour mettre les chiens en défaut. ♦ 2° Littér. Grand tumulte. « *Par moments il s'élevait un hourvari de clameurs* » (HUGO). « *Ce fut un hourvari, une mêlée, un éclair* » (GOBINEAU). ◇ ANT. **Calme, silence.**

HOUSARD. V. **Hussard.**

HOUSEAU ['uzo]. *n. m.* (XIIᵉ; de l'a. fr. *huese* « botte », frq. °*hosa*). *En général plur.* Sorte de jambière, simulant la tige d'une botte. *Houseaux lacés, boutonnés, de toile.* « *Les houseaux de cuir jadis noirs, presque roux maintenant* » (GENEVOIX).

HOUSPILLER ['uspije]. *v. tr.* (v. 1450; *houssepignier*, XIIIᵉ; de *pigner, peigner*, et *housser* 2). ♦ 1° *Rare.* Brutaliser (qqn) en le secouant, en le tiraillant. V. **Battre, maltraiter.** *Le boxeur « semblait un taureau maladroit qu'on houspille* » (HÉMON). ♦ 2° *Cour.* Attaquer, maltraiter (qqn) en paroles; harceler de reproches, de critiques. V. **Critiquer, quereller.** *Il s'est fait houspiller durement.* V. **Réprimander.**

HOUSPILLEUR, EUSE ['uspijœʀ, øz]. *adj.* (v. 1920; de *houspiller*). *Littér.* Qui houspille.

HOUSSAIE ['usɛ]. *n. f.* (XIIᵉ; de *houx*). *Région.* Lieu planté de houx, de buissons de houx (On dit aussi HOUSSIÈRE ['usjɛʀ]).

HOUSSE ['us]. *n. f.* (*Houce*, XIIᵉ; frq. °*hulftia* « couverture »). ♦ 1° Sorte de couverture attachée à la selle et qui couvre la croupe du cheval. « *Le cheval blanc avec sa housse de velours pourpre* » (HUGO). ♦ 2° Enveloppe souple recouvrant et protégeant temporairement certains objets (meubles, vêtements, etc.) dont elle épouse la forme. V. **Enveloppe, gaine.** *Housse de protection que l'on met sur les meubles; sur une voiture.* « *Les machines à écrire dormaient sous les housses* » (ST-EXUP.). — *Housse à vêtements,* grand sac de toile, de matière plastique dans lequel on les enferme. ♦ 3° Enveloppe de protection d'un siège d'automobile, sur laquelle on s'assoit.

1. **HOUSSER** ['use]. *v. tr.* (1260; de *housse*). Couvrir d'une housse. « *La chaise longue houssée de toile blanche* » (MART. du G.).

2. **HOUSSER** ['use]. *v. tr.* (XIIIᵉ; de *houx*). *Rare.* Épousseter, nettoyer avec un houssoir. *Housser des meubles, une tapisserie.*

HOUSSINE ['usin]. *n. f.* (XVᵉ; de *houx*). *Vieilli.* Baguette de houx, et *par ext.* toute baguette flexible.

HOUSSINER ['usine]. *v. tr.* (1611; de *houssine*). *Vieilli.* Battre, frapper avec une houssine. *Houssiner un tapis.*

HOUSSOIR ['uswaʀ]. *n. m.* (XVᵉ; de *houx*). *Vieilli.* Balai de houx, et *par ext.* de branchages, de crin, de plumes (V. **Plumeau**).

HOUX ['u]. *n. m.* (*Hos, hous,* XIIᵉ; frq. °*hulis*). Arbre ou arbuste (*Ilicacées*), à feuilles aiguës, coriaces, luisantes et persistantes, à fleurs isolées ou en grappes; à fruits sphériques d'un rouge vif. *Piquants d'une feuille de houx. Le gui et le houx de la Noël. Lieu planté de houx.* V. **Houssaie.** *Houx commun, houx maté* (V. **Maté**). *Houx-frelon, houx-frelon* (V. **Fragon**). « *Noël approchait... on offrait du houx, des touffes de gui* » (CHARDONNE). ◇ HOM. V. **Ou.**

HOVERCRAFT [ɔvœ(ɛ)ʀkʀaft]. *n. m.* (v. 1960; mot angl., de *to hover* « planer », et *craft* « embarcation »). *Anglicisme.* Véhicule amphibie à coussin d'air (V. **Aéroglisseur**), utilisé essentiellement sur la mer, pour le transport de passagers et de véhicules.

HOYAU ['wajo]. *n. m.* (*Hoyel,* 1335; *hewel,* 1312; de *houe*). *Agric.* Petite houe à lame courbe taillée en biseau.

HP. V. **HORSE-POWER.**

HUARD ou **HUART** ['yaʀ]. *n. m.* (1361; de *huer*). ♦ 1° Nom donné au pygargue*, à cause de son cri. ♦ 2° [Canada, 1613]. Nom courant du *plongeon arctique* (oiseau palmipède). « *Ils trouvaient des nids énormes des huards* » (L.-P. DESROSIERS).

HUBLOT ['yblo]. *n. m.* (1773; *huvelot,* 1382, altér. *hulot,* 1694; de l'a. fr. *huve* « bonnet, couvercle », o. frq.). Petite fenêtre étanche généralement ronde munie d'un verre épais pour donner du jour et de l'air à l'intérieur d'un navire. *Les rangées de hublots d'un transatlantique.* ◇ *Par ext.* Fenêtre circulaire dans un avion de transport. « *Il regardait « par l'œil du hublot. L'avion en possède une ceinture* » (ARNOUX). ◇ *Spécial.* Hublot d'une machine à laver, d'une cuisinière.

HUCHE ['yʃ]. *n. f.* (*Huge,* fin XIIᵉ; lat. médiév. *hutica,* probabl. o. germ.). Grand coffre de bois rectangulaire à couvercle plat (à la différence du *Bahut*). *Huche à vêtements, à provisions. Huche au pain, à pain :* huche où l'on garde le pain, à la campagne. — *Huche à pétrir* (V. **Maie, pétrin**).

HUCHER ['yʃe]. *v. tr.* (1160; lat. pop. °*huccare;* probabl. onomat.). *Vx* ou *Vén.* Appeler en criant, en sifflant.

HUCHET ['yʃɛ]. *n. m.* (1382; de *huchet*). *Vx* ou *Blas.* Petit cor de chasse. V. **Cornet.**

HUE! ['y; hy]. *interj.* (1680; onomat.). Mot dont on se sert pour faire avancer un cheval, pour le faire tourner à droite (on emploie aussi *Huhau*). *Hue cocotte! Allez, hue!* — Loc. *Tirer à hue et à dia.* V. **Dia.** ◇ HOM. **Eu** (p. p. du v. *avoir*); *u.*

HUÉE ['ye]. *n. f.* (XIIᵉ; de *huer*). ♦ 1° *Vén.* Cris des chasseurs pour faire lever, pour rabattre le loup, pour indiquer que le sanglier est pris, etc. ♦ 2° *Cour.* (au plur., XVIIIᵉ). Cri de dérision, de réprobation poussé par une assemblée, une réunion de personnes. *Orateur interrompu par des sifflets et des huées.* V. **Bruit, charivari, tollé.** *S'enfuir sous les huées,*

◇ ANT. *Acclamation, applaudissement, bravo, hourra, ovation, vivat.*

HUER ['ye]. *v.* (1160; du rad. onomat. de *hue*). ♦ 1° V. tr. *Vén.* Poursuivre (le loup) avec des huées. ♦ 2° *Cour.* Pousser des cris de dérision, des cris hostiles contre (qqn). V. **Huée; conspuer, siffler.** *Il s'est fait huer. Huer un orateur, un acteur.* — *Par ext. Huer un spectacle.* « *Figurez-vous que Zaïre fut huée dès le second acte* » (VOLT.). ♦ 3° V. *intr.* Pousser son cri, en parlant de la chouette, du hibou (V. **Chat-huant.** ◇ ANT. *Acclamer, applaudir, ovationner.*

HUERTA ['w(y)ɛʀta]. *n. f.* (XXᵉ; mot esp.). *Géogr.* Plaine irriguée très fertile, en Espagne. *Les huertas d'Andalousie.*

HUGUENOT, OTE ['ygno, ɔt]. *n. et adj.* (1550; *eyguenet,* 1520; altér. all. *Eidgenossen* « confédérés » (nom des Genevois partisans de la Confédération contre le duc de Savoie). ♦ 1° *Péj.* Surnom donné au XVIᵉ siècle aux calvinistes, en France, par les catholiques, du XVIᵉ au XVIIIᵉ s. *Par ext.* V. **Protestant.** *Les papistes et les huguenots.* — Adj. *Parti huguenot.* « *Ses cousines huguenotes* » (STE-BEUVE). ♦ 2° *Marmite huguenote,* et absolt. HUGUENOTE (n. f.). *Vx.* Marmite de terre sans pieds ou à pieds très bas; petit fourneau surmonté de cette marmite. *Une vieille femme « faisait notre festin dans une huguenote* » (CHATEAUB.).

HUI [yi]. *adv.* (Xᵉ; lat. *hodie*). *Vx.* Aujourd'hui. ◇ HOM. *Huis, huit.*

HUILAGE [yilaʒ]. *n. m.* (1838; de *huiler*). ♦ 1° Action de tremper dans un bain d'huile. *L'huilage des limes, du coton.* ♦ 2° (1845). Action d'enduire, de frotter d'huile. *L'huilage des machines* (V. **Graissage**).

HUILE [yil]. *n. f.* (*Oile,* 1120, var. *olie; uile,* 1250, puis *huile* pour éviter la lecture *vile;* lat. *oleum*). ♦ 1° Substance grasse, onctueuse et inflammable, liquide à la température ordinaire et insoluble dans l'eau, d'origine végétale, animale ou minérale. V. **Graisse.** *Huile figée, huile bouillante. Viscosité d'une huile. Tache d'huile. Huiles grasses* (végétales, animales), *corps gras, saponifiables, à base d'oléine* (V. **préf.** Olé(o)-). *Huiles végétales alimentaires,* d'arachide, de navette, de noix, d'œillette, d'olive. *Huile de colza, de coton, de lin* (huiles industrielles). *Huile de ricin, purgatif. Graines, pulpes dont on tire de l'huile.* V. **Oléagineux; émulsif.** — *Huiles animales. Huile de baleine, de phoque. Huile de foie de morue.* — *Chim. Huiles minérales :* hydrocarbures liquides. *Huiles lourdes,* hydrocarbures distillant à haute température. *Huile minérale brute* (ou huile de naphte). V. **Pétrole.** *Huiles de goudron, de pétrole,* obtenues par distillation des goudrons de bois (V. **Créosote**) ou de houille (*huiles légères* (V. **Benzène**), *phénoliques, antharcéniques*), du pétrole et de ses dérivés (V. **Fuel-oil, gas-oil, mazout**). *Huile de graissage. Huile de paraffine, de vaseline.* ◇ *Huiles médicamenteuses,* ou *médicinales* (huile camphrée, goménolée, iodée). *Huile solaire,* pour protéger la peau de l'action du soleil et faire bronzer. *Huile essentielle,* ou *volatile,* obtenue par distillation de substances aromatiques contenues dans diverses plantes. V. **Essence, oléolat.** ♦ 2° *Cour.* Huile comestible. *Bouteille d'huile. Huile de table. Huile vierge,* obtenue après premier pressurage des olives. « *Son médecin lui interdit la cuisine à l'huile* » (COLETTE). *Assaisonner avec de l'huile et du vinaigre.* ◇ *Huile de graissage. Burette d'huile. Bidon d'huile. Vidanger l'huile d'une voiture.* — *Huile de lampe. Lampe à huile.* ♦ 3° Mélange d'huile (de lin, d'œillette) et d'une matière colorante. *Peinture à l'huile,* ellipt. *L'huile. L'huile a détrôné la détrempe.* ◇ *Une huile,* tableau peint à l'huile. *Une huile de Degas.* ♦ 4° *Liturg. Huile sainte, huile d'onction,* utilisée pour sacrer les rois dans les religions juive et chrétienne. — Liturg. rom. *Les saintes huiles.* V. **Chrême, extrême-onction.** ♦ 5° *Par compar.* ou *fig.* (Allus. à la fluidité, à l'onctuosité de l'huile). *Doux comme de l'huile. Couler comme de l'huile.* — *Mer d'huile,* très calme, sans vagues (comme une nappe d'huile). — *Tache d'huile,* ce qui se propage, gagne du terrain de manière insensible mais continue. *Idée qui fait tache d'huile* (Cf. *Faire boule de neige*). « *Il rayonne de tribu en tribu, fait la politique de la tache d'huile, gagne de proche en proche* » (MAUROIS). ◇ *Littér. Ouvrage qui sent l'huile :* qui porte la marque de longs et laborieux efforts (*par allus.* aux nombreuses veilles [à la lumière de la lampe à huile] qu'il semble avoir coûté à son auteur). ◇ *Fam. Dans l'huile,* avec une grande aisance. *La première représentation s'est déroulée dans l'huile.* *Vieilli. Mettre, verser de l'huile dans les plaies de qqn, l'apaiser* (Cf. *Verser un baume* sur une blessure). — Mod. *Jeter de l'huile sur le feu,* attiser un désir, pousser à la dispute. V. **Attiser, envenimer, exciter.** « *Ces difficultés, loin d'abattre mon désir, furent comme de l'huile sur le feu* » (BAUDEL.). ◇ *Fam. Huile de bras, de coude, de poignet.* V. **Force.** « *Plus on met de l'huile de coude, plus ça reluit* » (ZOLA). ♦ 6° *Pop.* (fin XIXᵉ; *nager dans les huiles* « être en relation avec des personnages influents »). *Les huiles,* personnages importants, autorités. V. **Légume.** — Au sing. « *Le père est un grand manitou dans les chemins de fer... C'est une huile* » (CÉLINE).

HUILER [yile]. *v. tr.* (1488; *s'huvler* « se frotter d'huile »;

de *huile*). ♦ **1°** Frotter, oindre avec de l'huile. V. **Graisser, lubrifier.** *Huiler les rouages d'une machine pour faciliter le glissement, éviter le grippage. S'huiler la peau à l'huile d'amandes douces.* Au p. p. *Cuir, papier huilé; étoffe, soie huilée,* enduit d'une huile qui l'imperméabilise. ◇ *Bien huilé* (fig.), dont le fonctionnement est parfait. *La vie paisible d'une démocratie aux mécanismes bien huilés.* ♦ **2°** (1546). Assaisonner avec de l'huile (seulement au p. p.). *Salade trop huilée.*

HUILERIE [ɥilʀi]. *n. f.* (1547; de *huile*). ♦ **1°** Ancienn. Moulin à huile. ◇ *Mod.* Usine où l'on fabrique des huiles. *Les huileries de Marseille.* ♦ **2°** Commerce des huiles. *S'enrichir dans l'huilerie.* — Industrie agricole de la fabrication des huiles végétales.

HUILEUX, EUSE [ɥilø, øz]. *adj.* (1474; de *huile*). ♦ **1°** Rare. Qui est de la nature de l'huile; qui en contient. « *Les olives huileuses* » (CHÉNIER). ◇ Pharm. *Médicament injectable en solution huileuse.* ♦ **2°** Qui évoque l'huile par son aspect ou sa consistance. V. **Onctueux, visqueux.** « *Des reflets huileux à la surface des eaux* » (CAMUS). ♦ **3°** Qui est ou semble frotté, imbibé d'huile. V. **Graisseux, gras.** *Cheveux huileux. Peau huileuse.*

HUILIER [ɥilje]. *n. m.* (1260; de *huile*). ♦ **1°** Rare. Fabricant, marchand d'huile. ♦ **2°** (1693). Cour. Ustensile de table contenant deux burettes pour l'huile et le vinaigre.

HUILIER, IÈRE [ɥilje, jɛʀ]. *adj.* (1868; de *huile*). Qui a rapport à la fabrication des huiles. *Industrie huilière :* huilerie.

HUIS [ɥi]. *n. m.* (XIIe; bas lat. *ustium*, class. *ostium*; *h* pour éviter la lecture *vis*). ♦ **1°** Vx. Porte d'une maison. « *On frappe à l'huis* » (LA FONT.). ♦ **2°** Mod. À HUIS CLOS, toutes portes fermées. *Ils passent* « *dans l'intérieur des cabarets, afin d'y continuer à huis clos leurs libations* » (GAUTIER). — Dr. Sans que le public soit admis. *Délibérer à huis clos. Audience à huis clos.* ◇ Subst. *Le huis clos. Tribunal qui ordonne le huis clos.* — *Huis clos,* pièce de Sartre. ◇ HOM. *Hui.*

HUISSERIE [ɥisʀi]. *n. f.* (1260; de *huis*). ♦ **1°** Porte (*vx*). ♦ **2°** Techn. Bâti formant l'encadrement d'une porte, d'une fenêtre. *Huisserie en bois, métallique.*

HUISSIER [ɥisje]. *n. m.* (*Uissier,* XIIe; de *huis*). I. ♦ **1°** Vx. Portier. ♦ **2°** Officier dont la principale charge était d'ouvrir et de fermer une porte. *Huissier de la chambre du roi.* ◇ *Mod.* Celui qui a pour métier d'accueillir, d'annoncer et d'introduire les visiteurs chez un haut fonctionnaire, un ministre. *Donner son nom, le motif de sa visite à l'huissier.* ◇ Dr. *Huissier audiencier :* qui introduit le tribunal dans la salle d'audience et assure la police de l'audience).

II. ♦ **1°** Celui qui est préposé au service de certains corps, de certaines assemblées. *Les huissiers du Palais-Bourbon, d'une faculté.* V. **Appariteur.** ♦ **2°** (XVIe). Officier ministériel chargé de signifier les actes de procédure et de mettre à exécution les décisions de justice et les actes authentiques ayant force exécutoire (ainsi nommé à cause des fonctions de l'huissier audiencier). *Actes d'huissier :* assignation, commandement, constat, exploit, procès-verbal, protêt, saisie, sommation. « *Après tout, ne payez pas, je m'en fiche, moi! Je vous enverrai l'huissier* » (ZOLA).

HUIT [ɥi(t)]. *adj. et n.* (*Uit,* fin XIe; *h* pour éviter la lecture *vit;* lat. *octo*). I. ♦ **1°** Adjectif numéral cardinal invariable (prononcé [ɥi] devant un nom commençant par une consonne, [ɥit] dans tous les autres cas). Sept plus un. V. **Octo-.** *Journée de huit heures. Huit dizaines.* V. **Quatre-vingt(s), octante** (*vx*); huitante. — *Dans huit jours, d'aujourd'hui en huit,* au huitième jour en comptant aujourd'hui, le même jour de la semaine suivante. V. **Huitaine.** *Ce mardi 4, il lui donne rendez-vous pour jeudi en huit* (jeudi 13). — *Huit jours :* semaine (bien qu'elle n'ait que sept jours). *Donner ses huit jours à un domestique,* le renvoyer et lui payer une semaine de travail de dédommagement. ♦ **2°** Adjectif numéral ordinal invariable. V. **Huitième.** *Le huit mai,* et ellipt. *Le huit du mois. Henri huit* (VIII). *Huit ou neuvième.*

II. *N. m. invar.* [*t* toujours prononcé]. *Cinq et trois font huit. Dix-huit, vingt-huit* [diзɥit; vɛ̃tɥit]. ◇ Spécialt. *Carte à jouer marquée de huit points. Le huit de pique.* — *Chiffre qui représente ce nombre. Huit romain* (VIII), *arabe* (8). ◇ Par ext. *Les infinis sont notés par un huit couché* (∞). *Ivrogne qui zigzague et fait des huit.* « *Les décalques en huit de vieux arrosages* » (CAMUS). ◇ HOM. *Hui, huis.*

HUITAIN [ɥitɛ̃]. *n. m.* (v. 1500, « huitième »; de *huit.*) Petit poème de huit vers. — Strophe de huit vers.

HUITAINE [ɥiten]. *n. f.* (1437; de *huit*). Ensemble de huit choses, d'environ huit choses de même sorte (V. **Octave**). *Une huitaine de jours.* — Absolt. *Une huitaine,* huit jours, et par ext. V. **Semaine.** *Il part dans une huitaine.* Dr. *La cause a été remise à huitaine.*

HUITANTE [ɥitɑ̃t]. *adj. et n.* (*Oitante,* déb. XIIe; de *huit*). Région. Quatre-vingts (surtout en Suisse). V. **Octante.**

HUITIÈME [ɥitjɛm]. *adj. et n.* (*Uitisme,* 1213; de *huit*). I. Qui succède au septième. ♦ **1°** Adj. numér. ord. *Psaume huitième. La huitième merveille du monde :* se dit d'une chose merveilleuse qui paraît pouvoir s'ajouter aux sept merveilles traditionnelles. « *Ne vous croyez point... la huitième merveille du monde* » (LESAGE). ♦ **2°** N. m. et f. *Arriver le huitième dans une compétition.* — *Classe de huitième.* Absolt. *Entrer en huitième.*

II. Se dit d'une fraction d'un tout divisé également en huit. ♦ **1°** Adj. *La huitième partie.* ♦ **2°** N. m. *Trois huitièmes.* Sport. *Huitième de finale.*

HUITIÈMEMENT [ɥitjɛmmɑ̃]. *adv.* (1480; de *huitième*). En huitième lieu.

HUÎTRE [ɥitʀ(ə)]. *n. f.* (1538; *uistre, oistre,* v. 1270; *h* pour éviter la confusion avec *vistre;* lat. *ostrea,* du gr.), ♦ **1°** Nom courant de plusieurs espèces de mollusques lamellibranches, à coquille feuilletée ou rugueuse, comestibles ou recherchés pour leur sécrétion minérale (nacre, perle). *Huîtres perlières.* V. **Méléagrine, pintadine.** — *Huître :* huître comestible, pêchée (*huître de drague*) ou élevée (V. **Ostréiculture :** *huître d'élevage*). V. **Belon, marenne, portugaise;** *claire. Bancs d'huîtres. Mois en R, où l'on peut manger des huîtres. Une douzaine d'huîtres. Plat, fourchette à huîtres.* — *Zool.* L'un des mollusques (*Ostrea edulis*), *huître plate* ou *huître vraie* (ex. : belon), *opposé à la gryphée** (huître portugaise). ♦ **2°** Fig. et fam. Personne stupide.

HUIT-REFLETS [ɥiʀflɛ]. *n. m. invar.* (1907; de *huit,* et *reflet*). Chapeau de soie haut de forme très brillant, sur le fond duquel on peut distinguer huit reflets.

HUÎTRIER, IÈRE [ɥitʀije, ijɛʀ]. *adj.* (1857; de *huître*). Relatif aux huîtres, à leur élevage. *Industrie huîtrière.* V. **Ostréiculture.**

HUÎTRIER [ɥitʀije]. *n. m.* (1718; de *huître*). ♦ **1°** Rare. Ostréiculteur. ♦ **2°** (1770). Oiseau échassier appelé *bécasse* ou *pie de mer,* qui est très friand d'huîtres.

HUÎTRIÈRE [ɥitʀijɛʀ]. *n. f.* (1546; de *huître*). Banc d'huîtres. ◇ Établissement où se fait l'élevage des huîtres.

HULOTTE [ylɔt]. *n. f.* (1530; de l'a. fr. *huler* « hurler »; lat. *ululare*). Oiseau rapace nocturne, très commun, de la taille d'un corbeau, qui se nourrit principalement d'insectes et de petits rongeurs. V. **Chat-huant, chouette, effraie.**

HULULEMENT [ylylmɑ̃]. *n. m.* (1541; de *hululer*). Cri des oiseaux de nuit (aussi *Ululement*).

HULULER [ylyle] ou **ULULER** [ylyle]. *v. intr.* (XVe; lat. *ululare*). Crier, en parlant des oiseaux de nuit.

HUM! [œm, hœm]. *interj.* (XVIIe; onomat.). Interjection qui exprime généralement le doute, la réticence. *Hum! cela cache qqch.!* « *Hum! qu'est-ce que je te disais?* » (ARAGON).

HUMAGE [ymaʒ]. *n. m.* (1530; de *humer*). Action de humer. — Spécialt. Introduction de gaz et de vapeurs dans les voies respiratoires. *Salle de humage d'un établissement thermal.*

HUMAIN, AINE [ymɛ̃, ɛn]. *adj. et n. m.* (v. 1150; lat. *humanus,* de *homo* « homme »). I. *Adj.* ♦ **1°** De l'homme (I), propre à l'homme. *Nature** *humaine. Vie humaine. Corps**, *organisme humain. Chair humaine. N'avoir plus figure humaine. Voix humaine. Regard, cri humain. C'est au-dessus des forces humaines.* V. **Surhumain.** *Âme humaine. Cœur humain. Faiblesse humaine. Dignité humaine. Personne humaine. Respect** *humain. Destinée, condition humaine.* ◇ Spécialt. (*opposé à divin*) *Moyens, voies humaines. Justice divine et justice humaine.* ◇ *La caractères de l'homme, qui est homme. Créature humaine.* « *La Bête humaine* », roman de Zola. *Être humain.* V. **Homme** (I), **femme; individu.** ◇ Formé, composé. *Espèce humaine. Les différentes races humaines. Le genre humain.* V. **Humanité.** *Groupes, groupements humains.* V. **Ethnique.** ◇ Relatif à l'homme. *Les sciences** *humaines.* Anatomie, physiologie humaine. Géographie humaine. « *La Comédie humaine* », de Balzac. (v. 1160). Qui est compréhensif et compatissant. V. **Bon.** « *On ne peut être juste si on n'est humain* » (VAUVEN.). « *Danton, qui n'a pas fait humain, n'était point sentimental* » (JAURÈS). — Par ext. *Sentiments humains.* V. **Humanitaire.** *Souffle généreux et humain.* ♦ **3°** (Fin XIXe). En parlant d'une personne en qui se réalise pleinement la nature humaine dans ce qu'elle a d'essentiel et d'universel (*opposé à* artificiel, inhumain, surhumain). « *Hamlet est un personnage parfaitement humain, parce que complexe* » (JOUVET). « *Un héros doit être humain* » (FRANCE). — En parlant des choses. *C'est humain, c'est une réaction bien humaine.* — Littér. « *Humain, trop humain* » (trad. de Nietzsche).

II. *N. m.* ♦ **1°** Ce qui est humain; l'homme et ce qui appartient à l'homme. *Réduire le monde à l'humain.* ♦ **2°** (XIIIe, *littér.*). Être humain. V. **Homme** (I). *Les humains.* V. **Humanité.** *Vivre séparé des humains, du reste des humains.* V. **Gens.**

◇ ANT. *Divin; impitoyable, méchant.*

HUMAINEMENT [ymɛnmɑ̃]. *adv.* (1130; de *humain*). ♦ **1°** En homme, pour l'homme, du point de vue de l'homme.

Il a fait tout ce qui était humainement possible pour l'aider, pour le sauver. « *L'enfer, tel qu'il est humainement concevable* » (MAC ORLAN). ♦ 2° Avec humanité, bonté, générosité. V. **Charitablement**. *Traiter humainement un inférieur, un ennemi, un coupable.* ◊ ANT. *Inhumainement.*

HUMANISATION [ymanizasjɔ̃]. *n. f.* (XVIᵉ; de *humaniser*). Action d'humaniser; résultat de cette action.

HUMANISER [ymanize]. *v. tr.* (1559; de *humain*, d'apr. lat. *humanus*). ♦ 1° Mettre à la portée de l'homme. *Humaniser une règle, une philosophie.* ♦ 2° *Littér.* Donner la nature humaine à. « *Humaniser le Christ et diviniser l'homme* » (LAMART.). ♦ 3° Rendre plus humain, plus sociable, plus civilisé. V. **Adoucir, apprivoiser, civiliser.** — *Pronom. Personne qui s'humanise*, devient plus sociable, plus traitable. *Un ou deux Anglais « qui, dit-on, s'humanisent jusqu'à parler »* (VOLT.).

HUMANISME [ymanism(ə)]. *n. m.* (1765, « philanthropie »; de *humaniste*, d'apr. all. *Humanismus*) ♦ 1° (1845). *Philo.* Toute théorie ou doctrine qui prend pour fin la personne humaine et son épanouissement. « *Le pur humanisme, c'est-à-dire le culte de tout ce qui est de l'homme* » (RENAN). *L'existentialisme est un humanisme*, œuvre de Sartre. ♦ 2° (1877). *Hist.* Mouvement d'esprit représenté par les « humanistes » de la Renaissance et caractérisé par un effort pour relever la dignité de l'esprit humain et le mettre en valeur. *Humanisme italien, français.* ♦ 3° Formation de l'esprit humain par la culture littéraire ou scientifique (V. **Humanités**).

HUMANISTE [ymanist(ə)]. *n. m.* et *adj.* (1539; lat. médiév. *humanista*).
I. *N. m.* ♦ 1° Lettré qui a une connaissance approfondie des langues et littératures grecques, latines (Humanités). — *Spécialt.* Nom donné aux lettrés de la Renaissance qui se consacrèrent à l'étude des écrivains antiques et en firent connaître les œuvres et les idées. ♦ 2° (XXᵉ). Partisan de l'humanisme philosophique. *Ce philosophe est un humaniste.*
II. *Adj.* (XIXᵉ). ♦ 1° Relatif à l'humanisme, aux humanistes de la Renaissance, aux humanités. *Mouvement, doctrine humaniste.* ♦ 2° Relatif, conforme à l'humanisme philosophique; partisan de l'humanisme. *Philosophies humanistes.*

HUMANITAIRE [ymanitɛʀ]. *adj.* (1833; de *humanité*). Qui vise au bien de l'humanité. « *Philosophie, système humanitaire* » (CHATEAUB.). *Organisation philanthropique* et humanitaire. Sentiments humanitaires.* V. **Bon, humain.**

HUMANITARISME [ymanitaʀism(ə)]. *n. m.* (1837; de *humanitaire*). Conceptions humanitaires (jugées utopiques ou dangereuses). « *Ce stupide amour collectif qu'il faut nommer l'humanitarisme* » (BALZ.).

HUMANITARISTE [ymanitaʀist(ə)]. *adj.* et *n.* (1837; de *humanitaire*). *Péj.* Humanitaire. *Utopies humanitaristes. Un humanitariste bêlant.*

HUMANITÉ [ymanite]. *n. f.* (1120; lat. *humanitas*). ♦ 1° *Philo., théol.* Caractère de ce qui est humain, nature humaine. *Humanité et divinité de Jésus-Christ.* ♦ 2° *Cour.* Sentiment de bienveillance envers son prochain, compassion pour les malheurs d'autrui. V. **Bonté.** *Sentiment, geste d'humanité. Traiter un coupable, un prisonnier avec humanité.* V. **Douceur.** ♦ 3° (1485, rare av. XVIIᵉ). *Cour.* Le genre humain, les hommes en général. V. **Homme, humain.** *L'humanité et l'individu. L'humanité souffrante. Bienfaiteur de l'humanité. Passé, histoire de l'humanité.* V. **Civilisation.** « *L'humanité s'est émancipée* » (RENAN). ♦ 4° *N. f. pl.* (déb. XVIᵉ; *studia humanitatis*, lat. class. *humanitas* « culture »). *Didact.* Étude de la langue et de la littérature grecques et latines. *Faire ses humanités.* — Langue et littérature grecques et latines. *L'étude des humanités gréco-latines.* ◊ En Belgique, Études secondaires (classiques, modernes ou techniques). ♦ 5° Caractère d'une personne en qui se réalise pleinement la nature humaine. *L'amour suscite « une source vive d'humanité »* (CHARDONNE). ◊ ANT. *Inhumanité, méchanceté.*

HUMBLE [œbl(ə)]. *adj.* (déb. XVIᵉ; *huemble*, v. 1170; *humele*, 1080; lat. *humilis* « bas, près de la terre »; Cf. Humus).
I. *(Personnes.)* ♦ 1° Qui s'abaisse volontairement, par humilité. V. **Effacé, modeste.** — Qui donne à autrui les témoignages d'une très grande déférence, d'un grand empressement à lui être agréable. V. **Soumis.** « *Il était humble, modeste, contenu... s'effaçant volontiers* » (STE-BEUVE). ♦ 2° (1564). Qui est d'une condition sociale inférieure, simple. « *Dans les villages, parmi les plus humbles habitants* » (CHARDONNE). ◊ *Subst.* (surtout plur.) *Les humbles* (les petits, les petites gens).
II. *(Choses.)* ♦ 1° Qui marque de l'humilité, de la déférence. *Aveu, confession humble. Air, contenance, manières, ton humbles.* V. **Embarrassé, timide.** « *La foi, sœur de l'humble espérance* » (HUGO). — (Par rectation réelle ou affectée) *À mon humble avis.* ♦ 2° *Littér.* Qui est sans éclat, sans prétention. V. **Modeste.** *Un humble présent. L'humble violette. Une humble demeure.* V. **Pauvre.** ♦ 3° (1564). Dont la médiocrité est caractéristique d'une condition sociale inférieure.

V. **Obscur.** « *La vie humble, aux travaux ennuyeux et faciles* » (VERLAINE). *Végéter dans d'humbles fonctions.* ◊ ANT. *Ambitieux, arrogant, fier, orgueilleux.*

HUMBLEMENT [œbləmɑ̃]. *adv.* (*Humelement*, XIIᵉ; de *humble*). Avec humilité; d'une manière humble. V. **Modestement.** « *Je me fais humblement petite* » (BALZ.). *Remercier Dieu humblement. Parler humblement de soi.* — (Par modestie affectée) *Je vous ferai humblement remarquer...*

HUMECTAGE [ymɛktaʒ]. *n. m.* (v. 1900; de *humecter*). Action d'humecter; son résultat. *Humectage des étoffes, du papier* (techn.), à l'aide d'un appareil dit HUMECTEUR [ymɛktœʀ] (1878).

HUMECTER [ymɛkte]. *v. tr.* (1503; lat. *humectare*). Rendre humide, mouiller légèrement (V. **Imbiber, imprégner**). *Humecter du linge en l'arrosant, en le trempant dans un liquide. Rosée, pluie fine qui humecte l'herbe.* « *Les fines gouttelettes de sueur qui humectaient les tempes* » (MART. du G.). — *S'humecter les lèvres.* *Fam. S'humecter le gosier.* V. **Boire.** ◊ ANT. *Sécher.*

HUMER ['yme]. *v. tr.* (fin XIᵉ; d'un rad. onomat.). ♦ 1° *Vx* ou *littér.* Avaler (un liquide) en l'aspirant. « *Je humais à peine quelques gouttes d'eau et de citron* » (CHATEAUB.). V. **Boire.** — *Par anal. Humer l'air, le vent.* V. **Aspirer.** *Humer avec délices l'air frais du matin.* V. **Respirer.** ♦ 2° (1575). *Cour.* Aspirer par le nez pour sentir. « *Il ouvrait les narines pour mieux humer le parfum...* » (FLAUB.). *Par ext. Humer un plat.* V. **Flairer.** ◊ *Fig.* V. **Respirer.** *Humer l'encens de la gloire.*

HUMÉRAL, ALE, AUX [ymeʀal, o]. *adj.* (1541; du lat. *humerus*). *Anat.* Relatif à l'humérus. *Artère humérale. Ligament huméral.*

HUMÉRO-. Élément, du lat. *humerus*, servant à former des adjectifs, en anatomie : *Huméro-cubital, huméro-métacarpien.*

HUMÉRUS [ymeʀys]. *n. m.* (XVIᵉ; lat. *humerus* « épaule »). Os long constituant le squelette du bras, de l'épaule au coude. *Saillies de l'extrémité supérieure* (trochiter, trochlée), *inférieure* (condyle, épicondyle, trochlée) *de l'humérus. Col de l'humérus*, partie de l'humérus entre le corps et l'extrémité supérieure. *Tête de l'humérus*, surface articulaire arrondie (à l'extrémité supérieure de l'humérus).

HUMEUR [ymœʀ]. *n. f.* (1119, « liquide »; lat. *humor* « liquide »).
I. (v. 1160). *Vieilli.* Substance liquide élaborée par un corps organisé, et *spécialt.* (Méd. anc.) Liquide organique du corps humain. *Principales humeurs.* V. **Atrabile** (*vx*), bile, chassie, chyle, flegme, glaire, ichor, larme, lymphe, mélancolie (*vx*), morve, mucosité, pituite, pus, roupie (*vx*), salive, sang, sanie, sueur, synovie. *Humeurs séreuses.* V. **Sérosité.** *subtiles* (V. **Vapeurs**). *Les quatre humeurs, les humeurs cardinales, fondamentales, de l'ancienne médecine* (bile, atrabile, flegme et sang). ◊ *Spécialt.* (Vx) *Les humeurs viciées, causes de maladies.* — *Humeurs froides.* V. **Écrouelles.** *Absolt.* « *Elle se plaignait... de ses nerfs, de ses humeurs* » (FLAUB.). ◊ *Mod. Humeur aqueuse, humeur vitrée de l'œil.*
II. *Mod.* (Abstrait; XVᵉ). ♦ 1° Ensemble des dispositions, des tendances dominantes qui forment le tempérament, le caractère (et que l'on attribuait, autrefois, à la composition, au rapport des humeurs du corps). V. **Caractère, naturel, tempérament.** « *La fortune et l'humeur gouvernent le monde* » (LA ROCHEF.). *Contrariété, incompatibilité d'humeur. Humeur brouillonne, querelleuse. Humeur chagrine, maussade. Égalité, facilité d'humeur.* « *Le pessimisme est d'humeur; l'optimisme est de volonté* » (ALAIN). *Inégalités d'humeur. Saute d'humeur.* ♦ 2° *Littér.* L'humeur, considérée dans ce qu'elle a de spontané, d'irréfléchi, et opposée à la raison, à la volonté. V. **Caprice, fantaisie, impulsion.** *Agir par humeur et non par raison, par volonté.* ◊ *Par ext. Une humeur* : caprice, fantaisie, impulsion brusque et irraisonnée. « *Ses brusques humeurs* (de Byron) *surprenaient* » (MAUROIS). ♦ 3° (1578). Disposition particulière, momentanée qui ne constitue pas un trait de caractère. *L'humeur du moment, de l'instant. Selon, suivant son humeur.* ◊ HUMEUR DE (vieilli), disposition, tendance à. *L'humeur l'a pris de...* V. **Envie.** « *J'étais sur le théâtre, en humeur d'écouter* » (MOL.). ◊ D'HUMEUR À. V. **Disposé, enclin** (à). *Être, se sentir d'humeur à faire qqch.* ♦ 4° (Déb. XVIIᵉ). *Cour.* BONNE HUMEUR, BELLE HUMEUR : disposition à la gaieté, à l'optimisme, qui se manifeste dans l'air, le ton, les manières. V. **Enjouement, entrain, gaieté.** *Ouvrage, récit plein de bonne humeur.* « *Je mettrais la bonne humeur au premier rang des devoirs* » (ALAIN). — *Être de bonne humeur, en bonne humeur.* V. **Gai, content.** *Il n'est pas de très bonne humeur.* — *Être d'excellente, de joyeuse, de charmante humeur.* ♦ 5° *Cour.* MAUVAISE HUMEUR : disposition à la tristesse, à l'irritation, à la colère. *Avoir l'air de mauvaise humeur. Mécontent. Manifester de la mauvaise humeur.* V. **Bouder, râler.** *Il est de très mauvaise humeur aujourd'hui, il a dû se lever du pied gauche*.* V. **Cran** (à). — *Méchante humeur; humeur massacrante, exécrable.* ◊ HUMEUR NOIRE ;

mélancolie profonde ; tristesse, abattement. V. **Cafard**. « *Mes jours de jalousie et mes nuits d'humeur noire* » (VERLAINE). ♦ 6° *Absol.* et *littér.* Mauvaise humeur. V. **Colère**, **irritation**. *Cela me donne de l'humeur. Avoir, garder de l'humeur contre qqn.* V. **Rancune**. *Accès, mouvement d'humeur.* ♦ 7° *Vx.* Disposition à la plaisanterie, à l'ironie. V. **Humour**.

HUMIDE [ymid]. *adj.* (xvᵉ ; lat. *humidus*). ♦ 1° *Vx.* Qui est de la nature de l'eau. V. **Aqueux**, **fluide**, **liquide**. *L'humide élément :* l'eau. ◇ *Subst. L'humide et le sec.* ♦ 2° *Mod.* Chargé, imprégné d'eau, de liquide, de vapeur. *Murs humides.* V. **Suintant**. *Cave, souterrain humide. Terre humide de pluie.* V. **Détrempé**, **uligineux**. *Front humide de sueur.* « *La poudre humide ne s'enflammait guère* » (FLAUB.). *La paille humide des cachots* (*plaisant.* : la prison). — *Atmosphère, temps humide.* « *La chaleur humide de ce printemps* » (CAMUS). *Pays humide :* où le climat est humide. — *Yeux humides de larmes. Regards humides.* V. **Mouillé**. ◇ ANT. **Sec ; aride**.

HUMIDIFICATEUR [ymidifikatœʀ]. *adj.* et *n. m.* (1895 ; de *humidifier*). *Techn.* Se dit d'un appareil destiné à augmenter le degré hygrométrique de l'air. V. **Saturateur**.

HUMIDIFICATION [ymidifikasjɔ̃]. *n. f.* (1875 ; de *humidifier*). Action d'humidifier.

HUMIDIFIER [ymidifje]. *v. tr.* (1649 ; de *humide*). Rendre humide. V. **Humecter**, **mouiller**. ◇ ANT. **Sécher ; dessécher**.

HUMIDIFUGE [ymidifyʒ]. *adj.* (1829 ; de *humide*, et suff. -*fuge*). *Didact.* Qui absorbe, neutralise l'humidité. *Le mâchefer est humidifuge.*

HUMIDITÉ [ymidite]. *n. f.* (1361 ; bas lat. *humiditas*). Caractère de ce qui est humide, chargé d'eau, de liquide, de vapeur ; l'eau, la vapeur que contient un corps, un lieu. *Humidité d'un sol. Plante qui vit dans l'humidité.* V. **Uliginaire**. *Métal rongé par l'humidité. Humidité de l'air, du climat.* « *L'humidité rouille les hommes comme les fusils* » (BARBUSSE). — *Mesure de l'humidité atmosphérique par l'hygrométrie. Humidité absolue :* nombre de grammes de vapeur d'eau par mètre cube d'air. *Humidité relative :* proportion entre la quantité de vapeur d'eau effectivement contenue dans l'air et la capacité d'absorption de l'air à une température donnée. ◇ ANT. **Sécheresse ; aridité**.

HUMILIANT, ANTE [ymiljã, ãt]. *adj.* (xviiᵉ ; « humble », 1160 ; de *humilier*). Qui cause ou est de nature à causer de l'humiliation. V. **Avilissant**, **dégradant**, **mortifiant**. *Brimade humiliante. Aveu humiliant. Essuyer un échec humiliant.* « *La douleur la plus humiliante : celle qu'on se méprise d'éprouver* » (MALRAUX). ◇ ANT. **Exaltant**, **flatteur**, **glorieux**.

HUMILIATION [ymiljasjɔ̃]. *n. f.* (xivᵉ ; lat. ecclés. *humiliatio*). ♦ 1° Action d'humilier ou de s'humilier. V. **Abaissement**, **honte**. « *La joie de l'humiliation d'autrui* » (VOLT.). *Relig. Les humiliations de la vie religieuse.* V. **Mortification**. État, sentiment de celui qui est humilié. V. **Confusion**, **honte**. *Rougir d'humiliation.* « *Si l'humilité est un renoncement à l'orgueil, l'humiliation au contraire amène un renforcement de l'orgueil* » (GIDE). ♦ 2° (v. 1420). Ce qui humilie, blesse l'amour-propre. V. **Affront**, **avanie**, **blessure**. « *La vie de Voltaire est une suite de triomphes et d'humiliations* » (SARTRE). ◇ ANT. **Flatterie**, **glorification**.

HUMILIÉ, ÉE [ymilje]. *adj.* (V. **Humilier**). Qui a subi une humiliation, une mortification. *Cruellement humilié de son échec.* V. **Honteux**. « *Nous voici vaincus et captifs, humiliés dans notre légitime orgueil national* » (SARTRE). — *Subst. Les humiliés.*

HUMILIER [ymilje]. *v. tr.* (1119 ; lat. ecclés. *humiliare*). ♦ 1° *Vx.* Incliner avec respect. V. **Prosterner**. « *Humilier ce front de splendeur couronnée* » (RAC.). — *Pronom.* S'HUMILIER : se soumettre. ♦ 2° *Vx* ou *relig.* Rendre humble, remplir d'humilité. *Dieu humilie les superbes* (ACAD.). V. **Abaisser**. *S'humilier devant Dieu.* ♦ 3° Abaisser, rabaisser d'une manière outrageante ou avilissante. V. **Dégrader**, **écraser**, **mortifier**. « *Votre rêve... est d'humilier l'homme qui vous a offensé* » (PROUST). — *Pronom. S'humilier devant qqn.* ◇ ANT. **Élever**, **enorgueillir**, **exalter**, **glorifier**.

HUMILITÉ [ymilite]. *n. f.* (xiiᵉ ; *humilitiet*, xᵉ ; lat. *humilitas*). ♦ 1° Sentiment de sa faiblesse, de son insuffisance qui pousse l'homme à s'abaisser volontairement en réprimant en lui tout mouvement d'orgueil. V. **Modestie**. « *L'humilité a sa source dans la conscience d'une indignité, parfois aussi dans la conscience éblouie d'une sainteté* » (COLETTE). *La fausse humilité. Ton d'humilité.* V. **Componction**. — *Relig. L'humilité évangélique, vertu chrétienne. Humilité édifiante. Confesser ses péchés avec humilité.* ♦ 2° Grande déférence. V. **Soumission**. « *Le premier devoir des petits est l'humilité devant les grands* » (FRANCE). ♦ 3° *Littér.* État d'infériorité (de la nature humaine, ou d'une condition sociale). ◇ ANT. **Amour-propre**, **arrogance**, **hauteur**, **vanité**.

HUMORAL, ALE, AUX [ymɔʀal, o]. *adj.* (1490 ; lat. médiév. *humoralis*, de *humor*. V. **Humeur**). *Didact.* Relatif aux humeurs du corps. *Allergie humorale. Théorie humorale.* V. **Humorisme**.

HUMORISME [ymɔʀism(ə)]. *n. m.* (1831 ; de *humoriste*). *Hist. méd.* Ancienne doctrine médicale attribuant les troubles morbides aux altérations des humeurs.

HUMORISTE [ymɔʀist(ə)]. *n.* et *adj.* (1578 ; it. *umorista*, lat. sav. *humorista* « partisan de l'humorisme »). I. *N. Vx.* Personne d'humeur maussade. V. **Mélancolique**. II. *Adj.* (1793, repris angl.). Qui a de l'humour ; qui s'exprime avec humour. *Écrivain humoriste.* — *Subst.* (1842 ; *humouriste*, 1848) *Un humoriste. Salon des humoristes.* V. **Caricaturiste**.

HUMORISTIQUE [ymɔʀistik]. *adj.* (1801 ; angl. *humoristic*). Relatif à l'humour ; qui s'exprime avec humour ; empreint d'humour. *Récit, dessin humoristique.*

HUMOUR [ymuʀ]. *n. m.* (1725 ; angl. *humour*, empr. fr. *humeur*). Forme d'esprit qui consiste à présenter la réalité de manière à en dégager les aspects plaisants et insolites. *L'humour et l'ironie. L'humour, qualité traditionnelle de l'esprit britannique. Humour fantastique.* V. **Fantaisie**. *Humour tendre, aimable.* V. **Plaisanterie**. *Humour noir.* « *L'humour* (dit Freud) *a non seulement quelque chose de libérateur... mais encore quelque chose de sublime et d'élevé* » (BRETON). — *Avoir de l'humour, le sens de l'humour :* être capable de s'exprimer avec humour, de comprendre l'humour. *Manquer d'humour.* ◇ ANT. **Sérieux**.

HUMUS [ymys]. *n. m.* (1755 ; lat. *humus* « sol »). « Terre formée par la décomposition des végétaux ;... terre brune ou noirâtre qui est à la surface de la terre » (DIDEROT). V. **Sol**, **terreau**. *Humus forestier. Couche d'humus.*

HUNE ['yn]. *n. f.* (1138 ; a. scand. *hûnn*). Plate-forme arrondie à l'avant, qui repose sur un bas-mât. *Mâts de hune :* les mâts qui surmontent les bas-mâts. *Grande hune :* celle du grand mât. *Hune de télépointage :* tourelle de direction de tir. *Hune télescopique d'un sous-marin en surface.* ◇ HOM. **Une**.

HUNIER [ynje]. *n. m.* (1615 ; de *hune*). Voile du mât de hune, voile carrée située au-dessus des basses voiles. *Hunier d'artimon* ou *perroquet de fougue.*

HUPPE ['yp]. *n. f.* (1120 ; lat. *upupa*). ♦ 1° Oiseau (*Passereaux*) portant une huppe érectile de plumes rousses tachées de noir à l'extrémité, appelé communément « coq des champs ». ♦ 2° *Par ext.* (xviᵉ). V. **Houppe**. Touffe de plumes que certains oiseaux ont sur la tête. V. **Crête**.

HUPPÉ, ÉE ['ype]. *adj.* (déb. xvᵉ ; de *huppe*). ♦ 1° Qui porte une huppe. *Alouette huppée.* ♦ 2° *Fam.* De haut rang ; haut placé, et *spécialt.* riche. « *Ce qu'il y avait de plus huppé* » (ROMAINS).

HURDLER ['œʀdlœʀ]. *n. m.* (1930 ; mot angl., de *hurdle* « haie » (de course). Anglicisme (*Sports*). Coureur de haies.

HURE ['yʀ]. *n. f.* (xiiᵉ ; o. i. germ.). ♦ 1° Tête du sanglier, du cochon, et *par ext.* de certaines bêtes fauves (V. **Groin**). ◇ Tête coupée de sanglier, etc., et *par ext.* de certains poissons à la tête allongée. *Servir une hure d'esturgeon.* ♦ 2° Préparation faite avec des morceaux de hure (de porc). Cf. **Museau** (bœuf).

HURLANT, ANTE ['yʀlã, ãt]. *adj.* (xviᵉ ; de *hurler*). ♦ 1° Qui hurle. *Meute, foule hurlante.* ♦ 2° Qui produit un effet violent. *Couleurs hurlantes.*

HURLEMENT ['yʀləmã]. *n. m.* (*Uslement*, xiiᵉ ; de *usler*. V. **Hurler**). ♦ 1° Cri aigu et prolongé que poussent certains animaux (loup, chien). ♦ 2° *Par anal. Hurlements de rage, de terreur, de souffrance.* — « *Les oreilles percées par les hurlements du dernier-né* » (SARTRE). — *Fig. Les hurlements du vent.*

HURLER ['yʀle]. *v.* (xvᵉ ; de *usler*, xiiᵉ ; lat. *ululare*). I. *V. intr.* ♦ 1° (*Animaux*). Pousser des hurlements. V. **Aboyer**. *Chien qui hurle à la lune, à la mort.* — *Fig. Hurler avec les loups :* faire comme ceux avec qui l'on se trouve, se conformer à leurs opinions. ♦ 2° (*Personnes*). Pousser des cris prolongés et violents. V. **Crier**. *Hurler de rage, de terreur.* « *Elle hurla comme une bête qui ne peut rien faire d'autre pour exprimer sa douleur* » (ARAGON). ♦ 3° Parler, crier, chanter de toutes ses forces. V. **Brailler**, **gueuler** (*pop.*), **vociférer**. *Foule qui hurle.* ♦ 4° Produire un son, un bruit semblable à un hurlement. *Freins qui hurlent.* « *Dehors le vent hurle sans trêve* » (VERLAINE). ♦ 5° *Fig.* (*Choses*). Produire un effet violemment discordant. V. **Jurer**. II. *V. tr.* Exprimer par des hurlements. *Hurler sa douleur.* ◇ Dire avec emportement, fureur, en criant très fort. V. **Clamer**. *Hurler des injures, des menaces.* « *Ils hurlaient et chantaient à pleins poumons que leur club ne périrait pas* » (CAMUS).

HURLEUR, EUSE ['yʀlœʀ, øz]. *adj.* et *n.* (1766 ; de *hurler*). Qui hurle, pousse des hurlements. V. **Braillard**. *Zool. Singe hurleur ; hurleur.* V. **Alouate**. ◇ ANT. **Silencieux**.

HURLUBERLU [yʀlybɛʀly]. *n. m.* (1562 ; de *hurelu* « ébouriffé », rad. *hure*, et *berlu* « qui a la berlue » ?). Personne extravagante, qui parle et agit d'une manière bizarre, inconsidérée. V. **Écervelé**. « *Cet hurluberlu d'Armand se conduisait d'une façon bizarre* » (ARAGON). ◇ ANT. **Sage**, **sérieux**.

HURON, ONNE ['yʀɔ̃, ɔn]. *n. et adj.* (1360, « qui a la tête hérissée » ; de *hure*). ♦ 1° *Vx.* Personne grossière. V. **Malotru.** ♦ 2° (XVIIᵉ). Membre d'une peuplade d'Amérique du Nord (Canada), de la famille des Algonquins. — *Le huron :* la langue des Hurons. — *Un huron. Le Huron :* héros de « l'Ingénu » de Voltaire.

HURONIEN, IENNE ['yʀɔ̃njɛ, jɛn]. *adj.* (v. 1890 ; de *Huron*). *Géogr.* Nom donné à un plissement antécambrien.

HURRAH. (1722). V. **Hourra.**

HURRICANE [œʀikan]. *n. m.* (1955 ; mot angl., du caraïbe). *Anglicisme.* Cyclone*, en Amérique centrale.

HUSSARD ['ysaʀ]. *n. m.* (1605, var. *housard ;* all. *Husar,* du hongr. *huszar*). ♦ 1° *AnciENN.* Cavalier de l'armée hongroise. ◇ Soldat de la cavalerie légère, dans diverses armées. *Régiments de hussards.* Ellipt. *Le quatrième hussards.* ♦ 2° À LA HUSSARDE [alaysaʀd(ə)], à la manière des hussards. *Danse à la hussarde,* et ellipt. *hussarde,* sorte de danse hongroise. ◇ *Fig.* Brutalement, sans retenue ni délicatesse.

HUSSITE ['ysit]. *n. m.* (XVᵉ ; de *Huss*). *Hist. relig.* Chrétien de Bohême partisan de Jean Huss, réformateur brûlé comme hérétique (XVᵉ).

HUTINET ['ytinɛ]. *n. m.* (1583 ; de l'a. fr. *hu[s]tin* « querelle » ; a. scand. *hus-thing*). *Vx.* Petit maillet de tonnelier.

HUTTE ['yt]. *n. f.* (1358 ; moy. haut all. *Hütte,* d'o. frq.). Abri rudimentaire, fait principalement de bois, de terre, de paille. V. **Cabane.** *Huttes des populations primitives.* « *Une hutte d'osier et de roseaux m'apparut* » (BOSCO).

HYACINTHE [jasɛ̃t]. *n. f.* (1525 ; lat. *hyacinthus,* gr. *huakinthos*). ♦ 1° *Minéral.* Pierre précieuse, variété de zircon jaune rougeâtre. — *Littér.* Étoffe de cette couleur. « *Anges revêtus d'or, de pourpre et d'hyacinthe* » (BAUDEL.). ♦ 2° *Vx.* Jacinthe.

HYADES [jad]. *n. f. pl.* (1562 ; gr. *Huades* « nymphes changées en astre », de *huein* « pleuvoir »). *Astron.* Nom des sept étoiles qui forment le front de la constellation du Taureau.

HYAL-, HYALO-. Éléments, du gr. *hualos* « verre ».

HYALIN, INE [jalɛ̃, in]. *adj.* (*Ialin,* XIᵉ ; bas lat. *hyalinus,* gr. *hualinos,* de *hualos* « verre »). *Minéral.* Qui a la transparence du verre. *Quartz hyalin.* ◇ ANT. *Opaque.*

HYALITE [jalit]. *n. f.* (1827 ; du rad. de *hyalin*). 1° *Minér.* Variété transparente d'opale. ♦ 2° *Méd.* Inflammation du corps vitré de l'œil.

HYALOÏDE [jalɔid]. *adj.* (1541 ; gr. *hualoeidês*). *Anat.* Qui ressemble au verre. *Humeur hyaloïde,* humeur vitrée de l'œil. *Membrane hyaloïde,* qui entoure le corps vitré de l'œil.

HYBRIDATION [ibʀidasjɔ̃]. *n. f.* (1836 ; de *hybride*). *Biol.* Croisement fécond, naturel ou artificiel (zootechnique, horticulture), d'animaux ou de plantes, de races ou de variétés différentes. V. **Mendélisme, métissage.**

HYBRIDE [ibʀid]. *adj. et n. m.* (*Hibride,* 1596 ; lat. *hybrida*). ♦ 1° *Biol.* Se dit d'un individu provenant du croisement de variétés, de races, d'espèces différentes. *Plantes, animaux hybrides.* Subst. *m. Un hybride.* — *Spécialt.* Hybride d'espèces. ♦ 2° *Ling.* (1647). *Mots hybrides,* mots formés d'éléments empruntés à deux langues différentes (*ex. :* mono-cle). ♦ 3° *Cour.* (1831). Composé de deux éléments de nature différente anormalement réunis ; qui participe de deux ou plusieurs ensembles, genres, styles. *Œuvre hybride.* « *Une langue hybride et de séduction ambiguë* » (GIDE). ◇ ANT. *Pur.*

HYBRIDER [ibʀide]. *v. tr.* (1873 ; de *hybride*). *Biol.* Pratiquer l'hybridation entre. V. **Croiser.** *Pronom. Plante qui s'hybride,* fécondée naturellement par un pollen d'une autre espèce ou variété.

HYBRIDISME [ibʀidism(ə)]. *n. m.* (1842 ; de *hybride*). *Biol.* État caractérisant les hybrides*.

HYBRIDITÉ [ibʀidite]. *n. f.* (1839 ; de *hybride*). *Biol.* Caractère d'hybride.

HYDARTHROSE [idaʀtʀoz]. *n. f.* (1831 ; du gr. *hudôr* « eau », et *arthron* « articulation »). *Méd.* Épanchement d'un liquide séreux dans une cavité articulaire. *Hydarthrose au genou :* épanchement de synovie.

HYDATIDE [idatid]. *n. f.* (1680 ; *hydatis,* 1538 ; gr. *hudatis, -idos,* de *hudôr* « eau »). *Zool.* Forme larvaire du ténia échinocoque (parasite). *L'hydatide est le point de départ d'un kyste hydatique.*

HYDATIQUE [idatik]. *adj.* (1795 ; du rad. de *hydatide*). *Méd.* Relatif aux hydatides. *Kyste hydatique* (dans le foie, dans le poumon).

HYDNE [idn(ə)]. *n. m.* (1808 ; gr. *hudnon* « tubercule, truffe »). *Bot.* Genre de champignons basidiomycètes, charnu ou coriace.

HYDR-, HYDRO-, -HYDRE. ♦ 1° Éléments, du gr. *hudôr* « eau ». ♦ 2° *Chim.* Élément correspondant à « Hydrogène ».

HYDRACIDE [idʀasid]. *n. m.* (1831 ; de *hydr-,* et *acide*). *Chim.* Nom générique des acides ne renfermant pas d'oxygène

(mais de l'hydrogène et éventuellement d'autres éléments). *Ex. :* acide chlorhydrique. V. **-Hydrie, -hydrique.**

HYDRAIRES [idʀɛʀ]. *n. m. pl.* (1877 ; de *hydr-,* et *-aire*). *Zool.* Sous-classe de cœlentérés qui vivent isolés ou en colonies.

HYDRARGYRE [idʀaʀʒiʀ]. *n. m.* (XVIᵉ ; gr. *hydrarguros,* de *arguros* « argent »). *Chim.* Ancien nom du mercure (Hg).

HYDRARGYRISME [idʀaʀʒiʀism(ə)]. *n. m.* ou **HYDRARGIE** [idʀaʀʒi]. *n. f.* (1924 ; de *hydrargyre*). *Méd.* Intoxication par les préparations mercurielles.

HYDRATABLE [idʀatabl(ə)]. *adj.* (1846 ; de *hydrater*). *Sc.* Susceptible d'être hydraté.

HYDRATANT, ANTE [idʀatɑ̃, ɑ̃t]. *adj. et n.* (av. 1877 ; de *hydrater*). Qui fixe l'eau, qui permet l'hydratation. *Spécial. Crème hydratante* (pour le visage). N. m. *Un hydratant.*

HYDRATATION [idʀatasjɔ̃]. *n. f.* (1846 ; de *hydrater*). ♦ 1° *Chim.* Transformation d'un corps en hydrate. ♦ 2° *Méd.* Introduction d'eau dans l'organisme. ◇ ANT. *Déshydratation.*

HYDRATE [idʀat]. *n. m.* (1802 ; de *hydr-,* et *-ate*). *Chim.* ♦ 1° Ancien nom des hydroxydes. ♦ 2° Composé contenant de l'eau. *Hydrate de chlore.* ♦ 3° *Hydrate de carbone,* composé organique constitué uniquement de carbone, d'hydrogène et d'oxygène. V. **Glucide.**

HYDRATER [idʀate]. *v. tr.* (1836 ; du précéd.). Combiner avec de l'eau. *S'hydrater :* passer à l'état d'hydrate. — *Le gypse, sulfate de calcium hydraté.* ◇ ANT. *Déshydrater.*

HYDRAULICIEN [idʀolisjɛ̃]. *n. m.* (1803 ; de *hydraulique*). *Techn.* Ingénieur qui s'occupe d'hydraulique.

HYDRAULIQUE [idʀolik]. *adj. et n. f.* (fin XVᵉ ; lat. *hydraulicus,* gr. *hudraulikos,* de *aulos* « flûte, tuyau »). I. *Adj.* ♦ 1° Mû par l'eau ; qui utilise l'énergie statique ou dynamique de l'eau. *Roue hydraulique.* V. **Aube.** *Moteur, turbine hydraulique. Usine hydraulique. Presse hydraulique. Freins hydrauliques. Ascenseur hydraulique.* ♦ 2° *Énergie hydraulique,* fournie par les chutes d'eau, les courants, les marées. V. **Houille.** ♦ 3° Relatif à la circulation, la distribution de l'eau. *Ouvrage, installation hydraulique. Appareils, machines hydrauliques.* ♦ 4° Qui durcit sous l'action de l'eau. *Mortier hydraulique.* II. *N. f.* Science, technique des liquides en mouvement (V. **Hydrodynamique**). *Vinci,* « *un des inventeurs de l'hydraulique, un infatigable constructeur de canaux* » (BALZ.).

HYDRAVION [idʀavjɔ̃]. *n. m.* (1913 ; de *hydr-,* et *avion*). Avion spécialement construit pour décoller sur l'eau et y amerrir.

HYDRAZINE [idʀazin]. *n. f.* (1890 ; de *hydr-,* *az[ote]* et suff. *-ine*). *Chim.* Composé basique, gaz combustible formé uniquement d'hydrogène et d'azote.

HYDRE [idʀ(ə)]. *n. f.* (*Idre,* XIIIᵉ ; lat. d'o. gr. *hydra*). ♦ 1° *Mythol.* Animal fabuleux. *Hydre de Lerne,* serpent à sept têtes, auquel il en renaissait plusieurs dès qu'on lui en avait coupé une. V. **Dragon.** — Fig. « *L'hydre fiscale* » (DUHAM.). ♦ 2° Animal cœlentéré (*Hydroméduses*), polype de petite taille portant une couronne de tentacules filiformes autour de la bouche.

-HYDRE. V. **Hydr-.**

HYDRÉMIE [idʀemi] ou **HYDROHÉMIE** [idʀɔemi]. *n. f.* (1846-1855 ; de *hydr-, hydro-,* et *-émie*). *Méd.* Quantité d'eau contenue dans le sang. *Spécialt.* Excès d'eau dans le sang.

-HYDRIE, -HYDRIQUE. Éléments désignant les hydracides, leur présence dans l'organisme (*hypochlorhydrie*). V. **Hydr-.**

HYDRIQUE [idʀik]. *adj.* (1840 ; de *hydr-,* et *-ique*). *Sc.* Qui a rapport à l'eau ; de l'eau. Qui se fait par l'eau. *Méd. Diète hydrique.*

HYDRO-. V. **Hydr-.**

HYDROCARBONATE [idʀɔkaʀbɔnat]. *n. m.* (1842 ; de *hydro-,* et *carbonate*). *Chim.* Carbonate hydraté.

HYDROCARBONÉ, ÉE [idʀɔkaʀbɔne]. *adj.* (1846 ; de *hydro-,* et *carbone*). ♦ 1° *Chim.* Formé de carbone et d'hydrogène. ♦ 2° *Vieilli.* Substances *hydrocarbonées* ou *hydrates de carbone,* aujourd'hui appelés glucides.

HYDROCARBURE [idʀɔkaʀbyʀ]. *n. m.* (1827 ; de *hydro-,* et *carbure*). *Chim. et cour.* Composé contenant seulement du carbone et de l'hydrogène. V. **Carbure.** *Hydrocarbures acycliques, cycliques. Hydrocarbures aliphatiques.* V. **Alcane.** *Les huiles minérales sont des hydrocarbures.* V. **Carburant.**

HYDROCÈLE [idʀɔsɛl]. *n. f.* (1538 ; lat. *hydrocele,* mot gr. ; Cf. suff. *-Cèle*). *Pathol.* Collection de liquide ayant l'aspect d'une tumeur, dans la tunique vaginale du testicule ou dans les tuniques du cordon spermatique.

HYDROCÉPHALE [idʀɔsefal]. *adj. et n.* (1782 ; n. f., XVIᵉ ; gr. *hydrokephalon,* de *kephalê* « tête »). Qui est atteint d'hydrocéphalie. « *Ses enfants,... sont horribles, rachitiques, hydrocéphales* » (BALZ.). — N. Personne hydrocéphale. *Un hydrocéphale.*

HYDROCÉPHALIE [idʀɔsefali]. *n. f.* (1839 ; de *hydrocéphale*). *Pathol.* Présence d'une quantité anormalement grande de liquide céphalo-rachidien dans les cavités du cerveau.

HYDROCHARIDACÉES [idʀɔkaʀidase]. *n. f. pl.* (*Hydrocharidées*, 1839; de *hydrocharide*, de *hydro-*, et gr. *kharis* « beauté »). *Bot.* Famille de plantes monocotylédones qui poussent dans l'eau (élodée, vallisnérie).

HYDROCORALLIAIRES [idʀɔkɔʀaljeʀ]. *n. m. pl.* (1933; de *hydro-*, et *coralliaire*). *Zool.* Ordre de cœlentérés hydrozoaires.

HYDROCORTISONE [idʀɔkɔʀtizɔn]. *n. f.* (1959; de *hydro-*, et *cortisone*). *Biochim.* Hormone principale sécrétée, avec la cortisone, par les cortico-surrénales, et prescrite principalement comme médicament anti-inflammatoire.

HYDROCOTYLE [idʀɔkɔtil]. *n. f.* (1694; de *hydro-*, et gr. *kotulê* « écuelle »). *Bot.* Plante dicotylédone vivace, appelée « écuelle d'eau » à cause de la forme de ses feuilles.

HYDROCUTION [idʀɔkysjɔ̃]. *n. f.* (1950; de *hydro-*, et [*électro*]*cution*). *Méd.* Syncope d'un baigneur, survenant au contact trop brutal avec l'eau et pouvant entraîner la mort par noyade.

HYDRODYNAMIQUE [idʀɔdinamik]. *adj.* et *n. f.* (1738; de *hydro-*, et *dynamique*). ♦ 1° Relatif aux mouvements des liquides. ♦ 2° N. f. Partie de la mécanique qui étudie la circulation, l'énergie, la pression des liquides.

HYDRO-ÉLECTRIQUE [idʀɔelɛktʀik]. *adj.* (1837; de *hydro-*, et *électrique*). Relatif à la production d'électricité par l'énergie hydraulique. *Énergie hydro-électrique* (ou HYDRO-ÉLECTRICITÉ [idʀɔelɛktʀisite]), énergie électrique qui provient de la transformation de l'énergie hydraulique.

HYDROFOIL [idʀɔfɔjl]. *n. m.* (1960; mot angl., de *foil* « feuille, surface plane »). *Anglicisme.* Embarcation à ailes portantes (à grande vitesse, la coque sort de l'eau).

HYDROFUGE [idʀɔfyʒ]. *adj.* (1829; de *hydro-*, et *-fuge*). *Didact.* Qui préserve de l'eau, de l'humidité.

HYDROFUGER [idʀɔfyʒe]. *v. tr.*; conjug. *bouger* (1933; de *hydrofuge*). *Didact.* et *techn.* Rendre hydrofuge. V. **Imperméabiliser.**

HYDROGÉNATION [idʀɔʒenɑsjɔ̃]. *n. f.* (1836; de *hydrogéner*). *Chim., Techn.* Action d'hydrogéner, résultat de cette action. *Hydrogénation du charbon* (fabrication d'huiles minérales artificielles).

HYDROGÈNE [idʀɔʒɛn]. *n. m.* (1787; de *hydro-*, et *-gène* « qui produit de l'eau »). *Corps simple, métalloïde* (symb. H, n° at. 1), gaz incolore, inodore, combustible, le plus léger des gaz. *L'hydrogène existe à l'état naturel comme constituant de l'eau.* — *Isotopes de l'hydrogène; hydrogène lourd.* V. **Deutérium, tritium.** — *La transformation de l'hydrogène en hélium est la source de l'énergie solaire. Bombe à hydrogène, dite « bombe H ».* V. **Thermonucléaire.**

HYDROGÉNÉ, ÉE [idʀɔʒene]. *adj.* (1802; de *hydrogène*). *Chim.* Combiné avec l'hydrogène; qui contient de l'hydrogène.

HYDROGÉNER [idʀɔʒene]. *v. tr.*; conjug. *céder* (1804; de *hydrogène*). *Chim.* Combiner avec l'hydrogène.

HYDROGÉOLOGIE [idʀɔʒeɔlɔʒi]. *n. f.* (1808; de *hydro-*, et *géologie*). *Sc.* Partie de la géologie traitant de la recherche et du captage des eaux souterraines.

HYDROGLISSEUR [idʀɔglisœʀ]. *n. m.* (1920; de *hydro-*, et *glisseur*). Bateau glisseur à fond plat mû par une hélice aérienne.

HYDROGRAPHE [idʀɔgʀaf]. *n.* (1548; de *hydro-*, et *graphe*). Personne qui s'occupe d'hydrographie.

HYDROGRAPHIE [idʀɔgʀafi]. *n. f.* (1551; du précéd.; suff. *-graphie*). ♦ 1° Partie de la géographie physique qui traite des océans (V. **Océanographie**), des mers, des lacs et des cours d'eau. — *Mar.* Topographie maritime considérée du point de vue de la navigation (s'étendant donc à la prévision des marées, la détermination des courants, ...). ♦ 2° Ensemble des cours d'eau et des lacs d'une région.

HYDROGRAPHIQUE [idʀɔgʀafik]. *adj.* (1551; de *hydro-*, *graphie*). Relatif à l'hydrographie. — *Service hydrographique*, service de la Marine nationale, affecté notamment à l'établissement et à la mise à jour des cartes marines.

HYDROLASE [idʀɔlaz]. *n. f.* (1899; de *hydro-*, et *-ase*, *l* d'apr. *hydrolat*). *Biochim.* Tout enzyme qui active une hydrolyse (*ex.* : pepsine).

HYDROLAT [idʀɔla]. *n. m.* (1842; d'un a. mot *hydrol*, fait d'apr. *alcool*; suff. *-at*). *Techn.* (*Parfum.*). Eau chargée, par distillation, de principes végétaux volatils. *Hydrolat de roses.*

HYDROLITHE [idʀɔlit]. *n. f.* (1827; de *hydro-*, et *-lithe*). *Chim.* Hydrure de calcium.

HYDROLOGIE [idʀɔlɔʒi]. *n. f.* (1614; de *hydro-*, et suff. *-logie*). Étude des eaux, de leurs propriétés.

HYDROLOGIQUE [idʀɔlɔʒik]. *adj.* (1843; de *hydrologie*). Relatif à l'hydrologie.

HYDROLOGISTE [idʀɔlɔʒist(ə)] ou **HYDROLOGUE** [idʀɔlɔg]. *n.* (1922,-1827; de *hydrologie*). Géophysicien spécialiste de l'hydrologie.

HYDROLYSABLE [idʀɔlizabl(ə)]. *adj.* (1902; de *hydrolyse*, et *-able*). *Chim.* Qui peut être décomposé par hydrolyse.

HYDROLYSE [idʀɔliz]. *n. f.* (v. 1900; de *hydro-*, et *-lyse*). *Chim.* Décomposition chimique d'un corps par fixation d'eau.

HYDROLYSER [idʀɔlize]. *v. tr.* (v. 1900; de *hydrolyse*). *Chim.* Décomposer par hydrolyse.

HYDROMÉCANIQUE [idʀɔmekanik]. *adj.* (1846; de *hydro-*, et *mécanique*). *Didact.* Mû par l'eau.

HYDROMEL [idʀɔmɛl]. *n. m.* (XVe; lat. *hydromeli*, du gr. *meli* « miel »). Boisson faite d'eau et de miel.

HYDROMÉTÉORE [idʀɔmeteɔʀ]. *n. m.* (1846; de *hydro-*, et *météore*). *Météo.* Météore aqueux : pluie, neige, brouillard.

HYDROMÈTRE [idʀɔmɛtʀ(ə)]. *n. m.* et *f.* (1751; de *hydro-*, et *-mètre*). ♦ 1° N. m. *Phys.* Instrument qui sert à mesurer la densité, la pesanteur, la pression des liquides. ♦ 2° N. f. *Zool.* (1803). Araignée d'eau.

HYDROMÉTRIE [idʀɔmetʀi]. *n. f.* (1740; de *hydro-*, et *-métrie*). *Phys.* Science qui étudie les propriétés physiques des liquides (*adj.* HYDROMÉTRIQUE [idʀɔmetʀik], 1771).

HYDROMINÉRAL, ALE, AUX [idʀɔmineʀal, o]. *adj.* (1866; de *hydro-*, et *minéral*). Relatif aux eaux minérales. « *L'hôtel et l'établissement hydrominéral* (d'une ville d'eaux) » (ROMAINS). V. **Thermal.**

HYDRONÉPHROSE [idʀɔnefʀoz]. *n. f.* (1953; de *hydro-*, *-nephr*[*o*]-, et suff. *-ose*). *Méd.* Distension des calices* et du bassinet* par l'urine aseptique, en cas d'osbstruction des uretères*.

HYDROPÉRICARDE [idʀɔpeʀikaʀd(ə)]. *n. m.* (1808; de *hydro-*, et *péricarde*). *Méd.* Accumulation de sérosité dans le péricarde.

HYDROPHILE [idʀɔfil]. *adj.* et *n. m.* (1827; de *hydro-*, et *-phile*). ♦ 1° Qui absorbe l'eau. *Cour. Coton hydrophile* servant en chirurgie pour l'hygiène courante. « *Deux masques de gaze hydrophile* » (CAMUS). ♦ 2° N. m. *Zool.* (Dès 1795). Insecte coléoptère noir verdâtre qui vit dans les eaux stagnantes.

HYDROPHOBE [idʀɔfɔb]. *adj.* et *n.* (1640; lat. d'o. gr. *hydrophobus*; suff. *-phobe*). ♦ 1° *Méd.* Qui a une peur morbide de l'eau. ♦ 2° *Chim.* Que l'eau ne mouille pas (substance).

HYDROPHOBIE [idʀɔfɔbi]. *n. f.* (1314; lat. d'o. gr. *hydrophobia*). *Méd.* Peur morbide de l'eau.

HYDROPIQUE [idʀɔpik]. *adj.* (1190; lat. d'o. gr. *hydropicus*). Atteint d'hydropisie. — *Subst. Un hydropique.*

HYDROPISIE [idʀɔpizi]. *n. f.* (1190; lat. *hydropisis*, gr. *hudrôps*). *Vieilli.* Épanchement de sérosité dans une cavité naturelle du corps (*spécialt.* l'abdomen) ou les éléments du tissu conjonctif. « *Le ventre gros d'un commencement d'hydropisie* » (ZOLA). — *Mod.* Cet épanchement, quand l'accumulation de liquides entraîne des œdèmes généralisés. V. **Anasarque.**

HYDROPNEUMATIQUE [idʀɔpnømatik]. *adj.* (1808, *hydro-pneumatique*, 1803; de *hydro-*, et *pneumatique*). *Mécan.* Qui fonctionne à l'aide de l'eau et d'un gaz comprimé. *Freins hydropneumatiques. Suspension hydropneumatique d'une automobile.*

HYDROQUINONE [idʀɔkinɔn]. *n. f.* (1866; de *hydro-*, et *quinone*). *Chim.* Diphénol utilisé comme révélateur photographique.

HYDROSILICATE [idʀɔsilikat]. *n. m.* (1842; de *hydro-*, et *silicate*). *Chim.* Silicate hydraté.

HYDROSOLUBLE [idʀɔsɔlybl(ə)]. *adj.* (1953; de *hydro-*, et *soluble*). *Sc.* Soluble dans l'eau. *Les vitamines B, C sont hydrosolubles.*

HYDROSPHÈRE [idʀɔsfɛʀ]. *n. f.* (v. 1900; de *hydro-*, et *sphère*). *Géogr.* L'ensemble de l'élément liquide de la Terre.

HYDROSTATIQUE [idʀɔstatik]. *n. f.* et *adj.* (1691; de *hydro-*, et *statique*). *Sc.* ♦ 1° N. f. Partie de la mécanique qui étudie l'équilibre et la pression des liquides. ♦ 2° *Adj.* Relatif à l'hydrostatique. *Balance hydrostatique. Niveau hydrostatique*, surface de la nappe phréatique*.

HYDROTHÉRAPIE [idʀɔteʀapi]. *n. f.* (1840; de *hydro-*, et *-thérapie*). *Méd.* Emploi thérapeutique de l'eau sous toutes ses formes (bains, douches, enveloppements chauds et humides).

HYDROTHÉRAPIQUE [idʀɔteʀapik]. *adj.* (1873; du précéd.). Relatif à l'hydrothérapie.

HYDROTHERMAL, ALE, AUX [idʀɔtɛʀmal, o] *adj.* (1866; de *hydro-*, et *thermal*). *Didact.* Qui se rapporte aux eaux thermales; qui résulte de l'action des eaux thermales.

HYDROTHORAX [idʀɔtɔʀaks]. *n. m.* (1795; de *hydro-*, et *thorax*). *Pathol.* Épanchement de liquide clair, non inflammatoire, dans la plèvre. *Hydrothorax dans la néphrite chronique accompagnée d'œdèmes.*

HYDROTIMÈTRE [idʀɔtimɛtʀ(ə)]. *n. m.* (1859; gr. *hudrotês* « liquidité », et *-mètre*). *Sc.* Burette graduée servant en hydrotimétrie.

HYDROTIMÉTRIE [idʀɔtimetʀi]. *n. f.* (1866; du précéd.). Sc. Détermination de la dureté d'une eau (dosage des sels de calcium, de magnésium).

HYDROXYDE [idrɔksid]. *n. m.* (1842; de *hydro-*, et *oxyde*). *Chim.* Composé formé par l'union d'un métal avec un ou plusieurs radicaux hydroxyles (OH). Syn. *Base.*

HYDROXYLAMINE [idrɔksilamin]. *n. f.* (1873; de *hydroxyle* « ion OH chargé négativement », et suff. *-amine*). *Chim.* Base dérivée de l'ammoniaque (NH₂OH).

HYDROXYLE [idrɔksil]. *n. m.* (XXᵉ; de *hydr*[o]-, et *oxyle*). *Chim.* Radical OH (ou *oxhydryle*).

HYDROZOAIRES [idrɔzɔɛr]. *n. m. pl.* (1878; de *hydro-*, et *-zoaire*). *Zool.* Classe de cœlentérés présentant des formes polypes et des formes méduses.

HYDRURE [idryr]. *n. m.* (1806; de *hydro-*, et *-ure*). *Chim.* ♦ 1° Composé que forme l'hydrogène avec un corps simple ou composé. ♦ 2° Composé binaire d'un métal avec l'hydrogène.

HYÈNE [jɛn; 'jɛn]. *n. f.* (XIIᵉ; lat. *hyæna*, gr. *huaina*). Mammifère carnassier d'Afrique et d'Asie, à pelage gris ou fauve, se nourrissant surtout de charogne. « *Un sourd rugissement d'hyène* » (BALZ.). « *Les cris de hyène* » (BALZ.).

HYGIÈNE [iʒjɛn]. *n. f.* (*Hygiaine*, 1550; gr. *hugieinon* « santé »). Ensemble des principes et des pratiques tendant à préserver, à améliorer la santé. *Instruments, soins d'hygiène. Hygiène corporelle.* V. **Propreté, soin.** *Hygiène du cuir chevelu, de la peau. Avoir beaucoup, peu d'hygiène. Manque d'hygiène.* ◇ *Hygiène mentale*, ensemble de mesures qui sont destinées à conserver l'intégrité des fonctions psychiques et à les développer. *Hygiène publique*, ensemble des moyens mis en œuvre par les pouvoirs publics pour la sauvegarde et l'amélioration de la santé à l'intérieur d'un pays. V. **Salubrité, santé.** *Mesures d'hygiène collectives :* assainissement, désinfection, prophylaxie. ◇ Fig. « *Il y a certainement une hygiène de société comme il y a une hygiène de lecture* » (LÉAUTAUD).

HYGIÉNIQUE [iʒjenik]. *adj.* (1791; de *hygiène*). ♦ 1° Qui a rapport à l'hygiène. — Par euphém. *Papier, seau, serviette hygiénique.* ♦ 2° Qui est conforme à l'hygiène, favorable à la santé. V. **Sain.** *Promenade hygiénique.*

HYGIÉNIQUEMENT [iʒjenikmɑ̃]. *adv.* (1842; du précéd.). D'une manière hygiénique.

HYGIÉNISTE [iʒjenist(ə)]. *n.* (1830; de *hygiène*). Spécialiste des questions d'hygiène.

HYGRO-. Élément, du gr. *hugros* « humide ».

HYGROMA [igrɔma]. *n. m.* (*Hygrome*, 1808; de *hygro-*, et *-ome*). *Méd.* Inflammation des bourses séreuses (coude, genou).

HYGROMÈTRE [igrɔmɛtr(ə)]. *n. m.* (1666; de *hygro-*, et *mètre*). *Phys.* Instrument de précision servant à mesurer le degré d'humidité de l'air. *Hygromètre à double thermomètre.* V. **Psychromètre.** *Hygromètre à cheveu :* type d'hygromètre à absorption où le corps hygroscopique est un cheveu, un fil tendu. *Hygromètre d'absorption à colorant.* V. **Hygroscope.**

HYGROMÉTRIE [igrɔmetri]. *n. f.* (1783; du précéd., suff. *-métrie*). Partie de la physique qui a pour objet de déterminer le degré d'humidité de l'atmosphère. — Cette humidité.

HYGROMÉTRIQUE [igrɔmetrik]. *adj.* (1783; du précéd.). ♦ 1° Qui a rapport à l'hygrométrie. *État hygrométrique de l'air* ou **HYGROMÉTRICITÉ** [igrɔmetrisite] (1855). V. **Humidité.** ♦ 2° *Corps hygrométriques*, particulièrement sensibles aux variations de l'état hygrométrique de l'air.

HYGROPHILE [igrɔfil]. *adj.* (1873; de *hygro-*, et *-phile*). *Biol.* Se dit d'un organisme qui a une préférence pour les lieux humides. ◇ ANT. **Hygrophobe.**

HYGROPHOBE [igrɔfɔb]. *adj.* (fin XIXᵉ; de *hygro-*, et *-phobe*). *Biol.* Qui fuit l'humidité, qui ne peut s'adapter à un habitat humide. ◇ ANT. **Hygrophile.**

HYGROSCOPE [igrɔskɔp]. *n. m.* (1666; de *hygro-*, et *-scope*). *Phys.* Hygromètre d'absorption indiquant approximativement le degré d'humidité de l'air.

HYGROSCOPIE [igrɔskɔpi]. *n. f.* (1839; de *hygroscope*). *Phys.* Hygrométrie.

HYGROSCOPIQUE [igrɔskɔpik]. *adj.* (1839; de *hygroscope*). *Phys.* Qui a rapport à l'hygroscope ou à l'hygroscopie. — Qui absorbe l'humidité de l'air.

HYL(E)-, HYL(O)-. Éléments, du gr. *hulé* « bois; matière ».

HYLOZOÏSME [ilɔzɔism(ə)]. *n. m.* (1765; de *hylo-*, et gr. *zôê* « vie »). *Philo.* Doctrine attribuant au monde, à la matière, une vie propre.

1. HYMEN [imɛn] ou **HYMÉNÉE** [imene]. *n. m.* (1608, -1550; lat. *hymen*, gr. *hymen, hymenæus*). *Littér.* Mariage. *Les liens, les nœuds de l'hymen, de l'hyménée. Les fruits de l'hymen :* les enfants. « *Tu n'as point revêtu ta robe d'hyménée* » (CHÉNIER).

2. HYMEN [imɛn]. *n. m.* (v. 1520; bas lat. *hymen*, mot gr. « membrane »). *Anat.* Membrane qui obstrue partiellement l'orifice vaginal, chez la vierge.

HYMÉN(O)-. Élément, du gr. *humên* « membrane ».

HYMÉNIUM [imenjɔm]. *n. m.* (1836; gr. *humenion* « petite membrane »). *Bot.* Chez certains champignons, Assise de cellules reproductrices.

HYMÉNOMYCÈTES [imenɔmisɛt]. *n. m. pl.* (1866; de *hyméno-*, et *-mycète*). Groupe de champignons basidiomycètes chez lesquels l'hyménium tapisse l'extérieur de l'appareil sporifère (*ex. :* bolet, agaric).

HYMÉNOPTÈRES [imenɔptɛr]. *n. m. pl.* (1765; de *hyméno-*, et *-ptère*). Ordre d'insectes caractérisés par quatre ailes membraneuses transparentes (*ex. :* abeilles, fourmis). — Au sing. *Un hyménoptère.*

HYMNE [imn(ə)]. *n.* (*Ymne*, déb. XIIᵉ; lat. *hymnus*, gr. *humnos*). ♦ 1° N. *m.* Chant, poème à la gloire des dieux, des héros. *Hymnes orphiques. Hymnes homériques*, attribués à Homère. ♦ 2° N. *m.* et *f.* (Dans la tradition chrétienne). Chant à la louange de Dieu. V. **Cantique, psaume.** *Chanter un, une hymne.* « *Toutes les hymnes de cet admirable office* » (MAURIAC). ♦ 3° N. *m.* Chant, poème lyrique exprimant la joie, l'enthousiasme, célébrant une personne, une chose. *Hymne à la nature, à l'amour.* « *L'Hymne à la joie* », de la IXᵉ Symphonie de Beethoven. *Hymne de reconnaissance.* ◇ *Spécialt.* Chant solennel en l'honneur de la patrie, de ses défenseurs. *L'hymne national français* (la Marseillaise). « *L'orchestre joua les hymnes alliés* » (COCTEAU).

HYOÏDE [jɔid]. *adj.* (1541; gr. *huoeides* [*ostoûn*] « [os] en forme d'u »). *Anat. Os hyoïde :* os médian impair, en forme de fer à cheval, situé à la partie antérieure du cou au niveau de l'angle que forme celui-ci avec le plancher de la bouche. — Subst. *L'hyoïde.*

HYOÏDIEN, IENNE [jɔidjɛ̃, jɛn]. *adj.* (1846; de *hyoïde*). *Anat.* Relatif à l'os hyoïde.

HYPALLAGE [ipa(l)laʒ]. *n. f.* (1596; lat. *hypallage*, mot gr. « échange, interversion »). *Rhét.* Figure de style qui consiste à attribuer à certains mots d'une phrase ce qui convient à d'autres mots (de la même phrase). V. **Métonymie.** *Le mot lorette transporté* « *par un hypallage hardi, le nom du quartier* » (Notre-Dame de Lorette) *à la personne* » (GAUTIER).

HYPER-. Élément, du gr. *huper* « au-dessus, au delà », qui exprime l'exagération, l'excès, le plus haut degré. V. **Super-.** ◇ ANT. *Hypo-.*

HYPERACIDITÉ [iperasidite]. *n. f.* (1889; de *hyper-*, et *acidité*). *Méd.* Acidité excessive (notamment du suc gastrique). *L'hyperacidité gastrique est due à un excès d'acide chlorhydrique* (d'où l'emploi comme synonyme d'*hyperchlorhydrie*).

HYPERACOUSIE [iperakuzi]. *n. f.* (1922; de *hyper-*, et gr. *akouô* « entendre »). *Méd.* Augmentation anormale de l'acuité auditive. ◇ ANT. *Hypoacousie.*

HYPERALGÉSIE [iperalʒezi]. *n. f.* (1948; de *hyper-*, et du gr. *algos* « douleur »; V. *-Algie*). *Méd.* Augmentation anormale de la sensibilité à la douleur. ◇ ANT. *Hypoalgésie.*

HYPERALGIE [iperalʒi]. *n. f.* (1959; de *hyper-*, et *-algie*). *Méd.* Sensibilité accrue à la douleur (V. *aussi* **hyperalgésie**). — Adj. HYPERALGIQUE ou HYPERALGÉSIQUE (1931). *Sciatique hyperalgique.*

HYPERBATE [iperbat]. *n. f.* (XVIᵉ; lat. *hyperbaton*, mot gr.). *Rhét.* Figure de grammaire qui consiste à intervertir l'ordre naturel des mots (V. **Inversion**) ou à disjoindre deux termes habituellement réunis.

HYPERBOLE [iperbɔl]. *n. f.* (XIIIᵉ; lat. *hyperbole*, mot gr., de *huper*, et *ballein* « lancer »).
I. Figure de style qui consiste à mettre en relief une idée au moyen d'une expression qui la dépasse. V. **Emphase, exagération** (*opposé à* litote). *Par hyperbole.*
II. *Géom.* (1637). Courbe géométrique formée par les points d'un plan dont les distances à deux points fixes de ce plan (V. **Foyer**) ont une différence constante.

HYPERBOLIQUE [iperbɔlik]. *adj.* (1546; lat. *hyperbolicus*, mot gr.).
I. *Rhét.* Caractérisé par l'hyperbole. *Style hyperbolique. Cour. Des compliments hyperboliques. On le célébrait « en termes hyperboliques* » (DUHAM.). V. **Emphatique, grandiloquent.** — *Philo. Doute hyperbolique*, de Descartes.
II. *Géom.* (1646). Relatif à l'hyperbole. *Fonctions hyperboliques. Qui a la forme de l'hyperbole. Miroir hyperbolique. Dont les sections planes sont des hyperboles. Paraboloïde hyperbolique.* ◇ ANT. (de I) *Mesuré, simple.*

HYPERBOLIQUEMENT [iperbɔlikmɑ̃]. *adv.* (XVIᵉ; du précéd.). *Rhét.* D'une manière hyperbolique.

HYPERBOLOÏDE [iperbɔlɔid]. *adj. et n. m.* (1765; de *hyperbole*, suff. *-oïde*). *Didact.* ♦ 1° En forme d'hyperbole. ♦ 2° N. m. *Math.* Quadrique à centre dont les sections planes sont des hyperboles. *Hyperboloïde de révolution.*

HYPERBORÉEN, ENNE [iperbɔreɛ̃, ɛn]. *adj.* (av. 1741; *hyperborée*, 1372; lat. *hyperboreus*, mot gr., de *boreas* « vent du nord »). *Littér.* De l'extrême Nord. V. **Arctique, septentrional.**

HYPERCHLORHYDRIE [ipɛʀklɔʀidʀi]. *n. f.* (v. 1900; de *hyper-*, et *chlorhydr[ique]*, suff. *-hydrie*). *Méd.* Excès d'acide chlorhydrique dans le suc gastrique (appelé aussi *hyperacidité* gastrique*). ◇ ANT. *Hypochlorhydrie.*

HYPERCHROME [ipɛʀkʀom]. *adj.* (1962; de *hyper-*, et *-chrome*). *Didact. (Biol).* Qui est caractérisé par une forte coloration, qui est fortement pigmenté. *Méd. Anémie hyperchrome.* V. **Hyperchromie,** 2°. ◇ ANT. *Hypochrome.*

HYPERCHROMIE [ipɛʀkʀɔmi]. *n. f.* (1901; de *hyper-*, et *-chromie*). *Méd.* ♦ 1° (1901). Pigmentation accrue, locale ou étendue, de la peau. *Hyperchromie d'un nævus. Hyperchromie diffuse.* V. **Mélanisme.** ♦ 2° (1962). Augmentation relative de l'hémoglobine du sang (observée dans certaines anémies s'accompagnant d'une augmentation du volume des globules rouges, appelées *anémies hyperchromes*).

HYPERCORRECT, ECTE [ipɛʀkɔʀɛkt, ɛkt(ə)]. *adj.* (XXᵉ; de *hyper-*, et *correct*). *Ling.* « Se dit d'une forme reconstruite avec la préoccupation de substituer à un état qu'on suppose altéré un état supposé correct » (MAROUZEAU), dit HYPERCORRECTION [ipɛʀkɔʀɛksjɔ̃].

HYPERCRITIQUE [ipɛʀkʀitik]. *n.* (1638; de *hyper-*, et *critique*). ♦ 1° *N. m.* Critique rigoureux, outré. ♦ 2° *N. f.* Critique minutieuse; exercice systématique du doute. *L'hypercritique dans la question homérique.* ♦ 3° *Adj.* Très, trop critique.

HYPERDULIE [ipɛʀdyli]. *n. f.* (XVIᵉ; lat. relig., de *hyper-*, et *dulie*). *Liturg.* Culte rendu à la Vierge Marie, supérieur au culte de dulie.

HYPERÉMIE ou **HYPERHÉMIE** [ipeʀemi]. *n. f.* (1835, -1833; de *hyper-*, et *-[h]emi*, du gr. *haima* « sang »). *Méd.* Syn. de congestion*.

HYPERÉMOTIVITÉ [ipeʀemɔtivite]. *n. f.* (mil. XXᵉ; de *hyper-*, et *émotivité*). *Psycho.* Exagération de l'émotivité; susceptibilité extrême aux émotions.

HYPERESPACE [ipɛʀɛspas]. *n. m.* (fin XIXᵉ; de *hyper-*, et *espace*). *Géom.* Espace de plus de trois dimensions.

HYPERESTHÉSIE [ipɛʀɛstezi]. *n. f.* (1808; *hyperæstheses* en lat. méd., 1795; gr. *aisthêsis* « sensibilité »). *Méd.* Sensibilité exagérée, pathologique (on dit aussi *algésie*). *Hyperesthésie du toucher.* « *Elle avait une hyperesthésie morale : tout la faisait souffrir* » (R. ROLLAND).

HYPERFOCAL, ALE, AUX [ipɛʀfɔkal, o]. (v. 1900; de *hyper-*, et *focal*). *Phot.* Se dit de la plus petite distance à laquelle un appareil photographique mis au point sur l'infini donne l'image nette d'un objet.

HYPERFRÉQUENCE [ipɛʀfʀekɑ̃s]. *n. f.* (1949; de *hyper-*, et *fréquence*). *Radio.* Onde ultra-courte* de la portion du spectre comprise entre 1 000 mégahertz et 300 000 mégahertz.

HYPERGENÈSE [ipɛʀʒə(e)nɛz]. *n. f.* (1843; de *hyper-*, et *-genèse*). *Biol.* Développement exagéré d'une structure anatomique. *Hypergenèse physiologique* (par ex. de la musculature utérine au cours de la grossesse). *Hypergenèse pathologique* (formation des tumeurs).

HYPERGLYCÉMIE [ipɛʀɡlisemi]. *n. f.* (1889; de *hyper-*, et *glycémie*). Excès de sucre dans le sang. V. **Diabète.** ◇ ANT. *Hypoglycémie.*

HYPERLIPIDÉMIE [ipɛʀlipidemi] ou **HYPERLIPÉMIE** [ipɛʀlipemi]. *n. f.* (1959; de *hyper-*, et *lipidémie* ou *lipémie*). *Méd.* Excès de lipidémie* dans le sang. V. **Lipides.** ◇ ANT. *Hypolipidémie.*

HYPERMARCHÉ [ipɛʀmaʀʃe]. *n. m.* (v. 1968; de *hyper-*, et *marché*). Magasin libre*-service, offrant une superficie de plus de 2 500 m² et garantissant des aires de stationnement. Cf. **Supermarché.**

HYPERMÉNORRHÉE [ipɛʀmenɔʀe]. *n. f.* (mil. XXᵉ; de *hyper-*, et *-ménorrhée*). *Méd.* Excès de l'écoulement menstruel. V. **Ménorragie.**

HYPERMÈTRE [ipɛʀmɛtʀ(ə)]. *adj.* (XVIᵉ; gr. *hupermetros*, de *metron* « mesure »). *Prosod.* Dont la syllabe finale est en dehors de la mesure du vers. V. syn. *hypermètre.*

HYPERMÉTROPE [ipɛʀmetʀɔp]. *adj. et n.* (1866; gr. *hupermetros*, et *ops* « œil »). Atteint d'hypermétropie; qui ne distingue pas avec netteté les objets très rapprochés. V. **Presbyte.** — *Un hypermétrope.* ◇ ANT. *Myope.*

HYPERMÉTROPIE [ipɛʀmetʀɔpi]. *n. f.* (1866; du précéd.). État de l'œil dans lequel les rayons parallèles provenant d'une source éloignée vont converger au delà de la rétine (*opposé à myopie*). V. **Amétropie, presbytie.**

HYPERMNÉSIE [ipɛʀmnezi]. *n. f.* (1890; de *hyper-*, et suff. *-mnésie*). *Psycho.* Exaltation pathologique de la mémoire. ◇ ANT. *Amnésie.*

HYPERNERVEUX, EUSE [ipɛʀnɛʀvø, øz]. *adj. et n.* (mil. XXᵉ; de *hyper-*, et *nerveux*). *Cour.* D'une nervosité excessive, pathologique.

HYPÉRON [ipeʀɔ̃]. *n. m.* (v. 1950; de *hyper-*, et [*électr*]on).

Phys. nucl. Particule élémentaire, peu stable, de masse supérieure à celle des nucléons.

HYPERPLASIE [ipɛʀplazi]. *n. f.* (1902; de *hyper-*, et *-plasie*). *Pathol.* Augmentation importante du nombre de cellules (d'un tissu ou d'un organe), sans modification pathologique de la structure de ces cellules. V. **Hypertrophie.**

HYPERSÉCRÉTION [ipɛʀsekʀesjɔ̃]. *n. f.* (1845; de *hyper-*, et *sécrétion*). *Physiol.* Sécrétion excessive d'une glande (V. **-Rrh(é)e**). *Hypersécrétion de larmes.* V. **Larmoiement.** *Hypersécrétion de salive.* V. **Ptyalisme, sialorrhée.** *Hypersécrétion des glandes sébacées.* V. **Séborrhée.** ◇ ANT. *Hyposécrétion.*

HYPERSENSIBILITÉ [ipɛʀsɑ̃sibilite]. *n. f.* (1918; de *hyper-*, et *sensibilité*). Sensibilité exagérée, pathologique.

HYPERSENSIBLE [ipɛʀsɑ̃sibl(ə)]. *adj. et n.* (1930; de *hyper-*, et *sensible*). *Cour.* D'une sensibilité extrême, exagérée.

HYPERSONIQUE [ipɛʀsɔnik]. *adj.* (mil. XXᵉ; de *hyper-*, d'apr. *supersonique*). *Vitesses hypersoniques* : plusieurs fois supérieures à celle du son (mesurées en *machs*). Cf. **Supersonique.**

HYPERSTATIQUE [ipɛʀstatik]. *adj.* (mil. XXᵉ; de *hyper-*, et *statique*). *Phys.* Qui est soumis à des forces qu'on ne peut calculer par les méthodes de mécanique rationnelle (Il faut faire intervenir les déformations élastiques).

HYPERSTHÉNIE [ipɛʀsteni]. *n. f.* (1846; de *hyper-*, et *-sthénie*). *Pathol.* Fonctionnement exagéré de certains tissus ou organes. *Hypersthénie gastrique.* — *Plus général.* Accroissement des forces de l'organisme, des possibilités de lutte contre les infections. ◇ ANT. *Asthénie.*

HYPERSUSTENTATEUR, TRICE [ipɛʀsystɑ̃tatœʀ, tʀis]. *adj. et n.* (mil. XXᵉ; de *hyper-*, et *sustentateur, trice*). *Techn.* Se dit d'un dispositif destiné à assurer l'hypersustentation*. *Volets hypersustentateurs.*

HYPERSUSTENTATION [ipɛʀsystɑ̃tasjɔ̃]. *n. f.* (mil. XXᵉ; de *hyper-*, et *sustentation*). *Techn. (Aviat.).* Augmentation momentanée de la portance des ailes.

HYPERTÉLIE [ipɛʀteli]. *n. f.* (*Hypertélisme*, mil. XXᵉ; du gr. *hupertelês*, de *telos* « fin, terme »). *Biol.* Développement exagéré d'un caractère morphologique, d'une structure anatomique, pouvant aller jusqu'à constituer une gêne (*ex. : bois de certains cervidés*).

HYPERTENDU, UE [ipɛʀtɑ̃dy]. *adj.* (1907; de *hyper-*, et *tendu*). Qui souffre d'hypertension. Subst. *Un hypertendu.*

HYPERTENSIF, IVE [ipɛʀtɑ̃sif, iv]. *adj.* (1907; de *hyper-*, et *tension*). *Méd.* Qui relève, qui augmente la tension vasculaire. *Médicament hypertensif*, et subst. *Un hypertensif.*

HYPERTENSION [ipɛʀtɑ̃sjɔ̃]. *n. f.* (1895; de *hyper-*, et *tension*). Tension artérielle supérieure à la normale; augmentation de la tension (on dit aussi parfois *hypertonie**). *Hypertension vasculaire, artérielle.* ◇ ANT. *Hypotension.*

HYPERTHERMIE [ipɛʀtɛʀmi]. *n. f.* (1877; de *hyper-*, et *thermie*). *Didact.* Fièvre. ◇ ANT. *Hypothermie.*

HYPERTHYROÏDIE [ipɛʀtiʀɔidi]. *n. f.* (1933; de *hyper-*, et *thyroïde*). *Méd.* Exagération de la sécrétion de la thyroïde. ◇ ANT. *Hypothyroïdie.*

HYPERTONIE [ipɛʀtɔni]. *n. f.* (1803; du gr. *hupertonos* « tendu à l'excès ». V. **Tonique**). *Méd.* Excès de tension osmotique d'un liquide; excès de tension musculaire (adj. HYPERTONIQUE [ipɛʀtɔnik]). V. *aussi* **Hypertension.** ◇ ANT. *Atonie, hypotonie.*

HYPERTROPHIE [ipɛʀtʀɔfi]. *n. f.* (1831; de *hyper-*, et gr. *trophê* « nutrition »). ♦ 1° Augmentation de volume d'un organe avec ou sans altération anatomique. ♦ 2° *(Abstrait).* Développement excessif, anormal. V. **Exagération.** *Hypertrophie du moi.* « *Des hypertrophies de sentiment* » (TAINE). V. **Atrophie, hypotrophie.**

HYPERTROPHIÉ, ÉE [ipɛʀtʀɔfje]. *adj.* (1843; de *hypertrophie*). Atteint d'hypertrophie. ◇ ANT. *Atrophier.*

HYPERTROPHIER [ipɛʀtʀɔfje]. *v. tr.* (1842; de *hypertrophie*). Produire l'hypertrophie. *Pronom.* Se développer exagérément.

HYPERTROPHIQUE [ipɛʀtʀɔfik]. *adj.* (1843; de *hypertrophie*). Relatif à l'hypertrophie; caractérisé par l'hypertrophie.

HYPERVITAMINOSE [ipɛʀvitaminoz]. *n. f.* (1941; de *hyper-*, *vitamine*, et suff. *-ose*; d'apr. *avitaminose*). *Méd.* Troubles provoqués dans l'organisme par l'ingestion excessive d'aliments vitaminés. ◇ ANT. *Hypovitaminose*.*

HYPHE [if]. *n. m.* (1846; gr. *huphê* « tissu »). *Bot.* Filament dépourvu de chlorophylle, constitutif du mycélium (V. **Thalle**) des champignons supérieurs. ◇ HOM. *If.*

HYPHOLOME [ifɔlɔm]. *n. m.* (v. 1900; de *hyphe*, et gr. *lôma* « grange »). *Bot.* Champignon hyménomycète non comestible possédant une membrane réunissant le haut et le bord supérieur du chapeau.

HYPN(O)-. Élément, du gr. *hupnos* « sommeil ».

HYPNAGOGIQUE [ipnagɔʒik]. *adj.* (1861; de *hypn-*, suff. *-agogie*, et *-ique*). *Didact.* Qui précède immédiatement le sommeil. *Hallucination hypnagogique.*

HYPNE [ipn(ə)]. *n. f.* (1771 ; gr. *hupnon*). *Bot.* Plante cryptogame muscinée ; mousse très commune, qui croît sur la terre, les troncs d'arbre.

HYPNOÏDE [ipnɔid]. *adj.* (1961 ; de *hypn*[o]-, et -*oïde*). *Méd. psychiatr.* Qui a l'apparence du sommeil. *L'état hypnoïde est un état de sommeil artificiel.*

HYPNOSE [ipnoz]. *n. f.* (1862 ; du gr. *hupnoein* « endormir »). ♦ 1° Sommeil provoqué par des manœuvres spéciales (V. **Hypnotisme**), ou par des médicaments hypnotiques. V. **Catalepsie, magnétisme, narcose, somnambulisme.** ♦ 2° *Par anal.* État d'engourdissement ou d'abolition de la volonté. V. **Envoûtement.** « *Il n'est pas toujours facile* (pour un poète) *de produire l'hypnose* » (CLAUDEL).

HYPNOTIQUE [ipnɔtik]. *adj.* (1549 ; bas lat. *hypnoticus*, du gr. V. **Hypn**(o)-). ♦ 1° Qui provoque le sommeil. V. **Narcotique, somnifère.** — *Subst. Un hypnotique.* ♦ 2° *Cour.* (1860). Qui a rapport à l'hypnose, à l'hypnotisme. *État hypnotique.* — Qui provoque l'hypnose. « *La suggestion presque hypnotique d'un beau livre* » (PROUST). — Qui est accessible à l'état d'hypnose. *Sujet hypnotique.*

HYPNOTISER [ipnɔtize]. *v. tr.* (1855 ; de *hypnotique*). ♦ 1° Endormir artificiellement par les procédés de l'hypnotisme. V. **Fasciner, magnétiser.** ♦ 2° *Fig.* V. **Éblouir, fasciner, obnubiler.** « *Les Allemands sont hypnotisés par le péril russe* » (MART. du G.). — Pronom. *et fig. S'hypnotiser sur une chose* : être comme fasciné par elle.

HYPNOTISEUR [ipnɔtizœʀ]. *n. m.* (1860 ; de *hypnotiser*). Celui qui hypnotise. V. **Magnétiseur.**

HYPNOTISME [ipnɔtism(ə)]. *n. m.* (1845 ; angl. *hypnotism*, 1841 ; du gr. ; Cf. **Hypnose**). ♦ 1° Ensemble des phénomènes qui caractérisent le sommeil artificiel provoqué (V. **Hypnose**) : raideurs musculaires (V. **Catalepsie**), actes exécutés inconsciemment sur commande (V. **Somnambulisme**). ♦ 2° Ensemble des procédés mis en œuvre pour déclencher un état d'hypnose, comportant essentiellement des mécanismes de suggestion. V. **Fascination.** Science qui traite des phénomènes hypnotiques.

HYP(O)-. Élément, du gr. *hupo* « au-dessous, en deçà », qui exprime la diminution, l'insuffisance, la situation inférieure, et *spécialt.* en chimie, l'idée de petite quantité d'oxygène (ex. : *acide hypochloreux*). ◇ ANT. **Hyper-.**

HYPOACOUSIE [ipɔakuzi]. *n. f.* (1922 ; de *hypo*-, et gr. *akouô* « entendre »). *Méd.* Diminution de l'acuité auditive. ◇ ANT. *Hyperacousie.*

HYPOALGÉSIE [ipɔalʒezi]. *n. f.* (1933 ; de *hypo*-, et du gr. *algos* [*algési*-] « douleur »). *Méd.* Diminution anormale de la sensibilité à la douleur. ◇ ANT. *Hyperalgésie.*

HYPOCAUSTE [ipɔkost(ə)]. *n. m.* (1547 ; gr. *hupokauston*, de *kaiein* « brûler »). *Archéol.* Fourneau souterrain pour chauffer les bains, les chambres.

HYPOCENTRE [ipɔsɑ̃tʀ(ə)]. *n. m.* (1922 ; de *hypo*-, et *centre*). *Géol.* Foyer réel d'un séisme, situé dans les profondeurs de la terre.

HYPOCHLOREUX [ipɔklɔʀø]. *adj. m.* (1866 ; de *hypo*-, et *chloreux*). *Chim.* Se dit d'un acide et d'un anhydride du chlore (contenant moins d'oxygène que l'acide, que l'anhydride chloreux). ◇ ANT. *Hyperchlorhydrie.*

HYPOCHLORHYDRIE [ipɔklɔʀidʀi]. *n. f.* (v. 1900 ; de *hypo*-, *chlore*, et -*hydrie*). *Méd.* Diminution de la quantité d'acide chlorhydrique dans le suc gastrique. ◇ ANT. *Hyperchlorhydrie.*

HYPOCHLORITE [ipɔklɔʀit]. *n. m.* (1865 ; de *hypo*-, *chlore*, et -*ite*). *Chim.* Sel de l'acide hypochloreux.

HYPOCHROME [ipɔkʀom]. *adj.* (mil. XXᵉ ; de *hypo*-, et -*chrome*). *Didact.* (*Biol.*) Qui est insuffisant coloré. — *Méd.* Anémie hypochrome, caractérisée par une baisse de la teneur en hémoglobine des globules rouges. ◇ ANT. *Hyperchrome.*

HYPOCHROMIE [ipɔkʀɔmi]. *n. f.* (1931 ; de *hypo*-, et -*chromie*). *Méd.* ♦ 1° Pâleur anormale d'un organe ou d'un tissu ; *spécialt.*, diminution de la pigmentation de la peau. ♦ 2° Teneur anormalement basse en hémoglobine des globules rouges du sang. V. **Hyperchromie.**

HYPOCONDRE [ipɔkɔ̃dʀ(ə)]. *n. m.* (1398 ; plur. lat. *hypochondria*, du gr. *khondros* « cartilage des côtes »). I. *Anat.* Chacune des parties latérales de la région supérieure de l'abdomen, à droite et à gauche de l'épigastre. II. Hypocondriaque. « *C'est* (Barrès) *un hypocondre qui a de grands moments d'abattements* » (LÉAUTAUD).

HYPOCONDRIAQUE [ipɔkɔ̃dʀijak]. *adj. et n.* (XVIᵉ ; gr. *hupokhondriakos*). ♦ 1° *Méd. anc.* Qui a rapport aux hypocondres. *Maladie hypocondriaque.* ♦ 2° (XVIᵉ). Qui est atteint d'hypocondrie. — D'humeur triste et capricieuse. N. *Un hypocondriaque.* ◇ ANT. *Gai.*

HYPOCONDRIE [ipɔkɔ̃dʀi]. *n. f.* (*h.* 1490 ; 1781 ; de *hypocondre*). État d'anxiété habituelle et excessive du sujet à propos de sa santé (autrefois supposée avoir son origine dans les organes abdominaux des hypocondres). V. **Mélancolie, neurasthénie.**

HYPOCORISTIQUE [ipɔkɔʀistik]. *adj. et n. m.* (v. 1900 ; gr. *hupokoristikos*). *Ling.* Qui exprime une intention affectueuse, caressante. *Diminutif, redoublement hypocoristique.*

HYPOCRAS [ipɔkʀas]. *n. m.* (*Ypocras*, v. 1415 ; du nom d'*Hippocrate*). *Ancienn.* Vin sucré où l'on a fait infuser de la cannelle, du girofle.

HYPOCRISIE [ipɔkʀizi]. *n. f.* (v. 1175 ; lat. *hypocrisis*, mot gr., d'abord « jeu de l'acteur »). ♦ 1° Vice qui consiste à déguiser son véritable caractère, à feindre des opinions, des sentiments, et *spécialt.* des vertus qu'on n'a pas. V. **Dissimulation, duplicité, fausseté, fourberie.** « *L'hypocrisie est une nécessité des époques où il faut de la simplicité dans les apparences* » (VALÉRY). *Hypocrisie du faux dévot.* V. **Bigoterie, pharisaïsme, tartuferie.** ♦ 2° Caractère de ce qui est hypocrite. *Hypocrisie d'un argument.* ♦ 3° Acte, manifestation hypocrite. V. **Comédie, mensonge, simagrée, tromperie.** *Ne vous laissez pas prendre à ces hypocrisies.* « *Les hypocrisies de l'amour-propre* » (BOURDALOUE). ◇ ANT. *Franchise, loyauté, sincérité.*

HYPOCRITE [ipɔkʀit]. *n. et adj.* (*Ipocrite*, v. 1175 ; lat. d'o. gr. *hypocrita*, d'abord « acteur » ; Cf. **Comédien**). I. *N.* Personne qui a de l'hypocrisie, fait preuve d'hypocrisie. V. **Fourbe, imposteur, sournois.** *Faire l'hypocrite.* V. **Saint** (petit). Vieilli. « *Un hypocrite de bravoure* » (STENDHAL) : qui feint la bravoure. — *Spécialt.* Faux dévot. V. **Bigot, pharisien, tartufe.** II. *Adj.* (*Personnes*). Qui se comporte avec hypocrisie. V. **Artificieux, dissimulé, double, faux, menteur, sournois.** *Courtisan hypocrite.* « *Je trouvais la force d'être hypocrite avec toupet* » (ROMAINS). ◇ (*Choses*) Qui est empreint d'hypocrisie ; dénote de l'hypocrisie. *Sourire, ton hypocrite. Promesses hypocrites.* V. **Fallacieux.** ◇ ANT. *Cordial, franc, loyal, sincère.*

HYPOCRITEMENT [ipɔkʀitmɑ̃]. *adv.* (1584 ; de *hypocrite*). D'une manière hypocrite ; avec hypocrisie. ◇ ANT. *Franchement.*

HYPOCYCLOÏDE [ipɔsiklɔid]. *n. f.* (1863 ; de *hypo*-, et *cycloïde*). *Géom.* Courbe engendrée par un point d'un cercle qui roule sans glisser à l'intérieur d'un autre cercle (*opposé à épicycloïde*).

HYPODERME [ipɔdɛʀm(ə)]. *n. m.* (1839 ; de *hypo*-, et *derme*). ♦ 1° *Anat.* Tissu sous-cutané. ◇ *Bot.* Tissu situé au-dessous de l'épiderme. ♦ 2° *Zool.* Genre d'insectes diptères dont les larves vivent sous la peau des ruminants et qui peuvent provoquer chez l'homme des lésions cutanées appelées *myiases*.

HYPODERMIQUE [ipɔdɛʀmik]. *adj.* (1873 ; de *hypodermie*). Qui concerne le tissu sous-cutané. *Piqûre hypodermique.* Par ext. *Seringue hypodermique.*

HYPODERMOSE [ipɔdɛʀmoz]. *n. f.* (1910 ; de *hypoderme*). *Vétér.* Affection cutanée causée aux animaux (bovins) par les larves d'hypodermes.

HYPOGASTRE [ipɔgastʀ(ə)]. *n. m.* (1536 ; gr. *hupogastrion* ; suff. -*gastre*). *Anat.* Région médiane inférieure de l'abdomen, située entre les fosses iliaques. SYN. (Cour.) *Bas-ventre.*

HYPOGASTRIQUE [ipɔgastʀik]. *adj.* (XVIᵉ ; de *hypogastre*). Relatif à l'hypogastre. *Douleurs hypogastriques.*

HYPOGÉ, ÉE [ipɔʒe]. *adj.* (1846 ; Cf. **Hypogée**). *Bot.* Qui se développe sous la terre. ◇ ANT. *Épigé.*

HYPOGÉE [ipɔʒe]. *n. m.* (1552 ; lat. *hypogeum*, gr. *hupogeion*, de *gê* « terre »). *Archéol.* Construction, et *spécialt.* Sépulture souterraine. *Hypogées égyptiens.*

HYPOGLOSSE [ipɔglɔs]. *adj.* (1752 ; gr. *hupoglôssios*, de *glôssa* « langue »). *Anat. Nerf grand hypoglosse* : nerf crânien qui se distribue aux muscles de la langue. — *Subst. L'hypoglosse.*

HYPOGLYCÉMIE [ipɔglisemi]. *n. f.* (1908 ; de *hypo*- et *glycémie*). *Méd.* Diminution ou insuffisance du taux de glucose (sucre) du sang. ◇ ANT. *Hyperglycémie.*

HYPOGYNE [ipɔʒin]. *adj.* (1801 ; de *hypo*-, et -*gyne*). *Bot.* Qui est inséré sous l'ovaire d'une plante. *Corolle hypogyne.*

HYPOLIPÉMIE ou **HYPOLIPIDÉMIE** [ipɔlipemi ou ipɔlipidemi]. *n. f.* (1959 ; de *hypo*-, et *lipémie* ou *lipidémie*). *Méd.* Diminution anormale de la lipidémie. ◇ ANT. *Hyperlipémie ou hyperlipidémie*.

HYPONOMEUTE [iponɔmøt]. *n. m.* (1878 ; gr. *huponomeutes* « mineur », de *huponomos* « qui creuse en dessous »). *Zool.* Insecte lépidoptère qui pond ses œufs sur les branches des arbres fruitiers, où les chenilles causent de grands dégâts. V. **Teigne.**

HYPOPHOSPHOREUX, EUSE [ipɔfɔsfɔʀø, øz]. *adj.* (1843 ; de *hypo*-, et *phosphoreux*). *Chim.* Se dit de l'acide le moins oxygéné du phosphore. *Les hypophosphites, sels de l'acide hypophosphoreux.*

HYPOPHOSPHORIQUE [ipɔfɔsfɔʀik]. *adj.* (1843 ; de *hypo*-, et *phosphorique*). *Chim.* Se dit d'un des oxacides du phosphore. *Acide hypophosphorique.*

HYPOPHYSAIRE [ipɔfizɛʀ]. *adj.* (1922 ; de *hypophyse*).

Relatif à l'hypophyse (on dit aussi parfois *pituitaire*). *Hormones hypophysaires.*

HYPOPHYSE [ipɔfiz]. *n. f.* (1836; du gr. *hupophusis* « croissance en dessous »). Organe neuro-glandulaire ellipsoïde, situé à la base du crâne et rattaché au cerveau par la tige pituitaire (appelé aussi *corps* ou *glande pituitaire*). *L'hypophyse, glande endocrine, sécrète plusieurs hormones qui agissent sur le fonctionnement d'autres glandes endocrines.* V. **Gonadotrope, mélanostimuline, ocytocine, prolactine, somatotrope.**

HYPOSCENIUM [ipɔsenjɔm]. *n. m.* (*Hyposcène*, 1771; gr. *huposkênion*). *Archéol.* Dessous de la scène d'un théâtre antique. *Spécialt.* Mur soutenant la scène; partie de l'orchestre située devant ce mur.

HYPOSÉCRÉTION [ipɔsekʀesjɔ̃]. *n. f.* (1896; de *hypo-*, et *sécrétion*). *Méd.* Sécrétion glandulaire insuffisante ou inférieure à la normale. ◇ ANT. *Hypersécrétion.*

HYPOSPADIAS [ipɔspadjas]. *n. m.* (1865; gr. *hupospadias*, de *span* « déchirer »). *Pathol.* Malformation de l'urètre caractérisée par un méat urinaire situé à la face inférieure de la verge ou même au niveau du périnée. *Dér.* HYPOSPADE, *n. m.* Individu affecté d'hypospadias. V. **Épispadias.**

HYPOSTASE [ipɔstaz]. *n. f.* (*Ypostasie*, XIVᵉ; lat. *hypostasis*, mot gr.; suff. *-stase*).
I. *Méd.* Accumulation de sang dans les parties déclives (basses) du poumon (le plus souvent, complication d'une insuffisance cardiaque).
II. (1541). *Théol., philo.* Substance, et *spécialt.* Chacune des trois personnes de la Trinité en tant que substantiellement distincte des deux autres. *La doctrine* « *qui devait faire* (de Jésus) *une hypostase divine* » (RENAN).
III. *Ling.* Substitution d'une catégorie grammaticale à une autre (adjectif employé en fonction de substantif, etc.).

HYPOSTATIQUE [ipɔstatik]. *adj.* (1474; gr. *hupostatikos*). *Théol.* Relatif à la personne divine, aux formes substantielles. V. **Hypostase** (II).

HYPOSTYLE [ipɔstil]. *adj.* (1824; gr. *hupostulos*, de *stulos* « colonne »). *Archéol.* Dont le plafond est soutenu par des colonnes. *Salle, portique, temple hypostyle.*

HYPOSULFITE [ipɔsylfit]. *n. m.* (1843; de *hypo-*, et *sulfite*). *Chim.* Ancien nom des sels de l'acide thiosulfurique.

HYPOSULFUREUX, EUSE [ipɔsylfyʀø, øz]. *adj.* (1843; de *hypo-*, et *sulfureux*). *Chim.* Ancien nom de l'acide instable thiosulfurique ($H_2S_2O_3$).

HYPOTENDU, UE [ipɔtɑ̃dy]. *adj.* et *n.* (1907; de *hypo-*, et *tendu*). *Méd.* Qui a une tension artérielle insuffisante.

HYPOTENSEUR [ipɔtɑ̃sœʀ]. *adj.* et *n. m.* (1922; de *hypotension*). *Méd.* Qui fait baisser la tension artérielle. *Médicament hypotenseur.* — *Subst. Un hypotenseur.*

HYPOTENSIF, IVE [ipɔtɑ̃sif, iv]. *adj.* (1962; de *hypotension*). *Méd.* Qui a trait à l'hypotension, qui est causé par une hypotension.

HYPOTENSION [ipɔtɑ̃sjɔ̃]. *n. f.* (1907; de *hypo-*, et *tension*). *Méd.* Tension artérielle inférieure à la normale; diminution de la tension. ◇ ANT. *Hypertension.*

HYPOTÉNUSE [ipɔtenyz]. *n. f.* (1520; lat. *hypotenusa*, gr. *hupoteinousa* « se tendant sous » (les angles). Dans un triangle rectangle, le côté opposé à l'angle droit. *Le carré de l'hypoténuse est égal à la somme des carrés des deux autres côtés* (théorème de Pythagore).

HYPOTHALAMIQUE [ipɔtalamik]. *adj.* (1959; de *hypo-*, et *thalamus*). *Anat.* Qui se rapporte à l'hypothalamus.

HYPOTHALAMUS [ipɔtalamys]. *n. m.* (mil. XXᵉ; — on disait région *sous-thalamique* (1929); de *hypo-*, et *thalamus*). *Anat.* Région du diencéphale située sous le thalamus, siège de centres supérieurs du système neuro-végétatif.

HYPOTHÉCABLE [ipɔtekabl(ə)]. *adj.* (1675; de *hypothéquer*). Qui peut être hypothéqué.

HYPOTHÉCAIRE [ipɔtekɛʀ]. *adj.* (1305; bas lat. *hypothecarius*. V. **Hypothèque**). Relatif à l'hypothèque. *Garantie hypothécaire. Créancier hypothécaire* (*opposé à* chirographaire.) *Inscription hypothécaire. Prêts hypothécaires.*

HYPOTHÉCAIREMENT [ipɔtekɛʀmɑ̃]. *adv.* (1414; du précéd.). *Dr.* Par hypothèque.

HYPOTHÉNAR [ipɔtenaʀ]. *n. m.* (1541; gr. *hupothenar*). *Anat.* Saillie à la partie interne (du côté cubital) de la paume de la main, que forment les muscles courts du petit doigt. V. **Thénar.**

HYPOTHÈQUE [ipɔtɛk]. *n. f.* (XIVᵉ; lat. *hypotheca*, gr. *hupothêkê*). ♦ 1° *Dr.* et *cour.* Droit réel accessoire accordé à un créancier sur un immeuble en garantie du paiement de la dette, sans que le propriétaire du bien grevé en soit dépossédé. V. **Gage, garantie, privilège.** *Hypothèque légale*, accordée par la loi. *Hypothèque judiciaire*, résultant des jugements. *Hypothèque conventionnelle*, dépendant des conventions. *Emprunter sur hypothèque. Grever un immeuble d'une hypothèque.* « *La maison de Dieppe se trouva vermoulue d'hypothèques* » (FLAUB.). *Inscription, transcription; conservation des hypothèques. Mainlevée d'une hypothèque.* ♦ 2° *Par ext.*

Polit. Obstacle; difficulté qui entrave ou empêche l'accomplissement de qqch. *Hypothèque qui pèse sur les relations entre deux pays. Lever l'hypothèque.*

HYPOTHÉQUER [ipɔteke]. *v. tr.;* conjug. *céder* (1369; lat. médiév. *hypothecare*). ♦ 1° Affecter à une hypothèque; grever d'une hypothèque. *Hypothéquer un immeuble.* « *Il avait emprunté ... en hypothéquant sa dernière pièce de terre* » (ZOLA). — *Fig.* V. **Engager, lier.** *Hypothéquer l'avenir.* ♦ 2° *Dr.* Garantir par une hypothèque. *Hypothéquer une créance.* — *Au p. p.* Grevé d'une hypothèque, d'hypothèques. *Biens, terrains hypothéqués.*

HYPOTHERMIE [ipɔtɛʀmi]. *n. f.* (1899; de *hypo-*, et *-thermie*). *Méd.* Abaissement de la température du corps au-dessous de la normale. ◇ ANT. *Hyperthermie.*

HYPOTHÈSE [ipɔtɛz]. *n. f.* (1538; gr. *hupothesis*; de *thesis*. V. **Thèse**).
I. *Sc.* ♦ 1° *Math.* Proposition admise comme donnée d'un problème, ou pour la démonstration d'un théorème. V. **Axiome, convention, postulat.** ♦ 2° Proposition relative à l'explication de phénomènes naturels, admise provisoirement avant d'être soumise au contrôle de l'expérience. V. **Assomption, conjecture.** « *L'hypothèse expérimentale... doit toujours être fondée sur une observation antérieure* » (Cl. BERNARD). « *Toute généralisation est une hypothèse* » (H. POINCARÉ). *Hypothèse heuristique, directrice; hypothèse de travail. L'hypothèse vérifiée.* — *Grandes hypothèses scientifiques.* V. **Théorie.**
II. *Cour.* Conjecture concernant l'explication ou la possibilité d'un événement. V. **Supposition.** *Émettre, énoncer, examiner une hypothèse. Hypothèse fragile, gratuite.* « *Cette hypothèse, plus ingénieuse à mon avis que fondée en vérité* » (MÉRIMÉE). *En être réduit aux hypothèses. Selon cette hypothèse. Dans l'hypothèse où.* « *Un client, médiocre par hypothèse...* » (ROMAINS). — *Gram.* Proposition exprimant une hypothèse. V. **Hypothétique.**
◇ ANT. *Conclusion; certitude, évidence.*

HYPOTHÉTICO-DÉDUCTIF, IVE, IFS [ipɔtetiko dedyktif, iv, if]. *adj.* (XXᵉ; de *hypothétique*, et *déductif*). *Didact.* Qui part de propositions hypothétiques en déduit les conséquences logiques. *Une axiomatique* est un système hypothético-déductif. Sciences hypothético-déductives* (opposées à *inductives*).

HYPOTHÉTIQUE [ipɔtetik]. *adj.* (1290; lat. imp. *hypotheticus*, gr. *hupothetikos*. V. **Hypothèse**). ♦ 1° *Log.* (*Opposé à* catégorique). *Proposition hypothétique* : où l'assertion est subordonnée à une condition. V. **Conditionnel.** ♦ 2° *Sc.* Qui est de la nature de l'hypothèse, n'existe qu'à l'état d'hypothèse. *Jugement hypothétique.* V. **Conjectural.** *Fait hypothétique.* V. **Supposé.** ♦ 3° *Cour.* Qui n'est pas certain. V. **Douteux, incertain, problématique.** *Compter sur un héritage hypothétique. Il s'engouffrait,* « *pour offrir aux regards malveillants des passants hypothétiques le moins de surface possible* » (PROUST). ◇ *Gram.* Relatif à l'hypothèse, à la supposition; qui exprime l'hypothèse. *Proposition hypothétique,* et subst. *Une hypothétique.* V. **Conditionnel.** ◇ ANT. *Certain, effectif, évident, indubitable, sûr.*

HYPOTHÉTIQUEMENT [ipɔtetikmɑ̃]. *adv.* (XVIᵉ; du précéd.). D'une manière hypothétique.

HYPOTHYROÏDIE [ipɔtiʀɔidi]. *n. f.* ou **HYPOTHYROÏDISME** [ipɔtiʀɔidism(ə)]. *Méd.* Insuffisance de la sécrétion de la thyroïde. V. **Crétinisme, myxœdème.** ◇ ANT. *Hyperthyroïdie.*

HYPOTONIE [ipɔtɔni]. *n. f.* (1900; de *hypo-*, et rad. de *tonique*). ♦ 1° *Méd.* Diminution de la tonicité musculaire. V. **Atonie.** ♦ 2° *Phys.* Hypotension. ♦ 3° *Phys.* État d'un liquide, d'une solution dont la tension osmotique est inférieure à celle d'un liquide de référence. ◇ ANT. *Hypertonie.*

HYPOTONIQUE [ipɔtɔnik]. *adj.* (1907; du précéd.). *Didact.* Dont la pression osmotique est inférieure à une autre (notamment, celle du sang), prise comme référence. *Sérum hypotonique, solution hypotonique.*

HYPOTROPHIE [ipɔtʀɔfi]. *n. f.* (1857; de *hypo-*, et *trophé* « nourriture »). *Physiol.* Nutrition insuffisante avec retard de la croissance. V. **Atrophie, hypertrophie.**

HYPOTYPOSE [ipɔtipoz]. *n. f.* (1555; gr. *hupotupôsis*). *Rhét.* Description animée et frappante.

HYPOVITAMINOSE [ipɔvitaminoz]. *n. f.* (1955; de *hypo-*, *vitamine*, et suff. *-ose*). *Méd.* Carence d'une ou plusieurs vitamines associées. V. **Avitaminose.** ◇ ANT. *Hypervitaminose.*

HYPOXÉMIE [ipɔksemi]. *n. f.* (XXᵉ; de *hypo-*, ox[ygène], et *-émie*). *Physiol., méd.* Diminution de la quantité d'oxygène contenue dans le sang. V. **Anoxémie.**

HYPOXIE [ipɔksi]. *n. f.* (XXᵉ; de *hypo-*, et *oxy*[gène]). *Méd.* Syn. de *Anoxie.* V. **Anoxémie.**

HYPSO-. Élément, du gr. *hupsos* « hauteur ».

HYPSOMÈTRE [ipsɔmɛtʀ(ə)]. *n. m.* (1859; de *hypso-*, et *-mètre*). *Phys.* Instrument qui indique l'altitude d'un lieu d'après la température à laquelle l'eau y entre en ébullition.

HYPSOMÉTRIE [ipsɔmetʀi]. *n. f.* (1839; de *hypso-*, et *-métrie*). *Sc.* Détermination de l'altitude d'un lieu. — *Par ext.* Relief.

HYPSOMÉTRIQUE [ipsɔmetʀik]. *adj.* (1836; du précéd.). *Sc.* Relatif à l'hypsométrie. *Carte, courbe hypsométrique.*

HYSOPE [izɔp]. *n. f.* (1120; lat. d'o. gr. *hys(s)opus*). Plante dicotylédone, arbrisseau vivace à feuilles persistantes, à fleurs bleues. *L'hysope, fréquemment citée dans la Bible et opposée au cèdre. Fig. Depuis le cèdre jusqu'à l'hysope,* du plus grand au plus petit.

HYSTÉR(O)-. Élément, du gr. *hustera* « utérus ».

HYSTÉRECTOMIE [isteʀɛktɔmi]. *n. f.* (1890; de *hystér-*, et *-ectomie*). *Méd.* Ablation de l'utérus.

HYSTÉRÉSIS [isteʀezis] ou **HYSTÉRÈSE** [isteʀez]. *n. f.* (1888,-1931; du gr. *husterein* « être en retard »). *Phys.* Retard de l'effet sur la cause dans le comportement des corps soumis à une action (élastique ou magnétique) croissante, puis décroissante. *Cycle d'hystérésis.*

HYSTÉRIE [isteʀi]. *n. f.* (1731; de *hystérique*). ♦ 1° *Vx.* Ensemble de troubles psychiques, neurologiques et fonctionnels très divers, généralement attribués à la simulation. ♦ 2° (XIXᵉ; Charcot). Ensemble de symptômes, surtout neurologiques, prenant l'apparence d'affections organiques, sans lésion organique décelable. ♦ 3° *Mod., Psychiatr.* Névrose caractérisée par une exagération des modalités d'expression psychique et affective *(névrose d'expression)* qui peut se traduire par des symptômes d'apparence organique (convulsions, paralysies, douleurs, catalepsie) et par des manifestations psychiques pathologiques (hallucinations, délire, mythomanie, angoisse). *Hystérie de conversion.* ♦ 4° *Cour. C'est de l'hystérie :* de la folie, de la rage.

HYSTÉRIFORME [isteʀifɔʀm(ə)]. *adj.* (1843; de *hystéro-*, et *forme*). *Pathol.* Dont les manifestations rappellent l'hystérie.

HYSTÉRIQUE [isteʀik]. *adj.* et *n.* (1568; lat. *hystericus*, gr. *husterikos*, de *hustera* « utérus », l'attitude des malades étant autrefois considérée comme un accès d'érotisme morbide féminin). ♦ 1° Qui est atteint d'hystérie. — *Par ext.* Qui a le comportement d'une personne atteinte d'hystérie. *Il est un peu hystérique.* Subst. *Un, une hystérique.* ♦ 2° *Méd.* Qui a rapport à l'hystérie. *Accidents hystériques.* ◇ *Cour.* Qui rappelle l'hystérie. *Une voix hystérique. Le « rire hystérique de la haine dans son paroxysme le plus aigu »* (BARBEY).

HYSTÉROGRAPHIE [isteʀɔgrafi]. *n. f.* (mil. XXᵉ; de *hystéro-*, et [radio]*graphie :* « description des maladies de l'utérus », 1843). *Méd.* Radiographie de l'utérus.

HYSTÉROTOMIE [isteʀɔtɔmi]. *n. f.* (1721; de *hystéro-*, et *-tomie*). *Méd.* Incision pratiquée sur l'utérus, dans les accouchements difficiles. V. **Césarienne.**

hz Symbole du hertz*, unité de fréquence.

I

I [i]. *n. m.* ♦ 1º Neuvième lettre et troisième voyelle de l'alphabet. *Le i servait autrefois pour i et j.* — *Phonét.* I [i], voyelle palatale écartée. I *consonne* [j]. V. **Yod.** — Les groupes IN et IM se prononcent ɛ nasalisé [ɛ̃]. *I tréma.* V. **Tréma.** ◊ *Loc. fig. Mettre les points sur les i :* s'expliquer nettement, clairement. ♦ 2º Dans les chiffres romains, *I signifie 1.* ◊ *Math.* Unité imaginaire. ♦ 3º *Chim.* I, symb. chimique de l'iode.

IAMBE [jãb]. *n. m.* (1532 ; lat. *iambus*, gr. *iambos*). ♦ 1º *Versif.* (*Antiq.*). Pied de deux syllabes, la première brève, la seconde longue. *L'iambe.* — *Par ext.* Vers grec ou latin, dont les deuxième, quatrième et sixième pieds étaient des iambes. ◊ *Poème formé d'iambes.* ♦ 2º *Littér. mod.* Pièce de vers satiriques.

IAMBIQUE [jãbik]. *adj.* (1466 ; lat. *iambicus*, gr. *iambikos*). *Versif.* Composé d'iambes. *Trimètre* iambique.*

IATR(O)- ; **-IATRE, -IATRIE.** Éléments, du gr. *iatros* « médecin » (*ex. :* pédiatre, psychiatrie).

IATROGÈNE [jatrɔʒɛn] ou **IATROGÉNIQUE** [jatrɔ ʒenik]. *adj.* (av. 1970 ; de *iatro-*, et *-gène* ou *-génique*). Qui est provoqué par le médecin. *Psychose iatrogène. Maladie iatrogénique.*

IBÈRE [ibɛʀ]. *adj. et n.* (1771 ; de *Ibérie*). Relatif à l'Ibérie et au peuple originaire du Caucase ou d'Afrique septentrionale qui, après s'être répandu en Europe à l'époque protohistorique, habitait le Sud de la Gaule et le Nord de l'Espagne vers le vᵉ s. avant J.-C. *Civilisation ibère.* — N. *Les Ibères.*

IBÉRIDE [ibeʀid]. *n. f.* (1789 ; *iberis*, 1615 ; lat. *iberis, -idis*, gr. *iberis* « cresson »). Plante (*Cruciféracées*) que l'on cultive pour ses fleurs. V. **Thlaspi.**

IBÉRIQUE [ibeʀik]. *adj.* (1767 ; de *Ibérie*). Relatif à l'Espagne et au Portugal. *Péninsule ibérique.* V. **Hispanique,** lusitanien. — On dit parfois *Ibérien, ienne.* adj. et n.

IBIDEM [ibidɛm]. *adv.* (1693 ; adv. lat. « ici même »). Dans le même ouvrage, dans le même passage (Abrév. *Ibid.*, *ib.*).

IBIS [ibis]. *n. m.* (1537 ; mot lat. et gr.). Oiseau échassier des régions d'Afrique et d'Amérique, à bec long, mince et arqué. *Ibis sacré de la haute Égypte. Dieu égyptien à tête d'ibis.*

-IBLE. Élément, du lat. *-ibilis*, qui exprime la possibilité d'être, et sert à former des adjectifs sur des verbes (*ex. :* éligible).

ICAQUE [ikak]. *n. f.* (1555 ; esp. *icaco*, mot des Caraïbes). Fruit de l'icaquier. — *Icaquier. Prune d'icaque.*

ICAQUIER [ikakje]. *n. m.* (1808 ; de *icaque*). Arbrisseau d'Amérique tropicale (*Rosacées*) dont les fruits sont comestibles.

ICARIEN, IENNE [ikaʀjɛ̃, jɛn]. *adj.* (1839 ; de *Icare*). *Didact.* Relatif à Icare ou à l'Icarie. — *Rare.* Jeux icariens : exercices de voltige acrobatique.

ICEBERG [ajsbɛʀg ; isbɛʀg]. *n. m.* (1857 ; angl. *iceberg*, norv. *ijsberg* « montagne de glace »). *Cour.* Masse de glace flottante, détachée de la banquise ou d'un glacier polaire. « *La partie d'un ice-berg* (sic) *qui émerge de l'eau n'atteint qu'environ 1/8 de la hauteur totale* » (HAUG.).

ICE-BOAT [ajsbot]. *n. m.* (1879 ; de *boat* « bateau », et *ice* « glace »). *Rare* (*Anglicisme*). Voilier muni de patins, pour avancer sur la glace.

ICE-CREAM [ajskʀim]. *n. m.* (1895 ; mot amér.). *Anglicisme.* Glace à base de crème (fr. *crème glacée*). *Des icecreams.*

ICEFIELD [ajsfild]. *n. m.* (1864 ; mot angl., de *ice*, et *field* « champ »). *Géogr.* Vaste champ de glace dans les régions polaires. « *Une étrave faite pour labourer les icefields* » (VERCEL).

ICELUI [isəlɥi], **ICELLE** [isɛl] ; *plur.* **ICEUX** [isø], **ICELLES** [isɛl]. *pron. et adj. dém.* (v. 1050 ; V. Celui). *Vx.* Celui-ci, celle-ci — Le mot s'emploie encore par plaisanterie. « *C'était un triporteur. Mais un triporteur décédé... La tige de selle portait le deuil d'icelle* » (FALLET).

ICHNEUMON [iknømɔ̃]. *n. m.* (1547 ; mot lat., du gr.

ikhneumôn « qui suit la piste »). ♦ 1º *Vx.* Mangouste. ♦ 2º (1562). Insecte hyménoptère térébrant dont la larve est parasite des lépidoptères.

ICHOR [ikɔʀ]. *n. m.* (1538 ; gr. *ikhôr*). ♦ 1º *Méd.* (*Vx*). Pus sanguinolent. V. **Sanie.** ♦ 2º (Néol.). *Géol.* Émanation provenant du magma, composante de certaines roches métamorphiques.

ICHTHY(O)-, ICHTY(O)-. Premier élément, du gr. *ikhthus* « poisson ».

ICHTYOCOLLE [iktjɔkɔl]. *n. f.* (1694 ; de *ichtyo-*, et *colle*). *Techn.* Colle de poisson (tirée notamment de la vessie natatoire de l'esturgeon).

ICHTYOÏDE [iktjɔid]. *adj.* (1842 ; de *ichty-*, et *-oïde*). *Didact.* Qui ressemble à un poisson. V. **Pisciforme.**

ICHTYOL [iktjɔl]. *n. m.* (1890 ; de *ichty-*, et *-ol*). *Techn.* Huile sulfureuse extraite de roches bitumeuses enfermant de nombreux poissons fossiles.

ICHTYOLOGIE [iktjɔlɔʒi]. *n. f.* (1649 ; de *ichtyo-*, et *-logie*). Partie de la zoologie qui traite des poissons.

ICHTYOLOGIQUE [iktjɔlɔʒik]. *adj.* (1765 ; de *ichtyologie*). Relatif à l'étude des poissons.

ICHTYOLOGISTE [iktjɔlɔʒist(ə)]. *n.* (1765 ; de *ichtyologie*). Personne qui s'occupe d'ichtyologie.

ICHTYOPHAGE [iktjɔfaʒ]. *adj. et n.* (1552 ; de *ichtyo-*, et *-phage*). *Didact.* Qui se nourrit principalement ou exclusivement de poisson. V. **Piscivore.**

ICHTYORNIS [iktjɔʀnis]. *n. m.* (1890 ; lat. sav. ; de *ichtyo-*, et gr. *ornis* « oiseau »). *Paléont.* Oiseau fossile du crétacé, à bec muni de dents coniques.

ICHTYOSAURE [iktjɔsɔʀ]. *n. m.* (1824 ; lat. sav. *ichtyosaurus*, de *ichtyo-*, et *-saure*). *Paléont.* Grand reptile fossile de l'époque secondaire.

ICHTYOSE [iktjoz]. *n. f.* (1818 ; de *ichtyo-*, et *-ose*). *Méd.* Maladie congénitale de la peau (caractérisée par la sécheresse des téguments épaissis, rugueux et couverts de grosses écailles. V. **Xérodermie**).

ICI [isi]. *adv.* (xᵉ ; lat. pop. *ecce hic*, forme renforcée de *hic* « ici ». V. **Ci**).

I. ♦ 1º Dans ce lieu (le lieu où se trouve celui qui parle). — *opposé à là*, là-bas. V. **Céans** (*vx*). *Ici et là.* V. **Çà** (et là). « *Ici, tu t'asseyais ; c'était ici ta place* » (ARAGON). *Monsieur X..., ici présent. On est bien ici. Ici repose, ci gît.* V. **Ci.** — (En parlant d'une maison) *Vous êtes ici chez vous.* — (En parlant d'une ville, d'un pays) *Il fait plus frais ici qu'à Paris.* ◊ *À cet endroit. Veuillez signer ici. Ici, Untel,* s'emploie au téléphone, en radio pour indiquer l'identité de celui qui appelle. ◊ *D'ICI :* de ce lieu, de ce pays. — *Loc.* (iron.) *Je vois cela d'ici,* j'imagine la chose. PAR ICI : par cet endroit, dans cette direction. *Par ici la sortie.* Dans les environs, dans ce pays. *Il habite par ici.* ♦ 2º ICI-BAS (*loc. adv.*) : dans ce bas monde ; sur la terre. *Les choses d'ici-bas.* « *Tout n'est ici-bas que symbole et que songe* » (RENAN). ♦ 3º À l'endroit où l'on se trouve, dans un discours, un écrit. *Je me sers ici de ce mot.* « *Le récit que je rapporte ici mot pour mot* » (FRANCE). — (ANT. *Ailleurs*). ♦ 4º *Subst. L'ici* (didact. ou littér.) : le lieu de la présence.

II. *Adv. de temps.* ♦ 1º *Vx.* En ce moment. V. **Maintenant.** ♦ 2º *Mod. Jusqu'ici :* jusqu'à présent. *D'ICI,* marquant le point de départ dans le temps. *D'ici demain. D'ici à trois jours.* V. **Dans.** *D'ici peu :* dans peu de temps. « *D'ici le treize, tout le temps de sauter* » (ROMAINS).

ICOGLAN [ikoglã]. *n. m.* (*Ichoglan,* 1653 ; turc *itchoghlân* « page de l'intérieur »). *Vx* ou *Hist.* Officier du palais du sultan, dans l'empire ottoman.

1. ICÔNE [ikon]. *n. f.* (1838 ; russe *ikona*, gr. byz. *eikona*). Dans l'Église d'Orient, Peinture religieuse exécutée sur un panneau de bois. *Icônes byzantines, russes.*

2. ICÔNE [ikon]. *n. m. ou f.* (v 1970 ; angl. *icon*, PEIRCE). *Didact.* Signe dont le signifiant et le signifié sont dans une relation « naturelle » (ressemblance, évocation). Cf. **Symbole.** V. **Iconique,** 2º. *L'onomatopée est une icône.*

ICONIQUE [ikɔnik]. *adj.* (*Statue iconique,* 1765 ; de

icon-, d'apr. angl. *iconic*). ♦ 1° *Didact*. De l'image. ♦ 2° Relatif aux signes dits icônes (2). *Caractère iconique des signes visuels représentatifs* (images).

ICON(O)-. Premier élément, du gr. *eikôn* « image ».

ICONOCLASME [ikɔnɔklasm(ə)] *n. m.*, **ICONOCLASTIE** [ikɔnɔklasti]. *n. f.* (1843,-1877; de *iconoclaste*). *Hist.* ou *Didact.* Doctrine, mouvement des iconoclastes.

ICONOCLASTE [ikɔnɔklast(ə)]. *n. m. et adj.* (1557; gr. byz. *eikonoklastès*, de *klaô* « briser »). ♦ 1° *Hist.* Partisan des empereurs byzantins qui s'opposèrent à l'adoration et au culte des images saintes. — Adj. *Les empereurs iconoclastes. La querelle iconoclaste.* ♦ 2° Celui qui proscrit ou détruit les images saintes, et *par ext.* les œuvres d'art. « *Des bandes d'iconoclastes avaient dévasté les cathédrales* » (TAINE). Adj. *Fureur iconoclaste.* ◇ ANT. Iconolâtre.

ICONOGÈNE [ikɔnɔʒɛn]. *n. m.* (1889; de *icono-*, et *-gène*). *Phot.* Sel (de sodium) employé comme révélateur photographique.

ICONOGRAPHE [ikɔnɔɡraf]. *n. m.* (1803; de *iconographie*). *Didact.* Spécialiste de l'iconographie.

ICONOGRAPHIE [ikɔnɔɡrafi]. *n. f.* (1547; gr. *eikonographia*, suff. *-graphie*). ♦ 1° Étude des diverses représentations figurées d'un sujet. *Iconographie d'un personnage célèbre, d'une époque. Iconographie religieuse :* étude des thèmes, symboles, personnages propres à chaque religion, tels qu'ils sont représentés dans l'art. ♦ 2° Ensemble de ces représentations. *L'iconographie chrétienne, bouddhique.* — Ensemble d'images. *Documentaliste chargé de l'iconographie d'un livre d'art.*

ICONOGRAPHIQUE [ikɔnɔɡrafik]. *adj.* (1762; de *iconographie*). Relatif à l'iconographie. *Documents iconographiques.*

ICONOLÂTRE [ikɔnɔlɑtr(ə)]. *n.* (1701; gr. ecclés. *eikonolatres*). *Didact.* Personne qui rend un culte à des images. ◇ ANT. Iconoclaste.

ICONOLÂTRIE [ikɔnɔlɑtri]. *n. f.* (1843; de *iconolâtre*). *Didact.* Culte, adoration des images.

ICONOLOGIE [ikɔnɔlɔʒi]. *n. f.* (1643; gr. *eikonologia*). *Didact.* ♦ 1° Art de représenter des figures allégoriques avec leurs attributs distinctifs; connaissance de ces attributs. ♦ 2° Étude de la représentation en art. *L'iconologie de Panofsky* (le spécialiste s'appelle ICONOLOGISTE [ikɔnɔlɔʒist(ə)] ou ICONOLOGUE [ikɔnɔlɔɡ]).

ICONOSCOPE [ikɔnɔskɔp]. *n. m.* (1946; autre sens, 1877; de *icono-*, et *-scope*). *Télév.* Dispositif qui analyse l'image.

ICONOSTASE [ikɔnɔstaz]. *n. f.* (1846; lat. et gr. relig.; du gr. *stasis* « action de poser »). Dans les églises orthodoxes, Sorte de cloison décorée d'images, d'icônes, qui sépare la nef du sanctuaire où le prêtre officie. « *L'iconostase, haute muraille de vermeil à cinq étages de figures* » (GAUTIER).

ICOSAÈDRE [ikozaɛdr(ə)]. *n. m.* (1551; lat. *icosahedrum*, mot gr., de *eikosi* « vingt »). *Géom.* Polyèdre limité par vingt faces.

ICTÈRE [iktɛr]. *n. m.* (1578; lat. *icterus*, gr. *ikteros* « jaunisse »). *Méd.* Coloration jaune de la peau et des muqueuses, qui révèle la présence de pigments biliaires dans les tissus. V. **Cholémie, jaunisse.** *Ictère par hépatite. Ictère dû à la cirrhose, à l'hémolyse.*

ICTÉRIQUE [ikterik]. *adj.* (1560; lat. *ictericus*, gr. *ikterikos*). *Méd.* Relatif à l'ictère. — *Subst.* Malade présentant un ictère.

ICTUS [iktys]. *n. m.* (1866; lat. *ictus*). ♦ 1° *Versif. antiq.* Battement de la mesure dans le vers. ♦ 2° (1878). *Pathol.* Manifestation morbide violente et soudaine. *Ictus apoplectique.* V. **Apoplexie, attaque.** Psycho. *Ictus émotif,* obscurcissement de la conscience sous l'influence d'une émotion violente.

IDE [id]. *n. m.* (1808; lat. zool. *idus*, suéd. *id*). Poisson physostome au corps fusiforme, de couleur pourpre. ◇ HOM. Ides.

-IDE. Élément, du gr. *-eidês*, de *eidos* « aspect, forme ». V. **-Oïde.** — (En chimie, il désigne certains groupements d'homologues. *Ex. :* glucides).

1. IDÉAL, ALE, ALS ou **AUX** [ideal, o]. *adj.* (1578; bas lat. *idealis*). ♦ 1° Qui est conçu et représenté dans l'esprit sans être ou pouvoir être perçu par les sens. V. **Idéel, théorique.** *Un monde idéal.* V. **Imaginaire.** « *La géométrie a pour objets certains solides idéaux* » (POINCARÉ). ♦ 2° *Cour.* Qui atteint toute la perfection que nous pouvons concevoir ou souhaiter. V. **Accompli, parfait.** *Beauté, perfection idéale.* V. **Absolu.** ♦ 3° *Fam.* V. **Parfait, rêvé.** *C'est un mari idéal.* « *Elle voyait dans Edmond et Carlotta le couple idéal, l'amour heureux* » (ARAGON). *C'est la solution idéale.* ◇ ANT. Matériel; réel; imparfait, relatif.

2. IDÉAL, ALS ou **AUX** [ideal, o]. *n. m.* (1765; « conception de l'artiste »; du précéd.). ♦ 1° Ce qu'on se représente ou se propose comme type parfait ou modèle absolu dans l'ordre pratique, esthétique ou intellectuel. *Idéal de beauté.*

« *Il y a dans l'âme du peintre autant d'idéals que d'individus* » (BAUDEL.). *Avoir un idéal. Chercher à réaliser son idéal.* ♦ 2° L'IDÉAL : ensemble de valeurs esthétiques morales ou intellectuelles (*opposé à* intérêts de la vie matérielle). *Aspirations vers l'idéal.* ◇ Ce qui, dans quelque ordre que ce soit, donnerait une parfaite satisfaction aux aspirations du cœur ou de l'esprit. — *L'idéal, c'est de, ce qui peut pleinement satisfaire, c'est de... L'idéal, ce serait de, que, ce qu'il y aurait de mieux, ce serait... « Aimer et être aimé, voilà l'idéal »* (COCTEAU). ◇ ANT. *Réalité, réel* (n.); *positif* (n.).

IDÉALEMENT [idealmã]. *adv.* (mil. XVIᵉ; de *idéal* 1). D'une manière idéale.

IDÉALISATEUR, TRICE [idealizatœr, tris]. *adj.* (1845; de *idéaliser*). Qui idéalise.

IDÉALISATION [idealizasjɔ̃]. *n. f.* (1831; de *idéaliser*). Action d'idéaliser; son résultat. V. **Embellissement, stylisation.**

IDÉALISER [idealize]. *v. tr.* (1794; de *idéal* 1). Revêtir d'un caractère idéal. V. **Embellir.** *Peintre qui idéalise son modèle. Idéaliser en stylisant.* ◇ ANT. *Rabaisser, enlaidir.*

IDÉALISME [idealism(ə)]. *n. m.* (1749; de *idéal* 1). ♦ 1° *Philo.* Système philosophique qui ramène l'être à la pensée, et les choses à l'esprit. *Idéalisme platonicien. Idéalisme transcendantal* (de Kant), *dialectique* (de Hegel). ♦ 2° (2ᵉ moitié du XIXᵉ). *Cour.* Attitude d'esprit ou forme de caractère qui pousse à faire une large place à l'idéal, au sentiment, pour améliorer l'homme. « *L'idéalisme et l'intransigeance de la jeunesse* » (ROMAINS). « *Chaque peuple a son mensonge qu'il nomme son idéalisme* » (R. ROLLAND). ♦ 3° (*Opposé à* réalisme). Conception qui donne pour fin à l'art la représentation d'une nature idéale. ◇ ANT. *Réalisme; matérialisme; cynisme.*

IDÉALISTE [idealist(ə)]. *adj. et n.* (fin XVIIᵉ; de *idéal* 1). Propre à l'idéalisme, attaché à l'idéalisme (1° ou 2°). *Philosophe idéaliste. Avoir des vues idéalistes.* N. « *C'est un idéaliste, qui a une foi sans bornes dans le pouvoir de l'esprit* » (R. ROLLAND). ◇ ANT. *Réaliste; pratique.*

IDÉALITÉ [idealite]. *n. f.* (1770; de *idéal* 1). ♦ 1° Caractère de ce qui est idéal. ♦ 2° *Rare.* Être, objet idéal. « *Je ne sais quelle fantastique idéalité* » (GAUTIER). ◇ ANT. *Réalité.*

IDÉATION [ideasjɔ̃]. *n. f.* (1873; de *idée*). *Didact.* Formation et enchaînement des idées.

IDÉE [ide]. *n. f.* (1119; lat. philo. *idea*, mot gr. « forme visible », d'où « forme distinctive » puis « idée »; rad. *idein* « voir »).
I. *Philo.* Essence éternelle et purement intelligible des choses sensibles (chez Platon et les philosophes platoniciens). V. **Archétype.**
II. (XVIIᵉ). Représentation intellectuelle, distinguée des phénomènes d'affectivité ou d'activité. ♦ 1° *Psycho. et log.* (sens strict). Représentation abstraite et générale d'un être, d'une manière d'être, ou d'un rapport, qui est formée par l'entendement (« idée générale »). V. *aussi* **Concept, notion).** *Idées scientifiques de nombre, d'étendue. Signe, symbole d'une idée. Idées innées.* ♦ 2° *Cour.* (sens large). Toute représentation élaborée par la pensée (qu'il existe ou non un objet qui lui corresponde). *Expression des idées par le langage.* « *Nous avons plus d'idées que de mots* » (DIDER.). *Idée claire, nette, juste. Idées fausses. L'idée qu'il se fait de... Avoir une haute idée de soi. Avoir des idées gaies; des idées noires, du souci. Association d'idées. Suivre, perdre le fil de ses idées. Incapable de réunir deux idées. Sauter d'une idée à l'autre.* ◇ *Idée fixe**. ◇ *L'idée de* (suivi de l'inf.). V. **Pensée, perspective.** « *L'idée de se retrouver dans cette chambre vide l'attristait horriblement* » (DAUD.). — *L'idée de; « Il s'enchantait de l'idée qu'il était l'arbitre de la France* » (CHATEAUB.). *À l'idée de, à la seule idée que.* ♦ 3° Vue élémentaire, approximative. *Aperçu. Pour vous en donner une idée. N'avoir aucune idée, pas la moindre idée de. On n'a pas idée de cela, on ne peut même pas se représenter une chose pareille.* « *Aussi, a-t-on idée!... recevoir un homme comme cela!* » (HUGO). — *J'ai idée que,* il me semble que. ♦ 4° Conception purement imaginaire, fausse ou irréalisable. V. **Chimère, rêve.** *Se faire des idées, s'imaginer qqch. En voilà, une idée!* ♦ 5° Vue, plus ou moins originale, que l'intelligence élabore dans le domaine de la connaissance, de l'action ou de la création artistique. V. **Dessein, projet, plan.** *Il me vient une idée. Changer d'idée. Suivre une, son heureuse idée. Idée directrice. Prendre l'idée d'un roman dans un fait divers.* V. **Source, sujet.** — *Avoir l'idée de, concevoir le projet ou imaginer de.* (V. **Concepteur).** *Il a beaucoup d'idées.* (V. **Créativité, imagination, inventivité).** ◇ *Au plur.* Pensées neuves, fortes, heureuses. *Ouvrage plein d'idées.* ♦ 6° *Cour.* Façon particulière de se représenter le réel, de voir les choses. *J'ai mon idée sur la question.* V. **Opinion.** *Idée reçue. Préjugé. Le Dictionnaire des idées reçues, de Flaubert. Juger, agir à son idée.* ◇ *Au plur.* Ensemble des opinions d'un individu ou d'un groupe social en quelque domaine. *Communion*

d'idées. Chacun a ses idées. Cela n'est pas dans mes idées. — *Idées d'un écrivain, d'un penseur.* V. **Doctrine, philosophie, théorie, vue.** *Idées politiques. Idées avancées. Avoir des idées étroites, larges.* — Absolt. *Les idées :* spéculations touchant aux plus hauts problèmes. *L'histoire des idées. Croire aux idées.* « *Ce sont les idées qui mènent le monde* » (RENAN). **III.** *Par ext.* L'IDÉE. ♦ 1° L'esprit qui élabore les idées. V. **Esprit.** *J'ai dans l'idée qu'il ne viendra pas. On ne m'ôtera pas ça de l'idée.* ◇ *En idée :* en imagination. ♦ 2° *(Rare).* La pensée. « *Les routes de l'idée* » (FLAUB.).

IDÉEL, ELLE [ideɛl]. *adj.* (1878; de *idée*). *Didact.* De l'idée. V. **Conceptuel.** ◇ *Philo.* Idéal (1°).

IDEM [idɛm]. *adv.* (1501; mot lat. « la même chose »). Le même (être, objet). S'emploie généralement (abrév. *id.*) pour éviter la répétition d'un nom. ◇ *Fam.* De même. « *Pars tout de suite, et reviens idem* » (HUGO).

IDENTIFIABLE [idɑ̃tifjabl(ə)]. *adj.* (1845; de *identifier*). Qui peut être identifié.

IDENTIFICATION [idɑ̃tifikasjɔ̃]. *n. f.* (1610; de *identifier*). ♦ 1° Action d'identifier; résultat de cette action. *L'identification d'une chose à une autre.* ♦ 2° Action de s'identifier. *Psycho.* Processus par lequel un individu confond ce qui arrive à un autre avec ce qui lui arrive à lui-même.

IDENTIFIER [idɑ̃tifje]. *v. tr.* (1610; lat. scolast. *identificare*, rac. lat. *idem* « le même »). ♦ 1° Considérer comme identique, comme assimilable à autre chose (identité qualitative) ou comme ne faisant qu'un (avec qqch.). V. **Assimiler, confondre.** *Identifier une chose avec une autre, à une autre, une chose et une autre.* ♦ 2° *(Sans compl. second).* Reconnaître. *Je le connais, mais je n'arrive pas à l'identifier.* ◇ *Spécialt.* Reconnaître du point de vue de l'état civil. *Identifier un voleur. Identifier un cadavre, des empreintes digitales.* ♦ 3° Reconnaître comme appartenant à une certaine espèce ou classe d'individus. *Identifier des échantillons de pierres. Accent qu'on ne parvient pas à identifier. Des bruits « si faibles que Gilieth ne pouvait les identifier »* (MAC ORLAN). ♦ 4° S'IDENTIFIER : se faire ou devenir identique, se confondre, en pensée ou en fait. *Acteur qui s'identifie avec son personnage. Psycho. Il s'identifie à son père.* ◇ ANT. *Différencier, discerner, distinguer.*

IDENTIQUE [idɑ̃tik]. *adj.* (1610; lat. scolast. *identicus*, rac. lat. *idem* « le même »). ♦ 1° Se dit d'objets ou d'êtres parfaitement semblables, tout en restant distincts. V. **Pareil, semblable.** *Figures géométriques identiques. Aboutir à des conclusions identiques.* « *Il est absurde de vouloir ramener les sentiments à des formules identiques* » (BALZ.). *Objet, être identique à un autre.* ♦ 2° *Didact.* Qui est unique, quoique perçu, conçu ou nommé de manières différentes. V. **Même** (le), **un.** — *Math. Identique à* (≡). ♦ 3° *(Dans le temps).* Qui reste le même individu en dépit des changements survenus. « *Notre mémoire, en retenant le fil de notre personnalité identique...* » (PROUST). ◇ ANT. *Autre, contraire, différent, opposé.*

IDENTIQUEMENT [idɑ̃tikmɑ̃]. *adv.* (1574; de *identique*). D'une manière identique. ◇ ANT. *Différemment.*

IDENTITÉ [idɑ̃tite]. *n. f.* (1361; repris 1611; bas lat. *identitas*, rac. lat. *idem* « le même »). ♦ 1° Caractère de ce qui est identique. *Identité qualitative ou spécifique.* V. **Similitude.** « *Les profondes identités d'esprit, les ressemblances fraternelles de pensée* » (BOURGET). V. **Communauté.** ♦ 2° Caractère de ce qui est un. V. **Unité.** *Identité de l'étoile du soir et de l'étoile du matin* (c.-à-d. Vénus). ♦ 3° *Psycho. Identité personnelle*, caractère de ce qui demeure identique à soi-même. *Problème psychologique de l'identité du moi.* — *Par ext.* V. **Permanence.** ◇ *Dr. et cour.* Le fait pour une personne d'être tel individu et de pouvoir être également reconnue pour tel sans nulle confusion grâce aux éléments (état civil, signalement) qui l'individualisent; ces éléments. *Établir l'identité de qqn. Pièce d'identité*, pièce officielle prouvant l'identité d'une personne. *Carte, photo d'identité.* — *Par ext. Identité judiciaire*, service de la police judiciaire chargé spécialement de la recherche et de l'établissement de l'identité des malfaiteurs. V. **Sommier** (judiciaire). ♦ 4° *Log.* Relation entre deux termes identiques, formule énonçant cette relation. *Principe d'identité : « ce qui est, est; ce qui n'est pas, n'est pas ».* ◇ *Math.* Égalité qui demeure vraie quelles que soient les valeurs attribuées aux termes qui la constituent. *Fonction identité*, fonction prenant, quelle que soit celle-ci, la même valeur que la variable. ◇ ANT. *Altérité, contraste, différence.*

IDÉO-. Élément, du gr. *idea* « idée ».

IDÉOGRAMME [ideɔgram]. *n. m.* (1866; de *idéo-*, et *-gramme*). *Ling.* Signe représentatif d'une idée, pouvant figurer un objet ou un son et représenter le mot qui désigne l'idée (V. **Hiéroglyphe**).

IDÉOGRAPHIE [ideɔgrafi]. *n. f.* (1839; de *idéo-*, et *-graphie*). *Ling.* Écriture idéographique.

IDÉOGRAPHIQUE [ideɔgrafik]. *adj.* (1822; de *idéographic*). Se dit d'une écriture, d'un système de signes qui traduit

directement les idées par des signes *(Idéogrammes)* susceptibles de suggérer les objets. V. **Hiéroglyphique, pictographique.** ◇ ANT. *Phonétique.*

IDÉOLOGIE [ideɔlɔʒi]. *n. f.* (1796; de *idéo-*, et *-logie*). ♦ 1° *Hist. philo.* « Science qui a pour objet l'étude des idées, de leurs lois, de leur origine » (LALANDE). ♦ 2° *Péj.* Analyses, discussions sur des idées creuses; philosophie vague et nébuleuse. ♦ 3° (Fin XIXᵉ; vocab. marxiste). Ensemble des idées, des croyances et des doctrines propres à une époque, à une société ou à une classe. « *Ces biens bourgeois que sont par exemple, la messe du dimanche, la xénophobie, le biftteck-frites et le comique de cocuage, bref ce qu'on appelle une idéologie* » (BARTHES). ◇ Système d'idées, philosophie du monde et de la vie. « *La révolution du XXᵉ siècle... est d'abord une politique et une idéologie* » (CAMUS).

IDÉOLOGIQUE [ideɔlɔʒik]. *adj.* (1801; de *idéologie*). Relatif à l'idéologie.

IDÉOLOGUE [ideɔlɔg]. *n. m.* (XVIIIᵉ; de *idéologie*). ♦ 1° *Hist. philo.* Adepte de l'idéologie. *L'idéologue Destutt de Tracy a influencé Stendhal.* ♦ 2° *Péj.* (fin XVIIIᵉ). Doctrinaire dépourvu de réalisme. ♦ 3° Homme qui croit à la puissance des idées. *Hegel « justifie toutes les entreprises de l'idéologue sur le réel »* (CAMUS). ◇ ANT. *Réaliste.*

IDÉO(-)MOTEUR, TRICE [ideɔmɔtœr, tris]. *adj.* (1865; de *idéo-*, et *moteur*, d'apr. l'angl.). *Psychophysiol.* Se dit d'un mouvement déclenché directement par une représentation mentale (opposé à *sensorimoteur*). *Phénomène idéomoteur, action idéomotrice*, par laquelle toute représentation d'un mouvement tend à produire ce mouvement (*ex. :* dans le vertige).

IDES [id]. *n. f. pl.* (1119; lat. *idus*). *Dans le calendrier romain*, Division du mois qui tombait le 15 en mars, mai, juillet, octobre et le 13 dans les autres mois. *César fut assassiné aux ides de mars.* ◇ HOM. Ide.

ID EST [idɛst]. *loc. conj.* (mil. XXᵉ; loc. lat. empr. à l'angl.; attesté dès 1598 en angl.). C'est-à-dire (abrév. *i. e.*).

IDIO-. Élément, du gr. *idios* « propre, spécial ».

IDIOLECTE [idjɔlɛkt(ə)]. *n. m.* (v. 1960; de *idio-*, d'apr. *dialecte*). *Ling.* Utilisation personnelle d'une langue par une seule personne.

IDIOMATIQUE [idjɔmatik]. *adj.* (1845; « particulier », XVIᵉ; de *idiome*). Propre à un idiome. *Expression idiomatique.*

IDIOME [idjom]. *n. m.* (1544; *ydiomat*, 1527; lat. *idioma*, mot gr. « particularité propre à une langue, idiotisme »). *Ling.* Ensemble des moyens d'expression d'une communauté correspondant à un mode de pensée spécifique. V. **Langue; parler.**

IDIOPATHIE [idjɔpati]. *n. f.* (1586; gr. *idiopatheia*; Cf. -Pathie). *Méd. (Vieilli).* Maladie qui existe par elle-même, ne peut être rapportée à aucune autre.

IDIOPATHIQUE [idjɔpatik]. *adj.* (1602; de *idiopathie*). *Méd.* Qui constitue une idiopathie, dont la cause n'est pas connue (opposé à symptomatique). V. **Essentiel.** *Anémie, névralgie idiopathique.*

IDIOSYNCRASIE [idjɔsɛ̃krazi]. *n. f.* (1581; gr. *idiosugkrasia* « tempérament particulier », de *sugkrasis* « mélange »). *Méd.* Disposition personnelle particulière, généralement innée, à réagir à l'action des agents extérieurs (physiques, chimiques). V. **Anaphylaxie.** ◇ *Didact.* Tempérament personnel. « *Des idiosyncrasies particulières, des types observés* » (GAUTIER).

IDIOT, IDIOTE [idjo, idjɔt]. *adj. et n.* (Idiote, 1180, « ignorant »; lat. *idiotes* « sot », gr. *idiotes* « particulier », d'où « étranger à un métier, ignorant »).
I. *Adj.* ♦ 1° (1660). Qui manque d'intelligence, de bon sens. V. **Bête, con** *(fam.)*, **stupide.** *Il est complètement idiot.* — (XVIIIᵉ) *Réflexion idiote. Je dois « confesser mon faible pour les films français complètement idiots »* (BRETON). V. **Inepte.** *Impers. Ce serait idiot de refuser.* ♦ 2° *Méd.* (1765). Atteint d'idiotie.
II. *N.* ♦ 1° Personne dénuée d'intelligence, de bon sens. V. **Crétin, imbécile; con** *(fam.).* *Me prenez-vous pour un idiot? Espèce d'idiot! Faire l'idiot :* simuler la bêtise, la naïveté. ♦ 2° *Méd.* Personne atteinte d'idiotie. *Un idiot congénital.* « *Trois pauvres idiotes... dégoûtantes de laideur et de crétinisme* » (FLAUB.). *Fam. L'idiot du village :* simple d'esprit, innocent.

IDIOTEMENT [idjɔtmɑ̃]. *adv.* (1845; de *idiot*). D'une façon idiote.

IDIOTIE [idjɔsi]. *n. f.* (1836; de *idiot*). ♦ 1° *Méd.* Forme la plus grave d'arriération mentale, d'origine congénitale, habituellement associée à diverses malformations et à des déficiences sensorimotrices. V. **Crétinisme, débilité, imbécillité.** (On dit parfois IDIOTISME [idjɔtism(ə)], *n. m.*). ♦ 2° *Cour.* Manque d'intelligence, de bon sens. V. **Stupidité.** ♦ 3° UNE IDIOTIE : action, parole qui traduit un manque d'intelligence, de bon sens. V. **Bêtise, connerie** (fam.). *Ne dites pas d'idioties!* V. **Ineptie.** — *Fam.* Œuvre stupide. *Ne lisez pas cette idiotie.* ◇ ANT. *Intelligence.*

IDIOTIFIER [idjɔtifje]. *v. tr.* (fin XIXe; *idiotiser*, 1907; de *idiot*). Abêtir, rendre idiot. « *Les gens de talent dont... il idiotifie le public* » (BLOY).

IDIOTISME [idjɔtism(ə)]. *n. m.* (1558; lat. *idiotismus*, gr. *idiôtismos* « langage particulier »; Cf. Idiome). Forme ou locution propre à une langue, impossible à traduire littéralement dans une autre langue de structure analogue (*ex.* : gallicisme, anglicisme, germanisme, hispanisme, latinisme).

IDOINE [idwan]. *adj.* (1184; lat. *idoneus* « propre à »). *Vx* ou *Dr*. Propre à qqch. V. **Approprié**. ◇ *Mod.* (Plaisant.) *Voilà l'homme idoine* : celui qui convient parfaitement en l'occurrence. *C'est idoine et adéquat*.

IDOLÂTRE [idɔlɑtʀ(ə)]. *adj. et n.* (1265; lat. ecclés. *idolatres*, gr. *eidôlolatrês*, de *eidôlon* « image », et *latreuein* « servir, adorer »; Cf. -Lâtre). ♦ 1o *Didact.* Qui rend un culte divin aux idoles. — *Subst.* V. **Gentil** (1), **païen**. ♦ 2o Qui voue une sorte de culte, d'adoration (à qqn, qqch.). « *Il était idolâtre de sa patrie* » (BALZ.).

IDOLÂTRER [idɔlɑtʀe]. *v. tr.* (fin XIVe, intr., « adorer les idoles »; de *idolâtre*). Aimer avec passion en rendant une sorte de culte. V. **Adorer**. *Idolâtrer ses enfants*. « *J'aime, que dis-je aimer? j'idolâtre Junie* » (RAC.). Pronom. *Amants qui s'idolâtrent*.

IDOLÂTRIE [idɔlɑtʀi]. *n. f.* (fin XIIe; lat. ecclés. *idolatria*, du gr. V. **Idolâtre**). ♦ 1o *Didact.* Culte rendu à l'idole d'un dieu. V. **Fétichisme**. ♦ 2o (XVIIe) Amour passionné, admiration outrée. « *Antoine, qui l'aima jusqu'à l'idolâtrie* » (RAC.). ◈ ANT. Haine.

IDOLÂTRIQUE [idɔlɑtʀik]. *adj.* (1560; de *idolâtrie*). Relatif à l'idolâtrie, qui tient de l'idolâtrie. « *Son amour passionné, idolâtrique* » (BAUDEL.).

IDOLE [idɔl]. *n. f.* (1265; *ydele*, 1080; *idle*, etc., au moy. âge; lat. ecclés. *idolum*, gr. *eidôlon* « image »). ♦ 1o Image représentant une divinité et qu'on adore comme si elle était la divinité elle-même. V. **Fétiche**. *Culte des idoles*. V. **Idolâtrie**. ♦ 2o (XVIIe) Personne ou chose qui est l'objet d'une sorte d'adoration. *Faire de qqn son idole*. « *Ah! Laurette, idole de ma vie* » (MUSS.). *Être l'idole des foules*. — *Une idole des jeunes* : un chanteur, etc., admiré du jeune public.

IDYLLE [idil]. *n. f.* (1605; *idilie*, 1555; it. *idillio*, lat. *idyllium*, gr. *eidullion* « petit poème lyrique »). ♦ 1o Petit poème ou petite pièce, à sujet pastoral et généralement amoureux. V. **Églogue, pastorale**. *Les idylles de Théocrite*. ♦ 2o (XIXe). Petite aventure amoureuse naïve et tendre, généralement chaste. « *Ils furent de merveilleux amis et des amants très platoniques. Cette idylle dura quarante ans* » (HENRIOT).

IDYLLIQUE [idilik]. *adj.* (1845; de *idylle*). ♦ 1o *Littér.* Relatif à l'idylle. ♦ 2o *Cour.* Qui rappelle l'idylle par le décor champêtre, l'amour tendre. *Tableau idyllique*. « *Une vieillesse idyllique, en pleine nature* » (ZOLA).

I.e. Abrév. écrite de *Id est* [idɛst], c'est-à-dire.

IF [if]. *n. m.* (1080; gaul. *ivos*). Arbre (*Conifères*) à fruits rouges, décoratifs. *Ifs taillés des jardins*. — HOM. Hyphe.

IGAME [igam]. *n. m.* (1948; sigle). Inspecteur général de l'Administration en mission extraordinaire, préfet chargé de coordonner l'action des préfets dans une vaste circonscription et rattaché directement au ministère de l'Intérieur. (IGAME [igami]).

IGLOO ou **IGLOU** [iglu]. *n. m.* (1880; mot esquimau « maison »). Abri en forme de dôme, construit avec des blocs de glace ou de neige. « *Au soir venu, il [Tayaout] était tout de même le premier à tailler les blocs de neige, à les transporter à l'endroit choisi, à confectionner la spirale lente et plate qui formerait l'iglou* » (Y. THÉRIAULT).

IGNAME [iɲ(gn)am]. *n. f.* (1515; esp. *iname*, d'o. afric.). Plante tropicale vivace et grimpante, à gros tubercules farineux; ce tubercule, utilisé en Afrique pour l'alimentation.

IGNARE [iɲaʀ]. *adj.* (1361; lat. *ignarus*). Qui n'a reçu aucune instruction. V. **Ignorant, inculte**. *Un « homme simple en apparence, ignare même* » (BALZ.). ◈ ANT. Instruit, savant.

IGNÉ, ÉE [igne]. *adj.* (XVe; lat. *igneus*). ♦ 1o *Littér.* Qui est de feu, qui a les caractères du feu. V. **Ardent**. *Substance ignée*. ♦ 2o (1835). *Géol.* Produit par l'action du feu. *Roches ignées*.

IGN(I)-. Élément, du lat. *ignis* « feu ».

IGNIFUGATION [ignifygasjɔ̃]. *n. f.* (1900; de *ignifuger*). *Techn.* Action d'ignifuger; résultat de cette action. On dit aussi IGNIFUGEAGE [ignifyʒaʒ].

IGNIFUGE [ignifyʒ]. *adj.* (1890; de *igni-*, et *-fuge*). *Techn.* Qui rend ininflammables les objets naturellement combustibles. *Matière ignifuge*. — *Subst. Un ignifuge efficace*.

IGNIFUGEANT, ANTE [ignifyʒɑ̃, ɑ̃t]. *adj. et n. m.* (XXe; de *ignifuger*; V. Ign(i)-). *Techn.* Qui a la propriété de rendre ininflammable. — *Subst. Un ignifugeant*.

IGNIFUGER [ignifyʒe]. *v. tr.*; conjug. *bouger* (1900; de *ignifuge*). Rendre ininflammable; imprégner de substances ignifuges. *Au p. p.* (Cour.) « *J'entendais crépiter les charpentes ignifugées, et je voyais flamber celles qui ne l'étaient pas* » (QUENEAU).

IGNIPUNCTURE [ignipɔ̃ktyʀ]. *n. f.* (1873; de *igni-*, et *-puncture*). *Méd.* Méthode de cautérisation par une aiguille rougie à blanc.

IGNITION [ignisjɔ̃]. *n. f.* (fin XVIe; lat. *ignitio*). *Phys.* État d'un corps en combustion.

IGNIVOME [ignivɔm]. *adj.* (1599; de *igni-*, et lat. *vomere* « vomir »). *Didact. et rare*. Qui vomit du feu.

IGNOBLE [iɲɔbl(ə)]. *adj.* (*Innoble* « roturier », fin XIVe; lat. *ignobilis* « non noble »; 1694, fig., « grossier, sans distinction »). ♦ 1o (1718). Qui est vil, moralement bas. V. **Abject, infâme**. *Procédé ignoble*, honteux. V. **Odieux**. « *Tout ce qu'il y a de bassesses, de mots ignobles, de jurons* » (MICHELET). ♦ 2o D'une laideur affreuse ou d'une saleté repoussante. V. **Dégoûtant, hideux, immonde, répugnant**. *Taudis ignoble. Par exagér*. Très déplaisant. « *Une de ces ignobles chambres (d'hôtel) qui sont la honte de Paris* » (BALZ.). ◈ ANT. Beau, noble.

IGNOBLEMENT [iɲɔbləmɑ̃]. *adv.* (1576; sens mod. 1762; de *ignoble*). D'une manière ignoble.

IGNOMINIE [iɲɔmini]. *n. f.* (1468; lat. *ignominia*). ♦ 1o Déshonneur extrême causé par un outrage public, une peine, une action infamante. V. **Honte, infamie, opprobre**. *Se couvrir d'ignominie*. ♦ 2o Caractère de ce qui déshonore. *Ignominie d'une condamnation*. V. (XVIIe). UNE IGNO-MINIE : action ignominieuse. V. **Turpitude**. *S'abaisser aux pires ignominies*. ◈ ANT. Gloire, honneur, noblesse.

IGNOMINIEUSEMENT [iɲɔminjøzmɑ̃]. *adv.* (v. 1400; de *ignominieux*). Avec ignominie. V. **Honteusement**. ◈ ANT. Glorieusement.

IGNOMINIEUX, EUSE [iɲɔminjø, øz]. *adj.* (v. 1400; lat. *ignominiosus*). Qui apporte de l'ignominie. V. **Honteux**. *Condamnation ignominieuse*. « *Le pire et le plus ignominieux des destins* » (CÉLINE). ◈ ANT. Glorieux.

IGNORANCE [iɲɔʀɑ̃s]. *n. f.* (1120; lat. *ignorantia*; de *ignorer*). ♦ 1o État de celui qui ignore; le fait de ne pas connaître qqch. *Tenir qqn dans l'ignorance de ce qu'on fait*. « *L'homme sans Dieu est dans l'ignorance de tout* » (PASC.). « *L'ignorance des dangers fait leur force* » (GIDE). ◇ Défaut de connaissances ou de pratiques dans un domaine déterminé. V. **Incompétence, insuffisance**. *Reconnaissez votre ignorance sur ce chapitre*. ◇ *Absolt*. Absence de connaissance, inexpérience totale. *Pécher par ignorance*. ♦ 2o Manque d'instruction, de savoir; absence de connaissances intellectuelles, de culture générale. « *L'ignorance, cette couche obscure où l'humanité a dormi pesamment son premier âge* » (ZOLA). *Ignorance crasse*. ♦ 3o *Au plur*. Manifestations, preuves d'ignorance. « *Les célestes ignorances d'un jeune cœur* » (GAUTIER). ◈ ANT. Connaissance, culture, expérience, instruction, savoir, science.

IGNORANT, ANTE [iɲɔʀɑ̃, ɑ̃t]. *adj.* (1253; lat. *ignorans*). ♦ 1o IGNORANT DE : qui n'a pas la connaissance d'une chose; qui n'est pas au courant, qui n'a pas connaissance (de). *Être ignorant des événements, des usages*. « *Elle piétina, ignorante de l'heure et du chemin* » (ZOLA). ♦ 2o Qui manque de connaissances ou de pratique dans un certain domaine. *Ignorant en histoire. Un élève ignorant*. — *Subst. Vous parlez en ignorant*. *Faire l'ignorant*, feindre de ne pas savoir de quoi il s'agit. ♦ 3o Qui manque d'instruction, de savoir. V. **Ignare, illettré, inculte**. *Ignorant comme une carpe*. ◇ *Subst.* « *C'était... un ignorant. Mais ce n'était pas un imbécile* » (HUGO). ◈ ANT. Averti, cultivé, instruit, savant.

IGNORANTIN [iɲɔʀɑ̃tɛ̃]. *adj. et n. m.* (1752; de *ignorant*, d'apr. it.). ♦ 1o *Frères ignorantins*, et subst. *Les ignorantins* : nom qu'avaient pris, par humilité, les religieux de l'ordre de Saint-Jean-de-Dieu. ♦ 2o *Péj.* Frère de la doctrine chrétienne.

IGNORÉ, ÉE [iɲɔʀe]. *adj.* (V. **Ignorer**) Qui n'est pas su, connu. V. **Inconnu**. *Événements ignorés. Vivre ignoré*. V. **Obscur**. ◈ ANT. Célèbre.

IGNORER [iɲɔʀe]. *v. tr.* (1330; lat. *ignorare*). ♦ 1o Ne pas connaître, ne pas savoir. « *Il y a ce que l'on sait, et il y a ce que l'on ignore* » (GIDE). *Nul n'est censé ignorer la loi. J'ignore tout de cette affaire*. ◇ *Ignorer qqn, le public ignore cet auteur*. V. **Méconnaître**. — *Spécialt. Ignorer qqn*, le traiter comme si sa personne ne méritait aucune considération. — ◇ S'IGNORER. *v. pron*. Ne pas connaître sa nature. « *Tout homme est un criminel qui s'ignore* » (CAMUS). ♦ 2o Ne pas avoir l'expérience de. *Ignorer les maux, les plaisirs*. ♦ 3o *Trans. indir. Dr. Afin que nul ne l'ignore*. ♦ 4o (Suivi d'une propos.). *Rare*, suivi d'une propos. indir. *Il ignorait vous avoir fait tant de peine*. ◇ *Cour.* (Interrogative indirecte) *Il ignore qui je suis. J'ignorais si vous viendriez*. « *J'ignore si vous avez ou non cette maladie* » (CAMUS). ◇ *IGNORER QUE*, suivi d'une complétive à l'ind. ou au subj. « *Le comte ignorera que vous soyez au château* » (BEAUMARCH.). « *Il ignorait qu'elle pouvait être brusque* » (COLETTE). ◈ ANT. Connaître, pratiquer, savoir.

IGUANE [igwan]. *n. m.* (1658; *iguanné*, 1579; *iguana*, 1533; esp. *iguano*, mot des Caraïbes). Reptile saurien de l'Amérique tropicale, ayant l'aspect d'un lézard de grande taille.

IGUANODON [igwanɔdɔ̃]. *n. m.* (1846; de *iguane*, et gr. *odous* « dent »). *Paléont.* Reptile dinosaurien fossile, qui vivait à l'époque crétacée.

IGUE [ig]. *n. f.* (1906; mot du Quercy [igo], p.-ê. de *eiga* « arroser »). *Dial.* Aven.

IL-. Variante du préf. *in-*, devant un *l*.

IL, ILS [il]. *pron. pers. m.* (xᵉ; lat. *ille* « celui-là »). I. ♦ 1° Pronom personnel masculin, représentant un nom masculin de personne ou de chose qui vient d'être exprimé ou qui va suivre. « *Il est si beau, l'enfant...* » (HUGO). *Il vient, il est venu, il ne viendra plus. D'où vient-il?* — Subst. « *Il travaille au bout du grand pré... « il », c'était le beau-frère* » (ROMAINS). — *Il (ils)* ne peut être que sujet ; pour les autres fonctions : V. **Lui; eux, leur.** ♦ 2° *Ils*, désignant un nombre indéterminé de personnes qu'on préfère ne pas mentionner, ou qu'il est inutile de nommer, mais qu'on tient pour responsables de l'action désignée par le verbe (gouvernement, administration, riches, etc.). *Ils veulent encore nous avoir.* « *On disait : « ils l'ont arrêté », et ce « ils »... désignait à peine des hommes* » (SARTRE). II. Pronom personnel neutre, 3ᵉ pers. (lat. *illud* « cela »). ♦ 1° Sert à introduire les verbes impersonnels, et tous les verbes employés impersonnellement. *Il a neigé toute la nuit. Il faut, il y a. Il est bon de. Il ne tient qu'à vous. Il s'agit de s'entendre. Il est vrai, il est possible.* V. **Ce.** « *Il se fit un bruit de pas sur le trottoir* » (FLAUB.). ♦ 2° Omission de *Il*, dans de nombreuses locutions figées : *tant y a, m'est avis, n'empêche, mieux vaut.* Pop. *Faut pas s'en faire.*
♦ HOM. Hile, *île*, iles.

ILANG-ILANG [ilãlã]. *n. m.* (1890; mot indigène). Plante des Moluques dont la fleur est employée en parfumerie.

ÎLE [il]. *n. f.* (*Isle*, v. 1138; lat. *insula*). ♦ 1° Étendue de terre ferme émergée d'une manière durable dans les eaux d'un océan, d'une mer, d'un lac ou d'un cours d'eau. *Petite île.* V. **Îlot.** *Groupe d'îles.* V. **Archipel.** *Habitants de l'île.* V. **Ilien, insulaire.** *L'île de Beauté* (la Corse). *Les îles Britanniques. Une île déserte.* — *Iles des fleuves et des rivières.* V. **Atterrissement, javeau.** *L'île de la Cité, berceau de Paris.* — Par ext. *L'Île de France*, nom donné à la province qui forma le premier centre politique de la France et qui s'étend entre la Seine, l'Oise, la Marne et leurs affluents. ◇ (*Cuis.*) *Île flottante*, entremets formé de blancs d'œufs battus flottant sur la crème. ♦ 2° *Les Îles* : les Antilles. *Les « Créoles venus des îles* » (MADELIN). *Oiseau des îles. Bois des îles : exotique.* ♦ HOM. Hile, *ile*, iles.

ILÉAL, ALE, AUX [ileal, o]. *adj.* (v. 1970; de *iléon*). *Anat. et méd.* De l'iléon. *Artères iléales. Résection iléale.*

ILÉITE [ileit]. *n. f.* (1839; de *iléon*, et suff. *-ite*). *Méd.* Inflammation de l'iléon. *Iléite régionale, terminale.*

ILÉO-CÆCAL, ALE, AUX [ileosekal, o]. *adj.* (1846; de *iléon*, et *cæcal*). *Anat.* Relatif à la fois à l'iléon et au cæcum.

ILÉON [ileɔ̃]. *n. m.* (xviᵉ; *yleon*, h. 1392; lat. médiév. *ileum*, gr. *eilein* « enrouler »). *Anat.* Troisième segment de l'intestin grêle, situé entre le *jéjunum* et le *gros intestin.*

ILÉUS [ileys]. *n. m.* (1798; *yleos*, xivᵉ; gr. *ileos*, *eilleos*, de *eilein* « tordre »). *Méd.* Obstruction, occlusion intestinale.

ILIAQUE [iljak]. *adj.* (1560; *iliaque passion*, v. 1300; lat. *iliacus*, de *ilia*). *Anat.* Relatif aux flancs. *Os iliaque* (ou *coxal*), chacun des deux os formant, avec le sacrum, le bassin osseux. *Artères iliaques.*

ÎLIEN, ÎLIENNE [iljɛ̃, iljɛn]. *adj.* (1808; de *île*). Qui habite une île (*spécialt.* sur le littoral breton). V. **Insulaire.** Subst. *Les îliens.*

ILION [iljɔ̃]. *n. m.* (*Yléon*, h. xivᵉ; xviᵉ; lat. *ilium*, sing. rare de *ilia*). *Anat.* Segment supérieur de l'os iliaque.

ILLÉGAL, ALE, AUX [i(l)legal, o]. *adj.* (1361; lat. médiév. *illegalis*, de *in-* 1, et *legalis*. V. **Légal**). Qui n'est pas légal; qui est contraire à la loi. V. **Illicite, irrégulier.** *Exercice illégal d'une profession. Détention illégale.* ◇ ANT. Légal.

ILLÉGALEMENT [i(l)legalmã]. *adv.* (1789; de *illégal*). D'une manière illégale, contraire à la loi. ◇ ANT. Légalement.

ILLÉGALITÉ [i(l)legalite]. *n. f.* (1361; de *illégal*). ♦ 1° Caractère de ce qui est illégal. ♦ 2° Acte illégal. V. **Abus.** ◇ ANT. Légalité.

ILLÉGITIME [i(l)leʒitim]. *adj.* (xivᵉ; lat. jur. *illegitimus*. V. **Légitime**). ♦ 1° *Dr.* Né hors du mariage. *Enfant illégitime.* V. **Adultérin, naturel.** ♦ 2° (1549). *Cour.* Qui n'est pas conforme au bon droit, à la loi, à la règle morale. *Acte illégitime.* V. **Illégal, irrégulier.** ♦ 3° Qui n'est pas justifié. *Des superstitions, « des frayeurs illégitimes* » (CAMUS). ANT. Légitime. Fondé, régulier.

ILLÉGITIMEMENT [i(l)leʒitimmã]. *adv.* (xvᵉ; de *illégi-*

time). D'une manière illégitime. V. **Indûment.** ◇ ANT. Légitimement.

ILLÉGITIMITÉ [i(l)leʒitimite]. *n. f.* (1752; de *illégitime*). *Dr., Didact.* Caractère de ce qui est illégitime. ◇ ANT. Légitimité.

ILLETTRÉ, ÉE [i(l)letre]. *adj. et n.* (1560, rare av. xviiiᵉ; lat. *illitteratus*). ♦ 1° *Vieilli.* Qui n'est pas lettré. V. Ignorant. ♦ 2° *Mod.* Qui ne sait ni lire ni écrire. V. **Analphabète.** « *Avec cela presque illettré; il lisait péniblement et n'apprit à lire que vers la fin de l'année quatorze* » (ALAIN). N. *Un, une illettré(e).* ◇ ANT. Lettré.

ILLICITE [i(l)lisit]. *adj.* (1359; lat. *illicitus*). Qui n'est pas licite, qui est défendu par la morale ou par la loi. V. **Interdit, prohibé.** *Moyens illicites.* « *La contrebande et autres pratiques illicites* » (MÉRIMÉE). V. **Illégal.** *Profits illicites.* ◇ ANT. Licite.

ILLICITEMENT [i(l)lisitmã]. *adv.* (1491; de *illicite*). D'une manière illicite.

ILLICO [i(l)liko]. *adv.* (1842; *ilico*, 1507, en dr.; mot lat.). *Fam.* Sur-le-champ. V. **Aussitôt, immédiatement.** « *Il lui ferait le plaisir... de se mettre illico à son piano* » (R. ROLLAND).

ILLIMITÉ, ÉE [i(l)limite]. *adj. et n. m.* (1611; bas lat. *illimitatus*. V. **Limiter**). ♦ 1° Qui n'a pas de bornes, de limites; dont on ne distingue pas les limites. V. **Grand, infini.** « *Le domaine de la poésie est illimité* » (HUGO). *Pouvoirs, moyens illimités. Ses ressources sont illimitées.* V. **Immense.** ♦ 2° Qui n'est pas limité, dont la grandeur n'est pas fixée. V. **Indéfini, indéterminé.** *Pour une durée illimitée.* ♦ 3° N. m. *L'illimité :* l'infini. ◇ ANT. Fini, limité; déterminé.

ILLISIBILITÉ [i(l)lizibilite]. *n. f.* (1873; de *illisible*.) Caractère de ce qui est matériellement illisible. ◇ ANT. Lisibilité.

ILLISIBLE [i(l)lizibl(ə)]. *adj.* (1686; de *il-* (V. **In-** 1), et *lisible*). ♦ 1° Qu'on ne peut lire, qui est très difficile à lire. V. **Indéchiffrable.** *Gribouillage illisible. Signature illisible.* ♦ 2° Dont la lecture est insupportable. « *La mauvaise* (littérature), *qui est proprement illisible (on la lit beaucoup)* » (PAULHAN). ◇ ANT. Lisible.

ILLISIBLEMENT [i(l)liziblǝmã]. *adv.* (1842; de *illisible*). D'une manière illisible. ◇ ANT. Lisiblement.

ILLOGIQUE [i(l)lɔʒik]. *adj.* (1819; de *il-* (V. **In-** 1), et *logique*). Qui n'est pas logique. *Raisonnement, conduite illogique.* V. **Incohérent.** ◇ ANT. Logique; cohérent.

ILLOGIQUEMENT [i(l)lɔʒikmã]. *adv.* (1845; de *illogique*). *Rare.* D'une manière illogique. ◇ ANT. Logiquement.

ILLOGISME [i(l)lɔʒism(ə)]. *n. m.* (1873; de *illogique*). *Didact.* ♦ 1° Caractère de ce qui est illogique, manque de logique. « *L'illogisme irrite. Trop de logique ennuie* » (GIDE). ♦ 2° Chose illogique. *C'est un illogisme flagrant.*

ILLUMINATION [i(l)lyminasjɔ̃]. *n. f.* (1361; lat. *illuminatio*). I. ♦ 1° *Théol.* Lumière extraordinaire que Dieu répand dans l'âme d'un homme. *Par illumination du Saint-Esprit.* ♦ 2° *Cour.* Inspiration subite, lumière soudaine qui se fait dans l'esprit. V. **Idée, trait** (de génie). « *Une découverte suppose une illumination d'abord, puis l'ordonnance la plus sévère* » (DUHAM.). II. *Concret* (xviᵉ). ♦ 1° *Cour.* Action d'éclairer, de baigner de lumière; résultat de cette action. V. **Éclairage, éclairement.** *Illumination d'un monument.* — *Spécialt. Illuminations du 14-Juillet. Illuminations aux lampions.* — Ensemble de ces lumières. ♦ 2° (*Sens anc.*, repris à l'angl., de « *enluminures* »). *Les Illuminations*, recueil de poèmes en vers et en prose d'A. Rimbaud.
◇ ANT. Obscurcissement.

ILLUMINÉ, ÉE [i(l)lymine]. *adj. et n.* (xviᵉ; V. **Illuminer**). ♦ 1° Éclairé d'une vive lumière, de nombreuses lumières. « *Un vitrail illuminé* » (PROUST). *Paquebot tout illuminé.* — *Spécialt. Ville illuminée à l'occasion du 14-Juillet.* ♦ 2° *Fig.* Qui a une vision. — (*Hist. relig.*) Subst. (1653) Mystique croyant à l'illumination intérieure. *Sectes d'illuminés* (Rose-Croix, etc.). *Péj.* Esprit chimérique qui ne doute pas de ses inspirations. ◇ ANT. Sombre; aveuglé.

ILLUMINER [i(l)lymine]. *v. tr.* (v. 1200, « rendre la vue »; lat. *illuminare*). ♦ 1° *Relig.* Éclairer de la lumière de la vérité. ♦ 2° *Cour.* (xivᵉ). Éclairer d'une vive lumière. *Éclair qui illumine le ciel.* Par métaph. « *L'idéal révolutionnaire a illuminé mon horizon* » (MART. du G.). ◇ *Spécialt.* Orner de lumières (un monument, une rue) à l'occasion d'une fête. ♦ 3° *Par ext.* Mettre un reflet, un éclat lumineux sur. *Un « éclair de joie illuminait sa face sanglante* » (HUGO). — Pronom. *Ses yeux s'illuminèrent de joie.* ◇ ANT. Obscurcir; assombrir.

ILLUMINISME [i(l)lyminism(ə)]. *n. m.* (1819; de *illuminé*). ♦ 1° *Hist. relig.* Doctrine, mouvement de certains mystiques (Swedenborg, Böhme...) dits *illuminés. Illuminés et illuminisme*, de Nerval. ♦ 2° *Psychiatr.* Exaltation pathologique accompagnée de visions de phénomènes surnaturels.

ILLUSION [i(l)lyzjɔ̃]. *n. f.* (*Illosiun* « moquerie », 1120 ; lat. *illusio*, de *ludere* « jouer »). **I.** ♦ 1° (XIIIᵉ). Erreur de perception causée par une fausse apparence. V. **Aberration.** *Les illusions des sens. Une illusion de fraîcheur. Donner l'illusion de.* ♦ 2° Interprétation erronée de la perception sensorielle de faits ou d'objets réels. *Illusions visuelles, tactiles. Illusion d'optique, provenant des lois de l'optique ; illusion du bâton brisé, etc. Fig. Illusion d'optique : erreur de point de vue.* ♦ 3° Apparence dépourvue de réalité. V. **Mirage, vision.** « *Ce n'est pas une illusion, ni des choses qu'on dit en l'air ; c'est une vérité* » (SÉV.). « *L'Illusion comique* » (théâtrale), de Corneille. *Illusions dues au trucage, à la prestidigitation* (V. **Illusionnisme).** **II.** (1611). ♦ 1° Opinion fausse, croyance erronée qui abuse l'esprit par son caractère séduisant. V. **Chimère, leurre, rêve, utopie.** *Agréables illusions. Illusions généreuses.* — *Avoir, se faire des illusions.* V. **Idée.** « *Il préférait ses illusions à la réalité* » (MUSS.). *Caresser une illusion. Entretenir qqn dans une illusion. Dissiper les illusions de qqn. Dire adieu à ses illusions.* « *Il croyait au mariage. C'était sa dernière illusion* » (MAUROIS). ♦ 2° Absolt. *Le pouvoir de l'illusion. L'homme a besoin de l'illusion.* ◇ FAIRE ILLUSION : duper, tromper, en donnant de la réalité une apparence flatteuse. *Il cherche à faire illusion.* V. **Imposer** (en). ◈ ANT. *Certitude, réalité, réel, vérité. Déception, désillusion.*

ILLUSIONNER [i(l)lyzjɔne]. *v. tr.* (1801 ; de *illusion*). Rare. Séduire ou tromper par l'effet d'une illusion. V. **Éblouir.** « *Des bourgeois qu'on veut illusionner* » (GAUTIER). ◇ Cour. S'ILLUSIONNER. *v. pron.* (1834) Se faire des illusions. V. **Abuser** (s'), **leurrer** (se), **tromper** (se). « *Ou je m'illusionne beaucoup, ou c'est un filon de premier ordre* » (ROMAINS). *S'illusionner sur qqn, qqch.* ◈ ANT. *Désabuser.*

ILLUSIONNISME [i(l)lyzjɔnism(ə)]. *n. m.* (1907 ; h. 1845 ; de *illusionner*). Art de créer l'illusion par des tours de prestidigitation, des artifices, des trucages.

ILLUSIONNISTE [i(l)lyzjɔnist(ə)]. *n.* (1902 ; de *illusionner*). Personne qui pratique l'illusionnisme. V. **Escamoteur, prestidigitateur.** *Matériel d'illusionniste.*

ILLUSOIRE [i(l)lyzwaʀ]. *adj.* (XIVᵉ ; lat. *illusorius*, de *illasio.* V. **Illusion).** ♦ 1° Vx. Qui est propre à engendrer l'illusion. « *Le sens de la vue est le plus illusoire* » (BUFF.). ♦ 2° Mod. Qui peut faire illusion, mais ne repose sur rien de réel, de sérieux. V. **Chimérique, faux, trompeur, vain.** « *Les choses humaines sont fondées sur l'utilité, et ce n'est peut-être qu'une utilité apparente et illusoire* » (FRANCE). *Il est illusoire d'espérer.* ◈ ANT. *Réel, sûr.*

ILLUSOIREMENT [i(l)lyzwaʀmã]. *adv.* (v. 1530 ; de *illusoire*). D'une manière illusoire. V. **Fallacieusement.**

ILLUSTRATEUR [i(l)lystʀatœʀ]. *n. m.* (1845 ; « celui qui donne de l'éclat », XIIIᵉ ; d'apr. lat. *illustrator*). Artiste spécialisé dans l'illustration. V. **Dessinateur, graveur.** « *L'illustrateur ne doit voir qu'avec les yeux d'un autre* » (GAUTIER).

ILLUSTRATION [i(l)lystʀasjɔ̃]. *n. f.* (XIIIᵉ, « apparition » ; lat. *illustratio*, de *lustrare* « éclairer »). ♦ 1° (XVᵉ). *Vx.* Action de rendre illustre ; état de ce qui est illustre. ◇ Personnage illustre. V. **Célébrité, gloire.** « *Une des illustrations contemporaines de la littérature* » (BALZ.). ♦ 2° (1611). Didact. Action d'éclairer, d'illustrer par des explications, des exemples. ♦ 3° Cour. (1829). Figure (gravure, reproduction) illustrant un texte. *Texte et illustrations de X.* — *L'illustration :* le genre artistique, l'ensemble des techniques mises en œuvre pour illustrer les textes. *Illustration de livres d'enfants, de livres de luxe.*

ILLUSTRE [i(l)lystʀ(ə)]. *adj.* (1441 ; lat. *illustris*, de *lustrare* « éclairer »). ♦ 1° Qui est très connu, du fait d'un mérite ou de qualités extraordinaires. V. **Célèbre, fameux, glorieux.** *Vies des hommes illustres* (de Plutarque). *Écrivain illustre.* Plaisant. *Un illustre inconnu.* ♦ 2° (Choses). « *Elle aurait voulu que ce nom de Bovary... fût illustre* » (FLAUB.). — Littér. *Actions illustres.* V. **Éclatant.** ◈ ANT. *Obscur.*

ILLUSTRÉ, ÉE [i(l)lystʀe]. *adj.* et *n. m.* (XIXᵉ ; V. **Illustrer).** ♦ 1° Adj. Orné d'illustrations. *Édition illustrée. Journal illustré. Livre illustré.* ♦ 2° N. m. UN ILLUSTRÉ : périodique qui se compose pour l'essentiel de photographies, de dessins accompagnés de légendes.

ILLUSTRER [i(l)lystʀe]. *v. tr.* (1508 ; « éclairer », 1350 ; lat. *illustrare*). ♦ 1° Vx ou littér. Rendre illustre, célèbre. — Pronom. « *Je nourrissais le désir de m'illustrer... et de durer dans la mémoire des hommes* » (FRANCE). ♦ 2° Rendre plus clair. V. **Éclairer.** *Illustrer de commentaires un texte difficile.* — Par ext. Mettre en lumière (par un exemple démonstratif). « *Je pourrais illustrer cette doctrine d'un grand nombre d'exemples* » (FRANCE). *Illustrer la définition d'un mot par des citations.* ♦ 3° Cour. (1839). Orner de figures, d'images, un ouvrage. *Dessinateur, graveur dont le métier est d'illustrer des livres.* V. **Illustrateur.**

ILLUSTRISSIME [i(l)lystʀisim]. *adj.* (1481 ; de *illustre*, d'apr. l'it. *illustrissimo*). *Vx* ou *plaisant.* Très illustre (titre encore donné à certains dignitaires ecclésiastiques).

ILLUVIAL, ALE, AUX [i(l)lyvjal, o]. *adj.* (1949 ; du lat. *illuvio ;* Cf. **Alluvial, éluvial).** Géol. *(Pédologie).* Qui résulte de l'illuviation. *Zone illuviale,* d'accumulation.

ILLUVIATION [i(l)lyvjasjɔ̃]. *n. f.* (mil. XXᵉ ; du lat. *illuvio* « débordement »). Géol. *(Pédologie).* Processus d'accumulation d'éléments étrangers dans un horizon du sol.

ILLUVION [i(l)lyvjɔ̃] ou **ILLUVIUM** [i(l)lyvjɔm]. *n. m.* (mil. XXᵉ ; lat. mod. *illuvium ;* Cf. **Éluvion).** Accumulation d'éléments dissous dans l'horizon d'un sol.

ÎLOT [ilo]. *n. m.* (1529 ; de *île*). ♦ 1° Très petite île. ♦ 2° Petit espace isolé dans un ensemble d'une autre nature. *Des îlots de verdure.* ◇ Anat. *Îlots pancréatiques,* dans le tissu pancréatique, constitués de cellules tassées, sécrétant essentiellement l'insuline. — Fig. *Des îlots de résistance.* ♦ 3° Petit groupe de maisons, isolé des autres constructions. « *Des îlots de vieilles maisons* » (MART. du G.). *Démolir un îlot insalubre.*

ÎLOTAGE [ilotaʒ]. *n. m.* (1972 ; de *îlot*). Division d'une ville, d'un quartier, en unités administratives (îlots) placées chacune sous la surveillance d'un policier.

ILOTE [ilɔt]. *n.* (1568 ; lat. *ilota*, gr. *heilôs, -ôtos*). ♦ 1° Habitant de Laconie réduit en esclavage par les Spartiates. *Les Spartiates enivraient leurs ilotes pour dégoûter leurs enfants de l'ivrognerie.* ♦ 2° Fig. (1823). Personne asservie, réduite au dernier degré de la misère, de l'ignorance.

ILOTISME [ilɔtism(ə)]. *n. m.* (1823 ; de *ilote*). ♦ 1° Antiq. Condition d'ilote, à Sparte. ♦ 2° Didact. État d'ilote, auquel sont réduits les opprimés d'une société.

IM-. Variante du préf. IN- 1.

IMAGE [imaʒ]. *n. f.* (XIIᵉ ; *imagene*, au XIᵉ ; lat. *imago*). **I.** ♦ 1° (v. 1170). Reproduction inversée qu'une surface polie donne d'un objet qui s'y réfléchit. V. **Reflet.** *Image dans une glace.* ◇ Phys. Ensemble des points (réels ou virtuels) où vont converger, après passage dans un système optique, les rayons lumineux issus des divers points d'un corps donné, choisi comme objet. *Image réelle,* qui peut être reçue sur un écran. *Image virtuelle,* qui n'a pas d'existence réelle dans l'espace (par ex., *image au miroir,* telle qu'elle est vue dans un miroir plan). — Physiol. (1878). *Image rétinienne*.* ◇ *Image photographique.* V. **Cliché, épreuve.** *Image nette.* — Cin. V. **Photogramme.** *Film pris image par image* (V. **Animation).** — Télév. Ensemble des lignes horizontales décrites au cours d'une analyse complète du sujet transmis. ♦ 2° (XIIᵉ, « statue, portrait »). Représentation d'un objet par les arts graphiques ou plastiques (V. **Dessin, figure).** *Image fidèle, ressemblante. Personnage popularisé par l'image.* ◇ Relig. (Vx) Culte, querelle des images (V. **Icono-).** ♦ 3° Petite estampe. *Album, livre d'images. Images qui illustrent un texte.* V. **Gravure, illustration.** *Images d'Épinal.* — Loc. fam. *Un enfant sage comme une image,* calme, posé *allus.* à l'immobilité des personnages figurant sur les images). — *Images pieuses.*

II. *(Abstrait).* ♦ 1° (1597). Reproduction exacte ou représentation analogique d'un être, d'une chose. V. **Portrait, reflet.** *Cet enfant est l'image de son père. Image fidèle. Dieu créa l'homme à son image.* V. **Ressemblance.** « *Si Dieu nous a fait à son image, nous le lui avons bien rendu* » (VOLT.). — Manifestation sensible de l'invisible ou de l'abstrait. V. **Expression.** « *L'art nous donne une image beaucoup plus riche du génie français* » (R. ROLLAND). ♦ 2° Ce qui évoque une réalité (en raison d'un rapport de similitude, d'analogie). V. **Figure, symbole.** *La fuite de l'eau, image du temps qui s'écoule.* ♦ 3° (XVIIIᵉ). Comparaison, métaphore. *Image banale, usée.* V. **Cliché.** *Écrivain qui s'exprime par des images. Hardiesse, justesse des images. Théorie conventionnelle de l'image.* « *L'image est une création pure de l'esprit* » (REVERDY). ♦ 4° Math. Élément qui correspond (et correspond seul) dans un ensemble à un élément d'un premier ensemble (appelé antécédent* de cet élément). V. **Application, correspondance, fonction, relation.** ♦ 5° Phys. Phénomène où l'on observe une correspondance entre les points de deux ensembles physiques. *Image électrique.*

III. (h. XIIIᵉ). Représentation mentale d'origine sensible. ♦ 1° Reproduction mentale d'une perception ou impression antérieure, en l'absence de l'objet qui lui avait donné naissance. *Image visuelle, auditive. Chasser une image de son esprit.* ♦ 2° Vision intérieure (plus ou moins exacte) d'un être ou d'une chose. *Conserver l'image d'un être.* V. **Souvenir.** *Évoquer une image.* « *Les images du passé pâlissent peu à peu, s'effacent* » (PROUST). ♦ 3° Produit de l'imagination. *Images incohérentes du rêve. Images trompeuses.* V. **Illusion, vision.** ♦ 4° (v. 1965). IMAGE DE MARQUE : représentation qu'a le public d'une firme, d'une marque commerciale. V. **Réputation.** « *Une société dont l'image de marque est réputée* » (L'Express, 4-12-1972). — Par ext. Représentation collective d'une institution, d'une personne. « *L'image de marque du Premier ministre* » (Le Monde, 1-1-1971). *Avoir une bonne image de marque.*

IMAGÉ, ÉE [imaʒe]. *adj.* (1795; de *imager*, vx, « représenter par l'image », XIIIe; de *image*). Orné d'images, de métaphores. *Langage, style imagé.* V. **Coloré, figuré.**

IMAGERIE [imaʒʀi]. *n. f.* (1829; « sculpture », XIIIe; de *image*). ♦ 1° Fabrication, commerce des images. ♦ 2° Ensemble d'images provenant de la même origine. *Imagerie d'Épinal.* ◊ Ensemble d'images de même inspiration. *Imagerie populaire, romantique.*

IMAGIER, IÈRE [imaʒje, jɛʀ]. *n.* et *adj.* (1260; de *image*). ♦ 1° Sculpteur, peintre du moyen âge. ♦ 2° (1636). Personne qui fait, enlumine ou vend des images. ♦ 3° *Adj.* (1889). Qui concerne les images, l'illustration. V. **Iconique.**

IMAGINABLE [imaʒinabl(ə)]. *adj.* (1295; bas lat. *imaginabilis*). Que l'on peut imaginer, concevoir. V. **Concevable.** *Toutes les couleurs possibles et imaginables. Cela n'était pas imaginable autrefois.* ◊ ANT. **Inconcevable, inimaginable.**

IMAGINAIRE [imaʒinɛʀ]. *adj.* (1496; lat. *imaginarius*). ♦ 1° Qui n'existe que dans l'imagination, qui est sans réalité. V. **Irréel; fictif.** *Animaux imaginaires.* V. **Fabuleux.** *Être imaginaire.* V. **Légendaire, mythique.** *Romancier qui crée un personnage imaginaire. Danger imaginaire.* « *Le Musée imaginaire* » (MALRAUX). ◊ *Math. Nombre imaginaire* (1664), nombre de la forme *a + bi*, *a* et *b* étant des nombres réels, l'unité imaginaire *i* étant telle que $i^2 = -1$ ($i = \sqrt{-1}$). V. **Complexe.** *Nombre imaginaire pur*, nombre de la forme *bi*, cas particulier des nombres complexes où *a* est nul (partie réelle). ♦ 2° Qui n'est tel que dans sa propre imagination. *Malade imaginaire.* « *Inventeur imaginaire* » (DUHAM.). ♦ 3° *Subst.* Produit, domaine de l'imagination. « *Quantité de gens qui sont plus sensibles à l'imaginaire qu'au réel* » (GIDE). ◊ ANT. **Effectif, réel, véritable, vrai.**

IMAGINATIF, IVE [imaʒinatif, iv]. *adj.* et *n.* (XIVe; bas lat. *imaginativus*). Qui a l'imagination fertile, qui imagine aisément. *Esprit imaginatif.* — N. *Un grand imaginatif.* — *N. f.* (Vx) *L'imaginative*, l'imagination.

IMAGINATION [imaʒinasjɔ̃]. *n. f.* (XIIe; lat. *imaginatio*). I. L'IMAGINATION. ♦ 1° Faculté que possède l'esprit de se représenter des images; connaissances, expérience sensible. *Le domaine des idées et celui de l'imagination.* ♦ 2° Faculté d'évoquer les images des objets qu'on a déjà perçus *(imagination reproductrice)*. V. **Mémoire.** « *Il est certains moments que l'imagination ne peut se lasser de représenter et d'embellir* » (STENDHAL). *Vision qui reste dans l'imagination.* ♦ 3° *Cour.* Faculté de former des images d'objets qu'on n'a pas perçus ou de faire des combinaisons nouvelles d'images *(imagination créatrice)*. V. **Créativité, inventivité.** *L'imagination déforme, colore la réalité.* V. **Fantaisie, invention.** « *Pour se représenter une situation inconnue, l'imagination emprunte des éléments connus* » (PROUST). *Jalousie avivée par l'imagination. Imagination fertile. S'abandonner à son imagination.* ◊ *Absolt. Avoir de l'imagination* : avoir l'imagination fertile. *Manquer totalement d'imagination.* ◊ Faculté de créer en combinant des idées. « *Il ne devine rien par imagination* » (STENDHAL). *Avec un peu d'imagination, il aurait pu se tirer d'affaire. L'imagination au pouvoir*, slogan de 1968. ◊ Création, inspiration artistique ou littéraire. *Imagination du romancier. L'imagination exubérante de Rabelais.* II. UNE, DES IMAGINATION(S). (XIVe, « réflexion, idée »). Ce que qqn imagine, et *spécialt.* Chose imaginaire, extravagante. V. **Chimère, rêve.** *Des imaginations sombres ou riantes.* « *Les folles imaginations de l'amour* » (STENDHAL). *C'est une pure imagination!* V. **Fable, invention, mensonge.** ◊ ANT. **Raison. Réalité, vérité.**

IMAGINATIVE. V. **IMAGINATIF.**

IMAGINÉ, ÉE [imaʒine]. *adj.* (V. **Imaginer**). Inventé. *Histoire imaginée de toutes pièces.* V. **Fabriqué, forgé.** *Dans cette passion (l'amour)* « *toujours une chose imaginée qu'une chose existante* » (STENDHAL).

IMAGINER [imaʒine]. *v. tr.* (1290; lat. *imaginari*). I. ♦ 1° Se représenter dans l'esprit. « *J'ai beaucoup de plaisir à voir les choses que j'avais imaginées* » (VOITURE). *J'imagine très bien la scène. Cela dépasse tout ce qu'on peut imaginer.* V. **Concevoir, envisager.** *Contrairement à ce que j'avais imaginé.* V. **Croire.** *Vous ne pouvez imaginer à quel point il m'ennuie. Qu'allez-vous imaginer là?* — *Imaginer que.* V. **Supposer.** *J'imagine qu'il a voulu plaisanter. Nous n'imaginions pas que nous puissions être séparés.* — « *Elle est libre, j'imagine* » (SARTRE) : je pense, je suppose. ♦ 2° Inventer. *Imaginer un expédient.* « *Les mesures que l'administration avait imaginées* » (CAMUS). — *Imaginer de* (et l'inf.), avoir l'idée de. II. S'IMAGINER. *v. pron.* (XVIe). ♦ 1° Se représenter, concevoir. V. **Figurer (se).** *Imaginez-vous une grande salle tapissée de fuils* » (DAUD.). *Je me l'imaginais autrement.* « *On s'imaginait facilement que c'était le matin* » (SARTRE). ♦ 2° Croire à tort. « *Ils s'imaginent qu'ils sont supérieurs à nous* » (GOBINEAU). *Su tu t'imagines que tu te fais des illusions.* — « *L'homme éprouve ce qu'il s'imagine éprouver* » (GIDE). ♦ 3° *(Sens réfl.).* V. **Voir (se).** *Elle s'imaginait à quarante ans.*

IMAGO [imago]. *n. m.* et *f.* (1866; *image*, 1845; mot lat.). I. *Biol.* Forme adulte, définitive de l'insecte sexué à métamorphoses complètes ou incomplètes. *Imago du hanneton.* II. (Néol.). *Psychan.* Prototype inconscient acquis dans l'enfance par le sujet, survivance imaginaire d'un participant de sa situation interpersonnelle. *Imago paternelle, maternelle, fraternelle.* (Adj. *Imagoïque*).

IMAM [imam] ou **IMAN** [imã]. *n. m.* (1559; arabo-turc *imam*). ♦ 1° *Hist.* Titre donné au successeur de Mahomet et à ceux d'Ali. ♦ 2° *Mod.* Fonctionnaire employé dans une mosquée comme chef de prière.

IMAMAT [imama] ou **IMANAT** [imana]. *n. m.* (1878, -1827; de *imam*; de *iman*). *Rare.* Dignité, titre, charge d'imam.

IMBATTABLE [ɛ̃batabl(ə)]. *adj.* (1907; de *in-* 1, et *battable*). Qui ne peut être battu, vaincu. *Un champion imbattable.* V. **Invincible.** — *Par ext. Record imbattable. Soldes à des prix imbattables.*

IMBÉCILE [ɛ̃besil]. *adj.* et *n.* (1496; lat. *imbecillus*). I. *Adj.* ♦ 1° *Vx.* Faible, débile. « *L'homme, imbécile ver de terre* » (PASC.). ♦ 2° *Méd.* Qui est atteint d'imbécillité. V. **Arriéré.** ♦ 3° (Fin XVIIe). *Cour.* Qui est dépourvu d'intelligence, qui parle, agit sottement. V. **Bête, idiot.** *Il faut être imbécile pour ne pas comprendre cela.* — *Par ext. Air imbécile.* « *Des questions balourdes, imbéciles* » (CÉLINE). II. *N.* (XVIIe). ♦ 1° *Méd.* Arriéré dont l'âge mental est intermédiaire entre celui de l'idiot (2 ans) et celui du simple débile (7 ans). V. **Arriéré, dégénéré, faible** (d'esprit). ♦ 2° *Cour.* Personne sans intelligence. V. **Abruti, âne, crétin, idiot.** *C'est un imbécile, le dernier, le roi des imbéciles. Imbécile heureux*, satisfait. « *Le propre de l'imbécile est de croire qu'il ne l'est pas* » (HUYSMANS). *Il me prend pour un imbécile! Espèce d'imbécile!* ◊ ANT. **Fort. Intelligent.**

IMBÉCILEMENT [ɛ̃besilmã]. *adv.* (1542, « faiblement »; sens mod. v. 1680; de *imbécile*). D'une manière imbécile.

IMBÉCILLITÉ [ɛ̃besilite]. *n. f.* (1355; lat. *imbecillitas*, de *imbecillus*). V. **Imbécile.** ♦ 1° *Vx.* Débilité, faiblesse. ♦ 2° *Méd.* Deuxième degré de l'arriération mentale entre l'idiotie et la simple débilité mentale. ♦ 3° *Cour.* Grave manque d'intelligence; état de l'imbécile. V. **Bêtise, idiotie.** ♦ 4° (1756). *Une, des imbécillité(s)* : acte, parole, idée imbécile. V. **Ânerie, niaiserie, sottise.** *Faire, dire des imbécillités.* ◊ ANT. **Intelligence.**

IMBERBE [ɛ̃bɛʀb(ə)]. *adj.* (v. 1500; lat. *imberbis*, de *barba*. V. **Barbe**). Qui est sans barbe, n'a pas encore de barbe. *Un menton rasé est glabre, mais non imberbe. Garçon imberbe.* ◊ ANT. **Barbu.**

IMBIBER [ɛ̃bibe]. *v. tr.* (1503; lat. *imbibere*). ♦ 1° Pénétrer, imprégner d'eau, d'un liquide. V. **Imprégner, tremper.** *Imbiber une compresse. Imbiber une étoffe de vapeur.* V. **Bruir.** « *Je retirai mes chaussures imbibées d'eau* » (DUHAM.). ♦ 2° S'IMBIBER. *v. pron.* Absorber un liquide. *Les corps poreux s'imbibent par capillarité.* — *Fam. S'imbiber de vin, d'alcool* : en boire à l'excès. Au p. p. *Il est complètement imbibé.* V. **Aviné.** ◊ ANT. **Assécher, dessécher, essuyer, sécher.**

IMBIBITION [ɛ̃bibisjɔ̃]. *n. f.* (v. 1350; lat. *imbibitio*; de *imbiber*). Action d'imbiber, de s'imbiber. — État d'un corps imbibé. V. **Imprégnation.** ◊ ANT. **Dessiccation.**

IMBRICATION [ɛ̃bʀikasjɔ̃]. *n. f.* (1836; de *imbriqué*). Disposition de choses imbriquées. *Fig.* « *L'imbrication... de mes souvenirs* » (PROUST).

IMBRIQUÉ, ÉE [ɛ̃bʀike]. *adj.* (1575; lat. *imbricatus*, de *imbrex* « tuile »). ♦ 1° Se dit de choses qui se recouvrent partiellement, à la manière des tuiles d'un toit. *Plaques de métal imbriquées. Écailles, plumes imbriquées.* ♦ 2° Formé d'éléments imbriqués. *Des coupoles* « *imbriquées d'écailles* » (GAUTIER). *Clocher imbriqué d'une église romane.* ♦ 3° *Fig.* Se dit de choses étroitement liées.

IMBRIQUER [ɛ̃bʀike]. *v. tr.* (1836; de *imbriqué*). Disposer des choses de façon qu'elles soient imbriquées. *Pronom.* S'IMBRIQUER. V. **Ajuster** (s'), **emboîter** (s').

IMBROGLIO [ɛ̃bʀɔljo]. *n. m.* (fin XVIIe; mot it., de *imbrogliare* « embrouiller »). Embrouillement; situation confuse, embrouillée. V. **Confusion, mélange.** « *Comment y voir clair dans cet imbroglio infernal?* » (MART. du G.). ◊ Pièce de théâtre, dont l'intrigue est fort compliquée. « *Imbroglio en trois actes* » (BALZ.).

IMBU, UE [ɛ̃by]. *adj.* (1460; réfect. d'*embu* (V. **Emboire**). d'apr. lat. *imbutus*, de *imbuere* « imbiber »). Qui est imprégné, pénétré (de sentiments, d'idées). V. **Plein.** « *Un Genevois imbu de tous les préjugés anglais* » (MICHELET). *Être imbu de soi-même, de sa supériorité* : se croire supérieur aux autres. V. **Infatué.**

IMBUVABLE [ɛ̃byvabl(ə)]. *adj.* (1600; de *in-* 1, et *buvable*). ♦ 1° Qui n'est pas buvable. *Ce vin est imbuvable.* ♦ 2° *Fig. et fam.* V. **Insupportable.** *Cet homme-là est imbuvable.*

IMIDE [imid]. *n. m.* (1872; modification de *amide*). *Chim.* Composé de structure analogue à l'anhydride d'un diacide, mais où le radical NH remplace l'oxygène (*ex. :* carbimide, saccharine).

IMITABLE [imitabl(ə)]. *adj.* (1543; lat. *imitabilis*). Qui peut être imité. *Sa signature est facilement imitable.* ◇ ANT. *Inimitable.*

IMITATEUR, TRICE [imitatœʀ, tʀis]. *n.* (v. 1420; lat. *imitator*). ♦ 1° Personne qui imite (les gestes, le comportement d'autrui). *Les disciples et les imitateurs de ce grand homme. Ce n'est qu'un pâle imitateur.* — *Imitateur professionnel,* qui se produit dans des imitations d'auteurs et personnages célèbres. *Un excellent imitateur, au music-hall* (V. aussi **Mime**). ♦ 2° Adj. « *L'enfant humain est beaucoup plus imitateur que l'enfant singe* » (J. ROSTAND). *Peuple imitateur.* V. **Moutonnier.** ♦ 3° Personne qui imite (les œuvres d'autrui). V. **Épigone, suiveur.** « *Des disciples, des imitateurs, des suiveurs... En un mot, une tradition* » (GIDE). *Les imitateurs de Racine.* ◇ ANT. *Créateur, inventeur, novateur.*

IMITATIF, IVE [imitatif, iv]. *adj.* (1466; bas lat. *imitativus*). ♦ 1° Qui imite les sons de la nature. *Harmonie imitative. Mots imitatifs.* V. **Onomatopée.** ♦ 2° Qui imite une personne (dans ses attitudes, son comportement). *Geste imitatif.*

IMITATION [imitasjɔ̃]. *n. f.* (1220; lat. *imitatio*). ♦ 1° Action de reproduire volontairement ou de chercher à reproduire (une apparence, un geste, un acte d'autrui); résultat de cette action. *Imitation outrée, comique.* V. **Caricature, parodie.** *Faire des imitations. Imitation par le geste.* V. **Mimique.** ◇ Reproduction volontaire ou involontaire, consciente ou inconsciente, de gestes, d'actes. *Esprit d'imitation.* V. **Mimétisme.** « *L'instinct d'imitation et l'absence de courage gouvernent les sociétés comme les foules* » (PROUST). Cf. Instinct grégaire. *Rôle de l'imitation dans les manifestations collectives.* V. **Contagion.** ♦ 2° Le fait de prendre qqn pour modèle (dans l'ordre intellectuel, moral). *Imitation d'un maître, des ancêtres.* — Spécialt. *L'Imitation de Jésus-Christ,* célèbre ouvrage de piété attribué à Thomas a Kempis (XVᵉ). ♦ 3° Reproduction des aspects sensibles de la nature par l'art. *Arts d'imitation* (vx), principalement peinture et sculpture. ♦ 4° Action de prendre l'œuvre d'un autre pour modèle, de s'en inspirer. *L'imitation des anciens.* « *L'imitation des grands esprits et des chefs-d'œuvre* » (DUHAM.). — Absolt. *L'imitation et l'invention.* ♦ 5° Œuvre sans originalité imitée d'un modèle. *Imitation servile.* V. **Copie, plagiat.** ♦ 6° Reproduction artificielle d'un objet, d'une matière; l'objet imité d'un autre. V. **Copie, reproduction.** *Imitation frauduleuse.* V. **Contrefaçon, faux.** « *Une cravate en imitation de renard* » (ROMAINS). *Fabriquer des imitations de meubles anciens.* Par appos. *Reliure imitation cuir.* — EN IMITATION : en matière imitée. V. **Simili, toc.** ♦ 7° *Mus.* (1721). *Répétition par une partie d'un motif, d'un thème musical énoncé par une autre partie. Imitation régulière, canonique. Imitation libre, irrégulière.* ♦ 8° *Loc. prép.* À L'IMITATION DE... V. **Façon** (à la façon de), **modèle** (sur le). « *À l'imitation des gazettes politiques..., on imprima en France des gazettes littéraires* » (VOLT.). ◇ ANT. *Création, originalité. Authenticité. Originalité.*

IMITÉ, ÉE [imite]. *adj.* (V. **Imiter**). *Sujet imité.* V. **Emprunté.** *Écriture imitée.* V. **Faux.** *Marbre imité.* V. **Factice.** *Roman imité de l'anglais.* ◇ ANT. *Authentique, original, véritable.*

IMITER [imite]. *v. tr.* (1493; lat. *imitari*). ♦ 1° Faire ou s'efforcer de faire la même chose que, chercher à reproduire. V. **Contrefaire, copier, mimer, parodier, singer.** *Imiter ses camarades. Imiter les gestes, l'accent de qqn.* « *On ne peut imiter de vos gestes que ce qu'ils ont de mécaniquement uniforme* » (BERGSON). *Imiter le cri d'un animal. L'enfant imite ce qu'il voit, ce qu'il entend.* ◇ Faire comme (qqn), sans intention de reproduire exactement ses gestes. *Il leva son verre et tout le monde l'imita.* ♦ 2° Prendre pour modèle, pour exemple. *Imiter qqn en tout.* « *Imiter sa justice ainsi que sa vaillance* » (VOLT.). ♦ 3° Rare. Reproduire, par les moyens de l'art (l'aspect de la réalité). *Imiter une forme naturelle, l'apparence des objets. Imiter la nature.* ♦ 4° Prendre pour modèle (l'œuvre, le style d'un autre). V. **Inspirer** (s'). « *La nécessité d'imiter le modèle vivant* » (TAINE). *Imiter servilement un original.* V. **Copier, plagier.** *S'amuser à imiter un style.* V. **Pasticher.** — « *Tout le monde imite. Tout le monde ne le dit pas* » (ARAGON). ♦ 5° S'efforcer de reproduire, dans l'intention de faire passer la reproduction pour authentique. V. **Contrefaire.** *Faussaire qui imite une signature.* ♦ 6° (*Choses*). Produire le même effet que. V. **Ressembler** (à). « *Des peintures sur fond d'or imitant la mosaïque* » (GAUTIER). *Automatisme qui imite la vie.* ◇ ANT. *Créer, innover, inventer.*

IMMACULÉ, ÉE [i(m)makyle]. *adj.* (v. 1400; lat. *immaculatus,* de *macula* « tache »). ♦ 1° Qui est sans tache de péché. *La Vierge immaculée. Dogme de l'Immaculée Conception*.* — Par anal. Qui est exempt de toute souillure matérielle. V. **Pur.** ♦ 2° (*Choses*). Sans une tache. V. **Propre.** ◇ D'une blancheur parfaite. *Neige immaculée. Du linge immaculé.* ◇ ANT. *Maculé, souillé, taché.*

IMMANENCE [im(m)anãs]. *n. f.* (1859; de *immanent*). *Philo.* Caractère de ce qui est immanent. *Principe d'immanence,* selon lequel « *tout est intérieur à tout* », ou « *un au-delà de la pensée est impensable* ». ◇ ANT. *Transcendance.*

IMMANENT, ENTE [im(m)anã, ãt]. *adj.* (1370; lat. scolast. *immanens,* de *immanere* « résider dans »). *Philo.* (Vx). *Cause immanente,* qui réside dans le sujet agissant. ◇ Mod. Se dit de ce qui est contenu dans la nature d'un être. *Le panthéisme stoïcien se représente Dieu comme immanent au monde.* — Par ext. *Justice immanente,* dont le principe est contenu dans les choses elles-mêmes. — « *L'injustice immanente de la nature* » (DUHAM.). ◇ ANT. *Transcendant.*

IMMANENTISME [im(m)anãtism(ə)]. *n. m.* (1908; de *immanent*). *Philo.* Doctrine qui affirme l'immanence de Dieu ou d'un monde quelconque à la nature ou à l'homme. ◇ ANT. *Transcendantalisme.*

IMMANGEABLE [ɛ̃mãʒabl(ə)]. *adj.* (1600; de *in-* 1, et *mangeable*). Qui n'est pas bon à manger. V. **Mauvais.** « *La cuisine était immangeable* » (R. ROLLAND). ◇ ANT. *Mangeable.*

IMMANQUABLE [ɛ̃mãkabl(ə)]. *adj.* (1652; de *in-* 1, et *manquer*). Qui ne peut manquer d'arriver. V. **Fatal, inéluctable, inévitable, nécessaire.** Qui ne peut manquer d'atteindre son but. V. **Infaillible.** *Ce procédé est immanquable.* ◇ ANT. *Douteux, incertain.*

IMMANQUABLEMENT [ɛ̃mãkabləmã]. *adv.* (1675; de *immanquable*). Infailliblement, sûrement. « *Voilà ce qui arrivera immanquablement* » (FLAUB.).

IMMARCESCIBLE [im(m)aʀsesibl(ə)]. *adj.* (1482; bas lat. *immarcescibilis,* de *marcescere* « se flétrir »). Bot. Didact. Qui ne peut se flétrir. Fig. « *La jeunesse plus forte que le temps, la jeunesse immarcescible* » (MAURIAC). ◇ ANT. *Marcescible.*

IMMARIABLE [ɛ̃maʀjabl(ə)]. *adj.* (1611; de *in-* 1, et *mariable*). Non mariable, difficile à marier. « *Tu es immariable, laide, idiote !* » (COCTEAU).

IMMATÉRIALISME [im(m)ateʀjalism(ə)]. *n. m.* (1753; de *in-* 1, et *matérialisme*). *Philo.* Doctrine métaphysique qui nie l'existence de la matière. *L'immatérialisme de Berkeley.* V. **Idéalisme.**

IMMATÉRIALISTE [im(m)ateʀjalist(ə)]. *n. m.* (1713; de *immatérialisme*). *Philo.* Partisan de l'immatérialisme.

IMMATÉRIALITÉ [im(m)ateʀjalite]. *n. f.* (1647; de *immatériel*). Qualité, état de ce qui est immatériel. *L'immatérialité de l'âme.* ◇ ANT. *Matérialité.*

IMMATÉRIEL, ELLE [im(m)ateʀjɛl]. *adj.* (v. 1336; lat. ecclés. *immaterialis*). ♦ 1° *Philo.* Qui n'est pas formé de matière. V. **Incorporel, spirituel.** *L'âme immatérielle. Les anges, êtres immatériels.* ♦ 2° Qui est étranger à la matière, ne concerne pas la chair, les sens. ♦ 3° Qui ne semble de nature matérielle. V. **Aérien, léger.** « *D'une minceur immatérielle* » (COLETTE). ◇ ANT. *Charnel, matériel.*

IMMATRICULATION [im(m)atʀikylasjɔ̃]. *n. f.* (1636; de *immatriculer*). Action d'inscrire le nom et le numéro d'une personne, d'un animal ou d'une chose (mobilière ou immobilière) sur un registre, en vue d'identifier; résultat de cette action. V. **Inscription.** *Plaque d'immatriculation d'une automobile* (V. **Minéralogique**). *Immatriculation à la Sécurité sociale,* inscription d'une personne sur la liste des assurés sociaux.

IMMATRICULER [im(m)atʀikyle]. *v. tr.* (1485; lat. médiév. *immatriculare.* V. **Matricule**). Inscrire sur un registre public dit matricule. *Étudiant qui se fait immatriculer à la Faculté de Droit.* — Au p. p. *Voiture immatriculée dans la Seine.*

IMMATURE [im(m)atyʀ]. *adj.* (1576; angl. *immature,* du lat. *maturus* « mûr »; Cf. Immaturité). *Sc.* Qui n'a pas atteint la maturité.

IMMATURITÉ [im(m)atyʀite]. *n. f.* (XVIᵉ; lat. *immaturitas.* V. **Maturité**). Littér. Défaut de maturité. ◇ Spécialt. (en parlant des personnes). Absence de maturité biologique ou psychologique. « *De par son immaturité biologique, l'enfant humain dépend de son entourage* » (LAGACHE).

IMMÉDIAT, ATE [im(m)edja, at]. *adj.* et *n. m.* (1382; bas lat. *immediatus,* rac. *medius* « central, intermédiaire »).
I. *Didact.* Qui opère, se produit sans atteindre une intermédiaire. ♦ 1° *Philo. Cause immédiate.* V. **Direct.** *Effet immédiat.* — *Connaissance immédiate, évidence immédiate,* qui ne semblent résulter d'aucune réflexion. *Essai sur les données immédiates de la conscience,* de Bergson. ♦ 2° *Chim. Principe immédiat :* corps qui peut être extrait d'une substance par simple procédé mécanique, sans intervention chimique.
II. *Cour.* ♦ 1° Qui précède ou suit sans intermédiaire, dans l'espace ou le temps. *Successeur immédiat. Au voisinage immédiat de votre maison.* ♦ 2° Qui suit sans délai; qui est du moment présent, a lieu tout de suite. *Danger immédiat.* V. **Imminent.** *Rappel immédiat de réservistes.* ♦ 3° N. m. *Rien ne presse, du moins dans l'immédiat, pour le moment.*

« *Ma confiance dans l'immédiat... mon espérance pour l'avenir* » (DUHAM.).
◇ ANT. *Indirect, médiat; distant, éloigné.*

IMMÉDIATEMENT [im(m)edjatmã]. *adv.* (1503; de *immédiat*). D'une manière immédiate. ♦ 1º *Philo.* Sans intermédiaire. *Substance qui émane immédiatement d'un principe.* V. **Directement.** ♦ 2º *Cour.* Tout de suite avant ou après. *Précéder, suivre immédiatement.* ◇ À l'instant même, tout de suite. V. **Aussitôt, instantanément.** *Il avait immédiatement aperçu quel parti on pouvait tirer de l'affaire. Sortez immédiatement!* ◇ ANT. *Indirectement, médiatement, tardivement.*

IMMÉDIATETÉ [im(m)edjatte]. *n. f.* (1721; de *immédiat*). *Didact.* Qualité de ce qui est immédiat. « *L'immédiateté du lien qui unissait la cause et la conséquence* » (J.-R. BLOCH).

IMMÉMORIAL, ALE, AUX [im(m)emɔrjal, o]. *adj.* (1547; lat. médiév. *immemorialis*). Qui remonte à une époque si ancienne qu'elle est sortie de la mémoire. *Usage immémorial. De temps immémorial*, de toute antiquité.

IMMENSE [im(m)ãs]. *adj.* (1360; lat. *immensus*, rad. *metiri* « mesurer »). ♦ 1º *Didact.* Qui n'a ni bornes ni mesure. V. **Illimité, infini.** « *À côté du vaste présent des peuples et de leur avenir immense* » (CHATEAUB.). ♦ 2º (1452). *Cour.* Dont l'étendue, les dimensions sont considérables. V. **Grand, vaste.** *La mer immense. Espace immense.* « *L'ample monde au delà de l'immense horizon* » (VALÉRY). ◇ Qui est très considérable en son genre, par la force, l'importance, la quantité. V. **Colossal, démesuré, énorme, gigantesque.** *Foule immense. Une immense fortune. Une immense influence.* V. **Profond.** *Immense avantage.* « *Une immense bonté tombait du firmament* » (HUGO). ◇ ANT. *Exigu, infime, minuscule, petit.*

IMMENSÉMENT [im(m)ãsemã]. *adv.* (fin XVIIᵉ; de *immense*). D'une manière immense. V. **Extrêmement.** *Il est immensément riche.*

IMMENSITÉ [im(m)ãsite]. *n. f.* (1372; lat. *immensitas*). ♦ 1º *Didact.* État, caractère de ce qui est immense; grandeur sans bornes ni mesure. *L'immensité de Dieu, de la nature.* ♦ 2º *Cour.* Étendue trop vaste pour être facilement mesurée. « *Dans l'immensité du ciel et de la mer* » (BAUDEL.). ◇ *Absolt.* Toute étendue illimitée ou qui paraît telle. V. **Espace, infini.** *Se perdre dans l'immensité.* ◇ 3º Grandeur considérable (de qqch.). *L'immensité de ses richesses.* « *L'immensité de sa prétention* » (MAURIAC). ◇ ANT. *Exiguïté, petitesse.*

IMMENSURABLE [im(m)ãsyrabl(ə)]. *adj.* (1467; lat. ecclés. *immensurabilis*, de *mensurare*. V. **Mesurer**). *Didact.* Impossible à mesurer, à évaluer, et *spécialt.* Trop grand pour être mesuré. V. **Immense; incommensurable.** ◇ ANT. *Mesurable.*

IMMERGÉ, ÉE [im(m)ɛrʒe]. *adj.* (1653; V. **Immerger**). Plongé, noyé dans un liquide, dans la mer. *Câble immergé.* V. **Sous-marin.** *Parties immergées d'un navire. Plantes immergées* : qui croissent sous l'eau. *Terres immergées.* ◇ *Par anal.* *Astron. Planète immergée* : plongée dans l'ombre d'un astre. ◇ ANT. *Émergé, immergé.*

IMMERGER [im(m)ɛrʒe]. *v. tr.*; conjug. *bouger* (h. 1501; 1632; lat. *immergere*). Plonger dans un liquide. V. **Baigner.** *Immerger le corps d'un matelot mort en mer.* — *Pronom. Sous-marin qui s'immerge.*

IMMÉRITÉ, ÉE [im(m)erite]. *adj.* (1455, repris 1823; de *in-* 1, et *mérité*). Qui n'est pas mérité. V. **Injuste.** *Reproches immérités. Honneurs immérités.* ◇ ANT. *Mérité.*

IMMERSIF, IVE [im(m)ɛrsif, iv]. *adj.* (1690; du rad. lat. de *immerger*). *Sc., techn.* Fait par immersion. *Calcination immersive de l'or*, plongé dans l'acide azotique.

IMMERSION [im(m)ɛrsjɔ̃]. *n. f.* (1372; lat. *immersio*). Action d'immerger, de plonger dans un liquide; résultat de cette action. *Immersion d'un câble, de plots de béton. Baptême par immersion, sans immersion.* — Spécialt. *Objectif à immersion* : objectif de microscope immergé dans un liquide à fort indice de réfraction. ◇ *Astron.* Entrée d'une planète dans l'ombre d'un astre (V. **Éclipse**). ◇ ANT. *Émersion.*

IMMETTABLE [im(m)etabl(ə)]. *adj.* (1845; de *in-* 1, et *mettre*). Se dit d'un vêtement qu'on ne peut ou n'ose mettre. « *Un petit galurin... qui était immettable* » (GIDE).

IMMEUBLE [im(m)œbl(ə)]. *adj. et n.* (v. 1190; lat. *immobilis*. V. **Immobile**). ♦ 1º *Dr.* Qui ne peut être déplacé (ou qui est réputé tel par la loi). *Biens immeubles par nature* : sol, bâtiments. *Biens immeubles par destination* : biens mobiliers attachés par le propriétaire à un immeuble par nature. *Accessoires de biens, droits réputés immeubles.* V. **Immobilier.** ◇ *Subst.* *Un immeuble* : un bien immeuble. *Patrimoine composé de meubles et d'immeubles.* ♦ 2º *Cour. N. m.* (1867). Maison, grand bâtiment urbain à plusieurs étages. *Immeuble de cinq étages, de trente étages.* V. **Gratte-ciel, tour.** « *On achète un immeuble pour le démolir et bâtir un immeuble plus grand sur le même terrain* » (SARTRE). *Immeuble à usage locatif. Habiter un appartement dans un immeuble. Gérant, syndic d'immeuble.* ◇ ANT. (du 1º) *Meuble.*

IMMIGRANT, ANTE [im(m)igrã, ãt]. *adj. et n.* (1787; de *immigrer*). ♦ 1º *Adj. Rare.* Qui immigre. ♦ 2º *N. Cour.* Personne qui immigre dans un pays ou qui y a immigré récemment. *L'assimilation des immigrants.* ◇ ANT. *Autochtone.* *Émigrant.*

IMMIGRATION [im(m)igrasjɔ̃]. *n. f.* (1768; lat. *immigratio*. V. **Immigrer**). Entrée dans un pays de personnes non autochtones qui viennent s'y établir, généralement pour y trouver un emploi. *Immigration permanente et immigration temporaire. Courant, mouvement d'immigration. Lois sur l'immigration, restreignant et contrôlant l'immigration. Office national d'immigration.* ◇ ANT. *Émigration.*

IMMIGRÉ, ÉE [im(m)igre]. *adj. et n.* (1769; V. **Immigrer**). Qui est venu de l'étranger. — N. « *Le premier immigré demeure, sa vie durant, un homme de son pays d'origine* » (SIEGFRIED).

IMMIGRER [im(m)igre]. *v. intr.* (1838; immigré, n., 1769; lat. *immigrare*). *Rare.* Entrer dans un pays étranger pour s'y établir. — Au p. p. *La population immigrée.*

IMMINENCE [im(m)inãs]. *n. f.* (1787; bas lat. *imminentia*. V. **Imminent**). Caractère de ce qui est imminent. V. **Approche, proximité.** *L'imminence du danger, de la crise.* « *Le médecin ne cachait pas l'imminence d'une issue fatale* » (ARNOUX).

IMMINENT, ENTE [im(m)inã, ãt]. *adj.* (XVIᵉ; lat. *imminens*, de *imminere* « menacer »). Qui va se produire dans très peu de temps. V. **Immédiat, proche.** « *Rien n'est plus imminent que l'impossible* » (HUGO). *Danger imminent.* V. **Menaçant.** ◇ ANT. *Éloigné, lointain.*

IMMISCER (S') [im(m)ise]. *v. pron.; lat. placer* (1482; lat. *immiscere*, de *miscere* « mêler ». S'ingérer, s'introduire mal à propos ou indûment (dans une affaire). V. **Fourrer** (se), **intervenir, mêler** (se). « *S'immiscer sournoisement dans les choses qui ne le regardaient pas* » (COURTELINE).

IMMIXTION [im(m)iksjɔ̃]. *n. f.* (h. XVIᵉ; 1701; bas lat. *immixtio*, de *immiscere*. V. **Immiscer**). Action de s'immiscer. V. **Ingérence, intervention.** *Immixtion dans la vie privée de qqn, dans les affaires intérieures d'un pays.*

IMMOBILE [im(m)ɔbil]. *adj.* (XIIIᵉ; *immoble*, XIIᵉ; lat. *immobilis*). ♦ 1º Qui ne se déplace pas. V. **Fixe.** *Rester, se tenir immobile. Immobile comme une souche, une statue.* « *La terreur le cloue immobile* » (R. ROLLAND). *Immobile et frappé de stupeur.* V. **Cloué, figé, paralysé, pétrifié.** ◇ (*Choses*) Que rien ne meut, n'agite. *Mer immobile. Eau immobile.* V. **Dormant, stagnant.** « *En plein midi, l'été, quand les champs, les jardins, les bois sont immobiles de chaleur* » (P.-J. TOULET). ◇ *Spécialt.* Qui, par nature, ne se meut pas; non mobile. *On croyait la terre immobile.* ♦ 2º (*Abstrait*). Fixé une fois pour toutes, définitivement figé. V. **Invariable.** *Dogmes immobiles.* ◇ ANT. *Mobile.*

IMMOBILIER, IÈRE [im(m)ɔbilje, jɛr]. *adj.* (1510; de *in-* 1, et *mobilier*). ♦ 1º *Dr.* Qui est immeuble, composé d'immeubles, ou considéré comme immeuble. *Biens immobiliers.* ◇ *Subst. L'immobilier.* — *Succession immobilière.* ♦ 2º *Cour.* Qui concerne, qui a pour objet un immeuble, des immeubles (2º). *Vente, saisie immobilière. Société immobilière*, s'occupant de la construction, de la vente, de l'achat d'immeubles. *Promoteur immobilier.* « *La crise immobilière qui a entraîné la chute de la valeur des immeubles* » (BAINVILLE).

IMMOBILISATION [im(m)ɔbilizasjɔ̃]. *n. f.* (1819; de *immobiliser*). ♦ 1º *Dr.* Attribution à un bien meuble de certains caractères juridiques des immeubles. ♦ 2º *Cour.* Action de rendre immobile; résultat de cette action. *Immobilisation d'un membre blessé, d'une fracture.* — *Fin. Immobilisation de capitaux.* V. **Gel**, *des actions.* — *Immobilisations d'une entreprise* : éléments d'actif qui servent de façon permanente à l'exploitation.

IMMOBILISER [im(m)ɔbilize]. *v. tr.* (1773; lat. *immobilis* « immobile » ou « immeuble »). ♦ 1º *Dr.* Convertir fictivement en immeuble par le procédé de l'immobilisation. ♦ 2º *Cour.* (1857). Rendre immobile, maintenir dans l'immobilité ou l'inactivité. V. **Arrêter, fixer.** *Immobiliser un véhicule.* « *Immobilisé par la goutte* » (MAUPASS.). — (Sous l'effet d'une émotion) V. **Paralyser, pétrifier.** « *Une hébétude l'immobilisait* » (ZOLA). ◇ *Fin. Immobiliser des capitaux*, les rendre indisponibles par le placement qu'on en fait. V. **Geler.** ◇ *Fig.* Rendre stationnaire. « *Cette façon d'immobiliser l'histoire... autour des idées abstraites* » (JAURÈS). V. **Figer, fixer, scléroser.** ◇ S'IMMOBILISER : devenir, se tenir immobile. S'arrêter. ◇ ANT. *Mobiliser. Agiter, mouvoir. Bouger, remuer.*

IMMOBILISME [im(m)ɔbilism(ə)]. *n. m.* (v. 1830; de *immobile*). Disposition à se satisfaire de l'état présent des choses, à refuser le mouvement ou le progrès. *L'immobilisme gouvernemental.* V. **Conservatisme.** ◇ ANT. *Progressisme.*

IMMOBILISTE [im(m)ɔbilist(ə)]. *adj. et n.* (v. 1830; de *immobilisme*). Marqué d'immobilisme, partisan de l'immobilisme.

IMMOBILITÉ [im(m)ɔbilite]. *n. f.* (1314; lat. imp. *immobilitas*). État de ce qui est immobile. *Immobilité complète. Immobilité forcée.* V. **Inactivité.** « *La maladie que j'aime condamne à l'immobilité absolue au lit* » (MICHAUX). *Immo-*

bilité des traits, du visage. V. **Impassabilité.** — Immobilité de l'air, de l'eau. « Immobilité, sommeil profond de la nature » (RENARD). ◇ Fig. État de ce qui ne change pas. « L'immobilité politique est impossible » (CHATEAUB.). ◈ ANT. Agitation, déplacement, mobilité, mouvement; devenir, évolution.

IMMODÉRATION [im(m)ɔderɑsjɔ̃]. n. f. (XVᵉ; lat. immoderatio). Rare. Manque de modération, de mesure. V. **Excès.**

IMMODÉRÉ, ÉE [im(m)ɔdere]. adj. (XVᵉ; lat. immoderatus). Qui n'est pas modéré; qui dépasse la mesure, la normale. V. **Abusif, démesuré, excessif, outré.** Dépenses immodérées. « Un usage immodéré de l'alcool et de gibier » (BENOIT). Désirs immodérés. V. **Déréglé, effréné.** ◈ ANT. Modéré.

IMMODÉRÉMENT [im(m)ɔderemɑ̃]. adv. (v. 1300; de immodéré). D'une manière immodérée, avec excès. V. **Démesurément, excessivement.** Boire immodérément.

IMMODESTE [im(m)ɔdɛst(ə)]. adj. (1543; lat. immodestus). Vieilli. Qui manque à la pudeur. V. **Impudique, indécent.** D'une manière immodeste : immodestement, adv. (1549). ◈ ANT. Décent, modeste, pudique.

IMMODESTIE [im(m)ɔdɛsti]. n. f. (1546; de immodeste). Vieilli. Manque de pudeur. ◈ ANT. Décence, pudeur.

IMMOLATEUR [im(m)ɔlatœr]. n. m. (1534; lat. immolator). Vx. Sacrificateur.

IMMOLATION [im(m)ɔlasjɔ̃]. n. f. (h. XIIIᵉ; 1372; lat. immolatio). Littér. ♦ 1° Action d'immoler; résultat de cette action. V. **Sacrifice.** Immolation des victimes. ♦ 2° Action de s'immoler, sacrifice de soi-même. « Le mariage est la plus sotte des immolations sociales » (BALZ.).

IMMOLER [im(m)ɔle]. v. tr. (v. 1460; lat. immolare). Littér. ♦ 1° Tuer en sacrifice à la divinité. V. **Sacrifier.** Immoler une victime sur l'autel. « Les Gaulois immolèrent des hommes » (VOLT.). ♦ 2° Faire périr. V. **Massacrer, tuer.** Immoler les innocents et les coupables. — IMMOLER (une personne) à (qqn) : la faire périr pour la satisfaire. — IMMOLER à (qqch.) : faire périr pour satisfaire (tel sentiment), parvenir à (telle fin). « Virginie, immolée par son père à la pudeur et à la liberté » (MONTESQ.). ♦ 3° Fig. et vieilli. (déb. XVIIᵉ). Sacrifier. « La princesse, immolée à ces intérêts de famille » (BOSS.). ◇ Abandonner (qqch.) dans un esprit de sacrifice ou d'obéissance. V. **Offrir.** Il a tout immolé pour sa patrie. ♦ 4° S'IMMOLER. v. pron. Faire le sacrifice de sa vie. — Faire le sacrifice de ses intérêts. « Je devais m'immoler au libéralisme » (CHATEAUB.).

IMMONDE [im(m)ɔ̃d]. adj. (1220; lat. immundus, de mundus « propre »). ♦ 1° Relig. Impur selon la loi religieuse. Animaux immondes. — Qui a un caractère d'impureté morale. L'esprit immonde, le démon. Le péché immonde : le péché de la chair. V. **Impur.** ♦ 2° Cour. (XVIIIᵉ). D'une saleté ou d'une hideur qui soulève le dégoût ou l'horreur. V. **Dégoûtant, sale.** « D'immondes ruelles de truands, boueuses, noires, sinistres » (LOTI). Taudis immonde. ♦ 3° D'une extrême immoralité ou d'une bassesse qui révolte la conscience. V. **Ignoble.** Trafic immonde. Refrains immondes. V. **Obscène.** ◈ ANT. Propre, pur.

IMMONDICE [im(m)ɔ̃dis]. n. f. (Immondeces, 1223; lat. immunditia. V. Immonde). ♦ 1° (Au sing.). Vx. Chose sale; impureté. ♦ 2° (Au plur.). Mod. Déchets de la vie humaine et animale, résidus du commerce et de l'industrie. V. **Ordure.** Enlèvement des immondices par les services de la voirie. Une chienne « flairant et retournant les menus tas d'immondices » (DUHAM.).

IMMORAL, ALE, AUX [im(m)ɔral, o]. adj. (1770; de in- 1, et moral). (Personnes). Qui viole les principes de la morale. Homme foncièrement immoral. V. **Corrompu, débauché, dépravé** (Cf. Amoral). ◇ (Choses). Contraire à la morale, aux bonnes mœurs. Conduite immorale. Doctrines immorales. Ouvrages immoraux. V. **Licencieux, obscène.** « La littérature, qu'on accuse tant d'immorale hardiesse » (BARBEY). ◈ ANT. Honnête, moral, vertueux.

IMMORALEMENT [im(m)ɔralmɑ̃]. adv. (1867; de immoral). D'une manière immorale. V. **Moralement.**

IMMORALISME [im(m)ɔralism(ə)]. n. m. (1845; de immoral). Doctrine qui propose des règles d'action différentes, inverses de celles admises par la morale courante. L'immoralisme de Nietzsche. ◇ Tendance à mettre en doute les valeurs morales; mépris pour la morale établie.

IMMORALISTE [im(m)ɔralist(ə)]. adj. et n. (1874; de immoral). Caractérisé par l'immoralisme. — N. Partisan, dans son idéologie ou dans sa vie, de l'immoralisme. L'Immoraliste, roman de Gide.

IMMORALITÉ [im(m)ɔralite]. n. f. (1777; de immoral). Caractère de celui ou de ce qui est immoral. V. **Corruption, dépravation, vice.** Immoralité d'un homme, d'une société. « L'immoralité, c'est la révolte contre un état de choses dont on voit la duperie » (RENAN). — Immoralité d'une conduite, d'un ouvrage, de certaines conventions. ◈ ANT. Moralité. Honnêteté, pureté, vertu.

IMMORTALISER [im(m)ɔrtalize]. v. tr. (1544; de immortel). Rendre immortel dans la mémoire des hommes. Chefs-d'œuvre qui immortalisent un homme, sa mémoire. V. **Éterniser, perpétuer.** — (Pronom.) S'immortaliser par des actions mémorables.

IMMORTALITÉ [im(m)ɔrtalite]. n. f. (déb. XIIᵉ; lat. immortalitas). ♦ 1° Qualité, état de celui ou de ce qui est immortel. Immortalité de l'âme. Absolt. Croyance à l'immortalité : à la vie future. ♦ 2° Littér. Qualité de ce qui survit sans fin dans la mémoire des hommes. Entrer dans l'immortalité. « Cette immortalité que donne un beau trépas » (CORN.). Marqué au coin de l'immortalité, immortel. ◈ ANT. Mortalité (rare).

IMMORTEL, ELLE [im(m)ɔrtɛl]. adj. et n. m. (XIIIᵉ; lat. immortalis). ♦ 1° Qui n'est pas sujet à la mort. L'Olympe, séjour des dieux immortels. — Subst. (Vx ou littér.) Un immortel, une immortelle, un dieu, une déesse. ◇ Âme immortelle. « Toute idée est, par elle-même, virtuellement immortelle » (BAUDEL.). ♦ 2° Qu'on suppose ne devoir jamais finir, que rien ne pourra détruire. V. **Éternel, impérissable.** Un monument immortel. Un amour immortel. ♦ 3° Qui survit et doit survivre éternellement dans la mémoire des hommes. L'immortel auteur de Don Quichotte. Les « immortels principes » de 89. ♦ 4° N. m. (surtout au plur.). Académicien. L'Immortel, roman d'A. Daudet. ◈ ANT. Mortel, périssable.

IMMORTELLE [im(m)ɔrtɛl]. n. f. (1665; de immortel). Nom courant des plantes composées dont l'involucre persiste quand la fleur se dessèche. V. **Xéranthème.** Couronne mortuaire d'immortelles. Immortelle des Alpes. V. **Edelweiss.**

IMMOTIVÉ, ÉE [im(m)ɔtive]. adj. (1845; de in- 1, et motivé). Qui n'a pas de motif. Action immotivée. V. **Gratuit.** Réclamation immotivée. V. **Injustifié.** ◈ ANT. Motivé.

IMMUABILITÉ [im(m)ɥabilite]. n. f. (Immuableté, XVIᵉ; de immuable). Didact. Immutabilité.

IMMUABLE [im(m)ɥabl(ə)]. adj. (1327; de in- 1, et muable, d'apr. le lat. immutabilis). ♦ 1° Didact. Qui reste identique à soi-même; qui ne peut éprouver aucun changement. Dieu éternel et immuable. Croire en une vérité absolue et immuable. Les lois immuables de la nature. ♦ 2° Cour. Qui ne change guère; qui dure longtemps. V. **Constant, durable, inaltérable, invariable.** Passion immuable. Bonheur immuable. « Rien de plus immuable que la nullité » (RENAN). ◇ (Personnes) Immuable dans ses convictions. ◈ ANT. Changeant, mouvant, variable.

IMMUABLEMENT [im(m)ɥabləmɑ̃]. adv. (1470; de immuable). D'une manière immuable. V. **Constamment, invariablement.** « Le ciel immuablement gris... et la neige éternelle du sol » (RIMBAUD).

IMMUN, UNE [im(m)œ̃, yn]. adj. (1953; lat. immunis; Cf. Immunité, d'apr. l'angl. immune). Didact. Se dit d'un sujet, d'un organisme immunisé, d'une substance immunisante. Agglutinines* irrégulières ou immunes. — Subst. Un immun. Immun-anticorps (ou agglutinine immune). Immunsérum.

IMMUNISANT, ANTE [im(m)ynizɑ̃, ɑ̃t]. adj. (1895; de immuniser). Qui immunise. V. **Immun.** Sérum immunisant. Action immunisante d'une substance.

IMMUNISATION [im(m)ynizasjɔ̃]. n. f. (1897; de immuniser). Action d'immuniser; son résultat. Immunisation active (V. Vaccination), passive (V. Sérothérapie).

IMMUNISER [im(m)ynize]. v. tr. (fin XIXᵉ; du lat. immunis « exempt d'impôt », 1907). Rendre réfractaire aux agents pathogènes, à une maladie infectieuse. Immuniser par le vaccin. V. **Vacciner.** — Au p. p. Personne immunisée contre une maladie. — Fig. À l'abri (de), protégé (contre). Personne n'est immunisé contre certaines tentations. ◈ ANT. Contaminer.

IMMUNITAIRE [im(m)yniter]. adj. (XXᵉ; de immunité). Didact. Relatif à l'immunité (II). Les réactions immunitaires de l'organisme.

IMMUNITÉ [im(m)ynite]. n. f. (1276; lat. immunitas « exemption de charge (munus) »).
I. Exemption de charge, prérogative accordée par la loi à une catégorie de personnes. V. **Dispense, franchise, privilège.** Immunité de la noblesse. Immunités accordées à l'Église. — Exemption des règles générales en matière juridictionnelle, fiscale. — Spécialt. Immunité parlementaire, accordée au parlementaire, lui assurant une protection contre les actions pénales exercées contre lui. V. **Inviolabilité.** — Immunité diplomatique : ensemble des privilèges résultant de l'exterritorialité et qui soustraient les diplomates étrangers, leurs familles, le personnel officiel des ambassades, aux juridictions du pays où ils résident.
II. (1866). Biol. Propriété que possède un organisme d'être réfractaire à certains agents infectieux. Immunité naturelle. Immunité acquise, spontanée ou provoquée. ◈ ANT. (du II) Allergie, anaphylaxie, sensibilisation.

IMMUNO-. Premier élément de mots savants (biologie, médecine), du lat. immunis. Cf. Immun, immunité.

IMMUNOCHIMIE [im(m)ynɔʃimi]. n. f. (1959; de

immuno-, et *chimie*). *Didact.* Application des techniques bio-chimiques à l'étude qualitative et quantitative des processus immunitaires.

IMMUNOCOMPÉTENT, ENTE [im(m)ynɔkɔ̃petã, ãt]. *adj.* (v. 1970 ; de *immuno-*, et *compétent*). *Biol.* Se dit de cellules susceptibles d'intervenir dans les processus immunitaires. *Lymphocytes immunocompétents.*

IMMUNODÉPRESSEUR [im(m)ynɔdepʀɛsœʀ]. *adj.* et *n.* (1967 ; de *immuno-*, et rad. du lat. *depressus* « abaissé » ; V. **Dépresseur**). Se dit des substances ou des procédés thérapeutiques qui inhibent les réactions de l'organisme aux éléments exogènes. *Traitement immunodépresseur accompagnant une transplantation d'organe.*

IMMUNODÉPRESSIF, IVE [im(m)ynɔdepʀesif, iv]. *adj.* (1968 ; de *immuno-*, et *dépressif*). *Méd.* Relatif à l'action des immunodépresseurs*. *Action immunodépressive* (ou *immunosuppressive*).

IMMUNOGÈNE [im(m)ynɔʒɛn]. *adj.* (1970 ; de *immuno-*, et *-gène*). *Méd.* Qui produit l'immunité. *Qualité immunogène des antigènes.*

IMMUNOGLOBINE [im(m)ynɔglɔbin]. *n. f.* (1959 ; de *immuno-*, et *globuline*). *Biochim.* Globuline du plasma sanguin qui agit comme anticorps*.

IMMUNOLOGIE [im(m)ynɔlɔʒi]. *n. f.* (1953 ; de *immuno-*, et *-logie*). *Biol.*, *méd.* Étude de l'immunité, apparition, développement, conséquences d'ordre prophylactique et thérapeutique. *Importance de l'immunologie en pathologie, dans le domaine des transplantations d'organes* (réactions de « rejet »). DÉR. : *Immunologique*, adj. ; *Immunologiste*, n.

IMMUNOSUPPRESSEUR [im(m)ynɔsypʀɛsœʀ]. *n. m.* (1967 ; de *immuno-*, et *suppresseur*). Syn. de *Immunodépresseur.*

IMMUNOTHÉRAPIE [im(m)ynɔteʀapi]. *n. f.* (1952 ; de *immuno-*, et *thérapie*). *Méd.* Administration préventive de sérums spécifiques.

IMMUNOTOLÉRANT, ANTE [im(m)ynɔtɔleʀɑ̃, ɑ̃t]. *adj.* (v. 1970 ; de *immuno-*, et *tolérant*). *Didact.* Se dit d'un organisme qui ne réagit pas aux antigènes qui y sont introduits par une production anticorps. — IMMUNOTOLÉRANCE [imynɔtɔleʀɑ̃s], *n. f.*

IMMUNOTRANSFUSION [im(m)ynɔtʀɑ̃sfyzjɔ̃]. *n. f.* (mil. XXᵉ ; de *immuno-*, et *transfusion*). *Méd.* Transfusion de sang provenant d'un sujet immunisé contre la maladie dont est atteint le malade qui la reçoit.

IMMUTABILITÉ [im(m)ytabilite]. *n. f.* (XIVᵉ ; lat. *immutabilitas*). *Didact.* Caractère, état de ce qui est immuable. « *L'immutabilité n'appartient point aux hommes* » (VOLT.). ◇ Dr. *Immutabilité des conventions matrimoniales.* ◇ ANT. *Mutabilité, variabilité.*

IMPACT [ɛ̃pakt]. *n. m.* (1827 ; lat. *impactum*, supin de *impingere* « heurter »). ♦ 1º Collision, heurt. *Point d'impact :* endroit où le projectile vient frapper, et *par ext.* Trace qu'il laisse. ♦ 2º (v. 1965). Effet d'une action forte, brutale. *L'impact de la nouvelle a été terrible.* — Effet, influence (emploi critiqué). « *L'impact de la recherche sur le développement économique* » (*Le Monde*, 31-12-1968). *L'impact de la publicité, de la propagande. Impact psychologique, technique. Avoir de l'impact, un impact. Force d'impact.* — D'une personne) « *Le Premier ministre a plus d'impact en province qu'à Paris* » (*Paris-Match*, 20-12-1969).

1. IMPAIR, AIRE [ɛ̃pɛʀ]. *adj.* et *n. m.* (1500, d'apr. *pair* ; *impar*, 1484 ; du lat. *impar*). ♦ 1º Qui n'est pas pair, qui ne peut être divisé par deux en donnant des nombres entiers. *Nombres impairs. Fonction impaire*, dont la valeur change de signe en même temps que la variable. — Qui porte un numéro impair. *Jours impairs. Vers impairs*, d'un nombre de syllabes impair. — Jeu. *Numéros impairs* (roulette, etc.). Subst. *Jouer à pair ou impair*, deviner si les objets cachés dans la main du partenaire sont en nombre pair ou impair. — *N. m.* (dans ce jeu) *Faire un double impair*, prendre deux fois de suite l'impair (par erreur, imprudence). ♦ 2º *Sc. nat.* Qui est unique, qui n'a pas de double. Bot. *Foliole impaire.* — Anat. (Vx) *Organe impair* (cœur, foie, etc.). ◇ ANT. *Pair.*

2. IMPAIR [ɛ̃pɛʀ]. *n. m.* (1865 ; de *faire un double impair* (1, 1º). Maladresse choquante ou préjudiciable. V. **Gaffe.** *Faire un impair.* « *Sa précaution aboutissait à quelque impair énorme, dont il restait penaud* » (GIDE).

IMPALA [impala]. *n. m.* (XXᵉ ; mot zoulou, *i-mpalaj*). Antilope du Sud et de l'Ouest africain (genre *æpycéros*). *Des impalas.*

IMPALPABLE [ɛ̃palpabl(ə)]. *adj.* (v. 1440 ; bas lat. *impalpabilis*). ♦ 1º Qu'on ne peut palper, sentir au toucher ; sans consistance. V. **Immatériel.** *Ombres impalpables.* Fig. « *L'impalpable péril des routes aériennes* » (ST-EXUP.). ♦ 2º Qui est trop ténu pour être palpé, ou dont les éléments séparés sont si petits que le toucher ne peut les percevoir. V. **Délié, fin, ténu.** *Poussière impalpable.* ◇ *Méd.* Se dit d'un organe, d'une partie du corps qui ne peut être perçu par *palpation. Le foie normal est impalpable.* ◇ ANT. *Palpable, saisissable.*

IMPALUDATION [ɛ̃palydɑsjɔ̃]. *n. f.* (1844 ; de *in-* 2, d'apr. *paludisme*). *Méd.* Inoculation du parasite du paludisme par la piqûre d'anophèle et envahissement de l'organisme par les parasites qui s'y multiplient. — Inoculation thérapeutique du paludisme.

IMPALUDÉ, ÉE [ɛ̃palyde]. *adj.* (1844 ; de *impaludation*). Atteint de paludisme. — *Région impaludée*, où sévit le paludisme.

IMPANATION [ɛ̃panasjɔ̃]. *n. f.* (XVIᵉ ; lat. ecclés. *impanatio*, de *panis* « pain », 1680). *Relig.* Coexistence du pain et du corps de Jésus-Christ dans l'Eucharistie (doctrine luthérienne).

IMPARABLE [ɛ̃paʀabl(ə)]. *adj.* (1615 ; de *in-* 1, *parer*, et *-able*). Impossible à éviter, à parer (mot courant en sport). « *Une minute plus tard, Dabek stoppait avec difficulté un tir réputé imparable de Rolcôte* » (FALLET). *Coup, botte imparable.*

IMPARDONNABLE [ɛ̃paʀdɔnabl(ə)]. *adj.* (1360 ; de *in-* 1, et *pardonnable*). Qui ne mérite pas de pardon, d'excuse. V. **Inexcusable.** — (Choses) *Faute impardonnable.* V. **Irrémissible.** *Erreurs impardonnables.* — (Personnes) « *On serait impardonnable de s'en désintéresser* » (DUHAM.). ◇ ANT. *Excusable, pardonnable.*

IMPARFAIT, AITE [ɛ̃paʀfɛ, ɛt]. *adj.* et *n. m.* (1372 ; lat. *imperfectus*).
I. *Adj.* Qui n'est pas parfait. ♦ 1º Qui n'est pas achevé, pas complet. V. **Inachevé, incomplet.** *Guérison imparfaite.* *Connaissance imparfaite.* V. **Insuffisant.** — *Gram.* (XVᵉ) *Prétérit, passé imparfait* (vx), qui exprime une action inachevée (Cf. *ci-dessous*, II). ♦ 2º Qui manque de fini. V. **Grossier.** *Imitation imparfaite.* — Dont un ou plusieurs éléments présentent des défauts, des imperfections. V. **Défectueux, inégal, manqué.** *Œuvre imparfaite.* ♦ 3º Qui, par essence, ne saurait être parfait. *L'homme est imparfait. Toute philosophie est imparfaite.*
II. *N. m.* (1606). « *Système de formes temporelles dont la fonction essentielle dans les langues indo-européennes était d'énoncer une action en voie d'accomplissement dans le passé et conçue comme non achevée* » (MAROUZEAU). *Imparfait de l'indicatif* (je chantais), *du subjonctif* (que je chantasse). « *L'imparfait de l'indicatif..., ce temps cruel qui nous présente la vie comme quelque chose d'éphémère* » (PROUST). ◇ ANT. *Parfait.*

IMPARFAITEMENT [ɛ̃paʀfɛtmã]. *adv.* (1372 ; de *imparfait*). D'une manière imparfaite. V. **Incomplètement, insuffisamment.** *Connaître imparfaitement.* ◇ ANT. *Parfaitement.*

IMPARI-. Élément de composition, du lat. *impar* « impair ».

IMPARIDIGITÉ [ɛ̃paʀidiʒite]. *adj. m.* (XXᵉ ; de *impari-*, et lat. *digitus* « doigt »). *Anat.* Dont les doigts sont en nombre impair. V. **Périssodactyles.**

IMPARIPENNÉ, ÉE [ɛ̃paʀipɛnne]. *adj.* (1838 ; de *impari-*, et *penné*). *Bot.* Se dit des feuilles pennées terminées par une foliole impaire.

IMPARISYLLABIQUE [ɛ̃paʀisil(l)abik]. *adj.* (1823 ; de *impari-*, et *syllabe*). *Gram.* Qui n'a pas le même nombre de syllabes aux cas obliques qu'au nominatif singulier. *Mot imparisyllabique.* — Subst. *Un imparisyllabique.* Par ext. *Déclinaison imparisyllabique.* ◇ ANT. *Parisyllabique.*

IMPARITÉ [ɛ̃paʀite]. *n. f.* (v. 1300, « inégalité » ; lat. *imparitas*). *Didact.* (1837). Caractère de ce qui est impair. ◇ ANT. *Parité.*

IMPARTAGEABLE [ɛ̃paʀtaʒabl(ə)]. *adj.* (XVIᵉ ; de *in-* 1, et *partageable*). Qui ne peut être partagé. ◇ ANT. *Partageable.*

IMPARTIAL, ALE, AUX [ɛ̃paʀsjal, o]. *adj.* (1576 ; de *in-* 1, et *partial*). Qui n'est pas partial, qui est sans parti pris. V. **Juste, neutre.** *Juge impartial.* V. **Équitable.** « *La postérité n'est impartiale que si elle est indifférente* » (FRANCE). *Verdict impartial. Une critique impartiale.* V. **Objectif.** ◇ ANT. *Injuste, partial.*

IMPARTIALEMENT [ɛ̃paʀsjalmã]. *adv.* (1743 ; de *impartial*). D'une manière impartiale, sans parti pris. *Juger impartialement.* V. **Équitablement.** ◇ ANT. *Partialement.*

IMPARTIALITÉ [ɛ̃paʀsjalite]. *n. f.* (1576 ; de *impartial*). Qualité d'une personne impartiale. V. **Équité, objectivité.** *Impartialité de l'historien.* — *Impartialité d'un jugement.* ◇ ANT. *Partialité, parti* (pris).

IMPARTIR [ɛ̃paʀtiʀ]. *v. tr.* ; conjug. *finir : il impartit*, usité seulement inf., ind. prés. et p. p. (1374 ; lat. *impartiri*, var. de *impertire* ; rad. *pars, partis* « part »). Donner en partage. *Les dons que la nature nous a impartis.* Dr. Accorder. *Impartir un délai.* ◇ ANT. *Refuser.*

IMPASSE [ɛ̃pɑs]. *n. f.* (1761 ; de *in-* 1, et *passer*). ♦ 1º Petite rue qui n'a pas d'issue. V. **Cul-de-sac.** ♦ Fig. (1845). Situation sans issue favorable. *Être dans une impasse.* ◇ (v. 1955). *Impasse budgétaire*, déficit dont la couverture est attendue de l'emprunt ou de ressources de trésorerie. ◇ (Bridge, belote ; 1829) *Faire, tenter une impasse :* jouer la carte inférieure d'une fourchette lorsqu'on suppose que l'adversaire qui doit jouer avant détient la carte intermédiaire. *Faire l'impasse au roi*, lorsqu'on a en main l'as et la dame. — Par anal. *(Néol.)* Partie du programme qu'un étudiant n'apprend pas (jouant sur les probabilités de sortie du sujet à l'examen). *Faire l'impasse sur qqch.*, ne pas prendre en considération, parmi d'autres choses, en prenant un risque.

IMPASSIBILITÉ [ɛpasibilite]. *n. f.* (XIIIᵉ; lat. ecclés. *impassibilitas*; rad. *pati* « souffrir »). ♦ 1° Théol. *Vx.* Caractère d'un être qui n'est pas susceptible de souffrance. ♦ 2° *Mod.* (1812). Qualité de celui qui ne donne aucun signe d'émotion, de trouble. V. **Calme, froideur, sang-froid.** *Impassibilité des stoïciens.* V. **Ataraxie.** — *Impassibilité d'un diplomate. Sans se départir de son impassibilité.* ◇ (Choses) « *Le regard, dont l'impassibilité me glaçait* » (BERNANOS). ◈ ANT. *Agitation, énervement, excitation, trouble.*

IMPASSIBLE [ɛpasibl(ə)]. *adj.* (v. 1370; *impesible*, v. 1300; lat. ecclés. *impassibilis*). ♦ 1° *Vx.* Qui n'est pas susceptible de souffrance. ♦ 2° *Mod.* (1776). Qui n'éprouve ou ne trahit aucune émotion, aucun sentiment, aucun trouble. V. **Calme, flegmatique, froid, imperturbable, indifférent.** *Juge, examinateur impassible.* « *L'impassible nature a déjà tout repris* » (HUGO). *Rester impassible devant la mort.* V. **Impavide, stoïque.** — *Visage impassible.* V. **Fermé, impénétrable.** ◈ ANT. *Agité, ému, énervé, impressionnable, troublé.*

IMPASSIBLEMENT [ɛpasibləmã]. *adv.* (1551; de *impassible*). *Rare.* Avec impassibilité.

IMPATIEMMENT [ɛpasjamã]. *adv.* (XIVᵉ; de *impatient*). Avec impatience.

IMPATIENCE [ɛpasjãs]. *n. f.* (v. 1200; lat. *impatientia*). ♦ 1° Manque de patience; incapacité habituelle de se contenir, de patienter. *L'impatience de la jeunesse.* ♦ 2° Manque de patience pour supporter qqch. ou qqn. V. **Agacement, énervement, exaspération.** *Mouvements d'impatience. Donner des signes d'impatience. Calmer l'impatience de qqn.* — Manque de patience pour attendre qqch. ou qqn. V. **Fièvre, inquiétude.** *Attendre avec impatience; avec une impatience fébrile, grandissante. Brûler, griller d'impatience.* « *Cet héritage autour duquel ils séchaient d'impatience* » (MAURIAC). *Je suis dans l'impatience de vous voir.* ♦ 3° *(Au plur.)*. Manifestation, mouvement d'impatience. ◇ *Fam.* et *vieilli.* Sorte d'irritation nerveuse. *Avoir des impatiences dans les jambes.* V. **Fourmi(s).** ◈ ANT. *Calme, impassibilité, patience.*

IMPATIENT, ENTE [ɛpasjã, ãt]. *adj.* (v. 1190; lat. *impatiens*). ♦ 1° Qui manque de patience, qui est incapable de se contenir, de patienter. V. **Ardent, nerveux, vif.** « *L'impatient Achille* » (RAC.). ♦ 2° Qui supporte ou attend avec impatience. ◇ Subst. « *Les difficultés sont insurmontables pour l'impatient* » (ALAIN). ◇ IMPATIENT DE. *Vx.* « *Impatient de toute espèce de joug* » (ROUSS.). *Mod.* (suivi d'un inf.) V. **Avide, désireux.** *Il est impatient de vous revoir.* ♦ 3° (Choses). *Attente impatiente.* « *D'impatientes mains* » (MAURIAC). ◈ ANT. *Calme, patient.*

IMPATIENTANT, ANTE [ɛpasjãtã, ãt]. *adj.* (1704; de *impatienter*). Qui impatiente. *Il « se confondit en politesses impatientantes* » (GAUTIER).

IMPATIENTE [ɛpasjãt]. *n. f.* (1795; lat. *impatiens*). Autre nom de la balsamine.

IMPATIENTER [ɛpasjãte]. *v. tr.* *(S'impatienter*, 1584; forme active, 1671; de *patient*). ♦ 1° Rendre impatient, faire perdre patience à. V. **Agacer, énerver, exaspérer.** *Impatienter son auditoire.* V. **Lasser.** — « *Impatienté de n'avoir pas de nouvelles* » (LACLOS). ♦ 2° S'IMPATIENTER : perdre patience, manifester de l'impatience. *Dépêchez-vous, il s'impatiente !* S'impatienter contre qqn. « *Je lis les Mémoires d'Outre-Tombe, et je m'impatiente de tant de grandes poses* » (SAND). *Il s'impatiente de voir.* ◈ ANT. (du pronom.) *Patienter.*

IMPATRONISATION [ɛpatrɔnizasjɔ̃]. *n. f.* (1611; de *impatroniser*). *Rare.* Action d'impatroniser ou de s'impatroniser.

IMPATRONISER [ɛpatrɔnize]. *v. tr.* (1560, pron., « rendre maître »; lat. *patronus* « patron »). *Rare.* Introduire, établir en maître. — Faire adopter. ◇ S'IMPATRONISER : s'établir comme chez soi. « *Elle prétend s'impatroniser dans cette riche maison, avoir la clef de tous les secrets* » (STE-BEUVE).

IMPAVIDE [ɛpavid]. *adj.* (1801; lat. *impavidus*, rad. *pavor*. V. **Peur**). *Littér.* ou *plaisant.* Qui n'éprouve ou ne trahit aucune peur. V. **Impassible, intrépide.** *Impavide devant le danger.*

IMPAYABLE [ɛpɛjabl(ə)]. *adj.* (1376, rare av. XVIIIᵉ; de *in-* 1, et *payable*). ♦ 1° *Vx.* Qu'on ne saurait payer trop cher, inestimable. ♦ 2° *Fam.* (1738). D'une bizarrerie extraordinaire ou très comique. *Aventure impayable. Il est impayable !*

IMPAYÉ, ÉE [ɛpeje]. *adj.* (1838; de *in-* 1, et *payé*). Qui n'a pas été payé. *Traite impayée.* — Subst. *Les impayés*, les effets, billets, valeurs impayées. ◈ ANT. *Payé.*

IMPEACHMENT [impitʃmɛnt]. *n. m.* (1778; mot angl.). *Polit.* En Angleterre, aux États-Unis, procédure de mise en accusation d'un élu devant le Parlement, le Congrès.

IMPECCABILITÉ [ɛpekabilite]. *n. f.* (1578; de *impeccable*). *Vx.* ou *Relig.* État de celui qui est impeccable.

IMPECCABLE [ɛpekabl(ə)]. *adj.* (XVᵉ; lat. ecclés. *impeccabilis*; rad. *peccare*. V. **Pécher**). ♦ 1° *Relig.* Incapable de pécher. ◇ *Littér.* Incapable de faillir, de commettre une erreur. V. **Infaillible, parfait.** « *Poète impeccable* » (BAUDEL.) ♦ 2° (1907). Sans défaut (*pop.* IMPEC [ɛpek]). V. **Irréprochable.** *Tenue impeccable.* « *Un impeccable garde-à-vous* » (CARCO). — *(Personnes)* D'une propreté, d'une tenue parfaite. ◇ (Abstrait) *Fam.* Parfait. V. **Formidable, sensationnel.** ◈ ANT. *Défectueux, négligé.*

IMPECCABLEMENT [ɛpekabləmã]. *adv.* (XVIIIᵉ; de *impeccable*). D'une manière impeccable, parfaite.

IMPÉCUNIEUX, EUSE [ɛpekynjø, øz]. *adj.* (1677; de *in-* 1, et lat. *pecunia* « argent »). *Rare* et *littér.* Qui manque d'argent. V. **Besogneux, pauvre.** ◈ ANT. *Riche.*

IMPÉCUNIOSITÉ [ɛpekynjozite]. *n. f.* (1677; de *impécunieux*). *Vieilli* et *littér.* Manque d'argent. « *Ce que, dans le style du temps, nous appelions 'notre impécuniosité'* » (DUHAM.).

IMPÉDANCE [ɛpedãs]. *n. f.* (XXᵉ; angl. *impedance* (1886); du lat. *impedire* « empêcher »). *Électr.* Grandeur, qui est pour les courants alternatifs, l'équivalent de la résistance pour les courants continus, et qui mesure le quotient de la tension par l'intensité (ainsi que le déphasage de ces grandeurs lorsque cette grandeur est définie par un nombre complexe). *Impédance d'un circuit.*

IMPEDIMENTA [ɛpedimɛ̃ta]. *n. m. pl.* (1877; mot. lat.). ♦ 1° *Milit.* Véhicules, bagages encombrants, qui embarrassent la marche d'une armée. ♦ 2° *Fig.* et *littér.* Ce qui entrave le déplacement, l'activité. « *Deux impedimenta gênent la petite dame : son faux mari, ses bébés* » (ROMAINS).

IMPÉNÉTRABILITÉ [ɛpenetrabilite]. *n. f.* (1650; de *impénétrable*). ♦ 1° *Didact.* Propriété en vertu de laquelle deux corps ne peuvent occuper en même temps le même lieu dans l'espace. ♦ 2° État de ce qui est impénétrable. *L'impénétrabilité d'un fourré.* ANT. *Pénétrabilité.*

IMPÉNÉTRABLE [ɛpenetrabl(ə)]. *adj.* (v. 1390; lat. *impenetrabilis*). ♦ 1° Où l'on ne peut pénétrer; qui ne peut être traversé. V. **Inaccessible.** « *Ces murs, impénétrables comme la tombe* » (GAUTIER). *Forêt impénétrable.* — *Impénétrable à*, qui ne peut être pénétré par. « *Un caractère impénétrable aux douceurs de la persuasion* » (JOUBERT). ♦ 2° *Fig.* (XVIIᵉ). Qu'il est difficile ou impossible de connaître, d'expliquer. V. **Caché, incompréhensible, inexplicable, insondable, obscur, secret.** *Les desseins impénétrables de la Providence. Mystère impénétrable.* ♦ 3° Qui ne laisse rien deviner de lui-même. *Personnage impénétrable.* « *Avec son air impénétrable de jeune sphinx* » (FROMENTIN). *Visage impénétrable.* V. **Fermé.** ◈ ANT. *Accessible, pénétrable.*

IMPÉNITENCE [ɛpenitãs]. *n. f.* (1488; lat. ecclés. *impænitentia*). État du pécheur impénitent; endurcissement dans le péché, persistance dans l'erreur. *Mourir dans l'impénitence finale*, sans confession ni repentir de ses fautes. ◈ ANT. *Contrition, pénitence, repentir.*

IMPÉNITENT, ENTE [ɛpenitã, ãt]. *adj.* (v. 1380; lat. ecclés. *impænitens*). ♦ 1° Qui ne se repent pas de ses péchés; qui vit dans l'impénitence. *Pécheur impénitent.* V. **Endurci.** ♦ 2° *Cour.* Qui ne renonce pas à une habitude. V. **Incorrigible, invétéré.** *Buveur impénitent.* « *Ces rêveurs impénitents que l'on nomme les hommes d'affaires* » (DUHAM.). ◈ ANT. *Contrit, pénitent, repenti.*

IMPENSABLE [ɛpãsabl(ə)]. *adj.* (1877; de *in-* 1, et *pensable*). Inconcevable. V. **Incroyable, inimaginable.** « *C'est invraisemblable, c'est impensable* » (ROMAINS). ◈ ANT. *Pensable.*

IMPENSE [ɛpãs]. *n. f.* (XVᵉ; lat. *impensa* « dépense »). *Dr. civ.* *(Au plur.).* Dépenses faites par un possesseur pour la conservation ou l'amélioration d'un immeuble dont il a la jouissance. *Impenses nécessaires, utiles, voluptuaires.*

IMPER. *n. m.* V. **IMPERMÉABLE.**

IMPÉRATIF, IVE [ɛperatif, iv]. *n. m.* et *adj.* (1220, subst.; lat. imp. *imperativus*, de *imperare* « commander »).

I. *N. m.* ♦ 1° Mode grammatical qui exprime le commandement (l'exhortation, le conseil) et la défense. *Présent de l'impératif* (chante, chantons, chantez). ♦ 2° *Philo.* (1801). « Proposition ayant la forme d'un commandement (en particulier d'un commandement que l'esprit se donne à lui-même) » (LALANDE). *Impératif catégorique* (Kant), *hypothétique.* ◇ *Par anal.* Toute prescription d'ordre moral. — Cour. *Les impératifs de la mode.*

II. *Adj.* (1486). ♦ 1° Qui exprime ou impose un ordre. *Consigne impérative.* Dr. *Disposition, loi impérative.* — Polit. (1789) *Mandat impératif.* ♦ 2° Qui est empreint d'autorité. V. **Autoritaire, impérieux.** *Ton, geste impératif.* ◈ ANT. (du II) *Humble, timide.*

IMPÉRATIVEMENT [ɛperativmã]. *adv.* (1584; de *impératif*). D'une manière impérative.

IMPÉRATRICE [ɛ̃peʀatʀis]. *n. f.* (1482; lat. *imperatrix*). ♦ 1° Épouse d'un empereur. *L'impératrice Eugénie.* ♦ 2° Souveraine d'un empire. *Catherine II, impératrice de Russie.*

IMPERCEPTIBILITÉ [ɛ̃peʀseptibilite]. *n. f.* (1836; de *imperceptible*). *Rare.* Caractère de ce qui est imperceptible.

IMPERCEPTIBLE [ɛ̃peʀseptibl(ə)]. *adj.* (1377; lat. médiév. *imperceptibilis*). ♦ 1° Qu'il est impossible de percevoir par les seuls organes des sens. *Imperceptible à l'œil nu.* V. **Invisible.** *Son imperceptible.* V. **Inaudible.** « *Le pouls était imperceptible* » (BAUDEL.). ♦ 2° Qu'il est imposible ou très difficile d'apprécier par l'esprit; qui échappe à l'attention. *Gradations, nuances imperceptibles.* V. **Insensible.** *Ironie imperceptible. — Imperceptible à.* « *Ses qualités très fines, imperceptibles au profane* » (CHARDONNE). ♦ 3° Qui est à peine perceptible. V. **Petit.** *Caresse, sourire imperceptible.* V. **Léger.** « *Les plus imperceptibles détails de cette journée disparue* » (FLAUB.). ◇ Qui est de peu d'importance. *Changements imperceptibles.* ◈ ANT. Perceptible; considérable.

IMPERCEPTIBLEMENT [ɛ̃peʀseptibləmɑ̃]. *adv.* (1374; de *imperceptible*). D'une manière imperceptible. *Changer imperceptiblement.* ◈ ANT. Vue (à vue d'œil); fortement.

IMPERDABLE [ɛ̃peʀdabl(ə)]. *adj.* (1721; de *in-* 1, et *perdable*). Se dit d'un procès, d'une partie, d'un match qu'on ne pense pas pouvoir perdre. ◈ ANT. Perdable.

IMPERFECTIBLE [ɛ̃peʀfɛktibl(ə)]. *adj.* (1803; de *in-* 1, et *perfectible*). Qui n'est pas perfectible. ◈ ANT. Perfectible.

IMPERFECTIF, IVE [ɛ̃peʀfɛktif, iv]. *adj.* (mil. XXᵉ; de *in-* 1, et *perfectif*). *Ling.* Qui exprime une action envisagée dans son cours. *Aspect, verbe imperfectif.* ◈ ANT. Perfectif.

IMPERFECTION [ɛ̃peʀfɛksjɔ̃]. *n. f.* (1120; bas lat. *imperfectio*). ♦ 1° État de ce qui est inachevé. ♦ 2° État de ce qui est imparfait, par essence ou par accident. *Imperfection de l'homme.* ♦ 3° Ce qui rend imparfait. V. **Défaut.** « *La douleur de connaître nos imperfections* » (LA ROCHEF.). *Les imperfections d'un ouvrage.* ◈ ANT. Achèvement, perfection; qualité, vertu.

IMPERFORATION [ɛ̃peʀfɔʀasjɔ̃]. *n. f.* (1611; de *in-* 1, et *perforation*). *Pathol.* Occlusion complète et congénitale d'un canal, d'un orifice naturel. ◈ ANT. Ouverture.

IMPÉRIAL, ALE, AUX [ɛ̃peʀjal, o]. *adj.* (XIIIᵉ; *emperial*, 1160; lat. imp. *imperialis*, de *imperium*. V. **Empire**). **I.** ♦ 1° Qui appartient à un empereur, à son autorité, à ses États. *Sa Majesté Impériale. Famille impériale. La garde impériale de Napoléon Iᵉʳ. Manteau, sceptre impérial.* ◇ *Spécialt.* Relatif à l'Empire germanique. *Les villes impériales. Les soldats impériaux,* et subst. *Les Impériaux,* les troupes de l'empereur d'Allemagne. ♦ 2° (1817). *Barbe à l'impériale,* et subst. fém. *Impériale* : petite touffe de poils qu'on laisse pousser sous la lèvre inférieure. V. **Barbiche.** ♦ 3° *Ling. Latin impérial* : parlé sous l'Empire. **II.** ♦ 1° *Papyrus impérial, japon impérial* : de qualité supérieure. — *Serge impériale,* et subst. *Impériale* : serge de laine fine. ♦ 2° *Jeu. Série impériale* : as, roi, dame, valet de même couleur. *L'impériale* : cette série; jeu de cartes où il s'agit de réaliser ces séries. ♦ 3° **IMPÉRIALE.** *n. f.* (1648). Dessus d'une voiture pouvant recevoir des voyageurs ; galerie, couverte ou non, sur certains véhicules publics. *Impériale d'une diligence. Wagon, autobus à impériale.*

IMPÉRIALE. *n. f.* V. **IMPÉRIAL** (**I**, 2° et **II**).

IMPÉRIALEMENT [ɛ̃peʀjalmɑ̃]. *adv.* (XIIIᵉ; de *impérial*). D'une manière impériale, en empereur (Cf. *Royalement*).

IMPÉRIALISME [ɛ̃peʀjalism(ə)]. *n. m.* (1880; angl. *imperialism;* 1836, « doctrine des partisans du régime impérial », de *impérial*). ♦ 1° Politique d'un État visant à réduire d'autres États sous sa dépendance politique ou économique. V. **Colonialisme, expansionnisme.** *L'impérialisme britannique au XIXᵉ s.* Théorie des partisans de cette politique. — Spécialt. (*Marxisme*) Stade du capitalisme au cours duquel le capital financier a pris la suprématie. ♦ 2° *Fig.* Tendance à la domination morale, psychique, intellectuelle. « *Il risquait de gâcher notre amitié par son impérialisme, et je ne m'y opposais pas* » (BEAUVOIR). — *L'impérialisme d'une science dans un ensemble de connaissances.*

IMPÉRIALISTE [ɛ̃peʀjalist(ə)]. *n. m.* (1525; de *impérial*). ♦ 1° *Hist.* Partisan d'un empereur, du régime impérial (de l'empereur d'Allemagne, de Napoléon Iᵉʳ). ♦ 2° (1893; angl. *imperialist*). Partisan de l'impérialisme. — Adj. *Visées impérialistes.*

IMPÉRIEUSEMENT [ɛ̃peʀjøzmɑ̃]. *adv.* (1500; de *impérieux*). D'une manière impérieuse. *Commander impérieusement.* V. **Absolument.**

IMPÉRIEUX, EUSE [ɛ̃peʀjø, øz]. *adj.* (1420; lat. *imperiosus,* de *imperium.* V. **Empire**). ♦ 1° Qui commande d'une façon absolue, n'admettant ni résistance ni réplique. V. **Autoritaire, tyrannique.** « *Notre impérieux Cardinal* » (VIGNY). *Caractère impérieux. — Air, ton impérieux.* V. **Impératif,** tranchant. ♦ 2° (*Choses*). Qui force à céder, auquel on ne

peut résister. V. **Irrésistible, pressant.** *Obligation impérieuse. Besoin impérieux.* « *La réalité... s'imposait, impérieuse* » (R. ROLLAND). ◈ ANT. Humble, obéissant, soumis.

IMPÉRISSABLE [ɛ̃peʀisabl(ə)]. *adj.* (1528; de *in-* 1, et *périssable*). Qui ne peut périr. V. **Immortel.** ◇ Qui continue, dure très longtemps. V. **Durable.** *Écrit, monument impérissable. Un souvenir impérissable. Gloire impérissable.* « *La liberté, seule valeur impérissable de l'histoire* » (CAMUS). ◈ ANT. Fragile, périssable.

IMPÉRITIE [ɛ̃peʀisi]. *n. f.* (XIVᵉ; lat. *imperitia,* de *peritus* « expérimenté »). *Littér.* Manque d'aptitude, d'habileté, notamment dans l'exercice de sa profession. V. **Ignorance, incapacité.** *L'impéritie d'un médecin, d'un ministre.* ◈ ANT. Capacité, habileté, science.

IMPERMÉABILISATION [ɛ̃peʀmeabilizasjɔ̃]. *n. f.* (1858; de *imperméable*). Opération par laquelle on rend imperméable un tissu, un papier. *Imperméabilisation par enduit, par imprégnation.*

IMPERMÉABILISER [ɛ̃peʀmeabilize]. *v. tr.* (1858; de *imperméable*). Rendre imperméable. *Tissu imperméabilisé,* apprêté spécialement pour être imperméable à l'eau. V. **Imperméable.**

IMPERMÉABILITÉ [ɛ̃peʀmeabilite]. *n. f.* (1779; de *imperméable*). ♦ 1° Caractère de ce qui est imperméable. *Imperméabilité d'un sol, d'un tissu.* ♦ 2° *Fig.* et *littér.* V. **Insensibilité.** « *Le plus bel exemple d'imperméabilité féminine* » (BAUDEL.). ◈ ANT. Perméabilité.

IMPERMÉABLE [ɛ̃peʀmeabl(ə)]. *adj.* (v. 1770; « inaccessible », 1546; de *in-* 1, et *perméable*). ♦ 1° Qui ne se laisse pas traverser par un liquide, et *spécialt.* par l'eau. *Terrains imperméables,* arrêtant les eaux de pluie et les retenant ou les forçant à s'écouler. — *Toile imperméable, Tissu imperméable.* — *Spécialt.* Imperméabilisé. *Manteau imperméable.* ◇ *Subst.* Un **IMPERMÉABLE** (1874) : vêtement, manteau de pluie en tissu imperméabilisé. V. **Caoutchouc, ciré, gabardine** (abrév. fam. **Imper** [ɛ̃peʀ]). « *Un chapeau de feutre, un imperméable, c'est presque un uniforme* » (AYMÉ). ♦ 2° *Fig.* (repris fin XIXᵉ). Qui ne se laisse pas atteindre; qui est absolument étranger à. V. **Inaccessible.** *Imperméable aux sentiments d'autrui, à l'art.* ◈ ANT. Perméable. Sensible.

IMPERSONNALITÉ [ɛ̃peʀsɔnalite]. *n. f.* (1765, gram.; de *impersonnel*). ♦ 1° *Gram.* Caractère de ce qui exprime une action impersonnelle. *Impersonnalité d'un tour.* ♦ 2° (1845). Caractère de ce qui n'est pas personnel. *L'impersonnalité de la science.* V. **Objectivité.** « *Sa vertu doit être une froide et haute impersonnalité* » (FUSTEL). ◈ ANT. Subjectivité.

IMPERSONNEL, ELLE [ɛ̃peʀsɔnɛl]. *adj.* (*Impersonal,* fin XIIᵉ, gram.; lat. *impersonalis*). ♦ 1° Qui exprime une action sans sujet réel ou dont le sujet ne peut être déterminé. *Verbes impersonnels* (ne s'emploient qu'à la troisième personne du singulier et à l'infinitif). *Verbes essentiellement impersonnels* (Falloir, neiger, etc.). — *Verbes accidentellement impersonnels* : formes, tournures, constructions impersonnelles de verbes personnels (*ex.* : *Mieux vaut*). Subst. *Un impersonnel,* un verbe impersonnel. ♦ 2° (1833). Qui ne constitue pas une personne. *Le Dieu des panthéistes est impersonnel. Le roi* « *c'est moins un homme qu'une idée. Être impersonnel, il vit dans l'universalité* » (MICHELET). ◇ Qui n'appartient pas à une personne; qui ne s'adresse pas à une personne en particulier. *La loi est impersonnelle.* ♦ 3° Indépendant de toutes particularités individuelles. *Jugement impersonnel.* V. **Objectif.** *Style impersonnel et froid.* « *La conversation restait restée... courtoise et impersonnelle* » (ROMAINS). ◈ ANT. Personnel; original.

IMPERSONNELLEMENT [ɛ̃peʀsɔnɛlmɑ̃]. *adv.* (XVᵉ; de *impersonnel*). D'une manière impersonnelle.

IMPERTINEMMENT [ɛ̃peʀtinamɑ̃]. *adv.* (v. 1400; de *impertinent*). ♦ 1° *Vx.* Mal à propos, d'une manière sotte. ♦ 2° *Mod.* Avec impertinence. *Il* « *lorgna fort impertinemment Mᵐᵉ des Grassins* » (BALZ.).

IMPERTINENCE [ɛ̃peʀtinɑ̃s]. *n. f.* (XVᵉ; de *impertinent*). ♦ 1° *Vx.* Caractère de ce qui n'est pas pertinent, de ce qui est déplacé, contraire à la raison. V. **Absurdité, extravagance.** ◇ *Une impertinence* : action, discours qui dénote de l'ignorance, de la sottise. ♦ 2° *Mod.* Attitude, conduite d'une personne impertinente (4°). V. **Effronterie, impolitesse, insolence.** *Une impertinence insupportable. Ironique jusqu'à l'impertinence.* « *Un ton qui visait à l'impertinence, mais qui n'était que désobligeant* » (MART. du G.). ◇ *Une impertinence* : parole, action impertinente. *Se permettre des impertinences.* ◈ ANT. Pertinence. Correction, politesse.

IMPERTINENT, ENTE [ɛ̃peʀtinɑ̃, ɑ̃t]. *adj.* (XIVᵉ; bas lat. *impertinens* « qui ne convient pas »). ♦ 1° *Vx.* Qui n'est pas pertinent; qui est contre la raison, le bon sens. ♦ 2° *Vx* (XVIᵉ). Qui agit ou parle mal à propos, sottement. ♦ 3° *Vieilli.* Qui joint la naïveté à l'effronterie à la sottise. V. **Outrecuidant.** « *Je vous trouve... bien impertinent de parler devant moi avec cette arrogance* » (MOL.). ♦ 4° *Mod.* (1670). Qui montre de l'irrévérence, une familiarité déplacée, choquante.

V. **Désinvolte, effronté, incorrect, insolent.** *Domestique impertinent.* Subst. *Petit impertinent !* — (Choses) *Air, rire impertinent. Son nez « plein de finesse, mais impertinent »* (BALZ.). V. **Mutin.** ◇ ANT. **Convenable, pertinent. Judicieux, raisonnable. Humble. Correct, poli.**

IMPERTURBABILITÉ [ɛ̃pɛʀtyʀbabilite]. *n. f.* (1697; de *imperturbable*). Caractère, état de celui, de ce qui est imperturbable. V. **Calme, froideur, impassibilité.**

IMPERTURBABLE [ɛ̃pɛʀtyʀbabl(ə)]. *adj.* (1406; lat. imp. *imperturbabilis*, de *perturbare* « troubler »). Que rien ne peut troubler, émouvoir. V. **Inébranlable.** « *Arthur resta froid et imperturbable, un gentleman qui a pris la gravité pour base de son caractère* » (BALZ.). V. **Calme, impassible.** — (Choses) *Sang-froid, sérieux imperturbable. Confiance, gaieté imperturbable.* ◇ ANT. **Changeant, ému.**

IMPERTURBABLEMENT [ɛ̃pɛʀtyʀbabləmã]. *adv.* (1548; de *imperturbable*). D'une manière imperturbable. « *D'un air imperturbablement sérieux* » (GAUTIER).

IMPÉTIGINEUX, EUSE [ɛ̃petiʒinø, øz]. *adj.* (1843; lat. *impetiginosus*). Méd. Qui a les caractères de l'impétigo.

IMPÉTIGO [ɛ̃petigo]. *n. m.* (1784; *impetige*, 1562; lat. *impetigo*, de *impetus* « accès, attaque »). Infection de la peau par des germes pyogènes, caractérisée par des pustules qui forment, en s'ouvrant, des croûtes jaunâtres. V. **Pyodermite.**

IMPÉTRANT, ANTE [ɛ̃petʀã, ãt]. *n.* (1347; de *impétrer*). Dr. Personne qui impètre qqch. V. **Bénéficiaire.** — *Spécialt.* (1834) Personne qui a obtenu un diplôme. *Signature de l'impétrant.*

IMPÉTRATION [ɛ̃petʀasjɔ̃]. *n. f.* (1345; lat. *impetratio*). Dr. *(Rare).* Fait d'impétrer. V. **Obtention.**

IMPÉTRER [ɛ̃petʀe]. *v. tr.;* conjug. *céder* (1268; lat. *impetrare* « obtenir »). Dr. *(Rare).* Obtenir de l'autorité compétente, à la suite d'une requête. *Elle « impétra une prorogation de sa retraite »* (P.-J. TOULET).

IMPÉTUEUSEMENT [ɛ̃petɥøzmã]. *adv.* (1370; de *impétueux*). Littér. Avec impétuosité. « *Je me jetai impétueusement entre eux* » (ROUSS.).

IMPÉTUEUX, EUSE [ɛ̃petɥø, øz]. *adj.* (1220; bas lat. *impetuosus*, de *impetus* « élan, attaque »). ♦ 1° Littér. Dont l'impulsion est violente et rapide. *Vent impétueux.* V. **Déchaîné, fort.** — Par métaph. *La marche impétueuse des passions.* ♦ 2° Qui a de la rapidité et de la violence dans son comportement. V. **Ardent, fougueux, vif, violent.** *Orateur puissant, impétueux.* « *Toutes deux... aimantes, impétueuses, véhémentes* » (HENRIOT). — *Tempérament impétueux. Un impétueux génie.* V. **Véhément.** *Désirs impétueux* (littér.).

IMPÉTUOSITÉ [ɛ̃petɥozite]. *n. f.* (XIIIᵉ; bas lat. *impetuositas*). Littér. Caractère de ce qui est impétueux. V. **Ardeur, fougue, vivacité.** *S'élancer avec impétuosité. Impétuosité de la jeunesse.* — *Impétuosité d'une passion, d'un assaut.* V. **Violence.** ◇ ANT. **Calme, mollesse.**

IMPIE [ɛ̃pi]. *adj. et n.* (XVᵉ; lat. *impius*, de *pius* « pieux »). ♦ 1° Adj. *(Vieilli ou littér.).* Qui n'a pas de religion; qui offense la religion. V. **Irréligieux.** « *L'impie Aman* » (RAC.). ◇ Qui marque le mépris de la religion, ou des croyances qu'elle enseigne. *Action impie. Paroles impies.* V. **Blasphématoire.** « *Je ne demande pas le martyre... un tel vœu serait impie* » (DUHAM.). ♦ 2° N. (1636). Athée, incroyant. *Les « impies, qui vivent dans l'indifférence de la religion »* (PASC.). — Personne qui insulte à la religion, aux choses sacrées. V. **Blasphémateur, sacrilège.** « *Je suis incroyant, je ne serai jamais un impie* » (GIDE). ◇ ANT. **Croyant, pieux.**

IMPIÉTÉ [ɛ̃pjete]. *n. f.* (v. 1120, rare av. 1636; lat. *impietas*). Vieilli ou littér. ♦ 1° Caractère de celui qui est impie; mépris pour les choses de la religion. *L'impiété de Voltaire.* ♦ 2° Parole, action impie. V. **Blasphème, sacrilège.** ◇ ANT. **Piété.**

IMPITOYABLE [ɛ̃pitwajabl(ə)]. *adj.* *(Impitiable,* v. 1500; de *in-* 1, et *pitoyable).* Qui est sans pitié. V. **Cruel, inflexible, inhumain.** *Ennemi impitoyable. Cœur impitoyable. Haine impitoyable.* V. **Implacable.** « *Comme la peur est cruelle, on fut impitoyable pour Jacques Roux* » (MICHELET). ◇ Par ext. Qui observe, juge sans indulgence, ne fait grâce de rien. *Critique, observateur impitoyable.* V. **Sévère.** ◇ (Choses) *Regard impitoyable. Argumentation impitoyable.* ◇ ANT. **Bon, charitable; bienveillant, indulgent, pitoyable.**

IMPITOYABLEMENT [ɛ̃pitwajabləmã]. *adv.* (1538; de *impitoyable*). D'une manière impitoyable. *Impitoyablement puni.*

IMPLACABILITÉ [ɛ̃plakabilite]. *n. f.* (1743; lat. *implacabilitas.* V. **Implacable**). Rare. Caractère de ce qui est implacable. ◇ ANT. **Douceur.**

IMPLACABLE [ɛ̃plakabl(ə)]. *adj.* (1455; lat. *implacabilis*, de *placare* « apaiser »). ♦ 1° Littér. Dont on ne peut apaiser la fureur, le ressentiment, la violence. V. **Cruel, impitoyable, inflexible.** *D'implacables ennemis.* V. **Acharné.** — *Haine implacable.* ♦ 2° (XVIIᵉ). Sans pitié, sans indulgence. V. **Sévère, terrible.** « *La Rochefoucauld, cet implacable analyste de l'égoïsme humain* » (GAUTIER). ♦ 3° *(Choses).* À quoi l'on ne peut se soustraire; que rien ne peut arrêter ou modifier. V. **Fatal, inéluctable, irrésistible.** *Les forces implacables du destin. Logique implacable.* « *Un soleil implacable* » (GAUTIER) : très fort, terrible. « *Cet été implacable !* » (MAURIAC). ◇ ANT. **Doux; indulgent.**

IMPLACABLEMENT [ɛ̃plakabləmã]. *adv.* (1552; de *implacable*). D'une manière implacable. « *Rien qui plisse Ou ride cet azur implacablement lisse* » (VERLAINE).

IMPLANT [ɛ̃plã]. *n. m.* (1962; de *implanter*). Méd. Comprimé d'hormone, fragment de tissu ou substance radioactive destiné à se résorber, qu'on introduit sous la peau ou dans un autre tissu à des fins thérapeutiques. *Implants de radium dans une tumeur cancéreuse.*

IMPLANTATION [ɛ̃plãtasjɔ̃]. *n. f.* (1541; de *implanter*). ♦ 1° Action d'implanter, de s'implanter. *Implantation des Arabes en Espagne; d'une industrie nouvelle dans une région.* V. **Ancrage** (point d'). — *Spécialt.* Tracé d'un emplacement, disposition des bâtiments, du matériel d'une entreprise. ♦ 2° Méd. Introduction d'un implant sous la peau. ♦ 3° Biol. Nidation*.

IMPLANTER [ɛ̃plãte]. *v. tr.* (S'implanter, 1539; it. *impiantare*, bas lat. *implantare*). ♦ 1° Rare. Planter, fixer dans. ♦ 2° Cour. Introduire et faire se développer d'une manière durable dans (un nouveau milieu). *Implanter un usage, une mode.* V. **Introduire.** « *La Révolution continue, elle est implantée dans la loi* » (BALZ.). ◇ S'IMPLANTER. *v. pron.* Se fixer, être fixé, introduit dans. V. **Établir** (s'). ◇ ANT. **Arracher, déraciner.**

IMPLEXE [ɛ̃plɛks(ə)]. *adj.* (1660; lat. *implexus*, de *implectere* « entremêler »). Vx. Dont l'intrigue est compliquée. *Pièce implexe.* ◇ Mod. *(Philo.)* Se dit d'un concept qui ne peut se réduire à un schème.

IMPLICATION [ɛ̃plikasjɔ̃]. *n. f.* (XVᵉ, « fait d'être embrouillé »; lat. *implicatio*). ♦ 1° (1611). Dr. Action d'impliquer dans une affaire criminelle. ♦ 2° Log. Vx. (1718). V. **Contradiction.** — Mod. Relation logique consistant en ce qu'une chose en implique une autre. Log. math. *Implication d'une proposition B par une proposition A,* proposition qui n'est fausse que si A est vraie et B est fausse (V. **Antécédent, conséquent**).

IMPLICITE [ɛ̃plisit]. *adj.* (1488, relig.; lat. *implicitus*, de *implicare.* V. **Impliquer**). Qui est virtuellement contenu dans une proposition, un fait, sans être formellement exprimé, et peut en être tiré par déduction, induction. *Condition implicite. Volonté implicite :* non formulée mais que la conduite de la personne permet de supposer. V. **Tacite.** — Relig. « *Une foi implicite, ne s'occupant guère des dogmes* » (RENAN). ◇ ANT. **Explicite, exprès, formel.**

IMPLICITEMENT [ɛ̃plisitmã]. *adv.* (1488; de *implicite*). D'une manière implicite. *Cela fut implicitement convenu entre nous.* V. **Tacitement.** ◇ ANT. **Explicitement.**

IMPLIQUER [ɛ̃plike]. *v. tr.* (XIVᵉ; lat. *implicare* « plier dans, envelopper »). ♦ 1° Engager dans une affaire fâcheuse; mettre en cause dans une accusation. V. **Compromettre, mêler.** *Impliquer une personne dans une affaire, dans un procès.* ♦ 2° Comporter de façon implicite, entraîner comme conséquence. V. **Comporter, supposer.** « *La lutte et la révolte impliquent toujours une certaine quantité d'espérance* » (BAUDEL.). V. **Entraîner.** *Mot qui implique telle idée.* ◇ IMPLIQUER QUE : supposer (par conséquence logique). V. **Signifier.** ♦ 3° Log., math. Entraîner l'implication* de... *La proposition A implique la proposition B.* ◇ ANT. **Exclure.**

IMPLORANT, ANTE [ɛ̃plɔʀã, ãt]. *adj.* (av. 1763; de *implorer*). Littér. Qui implore. V. **Suppliant.** « *Leurs voix geignardes, furieuses, implorantes* » (GREEN).

IMPLORATION [ɛ̃plɔʀasjɔ̃]. *n. f.* (1317; de *implorer*). Littér. Action d'implorer. V. **Prière, supplication.**

IMPLORER [ɛ̃plɔʀe]. *v. tr.* (v. 1280; lat. *implorare*, de *plorare* « pleurer »). ♦ 1° Supplier d'une manière humble et touchante. V. **Adjurer, prier.** *Implorer qqn. Implorer le ciel.* ♦ 2° Demander (une aide, une faveur) avec insistance. V. **Solliciter.** *Implorer l'appui, le secours d'autrui. Implorer la clémence, l'indulgence.*

IMPLOSIF, IVE [ɛ̃plozif, iv]. *adj.* (1933; probabl. angl. *implosive* [1877], de *im-* [*in-* 1], et *explosive*). Phonét. *Consonnes implosives,* à tension décroissante, à la fin d'une syllabe *(opposé à* explosive). Ex. : *l* et *r* dans *calcaire.*

IMPLOSION [ɛ̃plozjɔ̃]. *n. f.* (av. 1915; d'apr. *explosion*). ♦ 1° Phonét. Première phase de l'articulation d'une occlusive* *(opposé à* occlusion *et* explosion). ♦ 2° Phys. (v. 1960). Irruption d'un fluide à l'intérieur d'une enceinte où la pression est plus faible. *Implosion d'un téléviseur.*

IMPLUVIUM [ɛ̃plyvjɔm]. *n. m.* (1854; mot lat.). Antiq. rom. Bassin creusé au milieu de l'atrium pour recueillir les eaux de pluie.

IMPOLI, IE [ɛ̃pɔli]. *adj.* (1380, « peu orné »; de *in-* 1, et *poli*). ♦ 1° Vx (1551). Non civilisé, inculte, grossier. ♦ 2° (1679). Qui manque à la politesse. V. **Discourtois, grossier, incorrect, malhonnête.** *Enfant impoli,* mal élevé. *Impoli* *envers qqn.* — Subst. *Vous êtes un impoli.* V. **Goujat, malappris.** ◇ ANT. *Élevé* (bien), *poli.*

IMPOLIMENT [ɛ̃pɔlimɑ̃]. *adv.* (1762; de *impoli*). D'une manière impolie. ◇ ANT. *Poliment.*

IMPOLITESSE [ɛ̃pɔlitɛs]. *n. f.* (1646; de *in-* 1, et *politesse*). ♦ 1° Manque de politesse; faute contre les règles du savoir-vivre. V. **Grossièreté, incorrection, sans-gêne.** *Sa franchise frise l'impolitesse.* — Par ext. *L'impolitesse d'une réponse.* ♦ 2° (1798). *Une impolitesse : acte,* manifestation d'impolitesse. *Commettre une impolitesse.* « *Cette impolitesse se rattachait à la grossièreté générale de l'époque* » (ROMAINS). ◇ ANT. *Correction, éducation, politesse, savoir-vivre.*

IMPOLITIQUE [ɛ̃pɔlitik]. *adj.* (1738; de *in-* 1, et *politique*). Qui est contraire à la bonne politique; qui manque d'habileté, d'opportunité. « *Cette guerre est impolitique* » (CHATEAUB.). V. **Impopulaire.** ◇ ANT. *Politique.*

IMPONDÉRABILITÉ [ɛ̃pɔ̃deʁabilite]. *n. f.* (1842; de *impondérable*). *Didact.* Caractère de ce qui est impondérable.

IMPONDÉRABLE [ɛ̃pɔ̃deʁabl(ə)]. *adj.* (1795; de *in-* 1, et *pondérable*). ♦ 1° *Didact.* Qui ne produit aucun effet notable sur la balance la plus sensible. *Particules impondérables.* ♦ 2° (*Abstrait*). Dont l'action, quoique déterminante, ne peut être exactement appréciée ni prévue. *Facteurs impondérables.* Subst. *Les impondérables.* Sing. « *Nulle part, l'impondérable n'est si puissant que dans nos élections* » (VALÉRY). ◇ ANT. *Pondérable.*

IMPOPULAIRE [ɛ̃pɔpylɛʁ]. *adj.* (1780; de *in-* 1, et *populaire*). ♦ 1° (*Personnes*). Qui déplaît au peuple, lui inspire de la défiance. *Gouvernement impopulaire.* « *S'il devient ministre, il mettra sa gloire à être impopulaire* » (BARBEY). ◇ Qui est mal vu (dans tel milieu). *Sa vanité l'a rendu impopulaire parmi ses confrères.* ♦ 2° (*Choses*). *Loi impopulaire.* ◇ ANT. *Populaire.*

IMPOPULARITÉ [ɛ̃pɔpylaʁite]. *n. f.* (1780; de *in-* 1, et *popularité*). Manque de popularité; caractère de ce qui est impopulaire. « *Un peu d'impopularité, c'est consécration* » (BAUDEL.). ◇ ANT. *Popularité.*

1. **IMPORTABLE** [ɛ̃pɔʁtabl(ə)]. *adj.* (1802; de *importer* 2). Qu'il est permis ou possible d'importer.

2. **IMPORTABLE** [ɛ̃pɔʁtabl(ə)]. *adj.* (XXᵉ; de *in-* 1, et *portable*). Impossible à porter (vêtement). V. **Immettable.**

IMPORTANCE [ɛ̃pɔʁtɑ̃s]. *n. f.* (1361; it. *importanza*, du lat. *importare*. V. **Importer** 2). ♦ 1° Caractère de ce qui est important. V. **Intérêt.** *Mesurer l'importance d'un événement.* V. **Gravité, portée.** *Affaire de grande importance.* « *Ces questions de langage me paraissent de haute importance* » (GIDE). *Communication de la plus haute importance. Avoir de l'importance. Cela n'a aucune importance,* cela ne fait rien. *Pas d'importance !* — *Valeur* que l'on attribue à une chose. *Accorder, attacher de l'importance à qqch.* V. **Tenir** (à). « *Une chose ne vaut que par l'importance qu'on lui donne* » (GIDE). — *Valeur quantitative. Importance d'une somme, d'effectifs.* ♦ 2° Autorité que confèrent un rang social élevé, des talents notoires, de graves responsabilités. V. **Crédit, influence, prestige.** « *J'étais enclin à croire à mon importance* » (MAURIAC). *Être pénétré de son importance.* ♦ 3° D'IMPORTANCE (*loc. adv.*) : beaucoup, fortement. *Rosser d'importance.* « *On venait de le sermonner d'importance* » (ZOLA). — (*Loc. adj.*) *Affaire d'importance,* importante. V. **Conséquence** (de). « *La révélation est d'importance* » (HENRIOT). V. **Taille** (de). ◇ ANT. *Futilité, insignifiance, médiocrité.*

IMPORTANT, ANTE [ɛ̃pɔʁtɑ̃, ɑ̃t]. *adj.* (1476; it. *importante.* V. **Importance**). **I.** (*Choses*). ♦ 1° Qui importe; qui est de conséquence, de grand intérêt. V. **Considérable, grand.** *Question importante. Rôle important. Extrêmement important.* V. **Capital, essentiel, vital.** *Rien d'important à signaler.* V. **Intéresser.** « *Les postes les plus importants.* V. **Principal.** — « *Cet art serait très important à connaître* » (ROUSS.). — Impers. *Il est important d'agir vite, que nous agissions vite.* ◇ Subst. *Ce qui importe. L'important est de, est que.* ♦ 2° (*Dans l'ordre quantitatif*.) Qui est grand; dont la mesure est grande. *Somme importante.* V. **Élevé.** *Retard important.* **II.** *Personnes* (Déb. XVIIᵉ). Qui a de l'importance par sa situation. V. **Considérable, influent.** *D'importants personnages.* V. **Grand, haut.** *Se prendre pour qqn d'important.* Subst. (Péj.). *Faire l'important.* ◇ Par ext. *Se donner des airs importants.* V. **Avantageux.** ◇ ANT. *Accessoire, dérisoire, futile, insignifiant, ordinaire.*

IMPORTATEUR, TRICE [ɛ̃pɔʁtatœʁ, tʁis]. *n. et adj.* (1756; de *importer* 1). Personne qui fait le commerce d'importation. *Importateur d'agrumes.* Adj. *Pays importateur.* ◇ ANT. *Exportateur.*

IMPORTATION [ɛ̃pɔʁtasjɔ̃]. *n. f.* (1734; angl. *importation.* V. **Importer** 1). ♦ 1° Action d'importer. *Importation de marchandises, de produits. Licence d'importation. Articles*

d'importation. ♦ 2° Ce qui est importé. *Importations en provenance d'Allemagne. Contingentement des importations.* ♦ 3° Action d'introduire une race animale, une espèce végétale dans un pays. *L'importation de la pomme de terre en Europe.* ◇ Transport d'une maladie contagieuse d'un pays dans un autre. ♦ 4° *Fig.* V. **Introduction.** « *On craint* (en France) *l'importation des idées* » (VOLT.). ◇ ANT. *Exportation.*

1. **IMPORTER** [ɛ̃pɔʁte]. *v. tr.* (1382, T. de fin.; it. *importare;* repris 1669, angl. *to import,* lat. *importare*). ♦ 1° Introduire sur le territoire national (des produits en provenance de pays étrangers). *La France importe du café, du coton, du pétrole.* ♦ 2° Importer de la main-d'œuvre, un brevet de fabrication. — Fig. « *Les deux mots importés par madame de Staël* » (HUGO). ◇ ANT. *Exporter.*

2. **IMPORTER** [ɛ̃pɔʁte]. *v. intr. et tr. indir. :* s'emploie seulement à l'inf., au p. prés. et aux troisièmes pers. (1536; it. *importare;* lat. *importare* « porter dans », et fig. « causer, entraîner »). ♦ 1° (*Choses*). IMPORTER à (qqn) : avoir de l'importance, présenter de l'intérêt pour qqn. V. **Intéresser; importance, important.** *Le passé m'importe moins que le futur.* — Absolt. V. **Compter.** *La seule chose qui importe. Cela importe peu.* — Impers. *Il importe de* (suivi d'un inf.). *Il importe de ne pas se tromper.* — *Il importe que* (suivi du subj.). « *Il importe peu que vous l'appeliez* (la maladie) *peste ou fièvre de croissance* » (CAMUS). ♦ 2° Dans des loc. interrogatives ou négatives qui marquent l'indifférence à l'égard d'une chose. « *Qu'importe le flacon, pourvu qu'on ait l'ivresse* » (MUSS.). « *Peu m'importent les classes sociales* » (GIDE). — « *Qu'importe que ce soit un sabre... qui vous gouverne !* » (GAUTIER). « *Peu m'importait qu'elles me haïssent* » (ROUSS.). — Absolt. *Qu'importe ! Peu importe.* — IL N'IMPORTE, N'IMPORTE : cela n'a pas d'importance. ♦ 3° (Mil. XVIIIᵉ). N'IMPORTE [nɛ̃pɔʁte] QUI, QUOI. *loc. pron. indéf.* Une personne, une chose quelconque, qui*, quoi* que ce soit. *N'importe qui pourrait entrer.* « *C'est dur, hein, de se sentir n'importe qui ?* » (SARTRE) : une personne insignifiante. « *Un monsieur... qui n'a pas l'air de n'importe qui* » (ROMAINS). « *Ils causaient de n'importe quoi* » (FLAUB.). — N'IMPORTE *lequel, laquelle d'entre nous.* ◇ N'IMPORTE QUEL, QUELLE (chose, personne), *loc. adj. indéf.* : une chose, une personne quelconque. « *Des accents capables de convaincre... n'importe quel homme* » (ROMAINS). — Vieilli — EN *Il rachèterait la maison n'importe à quel prix* » (ZOLA). Mod. *À n'importe quel prix.* ◇ N'IMPORTE COMMENT, OÙ, QUAND. *loc. adv. Aller n'importe où. Travailler n'importe comment.*

IMPORT-EXPORT [ɛ̃pɔʁɛkspɔʁ]. *n. f.* (XXᵉ; de *importation-exportation*). *Comm.* Commerce de produits importés et exportés.

IMPORTUN, UNE [ɛ̃pɔʁtœ̃, yn]. *adj. et n.* (1415; lat. *importunus*). ♦ 1° *Littér.* Qui déplaît, ennuie, gêne par une présence ou une conduite hors de propos. V. **Indiscret; embêtant, insupportable.** *Je ne voudrais pas être importun.* ◇ N. *Cour.* V. **Fâcheux, gêneur.** *Éviter un importun.* ♦ 2° (*Choses*). *Littér.* V. **Agaçant, désagréable, gênant, inopportun.** *Visite importune.* « *Nulle présence importune ne pouvait interrompre l'entretien* » (R. ROLLAND). ◇ ANT. *Discret, opportun. Agréable.*

IMPORTUNÉMENT [ɛ̃pɔʁtynemɑ̃]. *adv.* (XVᵉ; de *importun*). *Littér.* D'une manière importune. ◇ ANT. *Discrètement.*

IMPORTUNER [ɛ̃pɔʁtyne]. *v. tr.* (1462; de *importun*). *Littér.* Ennuyer, fatiguer par ses assiduités; gêner par une présence ou un comportement hors de propos. V. **Ennuyer, tracasser.** *Je ne veux pas vous importuner plus longtemps.* V. **Déranger.** ◇ Par ext. (Choses) *Être importuné par le bruit.* ◇ ANT. *Amuser, divertir; repos* (laisser en).

IMPORTUNITÉ [ɛ̃pɔʁtynite]. *n. f.* (v. 1190; lat. *importunitas*). ♦ 1° *Vieilli.* Action d'importuner. *Spécialt.* Sollicitation pressante, prière instante. *Extorquer un consentement à force d'importunités.* ♦ 2° *Littér.* Caractère de ce qui est importun. *L'importunité d'une démarche.* ◇ *Vieilli.* Chose désagréable. V. **Ennui, inconvénient.** « *Les importunités de sa prison* » (HENRIOT). ◇ ANT. *Discrétion, commodité.*

IMPOSABLE [ɛ̃pozabl(ə)]. *adj.* (1454; de *imposer*). Qui peut être imposé, assujetti à l'impôt. *Liste de personnes imposables.* V. **Contribuable.** *Revenus imposables. Matière imposable : l'assiette de l'impôt.*

IMPOSANT, ANTE [ɛ̃pozɑ̃, ɑ̃t]. *adj.* (1715; de *imposer*). ♦ 1° Qui impose le respect, une admiration respectueuse. V. **Majestueux.** *Un vieillard imposant. Air, aspect imposant.* V. **Grave, noble, solennel.** *Ton imposant.* « *La maréchale était une femme d'une taille imposante* » (VIGNY). ♦ 2° *Vieilli.* Dont la grandeur frappe l'imagination. V. **Grandiose, superbe.** « *Les sites imposants et solennels* » (LOTI). ♦ 3° Mod. Qui impressionne par l'importance, la quantité. V. **Considérable.** *Un imposant service d'ordre.* « *Une imposante majorité* » (BALZ.). ◇ ANT. *Insignifiant, ridicule. Petit.*

IMPOSÉ, ÉE [ɛ̃poze]. *adj. et n.* (V. **Imposer**). ♦ 1° *Prix imposé :* qui doit être observé strictement. ♦ 2° Soumis à l'impôt. *Marchandises imposées. Personnes imposées* (inus.). *N.* (1845) *Les imposés.* V. **Contribuable.**

IMPOSER [ɛ̃poze]. *v. tr.* (1302; *emposer*, v. 1120; de *in-* 2, et *poser*, d'apr. lat. *imponere*).

I. *Vx.* ♦ 1° (1302). Attribuer faussement à (qqn). V. **Imputer.** ♦ 2° *Tr. indir.* IMPOSER à (1596) : en faire accroire à (qqn). V. **Tromper.** « *Le fourbe qui longtemps a pu vous imposer* » (MOL.). — *En imposer :* tromper.

II. ♦ 1° (1335). Faire payer autoritairement. *Imposer un tribut, une contribution.* ♦ 2° Faire payer à (qqn), assujettir à l'impôt. ◇ *Imposer une marchandise :* faire payer sur elle des taxes, des droits. V. **Taxer.** ♦ 3° (1342 : *imposer silence*). IMPOSER QQCH. À QQN : prescrire à qqn (une action, une attitude pénible, désagréable). V. **Commander, prescrire.** *Imposer un travail, une tâche à des ouvriers. Imposer silence à qqn :* le faire taire. *Imposer sa loi, sa volonté.* V. **Dicter.** *Imposer des conditions.* — « *La liberté a les limites que lui impose la justice* » (RENARD). ◇ Faire accepter, admettre (qqch.) par une sorte de pression, de contrainte morale. *Imposer ses façons de voir. Imposer son nom par la réclame.* ◇ *Pronom.* S'IMPOSER (à soi-même). *S'imposer qqch.,* s'en faire une obligation. *S'imposer un effort, un sacrifice.* — (*Sujet de chose*) Être pour ainsi dire commandé, ne pouvoir être rejeté. *La solution qui s'impose. Ça ne s'impose pas :* ce n'est pas indispensable. ♦ 4° Faire accepter (qqn) par force, autorité, prestige, etc. *Imposer qqn pour chef.* « *Elle l'imposerait dans un petit rôle* » (ARAGON). ◇ S'IMPOSER (1829) : se faire admettre, reconnaître. *S'imposer comme chef. S'imposer par le talent. À ce poste, il s'impose, il est le plus qualifié.* ♦ 5° (1638). *Trans. indir. Vx.* IMPOSER À (qqn) : faire une forte impression, commander le respect. *Il leur impose par ses façons de grand seigneur.* V. **Impressionner.** — *Mod.* EN IMPOSER À. « *J'ai vu des gens se troubler, tellement il leur en imposait* » (ZOLA). *Force de caractère qui en impose.*

III. (1530). Poser, mettre (sur). ♦ 1° *Liturg. Imposer les mains,* pour bénir, conférer certains sacrements. *Imposer les cendres,* lors de la cérémonie de la distribution des cendres. ♦ 2° *Imprim.* (1690). *Imposer une feuille :* grouper les pages de composition et les serrer dans le châssis de façon à obtenir, après pliage, un cahier présentant des marges correctes et une pagination suivie.
◇ ANT. (du II) *Affranchir, dégrever, dispenser.*

IMPOSEUR [ɛ̃pozœʀ]. *n. m.* (1802; autres sens 1552; de *imposer*). *Imprim.* Ouvrier typographe qui fait l'imposition (II, 2°).

IMPOSITION [ɛ̃pozisjɔ̃]. *n. f.* (1288; lat. *impositio*).
I. *Vx.* Impôt. *Le recouvrement des impositions.* ◇ (1538) *Mod.* Le fait d'imposer une contribution. — (1765) Procédé d'assiette et de liquidation de l'impôt. *Conditions, taux d'imposition.*
II. (1317, « apposition d'un sceau »). ♦ 1° Action de poser sur (qqch. ou qqn). *Liturg.* (1535) *Imposition des mains.* ♦ 2° *Imprim.* (1690). Placement des pages en châssis de telle sorte qu'elles se suivent après pliage de la feuille.

IMPOSSIBILITÉ [ɛ̃posibilite]. *n. f.* (1325; lat. *imp. impossibilitas*). ♦ 1° Caractère de ce qui est impossible; défaut de possibilité. *Impossibilité de faire qqch. Impossibilité de connaître. Être dans l'impossibilité matérielle, morale de faire qqch.* V. **Impuissance, incapacité.** « *Dans l'impossibilité de remédier au mal, contentons-nous de nous en garantir* » (LACLOS). ♦ 2° *Une impossibilité :* chose impossible. *C'est pour lui une impossibilité. Se heurter à des impossibilités.* ◇ ANT. **Possibilité.**

IMPOSSIBLE [ɛ̃posibl(ə)]. *adj. et n. m.* (1227; lat. *impossibilis*). Qui ne peut être, exister; qui n'est pas possible.
I. *Adj.* ♦ 1° Qui ne peut se produire, être atteint ou réalisé. *La guerre lui paraît impossible. Solution impossible. C'est impossible, presque impossible. Un amour impossible.* « *Des choses qui ne paraissent impossibles que tant qu'on ne les a pas tentées* » (GIDE). *Il s'est attelé à une tâche impossible.* V. **Irréalisable.** — *Impossible à* (suivi de l'inf.) : qu'on ne peut... *Impossible à admettre. Heures impossibles à vivre, conditions impossibles à remplir.* — *Il est impossible de* (suivi de l'inf.). « *Il m'est impossible... d'être de leur avis* » (RENAN). Ellipt. *Impossible de le savoir.* — Absolt. *Impossible!* cela ne se peut. — *Il est, il semble impossible que...* (suivi du subj.). *Il n'est pas impossible que je vienne.* ♦ 2° Très pénible (à faire, imaginer, supporter). *Un problème impossible. Il nous rend l'existence impossible. Une situation impossible.* ♦ 3° Qui semble ne pas pouvoir exister. V. **Fantastique, irréel.** « *Les feuillages verts impossibles* » (BALZ.). ♦ *Fam.* Absurde, extravagant, invraisemblable. *Il lui arrive toujours des aventures impossibles.* « *Cette pièce qui a un titre impossible* » (COLETTE). ♦ 5° (1839). *Personnes.* Qui ne peut être employé dans telle ou telle position. « *Des partis s'étaient présentés, mais ces hommes avaient paru impossibles* » (GREEN). ◇ V. **Insupportable.** *Ces enfants sont impossibles.* « *Le monde... s'est révélé « impossible »*

comme on dit d'un enfant qu'il est impossible* » (QUENEAU).
II. *N. m.* (XVIe). ♦ 1° Ce qui n'est pas possible. *Espérer, tenter l'impossible. Demander l'impossible.* « *L'impossible est une frontière toujours reculante* » (HUGO). — Par exagér. *Nous ferons l'impossible :* tout le possible. PROV. *À l'impossible nul n'est tenu.* ♦ 2° PAR IMPOSSIBLE (*loc. adv.*) : en supposant que se réalise une chose que l'on tient pour impossible. *Si, par impossible, cette affaire réussissait.*
◇ ANT. *Possible, réalisable. Acceptable, supportable.*

IMPOSTE [ɛ̃pɔst(ə)]. *n. f.* (1545; it. *imposta,* du v. *imporre* « placer sur », lat. *imponere*). ♦ 1° *Archit.* Tablette saillante posée sur le pied-droit d'une porte, sur un pilier de nef. *Les impostes d'une arcade, d'un cintre.* ♦ 2° *Menuis.* Partie supérieure d'une baie de porte ou de fenêtre. *Imposte tournante, fixe.* — Partie vitrée dormante d'une porte pleine, d'une cloison.

IMPOSTEUR [ɛ̃postœʀ]. *n. m.* (1532; bas lat. *impostor,* de *imponere* « tromper »). ♦ 1° Celui qui abuse de la confiance, de la crédulité d'autrui par des discours mensongers, dans le dessein d'en tirer profit. V. **Charlatan, menteur.** *Démasquer un imposteur.* ♦ 2° Celui qui cherche à en imposer par de fausses apparences, des dehors de vertu. V. **Hypocrite.** — *Le Tartuffe ou l'Imposteur,* comédie de Molière. — Celui qui usurpe le nom, la qualité d'un autre. *Thomas l'imposteur,* de Cocteau.

IMPOSTURE [ɛ̃postyʀ]. *n. f.* (1546; *emposture,* 1190; bas lat. *impostura*). ♦ 1° *Littér.* Action de tromper par des discours mensongers, de fausses apparences. V. **Mensonge, tromperie.** « *Mentir pour son avantage à soi-même est imposture* » (ROUSS.). ♦ 2° *Littér.* Tromperie de celui qui se fait passer pour ce qu'il n'est pas. *Les impostures d'un escroc.* ◇ ANT. *Franchise. Sincérité.*

IMPÔT [ɛ̃po]. *n. m.* (*Impost,* 1399; lat. *impositum,* p. p. de *imponere.* V. **Imposer**). ♦ 1° Prélèvement que l'État opère sur les ressources des particuliers (V. **Contribuable**) afin de subvenir aux charges publiques; ensemble des sommes prélevées. V. **Charge, contribution; droit, imposition, patente, taxe, tribut;** et *aussi* **Fisc, fiscalité.** *Anciens impôts.* V. **Aide, capitation, dîme, gabelle, redevance, taille.** *Créer, voter un impôt. Base, assiette* de l'impôt. Déclaration, feuille d'impôts (cour. pour :* de revenus). *Montant, perception, recouvrement de l'impôt. Lourds impôts.* « *Diminuer la lourdeur de l'impôt..., c'est le mieux répartir* » (BALZ.). *Alléger, réduire les impôts (dégrèvement fiscal). — Impôts directs,* assis sur la matière imposable et perçus par rôles. *Impôt sur le revenu des personnes physiques (IRPP),* sur les bénéfices industriels et commerciaux (IBIC). *Impôts indirects,* perçus à l'occasion d'un événement concernant la matière imposable (production, circulation, consommation) et par application d'un tarif. *Impôt sur le chiffre d'affaires, sur les traitements et salaires. Impôt foncier.* ♦ 2° *Obligation imposée.* V. **Tribut.** *L'impôt du sang :* l'obligation du service armé. « *Ce qu'on appelle d'une façon sinistre l'impôt du sang* » (ARAGON).

IMPOTENCE [ɛ̃potɑ̃s]. *n. f.* (v. 1265; lat. *impotentia*). État de celui qui est impotent.

IMPOTENT, ENTE [ɛ̃potɑ̃, ɑ̃t]. *adj. et n.* (1308; lat. *impotens* « impuissant »). Qui, par un vice de nature ou par accident, ne peut se mouvoir, ou ne se meut qu'avec une extrême difficulté. V. **Infirme, invalide, paralytique.** « *Un vieillard impotent, incapable de quitter sa voiture* » (BALZ.). *Il est impotent d'un bras.* — N. *Un impotent, une impotente.* ◇ Par ext. *Jambe impotente.* ◇ ANT. *Ingambe, valide.*

IMPRATICABILITÉ [ɛ̃pratikabilite]. *n. f.* (1791; de *impraticable*). Rare. Caractère de ce qui est impraticable.

IMPRATICABLE [ɛ̃pratikabl(ə)]. *adj.* (h. XVIe; de *in*-1, et *praticable*). ♦ 1° Qu'on ne peut mettre en pratique, à exécution. V. **Impossible, inapplicable, irréalisable.** « *Des projets utiles, mais impraticables* » (ROUSS.). ♦ 2° (1680). Où l'on ne peut passer, où l'on passe très difficilement. *Piste impraticable pour les voitures.* ♦ 3° (*Personnes*). *Vx* (1694). Difficile à vivre, insociable. ◇ ANT. *Possible, praticable.*

IMPRÉCATION [ɛ̃prekasjɔ̃]. *n. f.* (mil. XIVe; lat. *imprecatio,* de *precari* « prier »). *Littér.* Souhait de malheur contre qqn. V. **Anathème, malédiction.** *Faire, proférer des imprécations. Les imprécations de Camille, d'Agrippine.* « *Les « fureurs », les « imprécations », voilà qui, dans Racine, paraît le plus humain* » (MAURIAC). ◇ ANT. *Bénédiction.*

IMPRÉCATOIRE [ɛ̃prekatwaʀ]. *adj.* (fin XVIe; de *imprécation*). *Littér.* Qui a rapport à l'imprécation. *Formules imprécatoires.*

IMPRÉCIS, ISE [ɛ̃presi, iz]. *adj.* (1845; de *in*-1, et *précis*). Qui n'est pas précis; qui manque de netteté. *Contours imprécis.* V. **Indistinct.** *Souvenir imprécis.* V. **Flou, incertain, indécis.** *Renseignements imprécis.* V. **Imparfait, vague.** — Subst. « *L'imprécis grandiose des horizons urbains* » (LARBAUD). ◇ ANT. *Net, précis.*

IMPRÉCISION [ɛ̃presizjɔ̃]. *n. f.* (1845; de *in*-1, et *précision*). Caractère de ce qui est imprécis; manque de précision.

V. **Flou, vague.** *Imprécision d'un souvenir. Imprécision du vocabulaire. Ne rien laisser dans l'imprécision.* ◇ ANT. *Netteté, précision.*

IMPRÉGNATION [ɛ̃preɲɑsjɔ̃]. *n. f.* (v. 1390; bas lat. *imprægnare.* V. **Imprégner**). *Biol.* ♦ 1° *Fécondation.* ♦ 2° Influence exercée par une première fécondation sur les produits des fécondations ultérieures par d'autres géniteurs. ♦ 3° (1690; de *imprégner*). *Vx.* Pénétration d'une substance dans une autre. ◇ *Mod.* Pénétration d'un fluide dans une substance, un corps. V. **Imbibition.** *Imprégnation des bois.* ◇ *Fig.* V. **Assimilation.** « *La culture et l'imprégnation sont évidemment deux choses différentes* » (DUHAM.). ♦ 4° *Imprégnation alcoolique.* V. **Alcoolémie.** *Taux d'imprégnation.*

IMPRÉGNER [ɛ̃preɲe]. *v. tr.*; conjug. *céder (Empreignier* « rendre enceinte », 1125; bas lat. *imprægnare,* rac. *prægnans* « enceinte »). **I.** *Vx.* Féconder. **II.** *Mod.* (1620; par confusion avec *empreindre*). ♦ 1° Pénétrer (un corps) de liquide dans toutes ses parties. V. **Imbiber, tremper.** *Teinture dont on imprègne les cuirs. Pronom. Le bois s'est imprégné d'eau.* — Par anal. « *Le parfum de la résine brûlée imprégnait ce jour torride* » (MAURIAC). *Imprégner de lumière.* V. **Baigner.** — Fig. « *L'ironie dont s'est imprégnée votre lettre* » (MAURIAC). ♦ 2° Pénétrer, influencer profondément. Au p. p. « *Imprégné des idées issues de la Révolution* » (NERVAL). *Pronom.* « *Nous imprégner des préjugés de notre classe* » (MAUROIS).

IMPRENABLE [ɛ̃prənabl(ə)]. *adj.* (v. 1365; de *in-* 1, et *prenable,* de *prendre*). ♦ 1° Qui ne peut être pris. *Forteresse imprenable.* V. **Inexpugnable.** ♦ 2° *Vue imprenable* : qui ne peut être masquée par de nouvelles constructions.

IMPRÉPARATION [ɛ̃preparasjɔ̃]. *n. f.* (1845; de *in-* 1, et *préparation*). Manque de préparation. ◇ ANT. *Préparation.*

IMPRESARIO [ɛ̃prez(z)arjo]. *n. m.* (1753; mot it.; de *impresa* « entreprise »). ♦ 1° *Ancienn.* Directeur d'une entreprise théâtrale. ♦ 2° *Mod.* Celui qui s'occupe de l'organisation matérielle d'un spectacle, d'un concert, de la vie professionnelle et des engagements d'un artiste. *Impresario d'un pianiste, d'une chanteuse.* « *L'impresario qui s'était chargé de l'organisation matérielle du concert* » (R. ROLLAND).

IMPRESCRIPTIBILITÉ [ɛ̃preskriptibilite]. *n. f.* (1791; de *imprescriptible*). *Dr.* Caractère de ce qui est imprescriptible.

IMPRESCRIPTIBLE [ɛ̃preskriptibl(ə)]. *adj.* (1481; de *in-* 1, et *prescriptible*). ♦ 1° *Dr.* Qui n'est pas susceptible de prescription. *Biens, droits inaliénables et imprescriptibles.* ♦ 2° *Droits imprescriptibles de la conscience, de la personne.* ◇ ANT. *Prescriptible.*

IMPRESSION [ɛ̃presjɔ̃]. *n. f.* (1259; lat. *impressio*). **I.** ♦ 1° *Vx.* Action d'un corps sur un autre. V. **Influence.** ♦ 2° *Vieilli.* Action de laisser une marque, en parlant d'une chose qui appuie sur une autre. V. **Empreinte, trace.** « *Il verrait l'impression des pas* » (STENDHAL). ♦ 3° *Mod.* Procédé de reproduction par pression d'une surface sur une autre qui en garde l'empreinte. — Action d'imprimer à la surface d'objets divers des caractères d'écriture ou des dessins, par des procédés variés. V. **Gravure, imprimerie.** *Impressions des étoffes, des papiers peints.* — *Spécialt.* (1475) Reproduction d'un texte par l'imprimerie. *Caractère pour l'impression. Éditeur qui se charge de l'impression d'un ouvrage. Fautes d'impression.* ♦ 4° *Peint.* (1636). Première couche de peinture à l'huile. **II.** *Abstrait* (1410, « pression sur qqn »). ♦ 1° *Vx.* Action qu'exerce sur qqn un objet, un sentiment. « *Ce charme qui livrait nos âmes aux douces impressions de la tendresse* » (LACLOS). *Être sensible aux impressions.* ♦ 2° Résultat de cette action : empreinte, marque spirituelle, morale. « *Il est des impressions éternelles que le temps ni les soins n'effacent point* » (ROUSS.). ◇ *Cour.* Effet qu'une cause quelconque produit dans l'esprit, le cœur. *Faire, produire une vive, une forte, une grande impression.* V. **Émotion.** *Cela ne lui fait aucune impression.* — *Absolt. Faire impression,* susciter un vif intérêt, attirer vivement l'attention. V. **Sensation** (faire). ♦ 3° *Cour.* Forme de connaissance élémentaire, immédiate et vague que l'on a d'un être, d'un objet, d'un événement; état de conscience plus affectif qu'intellectuel. V. **Sentiment, sensation.** *Éprouver, ressentir, avoir une impression. Impression fugace, indéfinissable.* « *Plus les impressions nouvelles seront nombreuses ou fortes et plus vite les impressions anciennes vieilliront* » (LARBAUD). *Faire, donner bonne, mauvaise impression. Quelle impression vous fait-il? Se fier à ses impressions. Noter, fixer, exprimer ses impressions. Ils échangeaient leurs impressions. Raconter ses impressions d'enfance. Impressions de voyage.* — *Loc.* DONNER L'IMPRESSION, *une impression de* : faire naître le sentiment, l'illusion de (ce dont on suggère l'image, l'idée). *Écrivain qui donne l'impression vraie du temps.* — *Faire l'effet de.* V. **Paraître.** *Il* « *s'efforçait toujours de donner une impression de calme et de puissance* » (MAC ORLAN). *Quand on est jeune, le temps*

donne l'impression d'être sans limites. ◇ AVOIR L'IMPRESSION. V. **Croire, imaginer** (s'). « *Il eut l'impression d'être inculpé devant un tribunal* » (GREEN). *Avoir l'impression que. J'ai l'impression qu'elle se moque de vous* (Cf. Il me semble* que). ♦ 4° (XVIIᵉ). *Psycho.* « *Ensemble des états physiologiques qui provoquent dans la conscience l'apparition d'une sensation* » (LALANDE). *Impressions rétiniennes, auditives, transmises au cerveau par des nerfs spécifiques.*

IMPRESSIONNABILITÉ [ɛ̃presjɔnabilite]. *n. f.* (1832; de *impressionnable*). ♦ 1° Caractère de celui qui est impressionnable. V. **Émotivité.** « *Je cédais à une impressionnabilité maladive* » (ARNOUX). ♦ 2° *Phot. Impressionnabilité d'une plaque photographique.* V. **Sensibilité.**

IMPRESSIONNABLE [ɛ̃presjɔnabl(ə)]. *adj.* (1780; de *impressionner*). ♦ 1° Susceptible de recevoir de vives impressions; facile à impressionner. V. **Émotif, sensible.** *Enfant, nature impressionnable.* ♦ 2° (1857). *Phot.* V. **Sensible.** *Plaque impressionnable.* ◇ ANT. *Indifférent, insensible.*

IMPRESSIONNANT, ANTE [ɛ̃presjɔnɑ̃, ɑ̃t]. *adj.* (XVIIIᵉ; de *impressionner*). Qui impressionne. V. **Émouvant, étonnant, frappant.** *Site, spectacle impressionnant.* V. **Grandiose.** *Discours impressionnant.* V. **Brillant, éloquent.** *Monument impressionnant.* V. **Imposant.** « *Un total impressionnant de plusieurs millions* » (HENRIOT) : très important. ◇ ANT. *Insignifiant; faible.*

IMPRESSIONNER [ɛ̃presjɔne]. *v. tr.* (1741; de *impression*). ♦ 1° Affecter d'une vive impression. V. **Émouvoir, frapper, toucher.** *Cette mort, ce spectacle m'a impressionné. Elle sera vivement impressionnable. Ne te laisse pas impressionner.* V. **Influencer.** *Spectacle qui impressionne.* ♦ 2° *Physiol.* (déb. XIXᵉ). Affecter (un organe) de manière à produire une sensation. *Cellules auditives impressionnées par les vibrations sonores.* ◇ *Phot.* (1859) *Impressionner une plaque, une pellicule photographique* : y laisser une image.

IMPRESSIONNISME [ɛ̃presjɔnism(ə)]. *n. m.* (1876; de *impressionniste*). ♦ 1° Œuvres des peintres impressionnistes, courant artistique qu'ils représentent. — Par ext. Manière qui caractérise ou rappelle les peintres impressionnistes (souvent *opposé à* expressionnisme). ♦ 2° Style, manière d'écrivains qui se proposent de rendre par le langage les impressions fugitives, les nuances les plus délicates du sentiment. *L'impressionnisme des Goncourt.*

IMPRESSIONNISTE [ɛ̃presjɔnist(ə)]. *n. et adj.* (1874; mot créé par dérision d'apr. le titre d'un tableau de Monet, *Impression, soleil levant*). ♦ 1° Se dit des peintres qui, à la fin du XIXᵉ s., s'efforcèrent d'exprimer dans leurs œuvres les impressions que les objets et la lumière suscitent. — *Adj. Un peintre impressionniste.* ♦ 2° Écrivain qui se rattache à l'impressionnisme. — *Adj.* Qui ne traduit que des impressions subjectives. *Un récit assez impressionniste.*

IMPRÉVISIBILITÉ [ɛ̃previzibilite]. *n. f.* (1907; de *imprévisible*). Caractère de ce qui est imprévisible.

IMPRÉVISIBLE [ɛ̃previzibl(ə)]. *adj.* (1836; de *in-* 1, et *prévisible*). Qui ne peut être prévu. *Événements imprévisibles.* V. **Déroutant, inattendu.** « *Tout ce qui arrive d'important à n'importe qui (est) imprévu et imprévisible* » (ALAIN). ◇ ANT. *Prévisible.*

IMPRÉVISION [ɛ̃previzjɔ̃]. *n. f.* (1845; de *in-* 1, et *prévision*). ♦ 1° *Littér.* Défaut de prévision. ♦ 2° *Dr. admin. Théorie de l'imprévision* (1954), par laquelle il est admis par les tribunaux administratifs la révision de certaines clauses dans les contrats de longue durée, lorsque surviennent des événements économiques imprévisibles.

IMPRÉVOYANCE [ɛ̃prevwajɑ̃s]. *n. f.* (1611; de *in-* 1, et *prévoyance*). Défaut de prévoyance. V. **Étourderie, insouciance, irréflexion.** *Prodigue, dépensier qui vit dans l'imprévoyance* (Cf. Au jour* le jour). « *Un public que les catastrophes ne guérissent jamais de son imprévoyance* » (MONDOR). ◇ ANT. *Prévoyance.*

IMPRÉVOYANT, ANTE [ɛ̃prevwajɑ̃, ɑ̃t]. *adj. et n.* (1596; de *in-* 1, et *prévoyant*). Qui manque de prévoyance. V. **Étourdi, insouciant, irréfléchi, léger.** — N. *Un imprévoyant.* ◇ ANT. *Prévoyant.*

IMPRÉVU, UE [ɛ̃prevy]. *adj. et n. m.* (1544; de *in-* 1, et *prévu*). Qui n'a pas été prévu; qui arrive lorsqu'on ne s'y attend pas. V. **Fortuit, inattendu, inopiné.** *Survenir d'une manière imprévue. Événement rapide et imprévu.* V. **Soudain, subit.** *Bonheur, plaisir imprévu.* V. **Inespéré.** *Dépenses imprévues.* V. **Extraordinaire.** ◇ *N. m.* (1831) *L'imprévu* : ce qui est imprévu. *L'imprévu est le hasard, l'exceptionnel.* « *Gaieté pleine d'imprévu* » (STENDHAL). « *Ce qu'il faut toujours prévoir, c'est l'imprévu* » (HUGO). *En cas d'imprévu, écrivez-moi.* ◇ ANT. *Prévu.*

IMPRIMABLE [ɛ̃primabl(ə)]. *adj.* (1583; de *imprimer*). Qui peut être imprimé, qui le mérite (Cf. Publiable).

IMPRIMANTE [ɛ̃primɑ̃t]. *n. f.* (1962; de *imprimer*). *Inform.* Organe de sortie d'un calculateur électronique, servant à imprimer des caractères.

IMPRIMATUR [ɛpʁimatyʁ]. *n. m.* (1873; mot lat. « qu'il soit imprimé », de *imprimere*). Autorisation d'imprimer (accordée par l'autorité ecclésiastique ou par l'Université à un ouvrage soumis à son approbation). *L'imprimatur d'un ouvrage approuvé par l'évêque. Demander, obtenir l'imprimatur. Des imprimatur.*

IMPRIMÉ, ÉE [ɛpʁime]. *adj.* et *n. m.* (V. **Imprimer**).
I. ♦ 1° Reproduit par impression. *Motif imprimé.* ♦ 2° Orné d'un motif imprimé. *Étoffe, mousseline imprimée. Tissu imprimé.* N. *Un imprimé à fleurs, à pois.*
II. ♦ 1° Reproduit par l'imprimerie. *Livre, ouvrage, exemplaire imprimé* (opposé à manuscrit). *La chose imprimée* : les livres. *En-tête imprimé d'un papier. Formule imprimée pour la déclaration des revenus.* ♦ 2° *N. m.* (1611). *Un imprimé*, se dit de toute impression ou reproduction sur papier ou sur une matière analogue. V. **Brochure, journal, livre.** *Le département des imprimés de la Bibliothèque Nationale. Dépôt légal des imprimés. La boîte des imprimés.* ♦ 3° Feuille, formule imprimée. *Remplissez lisiblement les imprimés.* ♦ 4° *L'imprimé :* les caractères imprimés. *Il ne sait lire que l'imprimé.* — Le livre. *La « tyrannie comique de l'imprimé »* (J. VALLÈS).
◇ ANT. *Inédit, manuscrit.*

IMPRIMER [ɛpʁime]. *v. tr.* (*Emprimer*, v. 1270; lat. *imprimere.* V. **Empreindre**).
I. ♦ 1° (XIVᵉ). *Vx.* Faire pénétrer profondément (dans le cœur, l'esprit de qqn) en laissant une marque, une empreinte durable. V. **Imprégner** (de); **impression.** *Imprimer la crainte, la haine dans le cœur de qqn.* V. **Inspirer.** *Littér. Souvenirs imprimés dans la mémoire.* V. **Fixer, graver.** ♦ 2° Donner, imposer (une marque, un caractère). *« Les sentiments du jeune abbé y imprimèrent* (sur sa figure) *un air sévère »* (BALZ.). ♦ 3° (1674). Communiquer, transmettre (un mouvement). *Imprimer un mouvement, une impulsion, des oscillations. Imprimer une vitesse, une énergie.* — Fig. *« Direction à imprimer à des recherches »* (Cl. BERNARD).
II. *Mod.* ♦ 1° (1487). *Littér.* Faire, laisser (une marque, une empreinte, une trace) par pression. *Pied qui imprime sa forme sur le sable.* — *Par métaph.* V. **Marquer.** *Les rides « Que l'alchimie imprime aux grands fronts studieux »* (RIMBAUD). ♦ 2° *Cour.* Reproduire (une figure, une image) par l'application et la pression d'une surface sur une autre. *Imprimer la marque d'un cachet, d'un sceau sur de la cire. Imprimer un visa.* V. **Apposer.** *Imprimer un motif en relief, en creux.* V. **Estamper.** *Imprimer une image, une estampe, une lithographie.* V. **Lithographier.** *Imprimer des dessins, des fleurs sur un tissu, une étoffe.* V. **Appliquer.** — *Par ext. Imprimer une étoffe, un tissu* (V. **Imprimé**). ♦ 3° (1530). *Cour.* Reproduire (des caractères, des signes graphiques) par la technique de l'imprimerie. *Imprimer un livre en tels caractères.* V. **Composer.** — *Par ext.* Faire paraître. V. **Éditer.** *Éditeur qui imprime un essai, un roman. Imprimer un livre à mille exemplaires.* V. **Tirer.** ◇ *Absolt.* Faire imprimer, faire paraître des œuvres. *Il écrit, mais n'a pas encore imprimé.* ◇ *Par ext. Imprimer un auteur, un écrivain.* V. **Publier.** *Personne ne veut l'imprimer. « Je parierais bien que je ne me ferai jamais imprimer ni représenter »* (FLAUB.).

IMPRIMERIE [ɛpʁimʁi]. *n. f.* (v. 1500; de *imprimer*). ♦ 1° Art d'imprimer (des livres); ensemble des techniques permettant la reproduction d'un texte par impression de caractères. *Imprimerie typographique* (V. **Typographie**), *lithographique* (V. **Lithographie, offset, phototypie**); *imprimerie en taille-douce. L'imprimerie et les arts du livre.* V. **Édition, librairie, presse.** — *Caractères d'imprimerie* (V. **Œil, point, type**). *Opérations d'imprimerie* : fonte des caractères (à la main, à la machine. V. **Monotype, linotype, frappe**); composition des caractères; confection et correction des épreuves; mise en pages (des textes, titres, notes, folios, clichés, marges, etc.); imposition, clichage; approvisionnement en papier (passe); préparation du papier (trempage); encrage de la composition ou de l'empreinte; impression et tirage. *Travaux d'imprimerie.* V. **Labeur, ville** (ouvrage de ville). ♦ 2° (1549). Établissement, lieu où l'on imprime (des livres, des journaux). *Le matériel, le personnel d'une imprimerie. Imprimerie Nationale.* — Matériel servant à l'impression (presse, etc.). *Imprimerie portative.*

IMPRIMEUR [ɛpʁimœʁ]. *n. m.* (1441; de *imprimer*). ♦ 1° Propriétaire, directeur d'une imprimerie. *Imprimeur-libraire, imprimeur-éditeur.* ♦ 2° (1680). *Ancienn.* Ouvrier qui travaille à la presse. V. **Pressier.** ◇ *Mod.* Ouvrier travaillant dans une imprimerie (typographe, etc.). *Appos. Ouvrier imprimeur.*

IMPROBABILITÉ [ɛpʁɔbabilite]. *n. f.* (1610; de *improbable*). Caractère de ce qui est improbable. *L'improbabilité d'une hypothèse.* ◇ ANT. *Probabilité.*

IMPROBABLE [ɛpʁɔbabl(ə)]. *adj.* (1606; de *in*- 1, et *probable*). ♦ 1° *Vx.* Invraisemblable. *« Un tas d'aventures improbables »* (VOLT.). ♦ 2° *Mod.* Qui n'est pas probable; qui a peu de chances de se produire. V. **Douteux.** *Éventualité,*

hypothèse improbable. Il est improbable qu'il y arrive. C'est plus qu'improbable, c'est impossible. ◇ ANT. *Probable.*

IMPROBATEUR, TRICE [ɛpʁɔbatœʁ, tʁis]. *n.* et *adj.* (déb. XVIIᵉ; lat. *improbator*). *Littér.* ♦ 1° N. Personne qui désapprouve. ♦ 2° *Adj.* (XVIIIᵉ). V. **Désapprobateur, réprobateur.** *Regard, silence improbateur* (ou IMPROBATIF [ɛpʁɔbatif]). *« Le maire avait un air improbateur et sévère »* (BALZ.). ◇ ANT. *Approbateur, approbatif.*

IMPROBATION [ɛpʁɔbasjɔ̃]. *n. f.* (1450; lat. *improbatio*). *Littér.* Action de désapprouver, de condamner. V. **Désapprobation, réprobation.** *Cris d'improbation.* V. **Huée.** ◇ ANT. *Approbation.*

IMPROBITÉ [ɛpʁɔbite]. *n. f.* (v. 1350, repris fin XVIIIᵉ; lat. *improbitas*). *Littér.* Manque de probité. V. **Malhonnêteté.** *« Il flétrit l'improbité des employés... »* (COURTELINE). ◇ ANT. *Probité.*

IMPRODUCTIF, IVE [ɛpʁɔdyktif, iv]. *adj.* (1785; de *in*- 1, et *productif*). Qui ne produit, ne rapporte rien. *Terre improductive.* V. **Stérile.** *Travail improductif. Laisser improductif un capital, des richesses* (Cf. *Laisser chômer*, dormir; laisser en friche**). — (*Personnes*). Qui ne contribue pas à production de biens. *Subst. « La société compte 47 % d' « improductifs » (administration, contrôle, recherche) »* (*Nouv. Obs.*, 2-7-1973). ◇ ANT. *Productif.*

IMPRODUCTIVITÉ [ɛpʁɔdyktivite]. *n. f.* (1873; de *improductif*). *Rare.* Caractère de ce qui est improductif. ◇ ANT. *Productivité.*

IMPROMPTU, UE [ɛpʁɔ̃pty]. *n. m., adj.* et *adv.* (1651; lat. *in promptu* « en évidence, sous la main »).
I. *N. m.* ♦ 1° *Hist. litt.* Petite pièce composée sur-le-champ et, en principe, sans préparation. *L'Impromptu de Versailles*, de Molière (1663). *L'Impromptu de Paris*, de Giraudoux (1937). ♦ 2° *Vx* (1669). Tout ce qui est fait ou dit sans préparation. *« Mariage en impromptu »* (MARIVAUX). ♦ 3° *Mus.* Petite pièce instrumentale, souvent à deux thèmes. *L'Impromptu hongrois*, de Schubert.
II. *Adj.* (1704). Improvisé. *Dîner impromptu, sans apprêt.*
III. *Adv.* (1767). À l'improviste, sans préparation (Cf. *Au pied levé*, sur-le-champ*). *Parler, répondre impromptu. « J'essayerai de le traduire impromptu* (le texte latin) *»* (STENDHAL).

IMPRONONÇABLE [ɛpʁɔnɔ̃sabl(ə)]. *adj.* (XVIᵉ, repris 1866; de *in*- 1, et *prononcer*). Impossible à prononcer. *Groupe de consonnes, mot imprononçable.* ◇ ANT. *Prononçable.*

IMPROPRE [ɛpʁɔpʁ(ə)]. *adj.* (1372; lat. gram. *improprius*). ♦ 1° Qui ne convient pas, n'exprime pas exactement l'idée. *Mot, terme, expression impropre.* V. **Incorrect, vicieux.** *Usage impropre et abusif de certains mots.* ♦ 2° (v. 1690). IMPROPRE À : qui n'est pas propre (à). V. **Inapte.** *Être impropre à un travail, à faire qqch.* V. **Incapable** (de). *« Son frère fut réformé comme impropre au service militaire »* (BALZ.). ◇ (*Choses*) Qui ne convient pas, ne se prête pas à. *Eau impropre à la cuisson des légumes.* ◇ ANT. *Apte, convenable, propre.*

IMPROPREMENT [ɛpʁɔpʁəmɑ̃]. *adv.* (1366; de *impropre*). D'une manière impropre. *Appeler, désigner improprement une chose. « Les radicaux-socialistes improprement classés comme socialistes »* (PÉGUY). ◇ ANT. *Proprement.*

IMPROPRIÉTÉ [ɛpʁɔpʁijete]. *n. f.* (1488; lat. gram. *improprietas*). *Ling.* ♦ 1° Caractère de ce qui est impropre. V. **Incorrection.** *Terme d'une impropriété choquante.* ♦ 2° Emploi impropre d'un mot. *Une impropriété de langage.* ◇ ANT. *Convenance, propriété.*

IMPROUVABLE [ɛpʁuvabl(ə)]. *adj.* (1554; de *in*- 1, et *prouvable*). *Rare.* Qu'on ne peut pas prouver. ◇ ANT. *Prouvable.*

IMPROVISATEUR, TRICE [ɛpʁɔvizatœʁ, tʁis]. *n.* (1787; *improvisteur*, 1765; de *improviser*). Personne qui improvise. *Un talent d'improvisateur.*

IMPROVISATION [ɛpʁɔvizasjɔ̃]. *n. f.* (1807; de *improviser*). ♦ 1° Action, art d'improviser. *Parler au hasard de l'improvisation.* V. **Imagination.** ♦ 2° Ce qui est improvisé (discours, vers). *Se lancer dans une improvisation. Improvisation musicale.* — *Une improvisation collective*, en jazz (*arg. mus. :* un bœuf).

IMPROVISER [ɛpʁɔvize]. *v. tr.* (1642; it. *improvisare*, lat. *improvisus* « imprévu »). ♦ 1° Composer sur-le-champ et sans préparation. *Improviser un discours. Les acteurs de la commedia dell'arte improvisaient leur texte. Organiste qui improvise des variations.* — *Absolt. Improviser à l'orgue. « Improviser, c'est-à-dire ébaucher et finir dans le même temps »* (DELACROIX). ♦ 2° (1829). Organiser sur-le-champ. *Improviser un pique-nique. « J'estime qu'on n'improvise pas une pareille affaire »* (ROMAINS). — *Moyens improvisés.* V. **Fortune** (de). ♦ 3° Pourvoir inopinément (qqn) d'une fonction, d'une mission à laquelle il n'est pas préparé. *On l'improvisa maître d'hôtel pour la circonstance.* — *Au p. p. « Beaucoup de ces infirmiers..., d'abord officiels, puis improvisés, moururent »* (CAMUS). ◇ ANT. *Préparer.*

IMPROVISTE (À L') [alɛpʁɔvist(ə)]. *loc. adv.* (1528; it. *improvisto* « imprévu »). D'une manière imprévue, inattendue, au moment où on s'y attend le moins. V. **Inopiné-ment**, **subitement**. *Arriver, survenir à l'improviste. Attaquer à l'improviste.* V. **Surprise** (par). *Prendre qqn à l'improviste :* le surprendre. V. **Court** (de), **dépourvu** (au). *Faire un discours à l'improviste :* en improvisant.

IMPRUDEMMENT [ɛpʀydamã]. *adv.* (1508 ; de *imprudent*). *D'une manière imprudente. Parler imprudemment. Suivre imprudemment qqn.* V. **Aveuglément**. ◇ ANT. *Prudemment.*

IMPRUDENCE [ɛpʀydɑ̃s]. *n. f.* (1360, rare av. XVIᵉ ; lat. *imprudentia*). ♦ 1º Manque de prudence. V. **Irréflexion**, **légèreté**. *Son imprudence l'expose à bien des dangers.* V. **Hardiesse**, **témérité**. *Être d'une grande, d'une extrême imprudence.* — *Dr.* Manque de prévoyance ou de précaution qui engage la responsabilité (dans l'express. *Blessures, homicide par imprudence*). ♦ 2º Caractère de ce qui est imprudent. « *L'imprudence de ce geste* » (GREEN). ♦ 3º *Une imprudence* (1609) : action imprudente. V. **Étourderie, maladresse**. *Commettre une imprudence. Ne faites pas d'imprudences.* ◇ ANT. *Prudence.*

IMPRUDENT, ENTE [ɛpʀydɑ̃, ɑ̃t]. *adj.* et *n.* (v. 1450 ; lat. *imprudens*). ♦ 1º Qui manque de prudence. V. **Audacieux, aventureux, écervelé, étourdi, inconsidéré, malavisé, téméraire**. *Automobiliste imprudent.* ◇ N. *C'est un imprudent.* V. *Fam.* **Casse-cou, risque-tout**. *Un incorrigible imprudent.* ♦ 2º (*Choses*). *Projet imprudent.* V. **Hasardé, hasardeux, osé**. « *Il trouva qu'il était imprudent d'aller voir Madame de Raynal dans sa chambre* » (STENDHAL). ◇ ANT. *Prudent.*

IMPUBÈRE [ɛpybɛʀ]. *n.* (1488, rare av. XVIIᵉ ; lat. *impubes, impuberis*). *Dr.* ou *littér.* Personne qui n'a pas encore atteint l'âge de puberté. *Les impubères de moins de seize ans ne peuvent tester.* V. **Mineur**. Adj. *Fille, garçon impubère.* ◇ ANT. *Nubile, pubère.*

IMPUBERTÉ [ɛpybɛʀte]. *n. f.* (1843 ; de *in*- 1, et *puberté*). *Dr.* État d'impubère. *L'impuberté légale de l'homme cesse à dix-huit ans révolus, celle de la femme à quinze ans révolus.* ◇ ANT. *Nubilité.*

IMPUBLIABLE [ɛpyblijabl(ə)]. *adj.* (1588 ; de *in*- 1, et *publiable*). Qui n'est pas publiable. « *Ses vers étaient effroyablement mauvais... impubliables* » (GIDE). ◇ ANT. *Publiable ; bon.*

IMPUDEMMENT [ɛpydamã]. *adv.* (fin XVᵉ ; de *impudent*). D'une manière impudente ; avec impudence. *Mentir, nier impudemment.*

IMPUDENCE [ɛpydɑ̃s]. *n. f.* (1511 ; lat. *impudentia*). ♦ 1º Effronterie audacieuse ou cynique qui choque, indigne. V. **Cynisme, effronterie**. « *On n'a jamais débité des mensonges avec une impudence aussi effrontée* » (VOLT.). *Il a eu l'impudence de se présenter chez vous ?* V. **Aplomb, culot, front, hardiesse, insolence**. ♦ 2º Caractère de ce qui est impudent. *L'impudence de ses mensonges.* ♦ 3º (1694). Action, parole impudente. *Ces impudences grossières me révoltent.* ◇ ANT. *Discrétion, pudeur, réserve.*

IMPUDENT, ENTE [ɛpydɑ̃, ɑ̃t]. *adj.* (v. 1520 ; lat. *impudens*). ♦ 1º Qui montre de l'impudence. V. **Cynique, effronté, éhonté, hardi, impertinent, insolent**. Subst. « *De l'impudent ou de celui qui ne rougit de rien* » (LA BRUY.). ♦ 2º (*Choses*). *Propos impudents. Vanité impudente.* ◇ ANT. *Discret, réservé.*

IMPUDEUR [ɛpydœʀ]. *n. f.* (1659 ; de *in*- 1, et *pudeur*). ♦ 1º Manque de pudeur, de réserve, de discrétion. — *Spécialt.* V. **Immodestie, impudicité**. « *Pour atténuer l'impudeur de la mode, Marie couvrit ... ses blanches épaules* » (BALZ.). ♦ 2º *Rare.* Impudence. *Il a l'impudeur de demander encore de l'argent.* ◇ ANT. *Pudeur, réserve, retenue. Chasteté, confusion, honte.*

IMPUDICITÉ [ɛpydisite]. *n. f.* (fin XIVᵉ ; de *impudique*). *Littér.* ♦ 1º Vice contraire à la pudicité. V. **Dévergondage, impudeur, impureté, lascivité, lubricité, luxure**. *L'impudicité de Messaline.* ♦ 2º Caractère de ce qui est impudique. V. **Immodestie, indécence, obscénité**. *Geste plein d'impudicité.* ♦ 3º Acte ou parole impudique. *Les impudicités des Bacchantes.* ◇ ANT. *Chasteté, pudicité, pureté.*

IMPUDIQUE [ɛpydik]. *adj.* (v. 1380 ; lat. *impudicus*). ♦ 1º Qui outrage la pudeur en étalant l'immoralité de ses mœurs, de sa conduite. V. **Dévergondé, éhonté, immodeste, impur**. ♦ 2º (*Choses*). Qui blesse la pudeur. *Gestes, manières impudiques.* V. **Indécent, obscène**. ◇ ANT. *Chaste, honnête, pudique.*

IMPUDIQUEMENT [ɛpydikmã]. *adv.* (1488 ; de *impudique*). *Littér.* D'une manière impudique. ◇ ANT. *Pudiquement.*

IMPUISSANCE [ɛpɥisɑ̃s]. *n. f.* (1361 ; de *in*- 1, et *puissance*). ♦ 1º Manque de puissance, de moyens suffisants pour faire qqch. *L'impuissance humaine.* V. **Faiblesse, misère**. *Le sentiment de son impuissance l'écrasait.* « *Mécontent de moi-même et pénétré de mon impuissance* » (SAND). *Impuissance de la volonté :* aboulie. *Frapper d'impuissance :* paralyser. *Impuissance à exprimer qqch., à résoudre les difficultés. L'impuissance où l'on est de faire qqch.* V. **Impossibilité, incapacité**. ♦ 2º Caractère de ce qui est impuissant. *L'impuissance de leurs efforts.* ♦ 3º *Spécialt.* (1558). *Impuissance sexuelle*, ou absolt. *Impuissance*, incapacité physique d'accomplir l'acte sexuel normal et complet, pour l'homme. *Impuissance par troubles fonctionnels ou névrotiques.* ◇ ANT. *Aptitude, capacité, efficacité, pouvoir, puissance. Virilité.*

IMPUISSANT, ANTE [ɛpɥisɑ̃, ɑ̃t]. *adj.* (1474 ; de *in*- 1, et *puissant*). ♦ 1º Qui n'a pas de puissance, de moyens suffisants pour faire qqch. *Il reste impuissant devant ce désastre, contre ces menaces.* V. **Désarmé, faible**. « *Il « assiste, impuissant, au destin qu'il a déchaîné* » (MART. du G.). — *Impuissant à* (suivi d'un inf.). V. **Incapable** (de). *Esprit impuissant à raisonner.* ♦ 2º (1558). Qui est incapable physiquement d'accomplir l'acte sexuel. *Un individu stérile n'est pas forcément impuissant.* Subst. *C'est un impuissant.* ♦ 3º *Littér.* Qui manque de puissance créatrice. « *Le poète impuissant qui maudit son génie* » (MALLARMÉ). ♦ 4º Qui est sans effet, sans efficacité. *Une rage impuissante.* « *La justice sans la force est impuissante* » (PASC.). V. **Débile, inefficace, inopérant**. ◇ ANT. *Capable, efficace, puissant.*

IMPULSER [ɛpylse]. *v. tr.* (1945 ; de *impulsion*, d'apr. l'angl. *to impulse*). Animer, donner une impulsion à. « *J'ai besoin d'un jeune qui puisse impulser* (*sic*) *mon service* » (*Le Monde*, 23-10-1966).

IMPULSIF, IVE [ɛpylsif, iv]. *adj.* (1390 ; bas lat. *impulsivus*, de *pellere* « pousser »). ♦ 1º *Vx.* Qui donne, produit une impulsion. « *Force impulsive* » (BUFF.). ♦ 2º *Mod.* (*Personnes*). Qui agit sous l'impulsion de mouvements spontanés, irréfléchis ou plus forts que sa volonté. *Un enfant impulsif.* V. **Emporté, fougueux, violent**. ◇ Subst. *Un impulsif :* une personne impulsive. — *Spécialt. Méd.* Malade (dégénéré) incapable de résister à ses impulsions. ◇ ANT. *Calme, réfléchi.*

IMPULSION [ɛpylsjɔ̃]. *n. f.* (1315 ; lat. *impulsio*, de *impellere* « pousser vers »). ♦ 1º (*Concret*). Action de pousser. *Ce qui pousse.* V. **Impression, poussée**. *Transmettre, communiquer une impulsion.* V. **Mouvoir, pousser** (Cf. Mettre en branle*, en mouvement*). *Jusqu'à Newton, on expliquait toute la dynamique par le principe d'impulsion.* ◇ *Spécialt. Sc.* Force créant un mouvement. — *Mécan.* Produit d'une force constante par son temps d'application. — Signal de grande amplitude et de courte durée. *Excitation par impulsion* (ou par choc) : excitation d'un système d'oscillations au moyen d'apports périodiques d'énergie (principe appliqué au radar). ♦ 2º (*Abstrait*). Le fait de pousser, d'inciter ; ce qui anime. *Impulsion donnée aux affaires, au commerce.* V. **Animation, direction**. *Recevoir une impulsion favorable.* V. **Essor**. ♦ 3º (1370). Action de pousser (qqn) à faire qqch. V. **Influence**. *L'impulsion des sentiments, du cœur.* V. **Appel, élan, entraînement, force**. *L'impulsion de la vengeance, de la raison.* V. **Conseil, voix** (fig.). ◇ *Une, des impulsion(s) :* tendance spontanée à l'action. V. **Instinct, mouvement, penchant**. *Impulsions violentes, irrésistibles. Obéir, céder à ses impulsions.* V. **Impulsif**. « *Je suis un homme qui agit d'après ses impulsions* » (R. ROLLAND). *Impulsion morbide*, tendance irrésistible à l'accomplissement d'un acte. *Impulsion au vol* (kleptomanie), *à mettre le feu* (pyromanie). ◇ ANT. *Barrière, frein, inhibition.*

IMPULSIVEMENT [ɛpylsivmã]. *adv.* (XXᵉ ; de *impulsif*). D'une manière impulsive. *Il a répondu impulsivement, sans réfléchir.*

IMPULSIVITÉ [ɛpylsivite]. *n. f.* (1907 ; de *impulsif*). Caractère impulsif (2º).

IMPUNÉMENT [ɛpynemã]. *adv.* (1554 ; pour *impuniment*, de *impuni*). ♦ 1º Sans être puni, sans subir de punition. *Voler, tuer impunément. Se moquer impunément de qqn.* ♦ 2º (1697). Sans dommage pour soi, sans s'exposer à aucun risque, à aucun inconvénient. « *On ne lit pas impunément des niaiseries* » (HUGO). ♦ 3º *Vx* (1669). Sans punir, sans tirer vengeance. « *Se laisser offenser impunément, c'était tout perdre* » (STENDHAL).

IMPUNI, IE [ɛpyni]. *adj.* (1320 ; lat. *impunitus*). Qui n'est pas puni, ne reçoit pas de punition. *Coupable impuni.* « *Faut-il laisser un affront impuni ?* » (CORN.). « *Ce vice impuni, la lecture* » (LARBAUD).

IMPUNITÉ [ɛpynite]. *n. f.* (1352 ; lat. *impunitas*). Caractère de ce qui est impuni ; absence de punition. *Chercher l'impunité dans un asile. Meurtre qui s'exerce avec impunité. Être assuré de l'impunité, jouir de l'impunité.* « *Nous sommes grisés d'impunité,... nous croyons la justice endormie* » (MAURIAC).

IMPUR, URE [ɛpyʀ]. *adj.* (h. XIIIᵉ ; lat. *impurus*). Qui n'est pas pur. ♦ 1º (XIVᵉ). Altéré par un mélange ; corrompu par des éléments étrangers. *Liquide impur ; eau impure, boueuse, bourbeuse.* — Fig. *Race, naissance impure.* ♦ 2º Dont la Loi commande de fuir le contact comme un péché ; qui s'est souillé en commettant certains actes défendus par la Loi. *Animaux impurs.* V. **Immonde**. « *La femme, enfant malade et douze fois impur* » (VIGNY). ♦ 3º (1611). *Vx* ou *littér.* Qui est mauvais (moralement). V. **Immoral, indigne**, infâme, vil. « *Loin du monde railleur, loin de la foule impure* » (BAUDEL.). *Cœur impur*. V. **Bas**. — *Les esprits impurs : les esprits du mal, les démons*. « *Qu'un sang impur abreuve nos sillons* » (La Marseillaise). ♦ 4° *Spécialt*. V. **Déshonnête, impudique**. *Une femme impure. Pensées impures*. « *Ces gestes impurs de volupté qu'il y a dans les danses espagnoles* » (BARRÈS). V. **Indécent**. ◇ ANT. **Pur**.

IMPUREMENT [ɛ̃pyʀmɑ̃]. *adv*. (1576; de *impur*). *Rare*. D'une manière impure. *Vivre impurement*. ◇ ANT. **Chastement**.

IMPURETÉ [ɛ̃pyʀte]. *n. f.* (*Impurté*, v. 1380; lat. *impuritas*). Caractère de ce qui est impur; chose impure. ♦ 1° Corruption résultant d'une altération, d'un mélange. V. **Corruption, souillure**. *L'impureté d'un liquide, de l'air*. ◇ *Une, des impureté(s) :* ce qui rend impur. *Liquide rempli d'impuretés*. V. **Immondice, saleté**. *Filtrer, cribler les impuretés. Éliminer les impuretés*. V. **Purger**. ♦ 2° (1611). Bassesse, corruption morale. V. **Boue, bourbe, ordure** (*fig.*). « *J'avais déjà pu remarquer l'impureté des mœurs politiques* » (LECOMTE). ♦ 3° Impudicité. *Vivre dans l'impureté. Impureté d'une pensée, d'une conversation*. ◇ *Vx*. Acte impur; chose impure. V. **Obscénité, souillure**. « *Les impuretés du théâtre et les sanglants spectacles des gladiateurs* » (BOSS.). ◇ ANT. **Pureté, honnêteté; chasteté, continence**.

IMPUTABILITÉ [ɛ̃pytabilite]. *n. f.* (1759; de *imputable*). *Didact*. ♦ 1° Caractère de ce qui est imputable, de ce que l'on peut imputer à qqn. V. **Responsabilité**. ♦ 2° *Dr*. Possibilité de considérer une personne, du point de vue matériel et du point de vue moral, comme l'auteur d'une infraction.

IMPUTABLE [ɛ̃pytabl(ə)]. *adj*. (1361; de *imputer*). ♦ 1° Qui peut, qui doit être imputé, attribué. V. **Attribuable**. « *La « mauvaise organisation » dont on se plaint ici... n'est imputable le plus souvent qu'à la négligence...* » (GIDE). ♦ 2° *Fin*. Qui doit être imputé, prélevé (sur un compte, un crédit, une recette). *Somme imputable sur tel chapitre, tel crédit*.

IMPUTATION [ɛ̃pytasjɔ̃]. *n. f.* (1460; lat. *imputatio*). ♦ 1° Action d'imputer à qqn, de mettre sur le compte de qqn (une action blâmable, une faute). V. **Accusation, allégation, attaque, inculpation**. *Imputation de vol*. « *Le grief imaginaire l'emportait sur l'imputation précise* » (GIDE). *Se justifier d'une imputation*. ♦ 2° *Fin*. Affectation, application d'une somme à un compte déterminé. *Imputation d'un payement :* le fait d'affecter spécialement une somme au règlement d'une dette particulière, lors d'un payement partiel.

IMPUTER [ɛ̃pyte]. *v. tr*. (1361; *emputer*, fin XIII⁰; lat. *imputare* « porter au compte », de *putare* « compter »). I. IMPUTER À : mettre (qqch.) sur le compte de qqn. V. **Attribuer**. ♦ 1° Attribuer (à qqn) une chose digne de blâme. V. **Accuser, charger** (de). *Imputer un crime à qqn*. V. **Incriminer**. — *Par ext*. (à une chose) « *On ne pouvait en imputer la faute qu'à la fortune* » (FLÉCH.). ♦ 2° *Vx*. Attribuer (qqch. à qqn) sans idée de blâme ou avec éloge. « *Vous m'imputez un poème sur la religion naturelle* » (VOLT.). ♦ 3° *Littér*. IMPUTER À (suivi d'un subst. sans l'article) : considérer l'action que l'on impute comme. *Imputer à crime, à négligence, à oubli, à péché*. « *Je m'imputais à honte, et presque à crime, le silence qui régnait* » (STENDHAL). II. (Fin XVI⁰). Porter en compte, appliquer à un compte déterminé. V. **Imputation; affecter, appliquer** (à), **porter**. « *Il fallait imputer les frais d'hôpital au budget de la ville* » (CAMUS). ◇ ANT. **Excuser; disculper, laver** (d'une accusation).

IMPUTRESCIBILITÉ [ɛ̃pytʀesibilite]. *n. f.* (1859; de *imputrescible*). *Didact*. Caractère de ce qui est imputrescible.

IMPUTRESCIBLE [ɛ̃pytʀesibl(ə)]. *adj*. (v. 1490, rare av. 1802; lat. *imputrescibilis*). *Didact*. Qui ne peut se putréfier. *Bois, cuir imputrescible*. ◇ ANT. **Putrescible**.

IN [in]. *adj. invar*. (1965; mot angl., « dans », « dedans »). ♦ 1° À la mode. Cf. Chic, dans le vent*. « *Le cabaret « in » de Saint-Tropez* » (*Nouv. Obs.*, 17-1-1968). (Opposé à *out* ou *off*). ♦ 2° *Cin*., *télév*. *Voix in*, voix d'une personne présente à l'écran. — *Recomm. offic*. (voix) dans le champ (opposé à *hors champ, off*).

In Symbole chimique de l'*indium**.

-IN, -INE (lat. *-inum, -inam*). ♦ 1° Suffixe d'adjectifs indiquant la provenance, l'origine (*angevin, florentin*), la composition, la matière (*ivoirin*), l'espèce (*bovin, félin*), le caractère (*chevalin, enfantin*). ♦ 2° Suffixe de noms, diminutif (*bottine, oursin, tambourin*) ou péj. (*plaisantin, routine*). — **-INE**. Suffixe indiquant l'essence ou la nature d'un produit (*caféine, glycérine, lustrine, pénicilline*).

1. **IN-**. Élément négatif, du lat. *in-*, préf. : *inconnu, inexpérience, inhabile, insensibiliser* (*im-* devant *b, m, p; il-* devant *l; ir-* devant *r*).

2. **IN-**. Élément locatif, du lat. *in*, prép. « en, dans » : *incorporer, infiltrer, inspecter*.

INABORDABLE [inabɔʀdabl(ə)]. *adj*. (1611; de *in-* 1, et *abordable*). ♦ 1° Où l'on ne peut aborder. « *En hiver, le port de Cochin est inabordable* » (BUFF.). — Qu'il est impossible ou très difficile d'atteindre, d'approcher. V. **Inaccessible**. ♦ 2° *Personnes*. *Vx* (XVII⁰). D'un abord, d'accès difficile. « *Un assez grand fat qui est plus inabordable qu'un Napoléon à Sainte-Hélène* » (STE-BEUVE). ♦ 3° *Cour*. (1873). D'un prix élevé, qui n'est pas à la portée de toutes les bourses. V. **Cher, exorbitant, hors** (de prix). *Les asperges sont inabordables cette année*. ◇ ANT. **Abordable, accessible, facile**.

INABRITÉ, ÉE [inabʀite]. *adj*. (1839; de *in-* 1, et *abrité*). *Rare*. Qui n'est pas abrité.

INABROGEABLE [inabʀɔʒabl(ə)]. *adj*. (1839; de *in-* 1, et *abroger*). *Dr*. Qui ne peut être abrogé. *Lois inabrogeables*.

IN ABSENTIA [inapsɑ̃sja] ou [inabsɛntja]. *loc. adv*. (XX⁰; loc. lat., « en l'absence »). *Admin.*, *didact*. En l'absence (de la personne intéressée; de ce qui est concerné).

IN ABSTRACTO [inapstʀakto]. *loc. adv*. (XX⁰; loc. lat., de *abstractus* « abstrait »). *Didact*. Dans l'abstrait, sans tenir compte de la réalité. *Raisonner in abstracto*.

INACCENTUÉ, ÉE [inaksɑ̃tɥe]. *adj*. (1829; de *in-* 1, et *accentuer*). *Ling*. Qui ne porte pas d'accentuation. V. **Atone**. *Voyelle, syllabe inaccentuée. Je, me, te, se, formes inaccentuées du pronom personnel*. ◇ ANT. **Accentué, tonique**.

INACCEPTABLE [inaksɛptabl(ə)]. *adj*. (1779; de *in-* 1, et *acceptable*). Qu'on ne peut, qu'on ne doit pas accepter. V. **Inadmissible, irrecevable**. *Offre inacceptable*. « *Le chef de bureau m'a tenu des propos inacceptables* » (DUHAM.). ◇ ANT. **Acceptable, approuvable**.

INACCESSIBILITÉ [inaksesibilite]. *n. f.* (1551; de *inaccessible*). État de ce qui est inaccessible.

INACCESSIBLE [inaksesibl(ə)]. *adj*. (1372; bas lat. *inaccessibilis*, d'apr. *accessible*). ♦ 1° Qui n'est pas accessible; dont l'accès est impossible. V. **Impénétrable, inabordable**. *Montagne inaccessible. Forêt inaccessible*. « *L'île de Calypso était inaccessible à tous les mortels* » (FÉN.). ◇ Qu'on ne peut atteindre; hors d'atteinte. « *On regrette moins ce qu'on a toujours su inaccessible* » (PROUST). « *Il est vain et dangereux de se proposer un objectif inaccessible* » (MAUROIS). ◇ (*Abstrait*) Qu'on ne peut atteindre, connaître, comprendre. V. **Inconnaissable**. ♦ 2° *Personnes* (XVI⁰). Qui est d'un abord très difficile. V. **Inabordable**. « *Elle lui parut donc si vertueuse et inaccessible que toute espérance l'abandonna* » (FLAUB.). *Inaccessible à* (qqch.), qui ne se laisse ni convaincre ni toucher par, qui est fermé à (certains sentiments). V. **Impénétrable** (à), **insensible** (à). *Être inaccessible à la pitié, à la tendresse*. « *C'était une âme inaccessible à l'envie* » (VOLT.). ◇ ANT. **Abordable, accessible**.

INACCOMPLI, IE [inakɔ̃pli]. *adj*. (1845; de *in-* 1, et *accompli*). *Littér*. Qui n'est pas accompli. ◇ ANT. **Accompli**.

INACCOMPLISSEMENT [inakɔ̃plismɑ̃]. *n. m.* (1845; de *in-* 1, et *accomplissement*). *Littér*. Défaut d'accomplissement. ◇ ANT. **Accomplissement**.

INACCORDABLE [inakɔʀdabl(ə)]. *adj*. (1789; de *in-* 1, et *accorder*). *Rare*. Qu'on ne peut accorder, octroyer. *Demande inaccordable*. V. **Irrecevable**. ◇ ANT. **Recevable**.

INACCOUTUMÉ, ÉE [inakutyme]. *adj*. (1390, rare av. XVII⁰; de *in-* 1, et *accoutumé*). ♦ 1° Qui n'a pas coutume de se produire, de se faire. V. **Anormal, inhabituel, insolite, nouveau**. *Agitation inaccoutumée*. ♦ 2° *Littér*. Qui n'est pas accoutumé, habitué à. *Être inaccoutumé à un genre de vie*. « *Une indécence qui pouvait révolter des yeux inaccoutumés à ces spectacles* » (VOLT.). ◇ ANT. **Commun, coutumier, habituel. Accoutumé, habitué**.

INACHEVÉ, ÉE [inaʃve]. *adj*. (fin XVIII⁰; de *in-* 1, et *achevé*). Qui n'est pas achevé. *Esquisse inachevée. Travail inachevé*. V. **Imparfait, incomplet**. — *La symphonie inachevée*, de Schubert. ◇ *Subst*. « *L'imprécis et l'inachevé* » (GIDE). ◇ ANT. **Accompli, achevé, complet, fini, parfait**.

INACHÈVEMENT [inaʃɛvmɑ̃]. *n. m.* (1845; de *in-* 1, et *achèvement*). État de ce qui n'est pas achevé. ◇ ANT. **Achèvement**.

INACTIF, IVE [inaktif, iv]. *adj*. (1717; de *in-* 1, et *actif*). ♦ 1° *Vx*. Inerte. « *Matière brute, inactive* » (BUFF.). ♦ 2° *Mod*. Qui n'a pas d'activité. V. **Désœuvré, oisif, paresseux**. *Femme casanière et inactive*. V. **Endormi**. *Rester inactif* (Cf. Croiser les bras*, se reposer sur ses lauriers). *Il ne demeure jamais inactif*. V. **Immobile, repos** (en). ♦ 3° Qui n'agit pas, est sans action. *Remède inactif*. V. **Inefficace**. ◇ ANT. **Actif, agissant, alerte, entreprenant, occupé. Efficace**.

INACTINIQUE [inaktinik]. *adj*. (1933; de *in-* 1, et *actinique*). *Phys*. Se dit d'un rayonnement qui n'a aucune action chimique sur un milieu donné. *Rayon, lumière inactinique de la chambre noire, en photographie*.

INACTION [inaksjɔ̃]. *n. f.* (1647; de *in-* 1, et *action*). Absence ou cessation de toute action; état de ce qui est inactif. V. **Inactivité; désœuvrement, engourdissement, léthargie, oisiveté, torpeur**. *Condamner, réduire à l'inaction*. « *J'étais vouée par état au silence et à l'inaction* » (LACLOS). « *L'inac-*

tion me tue » (DUHAM.). ◇ ANT. *Action, ardeur, emploi, exercice, occupation.*

INACTIVATION [inaktivasjɔ̃]. *n. f.* (1953; de *inactiver*). *Biol.* Suppression de l'activité d'une substance biochimique, d'un micro-organisme, sous l'effet de causes diverses (chaleur, substances chimiques).

INACTIVER [inaktive]. *v. tr.* (1911; de *inactif*). *Biol.* Rendre inactif, supprimer l'activité spécifique d'une substance, d'un organisme vivant. *Virus inactivé,* dont on a détruit le pouvoir infectieux.

INACTIVITÉ [inaktivite]. *n. f.* (1737; de *in-* 1, et *activité*). ♦ 1° Manque d'activité. V. **Inaction.** *Inactivité totale.* V. **Inertie.** *Cette existence « tout passivité, tout inactivité, tout immobilité »* (BALZ.). ♦ 2° *Dr., Admin.* Situation d'un fonctionnaire, d'un militaire qui n'est pas momentanément en service actif. *Être, se faire mettre en inactivité.* V. **Congé.** ◇ ANT. *Activité, besogne, emploi, occupation.*

INACTUEL, ELLE [inaktɥɛl]. *adj.* (1931; de *in-* 1, et *actuel*). *Didact.* Qui n'est pas d'actualité. *Préoccupations inactuelles* (Cf. D'un autre âge). ◇ ANT. *Actuel.*

INADAPTATION [inadaptasjɔ̃]. *n. f.* (1845, repris 1931; de *in-* 1, et *adaptation*). Défaut d'adaptation. *Psycho. Inadaptation sociale. Inadaptation passagère ou permanente d'un enfant à la vie familiale ou scolaire.* V. **Inadapté.** ◇ ANT. *Adaptation.*

INADAPTÉ, ÉE [inadapte]. *adj.* (1845; de *in-* 1, et *adapté*). Qui n'est pas adapté. *Mener une vie inadaptée à ses besoins.* — Spécialt. *Enfant inadapté,* présentant un déficit intellectuel ou des troubles affectifs qui le rendent incapable de faire face aux conditions normales de la vie. ◇ *Subst. Rééducation des inadaptés. « Les contraintes que la société fait peser sur les récalcitrants, les inadaptés »* (SARRAUTE). ◇ ANT. *Adapté.*

INADÉQUAT, QUATE [inadekwa, kwat]. *adj.* (1760; de *in-* 1, et *adéquat*). *Didact.* Qui n'est pas adéquat. *Ses qualités « étaient inadéquates à l'heure de son ministère »* (CHATEAUB.). ◇ ANT. *Adéquat.*

INADÉQUATION [inadekwasjɔ̃]. *n. f.* (1907; de *inadéquat*). *Didact.* Caractère de ce qui n'est pas adéquat. ◇ ANT. *Adéquation, convenance.*

INADMISSIBILITÉ [inadmisibilite]. *n. f.* (1790; de *inadmissible*). Caractère de ce qui est inadmissible. *L'inadmissibilité d'une déposition, d'une preuve.* ◇ ANT. *Admissibilité.*

INADMISSIBLE [inadmisibl(ə)]. *adj.* (1475; de *in-* 1, et *admissible*). Qu'il est impossible d'admettre, de recevoir. *C'est inadmissible.* V. **Inacceptable, irrecevable.** *Son attitude est inadmissible.* V. **Intolérable.** *Opinion inadmissible.* V. **Insoutenable.** ◇ ANT. *Admissible.*

INADVERTANCE [inadvɛʀtɑ̃s]. *n. f.* (1344; lat. *inadvertentia*). ♦ 1° *Rare.* Défaut d'attention, d'application à une chose déterminée. V. **Inattention.** ♦ 2° *Cour.* PAR INADVERTANCE. *loc. adv.* V. **Mégarde, méprise** (par). *Il est entré sans frapper, par inadvertance.* ◇ ANT. *Attention, soin.*

INALIÉNABILITÉ [inaljenabilite]. *n. f.* (1722; de *inaliénable*). *Dr.* Caractère de ce qui est inaliénable. *Anc. Dr. Inaliénabilité du domaine de la couronne, du domaine public.* ◇ ANT. *Aliénabilité.*

INALIÉNABLE [inaljenabl(ə)]. *adj.* (1563; de *in-* 1, et *aliénable*). ♦ 1° *Dr.* Qui ne peut être aliéné. *Droits, valeurs, titres inaliénables.* V. **Incessible.** *Les biens du domaine public sont inaliénables et imprescriptibles.* ♦ 2° *Littér.* Qui ne peut être ôté. *« Une dignité inaliénable »* (ST-EXUP.). ◇ ANT. *Aliénable.*

INALIÉNATION [inaljenasjɔ̃]. *n. f.* (1764; de *in-* 1, et *aliénation*). *Dr.* État de ce qui n'est pas aliéné.

INALLIABLE [inaljabl(ə)]. *adj.* (1671, fig.; de *in-* 1, et *allier*). *Techn. Métaux inalliables :* qui ne peuvent former un alliage.

INALTÉRABILITÉ [inaltɛʀabilite]. *n. f.* (1724; de *inaltérable*). Caractère de ce qui est inaltérable. *Inaltérabilité d'un métal. Inaltérabilité d'un principe.* V. **Immutabilité.** ◇ ANT. *Altérabilité, fragilité.*

INALTÉRABLE [inaltɛʀabl(ə)]. *adj.* (1361; de *in-* 1, et *altérable*). ♦ 1° Qui ne peut être altéré; qui garde ses qualités. *Corps, matière inaltérable à la chaleur, à l'air, au frottement.* V. **Imputrescible, incorruptible, inusable.** *Couleur inaltérable.* V. **Fixe** (Cf. Grand teint, bon teint). — *Ciel inaltérable.* V. **Immuable, invariable, permanent, perpétuel.** ♦ 2° (Abstrait). *Sentiment, humeur inaltérable.* V. **Constant, éternel, stable.** *« Le calme inaltérable de sa voix et de ses manières »* (VIGNY). ◇ ANT. *Altérable, changeant, fragile.*

INALTÉRÉ, ÉE [inaltɛʀe]. *adj.* (1846; de *in-* 1, et *altéré*). *Rare.* Qui n'a subi aucune altération. V. **Intact, pur.** ◇ ANT. *Altéré, changé.*

INAMICAL, ALE, AUX [inamikal, o]. *adj.* (1846; de *in-* 1, et *amical*). Qui n'est pas amical. V. **Hostile.** *Geste inamical.* ◇ ANT. *Amical.*

INAMISSIBLE [inamisibl(ə)]. *adj.* (1617; de *in-* 1, et *amissible*). *Théol.* Qui ne peut se perdre. *« Grâce inaltérable et inamissible »* (BOURDALOUE).

INAMOVIBILITÉ [inamɔvibilite]. *n. f.* (1774; de *inamovible*). *Dr., admin.* Prérogative en vertu de laquelle les magistrats et certains fonctionnaires ne peuvent être déplacés, ou privés ou suspendus de leurs fonctions, sans la mise en œuvre de procédures protectrices exorbitantes du droit commun disciplinaire. *Inamovibilité des juges, d'un magistrat.* — Par ext. *Inamovibilité d'une fonction, d'un emploi.*

INAMOVIBLE [inamɔvibl(ə)]. *adj.* (1750; de *in-* 1, et *amovible*). *Dr.* Qui n'est pas amovible, qui ne peut être destitué, suspendu ou déplacé dans les conditions administratives ordinaires. *Magistrat, sénateur inamovible.* ◇ *Par plaisant.* Qui garde sa fonction, sa place, qu'on ne remplace pas. V. **Éternel.** *« Les inamovibles vieillards, aux inamovibles casquettes, aux inamovibles mégots, qui... les regardaient de leurs yeux morts »* (Cl. SIMON). ◇ ANT. *Amovible.*

INANALYSABLE [inanalizabl(ə)]. *adj.* (1845; de *in-* 1, et *analysable*). Qu'on ne peut analyser. *« Mille choses inanalysables et cependant expressives »* (FLAUB.). ◇ ANT. *Analysable.*

INANIMÉ, ÉE [inanime]. *adj.* (1478; de *in-* 1, et *animé*). Qui n'est pas animé. ♦ 1° Qui, par essence, est sans vie. *La matière est inanimée.* ♦ 2° Qui a perdu la vie, ou qui a perdu connaissance. *Le corps inanimé d'une personne morte, évanouie.* V. **Immobile, inerte.** *Tomber inanimé.* ◇ ANT. *Animé, conscient, vivant; sensible, vif.*

INANITÉ [inanite]. *n. f.* (1496; lat. *inanitas,* de *inanis* « vide, vain »). ♦ 1° *Rare.* État de ce qui est vide. V. **Néant, vide.** ♦ 2° *Cour.* Caractère d'inutilité. V. **Futilité, inutilité, vanité.** *L'inanité d'un espoir, d'une illusion. « L'inanité des conversations était effarante »* (GIDE). ◇ ANT. *Importance.*

INANITION [inanisjɔ̃]. *n. f.* (1240; bas lat. *inanitio* « action de vider », de *inanire,* de *inanis* « vide, à jeun »). ♦ 1° *Vieilli.* État résultant d'un manque de nourriture. — Par métaph. *« L'amour Vit d'inanition et meurt de nourriture »* (MUSS.). ♦ 2° *Cour.* Épuisement, faiblesse. *Tomber d'inanition; mourir d'inanition.* V. **Faim.** ◇ ANT. *Réplétion.*

INAPAISABLE [inapezabl(ə)]. *adj.* (1845; de *in-* 1, et *apaiser*). *Littér.* Qui ne peut être apaisé. *« D'inapaisables spasmes »* (MAUPASS.).

INAPAISÉ, ÉE [inapeze]. *adj.* (fin XVIIIe; de *in-* 1, et *apaisé*). *Littér.* Qui n'est pas apaisé. V. **Insatisfait.** ◇ ANT. *Apaisé.*

INAPERÇU, UE [inapɛʀsy]. *adj.* (1787; de *in-* 1, et *aperçu*). *Rare.* Qui n'est pas aperçu, remarqué. *Geste inaperçu.* — *Cour. Passer inaperçu,* ne pas être remarqué. *Avec ce costume il ne passera pas inaperçu.* ◇ ANT. *Aperçu.*

INAPPÉTENCE [inapetɑ̃s]. *n. f.* (1549; de *in-* 1, et *appétence*). *Didact.* Défaut d'appétit. V. **Anorexie.** ◇ *Fig.* et *littér.* Manque de besoin, de désir. V. **Indifférence.** *Inappétence sentimentale, sexuelle.* V. **Froideur.** ◇ ANT. *Appétence, appétit, besoin, faim; avidité, désir.*

INAPPLICABLE [inaplikabl(ə)]. *adj.* (1762; de *in-* 1, et *applicable*). Qui ne peut être appliqué. *Théorie, décret inapplicable.* ◇ ANT. *Applicable.*

INAPPLICATION [inaplikasjɔ̃]. *n. f.* (XVIIe; de *in-* 1, et *application*). ♦ 1° *Didact.* Manque d'application, de soin. V. **Étourderie, inattention.** *Inapplication d'un élève.* ♦ 2° *Dr.* Défaut d'application, de mise en pratique. *L'inapplication d'une loi.* ◇ ANT. *Application.*

INAPPLIQUÉ, ÉE [inaplike]. *adj.* (1677; de *in-* 1, et *appliqué*). ♦ 1° Qui n'est pas appliqué, qui manque d'application. *Écolier inappliqué.* V. **Étourdi, inattentif.** ♦ 2° (XIXe). Qui n'a pas été appliqué, mis en pratique. *Procédé inappliqué.* ◇ ANT. *Appliqué, attentif.*

INAPPRÉCIABLE [inapresjabl(ə)]. *adj.* (mil. XVe; de *in-* 1, et *appréciable*). ♦ 1° Qui ne peut être apprécié, évalué. *Différence, nuance inappréciable.* ♦ 2° *Cour.* Qu'on ne saurait trop apprécier, estimer; de grande valeur. V. **Inestimable, précieux** (Cf. D'importance, sans prix). *D'inappréciables avantages. « J'ai l'inappréciable bonheur de posséder encore ma mère »* (DUHAM.). ◇ ANT. *Appréciable, médiocre, modique.*

INAPPRIVOISABLE [inaprivwazabl(ə)]. *adj.* (1765; de *in-* 1, et *apprivoisable*). *Didact.* Qui ne peut être apprivoisé. V. **Sauvage.** *« Quelque grande tigresse, inapprivoisable à l'homme »* (BARBEY). ◇ ANT. *Apprivoisable.*

INAPPRIVOISÉ, ÉE [inaprivwaze]. *adj.* (1846; de *in-* 1, et *apprivoisé*). *Didact.* Qui n'est pas apprivoisé. V. **Sauvage.** ◇ ANT. *Apprivoisé.*

INAPTE [inapt]. *adj.* et *n. m.* (XVe; rare av. fin XVIIIe (on employait *inepte*); de *in-* 1, et *apte*). ♦ 1° Qui n'est pas apte, qui manque d'aptitude. V. **Incapable, inhabile.** *Personne inapte aux affaires, à diriger une affaire. « Il était inapte à se faire apprécier, et presque installé dans cette inaptitude »* (MONTHERLANT). ◇ *Milit.* Impropre au service en général ou à une arme en particulier. *Il fut déclaré inapte.* — Subst.

Inaptes versés dans l'auxiliaire. ♦ 2° N. m. *Biol.* Individu physiquement inapte à vivre normalement. ◇ ANT. *Adroit, apte, capable.*

INAPTITUDE [inaptityd]. *n. f.* (xve, rare av. xviiie; de *in-* 1, et *aptitude*). Défaut d'aptitude (à qqch.). V. **Incapacité.** *Inaptitude à un exercice physique.* « *Mon inaptitude à rimer* » (RENAN). ◇ *Milit.* État d'un soldat inapte. ◇ ANT. *Aptitude.*

INARRANGEABLE [inarãʒabl(ə)]. *adj.* (1873; de *in-* 1, et *arranger*). Qu'on ne peut arranger, réparer.

INARTICULÉ, ÉE [inartikyle]. *adj.* (fin xvie; *main inarticulée,* 1380; de *in-* 1, et *articulé*). Qui n'est pas articulé; qui est émis, prononcé sans netteté. *Sons, mots inarticulés.* « *Quelques soupirs vagues et inarticulés* » (GAUTIER). ◇ ANT. *Articulé, clair.*

INASSIMILABLE [inasimilabl(ə)]. *adj.* (1845; de *in-* 1, et *assimilable*). Qui n'est pas assimilable. *Substances inassimilables. Connaissances inassimilables.* « *Ces originaux inassimilables par une société policée* » (SARTRE). ◇ ANT. *Assimilable.*

INASSOUVI, IE [inasuvi]. *adj.* (1794; de *in-* 1, et *assouvi*). *Littér.* Qui n'est pas assouvi, satisfait. V. **Inapaisé, insatisfait.** *Rester inassouvi* (Cf. Rester sur sa faim*). *Désir, haine inassouvie.* — Subst. « *Les inquiets et les inassouvis* » (CÉLINE). ◇ ANT. *Apaisé, assouvi, comblé, repu, satisfait.*

INASSOUVISSABLE [inasuvisabl(ə)]. *adj.* (1845; de *in-* 1, et *assouvir*). Qui ne peut être assouvi. *Faim inassouvissable.* V. **Insatiable.** *Désir, soif inassouvissable.* Par ext. *Personne inassouvissable.*

INASSOUVISSEMENT [inasuvismã]. *n. m.* (1845; de *in-* 1, et *assouvissement*). *Littér.* État de ce qui n'est pas ou ne peut être assouvi. V. **Insatisfaction.** ◇ ANT. *Assouvissement.*

INATTAQUABLE [inatakabl(ə)]. *adj.* (1726; de *in-* 1, et *attaquable*). ♦ 1° Qu'on ne peut attaquer avec quelque succès. *Poste, position inattaquable.* ♦ 2° Qui ne peut être mis en cause. *Texte, preuve inattaquable.* V. **Authentique, certain.** *Une réputation inattaquable.* V. **Irréprochable.** — Par ext. « *Elle est inattaquable... c'est une honnête femme* » (MAUPASS.). ◇ ANT. *Attaquable, critiquable, douteux.*

INATTENDU, UE [inatãdy]. *adj.* (1613; de *in-* 1, et *attendu*). Qu'on n'attendait pas, à quoi on ne s'attendait pas. *Personnage inattendu qui survient à l'improviste.* « *Il demeura interloqué... devant cette visite inattendue* » (BOURGET). V. **Fortuit, imprévu, inopiné.** *Une nouvelle inattendue.* V. **Étonnant, surprenant.** *Le résultat, l'effet fut très inattendu.* V. **Déconcertant, déroutant.** *Profit inattendu.* V. **Inespéré.** *Avec une fermeté inattendue.* V. **Insoupçonné.** ◇ Subst. m. « *Le rire naît de l'inattendu* » (HUGO). ◇ ANT. *Attendu, prévu; coutumier; banal, normal.*

INATTENTIF, IVE [inatãtif, iv]. *adj.* (déb. xviiie; de *in-* 1, et *attentif*). Qui ne prête pas attention. V. **Absent, distrait, écervelé, étourdi, inappliqué, léger.** *Lecteur inattentif. Inattentif à nos soucis.* ◇ ANT. *Appliqué, attentif, avide, circonspect.*

INATTENTION [inatãsjɔ̃]. *n. f.* (1671; de *in-* 1, et *attention*). Manque d'attention. — Vx. *Inattention à qqch.* V. **Indifférence.** — Mod. Absolt. *Une profonde inattention.* V. **Distraction.** *Un instant, une minute d'inattention. Imprudent par inattention.* V. **Inadvertance, insouciance, légèreté, négligence.** *Faute, erreur d'inattention* : omission, oubli. ◇ ANT. *Attention, application, circonspection, contention.*

INAUDIBLE [inodibl(ə)]. *adj.* (1842; lat. *inaudibilis.* V. **Audible**). ♦ 1° Sc. Que l'on ne peut entendre. *Vibrations inaudibles* (moins de 15 périodes-seconde, plus de 20 000 p.-s.). ♦ 2° Que l'on entend difficilement. *Un murmure inaudible.* ♦ 3° Trop mauvais pour être écouté. *Musique inaudible.* V. **Inécoutable.** ◇ ANT. *Audible.*

INAUGURAL, ALE, AUX [inɔ(o)gyral, o]. *adj.* (1670; de *inaugurer,* sur le modèle de *augural*). Qui a rapport à une inauguration. *Séance inaugurale d'un congrès.*

INAUGURATEUR, TRICE [inɔ(o)gyratœr, tris]. *n.* (1858; de *inaugurer*). Rare. Personne qui inaugure.

INAUGURATION [inɔ(o)gyrasjɔ̃]. *n. f.* (mil. xive, « sacre »; rare av. xviiie; lat. *inauguratio*). ♦ 1° Cérémonie par laquelle on consacre (un temple, un édifice), par laquelle on livre au public (un édifice, un monument nouveau). *Inauguration d'une statue, d'une plaque commémorative* (V. **Dédicace**); *d'une route, d'une usine* (V. **Ouverture**). *Discours, cérémonie d'inauguration.* ♦ 2° Fig. et littér. Commencement, début. « *L'inauguration d'une période... qui deviendra vraiment prodigieuse* » (PROUDHON). ◇ ANT. *Désaffectation, fermeture; clôture.*

INAUGURER [inɔ(o)gyre]. *v. tr.* (mil. xive, « sacrer »; rare jusqu'au xviiie; lat. *inaugurare* « prendre les augures, consacrer »). ♦ 1° Consacrer ou livrer au public solennellement (un monument, un édifice nouveau). *Inaugurer un temple.* V. **Consacrer.** « *On inaugurait, à Bourg-la-Reine, une plaque de marbre à la mémoire d'Évariste Galois* » (ALAIN). ♦ 2° Entreprendre, mettre en pratique pour la première fois.

Inaugurer une nouvelle politique. ◇ ANT. *Fermer, copier, continuer, poursuivre.*

INAUTHENTICITÉ [inɔ(o)tãtisite]. *n. f.* (1867; de *inauthentique*). Manque d'authenticité. ◇ ANT. *Authenticité.*

INAUTHENTIQUE [inɔ(o)tãtik]. *adj.* et *n. m.* (1867; de *in-* 1, et *authentique*). ♦ 1° Qui n'est pas authentique. *Ouvrage inauthentique.* V. **Apocryphe.** *Fait, rapport inauthentique.* V. **Controuvé.** ♦ 2° *Philo.* (Existentialisme) ou *littér.* Qui ne possède pas ou ne représente pas les formes authentiques de l'existence. *Vie inauthentique. Un homme inauthentique.* ◇ N. m. *Vivre dans l'inauthentique.* V. **Inauthenticité.** ◇ ANT. *Authentique.*

INAVOUABLE [inavwabl(ə)]. *adj.* (1815; de *in-* 1, et *avouable*). Qui n'est pas avouable. « *Bénéfices inavouables* » (MADELIN). *Projets inavouables. Mœurs inavouables.* V. **Abject, coupable, honteux.** ◇ ANT. *Avouable, bon.*

INAVOUÉ, ÉE [inavwe]. *adj.* (1794; de *in-* 1, et *avoué*). Rare. Qui n'est pas avoué. *Acte, crime inavoué* : caché, secret. ◇ Cour. *Des sentiments inavoués* : qu'on ne s'avoue pas. ◇ ANT. *Avoué, connu.*

INCA [ɛ̃ka]. *adj. invar.* et *n.* (fin xvie; mot quichua). Adj. Nom donné à la puissance politique établie au Pérou par les chefs de clans de certaines tribus andines (avant la conquête espagnole). *Empire inca. Civilisation inca.* ◇ N. *Les Incas* ou *les Inca* : les sujets de l'Empire inca. *Le quichua, langue des Incas. Les quipous inca.* — Spécialt. *L'Inca,* le chef, le souverain de l'Empire inca.

INCALCULABLE [ɛ̃kalkylabl(ə)]. *adj.* (1779; de *in-* 1, et *calculable*). ♦ 1° Impossible à calculer. *Le nombre incalculable des étoiles.* ♦ 2° Cour. Impossible ou difficile à apprécier. V. **Considérable, illimité.** « *Petit, fatal événement qui eut d'incalculables conséquences* » (MICHELET). ◇ ANT. *Calculable.*

INCANDESCENCE [ɛ̃kãdesãs]. *n. f.* (1771; de *incandescent*). État d'un corps incandescent. *Métal chauffé jusqu'à l'incandescence.* V. **Blanc** (chauffé à). *Être en incandescence.* V. **Brûler.** ◇ *Lampe, manchon à incandescence* : qui éclaire par un filament porté à incandescence.

INCANDESCENT, ENTE [ɛ̃kãdesã, ãt]. *adj.* (1771; lat. *incandescens,* p. prés. de *incandescere* « être en feu »). Chauffé à blanc ou au rouge vif; rendu lumineux par une chaleur intense. V. **Ardent, igné, lumineux.** *Charbon, métal incandescent. Les flammes sont des gaz incandescents.* ◇ Fig. « *Il n'avait pas besoin d'activer le feu de son imagination, toujours incandescente* » (BAUDEL.). ◇ ANT. *Froid, éteint.*

INCANTATION [ɛ̃kãtasjɔ̃]. *n. f.* (xiiie; bas lat. *incantatio,* de *incantare.* V. **Enchanter**). ♦ 1° Emploi de paroles magiques. « *L'incantation peut participer à la fois du commandement et de la prière* » (BERGSON). ◇ Paroles magiques pour opérer un charme, un sortilège. V. **Enchantement, évocation.** ♦ 2° Action d'enchanter, d'agir avec force par l'émotion. « *L'incantation toute-puissante de la douce mélodie* » (MICHELET).

INCANTATOIRE [ɛ̃kãtatwar]. *adj.* (1884; de *incantation*). Qui forme une incantation. *Formule incantatoire.*

INCAPABLE [ɛ̃kapabl(ə)]. *adj.* (1464; de *in-* 1, et *capable*). ♦ 1° Qui n'est pas capable (par nature ou par accident, de façon temporaire, durable ou définitive). V. **Impuissant, inapte, inhabile** (à). — INCAPABLE DE. *Être incapable de faire qqch.* (Cf. Être hors d'état* de, ne pas être en mesure; être dans l'impossibilité*; ne pas pouvoir*; et pop. Ne pas être fichu*, foutu* de). *L'homme est incapable de souffrir ou d'être heureux longtemps. Il n'est donc capable de rien qui vaille* » (CAMUS). *Être incapable de faire un travail par incompétence, maladresse.* V. **Incompétent, maladroit.** *Être incapable de résister à une envie.* — *Il est incapable de mentir* : dans l'impossibilité morale de mentir. ◇ *Vx* ou *littér.* (Suivi d'un substantif) « *Je suis incapable d'amour, incapable d'amitié* (dit Salavin) » (DUHAM.). ♦ 2° (xvie; Choses). *Vx.* Qui n'est pas susceptible de. *Une terre incapable de rien produire.* « *Des mots incapables d'être définis* » (PASC.). ♦ 3° Absolt. Qui n'a pas l'adresse, l'aptitude, la capacité nécessaire. *Un homme incapable.* ◇ Subst. *Un incapable, une incapable.* V. **Ignorant, médiocre, nullité.** *C'est un incapable, un parfait incapable* (Cf. Bon à rien). ♦ 4° *Dr.* Inapte à jouir d'un droit ou à l'exercer. V. **Incapacité.** *Majeurs incapables* : aliénés, faibles d'esprit, prodigues. Subst. *Les incapables* (V. **Interdit, mineur**). ◇ ANT. *Capable; apte, habile.*

INCAPACITANT, ANTE [ɛ̃kapasitã, ãt]. *adj.* et *n. m.* (1968; de *incapacité*). *Milit.* Substance toxique susceptible de rendre temporairement inapte au combat. *Bombe incapacitante.* — Subst. *Des incapacitants.*

INCAPACITÉ [ɛ̃kapasite]. *n. f.* (v. 1525; de *in-* 1, et *capacité*). ♦ 1° État de celui, de celle qui est incapable de faire qqch.). V. **Impossibilité, impuissance** (à), **inaptitude.** « *Leur incapacité de comprendre ce qui les dépasse* » (GIDE). *Je suis dans l'incapacité de vous répondre* (Cf. Hors d'état de). ◇ Absolt. Défaut de capacité. V. **Ignorance, impéritie, incompétence, inhabileté.** « *En fait de gouvernement, l'incapa-*

cité est une trahison » (CHATEAUB.). ♦ 2° État d'une personne qui, à la suite d'une blessure, d'une maladie, est devenue incapable de travailler, d'accomplir certains actes. — (1873) *Incapacité de travail. Incapacité totale* (empêchant tout travail rémunérateur) ; *incapacité partielle.* V. **Invalidité.** *Incapacité permanente*, infirmité mettant quelqu'un dans l'impossibilité de travailler. ♦ 3° *Dr.* État d'une personne privée, par la loi, de la jouissance ou de l'exercice de certains droits (V. **Déchéance**). *Incapacité d'exercice*, inaptitude d'une personne à mettre en œuvre elle-même certains droits. *Incapacité légale d'exercice des mineurs. Incapacité de jouissance*, inaptitude à être titulaire de certains droits. — Dr. const. *Incapacité électorale*, situations entraînant la perte du droit de vote. ◇ ANT. *Aptitude, capacité.*

INCARCÉRATION [ɛ̃karseRasjɔ̃]. *n. f.* (XVᵉ; « étranglement » (1314), méd.; de *incarcérer*). ♦ 1° Action d'incarcérer (V. **Emprisonnement**); état d'une personne incarcérée. V. **Captivité.** ♦ 2° *Méd. Incarcération du placenta* (*Syn.* ENCHATONNEMENT). ◇ ANT. *Liberté.*

INCARCÉRER [ɛ̃kaRseRe]. *v. tr.*; conjug. *céder* (*Encarcerer*, 1392, rare jusqu'au XVIIIᵉ; lat. médiév. *incarcerare*, de *carcer* « prison »). Mettre en prison. V. **Emprisonner.** *On l'a incarcéré.* — Au p. p. *Prévenu incarcéré.* ◇ ANT. *Délivrer, libérer.*

INCARNADIN, INE [ɛ̃kaRnadɛ̃, in]. *adj.* (1600; it. dial. *incarnadino*, pour *incarnatino*. V. **Incarnat**). *Littér.* D'une couleur d'incarnat pâle. « *Le nez mignon avec la bouche Incarnadine* » (VERLAINE).

INCARNAT, ATE [ɛ̃kaRna, at]. *adj.* (1532; it. *incarnato* « couleur de la chair »). D'un rouge clair et vif. *Velours incarnat. Trèfle incarnat.* — Subst. *Des rideaux d'un bel incarnat. Littér.* « *L'incarnat de son teint était plus vif* » (BALZ.).

INCARNATION [ɛ̃kaRnasjɔ̃]. *n. f.* (1113; lat. *incarnatio*). ♦ 1° Dans la religion chrétienne, Union intime en Jésus-Christ de la nature divine avec une nature humaine. *L'incarnation du Christ*, et absolt. *L'Incarnation. Le mystère de l'Incarnation.* ◇ Action par laquelle une divinité s'incarne dans le corps d'un homme ou d'un animal. *Les incarnations de Jupiter* (V. **Métamorphose**), *de Vichnou* (V. **Avatar**). ♦ 2° (Mil. XIXᵉ). Ce qui incarne, représente. V. **Image, personnification.** « *Le Gouvernement l'exaspérait, comme l'incarnation même de l'injustice* » (FLAUB.).

INCARNÉ, ÉE [ɛ̃kaRne]. *adj.* (XVIᵉ; *encharneie*, 1160; V. **Incarner**). I. ♦ 1° *Relig.* Qui s'est incarné, s'est fait chair. *Le Verbe incarné*, Jésus-Christ. ♦ 2° (XVIᵉ). Qui est représenté sous une forme matérielle. « *Louis XVIII était la légitimité incarnée* » (CHATEAUB.). II. *Méd.* (1863). Qui pénètre dans les chairs. *Ongle incarné.* ◇ ANT. *Désincarné.*

INCARNER [ɛ̃kaRne]. *v. tr.* (1495; méd., 1372; a. fr. *encharner*, refait sur le lat. ecclés. *incarnare*). ♦ 1° Revêtir (un être spirituel) d'un corps charnel, d'une forme humaine ou animale. — Pronom. « *Le Verbe s'est incarné à l'homme de douleur* » (CHATEAUB.). *Les divinités indiennes s'incarnaient successivement dans des corps différents.* ♦ 2° *Littér.* Représenter (une chose abstraite) sous une forme matérielle et sensible. *Incarner une idée dans une œuvre.* — Pronom. *Tous nos espoirs s'incarnent en vous.* ♦ 3° *Cour.* Représenter en soi, soi-même (une chose abstraite). V. **Figurer.** « *Quand un homme domine un siècle et incarne le progrès* » (HUGO). ♦ 4° (XXᵉ). Représenter un personnage dans un spectacle. V. **Interpréter, jouer.** *Sarah Bernhardt incarna l'Aiglon.*

INCARTADE [ɛ̃kaRtad]. *n. f.* (1612; it. *inquartata*, en escrime). ♦ 1° *Vx.* Boutade blessante lancée brusquement et inconsidérément. V. **Algarade, sortie; insulte.** *Les « brusqueries et* (les) *incartades d'Alceste* » (ROUSS.). ♦ 2° *Mod.* Léger écart de conduite. V. **Caprice, écart, extravagance, folie.** « *Ta dernière incartade prouve que ton éducation est à refaire* » (SARTRE). ♦ 3° *Équit.* Écart brusque d'un cheval.

INCASIQUE [ɛ̃kazik]. *adj.* (v. 1900; de *inca*). *Didact.* Relatif aux Incas.

INCASSABLE [ɛ̃kasabl(ə)]. *adj.* (1801; de *in-* 1, et *cassable*). Qui ne peut être brisé. V. **Infrangible.** *Verre incassable.* ◇ Qui ne se casse pas facilement. V. **Solide.** *Fil incassable.* ◇ ANT. *Cassable, cassant, fragile.*

INCENDIAIRE [ɛ̃sɑ̃djɛR]. *n. et adj.* (XIIIᵉ; lat. *incendiarius*). I. *N.* Personne qui allume volontairement un incendie. V. **Pétroleur, pyromane.** *Néron fut incendiaire.* II. *Adj.* (1400). ♦ 1° Propre à causer l'incendie. V. **Ardent.** *Matières combustibles et incendiaires. Balles, bombes* (au phosphore, au calcium, au napalm) *incendiaires.* ♦ 2° *Fig.* Propre à enflammer les esprits, à allumer la révolte. V. **Séditieux.** *Propos, déclarations incendiaires.* ◇ *Spécialt.* Qui éveille les désirs amoureux. *Une blonde incendiaire. Œillade incendiaire* (Cf. Œillade assassine). « *Des lettres d'amour... mais qui n'ont rien d'incendiaire ou d'inavouable* » (HENRIOT).

INCENDIE [ɛ̃sɑ̃di]. *n. m.* (1575; lat. *incendium*; Cf. a. béarnais *Encendy* [1570]). ♦ 1° Grand feu qui se propage en causant des dégâts. V. **Embrasement, feu; brasier, sinistre.** *Incendie de forêt. Foyer d'incendie. Défense, protection contre l'incendie. Les pompiers maîtrisèrent l'incendie. Assurance contre l'incendie.* ♦ 2° Lumière rougeoyante éclairant une grande étendue. « *L'incendie du soleil couchant.* « *L'incendie augmente, l'orient paraît tout en flammes; à leur éclat on attend l'astre...* » (ROUSS.). ♦ 3° *Fig.* Bouleversement, guerre. *La Serbie* « *peut toujours être le brandon d'un incendie européen* » (ARAGON).

INCENDIER [ɛ̃sɑ̃dje]. *v. tr.* (1596; de *incendie*). ♦ 1° Mettre en feu. V. **Brûler, consumer.** *Incendier une maison, un village.* V. **Détruire.** — Au p. p. *Forêt incendiée* : *brûlis.* — Par ext. *Des fermiers incendiés*, dont les fermes ont été détruites par l'incendie. ♦ 2° Irriter en provoquant une impression de brûlure. « *Ça avait un goût de vin roussi et ça lui incendia la gorge* » (SARTRE). ♦ 3° Colorer d'une lueur ardente. « *Un gros soleil rouge qui incendie nos vitres* » (DAUD.). — « *Le visage, aux pommettes incendiées par la fièvre* » (BARBEY). ♦ 4° *Fig.* Enflammer, exciter. *Les petites bonnes* « *dont il incendiait l'imagination avec le récit mensonger de ses exploits* » (MAC ORLAN). ♦ 5° *Pop.* (1905). *Incendier qqn*, l'accabler de reproches. — *Se faire incendier.*

INCÉRATION [ɛ̃seRasjɔ̃]. *n. f.* (1732; rad. lat. *cera* « cire »). *Didact.* Action de donner à une matière la consistance de la cire; action de mêler de la cire à une substance.

1. INCERTAIN, AINE [ɛ̃sɛRtɛ̃, ɛn]. *adj.* (1329; de *in-* 1, et *certain*). I. ♦ 1° Qui n'est pas fixé, déterminé à l'avance. V. **Indéterminé.** « *De nos ans passagers le nombre est incertain* » (RAC.). ♦ 2° Qui n'est pas certain, assuré, sûr. V. **Aléatoire, contingent, douteux, éventuel, hypothétique, problématique.** *Un monde* « *où tout est fugitif, périssable, incertain* » (LAMART.). *Dépendre d'un événement incertain. Résultat, succès incertain. Entreprise, affaire incertaine*, dont le résultat n'est pas certain. V. **Chanceux, hasardé, précaire.** ◇ *Sur lequel on ne peut compter. Aide incertaine; appui incertain. Temps incertain.* V. **Indécis, variable.** ♦ 3° Qui n'est pas connu avec certitude. « *Il n'est pas certain que tout soit incertain* » (PASC.). V. **Contestable, douteux.** *Origine, date incertaine.* ♦ 4° (1564). Dont la forme, la nature n'est pas nette, claire. V. **Changeant, confus, indécis, indéfini, indéfinissable; imprécis, obscur, vague.** *Contours incertains.* V. **Vaporeux.** *La plaine* « *que la lune dans son premier quartier n'éclairait que d'une lumière incertaine* » (VIGNY). « *À la moindre allusion, même incertaine, il s'assombrissait* » (DUHAM.). V. **Ambigu, équivoque, nébuleux.** II. (*Personnes*; v. 1400, « ignorant de » ; sens mod., XVIᵉ). Qui manque de certitude, de décision, de détermination; qui est dans le doute. V. **Embarrassé, faible, hésitant, indécis, irrésolu, vacillant.** *Demeurer incertain.* — *Incertain de* (suivi d'un subst., d'un inf.), qui est dans le doute sur. *Il flotta,* « *incertain du parti qu'il devait prendre* » (MÉRIMÉE). *Être incertain de ce que l'on va faire.* — Par ext. *Pas incertains; démarche incertaine.* ◇ ANT. *Certain. Sûr; fixe, stable. Clair, net, précis. Décidé, ferme, résolu.*

2. INCERTAIN [ɛ̃sɛRtɛ̃]. *n. m.* (1753; du précéd.). *Fin.* Cote de change qui permet de calculer la quantité de monnaie française correspondant à une quantité fixe de monnaie étrangère. *Le certain et l'incertain.*

INCERTITUDE [ɛ̃sɛRtityd]. *n. f.* (1495; de *in-* 1, et *certitude*). ♦ I. ♦ 1° État de ce qui est incertain. *Incertitude de l'avenir, des événements, d'un résultat.* « *L'incertitude de notre avenir donne aux objets leur véritable prix* » (CHATEAUB.). *Incertitude des choses humaines.* V. **Fragilité, précarité.** — *Math.* Majorant de la valeur absolue d'une erreur*, intervalle à l'intérieur duquel se trouvent la valeur exacte, inconnue, et la valeur calculée d'une grandeur (V. **Précision**). — *Phys. Principe d'incertitude* (ou *d'indétermination*) *de Heisenberg*, d'après lequel il est impossible de déterminer avec précision à la fois la position et la vitesse (ou la quantité de mouvement) d'un corpuscule, en mécanique intra-atomique. *Relations d'incertitude*, qui expriment numériquement cette imprécision. ♦ 2° *Vx.* Chose incertaine, mal connue, qui prête au doute. « *La plus grande partie de la philosophie n'est qu'un amas d'incertitudes* » (NICOLE). ♦ 3° Chose imprévisible. « *Les lendemains remplis d'incertitudes* » (LOTI). V. **Chance, hasard.** II. (1538). ♦ 1° État d'une personne incertaine. V. **Anxiété, doute, inquiétude.** *L'homme,* « *cloaque d'incertitude et d'erreur* » (PASC.). *Être, demeurer dans l'incertitude.* ◇ *Spécialt.* État d'une personne incertaine de ce qu'elle fera. V. **Embarras, hésitation, indécision, indétermination, irrésolution, perplexité.** *Être dans l'incertitude. Je lui avais communiqué* « *mon incertitude qui, le jour des décisions, l'empêcherait d'en prendre aucune* » (RADIGUET). — *Esprit en pleine*

incertitude. V. **Crise, désarroi. ♦ 2°** (Rare). *Une incertitude.* V. **Hésitation.**
◇ ANT. *Certitude, clarté. Fermeté, résolution.*

INCESSAMMENT [ɛ̃sesamã]. *adv.* (1358; de *incessant*).
♦ **1°** *Vx.* D'une manière incessante, sans cesse. V. **Constamment, continuellement.** *Gavarni varie « incessamment ses types »* (GAUTIER). ♦ **2°** (1671). *Mod.* Très prochainement, sans délai, sans retard. V. **Bientôt, peu** (sous peu), **tôt** (au plus tôt); **suite** (tout de suite). *Il doit arriver, venir incessamment.*

INCESSANT, ANTE [ɛ̃sesã, ãt]. *adj.* (1552; de *in-* 1, et *cessant*). Qui ne cesse pas, dure sans interruption. V. **Continu, continuel, ininterrompu, perpétuel.** *D'incessantes récriminations.* V. **Éternel.** *« La douce plainte incessante d'une source »* (PROUST). ◇ ANT. *Discontinu, interrompu, rare.*

INCESSIBILITÉ [ɛ̃sesibilite]. *n. f.* (1839; de *incessible*). *Dr.* Caractère de ce qui est incessible. V. **Inaliénabilité.** ◇ ANT. *Cessibilité.*

INCESSIBLE [ɛ̃sesibl(ə)]. *adj.* (1576; de *in-* 1, et *cessible*). *Dr.* Qui ne peut être cédé. V. **Inaliénable.** *Droit, privilège incessible.* ◇ ANT. *Cessible.*

INCESTE [ɛ̃sɛst(ə)]. *n.* (1130; lat. *incestus*, proprem. « non chaste »). ♦ **1°** *N. m.* Relations sexuelles entre un homme et une femme parents ou alliés à un degré entraînant la prohibition du mariage. — *Par ext.* Amour incestueux. *Byron « baptisant inceste un amour assez naturel pour une demi-sœur inconnue, transforma la faute en crime »* (MAUROIS). ♦ **2°** *Vx* (XIVe). *N. m.* et *f.* Personne qui a commis un inceste.

INCESTUEUX, EUSE [ɛ̃sɛstɥø, øz]. *adj.* (XIIIe; lat. *incestuosus*). ♦ **1°** Coupable d'inceste. *« De Phèdre malgré soi perfide, incestueuse »* (BOIL.). — Subst. *Un incestueux.* ♦ **2°** Qui constitue un inceste. *Amour incestueux.* ♦ **3°** Issu d'un inceste. *Enfant incestueux.*

INCHANGÉ, ÉE [ɛ̃ʃãʒe]. *adj.* (1842; de *in-* 1, et *changé*). Qui n'a pas changé. *La situation demeure inchangée.* ◇ ANT. *Changé.*

INCHANTABLE [ɛ̃ʃãtabl(ə)]. *adj.* (XVIIIe; de *in-* 1, et *chanter*). Impossible, trop difficile à chanter.

INCHAUFFABLE [ɛ̃ʃofabl(ə)]. *adj.* (XXe; de *in-* 1, et *chauffer*). Impossible ou très difficile à chauffer. *Ces grandes pièces sont inchauffables.*

INCHAVIRABLE [ɛ̃ʃavirabl(ə)]. *adj.* (1878; de *in-* 1, et *chavirer*). Qui ne peut chavirer. *Canot de sauvetage inchavirable.*

INCHOATIF, IVE [ɛ̃kɔatif, iv]. *adj.* (1380; lat. *inchoativus*, de *inchoare* « commencer »). *Ling.* Se dit des formes verbales exprimant une action commençante, une progression. *Verbes inchoatifs.*

INCIDEMMENT [ɛ̃sidamã]. *adv.* (v. 1310; de *incident*). D'une manière incidente; sans y attacher une importance capitale. V. **Accessoirement, accidentellement.** *« J'ai dû te nommer incidemment, parmi les camarades »* (ROMAINS).

INCIDENCE [ɛ̃sidãs]. *n. f.* (1360; de *incident*).
I. *Vx.* Ce qui arrive, survient; circonstance, incident.
II. (1637). ♦ **1°** *Sc.* Rencontre (d'une ligne, d'un corps et d'une autre ligne, d'une autre surface, etc.). *Spécialt.* Rencontre d'un rayon (lumineux, électromagnétique) et d'une surface. *Point d'incidence :* point de rencontre du rayon incident et de la surface. *Plan d'incidence. Angle d'incidence,* formé par le rayon incident et la normale à la surface frappée, au point d'incidence. — *Par ext.* Direction du rayon incident. *L'angle de réflexion, de réfraction, dépend de l'incidence.* ♦ **2°** (XIXe). *Écon.* Effet de la charge fiscale sur une personne ou une classe qui la supporte finalement au lieu du contribuable qui, légalement, l'acquitte. *Incidence des impôts de consommation.* ♦ **3°** Conséquence, effet, influence. *L'incidence des salaires sur les prix de revient. « Quelle sera sur la communauté française l'incidence des phénomènes ainsi déterminés ? »* (DUHAM.). ♦ **4°** (1966). *Méd.* Nombre de cas de maladie apparus pendant une période de temps donnée au sein d'une population (distinct de *prévalence*).

INCIDENT [ɛ̃sidã]. *n. m.* (1265; du lat. scolastique *incidens*, de *incidere* « tomber sur, survenir »). ♦ **1°** Petit événement qui survient. *Un incident sans importance. « La vie n'est qu'une succession d'incidents »* (STE-BEUVE). *Incident imprévu, inopiné.* V. **Aventure.** *« À l'église, il y eut un incident pénible, l'abbé Madeline s'évanouit »* (ZOLA). ◇ *Spécialt.* Petite difficulté imprévue qui survient au cours d'une entreprise. V. **Accroc, anicroche.** *Le voyage s'est passé sans incident.* ♦ **2°** Événement peu important en lui-même, mais capable d'entraîner de graves conséquences dans les relations internationales. *Incident diplomatique. « Un incident de frontière, peut-être un casus belli entre la France et l'Allemagne »* (HERMANT). — (Dans la vie politique, sociale) Désordre. *S'efforcer de créer, de provoquer des incidents dans une réunion, dans la rue.* ♦ **3°** *Hist. litt.* Événement accessoire qui survient dans le cours de l'action principale (d'une pièce de théâtre, d'un roman). V. **Épisode, péripétie.** ♦ **4°** *Dr.* Contestation accessoire au cours d'un procès, venant en interrompre le déroulement. *Incident d'audience,* relatif à la compétence,

l'administration de la preuve, la régularité de la procédure. *Soulever un incident* (on dit *incidenter*). — *Fig.* Difficulté, objection (dans un débat, au jeu). V. **Chicane, dispute.**

INCIDENT, ENTE [ɛ̃sidã, ãt]. *adj.* (1468; Cf. le précéd.).
♦ **1°** *Dr.* Qui survient accessoirement dans un procès, une affaire. V. **Accessoire.** *Contestation, demande, question, requête incidente.* ♦ **2°** (XVIIIe). *Phys.* Qui rencontre une surface, un corps réfringent. V. **Incidence.** ♦ **3°** *Gram.* Se dit d'une proposition qui suspend une phrase pour y introduire un énoncé accessoire. V. **Incise.** Subst. *Mettre une incidente entre parenthèses, entre tirets. « En phrases interrompues, coupées de continuelles incidentes »* (ZOLA). ◇ ANT. *Dominant, principal.*

INCINÉRATEUR [ɛ̃sineratœr]. *n. m.* (1894; de *incinérer*). Appareil où l'on incinère les ordures.

INCINÉRATION [ɛ̃sinerasjɔ̃]. *n. f.* (1390, rare av. 1762; bas lat. *incineratio*). Action d'incinérer. *Fours d'incinération, ou incinérateurs.* — *Spécialt. Incinération des cadavres.* V. **Crémation; cinéraire** (urne), **columbarium.**

INCINÉRER [ɛ̃sinere]. *v. tr.;* conjug. *céder* (1488, repris XIXe; lat. *incinerare*, de *cinis* « cendre »). Réduire en cendres. V. **Brûler.** — *Spécialt. Incinérer un cadavre.* — Au p. p. *« On retrouva enfouis, incinérés, les restes de ses victimes »* (COLETTE).

INCIPIT [ɛ̃sipit]. *n. m. invar.* (1867; mot lat., 3e pers. sing. ind. de *incipire* « commencer »). *Didact.* Premiers mots d'un manuscrit, d'un livre. *Catalogue citant les incipit des ouvrages répertoriés.*

INCIRCONCIS, ISE [ɛ̃sirkɔ̃si, iz]. *adj.* et *n.* (1530; lat. ecclés. *incirconcisus.* V. **Circoncis**). *Relig.* Qui n'est pas circoncis; n'appartient pas à la nation juive. V. **Goy.** ◇ *Fig.* et *vx.* Pécheur. ◇ ANT. *Circoncis.*

INCIRCONCISION [ɛ̃sirkɔ̃sizjɔ̃]. *n. f.* (XVIe; de *incirconcis*). *Vx* ou *Relig.* État de celui qui est incirconcis.

INCISE [ɛ̃siz]. *n.* et *adj. f.* (1770; lat. *incisa* « coupée »).
♦ **1°** *Mus.* Groupe de notes formant un fragment d'un rythme. ♦ **2°** *Gram.* (1771). Proposition généralement courte, tantôt insérée dans le corps de la phrase, tantôt rejetée à la fin pour indiquer qu'on rapporte les paroles de qqn ou pour exprimer une sorte de parenthèse. V. **Incident(e).** Ex. *« Un soir, t'en souvient-il? nous voguions en silence »* (LAMART.). — Adj. *Proposition incise.*

INCISÉ, ÉE [ɛ̃size]. *adj.* (V. **Inciser**). *Bot. Feuille incisée,* dont les bords présentent des découpures profondes et irrégulières.

INCISER [ɛ̃size]. *v. tr.* (1418; lat. pop. *°incisare,* de *incisus,* p. p. de *incidere* « couper »). Fendre avec un instrument tranchant. V. **Couper, entailler; incision.** — *Arbor. Inciser un pin pour recueillir la résine. Inciser l'écorce d'un arbre pour le greffage.* V. **Écorcer, scarifier.** *« Le médecin... se présente avec sa trousse pour inciser son panaris »* (MICHAUX).

INCISIF, IVE [ɛ̃sizif, iv]. *adj.* (1314; lat. méd. *incisivus*).
♦ **1°** *Vx.* Qui incise, qui est propre à couper. V. **Tranchant.** *Anat.* (XVIe) *Dents incisives.* V. **Incisive.** ♦ **2°** *Mod.* (1831). Acerbe, acéré, aigu, mordant, tranchant. *Ironie incisive. Critique incisive.* V. **Emporte-pièce** (à l'). *Style incisif et concis.* — (Personnes) *« Éloquent..., parfois ironique, spirituel, incisif »* (RENAN). ◇ ANT. *Mou, terne.*

INCISION [ɛ̃sizjɔ̃]. *n. f.* (1314; lat. *incisio*). Action d'inciser; son résultat. V. **Coupure, entaille, fente.** *Faire une incision annulaire à l'écorce d'un arbre fruitier :* baguer, cerner. ◇ Division des parties molles avec un instrument tranchant. *Pratiquer une incision :* inciser. *Incision d'une plaie, d'un organe* (V. **-Tomie**). *Incision cruciale. Instruments pour incisions* (bistouri, scalpel).

INCISIVE [ɛ̃siziv]. *n. f.* (1754; de *dent incisive*). Dent aplatie et tranchante qui coupe les aliments, dans la partie médiane des arcades dentaires. *Les huit incisives de l'homme. « Les tranchantes incisives des rongeurs »* (PERGAUD).

INCISURE [ɛ̃sizyr]. *n. f.* (XVIe; « incision », 1638 « découpure de certains organes »; du lat. *incisura* « fente, fissure »).
♦ **1°** *Bot.* Découpure irrégulière. ♦ **2°** *Anat.* Échancrure à bords nettement délimités, à la surface d'un organe.

INCITANT, ANTE [ɛ̃sitã, ãt]. *adj.* et *n. m.* (v. 1970; de *inciter*). *Physiol.* Excitant.

INCITATEUR, TRICE [ɛ̃sitatœr, tris]. *n.* (1470; de *inciter*). *Rare.* Personne qui incite. V. **Excitateur, instigateur.** *Un incitateur de troubles.*

INCITATION [ɛ̃sitasjɔ̃]. *n. f.* (1360; lat. *incitatio*). Action d'inciter; ce qui incite. V. **Conseil, encouragement, exhortation, instigation.** *Incitation à la révolte, à la violence.* V. **Excitation, provocation.** *« Je trouvais chez lui, non point une incitation, mais bien un empêchement »* (GIDE). *Dr. Incitation au meurtre.* V. **Apologie.** *Incitation de mineurs à la débauche.* ◇ *Physiol.* Excitation. ◇ ANT. *Apaisement.*

INCITER [ɛ̃site]. *v. tr.* (XIVe; *enciter,* 1190; lat. *incitare*). *Littér.* Entraîner, pousser (qqn) à qqch., faire qqch. V. **Disposer, encourager, engager, exciter, exhorter, inviter, solliciter.** *Un homme nonchalant qu'il faut sans cesse inciter à l'action.* V. **Aiguillonner, stimuler.** ◇ *Cour.* Conduire (qqn) à un sentiment, un comportement, par une influence morale (surtout avec sujet de chose). *Sa réponse m'incite à penser qu'il est innocent. La publicité incite à acheter. La guerre « incite à l'héroïsme les âmes fières* » (LECOMTE). ◈ ANT. Détourner, empêcher; apaiser.

INCIVIL, ILE [ɛ̃sivil]. *adj.* (1361; lat. *incivilis*). *Vx* ou *littér.* ♦ 1° Qui manque de civilité. V. **Impoli.** *Un homme incivil.* ♦ 2° Contraire à la bienséance. *Répondre sur un ton incivil.* ◈ ANT. *Civil, courtois, honnête, poli.*

INCIVILEMENT [ɛ̃sivilmã]. *adv.* (1462; de *incivil*). *Vx* ou *littér.* D'une manière incivile. ◈ ANT. *Civilement.*

INCIVILISABLE [ɛ̃sivilizabl(ə)]. *adj.* (1831; de *in-* 1, et *civiliser*). Qu'on ne peut civiliser. ◈ ANT. *Civilisable.*

INCIVILITÉ [ɛ̃sivilite]. *n. f.* (1426; lat. *incivilitas*). *Vx* ou *littér.* ♦ 1° Manque de civilité. V. **Impolitesse.** ♦ 2° (XVIIᵉ). Action ou parole incivile. *Commettre une incivilité.* ◈ ANT. *Civilité.*

INCIVIQUE [ɛ̃sivik]. *adj.* (1794; de *in-* 1, et *civique*). *Vieilli.* Qui manque de civisme. *Attitude incivique.* — *Collaborateur** (en Belgique).

INCIVISME [ɛ̃sivism(ə)]. *n. m.* (1791; de *in-* 1, et *civisme*). *Vieilli.* Défaut de civisme. ◈ ANT. *Civisme*

INCLASSABLE [ɛ̃klasabl(ə)]. *adj.* (1845; de *in-* 1, et *classable*; Cf. Classer). Impossible à classer, à définir précisément. *Une œuvre inclassable.*

INCLÉMENCE [ɛ̃klemãs]. *n. f.* (1520; lat. *inclementia*). ♦ 1° *Vx.* Manque de clémence. « *Pour fléchir l'inclémence des Dieux* » (RAC.). ♦ 2° *Fig.* et *littér.* V. **Dureté, rigueur.** *L'inclémence de l'hiver.* ◈ ANT. *Clémence, douceur.*

INCLÉMENT, ENTE [ɛ̃klemã, ãt]. *adj.* (1546; lat. *inclemens*). ♦ 1° *Vx.* Qui manque de clémence. *Juges incléments.* ♦ 2° *Fig.* et *littér.* V. **Dur, rigoureux.** « *Dans l'inclément désert* » (HUGO). ◈ ANT. *Clément.*

INCLINAISON [ɛ̃klinɛzɔ̃]. *n. f.* (1611; de *incliner*). ♦ 1° État de ce qui est incliné; obliquité d'une ligne droite ou d'une surface relativement au plan de l'horizon. *Inclinaison d'un talus, d'un toit.* V. **Déclivité, penchant, pente.** *L'inclinaison de la tour de Pise. Inclinaison d'une route, d'une voie ferrée.* V. **Rampe.** *Inclinaison d'un mur.* V. **Fruit.** *Inclinaison d'un tuyau de descente.* V. **Dévoiement.** *Inclinaison d'un navire qui penche, menace de couler.* V. **Bande, gîte.** — *Phys. Inclinaison magnétique,* angle formé avec l'horizon par une aiguille aimantée mobile autour de son centre de gravité et suspendue dans le plan vertical du méridien magnétique (V. **Isocline).** ♦ 2° Relation d'obliquité. *Géom. Inclinaison d'un plan, d'une surface, d'une ligne :* angle qu'ils font avec un autre plan, une autre surface ou ligne. *Angle d'inclinaison.* — *Astron.* Angle formé par le plan de l'orbite d'une planète avec le plan de l'écliptique. *Inclinaison de l'écliptique.* V. **Obliquité.** ♦ 3° Action de pencher; position inclinée, penchée. *L'inclinaison de la tête* » (ROMAINS). ◈ ANT. *Aplomb, rectitude.*

INCLINATION [ɛ̃klinasjɔ̃]. *n. f.* (*Inclinacion,* 1236; lat. *inclinatio*). ♦ 1° Mouvement affectif, spontané vers un objet ou une fin. V. **Appétit, désir, envie, penchant, propension, tendance.** *Inclination innée, naturelle* (V. **Nature, tempérament).** « *Ses bonnes inclinations s'altérèrent* » (CHATEAUB.). *Inclinations et passions. Combattre ses inclinations. Agir contre sa propre inclination.* V. **Goût.** *Suivre son inclination. Avoir de l'inclination, une certaine inclination pour.* V. **Enclin, porté, sujet** (être). — « *La vie n'avait pas trop contrarié son inclination naturelle au bonheur* » (FRANCE). *Montrer de l'inclination, une vive inclination pour l'aventure, les sciences.* V. **Attrait, disposition.** — Tendance morale. *Inclinations égoïstes, altruistes, supérieures.* ♦ 2° *Vieilli.* Mouvement qui porte à aimer qqn. V. **Affection, amour, sympathie.** « *De l'amour, de l'inclination, comme tu voudras* » (MARIVAUX). *Tendre, vive inclination pour qqn. Mariage d'inclination.* ♦ 3° *Sens propre* (XIVᵉ). *Rare.* Action d'incliner, de pencher. ◇ *Cour.* Action d'incliner la tête ou le corps en signe d'acquiescement ou de déférence. « *Une de ces légères inclinations de tête* » (BALZ.). V. **Salut.** *Profonde inclination.* V. **Courbette, révérence.** ◈ ANT. *Antipathie, aversion.*

INCLINÉ, ÉE [ɛ̃kline]. *adj.* (Encliné, 1534; V. Incliner). ♦ 1° Oblique. « *Il avait la tête un peu inclinée sur l'épaule* » (MONTHERLANT). ♦ (1691) *Plan incliné,* souvent utilisé pour faciliter la montée des corps lourds ou ralentir leur descente (machine simple). — *Géol. Couches inclinées. Bancs de calcaire inclinés.* ♦ 2° *Fig.* Enclin, porté (à). *Je suis incliné à penser.* ◈ ANT. *Droit.*

INCLINER [ɛ̃kline]. *v.* (1213; a. fr. *encliner* « saluer en s'inclinant »; lat. *inclinare* « pencher vers »). **I.** *V. tr.* ♦ 1° Rendre oblique (ce qui est naturellement droit); diriger, porter vers le bas ou de côté. V. **Abaisser, baisser, courber, fléchir, pencher, plier.** *Incliner le front. Le vent incline les épis.* V. **Coucher.** *Inclinez le flacon et versez doucement. Poids qui incline le fléau de la balance.* ♦ 2° *Fig.* (1327). Rendre (qqn) enclin à. V. **Inciter, porter, pousser.**

Absolt. (Littér.). « *Je ne me reconnais aucun droit d'incliner en rien sa pensée* » (GIDE). **II.** S'INCLINER. *v. pron.* (1532). **Ⓐ** *Personnes.* ♦ 1° Se courber, se pencher. « *Il joignait les talons, s'inclinait assez bas devant les hommes* » (ROMAINS). *Saluer** en s'inclinant profondément. *Prêtre qui s'incline devant l'autel.* V. **Prosterner** (se). ♦ 2° *Fig. S'incliner devant qqn,* lui donner des marques de respect, d'humilité; reconnaître sa supériorité. V. **Soumettre** (se). *Il ne s'incline devant aucune autorité.* ◇ (Fin XIXᵉ) S'avouer vaincu, renoncer à lutter, à insister. V. **Abandonner, céder, résigner** (se). — *Absolt.* V. **Obéir.** *Je m'incline.* « *Il fallait s'incliner ou partir* » (ROMAINS). **Ⓑ** *Choses.* Se placer, être placé obliquement par rapport à l'horizon ou à un plan donné. *Chemin qui s'incline en pente douce, raide, rapide.* V. **Descendre.** *Les « faibles rayons d'un soleil qui s'incline* » (BARRÈS). **III.** *V. intr.* (1532). ♦ 1° *Vx* ou *littér.* (*Choses*). Aller en s'inclinant, en penchant légèrement. « *Le jour inclina sous l'horizon* » (GOBINEAU). ♦ 2° *Mod.* (*Personnes*) INCLINER À : avoir de l'inclination pour qqch. ou (*vieilli*) pour qqn. V. **Pencher, tendre** (à, vers). *Incliner à l'indulgence, vers l'indulgence.* V. **Enclin** (être). *Incliner à* (suivi d'un infinitif). *Il « inclinait à suivre ce conseil* » (SAND). *J'incline à penser que vous avez raison.*

◇ ANT. *Lever, relever; redresser.*

INCLURE [ɛ̃klyʀ]. *v. tr.; conjug. conclure, sauf p. p. inclus* (1594, repris déb. XIXᵉ; de *inclus,* d'apr. *exclure*). ♦ 1° Mettre (qqch.) dans. V. **Enfermer, insérer, introduire.** *Inclure un chèque, un billet dans une lettre. J'inclus votre nom dans la liste.* ♦ 2° (1866; *abstrait*). Comprendre. V. **Comporter, contenir, impliquer, intégrer, renfermer.** *Cette condition en inclut une autre.* ◇ ANT. *Exclure, excepter.*

INCLUS, USE [ɛ̃kly, yz]. *adj.* (1394; lat. *inclusus,* p. p. de *includere*). ♦ 1° Contenu, compris, inséré (dans). *Frais inclus dans une somme.* — *Jusqu'au troisième chapitre inclus.* V. **Inclusivement.** *Ses Souvenirs « qu'elle a menés jusqu'à son mariage inclus* » (HENRIOT). — *Dent incluse,* enfouie dans l'arcade osseuse d'une mâchoire. ◇ *Log., math. Ensemble inclus dans l'ensemble E,* dont tous les éléments appartiennent à l'ensemble E. ♦ 2° CI-INCLUS, INCLUSE (1690), inclus ici, à l'intérieur. V. **joint.** « *N'ouvre la lettre ci-incluse qu'en cas d'accident* » (STENDHAL). ◇ *Invar.* (adv.) « *Ci-inclus la note sur la botanique* » (FLAUB.). *Vous trouverez ci-inclus réponse à votre demande.* ◇ ANT. *Exclu.*

INCLUSIF, IVE [ɛ̃klyzif, iv]. *adj.* (1688; lat. médiév. *inclusivus*). *Didact.* Qui renferme (qqch.) en soi. « *Ces deux propositions sont inclusives l'une de l'autre* » (LITTRÉ). ◇ ANT. *Exclusif.*

INCLUSION [ɛ̃klyzjɔ̃]. *n. f.* (1580; lat. *inclusio*). ♦ 1° *Log., math.* Action d'inclure (2°); son résultat. ♦ 2° *Anat.* Introduction dans un tissu anatomique d'une substance (paraffine, colloïdine) qui lui donne assez de dureté pour être découpé en lamelles fines en vue d'un examen au microscope. — *Inclusion de la dent de sagesse,* lorsqu'elle est enfermée dans le tissu osseux du maxillaire. ◇ *Biol.* (1897). Élément inclus dans un milieu de nature différente. ◇ ANT. *Exclusion.*

INCLUSIVEMENT [ɛ̃klyzivmã]. *adv.* (v. 1400; du lat. médiév. *inclusivus,* d'apr. *exclusivement*). En comprenant (la chose dont on vient de parler). *Jusqu'au quinzième siècle inclusivement.* V. **Compris.** ◇ ANT. *Exclusivement.*

INCOAGULABLE [ɛ̃kɔagylabl(ə)]. *adj.* (1867; de *in-* 1, et *coagulable*). *Sc.* Qui ne se coagule pas. ◇ ANT. *Coagulable.*

INCOERCIBILITÉ [ɛ̃kɔɛʀsibilite]. *n. f.* (1867; de *incoercible*). *Littér.* et *Rare.* Caractère de ce qui est incoercible, irréprimable.

INCOERCIBLE [ɛ̃kɔɛʀsibl(ə)]. *adj.* (1767; de *in-* 1, et *coercible*). *Littér.* Qu'on ne peut contenir, retenir. « *Un fou rire incoercible* » (GIDE). *Toux incoercible,* qu'on a peine à réprimer. *Sentiment, désir incoercible.* V. **Irrépressible.** ◇ ANT. *Coercible.*

INCOGNITO [ɛ̃kɔɲ(gn)ito]. *adv.* et *n. m.* (1581; mot it. « inconnu »; lat. *incognitus*). ♦ 1° *Adv.* En faisant en sorte qu'on ne soit pas connu, reconnu (dans un lieu). *Voyager incognito.* V. **Secrètement.** ♦ 2° *N. m.* Situation d'une personne qui n'est pas connue, qui cherche à n'être pas reconnue. *Garder l'incognito,* rester ignoré. « *La passion de l'incognito, l'un des plus grands plaisirs des princes* » (BALZ.). ◇ ANT. (du 1°) *Publiquement.*

INCOHÉRENCE [ɛ̃kɔeʀãs]. *n. f.* (1775; de *incohérent*). ♦ 1° Caractère de ce qui est incohérent; manque de lien logique, d'unité (dans les propos, les idées, les actes). *Incohérence d'un discours.* V. **Désordre.** *Incohérence entre les parties d'un discours, d'un ouvrage.* V. **Désaccord, différence.** « *L'incohérence d'un discours dépend de celui qui l'écoute* » (VALÉRY). ◇ *Psycho.* Absence de cohérence dans les propos, les idées, les actes, qui se succèdent de façon désordonnée et insolite. ♦ 2° *Une incohérence :* parole, idée, action incohérente. « *Un tissu d'inconséquences et d'incohérences* » (BAU-

DEL.). *La défense de l'accusé est pleine d'incohérences et de contradictions.* ◇ ANT. **Cohésion, cohérence, unité.**

INCOHÉRENT, ENTE [ɛ̃kɔerɑ̃, ɑ̃t]. *adj.* (1751; de *in*- 1, et *cohérent*). Qui n'est pas cohérent. ♦ 1° *Vx* (Concret). « *Couches de terrains incohérentes* » (ACAD.). ♦ 2° Mod. *(Abstrait).* Qui manque de suite, d'unité. *Gestes incohérents.* V. **Désordonné.** *Propos incohérents du fou.* V. **Absurde, extravagant, illogique, incompréhensible.** *Bribes de phrases incohérentes, sans queue ni tête. Conversation incohérente* (Cf. Coq* à l'âne). « *Une femme dont l'humeur incohérente faisait succéder une pluie de baisers à un déluge de coups* » (MAUROIS). *Style incohérent.* V. **Décousu.** ◇ ANT. **Cohérent, harmonieux, logique.**

INCOLLABLE [ɛ̃kɔlabl(ə)]. *adj.* (mil. xxᵉ; de *in*- 1, et *coller*). *Fam.* Qu'on ne peut coller (I, 7°); qui répond à toutes les questions.

INCOLORE [ɛ̃kɔlɔʀ]. *adj.* (1797; bas lat. *incolor*). ♦ 1° Qui n'est pas coloré; sans couleur. *Liquide incolore. Gaz incolore et inodore. Verre incolore.* V. **Blanc.** *Crème, vernis incolore.* Par ext. *Un ciel incolore.* V. **Pâle.** ♦ 2° *(Abstrait).* Sans éclat. V. **Terne.** *Style incolore,* abstrait, sans images. *Il « me regarde avec un sourire incolore, fatigué* » (DUHAM.). ◇ ANT. **Coloré.**

INCOMBER [ɛ̃kɔ̃be]. *v. tr. indir.* (1468; repris 1789, seult. 3ᵉ pers.; lat. *incumbere,* proprem. « peser sur »). INCOMBER À : peser, retomber sur (qqn), être imposé à (qqn), en parlant d'une charge, d'une obligation. *Les devoirs et les responsabilités qui lui incombent.* ◇ Impers. *C'est à vous qu'il incombe de faire cette démarche.* V. **Appartenir, revenir.**

INCOMBUSTIBILITÉ [ɛ̃kɔ̃bystibilite]. *n. f.* (1751; de *incombustible*). *Didact.* Caractère de ce qui est incombustible. ◇ ANT. **Combustibilité.**

INCOMBUSTIBLE [ɛ̃kɔ̃bystibl(ə)]. *adj.* (1361, rare av. xviiiᵉ; lat. médiév. *incombustibilis*). Qui n'est pas combustible, qui ne brûle pas ou très mal. V. **Apyre.** *L'amiante est pratiquement incombustible.* ◇ ANT. **Combustible.**

INCOMMENSURABILITÉ [ɛ̃kɔmɑ̃syrabilite]. *n. f.* (Incommensurableté, xivᵉ; de *incommensurable*). *Sc.* Caractère de ce qui est incommensurable (1°). « *L'incommensurabilité des côtés du triangle rectangle* » (SARTRE).

INCOMMENSURABLE [ɛ̃kɔmɑ̃syrabl(ə)]. *adj.* (1361, rare av. xviiiᵉ; bas lat. *incommensurabilis*). ♦ 1° *Sc.* Se dit de grandeurs qui n'ont pas de mesure commune, dont le rapport ne peut donner de nombre entier ni fractionnaire. *La racine carrée de 2 est incommensurable avec l'unité.* — Absolt. *Nombres incommensurables :* nombres réels qui ne sont pas rationnels (nombres irrationnels, algébriques généraux, et transcendants. $\sqrt{2}$ (= 1,414213...), π (= 3,141592...) *sont des nombres incommensurables.* ♦ 2° *Littér.* Qu'on ne peut mesurer, évaluer, par manque de commune mesure. V. **Irréductible.** « *La sensation des littératures est chez personnelle, irréductible, incommensurable* » (BOURGET). ♦ 3° *Cour.* Qui ne peut être mesuré, qui est très grand. V. **Démesuré, énorme, illimité, immense, insurmontable, infini.** « *L'onde incommensurable* » (HUGO). « *Je fus pris d'une incommensurable rage* » (BAUDEL.). — Subst. m. *L'incommensurable,* l'infini. ◇ ANT. **Commensurable, mesurable, petit.**

INCOMMENSURABLEMENT [ɛ̃kɔmɑ̃syrabləmɑ̃]. *adv.* (1875; du précéd.). D'une manière incommensurable. — Immensément, infiniment.

INCOMMODANT, ANTE [ɛ̃kɔmɔdɑ̃, ɑ̃t]. *adj.* (1690; de *incommoder*). Qui incommode physiquement. V. **Désagréable, gênant, incommode.** *Bruit incommodant, chaleur incommodante.* ◇ ANT. **Agréable.**

INCOMMODE [ɛ̃kɔmɔd]. *adj.* (1534; lat. *incommodus*). ♦ 1° Qui est peu pratique à l'usage. *Outil, instrument incommode. Meubles, accessoires incommodes.* V. **Embarrassant, encombrant.** ♦ 2° *Vx* ou *littér.* Qui est désagréable, qui gêne, ennuie, indispose. *Position, posture incommode.* V. **Inconfortable.** « *La passion véritable est incommode à l'éloquence* » (GIDE). — *Dr. Établissements dangereux, insalubres ou incommodes,* dont le fonctionnement et le voisinage présentent des dangers, des inconvénients et qui font l'objet d'une réglementation particulière (enquête *de commodo et incommodo* [de kɔmɔdo ɛt inkɔmɔdo]). ♦ 3° *(Personnes). Vx.* Qui gêne par sa présence, ses paroles, qui est à charge à qqn. V. **Fâcheux, importun.** « *Le moi est incommode aux autres* » (PASC.). ◇ *Vx.* Qui n'est facile de caractère; ennuyeux, insupportable. ◇ ANT. **Commode, pratique; agréable, confortable, facile.**

INCOMMODÉMENT [ɛ̃kɔmɔdemɑ̃]. *adv.* (xviᵉ; de *incommode*). D'une manière incommode. *Être installé, assis incommodément.* V. **Inconfortablement.** ◇ ANT. **Commodément.**

INCOMMODER [ɛ̃kɔmɔde]. *v. tr.* (1418; lat. *incommodare*). Causer une gêne physique à (qqn), mettre mal à l'aise. V. **Gêner, indisposer.** *Ce bruit m'incommode.* V. **Déranger, fatiguer, troubler.** *Être incommodé par la chaleur, par le soleil; du soleil. Incommoder les autres.* V. **Empoisonner, importuner.** « *Des gens dont la personnalité étrangère l'incommodait* »

(CHARDONNE). ◇ *Vieilli. Être incommodé :* avoir une indisposition légère, se sentir un peu souffrant. V. **Indisposé, malade.** « *Maman est incommodée... elle ne sortira point* » (LACLOS).

INCOMMODITÉ [ɛ̃kɔmɔdite]. *n. f.* (1389, « immondice »; lat. *incommoditas*). ♦ 1° (1549). Gêne, désagrément causé par ce qui incommode. V. **Ennui, importunité, inconvénient.** *Incommodité d'un voisinage bruyant. L'incommodité d'habiter loin de son lieu de travail.* V. **Sujétion.** ◇ *Vx.* Malaise, trouble, maladie légère. V. **Indisposition.** ♦ 2° Caractère de ce qui n'est pas commode, pratique. *Incommodité d'une installation, d'un appartement.* « *L'incommodité des commodes était un fait démontré pour lui* » (GAUTIER). ◇ ANT. **Commodité, confort; agrément, facilité.**

INCOMMUNICABILITÉ [ɛ̃kɔmynikabilite]. *n. f.* (1802; de *incommunicable*). *Littér.* Caractère de ce qui est incommunicable; impossibilité de communiquer.

INCOMMUNICABLE [ɛ̃kɔmynikabl(ə)]. *adj.* (1470; de *in*- 1, et *communicable*). ♦ 1° Qui n'est pas communicable. V. **Intransmissible.** *Caractères, droits, privilèges incommunicables.* ♦ 2° Dont on ne peut faire part à personne, qui ne peut être exprimé, confié. V. **Inexprimable.** « *La pensée est incommunicable, même entre gens qui s'aiment!* » (BAUDEL.). ♦ 3° Qui ne peut être mis en communication, qui n'a aucun rapport (avec). « *Deux mondes incommunicables, la jeunesse et la maturité* » (CHARDONNE). ◇ ANT. **Communicable.**

INCOMMUTABILITÉ [ɛ̃kɔmytabilite]. *n. f.* (1570; de *incommutable*). *Dr.* État de ce qui est incommutable.

INCOMMUTABLE [ɛ̃kɔmytabl(ə)]. *adj.* (1381; lat. *incommutabilis*). *Dr.* Qui ne peut changer de possesseur, de propriétaire. *Propriété incommutable.*

INCOMPARABLE [ɛ̃kɔ̃paʀabl(ə)]. *adj.* (v. 1200; lat. *incomparabilis*). ♦ 1° *Rare* ou *didact.* Qui ne peut être comparé à autre chose; qui n'a pas son semblable. *Deux choses absolument incomparables :* complètement différentes. ♦ 2° *Cour.* (fin xviᵉ). À qui ou à quoi rien ne semble pouvoir être comparé; sans pareil. V. **Inégalable, supérieur, unique.** *Beauté incomparable.* V. **Accompli, admirable, parfait.** *Œuvre incomparable. L'égalité « des esprits qui rend la société française incomparable* » (CHATEAUB.). « *L'incomparable cardinal de Richelieu* » (GAMBETTA). ◇ ANT. **Comparable, inférieur, médiocre.**

INCOMPARABLEMENT [ɛ̃kɔ̃paʀabləmɑ̃]. *adv.* (xiiᵉ; de *incomparable*). D'une manière incomparable, unique (suivi d'un comparatif). V. **Autrement, infiniment.** « *Une humanité incomparablement plus évoluée* » (BENDA).

INCOMPATIBILITÉ [ɛ̃kɔ̃patibilite]. *n. f.* (1466; de *incompatible*). ♦ 1° (xviᵉ). Impossibilité de s'accorder, d'exister ensemble, résultant de différences essentielles. V. **Antagonisme, contradiction, contrariété, désaccord, opposition.** *Incompatibilité d'une chose et d'une autre, d'une chose avec une autre. Incompatibilité de deux choses.* « *Des incompatibilités d'idées, de races et d'époques les avaient séparées longuement* (ces femmes) » (LOTI). *Divorce, séparation pour incompatibilité d'humeur.* ♦ 2° *Dr. pub.* Impossibilité légale de cumuler certaines fonctions ou occupations. *Incompatibilité entre le mandat parlementaire et la plupart des fonctions publiques.* ♦ 3° *Sc. Incompatibilité des équations :* cas où plusieurs équations ne peuvent se trouver vérifiées par un même système de valeurs des inconnues. ◇ *Pharm.* Rapport entre médicaments qui, employés ensemble, deviendraient dangereux ou inutiles. — *Méd. Incompatibilité des groupes sanguins.* ♦ 4° *Sténo.* Procédé d'abrègement basé sur l'incompatibilité des sons ou des signes successifs. ◇ ANT. **Accord, coexistence, compatibilité, harmonie; cumul.**

INCOMPATIBLE [ɛ̃kɔ̃patibl(ə)]. *adj.* (1370; lat. médiév. *incompatibilis,* du lat. class. *compati.* V. **Compatible**). ♦ 1° Qui ne peut coexister, être associé, réuni avec (une autre chose). V. **Contraire, inconciliable, opposé.** « *La plus haute culture moderne... n'est pas incompatible avec la foi* » (ROMAINS). V. **Exclusif** (de). — *Choses incompatibles* (les unes avec les autres). V. **Contradictoire, discordant.** « *Vouloir cumuler les avantages les plus contradictoires et les plus incompatibles* » (PÉGUY). ♦ 2° *Vx (Personnes).* Qui ne peut s'accommoder de qqch. ou s'entendre avec qqn. V. **Farouche, dédaigneux, incompatible** (FÉN.). ♦ 3° *Dr.* Se dit des fonctions, mandats, emplois dont la loi interdit le cumul (V. **Incompatibilité**). ♦ 4° *Sc. Équations incompatibles.* — *Log.* Caractère de deux ou plusieurs propositions qu'on ne peut affirmer simultanément. ◇ ANT. **Alliable, compatible, convenable.**

INCOMPÉTENCE [ɛ̃kɔ̃petɑ̃s]. *n. f.* (1537; de *in*- 1, et *compétence*). ♦ 1° *Dr.* Inaptitude d'une autorité publique à accomplir un acte juridique. *Incompétence d'un préfet, d'un maire. Incompétence matérielle, personnelle, territoriale d'un tribunal. Soulever l'exception d'incompétence.* ♦ 2° *Cour.* (1787). Défaut des connaissances, ou de l'habileté nécessaires. V. **Ignorance, incapacité.** *Parler de qqch. avec une incompétence totale.* « *La plupart des hommes, dans un État moderne, reconnaissent bénévolement leur incompétence en une multitude* *de matières* » (DUHAM.). ◇ ANT. *Aptitude, compétence.*

INCOMPÉTENT ENTE [ɛ̃kɔ̃petã, ãt]. *adj.* (1505; bas lat. *incompetens*). ♦ 1° *Dr.* Qui n'est pas compétent (*spécialt.* d'une juridiction). ♦ 2° *Cour.* Qui n'a pas les connaissances suffisantes, l'habileté requise pour juger, pour décider d'une chose. V. **Ignorant, incapable.** *Être incompétent en musique, en politique.* ◇ ANT. *Compétent.*

INCOMPLET, ÈTE [ɛ̃kɔ̃plɛ, ɛt]. *adj.* (1372, repris XVIIᵉ; lat. *incompletus*; de *in-* 1, et *complet*). Qui n'est pas complet; auquel il manque qqch., un élément. V. **Imparfait.** *Rendre incomplet.* V. **Décompléter.** *Énumération, liste incomplète; compte incomplet.* V. **Défectueux.** *Récit incomplet. Œuvre incomplète.* V. **Fragmentaire, inachevé.** *Collection incomplète.* V. **Dépareillé.** *Une définition incomplète.* V. **Insuffisant.** ◇ ANT. *Complet.*

INCOMPLÈTEMENT [ɛ̃kɔ̃plɛtmã]. *adv.* (1503; de *incomplet*). D'une manière incomplète. V. **Imparfaitement.** *Il est incomplètement guéri.* ◇ ANT. *Complètement.*

INCOMPLÉTUDE [ɛ̃kɔ̃pletyd]. *n. f.* (1931; de *incomplet*). ♦ 1° *Psycho. Sentiment d'incomplétude :* sentiment d'inachevé, d'insuffisant que certains malades éprouvent à propos de leurs pensées, de leurs actes, de leurs émotions. V. **Psychasthénie.** ♦ 2° (1969; de *in-*, et *complétude*). *Épistém.* Caractère d'un système hypothético-déductif* qui contient des propositions indécidables.

INCOMPRÉHENSIBILITÉ [ɛ̃kɔ̃pʀeãsibilite]. *n. f.* (1553; de *incompréhensible*). *Littér.* Caractère de ce qui est incompréhensible. *L'incompréhensibilité des mystères.* ◇ ANT. *Compréhensibilité.*

INCOMPRÉHENSIBLE [ɛ̃kɔ̃pʀeãsibl(ə)]. *adj.* (v. 1300; lat. *incomprehensibilis*). ♦ 1° Qui ne peut être compris; dont la pensée ne peut saisir l'essence. V. **Inconcevable.** *La nature de Dieu « est immense, incompréhensible et infinie »* (DESCARTES). *L'homme est un « monstre incompréhensible »* (PASC.). *Mystères incompréhensibles.* V. **Impénétrable, insondable.** *Il est incompréhensible que...* Ellipt. « *Incompréhensible que Dieu soit, et incompréhensible qu'il ne soit pas »* (PASC.). ◇ Littér. *Incompréhensible à* (qqn). *Cela m'est incompréhensible.* — Subst. « *Qu'est-ce qu'un Dieu masqué dans l'incompréhensible ? »* (HUGO). ♦ 2° Impossible ou très difficile à comprendre, à concevoir, à expliquer. V. **Abstrus, inexplicable, inintelligible, mystérieux.** « *Les cœurs et des secrets divers, incompréhensibles à d'autres cœurs »* (CHATEAUB.). *Énigme, mystère incompréhensible.* V. **Ténébreux.** — *Il est incompréhensible; son caractère, son comportement est incompréhensible.* V. **Bizarre, curieux, déconcertant, étrange.** ◇ ANT. *Clair, compréhensible.*

INCOMPRÉHENSIF, IVE [ɛ̃kɔ̃pʀeãsif, iv]. *adj.* (1903; de *in-* 1, et *compréhensif*). Qui ne comprend pas autrui, qui ne se met pas à la portée des autres. *Des parents incompréhensifs, trop sévères.* « *Un mauvais esprit, dédaigneux, incompréhensif »* (HENRIOT). *Incompréhensif et intolérant.* V. **Étroit** (esprit). ◇ ANT. *Compréhensif.*

INCOMPRÉHENSION [ɛ̃kɔ̃pʀeãsjɔ̃]. *n. f.* (1871; de *in-* 1, et *compréhension*). Incapacité ou refus de comprendre qqn ou qqch., de lui rendre justice. V. **Inintelligence, méconnaissance.** *Incompréhension envers qqn, à l'égard de qqn, entre deux personnes. Artiste, poète qui souffre de l'incompréhension du public, de la critique.* ◇ *Une incompréhension :* témoignage d'incompréhension. « *Pour triompher d'une incompréhension, le meilleur moyen c'est... de tâcher de la comprendre »* (GIDE). ◇ ANT. *Compréhension.*

INCOMPRESSIBILITÉ [ɛ̃kɔ̃pʀesibilite]. *n. f.* (1680; de *incompressible*). *Phys.* Caractère de ce qui est incompressible. ◇ ANT. *Compressibilité, compression.*

INCOMPRESSIBLE [ɛ̃kɔ̃pʀesibl(ə)]. *adj.* (1680; de *in-* 1, et *compressible*). ♦ 1° *Phys.* Qui n'est pas compressible, dont le volume ne diminue pas par la pression. *Aucun fluide n'est incompressible.* ♦ 2° Fig. *Dépenses incompressibles, impossibles à réduire.* ◇ ANT. *Compressible, élastique.*

INCOMPRIS, ISE [ɛ̃kɔ̃pʀi, iz]. *adj.* (1468; de *in-* 1, et *compris*). Qui n'est pas compris, apprécié à sa juste valeur. *Livre, ouvrage incompris.* — *Une femme incomprise.* ◇ Subst. « *Il joue les grands incompris, les héros poursuivis par la fatalité »* (DUHAM.). ◇ ANT. *Apprécié, compris.*

INCONCEVABLE [ɛ̃kɔ̃svabl(ə)]. *adj.* (1584; de *in-* 1, et *concevable*). ♦ 1° Dont l'esprit humain ne peut se former aucune représentation. V. **Contradictoire, impensable, impossible.** « *Et concevoir de Dieu l'inconcevable essence »* (LAMART.). — Subst. *L'inconcevable.* ♦ 2° *Cour.* Impossible ou difficile à comprendre, à expliquer, à imaginer, à croire. V. **Étonnant, étrange, extraordinaire, incompréhensible, incroyable, paradoxal, surprenant.** *La plus inconcevable solitude. De telles choses sont, paraissent inconcevables.* V. **Impossible.** « *Il est inconcevable que cet abus ne soit pas réformé »* (LITTRÉ). V. **Inadmissible.** « *Elle vivait dans une oisiveté inconcevable »* (MUSS.). « *Les boutiques de modistes étaient pleines de chapeaux inconcevables »* (BALZ.). V.

Extravagant. ◇ ANT. *Concevable; banal, compréhensible.*

INCONCEVABLEMENT [ɛ̃kɔ̃svabləmã]. *adv.* (1839; de *inconcevable*). D'une manière inconcevable. *L'enfant « se mit à hurler... inconcevablement »* (CÉLINE). V. **Extraordinairement.**

INCONCILIABLE [ɛ̃kɔ̃siljabl(ə)]. *adj.* (1752; de *in-* 1, et *conciliable*). Qui n'est pas conciliable (V. **Incompatible**). — (Personnes) *Principes, maximes inconciliables :* qui s'excluent réciproquement. « *Loi inconciliable avec les principes de la Constitution »* (MIRABEAU). *Intérêts inconciliables.* V. **Opposé.** — (Choses) *Chercher à réconcilier des ennemis inconciliables.* V. **Irréconciliable.** ◇ ANT. *Conciliable.*

INCONDITIONNALITÉ [ɛ̃kɔ̃disjɔnalite]. *n. f.* (1962; de *inconditionnel*). Caractère de ce qui est inconditionnel. *L'inconditionnalité d'une adhésion.* — (Personnes) *On critique l'inconditionnalité de cet homme politique.*

INCONDITIONNÉ, ÉE [ɛ̃kɔ̃disjɔne]. *adj.* (1838; de *in-*1, et *conditionné*). *Philo.* Qui n'est soumis à aucune condition. V. **Absolu.** Subst. *L'inconditionné :* l'absolu, l'infini. ◇ (Personnes) *Libre.* ◇ ANT. *Conditionné.*

INCONDITIONNEL, ELLE [ɛ̃kɔ̃disjɔnɛl]. *adj.* (1777; de *in-* 1, et *conditionnel*, d'apr. l'angl.). ♦ 1° Qui n'est pas conditionnel, ne dépend d'aucune condition. V. **Absolu.** *Ordre inconditionnel.* V. **Impératif.** *Acceptation, soumission inconditionnelle.* ♦ 2° Qui suit en toute circonstance et sans discussion les décisions (d'un homme, d'un parti). *Il est le soutien inconditionnel du Premier ministre, de sa politique.* Subst. *Les inconditionnels.* ◇ ANT. *Conditionnel.*

INCONDITIONNELLEMENT [ɛ̃kɔ̃disjɔnɛlmã]. *adv.* (1867; de *inconditionnel*). De façon inconditionnelle. *Il exige que sa majorité le soutienne inconditionnellement.* ◇ ANT. *Conditionnellement.*

INCONDUITE [ɛ̃kɔ̃dɥit]. *n. f.* (1693; de *in-* 1, et *conduite*). Mauvaise conduite. V. **Débauche, faute, frasque.** *Inconduite notoire, scandaleuse.*

INCONFORT [ɛ̃kɔ̃fɔʀ]. *n. m.* (1893; de *in-* 1, et *confort*). Manque de confort. *L'inconfort d'un logement.* V. **Incommodité.** « *Vous ignorez l'inconfort, fils gâté »* (COLETTE). ◇ ANT. *Confort.*

INCONFORTABLE [ɛ̃kɔ̃fɔʀtabl(ə)]. *adj.* (1850; de *in-* 1, et *confortable*). Qui n'est pas confortable. *Maison inconfortable.* ◇ Fig. « *Vous m'aimez depuis dix ans en silence, ce qui est extrêmement inconfortable »* (ANOUILH). V. **Déplaisant, désagréable.** ◇ ANT. *Confortable.*

INCONFORTABLEMENT [ɛ̃kɔ̃fɔʀtabləmã]. *adv.* (Néol.; de *inconfortable*). D'une manière inconfortable. *Il est très inconfortablement installé.* V. **Incommodément.** ◇ ANT. *Confortablement.*

INCONGELABLE [ɛ̃kɔ̃ʒlabl(ə)]. *adj.* (1611; de *in-* 1, et *congelable*). *Sc., techn.* Qui n'est pas congelable. ◇ ANT. *Congelable.*

INCONGRU, UE [ɛ̃kɔ̃gʀy]. *adj.* (XIVᵉ; lat. *incongruus*). Qui n'est pas convenable. Contraire aux usages, à la bienséance. V. **Inconvenant, malséant.** *Ton incongru. Des hoquets incongrus. Un poème « plein d'inventions incongrues et singulières »* (GAUTIER). Par ext. (1808) *Une personne incongrue, qui manque de savoir-vivre.* ◇ ANT. *Bienséant, congru, convenable.*

INCONGRUITÉ [ɛ̃kɔ̃gʀyite]. *n. f.* (1514; lat. *incongruitas*). ♦ 1° Caractère de ce qui est incongru. ♦ 2° Action ou parole incongrue, déplacée, et *spécialt.* contraire à la bienséance, aux convenances. *Dire des incongruités.*

INCONGRÛMENT [ɛ̃kɔ̃gʀymã]. *adv.* (1361; de *incongru*). *Rare.* D'une manière incongrue. *Parler, agir incongrûment.* ◇ ANT. *Congrûment.*

INCONJUGABLE [ɛ̃kɔ̃ʒygabl(ə)]. *adj.* (1875; de *in-* 1, et *conjugable*). Qu'on ne peut conjuguer. « *Verbe argotique inconjugable »* (ESNAULT).

INCONNAISSABLE [ɛ̃kɔnɛsabl(ə)]. *adj.* (1470; de *in-* 1, et *connaissable*). Qui ne peut être connu. *L'avenir inconnaissable.* — Subst. « *Chaque découverte... recule les limites de l'inconnaissable »* (DANIEL-ROPS). ◇ *Philo.* Ce qui échappe à la connaissance humaine. ◇ ANT. *Connaissable.*

INCONNAISSANCE [ɛ̃kɔnɛsãs]. *n. f.* (Inconoissance, XVᵉ; de *in-* 1, et *connaissance*). *Littér.* Absence de connaissance. « *L'inconnaissance du temps à venir »* (SAND). ◇ ANT. *Connaissance.*

INCONNU, UE [ɛ̃kɔny]. *adj. et n.* (fin XIVᵉ; lat. *incognitus*, d'apr. *connu*). **I.** *Adj. et n.* ♦ 1° Qu'on ne connaît pas. V. **Ignoré. A** (Choses). Dont on ignore l'existence. *Découvrir, révéler un trésor inconnu.* Dont on ignore la nature. *Mystérieux, secret.* « *Les voilà dans le train, emportés vers une destination inconnue »* (SARTRE). *Les causes du décès restent inconnues.* V. **Indéterminé.** *Obéir à une volonté inconnue.* V. **Occulte.** — *Inconnu à, de* (qqn). « *Un nouveau monde qui lui était inconnu »* (LA BRUY.). **B** (Personnes). Dont on ignore l'identité. *Ouvrage dont l'auteur est inconnu.* V. **Anonyme.** *Il désire*

demeurer inconnu durant ce voyage. V. **Incognito.** *Enfant né de père inconnu. Tombeau du Soldat inconnu.* — Fam. *Inconnu au bataillon :* complètement inconnu (de la personne qui parle). ◇ Subst. *Déposer une plainte contre inconnu.* V. **X (contre X).** ◇ *Par exagér.* Qui est peu connu ; sans réputation ni notoriété. V. **Obscur.** *Vivre, rester inconnu.* V. **Ombre** (dans l'). ♦ 2° Qu'on ne connaît pas ou qu'on connaît très peu, faute d'étude, d'expérience, d'usage ou de pratique. *Un mot inconnu. Mers, terres inconnues.* V. **Étranger, inexploré.** « *Cette odeur inconnue ou plutôt méconnue de moi* » (FRANCE). *Être en pays inconnu.* « *De vastes laboratoires où se poursuivent des essais d'une ampleur jusqu'ici inconnue* » (VALÉRY). V. **Inouï.** — *Genre inconnu à l'Antiquité. Ces problèmes lui sont inconnus.* V. **Étranger.** ◇ Qu'on n'a encore jamais connu, ressenti. V. **Neuf, nouveau.** *Une impression, une joie inconnue.* ♦ 3° *(Personnes).* Dont on n'a jamais fait connaissance. V. **Étranger.** *Il ne m'est pas complètement inconnu, mais je n'arrive pas à mettre un nom sur son visage.* ◇ Subst. *C'est un inconnu pour moi. Une belle inconnue.* — Personne qui n'appartient pas à un clan, une famille. V. **Étranger, tiers.** *Entre eux, on devant des inconnus.* ♦ 4° *N. m.* L'INCONNU, ce qui est inconnu, ignoré (quels que soient les formes, les causes et le domaine de cette ignorance). « *L'inconnu, c'est ce qui n'existe aucunement pour moi* » (SARTRE). *Aller du connu à l'inconnu. L'appétit, l'attrait, la soif de l'inconnu.* V. **Nouveau.**
II. *N. f. Math.* Variable à déterminer pour connaître la solution d'un problème. — *Racine d'une équation. Système d'équations à deux inconnues.* ◇ *Les inconnues d'un problème social,* les éléments qu'on ignore.
◈ ANT. (de I) *Célèbre, connu, éprouvé, familier, fameux, renommé.*

INCONSCIEMMENT [ɛ̃kɔ̃sjamɑ̃]. *adv.* (1876 ; de *inconscient*). De façon inconsciente. *Agir inconsciemment, en automate. Être inconsciemment la dupe de ses bons sentiments :* sans s'en rendre compte, sans s'en apercevoir. V. **Insu** (à son). ◇ *Par ext. S'engager un peu inconsciemment dans une affaire délicate* (Cf. À la légère* ; sans réflexion*). ◈ ANT. *Consciemment, volontairement.*

INCONSCIENCE [ɛ̃kɔ̃sjɑ̃s]. *n. f.* (1838 ; de *in-* 1, et lat. *conscientia* « conscience, connaissance »). ♦ 1° Privation permanente ou abolition momentanée de la conscience. *État d'inconscience provoqué par le chloroforme.* V. **Anesthésie.** *Glisser, sombrer dans l'inconscience.* ♦ 2° *Psycho.* Caractères de phénomènes qui, par nature, échappent à la conscience. V. **Inconscient** (II). *L'inconscience de certains phénomènes psychologiques rend leur étude difficile.* ♦ 3° *Cour.* Absence de jugement, de conscience claire, qui caractérise un être ou qui se marque dans certains de ses actes. *Courir un pareil risque, c'est de l'inconscience. Faire preuve d'inconscience.* V. **Aveuglement, folie, irréflexion, légèreté.** ◇ *Inconscience de :* état de celui qui ne perçoit pas nettement, n'imagine pas (qqch.). V. **Ignorance.** « *L'inconscience de la minute qui va suivre* » (MART. du G.). ◈ ANT. *Connaissance, conscience, lucidité.*

INCONSCIENT, ENTE [ɛ̃kɔ̃sjɑ̃, ɑ̃t]. *adj. et n.* (1820 ; de *in-* 1, et *conscient*).
I. *Adj.* ♦ 1° À qui la conscience fait défaut, de façon permanente ou temporaire. « *Elle n'était plus animée que de la vie inconsciente des végétaux* » (PROUST). ♦ 2° Qui ne se rend pas compte clairement des choses. *Ne prêtez pas attention à ce qu'il fait : il est complètement inconscient.* V. **Fou.** — *Il est inconscient de ses actes.* ♦ 3° *(Choses).* Dont on n'a pas conscience ; qui échappe à la conscience. *Mouvement, geste inconscient.* V. **Automatique, instinctif, machinal.** *Élan, effort inconscient. Une large part de notre vie psychique demeure inconsciente.* « *Cette sagesse inconsciente, l'instinct* » (FRANCE).
II. *N.* Personne qui juge ou agit sans réflexion, qui n'a pas une conscience claire. *Se conduire en inconscient.*
III. *N. m.* (Fin XIXe). *Psycho.* L'INCONSCIENT : ce qui échappe entièrement à la conscience, même quand le sujet cherche à le percevoir et à y appliquer son attention ; la partie inconsciente du psychisme. *Désirs, sentiments inavoués refoulés dans l'inconscient. Méthodes cliniques d'investigation de l'inconscient.* V. **Psychanalyse.** *Inconscient et subconscient*.* ◈ ANT. *Conscient.*

INCONSÉQUENCE [ɛ̃kɔ̃sekɑ̃s]. *n. f.* (1538 ; bas lat. *inconsequentia*). ♦ 1° Manque de suite dans les idées, de réflexion dans la conduite ; caractère des propos, des actes inconséquents. V. **Étourderie, inattention, irréflexion, légèreté.** « *L'inconséquence d'une conversation, toujours si capricieuse en France* » (BALZ.). *L'inconséquence de sa conduite.* ♦ 2° (XVIIIe). *Une inconséquence :* action ou parole inconséquente ; manifestation d'inconséquence. V. **Caprice, contradiction, désaccord.** *Un tissu d'inconséquences.* ◈ ANT. *Conséquence, logique, suite.*

INCONSÉQUENT, ENTE [ɛ̃kɔ̃sekɑ̃, ɑ̃t]. *adj.* (1551, repris XVIIIe ; lat. *inconsequens*). ♦ 1° *(Choses).* Qui n'est pas conforme à la logique. V. **Absurde.** *Comportement,*

raisonnement inconséquent. ◇ (Fin XIXe) Dont on n'a pas calculé les conséquences (qui risquent d'être fâcheuses). *Démarche, proposition inconséquente.* V. **Inconsidéré, irréfléchi.** ♦ 2° *(Personnes).* Qui est en contradiction avec lui-même. « *Chateaubriand a été inconséquent, il s'est beaucoup contredit* » (STE-BEUVE). *Il est inconséquent et changeant.* V. **Étourdi, léger.** ◈ ANT. *Conséquent, logique, réfléchi, sérieux.*

INCONSIDÉRÉ, ÉE [ɛ̃kɔ̃sidere]. *adj.* (fin XVe ; lat. *inconsideratus*). ♦ 1° *(Choses).* Qui témoigne d'un manque de réflexion ; qui n'a pas été considéré, pesé. V. **Imprudent, irréfléchi.** *Propos inconsidérés. Zèle inconsidéré.* V. **Indiscret, maladroit.** « *Dans un placement inconsidéré, elle avait perdu une partie de l'argent* » (LOTI). ♦ 2° *(Personnes).* *Vieilli.* Qui agit sans considérer suffisamment les choses. V. **Étourdi, imprudent, inconséquent, irréfléchi, léger, malavisé.** « *Si vous êtes sot et inconsidéré* » (LA BRUY.). ◈ ANT. *Considéré, réfléchi. Circonspect.*

INCONSIDÉRÉMENT [ɛ̃kɔ̃sideremɑ̃]. *adv.* (XVe ; de *inconsidéré*). D'une manière inconsidérée. V. **Étourdiment ; légère** (à la). *Bavarder inconsidérément, à tort et à travers.* « *Partir inconsidérément à l'aventure* » (GIDE).

INCONSISTANCE [ɛ̃kɔ̃sistɑ̃s]. *n. f.* (1738 ; de *in-* 1, et *consistance*). Manque de consistance. ♦ 1° *(Moral).* Manque de stabilité, de solidité. *L'inconsistance d'une argumentation, d'un raisonnement.* V. **Fragilité.** *Devant l'inconsistance des accusations portées contre lui, le prévenu a été relâché.* ♦ 2° *(Concret).* Manque de consistance. *L'inconsistance d'une pâte, d'une crème.* ◈ ANT. *Consistance.*

INCONSISTANT, ANTE [ɛ̃kɔ̃sistɑ̃, ɑ̃t]. *adj.* (1544, repris XVIIIe ; de *in-* 1, et *consistant*). ♦ 1° Qui manque de consistance morale, de suite, de cohérence, de solidité. *Caractère inconsistant ; un homme inconsistant.* V. **Amorphe, indécis.** *Esprit léger et inconsistant.* V. **Changeant, frivole, inconstant, versatile.** « *Il était inconsistant, flâneur* » (GIDE). ◇ *Idées inconsistantes. Espoirs inconsistants.* V. **Fragile.** ♦ 2° Qui manque de consistance. *Crème, bouillie inconsistante.* ◈ ANT. *Consistant.*

INCONSOLABLE [ɛ̃kɔ̃sɔlabl(ə)]. *adj.* (1504 ; lat. *inconsolabilis*). Qui n'est pas consolable. *Veuve, orphelin inconsolable.* V. **Désespéré.** « *La mère était inconsolable : elle disait qu'il était honteux de faire de sa fille une servante* » (MUSS.). ◇ *Douleur inconsolable.* ◈ ANT. *Consolable.*

INCONSOLÉ, ÉE [ɛ̃kɔ̃sɔle]. *adj.* (1500, repris fin XVIIIe ; de *in-* 1, et *consolé*). Qui n'est pas consolé. *Veuve inconsolée.* — *Douleur inconsolée.* Subst. « *Je suis le ténébreux, — le veuf, — l'inconsolé* » (NERVAL). ◈ ANT. *Consolé.*

INCONSOMMABLE [ɛ̃kɔ̃sɔmabl(ə)]. *adj.* (1869 ; de *in-* 1, et *consommable*). Qui ne peut être consommé. *Denrées inconsommables.* V. **Immangeable.** ◈ ANT. *Consommable.*

INCONSTANCE [ɛ̃kɔ̃stɑ̃s]. *n. f.* (1220 ; lat. *inconstantia*). ♦ 1° Facilité à changer (d'opinion, de résolution, de sentiment, de conduite). V. **Caprice, instabilité, mobilité, versatilité.** *L'inconstance du public.* ◇ Tendance à l'infidélité en amour. V. **Infidélité.** « *L'inconstance, cette sœur de la folie* » (MUSS.). *L'inconstance d'un amant, d'une maîtresse.* V. **Abandon, lâchage, trahison.** ♦ 2° Acte d'inconstance. V. **Infidélité.** ♦ 3° *Littér.* Caractère changeant d'une chose. V. **Incertitude, instabilité.** « *L'extrême inconstance de la fortune* » (MAETERLINCK). ◈ ANT. *Constance, fidélité, stabilité.*

INCONSTANT, ANTE [ɛ̃kɔ̃stɑ̃, ɑ̃t]. *adj.* (1265 ; lat. *inconstans*). ♦ 1° Qui n'est pas constant, qui change facilement (d'opinion, de sentiment, de conduite). V. **Changeant, flottant, fluctuant, instable, léger.** *Inconstant dans ses idées, dans ses amitiés. Homme faible et inconstant.* V. **Frivole, girouette, papillon.** *Humeur inconstante.* « *Je ne sais quoi de si brusque, de si inconstant se fait remarquer dans le caractère français* » (CHATEAUB.). ◇ (En amour) V. **Infidèle, léger, volage.** *Une femme inconstante. Séducteur inconstant.* V. **Coureur.** « *Je t'aimais inconstant, qu'aurais-je fait fidèle ?* » (RAC.). Subst. (Vieilli) *Un inconstant, une inconstante.* ♦ 2° *Vx* ou *littér.* Qui est sujet à changer. V. **Changeant, fluctuant.** *Songes inconstants. Bonheur inconstant.* V. **Fragile, fugitif.** ◈ ANT. *Constant, fort.*

INCONSTATABLE [ɛ̃kɔ̃statabl(ə)]. *adj.* (1931 ; de *in-* 1, et *constater*). Qui ne peut être constaté. *Faits inconstatables, invérifiables.*

INCONSTITUTIONNALITÉ [ɛ̃kɔ̃stitysjɔnalite]. *n. f.* (1797 ; de *inconstitutionnel*). *Dr.* Caractère inconstitutionnel. *L'inconstitutionnalité d'un décret.* ◈ ANT. *Constitutionnalité.*

INCONSTITUTIONNEL, ELLE [ɛ̃kɔ̃stitysjɔnɛl]. *adj.* (1776 ; de *in-* 1, et *constitutionnel*). *Dr.* Qui n'est pas constitutionnel ; qui est en opposition avec la constitution d'un État (V. **Anticonstitutionnel**). *Mesure, loi inconstitutionnelle.* ◈ ANT. *Constitutionnel.*

INCONSTITUTIONNELLEMENT [ɛ̃kɔ̃stitysjɔnɛlmɑ̃]. *adv.* (1783 ; de *inconstitutionnel*). *Dr.* D'une manière inconstitutionnelle. ◈ ANT. *Constitutionnellement.*

INCONTESTABILITÉ [ɛ̃kɔ̃tɛstabilite]. *n. f.* (1718 ; de

incontestable). *Rare* ou *Dr.* Caractère de ce qui est incontestable.

INCONTESTABLE [ɛ̃kɔ̃tɛstabl(ə)]. *adj.* (1611 ; de *in-* 1, et *contestable*). Qui n'est pas contestable, que l'on ne peut mettre en doute. V. **Avéré, certain, évident, flagrant, indéniable, indiscutable, indubitable, sûr.** *Fait réel et incontestable ; vérité incontestable. Il est incontestable que… ; c'est incontestable :* cela tombe sous le sens. *Une incontestable réussite.* « *J'avais une autorité morale incontestable, incontestable, indiscutable* » (DUHAM.). *Preuve incontestable* (V. **Formel**). ◇ ANT. *Contestable, discutable, douteux ; faux.*

INCONTESTABLEMENT [ɛ̃kɔ̃tɛstabləmɑ̃]. *adv.* (1660 ; de *incontestable*). D'une manière incontestable. V. **Assurément, certainement ; conteste (sans).** « *À ton point de vue, c'est incontestablement vrai* » (DUHAM.). *Vous pensez l'avoir reconnu. — Incontestablement !* ◇ ANT. *Peut-être.*

INCONTESTÉ, ÉE [ɛ̃kɔ̃tɛste]. *adj.* (1650 ; de *in-* 1, et *contesté*). Qui n'est pas contesté ; que l'on ne met pas en doute, en question. *Droits, principes incontestés. Chef, maître incontesté.* ◇ ANT. *Contesté.*

INCONTINENCE [ɛ̃kɔ̃tinɑ̃s]. *n. f.* (XIIᵉ ; lat. *incontinentia*). ♦ 1º *Vx* ou *littér.* Défaut de continence ; absence de retenue à l'égard des plaisirs de la chair (V. **Débauche, luxure**). ♦ 2º Absence de retenue (en matière de langage). *Incontinence de langage, de parole. Incontinence verbale.* V. **Logorrhée.** ◇ *Psycho. Incontinence mentale, émotionnelle :* incapacité de contrôler ses réactions émotives. V. **Sensibilité.** ♦ 3º *Méd.* (1752). Émission involontaire de matières fécales ou d'urine. — *Spécialt. Incontinence d'urine* (énurésie). ◇ ANT. *Chasteté, continence.*

1. INCONTINENT, ENTE [ɛ̃kɔ̃tinɑ̃, ɑ̃t]. *adj.* (v. 1350 ; lat. *incontinens*). ♦ 1º Qui n'est pas continent. V. **Intempérant.** ♦ 2º *Méd.* (XXᵉ). *Vessie incontinente :* qui ne retient pas l'urine. V. **Incontinence.** — *Un enfant incontinent.* Subst. *Un incontinent.* ◇ ANT. *Chaste, continent* (1).

2. INCONTINENT [ɛ̃kɔ̃tinɑ̃]. *adv.* (XIIIᵉ ; lat. jur. *in continenti (tempore)* « dans (un temps) continu », par ext. « immédiatement »). *Vx* ou *littér.* Tout de suite, sur-le-champ. V. **Aussitôt, instant** (à l'instant). « *Je veux que tout soit réglé incontinent* » (CLAUDEL).

INCONTRÔLABLE [ɛ̃kɔ̃trolabl(ə)]. *adj.* (1840 ; *inconterolable*, 1624 ; de *in-* 1, et *contrôlable*). Qui n'est pas contrôlable. V. **Invérifiable.** *Affirmation, témoignage incontrôlable.* ◇ ANT. *Contrôlable.*

INCONTRÔLÉ, ÉE [ɛ̃kɔ̃trole]. *adj.* (1846 ; de *in-* 1, et *contrôlé*). Qui n'est pas contrôlé. *Forces incontrôlées. Des bandes incontrôlées de rebelles,* qui échappent à l'autorité de leur chef. ◇ ANT. *Contrôlé* (V. **Contrôler**).

INCONVENANCE [ɛ̃kɔ̃vnɑ̃s]. *n. f.* (1573, rare avant XVIIIᵉ ; de *in-* 1, et *convenance*). ♦ 1º Caractère de ce qu'il ne convient pas de faire *(vx)*, et spécialt. *(mod.)* Caractère de ce qui est inconvenant, contraire aux convenances. *Inconvenance d'une situation, d'une proposition, d'une question.* V. **Audace, cynisme, désinvolture, effronterie, impertinence, incorrection, indécence, sans-gêne.** *Se conduire « avec inconvenance, avec grossièreté »* (DUHAM.). ♦ 2º (1845). *Une* INCONVENANCE : parole, action inconvenante. *Dire des inconvenances.* V. **Crudité, écart** (de langage), **grossièreté, malhonnêteté.** *Commettre une inconvenance.* V. **Impolitesse.** ◇ ANT. *Bienséance, convenance, égard.*

INCONVENANT, ANTE [ɛ̃kɔ̃vnɑ̃, ɑ̃t]. *adj.* (1790 ; de *in-* 1, et adj. *convenant*). ♦ 1º *Vx.* Qu'il ne convient pas de faire. « *Toute hésitation serait impolitique et inconvenante* » (MIRABEAU). ♦ 2º Qui est contraire aux convenances, aux usages, aux bienséances. *Discours, propos inconvenants.* V. **Déplacé, grossier, malséant, malsonnant.** *Question inconvenante.* V. **Incongru, indiscret, inopportun, intempestif.** *Recevoir qqn dans une tenue inconvenante.* V. **Indécent.** « *De grandes peintures inconvenantes comme on en retrouve à Pompéi* » (MAUPASS.). V. **Licencieux** ◇ *(Personnes)* Qui se conduit contrairement aux convenances. V. **Incorrect, malhonnête.** ◇ ANT. *Bienséant, convenable, décent, honnête, poli.*

INCONVÉNIENT [ɛ̃kɔ̃venjɑ̃]. *n. m.* (1220, adj., « qui ne convient pas » ; lat. *inconveniens*). ♦ 1º *Vx.* Accident fâcheux ; désagrément, embarras. ♦ 2º *Mod.* Conséquence, suite fâcheuse d'une action, d'une situation donnée. *Situation qui entraîne des inconvénients graves.* V. **Frais** (faire les frais). *Il n'y a pas d'inconvénient à prendre ce remède.* V. **Danger, risque.** *Nous partirons ce soir, si vous n'y voyez pas d'inconvénient,* si cela ne vous dérange pas. V. **Empêchement, objection, obstacle.** ♦ 3º Désavantage inhérent à une chose qui, par ailleurs, est ou peut être bonne. V. **Défaut, désavantage.** *Avantages et inconvénients de qqch.* (Cf. *Le bon et le mauvais côté*, le pour et le contre**). *Avoir, comporter, offrir, présenter des inconvénients.* « *Ma sœur me montra… les inconvénients de cette manière d'agir et j'y renonçai* » (RENAN). *Toute chose a ses inconvénients* (Cf. *Il n'y a pas de rose sans épine* ; toute*

médaille a son revers*). ◇ ANT. *Bonheur ; agrément, commodité, bénéfice ; avantage, qualité.*

INCONVERSIBLE [ɛ̃kɔ̃vɛrsibl(ə)]. *adj.* (1867 ; lat. *inconversibilis*). *Log.* Se dit d'une proposition dont la réciproque est fausse.

INCONVERTIBLE [ɛ̃kɔ̃vɛrtibl(ə)] ou **INCONVERTISSABLE** [ɛ̃kɔ̃vɛrtisabl(ə)]. *adj.* (1546, -1752 ; de *in-* 1, et *convertible, convertissable*). ♦ 1º Qu'on ne peut convertir à une religion, une doctrine. « *La protestante inconvertible* » (STE-BEUVE). ♦ 2º *Fin.* Qu'on ne peut convertir, échanger contre de la monnaie métallique. *Billet de banque inconvertible, inconvertissable* (rare), *ayant cours forcé.* ◇ ANT. *Convertible.*

INCOORDINATION [ɛ̃kɔɔrdinasjɔ̃]. *n. f.* (1865 ; de *in-* 1, et *coordination*). *Didact.* Absence de coordination. *L'incoordination d'opérations militaires, de services administratifs.* ◇ *Pathol.* Difficulté ou impossibilité de coordonner les mouvements des différents groupes musculaires. ◇ ANT. *Coordination.*

INCORPORABLE [ɛ̃kɔrpɔrabl(ə)]. *adj.* (1784 ; de *incorporer*). *Rare.* Qui peut être incorporé.

INCORPORALITÉ [ɛ̃kɔrpɔralite] ou **INCORPORÉITÉ** [ɛ̃kɔrpɔreite]. *n. f.* (1372, -1760 ; lat. *incorporalitas*, — de *in-* 1, et *corporéité*). *Didact.* Caractère d'un être incorporel.

INCORPORATION [ɛ̃kɔrpɔrasjɔ̃]. *n. f.* (1408, relig. ; lat. *incorporatio*). ♦ 1º Action de faire entrer (une substance) dans une autre. V. **Mélange, mixtion.** *Incorporation de jaunes d'œufs dans du sucre. Incorporation d'un excipient dans un médicament.* ♦ 2º Action de faire entrer (un élément) dans un tout. *Incorporation d'un territoire à un empire, dans un empire.* V. **Annexion, réunion.** *Incorporation d'une minorité ethnique, religieuse dans une communauté.* V. **Assimilation.** ◇ *Dr.* Action de s'incorporer à une propriété. *La propriété peut s'acquérir par incorporation.* V. **Accession.** ◇ *Psychan.* Processus par lequel un sujet, sur le mode fantasmatique, fait pénétrer et garde un objet à l'intérieur de son corps. ♦ 3º *Relig.* Autorisation qu'un évêque donne à un ecclésiastique de faire partie de son diocèse. ♦ 4º *Milit. et cour.* Inscription (des recrues) sur les contrôles d'un corps. V. **Appel.** *Incorporation des conscrits dans un régiment. Absolt. Incorporation à vingt ans. Sursis* d'incorporation.* ◇ ANT. *Exclusion, séparation.*

INCORPOREL, ELLE [ɛ̃kɔrpɔrɛl]. *adj.* (1160 ; lat. *incorporalis*). ♦ 1º Qui n'a pas de corps, qui n'est pas matériel. V. **Immatériel.** *L'âme est incorporelle.* ♦ 2º *Dr. Biens incorporels :* tous les droits, sauf le droit de propriété. ◇ ANT. *Corporel, matériel ; concret.*

INCORPORER [ɛ̃kɔrpɔre]. *v. tr.* (1425, milit. ; *encorporer,* fin XIIᵉ ; lat. *incorporare,* de *corpus* « corps »). Faire qu'une chose fasse corps avec une autre. ♦ 1º Unir intimement (une matière à une autre). V. **Mélanger.** *Incorporer des œufs à une sauce,* (plus rare) *avec une sauce.* ♦ 2º Faire entrer comme partie dans un tout. *Incorporer un paragraphe dans un chapitre.* V. **Insérer, introduire.** « *J'aurais su l'incorporer mieux* (cette conversation) *dans la trame du récit* » (GIDE). *Incorporer un territoire dans un empire.* V. **Annexer, comprendre, joindre, rattacher, réunir.** — *Incorporer qqn dans une société, une association.* V. **Agréer, associer.** « *Tout de suite, elle fut incorporée dans la famille* » (CHARDONNE). — *Spécialt. Incorporer un conscrit, une recrue dans un bataillon.* V. **Appeler, enrôler, recruter.** « *Mon désir d'être incorporé dans l'armée active* » (DUHAM.). ◇ S'INCORPORER. *Il a « la singulière faculté de s'incorporer à un organisme* » (CHARDONNE). V. **Entrer, fondre** (se). ◇ ANT. *Exclure, isoler, séparer ; détacher, éliminer, retrancher.*

INCORRECT, ECTE [ɛ̃kɔrɛkt, ɛkt(ə)]. *adj.* (1421 ; de *in-* 1, et *correct*). ♦ 1º Qui n'est pas correct. *Édition incorrecte.* V. **Fautif.** *Terme incorrect.* V. **Impropre.** *Par ext. Écrivain incorrect.* ◇ Qui n'est pas fait selon les règles, qui est mal exécuté. V. **Défectueux, mauvais.** *Dessin incorrect. Réglage incorrect.* V. **Faux, inexact.** *Solution incorrecte. Interprétation incorrecte des faits.* ♦ 2º (Fin XIXᵉ). Qui est contraire aux usages, aux bienséances. *Tenue incorrecte.* V. **Débraillé, inconvenant.** *Manières, paroles incorrectes.* V. **Déplacé.** — *(Personnes)* Grossier, impoli. ◇ *Par ext. Être incorrect avec qqn,* manquer aux usages, aux règles (de la politesse, des affaires, etc.). *Il a été incorrect avec son concurrent, incorrect en affaires.* V. **Déloyal, irrégulier.** ◇ ANT. *Correct, pur ; fidèle ; bon, exact, juste. Convenable, courtois, délicat, poli.*

INCORRECTEMENT [ɛ̃kɔrɛktəmɑ̃]. *adv.* (1538 ; de *incorrect*). D'une manière incorrecte. *Parler incorrectement une langue. Appareil incorrectement monté.* V. **Défectueusement, mal.** *Il s'est conduit très incorrectement avec moi.* ◇ ANT. *Correctement ; bien.*

INCORRECTION [ɛ̃kɔrɛksjɔ̃]. *n. f.* (1512 ; de *in-* 1, et *correction*). ♦ 1º Défaut de correction du style. « *L'originalité ne peut… servir de prétexte à l'incorrection* » (HUGO). ◇ Expression incorrecte. V. **Barbarisme, faute, impropriété.** *Il y a de nombreuses incorrections dans ce devoir de français.*

♦ 2° (Fin XIXᵉ). Caractère incorrect de ce qui est contraire aux usages, aux règles du savoir-vivre. V. **Inconvenance**. ◇ Parole ou action incorrecte. V. **Grossièreté, impolitesse**. ◈ ANT. *Correction, pureté. Courtoisie, délicatesse, politesse.*

INCORRIGIBLE [ɛ̃kɔʀiʒibl(ə)]. adj. (1334; bas lat. *incorrigibilis*). Qui ne peut être corrigé. ♦ 1° Qui persévère dans ses défauts, ses erreurs. V. **Entêté, impénitent, indécrottable**. *Un enfant incorrigible.* « *Les hommes sont incorrigibles... Ils ne peuvent manquer à leur nature propre* » (DUHAM.). *Paresseux incorrigible.* ♦ 2° Qui persiste chez qqn (défauts, erreurs). V. **Incurable**. *Son incorrigible étourderie.* ◈ ANT. *Corrigible.*

INCORRIGIBLEMENT [ɛ̃kɔʀiʒibləmɑ̃]. adv. (1557; de *incorrigible*). Rare. D'une manière incorrigible. *Enfant incorrigiblement étourdi.*

INCORRUPTIBILITÉ [ɛ̃kɔʀyptibilite]. n. f. (1495; de *incorruptible*). Didact. Caractère de ce qui est incorruptible. *Incorruptibilité d'une substance.* ◇ Fig. *Incorruptibilité d'un fonctionnaire.* V. **Intégrité, probité**. ◈ ANT. *Altération.*

INCORRUPTIBLE [ɛ̃kɔʀyptibl(ə)]. adj. (XIIIᵉ; bas lat. *incorruptibilis*). ♦ 1° Qui n'est pas corruptible. V. **Inaltérable, inattaquable**. *Bois incorruptible.* ♦ 2° Fig. (XVIIᵉ). Qui est incapable de se laisser corrompre, séduire pour agir contre son devoir. V. **Honnête, intègre**. *Fonctionnaire, juge incorruptible.* — Subst. « *L'Incorruptible* », surnom de Robespierre. ◈ ANT. *Corruptible, corrompu.*

INCORRUPTIBLEMENT [ɛ̃kɔʀyptibləmɑ̃]. adv. (1845; de *incorruptible*). Rare. D'une manière incorruptible, inaltérable.

INCRÉDIBILITÉ [ɛ̃kʀedibilite]. n. f. (1520; lat. *incredibilitas*). Caractère de ce qui est incroyable. *L'incrédibilité d'un récit.* ◈ ANT. *Crédibilité, vraisemblance.*

INCRÉDULE [ɛ̃kʀedyl]. adj. et n. (XIVᵉ; lat. *incredulus*). ♦ 1° Qui ne croit pas, qui doute (en matière de religion). V. **Incroyant, irréligieux**. — V. **Mécréant**; esprit (fort), libre (libre penseur). *L'incrédule et le dévot « se prennent réciproquement pour des dupes* » (RIVAROL). ♦ 2° (1538). Qui ne croit pas facilement, qui se laisse difficilement persuader, convaincre. V. **Sceptique**. *Ses affirmations me laissent incrédule.* ◇ (Choses) Qui marque de l'incrédulité. *Une moue incrédule.* « *L'air incrédule et presque railleur* » (DUHAM.). ◈ ANT. *Crédule, croyant; naïf.*

INCRÉDULITÉ [ɛ̃kʀedylite]. n. f. (Encredulitet; lat. *incredulitas*). ♦ 1° Manque de foi, de croyance religieuse; doute. V. **Incroyance, irréligion**. *Les progrès de l'incrédulité, de la libre pensée au XVIIIᵉ s.* ♦ 2° (1538). Absence de crédulité; état de celui qui est incrédule. V. **Défiance, doute, scepticisme**. *Il eut un sourire d'incrédulité.* « *Cette verve d'incrédulité et ce refus d'être dupe* » (BAUDEL.). ◈ ANT. *Crédulité, croyance, foi.*

INCRÉÉ, ÉE [ɛ̃kʀee]. adj. (1470; de *in-* 1, et *créé*). Relig., Didact. Qui existe sans avoir été créé. *Dieu, créateur incréé. La Sagesse incréée, le Verbe, Fils de Dieu.* ◈ ANT. *Créé.*

INCRÉMENT [ɛ̃kʀemɑ̃]. n. m. (1765 en géom.; repris XXᵉ; angl. *increment*, lat. *incrementum*). Sc. Augmentation minimale d'une variable prenant des valeurs discrètes. V. *aussi* **Pas** 1 (I, 2°).

INCREVABLE [ɛ̃kʀəvabl(ə)]. adj. (1898; de *in-* 1, et *crevable*). ♦ 1° Qui ne peut être crevé. *Ballon, pneu increvable.* ♦ 2° Fig. et pop. Qui n'est jamais fatigué. V. **Infatigable**. *Il est d'une résistance à toute épreuve, il est increvable.*

INCRIMINABLE [ɛ̃kʀiminabl(ə)]. adj. (1842; de *incriminer*). ♦ 1° Vx. Qui peut être incriminé. V. **Accusable**. ♦ 2° Littér. V. **Blâmable**. *Action incriminable.*

INCRIMINATION [ɛ̃kʀiminasjɔ̃]. n. f. (1839; de *incriminer*). Rare. Action d'incriminer. V. **Accusation, attaque**. *Une incrimination injuste, mal fondée.*

INCRIMINÉ, ÉE [ɛ̃kʀimine]. adj. (1834; V. **Incriminer**). Mis en cause, accusé. « *Les livres incriminés* (sont) *en passe d'être effectivement supprimés de nos librairies* » (GIDE).

INCRIMINER [ɛ̃kʀimine]. v. tr. (1558, rare av. 1791; lat. *incriminare*). ♦ 1° Vx. Déclarer criminel, accuser d'un crime. V. **Inculper**. ♦ 2° Mod. Mettre (qqn) en cause; s'en prendre à (qqn). *Vous l'incriminez à tort en lui imputant une erreur dont il n'est pas responsable.* V. **Accuser, attaquer, blâmer, suspecter**. ◈ ANT. *Disculper, justifier.*

INCRISTALLISABLE [ɛ̃kʀistalizabl(ə)]. adj. (1762; de *in-* 1, et *cristallisable*). Sc. Qui ne peut cristalliser. ◈ ANT. *Cristallisable.*

INCROCHETABLE [ɛ̃kʀɔʃtabl(ə)]. adj. (v. 1825; de *in-* 1, et *crocheter*). Impossible à crocheter. *Serrure incrochetable.* ◈ ANT. *Crochetable.*

INCROYABLE [ɛ̃kʀwajabl(ə)]. adj. (fin XVᵉ; *increable*, XIVᵉ; de *in-* 1, et *croyable*). ♦ 1° Qui n'est pas croyable; qu'il est impossible ou très difficile de croire. V. **Effarant, étonnant, étrange, fabuleux, fort, prodigieux, renversant, surprenant**. *Un récit incroyable. D'incroyables nouvelles.* — Subst. *Croire l'incroyable.* ◇ Impers. (suivi de l'inf.) *Il est incroyable de.* V. **Impensable, inconcevable, inimaginable,**

invraisemblable. *Il est, il semble incroyable que* (suivi du subj.). ♦ 2° Qui est peu commun, peu ordinaire. V. **Étonnant, excessif, exorbitant, extraordinaire, fantastique, inouï**. *Un courage incroyable. Il a fait des progrès incroyables.* « *Les plus incroyables et indescriptibles tire-bouchons ! (de cheveux)* » (BARBEY). V. **Bizarre, extravagant**. ♦ 3° (Personnes). *Cet homme est incroyable avec ses prétentions. C'est un type incroyable !* ♦ 4° Subst. (1795). *Les Incroyables*, nom donné, sous le Directoire, à des jeunes gens qui affichaient une recherche extravagante dans leur mise et leur langage. V. **Muscadin**. *Les incroyables devaient leur surnom à leur habitude de répéter à tout propos :* c'est inc(r)oyable [ɛ̃kɔjabl]. *Incroyables et merveilleuses*.* ◈ ANT. *Croyable.*

INCROYABLEMENT [ɛ̃kʀwajabləmɑ̃]. adv. (fin XVᵉ; de *incroyable*). D'une manière incroyable. V. **Excessivement**. « *Notre monde est immense, incroyablement varié* » (CHARDONNE).

INCROYANCE [ɛ̃kʀwajɑ̃s]. n. f. (1836; de *in-* 1, et *croyance*). Absence de croyance religieuse; état de celui qui ne croit pas. V. **Athéisme**. *Être, vivre dans l'incroyance.* V. **Doute, incrédulité**. ◈ ANT. *Croyance, foi.*

INCROYANT, ANTE [ɛ̃kʀwajɑ̃, ɑ̃t]. adj. (1783; de *in-* 1, et *croyant*). Qui n'est pas croyant, qui refuse de croire (en matière de religion). *Âme incroyante* (V. **Irréligieux**). ◇ Subst. V. **Athée, hérétique, impie, incrédule, mécréant**. « *Un incrédule qui se prend pour un incroyant !* » (ANOUILH). *Les incroyants.* ◈ ANT. *Croyant, dévot, fidèle.*

INCRUSTANT, ANTE [ɛ̃kʀystɑ̃, ɑ̃t]. adj. (1752; de *incruster*). Qui couvre les corps d'une croûte minérale plus ou moins épaisse. *Les eaux incrustantes de Saint-Alyre.* V. **Pétrifiant**.

INCRUSTATION [ɛ̃kʀystasjɔ̃]. n. f. (1553; lat. *incrustatio*). ♦ 1° Action d'incruster. *Décoration faite par incrustation.* ◇ Ornement incrusté. *Incrustation d'émail sur argent.* V. **Nielle**. — Par anal. *Un déshabillé de soie avec incrustation de dentelle.* ♦ 2° Sc. (1752) et Techn. (Fin XIXᵉ). Enduit pierreux naturel déposé par des matières salines soit autour des corps ayant séjourné dans des eaux calcaires (V. **Pétrification**), soit contre les parois des chaudières à vapeur (V. **Dépôt, tartre**). *Empêcher l'incrustation par l'emploi de désincrustants.*

INCRUSTÉ, ÉE. adj. V. **Incruster**.

INCRUSTER [ɛ̃kʀyste]. v. tr. (1560; lat. *incrustare*). **I.** ♦ 1° (Surtout au pass.). Orner (un objet, une surface), suivant un dessin gravé en creux, avec des fragments d'une autre matière. « *Un marbre blanc incrusté de jaspe* » (CHATEAUB.). *Poignard incrusté d'or.* V. **Damasquiner**. — Par anal. Insérer dans une surface évidée (des matériaux d'ornement taillés en fragments). *Incruster de l'émail sur fond d'argent.* V. **Nieller**. ♦ 2° Sc., techn. Couvrir d'un dépôt formant croûte. **II.** S'INCRUSTER. v. pron. ♦ 1° (XVIᵉ). Adhérer fortement à un corps, s'y implanter. *Ce coquillage s'est profondément incrusté dans la pierre.* ♦ 2° Fig. (1831). S'incruster chez qqn : ne plus en déloger. V. **Enraciner** (s'). « *Il s'incrusta presque dans sa maison et l'accompagna partout* » (BALZ.). ♦ 3° Être incrusté ou susceptible de l'être. *La nacre s'incruste dans l'ébène.* ♦ 4° Se couvrir d'un dépôt formant croûte. *Votre radiateur s'est incrusté au fond.* V. **Entartrer**.

INCRUSTEUR, EUSE [ɛ̃kʀystœʀ, øz]. adj. (1828; de *incruster*). Techn. Personne qui fait des ouvrages incrustés.

INCUBATEUR, TRICE [ɛ̃kybatœʀ, tʀis]. adj. (1877; d'après *incubation*). Didact. Où s'opère l'incubation des œufs. *Appareil incubateur. Poche incubatrice.* — Subst. *Un incubateur.* V. **Couveuse**.

INCUBATION [ɛ̃kybasjɔ̃]. n. f. (1694; lat. *incubatio*, de *incubare* « couver »). ♦ 1° Action de couver des œufs; développement de l'embryon dans l'œuf. *Incubation naturelle, artificielle des œufs d'oiseaux. Four d'incubation* (V. **Couveuse, incubateur**). *Durée d'incubation* (V. **Couvaison**). *Les œufs éclosent après incubation.* ♦ 2° (1834). Temps qui s'écoule entre l'époque de la contagion et l'apparition des premiers symptômes d'une maladie. *Période d'incubation des maladies infectieuses.* « *Comme un mal dévastateur se déclare après une incubation de plusieurs années* » (GREEN). ♦ 3° Fig. Période pendant laquelle un événement, une création se prépare sourdement, sans se manifester au grand jour (V. **Couver**). « *L'incubation des insurrections* » (HUGO).

INCUBE [ɛ̃kyb]. n. m. (1256; lat. *incubus* « cauchemar », de *incubare*). Didact. Démon masculin qui était censé abuser d'une femme pendant son sommeil (*opposé à* succube).

INCUBER [ɛ̃kybe]. v. tr. (1771; lat. *incubare*). Didact. Opérer l'incubation de. V. **Couver**.

INCULCATION [ɛ̃kylkasjɔ̃]. n. f. (XVIᵉ; lat. *inculcatio*). Rare. Action d'inculquer; son résultat.

INCULPABLE [ɛ̃kylpabl(ə)]. adj. (1829; de *inculper*). Rare. Qui peut être inculpé. *Il est inculpable de complicité.*

INCULPATION [ɛ̃kylpasjɔ̃]. n. f. (h. XVIᵉ; 1743; de *inculper*). Action d'inculper. — Imputation officielle d'un

crime ou d'un délit à un individu contre qui est, en conséquence, dirigée une procédure d'instruction. *Fausse inculpation; se justifier d'une inculpation. Être arrêté sous l'inculpation d'assassinat, de vol.* ◊ ANT. *Disculpation.*

INCULPÉ, ÉE [ɛ̃kylpe]. *adj.* et *n.* (V. *Inculper*). Qui est
inculpé. *Les personnes inculpées.* ◊ N. (1843) *Un inculpé,
une inculpée : personne soupçonnée d'une infraction sanctionnée par les tribunaux répressifs, et défendeur au procès pénal.
Le prévenu* est désigné « sous le nom d'inculpé lorsqu'une
instruction préparatoire est ouverte contre lui »* (CAPITANT).
Interroger, incarcérer un inculpé.

INCULPER [ɛ̃kylpe]. *v. tr.* (1526; lat. *inculpare,* de *culpa*
« faute »). ♦ 1° *Vx.* Considérer comme coupable d'une faute.
V. **Accuser.** *Inculper qqn de vol; inculper qqn à tort, sans
preuve.* V. **Incriminer** *(vx).* ♦ 2° *Mod.* Mettre sous le coup
d'une inculpation. « *Je suis dans la nécessité de vous inculper
du crime de forfaiture* » (GIRAUDOUX). ◊ ANT. *Disculper,
excuser.*

INCULQUER [ɛ̃kylke]. *v. tr.* (1512; lat. *inculcare* « fouler, presser », de *calx, calcis* « talon »). Faire entrer (qqch.)
dans l'esprit d'une façon durable, profonde. V. **Apprendre,
enseigner; graver, imprimer** (dans l'esprit). « *On leur avait
inculqué de bons principes* » (VILLIERS). *Action d'inculquer.*
V. **Inculcation.**

INCULTE [ɛ̃kylt(ə)]. *adj.* (1475; lat. *incultus*). ♦ 1° Qui
n'est pas cultivé. *Terres, sols incultes.* V. **Friche** (en). *Terrains incultes et incultivables.* V. **Aride, désert, désertique,
infertile, stérile.** *Terre laissée momentanément inculte* (V.
Jachère). ♦ 2° (1838). *Par anal.* Qui n'est pas soigné (en
parlant des cheveux, etc.). V. **Hirsute, négligé.** « *La barbe
épaisse, inculte et presque blanche, hélas !* » (VERLAINE). ♦
3° (xvᵉ). *Personnes.* Sans culture intellectuelle. V. **Grossier,
ignare, ignorant.** « *Un paysan inculte, mais heureusement
doué* » (SAND). *Peuple inculte.* V. **Barbare, primitif.** ◊ ANT.
Fertile; cultivé, défriché. Soigné. Clerc, cultivé, savant.

INCULTIVABLE [ɛ̃kyltivabl(ə)]. *adj.* (1776; de *in-* 1,
et *cultivable*). Qui ne peut être cultivé. *Terres incultivables.*
V. **Aride, infertile, stérile.** ◊ ANT. *Arable, cultivable, fertile.*

INCULTIVÉ, ÉE [ɛ̃kyltive]. *adj.* (xivᵉ; de *in-* 1, et *cultivé*).
Littér. Inculte (1°). ◊ ANT. *Cultivé.*

INCULTURE [ɛ̃kyltyʀ]. *n. f.* (1789; de *in-* 1, et *culture*).
♦ 1° *Rare.* Absence de culture. *L'inculture du sol, d'une terre.*
♦ 2° *Absence de culture intellectuelle. Son inculture nuit à
son travail.* ◊ ANT. *Culture.*

INCUNABLE [ɛ̃kynabl(ə)]. *adj.* et *n. m.* (1802; lat.
incunabula, plur. neutre de *incunabulum* « berceau, commencement »). ♦ 1° *Adj.* Qui date des premiers temps de
l'imprimerie. *Édition incunable.* ♦ 2° *N. m.* Ouvrage imprimé
antérieur à 1500. *Incunables tabellaires, xylographiques,
typographiques.*

INCURABILITÉ [ɛ̃kyʀabilite]. *n. f.* (1707; de *incurable*).
Rare. Caractère de ce qui est incurable. ◊ ANT. *Curabilité*
(V. *Curable*).

INCURABLE [ɛ̃kyʀabl(ə)]. *adj.* (1314; bas lat. *incura-
bilis*). ♦ 1° Qui ne peut être guéri. V. **Inguérissable.** « *Pour
ma maladie, elle est incurable, puisqu'elle date de quatre-
vingts ans* » (VOLT.). — *Malade incurable.* V. **Condamné,
fichu** *(fam.),* **perdu.** — Subst. *Les incurables.* ♦ 2° *Fig.* Les
*blessures incurables de l'amour-propre, de l'amour. L'incu-
rable mélancolie de ses beaux yeux* » (PROUST). — *Ignorance,
sottise incurable.* V. **Incorrigible.** — (Personnes) *Il est incurable : il ne changera jamais.* ◊ ANT. *Curable, guérissable.*

INCURABLEMENT [ɛ̃kyʀablemɑ̃]. *adv.* (1566; de *incurable*). D'une manière incurable. *Incurablement malade.* —
Fig. « *Ô incurablement léger peuple de France !* » (GIDE).

INCURIE [ɛ̃kyʀi]. *n. f.* (1560; lat. *incuria,* de *cura* « soin »).
Manque de soin, d'organisation. V. **Insouciance, laisser-
aller, négligence.** « *L'incurie ordinaire à tous les gouvernements* » (FRANCE). *Coupable, dangereuse incurie.* ◊ ANT. *Soin.*

INCURIEUX, EUSE [ɛ̃kyʀjø, øz]. *adj.* (xviᵉ; lat. *incu-
riosus*). *Littér.* Qui n'est pas curieux. « *Incurieux de sa personne
et de sa vie* » (GIDE). « *Ce regard absent, incurieux* » (AYMÉ).
◊ ANT. *Curieux.*

INCURIOSITÉ [ɛ̃kyʀjozite]. *n. f.* (1496; lat. *incuriositas*).
Littér. Absence de curiosité, d'intérêt pour ce qu'on ne
connaît pas. « *Que c'est un doux et mol chevet que l'ignorance
et l'incuriosité* » (MONTAIGNE). « *L'ennui, fruit de la morne
incuriosité* » (BAUDEL.). ◊ *Psycho.* Indifférence totale et
repliement sur soi-même. V. **Introversion.** ◊ ANT. *Curiosité.*

INCURSION [ɛ̃kyʀsjɔ̃]. *n. f.* (1352; lat. *incursio* « invasion », de *currere* « courir »). ♦ 1° Entrée, court séjour
d'envahisseurs en pays ennemi. V. **Attaque, coup** (de main),
descente, invasion. *Les incursions de pillards, de bandes
nomades.* V. **Raid, razzia.** ◊ Entrée brusque. *Les « incursions
de Séraphin qui... venait fourrager mes papiers »* (STENDHAL).
V. **Irruption.** ♦ 2° *Fig.* Le fait de pénétrer momentanément
dans un domaine qui n'est pas le sien, qui n'est pas habituel.

INCURVATION [ɛ̃kyʀvasjɔ̃]. *n. f.* (1803; de *incurver*).

Action d'incurver; résultat de cette action. V. **Courbe, courbure.** ◊ ANT. *Redressement.*

INCURVÉ, ÉE [ɛ̃kyʀve]. *adj.* (1551; V. *Incurver*). Rendu
courbe. *Ligne incurvée* (V. **Curviligne**), convexe ou concave.
Canapé à pieds incurvés. ◊ ANT. *Droit.*

INCURVER [ɛ̃kyʀve]. *v. tr.* (1838; *encurver,* xiiᵉ; lat.
incurvare. V. **Courber**). Rendre courbe. V. **Courber.** *Incurver
un pied de table, une barre de fer forgé.* Pronom. « *Les joues
s'incurvaient sous la saillie des pommettes* » (MART. du G.).
◊ ANT. *Redresser.*

INCUSE [ɛ̃kyz]. *n.* et *adj. f.* (1692; lat. *incusa* « frappée »).
Techn. Se dit d'une médaille sans revers, ou qui porte en creux
l'image en relief de l'autre côté. *Une médaille incuse; une
incuse.*

INDATABLE [ɛ̃databl(ə)]. *adj. (Néol.;* de *in-*1, et *datable*).
Qu'on ne peut dater. *Document indatable.* ◊ ANT. *Datable.*

INDE [ɛ̃d]. *n. m.* (xiiᵉ; lat. *indicus.* V. *Indigo*). Couleur
bleu foncé violacé extraite de l'indigo. *Teindre en inde.*

INDÉBROUILLABLE [ɛ̃debʀujabl(ə)]. *adj.* (1764; de
in- 1, et *débrouillable*). *Rare.* Qui ne peut être débrouillé.
V. **Inextricable.** « *Il sentait dans sa tête l'algèbre et la trigonométrie à l'état d'écheveaux mêlés, indébrouillables* » (LOTI).

INDÉCACHETABLE [ɛ̃dekaʃtabl(ə)]. *adj.* (1846; de
in- 1, et *décacheter*). *Rare.* Qu'on ne peut décacheter.

INDÉCEMMENT [ɛ̃desamɑ̃]. *adv.* (1572; de *indécent*).
D'une manière indécente. *Se conduire indécemment.* ◊ ANT.
Décemment.

INDÉCENCE [ɛ̃desɑ̃s]. *n. f.* (1568; lat. *indecentia*). ♦
1° *Rare.* Manque de correction; caractère de ce qui est indécent (1°). V. **Inconvenance.** *Aurez-vous l'indécence d'en réclamer davantage ?* V. **Impudeur; culot** *(fam.).* ♦ 2° *Cour.* (xviiᵉ).
V. **Immodestie, impudicité.** *L'indécence d'un décolleté, d'une
danse, d'une plaisanterie. Propos qui frisent l'indécence* (V.
Scabreux). ♦ 3° *Une indécence :* manifestation, marque
d'indécence; action, parole indécente. « *Il y a pour les esprits
impurs de terribles indécences dans le tableau de Michel-
Ange* » (BARBEY). ◊ ANT. *Décence, bienséance, chasteté, convenance, honnêteté, honte, modestie, pudeur.*

INDÉCENT, ENTE [ɛ̃desɑ̃, ɑ̃t]. *adj.* (xivᵉ; lat. *indecens*).
♦ 1° *Vx.* Qui est contraire à l'honnêteté, aux bienséances.
V. **Inconvenant, incorrect, malséant :** « *Les cris sont indécents
À la Majesté souveraine* » (LA FONT.). ne lui conviennent pas.
♦ 2° *Mod.* Contraire à la décence. V. **Déshonnête, immodeste,
impudique, impur, obscène.** *Posture, tenue indécente. Geste
indécent. Conversation indécente.* V. **Licencieux.** ◊ (Personnes) « *Habillez-vous, monsieur, vous êtes indécent* » (COUR-
TELINE). ♦ 3° *Par exagér.* Qui choque par sa démesure. V.
Insolent. *Une veine indécente.* V. **Impudent.** ◊ ANT. *Bienséant,
convenable, correct, décent, honnête, modeste, pudique.*

INDÉCHIFFRABLE [ɛ̃deʃifʀabl(ə)]. *adj.* (1609; de *in-* 1,
et *déchiffrable*). ♦ 1° Qui ne peut être déchiffré. *Cryptogramme, message indéchiffrable.* ♦ 2° Très difficile à lire. V.
Illisible. *Manuscrit, écriture indéchiffrable* (V. **Grimoire**).
Partition indéchiffrable. ♦ 3° *Fig.* Très difficile à comprendre,
à deviner ou à résoudre. V. **Incompréhensible, inexplicable,
inintelligible, obscur.** *Le hasard « est aussi mystérieux que la
Providence et, plus qu'elle encore, il est indéchiffrable !* »
(HUYSMANS). *Pensées indéchiffrables. Personnage indéchiffrable.* V. **Énigmatique.** ◊ ANT. *Clair, déchiffrable.*

INDÉCHIRABLE [ɛ̃deʃiʀabl(ə)]. *adj.* (1846; de *in-* 1,
et *déchirer*). Qui ne peut se déchirer.

INDÉCIDABLE [ɛ̃desidabl(ə)]. *adj.* (1957; de *in-* 1, et
décidable). *Log.* Qui n'est pas décidable*. *Proposition indécidable* (Dér. *Indécidabilité,* n. f.).

INDÉCIS, ISE [ɛ̃desi, iz]. *adj.* (1356, « non jugé »; bas
lat. *indecisus* « non tranché »). ♦ 1° *(Choses).* Qui n'est pas
décidé. V. **Douteux, incertain, indéterminé.** *La question reste
indécise, n'est pas tranchée. La victoire demeura longtemps
indécise.* V. **Flottant.** ◊ *Par ext.* (xviiiᵉ) Qui n'est pas bien
déterminé, qu'il est difficile de distinguer, d'apprécier, de
reconnaître. V. **Confus, imprécis, indéfini, indéterminable,
trouble, vague.** *Sourire indécis. Contours indécis, formes
indécises.* V. **Flou, indistinct.** « *Et l'ange, se dressant dans la
brume indécise* » (HUGO). ◊ « *L'intrigue du roman est indécise* » (HENRIOT). *Pensées indécises.* V. **Fluide, nébuleux.**
♦ 2° *(Personnes).* Qui n'a pas encore pris une décision;
qui a peine à se décider. *Demeurer, rester indécis entre deux
solutions, entre plusieurs partis.* V. **Désorienté, embarrassé,
hésitant, perplexe.** « *Un être indécis, toujours éloigné des
extrêmes* » (STENDHAL). ◊ Qui ne sait pas prendre une
décision, une résolution. *Caractère, esprit indécis :* qui ne
sait pas ce qu'il veut. V. **Faible, irrésolu, ondoyant, timoré,
vacillant.** — Subst. *C'est un perpétuel indécis.* ◊ ANT. *Décidé,
défini, déterminé, franc, net, précis, résolu.*

INDÉCISION [ɛ̃desizjɔ̃]. *n. f.* (1611; de *indécis*). ♦
1° Manque de décision; caractère, état d'une personne indécise. V. **Doute, flottement, hésitation, incertitude, indétermination, irrésolution, perplexité.** *Demeurer, être, flotter dans l'indé-*

cision. — Par ext. *Indécision du geste, de la voix.* ♦ 2° *Rare.* Caractère, état de ce qui est indécis. « *L'indécision des nuances* » (LITTRÉ). V. **Flou, vague.** ◇ ANT. *Assurance, certitude, décision, détermination, résolution. Netteté, précision.*

INDÉCLINABLE [ε̃deklinabl(ə)]. *adj.* (1380, gram.; lat. *indeclinabilis*). ♦ 1° *Gram.* Qui ne se décline pas. « *Nequam* », *adjectif latin indéclinable.* — Subst. *Les indéclinables* (adverbes, conjonctions, prépositions). ♦ 2° *Vx.* Qu'on ne peut décliner, éviter. ♦ « *D'une manière invincible, indéclinable* » (FÉN.). ◇ ANT. *Déclinable.*

INDÉCOLLABLE [ε̃dekɔlabl(ə)]. *adj.* (1845; de *in-* 1, et *décoller*). *Rare.* Qui ne peut se décoller.

INDÉCOMPOSABLE [ε̃dekɔ̃pozabl(ə)]. *adj.* (1738; de *in-* 1, et *décomposable*). ♦ 1° Qui ne peut être décomposé. *Corps simple indécomposable.* ♦ 2° *Fig.* Qu'on ne peut analyser, séparer en parties distinctes. *Un tout indécomposable.* ◇ ANT. *Décomposable.*

INDÉCROCHABLE [ε̃dekʀɔʃabl(ə)]. *adj.* (*Néol.*; de *in-* 1, et *décrocher*). ♦ 1° Qu'on ne peut décrocher. ♦ 2° *Fig.* et *fam.* Qu'on ne peut obtenir. *Diplôme indécrochable.*

INDÉCROTTABLE [ε̃dekʀɔtabl(ə)]. *adj.* (1611; de *in-* 1, et *décrotter*). ♦ 1° *Rare.* Qu'on ne peut décrotter. ♦ 2° *Fig.* et *fam.* Qu'on ne parvient pas à débarrasser de ses manières grossières, de ses mauvaises habitudes. V. **Incorrigible.** « *Le paresseux est indécrottable. Il ne changera jamais* » (MICHAUX).

INDÉFECTIBILITÉ [ε̃defεktibilite]. *n. f.* (XVIIe; de *indéfectible*). *Didact.* Caractère de ce qui est indéfectible. *L'indéfectibilité de la matière. L'indéfectibilité d'un sentiment.*

INDÉFECTIBLE [ε̃defεktibl(ə)]. *adj.* (1501; de *in-* 1, et *défectible*, du lat. *defectus*, p. p. de *deficere* « faire défaut »). ♦ 1° Qui ne peut cesser d'être, qui continue, dure toujours. V. **Éternel, indestructible.** *Attachement indéfectible.* ♦ 2° Qui ne peut défaillir, être pris en défaut. « *Des souvenirs conservés par une mémoire indéfectible* » (HENRIOT). V. **Solide, sûr.** ◇ ANT. *Passager.*

INDÉFECTIBLEMENT [ε̃defεktibləmɑ̃]. *adv.* (1873; de *indéfectible*). D'une manière indéfectible. *Être indéfectiblement attaché à ses principes.*

INDÉFENDABLE [ε̃defɑ̃dabl(ə)]. *adj.* (1663; *indéfensible*, XVIe; de *in-* 1, et *défendable*). ♦ 1° Qui ne peut être défendu. *Bastion indéfendable.* V. **Insoutenable.** *Cause indéfendable.* Trop mauvais pour être défendu. *Ce point de vue est absolument indéfendable.* ◇ ANT. *Défendable.*

INDÉFINI, IE [ε̃defini]. *adj.* (XIVe; lat. *indefinitus*). ♦ 1° Dont la fin, les limites ne sont ou ne peuvent être déterminées. V. **Illimité, infini; fin** (sans). *Le ciel, espace indéfini. Des hommes en nombre indéfini.* « *Il se crut riche pour des temps indéfinis* » (MAUPASS.). ♦ 2° Qui n'est pas défini, qu'on ne peut définir. V. **Imprécis, incertain, indécis, indéterminé, vague.** « *On vous confie... une mission très indéfinie. Ceux qui vous envoient ne savent pas ce que vous aurez à faire* » (GOBINEAU). *Une tristesse indéfinie.* — *Log.* Qui manque de définition. *Terme indéfini.* ♦ 3° (1548). *Ling.* Qui est propre à présenter un concept sous son aspect le plus général, sans le rapporter à un être ou à un objet déterminé. *Mot indéfini,* et subst. *Un indéfini.* — *Article indéfini* (un, une, des) *devant un nom commun indéterminé quant à son identité, ou devant un nom propre pour lui donner une valeur générale.* — *Adjectifs indéfinis, relatifs à la quantité* (aucun, chaque, maint, nul, plus d'un, plusieurs, quelques, tous, tout); *à la qualité* (certain, quelque; quelconque, n'importe quel); *à la ressemblance ou à la différence* (autre, même, tel). ◇ *Passé indéfini* : passé composé. ◇ ANT. *Borné, défini, déterminé, distinct, limité.*

INDÉFINIMENT [ε̃definimɑ̃]. *adv.* (*Indéfinement*, 1501; de *indéfini*). ♦ 1° D'une manière indéfinie. V. **Éternellement, fin** (sans). « *Nous ne pouvons pourtant demeurer ici indéfiniment tous les trois* » (MAUPASS.). ♦ 2° *Gram.* Mot employé *pris indéfiniment.*

INDÉFINISSABLE [ε̃definisabl(ə)]. *adj.* (1731; de *in-* 1, et *définir*). ♦ 1° Qu'on ne peut définir. *Mots abstraits indéfinissables.* ♦ 2° Dont on ne saurait préciser la nature. *Couleur, saveur indéfinissable.* V. **Incertain, indéterminable.** ♦ 3° Étrange, inexplicable. *Charme indéfinissable. Émotion, trouble indéfinissable.* V. **Indescriptible, indicible** (Cf. Un je ne sais* quoi). — *Personnage indéfinissable, énigmatique.* ◇ ANT. *Définissable, précis.*

INDÉFORMABLE [ε̃defɔʀmabl(ə)]. *adj.* (1875; de *in-* 1, et *déformer*). Qui ne peut être déformé. *Vêtement indéformable.*

INDÉFRICHABLE [ε̃defʀiʃabl(ə)]. *adj.* (fin XVIIIe; de *in-* 1, et *défricher*). *Rare.* Qui ne peut être défriché. « *Certaines collines absolument indéfrichables par leurs pentes trop raides* » (RESTIF). ◇ ANT. *Arable, défrichable.*

INDÉFRISABLE [ε̃defʀizabl(ə)]. *adj.* et *n. f.* (1846; de *in-* 1, et *défriser*). ♦ 1° Qui ne peut être défrisé. ♦ 2° *N. f.* *Vieilli* (1933). *Une indéfrisable,* frisure artificielle destinée à

durer assez longtemps. *Indéfrisable à chaud, à froid.* V. **Permanent(e).**

INDÉHISCENCE [ε̃deisɑ̃s]. *n. f.* (1808; de *indéhiscent*). *Bot.* Caractère d'un organe indéhiscent. ◇ ANT. *Déhiscence.*

INDÉHISCENT, ENTE [ε̃deisɑ̃, ɑ̃t]. *adj.* (1808; de *in-* 1, et *déhiscent*). *Bot.* Qui ne s'ouvre pas spontanément, à l'époque de la maturité. ◇ ANT. *Déhiscent.*

INDÉLÉBILE [ε̃delebil]. *adj.* (1528; lat. *indelebilis* « indestructible »). Qui ne peut s'effacer. V. **Ineffaçable.** *Marque, tache indélébile.* « *Il est marqué d'une manière indélébile* » (LOTI). *Couleur, encre indélébile. Fig.* V. **Indestructible,** perpétuel. *Impression indélébile.* ◇ ANT. *Délébile, effaçable.*

INDÉLÉBILITÉ [ε̃delebilite]. *n. f.* (1780; de *indélébile*). *Rare.* Caractère de ce qui est indélébile.

INDÉLIBÉRÉ, ÉE [ε̃delibeʀe]. *adj.* (1679; de *in-* 1, et *délibéré,* d'apr. lat. *indeliberatus*). *Didact.* Qui n'est pas délibéré, réfléchi. ◇ ANT. *Délibéré.*

INDÉLICAT, ATE [ε̃delika, at]. *adj.* (1786; de *in-* 1, et *délicat*). ♦ 1° Qui manque de délicatesse morale. V. **Grossier.** *Homme indélicat* (V. **Goujat, mufle**). « *Il n'y a rien de plus indélicat que de reprocher les services qu'on a rendus* » (STAËL). ♦ 2° Malhonnête. *Il est indélicat en affaires.* ◇ Par ext. *Procédés indélicats.* ◇ ANT. *Délicat, honnête, scrupuleux.*

INDÉLICATEMENT [ε̃delikatmɑ̃]. *adv.* (1843; de *indélicat*). D'une manière indélicate. ◇ ANT. *Délicatement.*

INDÉLICATESSE [ε̃delikatεs]. *n. f.* (1808; de *indélicat*). ♦ 1° Manque de délicatesse morale. *Il est d'une indélicatesse insupportable.* V. **Grossièreté, goujaterie, impolitesse.** ♦ 2° Procédé, acte indélicat. — Malhonnêteté. *Il a commis une indélicatesse.* ◇ ANT. (de 1°) *Délicatesse.*

INDÉMAILLABLE [ε̃demajabl(ə)]. *adj.* (1932; de *in-* 1, et *maille*). Dont les mailles ne peuvent se défaire. *Jersey indémaillable.* — Subst. *Une combinaison en indémaillable.*

INDEMNE [ε̃demn]. *adj.* (1384; lat. *indemnis,* de *damnum* « dommage »). ♦ 1° *Vx.* (*Dr.*) Qui n'a pas éprouvé de perte; qui est indemnisé, dédommagé. ♦ 2° (XIVe; *h.* XVIe). *Mod.* Qui n'a éprouvé aucun dommage. *Sortir indemne d'un accident.* V. **Sain** (et sauf). *Les Turcs* « *voulaient profiter de l'occasion pour sortir indemnes de cette guerre* » (THIERS). ◇ ANT. *Endommagé; atteint.*

INDEMNISABLE [ε̃demnizabl(ə)]. *adj.* (1845; de *indemniser*). Qui peut ou qui doit être indemnisé.

INDEMNISATION [ε̃demnizasjɔ̃]. *n. f.* (1754; de *indemniser*). Action d'indemniser; fixation, paiement d'une indemnité. *L'indemnisation des sinistrés.*

INDEMNISER [ε̃demnize]. *v. tr.* (1398; de *indemne*). Dédommager (qqn) de ses pertes, de ses frais, etc. V. **Rembourser.** *Indemniser qqn de ses frais.* V. **Compenser.**

INDEMNITAIRE [ε̃demnitεʀ]. *n.* et *adj.* (1832; de *indemnité*). *Dr.* ♦ 1° Celui qui a droit à une indemnité. ♦ 2° *Adj.* Qui a le caractère d'une indemnité. *Allocation, prestation indemnitaire.*

INDEMNITÉ [ε̃demnite]. *n. f.* (1278; lat. *indemnitas*). ♦ 1° Ce qui est attribué à qqn en réparation d'un dommage, d'un préjudice. V. **Compensation, dédommagement, dommages-intérêts, récompense, réparation.** *Indemnités de guerre imposées au vaincu. Indemnité de clientèle, de congés payés, d'éviction, de licenciement, de préavis. Indemnité journalière versée par la Sécurité sociale. — Indemnité d'expropriation.* ♦ 2° Ce qui est attribué en compensation de certains frais. V. **Allocation.** *Indemnités de logement, de résidence. Indemnité et frais*. Spécialt. Indemnité parlementaire* : allocation pécuniaire perçue par les membres du Parlement.

INDÉMONTABLE [ε̃demɔ̃tabl(ə)]. *adj.* (mil. XXe; de *in-* 1, et *démontable*). Qu'on ne peut démonter; qui n'est pas fait pour être démonté. ◇ ANT. *Démontable.*

INDÉMONTRABLE [ε̃demɔ̃tʀabl(ə)]. *adj.* (*h. 1582*; 1726; bas lat. *indemonstrabilis*). Qui ne peut être démontré, prouvé. *Axiome, postulat indémontrable.* « *La vérité première est indémontrable* » (DIDER.). ◇ ANT. *Démontrable.*

INDÉNIABLE [ε̃denjabl(ə)]. *adj.* (1789; de *in-* 1, et *dénier*). Qu'on ne peut dénier ou réfuter. V. **Certain, évident, flagrant, incontestable.** *Il est indéniable que; c'est indéniable. Preuve, témoignage indéniable.* V. **Formel.** « *Il donne des signes indéniables d'aliénation mentale* » (COURTELINE). V. **Formel.** ◇ ANT. *Douteux, niable.*

INDÉNIABLEMENT [ε̃denjabləmɑ̃]. *adv.* (XXe; de *indéniable*). D'une manière indéniable. V. **Incontestablement.** *C'est indéniablement meilleur.*

INDENTATION [ε̃dɑ̃tasjɔ̃]. *n. f,* (v. 1860; de *in-* 1, et *dent*). Échancrure en forme de morsure. *Les indentations d'un littoral rocheux.*

INDÉPASSABLE [ε̃depasabl(ə)]. *adj.* (1933; de *in-* 1, et *dépasser*). Qu'on ne peut dépasser. *Limite indépassable.*

INDÉPENDAMMENT [ε̃depɑ̃damɑ̃]. *adv.* (1630; de *indépendant*). ♦ 1° *Vx.* D'une manière indépendante, avec indépendance. ♦ **2°** *Mod.* Sans aucun égard à (une chose), en faisant abstraction. « *Indépendamment de ce qui arrive, n'arrive pas, c'est l'attente qui est magnifique* » (BRETON). ♦ **3°** Par surcroît, en plus. **V. Outre.** *Indépendamment de son salaire, il touche de nombreuses indemnités.*

INDÉPENDANCE [ɛ̃depɑ̃dɑ̃s]. *n. f.* (1610 ; de *indépendant*). **I.** ♦ **1°** État d'une personne indépendante. **V. Liberté.** *Indépendance dans l'exercice des fonctions, d'un métier. Conserver son indépendance.* « *L'injustice à la fin produit l'indépendance* » (VOLT.). ◇ *Spécialt.* État de celui qui subvient à ses besoins matériels, ne dépend de personne. *Indépendance matérielle.* **V. Liberté.** *Assurer à chacun son indépendance. L'indépendance de la femme.* **V. Émancipation.** ♦ **3°** (Abstrait). *Indépendance d'esprit, d'idées, de caractère.* **V. Non-conformisme.** ◇ *Goût de l'indépendance. Esprit d'indépendance.* **V. Indocilité.** *Faire preuve d'indépendance.* ♦ **4°** Situation d'un organe ou d'une collectivité qui n'est pas soumis à un autre organe ou à une autre collectivité. *L'indépendance de la justice dans les démocraties. Indépendance des villes, au moyen âge* (V. **Affranchissement**). *Indépendance d'un État, d'un pays, d'un peuple.* **V. Autonomie.** *Proclamation d'indépendance. Guerre de l'Indépendance américaine* (1775-1782). *Région qui réclame son indépendance* (V. **Particularisme, séparatisme**).
II. Absence de relation, de dépendance (entre plusieurs choses). *Indépendance de deux phénomènes ; de deux événements.* « *La loi de l'indépendance des parties. La roulette à tout coup repart de zéro* » (PAULHAN).
◇ ANT. Dépendance, sujétion ; conformisme. Connexion, corrélation.

INDÉPENDANT, ANTE [ɛ̃depɑ̃dɑ̃, ɑ̃t]. *adj.* (1584 ; de *in-* 1, et *dépendant*).
I. Qui est libre. ♦ **1°** Qui ne dépend pas (d'une personne, d'une chose). *Être indépendant des autres, à l'égard des autres.* « *Ses généraux, trop indépendants les uns des autres* » (SÉGUR). ◇ *Absolt.* Qui est libre de toute dépendance. *Une femme indépendante.* « *Il ne faut être ni père, ni époux, si l'on veut vivre indépendant* » (SENANCOUR). — *Artiste, écrivain indépendant* : qui exerce son métier d'une manière indépendante (V. **Dissident, hétérodoxe ; non-conformiste**). *Société des Artistes indépendants*, fondée en 1884, et formée d'artistes qui exposent librement leurs œuvres, sans se soumettre à un jury. Subst. *Le Salon des Indépendants.* ♦ **2°** (Choses). Qui garantit l'indépendance de qqn. *Position, situation, vie indépendante. Un emploi indépendant.* ♦ **3°** Qui aime l'indépendance, ne veut être soumis à personne. **V. Indocile.** *Il est indépendant et ne veut en faire qu'à sa tête, qu'à sa volonté.* ♦ **4°** Se dit d'un organe, d'une collectivité qui jouit de l'indépendance. **V. Autonome.** *L'Église et l'État doivent être indépendants. État, pays indépendant et souverain.*
II. ♦ **1°** Indépendant de... qui ne change pas, ne varie pas en fonction de qqch. (V. **Absolu, constant, fixe**). *La chaleur de l'eau est indépendante de la durée de l'ébullition.* — Qui n'a pas de rapport, de relation avec qqch. « *L'âme est d'une nature... indépendante du corps* » (DESCARTES). *Pour des raisons indépendantes de notre volonté, nous avons dû... Le frein à main est indépendant du frein à pied.* ♦ **2°** *Absolt.* En parlant de choses qui n'ont pas de rapport entre elles, qui ne dépendent pas les unes des autres.* **V. Distinct, séparé.** *Deux questions indépendantes.* — *Mécanismes indépendants.* **V. Autonome.** *Roues avant indépendantes.* — Math. *Variable indépendante*, qui ne fonction d'aucune autre variable. *Vecteurs indépendants*, dont il n'existe aucune combinaison linéaire de valeur nulle. — Gram. *Proposition indépendante* : celle qui ne dépend d'aucune autre. ♦ **3°** *Spécialt.* Se dit d'un logement, isolé ou séparé des logements contigus, possédant une entrée particulière. *Chambre à louer, indépendante.*
◇ ANT. Assujetti, dépendant, soumis. Connexe, corrélatif.

INDÉPENDANTISTE [ɛ̃depɑ̃dɑ̃tist(ə)]. *n. et adj.* (XXᵉ ; de *indépendance*, 4°). *Polit.* Partisan de l'indépendance* (4°). **V. Autonomiste, sécessionniste, séparatiste.** *Les partis indépendantistes québécois* (opposé à *fédéraliste*).

INDÉRACINABLE [ɛ̃derasinabl(ə)]. *adj.* (1782 ; de *in-* 1, et *déraciner*). Qu'on ne peut déraciner, ôter de l'esprit, du cœur de qqn. *Croyance indéracinable.* « *L'espérance est indéracinable* » (MAURIAC).

INDÉRÉGLABLE [ɛ̃dereglabl(ə)]. *adj.* (1900 ; de *in-* 1, et *dérégler*). Qui ne peut se dérégler, en parlant d'un mécanisme.

INDESCRIPTIBLE [ɛ̃dɛskriptibl(ə)]. *adj.* (1789 ; de *in-* 1, et lat. *describere*). Qu'on ne peut décrire, exprimer, caractériser. *Désordre, fouillis indescriptible. Joie indescriptible.* **V. Indicible, ineffable, inexprimable.** « *Il était dans un état indescriptible. Il marchait au hasard... parlant tout haut comme un fou* » (R. ROLLAND).

INDÉSIRABLE [ɛ̃dezirabl(ə)]. *adj.* (1801, répandu 1911 ;

angl. *undesirable*). ♦ **1°** Se dit des personnes qu'on ne désire pas accueillir dans un pays. *Étrangers indésirables.* — Subst. *Un indésirable.* ♦ **2°** Dont on ne veut pas dans une communauté, un groupe. *Il se sent indésirable parmi les siens.* **V. Trop** (de trop). Par ext. *Présence indésirable.* — Subst. *On le traite comme un indésirable.* **V. Intrus.**

INDESTRUCTIBILITÉ [ɛ̃dɛstryktibilite]. *n. f.* (1737 ; de *indestructible*). *Didact.* Caractère de ce qui est indestructible. *Indestructibilité de la matière.*

INDESTRUCTIBLE [ɛ̃dɛstryktibl(ə)]. *adj.* (fin XVIIᵉ ; de *in-* 1, et *destructible*). ♦ **1°** Qui ne peut ou semble ne pouvoir être détruit. *Matière indestructible.* **V. Éternel.** *Marque, impression indestructible.* **V. Indélébile.** ♦ **2°** (Abstrait). Qui dure très longtemps. *Les liens indestructibles du mariage.* **V. Indissoluble.** *Une indestructible solidarité.* **V. Indéfectible, perpétuel.** « *Les vieilles histoires aussi sont indestructibles dans ce pays* (la Bretagne) » (MAUPASS.). ◇ ANT. Destructible, fragile.

INDESTRUCTIBLEMENT [ɛ̃dɛstryktibləmɑ̃]. *adv.* (1867 ; de *indestructible*). *Didact.* D'une manière indestructible.

INDÉTERMINABLE [ɛ̃detɛrminabl(ə)]. *adj.* (1470, rare av. le XVIIIᵉ ; de *in-* 1, et *déterminable*). ♦ **1°** *Sc.* Qui ne peut être déterminé, connu avec précision (*ex.* par la mesure ou le calcul). ♦ **2°** **V. Indéfinissable.** « *Des cheveux raides, d'une couleur indéterminable* » (DUHAM.). **V. Indécis.** ◇ ANT. Déterminable.

INDÉTERMINATION [ɛ̃detɛrminasjɔ̃]. *n. f.* (1600 ; de *in-* 1, et *détermination*). ♦ **1°** Caractère de ce qui n'est pas défini ou connu avec précision. *L'indétermination d'un texte de loi, du sens d'un passage.* **V. Confusion, imprécision, vague.** « *Les Latins, dans leur langue, ne haïssent pas un certain vague, une certaine indétermination de sens* » (GIDE). ◇ *Phys. Relations d'indétermination.* **V. Incertitude.** — Math. *Indétermination d'un problème d'algèbre* (dont les données sont indéterminées). ♦ **2°** État d'une personne qui n'a pas encore pris de détermination, qui hésite. **V. Doute, incertitude, indécision, irrésolution.** *Demeurer longtemps dans l'indétermination.* — *Par ext.* Caractère de celui, de celle qui prend difficilement une détermination. ◇ ANT. Détermination.

INDÉTERMINÉ, ÉE [ɛ̃detɛrmine]. *adj.* (1361 ; de *in-* 1, et *déterminé*). ♦ **1°** Qui n'est pas déterminé, précisé, fixé. **V. Imprécis, indéfini, vague.** *Date indéterminée.* « *La cime indéterminée des forêts* » (CHATEAUB.). **V. Flou, flou, vaporeux.** *Le sens de ce mot est indéterminé.* **V. Flou.** *Sentiments indéterminés.* **V. Incertain, indéfinissable.** — Subst. « *Il se plaisait... dans le vague et l'indéterminé* » (FRANCE). ◇ Math. *Système indéterminé*, dont toutes les variables ne sont pas déterminées, l'une d'entre elles (ou plusieurs) pouvant être fixée arbitrairement. *Forme indéterminée* (telle que $\frac{0}{0}$, $\infty \times 0$) dont la limite paraît indéterminée a priori. **V. Contingent.** ♦ **3°** (Personnes). *Rare.* Qui n'a pas pris de détermination au sujet de ce qu'il doit faire. *Il est encore indéterminé sur ce point.* **V. Hésitant, indécis.** ◇ ANT. Déterminé ; défini, précis. Certain, résolu.

INDÉTERMINISME [ɛ̃detɛrminism(ə)]. *n. m.* (1865 ; de *in-* 1, et *déterminisme*). *Philo.* Doctrine qui admet pour principe que les phénomènes sont indéterminés. *L'indéterminisme est postulé par les partisans du libre arbitre.* ◇ Caractère d'un phénomène qui échappe au déterminisme. « *Il n'y a pas de lois dans l'indéterminisme* » (Cl. BERNARD). ◇ ANT. Déterminisme.

INDÉTERMINISTE [ɛ̃detɛrminist(ə)]. *n. et adj.* (1873 ; de *in-* 1, et *déterministe*). *Didact.* Partisan de l'indéterminisme. ◇ ANT. Déterministe.

INDEX [ɛ̃dɛks]. *n. m.* (1503 ; lat. *index* « indicateur »). ♦ **1°** Doigt de la main le plus proche du pouce (ainsi nommé parce que ce doigt sert à indiquer, à montrer). *Prendre un objet entre le pouce et l'index.* ◇ Objet mobile sur un cadran ou le long de repères gradués, et destiné à fournir des indications numériques. ♦ **2°** (XVIIᵉ). Table alphabétique (de sujets traités, de noms cités dans un livre) accompagnée de références (V. **Classement**). *Index des auteurs cités. Index géographique.* ♦ **3°** *Spécialt.* *L'Index*, catalogue des livres dont le Saint-Siège interdit la lecture, pour des motifs de doctrine ou de morale. *Ce livre est à l'Index.* ◇ *Fig.* (1835) *Mettre* (qqn ou qqch.) *à l'index*. **V. Boycotter, condamner, exclure.** « *Vous seriez mise à l'index par le monde* » (BALZ.). ♦ **4°** (XXᵉ). *Méd.* **V. Indice.** *Index colorimétrique de l'hémoglobine.*

INDEXATION [ɛ̃dɛksasjɔ̃]. *n. f.* (1948 ; autre sens, 1845 ; de *index*). ♦ **1°** Action d'indexer. ♦ **2°** *Dr. com.* Clause d'une convention à échéance différée, en vertu de laquelle une somme pourra être modifiée en fonction d'un indice économique ou monétaire. — *Dr. fin.* Garantie assurée, lors de l'émission d'un emprunt, contre la dépréciation de la monnaie.

INDEXER [ɛ̃dɛkse]. *v. tr.* (1948 ; autre sens, 1845 ; de index). *Écon.* Lier les variations d'une valeur à celle d'un élément de référence, d'un indice déterminé. *Indexer un emprunt sur le cours de l'or.* — Au p. p. *Emprunt à capital indexé sur l'indice du coût de la vie.*

INDIANISME [ε̃djanism(ə)]. *n. m.* (1867; de *indien*). Caractère indien. — *Ling.* Idiotisme propre aux langues de l'Inde. — Étude des langues et des civilisations de l'Inde.

INDIANISTE [ε̃djanist(ə)]. *n.* (1862; de *indien*). Personne qui s'occupe d'indianisme.

INDICAN [ε̃dikᾶ]. *n. m.* (1873; du lat. *indicum* « indigo »). *Chim.* Glucoside extrait des feuilles de l'indigotier.

INDICATEUR, TRICE [ε̃dikatœʀ, tʀis]. *n.* (1498; lat. *indicator,* de *indicare.* V. **Indiquer**). ♦ 1° Personne qui dénonce un coupable, un suspect; personne qui se met à la solde de la police pour la renseigner. V. **Dénonciateur; espion, mouchard, mouton.** *On prétend que « les malfaiteurs ne sont presque jamais trouvés par la police elle-même, qu'ils sont donnés par les indicateurs »* (ROMAINS). *Abrév. pop.* **INDIC** [ε̃dik]. ♦ 2° (1792). Livre, brochure ou journal donnant des renseignements. *Indicateur immobilier.* V. **Guide.** *Indicateur des chemins de fer.* V. **Horaire.** *Consulter l'indicateur.* ♦ 3° (XIXe). Instrument servant à fournir des indications. *Indicateur de niveau. Indicateur de pression* (V. **Manomètre**), *d'altitude* (V. **Altimètre**), *de vitesse* (d'un avion, d'une automobile. V. **Compteur**). *Indicateur de direction d'un navire.* ♦ 4° *Chim.* Toute substance qui change de couleur en présence d'un corps chimique déterminé, permettant ainsi de l'identifier et *spécialt.* dont les variations de teintes sont caractéristiques du degré d'acidité ou d'alcalinité d'un milieu. *Indicateurs colorés (ex. : le tournesol)* ou *indicateurs de PH.* ♦ 5° *Écon.* Variable dont certaines valeurs sont significatives (d'un état, d'un phénomène économique). *Les indicateurs de la reprise économique.* V. **Indice; clignotant.** ♦ 6° Adj. ou appos. *Poteau, tableau indicateur. Borne indicatrice.*

INDICATIF, IVE [ε̃dikatif, iv]. *adj. et n. m.* (1361; lat. *indicativus*). ♦ 1° Qui indique. *Signe indicatif d'une maladie. Ci-joint le catalogue des prix, à titre indicatif. État indicatif des dépenses.* ♦ 2° Mode indicatif, et *n. m.* (v. 1500; *h. 1400*) L'INDICATIF : système des formes verbales « dont l'emploi convient pour représenter un procès comme simplement énoncé... sans aucune interprétation » (MAROUZEAU). *Indicatif et subjonctif*.* — En français, l'indicatif a huit temps : *le présent, l'imparfait, le passé simple* (ou *défini*), *le passé composé* (ou *indéfini*), *le plus-que-parfait, le passé antérieur, le futur et le futur antérieur, auxquels il faut ajouter les temps surcomposés*.* ♦ 3° *N. m.* Radio. *Indicatif d'appel* (1873). Appellation conventionnelle formée de lettres et de chiffres, particulière à chaque émetteur télégraphique ou radiophonique. « *Le poste du Cyclone répétait sans se lasser les lettres de l'indicatif d'appel* » (VERCEL). *Indicatif d'un avion.* V. **Signal** (distinctif). ◇ *Cour.* Fragment musical qui annonce une émission radiophonique régulière.

INDICATION [ε̃dikasjɔ̃]. *n. f.* (1333; lat. *indicatio*). ♦ 1° Action d'indiquer. *L'indication d'origine est obligatoire pour les produits importés. Je me suis adressé à cette maison sur l'indication de X.* V. **Avis.** ♦ 2° (1708). Ce qui indique, révèle qqch. V. **Annonce, indice, marque, signe.** *Sa fuite est une indication de sa culpabilité.* ♦ 3° Ce qui est indiqué. *Indications nécessaires pour utiliser un objet.* « *Les indications favorables données par les statistiques* » (CAMUS). *Les indications de la table des matières.* V. **Renvoi.** *Donner de bonnes indications.* V. **Renseignement, tuyau.** *Suivre les indications de qqn.* V. **Directive.** ♦ 4° *Méd. Indication thérapeutique,* et *absolt. Indication,* cas où une médication, un traitement est utile, indiqué. *Les indications d'un médicament, d'une cure* (opposé à *contre-indication*).

INDICE [ε̃dis]. *n. m.* (1488; *endice,* XIIe; lat. *indicium,* rac. *index*). I. ♦ 1° Signe apparent qui indique avec probabilité. V. **Marque, signe.** *Les premiers indices du printemps. Être l'indice de :* déceler, indiquer. *Il guette le moindre indice de lassitude chez son adversaire.* V. **Trace.** *Les indices d'une maladie* (V. **Symptôme**), *d'une lésion. Avoir des indices de qqch.* V. **Indication.** « *On ne devrait pas condamner les gens sur de simples soupçons, sur des indices vagues* » (FLAUB.). ♦ 2° *Dr.* Fait connu qui sert à constituer la preuve par présomption. V. **Adminicule, présomption.** II. (1869). *Sc.* et *cour.* ♦ 1° Indication numérique ou littérale qui sert à caractériser un signe. — *Math.* Caractère de petite taille qui se place en bas et à droite de la lettre qu'il caractérise : a_0, a_1, a_n se lisent *a indice zéro, a indice un, a indice n.* — Caractère placé sur les branches d'un radical pour indiquer le degré de la racine (*ex. :* $\sqrt[3]{8} = 2$, $\sqrt[n]{abc}$). ♦ 2° Indication numérique qui sert à exprimer un rapport. *Indice de réfraction de la lumière :* rapport du sinus de l'angle d'incidence au sinus de l'angle de réfraction. — *Indice d'octane d'un carburant.* ◇ (Fin XIXe) *Indices anthropométriques,* donnant les rapports entre diverses mensura-

tions du corps (par ex., *indice de hauteur du tronc, indice céphalique*). — *Méd. Indice thérapeutique,* rapport entre la dose curative et la dose toxique d'un médicament. ♦ 3° (Déb. XXe). Nombre indiquant le rapport entre le prix moyen unitaire d'un article à une période donnée, et celui de ce même article à une période choisie comme base, où il est exprimé par le nombre 100. *Indice des prix* ou *nombres-indices.* V. **Index.** *Indice général des prix :* moyenne arithmétique des indices unitaires. *Système liant le taux du salaire minimum à l'indice du coût de la vie.* V. **Échelle** (mobile). *Indices de la production.* ♦ 4° Rapport de deux valeurs d'une grandeur au cours du temps, la première servant de référence. *Indice de la production industrielle.*

INDICIAIRE [ε̃disjεʀ]. *adj.* (1500, n. m.; 1537, *table indiciaire* « index »; du lat. *indicium.* V. **Indice**). Relatif à un, à des indices. — *Dr. Impôt indiciaire :* impôt dont l'assiette est déterminée par certains indices.

INDICIBLE [ε̃disibl(ə)]. *adj.* (1452; lat. médiév. *indicibilis,* rac. *dicere* « dire »). *Littér.* Qu'on ne peut dire, exprimer. V. **Indescriptible, inexprimable.** « *Comment exprimerai-je une peine indicible ?* » (MUSS.). *Joie indicible.* V. **Ineffable.** *Un charme indicible.* V. **Indéfinissable.**

INDICIBLEMENT [ε̃disibləmᾶ]. *adv.* (1528; de *indicible*). *Littér.* D'une manière indicible.

INDICTION [ε̃diksjɔ̃]. *n. f.* (1120; bas lat. *indictio,* de *indicere* « publier »). *Relig.* Fixation à un jour dit. *Indiction d'un concile, d'un synode.* V. **Convocation.**

INDIEN, IENNE [ε̃djε̃, jεn]. *adj. et n.* (1512; bas lat. *indianus*). ♦ 1° Des Indes. *Le peuple indien. Océan indien. Coq indien* ou *coq d'Inde. Chanvre indien.* ◇ N. *Indiens musulmans, hindouistes* (V. **Hindou**). ♦ 2° Indigène d'Amérique (nom donné par les navigateurs du XVe s. qui se croyaient arrivés aux Indes par la route de l'Ouest). *Les Indiens se peignaient le visage en rouge.* V. **Amérindien, peau-rouge.** — *L'été des Indiens.* ◇ Adj. *Anciennes civilisations indiennes* (V. **Aztèque, inca**). *Nage indienne,* et subst. *Nager à l'indienne.* Loc. *À la file* indienne.*

INDIENNE [ε̃djεn]. *n. f.* (1632; de *indien*). Toile de coton peinte ou imprimée que se fabriquait primitivement aux Indes. *Robe d'indienne.*

INDIFFÉREMMENT [ε̃diferamᾶ]. *adv.* (1314; de *indifférent*). ♦ 1° Sans distinction, sans faire de différence. *Manger indifféremment de tout. Des mots « qui peuvent se lire indifféremment de droite à gauche et de gauche à droite »* (APOLLINAIRE). V. **Indistinctement.** ♦ 2° *Vx.* Avec indifférence, avec froideur. « *Ils viennent entendre indifféremment la parole de Dieu* » (BOURDALOUE).

INDIFFÉRENCE [ε̃diferᾶs]. *n. f.* (*h.* 1377; 1487; lat. *indifferentia*). I. État de celui qui est indifférent. ♦ 1° État de celui qui n'éprouve ni douleur, ni plaisir, ni crainte, ni désir. V. **Apathie, ataraxie, désintéressement, indolence, insensibilité.** « *Cette indifférence, ... ce détachement total qui la sépare du monde* » (MAURIAC). ♦ 2° Détachement à l'égard d'une chose, d'un événement (exprimé ou sous-entendu). V. **Dédain.** *Indifférence pour les malheurs d'autrui. Indifférence aux événements. Affronter la mort avec indifférence.* V. **Équanimité, flegme, impassibilité.** ◇ *Spécialt.* État d'esprit consistant à ne pas se poser le problème religieux, ou à nier son importance. V. **Agnosticisme, incrédulité, scepticisme.** ◇ Philo. *Liberté d'indifférence,* qui consisterait dans la faculté de se décider sans y être déterminé par aucun motif ni mobile. V. **Arbitre** (libre), **indétermination, liberté.** ♦ 3° Absence d'intérêt à l'égard d'un être, des hommes. V. **Froideur.** *L'indifférence que lui a montrée, témoignée son entourage.* « *L'indifférence de millions de gens à son sort* » (GREEN). ◇ *Spécialt.* Absence d'amour chez un être qui ne répond pas ou ne répond plus aux sentiments qu'il inspire. V. **Insensibilité.** *Elle a pour lui la plus complète indifférence.* « *Ces deux êtres n'avaient que de l'indifférence l'un pour l'autre* » (STENDHAL). *Affecter, feindre, jouer l'indifférence.* II. *Sc.* (1855). État de ce qui est indifférent (I, 3°). V. **Équilibre, neutralité.** *Indifférence magnétique, électrochimique.* ◇ ANT. **Intérêt, passion; désir; amour, sentiment, tendresse.**

INDIFFÉRENCIATION [ε̃diferᾶsjasjɔ̃]. *n. f.* (XXe; de *indifférencié*). État de ce qui est indifférencié. ◇ *Biol.* État des cellules qui ont gardé des caractères embryonnaires, sans évoluer vers le stade adulte.

INDIFFÉRENCIÉ, ÉE [ε̃diferᾶsje]. *adj.* (1908; de *in-* 1, et *différencier*). Qui n'est pas différencié. *Cellules vivantes indifférenciées.* « *Une suite d'heures très longues, ininterrompue, d'heures indifférenciées* » (GIDE). ◇ ANT. **Différencié.**

INDIFFÉRENT, ENTE [ε̃diferᾶ, ᾶt]. *adj.* (1314; lat. *indifferens*). I. (*Choses* et *Personnes*). ♦ 1° (1633). Sans intérêt, sans importance, de peu de conséquence. *Causer de choses indifférentes* (Cf. De la pluie et du beau temps). — (Impers.) « *Il n'est pas indifférent que le peuple soit éclairé* » (MONTESQ.). ♦ 2° (1671). Qui n'intéresse pas, ne touche pas. « *Ces per-*

sonnes, ni amies ni indifférentes, avec lesquelles nous avons des relations de loin en loin » (BALZ.). — *Spécialt.* Qui n'inspire aucun sentiment amoureux. *Je vous assure qu'elle m'est indifférente.* — (Choses) *Son sort m'est indifférent.* ♦ 3° (XVIII°). Qui ne tend pas vers telle chose plutôt que vers telle autre. *Sc.* Sur lequel ne s'exerce en tel ou tel sens aucune force capable de modifier son état, sa place. *Une sphère homogène placée sur un plan horizontal est en équilibre indifférent.* — Psycho. *États indifférents*, qui ne seraient marqués ni de plaisir ni de douleur. ♦ 4° Qui, d'un côté comme de l'autre, présente un intérêt (ou une absence d'intérêt) égal ; qui n'importe ou ne touche ni plus ni moins. *Ici ou là, cela m'est indifférent.* V. **Égal** (Cf. C'est la même chose, c'est bonnet blanc et bonnet blanc). *Il est indifférent de penser, de faire ceci ou cela.*
II. (*Personnes*). ♦ 1° *Vx* (1636). Impartial. ♦ 2° Qui ne s'intéresse pas (à), qui n'est pas préoccupé de (qqch. ou qqn). V. **Insensible.** — *Indifférent à qqch.* V. **Froid, impassible, imperturbable, insoucieux.** *Indifférent à son sort, au destin.* V. **Résigné.** *Vos difficultés ne me laissent pas indifférent.* — *Indifférent à qqn.* « *Des hommes indifférents aux femmes les plus belles* » (PROUST). *Il souffrait de voir des amis autrefois dévoués aujourd'hui indifférents.* ◇ Subst. *Il avait beau se plaindre, il ne rencontrait que des indifférents.* ♦ 3° *Spécialt.* Qui marque de l'indifférence en amour. *Femme indifférente.* V. **Cruel.** *Le Bel Indifférent*, pièce de Cocteau. ♦ 4° Qui n'est touché par rien ni par personne. *C'est un homme indifférent, rien ne peut l'émouvoir.* V. **Blasé, égoïste, froid, insouciant, sec.** *Il tâchait « de cacher sa curiosité, de paraître indifférent* » (R. ROLLAND). Par ext. *Air, expression, visages indifférents.* V. **Dédaigneux, détaché, froid.** ◇ Subst. *L'Indifférent*, nom donné à un tableau de Watteau.
◇ ANT. **Intéressé, partial. Déterminé, différent. Attentif, curieux, sensible. Important, intéressant.**

INDIFFÉRENTISME [ɛ̃diferɑ̃tism(ə)]. *n. m.* (1750 ; de *indifférent*). Didact. Attitude d'indifférence systématique en matière de politique ou de religion.

INDIFFÉRER [ɛ̃difere]. *v. tr.* ; conjug. *céder* (1888 ; de *indifférent*). Fam. Être indifférent (à qqn). *Cela m'indiffère, me laisse froid*. « *Vos avis m'indiffèrent, ma fille* » (QUENEAU). REM. Ne s'emploie qu'avec un pronom complément.

INDIGÉNAT [ɛ̃diʒena]. *n. m.* (1910 ; « droit de cité », 1699 ; de *indigène*). Admin. Ensemble des indigènes. Régime administratif spécial appliqué aux indigènes d'une colonie.

INDIGENCE [ɛ̃diʒɑ̃s]. *n. f.* (1265 ; lat. *indigentia*). ♦ 1° État de celui qui est indigent. V. **Besoin, détresse, misère, pauvreté, privation.** *Être, vivre, tomber dans l'indigence.* ♦ 2° Fig. (intellectuelle, morale). « *Cette grande indigence intellectuelle des temps modernes* » (PÉGUY). *Indigence de l'esprit, d'idées.* V. **Manque.** ◇ ANT. **Abondance, fortune, luxe, richesse.**

INDIGÈNE [ɛ̃diʒɛn]. *adj. et n.* (h. 1532 ; 1743 ; lat. *indigena*).
I. *Adj.* ♦ 1° *Rare.* Qui est né dans le pays dont il est question. V. **Aborigène, autochtone.** *La population indigène de Lorraine et les travailleurs étrangers.* ◇ *Cour.* Qui appartient à un groupe ethnique existant dans un pays d'outre-mer avant sa colonisation. *Troupes indigènes.* Par ext. *La ville indigène. Coutumes indigènes.* ♦ 2° *Bot., zool.* Qui croît, vit naturellement dans une région.
II. *N.* (1762). *Rare.* Naturel du pays. V. **Naturel, natif.** ◇ *Cour.* Personne indigène, dans un pays exotique (anciennes colonies). *Les Européens et les indigènes. Épouser une indigène.*
◇ ANT. **Allogène, exotique.**

INDIGENT, ENTE [ɛ̃diʒɑ̃, ɑ̃t]. *adj.* (1265 ; lat. *indigens*). ♦ 1° Qui manque des choses les plus nécessaires à la vie. V. **Besogneux, malheureux, misérable, nécessiteux, pauvre.** *Vieillard indigent qui vit d'aumônes.* — *Subst.* Personne sans ressources. *Aide aux indigents.* ♦ 2° Fig. (XVI°). V. **Pauvre.** *Végétation indigente. Imagination indigente.* ◇ ANT. **Fortuné, riche.**

INDIGESTE [ɛ̃diʒɛst(ə)]. *adj.* (1360, « mal digéré » ; lat. *indigestus*). ♦ 1° Difficile à digérer. *Aliment, nourriture indigeste.* V. **Lourd.** ♦ 2° Fig. (XVI°). Mal ordonné (et, par suite, mal assimilable). V. **Confus, embrouillé.** *Ouvrage, compilation, recueil, fatras indigeste.* ◇ ANT. **Digestible, léger.**

INDIGESTION [ɛ̃diʒɛstjɔ̃]. *n. f.* (XIII° ; bas lat. *indigestio*). Indisposition momentanée due à une digestion qui se fait mal, incomplètement (V. **Embarras**). *Avoir une indigestion.* « *Très sobres chez eux, ils se crevaient d'indigestion chez les autres* » (ZOLA). *Se donner une indigestion de chocolat, en manger jusqu'à se rendre malade.* ◇ Fig. *Avoir une indigestion de qqch* : en avoir trop, jusqu'à en éprouver la satiété, le dégoût (Cf. En avoir par-dessus la tête).

INDIGÈTE [ɛ̃diʒɛt]. *adj.* (1570 ; lat. *indiges, etis*). Antiq. rom. *Dieux indigètes*, propres à un pays, à une ville, à une famille.

INDIGNATION [ɛ̃diɲasjɔ̃]. *n. f.* (1120 ; lat. *indignatio*). Sentiment de colère que soulève une action qui heurte la conscience morale, le sentiment de la justice. V. **Révolte.** « *Je ne quitterai sans doute l'indignation qu'avec la vie. C'est le revers même de l'amour* » (GIDE). Exciter, provoquer l'indignation : choquer, révolter. *Exprimer, faire éclater son indignation.* — *Indignation publique, générale.* V. **Scandale.**

INDIGNE [ɛ̃diɲ]. *adj.* (fin XII° ; lat. *indignus*).
I. INDIGNE DE. ♦ 1° Qui n'est pas digne de (qqch.), qui ne mérite pas. *Il est indigne de notre confiance. Il s'est rendu indigne d'un tel poste.* V. **Démériter, disqualifier** (se). *Il est indigne de vivre !* Vx. « *Votre crime est indigne de grâce* » (MOL.). ◇ Dr. *Être indigne de succéder* : être exclu des successions pour cause d'indignité. — *Subst.* et ellipt. *Un, une indigne.* ♦ 2° Qui n'est pas dans un rapport de convenance, de conformité avec (qqn), qui n'est pas à sa hauteur. « *Tout autre qu'un monarque est indigne de moi* » (CORN.). — *Ce travail lui paraissait indigne de lui.*
II. *Absolt.* ♦ 1° *Vx* (dans une formules de politesse). Humble. *Votre indigne serviteur.* ♦ 2° Qui n'est pas digne de sa fonction, de son rôle, qui ne mérite que le mépris pour la façon dont il s'en acquitte. V. **Abject, coupable, cruel, méchant, méprisable, vil.** *Père, épouse indigne.* ♦ 3° (*Choses*). Tout à fait inconvenant, condamnable. V. **Avilissant, bas, déshonorant, inqualifiable, odieux, révoltant, scandaleux.** *C'est une chose, une action, une conduite indigne.* « *Je n'étais pas là... pour lui reprocher son indigne trahison* » (LACLOS).
◇ ANT. **Digne.**

INDIGNEMENT [ɛ̃diɲmɑ̃]. *adv.* (XII° ; de *indigne*). D'une manière indigne. *On l'a indignement traité, trompé.* ◇ ANT. **Dignement.**

INDIGNÉ, ÉE [ɛ̃diɲe]. *adj.* (1330 ; V. **Indigner**). Qui éprouve de l'indignation. V. **Outré.** « *On peut être irrité à tort ; on n'est indigné que lorsqu'on a raison* » (HUGO). — Qui exprime, qui marque de l'indignation. *Visage, regards indignés. Un ton de protestation indigné.*

INDIGNER [ɛ̃diɲe]. *v. tr.* (1355 ; s'endeignier, XII° ; lat. *indignari*). ♦ 1° Remplir d'indignation. V. **Écœurer, révolter, scandaliser.** *Sa conduite a indigné tout le monde.* ♦ 2° S'INDIGNER. *v. pron.* Être saisi d'indignation. V. **Emporter** (s'), **fâcher** (se), **irriter** (s'), **offenser** (s'). *S'indigner d'un procédé. S'indigner contre qqn.* V. **Maudire, vitupérer.** « *Car s'indigner de tout, c'est tout aimer en somme* » (HUGO). *Il s'indigne de voir ce crime impuni. Je m'indigne qu'il soit si lâche. Il s'indigne de ce que je fais ; de ce que je fasse si peu.* ◇ ANT. **Enthousiasmer** (s').

INDIGNITÉ [ɛ̃diɲite]. *n. f.* (v. 1420 ; lat. *indignitas*). ♦ 1° Littér. Caractère de celui qui est indigne. « *La bassesse et l'indignité de son âme* » (ROUSS.). V. **Abaissement, abjection, déshonneur.** ◇ Dr. *Indignité successorale*, frappant l'héritier qui a commis une faute grave contre le défunt. — *Indignité nationale*, sanctionnant les faits de collaboration avec l'ennemi. ♦ 2° Caractère de ce qui est indigne. V. **Bassesse, méchanceté, noirceur.** *L'indignité d'une telle conduite.* ♦ 3° Action, conduite indigne. *C'est une indignité.* V. **Honte, turpitude, vilenie.** ♦ 4° *Vx.* Manière indigne de traiter qqn ; traitement outrageant. V. **Affront, offense, outrage.** « ... *Je n'ai mérité Ni cet excès d'honneur, ni cette indignité* » (RAC.). ◇ ANT. **Dignité, honneur.**

INDIGO [ɛ̃digo]. *n. m.* (1603 ; mot esp., du lat. *indicum* « indien »). ♦ 1° Matière tinctoriale bleue, extraite primitivement de l'indigotier, obtenue aujourd'hui par synthèse. V. **Indican, indigotine.** *L'indigo naturel est d'un bleu foncé avec des reflets violets ou rougeâtres. Indigo synthétique* : bleu d'aniline. ♦ 2° Par appos. *Le bleu indigo.* N. m. *L'indigo*, une des couleurs du spectre solaire, et *par ext.* tout bleu d'aspect semblable. — Adj. invar. *Ciel indigo.* ♦ 3° Plante qui fournit l'indigo. V. **Indigotier** (1).

INDIGOTERIE [ɛ̃digɔtri]. *n. f.* (1658 ; de *indigo*). ♦ 1° Usine où l'on prépare l'indigo. ♦ 2° Terre plantée d'indigotiers.

1. INDIGOTIER [ɛ̃digɔtje]. *n. m.* (1718 ; de *indigo*). Arbrisseau (*Légumineuses-Papilionacées*) qui croît dans les régions chaudes, et des feuilles duquel on extrait l'indigo.

2. INDIGOTIER [ɛ̃digɔtje]. *n. m.* (1765 ; de *indigo*). Ouvrier d'une indigoterie. — Fabricant d'indigo.

INDIGOTINE [ɛ̃digɔtin]. *n. f.* (1843 ; de *indigo*). Chim. Principale matière colorante de l'indigo commercial. V. **Indole.**

INDIQUÉ. V. INDIQUER (2°, 3°).

INDIQUER [ɛ̃dike]. *v. tr.* (1510 ; lat. *indicare*). ♦ 1° Faire voir d'une manière précise, par un geste, un signe, un repère, un signal. V. **Désigner, montrer, signaler.** *Indiquer qqch. du doigt. L'horloge, les aiguilles indiquent l'heure.* V. **Donner.** ♦ 2° Faire connaître (à qqn) la chose ou la personne qu'il a besoin ou envie de connaître. *Pouvez-vous m'indiquer un bon médecin, un hôtel convenable ? C'est lui qui m'a indiqué ce moyen.* V. **Apprendre, enseigner, fournir.** « *Je me rallie d'avance à la solution que vous m'indiquerez* » (ROMAINS). — *Spécialt.* (en parlant d'un document écrit) *La table des* *matières n'indique que les grandes divisions de l'ouvrage.* V. **Nommer.** *Indiquer le cours d'une valeur.* V. **Coter.** *Dictionnaire indiquant tous les emplois d'un mot.* V. **Donner, énumérer.** ◇ Déterminer et faire connaître (une date, un lieu choisis pour une rencontre, une réunion). V. **Fixer.** « *Vous pourriez vous-même en indiquer le moment* (de l'entretien) » (LACLOS). — *À l'endroit indiqué, à l'heure indiquée.* ♦ 3° Faire connaître (l'existence ou le caractère de qqn, qqch.) en servant d'indice. V. **Annoncer, attester, déceler, dénoncer, dénoter, manifester, marquer, révéler, signaler, témoigner, trahir.** *Les traces de pas indiquent le passage du fugitif.* « *Son regard n'indiquait rien d'autre qu'une curiosité pénétrante* » (ROMAINS). ◇ Spécialt. Faire connaître comme étant la médication appropriée. V. **Indication** (Ne s'emploie plus qu'au p. p. : INDIQUÉ, ÉE). *Remède, traitement indiqué dans telle ou telle affection.* — (ANT. *Contre-indiqué*). — *Fig.* Adéquat, opportun. *C'était le moyen indiqué, tout indiqué ! Voyons, c'est tout à fait indiqué ! Non, ce n'est guère indiqué.* ♦ 4° *Arts.* Représenter en s'en tenant aux traits essentiels, sans s'attacher aux détails. V. **Dessiner, ébaucher, esquisser, tracer.** *Quelques hachures pour indiquer les ombres.* V. **Marquer.** — Par anal. *L'auteur n'a fait qu'indiquer le caractère de ce personnage secondaire.* ◇ Esquisser (un geste, un mouvement) « *Il lut la lettre comme on lit au théâtre..., en indiquant quelques gestes* » (ZOLA).

INDIRECT, ECTE [ɛ̃diʀɛkt, ɛkt(ə)]. *adj.* (1416; lat. *indirectus*). Qui n'est pas direct. ♦ 1° Qui n'est pas en ligne droite, qui fait un ou plusieurs détours. V. **Courbe, détourné.** *Itinéraire indirect.* Loc. *Éclairage indirect,* qui éclaire les parois, le plafond. ◇ (Abstrait) *Voies, moyens indirects.* V. **Écarté, éloigné.** *Critique, louange indirecte. Déclarer ses sentiments d'une manière indirecte.* V. **Allusif, évasif, insinuant.** ◇ Dr. *Ligne indirecte.* V. **Collatéral.** ♦ 2° Qui comporte un ou plusieurs intermédiaires, qui s'exerce avec intermédiaire. V. **Médiat.** *Cause, influence indirecte. Effet indirect.* V. **Contrecoup.** *Renseignement indirect :* de seconde main. « *S'il entrevoit une solution indirecte, il n'en prendra pas l'initiative* » (ROMAINS). ◇ *Complément indirect,* rattaché au mot complété par l'intermédiaire d'une préposition, d'un mot-outil. *Complément d'objet indirect. Verbe transitif* indirect. *Interrogation indirecte,* exprimée dans une proposition subordonnée (*ex.* : il demande si vous viendrez). ◇ *Discours indirect* (opposé à *direct*), discours rapporté avec un terme de liaison après un verbe de parole, et pouvant comporter des transpositions de temps, de personne et de déictiques (*ex.* : *il a dit qu'il l'avait vu la veille. Il a dit l'avoir vu la veille*). *Style indirect.* V. **Oblique.** — *Discours, style indirect libre,* qui comporte des propriétés du discours direct (absence d'élément de liaison) avec des transpositions propres au discours indirect (*il l'avait vu là, assurait-il*), et permet de manifester le discours du personnage par l'intermédiaire du discours du narrateur. ◇ *Impôts* indirects ; *contributions indirectes.* — Dr. *Action indirecte* ou *oblique :* exercice par le créancier des droits de son débiteur (sauf de ceux attachés à la personne). ◇ ANT. *Direct. Immédiat.*

INDIRECTEMENT [ɛ̃diʀɛktəmɑ̃]. *adv.* (1419; de *indirect*). D'une manière indirecte. *Toucher, atteindre indirectement.* V. **Ricochet** (par). *Cela s'adressait indirectement à moi.* ◇ ANT. *Directement.*

INDISCERNABLE [ɛ̃disɛʀnabl(ə)]. *adj.* (1582; de *in-* 1, et *discernable*). ♦ 1° Qui ne peut être discerné d'une autre chose de même nature. V. **Identique.** « *On ne put jamais trouver deux feuilles d'arbres indiscernables* » (VOLT.). ♦ 2° Dont on ne peut se rendre compte précisément. V. **Insaisissable.** « *Des nuances aussi indiscernables* » (RENAN). ◇ ANT. *Apercevable, discernable, distinct.*

INDISCIPLINABLE [ɛ̃disiplinabl(ə)]. *adj.* (1568; de *in-* 1, et *disciplinable*). Vieilli. Qui ne peut être discipliné. V. **Indocile.** *Enfant indisciplinable.* ◇ ANT. *Disciplinable, docile.*

INDISCIPLINE [ɛ̃disiplin]. *n. f.* (1501, rare av. XVIIᵉ ; de *in-* 1, et *discipline*). Manque de discipline. *L'indiscipline des troupes* (V. **Désobéissance**), *d'une bande de jeunes effrontés* (V. **Dissipation**). « *L'impuissance des chefs et l'indiscipline des subordonnés* » (TAINE). *Esprit d'indiscipline.* V. **Indocilité, insoumission, insubordination, sédition.** *Faire acte, preuve d'indiscipline.* ◇ ANT. *Discipline, obéissance.*

INDISCIPLINÉ, ÉE [ɛ̃disipline]. *adj.* (1361; de *in-* 1, et *discipliné*). Qui n'est pas discipliné, qui n'observe pas la discipline. V. **Désobéissant, indocile, insoumis, insubordonné.** *Écolier indiscipliné. Troupes, masses indisciplinées.* « *Un individualiste indiscipliné, un anarchiste* » (CHARDONNE). — Fig. *Cheveux indisciplinés,* difficiles à peigner. ◇ ANT. *Discipliné, docile, soumis, obéissant.*

INDISCRET, ÈTE [ɛ̃diskʀɛ, ɛt]. *adj.* (1380; lat. *indiscretus*). V. **Discret.** ♦ 1° Vx. Qui agit à l'étourdie, sans prendre garde à ce qu'il dit ou ce qu'il fait. — *Par ext.* Qui dénote un manque de jugement, de modération. V. **Inconsidéré, intempestif.** « *Jamais une indiscrète censure ne venait arrêter son babil* » (ROUSS.). ♦ 2° Mod. (XVIᵉ). Qui manque de dis-

crétion, de réserve, de retenue dans les relations sociales. V. **Importun.** *Je craindrais d'être indiscret en venant chez vous si tard.* — Subst. *Un coin tranquille à l'abri des indiscrets.* V. **Fâcheux.** ◇ *Par ext.* Qui dénote de l'indiscrétion. *Démarche, question indiscrète.* V. **Inconvenant.** « *Les curiosités indiscrètes de la postérité* » (HENRIOT). *Est-il, serait-ce indiscret de vous demander ce que vous comptez faire ?* (V. *Indiscrétion*). *Un zèle indiscret.* ♦ 3° Qui révèle ce qu'il devrait tenir caché ; qui ne sait pas garder un secret. V. **Bavard.** « *Un homme indiscret est une lettre décachetée : tout le monde peut la lire* » (CHAMFORT). *Confident, confesseur, médecin indiscret.* — Par ext. *Des commérages indiscrets et compromettants.* ◇ ANT. *Discret.*

INDISCRÈTEMENT [ɛ̃diskʀɛtmɑ̃]. *adv.* (1370; de *indiscret*). ♦ 1° Vx. À la légère. ♦ 2° (XVIᵉ). Sans réserve ni retenue. *S'inviter indiscrètement chez des amis.* « *Il avait indiscrètement ouvert cette armoire* » (HENRIOT). ♦ 3° D'une manière indiscrète (3°). *Dévoiler indiscrètement un secret.* ◇ ANT. *Discrètement.*

INDISCRÉTION [ɛ̃diskʀesjɔ̃]. *n. f.* (v. 1200; bas lat. *indiscretio*). ♦ 1° Vx. Manque de discernement, de mesure. — Inconvenance, maladresse. « *Ce n'est qu'extravagance et qu'indiscrétion* » (MOL.). ♦ 2° (1569). Mod. Manque de discrétion, de réserve, de retenue dans les relations sociales. *Il poussait l'indiscrétion jusqu'à lire mon courrier.* V. **Curiosité.** *Il a eu l'indiscrétion de m'interroger là-dessus. Sans indiscrétion, peut-on savoir votre adresse ? Excusez mon indiscrétion.* V. **Insistance.** — Caractère de ce qui est indiscret. *L'indiscrétion de ses questions.* ◇ Action, parole indiscrète. ♦ 3° (1587). Défaut de celui qui ne sait pas garder un secret ; le fait de révéler ce qu'il devrait rester caché. *Son indiscrétion lui fait beaucoup d'ennemis.* — Par ext. Commettre une indiscrétion. *Les indiscrétions d'un domestique, d'un journaliste.* V. **Bavardage, racontar, révélation.** « *Ma vie privée, ma vie publique sont à la merci d'une indiscrétion, d'un chantage* » (MART. du G.). *La moindre indiscrétion pourrait faire échouer notre plan.* V. **Fuite.** ◇ ANT. *Discrétion, réserve, retenue.*

INDISCUTABLE [ɛ̃diskytabl(ə)]. *adj.* (1836; de *in-* 1, et *discutable*). Qui n'est pas discutable, qui s'impose par son évidence, son authenticité. V. **Certain, évident, incontestable, manifeste.** *Succès, supériorité indiscutable. Témoignage, preuve indiscutable.* V. **Authentique, formel, indéniable, irrécusable, irréfutable.** *Il est indiscutable que.* V. **Indubitable.** ◇ ANT. *Discutable, douteux, faux.*

INDISCUTABLEMENT [ɛ̃diskytabləmɑ̃]. *adv.* (1876; de *indiscutable*). D'une manière indiscutable. V. **Certainement.** *C'est indiscutablement le meilleur roman de l'année.*

INDISCUTÉ, ÉE [ɛ̃diskyte]. *adj.* (1846; de *in-* 1, et *discuté*). Qui n'est pas discuté ; qui ne fait l'objet d'aucun doute. V. **Incontesté, reconnu.** *Droits indiscutés. Le chef indiscuté de la bande.* « *Sa gloire règne, indiscutée par ceux qui savent* » (HENRIOT). ◇ ANT. *Discuté.*

INDISPENSABLE [ɛ̃dispɑ̃sabl(ə)]. *adj.* (1585; de *in-* 1, et *dispenser*). ♦ 1° Vieilli. Dont on ne peut se dispenser. V. **Obligatoire, obligé.** « *Travailler est un devoir indispensable à l'homme social* » (ROUSS.). ♦ 2° Mod. (XVIIIᵉ). Qui est très nécessaire, dont on ne peut se passer. V. **Essentiel, nécessaire, utile.** *Garanties, précautions indispensables. Connaissances indispensables.* — *Objets, vêtements, meubles indispensables* (Cf. De première nécessité*). *Strictement, absolument indispensable.* V. **Vital.** « *Rien de ce qui est beau n'est indispensable à la vie* » (GAUTIER). *Condition indispensable pour réussir.* — Impers. *Il est indispensable d'y aller, qu'il y aille ; c'est indispensable.* — Subst. m. *L'indispensable.* « *Il n'y avait, en fait de meubles, que l'indispensable* » (HUGO). *Faire l'indispensable,* ce qu'il faut. ◇ (Personnes) *Il se croit indispensable.* « *Un général victorieux et qui apportait de l'argent se rendait indispensable* » (BAINVILLE). ◇ ANT. *Inutile, superflu.*

INDISPENSABLEMENT [ɛ̃dispɑ̃sabləmɑ̃]. *adv.* (1600; de *indispensable*). D'une manière indispensable.

INDISPONIBILITÉ [ɛ̃disponibilite]. *n. f.* (1819; de *indisponible*). État de ce qui est indisponible ; d'un fonctionnaire qui quitte provisoirement son poste. ◇ ANT. *Disponibilité.*

INDISPONIBLE [ɛ̃disponibl(ə)]. *adj.* (1752; de *in-* 1, et *disponible*). Qui n'est pas disponible. ♦ 1° (Choses). Dr. Dont la loi ne permet pas de disposer. *La réserve héréditaire, portion indisponible de la succession.* ♦ 2° (Personnes). Milit. Dont on ne peut disposer pour le service militaire. *Soldats indisponibles.* Subst. *Les malades et les indisponibles.* ◇ ANT. *Disponible.*

INDISPOSÉ, ÉE [ɛ̃dispoze]. *adj.* (v. 1400, « non préparé, organisé » ; lat. *indispositus.* V. **Indisposer**). ♦ 1° (1460). Qui est affecté d'une indisposition. V. **Fatigué, incommodé, souffrant.** *Il est, il se sent indisposé.* ♦ 2° Par euphém. (*au fém.*). Qui a ses règles.

INDISPOSER [ɛ̃dispoze]. *v. tr.* (fin XVIᵉ ; de *in-* 1, et *disposer.* V. **Indisposé**). ♦ 1° Altérer légèrement la santé de, mettre dans un état de légère indisposition physique. *Ce* *qu'il a mangé hier l'a indisposé. L'odeur de pipe refroidie l'indispose.* V. **Gêner, incommoder.** ◆ 2° Mettre dans une disposition peu favorable. V. **Déplaire (à), désobliger, fâcher, froisser, hérisser.** *Il indispose tout le monde contre lui par sa fatuité, sa prétention.* V. **Importuner; énerver** (Cf. Se mettre à dos). *Tout l'indispose, il a un caractère difficile* (V. **Agacer**). « *Chacun ici-bas se trouve indisposé par la marotte du voisin* » (CÉLINE). — Absolt. « *Lui, imposait et presque indisposait* » (BARBEY).

INDISPOSITION [ɛ̃dispozisjɔ̃]. *n. f.* (XVᵉ; de *indisposé*, d'apr. *disposition*). ◆ 1° Légère altération de la santé. V. **Incommodité, malaise, fatigue.** *Indisposition causée par des excès de table.* ◆ 2° *(Euphémisme).* Période des règles.

INDISSOCIABLE [ɛ̃disɔsjabl(ə)]. *adj.* (1543, repr. mil. XXᵉ; de *in-* 1, et *dissociable*). Qu'on ne peut dissocier, séparer. « *La balance des paiements forme un tout dont les éléments sont indissociables* » (*Le Monde*, 3-1-1968).

INDISSOLUBILITÉ [ɛ̃disɔlybilite]. *n. f.* (1609; de *indissoluble*). Caractère de ce qui est indissoluble. *Indissolubilité du mariage religieux.* ◇ ANT. **Dissolubilité.**

INDISSOLUBLE [ɛ̃disɔlybl(ə)]. *adj.* (1495; lat. *indissolubilis*). Qui ne peut être dissous, délié, désuni. V. **Indestructible, perpétuel.** *Attachements, liens indissolubles.* « *Rien ne prouve mieux la nécessité d'un mariage indissoluble que l'instabilité de la passion* » (BALZ.). ◇ ANT. **Dissoluble.**

INDISSOLUBLEMENT [ɛ̃disɔlybləmã]. *adv.* (1471; de *indissoluble*). D'une manière indissoluble. *Indissolublement unis par le mariage. Questions indissolublement liées.*

INDISTINCT, INCTE [ɛ̃distɛ̃(kt), ɛ̃kt(ə)]. *adj.* (1495; lat. *indistinctus*). Qui n'est pas distinct, que l'on distingue mal. V. **Confus, flou, imprécis, indécis, nébuleux, vague.** *Apercevoir des objets indistincts, dans la pénombre.* ◇ *Bruits, voix indistincts.* V. **Sourd.** ◇ *Fig.* Qui n'est pas bien défini, bien précis. « *Des curiosités encore indistinctes* » (GIDE). ◇ ANT. **Clair, défini, distinct, net, précis.**

INDISTINCTEMENT [ɛ̃distɛ̃ktəmã]. *adv.* (1496; de *indistinct*). ◆ 1° D'une manière indistincte. V. **Confusément.** *Voir indistinctement qqch. Prononcer indistinctement.* ◆ 2° Sans distinction, sans faire de différence. V. **Indifféremment.** *Tous les Français indistinctement.* ◇ ANT. (du 1°) **Clairement.**

INDIUM [ɛ̃djɔm]. *n. m.* (1863; du nom de l'indigo, d'apr. deux raies de son spectre). *Chim.* Métal blanc (symb. *In*; p. at. 114,7), mou et ductile, fusible à 155°, voisin de l'aluminium.

INDIVIDU [ɛ̃dividy]. *n. m.* (1242; lat. *individuum* « corps indivisible »). **I.** ◆ 1° (Sens large). *Sc.* Tout être formant une unité distincte, dans une série hiérarchique, formée de genres et d'espèces. V. **Échantillon, exemplaire, spécimen, unité; individualité.** « *Des individus bien conservés de chaque espèce d'animaux, de plantes ou de minéraux* » (BUFF.). ◇ *Log.* Terme inférieur d'une série, qui ne désigne plus de concept général et ne comporte plus de division logique. V. **Singulier** (terme). ◇ *Phys.* Élément indivisible (Cf. le sens étym. d'*Atome**). ◆ 2° Corps organisé vivant d'une existence propre et qui ne saurait être divisé sans être détruit. V. **Animal, plante.** *Le corps vivant* « *est un individu, et d'aucun autre objet... on ne peut en dire autant* » (BERGSON). *L'individu est le dernier terme de la classification. Génotype et phénotype d'un individu.* ◆ 3° (Dans l'espèce humaine). V. **Homme, humain.** « *Tout individu porte une certaine combinaison génétique qui n'appartient qu'à lui* » (J. ROSTAND). *Sacrifier l'individu à l'espèce.* — *Cour.* V. **Être, personne.** « *On dirait que mon cœur et mon esprit n'appartiennent pas au même individu* » (ROUSS.). — *Psycho.* L'être humain, en tant qu'unité et identité extérieures, biologiques; en tant qu'être particulier différent de tous les autres. V. **Individualité, moi.** *L'individu et la personne**. **II.** (1751). *Sc.* L'unité dont se composent les sociétés. *Les individus d'une fourmilière, d'une ruche, d'une colonie de coraux. Des* « *races cellulaires dont chacune se compose de milliards d'individus* » (A. CARREL). — *Cour.* Membre d'une collectivité humaine. V. **Homme, personne.** *Individus groupés en corps. Collect. L'individu et la société, et la masse. L'individu et l'État.* « *Un ordre social rigoureux qui conserve la dignité de l'individu* » (SARTRE). **III.** (1829). *Cour.* (souvent *péj.*). Personne quelconque, que l'on ne peut ou que l'on ne veut pas nommer (Ne se dit pas d'une femme au sing.). V. **Homme.** *Un individu s'est présenté.* V. « *rassemblement d'individus des deux sexes* » (MAC ORLAN). — *Cour.* V. **Bonhomme, citoyen, gars, paroissien, particulier, personnage, personne, quidam, type** (Cf. *pop.* Gonze, mec, pante, zigue). *C'est un drôle d'individu* (V. **Pistolet**), *un individu bizarre* (V. **Oiseau, phénomène**). *Louche, sinistre, triste individu.* V. **Vaurien, voyou.** *Dangereux individu.* ◇ ANT. **Collectivité; collection, corps, foule, groupe, peuple, population.**

INDIVIDUALISATION [ɛ̃dividyalizasjɔ̃]. *n. f.* (1803,

de *individualiser*). ◆ 1° *Philo.* Action d'individualiser ou de s'individualiser (au sens 1°); état, caractère d'un être individualisé. *Individualisation d'une espèce animale, qui la différencie plus nettement des autres.* V. **Singularisation.** ◆ 2° Action d'individualiser (au sens 2°). *Le* « *christianisme, cette incomparable école d'individualisation* » (GIDE). — *Dr. pén. Individualisation de la peine* : action de l'adapter aux délinquants en tenant compte de certains caractères personnels (âge, sexe, fonction, etc.). ◇ ANT. **Généralisation.**

INDIVIDUALISÉ, ÉE [ɛ̃dividyalize]. *adj.* (1732; de *individuel*). Qui est rendu ou devenu individuel.

INDIVIDUALISER [ɛ̃dividyalize]. *v. tr.* (1765; de *individuel*). ◆ 1° Différencier par des caractères individuels. V. **Caractériser, distinguer, particulariser.** *Les caractères qui individualisent les êtres.* — Absolt. « *Le savant généralise, l'artiste individualise* » (RENARD). ◆ 2° Rendre individuel, en adaptant ou en attribuant à l'individu. *Individualiser les fortunes.* ◇ S'INDIVIDUALISER : devenir individuel; acquérir des caractères distinctifs ou les accentuer. ◇ ANT. **Généraliser.**

INDIVIDUALISME [ɛ̃dividyalism(ə)]. *n. m.* (1826; de *individuel*). **I.** Théorie ou tendance qui voit dans l'individu la suprême valeur dans le domaine politique, économique, moral. ◆ 1° *(Polit. et écon.).* Théorie ou tendance visant au développement des droits et des responsabilités de l'individu. *L'individualisme en matière économique.* V. **Libéralisme.** *Individualisme poussé jusqu'à la négation de l'État.* V. **Anarchisme.** ◆ 2° *Cour.* Attitude d'esprit, état de fait favorisant l'initiative et la réflexion individuelle, le goût de l'indépendance. *L'individualisme s'oppose au grégarisme.* « *Le communisme ouvrier et l'individualisme paysan* » (JAURÈS). **II.** *Philo.* ◆ 1° Doctrine affirmant la réalité propre des individus au détriment des genres et des espèces. ◆ 2° Théorie qui cherche à expliquer les phénomènes historiques et sociaux par l'action consciente et intéressée des individus. ◇ ANT. **Communisme, étatisme, totalitarisme; solidarité.**

INDIVIDUALISTE [ɛ̃dividyalist(ə)]. *adj.* (1836; de *individuel*). ◆ 1° Qui appartient à l'individualisme. *Philosophie, théorie individualiste.* ◆ 2° *Cour.* Qui montre de l'individualisme dans sa vie, dans sa conduite. *Les jeunes sont souvent plus individualistes que les personnes d'âge mûr.* V. **Non-conformiste.** — Subst. *Un, une individualiste.*

INDIVIDUALITÉ [ɛ̃dividyalite]. *n. f.* (1760; de *individuel*). ◆ 1° *Didact.* *(Philo., sc.).* Ce qui existe à l'état d'individu. *L'être vivant est une individualité.* — Caractère d'un individu qui « *diffère d'un autre non pas seulement d'une façon numérique, mais dans ses caractères et sa constitution* » (LALANDE); fait d'être un individu. « *L'être vivant forme un organisme et une individualité* » (Cl. BERNARD). *L'individualité d'un être pensant.* V. **Moi.** ◆ 2° *Cour.* Caractère ou ensemble de caractères par lesquels une personne ou une chose diffère des autres. V. **Originalité, particularité.** *L'individualité d'un artiste. Style d'une forte individualité.* ◆ 3° (1830). Individu, considéré dans ce qui le différencie des autres. — *Cour.* Personne douée d'un caractère très marqué; d'une forte personnalité. *Puissante, forte individualité.* V. **Personnalité.** « *Ils offraient très peu d'individualités fortes, nul grand inventeur, nul héros* » (MICHELET).

INDIVIDUATION [ɛ̃dividyasjɔ̃]. *n. f.* (1551; de *individu*). *Didact.* Ce qui différencie un individu d'un autre de la même espèce. — *Spécialt. Principe d'individuation,* chez Leibniz. — *Embryol.* Principe par lequel s'individualisent diverses structures organiques. V. **Différenciation.**

INDIVIDUEL, ELLE [ɛ̃dividyɛl]. *adj.* (*Individual*, 1490; de *individu*). ◆ 1° Qui concerne l'individu; qui constitue un individu. *Caractères individuels.* V. **Distinct, propre, singulier.** *Log. Être, fait individuel.* V. **Concret.** — *Biol. Hérédité* individuelle. — *Psycho. Qualités, défauts individuels.* V. **Personnel, propre.** *Opinion, impression individuelle.* V. **Subjectif.** ◇ *(Opposé à* collectif, social) V. **Particulier, personnel.** *L'homme individuel et social. Indépendance, liberté individuelle.* « *Il n'y avait plus ... de destins individuels, mais une histoire collective* » (CAMUS). *Avantages publics et individuels. Propriété individuelle.* V. **Privé.** *Initiatives individuelles.* — *Art individuel* (opposé à collectif, hiératique, sacré). « *La religion est devenue chose individuelle; elle regarde la conscience de chacun* » (FLAUB.). ◆ 2° (1802). Qui concerne une seule personne, une seule personne à la fois. *Intervention, réclamation individuelle.* V. **Isolé.** *Livret individuel. Contrôle individuel. Cas individuel.* V. **Singulier, spécial.** ◆ 3° *Subst. m.* Ce qui est individuel. *L'individuel et le collectif.* ◇ (1934). *Sportif n'appartenant à aucune équipe, aucun club.* — *Compartiment de wagon-lit, chambre d'hôtel pour une personne seule.* — Recomm. offic. pour l'angl. *single**. ◇ ANT. **Collectif, commun, général, générique. Public, social.**

INDIVIDUELLEMENT [ɛ̃dividyɛlmã]. *adv.* (1551; de *individuel*). D'une manière individuelle. *Individuellement différents et spécifiquement semblables.* ◇ *Cour.* Chacun en particulier. *Chacun pris individuellement :* à part. ◇ ANT. *Bloc* (en), *collectivement, ensemble.*

INDIVIS, ISE [ɛ̃divi, iz]. *adj.* (1347, *par indivis ;* lat. *individusus*). *Dr.* (1562). Se dit d'un bien sur lequel plusieurs personnes ont un droit et qui n'est pas matériellement divisé entre elles. V. **Indivision.** *Biens indivis, propriétés indivises.* V. **Commun.** « *La royauté n'est point une propriété privée, c'est un bien commun, indivis* » (CHATEAUB.). *Succession indivise,* dont le partage n'est pas fait entre les héritiers. — *Cohéritiers, propriétaires indivis,* qui possèdent par indivis. V. **Indivisaire.** ◇ PAR INDIVIS. loc. adv. *Dr.* Sans division, sans partage en commun. V. **Indivisément.** *Propriétaires qui possèdent un bien par indivis.* ◇ ANT. *Divis, divisé, partagé.*

INDIVISAIRE [ɛ̃divizɛʀ]. *n.* (xxᵉ ; de *indivis*). *Dr.* Possesseur par indivis.

INDIVISÉMENT [ɛ̃divizemɑ̃]. *adv.* (1551 ; de *indivis*). *Dr.* Par indivis. *Posséder des biens indivisément.*

INDIVISIBILITÉ [ɛ̃divizibilite]. *n. f.* (*Indivisibleté,* 1380 ; de *indivisible*). Caractère de ce qui est indivisible. *Proclamation de l'indivisibilité de la République pendant la Révolution.* V. **Unité.** ◇ *Dr.* État de ce qui ne peut pas être divisé soit matériellement, soit intellectuellement sous un rapport envisagé. ◇ ANT. *Divisibilité.*

INDIVISIBLE [ɛ̃divizibl(ə)]. *adj.* (1314 ; bas lat. *indivisibilis*). Qui n'est pas divisible. *L'homme est un composé indivisible. La République une et indivisible,* proclamation de l'unité de la République sous la Révolution, qui s'opposait aux tendances fédéralistes. ◇ *Dr.* Qui n'est pas divisible, en parlant d'une obligation. *L'hypothèque est indivisible.* ◇ ANT. *Divisible.*

INDIVISION [ɛ̃divizjɔ̃]. *n. f.* (xvᵉ, rare av. 1765 ; de *division,* d'apr. *indivis*). *Dr.* État d'une chose indivise ; situation juridique des personnes titulaires d'un droit indivis. V. **Communauté, copropriété.** *Maintenir l'indivision. Indivision forcée :* indivision à caractère perpétuel portant sur des biens dont la nature ou la destination exclut le partage (*ex. :* la mitoyenneté). ◇ ANT. *Division, partage.*

IN-DIX-HUIT [indizɥit]. *adj. invar.* (1765 ; du lat. *in,* et *dix-huit*). Se dit du format d'un livre dont chaque feuille est pliée en dix-huit feuillets (trente-six pages). *Format in-dix-huit* (in-18). *Des volumes in-dix-huit.* — *Subst.* Le livre lui-même. *Des in-dix-huit.*

INDO-. Élément, du lat. *Indus* « de l'Inde ».

INDOCHINOIS, OISE [ɛ̃dɔʃinwa, waz]. *adj.* (1846 ; de *indo-,* et *chinois*). *Ancienn.* De l'Indochine. V. **Vietnamien.** *Populations indochinoises.* — *Subst. Un Indochinois, une Indochinoise.*

INDOCILE [ɛ̃dɔsil]. *adj.* (1490 ; lat. *indocilis*). V. **Docile**). Qui n'est pas docile, difficile à diriger. *Enfant, écolier indocile.* V. **Désobéissant, dissipé, entêté, indisciplinable, rebelle, récalcitrant.** — Par ext. *Pensée fugitive et indocile.* ◇ ANT. *Docile, obéissant, soumis, souple.*

INDOCILITÉ [ɛ̃dɔsilite]. *n. f.* (xvɪᵉ ; bas lat. *indocilitas*). Caractère de celui qui est indocile. V. **Désobéissance, entêtement, indépendance.** ◇ ANT. *Docilité, obéissance, soumission.*

INDO-EUROPÉEN, ÉENNE [ɛ̃dɔœ(ø)ʀɔpeɛ̃, eɛn]. *adj.* (1846 ; de *indo-,* et *européen*). Se dit des langues d'Europe et d'Asie qui ont une origine commune. *Les langues indo-européennes comprennent les groupes hittite, indo-aryen* (langues indo-européennes de l'Inde), *iranien, hellénique, italo-celtique, germanique, baltique et slave. Le français, langue indo-européenne.* — Subst. *L'indo-européen.* ◇ Se dit des peuples qui parlent ces langues. *Groupe indo-européen* (V. **Aryen**). — Subst. *Les Indo-Européens.*

INDO-HELLÉNIQUE [ɛ̃dɔe(ɛl)lenik]. *adj.* (1846 ; de *indo-,* et *hellénique*). *Ling.* Langues indo-helléniques, groupe de langues comprenant le sanscrit et le grec. — *Art indohellénique.* V. **Gréco-bouddhique.**

INDOLE [ɛ̃dɔl]. *n. m.* (1873 ; du rad. de *indigo,* et lat. *oleum* « huile »). *Chim.* Composé de formule C₈H₇N, faiblement basique, obtenu dans la réduction de l'indigotine, présent dans certaines essences de fleurs (jasmin, oranger), dans les matières intestinales et obtenu aussi par synthèse.

INDOLEMMENT [ɛ̃dɔlamɑ̃]. *adv.* (1700 ; de *indolent*). D'une manière indolente. *Indolemment assise sur un sofa.*

INDOLENCE [ɛ̃dɔlɑ̃s]. *n. f.* (h. XIVᵉ ; XVIᵉ ; lat. *indolentia,* rac. *dolere* « souffrir »). ♦ 1° *Vx.* État de celui qui ne souffre pas. *Indolence des stoïciens.* V. **Insensibilité.** ◇ *Spécialt. Vx.* Le fait de ne pas causer de douleur. *Indolence d'une tumeur.* — *Vx.* Insensibilité morale. V. **Indifférence.** ♦ 2° *Mod.* (XVIIᵉ). Disposition à éviter le moindre effort physique ou moral. V. **Apathie, indifférence, inertie, insouciance, langueur, mollesse, nonchalance, paresse.** « *Cette indolence occupée, qui est un des charmes du voyage* » (GAUTIER). ◇ ANT. *Sensibilité, souffrance. Activité, ardeur, empressement, vivacité.*

INDOLENT, ENTE [ɛ̃dɔlɑ̃, ɑ̃t]. *adj.* (1590 ; bas lat. *indolens.* V. **Indolence**). ♦ 1° *Vx.* Qui ne souffre pas (*opposé à dolent*). ◇ *Mod. Méd.* Qui ne fait pas souffrir. V. **Indolore.**

« *La plaie creusée dans son flanc est mortelle, mais indolente* » (DUHAM.). ◇ *Vx.* Qui manque de sensibilité morale, qui n'est touché de rien. V. **Indifférent, insensible.** ♦ 2° *Mod.* et *cour.* (1674). Qui évite de faire des efforts. *Personne indolente.* V. **Apathique, avachi, endormi, fainéant, insouciant, mollasse, mou, nonchalant, oisif, paresseux.** *Écolier, ouvrier indolent.* Par ext. *Un air indolent. Geste, regard indolent.* V. **Alangui, languissant.** « *La démarche indolente d'un désœuvré qui veut tuer le temps* » (BALZ.). — Subst. « *Belle, chère indolente* » (BAUDEL.). ◇ ANT. *Insensible. Douloureux. Actif, alerte, énergique, entreprenant, vif.*

INDOLORE [ɛ̃dɔlɔʀ]. *adj.* (1845 ; bas lat. *indolori(u)s*). Qui ne cause pas de douleur. *Tumeur indolore. Opération parfaitement indolore.* ◇ ANT. *Douloureux, pénible, sensible.*

INDOMPTABLE [ɛ̃dɔ̃tabl(ə)]. *adj.* (1420 ; de *in-* 1, et *domptable*). ♦ 1° Qu'on ne peut dompter. V. **Féroce, inapprivoisable.** *Un fauve indomptable.* ♦ 2° *Fig.* Qu'on ne peut soumettre à aucune autorité. V. **Courageux, fier.** *Caractère indomptable et fier.* — Qu'on ne peut maîtriser. V. **Inflexible, irréductible.** *Orgueil, résistance, volonté indomptable.* V. **Invincible.** « *Une indomptable persévérance* » (MÉRIMÉE). ◇ ANT. *Apprivoisable, docile. Lâche, mou.*

INDOMPTÉ, ÉE [ɛ̃dɔ̃te]. *adj.* (fin xvᵉ ; de *in-* 1, et *dompter*). ♦ 1° Qui n'a pas été dompté. V. **Farouche, fougueux.** *Cheval indompté.* ♦ 2° *Fig.* Qu'on ne peut contenir, réprimer. « *Ma joie a quelque chose d'indompté, de farouche* » (GIDE). ◇ ANT. *Dompté, soumis. Maîtrisé.*

INDONÉSIEN, ENNE [ɛ̃dɔnezjɛ̃, ɛn]. *adj.* et *n.* (v. 1885 ; de *Inde,* et gr. *nesos* « île »). D'Indonésie. — N. *Les Indonésiens.*

INDOPHÉNOL [ɛ̃dɔfenɔl]. *n. m.* (1890 ; du rad. de *indigo,* et *phénol*). *Chim.* Matière colorante bleue ou violette obtenue par action d'un phénate alcalin sur une amine double.

INDOU, OUE. V. **Hindou.**

IN-DOUZE [induz]. *adj. invar.* (1666 ; du lat. *in,* et *douze*). Dont les feuilles sont pliées en douze feuillets (vingt-quatre pages). *Livre de format in-douze* (in-12). *Édition in-douze. Volume in-douze,* et subst. *Un, des in-douze.*

INDRI [ɛ̃dʀi]. *n. m.* (1780 ; exclam. malgache prise à tort pour le nom du singe). Mammifère lémurien d'assez grande taille, arboricole, diurne et frugivore, vivant à Madagascar par groupes de quelques individus.

INDU, UE [ɛ̃dy]. *adj.* (1341 ; de *in-1,* et *dû*). *Littér.* Qui va à l'encontre des exigences de la raison, de la règle, de l'usage. « *Des délices illicites et des joies indues* » (HUYSMANS). *Une heure indue,* où il ne convient pas de faire telle ou telle chose. ◇ *Cour.* « *Son fils rentrait souvent à des heures indues* » (BALZ.). : trop tardives. ◇ *Dr.* Qui n'est pas fondé. V. **Injuste.** *Réclamation indue.* — Subst. Ce qui n'est pas dû. *Payement de l'indu,* ne correspondant à aucune obligation légale, et fait par erreur. *Répétition de l'indu* (V. **Répétition**). ◇ ANT. *Convenable, normal, régulier. Dû.*

INDUBITABLE [ɛ̃dybitabl(ə)]. *adj.* (1488 ; lat. *indubitabilis*). ♦ 1° *Vx.* Dont l'arrivée ou l'effet est certain. V. **Infaillible.** ♦ 2° *Mod.* Dont on ne peut douter, qu'on ne peut mettre en doute. V. **Assuré, certain, évident, incontestable, indiscutable, sûr.** *Preuve indubitable.* V. **Formel.** *Les médecins* « *trouvèrent des traces indubitables de poison* » (MICHELET). — *Il est indubitable que ce costume n'est pas neuf.* V. **Doute** (hors de). *C'est indubitable* (Cf. Cela ne fait pas de doute). ◇ ANT. *Douteux, erroné, faux, hypothétique.*

INDUBITABLEMENT [ɛ̃dybitabləmɑ̃]. *adv.* (1470 ; de *indubitable*). D'une manière indubitable. V. **Assurément, certainement, sûrement.** « *Tôt ou tard nous romprons indubitablement* » (MOL.).

INDUCTANCE [ɛ̃dyktɑ̃s]. *n. f.* (1907 ; du rad. de *induction*). *Électr.* Coefficient de self-induction. *Pour un circuit fermé, l'inductance est le quotient du flux que crée à travers ce circuit le courant qui le parcourt, par l'intensité de ce courant. Le henry, unité d'inductance.*

INDUCTEUR, TRICE [ɛ̃dyktœʀ, tʀis]. *adj.* (1866 ; d'apr. *induction*). ♦ 1° *Log.* Qui induit. *Propositions inductrices* (V. **Induction**). ◇ Subst. *Psycho.* Terme qui sert de point de départ à une association d'idées. ♦ 2° *Phys.* Qui induit, qui produit l'induction. *Circuit, courant, fil, flux inducteur. Champ inducteur,* champ électromagnétique ou électrostatique agissant sur un induit. ◇ Subst. m. (1886) *Un inducteur :* aimant ou électro-aimant produisant le champ inducteur dans une machine électrique. *Inducteur d'une magnéto.* ◇ ANT. *Induit.*

INDUCTIF, IVE [ɛ̃dyktif, iv]. *adj.* (1376, « qui pousse à quelque chose » ; bas lat. *inductivus*). ♦ 1° (1648). Qui procède par induction ou résulte d'une induction (1°). *Méthode inductive.* ♦ 2° *Phys.* (1832). Qui a rapport à l'induction, qui est dû aux phénomènes d'induction. *Courant inductif.* ◇ ANT. *Déductif.*

INDUCTION [ɛ̃dyksjɔ̃]. *n. f.* (1290, « suggestion » ; lat. *inductio*). ♦ 1° (XIVᵉ). Opération mentale qui consiste à remonter des faits à la loi, de cas donnés *(propositions inductrices)* le plus souvent singuliers ou spéciaux, à une proposition plus générale. V. **Généralisation.** *Induction mathématique. Rôle de l'induction dans les sciences expérimentales. Induction et déduction.* — *Le fait de remonter par le raisonnement ou l'intuition, de certains indices à des faits qu'ils rendent plus ou moins probables.* V. **Inférence.** *Raisonnement par induction.* V. **Analogie.** ♦ 2° *Électr.* (1837). Transmission à distance d'énergie électrique ou magnétique par l'intermédiaire d'un aimant ou d'un courant. *Induction électromagnétique,* production d'une force électromotrice dans un circuit par variation du flux magnétique qui le traverse. *Induction électrostatique. Courant, flux d'induction. Bobine d'induction* (1864). ◇ *Phys. Induction magnétique,* vecteur caractérisant la densité de flux magnétique dans une substance, produit du vecteur champ magnétique par la perméabilité magnétique de cette substance. ♦ 3° *Biol.* (v. 1925). Déclenchement d'un phénomène dont la manifestation se produit avec un certain retard par rapport à l'intervention de la cause responsable. — *Embryol.* Processus qui détermine l'orientation de la différenciation des cellules au cours de l'embryogenèse (recomm. de l'Acad. des sciences : *détermination*). — *Chir. Induction d'une anesthésie,* stade où commence l'endormissement. ◇ ANT. **Déduction.**

INDUIRE [ɛ̃dɥiʀ]. *v. tr.;* conjug. *conduire* (XIIIᵉ; lat. *inducere*. V. **Enduire**). ♦ 1° *Vieilli.* Amener, encourager à (qqch., faire qqch.). V. **Conduire, convier, engager, inciter, inviter, porter, pousser.** « *Votre cuisine nous induit au péché de gourmandise* » (HUYSMANS). — Mod. *Induire en erreur.* V. **Tromper.** « *Dieu tente, mais il n'induit pas en erreur* » (PASC.). ♦ 2° (1361). Trouver par l'induction. V. **Conclure, inférer.** *Qu'en induisez-vous? J'en induis que...* — *Absolt.* Procéder, raisonner par induction. ♦ 3° *Phys.* (XIXᵉ). Produire les effets de l'induction. ◇ ANT. **Déduire.**

INDUIT, ITE [ɛ̃dɥi, it]. *adj.* et *n. m.* (1866, *fil induit;* de *induire*). ♦ 1° *Électr. Courant induit* (1861) : courant électrique produit par une variation de flux dans un circuit (sous l'influence d'un aimant ou d'un courant inducteur). *Fil induit,* où passe le courant *induit.* — *Circuit induit,* et *subst.* (1886) UN INDUIT, organe d'une machine électrique dans lequel prennent naissance les forces électromotrices *induites* produites par l'inducteur. *Induit mobile d'une dynamo.* ♦ 2° *Psycho.* Terme auquel aboutit une association d'idées. ◇ ANT. **Inducteur.**

INDULGENCE [ɛ̃dylʒɑ̃s]. *n. f.* (1190, relig.; lat. *indulgentia*). ♦ 1° (1564). Facilité à excuser, à pardonner. V. **Bienveillance, bonté, charité, clémence, compréhension, générosité, humanité, longanimité, mansuétude, miséricorde, patience, tolérance.** *Indulgence excessive.* V. **Complaisance, faiblesse, mollesse.** « *Ce que j'aime le moins dans l'ami..., c'est l'indulgence* » (GIDE). *Avoir, montrer de l'indulgence pour les fautes de qqn. L'avocat demande pour son client l'indulgence de la cour.* — Par ext. *Regard plein d'indulgence. Remarque sans indulgence.* — *Une indulgence.* « *Ses indulgences soudaines et ses complaisances ... pour Robespierre* » (STE-BEUVE). ♦ 2° *Relig. cathol.* Rémission par l'Église des peines temporelles que les péchés méritent. *L'indulgence plénière, partielle.* ◇ *Par ext.* (1298) UNE INDULGENCE : la rémission accordée dans une circonstance et dans des conditions précises. *Indulgence plénière et générale* (V. **Jubilé**). *La querelle des Indulgences,* sous le pape Léon X (déb. du XVIᵉ s.). ◇ ANT. **Âpreté, cruauté, dureté, férocité, inclémence, rigueur, sévérité; austérité.**

INDULGENCIER [ɛ̃dylʒɑ̃sje]. *v. tr.* (1833; de *indulgence*). *Relig. cathol.* Attacher une indulgence (à un objet de piété). *Indulgencier un chapelet.*

INDULGENT, ENTE [ɛ̃dylʒɑ̃, ɑ̃t]. *adj.* (1540; lat. *indulgens*). ♦ 1° Qui excuse, pardonne facilement. V. **Bienveillant, bon, clément, complaisant, généreux, patient.** « *Indulgent pour tout le monde, sévère pour soi : encore une fois de l'orgueil* » (SARTRE). « *Les enfants doivent être très indulgents envers les grandes personnes* » (ST-EXUP.). *Comprendre rend indulgent* (V. **Compréhensif**). ♦ 2° *(Choses).* Qui est plein d'indulgence; qui marque l'indulgence. *Appréciations indulgentes.* V. **Bienveillant, favorable.** « *D'un regard sévère ou indulgent* » (MUSS.). *Morale indulgente.* V. **Facile, tolérant.** ◇ ANT. **Âpre, cruel, dur, féroce, impitoyable, implacable, inexorable, rigoureux, sévère.**

INDULINE [ɛ̃dylin]. *n. f.* (1890; du rad. d'*indigo,* et suff. d'*aniline*). *Chim.* Nom de plusieurs colorants bleus ou violets dérivés de l'aniline. *L'induline proprement dite, de formule* $C_{18}H_{15}N_3$ *est appelée industriellement bleu Coupier.*

INDULT [ɛ̃dylt]. *n. m.* (fin XVᵉ; lat. ecclés. *indultum,* de *indulgere* « être indulgent, permettre »). *Relig.* Privilège accordé par le pape en dérogation du droit commun. *Des indults généraux, particuliers. Indult ad tempus.* — *Spécialt. (Hist.)* Privilège accordé pour la collation des bénéfices. *Provinces, pays d'indult,* où le roi avait ce privilège.

INDÛMENT [ɛ̃dymɑ̃]. *adv.* (1309; de *indu*). D'une manière indue. *S'ingérer indûment dans les affaires de qqn. Protester indûment.* V. **Tort** (à). *Détenir indûment.* V. **Illégitimement, injustement, irrégulièrement.** ◇ ANT. **Dûment.**

INDURATION [ɛ̃dyʀasjɔ̃]. *n. f.* (1495; « endurcissement du cœur », 1350; lat. ecclés. *induratio*). *Méd.* Durcissement d'un tissu (V. **Sclérose**). *Induration de l'œil, dans la sclérophtalmie.* ◇ *Partie indurée.* V. **Callosité.**

INDURÉ, ÉE [ɛ̃dyʀe]. *adj.* (V. **Indurer**). *Méd.* Durci. *Tumeur indurée.*

INDURER [ɛ̃dyʀe]. *v. tr.* (1855; *indure,* fig., 1466; Cf. Induration; lat. *indurare*. V. **Endurer**). *Méd.* Durcir (un tissu organique). *Pronom. Tumeur, furoncle qui s'indure.*

INDUSIE [ɛ̃dyzi]. *n. f.* (1827; lat. *indusium* « chemise »). ♦ 1° *Bot.* Repli formé par la feuille de fougère pour protéger un sore. ♦ 2° *Paléont.* Fourreau des larves de phrygane. *Calcaire à indusie.*

INDUSTRIALISATION [ɛ̃dystʀijalizasjɔ̃]. *n. f.* (1894; de *industrialiser*). ♦ 1° Application des procédés et des techniques industriels; exploitation industrielle. *Industrialisation d'une fabrication, de l'agriculture.* ♦ 2° Action d'équiper d'industries. *L'industrialisation de l'Europe occidentale aux XVIIIᵉ et XIXᵉ s.*

INDUSTRIALISER [ɛ̃dystʀijalize]. *v. tr.* (1836; de *industriel*). ♦ 1° Exploiter industriellement, organiser en industrie. *Industrialiser l'agriculture* (V. **Mécaniser**). — Au p. p. « *Un art industrialisé* » (SARTRE). ♦ 2° Équiper d'industries. *Industrialiser un pays, une région, une ville.* Pronom. « *Toutes les nations font effort pour s'industrialiser* » (DUHAM.). — *Région très industrialisée.*

INDUSTRIALISME [ɛ̃dystʀijalism(ə)]. *n. m.* (1823; de *industriel*). *Hist. écon.* Système qui donne une importance prépondérante à l'industrie dans la société; prépondérance de l'industrie dans l'activité économique. *L'industrialisme mercantiliste au XVIIIᵉ s.*

INDUSTRIE [ɛ̃dystʀi]. *n. f.* (1356; lat. *industria* « activité »).
I. ♦ 1° *Vx.* Habileté à exécuter qqch. V. **Art.** « *La puissance et l'industrie de Minerve* » (FÉN.). *L'industrie du castor.* V. **Industrieux.** ♦ 2° *Vx* ou *littér.* Habileté. V. **Ingéniosité, intelligence, invention, savoir-faire.** « *Je résolus d'employer toute mon industrie pour la voir* » (Abbé PRÉVOST). *Elle usait alors de beaucoup d'industrie pour sa toilette* » (BALZ.). ◇ *Péj.* Habileté appliquée au mal. V. **Ruse.** *Vivre d'industrie :* d'expédients. *Chevalier d'industrie* (d'abord *Chevalier de l'industrie* (1663), d'apr. les romans picaresques espagnols).
II. (XVᵉ). *Vx.* Profession comportant généralement une activité manuelle. V. **Activité, art, métier, travail.** « *L'industrie raffinée du négociant* » (VOLT.). — Mod. et plaisant. *Voleur qui exerce sa coupable industrie.*
III. (1735). ♦ 1° *Vieilli.* Ensemble des opérations qui concourent à la production et à la circulation des richesses. V. **Économie; agriculture, commerce.** *L'industrie des transports* (V. **Circulation, transport**). *L'industrie huîtrière.* ♦ 2° (XVIIIᵉ). *Mod.* Ensemble des activités économiques ayant pour objet l'exploitation des richesses minérales et des diverses sources d'énergie ainsi que la transformation des matières premières (animales, végétales ou minérales), en produits fabriqués. *L'agriculture, le commerce et l'industrie.* V. **Économie.** *Organisation de l'industrie* (V. **Machine, machinisme, rationalisme, standardisation; spécialisation**). *Concentration, intégration dans l'industrie.* — *Chef, capitaine d'industrie :* directeur, industriel, patron. *Cadres de l'industrie :* ingénieur, technicien. *Ouvrier d'industrie. L'industrie française, allemande. Ici, il y a... des fabriques, une industrie, des ouvriers* » (HUGO). *Donner une industrie à un pays.* V. **Industrialiser.** *Petite, moyenne, grande industrie :* selon l'importance de la production, des moyens mis en œuvre. *Industrie capitaliste, nationalisée. Industrie lourde :* la grande industrie de première transformation des matières premières pondéreuses. *Industrie d'équipements. Industrie légère,* transformant les produits de l'industrie lourde en produits semi-finis et fabriqués *(Industries de biens d'usage et de consommation).* — *Industrie extractive, minière. Industries de transformation des métaux* (laminoirs, tôlerie) : métallurgie, sidérurgie. *Industrie automobile. Industries de précision* (appareillage électrique, électronique, optique, radio, horlogerie). *Industries chimiques. Industries textiles. Industries alimentaires.* — *Industries de luxe. Industries du spectacle, du livre.* ♦ 3° *Une industrie :* l'une quelconque des branches de l'industrie; une entreprise industrielle. V. **Entreprise, établissement, exploitation, fabrique, manufacture, usine.** *Diriger une industrie prospère. Être à la tête de plusieurs industries. Industrie groupée, concentrée.* V. **Cartel, entente, trust.**

INDUSTRIEL, ELLE [ɛ̃dystʀijɛl]. *adj.* et *n. m.* (1770; *fruits industriaux* « produits par l'activité de l'homme », 1471; lat. médiév. *industrialis*). ♦ 1° Qui a rapport à l'industrie (III). *Activité industrielle. Groupe, monopole industriel. Révolution industrielle. Équipement industriel. École* industrielle. *Chimie de laboratoire et chimie industrielle. Arts industriels :* qui utilisent partiellement les procédés de l'industrie. ♦ 2° Qui est produit par l'industrie. *Fer, bronze industriel.* ◇ *Fig.* et fam. *Quantité industrielle :* très grande quantité. *En quantité industrielle.* ♦ 3° Où l'industrie est développée. *Régions, villes industrielles. Centre industriel :* lieu où sont concentrées de nombreuses et importantes industries. ♦ 4° *N. m.* (déb. XIXᵉ). *Un industriel,* propriétaire d'un établissement industriel ; chef d'industrie. V. **Entrepreneur, fabricant, manufacturier.** « *Les chefs de l'armée et les grands industriels, effrayés par l'agitation communiste...* » (SEIGNOBOS). *Les industriels du textile.* ◇ ANT. *Agricole, commercial.*

INDUSTRIELLEMENT [ɛ̃dystrijɛlmɑ̃]. *adv.* (1838 ; de *industriel*). ♦ 1° Par les moyens et les méthodes de l'industrie (III, 2°). *Produit fabriqué industriellement.* ♦ 2° Relativement à l'industrie. *Le pays industriellement le plus avancé.*

INDUSTRIEUX, EUSE [ɛ̃dystrijø, øz]. *adj.* (1455 ; bas lat. *industriosus*). ♦ 1° *Littér.* Qui a, qui montre de l'industrie (I), de l'adresse, de l'habileté. V. **Adroit, habile, ingénieux.** — *Vx.* « *Industrieux à se cacher* » (BOSS.). ♦ 2° (XVIIIᵉ). *Vx.* Relatif à l'industrie (III). V. **Industriel.** « *Ville industrieuse* » (BALZ.).

INDUVIE [ɛ̃dyvi]. *n. f.* (1827 ; lat. *induviæ* « vêtement »). *Bot.* Cupule écailleuse ou membraneuse qui enveloppe un ou plusieurs fruits. *Les induvies du hêtre.*

-INE. V. **-IN, -INE.**

INÉBRANLABLE [inebrɑ̃lablə)]. *adj.* (XVIᵉ ; de *in-* 1, et *ébranler*). ♦ 1° Qu'on ne peut ébranler, dont on ne peut compromettre la solidité, l'équilibre. V. **Fixe, immobile, robuste, solide.** *Masse, colonne inébranlable.* — Que l'ennemi ne peut faire reculer, mettre en déroute. *Bataillons inébranlables.* ♦ 2° *(Personnes).* Qui ne se laisse point abattre. V. **Constant, ferme.** *Rester inébranlable au milieu des plus grandes infortunes.* V. **Courageux, impassible, impavide, stoïque.** « *Les Français libres restaient inébranlables* » (DE GAULLE). — Qu'on ne peut faire changer de dessein, d'opinion. V. **Déterminé, inflexible.** *Être, rester inébranlable dans ses résolutions.* — *Par ext.* Qui ne change pas. *Résolution, certitude inébranlable.* V. **Arrêté.** *Nos pères « croyaient d'une foi inébranlable au progrès »* (SIEGFRIED). ◇ ANT. *Fragile. Accommodant, changeant, influençable.*

INÉBRANLABLEMENT [inebrɑ̃labləmɑ̃]. *adv.* (1718 ; de *inébranlable*). *Rare.* D'une manière inébranlable.

INÉCHANGEABLE [ineʃɑ̃ʒablə)]. *adj.* (1846 ; de *in-* 1, et *échangeable*). Qui ne peut être échangé. *Marchandise, article inéchangeable.* ◇ ANT. *Échangeable.*

INÉCOUTABLE [inekutablə)]. *adj.* (1845 ; de *in-* 1, et *écouter*). Mauvais au point d'être insupportable à écouter (musique, musicien). V. **Inaudible.**

INÉCOUTÉ, ÉE [inekute]. *adj.* (1846 ; de *in-* 1, et *écouté*). Qui n'est pas écouté, dont on ne tient pas compte. *Leurs conseils sont restés inécoutés.* « *Que l'indigence implorante soit inécoutée* » (BLOY).

INÉDIT, ITE [inedi, it]. *adj.* (1796 ; lat. *ineditus*). ♦ 1° Qui n'a pas été édité. *Correspondance inédite d'un écrivain.* « *Quelques partitions inédites* » (BALZ.). — *Subst. Publier des inédits.* ♦ 2° *Par ext.* Qui n'est pas connu. V. **Nouveau, original.** *Spectacle inédit. Un moyen inédit de réussir.* — *Subst.* un (partitif) Ce qui est entièrement nouveau. « *C'est de l'inédit* » (HUGO). ◇ ANT. *Édité, imprimé, publié. Banal, connu.*

INÉDUCABLE [inedykablə)]. *adj.* (1933 ; de *in-* 1, et *éduquer*). Qu'on ne peut éduquer ; difficile à éduquer. *Enfant inéducable. Public inéducable.* ◇ ANT. *Éducable.*

INEFFABLE [inefablə)]. *adj.* et *n. m.* (v. 1470 ; lat. *ineffabilis*, rac. *effari* « dire, formuler »). Qui ne peut être exprimé par des paroles (Se dit de choses agréables). V. **Indicible, inexprimable.** *Un bonheur ineffable.* V. **Extraordinaire, indescriptible, sublime.** « *Le propre des belles amours est d'être ineffables* » (FRANCE). — *Spécialt.* (en parlant de Dieu et des mystères de la religion). *L'Être ineffable.* ◇ N. m. « *On se débarrasse des intellectuels en les envoyant s'occuper un peu de l'émotion et de l'ineffable* » (BARTHES).

INEFFABLEMENT [inefabləmɑ̃]. *adv.* (XIXᵉ ; de *ineffable*). *Rare.* D'une manière ineffable.

INEFFAÇABLE [inefasablə)]. *adj.* (1523 ; de *in-* 1, et *effaçable*). *Littér.* Qui ne peut être effacé. V. **Indélébile.** *Trait, empreinte ineffaçable.* « *C'est sur les vitres qu'on grave les mots ineffaçables* » (GIRAUDOUX). — *Fig.* Qui ne peut être détruit, qui ne peut disparaître. V. **Indestructible.** *Un souvenir, une impression ineffaçable.* ◇ ANT. *Délébile, effaçable.*

INEFFAÇABLEMENT [inefasabləmɑ̃]. *adv.* (1846 ; de *ineffaçable*). D'une manière ineffaçable.

INEFFICACE [inefikas]. *adj.* (XIVᵉ ; lat. *inefficax*). Qui n'est pas efficace, qui ne produit pas l'effet souhaité. *Remède inefficace.* V. **Impuissant, inopérant.** *Mesure inefficace.* V. **Infructueux, inutile, stérile, vain.** « *Nos meilleures pensées*

risquent de demeurer inefficaces, et languissantes » (PAULHAN). ◇ ANT. *Actif, agissant, efficace, infaillible, utile.*

INEFFICACEMENT [inefikasmɑ̃]. *adv.* (XVIIIᵉ ; de *inefficace*). D'une manière inefficace. ◇ ANT. *Efficacement.*

INEFFICACITÉ [inefikasite]. *n. f.* (1694 ; de *inefficace*). Caractère de ce qui est inefficace ; défaut d'efficacité. *Inefficacité d'un remède, d'un vaccin, d'un moyen, d'une mesure, d'un secours.* ◇ ANT. *Efficacité, force ; utilité.*

INÉGAL, ALE, AUX [inegal, o]. *adj.* (1361, *inéqual,* refait en *inégal,* d'apr. *égal ;* lat *inæqualis*).

I. Qui n'est pas égal à un autre, qui ne sont pas égaux entre eux. ♦ 1° Dont la quantité, la nature, la qualité n'est pas la même dans plusieurs objets considérés. *Côtés inégaux d'un triangle scalène. Pas inégaux. Vers inégaux,* de longueur différente. *L'inclinaison de la Terre fait les jours inégaux. Forces inégales.* — *(Personnes ;* capacités physiques, morales ou sociales) V. **Inégalité.** *Joueurs inégaux.* ◇ Dont la mesure n'est pas la même, dans plusieurs objets considérés. V. **Différent.** *Cordes d'inégale grosseur. Importance inégale des événements.* ♦ 2° (1636). Dont les éléments ou les participants ne sont pas égaux. *Partage inégal des biens. Lutte inégale, combat inégal.* V. **Disproportionné.** « *Un homme attaqué par trois autres ? La partie est trop inégale* » (MOL.).

II. Qui n'est pas égal à soi-même. ♦ 1° (1538). Qui n'est pas uni, lisse. *Surface inégale.* V. **Raboteux, rugueux.** *Une rue « montueuse, au pavé inégal »* (LÉAUTAUD). *Côtés plaine inégale et caillouteuse »* (FROMENTIN). V. **Accidenté, bosselé.** ♦ 2° Qui n'est pas régulier. V. **Irrégulier.** *Rythme inégal. Pouls inégal d'un fiévreux.* V. **Capricant.** ♦ 3° Qui n'est pas constant. V. **Changeant.** *Humeur inégale.* V. **Bizarre, capricieux, fantasque.** ♦ 4° (1609). Dont la qualité n'est pas constamment bonne. V. **Imparfait.** *Œuvre inégale. Jeu inégal d'un acteur.* — *Par ext. Un écrivain très inégal.* ◇ ANT. *Égal ; identique, même, pareil. Lisse, uni ; régulier, uniforme ; soutenu.*

INÉGALABLE [inegalablə)]. *adj.* (1845 ; de *in-* 1, et *égaler*). Qui ne peut être égalé. *Qualité inégalable.* V. **Incomparable.**

INÉGALÉ, ÉE [inegale]. *adj.* (1845 ; de *in-* 1, et *égaler*). Qui n'est pas égalé, qui n'a pas de rival.

INÉGALEMENT [inegalmɑ̃]. *adv.* (1484 ; de *inégal*). D'une manière inégale. *Enfants inégalement doués. Biens inégalement partagés. Œuvre inégalement appréciée.* V. **Diversement.**

INÉGALITAIRE [inegalitɛr]. *adj.* (1876 ; de *inégalité ;* d'apr. *égalitaire*). *Didact.* Qui n'est pas égalitaire. « *Une société inégalitaire comme la nôtre, qui fait sa place à des inégalités artificielles* » (J. ROSTAND). ◇ ANT. *Égalitaire.*

INÉGALITÉ [inegalite]. *n. f.* (1559 ; *inéqualité,* 1290 ; lat. *inæqualitas*).

I. ♦ 1° Défaut d'égalité. V. **Différence.** *Inégalité de deux hauteurs, de plusieurs parts. Inégalité des éléments.* V. **Disparité.** *Inégalité entre l'offre et la demande.* V. **Déséquilibre.** *Inégalité d'âge.* V. **Disproportion.** *Inégalité entre les rangs, les états.* V. **Distance, intervalle.** *Inégalité sociale.* « *Discours sur l'origine et le fondement de l'inégalité parmi les hommes »,* de Rousseau. « *Les groupes où une égalité théorique recouvre de grandes inégalités de fait* » (CAMUS). ◇ *Comparatif d'inégalité,* tout système de comparaison exprimant une inégalité. ♦ 2° *Math.* Expression dans laquelle on compare deux quantités inégales. *L'inégalité se note par les signes :* ≠ (différent de), > (plus grand que), < (plus petit que) : V. **Inéquation.** *Résoudre une inégalité.*

II. ♦ 1° (1559). Défaut d'uniformité, de régularité. V. **Irrégularité.** *Inégalité d'une surface, d'un chemin.* V. **Aspérité, bosse.** *Inégalités de terrain.* V. **Accident, anfractuosité, cahot, dénivellation.** — *Inégalité du pouls.* V. **Variation.** « *Il y avait, dans la rumeur, des inégalités, des sursauts, des pauses* » (ROMAINS). ◇ *Astron.* Irrégularité dans la marche des astres. ♦ 2° (1636). *Littér.* Défaut d'égalité (dans l'humeur). ◇ ANT. *Égalité, identité. Régularité, uniformité.*

INÉLASTIQUE [inelastik]. *adj.* (1738 ; de *in-* 1, et *élastique*). *Rare.* Qui n'est pas élastique. ◇ ANT. *Élastique.*

INÉLÉGAMMENT [inelegamɑ̃]. *adv.* (1546 ; de *inélégant*). *Littér.* D'une manière inélégante. ◇ ANT. *Élégamment.*

INÉLÉGANCE [inelegɑ̃s]. *n. f.* (1525 ; de *inélégant*). Manque d'élégance. « *L'inélégance de son aspect* » (GIDE). — *Fig. Un procédé d'une parfaite inélégance.* ◇ ANT. *Élégance.*

INÉLÉGANT, ANTE [inelegɑ̃, ɑ̃t]. *adj.* (1500 ; lat. *inelegans*). Qui n'est pas élégant. *Manières inélégantes.* V. **Grossier.** « *Mon malheureux nom de famille, si inélégant* » (BAUDEL.). *Procédé, geste inélégant.* ◇ ANT. *Élégant.*

INÉLIGIBILITÉ [ineliʒibilite]. *n. f.* (1791 ; de *inéligible*). État d'une personne inéligible. ◇ ANT. *Éligibilité.*

INÉLIGIBLE [ineliʒiblə)]. *adj.* (1752 ; de *in-* 1, et *éligible*). Qui n'est pas éligible. *Candidat inéligible.* ◇ ANT. *Éligible.*

INÉLUCTABLE [inelyktabl(ə)]. *adj.* (*h. 1509; v.* 1790; lat. *ineluctabilis*, de *electari* « échapper en luttant »). Contre quoi il est impossible de lutter; qu'on ne peut éluder, empêcher, éviter. V. **Immanquable, inévitable**. *Destin, fatalité, sort inéluctable*. V. **Implacable, irrésistible.** « *Les règles inéluctables de sa caste* » (LOTI). *Conséquence inéluctable*. V. **Forcé, nécessaire**. ◇ *Subst.* (fin XIXᵉ) *Se soumettre à l'inéluctable*.

INÉLUCTABLEMENT [inelyktabləmã]. *adv.* (1876; de *inéluctable*). D'une manière inéluctable. V. **Infailliblement.**

INÉMOTIVITÉ [inemɔtivite]. *n. f.* (1948; de *in-* 1, et *émotivité*). *Psycho.* Absence de manifestations émotionnelles (*distincte de* l'indifférence affective). V. **Athymie.**

INEMPLOYABLE [inãplwajabl(ə)]. *adj.* (1845, repris XXᵉ; de *in-* 1, et *employable*). *Rare*. Qu'on ne peut employer. V. **Inutilisable.** *Procédé inemployable*. ◇ ANT. **Employable.**

INEMPLOYÉ, ÉE [inãplwaje]. *adj.* (1845; de *in-* 1, et *employé*). Qui n'est pas employé (*choses*). V. **Inutilisé.** *Trop de talents demeurent inemployés*. « *Sa bonté inemployée* » (SARTRE).

INÉNARRABLE [inenaʀabl(ə)]. *adj.* (XVᵉ; lat. *inenarrabilis*). ♦ 1° *Vx*. Qu'on ne peut narrer, raconter. V. **Inracontable.** ♦ 2° *Mod.* (XXᵉ). Dont on ne peut parler sans rire; qui est d'une bizarrerie extraordinaire. V. **Comique.** *Si vous aviez vu la scène, le tableau ! c'était inénarrable !*

INENTAMÉ, ÉE [inãtame]. *adj.* (1894; de *in-* 1, et *entamer*). Qui n'est pas entamé. « *Son trésor inentamé, absolument intact* » (SARRAUTE). ◇ ANT. **Entamé.**

INÉPROUVÉ, ÉE [inepʀuve]. *adj.* (1831; de *in-* 1, et *éprouvé*). ♦ 1° Qui n'a pas encore été mis à l'épreuve. *Vertu inéprouvée*. ♦ 2° Qui n'a pas encore été éprouvé, ressenti. « *Le désir de m'assimiler des émotions inéprouvées* » (BOURGET). ◇ ANT. **Éprouvé** (1°).

INEPTE [inɛpt(ə)]. *adj.* (1380; lat. *ineptus*). ♦ 1° *Vx*. V. **Inapte.** « *Mon cœur serait moins inepte à l'amour* » (ROUSS.). ♦ 2° (1495). *Mod.* Qui dénote l'absurdité, la sottise. V. **Absurde, idiot, sot, stupide.** *Une histoire inepte*. V. **Ineptie.** ◇ (*Personnes*) ► **Bête, niais, sot.** « *Un obscur et inepte compilateur* » (CHAMFORT). ◇ ANT. **Adroit, apte, capable, fin, intelligent.**

INEPTIE [inɛpsi]. *n. f.* (1546; lat. *ineptia*). ♦ 1° Caractère de ce qui est inepte. V. **Bêtise, sottise, stupidité.** *Propos, raisonnements d'une rare ineptie*. ♦ 2° Action, parole inepte. V. **Idiotie, sottise.** *Débiter gravement des inepties*. « *Une galerie de sottises... un musée d'inepties* » (FRANCE). *C'est une ineptie, ce que vous faites là*. — *Chose, œuvre inepte. Ce film est une ineptie*. ◇ ANT. **Adresse, aptitude, finesse, intelligence.**

INÉPUISABLE [inepɥizabl(ə)]. *adj.* (1440; de *in-* 1, et *épuiser*). ♦ 1° Qu'on ne peut épuiser. *Source inépuisable*. V. **Intarissable.** — *Par ext.* Très grand, qui n'a pas de fin. V. **Infini.** *Sujet inépuisable*. V. **Fécond.** *Inépuisable curiosité.* « *L'inépuisable trésor de mon ignorance* » (MAURRAS). ♦ 2° (*Personnes*). *Un bavard inépuisable. Il est inépuisable sur ce chapitre*. V. **Intarissable.** ◇ ANT. **Épuisable.**

INÉPUISABLEMENT [inepɥizabləmã]. *adv.* (1691; de *inépuisable*). D'une manière inépuisable; sans fin.

INÉPUISÉ, ÉE [inepɥize]. *adj.* (1840; de *in-* 1, et *épuisé*). *Littér.* Qui n'est pas épuisé (propre et fig.). « *Et des raffinements toujours inépuisés* » (BAUDEL.). ◇ ANT. **Épuisé.**

INÉQUATION [inekwasjɔ̃]. *n. f.* (1804; de *in-* 1, et *équation*). *Math.* Inégalité conditionnelle existant entre deux quantités et dépendant de certaines variables (ou inconnues). *Résoudre une inéquation*.

INÉQUITABLE [inekitabl(ə)]. *adj.* (XVIIIᵉ; de *in-* 1, et *équitable*). *Rare*. Qui n'est pas conforme à l'équité. V. **Injuste.** *Partage, répartition inéquitable*. ◇ ANT. **Équitable.**

INERME [inɛʀm(ə)]. *adj.* (XVIᵉ, « sans défense »; 1793, « sans armes »; lat. *inermis*). *Bot.* (1798). Qui n'a ni aiguillon ni épines. *Tige inerme*. — *Zool.* Qui n'a pas de crochet. *Ténia inerme*. ◇ ANT. **Épineux.**

INERTE [inɛʀt(ə)]. *adj.* (*Inherte*, 1509; lat. *iners, inertis*). ♦ 1° Qui n'a ni activité ni mouvement propre. *La matière inerte*. — *Phys.* (1752) *Masse, force inerte*. *Chim. Gaz, liquide inerte*, qui ne provoque aucune réaction des corps avec lesquels il est en contact. — *Agron. Sol inerte*, partie du sol située entre le sol actif et le sous-sol. ♦ 2° Qui ne donne pas signe de vie. *Proie inerte. Visage inerte*. V. **Immobile.** « *Un masque désormais inerte d'où le sourire avait disparu* » (CAMUS). ◇ *Fig.* Sans réaction. V. **Abattu, apathique, amorphe.** *Ils « restèrent spectateurs inertes et impuissants des grands événements qui bouleversèrent l'Europe* » (MICHELET). ◇ ANT. **Actif, énergique, ardent. — Mouvant, remuant.**

INERTIE [inɛʀsi]. *n. f.* (1361; lat. *inertia*). État de ce qui est inerte. ♦ 1° *Mécan.* Propriété qu'ont les corps de ne pouvoir eux-mêmes changer l'état de repos ou de mouvement où ils se trouvent. *L'inertie de la matière*. — *Force d'inertie*, résistance que les corps opposent au mouvement et qui varie

en fonction de leur masse. — *Fig.* et *cour. Opposer la force d'inertie à la violence*. V. **Résistance** (passive). — *Principe d'inertie*, selon lequel un corps qui n'est soumis à aucune force est au repos ou en mouvement rectiligne uniforme. ◇ *Phys. Inertie électromagnétique* : augmentation de la résistance d'un circuit électrique. V. **Inductance.** ♦ 2° *Physiol.* Perte de la contractilité (d'un muscle, d'un organe). *Inertie musculaire*. V. **Atonie, paralysie.** *Inertie intestinale, vésiculaire.* ♦ 3° (1734). *Cour.* Manque absolu d'activité, d'énergie intellectuelle ou morale. V. **Inaction, paresse.** *Sortir de son inertie. — L'inertie de son caractère*. V. **Apathie, indolence, passivité.** « *L'inertie des âmes et des corps* » (GIDE). *L'inertie gouvernementale*. V. **Immobilisme, stagnation.** ◇ ANT. **Action, activité, ardeur, entrain, mouvement.**

INESCOMPTABLE [inɛsk5tabl(ə)]. *adj.* (1845; de *in-* 1, et *escompter*). *Fin.* Qui ne peut être escompté. *Billet inescomptable*. ◇ ANT. **Escomptable.**

INESPÉRÉ [inɛspeʀe]. *adj.* (XVᵉ; de *in-* 1, et *espéré*). Se dit d'un événement heureux que l'on n'espérait pas, ou que l'on n'espérait plus. V. **Imprévu, inattendu.** *Succès inespéré. Victoire inespérée*. ◇ Qui passe toute espérance. *Le profit de cette entreprise fut inespéré*. « *On arrive à des résultats inespérés par l'alternance des traitements* » (MART. du G.). ◇ ANT. **Déplorable, désespéré, espéré.**

INESTHÉTIQUE [inɛstetik]. *adj.* (1885; de *in-* 1, et *esthétique*). ♦ 1° *Philo.* Qui ne joue aucun rôle dans la sensation ou la production de la beauté. *Le goût, l'odorat, sens inesthétiques* (On dit aussi *anesthétique*). ♦ 2° *Cour.* Qui choque le goût esthétique. V. **Laid.** *Une cicatrice inesthétique l'enlaidissait*. ◇ ANT. **Esthétique.**

INESTIMABLE [inɛstimabl(ə)]. *adj.* (XIVᵉ; lat. *inæstimabilis*). ♦ 1° Dont la valeur dépasse toute estimation. V. **Inappréciable.** *Tableau, ouvrage inestimable*. « *On ne peut payer une chose inestimable que par une offrande qui soit aussi hors de prix* » (BALZ.). ♦ 2° *Fig.* Qu'on ne saurait trop estimer. V. **Précieux.** *Services, bienfaits inestimables*. ◇ ANT. **Estimable.**

INÉTENDU, UE [inetãdy]. *adj.* (1765; de *in-* 1, et *étendu*). *Didact.* Qui n'a pas d'étendue. « *L'âme, substance inétendue, immatérielle* » (BUFF.). *Le point géométrique, inétendu, sans épaisseur*. ◇ ANT. **Étendu.**

INÉVITABLE [inevitabl(ə)]. *adj.* (1374; lat. *inevitabilis*). ♦ 1° Qu'on ne peut éviter. V. **Certain, fatal, immanquable, inéluctable, obligatoire.** « *Si tous laissent les choses aller, la catastrophe est inévitable* » (MART. du G.). *Conséquence, effet inévitable*. V. **Assuré, forcé, nécessaire, obligé.** — *Il est inévitable que cela soit*. V. **Subst. Accepter l'inévitable.** ♦ 2° *Par plaisant.* Qui est toujours là; qu'il faut subir. V. **Habituel, rituel.** *Le ministre et son inévitable cigare*. V. **Inséparable.** « *Les sinuosités de l'inévitable moustache noire* » (BALZ.). ◇ ANT. **Évitable. Éventuel.**

INÉVITABLEMENT [inevitabləmã]. *adv.* (1493; de *inévitable*). D'une manière inévitable. V. **Fatalement, forcément, nécessairement.**

INEXACT, ACTE [inɛgza(kt), akt(ə)]. *adj.* (1689; de *in-* 1, et *exact*). ♦ 1° Qui n'est pas exact. V. **Faux.** *Renseignements, détails inexacts*. V. **Erroné.** *Calcul inexact. Il est inexact de le prétendre. Non, c'est inexact.* ◇ Qui manque d'exactitude. *Biographie, traduction grossièrement inexacte*. V. **Infidèle.** *Donner une version inexacte d'un événement*. V. **Incorrect.** — *Par ext. Un narrateur inexact*. ♦ 2° (*Personnes*). Qui manque de ponctualité. *Être inexact à un rendez-vous. Un homme « inexact, flâneur, imprévisible* » (MAUROIS). ◇ ANT. **Correct, exact, fidèle, juste. Assidu, ponctuel.**

INEXACTEMENT [inɛgzaktəmã]. *adv.* (1784; de *inexact*). D'une manière inexacte. *Rapporter inexactement les paroles de qqn*. ◇ ANT. **Exactement.**

INEXACTITUDE [inɛgzaktityd]. *n. f.* (1689; de *in-* 1, et *exactitude*). ♦ 1° Manque d'exactitude; caractère de ce qui est inexact. *Inexactitude d'un calcul, d'une nouvelle, d'un témoignage. Par ext. Inexactitude d'un historien*. ♦ 2° *Une inexactitude*. V. **Erreur, faute, mensonge.** « *Votre propos... fourmille d'inexactitudes* » (ROMAINS). ♦ 3° Manque de ponctualité. ◇ ANT. **Authenticité, exactitude, fidélité. Assiduité, ponctualité.**

INEXAUCÉ, ÉE [inɛgzose]. *adj.* (1846; de *in-* 1, et *exaucé*). *Littér.* Qui n'a pas été exaucé. *Des vœux inexaucés*. ◇ ANT. **Exaucé.**

INEXCITABILITÉ [inɛksitabilite]. *n. f.* (1877; de *inexcitable*). *Sc.* Caractère de ce qui est inexcitable. ◇ ANT. **Excitabilité.**

INEXCITABLE [inɛksitabl(ə)]. *adj.* (1845; de *in-* 1, et *exciter*). *Sc.* Qui n'est pas excitable. « *Le cerveau est inexcitable sur l'animal endormi* » (CHAUCHARD). ◇ ANT. **Excitable.**

INEXCUSABLE [inɛkskyzabl(ə)]. *adj.* (1450; lat. *inexcusabilis*). Qu'il est impossible d'excuser. V. **Impardonnable.** « *Marot et Rabelais sont inexcusables d'avoir semé l'ordure dans leurs écrits* » (LA BRUY.). *Ils se contenteront* « *de trou-*

ver inexcusable toute violence » (CAMUS). — *Négligence, paresse inexcusable.* V. **Injustifiable.** *Faute inexcusable.*
◇ ANT. *Excusable, pardonnable.*

INEXCUSABLEMENT [inɛkskyzabləmã]. *adv.* (1545; de *inexcusable*). *Rare.* D'une manière inexcusable. *Il a été inexcusablement lâche.*

INEXÉCUTABLE [inɛgzekytabl(ə)]. *adj.* (h. 1579; 1695; de *in-* 1, et *exécuter*). Qu'on ne peut exécuter. *Plan inexécutable.* V. **Impraticable.** « *Musique inexécutable* » (ROUSS.). ◇ ANT. *Exécutable.*

INEXÉCUTÉ, ÉE [inɛgzekyte]. *adj.* (XIVᵉ; de *in-* 1, et *exécuter*). *Rare.* Qui n'a pas été exécuté. *Travaux inexécutés.* ◇ ANT. *Exécuté.*

INEXÉCUTION [inɛgzekysjɔ̃]. *n. f.* (1578; de *in-* 1, et *exécution*). *Rare.* Absence d'exécution. *Dr. Inexécution d'un contrat, d'une obligation.* V. **Inobservation.** ◇ ANT. *Exécution.*

INEXERCÉ, ÉE [inɛgzɛʀse]. *adj.* (1798; de *in-* 1, et *exercer*). *Rare.* Qui n'est pas exercé. V. **Inexpérimenté.** *Des troupes inexercées. La main inexercée d'un enfant.* V. **Inhabile.** ◇ ANT. *Exercé; entraîné, expérimenté, expert.*

INEXHAUSTIBLE [inɛgzostibl(ə)]. *adj.* (h. 1514; repris angl., XIXᵉ; de *in-* 1, et *exhaustible* (inus.), lat. *exhaurire* « épuiser ». V. **Exhaustif.** *Littér.* Inépuisable. « *L'inexhaustible espace des soirs* » (PROUST).

INEXIGIBILITÉ [inɛgziʒibilite]. *n. f.* (1819; de *inexigible*). *Dr.* Caractère de ce qui est inexigible. ◇ ANT. *Exigibilité.*

INEXIGIBLE [inɛgziʒibl(ə)]. *adj.* (1789; de *in-* 1, et *exigible*). *Dr.* Qui ne peut être exigé. *Dette inexigible.* ◇ ANT. *Exigible.*

INEXISTANT, ANTE [inɛgzistã, ãt]. *adj.* (1823; de *in-* 1, et *existant*). ♦ 1° Qui n'existe pas. *L'univers inexistant de la légende, du rêve.* V. **Irréel; chimérique.** « *Quoi de plus inexistant qu'une pensée* » (DUHAM.). *Difficultés inexistantes.* V. **Nul.** *Réactions inexistantes.* V. **Absent.** ♦ 2° *Fam.* Sans valeur, sans importance, sans efficacité. V. **Nul.** *L'aide qu'il m'apporte est inexistante. C'est inexistant.* V. **Néant, rien** (moins que), **zéro.** *Un pauvre type complètement inexistant.* ◇ ANT. *Existant, réel.*

INEXISTENCE [inɛgzistãs]. *n. f.* (1609; de *in-* 1, et *existence*). ♦ 1° *Didact.* Fait de ne pas exister. « *Je compris qu'il n'y avait pas de milieu entre l'inexistence et cette abondance pâmée* » (SARTRE). — *Dr.* Défaut d'existence d'un acte juridique résultant de l'absence d'un des éléments constitutifs essentiels à sa formation, ou de la présence d'un défaut flagrant *(théorie de l'inexistence du mariage entre deux personnes d'un même sexe).* ♦ 2° Caractère de ce qui est sans valeur. *L'inexistence de ses arguments.* ◇ ANT. *Existence.*

INEXORABILITÉ [inɛgzɔʀabilite]. *n. f.* (1663; bas lat. *inexorabilitas*). *Rare.* Caractère, état de ce qui est inexorable. *L'inexorabilité du destin.* ◇ ANT. *Clémence.*

INEXORABLE [inɛgzɔʀabl(ə)]. *adj.* (XVᵉ; lat. *inexorabilis*, rac. *exorare* « vaincre par ses prières »). *Littér.* ♦ 1° Qui résiste aux prières, qu'on ne peut fléchir; sans pitié*. V. **Impitoyable, implacable, inflexible.** « *Le cœur inexorable et dur comme un rocher* » (LEC. DE LISLE). *Juge inexorable.* V. **Dur, sévère.** *Il fut inexorable à toutes les prières.* V. **Insensible, sourd.** — Vx. *Être inexorable à qqn,* ne pas lui pardonner une faute ou ne pas accéder à ses désirs. ♦ 2° Dont on ne peut tempérer la rigueur. V. **Cruel, draconien.** *Arrêt, loi inexorable.* ♦ 3° À quoi l'on ne peut se soustraire. V. **Implacable.** *Fatalité inexorable. L'inexorable fuite des heures.* « *Voici la rigueur de l'hiver... Voici le froid inexorable* » (CLAUDEL). ◇ ANT. *Clément, indulgent.*

INEXORABLEMENT [inɛgzɔʀabləmã]. *adv.* (1661; de *inexorable*). *Littér.* D'une manière inexorable. *La maladie évolue inexorablement vers la mort.*

INEXPÉRIENCE [inɛkspeʀjãs]. *n. f.* (1452, rare av. 1762; bas lat. *inexperientia*). Manque d'expérience. *L'inexpérience d'un enfant, de la jeunesse.* V. **Ignorance, naïveté.** *Son inexpérience des hommes, de la vie.* « *Un découragement prématuré, qui n'est que la rançon de votre inexpérience* » (ROMAINS). ◇ ANT. *Expérience, habileté.*

INEXPÉRIMENTÉ, ÉE [inɛkspeʀimãte]. *adj.* (h. 1495; 1679; de *in-* 1, et *expérimenté*). ♦ 1° Qui n'a pas d'expérience. *Jeune homme inexpérimenté.* V. **Ignorant, naïf** (Cf. Il est né d'hier; *pop.* Il débarque). — *Spécialt.* Qui manque de pratique dans un domaine déterminé. V. **Commençant, inexpert, novice.** *Alpiniste inexpérimenté.* ♦ Par ext. *Gestes inexpérimentés.* ♦ 2° Dont on n'a pas encore fait l'expérience. *Arme nouvelle encore inexpérimentée.* ◇ ANT. *Expérimenté; aguerri; expert, habile.*

INEXPERT, ERTE [inɛkspɛʀ, ɛʀt(ə)]. *adj.* (1455; lat. *inexpertus*). *Littér.* Qui n'est pas expert, qui manque d'habileté. V. **Inexpérimenté, inhabile.** *Être inexpert dans un domaine.* ◇ ANT. *Expert.*

INEXPIABLE [inɛkspjabl(ə)]. *adj.* (1455; lat. *inexpiabilis*).

♦ 1° Qui ne peut être expié. *Crime, faute, forfait inexpiable.*
♦ 2° Que rien ne peut apaiser, faire cesser. *Lutte inexpiable.*
◇ ANT. *Expiable.*

INEXPLICABLE [inɛksplikabl(ə)]. *adj. et n. m.* (1486; lat. *inexplicabilis*). Qu'il est impossible ou très difficile d'expliquer; qui paraît bizarre du fait même qu'on ne se l'explique pas. V. **Énigmatique, étrange, impénétrable, incompréhensible, inconcevable, indéchiffrable, mystérieux, obscur.** *Énigme inexplicable. Une fatalité inexplicable.* « *La mort, mystère inexplicable* » (B. CONSTANT). *Conduite, démarche inexplicable. Il est inexplicable qu'il soit parti.* — N. m. « *Croire au surnaturel, admettre l'inexplicable* » (DAUD.). ◇ (Personnes) *Un homme inexplicable,* dont le comportement, le caractère ne s'explique pas, déconcertant. V. **Étrange, singulier.** ◇ ANT. *Clair, explicable.*

INEXPLICABLEMENT [inɛksplikabləmã]. *adv.* (XVIᵉ; de *inexplicable*). D'une manière inexplicable. « *Les affiches électorales bariolaient inexplicablement cette île déserte* » (ARAGON).

INEXPLIQUÉ, ÉE [inɛksplike]. *adj.* (1792; de *in-* 1, et *expliquer*). Qui n'a pas reçu d'explication. *La catastrophe reste inexpliquée.* V. **Mystérieux.** — *Subst.* « *Il y a dans l'homme de l'inexpliqué* » (GIDE). ◇ ANT. *Expliqué.*

INEXPLOITABLE [inɛksplwatabl(ə)]. *adj.* (1867; de *in-* 1, et *exploitable*). Qu'on ne peut exploiter. *Gisement, richesse inexploitable.* ◇ ANT. *Exploitable.*

INEXPLOITÉ, ÉE [inɛksplwate]. *adj.* (1842; de *in-* 1, et *exploiter*). Qui n'est pas exploité. *Ressources inexploitées.* ◇ ANT. *Exploité.*

INEXPLORABLE [inɛksplɔʀabl(ə)]. *adj.* (1867; de *in-* 1, et *explorer*). *Rare.* Qui ne peut être exploré.

INEXPLORÉ, ÉE [inɛksplɔʀe]. *adj.* (1833; de *in-* 1, et *explorer*). Qui n'a pas été exploré. *Contrée, terre inexplorée.* V. **Inconnu.** « *Un recoin inexploré ou même rarement visité* » (BAUDEL.). — Par métaph. « *Quelque repli obscur et inexploré de ma conscience* » (MART. du G.). ◇ ANT. *Exploré.*

INEXPLOSIBLE [inɛksplɔzibl(ə)]. *adj.* (1840; de *in-* 1, et *explosible*). *Techn.* Qui ne peut exploser. ◇ ANT. *Explosible.*

INEXPRESSIF, IVE [inɛkspʀesif, iv]. *adj.* (1781; de *in-* 1, et *expressif*). ♦ 1° Qui n'est pas expressif. *Mots inexpressifs. Style inexpressif.* V. **Froid.** ♦ 2° Qui manque d'expression. *Regard, yeux inexpressifs.* V. **Atone, terne, vague.** « *Son visage inexpressif* » (BOSCO). ◇ ANT. *Expressif.*

INEXPRIMABLE [inɛkspʀimabl(ə)]. *adj. et n. m.* (XVᵉ; de *in-* 1, et *exprimable*). Qu'il est impossible ou très difficile d'exprimer; qui est au delà de toute expression. V. **Indescriptible, indicible, inénarrable** (1°), **inexplicable.** *Pensées inexprimables.* V. **Incommunicable.** *Épouvante, haine inexprimable. Douceur inexprimable.* V. **Ineffable.** ◇ N. m. « *Je notais l'inexprimable* » (RIMBAUD). « *Exprimer l'inexprimable* » (DUHAM.). ◇ ANT. *Exprimable.*

INEXPRIMÉ, ÉE [inɛkspʀime]. *adj.* (1845; de *in-* 1, et *exprimer*). Qui n'est pas ou n'a pas été exprimé. *Pensée pleine de regrets inexprimés.* V. **Sous-entendu.** « *Des reproches inexprimés* » (MAUROIS). V. **Tacite.** ◇ ANT. *Exprimé.*

INEXPUGNABLE [inɛkspygnabl(ə)]. *adj.* (1352; lat. *inexpugnabilis*, de *expugnare* « prendre d'assaut »). *Littér.* Qu'on ne peut prendre d'assaut; qui résiste aux attaques, aux sièges. V. **Imprenable.** *Forteresse inexpugnable.* — Fig. et vieilli. *Vertu inexpugnable. Une femme inexpugnable.*

INEXTENSIBILITÉ [inɛkstãsibilite]. *n. f.* (XXᵉ; de *inextensible*). *Didact.* Caractère de ce qui est inextensible.

INEXTENSIBLE [inɛkstãsibl(ə)]. *adj.* (1777; de *in-* 1, et *extensible*). Qui n'est pas extensible. *Tissu inextensible.* ◇ ANT. *Dilatable, élastique, extensible.*

IN EXTENSO [inɛkstɛ̃so]. *loc. adv. et adj.* (1838; loc. lat., de *extensus* « étendu »). Dans toute son étendue, toute sa longueur (d'un texte). *Publier un discours in extenso.* V. **Complètement, intégralement.** ◇ Adj. *Compte rendu in extenso d'un débat à l'Assemblée nationale.* V. **Complet, intégral.**

INEXTINGUIBLE [inɛkstɛ̃g(ɥ)ibl(ə)]. *adj.* (1406; bas lat. *inextinguibilis*). *Littér.* Qu'il est impossible d'éteindre. *Feu inextinguible.* — Fig. *Soif inextinguible. Fureur, haine inextinguible.* « *La petite lampe inextinguible d'une piété tendre* » (RENAN). *Le* « *besoin inextinguible qu'il avait de savoir* » (ZOLA). V. **Insatiable.** — *Spécialt.* (1669) *Rire inextinguible,* fou rire éclatant qu'on ne peut arrêter (Cf. Rire homérique). ◇ ANT. *Extinguible.*

INEXTIRPABLE [inɛkstiʀpabl(ə)]. *adj.* (1508; lat. *inextirpabilis*). *Rare.* Qui ne peut être extirpé. *Racine, souche inextirpable.* ◇ Fig. V. **Indéracinable, tenace.** « *Ce vice est inextirpable* » (GIDE).

IN EXTREMIS [inɛkstʀemis]. *loc. adv. et adj.* (1734; loc. lat., de *extremus* « extrême »). ♦ 1° À l'article de la mort, à l'agonie. V. **Extrémité** (à la dernière). *Disposition testamentaire, mariage in extremis.* ♦ 2° Au tout dernier moment.

Préparatifs de voyage in extremis. Rattraper in extremis un objet qui va tomber (Cf. Au vol*).

INEXTRICABLE [inɛkstʀikabl(ə)]. *adj.* (1361; lat. *inextricabilis*, de *extricare* « démêler »). ♦ 1° Qu'on ne peut démêler. *Enchevêtrement, fouillis inextricable.* — (Abstrait) *Les complications inextricables de la procédure.* V. **Maquis.** *Une affaire inextricable*, très embrouillée, très complexe (V. **Imbroglio**). ♦ 2° Dont on ne peut se tirer. *Dédale, labyrinthe inextricable.* « *J'allais et je revenais par des détours inextricables* » (NERVAL).

INEXTRICABLEMENT [inɛkstʀikabləmɑ̃]. *adv.* (1827; de *inextricable*). D'une manière inextricable. « *De grands arbres enlacent inextricablement leurs troncs et leurs branches* » (GAUTIER). — *Une affaire inextricablement embrouillée.*

INFAILLIBILITÉ [ɛ̃fajibilite]. *n. f.* (1558; de *infaillible*). ♦ 1° Vx. Caractère de ce qui ne peut manquer de se produire. V. **Certitude.** *L'infaillibilité d'un succès.* ♦ 2° Mod. Caractère de ce qui ne peut manquer de réussir. « *L'infaillibilité de la tactique occidentale* » (MÉRIMÉE). ♦ 3° Caractère de celui qui est infaillible, qui n'est pas sujet à l'erreur. *Des airs d'infaillibilité.* — Spécialt. *Infaillibilité de l'Église. Infaillibilité du pape, infaillibilité pontificale*, dogme proclamé en 1870, selon lequel le souverain pontife est infaillible lorsqu'il parle ex cathedra pour définir la doctrine de l'Église universelle. ◇ Par ext. *Infaillibilité d'un jugement.* ◈ ANT. *Faillibilité, fragilité.*

INFAILLIBLE [ɛ̃fajibl(ə)]. *adj.* (XIVᵉ; lat. ecclés. *infaillibilis*. V. **Faillir**).
I. *(Choses).* Qui ne peut faire défaut. V. **Assuré, certain, sûr.** « *Mon entreprise est sûre, et sa perte infaillible* » (CORN.). *Succès infaillible.* ♦ 2° Qui ne peut tromper; qui a des conséquences certaines, des résultats assurés. *Remède infaillible contre la toux.* V. **Parfait, souverain.** *Méthode, procédé, recette, moyen infaillible* (Cf. Qui réussit à tout coup).
II. ♦ 1° *(Personnes).* Qui ne peut se tromper; qui n'est pas sujet à l'erreur. *Se croire infaillible. Nul n'est infaillible*, tout le monde peut se tromper. *Le pape est infaillible en matière de doctrine lorsqu'il parle ex cathedra.* V. **Infaillibilité.** ♦ 2° *(Choses).* *Un instinct infaillible.* V. **Sûr.** *La science* « *n'est ni omnisciente ni infaillible* » (MAUROIS). ◈ ANT. *Aléatoire, douteux, fragile, incertain; inefficace, mauvais. Faillible.*

INFAILLIBLEMENT [ɛ̃fajibləmɑ̃]. *adv.* (XVᵉ; de *infaillible*). ♦ 1° D'une manière infaillible, certaine. V. **Assurément, certainement, sûrement** (Cf. À coup sûr). *Cela arrivera infailliblement.* V. **Immanquablement, inéluctablement, inévitablement, nécessairement, obligatoirement.** ♦ 2° Rare. Sans se tromper. *Nul ne peut juger infailliblement.*

INFAISABLE [ɛ̃fəzabl(ə)]. *adj.* (1613; de *in-* 1, et *faisable*). Qui ne peut être fait. V. **Impossible.** *Ce n'est pas infaisable, mais ce n'est très difficile.* ◈ ANT. *Facile, faisable, possible.*

INFALSIFIABLE [ɛ̃falsifjabl(ə)]. *adj.* (1867; de *in-* 1, et *falsifier*). Rare. Qui ne peut être falsifié.

INFAMANT, ANTE [ɛ̃famɑ̃, ɑ̃t]. *adj.* (1557; p. prés. de l'a. v. *infamer*, XIIIᵉ; lat. *infamare* « déshonorer »). Qui flétrit l'honneur, la réputation. V. **Avilissant, déshonorant, flétrissant, honteux.** *Accusation, imputation infamante. Injure, épithète infamante.* Dr. crim. *Les peines en matière criminelle sont ou afflictives et infamantes, ou simplement infamantes* (ex. : bannissement, dégradation). ◈ ANT. *Glorieux, honorable.*

INFÂME [ɛ̃fam]. *adj.* (1348; lat. *infamis*, de *in-* 1, et *fama* « renommée »). ♦ 1° Vx. Qui est bas et vil. « *Qui m'aima généreux me haïrait infâme* » (CORN.). Allus. littér. « *Écrasez l'infâme* », mot de Voltaire qui désigne la superstition, l'intolérance. ◇ Littér. *(Choses)* Qui entraîne une flétrissure morale. *Métier, commerce, trafic infâme.* V. **Abject, avilissant, bas, dégradant, honteux, ignoble, indigne.** *Un crime, une trahison infâme.* V. **Odieux.** ♦ 2° Vx. Qui est flétri par la loi. *Infâme de droit.* — Qui entraîne la flétrissure légale. *La condition des comédiens était infâme chez les Romains.* ♦ 3° Cour. Détestable, odieux. *Infâme saligaud.* — Digne de mépris. *Une infâme dissimulation. Complaisance, flatterie infâme.* ♦ 4° (sens affaibli). Qui cause de la répugnance. V. **Répugnant.** *Un logis infâme.* V. **Malpropre, sale.** *Une infâme odeur de graillon.* V. **Infect.** ◈ ANT. *Glorieux, honorable, noble.*

INFAMIE [ɛ̃fami]. *n. f.* (XIIIᵉ; lat. *infamia*. V. **Infâme**). ♦ 1° Vx ou dr. Flétrissure sociale ou légale faite à la réputation de qqn. V. **Déshonneur, honte.** *Couvrir, noter qqn d'infamie.* « *Je voulais vous sauver de l'infamie d'aller en prison* » (BALZ.). ♦ 2° (1647). Littér. Caractère de celui qui est infâme, vil. V. **Abjection, bassesse, ignominie, turpitude, vilenie.** — Caractère infâme d'une chose. *Infamie d'un crime.* V. **Horreur.** ♦ 3° Littér. Action, parole infâme. *Dire des infamies à qqn* (V. **Injure, insulte**), *de qqn* (V. **Calomnie**). « *C'est une infamie que de tuer l'adversaire qui sommeille* » (DANIEL-ROPS). ◈ ANT. *Gloire, honneur, noblesse.*

INFANT, ANTE [ɛ̃fɑ̃, ɑ̃t]. *n.* (1407; esp. *infante*, même mot qu'*enfant*; lat. *infans*). Titre donné aux enfants puînés

des rois d'Espagne et de Portugal. *L'infant d'Espagne. Le personnage de l'infante dans le « Cid ». « Pavane pour une infante défunte »*, œuvre musicale de Ravel.

INFANTERIE [ɛ̃fɑ̃tʀi]. *n. f.* (1500; a. it. *infanteria*, de *infante* « enfant ». V. **Fantassin**). ♦ 1° Ancien. Ensemble des gens de guerre marchant et combattant à pied (et qui étaient à l'origine les valets d'armes des chevaliers). V. **Piéton** *(vx).* ♦ 2° Mod. L'arme qui est chargée de la conquête et de l'occupation du terrain. V. **Biffe** (2). *Soldat d'infanterie.* V. **Biffin, fantassin.** *L'infanterie est la force des armées*, la « *reine des batailles* » a dit Napoléon. *Infanterie de marine. Infanterie de l'air, aéroportée.* V. **Parachutiste.** — *Groupe, section, compagnie, bataillon, régiment, brigade, division d'infanterie.*

1. **INFANTICIDE** [ɛ̃fɑ̃tisid]. *adj.* et *n.* (1564; bas lat. *infanticida*). Qui tue volontairement un enfant, et spécialt. un nouveau-né. *Une mère infanticide.* — N. (1721) *Un, une infanticide.*

2. **INFANTICIDE** [ɛ̃fɑ̃tisid]. *n. m.* (1611; bas lat. *infanticidium*). Meurtre d'un enfant. — Dr. Meurtre ou assassinat d'un enfant nouveau-né. « *Cette femme avait tué son enfant, l'infanticide a été prouvé* » (HUGO).

INFANTILE [ɛ̃fɑ̃til]. *adj.* (1563, « enfantin »; bas lat. *infantilis*. V. **Enfant**). ♦ 1° (1863). Méd., psycho. Relatif à la première enfance. *Maladies infantiles. Médecine infantile.* V. **Pédiatrie.** *Stade infantile du développement.* ◇ (Appliqué à des adultes) Dont le développement mental, affectif ou physique s'est arrêté au stade de l'enfance. *Sujet infantile.* Subst. *Les infantiles, les débiles mentaux infantiles.* V. **Infantilisme.** ♦ 2° (Fin XIXᵉ). Cour. Comparable à un enfant, digne d'un enfant (quant au niveau intellectuel et affectif). *Un comportement, une réaction infantile.* V. **Enfantin, puéril.** « *Elle prend un ton infantile, pleurnicheur* » (SARRAUTE).

INFANTILISME [ɛ̃fɑ̃tilism(ə)]. *n. m.* (1892; de *infantile*). ♦ 1° Méd. État d'un individu qui présente à l'âge adulte des caractères physiques ou psychiques propres à l'enfance. *Infantilisme affectif*, arriération affective. ♦ 2° Cour. Caractère, comportement infantile (2°). *C'est de l'infantilisme.*

INFARCTUS [ɛ̃faʀktys]. *n. m.* (1855; graphie altérée de *infartus*, p. p. du lat. *infarcire*, var. de *infercire* « farcir, remplir »). Méd. Nécrose plus ou moins étendue d'un tissu ou d'un organe par obstruction de l'artère qui assure son irrigation. — Cour. *Infarctus du myocarde*, par spasme prolongé ou thrombose des artères coronaires. *Infarctus dû à l'artériosclérose, à une embolie.*

INFATIGABLE [ɛ̃fatigabl(ə)]. *adj.* (1495; lat. *infatigabilis*). Qui ne peut se fatiguer; qui ne se fatigue, ne se lasse pas facilement. V. **Résistant, robuste;** et *fam.* **Increvable.** *Marcheur, joueur, travailleur infatigable.* — *Esprit, zèle infatigable.* V. **Inlassable.**

INFATIGABLEMENT [ɛ̃fatigabləmɑ̃]. *adv.* (XIVᵉ; de *infatigable*). D'une manière infatigable. V. **Inlassablement.** *Redire infatigablement les mêmes choses.*

INFATUATION [ɛ̃fatɥɑsjɔ̃]. *n. f.* (1622; de *infatuer*). ♦ 1° Vx. Engouement. ♦ 2° Mod. Sentiment d'une personne infatuée d'elle-même; satisfaction excessive, injustifiée que l'on a de soi. V. **Fatuité, prétention, suffisance, vanité.** « *Je tiens l'infatuation pour fatale au développement de l'esprit* » (GIDE). ◈ ANT. *Modestie.*

INFATUÉ, ÉE [ɛ̃fatɥe]. *adj.* (1488; V. **Infatuer**). ♦ 1° Vx. Qui a un engouement excessif pour. V. **Imbu.** « *L'esprit infatué de politique* » (BALZ.). ♦ 2° Mod. Trop pénétré de ses mérites; content de soi. V. **Fat, orgueilleux, prétentieux, vain, vaniteux.** « *Il n'était pas peu infatué de sa personne physique* » (ARAGON). *Air infatué.* V. **Suffisant.** ◈ ANT. *Humble, modeste.*

INFATUER [ɛ̃fatɥe]. *v. tr.* (1380; lat. *infatuare*, de *fatuus* « sot »). ♦ 1° Vx. Inspirer un engouement ridicule. Pronom. (Vieilli) S'infatuer *qqn d'une personne, d'un objet.* — Pronom. S'infatuer *de qqch., de qqn.* V. **Amouracher, engouer, enticher.** ♦ 2° Mod. Pronom. S'infatuer *(de soi-même)*, devenir excessivement content de soi. Fig. *L'art* « *s'isole orgueilleusement, s'infatue* » (GIDE). — Rare. Rendre exagérément content de soi, rendre fat. *Sa réussite l'infatue.* V. **Humilier.**

INFÉCOND, ONDE [ɛ̃fekɔ̃, 5d]. *adj.* (XVᵉ; lat. *infecundus*). ♦ 1° Littér. ou didact. Qui n'est pas fécond. V. **Stérile.** Par anal. *Terre inféconde.* V. **Infertile.** ♦ 2° Qui ne produit rien. *Esprit infécond.* ◈ ANT. *Fécond, fertile.*

INFÉCONDITÉ [ɛ̃fekɔ̃dite]. *n. f.* (v. 1390; lat. *infecunditas*). Manque de fécondité. V. **Stérilité.** *Infécondité d'une plante, d'un animal.* ◇ Fig. *L'infécondité d'une idée, d'une théorie.* ◈ ANT. *Fécondité.*

INFECT, ECTE [ɛ̃fɛkt, ɛkt(ə)]. *adj.* (XIVᵉ; lat. *infectus*, p. p. de *inficere* « imprégner, infecter »). ♦ 1° Qui a une odeur, un goût ignoble, un aspect repoussant par suite de corruption. V. **Pestilentiel, putride, répugnant.** *Charogne infecte. Cloaque, bourbier infect.* — *Odeur infecte. Goût infect.* ♦ 2° Très mauvais dans son genre. *Nous avons fait un repas infect; ce vin est infect.* V. **Ignoble.** *Il a fait cet été un temps* infect. « *Sitôt rentré dans notre infect appartement* » (GIDE). ♦ 3° Qui excite le dégoût moral. V. **Abject, ignoble, répugnant.** *Il a été infect avec ses meilleurs amis.* « *Tu es un sale type. Un type infect* » (COCTEAU). ◇ ANT. *Agréable, bon, propre.*

INFECTANT, ANTE [ɛ̃fɛktã, ãt]. *adj.* (1845; de *infecter*). *Méd.* Qui peut causer l'infection. *Germes, virus infectants.* ◇ ANT. **Désinfectant.**

INFECTER [ɛ̃fɛkte]. *v. tr.* (1416; de *infect*). ♦ 1° Imprégner d'émanations dangereuses, malsaines. V. **Empoisonner, empester, souiller.** *Usine à gaz, fabrique de produits chimiques qui infecte l'atmosphère, le voisinage.* — *Méd.* Transmettre des germes infectieux. V. **Contagionner, contaminer.** *Malade contagieux qui infecte ses proches.* — *Infecter une plaie.* V. **Envenimer.** ♦ 2° *Vx.* Empester par une odeur infecte. V. **Empester, empuantir.** ♦ 3° *Vx* ou *littér.* V. **Contaminer, corrompre, gâter, souiller.** « *Un vil amour du gain, infectant les esprits* » (BOIL.). REM. Ne pas confondre avec *infester**. ◇ ANT. *Assainir, désinfecter, purifier.*

INFECTIEUX, EUSE [ɛ̃fɛksjø, øz]. *adj.* (1821; de *infection*). Qui communique ou détermine l'infection. *Germe infectieux.* ◇ Qui s'accompagne d'infection, est caractérisé par l'infection. *Maladies infectieuses.* V. **Bactérien.**

INFECTION [ɛ̃fɛksjɔ̃]. *n. f.* (« pensée impure », 1130; bas lat. *infectio*). ♦ 1° (1314, « souillure »). Action d'infecter; résultat de cette action. V. **Corruption, putréfaction.** ♦ 2° Pénétration dans l'organisme de germes pathogènes; troubles qui en résultent. *Infection inapparente* (ou *latente*), décelable uniquement par des analyses de laboratoire. *Infection généralisée.* V. **Septicémie.** *Foyer d'infection,* lieu où apparaissent plusieurs cas d'une maladie infectieuse. V. **Contagion, contamination, épidémie, infestation.** « *Le petit corps se laissait dévorer par l'infection* » (CAMUS). ♦ 3° Grande puanteur. V. **Pestilence, puanteur.** *C'est une infection.* ♦ 4° *Fam.* Chose infecte (2°). V. **Saloperie.** ◇ ANT. **Désinfection.**

INFÉLICITÉ [ɛ̃felisite]. *n. f.* (1376; lat. *infelicitas*). *Littér.* Absence de félicité. V. **Malheur; infortune.** ◇ ANT. *Félicité.*

INFÉODATION [ɛ̃feɔdasjɔ̃]. *n. f.* (1393; de *inféoder*). Action d'inféoder. — *Fig.* V. **Soumission.** *Inféodation à un parti, à une coterie.*

INFÉODÉ, ÉE [ɛ̃feɔde]. *adj.* (1411, féod.; V. **Inféoder**). Soumis, comme un vassal. « *Inféodé stupidement à son parti* » (ARAGON).

INFÉODER [ɛ̃feɔde]. *v. tr.* (1411; lat. médiév. *infeodare.* V. **Fief**). ♦ 1° *Hist.* Donner (une terre) à un vassal pour qu'il la tienne en fief. V. **Aliéner.** *Le seigneur inféodait son domaine à son vassal.* — *Par ext.* Gratifier (un vassal) d'une terre donnée en fief. ♦ 2° *Cour.* (XIXᵉ). Soumettre comme à un seigneur. *L'Église...* « *une puissance à ménager, et... à inféoder à l'État* » (MADELIN). — Pronom. *S'inféoder à un parti, à un chef.* V. **Obéir, soumettre (se).**

INFÈRE [ɛ̃fɛR]. *adj.* (1770; lat. *inferus*). *Bot.* Se dit de l'ovaire d'une fleur, lorsqu'il est situé au-dessous des verticilles (V. **Inférovarié**). ◇ ANT. *Supère.*

INFÉRENCE [ɛ̃feRãs]. *n. f.* (1606; de *inférer*). *Didact.* Opération logique par laquelle on admet une proposition en vertu de sa liaison avec d'autres propositions déjà tenues pour vraies. V. **Raisonnement; déduction, induction.** — *Par ext.* Proposition admise en vertu d'une inférence.

INFÉRER [ɛ̃feRe]. *v. tr.;* conjug. *céder* (v. 1380; lat. *inferre* « être la cause de », « porter dans », *fig.* « alléguer »). Tirer une conséquence. V. **Arguer, conclure, induire.** *J'infère de ce que vous me dites, j'en infère que nous pouvons réussir.*

INFÉRIEUR, EURE [ɛ̃feRjœR]. *adj.* et *n.* (1461; lat. *inferior,* compar. de *inferus* « placé en dessous »). I. (*Concret*) ♦ 1° Qui est au-dessous, plus bas, en bas. *Inférieur à. Le niveau de la Méditerranée est un peu inférieur à celui de la mer Rouge.* — *Absolt. Partie inférieure d'un mur, d'un édifice.* V. **Base.** *Étages inférieurs. Couches inférieures du sol, de la mer.* V. **Profond.** *Membres inférieurs :* les jambes. *Mâchoire inférieure.* ♦ 2° Dont l'altitude est inférieure; qui est plus près de la mer. *Cours inférieur d'un fleuve; vallée inférieure du Rhône.* ♦ 3° *Astron. Planètes inférieures :* plus rapprochées du Soleil que la Terre (*Mercure* et *Vénus*). II. (*Abstrait*). ♦ 1° Qui a une valeur moins grande; qui occupe une place, un degré au-dessous, dans une classification, une hiérarchie. V. **Mineur, moindre, subordonné.** — *Inférieur à. Il lui est très inférieur* (Cf. Il ne lui va pas à la cheville*). « *Un chef doit à son pouvoir même de ne pas se montrer inférieur à ceux sur qui il règne* » (ALAIN). *Il ne lui est inférieur en rien.* V. **Céder.** — *Absolt. Situation, position inférieure.* V. **Dépendant.** *Des classes inférieures de la société.* ◇ *Il n'a pas été inférieur à sa tâche :* il a été à la hauteur de sa tâche. ♦ 2° Plus petit que. (*≤* est inférieur à 10 *Inférieur à 10* (< 10). *Inférieur ou égal à 10* (≤ 10). ♦ 3° *Philo., log.* Moins complexe; moins général. *Terme inférieur. Concept inférieur.* ♦ 4° Moins avancé, moins peu avancé dans l'évolution. *Animaux, vertébrés inférieurs.* ♦ 5° *N.* Personne qui occupe une position sociale inférieure. V. **Subalterne, subordonné.** *Il « ne*

l'invitait plus à dîner, le traitait en tout comme un inférieur » (MAUPASS.). *L'inférieur se soumet, obéit au supérieur.* ◇ ANT. *Supérieur.*

INFÉRIEUREMENT [ɛ̃feRjœRmã]. *adv.* (1584; de *inférieur*). *Rare.* À une place inférieure, au-dessous. ◇ ANT. *Supérieurement.*

INFÉRIORISATION [ɛ̃feRiɔRizasjɔ̃]. *n. f.* (1894; de *inférioriser*). Action d'inférioriser (qqn); son résultat. « *Certains psychanalystes voient dans l'infériorisation une autopunition de l'attachement excessif à la mère* » (MOUNIER).

INFÉRIORISER [ɛ̃feRjɔRize]. *v. tr.* (1893; du lat. *inferior*). ♦ 1° *Rare.* Rendre inférieur. ♦ 2° *Cour.* Donner un sentiment d'infériorité à (qqn). ♦ 3° (1970). Sous-estimer la valeur (de qqn ou qqch.). V. **Déprécier, minimiser, rabaisser, réduire.**

INFÉRIORITÉ [ɛ̃feRjɔRite]. *n. f.* (1538; de *inférieur* d'apr. le lat. *inferior*). ♦ 1° *Rare.* Situation inférieure, plus basse. *Une infériorité de niveau.* ♦ 2° État de ce qui est inférieur (en rang, force, valeur, mérite). *Infériorité en nombre. Preuve, marque d'infériorité.* V. **Faiblesse.** *Maintenir qqn dans un état d'infériorité.* V. **Servitude, subordination.** — Spécialt. *Sentiment d'infériorité,* impression pénible d'être inférieur (à la morale, aux autres, à un idéal désiré). *Complexe d'infériorité.* « *L'homme qui est atteint du complexe d'infériorité... peut avoir des vertus réelles et précieuses : il n'en tire pas le moindre parti* » (DUHAM.). ♦ 3° Ce qui rend inférieur. *Une infériorité.* V. **Désavantage, handicap.** ◇ ANT. *Supériorité.*

INFERMENTESCIBLE [ɛ̃fɛRmãtesibl(ə)]. *adj.* (1867; de *in-* 1, et *fermentescible*). *Sc.* Qui n'est pas susceptible de fermentation. *Aliment rendu infermentescible.* V. **Pasteurisé, stérilisé.** ◇ ANT. *Fermentescible.*

INFERNAL, ALE, AUX [ɛ̃fɛRnal, o]. *adj.* (1160; bas lat. *infernalis.* V. **Enfer**). ♦ 1° Qui appartient aux enfers, à l'enfer. *Puissances infernales.* V. **Démon, diable.** « *Un essaim de divinités infernales* » (CHATEAUB.). ♦ 2° Qui évoque l'enfer. ◇ *Concret.* Terrible, trop intense (chose désagréable). *Chaleur infernale. Bruit infernal. Allure, rythme, galop infernal.* V. **Endiablé.** ◇ *Moral.* Très mauvais. V. **Malice, méchanceté, noirceur, machination infernale.** V. **Démoniaque, diabolique, satanique.** *Machine* infernale.* ♦ 3° *Fam.* V. **Insupportable, terrible.** *Cet enfant est infernal !* ◇ ANT. *Angélique, céleste, divin.*

INFÉROVARIÉ, ÉE [ɛ̃feRɔvaRje]. *adj.* (1846; de *infère,* et *ovaire*). *Bot.* Dont l'ovaire est infère. ◇ ANT. *Supérovarié.*

INFERTILE [ɛ̃fɛRtil]. *adj.* (1434; bas lat. *infertilis*). *Littér.* Qui n'est pas fertile. V. **Infécond.** *Champ, sol, terre infertile. Contrées infertiles.* V. **Désertique, inculte.** ◇ *Fig. Esprit, imagination infertile.* V. **Pauvre, stérile.** ◇ ANT. *Fertile.*

INFERTILITÉ [ɛ̃fɛRtilite]. *n. f.* (1456; bas lat. *infertilitas*). *Littér.* État de ce qui est infertile. ◇ ANT. *Fertilité.*

INFESTATION [ɛ̃fɛstasjɔ̃]. *n. f.* (1370; bas lat. *infestatio*). ♦ 1° *Vx.* Action d'infester. ♦ 2° *Mod.* (*Méd.*). Pénétration et fixation dans l'organisme d'un parasite non microbien microscopique (V. **Infection**) ou visible à l'œil nu. *Infestation par des poux.*

INFESTER [ɛ̃fɛste]. *v. tr.* (1390; lat. *infestare,* de *infestus* « hostile »). ♦ 1° Ravager, rendre peu sûr (un pays) en s'y livrant à des actes incessants de violence, d'hostilité. V. **Attaquer, désoler, dévaster, envahir, harceler, piller, ravager.** *Les pirates infestaient les côtes. Campagne infestée de pillards.* ♦ 2° *Cour.* (En parlant d'animaux ou de plantes nuisibles qui abondent quelque part). V. **Envahir.** « *Les corbeaux, l'Inde en est infestée* » (LOTI). *Mer de requins.* REM. Ne pas confondre avec *infecter.* ◇ *Méd.* Se fixer sur, pénétrer dans un organisme (en parlant de parasites).

INFEUTRABLE [ɛ̃føtRabl(ə)]. *adj.* (1967; de *in-* 1, et *feutre*). *Comm.* Qui ne se feutre pas. *Laine, tricot infeutrable.*

INFIBULATION [ɛ̃fibylasjɔ̃]. *n. f.* (XVIᵉ; lat. *infibulatio,* de *fibula* « anneau »). *Sociol.* Opération qui consiste à empêcher les relations sexuelles en passant un anneau à travers le prépuce (chez l'homme), les grandes lèvres (chez la femme).

INFIDÈLE [ɛ̃fidɛl]. *adj.* (XIIIᵉ; lat. *infidelis*). Qui n'est pas fidèle. I. Qui ne professe pas la religion considérée comme vraie. V. **Gentil, hérétique, impie, mécréant, païen.** *Nations, peuples infidèles.* — Subst. *Un, une infidèle. Croisade contre les infidèles.* II. (1488). Qui manque à la parole donnée. ♦ 1° *Vx.* Qui manque à ses engagements (envers qqn), aux devoirs de sa fonction. V. **Déloyal, félon, révolté, traître.** *Être infidèle à son roi, à son maître :* l'abandonner, le trahir. ♦ 2° *Mod.* Qui n'est pas fidèle, qui est changeant, dans ses sentiments. *Des amis infidèles.* ◇ *Spécialt.* Qui n'est pas fidèle en amour. V. **Adultère, inconstant, volage.** *Mari, femme infidèle.* « *Trop bête pour être inconstant, Et trop laid pour être infidèle* » (MUSS.). Subst. (Vx ou littér.) « *Célimène me trompe et n'est qu'une infidèle* » (MOL.). ♦ 3° Qui ne respecte pas (qqch. qui engage). *Infidèle à un devoir, à ses serments, à sa parole.*

V. **Parjure.** « *Les vestales infidèles à leurs vœux* » (STAËL).
♦ 4° Qui manque à la vérité, à l'exactitude. *Narrateur, traducteur infidèle.* ◇ Inexact. « *Qui peut vous avoir fait ce récit infidèle ?* » (RAC.).
◈ ANT. *Fidèle.*

INFIDÈLEMENT [ɛ̃fidɛlmã]. *adv.* (1460; de *infidèle*). D'une manière infidèle. *Propos infidèlement rapportés.* ◈ ANT. *Fidèlement.*

INFIDÉLITÉ [ɛ̃fidelite]. *n. f.* (1160; lat. *infidelitas*). Caractère de celui, de ce qui est infidèle; acte marquant ce caractère.
I. Relig. *(Rare).* Caractère des infidèles (I).
II. Cour. (1492). ♦ 1° Vx. Manque de fidélité. *Infidélité à un maître.* V. **Abandon, déloyauté, trahison.** ♦ 2° (Dans les affections, en amour). V. **Inconstance, perfidie, trahison.** *Infidélité et jalousie. — Il a fait bien des infidélités à sa femme.* V. **Tromper.** — « *Une femme passionnée peut pardonner une infidélité* » (STENDHAL). — Par plaisant. *Faire des infidélités à son fournisseur habituel,* se fournir parfois chez un autre commerçant. ♦ 3° Manque de fidélité (à quelque obligation). *Infidélité à la parole donnée.* ♦ 4° Manque de vérité, d'exactitude. *Infidélité d'un historien, d'un traducteur. — Il y a de grandes infidélités dans ce roman historique.* V. **Erreur, inexactitude.**
◈ ANT. *Fidélité; constance, exactitude.*

INFILTRAT [ɛ̃filtra]. *n. m.* (v. 1925; de *infiltrer*). *Pathol.* Amas de cellules diverses dans un tissu ou un organe. *Infiltrat pulmonaire, syphilitique.* — Liquide, gaz d'infiltration.

INFILTRATION [ɛ̃filtrasjɔ̃]. *n. f.* (1503; de *infiltrer*).
♦ 1° Action de s'infiltrer. *L'infiltration des eaux de pluie.* — Spécialt. Pénétration accidentelle de l'eau dans un mur, une paroi. ♦ 2° *Méd.* Accumulation dans un tissu de liquides organiques, gaz, substances injectées ou de cellules modifiant sa structure. *Infiltration leucémique. Infiltration graisseuse.* V. **Adipose, adiposité, obésité.** *Infiltration calcaire.* V. **Calcification.** *Infiltration purulente.* V. **Phlegmon.** *Infiltration de sang.* V. **Ecchymose, purpura.** *Infiltration gazeuse.* V. **Emphysème.** *Infiltration de liquides.* V. **Œdème.** ♦ 3° Pénétration d'hommes par petits groupes dans un pays. V. **Noyautage; entrisme.** *Infiltrations et invasions. Les contrebandiers* « *pénétraient toujours par infiltration* » (MAC ORLAN). ◇ Fig. « *L'infiltration des idées modernes dans le sanctuaire de son cœur* » (RENAN).

INFILTRER [ɛ̃filtʀe]. *v. tr.* (1503; de *in-* 2, et *filtrer*).
I. V. tr. *(Rare ou didact.).* Pénétrer peu à peu (un corps) en s'insinuant à travers les pores ou les interstices (comme à travers un filtre). V. **Traverser.** — Par ext. Faire entrer (un liquide) dans un corps.
II. S'INFILTRER. v. pron. Cour. ♦ 1° Pénétrer (dans un corps) en s'insinuant. *L'eau s'infiltre dans certains terrains.* « *Un ruisseau qui s'infiltre peu à peu et se creuse un lit dans le sable* » (MUSS.). ♦ 2° (XIXe). Passer, entrer insensiblement. *Le vent, la lumière s'infiltre par les fentes.* V. **Glisser** (se), **introduire** (s'). *S'infiltrer à travers les lignes ennemies.* ◇ Fig. « *Furtivement, un sentiment nouveau s'infiltrait en lui* » (MART. du G.).

INFIME [ɛ̃fim]. *adj.* (XIVe; lat. *infimus* « le plus bas »).
♦ 1° Qui est situé au plus bas, au dernier degré (d'une série, d'une hiérarchie). *Un infime gratte-papier.* « *Elle savait trop à quel niveau infime sa mère situait Rachel* » (PROUST). ♦ 2° (1877). Tout petit. V. **Infinitésimal, minime, minuscule.** « *Un infime logement de deux pièces* » (ROMAINS). *Nombre infime. Des détails infimes.* ◈ ANT. *Éminent, suprême; capital, immense.*

IN FINE [infine]. *loc. adv.* (mots lat. « à la fin »). *Didact.* S'emploie pour désigner les dernières lignes, dans une référence.

INFINI, IE [ɛ̃fini]. *adj.* et *n. m.* (*Infinit,* 1214; lat. *infinitus*).
I. Qui n'a pas de borne, qui est plus grand que toute quantité de même nature. ♦ 1° En quoi nous ne remarquons ni ne concevons aucune limite. *Dieu seul est conçu comme infini. La puissance, la miséricorde divines sont infinies.* — (Dans le temps) Qui n'a pas de fin, de terme. V. **Éternel, perpétuel.** ♦ 2° Qui est plus grand que tout ce qui comporte une limite. *L'espace conçu comme un milieu infini et infiniment divisible.* Math. *Quantité infinie. Ensemble infini,* dont le nombre d'éléments est illimité. ♦ 3° Cour. (1552). Qui semble infini; très considérable (par la grandeur, la durée, le nombre, l'intensité). V. **Illimité, immense.** *Horizon, désert, ciel, paysage infini.* « *Le silence éternel de ces espaces infinis* » (PASC.). — *Des bavardages infinis.* V. **Interminable.** « *La conversation fut infinie entre les deux amis* » (STENDHAL). *Un nombre infini de...* V. **Incalculable.** *Grâce, patience, tendresse, joie, douleur infinies.* V. **Extrême.** *D'infinies précautions. Prétentions infinies.* V. **Démesuré.** REM. Dans ce sens, on peut dire *plus, le plus infini.*
II. *N. m.* (v. 1570). ♦ 1° Philo. L'être infini en tous ses attributs. Dieu, tout ce qui transcende l'humain. V. **Absolu, parfait.** ♦ 2° Ce qui est infini par l'un quelconque de ses

aspects (grandeur, distance). *Les deux infinis de grandeur et de petitesse,* selon Pascal. — Math. *L'infini géométrique, mathématique* (signe ∞). *Infini dénombrable, continu.* Vx. *Calcul de l'infini.* V. **Infinitésimal.** — Phot. Zone où les objets donnent une image nette dans le plan focal. ♦ 3° Ce qui semble infini, en raison de sa grandeur, de son intensité ou de son indétermination. V. **Immensité.** « *Au bord de l'infini* » (HUGO). *L'infini des cieux, de l'océan.* ♦ 4° (1626). À L'INFINI. loc. adv. Math. Sans qu'il y ait de borne, de fin. *Multiplier un nombre par lui-même à l'infini. Droite prolongée à l'infini.* V. **Indéfiniment.** — Cour. V. **Beaucoup, infiniment.** *Le dessin* (des vases) « *est varié à l'infini* » (LOTI). *Discussions, gloses à l'infini,* interminables. — Aussi loin que l'on peut voir, à perte de vue. « *Les grandes vagues de blé qui ondoient à l'infini* » (THARAUD). ◈ ANT. *Borné, fini, limité.*

INFINIMENT [ɛ̃finimã]. *adv.* (*Infinitement,* v. 1390; de *infini*). Sans borne, d'une manière infinie. ♦ 1° (Sens strict). *Dieu est infiniment bon.* — Math. *Infiniment grand,* plus grand que toute quantité donnée. *L'infiniment grand, l'infini. Calcul des infiniment petits.* V. **Différentiel, infinitésimal, intégral.** ♦ 2° Beaucoup, extrêmement. *Ce conte me plaît infiniment. Je regrette infiniment mais... — Celui qui veut écrire son rêve se doit d'être infiniment éveillé* » (VALÉRY). *Je vous suis infiniment reconnaissant.* — (Avec un comparatif) *Infiniment plus, moins, mieux, moindre, supérieur.* « *L'honneur est infiniment plus précieux que la vie* » (MOL.). V. **Incomparablement.** — (Avec un nom compl.) « *Homme d'infiniment d'esprit, de goût* » (BALZ.).

INFINITÉ [ɛ̃finite]. *n. f.* (1214; lat. *infinitas*). ♦ 1° Vx ou didact. Caractère de ce qui est infini; l'infini. « *L'infinité des temps* » (LA BRUY.). « *L'homme n'est produit que pour l'infinité* » (PASC.). ♦ 2° Quantité infinie, nombre infini. *Étant donné une courbe, on peut toujours mener une infinité de parallèles à cette courbe.* ♦ 3° Cour. Très grande quantité. « *Je vois une infinité d'honnêtes gens qui ne sont pas heureux et une infinité de gens qui sont heureux sans être honnêtes* » (DIDER.).

INFINITÉSIMAL, ALE, AUX [ɛ̃finitezimal, o]. *adj.* (1706; de l'adj. *infinitésime,* lat. mod. *infinitesimus*). ♦ 1° Sc. Relatif aux quantités infiniment petites. *Calcul infinitésimal, analyse infinitésimale,* partie des mathématiques comprenant le calcul différentiel et le calcul intégral. ♦ 2° Cour. Infiniment petit. *Quantités infinitésimales.* — Par ext. Extrêmement petit. V. **Infime, microscopique.** « *Une senteur infinitésimale* » (BAUDEL.). ◈ ANT. *Grand, infini.*

INFINITIF, IVE [ɛ̃finitif, iv]. *n. m.* et *adj.* (XIIIe; lat. gram. *infinitivus modus*).
I. *N. m.* Forme nominale (mode impersonnel) exprimant simplement l'idée de l'action ou de l'état, d'une façon abstraite et indéterminée. — *Aimer, finir, perdre, vouloir sont des infinitifs. Verbe à l'infinitif. Infinitif employé comme nom* (« Souffler n'est pas jouer »; « la peur de mourir »). *Infinitif substantivé précédé de l'article* : « Le naître et le mourir sont frères jumeaux » (FRANCE). *Infinitif employé comme verbe. Les deux temps* (présent, passé) *de l'infinitif.* Ex. : « On ne peut être et avoir été ». *Infinitif à valeur impératif* (« Ralentir ! »), *d'optatif* (« Voir Naples et mourir ! »), *de proposition interrogative* (« Que faire ? »). — *Infinitif de narration introduit par la préposition de :* « Grenouilles aussitôt de sauter dans les ondes » (LA FONT.).
II. Adj. *Mode infinitif. Proposition infinitive,* dont le verbe est à l'infinitif (« Je l'ai vu venir »). Subst. *Une infinitive.*

INFINITUDE [ɛ̃finityd]. *n. f.* (v. 1580; du lat. *infinitus*). *Didact.* (Philo.). Qualité de ce qui est infini.

INFIRMATIF, IVE [ɛ̃firmatif, iv]. *adj.* (1501; du rad. lat. de *infirmer*). *Dr.* Qui infirme, rend nul. *Arrêt infirmatif d'un jugement.*

INFIRMATION [ɛ̃firmasjɔ̃]. *n. f.* (1499; lat. *infirmatio*). *Proc. civ.* Annulation partielle ou totale d'une décision de justice par la juridiction du second degré. V. **Démenti.** *Infirmation d'un jugement.* V. **Annulation.** ◈ ANT. *Attestation, confirmation.*

INFIRME [ɛ̃firm(ə)]. *adj.* (1247, rare av. XVIe; lat. *infirmus* « faible »). ♦ 1° Vx. Qui manque de force. V. **Faible.** « *L'esprit est prompt et la chair infirme* » (PASC.). ♦ 2° Mod. (XVIIIe). Qui est atteint d'infirmités (spécialt. d'infirmités incurables). V. **Impotent, invalide.** *Infirme mental,* atteint d'un important déficit mental. *Infirme moteur* (quant à la motricité). *Demeurer infirme à la suite d'une blessure, d'un accident.* V. **Mutilé.** « *Le droit leur semble une béquille pour infirme* » (R. ROLLAND). Subst. *Hôpital, hospice destiné aux infirmes.* ◈ ANT. *Ingambe, valide.*

INFIRMER [ɛ̃firme]. *v. tr.* (1360; lat. *infirmare* « affaiblir, annuler », de *infirmus*). ♦ 1° Affaiblir (qqch.) dans son autorité, sa force, son crédit. V. **Affaiblir, diminuer.** *Infirmer une preuve, un témoignage,* en montrer le côté faible. « *Quand l'expérience infirme l'idée préconçue...* » (Cl. BERNARD). V. **Démentir, détruire, ruiner.** ♦ 2° Dr. Annuler ou réformer (une décision rendue par une juridiction inférieure). *La cour d'appel a infirmé le jugement du tribunal de première instance.* ◇ ANT. Attester, avérer, prouver; confirmer.

INFIRMERIE [ɛ̃fiRməRi]. *n. f.* (1606; a. fr. *enfermerie,* 1300; refait sur *infirme*). Local destiné à recevoir et soigner les malades atteints d'affections légères et de courte durée, dans une communauté. *Infirmerie d'une caserne, d'un couvent, d'une école. Être envoyé, transporté à l'infirmerie.*

INFIRMIER, IÈRE [ɛ̃fiRmje, jɛR]. *n.* (1398; *enfermier,* 1288; refait sur *infirme*). Personne qui, par profession, soigne des malades et s'en occupe, sous la direction des médecins en en appliquant leurs prescriptions. *Infirmière diplômée. Malade soigné à domicile par une infirmière.* V. Garde-malade. *Infirmière auxiliaire, veilleuse, visiteuse. Infirmiers militaires.* « *Les infirmiers se hâtaient de faire de la place... en emportant les cadavres* » (ZOLA). V. Ambulancier, brancardier. Appos. *Sœur infirmière. Élève infirmier.*

INFIRMITÉ [ɛ̃fiRmite]. *n. f.* (1265; *enfermeté,* XIIᵉ; lat. *infirmitas*). ♦ 1° Défaut de force, de fermeté. *Vx.* Faiblesse humaine. ◇ *Mod.* V. Faiblesse, imperfection. « *Les infirmités du langage répondent toujours à quelque infirmité de l'esprit* » (DUHAM.). ♦ 2° *Vieilli.* Maladie ou indisposition habituelle. V. Incommodité. *Les infirmités de la vieillesse.* ♦ 3° *Mod.* (1765). État (congénital ou accidentel) d'un individu ne jouissant pas d'une de ses fonctions ou n'en jouissant qu'imparfaitement (sans que sa santé générale en soit totalement compromise). V. Impotence, invalidité; difformité. « *Quasimodo était né borgne, bossu, boiteux... Une nouvelle infirmité était venu le parfaire... il était devenu sourd* » (HUGO). ◇ ANT. Force, santé.

INFIXE [ɛ̃fiks(ə)]. *n. m.* (1877; lat. *infixus* « inséré »). *Ling.* Élément qui s'insère dans l'intérieur d'un mot, parfois dans le corps même de la racine. V. Affixe.

INFLAMMABILITÉ [ɛ̃flamabilite]. *n. f.* (1641; de *inflammable*). *Didact.* Caractère ce de qui est inflammable. *L'inflammabilité du soufre.* ◇ ANT. Ininflammabilité.

INFLAMMABLE [ɛ̃flamabl(ə)]. *adj.* (1390; du lat. *inflammare*). Qui a la propriété de s'enflammer facilement et de brûler vivement. *L'essence, le phosphore, matières inflammables.* ◇ ANT. Apyre, ignifugé, ininflammable.

INFLAMMATION [ɛ̃flamasjɔ̃]. *n. f.* (1355, « grande chaleur », et « excitation »; lat. *inflammatio*). ♦ 1° *Rare* (1552). Action par laquelle une matière combustible s'enflamme et brûle; résultat de cette action. ♦ 2° (XVᵉ). Ensemble des réactions locales provoquées par divers agents physiques, chimiques ou par des germes pathogènes. V. *suff.* -Ite. *L'inflammation, réaction défensive de l'organisme.* V. Diapédèse. *Signes de l'inflammation :* chaleur, douleur, rougeur (congestion, érythème), tuméfaction (œdème). *Inflammation due à une sensibilisation.* V. Allergie. *Inflammation purulente.* V. Abcès, empyème, furoncle, phlegmon. *Partie atteinte d'inflammation* (V. Enflammé).

INFLAMMATOIRE [ɛ̃flamatwaR]. *adj.* (1549; de *inflammation*). *Méd.* Qui est caractérisé par une inflammation. *État inflammatoire. Maladie inflammatoire. Petite tumeur inflammatoire.*

INFLATION [ɛ̃flasjɔ̃]. *n. f.* (1920, empr. angl.; XVᵉ, « enflure », sens du lat. *inflatio*). ♦ 1° Accroissement excessif des instruments de paiement (billets de banque, capitaux) qui entraîne ou tend à entraîner une hausse des prix et une dépréciation de la monnaie. *Politique qui mène à l'inflation.* V. **Inflationniste.** *Dévaluation consécutive à l'inflation.* ♦ 2° *Par ext.* (1925). Extension, augmentation jugée excessive d'un phénomène. *Inflation verbale.* ♦ 3° *Pathol.* Gonflement (d'un tissu, d'un organe) par infiltration de gaz ou de liquide. V. Emphysème, œdème. ◇ ANT. Déflation.

INFLATIONNISTE [ɛ̃flasjɔnist(ə)]. *n. et adj.* (1894; angl. *inflationist*). Partisan de l'inflation. *La politique des inflationnistes.* — *Adj.* Qui a rapport ou tend à l'inflation. *Politique inflationniste. Le danger inflationniste.* ◇ ANT. Déflationniste.

INFLÉCHI, IE [ɛ̃fleʃi]. *adj.* (1738; V. Infléchir). ♦ 1° Recourbé du dehors en dedans. *Rameaux infléchis.* ◇ *Méd.* Qui est fortement fléchi (en parlant d'un organe, d'une partie du corps). ♦ 2° (Sons). « *Une voix de tête assez forte et non infléchie* » (GIDE). — *Voyelle infléchie,* qui a subi l'inflexion. ◇ ANT. Droit.

INFLÉCHIR [ɛ̃fleʃiR]. *v. tr.* (1738, pron.; de *in-* 2, et *fléchir,* d'apr. *inflexion*). ♦ 1° Fléchir de manière à former une courbe plus ou moins accentuée. V. Courber, incliner, plier. *L'atmosphère infléchit les rayons lumineux.* V. Dévier. ♦ 2° Modifier la direction, l'orientation de. *Essayer d'infléchir la politique du gouvernement.* « *Infléchir, assouplir la règle dans le dessein de la parfaire* » (DUHAM.). ♦ 3° S'INFLÉCHIR. v. réfl. *Poutre surchargée qui s'infléchit.* V. Ployer. — *Leur politique s'est infléchie à gauche.* ◇ ANT. Redresser.

INFLÉCHISSEMENT [ɛ̃fleʃismɑ̃]. *n. m.* (v. 1965; de *infléchir,* 2°). Modification légère, atténuation d'un phéno-

mène ou d'une situation. « *Il y eut un nouvel infléchissement de la théorie des alliés* » (*Le Monde,* 24-4-1966).

INFLEXIBILITÉ [ɛ̃flɛksibilite]. *n. f.* (1611; *inflectibilité,* 1314; de *inflexible*). *Rare.* Caractère de ce qui est inflexible. V. Rigidité. ◇ *Fig.* (1611) *L'inflexibilité d'une règle, d'un caractère.* « *Elle saurait vaincre l'inflexibilité de ses parents* » (BALZ.).

INFLEXIBLE [ɛ̃flɛksibl(ə)]. *adj.* (1314; lat. *inflexibilis*). ♦ 1° *Rare.* Qu'on ne peut fléchir ou ployer; qui n'est pas flexible. V. Rigide. ♦ 2° (Abstrait). *Cour.* Que rien ne peut fléchir ni émouvoir; qui résiste à toutes les tentatives de persuasion, qui n'est pas accessible à toutes les influences. V. Dur, ferme, impitoyable, implacable, inexorable, intransigeant. *Un homme inflexible. Demeurer inflexible dans une résolution.* V. Inébranlable. — (Choses; XVIIᵉ) Qui ne fléchit pas; que rien ne peut abattre, ou ébranler. V. Implacable, indomptable. *Volonté inflexible* (Cf. De fer*). « *Son inflexible sentiment moral l'arrêta* » (R. ROLLAND). *Justice, règle inflexible.* V. Rigoureux. *Logique inflexible.* V. Implacable. ◇ ANT. Flexible, souple; doux, traitable.

INFLEXIBLEMENT [ɛ̃flɛksibləmɑ̃]. *adv.* (1508; de *inflexible*). D'une manière inflexible. « *Il demeure inflexiblement attaché à son opinion* » (ACAD.).

INFLEXION [ɛ̃flɛksjɔ̃]. *n. f.* (1390, rare av. XVIIᵉ; lat. *inflexio*). ♦ 1° Mouvement par lequel une chose s'infléchit. V. Flexion. *Saluer d'une légère inflexion de la tête.* V. Inclination. — Changement de direction, d'orientation. « *Les courbures du chemin et les inflexions du fleuve* » (CHATEAUB.). V. Déviation. *Géom. Inflexion d'une courbe. Point d'inflexion,* point d'une courbe plane où la concavité change de sens. *Opt. Inflexion des rayons lumineux.* ♦ 2° (1636). Changement subit d'accent ou de ton dans la voix. « *Sa voix... prenait des inflexions plus molles* » (FLAUB.). — *Par ext.* V. Accent. *L'inflexion chantante des voix provençales.* ◇ *Ling. Inflexion vocalique,* changement de timbre d'une voyelle sous l'influence d'un phonème voisin.

INFLIGER [ɛ̃fliʒe]. *v. tr.*; conjug. *bouger* (1488, rare av. XVIIᵉ; lat. *infligere*). ♦ 1° Appliquer (une peine matérielle ou morale). *Infliger un châtiment, une sanction.* V. Donner, prononcer (une peine). « *L'oubli et le silence sont la punition qu'on inflige à ce qu'on a trouvé laid ou commun* » (RENAN). *Infliger une amende, une contravention. Infliger un supplice, la torture à qqn.* V. Supplicier, torturer. ♦ 2° *Par ext.* Faire subir. *Infliger un affront. Infliger à qqn un démenti formel.* — *Par ext.* V. Imposer. *Il nous a infligé sa présence.* ◇ ANT. Épargner, subir.

INFLORESCENCE [ɛ̃flɔResɑ̃s]. *n. f.* (1789; bas lat. *inflorescere* « commencer à fleurir »). *Bot.* Mode de groupement des fleurs d'une plante. *Inflorescence axillaire terminale. Modes d'inflorescence.* V. Capitule, chaton, corymbe, glomérule, grappe, ombelle, panicule, spadice, trochet. — Groupe de fleurs ainsi formé. *Plantes à belles inflorescences bleues.*

INFLUENÇABLE [ɛ̃flyɑ̃sabl(ə)]. *adj.* (1837; de *influencer*). Qui se laisse influencer. *C'est un homme influençable, qui se laisse manœuvrer.* V. Cire (molle), marionnette. ◇ ANT. Inflexible, têtu.

INFLUENCE [ɛ̃flyɑ̃s]. *n. f.* (v. 1240; lat. sc. *influentia,* de *influere.* V. Influer).

I. *Vx.* Flux provenant des astres et agissant sur les hommes et les choses. V. Fluide, influx. « *L'influence bienfaisante ou maligne de son étoile* » (GAUTIER). ◇ *Par ext. Influences occultes. Influence bénéfique, favorable, maléfique, néfaste. Elle était* « *pénétrable aux influences de l'espace et de l'heure* » (FRANCE).

II. (XIVᵉ). Action. Ⓐ *(Choses).* ♦ 1° Action qu'exerce une chose, une situation sur qqn ou qqch. V. Effet, pression. « *Le milieu, et bien d'autres influences, marquent sur l'enfant* » (CHARDONNE). ♦ 2° Action d'un phénomène physique. *Influence d'un médicament.* V. Vertu. ◇ Électrostatique. *Action à distance des conducteurs qui modifient l'état d'électrisation d'autres conducteurs placés dans leur voisinage.* V. Champ. ♦ 3° SOUS L'INFLUENCE DE : sous l'effet, l'emprise de. *Il a agi sous l'influence de la boisson, de la colère.* Ⓑ *(Personnes).* ♦ 1° Action (volontaire ou non) qu'une personne exerce sur qqn. V. Ascendant, domination, empire, emprise, pouvoir, puissance. *Tout le monde subit son influence.* « *En se croyant indépendant, j'ai été sans cesse à la merci des influences* » (STE-BEUVE). *Je compte sur votre influence pour le persuader.* V. Persuasion. *J'ai beaucoup changé sous l'influence de son ami.* V. Contact (au). *Soustraire un enfant à la mauvaise influence de qqn.* ♦ 2° (1780). Pouvoir social de celui qui amène les autres à se ranger à son avis. V. Autorité, créance, crédit, importance, poids, prestige. *Cet homme a beaucoup d'influence* (Cf. Avoir le bras long). « *Il sentait grandir son influence à la pression des poignées de main* » (MAUPASS.). *User de son influence en faveur de qqn.* V. Appui. *Trafic d'influences.* ♦ 3° *Action morale, intellectuelle. Influence d'un grand homme sur son époque, sur la société.* V. Rôle. *Influence des lettres françaises à l'étranger.* — (En critique littéraire, artistique) « *Je n'aime guère le mot influence, qui*

ne désigne qu'une ignorance ou une hypothèse » (VALÉRY).
♦ 4° Autorité politique d'un État, d'une civilisation, d'une puissance sur d'autres puissances, dans une région. *Influence britannique, française dans telle ou telle partie du monde.* Absolt. *Sphère, zone d'influence.*

INFLUENCER [ɛ̃flyãse]. *v. tr.;* conjug. *placer* (1771; de *influence*). ♦ 1° Soumettre à son influence. V. **Agir** (sur), **entraîner, influer**. *Il se laisse facilement influencer.* V. **Influençable**. *Sa conduite nous a influencés en sa faveur.* V. **Prévenir**. « *Leur pression a influencé ma volonté* » (BOURGET). — *Je ne veux pas influencer votre choix, votre décision.* V. **Peser** (sur). ♦ 2° Agir sur. *Les hormones* « *influencent l'organisme tout entier* » (J. ROSTAND).

INFLUENT, ENTE [ɛ̃flyã, ãt]. *adj. (h. 1503; 1791; de influence).* Qui a de l'influence, du prestige, du crédit. V. **Agissant, autorisé, important**. *Un personnage influent :* une grosse légume, une huile *(fam.)*. *Il est très influent, il fait la pluie et le beau temps.* « *Tu connais sûrement des gens influents* » (DUHAM.).

INFLUENZA [ɛ̃fly(ɛn)za]. *n. f.* (1782; it. *influenza* « écoulement de fluide, influence », d'où « épidémie »). Synonyme de *Grippe*.

INFLUER [ɛ̃flye]. *v.* (1398; lat. *influere* « couler dans »). ♦ 1° V. *tr.* (Vx). Faire couler dans. V. **Influence**. ♦ 2° V. *intr.* Mod. (XVIᵉ). INFLUER SUR... : exercer son action sur..., en parlant des astres. V. **Influence**. — *Fig.* et *cour.* (XVIIIᵉ) Exercer sur une personne ou une chose une action de nature à la modifier. V. **Influencer**. « *Trois choses influent sur l'esprit des hommes : le climat, le gouvernement et la religion* » (VOLT.). « *Tes pensées d'avant le sommeil influent sur tes rêves* » (ROMAINS).

INFLUX [ɛ̃fly]. *n. m.* (1547; bas lat. *influxus*. V. **Flux**). ♦ 1° Fluide hypothétique transmettant une force, une action. V. **Influence**. « *L'influx magnétique...* » (BAUDEL.). ♦ 2° *Méd.* (1839). *Influx nerveux :* phénomène par lequel on explique la propagation des effets de l'excitation dans les nerfs.

IN-FOLIO [infɔljo]. *adj.* et *n.* (1567; lat. *in* « dans », et *folium* « feuille »). *Imprim.* Dont la feuille d'impression est pliée en deux. *Format in-folio.* Subst. *L'in-folio.* ◇ *N. m.* Livre, volume in-folio. *Un gros, un énorme in-folio. Des in-folio ou des in-folios.* « *Les coins écornés des in-folio bâillaient* » (FRANCE).

INFORMATEUR, TRICE [ɛ̃fɔrmatœr, tris]. *n.* (XVIIIᵉ; « juge », 1360; du rad. lat. de *information*). Personne qui donne des informations; personne dont la fonction, le métier est de recueillir des informations. *Un informateur bien renseigné. Disposer d'informateurs dans tous les milieux* (Cf. Avoir des antennes). *Informateur de presse.*

INFORMATICIEN, IENNE [ɛ̃fɔrmatisjɛ̃, jɛn]. *n.* (av. 1972; de *informatique*). Ingénieur, technicien en informatique, théorique ou appliquée (analyste, programmeur). — Adj. *Elle est ingénieur informaticienne.*

INFORMATIF, IVE [ɛ̃fɔrmatif, iv]. *adj.* (mil. XXᵉ; de *information*). Qui apporte de l'information (II). *Réunion informative.*

INFORMATION [ɛ̃fɔrmasjɔ̃]. *n. f.* (1274; lat. *informatio*). I. Ensemble des actes qui tendent à établir la preuve d'une infraction et à en découvrir les auteurs. V. **Instruction** (préparatoire). *Ouvrir une information. Information officielle, officieuse.* V. **Enquête**.
II. ♦ 1° *Cour.* Renseignements sur qqn, sur qqch. *D'utiles informations. Tuyau.* « *Je suis venu aux informations* » (AYMÉ). — *Néol.* Ensemble des renseignements obtenus par qqn. *Une information prodigieuse.* ♦ 2° Action de s'informer, de prendre des renseignements. *Enquête, examen, investigation. Homme politique en voyage d'information.* V. **Étude**. ♦ 3° *Cour.* Renseignement ou événement qu'on porte à la connaissance d'une personne, d'un public. V. **Nouvelle**. *Informations politiques, sportives. Informations données par la radio. Bulletin d'informations.* V. **Communiqué, journal** (parlé, télévisé). *Une information sensationnelle.* ♦ 4° (XXᵉ). Ensemble des informations, et par ext. Action d'informer le public, l'opinion. *Agence d'information. Information et propagande. Journal d'information.* — *Techniques d'information :* presse, radio, cinéma, télévision. V. **Media**. *Supports* d'information.
III. (v. 1950). *Sc.* Élément ou système pouvant être transmis par un signal ou une combinaison de signaux (V. **Message**); ce qui est transmis (objet de connaissance, de mémoire). *Théorie, traitement de l'information.* V. **Informatique**. *Information et cybernétique. Une machine à calculer peut « communiquer à des utilisateurs les résultats de ses calculs, c'est-à-dire de l'information* » (DE BROGLIE). Par ext. *Information génétique :* caractères héréditaires transmis par les gènes. ◇ Mesure de la densité de renseignements contenus dans un message (pour un nombre de signes donné). *Quantité d'information.* REM. Le concept est entièrement différent de celui de *sens*, de *signification*, et s'oppose à celui de *redondance*.

INFORMATIONNEL, ELLE [ɛ̃fɔrmasjɔnɛl]. *adj.* (de *information*). *Didact.* Qui concerne l'information (III).

INFORMATIQUE [ɛ̃fɔrmatik]. *n. f.* (1962; de *information*, et *-ique*, d'apr. *mathématique, électronique*). Science de l'information; ensemble des techniques de la collecte, du tri, de la mise en mémoire, de la transmission et de l'utilisation des informations* (III) traitées automatiquement à l'aide de programmes (logiciels) mis en œuvre sur ordinateurs. V. **Calculateur, ordinateur**. *Informatique théorique formelle* (ou *analytique*) et *informatique appliquée* (*informatique de gestion, informatique documentaire, informatique juridique*, etc.). — Adj. *Système informatique.* « *L'industrie informatique* » (*Le Monde*, 10-2-1971).

INFORMATISER [ɛ̃fɔrmatize]. *v. tr.* (1969; de *informatique*). Traiter (un problème), organiser par les méthodes de l'informatique*. « *Il sera nécessaire d'informatiser notre gestion* » (*Le Monde*, 24-1-1970). — Au p. p. « *C'est le secteur de la métallurgie qui est le plus informatisé* » (*La Croix*, 13-5-1970).

INFORME [ɛ̃fɔrm(ə)]. *adj.* (1455; lat. *informis*. V. **Forme**). ♦ 1° *Rare.* Qui n'a pas de forme propre. *Pour Aristote, la matière est informe et multiforme* « *L'eau informe et multiforme* » (BAUDEL.). ♦ 2° Dont on ne peut définir la forme. « *La terre était informe et nue* » (BIBLE). *Ombres informes.* ♦ 3° Dont la forme n'est pas achevée. V. **Ébauché, grossier, imparfait**. *Un essai, un brouillon informe.* ♦ 4° Laid. V. **Disgracieux, lourd**. *Démarche informe.* ◇ ANT. **Formé**.

INFORMÉ, ÉE [ɛ̃fɔrme]. *adj.* et *n. m.* (1843; V. **Informer**). ♦ 1° Qui sait ce qu'il faut savoir. V. **Averti, avisé, documenté**. *Dans les milieux bien-informés. Des gens « d'esprit ouvert : en contact confiant avec chacun; très informés* » (ROMAINS). ♦ 2° *Dr.* (1671). *Un plus ample informé*, une information plus ample de l'affaire. *Cour. Jusqu'à plus ample informé :* avant d'en savoir plus.

INFORMEL, ELLE [ɛ̃fɔrmɛl]. *adj.* et *n. m.* (mil. XXᵉ; de *in-* 1, et *forme, formel*). ♦ 1° *Arts.* Qui refuse de représenter des formes reconnaissables et classables. *L'art abstrait informel s'oppose aux formes géométriques.* N. m. *L'informel.* ♦ 2° (d'apr. l'angl. *unformal*). *Rencontres informelles, sans caractère officiel. Réunion informelle, sans ordre du jour.*

INFORMER [ɛ̃fɔrme]. *v. tr.* (1286; *enformer*, 1190; lat. *informare* « façonner, former »). ♦ 1° *Philo.* Donner une forme, une structure, une signification à. « *Le principe immatériel était l'être éternel qui informe* (chez les Égyptiens); *la matière était l'être éternel qui est informé* » (DIDER.). ♦ 2° (1450). Mettre au courant (de qqch.), faire part à (qqn). V. **Apprendre, avertir, aviser, éclaircir, éclairer, enseigner, instruire, notifier, prévenir, renseigner**. *Informer qqn d'un fait, d'une décision, d'un événement.* « *Déjà la renommée m'en avait informée* » (RAC.). *Informer que...*, faire savoir que. — *Être informé de, sur.* V. **Connaître, savoir**. *Être informé sur une chose ou une personne*, être renseigné sur elle. ♦ 3° Intrans. *Dr.* Faire une instruction en matière criminelle. V. **Instruire**. *Informer contre X.* V. **Accusation**. « *La justice informait alors sur le crime...* » (BALZ.). ♦ 4° S'INFORMER. *v. pron.* Se mettre au courant. V. **Documenter** (se), **enquérir** (s'), **enquêter, interroger** (sur). *S'informer de la santé de qqn.* « *Je prends force notes et je m'informe de tout ce qui constitue la vie de l'animal* » (MICHAUX). *S'informer si une place est libre. Informez-vous s'il est arrivé.* V. **Voir** (voyez si...). — *Absolt.* Recueillir des informations. *Chercher à s'informer.*

INFORMULÉ, ÉE [ɛ̃fɔrmyle]. *adj.* (1855; de *in-* 1, et *formuler*). Qui n'est pas formulé. *Vœu informulé.* ◇ ANT. *Formulé.*

INFORTUNE [ɛ̃fɔrtyn]. *n. f.* (1350; lat. *infortunium*). ♦ 1° *Littér.* Mauvaise fortune. V. **Adversité, détresse, malheur**. *S'apitoyer sur l'infortune d'autrui.* — *Pour comble d'infortune. Compagnon d'infortune*, personne qui supporte les mêmes malheurs. ♦ 2° Revers de fortune. V. **Disgrâce, malheur, misère**. « *Les grandes prospérités et les grandes infortunes* » (BALZ.). ◇ ANT. *Bonheur, félicité, fortune.*

INFORTUNÉ, ÉE [ɛ̃fɔrtyne]. *adj.* (1350; lat. *infortunatus*). *Littér.* Qui est dans l'infortune. V. **Malheureux**. *Un homme infortuné.* « *Au banquet de la vie infortuné convive...* » (GILBERT). — Subst. *Les infortunés.* V. **Malheureux**. ◇ ANT. *Fortuné, heureux.*

1. **INFRA** [ɛ̃fra]. *adv.* (mot lat. « au-dessous, plus bas »). *Didact.* Sert à renvoyer à un passage qui se trouve plus loin dans un texte. V. **Après** (ci-après), **dessous** (ci-dessous). *Se reporter infra, page tant.* ◇ ANT. *Supra.*

2. **INFRA-**. Élément signifiant « inférieur », « en dessous ».

INFRACTION [ɛ̃fraksjɔ̃]. *n. f.* (1250; lat. *infractio*, de *frangere* « briser ». V. **Enfreindre**). ♦ 1° Violation d'un engagement, d'une loi, d'une convention. V. **Contravention, dérogation, faute, manquement, rupture, transgression, violation**. *Infraction à une règle, au règlement, à la discipline.* « *Une telle infraction à la coutume ne se concevait pas* » (CHARDONNE). *Commandement, ordre qui ne souffre aucune infraction.* V. **Dérogation**. ♦ 2° *Dr. pén.* Violation d'une loi de l'État, qui est frappée d'une peine strictement définie par la loi. V. **Crime, délit; contravention.** *Commettre une infraction. Infraction continue, continuée, d'habitude, impossible, instantanée, intentionnelle, permanente, politique, putative.* ◇ ANT. *Observation, respect.*

INFRALIMINAIRE [ɛ̃fraliminɛʀ] ou **INFRALIMINAL, ALE, AUX** [ɛ̃fraliminal, o]. *adj.* V. **Subliminal.**

INFRAMICROBIOLOGIE [ɛ̃framikʀɔ(o)bjɔlɔʒi]. *n. f.* (v. 1970; de *infra-*, et *microbiologie*). Science qui étudie les organismes ultramicroscopiques (*par ex.*, les virus).

INFRANCHISSABLE [ɛ̃frɑ̃ʃisabl(ə)]. *adj.* (1792; de *in-* 1, et *franchir*). Qu'on ne peut franchir. *Obstacle, barrière, mur infranchissable. Distances infranchissables.* « *Ici, la mer n'est que l'infranchissable abime, qui ne sert à rien et qui fait peur* » (LOTI). — Fig. *Difficulté infranchissable.* V. **Insurmontable, invincible.**

INFRANGIBLE [ɛ̃frɑ̃ʒibl(ə)]. *adj.* (1555; de *in-* 1, et a. fr. *frangible* (1519), du bas lat. *frangibilis*, class. *fragilis.* V. **Fragile.** *Littér.* Qui ne peut être brisé, détruit, rompu. V. **Solide.** *Il avait peur* « *de conférer soudain* (à ses craintes) *une infrangible réalité* » (MART. du G.).

INFRAROUGE [ɛ̃fraʀuʒ]. *adj.* (1877; de *infra-* 2, et *rouge*). Se dit des radiations qui sont en deçà du rouge, dans le spectre solaire. *Les rayons infrarouges ont des fréquences moins élevées que la lumière visible rouge.* Subst. *L'infrarouge et l'ultraviolet. Chauffage par infrarouge. Émulsions photographiques sensibles aux infrarouges.*

INFRASON [ɛ̃fʀasɔ̃]. *n. m.* (1941; de *infra-* 2, et *son*). *Sc.* Vibration inaudible, de fréquence inférieure à 15 ou 20 périodes par seconde.

INFRASONORE ou **INFRA-SONORE** [ɛ̃fʀasɔnɔʀ]. *adj.* (mil. XXᵉ; de *infra-* 2, et *sonore*). *Sc.* Des infrasons.

INFRASTRUCTURE [ɛ̃fʀastʀyktyʀ]. *n. f.* (1875; de *infra-* 2, et *structure*).

I. ♦ 1° Parties inférieures d'une construction. V. **Fondation.** — Ensemble des terrassements et ouvrages qui concourent à l'établissement de la plate-forme d'une voie de chemin de fer (remblais, souterrains, tunnels, passages à niveau, ponts, viaducs, etc.), d'une route. ♦ 2° *Aviat.* Ensemble des installations au sol (pistes, bâtiments, émetteurs de radio, etc.). — *Milit.* Ensemble des installations nécessaires à l'activité des forces militaires sur un territoire. ♦ 3° (mil. XXᵉ). Ensemble des équipements économiques ou techniques. « *L'infrastructure pétrolière* » (*Le Monde*, 30-9-1969). « *Infrastructure touristique* » (*La Croix*, 11-3-1969).

II. *Philo.* Structure cachée ou non remarquée, qui soutient qqch. de visible. — *Spécialt.* L'organisation économique de la société, considérée comme le fondement de l'idéologie (vocab. marxiste). ◇ ANT. **Superstructure.**

INFRÉQUENTABLE [ɛ̃fʀekɑ̃tabl(ə)]. *adj.* (1845, repris XXᵉ; de *in-* 1, et *fréquentable*). Qu'on ne peut fréquenter. *Des gens infréquentables.* ◇ ANT. **Fréquentable.**

INFROISSABILITÉ [ɛ̃fʀwasabilite]. *n. f.* (XXᵉ; du suiv.). *Rare.* Qualité de ce qui est infroissable.

INFROISSABLE [ɛ̃fʀwasabl(ə)]. *adj.* (1914; de *in-* 1, et *froissable*). Qui n'est pas froissable, qui est peu froissable. *Tissu infroissable.* ◇ ANT. **Froissable.**

INFRUCTUEUX, EUSE [ɛ̃fʀyktɥø, øz]. *adj.* (1372; lat. *infructuosus*). ♦ 1° *Vx.* Qui ne donne, qui ne rapporte pas de fruits. V. **Stérile.** « *Arbre infructueux* » (BOSS.). ♦ 2° *Mod.* Sans profit, sans résultat. V. **Inefficace, inutile, vain.** *Démarche infructueuse.* « *Je fis prendre des informations, qui furent d'abord infructueuses* » (GAUTIER). *Recherches, tentatives infructueuses, sans succès.* ◇ ANT. **Fructueux.**

INFULE [ɛ̃fyl]. *n. f.* (v. 1500; lat. *infula*). *Antiq. rom.* Bandelette sacrée qui couvrait le front des prêtres et dont on parait les victimes des sacrifices.

INFUMABLE [ɛ̃fymabl(ə)]. *adj.* (1845; de *in-* 1, et *fumable*). Désagréable à fumer. *Tabac, cigarette infumable.* ◇ ANT. **Fumable.**

INFUNDIBULIFORME [ɛ̃fɔ̃dibylifɔʀm(ə)]. *adj.* (v. 1700; de *infundibulum*, et *-forme*). *Sc.* Qui a la forme d'un entonnoir. *Corolle infundibuliforme.*

INFUNDIBULUM [ɛ̃fɔ̃dibylɔm]. *n. m.* (1710; mot lat. « entonnoir »). *Anat.* Partie en forme d'entonnoir (de certains organes ou canaux). V. **Canal, entonnoir.**

INFUS, USE [ɛ̃fy, yz]. *adj.* (h. XIIIᵉ; 1541; lat. *infusus*, rac. *fundere* « répandre »). ♦ 1° *Vx.* Répandu (dans). ♦ 2° Fig. et littér. *Révélation innée et infuse dans notre esprit. Don infus avec la vie.* V. **Inné, naturel.** *Théol. Science infuse, science infusée par Dieu à Adam. Cour. Avoir la science infuse :* être savant sans avoir étudié.

INFUSER [ɛ̃fyze]. *v. tr.* (v. 1500; de *infus*). ♦ 1° Laisser tremper (une substance) dans un liquide bouillant afin qu'il se charge des principes qu'elle contient. V. **Macérer.** Au p. p. *Boisson infusée.* V. **Infusion, tisane.** « *Une bonne tasse de thé..., bouillant, bien infusé* » (SARRAUTE). Intrans. *Laisser infuser quelques minutes.* ♦ 2° *Vx.* Faire pénétrer (un liquide) dans un corps. V. **Verser.** *Infuser du sang à qqn.* V. **Trans-**

fusion. — Fig. et mod. *Infuser un sang nouveau à qqn, à qqch.* : l'animer d'une vie nouvelle. « *Il lui avait infusé dans les veines sa conviction* » (HUGO).

INFUSIBILITÉ [ɛ̃fyzibilite]. *n. f.* (1771; de *infusible*). *Didact.* Caractère de ce qui est infusible. ◇ ANT. **Fusibilité.**

INFUSIBLE [ɛ̃fyzibl(ə)]. *adj.* (1760; de *in-* 1, et *fusible*). Qui ne peut être fondu. V. **Apyre.** *L'amiante, substance infusible à haute température.* ◇ ANT. **Fusible.**

INFUSION [ɛ̃fyzjɔ̃]. *n. f.* (XIIIᵉ; lat. *infusio*). ♦ 1° Action d'infuser dans un liquide une substance dont on veut extraire les principes solubles; liquide ainsi obtenu. V. **Décoction.** *Les tisanes, le café, le thé se font par infusion dans l'eau chaude.* V. **Macération.** ♦ 2° (XVIᵉ). *Cour.* Tisane de plantes (camomille, menthe, tilleul, verveine). *Elle* « *lui apporta quelques tasses d'infusion de feuilles d'oranger* » (BALZ.). ♦ 3° *Théol.* Pénétration dans l'âme de certaines facultés ou grâces surnaturelles. *L'infusion du Saint-Esprit.*

INFUSOIRE [ɛ̃fyzwaʀ]. *n. m.* (1795; lat. sc. *infusorius*, du rad. de *infusion*). Animal unicellulaire microscopique qui vit dans les liquides. *Les infusoires* : sous-embranchement des protozoaires (*ex.* : ciliés, flagellés, operculaires, vorticelles).

INGAGNABLE [ɛ̃ganabl(ə)]. *adj.* (v. 1775; de *in-* 1, et *gagnable*). Qui ne peut être gagné. ◇ ANT. **Gagnable.**

INGAMBE [ɛ̃gɑ̃b]. *adj.* (1575; it. *in gamba* « en jambe »). Qui a un usage normal de ses jambes. *Vieillard ingambe.* V. **Alerte, allègre, gaillard.** « *Il y a deux ans, je ne boitais pas; j'étais au contraire fort ingambe* » (VIGNY). ◇ ANT. **Impotent, infirme.**

INGÉNIER (S') [ɛ̃ʒenje]. *v. pron.* (1395, puis XVIIIᵉ; lat. médiév. *ingeniare*, du lat. *ingenium* « esprit, talent »). S'INGÉNIER À (et inf.) : mettre en jeu toutes les ressources de son esprit (pour imaginer, faire qqch.). V. **Chercher, évertuer** (s'). « *Devant la déception de l'enfant, je m'ingéniais à lui procurer quelque autre plaisir* » (GIDE).

INGÉNIERIE [ɛ̃ʒeniʀi]. *n. f.* (v. 1964; de *ingénieur*, par l'angl. *engineering;* V. **Génie** III). Étude globale d'un projet industriel sous tous ses aspects (techniques, économiques, financiers, sociaux), coordonnant les études particulières de plusieurs équipes de spécialistes. Cf. l'anglicisme *Engineering.*

INGÉNIEUR [ɛ̃ʒenjœʀ]. *n. m.* (1556; a. fr. *engineur*, de *engin* « machine de guerre »). ♦ 1° *Vx.* Constructeur, inventeur d'engins de guerre (V. **Génie**). ♦ 2° *Mod.* (XVIIᵉ-XVIIIᵉ). Personne qui a reçu une formation scientifique et technique la rendant apte à diriger certains travaux, à participer à des recherches. « *L'ingénieur... est un homme qui s'est spécialisé dans la mise en œuvre de certaines applications de la science* » (DE BROGLIE). *Ingénieur civil. Ingénieur breveté, diplômé des arts et métiers, des constructions navales, des eaux et forêts, des mines, des ponts et chaussées, des travaux publics. Ingénieur agronome, chimiste, électricien, géographe, hydraulicien, hydrographe, mécanicien. Ingénieur en chef. Des ingénieurs conseil. Madame X... ingénieur chimiste. Ingénieur du son.* — *Fam.* **Femme ingénieur.**

INGÉNIEUSEMENT [ɛ̃ʒenjøzmɑ̃]. *adv.* (1380; *engeniousement*, 1200; de *ingénieux*). D'une manière ingénieuse.

INGÉNIEUX, EUSE [ɛ̃ʒenjø, øz]. *adj.* (1380; a. fr. *engenious*, lat. *ingeniosus*). ♦ 1° (*Personnes*). Qui a l'esprit inventif. V. **Adroit, astucieux, entendu, habile, industrieux.** « *L'ingénieux Ulysse* » (RAC.). *Un homme ingénieux.* V. **Ressource** (de). *Inventeur, bricoleur ingénieux. Le besoin rend ingénieux.* ♦ 2° (*Choses*). Qui témoigne de l'adresse, d'une grande fertilité d'imagination. *Invention, trouvaille ingénieuse.* V. **Génial, génie** (de). *Explication ingénieuse. Bravo, c'est très ingénieux!* V. **Habile.** ◇ ANT. **Bête, malhabile.**

INGÉNIOSITÉ [ɛ̃ʒenjozite]. *n. f.* (1307; bas lat. *ingeniositas*). Qualité d'une personne ingénieuse. V. **Adresse, astuce, esprit, habileté.** *Faire preuve d'ingéniosité.* V. **Industrie.** *Apporter, déployer beaucoup d'ingéniosité dans une entreprise. De Bonald* « *avait l'esprit délié; on prenait son ingéniosité pour du génie* » (CHATEAUB.). ◇ *Par ext.* Caractère de ce qui est ingénieux. *Ingéniosité d'un projet.* ◇ ANT. **Bêtise.**

INGÉNU, UE [ɛ̃ʒeny]. *adj.* (h. XIIIᵉ; 1680; lat. *ingenuus* « né libre », et par ext. « noble, franc »). ♦ 1° *Dr. rom.* Qui est né libre (*opposé* à esclave ou affranchi). ♦ 2° (1611). *Littér.* Qui a une sincérité innocente et naïve. V. **Candide, inexpérimenté, innocent, naïf, simple.** *Jeune fille ingénue.* « *Il est ingénu et sans malice* » (FÉN.). *Air, regard ingénu.* — Subst. « *L'Ingénu* », conte de Voltaire. *Théât.* **Rôle d'ingénue.** *Cour.* (plais.) « *Nous sommes les Ingénues Aux bandeaux plats, à l'œil bleu* » (VERLAINE). ◇ ANT. **Averti, coquette.**

INGÉNUITÉ [ɛ̃ʒenɥite]. *n. f.* (1372; lat. *ingenuitas*). ♦ 1° *Dr. rom.* État d'une personne née libre. ♦ 2° (XVIᵉ). Sincérité innocente et naïve. V. **Candeur, franchise, innocence, naïveté, pureté, simplicité, sincérité.** « *Toute la personne de Cosette était naïveté, ingénuité,... blancheur, candeur* »

(HUGO). *Ingénuité de l'enfance. Répondre avec ingénuité.* ◊ ANT. *Coquetterie, fausseté, rouerie.*

INGÉNUMENT [ɛ̃ʒenymɑ̃]. *adv. (h. XVe; 1554, « avec une noble franchise »; de ingénu).* D'une manière ingénue. *Répondre très ingénument à une question.*

INGÉRENCE [ɛ̃ʒerɑ̃s]. *n. f. (1860; de ingérer).* Action de s'ingérer. V. **Immixtion, intervention, intrusion.** *« Les ingérences politiques des représentants britanniques au Levant »* (DE GAULLE).

INGÉRER [ɛ̃ʒere]. *v. tr.; conjug. céder (1361, s'ingérer; lat. ingerere « porter dans »).*
I. S'INGÉRER. *v. pron.* S'introduire indûment, sans en être requis ou en avoir le droit. V. **Entremettre (s'), entrer, immiscer (s'), intervenir, introduire (s').** *S'ingérer dans les affaires d'autrui. « Le désir de s'ingérer dans la vie des autres »* (LACRETELLE). ◊ Vx. *S'ingérer à, de.* V. **Mêler (se).** *« Nul ne se doit ingérer de son autorité propre à gouverner l'Église »* (BOSS.).
II. *V. tr. (1835). Physiol.* Introduire par la bouche (dans les voies digestives). V. **Avaler, manger; ingestion.**

INGESTION [ɛ̃ʒɛstjɔ̃]. *n. f. (1825; bas lat. ingestio). Physiol.* Action d'ingérer (des aliments, des boissons). *Ingestion d'alcool. Ingestion et digestion.*

INGOUVERNABLE [ɛ̃guvɛrnabl(ə)]. *adj. (1760; de in- 1, et gouvernable).* Qui ne peut être gouverné. *Peuple, chambre ingouvernable.* ◊ ANT. *Docile, gouvernable.*

INGRAT, ATE [ɛ̃gra, at]. *adj. et n. (1361; lat. ingratus, rac. gratus; Cf. Gré).* ♦ 1° Qui n'a aucun gré, aucune reconnaissance. V. **Oublieux.** *Ingrat envers un bienfaiteur. Le « père maltraité par ses enfants ingrats »* (TAINE). *Fils ingrat.* V. **Dénaturé.** *« Ingrate patrie, tu n'auras pas mes os »,* paroles attribuées à Scipion l'Africain. — N. *Faire du bien à un ingrat* (Cf. Réchauffer un serpent dans son sein). *« Jamais un vrai bienfait ne fit d'ingrat »* (ROUSS.). — *Spécialt. (1660) Vx.* Qui ne répond pas ou ne répond plus à l'amour qu'on lui porte. *Amante ingrate.* ♦ 2° (1637). Qui ne dédommage guère de la peine qu'il donne, des efforts qu'il coûte. *Sol ingrat, terre ingrate.* V. **Infructueux, stérile.** *Nature ingrate.* V. **Hostile.** — *Travail, sujet ingrat, tâche ingrate.* V. **Difficile, pénible.** *« Un être usé, rompu par une vie ingrate »* (DUHAM.). ♦ 3° (Déb. XVIe). Qui manque d'agrément, de grâce. V. **Déplaisant, désagréable, disgracieux, laid.** *Visage ingrat.* V. **Disgracié.** *Physionomie, mine ingrate.* ◊ *Âge ingrat,* celui de la puberté. *« Cosette avait un peu plus de quatorze ans et elle était dans l'âge ingrat »* (HUGO). ◊ ANT. *Reconnaissant; fécond, fertile; avenant, plaisant.*

INGRATEMENT [ɛ̃gratmɑ̃]. *adv. (1510; de ingrat). Littér.* Avec ingratitude.

INGRATITUDE [ɛ̃gratityd]. *n. f. (1265; bas lat. ingratitudo).* ♦ 1° Caractère de celui qui est ingrat; manque de gratitude, de reconnaissance. V. **Méconnaissance, oubli.** *Acte d'ingratitude. Un monstre d'ingratitude.* ♦ 2° Caractère de ce qui est ingrat (2°). *« Ingratitude d'un sol »* (RAYNAL). ◊ ANT. *Gratitude, reconnaissance.*

INGRÉDIENT [ɛ̃gredjɑ̃]. *n. m. (1508; lat. ingrediens, p. prés. de ingredi « entrer dans »).* Élément qui entre dans la composition d'une préparation ou d'un mélange quelconque. *Ingrédients d'un médicament, d'une boisson, d'une sauce* (V. **Assaisonnement**), *d'un mets.* ◊ *Fig. « Le remords, singulier ingrédient du plaisir »* (BAUDEL.).

INGRESSION [ɛ̃gresjɔ̃]. *n. f. (1378; lat. ingressio).* ♦ 1° *Vx.* V. **Incursion, invasion.** ♦ 2° *Géogr.* Envahissement d'une région basse par les eaux.

INGUÉRISSABLE [ɛ̃gerisabl(ə)]. *adj. (Ingarissable, v. 1460; de in- 1, et guérissable).* Qui n'est pas guérissable. *Malade inguérissable.* V. **Condamné.** *Maladie, plaie inguérissable.* V. **Incurable.** ◊ *Fig.* Sans remède. *Douleur, chagrin inguérissable. « Je ne souffrais plus du mal que j'avais cru si longtemps inguérissable »* (PROUST). ◊ ANT. *Curable, guérissable.*

INGUINAL, ALE, AUX [ɛ̃gɥinal, o]. *adj. (1560; du lat. inguen, inguinis « aine »). Anat.* Qui appartient à l'aine, à la région de l'aine. *Région inguinale. Ganglions inguinaux. Hernie inguinale.*

INGURGITATION [ɛ̃gyrʒitasjɔ̃]. *n. f. (h. 1488; 1818; bas lat. ingurgitatio). Rare.* Action d'ingurgiter.

INGURGITER [ɛ̃gyrʒite]. *v. tr. (h. 1488; 1836; lat. ingurgitare « engouffrer »).* ♦ 1° *Rare.* Introduire dans la gorge, faire avaler. V. **Enfourner, entonner.** *Elles s'empressaient autour de Johny et lui ingurgitaient une arquebuse* (liqueur) » (AYMÉ). *La potion qu'on lui a ingurgitée.* ♦ 2° *Cour.* Avaler avidement en quantité. V. **Engloutir, engouffrer.** *Le goinfre a tout ingurgité.* ◊ *Fig. « On me faisait de force ingurgiter l'algèbre »* (HUGO). ◊ ANT. *Régurgiter.*

INHABILE [inabil]. *adj. (1361; lat. inhabilis).* ♦ 1° *Vieilli.* Qui n'est pas apte à. V. **Inapte.** — *Dr.* Qui n'est pas habile à. V. **Incapable.** *Inhabile à contracter, à tester.* ♦ 2° (1611). *Littér.* Qui manque d'habileté, d'adresse. V. **Maladroit, malhabile.** *Ministre inhabile.* V. **Ignorant, incapable, inexpert.** ◊ ANT. *Habile.*

INHABILEMENT [inabilmɑ̃]. *adv. (1596; de inhabile). Littér.* D'une manière inhabile. ◊ ANT. *Habilement*

INHABILETÉ [inabilte]. *n. f. (XIVe, rare av. XIXe; de inhabile). Littér.* Manque d'habileté. V. **Gaucherie, maladresse, malhabileté.** ◊ ANT. *Habileté.*

INHABILITÉ [inabilite]. *n. f. (1361; de inhabile). Dr.* (Vx). V. **Incapacité.** *Inhabilité du mineur à tester.*

INHABITABLE [inabitabl(ə)]. *adj. (1360; lat. inhabitabilis).* Qui n'est pas habitable, qui est difficilement habitable. *Maison inhabitable,* sans aucun confort.

INHABITÉ, ÉE [inabite]. *adj. (1396; de in- 1, et habiter).* Qui n'est pas habité. *Régions, terres, contrées inhabitées.* V. **Désert, sauvage, solitaire.** *Appartement inhabité* (V. **Inoccupé, libre**). *« La maison resta inhabitée et tomba lentement en ruine »* (HUGO). V. **Abandonné.** ◊ ANT. *Habité.*

INHABITUEL, ELLE [inabitɥɛl]. *adj. (1807; de in- 1, et habituel).* Qui n'est pas habituel. V. **Accidentel, anormal, inaccoutumé, insolite.** *Il régnait dans la rue une animation inhabituelle.* ◊ ANT. *Habituel.*

INHALATEUR, TRICE [inalatœr, tris]. *adj. et n. m. (1873; du rad. de inhalation).* Que l'on emploie pour les inhalations. *Appareil inhalateur.* ◊ *N. m.* Appareil servant aux inhalations. *Inhalateurs d'oxygène,* employés à haute altitude par les aviateurs. ◊ *Méd.* Appareil servant à vaporiser un liquide médicamenteux et à faire inhaler les vapeurs.

INHALATION [inalasjɔ̃]. *n. f. (1760; bas lat. inhalatio). Méd.* Absorption par les voies respiratoires (de gaz, de vapeurs). V. **Aspiration, inspiration, respiration.** *Inhalation d'éther, de chloroforme, en vue de provoquer l'anesthésie.* ◊ *Cour. (Absolt.)* Aspiration par le nez de vapeurs qui désinfectent, décongestionnent. V. **Fumigation.** *Faire des inhalations, une inhalation.* ◊ ANT. *Exhalation.*

INHALER [inale]. *v. tr. (1825; lat. inhalare). Méd.* Aspirer par inhalation. V. **Absorber, aspirer.** ◊ ANT. *Exhaler.*

INHARMONIEUX, EUSE [inarmɔnjø, øz]. *adj. (fin XVIIIe; de in- 1, et harmonieux). Littér.* Qui manque d'harmonie. ◊ ANT. *Harmonieux.*

INHÉRENCE [inerɑ̃s]. *n. f. (1377; lat. scolast. inhaerentia, de inhaerere. V. Inhérent). Philo.* Caractère, état de ce qui est inhérent.

INHÉRENT, ENTE [inerɑ̃, ɑ̃t]. *adj. (1503; lat. inhaerens, p. prés. de inhaerere « être attaché à »).* ♦ 1° Se dit de tout ce qui appartient essentiellement à un être, à une chose, de tout caractère qui lui est joint inséparablement. V. **Essentiel, immanent, inséparable, intrinsèque.** *Les qualités inhérentes à la personne. « La disposition de l'esprit… est inhérente au jeu de notre intelligence »* (PAULHAN). ♦ 2° *Philo.* Se dit de toute détermination qui est affirmée d'un sujet, ou qui en constitue une manière d'être intrinsèque.

INHIBÉ, ÉE [inibe]. *adj. (fin XIXe; V. Inhiber). Physiol.* Freiné, arrêté par l'inhibition. *Psycho.* Qui est victime d'inhibitions. *Subst. Un inhibé.* V. **Complexé** *(fam.).*

INHIBER [inibe]. *v. tr. (inhiber, 1360; lat. inhibere « retenir, arrêter »).* ♦ 1° *Vx. Dr.* Mettre opposition à. V. **Défendre, prohiber.** ♦ 2° (Fin XIXe). *Physiol.* Exercer une action d'inhibition sur… ◊ *Psycho.* Freiner, arrêter (dans son activité, son impulsion, son développement); causer l'inhibition de. *« Celui qui a plusieurs fois inhibé un mouvement de colère… et enfin l'éclaté »* (LE SENNE). ◊ ANT. *Exciter.*

INHIBITEUR, TRICE [inibitœr, tris]. *adj. et n. m. (1534; de inhiber).* ♦ 1° *Adj. Physiol.* et *Psycho.* Qui provoque une inhibition. V. **Inhibitif.** *Une influence exaltante qui devient « inhibitrice à son tour »* (GIDE). ♦ 2° *N. m.* (Chim., méd.) Substance qui ralentit ou arrête complètement une réaction (chimique, physiologique). ◊ *Astronaut.* Produit dont on revêt un bloc de propergol* pour réduire la combustion.

INHIBITIF, IVE [inibitif, iv]. *adj. (1604; de inhiber). Physiol.* Capable de ralentir ou d'arrêter une fonction. V. **Inhibitive.** ◊ *Psycho.* Qui exerce une inhibition (V. **Inhibiteur**, 1°). *Mécanismes inhibitifs.* ◊ ANT. *Dynamogène.*

INHIBITION [inibisjɔ̃]. *n. f. (v. 1300; lat. inhibitio).* ♦ 1° *Vx. Dr.* Action d'inhiber. V. **Défense, prohibition.** ♦ 2° (v. 1870). *Physiol.* Action nerveuse ou hormonale empêchant ou modérant le fonctionnement d'un organe; diminution d'activité qui en résulte. — *Psycho.* ou *littér.* Action d'un fait psychique qui empêche d'autres faits de se produire ou d'arriver à la conscience. État d'impuissance, paralysie qui en résulte. ◊ *Chimie.* Ralentissement ou arrêt d'une réaction sous l'effet d'un inhibiteur* (2°). ◊ ANT. *Excitation, impulsion.*

INHOSPITALIER, IÈRE [inɔspitalje, jɛr]. *adj. (1586; de in- 1, et hospitalier).* Qui n'est pas hospitalier. *Peuple inhospitalier. Pays inhospitalier. Me voilà seul… dans cette chambre inhospitalière »* (DUHAM). *Rivage inhospitalier.* ◊ ANT. *Accueillant, hospitalier.*

INHUMAIN, AINE [inymɛ̃, ɛn]. *adj. (1373; lat. inhumanus).* ♦ 1° *Vx* ou *littér.* Qui manque d'humanité. *« J'ai voulu te paraître odieux, inhumaine »* (RAC.) — Par ext.

Cœur inhumain. V. **Insensible.** *Acte, traitement inhumain.*
V. **Barbare.** — *Femme inhumaine,* qui ne répond pas à l'amour
qu'on lui porte. Subst. *Une inhumaine.* ♦ 2° *Didact.* Qui n'a
rien d'humain, qui semble ne pas appartenir à la nature ou
à la condition humaine. « *L'art est tout humain et la science
est inhumaine* » (SUARÈS). ◊ Cour. *Un cri, un hurlement
inhumain.* V. **Terrible.** « *Le caractère inhumain, monstrueux,
antinaturel de ses sentiments* » (MAURIAC). ◊ ANT. *Humain.*

INHUMAINEMENT [inymɛnmã]. *adv.* (XIVᵉ; de *inhumain*). Littér. D'une façon inhumaine. *Traiter inhumainement
un prisonnier.* ◊ ANT. *Humainement.*

INHUMANITÉ [inymanite]. *n. f.* (1312; lat. *inhumanitas*).
Littér. Caractère d'une personne, d'une chose inhumaine.
V. **Barbarie, brutalité, cruauté, férocité.** *Acte d'inhumanité.*
◊ ANT. *Humanité.*

INHUMATION [inymɑsjɔ̃]. *n. f.* (1417, *inhumacion;* de
inhumer). Action d'inhumer. V. **Ensevelissement, enterrement.**
*Inhumation d'un cadavre, d'un corps. Inhumation dans un
caveau, une fosse. Lieu consacré aux inhumations.* V. **Cimetière.** ◊ ANT. *Exhumation.*

INHUMER [inyme]. *v. tr.* (1408; lat. *inhumare,* de *humus*
« terre »). Mettre en terre (un corps humain), avec les cérémonies d'usage. V. **Ensevelir, enterrer.** *Inhumer un cadavre,
un corps, un mort. Permis d'inhumer,* donné par le médecin.
◊ ANT. *Déterrer, exhumer.*

INIMAGINABLE [inimaʒinabl(ə)]. *adj.* (1580; de *in*-1,
et *imaginer*). Qu'on ne peut imaginer, dont on n'a pas idée.
V. **Extraordinaire, impensable, inconcevable, incroyable,
invraisemblable.** « *C'était un grouillement cosmopolite inimaginable* » (LOTI). *C'est inimaginable !* ◊ ANT. *Imaginable.*

INIMITABLE [inimitabl(ə)]. *adj.* (XVᵉ; lat. *inimitabilis*).
Qui ne peut être imité. *Son style est inimitable. Il est inimitable dans ce domaine.* — *Produit d'une qualité inimitable.*

INIMITIÉ [inimitje]. *n. f.* (1300; a. fr. *enemistié,* lat.
inimicitia). Sentiment hostile. V. **Animosité, antipathie,
aversion, haine, hostilité.** « *L'inimitié succède à l'amitié
trahie* » (RAC.). *Inimitié profonde. Avoir, concevoir de l'inimitié pour, contre qqn.* ◊ ANT. *Amitié.*

ININFLAMMABILITÉ [inɛ̃flamabilite]. *n. f.* (1838; de
ininflammable). Qualité de ce qui est ininflammable. ◊ ANT.
Inflammabilité.

ININFLAMMABLE [inɛ̃flamabl(ə)]. *adj.* (1600; de *in*-1,
et *inflammable*). Qui n'est pas inflammable, qui ne peut
prendre feu. V. **Apyre.** *Gaz, liquide, tissu ininflammable.
Rendre ininflammable.* V. **Ignifuger.** ◊ ANT. *Inflammable.*

ININTELLIGEMMENT [inɛ̃teliʒamã]. *adv.* (1833; de
inintelligent). D'une manière inintelligente.

ININTELLIGENCE [inɛ̃teliʒɑ̃s]. *n. f.* (1791; de *inintelligent*). Manque d'intelligence. « *Un mélange... de justesse et
d'inintelligence* » (STE-BEUVE). *Inintelligence de qqch.* V.
Incompréhension. ◊ ANT. *Intelligence.*

ININTELLIGENT, ENTE [inɛ̃teliʒã, ãt]. *adj.* (1784; de
in- 1, et *intelligent*). Qui n'est pas intelligent. V. **Bête, sot.**
Élève, enfant inintelligent. Raisonnement, acte inintelligent.
« *Un préjugé, une habitude inintelligente, une lubie* » (CHA-
TEAUB.). ◊ ANT. *Intelligent.*

ININTELLIGIBILITÉ [inɛ̃te(ɛl)liʒibilite]. *n. f.* (XVIIᵉ; de
inintelligible). Didact. Caractère de ce qui est inintelligible.
Inintelligibilité d'un texte, d'un auteur. ◊ ANT. *Intelligibilité.*

ININTELLIGIBLE [inɛ̃te(ɛl)liʒibl(ə)]. *adj.* (1640; de *in*- 1,
et *intelligible*). Qu'on ne peut comprendre; dont on ne peut
saisir le sens. V. **Abstrus, confus, difficile, incompréhensible,
nébuleux, obscur.** *Langage, parole, mot inintelligible.* « *Le
vieillard lui marmonnait des choses inintelligibles entrecoupées de profonds soupirs* » (BARRÈS). *Raisonnement, discours, style inintelligible.* V. **Amphigourique.** ◊ ANT. *Intelligible.*

ININTELLIGIBLEMENT [inɛ̃te(ɛl)liʒibləmã]. *adv.* (fin
XVIᵉ; de *inintelligible*). D'une manière inintelligible. *Parler,
bredouiller, marmonner inintelligiblement.* V. **Confusément.**
◊ ANT. *Intelligiblement.*

ININTÉRESSANT, ANTE [inɛ̃teresɑ̃, ãt]. *adj.* (1845;
de *in*- 1, et *intéressant*). Dépourvu d'intérêt. « *Ses récits
n'étaient pas inintéressants, mais péchaient par extravagance* »
(GIDE). ◊ ANT. *Intéressant.*

ININTERROMPU, UE [inɛ̃terɔ̃py]. *adj.* (1776; de *in*- 1,
et *interrompu*). Qui n'est pas interrompu (dans l'espace ou
dans le temps). V. **Continu.** *File ininterrompue de voitures.
Série, suite ininterrompue. Un quart d'heure de musique ininterrompue. Travailler de façon ininterrompue :* sans interruption.
V. **Arrache-pied** (d'). ◊ ANT. *Discontinu, interrompu.*

INIQUE [inik]. *adj.* (1355; lat. *iniquus*). Qui manque
gravement à l'équité; très injuste. *Action inique, usurpatoire.
Jugement, loi, impôt inique. Un juge inique.* ◊ ANT. *Équitable,
juste.*

INIQUEMENT [inikmã]. *adv.* (XIVᵉ; de *inique*). Littér.
D'une manière inique. V. **Injustement.**

INIQUITÉ [inikite]. *n. f.* (1120, « corruption des mœurs »;
lat. *iniquitas*). ♦ 1° Corruption des mœurs; dépravation,

état de péché. « *Tout est leurre, imposture, mensonge, iniquité* »
(HUGO). ◊ *Une iniquité* (relig. ou littér.) : acte contraire à la
morale, à la religion. V. **Défaut, péché.** « *Nous ne pouvons
bien connaître Dieu qu'en connaissant nos iniquités* » (PASC.).
♦ 2° Manque d'équité. V. **Injustice.** *L'iniquité d'un jugement,
d'une loi.* V. **Illégalité.** ◊ *Par ext.* Acte inique, chose inique.
V. **Crime, usurpation.** *Une iniquité flagrante, révoltante.*
« *L'inégalité politique... parut bientôt une iniquité* » (FUSTEL).
◊ ANT. *Équité, justice.*

INITIAL, ALE, AUX [inisjal, o]. *adj. et n. f.* (1130,
rare av. fin XVIIᵉ; lat. *initialis,* de *initium* « commencement »).
♦ 1° Qui est au commencement, qui caractérise le commencement (de qqch.). *État initial.* V. **Originel, primitif.** *Cause
initiale.* V. **Premier.** « *Prendre une décision... faire un acte
initial et efficace* » (DUHAM.). *Vitesse initiale d'un projectile.*
Bot. *Cellules initiales,* de l'extrémité des racines et des tiges,
qui se multiplient plus rapidement que les autres. ♦ 2° Spécialt. Qui commence un mot. *Lettre, voyelle, consonne initiale.*
— Subst. *Initiales formant le nom d'Unesco.* V. **Sigle.** *Signer
de ses initiales. Initiales enlacées, entrelacées.* V. **Chiffre.**
◊ ANT. *Dernier, final, terminal.*

INITIALEMENT [inisjalmã]. *adv.* (1867; de *initial*). Dans
la période initiale; au commencement, au début. *Initialement, mes projets étaient plus modestes.*

INITIATEUR, TRICE [inisjatœr, tris]. *n.* (1586, rare
av. XIXᵉ; bas lat. *initiator, -trix*). Personne qui initie (qqn),
qui enseigne le premier (qqch.). V. **Éducateur, maître.** « *Ce qu'Homère était pour
la Grèce, l'initiateur des grandes choses* » (RENAN). *La sédition
dont ils furent les principaux initiateurs.* V. **Auteur, novateur,
promoteur.** — Absolt. *Un initiateur.* V. **Novateur, précurseur.**
◊ Adj. *Un génie initiateur.*

INITIATION [inisjasjɔ̃]. *n. f.* (1488, rare av. XVIIIᵉ; lat.
initiatio). Action d'initier. ♦ 1° Admission aux mystères.
V. **Mystagogie.** *Initiation aux mystères d'Éleusis.* — *Par ext.*
Admission à une religion, un culte, dans une société secrète,
à un état social particulier. V. **Affiliation, introduction.**
« *D'autres* (cérémonies) *ont pour but de faire entrer les jeunes
gens dans la société des hommes... Ce sont les rites d'initiation* »
(CAILLOIS). V. **Initiatique.** ♦ 2° Introduction à la connaissance de choses secrètes, cachées, difficiles. « *L'exercice des
cinq sens veut une initiation particulière* » (BAUDEL.). V.
Éducation. ♦ 3° Action de donner ou de recevoir les premiers
éléments d'une science, d'un art, d'un jeu, d'une pratique,
d'un mode de vie. V. **Apprentissage, instruction.** *Initiation
à la philosophie, aux mathématiques.*

INITIATIQUE [inisjatik]. *adj.* (XXᵉ; de *initiation*). Hist.,
sociol. Relatif à l'initiation, caractérisé par l'initiation.
Rites, épreuves initiatiques. — *Par ext.* (mil. XXᵉ) Qui initie
qqn à qqch. V. **Initiation** (3°). « *L'effort pédagogique n'est
pas créateur, mais purement initiatique* » (Le Monde, 29-3-
1970).

INITIATIVE [inisjativ]. *n. f.* (1567, rare av. la fin du
XVIIIᵉ; du lat. *initiare* « initier », en bas lat. « commencer »).
♦ 1° Action de celui qui est le premier à proposer, entreprendre, organiser qqch. *Prendre l'initiative d'une démarche,
d'un mouvement.* V. **Agir, entamer, entreprendre, provoquer.**
Prendre l'initiative de faire qqch. « *L'initiative dans l'admiration est chose extrêmement rare; ici encore, l'on ne rencontre que des suiveurs* » (GIDE). ◊ *Par ext.* V. **Action,
intervention.** *Une initiative louable, hardie, malheureuse.
Initiatives privées, individuelles* (opposé à action collective,
étatique). ♦ 2° (1787). Polit. Droit de soumettre à l'autorité
compétente une proposition en vue de la faire adopter par
celle-ci. *Droit d'initiative. Le parlement a l'initiative des lois.
Initiative législative. Initiative populaire.* ♦ 3° (Mil. XIXᵉ).
Qualité de celui qui peut prendre des initiatives, de celui qui
est disposé à entreprendre, à oser. *Esprit, qualités d'initiative.*
« *Le moindre poste qui exige un peu d'initiative et de jugement* » (CHARDONNE). *De sa propre initiative.* ◊ ANT. *Passivité, routine.*

INITIÉ, ÉE [inisje]. *n.* (1756; « apprenti », 1671; V.
Initier). ♦ 1° Personne qui a été initiée (1°). « *Moins il y a
d'initiés, plus les mystères sont sacrés* » (VOLT.). ♦ 2° Personne qui est dans le secret. *Une poésie ésotérique, faite
pour des initiés. Le lecteur non initié.* ◊ ANT. *Profane.*

INITIER [inisje]. *v. tr.* (1355; lat. *initiare*). ♦ 1° Admettre
à la connaissance et à la participation de certains cultes
ou de certains rites secrets. *Prêtre chargé d'initier un fidèle.*
V. **Mystagogue.** — *Par ext.* Admettre à la pratique d'une
religion, admettre au sein d'une société secrète, faire entrer
dans un groupe fermé par l'initiation (sociol.). ♦ 2° Admettre
à la connaissance de choses d'accès difficile, réservée à des
privilégiés. *Initier qqn aux secrets d'une affaire, aux arcanes
de la politique.* V. **Révéler.** « *Je vous prends huit jours avec
moi, et vous initie à mes procédés* » (ROMAINS). ◊ (1611)
Être le premier à instruire, à mettre au fait. V. **Apprendre,
commencer, conduire, enseigner, instruire.** *Initier qqn à la
philosophie.* ◊ S'INITIER À : acquérir les premiers éléments

(d'un art, d'une science). V. **Instruire** (s'). *S'initier à un métier, à une profession.* — Prendre peu à peu l'habitude de, faire l'apprentissage de (qqch.). *Un effort « en vue de s'initier à la technique de nos peintres..., de nos architectes »* (DUHAM.).

INJECTABLE [ɛ̃ʒɛktabl(ə)]. adj. (XXᵉ; de *injecter*). Qui doit être injecté, administré par injection. *Produit, solution injectable.*

INJECTÉ, ÉE [ɛ̃ʒɛkte]. adj. (1794; V. Injecter). ♦ 1° Coloré par l'afflux du sang. *Face injectée.* Cour. « *Ses yeux injectés de sang flambaient...* » (PERGAUD). ♦ 2° Techn. Dans lequel on a injecté un fluide. *Bois injecté.*

INJECTER [ɛ̃ʒɛkte]. v. tr. (1719; injetter, 1555; lat. *injectare*). ♦ 1° Introduire (un liquide en jet, un gaz sous pression) dans un organisme. V. **Injection.** *Sérum artificiel injecté sous la peau, dans le sang.* « *Vous lui injecterez un nouveau demi-centigramme* » (MART. du G.). ♦ 2° Faire pénétrer (un liquide sous pression). *Injecter du ciment dans un ouvrage, pour le consolider. Injecter de la créosote, du coaltar dans du bois.*

INJECTEUR, TRICE [ɛ̃ʒɛktœʀ, tʀis]. n. m. et adj. (1842; « celui qui fait des injections », 1838; de *injecter*). ♦ 1° Méd. Appareil servant à injecter un liquide dans l'organisme. — Adj. *Seringue injectrice.* ♦ 2° Techn. (1859). Dispositif assurant l'alimentation en eau des chaudières à vapeur ou l'arrivée directe du carburant dans les cylindres d'un moteur, sans l'intermédiaire d'un carburateur. *Injecteur d'huile lourde, d'essence.* ◇ Astronaut. Organe réglant l'introduction et la pulvérisation homogène des ergols dans la chambre de combustion.

INJECTION [ɛ̃ʒɛksjɔ̃]. n. f. (XIIIᵉ; lat. *injectio*). ♦ 1° Introduction d'un fluide sous pression. — Méd. et chir. Introduction d'un liquide ou d'un gaz dans un conduit, une cavité organique ou un tissu, à l'aide d'une seringue ou d'un autre instrument (canule, poire à injection, sonde). *Injection cardiaque. Injection d'air dans la plèvre.* V. **Pneumothorax.** *Injection rectale.* V. **Lavement.** — Cour. Piqûre faite dans une veine de la peau, avec une seringue. *Injection intraveineuse* (abrév. *Une intraveineuse*). *Injection sous-cutanée* (ou *hypodermique*). ♦ 2° Le produit injecté. *Injection huileuse, aqueuse. Ampoule contenant une injection de pénicilline.* ♦ 3° Pénétration d'un liquide sous pression (dans une substance). *Ouvrage consolidé par injection de ciment.* — *Moteur à injection,* dont l'alimentation en carburant est assurée par un injecteur. — Géol. *Injection de granit dans les gneiss.* ◇ Astronaut. Introduction des ergols dans la chambre de combustion. ♦ 4° *Mise sur orbite* (d'un satellite). ♦ 5° (v. 1965). Apport massif et soudain (d'argent, de capitaux). *Injection de capitaux destinés à relancer l'économie. Injection de crédits.* ♦ 6° Math. Application injective. V. **Injectif.**

INJONCTIF, IVE [ɛ̃ʒɔ̃ktif, iv]. adj. (1768; de *injonction*). Didact. Qui renferme une injonction. *Loi injonctive.* — Qui convient à l'expression d'un ordre. *Forme injonctive du verbe.*

INJONCTION [ɛ̃ʒɔ̃ksjɔ̃]. n. f. (1295; lat. *injunctio*). Action d'enjoindre, d'ordonner expressément; ordre exprès. V. **Commandement, ordre.** *Injonction menaçante.* V. **Sommation.** *Obtempérer, se rendre, résister à une injonction.* « *Cette injonction faite au juste d'admettre que...* » (BENDA). Spécialt. Proc. civ. Ordre donné à la requête d'une partie, à l'autre partie ou à un tiers, de produire en justice un élément de preuve. *Injonction de payer* (V. Recouvrement). Dr. Ordre donné par le juge.

INJOUABLE [ɛ̃ʒwabl(ə)]. adj. (1767; de *in-* 1, et *jouable*). Qui ne peut être joué (III, 6°). « *La pièce est injouable avec les acteurs que nous avons* » (VOLT.).

INJURE [ɛ̃ʒyʀ]. n. f. (1174; lat. *injuria* « injustice, tort »). ♦ 1° Vx. Injustice, traitement injuste. *Faire injure à qqn :* traiter injustement, faire tort. ♦ 2° (XIIIᵉ). Littér. Dommage causé par les éléments, le temps. « *L'injure des ans, du sort.* ♦ 3° Vieilli. Offense grave et délibérée. V. **Affront, avanie, insulte, outrage.** « *En amour, une faveur qui n'est pas exclusive est une injure* » (ROUSS.). *Mépris des injures. Faire injure :* offenser. — Dr. civ. *Injures entre époux :* toute faute grave commise par l'un au préjudice de l'autre et constituant une cause de divorce. ♦ 4° Cour. (XIIIᵉ). Parole offensante. V. **Attaque, calomnie, insolence, insulte, invective, sottise.** *Dire, adresser, proférer des injures.* « *Il accourait à l'accabler d'injures atroces et dignes d'un cocher de fiacre* » (STENDHAL). *En venir aux injures. Chapelet, bordée d'injures. Injures grossières.* V. **Mot** (gros), **ordure.** ◇ Dr. Délit ou contravention consistant à proférer à l'encontre de quelqu'un un terme de mépris. V. **Outrage.** *L'injure se distingue de la diffamation.* ◇ ANT. Compliment, éloge, louange.

INJURIER [ɛ̃ʒyʀje]. v. tr. (1393; « faire du tort », 1266; bas lat. *injuriare,* lat. *injuriari*). Couvrir d'injures. V. **Engueuler** (pop.), **insulter, traiter** (de tous les noms). *Injurier grossièrement qqn.* « *Critiquez-le* (cet essai), *mais sans m'injurier* » (BEAUMARCH.). ◇ ANT. *Complimenter, flatter, louer.*

INJURIEUSEMENT [ɛ̃ʒyʀjøzmã]. adv. (1333; de *inju-*

rieux). Littér. D'une manière injurieuse. *Traiter qqn injurieusement.*

INJURIEUX, EUSE [ɛ̃ʒyʀjø, øz]. adj. (1300; lat. *injuriosus*). ♦ 1° Vx. Injuste. « *Le sort injurieux me ravit un époux* » (RAC.). ♦ 2° Mod. (fin XIIIᵉ). Qui contient des injures, qui constitue une injure. V. **Blessant, insultant, mortifiant, offensant, outrageant.** *Paroles, propos, termes injurieux. Discours, écrit injurieux.* V. **Diatribe.** *La nouvelle de sa mort « ne fut accompagnée d'aucun bruit injurieux pour la mémoire de cette femme »* (BALZ.). ◇ ANT. *Élogieux, respectueux.*

INJUSTE [ɛ̃ʒyst(ə)]. adj. (1293; lat. *injustus*). Qui n'est pas juste. ♦ 1° Qui agit contre la justice ou l'équité. V. **Mauvais.** *Un maître injuste. Vous avez été injuste envers vos amis.* « *C'est être injuste d'exiger des autres qu'ils fassent pour nous ce qu'ils ne veulent pas faire pour eux-mêmes* » (VAUVEN.). *Sort, société injuste.* ♦ 2° Qui est contraire à la justice. V. **Abusif, arbitraire, attentatoire, illégal, illégitime, inique.** *Sentence, jugement injuste.* V. **Partial.** *Châtiment injuste.* V. **Immérité, indu.** *Impôt, partage injuste.* V. **Inéquitable, léonin.** *Il est injuste d'agir ainsi, qu'il agisse ainsi.* — Subst. *Distinguer le juste et l'injuste.* ♦ 3° Vx. Qui résulte d'une erreur d'appréciation, qui est mal fondé. V. **Injustifié.** « *Hé! repoussez, Madame, une injuste terreur* » (RAC.). ◇ ANT. *Juste.*

INJUSTEMENT [ɛ̃ʒystəmã]. adv. (XIIIᵉ; de *injuste*). D'une manière injuste. « *Un innocent injustement puni* » (HUGO).

INJUSTICE [ɛ̃ʒystis]. n. f. (XIIᵉ; lat. *injustitia*). ♦ 1° Caractère d'une personne, d'une chose injuste; manque de justice. V. **Iniquité.** *L'injustice des hommes.* « *La puissance ne se montre que si l'on en use avec injustice* » (RADIGUET). — Absolt. Ce qui est injuste. *Haïr, abhorrer l'injustice.* « *Je ne rencontre que des passe-droits et de l'injustice* » (GIDE). ♦ 2° Acte, décision, jugement contraire à la justice. *L'injustice commise envers lui, l'injustice qu'on lui a faite. Être victime d'une terrible injustice. Il faut réparer cette injustice.* ◇ ANT. *Justice.*

INJUSTIFIABLE [ɛ̃ʒystifjabl(ə)]. adj. (1791; de *in-* 1, et *justifiable*). Qu'on ne peut justifier. V. **Inexcusable.** *Une politique injustifiable.* ◇ ANT. *Justifiable.*

INJUSTIFIÉ, ÉE [ɛ̃ʒystifje]. adj. (1842; de *in-* 1, et *justifié*). Qui n'est pas justifié. V. **Injuste.** *Une mesure, une réclamation, une punition injustifiée. Imputation injustifiée.* V. **Gratuit.** ◇ ANT. *Fondé, justifié.*

INLANDSIS [inlãdsis]. n. m. (1888; mot scand.). Géogr. Glacier continental des régions polaires; calotte glaciaire.

INLASSABLE [ɛ̃lasabl(ə)]. adj. (h. 1624; 1888; de *in-* 1, et *lasser*). Qui ne se lasse pas. V. **Infatigable, patient.** « *Dans une attitude d'inlassable patience professionnelle* » (MART. du G.).

INLASSABLEMENT [ɛ̃lɑ(a)sabləmã]. adv. (1907; de *inlassable*). D'une manière inlassable. *Recommencer inlassablement le même geste.* « *La littérature française peint inlassablement l'homme* » (DUHAM.).

INLAY [inlɛ]. n. m. (v. 1950; mot angl., « incrustation »). Anglicisme. Chir. dent. Obturation dentaire au moyen d'or coulé; la matière obturatrice. *Des inlays* (opposé à *Onlay*). Équivalent français : *incrustation.*

INNÉ, ÉE [in(n)e]. adj. (1611; enné, 1554; lat. *innatus*). Que l'on a en naissant, dès la naissance (opposé à *acquis*). *Don, goût inné. Qualité, disposition, inclination innée.* V. **Foncier, infus, naturel.** « *Le goût d'érudition est inné en moi* » (RENAN). V. **Congénital** (Cf. De nature, dans le sang). « *Cet amour de la justice inné dans tous les cœurs* » (ROUSS.). — Philo. *Idées innées,* inhérentes à l'esprit humain, antérieures à toute expérience. ◇ ANT. *Acquis.*

INNÉISME [in(n)eism(ə)]. n. m. (fin XIXᵉ; de [idée] *innée*). Philo. Système ou attitude reposant sur la croyance à l'innéité de caractères mentaux ou de structures mentales. — On emploie aussi **INNÉISTE** [in(n)eist(ə)], adj. et n.

INNÉITÉ [in(n)eite]. n. f. (1810; de *inné*). Philo. Caractère inné (de caractères mentaux, de structures mentales). *Doctrine de l'innéité des idées.*

INNERVATION [in(n)ɛʀvasjɔ̃]. n. f. (1830 « mode d'action du système nerveux »; de *in-* 2, et lat. *nervus* « nerf »). (v. 1900). Distribution des nerfs (dans une région du corps). *Innervation de la face, de la main.*

INNERVER [in(n)ɛʀve]. v. tr. (1873; du lat. *nervus.* V. **Innervation**). Fournir de nerfs, en parlant d'un tronc nerveux. *Le nerf facial et le nerf trijumeau innervent la face.* — Au p. p. *Région du corps peu innervée, très innervée.*

INNOCEMMENT [inɔsamã]. adv. (1349; de *innocent*). Avec innocence, sans faire ou sans vouloir faire le mal. « *Telle phrase qu'il disait jusque-là fort innocemment* » (PAULHAN). Cf. *Sans malice, sans songer à mal.*

INNOCENCE [inɔsãs]. n. f. (1120; lat. *innocentia.* V. **Innocent**). ♦ 1° État de l'être qui n'est pas souillé par le mal, qui est incapable de le commettre. V. **Pureté.** ◇ État de celui, de celle qui ignore le mal. V. **Candeur, fraîcheur, ingénuité.** « *Dans son innocence obstinée... elle avait gardé de* *l'enfance* » (STE-BEUVE). *En toute innocence.* ◆ 2° *Littér.* État de ce qui ne nuit pas, n'est pas malfaisant. « *Il s'en faut que le poison de mentir ait la même innocence* » (SUARÈS). ◆ 3° État d'une personne qui n'est pas coupable (d'une chose particulière). « *Il avait la conviction de l'innocence des accusés* » (BALZ.). « *Il a protesté de son innocence avec la dernière énergie* » (MART. du G.). *Reconnaître, établir l'innocence de qqn.* — Par ext. *Littér.* Les innocents. « *Laisser le crime en paix et poursuivre l'innocence* » (RAC.). ◇ ANT. *Impureté; expérience, nocivité; culpabilité.*

INNOCENT, ENTE [inɔsɑ̃, ɑ̃t]. *adj.* et *n.* (1080; lat. *innocens*, rac. *nocere* « nuire »). ◆ 1° Qui n'est pas souillé par le mal. V. **Pur, immaculé.** *Vie innocente* : simple et vertueuse. — *Spécialt.* Qui ignore le mal, est pur et sans malice. V. **Candide.** *Innocent comme l'enfant qui vient de naître. Air innocent.* V. **Angélique.** « *Elle, si innocente, qui ne sait rien de rien, dont nous surveillons jusqu'aux pensées* » (ZOLA). — *Subst. Un innocent, une innocente* (s'emploie surtout en parlant des jeunes enfants). *Relig. Massacre des Innocents, des saints Innocents,* massacre des petits enfants par Hérode. ◆ 2° (XVe). Qui a une ignorance, une naïveté trop grande. V. **Crédule, naïf, niais, simple.** *Il est bien innocent de croire ces balivernes.* ◇ N. *Un innocent* : un simple d'esprit. *L'innocent du village.* V. **Idiot.** ◇ PROV. *Aux innocents les mains pleines,* les simples sont heureux dans leurs entreprises. ◆ 3° *Vx* ou *littér.* Qui ne nuit pas, n'est pas dangereux. V. **Inoffensif.** *Hommes innocents et paisibles.* V. **Bon.** « *De petits remèdes innocents* » (RAC.). V. **Anodin, bénin.** ◆ 4° Qui n'est pas coupable. *Il est innocent du crime dont on l'accuse. Tout homme est présumé innocent jusqu'à ce qu'il ait été déclaré coupable. Être innocent d'un acte.* V. **Irresponsable.** *Innocente victime.* — Par ext. *Sang innocent.* — *Subst. Un innocent accusé, condamné. Faire l'innocent,* prendre la contenance de celui qui n'est pas coupable. ◆ 5° Qui n'est pas blâmable. V. **Irrépréhensible.** *Plaisirs innocents. Espiègleries, railleries innocentes,* pas méchantes. — *Jeux innocents* : petits jeux de société. « *Ces délicieux petits jeux dits innocents, parce qu'ils couvrent les innocentes malices des amours bourgeois(es)* » (BALZ.). ◇ ANT. *Impur; averti, rusé; dangereux, malfaisant, nuisible. Coupable, blâmable.*

INNOCENTER [inɔsɑ̃te]. *v. tr.* (1530; sens mod., 1704; de *innocent*). ◆ 1° Déclarer innocent, non coupable. V. **Blanchir, disculper, réhabiliter.** *Innocenter un accusé. On m'a « emprisonné, jugé, condamné, et (elle n'a) pas élevé la voix pour m'innocenter* » (AYMÉ). Par ext. *Cette déclaration du témoin l'innocente.* ◆ 2° Considérer comme innocent. V. **Absoudre, excuser, justifier, pardonner.** « *Tu ne penses jamais qu'à l'innocenter, et tu oublies tout* » (MART. du G.). ◇ ANT. *Accuser, condamner.*

INNOCUITÉ [in(n)ɔkɥite]. *n. f.* (1783; du lat. *innocuus* « qui n'est pas nuisible »). Qualité de ce qui n'est pas nuisible. *Innocuité d'une substance toxique prise à faible dose.* ◇ ANT. *Nocivité.*

INNOMBRABLE [in(n)ɔ̃bʀabl(ə)]. *adj.* (1341; lat. *innumerabilis*). ◆ 1° De nombre trop considérable pour être compté, et par *exagér.* d'un nombre très important. V. **Infini, nombreux.** *Troupe, foule innombrable.* — **Considérable.** « *Des poissons innombrables, des myriades et des myriades* » (LOTI). *Détails, formes, combinaisons, variantes, types, nuances innombrables.* ◆ 2° *Littér.* Qui a de très nombreux aspects, des formes innombrables; multiforme. « *Le cœur innombrable* », recueil de vers d'Anna de Noailles (1901).

INNOMÉ, ÉE ou **INNOMMÉ, ÉE** [in(n)ɔme]. *adj.* (1361; de *in*- 1, et *nom.* V. **Innominé**). Qui n'a pas reçu de nom, de dénomination (Cf. Innommable, 1°).

INNOMINÉ, ÉE [in(n)ɔmine]. *adj.* (1560; lat. *innominatus*). *Anat.* (Vx). *Os innominé, artère innominée* : iliaque (ils n'avaient pas reçu de nom).

INNOMMABLE [in(n)ɔmabl(ə)]. *adj.* (1584; de *in*- 1, et *nommer*). ◆ 1° *Didact.* Qui ne peut être nommé. « *L'attente de quelque chose d'inconnu, d'innomé et d'innommable* » (DANIEL-ROPS). ◆ 2° *Cour.* Trop vil, trop ignoble pour être désigné. V. **Dégoûtant.** « *Une matière innommable, faite de toutes les matières immondes que rejette une ville* » (MAUPASS.). ◇ *Abstrait.* Bas, vil. *Une conduite innommable.*

INNOVATEUR, TRICE [in(n)ɔvatœʀ, tʀis]. *n.* (1500; bas lat. *innovator*). Personne qui innove. V. **Créateur, initiateur, inspirateur, novateur, promoteur.** *Un innovateur hardi.* — *Adj.* Qui fait des innovations. *Politique innovatrice.* ◇ ANT. *Routinier.*

INNOVATION [in(n)ɔvasjɔ̃]. *n. f.* (1297; lat. imp. *innovatio*). Action d'innover. « *L'innovation au théâtre est la plus difficile et la plus dangereuse de toutes* » (GAUTIER). ◇ Résultat de cette action, chose nouvelle. V. **Changement, création, nouveau, nouveauté.** *Aimer, craindre les innovations.* V. **Inconnu, inédit.** « *Les nouvelles méthodes hantaient, ne lançaient dans les innovations* » (ZOLA). *Innovations scientifiques, techniques.* V. **Découverte, invention.** ◇ ANT. *Archaïsme, routine, tradition.*

INNOVER [in(n)ɔve]. *v.* (1315, rare av. XVIe; lat. *innovare*). ◆ 1° *V. tr.* Introduire dans une chose établie (qqch. de nouveau, d'encore inconnu). V. **Changer.** *Innover une mode, une coiffure.* V. **Inventer, trouver.** « *Ne rien innover, telle est la loi du pays* » (BALZ.). ◆ 2° *V. intr. Innover sur une époque,* par rapport à une époque. *Innover en art, en matière d'art.* ◇ ANT. *Conserver, copier, imiter.*

INOBSERVABLE [inɔpsɛʀvabl(ə)]. *adj.* (XVIIIe; de *in*- 1, et *observable*). Qui ne peut être observé. *Phénomène inobservable.* ◇ ANT. *Observable.*

INOBSERVANCE [inɔpsɛʀvɑ̃s]. *n. f.* (1521; lat. *inobservantia*). *Littér.* Défaut d'observance (des prescriptions morales, religieuses, médicales). *L'inobservance de la règle.* « *L'inobservance de ce minimum de formes extérieures...* » (Cl. SIMON). ◇ ANT. *Observance.*

INOBSERVATION [inɔpsɛʀvasjɔ̃]. *n. f.* (1550; de *in*- 1, et *observation*). *Dr.* ou *littér.* Action de ne pas observer, de ne pas se conformer à. *L'inobservation des règles, des conventions, d'un contrat.* V. **Inexécution.** ◇ ANT. *Observation.*

INOBSERVÉ, ÉE [inɔpsɛʀve]. *adj.* (1846; de *in*- 1, et *observé*). *Dr.* ou *littér.* Qui n'a pas été observé. ◇ ANT. *Observé.*

INOCCUPATION [inɔkypasjɔ̃]. *n. f.* (1771; de *in*- 1, et *occupation*). *Littér.* État d'une personne inoccupée (V. **Désœuvrement**), d'une chose inoccupée. ◇ ANT. *Occupation.*

INOCCUPÉ, ÉE [inɔkype]. *adj.* (h. 1544; 1717; de *in*- 1, et *occupé*). Qui n'est pas occupé. ◆ 1° Où il n'y a personne. V. **Vacant, vide.** *Appartement, logement inoccupé* (V. **Inhabité**). *Terrain inculte et inoccupé.* V. **Vague.** ◆ 2° Qui n'a pas d'occupation. *Personne, vie inoccupée.* V. **Désœuvré, oisif.** — *Subst. Un inoccupé.* « *Cette inoccupée, qui bornait son activité à morigéner sa servante* » (COLETTE). ◇ ANT. *Occupé.*

IN-OCTAVO [inɔktavo]. *adj.* et *n.* (1567; mots lat. signif. « en huitième »). *Imprim.* Où la feuille d'impression est pliée en huit feuillets (ou seize pages). *Le format in-octavo* (in-8°), et subst. *L'in-octavo.* — *Livre in-octavo.* N. m. *Des in-octavo* ou *des in-octavos.*

INOCULABLE [inɔkylabl(ə)]. *adj.* (1770; de *inoculer*). Qui peut être inoculé. *La rage est facilement inoculable.*

INOCULATION [inɔkylasjɔ̃]. *n. f.* (1722, empr. angl.; 1580, « greffe »; lat. *inoculatio.* V. **Inoculer**). *Méd.* Introduction dans l'organisme (d'une substance contenant les germes d'une maladie). *Inoculation accidentelle, involontaire, par blessure superficielle, morsure. Inoculation d'un microbe, d'un virus.* — *Spécialt. Cour. Inoculation volontaire, immunisante* (V. **Vaccin, vaccination**), *curative* (pour atténuer une autre maladie préexistante). *L'inoculation a été abandonnée pour la vaccine.* V. **Vaccination.**

INOCULER [inɔkyle]. *v. tr.* (1722; angl. *to inoculate;* lat. *inoculare* « greffer en écusson », de *oculus* « œil, bourgeon »). ◆ 1° *Méd.* Introduire dans l'organisme par inoculation (les germes d'une maladie). *Inoculer la fièvre typhoïde, la vaccine.* V. **Vacciner.** *Il se fit une piqûre* « *qui lui inocula une fièvre purulente* » (FRANCE). *S'inoculer une maladie.* — Par ext. *Inoculer qqn* : lui inoculer une maladie. ◆ 2° *Fig.* (fin XVIIIe). Communiquer, transmettre (un sentiment, une idée, que l'on compare à un virus). V. **Infuser.** « *Nous inoculons nos goûts, nos vices peut-être, à la femme qui nous aime* » (BALZ.).

INODORE [inɔdɔʀ]. *adj.* (1676; lat. *inodorus*). Qui ne dégage aucune odeur. *L'hydrogène, gaz inodore. Fleur inodore. Plais. Incolore, inodore et sans saveur* : sans aucun intérêt. ◇ ANT. *Odorant, odoriférant.*

INOFFENSIF, IVE [inɔfɑ̃sif, iv]. *adj.* (1777; de *in*- 1, et *offensif*). Qui est incapable de nuire; qui ne fait de mal à autrui. V. **Innocent.** *N'ayez pas peur, ce chien est absolument inoffensif.* « *M. Lavisse est un inoffensif homme de bureau, un innocent pédagogue* » (PÉGUY). — Par ext. V. **Anodin, bénin.** *Plaisanterie inoffensive.* « *La rêverie n'est pas inoffensive, dans un monde où il faut... agir* » (R. ROLLAND). ◇ ANT. *Dangereux, nuisible.*

INONDABLE [inɔ̃dabl(ə)]. *adj.* (1878; de *inonder*). Qui peut être inondé, risque d'être inondé. *Terres inondables.*

INONDATION [inɔ̃dasjɔ̃]. *n. f.* (*Inondacion,* XIIe; lat. *inundatio*). ◆ 1° Débordement d'eaux qui inondent le pays environnant. *Inondation causée par des pluies, la fonte des neiges, la crue d'un torrent, les hautes eaux d'une rivière. Les inondations périodiques du Nil.* ◆ 2° Action d'inonder; résultat de cette action. *Inondation volontaire d'un territoire.* V. **Submersion.** ◆ 3° Eaux qui inondent. *L'inondation couvrait les terres basses.* — *Fam.* Grande quantité de liquide renversé. *Quelle inondation!* ◆ 4° *Fig.* Afflux massif. V. **Invasion.** *Les paysans « gagnés de panique à l'idée de cette inondation du blé étranger* » (ZOLA). ◇ ANT. *Assèchement, dessèchement, drainage.*

INONDÉ, ÉE [inɔ̃de]. *adj.* et *n.* (V. **Inonder**). ◆ 1° Recouvert par les eaux. *Vallée inondée.* ◆ 2° (*Personnes*). Qui subit les effets d'une inondation. *Les populations inondées.* — N. (1849) *Les inondés.* V. **Sinistré.** ◇ Par *exagér.* Trempé.

INONDER [inɔ̃de]. *v. tr.* (v. 1120; lat. *inundare*). ♦ 1° Couvrir d'eaux qui débordent ou affluent. V. **Immerger, noyer, submerger.** ♦ 2° *Par exagér.* V. **Arroser, mouiller, tremper.** *Quelle averse! Nous avons été inondés. Il achevait la bouteille d'eau de Cologne, « s'en inondait les mains et les cheveux »* (ZOLA). ♦ 3° *Envahir.* « *Des milliers de paysans arrivant des montagnes voisines, inondèrent les rues de Verrières »* (STENDHAL). *Inonder un pays de tracts, de produits. Les articles en matière plastique inondent le marché.* ♦ 4° *Fig.* Pénétrer, remplir. « *La campagne est inondée de l'odeur des foins »* (FROMENTIN). *Tendresse vague, joie qui inonde l'âme, le cœur.* ◇ ANT. *Assécher, sécher.*

INOPÉRABLE [inɔpeRabl(ə)]. *adj.* (1812; de *in-* 1, et *opérable*). Qui ne peut être opéré. *Blessé inopérable.*

INOPÉRANT, ANTE [inɔpeRɑ̃, ɑ̃t]. *adj.* (1846, « vague »; de *in-* 1, et *opérer*). Qui ne produit aucun effet. V. **Impuissant, inefficace.** *Remède inopérant. Mesures inopérantes.* ◇ ANT. *Efficace.*

INOPINÉ, ÉE [inɔpine]. *adj.* (XIVᵉ; lat. *inopinatus*). Qui arrive, se produit alors qu'on ne s'y attendait pas. V. **Fortuit, imprévu, inattendu.** *Mort inopinée.* V. **Subit.** « *La frousse qu'ils avaient eue, ayant cru à la survenue inopinée d'un des gros bonnets de la maison »* (COURTELINE). *Nouvelle inopinée.* V. **Surprenant.** ◇ ANT. *Attendu, prévu.*

INOPINÉMENT [inɔpinemɑ̃]. *adv.* (1491; de *inopiné*). D'une manière inopinée. *Arriver inopinément chez qqn.* V. **Improviste** (à l'). Cf. Tomber du ciel, des nues. « *Tout cela s'était fait inopinément, sans qu'il y prît part »* (MAUPASS.).

INOPPORTUN, UNE [inɔpɔRtœ̃, yn]. *adj.* (v. 1380; bas lat. *inopportunus*). Qui n'est pas opportun. V. **Déplacé, fâcheux, importun, intempestif.** *Demande, requête, suggestion inopportune. Le moment est inopportun, mal choisi.* ◇ ANT. *Convenable, opportun.*

INOPPORTUNÉMENT [inɔpɔRtynemɑ̃]. *adv.* (1410; de *inopportun*). *Littér.* D'une manière inopportune. V. **Contretemps** (à). ◇ ANT. *Opportunément.*

INOPPORTUNITÉ [inɔpɔRtynite]. *n. f.* (1433; lat. médiév. *inopportunitas*). *Littér.* Caractère de ce qui est inopportun. *Inopportunité d'une démarche, d'une mesure.* ◇ ANT. *Opportunité.*

INOPPOSABILITÉ [inɔpozabilite]. *n. f.* (1875; de *inopposable*). *Dr.* Impossibilité de faire valoir un droit ou un moyen de défense. *Inopposabilité d'une exception.* ◇ ANT. *Opposabilité.*

INOPPOSABLE [inɔpozabl(ə)]. *adj.* (1845; de *in-* 1, et *opposable*). *Dr.* Qui ne peut être opposé. *Acte, droit inopposable aux tiers.* ◇ ANT. *Opposable.*

INORGANIQUE [inɔRganik]. *adj.* (1579; de *in-* 1, et *organique*). ♦ 1° *Sc.* Qui n'est pas constitué ou ne provient pas d'un organisme susceptible de vie, qui ne provient ni d'un animal ni d'un végétal. ♦ 2° *Chim.* Se dit de tout corps qui ne contient pas de carbone (à l'exception des carbonates et des cyanures). ♦ 3° *Méd.* V. **Fonctionnel.** ◇ ANT. *Organique.*

INORGANISATION [inɔRganizasjɔ̃]. *n. f.* (1794; de *in-* 1, et *organisation*). Absence d'organisation. État de ce qui est inorganisé. « *Une inorganisation administrative existe encore dans trop de secteurs »* (*Le Monde*, 9-10-1966).

INORGANISÉ, ÉE [inɔRganize]. *adj.* (1769; de *organisé*). ♦ 1° *Sc.* Qui n'est pas organisé. V. **Inorganique.** ♦ 2° Qui n'est pas inscrit à un syndicat ou qui n'appartient pas à une formation politique. — *Subst.* « *Des communistes, socialistes et inorganisés »* (*L'Humanité*, 4-12-1962). ◇ ANT. *Organisé.*

INOUBLIABLE [inublijabl(ə)]. *adj.* (1836; de *in-* 1, et *oublier*). Que l'on ne peut oublier. V. **Mémorable.** *Un fait inoubliable. Holbein « sait y imprimer (dans ses portraits) une inoubliable personnalité »* (GAUTIER). — *Cour.* D'une telle qualité qu'on en gardera le souvenir. *Ils leur ont fait un accueil inoubliable.* ◇ ANT. *Oubliable.*

INOUÏ, ÏE [inwi]. *adj.* (XVᵉ; de *in-* 1, et *ouï*; V. **Ouïr**). ♦ 1° *Vx* ou *littér.* Qu'on n'a jamais entendu. *Accents, accords inouïs.* « *Sauts d'harmonie inouïs »* (RIMBAUD). ♦ 2° *Vieilli.* Dont on n'a jamais entendu (ouï) parler. *Inconnu, nouveau.* « *Des honneurs jusque-là inouïs »* (MASS.). ♦ 3° *Mod. et cour.* Qui est extraordinaire. V. **Énorme, étonnant, étrange, extraordinaire, fort, incroyable, prodigieux.** *Avec une violence inouïe.* « *Si vous venez voir un chef-d'œuvre ou une ivrogne en train de vomir... dites : joli ou tout à fait joli ou très beau ou inouï, ou absolument inouï »* (AYMÉ). — *Fam. Il est inouï* (Cf. Formidable, invraisemblable). ◇ ANT. *Commun, ordinaire.*

INOX [inɔks]. *adj. invar.* et *n. m.* (mil. XXᵉ). Abrév. de (acier) inoxydable. *Un évier, des couverts (en) inox.*

INOXYDABLE [inɔksidabl(ə)]. *adj.* (1842; de *in-* 1, et *oxyder*). Qui ne s'oxyde pas. V. **Inaltérable.** *Alliage, métal inoxydable* : qui a une grande résistance à l'oxydation. *Couteaux, couverts inoxydables.* — *Subst. Comm.* Métal inoxydable. *C'est de l'inoxydable.*

IN PACE ou **IN-PACE** [inpase(ʃe)]. *m. m. invar.* (1559; mots lat. « en paix », de *vade in pace*, prononcés en refermant le cachot derrière le prisonnier). *Cachot, prison d'un couvent, où on enfermait à perpétuité certains coupables scandaleux.* « *Quatre cachots de pierre... C'étaient des in pace »* (HUGO).

IN PARTIBUS [inpaRtibys]. *loc. adj.* (1703; abrév. de la loc. *in partibus infidelium* « dans les pays des infidèles »). Se disait des Évêques titulaires de diocèses situés en pays non chrétiens. — *Fig. et fam.* Sans fonction réelle. *Professeur, ministre in partibus.*

IN PETTO [inpe(ɛt)to]. *loc. adv.* (1666; mots it. signifiant « dans la poitrine »). *Littér.* ou *plais.* Dans le secret du cœur, à part soi. V. **Intérieurement.** « *Il avait toujours l'air de se faire à lui-même quelque récit piquant, dont il lui suffisait de goûter in petto le sel »* (MART. du G.).

IN-PLANO [inplano]. *adj.* et *n. m.* (1835; mots lat. « en plan »). *Imprim.* Dont la feuille d'impression n'est pas pliée. *Format in-plano.* — N. m. *L'in-plano.*

INPUT [input]. *n. m.* (v. 1965; mot angl., de *to input* « mettre dedans »). *Anglicisme. Inform.* Entrée* des données dans un système informatique. ◇ ANT. *Output.*

INQUALIFIABLE [ɛ̃kalifjabl(ə)]. *adj.* (1835; de *in-* 1, et *qualifier*). Qu'on ne peut qualifier (assez sévèrement). V. **Indigne, innommable.** *Action, conduite inqualifiable. Elles « sont toujours d'une inqualifiable grossièreté »* (MAUPASS.).

INQUART [ɛ̃kaR] *n. m.*, **INQUARTATION** [ɛ̃kaRtasjɔ̃] ou **QUARTATION** [kaRtasjɔ̃]. *n. f.* (1721,-1752,-1762; de *in-* 2, et *quart*). *Techn.* Opération qui consiste à ajouter à l'or, avant la coupellation, trois fois son poids d'argent. V. **Alliage.**

IN-QUARTO [inkwaRto]. *adj.* et *n. m.* (1567; mots lat. « en quart »). *Imprim.* Dont la feuille, pliée en quatre feuillets, forme huit pages. *Format in-quarto, in-4.* *L'in-quarto.* — N. m. *Livre in-quarto. Des in-quarto, des in-quartos.*

INQUIET, ÈTE [ɛ̃kje, ɛt]. *adj.* (*Inquiete*, 1580; lat. *inquietus* « agité »). V. **Coi, quiet.**
I. Qui ne peut trouver le repos, la tranquillité. ♦ 1° *Vx.* V. **Agité, remuant.** « *Des gens inquiets, brûlant leur vie »* (FRANCE). — *Sommeil inquiet.* V. **Agité, troublé.** ♦ 2° *Littér.* Qui n'est jamais satisfait de sa situation, de son état. V. **Impatient, insatisfait.** « *L'homme, créature vide et inquiète »* (VAUVEN.). — *Par ext.* Curiosité, ambition inquiète.
II. *Cour.* Qui est agité par la crainte, l'incertitude ou l'irrésolution. V. **Anxieux, chagrin, embarrassé, perplexe, soucieux, tourmenté, troublé.** *Elle est inquiète de votre silence.* « *Elle est inquiète de vous voir si souvent avec ce M. de Cérizolles »* (TOULET). *Je suis inquiet à son sujet, sur son sort.* — *C'est un esprit, un caractère inquiet.* ◇ Qui dénote l'inquiétude, est empreint d'inquiétude. *Attente inquiète.* V. **Fiévreux, impatient.** *Amour inquiet. Expression inquiète. Air, regard inquiet.* ◇ ANT. *Quiet* (vx); *calme, tranquille; heureux, insouciant, serein.*

INQUIÉTANT, ANTE [ɛ̃kjetɑ̃, ɑ̃t]. *adj.* (1714; de *inquiéter*). Qui cause de l'inquiétude, du souci. V. **Alarmant, angoissant, effrayant, menaçant.** *Affaire, situation, nouvelle inquiétante.* V. **Ennuyeux.** *Avenir inquiétant.* V. **Sombre.** « *La marche de l'étatisme, ses progrès, son empire chaque jour grandissant, voilà des phénomènes inquiétants »* (DUHAM.). *L'état du malade est inquiétant.* V. **Grave.** — *Visage inquiétant; mine, expression inquiétante.* V. **Patibulaire, sinistre.** ◇ ANT. *Rassurant.*

INQUIÉTER [ɛ̃kjete]. *v. tr.*; conjug. *céder* (1190; lat. *inquietare*).
I. ♦ 1° *Vx* ou *littér.* Troubler la quiétude, la tranquillité de, ne pas laisser en repos. V. **Agiter, troubler.** *Parfois, « le cri lointain de l'hémione... inquiète la solitude »* (VILLIERS). — *Spécialt. Depuis son acquittement, la police ne l'a plus inquiété.* ♦ 2° Troubler par des attaques, des démonstrations hostiles. V. **Harceler.** *L'armée, la ville, la région n'a pas été inquiétée par l'ennemi.*
II. (1645). *Cour.* Remplir d'inquiétude, rendre inquiet (qqn). V. **Alarmer, chagriner, ennuyer, tourmenter, tracasser, travailler, troubler; peine** (mettre en). *Sa santé m'inquiète. Vous m'inquiétez.* « *Il parlait avec circonspection, s'efforçant d'être véridique sans trop l'inquiéter »* (MART. du G.). V. **Effrayer, épouvanter.**
III. S'INQUIÉTER. *v. pron.* ♦ 1° Commencer à être inquiet. V. **Alarmer** (s'), **émouvoir** (s'), **frapper** (se), **soucier** (se), **tracasser** (se). Cf. Se mettre en peine*, se faire de la bile*, du mauvais sang*. *Il s'inquiète à votre sujet. Ne vous inquiétez pas. Il n'y a pas de quoi s'inquiéter.* ♦ 2° (1662). S'INQUIÉTER DE : se préoccuper, prendre soin, s'enquérir de. *Sans s'inquiéter des conséquences.* « *Jamais il ne s'est inquiété de savoir si j'étais riche »* (SAND). *Il m'inquiétais de ce que la colère débordât »* (MAURIAC). « *Il s'inquiétait de ce que l'air fût si doux »* (BEDEL). — *Littér.* « *Je m'inquiétais si des effets analogues... »* (VALÉRY). ◇ ANT. *Calmer, rassurer, tranquilliser.*

INQUIÉTUDE [ɛ̃kjetyd]. *n. f.* (XIVᵉ; bas lat. *inquietudo*). État de celui qui est inquiet.

I. ◆ 1° *Vx.* Absence de quiétude, de repos, de tranquillité. V. **Agitation.** « *Turbulent et plein d'inquiétude* » (LA FONT.). ◆ 2° Vieilli ou littér. *Philo.* État d'agitation, d'instabilité d'un esprit insatisfait, tourmenté. « *Il porte en lui l'inquiétude d'un malaise perpétuel* » (BAUDEL.). *Inquiétude religieuse, métaphysique.* ◇ *Pathol.* État d'insécurité, angoisse, anxiété. **II.** (1530). *Cour.* État pénible, trouble déterminé par l'attente d'un événement, d'une souffrance que l'on appréhende, par l'incertitude, l'irrésolution où l'on est. V. **Alarme, crainte, peine, peur, souci, tourment.** *Cruelle, vive inquiétude.* V. **Affolement, angoisse, anxiété, épouvante,** transe. « *Un doute, une inquiétude vague l'envahissait* » (MAUPASS.). V. **Appréhension, ennui, malaise.** Vieilli. « *L'inquiétude où je suis de sa santé* » (SÉV.). Mod. *Inquiétude sur, au sujet de. Sujet d'inquiétude. Son état me donne de l'inquiétude. Être dans l'inquiétude. Soyez sans inquiétude :* ne vous inquiétez pas. ◇ *Une, des inquiétude(s). J'ai des inquiétudes à son sujet.*
◇ ANT. *Calme, paix, repos, tranquillité.*

INQUISITEUR, TRICE [ɛ̃kizitœʀ, tʀis]. *n. m.* et *adj.* (v. 1260, « juge »); lat. *inquisitor,* de *inquirere.* V. **Enquérir.** ◆ 1° *N. m.* (1321). Personnage officiel chargé de procéder à des enquêtes. — Spécial. *Inquisiteur de la foi,* et absolt. *Inquisiteur,* juge du tribunal de l'Inquisition. ◆ 2° (1842). *Adj.* Qui interroge indiscrètement, de façon autoritaire. V. **Fureteur, inquisitorial.** « *Elle jetait sur Rodolphe des regards inquisiteurs* » (BALZ.). V. **Scrutateur.** *Questions inquisitrices.*

INQUISITION [ɛ̃kizisjɔ̃]. *n. f.* (1160; lat. *inquisitio*). ◆ 1° *Vx.* Enquête, recherche. « *Il n'y a point de fin dans nos inquisitions* » (MONTAIGNE). ◆ 2° (1260). *Tribunal de l'Inquisition,* et absolt. *l'Inquisition,* juridiction ecclésiastique d'exception instituée par le pape Grégoire IX pour la répression, dans toute la chrétienté, des crimes d'hérésie et d'apostasie, des faits de sorcellerie et de magie. *Par ext.* Les membres de ce tribunal. V. **Inquisiteur.** *La Sainte Inquisition.* V. **Saint-Office.** ◆ 3° (1686). Enquête ou recherche rigoureuse et vexatoire, entachée d'arbitraire. V. **Perquisition.** *L'inquisition fiscale.* Le citoyen « *astreint à tant de contrôles, d'investigations, d'inquisitions, de censures* » (DUHAM.).

INQUISITORIAL, ALE, AUX [ɛ̃kizitɔʀjal, o]. *adj.* (1516; du lat. médiév. *inquisitorius*). ◆ 1° *Didact.* Qui a rapport aux tribunaux, aux juges de l'Inquisition. *Juges inquisitoriaux. Procédure inquisitoriale.* ◆ 2° (1570, repris XVIIIᵉ). *Littér.* Qui est digne d'un inquisiteur, qui a le caractère vexatoire, insupportable d'une inquisition. « *Interrogatoire inquisitorial* » (BALZ.). « *L'impôt sur le revenu, qualifié d'inquisitorial* » (FRANCE).

INRACONTABLE [ɛ̃ʀakɔ̃tabl(ə)]. *adj.* (1876; de *in-* 1, et *racontable*). Qu'on ne peut raconter. V. **Inénarrable.** *Un film inracontable.* « *Une foule de joies menues et inracontables* » (DAUD.). ◇ ANT. *Racontable.*

INRI [ɛ̃ʀi]. Abréviation de l'inscription mise par Pilate sur la croix : *Iesus Nazarenus Rex Iudæorum,* Jésus de Nazareth, roi des Juifs.

INSAISISSABILITÉ [ɛ̃sezizabilite]. *n. f.* (1839; de *insaisissable*). *Dr.* Caractère d'un bien insaisissable.

INSAISISSABLE [ɛ̃sezizabl(ə)]. *adj.* (1770; de *in-* 1, et *saisissable*). ◆ 1° *Dr. civ.* Qui ne peut faire l'objet d'une saisie. *Bien de famille inaliénable et insaisissable.* — Dr. trav. *La partie insaisissable du salaire.* ◆ 2° Qu'on ne peut saisir, appréhender. *Fugitif insaisissable.* Qu'on ne parvient jamais à rencontrer. « *La cavalerie de Charlemagne s'usait... contre un insaisissable ennemi, qu'on ne savait où rencontrer* » (MICHELET). ◆ 3° *Vx.* Fuyant, impalpable. *Poursuivre une image insaisissable.* ◆ 4° Qui ne peut être saisi, perçu, apprécié. *Discerner des nuances insaisissables.* V. **Imperceptible, indiscernable, insensible.** ◇ ANT. *Saisissable, sensible.*

INSALIFIABLE [ɛ̃salifjabl(ə)]. *adj.* (1873; de *in-* 1, et *salifiable*). *Chim.* Qui ne peut produire un sel. *Base insalifiable.*

INSALISSABLE [ɛ̃salisabl(ə)]. *adj.* (1845; de *in-* 1, et *salir*). *Rare.* Qui ne peut être sali. ◇ ANT. *Salissant.*

INSALIVATION [ɛ̃salivasjɔ̃]. *n. f.* (1833; de *in-* 2, et *salive*). *Physiol.* Imprégnation des aliments par la salive.

INSALUBRE [ɛ̃salybʀ(ə)]. *adj.* (1528; lat. *insalubris*). Qui n'est pas salubre. V. **Malsain.** *Climat insalubre. Logement insalubre.* « *Les îlots insalubres, désignés par des pancartes : inhabitable, interdit* » (BEAUVOIR). Dr. *Industries insalubres et incommodes.*

INSALUBRITÉ [ɛ̃salybʀite]. *n. f.* (1532; de *insalubre*). Caractère de ce qui est insalubre.

INSANE [ɛ̃san]. *adj.* (1784; angl. *insane,* du lat. *insanus*). *Littér.* Qui n'est pas sain d'esprit; qui est contraire à la saine raison, au bon sens. V. **Absurde, fou, insensé.** « *Le culte du Démon n'est pas plus insane que celui de Dieu* » (HUYSMANS). *Des projets insanes.*

INSANITÉ [ɛ̃sanite]. *n. f.* (1784; angl. *insanity*). ◆ 1° Manque de saine raison, de bon sens. V. **Folie.** — Caractère de ce qui est déraisonnable. *L'insanité de ses propos.*

◆ 2° Action ou parole sotte, insensée. *Dire des insanités. Un tissu d'insanités.* V. **Bêtise, ineptie.**

INSATIABILITÉ [ɛ̃sasjabilite]. *n. f.* (1544; bas lat. *insatiabilitas*). *Littér.* Caractère d'une personne insatiable. V. **Avidité.** « *L'exigence, l'insatiabilité des artistes d'aujourd'hui* » (MAURIAC). — Par ext. *L'insatiabilité d'un désir, d'une haine.*

INSATIABLE [ɛ̃sasjabl(ə)]. *adj.* (*Insaciable,* XIIIᵉ; lat. *insatiabilis*). Qui ne peut être rassasié (*rare* au concret). — *Soif insatiable.* V. **Inapaisable, inassouvissable.** *Faim insatiable.* ◇ (Abstrait) « *Insatiable dans ses curiosités et ses ambitions* » (TAINE). V. **Insatisfait.** *Avidité, curiosité insatiable.* V. **Dévorant, inextinguible.** ◇ ANT. *Assouvi, rassasié, satisfait.*

INSATIABLEMENT [ɛ̃sasjabləmɑ̃]. *adv.* (1546; de *insatiable*). D'une manière insatiable.

INSATISFACTION [ɛ̃satisfaksjɔ̃]. *n. f.* (XVIᵉ; « mécontentement »; inus. jusqu'au XXᵉ; de *in-* 1, et *satisfaction*). État de celui qui n'est pas satisfait, n'a pas ce qu'il souhaite. *Manifester son insatisfaction.* V. **Mécontentement.** « *Les rêves naissent de l'insatisfaction* » (MONTHERLANT).

INSATISFAIT, AITE [ɛ̃satisfɛ, ɛt]. *adj.* (déb. XVIᵉ; fin XVᵉ; av. 1840; de *in-* 1, et *satisfait*). Qui n'est pas satisfait. *Homme exigeant, sans cesse insatisfait.* — Subst. *Un éternel insatisfait.* V. **Mécontent.** ◇ Par ext. « *Son désir plus vif parce qu'insatisfait* » (RADIGUET). *Passion insatisfaite.* V. **Inapaisé, inassouvi.**

INSATURABLE [ɛ̃satyʀabl(ə)]. *adj.* (1803; fig., 1482; de *in-* 1, et *saturer*). *Didact.* Impossible à saturer.

INSCRIPTIBLE [ɛ̃skʀiptibl(ə)]. *adj.* (1691; du rad. lat. de *inscrire*). *Géom.* Qui peut être inscrit dans une figure, et plus spécial. dans un cercle. *Tous les polygones réguliers sont inscriptibles.*

INSCRIPTION [ɛ̃skʀipsjɔ̃]. *n. f.* (XIVᵉ; lat. *inscriptio*). ◆ 1° Ensemble de caractères écrits ou gravés pour conserver, évoquer un souvenir, indiquer une destination, etc. V. **Devise, épigraphe; exergue, graffiti, légende, titre.** *Murs, stèles, autels couverts d'inscriptions. Inscription funéraire* (V. **Épitaphe**), *tumulaire.* « *Aucune inscription n'indique encore les noms de ces morts* » (FROMENTIN). *Déchiffrement, étude des inscriptions.* V. **Épigraphie, paléographie.** *Académie des Inscriptions et Belles-Lettres.* — Courte indication écrite destinée à informer le public, à renseigner. *Inscription d'un écriteau, d'une étiquette.* ◆ 2° Action d'inscrire qqn, qqch. sur un registre, une liste; ce qui est inscrit. *Inscription d'un nom sur un registre.* V. **Immatriculation.** *Inscription d'un élève au tableau d'honneur.* V. **Citation.** *Inscription d'une question à l'ordre du jour. Inscription d'un étudiant dans une faculté.* « *Il fallait faire son Droit, ... payer des sommes considérables pour les inscriptions, les examens, les thèses* » (BALZ.). — *Inscription des recrues sur les rôles de l'armée.* V. **Conscription.** ◇ Mar. *Inscription maritime :* enregistrement des navigateurs professionnels sur les registres de l'administration dite elle-même *Inscription maritime.* ◇ Dr. *Inscription de faux, en faux :* acte par lequel on argüe de faux un écrit authentique ou sous-seing privé; procédure qui tend à en établir la fausseté. — *Inscription des privilèges et hypothèques,* au bureau de conservation des hypothèques. ◇ ANT. *Radiation.*

INSCRIRE [ɛ̃skʀiʀ]. *v. tr.;* conjug. *écrire* (*Enscrire,* 1233; lat. *inscribere* « écrire dans », d'après *écrire*). ◆ 1° Écrire, graver sur la pierre, le marbre, le métal. *Inscrire une épitaphe sur une tombe.* — Fig. et littér. *Les rides ont inscrit son âge sur son front.* V. **Indiquer, marquer.** Pronom. « *Le déluge s'est inscrit dans la mémoire des hommes* » (ALAIN). ◆ 2° (XVIᵉ (ce qui ne doit pas être oublié)). V. **Noter.** *Inscrire une date sur un calendrier, un renseignement sur une fiche* (V. **Coucher, porter**), *une dépense au budget. Inscrire un acte sur un registre.* V. **Copier, enregistrer.** *Inscrire son nom, le nom de qqn sur une liste. Bianchon « alla faire inscrire cet enfant à la Mairie* » (BALZ.). *Inscrire une recrue* (V. **Enrôler, immatriculer, matriculer**), *des créanciers* (V. **Colloquer**). Pronom. S'INSCRIRE : inscrire ou faire inscrire son nom. *S'inscrire à un club, à un parti.* V. **Adhérer, affilier (s'), entrer** (dans). ◆ 3° Dr. S'INSCRIRE EN FAUX : en vue d'établir la fausseté d'une pièce, suivant la procédure d'inscription de faux. — Cour. *S'inscrire en faux contre qqch.,* y opposer un démenti, une dénégation. V. **Contredire, démentir, nier.** ◆ 4° *Math.* (1644). Tracer dans l'intérieur d'une figure (une autre figure dont les sommets sont sur le périmètre de la première, ou qui est tangente à tous ses côtés). *Inscrire un triangle dans un cercle en menant les médiatrices.* Pronom. *Triangle qui s'inscrit dans un cercle. Ce clocher « était venu... s'inscrire dans le carreau de ma fenêtre* » (PROUST). — *Fig.* V. **Insérer.** *Projet qui s'inscrit dans une réforme générale.* ◇ ANT. **Biffer, radier, rayer.**

INSCRIT, ITE [ɛ̃skʀi, it]. *adj.* et *n.* (1835; « écrit », 1532; V. **Inscrire**). ◆ 1° (*Personnes*). Dont le nom est inscrit dans la liste constitutive d'un groupe. *Orateur inscrit. Député non inscrit* (à un groupe parlementaire). — N. *Les inscrits.* ◇ Mar. *Inscrit (maritime),* marin immatriculé sur les registres de l'Inscription* maritime. ◆ 2° *Sc.* V. **Inscrire.** ◆ 3° *Angle* *inscrit*, dont le sommet se trouve sur une circonférence. *Cercle inscrit*. V. *aussi* **Exinscrit.**

INSCRIVANT, ANTE [ɛ̃skrivɑ̃, ɑ̃t]. *n.* (1872; de *inscrire*). *Dr.* Personne qui requiert l'inscription d'une hypothèque.

INSCULPER [ɛ̃skylpe]. *v. tr.* (1528; lat. *insculpere*. V. **Sculpter**). *Didact.* Frapper, marquer d'un poinçon.

INSÉCABILITÉ [ɛ̃sekabilite]. *n. f.* (1846; de *insécable*). *Didact.* Caractère de ce qui est insécable.

INSÉCABLE [ɛ̃sekabl(ə)]. *adj.* (1570; lat. *insecabilis*, rac. *secare* « couper »). Qui ne peut être coupé, divisé. « *Les atomes ne sont pas* (des) *éléments éternels et insécables* » (J. PERRIN).

INSECTARIUM [ɛ̃sɛktaʀjɔm]. *n. m.* (1922; de *insecte*, et suff. lat. *-arium; Cf. Aquarium, vivarium). Rare.* Établissement scientifique où l'on élève des insectes.

INSECTE [ɛ̃sɛkt(ə)]. *n. m.* (1542; lat. *insectus*, proprem. « coupé », calqué du gr. *entomos*, à cause des étranglements dans la forme du corps). ♦ 1° *Vx.* Petit animal invertébré dont le corps est divisé par étranglements ou par anneaux (incluant les araignées et parfois les serpents, etc., qui vivent — croyait-on — après avoir été coupés) (la langue courante emploie encore erronément *insecte* pour désigner des arachnides, myriapodes, etc., de petite taille). ♦ 2° *Mod.* Petit animal invertébré articulé, à six pattes, le plus souvent ailé, respirant par des trachées et subissant des métamorphoses. V. **Entomo-.** *Parties de l'insecte : tête :* yeux à facettes, à réseau (ocelles); antennes, cornes; pièces buccales (labre, mandibule, mâchoire, palpe, suçoir, trompe); *thorax* (prothorax, mésothorax, métathorax); *pattes* (hanche, cuisse, jambe, tarse); *ailes* (balancier, élytre, nervure); *abdomen* (anneaux ou segments; aiguillon, dard, filière, tarière). *Insecte broyeur, lécheur, piqueur, suceur. Insecte carnivore, entomophage, pupivore, coprophage, phytophage, xylophage; parasite. Insectes ovipares, pupipares. Métamorphoses des insectes.* V. **Œuf, couvain, larve, chenille, ver; nymphe; chrysalide; imago.** *Étude des insectes.* V. **Entomologie.** — *Les insectes, classe des arthropodes. Principaux ordres d'insectes.* V. **Archiptères, coléoptères, diptères, hyménoptères, lépidoptères, névroptères, orthoptères, rhynchotes, thysanoures** (sous-classe : aptérygotes). ◇ *Par compar. Une activité d'insecte :* affairée et inlassable.

INSECTICIDE [ɛ̃sɛktisid]. *adj. et n. m.* (1853; de *insecte*, et suff. *-cide*). Qui tue, détruit les insectes. *Poudre insecticide.* — N. m. *Un insecticide.*

INSECTIFUGE [ɛ̃sɛktifyʒ]. *adj. et n. m.* (v. 1930; de *insecte*, et *-fuge*). Qui éloigne les insectes. — N. m. *Un insectifuge.*

INSECTIVORE [ɛ̃sɛktivɔʀ]. *adj. et n. m. pl.* (1764; de *insecte*, et suff. *-vore*). *Zool.* Qui se nourrit principalement ou exclusivement d'insectes. V. **Entomophage.** *Oiseau insectivore. Plante insectivore.* REM. On dit « *insecte entomophage* ». ◇ *N. m. pl.* LES INSECTIVORES, ordre de Mammifères placentaires qui vivent surtout d'insectes (hérisson, musaraigne, taupe). *Au sing. Un insectivore.*

INSÉCURITÉ [ɛ̃sekyʀite]. *n. f.* (1794; de *in-* 1, et *sécurité*). Manque de sécurité. *Vivre dans l'insécurité*, la crainte du lendemain. *Zone d'insécurité*, en temps de guerre. ◇ ANT. **Sécurité.**

IN-SEIZE [insɛz]. *adj. invar.* (1680; du lat. *in*, et *seize*). *Typogr.* Dont la feuille d'impression est pliée en seize et forme trente-deux pages. *Volume in-seize, in-16.* — Subst. *Des in-seize.*

INSELBERG [inselbɛʀg]. *n. m.* (v. 1955; mot norvégien, de *insel* « île », et *berg* « montagne »). *Géogr.* Butte isolée au milieu d'une plaine d'érosion.

INSÉMINATION [ɛ̃seminasjɔ̃]. *n. f.* (1931; dès 1860, en angl.; 1694, « transplantation supposée guérir certaines maladies »; bas lat. *inseminare* « semer, procréer »). *Biol.* Dépôt de la semence mâle dans les voies génitales de la femelle. *Insémination naturelle*, dans l'accouplement. ◇ *Cour. Insémination artificielle*, introduction de sperme dans les voies génitales femelles. *Insémination artificielle des vaches, des brebis.*

INSÉMINER [ɛ̃semine]. *v. tr.* (1931; *inséminé*, 1897, bot.; Cf. le précéd.). Féconder par l'insémination artificielle.

INSENSÉ, ÉE [ɛ̃sɑ̃se]. *adj.* (1470; lat. ecclés. *insensatus*. V. **Sensé**). ♦ 1° *Vx.* Qui n'est pas sensé, dont les actes, les paroles sont contraires au bon sens, à la raison. V. **Déraisonnable, fou; insane** (Cf. N'avoir pas le *sens** commun). « *J'ai vu beaucoup de gens devenus insensés de peur* » (MONTAIGNE). ◇ *Subst. Littér.* « *Ah! insensé, qui crois que je ne suis pas toi* » (HUGO). ♦ 2° Contraire au bon sens. V. **Absurde, extravagant, fou.** *Idées, passions, désirs insensés.* V. **Forcené.** *Espoir, projet insensé.* V. **Impossible, inepte.** *Il est insensé d'y croire. C'est insensé.* ♦ 3° *Fam.* Très bizarre. V. **Extravagant.** *Un mobilier insensé. Ces énormes et insensés lustres de verre* » (BAUDEL.). ◇ ANT. **Raisonnable, sensé.**

INSENSIBILISATION [ɛ̃sɑ̃sibilizasjɔ̃]. *n. f.* (1892;

de *insensibiliser*). Action d'insensibiliser; résultat de cette action. V. **Anesthésie.** ◇ ANT. **Sensibilisation.**

INSENSIBILISER [ɛ̃sɑ̃sibilize]. *v. tr.* (1784; de *insensible*). Rendre insensible. V. **Anesthésier.** *Insensibiliser un membre, les nerfs d'une dent. Insensibiliser un malade avant de l'opérer.* V. **Endormir.** ◇ ANT. **Sensibiliser.**

INSENSIBILITÉ [ɛ̃sɑ̃sibilite]. *n. f.* (1314; bas lat. *insensibilitas*). ♦ 1° Absence de sensibilité physique et *particult.* de perceptions sensitives ou sensorielles. *Insensibilité d'un nerf, d'un organe, du corps. Insensibilité partielle* (hypoesthésie). « *J'étais dans un état de faiblesse et d'insensibilité* » (VOLT.). V. **Inconscience, léthargie, paralysie.** *Insensibilité à la douleur.* V. **Analgésie, anesthésie.** ♦ 2° Absence de sensibilité morale. V. **Apathie, détachement, indifférence.** « *Cette parfaite insensibilité, cet aveuglement à l'égard d'autrui* » (CHARDONNE). *Insensibilité apparente.* V. **Calme, froideur, impassibilité.** *Insensibilité aux émotions* (V. **Imperméabilité**), *aux compliments, aux reproches.* ◇ ANT. **Hyperesthésie.** *Attendrissement, compassion, émotion, sensibilité.*

INSENSIBLE [ɛ̃sɑ̃sibl(ə)]. *adj.* (1227; lat. *insensibilis*). I. Qui ne sent pas, ne ressent rien. ♦ 1° *Vx* ou *littér.* Qui n'a pas de sensibilité physique. V. **Inanimé, mort.** « *Sur la pierre insensible où mes pleurs ont coulé* » (M.-J. CHÉNIER). ♦ 2° Qui n'éprouve pas les sensations habituelles, normales. *Nerf, membre insensible. Insensible au froid, à la chaleur.* ♦ 3° (1361). Qui n'a pas de sensibilité morale; qui n'a pas ou a peu d'émotions. V. **Apathique, calme, détaché, froid, impassible, imperméable, imperturbable, indifférent.** *Dur et insensible.* V. **Cruel, dur, égoïste, endurci, impitoyable, implacable, inexorable.** « *Elle va me croire plus insensible qu'un roc. Il eût fallu quelques larmes* » (FLAUB.). *Insensible aux compliments, aux railleries.* V. **Indifférent.** *Demeurer insensible aux prières, aux supplications.* V. **Sourd.** — *Insensible à la poésie.* V. **Étranger.** « *C'est l'amour qu'il avait pour l'esprit qui rendait Voltaire insensible au lyrisme* » (GIDE). II. (1361). ♦ 1° Qu'on ne sent pas, qu'on ne perçoit pas ou qui est à peine sensible, perceptible. V. **Imperceptible, léger.** « *Pouls insensible* » (FLAUB.). « *Force insensible d'un courant* » (PROUST). ♦ 2° *Spécialt.* Qui est graduel, progressif. *Mouvement, gradation insensible. Pente insensible.* ◇ ANT. **Sensible; ému, impressionnable.** *Ardent, enflammé. Notable, perceptible.*

INSENSIBLEMENT [ɛ̃sɑ̃sibləmɑ̃]. *adv.* (v. 1300; de *insensible*). D'une manière insensible, graduelle. V. **Doucement, peu** (à peu). *L'aiguille de l'horloge avance insensiblement.* « *Tout ce qui vit se modifie sans cesse, mais insensiblement et presque à notre insu* » (FRANCE).

INSÉPARABLE [ɛ̃sepaʀabl(ə)]. *adj.* (XIIᵉ; lat. *inseparabilis*). Que l'on ne peut séparer. V. **Joint, uni.** *Attribut inséparable d'un être.* V. **Inhérent.** « *La foi est inséparable de la contrition* » (BOSS.). ◇ *(Personnes)* Qui est toujours avec (qqn); qui sont toujours ensemble. *Deux amis inséparables; ils sont inséparables.* V. **Compagnon, compère.** *Couple inséparable. Don Quichotte et son inséparable Sancho.* V. **Éternel, inévitable.** — « *La sottise et la vanité sont compagnes inséparables !* » (BEAUMARCH.). — Subst. *Deux inséparables.* ◇ ANT. **Décomposable, séparable.**

INSÉPARABLEMENT [ɛ̃sepaʀabləmɑ̃]. *adv.* (XIVᵉ; de *inséparable*). D'une manière inséparable. *Inséparablement unis.*

INSÉRABLE [ɛ̃seʀabl(ə)]. *adj.* (1838; de *insérer*). Qui peut être inséré. *Élément insérable dans un ensemble.*

INSÉRER [ɛ̃seʀe]. *v. tr.*; conjug. *céder* (1319, sens 3°; lat. *inserere*). ♦ 1° Introduire (une chose) dans une autre de façon à incorporer. *Insérer un feuillet, un carton dans un livre.* V. **Intercaler.** *Ce papier qu'il « avait inséré dans l'enveloppe même de son testament* » (MART. du G.). *Insérer dans un cadre* (V. **Encadrer**), *dans une monture* (V. **Enchâsser, sertir**). *Insérer des fragments ornementaux à la surface d'un objet.* V. **Incruster.** *Insérer une greffe sous l'écorce.* V. **Enter, greffer, implanter.** ♦ 2° Mettre, glisser dans. *Insérer un encart.* V. **Encarter.** ♦ 3° Faire entrer, mettre dans. V. **Ajouter, introduire.** *Insérer un texte, un article dans un journal.* V. **Insertion.** — *Prière d'insérer :* encart imprimé contenant des indications sur un ouvrage et qui est joint aux exemplaires adressés à la critique. ♦ 4° S'INSÉRER. *v. pron.* S'attacher à, sur. V. **Implanter** (s'). *Les muscles s'insèrent sur les os.* V. **Attacher** (s'); insertion. — Fig. « *C'est probablement au niveau de la substance grise que l'esprit, selon l'expression de Bergson, s'insère dans la matière* » (CARREL). ◇ ANT. **Ôter, retirer, retrancher.**

INSERMENTÉ [ɛ̃sɛʀmɑ̃te]. *adj. m.* (1792; de *in-* 1, et *serment*). Se dit des prêtres qui refusèrent de prêter serment lorsque la Constitution civile du clergé fut proclamée en 1790 (V. **Réfractaire**), *opposé à* assermenté, constitutionnel.

INSERT [insɛʀt]. *n. m.* (1946; mot angl., « ajout, insertion, pièce rapportée »). *Anglicisme. Cin.* Gros plan d'objet. — *Table. Séquence introduite au milieu d'une autre séquence* filmée en direct. — *Public.* Texte filmé s'ajoutant aux images.

— *Radio.* Conversation téléphonique intercalée dans une émission.

INSERTION [ɛsɛʀsjɔ̃]. *n. f.* (1535; bas lat. *insertio*). ♦ 1° Action d'insérer; son résultat. V. **Introduction**. *Insertion d'un feuillet dans un livre, d'un plan dans un film.* (V. l'anglicisme **Insert**). — Par ext. *Insertion d'une note dans un texte.* Dr. *Insertion légale : publication par la voie des journaux, prescrite par la loi ou par jugement. Insertion, refus d'insertion de la réponse à un article de presse.* ♦ 2° Mode d'attache. *Insertion des muscles, des ligaments sur un os. Point d'insertion.* ♦ 3° *Personnes.* Intégration d'un individu (ou d'un groupe) dans un milieu social différent. « *Cinq citoyens différents par leurs options politiques, leur insertion sociale* » (*Le Monde*, 11-1-1968). V. *aussi* **Assimilation** (4°), **incorporation** (2°), **intégration** (4°).

INSIDIEUSEMENT [ɛsidjøzmɑ̃]. *adv.* (XIVᵉ; de *insidieux*). D'une manière insidieuse.

INSIDIEUX, EUSE [ɛsidjø, øz]. *adj.* (1420, rare jusqu'au XVIIᵉ; lat. *insidiosus*, de *insidiæ* « embûches »). ♦ 1° Qui a le caractère d'une embûche, d'un piège. V. **Trompeur**. « *Une manière de procéder insidieuse et perfide* » (Rouss.). *Flatteries, promesses insidieuses.* V. **Fallacieux**. *Sophisme insidieux.* V. **Captieux**. ◊ (1765) *Fièvre, maladie insidieuse*, dont l'apparence bénigne masque au début la gravité réelle. V. **Sournois**. — Fig. « *Une forme insidieuse de la désespérance* » (Romains). ♦ 2° *Littér.* Qui tend des pièges, dresse des embûches. V. **Rusé**. « *L'ambition, serpent insidieux* » (Chénier).

1. INSIGNE [ɛsiɲ]. *adj.* (XIVᵉ; lat. *insignis*). *Littér.* Qui s'impose ou qui est digne de s'imposer à l'attention. V. **Remarquable; éclatant, éminent, fameux**. *Service insigne.* V. **Important, signalé**. *Faveur, grâce insigne.* ◊ *Mod.* Iron. *Je considère cela « comme une insigne maladresse* » (Gide).

2. INSIGNE [ɛsiɲ]. *n. m.* (1484, rare av. 1821; lat. *insigne*, neutre subst. de *insignis;* Cf. le précéd.). ♦ 1° Marque extérieure et distinctive d'une dignité, d'une fonction, d'un grade. V. **Emblème, marque, signe, symbole**. *Insigne honorifique.* V. **Décoration, médaille**. *Il « portait les insignes de l'ordre de la Toison d'or* » (Balz.). ♦ 2° *Cour.* (XXᵉ). Signe distinctif des membres d'un groupe, d'un groupement. V. **Badge**. *Arborer à sa boutonnière l'insigne d'un parti politique, d'un club sportif. Ils « se firent faire un insigne tricolore qui se portait à la boutonnière* » (Aragon).

INSIGNIFIANCE [ɛsiɲifjɑ̃s]. *n. f.* (1785; de *insignifiant*). Caractère de ce qui est insignifiant. *L'insignifiance du personnage* (V. **Fadeur, inconsistance, médiocrité**) *et de son œuvre* (V. **Faiblesse**). « *La perfection et l'insignifiance de la beauté grecque* » (Stendhal). ◊ ANT. **Intérêt, valeur. Importance.**

INSIGNIFIANT, ANTE [ɛsiɲifjɑ̃, ɑ̃t]. *adj.* (1767; de *in-* 1, et *signifiant*). ♦ 1° Qui ne présente aucun intérêt. V. **Quelconque**. *Personne insignifiante*, qui passe inaperçue, qui a peu de personnalité. V. **Effacé, falot, inconsistant, terne**. « *Rose était laide, plate, insignifiante* » (Maupass.). *Un visage insignifiant.* V. **Banal**. *Roman insignifiant.* V. **Insipide, médiocre, nul**. ♦ 2° Qui n'est pas important. *Détails, faits insignifiants.* V. **Infime, mince, minime, négligeable, petit**. *Pour une somme insignifiante.* V. **Malheureux, misérable**. *Ses romans « ne lui rapportaient que des droits insignifiants* » (Romains). *On échangeait des paroles insignifiantes.* V. **Frivole, futile, vain**. *Chose insignifiante :* bagatelle, bricole, broutille, vétille. ♦ 3° *Rare.* Qui n'a pas de sens. « *Sans réelle signification : 'insignifiant' au sens propre du mot* » (Gide). ◊ ANT. **Frappant, intéressant, remarquable. Important. Signifiant.**

INSINCÈRE [ɛsɛ̃sɛʀ]. *adj.* (1794; de *in-* 1, et *sincère*). *Littér.* Qui n'est pas sincère. *Enthousiasme insincère.* V. **Factice, hypocrite.**

INSINCÉRITÉ [ɛsɛ̃seʀite]. *n. f.* (1846; de *in-* 1, et *sincérité*). *Littér.* Absence de sincérité. « *Il connaît l'insincérité des discours qu'il a prononcés sur la tombe des autres* » (Renard).

INSINUANT, ANTE [ɛsinɥɑ̃, ɑ̃t]. *adj.* (1654; de *insinuer*). ♦ 1° *(Personnes).* Qui s'insinue auprès des gens. « *Le jeune Mazarin, toujours souple et insinuant* » (Vigny). *Esprit insinuant.* V. **Adroit, persuasif**. ♦ 2° *(Choses).* Qui est propre à circonvenir autrui. « *Des façons insinuantes* » (Balz.). *Voix insinuante.*

INSINUATION [ɛsinɥasjɔ̃]. *n. f.* (1319; lat. *insinuatio*). ♦ 1° *Anc. Dr.* Inscription d'un acte sur un registre; insertion. *Insinuation d'un testament, d'un contrat.* ♦ 2° *Vx.* (XVIIᵉ). Action de s'insinuer (1°), de pénétrer. « *L'insinuation de l'aliment dans les parties qui le reçoivent* » (Boss.). ♦ 3° *Littér.* Action ou manière adroite, subtile, de faire entendre une chose qu'on n'affirme pas positivement. *Procéder par insinuation.* V. **Allusion**. ◊ *Cour.* (1704) *Une, des insinuation(s) :* la chose que l'on donne à entendre. « *Ma phrase... suggère plutôt qu'elle n'affirme, et procède par insinuation* » (Gide). V. **Sous-entendu**. *Insinuations perfides, mensongères.* V. **Accusation, attaque, calomnie, propos.**

INSINUER [ɛsinɥe]. *v. tr.* (1336; lat. *insinuare*). ♦ I. ♦ 1° *Anc. Dr.* Inscrire (un acte) dans un registre qui lui donne authenticité. *Insinuer une donation.* ♦ 2° (XVIᵉ). *Vx.* Faire adroitement entrer, pénétrer dans l'esprit. V. **Conseiller, instiller, suggérer**. ◊ *Littér.* Donner à entendre (qqch.) sans dire expressément (surtout avec un mauvais dessein). V. **Avertir, souffler** (à l'oreille), **suggérer**. « *Qu'ils viennent donc me le dire en face, ce qu'ils vous ont insinué en traîtres* » (Sand). « *Je n'insinue pas* (qu'il) *soit un pêcheur en eau trouble !* » (Romains). ♦ II. **S'INSINUER**. *v. pron.* ♦ 1° *Vx.* Se glisser, s'infiltrer. *L'eau s'insinue dans le sable.* ♦ 2° *Par métaph.* Pénétrer (littér.). « *Des idées... qui s'insinuent dans mon esprit comme des parasites venimeux* » (Duham.). ♦ 3° S'introduire habilement, se faire admettre quelque part, auprès de qqn. *Intrigant qui s'insinue partout.* V. **Faufiler** (se), **glisser** (se); **fourrer** (se). *Fig. S'insinuer dans les bonnes grâces, la confiance d'autrui*, réussir à capter ses bonnes grâces, sa confiance.

INSIPIDE [ɛsipid]. *adj.* (1503; bas lat. *insipidus*). ♦ 1° Qui n'a aucune saveur, aucun goût. *Il « avait avalé, à son insu, une poudre insipide... dans une tasse de thé à la menthe* » (Mac Orlan). ◊ *Cour.* Qui n'a pas assez de goût. V. **Fade**. ♦ 2° *Fig.* Qui manque d'agrément, de piquant. V. **Ennuyeux, fastidieux**. « *Les gammes et les exercices se succédaient, secs, monotones, insipides* » (R. Rolland). ◊ Qui manque d'esprit, de charme, d'intérêt. « *Les plus insipides romanciers* » (Rouss.). ◊ ANT. **Sapide, savoureux.**

INSIPIDITÉ [ɛsipidite]. *n. f.* (1572; de *insipide*). ♦ 1° *Didact.* Caractère de ce qui est insipide, sans saveur. *L'insipidité d'un aliment.* V. **Fadeur**. ♦ 2° *Fig. Littér. L'insipidité d'une œuvre, d'un spectacle.* « *L'insipidité de la vie* » (Senancour).

INSISTANCE [ɛsistɑ̃s]. *n. f.* (1556; rare av. 1801; de *insister*). Action d'insister. V. **Obstination, persévérance**. *Revenir sur un sujet avec insistance. Supplier qqn avec insistance.* V. **Instance**. *Il la regardait avec insistance. Insistance déplacée, indiscrète.* V. **Indiscrétion**. — *Phonét. Accent, ton d'insistance.* V. **Accentuation.**

INSISTANT, ANTE [ɛsistɑ̃, ɑ̃t]. *adj.* (1553; de *insister*). Qui insiste. *Supplier d'un ton insistant.* « *Caricatures un peu trop poussées, trop insistantes* » (Maurois).

INSISTER [ɛsiste]. *v. intr.* (1336, *s'insister en* « s'appliquer à »; lat. *insistere* « se poser sur, s'attacher à »). ♦ 1° S'arrêter avec force sur un point particulier; mettre l'accent sur. V. **Appesantir** (s'), **appuyer** (sur), **souligner**. *Insister sur les syllabes finales.* V. **Accentuer**. *On ne saurait trop insister sur cette question.* « *Insistant sur un sujet qui lui tenait à cœur...* » (France). — Absolt. *Enfin, n'insistons pas, passons. J'ai compris, inutile d'insister.* V. **Répéter; point** (mettre les points sur les i). « *Une ironie qui glisse et n'insiste pas* » (Ste-Beuve). ♦ 2° Persévérer à demander qqch. *Insister pour obtenir qqch., pour qqch.* Absolt. *Insistez auprès d'elle, elle acceptera peut-être* (V. **Presser, prier**). *S'il refuse, n'insistez pas.* V. **Obstiner** (s'). ♦ 3° *Par ext. Fam.* V. **Continuer, persévérer**. *Il avait commencé à étudier le piano, mais il n'a pas insisté. Tirez fort; insistez !*

IN SITU [insity]. *loc. adv.* (1864; mots lat. « en place »). *Didact.* Dans son milieu naturel. *Plante étudiée in situ.* ◊ ANT. **In vitro.**

INSOCIABILITÉ [ɛsɔsjabilite]. *n. f.* (1721; de *insociable*). Caractère insociable. ◊ ANT. **Sociabilité.**

INSOCIABLE [ɛsɔsjabl(ə)]. *adj.* (1548; lat. *insociabilis*). Qui n'est pas sociable. « *Je suis devenu solitaire, insociable et misanthrope* » (Rouss.). ◊ ANT. **Accommodant, sociable.**

INSOLATION [ɛsɔlasjɔ̃]. *n. f.* (1554; lat. *insolatio;* Cf. **Insoler**). ♦ 1° *Didact.* Action d'exposer à la chaleur et à la lumière solaire; son résultat (V. **Insoler**). *L'insolation d'une plaque photographique.* ♦ 2° (1867). *Cour.* Ensemble des phénomènes morbides provoqués par l'exposition prolongée au soleil (Cf. Coup de soleil*). *Mon ami « tomba de cheval... foudroyé par une insolation* » (Maupass.). ♦ 3° Temps pendant lequel le soleil a brillé. *Insolation faible des mois d'hiver.*

INSOLEMMENT [ɛsɔlamɑ̃]. *adv.* (1355; de *insolent*). D'une manière insolente. *Parler, répondre insolemment.* — *Orgueil insolemment agressif.* — (Au sens d'*insolent*, 3°) « *Un Boucher insolemment rose* » (Maurois).

INSOLENCE [ɛsɔlɑ̃s]. *n. f.* (1495; lat. *insolentia*). ♦ 1° *Cour.* Manque de respect; qui a un caractère injurieux (de la part d'un inférieur ou d'une personne jugée telle). V. **Effronterie, impertinence, irrespect**. *Insolence d'un fils à l'égard de ses parents.* « *L'insolence de cette génération passe les bornes de la décence* » (Maurois). ◊ Parole, action insolente. *Je suis las de vos insolences.* V. **Impertinence, injure, insulte, offense**. ♦ 2° (XVIIᵉ). *Vx.* Audace excessive, insultante (perfidie, trahison). ♦ 3° Orgueil offensant (pour des inférieurs ou des personnes traitées comme telles). V. **Arrogance, cynisme, hardiesse, morgue, orgueil**. *Froide insolence.* « *Ce dédain... fut pris pour l'insolence d'une parvenue* » (Balz.). ◊ ANT. **Déférence, égard, politesse, respect; discrétion, modestie.**

INSOLENT, ENTE [ɛ̃sɔlɑ̃, ɑ̃t]. *adj.* et *n.* (1495; lat. *insolens*). ♦ 1° *Cour.* Dont le manque de respect est offensant. V. **Effronté, grossier, impertinent, impoli, impudent.** « *L'argent fait du plus humble un laquais insolent* » (HUYSMANS). N. « *Peut-être vaudrait-il mieux être un insolent que d'en avoir la physionomie* » (DIDER.). ◊ Qui dénote l'insolence. *Air, style insolent.* V. **Cynique.** *Ton insolent.* V. **Déplacé.** ♦ 2° *Vx* (XVIIe). Qui blesse, insulte par son audace. V. **Audacieux.** « *On dit même qu'au trône une brigue insolente Veut placer Aricie...* » (RAC.). ◊ Qui blesse par son orgueil outrageux, son assurance hautaine. V. **Arrogant, orgueilleux.** « *Vainqueur insolent* » (CORN.). ♦ 3° Qui, par son caractère extraordinaire, apparaît comme un défi, une provocation envers la condition commune. V. **Extraordinaire, indécent, inouï.** *Bonheur, succès insolent.* « *Rien ne paraissait devoir atteindre cette santé vraiment insolente* » (BALZ.). *Joie insolente. Un luxe insolent.* ◊ ANT. **Respectueux;** modeste, ordinaire.

INSOLER [ɛ̃sɔle]. *v. tr.* (1669; lat. *insolare;* Cf. Insolation). *Didact.* Exposer à la lumière du soleil.

INSOLITE [ɛ̃sɔlit]. *adj.* (1495; lat. *insolitus*, rad. *solere* « avoir coutume »). Qui étonne, surprend par son caractère inaccoutumé, contraire à l'usage, aux habitudes (*péj.* jusqu'au XXe s. ; mot à la mode, plutôt laudatif, de nos jours). V. **Anormal, bizarre, étonnant, étrange, extraordinaire, inaccoutumé, inhabituel, rare.** *Événement insolite. Mise, tenue, apparence, aspect insolite.* V. **Excentrique.** « *Les terminaisons* (de lettres) *insolites ne sont à risquer qu'entre gens d'esprit* » (ROMAINS). — *Subst. Recherche, culte de l'insolite et du bizarre, en poésie.* ◊ ANT. **Accoutumé, familier, normal.**

INSOLUBILISER [ɛ̃sɔlybilize]. *v. tr.* (1922; de insoluble). *Didact.* Rendre insoluble (2°).

INSOLUBILITÉ [ɛ̃sɔlybilite]. *n. f.* (1765; lat. *insolubilitas*). *Didact.* ♦ 1° Caractère insoluble d'une substance. ♦ 2° Caractère insoluble d'un problème.

INSOLUBLE [ɛ̃sɔlybl(ə)]. *adj.* (Issoluble, 1220; lat. *insolubilis*). ♦ 1° Qu'on ne peut résoudre. V. **Impossible.** *S'attaquer à un problème insoluble* (Cf. Chercher la quadrature* du cercle). ♦ 2° (XVIIIe). Qui ne peut se dissoudre. *Substance insoluble dans l'eau.*

INSOLVABILITÉ [ɛ̃sɔlvabilite]. *n. f.* (1539; de insolvable). *Dr.* État de celui qui est insolvable (V. **Déconfiture, faillite**). ◊ ANT. **Solvabilité.**

INSOLVABLE [ɛ̃sɔlvabl(ə)]. *adj.* (XVIIe; « non payable », 1433; de *in-* 1, et *solvable*). Qui est hors d'état de payer ses dettes. *Débiteur insolvable.* ◊ ANT. **Solvable.**

INSOMNIAQUE [ɛ̃sɔmnjak] ou **INSOMNIEUX, EUSE** [ɛ̃sɔmnjø, øz]. *adj.* et *n.* (XXe; de *insomnie*). Relatif à l'insomnie; qui souffre d'insomnies. ◊ N. « *Le village aussi semblait dormir, mais il y avait sûrement des insomniaques qui épiaient tous les bruits* » (BEAUVOIR).

INSOMNIE [ɛ̃sɔmni]. *n. f.* (1555; lat. *insomnia*, de *somnus;* Cf. Sommeil). Difficulté à s'endormir ou à dormir suffisamment. *Insomnie causée par l'inquiétude, la nervosité. Heures, nuits d'insomnie.* V. **Veille.** *Remède contre l'insomnie* (somnifère). « *Un peu d'insomnie n'est pas inutile pour apprécier le sommeil* » (PROUST).

INSONDABLE [ɛ̃sɔ̃dabl(ə)]. *adj.* (1578; de *in-* 1, et *sonder*). ♦ 1° *Rare.* Qui ne peut être sondé, dont on ne peut atteindre le fond. *Abîme, gouffre insondable.* V. **Abyssal.** ♦ 2° *Fig. Mystère, secret insondable.* V. **Énigmatique, impénétrable, incompréhensible.** *Douleur insondable.* « *Qui peut sonder de Dieu l'insondable pensée?* » (LAMART.). ♦ 3° Immense, infini. « *Son insondable misère* » (MAUPASS.). « *Une insondable maladresse* » (FRANCE).

INSONORE [ɛ̃sɔnɔr]. *adj.* (1801; de *in-* 1, et *sonore*). ♦ 1° Qui n'est pas sonore. ♦ 2° Qui ne vibre pas sous l'effet des ondes sonores, qui amortit les sons. *Matériaux insonores.*

INSONORISATION [ɛ̃sɔnɔrizasjɔ̃]. *n. f.* (1931; de *insonoriser*). Le fait d'insonoriser; son résultat. V. **Isolation.** *Techniques d'insonorisation.*

INSONORISER [ɛ̃sɔnɔrize]. *v. tr.* (1931; de *insonore*). Rendre moins sonore, plus silencieux. — Au p. p. *Appartement, studio insonorisé.*

INSONORITÉ [ɛ̃sɔnɔrite]. *n. f.* (1845; de *in-* 1 et *sonorité*. V. **Insonore**). *Didact.* Absence de sonorité.

INSOUCIANCE [ɛ̃susjɑ̃s]. *n. f.* (1752; de *insouciant*). État ou caractère de celui qui est insouciant. V. **Détachement, indifférence, insouciance.** *Vivre, travailler dans l'insouciance* (Cf. Ne pas s'en faire). « *L'insouciance tient au désespoir ou à la résignation* » (BALZ.). « *Il me manque le repos, la douce insouciance...* » (MUSS.). ◊ ANT. **Curiosité, inquiétude, intérêt, souci.**

INSOUCIANT, ANTE [ɛ̃susjɑ̃, ɑ̃t]. *adj.* (1752; de *in-* 1, et *soucier*). ♦ 1° INSOUCIANT DE : qui ne se soucie pas de (qqch.). V. **Indifférent, insoucieux, oublieux.** *Insouciant du lendemain, de l'avenir, du danger. Ces hommes « fiers de la gloire de leur pays et insouciants de la leur propre* » (VIGNY). ♦ 2° Qui ne se préoccupe de rien. V. **Étourdi, frivole, imprévoyant, indolent, léger, négligent, nonchalant, sans-souci.**

Gais lurons, joyeux et insouciants. « *Insouciante comme un Bohème, elle dit tout ce qui lui passe par la tête* » (BALZ.). — *Subst.* ◊ ANT. *Un insouciant.* ◊ ANT. **Curieux, inquiet, soucieux.**

INSOUCIEUX, EUSE [ɛ̃susjø, øz]. *adj.* (1787; de *in-* 1, et *soucieux*). *Littér.* Qui ne prend pas souci de (qqch.). V. **Insouciant, indifférent** (à). *Être insoucieux du lendemain.* « *La vie domestique si calme, si insoucieuse* » (RENAN). ◊ ANT. **Soucieux.**

INSOUMIS, ISE [ɛ̃sumi, iz]. *adj.* et *n. m.* (1564, repris fin XVIIIe; de *in-* 1, et *soumis*). ♦ 1° Qui n'est pas soumis, refuse de se soumettre. V. **Indiscipliné, révolté.** *Contrées, tribus insoumises.* V. **Mutin, rebelle, séditieux.** — N. « *L'insoumis refuse la servitude et s'affirme l'égal du maître* » (CAMUS). ♦ 2° *Soldat insoumis,* et *n. m. Un insoumis :* militaire qui a commis le délit d'insoumission. V. **Déserteur, réfractaire.**

INSOUMISSION [ɛ̃sumisjɔ̃]. *n. f.* (1827; de *in-* 1 et *soumission*). ♦ 1° Caractère, état de celui qui est insoumis. V. **Désobéissance, indiscipline, rébellion, révolte.** *Acte d'insoumission.* ♦ 2° Délit correctionnel qui consiste pour un militaire à n'être pas arrivé à destination dans un certain délai après le jour fixé par son ordre de route. V. **Désertion.**

INSOUPÇONNABLE [ɛ̃supsɔnabl(ə)]. *adj.* (1838; de *in-* 1, et *soupçonner*). Qui ne peut être soupçonné; à l'abri de tout soupçon. *Honnêteté, probité insoupçonnable.* ◊ ANT. **Suspect.**

INSOUPÇONNÉ, ÉE [ɛ̃supsɔne]. *adj.* (1838; de *in-* 1, et *soupçonné*). Dont l'existence n'est pas soupçonnée, pressentie. « *La germination se fait dans un profond silence, enfouie, insoupçonnée de tous* » (MONTHERLANT). *Domaine, horizon insoupçonné; perspectives, richesses insoupçonnées.* V. **Inattendu, nouveau.**

INSOUTENABLE [ɛ̃sutnabl(ə)]. *adj.* (1460; de *in-* 1, et *soutenir*). Qu'on ne peut soutenir. ♦ 1° Inadmissible, indéfendable, injustifiable. *Argument, opinion, théorie insoutenable.* ♦ 2° Qu'on ne peut supporter, endurer. V. **Insupportable.** *Effort insoutenable.* « *L'éclat de la lumière, l'âpreté du soleil insoutenable* » (FROMENTIN).

INSPECTER [ɛ̃spɛkte]. *v. tr.* (1781; lat. *inspectare*). ♦ 1° Examiner (ce dont on a la surveillance). V. **Contrôler, surveiller, visiter.** *Inspecter une école, des travaux.* « *Pour aller inspecter ses propriétés à la campagne* » (LOTI). ♦ 2° (XIXe). Examiner avec attention. « *Il se sentait examiné, inspecté des pieds à la tête, pesé, jugé* » (MAUPASS.). V. **Scruter.** *Il « examinait de près les recoins... inspectait la cuisine* » (CHARDONNE).

INSPECTEUR, TRICE [ɛ̃spɛktœr, tris]. *n.* (1611; « celui qui inspecte », 1406; lat. *inspector*). Agent d'un service public ou privé qui est chargé de surveiller, de contrôler le fonctionnement d'une administration, d'une entreprise, de veiller à l'application des normes, des lois. V. **Contrôleur.** *Inspecteurs des manufactures,* créés par Colbert. *Inspecteur du travail.* ◊ *Inspecteur de l'enseignement primaire* ou *inspecteur primaire. Inspecteur d'Académie,* directeur de l'enseignement dans une académie. ◊ INSPECTEUR DES FINANCES : membre de l'inspection générale des Finances, un des grands corps de l'État. ◊ INSPECTEUR (DE POLICE) : agent sans uniforme attaché à un commissariat, une préfecture de police. *Inspecteur principal, divisionnaire. L'inspecteur Maigret.* ◊ *Par plaisant. Inspecteur des travaux finis,* paresseux qui vient voir un travail terminé, quand il n'y a plus rien à faire.

INSPECTION [ɛ̃spɛksjɔ̃]. *n. f.* (1290; lat. *inspectio*). ♦ 1° *Vieilli.* Examen attentif. « *Une simple inspection de l'esprit* » (DESCARTES). ♦ 2° Examen attentif dans un but d'enquête, de contrôle, de surveillance, de vérification; travail, fonction d'inspecteur. *Faire, passer une inspection. Inspection d'un navire* (V. **Arraisonnement, visite**). *Inspection de l'armée.* V. **Revue.** *Inspection des travaux.* V. **Conduite.** *Tournée d'inspection. Rapport d'inspection.* ♦ 3° *Charge d'inspecteur.* V. **Inspectorat.** *Obtenir une inspection.* ♦ 4° Ensemble des inspecteurs d'une administration; le service qui les emploie, les locaux de ce service. *Entrer à l'inspection des Finances. L'inspection du Travail.*

INSPECTORAT [ɛ̃spɛktɔra]. *n. m.* (1872; de *inspecteur*). *Rare* ou *Admin.* Charge d'inspecteur, d'inspectrice; durée de cette charge. V. **Inspection.**

INSPIRANT, ANTE [ɛ̃spirɑ̃, ɑ̃t]. *adj.* (1740; de *inspirer*). Qui est propre à inspirer. *Cela n'a rien de bien inspirant.* V. **Suggestif.**

INSPIRATEUR, TRICE [ɛ̃spiratœr, tris]. *adj.* et *n.* (1372, rare av. 1798; bas lat. *inspirator*). I. ♦ 1° *Adj. Rare.* Qui donne l'inspiration. *Idées inspiratrices.* ♦ 2° INSPIRATRICE : *(n. f.) :* femme qui donne l'inspiration. *L'inspiratrice d'un poète.* V. **Égérie, muse.** ♦ 3° *N. m.* ou *f.* Personne qui inspire qqn ou dont on s'inspire. V. **Conseiller.** ◊ Personne qui dirige, anime. V. **Agent, cause, innovateur, instigateur.** *Inspirateur d'un complot, d'une doctrine. Louis XIV « était le grand animateur, et souvent le grand inspirateur* » (L. BERTRAND). ♦ 4° *(Choses).* N. m. ou f. « *La religion est la grande inspiratrice de leurs actes* » (MAUPASS.).

II. (1765). ♦ 1° Adj. *Anat.* Qui assure l'inspiration d'air dans les poumons. *Muscles inspirateurs. Centre nerveux inspirateur.* ♦ 2° *Méd.* INSPIRATEUR *(n. m.) :* appareil servant à assurer ou à faciliter l'inspiration d'air dans les poumons.

INSPIRATION [ɛ̃spiʀasjɔ̃]. *n. f.* (1120 ; bas lat. *inspiratio*). **I.** Ⓐ *L'inspiration.* ♦ 1° Sorte de souffle émanant d'un être surnaturel, qui apporterait aux hommes des conseils, des révélations ; état mystique de l'âme sous cette impulsion surnaturelle. *Inspiration céleste, d'en haut.* V. **Esprit, grâce, illumination.** *Inspiration des prophètes, des devins.* V. **Divination.** ♦ 2° Souffle créateur qui anime les écrivains, les artistes, les chercheurs. « *À l'idée d'inspiration s'oppose celle de fabrication* » (THIBAUDET). *Inspiration poétique.* V. **Enthousiasme, fureur** (poétique), **veine, verve.** *Appeler, attendre, chercher l'inspiration. Avoir de l'inspiration. Écrire d'inspiration.* ♦ 3° Action d'inspirer qqch. à qqn ; résultat de cette action. *C'est sous son inspiration que le comité fut créé.* V. **Influence, instigation.** — *Par ext.* Ce qui est inspiré. V. **Conseil, suggestion.** ♦ 4° (XXᵉ). *Musique d'inspiration médiévale,* inspirée* par la musique du moyen âge. *Mode d'inspiration orientale.* Ⓑ *Une inspiration :* idée, résolution spontanée, soudaine. « *Ayant eu l'heureuse inspiration d'aller faire une petite visite à une femme que j'aime* » (COURTELINE). **II.** (XVIᵉ). *Physiol.* Action par laquelle l'air entre dans les poumons ; résultat de cette action. V. **Aspiration.** *Alternance de l'inspiration et de l'expiration.* V. **Respiration.**
◊ ANT. *Étude. Expiration.*

INSPIRATOIRE [ɛ̃spiʀatwaʀ]. *adj.* (1833 ; de *inspiration*). *Méd.* Relatif à l'inspiration. *Capacité inspiratoire. Dyspnée inspiratoire.*

INSPIRÉ, ÉE [ɛ̃spiʀe]. *adj. et n.* (V. **Inspirer**). ♦ 1° Animé par l'inspiration, soufflé, divin ou créateur. *Livres inspirés. Auteur inspiré. Œuvre inspirée.* ◊ N. *Un inspiré.* V. **Illuminé, mystique.** ♦ 2° (1690). *Bien inspiré, mal inspiré,* qui a une bonne, une mauvaise idée (pour agir). V. **Avisé.** *Il a été bien inspiré de vendre ses actions.* ♦ 3° INSPIRÉ DE. V. **Inspirer** (s'). « *Leurs petites robes* (de Marocaines), *inspirées des modes européennes* » (MAC ORLAN).

INSPIRER [ɛ̃spiʀe]. *v.* (*Espirer*, 1150 ; lat. *inspirare*, de *spirare* « souffler »). **I.** *V. tr.* ♦ 1° Animer d'un souffle, d'un élan divin. *Apollon inspirait la Pythie.* Absolt. « *L'Église enseigne et Dieu inspire* » (PASC.). ♦ 2° Donner l'inspiration, le souffle créateur (dans l'art, les activités intellectuelles). « *Quelques lueurs, qui sont les moments où l'artiste a été inspiré* » (DELACROIX). ◊ Être cause et sujet d'inspiration. *Les paysages de Provence ont inspiré ce peintre.* « *Inspirez-nous des vers, mais ne les jugez pas* » (ROSTAND). ◊ *Fam.* Plaire. *Cette promenade ne m'inspire pas,* ne me dit rien. ♦ 3° Faire naître en suscitant·(un sentiment, une idée, un dessein). V. **Donner, imprimer, insuffler, suggérer.** *Inspirer à qqn l'horreur de qqch. Les intentions qui inspirent un acte.* V. **Commander, déterminer, dicter, provoquer.** — *Par ext. Inspirer qqn :* déterminer son comportement par des conseils. V. **Conduire, conseiller, diriger.** ♦ 4° *Littér.* Être l'instigateur de (qqch.). *Un premier attentat « fut inspiré par Henri de Guise* » (BAINVILLE). ♦ 5° Être la cause et l'objet de (des sentiments, pour qqn). V. **Donner.** *Inspirer de l'amour à une personne. Je me méfie de lui, il ne m'inspire pas confiance.* « *L'état du patient inspirait les plus pressantes inquiétudes* » (DUHAM.). **II.** S'INSPIRER. *v. pron.* (1829). Prendre, emprunter des idées, des éléments à. *Le romancier s'est inspiré d'une légende populaire. Cette mode s'inspire de l'habillement exotique* (V. **Imiter**). **III.** ♦ 1° *V. tr.* Souffler dans. V. **Insuffler.** ♦ 2° *V. intr.* Faire entrer l'air dans ses poumons. *L'acte de la respiration consiste à inspirer et à expirer.* V. **Aspirer.**

INSTABILITÉ [ɛ̃stabilite]. *n. f.* (1236 ; lat. *instabilitas*). ♦ 1° *Chim.* État d'un corps qui subit aisément une décomposition. *Phys.* État d'un corps en équilibre instable. ♦ 2° *Cour.* Caractère de ce qui change de place. *Instabilité des tribus nomades.* ◊ (*Abstrait*) Caractère de ce qui n'est pas fixe, permanent. *Instabilité d'une situation.* V. **Fragilité, incertitude, précarité,** *du caractère, des opinions* (V. **Inconstance, versatilité**), *des choses humaines* (V. **Changement, vicissitude.** ◊ ANT. **Stabilité.**

INSTABLE [ɛ̃stabl(ə)]. *adj.* (1236, rare av. XVIIIᵉ ; lat. *instabilis*). ♦ 1° *Chim. Combinaison instable,* qui se décompose facilement en ses éléments. — Se dit d'une substance qui s'altère facilement. *Phys. Équilibre instable,* détruit par une faible perturbation. *Meuble instable.* V. **Boiteux, branlant.** ♦ 2° Qui se déplace, n'est pas stable en un lieu. *Personne, population instable.* V. **Errant, nomade.** ♦ 3° (Abstrait). *Cour.* Qui n'est pas fixe, permanent. *Temps instable.* V. **Variable.** *Paix instable.* V. **Fragile, précaire.** ◊ *Sentiments instables.* « *Leur sensibilité irritée, susceptible, instable enfin* » (CAMUS). ♦ 4° (Personnes). Incapable de se maintenir dans un état mental, affectif ; qui change constamment de comportement. V. **Changeant, fluctuant.** — Subst. *Les instables,* se dit

d'enfants anormaux qui ne peuvent supporter la discipline scolaire. ◊ ANT. *Stable, fixe ; constant, déterminé.*

INSTALLATEUR [ɛ̃stalatœʀ]. *n. m.* (mil. XIXᵉ ; de *installer*). ♦ 1° *Vx.* Celui qui installe (un dignitaire, etc.). ♦ 2° *Mod.* (1875). Commerçant, artisan, ouvrier qui s'occupe d'installations. *Installateur-décorateur.*

INSTALLATION [ɛ̃stalasjɔ̃]. *n. f.* (1340 ; de *installer*). ♦ 1° *Relig.* Mise en possession d'une charge ecclésiastique. *Installation d'un évêque.* V. **Intronisation.** — Formalité d'entrée en exercice. *Installation d'un magistrat ; installation dans une fonction.* ♦ 2° *Cour.* Action de s'installer dans un logement. *Fêter son installation :* pendre la crémaillère. — Manière dont on est installé. *Installation de fortune, provisoire.* V. **Camp** (volant), **campement.** ♦ 3° (XVIᵉ). Action d'installer (qqch.) ; mise en place. V. **Aménagement, arrangement, établissement.** S'occuper de *l'installation des meubles dans une maison,* et par ext. *de l'installation de sa maison. Installation de l'électricité, du gaz dans un immeuble.* ♦ 4° Ensemble des objets, dispositifs, bâtiments, etc., installés en vue d'un usage déterminé. *Installation modèle. Installations électriques, sanitaires, mécaniques.* V. **Équipement.** *Les « constructions et installations diverses qu'on pourrait envisager pour l'aménagement... de la station »* (ROMAINS). ◊ ANT. *Déménagement, évacuation.*

INSTALLER [ɛ̃stale]. *v. tr.* (1349 ; lat. médiév. *installare* « mettre dans sa stalle »). **I.** ♦ 1° *Relig.* Établir solennellement dans sa dignité. *Installer un pape, un évêque.* V. **Introniser.** ♦ 2° *Cour.* (XVIᵉ) Mettre (qqn) dans la demeure, dans l'endroit qui lui était destiné. V. **Caser, loger.** *Nous l'avons installé dans son nouveau logement.* — Placer ou loger d'une façon déterminée. *Installer un malade dans son lit ; l'installer confortablement.* « *Il l'installait dans le wagon-lit* » (MART. du G.). *Ils sont bien installés dans leur ferme.* ♦ 3° (XIXᵉ). Disposer, établir (qqch.) dans un lieu désigné ou selon un ordre défini. V. **Arranger, disposer, établir, mettre, placer.** *Installer une chaise devant sa porte.* V. **Poser.** *Installer le gaz, l'électricité, le téléphone.* V. **Aménager, équiper.** — *Par ext. Installer un appartement :* y faire des aménagements qui le rendent habitable. « *La garçonnière qu'il venait d'installer* » (ROMAINS). **II.** S'INSTALLER. *v. pron.* ♦ 1° Se mettre à une place déterminée ou d'une façon déterminée (en général pour un temps assez long). *S'installer confortablement pour manger.* — *S'installer chez un ami, à l'hôtel, dans une maison.* V. **Loger** (se). *S'installer pour longtemps, définitivement.* V. **Établir** (s'), **fixer** (se). « *Partout où il va, s'installe... il semble que sa place était là depuis toujours* » (MICHAUX). ♦ 2° *Fig. S'installer dans la mauvaise foi.* « *Elle s'y installait* (dans son mensonge), *s'y reposait* » (MAURIAC). « *La France et le monde s'installaient dans la guerre* » (DUHAM.). ◊ ANT. *Déplacer. Aller* (s'en), *déménager.*

INSTAMMENT [ɛ̃stamɑ̃]. *adv.* (1356 ; de *instant* 1). *Cour.* (Avec qques verbes). D'une manière instante, avec instance. *Prier, demander, instamment une permission.*

INSTANCE [ɛ̃stɑ̃s]. *n. f.* (1288, « application, soin » ; lat. *instantia*). ♦ 1° *Relig.* Sollicitation pressante. *Vx* au sing., sauf dans : *Demander avec instance.* V. **Insistance.** — Plur. « *Mon camarade me fit de telles instances...* » (BALZ.). Mod. *Céder aux instances de qqn.* V. **Prière, requête, sollicitation.** *Sur les instances, devant les instances de ses amis, il a fini par accepter.* ♦ 2° *Dr.* Ensemble d'actes, délais et formalités ayant pour objet l'introduction, l'instruction et le jugement d'un litige. V. **Procédure, procès.** *Introduire une instance, introduction d'instance.* V. **Requête.** *Extinction de l'instance* (désistement, péremption). — *Affaire en instance :* en cours. *Instance de divorce.* ◊ *Première instance :* premier degré dans la hiérarchie des juridictions. *Faire appel d'un jugement en première instance.* ♦ 3° *Par ext.* (1890). Juridiction, tribunal. *L'instance supérieure.* — V. 1935 ; emploi critiqué) Autorité, corps constitué qui détient un pouvoir de décision. V. **Institutions,** 3°. « *D'autres instances anglaises étaient moins pressées* » (DE GAULLE). ♦ 4° (XXᵉ). Freud, 1923). *Psychan.* Chacune des différentes parties de l'appareil psychique considérée comme élément dynamique (moi, ça et surmoi). *Instance de la censure, instance du surmoi.*

1. INSTANT, ANTE [ɛ̃stɑ̃, ɑ̃t]. *adj.* (1296, « prochain » ; lat. *instans,* p. prés. de *instare* « serrer de près, presser »). *Littér.* Qui passe vivement. V. **Pressant.** *Demande, prière instante.* V. **Imminent, instantané.** *Besoin, péril instant.* « *Il était instant de se rendre au chœur* » (STENDHAL).

2. INSTANT [ɛ̃stɑ̃]. *n. m.* (1377 ; du précéd.). Durée très courte que la conscience saisit comme un tout. V. **Moment, minute, seconde.** « *Chaque instant de la vie est un pas vers la mort* » (CORN.). *Attendre l'instant propice.* ◊ *Le moment présent. La vie que vous fort peu dans l'instant même* » (VALÉRY). *Jouir, profiter de l'instant qui passe.* ◊ *Un instant :* un temps très court. *Il crut, il pensa un instant que... Attendez, patientez un instant.* Ellipt. *Un instant ! ne soyez pas pressé...*

Sans perdre un instant. ◇ EN UN INSTANT : rapidement, très vite. V. **Clin** (d'œil), **tournemain.** — DANS UN INSTANT. V. **Bientôt.** Littér. *Dans l'instant (même)* : aussitôt. ◇ À L'INSTANT : tout de suite. V. **Aussitôt, soudain.** *À l'instant, à l'instant même où j'allais partir ; à l'instant de partir.* — *Dès l'instant, depuis l'instant qu'il est parti.* ◇ À CHAQUE INSTANT : très souvent, à tout propos. V. **Continuellement.** — *À tout instant* (même sens). ◇ POUR L'INSTANT : pour le moment. ◇ PAR INSTANTS : par moments, de temps en temps. ◇ DE TOUS LES INSTANTS : constant, perpétuel. ◈ ANT. **Éternité, perpétuité.**

INSTANTANÉ, ÉE [ɛ̃stɑ̃tane]. *adj.* (1604 ; de *instant,* sur le modèle de *momentané*). ♦ 1° Qui ne dure qu'un instant. V. **Bref.** « *Des visions instantanées, rapides* » (FROMENTIN). ♦ 2° Qui se produit en un instant, soudainement. V. **Immédiat, prompt, soudain, subit.** *Explosion, déflagration instantanée. La mort fut instantanée.* ♦ 3° Spécialt. *Photographie instantanée* (1857), obtenue par une exposition de très courte durée. *Cliché instantané.* — Subst. *Un instantané* (1889 ; *opposé à* pose). *Prendre un instantané au 1/100ᵉ de seconde.* ◈ ANT. **Durable, lent, long.**

INSTANTANÉITÉ [ɛ̃stɑ̃taneite]. *n. f.* (1735 ; de *instantané*). Didact. Caractère de ce qui est instantané.

INSTANTANÉMENT [ɛ̃stɑ̃tanemɑ̃]. *adv.* (1787 ; de *instantané*). D'une manière instantanée ; en un instant. V. **Aussitôt, immédiatement, soudainement.** *Une mémoire « qui me permet d'oublier instantanément n'importe quelle lecture »* (RENARD). ◈ ANT. **Lentement, progressivement.**

INSTAR DE (À L') [alɛ̃staʁd(ə)]. *loc. prép.* (1564 ; adapt. loc. lat. *ad instar,* de *instar* « valeur égale »). Littér. À l'exemple, à la manière de, de même que. V. **Comme.** « *Une pièce en un seul acte, à l'instar des tragiques grecs* » (MONTHERLANT).

INSTAURATEUR, TRICE [ɛ̃stɔʁatœʁ, tʁis]. *n.* (XIVᵉ, rare av. 1838 ; lat. *instaurator*). Littér. Personne qui instaure. *Instaurateur de la justice, de la liberté.*

INSTAURATION [ɛ̃stɔʁasjɔ̃]. *n. f.* (XIVᵉ ; lat. *instauratio*). Littér. Action d'instaurer. V. **Établissement, fondation.** *L'instauration d'un mode, d'un usage.*

INSTAURER [ɛ̃stɔʁe]. *v. tr.* (XIVᵉ, rare av. 1823 ; lat. *instaurare*). Établir la première fois. V. **Fonder, inaugurer.** *Instaurer un usage.* V. **Instituer.** « *Cette révolution américaine, qui instaura une république si impérialiste et capitaliste* » (PÉGUY). ◈ ANT. **Abolir, détruire, renverser.**

INSTIGATEUR, TRICE [ɛ̃stigatœʁ, tʁis]. *n.* (1363 ; lat. *instigator*). Personne qui incite, qui pousse à faire qqch. *Les principaux instigateurs de ce mouvement.* V. **Dirigeant, promoteur.** *Instigateur d'un complot ; d'une révolution, de troubles.* V. **Agitateur, fauteur, inspirateur, meneur.** — Fig. « *L'esprit est le vrai tentateur de la conscience et le premier instigateur du péché* » (PROUDHON). V. **Cause, moteur.**

INSTIGATION [ɛ̃stigasjɔ̃]. *n. f.* (1332 ; lat. *instigatio*). Rare. Action de pousser qqn à faire qqch. V. **Incitation.** « *L'action, l'instigation directe de ceux qui avaient intérêt à abattre la pétition* » (MICHELET). — Cour. À L'INSTIGATION DE. *Agir à l'instigation de qqn* : sur ses conseils ou en subissant son influence.

INSTIGUER [ɛ̃stige]. *v. tr.* (XVIIIᵉ ; anc. prov. *estigar,* du lat. *instigare ; vx* en français actuel. V. **Instigation**). Région. (Belgique). INSTIGUER qqn (à faire qqch.), le pousser, l'inciter. V. **Exciter, inciter, pousser.** *On les a instigués à refuser cet accord.*

INSTILLATION [ɛ̃stilasjɔ̃]. *n. f.* (1496 ; lat. *instillatio*). Action d'instiller. *Seringue à instillations. Instillation vésicale, instillations nasales.*

INSTILLER [ɛ̃stile]. *v. tr.* (v. 1500 ; lat. *instillare,* de *stilla* « goutte »). ♦ 1° Verser goutte à goutte (un liquide médicamenteux) dans une cavité ou un conduit. *Instiller un collyre dans l'œil. Instiller à l'aide d'une seringue, d'un compte-gouttes.* ♦ 2° Fig. et littér. Faire entrer, pénétrer lentement. V. **Insinuer.** « *Ce maître qui lui insuffle et lui instille dans la tête ces superstitions* » (VILLIERS).

INSTINCT [ɛ̃stɛ̃]. *n. m.* (1495, « impulsion » ; lat. *instinctus* « impulsion »). Impulsion qu'un être vivant doit à sa nature ; comportement par lequel cette impulsion se manifeste. ♦ 1° (1580). Tendance innée et puissante, commune à tous les êtres vivants ou à tous les individus d'une même espèce. V. **Tendance.** *L'instinct de conservation. Instinct sexuel.* V. **Libido.** *Instinct maternel. Mauvais, nobles instincts* (chez l'homme). « *Instinct de la patrie* » (CHATEAUB.). ♦ 2° Sc. Tendance innée à des actes déterminés (selon les espèces), exécutés parfaitement sans expérience préalable et subordonnés à des conditions de milieu ; ces actes. *Instinct des animaux. Instinct migratoire.* ◇ Absolt. « *L'instinct achevé tend d'utiliser et même de construire des instruments organisés* » (BERGSON). *Opposition traditionnelle de l'instinct et de l'intelligence.* ♦ 3° (Chez l'homme). L'intuition, le sentiment (*opposé à* raison). « *La raison... est*

capricieuse et cruelle. La sainte ingénuité de l'instinct ne trompe jamais » (FRANCE). ◇ Loc. adv. D'INSTINCT : d'une manière naturelle et spontanée. *Il a fait cela d'instinct,* sans réfléchir. « *En toutes choses, d'instinct, je m'opposais à lui* » (FRANCE). ♦ 4° *L'instinct de, un instinct* : tendance innée et irréfléchie propre à un individu. *Avoir l'instinct d'apprendre, l'instinct du grand. Diriger ses instincts.* V. **Conduite.** ◇ Faculté naturelle de sentir, de pressentir, de deviner. V. **Inspiration, intuition.** *Être averti, éclairé par un secret, un heureux instinct.* « *Le peuple, qui a un instinct très délicat du comique* » (RENAN). ◇ Spécialt. Don, disposition naturelle (à faire ou à connaître). V. **Aptitude, art, sens, talent.** *Avoir l'instinct des affaires, du commerce.*

INSTINCTIF, IVE [ɛ̃stɛ̃ktif, iv]. *adj.* (1803 ; de *instinct*). ♦ 1° Qui naît d'un instinct, de l'instinct. *Désirs instinctifs, envies instinctives. Antipathie, aversion instinctive.* « *D'un élan instinctif, elles s'étaient jetées au cou l'une de l'autre* » (ZOLA). *C'est instinctif !* c'est une chose qu'on fait, qu'on sent d'instinct. *Activité, conduite instinctive.* V. **Inconscient, involontaire, irréfléchi, machinal.** — *Un art instinctif, plus instinctif que raisonné.* V. **Spontané.** ♦ 2° En qui domine l'impulsion, la spontanéité de l'instinct. *Un être instinctif.* ◈ ANT. **Conscient, réfléchi, volontaire.**

INSTINCTIVEMENT [ɛ̃stɛ̃ktivmɑ̃]. *adv.* (1802 ; de *instinctif*). D'une manière instinctive, d'instinct. V. **Spontanément.** *Il a réagi instinctivement, sans réfléchir. Instinctivement, elle s'est méfiée de lui.*

INSTINCTUEL, ELLE [ɛ̃stɛ̃ktɥɛl]. *adj.* (1838 ; de *instinct*). Didact. *(Psycho.)*. Qui appartient à la catégorie de l'instinct (1°, 2°).

INSTITUER [ɛ̃stitɥe]. *v. tr.* (1219 ; aussi « instruire », XVIᵉ-XVIIᵉ (V. **Institution**) ; lat. *instituere*). ♦ 1° Relig. Établir officiellement en charge, en fonction. « *Le pape instituait les évêques, mais c'est le roi qui les nommait* » (JAURÈS). — Dr. Nommer (héritier) par testament. *Instituer héritier qqn.* V. **Constituer.** Au *p. p. L'héritier institué.* ♦ 2° Cour. Établir d'une manière durable. V. **Commencer, créer, ériger, établir, faire, fonder, former, instaurer.** *Instituer une fête, des jeux solennels. Instituer un ordre, une confrérie.* « *La force publique est instituée pour l'avantage de tous* » (DÉCL. DR. HOM.). ◈ ANT. **Abolir, abroger, supprimer.**

INSTITUT [ɛ̃stity]. *n. m.* (1480 ; lat. *institutum*). ♦ 1° Vx. Chose établie, fondée. V. **Institution.** — Relig. (1622) Règle d'un ordre religieux établie au moment de sa fondation. V. **Constitution.** ♦ 2° Mod. (1749). Titre donné à certains corps constitués de savants, d'artistes, d'écrivains. *Institut de France,* ou absolt. *Institut,* comprenant les cinq Académies. V. **Académie.** *Membre de l'Institut.* Par ext. *Palais, coupole de l'Institut.* ◇ Nom donné à certains établissements de recherche scientifique ou d'enseignement nationaux ou internationaux, libres ou officiels. *Institut agronomique. Institut catholique de Paris.* ♦ 3° (v. 1920). Établissement où l'on donne des soins, des cours. *Institut dentaire ; institut de beauté. Le désarroi « qui jette les femmes d'un « institut » à une « académie »* (COLETTE).

INSTITUTES [ɛ̃stityt]. *n. f. pl.* (1328, masc. sing. ; lat. *instituta*). Dr. rom. Manuel de droit rédigé par les jurisconsultes romains. *Les institutes de Justinien,* ou absolt. *Les Institutes.*

INSTITUTEUR, TRICE [ɛ̃stitytœʁ, tʁis]. *n.* (1441 ; lat. *institutor*). ♦ 1° Vx. Personne qui institue (qqch.). « *L'instituteur divin du christianisme* » (VOLT.). ♦ 2° (1734). *Vx* au masc. Personne chargée de l'instruction et de l'éducation d'un ou plusieurs enfants. V. **Précepteur, professeur.** « *Prendre un précepteur à domicile, ou une institutrice* » (MAURIAC). ♦ 3° Mod. (1792). Personne qui enseigne dans une école primaire (V. **Maître, maîtresse**). Abrév. fam. INSTI [ɛ̃sti]. *École normale d'instituteurs.* « *Instituteur,* de *instituer, celui qui établit... celui qui institue l'humanité dans l'homme ; quel beau mot!* » (MAURIAC).

INSTITUTION [ɛ̃stitysjɔ̃]. *n. f.* (1190 ; lat. *institutio*). I. ♦ 1° Rare. Action d'instituer. V. **Érection, établissement, fondation.** *L'institution d'une fête annuelle.* « *L'institution du couvre-feu* » (CAMUS). Dr. *Institution d'héritier.* V. **Désignation, nomination.** — Dr. can. *Institution canonique,* collation par l'autorité ecclésiastique des pouvoirs spirituels attachés à une fonction cléricale. *Institution d'un évêque.* ♦ 2° Didact. Être de *l'institution de qqn,* avoir été institué par lui. *Tout ce qui est d'institution religieuse relève du pape.* — Absolt. *D'institution,* institué par les hommes (*opposé à* ce qui est établi par la nature). *Usages d'institution.* ♦ 3° Par ext. Cour. La chose instituée (personne morale, groupement, régime). *Institutions nationales, internationales. Institutions politiques, religieuses. Les lois sont « des institutions du législateur, les mœurs, les manières sont des institutions de la nation en général »* (MONTESQ.). ◇ Absolt. *Les institutions,* l'ensemble des formes ou structures sociales, telles qu'elles sont établies par la loi ou la coutume, et, *spécialt.* celles qui relèvent du droit public. *Peuple attaché à ses institutions. Saper, défendre*

les institutions. Les institutions de l'an VIII. V. **Constitution.** *Des institutions démocratiques.* V. **Régime.** *Donner un caractère d'institution.* V. **Institutionnaliser.** ◇ *Fam.* (Iron.) *La mendicité est ici une véritable institution! Élever* (qqch.) *à la hauteur d'une institution :* faire passer dans les mœurs. **II.** ♦ 1° (1532). *Vx.* Action d'instruire et de former par l'éducation. V. **Instruction.** « *De l'institution des enfants* » (MONTAIGNE). ♦ 2° *Mod.* UNE INSTITUTION (1680) : établissement privé d'éducation et d'instruction. V. **Collège, école, pension.** *Ouvrir, tenir, diriger une institution. Il est professeur dans une institution libre.*
◇ ANT. (de I, 1°, 2°) Abolition.

INSTITUTIONNALISATION [ɛ̃stitysjɔnalizɑsjɔ̃]. *n. f.* (1956; de *institutionnaliser*). Fait d'institutionnaliser. « *L'institutionnalisation de la coopération économique* » (*Le Monde*, 11-4-1968).

INSTITUTIONNALISER [ɛ̃stitysjɔnalize]. *v. tr.* (v. 1955; de *institution*). Donner à (qqch.) le caractère officiel d'une institution. « *Après avoir établi la consultation permanente avec les syndicats, il faut institutionnaliser le dialogue avec eux* » (*Le Monde*, 30-3-1969). « *Un nouveau classement social s'est institutionnalisé* » (*Gazette de Lausanne*, 28-6-1969).

INSTITUTIONNEL, ELLE [ɛ̃stitysjɔnel]. *adj.* (1939; de *institution*). Didact. Relatif aux institutions. — *Psycho.* Qui concerne l'influence exercée par les groupes sociaux (famille, structure sociale) sur le développement de la personnalité.

INSTRUCTEUR [ɛ̃stryktœʀ]. *n. m.* (1372; lat. *instructor*). Celui qui instruit. V. **Éducateur, moniteur, professeur.** Spécialt. (*Milit.*) Celui qui est chargé de l'instruction des recrues. Adj. *Sergent instructeur.* — *Dr.* Celui qui instruit une affaire. Adj. *Juge instructeur,* juge d'instruction.

INSTRUCTIF, IVE [ɛ̃stryktif, iv]. *adj.* (XIVᵉ; du rad. de *instruction*). Qui instruit *(choses).* V. **Édifiant, éducatif.** *Livre, ouvrage instructif. Lecture, conversation instructive.* « *De longues harangues* (des héros d'Homère) *qui sont parfois poétiques et toujours instructives* » (DUHAM.).

INSTRUCTION [ɛ̃stryksjɔ̃]. *n. f.* (1319; lat. *instructio*). **I.** Action d'instruire. ♦ 1° *Vx* ou *littér.* Action d'apprendre ce qu'il est utile ou indispensable de savoir. V. **Apprentissage, édification, initiation.** « *Rien de plus utile à l'instruction des rois* » (Boss.). ♦ 2° Action d'enrichir et de former l'esprit (de la jeunesse). V. **Enseignement, formation, pédagogie.** « *L'instruction des enfants est un métier où il faut savoir perdre du temps pour en gagner* » (ROUSS.). *L'instruction n'est qu'une part de l'éducation. L'instruction qu'il a reçue à l'école.* V. **Étude(s).** *Instruction publique* (dispensée par l'État), *gratuite et obligatoire. Instruction primaire, secondaire, professionnelle.* V. **Enseignement.** *Ministère de l'Instruction publique* (ancien.) : de l'Éducation nationale. — (Dans un domaine précis) *Instruction religieuse.* V. **Catéchisme.** *Instruction civique. Instruction militaire.* ♦ 3° *Absolt.* Savoir de l'homme instruit. V. **Bagage** (*fig.*), **connaissance(s), culture, lettre(s), science.** *Avoir de l'instruction. Homme sans instruction :* ignare, illettré. *Solide instruction.*
II. Ce qui sert à instruire. ♦ 1° *Vx.* Leçon, précepte. Relig. *Instruction pastorale,* mandement d'évêque. ♦ 2° *Mod.* INSTRUCTIONS : explications verbales ou écrites à l'usage de la personne chargée de quelque entreprise ou mission. V. **Consigne, directive, ordre, prescription.** *Donner des instructions à qqn. Instructions précises.* « *Leur mandataire arrivera avec des instructions très limitées* » (ROMAINS). *Conformément, contrairement à vos instructions.* — *Mar. Instructions nautiques :* publication du Service hydrographique de la Marine donnant aux navigateurs les renseignements qui ne figurent pas sur les cartes. ◇ *Inform.* Groupe de caractères provoquant dans l'ordinateur l'exécution d'une ou de plusieurs opérations. *Instructions d'entrée-sortie, de traitement. Instruction-machine,* en langage codé, directement exécutable par la machine. ◇ *Spécialt.* Ordre de service émanant d'une autorité supérieure, du gouvernement. *Instructions secrètes.* ◇ *Comm.* Mode d'emploi d'un produit, rédigé par le fabricant. *Se conformer aux instructions ci-jointes.* ♦ 3° Document écrit émanant d'un chef à l'usage de ses services. V. **Circulaire.** *Instruction ministérielle, préfectorale. Instruction n° ... en date du ...*
III. *Dr.* Action d'instruire une cause (phase de l'instance). — *Spécialt.* Phase de la procédure pénale au cours de laquelle le juge d'instruction procède aux recherches et apprécie la culpabilité des personnes poursuivies. V. **Information, interrogatoire.** *Code d'instruction criminelle* (devenu, depuis 1959, le Code de procédure pénale). *Instruction du premier degré devant le juge d'instruction, du second degré devant la chambre des mises en accusation. Ouverture, fin de l'instruction* (non-lieu, renvoi). *Actes d'instruction.* V. **Procédure.**

INSTRUIRE [ɛ̃stʀɥiʀ]. *v. tr.;* conjug. *conduire* (fin XIVᵉ; *enstruire,* 1120; lat. *instruere* « outiller, instruire »).
I. ♦ 1° *Littér.* Mettre en possession de connaissances

nouvelles. V. **Éclairer, édifier.** *Instruire qqn par l'exemple.* — Par ext. *Instruit par l'expérience, le malheur, l'âge.* ♦ 2° *Cour.* Dispenser un enseignement à (un élève). V. **Éduquer, enseigner, former, initier.** « *Le besoin d'instruire autrui, de transmettre tout ce qu'il a pu lui-même* (Gœthe) *acquérir de sagesse* » (GIDE). *Instruire de jeunes soldats, leur apprendre le maniement des armes.* — *Absolt.* Donner une leçon, un enseignement. *Œuvre visant à instruire.* V. **Didactique.** *Instruire en amusant.* ♦ 3° INSTRUIRE QQN DE : mettre au courant (d'un fait, d'une connaissance particulière). V. **Avertir, aviser, informer, renseigner;** part (faire). *J'instruirai sa famille de sa conduite.* « *Vous m'avez paru tant désirer de départ, que j'ai cru devoir vous en instruire* » (LACLOS).
II. S'INSTRUIRE. ♦ 1° Enrichir ses connaissances ou son expérience. V. **Apprendre, cultiver** (se), **étudier.** *Chercher à s'instruire. On s'instruit à tout âge, on a toujours qqch. à apprendre. Un homme qui s'est instruit tout seul.* V. **Autodidacte.** *S'instruire dans un art, une science.* ♦ 2° S'informer de, se renseigner sur. *S'instruire des circonstances exactes d'un événement.* « *Elle avait des raisons de vouloir s'instruire sur les véritables circonstances...* » (HENRIOT).
III. *Dr.* (1549). Mettre (une cause) en état d'être jugée, procéder à l'instruction de. *Instruire une affaire, le procès de qqn.* « *Les affaires de droit commun diminuent. Je n'ai plus à instruire que des manquements graves aux nouvelles dispositions* » (CAMUS). Absolt. *Instruire contre qqn.* — Pronom. (Passif) *Son affaire s'instruit en ce moment.*

INSTRUIT, ITE [ɛ̃stʀɥi, it]. *adj.* (XVIIIᵉ; *bien, mal instruit* (élevé), 1346; V. *Instruire*). Qui a des connaissances étendues dénotant une solide instruction. V. **Calé** (*fam.*), **cultivé, érudit, expérimenté, ferré.** *Il est très instruit.* « *Ce vieillard instruit, qui a passé... pour prudent, averti, d'excellent conseil* » (MART. du G.). V. **Sage.** ◇ ANT. Ignare, ignorant, illettré.

INSTRUMENT [ɛ̃stʀymã]. *n. m.* (v. 1200; lat. *instrumentum,* de *instruere.* V. **Instruire**).
I. ♦ 1° Objet fabriqué servant à exécuter qqch., à faire une opération (*Instrument* est plus général et moins concret que *outil* ; désigne des objets plus simples que *appareil, machine*). V. **Appareil, engin, machine, outil, ustensile;** et *suff.* -Ateur, -oir, -oire (Cf. les préf. *Coupe-, hache-, monte-, presse-, tire-,* etc.). *Instruments aratoires. Instruments de chirurgie, de géométrie, de physique. Instruments de précision, de mesure* (V. **-Mètre**); *d'observation* (V. **-Scope**). *Instruments enregistreurs* (V. **-Graphe**), *récepteurs du son* (V. **-Phone**). ◇ *Instrument tranchant :* couteau, hache. *Instrument de supplice. Apportez vos instruments de travail.* ♦ 2° *Instrument de musique,* et absolt. *Instrument. Jouer d'un instrument. Emboucher un instrument. Instruments qu'on accorde. Mauvais instrument.* V. **Chaudron, crécelle, sabot.** *Instruments à cordes* (V. **Banjo, contrebasse, guitare, harpe, mandoline, violon, violoncelle**). *Instruments à clavier* (V. **Clavecin, orgue, harmonium, piano**). *Instruments à percussion* (V. **Batterie, caisse, castagnettes, célesta, tambour...**). *Instruments à vent : en bois* (V. **Clarinette, cornemuse, flûte, hautbois**); *en cuivre* (V. **Clairon, cor, saxophone, trombone, trompette**). *Instruments à anche, à embouchure* (V. **Clarinette, saxophone**); *à clavier et soufflerie* (V. **Accordéon, harmonium, orgue**). *Instruments anciens* (luth, lyre, olifant, syrinx, théorbe, tympanon, viole). *Instruments mécaniques.* V. **Boîte** (à musique), **piano** (mécanique). *Instruments à ondes électriques.* « *Je fis remarquer à Gertrude les sonorités différentes des cuivres, des instruments à cordes et des bois* » (GIDE).
II. *Fig.* ♦ 1° *Moyen.* « *La plupart des inventions humaines... sont susceptibles... de se transformer en instruments de souffrance et de mort* » (DUHAM.). *Gram. Complément d'instrument* : *avec, de* (Il le perça de sa lance), *par* (Être tué par une bombe). ♦ 2° (1485). Personne ou chose servant à obtenir un résultat. *La concurrence, instrument de sélection. Devenir l'instrument, l'âme damnée de qqn.* V. **Agent, bras.** *Gluck « fut l'instrument de la révolution dramatique* (théâtrale) *que les philosophes préparaient* » (R. ROLLAND). ♦ 3° *Dr.* Acte authentique. — Titre propre à faire valoir des droits. — *Diplom.* Original d'une convention, d'un traité. *Les instruments de ratification d'un traité.*

INSTRUMENTAIRE [ɛ̃stʀymãtɛʀ]. *adj.* (XVIᵉ; de *instrument*). Dr. *Témoin instrumentaire,* qui assiste un officier ministériel dans les actes dont la validité requiert la présence de témoins.

INSTRUMENTAL, ALE, AUX [ɛ̃stʀymãtal, o]. *adj.* (1361, var. *instrumentel;* de *instrument*). ♦ 1° Qui sert d'instrument. *Les pièces instrumentales d'un procès.* ♦ 2° *Mus.* et *cour.* (1390). Qui s'exécute avec des instruments. *Musique instrumentale* (opposé à *musique vocale*). ♦ 3° *Méd.* Qui se fait à l'aide d'instruments. *Pelvimétrie instrumentale,* mesure du bassin avec un instrument spécial.

INSTRUMENTALISME [ɛ̃stʀymãtalism(ə)]. *n. m.* (XXᵉ; angl. *instrumentalism,* de *instrument,* même o. que le fr. *instrument*). Philo. Doctrine pragmatique suivant laquelle toute théorie est un outil, un instrument pour l'action. V. **Pragmatisme.**

INSTRUMENTATION [ɛ̃stʀymɑ̃tasjɔ̃]. *n. f.* (1824; de *instrumenter*). Connaissance des instruments; application de leurs qualités propres à l'écriture musicale (V. **Orchestration**). *Instrumentation médiocre, riche.*

INSTRUMENTER [ɛ̃stʀymɑ̃te]. *v.* (1431; de *instrument*). I. *V. intr. Dr.* Dresser un instrument (contrat, exploit, procès-verbal). *Officiers publics ayant le droit d'instrumenter contre qqn* : huissier, notaire. « *La loi me défend d'instrumenter pour mes parents et pour moi* » (BALZ.). II. *V. tr.* (1845). *Mus.* (Rare). V. **Orchestrer.**

INSTRUMENTISTE [ɛ̃stʀymɑ̃tist(ə)]. *n.* (1823; de *instrument*). ♦ 1° *Cour.* Musicien qui joue d'un instrument. *Les choristes et les instrumentistes.* ♦ 2° *Chir.* Aide chirurgical chargé de préparer et de passer les instruments au cours d'une intervention.

INSU (À L'INSU DE) [ɛ̃sy]. *loc. prép.* (1538; de *in-* 1, et *su*, p. p. de *savoir*). ♦ 1° Sans que la chose soit sue de (qqn). À L'INSU DE [alɛ̃syd(ə)]. *Faire une démarche à l'insu de son mari* : en le tenant dans l'ignorance. « *Au su et à l'insu de tout le monde* » (ROMAINS). *À mon insu, à leur insu. Des pensées « auxquelles nous obéissons sans les connaître; elles sont en nous à notre insu* » (BALZ.). — *Méd. À double* insu.* ♦ 2° Sans (en) avoir conscience. V. **Inconsciemment.** *Se trahir à son insu. À mon insu, je m'habituais à lui.* ◇ ANT. Su (au su de). *Conscience, sciemment.*

INSUBMERSIBILITÉ [ɛ̃sybmɛʀsibilite]. *n. f.* (1867; de *insubmersible*). *Didact.* Caractère de ce qui est insubmersible. *L'insubmersibilité du liège.*

INSUBMERSIBLE [ɛ̃sybmɛʀsibl(ə)]. *adj.* (1775; de *in-* 1, et *submersible*). Qui ne peut être submergé. *Canot, navire insubmersible. Bouée insubmersible.* ◇ ANT. Submersible.

INSUBORDINATION [ɛ̃sybɔʀdinasjɔ̃]. *n. f.* (1770; de *in-* 1, et *subordination*). Refus de se soumettre. V. **Désobéissance, indiscipline ; licence.** *Résister (à l'autorité) par esprit d'insubordination.* V. **Rébellion.** — *Milit.* Refus d'obéissance aux ordres d'un supérieur. *Acte, délit, crime d'insubordination.* ◇ ANT. Subordination; obéissance, soumission.

INSUBORDONNÉ, ÉE [ɛ̃sybɔʀdɔne]. *adj.* (1789; de *in-* 1, et *subordonné*). Qui a l'esprit d'insubordination. V. **Désobéissant, indiscipliné, rebelle.** *Collégien insubordonné. Troupes insubordonnées.* ◇ ANT. Subordonné.

INSUCCÈS [ɛ̃syksɛ]. *n. m.* (1794; de *in-* 1, et *succès*). Manque de succès, de réussite. V. **Échec.** *Insuccès à un examen. Projet voué à l'insuccès. Insuccès d'une entreprise.* V. **Avortement, chute.** *L'insuccès d'une pièce de théâtre* (V. **Four**). « *À quel point ce livre heurtait le goût du jour, c'est ce que laissa voir son insuccès total. Aucun critique n'en parla* » (GIDE). *Homme aigri par l'insuccès* : par la malchance, la mauvaise fortune. ◇ ANT. Réussite, succès.

INSUFFISAMMENT [ɛ̃syfizamɑ̃]. *adv.* (1391; de *insuffisant*). D'une manière insuffisante. V. **Imparfaitement.** *Il travaille insuffisamment.* ◇ ANT. Assez, suffisamment.

INSUFFISANCE [ɛ̃syfizɑ̃s]. *n. f.* (1323; de *in-* 1, et *suffisance*, d'apr. bas lat. *insufficientia*). ♦ 1° Caractère, état de ce qui ne suffit pas. V. **Défaut, manque.** *Insuffisance de ressources.* V. **Carence, pauvreté, déficit.** « *L'insuffisance des salaires était une sorte d'esclavage* » (JAURÈS). *Élève puni pour l'insuffisance de son travail.* V. **Médiocrité.** — (Personnes) *Ce candidat est d'une insuffisance flagrante.* V. **Ignorance, incapacité, médiocrité.** ♦ 2° *Au plur.* V. **Déficience, lacune.** *Les insuffisances de son esprit. Ce peuple confond les dons éclatants et les insuffisances notoires* » (SIEGFRIED). ♦ 3° *Méd.* État d'un organe, d'une glande... qui ne fonctionne plus normalement. V. **Déficience.** *Insuffisance organique, mentale. Insuffisance hépatique; hypophysaire, thyroïdienne.* ◇ ANT. Abondance, affluence, excès, suffisance. *Aptitude, capacité, supériorité.*

INSUFFISANT, ANTE [ɛ̃syfizɑ̃, ɑ̃t]. *adj.* (1323; de *in-* 1, et *suffisant*; d'après le bas lat. *insufficiens*). ♦ 1° Qui ne suffit pas. *Quantité insuffisante. Local de dimensions insuffisantes.* — (En degré, intensité, qualité) *Lumière insuffisante.* V. **Pauvre.** *Connaissances insuffisantes.* V. **Imparfait, faible, médiocre.** ♦ 2° (Personnes) *Qui manque de dons, de talent. On le juge insuffisant pour cette charge.* V. **Inapte, inférieur.** « *La suffisance de certains insuffisants auteurs d'aujourd'hui* » (GIDE). ◇ ANT. Suffisant; abondant, excessif.

INSUFFLATEUR [ɛ̃syflatœʀ]. *n. m.* (1867; du rad. de *insufflation*). *Méd.* Instrument servant à insuffler dans une cavité organique (voies respiratoires, oreilles, etc.) de l'air, des gaz, des vapeurs, ou des médicaments en poudre. — *Adj.* (fém. **INSUFFLATRICE** [ɛ̃syflatʀis]). « *Kepkiriwat et Mundé prisent le tabac au moyen de tubes insufflateurs* » (LÉVI-STRAUSS).

INSUFFLATION [ɛ̃syflasjɔ̃]. *n. f.* (1765; « action de souffler », XIVe; bas lat. *insufflatio*). *Méd.* et *chir.* Action d'insuffler (un souffle, un liquide ou un gaz dans une cavité du corps). *Insufflation d'air dans la plèvre d'un tuberculeux* (V. **Pneumothorax**).

INSUFFLER [ɛ̃syfle]. *v. tr.* (XIVe; bas lat. *insufflare*). ♦ 1° Faire pénétrer en soufflant; communiquer par le souffle. *Dieu insuffla la vie à sa créature.* V. **Animer.** ◇ (XIXe) V. **Inspirer.** *Insuffler du courage. Insuffler un désir de vengeance.* V. **Exciter.** « *Cette terreur qu'on lui avait insufflée toute l'enfance, la terreur de se déclasser* » (ARAGON). ♦ 2° (1819, *insouffler*). *Méd.* Faire pénétrer par insufflation. *Insuffler de l'air dans la bouche d'un noyé.* — *Absolt.* (dans le cas d'un pneumothorax artificiel) *Se faire insuffler.*

INSULAIRE [ɛ̃sylɛʀ]. *adj.* (1516; bas lat. *insularis*, de *insula* « île »). ♦ 1° Qui habite une île. *Peuple insulaire.* V. **Îlien.** *Subst.* (1559) *Les insulaires de Bornéo, des îles Britanniques.* ♦ 2° Qui appartient à une île, aux îles. *Administration insulaire.* ◇ ANT. Continental.

INSULARITÉ [ɛ̃sylaʀite]. *n. f.* (1838; de *insulaire*). *Didact.* ♦ 1° Configuration, état d'un pays composé d'une ou de plusieurs îles. *Insularité du Royaume-Uni.* ♦ 2° Caractère de ce qui est insulaire. « *Cette insularité qui exprime si profondément la revendication d'indépendance de chaque Anglais* » (SIEGFRIED).

INSULINASE [ɛ̃sylinaz]. *n. f.* (mil. XXe; de *insuline*, et suff. *-ase*). *Biochim.* Enzyme du foie qui rend l'insuline inactive.

INSULINE [ɛ̃sylin]. *n. f.* (1931; angl. *insulin*, 1923; du lat. *insula* « île », cette hormone étant extraite des « îlots du pancréas). Hormone sécrétée par le pancréas qui active l'utilisation du glucose dans l'organisme. *L'insuline est utilisée, en injections sous-cutanées, dans le traitement du diabète.*

INSULINOTHÉRAPIE [ɛ̃sylinoteʀapi]. *n. f.* (mil. XXe; de *insuline*, et *-thérapie*). *Méd.* Traitement de certaines maladies par l'administration d'insuline.

INSULTANT, ANTE [ɛ̃syltɑ̃, ɑ̃t]. *adj.* (v. 1690; p. prés. d'*insulter*). Qui insulte; qui constitue une insulte. V. **Injurieux, offensant, outrageant.** *Propos insultants.* V. **Grossier.** ◇ « *Paris... que je trouvais pire que laid, insultant pour ma douleur* » (STENDHAL).

INSULTE [ɛ̃sylt(ə)]. *n. f.* (1535; *insult* « attaque », 1380; n. m. jusqu'au XVIIe; bas lat. *insultus*). ♦ 1° Acte ou parole qui vise à outrager ou constitue un outrage. V. **Affront, injure, offense.** *C'est la pire insulte qu'on puisse lui faire. Adresser des insultes à qqn.* V. **Grossièreté, insolence, invective.** *Ressentir qqch. comme une insulte.* V. **Déshonneur, indignité.** *Endurer, supporter; mépriser les insultes.* ♦ 2° *Par ext. C'est une insulte à son honneur, à sa douleur.* V. **Atteinte.** *Fig. Un tel raisonnement est une insulte au bon sens* (V. **Défi**).

INSULTÉ, ÉE [ɛ̃sylte]. *adj. et n.* (V. **Insulter**). Qui a reçu une insulte. — *N. m. L'insulté* (1873), personne insultée. *L'insulté a le choix des armes.* V. **Offensé.** ◇ ANT. Agresseur, offenseur.

INSULTER [ɛ̃sylte]. *v. tr.* (1356; lat. *insultare*, proprem. « sauter sur »). I. *Vx.* Attaquer, assaillir. II. *Mod.* ♦ 1° (1611). Attaquer (qqn) par des propos ou des actes outrageants. V. **Injurier, offenser.** *Se faire, se laisser insulter.* « *Elle croit me rabaisser en m'insultant! Tes injures n'atteignent que toi...!* » (GIRAUDOUX). *Elles se sont insultées comme des chiffonnières.* — (Choses) Constituer une grave offense contre. V. **Outrager.** ♦ 2° *Trans. indir.* INSULTER À (v. 1650). *Vx.* Faire insulte. « *Insulter aux dieux* » (FÉN.). V. **Blasphémer.** — *Mod. et littér.* « *Les mauvais prêtres, quand ils insultent au culte qu'ils ont trahi* » (SUARÈS). ♦ 3° *Fig.* Constituer un défi, par contraste avec une chose respectable. *Le luxe des riches insulte à la misère des déshérités.* ◇ ANT. Respecter.

INSULTEUR [ɛ̃syltœʀ]. *n. m.* (1796; de *insulter*). *Rare.* Celui qui insulte. *L'insulteur et l'insulté.* V. **Offenseur.**

INSUPPORTABLE [ɛ̃sypɔʀtabl(ə)]. *adj.* (1312; bas lat. *insupportabilis*). ♦ 1° Qu'on ne peut supporter, endurer. *Douleur insupportable.* V. **Atroce, intolérable.** ◇ *Par ext.* Extrêmement désagréable. *Bruit insupportable.* V. **Infernal.** *Spectacle insupportable.* V. **Insoutenable.** *Trouver la vie insupportable.* V. **Haïssable, odieux.** ♦ 2° (Personnes; 1680). *Il « montra de l'humeur et fut insupportable* » (DUHAM.). V. **Agaçant, désagréable.** *Un caractère insupportable.* V. **Épouvantable, impossible.** *Cette idée lui est insupportable.* ◇ ANT. Supportable; agréable, aimable.

INSUPPORTABLEMENT [ɛ̃sypɔʀtabləmɑ̃]. *adv.* (1441; de *insupportable*). D'une manière insupportable. *Cet ouvrage est insupportablement long.*

INSUPPORTER [ɛ̃sypɔʀte]. *v. tr.* (1870; de *insupportable*). *Fam.* et *par plaisant.* Être insupportable à (V. **Indisposer**). « *Cette vieille roulure m'insupporte* » (H. BATAILLE). REM. Ne s'emploie qu'avec un pronom complément.

INSURGÉ, ÉE [ɛ̃syʀʒe]. *adj. et n.* (V. **Insurger**). Qui s'est insurgé, soulevé. *Les provinces, les populations insurgées.* ◇ *N.* (1794) Agitateur, révolté. « *L'Insurgé* », roman de J. Vallès.

INSURGER (S') [ɛ̃syʀʒe]. *v. pron.*; conjug. *bouger* (XVIe;

insurger, tr., 1474 ; lat. *insurgere*). ♦ 1° Se soulever (contre l'autorité). V. **Révolter** (se). *Peuple qui s'insurge contre un tyran.* V. **Dresser** (se). « *Les peuples s'insurgeaient... contre le sacrifice inutile* » (MART. du G.). — Par ext. *S'insurger contre la mauvaise foi, contre une interprétation tendancieuse des faits.* ♦ 2° *Trans.* Vx. *Insurger une nation.* — (Précédé d'un pron. pers.) Dresser (contre qqch.). « *Une sorte de réprobation contre quoi mon instinct secrètement m'insurgeait* » (GIDE). ◇ ANT. **Soumettre** (se), *soumis.*

INSURMONTABLE [ɛ̃syʀmɔ̃tabl(ə)]. adj. (1561 ; de *in-* 1, et *surmonter*). ♦ 1° Qu'on ne peut surmonter. *Un obstacle insurmontable.* V. **Infranchissable.** *D'insurmontables difficultés.* V. **Invincible.** « *Tout ce qu'on avait cru pénible, difficile, insurmontable* » (MICHELET). ♦ 2° *(Sentiments).* Qu'on ne peut dominer, réprimer. *Angoisse, aversion insurmontable.* ◇ ANT. *Facile, surmontable.*

INSURPASSABLE [ɛ̃syʀpasabl(ə)]. adj. (1554 ; de *in-* 1, et *surpasser*). Qu'on ne peut surpasser. *Une perfection insurpassable.* « *Des banalités d'une fadeur insurpassable* » (GIDE).

INSURRECTION [ɛ̃syʀɛksjɔ̃]. n. f. (1361 ; bas. lat. *insurrectio*, d'*insurgere*). ♦ 1° Action de s'insurger ; soulèvement qui vise à renverser le pouvoir établi. V. **Émeute, mutinerie, révolte, révolution, sédition, soulèvement, trouble.** *Insurrection populaire. Insurrection de paysans* (V. **Jacquerie**), *des chouans* (V. **Chouannerie**). *L'insurrection de 1830. Foyer d'insurrection.* « *L'insurrection peut être, comme a dit La Fayette, le plus saint des devoirs* » (HUGO). ♦ 2° Révolte *(fig.). Insurrection de la conscience, de l'amour-propre.* ◇ ANT. **Soumission.**

INSURRECTIONNEL, ELLE [ɛ̃syʀɛksjɔnɛl]. adj. (1793 ; de *insurrection*). Qui tient de l'insurrection. *Mouvement insurrectionnel. Journées insurrectionnelles.* — *Gouvernement insurrectionnel :* issu de l'insurrection.

INTACT, ACTE [ɛ̃takt, akt(ə)]. adj. (1498 ; lat. *intactus*). ♦ 1° À quoi l'on n'a pas touché ; *par ext.* (1835) Qui n'a pas subi d'altération, de dommage. *Demeurer, rester intact. Produit alimentaire intact.* V. **Frais.** « *Le fond n'avait jamais été touché. Là, les richesses avaient dormi intactes* » (GOBINEAU). *L'héritage est resté intact.* V. **Entier.** ♦ 2° Par euphém. *(Personnes).* Vierge. *Intacte et pure.* ♦ 3° *(Abstrait).* Qui n'a souffert aucune atteinte. *Réputation intacte. Honneur intact :* sans tache. V. **Sauf.** ◇ ANT. *Altéré, endommagé ; blessé.*

INTACTILE [ɛ̃taktil]. adj. (XVIe ; de *in-* 1, et *tactile*). Didact. Qui ne peut, par nature, être perçu par le toucher. *Un son est intactile.* V. **Impalpable.**

INTAILLE [ɛ̃taj]. n. f. (1808 ; it. *intaglio*). Arts. Pierre fine gravée en creux. *L'intaille est gravée en creux et le camée en relief. Intaille qui sert de sceau, de cachet.*

INTAILLER [ɛ̃taje]. v. tr. (1874 ; de *intaille*). Techn. *(Arts).* Graver en creux (une pierre fine). *Pierre intaillée.*

INTANGIBILITÉ [ɛ̃tɑ̃ʒibilite]. n. f. (1839 ; de *intangible*). Didact. État de ce qui est intangible, de ce qui est ou doit être maintenu intact. *L'intangibilité d'une loi, d'un principe.*

INTANGIBLE [ɛ̃tɑ̃ʒibl(ə)]. adj. (XVe ; de *in-* 1, et *tangible*). ♦ 1° Qu'on ne peut toucher, qui échappe au sens du toucher. V. **Impalpable.** *Fluides intangibles.* ♦ 2° (XXe). À quoi on ne doit pas toucher, porter atteinte ; que l'on doit maintenir intact. V. **Inviolable, sacré.** *Principes intangibles.*

INTARISSABLE [ɛ̃taʀisabl(ə)]. adj. (XVIe ; de *in-* 1, et *tarir*). ♦ 1° Qui ne peut être tari, qui coule sans arrêt. V. **Abondant, inépuisable.** *Source intarissable.* Par exager. *Pleurs intarissables.* — Par métaph. « *Source intarissable de paix et de joie* » (FÉN.). ♦ 2° Fig. *Il a une verve intarissable.* « *L'intarissable jacassement de M. de Charlus* » (PROUST). — *Il est intarissable sur ce sujet.* ◇ ANT. *Maigre, pauvre. Silencieux*

INTARISSABLEMENT [ɛ̃taʀisabləmɑ̃]. adv. (1839 ; de *intarissable*). D'une manière intarissable. *Il répète intarissablement la même chose.* V. **Inlassablement.**

INTÉGRABLE [ɛ̃tegʀabl(ə)]. adj. (1704 ; de *intégrer*). Math. Qui peut être intégré, dont on peut faire l'intégration. *Fonction intégrable.*

INTÉGRAL, ALE, AUX [ɛ̃tegʀal, o]. adj. et n. f. *(Parties intégrales*, XIVe ; lat. *integralis*, de *integer* « entier »).
I. Cour. (1640). Qui n'est l'objet d'aucune diminution, d'aucune restriction. V. **Complet, entier.** *Remboursement intégral. Renouvellement intégral d'une assemblée. Nu, nudisme intégral. Édition, audition intégrale d'un ouvrage, sans omission ni coupure.* — N. f. *Acheter en disques l'intégrale des symphonies de Beethoven.*
II. Math. (1696). *Calcul intégral*, branche du calcul infinitésimal* qui a pour objet de trouver les fonctions qui admettent une fonction pour dérivée. ♦ 2° N. f. (1753). UNE INTÉGRALE : résultat de l'opération fondamentale du *calcul intégral* (intégration). *Intégrale d'une fonction, intégrale indéfinie :* fonction dont la dérivée est la fonction considérée ou sa différentielle. *Le signe* ∫ (somme) *symbolise l'intégrale. Intégrale définie dans un intervalle* (a, b), différence

des valeurs d'une primitive* de la fonction à intégrer, lorsque la variable prend les valeurs b et a (notée ∫$_a^b$). ◇ ANT. *Incomplet, partiel.*

INTÉGRALEMENT [ɛ̃tegʀalmɑ̃]. adv. (1511 ; de *intégral*). D'une manière intégrale, au complet. V. **Complètement.** *Lire un texte intégralement.* V. **In extenso.** *Rembourser intégralement ses dettes.*

INTÉGRALITÉ [ɛ̃tegʀalite]. n. f. (1611 ; lat. médiév. *integralitas*). État d'une chose complète. V. **Complétude, entièreté.** *Intégralité d'un revenu.* — *Dans son intégralité :* dans son ensemble, sa totalité. V. **Intégrité.**

INTÉGRANT, ANTE [ɛ̃tegʀɑ̃, ɑ̃t]. adj. (1503 ; lat. *integrans.* V. **Intégrer**). Didact. Se dit des parties qui contribuent à l'intégrité d'un tout (sans en constituer l'essence). Cour. *Faire partie intégrante de qqch.* « *L'illusion est une partie intégrante de la réalité* » (JOUBERT).

INTÉGRATEUR [ɛ̃tegʀatœʀ]. adj. et n. m. (1877 ; de *intégrer*). Se dit d'un appareil qui effectue l'intégration, totalise des indications continues.

INTÉGRATION [ɛ̃tegʀasjɔ̃]. n. f. (1700 ; « rétablissement », 1309 ; lat. *integratio*). V. **Intégrer.** ♦ 1° (1700). Math. Opération par laquelle on détermine la grandeur limite de la somme de quantités infinitésimales en nombre indéfiniment croissant. *Étant donnée une fonction, l'intégration permet de trouver la fonction primitive* (V. **Intégrale**) *dont la fonction considérée est la dérivée.* ♦ 2° Philo. « Établissement d'une interdépendance plus étroite entre les parties d'un être vivant ou les membres d'une société » (LALANDE). — Didact. Psycho. Incorporation (de nouveaux éléments) à un système. *Intégration mentale.* — Physiol. Coordination des activités de plusieurs organes, nécessaires à un fonctionnement harmonieux. ♦ 3° Écon. (fin XIXe). Action d'adjoindre à l'activité propre d'une entreprise les activités qui s'y rattachent dans le cycle de la fabrication des produits. V. **Concentration** (verticale). ♦ 4° Cour. (mil. XXe). Opération par laquelle un individu ou un groupe s'incorpore à une collectivité, à un milieu. *Intégration politique, sociale, raciale. Intégration des Noirs au système d'éducation commun, aux États-Unis.* V. **Assimilation, fusion, incorporation, insertion, unification.** *Intégration politique.*

INTÉGRATIONNISTE [ɛ̃tegʀa(a)sjɔnist(ə)]. adj. et n. (mil. XXe ; de *intégration*, 4°). Polit. Relatif à l'intégration politique ou raciale (spécialt. aux États-Unis). *Manifestations antiracistes et intégrationnistes.* — « *Cinq intégrationnistes arrêtés en deux jours à Chicago* » (Le Monde, 15-6-1965).

INTÈGRE [ɛ̃tegʀ(ə)]. adj. (1671, « pur » ; 1542, « entier » ; lat. *integer*). D'une probité absolue. V. **Honnête, incorruptible.** *Ministre intègre. Juge intègre.* V. **Équitable, impartial, juste.** « *Ma vie est intègre, mes mœurs sont pures, mes mains sont nettes* » (GIRAUDOUX). ◇ ANT. *Corrompu, malhonnête, vénal.*

INTÉGRER [ɛ̃tegʀe]. v. ; conjug. *céder* (1340, « exécuter, faire » ; lat. *integrare*, lat. médiév. « rendre complet, achever »). V. tr. ♦ 1° (1700). Math. Effectuer l'intégration de. *Intégrer une fonction :* calculer son intégrale. ♦ 2° Didact. et cour. (XXe). Faire entrer dans un ensemble en tant que partie intégrante. V. **Assimiler, incorporer.** *Intégrer plusieurs théories dans un système.* V. **Comprendre, inclure.** — Spécialt. (en écon.). *Une société qui intègre de nombreux secteurs d'activité. Un complexe portuaire intégré.* — Pronom. *S'intégrer dans la collectivité* » (MAUROIS). — Au p. p. *Être complètement intégré à, dans un groupe. Éléments mal intégrés.* ◇ Inform. *Traitement intégré* (des données), réalisant automatiquement une série complexe d'opérations. *Gestion intégrée,* dans laquelle une base commune de données peut servir à des applications diverses. ♦ 3° (XXe). V. intr. Arg. scol. Être reçu au concours d'entrée dans une grande École. *Intégrer à l'École normale, à l'X.* V. **Admettre.**

INTÉGRISME [ɛ̃tegʀism(ə)]. n. m. (1950 ; de *intégriste*). Didact. Doctrine qui tend à maintenir la totalité d'un système (spécialt. d'une religion) ; attitude des catholiques qui refusent toute évolution. ◇ ANT. **Progressisme.**

INTÉGRISTE [ɛ̃tegʀist(ə)]. n. et adj. (1894 ; de *intègre*, d'apr. l'esp.). ♦ 1° Hist. Membre d'un parti espagnol qui cherchait à soumettre l'État à l'Église. ♦ 2° Mod. Partisan de l'intégrisme. Adj. *Thèses intégristes.*

INTÉGRITÉ [ɛ̃tegʀite]. n. f. (1320, « virginité » ; lat. *integritas*). ♦ 1° (1530). État d'une chose qui est demeurée intacte. V. **Intégralité, plénitude, totalité.** *L'intégrité d'un tout, d'un ensemble. Intégrité d'une œuvre.* « *L'intégrité de l'organisme est indispensable aux manifestations de la conscience* » (CARREL). *L'intégrité du territoire.* REM. *Intégrité* est plus qualitatif qu'*intégralité*, réservé généralement à ce qui est mesurable. ♦ 2° Vx. Vertu, pureté totale. « *Ton adorable intégrité, Ô Vierge mère* » (CORN.). V. **Virginité.** ♦ 3° (XVe). État d'une personne intègre. V. **Honnêteté, incorruptibilité ; probité.** *Corrompre l'intégrité de qqn. Un* *homme d'une parfaite intégrité. Intégrité des mœurs.* ◇ ANT. *Altération; malhonnêteté.*

INTELLECT [ɛ̃te(ɛl)lɛkt]. *n. m.* (1265; lat. *intellectus*, de *intelligere* « comprendre »). Faculté de connaître. V. **Entendement, esprit, intelligence.** « *Ainsi faudrait-il, dans l'ordre de l'intellect, acquérir un art de penser, se faire une sorte de psychologie dirigée* » (VALÉRY).

INTELLECTION [ɛ̃te(ɛl)lɛksjɔ̃]. *n. f.* (XIIIᵉ; bas lat. *intellectio*). *Didact.* Intellect; acte de l'intellect. V. **Conception.** « *La différence qui est entre l'imagination et la pure intellection ou conception* » (DESCARTES).

INTELLECTUALISATION [ɛ̃te(ɛl)lɛktɥalizɑsjɔ̃]. *n. f.* (1931; de *intellectualiser*). Action d'intellectualiser; résultat de cette action. « *Le pas pris par le roman sur la poésie... figure seulement... une plus grande intellectualisation de l'art* » (CAMUS). — *Psychan.* Mode de résistance qu'un patient oppose à la cure en traitant ses problèmes en termes rationnels et généraux, pour éviter d'aborder les vrais conflits affectifs. V. **Rationalisation.**

INTELLECTUALISER [ɛ̃te(ɛl)lɛktɥalize]. *v. tr.* (1801; de *intellectuel*). Revêtir d'un caractère intellectuel; transformer par l'action de l'intelligence. « *Quand elle* (l'intelligence) *l'a éclairé* (ce qu'on a éprouvé), *quand elle l'a intellectualisé...* » (PROUST).

INTELLECTUALISME [ɛ̃te(ɛl)lɛktɥalism(ə)]. *n. m.* (1853; de *intellectuel*). ♦ 1° *Philo.* Doctrine qui affirme la prééminence des éléments intellectuels sur ceux de l'affectivité et de la volonté. *L'intellectualisme de Spinoza.* ♦ 2° *Cour.* Tendance à sacrifier la vie et l'instinct aux satisfactions de l'intelligence. « *Un excès d'intellectualisme, — un appétit de tout lire et de tout connaître* » (R. ROLLAND).

INTELLECTUALISTE [ɛ̃te(ɛl)lɛktɥalist(ə)]. *adj.* (1876; de *intellectualisme*). *Didact.* Marqué d'intellectualisme; partisan de l'intellectualisme. « *La science sera intellectualiste ou elle ne sera pas* » (H. POINCARÉ). Subst. *Un intellectualiste.*

INTELLECTUALITÉ [ɛ̃te(ɛl)lɛktɥalite]. *n. f.* (1784; de *intellectuel*). *Littér.* Caractère de celui, de ce qui est intellectuel; ensemble des facultés intellectuelles, du domaine intellectuel.

INTELLECTUEL, ELLE [ɛ̃te(ɛl)lɛktɥɛl]. *adj. et n.* (1265; bas lat. *intellectualis*). ♦ 1° Qui se rapporte à l'intelligence (connaissance ou entendement). V. **Moral, représentatif, spirituel.** *La vie intellectuelle. Facultés intellectuelles. Activité, effort intellectuel. Valeur, supériorité intellectuelle. Travail intellectuel. Fatigue intellectuelle. Carrière intellectuelle. Le mouvement intellectuel sous la Restauration.* V. **Idée** (les idées). « *Je dus à ma liberté morale ma liberté intellectuelle* » (CHATEAUB.). ◇ Où l'intelligence a une part prédominante ou excessive. « *Les hommes avides de sensations, voire de sensations intellectuelles* » (BENDA). *Vérités intellectuelles.* ♦ 2° (Fin XIXᵉ). Qui a un goût prononcé (ou excessif) pour les choses de l'intelligence, de l'esprit; chez qui prédomine la vie intellectuelle. V. **Cérébral.** *Elle est très intellectuelle.* ◇ Dont la vie est consacrée aux activités intellectuelles. *Les travailleurs intellectuels* (opposé à *travailleurs manuels*). ◇ N. *Les intellectuels. La classe des intellectuels.* V. **Clerc, mandarin; intelligentsia.** « *Le métier des intellectuels est de remuer toutes choses sous leurs signes, noms ou symboles, sans le contrepoids des actes réels* » (VALÉRY). Loc. plais. *Les intellectuels fatigués.* ◇ ANT. *Affectif; corporel, matériel. Manuel.*

INTELLECTUELLEMENT [ɛ̃te(ɛl)lɛktɥɛlmɑ̃]. *adv.* (1537; de *intellectuel*). Sous le rapport de l'intelligence. *Un enfant intellectuellement très développé.*

INTELLIGEMMENT [ɛ̃teliʒamɑ̃]. *adv.* (1630; de *intelligent*). Avec intelligence, d'une manière qui marque de l'intelligence.

INTELLIGENCE [ɛ̃teliʒɑ̃s]. *n. f.* (XIIᵉ; lat. *intelligentia*, var. de *intellegentia*, de *intellegere* « comprendre »).

I. ♦ Ⓐ ♦ 1° (1160). Faculté de connaître, de comprendre. V. **Âme, esprit, pensée, raison.** *Pouvoirs et limites de l'intelligence. Développement de l'intelligence. Tests d'intelligence. Le cerveau, siège de l'intelligence. Avoir l'intelligence vive, pénétrante, lente, faible, épaisse.* « *J'ai vu peu d'intelligences aussi précoces, plus déliées, plus promptes, plus sensibles que la sienne* » (VALÉRY). *Cultiver son intelligence. Les divers types d'intelligence.* ♦ 2° *(Sens strict).* L'ensemble des fonctions mentales ayant pour objet la connaissance conceptuelle et rationnelle (opposé à *sensation et à intuition*). V. **Abstraction, conception, entendement, intellect.** « *L'intelligence est une machine à fabriquer des systèmes d'abstraction* » (H. DELACROIX). *Les spéculations de l'intelligence.* ♦ 3° (1636). *Didact.* Aptitude d'un être vivant à s'adapter à des situations nouvelles. *Tendance fabricatrice de l'intelligence humaine.* V. **Industrie.** *L'intelligence pratique de l'enfant, de l'homme.* — *Intelligence des animaux* (avec idée d'instinct supérieur). ♦ 4° *Cour.* Qualité de l'esprit qui comprend et s'adapte facilement; caractère d'une personne intelligente*. V. **Capacité, discernement, jugement, perspicacité, réflexion.** *Cela*

exige, suppose de l'intelligence. Doué d'intelligence. Intelligence exceptionnelle, supérieure. Douter de l'intelligence de qqn. Faire preuve d'intelligence. Un minimum d'intelligence. « *Il faut de l'esprit pour bien parler, de l'intelligence suffit pour bien écouter* » (GIDE). Ⓑ (XIVᵉ). Être doué de cette faculté. ♦ 1° Être spirituel (opposé à la matière, aux corps). *Dieu, souveraine intelligence.* ♦ 2° (XIXᵉ). Être humain en tant qu'être pensant, capable de réflexion. *Le niveau auquel s'élevaient les intelligences de cette époque.* ♦ 3° Être humain doué d'un certain type ou d'un certain degré d'intelligence. V. **Esprit.** *Une belle, une vaste, une haute intelligence.* « *C'était sûrement une intelligence remarquable et un organisateur de premier ordre* » (ROMAINS). Absolt. *C'est une intelligence.* V. **Cerveau.**

II. (XVIᵉ; de l'angl.). INTELLIGENCE DE (QQCH.) : acte ou capacité de comprendre (telle ou telle chose). V. **Intellection, perception.** *Je lui envie son intelligence des affaires.* « *Depuis que les professeurs ne me l'expliquaient plus* (Virgile), *j'en avais une meilleure intelligence* » (FRANCE). *Pour l'intelligence de ce qui va suivre, notons que...* — *Spécial.* Connaissance ou possession de certains points ou moyens de l'art. V. **Sens.** « *Daumier révéla une intelligence merveilleuse du portrait* » (BAUDEL.).

III. (Fin XVᵉ; *au plur.* ou *en express.*). Le fait de s'entendre mutuellement. ♦ 1° Communication entre des personnes qui s'entendent, se concertent, dans un but qu'elles n'avouent pas ouvertement. V. **Complicité, connivence.** *Être d'intelligence avec qqn. Agir d'intelligence avec qqn.* V. **Concert.** *Avoir, se ménager des intelligences dans une maison. Faire à qqn des signes d'intelligence. Regards, sourire d'intelligence.* ◇ *Fig.* État de compréhension intime et intuitive à l'égard de qqch. « *Les maîtres seuls sont d'intelligence avec la nature* » (FROMENTIN). ♦ 2° *(Mod., au plur.).* Complicités secrètes entre personnes que les circonstances placent dans des camps opposés. *Entretenir des intelligences avec l'ennemi, des intelligences secrètes.* V. **Correspondance.** *Avoir des intelligences dans la place, dans la ville forte qu'on assiège,* et *fig.* dans quelque groupement d'accès difficile.* « *Avaient-ils des intelligences avec quelqu'un dans le village?* » (LARBAUD). ♦ 3° (1638). EN (bonne, mauvaise...) INTELLIGENCE : union, conformité de sentiments. V. **Accord, entente.** *Ils vivent en bonne, en parfaite intelligence* (V. **Concorde**), *en mauvaise intelligence* (V. **Désaccord**).

◇ ANT. *Aveuglement, bêtise, inintelligence, stupidité. Incompréhension. Mésintelligence; désunion, dissension.*

INTELLIGENT, ENTE [ɛ̃teliʒɑ̃, ɑ̃t]. *adj.* (1488; lat. *intellegens.* V. **Intelligence**). ♦ 1° Qui a la faculté de connaître et de comprendre. *L'homme, être intelligent.* V. **Pensant.** ♦ 2° Qui est, à un degré variable, doué d'intelligence. V. **Capable, éveillé, habile, malin, perspicace.** *Peu, médiocrement intelligent. Supérieurement intelligent.* ◇ Absolt. Qui comprend vite et bien, s'adapte facilement aux situations (en ce qui concerne l'activité de l'esprit). *Il n'est pas intelligent.* « *Les gens disent :* « *Il est intelligent* », *parce que vous êtes de leur avis* » (VALLÈS). — (Animaux) *Que ce chien est donc intelligent!* V. **Fort.** ♦ 3° *(Choses).* Qui dénote de l'intelligence. *Visage, regard intelligent. Comportement intelligent. Un choix intelligent. Réponse intelligente. C'est rudement intelligent!* V. **Fort.** ◇ ANT. *Abruti, bête, borné, imbécile, inintelligent, sot, stupide.*

INTELLIGENTSIA ou **INTELLIGENTZIA** [ɛ̃teliɡ(dʒ)ɛ̃nsja]. *n. f.* (1920; mot russe: *intelligence*, 1901). ♦ 1° *Hist.* Mot qui désignait, sous la Russie tsariste, la classe des intellectuels. *Le mouvement nihiliste a recruté la plupart de ses adeptes dans les rangs de l'intelligentsia.* ♦ 2° Les intellectuels d'un pays quelconque.

INTELLIGIBILITÉ [ɛ̃te(ɛl)liʒibilite]. *n. f.* (fin XVIIᵉ; de *intelligible*). Caractère de ce qui est intelligible. *L'intelligibilité d'un raisonnement.*

INTELLIGIBLE [ɛ̃te(ɛl)liʒibl(ə)]. *adj.* (1265; lat. *intelligibilis.* V. **Intelligence**). ♦ 1° *Philo.* Qui ne peut être connu que par l'intelligence, par l'entendement, et non par les sens. *Le monde intelligible des platoniciens.* — Subst. *Le sensible et l'intelligible.* ♦ 2° (1521). *Cour.* Qui peut être compris, est aisé à comprendre. V. **Accessible, clair, limpide.** *Formuler des propositions claires et intelligibles. Rendre une chose intelligible à qqn.* V. **Éclaircir, expliquer.** ♦ 3° (1538). Qui peut être distinctement perçu par l'ouïe. *Parler à haute et intelligible voix. Parler de façon peu intelligible.* ◇ ANT. *Sensible. Inintelligible, obscur.*

INTELLIGIBLEMENT [ɛ̃te(ɛl)liʒibləmɑ̃]. *adv.* (1521; de *intelligible*). D'une manière intelligible. *S'exprimer intelligiblement.* V. **Clairement.** ◇ ANT. *Obscurément.*

INTEMPÉRANCE [ɛ̃tɑ̃perɑ̃s]. *n. f.* (1361; lat. *intemperantia*). ♦ 1° *Vieilli.* Manque de tempérance, de modération. V. **Abus, excès.** *Intempérance de jugement, d'imagination.* « *Intempérance de savoir* » (LA BRUY.). ◇ Liberté excessive dans l'expression. « *À la Convention, l'intempérance de langage était de droit* » (HUGO). ♦ 2° *Mod.* Abus des plaisirs

de la table (V. **Gloutonnerie, ivrognerie**) et des plaisirs sexuels.
◇ ANT. *Mesure, tempérance. Chasteté, continence; frugalité, sobriété.*

INTEMPÉRANT, ANTE [ɛ̃tɑ̃perɑ̃, ɑ̃t]. *adj.* (1541 ; lat. *intemperans).* ♦ 1° *Vx.* Qui manque de tempérance, de modération. — *Mod.* Excessif, abusif. *Faire un usage intempérant de l'alcool.* V. **Immodéré.** ♦ 2° Qui abuse des plaisirs de la table (V. **Gourmand, ivrogne**), et des plaisirs sexuels. ◇ ANT. *Modéré; continent, sobre, tempérant.*

INTEMPÉRIE [ɛ̃tɑ̃peʀi]. *n. f.* (1534 ; lat. *intemperies).* ♦ 1° *Vx.* Dérèglement dans les conditions atmosphériques. *L'intempérie de l'air, des éléments, des saisons.* ♦ 2° Mod. Absolt. *(au plur.).* Les rigueurs du climat (pluie, vent). *Être exposé aux intempéries. Lutter contre les intempéries.* « *C'est dans les intempéries que l'effort a du goût* » (CHAR-DONNE).

INTEMPESTIF, IVE [ɛ̃tɑ̃pɛstif, iv]. *adj.* (1474, rare av. fin XVIII° ; lat. *intempestivus).* Qui se produit à contretemps, n'est pas fait à propos ; qu'il n'est pas convenable de faire. V. **Inopportun.** *Démarche intempestive. Question intempestive.* V. **Indiscret.** *Gaieté intempestive.* V. **Déplacé, importun, inconvenant.** « *Pas de zèle intempestif !* » (DUHAM.). ◇ ANT. *Convenable, opportun.*

INTEMPESTIVEMENT [ɛ̃tɑ̃pɛstivmɑ̃]. *adv.* (1555 ; de *intempestif).* *Rare.* D'une manière intempestive.

INTEMPORALITÉ [ɛ̃tɑ̃pɔʀalite]. *n. f.* (XX° ; de *intemporel).* *Didact.* Caractère de ce qui est intemporel.

INTEMPOREL, ELLE [ɛ̃tɑ̃pɔʀɛl]. *adj.* (1878 ; de *in-* 1, et *temporel).* *Didact., littér.* ♦ 1° Qui, par sa nature, est étranger au temps, ne s'inscrit pas dans la durée ou apparaît comme invariable. *Le vrai et le faux sont intemporels.* ♦ 2° (*Opposé à* temporel, matériel). Immatériel. « *Cette lumière n'est nullement réaliste, elle est intemporelle comme celle de Rembrandt* » (MALRAUX).

INTENABLE [ɛ̃tnabl(ə)]. *adj.* (1627 ; de *in-* 1, et *tenable).* ♦ 1° Qui ne peut être défendu. *Place intenable.* — Que l'on ne peut tenir ou soutenir. *Position, situation intenable.* ♦ 2° V. **Intolérable.** *Chaleur intenable.* ♦ *Fam.* (Personnes) *Gamin mal élevé, intenable.* ◇ ANT. *Défendable, supportable, tenable.*

INTENDANCE [ɛ̃tɑ̃dɑ̃s]. *n. f.* (1537 ; de l'a. fr. *superintendence* (1491) ; du lat. *superintendere* « surveiller »). ♦ 1° *Ancienn.* Charge publique d'ordre administratif. V. **Direction.** *L'intendance des finances, des vivres.* — Fonction d'intendant (privé). *Confier à un homme sûr l'intendance de ses biens.* V. **Administration.** ◇ Attributions d'un intendant. *Cela ne relève pas de son intendance.* ♦ 2° *Hist.* Division territoriale soumise à l'autorité d'un intendant de province. *L'Intendance de Flandre, du Roussillon.* ♦ 3° (1817). *Intendance militaire,* préposée à l'administration de l'armée, et spécialt. au ravitaillement et à l'entretien des troupes. *Les services de l'Intendance.* ♦ *Fig.* (v. 1959). Ensemble des tâches économiques de l'État. *L'intendance suivra :* les questions matérielles, économiques seront subordonnées aux décisions politiques. — *Par ext.* Bureaux de cette administration. *Se rendre à l'Intendance.*

INTENDANT, ANTE [ɛ̃tɑ̃dɑ̃, ɑ̃t]. *n.* (1565 ; de *superintendant ;* Cf. Intendance). ♦ 1° *Ancienn. N. m.* Agent du pouvoir royal, investi d'attributions illimitées dans une ou plusieurs provinces. — Titre donné à certains fonctionnaires chargés d'un service ou d'un établissement public. *Intendant des bâtiments royaux.* V. **Administrateur.** ◇ *Au fém.* Épouse d'un intendant de province. — Supérieure de certains couvents de femmes. *Intendante d'un monastère.* ♦ 2° Mod. *Intendant militaire :* fonctionnaire du service de l'Intendance. — *Intendant universitaire.* V. **Économe.** — (Au fém.) *Intendante d'un lycée.* ♦ 3° Personne chargée d'administrer la maison, les affaires et les biens d'un riche particulier. V. **Domestique, factotum, régisseur.** « *Je devins l'intendant de la maison. C'était moi qui réglais tout* » (LESAGE). « *Leur vieille intendante, une métisse* » (LARBAUD).

INTENSE [ɛ̃tɑ̃s]. *adj.* (1265 ; rare av. XVIII° ; bas lat. *intensus).* Qui agit avec force, et *par ext.* Qui dépasse la mesure ordinaire. V. **Extrême, fort, grand, vif.** *Froid intense. Lumière intense. Un bleu intense. Circulation intense.* ◇ (Abstrait) *Joie, plaisir intense. Là où « il a vécu les heures les plus intenses de sa vie* » (MART. du G.). ◇ ANT. *Faible.*

INTENSÉMENT [ɛ̃tɑ̃semɑ̃]. *adv.* (XX° ; *intensement,* 1390, de *intense).* D'une manière intense. « *Vivre intensément* » (GIDE). *Il « la dépasse, la regarde encore, intensément* » (MON-THERLANT).

INTENSIF, IVE [ɛ̃tɑ̃sif, iv]. *adj.* (XIV°, « excessif » ; de *intense).* ♦ 1° Qui est l'objet d'un effort intense, soutenu, pour accroître l'effet, le rendement. *Propagande intensive.* ◇ (1867) *Culture intensive (opposé à* culture extensive) : culture sur une étendue restreinte, produisant un fort rendement à l'hectare, d'une façon continue. ♦ 2° *Ling.* (1845). Qui renforce la notion exprimée. *Particule intensive. Verbe intensif,* et subst. *Un intensif.* ♦ 3° *Didact. Grandeur intensive,* dans laquelle il est possible de distinguer des degrés

d'intensité, mais qui ne peut ni se mesurer par un nombre, ni se représenter par une étendue. *La sensation, grandeur intensive.* — Subst. *L'intensif :* toute grandeur de ce type. ◇ ANT. *Extensif.*

INTENSIFICATION [ɛ̃tɑ̃sifikasjɔ̃]. *n. f.* (1923 ; de *intensifier).* Action d'intensifier ou de s'intensifier. *Intensification de la production.* V. **Augmentation, exacerbation, paroxysme.** ◇ ANT. *Baisse, diminution.*

INTENSIFIER [ɛ̃tɑ̃sifje]. *v. tr.* (1868, p. p. ; de *intense).* Rendre plus intense, au prix d'un effort. V. **Augmenter.** *Intensifier le commerce, la culture.* ◇ S'INTENSIFIER. *v. pron.* Devenir plus intense. « *Sa répugnance s'intensifie quand son attention se fixe...* » (BERGSON).

INTENSITÉ [ɛ̃tɑ̃site]. *n. f.* (1740 ; de *intense).* ♦ 1° *Cour.* Degré d'activité, de force ou de puissance. *Grande, faible intensité. Intensité du son; de la lumière* (V. **Brillance**). — *Didact.* Amplitude d'un phénomène exprimée en valeur numérique. *Intensité d'un courant électrique :* quantité d'électricité traversant un conducteur pendant l'unité de temps (seconde). *Unité d'intensité.* V. **Ampère.** — *Fièvre qui augmente brusquement d'intensité, atteint un maximum d'intensité. Une crise terrible :* « *tous les phénomènes habituels avec une intensité décuplée* » (MART. du G.). ♦ 2° Caractère de ce qui est intense. *Intensité du regard* (V. **Acuité, vivacité**) *; d'un sentiment* (V. **Véhémence, violence**). *Donner plus d'intensité à l'expression.* V. **Renforcer.** — *Phonét.* Renforcement du son, surtout sensible dans l'émission des voyelles *(accent d'intensité).*

INTENSIVEMENT [ɛ̃tɑ̃sivmɑ̃]. *adv.* (1390 ; de *intensif).* D'une manière intensive. *Préparer intensivement un examen.*

INTENTER [ɛ̃tɑ̃te]. *v. tr.* (XIV° ; lat. *intentare).* *Dr.* Entreprendre contre qqn (une action en justice). V. **Actionner, attaquer, ester.** *Intenter une action, une accusation à qqn, contre qqn. Intenter un procès.*

INTENTION [ɛ̃tɑ̃sjɔ̃]. *n. f.* (1190 ; lat. *intentio).* ♦ 1° Le fait de se proposer un certain but. V. **Dessein, idée, projet.** *Intention et action. Je vous ai heurté sans intention,* involontairement. *Pureté d'intention.* ◇ *Dr.* Volonté consciente de commettre un fait prohibé par la loi. *Intention de nuire. Intention qui a précédé l'exécution.* V. **Préméditation.** ♦ *Cour.* *C'est l'intention qui compte.* « *Avec les meilleures intentions, les hommes d'État de ce tempérament font tout le mal possible* » (FRANCE). *Intentions secrètes.* V. **Arrière-pensée, calcul, mobile.** *Quelles sont vos intentions à son égard ?* V. **Disposition.** *Manifester une intention. Sonder les intentions d'un concurrent* (Cf. *Il y a* là *un dans la ventre).* *Il n'entre pas, il n'est pas dans mes intentions d'accepter. De vagues intentions de travail.* V. **Velléité.** *Intention délibérée, arrêtée.* V. **Détermination, résolution.** PROV. *L'enfer est pavé de bonnes intentions,* beaucoup de bonnes résolutions n'aboutissent qu'à un résultat déplorable ou nul. ◇ AVOIR L'INTENTION DE (suivi de l'inf.) : V. **Proposer (se), vouloir.** *Il n'a jamais eu l'intention de partir. N'avoir nullement l'intention de.* ◇ DANS L'INTENTION DE (*loc. prép.* suivie de l'inf.) : V. **Vue** (en vue de). *Acheter dans l'intention de revendre.* ◇ À L'INTENTION DE. *loc. prép.* V. **Pour.** *J'ai acheté ceci à votre intention. Organiser une fête à l'intention de qqn.* V. **Honneur** (en l'). — Spécialt. *Prier, dire des messes à l'intention d'un défunt,* pour demander à Dieu le salut de son âme. ♦ 2° Dessein ferme et prémédité. V. **Décision, désir, volonté, vouloir.** *Contrecarrer les intentions de qqn.* ♦ 3° Le but même ou le propos de d'atteindre. V. **But, objectif, objet, visée.** *Résultat qui dépasse l'intention de son auteur. À cette intention.* V. **Fin.**

INTENTIONNALITÉ [ɛ̃tɑ̃sjɔnalite]. *n. f.* (1939 ; de *intentionnel ;* trad. all. (Husserl). *Psycho.* Caractère d'une attitude psychologique intentionnelle, adaptée à un avenir proche, à un projet.

INTENTIONNÉ, ÉE [ɛ̃tɑ̃sjɔne]. *adj.* (1567 ; de *intention).* *Être bien, mal intentionné,* avoir de bonnes, de mauvaises intentions. *Un critique mal intentionné :* malveillant. « *Des amis trop bien intentionnés soufflent sur le feu* » (HENRIOT).

INTENTIONNEL, ELLE [ɛ̃tɑ̃sjɔnɛl]. *adj.* (1798 ; « qu'on a en vue », 1487 ; de *intention).* Qui est fait exprès, avec intention, à dessein. V. **Conscient, délibéré, prémédité, volontaire, voulu.** *Retard intentionnel.* — *Dr. Délit intentionnel (opposé à* délit d'imprudence). ◇ ANT. *Automatique, involontaire.*

INTENTIONNELLEMENT [ɛ̃tɑ̃sjɔnɛlmɑ̃]. *adv.* (1560 ; de *intentionnel).* ♦ 1° *Rare.* En intention. *Coupable intentionnellement.* ♦ 2° Avec intention, de propos délibéré. V. **Exprès, volontairement.** *C'est intentionnellement que je ne l'ai pas remercié. Le style « me semble intentionnellement incorrect et bas* » (FLAUB.).

INTER-. Élément, du lat. *inter* « entre », exprimant l'espacement, la répartition ou une relation réciproque (V. Entre-).

1. INTER [ɛ̃tɛʀ]. *n. m.* (XX° ; abrév.). V. **Interurbain.** *Appelez l'inter.*

2. INTER [ɛ̃tɛʀ]. *n. m.* (avant 1924 ; de *intérieur).* Sports. Avant placé entre un ailier et l'avant-centre. « *L'inter* *gauche X et l'extrême gauche Y furent trop personnels »* (MONTHERLANT).

INTERACTION [ɛ̃tɛʀaksjɔ̃]. *n. f.* (1876; de *inter-*, et *action*). Action réciproque. V. **Interdépendance**. *Deux corps en interaction.* V. **Action, réaction**. *Interactions de gravitation, électromagnétiques, nucléaires.*

INTERAGIR [ɛ̃tɛʀaʒiʀ]. *v. intr.* (1966; de *inter-*, et *agir*). Avoir une action réciproque. « *Les neutrons interagissent avec le champ magnétique* » (*Le Monde*, 14-4-1966).

INTERALLIÉ, ÉE [ɛ̃tɛʀalje]. *adj.* (1915; de *inter-*, et *allié*). Qui concerne les nations alliées, leurs relations (1914-1918).

INTERARMÉES [ɛ̃tɛʀaʀme]. *adj. invar.* (mil. xxᵉ; de *inter-*, et *armée*). Commun à plusieurs armées (de terre, de mer, de l'air). *État-major interarmées.*

INTERARMES [ɛ̃tɛʀaʀm(ə)]. *adj. invar.* (1931; de *inter-*, et *arme*). Relatif à plusieurs armes (infanterie, artillerie, etc.). *École militaire interarmes.*

INTERASTRAL, ALE, AUX [ɛ̃tɛʀastʀal, o]. *adj.* (1936; de *inter-*, et *astral*). Rare. Qui est entre les astres. V. **Interplanétaire, interstellaire**.

INTERCALAIRE [ɛ̃tɛʀkalɛʀ]. *adj.* (1352; lat. *intercalarius*). ♦ 1° *Chron.* (Calendrier grégorien). *Jour intercalaire*, jour que l'on ajoute au mois de février dans les années bissextiles. — *Astron. Lune intercalaire*, treizième lune qui se trouve dans une année, de trois ans en trois ans. ♦ 2° *Cour.* Qui peut s'intercaler, être inséré. *Feuillets intercalaires.*

INTERCALATION [ɛ̃tɛʀkalasjɔ̃]. *n. f.* (xvᵉ; lat. *intercalatio*). Action d'intercaler. ♦ 1° *Chron.* Addition d'un jour dans le mois de février aux années bissextiles. ♦ 2° *Cour.* V. **Insertion**. *Intercalation d'exemples dans un dictionnaire.* V. **Interpolation**. *Intercalation de termes intermédiaires dans une série.*

INTERCALER [ɛ̃tɛʀkale]. *v. tr.* (1520; lat. *intercalare*). Faire entrer après coup dans une série. ♦ 1° *Chron.* Ajouter (un jour) au mois de février tous les quatre ans (pour faire concorder l'année civile avec l'année solaire). ♦ 2° (1611). *Cour.* Mettre (une chose) entre deux autres, insérer dans un ensemble. V. **Enchâsser, insérer, introduire, joindre**. *Intercaler une citation, un exemple, une glose* (V. **Interpoler**) *dans un texte.*

INTERCÉDER [ɛ̃tɛʀsede]. *v. intr.*; conjug. *céder* (1345; lat. *intercedere*). Intervenir, user de son influence (en faveur de qqn). V. **Prier**. *Se faire l'avocat de qqn en intercédant chaleureusement pour lui.* V. **Défendre**. *Il intercédera pour vous auprès du patron.* V. **Parler** (pour). *Phèdre « vient avec l'idée d'implorer Hippolyte, d'intercéder d'abord pour son fils »* (GIDE). *Veuillez intercéder en sa faveur.*

INTERCELLULAIRE [ɛ̃tɛʀselylɛʀ]. *adj.* (1846; de *inter-*, et *cellulaire*). Biol. Qui se trouve entre les cellules d'un tissu animal ou végétal.

INTERCEPTER [ɛ̃tɛʀsepte]. *v. tr.* (1528; de *interception*). ♦ 1° Prendre au passage et par surprise (ce qui est adressé, envoyé ou destiné à qqn). V. **Emparer** (s'), **saisir, surprendre**. « *J'ai soupçonné mes parents de l'avoir interceptée* (cette lettre) » (ROMAINS). *Intercepter un message.* V. **Capter**. ◊ *Sports* (xxᵉ) *Joueur de football, de rugby qui intercepte le ballon.* ◊ *Mar., Aviat. Intercepter un bâtiment, un avion*, les empêcher d'arriver à destination. ♦ 2° (1606). Arrêter dans son cours. *Nuage qui intercepte le soleil.* V. **Cacher, éclipser**. « *Une grossière croisée semblait plutôt destinée à intercepter qu'à laisser passer la lumière* » (BALZ.). V. **Boucher, offusquer**. — *Au p. p. adj.* Math. *Arc de cercle intercepté*, défini à l'intérieur d'un angle.

INTERCEPTEUR [ɛ̃tɛʀseptœʀ]. *n. m.* (mil. xxᵉ; « celui qui intercepte », 1757; de *intercepter*). Avion d'interception (chasseur).

INTERCEPTION [ɛ̃tɛʀsepsjɔ̃]. *n. f.* (xvᵉ; lat. *interceptio*). ♦ 1° Action d'intercepter; résultat de cette action. *Interception d'un message.* ◊ *Avions, chasseurs d'interception*, qui ont pour tâche d'intercepter les bombardiers. V. **Intercepteur**. ♦ 2° Arrêt. *Interception des rayons solaires par le brouillard.*

INTERCESSEUR [ɛ̃tɛʀsesœʀ]. *n. m.* (*Entrecessor*, 1212; lat. *intercessor*). Relig. ou littér. Celui qui intercède. *Être intercesseur auprès de qqn, pour qqn.* V. **Avocat, défenseur**. *Les « intermédiaires entre l'homme et Dieu, ces intercesseurs contre qui s'insurge le protestantisme »* (GIDE).

INTERCESSION [ɛ̃tɛʀsesjɔ̃]. *n. f.* (1223; lat. *intercessio*). Relig., littér. Action d'intercéder. V. **Entremise, intervention**. *L'intercession de la Sainte Vierge.*

INTERCHANGEABILITÉ [ɛ̃tɛʀʃɑ̃ʒabilite]. *n. f.* (1931; de *interchangeable*). Caractère de ce qui est interchangeable. *Interchangeabilité des pièces standardisées, fabriquées en série.*

INTERCHANGEABLE [ɛ̃tɛʀʃɑ̃ʒabl(ə)]. *adj.* (1870; de l'angl. *interchangeable* (1450), de l'a. fr. *entre changeable*, de *changer*). ♦ 1° Se dit de pièces, d'objets semblables, de même destination, qui peuvent être changés l'un pour l'autre, mis à la place les uns des autres. *Pneus interchangeables.*

Mécanisme à pièces interchangeables. ♦ 2° Remplaçable l'un par l'autre. *Les ministres interchangeables de la Troisième République.*

INTERCLASSE [ɛ̃tɛʀklas]. *n. m.* (v. 1950; de *inter-*, et *classe*). Court intervalle entre deux classes, pendant lequel les élèves sont surveillés, ne quittent pas la salle (*opposé à* récréation).

INTERCLASSER [ɛ̃tɛʀklase]. *v. tr.* (xxᵉ; de *inter-*, et *classer*). Classer (les éléments de deux ou plusieurs séries) en une série unique (*spécialt.* à la machine. V. **Interclasseuse**).

INTERCLASSEUSE [ɛ̃tɛʀklasøz]. *n. f.* (v. 1950; de *inter-*, et *classer*). Machine à cartes perforées permettant la fusion de deux groupes de cartes, la vérification d'un classement.

INTERCLUBS [ɛ̃tɛʀklœb]. *adj.* (1889; de *inter-*, et *club*). *Sports*. Où s'opposent plusieurs clubs. *Rencontre interclubs.*

INTERCOMMUNAL, ALE, AUX [ɛ̃tɛʀkɔmynal, o]. *adj.* (1894; de *inter-*, et *communal*). Qui concerne plusieurs communes.

INTERCOMMUNICATION [ɛ̃tɛʀkɔmynikasjɔ̃]. *n. f.* (1867; de *inter-*, et *communication*). Didact. Communication réciproque.

INTERCONNEXION [ɛ̃tɛʀkɔnɛksjɔ̃]. *n. f.* (v. 1930; de *inter-*, et *connexion*). Le fait de connecter entre eux plusieurs réseaux d'énergie électrique.

INTERCONTINENTAL, ALE, AUX [ɛ̃tɛʀkɔ̃tinɑ̃tal, o]. *adj.* (1867; de *inter-*, et *continental*). Qui concerne les relations entre deux continents. *Ligne aérienne intercontinentale.*

INTERCOSTAL, ALE, AUX [ɛ̃tɛʀkɔstal, o]. *adj.* (1536; de *inter-*, et lat. *costa* « côte »). Anat. Qui est situé entre deux côtes. *Muscles intercostaux*, et subst. *Les intercostaux. Douleurs intercostales.*

INTERCOTIDAL, ALE, AUX [ɛ̃tɛʀkɔtidal, o]. *adj.* (1907; de *inter-*, et *cotidal*). Géogr. ♦ 1° *Zone intercotidale* ou (mieux) INTERTIDALE [ɛ̃tɛʀtidal], zone d'oscillation de la marée. ♦ 2° *Lignes intercotidales* : qui relient les points où la marée se produit en même temps.

INTERCOURSE [ɛ̃tɛʀkuʀs(ə)]. *n. f.* (1853; mot angl.; de *inter-*, et *course*). ♦ 1° *Dr. marit.* Droit réciproque accordé mutuellement aux navires de deux nations, quant à l'accès et à la pratique de certains ports. ♦ 2° (1867). *Rare.* Ensemble des communications commerciales entre deux pays. — *Par ext.* Ensemble des relations entre habitants de régions différentes. « *La force d'intercourse qui crée les communications entre les hommes »* (SAUSSURE).

INTERCURRENT, ENTE [ɛ̃tɛʀkyʀɑ̃, ɑ̃t]. *adj.* (1741; lat. *intercurrens*, de *currere* « courir »). Didact. Qui survient entre d'autres événements. Spécialt. *Maladie intercurrente* : qui survient au cours d'une autre.

INTERDÉPARTEMENTAL, ALE, AUX [ɛ̃tɛʀdepaʀtəmɑ̃tal, o]. *adj.* (1871; de *inter-*, et *départemental*). Qui concerne plusieurs départements, qui leur est commun. *Chemin de fer interdépartemental.*

INTERDÉPENDANCE [ɛ̃tɛʀdepɑ̃dɑ̃s]. *n. f.* (1867; de *inter-*, et *dépendance*). Dépendance réciproque. V. **Corrélation, interaction**. *Interdépendance des événements.* « *La pression de l'histoire nous révélait soudain l'interdépendance des nations »* (SARTRE).

INTERDÉPENDANT, ANTE [ɛ̃tɛʀdepɑ̃dɑ̃, ɑ̃t]. *adj.* (1935; de *inter-*, et *dépendant*). Qui est dans un état d'interdépendance.

INTERDICTION [ɛ̃tɛʀdiksjɔ̃]. *n. f.* (*Interdition*, 1410; lat. *interdictio*). ♦ 1° Action d'interdire. V. **Défense, prohibition**. *Interdiction de bâtir. Interdiction absolue, expresse, formelle de pénétrer en un lieu. Interdiction de toucher à une chose sous peine de commettre un sacrilège* (V. **Tabou**). *Lever une interdiction. Interdiction d'un film par la censure.* ♦ 2° (1690). Action d'interdire à un membre d'un corps constitué (civil ou ecclésiastique) l'exercice de ses fonctions. *Interdiction temporaire* (V. **Suspension**). — *Dr.* (1690) *Interdiction judiciaire*, et absolt. *Interdiction*, action d'ôter à une personne majeure la libre disposition et l'administration de ses biens; résultat de cette action. *Jugement d'interdiction.* — *Interdiction correctionnelle* ou *interdiction des droits civiques, civils et de famille. Interdiction légale*, privation des droits civils résultant d'une condamnation à une peine afflictive et infamante. — (Dr. et cour.) *Interdiction de séjour*, défense faite à un condamné libéré de se trouver dans les lieux dont l'*interdiction* lui a été signifiée par jugement (V. **Bannissement**). ◊ ANT. *Autorisation, commandement, conseil, consentement, ordre, permission.*

INTERDIGITAL, ALE, AUX [ɛ̃tɛʀdigital, o]. *adj.* (1867; de *inter-*, et *digital*). Anat. Situé entre deux doigts. *Espaces interdigitaux.*

INTERDIRE [ɛ̃tɛʀdiʀ]. *v. tr.*; conjug. *dire*, sauf : *interdisez* (xiiiᵉ; *entredire*, 1174; lat. *interdicere*). ♦ 1° (v. 1250). Défendre (qqch. à qqn). *Le médecin lui interdit le sel.* V. Défendre, proscrire. *Interdire ... porte ... interne.* V. **Consigner**. *Je vous interdis l'alcool; je vous interdis de boire.* —

(Sans compl. indir. exprimé) *Interdire les jeux de hasard. Les meetings furent interdits. Interdire un ouvrage.* V. **Censurer, condamner.** — Impers. *Il est expressément, formellement interdit de fumer dans la salle.* ◇ Pronom. S'INTERDIRE QQCH. (à soi-même), s'imposer la privation de. *S'interdire tout excès.* V. **Éviter.** *Il s'interdit d'y penser.* V. **Refuser (se).** ♦ 2° *(Choses).* Empêcher. *La discrétion m'interdit d'en dire plus. Leur attitude belliqueuse interdit tout espoir de paix.* V. **Exclure, opposer (s').** « *Ma santé, qui ne m'interdit pas le travail, m'interdit toute joie* » (STE-BEUVE). ♦ 3° Frapper (qqn) d'interdiction. *Interdire un officier ministériel pour six mois.* V. **Suspendre.** *Interdire un homme atteint de folie,* prononcer contre lui l'interdiction judiciaire. ♦ 4° Vieilli (1661). Jeter (qqn) dans un étonnement, un trouble tel qu'il lui ôte la faculté de parler et d'agir. « *Et ce brusque discours a de quoi m'interdire* » (REGNARD). V. **Confondre, troubler;** interdit (1, 3°). ◇ ANT. **Approuver, commander, permettre.**

INTERDISCIPLINAIRE [ɛ̃tɛʀdisiplinɛʀ]. *adj.* (av. 1959; de *inter-,* et *disciplinaire*). *Didact.* Relatif à plusieurs disciplines, à plusieurs branches de la science agissant en commun. *Recherches interdisciplinaires, enseignement interdisciplinaire.* V. **Interdisciplinarité.**

INTERDISCIPLINARITÉ [ɛ̃tɛʀdisiplinaʀite]. *n. f.* (v. 1968; de *interdisciplinaire*). *Didact.* Caractère interdisciplinaire. V. **Pluridisciplinarité.** « *L'interdisciplinarité habitue l'étudiant à se « dépayser* » (*Le Monde,* 11-4-1973).

1. **INTERDIT, ITE** [ɛ̃tɛʀdi, it]. *adj.* (mil. XVe; *enterdit* « excommunié », 1383; V. Interdire). ♦ 1° Non autorisé. « *Ici, tout ce qui n'est pas interdit est obligatoire* » (DUHAM.). *Passage interdit. Sens, stationnement interdit. Film interdit aux moins de seize ans. Reproduction interdite.* « *La passion interdite, l'amour inavouable* » (ROUGEMONT). V. **Illicite.** *Ne parlez pas de cela, c'est un sujet interdit dans cette maison.* V. **Tabou.** ♦ 2° *(Personnes).* Prêtre interdit. *Il est interdit de séjour.* Subst. *Un interdit de séjour.* V. **Banni.** *Aliéné interdit.* Subst. *Incapacité des interdits* (V. **Incapable**). ♦ 3° (1587). Très étonné. V. **Ahuri, confondu, déconcerté, déconfit, ébahi, pantois, stupide.** *Elle les planta là, tout interdits.* « *En amour... il est bon d'être interdit* » (PASC.). Rester tout interdit. V. **Court.**

2. **INTERDIT** [ɛ̃tɛʀdi]. *n. m.* *(Interdite,* 1420; *entredit,* 1213; lat. *interdictum).* ♦ 1° *Relig.* Sentence ecclésiastique défendant la célébration des offices divins et l'usage de certains sacrements, soit à un ministre du culte *(interdit personnel),* soit dans un lieu déterminé *(interdit local).* *Jeter, prononcer l'interdit.* ◇ *Interdit alimentaire* imposé par une religion, une croyance. ♦ 2° Vieilli. (XIXe). Prononcer l'interdit contre qqn. V. **Exclusive.** ♦ 3° Interdiction émanant du groupe social. Absolt. « *Elle se moque des scrupules. Elle brave les interdits* » (SARRAUTE).

INTÉRESSANT, ANTE [ɛ̃teʀesɑ̃, ɑ̃t]. *adj.* (1718; p. prés. d'*intéresser*). ♦ 1° Qui retient l'attention, captive l'esprit. *Livre intéressant.* V. **Captivant, passionnant.** « *Il pouvait trouver à Oran la matière d'un reportage intéressant* » (CAMUS). *Détail intéressant.* V. **Curieux.** *Intéressant à signaler. Il serait intéressant de poursuivre les recherches. Un visage intéressant,* qui a de l'expression, du charme. V. **Attachant.** ◇ *(Personnes)* Qui intéresse par son esprit, sa personnalité. *Auteur intéressant.* — Subst. *Faire l'intéressant.* ♦ 2° Qui touche moralement, qui est digne d'intérêt, de considération. *Ces gens-là ne sont pas intéressants.* ◇ (Par euphém.) *Elle est dans une position intéressante,* enceinte. ♦ 3° (1913). Qui sert les intérêts matériels. V. **Avantageux.** *Affaire intéressante. Prix intéressants.* ◇ ANT. **Ennuyeux, inintéressant; indifférent.** *Désavantageux.*

INTÉRESSÉ, ÉE [ɛ̃teʀese]. *adj.* (1547, « lésé ». V. Intéresser). ♦ 1° Qui a un intérêt, une part, un rôle (dans qqch.); qui est en cause, en jeu. *Les puissances, les parties intéressées.* — Subst. *Sans consulter les intéressés.* ♦ 2° (v. 1640). Qui recherche avant tout son avantage personnel, et *spécialt.* un avantage matériel. V. **Avare, avide, cupide.** *C'est un homme intéressé.* « *Les jeunes gens m'ont jusqu'à présent paru être plus intéressés qu'intéressants, plus occupés d'eux que de nous* » (BALZ.). ♦ 3° Inspiré par la recherche d'un avantage personnel. *Une amitié intéressée.* V. **Calculé.** *Service, avis intéressé.* ◇ ANT. **Désintéressé, généreux.**

INTÉRESSEMENT [ɛ̃teʀesmɑ̃]. *n. m.* (1954; de *intéresser*). Action d'intéresser (le personnel) aux bénéfices de l'entreprise, par une rémunération qui s'ajoute au salaire. « *L'intéressement des travailleurs à l'enrichissement des entreprises* » (*L'Express,* 17-10-1966).

INTÉRESSER [ɛ̃teʀese]. *v. tr.* (XVIe; « faire tort à », 1356; de *intérêt,* d'apr. lat. *interesse*). I. ♦ 1° Vx. Faire intervenir, mêler. « *Dans vos secrets discours, étais-je intéressé?* » (RAC.). ♦ 2° *(Choses).* Avoir de l'intérêt, de l'importance pour (qqn, qqch.). V. **Concerner, regarder, toucher.** *Cette loi intéresse l'ordre public, intéresse les anciens combattants. Des fractures « qui intéres-*

sent les articulations » (GONCOURT). ♦ 3° Retenir l'attention de (qqn); constituer un objet d'intérêt pour. *Cette histoire, ce film nous a beaucoup intéressés.* V. **Captiver, passionner.** *Ça ne m'intéresse pas.* — (Personnes) « *Les gens que nous aimons ou qui nous intéressent* » (LARBAUD). ♦ 4° Toucher, tenir à cœur. « *La misère d'un vieillard n'intéresse personne* » (HUGO). ♦ 5° INTÉRESSER QQN À QQCH. : faire prendre intérêt à. *Son professeur l'a intéressé aux sciences. Absolt. Il ne sait pas intéresser les élèves. Plaisant. Continue, tu m'intéresses!* ce que tu dis ne m'intéresse pas, je n'en tiens pas compte. ♦ 6° Associer (qqn) à un profit. *Intéresser les travailleurs dans une affaire. Être intéressé aux bénéfices.*

II. S'INTÉRESSER. *v. pron.* Prendre intérêt. *S'intéresser à qqn, à ce que fait qqn.* V. **Préoccuper (se).** — *S'intéresser à une science, un sport.* V. **Aimer, cultiver, pratiquer.** *S'intéresser à tout* (Cf. Être curieux de tout). « *Les choses sont intéressantes dans la mesure où nous nous y intéressons* » (DUHAM.). ◇ ANT. **Ennuyer.** *v. pron.* Prendre intérêt. **Désintéresser, moquer (se).**

INTÉRÊT [ɛ̃teʀɛ]. *n. m.* (1251; lat. *interest* « il importe », de *interesse*). ♦ 1° Vx. Préjudice, tort. — Mod. *Dr.* DOMMAGES ET INTÉRÊTS ou *dommages-intérêts.* V. **Dommage.** ♦ 2° (1462). Somme due par l'emprunteur au prêteur ou reçue par le prêteur par le prêteur en plus du capital prêté. V. **Rapport, rente, revenu.** *Prêt à intérêt. Taux de l'intérêt. Intérêts simples,* perçus sur un capital fixe. *Intérêts composés,* calculés sur un capital accru de ses intérêts. *Intérêt bancaire.* V. **Agio, escompte.** *Servir, payer des intérêts. Intérêts échus.* V. **Arrérage.** ◇ Ce que rapporte un capital placé. V. **Dividende.** ♦ 3° (XVe). Ce qui importe, ce qui convient à qqn (en quelque domaine que ce soit). *Intérêt matériel, moral. Agir, parler dans son intérêt, contre son intérêt. Trouver son intérêt, avoir intérêt à (faire qqch.)* V. **Avantage, compte.** *Agir dans l'intérêt, contre l'intérêt de qqn :* servir; desservir. *Épouser les intérêts d'une personne, d'un groupe.* V. **Cause.** *Intérêt pour agir,* condition nécessaire de l'ouverture de toute action judiciaire. *Intérêt commun, général, national.* « *La loi de l'Intérêt général... est détruite par la loi de l'Intérêt particulier... qui engendre l'égoïsme* » (BALZ.). *Société reconnue d'intérêt public.* ◇ Absolt. *Intérêt matériel, pécuniaire.* « *Ces questions d'intérêt et de partage qui, à la campagne, tiennent une si grande place dans la vie* » (LOTI). ◇ Au plur. Part, argent qu'une personne a dans une affaire. *Avoir des intérêts dans une compagnie pétrolière.* ♦ 4° Absolt. Recherche de son avantage personnel. *Agir par intérêt. Mariage d'intérêt.* ♦ 5° Attention favorable que l'on porte à qqn, part que l'on prend à ce qui le concerne. *Porter, témoigner de l'intérêt à qqn.* « *M. Mayer me marque un intérêt dont je ne suis peut-être pas digne* » (DUHAM.). *Marque, témoignage d'intérêt.* V. **Intérêt** affectueux, bienveillant. V. **Bienveillance, sollicitude.** ♦ 6° État de l'esprit qui prend part à ce qu'il trouve digne d'attention, à ce qui le juge important. *Écouter, regarder, lire avec intérêt.* V. **Attention, curiosité.** *Pédagogue qui éveille l'intérêt chez son élève.* V. **Attention, curiosité.** *Prendre intérêt à un livre. Exciter, susciter l'intérêt :* intéresser. ♦ 7° Qualité de ce qui est intéressant. *Intérêt dramatique. Histoire pleine d'intérêt. C'est sans intérêt, dénué d'intérêt. Une déclaration du plus haut intérêt.* V. **Importance.** « *Un renseignement d'un intérêt capital* » (ROMAINS). ◇ ANT. **Fonds.** *Désintéressement, indifférence, insignifiance.*

INTERFACE [ɛ̃tɛʀfas]. *n. f.* (mil. XXe; mot angl. d'o. lat. V. **Face**). *Phys., chim.* Surface de séparation entre deux états distincts de la matière. ◇ *Techn.* Limite commune à deux ensembles ou appareils. *Spécialt.* Jonction entre deux éléments d'un système informatique.

INTERFÉRENCE [ɛ̃tɛʀfeʀɑ̃s]. *n. f.* (1793; angl. *interference.* V. **Interférer**). ♦ 1° *Phys.* (1842). Phénomène résultant de la superposition de deux vibrations de même longueur d'onde, lorsque celles-ci sont en phase ou en opposition de phase. *Interférence des rayons lumineux, des ondes sonores. Franges d'interférence.* ♦ 2° (déb. XXe). Intervention contradictoire, immixtion; conjonction de faits. *Interférence des phénomènes politiques et économiques.*

INTERFÉRENT, ENTE [ɛ̃tɛʀfeʀɑ̃, ɑ̃t]. *adj.* (1838; angl. *interferent*). *Phys.* Qui présente le phénomène de l'interférence.

INTERFÉRENTIEL, ELLE [ɛ̃tɛʀfeʀɑ̃sjɛl]. *adj.* (1877; de *interférence*). *Phys.* Relatif aux interférences (1°). *Filtres interférentiels.*

INTERFÉRER [ɛ̃tɛʀfeʀe]. *v. intr.;* conjug. *céder* (1833; angl. *interfere,* du lat. *inter* « entre », et *ferire* « frapper »; Cf. Férir). ♦ 1° *Phys.* Produire des interférences. ♦ 2° *Fig.* (1902). Se dit d'actions simultanées qui se font tort. *Leurs initiatives risquent d'interférer.*

INTERFÉROMÈTRE [ɛ̃tɛʀfeʀɔmɛtʀ(ə)]. *n. m.* (1948; rad. *interférence,* et suff. *-mètre*). *Phys.* Instrument permettant de mesurer la distance des franges d'interférence, et servant spécialement à comparer la longueur d'un objet à une longueur d'onde connue.

INTERFÉROMÉTRIE [ɛ̃tɛʀfeʀɔmetʀi]. *n. f.* (mil. XXᵉ; de *interféromètre*). *Phys.* Technique de mesure des franges d'interférence. (*Adj.* INTERFÉROMÉTRIQUE [ɛ̃tɛʀfeʀɔmetʀik].)

INTERFÉRON [ɛ̃tɛʀfeʀ5]. *n. m.* (1957; de *interférer*). *Biochim.* Protéine produite à la suite d'une infection virale inhibant la reproduction de virus d'espèces différentes.

INTERFLUVE [ɛ̃tɛʀflyv]. *n. m.* (1956; mot. angl., de *inter-*, et lat. *fluvius* « fleuve »). *Géogr.* Relief qui sépare des vallées.

INTERFOLIAGE [ɛ̃tɛʀfɔljaʒ]. *n. m.* (1873; de *interfolier*). Techn. (*Imprim.*). Action d'interfolier; son résultat.

INTERFOLIER [ɛ̃tɛʀfɔlje]. *v. tr.* (1798; de *inter-*, et lat. *folium* « feuille »). *Techn.* Brocher, relier (un manuscrit, un imprimé) en insérant entre les feuillets des feuilles de papier blanc.

INTERGLACIAIRE [ɛ̃tɛʀglasjɛʀ]. *adj.* (1875; de *inter-*, et *glaciaire*). *Géol.* Qui sépare deux périodes glaciaires.

INTERGOUVERNEMENTAL, ALE, AUX [ɛ̃tɛʀguvɛʀnəmɑ̃tal, o]. *adj.* (1954; de *inter-*, et *gouvernemental*). Qui concerne plusieurs gouvernements. *Organisation, union intergouvernementale.* ◇ (Québec; 1967). *Ministère des Affaires intergouvernementales* (fédérales-provinciales, interprovinciales et étrangères), chargé de la coordination générale des relations du gouvernement du Québec avec tout autre gouvernement.

INTERGROUPE [ɛ̃tɛʀgʀup]. *adj. et n. m.* (mil. XXᵉ; de *inter-*, et *groupe*). *Polit.* Qui réunit plusieurs groupes parlementaires pour étudier un problème. *Réunion intergroupe* (ou *intergroupes*). — N. m. « *L'éventail des mutuelles, amicales, rassemblements et intergroupes* » (PERRET).

INTÉRIEUR, EURE [ɛ̃teʀjœʀ]. *adj. et n.* (1406; lat. *interior*).
I. *Adj.* ♦ 1° Qui est au-dedans, dans l'espace compris entre les limites d'une chose, d'un être (*opposé à* extérieur). V. **Interne**. *Point intérieur à un cercle.* — *Cour intérieure. Face intérieure*, tournée vers le dedans. *Poche intérieure d'un vêtement. Milieu intérieur et milieu extérieur d'un être vivant.* « *Il se plaignait... d'une douleur intérieure* » (CAMUS). — *Conduite* intérieure. ◇ Qui a lieu à l'intérieur (de qqch.). *Vie intérieure d'une famille.* ♦ 2° Qui concerne un pays, son territoire. *Politique intérieure. Les affaires intérieures d'un pays.* ♦ 3° Qui concerne la vie psychologique, qui se passe dans l'esprit. *Vie intérieure. For* intérieur. Révélation intérieure. Mouvement intérieur. Les voix intérieures*, poèmes de Hugo.
II. *N. m.* (mil. XVIIᵉ). ♦ 1° Espace compris entre les limites d'une chose. V. **Dedans**. *L'intérieur d'une boîte, d'une boutique.* — *L'intérieur d'un corps, de la terre.* — ◇ Spécialt. (Cin.). *En intérieur*, en studio. *Scènes tournées en intérieur.* Fig. *À l'intérieur d'une communauté. Comprendre par l'intérieur.* ♦ 2° Absolt. (en parlant d'un bâtiment). *Voulez-vous m'attendre à l'intérieur?* « *Les murs, plus froids à l'intérieur qu'au dehors* » (BLOY). ♦ 3° *L'intérieur, l'intérieur de qqn* : l'intérieur de sa maison. V. **Chez-soi**, foyer. *Un intérieur confortable.* « *La notion même d'* « *intérieur* », *qui lui semble essentiellement bourgeoise* » (ROMAINS). — *Femme d'intérieur*, qui se plaît à tenir sa maison. *Veston d'intérieur.* — Spécialt. *Tableau d'intérieur*, et absolt. *Intérieur* : tableau de genre représentant l'intérieur d'une maison, une scène de vie familiale; le pays intérieur. *À l'intérieur et à l'extérieur. Lutter contre les ennemis de l'intérieur.* — *Le ministère de l'Intérieur.* ♦ 5° *Au football.* V. **Inter** (2).
◇ ANT. *Extérieur, dehors.*

INTÉRIEUREMENT [ɛ̃teʀjœʀmɑ̃]. *adv.* (1501; de *intérieur*). ♦ 1° Dans l'intérieur, au-dedans. ♦ 2° Dans l'esprit, le cœur. V. **Intimement**. *Pester intérieurement*, tout bas. V. **Secrètement**. ◇ ANT. *Extérieurement, ouvertement.*

INTÉRIM [ɛ̃teʀim]. *n. m.* (1412; adv. lat. « pendant ce temps »). Intervalle de temps pendant lequel une fonction vacante est exercée par une autre personne que le titulaire. *L'intérim dura un mois.* — *Fonction exercée par intérim. Le lieutenant « commandant par intérim la compagnie B* » (MAUROIS). *Gouverner par intérim.* V. **Provisoirement**. ◇ Exercice d'une fonction pendant l'intérim. V. **Remplacement**. *Assurer l'intérim de qqn.*

INTÉRIMAIRE [ɛ̃teʀimɛʀ]. *adj.* (1796; de *intérim*). ♦ 1° Relatif à un intérim. *Fonction, charge intérimaire.* ♦ 2° Qui fait l'intérim. V. **Remplaçant**. — Subst. *Le titulaire et l'intérimaire.*

INTERINDIVIDUEL, ELLE [ɛ̃tɛʀɛ̃dividɥɛl]. *adj.* (av. 1904, Tarde; de *inter-*, et *individu*, d'apr. *individuel*). *Didact.* Qui concerne les relations entre individus. *Psychologie interindividuelle.*

INTÉRIORISATION [ɛ̃teʀjɔʀizasj5]. *n. f.* (1952; de *intérioriser*). *Didact.* Fait d'intérioriser; aptitude mentale à s'isoler du monde extérieur. V. **Autisme**, introspection. — *Psychan.* Syn. de *Introjection*.

INTÉRIORISER [ɛ̃teʀjɔʀize]. *v. tr.* (av. 1949; de *intérieur*, d'apr. *extérioriser*). *Psycho.* Ramener à l'intérieur, au moi;

traduire en activité psychologique. *Intérioriser un conflit.* ◇ Rendre plus intérieur (I, 3°). *Des principes « qui ont pour but d'intérioriser le jeu de l'acteur* » (A. ARTAUD).

INTÉRIORITÉ [ɛ̃teʀjɔʀite]. *n. f.* (v. 1500; de *intérieur*). *Didact.* Caractère de ce qui est intérieur.

INTERJECTIF, IVE [ɛ̃tɛʀʒɛktif, iv]. *adj.* (XVIIIᵉ; bas lat. *interjectivus*). *Ling.* Relatif à l'interjection, de la nature d'une interjection. *Locution interjective.*

INTERJECTION [ɛ̃tɛʀʒɛksj5]. *n. f.* (v. 1300; lat. *interjectio*).
I. Mot invariable pouvant être employé isolément pour traduire une attitude affective du sujet parlant. V. **Exclamation**.
II. (1690; d'apr. *interjeter*). *Dr.* Action d'interjeter (un appel).

INTERJETER [ɛ̃tɛʀʒəte]. *v. tr.*; conjug. *jeter* (1425; de *inter-*, et *jeter*, d'apr. lat. *interjicere*). *Dr.* Introduire, faire intervenir (un appel). *Loc.* (sans article) *Interjeter appel.*

INTERLIGNAGE [ɛ̃tɛʀliɲaʒ]. *n. m.* (1872; de *interligner*). *Imprim.* Action, manière d'interligner.

INTERLIGNE [ɛ̃tɛʀliɲ]. *n.* (v. 1600; de *inter-*, et *ligne*).
I. *N. m.* ♦ 1° Espace qui est entre deux lignes écrites ou imprimées. V. **Blanc**. *Écrire, ajouter qqch. dans un interligne.* — *Mus.* Espace entre deux lignes de la portée musicale. ♦ 2° *Dr.* Ce que l'on écrit dans un interligne. *La loi interdit les interlignes dans les actes notariés.*
II. *N. f. Imprim.* (1765). Lame de métal servant à séparer et à maintenir les lignes. *Le compositeur « relisant sa ligne dans son compostoir et y glissant une interligne* » (BALZ.).

INTERLIGNER [ɛ̃tɛʀliɲe]. *v. tr.* (*Interligné.* 1579; de *interligne*). ♦ 1° Écrire dans les interlignes. *Interligner un mot.* ♦ 2° *Imprim.* Séparer par des interlignes. *Interligner une composition.*

INTERLINÉAIRE [ɛ̃tɛʀlineɛʀ]. *adj.* (v. 1380; lat. médiév. *interlinearis*, de *inter*, et *linea* « ligne »). *Didact.* Qui est écrit dans l'interligne. *Gloses, notes, scolies interlinéaires.* — *Traduction interlinéaire*, où chaque ligne de texte est accompagnée de sa traduction, dans l'interligne.

INTERLOCK [ɛ̃tɛʀlɔk]. *n. m.* (av. 1955; mot angl., de *to interlock* « entrecroiser »). Nom d'un tissu indémaillable.

INTERLOCUTEUR, TRICE [ɛ̃tɛʀlɔkytœʀ, tʀis]. *n.* (1530; du lat. *interloqui* « interrompre », p. p. *interlocutus*). ♦ 1° Personnage qu'un écrivain introduit dans un dialogue. ♦ 2° (1835). Personne qui parle, converse avec une autre. *Se faire comprendre de son interlocuteur.* « *À défaut d'interlocuteur, elle se parlait à elle-même* » (BLOY). — (mil. XXᵉ). *Interlocuteur (valable)*, personne jugée assez représentative pour qu'on accepte d'engager avec elle une négociation.

INTERLOCUTOIRE [ɛ̃tɛʀlɔkytwaʀ]. *adj.* (1283; lat. médiév. *interlocutorius*, de *interloqui*, déjà spécial en lat. jur.). *Dr.* Se dit des jugements *avant dire droit* qui statuent sur une mesure d'instruction ou sur un sursis en préjugeant le fond de la demande. *Jugement interlocutoire* (subst. *Un interlocutoire*).

INTERLOPE [ɛ̃tɛʀlɔp]. *n. m. et adj.* (1685; angl. *interloper*). ♦ 1° Vx. *N. m.* Navire marchand trafiquant en fraude. ♦ 2° Mod. *adj.* Dont l'activité n'est pas légale. *Navire interlope. Commerce interlope.* ♦ 3° Cour. (1772, comme subst.). D'apparence louche, suspecte. « *Le monde interlope des femmes équivoques* » (BALZ.).

INTERLOQUÉ, ÉE [ɛ̃tɛʀlɔke]. *adj.* (1787; V. **Interloquer**). Décontenancé, déconcerté. *Il en est resté interloqué.*

INTERLOQUER [ɛ̃tɛʀlɔke]. *v. tr.* (1450; lat. *interloqui*).
I. Vx. *Dr.* Interrompre par un jugement interlocutoire.
II. *Mod.* (1798). Rendre tout interdit. V. **Décontenancer**, démonter. *Cette réflexion l'a interloqué.* « *Brusquement, un regard de son mari... l'interloquait* » (R. ROLLAND).

INTERLUDE [ɛ̃tɛʀlyd]. *n. m.* (1829; angl. *interlude*, du lat. *inter-*, et *ludus* « jeu »). ♦ 1° Petit intermède dans un programme dramatique, cinématographique. ◇ (Mil. XXᵉ). Court sujet destiné à faire patienter les téléspectateurs, en attendant une émission. ♦ 2° *Mus.* Passage que l'on joue à l'orgue entre les versets d'un choral. ◇ Courte pièce exécutée entre deux autres plus importantes.

INTERMARIAGE [ɛ̃tɛʀmaʀjaʒ]. *n. m.* (1839; de *inter-*, et *mariage*). *Ethnol.* Mariage entre membres d'une même famille. « *... ces clans rivaux et solitaires, liés par une tradition ininterrompue d'intermariages collectifs* » (CAILLOIS).

INTERMAXILLAIRE [ɛ̃tɛʀmaksi(l)lɛʀ]. *adj.* (1752; de *inter-*, et *maxillaire*). *Anat.* Placé entre les deux maxillaires supérieurs.

INTERMÈDE [ɛ̃tɛʀmɛd]. *n. m.* (1597; *intermedie*, 1559; it. *intermedio*, lat. *intermedius*). ♦ 1° Divertissement, représentation entre les actes d'une pièce de théâtre, les parties d'un spectacle. V. **Interlude**. *Intermède chanté, dansé. Les intermèdes du « Malade imaginaire ».* ♦ 2° Ce qui interrompt qqch., sépare dans le temps deux choses de même nature. V. **Entracte, interruption**. « *C'est la première fois que pareil intermède vient couper sa carrière rude* » (LOTI).

INTERMÉDIAIRE [ɛ̃tɛʁmedjɛʁ]. *adj.* et *n.* (1678 ; du lat. *intermedius*, de *medius* « qui est au milieu, moyen »).
I. *Adj.* Qui, étant entre deux termes, se trouve placé dans une situation moyenne, forme une transition ou assure une communication. *Terme intermédiaire*. V. **Moyen**. *Époque intermédiaire entre deux autres. Chaînons intermédiaires d'une évolution.* « *Le Gouvernement, corps intermédiaire établi entre les sujets et le souverain* » (Rouss.). — Géol. *Terrain intermédiaire* (entre une couche de formation primitive et une couche de formation récente).
II. *N. m.* (1781). ♦ 1° Terme, état intermédiaire. *Les intermédiaires entre deux extrêmes. Sans intermédiaire*, directement. ♦ 2° *Rare.* Action de s'entremettre, de servir de lien. V. **Entremise**, **truchement**. Cour. *Par l'intermédiaire de.* V. **Canal**, **moyen**. ♦ 3° *N. m.* et *f.* Personne qui met en relation deux personnes ou deux groupes. *Intermédiaire dans une négociation.* V. **Interprète**, **médiateur**. ◇ *Écon.* Personne qui intervient dans un circuit commercial. V. **Commerçant**. « *Le langage devenait un intermédiaire... entre l'homme et son travail, comme il y a des intermédiaires entre le producteur et le consommateur* » (Sartre). Absolt. *Les intermédiaires*. V. **Agent**, **commissionnaire**, **représentant**.
◇ ANT. *Extrême*.

INTERMINABLE [ɛ̃tɛʁminabl(ə)]. *adj.* (1361 ; bas lat. *interminabilis*). Qui n'a pas ou ne semble pas avoir de terme, de limite (dans l'espace ou dans le temps). V. **Long**. *Cortège, file interminable.* « *Des mains pâles, aux doigts interminables* » (Maupass.). *Conversations, discours interminables.* ◇ ANT. *Bref, court.*

INTERMINABLEMENT [ɛ̃tɛʁminabləmɑ̃]. *adv.* (1842 ; de *interminable*). Sans fin. « *Elles parlaient de la chère femme, interminablement, sans se lasser de répéter la même phrase* » (Zola). ◇ ANT. *Bref, court.*

INTERMINISTÉRIEL, IELLE [ɛ̃tɛʁministɛʁjɛl]. *adj.* (1948 ; de *inter-*, et *ministériel*). Commun à plusieurs ministères, plusieurs ministres. *Comité interministériel.*

INTERMISSION [ɛ̃tɛʁmisjɔ̃]. *n. f.* (1377 ; lat. *intermissio*). *Vx.* Interruption. *Méd.* Intermittence.

INTERMITTENCE [ɛ̃tɛʁmitɑ̃s]. *n. f.* (1660 ; de *intermittent*). *Littér.* ou *didact.* ♦ 1° Caractère intermittent, interruption momentanée. *Par intermittence*, irrégulièrement, par accès. *Travailler par intermittence.* ♦ 2° *Méd.* Intervalle entre les accès d'une fièvre, d'une maladie. (Syn. *Intermission, rémission*). — Absence momentanée d'une pulsation du cœur ou du pouls. V. **Arythmie**. ♦ 3° *Fig.* « *Les intermittences du cœur* » (Proust). ◇ ANT. *Continuité, régularité.*

INTERMITTENT, ENTE [ɛ̃tɛʁmitɑ̃, ɑ̃t]. *adj.* (1567 ; lat. *intermittens*, de *intermittere*, intr., « discontinuer »). Qui s'arrête et reprend par intervalle. V. **Discontinu**, **irrégulier**. *Fièvre intermittente.* V. **Erratique**. *Pouls intermittent. Les bouffées du sirocco* « *toujours intermittentes et saccadées comme la respiration d'un malade* » (Fromentin). — *Source, fontaine intermittente. Lumière intermittente.* V. **Clignotant**. — *Efforts intermittents.* ◇ ANT. *Continu, régulier.*

INTERMOLÉCULAIRE [ɛ̃tɛʁmɔlekylɛʁ]. *adj.* (1871 ; de *inter-*, et *moléculaire*). *Sc.* Qui se trouve entre les molécules d'un corps.

INTERMUSCULAIRE [ɛ̃tɛʁmyskylɛʁ]. *adj.* (1765 ; de *inter-*, et *musculaire*). *Anat.* Qui est situé, se produit entre deux ou plusieurs muscles. *Cloison intermusculaire. Hernie intermusculaire.*

INTERNAT [ɛ̃tɛʁna]. *n. m.* (1829 ; de *interne*). ♦ 1° État d'élève interne. *Le régime de l'internat.* — *Par ext.* École où vivent des internes. V. **Pensionnat**. *Maître, maîtresse d'internat.* ♦ 2° Fonction d'interne des hôpitaux ; sa durée. ◇ Concours qui donne le titre d'interne. *Passer l'internat.* ◇ ANT. *Externat.*

INTERNATIONAL, ALE, AUX [ɛ̃tɛʁnasjɔnal, o]. *adj.* (1801 ; de *inter-*, et *national*). Qui a lieu, qui se fait de nation à nation, entre plusieurs nations ; qui concerne les rapports des nations entre elles. *Relations internationales. Politique internationale. Conférence internationale. Droit international public* (qui régit les rapports juridiques entre les nations), *privé* (qui régit les rapports entre les particuliers de nationalité différente). — *Port, territoire international*, placé sous le contrôle de plusieurs nations. — *Organisations internationales.* — *Abusiv. Les fonctionnaires internationaux.* ◇ *Épreuve, rencontre internationale*, opposant deux ou plusieurs nations (en sports). Subst. UN INTERNATIONAL, joueur, athlète sélectionné dans une équipe nationale pour les rencontres internationales. ◇ *Association internationale des travailleurs*, et par abrév. L'INTERNATIONALE (*n. f.*) : groupement de prolétaires des diverses nations du monde, unis pour la défense de leurs revendications communes. *Karl Marx, fondateur de la Première Internationale. L'Internationale*, hymne révolutionnaire.

INTERNATIONALISATION [ɛ̃tɛʁnasjɔnalizasjɔ̃]. *n. f.* (1845 ; repris v. 1930-35 ; de *internationaliser*). Action d'internationaliser ; son résultat. *Empêcher l'internationalisation d'un conflit.*

INTERNATIONALISER [ɛ̃tɛʁnasjɔnalize]. *v. tr.* (1845, repris v. 1935 ; de *international*). Rendre international. *Internationaliser un débat.* ◇ Mettre sous régime international. *Internationaliser un port, une zone.*

INTERNATIONALISME [ɛ̃tɛʁnasjɔnalism(ə)]. *n. m.* (1845 ; de *international*). Doctrine préconisant l'union internationale des peuples, par-delà les frontières. *Internationalisme ouvrier.* « *L'internationalisme, qui fut un beau rêve...* » (Sartre).

INTERNATIONALISTE [ɛ̃tɛʁnasjɔnalist(ə)]. *n.* (1871 ; de *international*). Partisan de l'internationalisme. — Adj. « *Notre idéal de révolutionnaires internationalistes* » (Mart. du G.).

INTERNATIONALITÉ [ɛ̃tɛʁnasjɔnalite]. *n. f.* (1845 ; de *international*). *Dr.* Caractère de ce qui est international.

INTERNE [ɛ̃tɛʁn(ə)]. *adj.* et *n.* (XIVe, subst., « ce qui est à l'intérieur » ; 1560, adj. ; lat. *internus*). ♦ 1° Qui est situé en dedans, est tourné vers l'intérieur. V. **Intérieur**. *Parois, parties internes.* ◇ *Géom. Angles internes opposés aux angles externes* dans la figure de deux parallèles coupées par une sécante. *Angles alternes*-internes.* ◇ *Anat.* Qui est situé à l'intérieur du corps ; qui se trouve le plus près du plan médian sagittal du corps, par rapport à une autre partie analogue. *Oreille interne. Face interne d'un membre.* ♦ 2° Qui appartient au-dedans. *Structure interne de la Terre ; de l'atome. Glandes endocrines à sécrétion interne. Hémorragie interne.* ♦ 3° (1829). *N.* UN, UNE INTERNE : élève logé et nourri dans l'établissement scolaire qu'il fréquente. V. **Pensionnaire**. *Mon père* « *me mettrait quelque part en pension, comme interne* » (Aragon). ◇ (1818) Étudiant en médecine qui, ayant passé avec succès le concours de l'internat, loge dans l'hôpital auquel il est attaché. *Interne des hôpitaux de Paris.* ◇ ANT. *Extérieur, externe.*

INTERNÉ, ÉE [ɛ̃tɛʁne]. *adj.* et *n.* (1876, *n. ;* V. **Interner**). Enfermé (*spécialt.* pour troubles mentaux). *N. Les internés.*

INTERNEMENT [ɛ̃tɛʁnəmɑ̃]. *n. m.* (1838 ; de *interner*). ♦ 1° *Vx.* Assignation à résidence forcée. ♦ 2° *Mod.* Action d'interner ; état d'une personne internée. *Internement d'un inculpé.* V. **Emprisonnement**. — *Spécialt.* Placement d'un aliéné dans un établissement psychiatrique, public ou privé, sur la base d'un certificat médical. *Internement d'office, sur ordre du préfet.* « *Puis-je... provoquer son internement dans une maison de santé?* » (Courteline).

INTERNER [ɛ̃tɛʁne]. *v. tr.* (1838 ; de *interne*). ♦ 1° *Vx.* Assigner à résidence forcée. ♦ 2° Enfermer par mesure administrative. *Interner des réfugiés politiques, des soldats étrangers qui ont demandé asile.* ◇ *Spécialt.* Enfermer dans un asile, un hôpital psychiatrique. *Interner un aliéné.*

INTERNONCE [ɛ̃tɛʁnɔ̃s]. *n. m.* (XVIe ; lat. ecclés. *internuncius*. V. **Nonce**). Celui qui fait fonction de nonce dans un pays où il n'y en a pas.

INTERNUCLÉAIRE [ɛ̃tɛʁnykleɛʁ]. *adj.* (1877 ; de *inter-*, et *nucléaire*). *Biol.* Placé entre les noyaux cellulaires.

INTEROCÉANIQUE [ɛ̃tɛʁɔseanik]. *adj.* (1867 ; de *inter-*, et *océanique*). *Didact.* Qui est, se fait entre deux océans.

INTEROCEPTIF, IVE [ɛ̃tɛʁɔsɛptif, iv]. *adj.* (XXe ; de l'angl. *interoceptive* (Sherrington, 1906]). *Physiol.* Se dit de la sensibilité dont les stimuli proviennent de l'organisme même (spécialt. des viscères). ◇ ANT. *Extéroceptif, proprioceptif.*

INTEROCULAIRE [ɛ̃tɛʁɔkylɛʁ]. *adj.* (1838 ; de *inter-*, et *oculaire*). *Anat.* Qui est entre les yeux.

INTEROSSEUX, EUSE [ɛ̃tɛʁɔsø, øz]. *adj.* (1690 ; *entre-osseux*, XVIe ; de *inter-*, et *osseux*). *Anat.* Situé entre deux os ou deux parties d'un os ; qui sépare ou unit deux os. *Crête interosseuse. Ligament interosseux.*

INTERPARIÉTAL, ALE, AUX [ɛ̃tɛʁparjetal, o]. *adj.* (1843 ; de *inter-*, et *pariétal*). *Anat.* Qui est entre les pariétaux. *Point interpariétal. Suture interpariétale.*

INTERPARLEMENTAIRE [ɛ̃tɛʁparləmɑ̃tɛʁ]. *adj.* (1894 ; de *inter-*, et *parlementaire*). Qui réunit les membres de plusieurs parlements. *Commission interparlementaire.*

INTERPELLATEUR, TRICE [ɛ̃tɛʁpelatœʁ, tʁis]. *n.* (1549 ; lat. *interpellator*). Personne qui interpelle. ◇ (1790) Personne qui fait une interpellation (2°).

INTERPELLATION [ɛ̃tɛʁpelasjɔ̃]. *n. f.* (1352 ; lat. *interpellatio*). ♦ 1° Action d'interpeller, d'adresser vivement la parole à qqn. V. **Apostrophe**. ♦ 2° (1789). Demande d'explications adressée au gouvernement par un membre du Parlement en séance publique. *Répondre à une interpellation.*

INTERPELLER [ɛ̃tɛʁpele]. *v. tr.* (1352 ; lat. *interpellare* « interrompre, sommer »). Adresser la parole brusquement à (qqn) pour le questionner, l'insulter. V. **Apostropher**, **appeler**. « *Les jeunes gens... interpellant les filles* » (Aragon). Pronom. « *Tout le monde se rencontrait, s'interpellait et conversait* » (Camus). *Automobilistes qui s'interpellent grossièrement* : s'injurient.

INTERPÉNÉTRATION [ɛ̃tɛʁpenetʁasjɔ̃]. *n. f.* (1923 ; de

inter-, et *pénétration*). Didact. Pénétration réciproque. *Inter-pénétration de deux civilisations.*

INTERPÉNÉTRER (S') [ɛ̃tɛʀpenetʀe]. *v. pron.; conjug. pénétrer.* V. **Céder** (1948; de *inter-*, et *pénétrer*). Didact. Se pénétrer réciproquement.

INTERPHONE [ɛ̃tɛʀfɔn]. *n. m.* (av. 1952; de *téléphone intérieur*). Appareil de communication téléphonique intérieure. *Le directeur appelle sa secrétaire à, par l'interphone.*

INTERPLANÉTAIRE [ɛ̃tɛʀplanetɛʀ]. *adj.* (1864; de *inter-*, et *planète*, d'apr. *planétaire*). Qui est, a lieu entre les planètes. *Voyages interplanétaires.* « *Un astronome, habitué à vivre en pensée dans les espaces interplanétaires* » (MART. du G.).

INTERPOLATEUR, TRICE [ɛ̃tɛʀpɔlatœʀ, tʀis]. *n.* (1721; « falsificateur », 1578; lat. *interpolator*). Personne qui fait une interpolation.

INTERPOLATION [ɛ̃tɛʀpɔlasjɔ̃]. *n. f.* (1706; « interruption », XIVᵉ; lat. *interpolatio*). ♦ 1° Action d'interpoler un texte; résultat de cette action. ♦ 2° *Sc.* (1812). Intercalation de valeurs ou de termes intermédiaires dans une série de valeurs ou de termes connus.

INTERPOLER [ɛ̃tɛʀpɔle]. *v. tr.* (1721; *interpolé* « intermittent », 1352; lat. *interpolare* « réparer », d'où « falsifier »). ♦ 1° Introduire dans un texte, par erreur ou par fraude (des mots ou des phrases n'appartenant pas à l'original). « *On avait copié le discours... en supprimant quelques passages et en interpolant quelques autres* » (CHATEAUB.). *Glose interpolée par un copiste.* ◇ *Par ext.* Altérer par une ou plusieurs interpolations. ♦ 2° (1829). *Sc.* Intercaler dans une série, par une interpolation (2°). ◇ ANT. **Extrapoler.**

INTERPOSÉ, ÉE [ɛ̃tɛʀpoze]. *adj.* (1355; V. Interposer). *Rare.* Qui intervient. — *Dr. Personnes interposées*, qui figurent sur un acte à la place du véritable intéressé. — *Cour. Par personnes interposées* : par intermédiaires. « *Le propriétaire du cercle est... mêlé à diverses maisons de jeu, par personnes interposées ou par association* » (ARAGON). « (Avec un nom de personne, de collectivité ou de chose). « *Un destin sur mesure par personnage interposé* » (*L'Express*, 12-4-1971). « *Règlement de comptes par journaux interposés* » (*L'Express*, 25-11-1968).

INTERPOSER [ɛ̃tɛʀpoze]. *v. tr.* (1355; lat. *interponere*, d'apr. *poser*). ♦ 1° Poser entre deux choses. *Interposer un écran.* — Pronom. « *Ce verre déformant qui... s'était interposé entre elle et les créatures* » (MAURIAC). ♦ 2° *Fig.* Faire intervenir. « *Il n'y eut pas une puissance qui interposât ses bons offices* » (VOLT.). — Pronom. *S'interposer dans une dispute*, intervenir pour y mettre un terme. V. **Entremettre (s').** « *Sa mère, quand elle tâchait de s'interposer, était rudoyée* » (FLAUB.).

INTERPOSITION [ɛ̃tɛʀpozisjɔ̃]. *n. f.* (1160, rare av. XVIᵉ; lat. *interpositio*). ♦ 1° Situation de ce qui est interposé (1°). ♦ 2° *Dr. Interposition de personne*, procédé juridique faisant appel à une personne interposée.

INTERPRÉTABLE [ɛ̃tɛʀpʀetabl(ə)]. *adj.* (1380; de *interpréter*). Que l'on peut interpréter. « *Ce texte... est diversement interprétable* » (RENAN).

INTERPRÉTANT, ANTE [ɛ̃tɛʀpʀetɑ̃, ɑ̃t]. *adj.* et *n.* (mil. XXᵉ; de *interpréter*). ♦ 1° *Psycho.* Malade qui tire des interprétations erronées de faits vrais (délires d'interprétation*, dans les cas graves). ♦ 2° *Sémiol.* Signe qui en traduit un autre.

INTERPRÉTARIAT [ɛ̃tɛʀpʀetaʀja]. *n. m.* (1890; de *interprète*). Fonction, carrière d'interprète. *École d'interprétariat.*

INTERPRÉTATIF, IVE [ɛ̃tɛʀpʀetatif, iv]. *adj.* (1380; lat. médiév. *interpretativus*). *Didact.* Qui sert à l'interprétation. *Déclaration interprétative.* — *Psycho. États interprétatifs* (des délires d'interprétation).

INTERPRÉTATION [ɛ̃tɛʀpʀetasjɔ̃]. *n. f. Interpretacion*, 1160; lat. *interpretatio*). ♦ 1° Action d'expliquer, de donner une signification claire à une chose obscure; son résultat. V. **Explication.** *Interprétation d'un texte, d'un passage difficile. Interprétation mystique, allégorique, symbolique d'un texte.* « *Les textes ont besoin de l'interprétation du goût* » (RENAN). *Interprétation des lois par la Cour de cassation. Spécialt. Interprétation des songes, des signes.* V. **-Mancie.** ♦ 2° Action de donner une signification (aux faits, aux actes ou paroles de qqn). *Interprétation arbitraire, tendancieuse. Les diverses interprétations d'un même fait; d'une même déclaration. Interprétation des faits sociaux, politiques.* « *Nous tentons d'imposer au monde extérieur notre interprétation particulière* » (GIDE). ◇ *Psychiatr.* (1909). *Délire d'interprétation* : raisonnement faux qui tire des inductions et déductions erronées, liées aux tendances du malade, de faits vrais. ♦ 3° (1874). Façon dont une œuvre dramatique, musicale est jouée, exécutée. V. **Exécution.** « *Une actrice qui donnerait de ce rôle une interprétation très différente* » (GIDE). *Prix de la meilleure interprétation masculine* (de cinéma).

INTERPRÈTE [ɛ̃tɛʀpʀɛt]. *n.* (1321; lat. *interpres, -etis*).

♦ 1° Personne qui explique, éclaircit le sens d'un texte. V. **Commentateur, exégète.** — Par anal. *Interprète des rêves, des signes, des présages.* ♦ 2° (Fin XVIᵉ). Traducteur servant d'intermédiaire entre deux personnes ne sachant pas la langue l'une de l'autre. V. **Drogman, truchement.** *Les interprètes d'une ambassade. Interprète polyglotte.* ♦ 3° Personne qui est chargée de faire connaître les sentiments, les volontés d'une autre. V. **Intermédiaire, porte-parole.** *Se faire l'interprète de qqn auprès d'une autre personne. Servir d'interprète à un ami.* ◇ *(Choses)* Ce qui fait connaître, exprime une chose cachée. *Le geste, interprète de la pensée.* « *Les yeux sont les interprètes du cœur* » (PASC.). ♦ 4° (v. 1870). Personne qui assure l'interprétation d'un rôle, d'une œuvre. *Les interprètes d'une pièce.* V. **Acteur.** *Un grand interprète de Mozart.*

INTERPRÉTER [ɛ̃tɛʀpʀete]. *v. tr.;* conjug. *céder* (1155; lat. *interpretari*). ♦ 1° Expliquer, rendre clair (ce qui est obscur dans un texte). V. **Commenter, expliquer.** *Interpréter un document. Interpréter abusivement, tendancieusement un texte.* V. **Solliciter, torturer.** *Interpréter les songes, les présages.* ♦ 2° Donner un sens à (qqch.), tirer une signification de. V. **Comprendre, expliquer.** *Je ne sais comment interpréter son attitude.* V. **Prendre.** « *Elle avait interprété ce silence comme un aveu* » (MART. du G.). ♦ 3° (1867). Jouer d'une manière personnelle. *Interpréter un rôle, un personnage.* V. **Incarner.** *Interpréter un morceau au piano.* V. **Exécuter.** *Sonate magistralement interprétée.*

INTERPROFESSIONNEL, ELLE [ɛ̃tɛʀpʀɔfesjɔnɛl]. *adj.* (mil. XXᵉ; de *inter-*, et *profession*). Commun à plusieurs professions, à toutes les professions. *Salaire minimum interprofessionnel de croissance*, dit SMIC. *Réunion interprofessionnelle.*

INTERPSYCHOLOGIE [ɛ̃tɛʀpsikɔlɔʒi]. *n. f.* (mil. XXᵉ; de *inter-*, et *psychologie*). *Didact.* Branche de la psychologie qui a pour objet les relations des sujets entre eux.

INTERRÈGNE [ɛ̃tɛʀɛɲ]. *n. m.* (1355; lat. *interregnum*). Temps qui s'écoule entre deux règnes; intervalle pendant lequel un État est sans chef.

INTERROGATEUR, TRICE [ɛ̃te(ɛ)ʀɔgatœʀ, tʀis]. *n. et adj.* (1530, subst.; bas lat. *interrogator*). ♦ 1° Vieilli. Questionneur. ◇ Personne qui fait subir une interrogation orale à un candidat. V. **Examinateur.** ♦ 2° Qui interroge. *Air, regard interrogateur.*

INTERROGATIF, IVE [ɛ̃te(ɛ)ʀɔgatif, iv]. *adj.* et *n.* (1529; « interrogatoire », 1507; bas lat. *interrogativus*). ♦ 1° Qui exprime, marque l'interrogation. *Accent, regard interrogatif.* ♦ 2° *Ling.* Qui sert à interroger. *Adjectifs, pronoms, adverbes interrogatifs. Locutions interrogatives.* — N. m. *Interrogatif* : un mot, un terme interrogatif. — N. f. *Une interrogative* : une proposition, une phrase interrogative. *Interrogative directe, indirecte.*

INTERROGATION [ɛ̃te(ɛ)ʀɔgasjɔ̃]. *n. f.* (XIIIᵉ; lat. *interrogatio*). ♦ 1° Action de questionner, d'interroger. V. **Demande, question.** « *Chez Blondet une pause équivalait à une interrogation* » (BALZ.). ◇ *Spécialt.* Question ou ensemble de questions que l'on pose à un élève, à un candidat. *Interrogation écrite, orale.* ♦ 2° Type de phrase logiquement incomplète qui a pour objet de poser une question ou qui implique un doute. *Interrogation directe* (formant une phrase indépendante), *indirecte* (amenée par un verbe comme *demander*, *s'informer*, ou par un verbe énonçant l'ignorance). ◇ POINT D'INTERROGATION : signe de ponctuation qui marque la fin de toute phrase d'interrogation directe. *Fig.* et *fam.* Chose incertaine. *Quant à l'avenir, c'est un point d'interrogation.*

INTERROGATIVEMENT [ɛ̃te(ɛ)ʀɔgativmɑ̃]. *adv.* (1819; de *interrogatif*). D'une manière interrogative, en interrogeant.

INTERROGATOIRE [ɛ̃te(ɛ)ʀɔgatwaʀ]. *n. m.* (1327; bas lat. *interrogatorius*). Mode d'instruction d'une affaire par voie de questions posées aux parties par un magistrat commis à cet effet. « *Dans le cabinet de M. Denizet, les interrogatoires allaient commencer* » (BALZ.). ◇ Suite de questions posées à qqn.

INTERROGER [ɛ̃te(ɛ)ʀɔʒe]. *v. tr.;* conjug. *bouger* (*Interroguer*, 1356; lat. *interrogare*). ♦ 1° Questionner (qqn), avec l'idée qu'il doit une réponse. *Inculpé interrogé par le juge d'instruction. La police interroge les témoins. Interroger qqn pour obtenir des informations.* « *Un homme pose des questions d'élève. Il interroge sur ce qu'il ignore. Mais une femme pose des questions de maître* » (LOUYS). *Interroger qqn sur ses intentions.* V. **Sonder.** *Interroger un personnage célèbre.* V. **Interviewer.** — Par ext. *Interroger son cœur, sa conscience, sa mémoire.* V. **Consulter, fouiller.** « *Sais-tu que tu as une conscience qu'il te faut interroger?* » (MICHELET). — Pronom. *S'interroger*, se poser des questions, descendre en soi-même. « *Je me suis épié... J'ai passé une vie entière à m'interroger* » (SARTRE). ♦ 2° *Fig.* Examiner avec attention (une chose) pour y trouver une réponse aux questions qu'on se pose.

L'expérimentateur interroge les faits. Interroger l'horizon, le ciel. ◊ ANT. Répondre.

INTERROMPRE [ɛ̃tɛ(ɛ)ʁɔ̃pʁ(ə)]. *v. tr.;* conjug. *rompre* (1501 ; *entrerompre,* 1120 ; lat. *interrumpere*). ♦ 1° Rompre (qqch.) dans sa continuité. V. **Couper.** *Interrompre un circuit électrique.* — *(Dans le temps)* V. **Arrêter.** *Interrompre un entretien.* V. **Suspendre.** « *Je n'eus pas à rompre un contact qu'il interrompit aussitôt* » (COLETTE). *Interrompre ses études. Interrompre un voyage.* ♦ 2° Empêcher (qqn de continuer ce qu'il est en train de faire). V. **Déranger.** *Je l'ai interrompu dans son travail.* ♦ 3° Couper la parole à. *Interrompre un orateur. Ne m'interrompez pas tout le temps.* « *En l'interrompant au milieu d'une tirade* » (BALZ.). ♦ 4° S'INTERROMPRE. *v. pron.* S'interrompre pour (faire, dire autre chose). ◊ Être interrompu. « *Toute conversation s'interrompait à mon approche* » (MAURIAC). ◊ ANT. Recommencer, reprendre.

INTERRUPTEUR, TRICE [ɛ̃tɛ(ɛ)ʁyptœʁ, tʁis]. *n. et adj.* (1572 ; bas lat. *interruptor*).
I. *Rare.* Personne qui en interrompt une autre qui parle (V. **Contradicteur.**)
II. *N. m.* (1867). Dispositif permettant d'interrompre ou de rétablir le passage du courant électrique dans un circuit. V. **Commutateur, disjoncteur.**

INTERRUPTIF, IVE [ɛ̃tɛ(ɛ)ʁyptif, iv]. *adj.* (1875 ; de *interruption*). Dr. Qui produit l'interruption.

INTERRUPTION [ɛ̃tɛ(ɛ)ʁypsjɔ̃]. *n. f.* (XIVᵉ ; lat. imp. *interruptio*). ♦ 1° Action d'interrompre ; état de ce qui est interrompu. V. **Arrêt, discontinuation.** *Interruption d'un travail.* V. **Pause, suspension.** *Interruption des communications, du courant.* V. **Coupure.** *Sans interruption :* sans arrêt, d'affilée. *Travailler sans interruption. Se succéder sans interruption.* « *Ce bruit... s'approchait lentement, sans halte, sans interruption* » (HUGO). — *Interruption de grossesse* (V. **Avortement**). — *Dr.* Arrêt du cours de la prescription. ♦ 2° (XVIIᵉ). Action d'interrompre une personne qui parle ; paroles qui interrompent. *Vives interruptions sur les bancs de l'opposition.* ◊ ANT. Reprise, rétablissement. Continuation.

INTERSECTÉ, ÉE [ɛ̃tɛʁsɛkte]. *adj.* (v. 1900 ; du rad. de *intersection*). Didact. Entrelacé. *Arcs intersectés.* — Géom. *Plan intersecté.*

INTERSECTION [ɛ̃tɛʁsɛksjɔ̃]. *n. f.* (1640 ; « interruption », 1390 ; lat. *intersectio,* de *secare* « couper »). Rencontre, lieu de rencontre de deux lignes, de deux surfaces ou de deux volumes qui se coupent. *Point d'intersection. Intersection de deux plans. Intersection d'arcs.* — *Intersection de deux rues, de deux voies ferrées.* V. **Coupement, croisement.** ◊ Math. *Intersection de deux ensembles,* ensemble des éléments appartenant à la fois à l'un et à l'autre (noté ∩). S'oppose à *réunion.*

INTERSEXUALITÉ [ɛ̃tɛʁsɛksɥalite]. *n. f.* (mil. XXᵉ ; de *inter-,* et *sexualité*). ♦ 1° Biol. Coexistence chez un même individu d'un mélange de caractères sexuels mâles et femelles. ♦ 2° Pathol. État d'un individu intersexué*.

INTERSEXUÉ, ÉE [ɛ̃tɛʁsɛksɥe] ou **INTERSEXUEL, ELLE** [ɛ̃tɛʁsɛksɥɛl]. *adj.* (mil. XXᵉ ; de *inter-,* et *sexué, sexuel,* d'apr. l'angl. *intersexual,* 1897 [Havelock Ellis]). Didact. ♦ 1° Adj. Qui présente l'existence de caractères des deux sexes chez le même individu. *États intersexuels.* ♦ 2° N. m. Individu appartenant à une espèce à sexes séparés, présentant des caractères sexuels intermédiaires ou un mélange de caractères des deux sexes. ◊ Pathol. Individu présentant au cours de son existence une évolution vers le sexe opposé à celui d'origine, Spécialt. par la prédominance des caractères sexuels secondaires. V. **Hermaphrodite, transsexualisme.**

INTERSIDÉRAL, ALE, AUX [ɛ̃tɛʁsideʁal, o]. *adj.* (mil. XXᵉ ; de *inter-,* et *sidéral*). Qui est situé, compris entre les étoiles. *Les espaces intersidéraux.* V. **Interplanétaire, interstellaire.**

INTERSIGNE [ɛ̃tɛʁsiɲ]. *n. m.* (1545 ; a. fr. *entreseigne;* lat. médiév. *intersignum*). ♦ 1° Vx. Marque, indice. ♦ 2° Mod. (v. 1835). Relation mystérieuse apparaissant (par télépathie, seconde vue) entre deux faits.

INTERSTELLAIRE [ɛ̃tɛʁstɛ(ɛl)lɛʁ]. *adj.* (1808 ; de *inter-,* et lat. *stella* « étoile »). Situé, compris entre les étoiles. *Les espaces interstellaires.* Astron. *Matière interstellaire,* matière extrêmement diffuse existant dans l'espace interstellaire de notre galaxie.

INTERSTICE [ɛ̃tɛʁstis]. *n. m.* (1495 ; lat. *interstitium*). ♦ 1° Vx. Intervalle de temps. ♦ 2° Mod. (XVIᵉ). Très petit espace vide (entre les parties d'un corps ou entre différents corps). V. **Fente, intervalle.** *Les interstices d'un plancher, d'un pavage.* « *Le pâle petit jour du matin... filtra dans la chambre par les interstices des rideaux* » (VILLIERS).

INTERSTITIEL, IELLE [ɛ̃tɛʁstisjɛl]. *adj.* (1836 ; de *interstice*). Anat. Qui est situé dans les interstices (d'un tissu). *Cellule interstitielle, liquide interstitiel.* — Méd. Qui atteint le tissu conjonctif de soutien d'une structure, d'un organe. *Inflammation, pneumonie interstitielle.*

INTERSUBJECTIF, IVE [ɛ̃tɛʁsybʒɛktif, iv]. *adj.* (v. 1945 ;

de *inter-,* et *subjectif*). Didact. Qui se produit entre deux sujets humains. *Communication intersubjective.*

INTERSUBJECTIVITÉ [ɛ̃tɛʁsybʒɛktivite]. *n. f.* (v. 1945 ; de *inter-,* et *subjectivité*). Didact. Situation de communication entre deux sujets. « *Une subjectivité révélée [...] à elle-même et à autrui,* est *à ce titre [...] une intersubjectivité* » (MERLEAU-PONTY).

INTERSYNDICAL, ALE, AUX [ɛ̃tɛʁsɛ̃dikal, o]. *adj.* et *n. f.* (1931 ; de *inter-,* et *syndical*). Qui concerne, réunit plusieurs syndicats. — N. f. *Une intersyndicale,* réunion groupant des délégués de plusieurs centrales syndicales.

INTERTIDAL, ALE, AUX. *adj.* V. INTERCOTIDAL (1°).

INTERTRIGO [ɛ̃tɛʁtʁigo]. *n. m.* (1846 ; *intertrique,* 1831 ; lat. *intertrigo,* rad. *tritum,* de *terere* « frotter »). Méd. Inflammation de la peau au niveau des plis.

INTERTROPICAL, ALE, AUX [ɛ̃tɛʁtʁɔpikal, o]. *adj.* (1828 ; de *inter-,* et *tropical*). Qui est, se rencontre entre les tropiques. *Zone intertropicale.*

INTERURBAIN, AINE [ɛ̃tɛʁyʁbɛ̃, ɛn]. *adj.* et *n. m.* (1892 ; de *inter-,* et *urbain*). Qui assure les communications (spécialt. téléphoniques) entre deux ou plusieurs villes. — N. m. L'INTERURBAIN (abrév. *l'inter*), le service téléphonique interurbain.

INTERVALLAIRE [ɛ̃tɛʁvalɛʁ]. *adj.* (XVIᵉ ; de *intervalle*). Rare. Situé dans l'intervalle entre deux objets.

INTERVALLE [ɛ̃tɛʁval]. *n. m.* (XIIIᵉ ; *entreval,* XIIᵉ ; lat. *intervallum*). ♦ 1° Distance d'un point à un autre, d'un objet à un autre. *Un étroit intervalle entre deux murs. Diminuer, maintenir, augmenter l'intervalle.* V. **Écart.** *Dans l'intervalle de,* entre. ◊ Loc. adv. PAR INTERVALLE(S) : de loin en loin. « *Quelques tombeaux par intervalle Nous avertissaient de la mort* » (LAMART.). ◊ (1680) Mus. Écart entre deux sons, mesuré par le rapport de leurs fréquences. *Intervalle consonant ou dissonant. Intervalle de seconde, de tierce. Renversement d'un intervalle. Les intervalles d'un accord** (III, 3). ♦ 2° Espace de temps qui sépare deux époques, deux dates, deux faits. *Un intervalle d'une heure. À intervalles égaux, réguliers, rapprochés. Longs, brefs intervalles entre des phénomènes. Dans l'intervalle.* V. **Entretemps.** *Durant, pendant cet intervalle.* Loc. adv. PAR INTERVALLES, de temps à autre. V. **Intermittence** (par), moment (par). — *« On entendait par intervalles clapoter l'eau* » (MART. du G.). ♦ 3° Math. Ensemble des nombres compris entre deux nombres donnés. *Intervalle fermé, ouvert),* incluant ou n'incluant pas ces deux nombres.

INTERVENANT, ANTE [ɛ̃tɛʁvənɑ̃, ɑ̃t]. *adj.* (1606 ; de *intervenir*). Dr. Qui intervient dans une instance, un procès. Subst. *L'intervenant.*

INTERVENIR [ɛ̃tɛʁvəniʁ]. *v. intr.;* conjug. *venir* (1363 ; *entrevenir,* 1155 ; lat. *intervenire*). ♦ 1° Dr. Arriver, se produire au cours d'un procès. *Une ordonnance est intervenue.* — Par ext. *Un accord est intervenu entre la direction et les grévistes.* ♦ 2° Prendre part à une action, à une affaire en cours, dans l'intention d'influer sur son déroulement. *Intervenir dans un procès, un débat. Intervenir dans les affaires d'autrui.* V. **Entremettre** (s'), **immiscer** (s'). *Il est intervenu en votre faveur.* V. **Intercéder.** ♦ 3° Absolt. Entrer en action. *Demander à un personnage influent d'intervenir.* — *La police est prête à intervenir.* « *L'étranger profitera de vos divisions pour intervenir* » (CHATEAUB.). — Méd. Pratiquer une intervention. V. **Opérer.** ♦ 4° *(Choses).* Agir, jouer un rôle. *Circonstances, facteurs qui interviennent dans... Acte où la volonté n'intervient pas.* ◊ (v. 1960). Abusiv. Arriver, avoir lieu, se produire. « *Les démolitions intervenues au rond-point des Champs-Élysées* » (*Le Monde,* 23-3-1969). ◊ ANT. Abstenir (s').

INTERVENTION [ɛ̃tɛʁvɑ̃sjɔ̃]. *n. f.* (1322 ; lat. jur. *interventio*). ♦ 1° Dr. Acte par lequel un tiers, qui n'était pas originairement partie dans une contestation judiciaire, s'y présente pour y prendre part. *Intervention en première instance, en appel. Former une demande en intervention.* — Acte d'ingérence d'un État dans les affaires d'un autre. ♦ 2° Cour. Action d'intervenir. *Intervention d'un orateur dans un débat. Intervention en faveur de qqn.* V. **Intercession.** *Je compte sur votre bienveillante intervention. Intervention de l'État dans le domaine économique. Intervention énergique, rapide, de la police.* — *Pays qui demande l'intervention d'un allié. Politique d'intervention,* qui consiste à intervenir dans les affaires d'un pays étranger. *Forces d'intervention de l'O.N.U.* « *Sa conquête* (de César) *avait commencé par ce que nous appellerions une intervention armée* » (BAINVILLE). ♦ 3° (XXᵉ). Recours à un traitement énergique, à l'opération. *Intervention chirurgicale.* ♦ 4° Action, rôle (de qqch.). « *L'intervention dans notre vie de l'invisible et de l'infini* » (MAUROIS). ◊ ANT. Abstention, neutralité, non-intervention.

INTERVENTIONNISME [ɛ̃tɛʁvɑ̃sjɔnism(ə)]. *n. m.* (1931 ; de *intervention*). Écon., Polit. Doctrine préconisant l'intervention de l'État dans le domaine économique, ou d'une nation dans un conflit entre d'autres pays.

INTERVENTIONNISTE [ε̃tεʀvɑ̃sjɔnist(ə)]. *adj.* et *n.* (1894; de *intervention*). *Écon.*, *Polit.* Favorable à la politique d'intervention.

INTERVERSION [ε̃tεʀvεʀsjɔ̃]. *n. f.* (1507; bas lat. *interversio*). Dérangement, renversement de l'ordre naturel, habituel ou logique. *L'interversion des facteurs d'une multiplication. Interversion des mots dans une phrase.* V. **Transposition; permutation.** ◇ *Dr. Interversion de titre*, modification du titre en vertu duquel sont exercés des actes de possession.

INTERVERTÉBRAL, ALE, AUX [ε̃tεʀvεʀtebʀal, o]. *adj.* (1765, *inter-vertébraux*; de *inter-*, et *vertébral*). Qui se trouve entre deux vertèbres. *Disque intervertébral.*

INTERVERTIR [ε̃tεʀvεʀtiʀ]. *v. tr.* (1507; lat. *intervertere*). Déplacer (les éléments d'un tout, d'une série) en renversant l'ordre primitif. V. **Changer, permuter.** « *On voit les résultats avant de voir les causes, et la suite logique des faits est singulièrement intervertie* » (GAUTIER). — *Intervertir les rôles*, prendre envers une autre personne l'attitude qui normalement lui est réservée.

INTERVIEW [ε̃tεʀvju]. *n. f.* (1883; mot angl., tiré du fr. *entrevue*). Entrevue au cours de laquelle un journaliste interroge une personne sur sa vie, ses projets, ses opinions, dans l'intention de publier une relation de l'entretien. *Demander, accorder une interview.* ◇ *Par ext.* Relation de cet entretien. *Publier une série d'interviews. Les interviews imaginaires*, de Gide.

INTERVIEWER [ε̃tεʀvjuve]. *v. tr.* (1883; de *interview*). Soumettre (qqn) à une interview. *Interviewer un homme politique.*

INTERVIEWER ou **INTERVIEWEUR** [ε̃tεʀvjuvœʀ]. *n. m.* (1882,-1963; de *interview*). Journaliste, reporter spécialisé dans les interviews. « *Le rôle d'un interviewer, c'est de forcer l'intimité* » (GIDE).

INTERVOCALIQUE [ε̃tεʀvɔkalik]. *adj.* (1906; de *inter-*, et *vocalique*). *Phonét.* Placé entre deux voyelles. *Chute d'une consonne intervocalique.*

INTERZONE [ε̃tεʀzɔn] ou **INTERZONAL, ALE** [ε̃tεʀzonal]. *adj.* (1948; de *inter-*, et *zone* ou *zonal*). Commun à plusieurs zones, *spécial.* en parlant des deux blocs allemands. *La frontière interzonale* (ou *interzones*, d'apr. l'all. *Interzonen*). — *Sports. La finale interzone de la coupe Davis.*

INTESTAT [ε̃tεsta]. *adj. m.* et *f.* (XIIIᵉ; lat. *intestatus*). *Dr.* Qui n'a pas fait de testament. *Décéder intestat.* — *Subst. Les intestats.* V. *aussi* **Ab intestat.**

1. **INTESTIN, INE** [ε̃tεstε̃, in]. *adj.* (1355; lat. *intestinus*). ◆ 1° *Vx.* Qui se trouve ou se produit à l'intérieur d'une chose, d'un corps. ◆ 2° *Fig.* et *littér.* Qui se passe dans l'âme, à l'intérieur d'un corps social. V. **Intérieur.** *Guerre intestine.* V. **Civil.** « *Nous étions divisés par nos querelles intestines* » (SARTRE).

2. **INTESTIN** [ε̃tεstε̃]. *n. m.* (XIVᵉ; plur.; lat. *intestina* « entrailles », plur. de *intestinum*; Cf. le précéd.). Viscère abdominal, partie du tube digestif qui fait suite à l'estomac. *L'intestin grêle* (V. **Duodénum, iléon, jéjunum**) *et le gros intestin* (V. **Cœcum, côlon, rectum**). *Inflammations, maladies de l'intestin :* colite, entérite, entéro-colite, iléus, occlusion, péritonite. *Troubles de l'intestin :* colique, constipation, diarrhée, flatuosité... *Parasites de l'intestin* (ascaride, ténia). — *Intestin des animaux de boucherie.* V. **Boyau, crépine, fraise** (2), **tripe.**

INTESTINAL, ALE, AUX [ε̃tεstinal, o]. *adj.* (1495; de *intestin*). Qui a rapport aux intestins (V. **Cœliaque, entérique, entér[o]-**). *Suc intestinal. Muqueuse intestinale.* — *Occlusion, perforation intestinale. Vers intestinaux.*

INTIMATION [ε̃timasjɔ̃]. *n. f.* (1320; lat. jur. *intimatio*. V. **Intimer**). *Dr.* Acte par lequel l'appelant intime la partie adverse. V. **Assignation** (en appel).

INTIME [ε̃tim]. *adj.* (1390; lat. *intimus*, superlatif de *interior* « intérieur »). ◆ 1° *Littér.* Qui est contenu au plus profond d'un être. V. **Intérieur.** *La partie la plus intime. Le fond intime de notre être.* « *La structure intime des choses* » (BUFF.). *Sens intime.* V. **Conscience.** *Avoir la conviction, le sentiment intime de qqch. Bonheur, plaisir intime.* ◆ 2° Qui lie étroitement, par ce qu'il y a de plus profond. *Mélange intime.* Fig. *Union, liaison intime.* V. **Étroit.** *Avoir des relations intimes avec une personne*, être très étroitement lié avec elle. ◇ (*Personnes;* 1573) Très uni. *Ils sont très intimes. Ami intime.* — *Subst.* **Un, une intime.** V. **Ami; confident, familier.** *Discuter entre intimes.* ◆ 3° Qui est tout à fait privé et généralement tenu caché aux autres. *Vie intime*, celle que les autres ignorent. V. **Personnel, privé, secret.** « *Je respecte la vie intime de mes voisins* » (NERVAL). *Confidences, écrits intimes. Poésie, genre intime.* V. **Intimisme.** ◇ *Par ext.* Qui réunit des intimes, crée ou évoque l'intimité. *Repas, dîner intime. Un endroit, un coin intime.* ◇ ANT. *Extérieur. Superficiel. Public. Froid.*

INTIMÉ, ÉE [ε̃time]. *n.* et *adj.* (1565; de *intimer*). *Dr.*

Partie contre laquelle a été engagée la procédure d'appel d'un jugement de première instance. *L'Intimé*, personnage des « Plaideurs » de Racine.

INTIMEMENT [ε̃timmɑ̃]. *adv.* (1406; de *intime*). ◆ 1° Très profondément. *Intimement persuadé.* ◆ 2° Étroitement. *Mêler, unir intimement. Personnes intimement liées.* — *Littér.* D'une manière intime. « *Il se fût fait comprendre, s'il avait réussi à leur parler intimement* » (R. ROLLAND).

INTIMER [ε̃time]. *v. tr.* (1332; lat. jur. *intimare*). ◆ 1° *Dr.* Citer, assigner devant une juridiction supérieure. ◆ 2° *Dr.* Signifier légalement. — *Cour.* Signifier (qqch. à qqn) avec autorité. V. **Notifier.** « *Il m'intime, avec l'index, l'ordre de rester immobile* » (DUHAM.).

INTIMIDABLE [ε̃timidabl(ə)]. *adj.* (1845; de *intimider*). *Rare.* Qu'on peut intimider.

INTIMIDANT, ANTE [ε̃timidɑ̃, ɑ̃t]. *adj.* (fin XVIᵉ; de *intimider*). Qui intimide, trouble. *Examinateur intimidant.*

INTIMIDATEUR, TRICE [ε̃timidatœʀ, tʀis]. *adj.* (1846; de *intimider*). *Rare.* Propre à intimider, à effrayer (un adversaire).

INTIMIDATION [ε̃timidasjɔ̃]. *n. f.* (1552; de *intimider*). Action d'intimider (1°) volontairement; son résultat. V. **Menace, pression.** *User de l'intimidation. Manœuvres d'intimidation.* V. **Bluff, chantage.** *Ils sont « d'avis que l'autorité repose sur l'intimidation* » (DUHAM.).

INTIMIDER [ε̃timide]. *v. tr.* (1515; lat. médiév. *intimidare*, de *timidus*. V. **Timide**). ◆ 1° Remplir (qqn) de peur, en imposant sa force, son autorité. V. **Effrayer, terroriser.** *Chercher à intimider qqn par des menaces, par la fermeté de son attitude. Se laisser intimider. Manœuvres pour intimider l'adversaire.* V. **Bluffer.** ◆ 2° (*Sens faible*; 1662). *Plus cour.* Remplir de timidité, de trouble, de gêne. V. **Effaroucher, gêner, troubler.** *Examinateur qui intimide les candidats.* « *Baudelaire, grand nerveux, était intimidé par les femmes* » (HENRIOT). — *Au* p. p. *Il est très intimidé. Elle a l'air intimidée.* ◇ ANT. *Encourager, enhardir, rassurer. Assuré.*

INTIMISME [ε̃timism(ə)]. *n. m.* (1906; de *intimiste*). *Littér.* École, manière intimiste (en peinture, littérature).

INTIMISTE [ε̃timist(ə)]. *n.* et *adj.* (1883; de *intime*). *Littér.* ◆ 1° Peintre de scènes d'intérieur. Adj. *Peintre intimiste.* ◆ 2° Poète de la vie intime exprimée en confidences discrètes. — Adj. *Mouvement intimiste.*

INTIMITÉ [ε̃timite]. *n. f.* (1684; de *intime*). ◆ 1° *Littér.* Caractère intime, intérieur et profond; ce qui est intérieur et secret. *Dans l'intimité de la conscience.* ◆ 2° Liaison, relations étroites et familières. V. **Familiarité, union.** *Parfaite intimité. Intimité conjugale. Vivre dans l'intimité, dans la plus grande intimité avec qqn.* ◆ 3° La vie intime, privée. *Préserver son intimité.* — Absolt. *Dans l'intimité*, dans le privé, dans les relations avec les intimes. « *Dans l'intimité, madame, toutes les femmes ont de l'esprit* » (BALZ.). — *Le mariage aura lieu dans la plus stricte intimité :* les intimes seront seuls admis. ◆ 4° Agrément, confort d'un endroit où l'on se sent tout à fait chez soi. « *L'intimité d'un petit appartement parisien* » (COLETTE). ◇ ANT. *Extériorité. Publicité.*

INTITULÉ [ε̃tityle]. *n. m.* (1694; de *intituler*). *Didact.* Titre (d'un livre ou d'un chapitre). ◇ *Dr.* Formule en tête d'une loi, d'un acte. *Intitulé d'inventaire.*

INTITULER [ε̃tityle]. *v. tr.* (*Entituler*, 1265; bas lat. *intitulare*). Donner un titre à. *Comment a-t-il intitulé son livre?* ◇ *Pronom.* *S'intituler*, avoir pour titre. *Ouvrage qui s'intitule : « Mémoires de guerre ».* — Se donner le titre, le nom de. « *Les rois d'Orient qui s'intitulaient cousins du soleil* » (VOLT.).

INTOLÉRABLE [ε̃tɔleʀabl(ə)]. *adj.* (1265; lat. *intolerabilis*). ◆ 1° Qu'on ne peut tolérer, supporter. V. **Insupportable.** *Douleur intolérable. Une chaleur intolérable. Contrainte intolérable.* « *L'existence serait intolérable si l'on ne rêvait jamais* » (FRANCE). ◆ 2° Qu'on ne peut admettre. V. **Inadmissible.** *Pratique intolérable.* Impers. « *Il est intolérable qu'un seul homme tyrannise une masse* » (ST-EXUP.). ◇ ANT. *Supportable, tolérable.*

INTOLÉRANCE [ε̃tɔleʀɑ̃s]. *n. f.* (1611; de *in-* 1, et *tolérance*). ◆ 1° *Vx* (*Théol.*). Disposition hostile à la tolérance (ecclésiastique ou civile). ◇ *Mod.* Absence de tolérance, « *passion féroce qui porte à haïr et à persécuter ceux qui sont dans l'erreur* » (DIDER.). V. **Fanatisme.** ◆ 2° Tendance à ne pas supporter, à condamner ce qui déplaît dans les opinions ou la conduite d'autrui. V. **Étroitesse** (d'esprit), **intransigeance, sectarisme.** *Cet « esprit d'intolérance et d'exclusion, qui fait que l'on ne se contente jamais de la liberté pour soi, si l'on n'opprime en même temps celle des autres* » (RENAN). ◆ 3° *Méd.* Réaction anormalement forte de l'organisme (à un médicament, à un agent physique ou chimique). *Intolérance innée* (V. **Idiosyncrasie**), *acquise* (V. **Sensibilisation**). *Intolérance d'un malade aux antibiotiques.* ◇ ANT. *Tolérance. Compréhension, indulgence. Accoutumance.*

INTOLÉRANT, ANTE [ε̃tɔleʀɑ̃, ɑ̃t]. *adj.* (1612; de *in-* 1, et *tolérant*). ◆ 1° Qui fait preuve d'intolérance, manifeste de l'intolérance. *Persécutions dues à des souverains into-lérants. Religion intolérante.* Subst. « *Les maximes des into-lérants* » (VOLT.). V. **Fanatique.** ♦ 2° Qui manque d'indul-gence et de compréhension. V. **Étroit, intransigeant, sectaire.** *Esprit intolérant.* ◊ ANT. *Tolérant. Compréhensif, large* (d'es-prit).

INTONATION [ɛ̃tɔnasjɔ̃]. *n. f.* (1372; du lat. *intonare* « faire retentir »). ♦ 1° Action ou manière d'attaquer, d'émettre avec la voix un son musical. *Intonation fausse, juste.* — Liturg. *Intonation d'un cantique, d'un psaume grégo-rien,* leur ton propre indiqué par le prêtre dans une introduc-tion récitée ou chantée. ♦ 2° Ton que l'on prend en parlant, en lisant. V. **Accent, inflexion.** *Une voix aux intonations canailles, tendres.* ♦ 3° Ling. Place attribuée au ton ou accent de hauteur.

INTOUCHABLE [ɛ̃tuʃabl(ə)]. *adj.* (1560; de *in-* 1, et *toucher*). ♦ 1° *Vx.* Qu'on ne peut toucher. V. **Intangible.** ♦ 2° *Mod.* Qu'on n'a pas le droit de toucher. Subst. *Un intouchable,* un paria. ◊ *Fig.* Qui ne peut être l'objet d'aucun blâme, d'aucune sanction. V. **Sacro-saint.**

INTOXICANT, ANTE [ɛ̃tɔksikɑ̃, ɑ̃t]. *adj.* (1845; de *intoxiquer*). Méd. Qui cause une intoxication.

INTOXICATION [ɛ̃tɔksikasjɔ̃]. *n. f.* (1837; « poison », 1408; lat. médiév. *intoxicatio.* V. **Intoxiquer**). ♦ 1° Action nocive qu'exerce une substance toxique (poison) sur l'orga-nisme; ensemble des troubles qui en résultent. V. **Empoi-sonnement.** *Intoxications endogènes* (V. **Toxicose**), *exogènes. Intoxication par l'oxyde de carbone.* V. **Asphyxie.** *Intoxica-tions industrielles et professionnelles* (ex. : intoxication satur-nine). ♦ 2° Fig. (v. 1960). Action insidieuse sur les esprits, tendant à accréditer certaines opinions, à démoraliser, à dérouter. V. **Matraquage.** *L'intoxication par l'action psycho-logique.* « *Une campagne orchestrée d'intoxication* » (*Le Monde,* 12-7-1967). — Abrév. fam. INTOXE ou INTOX (*L'Express,* 1973) [ɛ̃tɔks(ə)].

INTOXIQUER [ɛ̃tɔksike]. *v. tr.* (1823; *entosiquier,* 1450; lat. médiév. *intoxicare,* de *toxicum.* V. **Toxique**). ♦ 1° Pro-voquer une intoxication. V. **Empoisonner.** *La drogue qui l'intoxique.* — Pronom. *Il s'est intoxiqué.* « *Elle avait tort de tant fumer : elle s'intoxiquait !* » (MAURIAC). — Au p. p. *Elle est intoxiquée.* N. *Un intoxiqué.* ◊ *Fig.* (1903) « *Des jeunes femmes intoxiquées de littérature* » (MAUROIS). ♦ 2° (1962). Influencer par la propagande, les méthodes d'intoxication.

INTRA-. Élément savant, empr. au lat. *intra* « à l'inté-rieur de ».

INTRA-ATOMIQUE [ɛ̃traatɔmik]. *adj.* (v. 1903; de *intra-,* et *atomique*). Sc. Qui est ou se passe à l'intérieur de l'atome. *Énergie intra-atomique.* — *Physique intra-atomique.*

INTRACARDIAQUE [ɛ̃trakardjak]. *adj.* (1931; de *intra-,* et *cardiaque*). Méd. Qui concerne l'intérieur du muscle cardiaque. (V. **Cœur**). *Affection, piqûre intracardiaque.* — Subst. *Une intracardiaque.*

INTRACELLULAIRE [ɛ̃traselylɛr]. *adj.* (1897; de *intra-,* et *cellule*). Biol. Qui est, se produit à l'intérieur d'une cellule.

INTRADERMIQUE [ɛ̃tradɛrmik]. *adj.* (1868; de *intra-,* et *derme*). Méd. Qui est situé, se fait dans l'épaisseur du derme. *Injection intradermique.* N. f. *Une intradermique.*

INTRADERMO(-)RÉACTION [ɛ̃tradɛrmɔreaksjɔ̃]. *n. f.* (1908; de *intradermique,* et *réaction*). Méd. Injection intra-dermique d'une substance (toxine, antigène particulier) pour déterminer le degré de sensibilité de l'organisme à l'égard de certaines réactions. *Intradermoréaction positive,* inflammation au lieu de l'injection. Abrév. *Une* INTRADERMO [ɛ̃tradɛrmo].

INTRADOS [ɛ̃trado]. *n. m.* (1704; de *intra-,* et *dos*). ♦ 1° Archit. Partie intérieure et concave d'un arc, d'une voûte. ♦ 2° Surface inférieure d'une aile d'avion. ◊ ANT. *Extrados.*

INTRADUISIBLE [ɛ̃traduizibl(ə)]. *adj.* (1687; de *in-* 1, et *traduisible*). ♦ 1° Qu'il est impossible de traduire. *Mots anglais intraduisibles. Auteur réputé intraduisible.* ♦ 2° Fig. Qu'il est impossible ou très difficile d'interpréter, de rendre. « *Elle poussa un intraduisible Ah !* » (LOTI).

INTRAITABLE [ɛ̃trɛtabl(ə)]. *adj.* (*Intractable,* XVᵉ; lat. *intractabilis*). Avec qui l'on ne peut traiter, ni s'accorder, en raison de son humeur difficile, de son entêtement. V. **Difficile, entier.** « *Maman, d'ordinaire intraitable sur les questions d'heure et qui m'envoyait coucher tambour battant* » (GIDE). V. **Intransigeant.** *Un adversaire intraitable.* V. **Impi-toyable, irréductible.** *Demeurer intraitable.* V. **Inébranlable.** ◊ ANT. *Accommodant, conciliant, traitable.*

INTRAMOLÉCULAIRE [ɛ̃tramɔlekylɛr]. *adj.* (1877; de *intra-,* et *moléculaire*). Sc. Qui concerne l'intérieur des molécules. *Forces, liaisons intramoléculaires.*

INTRA-MUROS [ɛ̃tramyros]. *loc. adv.* (1819; mots lat.). En dedans des murs, à l'intérieur de la ville. *Habiter intra-muros.* ◊ ANT. *Extra-muros.*

INTRAMUSCULAIRE [ɛ̃tramyskylɛr]. *adj.* (1873; de *intra-,* et *musculaire*). Qui est, se fait dans l'épaisseur d'un muscle. *Injection intramusculaire.*

INTRANSIGEANCE [ɛ̃trɑ̃ziʒɑ̃s]. *n. f.* (1874; de *intran-sigeant*). Caractère de celui ou de ce qui est intransigeant. *L'idéalisme et l'intransigeance de la jeunesse.* ◊ ANT. *Débon-naireté, souplesse.*

INTRANSIGEANT, ANTE [ɛ̃trɑ̃ziʒɑ̃, ɑ̃t]. *adj.* (1875; esp. *intransigente,* du lat. *transigere.* V. **Transiger**). Qui ne transige pas, n'admet aucune concession, aucun compromis. V. **Intraitable, irréductible.** *Se montrer intransigeant. Un moraliste intransigeant.* V. **Rigoriste.** *Doctrinaires fanatiques et intransigeants.* V. **Intolérant.** — Subst. *C'est un intransi-geant.* ◊ (Choses) *Morale intransigeante.* « *Ma mère portait à la patrie une passion intransigeante* » (DE GAULLE). ◊ ANT. *Accommodant. Souple.*

INTRANSITIF, IVE [ɛ̃trɑ̃zitif, iv]. *adj. et n. m.* (1679; lat. gram. *intransitivum.* V. **Transitif**). Se dit d'un verbe qui exprime une action limitée au sujet et ne passant sur aucun objet. *Voyager est un verbe intransitif, un intransitif. Verbes* (selon le sens) *transitifs et intransitifs. Construction transitive de certains intransitifs.* — *Par ext.* Propre aux intransitifs. *Emploi intransitif.* ◊ ANT. *Transitif.*

INTRANSITIVEMENT [ɛ̃trɑ̃zitivmɑ̃]. *adv.* (1678, philo.; de *intransitif*). Ling. D'une manière intransitive. *Verbe tran-sitif employé intransitivement.* ◊ ANT. *Transitivement.*

INTRANSITIVITÉ [ɛ̃trɑ̃zitivite]. *n. f.* (mil. XXᵉ; de *intransitif*). Ling. Caractère d'un verbe intransitif. ◊ ANT. *Transitivité.*

INTRANSMISSIBILITÉ [ɛ̃trɑ̃smisibilite]. *n. f.* (1877; de *intransmissible*). Didact. Caractère de ce qui est intransmis-sible. *Intransmissibilité des caractères acquis* (en génétique).

INTRANSMISSIBLE [ɛ̃trɑ̃smisibl(ə)]. *adj.* (1788; de *in-* 1, et *transmissible*). Qui ne peut se transmettre. ◊ ANT. *Transmissible.*

INTRANSPORTABLE [ɛ̃trɑ̃spɔrtabl(ə)]. *adj.* (1775; de *in-* 1, et *transportable*). Qui n'est pas transportable. « *Nous ne recevions et gardions que les blessés intransportables* » (DUHAM.). ◊ ANT. *Transportable.*

INTRANUCLÉAIRE [ɛ̃tranykleɛr]. *adj.* (1948; de *intra-,* et *nucléaire*). Sc. Qui est à l'intérieur du noyau.

INTRA-UTÉRIN, INE [ɛ̃trayterɛ̃, in]. *adj.* (1846; de *intra-,* et *utérin*). Méd. Qui a lieu dans l'utérus. *Grossesse normale intra-utérine.* — *Vie intra-utérine.* V. **Utérin.** ◊ ANT. *Extra-utérin.*

INTRAVEINEUX, EUSE [ɛ̃travenø, øz]. *adj.* (1877; de *intra-,* et *veineux*). Qui est, se fait à l'intérieur des veines. *Piqûre intraveineuse.* Subst. *Une intraveineuse.*

IN-TRENTE-DEUX [intrɑ̃tdø]. *adj. et n. invar.* (1755; du lat. *in,* et *trente-deux*). Imprim. Où la feuille est pliée en trente-deux feuillets (ou soixante-quatre pages). *Format in-trente-deux. Volume in-trente-deux,* et n. *Un, des in-trente-deux* (in-32).

INTRÉPIDE [ɛ̃trepid]. *adj.* (1495; lat. *intrepidus*). ♦ 1° Qui ne tremble pas devant le péril, l'affronte sans crainte. V. **Courageux, impavide.** *Il allait « être brave, intrépide, hardi, courir au-devant des balles* » (HUGO). *Résistance intrépide.* V. **Ferme, inébranlable.** ♦ 2° Qui ne se laisse pas rebuter par les obstacles. V. **Déterminé, imperturbable.** « *La plus intrépide menteuse que j'aie connue* » (MARIVAUX). ◊ ANT. *Lâche, peureux.*

INTRÉPIDEMENT [ɛ̃trepidmɑ̃]. *adv.* (1691; de *intrépide*). D'une manière intrépide. V. **Hardiment.**

INTRÉPIDITÉ [ɛ̃trepidite]. *n. f.* (1665; de *intrépide*). Caractère de celui qui est intrépide. V. **Courage, hardiesse.** ◊ ANT. *Lâcheté.*

INTRICATION [ɛ̃trikasjɔ̃]. *n. f.* (v. 1380; lat. *intricatio,* de *intricare;* Cf. Intriguer). Didact. État de ce qui est entre-mêlé. V. **Complexité.** « *L'intrication de groupes solidaires* » (CAILLOIS). « *A travers toute cette intrication de problèmes* » (QUENEAU).

INTRIGANT, ANTE [ɛ̃trigɑ̃, ɑ̃t]. *adj. et n.* (1583; it. *intrigante.* V. **Intriguer**). Qui recourt à l'intrigue pour par-venir à ses fins. « *Elle отрадит* que-*elle veut... Elle est fine, adroite et intrigante* » (MAUPASS.). — N. (1671) *Une poignée d'intrigants. Une parfaite intrigante.*

INTRIGUE [ɛ̃trig]. *n. f.* (1578; it. *intrigo*). ♦ 1° *Vx.* Situation compliquée et embarrassante. « *Nous sommes fort bien sortis d'intrigue* » (SÉV.). ♦ 2° Liaison amoureuse généralement clandestine et peu durable. V. **Aventure.** *Ébaucher, nouer une intrigue. Avoir une intrigue avec qqn.* ♦ 3° Ensemble de combinaisons secrètes et compliquées visant à faire réussir ou manquer une affaire. V. **Manœuvre, menées.** « *Ce manoir, où des intrigues politiques paraissaient s'ourdir* » (STE-BEUVE). *Déjouer une intrigue.* « *Les récompenses vont souvent à l'intrigue et au charlatanisme* » (RENAN). ♦ 4° Ensemble des événements qui forment le nœud d'une pièce de théâtre, d'un roman, d'un film. V. **Action, scénario.** *Intrigue compliquée. Rebondissements, dénouement d'une* *intrigue. Conduire une intrigue. Comédie d'intrigue*, où l'auteur s'attache surtout à multiplier et à varier les incidents.

INTRIGUER [ɛ̃trige]. *v.* (XIVe et XVe, *entriquer* et *intriquer**, au sens du lat. *intricare* « embrouiller » ; fin XVIe, *s'intriguer*, it. *intrigare*, du lat.). I. *V. tr.* ♦ 1° *Vx.* Embarrasser. Pronom. « *Il s'intrigue pour eux* » (LA BRUY.), il se donne du mal. ♦ 2° *Mod.* Embarrasser en donnant à penser, en excitant la curiosité. « *Rien qui puisse intriguer la police* » (ROMAINS). — Au p. p. *Il était encore plus intrigué que moi.* II. *V. intr.* (1660). Mener une intrigue, recourir à l'intrigue. V. **Cabaler, manœuvrer.** *Il intrigue pour se faire nommer.*

INTRINSÈQUE [ɛ̃trɛ̃sɛk]. *adj.* (1314 ; lat. *intrinsecus* « au-dedans »). *Didact.* Qui est intérieur à l'objet dont il s'agit, appartient à son essence. V. **Essentiel, intérieur.** *Importance intrinsèque d'un fait. Valeur intrinsèque d'une monnaie*, valeur qu'elle tient de sa nature propre (et non d'une convention). *Habitué « à juger de la valeur intrinsèque des hommes* » (BALZ.). — *Anat.* Qui appartient à un organe. *Muscles intrinsèques de l'œil.* ◇ ANT. **Accidentel, extrinsèque.**

INTRINSÈQUEMENT [ɛ̃trɛ̃sɛkmɑ̃]. *adv.* (XVIe ; de *intrinsèque*). *Didact.* En soi, dans son essence.

INTRIQUER [ɛ̃trike]. *v. tr.* (1450 ; p. p. 1512 ; repris XXe, lat. *intricare* « embrouiller » ; Cf. Intriguer). *Didact.* Rendre complexe ; entremêler (V. **Intrication**).

INTRO-. Élément, du lat. *intro* « dedans ».

INTRODUCTEUR, TRICE [ɛ̃trɔdyktœr, tris]. *n.* (1538 ; *introdutor*, XIIIe ; bas lat. *introductor*). ♦ 1° *Rare.* Personne qui introduit, fait entrer. ♦ 2° *Fig.* Celui qui introduit (un usage, une mode, etc.). V. **Initiateur.** « *Les promoteurs et les introducteurs du monde moderne* » (PÉGUY).

INTRODUCTIF, IVE [ɛ̃trɔdyktif, iv]. *adj.* (1520 ; de *introduction*). *Dr.* Qui sert à introduire (une procédure). *Requête introductive. Acte introductif d'instance.*

INTRODUCTION [ɛ̃trɔdyksjɔ̃]. *n. f.* (XIIIe, « enseignement » ; lat. *introductio*). I. ♦ 1° (XVIe). Action d'introduire, de faire entrer. *L'introduction d'un visiteur.* — Action de s'introduire (quelque part). « *Après l'introduction dans les lieux* » (CODE PÉN.). ◇ *Lettre d'introduction*, par laquelle on recommande qqn. V. **Recommandation.** « *Une carte d'introduction ne sert jamais à rien* » (MONTHERLANT). ♦ 2° Action d'introduire, de faire adopter. V. **Adoption, importation.** *Introduction de produits étrangers, d'un mot, d'une mode.* ♦ 3° Action de faire entrer une chose dans une autre. V. **Intromission.** *Introduction d'une sonde dans l'organisme.* II. ♦ 1° Ce qui prépare qqn à la connaissance, à la pratique d'une chose (V. **Préparation**) ; ouvrage destiné à une telle préparation. *Introduction à l'étude de la médecine expérimentale*, de Cl. Bernard. ♦ 2° Texte préliminaire et explicatif placé en tête d'un ouvrage. V. **Préface.** *Ce livre commence par une longue introduction.* — (Dans un discours, une dissertation) Entrée en matière (présentant le sujet, esquissant le plan). ◇ *Mus.* Court prélude préparant l'entrée de l'exposition (sonate) ; prélude d'une ouverture d'opéra. ◇ ANT. **Sortie. Éviction, renvoi. Conclusion.**

INTRODUIRE [ɛ̃trɔdɥir]. *v. tr.* ; *conjug. conduire* (1292, *entreduire*, 1120 ; lat. *introducere*). ♦ 1° Faire entrer (qqn) dans un lieu. *L'huissier l'a introduit dans le bureau du ministre.* « *Je fus introduit auprès de la comtesse* » (BARBEY). — *Par ext.* Faire admettre dans un lieu, une société. *Elle a introduit dans ce lieu.* V. **Présenter.** ♦ 2° Faire adopter (qqch.). *Introduire une nouveauté, une mode, un genre.* V. **Acclimater, importer.** « *Rancé introduisait la réforme dans son abbaye* » (CHATEAUB.). ♦ 3° (Dr.). *Introduire une instance*, saisir le tribunal d'une affaire. ♦ 4° (XVIIe ; concret). Faire entrer (une chose dans une autre). V. **Enfoncer, engager, fourrer, insérer.** *Introduire la clef dans la serrure. On lui fit prendre* « *une tasse de tilleul en introduisant la cuiller entre ses dents serrées* » (ZOLA). — (Dans un pays) *Introduire une marchandise en contrebande.* ◇ *Fig.* Inclure, incorporer. « *Je refuse d'introduire ce chèque dans mes comptes* » (DUHAM.). ♦ 5° S'INTRODUIRE. *v. pron.* Entrer, pénétrer. *S'introduire en cachette dans une pièce.* V. **Glisser (se).** ◇ Se faire admettre. *Il a réussi à s'introduire dans l'association.* — Être adopté. *L'usage s'est introduit d'acheter à crédit.* ♦ 6° *Au p. p.* Qui a ses entrées, qui est reçu habituellement. *Il est introduit, bien introduit dans ce club, chez un tel.* ◇ ANT. **Chasser, éloigner, exclure, renvoyer. Arracher, enlever.**

INTROÏT [ɛ̃trɔit]. *n. m.* (*Introite*, v. 1376 ; lat. *introitus* « entrée »). *Liturg. cathol.* Chant destiné à être exécuté avant la messe, pendant l'entrée du célébrant et de ses ministres.

INTROJECTION [ɛ̃trɔʒɛksjɔ̃]. *n. f.* (mil. XXe ; de *intro-*, et pro*jection). Psychanal.* Processus inconscient par lequel l'image d'une personne est incorporée au moi et au surmoi (*ex.* : introjection de l'image des parents chez l'enfant).

INTROMISSION [ɛ̃trɔmisjɔ̃]. *n. f.* (1560 ; « fait d'être mêlé à », 1465 ; du lat. *intromissus*, de *intromittere*). *Didact.*

Action d'introduire, de mettre dans. « *Des bourrelets de feutre empêchent toute intromission d'air froid* » (GAUTIER).

INTRONISATION [ɛ̃trɔnizasjɔ̃]. *n. f.* (1372 ; de *introniser*). Action d'introniser ; le fait d'être intronisé. *Intronisation d'un pape.* « *L'intronisation du nouveau pouvoir* » (MICHELET).

INTRONISER [ɛ̃trɔnize]. *v. tr.* (1220 ; lat. ecclés. *inthronizare*, du gr. *thronos* « trône épiscopal »). Placer solennellement sur le trône, sur le siège épiscopal, sur la chaire pontificale. *Introniser un pape, un roi.*

INTRORSE [ɛ̃trɔrs(ə)]. *n. f.* (1846 ; lat. *introrsum*). Bot. *Étamine introrse*, dont l'anthère est ouverte vers l'intérieur (*opposé à* extrorse).

INTROSPECTIF, IVE [ɛ̃trɔspɛktif, iv]. *adj.* (1842 ; de *introspection*). *Psycho.* Qui emploie, concerne l'introspection. *Psychologie introspective, subjective* (*opposé à* objectif, expérimental).

INTROSPECTION [ɛ̃trɔspɛksjɔ̃]. *n. f.* (1838 ; angl. *introspection*, lat. *introspicere* « regarder à l'intérieur »). *Psycho.* Observation d'une conscience individuelle par elle-même. « *La religion chrétienne... invite à une introspection plus attentive* » (GIDE).

INTROUVABLE [ɛ̃truvabl(ə)]. *adj.* (1637 ; de *in-* 1, et *trouver*). ♦ 1° Qu'on ne peut trouver ou qu'on ne parvient pas à trouver. *Objet, personne qui reste introuvable.* ♦ 2° Très difficile à trouver. *Édition introuvable.* V. **Précieux, rare.** — *L'Assemblée était si royaliste* « *que Louis XVIII ne croyait pas qu'on pût en trouver une pareille (d'où lui resta le nom de Chambre introuvable)* » (BAINVILLE).

INTROVERSION [ɛ̃trɔvɛrsjɔ̃]. *n. f.* (1931 ; all. *Introversion*, 1920 ; lat. *introversio*, de *introversus* « vers l'intérieur »). *Psycho.* Fait d'être attentif seulement à son moi, à soi et non au monde. ◇ ANT. **Extraversion.**

INTROVERTI, IE [ɛ̃trɔvɛrti]. *adj.* (av. 1946 ; de *introversion*). *Psycho.* Porté à l'introversion. Subst. UN INTROVERTI. « *Le sujet qui fait trop attention à ce qui se passe en lui-même... est un introverti* » (ROMAINS). ◇ ANT. **Extraverti.**

INTRUS, USE [ɛ̃try, yz]. *adj. et n.* (v. 1380 ; lat. médiév. *intrusus*, pour *introtrusus* « introduit de force »). ♦ 1° Introduit dans une charge ou une dignité, sans titre, sans droit. — N. « *L'héritier légitime du trône occupé par un intrus* » (DIDER.). ♦ 2° N. Personne qui s'introduit quelque part sans y être invitée, ni désirée. V. **Importun, indésirable.** *Sa belle-famille la considère comme une intruse.* « *Point d'intrus... point de visiteurs inattendus ou déplaisants* » (LOTI).

INTRUSION [ɛ̃tryzjɔ̃]. *n. f.* (1304 ; lat. médiév. *intrusio*. V. Intrus). ♦ 1° Fait de s'introduire, sans en avoir le droit, dans une charge, une dignité ; dans une société, un groupe. « *Ils trouvaient mon intrusion dans leur groupe assez indiscrète* » (GIDE). *Intrusion de l'étranger dans nos affaires.* V. **Ingérence.** ♦ 2° *Géol.* Pénétration d'une roche dans une couche de nature différente. *Roches d'intrusion. Nappes d'intrusion.*

INTUBATION [ɛ̃tybasjɔ̃]. *n. f.* (XXe ; de l'angl. *intubation*, 1887). *Méd.* Introduction d'un tube dans la trachée ou le larynx, qui assure le passage de l'air dans les poumons, en vue d'une anesthésie par voie trachéale ou pour évacuer les sécrétions qui encombrent les voies respiratoires. V. **Tubage.**

INTUITIF, IVE [ɛ̃tɥitif, iv]. *adj.* (1480 ; du rad. de *intuition*). ♦ 1° Qui a les caractères, qui est le résultat d'une intuition. *Connaissance intuitive et connaissance discursive.* ♦ 2° (Fin XIXe). Qui fait ordinairement preuve d'intuition dans la vie. « *Les esprits logiques et les esprits intuitifs* » (CARREL). — Subst. *C'est un intuitif.* ◇ ANT. **Déductif, discursif.**

INTUITION [ɛ̃tɥisjɔ̃]. *n. f.* (1542 ; lat. scolast. *intuitio*, de *intueri* « regarder attentivement »). ♦ 1° *Philo.* Forme de connaissance immédiate qui ne recourt pas au raisonnement. *Intuition empirique* (sensible ou psychologique), *rationnelle* (perception de rapports), *métaphysique* (des êtres dans leur existence ou leur essence). *Intuition divinatrice. L'intuition selon Bergson*, sorte de « sympathie » avec l'objet de connaissance. ♦ 2° *Cour.* Sentiment plus ou moins précis de ce qu'on ne peut vérifier, de ce qu'on n'existe pas encore. V. **Inspiration, pressentiment.** — *Avoir une intuition. Avoir l'intuition de ce qui va se passer.* « *Elle eut l'intuition soudaine qu'il n'y avait rien à espérer de cette visite* » (GREEN). *Se fier à ses intuitions.* ◇ Absolt. *Avoir de l'intuition*, avoir du flair, sentir ou deviner les choses. ◇ ANT. **Déduction, raisonnement.**

INTUITIONNISME [ɛ̃tɥisjɔnism(ə)]. *n. m.* (1908 ; de *intuition*). *Philo.* Doctrine attribuant un rôle essentiel à l'intuition. *Intuitionnisme bergsonien.* ◇ Théorie d'après laquelle les mathématiques n'ont recours à l'intuition et n'ont pas seulement recours à l'hypothèse et à la déduction.

INTUITIONNISTE [ɛ̃tɥisjɔnist(ə)]. *n. et adj.* (1874 ; de *intuition*). *Didact.* Partisan de l'intuitionnisme.

INTUITIVEMENT [ɛ̃tɥitivmɑ̃]. *adv.* (1599 ; de *intuitif*). Par intuition.

INTUITU PERSONÆ [ɛ̃tɥitypɛrsɔne]. *loc. adv.* (1928 ; loc. lat. « en considération de la personne »). *Dr.* Eu égard à la personne avec laquelle on contracte.

INTUMESCENCE [ɛ̃tymesɑ̃s]. *n. f.* (1611 ; du lat. *intumescere*. V. **Tumeur**). *Didact.* Fait d'enfler, de gonfler. *Intumescence des chairs, d'un organe.* V. **Enflure, gonflement, tuméfaction.** ◇ *Mécan.* Onde de surface dans un canal découvert de faible profondeur.

INTUMESCENT, ENTE [ɛ̃tymesɑ̃, ɑ̃t]. *adj.* (1838 ; du lat. *intumescere*). *Didact.* Qui enfle, gonfle. *Chairs intumescentes.*

INTUSSUSCEPTION [ɛ̃tyssysɛpsjɔ̃]. *n. f.* (1664 ; du lat. *intus* « dedans », et *susceptio* « action de prendre sur soi »). *Pathol.* Invagination.

INULE [inyl]. *n. f.* (1789 ; lat. *inula*). *Bot.* L'aunée ou aulnée (plante).

INULINE [inylin]. *n. f.* (1815 ; du lat. *inula* « aunée »). *Chim.* Composé voisin de l'amidon, présent dans la racine de l'aunée et d'autres végétaux (dahlia, topinambour).

INUSABLE [inyzabl(ə)]. *adj.* (1845 ; de *in-* 1, et *user*). Qui ne peut s'user, et *par exagér.* Qui s'use très peu, dure très longtemps. *Chaussures, vêtement inusables.*

INUSITÉ, ÉE [inyzite]. *adj.* (1488 ; lat. *inusitatus*). ◆ 1° Qui n'est pas usité. V. **Inutilisé.** — *Ling.* Que personne, ou presque personne n'emploie. V. **Rare.** *Formes inusitées de l'imparfait du subjonctif.* ◆ 2° *Rare.* Inhabituel, extraordinaire. « *Des êtres humains d'une taille inusitée* » (HENRIOT). ◇ ANT. *Courant, usité.*

INUSUEL, ELLE [inyzɥɛl]. *adj.* (1845 ; de *in-*, et *usuel*). *Littér.* Qui n'est pas usuel. V. **Rare.** ◇ ANT. *Usuel.*

INUTILE [inytil]. *adj.* (XIVᵉ ; *inutele*, 1120 ; lat. *inutilis*). ◆ 1° Qui n'est pas utile, ne sert pas. *Objet inutile. S'encombrer de bagages inutiles.* « *Vendre la maison inutile, trop grande à cette heure* » (ZOLA). *Éviter toute fatigue inutile. C'est complètement inutile,* c'est perdre son temps. *Un amas de connaissances inutiles. Paroles, propos inutiles.* V. **Creux, vide.** — *C'est inutile, il est inutile d'essayer,* ce n'est pas la peine de. *Inutile d'insister. Il est inutile que vous reveniez.* ◇ *Subst.* « *Je veux du superflu, de l'inutile, de l'extravagant* » (HUGO). ◆ 2° Qui ne rend pas de services. *Un personnel inutile. Bouche inutile. Individu inutile à la société. Subst. Un inutile.* ◇ ANT. *Utile. Indispensable, nécessaire.*

INUTILEMENT [inytilmɑ̃]. *adv.* (1433 ; de *inutile*). D'une manière inutile, sans utilité. *Sang répandu inutilement.* V. **Vain (en).** *Vous vous êtes dérangé inutilement,* pour rien. ◇ ANT. *Utilement.*

INUTILISABLE [inytilizabl(ə)]. *adj.* (1845 ; de *in-* 1, et *utiliser*). Qui ne peut être utilisé. *Cette voiture est devenue inutilisable.* ◇ ANT. *Utilisable.*

INUTILISÉ, ÉE [inytilize]. *adj.* (1834 ; *inutiliser*, 1802 ; de *in-* 1, et *utilisé*). Qui n'est pas utilisé. V. **Inusité.** *Ressources qui restent inutilisées.* V. **Inemployé.**

INUTILITÉ [inytilite]. *n. f.* (1386 ; lat. *inutilitas*). ◆ 1° Défaut d'utilité. *Inutilité d'une dépense. Inutilité d'une démarche.* V. **Vanité.** ◆ 2° *Rare.* Action, parole inutile. V. **Futilité.** « *Des enfantillages, des inutilités* » (HUGO). ◇ ANT. *Utilité.*

INVAGINATION [ɛ̃vaʒinasjɔ̃]. *n. f.* (1765 ; du lat. mod., de *in-* 2, et lat. *vagina* « gaine »). *Didact.* Repliement, retournement d'une partie concave. *Pathol.* Glissement en doigt de gant retourné d'une partie d'intestin dans une partie voisine. V. **Intussusception, inversion** (2°). — *Embryol.* Repliement d'une partie de la blastula sur la partie située du côté opposé, lors de la formation de la gastrula (on dit aussi *gastrulation*).

INVAGINER (S') [ɛ̃vaʒine]. *v. pron.* (fin XVIIIᵉ ; du précéd.). *Biol.* Se replier vers l'intérieur, par invagination.

INVAINCU, UE [ɛ̃vɛ̃ky]. *adj.* (1495 ; de *in-* 1, et *vaincu*). Qui n'a jamais été vaincu. « *Ton bras est invaincu, mais non pas invincible* » (CORN.). ◇ ANT. *Vaincu.*

INVALIDATION [ɛ̃validasjɔ̃]. *n. f.* (1636 ; de *invalider*). *Dr.* Action d'invalider. *Invalidation d'un contrat.* — *Spécialt.* (Cour.) *Invalidation d'une élection,* et par ext. *d'un député.* ◇ ANT. *Validation.*

INVALIDE [ɛ̃valid]. *adj.* et *n.* (1515 ; lat. *invalidus*). ◆ 1° Qui n'est pas en état de mener une vie active, de travailler, du fait de sa mauvaise santé, de ses infirmités, de ses blessures, etc. V. **Impotent, infirme.** — *N.* Militaire que l'âge, les blessures rendent incapable de servir. *Invalide de guerre. L'hôtel des Invalides,* et ellipt. *Les Invalides :* hospice fondé par Louis XIV à Paris pour abriter les invalides. — *Par anal. Les invalides du travail,* les personnes atteintes d'invalidité. ◆ 2° (1542). *Dr. (Vx.).* Qui n'est pas valable. V. **Nul.** *Rendre invalide :* invalider.

INVALIDER [ɛ̃valide]. *v. tr.* (1452 ; de *invalide*). *Dr.* Rendre non valable. V. **Annuler.** *Invalider une donation.* — *Spécialt.* (Cour.) *Invalider une élection,* et par ext. *un député. Invalider une information à la suite d'une erreur ou d'une attitude.* ◇ ANT. *Confirmer ; valider.*

INVALIDITÉ [ɛ̃validite]. *n. f.* (1521 ; de *invalide*). ◆ 1° *Dr.* (*Vieilli*) Défaut de validité entraînant la nullité. ◆ 2° (XIXᵉ). *Mod.* État d'une personne invalide. ◇ Diminution de la capacité de travail (des deux tiers au moins). *Pension d'invalidité.*

INVAR [ɛ̃var]. *n. m.* (1907 ; marque déposée ; abrév. de *invariable*). *Techn.* Acier au nickel, de dilatation très faible.

INVARIABILITÉ [ɛ̃varjabilite]. *n. f.* (1616 ; de *invariable*). Caractère de ce qui est invariable. ◇ ANT. *Changement, variabilité.*

INVARIABLE [ɛ̃varjabl(ə)]. *adj.* (1361 ; de *in-* 1, et *variable*). ◆ 1° Qui ne varie pas, ne change pas. V. **Constant, fixe, immuable.** *Lois invariables.* — *Gram.* Qui ne comporte pas de modifications flexionnelles. *Les adverbes sont des mots invariables.* ◆ 2° *Littér.* Qui reste ferme, immuable. *Il est invariable dans ses opinions.* ◇ ANT. *Changeant, variable.*

INVARIABLEMENT [ɛ̃varjabləmɑ̃]. *adv.* (1495 ; de *invariable*). D'une manière invariable, constante. V. **Toujours.** *Il est invariablement en retard.* « *Ces personnages invariablement attablés ou assis aux mêmes heures* » (BALZ.).

INVARIANCE [ɛ̃varjɑ̃s]. *n. f.* (1908 ; de *invariant*). *Sc.* Propriété de ce qui est invariant.

INVARIANT, ANTE [ɛ̃varjɑ̃, ɑ̃t]. *adj.* (1877 ; de *in-* 1, et *varier*, par l'angl. *invariant*, 1851). *Sc.* Se dit d'une grandeur, d'une expression, d'une relation ou d'une propriété qui se conserve dans une transformation de nature physique ou mathématique. *Chim. Système invariant,* de variance nulle. ◇ *Subst. Un invariant.*

INVASION [ɛ̃vazjɔ̃]. *n. f.* (1160 ; bas lat. *invasio,* de *invadere.* V. **Envahir**). ◆ 1° Pénétration belliqueuse et massive des forces armées d'un État sur le territoire d'un autre État. V. **Attaque, incursion.** *Pays exposé aux invasions. Se défendre contre l'invasion.* ◇ *Spécialt.* Migration accompagnée de violences, de dévastations. *Les invasions doriennes en Grèce.* « *Les deux grandes invasions de l'Asie en Europe, celle des Huns au Vᵉ siècle et celle des Sarrasins au VIIIᵉ* » (MICHELET). ◆ 2° Action d'envahir, de se répandre dangereusement. *Invasion de sauterelles, de rats.* — *Fig.* Entrée soudaine et massive. V. **Irruption.** ◆ 3° *Méd.* « *Période qui s'étend depuis l'apparition des premiers symptômes d'une maladie jusqu'à la période d'état* » (GARNIER). ◇ ANT. *Retraite.*

INVECTIVE [ɛ̃vɛktiv]. *n. f.* (1404 ; bas lat. *invectivæ (orationes)* « discours agressifs », de *invehi* « attaquer »). Parole ou suite de paroles violentes contre qqn ou qqch. *Se répandre en invectives. Accabler d'invectives. Invectives contre le luxe, les richesses.* V. **Sortie.** « *Je n'ai aucun don naturel pour l'insulte, pour l'invective, pour la violence verbale* » (DUHAM.).

INVECTIVER [ɛ̃vɛktive]. *v.* (1542 ; de *invective*). *Littér.* ◆ 1° *V. intr.* Lancer des invectives. V. **Crier, fulminer, pester.** *Invectiver contre qqn, contre le vice.* ◆ 2° *V. tr.* Couvrir d'invectives. V. **Injurier.** « *Il invectivera un homme connu* » (DIDER.).

INVENDABLE [ɛ̃vɑ̃dabl(ə)]. *adj.* (1764 ; de *in-* 1 et *vendable*). Qui n'est pas vendable, qui ne peut trouver d'acheteur.

INVENDU, UE [ɛ̃vɑ̃dy]. *adj.* (1706 ; de *in-* 1, et *vendu*). Qui n'a pas été vendu. *Marchandises invendues. Journaux invendus.* V. **Bouillon.** — *Subst. Les invendus.*

INVENTAIRE [ɛ̃vɑ̃tɛr]. *n. m.* (1313 ; lat. jur. *inventarium,* de *invenire* « trouver »). ◆ 1° Opération qui consiste à énumérer et à décrire les éléments composant l'actif et le passif d'une communauté, d'une succession, etc. ; état descriptif dressé lors de cette opération. *Procéder à l'inventaire d'une succession. Dresser un inventaire. Sous bénéfice d'inventaire,* sous réserve de vérification. *Inventaire commercial. Inventaire de fin d'année.* ◆ 2° Revue et étude minutieuse. V. **Dénombrement, recensement.** *Inventaire des richesses artistiques d'une province.* « *L'impatient inventaire du monde que poursuit notre siècle* » (MALRAUX).

INVENTER [ɛ̃vɑ̃te]. *v. tr.* (1485 ; du rad. d'*inventeur*). ◆ 1° Créer ou découvrir (qqch. de nouveau). V. **Créer, découvrir, imaginer.** *Les Chinois ont inventé l'imprimerie. Inventer des instruments, un jeu, des remèdes, des mots.* « *Torricelli a inventé la pesanteur de l'air, je dis qu'il l'a inventée plutôt que découverte, parce que, lorsqu'il invente, il faut l'inventer de toutes pièces pour pouvoir le découvrir* » (SARTRE). *Faculté d'inventer.* V. **Inventivité.** — *Absolt. N'imitez pas, inventez !* V. **Innover.** ◆ 2° Trouver, imaginer pour un usage particulier. *Inventer un subterfuge, un moyen de s'en tirer.* « *Ils ne savent qu'inventer pour tourmenter le pauvre soldat* » (GOBINEAU). — *Inventer de,* imaginer de. ◆ 3° Imaginer de façon arbitraire, sans respecter la vérité, la réalité. V. **Forger.** *Inventer une histoire, une excuse.* « *Elle me l'a dit... Je n'invente rien, moi* » (LESAGE). — *Qu'allez-vous inventer là ?* V. **Supposer.** *Pronom. Ce sont des choses qui ne s'inventent pas,* qui sont sûrement vraies. ◇ ANT. *Copier, imiter. Vrai.*

INVENTEUR, TRICE [ɛ̃vɑ̃tœr, tris]. *n.* (1454 ; lat. *inventor, inventrix,* de *invenire* « trouver »). I. Personne qui invente, qui a inventé. V. **Créateur.** ◆ 1° *Inventeur de. L'inventeur d'une machine, d'une science.*

Inventeurs de mots, de formes. ♦ 2° *Absolt.* Auteur d'inventions importantes (scientifiques, techniques). *La science « enrichit celui qui met en œuvre, mais non le véritable inventeur »* (RENAN). — II. *Dr.* Celui qui trouve (un trésor, un objet perdu, un gisement archéologique). ◇ ANT. *Copiste, imitateur.*

INVENTIF, IVE [ẽvɑ̃tif, iv]. *adj.* (1442; du rad. d'*inventer*). ♦ 1° Qui a le don, le goût d'inventer. *Esprit inventif.* « *Le capitalisme est individuel, déréglé et inventif »* (CHARDONNE). ♦ 2° Fertile en ressources, en expédients. V. **Industrieux, ingénieux.** *L'amour l'a rendu inventif.*

INVENTION [ẽvɑ̃sjɔ̃]. *n. f.* (1270; lat. *inventio*, de *invenire* « trouver »). — I. *Didact.* Action de trouver. Liturg. *Invention de la Sainte Croix.* — Dr. *Invention d'un trésor.* — II. *Cour.* (1431). ♦ 1° Action d'inventer. V. **Création, découverte.** *Invention d'une machine, d'une technique, d'un art, d'un jeu, d'un système.* ♦ 2° Chose inventée, nouveauté scientifique ou technique. V. **Découverte, trouvaille.** *Les « inventions pratiques, avion, téléphone, cinéma »* (GIDE). *Brevet d'invention.* ♦ 3° Faculté, don d'inventer. V. **Imagination, inspiration.** « *Cette invention qui paraissait un don des dieux »* (VOLT.). *Manquer d'invention.* ♦ 4° Action d'imaginer (un moyen); moyen inventé. V. **Combinaison, expédient, ressource.** *Inventions diaboliques.* ♦ 5° Chose imaginaire, inventée. V. **Fable, mensonge.** *Une invention de la malveillance. Ce n'est pas une invention, c'est de l'histoire.* — *De son invention,* qu'il a inventé de toutes pièces. ♦ 6° *Arts.* Faculté de construire dans l'imaginaire. *Invention et observation chez le romancier.* — Construction de l'imagination. V. **Fiction.** *Une invention romanesque.* ♦ 7° *Mus.* Nom donné par J.-S. Bach à de petites pièces instrumentales composées dans le style fugué. ◇ ANT. *Imitation. Réalité, vérité.*

INVENTIVITÉ [ẽvɑ̃tivite]. *n. f.* (1958; de *inventif*). Capacité d'inventer, d'innover. V. **Fécondité, fertilité** (d'esprit). *Cet auteur manque d'inventivité.* V. **Imagination.** — Caractère inventif. *L'inventivité humaine.*

INVENTORIAGE [ẽvɑ̃tɔrjaʒ]. *n. m.* (1947; de *inventorier*). *Didact.* Le fait d'inventorier. *Inventoriage d'archives.* REM. La var. *inventorisation,* d'apr. le néerl., est employée en archivistique depuis 1905.

INVENTORIER [ẽvɑ̃tɔrje]. *v. tr.* (1367; de la var. *inventoire,* lat. médiév. *inventorium.* V. **Inventaire**). Faire l'inventaire de. V. **Dénombrer.** *Inventorier une succession, des marchandises.* — Par ext. « *Pour inventorier et cataloguer ces manuscrits »* (FRANCE).

INVÉRIFIABLE [ẽverifjabl(ə)]. *adj.* (1845; de *in-* 1, et *vérifiable*). Qui ne peut être vérifié. *Assertions, hypothèses invérifiables.* V. **Incontrôlable, indémontrable.** ◇ ANT. **Vérifiable.**

INVERSABLE [ẽvɛrsabl(ə)]. *adj.* (XVIIe; de *in-* 1, et *verser*). Qui ne peut se renverser. *Encrier inversable.*

INVERSE [ẽvɛrs(ə)]. *adj.* et *n. m.* (1611; *envers,* XIIe; lat. *inversus,* de *invertere* « retourner »). — I. *Adj.* ♦ 1° *(Direction, ordre).* Qui est exactement opposé, contraire. *En ordre, dans le sens inverse. En sens inverse.* ◇ *Par ext.* Qui est, va, se fait en sens inverse. *Images inverses.* V. **Renversé.** *Faire le mouvement inverse.* ♦ 2° *Log. Proposition inverse,* dont les termes sont dans une relation inverse de celle où ils se trouvent dans une autre proposition. ♦ 3° *Math. Rapport, raison inverse,* rapport de deux quantités dont l'une augmente dans la même proportion que l'autre diminue. *Fonctions inverses. Nombres inverses,* dont chacun est le quotient de l'unité par l'autre. *Opérations inverses,* qui laissent inchangée la grandeur qui les a subies successivement. ◇ *Géom. Figures inverses,* dont l'une est déduite de l'autre par inversion. — II. *N. m. L'inverse,* la chose inverse (soit par changement d'ordre ou de sens, soit par contradiction totale). *Vous avez fait l'inverse.* V. **Contraire (le).** *C'est justement l'inverse !* « *La philosophie de M. Rousseau est presque l'inverse de celle de M. Hobbes »* (DIDER.). V. **Antithèse, contrepied.** ◇ *À l'inverse,* tout au contraire. ◇ ANT. **Même.**

INVERSEMENT [ẽvɛrsəmɑ̃]. *adv.* (1752; de *inverse*). ♦ 1° D'une manière inverse. *Inversement proportionnel.* ♦ 2° (En tête d'une phrase). Par un phénomène, un raisonnement inverse. — (À la fin de la proposition) *Ou inversement,* ou c'est l'inverse. V. **Vice versa.**

INVERSER [ẽvɛrse]. *v. tr.* (1845; électr., 1873; de *inverse,* pour remplacer *invertir*). ♦ 1° (XXe). Faire prendre à (deux objets) une position relative inverse de la précédente; changer (la position, l'ordre). V. **Intervertir.** *Inverser l'ordre de deux facteurs.* ♦ 2° Renverser le sens de (un courant électrique, un mouvement).

INVERSEUR [ẽvɛrsœr]. *n. m.* (1848; de *inverser*). Techn. Électr. Appareil destiné à inverser à volonté le sens du courant. V. **Commutateur.** — Mécan. Mécanisme permettant de renverser le sens de marche d'un système. *Inverseur de poussée* (dans un propulseur à réaction).

INVERSIF, IVE [ẽvɛrsif, iv]. *adj.* (1867; de *inversion*). *Didact.* Caractérisé par l'inversion.

INVERSION [ẽvɛrsjɔ̃]. *n. f.* (1529, sens 1°; lat. *inversio,* de *invertere* « retourner »). — I. ⒶＳ *Sens spéciaux.* ♦ 1° Déplacement (d'un mot ou d'un groupe de mots) par rapport à l'ordre normal ou habituel de la construction. *Inversion du sujet, de l'attribut. Inversion simple,* où le sujet est reporté après le verbe. *Inversion complexe,* dans laquelle le sujet reste devant le verbe et se fait représenter par un pronom personnel de reprise. ♦ 2° (XIXe). Anomalie consistant en une position inverse ou un retournement sur lui-même d'un organe. V. **Invagination.** *Inversion du cœur.* V. **Dextrocardie.** *Inversion utérine,* repliement du fond de l'utérus vers le col utérin. *Inversion des points lacrymaux,* déviés en arrière. ♦ 3° Changement de sens d'un courant électrique. ♦ 4° *Chim. Inversion du sucre,* dédoublement du saccharose en glucose et en lévulose. ♦ 5° *Géol. Inversion de relief,* transformation d'un synclinal en anticlinal (et inversement) sous l'action de l'érosion. ♦ 6° *Math.* Transformation ponctuelle telle que la droite joignant les points homologues M et M' passe par un point fixe O et que le produit des valeurs algébriques OM. OM' reste constant. Ⓑ *Sens général* (XXe; objets). Action d'inverser, de s'inverser (mouvement, ordre; objets). — II. (1889; d'abord « *Inversion du sens génital »* [Charcot]). *Inversion sexuelle; inversion,* anomalie psychique qui porte qqn à n'éprouver d'affinité sexuelle que pour un être de son sexe. V. **Homosexualité; inverti (II).**

INVERTASE [ẽvɛrtaz]. *n. f.* (1907; de *invertine,* et suff. *-ase*). *Biochim.* Enzyme qui active l'hydrolyse du saccharose en fructose et en glucose. (Syn. *Saccharase; sucrase*).

INVERTÉBRÉ, ÉE [ẽvɛrtebre]. *adj.* (1800; de *in-* 1, et *vertébré*). *Zool.* Qui n'a pas de vertèbres, de squelette. — Subst. LES INVERTÉBRÉS, tous les animaux qui ne possèdent pas de colonne vertébrale. ◇ ANT. **Vertébré.**

INVERTI, IE [ẽvɛrti]. *adj.* et *n.* (XIXe; de *invertir*). — I. *Adj.* Chim. *Sucre inverti,* dédoublé par inversion* (I, 4°). — II. *N.* (1907). Personne atteinte d'inversion sexuelle. V. **Homosexuel; inversion II.**

INVERTINE [ẽvɛrtin]. *n. f.* (1875; de *invertir*). *Biochim.* Syn. vieilli de *Invertase*.

INVERTIR [ẽvɛrtir]. *v. tr.* (1265, repris av. 1831; lat. *invertere* « retourner »). *Vieilli.* Renverser symétriquement. V. **Inverser.** Au p. p. « *Images inverties dans l'eau »* (CHATEAUB.). ◇ *Chim.* (au p. p.). V. **Inverti, I.**

INVESTIGATEUR, TRICE [ẽvɛstigatœr, tris]. *n.* (XVe; lat. *investigator*). Personne qui fait des investigations, des recherches systématiques sur qqch. V. **Chercheur.** — Adj. « *Cet esprit fin et investigateur »* (BALZ.).

INVESTIGATION [ẽvɛstigasjɔ̃]. *n. f.* (XIVe; lat. *investigatio*). Recherche suivie, systématique, sur quelque objet. V. **Enquête, recherche.** *Investigations du savant, de l'historien.* — Par ext. « *Sous l'investigation de son regard »* (GIDE).

INVESTIR [ẽvɛstir]. *v. tr.* (*Envestir,* 1491; lat. *investire* « revêtir, garnir », spécialisé en lat. médiév.). — I. ♦ 1° Revêtir solennellement d'un pouvoir, d'une dignité, par la remise symbolique d'un attribut. ♦ 2° Mettre en possession (d'un pouvoir, d'un droit, d'une fonction). *Investir un ministre de pouvoirs extraordinaires. Être investi d'un droit :* être habilité à en user. — *Investir qqn de sa confiance.* « *L'héritage paternel l'avait investi d'une puissance inattendue : l'argent »* (MART. du G.). ◇ *Spécialt.* Conférer l'investiture à. — II. (v. 1410; repris it. *investire*). Entourer avec des troupes (un objectif militaire). V. **Cerner, encercler.** *Investir une place forte.* V. **Assiéger.** *Les gendarmes investirent la maison.* — III. (1922; repris angl. *to invest*). ♦ 1° Employer, placer (des capitaux) dans une entreprise; employer en investissements. ♦ 2° *Intrans. Psychan.* Mettre son énergie psychique dans (une activité, un objet).

INVESTISSEMENT [ẽvɛstismɑ̃]. *n. m.* (1704; de *investir,* II). — I. Action d'investir (une place, une armée); résultat de cette action. V. **Blocus, siège.** — II. (1924; angl. *investment*). ♦ 1° *Écon.* Action d'investir dans une entreprise des capitaux destinés à son équipement, à l'acquisition de moyens de production; ces capitaux. *Investissement des réserves d'une entreprise* (auto-financement). *Investissements de longue durée.* ♦ 2° *Psychan.* Le fait d'investir (III, 2°).

INVESTISSEUR [ẽvɛstisœr]. *n. m.* (1963; de *investir* III). *Écon.* Personne ou collectivité qui place des capitaux dans l'achat de biens de production. « *Rendre l'argent suffisamment bon marché pour attirer les investisseurs »* (L'Express, 21-9-1964).

INVESTITURE [ɛ̃vɛstityʀ]. *n. f.* (1460; *envesture*, XIIIᵉ; lat. médiév. *investitura*). *Dr.* ♦ 1° *Hist.* Acte formaliste accompagnant la « tradition », la mise en possession (d'un fief, d'un bien-fonds). *Investiture d'un fief.* ◊ *Dr.* canon. *Investiture d'un évêché.* Hist. *Querelle des Investitures* (des évêques) entre les papes et les empereurs germaniques. ♦ 2° *Mod.* Action d'investir (par un vote de confiance de l'Assemblée nationale) le président du Conseil. ◊ *Polit.* Acte par lequel un parti désigne officiellement un candidat à une élection. ⊗ ANT. *Déposition.*

INVÉTÉRÉ, ÉE [ɛ̃veteʀe]. *adj.* (1468; lat. *inveteratus*, de *inveterare* « faire vieillir »). ♦ 1° Fortifié et enraciné avec le temps. *Habitude invétérée.* « *Abus invétérés* » (VOLT.). ♦ 2° *(Personnes).* Qui est tel depuis longtemps (en parlant d'un défaut, d'un vice). *Alcoolique, voleur invétéré.* V. **Endurci, impénitent.**

INVÉTÉRER (S') [ɛ̃veteʀe]. *v. pron.*; conjug. *céder* (1495; de *invétéré*, et lat. *inveterare*). *Vx* ou *littér.* Se fortifier, empirer avec le temps. « *Le mal s'invétérait par ma négligence* » (ROUSS.). « *Un caractère qui s'est invétéré* » (DUHAM.).

INVINCIBILITÉ [ɛ̃vɛ̃sibilite]. *n. f.* (1508; de *invincible*). Caractère de ce qui est invincible. « *Cette paisible invincibilité de la pierre ou du bronze* » (Cl. SIMON).

INVINCIBLE [ɛ̃vɛ̃sibl(ə)]. *adj.* (1360; bas lat. *invincibilis*). ♦ 1° Qui ne peut être vaincu. V. **Imbattable.** *Armée invincible.* — *Vx. Invincible à*, qui résiste victorieusement à. ◊ Qui ne se laisse pas abattre. V. **Indomptable.** *Courage invincible.* ♦ 2° Dont on ne peut triompher. *Obstacle invincible.* V. **Insurmontable.** — *Argument invincible.* — *Fig.* À quoi l'on ne peut résister. V. **Irrésistible.** *Charme invincible.* « *Un homme ardent et terrible... dont l'esprit, l'audace étaient invincibles* » (MICHELET). *Cette idée* « *m'inspirait une répugnance invincible* » (DUHAM.). *Timidité invincible.*

INVINCIBLEMENT [ɛ̃vɛ̃sibləmã]. *adv.* (1490; de *invincible*). D'une manière invincible, insurmontable. *Être invinciblement entraîné.*

IN-VINGT-QUATRE [invɛ̃tkatʀ(ə)]. *adj. invar.* (1765; lat. *in*, et *vingt-quatre*). *Imprim.* Où les feuilles sont pliées en vingt-quatre feuillets (ou quarante-huit pages). *Format in-vingt-quatre. Volume in-vingt-quatre*, et subst. *Un in-vingt-quatre* (in-24).

INVIOLABILITÉ [ɛ̃vjɔlabilite]. *n. f.* (1611; de *inviolable*). ♦ 1° Caractère de ce qui est inviolable. *L'inviolabilité du domicile.* ♦ 2° (1789). Prérogative d'une personne déclarée inviolable. *Inviolabilité parlementaire.* V. **Immunité.**

INVIOLABLE [ɛ̃vjɔlabl(ə)]. *adj.* (1328; lat. *inviolabilis*). ♦ 1° Qu'il n'est pas permis de violer, ou d'enfreindre. V. **Intangible, sacré.** *Droit inviolable et sacré. Asile inviolable.* « *Ce lieu qu'il avait longtemps considéré comme le plus inviolable des sanctuaires* » (MART. du G.). ♦ 2° À qui la loi ou la constitution accorde une immunité en matière criminelle ou correctionnelle. « *L'Assemblée déclara que ses membres étaient inviolables* » (MICHELET).

INVIOLABLEMENT [ɛ̃vjɔlabləmã]. *adv.* (1371; de *inviolable*). *Littér.* D'une manière inviolable. *Règles inviolablement respectées.*

INVIOLÉ, ÉE [ɛ̃vjɔle]. *adj.* (XVIᵉ; de *in-* 1, et *violer*). *Littér.* Qui n'a pas été violé, enfreint. *Une interdiction inviolée.* ◊ Qui n'a pas été profané. *Sépulture inviolée.* ⊗ ANT. *Violé.*

INVISIBILITÉ [ɛ̃vizibilite]. *n. f.* (1560; bas lat. *invisibilitas*). Caractère, état de ce qui est invisible. *L'invisibilité des microbes.*

INVISIBLE [ɛ̃vizibl(ə)]. *adj.* (1256; bas lat. *invisibilis*). ♦ 1° Qui n'est pas visible, qui échappe à la vue (par nature ou par accident). *Dieu, infini et invisible. Réalités invisibles.* « *Mourir, c'est entrer dans le monde invisible* » (HUGO). — *Invisible à l'œil nu.* V. **Imperceptible, microscopique.** *Montagne invisible derrière les brumes. Avion invisible dans le ciel.* ◊ *Sc.* Dont les radiations sont à l'extérieur du spectre solaire. V. **Infrarouge, ultraviolet.** ♦ 2° *Fig.* Qui échappe à la connaissance. *Danger invisible.* « *Ce genre d'esprit charmant est invisible aux sots* » (STENDHAL). — Subst. *L'intervention de l'invisible dans notre vie.* ♦ 3° (1689). Qui se dérobe aux regards, qui ne veut pas être vu et qu'on ne peut rencontrer. *Depuis quelque temps, elle est devenue invisible.* « *Le ministre était invisible pour moi* » (ACAD.). ⊗ ANT. *Visible.*

INVISIBLEMENT [ɛ̃vizibləmã]. *adv.* (XIIᵉ; de *invisible*). D'une manière invisible. ⊗ ANT. *Visiblement.*

INVITANT, ANTE [ɛ̃vitã, ãt]. *adj.* (1872; de *inviter*). ♦ 1° Engageant. « *Rien ne le décourage... On dirait que les pires pronostics (sont) les plus invitants* » (J.-R. BLOCH). V. **Tentant.** ♦ 2° (XXᵉ). *Les puissances invitantes :* qui invitent *(polit.).*

INVITATION [ɛ̃vitasjɔ̃]. *n. f.* (XIVᵉ; lat. *invitatio*). ♦ 1° Action d'inviter; son résultat. *Faire une invitation. Accepter, refuser une invitation. Invitation à un bal, à une réunion. Lettre d'invitation.* ◊ *Par ext.* Lettre, carte d'invitation. *Recevoir des invitations à dîner.* ♦ 2° Action d'inciter, d'en-

gager à. V. **Exhortation.** *À l'invitation, sur l'invitation de qqn.* V. **Prière.** — *Fig.* « *La femme est une invitation au bonheur* » (BAUDEL.).

INVITATOIRE [ɛ̃vitatwaʀ]. *adj.* et *n. f.* (XIIIᵉ; bas lat. *invitatorius*). *Liturg. Antienne invitatoire*, ou n. f. *Invitatoire*, antienne qui se chante à matines.

INVITE [ɛ̃vit]. *n. f.* (1767; de *inviter*). ♦ 1° Jeu de cartes *(Vx).* Appel. ♦ 2° (Fin XIXᵉ). Invitation indirecte plus ou moins déguisée (à faire qqch.). « *L'invite à la riposte* » (COURTELINE). « *C'était une invite à le laisser* » (GIDE). *Une invite discrète.*

INVITÉ, ÉE [ɛ̃vite]. *n.* (XIXᵉ; V. Inviter). Personne invitée par une autre. *Vous êtes mon invitée. Les invités partirent tard dans la nuit.* V. **Convive, hôte.** « *D'invité perpétuel, Pons arriva... à l'état de pique-assiette* » (BALZ.).

INVITER [ɛ̃vite]. *v. tr.* (1356; lat. *invitare*). ♦ 1° Prier (qqn) de se rendre, de se trouver à quelque endroit, d'assister à qqch. V. **Convier.** *Inviter à une cérémonie, un mariage. Inviter qqn à dîner. Inviter une jeune fille à danser. Elle n'a jamais été invitée chez eux.* Pronom. « *Je ne l'ai pas invité... Il s'est invité tout seul* » (DUHAM.). ♦ 2° Inciter, engager en employant la persuasion, la douceur. V. **Engager, exhorter, inciter.** *Inviter qqn à faire qqch. Il* « *m'invite de la main à m'asseoir près de lui* » (DAUD.). ♦ 3° *(Choses).* V. **Porter.** *Voilà qui invite à la réflexion, à croire que...* « *L'ombre tiède du parc invitait à la flânerie* » (MART. du G.).

IN VITRO [invitʀo]. *loc. adv.* (1891; mots lat. « dans le verre »). En milieu artificiel, en laboratoire. *Observations faites in vitro (opposé à in vivo).*

INVIVABLE [ɛ̃vivabl(ə)]. *adj.* (v. 1935; de *in-* 1, et *vivre*). ♦ 1° Très difficile à vivre. *Existence invivable.* ♦ 2° *Fam. (Personnes).* Impossible, insupportable. « *Tous ceux qui ont approché cette malheureuse Colet l'ont trouvée pareillement invivable, insupportable...* » (HENRIOT).

IN VIVO [invivo]. *loc. adv.* (1901; mots lat. « dans le vivant »). Dans l'organisme vivant. *Expériences in vivo (opposé à in vitro).*

INVOCATION [ɛ̃vɔkasjɔ̃]. *n. f.* (1170; lat. *invocatio*). Action d'invoquer; résultat de cette action. *Invocation à la Divinité, aux saints.* « *Une messe solennelle placée sous l'invocation de saint Roch* » (CAMUS), sous son patronage, sa protection. *Invocation aux Muses.*

INVOCATOIRE [ɛ̃vɔkatwaʀ]. *adj.* (XVIᵉ; rad. d'*invocation*). *Littér.* Qui sert à invoquer.

INVOLONTAIRE [ɛ̃vɔlɔ̃tɛʀ]. *adj.* (1361; bas lat. *involuntarius*). ♦ 1° Qui n'est pas volontaire, qui échappe au contrôle de la volonté. *Mouvement involontaire.* V. **Automatique, machinal, réflexe.** *Tromperie involontaire.* « *Un sentiment involontaire ne peut être un crime* » (LACLOS). ♦ 2° Qui agit ou se trouve dans une situation, sans le vouloir. *Être le héros involontaire d'un drame.* « *La confidente involontaire de cette histoire* » (MAUPASS.). ⊗ ANT. *Volontaire, voulu.*

INVOLONTAIREMENT [ɛ̃vɔlɔ̃tɛʀmã]. *adv.* (1361; de *involontaire*). D'une manière involontaire; sans le vouloir. *Si je vous ai peiné, c'est bien involontairement.* ⊗ ANT. *Exprès, volontairement; sciemment.*

INVOLUCELLE [ɛ̃vɔlysɛl]. *n. m.* (1778; dimin. de *involucre*). *Bot.* Involucre secondaire ou partiel.

INVOLUCRE [ɛ̃vɔlykʀ(ə)]. *n. m.* (1545; lat. *involucrum* « enveloppe »). *Bot.* Ensemble de bractées formant à la base de certaines inflorescences une sorte de collerette. V. **Spathe.**

INVOLUCRÉ, ÉE [ɛ̃vɔlykʀe]. *adj.* (1803; de *involucre*). *Bot.* Pourvu d'un involucre.

INVOLUTÉ, ÉE [ɛ̃vɔlyte]. *adj.* (1798; lat. *involutus*, de *involvere* « enrouler »). *Bot.* Roulé de dehors en dedans.

INVOLUTIF, IVE [ɛ̃vɔlytif, iv]. *adj.* (1798; du lat. *involutus*; Cf. Involution). ♦ 1° *Bot.* Involuté. ♦ 2° *Math.* (1931). Qui se rapporte à une involution. — Se dit d'un élément qui est identique à son symétrique. ♦ 3° *Méd. Dépression, lésion involutive.* V. **Involution** (1°).

INVOLUTION [ɛ̃vɔlysjɔ̃]. *n. f.* (1314, « difficultés »; lat. *involutio* « enroulement »). ♦ 1° *Bot.* État d'un organe involuté. ♦ 2° (1866). *Math.* Fonction homographique* identique à sa fonction réciproque. — Relation entre deux variables x et y de la forme $Axy + B(x + y) + C = 0$. Transformation ponctuelle définie par cette fonction ou cette relation. ♦ 3° (Déb. XIXᵉ; d'apr. *évolution*). *Didact.* Développement inverse de l'évolution; passage de l'hétérogène à l'homogène. — *Méd.* Modification régressive d'un organe, de l'organisme, d'une tumeur. *Involution sexuelle, sénile. Involution utérine*, retour de l'utérus à ses dimensions normales, après l'accouchement.

INVOQUER [ɛ̃vɔke]. *v. tr.* (1397; lat. *invocare*). ♦ 1° Appeler à l'aide par des prières. V. **Conjurer, prier.** *Invoquer Dieu. Invoquer les Muses.* « *Une image de saint qu'on peut invoquer à l'heure du danger* » (GAUTIER). — *Par ext.* Implorer, réclamer. *Invoquer le secours, la clémence d'un roi.* ♦ 2° Faire appel, avoir recours à. *Invoquer une loi, le témoignage d'un*

ami. « *Ils n'invoquaient que les textes, les vieux livres* » (MICHE-
LET). *Invoquer contre qqn une autorité supérieure.* — *Invoquer un précédent. Arguments invoqués à l'appui d'une thèse.*
« *Ne m'est-il pas permis d'invoquer une circonstance atté-
nuante?* » (PASTEUR).

INVRAISEMBLABLE [ɛ̃vʀɛsɑ̃blabl(ə)]. *adj.* (1763; de
in- 1, et *vraisemblable*). ♦ 1° Qui n'est pas vraisemblable,
ne semble pas vrai. V. **Impensable, incroyable.** *Nouvelle
invraisemblable. Histoire, récit invraisemblable.* V. **Extraordinaire.** *Aussi invraisemblable que cela paraisse.* V. **Improbable.**
Espoir invraisemblable. V. **Chimérique.** ♦ 2° Très étonnant
(et souvent comique). V. **Étonnant, extravagant, fabuleux,
fantastique, inimaginable.** « *Il portait... un invraisemblable
chapeau gris* » (MAUPASS.). *Un aplomb, un toupet invraisemblable.* ♦ 3° Subst. « *L'invraisemblable paraissait tout simple* »
(HUGO). ◊ ANT. **Vraisemblable.**

INVRAISEMBLABLEMENT [ɛ̃vʀɛsɑ̃blabləmɑ̃]. *adv.*
(1785; du précéd.). D'une manière invraisemblable. ◊
Étonnamment. « *Les perruches sacrées... invraisemblablement
vertes* » (LOTI).

INVRAISEMBLANCE [ɛ̃vʀɛsɑ̃blɑ̃s]. *n. f.* (1763; de *in*- 1,
et *vraisemblance*). ♦ 1° Défaut de vraisemblance. *Invraisemblance d'un fait, d'une nouvelle.* ♦ 2° Chose invraisemblable. *Récit plein d'invraisemblances.* V. **Énormité.** ◊ ANT.
Crédibilité, vraisemblance.

INVULNÉRABILITÉ [ɛ̃vylneʀabilite]. *n. f.* (1732; de
invulnérable). *Littér.* ♦ 1° Qualité de ce qui est invulnérable.
Invulnérabilité d'Achille. ♦ 2° *Fig.* « *Son égoïsme lui crée
une sorte d'invulnérabilité* » (GIDE).

INVULNÉRABLE [ɛ̃vylneʀabl(ə)]. *adj.* (v. 1500; lat.
invulnerabilis). ♦ 1° Qui n'est pas vulnérable, qui ne peut
être blessé. « *Celui qui se croirait invulnérable n'aurait peur
de rien* » (ROUSS.). *Invulnérable aux coups.* Par métaph.
« *Mon cœur à tous ses traits demeure invulnérable* » (CORN.).
♦ 2° *Fig.* et *littér.* Qui est moralement au-dessus de toute
atteinte. *Être invulnérable au malheur, aux tentations.* ◊
ANT. **Fragile, vulnérable.**

IODATE [jɔdat]. *n. m.* (1816; de *iode*). *Chim.* Sel de l'acide
iodique.

IODE [jɔd]. *n. m.* (1812; gr. *iôdês* « violet »). Métalloïde
très volatil (symb. I; dens. 4,95; n° at. 53), qui donne naissance à des vapeurs violettes quand on le chauffe. *L'iode
existe à l'état combiné dans l'eau de mer, les végétaux marins;
il est indispensable à l'organisme.* « *L'odeur de l'iode et des
algues lui annonça la mer* » (CAMUS). *Utilisation de l'iode
dans l'industrie, en photographie, en médecine comme révulsif
et antiseptique.* — *Teinture d'iode :* solution d'iode et d'iodure
de potassium dans l'alcool à 90° (désinfectant). ◊ HOM. *Yod.*

IODÉ, ÉE [jɔde]. *adj.* (1836; de *iode*). Qui contient de
l'iode. *Eau iodée. Bain iodé, sirop iodé.*

IODER [jɔde]. *v. tr.* (1869; de *iode*). *Techn.* Couvrir d'iode,
mêler d'iode.

IODHYDRIQUE [jɔdidʀik]. *adj. m.* (1846; de *iode*, et
suff. *hydrique*). *Chim. Acide iodhydrique,* acide (formule *HI*)
formé par la combinaison d'iode et d'hydrogène, gaz incolore
très soluble dans l'eau.

IODIQUE [jɔdik]. *adj.* (1812; de *iode*). *Chim. Acide
iodique,* acide (HIO₃) *Anhydride iodique* (I₂O₅) résultant de
l'oxydation de l'iode. ◊ *Méd. Acné iodique,* provoqué par
l'iode.

IODISME [jɔdism(ə)]. *n. m.* (1855; de *iode*). *Méd.* Intoxication qui peut se produire à la suite de l'absorption de l'iode
ou d'un de ses composés (iodates, iodoforme).

IODLER. V. **JODLER.**

IODOFORME [jɔdɔfɔʀm(ə)]. *n. m.* (1842; de *iode*, et
-forme). Composé (CHI₃) solide, jaune, cristallisé, à odeur
tenace et désagréable, utilisé comme antiseptique.

IODURE [jɔdyʀ]. *n. m.* (1812; de *iode*). Sel ou ester de
l'acide iodhydrique. *Iodure d'argent,* utilisé en photographie.
Iodure de potassium, utilisé dans le traitement de l'insuffisance
thyroïdienne.

IODURÉ, ÉE [jɔdyʀe]. *adj.* (1812; de *iodure*). Qui
contient un iodure. *Bain, gargarisme ioduré.* Qui est
couvert d'une couche d'iodure. *Plaque photographique
iodurée.*

ION [jɔ̃]. *n. m.* (1840; angl. *ion,* du gr. *ion,* p. prés. de
ienai « aller »). *Sc.* Atome ou groupement d'atomes portant
une charge électrique. *Ions positifs* (V. **Cation**), *négatifs*
(V. **Anion**). *Ions de l'atmosphère* (V. **Ionosphère**). *La particule* α *est un ion d'hélium.*

IONIEN, IENNE [jɔnjɛ̃, jɛn]. *adj.* (1765; de *Ionie,* lat.
Ionia, mot gr.). D'Ionie, ancienne province grecque d'Asie
Mineure. *Îles Ioniennes, mer Ionienne. Dialecte ionien,* du
groupe hellénique. Subst. *L'ionien.*

1. **IONIQUE** [jɔnik]. *adj.* (XIVᵉ; lat. *ionicus,* gr. *iônikos*
« de l'Ionie »). ♦ 1° *Vx.* Ionien. ♦ 2° *Archit. Ordre ionique,*
un des trois ordres grecs caractérisé par un chapiteau orné
de deux volutes latérales. *Chapiteau, colonne ionique.* —
Subst. *L'ionique,* l'ordre ionique.

2. **IONIQUE** [jɔnik]. *adj.* (1907; de *ion*). Relatif aux
ions. *Charge ionique.*

IONISANT, ANTE [jɔnizɑ̃, ɑ̃t]. *adj.* (1931; de *ioniser*).
Phys. Qui produit des ions. *Rayons ionisants* (rayons X,
alpha, bêta, gamma). V. **Radioactif, radioactivité.**

IONISATION [jɔnizasjɔ̃]. *n. f.* (v. 1900; de *ion*). *Sc.*
♦ 1° Phénomène par lequel un atome, une molécule, un
radical acquièrent ou perdent un ou plusieurs électrons et
deviennent ainsi porteurs de charges électriques. *Chambre
d'ionisation.* ♦ 2° Présence d'ions positifs et négatifs dans
un gaz. *L'ionisation de l'atmosphère est provoquée notamment
par les radiations cosmiques.* ♦ 3° *Ionisation médicale :* administration à travers la peau de médicaments ionisés, à l'aide
de courant galvanique.

IONISER [jɔnize]. *v. tr.* (1904; de *ion*). Transformer en
ions; donner naissance à des ions. — IONISÉ, ÉE. *Gaz ionisé.*

IONONE [jɔnɔn]. *n. f.* (v. 1900; du gr. *ion* « violette »,
et suff. *-one*). *Chim.* Cétone isomérique de l'irone (C₁₃H₂₀O),
corps synthétique à odeur de violette, utilisé en parfumerie.

IONOSPHÈRE [jɔnɔsfɛʀ]. *n. f.* (1935; de *ion,* et *sphère*).
Sc. Couche supérieure de l'atmosphère, à forte ionisation et
grande conductibilité. *L'ionosphère réfléchit les grandes ondes
de T.S.F.*

IONOSPHÉRIQUE [jɔnɔsfeʀik]. *adj.* (mil. XXᵉ; de
ionosphère). *Sc.* De la ionosphère. *Les couches ionosphériques.*

IOTA [jɔta]. *n. m.* (XIIIᵉ; gr. *iôta*). Neuvième lettre de
l'alphabet grec, la plus petite de toutes, qui correspond à
notre i. ◊ *Fig. Copier un texte sans changer un iota :* sans
rien changer.

IOTACISME [jɔtasism(ə)]. *n. m.* (1803; lat. d'o. gr. *iota-
cismus*). *Ling.* Emploi fréquent du son *i* dans une langue.
◊ Prononciation défectueuse du [ʒ] en [j]. *Ex. :* iambon
[jɑ̃bɔ̃] pour jambon [ʒɑ̃bɔ̃].

IOULER. *v. intr.* Vx. V. **JODLER.**

IOURTE. *n. f.* V. **YOURTE.**

IPÉCA [ipeka]. *n. m.* (1802; abrév. d'*ipécacuana,* 1694;
igpecaya, 1640; mot port., du tupi [Brésil]). Nom collectif
de plantes du genre *Uragoga,* dont les racines possèdent des
propriétés vomitives. V. **Émétique.** *Sirop, extrait, pastille
d'ipéca.*

IPOMÉE [ipɔme]. *n. f.* (1827; lat. bot. *ipomæa,* gr. *ips,
ipos* « ver », et *omoios* « semblable »). Plante herbacée ou
ligneuse (*Convolvulacées*), dont une variété est cultivée
comme ornementale (V. **Volubilis,** *cour.*).

IPSO FACTO [ipsofakto]. *adv.* (av. 1808; loc. lat. signifiant « par le fait même »). — Spécialt. *Dr.* Qui s'opère sans
aucune formalité, en parlant d'une modification juridique.
— Par ext. « *Tous les habitants du canton sont ipso facto nos
clients désignés* » (ROMAINS).

-IQUE. Suffixe d'adjectifs (lat. *-icus*) : *Ex.* ironique.

1. **IR-.** V. **IN-** (1).

2. **Ir** Symbole chimique de l'iridium*.

IRAKIEN ou **IRAQIEN, IENNE** [iʀakjɛ̃, jɛn]. *adj.* et
n. (1846; de *Irak* ou *Iraq*). De l'Iraq. *Le pétrole irakien.
Une Irakienne.* — N. m. *Irakien,* variété d'arabe parlé en
Iraq.

IRANIEN, IENNE [iʀanjɛ̃, jɛn]. *adj.* (1843; de *Iran*).
Relatif à l'Iran (nom de la Perse moderne). V. **Persan.**
*Population, langue iranienne. Le mazdéisme, religion iranienne
ancienne.* — Subst. *Un Iranien.* — *L'iranien :* l'une des langues
du groupe iranien. V. **Pehlvi,** persan, perse, zend.

IRASCIBILITÉ [iʀasibilite]. *n. f.* (1370; de *irascible*).
Littér. Caractère irascible; défaut d'une personne irascible.
V. **Colère, impatience, violence.** *Sa maladie le rend d'une
grande irascibilité.* ◊ ANT. **Calme, douceur.**

IRASCIBLE [iʀasibl(ə)]. *adj.* (1160; bas lat. *irascibilis,*
de *irasci* « se mettre en colère ». V. **Ire**). Prompt à s'irriter,
à s'emporter. V. **Atrabilaire, coléreux, violent.** *Il est irascible
mais il s'apaise vite.* V. **Soupe** (au lait). — *Caractère, humeur
irascible* (Cf. Humeur de dogue). ◊ ANT. **Aimable, doux,
paisible.**

IRE [iʀ]. *n. f.* (xᵉ; lat. *ira* « colère »). *Vx.* **Colère.**

IRIDACÉES [iʀidase] ou **IRIDÉES** [iʀide]. *n. f. pl.* (1803;
de *iris*). Famille de plantes monocotylédones, à grandes
fleurs ornementales, généralement groupées en corymbes,
en épis, en grappes. *Ex. :* crocus, glaïeul, iris.

IRIDECTOMIE [iʀidɛktɔmi]. *n. f.* (Iridéctomie, 1836;
de *iris,* et *-ectomie*). *Méd.* Excision partielle de l'iris.

IRIDESCENT, ENTE [iʀidesɑ̃, ɑ̃t]. *adj.* (1842; de *iris*).
Littér. Qui a des reflets irisés.

IRIDIÉ, ÉE [iʀidje]. *adj.* (1872; de *iridium*). Allié avec
de l'iridium. *Le platine iridié sert à fabriquer les étalons de
mesure* (mètre, kilogramme), *les pointes de stylographes.*

IRIDIEN, IENNE [iʀidjɛ̃, jɛn]. *adj.* (1873; de *iris*). *Anat.*
Relatif à l'iris.

IRIDIUM [iʀidjɔm]. *n. m.* (1803; lat. *iris, iridis* « arc-en-
ciel », à cause des couleurs variées qu'offrent les combinaisons
de ce métal). Métal blanc (symb. Ir; n° at. 77, dens. 22,4)

très dur, cassant, fusible à 2 410°. *L'iridium s'extrait de certains minerais de platine.*

IRIS [iʀis]. *n. m.* (XIIIe; lat. *iris*, mot gr., mêmes sens).
I. Plante *(Iridacées)*, à rhizome ou bulbe et à haute tige portant de grandes fleurs ornementales bleues, violettes, blanches. *Iris des marais, de Florence, d'Espagne. Iris tigré. L'irone, principe odorant de l'iris.* Poudre d'iris, utilisée en parfumerie.
II. (*h. XVe; 1538; empr. gr.*). ♦ 1° Membrane de l'œil, située derrière la cornée et percée, à son centre, d'un orifice : la pupille. *Iris bleu, brun.* « *Le bleu de l'iris... ne formait plus qu'un léger cercle* » (BALZ.). *Inflammation de l'iris.* V. **Iritis.**
♦ 2° Phot. *Diaphragme iris,* et absolt. *Iris. Ouverture, fermeture à l'iris.*
III. (1529). *Vx.* Arc-en-ciel. ◇ *Mod.* Les couleurs de l'arc-en-ciel, du prisme, et *spécialt.* Les cercles de couleurs qui entourent un objet vu à travers une lentille. ◇ *Pierre d'iris,* et absolt. *Iris :* quartz irisé.

IRISABLE [iʀizabl(ə)]. *adj.* (1877; de *iriser*). Susceptible de s'iriser. *Verres irisables.*

IRISATION [iʀizasjɔ̃]. *n. f.* (1845; de *iriser*). Production des couleurs de l'arc-en-ciel par décomposition de la lumière. *L'irisation d'un prisme, d'une surface métallique.* ◇ Les couleurs ainsi produites. *De belles irisations* (V. **Reflet**).

IRISH COFFEE [ajʀiʃkɔfi]. *n. m.* (mil. XXe; loc. angl. « café irlandais »). Boisson chaude, faite de café chaud sucré et de whisky, recouverts de crème fraîche.

IRISÉ, ÉE [iʀize]. *adj.* (2e moitié XVIIIe; V. **Iriser**). Qui prend les couleurs du prisme. *Verre irisé; pierre irisée.* V. **Opalin.** *Quartz irisé,* dont les cassures sont irisées. *Marnes irisées :* marnes et argiles bariolées appartenant au trias supérieur. *Flaques d'huile irisées.* ◇ « *Cette larme pâle Aux reflets irisés comme un fragment d'opale* » (BAUDEL.).

IRISER [iʀize]. *v. tr.* (XVIIIe; de *iris,* III). Colorer des couleurs de l'arc-en-ciel. *La lumière solaire irise les facettes d'un cristal.* ◇ S'IRISER. *v. pron.* « *Le toit d'ardoise s'irise au soleil comme une gorge de pigeon* » (FRANCE).

IRITIS [iʀitis]. *n. f.* (1836; de *iris* (II), et *-itis.* V. **-Ite**). *Méd.* Inflammation de l'iris.

IRLANDAIS, AISE [iʀlɑ̃dɛ, ɛz]. *adj. et n.* (attesté déb. XVIIIe; de *Irlande*). D'Irlande. *La population irlandaise.* N. *Un Irlandais.* — *La langue irlandaise,* et subst. *L'irlandais :* groupe des dialectes celtiques parlés en Irlande (V. **Gaélique**).

IRONE [iʀɔn]. *n. f.* (v. 1900; de *iris,* I). *Chim.* Principe chimique auquel l'iris doit son odeur.

IRONIE [iʀɔni]. *n. f.* (1552; *yronie,* 1361; lat. *ironia,* du gr. *eirôneia* « action d'interroger en feignant l'ignorance », à la manière de Socrate [*ironie socratique*]). ♦ 1° Manière de se moquer (de qqn ou de qqch.) en disant le contraire de ce qu'on veut faire entendre. V. **Humour, persiflage, raillerie.** *Ironie fine, légère. Une pointe d'ironie. Ironie amère, mordante.* V. **Dérision, sarcasme.** *Savoir manier l'ironie. L'ironie de Voltaire.* ◇ Figure de rhétorique apparentée à l'antiphrase*. ♦ 2° Disposition railleuse, moqueuse, correspondant à cette manière de s'exprimer. *Les Français* « *chez qui le plaisir de montrer de l'ironie étouffe le bonheur d'avoir de l'enthousiasme* » (STENDHAL). *Une lueur d'ironie dans le regard, une nuance d'ironie dans le ton.* V. **Moquerie.** ♦ 3° *Fig. Ironie du sort :* intention de moquerie méchante qu'on prête au sort. « *Cette amère ironie du malheur* » (STAËL). ◇ ANT. *Sérieux.*

IRONIQUE [iʀɔnik]. *adj.* (XVe; lat. *ironicus*). ♦ 1° Où il entre de l'ironie. V. **Blagueur, moqueur, narquois, persifleur, railleur, sarcastique.** *Propos ironiques.* « *Non le rire ironique aux sarcasmes moqueurs* » (HUGO). *Air, regard, sourire ironique.* ♦ 2° Qui use de l'ironie. *Il s'est montré ironique.* ◇ *Fig. Le destin est ironique. Un ironique retour des choses.* « *Une amère et ironique distribution des dons de la fortune* » (CHATEAUB.). ◇ ANT. *Sérieux.*

IRONIQUEMENT [iʀɔnikmɑ̃]. *adv.* (XVe; de *ironique*). D'une manière ironique, par ironie. ◇ ANT. *Sérieusement.*

IRONISER [iʀɔnize]. *v. intr.* (1647; de *ironie*). User d'ironie, prendre le ton de l'ironie. V. **Blaguer, moquer** (se), **railler.** « *Ici, j'ironise à peine...* » (CAMUS).

IRONISTE [iʀɔnist(ə)]. *n.* (fin XVIIIe; de *ironie*). *Vieilli.* Personne, écrivain qui pratique l'ironie. V. **Humoriste; moqueur, railleur.** *Ces propos sont d'un ironiste.*

IROQUOIS, OISE [iʀɔkwa, waz]. *adj. et n.* (v. 1700; déform. d'un mot indigène signif. « vraies vipères »). Qui appartient à une peuplade indienne de l'Amérique du Nord. N. *Un Iroquois.* — *L'iroquois,* la langue des Iroquois. V. **Huron.**

IRRACHETABLE [iʀ(ʀ)aʃtabl(ə)]. *adj.* (1611; de *in-* 1, et *racheter*). *Rare.* Qu'on ne peut racheter. *Fonds, rentes irrachetables.*

IRRADIATION [iʀ(ʀ)adjasjɔ̃]. *n. f.* (1390; bas lat. *irradiatio*).
I. ♦ 1° Émission de rayons lumineux, et *par ext.* Émis-

sion de radiations, visibles ou invisibles. V. **Rayonnement.** *L'irradiation du soleil à travers les nuages.* ♦ 2° *Didact.* (1694). Mouvement qui part d'un centre et rayonne dans toutes les directions. ♦ 3° *Méd.* (Cour.). Action de soumettre l'organisme ou une de ses parties à un rayonnement ionisant. — Physiol. *Irradiation douloureuse,* propagation de la douleur depuis son point d'origine. ♦ 4° *Fig.* « *La bonté n'est qu'une irradiation du bonheur* » (GIDE).
II. (1926). Action d'irradier (II). *Irradiation d'une tumeur par les rayons X.*

IRRADIER [iʀ(ʀ)adje]. *v.* (1468, rare av. 1808; bas lat. *irradiare* « rayonner », de *radius* « rayon »).
I. *V. intr.* ♦ 1° Se propager en rayonnant à partir d'un centre, par irradiation. V. **Diffuser** (se), **rayonner.** *La lumière irradie d'une source.* — « *La douleur irradiait dans le côté gauche* » (MAURIAC). ♦ 2° *Fig.* V. **Propager** (se). « *Quand on aime, l'amour... irradie vers la personne aimée* » (PROUST).
II. *V. tr.* (1948). Exposer (des organismes ou des substances d'origine animale ou végétale) à l'action de certaines radiations, *spécialt.* à la radioactivité. — Au p. p. *Organismes irradiés.*

IRRAISONNÉ, ÉE [iʀ(ʀ)ɛzɔne]. *adj.* (1842; de *in-* 1, et *raisonné*). Qui n'est pas raisonné; où n'intervient pas la raison. *Geste irraisonné.* « *Une honte irraisonnée et invincible, comme un instinct* » (BOURGET). *Crainte irraisonnée.* ◇ ANT. *Raisonné.*

IRRATIONALISME [iʀ(ʀ)asjɔnalism(ə)]. *n. m.* (1912; h. 1845; de *irrationnel*). Hostilité au rationalisme, absence de foi dans la raison. *Notre culture* « *ressuscite tout ce qui renforce notre irrationalisme* » (MALRAUX). ◇ ANT. *Rationalisme.*

IRRATIONALITÉ [iʀ(ʀ)asjɔnalite]. *n. f.* (1845; de *irrationnel*). Caractère de ce qui est irrationnel; l'irrationnel. *Irrationalité d'un principe.* ◇ ANT. *Rationalité.*

IRRATIONNEL, ELLE [iʀ(ʀ)asjɔnɛl]. *adj.* (1361, « non doué de raison »; lat. *irrationalis*). ♦ 1° *Math.* (1549). *Nombre irrationnel,* qui ne peut être mis sous la forme d'un rapport entre deux nombres entiers; qui n'est ni entier ni fractionnaire. *Équation irrationnelle,* qui renferme une ou plusieurs expressions engagées sous des radicaux. ♦ 2° (1845). Qui n'est pas rationnel, qui n'est pas conforme à la raison ou du domaine de la raison. V. **Anormal, fou.** *Conduite irrationnelle. Suppositions irrationnelles.* V. **Gratuit.** Subst. *L'irrationnel,* ce qui est inaccessible ou même contraire à la raison. « *La puissance de création appartient indéniablement à l'irrationnel* » (BENDA). ◇ ANT. *Rationnel.*

IRRATTRAPABLE [iʀ(ʀ)atʀapabl(ə)]. *adj.* (1955; de *in-* 1, et *rattrapable*). Qui n'est pas rattrapable. *Une bévue irrattrapable.*

IRRÉALISABLE [iʀ(ʀ)ealizabl(ə)]. *adj.* (1831; de *in-* 1, et *réalisable*). Qui ne peut se réaliser. V. **Chimérique, impossible, impraticable.** *Désir irréalisable.* « *À supposer que... cet intéressant projet devienne irréalisable* » (DUHAM.). ◇ ANT. *Réalisable.*

IRRÉALISÉ, ÉE [iʀ(ʀ)ealize]. *adj.* (1845; de *in-* 1, et *réalisé*). *Littér.* Qui n'a pas été réalisé. « *Une fatalité... d'espérances irréalisées, de projets manqués* » (LOTI). ◇ ANT. *Accompli, réalisé.*

IRRÉALISME [iʀ(ʀ)ealism(ə)]. *n. m.* (1907; de *irréel*). Manque de réalisme. *Irréalisme d'une politique.* ◇ ANT. *Réalisme.*

IRRÉALITÉ [iʀ(ʀ)ealite]. *n. f.* (1886; de *irréel*). Caractère de ce qui est irréel; l'irréel. « *L'irréalité du rêve* » (PROUST). ◇ ANT. *Réalité.*

IRRECEVABILITÉ [iʀsəvabilite; iʀʀəsvabilite]. *n. f.* (1874; de *irrecevable*). *Dr.* Caractère de ce qui n'est pas recevable. *Irrecevabilité d'une action en justice,* en raison d'une exception ou d'une fin de non-recevoir. ◇ ANT. *Recevabilité.*

IRRECEVABLE [iʀsəvabl(ə); iʀʀəsvabl(ə)]. *adj.* (1588; de *in-* 1, et *recevable*). *Didact.* Qui n'est pas recevable, qui ne peut être admis. V. **Inacceptable, inaccordable, inadmissible.** *Demande, proposition irrecevable.* ◇ ANT. *Recevable.*

IRRÉCONCILIABLE [iʀ(ʀ)ekɔ̃siljabl(ə)]. *adj.* (1534; bas lat. *irreconciliabilis*). ♦ 1° Avec qui il n'y a pas de réconciliation possible. « *Elle se faisait par là un ennemi irréconciliable* » (LACLOS). ♦ 2° Entre lesquels il n'y a pas de réconciliation possible. *Adversaires irréconciliables.*

IRRÉCONCILIABLEMENT [iʀ(ʀ)ekɔ̃siljabləmɑ̃]. *adv.* (XVIe; de *irréconciliable*). *Rare.* Sans réconciliation possible. *Ils sont irréconciliablement brouillés.*

IRRÉCOUVRABLE [iʀ(ʀ)ekuvʀabl(ə)]. *adj.* (1845; de *in-* 1, et *recouvrable*); XIVe, « irréparable », du bas lat. *irrecuperabilis*). *Dr.* Qu'on ne peut recouvrer. *Taxes irrécouvrables. Créances irrécouvrables.* ◇ ANT. *Recouvrable.*

IRRÉCUPÉRABLE [iʀ(ʀ)ekypeʀabl(ə)]. *adj.* (1845; de *in-* 1, et *récupérable;* fin XIVe, « irréparable », bas lat. *irrecuperabilis*). ♦ 1° Qui ne peut être récupéré. *Une vieille ferraille à peu près irrécupérable.* ♦ 2° *(Personnes).* Qui ne peut être réincorporé dans un groupe, un parti. ◇ ANT. *Récupérable.*

IRRÉCUSABLE [iʀ(ʀ)ekyzabl(ə)]. *adj. (h. 1552; 1778;* bas lat. *irrecusabilis).* ♦ 1° *Dr.* Qui ne peut être récusé. *Juge irrécusable. Témoignage irrécusable.* ♦ 2° *Cour.* Qu'on ne peut refuser, contester, mettre en doute. *Signes irrécusables.* V. **Éclatant, indiscutable.** *Preuve irrécusable.* V. **Irréfragable, irréfutable.** ◇ ANT. *Récusable. Contestable, discutable, douteux, faux.*

IRRÉDENTISME [iʀ(ʀ)edãtism(ə)]. *n. m.* (1890; it. *irredentismo,* de *irredento* « non racheté, non délivré »). *Hist.* Doctrine politique des nationalistes italiens qui, après la formation de l'unité, ont réclamé l'annexion des territoires de langue italienne non encore libérés de la domination étrangère (*Italia irredenta*). ◇ *Par anal.* Tout mouvement national s'inspirant des mêmes principes.

IRRÉDENTISTE [iʀ(ʀ)edãtist(ə)]. *adj. et n.* (1890; it. *irredentista*). *Hist.* Qui est inspiré par l'irrédentisme. *Politique irrédentiste.* — N. *Un irrédentiste,* un partisan de l'irrédentisme.

IRRÉDUCTIBILITÉ [iʀ(ʀ)edyktibilite]. *n. f.* (1762; de *irréductible*). *Didact.* Caractère de ce qui est irréductible. *Irréductibilité d'une équation, d'une rente. Fig. Irréductibilité d'un fait à un autre. Irréductibilité d'une opposition, d'un caractère.*

IRRÉDUCTIBLE [iʀ(ʀ)edyktibl(ə)]. *adj.* (1676; de *in-* 1, et *réductible*). ♦ 1° *Sc.* Qui n'est pas réductible, qui ne peut être réduit. *Fracture, hernie irréductible.* — *Fraction, équation irréductible.* — *Oxyde irréductible,* qui ne peut être ramené à ses éléments. ♦ 2° *Didact.* (fin xixᵉ). Qui ne peut être ramené à autre chose. *Fait, propriété, loi irréductible.* Avec un compl. *Sentiments irréductibles à la simple amitié.* ♦ 3° Qui ne peut être entamé, dont on ne peut venir à bout. *Opposition, obstacles irréductibles.* V. **Invincible.** *Une volonté irréductible.* V. **Indomptable.** « *Une chose irréductible, une chose qu'aucun doute ne parvient à entamer* » (MART. du G.). — (*Personnes*). *Intraitable. Il se déclarait* « *l'ennemi irréductible de la Grande-Bretagne* » (MADELIN). *Ennemi irréductible.* ◇ ANT. *Réductible. Apprivoisable.*

IRRÉDUCTIBLEMENT [iʀ(ʀ)edyktibləmã]. *adv.* (apr. 1965; de *irréductible*). De manière irréductible.

IRRÉEL, ELLE [iʀ(ʀ)eɛl]. *adj.* (1794; de *in-* 1, et *réel*). ♦ 1° Qui n'est pas réel, qui est en dehors de la réalité. V. **Abstrait, imaginaire.** *Univers irréel. Aspect irréel.* V. **Fantastique.** ◇ *Subst. L'irréel,* ce qui est irréel. *Sa stupidité atteignait* « *aux limites les plus reculées du chimérique et de l'irréel* » (COURTELINE). ♦ 2° *Ling. Mode irréel,* ou subst. *L'irréel,* construction ou forme verbale susceptible d'exprimer que l'action énoncée est envisagée à titre d'hypothèse irréalisable. ◇ ANT. *Authentique, réel.*

IRRÉFLÉCHI, IE [iʀ(ʀ)efleʃi]. *adj.* (1784; de *in-* 1, et *réfléchi*). Qui n'est pas réfléchi; qui agit ou se fait sans réflexion. *Jeune homme irréfléchi.* V. **Écervelé, étourdi, impulsif.** ◇ *Actes, mouvements irréfléchis.* V. **Involontaire; instinctif, machinal.** « *Plus de ces entraînements irréfléchis* » (VILLIERS). *Propos irréfléchis.* V. **Déraisonnable, inconsidéré.** ◇ ANT. *Avisé, raisonnable, réfléchi.*

IRRÉFLEXION [iʀ(ʀ)efleksjɔ̃]. *n. f.* (1785; de *in-* 1, et *réflexion*). Manque de réflexion. V. **Étourderie, imprévoyance, inattention, inconséquence, précipitation.** *Sottise commise par irréflexion.* ◇ ANT. *Réflexion.*

IRRÉFORMABLE [iʀ(ʀ)efɔʀmabl(ə)]. *adj.* (1594; bas lat. *irreformabilis*). *Dr.* Qui ne peut être réformé. *Jugement, arrêt irréformable.* ◇ ANT. *Réformable.*

IRRÉFRAGABLE [iʀ(ʀ)efʀagabl(ə)]. *adj.* (1470; bas lat. *irrefragabilis,* de *refragari* « s'opposer à, voter contre »). *Didact.* Qu'on ne peut contredire. V. **Irrécusable.** *Autorité, témoignage irréfragable. Ce sentiment dont* « *mes injustices et mes reproches, n'étaient que des preuves plus irréfragables* » (B. CONSTANT). ◇ ANT. *Controversable, discutable.*

IRRÉFUTABILITÉ [iʀ(ʀ)efytabilite]. *n. f.* (1846; de *irréfutable*). *Littér.* Caractère de ce qui est irréfutable.

IRRÉFUTABLE [iʀ(ʀ)efytabl(ə)]. *adj.* (1747; de *in-* 1, et *réfutable*). Qui ne peut être réfuté. *Argument irréfutable. Preuves irréfutables.* V. **Formel, indiscutable, irrécusable.** « *Ce raisonnement si logique était irréfutable* » (LECOMTE). ◇ ANT. *Réfutable.*

IRRÉFUTABLEMENT [iʀ(ʀ)efytabləmã]. *adv.* (1845; de *irréfutable*). *Littér.* D'une manière irréfutable. *Prouver irréfutablement qqch.*

IRRÉGULARITÉ [iʀ(ʀ)egylarite]. *n. f.* (xivᵉ; bas lat. *irregularitas*). ♦ 1° Caractère, aspect irréguliers (des choses non conformes à une règle). *Irrégularité d'un pavage; d'un phénomène, d'une situation, d'un bâtiment (V. Asymétrie). Mesure entachée d'irrégularité.* V. **Illégalité.** ♦ 2° Chose ou action irrégulière. *Surface qui présente des irrégularités.* V. **Inégalité.** *Irrégularités dans le mouvement d'un astre* (V.

Perturbation), *dans une conjugaison* (V. **Anomalie**). ♦ 3° Chose contraire à la loi. *Irrégularités dans une élection, une nomination.* V. **Passe-droit.** *Dénoncer les irrégularités d'une gestion.* ◇ ANT. *Régularité; assiduité, constance.*

IRRÉGULIER, IÈRE [iʀ(ʀ)egylje, jɛʀ]. *adj.* (1283; bas lat. *irregularis*). Qui n'est pas régulier. ♦ 1° *Cour.* Qui n'est pas régulier dans sa forme, ses dimensions, sa disposition, son rythme. *Polygone irrégulier.* V. **Anormal.** *Forme irrégulière.* V. **Asymétrique, biscornu, hétéroclite.** *Traits irréguliers, d'une beauté irrégulière. Écriture irrégulière. Mouvement irrégulier.* V. **Déréglé, désordonné, saccadé.** — (Dans le temps) *Détonations irrégulières.* V. **Discontinu.** *Pouls irrégulier.* V. **Inégal.** ♦ 2° (*Abstrait*). Qui n'est pas conforme à la règle établie, à l'usage commun. « *Cette vie irrégulière..., cette éducation rompue* » (GIDE). « *Anna Lindsay, qui était toujours la maîtresse de Lamoignon, souffrait de cette situation irrégulière* » (HENRIOT). V. **Illégitime.** *Procédure irrégulière.* V. **Illégal.** *Détention irrégulière.* V. **Arbitraire.** — (Gram.) Qui n'est pas conforme ou pas entièrement conforme à un type considéré comme normal. *Verbes irréguliers.* ♦ 3° (*Personnes*). *Troupes irrégulières, soldats irréguliers* ou (subst.), *les irréguliers,* qui n'appartiennent pas à l'armée régulière. *Courtier irrégulier.* V. **Marron.** — (Dr.) *Successeur irrégulier.* ♦ 4° (*Personnes*). Qui n'est pas constamment égal à soi-même. V. **Inégal.** *Employé, élève, athlète irrégulier,* qui n'est pas régulier dans son service, son travail, ses résultats. ◇ ANT. *Régulier. Égal. Normal, symétrique, uniforme; net, pur; correct; assidu.*

IRRÉGULIÈREMENT [iʀ(ʀ)egyljɛʀmã]. *adv.* (xivᵉ; de *irrégulier*). D'une manière irrégulière. *Perquisition irrégulièrement effectuée.* V. **Illégalement, indûment.** — *Il ne vient que très irrégulièrement au bureau.* ◇ ANT. *Régulièrement; normalement; assidûment.*

IRRÉLIGIEUX, EUSE [iʀ(ʀ)eliʒjø, øz]. *adj.* (1406; lat. *irreligiosus*). ♦ 1° Qui n'a pas de croyance religieuse; qui s'oppose à la religion par sa conduite, ses discours, ses écrits. V. **Athée, impie, incroyant, mécréant, sceptique.** *Esprits irréligieux.* V. **Areligieux,** fort (esprit), *libertin, penseur* (libre penseur). ♦ 2° Qui marque l'irréligion. *Attitude irréligieuse. Opinions irréligieuses.* « *Leur enthousiasme irréligieux* (des disciples de Voltaire) » (CHATEAUB.). ◇ ANT. *Religieux.*

IRRÉLIGION [iʀ(ʀ)eliʒjɔ̃]. *n. f.* (1527; lat. *irreligio*). Manque de religion, d'esprit religieux. V. **Athéisme, impiété, incrédulité, incroyance, indifférence.** *Être accusé d'irréligion. L'esprit d'irréligion* ou irréligiosité. ◇ ANT. *Dévotion, foi, piété, religion.*

IRRÉMÉDIABLE [iʀ(ʀ)emedjabl(ə)]. *adj.* (1452; lat. *irremediabilis*). À quoi on ne peut remédier (*pr. et fig.*). *Aggravation irrémédiable d'un état de santé. Malheurs, désastres irrémédiables.* V. **Irréparable.** « *Cette défaite navale n'était pas irrémédiable* » (BAINVILLE). *Défauts, vices irrémédiables.* — Subst. *Éviter l'irrémédiable.* ◇ ANT. *Remédiable, réparable.*

IRRÉMÉDIABLEMENT [iʀ(ʀ)emedjabləmã]. *adv.* (fin xvᵉ; de *irrémédiable*). D'une manière irrémédiable. *Situation irrémédiablement compromise.* V. **Définitivement, irréparablement.** « *Il manque irrémédiablement (du) sens de l'humour* » (ARAGON).

IRRÉMISSIBLE [iʀ(ʀ)emisibl(ə)]. *adj.* (1234; bas lat. *irremissibilis*). *Littér.* Qui ne mérite pas de rémission, de pardon. V. **Impardonnable.** *Faute, tort irrémissible.* « *Le crime le plus irrémissible que l'homme puisse commettre...* » (ROUSS.). ◇ ANT. *Pardonnable, rémissible.*

IRRÉMISSIBLEMENT [iʀ(ʀ)emisibləmã]. *adv.* (1521; de *irrémissible*). *Littér.* Sans rémission. « *Nous sommes irrémissiblement damnés!* » (STENDHAL).

IRREMPLAÇABLE [iʀ(ʀ)ãplasabl(ə)]. *adj.* (1845; de *in-* 1, et *remplaçable*). ♦ 1° Qui ne peut être remplacé. *Casser un bibelot irremplaçable.* « *Chaque instant de notre vie est irremplaçable* » (GIDE). V. **Unique.** ♦ 2° (*Personnes*). Qui ne peut être remplacé (par qqn de même valeur). *Un collaborateur irremplaçable.* « *Mon devoir est ici, je suis irremplaçable* » (DUHAM.). ◇ ANT. *Interchangeable, remplaçable.*

IRRÉPARABLE [iʀ(ʀ)eparabl(ə)]. *adj.* (1234; lat. *irreparabilis*). Qui ne peut être réparé. ♦ 1° (*Abstrait*). V. **Irrémédiable.** *Tort, perte irréparable.* « *Pour réparer des ans l'irréparable outrage* » (RAC.). *Désastre, malheur irréparable.* « *Nous avions prononcé ... des mots irréparables* » (B. CONSTANT). — Subst. *L'irréparable est accompli.* ♦ 2° (*Concret;* fin xixᵉ). *Habit, moteur de voiture irréparable* (Cf. *fam.* Fichu, mort). ◇ ANT. *Arrangeable, réparable.*

IRRÉPARABLEMENT [iʀ(ʀ)eparabləmã]. *adv.* (1370; de *irréparable*). D'une manière irréparable. V. **Irrémédiablement.** *Situation irréparablement compromise. Être irréparablement enlaidi.*

IRRÉPRÉHENSIBLE [iʀ(ʀ)epreasibl(ə)]. *adj.* (V. 1400;

bas lat. *irreprehensibilis*). *Littér.* Qu'on ne peut reprendre, blâmer. V. **Inattaquable, irréprochable.** *Homme, conduite irrépréhensible. Plaisirs irrépréhensibles.* V. **Innocent.**

IRRÉPRESSIBLE [iʀ(ʀ)epʀesibl(ə)]. *adj.* (1845; de *in-* 1, et *répressible*). Qu'on ne peut réprimer, contenir. *Force, passion irrépressible. Une histoire « qui nous secouait de rires irrépressibles »* (GIDE). V. **Irrésistible** (Cf. Fou rire). *Envie irrépressible.*

IRRÉPROCHABLE [iʀ(ʀ)epʀɔʃabl(ə)]. *adj.* (v. 1460; de *in-* 1, et *reprocher*). À qui, à quoi on ne peut faire aucun reproche. *Une épouse irréprochable.* V. **Honnête, parfait,** reproche (sans). « *Outrager ou congédier un serviteur irréprochable* » (BAUDEL.). *Fonctionnaire irréprochable. Être irréprochable dans sa conduite.* V. **Irrépréhensible.** — *Vie, moralité irréprochable.* V. **Inattaquable.** *Tenue, toilette irréprochable.* V. **Impeccable.** ◇ ANT. *Condamnable, défectueux, reprochable.*

IRRÉPROCHABLEMENT [iʀ(ʀ)epʀɔʃabləmɑ̃]. *adv.* (1613; de *irréprochable*). *Littér.* D'une manière irréprochable. *Vivre irréprochablement. « Elle l'avait élevée (sa fille) irréprochablement »* (BARBEY).

IRRÉSISTIBLE [iʀ(ʀ)ezistibl(ə)]. *adj.* (1687; *irrésistable*, 1478; lat. médiév. *irresistibilis*). ♦ 1° À quoi, à qui on ne peut résister. *Force, puissance irrésistible. Attrait, charme irrésistible. « La tentation irrésistible d'un plaisir »* (PROUST). *Penchant, mouvement, besoin, désir, passion irrésistible.* V. **Impérieux, irrépressible.** *Preuve, logique irrésistible.* V. **Concluant, implacable.** *C'est irrésistible.* V. **Fort** (plus fort que moi). ♦ 2° Qui séduit. *Une femme irrésistible par sa beauté, son charme. Avec « son esprit tout français, sa gaieté brillante, elle était irrésistible »* (MAUROIS). ♦ 3° Qui fait rire. *Il est irrésistible quand il raconte son histoire.*

IRRÉSISTIBLEMENT [iʀ(ʀ)ezistibləmɑ̃]. *adv.* (1706; de *irrésistible*). D'une manière irrésistible. *Entraîner, inciter irrésistiblement. Le prix de la vie monte irrésistiblement. « Rien n'est plus irrésistiblement grotesque, monstrueusement commun... »* (MAUPASS.).

IRRÉSOLU, UE [iʀ(ʀ)ezɔly]. *adj.* (1538; de *in-* 1, et *résolu*). ♦ 1° *Rare.* Qui n'a pas été résolu, qui est resté sans solution. *C'est un problème encore irrésolu.* ♦ 2° *Cour.* (1568; *Personnes*). Qui n'est pas résolu, qui a peine à se résoudre, à se déterminer. V. **Flottant, hésitant, incertain, indécis.** *Caractère irrésolu,* de celui qui ne sait pas ce qu'il veut. *Rester irrésolu.* V. **Suspendu, suspens** (en). — *Subst. Un irrésolu. « Cela montre aux irrésolus qu'il est toujours temps de vouloir »* (ALAIN). ◇ ANT. **Décidé, résolu.**

IRRÉSOLUTION [iʀ(ʀ)ezɔlysjɔ̃]. *n. f.* (1553; de *in-* 1, et *résolution*). État ou caractère d'une personne qui est irrésolue. V. **Embarras; incertitude, indécision, perplexité.** « *L'irrésolution (est) une timidité à entreprendre* » (VAUVEN.). « *Il était plongé dans un abîme d'irrésolution* » (FRANCE). ◇ ANT. **Décision, détermination, résolution.**

IRRESPECT [iʀ(ʀ)ɛspɛ]. *n. m.* (1794; de *in-* 1, et *respect*). Manque de respect. V. **Insolence, irrévérence.** *Irrespect envers l'autorité. Irrespect des enfants envers les parents. « Nous sommes le siècle des chefs-d'œuvre de l'irrespect »* (GONCOURT). ◇ ANT. **Respect.**

IRRESPECTUEUSEMENT [iʀ(ʀ)ɛspɛktyøzmɑ̃]. *adv.* (XVIIe; de *irrespectueux*). *Littér.* D'une manière irrespectueuse. *Parler irrespectueusement à un supérieur.* V. **Insolemment.** ◇ ANT. **Respectueusement.**

IRRESPECTUEUX, EUSE [iʀ(ʀ)ɛspɛktyø, øz]. *adj.* (1611; de *in-* 1, et *respectueux*). Qui n'est pas respectueux. V. **Impertinent, impoli, insolent, irrévérencieux.** *Manières irrespectueuses. Tenir des propos irrespectueux.* ◇ ANT. **Respectueux.**

IRRESPIRABLE [iʀ(ʀ)ɛspiʀabl(ə)]. *adj.* (1779; de *in-* 1, et *respirable*). Qui n'est pas respirable, qui est pénible ou dangereux à respirer. V. **Asphyxiant, délétère.** *Air, gaz irrespirable. « Une atmosphère irrespirable, saturée d'essences et de parfums »* (LOTI). — *Fig. Depuis leur brouille, l'atmosphère de la maison était devenue irrespirable.* ◇ ANT. **Respirable.**

IRRESPONSABILITÉ [iʀ(ʀ)ɛspɔ̃sabilite]. *n. f.* (1790; de *irresponsable*). Qualité de celui qui est irresponsable, absence de responsabilité (légale ou morale). ◇ *Dr. L'irresponsabilité du chef de l'État. L'irresponsabilité parlementaire.* V. **Immunité, inviolabilité.** ◇ *Cour. Un sentiment d'impuissance et d'irresponsabilité. « Il venait de perdre l'irresponsabilité de la première jeunesse »* (BEAUVOIR). ◇ ANT. **Responsabilité.**

IRRESPONSABLE [iʀ(ʀ)ɛspɔ̃sabl(ə)]. *adj.* (1786; de *in-* 1, et *responsable*). ♦ 1° *Dr.* Qui n'est pas responsable, n'a pas à répondre de ses actes. *Le Président de la République est irresponsable, il ne peut être mis en accusation que dans le cas de haute trahison.* — *Dr. civ. Les enfants, les aliénés sont irresponsables.* ♦ 2° (D'apr. l'angl.). *Cour.* Dont la responsabilité (politique, morale) ne peut guère être retenue. *Désavouer les initiatives d'éléments irresponsables.* — **Irréfléchi, étourdi, léger.** « *Quelques nihilistes soutenus par des intellec-*

tuels irresponsables » (*Nouv. Obs.,* 26-6-1968). — Subst. *C'est un irresponsable.* V. **Inconscient, innocent.** ◇ ANT. **Responsable.**

IRRÉTRÉCISSABLE [iʀ(ʀ)etʀesisabl(ə)]. *adj.* (v. 1900; h. 1845; de *in-* 1, et *rétrécir*). Qui ne peut rétrécir. *Tissu irrétrécissable au lavage.*

IRRÉVÉRENCE [iʀ(ʀ)eveʀɑ̃s]. *n. f.* (XIIIe; lat. *ireverentia*). Manque de révérence, de respect. V. **Impertinence, impolitesse, insolence, irrespect.** *L'irrévérence la plus choquante.* ◇ *Par ext. (Rare)* Action, parole marquée d'irrévérence. « *Les irrévérences de Modeste envers son père, les libertés excessives qu'elle prenait avec lui* » (BALZ.). ◇ ANT. **Révérence; respect.**

IRRÉVÉRENCIEUSEMENT [iʀ(ʀ)eveʀɑ̃sjøzmɑ̃]. *adv.* (1839; de *irrévérencieux*). *Littér.* D'une manière irrévérencieuse, avec irrévérence. *Répondre irrévérencieusement.*

IRRÉVÉRENCIEUX, IEUSE [iʀ(ʀ)eveʀɑ̃sjø, jøz]. *adj.* (1791; de *irrévérence*). Qui fait preuve d'irrévérence, qui montre de l'irrévérence. V. **Impertinent, impoli, irrespectueux, insolent.** *Enfant irrévérencieux envers ses maîtres. « Un camarade aussi irrévérencieux ... pour toute règle établie »* (R. ROLLAND). *Propos irrévérencieux.* ◇ ANT. **Révérencieux; respectueux.**

IRRÉVERSIBILITÉ [iʀ(ʀ)eveʀsibilite]. *n. f.* (1900; de *irréversible*). *Didact.* Caractère de ce qui est irréversible. ◇ ANT. **Réversibilité.**

IRRÉVERSIBLE [iʀ(ʀ)eveʀsibl(ə)]. *adj.* (1907; de *in-* 1, et *réversible*). Qui n'est pas réversible. ♦ 1° *Techn.* Qui ne peut fonctionner que dans un seul sens. ♦ 2° Qui ne peut se produire que dans un seul sens, sans pouvoir être renversé. « *Comme le temps physique, le temps physiologique est irréversible* » (CARREL). *Processus, opération, réaction chimique irréversible.* ◇ ANT. **Réversible.**

IRRÉVERSIBLEMENT [iʀ(ʀ)eveʀsibləmɑ̃]. *adv.* (XXe; de *irréversible*). D'une manière irréversible. « *Le point de non-retour où le passé engage irréversiblement* » (*Le Monde,* 14-10-1969).

IRRÉVOCABILITÉ [iʀ(ʀ)evɔkabilite]. *n. f.* (1534; de *irrévocable*). *Dr.* ou *littér.* Caractère de ce qui est irrévocable. *Irrévocabilité d'une donation.*

IRRÉVOCABLE [iʀ(ʀ)evɔkabl(ə)]. *adj.* (XVe; *irrévocable,* 1315; lat. *irrevocabilis*). ♦ 1° Qui ne peut être révoqué. *Donation irrévocable. Arrêt, verdict, jugement irrévocable.* — *Vœux, serments irrévocables,* qui engagent définitivement. *Volonté, décision irrévocable.* V. **Arrêté.** « *C'était irrévocable, une force invincible l'y poussait... C'était dit* » (ARAGON). *Refus irrévocable.* — Subst. *L'irrévocable.* V. **Fatalité.** ♦ 2° Qui ne peut être rappelé, qui ne peut revenir. « *Le temps irrévocable a fui. L'heure s'achève* » (TOULET). ◇ ANT. **Révocable.**

IRRÉVOCABLEMENT [iʀ(ʀ)evɔkabləmɑ̃]. *adv.* (1266; de *irrévocable*). D'une manière irrévocable. V. **Définitivement.** *Ma décision est prise, irrévocablement.*

IRRIGABLE [iʀ(ʀ)igabl(ə)]. *adj.* (1839; de *irriguer*). Susceptible d'être irrigué. V. **Arrosable.** *Surface irrigable.*

IRRIGATEUR [iʀ(ʀ)igatœʀ]. *n. m.* (1827; de *irriguer*). Instrument servant à irriguer, à arroser.

IRRIGATION [iʀ(ʀ)igɑsjɔ̃]. *n. f.* (XVe; méd.; lat. *irrigatio*). ♦ 1° *Méd.* Action de faire couler de l'eau (sur une partie malade, une plaie). ♦ 2° (1764). *Cour.* Arrosement artificiel des terres (V. **Arrosage**). *Canaux, rigoles d'irrigation. Barrage permettant l'irrigation de régions arides.* ♦ 3° *Par anal. L'aorte fournit un tronc commun pour l'irrigation de l'estomac, du foie.* ◇ ANT. **Assèchement, drainage.**

IRRIGUER [iʀ(ʀ)ige]. *v. tr.* (1835; lat. *irrigare*). Arroser par irrigation. *Irriguer des terres.* ◇ ANT. **Assécher.**

IRRITABILITÉ [iʀitabilite]. *n. f.* (1672; lat. imp. *irritabilitas*). ♦ 1° *Sc. nat.* « *Propriété que possède tout élément anatomique d'être mis en activité et de réagir d'une certaine manière sous l'influence des excitants extérieurs* » (Cl. BERNARD). V. **Excitabilité.** *Irritabilité cellulaire.* ♦ 2° (1778). *Cour.* Propension à la colère. « *Cet état d'irritabilité défiante et crédule ... où mettent les grandes misères* » (MICHELET).

IRRITABLE [iʀitabl(ə)]. *adj.* (1757; « irritant », 1520; lat. *irritabilis*). ♦ 1° *Biol.* Susceptible de réagir à un stimulus. *Toute matière vivante est irritable.* ♦ 2° (1829). *Cour.* Prompt à se mettre en colère. V. **Emporté, irascible.** *Sa maladie l'a rendu irritable.* ◇ ANT. **Calme.**

IRRITANT, ANTE [iʀitɑ̃, ɑ̃t]. *adj.* (1549; de *irriter*). ♦ 1° Qui irrite, met en colère. V. **Agaçant, énervant.** *Mot, propos irritants.* « *L'énervante sottise,... l'irritante médiocrité des femmes* » (BAUDEL.). ♦ 2° Qui détermine de l'irritation, de l'inflammation. *Les gaz lacrymogènes sont irritants. Assaisonnements irritants.* V. **Échauffant.** ♦ 3° *Sc. nat.* Qui provoque des réactions du fait de l'irritabilité. ♦ *Vx. Les irritants physiques, chimiques* (d'apr. Cl. BERNARD). V. **Excitant, stimulus.** ◇ ANT. **Apaisant, calmant; adoucissant, émollient.**

IRRITATIF, IVE [iʀitatif, iv]. *adj.* (1498; de *irritation*). *Méd.* Qui est causé par une irritation. *Diarrhée irritative.*
IRRITATION [iʀ(ʀ)itɑsjɔ̃]. *n. f.* (v. 1400; lat. *irritatio*).
♦ 1° État d'une personne irritée. V. **Colère, exaspération.** *Être au comble de l'irritation.* « *Une colère sourde... couvait en lui, et une irritation incessante* » (MAUPASS.). ♦ 2° (1694). *Cour.* Inflammation légère. *Irritation de la peau, des bronches.* ♦ 3° (1834, Broussais). *Physiol.* Syn. de *Excitation* (3°). ◇ ANT. *Apaisement, calme.*
IRRITÉ, ÉE [iʀ(ʀ)ite]. *adj.* (V. **Irriter**). ♦ 1° Qui est en colère. V. **Énervé, enragé, exaspéré.** *Il m'a paru très irrité. Être irrité contre qqn. Regards irrités.* ♦ 2° Qui est enflammé. *Gorge irritée.* ◇ ANT. *Calme, patient.*
IRRITER [iʀ(ʀ)ite]. *v. tr.* (1355; lat. *irritare*). ♦ 1° Mettre en colère. V. **Agacer, aigrir, contrarier, courroucer, énerver, exaspérer, fâcher, impatienter, indigner.** « *Cette femme l'irritait dans tout ce qu'elle faisait* » (GREEN). *Ce genre de propos a le don de m'irriter.* ◇ Pronom. S'IRRITER : se mettre en colère. V. **Bouillir, fâcher (se), monter (se).** *S'irriter contre qqn. S'irriter de qqch., de voir qqch.* ♦ 2° Vieilli ou littér. (1587). Rendre plus vif, plus fort. V. **Aviver, exacerber.** *Irriter la passion, les désirs, la curiosité.* — « *La haine dans mon cœur bout et s'irrite et monte* » (HEREDIA). ♦ 3° *Physiol.* Rendre douloureux, sensible en déterminant une légère inflammation. V. **Enflammer.** *La fumée irrite l'œil.* Pronom. « *On s'irrite à tousser ou à se gratter* » (ALAIN). ♦ 4° *Sc. nat.* Faire réagir sous l'effet d'une excitation. ◇ ANT. *Apaiser, calmer; adoucir, diminuer.*
IRRORATION [iʀ(ʀ)ɔʀɑsjɔ̃]. *n. f.* (1694; bas lat. *irroratio*. V. **Rosée**). *Didact.* Action d'exposer à un arrosement en pluie très fine.
IRRUPTION [iʀ(ʀ)ypsjɔ̃]. *n. f.* (1495; lat. *irruptio*). ♦ 1° Invasion soudaine et violente (d'éléments hostiles, dans un pays). V. **Attaque, incursion.** *Les irruptions de barbares dans l'Empire romain.* ♦ 2° Entrée de force et en masse (dans un lieu). *Irruption de manifestants dans la salle.* « *Un nouveau flot d'hommes fait irruption, dégorge... par la tribune publique et submerge l'assemblée* » (FRANCE). — *Par ext.* Entrée brusque et inattendue. *Il a fait irruption chez moi.* ♦ 3° (*Choses*). Envahissement. *L'irruption des eaux.* — Fig. « *La littérature nouvelle fit irruption avec fracas* » (CHATEAUB.).
ISABELLE [izabɛl]. *adj.* (1595; esp. *Isabel*, n. pr.). De couleur jaune pâle (chevaux). *Cheval, jument isabelle.* Subst. m. *Monter un isabelle.*
ISALLOBARE [izal(l)ɔbaʀ]. *n. f.* (1948; d'apr. *isobare*, avec intercal. du gr. *allos* « autre »). *Météo.* Courbe joignant les points de la Terre où les variations de la pression atmosphérique sont égales en un temps donné.
ISARD [izaʀ]. *n. m.* (1553; *bouc izar*, 1387; d'un mot ibér. prélatin). Chamois des Pyrénées. « *De légers troupeaux d'isards qui... s'élançaient de rocher en rocher* » (VIGNY).
-ISATION. Suffixe (de *-iser*, et *-ation*) servant à former des substantifs marquant un changement d'état (ex. : *ionisation, mémorisation, stabilisation*).
ISATIS [izatis]. *n. m.* (1740; mot gr.). ♦ 1° *Bot.* Pastel. ♦ 2° (1765). Renard bleu des régions arctiques.
ISBA [izba]. *n. f.* (1815; mot russe). Petite maison en bois de sapin, particulière aux paysans de la Russie du Nord.
ISCHÉMIE [iskemi]. *n. f.* (1840; gr. *iskhaimos* « qui arrête le sang », suff. *-émie*). *Méd.* Anémie locale, arrêt ou insuffisance de la circulation du sang dans un tissu ou un organe.
ISCHÉMIQUE [iskemik]. *adj. et n.* (1867; de *ischémie*). *Méd.* Qui est provoqué par l'ischémie ou qui en est atteint. *Gangrène ischémique.* — Subst. *Un, une ischémique.*
ISCHIATIQUE [iskjatik]. *adj. et n.* (1532; de *ischion*). *Anat.* Qui appartient, qui a rapport à l'ischion ou à l'articulation de la hanche. *Artère, tubérosité ischiatique.*
ISCHION [iskjɔ̃]. *n. m.* (1560; gr. *iskhion*). *Anat.* Partie de l'os iliaque.
-ISER. Suffixe savant (du bas lat. *-izare*, correspondant au gr. *-idrein*) servant à former des verbes dérivés de substantifs ou de noms de peuples, avec la valeur transitive et factitive de « donner le caractère de » (ex. : *mécaniser, européaniser, islamiser*).
ISIAQUE [izjak]. *adj.* (1765; lat. *isiacus*, gr. *isiakos*). *Didact.* Relatif à la déesse Isis, et à son culte. *Mystères isiaques.*
ISLAM [islam]. *n. m.* (1697; mot arabe). ♦ 1° Religion prêchée par Mahomet et fondée sur le Coran. V. **Islamisme.** *Les cinq piliers de l'islam* : profession de foi, prière, jeûne, dîme et pèlerinage à La Mecque (ou Médine). ♦ 2° (Avec l majusc.). L'ensemble des peuples qui professent cette religion, et la civilisation qui les caractérise. *Histoire de l'Islam.*
ISLAMIQUE [islamik]. *adj.* (1846; de *islam*). Qui appartient, qui a rapport à l'islam. V. **Musulman.** — *Études islamiques.*
ISLAMISATION [islamizɑsjɔ̃]. *n. f.* (1931; de *islamiser*).

Action d'islamiser; son résultat. *L'islamisation de l'Andalousie après le VIII* e *s.*
ISLAMISER [islamize]. *v. tr.* (XXe; de *islam*). Intégrer à l'islam. — Au p. p. *Régions islamisées d'Afrique noire.* N. « *C'était un islamisé du Soudan* » (GIDE).
ISLAMISME [islamism(ə)]. *n. m.* (1765; de *islam*). Religion musulmane. V. **Mahométisme** (*vx*).
ISLANDAIS, AISE [islɑ̃dɛ, ɛz]. *adj.* (1765; de *Islande*). De l'Islande. — Subst. *Les Islandais*, les habitants de l'Islande. ◇ *Par ext.* Les pêcheurs bretons qui vont pêcher sur les bancs de l'Islande. ◇ *L'islandais*, la langue des Islandais. V. **Scandinave.**
-ISME, -ISTE. Suffixes de substantifs (profession ou opinion [*journalisme, socialisme*]; appartenance à un groupe ou à un système [*intégrisme, structuralisme*]). -ISTE, suff. de subst. et d'adj. correspondant aux noms en *-isme* (*socialiste, journaliste, intégriste, structuraliste*). — N. B. Nombreux dérivés de ,noms propres.
ISO-. Premier élément, du gr. *isos* « égal ».
ISOAGGLUTINATION [izɔaglytinɑsjɔ̃]. *n. f.* (1931; de *iso-*, et *agglutination*). *Méd.* Phénomène d'agglutination des hématies d'un sujet par introduction de sang d'un individu de même espèce, mais de groupe sanguin différent.
ISOBARE [izɔbaʀ]. *adj. et n. f.* (1873; gr. *isobarês*, de *baros* « pesanteur »). *Météo.* D'égale pression atmosphérique. *Lignes, courbes isobares*, qui sur une carte relient des points de pression atmosphérique égale, à un instant et à une altitude donnés. ◇ *N. f.* (1902) *Des isobares.*
ISOBATHE [izɔbat]. *adj.* (1907; gr. *isobathês*, de *bathos* « profondeur »). *Sc. (Géogr.).* D'égale profondeur. *Ligne, courbe isobathe*, reliant sur une carte les points d'égale profondeur. — Subst. f. *Une isobathe.*
ISOCARDE [izɔkaʀd(ə)]. *n. m.* (1808; de *iso-*, et *carde*). *Zool.* Mollusque lamellibranche à coquille en forme de cœur, à valves égales.
ISOCÈLE [izɔsɛl]. *adj.* (1542; lat. *isosceles*, mot gr., de *skelos* « jambe »). *Géom.* Qui a deux côtés égaux. *Triangle isocèle* (cour.) : dont les deux côtés non parallèles sont égaux. *Trapèze isocèle.*
ISOCHORE [izɔkɔʀ]. *adj.* (1948; de *iso-*, et du gr. *khôra* « espace »). *Didact.* Relatif à des volumes égaux. *Transformation isochore*, à volume spécifique constant.
ISOCHROMATIQUE [izɔkʀɔmatik]. *adj.* (1846; de *iso-*, et *chromatique*). *Didact.* Dont la couleur est uniforme. *Phot.* Sensible à toutes les couleurs du spectre.
ISOCHRONE [izɔkʀo(o)n]. *adj.* (1629; gr. *isokhronos*; suff. *-chrone*). *Sc.* Dont la période a une durée constante. *Oscillations isochrones du pendule.* (On dit aussi *isochronique* [izɔkʀɔnik]).
ISOCHRONISME [izɔkʀɔnism(ə)]. *n. m.* (1700; de *isochrone*). *Sc.* Caractère de ce qui est isochrone; égalité de durée. ◇ *Spécialt.* (*Méd.*) Égalité de chronaxie* entre deux fibres musculaires ou nerveuses.
ISOCLINAL, ALE, AUX [izɔklinal, o]. *adj.* (1888; de *iso-*, et [*syn*]*clinal*). *Géol.* Dont les flancs ont la même inclinaison. *Pli isoclinal.* *Structure isoclinale*, formée de plis isosynclinaux parallèles.
ISOCLINE [izɔklin]. *adj.* (1846; gr. *isoklinês* et *klinein* « pencher »). *Sc.* (*Phys., Géogr.*). D'égale inclinaison magnétique. *Lignes isoclines*, qui relient sur une carte les points de la Terre où l'inclinaison de l'aiguille aimantée est la même. — Subst. f. *Une isocline.*
ISODYNAMIE [izɔdinami]. *n. f.* (1898; gr. *isodunamia*, de *dunamis* « puissance »). *Physiol.* Équivalence énergétique d'aliments différents, permettant leur substitution réciproque dans la ration.
ISODYNAMIQUE [izɔdinamik]. *adj.* (1837; de *iso-*, et *-dynamique*). *Sc.* Dont la force est équilibrée par une autre. — Se dit d'une ligne unissant des points de la Terre où l'intensité horizontale du champ magnétique terrestre prend la même valeur.
ISOÉDRIQUE [izɔedʀik]. *adj.* (1846; de *iso-*, et *-èdre*). *Minér.* Dont les facettes sont semblables.
ISOÈTE [izɔɛt]. *n. m.* (1839; gr. *isoétês*, de *etos* « année »). *Bot.* Petite plante lacustre (*Lycopodinées*).
ISOGAME [izɔgam]. *adj.* (v. 1900; de *iso-*, et *-game*). *Biol.* Où se manifeste l'isogamie. ◇ ANT. **Hétérogame.**
ISOGAMIE [izɔgami]. *n. f.* (v. 1900; de *isogame*). *Biol.* Reproduction sexuée par union de deux gamètes de morphologie semblable. (On dit aussi *homogamie*). *Isogamie chez les protozoaires, les algues.* ◇ ANT. **Hétérogamie.**
ISOGLOSSE [izɔglɔs]. *n. f. et adj.* (v. 1900; de *iso-*, et *-glosse*). *Ling.* Ligne séparant, sur une carte linguistique, deux aires dialectales distinctes. — Adj. *Lieux isoglosses.*
ISOGONE [izɔgon]. *adj.* (1682; gr. *isogônios*; suff. *-gone*). *Sc.* À angles respectivement égaux. — *Lignes isogones ou isogoniques* qui sur une carte relient les points de la Terre ayant même déclinaison magnétique.
ISOHYÈTE [izɔjɛt]. *adj.* (1948; de *iso-*, et gr. *huetos*

« pluie »). *Météo.* Se dit d'une ligne joignant les points du globe où les pluies moyennes sont égales.

ISOHYPSE [izɔips(ə)]. *adj.* (1867; gr. *isohupsês*, de *hupsos* « hauteur »). *Géogr. Ligne isohypse*, courbe de niveau.

ISOIONIQUE [izɔjɔnik]. *adj.* (Mil. xxᵉ; de *iso-*, et *-ionique*). *Sc.* Qui a la même quantité d'ions.

ISOLABLE [izɔlabl(ə)]. *adj.* (1846; de *isoler*). Qui peut être isolé, séparé. V. **Séparable.** *Chim. Élément non isolable d'un composé.*

ISOLANT, ANTE [izɔlɑ̃, ɑ̃t]. *adj.* (1825; de *isoler*). ♦ 1° Qui isole, empêche la propagation des vibrations. *Matériaux isolants pour l'insonorisation.* ◇ Qui ne conduit pas l'électricité ou la chaleur (*opposé à* conducteur). *Les corps isolants.* Subst. *Un isolant.* ♦ 2° *Ling. Langues isolantes*, caractérisées par la juxtaposition d'éléments simples dont la valeur grammaticale dépend de la place ou de l'intonation (*ex. :* le chinois).

ISOLAT [izɔla]. *n. m.* (1962; de *isoler*, p.-ê. d'apr. *habitat*). ♦ 1° *Sc.* Groupe ethnique isolé. — Groupe d'êtres vivants isolé. ♦ 2° *Biol.* Matériel obtenu à partir d'organismes vivants, à des fins d'examen ou en vue d'une culture.

ISOLATEUR [izɔlatœr]. *n. m.* (1836; de *isoler*). Support en matière isolante, destiné à soutenir les conducteurs d'électricité. « *Même les isolateurs du télégraphe ne luisaient plus sur le ciel* » (MALRAUX).

ISOLATION [izɔlasjɔ̃]. *n. f.* (1777; « isolement », 1774; de *isoler*). *Phys.* Action d'isoler un corps conducteur d'électricité. ◇ *Techn.* Action de protéger une pièce contre la chaleur, le froid, le bruit. V. **Isolement, insonorisation.**

ISOLATIONNISME [izɔlasjɔnism(ə)]. *n. m.* (1931; amér. *isolationism*, de *isolation* « isolement »). Politique d'isolement. « *La doctrine de Monroë, l'isolationnisme, le mépris de l'Europe* » (SARTRE).

ISOLATIONNISTE [izɔlasjɔnist(ə)]. *n. et adj.* (mil. xxᵉ; de *isolationnisme*). Partisan de l'isolationnisme.

ISOLÉ, ÉE [izɔle]. *adj. et n.* (1575; *adj. it. isolato* « séparé comme une île » *(isola)*. ♦ 1° Séparé des choses de même nature. *Édifice isolé.* — *Électr. Corps isolé*, qui n'est pas en contact avec un conducteur. ◇ Qui est éloigné de toute habitation. V. **Écarté, perdu, reculé.** *Endroit isolé.* « *Une pauvre maison isolée, la seule que l'on rencontre dans un espace de huit lieues* » (GAUTIER). ♦ 2° (2ᵉ moitié XVIIᵉ). Qui est séparé des autres hommes. V. **Seul, solitaire.** *Vivre isolé. Se sentir isolé. Isolé du reste du monde.* « *L'homme isolé est un homme vaincu* » (ALAIN). — N. *Les isolés.* « *Couples et bandes et, plus rares, des isolés, passaient et repassaient* » (QUENEAU). ♦ 3° *Fig.* Détaché d'un contexte, sans rapport avec un contexte. *Phrase isolée. Fait isolé. Cas isolé.* V. **Unique.** ◇ ANT. **Joint; fréquenté. Commun.**

ISOLEMENT [izɔlmɑ̃]. *n. m.* (1701; de *isoler*). ♦ 1° État d'une chose isolée. *Cet empire « dont toutes les parties tendaient à l'isolement* » (MICHELET). *L'isolement d'une ferme.* — *Phys.* État d'un système conçu pour s'opposer au passage du courant, de la chaleur, du bruit; mesure prise pour obtenir ce résultat. V. **Isolation.** ♦ 2° État, situation d'une personne isolée. V. **Solitude.** « *Le sentiment momentané de mon isolement* » (LAMART.). *Isolement complet, total.* V. **Claustration.** — *Spécialt.* Situation d'un malade, d'un détenu que l'on isole. *Isolement des contagieux, des aliénés. Isolement cellulaire.* ♦ 3° Absence d'engagement vis-à-vis des autres nations. *Isolement économique, diplomatique.* — Le « *splendide isolement* » (splendid isolation) *de l'Angleterre au XIXᵉ siècle.* ◇ ANT. **Association, groupement. Contact. Compagnie, société.**

ISOLÉMENT [izɔlemɑ̃]. *adv.* (1787; de *isolé*). D'une manière isolée. *Chacun pris isolément. Considérer isolément les éléments d'un problème. Ce sont « de braves gens, si on les considère isolément* » (ARAGON). ◇ ANT. **Ensemble.**

ISOLER [izɔle]. *v. tr.* (1653; de *isolé*). ♦ 1° Séparer des objets environnants. V. **Détacher, séparer.** — *Phys.* (1777) *Isoler un corps :* le mettre hors de contact avec tout corps conducteur d'électricité. — *Isoler une pièce :* l'insonoriser avec des matériaux isolants. ◇ *Sc.* (Chim., Biol.) *Isoler un corps simple, un virus*, les séparer de leur combinaison ou du milieu auquel ils sont d'ordinaire mêlés. ♦ 2° Éloigner (qqn) du milieu des autres hommes; rendre seul. *Isoler un contagieux.* « *Son ouïe rebelle l'isolait chaque jour davantage* » (MART. du G.). ♦ 3° *(Abstrait).* Considérer à part, hors d'un contexte. V. **Abstraire, distinguer, séparer.** « *C'est le droit de l'historien d'isoler un grand aspect des choses* » (JAURÈS). ♦ 4° S'ISOLER : se séparer des autres hommes, se retirer de façon à être isolé. V. **Confiner (se), enfermer (s'), retirer** (SE). *S'isoler dans son coin, dans ses méditations.* « *S'isoler, c'est trahir* » (HUGO). ◇ ANT. **Associer, combiner, grouper, joindre, rassembler, unir.**

ISOLOGUE [izɔlɔg]. *adj.* (1867; d'apr. *analogue*). *Chim. Corps isologues :* corps organiques très voisins qui ont à peu près les mêmes propriétés chimiques.

ISOLOIR [izɔlwar]. *n. m.* (1914; « support isolant », 1789; de *isoler*). Cabine où l'électeur s'isole pour préparer son bulletin de vote.

ISOMÈRE [izɔmɛr]. *adj. et n. m.* (1839; gr. *isomerês*; suff. *-mère*). *Sc.* Se dit de composés ayant la même formule brute et des propriétés différentes dues à un agencement différent des atomes dans la molécule. *Corps isomère d'un autre.* ◇ N. m. *Un isomère.*

ISOMÉRIE [izɔmeri]. *n. f.* (1846; arithm., 1691; de *isomère*). *Sc.* Caractères des corps isomères. — *Isomérie nucléaire*, phénomène présenté par deux atomes de même numéro atomique et même masse atomique, mais d'états énergétiques différents.

ISOMÉRISATION [izɔmerizasjɔ̃]. *n. f.* (xxᵉ; de *isomère*). *Sc.* Transformation d'un corps en un isomère.

ISOMÉTRIE [izɔmetri]. *n. f.* (mil. xxᵉ; de *iso-*, et suff. *-métrie*). *Math.* Transformation ponctuelle laissant invariantes les distances.

ISOMÉTRIQUE [izɔmetrik]. *adj.* (1843; de *iso-*, et suff. *-métrique*). *Sc.* Dont les dimensions sont égales. *Cristaux isométriques.* — *Géom. Perspective isométrique*, dans laquelle les arcs de comparaison sont égaux.

ISOMORPHE [izɔmɔrf(ə)]. *adj.* (1821; de *iso-*, et suff. *-morphe*). *Sc.* ♦ 1° *Chim.* Qui a la même forme cristalline. ♦ 2° *Math.* Lié par une relation d'isomorphisme. — *Ling. Langues isomorphes.* V. **Isomorphisme.** ◇ ANT. **Hétéromorphe.**

ISOMORPHISME [izɔmɔrfism(ə)]. *n. m.* (1838; de *isomorphe*). *Sc.* ♦ 1° *Chim.* Propriété que possèdent deux ou plusieurs corps de constitution chimique analogue d'avoir des formes cristallines voisines. ♦ 2° *Math.* Morphisme dont l'application est bijective. REM. La forme ISOMORPHIE, *n. f.* (1846) ne s'emploie plus. — *Ling.* Relation entre deux langues qui ont les mêmes structures.

ISONOMIE [izɔnɔmi]. *n. f.* (1839, « égalité devant la loi »; gr. *isonomia*, de *nomos* « loi »). *Minér.* Conformité dans le mode de cristallisation.

ISOPHASE [izɔfaz]. *adj.* (xxᵉ; de *iso-*, et *phase*). *Techn.* Qui présente des phases isochrones. *Phare isophase*, dont les phases lumineuses et obscures sont d'égale durée.

ISOPODE [izɔpɔd]. *adj. et n. m. pl.* (1827; de *iso-*, et suff. *-pode*). *Zool.* Dont les pattes sont toutes semblables. ◇ N. m. pl. *Les isopodes*, ordre de crustacés.

ISOSÉISTE [izɔseist(ə)] ou **ISOSISTE** [izɔsist(ə)]. *adj. et n. f.* (v. 1900,-xxᵉ; de *iso-*, et du rad. de *séisme*). *Géol. Ligne isosiste*, qui relie sur une carte les points où l'intensité du séisme est la même. — N. f. *Une isosiste.*

ISOSTASIE [izɔstazi]. *n. f.* (1900; angl. *isostasy*, 1892; de *iso-*, et gr. *stasis* « stabilité »). *Géol.* État d'équilibre des différents segments de l'écorce terrestre.

ISOTHERME [izɔtɛrm(ə)]. *adj. et n. f.* (1816; de *iso-*, et *-therme*). ♦ 1° *Ligne isotherme*, ou *Isotherme*, ligne qui, sur une carte, relie tous les points du globe ayant même température moyenne. *Isothermes de janvier, de juillet.* ♦ 2° *Phys.* Qui se produit à température constante. *Dilatation isotherme d'un gaz.*

ISOTONIE [izɔtɔni]. *n. f.* (v. 1900; gr. *isotonos*, de *tonos* « tension »). *Sc.* État de liquides, de solutions qui ont même tension osmotique, même concentration moléculaire.

ISOTONIQUE [izɔtɔnik]. *adj.* (1897; de *isotonie*). *Sc.* Caractérisé par l'isotonie. *Sérum isotonique* (ou physiologique) (méd. et cour.), sérum artificiel ayant la même concentration moléculaire que le sérum sanguin.

ISOTOPE [izɔtɔp]. *n. m.* (1922; angl. 1913; de *iso-*, et gr. *topos* « lieu, place »). ♦ 1° Chacun des éléments de même numéro atomique (occupant la même place dans la classification de Mendéléev), mais de masse atomique différente. *Un, des isotope(s). Isotopes naturels ou artificiels. Séparation des isotopes. Isotopes radioactifs* (radio-iode, radiophosphore, radiosodium, etc.). — *Dér.* ISOTOPIE [izɔtɔpi], n. f. V. **Radio-isotope.** ♦ 2° *Arg. scol.* Fête de l'École de physique et chimie industrielle de Paris.

ISOTOPIQUE [izɔtɔpik]. *adj.* (1954; de *isotope*). *Sc.* Qui a les caractères d'un isotope; d'un isotope. *Spin isotopique.*

ISOTRON [izɔtrɔ̃]. *n. m.* (1953; de *iso-*, et suff. *-tron*, d'apr. *cyclotron*). *Sc.* Appareil servant à la séparation des isotopes nouvellement créés, fondé sur la différence de vitesse de leur migration ou diffusion.

ISOTROPE [izɔtrɔp]. *adj.* (1873; de *iso-*, et suff. *-tropes*). *Sc.* (*Phys.*, etc.). Qui présente les mêmes propriétés physiques dans toutes les directions. *Corps, milieux isotropes.* ◇ ANT. **Anisotrope.**

ISOTROPIE [izɔtrɔpi]. *n. f.* (1890; du précéd.). *Sc.* Caractère de ce qui est isotrope.

ISRAÉLIEN, IENNE [israeljɛ̃, jɛn]. *adj. et n.* (1931; de *Israël*). De l'État moderne d'Israël.

ISRAÉLITE [israelit]. *n.* (1583; de *Israël*). Descendant d'Israël; personne qui appartient à la communauté, à la religion juive. V. **Hébreu, juif.** — Adj. *Il est israélite.*

ISSANT, ANTE [isᾶ, ᾶt]. *adj.* (XVIᵉ; p. prés. de l'a. fr. *issir.* V. **Issu**). *Blas.* Se dit de figures d'animaux qui ne présentent que la partie supérieure du corps, et paraissent sortir de la pièce ou du champ de l'écu. *Lions issants.*

-ISSIME. Suffixe (du lat. *-issimus,* repris à l'it. *-issimo*) servant à former des adjectifs à valeur superlative (ex. : *rarissime, richissime, sérénissime*).

ISSU, UE [isy]. *p. p.* (v. 1100; de l'a. fr. *eissir, issir,* lat. *exire* « sortir »). ♦ 1° Qui est né, sorti (de parents, d'une espèce). *Il est issu de sang royal, d'une grande famille de magistrats. Cousins issus de germains.* ♦ 2° *Fig.* Qui provient, résulte. « *Le messianisme révolutionnaire issu de l'idéologie allemande* » (CAMUS). ◈ HOM. *Issue.*

ISSUE [isy]. *n. f.* (XIIᵉ; de *issu*). ♦ 1° *Vx.* Action de sortir. ♦ 2° *Mod.* Ouverture, passage offrant la possibilité de sortir. V. **Dégagement, porte, sortie.** *Chercher une issue. Chemin, rue sans issue,* en cul-de-sac. « *Toutes les issues de ma chambre étaient fortement closes* » (MAUPASS.). — Orifice d'évacuation. V. **Déversoir, exutoire.** *Ménager une issue à la vapeur, à l'eau d'un réservoir.* ♦ 3° *Fig.* Possibilité, moyen de sortir d'affaire et d'aller plus avant. V. **Échappatoire, solution.** *Je ne vois pas d'autre issue. Situation, passion sans issue.* « *L'expédition d'Égypte était sans issue* » (BAINVILLE). ◇ *Par ext.* Manière dont on sort d'une affaire, dont une chose arrive à son terme. V. **Aboutissement, fin, résultat.** *Heureuse issue. Issue fatale.* « *On ne peut rien affirmer de l'issue d'une affaire* » (VALÉRY). ◇ À L'ISSUE DE : à la fin de. « *Elle se vit, à l'issue du procès, brutalement expulsée* » (HENRIOT). ♦ 4° (Plur.). *Techn.* Ce qui reste des moutures après séparation de la farine. V. **Son.** — *Bouch.* Extrémités ou viscères des animaux formant, avec les abats, le « cinquième quartier ». ◈ ANT. *Accès, entrée, commencement.* HOM. *Issu.*

ISTHME [ism(ə)]. *n. m.* (1538; lat. *isthmus,* gr. *isthmos*). ♦ 1° Langue de terre resserrée entre deux mers ou deux golfes et réunissant deux terres. *L'isthme de Corinthe, de Suez.* ♦ 2° *Anat.* (1552). Partie rétrécie (d'un organe). *Isthme du gosier,* faisant communiquer la cavité buccale avec la trachée. *Isthme de l'encéphale, de l'utérus.* ◈ ANT. *Détroit.*

ISTHMIQUE [ismik]. *adj.* (1636; gr. *isthmikos*). *Didact.* Relatif à un isthme.

ITALIANISANT, ANTE [italjanizᾶ, ᾶt]. *n.* (1922; de *italianiser*). ♦ 1° Artiste qui s'inspire de l'art italien. ♦ 2° Spécialiste de la langue, de la littérature, de la civilisation italiennes.

ITALIANISER [italjanize]. *v.* (1566; de *italien*). ♦ 1° V. intr. *(Vieilli)* Employer en français des expressions empruntées à l'italien. ♦ 2° *V. tr.* Rendre italien; marquer d'un caractère italien.

ITALIANISME [italjanism(ə)]. *n. m.* (1578; de *italien*). Manière de parler propre à l'italien et empruntée par une autre langue.

ITALIEN, IENNE [italjẽ, jɛn]. *adj.* et *n.* (attesté XVIᵉ; it. *italiano*). ♦ 1° De l'Italie. V. **Transalpin.** *La péninsule, la « botte » italienne. Peinture, musique italienne. Comédie italienne. Cuisine à l'italienne,* à la manière italienne. — Subst. *Un Italien, une Italienne.* ◇ (Par ellipse de « comédiens ») *Les Italiens, le Théâtre-Italien.* ♦ 2° N. m. *L'italien,* groupe de langues romanes parlées en Italie, *spécialt.* La langue issue du dialecte toscan.

ITALIQUE [italik]. *adj.* et *n. m.* (v. 1500; lat. *italicus*). ♦ 1° *Vx.* Italien. ◇ *Mod.* Lettres italiques (inventées en Italie par Alde Manuce), légèrement inclinées vers la droite. — N. m. *L'italique,* le caractère italique. *Mettre un mot en italique.* ♦ 2° Qui appartient, qui a rapport à l'Italie ancienne. *Les peuples italiques.* Subst. *Les Italiques.* — *L'italique :* les langues romanes parlées dans l'Italie ancienne (latin, osque, ombrien).

-ITE. Suffixe d'origine grecque *(-itis)* servant à désigner les maladies de nature inflammatoire *(ex. : bronchite).*

1. **ITEM** [itɛm]. *adv.* (1279; adv. lat.) *Comm.* De même, en outre (dans un compte, un état).

2. **ITEM** [itɛm]. *n. m.* (v. 1960; mot angl., « article, élément », du lat. *item*). *Didact.* Élément minimal d'un ensemble organisé. V. **Unité.**

ITÉRATIF, IVE [iteratif, iv]. *adj.* (1403; bas lat. *iterativus*). ♦ 1° *Dr.* Qui est réitéré. *Itératif commandement.* ♦ 2° (1867). *Gram.* Fréquentatif. ♦ 3° *Mod.* Qui est répété plusieurs fois. — *Physiol.* Stimulation itérative. *Système* (excitable) *itératif,* qui répond à plusieurs excitations électriques successives et identiques. « *Des interventions* (chirurgicales) *que l'on dit itératives* » (DUHAM.) : répétées, faites en plusieurs temps. V. **Répétitif.** ♦ 4° *Math.* Par itération. *Calcul itératif.*

ITÉRATION [iterasjɔ̃]. *n. f.* (1677; lat. *iterare*). ♦ 1° *Didact.* Répétition. ♦ 2° *Math.* Méthode de résolution d'une équation par approximations successives. ♦ 3° *Psychiatr.* Répétition involontaire et inutile d'un même acte moteur ou verbal.

ITÉRATIVEMENT [iterativmᾶ]. *adv.* (1528; de *itératif*). *Didact.* D'une manière itérative, en réitérant.

ITHYPHALLIQUE [itifal(l)ik]. *adj.* (XVIᵉ; de *ithyphalle,* du gr. par le latin). *Didact. (Antiq. grecque).* Relatif au phallus en érection.

ITINÉRAIRE [itineʀɛʀ]. *n. m.* et *adj.* (h. XIVᵉ; 1606; bas lat. *itinerarium,* de *iter, itineris* « chemin »). ♦ 1° N. m. *Cour.* Chemin à suivre ou suivi pour aller d'un lieu à un autre. V. **Circuit, parcours.** *Faire, tracer un itinéraire.* « *Il revisa notre itinéraire, prépara nos relais* » (GIDE). *Suivre, prendre un certain itinéraire.* ◇ *Par ext.* Indication, parfois accompagnée d'une description, de tous les lieux par où l'on passe pour aller d'un pays à un autre. *L'Itinéraire de Paris à Jérusalem,* de Chateaubriand. ♦ 2° Adj. *Didact.* (1694; bas lat. *itinerarius*). Qui a rapport aux chemins, aux routes. *Mesures itinéraires.*

ITINÉRANT, ANTE [itinerᾶ, ᾶt]. *adj.* (1874; angl. *itinerant,* lat. *itinerari* « voyager »). ♦ 1° *(Chez les méthodistes).* Qui va de lieu en lieu prêcher la doctrine (*opposé à* pasteurs *sédentaires*). ♦ 2° *Cour.* Qui se déplace dans l'exercice de sa charge, de ses fonctions, sans avoir de résidence fixe. *Ambassadeur itinérant.* ♦ 3° Qui se fait en se déplaçant. « *Il avait une préférence marquée pour les entretiens itinérants* » (DUHAM.). ◈ ANT. *Sédentaire.*

ITOU [itu]. *adv.* (déb. XVIIᵉ; altér. dial. de l'a. fr. *et a tot, et o tot, a tot,* encore XVIᵉ, *à tout, atout* « avec »). *Fam.* et *vieilli.* Aussi, de même, également. « *Je n'en puis plus, dit un des soldats. — Et moi itou, dit un autre* » (STENDHAL).

IULE [jyl]. *n. m.* (1611; lat. *iulus,* gr. *ioulos*). ♦ 1° *Bot.* Chaton de certaines fleurs. ♦ 2° *Zool.* Myriapode noir et luisant, qui s'enroule en spirale quand on le touche.

-IUM. Élément final qui correspond aux noms de métaux.

IVE, IVETTE [iv, ivɛt]. *n.-f.* (XVᵉ-1762; de *if*). Germandrée à fleurs jaunes, dite aussi *petit if,* qui exhale une odeur aromatique résineuse.

IVOIRE [ivwaʀ]. *n. m.* (déb. XIIᵉ; lat. *eboreus* « d'ivoire », de *ebur, eboris* « ivoire »). ♦ 1° Matière fine, résistante, d'un blanc laiteux, qui constitue les défenses de l'éléphant. *Statuette, manche, billes d'ivoire, en ivoire.* — Ellipt. *Un ivoire.* Collection d'ivoires, d'objets d'art en ivoire. ◇ *Poét. D'ivoire,* d'une blancheur comparable à celle de l'ivoire. — Loc. *Tour* d'ivoire.* ♦ 2° Matière des dents et défenses de certains autres animaux (rhinocéros, morse, etc.). V. **Rohart.** — *Anat.* Partie dure des dents, revêtue d'émail à la couronne et de ciment à la racine. (Syn. *Dentine*). ♦ 3° *Techn. — Ivoire végétal.* V. **Corozo.** *Noir d'ivoire,* poudre noire très fine employée en peinture, faite d'ivoires et d'os calcinés.

IVOIRERIE [ivwaʀʀi]. *n. f.* (XVIᵉ; de *ivoire*). *Vieilli.* Art de l'ivoirier; objets en ivoire sculpté.

IVOIRIEN, IENNE [ivwaʀjẽ, jɛn]. *adj.* et *n.* (v. 1960; de Côte d'Ivoire). De la Côte d'Ivoire. *L'économie ivoirienne.* — *Les Ivoiriens.*

IVOIRIER [ivwaʀje]. *n. m.* (1322; de *ivoire*). Artiste, artisan qui sculpte l'ivoire.

IVOIRIN, INE [ivwaʀ̃ɛ, in]. *adj.* (1544; de *ivoire*). *Littér.* et *vieilli.* Qui a l'éclat, l'apparence de l'ivoire. V. **Éburnéen.**

IVRAIE [ivʀɛ]. *n. f.* (1236; lat. pop. *ebriaca,* du bas lat. *ebriacus,* doublet du class. *ebrius* « ivre »). Plante monocotylédone, herbacée *(Graminées),* particulièrement répandue aux céréales. V. **Ray-grass.** ◇ *Fig.* (d'apr. la Bible) *L'ivraie et le bon grain,* les méchants et les bons, le mal et le bien (Cf. Zizanie).

IVRE [ivʀ(ə)]. *adj.* (XIᵉ; lat. *ebrius*). ♦ 1° Qui n'est pas dans son état normal, pour avoir trop bu d'alcool; qui est saisi d'ivresse*. V. **Aviné, soûl** (Cf. *fam.* et *pop.* **Beurré, bourré, cuité, noir, paf, plein, schlass**). *Complètement ivre, ivre mort.* « *Il était ivre, bestialement ivre; il ne pouvait plus ni se tenir, ni parler, ni voir* » (BAUDEL.). *Légèrement, à moitié ivre.* V. **Éméché, gai, gris, parti, pompette; émoustiller.** ◇ *Par ext. Ivre de sang.* « *Ivres de lumière et d'aleur* » (FRANCE). ♦ 2° Qui est transporté hors de soi (sous l'effet de quelque émotion violente). *Ivre d'amour, de bonheur, de colère, d'orgueil.* « *J'attendais la tombée du soir, ivre d'immensité, d'étrangeté, de solitude* » (GIDE). ◈ ANT. *Lucide, sobre.*

IVRESSE [ivʀɛs]. *n. f.* (1160; de *ivre*). ♦ 1° État d'une personne ivre (intoxication produite par l'alcool et causant des perturbations dans l'adaptation nerveuse et la coordination motrice). V. **Ébriété, enivrement;** et *pop.* **Biture, cuite.** *Fumées, vapeurs de l'ivresse.* ◇ *Par anal.* Ivresse cocaïnique, éthérique, morphinique. ◇ *Par ext. L'ivresse du combat, de l'action.* V. **Excitation, griserie.** ♦ 2° État d'une personne transportée, vivement émue. *L'ivresse de l'amour, du pouvoir, du succès.* ◇ *Absolt.* État d'euphorie, de ravissement, d'exaltation. V. **Enivrement, extase.** « *Cette ivresse que donne la campagne à ceux de la ville* » (MONTHERLANT). *Moments, heures d'ivresse.* ◈ ANT. *Froideur, lucidité, sobriété.*

IVROGNE [ivrɔɲ]. *adj.* (XIIIᵉ; « ivresse », 1160; a. subst. *ivroigne*, lat. pop. *°ebrionia*). Qui a l'habitude de s'enivrer, d'être ivre. V. **Alcoolique.** ◇ Subst. *C'est un vieil ivrogne.* V. **Buveur;** et les *pop.* **Pochard, poivrot, soûlard, soûlaud.** *Un ivrogne qui titube. Voix d'ivrogne. Serment d'ivrogne*, qui ne sera pas tenu. ◇ ANT. *Abstinent, tempérant, sobre.*

IVROGNERIE [ivrɔɲri]. *n. f.* (XIVᵉ; de *ivrogne*). Vice de l'ivrogne, habitude de s'enivrer. V. **Alcoolisme, dipsomanie, intempérance;** et *pop.* **Soulographie.** « *Prenant de telles habi-* tudes d'ivrognerie qu'il ne dessoûlait plus » (ZOLA). ◇ ANT. *Sobriété, tempérance.*

IVROGNESSE [ivrɔɲɛs]. *n. f.* (1583; de *ivrogne*). Pop. Femme qui a l'habitude de s'enivrer. « *Gare à vous ! c'est par l'ivrognesse Que la bacchante finira* » (HUGO).

IXIA [iksja]. *n. f.* (1762; mot lat.). Plante monocotylédone *(Iridacées)* voisine de l'iris, à fleurs très décoratives.

IXODE [iksɔd]. *n. m.* (1806; gr. *ixôdês* « gluant »). *Zool.* Nom scientifique de la tique.

J K

J [ʒi]. *n. m.* Dixième lettre de l'alphabet, servant à noter une consonne constrictive sonore prépalatale [ʒ], et provenant le plus souvent du *j* ou du *g* latin, autrefois transcrite *i*. *J majuscule, j minuscule.* — J, symbole du joule*. — Le jour J. V. **Jour** (III, 5°). ◇ *J3* [ʒitRwa], jeune adolescent (de l'abrév. que portaient les cartes de rationnement, en France [1941-1945]).

JABIRU [ʒabiRy]. *n. m.* (1765 ; mot guarani). Échassier des régions chaudes *(Ciconiidés)*, à gros bec, voisin de la cigogne.

JABLE [ʒabl(ə)]. *n. m.* (1564 ; a. norm. *gable* « pignon » ; rad. gallo-rom. *gabulum* « gibet »). *Techn.* Rainure pratiquée aux extrémités des douves d'un tonneau pour fixer les fonds. — Partie de la douve en saillie sur le fond du tonneau.

JABLER [ʒable]. *v. tr.* (1573 ; de *jable*). *Techn.* Faire le jable de (une douve, un tonneau).

JABLOIR *n. m.*, ou **JABLOIRE**, [ʒablwaR], **JABLIÈRE** [ʒablijeR]. *n. f.* (1604,-1583 ; de *jable*). *Techn.* Rabot pour jabler.

JABORANDI [ʒaboRãdi]. *n. m.* (1752 ; mot guarani). Arbre exotique *(Rutacées)* dont les feuilles contiennent la pilocarpine.

JABOT [ʒabo]. *n. m.* (1546 ; prélat. °*gaba* « gorge d'oiseau »). ♦ 1° Poche axiale ou latérale de l'œsophage de certains animaux, dans laquelle les aliments séjournent. *Jabot des oiseaux.* ♦ 2° (1680). Ornement (de dentelle, de mousseline) attaché à la base du col d'une chemise, d'une blouse et qui s'étale sur la poitrine. « *Chiffonner son jabot de dentelle d'un revers de main* » (HUGO).

JABOTER [ʒabɔte]. *v. intr.* (1691 ; de *jabot*). ♦ 1° *Rare.* Se dit de certains oiseaux qui poussent des cris en secouant leur jabot. ♦ 2° *Fam.* et *vieilli.* Bavarder à plusieurs. V. **Cancaner.** « *Les gens de la petite ville jabotaient, plaisantaient volontiers* » (DUHAM.).

JABOTEUR, EUSE [ʒabɔtœR, øz]. *n.* (1772 ; de *jaboter*). *Vieilli.* Personne qui jabote.

JACARANDA [ʒakaRãda]. *n. m.* (1765 ; mot guarani). Arbre d'Amérique tropicale *(Jacarandées)*, dont une espèce fournit un bois recherché en ébénisterie (improprement nommé palissandre). « *Le bleu violet des jacarandas en fleurs* » (LÉVI-STRAUSS).

JACASSE [ʒakas]. *n. f.* (1867 ; de *jacasser*). ♦ 1° Pie. ♦ 2° *Vx.* Femme qui jacasse.

JACASSEMENT [ʒakasmã]. *n. m.* (1845 ; de *jacasser*). ♦ 1° Cri de la pie. « *Quelques jacassements de pie en quête des dernières baies* » (PERGAUD). ♦ 2° Bavardage bruyant. V. **Jacasserie.**

JACASSER [ʒakase]. *v. intr.* (1808 ; de *Jacques, jaquette,* appell. pop. du geai, de la pie, d'où *jaqueter* « bavarder », 1566, avec infl. de *agasse* « pie ». V. **Agacer.**) ♦ 1° Se dit de la pie qui pousse son cri. ♦ 2° Parler avec volubilité et d'une voix criarde. ♦ Parler à plusieurs, à voix haute, de choses futiles. V. **Bavarder.** « *Elle le faisait jaser, comme nous sommes là... tous les deux à jacasser* » (BALZ.).

JACASSERIE [ʒakasRi]. *n. f.* (1838 ; de *jacasser*). Bavardage de personnes qui jacassent.

JACASSIER, IÈRE [ʒakasje, jeR] *vx*, ou **JACASSEUR, EUSE** [ʒakascœR, øz]. *adj.* et *n.* (1792, - v. 1900 ; de *jacasser*). Qui jacasse, aime à jacasser. V. **Bavard.** « *Les indigènes du village, furieusement jacasseurs* » (CÉLINE).

JACÉE [ʒase]. *n. f.* (1611 ; lat. médiév. *jacea*). Espèce de centaurée à fleurs mauves.

JACENT, ENTE [ʒasã, ãt]. *adj.* (1611 ; lat. *jacens*, de *jacere.* V. **Sous-jacent**). *Dr. Vx.* Dont personne ne revendique la propriété. *Succession jacente.* V. **Vacant.**

JACHÈRE [ʒaʃeR]. *n. f.* (XIVᵉ ; *gaskiere*, XIIᵉ ; lat. médiév. *gascaria*, gallo-rom. °*ganskaria*, rad. gaul. °*gansko* « branche, charrue »). État d'une terre labourable qu'on laisse temporairement reposer en ne lui faisant pas porter de récolte. *Laisser une terre en jachère. Alternance de culture et de jachère.* V. **Assolement.** ◇ Terre en jachère. *Labourer des jachères.* ◇ ANT. **Culture.**

JACINTHE [ʒasɛ̃t]. *n. f.* (*Jacint,* XIIᵉ ; lat. *hyacinthus,* gr. *Huakinthos*). ♦ 1° *Vx.* Hyacinthe. ♦ 2° (XIVᵉ). Plante bulbeuse *(Liliacées)*, à feuilles linéaires, à hampe florale portant une grappe simple de fleurs colorées et parfumées. *Jacinthe rose, bleue, mauve, blanche.* ◇ *Par anal.* Nom courant du muscari et de la scille. *Jacinthe sauvage. Jacinthe des bois,* ou endymion.

JACISTE [ʒasist(ə)]. *adj.* et *n.* (v. 1930 ; des initiales de la Jeunesse agricole chrétienne). De la J.A.C. [ʒiase].

JACK [(d)ʒak]. *n. m.* (1870 ; mot angl.). *Anglicisme.* ♦ 1° *Techn.* Pièce commandant les aiguilles dans une machine de bonneterie. ♦ 2° (1880 ; sous la forme amér. *jack-knife* [dʒaknajf]). Commutateur de standard téléphonique manuel. ◇ HOM. **Jaque.**

JACKET [ʒakɛt]. *adj. f.* (XXᵉ ; angl. *jacket crown*). *Anglicisme.* (Chir. dent.). *Couronne jacket,* ou *n. f. jacket.* V. **Jaquette, II,** 2°.

JACOBÉE [ʒakɔbe]. *n. f.* (1680 ; *jacobæa,* 1615 ; du bas lat. *Jacobus* « Jacques »). Espèce de séneçon, dit aussi *herbe de Saint-Jacques.*

JACOBIN, INE [ʒakɔbɛ̃, in]. *n.* (XIIIᵉ ; du bas lat. *Jacobus* « Jacques », l'hospice des pèlerins pour Saint-Jacques-de-Compostelle ayant été confié à ces religieux). ♦ 1° *Vx.* Dominicain. ♦ 2° *n. m.* (1790). *Hist.* Surnom donné aux membres d'une société politique révolutionnaire établie à Paris dans un ancien couvent de Jacobins. *Le Club des Jacobins.* ◇ *Mod.* Républicain ardent et intransigeant. *Adj. Idées jacobines.*

JACOBINISME [ʒakɔbinism(ə)]. *n. m.* (1793 ; de *jacobin*). Doctrine politique des Jacobins. « *Cet esprit de justice... que le marquis appelait un jacobinisme infâme* » (STENDHAL). ◇ *Esprit jacobin.*

JACOBUS [ʒakɔbys]. *n. m.* (XVIIᵉ ; mot lat. « Jacques »). *Hist.* Ancienne monnaie d'or anglaise.

JACONAS [ʒakɔna]. *n. m.* (*Jaconat,* 1761 ; de *Jagganath,* ville de l'Inde où ce tissu était fabriqué). *Ancienn.* Étoffe de coton, fine, légère, qu'on employait pour les robes, la lingerie.

JACQUARD [ʒakaR]. *n.* et *adj. m.* (attesté 1845 ; nom pr.). 1° Nom donné au métier à tisser que Joseph Jacquard réalisa la mécanique vers 1780. — Par ext. *Tissu jacquard.* ♦ 2° *Tricot, chandail jacquard,* qui se fait avec des laines de plusieurs couleurs formant des dessins. — N. m. *Porter un jacquard.*

JACQUERIE [ʒakRi]. *n. f.* (v. 1370 ; de *Jacques*). ♦ 1° *Hist.* Soulèvement des paysans français contre les seigneurs en 1358. ♦ 2° (1821). Révolte paysanne. « *La jacquerie arme les laboureurs de leurs fourches et de leurs faux* » (ZOLA).

JACQUES [ʒak]. *n. m.* (1357 ; n. pr., bas lat. *Jacobus*). ♦ 1° *Hist.* Ancien sobriquet du paysan français. — *Fam.* (v. 1880) *Faire le Jacques :* faire le niais. ♦ 2° *Maître Jacques* (du nom d'un personnage de l'*Avare,* de Molière) : factotum.

1. JACQUET [ʒakɛ]. *n. m.* (1694 ; dimin. pop. de *Jacques*). *Vx* ou *région.* Nom donné à l'écureuil.

2. JACQUET [ʒakɛ]. *n. m.* (1827 ; var. a. *Jacque,* à *jockey,* la dame qu'on avance la première s'appelant « postillon »). Variété de trictrac. *Faire une partie de jacquet.*

JACQUOT, JACOT, ou **JACO** [ʒako]. *n. m.* (*Jaco,* 1778 ; dimin. de *Jacques* évoquant le son appris à l'oiseau). Nom familier du perroquet gris cendré.

1. JACTANCE [ʒaktãs]. *n. f.* (XIIᵉ ; lat. *jactancia*). *Littér.* Attitude d'une personne qui manifeste avec arrogance ou emphase la haute opinion qu'elle a d'elle-même. V. **Vanité.** « *Cet air de jactance par lequel on semble s'exalter en soi et s'applaudir* » (STE-BEUVE). ◇ ANT. **Modestie.**

2. JACTANCE [ʒaktãs]. *n. f.* (1930 ; *jaquetance* « parole », 1876 ; de *jacter*). *Pop.* Bavardage.

JACTER [ʒakte]. *v. intr.* (1821 ; déform. de *jaqueter.* V. **Jacasser**). *Pop.* Parler, bavarder. « *Elle a mis un doigt contre ses lèvres pour me dire de ne pas jacter* » (MAC ORLAN).

JACULATOIRE [ʒakylatwaR]. *adj.* (1578 ; du lat. *jaculari* « lancer »). *Relig. Oraison jaculatoire,* prière courte et fervente.

JADE [ʒad]. *n. m.* (1612 ; var. a. *ejade;* esp. *piedra de la* *ijada* « pierre du flanc », cette pierre passant pour guérir les coliques néphrétiques). ♦ 1° Pierre fine, silicate naturel d'aluminium et de calcium, très dure, dont la couleur varie du blanc olivâtre au vert sombre. *Statuette de jade.* ♦ 2° Objet en jade. *Collection de jades chinois.*

JADÉITE [ʒadeit]. *n. f.* (1878; de *jade*). Minér. Variété de jade.

JADIS [ʒa(ɑ)dis]. *adv.* (1175; de *ja a dis* « il y a déjà des jours »; *ja*, lat. *jam*, et *di* « jour », lat. *dies*). Dans le temps passé, il y a longtemps. V. **Autrefois.** « *La terre a vu jadis errer des paladins* » (HUGO). « *Il était resté Hubert pour ses compagnons de jadis* » (ARAGON). *Jadis et naguère,* poèmes de Verlaine. « *Ballade des dames du temps jadis,* de Villon. ◇ ANT. **Maintenant.**

JAGUAR [ʒagwaʀ]. *n. m.* (1761; tupi *jaguara,* par le port. *jaguarete*). Grand mammifère carnivore de l'Amérique du Sud, voisin de la panthère et du léopard, à pelage fauve moucheté de taches noires ou ocellées. « *Ses mouvements sont veloutés comme ceux d'un jeune jaguar* » (GAUTIER).

JAILLIR [ʒajiʀ]. *v. intr.* (mil. XVIᵉ; *jalir* « lancer », XIIᵉ; o. i.; probabl. rad. gaul. °*gali-* « bouillir »). ♦ 1° *(Liquide, fluide).* Sortir, s'élancer en un jet subit et puissant. V. **Sourdre.** *Fontaine où l'eau jaillit à profusion. Pétrole jaillissant d'un puits de forage.* « *Le sang jaillit à gros bouillons de deux plaques rouges* » (GAUTIER). V. **Gicler.** — Par anal. *Éclair, lumière qui jaillit.* « *Un grand cri jaillit de sa poitrine* » (DAUD.). *Des rires jaillissaient.* V. **Fuser.** « *De la rue, une ombre a jailli, un homme lancé au pas de course* » (DUHAM.). ♦ 2° Apparaître, pointer brusquement. « *Des gencives d'où jaillissaient des canines pointues* » (PERGAUD). ♦ 3° (1818; *abstrait*). Se manifester soudainement. V. **Surgir.** « *La vérité jaillira de l'apparente injustice* » (CAMUS). *Loc. prov. De la discussion jaillit la lumière.*

JAILLISSANT, ANTE [ʒajisɑ̃, ɑ̃t]. *adj.* (v. 1650; de *jaillir*). Qui jaillit. *Source jaillissante.* ◇ Fig. « *Les émotions jaillissantes* » (MAURIAC).

JAILLISSEMENT [ʒajismɑ̃]. *n. m.* (1611; de *jaillir*). Action de jaillir, mouvement de ce qui jaillit. *Jaillissements d'eau, de vapeur.* V. **Jet.** ◇ Fig. (XIXᵉ) « *La réalité nous apparaît comme un jaillissement ininterrompu de nouveautés* » (BERGSON).

JAÏN [ʒaɛ̃] ou **JAÏNA** [ʒaina]. *n. et adj.* (*Djaïna,* 1870; mot hindou; de *Jina* « conquérant », désignant le fondateur du jaïnisme). Relig. Qui professe le jaïnisme, appartient au jaïnisme. *Les jaïns. Communauté jaïna.*

JAÏNISME [ʒainism(ə)]. *n. m.* (1873; de *jaïn*). Religion hindoue, qui se propose de délivrer l'âme de la transmigration (ce qui implique notamment l'*ahimsa,* non-violence envers tout ce qui vit).

JAIS [ʒɛ]. *n. m.* (*Gest,* 1260; var. a. *jayet, jaiet;* lat. d'o. gr. *gagates* « pierre de *Gages* », ville d'Asie Mineure). Variété de lignite fibreuse et dure, d'un noir luisant, qu'on peut tailler ou travailler au tour et polir. *Bijoux de deuil en jais.* « *Des falbalas de perle, de jais et de saphir* » (FLAUB.). — *Jais artificiel, faux jais,* verre teint ou métal émaillé noir. *Perles de jais.* V. **Noir.** ◇ *Noir comme du jais, comme jais.* — Ellipt. *Des yeux de jais.* « *L'une, pâle aux cheveux de jais* » (VERLAINE). ◇ HOM. **Geai, jet.**

JALAP [ʒalap]. *n. m.* (1654; esp. *jalapa,* nom d'une ville mexicaine). Plante d'Amérique *(Convolvulacées)* dont la racine renferme une résine utilisée comme purgatif; cette résine.

JALE [ʒal]. *n. f.* (XIIᵉ; var. de *gale, galon.* V. **Gallon**). Dial. Grande jatte ou baquet.

JALON [ʒalɔ̃]. *n. m.* (1613; du rad. de *jaillir*). ♦ 1° Tige de bois ou de métal qu'on plante en terre pour prendre un alignement, déterminer une direction. *Planter, aligner des jalons. Une route enneigée, mais indiquée « au moyen de perches servant de jalons* » (GAUTIER). — *Jalon-mire,* surmonté d'une mire. ♦ 2° Fig. (1829). Ce qui sert à situer, diriger. V. **Marque, repère.** *Les jalons d'un exposé. Poser, planter des jalons,* préparer le terrain. « *Il avait posé les jalons d'un rapprochement franco-allemand* » (MART. du G.).

JALONNEMENT [ʒalɔnmɑ̃]. *n. m.* (1838; de *jalonner*). Action de jalonner. *Jalonnement d'un terrain. Panneaux de jalonnement.*

JALONNER [ʒalɔne]. *v.* (1690; de *jalon*). I. *V. intr.* Planter des jalons. « *Je commence à trouver des jalonneurs à jalonner* » (ROMAINS). II. *V. tr.* ♦ 1° Déterminer, marquer la direction, l'alignement, les limites de (qqch.) au moyen de jalons, de repères. *Jalonner un chemin, une ligne téléphonique, pour en indiquer le tracé.* — *Jalonner un front, un objectif* (par les jalonneurs, un tir, etc.). ♦ 2° *(Choses).* Marquer, délimiter (à la manière de jalons). « *Des tonneaux, des caisses jalonnaient la longue cour de l'usine* » (MAUROIS). — Fig. « *Un monde merveilleux, jalonné de fêtes pieusement célébrées* » (MAURIAC). — (1835) Donner une direction, dans un travail.

JALONNEUR [ʒalɔnœʀ]. *n. m.* (1835; de *jalonner*).

♦ 1° Ouvrier qui pose des jalons. ♦ 2° Milit. Soldat placé en jalon pour marquer une direction, un itinéraire.

JALOUSEMENT [ʒaluzmɑ̃]. *adv.* (XIIIᵉ; de *jaloux*). D'une manière jalouse, avec jalousie. *Observer jalousement les progrès d'un rival.* ◇ « *Un terrible secret que les états-majors gardaient jalousement* » (MAUROIS) : avec un soin jaloux, inquiet.

JALOUSER [ʒaluze]. *v. tr.* (v. 1300; de *jaloux*). Être jaloux (2°) de, considérer avec jalousie. V. **Envier.** *Jalouser les heureux de ce monde, le sort du voisin. Et mon esprit « Jalouse du néant l'insensibilité* » (BAUDEL.). — Pronom. (Récipr.) *Petits clans qui se jalousent.*

JALOUSIE [ʒaluzi]. *n. f.* (XIIᵉ; de *jaloux*).

♦ I. 1° *Vx.* Attachement vif et ombrageux. ♦ 2° *Mod.* Sentiment mauvais qu'on éprouve en voyant un autre jouir d'un avantage qu'on ne possède pas ou qu'on désirerait posséder exclusivement; inquiétude qu'inspire la crainte de partager cet avantage ou de le perdre au profit d'autrui. V. **Dépit, envie, haine, ombrage.** « *La jalousie des personnes supérieures devient émulation...; celle des petits esprits devient de la haine* » (BALZ.). *Mesquines, petites jalousies. Exciter la jalousie.* V. **Ombrage.** ♦ 3° Sentiment douloureux que font naître, chez celui qui l'éprouve, les exigences d'un amour inquiet, le désir de possession exclusive de la personne aimée, la crainte, le soupçon ou la certitude de son infidélité. *Les chagrins, les tortures de la jalousie.* « *La jalousie mortelle qui me déchirait le cœur* » (Abbé PRÉVOST). *Accès, crise de jalousie. Causer, donner de la jalousie. Jalousie d'un amant, d'un mari.* « *Les femmes fières dissimulent leur jalousie par orgueil* » (STENDHAL). « *L'amour, sans la jalousie, n'est pas l'amour* » (LÉAUTAUD).

II. (1549; it. *gelosia*). Treillis de bois ou de métal au travers duquel on peut voir sans être vu. — Volet mobile composé de lames verticales, articulées de manière à être orientables. V. **Contrevent, persienne, store.** *Baisser, lever une jalousie.* « *Par les jalousies baissées, il venait assez de lumière* » (ARAGON).

◇ ANT. **Indifférence.**

JALOUX, OUSE [ʒalu, uz]. *adj. et n.* (1487; *jalos, gelos,* 1160; a. prov. *gilos,* lat. pop. °*zelosus,* gr. *zêlos.* V. **Zèle**). ♦ 1° *Jaloux de* (qqch.) : particulièrement attaché à (qqch. qui tient à cœur). *Être jaloux de sa réputation, de ses prérogatives, de son indépendance.* ◇ *Jaloux de* (et l'inf.), qui tient absolument à. V. **Désireux, soucieux.** *Une âme « belle, jalouse d'être parfaite* » (RENAN). ◇ Par ext. *Avec un soin jaloux,* avec une vigilance particulière, ombrageuse. « *Elle exerçait ses fonctions de médecin avec une ferveur jalouse* » (GREEN). ♦ 2° Qui éprouve de la jalousie à l'idée qu'un autre jouit ou pourrait jouir d'un avantage que lui-même ne possède pas ou qu'il désire posséder exclusivement. V. **Envieux.** *Être jaloux de qqn. du succès de qqn.* « *Jaloux de toute autorité* » (CHATEAUB.). — *Rivaux qui se considèrent d'un œil jaloux.* ◇ N. *Son succès fait des jaloux.* ♦ 3° Qui éprouve de la jalousie en amour. *Mari jaloux, jaloux comme un tigre.* « *Quand une femme n'est plus jalouse de son mari, elle ne l'aime plus* » (BALZ.). — Par ext. *Caractère jaloux. Amour jaloux.* — N. *UN JALOUX, UNE JALOUSE.* « *Un jaloux tragique était, pour moi, Othello..., un jaloux comique, Georges Dandin* » (MAUROIS). ◇ ANT. **Débonnaire, indifférent.**

JAMAÏQUAIN, AINE [ʒamaikɛ̃, ɛn]. *adj. et n.* (mil. XIXᵉ; de la *Jamaïque*). De la Jamaïque. *Les Jamaïquains.*

JAMAIS [ʒamɛ]. *adv. de temps* (XIᵉ; de *ja,* lat. *jam* « déjà », et *mais,* lat. *magis* « plus »). ♦ 1° *Avec un sens positif.* En un temps quelconque, un jour. *Ils désespéraient d'en sortir jamais. A-t-on jamais vu cela?* V. **Déjà.** « *Je ne sais si mon cœur s'apaisera jamais* » (RAC.). *Si jamais je l'attrape, gare à lui ! « Je suis plus pauvre que jamais Et que personne* » (VERLAINE). *Aujourd'hui, jamais. La plus belle chose que j'aie jamais vue.* ◇ *Loc. adv.* À JAMAIS : dans tout le temps à venir, pour toujours. V. **Éternellement.** *C'est fini à jamais. À tout jamais.* POUR JAMAIS (Même sens). *Et pour jamais, adieu* » (RAC.). *Perdu pour jamais.* ♦ 2° NE... JAMAIS, JAMAIS... NE : en nul temps, à aucun moment. *Il ne l'a jamais vue. On ne sait jamais ce qui peut arriver ! Elliot. On ne sait jamais !* — « *Jamais vocation d'écrivain ne fut plus évidente* » (MAUROIS). *Jamais, au grand jamais, je n'accepterai.* ◇ *Ne... jamais que...,* en aucun temps... autre chose que... *Il n'a jamais fait que s'amuser. — Ce n'est jamais qu'un enfant,* après tout, ce n'est qu'un enfant. ◇ *Ne... jamais rien, jamais personne.* ◇ SANS (...) JAMAIS. *Poursuivre un idéal sans jamais l'atteindre.* ♦ 3° *(Négatif.)* À aucun moment. V. **Pas.** *Jamais plus. Jamais de la vie !* » « *Il faut chercher l'approbation, jamais les applaudissements* » (MONTESQ.). *Ce n'est le moment, le cas ou jamais de..., c'est le moment ou jamais de... (ou alors ce ne sera jamais le moment).* PROV. *Mieux vaut tard* que jamais.* ◇ *Un amour jamais satisfait. Toujours attaqué et jamais vaincu.* ◇ ANT. **Constamment, toujours.**

JAMBAGE [ʒɑ̃baʒ]. *n. m.* (1563; féod. et vén., XIVᵉ-XVᵉ; de *jambe*). ♦ 1° Chacun des deux montants verticaux d'une baie de cheminée, de fenêtre, de porte (V. **Pied-droit**). — Pilier, renfort vertical de pierre ou de maçonnerie. ♦ 2° (1680). Chacun des éléments verticaux des lettres *m*, *n* et *u*. *Les trois jambages du m.* — Trait vertical (du *p*, du *q*) situé au-dessous de la ligne. *Hampes et jambages.*

JAMBART [ʒɑ̃baʀ]. *n. m.* (1843 ; de *jambe*). *Vx.* **Jambière**. « *Des espèces de* cnémides *ou jambards* (sic) *de laine...* » (GAUTIER).

JAMBE [ʒɑ̃b]. *n. f.* (1080 ; bas lat. *gamba* « jarret du cheval, patte » ; gr. *kampê*).
I. ♦ 1° *Anat.* Partie de chacun des membres inférieurs de l'homme, qui s'étend du genou au pied. *L'articulation du genou réunit la cuisse à la jambe.* — *Cour.* Cette partie, ou le membre inférieur tout entier (y compris la cuisse et le genou). V. *fam.* **Patte** ; *pop.* ou *arg.* **Flûte, gambette, gigot, guibolle.** *Avoir les jambes longues, de grandes jambes. Jambes courtes. Avoir de grosses jambes :* des piliers, des poteaux *(fam.). Jambes minces, maigres comme des allumettes. Avoir la jambe bien faite. Jambes torses. Avoir les jambes nues. Jambes gainées de soie. Robe à mi-jambe :* à mi-mollet. *Être couché les jambes allongées, assis les jambes pendantes. Avoir la jambe étendue et l'autre un peu repliée* » (GAUTIER). *Croiser les jambes. Jambes écartées. Tomber les jambes en l'air.* — *Avoir de bonnes, de mauvaises jambes :* marcher, courir facilement ou non. *Jambe cassée, paralysée. Tirer, traîner la jambe.* — *Avoir les jambes raides. Se dégourdir les jambes. Avoir les jambes molles. Fam. Avoir les jambes comme du coton, en pâté de foie. Ne plus pouvoir se tenir sur ses jambes.* — *Sports. Jeu de jambes,* aptitude à mouvoir et disposer les jambes. *Boxeur, joueur de tennis qui a un bon jeu de jambes.* ◊ *Loc. Jouer des jambes,* partir en courant. — *Courir, s'enfuir* À TOUTES JAMBES, le plus vite possible. — *Prendre ses jambes à son cou*. *Ils* « *ont déjà quinze kilomètres dans les jambes* » (COLETTE). *Ils ont marché 15 km.* — *Fam. En avoir plein les jambes,* avoir trop marché, être fatigué. — *N'avoir plus de jambes,* ne plus avoir la force de marcher. — *Avoir des jambes de vingt ans,* avoir encore de bonnes jambes. *La peur lui donne des jambes,* lui donne la force de marcher, courir. — *Être dans les jambes de qqn,* trop près de lui, sur son chemin.* « *Les petits, toujours dans ses jambes, l'occupaient* » (ZOLA). *Tirer dans les jambes de qqn,* lui nuire, le desservir de façon peu loyale. — *Tenir la jambe à qqn* (fam.), le retenir par les discours, les confidences qu'on lui impose. — *N'aller que d'une jambe,* aller mal. — *Casser, couper bras* et jambes. Traiter qqn par-dessous* (abusiv. *par-dessus*) *la jambe,* avec mépris, de façon désinvolte. — *Iron. Cela me fait une belle jambe,* c'est un avantage que je n'apprécie pas. — ♦ RONDS DE JAMBES, mouvement gracieusement arqué des jambes que l'on fléchit. — *Fig. Faire des ronds de jambes,* faire beaucoup de manières en vue de plaire. ♦ 2° *Par anal. Jambe de bois,* pièce en bois adaptée au moignon d'un amputé. V. **Pilon.** *Jambe artificielle, articulée,* appareil de prothèse articulé. — *Loc. fam. C'est un cautère** (ou un *emplâtre*) *sur une jambe de bois.* ♦ 3° *Patte des animaux. Les cochons* « *aux petits yeux, aux jambes courtes* » (APOLLINAIRE). *Jambes fines de la gazelle.* — *Partie des membres postérieurs du cheval, entre le fémur et l'astragale, qui correspond à l'avant-bras des membres antérieurs.* V. **Gigot.** *Par ext. Jambe de devant,* avant-bras. ♦ 4° *Jambe d'une culotte, d'un pantalon,* chacune des deux parties qui couvrent les jambes (comme les manches couvrent les bras). *Il faut allonger la jambe droite.*
II. *Objet, partie qui soutient.* ♦ 1° *Les jambes d'un compas,* ses branches. *Jambe de force.* ♦ 2° *Techn.* Étai oblique d'une ferme (3), qui soulage l'entrait et soutient le mur. ◊ *(Auto.) Tige reliant l'essieu au cadre du châssis.* — *Jambe sous poutre,* jambage. ◊ *Jambe de maille :* fil qui forme un des côtés d'une maille.

JAMBÉ, ÉE [ʒɑ̃be]. *adj.* (1582 ; de *jambe*). *Vx* ou *plais. Bien jambé, mal jambé,* qui a la jambe bien faite, mal faite.

JAMBETTE [ʒɑ̃bɛt]. *n. f.* (XIII° ; de *jambe*). ♦ 1° *Vx* ou *plais.* Petite jambe. V. **Gambette.** ♦ 2° (1622). *Dial.* Petit couteau de poche à lame rentrante. ♦ 3° *Techn.* Petite pièce de bois verticale pour soutenir quelque partie de la charpente. ◊ *N. f. pl. Mar.* Montants, bouts d'allonges qui dépassent le plat-bord d'un bâtiment, et sur lesquels on tourne des manœuvres.

JAMBIER, IÈRE [ʒɑ̃bje, jɛʀ]. *adj. et n.* (v. 1560 ; de *jambe*). ♦ 1° *Anat.* Relatif à la jambe. *Muscles jambiers.* Ellipt. *Le jambier antérieur, postérieur.* ♦ 2° *N. m.* (1752). *Techn. (Abattoirs).* Pièce de bois courbe servant à maintenir écartées les jambes d'une bête abattue. ◊ (1803) Étrier de cuir attaché aux jambes.

JAMBIÈRE [ʒɑ̃bjɛʀ]. *n. f.* (1203 ; de *jambe*). ♦ 1° Pièce de l'ancienne armure recouvrant la jambe et parfois le genou (var. *jambart*). *Jambière grecque.* V. **Cnémide.** ♦ 2° Pièce du vêtement, de l'équipement, qui enveloppe et protège la jambe. V. **Guêtre, houseau, leggings.** *Jambières de toile, cuir. Jambières renforcées des joueurs de hockey.*

JAMBON [ʒɑ̃bɔ̃]. *n. m.* (XIII° ; de *jambe*). ♦ 1° Cuisse ou épaule de porc préparée pour être conservée. *Jambons crus, fumés, cuits. Jambon de Bayonne, de Parme, d'York (ellipt. du Bayonne, du Parme). Tranches de jambon. Sandwich, omelette au jambon.* ♦ 2° *Fig.* et *pop.* Cuisse.

JAMBONNEAU [ʒɑ̃bɔno]. *n. m.* (1607 ; de *jambon*). ♦ 1° Petit jambon fait avec la partie de la jambe du porc située au-dessous du genou. ♦ 2° (1802). Nom de certains coquillages du genre *pinna*.

JAMBOREE [ʒɑ̃bɔʀe ; ʒɑ̃bɔʀi]. *n. m.* (1910 ; mot angl., de l'hindou). Réunion internationale de scouts.

JAMBOSE [ʒɑ̃boz]. *n. f.* (*Jambos*, 1602 ; Cf. le suiv.). Fruit du jambosier, appelé aussi *pomme de rose.*

JAMBOSIER [ʒɑ̃bɔzje] ou **JAMEROSIER** [ʒamʀozje]. *n. m.* (déb. XIX° ; *jamerosier*, XVIII° ; d'apr. *rosier* ; *jambos*, 1602 ; lat. bot. *jambos*, du port., malais *djambou*). Arbre exotique *(Myrtacées)*, à grandes fleurs et à grosses baies rouges comestibles sentant la rose (d'où leur nom de *pommes de rose.* V. **Jambose**).

JAM-SESSION [ʒ̃amsesjɔ̃]. *n. f.* (v. 1950 ; mot amér., de *jam* « foule », et *session* « réunion »). *Anglicisme.* Réunion de musiciens de jazz qui improvisent. Cf. *arg.* **Bœuf.**

JAN [ʒɑ̃]. *n. m.* (1546 ; probabl. de *Jean*, prénom). *Au tractrac,* Nom de divers coups donnant ou ôtant des points ; chacune des deux tables du jeu. ◊ HOM. **Gens, gent.**

JANGADA [ʒɑ̃gada]. *n. f.* (1873 ; mot port., du tamoul). Radeau de bois très léger portant une cabane d'habitation, utilisé par les pêcheurs brésiliens.

JANISSAIRE [ʒanisɛʀ]. *n. m.* (*Jehanisere*, 1457 ; it. *giannizzera*, turc *geni çeri* « nouvelle milice »). Soldat d'élite de l'infanterie turque, qui appartenait à la garde du sultan.

JANOTISME ou **JEANNOTISME** [ʒanɔtism(ə)]. *n. m.* (1836 ; de *Janot*, nom d'un personnage du théâtre comique de la fin du XVIII°). *Vieilli.* Construction vicieuse de la phrase donnant lieu à des amphibologies grotesques (*ex. :* elle offrit des crêpes à ses invités qu'elle avait fait sauter elle-même). « *Je ne reculerai pas à l'occasion devant l'homologation des pataquès, cuirs, velours, impropriétés, janotismes...* » (QUENEAU).

JANSÉNISME [ʒɑ̃senism(ə)]. *n. m.* (1651 ; de *Jansenius,* nom lat. de *Jansen* (1585-1638), évêque d'Ypres). Doctrine de Jansénius sur la grâce et la prédestination ; mouvement religieux et intellectuel animé par les partisans de cette doctrine. *Port-Royal, berceau du jansénisme.* ◊ *Par ext.* Morale chrétienne austère, rigoriste.

JANSÉNISTE [ʒɑ̃senist(ə)]. *n. et adj.* (1651 ; de *jansénisme*). ♦ 1° N. Partisan du jansénisme. *Les luttes entre jésuites et jansénistes.* « *Les jansénistes furent... en France des espèces de puritains catholiques* » (BALZ.). ◊ *Par ext.* Personne qui fait preuve d'une rigueur excessive dans ses idées. « *Ces jansénistes de la peinture et de la poésie* » (VALÉRY). ♦ 2° Adj. *Parti, esprit janséniste.* — *Par ext. Éducation, morale janséniste,* austère. ♦ 3° *Reliure janséniste,* sobre, sans ornement.

JANTE [ʒɑ̃t]. *n. f.* (XII° ; lat. pop. °*cambita,* gaul. °*cambo* « courbe »). Cercle de bois ou de métal qui forme la périphérie d'une roue. *Bandage, boudin d'une jante. Pneu monté sur jante métallique.*

JANVIER [ʒɑ̃vje]. *n. m.* (XI° ; lat. pop. °*jenuarius,* class. *januarius,* de *Janus,* dieu à qui ce mois était dédié). Premier mois de l'année dans le calendrier actuel. « *Source encore glacée, miroirs gelés..., c'est janvier* » (COLETTE). *Le 1er janvier, jour de l'An.* — *Du 1er janvier à la Saint-Sylvestre :* toute l'année.

JAPON [ʒapɔ̃]. *n. m.* (1730 ; nom de pays). ♦ 1° Porcelaine du Japon. ♦ 2° (1884). Papier de couleur ivoire, originairement fabriqué au Japon. *Exemplaire de luxe sur japon impérial.*

JAPONAIS, AISE [ʒapɔnɛ, ɛz]. *adj. et n.* (*Japonesque,* XVI° ; de *Japon*). Du Japon (V. **Nippon**). ♦ 1° Adj. *La population, l'économie japonaise. Costume japonais.* V. **Kimono, obi.** — *Vieilli. Lutte japonaise.* V. **Jiu-jitsu, judo.** — *Estampes japonaises. Théâtre japonais* (Cf. *Nô*). *Jardin japonais.* ♦ 2° N. *Les Japonais. Une Japonaise* (Cf. *Mousmé, geisha*). — *Le japonais,* langue parlée au Japon.

JAPONAISERIE [ʒapɔnɛzʀi] ou **JAPONERIE** [ʒapɔnʀi]. *n. f.* (1850-1889 ; de *Japon*). Objet d'art, bibelot japonais. « *Tout un étalage de ces japonaiseries alors en pleine vogue* » (DUHAM.).

JAPONISANT, ANTE [ʒapɔnizɑ̃, ɑ̃t]. *n.* (1922 ; de *japonais*). *Didact.* Spécialiste de la langue, de l'histoire ou de la civilisation japonaises.

JAPONISME [ʒapɔnism(ə)]. *n. m.* (1876 ; de *japonais*). *Rare.* Goût pour les objets d'art japonais.

JAPONISTE [ʒapɔnist(ə)]. *n. m.* (1872 ; de *japonais*). *Rare.* Amateur d'art japonais.

JAPPEMENT [ʒapmɑ̃]. *n. m.* (XV° ; de *japper*). Action de japper ; cri du chien quand il jappe. *Le basset* « *poursuivait les papillons de ses jappements aigus* » (GREEN).

JAPPER [ʒape]. *v. intr.* (fin XII° ; onomat.). Pousser des aboiements aigus et clairs. V. **Aboyer.** *Jeune chien, roquet qui jappe.*

JAPPEUR, EUSE [ʒapœʀ, øz]. *adj. et n.* (1546; de *japper*). Qui a l'habitude de japper (chien).

1. JAQUE [ʒak]. *n. m. ou f.* (1364; probabl. de *Jacques*, ancien sobriquet du paysan français). Sorte de justaucorps que portaient les hommes au moyen âge (V. **Jaquette**).

2. JAQUE [ʒak]. *n. m.* (1553; port. *jaca*, du tamoul *tsjaka*). *Rare.* Fruit du jaquier. ◇ HOM. *Jack.*

JAQUELIN [ʒaklɛ̃] *n. m.*, **JACQUELINE** [ʒaklin]. *n. f.* (1656; invention de cet ustensile attribuée à *Jacqueline* de Bavière). Cruche de grès à large ventre, en usage dans les Flandres. V. **Dame-jeanne.**

JAQUEMART ou **JACQUEMART** [ʒakmaʀ]. *n. m.* (1423; de *Jaqueme*, var. a. prov. de *Jacques*). Figure de métal ou de bois sculpté représentant un homme d'armes muni d'un marteau avec lequel il frappe les heures sur le timbre ou la cloche d'une horloge.

JAQUETTE [ʒakɛt]. *n. f.* (1375; de *jaque* 1).
I. ♦ 1° *Vx.* Jaque; robe d'enfant. ♦ 2° (v. 1875). Vêtement masculin de cérémonie à pans ouverts descendant jusqu'aux genoux. « *Jaquette noire, bordée; pantalon rayé* » (ROMAINS). ◇ Veste de femme, boutonnée par-devant, ajustée à la taille et à basques plus ou moins longues. *La jaquette d'un tailleur.*
II. (angl. *jacket*). ♦ 1° (1951; angl. *jacket*). Chemise à caractère publicitaire protégeant la couverture d'un livre relié ou broché. ♦ 2° (XXᵉ). Couronne creuse, en porcelaine, en résine, etc., employée en prothèse dentaire esthétique. Cf. L'anglicisme *jacket.* ♦ 3° *Jaquette thermostatique* : dispositif destiné à maintenir constante la température d'une enceinte.

JAQUIER ou **JACQUIER** [ʒakje]. *n. m.* (1789; de *jaque* 2). Arbre lactescent (*Urticacées*) des régions tropicales, très voisin de l'arbre à pain. *Jaquier de Malaisie, du Brésil.*

JAR ou **JARS** [ʒaʀ]. *n. m.* (1615; « bavardage », 1526; rad. de *jargon*). *Vx.* Argot du milieu, des voleurs. ◇ HOM. *Jard, jarre, jars.*

JARD ou **JAR** [ʒaʀ]. *n. m.* (1835; dial., XVIIᵉ; gallo-rom. °*carra* « pierre »). *Dial.* ou *Géogr.* Sable caillouteux d'origine fluviale. « *Le jar, nom du gros sable que charrie la Loire* » (BALZ.). *Bancs de jard de la Loire.* ◇ HOM. *Jar, jarre, jars.*

JARDE [ʒaʀd(ə)] *n. f.* ou **JARDON** [ʒaʀdɔ̃]. *n. m.* (1678; it. *giarda, giardone*, arabe *djarad*). *Vétér.* Tumeur osseuse qui apparaît à la face externe du jarret du cheval.

JARDIN [ʒaʀdɛ̃]. *n. m.* (déb. XIIᵉ; de l'a. fr. *gart, jart*, frq. °*gard*). ♦ 1° Terrain, généralement clos, où l'on cultive des végétaux utiles ou d'agrément. « *Un vrai jardin, presque un parc, isolait... une vaste villa* » (COLETTE). *Jardin de rapport.* V. **Clos, fruitier, potager, verger; ouche.** *Jardin de curé,* où poussent toutes sortes de plantes. — *Pelouses, massifs, plates-bandes d'un jardin. Cultiver, soigner son jardin. Aller au jardin, dans le jardin.* — *Jardin classique,* à la française, formé de parterres, de terrasses, de bassins disposés symétriquement en terrain plat. *Jardin baroque,* orné de grottes, de rocailles, de cascades, *Jardin anglais, jardin pittoresque. Jardins suspendus,* étagés, en terrasses. — *Chaises, table de jardin.* ◇ *Jardin public* : jardin d'agrément, espace vert ménagé dans une ville. V. **Parc, square.** *Jardin botanique* pour l'étude scientifique des végétaux. *Jardin des plantes,* au Muséum d'histoire naturelle de Paris. — *Jardin zoologique.* V. **Zoo.** ◇ Loc. fig. *Jeter une pierre, des pierres dans le jardin de qqn* : l'attaquer indirectement. *C'est une pierre dans son jardin,* se dit d'une attaque voilée, d'une allusion désobligeante. ◇ Loc. prov. « *Il faut cultiver notre jardin* » (VOLT.) : travailler sans perdre son temps à des spéculations. ♦ 2° *Jardin d'hiver* : pièce vitrée où les plantes sont à l'abri du froid. V. **Serre.** ♦ 3° *Jardin japonais,* jardin en miniature, récipient décoré de plantes grasses, coquilles, céramiques. ♦ 4° (1840; all. *Kindergarten*). *Jardin d'enfants* : établissement d'éducation pour les enfants qui sont trop jeunes pour suivre les classes du premier degré. V. **Garderie, maternelle.** ♦ 5° Théât. *Côté jardin.* V. **Côté.** ♦ 6° *Par métaph.* Région riche, fertile. « *Au jardin de France* : *c'est Touraine* » (RABELAIS). ♦ 7° *Fig.* et *vx* (1657). *Le jardin des racines grecques,* recueil de racines grecques.

1. JARDINAGE [ʒaʀdinaʒ]. *n. m.* (1564; « ensemble de jardins », 1281; de *jardiner*). ♦ 1° Cour. Culture des jardins. V. **Horticulture.** *Produits du jardinage. Amateur de jardinage.* « *Le jardinage lie les yeux et l'esprit à la terre* » (COLETTE). ♦ 2° (1812). *Techn.* Mode d'exploitation des forêts consistant à enlever çà et là, outre les arbres vieux, quelques sujets en bon état destinés au commerce.

2. JARDINAGE [ʒaʀdinaʒ]. *n. m.* (1783; de *jardineux*). *Techn.* Défaut d'un diamant, taches dues à une fêlure ou une substance étrangère. *Crapauds et jardinages.*

JARDINER [ʒaʀdine]. *v. intr.* (v. 1400; de *jardin*). ♦ 1° *Cour.* Cultiver, entretenir un jardin en amateur. V. **Arboriser.** ♦ 2° *Techn.* Employer la méthode du jardinage, dans l'exploitation d'une forêt. — Trans. *Jardiner un bois.*

JARDINERIE [ʒaʀdinʀi]. *n. f.* (1974; de *jardin*). Magasin de grande surface où l'on vend tout ce qui concerne le jardin.

JARDINET [ʒaʀdinɛ]. *n. m.* (XIIIᵉ; de *jardin*). Petit jardin. *Les jardinets des pavillons de banlieue.*

JARDINEUX, EUSE [ʒaʀdinø, øz]. *adj.* (1622; de l'a. frq. °*gard* « aiguillon, piquant »; Cf. Jarre 2). *Techn.* Qui présente des traces de jardinage. *Diamant jardineux, pierre jardineuse.*

JARDINIER, IÈRE [ʒaʀdinje, jɛʀ]. *n. et adj.* (XIIᵉ; de *jardin*).
I. N. *m.* et *f.* ♦ 1° Personne dont le métier est de cultiver les jardins. V. **Arboriculteur, fleuriste, horticulteur, maraîcher, pépiniériste.** ◇ *Spécialt.* Personne qui entretient, moyennant rétribution, un ou plusieurs jardins d'agrément. ♦ 2° N. *f. JARDINIÈRE D'ENFANTS* : éducatrice s'occupant d'un jardin d'enfants.
II. N. *f.* ♦ 1° (1777). Meuble supportant ou contenant un récipient où l'on fait pousser des plantes ornementales, des fleurs. Caisse à fleurs, dans un appartement, sur un balcon. ♦ 2° (1829). Mets composé d'un mélange de légumes cuits (essentiellement carottes et petits pois). *Jardinière au jus, à la mayonnaise.* ♦ 3° (1873). *Vieilli.* Voiture de maraîcher. ♦ 4° (1867). Nom donné à la courtilière, au carabe doré et autres insectes qui attaquent les plantes potagères.
III. *Adj.* (1564). ♦ 1° Relatif aux jardins. *Culture jardinière, plantes jardinières.* ♦ 2° Techn. *Exploitation jardinière d'une forêt,* jardinage (1, 2°).

JARDINISTE [ʒaʀdinist(ə)]. *n.* (av. 1845; de *jardin*). Dessinateur de jardins, *Décorateur jardiniste.* V. **Paysagiste.**

JARDON. V. **JARDE.**

1. JARGON [ʒaʀgɔ̃]. *n. m.* (1426; « gazouillement », XIIᵉ; rad. onomat. *garg-* « gosier »). ♦ 1° Langage corrompu, déformé, fait d'éléments disparates; *par ext.* Tout langage incompréhensible. V. **Baragouin, charabia, sabir.** ♦ 2° Langage particulier à un groupe et caractérisé par sa complication, l'affectation de certains mots, de certaines tournures. *Le jargon des Précieuses. La piété de bon ton, « sans barbarie scolastique ni jargon mystique »* (RENAN). *Jargon de la réclame, du sport.* ♦ 3° *Ling.* « Langue artificielle employée par les membres d'un groupe désireux de n'être pas compris des non-initiés ou au moins de se distinguer du commun » (MAROUZEAU). V. **Argot.** *Les ballades en jargon attribuées à Villon.* — Argot de métier.

2. JARGON [ʒaʀgɔ̃]. *n. m.* (1664; it. *giargone*, de l'a. fr. *jacunce, jargunce*, lat. *hyacinthus.* V. **Jacinthe**). *Techn.* ♦ 1° Petite pierre rouge ressemblant à l'hyacinthe. ♦ 2° (1773). Variété de zircon* de teinte jaune.

JARGONAPHASIE [ʒaʀgɔnafazi]. *n. f.* (1953; de *jargon,* et *aphasie*). *Méd.* Forme d'aphasie sensorielle caractérisée par un débit rapide, une déformation phonétique, l'emploi d'un mot pour un autre et la création de mots, qui rendent le langage incompréhensible.

JARGONNER [ʒaʀgɔne]. *v. intr.* (XVᵉ; « jaser, gazouiller », XIIᵉ; de *jargon* 1).
I. Parler en jargon ou d'une façon peu intelligible. « *J'apprends l'anglais... à ton arrivée, nous pourrons jargonner ensemble* » (STE-BEUVE).
II. (XVIᵉ; par crois. avec *jargo,* forme dial. de *jars*). Pousser son cri, en parlant du jars, de l'oie.

JARNICOTON ! [ʒaʀnikɔtɔ̃]. *interj.* (XVIᵉ; altér. de *je renie Coton* [confesseur d'Henri IV]). Juron familier et vieilli.

JAROSSE [ʒaʀɔs] ou **JAROUSSE** [ʒaʀus]. *n. f.* (1326 *(jaroce),* -1340; mot dial., o. i.; mot gaul.). Nom de plusieurs gesses et d'ers.

JAROVISATION [ʒaʀɔvizasjɔ̃]. *n. f.* (Néol.; du russe *jarovoe* « blé de printemps »). Synonyme de *Vernalisation.*

1. JARRE [ʒaʀ]. *n. f.* (1449; prov. *jarra,* arabe *djarra*). Grand récipient de forme ovoïde, en grès, en terre cuite, destiné à conserver l'eau, l'huile, etc.

2. JARRE [ʒaʀ]. *n. f.* (1680; *gart,* 1260; var. *jars* et *jard,* XIXᵉ; a. frq. °*gard* « aiguillon, piquant »). *Surtout plur.* Poil droit et raide se trouvant mélangé dans les fourrures ou les laines (*jarres* ou *JARS*). « *Les jars, c'est-à-dire les poils brillants qui ne prennent pas la teinture* » (MAUROIS). ◇ HOM. *Jar, jard, jars.*

JARRET [ʒaʀɛ]. *n. m.* (XIIᵉ; gaul. °*garra*). ♦ 1° *Cour.* Région postérieure du genou, chez l'homme. V. **Poplité.** *Pli du jarret. Jarret ferme, souple.* — *Avoir des jarrets d'acier* : être infatigable. *Il se promenait « le jarret tendu, comme un coq dans sa basse-cour »* (MART. du G.). ♦ 2° Endroit où se plie la jambe de derrière, chez les mammifères ongulés. *Les jarrets d'un bœuf.* ◇ *Spécialt.* (Boucher.) *Jarret de veau,* partie inférieure de la noix et de l'épaule. — *Chez les Équidés,* Articulation du membre postérieur entre la jambe et le canon. ♦ 3° (1561). *Techn.* Bosse, saillie qui rompt la continuité d'une ligne, et *spécialt.* d'une courbe, en architecture, en menuiserie. — Corde formé par deux tuyaux.

JARRETÉ, ÉE [ʒaʀte]. *adj.* (1694; *jarretier,* 1549; de *jarret*). ♦ 1° *(Équidés).* Qui a les membres postérieurs tournés en dedans et trop rapprochés. — Par anal. *Danseur* *jarreté.* ♦ 2° *Techn., Archit.* (1835). Qui forme un jarret, un coude.

JARRETELLE [ʒaʀtɛl]. *n. f.* (1893; de *jarretière*). Bande élastique adaptée à la gaine ou au porte-jarretelles, servant à maintenir le bas tendu au moyen d'une petite pince.

1. JARRETER [ʒaʀte]. *v. intr.; conjug. jeter* (1694; de *jarret*). *Archit.* Former un jarret, un coude.

2. JARRETER [ʒaʀte]. *v. tr.; conjug. jeter* (1576; contract. de °*jarreter*, de *jarretière*). *Rare.* Garnir de jarretières. Par ext. *Chapeaux « jarretés de velours noir »* (COLETTE).

JARRETIÈRE [ʒaʀtjɛʀ]. *n. f.* (1360; de *jarret*). ♦ 1° Cordon, bande élastique destinée à fixer les bas en les entourant au-dessus ou au-dessous du genou. V. *aussi* Fixe-chaussettes. — *Ordre de la Jarretière* (ainsi appelé à cause de l'insigne), institué en 1348 par Édouard III d'Angleterre. ♦ 2° *Mar. (Au plur.).* Tresses à l'arrière des voiles, le long de la têtière, et terminées, à l'une de leurs extrémités, par une boucle, à l'autre par une garcette ou un bout de ligne.

1. JARS [ʒaʀ]. *n. m.* (XIIIᵉ; de l'a. frq. °*gard*. V. Jarre 2). Mâle de l'oie domestique. ◇ HOM. *Jar, jard, jarre.*

2. JARS. V. JAR.

3. JARS. *n. m. pl.* V. **JARRE 2.**

1. JAS [ʒɑ]. *n. m.* (1643; altér. de *joal, jouail*; lat. *jugum*). *Mar.* Barre transversale d'une ancre fixe ou mobile, et qui peut dans ce cas se placer le long de la verge.

2. JAS [ʒɑs]. *n. m.* (1208; anc. prov.; du lat. °*jacium* « lieu où on est couché », de *jacere*). *Région.* Bergerie, dans les Alpes et le Midi de la France.

JASER [ʒɑze]. *v. intr.* (XIIᵉ; rad. onomat. *gas-.* V. Gazouiller). ♦ 1° Babiller sans arrêt pour le plaisir de parler. V. Bavarder, causer. *« La fille jasait sans cesse et gaîment »* (HUGO). ◇ *Spécialt.* Parler avec indiscrétion de ce qu'on devrait taire. *Interroger qqn habilement pour le faire jaser. « Il te sera facile de faire jaser les gens »* (MAURIAC). ♦ 2° Faire des commentaires plus ou moins désobligeants et médisants. V. Médire. *« Tout le monde en jaserait et rirait de moi »* (MAUPASS.). *Cela fait jaser.* ♦ 3° Émettre des cris ou des sons qui évoquent un babil. *La pie, le geai jasent.* V. Jacasser. *« Dans la cour le jet d'eau qui jase »* (BAUDEL.).

JASERAN [ʒazʀɑ̃] ou **JASERON** [ʒazʀɔ̃]. *n. m.* (XIIᵉ [*jaserenc*, 1080], -1544; de *(Al)-Djezaïr*, nom arabe d'Alger). ♦ 1° *Ancienn.* Chemise de mailles. V. Haubert. Collet de mailles lacé. ♦ 2° (XVIᵉ). Chaîne de cou à mailles d'or ou d'argent très fines.

JASEUR, EUSE [ʒazœʀ, øz]. *adj. et n. m.* (1538; de *jaser*). ♦ 1° Qui jase, a l'habitude de jaser. V. Babillard, bavard. — Par anal. *« Les roseaux jaseurs »* (APOLLINAIRE). ♦ 2° *N. m.* (1755). Oiseau passereau *(Ampélidés)* de la taille d'un étourneau, qui vient en France des régions boréales.

JASMIN [ʒasmɛ̃]. *n. m.* (fin XVIᵉ; *jassemin*, fin XVᵉ, et nombr. var. au XVIᵉ; arabo-pers. *yâsimin*). Arbuste sarmenteux et vivace *(Oléacées)*, à grandes fleurs jaunes ou blanches souvent très odorantes, solitaires ou groupées en cymes. *Jasmin blanc, jonquille; jasmin d'Espagne.* ◇ *Par ext.* Sa fleur. *La cueillette du jasmin dans le Midi.* ◇ *Essence de jasmin,* et ellipt. *jasmin,* parfum extrait des fleurs de *jasmin commun* et de *jasmin d'Espagne.*

JASPE [ʒasp(ə)]. *n. m.* (1118; lat. *iaspis,* mot gr.). Roche siliceuse à base de quartz à calcédoine, finement rubanée, colorée en vert, rouge, brun ou noir. *Jaspe noir.* V. Pierre (de touche). *Jaspe sanguin,* variété de calcédoine verte à taches rouges. *Vase, coupe de jaspe.* — *Par ext.* Objet d'art en jaspe. *Collection de jaspes.*

JASPÉ, ÉE [ʒaspe]. *adj. et n. m.* (1552; de *jaspe*). Dont la couleur, la bigarrure, naturelle ou non, évoque le jaspe. *Marbre jaspé. Reliure en veau jaspé. « Un gros hanneton..., jaspé comme un œuf de vanneau »* (COLETTE). ◇ *Techn. Acier jaspé,* offrant des jaspures obtenues par une trempe particulière dite *au jaspé.*

JASPER [ʒaspe]. *v. tr.* (1564; de *jaspe*). Bigarrer par bandes ou par taches pour donner un aspect jaspé. *Jasper les tranches d'un volume.* V. Marbrer.

JASPINER [ʒaspine]. *v. intr.* (1715, « caqueter »; du même rad. que *jaser,* suff. argotique). *Pop.* Bavarder, causer. — V. tr. *Jaspiner le jar*° : parler argot.

JASPURE [ʒaspyʀ]. *n. f.* (1617; de *jaspe*). ♦ 1° Couleur, bigarrure de ce qui est jaspé, de ce qu'on a jaspé. V. Marbrure. ♦ 2° *Techn.* Coloration obtenue par la trempe au jaspé.

JATTE [ʒat]. *n. f.* (fin XIIᵉ; lat. pop. °*gabita,* class. *gabata*). *Région.* (*courant* en Belgique). Vase de forme arrondie, très évasé, sans rebord ni anse ni manche. V. Bol (1), coupe (1). *Jatte de bois; en porcelaine. « Une jatte en verre pleine de miel »* (CHARDONNE). *Grande jatte.* V. Jale. ◇ Le contenu d'une jatte. V. Jattée. *Manger une jatte de crème.*

JATTÉE [ʒate]. *n. f.* (XVIᵉ; de *jatte*). *Rare.* Contenu d'une jatte.

JAUGE [ʒoʒ]. *n. f.* (1260; a. frq. °*galga* « perche »). ♦ 1° Capacité que doit avoir un récipient déterminé. *Robinets*

de jauge, qui renseignent sur le niveau de l'eau contenue dans une chaudière ou un réservoir. — *Mar.* Capacité cubique intérieure du navire exprimée en tonneaux. V. **Tonnage.** *Jauge brute, nette.* ◇ *Text.* Quantité déterminée de mailles existant dans une surface donnée de tricot. ♦ 2° (1467). Instrument ou objet étalonné qui sert à mesurer la contenance d'un récipient ou le niveau de son contenu (baguette, règle graduée). *Jauge d'essence, de niveau d'huile.* ◇ *Barrique, fût servant d'étalon pour mesurer et échantillonner les autres.* ♦ 3° *Techn.* Instrument servant à mesurer les dimensions de corps solides (*spécialt.* les dimensions intérieures). *Jauge de charpentier.* V. **Règle.** *Jauge de filetage, de longueur, de profondeur.* ♦ 4° *Agric.* (1386). Cheville de fer qui, par sa position sur la flèche de la charrue, règle le degré de pénétration du soc. *Par ext.* Distance, sillon provisoire laissé entre la terre labourée et celle qui va l'être. — Petite tranchée creusée à la bêche pour y conserver provisoirement des plants que l'on repiquera ailleurs.

JAUGEAGE [ʒoʒaʒ]. *n. m.* (1248; de *jauger*). Action de jauger. *Jaugeage d'un tonneau, d'un réservoir, d'un cours d'eau.* — Ensemble des mesures et calculs nécessaires pour déterminer la jauge d'un navire. ◇ Droit perçu à l'occasion d'un jaugeage.

JAUGER [ʒoʒe]. *v.; conjug. bouger* (1260; de *jauge*). **I. V. tr.** ♦ 1° Prendre la jauge d'un récipient; mesurer ou contrôler avec une jauge. *Jauger un réservoir, un navire. Jauger une source,* évaluer son débit. ◇ *Techn. Jauger une pompe.* ♦ 2° *Fig.* (1787). Apprécier par un jugement de valeur. *« Jauger à leur juste valeur les grands écrivains du passé »* (GIDE). *Jauger qqn d'un coup d'œil.* **II. V. intr.** ♦ 1° (1694). Avoir un tirant d'eau de. *Péniche jaugeant un mètre.* ♦ 2° (1807). Avoir une capacité de. V. **Tenir.** *Navire qui jauge 1 200 tonneaux.* — *« Un splendide verre en cristal de Bohème qui jaugeait... une bouteille de bordeaux tout entière »* (BARBEY).

JAUGEUR [ʒoʒœʀ]. *n. m.* (1258; de *jauger*). ♦ 1° Homme employé à jauger. ♦ 2° Appareil à jauger.

JAUMIÈRE [ʒomjɛʀ]. *n. f.* (1678; var. de *heaumière,* 1573; de *heaulme* « barre du gouvernail », 1552; moy. néerl. *helm*). *Mar.* Ouverture pratiquée dans la voûte d'un navire pour le passage de la mèche du gouvernail.

JAUNÂTRE [ʒonɑtʀ(ə)]. *adj.* (1530; de *jaune,* et suff. *-âtre*). Qui tire sur le jaune, d'un jaune terne. *Un blanc jaunâtre. « Figure cadavérique, jaunâtre et douloureuse »* (TAINE).

JAUNE [ʒon]. *adj., n. et adv.* (XIIᵉ; *jalne,* 1080; lat. imp. *galbinus*). **I. Adj.** ♦ 1° Qui est d'une couleur placée dans le spectre entre le vert et l'orangé et dont la nature offre de nombreux exemples (or, miel, citron). V. **Blond, doré**; **xanth-.** *Fleurs jaunes. Feuilles jaunes, à l'automne. Anat. Corps jaune,* masse jaune dans l'ovaire, formée par un follicule de Graaf après la chute de l'ovule. ♦ 2° (1834). *Fièvre* jaune.* ♦ 3° *Race jaune,* race humaine, en majeure partie asiatique, caractérisée par des yeux bridés et une peau jaunâtre. ♦ 4° *Hist. Syndicats jaunes* (dont l'insigne était un genêt et un gland jaune), organisations syndicales créées en 1899 contre les syndicats ouvriers (Cf. *ci-dessous,* II, 6°). ♦ 5° *Nain jaune.* V. **Nain.** **II. N. m.** ♦ 1° (1386). Une des sept couleurs fondamentales du spectre solaire, placée entre le vert et l'orangé. *Tirer sur le jaune. Tourner au jaune, jaunir. Peindre en jaune. Un jaune clair, foncé, franc.* ◇ *Adj.* (invar.) *Fleurs jaune d'or. Étoffes jaune citron, jaune paille.* ♦ 2° *Matière colorante jaune,* employée en teinturerie, en peinture: *Jaunes végétaux.* V. **Quercitrine, safran.** *Jaunes minéraux* (d'antimoine, de chrome, de zinc). *Un tube de jaune.* ♦ 3° (*Sing. collectif*). Vêtements jaunes. *« Tout de jaune habillé, ganté de jaune »* (ZOLA). *Je mène le lui va pas.* ♦ 4° Partie jaune d'un objet. — (XVIᵉ) *Le jaune de l'œuf, un jaune d'œuf;* ellipt. *Le jaune, un jaune* (opposé à blanc). ♦ 5° Individu de race jaune. *Les Jaunes.* ♦ 6° Membre d'un syndicat jaune. *Mod.* Ouvrier qui refuse de prendre part à une grève. **III. Adv.** (1640). *Rire jaune,* d'un rire forcé, qui dissimule mal le dépit ou la gêne. *Il « souriait un peu jaune »* (MART. du G.).

JAUNET, ETTE [ʒonɛ, ɛt]. *adj. et n. m.* (1125; de *jaune*). ♦ 1° Légèrement jaune. *Tu es « un petit brin jaunette, mais j'aime le jaune »* (BALZ.). ♦ 2° *N. m.* (1541). *Jaunet d'eau,* nom populaire du nénuphar jaune. ♦ 3° *Fam. et vx* (1660). Pièce d'or.

JAUNIR [ʒoniʀ]. *v.* (1213; de *jaune*). **I. V. tr.** Rendre jaune, colorer de jaune. *L'automne a jauni les feuilles. Doigts jaunis par la nicotine.* **II. V. intr.** (1690). Devenir jaune, prendre une teinte jaune. *Dentelle, papier qui a jauni. « Je chantais l'an passé quand les feuilles jaunirent »* (ARAGON).

JAUNISSAGE [ʒonisaʒ]. *n. m.* (v. 1900; de *jaunir*). *Techn.* Opération qui, dans la dorure en détrempe, consiste à appliquer une couleur jaune sur tous les endroits non recouverts de feuilles d'or.

JAUNISSANT, ANTE [ʒonisã, ãt]. *adj.* (1550; de *jaunir*). Qui jaunit, est en train de jaunir. « *Feuillages jaunissants sur les gazons épars !* » (LAMART.).

JAUNISSE [ʒonis]. *n. f.* (XIIIᵉ; *jalnice*, XIIᵉ; de *jaune*). ♦ 1º Nom courant de l'ictère*. ◇ *Fig.* et *fam. En faire une jaunisse*, éprouver un violent dépit de (qqch.). ♦ 2º *Agric. Jaunisse de la betterave, de la vigne*, caractérisée par le jaunissement des feuilles.

JAUNISSEMENT [ʒonismã]. *n. m.* (1636; de *jaunir*). Action de rendre jaune; le fait de devenir jaune.

JAVA [ʒava]. *n. f.* (1922; arg. *faire la java* (1901), « danser en remuant les épaules »; o. i.). Danse de bal musette à trois temps, assez saccadée. Air, musique qui l'accompagne. ◇ Pop. *Faire la java*, faire la foire. *Partir en java*, sortir avec l'idée de s'amuser sans retenue. V. **Noce, nouba**.

JAVANAIS, AISE [ʒavanɛ, ɛz]. *adj.* et *n.* (XVIIIᵉ; de *Java*). ♦ 1º De l'île de Java. *Subst.* Habitant de Java. — *N. m.* Groupe de langues malayo-polynésiennes (indonésien) parlées à Java et Sumatra. ♦ 2º (1857; p.-ê. d'apr. le présent de *avoir* : *j'ai, j'avais*, d'apr. *java*). Argot conventionnel consistant à intercaler dans les mots les syllabes *va* ou *av*. *Exemple de javanais* : chaussure : chavaussavurave [ʃavosa vyravə].

JAVART [ʒavaʀ]. *n. m.* (1393; du rad. gallo-rom. *°gaba*. V. **Jabot**). *Vétér.* Tumeur de la partie inférieure des membres, chez le cheval, le bœuf.

JAVEAU [ʒavo]. *n. m.* (XIVᵉ; forme masc. de *javelle*). Île de sable, de limon, formée par le débordement d'un cours d'eau.

JAVEL (EAU DE) [(od)ʒavɛl]. *n. f.* (1830; *lessive de Jouelles*, 1795; de *Javel*, village, aujourd'hui quartier de Paris, où se trouvait une usine de produits chimiques). Mélange en solution aqueuse d'hypochlorite et de chlorure de sodium ou de potassium, utilisé comme détersif, décolorant et antiseptique (V. **Javelliser**). Pop. *De la javel.* ◈ HOM. *Javelle.*

JAVELAGE [ʒavlaʒ]. *n. m.* (1793; de *javeler*). *Agric.* Action de javeler (les céréales). ◇ Temps durant lequel on laisse les javelles sur terre afin de les faire sécher.

JAVELÉ, ÉE [ʒavle]. *adj.* (V. *Javeler*). *Agric. Avoines javelées*, mouillées pendant le javelage, et dont le grain est devenu noir et lourd.

JAVELER [ʒavle]. *v.*; conjug. *appeler* (1125; de *javelle*). ♦ 1º *V. tr.* Mettre en javelles. ♦ 2º *V. intr.* (Céréales en javelles). Jaunir.

JAVELEUR, EUSE [ʒavlœʀ, øz]. *n.* (1611; de *javeler*). ♦ 1º Personne qui met les moissons en javelle. ♦ 2º *N. f.* Machine à javeler le blé.

JAVELINE [ʒavlin]. *n. f.* (1451; du rad. de *javelot*). Arme de jet, formée d'une hampe mince et d'un fer généralement long et aigu. V. **Dard, javelot**.

JAVELLE [ʒavɛl]. *n. f.* (XIIIᵉ; « tas », XIIᵉ; gaul. *°gabella*). ♦ 1º Brassée de céréales ou de plantes oléagineuses, coupées et non liées, qu'on laisse sur le sillon en attendant de les mettre en gerbes ou en moyettes. *Elle ramassait « sa brassée d'épis, qu'elle posait ensuite en javelle..., tous les trois pas »* (ZOLA). ♦ 2º (XIVᵉ). *Région.* Fagot de sarments, d'échalas, de lattes. ♦ 3º *Techn.* (1877). Tas de sel tiré d'un marais salant. ◈ HOM. *Javel.*

JAVELLISATION [ʒavelizasjõ]. *n. f.* (1919; de *javel*). Purification, stérilisation (de l'eau) par l'eau de Javel. V. **Verdunisation**.

JAVELLISER [ʒavelize]. *v. tr.* (1919; de *javel*). Stériliser (l'eau) par addition d'eau de Javel. — Au p. p. *Eau javellisée.*

JAVELOT [ʒavlo]. *n. m.* (1160; gaul. *°gabalaccos*). ♦ 1º Arme de trait, sorte de dard assez long et lourd qu'on lançait à la main ou à l'aide d'une machine. V. **Angon, framée, hast, javeline, lance, pilum**. ♦ 2º Instrument de lancer en forme de lance employé en athlétisme. *Le lancer du javelot.* Ellipt. *Épreuve de javelot. Le record du javelot.*

JAYET. *n. m.* — Vx. V. **Jais**.

JAZZ [dʒaz]. *n. m.* (1918; d'abord *jazz-band* [1908] « orchestre »; anglo-amér. *jazz*, o. i.). ♦ 1º *Vieilli.* Orchestre de danse jouant dans le style propre aux Noirs américains. ♦ 2º *Mod.* Se dit des genres et styles musicaux issus de la musique profane des Noirs des États-Unis. V. *aussi* **Blues, negro-spiritual**. — *Qualité rythmique du jazz.* V. **Swing**. *Improvisation, thèmes, chorus dans le jazz. Styles de jazz* (hot, be-bop, cool).

JAZZMAN [dʒazman]. *n. m.* (1952; mot angl. *de jazz*, et *man*). *Anglicisme.* Instrumentiste de jazz. — *Plur. Jazzmen* [dʒazmɛn].

JE, J' [ʒ(ə)]. *pron. pers.* (*Eo*, 842, puis *jo* et *je*; lat. *ego*). ♦ 1º Pronom personnel de la première personne du singulier des deux genres, au cas sujet. V. **Me, moi**. *Je parle. J'entends. Je hais. Où suis-je? Où vais-je aller?* « *Qui suis-je, et que dois-je être?* » (LAMART.). *Puissé-je le convaincre !* ♦ 2º *Subst. Employer le je dans un récit*, parler à la première personne. « *Ce Je, accusé justement d'impertinence... implique cependant une grande modestie* » (BAUDEL.). ◇ *Philo. Le je*, le principe auquel l'individu attribue ses états et ses actes. V. **Ego, moi**.

JEAN [dʒin] ou **JEANS** [dʒins]. *n. m.* (v. 1967; mot amér., « treillis »). *Anglicisme.* ♦ 1º *Blue*-jean.* ♦ 2º Pantalon en jean, de n'importe quelle couleur. *Des jeans verts.* ♦ 3º JEAN, toile servant à confectionner ces pantalons. *Veste en jean marron.*

JEAN-FOUTRE [ʒãfutʀ(ə)]. *n. m. invar.* (1661; d'un emploi péjor. injur. de *Jean*, et *foutre*). *Pop.* ♦ 1º *Vx.* Ladre, gredin. ♦ 2º *Mod.* Individu incapable, sur lequel on ne peut compter. V. **Je-m'en-foutisme**.

JEAN-LE-BLANC [ʒãlblã]. *n. m. invar.* (1555; de *Jean*, et *blanc*). Nom d'un rapace du genre circaète.

JEANNETTE [ʒanɛt]. *n. f.* (1615; prénom fém., dimin. de *Jeanne*). ♦ 1º Narcisse des poètes. « *Des jeannettes jaunes au cœur safrané* » (COLETTE). ♦ 2º (1782). *Croix à la jeannette*, ou ellipt. (1812) *Jeannette*, croix suspendue à une chaîne, à un ruban attachés autour du cou. ♦ 3º (XXᵉ). Planchette à repasser montée sur pied, qu'on pose sur une table.

JÉCISTE [ʒesist(ə)]. *n.* et *adj.* (v. 1930; des initiales de la Jeunesse étudiante chrétienne. De la J.E.C. [ʒiʒɛse].

JECTISSE [ʒɛktis] ou **JETISSE** [ʒ(ə)tis]. *adj. f.* (1549; p. fr. *geteis* « qu'on jette »; de *jeter*). *Techn. Terres jectisses*, remuées ou rapportées. *Pierres jectisses*, qui peuvent se poser à la main.

JEEP [(d)ʒip]. *n. f.* (v. 1942; mot amér., des initiales G. P. prononc. [dʒipi], de *general purpose* « tous usages », appliqué à un type d'auto militaire). Automobile tout terrain.

JÉJUNO-ILÉON [ʒeʒynɔileɔ̃]. *n. m.* (1878; de *jéjunum*, et *iléon*). *Anat.* Portion de l'intestin grêle s'étendant du duodénum au cæcum.

JÉJUNUM [ʒeʒynɔm]. *n. m.* (1541; lat. méd. *jejunum intestinum* « intestin à jeun », à cause du peu de matières qu'il contient). *Anat.* Premier segment du jéjuno-iléon, faisant suite au duodénum (*Adj.* JÉJUNAL, ALE, AUX [ʒeʒynal, o]).

JE-M'EN-FICHISME [ʒmãfiʃism(ə)] ou **JE-M'EN-FOU-TISME** [ʒmãfutism(ə)]. *n. m.* (1885; de *je m'en fiche*, *je m'en fous*. V. **Ficher, foutre**. *Fam.* (*vulg.*, quant au second). Attitude d'indifférence envers ce qui devrait intéresser ou préoccuper. V. **Insouciance**. « *Il faut... une sorte d'aveuglement prémédité, de j'm'en fichisme, pour vivre et pour agir* » (LÉAUTAUD).

JE-M'EN-FICHISTE [ʒmãfiʃist(ə)] ou **JE-M'EN-FOU-TISTE** [ʒmãfutist(ə)]. *adj.* et *n.* (1886; du précéd.). *Fam.* (ou *vulg.*). Qui fait preuve de je-m'en-fichisme. V. **Indifférent, insouciant**.

JE NE SAIS QUOI ou **JE-NE-SAIS-QUOI** [ʒənsɛkwa]. *n. m. invar.* (1546; de *savoir*). Chose qu'on ne peut définir ou exprimer, bien qu'on en sente nettement l'existence ou les effets. « *Ces je ne sais quoi qu'on ne peut expliquer* » (CORN.). « *Un je ne sais quoi qui n'a plus de nom dans aucune langue* » (MOL.).

JENNÉRIEN, IENNE [ʒeneʀjɛ̃, jɛn]. *adj.* (1852; de *Jenner*). *Méd. Vaccination jennérienne* : vaccination antivariolique (inventée par Jenner au XVIIIᵉ s.).

JENNY [ʒeni]. *n. f.* (1762; mot angl., en fr. *Jeannette*, symbolisant la fileuse). *Techn.* Machine à filer le coton. V. **Mule-jenny**.

JÉRÉMIADE [ʒeʀemjad]. *n. f.* (fin XVIIᵉ; du lat. *Jeremias* « Jérémie ». V. **Lamentation**). *Fam.* Plainte sans fin qui importune. V. **Doléance, lamentation, plainte**. « *Je suis écœuré de tes jérémiades* » (DUHAM.).

JEREZ. V. **Xérès**.

JERK [(d)ʒɛʀk]. *n. m.* (1965; mot angl., « secousse »). *Anglicisme.* Danse moderne qui consiste à imprimer des secousses rythmées à tout le corps (tête et bras compris), comme si l'on entrait en transes.

JERKER [(d)ʒɛʀke]. *v. intr.* (1966; de *jerk*). Danser le jerk*.

JÉROBOAM [ʒeʀɔbɔam]. *n. m.* (1906; mot angl., 1816; nom d'un roi d'Israël qui, selon la Bible, conduisit son royaume au péché). Grosse bouteille d'une contenance de six litres. *Un jéroboam de champagne.*

JERRYCAN, JERRICAN [(d)ʒeʀikan], **JERRICANE** [forme francisée]. *n. m.* (v. 1942; de l'angl. *Jerry*, surnom pop. des Allemands, et *can* « récipient »). Bidon quadrangulaire à poignée, d'environ 20 litres, utilisé pour la manutention et la distribution des carburants. V. **Nourrice, bidon**.

JERSEY [ʒɛʀze]. *n. m.* (1881; « drap », 1666; du nom de l'île de *Jersey*). ♦ 1º Corsage de fine laine maillée qui moule le buste. « *Un jersey bleu foncé qui serrait son buste* » (GREEN). ♦ 2º (1907). Tissu tricoté à l'aide d'un seul fil formant des mailles toujours semblables sur une même face. *Jersey de laine, de soie.* — *Point de jersey*, point exécuté en alternant un rang de points à l'endroit et un rang de points à l'envers.

JERSIAIS, AISE [ʒɛʀʒjɛ, ɛz]. *adj.* (1873 ; de *Jersey*). De Jersey. Spécialt. *Race jersiaise*, race de bovins. *Vaches jersiaises.*

JÉSUITE [ʒezɥit]. *n. m.* (fin XVIᵉ ; *jésuiste*, 1548 ; de *Jésus*). ♦ 1º Membre de la Compagnie (ou Société) de Jésus, ordre fondé en 1534 par Ignace de Loyola. *Lutte entre jésuites et jansénistes au XVIIᵉ s. Collège de jésuites.* — Adj. *Le parti jésuite.* — Arts, *style jésuite*, style d'architecture baroque adopté par les jésuites au XVIIᵉ s. (*ex. :* Le Gesu de Rome). ♦ 2º *Péj.* (À cause de la casuistique des moralistes jésuites). Personne qui recourt à des astuces hypocrites. *Quel jésuite !* — Adj. « *Jugez combien les femmes sont jésuites !* » (BALZ.). *Un air jésuite.* V. **Hypocrite, jésuitique.**

JÉSUITIQUE [ʒezɥitik]. *adj.* (1599 ; de *jésuite*). ♦ 1º *Péj.* Propre aux jésuites. *Morale jésuitique.* ♦ 2º *Par ext.* Digne d'un jésuite. *Formule, procédé jésuitique.* V. **Hypocrite.**

JÉSUITIQUEMENT [ʒezɥitikmɑ̃]. *adv.* (1831 ; de *jésuitique*). D'une manière jésuitique, hypocritement.

JÉSUITISME [ʒezɥitism(ə)]. *n. m.* (1622 ; *jésuisme*, 1555 ; de *jésuite*). *Péj.* ♦ 1º Système moral reproché aux jésuites. ♦ 2º Attitude, conduite jésuitique. V. **Hypocrisie.**

JÉSUS [ʒezy]. *n. m.* (1740 ; de *Jésus*, n. pr.). I. ♦ 1º *Vx.* Papier qui portait en filigrane le monogramme (I.H.S.) de Jésus. *Mod.* Format de papier (56 × 76). *Petit jésus* (56 × 72). ♦ 2º (1873). Image, statuette de Jésus enfant. ◇ *Par ext.* Enfant mignon, aimable. *Mon jésus*, terme d'affection. II. (attesté XXᵉ). Gros saucisson court fabriqué dans le Jura, en Alsace et en Suisse. *Jésus de Morteau.*

1. **JET** [ʒɛ]. *n. m.* (XIIᵉ ; de *jeter*). I. ♦ 1º Action de jeter ; mouvement d'une chose lancée parcourant une certaine trajectoire. V. **Lancer** (2). *Armes de jet*, traits, ou armes permettant de lancer des traits. Mar. *Jet à la mer*, action de jeter par-dessus bord tout ou partie du chargement en cas de nécessité. ♦ 2º Distance parcourue par une chose jetée. *À un jet de pierre. Un jet de 70 mètres au javelot.* ♦ 3º *Techn.* Opération par laquelle on jette ou fait couler dans le moule le métal en fusion. *Fondre, couler une statue d'un seul jet.* ♦ 4º Fig. et cour. *D'un seul jet, d'un jet,* d'un coup, d'une seule venue. *Poème écrit d'un seul jet.* « *Les courbes des joues et du cou paraissaient être venues d'un seul jet* » (LOTI). ◇ *Premier jet,* première expression de ce que l'artiste jette sur la toile, sur le papier, avant toute retouche. V. **Ébauche, esquisse.** « *L'air de vérité qui ne se donne pas quand il n'y est pas du premier jet* » (GIDE). II. ♦ 1º (*Giest*, XIIᵉ). Mouvement par lequel une chose jaillit, fuse, s'écoule avec plus ou moins de force. V. **Jaillissement.** *Jet de vapeur. Jet de salive.* V. **Crachat.** *Jet d'une pompe. Douche en jet.* — Fig. et fam. *À jet continu,* sans interrompre le débit. *Débiter des mensonges à jet continu.* ◇ Les gaz éjectés d'une fusée, d'une tuyère de turboréacteur. *Réacteur à inverseur de jet.* ♦ 2º (1671). JET D'EAU : gerbe d'eau jaillissant verticalement et retombant dans un bassin. *Jet aiguille,* jet de liquide, de section très étroite. *Jet éventail,* jet de liquide en forme d'éventail. — *Par ext.* Ajutage à l'extrémité d'un tuyau d'où part le jet d'eau. — Dispositif permettant l'écoulement de l'eau, au bas d'une fenêtre, d'une porte. ♦ 3º *Jet de lumière.* « *Le jet lumineux d'une lampe de poche* » (MAC ORLAN). V. **Faisceau.** III. ♦ *Bot.* (1419). Nouvelle pousse d'un arbre. V. **Rejet, rejeton.** ◇ Rameau, tige. « *Des jets de ronce leur égratignaient les mains* » (NIZAN). ♦ 2º *Arbre d'un seul jet :* d'une seule venue. ◈ HOM. Geai, jais.

2. **JET** [dʒɛt]. *n. m.* (v. 1955 ; angl. *jet*, même o. que *jet* 1). Anglicisme. Avion à réaction (*spécialt.* pour le transport des passagers).

JETAGE [ʒ(ə)taʒ]. *n. m.* (1788 ; de *jeter*). ♦ 1º *Rare.* Action de jeter. *Le jetage du bois flotté dans les cours d'eau.* ♦ 2º *Vétér.* Écoulement nasal purulent chez les animaux (et *par anal.* chez l'homme) observé surtout dans la morve.

JETÉ [ʒ(ə)te]. *n. m.* (1704 ; de *jeter*). ♦ 1º *Danse.* Saut lancé par une seule jambe et reçu par l'autre. *Jeté simple. Jeté battu.* ♦ Mouvement consistant à amener la barre des haltères au bout des bras tendus verticalement, par flexion et détente brusques des jambes. *Épaulé et jeté.* ♦ 2º (1867). Brin, fil jeté sur l'aiguille entre deux mailles. ♦ (1883) Bande d'étoffe que l'on étend sur un meuble en guise d'ornement. *Un jeté de table.* ◈ HOM. Jetée, jeter.

JETÉE [ʒ(ə)te]. *n. f.* (1362 ; « action de jeter », XIIIᵉ ; de *jeter*). ♦ 1º Construction de bois, de pierre, de béton, etc., formant une chaussée qui s'avance dans l'eau, destinée à protéger un port, à limiter le chenal. V. **Digue, estacade, môle.** *Extrémité, pointe d'une jetée.* V. **Musoir.** *Se promener, pêcher sur la jetée.* — *Jetée flottante,* sorte de pont flottant permettant la circulation de matériel roulant. ♦ 2º (1970). Couloir aménagé en superstructure reliant l'aérogare à un satellite ou à un poste de stationnement d'avion. ◈ HOM. Jeté, jeter.

JETER [ʒ(ə)te]. *v. tr.* : je jette, il jette, nous jetons ; je jetterai ; je jetterais ; que je jette, que nous jetions ; jette, jetons, jetez ; jetant, jeté (Xᵉ ; lat. pop. °jectare, class. jactare, fréquent. de jacere).

I. Envoyer à quelque distance de soi, dans une direction déterminée ou non. ♦ 1º Lancer. *Jeter une balle, une pierre. Jeter sa casquette en l'air.* « *Pour l'avertir, ... (il) jetait contre les persiennes une poignée de sable* » (FLAUB.). — Loc. fig. *Jeter son bonnet* par-dessus les moulins. *Jeter de l'huile* sur le feu. — *Jeter qqch. à la tête de qqn.* V. **Flanquer.** Fig. *Jeter à la tête :* étaler devant qqn *(Il nous jette à la tête ses belles relations) ;* reprocher *(On lui jette toujours son passé à la tête).* — *Jeter la pierre*, la première pierre à qqn. *Jeter de la poudre* aux yeux. *Jeter l'éponge,* déclarer forfait, comme le boxeur sur le ring (le manager jette sur le ring la serviette ou l'éponge servant aux soins pour signifier l'abandon). ♦ 2º Laisser tomber, faire tomber (qqch.). V. **Balancer.** *Jeter des projectiles du haut du toit, par la fenêtre.* Fig. *Jeter l'argent par les fenêtres* : dilapider. — *Ils furent jetés dans la rivière.* ◇ *Jeter l'ancre, une bouée, la sonde.* ♦ 3º Disposer, établir dans l'espace, d'un point à un autre. *Jeter une passerelle sur un ruisseau, un fossé. Jeter un pont.* V. **Construire.** ◇ Établir, poser. *Jeter les bases, les fondations de.* ♦ 4º Envoyer en direction de qqn, pour donner. *Jeter sa bourse à qqn, un os à un chien. Jeter son gant, le gant.* ◇ *Jeter un sort :* envoyer, diriger le mauvais sort (sur qqn). V. **Jeteur, jettatura.** ♦ 5º Abandonner, rejeter comme encombrant ou inutile. V. **Débarrasser** (se), **défaire** (se). *Vieux papiers bons à jeter. Jeter les vêtements usagés.* — (Choses) *Jeter au rebut, au panier, à la poubelle.* V. **Mettre.** *Jeter au feu, aux quatre vents.* — Loc. fig. *Jeter le froc* aux orties, le *manche* après la cognée. *Jeter le masque ; du lest.* ♦ 6º Mettre, poser promptement et sans ordre, sans soin. « *Il tira son portefeuille, jeta un billet sur la table* » (MART. du G.). ◇ Spécialt. *Jeter les dés. Jeter des lettres à la boîte, à la poste.* V. **Mettre.** ◇ Pop. *S'en jeter un* (verre), *s'en jeter un derrière la cravate :* boire qqch. *Jeter sur*, mettre promptement pour couvrir. « *Elle jeta un châle sur ses épaules* » (MAURIAC). *Jeter un voile sur.* Fig. *Jeter sur le papier,* écrire, noter rapidement. V. **Émettre, répandre.** *Jeter les larmes. Jeter son venin, sa gourme. Diamants qui jettent mille feux.* V. **Flamboyer.** Fig. *Jeter une lueur, un vif éclat, des étincelles.* Pop. *En jeter,* avoir belle apparence, faire impression. « *Elle en jette, dit Boris avec admiration* » (SARTRE). ♦ 3º Émettre (un son, des paroles) avec une certaine force, une certaine brusquerie. *Jeter une note, des cris. Jeter des menaces, des insultes.* V. **Proférer.** « *Une assertion jetée un peu au hasard* » (PROUST). ♦ 4º *Jeter le dévolu*, son dévolu sur qqn.

III. (XIIᵉ, « chasser »). ♦ 1º Pousser, diriger avec force, dans telle direction, vers tel lieu. — (Choses) *Navire que le vent jette à la côte.* — (Personnes) *Jeter qqn dehors :* le mettre à la porte. *Jeter en prison. Être jeté sur le pavé.* « *Les cahots jetaient les interlocuteurs l'un sur l'autre* » (ARAGON). ♦ 2º Mettre brusquement (qqn) dans une certaine disposition d'esprit. V. **Plonger.** *Jeter qqn hors de lui, hors de ses gonds.* « *Des idées vagues et pures, qui jetaient Élodie dans le ravissement* » (FRANCE). ♦ 3º JETER BAS, À BAS, À TERRE : faire tomber brutalement. V. **Abattre, renverser, terrasser.** *Jeter bas une maison, un arbre.* « *Il a suffi d'une pichenette pour le jeter bas* » (DUHAM.), pour anéantir tous ses efforts.

IV. SE JETER. *v. pron.* ♦ 1º Sauter, se laisser choir. *Se jeter à l'eau.* V. **Plonger.** *Se jeter par la fenêtre.* ♦ 2º Aller d'un mouvement précipité. V. **Élancer** (s'), **précipiter** (se). *Se jeter de côté, contre un mur, à terre.* « *Je me jetais à ses genoux en sanglotant* » (DAUD.). *Se jeter aux pieds, aux genoux, dans les bras, au cou, à la tête de qqn.* — *Se jeter sur qqn* pour l'attaquer. V. **Sauter, tomber.** ♦ 3º Fig. S'engager avec fougue, sans mesurer les risques. — (Choses) *Se jeter à corps perdu dans une affaire.* V. **Lancer** (se). *Se jeter avec audace, étourderie dans une affaire. Se jeter dans un parti, dans l'action. Se jeter au travers d'un projet.* ♦ 4º (*Cours d'eau*). Déverser ses eaux. V. **Affluer.** *Les rivières qui se jettent dans la Seine.* Par anal. « *L'endroit où la rue Gay-Lussac se jette dans la rue Claude-Bernard* » (DUHAM.). V. **Déboucher.** ◈ HOM. Jeté, jetée.

JETEUR, EUSE [ʒ(ə)tœʀ, øz]. *n.* (*Jeteour*, XIIIᵉ ; de *jeter*). *Jeteur de sort :* sorcier qui jette un sort (V. **Jettatura**).

JETON [ʒ(ə)tɔ̃]. *n. m.* (1317 ; de *jeter*, au sens a. de « calculer »). ♦ 1° Pièce plate et ordinairement ronde, autrefois utilisée pour calculer, représentant, de nos jours, une certaine valeur ou un numéro d'ordre. *Jeton d'ivoire, de métal. Jetons servant à marquer les points au jeu.* V. **Marque.** *Jetons et plaques servant de mise à la roulette. Jeton de téléphone. Jetons numérotés, utilisés dans les banques,* etc. (V. **Numéro**). *Jeton de contrôle* (V. **Marron**). Pop. (et argot.) *Prendre un jeton,* observer subrepticement des ébats érotiques. *Se payer un jeton,* Cf. *Se rincer** l'œil. — Spécialt. JETON DE PRÉSENCE (1685), ou absolt. *Jeton :* pièce remise à chacun des membres présents d'un conseil, d'une assemblée, symbolisant les honoraires ou un remboursement de frais. *Par ext.* Ces honoraires. *Jetons de présence attribués aux membres d'un conseil d'administration de société anonyme.* ♦ 2° Fam. *Faux comme un jeton* (les jetons imitant parfois les pièces de monnaie), dissimulé, hypocrite. — *Par ext.* (Pop.) *C'est un* FAUX JETON, un hypocrite. ♦ 3° (1884). Pop. Coup. — *Par ext.* (1928) *Avoir les jetons,* avoir peur. *Donner les jetons à qqn,* faire peur.

JET-STREAM [dʒɛtstʁim]. *n. m.* (1955; mot angl., de *jet,* et *stream* « courant »). Sc. Courant rapide dans les couches élevées de la troposphère, au-dessus des zones subtropicales. (Francisation : *Courant-jet* [ʒɛ] ou simplement *jet* [recomm. offic.]).

JETTATURA [dʒe(t)tatuʁa]. *n. f.* (1857; mot it., de *gettare (il malaugurio)* « jeter un mauvais sort »). *En Italie du Sud,* Mauvais œil, envoyé par le *jettatore* [dʒɛt(t)atɔʁe] (jeteur de sort).

JEU [ʒø]. *n. m.* (1080; lat. *jocus* « badinage, plaisanterie »). **I.** ♦ 1° Activité physique ou mentale purement gratuite, qui n'a, dans la conscience de celui qui s'y livre, d'autre but que le plaisir qu'elle procure. V. **Amusement, divertissement, récréation; ludique** (adj.). *Le jeu. Le besoin du jeu chez l'enfant. Écolier qui ne pense qu'au jeu, n'a que le jeu en tête.* — PAR JEU. *loc. adv.* V. **Plaisir** (par). *Faire qqch. par jeu. Agir par jeu.* ◊ *Un jeu. Un jeu brutal, bruyant, dangereux, paisible, puéril. Prendre part à un jeu. S'adonner à son jeu favori.* V. **Passe-temps.** « *La comédie est un jeu qui imite la vie* » (BERGSON). — *Jeu d'imitation, de manipulation; jeu de groupe. Jeux éducatifs. Des jeux de son âge, qui ne sont plus de son âge.* — *Jeux de main(s),* où l'on échange des coups légers par plaisanterie. PROV. *Jeu(x) de main, jeu(x) de vilain* (par allus. aux « vilains » du moyen âge qui vidaient leurs différends à coups de poing) : *les jeux de main finissent presque toujours mal.* — Vieilli. *Jeux de prince,* fantaisies que les puissants n'hésitent pas à satisfaire au mépris des faibles. « *Ce sont là jeux de prince* » (LA FONT.). ♦ 2° Activité qui présente un ou plusieurs caractères du jeu (gratuité, futilité, bénignité, facilité). ◊ *Ce qui relève ou semble relever de la fantaisie pure.* ◊ *Ce qui relève de l'imagination, de l'esprit. Les «jeux» décevants du souvenir* » (CAMUS). Par métaph. *Les jeux du destin, de la fortune. Le Jeu de l'amour et du hasard,* pièce de Marivaux. — *Un simple jeu d'esprit.* V. **Badinage.** — Spécialt. (1660) JEU DE MOTS, allusion plaisante fondée sur l'équivoque de mots qui ont une ressemblance phonétique, mais contrastent par le sens. *Jeu de mots facile.* V. **Calembour.** ◊ JEU D'ÉCRITURES, opération comptable purement formelle, sans incidence pratique sur le compte qui en fait l'objet. ♦ 3° *Ce n'est qu'un jeu (d'enfant)* : une chose sans gravité, qui ne tire pas à conséquence (V. **Bagatelle, plaisanterie**) ou qui n'offre pas grande difficulté. *C'est un jeu d'enfant.* « *Elle crut que ce lui serait un jeu d'en venir à bout* » (MAURIAC). *Se faire un jeu des difficultés,* en triompher aisément. V. **Jouer** (se); **jongler** (avec).

II. ♦ 1° (XII°). Cette activité organisée par un système de règles définissant un succès et un échec, un gain et une perte; *dr. civ.,* contrat aléatoire par lequel deux ou plusieurs parties s'engagent à remettre une chose ou une somme d'argent à celui des contractants qui sera le gagnant. *Quel était votre partenaire à ce jeu? Elle est très forte à ce jeu. La règle du jeu;* fig. Les conventions établies. *C'est l'ensemble des règles à respecter. C'est le jeu.* V. **Régulier.** Fam. *Ce n'est pas du jeu.* V. **Irrégulier.** — *Jouer le jeu,* se conformer strictement aux règles du jeu, et fig. aux règles d'une activité. ◊ (Jeux qui font appel à la vigueur ou à l'adresse physique) *Jeux corporels, de plein air. Jeux de balle, de ballon. Jeux de poursuite.* V. **Cache-cache, chat** (perché), **coin** (quatre coins). *Jeu de colin-maillard, de saute-mouton. Jeu de marelle.* — *Jeux d'adresse.* V. **Billard, boules, bowling, croquet, osselets, quilles.** *Jeu de massacre* (fig. V. **Massacre**), *de passe-passe. Jeux sportifs.* V. **Sports.** *Le football, jeu d'équipe. Terrain de jeux.* V. **Stade, terrain.** — (Au plur.) Antiq. Compétitions sportives tenant la plus grande place dans les spectacles publics. *Jeux gymniques. Du pain et des jeux* (Panem et circenses). *Jeux du cirque, du stade.* — *Chez les Grecs,* Jeux solennels célébrés à intervalles réguliers ou à dates fixes. *Les Jeux olympiques avaient lieu tous les quatre ans.* Mod. *Jeux olympiques :* grande réunion sportive internationale qui a lieu tous les quatre ans. ◊ (Jeux qui font appel aux facultés d'invention, à la mémoire, à l'érudition) *Jeux intellectuels.*

Jeux de société, petits jeux, où le manquement aux règles est sanctionné par le dépôt d'un gage et une pénitence. *Jeu du corbillon, de pigeon-vole. Jeu des métiers, des portraits. Jeux innocents*.* — *Jeux radiophoniques, télévisés.* (1966). *Jeu-concours,* jeu public, souvent radiophonique. ◊ (Jeux fondés sur le calcul, le hasard, ou sur les deux) *Jeux de cartes*, de dames, d'échecs. Jeux de hasard* (V. **Loterie, loto, roulette**); *jeu de l'oie, jeu de dés. Jeux d'argent,* où l'on risque de l'argent. *Maison de jeux.* V. **Casino, tripot.** « *On connaît cette chance immanquable des novices aux tables de jeu* » (ARAGON). ◊ *Théorie des jeux,* mettant en relief les analogies du comportement des agents économiques et des différents partenaires d'un jeu lors de l'élaboration d'une stratégie ou de la prise d'une décision. *Jeu d'entreprise,* simulation (sur ordinateur) de la gestion d'une entreprise. — *Jeux de langage.* ♦ 2° Action de jouer, partie qui se joue. *Suivre le jeu, être au jeu.* Sports. *Joueur hors jeu.* ◊ (1578) ENTRER EN JEU : ouvrir le jeu; fig. Se mettre de la partie, entrer dans une affaire, une discussion. V. **Intervenir.** — (Choses) *Facteurs qui entrent en jeu dans une affaire.* V. **Jouer.** — *Entrer dans le jeu* : y participer; fig. Prendre part à une entreprise déjà commencée. V. **Participer.** *Entrer dans le jeu de qqn* : dans ses intérêts. *Faire entrer, mettre qqn dans son jeu.* — ÊTRE EN JEU : être en cause, en question. *Votre vie est en jeu* : il y va de votre vie. — *Mettre* (de l'argent) *en jeu.* V. **Miser; enjeu; mise.** *Mettre en jeu toutes ses ressources* : les employer, les déployer. *Mettre en jeu la vie d'un homme* : l'exposer, la risquer. ◊ D'ENTRÉE DE JEU : dès le début. ◊ *Se prendre, se piquer...* AU JEU : se laisser passionner; s'obstiner. ◊ PROV. *Le jeu ne vaut pas la chandelle*.* ♦ 3° Absolt. LE JEU, les jeux; spécialt. Les jeux d'argent. *Aimer le jeu. Le démon du jeu. Se ruiner au jeu.* PROV. *Heureux au jeu, malheureux en amour.* ♦ 4° *(Paume, Tennis).* Chacune des divisions de la partie. *Une manche en six jeux. Jeu!* ♦ 5° Hist. litt. Pièce en vers, dramatique ou comique, au moyen âge. *Le Jeu de Robin et de Marion.* ♦ 6° (Dans les expressions). Somme d'argent risquée au jeu. *Jouer petit jeu, gros jeu.* Fig. *Jouer gros jeu,* prendre de grands risques. — *Faites vos jeux, misez. Les jeux sont faits, rien ne va plus.* — Fig. *Les jeux sont faits,* tout est décidé, les dés sont jetés.

III. Ce qui sert à jouer. ♦ 1° (1489). Instruments du jeu. *Jeux de quilles, de boules. Jeu d'échecs, de dames. Jeu de 32, de 52 cartes. Elle « battait machinalement un jeu de cartes* » (CHARDONNE). ◊ Lieu où l'on joue, dans certains jeux. *Le jeu de boules du Luxembourg.* — Hist. *Serment du Jeu de paume,* prêté le 20 juin 1789 par les députés de l'Assemblée nationale dans la salle du *Jeu de paume* de Versailles. ♦ 2° (1580). Assemblage de cartes plus ou moins favorable qu'un joueur a en main. *Avoir du jeu, un beau jeu. Il a un jeu superbe; son jeu est superbe.* — Fig. *Avoir beau jeu* : être en situation de triompher aisément. *Cacher son jeu* : agir à l'insu d'autrui. ◊ Cartom. *Le grand jeu,* le jeu complet des tarots. *Faire le grand jeu.* ♦ 3° (1687). Par anal. Série complète d'objets de même nature et d'emploi analogue. *Un jeu de cravates, d'aiguilles, de clefs.* — Imprim. *Jeu d'épreuves :* série d'épreuves du même ouvrage. — Mar. *Jeu d'avirons, de voiles.* — Mus. *Jeu d'orgue(s),* rangée de tuyaux de même espèce et de même timbre, formant une suite chromatique de sons (par métaph., Cf. ci-dessous IV, 3°).

IV. (1220, fig.). ♦ 1° La manière dont on joue. *Un jeu habile, prudent, subtil.* Fig. *Jouer un jeu dangereux, serré.* — *Jouer franc jeu. Jouer double jeu* : agir de deux façons pour tromper. *Cessez ce jeu. Voir clair dans le jeu de qqn; percer son jeu* : deviner ses intentions. « *J'ai tout de suite lu dans votre jeu* » (MAURIAC). — *Bien jouer son jeu* : conduire habilement son entreprise. *Faire le jeu de qqn* : servir ses intérêts. ♦ 2° Façon de jouer d'un instrument, d'une arme. « *C'est une belle épée. Son jeu est net* » (HUGO). *Jeu d'un violoniste. Un jeu brillant, nuancé.* ♦ 3° (XIII°). Manière de jouer un rôle. *Un jeu pathétique, poignant, sobre.* V. **Interprétation.** « *Donner aux acteurs des indications de jeu* » (DUHAM.). — *Jeu de scène* : ensemble d'attitudes qui concourent à un effet scénique. — Fig. et fam. (allus., à l'origine, au jeu démodé des vieux comédiens). *Être* VIEUX JEU : ne pas être en accord avec le goût du jour. Adj. invar. *Elle est, elles sont vieux jeu. C'est vieux jeu.* V. **Démodé.** — *Rôle,* comédie qu'on joue. *Être pris à son propre jeu. Jouer le jeu du désespoir. Jouer le grand jeu,* déployer tous ses talents de comédien pour convaincre, séduire, et par ext. toutes ses ressources pour arriver à ses fins. ♦ 4° Manière de mettre en œuvre. JEU DE (suivi du nom d'une partie du corps). *Le jeu de mains d'un pianiste. Boxeur qui a un mauvais jeu de jambes.* — *Jeu de physionomie* : mouvement des traits qui rend le visage particulièrement expressif à un moment donné. ◊ *Jeu de lumière,* combinaison de reflets mobiles et changeants. *Les jeux de lumière du théâtre,* produits par des sources lumineuses mobiles. *Jeu d'orgue* (1888), tableau électrique qui commande les éclairages, au théâtre. — *Jeu d'eau,* combinaison de formes variées qu'on fait prendre à un ou plusieurs jets d'eau, et par ext.

Le dispositif utilisé à cet effet. *Installer un jeu d'eau dans un bassin.*
V. ♦ 1° (1694). Mouvement aisé, régulier d'un objet, d'un organe, d'un mécanisme. V. **Fonctionnement.** *Jeu d'un ressort, d'un verrou. Le jeu des muscles.* « *Le jeu rapide des doigts dépeçant la viande* » (FROMENTIN). *Le libre jeu des articulations.* ♦ 2° *Fig.* V. **Action.** *Par le jeu d'alliances secrètes, de causes diverses.* ♦ 3° *Techn.* Espace ménagé pour la course d'un organe, le mouvement aisé d'un objet. *Jeu du cylindre, entre le piston et le couvercle ou le fond du cylindre. Donner du jeu à une fenêtre, un tiroir.* — *Fig. Laisser un peu plus de jeu aux transactions.* ◇ Défaut de serrage, d'articulation entre deux pièces d'un mécanisme. *Cette pièce a du jeu, il faut la revisser.*

JEUDI [ʒødi]. *n. m.* (*Juesdi*, XIIe; lat. *Jovis dies* « jour de Jupiter »). Le cinquième jour de la semaine. *Les écoliers français avaient naguère congé tous les jeudis. Jeudi prochain, jeudi soir, un jeudi. Le jeudi saint,* le jeudi qui précède Pâques. — *Fig. et fam. Il vous remboursera la semaine des quatre jeudis :* jamais.

JEUN (À) [aʒœ̃]. *loc. adv.* (XIIIe; adj. jusqu'au XVIe; lat. *jejunus*). Sans avoir rien mangé, avec l'estomac vide. *Être à jeun. Remède qu'il faut prendre à jeun.* « *Un jeun depuis hier, il avait soif et faim* » (MART. du G.). ◇ ANT. Rassasié, repu, soûl.

JEUNE [ʒœn]. *adj. et n.* (*Juevne, juene,* XIIe; *jovene,* XIe; lat. *juvenis*). Opposé à VIEUX.
I. *Adj.* Peu avancé en âge. ♦ 1° *(Personnes).* Qui est dans la jeunesse. *Être jeune, tout jeune. Il est encore bien jeune.* V. **Jeunet, jeunot.** « *Je suis jeune, il est vrai* » (CORN.). *Le plus jeune des deux; le plus jeune et l'aîné.* V. **Benjamin, cadet.** *Être encore jeune. N'être plus jeune, plus très jeune, plus tout jeune. Mourir jeune.* — *Jeune enfant. Jeune femme*, jeune fille*, jeune homme*, jeunes gens*, jeune personne. Jeune premier*.* — *Faire jeune, plus jeune que son âge. Ils font jeune* (ou *jeunes*). ◇ *Par ext.* Formé de personnes jeunes. *Jeune génération. Jeunes Turcs.* V. **Turc.** *Clientèle jeune.* Démogr. *Population jeune.* ♦ 2° (Animaux). *Jeune chat, jeune chien. Gaieté de jeune animal. Faire le jeune chien*.* Métaph. *Jeune chien. Jeune loup*.* — (Plantes) *Chaussée plantée de jeunes trembles.* ♦ 3° *(Choses).* Nouveau, récent. *Un pays jeune. Une industrie jeune. Cette eau-de-vie est trop jeune.* ♦ 4° Qui a les caractères physiques, moraux d'une personne peu avancée en âge (en parlant de gens de tous âges). *Soyez jeune! Restez jeune!* V. **Vert.** — *Être jeune de corps, de visage, de cœur, de caractère.* ♦ 5° (XVe). Qui a la crédulité, l'ingénuité de la jeunesse. V. **Naïf.** *Mon Dieu qu'il est jeune et facile à tromper!* ♦ 6° (Avec un nom désignant une période). Qui appartient aux personnes peu avancées en âge. *Dans mon jeune temps.* V. **Jeunesse.** *Poét. Nos jeunes années.* ♦ 7° *(Après le nom).* Qui présente les caractères de la jeunesse. *Corps, visage, sourire jeune. Avoir le cœur jeune, toujours jeune.* V. **Juvénile.** ◇ Qui convient, sied à la jeunesse. *Le bleu, le blanc, couleurs jeunes. Une coiffure jeune.* Adv. *S'habiller jeune,* s'habiller comme les personnes jeunes. ♦ 8° Qui est relativement moins âgé que la plupart des personnes de même état. *Un jeune ministre, un jeune général.* ♦ 9° (1690). Qui est né après. — *(Opposé à aîné) Fromont jeune et Risler aîné.* V. **Cadet, junior.** — *(Opposé à père, ancêtre)* V. **Fils.** *Dupont jeune.* Subst. *Pline le Jeune.* ♦ 10° Qui est nouveau (dans un état, une occupation). *Jeunes mariés :* personnes récemment mariées. — *Fam. Être jeune dans le métier :* l'exercer depuis peu de temps. V. **Inexpérimenté, novice.** ♦ 11° (1690). *Fam.* Qui est juste, court, insuffisant. *Cent francs! c'est un peu jeune.*
II. *N.* ♦ 1° Personne jeune. *Les jeunes.* V. **Adolescent, gens** (jeunes gens), **jeunesse.** *Tous, les jeunes, comme les vieux. Place aux jeunes! L'intolérance des jeunes.* « *Les jeunes ont des façons brusques, mais souvent le cœur modeste* » (MONTHERLANT). *Nous serons entre jeunes.* ♦ 2° (1607). *Rare.* Petit d'un animal. V. **Petit.** *Chatte qui va avoir des jeunes.* ◇ ANT. Âgé, doyen, vieux. Caduc. Aîné; père; ancien. Vieillard, vieux (subst.).

JEÛNE [ʒøn]. *n. m.* (XIIe; de *jeûner*). ♦ 1° Privation volontaire de toute nourriture. V. **Abstinence.** *Jeûne prescrit à titre médical.* V. **Diète.** — *Spécialt.* Pratique religieuse qui consiste dans l'abstention totale ou partielle de nourriture pendant une période déterminée. *Observer, rompre le jeûne. Le jeûne du ramadan, du carême.* ♦ 2° Privation forcée d'aliments. *Exténués de jeûnes et de veilles.* ◇ *Fig.* Toute espèce d'abstention ou de privation. « *Le jeûne infligé à mes sens* » (RADIGUET).

JEUNEMENT [ʒœnmã]. *adv. (Jonement,* XIIIe; de *jeune*). ♦ 1° *Vx.* D'une manière jeune. ♦ 2° *Vén.* Nouvellement (dans : *cerf dix-cors jeunement, opposé à* bellement).

JEÛNER [ʒøne]. *v. intr.* (XIIe; var. *juner, jejuner;* lat. ecclés. *jejunare*). ♦ 1° Se priver volontairement de nourriture ou en être privé; rester à jeun. *Le loir jeûne tout l'hiver. Jeûner jusqu'au soir. Faire jeûner un malade.* — *Ne pas manger à sa faim. Mère qui laisse jeûner ses enfants.* ♦ 2° Observer

un jeûne rituel. *Chrétiens qui jeûnent pendant tout le carême.* « *J'ai prié sans relâche et jeûné quatre jours* » (LEC. DE LISLE). ◇ ANT. Alimenter (s'), manger.

JEUNESSE [ʒœnɛs]. *n. f.* (v. 1160; de *jeune.* V. **Jouvence**).
I. ♦ 1° Temps de la vie entre l'enfance et la maturité. *L'adolescence, première partie de la jeunesse. Première, prime jeunesse.* Par euphém. *N'être plus de la première jeunesse,* n'être plus jeune. — *Péché, folie, erreur de jeunesse. Jeunesse heureuse, malheureuse, folle, studieuse.* « *Au temps de ma jeunesse folle* » (VILLON). « *Dis, qu'as-tu fait, toi que voilà, De ta jeunesse?* » (VERLAINE). — PROV. *Il faut que jeunesse se passe,* il faut être indulgent aux écarts des jeunes gens. — *Seconde jeunesse,* sorte de nouvelle jeunesse des personnes d'âge mûr (notamment dans la vie amoureuse, sentimentale). ♦ 2° *(Animaux).* Période qui va de la naissance au développement complet des organes. *Les chats sont joueurs dans leur jeunesse.* ♦ 3° *(Choses). Littér.* Le premier temps qui suit la naissance, l'apparition. *La jeunesse du monde.* ♦ 4° Le fait d'être jeune. *La jeunesse de qqn. Tant de jeunesse désarme.* « *Rodrigue a du courage.* — *Il a trop de jeunesse* » (CORN.). ◇ *Par anal.* Le fait d'exister depuis peu de temps. « *La force des peuples barbares tient à leur jeunesse* » (HUGO). *La jeunesse d'un arbre.* Spécialt. *Jeunesse d'un vin, d'une eau-de-vie.* ♦ 5° État (physique ou moral) d'une personne jeune. *La fraîcheur, l'éclat de la jeunesse. L'illusion, l'inexpérience, l'intransigeance de la jeunesse. Avoir beauté, santé et jeunesse.* ♦ 6° Ensemble de caractères propres à la jeunesse, mais qui peuvent se conserver jusque dans la vieillesse. *Il a encore beaucoup de jeunesse pour son âge.* V. **Fraîcheur, verdeur, vigueur.** *Air de jeunesse. La jeunesse de son sourire.* — *Jeunesse de corps, de visage, de cœur.* « *Le plus belle des jeunesses : la jeunesse de l'esprit quand on n'est plus jeune* » (LÉAUTAUD).
II. ♦ 1° (XIIIe). Les personnes jeunes des deux sexes; les jeunes. *Aimer fréquenter la jeunesse.* — PROV. *Les voyages forment la jeunesse.* — *Si jeunesse savait, si vieillesse pouvait,* si les jeunes avaient l'expérience des vieux et les vieux la vigueur des jeunes. — *La jeunesse d'un pays, d'une époque.* « *La ville... déversait sa jeunesse sur les plages* » (CAMUS). *Jeunesse dorée. Jeunesse étudiante, agricole, ouvrière.* — *Chantier de jeunesse, auberge de la jeunesse.* ◇ Les enfants et les adolescents. *Instruire la jeunesse. Lectures, émissions, spectacles pour la jeunesse. C'est un mauvais exemple pour la jeunesse.* — *Fam.* En interpellant un groupe de jeunes. *Ça va, la jeunesse?* ♦ 2° *Fam. (Vieilli ou région.).* Fille ou femme très jeune. « *De ces jeunesses vert tendre, de ces petites demoiselles* » (BARBEY). *Vieillard qui épouse une jeunesse.* ♦ 3° Au plur. (XXe). Groupes organisés de jeunes gens. *Les Jeunesses hitlériennes.*
◇ ANT. Vieillesse.

JEUNET, ETTE [ʒœnɛ, ɛt]. *adj.* (1155; dimin. de *jeune*). *Fam.* Bien jeune. *Il est un peu jeunet.* « *Elle n'avait plus rien de jeunet dans la tournure* » (LOTI).

JEÛNEUR, EUSE [ʒønœr, øz]. *n.* (1549; de *jeûner*). Personne qui jeûne. *Les jeûneurs hindous.*

JEUNOT, OTTE [ʒœno, ɔt]. *adj. et n. m.* (1905; de *jeune*). *Fam.* Jeune. *Un petit jeunot.*

JIGGER [dʒigɛ(ɛ)R]. *n. m.* (1887, « cuve à teinture »; 1907, électr.; mot angl. « cribleur »). Anglicisme. *Électr.* Transformateur pour coupler les circuits radioélectriques.

JIN-SENG. V. **Ginseng.**

JIU-JITSU [ʒyʒitsy]. *n. m.* (1907; mot jap. « art de la souplesse »). Technique japonaise de combat sans armes qui exige plus de méthode que de force. *Le jiu-jitsu, art militaire des Samouraïs et sport populaire des Japonais* (V. **Judo**).

JOAILLERIE [ʒɔajRi]. *n. f.* (1434; de *joyau*). ♦ 1° Art de monter les pierres précieuses pour en faire des joyaux. *Le polissage, le sertissage, opérations de joaillerie.* ♦ 2° Métier, commerce du joaillier. *Travailler dans la joaillerie* (V. **Bijouterie**). *Joaillerie-orfèvrerie.* — Marchandise du joaillier. *Expert en joaillerie.* « *Un petit diadème de joaillerie légère* » (COLETTE). ♦ 3° Atelier, magasin de joaillier. *Une grande joaillerie parisienne.*

JOAILLIER, IÈRE [ʒɔaje, jɛR]. *n. (Joelier,* 1438; de *joyau*). ♦ 1° *Cour.* Personne qui fabrique des joyaux, qui en fait commerce. *Atelier, magasin de joaillier. Bijoutier-joaillier; joaillier-orfèvre. Commander une bague à son joaillier.* ♦ 2° *Techn. Ouvrier-joaillier,* joaillier : ouvrier spécialisé dans la joaillerie.

1. JOB [ʒɔb]. *n. m.* (*Jobe,* XVIe; V. **Jobard**). *Fam. Monter le job à qqn,* lui monter la tête, l'abuser. *Se monter le job.*

2. JOB [dʒɔb]. *n. m.* (v. 1950; mot angl.). Anglicisme. *Fam.* Travail rémunéré qu'on ne considère généralement pas comme un véritable métier. *Étudiant qui cherche un job.* — *Tout travail, emploi rémunéré.*

JOBARD, ARDE [ʒɔbaR, aRd(ə)]. *adj. et n.* (1832; de *jobe* « niais » (1547), probabl. de *Job,* à cause des railleries qu'il eut à subir). Crédule jusqu'à la bêtise. V. **Naïf, niais.** — *Par ext. Une crédulité jobarde.* ◇ *Subst.* « *Toutes les sociétés sont formées de jobards* » (HUYSMANS). ◇ ANT. Malin.

JOBARDER [ʒɔbaʀde]. *v. tr.* (v. 1840; de *jobard*). *Rare.* Duper, tromper, comme on abuse un jobard.

JOBARDERIE [ʒɔbaʀd(ə)ʀi] ou **JOBARDISE** [ʒɔbaʀdiz]. *n. f.* (1836; de *jobard*). Caractère, comportement de jobard. V. Bêtise, crédulité, niaiserie. « *L'attendre plus longtemps serait pure niaiserie, complaisance indigne, jobarderie* » (Duham.).

JOBELIN [ʒɔblɛ̃]. *n. m.* (xvᵉ; de *jobe* « niais »; Cf. Jobard). Argot des gueux et des maquignons, au xvᵉ s.

JOCASSE [ʒɔkas]. *n. f.* (1775; p.-ê. du frq. °*joc, juc* « perchoir »; Cf. Jucher). Grosse grive, appelée aussi *litorne*.

JOCISTE [ʒɔsist(ə)]. *adj.* et *n.* (v. 1930; des initiales de la Jeunesse ouvrière chrétienne). De la J.O.C. [ʒiose]

JOCKEY [ʒɔkɛ]. *n. m.* (1776; angl. *jockey*, dimin. de *Jock*, forme écoss. de *Jack*). ♦ 1º *Vx*. Jeune domestique qui conduisait une voiture en postillon, suivait son maître à cheval. V. **Groom**. ♦ 2º Celui dont le métier est de monter les chevaux dans les courses. V. **Cavalier**. *Entraînement, régime sévère des jockeys*. Fam. *Régime jockey* : régime alimentaire amaigrissant. — *Casquette, casaque de jockey*.

JOCRISSE [ʒɔkʀis]. *n. m.* (1585; nom d'un personnage de théâtre). *Vx*. Benêt qui se laisse mener. V. Niais, nigaud.

JODHPURS [ʒɔdpyʀ]. *n. m. pl.* (xixᵉ; mot hindi, par l'angl.). Pantalon de cheval, serrant la jambe du genou au pied, et évitant le port de la botte.

JODLER [ʒɔdle] ou **IODLER** [jɔdle]. *v. tr.* (*Iouler*, 1867; *yodler*, 1883; de l'all. dial. *jodeln*). Vocaliser en passant de la voix de poitrine à la voix de tête et vice versa, sans transition (V. Tyrolienne).

JOHANNIQUE [ʒɔanik]. *adj.* (1863; du lat. *Johannes* « Jean »). *Didact.* Relatif à l'apôtre Jean. *L'Évangile johannique; les Épîtres johanniques.*

JOHANNITE [ʒɔanit]. *n.* et *adj.* (1867; du lat. *Johannes*). *Relig.* Membre d'une secte chrétienne d'Orient, où le baptême se fait au nom de saint Jean-Baptiste.

JOIE [ʒwa]. *n. f.* (1050; lat. *gaudia*, plur. neutre de *gaudium*, fém. en lat. pop.). ♦ 1º Émotion agréable et profonde, sentiment exaltant ressenti par toute la conscience. *La joie et la douleur, la tristesse. La joie est différente du bonheur, du plaisir, de la gaieté.* « *La joie est une agréable émotion de l'âme* » (Descartes). *Joie calme, sereine.* « *La joie intérieure, une joie si profonde que rien ne saurait l'altérer* » (Bernanos). *Joie infinie, intense, immense, extrême.* V. Allégresse, exaltation, ivresse, jubilation, ravissement. *Joie délirante. Joie mystique, céleste.* V. Béatitude, extase. *Éprouver de la joie. Être au comble de la joie, transporté de joie. Être fou, ivre de joie* (V. Exulter, jubiler, rayonner, triompher). *Cœur plein de joie.* Loc. *À cœur* joie. — *Être, mettre en joie* (V. Réjouir). « *Le père Duroy mis en joie par le cidre et quelques verres de vin...* » (Maupass.). *Cœur en joie.* V. Fête (en fête). — *Manifestations de joie.* V. Rire, sourire; entrain, gaieté. *La joie éclate sur son visage* (V. Radieux, rayonnant, réjoui). *Épancher sa joie. Bondir, sauter de joie. Se pâmer de joie, pleurer de joie. Des yeux qui pétillent de joie. Joie exubérante, bruyante, collective.* V. Liesse, réjouissance. *Cris de joie. Chant de joie* (V. Hosanna). *Feu** *de joie.* — *La joie de vivre. Joie de la réussite.* V. Fierté, triomphe. *Joie de donner, de faire le bien. Quand aurai-je la joie de vous revoir? V. Avantage, plaisir. Spectacle qui fait la joie des enfants.* ♦ 2º Cette émotion liée à une cause particulière (*une joie*). *C'est une joie de vous revoir.* « *Il y a de merveilleuses joies dans l'amitié* » (Alain). *Fausse** *joie. Se faire une joie de* : se réjouir d'une chose actuelle ou attendue. *Il s'était fait une joie de nous accompagner.* Au plur. *Les joies de la vie.* V. Agrément, bienfait, douceur, plaisir, satisfaction. *Petites, menues joies.* Relig. *Les joies du monde, de la terre*, opposées à la vraie joie. ♦ 3º Par ext. Cause de joie. « *Si posséder est un plaisir, donner est une joie* » (Duham.). « *Je suis ce qu'il aime le mieux, presque sa seule joie sur la terre* » (Muss.). V. Consolation. ♦ 4º Par antiphr. (*Plur.*). Ennuis, désagréments. *Les joies du mariage. Encore une panne, ce sont les joies de la voiture!* ♦ 5º *Vx*. Plaisir des sens. V. Plaisir. *Les enfants « que l'on conçoit en joie »* (Mol.). — Mod. (1549) *Fille** *de joie.* ◊ ANT. Chagrin, désenchantement, désespoir, douleur, ennui, tristesse.

JOINDRE [ʒwɛ̃dʀ(ə)]. *v.* : *je joins, tu joins, il joint, nous joignons; je joignais, nous joignions; je joignis; je joindrai; je joindrais; joins, joignons; que je joigne, que nous joignions; que je joignisse; joignant; joint* (1080; lat. *jungere*). **I.** *V. tr.* Mettre ensemble; mettre avec. ♦ 1º (xiiᵉ). Mettre (des choses) ensemble, de façon qu'elles se touchent (V. Accoler), ou tiennent ensemble (V. Attacher). V. *aussi* Ajuster, assembler, combiner, souder, unir. *Joindre bout à bout* : aboucher, ajointer. Fig. *Joindre les deux bouts* : équilibrer son budget, passer de la fin du mois au début du mois suivant sans manquer d'argent. — *Point où deux choses se joignent.* V. Contact (point de). — Spécialt. *Joindre les mains. Il « joignait les talons, s'inclinait assez bas »* (Romains). ♦ 2º (*Sujet de chose*). Mettre en communication (deux ou

plusieurs choses). *Isthme qui joint deux continents.* V. Relier, réunir. ♦ 3º Mettre ensemble. V. Rassembler, réunir. *Il nous faut joindre nos efforts.* V. Conjuguer, unir. ♦ 4º Joindre à : mettre avec. V. Ajouter. *Joignez cette pièce au dossier* (V. *aussi* Insérer, intercaler). *Plusieurs « joignaient à leur équipage de route une gourde sans doute pleine d'eau-de-vie »* (Balz.). *De grands avantages sont joints à ce poste.* V. Attacher. *Joindre l'utile à l'agréable. Joindre le geste à la parole.* — *Joignez à cela que*, ajouter à cela que. ◊ Unir (tel caractère à tel autre). V. Allier, associer. *Joindre la force à la beauté.* — Pronom. « *À son mal se joignait une mélancolie, plus cruelle que le mal* » (R. Rolland). ◊ Unir (des personnes) par un lien moral. *Joindre indissolublement par les liens du mariage.* « *Le sang les avait joints, l'intérêt les sépare* » (La Font.). *Joindre les cœurs, les âmes.* V. Accorder, unir. ♦ 6º Atteindre, rejoindre (qqn). V. Aborder, accoster. *Je n'arrive pas à le joindre.* V. Rencontrer, toucher. « *Qu'on le joigne où il est..., et qu'on lui demande de passer immédiatement ici* » (Anouilh). — Spécialt. *Régiment qui joint sa division.* ♦ 7º Se joindre à : se mettre, aller avec (qqn). V. Réunir (se), unir (s'). *Pourquoi ne pas vous joindre à nous? Se joindre à la foule.* V. Mêler (se). Par ext. *Mon mari se joint à moi pour vous envoyer tous vos vœux. Se joindre à un parti.* V. Adhérer, agréer (s'), associer (s'), coaliser (se). — *Par ext.* Prendre part à. V. Associer (s'), participer (à). *Se joindre à la conversation, à la discussion, au débat.*
II. *V. intr.* Se toucher sans laisser d'interstice. *Planches qui joignent bien.* V. Jointif. — *Porte qui joint* : dont les éléments joignent (opposé à *bâiller, jouer*).
◊ ANT. Disjoindre, détacher, isoler, séparer. Éloigner.

1. JOINT, JOINTE [ʒwɛ̃, ʒwɛ̃t]. *adj.* (1080; V. Joindre). ♦ 1º Qui est, qui a été joint. *Objets joints en faisceau.* — *À pieds joints. Mains jointes pour la prière.* — *Pièces solidement jointes* (V. Adhérent, attaché). ◊ *Par ext.* Dont les éléments sont bien joints (V. Fermé), bien assemblés. « *Leurs fenêtres mal jointes, leurs portes toujours ouvertes* » (Daud.). ♦ 2º Mis ensemble, avec. *Efforts joints* (V. Conjugué). Par pléon. *Vertus, idées jointes ensemble.* — JOINT À. V. Ajouté. *Lettre jointe à un paquet. Clause jointe à un traité.* V. Additionnel. *Avantages joints à une situation.* V. Attaché, inhérent. ♦ 3º (1690). CI-JOINT : joint ici même, joint à ceci. V. Ci I (ci-inclus). — (Adv. invar.) *Ci-joint la copie. Vous trouverez ci-joint copie du document.* ◊ ANT. Disjoint, séparé.

2. JOINT [ʒwɛ̃]. *n. m.* (xivᵉ; de *joindre*). ♦ 1º (1391). *Techn.* Ligne, surface où se rejoignent les éléments d'un assemblage, d'une construction. *Face latérale d'une planche.* ♦ 2º Espace qui subsiste entre des éléments joints. *Remplir un joint avec du plâtre* : ruiler. *Joints d'une fenêtre.* — Géol. *Fente de stratification* (V. Délit). ♦ 3º *Vx*. (1835). Endroit où deux os s'articulent; articulation. *Le joint de l'épaule, du genou.* — Fig. *Chercher, trouver le joint* : le moyen de résoudre une difficulté. « *Il se disait... le vais chercher un joint. Il ne trouva pas de joint et ne dit rien* » (Maupass.). ♦ 4º *Mécan.* Articulation entre deux pièces. *Joint brisé, universel*, ou *de cardan* (V. Cardan). *Joint coulissant.* ♦ 5º Garniture assurant l'étanchéité d'un assemblage. *Joint de robinet. Joint en caoutchouc, en liège.* — Auto. *Joint de culasse*, interposé entre le bloc-carter des cylindres et l'ensemble des culasses.

3. JOINT [ʒwɛ̃]. *n. m.* (v. 1970; arg. amér. *joint* [même o. que le français *joint*] « piqûre hypodermique; cigarette de marijuana »). *Arg.* Drogue à fumer. V. Haschisch.

JOINTÉ, ÉE [ʒwɛ̃te]. *adj.* (*Bas-jointé*, 1583; de *joindre*). *Cheval court-jointé, long-jointé*, dont le paturon est trop court, trop long (par rapport au canon).

JOINTIF, IVE [ʒwɛ̃tif, iv]. *adj.* (xvᵉ; *jointir*, xiiᵉ; de *joint* 1). *Techn.* Qui est joint, qui est en contact par les bords. *Planches jointives. Cloison jointive*, et subst. (1867) Une *jointive*, cloison de planches brutes non assemblées par languettes et rainures.

JOINTOIEMENT [ʒwɛ̃twamã]. *n. m.* (1842; de *jointoyer*). *Techn.* Action de jointoyer; résultat de cette action. *Un jointoiement au ciment.*

JOINTOYER [ʒwɛ̃twaje]. *v. tr.*; conjug. *broyer* (1226; de *joint* 1). *Techn.* Traiter (une maçonnerie, un mur) de sorte que les joints en affleurent exactement le parement.

JOINTOYEUR [ʒwɛ̃twajœʀ]. *n. m.* (1907; de *jointoyer*). *Techn.* Ouvrier, maçon qui effectue les jointoiements.

JOINTURE [ʒwɛ̃tyʀ]. *n. f.* (1080; lat. *junctura*, de *jungere*). ♦ 1º (xiᵉ). Endroit où les os se joignent. V. Articulation, attache. *Jointure des doigts.* V. Nœud. *Faire craquer ses jointures. Jointures du cheval* : le boulet; le paturon (qui s'articule au canon par le boulet). ♦ 2º (xiiᵉ). Endroit où deux parties se joignent (V. Joint 2); façon dont elles sont jointes (V. Assemblage). *Jointure étanche.*

JOKER [ʒɔkɛʀ]. *n. m.* (1917; mot angl., proprem. « farceur »). Carte à jouer à laquelle le détenteur est libre d'attribuer telle ou telle valeur.

JOLI, IE [ʒɔli]. *adj.* (xiiiᵉ; *jolif, jolive*, 1175; probabl. de l'a. scand. *jôl*, nom d'une grande fête du milieu de l'hiver). ♦ 1° *Vx.* Qui est agréable par sa gentillesse, son enjouement. V. **Aimable.** — Coquet, élégant. « *Qu'à son âge il sied mal de faire la jolie* » (MOL.). — Mod. *Faire le joli cœur.* ♦ 2° (v. 1400). *Mod.* Qui est très agréable à voir. V. **Gracieux, mignon.** « *Elle-même* (la Parisienne) *se dit point belle, mais jolie* » (VERLAINE). *Jolie fille. Jolie femme. Jolie comme un cœur :* très jolie, charmante. *Joli garçon. Jolie figure. Avoir de jolis traits, de jolies jambes.* — *Une jolie maison.* V. **Charmant, ravissant.** *Joli coup d'œil. Joli meuble. Aimer les jolies choses. De jolis mouvements.* V. **Gracieux, harmonieux.** — Très agréable à entendre. *Jolie voix. Jolie chanson.* ◊ Subst. *Le joli et le beau.* ♦ 3° *Fam.* Digne de retenir l'attention, qui mérite d'être considéré. *Une jolie somme. De jolis bénéfices.* V. **Considérable, coquet.** « *Les employés de restaurant... se font d'assez jolies journées* » (GIDE). *Obtenir de jolis résultats. Une jolie performance. Une jolie situation.* V. **Intéressant.** — *C'est bien joli, mais...*, ce n'est pas sans intérêt, mais malgré tout... ♦ 4° *Amusant, plaisant. Selon le joli mot de Voltaire.* V. **Piquant.** *Le plus joli de l'histoire, c'est que...* ♦ 5° (Par antiphr.). *Un joli monsieur, un joli coco,* un individu peu recommandable. V. **Beau, charmant.** « *Quelque joli petit crime conduisant droit en cour d'assises* » (STENDHAL). *Nous voilà dans un joli pétrin.* Impers. *C'est joli de dire du mal des absents !* Subst. *C'est du joli !* c'est mal (Cf. C'est du beau, du propre!). ◊ ANT. *Laid.*

JOLIESSE [ʒɔljɛs]. *n. f.* (1843 ; de *joli*). *Littér.* Caractère de ce qui est joli, délicat. V. **Beauté, délicatesse, grâce.** « *La joliesse de ses gestes* » (BALZ.), *de ses traits.* ◊ ANT. *Laideur.*

JOLIMENT [ʒɔlimɑ̃]. *adv.* (XIIIᵉ ; de *joli*). ♦ 1° D'une manière jolie, agréable. V. **Bien.** *Être joliment habillé. Compliment joliment tourné.* — Par antiphr. *Vous voilà joliment arrangé !* ♦ 2° (1690). D'une façon considérable. V. **Beaucoup, bien.** « *Ça arrangerait joliment nos affaires* » (ZOLA). *On est joliment bien ici.* V. **Drôlement.** ◊ ANT. *Laidement, mal.*

JONC [ʒɔ̃]. *n. m.* (1160 ; lat. *juncus*). ♦ 1° Plante herbacée (*Joncacées*), à hautes tiges droites et flexibles, qui croît dans l'eau, les marécages, les terrains très humides. *Jonc commun* ou *à mèche, jonc glauque* ou *jonc des jardiniers.* — Par anal. *Jonc des chaisiers, des tonneliers.* V. **Scirpe.** *Jonc fleuri.* V. **Butome.** *Jonc marin.* V. **Ajonc.** ♦ 2° La tige elle-même du jonc (employée dans la confection des liens, d'ouvrages de sparterie, de vannerie. *Corbeille, panier de jonc. Natte en jonc tressé.* ♦ 3° *Un jonc,* une canne, une badine (de jonc, etc.). *Il « fouettait l'air avec un jonc dont la pomme d'or brillait* » (BALZ.). ♦ 4° (1680). Bague, bracelet dont le cercle est partout de même grosseur. *Porter au doigt un jonc d'or.* — Par ext. (*Arg.* 1790). L'or (métal). — (1952). Argent. V. **Fric.** *Avoir du jonc.*

JONCACÉES [ʒɔ̃kase]. *n. f. pl.* (1798 ; de *jonc*). Famille de plantes monocotylédones, annuelles ou vivaces, à feuilles alternes et à rhizome rampant, comprenant le jonc, la luzule.

JONCER [ʒɔ̃se]. *v. tr.* ; conjug. *placer* (1858 ; de *jonc*). *Techn.* Garnir de jonc (une chaise, un fauteuil). V. **Canner.**

1. **JONCHÉE** [ʒɔ̃ʃe]. *n. f.* (XIIᵉ ; de *joncher*). ♦ 1° Amas de branchages, de fleurs, dont on jonche le sol, dans les rues, les églises, etc., pour quelque solennité. « *On fait d'admirables jonchées pour leurs autels* » (des dieux) » (LOTI). ♦ 2° Par ext. Grande quantité d'objets épars sur le sol.

2. **JONCHÉE** [ʒɔ̃ʃe]. *n. f.* (1379 ; de *jonc*). *Vx.* Petit panier de jonc à égoutter le lait caillé. ◊ *Mod.* Petit fromage fait dans ce panier. ◊ HOM. *Jonchée.*

JONCHER [ʒɔ̃ʃe]. *v. tr.* (1080 ; de *jonc*). ♦ 1° Parsemer de branchages, de feuillages, de fleurs. « *Des chemins tout jonchés de fleurs et de rameaux* » (BAUDEL.). ♦ 2° En grande quantité. « *Des feuillets déchirés jonchaient le tapis* » (MART. du G.). *Sol jonché de débris. Champ de bataille jonché de cadavres.* ◊ HOM. *Jonchée.*

JONCHÈRE [ʒɔ̃ʃɛʀ], **JONCHAIE** [ʒɔ̃ʃɛ] ou **JONCHE-RAIE** [ʒɔ̃ʃʀɛ]. *n. f.* (XVIᵉ,-1802,-XXᵉ ; de *jonc*). Lieu où poussent des joncs. — Grosse touffe de joncs sur pied. ◊ HOM. *Jonchée.*

JONCHET [ʒɔ̃ʃe]. *n. m.* (1474 ; var. a. *honchet, onchet* ; de *jonc*). Chacun des bâtonnets de bois, d'os, qu'on joue à jeter pêle-mêle sur une table pour les retirer ensuite un à un avec un crochet sans faire bouger les autres. *Jouer aux jonchets.* ◊ HOM. *Jonchée.*

JONCTION [ʒɔ̃ksjɔ̃]. *n. f.* (XIVᵉ ; lat. *junctio*. V. **Joindre**). ♦ 1° Action de joindre une chose à une autre ; le fait d'être joint. V. **Assemblage, liaison, réunion.** *Point de jonction.* — Dr. *Jonction des causes :* décision par laquelle le tribunal ordonne la réunion de deux causes pour qu'il soit statué sur les deux par un seul jugement. ♦ 2° Action par laquelle deux choses entrent, sont mises en contact. V. **Rencontre.** *Jonction des cours d'eau par un canal. Jonction de deux routes, de deux voies de chemin de fer. Gare, voie de jonction* (ou de raccordement). *Jonction de deux circuits électriques :* branchement. *Point de jonction.* ◊ Lieu de

rencontre. *À la jonction des deux routes.* ♦ 3° (*Troupes, groupes*). Action de se joindre. *Les deux armées ont fait, opéré leur jonction.* ♦ 4° *Électronique.* Contact entre deux semi-conducteurs de type différent permettant le redressement du courant (V. **Diode**). *Combinaison de jonctions.* V. **Transistor.** ◊ ANT. *Disjonction, séparation.*

JONGLER [ʒɔ̃gle]. *v. intr.* (v. 1400 ; *jogler,* v. 1160 ; lat. *joculari* « plaisanter », avec infl. de l'a. fr. *jangler* « bavarder » (XIIᵉ), du frq. °*jangalôn*). ♦ 1° *Vx.* Faire des jongleries. ♦ 2° (1546). *Mod.* Lancer en l'air plusieurs boules ou autres objets qu'on reçoit et relance alternativement en entrecroisant leurs trajectoires. *Clown qui jongle avec des boules, des cerceaux, des torches.* « *La difficulté de jongler avec trois objets de pesanteur différente* » (GONCOURT). ♦ 3° *Fig.* (1873). *Jongler avec,* manier de façon adroite et désinvolte. V. **Jouer.** *Jongler avec les idées, avec les chiffres. Jongler avec les difficultés,* s'en jouer. « *L'art de jongler avec les sophismes* » (BENDA).

JONGLERIE [ʒɔ̃gləʀi]. *n. f.* (1596, « tour d'adresse » ; *juglerie* « métier de jongleur », déb. XIIᵉ ; de *jongler,* avec infl. de l'a. fr. *janglerie.* V. **Jongler**). ♦ 1° *Rare.* Art du jongleur. *La jonglerie exige une grande adresse.* ♦ 2° *Cour.* (souvent péj.). Exercice de virtuosité pure. « *Je préfère sa simplicité sans ornement à ces jongleries* » (MAUROIS).

JONGLEUR, EUSE [ʒɔ̃glœʀ, øz]. *n.* (1572 ; *jogleour* « plaisant, rieur », fin XIIᵉ ; lat. *joculator*). ♦ 1° *Ancien.* Ménestrel nomade qui récitait ou chantait des vers, en s'accompagnant d'un instrument. ♦ 2° *Vx.* Bateleur, saltimbanque. ♦ 3° *Mod.* Celui dont le métier est de jongler dans les cirques, les foires. ♦ 4° *Fig.* Hugo, « *l'étourdissant jongleur de mots* » (HENRIOT).

JONKHEER [ʒɔ̃kɛʀ]. *n. m.* (1907 ; mot holl. ; Cf. all. *Junker*). Noble hollandais non titré (au-dessous du chevalier).

JONQUE [ʒɔ̃k]. *n. f.* (1571, répandu XVIIᵉ ; *junce,* 1521 ; javanais (*d*)*jong,* par l'it. puis le port.). Voilier d'Extrême-Orient, dont les voiles de nattes ou de toile sont cousues sur de nombreuses lattes horizontales en bambou.

JONQUILLE [ʒɔ̃kij]. *n. et adj.* (1596 ; esp. *junquilla,* de *junco* « jonc »). ♦ 1° *N. f.* Variété de narcisse à fleurs jaunes et odorantes, dont les feuilles rappellent celles du jonc. — *Spécialt.* La fleur elle-même. *Bouquet de jonquilles.* ♦ 2° *Adj. invar.* De la couleur (jaune vif) de cette fleur. *Jaune jonquille. Rubans jonquille.* ◊ N. m. *Peint.* Couleur secondaire composée avec du blanc et du jaune.

JORDANIEN, ENNE [ʒɔʀdanjɛ̃, ɛn]. *adj. et n.* (1949 ; de *Jordanie*). De Jordanie.

JOSEPH [ʒozɛf]. *adj. invar.* (1723 ; prénom de *Joseph* de Montgolfier). *Techn. Papier joseph,* papier mince et transparent, employé comme filtre en chimie.

JOTA [xɔta]. *n. f.* (1840 ; mot esp.). Danse populaire espagnole d'Aragon, à trois temps. *La jota aragonaise.*

JOTTEREAU [ʒɔtʀo]. *n. m.* (1732 ; *joutereau,* 1678 ; de l'a. fr. *jotte* « joue » (V. *ci-vaisseau*) ; rad. lat. *gaba.* V. **Joue**). *Mar.* Pièce de bois dur ou de tôle solidement fixée de chaque côté d'un mât.

JOUABLE [ʒwabl(ə)]. *adj.* (1741 ; de *jouer*). Qui peut être joué (III). *Cette pièce n'est pas jouable.* ◊ ANT. *Injouable.*

JOUAILLER [ʒwaje]. *v. intr.* (1718 ; de *jouer*). *Fam.* vieilli. ♦ 1° Jouer petit jeu. ♦ 2° Jouer médiocrement et sans passion (d'un instrument) (à un jeu).

JOUAL [ʒual ou ʒwal]. *n. m.* (1960 ; *parler joual, adv.* « parler mal, de manière relâchée », av. 1920 [d'après A. Laurendeau] prononciation populaire de *cheval* dans certaines régions du Québec et d'ailleurs). Mot utilisé au Québec pour désigner globalement les écarts (phonétiques, lexicaux, syntaxiques ; anglicismes) du français populaire canadien, soit pour les stigmatiser soit pour en faire un symbole d'identité. Cf. Acadien, franco-canadien, québécois. « *Le mot joual est une espèce de description ramassée de ce que c'est que le parler joual* » (J.-P. DESBIENS). — Adj. (parfois invar. en genre) « *La langue jouale* » (J.-P. DESBIENS). « *La grammaire jouale* » (R. DUCHARME). — Par appos. « *C'est Louis Caron, l'être joual supérieur* » (R. DUCHARME). — Dér. JOUALISER [ʒwalize]. v. intr. ; JOUALISANT [ʒwalizɑ̃], p. prés. et adj. *Les écrivains joualisants.*

JOUBARBE [ʒubaʀb]. *n. f.* (fin XIIᵉ ; lat. *Jovis barba* « barbe de Jupiter »). Plante grasse (*Crassulacées*), à tige velue et à feuilles charnues groupées en rosette d'où s'élève une panicule de fleurs roses ou jaunâtres. *La joubarbe des toits.* V. **Artichaut** (sauvage). *Joubarbe des vignes.* V. **Orpin.**

JOUE [ʒu]. *n. f.* (XIIIᵉ ; joe, 1080 ; p.-ê. du prélat. °*gaba* (Cf. Gaver), °*gabota*). ♦ 1° Partie latérale de la face s'étendant entre le nez et l'oreille, du dessous de l'œil au menton. *Les joues, parois latérales de la bouche. Parties de la joue.* V. **Méplat, pommette.** — *Se farder les joues. Rouge à joues.* Pop. *Se caler les joues :* manger. *Joues creuses.* Joue flasque, pendante. V. **Abajoue, bajoue.** *Avoir de grosses joues* (V. **Joufflu, mafflu**), *des joues rebondies, rondes. Joues pâles, rouges. Embrasser qqn sur la joue, sur les deux joues. Danser joue contre joue.* Loc. *Être joue à joue.* Subst. *Faire du joue à-joue.*

Elle « *lui posa sur les joues deux baisers fraternels* » (DUHAM.). *Coup sur la joue.* V. **Gifle, soufflet.** — Allus. bibl. *Présenter, tendre l'autre joue, la joue, s'exposer volontairement à un redoublement d'outrages.* ◊ (1578) *Coucher, mettre en joue un fusil, une carabine,* contre la joue, pour tirer. V. **Épauler.** — Ellipt. *En joue !* ou *Joue !* commandement militaire pour la position de tir. — Par ext. *Coucher, mettre, tenir une cible* (personne ou chose) *en joue,* la viser avec une arme à feu portative. V. **Viser.** ♦ 2° Partie latérale de la tête correspondant à la joue de l'homme, chez certains animaux. *Joues du cheval.* Bouch. *Joue de bœuf.* ♦ 3° Techn. *Joues de poulie,* les deux faces extérieures de la caisse d'une poulie. — *Joue d'un fauteuil, d'un canapé, d'une stalle,* panneau latéral entre le siège et les bras. *Fauteuil à joue ouverte, à joue pleine.* ◊ Mar. *Joues d'un navire :* partie renflée de l'avant, sur le côté. V. **Épaule.** ◈ HOM. *Joug ;* formes du v. *jouer.*

JOUÉE [ʒwe]. *n. f.* (XIIᵉ ; de *joue*). Techn. Épaisseur de mur dans l'ouverture d'une porte, d'une fenêtre. ◈ HOM. *Jouer.*

JOUER [ʒwe]. *v.* (*Joer,* 1080 ; lat. *jocare,* class. *jocari* « badiner, plaisanter »).
I. *V. intr.* **Ⓐ** ♦ 1° Se livrer au jeu. V. **Amuser** (s'). *Écoliers qui jouent pendant la récréation ; gamins qui jouent dans la rue.* V. **Ébattre** (s'), **ébrouer** (s'). « *Les jeux des enfants sont de graves occupations. Il n'y a que les grandes personnes qui jouent* » (BARBUSSE). *Allez jouer dehors ! Pouce, je ne joue plus. Ce n'était pas sérieux, c'était pour jouer.* V. **Plaisanter, rire.** — Fig. (*Choses*) Se mouvoir comme au gré de son caprice, de sa fantaisie. « *La lune était sereine et jouait sur les flots* » (HUGO). « *Le soleil... jouait à travers les vitraux* » (DUHAM.) : produisait des reflets changeants. ♦ 2° (1559 ; *choses*). Se mouvoir avec aisance (dans un espace déterminé). Mar. *Barque qui joue sur son ancre,* qui se balance. ◊ Spécialt. (1867) *Meuble, panneau de bois qui joue,* dont l'assemblage ne joint plus exactement, par suite de dilatations, de contractions. V. **Jeu** (avoir du). *L'humidité fait jouer les boiseries.* ◊ Techn. Fonctionner à l'aise, sans frotter ni accrocher. *Faire jouer la clef dans la serrure. Les pompiers firent jouer les pompes* (Cf. Mettre en action). ◊ *Faire jouer les eaux,* provoquer des jeux d'eau en manière de spectacle. Fig. et fam. *Faire jouer les grandes eaux,* pleurer abondamment. ♦ 3° Fig. (XVIIᵉ) Intervenir, entrer, être en jeu. *La question d'intérêt ne joue pas entre eux. Une circonstance fâcheuse a joué contre lui. L'instinct de conservation « avait joué en lui* » (MAURIAC). **Ⓑ** ♦ 1° Pratiquer un jeu déterminé, un jeu de hasard, d'argent. *Jouer bien, mal. Jouer serré. Il boit et il joue.* ◊ Agir, dans le jeu ; faire un coup. *Aux dames, souffler n'est pas jouer. À vous de jouer ; fig. et fam. à vous d'agir.* ♦ 2° Se servir d'un instrument de musique. *Jouer en mesure.* ♦ 3° (1664) Exercer l'activité d'acteur. « *On se joue bien en jouant avec son cœur* » (FRANCE).
II. (Construit avec une prép.). ♦ 1° JOUER AVEC (qqch.). *Petite fille qui joue avec sa poupée.* V. **Amuser** (s') ; **joujou** (faire). — Manier, pour s'amuser ou distraitement. « *Elle jouait, d'une main, avec sa chaîne de grosses perles* » (COLETTE). *Ne laissez pas les enfants jouer avec la serrure. Jouer avec le feu.* — Fig. Exposer avec légèreté, imprudence. *Jouer avec sa vie, sa santé, risquer de la perdre, de la compromettre.* ♦ 2° JOUER À (un jeu déterminé). *Jouer à cache-cache.* « *À ton âge, les enfants jouent encore à la poupée ou à la marelle* » (SARTRE). *Jouer aux cartes, aux dominos, aux échecs. Jouer à qui perd gagne, à se poursuivre.* — (À un sport) *Jouer au football, au tennis, de façon habituelle.* V. **Pratiquer.** ◊ Spécialt. S'adonner (aux jeux d'argent, de hasard). *Jouer à la roulette.* — Par anal. *Jouer aux courses, à la Bourse* (V. **Boursicoter**). *Jouer à la baisse,* spéculer en Bourse sur la baisse des valeurs mobilières. ◊ *Jouer à la marchande* (l'imiter par jeu). Fig. Affecter d'être. *Jouer au grand savant.* ♦ 3° JOUER SUR. V. **Spéculer.** *Jouer sur les grains.* — Fig. *Jouer sur la défaite, la faiblesse, la misère d'autrui,* miser sur elle pour en tirer profit. — Spécialt. *Jouer sur un mot, sur les mots :* tirer parti des diverses acceptions et des équivoques qu'elles créent. ♦ 4° JOUER DE (qqch.) : se servir de (une chose, un instrument) avec plus ou moins d'adresse. *Jouer du bâton, du couteau.* « *Le temps où les bûcherons jouent de la cognée* » (ALAIN). — *Jouer des coudes, des flûtes* (V. **Courir**). *Jouer de l'œil, de la prunelle :* faire des œillades. Spécialt. (XIIIᵉ) *Jouer d'un instrument. Savoir jouer du piano.* V. **Toucher.** *Jouer du cor.* V. **Donner, sonner.** — Fig. (XVIIᵉ) *Jouer de bonheur, de malchance, de malheur.* — Par ext. Exploiter, tirer profit (de qqch.). *Jouer de son ascendant, de son infirmité.*
III. *V. tr.* ♦ 1° Pratiquer (un jeu). *Jouer le bridge-contrat.* Fig. *Bien jouer son jeu* (IV). *Jouer double jeu.* ◊ Faire (une partie). *Jouer la belle, la revanche. Partie bien, mal jouée.* ◊ Mettre en jeu. *Jouer la balle* (tennis), *un pion* (dames, échecs), *une carte ; jouer pique.* Fig. *Jouer qqn ou qqch.,* miser sur. ♦ 2° (XVIᵉ) Hasarder, risquer au jeu. *Jouer ses*

derniers sous. Jouer gros jeu. Jouer mille francs sur un cheval. Jouer l'apéritif : décider par un jeu de hasard qui paiera l'apéritif. — Fig. V. **Risquer.** *Jouer sa fortune, son va-tout, le tout pour le tout. Jouer sa réputation.* V. **Exposer.** ♦ 3° (1640). Tromper en ridiculisant. V. **Berner, rouler.** *Il vous a joué.* « *Je suis trahie, trompée, abusée, jouée* » (BALZ.). ♦ 4° Mus. V. **Exécuter, interpréter.** *Jouer un air, un morceau.* Par ext. *Jouer du Mozart ; jouer Mozart. La radio jouait du Wagner.* Fam. *Je vais vous jouer un disque.* V. **Passer.** 5° (XVᵉ). Représenter sur scène. *Jouer une pièce.* « *Les comédies ne sont faites que pour être jouées* » (MOL.). — Par ext. *Jouer du Shakespeare ; jouer Shakespeare.* — Faire jouer une pièce. V. **Monter, représenter.** ◊ *Jouer un tour :* tromper, décevoir ; être néfaste. *Mes qualités « me jouèrent le mauvais tour que m'auraient pu faire mes défauts »* (CHATEAUB.). ◊ (XXᵉ) Passer (un film). *Qu'est-ce qu'on joue au cinéma du quartier ?* V. **Donner.** ♦ 6° Interpréter (une œuvre dramatique). *Acteur qui joue une pièce de Marivaux,* par ext. *du Marivaux. Il a beaucoup joué Marivaux.* — *Jouer la comédie* (vx), être comédien. Mod. Affecter des sentiments qu'on n'a pas. ◊ *Jouer un personnage, un rôle.* V. **Incarner.** *Jouer Antigone, Néron.* Fig. *Jouer les incompris, les victimes.* V. **Faire, simuler.** *Jouer l'étonnement, le désespoir.* V. **Feindre.** ♦ 7° (1798). Imiter. « *Des candélabres de zinc jouant le bronze* » (ZOLA).
IV. SE JOUER. *v. pron.* ♦ 1° Vx. Jouer, folâtrer. ◊ Mod. *Faire qqch. (comme) en se jouant :* très facilement. ♦ 2° SE JOUER DE (qqn, qqch.) : agir sur, sans se soucier des conséquences ; se moquer de. « *Ô sort, comme tu te joues de nous !* » (GAUTIER). *Se jouer des difficultés :* s'en moquer, les résoudre comme en jouant. ♦ 3° (*Passif*). Être joué (jeu, musique, théâtre...).
◈ HOM. *Jouée.*

JOUET [ʒwɛ]. *n. m.* (1523 ; de *jouer*). ♦ 1° Objet dont les enfants se servent pour jouer. V. **Jeu, joujou.** *Jouets éducatifs, mécaniques, scientifiques. Jouets pour fillettes, pour garçons. Jouets courants :* animaux (en peluche, en caoutchouc, etc.), poupées, soldats de plomb, modèles réduits (trains électriques). *Commerce, marchand de jouets. Industrie du jouet.* ♦ 2° Fig. Personne dont on se moque, dont on se joue. *Servir de jouet à tous.* V. **Tête** (de Turc). — Personne qui est victime. *Être le jouet d'une illusion, d'une mystification.* ◊ Personne, chose qui semble livrée, abandonnée irrésistiblement à une volonté, une force extérieure. V. **Esclave.** « *La chose publique paraît le jouet des événements* » (VALÉRY).

JOUETTE [ʒwɛt]. *adj.* (date incert. ; de *jouer*). Région. (Belgique). Qui ne pense qu'à jouer. *Cet enfant est jouette.*

JOUEUR, EUSE [ʒwœʀ, øz]. *n.* (1175 ; de *jouer*). ♦ 1° Personne qui joue (actuellement ou habituellement) à un jeu. JOUEUR DE... *Joueur de boules, de football, de tennis. Joueur de cartes.* — *Tous les joueurs de l'équipe.* V. **Équipier.** *Un grand joueur d'échecs.* ◊ Personne qui aime à jouer. *Une joueuse enragée, passionnée.* Adj. *Un enfant joueur.* ♦ 2° Spécialt. Personne qui joue à des jeux d'argent, qui a la passion du jeu. *Un joueur heureux, malchanceux. Les joueurs du casino.* — Adj. « *Je suis joueur et je n'ai jamais touché une carte* » (FLAUB.). ♦ 3° (Au propre et au fig.). BEAU JOUEUR, celui qui s'incline loyalement devant la victoire, la supériorité de l'adversaire. *Se montrer beau joueur. Mauvais joueur,* celui qui refuse d'accepter sa défaite. ♦ 4° Personne qui joue d'un instrument (lorsque le mot particulier n'est pas très courant : on ne dit pas joueur de piano, de violon). *Joueur de flûte, de cornemuse.*

JOUFFLU, UE [ʒufly]. *adj.* (1530 ; de l'a. fr. *giflu* d'apr. *joue*). Qui a de grosses joues. *Visage joufflu.* V. **Bouffi, mafflu, rebondi** (Cf. Comme une lune). *Un gros homme joufflu.* Subst. « *C'était une grosse joufflue* » (LESAGE).

JOUG [ʒu]. *n. m.* (XIIᵉ ; *joug,* d'apr. le lat. *jugum ; jou,* XIIᵉ). ♦ 1° Pièce de bois qu'on met sur la tête des bœufs pour les atteler. *Le joug est relié au timon ou à la chaîne d'attelage. Joug de tête ; joug de garrot, d'encolure. Joug simple* ou « *joujet* » [ʒuʒe] pour une seule bête. *Joug double.* ♦ 2° Fig. Contrainte matérielle ou morale qui pèse lourdement sur celui qui la subit, entrave ou aliène sa liberté. V. **Contrainte, domination.** *Le joug du tyran, de la loi, de la nécessité. Le joug du mariage.* V. **Chaîne, collier.** *Imposer un joug, mettre sous le joug :* asservir, subjuguer. *Tomber sous le joug de qqn,* en son pouvoir. *Briser, rompre, secouer le joug.* V. **Assujettissement, dépendance, esclavage, oppression, sujétion.** « *En Prusse, le joug militaire pèse sur vos idées* » (CHATEAUB.). ♦ 3° Antiq. rom. Pique attachée horizontalement sur deux autres fichées en terre et sous laquelle on faisait passer les vaincus. *Les Samnites firent passer les Romains sous le joug aux Fourches Caudines.* ♦ 4° Techn. Fléau d'une balance. — ANT. (du 2°) Indépendance, liberté. — HOM. *Joue.* Formes du v. *jouer.*

JOUIR [ʒwiʀ]. *v. tr. indir.* (déb. XIIᵉ ; lat. pop. °*gaudire,* de *gaudere* « se réjouir »).

I. Avoir du plaisir. ♦ 1° JOUIR DE : tirer plaisir, agrément, profit (de qqch.). V. **Apprécier, goûter, savourer; profiter** (de). *Jouir de la vie.* « *De l'heure fugitive, hâtons-nous, jouissons !* » (LAMART.). — *Dr. Jouir d'un bien, en avoir l'usage, en tirer les fruits.* V. **Jouissance, usufruit.** ♦ 2° *Absolt.* (XVIIᵉ). *Profiter pleinement des plaisirs que procure ce que l'on a, ce qui s'offre.* « *Possédez est peu de chose; c'est jouir qui rend heureux* » (BEAUMARCH.). ♦ 3° Éprouver le plaisir sexuel (V. **Orgasme**). « *Je veux que tu jouisses en même temps que moi, dit-il* » (BEAUVOIR). (Cf. S'envoyer en l'air, prendre son pied*). ◊ Éprouver un vif plaisir (fam.) *Une scène qui fait jouir.* V. **Bandant, jouissif.** *Par antiphr.* Éprouver une vive douleur physique. *On lui a arraché sa dent : ça l'a fait jouir.*
II. (XIIIᵉ). Posséder. JOUIR DE. ♦ 1° Avoir la possession (de qqch.). V. **Avoir, bénéficier** (de), posséder. *Jouir d'une santé solide, de toutes ses facultés, d'une grosse fortune, d'avantages.* V. **Disposer.** *Ils n'ont pas jouissaient pas d'une grande considération* » (RADIGUET). — *Dr. Jouir d'un droit, en être titulaire.* « *Tout Français jouira des droits civils* » (CODE CIV.). ♦ 2° *Par ext.* (Choses). *Appartement qui jouit d'une belle vue.*
◊ ANT. *Pâtir, souffrir; manquer* (de).

JOUISSANCE [ʒwisɑ̃s]. *n. f.* (1466, sens 2° *de jouir*). ♦ 1° (1503). Plaisir que l'on goûte pleinement. V. **Plaisir; délice, satisfaction.** *Les jouissances de l'âme, de l'esprit.* V. **Joie.** *Jouissance des sens.* V. **Bien-être, volupté.** « *Aucune jouissance ne peut se comparer à celle de la vanité triomphante* » (BALZ.). — *Épuiser toutes les jouissances de la vie.* V. **Délice, douceur.** ♦ 2° (1466). Action d'user, de se servir d'une chose, d'en tirer les satisfactions qu'elle est capable de procurer. *La jouissance d'un jardin.* V. **Usage.** *Dr. Fait d'user d'une chose et d'en percevoir les fruits. L'usufruitier a la jouissance d'un bien sans en avoir la propriété.* — *Bourse. Droit de disposer de ce que rapporte un prêt, un placement (intérêts, dividendes). Action de jouissance, dont la valeur nominale effectivement libérée a été remboursée par la société aux actionnaires.* ♦ 3° *Dr. Fait d'être titulaire (d'un droit). Avoir la jouissance de ses droits sans en avoir l'exercice (capacité de jouissance opposé à capacité d'exercice).* ANT. *Abstinence, ascétisme, privation.*

JOUISSANT, ANTE [ʒwisɑ̃, ɑ̃t]. *adj.* (XIIᵉ; *de jouir*). ♦ 1° *Vx.* Qui jouit, a la jouissance de qqch. ♦ 2° *Pop.* Qui fait jouir; très agréable. V. **Réjouissant.**

JOUISSEUR, EUSE [ʒwisœʀ, øz]. *n.* (1849; « qui jouit d'un bien »; *joysseur*, 1529; *de jouir*). *Personne qui ne songe qu'aux jouissances matérielles de la vie.* V. **Épicurien, sybarite, viveur.** *Adj. Elle est jouisseuse.* ◊ ANT. *Ascète.*

JOUISSIF, IVE [ʒwisif, iv]. *adj.* (XXᵉ; *de jouir*). *Pop.* Qui fait jouir ou réjouit. — *Par ext.* Plaisant, ou *par antiphrase*, pénible.

JOUJOU [ʒuʒu]. *n. m.* (1715; *faire jojo*, XVᵉ; forme enfantine de *jouer, jouet*). *Lang. enfantin.* ♦ 1° *Faire joujou avec une poupée, à la poupée.* V. **Jouer.** ♦ 2° (1721). Jouet. « *Le joujou est la première initiation de l'enfant à l'art* » (BAUDEL.). ♦ 3° *Fig.* Se dit d'un objet petit et mignon; d'une mécanique très perfectionnée, dont l'acquisition semble être un luxe.

JOULE [ʒul]. *n. m.* (1831; d'un nom d'un physicien). *Phys.* Unité (Symb. J) d'énergie, correspondant au travail d'une force d'un newton* se déplaçant d'un mètre dans sa direction. *Un joule vaut 10⁷ ergs. Une calorie vaut 4,18 joules.*

JOUR [ʒuʀ]. *n. m.* (XIᵉ, *jorn* (sens I et III); bas lat. *diurnum*, pour *dies* « jour »).
I. (1080). Clarté, lumière; ce qui donne de la lumière. ♦ 1° Clarté que le soleil répand sur la terre. *Le jour tombe du ciel, du zénith. Lumière du jour. — Le jour apparaît, se lève, naît, pointe, monte.* « *Le jour sort de la nuit comme d'une victoire* » (HUGO). *La naissance, le point, la pointe du jour.* V. **Aube, aurore, lever, matin.** *Le petit jour :* la faible clarté de l'aube. *Le grand, le plein jour :* la lumière du milieu de la journée. *En plein jour :* en pleine lumière, et *par ext.* au milieu de la journée. — *Jour faible, gris. Le jour baisse, tombe. Obscurcissement, déclin, chute, tombée du jour.* V. **Brune, crépuscule, soir.** *Il fait jour, tant il fait jour.* V. **Clair.** *Poét. L'astre du jour :* le soleil. ◊ *Loc. fig. Demain il fera jour :* il faut attendre pour agir. *Beau (belle) comme le jour :* très beau. *Il est clair comme le jour. Être comme le jour et la nuit :* opposés. ♦ 2° *Donner le jour à un enfant.* V. **Être, naissance.** *Voir, recevoir le jour, venir au jour.* V. **Naître.** ♦ 3° Source de lumière naturelle. *Laisser entrer le jour dans une pièce.* « *La table de M. Bergeret recevait les reflets d'un jour avare et sordide* » (FRANCE). *Se placer vers le jour, contre le jour.* V. **Contre-jour.** *Jour tamisé, insuffisant.* V. **Demi-jour.** ♦ 4° *Rare.* Lumière, clarté autre que celle du soleil. *Le jour d'une lampe.* V. **Abat-jour.** ♦ 5° *Être en, mettre en, au jour :* être, rendre visible. *Émerger au grand jour, aux yeux de tous. Exposer, étaler au grand jour.* V. **Divulguer, publier.** *Mettre en plein jour les desseins secrets de qqn.* V. **Découvrir, deviner, pénétrer.** ♦ 6° Éclairage montrant un aspect particulier. V. **Apparence, aspect.** — SOUS UN

JOUR. *Les projecteurs montrent cette statue sous un jour insolite.* — *Fig. Montrer, présenter sous un jour favorable, flatteur, sous un angle, un point de vue.* « *Vos amis vous connaissent sous votre véritable jour* » (AYMÉ), tel que vous êtes. ◊ FAUX JOUR : mauvais éclairage. — (ANT. Nuit, obscurité).
II. (XIVᵉ). Ce qui laisse passer le jour. V. **Ouverture.** ♦ 1° Fenêtre. *Percer un jour dans une muraille.* V. **Dr. Jours de souffrance, ou de tolérance :** ouverture uniquement destinée à donner du jour. ♦ 2° *Cout.* Ouverture décorative pratiquée en tirant les fils d'un tissu. *Faire des jours à un mouchoir. Par ext. Un jour :* une ligne de jours. *Un drap « marqué d'un grand G brodé, avec un jour simple »* (ARAGON). *Jour échelle.* ♦ 3° À JOUR. V. **Ajouré.** *Clôture à jour.* V. **Claire-voie.** « *Une de ces élégantes cloisons à jour semblables à des grilles de chœur* » (GAUTIER). — Loc. *Percer à jour.* V. **Percer.** ♦ 4° SE FAIRE JOUR. V. **Apparaître, dégager** (se), émerger, transparaître. « *Le jour, je m'égarais sur de grandes bruyères...* » (CHATEAUB.). ◊ DE JOUR : pendant le jour. *Travailler de jour. Qui a lieu le jour. Service de jour.* V. **Diurne.** ◊ *Le jour et la nuit. Nuit et jour, jour et nuit :* sans arrêt, continuellement. ♦ 2° Espace de temps qui s'écoule pendant une rotation de la Terre sur elle-même et de temps (24 heures). *Qui dure un jour.* V. **Diurne, éphémère.** *C'est à un jour de train.* — *Jour astronomique; jour sidéral*; jour solaire vrai* (temps compris entre deux passages du Soleil au méridien, de midi à midi). *Jour solaire moyen* (plus long d'environ 4 minutes que le jour sidéral). *Jour civil :* de minuit à minuit. *Le jour de l'An, le 1ᵉʳ janvier. Les sept jours du calendrier grégorien* (V. **Semaine**): *dimanche, lundi, mardi, mercredi, jeudi, vendredi, samedi). Numéro du jour dans le mois.* V. **Quantième.** *Jours pairs, jours impairs. Durée de sept* (V. **Semaine**), *huit* (V. **Huitaine**), *dix* (V. **Décade**), *quinze* (V. **Quinzaine**) *jours.* — *Poét.* LE JOUR, LES JOURS : symbole du Temps. *La course, la fuite des jours.* « *Le jour succède au jour* » (MUSS.). *Poét. Nos jours se suivent et ne se ressemblent pas.* ♦ 3° (Employé pour situer un événement dans le temps). V. **Date.** *Le jour d'avant* (V. **Veille**), *d'après* (V. **Lendemain**). *Il y a un jour* (V. **Hier**), *dans un jour* (V. **Demain**). *Il y a quelques jours. Il y a dix ans, dans un jour, à pareil jour* (V. **Anniversaire**). *À jour fixe, nommé; prendre jour* (pour un rendez-vous). *Venir à son jour et à son heure : un jour fixé par le destin, inéluctablement. Ce jour-là.* V. **Fois.** — *Loc.* UN JOUR : autrefois, dans le passé; dans l'avenir (*un de ces jours, un jour ou l'autre).* « *Un jour, tout sera bien, voilà notre espérance* » (VOLT.). *Un beau jour :* un certain jour (passé). CHAQUE JOUR. *La tâche, la pratique de chaque jour.* V. **Journalier, quotidien.** *Périodique paraissant chaque jour.* V. **Journal.** PROV. *À chaque jour suffit sa peine.* — TOUS LES JOURS. V. **Toujours.** *Choses qui arrivent tous les jours, couramment. De tous les jours :* courant, habituel, ordinaire. — Pop. *C'est du tous les jours, c'est un fait ordinaire.* — JOUR APRÈS JOUR. « *Peiner jour après jour* » (MART. du G.). — DE JOUR EN JOUR. V. **Graduellement; peu** (à peu). — D'UN JOUR À L'AUTRE : d'un moment, d'un instant à l'autre, incessamment. ◊ *Spécialt. Le jour où l'on est, où l'on parle. Ce jour même, ce jour-même.* V. **Aujourd'hui.** *Au jour d'aujourd'hui* (pop.). PROV. *Il ne faut pas remettre au lendemain ce que l'on peut faire le jour même.* — DU JOUR : du jour même. *Nouvelles du jour.* V. **Actualité.** *Des œufs du jour :* pondus le jour même. — *La fête, l'office du jour.* *Par ext. Ordre* du jour.* — DU JOUR AU LENDEMAIN : d'un moment à l'autre, sans transition. — À JOUR : au courant. *Mettre, mise à jour. Avoir ses comptes à jour.* ♦ 4° Durée d'un jour. V. **Journée.** *En peu de jours. Tout le jour. Un jour entier, plein. Le jour paraît long, passe vite. Long comme un jour sans pain.* — PAR JOUR : dans une journée. V. **Journellement, quotidiennement.** *Une, plusieurs fois par jour, une fois le jour.* ◊ AU JOUR LE JOUR. *Gagner sa vie au jour le jour :* en gagnant seulement, chaque jour, de quoi subsister. *Fig.* « *Vivre au jour le jour, sans souci du lendemain, sans préoccupations pour l'avenir...* » (FLAUB.). D'une manière régulière, au fur et à mesure. *Le travail avance au jour le jour.* ◊ DE JOUR, se dit d'un service de vingt-quatre heures. *Il est de jour.* V. **Service** (de). *L'officier de jour.* ♦ 5° (Considéré d'après les caractères ou les événements qui le remplissent). V. **Journée.** — (Le temps qu'il fait) *Les beaux jours.* « *C'est le soir d'un beau jour* » (LA FONT.). *Jours d'orage, de gelée.* — (Le caractère religieux, social, légal) *Jour de fête religieuse, liturgique. Jour de Pâques. Jour des Rois :* l'Épiphanie. *Jour du Seigneur :* le sabbat; le dimanche. *Jour des Morts :* le deux novembre. *Jour de fête légale. Jour férié. Jours ouvrables.* — *Jours d'arrêt, de prison. Absolt.* Pop. *L'adjudant lui a flanqué quatre jours.* — (L'emploi qui en est fait) *Jour de travail, de repos, de sortie, de promenade.* ◊ *Absolt.* JOUR DE

réception. « *J'ai mon jour, le mercredi, où je reçois* » (BALZ.). — *On lui doit quinze jours* (de travail, de salaire). *Payer, donner ses huit jours à un domestique.* ◊ (Le caractère heureux ou malheureux, important ou non) *Jours de deuil, de douleur, de malheur, de bonheur, de joie. Jours critiques, jours heureux.* Vx. *Souhaiter le bon jour.* V. **Bonjour.** *Jour solennel; grand jour.* « *Le jour de gloire est arrivé* » (Marseillaise). Milit. *Le jour J*, fixé pour une attaque, une opération militaire. — *Être dans un jour de gaieté, de bonne humeur; il est dans un, dans son bon jour.* ♦ 6° *Par ext.* Espace de temps, époque. — DU JOUR : de notre époque. V. **Actuellement, aujourd'hui.** *Le goût du jour, la mode du jour. C'est le héros du jour, l'homme du jour.* ◊ *Un jour :* un court espace de temps, peu de temps. V. **Moment.** « *L'homme vit un jour sur la terre* » (LAMART.). *Vedettes d'un jour.* V. **Éphémère.** ♦ 7° *Journée, moment de la vie. Notre premier* (V. **Naissance**), *notre dernier jour* (V. **Mort**). Absolt. *Les jours.* V. **Vie.** *Abréger, finir ses jours. Couler des jours heureux. Derniers, vieux jours :* la vieillesse.

JOURNAL, AUX [ʒuʀnal, o]. *adj.* et *n. m.* (XIIᵉ, adj.; bas lat. *diurnalem* « de jour », devenu *jornal, journal, journel.* V. **Journellement**).
  I. Adj. *Vx.* Relatif à chaque jour. ◊ *Mod.* Comm. *Livre journal*, et subst. *Journal :* livre de commerce, registre de comptes.
  II. *N. m.* ♦ 1° (XIVᵉ) Relation quotidienne des événements; écrit portant cette relation. *Tenir un journal. Écrire son journal.* V. **Mémoire** 2, 5°. *Le journal de Stendhal. Roman en forme de journal.* — Mar. *Journal de bord, journal de passerelle, le journal du bord.* V. **Bord.** *Journal de mer, de navigation :* le « cahier de rapport de mer ». — Aviat. *Journal de bord*, compte rendu chronologique des données relatives à la navigation en vol et à la mission. ♦ 2° (1631). *Rare.* Publication périodique relatant les événements saillants dans un ou plusieurs domaines. V. **Bulletin, gazette, hebdomadaire, magazine, périodique, revue ; presse.** *Journal illustré.* Loc. cour. *Journal de mode. Journaux d'enfants.* ◊ *Par ext.* Publication quotidienne consacrée à l'actualité. V. **Feuille, gazette, quotidien** (Cf. *fam.* **Canard**, feuille de chou). *Le Journal de Paris*, premier quotidien français (1777). *Le Journal officiel. Journal d'information. Journaux politiques. Le journal d'un parti.* V. **Organe.** *Grand journal, journal à gros tirage, tirant à tant d'exemplaires. Les journaux du matin, du soir.* — *Contenu d'un journal :* annonce, article, bandes dessinées, bulletin, chronique, courrier, écho, éditorial, entrefilet, fait (divers), feuilleton, illustration, interview, leader, manchette, mondanité(s), nécrologie, nouvelle(s), publicité, réclame, reportage, roman-feuilleton, rubrique. *Les titres, les colonnes, les photos d'un journal. La première page du journal :* la une. *Épreuve de journal.* V. **Morasse.** *Rédaction d'un journal.* V. **Journaliste.** *Rédacteur en chef, correspondant, envoyé spécial d'un journal.* — *S'abonner à un journal. Acheter un journal au numéro. Crieur, vendeur, marchand de journaux. Kiosques à journaux. Journaux invendus.* V. **Bouillon.** — *Par appos. Papier journal.* ◊ *Un exemplaire de journal. Lire le journal, son journal. Coupure de journal. Liasse, pile de journaux. Lire qqch. dans le journal.* (fam.) *sur le journal.* ◊ *Par ext.* L'administration, la direction, les bureaux d'un journal. *Écrire au journal. Son journal l'a envoyé à l'étranger.* ♦ 3° Bulletin quotidien d'information. *Journal parlé* (radiodiffusé), *télévisé, filmé. Journal lumineux*, faisant apparaître le texte des nouvelles par la combinaison de nombreuses ampoules rapidement allumées et éteintes.

JOURNALIER, IÈRE [ʒuʀnalje, jɛʀ]. *adj.* (1535; de *journal* « quotidien »). ♦ 1° Qui se fait chaque jour. V. **Diurnal, quotidien.** *Travail journalier. Les* « *lourdes ténèbres de l'existence commune et journalière* » (BAUDEL.). — *Ouvrier journalier* (*vx*), qui travaille à la journée. — Subst. *Un journalier, une journalière :* ouvrier, ouvrière agricole. « *Les chemins vicinaux où les journaliers piochent* » (Ch.-L. PHILIPPE). ♦ 2° *Vieilli.* Qui est sujet à changer d'un jour à l'autre. V. **Changeant.** *Humeur, beauté journalière.* « *Je puis échouer, les amours journalières* » (BONAPARTE).

JOURNALISME [ʒuʀnalism(ə)]. *n. m.* (1778; de *journal*). ♦ 1° Métier de journaliste. *Faire du journalisme.* « *Le journalisme mène à tout — à condition d'en sortir* » (J. JANIN). ♦ 2° *Vieilli.* Ensemble des journaux, des journalistes. V. **Presse.** ♦ 3° Le genre, le style propre aux journaux. *C'est du bon journalisme.*

JOURNALISTE [ʒuʀnalist(ə)]. *n.* (1703; de *journal*). ♦ 1° *Vieilli.* Celui qui fait, publie un journal. Th. Renaudot fut le premier journaliste français. V. **Gazetier.** ♦ 2° *Mod.* Personne qui collabore à la rédaction d'un journal. V. **Rédacteur ; chroniqueur, correspondant, courriériste, critique, échotier, éditorialiste, envoyé** (spécial), **nouvelliste, publiciste, reporter.** *Journaliste politique, parlementaire. Une journaliste travaillant à la pige. Le papier d'un journaliste.* « *Les qualités du journaliste : le brillant et la soudaineté de la pensée* » (BALZ.).

JOURNALISTIQUE [ʒuʀnalistik]. *adj.* (1866; de *journaliste*). Propre aux journaux, aux journalistes. *Genre, style, mœurs journalistiques.* « *Son œuvre journalistique* (de Balzac) » (HENRIOT).

JOURNÉE [ʒuʀne]. *n. f.* (*Jornée*, v. 1160; de *jour*). ♦ 1° Espace de temps qui s'écoule du lever au coucher du soleil. V. **Jour** (III, 1°, 4° et 5°). « *Il* « *passait quelquefois des journées entières dans sa chambre* » (MUSS.). *Il passe ses journées à dormir. Pendant la journée. Demi-journée* (V. **Matinée**; après-midi). *Des journées entières. La journée d'hier. Perdre sa journée.* — À *longueur de journée :* toute la journée, la sainte journée. V. **Continuellement.** À *n'importe quel moment de la journée.* — *Journée d'été, d'automne. Chaude journée. Journées de repos. Journée historique. Journée d'émeute. Les journées de juillet 1830 :* les Trois Glorieuses. *La journée des Dupes. Ce fut une chaude journée :* une dure bataille, et (*fig.* et *fam.*) une rude épreuve. ♦ 2° *Journée de travail*, et absolt. *Journée :* le travail effectué pendant la journée. — Loc. (av. 1960). *Journée continue :* où le travail n'est pas (ou est à peine) interrompu et qui se termine plus tôt. *Faire la journée continue*, avoir ce genre d'horaire. *Salaire de la journée.* « *Je n'ai jamais vu réclamer dès le matin le prix de la journée* » (BALZ.). *Instaurer la journée de huit heures. Aller en journée. Travailler, être payé à la journée.* V. **Journalier.** — *Femme, homme de journée :* qui fait des travaux domestiques à la journée. ♦ 3° Chemin (ou qu'on peut effectuer) en une journée. V. **Distance.** *Il y a deux journées de voyage.* Vx. *Voyager à petites journées :* par petites étapes.

JOURNELLEMENT [ʒuʀnɛlmɑ̃]. *adv.* (v. 1450; de *journel*, var. de *journal* « journalier »). ♦ 1° Tous les jours, chaque jour. V. **Quotidiennement.** *Être tenu journellement au courant des nouvelles.* ♦ 2° Souvent. *Cela se voit, se rencontre journellement.*

JOUTE [ʒut]. *n. f.* (*Joste*, 1160; de *jouter*). ♦ 1° Combat singulier à la lance et à cheval, au moyen âge. ◊ *Joute sur l'eau*, divertissement sportif où deux hommes, debout chacun à l'arrière d'une barque, cherchent à se faire tomber à l'eau, à l'aide de longues perches. ♦ 2° *Fig. Joutes oratoires, joutes d'esprit.*

JOUTER [ʒute]. *v. intr.* (*Joster*, 1080; lat. pop. *°juxtare* « toucher à », de *juxta* « près de »). ♦ 1° *Ancienn.* Combattre de près, à cheval, avec des lances. ◊ Combattre sur l'eau avec des perches. ♦ 2° (1718). *Fig.* et *littér.* Rivaliser dans une lutte. V. **Disputer, lutter.** « *Jouter de verve* » (CHATEAUB.).

JOUTEUR [ʒutœʀ]. *n. m.* (*Josteur*, XIIᵉ; de *jouter*). *Rare.* Celui qui joute contre qqn (au propre et au *fig.*).

JOUVENCE [ʒuvɑ̃s]. *n. f.* (XIIᵉ; « jeunesse »; *jouvente*, XIIᵉ; lat. *juventa*; d'apr. *jouvenceau*). *Fontaine de Jouvence*, dont les eaux donnent la jeunesse. *Au fig.* Source de jeunesse, de rajeunissement. — *Dans le même sens. Eau, bain de jouvence.* « *Ce bain de jouvence qu'est le dormir* » (GIDE).

JOUVENCEAU, ELLE [ʒuvɑ̃so, ɛl]. *n.* (XVᵉ; *jouvencel, jovencel*, déb. XIIᵉ; lat. pop. *°juvencellus, -cella*). *Vx* ou *plaisant.* Jeune homme, jeune fille. V. **Adolescent, fille, garçon.**

JOUXTE [ʒukst(ə)]. *prép.* (XIIIᵉ; a. fr. *jouste* « près de », refait sur *juxta*). *Vx.* V. **Près** (de). *Jouxte l'église.* ◊ ANT. *Loin.*

JOUXTER [ʒukste]. *v. tr.* (XIVᵉ; de *jouxte*). *Vx* ou *littér.* Avoisiner, être près de. « *Des fossés jouxtant la route* » (BALZ.).

JOVIAL, ALE, AUX [ʒɔvjal, o]. *adj.* (1532; bas lat. *jovialis* « de Jupiter » — dieu ou planète — pris par les astrologues médiév. au sens de « né sous le signe de Jupiter », signe de bonheur et de gaieté; infl. prob. de l'it. *giovale*). Qui est plein de gaieté franche, simple et communicative. V. **Enjoué, gai, gaillard, joyeux.** *Des hommes joviaux*, moins cour. *jovials.* ◊ *Par ext. Visage, air jovial.* « *Un homme à gros ventre et à visage jovial* » (HUGO). *Caractère jovial, humeur joviale.* ◊ ANT. **Chagrin, froid, maussade, sombre.**

JOVIALEMENT [ʒɔvjalmɑ̃]. *adv.* (1834; de *jovial*). D'une manière joviale.

JOVIALITÉ [ʒɔvjalite]. *n. f.* (1624; de *jovial*). Caractère jovial; humeur joviale. V. **Gaieté.** *Il est plein de jovialité.* « *Cette populacière jovialité, que je hais* » (PÉGUY). ◊ ANT. **Chagrin, tristesse.**

JOVIEN, ENNE [ʒɔvjɛ̃, ɛn]. *adj.* (1554; du lat. *Jovis*, génitif de *Jupiter*). Didact. Relatif à la planète Jupiter. — Subst. Astrol. Personne née sous le signe de Jupiter. V. **Jupitérien.**

JOYAU [ʒwajo]. *n. m.* (*Joel, joiaus*, 1175; lat. pop. *°jocalis*, pl. n. *jocalia*, lat. médiév., de *jocus* « jeu »). ♦ 1° Objet de matière précieuse (or, argent, pierreries), de grande valeur, qui est destiné à orner ou à parer. V. **Bijou.** *Les joyaux de la couronne*, transmis héréditairement de souverain à souverain. *Ce diadème* « *constituait par le nombre, la grosseur et la qualité des diamants... un joyau de haut prix* » (CARCO). ♦ 2° *Fig.* Chose rare et belle, de grande valeur. *Le Mont-Saint-Michel, joyau de l'art médiéval.*

JOYEUSEMENT [ʒwajøzmɑ̃]. *adv.* (XIIᵉ; de *joyeux*). Avec

joie, d'une manière joyeuse. *Accepter joyeusement une offre.*
◇ ANT. *Tristement.*

JOYEUSETÉ [ʒwajøzte]. *n. f.* (v. 1400; de *joyeux*). Littér.
Propos, action qui amuse. V. **Plaisanterie.** « *Les joyeusetés rabelaisiennes* » (BALZ.).

JOYEUX, EUSE [ʒwajø, øz]. *adj.* (v. 1050; de *joie*).
♦ 1° Qui éprouve, ressent de la joie. V. **Gai, heureux.** « *On est joyeux, sans savoir, d'un rien, d'un beau soleil* » (BERNA-NOS). *Ils sont partis joyeux.* ◇ Qui aime à rire, à jouer, à manifester sa joie. V. **Enjoué.** *Joyeux luron, compère, drille.* V. **Agréable, amusant** (Cf. **Boute-en-train**). *Être en joyeuse compagnie. Une bande joyeuse.* — Par ext. *Être de joyeuse humeur.* V. **Jovial.** *Mener joyeuse vie,* mener une vie de plaisirs. « *Je mènerai joyeuse vie et je me griserai tous les jours* » (LOTI). ♦ 2° Qui exprime la joie. *Mines joyeuses.* V. **Épanoui, radieux, réjoui.** *Cris joyeux. Joyeuse musique, fanfare.* « *Des carillons joyeux, et fous précipitant leurs doubles croches* » (DAUD.). ♦ 3° Qui apporte la joie. *Une joyeuse nouvelle. Joyeuse fête! Joyeux Noël!* ♦ 4° *Subst.* (1855). Surnom donné aux soldats des compagnies de discipline *(ancienn.).*
◇ ANT. *Sombre, triste. Douloureux, mauvais, pénible.*

JUBARTE [ʒybaʀt(ə)]. *n. f.* (1665; altér., sous l'infl. de l'angl. *jubartes*, de *gibbar* (1611), rad. lat. *gibbus* « bosse »). Baleine à bosse, ou mégaptère.

JUBÉ [ʒybe]. *n. m.* (1386; de la prière *Jube, Domine* « ordonne, Seigneur », dite en ce lieu). Tribune transversale en forme de galerie, élevée entre la nef et le chœur, dans certaines églises. V. **Ambon.**

JUBILAIRE [ʒybilɛʀ]. *adj.* (XVIᵉ; de *jubilé*). ♦ 1° Qui a rapport au jubilé catholique. *Année jubilaire,* ou *année sainte.* ♦ 2° Qui a accompli cinquante ans de fonction, d'exercice. *Docteur jubilaire.*

JUBILANT, ANTE [ʒybilɑ̃, ɑ̃t]. *adj.* (1845; de *jubiler*). Rare. Qui jubile, qui exprime la jubilation. « *La jubilante physionomie de ce religieux* » (BLOY).

JUBILATION [ʒybilasjɔ̃]. *n. f.* (*Jubilacium,* 1120; lat. *jubilatio*). Joie vive, expansive, exubérante. V. **Gaieté, joie.** *Quelle jubilation!* V. **Réjouissance.** « *Cette attente leur paraissait plus cruelle encore, au milieu de la jubilation générale* » (CAMUS). ◇ ANT. *Affliction, chagrin, douleur.*

JUBILÉ [ʒybile]. *n. m.* (*Jubile,* 1364; lat. *jubilæus,* de l'hébr. *yobel* « corne pour annoncer la fête »). ♦ 1° *Relig. jud. anc.* Solennité publique célébrée tous les cinquante ans. — *Relig. cathol.* Indulgence plénière solennelle et générale accordée pour une année (année sainte) par le pape, sous la condition d'accomplir certaines pratiques de dévotion. ♦ 2° *Cour.* (XIXᵉ). Fête célébrée à l'occasion du cinquantenaire de l'entrée dans une fonction, dans une profession.

JUBILER [ʒybile]. *v. intr.* (1190, « pousser des cris de joie »; lat. *jubilare*). Fam. (1752). Éprouver vivement de la joie. *Il n'avait pas tant espéré; vous pensez s'il jubile!* *Dieu* « *se réjouissait des massacres et jubilait dans les exterminations* » (FRANCE). ◇ ANT. *Affliger (s').*

JUCHÉ, ÉE [ʒyʃe]. *adj.* (V. **Jucher**). Placé, posé comme sur un perchoir. *Juché sur une échelle. Maison juchée sur une colline.* ◇ HOM. *Juchée, jucher.*

JUCHÉE [ʒyʃe]. *n. f.* (1873; de *jucher*). Techn. Lieu où juchent les faisans. ◇ HOM. *Juché, jucher.*

JUCHER [ʒyʃe]. *v.* (*Joschier,* 1155; de l'a. fr. *juc, joc,* frq. *°juk* « joug »; « perchoir »). ♦ 1° V. intr. *(Rare).* Se poser, se percher en un lieu élevé pour dormir, en parlant des oiseaux. *Faisans qui juchent sur une branche.* — Fig. *Il est allé jucher à un septième étage.* ♦ 2° V. tr. *(Cour.).* Placer très haut. *Jucher un enfant sur ses épaules.* « *Un nain a un excellent moyen d'être plus haut qu'un géant, c'est de se jucher sur ses épaules* » (HUGO). *Se jucher sur une branche, sur un escabeau.* ◇ ANT. *Descendre.* HOM. *Juché, juchée.*

JUCHOIR [ʒyʃwaʀ]. *n. m.* (1538; de *jucher*). Endroit où juchent les poules, les oiseaux de basse-cour. Perche ou bâton aménagé pour faire jucher les oiseaux. V. **Perchoir.** *Juchoirs de poulailler.* « *Il se croyait (dans une cage d'escalier) dans un juchoir à poules* » (BALZ.).

JUDAÏCITÉ [ʒydaisite]. *n. f.* (1965; de *judaïque*). Didact. Le fait d'être juif (sur le plan religieux).

JUDAÏQUE [ʒydaik]. *adj.* (1414; lat. *judaicus*). Qui appartient aux anciens juifs, à la religion juive. V. **Juif.** *Religion, loi judaïque. La Bible judaïque. L'Ancien Testament.* « *L'héritage judaïque dans le christianisme* » (CAMUS).

JUDAÏSER [ʒydaize]. *v. intr.* (h. XIIIᵉ; 1564; lat. ecclés. *judaizare*). ♦ 1° *Relig.* ou *Didact.* Observer les cérémonies, les pratiques de la loi judaïque. ♦ 2° V. tr. (1966). Rendre juif. Peupler d'habitants juifs.

JUDAÏSME [ʒydaism(ə)]. *n. m.* (1220; lat. ecclés. *judaismus*). Religion des juifs, descendants des Hébreux et héritiers de leurs livres sacrés.

JUDAÏTÉ [ʒydaite]. *n. f.* (XXᵉ; d'apr. *judaïque*). Didact. La réalité juive, la condition de juif.

JUDAS [ʒyda]. *n. m.* (1497; *juda,* 1220; nom d'un disciple

de Jésus, *Judas Iscariote,* qui, selon les Évangiles, le trahit et le livra). ♦ 1° Personne qui trahit. V. **Fourbe, hypocrite, traître.** *C'est un Judas. Un baiser de Judas.* ♦ 2° (1798). Petite ouverture pratiquée dans un plancher, un mur, une porte, pour épier sans être vu. *Judas grillé d'une porte.* V. **Guichet.** « *Des voisins malveillants derrière leur judas* » (RADIGUET).

JUDÉITÉ [ʒydeite]. *n. f.* (1962; de *judeus* « juif »). Didact. « L'ensemble des caractéristiques sociologiques, psychologiques et biologiques qui font le Juif » (A. MEMMI).

JUDELLE [ʒydɛl]. *n. f.* (1530; o. i.). Région. Nom de la foulque noire.

JUDÉO-. Élément, du lat. *judæus* « juif ».

JUDÉO-ALLEMAND, ANDE [ʒydeɔalmɑ̃, ɑ̃d]. *adj.* et *n. m.* (XIXᵉ; de *judéo-,* et *allemand*). Ling. V. **Yiddish.**

JUDÉO-CHRISTIANISME [ʒydeɔkʀistjanism(ə)]. *n. m.* (1867; de *judéo-,* et *christianisme*). Doctrine de certains chrétiens du Iᵉʳ siècle selon laquelle l'initiation au judaïsme était indispensable aux chrétiens. ◇ Ensemble des dogmes et préceptes communs au judaïsme et au christianisme.

JUDÉO-ESPAGNOL, OLE [ʒydeɔɛspaɲɔl]. *adj.* et *n. m.* (Néol.; de *judéo-,* et *espagnol*). Des israélites d'Espagne. *N. m.* Dialecte des israélites d'Espagne.

JUDICATURE [ʒydikatyʀ]. *n. f.* (1426; lat. médiév. *judicatura,* de *judicare* « juger »). Vx ou *Hist.* Profession de juge. *Charge, office de judicature.*

JUDICIAIRE [ʒydisjɛʀ]. *adj.* (v. 1400; lat. *judiciarius*). ♦ 1° Relatif à la justice et à son administration. *Pouvoirs législatif, exécutif et judiciaire. Police judiciaire* (par oppos. à *police administrative*). ♦ 2° Qui se fait en justice; par autorité de justice. *Acte judiciaire.* V. **Juridique.** *Casier judiciaire. Contrat, vente, liquidation judiciaire. Mener une enquête judiciaire. Poursuites judiciaires. Une erreur judiciaire. Assistance, conseil judiciaire.* ♦ 3° Philo. *Vx.* Relatif au jugement. *Faculté judiciaire,* et subst. *La judiciaire,* le pouvoir de discerner le vrai du faux. V. **Jugement, raison.**

JUDICIAIREMENT [ʒydisjɛʀmɑ̃]. *adv.* (1453; de *judiciaire*). En forme judiciaire. « *Il fut convenu que la maison et le mobilier seraient vendus judiciairement* » (ZOLA).

JUDICIEUSEMENT [ʒydisjøzmɑ̃]. *adv.* (1611; de *judicieux*). D'une manière judicieuse. V. **Bien, intelligemment.** *Il a judicieusement fait remarquer ceci.* « *Il faut beaucoup de raison... pour se servir judicieusement du petit mot « oui »* » (DUHAM.) : avec à propos, à bon escient.

JUDICIEUX, EUSE [ʒydisjø, øz]. *adj.* (1580; du lat. *judicium* « jugement, discernement »). ♦ 1° Qui a beaucoup de jugement, le jugement bon. V. **Raisonnable, sage, sensé.** *Un esprit judicieux.* V. **Droit.** ♦ 2° Qui marque du jugement. V. **Intelligent, pertinent.** *Remarque, critique judicieuse.* « *Quelques réflexions fines et judicieuses* » (CHATEAUB.). *Il serait plus judicieux de renoncer.* ◇ ANT. *Absurde, stupide.*

JUDO [ʒydo]. *n. m.* (1931; mot jap. « principe de l'art »). Sorte de lutte japonaise pratiquée en Europe à titre de sport. V. **Jiu-jitsu.** *Prise de judo. Ceinture noire de judo.* V. aussi **Dan.**

JUDOKA [ʒydɔka]. *n.* (v. 1950; mot jap.; de *judo*). Personne qui pratique le judo.

JUGAL, ALE, AUX [ʒygal, o]. *adj.* (1560; lat. *jugalis,* de *jugum* « joug »). Anat. *Os jugal :* os de la pommette (Syn. *malaire*).

JUGE [ʒyʒ]. *n. m.* (XIIᵉ; lat. *judex, icis*). ♦ 1° Magistrat chargé d'appliquer les lois et de rendre la justice. *Charge de juge.* V. **Judicature.** *Robe, toque du juge. Juges des tribunaux judiciaires* (V. **Magistrature**). *Juges administratifs.* ◇ Absolt. *Juge de l'ordre judiciaire* (opposé à conseiller : juge administratif). *Impartialité, partialité, sévérité d'un juge. Récuser un juge.* V. **Récusation.** *Les juges siègent, délibèrent, se prononcent.* V. **Audience, jugement, rôle.** *Nous irons trouver le juge, les juges : devant la justice, le tribunal.* — *Juges ordinaires,* qui ont la plénitude de juridiction, dans leur domaine de compétence. *Juges extraordinaires,* dont la compétence est limitée. — Spécial. *Dr.* Magistrat statuant à un tribunal civil, pénal, commercial* (opposé à conseiller : juges de cour d'appel, de cassation). *Juges titulaires, suppléants, consulaires. Juge-commissaire,* commis aux fins d'enquête par un tribunal. *Juge de la mise en état,* chargé de l'information et du suivi de la procédure dans les instances civiles. *Juge de l'application des peines,* chargé de la surveillance de l'exécution des décisions pénales, et de la détermination des modalités du traitement pénitentiaire des condamnés. — Cour. *Juge d'instruction,* magistrat spécialement chargé d'informer en matière pénale. *Juge des référés,* chargé de rendre les décisions en matière de référé*. *Juge de paix,* magistrat qui statue comme juge unique, tantôt en premier, tantôt en dernier ressort, sur des affaires généralement peu importantes en matière civile et de simple police. ◇ *Juge au tribunal de l'Inquisition.* V. **Inquisiteur.** *Juges de l'Ancien Régime.* V. **Prévôt, viguier.** *Juge arabe* (V. **Cadi**), *espagnol* (V. **Alcade**). ◇ *Antiq. juive.* Titre des magistrats suprêmes qui gouvernèrent le peuple juif avant l'établissement de la royauté. Le *livre des Juges*, septième livre de l'Ancien Testament. ♦ 2° Personne appelée à faire partie d'un jury, à se prononcer comme arbitre. *Les juges d'un concours*, chargés de se prononcer sur la valeur des concurrents. — (Sports) *Juge des courses. Juge-arbitre* d'un tournoi de tennis. *Juge de touche.* ♦ 3° Celui qui juge, qui a le droit et le pouvoir de juger. *Dieu est le souverain juge, le juge suprême. Dans les choses de théâtre, le public est le juge absolu.* « *On n'est pas juge de la peine d'autrui* » (CHATEAUB.). *Être juge et partie.* ♦ 4° Celui qui est appelé à donner une opinion, à porter un jugement. *Je vous en fais juge.* « *Je demeure mon juge le plus sévère* » (COLETTE). ◇ *Être bon, mauvais juge* : plus ou moins capable de porter un jugement. V. **Expert.**

JUGÉ (AU) [oʒʒe]. *n. m.* (XIIIe ; *jugié* ; de *juger*). V. **Juger** (II).

JUGEABLE [ʒyʒabl(ə)]. *adj.* (XIIe, repris XVIe ; de *juger*). *Dr.* Qui peut être mis en jugement, décidé par un jugement.

JUGEMENT [ʒyʒmã]. *n. m.* (1080 ; de *juger*). ♦ 1° Action de juger. *Le jugement d'un procès. Le jugement d'un accusé. Poursuivre qqn en jugement.* V. **Justice.** — Résultat de cette action ; décision de justice émanant d'un tribunal (ne portant pas le nom de Cour). V. **Décision ; arrêt, sentence, verdict.** *Prononcer, rendre un jugement. Jugement par défaut. Jugement définitif. Jugement en premier, en dernier ressort. Faire appel d'un jugement. Casser un jugement.* ◇ Écrit contenant les termes de la décision. *Dépôt des jugements au greffe. Minute de jugement.* — (Dr. féod.) *Jugement de Dieu.* V. **Judiciaire** (épreuve), **ordalie.** — *Relig. chrét.* (XIIe) *Jugement dernier,* ou ellipt. *Jugement,* celui que Dieu prononcera à la fin du monde, sur le sort de tous les vivants et des morts ressuscités. *Au jour du Jugement. La trompette du Jugement dernier.* — *Allus. bibl. Jugement de Salomon,* empreint de sagesse et d'équité. ♦ 2° (v. 1200). Opinion favorable (V. **Approbation** *(vx)*, **estimation**) ou défavorable (V. **Blâme,** *critique,* **réprobation**) qu'on porte, qu'on exprime sur qqn ou qqch. *Émettre, exprimer, porter un jugement.* « *On n'épargne que soi-même dans ses jugements* » (BOSS.). *Revenir sur ses jugements* : se déjuger. *Jugement préconçu.* V. **Préjugé,** *hâtif, avancé sans preuves* (V. **Présomption**). *Des romans où nous ne connaissons les héros que par* « *les vagues jugements qu'ils portent les uns sur les autres* » (SARTRE). — *Par métaph. Le jugement de l'histoire, de la postérité.* ◇ Façon de voir (les choses) particulière à qqn. V. **Opinion,** *vue* (point de) ; *avis, idée, pensée, sentiment. Je livre, je soumets cela à votre jugement.* V. **Appréciation.** *Se contenter d'un jugement sommaire* (V. **Aperçu**). ◇ *Techn. Jugement d'allure,* estimation par laquelle un observateur apprécie l'allure d'un exécutant, par rapport à une allure de référence. ♦ 3° (XIVe). Faculté de l'esprit permettant de bien juger de choses qui ne font pas l'objet d'une connaissance immédiate certaine, ni d'une démonstration rigoureuse ; l'exercice de cette faculté. V. **Discernement, entendement, finesse, intelligence, perspicacité, raison, sens** (bon sens, sens commun). *Avoir du jugement, manquer de jugement. Homme de jugement* : judicieux, perspicace. « *Autant de jugement que de barbe au menton* » (LA FONT.). *Erreur de jugement. Un homme doué* « *d'un très ferme jugement et d'une grande liberté d'esprit* » (MICHELET). ♦ 4° (XVIIe). Décision mentale par laquelle le contenu d'une assertion est posé à titre de vérité. V. **Affirmation.** *et croyance.* — Cette assertion elle-même. V. **Proposition.** *Le raisonnement, combinaison logique de jugements.* — *Log.* Fait de poser l'existence d'une relation déterminée entre des termes ; cette relation. *Jugement analytique, synthétique, hypothétique. Jugement de réalité,* qui énonce un fait. *Jugement de valeur,* qui formule une appréciation.

JUGEOTE [ʒyʒɔt]. *n. f.* (1845 ; de *juger*). *Fam.* Jugement, bon sens. *Il n'a pas pour deux sous de jugeote! Cette faculté intuitive* « *qu'en bon français on nomme la jugeote* » (DUHAM.).

JUGER [ʒyʒe]. *v. tr.* ; conjug. **bouger** (*Jugier,* XIe ; lat. *judicare*).

I. ♦ 1° *Dr.* Soumettre (une cause, une personne) à la décision de sa juridiction. *Juger une affaire, un litige, un crime. Cas difficile à juger.* V. **Trancher.** *L'autorité de la chose jugée. Juger un accusé, un voleur.* ◇ *Absolt.* Rendre la justice. *Droit, pouvoir de juger,* pouvoir, compétence judiciaire. V. **Justice.** *Le tribunal jugera.* V. **Conclure, décider, prononcer, statuer.** ♦ 2° Décider en qualité d'arbitre. *Juger un différend. La postérité jugera qui vaut le mieux des deux.* V. **Apprécier.** ◇ Prendre nettement position sur (une question). V. **Décider.** *C'est à vous de juger ce qu'il faut faire, comment il faut agir, si nous devons partir.* ♦ 3° (1538). Soumettre au jugement de la raison, de la conscience (V. **Apprécier, considérer, examiner**), pour se faire une opinion ; émettre une opinion favorable ou défavorable sur. *Juger un ouvrage, un livre, un film. Être jugé à sa juste valeur.* V. **Coter, évaluer, jauger, peser.** *Juger qqn de haut. Juger favorablement* (V. **Approuver**), *défavorablement* (V. **Blâmer, condamner, critiquer, désapprouver**). — Pronom. « *Il est bien plus difficile de se juger soi-même que de juger autrui* » (ST-EXUP.). — *Absolt.* « *Plus on juge, moins on aime* » (BALZ.). *Comparer, c'est juger.* ◇ *Tr. indir.* JUGER DE. « *Est-ce donc sur des conjectures qu'il faut juger de pareils faits?* » (BEAUMARCH.). *Bien juger, mal juger des choses. Si j'en juge par mes propres sentiments. Il est difficile d'en juger* : d'en dire, d'en penser qqch. *Autant qu'on puisse en juger* : à ce qu'il me semble. ♦ 4° (Avec un adj. ou une complétive). Considérer comme. V. **Estimer, trouver.** *Elle le juge insignifiant.* « *J'avertis l'officier que j'étais médecin moi-même... et que je jugeais son examen superflu* » (DUHAM.). *Si vous le jugez bon.* V. **Croire.** *Si vous jugez sa présence nécessaire.* V. **Considérer, envisager, regarder.** *Je jugeai que sa présence était nécessaire.* — *Se juger injurié.* V. **Considérer** (se). *Se juger perdu.* V. **Voir** (se). ♦ 5° *Tr. indir.* (surtout à l'impér.). V. **Imaginer, représenter** (se). *Jugez de ma surprise. Vous jugerez aisément du reste.* « *Jugez s'il aura lieu de souffrir ma présence* » (MOL.). « *Jugez combien ce coup frappe tous les esprits* » (RAC.). ♦ 6° *Absolt.* Affirmer ou nier une existence ou un rapport. « *La puissance de bien juger et distinguer le vrai d'avec le faux* » (DESCARTES). *Log.* Affirmer ou nier un rapport entre un sujet et un attribut ; entre plusieurs termes.

II. *N. m.* AU JUGER ou AU JUGÉ : en devinant, en présumant. *Tirer au juger.* — *Fig.* D'une manière approximative, à l'estime, à première vue.

JUGEUR, EUSE [ʒyʒœʀ, øz]. *n.* (*Jugeor,* XIe ; de *juger*). *Péj.* et *rare.* Personne qui se plaît à juger de tout sans la compétence nécessaire. *Adj.* « *Elle était souverainement jugeuse* » (BALZ.).

JUGLANDACÉES [ʒyglɑ̃dase]. *n. f. pl.* (*Juglandées,* 1839 ; du lat. *juglans, -andis* « noyer »). *Bot.* Famille de végétaux dicotylédones apétales comprenant de grands arbres (noyer, hickory).

JUGULAIRE [ʒygylɛʀ]. *adj. et n.* (1532, adj. ; du lat. *jugulum* « gorge »). ♦ 1° *Adj.* Qui appartient à la gorge. *Glandes jugulaires. Veines jugulaires,* et subst. fém. *Les jugulaires,* les quatre veines situées dans les parties latérales du cou. ♦ 2° *N. f.* (1803). Attache qui maintient une coiffure d'uniforme en passant sous le menton. V. **Bride, mentonnière.** *Baisser, serrer la jugulaire.*

JUGULER [ʒygyle]. *v. tr.* (1213, repris XVIe ; lat. *jugulare* « égorger »). ♦ 1° *Vx.* Saisir à la gorge, égorger, étrangler. ♦ 2° (XXe). *Mod.* Arrêter, interrompre le développement, le progrès de (qqch.). V. **Détruire, dompter, enrayer, étouffer, stopper.** *Juguler une maladie. Juguler une révolte, un mouvement d'opinion.* ◇ Empêcher (qqn) d'agir. « *Le fils avait toujours été jugulé par la mère* » (MAURIAC).

JUIF, JUIVE [ʒɥif, ʒɥiv]. *n. et adj.* (*Judeu,* X^e ; *juieu* (XIIe), fém. *juieue, juive,* d'où le masc. *juif* ; lat. *judeus,* gr. *ioudaios* « de Juda »). ♦ 1° *N.* Nom donné depuis l'Exil (IVe s. av. J.-C.), aux descendants d'Abraham (V. **Hébreu, israélite**), peuple sémite monothéiste qui vivait en Palestine. — *Le Juif errant,* personnage que la légende suppose condamné à errer jusqu'à la fin du monde. ◇ Personne descendant de ce peuple, répandu dans le monde entier et demeuré généralement fidèle à la religion et aux traditions judaïques. *Juif allemand, polonais. Haine des juifs.* V. **Antisémitisme.** *Persécutions subies par les juifs.* V. **Génocide, pogrom.** *Les juifs ont obtenu le partage de la Palestine et la création de l'État d'Israël en 1947.* V. **Israélien, sionisme.** ♦ 2° *Adj.* Relatif à la communauté des juifs anciens ou actuels. *Le peuple juif,* ou peuple élu. *Religion juive.* V. **Judaïsme ;** *bible, massorah, talmudique, thorah ; pâque, pardon, pentecôte ; circoncision, holocauste, lévirat, phylactère, sabbat. Temple juif* : synagogue. *Prêtres, docteurs juifs :* lévite, rabbin. *Sectes ou tendances juives anciennes :* esséniens, pharisiens, saducéens, thérapeutes, zélotes, etc. *Sectes juives modernes :* juifs orthodoxes ; juifs progressistes (réformés, libéraux). *Vêtements religieux juifs :* pectoral, rational, taleth. *Quartier juif :* ghetto, mellah. ♦ 3° *Fig.* et *péj. Vx.* Personne âpre au gain, usurier. — *Adj.* Avare, âpre au gain. *Ce qu'il est juif!* ◇ ANT. **Gentil** (1).

JUILLET [ʒɥijɛ]. *n. m.* (1213 ; de l'a. fr. *juil,* lat. *julius* (mensis) « mois de *Jules César* » ; infl. de l'a. fr. *juignet* « petit juin »). Septième mois de l'année, de trente et un jours. « *L'inexorable juillet arrive, et en même temps, les fêtes de la moisson* » (MICHELET). *Soleil de juillet. Le Quatorze Juillet, anniversaire de la prise de la Bastille et fête nationale française. Les journées de Juillet ou les Trois Glorieuses* (1830). *Révolution de Juillet ; monarchie de Juillet.*

JUIN [ʒɥɛ̃]. *n. m.* (XIIe ; lat. *junius* (mensis) « mois de *Junius Brutus,* premier consul). Sixième mois de l'année, de trente jours. *Le mois de juin. L'été commence au solstice de juin.* « *Juin, où le soleil se couche à peine* » (ALAIN).

JUIVERIE [ʒɥivʀi]. *n. f.* (XIIe ; de *juif*). ♦ 1° *Hist.* Quartier juif, communauté juive de la diaspora. ♦ 2° (Fin XIXe). *Péj.* Ensemble des juifs.

JUJUBE [ʒyʒyb]. *n. m.* (*Jajube,* 1256 ; altér. lat. *zizyphum,* gr. *zizuphon*). ♦ 1° Fruit du jujubier. ♦ 2° Pâte extraite de ce fruit (remède contre la toux).

JUJUBIER [ʒyʒybje]. *n. m.* (1553; de *jujube*). Arbre ou arbuste épineux à fruit comestible *(Rhamnacées)*.

JUKE-BOX [(d)ʒy(u)kbɔks]. *n. m.* (1954; mot amér., de *Juke*, nom pr., et *box* « boîte »). *Américanisme* désignant une machine sonore publique faisant passer automatiquement le disque demandé. « *Un bar-tabac livide... le juke-box jouait une vieille valse de Strauss* » (SAGAN).

JULEP [ʒylɛp]. *n. m.* (v. 1300, « potion »; esp. *julepe*, arabe *djulâb*, persan *gul-âb* « eau de rose »). *Pharm.* Potion à base d'eau et de sucre, aromatisée à l'aide d'une essence végétale, servant de véhicule à divers médicaments.

JULES [ʒyl]. *n. m.* (1866; du prénom *Jules*). ♦ 1° *Pop.* Vase de nuit. ♦ 2° *Pop.* Homme du Milieu. *Un vrai jules. C'est mon jules.* V. **Homme.** ◇ *Plaisant. (Fam.)* Amant, amoureux, mari. « *Quelqu'un de la famille? demanda-t-il... Son jules, répond Chantal* » (QUENEAU).

JULIEN, IENNE [ʒyljɛ̃, jɛn]. *adj.* (1690; lat. *Julianus* « de Jules César »). *Calendrier julien,* calendrier réformé par Jules César, et modifié ensuite par Grégoire XIII (V. **Grégorien**). *Année julienne :* année de 365 jours ou 366 jours (bissextile).

JULIENNE [ʒyljɛn]. *n. f.* (1680; *juliane*, 1665; du prénom *Jules* ou *Julien;* évol. obsc.). ♦ 1° Plante à fleurs en grappes ou à tiges rampantes cultivée comme ornementale *(Cruciféracées)*. ♦ 2° (1722). Préparation de légumes en filaments minces utilisée soit en garniture soit dans des potages. *Potage contenant cette préparation.*

JUMBO [dʒœmbo]. *n. m.* (*Néol.;* mot amér., surnom de l'éléphant). *Techn. Américanisme.* Chariot à portique supportant une perforatrice.

JUMBO-JET [(d)ʒœmbo(d)ʒɛt]. *n. m.* (1969; de l'amér. *Jumbo,* et *jet*). *Américanisme.* Avion géant à réaction (en particulier le Boeing 747). Cf. fr. **Gros porteur.**

JUMEAU, ELLE [ʒymo, ɛl]. *adj.* et *n.* (1175; a remplacé *gemel, gemeau;* lat. *gemellus.* V. **Gémeau**). ♦ 1° Se dit des deux enfants nés d'un même accouchement. V. **Besson** *(vx). Frères jumeaux, sœurs jumelles. Ils sont jumeaux. C'est son frère jumeau.* ◇ N. *Un jumeau, des jumeaux. Vrais jumeaux,* provenant d'un seul œuf divisé en deux (On dit aussi *jumeaux univitellins* ou *monozygotes). Faux jumeaux,* provenant de deux ovules fécondés simultanément par deux spermatozoïdes (On dit aussi *jumeaux bivitellins* ou *dizygotes).* V. aussi **Quadruplés, quintuplés, triplés.** *Jumeaux qui naissent réunis.* V. **Siamois.** ♦ 2° *Fig.* Réplique physique ou morale d'une personne. V. **Pareil, sosie.** ♦ 3° (XIIIᵉ). Se dit de deux objets, de deux choses semblables. *Muscles jumeaux,* les deux muscles de la jambe qui forment le mollet. *Lits jumeaux.* « *Deux tourelles jumelles* » (PERGAUD). ◇ HOM. *Jumel, jumelle.*

JUMEL [ʒymɛl]. *adj. m.* (1872; nom pr.). *Techn. Coton jumel,* variété de coton produit en Égypte. ◇ HOM. *Jumelle.*

JUMELAGE [ʒymlaʒ]. *n. m.* (1873; de *jumeler*). Action de jumeler; son résultat. — *Milit.* Assemblage de deux ou plusieurs armes automatiques dont le tir est commandé par une seule détente. *Un jumelage de mitrailleuses.* — *Fig. Jumelage de villes* (v. 1950), coutume consistant à déclarer jumelles deux villes situées dans deux pays différents, afin de susciter entre elles des échanges. *Jumelage de Paris et de Rome, de Chartres et de Ravenne.*

JUMELÉ, ÉE [ʒymle]. *adj.* (1690; V. **Jumeler**). ♦ 1° *Techn.* Consolidé par des jumelles. *Mât jumelé.* ♦ 2° (XIXᵉ). *Cour.* Disposé par couples. V. **Géminé.** *Fenêtres jumelées. Colonnes jumelées.* — *Bielles jumelées. Roues jumelées,* roues doubles à pneus indépendants, à l'arrière des poids lourds. *Fig. Billets de loterie jumelés. Pari jumelé.* — *Villes jumelées.*

JUMELER [ʒymle]. *v. tr.;* conjug. *appeler* (1690; de *jumeau).* ♦ 1° *Techn.* Renforcer, consolider par des jumelles. *Mar. Jumeler un mât, une vergue.* ♦ 2° (1765). *Cour.* Ajuster ensemble (deux objets, deux choses semblables). V. **Accoupler.** — *Fig. Jumeler des villes.* V. **Jumelage.**

1. JUMELLE [ʒymɛl]. *n. f.* (1332; fém. de *jumeau).* ♦ 1° *Techn.* (surtout plur.). Pièces de bois, de métal, semblables, dans le même outil, la même machine. *Les jumelles d'une presse.* — *Auto. Jumelle de ressort :* articulation reliant les extrémités des ressorts de suspension à lames aux longerons du châssis. ♦ 2° *Blas.* Pièce honorable formée de deux filets parallèles. ♦ 3° *Cour.* (1825). Instrument portatif à deux lunettes; double lorgnette. *Une jumelle marine.* Plur. *Des jumelles de campagne, de spectacle. Jumelles à prismes.* V. **Prisme.** *Abusiv. Une paire de jumelles.* ◇ HOM. *Jumel, jumelle* (fém. de *jumeau).*

2. JUMELLE. V. **Jumeau.**

JUMENT [ʒymɑ̃]. *n. f.* (XIIᵉ; lat. *jumentum* « bête d'attelage »). Femelle du cheval. V. **Cavale, haquenée.** *Jeune jument.* V. **Pouliche.** *Jument pleine qui met bas.* V. **Pouliner.** *Le mulet, la mule, produit de l'âne et de la jument. Jument destinée à la reproduction.* V. **Mulassière, poulinière.** — Fig. et fam. *Jument poulinière :* femme qui a de nombreux enfants, matrone.

JUMPING [dʒœmpiŋ]. *n. m.* (1931; mot angl. « saut »). *Anglicisme. Sports.* Saut d'obstacles à cheval.

JUNGLE [ʒɛ̃gl(ə); *cour.* ʒœ̃gl(ə)]. *n. f.* (1796; mot angl. de l'hindoustani *jangal).* ♦ 1° Dans les pays de mousson, Forme de savane couverte de hautes herbes, de broussailles et d'arbres, où vivent les grands fauves. *Le Livre de la jungle,* de R. Kipling. ♦ 2° Tout endroit, tout milieu humain où règne la loi des fauves, de la sélection naturelle. « *La jungle parisienne* » (DUHAM.). *La loi de la jungle.*

JUNIOR [ʒynjɔr]. *adj.* et *n.* (1867; mot lat. « plus jeune », de *juvenis* « jeune »). ♦ 1° Se dit, quelquefois (dans le commerce ou encore plaisamment), du frère plus jeune pour le distinguer d'un aîné. V. **Cadet, puîné.** *Durand junior.* ♦ 2° *Sports (Adj.* et *n.).* Se dit d'une catégorie intermédiaire entre celle des « seniors » et celle des « cadets » (16-21 ans). *Joueurs juniors. Équipe junior de football.* ♦ 3° *Adj.* (v. 1970). Qui concerne les jeunes, est destiné aux jeunes. *S'habiller en style junior.*

JUNKER [junkɛr]. *n. m.* (1882; mot all. pour *Jungherr* « jeune seigneur »; Cf. **Jonkheer**). Hobereau allemand.

JUNONIEN, IENNE [ʒynɔnjɛ̃, jɛn]. *adj.* (1866; de *Junon).* Didact. De la déesse Junon.

JUNTE [ʒœ̃t]. *n. f.* (1581; esp. *junta,* fém. de *junto* « joint »; lat. *junctus).* Conseil, assemblée administrative, politique, en Espagne, au Portugal ou en Amérique latine. *Juntes révolutionnaires, insurrectionnelles espagnoles, en 1821. Junte militaire.*

JUPE [ʒyp]. *n. f.* (XIIᵉ; arabe *djoubba).* ♦ 1° Partie de l'habillement féminin qui descend de la ceinture à une hauteur variable. *Jupe de dessous* (vx). V. **Jupon.** *Jupe longue traînant par terre. Jupe au genou. Coupe d'une jupe : jupe droite, jupe-portefeuille. Jupe en forme, à godets, à lés, à volants, à plis. Jupe plissée. Ceinture de jupe. Jupe et veste d'un tailleur. Jupe très courte.* V. **Jupette.** Par ext. *La jupe d'une robe :* la partie inférieure, à partir de la ceinture. *Maillot à jupe.* ◇ *Les jupes :* ensemble formé par la jupe de dessous et le ou les jupons. *Relever, trousser ses jupes.* — *Femmes avec des enfants dans leurs jupes :* qui s'accrochent à elles, ne veulent pas s'en éloigner. ♦ *Fig.* et *vieilli.* Femme. « *Se brouiller pour une jupe* » (BALZ.). ♦ 2° *Techn.* Surface latérale d'un piston, qui s'adapte à la paroi interne du cylindre.

JUPE-CULOTTE [ʒypkylɔt]. *n. f.* (v. 1935; de *jupe,* et *culotte).* Vêtement féminin, sorte de culotte très ample qui présente l'aspect d'une jupe. *Des jupes-culottes.*

JUPETTE [ʒypɛt]. *n. f.* (1894; de *jupe).* Jupe très courte ne couvrant que le haut des cuisses. *Jupette plissée de tennis.* ◇ Partie d'un maillot de bain de femme qui couvre le haut des cuisses.

JUPIER, IÈRE [ʒypje, jɛr]. *n.* (fin XIXᵉ; de *jupe).* Tailleur, couturière qui a pour spécialité la jupe de femme.

JUPITÉRIEN, IENNE [ʒypiterjɛ̃, jɛn]. *adj.* (XVIIIᵉ; de *Jupiter).* ♦ 1° Relatif à Jupiter. V. **Jovien.** ♦ 2° (1834). Qui a un caractère impérieux, dominateur. « *La contraction jupitérienne de ses sourcils* » (BALZ.).

JUPON [ʒypɔ̃]. *n. m.* (1319; de *jupe).* ♦ 1° Jupe de dessous. V. **Cotillon, cotte.** *Anciens jupons à armature.* V. **Crinoline, panier.** *Jupon à volants, à dentelles.* — « *Les enfants se suspendaient aux jupons de leurs mères* » (BAUDEL.). ♦ 2° *Fig. Collect.* Les femmes, les filles. *Courir le jupon. Aimer le jupon.*

JUPONNÉ, ÉE [ʒypɔne]. *adj.* (1872; de *jupon).* ♦ 1° *Vieilli.* Qui porte des jupons (d'une certaine manière). *Une femme bien juponnée.* ♦ 2° *Cout.* Soutenu par un ample jupon. *Une robe juponnée.*

JUPONNER [ʒypɔne]. *v. tr.* (1893; de *juponné).* ♦ 1° Habiller d'un jupon. Pronom. « *Se juponner précipitamment* » (COURTELINE). ♦ 2° *Cout. (Néol.).* Soutenir (une robe, une jupe), par un ample jupon. *Juponner une robe d'été.* ♦ 3° Habiller une table (souvent ronde) d'un tapis allant jusqu'au sol.

JURANÇON [ʒyrɑ̃sɔ̃]. *n. m.* (1846; nom de lieu). Vin de Jurançon et des environs (Basses-Pyrénées).

JURANDE [ʒyrɑ̃d]. *n. f.* (XVIᵉ; de *jurer).* Dans les anciennes corporations de métiers, Charge conférée à un ou plusieurs membres de la corporation choisis pour la représenter (V. **Juré**), défendre ses intérêts et veiller à l'application du règlement intérieur. — *Par ext.* Temps d'exercice de cette charge. ◇ L'assemblée, le corps des jurés. *Jurandes et maîtrises.* V. **Corporation.**

JURASSIEN, IENNE [ʒyrasjɛ̃, jɛn]. *adj.* (1842; de *Jura).* ♦ 1° Relatif, propre au Jura. *Relief jurassien, montagnes jurassiennes.* — Géogr. *Relief jurassien,* analogue au relief du Jura. ♦ 2° Qui habite le Jura. *Montagnards jurassiens.* Subst. *Un Jurassien.*

JURASSIQUE [ʒyrasik]. *adj.* et *n. m.* (1829; de *Jura).* *Géol.* Se dit des terrains secondaires dont le Jura est constitué en majeure partie. *Système, période jurassique.* — N. m. *Le jurassique,* partie centrale de l'ère secondaire.

JURAT [ʒyra]. *n. m.* (XVᵉ; lat. *juratus* « qui a fait serment »). *Anc. Dr.* Magistrat municipal dans certaines villes de l'ouest de la France, sous l'Ancien Régime. V. **Échevin.**

JURATOIRE [ʒyratwar]. *adj.* (1274; lat. jur. *juratorius).*

Dr. *Caution juratoire :* serment fait en justice de se représenter en personne ou de rapporter une chose.

JURÉ, ÉE [ʒyʀe]. *adj.* et *n.* (v. 1200; lat. *juratus;* Cf. Jurer). Qui est consacré dans ses fonctions par le serment qu'il a prêté.
I. *Adj.* et *n.* ♦ **1°** *Anc. Dr.* Qui a prêté serment en accédant à la maîtrise, dans une corporation. *Juré vendeur de volaille. Maître juré.* ♦ **2°** Fig. et mod. *Ennemi juré.* V. **Déclaré.**
II. *N.* (1704, d'abord « jury »). *Dr.* Citoyen, citoyenne appelé(e) à faire partie d'un jury; membre d'un jury. *Jurés titulaires et jurés suppléants forment la liste de session. Serment des jurés.* — *Absolt. Les jurés,* les membres du jury à la cour d'assises.

JUREMENT [ʒyʀmã]. *n. m.* (1220; de *jurer*). ♦ **1°** *Vx.* Action de jurer, de faire un serment sans nécessité ni obligation. ♦ **2°** *Vieilli.* Exclamation, imprécation sacrilège proférée par dérision ou dans une intention d'offense. V. **Blasphème, juron.** « *Un incendie de ricanements, de jurements* » (HUGO).

JURER [ʒyʀe]. *v. tr.* (842; lat. *jurare*).
I. ♦ **1°** (1080). *Vx* ou *littér.* Attester (Dieu, une chose sacrée), par serment. *Jurer Dieu, les dieux. Jurer son honneur de dire la vérité. Fig.* et *fam. Elle* « *jura ses grands dieux qu'elle ne savait rien* » (BOSCO) : elle jura avec force. ♦ **2°** *Absolt.* Prêter, faire serment. *Jurer sur la Bible, sur le crucifix, par le sang de qqn. Fig. On ne jure plus que par lui :* on l'admire tellement qu'on croit tout ce qu'il dit, qu'on l'imite en tout. ♦ **3°** (XIII°). *Vx. Jurer Dieu, le nom de Dieu.* V. **Blasphémer.**
◇ *Absolt.* et *Mod.* Proférer des imprécations, des jurons. *Jurer comme un charretier. Un homme grossier et emporté, qui jure sans cesse.* — *Jurer contre, après qqn, qqch.* V. **Crier, pester.** ♦ **4°** *Fig.* (1688). Produire une discordance, aller mal (avec). V. **Détonner, dissoner, hurler.** *Choses qui jurent entre elles,* et *absolt. qui jurent.* « *Comme des couleurs mal assorties, comme des paroles qui jurent et qui offensent l'oreille* » (LA BRUY.).
II. ♦ **1°** (842). Promettre (qqch.) par un serment plus ou moins solennel. *Jurer fidélité, obéissance à qqn. Jurer amitié à qqn.* — *Jurer de faire qqch.* V. **Engager** (s'). *Le témoin jure* « *de dire toute la vérité, rien que la vérité* ». *Il lui a juré de ne pas recommencer.* « *Jure-moi que tu me pardonneras* » (BARBEY). ♦ **2°** Décider avec solennité ou avec force. « *Le corbeau jura, mais un peu tard, qu'on ne l'y prendrait plus* » (LA FONT.). ♦ **3°** (Mil. XVII°). Affirmer solennellement, fortement. V. **Assurer, déclarer.** *Je vous jure que je n'ai pas fait cela. Je vous jure que non. Je vous jure :* je vous affirme, je vous certifie. *Une façon* « *qui ne ressemblait pas à un faux fuyant, je vous jure* » (STE-BEUVE). — *Fam.* Exclam. d'indignation. « *La dame se retourna.* — *Ah, je vous jure!* » (DURAS). ♦ **4°** *JURER DE* (qqch.) : affirmer de façon catégorique (qu'une chose est ou n'est pas, se produira ou ne se produira pas). *Il ne faut jurer de rien,* comédie de Musset. « *On ne doit pas jurer de ce dont on n'est pas sûr* » (RENAN). *J'en jurerais* (je le crois), *je n'en jurerais pas* (je ne le crois pas).
◈ ANT. Abjurer. Accorder (s'), allier (s'), cadrer.

JUREUR [ʒyʀœʀ]. *n. m.* (1190; de *jurer*). ♦ **1°** *Anc. Dr.* Qui a prêté serment. *Hist. Les prêtres jureurs* ou *assermentés,* le clergé constitutionnel sous la Révolution. ♦ **2°** *Vx.* Celui qui jure, blasphème. « *Les blasphémateurs, les jureurs, les parjures* » (BOSS.).

JURIDICTION [ʒyʀidiksjɔ̃]. *n. f. (Juridicion,* 1209, var. *jurisdiction;* lat. *jurisdictio).* ♦ **1°** Pouvoir de juger, de rendre la justice; étendue et limite de ce pouvoir. V. **Circonscription, compétence, judicature, ressort, siège.** *Juridiction pleine, entière.* « *Leur juridiction souveraine, absolue, héréditaire* » (MICHELET). *Juridiction arbitrale, contentieuse, gracieuse, civile, répressive. Juge, magistrat, tribunal qui exerce sa juridiction. Dans la juridiction; hors de sa juridiction. Juridiction d'instruction.* ♦ **2°** (1538). Tribunal, ensemble de tribunaux de même catégorie, de même degré. V. **Chambre, conseil, cour, judicature, tribunal.** *Le* « *tribunal de commerce, juridiction établie pour les boutiquiers* » (BALZ.). *Porter une affaire devant la juridiction compétente. Juridictions administratives, civiles, de droit commun; juridictions d'exception.*

JURIDICTIONNEL, ELLE [ʒyʀidiksjɔnɛl]. *adj.* (1537; de *juridiction).* *Dr.* Relatif à la juridiction, au fait de juger. *Pouvoir juridictionnel.*

JURIDIQUE [ʒyʀidik]. *adj.* (1410; lat. *juridicus,* de *jus* « droit »). ♦ **1°** Qui se fait, s'exerce en justice, devant la justice. V. **Judiciaire.** *Action juridique. Preuve juridique.* ♦ **2°** Qui a rapport au droit. *Fait juridique,* produisant un effet de droit, sans manifestation de la volonté initiale de celui qui y est soumis. *Acte juridique,* produisant des effets de droit, du fait de la volonté de son auteur et soumis à des formes légales. V. **Légal.** *Situation juridique. Émancipation juridique de la femme mariée.* — *Science juridique.* V. **Droit** (n. m.). *Études juridiques.*

JURIDIQUEMENT [ʒyʀidikmã]. *adv.* (XV°; de *juridique).* ♦ **1°** Devant la justice, en justice. *Sentence juridiquement*

prononcée, motivée. ♦ **2°** Au point de vue du droit. *Être juridiquement dans son tort.*

JURIDISME [ʒyʀidism(ə)]. *n. m.* (1954; de *juridique).* *Didact.* Attitude de qqn qui s'en tient à la lettre des lois. V. **Formalisme, légalisme.** *Faire preuve d'un juridisme excessif.*

JURISCONSULTE [ʒyʀisk5sylt(ə)]. *n. m.* (1393; lat. *jurisconsultus).* Juriste. *Spécialt.* Personne qui fait profession de donner des avis sur des questions juridiques. *Interprétation de la loi par les jurisconsultes :* « doctrine ».

JURISPRUDENCE [ʒyʀispʀydɑ̃s]. *n. f.* (1562; lat. *jurisprudentia* « science du droit »). ♦ **1°** *Vx.* Science du droit. V. **Droit.** ♦ **2°** *Mod.* (1611). Ensemble des décisions des juridictions sur une matière ou dans un pays, en tant qu'elles constituent une source de droit; ensemble des principes juridiques qui s'en dégagent (droit coutumier. V. **Coutume, doctrine).** *Recueils de jurisprudence. Législation, jurisprudence et doctrine. Arrêt qui fait jurisprudence.* — « *Mon grand-père que je considérais comme meilleur juge et dont la sentence, faisant jurisprudence pour moi,...* » (PROUST). ◇ Ensemble des décisions d'un tribunal; manière dont un tribunal juge habituellement une question. *La jurisprudence de la Cour de cassation n'a jamais varié sur ce point.*

JURISPRUDENTIEL, IELLE [ʒyʀispʀydɑ̃sjɛl]. *adj.* (1845; de *jurisprudence).* *Dr.* Qui se rapporte à la jurisprudence, résulte de la jurisprudence. *Précédent jurisprudentiel. Débats jurisprudentiels.*

JURISTE [ʒyʀist(ə)]. *n. m.* (1361; lat. médiév. *jurista).* Personne qui a de grandes connaissances juridiques; auteur d'ouvrages, d'études juridiques. V. **Arrêtiste, jurisconsulte, légiste, loi** (homme de loi).

JURON [ʒyʀ5]. *n. m.* (1599; de *jurer).* Terme plus ou moins familier ou grossier dont on se sert pour jurer. V. **Jurement.** *Juron grossier* (Cf. Gros mot). *Pousser, lâcher un juron. Juron servant d'imprécation, d'insulte, d'injure. Juron employant ou déformant le nom de Dieu.* ◇ Exclamation, interjection, grossièreté qui n'évoque pas une chose sacrée sur qui l'on puisse jurer. « *Mon grand-père employait son grand juron...* « *Le diable te crache au cul!* » (STENDHAL).

JURY [ʒyʀi]. *n. m.* (1688; en France, 1790; angl. *jury;* de *l'a. fr. juree* « serment, enquête »). ♦ **1°** Ensemble des jurés (II) inscrits sur les listes départementales annuelles ou sur une liste de session. Groupe de neuf (*ancienn.* douze, puis sept) jurés tirés au sort pour chaque affaire *(jury de jugement).* ♦ **2°** Assemblée, commission chargée officiellement de l'examen d'une question. *Dr. pén. Jury d'assises,* siégeant pour juger les criminels déférés devant cette juridiction. ◇ *Cour.* Ensemble d'examinateurs. *Le président, les membres du jury. Jury de concours, d'agrégation, d'examen, de thèse. Délibération du jury.* — *Jury d'une exposition de peinture, d'un prix littéraire,* chargé de décerner les prix. — *Sports.* Réunion d'officiels.

JUS [ʒy]. *n. m.* (1175; lat. *jus).* ♦ **1°** Liquide contenu dans une substance végétale et extrait par pression, décoction, etc. V. **Suc.** *Le jus des fruits. Exprimer le jus d'une orange, d'un citron à l'aide d'un presse-citron. Jus qui jaillit, coule d'un fruit.* V. **Juter, juteux.** *Jus de raisin vert.* V. **Verjus.** *Bouteille, boîte de jus de tomate, de pomme.* — *Fam. Le jus de la treille,* le vin. — *Spécialt. Jus de réglisse*.* ♦ **2°** (1538). Liquide (sang, etc.) extrait d'une substance animale par cuisson, macération. *Jus de viande.* V. **Sauce.** *Carottes au jus. Arroser un gigot de son jus. Viande qui cuit dans son jus.* — *Fig.* et *pop. Cuire dans son jus. Laisser qqn cuire, mijoter dans son jus,* le laisser aux prises avec les difficultés ou en proie à sa mauvaise humeur. ♦ **3°** *Pop.* (1884). *Jus.* V. **Café.** *Un bon jus. Il est* « *devant un jus bouillant sur un zinc* » (QUENEAU). *Arg. milit. Premier, deuxième jus,* soldat de 1re, 2e classe. ♦ **4°** *Pop.* (1884). *Balancer un type au jus,* le jeter à l'eau. ♦ **5°** *Fam.* (1908). Dissertation scolaire; exposé, discours (Cf. Laïus, topo). ♦ **6°** *Pop.* (« eau des accumulateurs », 1914). Courant électrique. *Mettre le jus :* le contact. *Il n'y a plus de jus. Un court-jus :* court-circuit. ♦ **7°** *Pop.* et vieilli. *Jeter du, son jus :* avoir de l'éclat, faire de l'effet. *Mod. Ça vaut le jus* (1883) : la peine.

JUSANT [ʒyzɑ̃]. *n. m. (Jussan,* 1484; de *l'a.* adv. *jus* « en bas »; lat. *deorsum,* infl. de *sus).* *Mar.* Marée descendante. V. **Perdant, reflux.**

JUSÉE [ʒyze]. *n. f.* (1765; de *jus).* *Techn.* Liquide acide obtenu en lessivant, à l'eau, du tan déjà épuisé. *Bain de jusée,* pour le gonflement des peaux.

JUSQU'AU-BOUTISME [ʒyskobutism(ə)]. *n. m.* (XX°; de *jusqu'au-boutiste).* Politique, conduite du jusqu'au-boutiste. V. **Extrémisme.**

JUSQU'AU-BOUTISTE [ʒyskobutist(ə)]. *n.* (av. 1922; de *jusqu'au bout).* ♦ **1°** Partisan de la guerre menée jusqu'au bout, jusqu'à la victoire. ♦ **2°** *Par ext.* Personne qui va jusqu'au bout de ses idées politiques. V. **Extrémiste.** « *Il était ce que Brichot appelait un jusqu'au-boutiste* » (PROUST). ◈ ANT. Modéré.

JUSQUE ou *(vx* ou *poét.)* **JUSQUES** [ʒysk(ə)]. *prép.* et *conj.* (X^e; lat. *de usque,* ou *inde usque*). Préposition (et adv., conj.) marquant le terme final, la limite que l'on ne dépasse pas.

I. *Prép.* (Suivi le plus souvent de *à,* d'une autre préposition ou d'un adverbe). **Ⓐ** JUSQU'À. ♦ 1° (Lieu). *Aller jusqu'à Paris. La lumière de certaines étoiles n'est pas encore arrivée jusqu'à nous. Rempli jusqu'au bord. Du haut jusqu'en bas. Jusqu'à terre. Jusqu'à la gauche. Boire le calice jusqu'à la lie.* — Fig. *Jusqu'à un certain point. Jusqu'à concurrence de.* « *Frédéric se sentit blessé, jusqu'au fond de l'âme* » (FLAUB.). — (Suivi d'un mot désignant une partie du corps) *Rougir jusqu'aux oreilles. Dans l'herbe jusqu'au ventre. Se gratter jusqu'au sang. Jusqu'au bout des ongles.* Fig. *Être plongé jusqu'au cou dans les études.* — (Suivi d'un nom abstrait, pour marquer l'excès) *Pousser la méchanceté jusqu'au sadisme. Poli jusqu'à l'obséquiosité.* — (Devant un infinitif, après les v. *Aller*, pousser,* etc.) *Il est allé jusqu'à prétendre qu'on ne l'avait pas averti.* « *Elle l'admirait... Son génie allait jusqu'à l'effrayer* » (STENDHAL). *Pousser l'audace jusqu'à forcer une porte.* V. **Point** (au point de). ♦ 2° (Temps). *Du matin jusqu'au soir. Jusqu'à la dernière minute, au dernier moment. Jusqu'à la fin. Jusqu'à ce jour, nos jours. Il a vécu jusqu'à quatre-vingt-quatre ans. Jusqu'à plus ample informé. Jusqu'à nouvel ordre. En voilà pour jusqu'à demain.* ♦ 3° (Totalité). JUSQUE(S) combiné avec *y compris, inclus, inclusivement,* pour marquer que la limite extrême introduite par *jusque* est comprise. *Jusques et y compris* [ʒyskəzeikɔpʀi] *la page vingt. Jusqu'au 17 décembre inclus.* — Combiné avec un mot marquant la totalité (*tous, tout*) et dans un sens voisin de « *même* ». *Tous, jusqu'à sa femme, l'ont abandonné.* « *Jusqu'à mon repos, tout est un combat* » (MUSS.). **Ⓑ** JUSQUE, suivi d'une prép. autre que *à. Il l'accompagne jusque chez lui.* « *Elle y demeura jusques après Pâques* » (FLAUB.). *Je vous attendrai jusque vers onze heures et demie.* **Ⓒ** JUSQUE (suivi d'un adv.) *Jusqu'alors, jusqu'à présent. Jusqu'à hier, jusqu'à aujourd'hui. Jusqu'à quand?* Vx ou littér. *Jusques à quand?* — *Jusqu'ici, jusqu'à cet endroit,* ou *jusqu'à maintenant. Jusque-là, jusqu'à cet endroit ou jusqu'à ce moment-là.* Fig. et fam. *En avoir jusque-là,* avoir trop mangé, ou être excédé. *J'en ai jusque-là de vos histoires!* — *Jusqu'où* (relatif ou interrogatif) *Jusqu'où cela va-t-il nous mener?* « *Tu vois, ami lecteur, jusqu'où va ma franchise* » (MUSS.).

II. *Emploi adverbial* (incluant dans une totalité, une série, l'objet ou le sujet introduit). V. **Même.** *Il y a des noms et jusqu'à des personnes que j'ai complètement oubliés.* — (Devant un objet ou un sujet isolé qu'il met en relief) *Vous avez compromis jusqu'à mon honneur.* « *Ils réclamaient jusqu'à l'argent des cadeaux* » (ZOLA). *Jusqu'à lui, qui nous trahit! Il n'est pas jusqu'à son regard qui n'ait changé.*

III. *Conj.* ♦ 1° JUSQU'À CE QUE, jusqu'au moment où. — (Avec le subjonctif) *Jusqu'à ce que je revienne.* « *Je verrai cet instant jusqu'à ce que je meure* » (HUGO). *Ne partez pas jusqu'à ce qu'il soit revenu,* avant qu'il ne soit revenu. — *(Avec l'indicatif)* Vx ou littér. « *Jusqu'à ce qu'enfin Louis, s'étant à demi soulevé, regarda la fenêtre blanchissante* » (MAURIAC). ♦ 2° Vx ou région. JUSQU'À TANT QUE. « *Plusieurs années s'écoulèrent ainsi... jusqu'à tant que la mère mourût* » (HENRIOT).

JUSQUIAME [ʒyskjam]. *n. f.* (XIIIe; lat. *jusquiamus,* gr. *huoskuamos*). Plante herbacée *(Solanacées)* à fleurs jaunes rayées de pourpre, à propriétés narcotiques et toxiques. *Jusquiame noire,* utilisée en médecine comme calmant (herbe des chevaux, herbe aux poules).

JUSSIÉE [ʒysje]. *n. f. (Jussie,* 1808; du nom de *Jussieu*). Plante exotique *(Onagrariacées),* herbe ou arbrisseau aquatique, à grandes fleurs jaunes ornementales, acclimatée en France pour la décoration des pièces d'eau.

JUSSION [ʒysjɔ̃]. *n. f.* (1559; bas lat. *jussio* « ordre »). Dr. anc. *Lettres de jussion,* lettres adressées par le roi aux cours souveraines et portant commandement d'enregistrer une ordonnance, un édit.

JUSTAUCORPS [ʒystokɔʀ]. *n. m.* (1617; comp. de *juste, au,* et *corps*). Ancien vêtement serré à la taille et muni de manches et de basques généralement assez longues. V. **Pourpoint.** *Justaucorps d'homme, de femme.*

JUSTE [ʒyst(ə)]. *adj., n. m.* et *adv.* (1120; lat. *justus*).
I. *Adj.* ♦ 1° Qui se comporte, agit conformément à la justice, à l'équité. V. **Équitable.** « *Il faut être juste avant d'être généreux* » (CHAMFORT). *Être juste pour, envers, à l'égard de qqn. Magistrat juste.* V. **Impartial, intègre.** *Il faut être juste, pour être jugé* : sans parti pris. V. **Honnête, loyal.** — Exclam. *Juste ciel! Justes dieux!* ◇ N. m. *Un, les juste(s). Dormir du sommeil du juste,* d'un sommeil que ne trouble aucun remords, d'un sommeil paisible et profond. — *Relig.* Celui qui observe exactement les devoirs de la religion. « *L'impie observe le juste, et cherche à le faire mourir* » (PASC.). ♦ 2° (*Choses*). Qui est conforme à la justice, au droit, à l'équité. *Une belle et juste cause. Guerre juste.* « *Rien n'est juste que ce qui est honnête* » (ROBESPIERRE). *Convoler en justes noces.* — Impers.

« *N'est-il pas juste Que chacun dispose de son bien* » (GIDE). ◇ Subst. *Le sentiment du juste et de l'injuste.* ♦ 3° (Devant le nom). V. **Fondé, légitime.** *Un juste sujet de s'alarmer. De justes revendications. À juste titre :* à bon droit, avec juste raison. ♦ 4° Qui a de la justesse, qui convient bien, est bien tel qu'il doit être. V. **Adéquat, approprié, convenable.** *Juste milieu. Estimer les choses à leur juste prix.* V. **Réel, véritable, vrai.** *L'addition est juste.* V. **Exact.** *L'heure juste. À la seconde juste où.* V. **Même, précis.** *Mot juste.* V. **Propre.** ◇ (D'un son) Qui est exactement conforme à ce qu'il doit être (*opposé à* faux). *Note juste. Voix juste.* — Qui fonctionne avec exactitude et précision. *Montre juste.* — *Fig.* Conforme à la vérité, à la raison, au bon sens. V. **Authentique, exact, logique, raisonnable, rationnel, vrai.** *Dire des choses justes. Très juste!* c'est bien dit, bien observé. *C'est juste, rien de plus juste. Comparaison, image juste.* V. **Heureux.** *Ils « paraissaient se faire une idée plus juste de leurs intérêts* » (CAMUS). — Subst. *Être dans le juste.* ◇ Qui apprécie bien, avec exactitude. *Avoir le coup d'œil juste, l'oreille juste.* V. *Ce n'est point un grand avantage d'avoir l'esprit vif, si on ne l'a juste* » (VAUVEN.). ♦ 5° Qui est trop ajusté, en parlant de vêtements, de chaussures. V. **Étroit, petit.** *Pantalon trop juste.* V. **Collant.** — Fig. *Qui suffit à peine.* V. **Court.** *Repas trop juste pour dix personnes. C'est un peu juste.* V. **Jeune.**

II. *Adv.* ♦ 1° Avec justesse, exactitude, comme il faut, comme il convient. *Voir juste. Deviner, tomber juste.* — *Dire juste,* avec un ton et des intonations justes. *Acteur qui dit juste.* ◇ Avec précision. *Tirer, viser juste. Mesurer juste* (Cf. Avoir le compas dans l'œil*). « *C'est bien ça, j'avais calculé juste* » (ZOLA). *Juste :* atteindre très exactement le but visé, et au *fig.* Agir ou parler exactement comme il convient. ♦ 2° Exactement, précisément. *Juste au-dessus des arbres. Cela s'est passé juste comme il le voulait. Juste ce qu'il faut.* ♦ 3° D'une manière trop stricte, en quantité à peine suffisante. *Compter, prévoir un peu juste. Arriver bien juste,* au tout dernier moment. V. **Justesse** (de). *Cela lui coûte juste la peine de se baisser.* V. **Seulement.** *Savoir tout juste lire. Il s'est vendu tout juste cinq cents exemplaires.* V. **Tout** (tout au plus). *C'est tout juste passable.* V. **Peine** (à). ♦ 4° *Loc. adv.* AU JUSTE. V. **Exactement.** « *Douze, quinze, vingt, on ne savait pas au juste* » (ZOLA). ◇ (1808) COMME DE JUSTE, comme il se doit. V. **Raison** (comme de). « *Je dessinais. J'écrivais... Comme de juste on me flattait* » (COCTEAU).

◇ ANT. *Abusif, absurde, approximatif, arbitraire, déraisonnable, désaccordé, faux, incorrect, inexact, inique, injuste, réprouvé.*

JUSTEMENT [ʒystəmɑ̃]. *adv.* (XIIe; de *juste*). ♦ 1° Rare. Conformément à la justice. *Ses efforts ont été justement récompensés.* ◇ À bon droit, avec raison. *Craindre justement pour son sort.* ♦ 2° Avec justesse. *Efforcez-vous de penser plus justement. On dira plus justement que...* V. **Pertinemment.** ♦ 3° Cour. Adv. de phrase (Pour marquer l'exacte concordance de deux faits, d'une idée et d'un fait). *C'est justement ce qu'il ne fallait pas faire.* V. **Exactement.** *Il va venir; justement le voici.* « *Et voilà justement comme on écrit l'histoire* » (VOLT.). — *Spécial.* Précisément, à plus forte raison (en tête de phrase) *Il sera peiné de l'apprendre.* — *Justement, ne lui dites rien!* ◇ ANT. *Injustement, faussement.*

JUSTE-MILIEU [ʒystmiljø]. *n. m.* (1831; de *juste,* et *milieu*). ♦ 1° Hist. Gouvernement modéré défini par Louis-Philippe. ♦ 2° Adj. Vx. Péj. Qui est partisan de ce gouvernement; qui s'y rapporte. « *Il est juste-milieu, botaniste et pansu* » (VERLAINE).

JUSTESSE [ʒystɛs]. *n. f.* (1611; de *juste*). ♦ 1° Qualité qui rend une chose parfaitement adaptée ou appropriée à sa destination. *Justesse et précision d'une balance.* ◇ (Abstrait) V. **Convenance, correction, exactitude.** *Comparaison qui manque de justesse.* « *La justesse du sentiment général, la vérité de la couleur* » (RENAN). V. **Authenticité, vérité.** ♦ 2° Qualité qui permet d'exécuter très exactement une chose, et par ext. la manière même dont on l'exécute sans la moindre erreur. V. **Précision.** *Justesse du tir. Chanter avec justesse.* — *Spécialt.* Qualité qui permet d'apprécier très exactement. *Justesse de l'oreille, du coup d'œil.* — *Justesse d'esprit.* V. **Raison, rectitude.** « *Les enfants apprécient avec une parfaite justesse la valeur morale de leurs maîtres* » (FRANCE). ♦ 3° *Loc. adv.* DE JUSTESSE (fin XIXe). *Gagner de justesse,* se dit d'un cheval qui franchit le poteau d'arrivée avec très faible avance sur son principal concurrent. *Éviter de justesse une collision :* de peu. « *Je m'échappais de justesse* » (CÉLINE). ◇ ANT. *Approximation, erreur, faute.*

JUSTICE [ʒystis]. *n. f.* (XIe; lat. *justitia*). ♦ 1° Juste appréciation, reconnaissance et respect des droits et du mérite de chacun. **Droiture, équité, impartialité, intégrité, probité.** « *La justice est le respect de la dignité humaine* » (PROUDHON). « *La pure justice n'est pas charitable, la grande charité n'est pas juste* » (DUHAM.). ♦ 2° Principe moral de conformité au droit positif (V. **Légalité, loi**) ou naturel (V. **Équité**). « *La justice est la liberté en action* » (JOUBERT).

L'humanité recherche la justice et le bonheur. Faire régner la justice. Agir selon la justice, contre la justice. Justice distributive. Justice immanente. — *En bonne justice* ou selon ce qui est de droit. *C'est justice, ce n'est que justice.* V. **Juste.** ♦ 3° Pouvoir de faire régner le droit ; exercice de ce pouvoir. *La justice punit et récompense.* « *La justice des hommes* (intervient) *toujours trop tard : elle réprime ou flétrit les actes...* » (BERNANOS). *Justice sommaire :* exécution sommaire. — *Administrer, exercer, rendre la justice.* V. **Juger.** *Relever de la justice de tel ou tel pays, de tel ou tel tribunal. Déni de justice.* — *Cour de justice. Frais de justice.* Anc. Dr. *Justice seigneuriale ; haute, basse justice. Main de justice. Lit de justice.* ◊ Reconnaissance du droit, du bon droit de qqn. « *Las d'avoir toujours raison et jamais justice* » (ROUSS.). *Obtenir justice.* — FAIRE JUSTICE. Vx. Punir, châtier (qqn). — Mod. *Faire justice de qqch :* récuser, réfuter. *Le temps a fait justice de cette renommée usurpée.* — FAIRE, RENDRE JUSTICE à qqn : lui reconnaître son droit, lui accorder ce qu'il est juste qu'il obtienne ; *par ext.* Rendre hommage, récompenser. *L'avenir, la postérité lui rendra justice. Il faut lui rendre cette justice qu'il a fait ce qu'il a pu. Se rendre justice* (à soi-même) : reconnaître ses propres mérites. — SE FAIRE JUSTICE à soi-même, ou absolt. *Se faire justice, se venger.* ♦ 4° Organisation du pouvoir judiciaire ; ensemble des organes chargés d'administrer la justice, conformément au droit positif. « *Une justice digne de ce nom, non payée, non achetée..., sortie du peuple et pour le peuple* » (MICHELET). V. **Judiciaire, juridique.** *Défense des droits devant la justice, en justice.* V. **Procédure.** *Exercice d'un droit en justice.* V. **Action, poursuite.** *Exercer un droit en justice* (V. **Actionner, agir, défendre, plaider, poursuivre, requérir**). *Litige soumis à la justice* (V. **Procès**). *Débats en justice. Être appelé, assigné, cité en justice.* — *Décisions de la justice* (V. **Arrêt, jugement, ordonnance, sentence**). *Palais de Justice,* où siègent les tribunaux. — *Gens de justice :* les membres du corps de la magistrature, du ministère public, du barreau, des offices publics et ministériels. *Officier de justice* (anc. dr. V. **Bailli, lieutenant** (criminel), **prévôt, sénéchal**) ◊ *Police judiciaire. La justice le recherche. La justice s'assure de l'identité des inculpés.* V. **Identité** (judiciaire) ; **anthropométrie.** *Repris** de justice.* ♦ 5° L'ensemble des juridictions de même ordre, de même classe. *Justice administrative* (tribunaux administratifs, Conseil d'État), *civile, commerciale, militaire, pénale, politique.* — Anc. Dr. *Justice seigneuriale* (droit commun) : *haute et basse justice. Justice féodale* (justice foncière). ◊ *Le ministère de la Justice.* V. **Chancellerie.** *Le portefeuille de la Justice. Sous-secrétaire à la Justice. Le ministre de la Justice.* V. **Sceaux** (garde des). ◊ *La justice de paix :* le tribunal du juge de paix. ♦ 6° LA JUSTICE (aux sens 2° et 4°), personnifiée par une femme aux yeux bandés portant une balance et un glaive. *La Justice,* fresque de Raphaël. ◊ ANT. *Crime, iniquité, injustice.*

JUSTICIABLE [ʒystisjabl(ə)]. *adj.* et *n.* (XIIᵉ ; de l'a. v. *justicier* « punir »). ♦ 1° Qui relève de certains juges, de leur juridiction. *Criminel justiciable des tribunaux français.* Subst. *L'inamovibilité des juges est une garantie de bonne justice pour les justiciables.* ♦ 2° Fig. Qui relève (d'un traitement). *Malade justiciable d'une cure thermale.*

JUSTICIER, IÈRE [ʒystisje, jɛʀ]. *n.* (XIIᵉ ; de *justice*). ♦ 1° Personne qui rend justice, qui fait régner la justice ou l'applique. *Saint Louis, roi et justicier.* « *En sa personne* (de Pierre Iᵉʳ) *se confondent le juge et le justicier* » (BALZ.). ◊ Féod. Personne qui a droit de justice en un lieu. *Haut, bas justicier.* ♦ 2° Celui qui agit en redresseur de torts, vengeur des innocents et punisseur des coupables.

JUSTIFIABLE [ʒystifjabl(ə)]. *adj.* (1787 ; « qui rend juste », v. 1300 ; de *justifier*). ♦ 1° Qui peut être justifié. V. **Défendable, excusable.** ♦ 2° Qui peut être expliqué, motivé. *Un choix justifiable.* ◊ ANT. *Injustifiable, insoutenable.*

JUSTIFIANT, ANTE [ʒystifjã, ãt]. *adj.* (1345 ; de *justifier,* 1°). Relig. *Grâce justifiante :* qui rend juste.

JUSTIFICATEUR, TRICE [ʒystifikatœʀ, tʀis]. *adj.* et *n. m.* (1512 ; de *justifier,* et lat. *justificator*). ♦ 1° Adj. Qui justifie. ♦ 2° N. m. Techn. (1723). Ouvrier typographe qui fait la justification (3°). ◊ Outil qui sert à la justification.

JUSTIFICATIF, IVE [ʒystifikatif, iv]. *adj.* (1535 ; du lat. ecclés. *justificare* « justifier » 1°). ♦ 1° Qui sert à justifier (qqn). *Fait, mémoire justificatif.* — Qui légitime (qqch). ♦ 2° Qui sert à prouver ce qu'on allègue. *Documents justificatifs. Exemplaires justificatifs,* et subst. *Justificatifs :* exemplaires (d'un journal, d'une revue) adressés aux personnes qui ont fait insérer une annonce.

JUSTIFICATION [ʒystifikasjɔ̃]. *n. f.* (*Justificaciun,* 1120 ; lat. ecclés. *justificatio*). ♦ 1° Action de justifier qqn, de se justifier ; résultat de cette action. *Qu'avez-vous à dire pour votre justification ?* V. **Décharge, défense, excuse.** *Demander des justifications.* V. **Compte, explication.** *Chercher, fournir des justifications.* V. **Argument, raison.** — *Par ext.*

Action de justifier (qqch.) ou de présenter comme juste. *Justification de la guerre.* V. **Apologie.** — *Ce qui justifie, sert à justifier.* ♦ 2° Action d'établir (une chose) comme réelle ; résultat de cette action. V. **Preuve.** *Justification d'un fait, d'une identité, d'un paiement.* ♦ 3° Imprim. (1680). Action de donner aux lignes la longueur requise ; longueur d'une ligne d'impression, définie par le nombre de caractères ; cette ligne. *La justification et les marges d'un livre.* ◊ ANT. (des 1°, 2°) *Accusation, calomnie.*

JUSTIFIER [ʒystifje]. *v. tr.* (déb. XIIᵉ, sens 2° ; lat. ecclés. *justificare*). ♦ 1° Rare (1564). Rendre juste, conforme à la justice. « *Ne pouvant fortifier la justice, on a justifié la force* » (PASC.). ♦ 2° Innocenter (qqn) en expliquant sa conduite, en démontrant que l'accusation n'est pas fondée. V. **Couvrir, décharger, défendre, disculper, excuser.** *Justifier qqn d'une erreur.* V. **Laver.** « *Vous veniez accuser cet homme, vous l'avez justifié* » (HUGO). *Se justifier d'une accusation.* — Pronom. *Se justifier :* prouver son innocence, son bon droit. ♦ Rendre (qqch.) légitime. *Théorie qui justifie tous les excès.* V. **Autoriser, légitimer.** — PROV. *La fin justifie les moyens.* ♦ 4° Faire admettre ou s'efforcer de faire reconnaître (qqch.) comme juste, légitime, fondé. V. **Exprimer, motiver.** *Justifier une démarche, une demande. Justifiez vos critiques.* « *Presque toute vie d'homme est corrompue par le besoin qu'il a de justifier son existence* » (MONTHERLANT). *Ses craintes ne sont pas justifiées.* Par ext. *Son revenu ne justifie pas ce train de vie.* V. **Compte** (rendre compte de). ♦ 5° Confirmer (un jugement, un sentiment). V. **Vérifier.** *L'événement a justifié notre opinion, nos espoirs.* ♦ 6° Montrer (qqch.) comme vrai, juste, réel, par des arguments, des preuves. V. **Démontrer, prouver.** *Justifier ce qu'on avance, ce qu'on affirme. Justifier l'emploi des sommes reçues.* ◊ Dr. (Trans. indir.) *Justifier de* (qqch.), en faire, en apporter la preuve. *Justifier de son identité en montrant ses papiers.* — *Reçu qui justifie d'un paiement.* ♦ 7° Imprim. (1680). *Justifier le compositeur,* le fixer sur la justification voulue. *Justifier une ligne,* la mettre à la longueur requise au moyen de blancs. ◊ ANT. (du 1° au 6°) *Accuser, blâmer, condamner, incriminer.*

JUTE [ʒyt]. *n. m.* (1849 ; mot angl., du bengali *jhuto*). ♦ 1° Plante herbacée *(Tiliacées),* cultivée pour les fibres textiles longues et soyeuses de ses tiges. ♦ 2° Fibre textile qu'on en tire après rouissage et décorticage. *Le jute, résistant et bon marché, est utilisé dans la fabrication des cordes, des ficelles, des toiles à sac. Toile de jute.*

JUTER [ʒyte]. *v. intr.* (1844 ; de *jus*). ♦ 1° Rendre du jus. *Pêche, fruit qui jute.* — Par anal. (Fam.) *Pipe qui jute.* ♦ 2° Pop. (1908). Faire un « jus » ; laïusser, parler.

JUTEUX, EUSE [ʒytø, øz]. *adj.* (XIVᵉ ; de *jus*). ♦ 1° Qui a beaucoup de jus. *Poire juteuse.* V. **Fondant.** ♦ 2° Subst. (1907). Arg. milit. V. **Adjudant.**

JUVÉNAT [ʒyvena]. *n. m.* (XIVᵉ ; « assemblée de jeunes gens », XVIᵉ ; lat. *juvenis* « jeune homme »). Relig. Stage en usage dans certains ordres religieux.

JUVÉNILE [ʒyvenil]. *adj.* (1468 ; lat. *juvenilis*). Se dit des qualités propres à la jeunesse. V. **Jeune.** *Fraîcheur, grâce juvénile. Sourire juvénile.* « *Tout était juvénile sur ces visages : la roseur de la joue... l'œil frais* » (MART. du G.). *Ardeur juvénile.* ◊ ANT. *Sénile, vieux.*

JUVÉNILITÉ [ʒyvenilite]. *n. f.* (1495 ; lat. *juvenilitas*). Littér. Caractère juvénile. V. **Jeunesse.** *La juvénilité de son expression, de ses enthousiasmes.* ◊ ANT. *Sénilité.*

JUXTA-. Élément, du lat. *juxta* « près de ».

JUXTALINÉAIRE [ʒykstalineɛʀ]. *adj.* (1847 ; de *juxta-,* et *linéaire*). Didact. *Traduction juxtalinéaire :* où le texte et la version se répondent ligne à ligne dans deux colonnes contiguës.

JUXTAPOSABLE [ʒykstapozabl(ə)]. *adj.* (XXᵉ ; de *juxtaposer*). Qui peut être juxtaposé.

JUXTAPOSÉ, ÉE [ʒykstapoze]. *adj.* (1835 ; de *juxtaposer*). Qui est mis à côté, sans lien, sans liaison. « *Un faisceau d'églises et de chapelles juxtaposées et indépendantes les unes des autres* » (GAUTIER). *Ce livre n'est fait que d'idées juxtaposées. Touches juxtaposées des impressionnistes. Mots juxtaposés. Propositions juxtaposées,* mises les unes à côté des autres sans lien grammatical. ◊ ANT. *Distant.*

JUXTAPOSER [ʒykstapoze]. *v. tr.* (1835 ; de *juxta-,* et *poser*). Poser, mettre (une ou plusieurs choses) à côté, près d'une autre ou de plusieurs autres et sans liaison. *Juxtaposer une chose à une autre, une chose et une autre.* — Poser (plusieurs choses) l'une à côté de l'autre, les unes à côté des autres. V. **Accoler.** *Juxtaposer les termes d'une série. Juxtaposer deux mots pour former un composé.* ◊ ANT. *Éloigner, espacer.*

JUXTAPOSITION [ʒykstapozisjɔ̃]. *n. f.* (1664 ; de *juxta-,* et *position*). Action de juxtaposer ; résultat de cette action. V. **Assemblage.** « *Ses tons, qui seraient gris ou neutres, acquièrent par la juxtaposition une puissance et un éclat surprenants* » (GAUTIER).

K [ka]. *n. m.* (du *K* lat., a. transcription du χ *(kyste)* ou du K grecs *(kilo)*; du *K* germanique *(képi)* ou slave *(knout)* ou transcription d'un son *c* dur d'une langue orientale *(moka, panka)*. Onzième lettre de l'alphabet *(k, K)* servant à noter une consonne occlusive sourde vélaire [k] dans des mots empruntés. ◊ *Chim.* Symb. du potassium. ◊ *Phys.* K, symbole du kelvin*. ◊ HOM. *Cas.*

KABBALE. V. CABALE.

KABUKI [kabuki]. *n. m.* (xxᵉ; mot jap.). Genre théâtral traditionnel, au Japon.

KABYLE [kabil]. *n.* (*Cabilah*, 1761; arabe *kabaïlyy*). De la Kabylie, région montagneuse d'Algérie. *Origine berbère des Kabyles.* — Adj. *Cheval, chien kabyle.* — N. m. *Le kabyle :* ensemble des dialectes et parlers berbères de Kabylie.

KACHA [kaʃa] ou **KACHE** [kaʃ]. *n. m.* (v. 1900; mot russe). Plat populaire russe à base de bouillie de sarrasin. ◊ HOM. *Cache.*

KADI. V. CADI.

KAFKAÏEN, IENNE [kafkajɛ̃, jɛn]. *adj.* (v. 1950; de *Kafka*, écrivain tchèque). Qui rappelle l'atmosphère oppressante des romans de Kafka.

KAÏNITE [kainit]. *n. f.* (1872; all. *Kaïnit*; du gr. *kaïnos* « nouveau »). Sel double hydraté naturel de sulfate de magnésium et de chlorure de potassium. *La kaïnite, engrais potassique.*

KAISER [kajzɛʀ, kɛzɛʀ]. *n. m.* (1870-1871; mot all. « empereur »). L'empereur d'Allemagne (1870 à 1918).

KAKATOÈS. *n. m.* V. CACATOÈS.

KAKÉMONO [kakemɔnɔ]. *n. m.* (1894; mot jap. « chose suspendue »). Peinture japonaise sur soie ou sur papier, étroite et haute, suspendue verticalement (V. **Makémono**). « *Une toile toute en hauteur, faite comme un kakémono* » (DUHAM.).

1. **KAKI** [kaki]. *n. m.* (1839; mot jap.). Plaqueminier du Japon, arbre ou arbrisseau dont les fruits d'un jaune orangé ont la forme de tomates. ◊ Ce fruit. *Des kakis.*

2. **KAKI** [kaki]. *adj. invar.* (1898; angl. *khakee, khaki*, de l'hindoustani *khâki* « couleur de poussière »). D'une couleur jaunâtre tirant sur le brun. *Toile kaki.* — Subst. *Le kaki, couleur peu voyante et peu salissante, utilisée surtout pour les vêtements militaires ou sportifs.*

KALA-AZAR [kalaazaʀ]. *n. m.* (1909; mot d'Assam, de *kala* « noir », et *azar* « maladie »). *Méd.* Maladie grave provoquée par un protozoaire parasite, la leishmanie*. *Kala-azar méditerranéen*, qui atteint la rate, chez les enfants. *Kala-azar asiatique*, avec atteinte de la rate, du foie, des ganglions lymphatiques, du sang et de la peau. V. **Leishmaniose.**

KALÉIDOSCOPE [kaleidɔskɔp]. *n. m.* (1819, en angl. [Brewster] gr. *kalos* « beau », *eïdos* « aspect », et *skopein*; Cf. -Scope). ♦ 1º Petit instrument cylindrique, dont le fond est occupé par des fragments mobiles de verre colorié qui, en se réfléchissant sur un jeu de miroirs angulaires disposés tout au long du cylindre, y produisent d'infinies combinaisons d'images aux multiples couleurs. ♦ 2º *Fig.* Succession rapide et changeante (d'impressions, de sensations).

KALÉIDOSCOPIQUE [kaleidɔskɔpik]. *adj.* (fin xixᵉ; de *kaléidoscope*). Du kaléidoscope. — Fig. « *Mise en scène kaléidoscopique et mouvementée* » (JARRY). V. **Changeant.**

KALI [kali]. *n. m.* (1557; arabe *gali* « soude ». V. Alcali). Plante à feuilles épineuses *(Chénopodiacées)* qui pousse sur les côtes de l'Europe méridionale, et dont on retirait autrefois la soude par incinération.

KALICYTIE [kalisiti]. *n. f.* (xxᵉ; de l'arabe *kali* « potasse », et -*cyte*). *Biol.* Taux de potassium dans les cellules tissulaires et les globules du sang.

KALIÉMIE [kaliemi]. *n. f.* (xxᵉ; de l'arabe *kali* « potasse », et -*émie*). *Biol.* Taux de potassium dans le sang.

KALIUM [kaljɔm]. *n. m.* (1842; lat. sav., de l'arabe *kali* « potasse »). *Chim.* Ancien nom du potassium (Symb. K).

KALMOUK, E [kalmuk]. *adj.* (1771; mot mongol). De Kalmoukie (U.R.S.S.). *Langue kalmouke*, et subst. *Le kalmouk.*

KAMALA [kamala]. *n. m.* (1873; mot sanscr.). *Rare.* Poudre orangée (tinctoriale et ténifuge) obtenue par la réunion des minuscules poils glanduleux qui couvrent les fruits d'un arbrisseau de l'Inde *(Euphorbiacées)*.

KAMI [kami]. *n. m.* (1867; mot jap. « seigneur »). *Didact.* Nom générique des divinités dans la religion shintoïste. — *Par ext.* Titre de noblesse au Japon.

KAMICHI [kamiʃi]. *n. m.* (*Kamichy*, 1741; mot indien [Brésil]). *Zool.* Grand oiseau échassier d'Amérique du Sud.

KAMIKAZE [kamikaze]. *n. m.* (v. 1950; mot jap.). Avion-suicide, piloté par un volontaire (au Japon, en 1944-45); ce volontaire. ◊ *Par ext.* Personne qui a grande témérité. « *un kamikaze du volant* » (*Nouv. Obs.*, 9-6-1969). Par appos. « *Candidat kamikaze* » (*L'Express*, 7-5-1973). — *Adj.* Qui tient du suicide.

KAN ou **KHAN** [kã]. *n. m.* (1457; arabo-persan *khân*).

Caravansérail; étape des caravanes. ◊ HOM. *Camp, khan, quand, quant.*

KANDJAR [kãdjaʀ]. *n. m.* (*Cangeare*, 1617; arabe *khandjar* « coutelas »). Poignard oriental à longue lame tranchante, dont la poignée n'a pas de garde.

KANGOUROU [kãguʀu]. *n. m.* (1774; angl. *kangaroo*, mot australien). Grand mammifère australien herbivore *(Marsupiaux)*, à pattes postérieures très développées, lui permettant des sauts de plusieurs mètres, et pattes antérieures très courtes. *La femelle du kangourou abrite ses petits dans sa poche ventrale après qu'ils y ont achevé leur gestation. Kangourou de petite taille.* V. **Wallaby.** « *Les kanguroos* (sic), *quadrupèdes-sauterelles* » (CHATEAUB.).

KANTIEN, IENNE [kãs(t)jɛ̃, jɛn]. *adj.* (1836; de *Kant*). Qui a rapport à la philosophie de Kant. *Les douze catégories kantiennes.*

KANTISME [kãtism(ə)]. *n. m.* (1846; de *Kant*, philosophe all., 1724-1804). *Philo.* Doctrine de Kant, idéalisme transcendantal.

KAOLIANG [kaɔljã]. *n. m.* (av. 1948; mot chinois, de *kao* « haut », et *liang* « grain », par l'angl. [1904]). Variété de sorgho*.

KAOLIN [kaɔlɛ̃]. *n. m.* (1712; chinois *kaoling*, proprem. « colline élevée », nom du lieu où l'on extrayait le *kaolin*). Silicate d'alumine pur, provenant de l'altération des feldspaths, des granits (kaolinisation), argile blanche, réfractaire et friable qui entre dans la composition des pâtes céramiques, de la porcelaine.

KAOLINISATION [kaɔlinizasjɔ̃]. *n. f.* (1867; de *kaolin*). Transformation en kaolin, sous l'influence des eaux d'infiltration, du feldspath des roches cristallines.

KAPOK ou **CAPOC** [kapɔk]. *n. m.* (*Capok*, 1680; malais *kapog*). *Techn.* Fibre végétale, imperméable, imputrescible et très légère, constituée par les poils fins et soyeux qui recouvrent les graines du kapokier.

KAPOKIER [kapɔkje]. *n. m.* (*Capoguier*, 1691; de *kapok*). Grand arbre de Java *(Malvacées)* qui fournit le kapok. V. **Fromager.**

KAPPA [ka(p)pa]. *n. m.* Lettre de l'alphabet grec, correspondant au son *K* (χ).

KARAKUL. V. CARACUL.

KARATÉ [kaʀate]. *n. m.* (v. 1960; mot jap.). Art martial japonais, fondé sur l'éducation de la volonté et la maîtrise physique. *Le karaté est devenu un exercice et un sport de combat. Pratiquer le judo et le karaté.*

KARBAU [kaʀbo] ou **KÉRABAU** [keʀabo]. *n. m.* (1878, -v. 1900; mot malais). Variété domestique de buffle de l'Inde, répandue en Malaisie.

KARITÉ [kaʀite]. *n. m.* (v. 1900; mot soudanais). Nom de l'« *arbre à beurre* » *(Sapotacées)*, qui croît en Afrique équatoriale et dont la graine renferme une substance grasse, comestible après traitement *(beurre de karité)*.

KARMA [kaʀma] ou **KARMAN** [kaʀman]. *n. m.* (1931; 1828, en angl.; sanscr. « acte »). Dogme central de la religion hindouiste selon lequel la destinée d'un être vivant et conscient est déterminée par la totalité de ses actions passées, de ses vies antérieures. Pouvoir, dynamisme des actes passés, en tant que détermination de l'individu transitoire.

KARMAN [kaʀman]. *n. m.* (xxᵉ; de « raccord de *Kármán* », nom d'un ingénieur amér. d'orig. hongroise, 1881-1963). *Aviat.* Pièce profilée qui évite la formation de tourbillons au raccordement de l'aile et du fuselage. ◊ HOM. *Karman* (V. **Karma**).

KARPATIQUE. V. CARPATIQUE.

KARSTIQUE [kaʀstik]. *adj.* (1922; de *Karst*, nom d'une zone de plateaux calcaires de Yougoslavie). *Géogr.* Qui a rapport au *karst* ou plateau calcaire où prédomine l'érosion chimique. *Relief karstique caractérisé par l'enfouissement des eaux. Dolines karstiques.*

KART [kaʀt]. *n. m.* (xxᵉ; mot angl.). Anglicisme. Petit véhicule automobile sans carrosserie, ni boîte de vitesses, ni suspension. *Des karts.* ◊ HOM. *Carte.*

KARTING [kaʀtiŋ]. *n. m.* (v. 1955; mot angl.). Anglicisme. Sport pratiqué avec les karts*.

KASCHER ou **CASCHER, CAWCHER** [kaʃɛʀ]. *adj. invar.* (fin xixᵉ; mot hébreu). *Relig. jud.* Se dit d'un aliment permis, préparé rituellement selon les règles rituelles de la loi hébraïque. *Viande kascher.* — Par ext. « *Des pâtisseries où l'on vend des gâteaux juifs, des charcuteries cascher* » (BEAUVOIR).

KAVA ou **KAWA** [kava]. *n. m.* (1867; mot du sud-ouest polynésien). Variété de poivrier *(piper methysticum)* qui pousse en Polynésie et dont la racine est utilisée pour fabriquer une boisson enivrante; cette boisson.

KAYAC ou **KAYAK** [kajak]. *n. m.* (v. 1851; mot esquimau). ♦ 1º Canot de pêche groenlandais, étroit et long, fabriqué en peau de phoque. ♦ 2º *Par anal.* Petite embarcation de sport en toile, à une ou deux places, qui se manœuvre à la pagaie. *Descendre une rivière en kayac.*

KEEPSAKE [kipsɛk]. *n. m.* (1829; mot angl., de *to keep* « garder », et *sake* (*for my sake* « pour l'amour de moi »). *Ancien.* Sorte de livre-album, généralement illustré de fines gravures, qu'il était de mode d'offrir en cadeau, comme souvenir, à l'époque romantique.

KEFFIEH [kefjɛ]. *n. m.* (XXᵉ; mot arabe, *kaffiyah* ou *kuffiyeh*, que l'on a rapproché du lat. tardif *cofea*. V. **Coiffe**). Coiffure des Bédouins, formée d'un carré de tissu plié en triangle et retenu par un lien *(agal)*.

KÉFIR, KÉPHIR ou **KÉPHYR** [kefiʀ]. *n. m.* (1885; mot caucasien). Boisson gazeuse et acidulée, obtenue en faisant fermenter du petit-lait (de chèvre, de jument ou de vache) avec une levure dite *grains de kéfir*.

KELVIN [kɛlvin]. *adj. invar.* et *n. m.* (mil. XIXᵉ; du nom de *lord Kelvin*, physicien angl.). *Phys. Degré Kelvin :* unité de température (Symb. K) définie par le zéro absolu (0 °K = − 273,15 °Celsius) et le point triple de l'eau (273,16 °K = 0,01 °Celsius). V. **Degré**.

KÉNOTRON [kenɔtʀɔ̃]. *n. m.* (1926; gr. *kenos* « vide », et suff. *-tron*). *Électr.* Valve redresseuse à vide très poussé, employée en radiologie et en T.S.F.

KENTIA [kɛ̃tja]. *n. m.* (1873; de *Kent*, horticulteur angl.). Genre de palmier australien, cultivé en Europe comme plante d'appartement.

KENTROPHYLLE [kɛ̃tʀɔfil]. *n. m.* (1873; gr. *kentron* « aiguille », et *-phylle*). *Bot.* Gros chardon à fleurs jaunes *(Composacées)*.

KÉPI [kepi]. *n. m.* (1809; all. *Käppi*, dimin. de *Kappe* « bonnet »). Coiffure militaire rigide, à fond plat et surélevé, munie d'une visière, portée (en France) par les officiers et sous-officiers de l'armée de terre, les légionnaires, les gendarmes, les agents de police, etc. *Képi de saint-cyrien.* V. **Shako**. *Képi et casquette*.

KÉRAT-, KÉRATO-. Éléments, tirés du gr. *keras, keratos* « corne, cornée ».

KÉRATINE [keʀatin]. *n. f.* (1855; de *kérat-*, et suff. *-ine*). *Biochim.* Substance protéique soufrée *(Scléroprotéine)* qui constitue la majeure partie des productions épidermiques chez l'homme et les animaux : cheveux, cornes, laine, ongles, plumes, poils, sabot; on la trouve également dans les cellules superficielles de l'épiderme.

KÉRATINISATION [keʀatinizasjɔ̃]. *n. f.* (1892; de *kératine). Physiol.* Fait de se kératiniser. V. **Kératose**.

KÉRATINISER [keʀatinize]. *v. tr.* (1905; 1889 au p. p. *kératinisé*, de *kératine). Didact.* ♦ 1° *V. pron.* S'infiltrer de kératine (en parlant des cellules de l'épiderme et des phanères). *Cellules kératinisées.* ♦ 2° *V. tr. Pharm. Kératiniser des pilules*, les enrober dans une substance analogue à la kératine. *Pilules kératinisées*.

KÉRATITE [keʀatit]. *n. f.* (1827; de *kérat-*, et suff. *-ite). Méd.* Inflammation de la cornée.

KÉRATOPLASTIE [keʀatɔplasti]. *n. f.* (1878; de *kérato-*, et *-plastie). Méd.* Opération qui consiste à remplacer un fragment de cornée malade par un fragment de cornée saine et transparente *(greffe de la cornée)*.

KÉRATOSE [keʀatoz]. *n. f.* (1890; de *kérat-*, et suff. *-ose). Méd.* Épaississement de la couche cornée de l'épiderme. *Kératose sénile*.

KÉRATOTOMIE [keʀatɔtɔmi]. *n. f.* (1855; de *kérato-*, et *-tomie). Méd.* Section de la cornée dans l'opération de la cataracte.

KERMÈS [kɛʀmɛs]. *n. m.* (1600; *al-kermès*, 1546; arabo-persan *al-girmiz*, par l'esp. *alkermes; Cf.* Cramoisi). ♦ 1° Insecte hémiptère *(Cochenilles)* parasite du chêne-kermès, et dont les œufs séchés et traités servaient à fabriquer une teinture écarlate. — Cette teinture. ♦ 2° Espèce de chêne. V. **Chêne-kermès.** ◇ HOM. *Kermesse.*

KERMESSE [kɛʀmɛs]. *n. f.* (1391; flam. *kerkmisse* « messe d'église »). ♦ 1° (Hollande, Belgique, nord de la France). Fête patronale villageoise, foire annuelle célébrée avec de grandes réjouissances en plein air. V. **Ducasse.** ♦ 2° (1832). *Cour.* Grande fête de bienfaisance en plein air. « *La tour Eiffel ne fut que le phare d'une kermesse internationale* » (l'Exposition) » (MAUPASS.). ◇ HOM. *Kermès.*

KÉROGÈNE [keʀɔʒɛn]. *n. m.* (v. 1969; du gr. *kêros* « cire », et suff. *-gène). Géol.* Matière organique contenue dans les schistes bitumeux et susceptible de donner des hydrocarbures par distillation.

KÉROSÈNE [keʀozɛn]. *n. m.* (1863, var. *kérosine* [1862]; gr. *kêros* « cire », et suff. *-ène). Pétrole lampant obtenu par distillation des huiles brutes de pétrole. *Le kérosène est utilisé pour l'alimentation des réacteurs d'aviation.*

KERRIE [keʀi]. *n. f.* (1842; de *Ker*, botaniste angl.). Arbuste ornemental *(Rosacées)* originaire du Japon et cultivé en France pour ses longues grappes de fleurs jaune d'or sous le nom de *spirée du Japon*.

KETCH [kɛtʃ]. *n. m.* (1788; *cache*, 1666; *quaiche*, 1751;

mot angl.). *Mar.* Cotre à tape-cul, voilier à deux focs, dont le mât est en avant du gouvernail.

KETCHUP [kɛtʃœp]. *n. m.* (*calchup*, 1825; *catsup*, 1830; mot angl., [*catchup*, 1690; *ketchup*, 1711], probabl. du chinois *Kôe-tchiap* ou malais *kêchap*). Sauce anglaise préparée, à base de jus de champignons et de tomates. *Une bouteille de ketchup.*

KETMIE [kɛtmi]. *n. f.* (*Ketmia*, 1747; lat. bot. mod. *ketmia*, arabe *khatmi*). Arbre ou arbrisseau *(Malvacées)* des régions chaudes dont certaines variétés sont cultivées en France. Son fruit est le nafé*. V. **Hibiscus**.

KEYNÉSIEN, IENNE [kenezjɛ̃, jɛn]. *adj.* (mil. XXᵉ; de *Keynes). Écon.* De Keynes, de ses conceptions économiques (politique de développement de la production et de l'emploi par intervention, contrôle des investissements, etc.).

kg (Symb. de *kilogramme*). — **kgF** (Symb. de *kilogramme-force*). (angl., [catchup], V. **kgm** (Symb. de *kilogrammètre*). — **kg/m³** (Symb. de *kilogramme par mètre cube*). — **kgp** (Symb. de *kilogramme-poids*).

KHÂGNE, KHÂGNEUX. V. **CAGNE, CAGNEUX** (2).

KHALIFE, KHALIFAT. V. **CALIFE, CALIFAT.**

KHAMSIN [xamsin]. *n. m.* (XVIIIᵉ; mot arabe). Nom d'un vent de sable analogue au sirocco, en Égypte.

1. **KHAN** [kɑ̃]. *n. m.* (*Kaan*, 1298; turc *khan* « prince, commandant »). Titre que prenaient les souverains mongols *(Gengis Khan)*, les chefs tartares, et qui passa avec eux dans l'Inde et jusqu'au Moyen-Orient. ◇ HOM. *Camp, kan, quand, quant.*

2. **KHAN.** V. **KAN.**

KHANAT [kana]. *n. m.* (1678; de *khan*). ♦ 1° Pays soumis à un khan. ♦ 2° (1845). Dignité de khan. « *Conférer le khanat* » (GOBINEAU).

KHÉDIVAL [kedival] ou **KHÉDIVIAL, IALE, IAUX** [kedivjal, jo]. *adj.* (1894,-1890; de *khédive*). Qui dépend du khédive.

KHÉDIVAT [kediva] ou **KHÉDIVIAT** [kedivja]. *n. m.* (1890,-1878; de *khédive*). Fonction, dignité de khédive; temps pendant lequel elle s'exerçait.

KHÉDIVE [kediv]. *n. m.* (1869; du turco-persan *khédiv* « roi, souverain »). Titre porté par le vice-roi d'Égypte entre 1867 et 1922.

KHI [ki]. *n. m.* Lettre de l'alphabet grec (X, χ) notant une gutturale sourde aspirée [x]. ◇ HOM. *Qui.*

KHMER, KHMÈRE [kmɛʀ]. *adj.* et *n.* (1889; mot hindou). Des Khmers, population d'origine hindoue qui habite le Cambodge. *Art khmer*, art ancien du Cambodge. « *Une tête bouddhique khmère* » (MALRAUX). ◇ *La langue khmère*, ou *subst. le khmer.* V. **Cambodgien.** ◇ (1970). *La République khmère.* Subst. *Les Khmers rouges. Un Khmer, une Khmère.* V. **Cambodgien.**

KHÔL [kol], **KOHOL** [kɔɔl], **KOHEUL** [kɔœl]. *n. m.* (*Kool*, 1717; arabe *kohl*. V. **Alcool**). Fard de couleur sombre que les Orientaux, les indigènes d'Afrique du Nord, s'appliquent sur les paupières, les cils, les sourcils. « *Yeux peints de kohol* » (GOBINEAU). « *Un adroit maquillage... de koheul bleuté* » (COLETTE).

KIBBOUTZ [kibuts]. *n. m.* (v. 1950; mot hébr. « collectivité »). Exploitation agricole collective, en Israël. *Des kibboutz* ou (plur. hébreu) *des kibboutzim.* — *Un kibboutznik*, membre d'un kibboutz.

KICHENOTTE [kiʃnɔt]. *n. f.* (XXᵉ; angl. *kiss not* « n'embrassez pas »). *Dial.* Dans l'Ouest (Nantes, Saintonge), Coiffe ou capeline.

KICK [kik]. *n. m.* (1948; mot angl., de *to kick* « donner des coups de pieds »). Dispositif de lancement d'un moteur à l'aide du pied.

KIDNAPPAGE [kidnapaʒ]. *n. m.* (1933; de *kidnapper*). Enlèvement. « *La boîte est sur le territoire des concessions... le kidnappage y est moins à craindre qu'ici* » (MALRAUX). On dit aussi KIDNAPPING [kidnapiŋ].

KIDNAPPER [kidnape]. *v. tr.* (1930; amér. *to kidnap*, de *kid* « enfant », to *nap* « saisir »). Enlever (une personne), en général pour en tirer une rançon. *Kidnapper un enfant.*

KIDNAPPEUR, EUSE [kidnapœʀ, øz]. *n.* (1946; *kidnapper*, 1783; de *kidnapper*). Personne qui kidnappe.

1. **KIEF** [kjef]. *n. m.* (1851; mot turc). Repos absolu au milieu du jour, chez les Turcs. — État de béatitude.

2. **KIEF** [kjef] ou **KIF** [kif]. *n. m.* (1885; mot arabe). Mélange de tabac et de chanvre indien (V. **Haschisch**). « *Quelques vieux Arabes fumant le kief* » (GIDE).

KIESELGUHR ou **KIESELGUR** [kizelguʀ]. *n. m.* (1846; mot all.). *Minér.* Variété de silice pulvérulente, formée de débris de coquilles fossiles et de diatomées.

KIESÉRITE [kjezeʀit]. *n. f.* (1873; de *Kieser*, savant all.). *Chim.* Sulfate naturel hydraté de magnésium.

KIF. V. **KIEF** (2).

KIF-KIF [kifkif]. *adj. invar.* (1867; mot arabe, littéral. « comme comme »). *Fam.* Pareil, la même chose. *Celui-ci ou* *celui-là, c'est kif-kif!* — Pop. (1914) *C'est du kif.* (1883). *Kif-kif bourricot,* littéralt. « pareil à l'âne » ; « *Formule libre, chère aux Algériens, qui passa en France pour le superlatif de toute ressemblance* » (ESNAULT).

KIKI [kiki]. *n. m.* (*Kique,* 1876 ; abrév. de *quiriquiqui,* arg. « gosier »). *Fam.* Gorge, gosier. *Serrer le kiki.* « *Soudain, il se sentit le kiki serré* » (QUENEAU).

KIL [kil]. *n. m.* (1880 ; abrév. de *kilo*). Pop. *Un kil de rouge :* un litre de vin rouge.

KILO [kilo]. *n. m.* (fin XVIIIe ; abrév. de *kilogramme*). Cour. Kilogramme. *Cinquante kilos. Une livre ou un demi-kilo.*

KILO-. Élément, du gr. *khilioi* « mille, mille fois ».

KILOCALORIE [kilɔkalɔʀi]. *n. f.* (*Néol.* ; de *kilo-,* et *calorie*). Phys. Grande calorie ou millithermie *(mth),* valant 1 000 calories.

KILOCYCLE. *n. m.* V. KILOHERTZ.

KILOGRAMME [kilɔgʀam]. *n. m.* (1790 ; de *kilo-,* et *gramme*). Unité de masse valant mille grammes (abrév. comm. *kilo* et *kg*). *Le kilogramme en platine iridié, étalon de mesure.* — *Kilogramme par mètre cube* (abrév. comm. *kg/m³*) : unité de masse volumique équivalant à la masse volumique d'un corps dont la masse est 1 kilogramme et le volume 1 mètre cube. — KILOGRAMME-POIDS ou KILOGRAMME-FORCE. Unité de mesure (Symb. kgp ou kgf) représentant la force d'attraction terrestre d'une masse d'un kilogramme.

KILOGRAMMÈTRE [kilɔgʀammɛtʀ(ə)]. *n. m.* (1873 ; de *kilo-, gramme,* et *mètre*). Phys. Unité pratique d'énergie ; travail produit par un kilogramme-force dont le point d'application se déplace d'un mètre dans la direction de la force, et valant 9,80665 joules (abrév. *kgm*).

KILOHERTZ [kilɔɛʀts]. *n. m.* (mil. XXe ; *kilocycle,* 1931 ; de *kilo-,* et *-hertz*). Phys. Unité de fréquence des ondes de T.S.F., correspondant à 1 000 cycles, longueur d'onde de 300 km. — Symb. *kHz.*

KILOMÉTRAGE [kilɔmetʀaʒ]. *n. m.* (1867 ; de *kilométrer*). ♦ 1° Action de kilométrer ; résultat de cette action. *Kilométrage d'un parcours.* ♦ 2° Nombre de kilomètres parcourus. *Kilométrage d'une voiture,* indiqué au compteur.

KILOMÈTRE [kilɔmɛtʀ(ə)]. *n. m.* (1790 ; de *kilo-,* et *mètre*). Cour. Unité pratique de distance qui vaut mille mètres (abrév. *km*). *Faire des kilomètres, marcher pendant des kilomètres. Voiture qui fait 130 kilomètres à l'heure,* et ellipt. *Faire du 130.* — Transport pour un kilomètre. *Prix du kilomètre d'avion.* — *Kilomètre carré* (symb. *km²*). Unité de superficie qui vaut un million de mètres carrés ou 100 hectares. ◇ Collect. Fam. *Bouffer du kilomètre :* faire de la route sans s'arrêter.

KILOMÉTRER [kilɔmetʀe]. *v. tr.* (1867 ; de *kilomètre*). Mesurer en kilomètres ; jalonner de bornes kilométriques. *Kilométrer une route.*

KILOMÉTRIQUE [kilɔmetʀik]. *adj.* (1867 ; de *kilomètre*). Cour. Qui a rapport au kilomètre. *Distance kilométrique. Bornes kilométriques,* marquant chaque kilomètre sur une route.

KILOTONNE [kilɔtɔn]. *n. f.* (v. 1960 ; de *kilo-,* et *tonne*). Mille tonnes. Unité de puissance des explosifs atomiques (équivalent de 1 000 t de TNT).

KILOVOLT [kilɔvɔlt]. *n. m.* (1900 ; de *kilo-,* et *volt*). Phys. *(Vx).* Unité de différence de potentiel ou de tension électrique (1 000 volts).

KILOWATT [kilɔwat]. *n. m.* (1889 ; de *kilo-,* et *watt*). Cour. Unité légale de puissance du système M.T.S. valant 1 000 watts (abrév. *kW*).

KILOWATTHEURE [kilɔwatœʀ]. *n. m.* (1894 ; de *kilowatt,* et *heure*). Unité pratique de travail ; travail accompli en une heure par un moteur d'une puissance de 1 000 watts (abrév. *kWh*).

KILT [kilt]. *n. m.* (1792 ; mot angl., de *to kilt* « retrousser »). Jupe courte et plissée, pièce du costume national des Écossais. « *Les hommes* (en Albanie) *portaient une courte jupe, presque semblable au kilt* » (MAUROIS).

KIMONO [kimɔno]. *n. m.* (*Kimona,* 1796 ; *quimon,* 1603 ; mot jap. « vêtement, robe »). ♦ 1° Au Japon, Longue tunique à manches, d'une seule pièce, croisée devant et maintenue par une large ceinture. *Kimono de soie brodée.* — *Par ext.* Sorte de peignoir léger rappelant ce vêtement. ♦ 2° Par appos. *Manches kimono,* manches qui font corps avec le vêtement, non rapportées. *Robe kimono,* à manches kimono.

KIN(ÉSI)- ou **CIN(ÉSI)-.** Élément, du gr. *kinésis* « mouvement ».

KINASE [kinaz]. *n. f.* (1907 ; gr. *kinésis* « mouvement », et suff. *-ase*). Biochim. Enzyme capable d'activer un autre enzyme.

KINESCOPE [kinɛskɔp]. *n. m.* (1946, autre sens ; de *kines-,* et *-scope*). Procédé permettant de conserver sous forme de films les émissions de télévision.

KINÉSITHÉRAPEUTE [kineziteʀapøt]. *n.* (mil. XXe ; de *kinési-,* et *thérapeute*). Praticien de la kinésithérapie. *Masseur kinésithérapeute.*

KINÉSITHÉRAPIE [kineziteʀapi]. *n. f.* (1847 ; mot angl., de *kinési-,* et *-thérapie*). Emploi thérapeutique des mouvements de gymnastique et des diverses formes de massage.

KINESTHÉSIE [kinɛstezi]. *n. f.* (v. 1900 ; angl. *kinaesthesis,* 1880 ; Cf. *Kinési-,* et gr. *aisthêsis* « sensation »). Psycho. Sensation interne du mouvement des parties du corps assurée par le sens musculaire (sensibilité profonde des muscles) et par les excitations du labyrinthe de l'oreille interne.

KINESTHÉSIQUE [kinɛstezik]. *adj.* (1931,-mil. XXe ; de *kinesthésie*). Physiol. Qui se rapporte à la kinesthésie. *Hallucination kinesthésique,* fausse impression de mouvement ou de contraction des muscles. *Sens kinesthésique.* V. Kinesthésie.

KINÉTOSCOPE [kinetɔskɔp]. *n. m.* (v. 1900 ; du gr. *kinêtos* « mobile », et *-scope*). Techn. Appareil permettant la projection de photographies prises à très courts intervalles et dont le déroulement rapide donne une impression de mouvement.

KING-CHARLES [kiɲʃaʀl(ə)]. *n. m. invar.* (1845 ; angl. *King Charles's spaniel* « épagneul du roi Charles »). Variété d'épagneul, petit chien à poils longs.

KINKAJOU ou **KINCAJOU** [kɛ̃kaʒu]. *n. m.* (1672 ; d'une langue indienne d'Amérique). Petit mammifère carnivore au pelage gris-roux, à longue queue prenante. *Le kinkajou est arboricole.*

KIOSQUE [kjɔsk(ə)]. *n. m.* (1608 ; turc *kieuchk* « pavillon de jardin »). ♦ 1° Pavillon de jardin ouvert de tous côtés, en Turquie et au Moyen-Orient. *Par ext.* Pavillon de jardin dans le même style. V. Belvédère, gloriette. — *Kiosque à musique,* abri circulaire destiné à recevoir les musiciens d'un concert public en plein air. ♦ 2° Édicule où l'on vend des journaux, des fleurs, etc. *Les kiosques à journaux avaient primitivement la forme d'un petit kiosque de jardin.* ♦ 3° Abri vitré sur le pont d'un navire. *Kiosque de timonerie.* — Superstructure du sous-marin dont la partie supérieure sert de passerelle.

KIPPER [kipœ(ɛ)ʀ]. *n. m.* (1922 ; mot angl., d'abord « saumon mâle » en a. angl. ; o. i.). Hareng ouvert, fumé et salé.

KIRSCH [kiʀʃ]. *n. m.* (1782 ; *kirschwasser,* 1775 ; mot all. « eau *(Wasser)* de cerise *(Kirsch)* »). Eau-de-vie de cerises aigres et de merises. *Un verre de kirsch. Ananas au kirsch.*

KIT [kit]. *n. m.* (1967 ; anglo-amér. « boîte à outils »). Anglicisme. Objet ou meuble préfabriqué à monter soi-même. « *Deux cents fabricants font, en France, du kit* » (*L'Express,* 23-4-1971).

KITCHENETTE [kitʃenɛt]. *n. f.* (1939 ; mot amér., dimin. de *kitchen*). Américanisme. Petite cuisine. — Recomm. offic. Cuisinette.

KITSCH ou **KITCH** [kitʃ]. *n. m.* et *adj.* (1969 ; de l'all. *Kitsch* [Bavière, v. 1870]). ♦ 1° Se dit d'un style et d'une attitude esthétique caractérisés par l'usage hétéroclite d'éléments démodés (Cf. Rétro) ou populaires, considérés comme de mauvais goût par la culture établie et produits par l'économie industrielle. « *Le kitsch a pu être considéré comme une dégénérescence menaçant toute forme d'art* (ex. : l'art saint-sulpicien par rapport à l'art religieux, l'art « pompier ») *ou au contraire comme une forme nouvelle d'art du bonheur* » (A. MOLES). — Adj. *Objets kitsch, décoration kitsch.* ♦ 2° Par ext. Mauvais goût baroque et provoquant. « *Une histoire un peu kitsch,* [de] *mauvais goût* » (*Nouv. Obs.,* 6-8-1973).

KIWI [kiwi]. *n. m.* (1842 ; mot angl., du maori). V. Aptéryx.

KLAXON [klaksɔn]. *n. m.* (1914 ; nom d'une firme américaine). Avertisseur très sonore à commande mécanique ou électrique. *Donner un coup de klaxon.* — (Mot critiqué ; recomm. offic. Avertisseur*).

KLAXONNER [klaksɔne]. *v. intr.* (v. 1920 ; de *klaxon*). Actionner le klaxon. *Klaxonner pour doubler un véhicule. Interdiction de klaxonner.* — (Recomm. offic. Avertir).

KLEPHTE. V. CLEPHTE.

KLEPTOMANE ou **CLEPTOMANE** [klɛptɔman]. *n.* et *adj.* (1872 ; du gr. *kleptês,* suff. *-mane*). Personne qui a une propension pathologique, obsédante et irrépressible à commettre des vols.

KLEPTOMANIE ou **CLEPTOMANIE** [klɛptɔmani]. *n. f.* (1840 ; du gr. *kleptês,* et suff. *-manie*). Obsession du kleptomane.

KLYSTRON [klistʀɔ̃]. *n. m.* (1939 ; mot angl., du gr. *klyster* « seringue »). Phys. Tube électromagnétique, utilisé comme oscillateur ou amplificateur, dans la gamme des ondes centimétriques.

km (Symb. de *kilomètre*). — **km²** (Symb. de *kilomètre-carré*). — **km³** (Symb. de *kilomètre-cube*). — **km/h** (Symb. de *kilomètre-heure*).

KNICKERBOCKERS [nikœnbɔkœn] ou **KNICKER(S)** [nikœʀ]. *n. m. pl.* (1863,-XXe ; mot angl., nom d'un héros de

Washington Irving). *Vieilli.* Culottes, pantalons de golf. — *Mod.* Culotte utilisée pour le ski ou l'alpinisme.

KNOCK-DOWN [nɔkdawn]. *n. m.* (1933; loc. angl., de *to knock* « frapper », et *down* « à terre »). *Anglicisme.* Mise à terre d'un boxeur qui n'est pas encore hors de combat *(knock-out).* Adj. (1936). « *Il ne fut knock-down que quatre secondes* » (*Écho des sports*, 1936).

KNOCK-OUT [nɔkawt; knɔkut] ou **K.-O.** [kao]. *n. m.* (1904,-1926; loc. angl., de *to knock* « frapper », et *out* « dehors »). ♦ 1° Mise hors de combat du boxeur resté à terre plus de dix secondes. *Battu par knock-out à la cinquième reprise.* Adj. (1908) *Mettre knock-out.* ♦ 2° *Pop.* Assommé. *Il est knock-out, K.-O., complètement K.-O.* V. Groggy. ◊ HOM. *Cahot, chaos.*

KNOUT [knut]. *n. m.* (1681; mot russe). Instrument de supplice de l'ancienne Russie, sorte de fouet à lanières de cuir terminées par des crochets ou des boules de métal; supplice que l'on infligeait avec cet instrument.

KNOW-HOW [nɔaw]. *n. m. invar.* (v. 1970; expr. anglaise, m. à m. « savoir comment »). *Anglicisme abusif.* Savoir-faire, connaissances techniques particulières. « *Un marché des licences, brevets, know-how, procédés et technologies* » (*Science et Vie*, mai 1973).

K.-O. V. KNOCK-OUT.

KOALA [kɔala]. *n. m.* (1822; mot d'Australie). Mammifère australien *(Marsupiaux)*, animal grimpeur, recouvert d'un pelage gris très fourni, qui le fait ressembler à un petit ours.

KOBOLD [kɔbɔld]. *n. m.* (1867; *cobolde*, 1732; Cf. *Cobold* « cobalt », 1671; all. *Kobold*). Nom donné (en Allemagne) à des esprits familiers, considérés comme les gardiens des métaux précieux enfouis dans la terre. « *Dans l'herbe noire Les Kobolds vont* » (VERLAINE).

KODAK [kɔdak]. *n. m.* (1891; mot anglo-amér. créé arbitrairement pour ses possibilités d'emprunts en toutes langues; marque déposée). Appareil photographique de cette marque.

KOLA ou **COLA** [kɔla]. *n.* (*Cola*, 1610; lat. sav. (fin XVIe), mot soudanais). ♦ 1° *Bot.* Kolatier. *Graine, noix, rouge de kola.* ♦ 2° Graine de kola (appelée *noix*); produit tonique, stimulant qui en est extrait. *Élixir, vin, liqueur de kola.* — Boisson à base de kola (Souvent écrit *Cola*)

KOLATIER [kɔlatje]. *n. m.* (v. 1900; de *kola*). *Bot.* Arbre d'Afrique *(Sterculiacées)* qui produit la noix de kola.

KOLINSKI [kɔlinski]. *n. m.* (1922; mot russe). Fourrure de putois ou de loutre de Sibérie.

KOLKHOZE [kɔlkoz]. *n. m.* (1931; mot russe). Exploitation agricole collective, en U.R.S.S., dans laquelle la terre, les bâtiments d'exploitation, le matériel et une partie du bétail sont mis en commun. « *Des kolkhozes* » (GIDE), *des kolkhoz.*

KOLKHOZIEN, IENNE [kɔlkozjɛ̃, jɛn]. *adj.* (1936; de *kolkhoze*). Relatif à un kolkhoze. *Subst.* Membre d'un kolkhoze.

KOMMANDANTUR [kɔmãdãtur ou tyr]. *n. f.* (1914; mot all.). Local où se trouve installé un commandement militaire, en Allemagne ou dans des territoires occupés par l'armée allemande. *Par ext.* Ce commandement lui-même.

KONZERN [kɔz(ts)ɛrn]. *n. m.* (v. 1920-1923; mot all.). Forme d'intégration économique pratiquée en Allemagne, après la guerre de 1914-1918; société organisée selon cette forme.

KOPECK [kɔpɛk]. *n. m.* (*Copec*, 1607; mot russe). Monnaie russe, centième du rouble.

KORÊ ou **CORÊ** [kɔre]. *n. f.* (XXe; mot gr. « jeune fille »). *Arts.* Statue de l'art grec archaïque représentant une jeune fille (Cf. Kouros).

KORRIGAN, ANE [kɔrigã, an]. *n.* (1834; mot breton). Nom donné à des esprits malfaisants, dans les traditions populaires bretonnes. V. Fée, nain. « *Les nains noirs, poulpiquets et korrigans... habitent ce palais farouche* » (FRANCE).

KOUAN-HOUA [kuanua]. *n. m.* (1845; mot chinois). *Ling.* Le plus important des dialectes chinois moderne, employé dans toute la Chine, sauf sur la côte sud-est. *Syn.* Langue mandarine, mandarin.

KOUBBA [kub(b)a]. *n. f.* (1846; arabe *koubba* « dôme, coupole »). Monument élevé sur la tombe d'un marabout.

KOUGLOF, KUGELHOF [kuglɔf]. *n. m.* (v. 1900; mot alsacien, all. *Kugel* « boule »). Gâteau alsacien.

KOULAK [kulak]. *n. m.* (1917; mot russe). *Hist.* Riche paysan propriétaire, en Russie.

KOUMIS ou **KOUMYS** [kumi(s)]. *n. m.* (1842; *cosmos*, 1634; mot tartare). Lait de jument fermenté, employé comme boisson en Asie centrale.

KOUROS [kurɔs]. *n. m.* (XXe; mot gr.). *Arts.* Statue grecque archaïque représentant un jeune homme (Cf. Korê).

Kr Symbole chimique du krypton*.

KRAAL [kral]. *n. m.* (1763; mot hollandais; Cf. Corral). Village; enclos pour le bétail en Afrique du Sud.

KRACH [krak]. *n. m.* (1882; all. *Krach* « craquement »). Effondrement des cours de la Bourse. V. Banqueroute, débâcle (financière). *Krach révélant l'existence d'une crise.* ◊ HOM. V. Krak.

KRAFT [kraft]. *n. m.* (1931; all. *Kraft* « force »). Papier d'emballage très résistant. Pâte à papier au sulfate. Par appos. *Papier kraft.*

KRAK ou **CRAC** [krak]. *n. m.* (p.-ê. XIIe; attesté XXe; arabe *karak*). *Le krak des Chevaliers :* château fort établi au XIIe s. par les croisés, en Syrie. ◊ HOM. *Crac, crack, craque, krach.*

KRAKEN [krakɛn]. *n. m.* (1808; mot norvégien). Monstre marin fabuleux des légendes scandinaves.

KREUTZER [krøts(dz)ɛr]. *n. m.* (1757; mot all., de *Kreutz* « croix »). Ancienne monnaie allemande, autrichienne. « *Un tokai... à trois kreutzers le verre* » (NERVAL).

KRISS. V. CRISS.

KRONPRINZ [krɔnprints]. *n. m.* (1890; mot all., de *Krone* « couronne », et *Prinz*). Titre donné au prince héritier allemand avant 1918. *Le Kronprinz,* fils de Guillaume II.

KROUMIR [krumir]. *n. m.* (v. 1900; o. i.). Chausson de basane, qu'on porte dans des sabots, des bottes.

KRYPTON [kriptɔ̃]. *n. m.* (1898; angl. *krypton*, du gr. *kruptos* « caché »). Gaz rare de l'atmosphère, élément de n° at. 36. (Symb. Kr).

KSAR [ksar]. *n. m.* (1857; mot berbère). Lieu fortifié, en Afrique du Nord. Plur. *Des ksour* (plur.).

KSI ou **XI** [ksi]. *n. m.* (v.). Lettre de l'alphabet grec (Ξ, ξ), correspondant à *X.*

KUFIQUE. V. COUFIQUE.

KUMMEL [kymɛl]. *n. m.* (1867; mot all. *Kümmel* « cumin »). Alcool parfumé au cumin.

KUMQUAT [kɔmkwat]. *n. m.* (1917; du chinois cantonais, var. de *kin kü* « orange d'or », probabl. par l'angl. *camquit* [1699], *kum-kat* [1841], etc.). Fruit d'un citrus (« citronnier du Japon »), très petite orange que se mange souvent confite. Arbuste qui produit ce fruit.

KURDE [kyrd(ə)]. *adj. et n.* (*Curd*, 1697; mot indigène). Du Kurdistan. *Tribus kurdes. Les Kurdes.* — *Le kurde,* langue du groupe iranien, parlée dans le nord-ouest de l'Iran.

KWAS ou **KVAS** [kvas]. *n. m.* (1836; mot russe). Boisson alcoolique obtenue par la fermentation de seigle auquel on peut ajouter de l'orge ou des fruits acides.

KYMOGRAPHE [kimɔgraf]. *n. m.* (1891; *kymographion*, 1855; du gr. *kuma* « flot, onde », et *-graphe*). Didact. *(Méd.).* Appareil d'enregistrement graphique ou radiographique des mouvements d'organes dans leurs phases successives. *Utilisation du kymographe pour l'inscription des contractions cardiovasculaires.*

KYMOGRAPHIE [kimɔgrafi]. *n. f.* (apr. 1911; du gr. *kuma* « flot, onde », et *-graphie*). Didact. *(Méd.).* Enregistrement sur un seul cliché radiographique des ombres successives que donne un organe en mouvement, à l'aide du kymographe.

KYMRIQUE [kimrik] ou **CYMRIQUE** [simrik]. *adj. et n. m.* (1846; gallois *cymraeg*). Qui a rapport au Kymris peuple celtique du nord de la France et de la Belgique, au temps de César (les Cimbres). — N. m. *Ling.* Nom de la langue galloise.

KYRIE [kirje] ou **KYRIE ELEISON** [kirjeeleisɔn]. *n. m. invar.* (XIIIe; gr. *Kurie* « Seigneur », *eleêson* « aie pitié »). Invocation par laquelle commencent les litanies, au cours de la messe; musique sur laquelle se chante cette invocation. *Des kyrie.*

KYRIELLE [kirjɛl]. *n. f.* (*Keriele*, mil. XIIe; de *kyrie eleison* « litanie »; fig., XVe). ♦ 1° Longue suite (de paroles). *Une kyrielle de reproches, d'injures, de mots.* ♦ 2° *Par ext.* Suite, série interminable. V. Quantité, séquelle. « *Je ruminais la kyrielle de mes mécontentements* » (DUHAM.).

KYSTE [kist(ə)]. *n. m.* (*Kyst*, 1560; *kiste*, av. 1478; gr. *kustis*. V. Cysto-). ♦ 1° Production pathologique constituée par une cavité contenant une substance liquide, molle ou rarement solide, isolée des tissus voisins par une paroi conjonctive. *Tumeur enfermée dans un kyste.* V. Enkysté. *Kystes congénitaux (kyste du poumon, kyste branchial (cou). Kyste hydatique,* produit par l'échinocoque. *Kyste sébacé.* V. Loupe. *Kyste de l'ovaire.* ♦ 2° Forme que peuvent prendre certains organismes (protozoaires), certaines parties végétales. *Kyste de protection, de reproduction* (renfermant les spores). V. Germe.

KYSTIQUE [kistik]. *adj.* (1721; de *kyste*). Relatif au kyste, de la nature du kyste, qui renferme des kystes. *Tumeur kystique.*

L

L [ɛl]. *n. m.* ou *f.* Douzième lettre et neuvième consonne de l'alphabet, servant à transcrire une consonne constrictive sonore, dentale, latérale. *L majuscule;* l *minuscule.* ◇ *l* (minuscule), abrév. du *litre*, et de la *livre* (demi-kilo). — *L* (majuscule), chiffre romain valant 50, et lorsqu'il est surmonté d'un trait horizontal, 50 000 (L̄). — *L* ou *£*, abrév. de *livre sterling*. ◇ HOM. *Aile, ale, elle.*

1. **LA.** *art. déf. fém.* V. LE 1.
2. **LA.** *pron. pers. fém.* V. LE 2.
3. **LA** [la]. *n. m.* (XIIIᵉ; 1ʳᵉ syllabe de *labii*, dans l'Hymne de saint Jean-Baptiste. V. Ut). ♦ 1° Sixième note de la gamme, premier degré de l'échelle fondamentale, dont le son a 870 vibrations simples à la seconde. *La note la; jouer un la. Donner le la avec un diapason, piano qui donne le la à l'orchestre.* — Fig. *Donner le la,* donner le ton. « *Donner le la à la critique* » (GIDE). ♦ 2° Ton correspondant. *Concerto en la bémol.* ♦ 3° Signe qui représente cette note. ◇ HOM. *La* (art.), *là.*

La Symbole chimique du *lanthane**.

LÀ [la]. *adv.* et *interj.* (*Lai, lay*, 1080; lat. *illac* « là »). **I.** *Adv.* désignant le lieu (*pr.* ou *fig.*) et, plus rarement, le moment. **A** (*Employé seul*.) ♦ 1° Dans tel lieu (autre que celui où l'on est), *opposé à* ici. *Ne restez pas ici, allez là.* — *Les clés ne sont pas là, elles n'y* sont pas.* — Dans le lieu où l'on est (employé pour *ici*). *Je reste là. Qui va là? Halte-là!* ◇ ÊTRE LÀ, être présent. « *Monsieur est-il là? — Non, Monsieur est sorti* ». *Les faits sont là.* — *Par ext.* (Fam.) *Être un peu là,* tenir beaucoup de place, être important. « *Mais j'suis là... J'suis même un peu là, comme on dit* » (BARBUSSE). ♦ 2° À ce moment. *Là, il interrompt son récit et ralluma sa pipe.* ♦ 3° *Fig.* Dans cela, en cela. *Ne voyez là aucune malveillance. Tout est là,* c'est la chose importante. *La santé, tout est là!* — Dans pareil cas. *C'est l'homme qu'il fallait là.* ◇ (Avec EN) À ce point. *Demeurons, restons-en là. En arriver, en venir là. En être là,* être parvenu à un certain point, un certain résultat. *Nous n'en sommes pas là. Vous n'en êtes encore que là? J'en étais là de mes réflexions quand... S'en tenir là.* **B** (Suivi d'une proposition relative). *C'EST LÀ QUE...* « *Ah! frappe-toi le cœur, c'est là qu'est le génie* » (MUSS.). — (*Temps*) *C'est là qu'il sent la partie perdue.* — Fig. *C'est là cela que pourrais juger de ses intentions.* ◇ LÀ OÙ... *Je suis allé là où vous avez été.* — Fig. Dans le cas où, lorsque. *N'employons pas l'autorité là où il ne s'agit que de raison.* « *Là où est la France, là est la patrie* » (GAMBETTA). ◇ (Marquant l'opposition) Alors que, au lieu que, tandis que. « *N'être plus rien, là où l'on a régné* » (BALZ.). **C** (Accompagnant un pronom ou un adjectif démonstratif, qu'il renforce). *C'EST LÀ. Ce sont là vos parents? C'est à votre erreur;* voilà votre erreur. *Ce sont là mes affaires.* — CELUI-LÀ. V. Celui. — (Avec un adjectif démonstratif) V. Ce. *Ces gens-là! Ce jour-là. En ce temps-là. À ce point-là? Ce point de vue là.* **D** ♦ 1° Précédé de DE LÀ : en partant de cet endroit. *Il est allé à Paris et de là en Angleterre. De là au village, il y a deux bons kilomètres.* — Fig. *De là à prétendre qu'il est infaillible, il y a loin :* il s'en faut de beaucoup, il y a de la marge. ◇ En se plaçant à cet endroit. *De là on découvrait la route.* ◇ *D'après cela.* On peut conclure *de là que.* — En conséquence. *Il n'a pas assez travaillé; de là, son échec.* V. Où (d'où). ◇ *À... de là* (temporel) « *À quelque temps de là* » (LA FONT.). ◇ *D'ici là...*), entre ce moment et un autre moment postérieur. *Venez me voir à Noël, mais écrivez-moi d'ici là.* ◇ *De-ci de-là,* en divers endroits (V. Delà); en diverses occasions. ◇ (Précédé d'une loc. prép.) *Loin de là.* — *Jusque-là.* ◇ PAR LÀ, par cet endroit. *Passons par là.* — Aux environs. « *En Sicile... ou quelque part par là* » (ALAIN). Fig. Par ce moyen, par ces mots, de cette façon. V. PAR-CI, PAR-LÀ. V. Par. ◇ ÇÀ ET LÀ, de côté et d'autre. *Des guêpes volent çà et là.* ♦ 2° LÀ-BAS. *Vx.* Au-dessous. *Spécialt.* Désignait l'enfer. *Là-bas,* roman de Huysmans. — *Mod.* À quelque distance plus ou moins grande du lieu où l'on est (*opposé à* ici) « *Là-bas, sur le viaduc, glissait l'express de six heures* » (MAURIAC). *Ils l'ont fait venir de là-bas.* ◇

LÀ CONTRE (vieilli), contre cela. « *Vous dit-on quelque chose là contre?* » (MOL.). ◇ LÀ-DEDANS, à l'intérieur de ce lieu, de cet endroit. — Fam. *Debout, là-dedans! — Fig.* Dans cela. *Je ne vois rien d'étonnant là-dedans!* ◇ LÀ-DESSOUS. V. **Dessous.** — LÀ-DESSUS. V. **Dessus.** ◇ LÀ-HAUT, dans ce lieu au-dessus. *Il demeure là-haut.* — Fig. Dans le ciel, *opposé à* là-bas *(vx).*

II. *Interj.* ♦ 1° LÀ ! (parfois *là! là!*) : s'emploie dans les dialogues pour exhorter, apaiser, rassurer. *Hé là! doucement. Là, là, calmez-vous, s'il vous plaît!* ♦ 2° *Fam.* Pour reprendre un terme que l'on vient d'exprimer. « *Avez-vous de l'amour pour elle, là, ce que l'on appelle de l'amour?* » (MARIVAUX). ◇ ANT. *Ici. Ailleurs.* — HOM. *La* (art. déf.), *la* (note).

LABADENS [labadɛ̃s]. *n. m.* (1857; nom d'un maître de pension, dans une pièce de Labiche). *Vx.* Camarade de collège, de pension. « *Mon labadens André Tardieu* » (F. JOURDAIN).

LABARUM [labaʀɔm]. *n. m.* (1556; mot. lat.). *Hist.* Étendard romain sur lequel Constantin fit placer la croix et le monogramme de Jésus-Christ avec l'inscription « *In hoc signo vinces* » (par ce signe tu vaincras).

LABDANUM. V. LADANUM.

LABEL [labɛl]. *n. m.* (1906; mot angl., « étiquette », de l'a. fr. *label,* var. de *lambeau*). *Anglicisme.* ♦ 1° (1906). Marque apposée sur un produit pour certifier qu'il a été fabriqué dans les conditions de travail et de salaire fixées par le syndicat ou l'association propriétaire de la marque. ♦ 2° (1938). Marque qui garantit l'origine ou la qualité d'un produit. *Label d'exportation.* — Signe servant de caution pour des raisons publicitaires, politiques, etc. ◇ HOM. *Labelle.*

LABELLE [labɛl]. *n. m.* (1843; lat. *labellum* « petite lèvre »). *Sc. nat.* ♦ 1° Pétale supérieur de la corolle des orchidées. ♦ 2° Bord renversé de certains coquillages. ◇ HOM. *Label.*

LABEUR [labœʀ]. *n. m.* (*Labor,* 1120; lat. *labor*). ♦ 1° *Littér.* ou région. Travail pénible et soutenu. V. **Besogne, travail.** *Dur, pénible, patient labeur.* « *Rien qui fasse diversion à ce labeur affolant* » (R. ROLLAND). *Bêtes de labeur,* qui servent aux travaux de la terre. ♦ 2° *Imprim.* Ouvrage d'une certaine importance et de longue haleine (*opposé à* travaux de ville, dits « bibelots » ou « bibeloquets »). *Imprimerie de labeur.*

LABIACÉES. V. Labié.

LABIAL, ALE, AUX [labjal, o]. *adj.* (1605; du lat. *labium* « lèvre »). Relatif aux lèvres. *Muscle labial.* ◇ Phonét. (1632). *Consonne labiale,* et subst. *Une labiale* (1857), consonne qui s'articule essentiellement avec les lèvres. *Ex. :* b, p, m.

LABIALISATION [labjalizasjɔ̃]. *n. f.* (1909; de *labialiser*). *Phonét.* Action de labialiser, de se labialiser. Défaut de prononciation qui consiste dans la labialisation des consonnes.

LABIALISER [labjalize]. *v. tr.* (1847; de *labial*). *Phonét.* Prononcer (une lettre) en lui donnant une valeur labiale. *Pronom.* Devenir labial. *Consonne qui se labialise,* labialisée.

LABIÉ, ÉE [labje]. *adj.* et *n. pl.* (1694; du lat. *labium* « lèvre »). ♦ 1° *Adj.* Se dit d'une fleur dont la corolle présente deux lobes en forme de lèvres, et *par ext.* de la plante qui porte ces fleurs. *Plantes labiées.* ♦ 2° *N. f. pl.* LABIÉES ou LABIACÉES [labjase] : famille de plantes dicotylédones gamopétales à fleurs labiées.

LABILE [labil]. *adj.* (XIVᵉ; bas lat. *labilis,* de *labi* « glisser », tomber »). ♦ 1° *Sc.* Qui est sujet à tomber, à changer. *Pétales labiles. Gènes labiles. Vitamine labile,* peu stable. ♦ 2° *Fig. (Rare).* Qui est sujet à faillir, à changer. *Mémoire labile,* auquel on ne peut se fier. ◇ ANT. *Fixe, permanent.*

LABIODENTAL, ALE, AUX [labjodɑ̃tal, o]. *adj.* (1909; de *labium,* et *dental*). *Phonét. Consonne labiodentale,* ou subst. *la labiodentale,* consonne qui s'articule par l'action combinée de la lèvre inférieure et des dents de la mâchoire supérieure. *Ex. :* f, v.

LABIUM [labjom]. *n. m.* (XXᵉ; mot. lat., « lèvre »). *Didact.* Pièce inférieure de l'appareil buccal des insectes. (V. Labre.)

LABORANTIN, INE [labɔʀɑ̃tɛ̃, in]. *n.* (v. 1918, fém.;

néol., masc.; all. *Laborantin*, fém. de *Laborant*, du lat. *labo-rare* « travailler »). Personne qui remplit dans un laboratoire des fonctions d'aide, d'auxiliaire, d'assistant.

LABORATOIRE [labɔʀatwaʀ]. *n. m.* (1612; lat. médiév. *laboratorium*, de *laborare* « travailler »). ♦ 1° Local spécialement aménagé pour faire des expériences, des recherches, des préparations scientifiques (*fam.* LABO [labo]). *Appareils, instruments de laboratoire. Laboratoire d'essais, d'études, d'analyses.* Chef de laboratoire; *assistant, garçon de laboratoire.* V. **Laborantin, préparateur.** *Animaux de laboratoire,* destinés aux expériences. *Produit de laboratoire,* fait en laboratoire (*opposé à* produit industriel). ◇ *Fig.* Lieu où se prépare, s'élabore qqch. « *Il y a des lieux qui semblent être le laboratoire des factions* » (CHATEAUB.). ♦ 2° *Techn.* (1765). Partie d'un fourneau à réverbère où l'on met la matière à fondre.

LABORIEUSEMENT [labɔʀjøzmã]. *adv.* (1489; *laboureusement,* XIVᵉ; de *laborieux*). D'une manière laborieuse, avec travail et peine. *Faire laborieusement la tâche qu'on s'est proposée. Des manières laborieusement conquises.* ◇ ANT. *Facilement; paresseusement.*

LABORIEUX, EUSE [labɔʀjø, øz]. *adj.* (v. 1200, « pénible »; lat. *laboriosus,* de *labor.* V. **Labeur**). ♦ 1° *Littér.* Qui coûte beaucoup de peine, de travail. V. **Difficile, fatigant, pénible.** *Une laborieuse entreprise. Des recherches, des solutions laborieuses.* ◇ Qui sent l'effort. *Récit, style laborieux.* V. **Embarrassé, lourd.** ◇ *Fam. Il n'a pas encore terminé? C'est laborieux! :* c'est long. ♦ 2° (*Personnes;* v. 1370). Qui travaille beaucoup. V. **Actif, diligent, travailleur.** « *Un professeur avisé, laborieux* » (GREEN). *Les masses, les classes laborieuses,* qui n'ont pour vivre que leur travail. — Par ext. *Vie laborieuse,* vie de travail. ◇ ANT. *Aisé, facile. Inactif, oisif, paresseux.*

LABOUR [labuʀ]. *n. m.* (1180; de *labourer*). ♦ 1° Travail de labourage, façon donnée à une terre pour la retourner et l'ameublir. V. **Labourage.** *Labour à bras* (à la bêche, à la houe). *Labour à la charrue. Labours superficiels ou légers. Labours profonds.* V. **Défoncement.** *Bandes de terre parallèles faites par le labour* (V. **Raie, sillon; dérayure, enrayure**). *Labour en billons, en planches, à plat. Labour d'automne, d'hiver.* V. **Hivernage, parage,** *de printemps.* ♦ 2° Terre labourée. V. **Guéret.** *Semeur dans ses labours.* « *Les terres nues, jaunes et fortes, des grands carrés de labour* » (ZOLA).

LABOURABLE [labuʀabl(ə)]. *adj.* (1368; de *labourer*). Qui peut être labouré. V. **Arable.**

LABOURAGE [labuʀaʒ]. *n. m.* (v. 1200, « travail »; encore XVIᵉ; de *labourer*). Action de travailler, de labourer la terre. *Labourage d'un champ.* V. **Labour; billonnage, binage, défonçage, hersage.** ◇ *Absolt.* et *vx.* Le travail de la terre, l'agriculture. « *Labourage et pâturage sont les deux mamelles dont la France est alimentée* » (SULLY).

LABOURER [labuʀe]. *v. tr.* (Xᵉ, « travailler, peiner », encore XVIIᵉ; lat. *laborare* « travailler » a éliminé *arer.* V. **Araire, aratoire**). ♦ 1° (XIIᵉ). Ouvrir et retourner (la terre) avec un instrument aratoire, un outil à main (bêche, binette, houe), ou une charrue. V. **Bêcher, biner, défoncer, écrouler, effondrer, fouiller, gratter, herser, houer, piocher, retourner, scarifier, serfouir.** *Labourer un champ.* — Au p. p. *Terre labourée.* V. **Guéret, labour.** (Belgique). Subst. m. *Marcher dans un labouré.* ♦ 2° Creuser, ouvrir (comme le soc de la charrue laboure la terre). *Ancre qui laboure le fond,* et absolt. *qui laboure.* V. **Chasser.** *Piste labourée par le galop des chevaux.* « *Je pris un poignard, et j'en labourai le bras d'Alberte à la saignée* » (BARBEY). — Pronom. *Se labourer le visage.* V. **Déchirer, écorcher.** — Par ext. Au p. p. *Visage labouré de rides.* V. **Sillonné.** « *Une face tassée, labourée, ravinée* » (SARTRE).

LABOUREUR [labuʀœʀ]. *n. m.* (1160, « travailleur »; de *labourer*). ♦ 1° (XIVᵉ). Celui qui laboure un champ. *Le laboureur et sa charrue.* ♦ 2° *Vx.* V. **Cultivateur.** « *Un riche laboureur, sentant sa mort prochaine* » (LA FONT.).

1. LABRADOR [labʀadɔʀ]. *n. m.* (1867; *pierre de Labrador,* 1828). *Minér.* Feldspath formé de calcium et de sodium (plagioclases).

2. LABRADOR [labʀadɔʀ]. *n. m.* (1960; du nom de lieu). Chien de chasse, du groupe des retrievers*, à poil ras, servant à chasser le gibier aquatique.

LABRE [labʀ(ə)]. *n. m.* (1754; lat. *labrum* « lèvre »). ♦ 1° Poisson comestible à dentition double et lèvres épaisses appelé aussi *vieille, tourd,* qui vit dans les eaux peu profondes des côtes rocheuses. ♦ 2° (1827). *Zool.* Lèvre supérieure des insectes (la lèvre inférieure étant le *labium*).

LABRI ou **LABRIT** [labʀi]. *n. m.* (*Labry,* 1877; o. i.). Chien de berger du Dauphiné et de la Provence qui tient du griffon et du lévrier.

LABYRINTHE [labiʀɛ̃t]. *n. m.* (*Lebarinthe,* 1418; lat. *labyrinthus,* gr. *laburinthos*). ♦ 1° *Antiq.* Enclos qui enfermait des bois coupés par un réseau inextricable de sentiers, des bâtiments et des galeries aménagées de telle sorte qu'une fois engagé à l'intérieur, on ne pouvait en trouver l'unique

issue. *Thésée sortit du labyrinthe grâce au fil d'Ariane.* ◇ Par ext. Réseau compliqué de chemins tortueux, de galeries dont on a peine à sortir. V. **Dédale, lacis.** « *Un labyrinthe de ruelles, emmêlées, tortueuses* » (MAUPASS.). « *Le labyrinthe des souks* » (DUHAM.). ◇ *Fig.* (XVIᵉ) Complication inextricable. V. **Enchevêtrement.** « *Je m'y trouvai dans un labyrinthe d'embarras, de difficultés* » (ROUSS.). *Le labyrinthe de ses pensées.* ♦ 2° Dans un parc, un jardin. Petit bois coupé d'allées entrelacées. « *Un labyrinthe en charmille* » (MUSS.). ♦ 3° *Archit.* Dallage en méandres du pavement de certaines églises, dit aussi *Chemin de Jérusalem,* que les fidèles suivaient à genoux. *Le labyrinthe de la cathédrale de Chartres.* ♦ 4° (1690). *Anat.* Ensemble des cavités sinueuses de l'oreille interne.

LABYRINTHIQUE [labiʀɛ̃tik]. *adj.* (1549; de *labyrinthe*). *Didact.* ♦ 1° Qui appartient à un labyrinthe, inextricable comme un labyrinthe. « *Un jardin » plein... d'allées labyrinthiques* » (GREEN). — (On dit aussi LABYRINTHIEN, IENNE [labiʀɛ̃tjɛ̃, jɛn]). ♦ 2° *Anat.* et *Méd.* Du labyrinthe de l'oreille interne.

LABYRINTHODONTE ou **LABYRINTHODON** [labiʀɛ̃tɔdɔ̃(t)]. *n. m.* (1873; de *labyrinthe* et *odonte* (gr. *odontos*) « dent »). *Paléont.* Grand batracien fossile du trias, caractérisé par la structure compliquée des dents.

LAC [lak]. *n. m.* (1175; lat. *lacus*). ♦ 1° Grande nappe naturelle d'eau douce ou (*plus rarement*) salée, à l'intérieur des terres. V. **Étang, mer** (mer fermée); *chott, lagon, loch. Lac Léman ou de Genève. Lac de cratère, de cirque. Grau faisant communiquer un petit lac avec la mer. Petite marée d'un lac.* V. **Seiche.** *Bords, grève; rivage d'un lac. Village bâti sur un lac.* V. **Lacustre.** *Le lac,* poème de Lamartine. ◇ *Loc. fig.* et *fam.* (fin XIXᵉ) *Tomber dans le lac :* échouer, n'avoir pas de suite. *Son projet est dans le lac.* V. **Eau** (à l'eau). ◇ Par anal. *Lac artificiel,* ouvrage destiné à l'agrément (*Lac du Bois de Boulogne*) ou à l'utilité (*Lac d'un barrage-réservoir*). ♦ 2° *Littér.* Quantité considérable de liquide répandu. *Un lac de sang.* ◇ HOM. *Laque.*

LAÇAGE [lasaʒ], **LACEMENT** [lasmã]. *n. m.* (*Laçage,* 1845; « attachement », 1320; *lacement,* 1611; de *lacer*). Action de lacer; résultat de cette action. *Laçage d'une bottine.*

LACCASE [lakaz]. *n. f.* (1897; de *laque* et *-ase*). *Chim.* Oxydase qui se trouve associée à une gomme dans le latex de l'arbre à laque, et existe aussi dans les betteraves, les navets, le trèfle.

LACCOLITE ou (mieux) **LACCOLITHE** [lakɔlit]. *n. f.* (1895; *laccolithe;* du gr. *lakkos* « fosse » et *lithos* « pierre »). *Géogr.* Masse de roches volcaniques insinuées dans une série sédimentaire, sans atteindre la surface, où elle crée cependant des reliefs bombés.

LACÉDÉMONIEN, IENNE [lasedemɔ̃jɛ̃, jɛn]. *n.* et *adj.* (XVIᵉ; de *Lacédémone,* Sparte). De Lacédémone (Sparte), ville de la Grèce antique. *Les Lacédémoniens.* V. **Spartiate.**

LACER [lase]. *v. tr.;* conjug. *placer* (*Lacier,* 1080; lat. *laqueare*). ♦ 1° Serrer* avec un lacet. V. **Attacher,** (Pass.) *lié. Lacer ses souliers.* — Pronom. (Pass.) *Corselet qui se lace par-devant; lacé devant.* ♦ 2° *Mar. Lacer une bonnette, une voile,* les attacher à une voile principale, en faire les mailles. V. **Mailler.** ◇ ANT. *Délacer.*

LACÉRATION [laseʀasjɔ̃]. *n. f.* (1356; lat. *laceratio*). ♦ 1° *Dr. anc.* Action de lacérer un écrit, un livre par autorité de justice. V. **Dilacération.** ♦ 2° *Mod.* Action de déchirer. V. **Déchirement.** *Lacération des affiches.* — *Méd.* Déchirure ou broiement accidentels de la peau et du tissu sous-cutané. — *Chir.* Ablation d'une tumeur, d'une partie de tissu par déchirures répétées au moyen d'un instrument tranchant.

LACÉRER [laseʀe]. *v. tr.;* conjug. *céder* (1356; lat. *lacerare*). ♦ 1° *Dr. anc.* Déchirer (un écrit, un livre) par autorité de justice. V. **Dilacérer.** ♦ 2° *Mod.* Mettre en lambeaux, en pièces. V. **Déchirer.** *Lacérer ses vêtements.* — Fig. « *Ces douleurs fulgurantes qui lui lacéraient le corps* » (MART. du G.).

LACERIE ou **LASSERIE** [lasʀi]. *n. f.* (1765; de *lacer*). *Techn.* Fin tissu en paille ou d'osier.

LACERTIENS ou **LACERTILIENS** [lasɛʀt(il)jɛ̃]. *n. m. pl.* (1839; du lat. *lacerta* « lézard »). *Zool.* Ordre de reptiles sauriens (*ex.* : gecko, lézard, varan).

LACET [lasɛ]. *n. m.* (1315; dimin. de *lacs*). ♦ 1° Cordon étroit, plat ou rond, qu'on passe dans des œillets pour serrer un vêtement, attacher une chaussure. *Lacets à ferrets, à houppettes de cuir. Serrer, lier un lacet.* « *Il se baissa pour nouer ses lacets de souliers* » (SARTRE). ◇ *Mar.* Cordage qui sert à lacer une bonnette, ou une voile additionnelle, à une voile. ♦ 2° (1867; *par anal.* de forme avec la disposition du *lacet* d'un corset). Succession d'angles aigus de part et d'autre d'un axe. V. **Zigzag.** « *Chemins en lacet* » (DAUD.). *Les lacets d'un chemin de montagne.* — Mouvement latéral d'un véhicule. *Axe de lacet d'un avion.* ♦ 3° (1625). Nœud coulant utilisé pour la capture du gibier. V. **Lacs, piège.** *Poser, tendre des lacets. Prendre des lièvres au lacet.* V. **Collet.** ♦ 4° Tresse plate de passementerie unie ou ouvragée. *Lacet vendu au* *mètre.* V. **Ganse.** ◇ Cordon de fil plat utilisé dans la confection de certaines dentelles d'imitation. *Dentelle au lacet.*

LACEUR, EUSE [lasœʀ, øz]. *n.* (1769; « fabricant de lacets », XIIIᵉ-XIVᵉ; de *lacer*). *Techn.* Personne qui fabrique des filets pour la pêche ou la chasse.

LÂCHAGE [laʃaʒ]. *n. m.* (1867; de *lâcher*). Action de lâcher. ◇ *Fig. et fam.* Action de quitter brusquement, d'abandonner qqn. V. **Abandon.**

LÂCHE [laʃ]. *adj.* (1150, sens II; de *lâcher*).
I. (*Concret*, XIIᵉ). ♦ 1º Qui n'est pas tendu. V. **Détendu, flasque, mou.** *Fil, ressort lâche.* ◇ *Par anal.* Qui n'est pas serré. « *Nouer une cravate lâche* » (HUYSMANS). *Vêtement lâche.* V. **Flottant, flou, vague.** ♦ 2º *Fig. et littér.* Qui manque d'énergie et de concision. *Style lâche et inexpressif. Intrigue lâche.* V. **Languissant, mou, traînant.**
II. (*Abstrait*). ♦ 1º *Littér.* Qui manque d'énergie, de vigueur morale. V. **Mou, pusillanime, veule.** *Être lâche devant la tentation.* V. **Faible.** « *À force de m'habituer à ne pas vouloir, j'étais devenu plus lâche* » (PROUST). ♦ 2º *Cour.* Qui manque de courage, recule devant le danger, s'abaisse devant la force, la puissance. V. **Capon, couard, peureux, pleutre, poltron.** *Lâches et vils devant les puissants.* — *Subst. Les dérobades, les reculades d'un lâche.* V. **Dégonflé** (*pop.*). Cf. Demi-sel, couille* molle. « *Les lâches qui offrirent de se rendre* » (FLAUB.). V. **Capitulard, déserteur, fuyard, traître.** ◇ *Spécialt.* Qui est d'autant plus brutal, cruel qu'il est assuré de l'impunité. V. **Bas, déloyal, vil.** — *Subst. Le lâche!* « *Lâche, tu as enfin giflé quelqu'un pour une fois?* Ton fils » (ARAGON). ♦ 3º Qui porte la marque de la lâcheté. V. **Bas, méprisable, vil.** *Lâche attentat. Un lâche repentir.* « *Gémir, pleurer, prier est également lâche* » (VIGNY).
⊗ ANT. *Serré, tendu; concis, vigoureux. Audacieux, brave, courageux, hardi.*

LÂCHÉ, ÉE [laʃe]. *adj.* (1842; de *lâcher*). *Arts.* Qui est fait à la hâte ou avec quelque négligence; qui manque de vigueur. *Dessin, ouvrage lâché.*

LÂCHEMENT [laʃmɑ̃]. *adv.* (XIIᵉ; de *lâche*). ♦ 1º D'une manière lâche. « *Une cravate rouge flottait lâchement autour de son cou* » (GREEN). ♦ 2º D'une manière qui trahit la peur. *Fuir lâchement.* — Avec bassesse, honteusement, indignement. *Ils l'ont lâchement assassiné.* ⊗ ANT. *Énergiquement, vigoureusement; bravement, courageusement.*

1. **LÂCHER** [laʃe]. *v.* (*Laschier*, 1080; lat. pop. °*laxicare* (class. *laxare*), devenu °*lascare*).
I. *V. tr.* ♦ 1º Rendre moins tendu ou moins serré. V. **Desserrer, détendre, relâcher.** *Lâcher sa ceinture d'un cran*.* *Lâcher la bride, les rênes à un cheval,* lui tenir la bride plus longue pour lui permettre de courir. Fig. *Lâcher la bride à qqn,* le libérer de la discipline, de la sujétion habituelle. ◇ *Vx.* « *De petits pruneaux pour lâcher le ventre* » (MOL.). V. **Laxatif.** ♦ 2º Par ext. (*Vx.*) Décocher, lancer par une brusque détente. V. **Envoyer.** « *C'est Lescaut, dit-il, en lui lâchant un coup de pistolet* » (Abbé PRÉVOST). ◇ *Fig. et mod.* Émettre avec plus ou moins de brusquerie, d'incongruité (des paroles qui surprennent ou choquent). V. **Lancer.** « *Il se versait à boire coup sur coup, et lâchait des gaillardises* » (FLAUB.). *Lâcher une bourde.* ♦ 3º (1538). Cesser de tenir. *Il lâcha le poignet de l'enfant. Lâchez-moi, vous me faites mal.* V. **Laisser.** ◇ *Lâcher prise*. Lâcher pied*. Lâcher la rampe*.* — *Fam.* Donner. « *Je veux m'enrichir, je ne lâcherai pas un sou* » (JARRY). Ellipt. Pop. *Les lâcher* (les sous). *Un radin qui les lâche avec un élastique*.* ♦ 4º Abandonner, laisser. *Ne pas lâcher qqn d'une semelle*.* V. **Lâcher... pour.** *Lâcher la proie pour l'ombre*.* « *Lâchant l'école pour le labour* » (ZOLA). ◇ *Fig. et fam.* (1808). *Lâcher qqn,* le quitter brusquement, rompre les relations plus ou moins étroites qu'on entretenait avec lui. *Lâcher les copains.* V. **Lâcheur.** *Femme qui lâche son amant.* V. **Délaisser, plaquer.** ◇ (*Arg. sport.*) Distancer (un concurrent) dans une course. *Lâcher le peloton.* ♦ 5º Cesser de retenir ou de détenir ; laisser aller. *Lâcher des pigeons, un ballon.* « *Il lâche leurs bombes sur un marché* » (SARTRE). *Lâcher du lest*.* V. **Jeter.** *Lâcher les amarres.* V. **Larguer.** ◇ Pop. *Lâcher le morceau, le paquet :* tout avouer. « *Boris finissait par lâcher le morceau* » (SARTRE). ◇ (*Chasse*) Lancer (un animal) à la poursuite, à l'attaque d'un gibier. *Lâcher le faucon. Lâcher les chiens après, contre, sur un cerf.*
II. *V. intr.* (XVIIᵉ). Se casser, rompre. *La remorque* « *tint jusqu'à six heures du matin, puis elle lâcha* » (VERCEL). ⊗ ANT. *Agripper, empoigner, étreindre, tenir; garder, retenir. Attraper, capturer.*

2. **LÂCHER** [laʃe]. *n. m.* (1873; de *lâcher* 1). Action de lâcher (Seulement dans : *Lâcher de pigeons, de ballons*).

LÂCHETÉ [laʃte]. *n. f.* (*Lascheté,* XIIᵉ; de *lâche*). ♦ 1º Manque d'énergie et de fermeté, qui fait reculer devant l'effort et subir passivement les influences extérieures. V. **Faiblesse, mollesse, pusillanimité, veulerie.** « *Il s'était senti envahi d'une grande lâcheté de tout l'être, d'un besoin de se*

laisser vivre » (COURTELINE). *Lâcheté devant l'effort.* V. **Paresse.** ♦ 2º Manque de bravoure, de courage devant le danger. V. **Couardise, pleutrerie, poltronnerie.** *Fuir avec lâcheté.* ◇ Manque de courage moral, de franchise, de dignité, qui porte à l'hypocrisie, à la fausseté, à profiter de l'impunité. V. **Bassesse, vilenie.** ♦ 3º *Une, des lâchetés :* action, manière d'agir d'un lâche. V. **Bassesse, indignité, trahison, vilenie.** « *Est-ce que vous trouvez que c'est une lâcheté, de se tuer?* » (MONTHERLANT). ⊗ ANT. *Ardeur, énergie. Bravoure, courage. Dignité, générosité, loyauté.*

LÂCHEUR, EUSE [laʃœʀ, øz]. *n.* (1858; de *lâcher*). *Fam.* Personne qui abandonne facilement et sans scrupule ses amis, son parti. ◇ Personne qui néglige ses amis. *Vieux lâcheur! on ne le voit pas souvent.* « *Il ne vient pas, ton frère... c'est donc un lâcheur!* » (ZOLA).

LACINIÉ, ÉE [lasinje]. *adj.* (1676; lat. *laciniatus,* de *lacinia* « frange, morceau »). *Bot.* Qui est irrégulièrement découpé en lanières étroites et longues. « *Des œillets délicats, laciniés à l'excès* » (GIDE).

LACIS [lasi]. *n. m.* (*Laceïz,* 1160; de *lacer*). ♦ 1º Réseau de fils entrelacés. *Un lacis de soie.* — Spécialt. *Le lacis,* variété de dentelle au fuseau. ♦ 2º *Anat.* Réseau entrelacé de petits vaisseaux ou de filets nerveux. *Lacis de fibres nerveuses.* V. **Plexus.** ♦ 3º Réseau. *Lacis de ruelles.* V. **Labyrinthe.** « *Parmi l'inextricable lacis des rails* » (ZOLA).

LACONIQUE [lakɔnik]. *adj.* (1529; gr. *lakonikos,* proprem. « de Laconie », les Laconiens ou Lacédémoniens étant célèbres pour la concision de leur langage). Qui s'exprime en peu de mots. V. **Bref, concis.** « *Laconique et sentencieux dans ses propos* » (ROUSS.). ◇ Par ext. *Langage, réponse laconique. Style laconique.* V. **Lapidaire.** ⊗ ANT. *Diffus, long, prolixe.*

LACONIQUEMENT [lakɔnikmɑ̃]. *adv.* (1558; de *laconique*). D'une manière laconique. *Écrire, répondre laconiquement.*

LACONISME [lakɔnism(ə)]. *n. m.* (1556; gr. *lakonismos*). Manière de s'exprimer en peu de mots. V. **Brièveté, concision.** ◇ Par ext. *Le laconisme d'une réponse.* ⊗ ANT. *Bavardage.*

LACRYMA-CHRISTI [lakrimakristi]. *n. m. invar.* (1534; mots lat. « larmes du Christ »). Vin muscat du sud de l'Italie.

LACRYMAL, ALE, AUX [lakrimal, o]. *adj.* (av. 1478; du lat. *lacrima* « larme »). *Didact.* Qui a rapport aux larmes, à la production ou à l'écoulement des larmes. *Canal lacrymal. Glande lacrymale,* qui sécrète les larmes.

LACRYMOGÈNE [lakrimɔʒɛn]. *adj.* (1915; de *lacrima* « larme », et suff. *-gène*). Qui détermine une sécrétion exagérée des larmes (dans quelques express. : *gaz lacrymogène; grenades lacrymogènes*).

LACS [lɑ]. *n. m.* (*Laz,* 1080; *lacs,* XVᵉ, par infl. de *lacer;* lat. *laqueus*). ♦ 1º Nœud coulant pour capturer le gibier ou certains animaux nuisibles. V. **Lacet, piège, rets.** ◇ *Fig.* (Vx). V. **Piège.** « *Là les vierges folles Le prendront dans leurs lacs aux premières paroles* » (VIGNY). ♦ 2º *Lacs d'amour,* cordons décoratifs entrelacés en forme de 8 couché. *Chiffre brodé, gravé en lacs d'amour.* ♦ 3º *Chir.* Lien résistant pour effectuer des tractions. ⊗ HOM. *Las.*

LACT(O)-. Premier élément, du lat. *lac, lactis* « lait ».

LACTAIRE, ÉE [laktɛʀ]. *adj. et n. m.* (1605, autres sens; lat. *lactarius*). *Didact.* ♦ 1º (1803). Qui a rapport au lait, à l'allaitement. *Conduits lactaires.* ♦ 2º *N. m.* (1839). Champignon (*Agaricacées*), dit aussi *laitier,* qui laisse échapper, quand on le rompt, un suc laiteux. *Lactaire délicieux, lactaire poivré* (deux des espèces comestibles). *Lactaires vénéneux.*

LACTALBUMINE [laktalbymin]. *n. f.* (1931; de *lact-,* et *albumine*). *Chim.* Albumine du lait.

LACTASE [laktɑz]. *n. f.* (v. 1900; de *lact-,* et suff. *-ase*). *Biochim.* Enzyme produit par certains micro-organismes qui dédouble le lactose en glucose et galactose.

LACTATE [laktat]. *n. m.* (1802; de *lact-,* et suff. *-ate*). *Chim.* Sel ou ester de l'acide lactique. *Lactate d'argent, de calcium, de fer.*

LACTATION [laktɑsjɔ̃]. *n. f.* (1623; bas lat. *lactatio*). *Physiol.* Sécrétion et écoulement du lait chez la femme et les femelles des mammifères après la parturition. *La prolactine, hormone de la lactation.* — *Par ext.* Allaitement.

LACTÉ, ÉE [lakte]. *adj.* (fin XIVᵉ; lat. *lacteus*). ♦ 1º *Didact.* Qui a rapport au lait. *Sécrétion lactée.* — *Méd. Fièvre lactée.* V. **Lait** (de). ♦ 2º *Littér.* Qui ressemble à l'aspect du lait. *Suc lacté. Un blanc lacté.* — *Anat. Veines lactées,* les vaisseaux chylifères (ainsi nommés à cause de la couleur blanchâtre du chyle). ◇ *Cour.* VOIE LACTÉE, bande blanchâtre et floue qu'on aperçoit dans le ciel pendant les nuits claires (apparence du plus grand axe de notre galaxie). ♦ 3º Qui consiste en lait, qui est à base de lait. *Farine lactée.* ◇ (1834) *Diète lactée, régime lacté,* où l'on ne prend que du lait.

LACTESCENCE [laktesᾶs]. *n. f.* (1812; de *lactescent*). *Littér.* État d'un liquide lactescent.

LACTESCENT, ENTE [laktesᾶ, ᾶt]. *adj.* (1792; lat. *lactescens*). ♦ 1° *Sc.* Qui contient un suc laiteux. *Champignon lactescent.* ♦ 2° *Littér.* Qui ressemble à du lait; d'un blanc de lait. *Mer lactescente.*

LACTIFÈRE [laktifɛʀ]. *adj.* (1665; de *lact-*, et suff. *-fère*). *Sc.* Qui amène, porte ou produit le lait. *Conduits lactifères. Plantes lactifères*, plantes qui renferment un suc laiteux (ou *latex*).

LACTIQUE [laktik]. *adj.* (1787; de *lact-*, et suff. *-ique*). *Chim. Acide lactique* (ou *caséique*) : acide-alcool qui existe dans le lait aigri et se trouve également dans un grand nombre de végétaux. — *Ferment lactique*, bacille du lait qui transforme le lactose en acide lactique.

LACTO-. V. LACT-.

LACTO-DENSIMÈTRE [laktɔdãsimɛtʀ(ə)]. *n. m.* (1873; de *lacto-*, et *densimètre*). *Techn.* Appareil servant à mesurer la densité du lait.

LACTOFLAVINE [laktɔflavin]. *n. f.* (1950; de *lacto-*, et *flavine* « pigment biologique jaune »). *Biol.* Vitamine B₂ qu'on trouve dans le lait. (*Syn.* RIBOFLAVINE).

LACTOMÈTRE [laktɔmɛtʀ(ə)]. *n. m.* (1839; de *lacto-*, et *-mètre*). Nom de divers appareils servant à apprécier la qualité d'un lait, et *spécialt.* sa richesse en beurre. V. Galactomètre, pèse-lait.

LACTOSE [laktoz]. *n. m.* (1855; de *lact-*, et suff. *-ose*). *Chim.* Sucre fermentescible contenu dans le lait des mammifères (C₁₂H₂₂O₁₁), dédoublable en glucose et galactose.

LACTOSÉRUM [laktɔseʀɔm]. *n. m.* (xxᵉ; de *lacto-*, et *sérum*). *Didact.* Petit-lait.

LACTUCARIUM [laktykaʀjɔm]. *n. m.* (1867; lat. sav., du lat. *lactuca* « laitue »). *Didact.* Suc laiteux narcotique obtenu par incision des tiges de laitues montées et desséchées au soleil *(opium de laitue)*.

LACUNAIRE [lakynɛʀ] ou **LACUNEUX, EUSE** [lakynø, øz]. *adj.* (1822,-1783; de *lacune*, du lat. *lacunosus*). ♦ 1° *Sc.* ou *littér.* Qui offre, présente des lacunes. *Tissu lacunaire, lacuneux.* ♦ 2° Qui a des manques, incomplet. *Documentation lacunaire.*

LACUNE [lakyn]. *n. f.* (1515; lat. *lacuna*). ♦ 1° Espace vide, solution de continuité dans un corps. V. **Espace, fente.** — Petite cavité du tissu cellulaire, espace interstitiel entre les cellules (V. **Méat**). *Lacunes des centres nerveux.* — *Vétér.* Partie du dessous du sabot, chez le cheval. ♦ 2° (1680). Interruption involontaire et fâcheuse dans un texte, un enchaînement de faits ou d'idées; absence d'un ou de plusieurs termes dans une série. V. **Hiatus, manque, omission.** *Présenter des lacunes. Remplir, combler les lacunes. Lacunes de mémoire.* V. **Déficience, trou; oubli.** *Il y a de graves lacunes dans ses connaissances* (V. **Ignorance, insuffisance**). *« Les fautes et les lacunes des dictionnaires »* (HUGO).

LACUSTRE [lakystʀ(ə)]. *adj.* (1573, rare av. XIXᵉ; lat. *lacus*, d'apr. *palustre*). Relatif aux lacs; qui se trouve, vit auprès d'un lac, dans un lac. *Faune lacustre, plantes lacustres.* — *Cités, villages lacustres*, bâtis sur pilotis. V. **Palafitte.**

LAD [lad]. *n. m.* (1854; mot angl.). Jeune garçon d'écurie chargé de garder, de soigner les chevaux de course. *« Il est passé lad, avec un haras d'Eaton »* (MIRBEAU).

LADANUM [ladanɔm]. *n. m.* (v. 1300; lat. d'o. gr. *ladanum*. V. **Laudanum**). *Chim.* Gomme-résine aromatique fournie par divers arbustes du genre Ciste, dits *ladanifères.*

LADIN [ladɛ̃]. *n. m.* (1845; lat. *latinus*). *Ling.* L'un des groupes de langues romanes, parlé en Suisse, en Autriche occidentale et en Italie septentrionale (Syn. *Rhéto-roman*). *Le ladin comprend le romanche, le tyrolien et le frioulan.*

LADRE [ladʀ(ə)]. *n. et adj.* (XIIᵉ; lat. ecclés., de l'hébreu *Lazarus*, nom du pauvre couvert d'ulcères, dans la parabole de saint Luc).

I. ♦ 1° *Vx. N.* et *adj.* Lépreux. ♦ 2° (1564). *Adj.* Se dit du porc, du bœuf atteints de ladrerie. *Truie ladre.*

II. *N. m. Vétér. Taches de ladre* : partie de la peau du cheval dépourvue de pigment et garnie de poils (autour des yeux, du nez).

III. *Fig.* ♦ 1° *Adj. Vx.* Insensible, physiquement, et *par ext.* moralement *(par allus.* à l'insensibilité dermique des lépreux). ♦ 2° (1656). *N. Vx.* ou *littér.* V. **Avare, grigou.** *« L'argent fait... du plus généreux, un ladre »* (HUYSMANS). — *Adj. Elle est un peu ladre.* — (V.) *Généreux.*

LADRERIE [ladʀəʀi]. *n. f.* (*Laderye*, 1530; de *ladre*). **I.** ♦ 1° *Vx.* Lèpre. ♦ 2° Hôpital où l'on soignait les lépreux. V. **Léproserie, maladrerie.** ♦ 3° *Mod. Vétér.* Maladie causée chez certains animaux (porc, bœuf) par le développement de larves de ténia (cysticerque) dans les muscles ou sous la langue. *Langueyage des animaux atteints de ladrerie.*

II. *Vx* ou *littér.* Avarice sordide. V. **Lésine, sordidité.**

Fig. « Dieu me préserve de cette ladrerie du cœur ! » (R. ROLLAND). — (ANT. **Générosité**).

LADY [ledi]. *n. f.* (1669; mot angl.). Titre donné aux femmes des lords et des chevaliers anglais. — *Par ext.* Dame anglaise. *Une jeune lady. Des ladies* [lediz].

LAGON [lagɔ̃]. *n. m.* (1721; esp. *lagón;* lat. *lacus* « lac »). ♦ 1° Petit lac d'eau salée, lagune peu profonde entre la terre et un récif corallien, par les brèches duquel pénètre la marée. ♦ 2° *Abusiv.* Lagune centrale d'un atoll.

LAGOPÈDE [lagɔpɛd]. *n. m.* (1770; *lagopos*, 1681; lat. *lagopus, lagopodis*, mot gr., proprem. « pied de lièvre »). *Zool.* Oiseau *(Gallinacés)* de taille moyenne, dont le tarse et les doigts sont couverts de plumes. *Lagopède blanc* (V. **Gélinotte** (blanche); *lagopède d'Écosse* (V. **Grouse**).

LAGOTRICHE [lagɔtʀiʃ] ou **LAGOTHRIX** [lagɔtʀiks]. *n. m.* (1869,-1812; gr. *lagôs* « lièvre », et *thrix* « poil »). *Zool.* Mammifère simien dit *singe laineux.*

LAGUIS [lagi(s)]. *n. m.* (1808; pour *l'agui*. V. **Agui**). *Mar.* Cordage muni d'un nœud qui se serre par le seul poids du corps qu'il enserre (nœud de chaise).

LAGUNAGE [lagynaʒ]. *n. m.* (1973; de *lagune*). *Techn.* Création de bassins ou étangs pour l'épuration par l'action oxydante naturelle des micro-organismes.

LAGUNAIRE [lagynɛʀ]. *adj.* (1927; de *lagune*). *Géogr.* D'une lagune.

LAGUNE [lagyn]. *n. f.* (1574; *lacune*, 1507; vénitien *laguna*, lat. *lacuna*. V. **Lacune**). ♦ 1° Étendue d'eau de mer, comprise entre la terre ferme et un cordon littoral *(lido)* généralement percé de passes *(graus)*. V. **Étang** (littoral). *Lagunes de la mer Noire.* V. **Liman.** *Lagune asséchée et cultivée, en Belgique.* V. **Moere.** ♦ 2° Étendue d'eau centrale d'un atoll (parfois confondu avec *lagon*).

1. LAI, LAIE [lɛ]. *adj.* (XIIᵉ; lat. ecclés. *laicus*, gr. *laikos*). *Vx.* Laïque. ◊ *Mod. Frère lai* : frère servant. V. **Convers.**

2. LAI [lɛ]. *n. m.* (XIIᵉ; du celtique; Cf. l'irland. *laid*). *Littér.* Poème narratif ou lyrique, au moyen âge. *Lai en octosyllabe. Le Lai du chèvrefeuille, le Lai du rossignol, de Marie de France.* ◊ HOM. Lai (1) *laid, laie, lais, lait, lei* (V. **Leu**), **lès.**

LAÏC, LAÏQUE, LAÏCS [laik]. *adj. et n.* (XIIIᵉ, rare jusqu'au XVIᵉ; lat. ecclés. *laicus*. V. Lai). ♦ 1° Qui ne fait pas partie du clergé, et *spécialt.* Qui n'a pas reçu les ordres de cléricature, en parlant d'un chrétien baptisé. *Tribunal, juridiction laïque.* V. **Séculier.** ◊ *N. Un laïc, une laïque.* Un *laïc, des laïcs. Un laïque.* ◊ *Par ext. La société laïque. Rendre à la vie laïque.* V. **Laïciser.** *Habit laïque.* ♦ 2° Qui est indépendant de toute confession religieuse (V. **Laïcité**). *L'État laïque. L'enseignement laïque (opposé* à confessionnel), *École primaire laïque. Subst.* (Fam.) *La laïque. « En détestation de la laïque, il disait son chapelet »* (ARAGON). ◊ ANT. **Clerc, ecclésiastique. Religieux.**

LAÏCAT [laika]. *n. m.* (1965; de *laïc*). *Didact.* Ensemble des chrétiens non ecclésiastiques.

LAICHE ou **LAÎCHE** [lɛʃ]. *n. f.* (*Eske*, XIᵉ; lat. pop. *lisca*, VIIIᵉ; mot germ.). Nom courant du *carex* (plante). ◊ HOM. **lèche.**

LAÏCISATION [laisizasjɔ̃]. *n. f.* (v. 1870; de *laïciser*). Action de laïciser; résultat de cette action. *Laïcisation de l'enseignement :* action d'écarter tout esprit confessionnel de l'enseignement officiel.

LAÏCISER [laisize]. *v. tr.* (v. 1870; de *laïc.* V. **Laïque**). ♦ 1° Rendre laïque. *« Le sentiment religieux se laïcise déjà »* (MART. du G.). ♦ 2° Organiser suivant les principes de la laïcité. *La Révolution a laïcisé l'état civil. Laïciser l'enseignement.*

LAÏCISME [laisism(ə)]. *n. m.* (1842; de *laïc*). ♦ 1° *Anciennt.* Doctrine tendant à réserver aux laïques une certaine part dans le gouvernement de l'Église. ♦ 2° *Mod.* Doctrine qui tend à donner aux institutions un caractère non religieux.

LAÏCITÉ [laisite]. *n. f.* (1871; de *laïc*). ♦ 1° Caractère laïque. ♦ 2° Principe de séparation de la société civile et de la société religieuse, l'État n'exerçant aucun pouvoir religieux et les Églises aucun pouvoir politique. *« La laïcité, c'est-à-dire l'État neutre entre les religions »* (RENAN).

LAID, LAIDE [lɛ, lɛd]. *adj.* (1080; frq. °*laid;* Cf. a. all. *Leid* « désagréable »). ♦ 1° Qui produit une impression désagréable en heurtant le sens esthétique, ou qui, simplement, s'écarte de l'idée que l'on se fait de la beauté. V. **Abominable, affreux, atroce, dégoûtant, déplaisant, désagréable, disgracieux, effrayant, effroyable, hideux, ignoble, inesthétique, informe, moche, monstrueux, repoussant, répugnant, vilain.** *« Tout ce qui est utile est laid »* (GAUTIER). *Personne laide*, qui déplaît par ses imperfections physiques, *spécialt.* celle du visage *(fam.* **Moche**). *« Des êtres tarés, déchus, disgraciés, laids à décourager la pitié »* (GIDE).

Rendre laid, se rendre laid : défigurer, enlaidir. *Être laid comme un pou, un singe, comme les sept péchés capitaux; laid à faire peur, à faire fuir* (V. **Horreur, monstre**). *Femme, fille laide.* V. **Laideron.** Subst. *Une laide, les laides.* ◇ *Visage laid; tête, figure laide. Laide grimace.* ◇ (Choses) *Monument laid. Ville, région laide et triste. Appartement laid et cossu, arrangé sans goût* (Cf. pop. **Tocard**). — « *Qu'il fasse beau, qu'il fasse laid...* » (DIDER.). V. **Mauvais.** ♦ 2° Qui inspire le dégoût, l'horreur, le mépris. V. **Bas, dégoûtant, déplaisant, honteux, ignoble, vilain.** *Le vice est laid. Une laide action.* V. **Déshonnête, malhonnête, malséant, sale.** — (Lang. enfantin) *C'est laid, de fourrer ses doigts dans son nez!* V. **Vilain.** Par ext. et fam. *Hou! qu'il est laid!* — Subst. *Hou! le laid!* ♦ 3° Subst. LE LAID. V. **Laideur.** *Le laid et le beau. Le laid et le grotesque dans l'art, en littérature.* ◇ ANT. **Beau.** — HOM. V. **Lai** (2).

LAIDEMENT [lɛdmã]. adv. (1080; de *laid*). D'une manière laide. ♦ 1° Avec laideur (1°). *Tableau laidement encadré.* V. **Vilainement.** ♦ 2° Rare. Avec bassesse, malhonnêteté. V. **Ignoblement.** *Il s'est comporté laidement à mon égard.* ◇ ANT. **Joliment; bellement.**

LAIDERON, ONNE [lɛdʀɔ̃, ɔn]. n. et adj. (XVIᵉ, n. f.; de *laid*). Jeune fille ou jeune femme laide. Vx. « *Pour danser avec une laideron comme moi* » (SAND). Mod. *Cette fille est un laideron.* — Adj. « *Cette petite Infante laideronne et bougonne* » (L. BERTRAND).

LAIDEUR [lɛdœʀ]. n. f. (1265; de *laid*). ♦ 1° Caractère, état de ce qui est laid *(au physique).* V. **Difformité, disgrâce, hideur.** *Être d'une laideur affreuse, monstrueuse, repoussante.* — *Laideur d'un spectacle, d'un monument, d'une œuvre.* ♦ 2° Au moral. V. **Bassesse, turpitude.** *La laideur d'une action. Le Tartuffe de Molière montre « l'hypocrisie dans toute sa laideur »* (VOLT.). ♦ 3° Une laideur : chose ou action laide. V. **Horreur, saleté, vilenie.** *Les laideurs et les infirmités de la vie.* V. **Misère.** ◇ ANT. **Beauté.**

1. **LAIE** [lɛ]. n. f. (*Lehe*, 1130; frq. °*lêha*; Cf. moy. haut all. *Liehe*). Femelle du sanglier (V. **Truie**). *La laie et ses marcassins.*

2. **LAIE** [lɛ]. n. f. (fin XIIᵉ; frq. °*laida*; Cf. a. angl. *Lad*). Espace déboisé, rectiligne, tracé dans une forêt pour y établir des coupes. V. **Layon.**

3. **LAIE** ou **LAYE** [lɛ]. n. f. (1357; moy. néerl. *laeye* « coffre »). Mus. Partie inférieure du sommier de l'orgue, qui abrite les soupapes et emmagasine l'air.

4. **LAIE** [lɛ]. n. f. (1675; de *layer*). Techn. Marteau de tailleur de pierres, à un ou deux taillants, droits ou dentelés. ◇ HOM. V. **Lai** (2).

LAINAGE [lɛnaʒ]. n. m. (v. 1300; de *laine*). ♦ 1° Rare. Toison des moutons. V. **Laine.** ♦ 2° Cour. Étoffe de laine. *Robe de lainage. Gros lainage; lainage fin.* ♦ 3° Objet manufacturé en laine. *La production française de lainages.* ◇ Spécialt. Vêtement de laine tricoté. *Mettre un lainage sur une robe d'été.* ♦ 4° (De *lainer*). Techn. Action de lainer (le drap).

LAINE [lɛn]. n. f. (déb. XIIᵉ; lat. *lana*). ♦ 1° Matière souple provenant du poil de l'épiderme des ovidés (et de quelques autres mammifères) constituée par des fibres pouvant être utilisées comme textile. *Bêtes à laine :* agneaux, brebis, béliers, moutons, chèvres, lamas (V. **Lainifère**). *La toison des ovidés est formée de laine et de jarre. Relatif à la laine; de la nature de la laine.* V. **Lainier;** lanice, lanugineux. — *Brins, fibres, mèches, touffes* (V. **Flocon**) *de laine. Finesse, élasticité, résistance* (ou *force, nerf*), *souplesse, nuance et lustre d'une laine. Laine courte, longue, lisse, ondulée. Laine de première tonte* (V. **Agneline**); *laine mérinos, de mouton d'Écosse* (V. **Cheviotte**); *laines croisées* (de moutons croisés de mérinos); *laine de chèvre angora* (V. **Mohair**), *de lama* (V. **Vigogne**). *Enlever la laine des moutons* (V. **Tondre**), *des peaux de mouton* (V. **Délainer**). *Laine brute, crue, en suint.* Traitement, *travail de la laine :* lavage, battage, dessuintage, plissage, cardage, peignage. *Laine cardée, peignée* (V. **Peigné**). *Filer la laine.* V. **Filage, filature.** — *Tissage de la laine. Tissu, étoffe de laine.* — *Laine. V. Lainage. Étoffes de laine agglomérée* (feutre, molleton). — *Laine des Pyrénées,* se dit d'un tissu de laine moelleux, duveté. — *Laine à tricoter, à repriser. Pelote, peloton, écheveau de laine. Tapis, moquette de laine, de haute laine. Laine à matelas.* ◇ *Vêtements en laine,* en tissu de laine, ou en laine tricotée. *Complet pure laine.* V. Loc. fig. *Bas** *de laine.* — *Se laisser manger, tondre la laine sur le dos :* être exploité, volé. ♦ 2° Duvet de certaines plantes. ♦ 3° Produits fibreux fabriqués soit pour être utilisés comme laine cardée (en isolants, etc.), soit comme textiles. *Laine de bois; laine artificielle* (cellulose nitrifiée). *Laine de laitier,* servant d'isolant. *Laine de verre, laine minérale.*

LAINER [lene]. v. tr. (*Laner*, 1334; de *laine*). ♦ 1° Rendre moelleux la surface de (un tissu). *Lainer le drap :* redresser et lisser le poil du fond de l'étoffe. V. **Draper.** ♦ 2° N. m. Techn. *Le lainer d'une étoffe :* son velouté.

LAINERIE [lɛnʀi]. n. f. (h. 1295; 1803; de *laine*). ♦

1° *Techn.* et *comm.* Fabrication des étoffes de laine (filature, tissage). — Produits de cette fabrication (lainage). ♦ 2° Lieu où l'on tond les bêtes à laine. ♦ 3° Atelier où l'on effectue le lainage des draps, dans une usine. ♦ 4° Magasin de gros où l'on vend des laines.

LAINEUR, EUSE [lɛnœʀ, øz]. n. (1765; de *lainer*). Techn. Ouvrier, ouvrière qui laine le drap.

LAINEUSE [lɛnøz]. n. f. (1824; de *lainer*). Techn. Machine à lainer (On dit aussi LAINIÈRE [lɛnjɛʀ]).

LAINEUX, EUSE [lɛnø, øz]. adj. (v. 1500; de *laine*). ♦ 1° Qui est garni de laine, qui a beaucoup de laine. *Drap laineux, étoffe très laineuse.* Par anal. *Plante, tige laineuse,* couverte de duvet, de poils. ♦ 2° Qui a l'apparence de la laine. *Cheveux laineux.*

LAINIER, IÈRE [lɛnje, jɛʀ]. n. et adj. (v. 1300; de *laine*). I. N. Personne qui vend ou qui travaille la laine. II. (1723). Adj. Relatif à la laine (en tant que matière première ou marchandise). *L'industrie lainière.*

LAÏQUE. V. **LAÏC.**

LAIRD [lɛʀ]. n. m. (1839; var. de *lord*). Propriétaire d'une terre et d'un manoir, en Écosse.

LAIS [lɛ]. n. m. (1250; de *laisser*). ♦ 1° Anc. Dr. Forme ancienne de legs*. Hist. litt. *Les lais des Testaments de Villon.* ♦ 2° (XVᵉ-XVIᵉ). Dr. Se dit des terrains que les eaux de mer ou de rivière (alluvions) laissent à découvert en se retirant. *Droit d'accession sur les lais.* V. **Accroissement, atterrissement, relais.** ◇ Géogr. Laisse (III). *Lais de haute mer.* ♦ 3° (1586). Eaux et for. Jeune baliveau laissé dans une coupe de taillis pour devenir arbre de futaie. ◇ HOM. V. **Lai** (2).

LAISSE [lɛs]. n. f. (1120, « lien qu'on laisse aller »; de *laisser*). I. Lien avec lequel on attache un chien (ou un autre animal) pour le mener, le maintenir à ses côtés. *Laisse de cuir qui s'accroche au collier. Tenir, mener un chien en laisse. Chien qui tire sur sa laisse.* ◇ Fig. *Mener, tenir qqn en laisse,* l'empêcher d'agir librement, lui imposer sa volonté. V. **Attache** (à l'). « *Le comte Paul est-il tenu en laisse?* » (BALZ.). II. (XIIIᵉ; « dit, récite en se laissant aller », d'un trait »). Hist. litt. Tirade, couplet d'une chanson de geste. *Les laisses de la Chanson de Roland.* III. (XVIᵉ). Géogr. ou région. Espace que la mer laisse à découvert à chaque marée. V. **Lais** (2°). *Laisse de haute mer, de basse mer :* lignes de marée haute et de marée basse, limites entre lesquelles la marée oscille.
IV. Chasse. V. **Laissées.**

LAISSÉES [lese]. n. f. pl. (1387; de *laisser*). Chasse. Fiente des bêtes noires. V. **Excrément, fumée** (4°). ◇ HOM. *Laisser.*

LAISSÉ(E)-POUR-COMPTE ou **LAISSÉ(E) POUR COMPTE** [lesepuʀkɔ̃t]. adj. (1870; de *laisser pour compte*). ♦ 1° Comm. Se dit d'une marchandise dont le destinataire refuse de prendre livraison parce qu'elle ne remplit pas les conditions stipulées à la commande. *Marchandise laissée-pour-compte.* Subst. m. *Le laissé-pour-compte,* ce qui a été refusé. ♦ 2° Fig. Ce dont personne ne veut (chose ou personne). Subst. *Les laissés-pour-compte que l'on n'a pas emmenés.*

LAISSER [lese]. v. tr. (XIIᵉ; *laszier*, Xᵉ; lat. *laxare* « relâcher »).
I. Ne pas intervenir. ♦ 1° (*Suivi d'un inf.*). Ne pas empêcher de (V. **Consentir, permettre**). *Laisser partir qqn. Laisser échapper, tomber qqch.* « *Il ouvre un large bec, laisse tomber sa proie* » (LA FONT.). Fig. *Laisser tomber**, choir. — *S'effacer pour laisser passer qqn.* « *Laissez venir à moi les petits enfants* » (BIBLE). « *Laissez-moi m'endormir du sommeil de la terre* » (VIGNY). *Laisser courir :* ne pas intervenir. *Laisser faire qqn, laisser agir comme il l'entend. Laissez-moi faire.* Vx. « *Faites votre devoir, et laissez faire aux dieux* » (CORN.). — Absolt. *Laisser faire,* ne pas intervenir. « *Laisser faire, laisser passer* », devise du libéralisme économique. PROV. *Bien faire et laisser dire**. — *Laisser voir son trouble :* le découvrir, le montrer. *N'en rien laisser voir.* ◇ (Choses) *Matière poreuse qui laisse passer l'air.* ◇ REM. Accord du participe *laissé* suivi de l'infinitif lorsque le compl. d'objet, généralement celui-ci fait l'action exprimée par l'infinitif. « *Les familiarités qu'il avait laissées s'établir entre nous* » (LAMART.). « *Nos officiers nous ont laissés tomber* » (SARTRE). ♦ 2° SE LAISSER (et l'inf.). *Se laisser aller à faire qqch.* Absolt. *Se laisser aller.* V. **Abandonner** (s'), **détendre** (se), **relâcher** (se). *Ne vous laissez pas abattre, réagissez!* « *Un enfant heureux se laisse vivre* » (MAUROIS). *Se laisser mener par le bout du nez.* — *S'en laisser conter. Se laisser attendrir, impressionner. Je me suis laissé dire que...* — *Se laisser faire,* n'opposer aucune résistance. *Ne se laissez pas faire,* réclamez, ripostez. Fam. *Accepter qqch. d'agréable. Laissez-vous faire :* laissez-vous tenter. ◇ Fam. (Choses) *Un vin qui se laisse boire; un film qui se laisse voir :* qu'on boit, voit sans effort, sans déplaisir.
◇ REM. Accord du p. p. *laissé* avec le sujet, lorsqu'il fait

l'action. « *Je me suis laissée aller au courant* » (GAUTIER). Il ne s'accorde pas dans le cas contraire. « *Je suis toute décontenancée d'être à Paris. Je me suis laissé accabler de visites* » (SÉV.). ◆ 3° (Avec un compl. déterminé par un adj., une complétive). Maintenir (qqn, qqch.) dans un état, un lieu, une situation ; ne rien faire pour qu'il ou elle change. V. Garder. *Laisser qqn debout.* V. Tenir. — LAISSER TRANQUILLE : ne pas importuner (On dit aussi *laisser en paix*). — *Laisser la bride sur le cou. Laisser le champ libre.* — *Cela me laisse indifférent, froid.* — *Laisser qqn dans le doute, l'erreur, l'ignorance. Laissez-la à son travail, à ses occupations,* et fig. *à son ignorance.* — *Laisser la porte ouverte. Laisser les choses en l'état. Laisser qqch. de côté.* ◆ 4° Ne pas s'occuper de. *Laissons-les, puisqu'ils prétendent se passer de nous. Laissez donc cela.* Absolt. *Laissez, je vous en prie, c'est moi qui paie.* ◆ 5° *Laisser... à* : maintenir avec ; ne pas enlever à (qqn), ne pas priver de. *Laisser les enfants à leur mère. Laissez-lui la vie. Laisser la paix à qqn* (V. Ficher), *lui laisser sa liberté. Laissez-lui le temps d'agir. Laissez-lui ses illusions.* ◆ 6° Ne pas supprimer. *Laisser des fautes, des répétitions dans un texte ; y laisser des erreurs.*

II. ◆ 1° Ne pas prendre (ce qui se présente, ce qui s'offre). *Manger les raisins et laisser les pépins. C'est à prendre ou à laisser,* il faut prendre la chose telle quelle ou ne pas la prendre du tout. *Laisser une route à sa droite et prendre à gauche.* ◆ 2° (1538). LAISSER À : ne pas prendre pour soi (afin qu'un autre prenne). V. Réserver. *Laisse un morceau de gâteau à ton frère. Laissez-lui-en un peu. Laissez-nous de la place.* — « *Elle qui s'efface... pour me laisser le passage* » (ROMAINS). — Ne pas faire soi-même (afin qu'un autre fasse). *Laisser un travail à faire à qqn.* Fig. *Laisser à qqn le soin de. Ne rien laisser au hasard.* ◇ *Laisser une chose à qqn,* n'en pas vouloir pour soi et la réserver à celui pour qui elle est faite ou semble faite. *Il faut laisser ces procédés aux charlatans.* ◇ Loc. LAISSER À PENSER, À JUGER : laisser (à qqn) le soin de penser, de juger par soi-même, ne pas expliquer ce qu'on trouve évident. « *Je vous laisse à penser si le parterre ose nous contredire* » (MOL.). — Absolt. (Choses) *Cela laisse à penser,* donne matière à réflexion. *Laisser à désirer*.*

III. Ne pas garder avec soi, pour soi. V. Abandonner. ◆ 1° Se séparer de, abandonner (qqn, qqch.). V. Quitter. *Laisser ses parents, ses amis pour voyager. Adieu, je vous laisse. Il a laissé trois enfants en mourant.* ◇ Spécialt. Quitter volontairement et définitivement. *Elle a laissé son mari.* V. Lâcher. ◇ *Laisser en tel ou tel état. Laisser qqn seul,* le quitter pour qu'il soit seul. V. Retirer (se). *Je l'ai laissé bien triste.* « *J'ai été laissé pour mort par des voleurs* » (MAUPASS.). *Laisser tout en désordre.* ◇ *Laisser en un lieu, en compagnie de qqn. Laisser ses bagages à la consigne, ses enfants chez sa sœur. Laisser involontairement.* V. Oublier. *Je ne m'attendais pas à ce qu'il me laissât sur la route.* V. Camper, planter (là). *Laisser en plan, en rade. Laisser un enfant à l'Assistance publique.* V. Déposer. « *Vous mourûtes aux bords où vous fûtes laissée !* » (RAC.). — *Laisser un coureur derrière soi.* V. Dépasser, devancer. Fig. *Laisser qqn derrière soi pour le talent, le mérite.* V. Surpasser. ◆ 2° Se séparer d'une partie de soi-même, abandonner (qqch. de soi). V. Perdre. *Renard laissa sa queue dans un piège.* Fig. « *Notre amitié peut laisser des plumes dans cette histoire* » (DUHAM). *Laisser sa vie au combat ; y laisser la vie,* et fam. *y laisser sa peau.* — *Liquide qui laisse un dépôt.* V. Déposer. ◇ Fig. Faire (une marque, une trace qui reste). *Coup qui laisse des marques, des cicatrices. Goût qu'un aliment laisse dans la bouche.* — Fig. *Laisser un goût d'amertume, d'indifférence. Document qui ne doit pas laisser de trace. Laisser des descendants, des héritiers. Laisser un souvenir.* « *Voilà ce qu'après toi tu laisses sur la terre* » (MUSS.). ◆ 3° Remettre (qqch. à qqn) en partant. V. Confier, remettre. *Laisser sa clé à la concierge.* ◇ *Partir sans laisser ni de traces ni d'adresse* (CÉLINE). *Laisser un gros pourboire ; laisser des arrhes.* V. Donner. ◆ 4° Vendre à un prix avantageux pour le client. V. Céder. *Je vous laisse ce tapis pour mille francs, à mille francs.* ◆ 5° Donner, céder (un bien, une somme) de son vivant ou par testament, par voie de succession. *Laisser une maison à ses enfants. L'héritage que nous ont laissé nos parents.* V. Léguer, transmettre. « *Il mourut, jeune encore, laissant à sa fille une immense fortune, une mère faible et la disgrâce de la cour* » (STENDHAL).

IV. (XIIe). ◆ 1° Vx. Ne pas continuer (de faire, d'être qqch.). V. Cesser. ◆ 2° Mod. (XIVe). NE PAS LAISSER DE (littér.) : ne pas cesser de, ne pas s'abstenir de (V. Manquer). « *Je ne laissai pas de sentir la haute sagesse* » (FRANCE). « *Bien que rivales... (elles) ne laissaient pas d'être amies* » (CORN.) : elles n'en étaient pas moins amies ; néanmoins, pourtant, elles l'étaient.

◈ ANT. *Contrôler, diriger, empêcher, résister ; changer, déplacer, modifier ; enlever, ôter. Empoigner (s'), prendre. Conserver, emmener, emporter, garder. Continuer.* — HOM. *Laissées.*

LAISSER-ALLER [leseale]. *n. m.* (1786 ; de *laisser,* et *aller*). ◆ 1° Absence de contrainte dans les attitudes, les manières, le comportement. V. Abandon, désinvolture.

J'aime le laisser-aller des gens qui ne s'observent pas, ne s'étudient pas. ◆ 2° Péj. Absence de soin. *Le laisser-aller de sa tenue.* V. Débraillé, négligé. *Laisser-aller dans le travail* (V. Négligence, relâchement), *dans la gestion des affaires publiques* (V. Désordre, incurie). « *Il n'est pas familier. Il déteste le laisser-aller, le bruit* » (SUARÈS). ◈ ANT. *Affectation, contrainte, discipline ; réserve, retenue ; ordre.*

LAISSEZ-PASSER [lesepase]. *n. m.* (1675 ; de *laisser,* et *passer*). Permission d'entrer, de sortir, de circuler. ◆ 1° Dr. Titre, certificat qui doit accompagner les marchandises soumises aux impôts indirects et qui sont exemptes ou affranchies de droit de départ. V. Passavant. ◆ 2° (1792). Cour. Pièce autorisant une personne à entrer, à sortir, à circuler librement (V. Coupe-file, passeport, permis, sauf-conduit). « *Les laissez-passer* » (MART. du G.).

LAIT [lε]. *n. m.* (déb. XIIe ; lat. *lactem,* accus. pop. de *lac, lactis*). I. Liquide blanc, opaque, très nutritif (riche en graisses émulsionnées) sécrété par les glandes mammaires des femelles des mammifères, servant à l'alimentation naturelle, à la mamelle, des jeunes mammifères (dans l'espèce humaine, des nourrissons). *Sécrétion, montée du lait chez la mère.* « *À la montée du lait commence l'amour maternel* » (GIDE). *Premier lait d'une accouchée.* V. Colostrum. *Femme qui nourrit un enfant de son lait.* V. Allaitement, lactation. *Bébé, nouveau-né, nourrisson qui suce le lait maternel.* V. Téter. *Voilà deux jours qu'il n'est plus nourri au lait* (V. Sevrer). — Loc. *Dent* de lait.* — *Veau, cochon de lait,* qui tètent encore. — *Frère*, sœur de lait.* — Loc. fam. *Si on lui pressait le nez il en sortirait du lait,* se dit par plaisant. d'un enfant, d'un adolescent, qui prétend se comporter comme un adulte. ◇ *Lait de quelques mammifères domestiques* (destiné à l'alimentation humaine). *Le lait est le seul aliment complet naturel, contenant des glucides* (sucre de lait ou lactose), *des lipides* (globules de graisse. V. Crème), *des protéides, des matières minérales* (sels, etc.), *des enzymes et des vitamines, en solution ou en suspension dans de l'eau* (sérum). *Commerce, industrie du lait.* V. Laiterie. *Vache à lait, vache laitière* (au fig., V. Vache). *Lait de brebis, de chèvre, d'ânesse. Récolter le lait.* V. Traire ; traite. *Lait bourru, cru. Ramassage, transport du lait. Récipients à lait* (berthes, bidons, cannes). *Pot, bouteille, berlingot de lait. Pot à lait, au lait. Coopérative, établissement où l'on rassemble, où l'on traite le lait* (V. Fruitière, laiterie, *Vente de lait, du beurre et du fromage.* V. Crémerie. *Lait écrémé. Lait entier. Battre le lait pour faire du beurre. Liquide séreux du lait.* V. Petit-lait. *Lait de beurre.* V. Babeurre. *Le lait caille, tourne. Lait caillé.* V. Caillé, kéfir, yogourt. *Faire bouillir le lait pour le stériliser. Lait qui bout, monte, s'échappe, se sauve. Lait bouilli, stérilisé, pasteurisé, homogénéisé.* ◇ Cet aliment traité pour la conservation. *Lait condensé ou concentré* (1875), *sucré ou non sucré. Lait en poudre. Lait en boîte, en tube.* ◇ *Boire du lait. Se mettre au lait, au régime lacté.* — *Café, chocolat au lait. Riz au lait.* — Fig. *Boire* du lait, du petit lait. Monter comme une soupe* au lait.* ◆ 2° Par compar. *Blanc comme le lait.* V. Lacté, lactescent, laiteux. *Une peau de lait.* « *Le printemps, doux comme le lait* » (JALOUX). — Fig. *Le lait de la tendresse humaine* (d'apr. Shakespeare).

II. (1532). Se dit de liquides ayant l'apparence du lait. ◆ 1° Suc blanchâtre de certains végétaux (V. Laiteron, laitue). *Lait des plantes à caoutchouc.* V. Latex. *Lait de coco.* ◆ 2° Préparation d'apparence laiteuse. *Lait d'amandes,* émulsion d'amandes. *Lait de poule* : jaune d'œuf battu avec du lait et de l'eau chaude sucrée et aromatique. — *Lait de beauté, lait démaquillant.* — Chim. *Lait de chaux*.*

◈ HOM. V. Lai (2).

LAITAGE [lεtaʒ]. *n. m.* (1376 ; de *lait*). Le lait ou les substances alimentaires tirées du lait. *Aimer les laitages.*

LAITANCE [lεtɑ̃s] ou **LAITE** [lεt]. *n. f.* (*Leitanche,* 1300 ; de *lait*). ◆ 1° Matière blanchâtre, molle, constituée par le sperme des poissons. *Poisson mâle, qui a de la laitance.* V. Laité. ◆ 2° LAITE. V. Laiteron. ◈ HOM. (de *laite*) Lette.

LAITÉ, ÉE [lεte]. *adj.* (1393 ; de *lait*). Qui a de la laitance ; mâle, en parlant d'un poisson (*opposé à* œuvé). *Hareng laité.*

LAITERIE [lεtri]. *n. f.* (1315 ; de *lait*). ◆ 1° Lieu où s'effectue la collecte et le traitement du lait (pasteurisation, réfrigération, mise en récipients ; écrémage ; concentration, homogénéisation, dessication, mise en boîtes, etc.), et par ext. la fabrication du beurre (V. Beurrerie). *Laiterie d'une ferme. Grande laiterie moderne, industrielle.* ◆ 2° Magasin où l'on vend du lait, des produits laitiers (beurre, fromage) et des œufs. V. Crémerie. ◆ 3° Industrie, commerce du lait.

LAITERON [lεtrɔ̃]. *n. m.* (1545 ; du lat. *lactarius*). Plante (Composacées) dont les tiges, les feuilles contiennent une sorte de *latex. Le laiteron est appelé* laite, lait d'âne.

LAITEUX, EUSE [lεtø, øz]. *adj.* (v. 1400 ; de *lait*). ◆ 1° Vx. Qui a rapport au lait. Cour. *Croûtes laiteuses,* eczéma du nourrisson. *Fièvre laiteuse* (vx), poussée de fièvre accompagnant la montée du lait. ♦ 2° *Mod.* Qui a l'aspect et *spécialt.* la couleur blanchâtre du lait. V. *Blanc, lactescent, opalin. Faisceau laiteux d'un projecteur. Halo laiteux. Lumière laiteuse.* « *Une nuit... laiteuse* » (GIRAUDOUX). « *Chair laiteuse* » (GIONO), *d'un blanc laiteux.*

1. **LAITIER, IÈRE** [letje, letjɛʀ]. *n. et adj.* (XIIᵉ ; de *lait*). ♦ 1° Personne qui vend du lait (V. *Crémier*), et *spécialt.* Celui qui livre le lait (à domicile, chez les détaillants). « *Les laitiers font tinter leurs bidons dans les rues* » (APOLLINAIRE). *La laitière et le pot au lait,* fable de La Fontaine. ♦ 2° Adj. *Vache laitière,* qui donne du lait, qui est élevée pour son lait. — Subst. *Une laitière, une bonne laitière.* ♦ 3° Adj. Relatif au lait, matière première alimentaire. *Industrie, production laitière. Centrale, coopérative laitière.*

2. **LAITIER** [letje]. *n. m.* (1676; de *lait,* par compar. avec la formation du lait caillé). ♦ 1° (1676). *Techn.* Ensemble des matières vitreuses qui se forment à la surface des métaux en fusion et qui rassemblent les impuretés provenant de la gangue des minerais. *Dans la métallurgie du fer, on ajoute des fondants au minerai pour permettre la formation du laitier. Sables de laitier pour le ballast. Ciment de laitier* (mélange de laitier et de chaux). ♦ 2° (1867). Nom d'un champignon à suc laiteux. V. **Lactaire.**

LAITON [lɛtɔ̃]. *n. m.* (XIIIᵉ, var. *leiton, laton;* arabe *latun* « cuivre »). Alliage de cuivre et de zinc, pouvant contenir d'autres métaux (*laitons spéciaux : à l'aluminium). Le laiton, ductile et malléable, est aussi appelé cuivre jaune. Fil de laiton* (ou d'archal). Par ext. *Du laiton : du fil de laiton.* ◇ HOM. **Letton.**

LAITONNER [lɛtɔne]. *v. tr.* (1845; de *laiton). Techn.* Garnir de fils de laiton. *Laitonner une forme de chapeau.* ◇ Recouvrir de laiton. *Métal laitonné.*

LAITUE [lety]. *n. f.* (XIᵉ ; lat. *lactuca,* de *lac, lactis* « lait », à cause du suc). ♦ 1° Plante à nombreuses variétés (*Composacées*), dont certaines sont cultivées comme légumes, pour leurs feuilles. *Salade de laitue. Cœurs de laitue braisés. Laitue romaine* (V. **Romaine**). — *Suc de laitue.* V. **Lactucarium.** ♦ 2° *Salade de laitue. Servir une laitue.* ♦ 3° Par anal. *Laitue de brebis* (mâche), de *chien* (chiendent, pissenlit), de *lièvre* (laiteron).

LAÏUS [lajys]. *n. m.* (1804, rare av. XXᵉ; du nom de *Laïus,* père d'Œdipe, sujet de compos. fr. à Polytechnique en 1804). ♦ 1° *Fam.* Allocution, discours. *Faire un laïus à la fin d'un banquet. Un grand laïus.* ♦ 2° Manière de parler, d'écrire, vague et emphatique. *Ce n'est que du laïus.*

LAÏUSSER [lajyse]. *v. intr.* (1891; de *laïus). Fam.* Faire des laïus. *Laïusser pendant plus d'une heure.*

LAÏUSSEUR, EUSE [lajysœʀ, øz]. *adj. et n.* (1892; de *laïusser). Fam.* Qui aime à faire de longs laïus; bavard intarissable.

LAIZE [lɛz]. *n. f.* (*Laise,* XIIᵉ ; lat. pop. °*latia,* de *latus* « large »; Cf. Alaise). ♦ 1° *Techn.* Largeur d'une étoffe entre les deux lisières. V. **Lé.** — Largeur du papier en bobines. ♦ 2° *Mar.* Bande de toile d'une voile. ◇ HOM. **Lèse-.**

LAKISTE [lakist(ə)]. *adj. et n.* (1830; angl. *lakist,* de *lake* « lac »). *Hist. litt.* Se dit des poètes romantiques anglais appartenant à l' « École des lacs » (ils habitaient ou fréquentaient le district des lacs).

-LALIE, LALO-. Éléments, du gr. *lalein,* « parler ».

LALLATION [lalasjɔ̃]. *n. f.* (1808; lat. *lallare* « dire la-la », onomat.). *Didact.* ♦ 1° Lambdacisme. ♦ 2° Émission de sons plus ou moins articulés par l'enfant, avant l'acquisition du langage. V. **Babillage.**

1. **LAMA** [lama]. *n. m.* (1598; esp. *llama,* mot quichua). Mammifère ongulé plus petit que le chameau et sans bosse, qui vit dans les régions montagneuses d'Amérique du Sud, sauvage ou domestiqué V. **Alpaca, guanaco, vigogne.** *Tissu en poil, en laine de lama.*

2. **LAMA** [lama]. *n. m.* (1629; mot tibétain). Prêtre, moine bouddhiste au Tibet et chez les Mongols. ◇ Personnage sacré, dignitaire ecclésiastique considéré comme l'incarnation de ses prédécesseurs. *Grand lama* ou *dalaï-lama :* souverain spirituel et temporel du Tibet.

LAMAÏSME [lamaism(ə)]. *n. m.* (1845; *lamisme,* 1839; de *lama* 2). Forme de bouddhisme qui domine au Tibet et en Mongolie. Église tibétaine.

LAMAÏSTE [lamaist(ə)]. *adj. et n.* (1845; *lamiste,* 1773; de *lama* 2). Adepte du lamaïsme.

LAMANAGE [lamanaʒ]. *n. m.* (1355; de l'a. fr. *laman,* néerl. *lootsman* « pilote »). *Mar.* Pilotage des navires à l'entrée et à la sortie des ports, dans les passes, les chenaux.

LAMANEUR [lamanœʀ]. *n. m.* (1584; de *lamanage). Mar.* Pilote chargé du lamanage.

LAMANTIN [lamɑ̃tɛ̃]. *n. m.* (1640; *manati,* 1553; mot esp. d'o. caraïbe, altéré en fr. sous l'infl. de *lamenter,* à cause du cri de l'animal). Mammifère marin (*Siréniens*), au corps en fuseau terminé par une nageoire non échancrée, vivant

surtout dans les embouchures des fleuves des régions tropicales.

LAMARCKISME [lamaʀkism(ə)]. *n. m.* (1900; de *Lamarck,* naturaliste fr., 1744-1829). *Sc.* Théorie transformiste qui explique l'évolution par l'adaptation des êtres vivants au milieu, et par l'hérédité des caractères acquis. *Lamarckisme et darwinisme. Adj.* LAMARCKIEN, IENNE [lamaʀkjɛ̃, jɛn].

LAMASERIE [lamazʀi]. *n. f.* (1850; de *lama* 2). Couvent de lamas.

LAMBDA [lɑ̃bda]. *n. m.* (mot gr.). Lettre de l'alphabet grec (Λ λ) correspondant à notre l. — *Phys.* (à cause de la forme de la courbe). *Point lambda,* température extrêmement basse (2,17 °K) au-dessous de laquelle les propriétés physiques de l'hélium* liquide sont très différentes de celles des liquides normaux (hélium II). — *Anat.* Point situé au sommet de l'os occipital.

LAMBDACISME [lɑ̃bdasism(ə)]. *n. m.* (*Labdacisme,* 1765; lat. *labdacismus;* Cf. le précéd.). *Didact.* Vice de prononciation qui consiste à bégayer sur la lettre *l,* à la mouiller mal à propos ou à prononcer le *r* comme un *l.* Syn. *Lallation* (1°).

LAMBDOÏDE [lɑ̃bdɔid]. *adj.* (1538; gr. *lambdoeidês* de *lambda,* et -*oïde). Didact.* Dont la forme rappelle celle d'un lambda majuscule. — *Anat. Suture lambdoïde,* entre le bord postérieur du pariétal et l'écaille de l'occipital.

LAMBEAU [lɑ̃bo]. *n. m.* (v. 1400; *lambel,* 1285; frq. °*labba* « chiffon »). ♦ 1° Morceau d'une étoffe déchirée. « *Un lambeau de drap noir déchiqueté, tout couvert de taches...* » (HUGO). *Vêtements en lambeaux. Mettre en lambeaux,* déchirer, lacérer. *Couvert de lambeaux,* déguenillé. V. **Haillon, loque.** ♦ 2° Morceau (de chair, de papier) arraché. *Lambeaux de chair.* « *Des lambeaux pleins de sang, et des membres affreux* » (RAC.). — *Affiches en lambeaux.* ♦ 3° *Fig.* Fragment, partie détachée d'un tout. *Des lambeaux de musique, de conversation.* « *Je retrouve des lambeaux de passé accrochés partout* » (MAURIAC).

LAMBEL [lɑ̃bɛl]. *n. m.* (XVᵉ; spécialisé de l'anc. forme de *lambeau). Blas.* Brisure formée d'un filet horizontal garni de pendants et posé à la partie supérieure de l'écu.

LAMBIC ou **LAMBICK** [lɑ̃bik]. *n. m.* (1832; mot flam.). Bière belge, fortement alcoolisée. Appos. *Gueuse lambic.*

LAMBIN, INE [lɑ̃bɛ̃, in]. *n. et adj.* (1584; du rad. frq. °*labba* « chose qui pend, traîne ». V. **Lambeau**). *Fam.* Personne qui agit habituellement avec lenteur et mollesse. V. **Traînard.** « *Mon lambin de secrétaire ne finit point* » (ST-SIM.). ◇ Adj. Lent. *Plus lambin que paresseux.* ◇ ANT. *Rapide, vif.*

LAMBINER [lɑ̃bine]. *v. intr.* (1642; de *lambin). Fam.* Agir avec une lenteur, une mollesse excessive, perdre son temps à des riens. V. **Lanterner, traînasser.** *Ne lambinez pas en chemin.* V. **Attarder** (s'). ◇ ANT. *Presser* (se).

LAMBOURDE [lɑ̃buʀd(ə)]. *n. f.* (1294; probabl. de l'a. fr. *laon* « planche », frq. °*lado,* et de l'a. fr. *bourde* « bâton ». V. **Bourdon**). ♦ 1° Pièce de bois ou poutrelle métallique supportant les frises d'un parquet. ♦ 2° Pièce de bois encastrée le long des murs pour soutenir les abouts des solives d'un plancher. ♦ 3° *Agric.* Rameau très court de poirier ou de pommier, terminé par un gros bouton à fruit.

LAMBREQUIN [lɑ̃bʀəkɛ̃]. *n. m.* (1581; *lambequin,* 1450; du rad. de *lambeau,* et suff. dimin. néerl. -*quin). ♦ 1° Ancienn.* Bande d'étoffe autour d'un cimier, au bas d'une cuirasse. ◇ (Au plur.). *Blas.* Bandes d'étoffe découpées descendant du heaume et encadrant l'écu. ♦ 2° Bordure à festons, garnie de franges, de houppes, servant à décorer une galerie de fenêtre, un ciel de lit. *Lambrequin d'un dais.* ◇ Ornement découpé, en bois ou en métal, bordant un auvent.

LAMBRIS [lɑ̃bʀi]. *n. m.* (XIVᵉ; *lambrus,* XIIᵉ; de l'a. fr. *lambruschier.* V. **Lambrisser**). ♦ 1° Revêtement en marbre, en stuc ou en bois, formé de cadres et de panneaux, sur les murs d'une pièce. *Lambris de hauteur,* s'élevant jusqu'à la corniche. *Lambris d'appui,* s'élevant jusqu'à la cimaise. *Moulures, pilastres, plinthe d'un lambris.* — *Par ext.* Revêtement de plafond. ◇ *Fig.* (Poét. ou plais.). *Riches lambris, lambris dorés,* décoration somptueuse d'un palais. ♦ 2° *Techn.* Enduit de plâtre posé sur des lattes jointives, sous les chevrons d'un comble.

LAMBRISSAGE [lɑ̃bʀisaʒ]. *n. m.* (1454; de *lambrisser). Action de lambrisser; son résultat.*

LAMBRISSER [lɑ̃bʀise]. *v. tr.* (1538; *lambruschier,* XIIᵉ; lat. pop. °*lambruscare,* du lat. *la(m)brusca* « lambruche », la vigne constituant souvent un motif ornemental). ♦ 1° Revêtir de lambris. « *Cette salle était lambrissée d'une boiserie de chêne à petits panneaux* » (GAUTIER). ♦ 2° *Techn.* Étendre un enduit de plâtre sur les parois). — Au p. p. *Mansarde lambrissée.*

LAMBRUSQUE [lɑ̃bʀysk(ə)] ou **LAMBRUCHE** [lɑ̃bʀyʃ]. *n. f.* (1512,-1490; lat. *la(m)brusca*). Vx ou *région.* Vigne sauvage.

LAMBSWOOL [lɑ̃bswul] ou [lɑ̃bswul]. *n. m.* (mill.

xxe ; mot angl., de *lamb* « agneau », et *wool* « laine »).
Anglicisme. Laine très légère provenant de jeunes agneaux.
LAME [lam]. *n. f.* (XIIe ; lat. *lamina*).
   I. ♦ 1° Bande plate et mince d'une matière dure (métal,
puis verre, bois). *Lame de cuivre, de verre, de bois. — Lames
de parquet,* de bois, allongées. — *Ressort à lames,* élément
de la suspension d'une automobile, formé de plusieurs lames
d'acier de longueur décroissante, superposées et assemblées.
◊ *Bot.* Se dit de petites cloisons rayonnantes à la face intérieure du chapeau des champignons, dits *à lames.* — Minér.
Lames de schiste, de mica. — *Anat.* Nom de diverses membranes ou couches minces et allongées. *Lames de l'ethmoïde.
Lames vertébrales. Lames des feuillets embryonnaires.* ♦
2° Partie tranchante (d'un couteau, d'un outil servant à
couper, gratter, tailler). *Lame de ciseau, de poignard, de scie.
Couteau de poche à lame rentrante, à lames multiples. Lame
de rasoir à main. Dos, morfil, plat, tranchant d'une lame.
Aiguiser, affûter une lame.* Loc. fig. (1832). *Visage en lame
de couteau* : maigre et très allongé. ◊ *Spécialt. Lame d'épée.*
Absolt. *Une lame,* une épée. *Lames de Tolède.* — *Par ext.*
(Fig.) *Une bonne, une fine lame,* un habile escrimeur. ♦ 3° Petit
rectangle d'acier mince tranchant sur deux côtés, qui s'adapte
à un rasoir mécanique. *Lame de rasoir. Un paquet de lames.*
   II. (XVe) Ondulation de la mer sous l'action du vent, qui
s'amincit à son sommet, écume et déferle. V. **Flot, vague.**
*Lame longue, courte. Crête, creux d'une lame. Lame de fond,
lame soudaine,* provenant d'un phénomène sous-marin.
*« Une vague de détresse, violente comme une lame de fond,
le submergea »* (MART. du G.). *Fig.* Mouvement, phénomène
violent et soudain.

LAMÉ, ÉE [lame]. *adj. et n. m.* (1690 ; de *lame).* Se dit
d'un tissu où entre un fil retors, composé d'une âme (de
laine, de soie) entourée d'un fil de métal précieux laminé.
Tissu lamé or. Ellipt. N. m. *Une robe de lamé.*

LAMELLAIRE [lame(ɛl)lɛʀ]. *adj.* (fin XVIIIe ; de *lamelle).
Sc.* Dont la structure est faite de lamelles. *Tissu lamellaire.*
Spécialt. *Cassure lamellaire,* à facettes brillantes (Cf. Lami-
naire).

LAMELLE [lamɛl]. *n. f.* (1764 ; « lame de couteau, d'épée »,
XIIIe ; lat. *lamella,* dimin. de *lamina.* V. **Lame**). Petite lame
très mince. *Lamelle de verre pour examen microscopique.*
◊ *Biol.* Feuillet, petite couche cellulaire.

LAMELLÉ, ÉE [lame(ɛl)le]. *adj.* (1783 ; de *lamelle).
Didact.* Qui est disposé ou se laisse diviser en lamelles. *L'ardoise est lamellée.*

LAMELLEUX, EUSE [lame(ɛl)lø, øz]. *adj.* (1777 ; de
lamelle). Minér. Lamellé.

LAMELLI-. Élément, du lat. *lamella* « lamelle ».

LAMELLIBRANCHES [lame(ɛl)libʀɑ̃ʃ]. *n. m. pl.* (1816 ;
de *lamelli-,* et *branchie).* Zool. Classe de mollusques aquatiques acéphales, bivalves, aux branchies en forme de lamelles.
V. **Pélécypodes** (vx).

LAMELLICORNES [lame(ɛl)likɔʀn(ə)]. *n. m. pl.* (1839 ;
de *lamelli-,* et *corne).* Zool. Sous-famille de *Scarabéidés*
dont les antennes portent des prolongements ou lamelles
qui peuvent s'écarter comme un éventail.

LAMELLIFORME [lame(ɛl)lifɔʀm(ə)]. *adj.* (1845 ; de
lamelli-, et *forme).* Didact. En forme de lamelle.

LAMELLIROSTRES [lame(ɛl)liʀɔstʀ(ə)]. *n. m. pl.* (1839 ;
de *lamelli-,* et *-rostre).* Zool. Sous-ordre de palmipèdes, comprenant des oiseaux au bec large garni sur les bords de lamelles
transversales. V. **Ansériforme.**

LAMENTABLE [lamɑ̃tabl]. *adj.* (XIVe ; lat. *lamenta-
bilis).* ♦ 1° Vx ou littér. Qui donne sujet de se lamenter,
inspire la pitié. V. **Déplorable, désolant, navrant, triste.**
« *Ces histoires de morts lamentables, tragiques* » (BOIL.)
Sort, spectacle lamentable. ♦ 2° Cour. Mauvais au point
d'attrister. V. **Pitoyable.** *Résultats lamentables. Il s'est montré
lamentable.* ♦ 3° Qui exprime une lamentation, une plainte.
*Voix, ton lamentable. Le chien « se mit à pousser des cris
lamentables »* (STENDHAL). ◊ **ANT. Réjouissant ; joyeux.**

LAMENTABLEMENT [lamɑ̃tabləmɑ̃]. *adv.* (XVe ; de
lamentable). D'une manière lamentable. *Échouer lamentablement.*

LAMENTATION [lamɑ̃tasjɔ̃]. *n. f.* (1241 ; lat. *lamentatio).*
♦ 1° Plainte bruyante et prolongée. *Faire entendre, pousser
des lamentations.* — (Hist. jud.) *Lamentations de Jérémie,*
livre de la Bible que la tradition attribue à Jérémie, composé
de cinq élégies sur la destruction de Jérusalem par les Chaldéens. *Mur des Lamentations,* mur de Jérusalem devant lequel
les Israélites venaient pleurer chaque vendredi la ruine de
Jérusalem. ♦ 2° Suite de paroles exprimant le regret douloureux, la récrimination. *Se répandre en lamentations, en
lamentations continuelles.* V. **Jérémiade.**

LAMENTER [lamɑ̃te]. *v.* (XIe ; bas lat. *lamentare,* class.
lamentari). ♦ 1° V. intr. *(Vx.)* Se lamenter. Pousser son cri
(se dit du crocodile, d'oiseaux). « *La hulotte lamentait* »
(CHATEAUB.). ♦ 2° V. tr. *(Vx.)* Déplorer. ♦ 3° V. pron.
Mod. Se répandre en lamentations. V. **Gémir, plaindre** (se).

Se lamenter sur son sort. Se lamenter d'avoir essuyé un échec.
◊ **ANT. Réjouir** (se).

LAMENTO [lamɛnto]. *n. m.* (1842 ; mot it. « plainte »).
Mus. Air triste et plaintif, chant de douleur.

LAMIE [lami]. *n. f.* (1527 ; lat. *lamia,* mot gr.). ♦ 1° Antiq.
Monstre fabuleux qui passait pour dévorer les enfants.
♦ 2° (1558). Poisson sélacien *(Squales),* requin de grande
taille (3 à 4 m), à museau conique, appelé aussi *touille.*

LAMIER [lamje]. *n. m.* (1791 ; lat. *lamium).* Plante herbacée
(Labiées), aux fleurs rouges ou blanches, improprement
appelée *ortie rouge,* et *ortie blanche.*

LAMINAGE [laminaʒ]. *n. m.* (1731 ; de *laminer).* ♦ 1° Opération consistant à laminer un métal. V. **Aplatissement,**
étirage. *Laminage à chaud, à froid.* — Par anal. *Laminage du
verre fondu, du caoutchouc, d'une pâte céramique.* ♦ 2° Géol.
Amincissement d'une couche lors d'un plissement qui la
déforme. ♦ 3° Techn. Étirage (d'une fibre textile). ♦ 4° Fig.
Action de réduire l'importance (de quelque chose ou de
quelqu'un). « *Le laminage du Centre démocrate* » (*Nouv.
Obs.,* 1967). *Laminage des marges bénéficiaires.*

1. LAMINAIRE [laminɛʀ]. *n. f.* (1828 ; du lat. *lamina.*
V. **Lame**). *Bot.* Algue marine brune *(Phéophycées)* dont la
partie foliacée se présente en longs rubans aplatis.

2. LAMINAIRE [laminɛʀ]. *adj.* (1842 ; du lat. *lamina.*
V. **Lame**). ♦ 1° Minér. Composé de lamelles parallèles.
Cassure laminaire. ♦ 2° Phys. Qui s'effectue par glissement
de couches de fluide les unes sur les autres. *Écoulement,
régime laminaire* (opposé à turbulent).

LAMINÉ, ÉE [lamine]. *adj. et n. m.* V. **Laminer.**

LAMINECTOMIE [laminɛktɔmi]. *n. f.* (1929 ; du lat.
lamina « lame », et *-ectomie). Méd.* Résection* d'une ou
plusieurs lames vertébrales.

LAMINER [lamine]. *v. tr.* (1743 ; de l'a. norm. *lamine*
« barre de métal », XIVe ; du lat. *lamina.* V. **Lame**). ♦
1° Réduire (une masse métallique) en feuilles, en lames ou en
barres minces d'épaisseur uniforme, en comprimant fortement au moyen du laminoir. V. **Étirer.** — *Acier, fer laminé.*
— Subst. m. *Le laminé,* produit sidérurgique obtenu par
laminage. ♦ 2° Par anal. *Laminer un volume à relier,* en diminuer l'épaisseur par passage au laminoir. ♦ 3° Fig. Diminuer,
réduire (qqch.) jusqu'à l'anéantissement. *Laminer les revenus
par l'impôt.* « *Laminer les marges bénéficiaires* » (*L'Express,*
avril 1951). V. aussi **Laminage.**

LAMINEUR [laminœʀ]. *n. et adj. m.* (1823 ; de *laminer).*
Techn. ♦ 1° Ouvrier procédant aux opérations de laminage.
♦ 2° Adj. Qui lamine. *Cylindre lamineur.*

LAMINEUX, EUSE [laminø, øz]. *adj.* (1842 ; bas lat.
laminosus). Anat. Se dit du tissu conjonctif lâche disposé en
lames parallèles.

LAMINOIR [laminwaʀ]. *n. m.* (1643 ; de *laminer).* ♦
1° Machine composée de deux cylindres d'acier tournant en
sens inverse entre lesquels on fait passer le métal à laminer.
V. **Étireuse, presse.** *Train de laminoirs. Faire passer le métal
au laminoir.* Fig. *Passer au laminoir,* être soumis à de rudes
épreuves. ♦ 2° Machine à cylindres lisses pour le glaçage
des papiers et cartons. — Appareil permettant d'aplatir les
cahiers d'un volume à relier.

LAMPADAIRE [lɑ̃padɛʀ]. *n. m.* (1535 ; lat. médiév.
lampadarium). ♦ 1° Ancien. Support vertical pour une ou
plusieurs lampes. ♦ 2° Mod. Appareil d'éclairage électrique
monté sur un haut support. *Lampadaire d'appartement.
Lampadaires d'une place publique.* V. **Bec** (de gaz).

LAMPADOPHORE [lɑ̃padɔfɔʀ]. *adj. et n.* (1732 ; « fête »,
1599 ; mot gr.). *Antiq.* ou *littér.* Qui porte des flambeaux.

LAMPANT, ANTE [lɑ̃pɑ̃, ɑ̃t]. *adj.* (1723 ; prov. *lampan,*
de *lampa* « briller », rad. gr. de *lampe).* Rare. Propre à alimenter une lampe à flamme. — Cour. *Pétrole lampant,*
raffiné pour l'éclairage.

LAMPARO [lɑ̃paʀo]. *n. m.* (XXe ; mot prov.). Lampe,
phare utilisé pour attirer le poisson. *Pêche au lamparo.*

1. LAMPAS [lɑ̃pɑ(s)]. *n. m.* (v. 1200 ; frq. *°labba* « chiffon ». V. **Lambeau**). ♦ 1° Vétér. Gonflement de la muqueuse
du palais, chez le cheval. ♦ 2° Vx (du sens dial. de « luette »
ou « palais »). Humecter le lampas, boire.

2. LAMPAS [lɑ̃pɑ(s)]. *n. m.* (1765 ; *lampasse,* 1723 ; o. i. ;
p.-ê. même rad. que le précéd.). Étoffe de soie à grands
dessins tissés en relief. *Des fauteuils « couverts en lampas à
fleurs »* (BALZ.).

LAMPASSÉ, ÉE [lɑ̃pase]. *adj.* (1502 ; de *lampas* 1).
Blas. Se dit d'animaux héraldiques (lion, léopard) dont la
langue est d'un émail particulier.

LAMPE [lɑ̃p]. *n. f.* (v. 1150 ; lat. *lampas, adis,* du gr.).
♦ 1° Récipient contenant un liquide ou un gaz combustible
destiné à produire de la lumière. Anciennes *lampes à huile.*
V. **Carcel, quinquet.** *Lampes d'autel, d'église.* Réservoir,
mèche, manchon, verre d'une lampe. Lampe à pétrole, à gaz.
Lampes de mineur. — *Lampe-tempête,* dont la flamme est
protégée du vent. — *Garnir, remplir, entretenir une lampe.*
◊ *Fig.* (infl. probabl. de *lamper)* Pop. *S'en mettre plein la*

lampe, manger et boire abondamment. ♦ 2° Appareil d'éclairage par l'électricité. *Lampe à arc, à incandescence. Ampoule, filament, culot, douille d'une lampe. Lampes fluorescentes, au néon.* V. **Tube.** *Lampe témoin*, servant à signaler le fonctionnement, la mise en marche d'un appareil. ◇ Ensemble constitué par la source lumineuse et l'appareillage. *Lampe de bureau, de chevet. Brancher une lampe. Lampe de poche, à pile.* ♦ 3° Récipient dont le combustible est destiné à produire de la chaleur. *Lampe à alcool.* V. **Réchaud.** *Lampe à souder* (fig., arg. milit. : mitraillette). ♦ 4° (xxᵉ). Tube électronique ne servant pas à l'éclairage. *Lampe de radio. Lampe amplificatrice, modulatrice. Lampe diode, triode.*

LAMPÉE [lɑ̃pe]. *n. f.* (1678; de *lamper*). *Fam.* Grande gorgée de liquide avalée d'un trait. « *Tous venaient de faire descendre leur soupe d'une grande lampée d'eau fraîche* » (ZOLA). ◇ HOM. *Lamper*.

LAMPER [lɑ̃pe]. *v. tr.* (1665; forme nasal. de *laper*). Boire d'un trait ou à grandes gorgées. *Il sirotait son vin* « *quand les autres lampaient le leur* » (BARBEY). ◇ HOM. *Lampée*.

LAMPION [lɑ̃pjɔ̃]. *n. m.* (v. 1550; it. *lampione*). ♦ 1° *Vieilli.* Godet contenant une matière combustible et une mèche, utilisé pour les illuminations. *Cordon de lampions.* — *Des lampions!* cri scandé par la foule (en 1827) réclamant des illuminations. *Crier, réclamer sur l'air des lampions*, en trois syllabes détachées, sur une seule note. ♦ 2° *Mod.* Lanterne vénitienne.

LAMPISTE [lɑ̃pist(ə)]. *n. m.* (1797; de *lampe*). ♦ 1° *Vx.* Fabricant, marchand de lampes. ♦ 2° *Mod.* (1860). Personne chargée de l'entretien des lampes, de l'éclairage. *Lampiste d'un théâtre.* — *Spécialt.* Agent des chemins de fer assurant l'entretien et les petites réparations des lampes et lanternes. ♦ 3° *Fig.* Subalterne au poste le plus modeste, et *par ext.* Subalterne à qui on fait endosser injustement les responsabilités.

LAMPISTERIE [lɑ̃pistəʀi]. *n. f.* (1845; de *lampiste*). ♦ 1° *Vx.* Industrie, commerce des lampes à réservoir. ♦ 2° *Mod.* Lieu où l'on entrepose et entretient les lampes et lanternes. *Lampisterie d'une gare.*

LAMPOURDE [lɑ̃puʀd(ə)]. *n. f.* (fin xviᵉ; a. prov. *laporda*, lat. *lappa* « bardane »). Plante herbacée (*Ambrosiacées*), annuelle, à fleurs groupées en capitules, dont une variété est appelée *herbe aux écrouelles* ou *petite bardane*.

LAMPRILLON [lɑ̃pʀijɔ̃]. *n. m.* (xviᵉ; de *lamproie*). Petite lamproie de rivière. Larve de lamproie.

LAMPROIE [lɑ̃pʀwa(ə)]. *n. f.* (xiiᵉ; bas lat. *lampreda*). Poisson au corps cylindrique, à bouche circulaire, ayant l'apparence d'une anguille. *Lamproie marine, fluviale.* — *Lamproie en matelote.*

LAMPYRE [lɑ̃piʀ]. *n. m.* (1803; *lampyride*, 1564; lat. *lampyris*, mot gr.). *Zool.* Nom scientifique du *ver luisant.*

LANCE [lɑ̃s]. *n. f.* (xiᵉ; lat. *lancea*, probabl. o. celt.). ♦ 1° Arme d'hast à longue hampe terminée par un fer pointu. V. **Javelot, pertuisane, pique.** *Brandir, jeter une lance. Coup de lance.* — (Moyen âge) *Lance de combat, de tournoi. Courir une lance*, faire un assaut, lance en avant, dans un tournoi. ◇ *Fig. Rompre une lance, des lances avec ou contre qqn*, soutenir une lutte, une discussion contre qqn. *Rompre des lances pour qqn*, le défendre. ◇ **Fer de lance**, fer d'une lance ; *par ext.* Ornement de ferronnerie en forme de fer de lance. Par compar. *En fer de lance.* V. **Hasté, lancéolé.** *Gypse fer-de-lance. Fig.* Partie d'un dispositif militaire qui agit directement et efficacement contre l'ennemi. *Les commandos de parachutistes sont le fer de lance de cette armée.* ♦ 2° Instrument, engin en forme de lance. *Lance à eau*, ajutage métallique à l'extrémité d'un tuyau de pompe ou d'arrosage, servant à diriger le jet. *Lances d'incendie utilisées par les pompiers.* « *Il dirigeait avec précision sa lance sur le brasier* » (MALRAUX). — *Mar. Lance de sonde*, instrument de sondage. — *Chir.* Instrument tranchant et piquant. V. **Lancette.**

LANCÉ, ÉE [lɑ̃se]. *adj.* (1869; de *lancer*). Qui a conquis la notoriété, qui est en vogue, reçu dans le monde. « *J'étais très lancé autrefois. Je dînais chez le maréchal, chez le prince* » (DAUD.).

LANCE-BOMBES [lɑ̃sbɔ̃b]. *n. m. invar.* (1914; de *lancer*, et *bombe*). ♦ 1° *Vx.* Mortier. ♦ 2° *Aviat.* Appareil installé à bord d'un avion de bombardement, pour le largage des bombes.

LANCÉE [lɑ̃se]. *n. f.* (1867; de *lancer*). Élan de ce qui est lancé, vitesse acquise. V. **Erre.** — Cour. *Courir, continuer sur sa lancée.* Fig. *Continuer sur sa lancée*, poursuivre une action en utilisant l'élan initial. ◇ HOM. *Lancer.*

LANCE-FLAMMES [lɑ̃sfla(ɑ)m]. *n. m. invar.* (1917; de *lancer*, et *flamme*). Engin de combat servant à projeter des liquides enflammés. « *Le jet du lance-flammes, phosphorescent dans l'obscurité* » (MALRAUX).

LANCE-FUSÉES [lɑ̃sfyze]. *n. m. invar.* (1931; de *lancer*, et *fusée*). Dispositif de guidage et de lancement de projectiles

autopropulsés. V. **Bazooka, lance-roquettes.** *Lance-fusées anti-chars* (abrév. milit. LFAC).

LANCE-GRENADES [lɑ̃sgʀənad]. *n. m. invar.* (1922; de *lancer*, et *grenade*). Engin servant à lancer des grenades.

LANCEMENT [lɑ̃smɑ̃]. *n. m.* (v. 1300, repris xixᵉ; de *lancer*). ♦ 1° Action de lancer, de projeter. *Lancement de la grenade, du javelot.* V. **Lancer** (2). — *Spécialt.* Projection d'un corps au moyen d'un dispositif de propulsion. *Lancement d'une fusée, d'un satellite artificiel. Rampe, aire de lancement.* ♦ 2° *Lancement d'un navire*, mise à l'eau d'un navire par glissement sur un plan incliné (V. **Ber**). ♦ 3° *Lancement d'un pont métallique*, opération consistant à mettre en place un pont. ♦ 4° *Fig.* (fin xixᵉ). Action de lancer (une entreprise, un produit) par les moyens publicitaires appropriés.

LANCE-MISSILES [lɑ̃smisil]. *n. m. invar.* (1971; de *lancer*, et *missile*). *Techn.* Engin servant à lancer des missiles. « *Des sous-marins nucléaires lance-missiles* » (*Science et Vie*, 1972).

LANCÉOLÉ, ÉE [lɑ̃seɔle]. *adj.* (1783; lat. *lanceolatus*). ♦ 1° *Bot.* En forme de fer de lance. ♦ 2° (1890). *Arts.* Caractérisé par des lancettes. *Gothique lancéolé.*

LANCE-PIERRE(S) [lɑ̃spjɛʀ]. *n. m. invar.* (1894; de *lancer*, et *pierre*). Petite fronde d'enfant. « *Il déchargea deux fois son lance-pierre dans la rue Cortot* » (AYMÉ).

1. LANCER [lɑ̃se]. *v. tr.*, conjug. *placer* (1080; bas lat. *lanceare* « manier la lance »). I. ♦ 1° Envoyer loin de soi et généralement dans une direction déterminée, en imprimant une impulsion. V. **Jeter, projeter.** *Lancer des pierres. Lancer un ballon, une pierre en l'air. Lancer le disque, le javelot.* — *Spécialt.* (à l'aide d'un dispositif, d'un engin balistique) *Lancer des flèches, des bombes, un projectile radioguidé, une fusée.* ♦ 2° Faire sortir de soi, avec force, avec vivacité. V. **Émettre.** *Volcan qui lance des pierres, des cendres. Des bijoux* « *lançaient de folles bluettes* » (GAUTIER). *Ses yeux lancent des éclairs. Lancer un cri, un mot, un appel.* ♦ 3° Faire mouvoir avec rapidité dans une certaine direction. « *On vit l'agent lancer son pied à toute volée dans le tas* » (CAMUS). V. **Flanquer.** — Par ext. *Lancer un coup, une gifle, une attaque.* ◇ *Fig.* Envoyer sans ménagement à l'adresse de qqn. *Lancer des épigrammes, des injures. Lancer un ultimatum, un mandat d'amener.* ♦ 4° Pousser vivement en avant, faire partir impétueusement. *Lancer son cheval. Lancer des soldats à l'assaut. Lancer le gibier* (une fois débusqué). V. **Forlancer.** ♦ 5° Mettre en mouvement, donner de l'élan à. *Lancer un moteur. Train lancé à toute vapeur.* — (1530) *Lancer un navire*, procéder à son lancement. ♦ 6° *Fam.* Engager (qqn) dans un sujet de conversation. *On a eu tort de le lancer là-dessus. Le voilà lancé, il ne s'arrêtera plus.* ♦ 7° (1820). Pousser en faisant connaître, en mettant en valeur, en crédit. *Lancer un acteur, un artiste.* — *Il aurait voulu* « *lancer son fils dans quelque profession libérale* » (ZOLA). ◇ *Par anal.* (1878) Employer les moyens publicitaires propres à mettre en train (une affaire), à mettre en circulation et à faire connaître (un produit). *Lancer une marque, un modèle. Lancer la mode, en être le promoteur.* ♦ 8° v. intr. *Région.* (Belgique, Nord). Élancer, en parlant de douleurs d'un mal. *Abcès qui lance.* II. **SE LANCER**. *v. pron.* (v. 1240). ♦ 1° Se jeter, s'élancer. V. **Précipiter** (se). « *La foule se lança à l'assaut* » (MALRAUX). — ♦ 2° *Fig.* S'engager hardiment, se livrer impétueusement. « *Dans toute aventure de ce genre, on se lance dans l'aléatoire* » (GIDE). *Se lancer dans des dépenses, des spéculations.* « *Je me lançais dans des tas de commentaires* » (CÉLINE). ♦ 3° Se faire connaître dans le monde.

2. LANCER [lɑ̃se]. *n. m.* (1701; subst. verb. de *lancer*). ♦ 1° *Vén.* Action de lancer la bête, lieu et moment de la chasse où elle est débusquée ; sonnerie de trompe annonçant que la bête est sur pied. ♦ 2° (1907, *pêche au lancer*). Mode de pêche à la ligne, qui consiste à lancer au loin un leurre qu'on ramène à soi au moyen d'un moulinet. *Lancer léger, lourd.* ♦ 3° Épreuve d'athlétisme consistant à lancer le plus loin possible un engin particulier (poids, disque, javelot, marteau). *Courses, sauts et lancers.* ◇ HOM. *Lancée.*

LANCE-ROQUETTES [lɑ̃sʀɔkɛt]. *n. m. invar.* (1885; de *lancer*, et *roquette*). Engin portatif d'infanterie, sorte de long tube servant à lancer les roquettes. V. **Bazooka, lance-fusées.**

LANCE-TORPILLES [lɑ̃stɔʀpij]. *n. m. invar.* (1906; de *lancer*, et *torpille*). Dispositif aménagé à bord d'un navire de guerre pour le lancement des torpilles. En appos. *Tube lance-torpilles.*

LANCETTE [lɑ̃sɛt]. *n. f.* (xiiᵉ; dimin. de *lance*). ♦ 1° Petit instrument de chirurgie, à lame plate et acérée, utilisé pour la saignée, la vaccination, les petites incisions. V. **Vaccinostyle.** ♦ 2° *Arts.* Arc en tiers-point surhaussé, ressemblant à un fer de lance (surtout dans : à *lancette*). *Ogive à lancette. Gothique à lancettes* (lancéolé).

LANCEUR, EUSE [lɑ̃sœʀ, øz]. *n.* (1865; de *lancer*). ♦ 1° Personne qui lance (I, 7°), est habile à lancer (une affaire, une mode). « *Latouche, le premier éditeur de Chénier, le lanceur de Balzac* » (HENRIOT). ♦ 2° (XXᵉ). *Personne qui lance* (qqch.). ◇ *Spécialt.* Athlète spécialisé dans les lances. *Lanceur de javelot.* ♦ 3° *N. m.* (mil. XXᵉ). *Astronaut.* Fusée conçue pour la satellisation.

LANCIER [lɑ̃sje]. *n. m.* (1580; « fabricant de lances », 1467; de *lance*). ♦ 1° *Ancienn.* Cavalier armé de la lance. ♦ 2° *Lanciers*, ou *quadrille des lanciers*, ancienne danse d'origine irlandaise, introduite en France en 1856, qui se composait de cinq figures. *Danser les lanciers.*

LANCINANT, ANTE [lɑ̃sinɑ̃, ɑ̃t]. *adj.* (1546; lat. *lancinans* « déchirant »). ♦ 1° Qui se fait sentir par des élancements aigus. *Douleur lancinante.* ♦ 2° *Fig.* (1835). Qui obsède en tourmentant. V. **Obsédant.** « *Lancinante curiosité* » (BALZ.). *Souvenirs, regrets lancinants.* — *Musique lancinante.*

LANCINER [lɑ̃sine]. *v.* (1616; lat. *lancinare*. V. **Lancinant**). ♦ 1° *V. intr.* Être lancinant. ♦ 2° *V. tr.* Tourmenter de façon lancinante. « *Une autre pensée le lancinait depuis le matin* » (MART. du G.).

LANÇON [lɑ̃sɔ̃]. *n. m.* (XVIᵉ; de *lance*). Poisson au corps effilé, appelé anguille de sable *(Ammodytidés).*

LANDAIS, AISE [lɑ̃dɛ, ɛz]. *adj.* (mil. XIXᵉ; de *Landes*). De la région des Landes. *Berger landais. Races landaises* (ovine, bovine).

LANDAU [lɑ̃do]. *n. m.* (1814; de *Landau*, ville all.). ♦ 1° *Ancienn.* Voiture à quatre places composée de deux soufflets pliants. *Des landaus.* ♦ 2° *Mod.* Voiture d'enfant à caisse suspendue.

LANDAULET [lɑ̃dolɛ]. *n. m.* (1836; dimin. de *landau*). ♦ 1° *Ancienn.* Petit landau à capote d'une seule pièce. ♦ 2° *Auto.* (*Vx*). Petit coupé semi-décapotable.

LANDE [lɑ̃d]. *n. f.* (fin XIIᵉ; gaul. °*landa*). Étendue de terre où ne croissent que certaines plantes sauvages (ajonc, bruyère, genêt, etc.). V. **Brande, garrigue, maquis.** *Lande bretonne.* « *La lande sauvage, aux bruyères roses, aux ajoncs couleur d'or* » (LOTI). *Landes de Gascogne*, plantées en pins. — Spécialt. *Les Landes* (Sud-Ouest de la France).

LANDGRAVE [lɑ̃dgrav]. *n. m.* (fin XIIIᵉ; du moy. haut all. *Landgraf* « comte *(Graf)* du pays *(Land)* »). *Hist.* Titre de certains princes souverains en Allemagne.

LANDGRAVIAT [lɑ̃dgravja]. *n. m.* (1575; de *landgrave*). *Hist.* Dignité du landgrave. État gouverné par un landgrave.

LANDIER [lɑ̃dje]. *n. m.* (XIIᵉ, var. *andier*; gaul. °*andero* « jeune taureau », ornement ancien des landiers). Grand chenêt de cuisine, muni de crochets latéraux pour les broches et d'un récipient au sommet.

LANDOLPHIE [lɑ̃dɔlfi] ou **LANDOLPHIA** [lɑ̃dɔlfja]. *n. f.* (1804; du nom de *Landolphe*, navigateur français). Plante *(Apocyanées)* dont plusieurs espèces donnent un latex riche en caoutchouc.

LAND ROVER [lɑ̃dʀɔvɶʀ]. *n. m.* ou *f.* (1963; nom déposé angl., de *land* « terre, terrain », et *Rover*, la firme). Voiture tout terrain à quatre roues motrices.

LANDSTURM [lɑ̃dʃtuʀm]. *n. m.* (1839; mot all. « levée en masse », de *Land* « pays », et *Sturm* « levée [de troupes] »). Dans les pays germaniques, Formation militaire comprenant généralement des réservistes âgés.

LANDTAG [lɑ̃dtag]. *n. m.* (XVIIᵉ; mot all.). Assemblée délibérante, dans la plupart des États germaniques. V. **Diète.**

LANDWEHR [lɑ̃dveʀ]. *n. f.* (1827; mot all.). Dans les pays germaniques, Armée territoriale.

LANERET [lanʀɛ]. *n. m.* (XIVᵉ; de *lanier*). *Chasse.* Mâle du *lanier.*

LANGAGE [lɑ̃gaʒ]. *n. m.* (XIIᵉ; *linguaige*, Xᵉ, de *langue*). I. ♦ 1° Fonction d'expression de la pensée et de communication entre les hommes, mise en œuvre au moyen d'un système de signes vocaux (parole) et éventuellement de signes graphiques (écriture) qui constitue une langue. V. **Verbe; langue** (II, parole II). « *Le langage objective la pensée* » (BRÉAL). *Universaux* du langage. *La double articulation*, *les structures* du langage. *Pathologie du langage. Étude du langage.* V. **Linguistique.** *Philosophie du langage. Langage intérieur*, production de phrases pensées mais non exprimées. V. **Endophasie.** ♦ 2° Tout système de signes vocaux ou graphiques qui remplit cette fonction. *Langage naturel*, qui représente les langues du monde. *Langage artificiel, symbolique, formel, formalisé*, qui repose sur des axiomes, des lois, des règles de formation des énoncés. *Langage de la logique.* — *Inform.* Ensemble codé de signes utilisé pour la programmation de problèmes spécifiques (scientifiques, de gestion, etc.) permettant de formuler des instructions adaptées à un calculateur électronique. *Langage machine*, avec lequel on donne des instructions à un ordinateur*. (V. **Algol, cobol, fortran**). — *Langage* (naturel ou artificiel) *qui décrit un langage.* V. **Métalangage.** ♦ 3° Ensemble de la langue (langue abstrait) et de la parole (réalisations). V. **Discours, langue, parole; paradigme, syntagme.** ♦ 4° *Par ext.* Tout système secondaire de signes créé à partir du langage, d'une langue. *Langage conventionnel, sténographique, codé, chiffré.* ♦ 5° Par

ext. Tout système d'expression et de communication que l'on assimile au langage naturel. *Langage des animaux. Langage gestuel, mimique. Les langages des arts.* II. Façon de s'exprimer. ♦ 1° Usage qui est fait, quant à la forme, de cette fonction d'expression. Usage propre à un groupe ou à un individu. V. **Langue** (II). *Langage courant, parlé, populaire, argotique. Langage littéraire, écrit, noble, relevé, académique. Langage archaïque, moderne. Correction du langage. Impropriétés, fautes de langage. Langage incorrect.* V. **Charabia, jargon, nègre** (petit nègre). *Langage administratif, scientifique, technique, didactique. Traduire en son langage.* ♦ 2° Usage qui en est fait quant au fond du discours. *Tenir un certain langage. Changer de langage. Langage flatteur, cynique, subtil.* Par métaph. *Le langage des passions, de la raison.*

LANGAGIER, IÈRE [lɑ̃gaʒje, jɛʀ]. *adj.* « bavard », XIVᵉ; de *langage*). Relatif au langage. V. **Linguistique.**

LANGE [lɑ̃ʒ]. *n. m.* (1538; « vêtement de laine », XIIᵉ; lat. *laneus*, de *lana* « laine »). Large carré de laine ou de coton dont on emmaillote un bébé de la taille aux pieds. V. **Maillot.** *Lange molletonné.* — Fig. *Dans les langes*, dans l'enfance, dans les débuts.

LANGER [lɑ̃ʒe]. *v. tr.; conjug. bouger* (1869; de *lange*). Envelopper d'un lange, de langes.

LANGOUREUSEMENT [lɑ̃guʀøzmɑ̃]. *adv.* (v. 1400; de *langoureux*). D'une manière langoureuse.

LANGOUREUX, EUSE [lɑ̃guʀø, øz]. *adj.* (1458; *languerous*, XIᵉ; de *langueur*). ♦ 1° *Vx.* Affaibli par la maladie, languissant. ♦ 2° (XVᵉ). *Vx* ou *iron.* Qui manifeste une langueur réelle ou feinte, particulièrement en amour. « *Décidez donc ce beau berger à être moins langoureux* » (LACLOS). *Air, regard langoureux.* V. **Alangui, languide, mourant.** « *De petits vers doux, tendres et langoureux* » (MOL.). ◇ **ANT.** *Fougueux, vif.*

LANGOUSTE [lɑ̃gust(ə)]. *n. f.* (1393; « sauterelle », XIIᵉ; a. prov. *langosta*, lat. pop. °*lacusta*, altér. de lat. *locusta* « sauterelle, langouste »). Grand crustacé marin aux pattes antérieures dépourvues de pinces, aux antennes longues et fortes. *Pêcher la langouste.* — *Langouste à l'américaine, au court-bouillon, au gratin.*

LANGOUSTIER [lɑ̃gustje, jɛʀ]. *n. m.* ou **LANGOUSTIÈRE.** *n. f.* (1769, -1771; de *langouste*). ♦ 1° Filet à langoustes. ♦ 2° (*N. m.*). Bateau équipé pour la pêche de la langouste.

LANGOUSTINE [lɑ̃gustin]. *n. f.* (1827; de *langouste*). Nom commercial du homard de Norvège, petit crustacé marin aux pinces longues et grêles. *Langoustines en beignets, à la mayonnaise.*

LANGUE [lɑ̃g]. *n. f.* (Xᵉ; lat. *lingua*). I. ♦ 1° (XIᵉ). Organe charnu, musculeux, allongé et mobile, placé dans la bouche. *La langue, organe du goût. Filet, frein, muqueuse, papilles de la langue. Relatif à la langue.* V. **Lingual; gloss(o)-.** ◇ *Avoir la langue blanche, sèche. Se brûler la langue. Claquer la langue. Goûter du bout de la langue.* ◇ *Tirer la langue à qqn*, pour le narguer. Fig. *Tirer la langue*, avoir soif, et *par ext.* Être dans le besoin, désirer sans obtenir satisfaction. — (Animaux) *Langue du serpent, du bœuf. Cuis. Langue fumée, braisée* (de bœuf, mouton, porc. V. **Languier**). ♦ 2° Ce corps charnu en tant qu'organe de la parole. *Rôle de la langue dans l'articulation des sons.* Loc. *Avoir la langue bien pendue*, parler facilement, être bavard. *Ne pas savoir tenir sa langue*, ne pas savoir se taire quand il le faudrait, être indiscret. *Avoir un bœuf sur la langue. Avaler* sa langue. Se mordre la langue*, se retenir de parler, ou se repentir d'avoir parlé. *La langue lui a fourché*. Délier* la langue. Donner sa langue au chat*.* — *Prendre langue avec qqn*, prendre contact avec lui en vue d'un entretien. V. **Aboucher** (s'). — *Par ext. Une mauvaise langue*, une personne qui n'hésite pas à médire, à calomnier (On dit aussi *langue de vipère*). Adj. « *Faut-il que les gens soient mauvaises langues dans ce milieu !* » (ANOUILH). — *Coups de langue*, médisances, épigrammes cruelles.

II. (Xᵉ). ♦ 1° Système d'expression du mental et de communication, commun à un groupe social (communauté linguistique). V. **Idiome, langage;** et aussi **Dialecte, langue, patois.** *Parler, écrire, lire une langue, deux langues.* V. **Bilinguisme.** *La langue française. Langue maternelle. Apprendre une langue*, par la conversation, les méthodes audio-visuelles*, le dictionnaire*, la grammaire*. *Don des langues. Étude scientifique des langues.* V. **Linguistique.** *Unités d'une langue.* V. **Phonème; morphème, mot, phrase.** *Phonologie, morphologie, syntaxe, lexique, sémantique, stylistique d'une langue. Dictionnaire de langue. Langues agglutinantes*, synthétiques. Langues à tons*. Langue claire, ambiguë, harmonieuse, pauvre, riche. L'usage et la langue. Fixer, codifier, épurer, enrichir une langue. Défense de la langue.* V. **Purisme.** ♦ 2° *Ling.* Système abstrait de signes, « somme des images verbales emmagasinées chez tous les individus » (SAUSSURE), par opposition à **Parole*.** *Langue et parole forment le langage.* ♦ 3° Parenté des langues.

Familles de langues. Langue nationale. Langue diplomatique. Langues internationales artificielles (espéranto, volapük). « *La langue est le signe principal d'une nationalité* » (MICHELET). *Classification des langues* (indo-européennes; chamito-sémitiques; asiatiques et méditerranéennes; caucasiennes; basque; langues d'Asie; des îles d'Asie et d'Océanie; d'Afrique; d'Amérique du Nord; d'Amérique centrale et méridionale; langues amérindiennes). *Langues romanes, germaniques, slaves* (indo-européennes). *École des langues orientales. Langues mortes, vivantes.* Langage parlé ou écrit, spécial à certaines matières ou certains milieux. *Langue populaire, littéraire. Langue savante. Langue verte.* V. **Argot.** ♦ 4° Façon de s'exprimer par le langage. *La langue d'un écrivain.* V. **Style.** « *Sa langue abonde en raccourcis rapides* » (SUARÈS). ♦ 5° *Fig.* Mode d'expression. *La langue musicale.*
III. (XII°). *Par anal.* du sens I. Chose en forme de langue. *Langue de feu. Langue de terre,* bande de terre allongée et étroite. *Langue glaciaire,* glacier* d'écoulement. — Nom de divers outils ou instruments. ◇ (Suivi d'un nom d'animal) LANGUE-DE-BŒUF, arum, fistuline; outil de maçon. LANGUE-D'AGNEAU, plantain. LANGUE-DE-CHAT, petit gâteau sec.
LANGUÉ, ÉE [lãge]. *adj.* (1450; de *langue*). *Blas.* Se dit d'un oiseau dont la langue est d'un autre émail que le corps.
LANGUE-DE-BŒUF, -DE-CHAT. V. LANGUE (III).
LANGUETTE [lãgɛt]. *n. f.* (1314; dimin. de *langue*). ♦ 1° Objet, pièce en forme de petite langue. *Languette de pain.* V. **Lichette.** *Languette d'un portefeuille.* V. **Patte.** *Languette d'une chaussure.* ♦ 2° *Techn.* Tenon destiné à entrer dans une rainure pour assurer l'assemblage de deux planches (*ex.* : dans un parquet). — Séparation à l'intérieur d'une cheminée. ♦ 3° *Mus.* Petite lame de métal servant d'anche dans les instruments à vent, ou couvrant l'anche d'un tuyau d'orgue; petite pièce de bois adaptée au sautereau. ♦ 4° *Sc. nat.* Nom de divers appendices longs et minces.
LANGUEUR [lãgœʀ]. *n. f.* (1125; lat. *languor, oris*). ♦ 1° *Vieilli.* État d'un malade dont les forces diminuent lentement. V. **Abattement, affaiblissement, alanguissement, dépérissement, épuisement, étisie,** *Maladie de langueur.* V. **Anémie.** ♦ 2° Sorte d'asthénie due à une fatigue nerveuse, des chagrins. « *Il tombait en langueur* » (DUHAM.). ♦ 3° *Mod.* Mélancolie douce et rêveuse. « *Quelle est cette langueur Qui pénètre mon cœur ?* » (VERLAINE). *Langueur amoureuse.* « *Ils sentaient une même langueur les envahir tous les deux* » (FLAUB.). ♦ 4° Manque d'activité ou d'énergie. V. **Apathie, indolence, mollesse, paresse.** « *Stamboul reprenait son indicible langueur orientale* » (LOTI). — Fig. *Langueur du style, d'une composition.* ◇ ANT. *Activité, animation, ardeur, chaleur, force, vie, vivacité.*
LANGUEYAGE [lãgeja3]. *n. m.* (1465; de *langueyer*). *Vétér.* Examen de la face inférieure de la langue du porc présumé ladre, pour voir si elle présente des kystes formés par les cysticerques.
LANGUEYER [lãgeje]. *v. tr.* (1378; de *langue*). ♦ 1° Procéder au langueyage (du porc). ♦ 2° Munir de languettes (un tuyau à anches).
LANGUIDE [lãgid]. *adj.* (1523; lat. *languidus*). *Littér.* Languissant, langoureux. « *Un œil languide et tristement rêveur* » (GIDE).
LANGUIER [lãgje]. *n. m.* (1573; de *langue*). Langue ou gorge de porc fumée.
LANGUIR [lãgiʀ]. *v. intr.* (XI°; lat. pop. °*languire*, class. *languere*). ♦ 1° *Vieilli.* Être dans un état prolongé de faiblesse physique, perdre lentement ses forces. V. **Décliner, dépérir.** « *Ces vieux languissaient aux carrefours des cités* » (CHATEAUB.). — (Végétaux) S'étioler. ♦ 2° *Mod.* Manquer d'activité, d'énergie. *Languir dans l'oisiveté, l'inaction.* ◇ Fig. *Conversation qui languit.* V. **Traîner.** « *L'attente et l'intérêt ne doivent jamais languir ou retomber* » (GIDE). ♦ 3° *Vx* ou *littér.* Souffrir de quelque peine dont la longueur épuise. « *Condamné à languir entre ces murailles* » (VILLIERS). — *Languir d'ennui.* V. **Sécher.** *Languir loin de qqn,* souffrir d'être séparé de lui. « *Je languirais d'amour pour vous* » (GAUTIER). ♦ 4° Attendre avec impatience une chose dont on éprouve le besoin, qu'on désire vivement. « *Je languis après une lettre qui tarde* » (APOLLINAIRE). V. **Soupirer.** *Faire languir. Dépêche-toi, tu nous fais languir!* ♦ 5° SE LANGUIR. S'emploie (dans le Midi) pour *languir.* « *Je me languis chez vous* » (DAUD.).
LANGUISSAMMENT [lãgisamã]. *adv.* (1573; de *languissant*). D'une manière languissante. « *Elle traînait languissamment ses pieds* » (LAMART.). « *Languissamment étendue sur une chaise longue* » (CHATEAUB.).
LANGUISSANT, ANTE [lãgisã, ãt]. *adj.* (1280; *languissan,* 1181; de *languir*). ♦ 1° *Vieilli.* Qui languit, est abattu, anémié. « *Un corps souffreteux, amaigri, languissant* » (TAINE). — (Végétaux) Qui s'étiole. « *Des arbustes languissants* » (LOTI). ♦ 2° *Littér.* ou *plais.* Qui languit d'amour, exprime la langueur amoureuse. V. **Langoureux, languide, mourant.** *Yeux languissants.* ♦ 3° *Cour.* Qui manque d'éner-

gie, d'entrain. « *La conversation fut languissante* » (FLAUB.). V. **Morne.** « *Cette activité languissante qui me sépare de la mort* » (FRANCE). *Un récit ennuyeux et languissant.* ◇ ANT. *Actif, ardent; énergique, vif.*
LANICE [lanis]. *adj.* (1606; *lanieche,* 1260; du lat. *lana* « laine »). *Vx.* Qui provient de la laine. — *Mod.* (Techn.) *Bourre* lanice.*
LANIER [lanje]. *n. m.* (1376; *faucon lanier,* XII°; probabl. lat. *lanarius,* de *lana* « laine »). Faucon femelle dressé autrefois pour la chasse. *Mâle du lanier :* laneret.
LANIÈRE [lanjɛʀ]. *n. f.* (XIV°; *lasnière,* XII°; de l'a. fr. *lasne,* métathèse prob. de l'a. fr. °*nasle,* du frq. °*nastila* « lacet »). Longue et étroite bande de cuir ou d'une autre matière. V. **Courroie.** *Lanière d'un fouet. Lanières de cuir servant à faire des guides, des rênes, des bretelles de fusil.* — *Découper en lanières.*
LANIFÈRE [lanifɛʀ] ou **LANIGÈRE** [lani3ɛʀ]. *adj.* (1747,-XV°; du lat. *lana,* et *-fère,* lat. *laniger,* de *gerere* « porter »). *Didact.* Qui est couvert d'un duvet semblable à de la laine, d'une substance laineuse ou cotonneuse. *Feuilles lanifères.* V. **Lanugineux.** *Puceron lanigère.*
LANISTE [lanist(ə)]. *n. m.* (fin XV°; lat. *lanista,* d'o. étrusque). *Antiq.* Maître des gladiateurs, à Rome.
LANLAIRE [lãlɛʀ]. *onomat. invar.* (1832, en loc.; syllabes de refrains populaires). *Faire lanlaire :* euphémisme de *foutre* ou *fiche.* « *Va te faire lanlaire !* » (BALZ.). *Envoyer faire lanlaire,* envoyer promener.
LANOLINE [lanɔlin]. *n. f.* (1887; all. *Lanolin,* 1885; lat. *lana* « laine », et *oleum* « huile »). Substance onctueuse extraite du suint de la laine du mouton, utilisée dans la préparation des pommades, crèmes, savons. « *Suzanne enduit son cou délicat de lanoline* » (COLETTE).
LANSQUENET [lãskənɛ]. *n. m.* (1480; all. *Landsknecht.* « Valet [*Knecht*] de ferme » [de campagne, *Land*]). ♦ 1° *Hist.* Fantassin allemand servant en France comme mercenaire, aux XV° et XVI° s. ♦ 2° (Fin XVI°). *Ancienn.* Jeu de cartes introduit par les lansquenets. *Jouer au lansquenet.*
LANTANIER [lãtanje] ou **LANTANA** [lãtana]. *n. m.* (1846; lat. sc. *lantana* [Linné], de *lantane* « viorne », 1611, mot d'o. gaul.). *Plante (Verbénacées),* arbuste exotique cultivé en Europe pour ses fleurs ornementales aux couleurs changeantes.
LANTERNE [lãtɛʀn(ə)]. *n. f.* (1080; lat. *lanterna*). **I.** ♦ 1° Boîte à parois ajourées, translucides ou transparentes, où l'on abrite une source de lumière. V. **Falot, fanal.** *Lanterne de veilleur.* « *Le vestibule s'éclaire d'une volumineuse lanterne de fer forgé* » (ROMAINS). *Lanterne sourde,* dont on peut cacher la lumière à volonté. *Lanternes chinoises,* lanternes décoratives ornées de dessins ou peintures. *Lanternes vénitiennes,* lanternes en papier de couleur, souvent plissées en accordéon, servant aux illuminations. V. **Lampion** (2°). ◇ *Lanterne rouge,* lanterne qui signalait les maisons de prostitution; lanterne à l'arrière du dernier véhicule d'un convoi. *Pop.* (Cyclisme) *La lanterne rouge,* le dernier du peloton, du classement. ◇ *Par anal. Lanternes d'automobiles,* lampes de phare donnant leur plus faible éclairage. V. **Veilleuse.** *Se mettre en lanternes.* ◇ *Loc. fig. Prendre des vessies pour des lanternes* (1874; *pour lanterne vendre vessie,* XIII°) : commettre une grossière méprise. *Il veut nous faire prendre des vessies pour des lanternes, il veut nous faire croire des choses absurdes.* — Fig. et vx. *Conter des lanternes :* dire des balivernes. ♦ 2° (XVI°). *Ancienn.* Fanal spécialement destiné à l'éclairage de la voie publique. V. **Réverbère.** *Les aristocrates à la lanterne!* refrain révolutionnaire du « Ça ira », demandant de pendre les aristocrates à la corde d'une lanterne. ♦ 3° *Appareil de projection.* — (1685) LANTERNE MAGIQUE, permettant de projeter, agrandies sur un écran, des images peintes sur verre. *Le singe qui montre la lanterne magique,* fable de Florian (les spectateurs ne voient rien, parce que le singe « *N'avait oublié qu'un point : c'était d'éclairer sa lanterne* »). Fig. *Oublier d'allumer, d'éclairer sa lanterne,* oublier le point essentiel pour se faire comprendre. — *Lanterne de projection.* V. **Projecteur.**
II. (XVI°). ♦ 1° *Archit.* Dôme vitré éclairant par en haut un édifice. *Par appos. Tour lanterne,* tour ajourée, surmontée d'une coupole, qui s'élève à la croisée du transept d'une église. — *Tourelle ajourée,* souvent garnie de colonnettes, surmontant un dôme. V. **Campanile.** *La lanterne des Invalides.* — *Lanterne des morts,* colonne creuse, à claire-voie dans la partie supérieure, qui abritait la lanterne signalant la nuit un cimetière. ♦ 2° *Techn.* Pignon à petits barreaux verticaux parallèles où s'engrènent les dents d'une roue. — *Lanterne d'aspiration,* crépine. ♦ 3° *Zool. Lanterne d'Aristote* (1828), appareil masticateur des oursins (en forme de lanterne, comme l'avait observé Aristote).
LANTERNEAU. V. LANTERNON.
LANTERNER [lãtɛʀne]. *v.* (1588; « dire des balivernes », 1546; de *lanterne*). ♦ 1° *V. intr.* Perdre son temps en s'amusant à des riens, ou par irrésolution. V.

Lambiner, musarder, traîner. « *Me payer mes cent écus sans lanterner* » (BEAUMARCH.), sans tarder. ♦ 2° V. tr. *Vx*. (1773). Faire attendre (qqn) en le remettant de jour en jour, en le trompant par des prétextes, des promesses vaines. V. **Amuser**. ◇ *Mod.* Intrans. *Faire lanterner :* faire attendre. « *On va le faire lanterner un peu, ça lui fera les pieds* » (QUENEAU).

LANTERNIER [lɑ̃tɛʀnje]. *n. m.* (1680; « fabricant de lanternes », 1260; de *lanterne*). ♦ 1° *Ancienn.* Allumeur des lanternes publiques. ♦ 2° *Fam.* (XIXᵉ). Patron de maison close.

LANTERNON [lɑ̃tɛʀnɔ̃] ou **LANTERNEAU** [lɑ̃tɛʀno]. *n. m.* (1803,-1843 ; de *lanterne*). Petite lanterne au sommet d'une coupole ; cage vitrée au-dessus d'un escalier, d'un atelier.

LANTHANE [lɑ̃tan]. *n. m.* (1846; francisation de *lanthanum*, 1839 ; du gr. *lanthanein* « être inaperçu »). Corps simple, métal du groupe des terres rares (symb. La, n° at. 57; p. at. 138,91).

LANUGINEUX, EUSE [lanyʒinø, øz]. *adj.* (1553; lat. *lanuginosus*, de *lanugo* « substance laineuse, duvet »). *Didact.* Qui a l'apparence de la laine; couvert de duvet. *Feuilles lanugineuses.*

LAOTIEN, IENNE [laɔsjɛ̃, jɛn]. *adj.* et *n.* (XIXᵉ; var. *laocien, langien*, 1765; de *Laos*). Du Laos.

LAPALISSADE [lapalisad]. *n. f.* (1872; de *La Palice*, héros d'une chanson pleine de vérités trop évidentes). Affirmation dont l'évidence toute formelle prête à rire. V. **Évidence, truisme**.

LAPAROTOMIE [lapaʀɔtɔmi]. *n. f.* (1800; du gr. *lapara* « flanc », et suff. *-tomie*). *Chir.* Ouverture chirurgicale de la paroi abdominale.

LAPEMENT [lapmɑ̃]. *n. m.* (*Lappement*, 1611 ; de *laper*). Action de laper ; bruit ainsi produit.

LAPER [lape]. *v. tr.* (XIIᵉ; lat. *lappare*, rac. expressive; Cf. Lamper). Boire à coups de langue. *Chat qui lape du lait.* — Intrans. *Le chien lapait bruyamment.*

LAPEREAU [lapʀo]. *n. m.* (1376; *lapriel*, 1320; ibéro-romain °*lapparo;* Cf. port. *Laparo*). Jeune lapin.

LAPIAZ [lapjaz] ou **LAPIÉ** [lapje]. *n. m.* (1895, dial.; du lat. *lapis* « pierre »). *Géogr.* Ciselure superficielle de formes variées, creusée par les eaux en terrain calcaire.

LAPICIDE [lapisid]. *n. m.* (1876; lat. *lapicida*, de *lapis* « pierre », et *cædere* « tailler »). *Archéol.* Ouvrier qui a gravé dans la pierre une inscription, une ornementation.

1. **LAPIDAIRE** [lapidɛʀ]. *n. m.* (1270; « traité sur les pierres précieuses », XIIᵉ; lat. *lapidaris*, de *lapis, lapidis* « pierre »). ♦ 1° Artisan qui taille, polit, grave les pierres précieuses. — Commerçant en pierres précieuses autres que le diamant. ♦ 2° (1845). *Techn.* Petite meule destinée au polissage des pierres précieuses, des verres, des pièces métalliques.

2. **LAPIDAIRE** [lapidɛʀ]. *adj.* (1692; « de pierre », XIVᵉ; V. Lapidaire 1). ♦ 1° *Didact. Style lapidaire :* propre aux inscriptions gravées sur pierre (et notamment aux inscriptions latines, remarquables par leur concision). « *Le latin est plus propre au style lapidaire que les langues modernes* » (VOLT.). ♦ 2° (1907). Qui évoque par sa concision et sa vigueur le style des inscriptions. V. **Concis, laconique**. *Formules lapidaires.* « *Ses répliques... à la fois lapidaires et infinies* » (GIDE). ◇ ANT. Verbeux.

LAPIDATION [lapidasjɔ̃]. *n. f.* (déb. XIIᵉ; lat. *lapidatio*. V. Lapider). Action de lapider, supplice de celui qu'on lapide. *La lapidation de saint Étienne.*

LAPIDER [lapide]. *v. tr.* (v. 980; lat. *lapidare*, de *lapis, lapidis* « pierre »). ♦ 1° Tuer à coups de pierres. *La loi de Moïse ordonne de lapider les adultères.* ♦ 2° Attaquer, poursuivre en lançant des pierres. « *Les ouvriers se mirent à ramasser des pierres et à lapider les gardes* » (ZOLA). ♦ 3° *Fig.* et *vx.* Maltraiter, critiquer durement. V. **Pierre** (jeter la).

LAPIDIFICATION [lapidifikasjɔ̃]. *n. f.* (1690; de *lapidifier*). *Géol.* Transformation des sédiments en roches.

LAPIDIFIER [lapidifje]. *v. tr.* (1560; du lat. *lapis, lapidis* « pierre », et suff. *-fier*). *Géol.* Entraîner la lapidification de. V. **Pétrifier**. Pronom. *Sédiments qui se sont lapidifiés*, se sont transformés en roches.

LAPILLI [lapil(l)i]. *n. m. pl.* (1829; mot it., plur. de *lapillo* [1827], lat. *lapillus*, dimin. de *lapis* « pierre »). *Géol.* Petites pierres poreuses projetées par les volcans en éruption.

LAPIN, INE [lapɛ̃, in]. *n.* (XVᵉ; du même rad. que *lapereau**). ♦ 1° Petit mammifère rongeur à grandes oreilles, à petite queue, très prolifique, répandu sur tout le globe. *Lapin de garenne, buissonnier*, vivant en liberté, gîtant dans des terriers. *Lapin domestique*, ou *lapin de choux*. *Couinement du lapin. Peau, fourrure, poil de lapin*, utilisés pour l'habillement. — *Lapin rôti, en sauce* (V. **Civet, gibelotte**). ♦ 2° *Loc.* fig. *Pattes de lapin*, favoris courts. *Courir comme un lapin*, courir très vite, détaler. ♦ 3° *Fig.* et fam. *Une mère lapine*, une femme très féconde. *Un chaud lapin*, un homme qui a beaucoup de tempérament. *Un lapin, un fameux lapin*, un gaillard. — T. d'affection. « *N'aie pas honte, mon petit lapin* » (ZOLA). ♦

4° *Vx.* Monter, voyager *en lapin*, à côté du cocher, généralement en fraude. *Lapin*, voyageur ou colis que le cocher n'avait pas déclaré ◇ *Mod. Poser un lapin* (1889, *arg.*) : ne pas venir au rendez-vous qu'on a donné à qqn.

LAPINER [lapine]. *v. intr.* (1732; de *lapin*). Se dit de la lapine qui met bas.

LAPINIÈRE [lapinjɛʀ]. *n. f.* (1783; de *lapin*). Endroit, construction où l'on élève des lapins. V. **Clapier**.

LAPINISME [lapinism(ə)]. *n. m.* (XXᵉ; de *lapin*). *Fam.* Fécondité excessive.

LAPIS ou **LAPIS-LAZULI** [lapis(lazyli)]. *n. m.* (XIIIᵉ; lat. médiév. *lapis lazuli* « pierre d'azur », de *lazulum* « azur ». V. Azur). Pierre d'un joli bleu d'azur ou d'outremer, silicate essentiel du groupe des feldspathoïdes. V. **Lazurite**. *Le lapis est employé dans les mosaïques, les incrustations décoratives. Poudre de lapis-lazuli.* V. **Outremer**. « *Un ciel outremer comme du lapis-lazuli* » (FLAUB.). Par appos. *Bleu lapis.*

LAPON, ONE [lapɔ̃, ɔn]. *adj.* (XVIIᵉ; lat. médiév. *Lapo, onis*, suéd. *Lapp*). De Laponie. Subst. *Les Lapons. Le lapon*, la langue lapone (finno-ougrienne).

1. **LAPS** [laps]. *n. m.* (1266; lat. *lapsus* « écoulement, cours »; de *labi* « glisser, couler »). *Laps de temps*, espace de temps. « *Il s'écoula... un certain laps de temps* » (BALZ.).

2. **LAPS, LAPSE** [laps, laps(ə)]. *adj.* (1314; lat. *lapsus* « qui est tombé », p. p. de *labi* « glisser, tomber »). *Relig.* Dans l'expression *Laps et relaps :* qui a quitté (une première fois) la religion catholique.

LAPSUS [lapsys]. *n. m.* (1843; lat. *lapsus linguæ, lapsus calami* « faux pas de la langue, de la plume »). Emploi involontaire d'un mot pour un autre, en langage parlé ou écrit. *Faire un lapsus.* « *Tu as dit boulebard. C'est un lapsus* » (DUHAM.). — *Interprétation psychanalytique des lapsus et des « actes manqués ».*

LAPTOT [lapto]. *n. m.* (1765; o. i.). *Vx.* Au Sénégal et dans les ports d'Afrique Noire, Nom donné aux piroguiers, matelots, débardeurs.

LAQUAGE [lakaʒ]. *n. m.* (1922; de *laquer*). ♦ 1° Opération par laquelle on laque une matière, un support. ♦ 2° *Méd. Laquage du sang*, hémolyse du sang *(sang laqué).*

LAQUAIS [lakɛ]. *n. m.* (v. 1450; var. *alacays, halagues*, XVᵉ; o. i.). ♦ 1° *Ancienn.* Valet portant la livrée. *Maître accompagné de ses laquais.* ♦ 2° *Fig. Une âme de laquais*, basse, servile. « *J'ai l'habit du laquais et vous en avez l'âme* » (HUGO). « *J'aime mieux être forgeron que laquais* » (SARTRE).

LAQUE [lak]. *n.* (*Lacce*, XVᵉ; a. prov. *laca*, arabo-pers. *lakk*, hindoustani *lakh*).

I. *N. f.* ♦ 1° Matière résineuse d'un rouge brun qui exsude de certains arbres d'Extrême-Orient (arbres à laque ou laquiers, sumacs). ♦ 2° *Par ext.* Vernis chimique, transparent, coloré. *Laque à la nitrocellulose. Laque utilisée pour la peinture des carrosseries.* ◇ (1846). Substance insoluble obtenue par la combinaison d'un colorant soluble et d'un mordant. *Laque d'aluminium, de chrome.* ♦ 3° (v. 1960). Produit que l'on vaporise sur les cheveux pour les fixer.

II. *N. m.* ou *f.* ♦ 1° Vernis préparé avec la résine du sumac; matière (bois, carton) enduite de ce vernis. *Laque de Chine, du Japon. Laque noir, rouge.* ♦ 2° *N. m.* Objet d'art en laque. *Laques de Coromandel. Un beau laque.* ◇ HOM. *Lac.*

LAQUÉ, ÉE [lake]. *adj.* (V. Laquer). ♦ 1° Enduit de laque (véritable). *Paravent chinois laqué.* ♦ 2° Verni, peint à la laque. « *Mobilier de bois laqué bleu* » (ARAGON). ♦ 3° *Fig.* Enduit comme de laque. « *Visages laqués de sueur* » (MALRAUX). ♦ 4° (1907). *Méd. Sang laqué :* solution d'hémoglobine obtenue en ajoutant de l'eau distillée à des globules rouges séparés du sang par centrifugation.

LAQUER [lake]. *v. tr.* (1830; de *laque*). ♦ 1° Enduire de laque (véritable). ♦ 2° Vernir, peindre à la laque. *Laquer un meuble de bois blanc.*

LAQUEUR [lakœʀ]. *n. m.* (1875; de *laquer*). *Techn.* Ouvrier qui applique des laques d'Extrême-Orient ou des vernis, pour décorer des meubles ou ouvrages en bois.

LAQUEUX, EUSE [lakø, øz]. *adj.* (1769; de *laque*). *Rare.* Qui a l'aspect de la laque. « *De simples glacis laqueux* » (DELACROIX).

LARAIRE [laʀɛʀ]. *n. m.* (XVIᵉ; bas lat. *lararium*. *Antiq.* Autel, niche, petite chapelle que les Romains réservaient dans leur maison au culte des lares.

LARBIN [laʀbɛ̃]. *n. m.* (1837; « mendiant », arg., 1827; o. i., p.-ê. de *habin* « chien », de *happer*). ♦ 1° *Fam.* Domestique. « *Un larbin de grande maison* » (ROMAINS). ♦ 2° *Fig.* Individu servile. V. **Laquais, valet**.

LARCIN [laʀsɛ̃]. *n. m.* (1246; *larrecin*, fin XIᵉ; lat. *latrocinium;* de *latro*. V. Larron). ♦ 1° *Littér.* Petit vol commis furtivement et sans violence. *Vx.* Faire, commettre un larcin. ◇ *Vieilli.* Objet volé. *Cacher son larcin.* ♦ 2° *Fig.* et *vx.* Emprunt à un auteur, plagiat. — *Vx* ou plaisant. *Doux larcin*, faveur, baiser dérobé à une femme.

LARD [laʀ]. *n. m.* (XIIᵉ; lat. *lardum*). ♦ 1° Graisse ferme formant une couche épaisse dans le tissu sous-cutané du porc (et *par ext.* des cétacés). *Utilisation du lard dans l'alimentation* (charcuterie, cuisine). *Gros lard* ou *lard gras,* qui ne contient aucune partie de chair musculaire (*opposé à petit lard* ou *lard maigre*). *Lard salé, fumé. Barde de lard. Omelette, soupe au lard.* « *Une tranche de lard frite avec des œufs* » (NERVAL). — *Loc. fam. Se demander si c'est du lard ou du cochon,* de quoi il s'agit, quelle est la nature du problème, des inconvénients. ♦ 2° (XVIᵉ). *Fam.* Graisse de l'homme. « *Ronde de partout, grasse à lard* » (MAUPASS.). *Se faire du lard,* engraisser (*spécialt.* à ne rien faire). Pop. *Un gros lard,* un homme gros et gras. « *L'officier de la Gestapo, un gros lard* » (CARCO). — *Tête de lard,* tête de cochon (T. d'injure). ♦ 3° (1701). Aubier. ♦ 4° *Techn. Pierre de lard* (1787) : talc blanc utilisé par les tailleurs. V. **Stéatite.** ◊ HOM. **Lare.**

LARDER [laʀde]. *v. tr.* (1175 ; de *lard*). ♦ 1° Garnir (une pièce de viande) de lardons introduits dans l'épaisseur du morceau. *Larder un morceau de bœuf, de veau.* ♦ 2° Par anal. *(Techn.).* Percer (une pièce de bois) de nombreux clous pour faire tenir le plâtre qu'on veut y appliquer. — Garnir (une voile, un paillet) d'une couche de filins effilochés et suiffés. — *Larder une étoffe,* provoquer un entrelacement irrégulier *(lardure)* des fils en engageant à faux la navette à travers la chaîne. ♦ 3° Percer, piquer à plusieurs reprises. *Larder qqn de coups de couteau.* ♦ 4° *Fig.* Cribler. « *De menues épigrammes dont il le tentait de le larder* » (GIDE). ◊ Entremêler, truffer. *Larder un texte de citations.* « *Style lardé de pédantismes...* » (R. ROLLAND).

LARDOIRE [laʀdwaʀ]. *n. f.* (fin XIVᵉ ; de *larder*). ♦ 1° Brochette creuse servant à larder la viande. ♦ 2° *Techn.* Sabot métallique en pointe, dont on arme l'extrémité d'un pieu. ♦ 3° *Fam.* Arme pointue (baïonnette, etc.).

LARDON [laʀdɔ̃]. *n. m.* (fin XIIᵉ ; de *lard*). ♦ 1° Morceau de gros lard long et mince dont on larde la viande. — Petit morceau de lard maigre qu'on fait revenir pour accompagner certains plats. ♦ 2° *Techn.* Petit morceau de métal servant à boucher une fissure. ♦ 3° *Fig. (Vx.)* Trait piquant, raillerie. ♦ 4° *Pop.* (1878). Petit enfant. « *Une nourrice portant quatre lardons* » (BARBUSSE).

LARDONNER [laʀdɔne]. *v. tr.* (1803 ; de *lardon*). Techn. Tailler en lardons (2°).

LARE [laʀ]. *n. m.* (1488 ; lat. *lar, laris*). Chez les Romains, Esprit tutélaire chargé de protéger la maison, la cité, les rues. *Lares domestiques,* les âmes des ancêtres devenues protectrices du foyer (V. **Laraire).** ◊ Poét. *Lares, lares paternels,* le foyer, la maison. V. **Pénates.** ◊ HOM. **Lard.**

LARGABLE [laʀgabl(ə)]. *adj.* (1931 ; de *larguer*). Qui peut être largué (d'un avion, d'un véhicule spatial). *Cabine largable. Réservoir largable.*

LARGAGE [laʀgaʒ]. *n. m.* (mil. XXᵉ ; de *larguer*). Action de larguer (un avion, d'un véhicule spatial). *Largage des bombes, de parachutistes* (V. **Parachutage).** — Fig. *Le largage d'un employé,* V. **Renvoi, vidage** (fam.) ; **larguer** 3°.

LARGE [laʀʒ(ə)]. *adj., n. m.* et *adv.* (XIᵉ ; lat. *largus* « abondant, généreux », a remplacé *latus,* à cause de *longus* « long »).
I. *Adj.* ♦ 1° Qui a une étendue supérieure à la moyenne dans le sens de la largeur. *Large avenue. Chapeau à larges bords.* « *Une pièce large et haute où il pouvait recevoir* » (CHARDONNE). *Larges épaules. Un homme large de carrure.* — *Large ouverture.* V. **Évasé.** « *Il ouvre un large bec* » (LA FONT.). « *On laissait larges ouvertes les deux fenêtres* » (ZOLA), largement ouvertes. V. **Grand.** ♦ 2° *Large de,* qui a telle ou telle largeur. *Ici, le fleuve est large de cent mètres.* ♦ 3° *(Vêtement).* Qui n'est pas serré, pas tendu. V. **Ample, lâche.** « *Perdues dans leurs vêtements larges* » (LOTI). ♦ 4° Qui est étendu dans quelque sens que ce soit. *Décrire un large cercle.* V. **Vaste.** « *L'orage jette ses larges gouttes* » (RIMBAUD). V. **Gros.** ♦ 5° Qui a une grande extension, une grande importance. V. **Considérable ; important.** *Faire une large part à qqch. Dans une large mesure.* ♦ *Entreprise immobilière de large envergure* » (ROMAINS). ♦ 6° *Fig.* Qui n'est pas borné, qui n'est pas étroit. *Esprit, idées larges. Large d'idées,* compréhensif, libéral. *Larges vues.* Péj. *Conscience large,* sans rigueur morale. V. **Latitudinaire, laxiste.** — *Peindre à larges traits,* sans minutie. V. **Libre, souple.** *Sens large.* V. **Lato sensu.** ♦ 7° (XIᵉ, « généreux » 3°). Qui ne se restreint pas dans ses dépenses. *Vie large.* V. **Aisé.** — *Vous n'avez pas été très large,* très généreux.
II. *N. m.* (XIVᵉ). ♦ 1° Largeur. *Tapis de tant de long sur tant de large. En long et en large,* dans tous les sens (*fig.* et *fam.* de toutes les façons). « *Vous venez de me l'expliquer en long et en large* » (AYMÉ). *Se promener de long en large,* dans les deux sens en faisant le même trajet. ♦ 2° *Être au large,* avoir beaucoup de place, et *fig.* Être dans l'aisance. ♦ 3° La haute mer. *Gagner le large. Vers le large.* Fig. (Fam.) *Prendre le large,* s'en aller, s'enfuir.
III. *Adv.* ♦ 1° Sur un large espace. *Cheval qui va large,* qui s'éloigne du centre de la volte. *Conduire, mener large,* faire aller large son cheval. *Fig.* et *cour.* (1874) *Il n'en mène*

pas large, il se trouve mal à l'aise, dans une situation critique. ♦ 2° D'une manière ample. *Habiller large,* de vêtements larges. ♦ 3° *Fig.* D'une manière peu rigoureuse. *Mesurer, calculer large. Voir large,* avoir de larges vues, voir grand. ◊ ANT. *Étroit ; serré, tendu ; borné, court, mesquin, restreint, rigoureux, strict.*

LARGEMENT [laʀʒəmã]. *adv.* (fin XIIᵉ ; de *large*). ♦ 1° Sur une grande largeur, un large espace. « *Elle ouvrit largement les deux battants* » (COLETTE). *Col largement ouvert. Déborder largement. Largement répandu.* ♦ 2° D'une façon considérable, abondamment. « *L'action où se développent largement d'énergiques facultés* » (VIGNY). ♦ 3° D'une manière large, non minutieuse. *Tableau peint, dessiné largement.* ♦ 4° Sans compter, sans se restreindre. *Donner largement.* « *La nature l'avait largement récompensée* » (STE-BEUVE). *Avoir largement de quoi vivre.* ♦ 5° En calculant large. « *Il était largement trois heures* » (ARAGON) : au moins trois heures. *Billet largement périmé.* ◊ ANT. *Étroitement, peu.*

LARGESSE [laʀʒɛs]. *n. f.* (XIIᵉ ; de *large*). ♦ 1° *Vx.* Action de donner largement. *Faire largesse de dix louis.* ♦ 2° *Mod.* Don fait d'une manière large, généreuse. *Faire des largesses.* « *Exaspéré de cette largesse du voisin* » (ZOLA).

LARGEUR [laʀʒœʀ]. *n. f.* (XIIᵉ ; de *large*). ♦ 1° La plus petite dimension d'une surface (*opposé à* longueur), la dimension moyenne d'un volume (*opposé à* longueur *et* hauteur) ; du point de vue de l'observateur, la dimension horizontale parallèle à la ligne des épaules (*opposé à* hauteur, *et à* profondeur *ou* épaisseur) ; étendue mesurée dans cette dimension. *Largeur d'une table. Largeur d'un tissu.* V. **Laize, lé.** *Étoffe avec un petit largeur* (généralement 1 m 40 - 0 m 80). *Largeur d'un tronc d'arbre.* V. **Diamètre, grosseur.** *Largeur des épaules.* V. **Carrure.** *Dans, sur toute la largeur de la rue.* — Fam. *Dans les grandes largeurs,* grandement, fortement. « *Tu te fourres le doigt dans l'œil, et dans les grandes largeurs* » (ARAGON). ♦ 2° *Fig.* Caractère de ce qui n'est pas borné, restreint. *Largeur d'esprit, de vues.* « *Je connais la largeur et la liberté de vos idées* » (GOBINEAU).

LARGHETTO [laʀgε(t)to]. *adv.* (1765 ; mot it., dimin. de *largo*). *Mus.* Un peu moins lentement que *largo.* Subst. *Un larghetto.*

LARGO [laʀgo]. *adv.* et *n. m.* (1750 ; mot it.). *Mus.* Avec un mouvement lent et ample, majestueux. — *N. m.* (1829) *Un largo,* morceau qui doit être joué largo. *Des largo.*

LARGUE [laʀg(ə)]. *adj.* (1553 ; prov. *largo*). *Mar.* ♦ 1° Se dit d'un vent oblique par rapport à l'axe longitudinal du navire. *Grand largue,* intermédiaire entre le *vent largue* et le vent en poupe. Adv. *Aller, courir largue, grand largue.* ♦ 2° (1845). Se dit d'un cordage qui n'est pas tendu. *Manœuvre largue.* V. **Lâche.**

LARGUER [laʀge]. *v. tr.* (1678 ; *alarguer,* 1609 ; prov. *larga*). ♦ 1° *Mar.* et *cour.* Lâcher ou détacher (un cordage). *Larguer les amarres, les ris. Larguer une voile.* V. **Déferler.** ♦ 2° Lâcher, laisser tomber (d'un avion). *Larguer des parachutistes, des bombes.* ♦ 3° *Fig.* et *fam.* Se débarrasser de qqch. ou de qqn. *Larguer ses collaborateurs.* V. **Renvoyer, vider.** *Elle a largué son fiancé.* V. **Abandonner, dropper** (fam.).

LARIGOT [laʀigo]. *n. m.* (1534 ; refrain, 1403 ; pour *l'harigot,* var. *arigot, hérigot ;* o. i.). ♦ 1° *Vx.* Sorte de flûte rustique. ♦ 2° *Mod.* Jeu d'orgue, appelé aussi *petit nasard.* ♦ 3° *Loc. adv. À tire-larigot.* V. **Tire-larigot.**

LARME [laʀm(ə)]. *n. f.* (XIIIᵉ ; *lairme,* 1050 ; lat. *lacrima*). ♦ 1° *Au plur.* Liquide transparent sécrété par les glandes lacrymales, baignant la conjonctive de l'œil et des paupières. — *Au sing.* Goutte de liquide transparent qui s'écoule de l'œil lors d'une sécrétion accrue des larmes, sous l'effet d'une irritation chimique ou physique ou d'une émotion. V. **Pleur.** *Larmes qui perlent, coulent. Verser, répandre des larmes. Pleurer à chaudes larmes :* en versant des larmes abondantes. *Me voilà* « *pleurant à chaudes larmes, sans pouvoir m'arrêter* » (DAUD.). *Fondre en larmes. Avoir les larmes aux yeux. Visage baigné de larmes.* « *Tes traîtres yeux Brillant à travers leurs larmes* » (BAUDEL.). — *Avoir toujours la larme à l'œil,* avoir tendance à pleurnicher, montrer une sensibilité excessive. *Avec des larmes dans la voix,* d'une voix émue. — Littér. *Larmes de sang,* causées par une douleur cruelle, un remords terrible. Fam. *Larmes de crocodile,* feintes, hypocrites. ♦ 2° *Fig.* (au plur.). Littér. Affliction, chagrin. *Vivre dans les larmes. Cette vallée de larmes,* le monde terrestre. « *Ce qui lui a coûté tant de larmes* » (MAURIAC). ♦ 3° *Larmes de cerf,* humeur onctueuse et noirâtre excrétée par les larmiers. ◊ Écoulement de la sève de certains végétaux. *Larmes de la vigne.* ♦ 4° Ornement en forme de larme sur les tentures funèbres. *Archit.* Goutte. ♦ 5° *Fam.* Très petite quantité de liquide. *Une larme de cognac.* V. **Goutte.**

LARME-DE-JOB [laʀmdəʒɔb] ou **LARME-DU-CHRIST** [laʀmdykʀist]. *n. f.* (1765,-1846 ; de *larme,* et *Job, Christ*). Plante herbacée, exotique, dont le fruit est un grain semblable à une perle qu'on utilise pour la confection de colliers, de chapelets.

LARMIER [laʀmje]. *n. m.* (1321; de *larme*). ♦ 1° Saillie d'une corniche, creusée par-dessous en gouttière. « *Leurs nids jaunes sous les tuiles du larmier* » (FLAUB.). — *Dr.* Tuile ou pierre plate terminant la pente d'un mur non mitoyen. ♦ 2° (1655; var. *lermière* [XVᵉ], *larmière*). Glande au-dessous de l'angle interne de l'œil des cervidés. ◇ Partie de la tête du cheval correspondant aux tempes de l'homme.

LARMOIEMENT [laʀwamã]. *n. m.* (1538; de *larmoyer*). ♦ 1° Écoulement continuel de larmes, dû à la fatigue ou l'irritation de l'œil. ♦ 2° Pleurnicherie. Elle « *se confondit en remerciements et en larmoiements* » (CÉLINE).

LARMOYANT, ANTE [laʀmwajã, ãt]. *adj.* (1470; de *larmoyer*). ♦ 1° Qui larmoie. « *Les yeux larmoyants* » (DIDER.). ♦ 2° Pleurnicheur. *Voix larmoyante.* ♦ 3° Hist. litt. *Comédie larmoyante :* attendrissante. *Le genre larmoyant au XVIIIᵉ s.*

LARMOYER [laʀmwaje]. *v. intr.;* conjug. *aboyer* (XIIᵉ; de *larme*). ♦ 1° Être atteint de larmoiement. « *Il s'essuya les yeux. — Je m'excuse, dit-il, je larmoie* » (BOSCO). *Des yeux qui larmoient.* ♦ 2° Pleurnicher, se lamenter.

LARRON [laʀɔ̃]. *n. m.* (XIᵉ; *ladron*, Xᵉ; lat. *latro, onis* « voleur »). ♦ 1° Vx. Brigand. *Loc. Le bon, le mauvais larron,* crucifiés en même temps que le Christ. ♦ 2° Vieilli. Voleur. — Loc. prov. *Ils s'entendent comme larrons en foire,* à merveille (comme des voleurs de connivence). *L'occasion fait le larron.* « *Un troisième larron* » (LA FONT.), une personne qui profite du conflit des deux autres. — Vx. *Larron d'honneur, d'amour,* séducteur. ♦ 3° Techn. (v. 1600). *Larron d'eau,* canal pour l'écoulement des eaux.

LARVAIRE [laʀveʀ]. *adj.* (1859; de *larve*). ♦ 1° Zool. Propre aux larves (2°). *Forme, état larvaire.* ♦ 2° Fig. Embryonnaire. *Des sentiments* « *douteux encore, et pour ainsi dire à l'état larvaire* » (GIDE).

LARVE [laʀv(ə)]. *n. f.* (1495; lat. *larva*). ♦ 1° Didact. (*Antiq.*). Esprit des morts qui poursuit les vivants. V. Lémure. — *Par ext.* Fantôme. « *Ces larves crépusculaires qui hantent les ruines* » (HUGO). ♦ 2° (1762; de *larva*, au sens dér. « épouvantail, masque »). Forme embryonnaire particulière aux insectes (et *par ext.* aux autres animaux à métamorphoses), caractérisée par une vie libre menée hors de l'œuf. *Larves d'insectes.* V. Asticot, chenille, ver. *Métamorphose d'une larve en chrysalide, en nymphe. Larve de ténia. Larves de crustacés.* V. Nauplius, zoé. *Larves de batraciens.* V. Axolotl, têtard. *L'ammocète, larve de lamproie.* ◇ Par compar. *Vivre comme une larve,* d'une vie inférieure, végétative. *Fig. Une larve,* un être inférieur, qui paraît incomplètement évolué.

LARVÉ, ÉE [laʀve]. *adj.* (1812; lat. *larva*, au sens de « masque »). I. *Méd.* Se dit d'une maladie qui se manifeste par des symptômes atypiques ou atténués. *Appendicite, épilepsie larvée.* (Vx). *Fièvre larvée,* forme du paludisme où l'accès fébrile est remplacé ou masqué par d'autres symptômes rendant le diagnostic difficile. II. (XXᵉ; de *larve*). *Cour.* Qui n'éclate pas, n' « éclôt » pas. *Révolution, guerre larvée.*

LARVICIDE [laʀvisid]. *adj. et n. m.* (1962; de *larve*, et *-cide*). Propre à tuer les larves. — *Subst. Les larvicides dans l'éradication du paludisme.*

LARYNGÉ, ÉE [laʀ̃ʒe] ou **LARYNGIEN, IENNE** [laʀ̃ʒjɛ̃, jɛn]. *adj.* (1743,-1753; rad. gr. de *larynx*). Qui a rapport ou appartient au larynx. *Nerfs laryngés. Phtisie laryngée.*

LARYNGECTOMIE [laʀ̃ʒɛktɔmi]. *n. f.* (1890; de *larynx,* et *-ectomie*). Chir. Ablation chirurgicale du larynx.

LARYNGITE [laʀ̃ʒit]. *n. f.* (1806; rad. gr. de *larynx,* et suff. *-ite*). Nom générique de toutes les inflammations aiguës ou chroniques du larynx (maux de gorge). *Laryngite striduleuse.* V. Croup (faux). *Laryngite tuberculeuse.*

LARYNG(O)-. Élément, du gr. *laruggos.* V. Larynx.

LARYNGOLOGIE [laʀ̃gɔlɔʒi]. *n. f.* (1793; de *laryngo-,* et *-logie*). Méd. Étude anatomique, fonctionnelle et pathologique du larynx.

LARYNGOLOGUE [laʀ̃gɔlɔg] ou **LARYNGOLOGISTE** [laʀ̃gɔlɔʒist(ə)]. *n.* (1931,-idem; du précéd.). Spécialiste en laryngologie. V. Oto-rhino-laryngologiste.

LARYNGOSCOPE [laʀ̃gɔskɔp]. *n. m.* (1860; de *laryngo-,* et *-scope*). Méd. Appareil permettant d'examiner la cavité laryngienne.

LARYNGOSCOPIE [laʀ̃gɔskɔpi]. *n. f.* (1867; du précéd.). Méd. Examen, exploration du larynx.

LARYNGOTOMIE [laʀ̃gɔtɔmi]. *n. f.* (1620; gr. *laruggotomia;* Cf. *Larynx,* et suff. *-tomie*). Chir. Opération consistant à inciser le larynx.

LARYNX [laʀɛ̃ks]. *n. m.* (fin XVIᵉ; *laringue,* 1532; gr. *larugx, laruggos*). Anat. Conduit médian, impair situé entre la partie buccale du pharynx et la trachée, qui, par le jeu des cordes vocales, constitue l'organe essentiel de la phonation. V. Glotte. *Squelette du larynx :* cartilages impairs (thyroïde, cricoïde et épiglottique), cartilages pairs (ary-

ténoïdes, corniculés, cunéiformes et sésamoïdes). *Inflammation du larynx.* V. Laryngite. *Tubage du larynx.*

1. LAS, LASSE [lɑ, lɑs]. *adj.* (Xᵉ, « malheureux »; lat. *lassus*). ♦ 1° (1080). Qui éprouve une sensation de fatigue générale et vague, d'inaptitude à l'action et au mouvement. V. Faible, fatigué. « *Las je ne plus avoir la force de se lever pour boire un verre d'eau* » (MAUPASS.). ♦ 2° Littér. LAS DE, fatigué et dégoûté de. « *Il était las des affaires et plus encore des gens* » (TOULET). *Las d'attendre. Las de tout. — De guerre lasse.* ◇ ANT. Dispos, reposé. — HOM. Lacs.

2. LAS! [lɑs]. *interj.* (XIIᵉ; de l'adj. *las* « malheureux », en a. fr.). Vx. Hélas!

LASAGNE [lazaɲ]. *n. f. invar.* (1762; « beignet », 1556; it. *lasagna*). Pâtes italiennes en forme de larges rubans.

LASCAR [laskaʀ]. *n. m.* (1830; « matelot indien », 1610; port. *lascar,* pers. *laskhar* « soldat »). Fam. ♦ 1° Homme brave, décidé. V. Gaillard. « *A-t-il du toupet, le vieux Lascar!* » (BALZ.). ♦ 2° Homme malin, ou qui fait le malin. « *Ces deux lascars-là se sont bien payé ma figure* » (COURTELINE).

LASCIF, IVE [lasif, iv]. *adj.* (1488; lat. *lascivus*). ♦ 1° Fortement enclin aux plaisirs amoureux. V. Libidineux, sensuel, voluptueux. « *Mon tempérament ardent et lascif* » (ROUSS.). Par ext. « *Sa bouche lascive* » (HUGO). ♦ 2° Qui est empreint d'une grande sensualité, porté à la luxure. V. Impur, lubrique. *Danse lascive.* « *Les ondulations harmonieusement lascives du torse, des hanches* » (GAUTIER). *Regards lascifs.* V. Concupiscent. ◇ ANT. Chaste, pur.

LASCIVEMENT [lasivmã]. *adv.* (1542; de *lascif*). D'une manière lascive. « *En la chatouillant trop lascivement* » (MONTAIGNE).

LASCIVETÉ [lasivte] ou **LASCIVITÉ** [lasivite]. *n. f.* (XVᵉ,-1512; bas lat. *lascivitas,* de *lascivus*). Littér. Tempérament, caractère lascif. V. Lubricité, paillardise. ◇ ANT. Chasteté, pureté.

LASER [lazeʀ]. *n. m.* (1960; mot angl., abrév. de *Light Amplification by Stimulated Emission of Radiations*). Phys. Amplificateur quantique de radiations lumineuses, monochromatiques et cohérentes permettant d'obtenir des faisceaux très directifs et de grande puissance. *Microcoagulation de tissus au moyen du laser.* V. Maser.

LASSANT, ANTE [lɑsã, ãt]. *adj.* (1680; de *lasser*). ♦ 1° Vx. Fatigant. ♦ 2° Mod. Qui fatigue en ennuyant. *Répétitions lassantes.*

LASSER [lɑse]. *v. tr.* (1080; lat. *lassare*). ♦ 1° Vx. Fatiguer. « *Je lasse deux chevaux par jour* » (BALZ.). ♦ 2° (XVᵉ). Mod. Fatiguer en ennuyant. V. Dégoûter, ennuyer. *Lasser son auditoire.* « *Il nous lassait sans jamais se lasser* » (VOLT.). ♦ 3° Décourager, rebuter. *Lasser la patience de qqn.* « *Un enthousiasme que rien ne lasse* » (R. ROLLAND). ♦ 4° Pronom. SE LASSER DE : devenir las de. *On se lasse de tout.* « *Les enfants ne se lassent pas de jouer* » (SUARÈS). *Sans se lasser,* inlassablement. ♦ 5° Au p. p. « *Mon cœur, lassé de tout, même de l'espérance* » (LAMART.). « *Sourires lassés* » (FRANCE). V. Las. ◇ ANT. Délasser; amuser, animer, encourager, stimuler.

LASSIS [lɑsi]. *n. m.* (1839; *lacis,* XVIᵉ; var. de *lacis*). Bourre de soie; tissu fait avec cette bourre. V. Filoselle.

LASSITUDE [lɑsityd]. *n. f.* (XIVᵉ; lat. *lassitudo*). ♦ 1° État d'une personne lasse. V. Fatigue. « *Toujours épuisée et accablée, atteinte de lassitude chronique* » (HUGO). — Fam. « *J'ai des lassitudes dans les jambes* » (BALZ.), des courbatures. ♦ 2° État d'abattement mêlé d'ennui, de dégoût, de découragement. *Auguste fut clément* « *par lassitude dans la vieillesse* » (DIDER.). « *Un soupir de lassitude* » (MART. du G.). ◇ ANT. Bien-être, entrain; enthousiasme.

LASSO [laso]. *n. m.* (1829; esp. d'Argentine *lazo,* du même rad. que *lacs*). Longue corde à nœud coulant dont se servent les gauchos et les cow-boys pour attraper les chevaux sauvages, le bétail.

LASTEX [lastɛks]. *n. m.* (1942; crois. de *latex,* et *élastique;* marque déposée). Filé de caoutchouc (latex) recouvert de fibres textiles naturelles ou artificielles.

LASTING [lastiŋ]. *n. m.* (1830; angl. *lasting* « durable », de *to last*). Étoffe rase, en laine peignée, à armure satin. *Lasting uni, rayé.* « *Sa veste de lasting* » (FLAUB.).

LATANIER [latanje]. *n. m.* (1645; mot de l'île Maurice). Palmier des îles de l'océan Indien.

LATENCE [latãs]. *n. f.* (1885; de *latent*). État de ce qui est caché, latent. *Période de latence d'une maladie. Temps de latence,* entre un stimulus et la réaction. — Psychan. *Période de latence :* temps d'arrêt dans le développement de la sexualité, du déclin de la sexualité infantile au début de la puberté. ◇ ANT. Crise.

LATENT, ENTE [latã, ãt]. *adj.* (1361; *latens,* de *latere* « être caché »). ♦ 1° Qui demeure caché, ne se manifeste pas. V. Secret. *Demeurer à l'état latent.* « *Des haines latentes qui glacent l'intérieur le cœur* » (BALZ.). ◇ *Maladie latente,* qui ne s'est pas encore déclarée, dont les symptômes sont trop vagues pour permettre le diagnostic. ♦ 2° Phys. *Chaleur latente,* quantité de chaleur nécessaire pour faire changer

d'état 1 g de substance, sans changement de température.
◇ ANT. *Apparent, manifeste, patent.*

LATÉRAL, ALE, AUX [lateʀal, o]. *adj.* et *n. f.* (1315, rare jusqu'au XVIIᵉ; lat. *lateralis*, de *latus* « côté »). Qui appartient au côté, qui est situé sur le côté de qqch. *Partie latérale du corps.* V. **Flanc.** *Panneaux latéraux d'une glace à trois faces. Chapelle, nef latérale.* V. **Collatéral; bas-côté.** ◇ Phonét. *Consonne latérale :* consonne constrictive laissant échapper l'air des deux côtés de la langue. *Ex. :* [l] en français. — N. f. *Une latérale.*

LATÉRALEMENT [lateʀalmɑ̃]. *adv.* (1521; de *latéral*). D'une manière ou dans une position latérale; de côté, sur le côté. *« Ses rayons* (du soleil) *entraient latéralement dans les tribunes »* (CAMUS).

LATÉRALISATION [lateʀalizasjɔ̃]. *n. f.* (1968; d'apr. *latéral*). Didact. Organisation entre trois et six ans de l'asymétrie du corps du côté droit (droitiers) ou gauche (gauchers) liée à la localisation des fonctions du langage. *La latéralisation à gauche est souvent héréditaire.*

LATÉRALITÉ [lateʀalite]. *n. f.* (1846; de *latéral*). Didact. Prédominance fonctionnelle de l'un des deux côtés du corps humain (avec les effets de comportement qui en découlent).

LATÉR(O)-, -LATÈRE. Éléments, du lat. *latus, -eris* « côté ».

LATERE (A) [alateʀe]. (v. 1550). V. **LÉGAT** (a latere).

LATÉRITE [lateʀit]. *n. f.* (1867; du lat. *later* « brique »). Minér. Roche jaspée d'un beau ton rouge de brique, provenant de la décomposition, en surface, de roches très diverses.

LATÉRITIQUE [lateʀitik]. *adj.* (1908; de *latérite*). Minér. De latérite. *Argiles latéritiques.*

LATEX [latɛks]. *n. m. invar.* (1706; mot lat. « liqueur »). Suc visqueux, d'aspect laiteux, sécrété par les cellules (laticifères*) de certains végétaux. V. **Lait** (végétal); **émulsion.** *Saigner un hévéa, ouvrier qui saigne l'hévéa* (V. **Saigneur**) *pour en recueillir le latex.* V. **Gomme.** *Latex artificiels destinés à la fabrication de caoutchoucs synthétiques.*

LATICIFÈRE [latisifɛʀ]. *adj.* (1846; lat. *latex, icis*, et suff. *-fère*). Bot. Qui contient le latex. *Cellules, conduits laticifères.* — Subst. *Un laticifère.*

LATICLAVE [latiklav]. *n. m.* (1595; lat. *laticlava*). Antiq. rom. Large bande de pourpre appliquée sur la tunique des sénateurs. *Par ext.* Cette tunique.

LATIFOLIÉ, ÉE [latifɔlje]. *adj.* (v. 1846; lat. *latifolius*, de *latus* « large », et *folium* « feuille »). Bot. Qui a de larges feuilles.

LATIFUNDIAIRE [latifɔ̃djɛʀ]. *adj.* (XXᵉ; de *latifundium*). Des latifundia. *Propriété latifundiaire* (ou *latifondiaire*, d'apr. l'ital.).

LATIFUNDIUM [latifɔ̃djɔm], plur. **LATIFUNDIA** [latifɔ̃dja]. *n. m.* (*Latifunde*, 1596; mot lat.). Antiq. rom. Très grand domaine privé. ◇ Mod. Grand domaine agricole privé, d'exploitation archaïque.

LATIN, INE [latɛ̃, in]. *adj.* et *n.* (1160; lat. *latinus*). I. *Adj.* ♦ 1° Du Latium. ♦ 2° Des provinces ou des peuples soumis à la domination de Rome et ayant adopté sa langue et sa civilisation. V. **Romain.** *Les peuples latins*, et subst. *Les Latins. Le monde latin. La langue latine.* ◇ De la langue latine, qui écrit ou est écrit en cette langue. *Déclinaisons latines. Tournure latine.* V. **Latinisme.** *Auteurs latins. Version latine.* ◇ Par ext. QUARTIER LATIN, quartier de Paris, situé sur la rive gauche de la Seine, où s'élevait l'ancienne Université (dont l'enseignement était donné en *latin*) et où se trouvent encore les facultés. ♦ 3° D'origine latine. *Langues latines.* V. **Roman.** *Nations latines, peuples latins*, dont la langue, la civilisation sont d'origine latine. *Amérique latine. Esprit, tempérament latin. Individualisme latin.* — Subst. *Un Latin. Les Latins. « Pas de bavardages : les Latins parlent toujours trop »* (MAUROIS). ◇ *Spécialt.* (XIIIᵉ) *Église latine*, église chrétienne d'Occident qui célébrait les offices en latin (*opposé à* Église orthodoxe grecque ou Église d'Orient). *Rite latin. Croix latine.* ◇ (1573) Mar. *Voile latine*, voile triangulaire à antenne, qui était en usage sur la Méditerranée.
II. *N. m.* La langue latine. *Le latin, langue indo-européenne. Latin classique; impérial; bas latin, latin médiéval; latin moderne* (botanique, zoologique). *Latin populaire*, parlé au moyen âge (*abrév.* lat. pop.). — *Latin de cuisine*, mauvais latin. ◇ *Perdre son latin*, n'y rien comprendre. *Quel embrouillamini, c'est à y perdre son latin !* V. **Incompréhensible.**

LATINISATION [latinizasjɔ̃]. *n. f.* (XVIIᵉ; de *latiniser*). Action de latiniser un mot, et *par ext.* de marquer d'un caractère latin. *Latinisation d'un peuple, d'un pays.*

LATINISER [latinize]. *v.* (av. 1544; bas lat. *latinizare*). I. *V. tr.* ♦ 1° Revêtir (un mot) d'une forme latine, soit à l'aide d'une désinence, soit en traduisant. ♦ 2° Marquer d'un caractère latin, de l'esprit latin. *Latiniser la Bible.*
II. *V. intr.* ♦ 1° (1551). Vx. Affecter de parler latin.
♦ 2° Relig. (1842). Pratiquer le culte de l'Église latine, en

parlant de chrétiens d'Orient appelés LATINISANTS [latinizɑ̃].

LATINISME [latinism(ə)]. *n. m.* (1583; de *latin*). Construction ou emploi propre à la langue latine; emprunt au latin.

LATINISTE [latinist(ə)]. *n.* (1464; de *latin*). Savant ou lettré qui s'occupe de philologie ou de littérature latine. — Étudiant de latin.

LATINITÉ [latinite]. *n. f.* (1355; lat. *latinitas*). ♦ 1° Manière d'écrire ou de parler latin. Caractère latin. ♦ 2° (1835). Le monde latin, la civilisation latine. *L'esprit de la latinité.*

LATINO-AMÉRICAIN, AINE [latinɔameʀikɛ̃, ɛn]. *adj.* (1933; de *latin*, et *américain*). De l'Amérique latine. *Les républiques latino-américaines.*

LATITUDE [latityd]. *n. f.* (1314; lat. *latitudo* « largeur »). I. ♦ 1° Vx. Largeur. Spécialt. Large acception ou extension. ♦ 2° Fig. (XVIᵉ). Faculté, pouvoir d'agir (en toute liberté). Mod. *Avoir, donner... toute latitude. Donner, laisser toute latitude à qqn* (pour faire qqch.). V. **Facilité, liberté** (Cf. Carte* blanche; les coudées* franches). *Avoir toute latitude d'accepter ou de refuser.*
II. (1361). ♦ 1° (*Opposé à* longitude). L'une des coordonnées sphériques d'un point de la surface terrestre; distance angulaire de ce point à l'équateur, mesurée en degrés par l'arc du méridien terrestre. *Tous les points d'un parallèle ont la même latitude. Paris est à 48° de latitude Nord.* ◇ Par ext. Région, climat. *À cette latitude... Espèce animale qui ne peut vivre sous toutes les latitudes.* ♦ 2° Astron. (XVIᵉ). Distance angulaire d'un astre à l'écliptique. *Latitude géocentrique.*

LATITUDINAIRE [latitydinɛʀ]. *n.* et *adj.* (1704; du lat. *latitudo, -dinis*). Littér. D'une morale très large, très relâchée. V. **Laxiste.** ◇ ANT. *Étroit, rigoriste.*

LATOMIES [latɔmi]. *n. f. pl.* (v. 1500; lat. *latomiæ*, du gr.). Antiq. Carrières servant de prison. *Les latomies de Syracuse.*

LATO SENSU [latɔsɛ̃sy]. *adv.* (attesté XXᵉ; mots lat.). Didact. Au sens large. *Les hommes, lato sensu, c'est-à-dire les humains* (opposé à *stricto sensu*).

-LÂTRE, -LÂTRIE. Éléments, du gr. *latreuein* « servir », qui signifient « adorateur, adoration ».

LATRIE [latʀi]. *n. f.* (1376; lat. ecclés. *latria*, d'o. gr.). Relig. chrét. *Culte de latrie*, la forme la plus élevée d'adoration, qui ne doit être accordée qu'à Dieu seul (*opposé à* culte de dulie).

LATRINES [latʀin]. *n. f. pl.* (1437; lat. *latrina*, de *lavatrina* « lavabo »). Lieux d'aisances sommaires (à l'exclusion de toute installation sanitaire). V. **Cabinet, fosse** (d'aisances). *Latrines militaires.* V. **Feuillées.** ◇ *Au sing.* (Rare) *« La latrine d'un cachot »* (HUGO).

LATTAGE [lataʒ]. *n. m.* (1507; de *latter*). Action de latter; ouvrage composé de lattes. V. **Lattis.**

LATTE [lat]. *n. f.* (fin XIIᵉ; bas lat. *latta*, probabl. d'o. germ.). ♦ 1° Longue pièce de charpente en bois, mince, étroite et plate, et *par ext.* Toute pièce de bois de forme semblable. V. **Planche.** *Lattes d'un plancher. Lattes clouées sur les chevrons pour porter les tuiles ou les ardoises d'un toit.* V. **Volige.** *« Ces cloisons faites en lattes et enduites de plâtre »* (BALZ.). *Faire un treillage avec des lattes. Lattes d'un caillebotis.* ♦ 2° Vx. Ancien sabre de cavalerie, à longue lame étroite et droite.

LATTER [late]. *v. tr.* (1288; de *latte*). Garnir de lattes. *Latter un plafond. Latter à lattes jointives, à claire-voie.* ◇ ANT. *Délatter.*

LATTIS [lati]. *n. m.* (*Lacteys*, 1449; de *latte*). Ouvrage en lattes. V. **Lattage.** *Disposer un lattis sur les chevrons d'un comble.*

LAUDANUM [lodanɔm]. *n. m.* (1572; altér. lat. *ladanum* « résine du ciste », gr. *ladanon*). Teinture alcoolique d'opium, soporifique et calmante. *« Je prends de l'opium. Mes gouttes de laudanum sont très faibles »* (BALZ.). — Médicament, emplâtre au *laudanum* ou laudanisé [lodanize].

LAUDATEUR, TRICE [lodatœʀ, tʀis]. *n.* (XVᵉ; lat. *laudator*, de *laudare* « louer »). Littér. Personne qui fait l'éloge, qui loue. V. **Louangeur.** ◇ ANT. *Critique, détracteur.*

LAUDATIF, IVE [lodatif, iv]. *adj.* (1787; lat. *laudativus*, de *laudare* « louer »). ♦ 1° Qui contient un éloge. V. **Élogieux, louangeur.** *Terme laudatif. Inscription laudative.* ♦ 2° (*Personnes*). Qui fait un éloge. ◇ ANT. *Critique, répréhensif.*

LAUDES [lod]. *n. f. pl.* (v. 1200; lat. ecclés. *laudes*, plur. de *laus* « louange »). Liturg. cathol. Partie de l'office qui se chante à l'aurore après matines, et qui est principalement composée de psaumes de louange. *Oraison de la vigile dite à laudes.*

LAURACÉES [loʀase]. *n. f. pl.* (1867; du lat. *laurus* « laurier »). Bot. Famille de plantes dicotylédones, dialypétales, comprenant des arbres et arbustes (camphrier, cannelier, laurier, sassafras).

LAURE [lɔʀ]. *n. f.* (1670; lat. médiév. *laura*, mot gr.). *Hist., arts.* Monastère, en Orient. *La laure de Kiev.* ◊ HOM. *Lord, lors.*

LAURÉ, ÉE [lɔʀe]. *adj.* (1574; *laurée*, 1562; rare jusqu'en 1823; lat. *laureatus.* V. **Lauréat**). *Littér.* Orné, couronné de laurier. *Empereur lauré. Tête laurée d'une médaille.*

LAURÉAT, ATE [lɔʀea, at]. *adj.* et *n.* (1530, adj.; lat. *laureatus* « couronné de laurier »). ♦ 1° Qui a remporté un prix dans un concours. *Les élèves lauréats. Étudiante lauréate.* ♦ 2° *Cour. N.* Personne qui a remporté un prix dans un concours. V. **Vainqueur.** *Les lauréats du prix Nobel. Lauréate du prix Goncourt.* Ellipt. *Lauréat de l'Académie française. Liste des lauréats.* V. **Palmarès.**

LAURÉOLE [lɔʀeɔl]. *n. f.* (XIVᵉ; lat. *laureola* « rameau de laurier »). Nom des plantes du genre daphné.

LAURIER [lɔʀje]. *n. m.* (déb. XIIᵉ; *lorier*, 1080; de l'a. fr. *lor*, lat. *laurus*). I. ♦ 1° *Bot.* Plante *(Lauracées)* aux nombreuses variétés (V. **Avocatier, camphrier, cannelier**). Cour. *Laurier (commun)*, arbre à feuilles lancéolées, luisantes et persistantes. *Feuilles de laurier utilisées en assaisonnement* (d'où le nom de *laurier-sauce*, parfois donné au laurier). « *Nous n'irons plus au bois, les lauriers sont coupés* » (chanson pop.). *Le laurier, arbre consacré à Apollon. Couronne de laurier. Front ceint de laurier* (V. **Lauré**). ♦ 2° *Fig. Lauriers du guerrier, du vainqueur.* V. **Gloire, succès;** lauréat. *Être chargé, couvert de lauriers.* — *Se reposer sur ses lauriers,* jouir d'un repos mérité par de glorieux succès; *par ext.* Se contenter d'un premier succès. *S'endormir sur ses lauriers.*
II. (1617). LAURIER ROSE ou *laurier-rose,* arbrisseau du genre nerium *(Apocynées)* à grandes fleurs roses ou blanches. *Laurier-rose des Alpes.* V. **Rhododendron.** *Des lauriers-roses.*
— (XVIIᵉ) LAURIER-CERISE, moins courant du *Cerasus laurocerasus* *(Rosacées). Des lauriers-cerises.* ◊ *Laurier tulipier.* V. **Magnolia.** — *Laurier-tin* (viburnum tinus). V. **Viorne.**

LAVABLE [lavabl(ə)]. *adj.* (1845; de *laver*). Qui peut être lavé, supporte le lavage. *Peinture lavable.*

LAVABO [lavabo]. *n. m.* (1560, « linge »; mot lat. « je laverai »).
I. *Liturg.* ♦ 1° Prière dite par le célébrant au moment où il se lave les mains avant la consécration. *Par ext.* Action du prêtre qui se lave les mains. ♦ 2° Linge avec lequel le prêtre essuie ses mains. — Fontaine d'ablutions placée à la droite de l'autel.
II. (1801). *Cour.* ♦ 1° *Vx.* Table de toilette. ♦ 2° *Mod.* Dispositif de toilette fixe, à hauteur de table, avec cuvette, robinets d'eau courante et système de vidange. *Lavabo d'une salle de bains.* ♦ 3° Pièce réservée à ce dispositif (plus cour. : cabinet de toilette). ◊ *Par euphém.* (déb. XXᵉ) Les cabinets d'aisances auprès desquels se trouve généralement un lavabo. V. **Toilette.** « *Venez avec moi aux toilettes, la dame des lavabos va nous panser* » (SARTRE).

LAVAGE [lavaʒ]. *n. m.* (1432; de *laver*). ♦ 1° Action de laver. V. **Nettoyage.** *Lavage des murs, des vitres. Lavage d'une voiture, du pont d'un navire. Lavage du linge.* Absolt. *Jour de lavage.* V. **Lessive.** ◊ *Méd.* Nettoyage d'un organe au moyen d'irrigations. *Lavage de l'intestin.* V. **Lavement.** ◊ *Technol. Lavage de la laine.* V. **Dégorgement.** *Lavage des minerais.* ♦ 2° *Loc. fam. Lavage de tête,* verte réprimande. V. **Savon.** ♦ 3° *Loc. Lavage de cerveau* (trad. angl. *brain washing*) : action psychologique forcée et complète sur une personne, l'amenant à modifier ses convictions, ses habitudes culturelles et à en adopter d'autres. V. **Lessivage.**

LAVALLIÈRE [lavaljɛʀ]. *adj.* et *n. f.* (1874; de *La Vallière,* n. pr.).
I. *Adj.* (du duc de *La Vallière,* bibliophile du XVIIIᵉ s.). Rel. *Maroquin lavallière :* couleur feuille morte.
II. *N. f.* (1877; de Mˡˡᵉ de *La Vallière*). *Cravate lavallière,* et ellipt. *Lavallière,* cravate large et souple, qui se noue en formant deux coques. « *Un feutre à larges bords, une cravate lavallière noire* » (ROMAINS).

LAVANDE [lavãd]. *n. f.* (1370; it. *lavanda* « qui sert à laver », la lavande servant à parfumer l'eau de toilette). ♦ 1° Arbrisseau vivace *(Labiacées),* aux fleurs bleues en épi, d'un parfum délicat, qui croît en abondance dans les terrains calcaires de Provence et des Alpes. *Lavande aspic* ou *grande lavande. Lavande officinale,* utilisée en parfumerie. *Lavande sauvage de la garrigue.* ◊ Cette plante séchée. « *La lavande qu'elle mettait en sachet dans son linge, à l'ancienne mode* » (BERNANOS). ♦ 2° Eau, essence de lavande. *Un flacon de lavande.* ♦ 3° Par appos. *Bleu lavande,* bleu mauve assez clair.

LAVANDIÈRE [lavãdjɛʀ]. *n. f.* (XIIᵉ; de *laver*). ♦ 1° Femme qui lave le linge à la main. V. **Blanchisseuse, laveuse.** *Lavandières qui battent le linge au bord de la rivière.* ♦ 2° (1555). Autre nom de la *bergeronnette* ou *hoche-queue* (oiseau).

LAVANDIN [lavãdɛ̃]. *n. m.* (XXᵉ; de *lavande*). Hybride de lavande* et d'aspic (V. **Aspic,** 2), cultivé pour son essence. *Essence de lavandin,* utilisée en savonnerie, en parfumerie.

LAVARET [lavaʀɛ]. *n. m.* (1552; de *lavarè,* mot savoyard; lat. tardif *levaricinus,* p.-ê. gaul.). Variété de corégone, poisson de lac.

LAVASSE [lavas]. *n. f.* (1447; de *laver,* et suff. péj. *-asse*). ♦ 1° *Vx.* Pluie subite. ♦ 2° (1803). *Mod.* et *fam.* Boisson, sauce, soupe trop étendue d'eau. *Ce café est imbuvable, c'est de la lavasse* (Cf. *fam.* Eau* de vaisselle).

LAVATORY [lavatɔʀi]. *n. m.* (1907; « boutique de coiffeur avec cabinet de toilette », 1890; mot angl.). Lavabos publics avec cabinets d'aisances. *Des lavatories.*

LAVE [lav]. *n. f.* (1739; *laive* « pierre volcanique », 1587; it. *lava,* mot napol., du lat. *labes* « éboulement »). ♦ 1° *(Sens large).* Matière en fusion (silicates, etc.) des éruptions volcaniques qui se refroidit sous diverses formes (cendres, etc.). *Laves poreuses.* ♦ 2° *(Sens restreint).* Silicates (ou carbonates) naturels en fusion, contenant en proportion variable des cristaux et des gaz, qui s'échappent des appareils volcaniques en éruption. *Coulée de lave.* « *Des torrents bouillonnants de lave en fusion* » (BUFF.). Cette matière solidifiée, formée en général de silicates vitreux pouvant contenir des cristaux et des vacuoles. V. **Andésite, trachyte; basalte** (pauvre en silice). *Dalles de lave* (lauzes). *Lave vacuolaire* (ex. : la ponce). *Lave cordée,* plissée et dégazéifiée. *Champ de lave.* ♦ 3° Lave pétrifiée utilisée comme pierre de construction. *Églises d'Auvergne bâties et couvertes en lave. Lave émaillée.* ◊ HOM. Formes du v. *laver.*

LAVÉ, ÉE [lave]. *adj.* (1660; V. **Laver**). ♦ 1° Trop délayé. *Couleur lavée.* ◊ *Arts.* Fait au lavis. *Dessin lavé.* ♦ 2° *Fig.* Pâle. V. **Délavé.** *Des yeux d'un bleu lavé.*

LAVE-GLACE [lavglas]. *n. m.* *(Néol.;* de *laver,* et *glace). Appareil* qui envoie un jet d'eau sur le pare-brise d'une automobile. *Des lave-glaces.*

LAVE-MAINS [lavmɛ̃]. *n. m. invar.* (1471; de *laver,* et *mains*). Vieilli. Petit bassin où l'on se lave les mains; petit réservoir d'eau placé à l'entrée d'un réfectoire, etc. V. **Lavabo.** *Le lave-mains d'une sacristie.*

LAVEMENT [lavmã]. *n. m.* (XIIᵉ; de *laver*). ♦ 1° *Vx* ou *spécialt.* Action de laver; lavage, ablution. *Liturg. rom. Le lavement des mains. Le lavement des pieds,* cérémonie qui a lieu le jeudi saint en souvenir de l'action de Jésus qui, le jour de la Cène, lava les pieds de ses apôtres. ♦ 2° (XVIᵉ). *Mod.* Injection d'un liquide dans le gros intestin, par l'anus, au moyen d'un appareil. V. **Clystère** (Cf. *fam.* et *vx.* Bouillon pointu). *Lavement purgatif, médicamenteux. Lavement baryté,* au sulfate de baryum, en vue d'un examen radiologique. *Poire à lavement. Prendre un lavement.* ◊ *Fig., pop.* et *vieilli.* Personne importune (Cf. *pop.* Colique). « *En voilà un vieux lavement !* » (COURTELINE).

LAVER [lave]. *v. tr.* (980; lat. *lavare*).
I. ♦ 1° Nettoyer avec un liquide, et *spécialt.* avec de l'eau. V. **Décrasser, décrotter, dégraisser, lotionner, nettoyer, savonner.** *Action de laver.* V. **Ablution, lavage, lavement, lotion, nettoyage.** *Laver avec une brosse, une éponge.* — *Laver du linge.* V. **Blanchir; blanchissage, lavandière, laverie, lavoir.** Absolt. *Femme du ménage qui lave et repasse.* — MACHINE À LAVER : appareil ménager (électrique, etc.) qui brasse le linge dans un liquide détersif. — *Loc. fig. Il faut laver son linge sale en famille :* c'est entre soi et non en public qu'il faut régler les fâcheuses affaires domestiques. ◊ *Laver la vaisselle. Laver et frotter les verres* (V. **Rincer**). *Laver le plancher, le carrelage à grande eau. Faire laver sa voiture.* ◊ *Techn. Laver les laines,* pour les débarrasser de la graisse, du suint : les faire dégorger. *Laver la laine à dos, avant la tonte.* — *Laver le minerai.* — *Laver une épreuve photographique.* — *Laver le papier :* le tremper dans une solution d'alun pour l'empêcher de boire. — *Laver un livre,* en plonger les feuilles dans une solution acidulée pour enlever les taches, les rousseurs. ♦ 2° Nettoyer (le corps, une partie du corps) avec de l'eau. *Laver la figure d'un enfant.* V. **Débarbouiller.** *Laver dans le bain.* V. **Baigner.** — *Fig.* (1538) *Laver la tête à qqn,* le réprimander sévèrement (Cf. Passer un savon). ◊ *Spécialt. Laver une plaie.* V. **Déterger.** *Laver par instillation.* — *Laver un organe interne par des injections.* V. **Injecter; lavage**, lavement. ♦ 3° *Arts.* Mêler d'eau une couleur. V. **Délaver.** *Laver un dessin :* l'ombrer, le colorier avec des couleurs délayées sur le papier (V. **Lavis**). « *Elle lava des aquarelles et des sépias* » (BALZ.). ♦ 4° SE LAVER, suivi d'un compl. d'objet. *Se laver la figure, les mains, les pieds. Se laver les dents.* — Allus. évang. *Ponce Pilate se lava les mains et se déclara innocent du sang de Jésus.* — *Fig. Se laver les mains de qqch. :* décliner toute responsabilité, ne plus s'en préoccuper. « *Le monsieur qui, ayant rempli sa mission, se lave les mains du reste* » (ROMAINS). ♦ 5° SE LAVER. *v. pron.* (XIIᵉ). Laver son corps. V. **Nettoyer** (se); ablution, bain, toilette. *Se laver dans un lavabo, une baignoire, sous la douche. Se laver à grande eau.* ♦ 6° (v. 1120). *Par métaph.* V. **Purifier.** *Eau qui lave, purifie.* V. **Lustral.** ◊ *Fig. Laver qqn, se laver d'un soupçon,*

d'une imputation. V. **Disculper, justifier.** « *Laver son imagination de toutes les façons d'agir vulgaires* » (STENDHAL). *Se laver du péché, d'une faute* (V. **Expier**).
II. ♦ 1° Enlever, faire disparaître au moyen d'un liquide. *Laver une tache.* ♦ 2° (1564). *Laver un affront, une injure dans le sang* : s'en venger par la violence, en tuant l'offenseur. *Laver les péchés, la honte.* V. **Effacer, purger.**
◇ ANT. *Barbouiller, salir, souiller, tacher. Accuser, imputer.*
LAVERIE [lavʀi]. *n. f.* (XVIᵉ ; « lavage » ; de *laver*). ♦ 1° Techn. (1776). Lieu, usine où on lave le minerai, la houille. ♦ 2° (Néol.). *Laverie automatique,* blanchisserie moderne, équipée de machines à laver.
LAVETTE [lavɛt]. *n. f.* (1636 ; de *laver*). ♦ 1° Morceau de linge ou gros pinceau en fil avec lequel on lave la vaisselle. ♦ 2° (XXᵉ ; « maladroit », 1862). Fig. et fam. Homme mou, veule, sans énergie. *Une vraie lavette.* ♦ 3° Pop. Langue.
LAVEUR, EUSE [lavœʀ, øz]. *n.* (XIIIᵉ ; de *laver*). ♦ 1° Personne qui lave, moyennant rétribution. *Laveur de vaisselle, dans un restaurant.* V. **Plongeur.** *Laveur de voitures, dans un garage. — Une laveuse (de linge)* : femme de ménage, domestique qui se charge du lavage. V. **Blanchisseuse, lavandière.** « *Une laveuse au lavoir Tapant ferme et dru sur la lessive* » (VERLAINE). *Laveur de vitres* (d'un immeuble). ♦ 2° Techn. Appareil à laver. ♦ 3° Par appos. *Raton laveur.* V. **Raton.**
LAVE-VAISSELLE [lavvɛsɛl]. *n. m.* (1969 ; de *laver, vaisselle*). Machine à laver la vaisselle. *Des lave-vaisselles.*
LAVIS [lavi]. *n. m.* (1676 ; de *laver*). ♦ 1° Procédé qui consiste à teinter un dessin au moyen d'encre de Chine, de sépia, de bistre ou de couleurs étendues d'eau (V. **Aquarelle**). *Dessin colorié au lavis.* V. **Lavé.** ♦ 2° Dessin lavé. *Lavis sur traits de crayon, de plume.*
LAVOIR [lavwaʀ]. *n. m.* (XIIᵉ ; « évier » ; de *laver*, ou lat. *lavatorium*). ♦ 1° (1611). Lieu où on lave le linge ; construction destinée au lavage du linge (V. **Buanderie**). *Lavoir public. Laver le linge, la lessive au lavoir. — Bac en ciment pour laver le linge. — Bateau-lavoir* : bateau spécialement aménagé pour servir de lavoir. *Un capitaine de bateau-lavoir* : un homme incompétent (Cf. Marin d'eau douce). ♦ 2° Techn. Appareil, machine à laver le minerai, les laines, etc. — Atelier de lavage du minerai.
LAVURE [lavyʀ]. *n. f.* (XIVᵉ ; *lavadures,* XIᵉ ; de *laver*). ♦ 1° Liquide qui a servi à laver qqch. ou qqn. Spécialt. *Lavure de vaisselle.* V. **Eau, rinçure.** Fig. Bouillon, potage fade et insipide. V. **Lavage.** *Lavure du minerai. Par ext.* (1611) *Les lavures* : parcelles de métaux précieux recueillies par lavage de cendres, de balayures.
LAWN-TENNIS [lɔntɛnis]. *n. m.* V. **Tennis.**
LAWRENCIUM [loʀɑ̃sjɔm]. *n. m.* (mil. XXᵉ ; du nom de *Lawrence*, physicien amér.). Chim. Élément transuranien (Lw), de n° at. 103.
LAXATIF, IVE [laksatif, iv]. *adj.* et *n. m.* (XIIIᵉ ; bas lat. *laxativus,* de *laxare* « lâcher »). Qui purge légèrement. V. **Purgatif.** *Tisane laxative. Les pruneaux, le miel sont laxatifs.* ◇ N. m. *Un laxatif* (ex. : bourdaine, casse, graine de lin, magnésie). *Laxatif utilisé en suppositoires, en lavements.*
LAXISME [laksism(ə)]. *n. m.* (1912 ; du lat. *laxus*). ♦ 1° Doctrine morale, théologique tendant à supprimer les interdits. ♦ 2° Tendance marquée à la conciliation, à la tolérance (excessive). ◇ ANT. *Purisme, rigorisme.*
LAXISTE [laksist(ə)]. *adj.* et *n.* (1914 ; du lat. *laxus*). Qui professe ou concerne le laxisme. *Morale laxiste. Subst. Un, une laxiste.* V. **Latitudinaire.** ◇ ANT. *Puriste, rigoriste.*
LAXITÉ [laksite]. *n. f.* (XVIᵉ ; lat. *laxitas* « relâchement »). *Didact.* État de ce qui est lâche, distendu. ◇ ANT. *Distension, tension.*
LAYER [leje]. *v. tr.*; conjug. *payer* (1307 ; de *laie* 2). *Techn.* ♦ 1° Faire traverser par une laie, un layon. *Layer une forêt. — Par ext.* Délimiter (une superficie de bois) par une laie périphérique. ♦ 2° Marquer (les arbres à épargner) dans une coupe. ♦ 3° (1471). Faire des rayures de parement sur (une pierre).
LAYETIER [lɛjtje]. *n. m.* (fin XVIᵉ ; de *layette* « coffre »). *Techn.* Ouvrier qui fabrique les caisses et emballages en bois.
LAYETTE [lɛjɛt]. *n. f.* (« tiroir », 1360 ; de *laie* 3). ♦ 1° Vx. Tiroir où l'on rangeait des papiers. *Petit coffre. Layettes du trésor des chartes* : cartons des Archives renfermant les originaux des actes de la chancellerie royale. ♦ 2° (XVIIᵉ ; le contenu du tiroir). *Mod.* Tout ce qui sert à vêtir un enfant nouveau-né. V. **Linge, trousseau.** *Bonneterie où l'on vend des articles de layette.* « *J'avais de mes doigts cousu la layette* » (BALZ.).
1. **LAYON** [lɛjɔ̃]. *n. m.* (1865 ; de *laie* 2). Petite laie ; sentier tracé en forêt pour faciliter la marche.
2. **LAYON** [lɛjɔ̃]. *n. m.* (XIXᵉ). V. **Hayon.**
LAZARET [lazaʀɛ]. *n. m.* (1567 ; it. *lazzaretto,* de *Nazareto,* l'hôpital *Santa Maria di Nazaret,* sous l'infl. de *lazzaro* « mendiant »). Établissement où s'effectue le contrôle sanitaire, l'isolement des malades contagieux, dans un port, une station frontière, un aérodrome. *Subir une quarantaine*

au lazaret. — Local destiné à l'isolement de nouveaux arrivants dans un établissement de soins.
LAZARISTE [lazaʀist(ə)]. *n. m.* (1721 ; de *Saint-Lazare,* nom d'un prieuré). Membre de l'ordre religieux fondé en 1625 par saint Vincent de Paul (prêtres de la Mission).
LAZULITE [lazylit]. *n. f.* (1795 ; de *lazuli,* et *-ite*). Minér. Lapis lazuli.
LAZZARONE [ladzaʀɔne]. *n. m.* (1781, mot napolitain. de *lazzaro,* de l'esp.). Hist. Homme du bas peuple de Naples.
LAZZI [la(d)zi]. *n. m.* (1690, « pantomime, bouffonnerie » ; it. *lazzi,* de l'*azzi,* abrév. de l'*azzioni,* jeux de scène bouffons). Plaisanterie, moquerie bouffonne (d'abord au plur.). « *Les lazzi du commerce* » (BALZ.). — *Un lazzi, des lazzi, ou des lazzis.* « *Un carnaval de lazzis et d'injures* » (BARRÈS).
1. **LE** [l(ə)] *(m.),* **LA** [la] *(f.),* **LES** [le] *(pl.). art. déf.* (980 ; des cas-objet du lat. *ille*). REM. LE, LA se réduisent à L' devant une voyelle ou un *h* muet : *l'ami. L'école. L'habit.*
I. LE, LA, LES *devant un nom.* ♦ 1° (Devant un nom générique). *Le chien est un mammifère carnivore.* « *L'homme est un Dieu tombé qui se souvient des cieux* » (LAMART.). « *L'homme est plus intéressant que les hommes* » (GIDE). — (*Au plur.,* devant un nom propre de famille) *Les Bourbons. Les Médicis.* « *Les Rougon-Macquart* » (ZOLA). *Les Goncourt* : les frères Goncourt. ♦ 2° LE, « article de notoriété », devant un nom désignant un objet unique très connu, ce qui est conforme à la norme, ce qui est connu de l'interlocuteur ou ce qu'on veut présenter comme un type (emploi « typique »). *Le Soleil. La Lune. Fumer la pipe. Garder la chambre. Jouer la comédie. Avoir la fièvre. Baisser les yeux. — Il s'est cassé la jambe.* ◇ *Jouer à l'innocent.* « *Qui veut faire l'ange fait la bête* » (PASC.). ♦ 3° (Devant les noms déterminés par un complément, ou une proposition). *Le livre de mon ami* (FRANCE). *La lutte pour la vie. C'est l'homme dont je vous ai parlé. L'espoir de réussir. J'ai la certitude qu'il s'est trompé.* — (Devant des noms propres) *Le Bossuet des Oraisons funèbres. Le Néron de Racine. Le Paris de ma jeunesse.* « *La Tunis arabe* » (ROMAINS). ♦ 4° Valeur démonstrative ou exclamative. *Oh ! le beau chien. Debout, les morts !* ♦ 5° Valeur distributive : — (Devant un nom désignant une unité) V. **Chaque, par.** *Cent francs la pièce.* — (Devant un nom de division du temps) « *Trois ou quatre fois la semaine* » (FLAUB.). *Le médecin reçoit le lundi* ou *les lundis* (chaque lundi). ♦ 6° (Après certaines prépositions, et devant un nom de nombre). *Sur les deux heures, vers les huit heures.* ♦ 7° Devant les noms propres de personne. *La Thénardier* (dans les Misérables). — *Fam.* (Région.) *La Jeanne, le Pierre.* — (D'apr. l'it.) Devant un nom de femme célèbre. *La Champmeslé, la Callas.* — Péj. « *À mort le Blum !* » (AYMÉ). ♦ 8° Devant un nom propre pour en faire un nom commun. *La Citroën* (l'automobile) *de mon père. Les Rubens* (les tableaux de Rubens) *de ce musée.* ♦ 9° Devant un nom substantival. « *Les Misérables* ». *Le décousu du style. L'être. Le manger et le boire.*
II. Devant un qualificatif. ♦ 1° Devant un adjectif qualificatif se rapportant à un nom déjà exprimé. *Les affaires politiques et les militaires.* — Fam. *Préférez-vous les* (cartes postales) *en noir ou les en couleurs?* ♦ 2° Répété devant des adjectifs. « *La saine, la forte, la libre nature humaine* » (R. ROLLAND). *La grande et la petite industrie.* ♦ 3° À LA, suivi d'un adjectif féminin, formant une loc. adv. *Se lancer à la légère. Jardins à la française. Filer à l'anglaise. Agir à l'étourdie.*
III. Avec le superlatif (V. **Plus, moins ; mieux, pire, pis**). *La plus belle fille du monde ne peut donner que ce qu'elle a. Le mieux est l'ennemi du bien.* « *Les plus désespérés sont les chants les plus beaux* » (MUSS.). Vx. « *Pour les plus importants et plus nobles emplois !* » (CORN.). REM. Accord de l'article et du superlatif. — *a)* L'article s'accorde avec le nom ou pronom auquel se rapporte le superlatif quand on compare plusieurs êtres ou objets. *C'est la femme la plus élégante que je connaisse. Voici les deux livres les plus rares de ma bibliothèque.* — *b)* L'article reste invariable *(le)* quand on veut marquer qu'un être ou un objet atteint, au moment indiqué par le contexte, le plus haut degré d'une certaine qualité *(C'est ce jour-là qu'elle a été le plus souffrante)* ou quand le superlatif modifie un verbe ou un adverbe *(C'est la femme que j'ai le plus aimée).*
IV. L'UN... L'AUTRE, L'UN OU (ET) L'AUTRE. V. **Autre, un.** — LE (LA) MÊME, LES MÊMES. V. **Même.** — L'ON. V. **On.** — TOUT LE, TOUTE LA, TOUS LES. V. **Tout.** — LE MIEN, LE TIEN, etc. V. **Mien.** — V. **Plupart.**
2. **LE** [l(ə)], **LA** [la], **LES** [le]. *pron. pers.* (Xᵉ ; *lo,* 842 ; lat. *ille*). Pronom personnel qui attribue de la 3ᵉ personne. Élision de LE, LA en L' : *Je l'entends ; ils l'hébergent ; elle l'y a mis ; je t'en remercie.* — Après un impératif. *Faites-la entrer ; faites-le apporter ; faites-l'en retirer.*
I. ♦ 1° Objet direct, représentant : — un nom, un pronom qui vient d'être exprimé *(Je le connais. Regardez-les)* ; — un nom ou un pronom qui va être exprimé (« *Il fallait l'éblouir ou l'attendrir, cette femme !* » (FRANCE). ♦ 2° LE, de valeur

neutre. *Cela, vous le savez comme moi. Partez, il le faut.*
♦ 3° Formant avec certains verbes des gallicismes. *Je ne l'entends pas de cette oreille. Le disputer à qqn. Je vous le donne en mille. L'emporter sur qqn. Se le tenir pour dit. L'échapper belle. Il la trouve mauvaise.*
II. Attribut représentant un mot qui vient d'être exprimé ou, plus rarement, qui va être exprimé *(« Charmante, elle l'est dès maintenant »* (MAUROIS). *Vous l'êtes, mal élevé).* REM. LE, LA, LES peuvent s'accorder en genre et en nombre avec le substantif qu'ils représentent (*« La reine? vraiment oui; je la suis en effet »* (LA FONT.) ou rester invariable (LE) si le nom est pris en valeur d'adjectif (*« Une femme qui n'est pas ma femme, qui ne le sera jamais »* (DAUD.), quand ils représentent un adjectif ou un participe passé (*J'étais fatiguée tout à l'heure, maintenant je ne le suis plus »* (MUSS.).
◊ HOM. *La, là, lé.*

LÉ [le]. *n. m.* (*Let,* 1080, adj., « large »; subst. « largeur », XIIIe; lat. *latus* « large »). ♦ 1° (1412). *Cout.* Largeur d'une étoffe entre ses deux lisières. Chaque partie verticale d'une jupe. *Jupe de six lés.* V. **Laize.** *Un lé de drap, de toile. Par ext.* Bande de tissu dans toute sa largeur. ♦ 2° (1690). *Techn.* Largeur d'un chemin de halage; *par ext.* Ce chemin. ◊ HOM. *Les,* V. **Le** (2).

LEADER [lidœʀ]. *n. m.* (1829; mot angl. « conducteur »). ♦ 1° Article de fond, figurant généralement en première page. — *Adj. Article leader.* ♦ 2° (1839). Chef, porte-parole d'un parti, d'un mouvement politique. *Le leader gouvernemental et le leader de l'opposition. « Octave Roumestan, la fille du grand leader de toutes les droites »* (DAUD.). ♦ 3° *Sports.* Concurrent qui est en tête dans une course, une compétition. *Le Football-Club de Reims était leader du championnat.* V. **Premier.** ◊ HOM. *Lieder.*

LEADERSHIP [lidœʀʃip]. *n. m.* (1878; mot angl.; de *leader).* Anglicisme *(Polit.).* Fonction, position de leader. V. **Commandement, direction, hégémonie.**

LEASING [liziŋ]. *n. m.* (v. 1960; mot angl., de *to lease).* Anglicisme. *(Comm.).* Système de financement du matériel industriel par location (vente à bail). *Entreprise, société de leasing,* société financière qui sert d'intermédiaire entre le vendeur et l'utilisateur. — *Équivalents français :* Crédit-bail; location-vente (sans intermédiaire).

LEBEL [ləbɛl]. *n. m.* (1886; n. pr.). Fusil à répétition de petit calibre qui fut en usage dans l'armée française jusqu'à la guerre de 1939.

LÉCANORE [lekanɔʀ]. *n. f.* (1836; du gr. *lekanê* « bassin », à cause de la forme des fructifications). *Bot.* Lichen à thalle dur, renfermant des espèces tinctoriales (V. **Orseille).**

LÉCHAGE [leʃaʒ]. *n. m.* (1949; de *lécher).* Action de lécher. (2°, 3°). *Léchage de bottes. — Léchage d'un tableau :* fignolage.

LÈCHE [lɛʃ]. *n. f.* (1892; « lèchement », XVe; de *lécher).* *Pop.* (avec le v. *faire).* Action de flatter servilement. *Faire de la lèche au patron* (Cf. Lécher les bottes, le cul). ◊ HOM. *Laîche.*

LÉCHÉ, ÉE [leʃe]. *adj.* V. **Lécher** (2° et 3°).

LÈCHE-CUL [lɛʃky]. *n. m. invar.* (1867; de *lèche,* et *cul).* *Vulg.* Homme qui flagorne servilement. V. **Flatteur, lécheur.** — *Adj.* (aux deux genres) *Elles sont lèche-cul !*

LÈCHEFRITE [lɛʃfʀit]. *n. f.* (1195; de l'a. fr. *lèche-froie* « lèche, frotte », sous l'infl. de *frire).* Ustensile de cuisine placé sous la broche pour recevoir la graisse et le jus qui dégouttent de la viande mise à rôtir.

LÈCHEMENT [lɛʃmã]. *n. m.* (1493; de *lécher).* *Rare.* Action de lécher; résultat de cette action. *Lèchement de doigts.*

LÉCHER [leʃe]. *v. tr.;* conjug. *céder* (déb. XIIe; frq. °*lekkon*). ♦ 1° Passer la langue sur (qqch.). *Chien qui lèche un plat, la main de son maître* (V. **Caresser).** Fig. et fam. *Se lécher les babines,* « *les badigoinces »* (DUHAM.). V. **Pourlécher** (se). — Fig. et fam. *Se lécher les doigts, les babines,* manger un plat succulent avec un très vif plaisir. V. **Délecter** (se), savourer. ◊ Enlever en léchant. *Lécher le beurre et laisser le pain d'une tartine.* ◊ *Par métaph.* (Cf. Langue de feu). *Flammes qui lèchent la plaque d'une cheminée.* V. **Effleurer.** ♦ 2° *Loc. fig. Lécher les bottes* (ou *pop. le cul) de qqn, à qqn,* le flatter avec servilité. V. **Flagorner** (Cf. Faire de la lèche). *« Léchant les bottes à toute une escouade de ministres »* (AYMÉ). *Lécher les vitrines,* les regarder de très près avec grand plaisir. ◊ (De la légende de l'ourson informe que sa mère lèche pour le façonner) *UN OURS MAL LÉCHÉ :* un être mal fait, difforme, et *par ext.* un individu d'aspect rébarbatif, de manières grossières. ♦ 3° *Fig.* (1680). Finir, polir (une œuvre littéraire ou artistique) avec un soin trop minutieux. V. **Fignoler.** *Tableau léché.*

LÉCHEUR, EUSE [leʃœʀ, øz]. *n.* (Lecheour « qui lèche », 1138; de *lécher).* ♦ 1° (1845). *Vx.* Personne qui aime beaucoup la bonne chère (V. **Friand, gourmand),** surtout aux

dépens d'autrui. ♦ 2° (1845). *Péj.* V. **Flatteur, lèche-cul.**

LÈCHE-VITRINES [lɛʃvitʀin]. *n. m.* (mil. XXe; de *lécher,* et *vitrine).* Action de « lécher les vitrines », de flâner en regardant les étalages. *Faire du lèche-vitrines,* et pop. *lèche-carreaux* [lɛʃkaʀo].

LÉCITHINE [lesitin]. *n. f.* (1857; du gr. *lekithos* « jaune d'œuf », et -*ine).* *Biochim.* Lipide contenant du glycérol et de l'acide phosphorique, présent dans tous les tissus animaux et végétaux (très abondant dans le jaune d'œuf et le cerveau).

LEÇON [l(ə)s5]. *n. f.* (XIe; lat. *lectio, onis* « lecture »).
I. *Liturg. rom.* Textes de l'Écriture ou des Pères de l'Église, qu'on lit ou qu'on chante aux offices nocturnes, principalement à matines.
II. *Cour.* ♦ 1° (XIIe). Ce qu'un écolier doit apprendre. *Apprendre, étudier, revoir ses leçons.* — Fig. *Il récite une leçon, sa leçon :* il répète fidèlement ce qu'on lui a commandé de dire. ♦ 2° (1549). Enseignement donné par un professeur, à une classe, un auditoire. V. **Conférence, cours.** *Professeur qui fait sa leçon.* V. **Classe.** *Leçon inaugurale. — Leçons de choses,* méthode d'enseignement qui consiste à familiariser les enfants avec les objets usuels, des productions naturelles (sciences physiques, naturelles). ◊ *Spécialt.* Enseignement complémentaire ou spécial donné en particulier à un seul élève ou à un groupe restreint d'élèves (V. **Répétition).** *Prendre des leçons de chant, d'équitation d'un* (ou *chez un) professeur. Faire donner des leçons particulières à un enfant.* ◊ Fig. *Il lui donnerait des leçons,* il lui est supérieur en cette matière. ♦ 3° (XIIe). Conseils, règle de conduite qu'on donne à une personne. V. **Avertissement, exhortation, précepte.** *Suivre les leçons de qqn. De sages leçons. Je vous dispense de vos leçons de morale.* — Spécialt. *Faire la leçon à qqn :* lui donner des instructions, lui dicter sa conduite (V. **Endoctriner),** et *aussi* le chapitrer (V. **Réprimander).** — Par métaph. *La leçon de cette fable.* V. **Morale.** ♦ 4° Avertissement salutaire, enseignement profitable qu'on tire ou qu'on peut tirer de qqch., et *spécialt.* d'une erreur, d'une faute, d'une mésaventure. V. **Enseignement, instruction.** *La (les) leçon(s) de... Les leçons de l'expérience. Dégager, tirer la leçon des événements.* V. **Conclusion.** *« Il faut de chaque malheur tirer une leçon »* (FLAUB.). — *Cela lui donnera une leçon, une bonne leçon* (pop. *Cela lui fera les pieds).* *« Que l'histoire d'aujourd'hui vous serve de leçon ! »* (ZOLA).
III. (1680). *Didact.* Texte ou fragment de texte tel qu'il a été lu par le copiste ou l'éditeur; *par ext.* Variante. V. **Lecture, variante, version.**

LECTEUR, TRICE [lɛktœʀ, tʀis]. *n.* (1307; liturg., v. 1120; lat. *lector).* ♦ 1° Personne qui (occasionnellement ou par fonction) lit à haute voix devant un ou plusieurs auditeurs. *Le lecteur de semaine; la chaire du lecteur, dans le réfectoire d'un couvent. Par appos. La sœur lectrice.* — *Liturg. rom.* Clerc ayant reçu l'ordre du « lectorat » (second ordre mineur), et *par ext.* Tout clerc chargé d'une lecture liturgique. ♦ 2° *Mod.* (1836; all. *Lektor).* Assistant étranger adjoint à un professeur de langues vivantes dans un établissement d'enseignement. ♦ 3° Personne qui lit pour son compte. V. **Liseur.** *Lecteur de journaux, de revues, de romans. « Chaque homme de plus qui sait lire est un lecteur de plus pour Molière »* (STE-BEUVE). *Lecteur délicat, cultivé. Avis au lecteur. « Je n'écris que pour cent lecteurs »* (STENDHAL). *Courrier des lecteurs* (dans un journal). ◊ *Spécialt.* Personne dont la fonction est de lire et de juger les œuvres manuscrites proposées à un directeur de théâtre, à un éditeur. ♦ 4° (1945). Dispositif servant à la reproduction de sons enregistrés. V. **Pick-up.** *Lecteur optique. Lecteur de son* (d'un projecteur cinématographique. *Lecteur de cassettes**. *« Des lecteurs-enregistreurs qui permettent d'enregistrer en voiture »* (L'Express, juin 1973). ♦ 5° *Inform.* Organe effectuant la lecture* (9°) d'informations. *Lecteur perforateur de bandes, de cartes.*

LECTURE [lɛktyʀ]. *n. f.* (1352, « récit »; lat. médiév. *lectura).* ♦ 1° (1495). Action matérielle de lire, de déchiffrer (ce qui est écrit). *Lecture d'un texte difficile dans une langue étrangère. Une faute de lecture. Lecture d'un morceau de musique, d'une partition.* V. **Déchiffrage.** ♦ 2° Action de lire, de prendre connaissance du contenu (d'un écrit). *La lecture d'un livre, d'un roman. La lecture d'un auteur, d'un écrivain. Être enfoncé, absorbé dans la lecture d'un roman.* — Absolt. *« La lecture agrandit l'âme »* (VOLT.). *« Ce vice impuni, la lecture »* (LARBAUD). *Aimer la lecture. Cabinet de lecture.* ◊ *Une lecture :* la lecture d'un livre, d'un ouvrage, et *par ext.* Ce livre, cet ouvrage. *Les lectures de qqn :* les livres, les ouvrages qu'il a lus, qu'il lit habituellement. *Oublier ses lectures. Je vous ai apporté de la lecture, de quoi lire.* ◊ *Pâture.* ♦ 3° Le fait de déchiffrer (V. Lire I, 4°). *Lecture d'une carte, d'un schéma.* — Interprétation (d'un texte) selon un ou plusieurs parmi les codes qu'il implique. *Niveaux de lecture. Lecture plurielle. Lecture psychanalytique de la comtesse de Ségur. Faire, proposer une lecture marxiste de Balzac.* ♦ 4° Action de lire à haute voix (à d'autres personnes). *Donner lecture d'une proclamation.* « *Un*

récit dont lecture m'était faite à haute voix » (DUHAM.).
♦ 5º Le fait de lire devant une assemblée un document
officiel. *Lecture d'un projet de loi.* ◇ *Absolt.* Délibération
d'une assemblée législative sur un projet, une proposition
de loi. *Loi adoptée en première, en seconde lecture.* ♦ 6º *Absolt.*
Le fait de savoir lire, l'art de lire. *Enseigner la lecture et
l'écriture. Leçon de lecture.* — *Enseignement de la lecture.
Premier livre de lecture.* ♦ 7º *Liturg.* Texte lu ou chanté
par un seul (à part les oraisons). V. **Leçon.** ♦ 8º *Acoust.*
Première phase de la reproduction des sons enregistrés.
Lecture par pick-up (V. **Lecteur**). *Tête* de lecture.* ♦ 9º *Inform.*
Action de prendre en compte les informations écrites sur
un support dans un organe de calculatrice électronique, en
vue d'un traitement ultérieur. *Temps de lecture.* V. **Lecteur** (5º).

LÉCYTHE [lesit]. *n. m.* (1771; lat. *lecythus*, gr. *lēkuthos*
« vase à huile »). *Archéol.* Vase grec à anse, en forme de
cylindre allongé, à col étroit, à embouchure évasée.

LÉGAL, ALE, AUX [legal, o]. *adj.* (1361; lat. imp.
legalis, de *lex, legis* « loi ». V. **Loyal**). ♦ 1º Qui a valeur
de loi, résulte de la loi, est conforme à la loi. V. **Juridique,
réglementaire.** *Dispositions légales. Formalités, formes
légales* : prescrites, imposées par la loi. *Ce qui est légal peut
n'être pas juste* ou légitime*. Cours légal d'une monnaie;
monnaie légale. Capacité, compétence légale.* ♦ 2º Désigné par
la loi. *Le procureur du roi, « tuteur légal des orphelins »*
(BALZ.). ♦ 3º Défini ou fourni par la loi. *Contenance légale
d'un récipient. Âge légal :* requis par la loi. *Les voies légales.
Armes légales, moyens légaux,* que fournit la loi. *Annonces
légales.* — *Médecine* légale.* — *Pays légal :* la partie de la
population qui a des droits politiques. ◇ ANT. *Illégal, arbitraire, clandestin. Conventionnel.*

LÉGALEMENT [legalmɑ̃]. *adv.* (1320; de *légal*). D'une
manière légale. *Assemblée légalement élue.* ◇ ANT. *Illégalement.*

LÉGALISATION [legalizasjɔ̃]. *n. f.* (1690; de *légaliser*).
Action de légaliser; procédure par laquelle le fonctionnaire
public certifie l'authenticité d'une signature apposée sur un
acte.

LÉGALISER [legalize]. *v. tr.* (1681; de *légal*). ♦ 1º Attester, certifier authentique en vertu d'une autorité officielle.
V. **Authentifier, authentiquer, confirmer.** *Faire légaliser
sa signature, une procuration.* — Au p. p. *Signature légalisée.*
♦ 2º Rendre légal. « *Il est plus facile de légaliser certaines
choses que de les légitimer* » (CHAMFORT).

LÉGALISME [legalism(ə)]. *n. m.* (déb. XXᵉ; de *légal*).
Attitude légaliste.

LÉGALISTE [legalist(ə)]. *adj.* et *n.* (1908; 1894, « socialiste modéré »; de *légal*). Qui pratique un respect absolu
de la loi religieuse, de la lettre. V. **Formaliste, rigoriste.** ◇
ANT. *Laxiste.*

LÉGALITÉ [legalite]. *n. f.* (1606; « loyauté », 1370; lat.
médiév. *legalitas*). ♦ 1º (1606). Caractère de ce qui est légal,
conforme au droit, à la loi. *Légalité d'un acte, d'un règlement,
d'une mesure.* ♦ 2º *Absolt.* Ce qui est légal; état, situation,
pouvoir conforme au droit. *Respecter la légalité.* « *Il restait
dans les limites de la légalité* » (BALZ.). *Gouvernement qui sort
de la légalité par un excès de pouvoir.* « *Les vacances de la
légalité* » (L. BLUM). ◇ ANT. *Arbitraire, illégalité.*

LÉGAT [lega]. *n. m.* (XIIᵉ; lat. *legatus* « envoyé, délégué »).
♦ 1º *Hist.* Fonctionnaire romain adjoint à un proconsul. —
Fonctionnaire qui administrait les provinces de l'empereur
(V. **Gouverneur**). ♦ 2º *Dr. can.* Ambassadeur du Saint-
Siège. *Légat a latere* (c'est-à-dire « du côté », « de l'entourage » du Pape). *Légat représentant le Saint-Siège auprès d'un
gouvernement.* V. **Nonce.** *Vicaire d'un légat* (ablégat, vice-légat).

LÉGATAIRE [legatɛr]. *n.* (1368; lat. jur. *legatarius*, de
legare). *Dr.* Bénéficiaire d'un legs. V. **Héritier; acquéreur,
ayant-cause.** *Le Légataire universel,* comédie de Regnard.
Légataires d'un même testateur. V. **Colégataire.**

LÉGATION [legasjɔ̃]. *n. f.* (1138; lat. *legatio, onis*, de
legare. V. **Légat**). ♦ 1º *Dr. can.* Charge, dignité de légat;
durée de ses fonctions; pays sous son administration. ♦
2º (1798). *Dr. intern. Droit de légation :* droit d'entrer directement en relation avec les États étrangers. *Personnel de
légation,* accompagnant les agents diplomatiques. ♦ 3º *Absolt.*
et *cour.* Représentation diplomatique entretenue à défaut
d'ambassade. *Ministre plénipotentiaire, à la tête d'une
légation. Secrétaire de légation.* — *Par ext.* Résidence d'une
légation. *Aller chercher son visa à la légation.*

LEGATO [legato]. *adv.* (1846; mot it. « lié »). *Mus.* D'une
manière liée, sans détacher les notes. *Jouer legato.* ◇ ANT.
Staccato; piqué.

LÈGE [lɛʒ]. *adj.* (1681; empr. holl. *leeg* « vide »). *Mar.*
Vide ou incomplètement chargé. *Navire lège.* « *La Pantoire
étant lège, s'élevait sur l'eau* » (J.-R. BLOCH).

LÉGENDAIRE [leʒɑ̃dɛr]. *adj.* (1846; « compilateur de
légendes », 1582; de *légende*). ♦ 1º Qui n'a d'existence que

dans les légendes. V. **Fabuleux, imaginaire, mythique.** *Personnages, héros légendaires.* « *Bonaparte n'est plus le vrai
Bonaparte, c'est une figure légendaire* » (BALZ.). *Récit d'aventures légendaires.* ♦ 2º Qui a rapport aux légendes ;
qui est constitué par des légendes ou prend l'allure d'une
légende. *Atmosphère légendaire et poétique.* ♦ 3º Qui est
entré dans la légende par sa célébrité, sa popularité. V.
Célèbre. *Marie d'Agoult et Liszt, couple légendaire.* ◇ ANT.
Historique. Inconnu.

LÉGENDE [leʒɑ̃d]. *n. f.* (XIIᵉ; lat. médiév. *legenda* « ce
qui doit être lu »).
   I. *Relig.* ♦ 1º Récit de la vie d'un saint destiné à être lu
à l'office de matines. V. **Lecture.** ♦ 2º *Par ext.* Recueil de ces
récits. *La Légende dorée,* recueil de vies de saints (XIIIᵉ).
   II. (XVIᵉ). *Cour.* ♦ 1º Récit populaire traditionnel, plus
ou moins fabuleux. V. **Fable, mythe.** *Légendes propres à un
peuple.* V. **Folklore, mythologie.** *La légende de Roland, de
Faust. La Légende des siècles,* œuvre de V. Hugo. ♦ 2º Représentation de faits ou de personnages réels, accréditée dans
l'opinion, mais déformée, amplifiée par l'imagination,
la partialité. V. **Conte, fable, histoire.** *La légende de Napoléon.*
— *Absolt. L'histoire et la légende. Légende héroïque* (V.
Épopée). *Napoléon est entré dans la légende.*
   III. (1594). ♦ 1º Inscription d'une médaille, d'une
monnaie. *Bordure réservée à la légende.* V. **Carnèle.** ♦ 2º Tout
texte qui accompagne une image et lui donne un sens.
Légende d'un dessin, d'un croquis humoristique. ♦ 3º (1867).
Liste explicative des signes conventionnels (lettres, chiffres,
signes, couleurs) figurant sur une carte, un plan. *Légende
d'un plan de Paris, d'un guide de la route.*

LÉGENDER [leʒɑ̃de]. *v. tr.* (mil. XXᵉ; de *légende*).
Accompagner (un dessin, une médaille, une carte) d'une
légende explicative. — Au p. p. *Schéma légendé.*

LÉGER, ÈRE [leʒe, ɛr]. *adj.* (*Legier*, 1080; lat. pop.
°leviarius, class. *levis*).
   I. ♦ 1º Qui a peu de poids, se soulève facilement. *Léger
comme une plume, comme une bulle de savon. Plus léger qu'un
bouchon. Les plus légers que l'air,* les ballons. *Léger bagage.
Vêtement léger à porter.* — Sports. *Poids* léger.* ◇ De faible
densité. *L'aluminium est un métal léger.* « *Une matière légère
semblable à la pierre ponce* » (BUFF.). *Huiles lourdes et huiles
légères.* ◇ (1690) Qui ne pèse pas sur l'estomac. V. **Digestible.** *Aliment léger.* ◇ Facile à transporter. *Armes légères.*
V. **Mobile.** ♦ 2º Qui est ou donne l'impression d'être peu
chargé. *Avoir l'estomac léger.* V. **Creux, vide.** Fig. *Avoir
la tête légère, une tête légère,* être écervelé, ne rien avoir dans
la tête. *Le cœur léger :* sans inquiétude ni remords. ♦ 3º Qui
semble ne peser guère; qui se meut avec aisance et rapidité.
V. **Agile, souple, vif.** « *Légère et court vêtue, elle allait à
grands pas* » (LA FONT.). *Personne légère comme un papillon,
comme l'air.* V. **Aérien, ailé.** *Être, se sentir léger :* alerte,
dispos. *Navire léger, croiseur léger, escadres légères.
Bombardier léger.* — *Par ext. Démarche souple et légère.
Pas, pied léger.* Fig. *Avoir la main légère :* agir avec douceur,
ne pas faire sentir l'autorité qu'on exerce. ♦ 4º Qui n'appuie
guère. *Tableau peint par touches légères.* V. **Délicat.** ♦ 5º Mus.
Voix légère, qui se meut aisément (vocalises, trilles) dans les
registres aigus. *Soprano léger. Ténor léger.* Par ext. *Rôle
léger,* qui exige une voix légère. ♦ 6º Qui a peu de matière,
de substance (opposé à *épais*). *Légère couche de neige.* V.
Mince. *Étoffe légère.* V. **Fin.** « *L'azur couvre les toits de
son léger tulle bleu* » (RENARD). *Vêtement léger, d'été. Robe
légère. Flots de dentelles légères.* V. **Flou, vaporeux; arachnéen.** ◇ (Opposé à *fort, concentré*) *Vin léger,* peu alcoolisé.
Café, thé léger. V. **Faible.** *Parfum léger,* qui n'entête pas. ◇
(Opposé à *profond*) *Sommeil léger.* ♦ 7º Qui a de la délicatesse, de la grâce dans la forme. V. **Délicat, délié, élégant,
gracieux.** *Taille légère.* V. **Élancé, fin, svelte.** *Flèche, tour
légère.*
   II. Peu sensible; peu important. V. **Faible,
petit.** *Un léger mouvement. Coup léger.* « *Une coloration légère,
très faible, à peine sensible* » (BAUDEL.). *Bruit léger.* V. **Imperceptible.** *Un léger goût. Douleur légère, supportable. Malaise
léger; blessure légère,* sans gravité. Par ext. *Blessés légers et
blessés graves.* — (Abstrait) *Faute légère.* V. **Véniel.** *Peine
légère. Une différence très légère.* V. **Insensible.** *Les nuances
les plus légères.* V. **Infime.** *Légère tristesse.*
   III. Fig. (1174). ♦ 1º (*Personnes; caractères*). Qui a peu
de profondeur, de sérieux. V. **Frivole, futile, insouciant,
superficiel.** *Une fille légère et frivole.* — *Être, se montrer léger
dans sa conduite, dans ses jugements.* V. **Déraisonnable, dissipé, distrait, écervelé, étourdi, imprévoyant, imprudent,
inconséquent, irréfléchi.** « *Je ne voudrais pas, à cause de mon
âge surtout, avoir l'air trop léger* » (STENDHAL). *Garçon
ignorant et léger.* V. **Étourneau.** ♦ 2º *Vx.* Qui change trop
aisément de sentiments, d'opinions, d'occupations. V.
Capricieux, changeant, inconstant, volage. « *Quoi de plus
léger que la femme ?* » (MUSS.) — *Femme légère, de mœurs
légères, libres, faciles.* ◇ *Par ext.* Qui est trop libre (en par-

lant des propos et des mœurs). V. **Libre, licencieux.** *Conversation, anecdote un peu légère.* V. **Leste.** ♦ 3° Qui a de la grâce, de la délicatesse, de la désinvolture sans lourdeur. V. **Badin, dégagé, désinvolte, enjoué.** *Ironie légère.* ♦ 4° Facile à comprendre, gai (poésie, musique). *Poésie légère. Musique classique et musique légère.* ♦ 5° À LA LÉGÈRE, *loc. adv.* (1544 ; sens propre). Sans avoir pesé les choses, sans réfléchir. V. **Inconsidérément, légèrement.** *Parler à la légère,* à tort et à travers. *S'engager à la légère dans une entreprise aventureuse. Prendre les choses à la légère,* avec insouciance. « *Elle ne prend pas à la légère les ennuis quotidiens* » (ROMAINS).

◊ ANT. *Lourd ; accablant, embarrassant, encombrant, fort, gros, indigeste, pesant. Épais, dense. Important. Circonspect, posé, sérieux. Constant, fidèle. Raisonnable, sévère.*

LÉGÈREMENT [leʒɛʀmɑ̃]. *adv.* (XIIᵉ ; de *léger*). D'une manière légère. ♦ 1° (Au sens propre). *Être vêtu, armé légèrement.* ◊ Avec souplesse, grâce, agilité. *Marcher, passer légèrement.* ◊ Sans appuyer, sans violence. V. **Délicatement, doucement.** *Toucher légèrement qqn.* ◊ (1340) Frugalement, sans excès. *Manger légèrement.* ♦ 2° Un peu, à peine. *Bouger légèrement. Légèrement blessé. Légèrement plus petit, plus gros. Il est légèrement sadique* (Cf. *Un peu sadique sur les bords**). ♦ 3° (1538). À la légère, inconsidérément. *Agir légèrement. Prendre un parti un peu légèrement.* ◊ Avec désinvolture. « *Parler même légèrement de choses sérieuses* » (PROUST). ◊ ANT. *Lourdement, pesamment ; fort. Beaucoup, très. Gravement, sérieusement.*

LÉGÈRETÉ [leʒɛʀte]. *n. f.* (XIIᵉ ; de *léger*). Caractère de ce qui est léger.

I. ♦ 1° Caractère d'un objet peu pesant, de faible densité. « *Des flocons de neige commençaient à voler, d'une légèreté de plume* » (ZOLA). ♦ 2° Qui se meut avec aisance, facilité. V. **Agilité, souplesse.** *Marcher avec légèreté. Légèreté d'une danseuse.* « *Elle se posa sur le marchepied avec une légèreté d'oiseau* » (BALZ.). Par ext. *Légèreté de main,* se dit d'une main agile, qui effleure à peine. V. **Dextérité, douceur.** ♦ 3° Caractère de ce qui est peu épais. V. **Finesse.** *Légèreté d'une étoffe, d'un vêtement.* « *La légèreté du vin de Champagne* » (CHATEAUB.). ♦ 4° Par ext. V. **Délicatesse, grâce.** *Légèreté d'une architecture, d'un ornement.*

II. *Fig.* ♦ 1° Défaut d'une personne qui manque de profondeur, de constance dans ses opinions, qui agit de manière inconsidérée, imprudente. *Faire preuve de légèreté dans ses jugements, dans sa conduite, dans ses propos.* V. **Enfantillage, imprudence, inconstance, irréflexion.** — Caractère de celui qui ne prend pas les choses au sérieux. V. **Désinvolture, frivolité, insouciance.** « *Cette affectation de légèreté envers l'amour* » (COLETTE). ♦ 2° Caractère d'une personne inconstante en amour. — Par ext. Liberté excessive (dans les mœurs, les propos). « *Sa coquetterie, sa légèreté scandaleuse* » (CHARDONNE). ♦ 3° Vx. *Une légèreté :* faute commise par étourderie, par défaut de réflexion. V. **Bêtise** (*fam.*), **caprice, enfantillage.** ♦ 4° (1688). Délicatesse et agrément (de la conversation, du ton, du style). V. **Aisance, facilité, grâce.** *La légèreté de son style.*

◊ ANT. *Lourdeur, pesanteur. Componction, gravité. Circonspection, prudence, réflexion, sérieux. Constance, fidélité.*

LEGGINGS [legiŋs] ou **LEGGINS** [legins]. *n. m.* ou *f. pl.* (1860 ; angl. *leggings* « jambières », de *leg* « jambe »). Jambières de cuir ou de toile.

LEGHORN [legɔʀn]. *n. f.* (1888 ; nom angl. de *Livourne*). Poule d'une race estimée, bonne pondeuse.

LÉGIFÉRER [leʒifeʀe]. *v. intr.* ; conjug. *céder* (*Légisfèrer*, 1796 ; du lat. *legifer* « législateur »). Faire des lois. *Pouvoir de légiférer.* V. **Législatif.** ◊ *Fig.* Dicter des règles. *Ce grammairien prétend légiférer.*

LÉGION [leʒjɔ̃]. *n. f.* (1155 ; lat. *legio, onis*). ♦ 1° (À Rome, dans l'antiquité). Corps d'armée composé d'infanterie et de cavalerie. *Les légions romaines et les phalanges grecques. Manipule, centurie, cohorte d'une légion. — (Sous François Iᵉʳ) Corps d'infanterie.* ◊ *Mod.* Corps de gendarmerie*. ♦ 2° (1191). Grand nombre, grande quantité. V. **Cohorte, multitude.** — Relig. *Légion de démons.* — Cour. *Une légion de cousins.* V. **Ribambelle.** — (Sans art., après le v. *être*) « *Ils étaient légion* » (LOTI). ♦ 3° LÉGION ÉTRANGÈRE (1792). Vx. Nom de chaque régiment formé de volontaires étrangers au service de la France. ◊ (1831) Corps composé de volontaires généralement étrangers sous le commandement d'officiers français et étrangers. *Entrer à la Légion étrangère,* et (absolt.) *à la Légion. Marche de la Légion.* ♦ 4° LÉGION D'HONNEUR : ordre national hiérarchisé créé par Bonaparte en 1802 pour récompenser les services civils et militaires. *La Légion d'honneur a pour grand maître le Président de la République et comprend cinq classes : les chevaliers, officiers, commandeurs. grands officiers et grand-croix de la Légion d'honneur. Croix*, plaque, ruban, rosette* de la Légion d'honneur.* ◊ Titre, dignité dans l'ordre de la Légion d'honneur. *Avoir la Légion d'honneur. —* La décoration elle-même. *Porter sa Légion d'honneur.*

LÉGIONNAIRE [leʒjɔnɛʀ]. *n. m.* (*h. 1265 ;* 1495 ; lat. *legionarius.* V. **Légion**). ♦ 1° *Hist.* Soldat de l'ancienne légion romaine. ♦ 2° *Dr.* (v. 1802). Membre de la Légion d'honneur. ♦ 3° *Cour.* (v. 1900). Soldat qui sert dans la Légion étrangère.

LÉGISLATEUR, TRICE [leʒislatœʀ, tʀis]. *n.* (XIVᵉ ; lat. *legislator*). ♦ 1° Personne qui fait les lois, qui donne des lois à un peuple. *L'autorité, la sagesse du législateur. —* Adj. *Un monarque législateur. La nation, législatrice et souveraine.* ♦ 2° Absolt. Le législateur, le pouvoir qui légifère, qui fait les lois. V. **Législatif.** *Dans les États modernes, le législateur est une assemblée.* V. **Parlement.** *Les intentions, la volonté du législateur.*

LÉGISLATIF, IVE [leʒislatif, iv]. *adj.* (1718 ; « *la législative*, science du législateur », 1361 ; lat. *legislator*, avec infl. de l'angl. *legislative*, XVIIᵉ). ♦ 1° Qui fait les lois, a la mission, le pouvoir de légiférer. *Pouvoir législatif. Assemblée législative. Corps* législatif.* ◊ *Subst.* Le pouvoir législatif, le parlement. *Le législatif et l'exécutif.* ◊ Hist. *L'Assemblée législative,* et subst. LA LÉGISLATIVE : l'assemblée qui succéda à la Constituante le 1ᵉʳ oct. 1791. ♦ 2° Qui concerne l'assemblée législative. *Élections législatives,* élections des députés par les citoyens. ♦ 3° Qui a le caractère d'une loi*. *Acte législatif.*

LÉGISLATION [leʒislasjɔ̃]. *n. f.* (1361, rare av. 1721 ; bas lat. *legislatio*). ♦ 1° *Vx.* Droit, pouvoir de faire les lois. « *Le droit de législation* » (ROUSS.). ♦ 2° Ensemble des normes juridiques dans un pays ou dans un domaine déterminé. V. **Droit, loi.** *La législation française, anglaise.* « *Un système de législation est toujours impuissant, si l'on ne place à côté un système d'éducation* » (MICHELET). *Législation civile, criminelle, aérienne, maritime, financière.* ♦ 3° Science, connaissance des lois. *Cours de législation. Législation financière* (abrév. fam. *Légi fi.*).

LÉGISLATURE [leʒislatyʀ]. *n. f.* (1741 ; angl. *legislature*). ♦ 1° Rare. Le corps législatif d'un pays. V. **Assemblée, parlement.** ♦ 2° (1791). Cour. Période durant laquelle une assemblée législative exerce ses pouvoirs. *Gouvernement de législature.* « *Il ne pouvait y compter avant une ou deux législatures* » (ARAGON).

LÉGISTE [leʒist(ə)]. *n. m.* (XIIIᵉ ; lat. médiév. *legista*, de *lex, legis* « loi »). ♦ 1° Spécialiste des lois. V. **Homme (de loi), jurisconsulte, juriste.** ♦ 2° Adj. *Médecin légiste,* chargé d'expertises en matière légale. ♦ 3° *Hist.* Conseiller juridique des rois de France. *Les célèbres légistes de Philippe le Bel.*

LÉGITIMATION [leʒitimasjɔ̃]. *n. f.* (1340 ; lat. médiév. *legitimatio*). Action de légitimer ; son résultat. ♦ 1° Reconnaissance des pouvoirs (d'un souverain, d'un envoyé). — Par ext. *Légitimation des pouvoirs.* ♦ 2° *Dr.* Bénéfice par lequel la légitimité est conférée à un enfant naturel. ♦ 3° *Littér.* Action de légitimer, de justifier. *La légitimation de sa conduite.*

LÉGITIME [leʒitim]. *adj. et n. f.* (fin XIIIᵉ ; lat. *legitimus*, de *lex, legis* « loi »).

I. *Adj.* Qui est fondé en droit, en équité. ♦ 1° Qui est juridiquement fondé, consacré par la loi ou reconnu conforme au droit. V. **Légal.** *Cause légitime. Union légitime* (opposé à union libre) : le mariage. Par ext. *Liens, amours légitimes. Femme légitime.* ◊ (v. 1300 ; opposé à naturel) *Père légitime ; enfant légitime.* ♦ 2° (XVIᵉ). Conforme à l'équité, à la justice, au droit naturel. V. **Équitable, juste.** *Récompense, salaire légitime :* mérité. — (v. 1850) *Dr. Légitime défense*.* ♦ 3° Qui est justifié (par le bon droit, la raison, le bon sens). V. **Juste.** *Excuse légitime.* V. **Admissible, fondé.** *Prétentions, revendications légitimes :* qu'on peut soutenir à bon droit. *Une légitime colère. Orgueil légitime.* V. **Permis.** « *Le plaisir de plaire est légitime, et le désir de dominer choquant* » (JOUBERT).

II. *N. f.* ♦ 1° (XVIᵉ). Anc. Dr. *La légitime :* institution qui était destinée à protéger les héritiers légitimes en leur assurant une portion du patrimoine ; cette portion. V. **Réserve** (héréditaire). ♦ 2° *Pop.* Femme légitime. *Il sort avec sa légitime.* « *Prenons une légitime* » (FLAUB.).

◊ ANT. (du I) *Illégitime. — Bâtard, naturel. Arbitraire, criminel, déraisonnable, injuste.*

LÉGITIMEMENT [leʒitimmɑ̃]. *adv.* (1266 ; de *légitime*). D'une manière légitime. « *Il eut pour un morceau de pain, légalement, sinon légitimement, les plus beaux vignobles de l'arrondissement* » (BALZ.). ◊ ANT. *Illégitimement.*

LÉGITIMER [leʒitime]. *v. tr.* (v. 1280 ; lat. médiév. *legitimare*). ♦ 1° *Vx.* Reconnaître pour légitime (un souverain, son pouvoir). ♦ 2° *Mod.* Rendre légitime juridiquement. *Légitimer un enfant naturel. —* LÉGITIMÉ, ÉE. *adj.* Enfant légitimé. ♦ 3° Faire admettre comme juste, raisonnable, excusable. V. **Excuser, justifier.** « *Je me tuais en explications pour légitimer ma conduite* » (GIDE).

LÉGITIMISTE [leʒitimist(ə)]. *n. et adj.* (v. 1830 ; de

légitime). Partisan d'une dynastie, d'un souverain considérés comme seuls légitimes. ◇ *Spécialt.* En France, Partisan de la branche aînée des Bourbons, détrônée en 1830. *Légitimistes et orléanistes.* — Adj. *Le parti légitimiste.*

LÉGITIMITÉ [leʒitimite]. *n. f.* (1553; lat. médiév. *legitimas*). ♦ 1° État, qualité de ce qui est légitime ou considéré comme tel. *Légitimité d'une union. Légitimité d'un enfant.* — *Légitimité du pouvoir.* V. **Souveraineté.** *Légitimité monarchique, démocratique.* ◇ *Spécialt.* Droit (fondé sur l'hérédité de la couronne) dont devaient se réclamer, particulièrement après 1830, les princes de la branche aînée des Bourbons. *Charles X « a essayé de sauver la légitimité française »* (CHATEAUB.). ♦ 2° Qualité de ce qui est juste, équitable, raisonnable. *Légitimité d'une conviction, d'une prétention.* V. **Bien-fondé.** ◈ ANT. *Illégitimité.*

LEGS [lɛ; *cour.* lɛg]. *n. m.* (1466; *lais,* 1250; de *laisser,* rapproché du lat. *legatum* s.v.). V. **Lais**). ♦ 1° *Dr.* Disposition à titre gratuit faite par testament. *Faire un legs.* V. **Léguer.** *Bénéficiaire du legs.* V. **Légataire.** *Aliéner par un legs.* V. **Aliénation, don, donation, libéralité.** *Legs universel,* de l'universalité, de la totalité des biens. *Legs particulier,* d'un ou plusieurs biens déterminés. *Fonds d'un musée, d'une bibliothèque, provenant d'un legs.* ♦ 2° Collections, objets d'un legs. ♦ 3° *Fig. Le legs du passé.* V. **Héritage.** *« La possession en commun d'un riche legs de souvenirs »* (RENAN).

LÉGUER [lege]. *v. tr.; conjug.* céder (1477; lat. *legare*). ♦ 1° Donner, céder par disposition testamentaire. V. **Laisser.** *Léguer tous ses biens à un légataire universel.* ♦ 2° V. **Donner, transmettre.** *Léguer une œuvre à la postérité. Traditions, réputations léguées de père en fils, de siècle en siècle. Léguer un goût à ses enfants.* — Pronom. *« Traditions de famille qu'on se lègue »* (DAUD.). ◈ ANT. *Hériter, recevoir.*

LÉGUME [legym]. *n. m. et f.* (1530; *lesgum,* XIVe; lat. *legumen*). ♦ 1° (Aussi *n. f.* au XVIIe). *Vx.* Graines qui se forment dans les gousses. ◇ *Mod.* (XVIIe-XVIIIe) Nom générique de toutes les plantes potagères dont certaines parties feuille, racine, tubercule, bulbe, fruit, graine, fleur, tige) peuvent entrer dans l'alimentation humaine. *Légumes verts. Légumes secs. Culture des légumes.* V. **Maraîcher, potager** (culture maraîchère, potagère). *Légumes hâtifs.* V. **Primeur.** *Soupe aux légumes. Bouillon de légumes. Macédoine, salade de légumes. Plat de viande garni de légumes.* V. **Garniture, jardinière.** ♦ 2° N. f. *Fig. et pop.* (1832). *Une grosse légume :* un personnage important, influent. V. **Huile.** *« Les grosses légumes du parti »* (SARTRE). ♦ 3° (1793). *Bot.* Gousse des légumineuses.

LÉGUMIER, IÈRE [legymje, jɛʀ]. *n. m. et adj.* (1715; de *légume*). ♦ 1° *Vx.* N. m. Jardin potager. ♦ 2° *Adj.* (1790). Qui a rapport aux légumes. *Culture légumière.* ♦ 3° (1842). N. m. Pièce de vaisselle de table dans laquelle on sert généralement des légumes. *« Le maître d'hôtel lui présentait... le légumier d'argent »* (MART. du G.). ♦ 4° (1775). N. *Région.* (Belgique). Marchand de légumes.

LÉGUMINE [legymin]. *n. f.* (1846; de *légume*). *Sc.* Substance albuminoïde, dite aussi *caséine végétale,* extraite des graines des légumineuses (V. **Aleurone**).

LÉGUMINEUX, EUSE [legyminø, øz]. *adj. et n. f.* (1611; lat. bot. *leguminosus,* de *legumen*). V. **Légume**). Dont le fruit est une gousse. *Le haricot, plante légumineuse.* ◇ N. f. *La fève est une légumineuse.* — *Au plur.* (1775) LES LÉGUMINEUSES, famille de plantes angiospermes dicotylédones, comprenant des arbres, des arbustes ou des herbes dont le fruit est une gousse.

LEI. *pl.* de **LEU.**

LEISHMANIE [lɛʃmani]. *n. f.* (1907; de *Leishman,* biologiste angl.). Nom générique de protozoaires flagellés, parasites des cellules endothéliales des tissus et organes et, parfois, des leucocytes. V. **Kala-azar.**

LEISHMANIOSE [lɛʃmanjoz]. *n. f.* (1907; de *leishmanie,* et *-ose*). *Méd.* Maladie produite par les leishmanies* : bouton d'Orient, *leishmaniose américaine* (dite pian-bois), kala-azar*, *leishmaniose splénique infantile.* Les formes cutanées sont parfois dites LEISHMANIDES (n. f.).

LEITMOTIV [laj(ε)tmɔtiv]. *n. m.* (1850; mot all. « motif conducteur »). ♦ 1° *Mus.* Motif, thème caractéristique, ayant une signification dramatique extra-musicale et revenant à plusieurs reprises dans la partition. *Le leitmotiv de la Chevauchée des Walkyries. Des leitmotive.* ♦ 2° *Fig.* (1898). Phrase, formule qui revient à plusieurs reprises. V. **Refrain.**

LEMME [lem]. *n. m.* (1613; lat. imp. *lemma;* mot gr.; Cf. Dilemme). ♦ 1° *Math.* Proposition préliminaire qui ne concerne pas directement la thèse ni le théorème, mais qu'il est nécessaire d'établir avant de poursuivre la démonstration. ♦ 2° *Philo.* Proposition accessoire, démontrée ou admise, qui permet de poursuivre le raisonnement.

LEMMING [lemiŋ]. *n. m.* (1765; *lemmer,* 1678; mot norv.). Petit mammifère rongeur (*Muridés*) des régions boréales, voisin du campagnol.

LEMNACÉES [lɛmnase]. *n. f. pl.* (1846; lat. sav., du gr. *lemna* « lentille d'eau »). *Bot.* Famille de plantes angiospermes, monocotylédones, à laquelle appartiennent les lentilles d'eau (V. **Lenticule**).

LEMNISCATE [lɛmniskat]. *n. f.* (1755; lat. *lemniscatus,* de *lemniscus* « ruban », d'o. gr., à cause de la forme en 8 d'une des lemniscates). *Math.* Courbe, lieu géométrique des points tels que le produit de leurs distances à deux points fixes est constant.

LEMON-GRASS [lemɔŋgʀas]. *n. m.* (1855; mot angl., *lemon* « citron », et *grass* « herbe »). Anglicisme. Nom de plusieurs plantes graminées du genre *Andropogon,* dont l'essence est utilisée en parfumerie.

LÉMURE [lemyʀ]. *n. m.* (XIVe; lat. *lemures*). Antiq. rom. Spectre d'un mort revenant tourmenter les vivants. V. **Larve.**

LÉMURIENS [lemyʀjɛ̃]. *n. m. pl.* (1804; de *lémure,* ces animaux sortant la nuit comme les spectres). *Zool.* Sous-ordre de mammifères primates, singes des régions tropicales appelés aussi *prosimiens. Le maki, type des lémuriens.*

LENDEMAIN [lɑ̃dmɛ̃]. *n. m.* (v. 1300; *l'endemain,* XIIe; de *demain*). ♦ 1° Jour qui suit immédiatement celui dont il est question (Cf. Le jour d'après, suivant). *Le lendemain matin. La journée du lendemain.* PROV. *Il ne faut jamais remettre au lendemain ce qu'on peut faire le jour même.* — Loc. *Du jour au lendemain,* en très peu de temps. *Changer du jour au lendemain.* ◇ *Par ext.* V. **Avenir.** *Penser, songer au lendemain. Bonheur fugitif, sans lendemain. « Des lendemains qui chantent »* (G. PÉRI), un avenir heureux. ♦ 2° Jour qui suit immédiatement un événement, un fait. *Au lendemain de la victoire. La tristesse des lendemains de fêtes.* ◇ *Par ext.* Temps qui suit de très près un événement. *Au lendemain de son mariage.* ♦ 3° *Fig.* V. **Conséquence, suite.** *Cette affaire a eu d'heureux lendemains.* ◈ ANT. *Veille.*

LENDIT [lɑ̃di]. *n. m.* (XIIIe; pour *l'endit,* XIIe; lat. médiév. *indictum,* au sens de *feria indicta* « fête fixée »). *Hist.* Grande foire qui, au moyen âge, se tenait entre Saint-Denis et La Chapelle, du 11 au 24 juin.

LÉNIFIANT, ANTE [lenifjɑ̃, ɑ̃t]. *adj.* (1845; de *lénifier*). ♦ 1° *Méd.* Qui lénifie. V. **Calmant, lénitif.** ♦ 2° *Fig.* Qui calme, apaise. *Propos lénifiants.* ◈ ANT. *Irritant.*

LÉNIFIER [lenifje]. *v. tr.* (XIVe, rare au XVIIe; bas lat. *lenificare*). ♦ 1° *Méd.* Adoucir à l'aide d'un calmant (V. **Lénitif**) ♦ 2° *Fig. et rare.* Calmer, apaiser. *Ce cœur « que mille baumes lénifient »* (DUHAM.). ◈ ANT. *Échauffer, enflammer.*

LÉNINISME [leninism(ə)]. *n. m.* (mil. XXe; de *Lénine*). Doctrine marxiste de Lénine. — Appos. *Le marxisme-léninisme.* — (Adj. LÉNINISTE [leninist(ə)].

LÉNITIF, IVE [lenitif, iv]. *adj.* (1314; lat. médiév. *lenitivus*). ♦ 1° *Méd.* Adoucissant. *Propriétés lénitives. Remède lénitif.* Subst. *Le miel est un bon lénitif pour la gorge.* ♦ 2° *Fig. et littér.* V. **Apaisant, lénifiant.** *Des heures lénitives. « L'influence lénitive de l'exercice musculaire »* (DUHAM.).

LENT, LENTE [lɑ̃, lɑ̃t]. *adj.* (1080; lat. *lentus*). ♦ 1° Qui manque de rapidité, met plus, trop de temps. *La tortue, animal lent. Il est lent, lent dans tout ce qu'il fait.* V. **Apathique, flâneur, lambin, mou, traînard.** *« La vieille nourrice si lente à vous poursuivre »* (BAUDEL.). *Être lent à comprendre,* à agir. V. **Long.** — *Par anal. Avoir l'esprit lent,* ne pas comprendre vite. V. **Endormi, engourdi, épais, paresseux.** ◇ Par ext. *Mouvements lents et mesurés.* V. **Calme, posé.** *S'avancer à pas lents. Allure harmonieuse et lente.* V. **Indolent, nonchalant.** *« Il avait une voix douce et lente »* (CHARDONNE). — (1680) *Pouls lent,* qui bat à un rythme au-dessous de la normale. ♦ 2° Qui met du temps à agir, à opérer; dont l'effet n'est pas rapide. *La Justice est lente. Promesse trop lente à se réaliser. Mort lente. Combustion lente.* ◈ ANT. *Accéléré, expéditif, hâtif, instantané, prompt, rapide.* — HOM. (du fém.) *Lente.*

LENTE [lɑ̃t]. *n. f.* (1265; lat. pop. °*lendis, itis,* class. *lens, lentis*). Œuf de pou. ◈ HOM. Fém. de *lent.*

LENTEMENT [lɑ̃tmɑ̃]. *adv.* (1165; de *lent*). D'une manière lente, d'un mouvement lent; avec lenteur. V. **Doucement.** *Ruisseau qui coule lentement. Marcher lentement. Machine qui tourne lentement.* V. **Ralenti** (au). *Agir lentement, avec circonspection.* V. **Piano** (fam.). *« Hâte-toi lentement »,* maxime tirée du gr. et du lat. (*festina lente*). ◈ ANT. *Vite.*

LENTEUR [lɑ̃tœʀ]. *n. f.* (1355; de *lent*). ♦ 1° Manque de promptitude, de rapidité, de vivacité. *Lenteur de l'escargot, de la tortue. Agir avec une sage lenteur* (Cf. Prendre son temps*), avec une lenteur excessive (Lambiner, traîner). *Lenteur à décider.* — *Lenteur d'esprit.* V. **Épaisseur, lourdeur, pesanteur.** ◇ *Par ext.* Caractère de ce qui est lent (à s'accomplir, à arriver). *La lenteur désespérante des travaux. La lenteur des nouvelles.* ♦ 2° (*Au plur.*). Actions, décisions lentes. *Les lenteurs de la procédure. Des hésitations et des lenteurs.* V. **Atermoiement, délai, retard, tergiversation.**

« *Avec la régularité et les lenteurs d'une tortue* » (JOUHAN-DEAU). ◇ ANT. Activité, célérité, diligence, empressement, hâte, promptitude, rapidité, vivacité.

LENTICELLE [lãtisɛl]. *n. f.* (1842; var. sav. de *lenticule*). *Bot.* Voie d'aération dans le liège des arbres, ayant l'aspect d'une petite tache poreuse à la surface des rameaux.

LENTICULAIRE [lãtikylɛʀ] ou **LENTICULÉ, ÉE** [lãtikyle]. *adj.* (1314,-1539; lat. *lenticularis, lenticulatus*). *Didact.* Qui a la forme d'une lentille. V. **Lentiforme.** *Verre lenticulaire.*

LENTICULE [lãtikyl]. *n. f.* (1803; « lentille », 1556; lat. *lenticula.* V. **Lentille**). *Bot.* Plante (*Lemnacées*) flottante ou submergée dans les eaux stagnantes, à petites feuilles rondes, appelée communément *lentille d'eau.*

LENTIFORME [lãtifɔʀm(ə)]. *adj.* (1775; du lat. *lentis*, et suff. *-forme*). *Didact.* Qui a la forme d'une lentille. V. **Lenticulaire.** *Éphélide lentiforme.* V. **Lentille.**

LENTIGO [lãtigo]. *n. m.* ou **LENTIGINE** [lãtiʒin]. *n. f.* (1837; mot lat. de *lens* [V. **Lentille**]; Cf. *Lentigineux*, dès 1583). *Méd.* Petite tache cutanée pigmentée ronde ou lenticulaire (nævus), plus foncée et à contours plus nets que l'éphélide*, de nature congénitale. *Le grain de beauté est une forme particulière de lentigo.*

LENTILLE [lãtij]. *n. f.* (fin XIIᵉ; lat. *lenticula*, dimin. de *lens, lentis* « lentille »). ♦ 1° Plante herbacée (*Papilionacées*), aux gousses plates contenant deux graines arrondies. *Plant de lentilles.* ◇ *Cour.* La graine comestible de la lentille, en forme de disque biconvexe. *Lentille commune, grosse blonde; lentille verte du Puy. Saucisse, petit salé aux lentilles.* ♦ 2° (Par anal. d'aspect). *Lentille d'eau (lemna).* V. **Lemna-cées, lenticule.** *Étang vert de lentilles d'eau.* ♦ 3° (1637; par anal. de forme avec la graine comestible). Portion de milieu réfringent transparent limitée par deux surfaces dont l'une au moins est courbe; *par ext.* Tout dispositif faisant converger ou diverger un faisceau de rayons qui le traverse. *Lentille de verre. Lentille biconvexe, plan-convexe, biconcave, plan-concave. Les lentilles convexes sont convergentes, les lentilles concaves divergentes. Lentilles des instruments d'opti-que* (télescope, lunette, microscope). V. aussi **Loupe.** *Lentilles d'une paire de lunettes.* V. **Verre.** *Lentilles cornéennes, verres de contact.* ◇ Tout dispositif modifiant la convergence d'un faisceau d'électrons. ♦ 4° Éphélide lentiforme. *Lentilles brunes, rousses.* V. **Grain** (de beauté), **lentigo, tache** (de rous-seur).

LENTILLON [lãtijɔ̃]. *n. m.* (1835; dimin. de *lentille*). Variété de lentille petite et rouge.

LENTISQUE [lãtisk(ə)]. *n. m.* (1538; *lentisc*, XIIIᵉ; a. prov., du lat. *lentiscus*). Nom usuel d'une espèce de pistachier (*pistacia lentiscus*), arbuste des régions méditerranéennes.

LENTO [lɛnto]. *adv.* (1777; mot it.). *Mus.* Avec lenteur (plus lentement qu'*adagio*). Subst. *Un lento.*

1. LÉONIN, INE [leɔnɛ̃, in]. *adj.* (1160; lat. *leoninus*). ♦ 1° Qui appartient au lion. *On ressemble au lion.* « *Sa tête léonine* » (MICHELET). ♦ 2° *Société léonine* (d'après le lat. jur. *societas leonina*) : société où tous les avantages sont pour un ou quelques-uns des associés, *par allus.* à la fable du lion en société avec d'autres animaux. — Par anal. *Marché, partage léonin; contrat léonin.* V. **Abusif, injuste.** ◇ ANT. *Équitable, juste.*

2. LÉONIN, INE [leɔnɛ̃, in]. *adj.* (1175; de *Léon*, poète). Se dit d'un vers dont les hémistiches riment ensemble. — *Rime léonine* : rime très riche où deux, trois syllabes sont semblables.

LÉONURE [leɔnyʀ]. *n. m.* (1694; lat. bot. *leonurus*, du lat. *leo* « lion », et gr. *oura* « queue »). *Bot.* V. **Agripaume.** *Le léonure est appelé* queue-de-lion.

LÉOPARD [leɔpaʀ]. *n. m.* (XVIᵉ; *leupart*, 1080; lat. *leo-pardus*, de *leo* « lion », et *pardus* « panthère ». ♦ 1° Nom de la panthère d'Afrique, mammifère carnassier de la famille des félidés. ◇ Fourrure de cet animal. *Manteau de léopard.* ♦ 2° *Blas.* Animal héraldique analogue au lion mais repré-senté « passant » (et non « rampant »), la tête de face. *Les léopards des armoiries de l'Angleterre.*

LÉOPARDÉ, ÉE [leɔpaʀde]. *adj.* (1589, « moucheté comme le léopard »; de *léopard*). *Blas. Lion léopardé :* « pas-sant ».

LÉPIDO-. Élément, du gr. *lepis, lepidos* « écaille ».

LÉPIDODENDRON [lepidodɛ̃dʀɔ̃]. *n. m.* (1873; de *lépido-*, et gr. *dendron* « arbre »). *Paléont.* Grand lycopode fossile arborescent (ère primaire).

LÉPIDOLITHE [lepidɔlit]. *n. m.* (1808; de *lépido-*, et *-lithe*). *Minér.* Mica blanc ou rose violacé, qui constitue le principal minerai de lithium.

LÉPIDOPTÈRES [lepidɔptɛʀ]. *n. m. pl.* (1754; lat. sav.; de *lépido-*, et *-ptère*). *Zool.* Ordre d'animaux arthropodes antennifères de la classe des insectes, ainsi nommés à cause des fines écailles qui recouvrent leurs ailes. V. **Papillon.**

Larve de lépidoptère. V. **Chenille.** — Au sing. *Un lépidoptère.* — Adj. *Insecte lépidoptère.*

LÉPIDOSIRÈNE ou **LÉPIDOSIREN** [lepidɔsiʀɛn]. *n. m.* (1873; de *lépido-*, et *sirène*). *Zool.* Poisson à double respi-ration pulmonaire et branchiale, qui vit dans les fleuves d'Amérique du Sud.

LÉPIDOSTÉE [lepidɔste]. *n. m.* (v. 1900; lat. zool. *Lepidosteus* [Cf. *Lépido-*], et gr. *osteon* « os »). *Zool.* Poisson à museau très allongé des grands cours d'eau américains (nom commun : *brochet-lance*).

LÉPIOTE [lepjɔt]. *n. f.* (1839; du gr. *lepion* « petite écaille, petite croûte »). *Champignon (Agaricacées)* dont une espèce, *la coulemelle*, est comestible.

LÉPISME [lepism(ə)]. *n. m.* (1808; lat. sav., du gr. *lepis* « écaille »). *Zool.* Insecte aptère (*Thysanoures*), au corps effilé couvert d'écailles argentées, communément appelé *poisson d'argent.*

LÉPORIDES [lepɔʀid] ou **LÉPORIDÉS** [lepɔʀide]. *n. m. pl.* (1838; du lat. *lepus, leporis* « lièvre »). *Zool.* Famille de mammifères rongeurs comprenant le lièvre et le lapin. — Au sing. *Un léporide.*

LÈPRE [lepʀ(ə)]. *n. f.* (*Liepre*, 1155; lat. *lepra*, mot gr.). ♦ Maladie infectieuse et contagieuse due au bacille de Hansen (appliqué autrefois à toute maladie contagieuse rongeant les chairs). V. **Ladrerie** (*vx*). *Nodules, ulcérations, lésions trophiques et nerveuses de la lèpre.* « *Julien s'aperçut qu'une lèpre hideuse le recouvrait* » (FLAUB.). ♦ 2° Ce qui ronge. « *Des murailles grises, mangées d'une lèpre jaune* » (ZOLA). ♦ 3° *Fig.* et *littér.* Tout mal qui s'étend et gagne de proche en proche. *La lèpre de l'ennui.*

LÉPREUX, EUSE [lepʀø, øz]. *adj.* (*Lepros*, 1050; bas lat. *leprosus*). ♦ 1° Qui est atteint de la lèpre. *Femme lépreuse.* V. **Ladre** (*vx*). — Subst. *Cliquette des lépreux au moyen âge. Hôpital pour lépreux.* V. **Léproserie.** — Fig. *Traiter qqn comme un lépreux*, refuser de le fréquenter, de lui adresser la parole. ◇ 2° Qui a rapport à la lèpre. *Tubercules, nodules lépreux.* ♦ 2° *Fig.* Qui présente une surface pelée, abîmée, sale. V. **Galeux.** *Murs lépreux.* « *Les édifices moisis, lépreux et noirs* » (GAUTIER).

LÉPROLOGIE [lepʀɔlɔʒi]. *n. f.* (v. 1970; de *lèpre*, et *-logie*). Étude de la lèpre.

LÉPROLOGUE [lepʀɔlɔɡ] ou **LÉPROLOGISTE** [lepʀɔ-lɔʒist(ə)]. *n. m.* (v. 1970; de *lèpre*, et *-logue* ou *logiste*). Spécialiste de la lèpre.

LÉPROSERIE [lepʀozʀi]. *n. f.* (1543; lat. médiév. *lepro-saria*). Hôpital, hospice où l'on isole et soigne les lépreux. V. **Ladrerie** (*vx*), **lazaret, maladrerie** (*vx*).

LEPTE [lɛpt(ə)]. *n. m.* (1827; gr. *leptos* « mince »). *Zool.* Larve hexapode du trombidion.

-LEPTIQUE [lɛptik]. Élément, du gr. *lêptikos* « qui prend », servant à former des mots d'emploi médical (*dyslep-tique, neuroleptique, psycholeptique*, etc.).

LEPTOCÉPHALE [lɛptosefal]. *n. m.* (1827; gr. *leptos* « mince », et *-céphale*). *Zool.* Larve de l'anguille et du congre.

LEPTOLITHIQUE [lɛptolitik]. *n. m.* et *adj.* (XXᵉ; gr. *leptos* « mince », et *-lithique*). *Didact.* Période du paléoli-thique supérieur, caractérisée par un outillage de silex plus différencié et comportant des formes fines. *Le leptolithique correspond à l'âge du renne.*

LEPTOSPIROSE [lɛptospiʀoz]. *n. f.* (av. 1952; de *lepto-spire* [*leptos* et *spira*], et suff. *-ose*). *Méd.* Maladie infectieuse fébrile provoquée par des bactéries en forme de spirales (*leptospires*), et pouvant prendre des formes très variées. *Leptospirose ictéro-hémorragique. Leptospirose grippo-typho-sique.*

LEPTURE [lɛptyʀ]. *n. m.* (1808; du gr. *leptos* « mince », et *oura* « queue »). *Zool.* Insecte coléoptère longicorne.

LEQUEL [ləkɛl], **LAQUELLE** [lakɛl], **LESQUELS, LESQUELLES** [lekɛl]. *pron. rel.* et *interrog.* (1080; comp. de *le, la, les*, et *quel*). Pronom relatif et interrogatif employé dans certains cas à la place de qui. REM. Avec les prép. *à* et *de, lequel* se contracte en *auquel, duquel, auxquels, desquels, auxquelles, desquelles.*

I. *Pronom. rel.* ♦ 1° (Sujet) : *Vx.* V. **Qui.** « *Ne vois-tu pas le sang, lequel dégoutte à force* » (RONSARD). ◇ *Mod.* Dr. « *La rente ne pourra être remboursée qu'après un certain terme, lequel ne peut jamais excéder trente ans* » (CODE CIV.). — *Littér.* (pour éviter une équivoque) « *Une sœur de Colin, laquelle le rendit très heureux* » (VOLT.). ♦ 2° *Cour.* Compl. indir. *Le milieu dans lequel il vit. La personne à laquelle vous venez de parler :* à qui. ◇ *Voilà donc la formule magique en laquelle se résument...* » (DUHAM.). *Il rencontra plusieurs parents, parmi lesquels son cousin Jean.* V. **Dont.** *Le hasard sur le compte duquel on met bien des choses. Les amis avec le concours desquels (ou de qui) il a monté cette affaire.* ◇ 3° *Dr.* ou *littér.* Adjectif relatif. *Vous serez peut-être absent, auquel cas vous me préviendrez.*

II. *Pron. interrog.* (représentant des personnes ou des

choses qui viennent d'être ou vont être nommées). *Demandez à un passant, n'importe lequel.* « — *Votre ami est venu.* — *Lequel?* » — (Avec un compl. déterminatif introduit par *de*) « *Lequel des deux gagnera?* » (STENDHAL). ◊ *Absolt.* Qu'est-ce qui? « *Lequel vaut mieux, mesdemoiselles, ou posséder ou espérer?* » (MUSS.).

LERCH(E) [lɛʀʃ(ǝ)]. *adv.* (1907; *lerché*, 1905; altér. de *cher*). Arg. *Pas lerche :* pas beaucoup.

LÉROT [leʀo]. *n. m.* (XVIᵉ; dimin. de *loir*). Petit mammifère rongeur, assez semblable au loir.

LES. *art. plur.* V. **Le**. — **LÈS.** V. **Lez.**

LESBIANISME [lɛsbjanism(ǝ)] ou **LESBISME** [lɛsbism(ǝ)]. *n. m.* (1951,-1952; de *lesbienne*). Homosexualité féminine. V. **Saphisme.**

LESBIEN, IENNE [lɛsbjɛ̃, jɛn]. *adj. et n.* (1660, n. m., « mignon »; de *Lesbos*). ♦ 1º (XVIIIᵉ). De Lesbos, île de la mer Égée. *Dialecte lesbien.* ♦ 2º *N. f.* (1867; par allus. aux mœurs que la tradition attribuait à Sapho et à ses compatriotes). Femme homosexuelle.

LÈSE- [lɛz]. Élément de m. fr., *adj. fém.* (1344) calque du lat. *læsa* « lésée » dans *crimen læsa majestatis* et senti aujourd'hui comme un verbe (« qui lèse »). LÈSE-MAJESTÉ [lɛzmaʒɛste], *crime de lèse-majesté :* atteinte à la majesté du souverain, attentat commis contre sa personne, son pouvoir, l'intérêt de l'État. ◊ *Par anal.* « *Crime de lèse-catholicité* » (ROUSS.), *de* « *lèse-société* » (DIDER.), « *de lèse-humanité* » (D'ALEMB.). ◊ HOM. *Laize.*

LÉSER [leze]. *v. tr.*; conjug. *céder* (1538; du lat. *læsus*. V. **Lèse-**). ♦ 1º Atteindre, blesser (qqn) dans ses intérêts, ses droits; lui causer du tort. V. **Désavantager, frustrer.** *Il a été lésé par ses associés. Être lésé dans un partage.* — Par ext. *Léser les droits, les intérêts de qqn.* V. **Nuire** (à). — Fig. *Léser l'orgueil, l'amour-propre de qqn.* V. **Blesser.** ♦ 2º (Concret). Méd. V. **Attaquer, atteindre, blesser;** lésion. *La balle n'a lésé aucun organe vital.* ◊ ANT. *Avantager.*

LÉSINE [lezin]. *n. f.* (1610; *lésinerie*, 1604; it. *lesina* « alêne », à propos d'avares qui raccommodaient eux-mêmes leurs souliers). Vieilli ou *littér.* Épargne sordide jusque dans les plus petites choses. V. **Avarice, ladrerie.** « *La sottise, l'erreur, le péché, la lésine, Occupent nos esprits et travaillent nos corps* » (BAUDEL.). ◊ ANT. *Générosité, prodigalité.*

LÉSINER [lezine]. *v. intr.* (1618; de *lésine*). Épargner avec avarice. *Lésiner sur tout :* ne dépenser que le strict minimum. V. **Rogner.** *Il lésine sur tout ce qu'il achète* (V. **Chicaner**). *Ne pas lésiner sur l'éducation de ses enfants.*

LÉSINERIE [lezinʀi]. *n. f.* (1604; de l'it. *lesineria*). Vieilli. Acte de lésine; caractère de celui qui lésine.

LÉSINEUR, EUSE [lezinœʀ, øz]. *adj. et n.* (1867; de *lésiner*). Vieilli. Avare.

LÉSION [lezjɔ̃]. *n. f.* (1160; lat. *læsio*, de *lædere* « léser »). ♦ 1º *Dr.* Atteinte portée aux intérêts de. V. **Dommage, préjudice, tort.** — *Spécialt.* (dans un contrat) Préjudice matériel qui résulte, pour l'une des parties, du défaut d'équivalence entre les prestations imposées par le contrat. *Vente entachée de lésion. Rescision de la vente pour cause de lésion.* ♦ 2º (1314). Modification de la structure normale d'une partie de l'organisme. *Lésion visible à l'œil nu, à l'examen microscopique.* V. **Blessure, dégénérescence, désordre, gangrène, inflammation, nécrose, plaie, trouble, ulcération.** *Lésion primaire,* marquant le début d'une dermatose. *Lésion secondaire,* qui fait suite à une lésion primaire ou qui complique une maladie cutanée existante. V. **Complication.** *Lésion produite par un coup, un choc.* (V. **Contusion, ecchymose, hématome**), *par une brûlure, par le froid* (V. **Engelure, gelure**). *Lésion syphilitique, tuberculeuse. Lésion cutanée, muqueuse, osseuse. Lésion cérébrale, pulmonaire. Il avait « un point douloureux au poumon droit, une lésion qui se cicatrisait lentement* » (R. ROLLAND).

LÉSIONNAIRE [lezjɔnɛʀ]. *adj.* (v. 1900; de *lésion*). Dr. Relatif à une lésion. *Conditions lésionnaires.*

LÉSIONNEL, ELLE [lezjɔnɛl]. *adj.* (1933; de *lésion*). Méd. Relatif à une lésion. V. **Organique.** *Signe, syndrome lésionnel.*

LESSIVABLE [lesivabl(ǝ)]. *adj.* (1954; de *lessive*). Qui peut être passé à la lessive sans altération de couleur, de dessins, etc. (tissus, revêtements plastiques, papiers peints).

LESSIVAGE [lesivaʒ]. *n. m.* (1794; de *lessiver*). Action de lessiver; résultat de cette action. *Lessivage des murs, des parquets.* — Fig. *J'ai dû « procéder à une révision des valeurs... Cela a été un lessivage en grand* » (J.-R. BLOCH).

LESSIVE [lesiv]. *n. f.* (1270; bas lat. *lixiva*, de *lix*, ou *lixa* « eau pour la lessive »). I. ♦ 1º Solution alcaline destinée aux lavages et nettoyages ménagers (linge, tissus) ou industriels. *Mettre du linge à la lessive. Un baquet de lessive.* ◊ Techn. Dissolution de soude utilisée dans la fabrication du savon (*lessive des savonniers*). — Agric. *Lessive de cendres.* V. **Charrée.** — Chim. *Lessive*

alcaline, solution aqueuse d'un hydroxyde alcalin (potasse, soude, etc.). ♦ 2º Substance alcaline en poudre, destinée à être dissoute dans l'eau pour le lavage du linge. *Acheter un paquet de lessive.* V. **Détersif.**
II. (1465). ♦ 1º Action de lessiver, de laver le linge. V. **Blanchissage, lavage.** *Lieu où l'on fait la lessive.* V. **Buanderie, lavoir.** *Faire la lessive dans une lessiveuse, une machine à laver. Femme de ménage, laveuse qui fait des lessives. Jour de lessive.* ♦ 2º Le linge qui doit être lavé, ou qui vient d'être lavé. *Laver, battre, rincer la lessive.* « *On avait, sur de longues cordes, étendu la lessive* » (BOSCO). « *Des lessives multicolores dansant sur leurs cordes* » (Cl. SIMON).

LESSIVER [lesive]. *v. tr.* (1300; de *lessive*). ♦ 1º Vieilli. Nettoyer (du linge) à l'aide de lessive. V. **Blanchir, laver.** ♦ 2º Mod. Nettoyer à l'aide d'une solution détersive. *Lessiver les murs, les boiseries d'un appartement. En Hollande « on voit des servantes lessiver les trottoirs* » (TAINE). ♦ 3º *Chim.* Traiter (un corps, une substance) par l'eau pour en éliminer les parties solubles. ♦ 4º *Fig.* et *pop.* (1867). Dépouiller (son adversaire au jeu); éliminer d'une compétition, d'un poste. *Il s'est fait lessiver en moins de deux.* Par ext. *Être lessivé :* épuisé, très fatigué (Cf. Vidé).

LESSIVEUSE [lesivøz]. *n. f.* (1885; de *lessiver*). Appareil servant à lessiver le linge. — *Spécialt.* Récipient tronconique en métal muni d'un tube central dans lequel la vapeur chasse la solution alcaline, qu'un capuchon percé de trous (champignon) répand en nappe sur le linge.

LESSIVIEL [lesivjɛl]. *adj.* (1962; de *lessive,* et suff. *-iel*). Techn., comm. Relatif à la lessive. *Produits lessiviels :* détersifs employés dans le blanchissage (cristaux de carbonate de sodium, lessives*, savons, poudres).

LEST [lɛst]. *n. m.* (1208; néerl. *last*, frison *lest*). ♦ 1º Poids dont on charge un navire pour en abaisser le centre de gravité et en assurer ainsi la stabilité (V. **Charge**). *Sacs de sable, cailloux, pierres, gueuses de métal, eau des ballasts, formant le lest.* — Mar. *Partir, retourner, être sur son lest,* se dit d'un navire qui n'a pas de cargaison, de chargement. ♦ 2º Corps pesant (généralement du sable en sacs) que les aéronautes emportent pour régler le mouvement ascensionnel de leur ballon. *Jeter du lest; au fig.* Faire les concessions, les sacrifices nécessaires pour éviter une catastrophe, un échec, rétablir une situation compromise. « *Nous avons tout intérêt à jeter du lest* » (ROMAINS). ◊ HOM. *Leste.*

LESTAGE [lɛstaʒ]. *n. m.* (1681; « droit payé par les navires pour leur chargement », 1369; de *lester*). Action de lester (un navire, un ballon); son résultat. ◊ ANT. *Délestage.*

LESTE [lɛst(ǝ)]. *adj.* (XVᵉ; aussi « bien équipé, élégant », XVIᵉ et XVIIᵉ; it. *lesto*). ♦ 1º Qui a de la souplesse, de la légèreté dans les mouvements. V. **Agile, alerte, dégagé, léger, vif.** *Vieillard encore leste. Se sentir leste et dispos.* V. **Allègre.** *L'écureuil est « leste, vif, très alerte* » (BUFF.). *Avoir la main leste,* être prompt à frapper, à gifler. ♦ 2º Irrespectueux. V. **Cavalier, désinvolte.** *Le ton m'a paru trop leste.* ♦ 3º Qui dépasse la réserve prescrite par l'honnêteté du langage. V. **Gaillard, gaulois, grivois, hardi, hasardé, libre, licencieux.** *Plaisanteries un peu lestes.* « *Se méfier des citations en latin; elles cachent toujours quelque chose de leste* » (FLAUB.). ◊ ANT. *Lourd, lourdaud, maladroit. Grave, respectueux, sérieux.* — HOM. *Lest.*

LESTEMENT [lɛstǝmɑ̃]. *adv.* (1605; de *leste*). ♦ 1º Vx. D'une manière leste. ♦ 2º Mod. D'une manière souple et légère. V. **Légèrement.** *Il « tourna lestement sur lui-même* » (BALZ.). ◊ Fig. Avec habileté, aisance, promptitude. V. **Rondement.**

LESTER [lɛste]. *v. tr.* (1366; de *lest*). ♦ 1º Mar. Garnir, charger (un navire) de lest. — *Navire lesté* (opposé à *lège*). ◊ *Lester un ballon.* ♦ 2º Fig. et fam. Charger, munir, remplir. *Lester son estomac, ses poches, son portefeuille.* — Pronom. *Se lester (l'estomac) de nourriture,* et absolt. *Se lester :* manger abondamment. ◊ ANT. *Alléger, délester.*

LÉTAL, ALE, AUX [letal, o]. *adj.* (1495; lat. *letalis* « mortel »). Biol. Qui provoque la mort (on écrit aussi *léthal*). *Gène létal,* responsable d'une anomalie qui entraîne la mort de la cellule sexuelle, de l'œuf fécondé, de l'embryon ou d'un individu après la naissance. — *Dose létale* (d'un produit toxique, d'un rayonnement ionisant).

LÉTALITÉ [letalite]. *n. f.* (1843; de *létal*). Méd. Risque d'entraîner la mort (pour une maladie, etc.). *Taux de létalité.*

LETCHI. V. **Litchi.**

LÉTHARGIE [letaʀʒi]. *n. f.* (*Lithargie,* XIIIᵉ; bas lat. d'o. gr. *lethargia*). ♦ 1º État pathologique caractérisé par un sommeil profond et prolongé dans lequel les fonctions de la vie semblent suspendues. V. **Sommeil;** catalepsie, torpeur. *Tomber en léthargie. Sortir de sa léthargie. Léthargie hypnotique.* V. **Hypnose.** ♦ 2º (Déb. XIXᵉ). État d'abattement. V. **Apathie, atonie, prostration, torpeur.** « *En 1820, la marquise sortit de sa léthargie* » (BALZ.). ◊ ANT. *Activité, vitalité.*

LÉTHARGIQUE [letaʀʒik]. *adj.* (1325; lat. *lethargicus*). ♦ 1º Qui tient de la léthargie. *État, sommeil léthargique.*

♦ 2° (Personnes). *Il est un peu léthargique.* ◇ *Subst.* Personne atteinte de léthargie. *Un, une léthargique.*

LETTE [lɛt] ou **LETTON, ONE** ou **ONNE** [lɛt5, ɔn]. *adj. et n.* (1845; all. *Lette*). De Lettonie, pays balte. *Le peuple letton. Les Lettons.* — *Le lette* ou *letton,* langue indo-européenne, du groupe baltique, dit aussi LETTIQUE [letik]. ◇ HOM. *Laite. Laiton.*

LETTRAGE [lɛtʀaʒ]. *n. m.* (1931; de *lettre*). Action de disposer les lettres (sur une carte, un schéma). *Lettrage d'une carte, d'un catalogue.* — Ensemble des lettres ainsi disposées.

LETTRE [lɛtʀ(ə)]. *n. f.* (xᵉ; lat. *littera*).
I. ♦ 1° (xIIᵉ). Signe graphique qui, employé seul ou combiné avec d'autres, représente, dans la langue écrite, un phonème ou un groupe de phonèmes. V. **Caractère.** *Les 26 lettres de l'alphabet français. Double lettre* (ex. : *tt, mm*). *Mot de quatre lettres. Lettre initiale, finale. Épeler les lettres d'un mot. Lettre initiale du nom, du prénom* (V. **Chiffre, initiale, monogramme**). — *Fam.* (Par euphém.) *Les cinq lettres.* V. **Merde.** « *Vous,... je vous dis cinq lettres* » (AYMÉ). — (Aspects et formes) *Lettre majuscule, minuscule. Déliés, hampe, jambages, pleins, queue d'une lettre. Lettres cursives. Lettres bâtardes, gothiques, rondes. Lettres historiées des miniatures. Lettres d'imprimerie. Lettre capitale*. Lettres italiques*.* — *Loc. Mot en toutes lettres,* sans abréviation. *Spécialt. Nombre en toutes lettres,* écrit avec des mots et non avec des chiffres, pour plus de clarté. *Au fig.* Nettement. « *Ma disgrâce était écrite en toutes lettres sur mon visage* » (DUHAM.). — *Écrit, gravé, imprimé en lettres d'or,* digne d'être gardé toujours présent en mémoire. ♦ 2° *Imprim.* (1492). Caractère représentant une des *lettres* de l'alphabet. *Corps d'une lettre.* ♦ 3° (*Impropre*). Le phonème représenté par le caractère alphabétique. V. **Consonne, voyelle; semiconsonne.** *Lettre muette. Lettre qui se lie à une autre.*
II. *Au sing. collectif :* LA LETTRE. ♦ 1° (xᵉ). Les mots qui composent un texte; ce texte. — *Loc. mod.* LETTRE MORTE, se dit d'un texte qui n'a plus de valeur juridique, d'autorité officielle; *au fig.* Inutile. « *Ces documents... seraient pour vous lettre morte* » (HERMANT). ♦ 2° (1835). *Grav.* Inscription, légende qu'on met au bas d'une estampe pour en indiquer le sujet. *Épreuve avant la lettre :* tirée avant qu'on n'imprime la lettre. *Estampe après la lettre,* tirée avec l'inscription. — *Fig. Avant la lettre :* avant l'état définitif, l'époque du complet développement. « *L'enfant, c'est l'homme avant la lettre* » (D'HOUDETOT). ♦ 3° (xIIᵉ). Le sens strict des mots qui composent un texte (V. **Littéral**); l'expression formelle de la pensée d'un auteur. *La lettre de la loi. Mon ancien maître* « *lui reprocha de suivre la lettre de la loi plutôt que l'esprit* » (MAURIAC). ◇ (xIIIᵉ) À LA LETTRE, AU PIED DE LA LETTRE, au sens propre, exact du terme. V. **Exactement, proprement, véritablement.** *C'est à la lettre un vaurien. Prendre une expression à la lettre, au pied de la lettre :* dans son sens littéral, strict, étroit (V. **Littéralement**) ou au sérieux. « *Il prenait au pied de la lettre tout ce qu'on lui disait* » (LESAGE). — *Suivre un règlement à la lettre :* exactement, rigoureusement.
III. ♦ 1° (xIᵉ). Écrit que l'on adresse à qqn pour lui communiquer qqch. V. **Épître, message, missive;** *pop.* Babillarde, bafouille. *Écrire une lettre. Un bout de lettre.* V. **Billet, mot.** *Très longue lettre.* V. **Volume.** *Inviter qqn par lettre,* par écrit. *Par cette lettre.* V. **Présent** (la présente). *Lettre dactylographiée, manuscrite; autographe. Signature* (V. **Souscription**), *postscriptum* au bas d'une lettre. Envoyer une lettre à l'adresse de qqn* (V. **Suscription**). *Échanger des lettres.* V. **Correspondre; correspondance.** *Recevoir des lettres.* V. **Courrier.** *Accuser réception d'une lettre. Répondre à une lettre. Papier à lettres.* — *Style des lettres.* V. **Épistolaire.** « *Écrire une lettre d'amour... aucun genre épistolaire n'est moins difficile : il n'y est besoin que d'amour* » (RADIGUET). *Lettre anonyme. Lettre de fairepart. Lettre de recommandation.* — *Affranchir une lettre. Lettre timbrée de Paris. Boîte aux lettres. Jeter des lettres à la boîte.* V. **Poster.** *Facteur qui apporte les lettres. Lettre exprès, par avion* (V. **Aérogramme**). ◇ *Fig. et fam.* (1825) *Passer comme une lettre à la poste,* facilement et sans incident; être facilement digéré (aliment, repas); être facilement admis. *Excuse, réforme qui passe comme une lettre à la poste.* ◇ (1835) LETTRE OUVERTE, article de journal, rédigé en forme de lettre et présenté sous forme de caractère polémique ou revendicatif. ♦ 2° Nom de certains écrits officiels. — *Hist. Lettre de cachet*, de grâce, de jussion*, de naturalisation*, de rémission*. Lettres patentes*. Lettres de noblesse.* — *Diplom. mod. Lettres de créance.* — *Admin. Lettre circulaire. Lettre missive. Lettre commune,* rédigée par plusieurs ministères ou services. *Lettre de service, lettre ministérielle,* indiquant à un officier le commandement particulier qu'il est appelé à tenir. *Lettre de marque,* commission délivrée en temps de guerre par l'État au capitaine d'un navire armé. *Lettre de mer.* V. **Passeport.** — *Dr. trav. Lettre de licenciement.* — *Comm. Lettre d'avis,* informant le destinataire de l'arrivée d'un colis. — *Lettre de voiture,* adressée par l'expéditeur au

destinataire et mentionnant le poids, la nature des marchandises et les conditions de leur expédition. V. **Récépissé.** ◇ *Banque. Lettre de crédit,* par laquelle un banquier donne mandat à l'un de ses correspondants de mettre une somme d'argent à la disposition d'une personne désignée. — *Lettre de change,* effet de commerce par lequel une personne (le *tireur*) invite une autre personne (le *tiré*) à payer une certaine somme d'argent, à échéance déterminée, à une troisième personne (le *preneur* ou *bénéficiaire*), ou à son ordre. V. **Billet** (à ordre), **traite; créancier, débiteur.**
IV. *Au plur.* ♦ 1° (1538). *Vieilli.* La culture littéraire. *Avoir des lettres* (V. **Lettré**). *Les belles-lettres* (vx), ou absolt. *Les lettres.* V. **Littérature.** — *Mod. Académie des inscriptions et belles-lettres.* — *Homme, femme de lettres* (1570), personne qui fait profession d'écrire. *Société des gens de lettres.* ♦ 2° (*Opposé à* science). La littérature, la philologie, la philosophie, l'histoire, les langues. *Baccalauréat, licence ès lettres. Faculté des lettres. Lettres classiques,* comprenant grec et latin. *Lettres modernes,* comprenant des langues modernes.

LETTRÉ, ÉE [letʀe]. *adj.* (1190; lat. *litteratus*). Qui a des lettres, de la culture, du savoir. V. **Cultivé, érudit.** — *Subst. Un lettré, les lettrés.* V. **Clerc.** ◇ ANT. *Illettré; ignare, ignorant.*

LETTRINE [letʀin]. *n. f.* (1625; it. *letterina* « petite lettre »). *Imprim.* ♦ 1° *Vx.* Petite lettre entre parenthèses placée à côté d'un mot pour indiquer un renvoi. ♦ 2° (1762). Groupe de lettres majuscules placé en haut de chaque colonne ou de chaque page dans un dictionnaire alphabétique, pour indiquer les initiales des mots qui y figurent. ♦ 3° (1889). Lettre, ornée ou non, placée au commencement d'un chapitre ou d'un paragraphe (en général plus grosse que le reste du texte).

LETTRISME [letʀism(ə)]. *n. m.* (1945; de *lettre*). École littéraire d'avant-garde, qui préconise l'emploi d'onomatopées dans les poèmes dénués de sens, les signes idéographiques, etc.

1. **LEU** [lø]. *n. m.* (xIᵉ; forme anc. de *loup,* lat. *lupus*). *À la queue leu leu.* V. **Queue.**
2. **LEU** [lø], *plur.* LEI [le]. *n. m.* (av. 1920; mot roumain). Unité monétaire roumaine. ◇ HOM. V. **Lai** (2).

LEUC(O)-. Élément, du gr. *leukos* « blanc ».

LEUCANIE [løkani]. *n. f.* (1842; lat. sav. *leucania,* de *leuco-*). Insecte lépidoptère *(Noctuidés),* noctuelle dont la chenille vit sur les graminées.

LEUCÉMIE [løsemi]. *n. f.* (1856; *leukémie,* 1855; all. *Leukämie* [1845]; de *leuco-,* et *-émie*). Maladie très grave caractérisée par une prolifération massive de leucocytes et des cellules dont ils proviennent dans la moelle osseuse et une augmentation des leucocytes dans le sang. *La leucémie est un cancer des cellules du sang. Leucémie aiguë, chronique.*

LEUCÉMIQUE [løsemik]. *adj.* (xxᵉ; du précéd.). Qui a le caractère de la leucémie. *État leucémique.* ◇ Qui est atteint de leucémie. *Malade leucémique.* *Subst. Un, une leucémique.*

LEUCINE [løsin]. *n. f.* (1846; de *leuc*[o]-, et *-ine*). *Biochim.* Acide aminé, constituant des protéines, indispensable au métabolisme de l'organisme humain.

LEUCITE [løsit]. *n.* (1801; de *leuco-,* et *-ite*). ♦ 1° N. f. *Minér.* Minéral du groupe des feldspathoïdes, silicate de potassium et d'aluminium que l'on trouve dans les roches volcaniques. ♦ 2° N. m. (fin xIxᵉ). *Bot.* V. **Plaste.**

LEUCO-. V. LEUC(O)-.

LEUCOCYTAIRE [løkɔsitɛʀ]. *adj.* (1897; de *leucocyte**). *Biol.* Qui concerne les leucocytes. *Formule leucocytaire :* taux des différentes espèces de leucocytes contenus dans 1 mm³ de sang.

LEUCOCYTE [løkɔsit]. *n. m.* (1855; de *leuco-,* et *-cyte*). *Méd.* Globule blanc du sang, arrondi et pourvu d'un noyau. *Leucocytes polynucléaires,* présentant des granulations cytoplasmiques. V. **Basophile, éosinophile, neutrophile.** *Leucocytes mononucléés.* V. **Lymphocyte, monocyte.**

LEUCOCYTOSE [løkɔsitoz]. *n. f.* (1878; du précéd.). *Méd.* Augmentation anormale du nombre des globules blancs dans le sang ou dans une sérosité.

LEUCOMA [løkɔma] ou **LEUCOME** [løkom]. *n. m.* (1750; bas lat. *leucoma*). ♦ 1° *Méd.* Tache blanche sur la cornée de l'œil, provoquée par une plaie, une ulcération (V. **Albugo, néphélion**). ♦ 2° *Zool.* (fin xIxᵉ). Sous-genre de liparis comprenant des bombyx blanchâtres dont les chenilles dévastent les peupliers.

LEUCOPÉNIE [løkɔpeni]. *n. f.* (v. 1900; de *leuco*[cyte], et gr. *penia* « pauvreté »). *Méd.* Diminution du nombre des leucocytes du sang.

LEUCOPLASIE [løkɔplazi]. *n. f.* (v. 1900; de *leuco-,* et *-plasie*). *Méd.* Transformation d'une muqueuse (*spécialt.* buccale ou linguale) qui se recouvre d'une couche dure, cornée, et prend une apparence blanchâtre.

LEUCORRHÉE [løkɔʀe]. *n. f.* (1784; gr. méd. *leukorrhein*). *Méd.* Écoulement vulvaire blanchâtre, parfois purulent (*Syn. cour.* Pertes* blanches).

LEUCOSE [løkoz]. *n. f.* (1855; de *leuco*[cyte], et -*ose*). *Méd.* Prolifération leucocytaire (excès des fonctions de la moelle osseuse). V. **Leucémie.**

LEUCOTOMIE [løkɔtɔmi]. *n. f.* (apr. 1935; de *leuco-*, et -*tomie*). *Chir.* Syn. de **Lobotomie***.

LEUDE [lød]. *n. m.* (1748; *leudien*, XIVᵉ; lat. médiév. *leudes*, frq. °*leudi*, plur. « gens »; Cf. all. *Leute*). *Hist.* Chez les Germains et les Francs, Grand vassal attaché à la personne du chef, du roi. *Le roi et ses leudes.*

1. **LEUR** [lœʀ]. *pron. pers. invar.* (XIᵉ; lat. *illorum* « d'eux »). Pronom personnel complément d'objet indirect de la troisième personne du pluriel des deux genres : à eux, à elles. *Les services que nous leur rendons. Je le leur dirai. Nous leur en donnerons. Un manteau qui leur tombe sur les talons.*

2. **LEUR**, *plur.* **LEURS** [lœʀ]. *adj. et pron. poss.* (XIᵉ; du précéd.). ♦ 1° *Adjectif possessif de la 3ᵉ personne des deux genres se rapportant à plusieurs possesseurs.* Qui est (sont) à eux, à elles. *Les parents et leurs enfants. Les arbres perdent leurs feuilles. Elles ont mis leur chapeau, leurs chapeaux.* ♦ 2° LE LEUR, LA LEUR, LES LEURS. *pron. poss.* (XIᵉ). Celui, celle (ceux ou celles) qui est (sont) à eux, à elles. *Ma fille et la leur vont à l'école ensemble. C'est pour son profit et non pour le leur. Faites vous-même votre travail, ils ont assez du leur.* — *Spécialt. Ils y mettent* du leur. ◇ *Les leurs* : leurs parents, leurs compagnons, ceux qui appartiennent au même groupe social, au même parti. V. **Sien.** *J'étais un des leurs, un familier.* Par ext. *Des leurs* : chez eux, dans leur intimité. *J'étais des leurs dimanche dernier à dîner.* ♦ 3° *Attribut* (littér.). « *Cette richesse qui était leur* » (DUTOURD). ◇ HOM. **Leurre.**

LEURRE [lœʀ]. *n. m.* (1388; *loerre, loire*, v. 1200; frq. °*lopr* « appât »). ♦ 1° Morceau de cuir rouge en forme d'oiseau auquel on attachait un appât pour faire revenir le faucon sur le poing. *Dresser un oiseau au leurre.* — (*Pêche*) Amorce factice munie d'un hameçon. ◇ *Spécialt.* Objet lancé dans l'atmosphère destiné à simuler la présence de cible dans les détecteurs (radar, infrarouge, etc.). ♦ 2° *Fig. Vx.* Artifice qui sert à attirer qqn pour le tromper. V. **Piège.** ◇ *Mod. Par ext.* (XVIᵉ) Ce qui abuse, trompe. V. **Duperie, illusion, imposture, tromperie.** *Cet espoir n'est qu'un leurre.* « *Le dogme de la solidarité internationale n'avait été qu'un leurre* » (MART. du G.). ◇ HOM. **Leur** (1 et 2).

LEURRER [lœʀe]. *v. tr.* (1373; *loirier*, 1220; de *leurre*). ♦ 1° Faire revenir (le faucon) en lui présentant le leurre. ♦ 2° *Fig. et cour.* Attirer par des apparences séduisantes, des espérances vaines. V. **Abuser, bercer, berner, bluffer, duper, endormir, enjôler, flatter, mystifier, tromper.** *Leurrer qqn par des espérances évasives. Se laisser leurrer.* — SE LEURRER. V. **Illusionner** (s'). « *Combien de temps pourra-t-il se leurrer sur la nature de son attachement?* » (MART. du G.). ◇ ANT. **Désabuser, détromper.**

LEV [lɛv], *plur.* **LEVA** [leva]. *n. m.* (1922; mot bulgare). Unité monétaire bulgare.

LEVAGE [ləvaʒ]. *n. m.* (1660; « droit sur les bestiaux », 1289; de *lever* 1). ♦ 1° *Techn.* Action de lever, de soulever. *Levage et manutention des fardeaux.* V. **Chargement.** *Appareils de levage.* V. **Ascenseur, bigue, cabestan, chargeur, chèvre, cric, derrick, élévateur, escalier** (roulant), **grue, monte-charge, moufle, palan, plan** (incliné), **pont** (roulant), **portique, poulie, sapine, transporteur, treuil, vérin.** *Mât de levage.* ♦ 2° Action de lever par la fermentation, l'ébullition. *Levage de la pâte.*

LEVAIN [ləvɛ̃]. *n. m.* (1130; lat. *levamen* « soulagement », p.-ê. « levain » en lat. pop.; de *levare* « lever »). ♦ 1° Pâte de farine qu'on a laissée fermenter ou qu'on a mélangée à de la levure. *On emploie le levain en boulangerie pour faire lever le pain. Pain sans levain.* V. **Azyme.** ♦ 2° *Fig.* (XIIᵉ) Un *levain de...* : tout ce qui est capable d'exciter, d'aviver (les sentiments, les passions, les idées). V. **Ferment, germe.** *Levain de vengeance.* « *Ce premier levain d'héroïsme et de vertu* » (ROUSS.).

LEVALLOISIEN, IENNE [ləvalwazjɛ̃, jɛn]. *adj. et n. m.* (XXᵉ; de *Levallois-Perret*). *Didact.* Se dit de l'industrie et de la culture du paléolithique moyen. V. **Moustérien.** *Éclats levalloisiens* : éclats de pierre larges et plats. — N. m. *Le levalloisien.*

LEVANT [ləvɑ̃]. *adj. et n. m.* (1080; de *lever* 1). ♦ 1° *Adj.* Qui se lève, en parlant du soleil. *Soleil levant. Au soleil levant,* à l'aurore. — *Rare.* « *Dans la clarté douteuse de cette lune levante* » (PERGAUD). ♦ 2° *N. m.* (v. 1260). Côté de l'horizon où le soleil se lève. V. **Est, orient.** *Du levant au couchant.* ◇ *Par ext.* (1528) *Vieilli. Le Levant,* le pays, les régions qui sont au levant (par rapport à la France), et *spécialt.* Les régions de la Méditerranée orientale. V. **Orient** (Proche-Orient, Moyen-Orient). *Peuples du Levant.* V. **Levantin.** ◇ ANT. **Couchant, Occident, ouest, Ponant.**

LEVANTIN, INE [ləvɑ̃tɛ̃, in]. *adj.* (1575; de *levant*).

Qui est originaire des côtes de la Méditerranée orientale. *Les peuples levantins.* Subst. *Un Levantin, les Levantins.*

LÈVE [lɛv]. *n. f.* (1611, « pièce d'un jeu de mail »; « pièce qui soulève », XIXᵉ; de *lever* 1). *Techn.* (1907). Genre de tissage où le travail s'effectue par le mouvement ascendant des lices.

LEVÉ, ÉE [l(ə)ve]. *adj. et n. m.* (V. *Lever* 1). **I.** ♦ 1° *Adj.* Mis plus haut, en haut. V. **Haussé.** *Poing levé. Voter à mains levées.* — *Au pied levé* : sans préparation, par surprise. V. **Impromptu.** — *Front levé.* V. **Haut.** ♦ 2° *Dressé. Pierre levée.* V. **Menhir.** ♦ 3° *(Personnes).* V. **Debout.** *Voter par assis et levés.*
II. *N. m.* ♦ 1° *Mus.* Action de lever la main, le pied, en battant la mesure; temps sur lequel on lève la main, le pied (*opposé à* « frappé »). ♦ 2° Action de lever, de dresser un plan; le plan lui-même. *Levé à la chaîne et à la boussole, par triangulation. Levés de terrain.* — REM. On écrit aussi *Lever.*
◇ ANT. **Bas; baissé.**

LEVÉE [l(ə)ve]. *n. f.* (v. 1200, « digue »; de *lever* 1). ♦ 1° Remblai de terre, de pierres, de maçonnerie. V. **Chaussée, digue.** « *À travers les étangs partait une levée de terre* » (BOSCO). — *Géol. Levée alluviale* : alluvions formant un bourrelet le long du lit d'un cours d'eau. ♦ 2° (1530). *Vx.* Action de lever. — *Mod.* (1835) *Levée de boucliers*.* V. **Révolte.** ♦ 3° *Didact.* Action d'enlever, de retirer. *Dr. Levée des scellés*.* — *La levée du corps* : l'enlèvement du corps à la maison mortuaire; cérémonie religieuse qui s'y déroule devant le cercueil. — Par ext. *Levée d'un siège, d'un blocus. Levée de séance. Levée d'écrou.* V. **Libération.** — *Fig.* Suppression. *Levée d'une punition. Levée d'option,* action de la confirmer (en se portant fermement acquéreur, vendeur). — *Psychan. Levée des défenses, des résistances.* ♦ 4° Action de recueillir, de prélever (dans quelques emplois). Action de retirer les lettres de la boîte publique où elles ont été jetées. *La levée du matin n'est pas faite. Par ext.* Les lettres recueillies à chaque levée. — Action de prendre, de ramasser les cartes lorsqu'on gagne un coup. *Par ext.* Les cartes elles-mêmes. V. **Main, pli.** — (*Comm.*) *Levée de compte* : prélèvement effectué par un commerçant sur sa propre caisse. — *Dr. Levée de jugement,* copie d'un jugement par greffier. — *Milit.* Action d'enrôler, de recruter des soldats, des troupes. V. **Enrôlement.** *Levée en masse.* ◇ HOM. **Lever.**

1. **LEVER** [l(ə)ve]. *v.; prend un è devant syllabe muette :* je *lève*, nous *levons*; nous *lèverons* (980; lat. *levare*). **I.** *V. tr.* ♦ 1° Faire mouvoir de bas en haut. V. **Élever, hausser, soulever.** *Lever un fardeau, un poids. Lever une caisse avec une grue.* V. **Enlever, guinder, hisser;** *levage. Lever les glaces d'une voiture* : les fermer. *Lever son verre; spécialt. Porter un toast.* — *Lever l'ancre* : appareiller. ♦ 2° Mettre plus haut, soulever (une partie du corps). *Lever la main pour prêter serment. Levez les mains!* (Cf. *Haut les mains!*). *Lever la main, le poing sur qqn* (pour le battre; le frapper). *Lever les bras au ciel en signe d'impuissance.* — *Ne pas lever le petit doigt* : ne rien faire. *Fam. Lever le coude.* V. **Boire.** *Chien qui lève la patte* (pour pisser). — *Par ext.* Diriger, orienter vers le haut. V. **Dresser, redresser, relever.** *Lever la tête, le front, le nez, les yeux. Arsène « fauchait sans lever le nez, car la besogne exigeait une attention soutenue* » (AYMÉ). ♦ 2° (XIIIᵉ). Relever de façon à découvrir ce qui se trouve derrière ou dessous. V. **Soulever.** *Femme qui lève son voile. Fig. Lever le voile, un coin du voile.* V. **Découvrir, dévoiler.** *Lever le masque.* V. **Démasquer.** ♦ 4° (*Chasse*). *Lever un lièvre, une perdrix* : les faire sortir de leur gîte, les faire partir. — *Pop.* Entraîner (qqn) avec soi. *Lever une femme.* « *Je suis sûre de lever sur mon passage pas mal de suiveurs* » (FRANCE). ♦ 5° *Fig. Lever une carte, un plan.* V. **Dresser.** ♦ 6° Ôter d'un lieu. *Lever le camp* : replier les tentes; *fig.* S'en aller, fuir (V. **Décamper**). — Faire cesser. *Lever le blocus, le siège. Lever la séance, l'audience.* V. **Clôturer; clore.** — *Fig.* V. **Supprimer.** *Lever une interdiction, une punition. Lever l'interdit.* — Littér. « *Quand on a des doutes, on les lève* » (MUSS.). *Lever les obstacles, les difficultés.* ♦ 7° *Vieilli.* Prendre (une partie) sur un tout. V. **Prélever, prendre.** *Lever tant de mètres sur une pièce d'étoffe. Lever une cuisse, une aile de poulet.* — *Typogr. Lever la lettre,* prendre les caractères dans la casse. — (Au jeu) *Lever les cartes,* ou absolt. *Lever* : ramasser les cartes du coup qu'on a gagné et les mettre en paquet devant soi. — *Fig. Lever des impôts.* V. **Percevoir, recueillir.** *Lever une armée, des troupes.* V. **Mobiliser, recruter.** ♦ 8° *Fin. Lever des titres,* les payer à la liquidation lorsqu'on s'en est porté acquéreur (*opposé à* faire reporter). *Lever une prime, une option,* rendre ferme une opération conditionnelle, à prime ou à option.
II. *V. intr.* Se mouvoir vers le haut. V. **Dresser** (se), **monter.** ♦ 1° *(Plantes).* Commencer à sortir de terre. V. **Pousser.** *Le blé lève.* — « *Aucune récolte ne lève tout seule* » (ROMAINS). ♦ 2° *(Pâte).* Se gonfler sous l'effet de la fermentation. V. **Fermenter.** *Le levain, la levure fait lever la pâte.*

III. SE LEVER. *v. pron.* **Ⓐ** (Sens pass.). *Bras, mains qui se lèvent.* « *Le rideau venait de se lever sur le troisième acte* » (DUHAM.). **Ⓑ** *(Sens réfl.).* ♦ 1° Se mettre debout, se dresser sur ses pieds. *Se lever de son siège. S'asseoir et se lever.* — Par ext. *Se lever de table,* quitter la table. ♦ 2° Sortir de son lit. *Se lever tôt, matin, de bon matin, de bonne heure.* V. **Matinal.** *Malade qui commence à se lever.* Avec ellipse de *se.* *On fait lever très tôt les accouchées.* ♦ 3° *Fig.* Apparaître à l'horizon, en parlant d'un astre. *Le Soleil, la Lune se lève.* — Par anal. *L'aube, l'aurore, le jour se lève.* ♦ 4° (XVᵉ). Commencer à souffler, en parlant du vent. *La brise, le vent se lève.* V. **Fraîchir, souffler.** « *Levez-vous vite, orages désirés* » (CHATEAUB.). ♦ 5° (1640). Devenir plus clair, en parlant du temps. *Le temps se lève, la brume s'est dissipée.*
◇ ANT. *Baisser, descendre, poser ; incliner, pencher ; asseoir, coucher. Continuer ; laisser, maintenir. Asseoir (s'), coucher (se).*

2. **LEVER** [l(ə)ve]. *n. m.* (XIVᵉ). ♦ 1° Le moment où un astre se lève, paraît sur l'horizon. *Lever du soleil.* Par ext. *Lever de l'aurore, du jour.* V. **Matin.** ♦ 2° (1485). Action de se lever, de sortir du lit. *Au lever, à son lever* (Cf. Au saut du lit). ♦ 3° *Le lever du rideau,* qui fait apparaître la scène. *On frappe trois coups pour annoncer le lever du rideau.* — *Fig. Un lever de rideau* (1826) : petite pièce que l'on joue avant la partie principale du spectacle. V. **Levé** (II, 2°). ♦ 4° Action de lever, de dresser un plan. V. **Levé** (II, 2°). ◇ ANT. *Coucher.*
◇ HOM. *Levée.*

LEVIER [ləvje]. *n. m.* (1160 ; de *lever* 1). ♦ 1° Corps solide, mobile autour d'un point fixe (point d'appui), permettant de multiplier une force appliquée à une résistance. *Les deux bras du levier. Les leviers sont utilisés pour soulever les fardeaux. Se servir d'une barre de fer, d'un bâton comme d'un levier.* « *Il faut faire levier sur la pelle* » (MAC ORLAN) : *peser sur la pelle pour s'en servir comme d'un levier.* — Mécan. *Levier du premier, du deuxième, du troisième genre,* d'après la place du point d'appui. ♦ 2° *Techn.* et *cour.* Organe de commande (d'une machine, d'un mécanisme), utilisant le principe du levier ou en rappelant la forme. V. **Commande.** *Levier à main* (V. **Manette**), *à pied* (V. **Pédale**). — *Leviers de commande d'un avion* (Cf. *Manche* à balai, palonnier). *Levier de changement de vitesse d'une voiture.* « *Rieux avait la main sur le levier de vitesse* » (CAMUS). — Fig. *Être aux leviers de commande :* occuper un poste de direction, de contrôle. ♦ 3° *Fig.* Ce qui sert à vaincre une résistance ; moyen d'action. « *La curiosité, le désir et l'amour, ces trois leviers terribles, dont un seul enlèverait le monde* » (GAUTIER).

LÉVIGATION [levigɑsjɔ̃]. *n. f.* (1765 ; lat. *levigatio*). Techn. (1969). Procédé de séparation des particules d'une poudre selon leur taille, à l'aide d'un courant liquide.

LÉVIGER [leviʒe]. *v. tr. ;* conjug. *bouger* (1680 ; lat. *levitare,* de *levis* « lisse, uni »). *Chim., techn.* Réduire (une substance) en une poudre très fine, *spécialt.* en la délayant dans un liquide et en laissant précipiter la poudre.

LÉVIRAT [leviʀa]. *n. m.* (XVIIᵉ ; du lat. *levir* « beau-frère »). *Hist. relig.* Obligation que la loi de Moïse imposait au frère d'un défunt d'épouser la veuve sans enfants de celui-ci.

LÉVIROSTRE [leviʀɔstʀ(ə)]. *n. m.* (1839 ; lat. *levis* « léger », et *-rostre*). *Zool.* Oiseau passereau, percheur, à bec grand, mais faible (*ex.* : le martin-pêcheur).

LÉVITATION [levitɑsjɔ̃]. *n. f.* (v. 1889 ; angl. *levitation,* du lat. *levitas* « légèreté »). Élévation d'une personne au-dessus du sol, sans appui ni aide matérielle.

LÉVITE [levit]. *n. m.* et *f.* (fin XIIᵉ ; lat. ecclés. *levites* ou *levita,* mot hébr.).
I. N. m. *Relig. jud.* Membre de la tribu de Lévi, voué au service du temple.
II. *N. f.* (1781, d'après la robe des lévites au théâtre). *Vx.* Longue redingote. « *Ses redingotes allongées rappellent les lévites de l'Empire* » (BALZ.).

LÉVOGYRE [levɔʒiʀ]. *adj.* (1867 ; du lat. *lævus* « gauche », et *-gyre*). *Sc.* Se dit des substances qui dévient le plan de polarisation vers la gauche (l'observateur faisant face à la lumière). *Sucre lévogyre.* ◇ ANT. *Dextrogyre.*

LEVRAUT [ləvʀo]. *n. m.* (1539 ; *levroz,* 1306 ; dimin. de *lièvre,* suff. germ. *-aud*). Jeune lièvre.

LÈVRE [lɛvʀ(ə)]. *n. f.* (Xᵉ ; lat. *labra,* plur. neutre de *labrum,* pris pour le fém.).
I. ♦ 1° *Anat.* Chacune des régions qui bordent la bouche intérieurement et extérieurement, limitées en haut par le nez (*lèvre supérieure*), en bas par le sillon mentonnier (*lèvre inférieure*). *Lèvre supérieure haute, courte, duvetée.* *Angle des lèvres.* V. **Commissure.** « *La lèvre grisonnante et poilue* » (COLETTE). — (Animaux) *Lèvres des grands mammifères.* ♦ 2° *Cour.* Chacune des deux parties charnues, glabres, ordinairement roses, qui bordent extérieurement la bouche et s'amincissent pour se joindre aux commissures. *Les lèvres.* V. **Bouche.** *Lèvres charnues, épaisses. Lèvres minces, rentrées. Se mettre du rouge à lèvres.* « *Ses lèvres peintes, rouges comme une plaie* » (MAUPASS.). ♦ 3° *Loc. Avoir le sourire aux lèvres. Pincer les lèvres. Se mordre les lèvres de rage. Fig. S'en mordre les lèvres :* se repentir de ce qu'on a dit ou fait. — *Tremper ses lèvres* (dans une boisson). *Manger du bout des lèvres, sans appétit, avec dégoût. Se lécher les lèvres.* V. **Babine, badigoince.** PROV. *Il y a loin de la coupe aux lèvres.* V. **Coupe.** — *Embrasser sur les lèvres.* ◇ Fig. *Avoir le cœur au bord des lèvres, sur les lèvres,* avoir des nausées. — *Mot qu'on a sur les lèvres,* qu'on est prêt à prononcer. « *Les mots s'arrêtaient sur ses lèvres* » (MAURIAC). Fig. *Être suspendu aux lèvres de qqn,* l'écouter avec une grande attention. *Des lèvres :* en paroles seulement. *Il le dit des lèvres, mais le cœur n'y est pas. Avoir le cœur sur les lèvres,* dire toute sa pensée, être franc. *Ne pas desserrer les lèvres,* garder le silence. *Rire, parler, répondre, approuver du bout des lèvres,* de façon peu franche, peu convaincue.
II. *Par anal. de forme.* ♦ 1° (1300). *Méd.* (au plur.). Bords saillants d'une plaie. *Rapprocher les lèvres d'une plaie.* Anat. *Lèvres de la vulve.* ♦ 2° Chaque lobe de la corolle des plantes labiées. ♦ 3° *Lèvres d'un coquillage,* les deux bords d'une coquille univalve. ♦ 4° *Mus.* Chacun des bords aplatis à la bouche d'un tuyau d'orgue. ♦ 5° *Géogr.* Chacun des bords d'une faille, situés à des hauteurs différentes. *Lèvre soulevée, lèvre abaissée.*

LEVRETTE [ləvʀɛt]. *n. f.* (XVᵉ ; pour *levrerette,* fém. de *lévrier*). ♦ 1° Femelle du lévrier. ♦ 2° Variété petite du lévrier d'Italie. *Levrette mâle, femelle. La levrette, chien de luxe.*

LEVRETTÉ, ÉE [ləvʀete]. *adj.* (1611 ; de *levrette*). Rare. Qui a la taille svelte du lévrier. *Jument levrettée.*

LEVRETTER [ləvʀete]. *v. intr.* (1387 ; de *levraut*). Rare. Mettre bas, en parlant de la femelle du lièvre.

LÉVRIER [levʀije]. *n. m.* (1130 ; de *lièvre*). Chien à jambes hautes, au corps allongé, à l'abdomen très étroit, au museau effilé, agile et rapide (ainsi nommé parce qu'on l'emploie à chasser le lièvre). *Lévrier d'Afrique* (V. **Sloughi**), *d'Italie* (V. **Levrette**). *Courir comme un lévrier,* très vite. *Courses de lévriers dans un cynodrome.*

LEVRON, ONNE [ləvʀɔ̃, ɔn]. *n.* (1361 ; fém., 1732 ; d'apr. *lévrier*). *Chasse.* ♦ 1° Jeune lévrier, jeune levrette. ♦ 2° (1680). Lévrier, levrette de petite taille.

LÉVULOSE [levyloz]. *n. m.* (1870 ; lat. *lævus* « gauche », et suff. *-ose*). *Biochim.* Syn. de *Fructose**.

LEVURE [l(ə)vyʀ]. *n. f.* (1597 ; de *lever,* pour *leveûre*). *Didact.* Champignon microscopique unicellulaire qui se multiplie par bourgeonnement. — *Cour. Levure de bière (de vin, de pain) :* masse blanchâtre constituée par des champignons ascomycètes, employée dans la fabrication de la bière, du vin ou du pain (V. **Levain**), en raison des propriétés fermentatives de ces champignons. V. **Ferment.** *Levure pathogène.* PROV. V. **Oïdium.**

LEVURIER [l(ə)vyʀje]. *n. m.* (1803 ; de *levure*). Fabricant, marchand de levure de bière.

LEXÈME [lɛksɛm]. *n. m.* (mil. XXᵉ ; de *lex*[ique], d'apr. *morphème*). *Ling.* Morphème lexical. V. **Racine.**

LEXICAL, ALE, AUX [lɛksikal, o]. *adj.* (1951 ; de *lexique*). *Ling.* Qui concerne le vocabulaire. *La nomenclature d'un dictionnaire tend à représenter la composante lexicale d'une langue. Statistique lexicale.* ◇ (Opposé à *Grammatical*). Du lexique, au sens restreint. *Mots* lexicaux. Morphème lexical.* V. **Lexème.** *Enrichissement lexical d'une période donnée.*

LEXICALISATION [lɛksikalizɑsjɔ̃]. *n. f.* (1934 ; de *lexical*). *Ling.* Le fait d'être lexicalisé.

LEXICALISÉ, ÉE [lɛksikalize]. *adj. (Néol. ;* de *lexical*). *Ling.* Se dit d'une expression fonctionnant comme une unité du lexique, c'est-à-dire employée comme un mot (*ex.* : pomme de terre, moyen âge).

LEXICOGRAPHE [lɛksikɔgʀaf]. *n.* (1578 ; gr. *lexicon,* et suff. *-graphe*). *Ling.* Personne qui fait un dictionnaire de la langue. *Émile Littré, célèbre lexicographe du XIXᵉ s.*

LEXICOGRAPHIE [lɛksikɔgʀafi]. *n. f.* (1765 ; de *lexicographe*). *Ling.* Art du lexicographe ; recensement et étude analytique des mots d'une langue déterminée, considérés dans leurs formes et leurs significations. V. **Dictionnaire.** *La lexicographie est une branche de la lexicologie* appliquée.*

LEXICOGRAPHIQUE [lɛksikɔgʀafik]. *adj.* (1829 ; de *lexicographie*). *Ling.* Relatif à la lexicographie. *Travaux lexicographiques.*

LEXICOLOGIE [lɛksikɔlɔʒi]. *n. f.* (1765 ; du gr. *lexikon* « lexique », et suff. *-logie*). *Ling.* Partie de la linguistique, science des unités de significations (monèmes) et de leurs combinaisons en unités fonctionnelles (mots, lexies. V. **Vocabulaire**), souvent étudiées dans leurs rapports avec la société dont elles sont l'expression.

LEXICOLOGIQUE [lɛksikɔlɔʒik]. *adj.* (1827 ; de *lexicologie*). *Ling.* Relatif à la lexicologie. *Études lexicologiques.*

LEXICOLOGUE [lɛksikɔlɔg]. *n.* (1842 ; gr. *lexikon,* et suff. *-logue*). *Ling.* Linguiste qui s'occupe de lexicologie.

LEXIE [lɛksi]. *n. f.* (mil. XXᵉ; de *lexique*). *Ling.* Toute unité du lexique, mot, expression.

LEXIQUE [lɛksik]. *n. m.* (1721; *lexicon*, XVIᵉ; gr. *lexikon*, de *lexis* « mot »). ♦ 1° *Vx.* Dictionnaire. ◊ *Mod.* Dictionnaire succinct d'une science ou d'une technique, d'un domaine spécialisé. V. **Glossaire.** — Dictionnaire bilingue abrégé. V. **Vocabulaire.** — Recueil des mots employés par un auteur, dans une œuvre littéraire. V. **Index.** *Lexique de Cicéron, de La Bruyère.* ♦ 2° (1888). *Ling.* L'ensemble des mots d'une langue, considéré abstraitement comme un des éléments formant le code de cette langue. V. *aussi* **Vocabulaire.** *Étude du lexique.* V. **Lexicographie, lexicologie.** — *Spécialt.* Ensemble des mots employés par un écrivain dans ses œuvres. *La richesse du lexique de Proust.*

LEXIS [lɛksis]. *n. f.* (XXᵉ; mot gr. « énoncé »). *Log.* Énoncé considéré indépendamment de sa vérité (*syn.* jugement virtuel).

LEZ ou **LES** [le] ou *(rare)* **LÈS** [lɛ]. *prép.* (1050, lat. *latus* « côté »). *Vx.* À côté de, près de (encore dans des noms de lieux). *Plessis-lez-Tours* (Plessis près de Tours). ◊ HOM. Le (2). V. **Lai** (2).

LÉZARD [lezaʀ]. *n. m.* (XVᵉ; *laisarde*, fém., XIIᵉ; lat. *lacerta*. V. **Lézarde**). Petit reptile saurien (*Lacertiens*) à longue queue effilée, au corps allongé et recouvert d'écailles, à tête fine. *Lézard gris, lézard vert.* « *Le lézard souple et long s'enivre de sommeil* » (Lec. de Lisle). ◊ Peau de cet animal. *Sac à main en lézard.* ◊ *Loc. Paresseux comme un lézard.* — Fig. et fam. *Faire le lézard*, se chauffer paresseusement au soleil. V. **Lézarder** (2).

LÉZARDE [lezaʀd(ə)]. *n. f.* (1676; fém. de *lézard*, par anal. de forme). ♦ 1° Crevasse profonde, étroite et irrégulière, dans un ouvrage de maçonnerie. V. **Fente, fissure.** « *D'énormes lézardes sillonnent les murs* » (Balz.). ♦ 2° *Techn.* Petit galon festonné servant à recouvrir les coutures des étoffes d'ameublement ou leurs lignes de jonction avec le bois des meubles.

LÉZARDÉ, ÉE [lezaʀde]. *adj.* (1772; de *lézarde*). Fendu par une ou plusieurs lézardes. V. **Crevassé.** « *Pauvre maison en loques, tassée, lézardée et branlante* » (Zola).

1. LÉZARDER [lezaʀde]. *v.* (1829; de *lézarde*). ♦ 1° *V. pron.* SE LÉZARDER : se fendre de lézardes. « *Les bâtiments abandonnés se lézardaient* » (Chateaub.). ♦ 2° *V. tr. Les intempéries ont lézardé le mur.* V. **Crevasser, disjoindre.**

2. LÉZARDER [lezaʀde]. *v. intr.* (v. 1902; de *lézard*). *Fam.* Faire le lézard, paresser au soleil.

Li Symbole chimique du *lithium*.

LI [li]. *n. m.* (1764; mot chinois). Mesure itinéraire chinoise (environ 576 m). *Des lis* [li]. ◊ HOM. Lie, lit; formes des v. lier, lire.

LIAGE [ljaʒ]. *n. m.* (1243; de *lier*). *Rare.* Action de lier; son résultat. *Spécialt.* Liage des bottes, des gerbes. « *Ce liage, cette besogne si dure* » (Zola).

LIAIS [ljɛ]. *n. m.* (1125; probabl. mot gaul., comme *lie*). Pierre calcaire dure, d'un grain très fin.

LIAISON [ljɛzɔ̃]. *n. f.* (1190, « façon de s'habiller »; de *lier*, ou lat. *ligatio*).
I. (*Choses*). Action de lier, de se lier; ce qui est lié; ce qui lie. ♦ 1° *Vx* (1538; sens gén.). Assemblage, jonction, union. ◊ *Spécialt.* (1393) Opération qui consiste à incorporer des ingrédients à une sauce pour l'épaissir, la rendre onctueuse. *Par ext.* Les ingrédients. *Gervaise préparait* « *la liaison de la blanquette, au fond d'une assiette creuse* » (Zola). ◊ (1538) Maçonnerie en liaison, où le milieu de chaque pierre (ou brique) porte sur le joint de deux autres. — *Par ext.* Mortier, plâtre. ◊ *Techn.* (1690) Alliage, et spécialt. Alliage du plomb avec le zinc pour former la soudure. ◊ *Mar.* (1721) *Pièces de liaison*, et ellipt. *Les liaisons* : pièces qui relient entre elles les parties principales d'un navire. ♦ 2° Ce qui relie logiquement les éléments du discours : parties d'un texte, éléments d'un raisonnement. V. **Association, enchaînement.** *Manque de liaison dans les idées, dans un récit.* V. **Cohérence, continuité, suite.** *Spécialt. Ling. Mot, terme de liaison* : conjonctions et prépositions. ♦ 3° (1657). Rapport logique, psychologique. V. **Connexion, correspondance, relation.** « *Les rapports des effets aux causes dont nous n'apercevons que la liaison* » (Rouss.). ♦ 4° Relation entre des sons consécutifs. *Mus.* (1765) Signe de ponctuation ou d'accentuation qui unit soit deux notes de même son et presque toujours du même nom (*liaison de durée*), soit une suite de notes différentes (*liaison d'accentuation*) dont on doit soutenir le son. V. **Coulé.** ◊ (1867) Action de prononcer deux mots consécutifs en unissant la consonne finale du premier mot (non prononcée devant une consonne) à la voyelle initiale du mot suivant (*ex.* : *les petits enfants* [leptizɑ̃fɑ̃]). *Liaison vicieuse.* V. **Cuir, velours; pataquès.** ♦ 5° *Sc.* Force qui maintient ensemble les éléments d'un système matériel. ◊ *Mécan.* Contrainte s'exerçant sur un corps mobile. *Forces de liaison* (opposé à *forces extérieures*), appliquées à un système. ◊ *Chim. Liaisons chimiques,*

combinaisons entre atomes pour former un composé ; *liaison ionique* par attraction électrostatique, *liaison de covalence*, etc.
II. *Personnes* (1324, « lien moral »). ♦ 1° *Vieilli.* Action de se lier, le fait d'être lié avec qqn ; les relations que deux personnes entretiennent entre elles. *Liaison d'amitié, d'intérêt, de commerce, d'affaires.* V. **Relation.** *Chateaubriand* « *noua avec lui* (Fontanes) *une première liaison qui se resserra et devint la plus étroite amitié* » (Ste-Beuve). *Il a rompu toute liaison avec ce milieu.* V. **Attache, lien.** — *Au plur.* (souvent péj.) *Avoir des liaisons douteuses, louches, suspectes.* V. **Accointance, fréquentation.** *Les Liaisons dangereuses,* roman de Laclos. ◊ *Spécialt.* Mod. *Liaison amoureuse,* et absolt. (1768) *Une liaison. Une liaison sans attachement véritable.* V. **Caprice, intrigue, passade.** *Former, entretenir une liaison. Avoir une liaison. Liaison difficile à rompre.* V. **Attache, chaîne, engagement.** « *Cette liaison devint un quasi-mariage* » (Balz.). ♦ 2° (Déb. XXᵉ). Lien établi entre formations militaires, états-majors, etc., grâce à la communication des ordres, à la transmission des nouvelles. *Liaisons assurées par le service des transmissions, par fusées, par signaux optiques.* — EN LIAISON. *Entrer, se tenir, rester en liaison constante, étroite.* V. **Communication, contact.** — *Officier, agent de liaison.* ♦ 3° Communication régulièrement assurée, entre deux points du globe. *Liaison aérienne, maritime* (V. **Ligne**), *ferroviaire, routière. Liaisons postales, téléphoniques.*
◊ ANT. *Rupture, séparation.*

LIAISONNER [ljɛzɔne]. *v. tr.* (1694; de *liaison*). *Techn.* (*Maçonn.*). Remplir (des joints) avec du mortier. *Liaisonner des pierres, des briques*, les disposer en liaison.

LIANE [ljan]. *n. f.* (1694; *lienne*, 1640; mot fr. des Antilles, des dial. de l'Ouest [*liene, liane*] de *liener*; de *lien*). Nom générique de diverses plantes grimpantes, épiphytes, des forêts tropicales, de la jungle. « *Des lianes de divers feuillages qui, s'enlaçant l'une à l'autre, forment des arcades de fleurs* » (Bernard. de St-P.).

LIANT, LIANTE [ljɑ̃, ljɑ̃t]. *adj. et n.* (1395, « qui donne de la consistance »; 1671, « souple »; de *lier*).
I. *Adj.* ♦ 1° *Vx* (*Choses*). Souple, flexible, non cassant. « *Un bon carrosse à ressorts bien liants* » (Regnard). ♦ 2° (*Personnes*). Mod. (1700). Qui se lie facilement avec autrui, forme volontiers des relations amicales, familières. V. **Affable, sociable.** « *Je suis peu liant ; je n'ai, par nature, aucune ouverture de cœur* » (Duham.).
II. *N. m.* ♦ 1° Caractère de ce qui est élastique, souple. *Le liant d'un alliage.* ♦ 2° *Fig. et littér.* (1740). Disposition favorable aux relations sociales. *Avoir du liant.* ♦ 3° *Techn.* Composé minéral (chaux, plâtre) qui provoque le durcissement d'un mortier. *Liant hydraulique.*
◊ ANT. *Cassant, sec.*

1. LIARD [ljaʀ]. *n. m.* (1430; o. i.; p.-ê. n. pr., ou dér. de *lie*). ♦ 1° Ancienne monnaie française de cuivre, qui valait trois deniers ou le quart d'un sou. ♦ 2° *Fig.* (*Vieilli*). Très petite somme d'argent. V. **Sou.** *N'avoir pas un liard,* être complètement démuni d'argent. « *Il me faut soixante mille francs, et je ne rabattrai pas un liard* » (Balz.). V. **Liarder.**

2. LIARD [ljaʀ]. *n. m.* (1556; probabl. de *lier*, les jeunes tiges de cet arbre pouvant remplacer l'osier). *Région.* Variété de peuplier dit *peuplier noir.*

LIARDER [ljaʀde]. *v. intr.* (1611, « distribuer quelques liards »; de *liard* 1). *Vieilli.* Lésiner. « *Ils se privèrent, liardèrent sur leurs moindres distractions* » (R. Rolland).

LIAS [ljas]. *n. m.* (1818; mot angl.; de *liais*). *Géol.* Sous-système du jurassique. *Fossiles, marnes du lias.* — *Par ext.* Les couches de terrains elles-mêmes. *Lias calcaire, marneux, schisteux.*

LIASIQUE [ljazik]. *adj.* (1842; de *lias*). *Géol.* Qui appartient ou a rapport au lias. *Formations liasiques.*

LIASSE [ljas]. *n. f.* (1611; « faisceau », v. 1170; de *lier*). Amas de papiers liés ensemble. *Liasse de lettres, de feuillets, de journaux.* Par ext. Tas. « *Une petite liasse de dollars verts* » (Céline).

LIBAGE [libaʒ]. *n. m.* (1676; de l'a. fr. *libe*, gaul. °*libba*). *Techn.* Bloc de pierre, moellon noyé dans la masse d'une maçonnerie; appareil ainsi formé.

LIBANAIS, AISE [libanɛ, ɛz]. *adj. et n.* (XXᵉ; *libanien*, XIXᵉ; de *Liban*). Du Liban.

LIBATION [libasjɔ̃]. *n. f.* (1495; lat. *libatio*). ♦ 1° *Antiq.* Action de répandre un liquide (vin, lait, huile) en offrande à une divinité. *Les Grecs et les Romains faisaient des libations lors des sacrifices. Les choéphores portaient des offrandes pour les libations.* ♦ 2° *Fig.* (1823). *Faire des libations, de joyeuses libations* : boire abondamment (du vin, de l'alcool).

LIBELLE [libɛl]. *n. m.* (1283; lat. *libellus* « petit livre »). ♦ 1° *Vx* (*Dr.*). Notification. *Libelle de divorce, d'excommunication.* ♦ 2° (1402). Mod. Court écrit de caractère satirique, diffamatoire. V. **Pamphlet, satire.** *Faire, répandre des libelles contre qqn. Les libelles,* « *dernière ressource des lâches* » (Beaumarch.).

LIBELLÉ [libe(ɛl)le]. *n. m.* (1834 ; p. p. de *libeller*). Termes dans lesquels un acte, et *spécialt.* un acte officiel est rédigé. V. **Rédaction.** *Le libellé d'un jugement. Modèle de libellé.* V. **Formule.** Par ext. *Le libellé d'une demande, d'une lettre.*

LIBELLER [libe(ɛl)le]. *v. tr.* (1451 ; de *libelle*). ◆ 1° Rédiger dans les formes. *Libeller un acte, un contrat.* Spécialt. *Libeller un mandat* (V. **Mandater**), *un chèque :* le remplir en spécifiant la destination de la somme qui y est portée. ◆ 2° Exposer, formuler par écrit. *Demande, réclamation libellée en termes violents, incorrects.*

LIBELLISTE [libe(ɛl)list(ə)]. *n. m.* (1640 ; de *libelle*). *Littér.* Auteur d'un libelle, folliculaire, pamphlétaire.

LIBELLULE [libe(ɛl)lyl]. *n. f.* (1792 ; lat. zool. *libellula*, lat. *libella* « niveau », à cause de son vol plané horizontal). Insecte archiptère à tête ronde pourvue d'yeux globuleux à facettes, à corps allongé, aux quatre ailes transparentes et nervurées. V. **Demoiselle** (III).

LIBER [libɛʀ]. *n. m.* (1758 ; mot lat. ; Cf. *Livre*). *Bot.* Tissu végétal constitué de vaisseaux (tubes criblés), généralement accompagnés de parenchyme et par lequel circule la sève élaborée. *Liber de la tige, de la racine. Le liber et la partie profonde de l'écorce constituent l'aubier. Les couches du liber du tilleul* (teille ou tille) *servaient pour écrire.* ◇ HOM. Formes du v. *libérer.*

LIBERA [libeʀa]. *n. m. invar.* (1648 ; mot lat. « libérez »). *Relig. cathol.* Prière des morts. *Dire le libera.*

LIBÉRABLE [libeʀabl(ə)]. *adj. et n. m.* (1842 ; de *libérer*). ◆ 1° Qui peut être libéré. *Spécialt.* Qui remplit les conditions nécessaires pour être libéré du service militaire. *Militaires, classes libérables.* — *N. m.* Militaire libérable. ◆ 2° Par ext. *Congé, permission libérable :* qui anticipe sur la libération.

LIBÉRAL, ALE, AUX [libeʀal, o]. *adj. et n.* (v. 1160, « généreux » ; lat. *liberalis*). ◆ 1° Vieilli. Qui donne facilement, largement. V. **Généreux, large,** prodigue. *Il est plus libéral de promesses que d'argent.* ◆ 2° (v. 1210 ; lat. *artes liberales* « arts dignes d'un homme libre »). Vx. *Arts libéraux :* peinture, sculpture. ◇ Mod. (1845) *Professions libérales :* de caractère intellectuel (architecte, avocat, médecin, etc.), que l'on exerce librement ou sous le seul contrôle d'une organisation professionnelle. ◆ 3° (1750). Favorable aux libertés individuelles, dans le domaine politique. *Doctrines, idées libérales. Régime libéral. Démocratie libérale. Économie libérale.* V. **Libéralisme.** — Par ext. *Idées libérales :* larges, tolérantes. ◇ (*Personnes*) Qui est partisan du libéralisme. *Bourgeois libéral.* — Subst. *Un libéral.* ◇ *Le Parti libéral.* — N. *Libéraux* (V. **Whig**) *et conservateurs* (Tory) *en Angleterre. Libéraux* (rouges) *et conservateurs* (bleus) *au Canada.* ◇ ANT. Avare. Autocrate, dictatorial, dirigiste, fasciste, totalitaire.

LIBÉRALEMENT [libeʀalmɑ̃]. *adv.* (XIIIᵉ ; de *libéral*). D'une manière libérale, avec générosité. *Donner, accorder, distribuer libéralement.* V. **Abondamment, beaucoup, largement.** « *Lorsqu'il ne pouvait payer seul sa dépense, elle complétait le surplus libéralement* » (FLAUB.).

LIBÉRALISATION [libeʀalizasjɔ̃]. *n. f.* (1842 ; de *libéraliser*). Le fait de rendre plus libéral (3°). *Libéralisation des échanges internationaux, du régime de la presse.*

LIBÉRALISER [libeʀalize]. *v. tr.* (1785 ; de *libéral*). Rendre plus libéral (un régime politique, une activité économique).

LIBÉRALISME [libeʀalism(ə)]. *n. m.* (1821 ; de *libéral*). ◆ 1° Vieilli. Attitude, doctrine des libéraux, partisans de la liberté politique, de la liberté de conscience. — *Spécialt.* Ensemble des doctrines qui tendent à garantir les libertés individuelles dans la société. ◆ 2° Mod. (*Opposé à* étatisme, socialisme). Doctrine selon laquelle la liberté économique, le libre jeu de l'entreprise ne doivent pas être entravés. V. **Capitalisme** (privé), **individualisme.** *Le libéralisme préconise la libre concurrence, la liberté du travail et des échanges.* ◆ 3° Attitude de respect à l'égard de l'indépendance d'autrui, de tolérance envers ses opinions. V. **Tolérance.** ◇ ANT. Absolutisme, despotisme, dirigisme, étatisme, socialisme.

LIBÉRALITÉ [libeʀalite]. *n. f.* (1213 ; lat. *liberalitas*, de *liberalis*. V. **Libéral**). *Littér.* ◆ 1° Disposition à donner généreusement. V. **Charité, générosité, largesse, magnificence, munificence.** *Excès de libéralité.* V. **Prodigalité, profusion.** ◆ 2° Don fait avec générosité. *Faire une libéralité à qqn.* V. **Aumône, bienfait, cadeau, largesse.** *Dr.* Disposition faite à titre gratuit. V. **Don, donation, legs.** ◆ 3° (1810). Rare. Libéralisme, tolérance. ◇ ANT. Avarice.

LIBÉRATEUR, TRICE [libeʀatœʀ, tʀis]. *n. et adj.* (v. 1500 ; lat. *liberator, -trix*). ◆ 1° N. Personne qui libère, qui délivre. V. **Affranchisseur, émancipateur.** *Le défenseur, le libérateur peut-être, d'une belle reine prisonnière* » (MICHELET). ◇ (1870) *Le libérateur du territoire.* ◆ 2° Adj. (XVIᵉ). *Guerre libératrice ; de libération.* — Fig. *L'humour a qqch. de libérateur.* ◇ ANT. Oppresseur, tyran.

LIBÉRATION [libeʀasjɔ̃]. *n. f.* (XIVᵉ ; lat. *liberatio*) ◆ 1° Action de rendre libre. V. **Délivrance.** *La libération d'un captif.* ◇ Spécialt. (1450) Mise en liberté d'un détenu après l'expiration partielle ou totale de sa peine. V. **Élargissement.** *Libération conditionnelle,* mise en liberté anticipée, accordée à un condamné ayant effectué une partie légalement déterminée de sa peine, en raison de sa bonne conduite. — (1845) Renvoi d'un militaire dans ses foyers à l'expiration de son temps de service, ou à sa démobilisation. ◆ 2° (1611). Décharge d'une servitude, d'une obligation, d'une dette. ◆ 3° Fig. Délivrance d'une sujétion, d'un lien, d'un joug. V. **Affranchissement, dégagement.** *La libération de l'homme. Les révolutions* « *se proposaient d'instaurer une libération de plus en plus totale* » (CAMUS). *Mouvement de libération de la femme* (M.L.F.). ◆ 4° (1870). Délivrance d'un pays occupé, d'un peuple asservi. *Front, mouvement de libération.* Absolt. *La Libération :* la libération des territoires occupés par les troupes allemandes durant la Seconde Guerre mondiale. ◆ 5° Mise en liberté (de matière, d'énergie). *Libération d'énergie résultant de la fission du noyau atomique. Libération de neutrons, d'électrons.* — *Vitesse de libération :* vitesse qu'un projectile doit atteindre pour échapper à l'attraction terrestre (11,4 km/s). ◇ ANT. Asservissement, assujettissement. Détention, emprisonnement, incarcération. Contrainte, esclavage. Occupation.

LIBÉRATOIRE [libeʀatwaʀ]. *adj.* (1873 ; de *libérer*). *Dr., fin.* Qui a pour effet de libérer (d'une obligation, d'une dette). *Pouvoir libératoire de la monnaie. Paiement libératoire.*

LIBÉRÉ, ÉE [libeʀe]. *adj.* (1495 ; V. **Libérer**). Mis en liberté ; rendu libre. « *Libéré... le même mot s'employe pour les soldats et pour les forçats* » (LÉAUTAUD). *Prisonniers libérés ;* subst. *Les libérés.* — *Pays libéré.* — (V. 1970). *Femme libérée,* émancipée, qui rejette la phallocratie.

LIBÉRER [libeʀe]. *v. tr.;* conjug. *céder* (1495, p. p., « exempté » ; lat. *liberare*). ◆ 1° (1541). Mettre (un prisonnier) en liberté. V. **Élargir, relâcher, relaxer.** ◇ Par ext. (1602) Délivrer, dégager de ce qui lie, de ce qui gêne, embarrasse, retient. *Libérer un prisonnier de ses liens. Libérer le passage. Libérer l'intestin. Libérer les échanges commerciaux.* ◇ Pronom. *Se libérer d'une entrave, d'une étreinte.* V. **Dégager** (se). *Libérer* « *Il la tenait par le cou... elle essayait de se libérer* » (GREEN). — Fig. Se rendre libre de toute occupation. *Je n'ai pas pu me libérer plus tôt.* ◇ (XXᵉ) Dégager (un organisme). *Libérer un levier, un cran de sûreté.* ◆ 2° Fig. (XVIIᵉ). Rendre libre, affranchi (d'une servitude, d'une obligation). V. **Décharger, dégager, délier, dispenser, exempter.** *Libérer qqn d'un engagement, d'une dette.* — Pronom. *Se libérer d'une tutelle, d'une tyrannie.* V. **Affranchir** (s'), **émanciper** (s'), **évader** (s'), **secouer** (le joug). *Se libérer par un paiement.* V. **Acquitter, payer.** Absolt. « *Il crut pouvoir se libérer et accepta ses conditions* » (BALZ.). ◆ 3° (V. 1834). Renvoyer (un soldat) dans ses foyers. ◆ 4° Délivrer (un pays, un peuple) de l'occupation de l'étranger, d'un asservissement. V. **Libération.** ◇ Rendre libre (qqn) d'un asservissement social, moral. V. **Désaliéner.** *Libérer les travailleurs, les femmes.* ◆ 5° (Moral). *Libérer sa conscience :* la délivrer du « poids » du remords (en avouant). ◇ Laisser se manifester. *Libérer ses instincts.* ◆ 6° Chim., Phys. Dégager (une substance, une énergie). *Réaction chimique qui libère un gaz. L'atome libère son énergie.* ◇ ANT. Arrêter, capturer, détenir, emprisonner, garder. Asservir, envahir, occuper. Retenir.

LIBÉRIEN, IENNE [libeʀjɛ̃, jɛn]. *adj.* (1865 ; de *liber*). *Bot.* Du liber. *Tissu libérien.*

LIBÉRO-LIGNEUX, EUSE [libeʀɔliɲø, øz]. *adj.* (v. 1902 ; de *liber*, et *ligneux*). *Bot.* Formé à la fois de liber et de bois. *Faisceaux libéro-ligneux de la tige.*

LIBERTAIRE [libɛʀtɛʀ]. *adj.* (1890 ; de *liber*). Qui n'admet, ne reconnaît aucune limitation de la liberté individuelle en matière sociale, politique. V. **Anarchiste.** *Doctrines libertaires.* Subst. (1892). *Un libertaire.*

LIBERTÉ [libɛʀte]. *n. f.* (*Livreteit,* v. 1190, « libre arbitre » ; *libertés* « franchises accordées à une ville », 1266 ; lat. *libertas*).

I. (1324 ; sens étroit). ◆ 1° État, situation de la personne qui n'est pas sous la dépendance absolue de qqn (*opposé à* esclavage, servitude). V. **Franchise** (*vx*). *Donner la liberté à un esclave, à un serf :* l'affranchir. « *Je ne vous demande que la liberté d'une jeune esclave* » (VOLT.). ◆ 2° Situation de qui n'est pas retenu captif (*opposé à* captivité, emprisonnement). *Rendre la liberté à un prisonnier.* V. **Délivrer.** *Mettre en liberté, mise en liberté.* V. **Élargissement, relaxation, sursis.** — *Dr. Liberté provisoire,* accordée à un individu en état de détention préventive. *Liberté sous caution. Liberté surveillée.* ◇ Par anal. *Élever des animaux en liberté.*

II. (*Sens large*). État de ce qui ne subit pas de contrainte. ◆ 1° (1530). Possibilité, pouvoir d'agir sans contrainte. *On lui laisse peu de liberté, trop de liberté. Heures de liberté.* V. **Loisir**(s). — *Agir en toute liberté, en pleine liberté.* V. **Librement.** — *Avoir toute liberté pour faire qqch.* V. **Crédit, facilité, faculté, latitude** (Cf. Avoir un blanc-seing, carte* blanche, le champ* libre, les coudées* franches). — *Liberté* d'action, de mouvement. — Sc. Degré de liberté, nombre d'axes autour desquels un système est mobile. ◊ Spécialt. État de celui qui n'est pas lié par un engagement. Reprendre sa liberté : se dégager d'un engagement envers qqn ; spécialt. Quitter son conjoint. ◊ LIBERTÉ DE (suivi d'un nom ou d'un inf.) : droit, permission de faire qqch. « Sans la liberté de blâmer, il n'est point d'éloge flatteur » (BEAUMARCH.). Donner à qqn toute liberté d'action. V. Autorisation, permission. J'ai pris la liberté de, je me suis permis de. ♦ 2º (1680). Au plur. Prendre des libertés : ne pas se gêner, être trop familier. — Spécialt. Prendre des libertés avec une femme. V. Familiarité, privauté. ♦ 3º LIBERTÉ DE (quelques expressions) : absence de contrainte (dans la pensée, l'expression, l'allure, le comportement). Liberté d'esprit : indépendance d'un esprit qui n'est pas dominé par la crainte, par des préoccupations obsédantes ou encore par des préjugés, des préventions. V. Disponibilité, indépendance. Liberté de langage (1835). V. Audace, franchise, franc-parler, hardiesse. Liberté d'allure : aisance dans les mouvements. V. Aisance. « Une élégance et une liberté d'allures que n'ont pas nos femmes » (GAUTIER). Liberté de mœurs. V. Émancipation, licence.

III. (Politique, social). ♦ 1º Pouvoir d'agir, au sein d'une société organisée, selon sa propre détermination, dans la limite de règles définies. Liberté civile : droit de faire tout ce qui n'est pas défendu par la loi. Liberté politique : droit pour le peuple, les citoyens de se donner des lois directement ou par le choix de représentants. ♦ 2º Absolt. (1538). LA LIBERTÉ : absence ou suppression de toute contrainte considérée comme anormale, illégitime, immorale. La liberté n'est pas l'anarchie. « La liberté, ce bien qui fait jouir des autres biens » (MONTESQ.). « Liberté, Égalité, Fraternité », devise de la République française. Champion, défenseur, martyr de la liberté. « Vive la liberté ! » « Ô liberté, que de crimes on commet en ton nom ! » (dernières paroles attribuées à Mme Roland). Arbre de la liberté. ♦ 3º (1694). Pouvoir que la loi reconnaît aux individus dans tel ou tel domaine. V. Droit. « Le premier des droits de l'homme c'est la liberté individuelle, la liberté de la propriété, la liberté de la pensée, la liberté du travail » (JAURÈS). Libertés publiques : l'ensemble des libertés reconnues à l'individu (libertés individuelles) et aux groupes sociaux. Liberté individuelle, liberté physique, ensemble des garanties contre les arrestations, les détentions et pénalités arbitraires (V. Habeas corpus ; sûreté). Liberté d'association, de réunion, d'opinion. Liberté syndicale. Liberté de la presse. Liberté religieuse : droit de choisir sa religion ou de n'en point avoir (liberté de conscience), de pratiquer la religion de son choix, d'en célébrer le culte (liberté du culte). Liberté de l'enseignement. Liberté du travail. Liberté du commerce, des échanges. V. Libre-échange. Doctrines favorables aux libertés. V. Libéral. ♦ 4º (1266). Au pl. Libertés des communes, des villes ; libertés locales. V. Autonomie, franchise, immunité. ♦ 5º Combattre pour la liberté de sa patrie. V. Indépendance, libération.

IV. (Philo. et psycho.). ♦ 1º Caractère indéterminé de la volonté humaine ; libre arbitre. V. Indéterminisme. « La liberté de notre volonté se connaît sans preuve, par la seule expérience que nous en avons » (DESCARTES). « Cette liberté se réduit à une affirmation... de l'autonomie de la pensée » (SARTRE). La liberté, fondement du devoir, de la responsabilité, de la morale. ♦ 2º Liberté morale : état de celui qui agit avec pleine conscience et après réflexion (opposé à inconscience, impulsion, folie) ou conformément à la raison (opposé à passion, instinct).

◊ ANT. (du I) Captivité, dépendance, esclavage, servitude. (du II) Assujettissement, contrainte, défense, entrave, interdiction, obligation. Confusion, gêne, raideur — (du III) Dépendance, oppression. Réglementation. — (du IV) Déterminisme, destin, fatalité.

LIBERTICIDE [libɛʀtisid]. adj. (1701 ; de liberté, et suff. -cide). Littér. Qui détruit la liberté, les libertés. « Amener le révolté aux formes les plus liberticides de l'action » (CAMUS). — Subst. Un liberticide.

LIBERTIN, INE [libɛʀtɛ̃, in]. adj. et n. (1500, hist. rom., « affranchi » ; lat. libertinus). ♦ 1º Vx ou littér. (1525). Qui ne suit pas les lois de la religion, soit pour la croyance, soit pour la pratique. V. Impie, incrédule, irréligieux. « Je devins polisson, mais non libertin » (ROUSS.). — N. m. Esprit fort, libre penseur. ♦ 2º Mod. (XVIIe). Qui est déréglé dans ses mœurs, dans sa conduite, s'adonne sans retenue aux plaisirs charnels. V. Dévergondé, dissolu. L'Ingénue libertine, roman de Colette. ◊ N. « Un petit libertin que j'ai surpris encore hier avec la fille du jardinier » (BEAUMARCH.). — Par ext. Propos, livres, vers libertins. V. Grivois, leste. ◊ ANT. Ascète, ascétique, dévot, sérieux, vertueux.

LIBERTINAGE [libɛʀtinaʒ]. n. m. (1603 ; de libertin). ♦ 1º (Vieilli). Licence de l'esprit en matière de foi, de discipline, de morale religieuse. V. Incrédulité. ♦ 2º Mod. (1674). Inconduite du libertin ; licence des mœurs. V. Débauche, dérèglement, dévergondage, dissolution. « Cet amour sans libertinage était pour lui quelque chose de nouveau » (FLAUB.).

— « Un conte galant, poétique et d'un libertinage accompli » (HENRIOT). ◊ ANT. Chasteté, pureté, vertu.

LIBERTY [libɛʀti]. n. m. adj. invar. (1892 ; du nom de l'inventeur et de la firme londonienne Liberty). Anglicisme. Étoffe légère, souvent à dessins ou à petites fleurs, employée dans l'ameublement et l'habillement.

LIBIDINAL, ALE, AUX [libidinal, o]. adj. (XXe ; de libido). Psychan. De la libido*. Objet libidinal. Frustration et satisfaction libidinale. Pulsions libidinales.

LIBIDINEUX, EUSE [libidinø, øz]. adj. (h. XIIIe ; v. 1485, rare av. XVIIIe ; lat. libidinosus, de libido « désir »). Littér. ou plaisant. Qui recherche constamment et sans pudeur des satisfactions sexuelles. Un vieillard libidineux. — Par ext. Regards libidineux. V. Vicieux. ◊ ANT. Chaste.

LIBIDO [libido]. n. f. (v. 1920, créé par Freud en all., du lat. libido « désir »). ♦ 1º Cour. Recherche instinctive du plaisir, et surtout du plaisir sexuel. V. Désir. ♦ 2º Psychan. [Chez Freud]. Énergie psychique sous-tendant les pulsions de vie, et spécialt. les pulsions sexuelles. ◊ [Chez Jung]. Toute forme d'énergie psychique, quel que soit son objet.

LIBOURET [libuʀɛ]. n. m. (1690 ; o. i.). Pêche. Ligne à plusieurs hameçons employée pour pêcher le maquereau.

LIBRAIRE [libʀɛʀ]. n. (1380 ; livraire « copiste », 1220 ; lat. librarius). ♦ 1º Vx. Artisan et marchand qui imprimait, vendait des livres. V. Éditeur. Porter un manuscrit chez un libraire. ♦ 2º (XVIIIe). Mod. Commerçant dont la profession est de vendre des livres au public. Un, une libraire. Boutique de libraire. V. Librairie. Libraire-éditeur, qui vend les livres de son fonds. Imprimeur-libraire.

LIBRAIRIE [libʀɛʀi]. n. f. (1119 ; lat. imp. libraria). ♦ 1º Vx. Bibliothèque. La librairie de Montaigne. ♦ 2º (1540). Mod. Commerce des livres, et spécialt. le commerce du libraire. Commissionnaire, placier en librairie. On ne trouve plus ce livre en librairie. — Activité, profession du libraire. ◊ (1690) Corporation des libraires. Cercle de la librairie. ◊ 3º (1846). Magasin où l'on vend des livres, boutique de libraire. Tenir une librairie. Librairie d'ouvrages d'art, et ellipt. Librairie d'art. Librairie-papeterie. Librairie de gare. V. Bibliothèque. ◊ Par ext. Maison d'édition qui dispose de magasins où sont vendues les œuvres publiées par ses soins. V. Éditeur.

LIBRATION [libʀasjɔ̃]. n. f. (1547 ; lat. libratio). Astron. Balancement apparent de la Lune.

LIBRE [libʀ(ə)]. adj. (1339 ; lat. liber). Qui jouit de la liberté, de certaines libertés.

I. (Sens étroit). ♦ 1º (Opposé à esclave, serf). Qui n'appartient pas à un maître. V. Franc ; affranchi. Travailleurs libres. ♦ 2º (1596 ; opposé à captif, prisonnier). Qui n'est pas privé de sa liberté physique, de sa liberté de mouvement ; qui n'est pas enfermé, enchaîné. Rendre libre. V. Délivrer, libérer.

II. (Sens large). ♦ 1º Qui a le pouvoir de décider, d'agir par soi-même. V. Indépendant. Fam. Être libre comme l'air. — Par ext. Garder l'esprit libre, la tête libre, exempt de contrainte, de préoccupations ou de préjugés. « Je ne peux vous parler si vous n'avez pas l'esprit tout à fait libre » (DUHAM.). — Spécialt. LIBRE EXAMEN, LIBRE-PENSEUR [libʀəpɑ̃sœʀ] (1659 ; d'apr. angl. free thinker) : celui qui, en matière religieuse, ne se fie qu'à la raison, ne veut être influencé par aucun dogme établi. V. Libertin (1º), incrédule, irréligieux (Cf. Esprit* fort). Par appos. « Des instituteurs libres penseurs » (PÉGUY). Au fém. Libre penseuse. — LIBRE PENSÉE (1873) : attitude d'esprit du libre penseur. V. Incrédulité. ♦ 2º (1583). LIBRE (d'un nom) : libéré, affranchi de. Libre d'entraves. Esprit libre de préoccupations, de préjugés. V. Exempt. ♦ 3º LIBRE DE (suivi de l'inf.) : qui a la possibilité, le droit de. Libre de décider, d'agir. ♦ 4º Qui n'est pas soumis à un engagement, à une obligation, morale ou juridique. Spécialt. Qui n'est pas marié ou engagé dans quelque liaison. — Qui n'est pas pris, retenu, occupé. Êtes-vous libre ce soir ? « Elle n'était pas libre. Elle me donne rendez-vous pour le lundi suivant » (DUHAM.). Fam. Taxi ! vous êtes libre ? ◊ Auditeur, étudiant libre, qui n'est pas inscrit. ♦ 5º (1538). Qui s'accomplit, s'effectue librement, sans contrainte extérieure. Respiration libre. Union libre. Amour libre. — Libre discussion. Libres propos. ◊ « Elle donna libre cours à son exaltation » (LARBAUD). ♦ 6º (1690). Qui ne se contraint pas, se laisse aller sans retenue. Esprit libre, très libre avec qqn : ne pas se gêner avec lui. — Par ext. Airs, allures, façons, manières libres. V. Aisé, dégagé, désinvolte, spontané. ♦ 7º Qui est indifférent aux convenances et tend à la licence. Propos libres, un peu libres, trop libres. V. Cavalier, cru, égrillard, gaillard, grivois, hardi, léger, leste, licencieux, osé.

III. (Politique). ♦ 1º Qui n'est pas soumis à une autorité arbitraire, tyrannique ; qui jouit de l'indépendance, de libertés* reconnues et garanties. « Les hommes naissent et demeurent libres et égaux en droits » (DÉCLAR. DR. HOM.). Peuple, société, nation libre ; où les libertés sont respectées. — Spécialt. Le monde libre, les pays qui ne sont pas commu-

nistes, pour les anticommunistes. ◇ *Ville, commune libre.*
V. Autonome, indépendant. *Pays libre* : qui n'est pas soumis
à une puissance étrangère. V. **Souverain.** Hist. *Zone* libre.*
— *La France libre* : les Français qui n'ont pas accepté l'ar-
mistice de 1940 et ont continué la lutte. ♦ 2° Dont le libre
exercice, le fonctionnement est reconnu, garanti par la loi.
*Élections libres. — Enseignement libre. Écoles, institutions
libres* : écoles privées, et *spécialt.* Écoles religieuses. — Dr.
Libre disposition d'un bien. Écon. *Commerce libre.* V. **Libre-
échange;** *libéralisme. Libre entreprise. Libre concurrence.
Produit en vente libre.* Par ext. *Denrée libre,* non rationnée.
— Fin. *Change, cours libre.*
  IV. (1541). Philo. Qui jouit de liberté, en parlant de
l'homme, de sa volonté. « *Celui qui peut être libre dans
l'esclavage même* » (FÉN.). « *Être libre... c'est vouloir ce que
l'on peut* » (SARTRE). ◇ V. **Liberté.**
  V. *(Choses).* ♦ 1° Autorisé, permis. *Accès libre. Le feu
est vert, le passage est libre. Entrée libre* : qui n'est soumise
à aucune formalité, au paiement d'aucun droit. — Impers.
Libre à vous (de), vous êtes libre (de). *Libre à vous d'accepter
ou de refuser.* ♦ 2° Qui n'est pas attaché, ni tenu, serré,
embarrassé et qui, par conséquent, peut se mouvoir sans
gêne. *Vêtement qui laisse la taille libre. Cheveux libres.* V.
Flottant. — Mécan. *Pignon, engrenage libre* : non enclenché.
Roue* libre. ♦ 3° Qui n'est pas occupé, ne présente pas
d'obstacle empêchant le passage. *Place libre.* V. **Vacant,
vide.** *Chemin, route, rue, voie libre.* V. **Dégagé.** *La voie est
libre. Avoir le champ* libre. Il ne reste plus une chambre de
libre dans cet hôtel. Taxi libre. Le ligne téléphonique n'est
pas libre. — Temps libre* : qui n'est pas occupé ou retenu, que
l'on peut employer à sa guise. — Fig. *Avoir les mains* libres.*
♦ 4° Dont la forme n'est pas imposée, fixée d'avance. *Pièce
à forme libre. Improvisation libre. Sujet libre. Emplois libres
d'un mot* (opposé à emplois dans les locutions figées). *Vers
libre.* V. **Irrégulier.** *Traduction, adaptation libre* : qui ne suit
pas l'original à la lettre. *Licence libre,* dont les certificats
ne sont pas imposés. — (1835) *Papier libre* (opposé à papier
timbré).
  ◈ ANT. *Esclave; captif, prisonnier. Opprimé, soumis. Défendu, interdit, réglementé; obligatoire. Déterminé; dépendant,
soumis. Gêné, empêché, forcé. Pris, retenu. Attaché, engagé.
Occupé, plein. Fixe, imposé.*

  LIBRE ARBITRE [libʀaʀbitʀ(ə)]. *n. m.* (1541; de *libre,*
et *arbitre* 2). Philo. Faculté de se déterminer sans autre cause
que la volonté. V. **Liberté.** « *Traité du libre arbitre* » (Boss.).
◇ Cour. *Volonté libre,* non contrainte. *Il n'avait pas son
libre arbitre, il a agi sous la menace.* ◈ ANT. *Détermination;
contrainte.*

  LIBRE-ÉCHANGE [libʀeʃɑ̃ʒ]. *n. m.* (1840; d'apr. angl.
free trade). Écon. Système dans lequel les échanges commerciaux entre États sont libres ou affranchis des « barrières »
qui les entravent. *Doctrine du libre-échange.* V. **Libéralisme.**
Association européenne de libre-échange. ◈ ANT. *Protectionnisme.*

  LIBRE-ÉCHANGISTE [libʀeʃɑ̃ʒist(ə)]. *n. m.* (1846; du
précéd.). Écon. Partisan du libre-échange (opposé à protectionniste). Adj. *Théorie, politique libre-échangiste.*

  LIBREMENT [libʀəmɑ̃]. *adv.* (1339; de *libre*). ♦ 1° Sans
restriction d'ordre juridique. *Circuler librement.* ♦ 2° Sans
obstacle, sans entrave au libre mouvement. *Animaux qui se
promènent librement.* ♦ 3° En toute liberté de choix, de son
plein gré. *Discipline librement consentie.* ♦ 4° (1540). Avec
franchise, sans se gêner. *Je vous parlerai très librement,
sans façon.* V. **Carrément.** — *Spécialt.* Avec licence. ♦ 5° Avec
une certaine latitude ou une certaine fantaisie dans l'interprétation. *Traduire librement.*

  LIBRE PENSEUR, PENSÉE. V. **Libre** (II).

  LIBRE-SERVICE [libʀəsɛʀvis]. *n. m. invar.* (v. 1950,
pour traduire l'angl. *self-service;* de *libre,* V). Service assuré
par le client lui-même, dans un magasin, un restaurant. *Par
ext.* Magasin, « supermarché » où l'on se sert soi-même.

  LIBRETTISTE [libʀe(ɛt)tist(ə)]. *n.* (1844; de *libretto*).
Auteur d'un libretto. V. **Parolier.** — Personne dont la profession est d'écrire des livrets.

  LIBRETTO [libʀe(ɛt)to]. *n. m.* (1823; mot it.). *Vieilli.* V.
Livret. *Libretto d'un opéra. Des librettos.*

  LIBYEN, ENNE [libjɛ̃, ɛn]. *adj.* et *n.* (xviiᵉ; de *Libye*).
De Libye.

  1. LICE [lis]. *n. f.* (1155; frq. *listja « barrière »). ♦
1° Ancienn. Palissade. — *Par ext.* Espace circonscrit par
cette clôture, réservé aux exercices ou aux compétitions, et
par anal. Tout champ clos où se déroulaient des joutes, des
tournois. V. **Carrière.** *Champions et tenants qui se mesurent
dans la lice.* — Fig. *Entrer en lice,* s'engager dans une compétition ou intervenir dans un débat. ♦ 2° Clôture entourant
un champ de courses, de foire. « *En dehors des lices, cent pas
plus loin, il y a* un grand taureau noir muselé* » (FLAUB.).
◈ HOM. *Lice* (2 et 3), *lis, lisse.*
  2. LICE ou **LISSE** [lis]. *n. f.* (xiiᵉ; lat. *licia,* plur. neutre,

fém. en lat. pop.). ♦ 1° Techn. Pièce du métier à tisser, cordelette en forme d'anneau portant une maille ou œillet dans
lequel passe un fil de chaîne. ♦ 2° *(Sing. collect.).* Cour.
Tapisserie de haute lice, dont les fils de chaîne sont disposés
verticalement; *de basse lice,* dont les fils de chaîne sont disposés horizontalement. ◈ HOM. V. *Lice* (1).
  3. LICE [lis]. *n. f.* (xiiᵉ; probabl. lat. pop. °*licia,* class.
lycisca, gr. *lukos* « loup »). Chasse. Femelle d'un chien de
chasse. ◈ HOM. V. *Lice* (1).

  LICENCE [lisɑ̃s]. *n. f.* (v. 1175; lat. *licentia*).
  I. ♦ 1° Vx. Droit, liberté (de faire ou de dire qqch.) en
vertu d'une permission donnée par une autorité supérieure.
♦ 2° Vx. Autorisation d'enseigner; grade universitaire donnant cette autorisation. ◇ Mod. Grade de l'enseignement
supérieur intermédiaire entre le baccalauréat et le doctorat.
*Licence en droit, licence ès lettres. Licence d'anglais. Licence
d'enseignement. Licence libre*. Certificats de licence.* ♦ 3° Dr.
fisc., comm. (1780). Autorisation d'exercer certaines activités économiques soumises au contrôle des contributions
indirectes. ◇ Autorisation administrative permettant, pour
une durée déterminée, d'exercer un commerce ou une activité
réglementée. *Licence d'importation, d'exportation. Licence de
transport. Licence de pêche.* V. **Permis.** — Autorisation
d'exploiter un brevet d'invention. ◇ *(Sports)* Autorisation
qui permet de prendre part aux compétitions des fédérations
sportives. *Licence de ski, de tennis.*
  II. Liberté d'action qui est laissée à qqn ou qu'il se donne
à lui-même. ♦ 1° Vx. Liberté. — (1521) Mod. Liberté que
prend un écrivain avec les règles de la versification, de l'orthographe, de la syntaxe. *Licence poétique. Licence orthographique* (encor pour encore). ♦ 2° Vieilli. Liberté excessive.
Prendre, se permettre des licences avec qqn. V. **Hardiesse.**
◇ (1512) Désordre moral, anarchie qu'entraîne l'abus
d'une liberté sans frein. *Liberté qui dégénère en licence.*
♦ 3° (1512). Vieilli. Dérèglement dans les mœurs, dans la
conduite. *Vivre dans la licence.* V. **Débauche, désordre, libertinage.** — *Par ext.* Caractère de ce qui est licencieux. *Licence
des mœurs.* « *Rabelais a de ces licences qui ne sont qu'à lui* »
(STE-BEUVE).
  ◈ ANT. *Entrave, formalité; décence, retenue.*

  LICENCIÉ, ÉE [lisɑ̃sje]. *n.* (1349; de *licence,* ou lat.
médiév. *licentiatus*). ♦ 1° Personne qui a passé avec succès
les épreuves de la licence. *Des licenciés en droit. Une licenciée
de sciences, ès sciences.* Adj. *Professeur licencié.* ♦ 2° Sports.
Titulaire d'une licence. ◈ HOM. *Licencier.*

  LICENCIEMENT [lisɑ̃simɑ̃]. *n. m.* (1569; de *licencier*).
Action de licencier. *Licenciement de troupes, d'ouvriers.* V.
Renvoi. *Licenciement d'un fonctionnaire.* V. **Destitution,
révocation.** *Licenciement pour raisons économiques.*

  LICENCIER [lisɑ̃sje]. *v. tr.* (1360; lat. médiév. *licentiare*).
♦ 1° Vx. Faire quitter un lieu à (qqn). *Licencier des élèves.*
♦ 2° Priver de son emploi, de sa fonction. V. **Débaucher,
congédier, renvoyer.** « *J'étais licencié par une mesure générale
de réduction du personnel* » (DUHAM.). *Licencier un officier.*
V. **Destituer, recruter.** HOM. *Licencié.*

  LICENCIEUX, EUSE [lisɑ̃sjø, øz]. *adj.* (1537; lat. *licen-
tiosus*). ♦ 1° Vx. Qui abuse de la liberté qu'on lui laisse.
♦ 2° (1590). *Vieilli* ou *littér.* Qui manque de pudeur, de
décence. V. **Immoral, libertin.** *Écrivain licencieux. Propos
licencieux.* V. **Leste, libre, obscène, salé.** *Histoires, plaisanteries licencieuses.* V. **Gaulois, graveleux, grivois, scabreux**
(adv. *Licencieusement* [lisɑ̃sjøzmɑ̃], rare). ◈ ANT. *Chaste,
honnête, pudique.*

  LICHEN [likɛn]. *n. m.* (1545; mot lat.; gr. *leikhên* « qui
lèche »). ♦ 1° Végétal complexe formé de l'association
d'un champignon et d'une algue vivant en symbiose, très
résistant à la sécheresse, au froid et au chaud. *Lichens qui
poussent sur la pierre, les toits.* « *Des charmes dont l'écorce est
mouchetée d'un lichen sombre* » (GENEVOIX). ♦ 2° (xviᵉ).
Méd. (Vx). Nom générique de dermatoses caractérisées par
la présence de papules. — Mod. *Lichen plan* : maladie cutanée
de cause inconnue, bien individualisée par une éruption
disséminée de petites papules violacées souvent prurigineuses.

  LICHER [liʃe]. *v. tr.* (xiiᵉ; var. de *lécher*). Pop. Boire.
Licher un petit verre.

  LICHETTE [liʃɛt]. *n. f.* (1821; de *licher*). ♦ 1° Fam. Petite
tranche, petit morceau d'un aliment. *Une lichette de pain,
de fromage.* V. **Languette.** *Il restait* « *à peine une lichette de
beurre* » (ZOLA). ♦ 2° (peut-être de *liset* « ruban »). Région.
(Belgique). Attache de ruban, à l'intérieur du col d'un vêtement, par lequel on le suspend. *La lichette d'un imperméable.*

  LICIER ou **LISSIER** [lisje]. *n. m.* (1765; de *lice* 2). Techn.
♦ 1° Ouvrier qui monte les lices d'un métier à tisser.
♦ 2° Haut licier, celui qui fait des tapisseries de haute lice.

  LICITATION [lisitasjɔ̃]. *n. f.* (1509; lat. *licitatio*). Dr.
Vente aux enchères d'un bien indivis (V. **Liciter**). *Licitation
amiable ou volontaire. Licitation judiciaire.*

  LICITE [lisit]. *adj.* (v. 1300; lat. *licitus* « permis »). Qui
n'est défendu par aucune loi, aucune autorité établie. V.

Permis. *Profits licites et illicites. Ce qui est licite n'est pas nécessairement juste, ni même légitime.* ◇ ANT. *Défendu, illicite.*

LICITEMENT [lisitmã]. *adv.* (1266; de *licite*). *Rare.* D'une manière licite.

LICITER [lisite]. *v. tr.* (1514; lat. *licitari*). *Dr.* Vendre par licitation. *Héritiers qui licitent un domaine.*

LICOL [likɔl] *(vx)* ou **LICOU** [liku]. *n. m.* (1333,-1677; de *lie* [lier], et *cou*). Pièce de harnais, lien qu'on met autour du cou des bêtes de somme pour les attacher, les mener. *Retenir un cheval par son licou.*

LICORNE [likɔʀn(ə)]. *n. f.* (1385; it. *alicorno*, altér. d'*unicorne*, XIIᵉ; lat. *unicornis* « unicorne »). ♦ 1° Animal fabuleux qu'on représente avec un corps de cheval, une tête de cheval ou de cerf, et une corne unique au milieu du front. *La licorne, emblème de virginité, de pureté, dans les légendes du moyen âge.* ♦ 2° *Licorne de mer.* V. **Narval.**

LICOU. V. **LICOL.**

LICTEUR [liktœʀ]. *n. m.* (XIVᵉ; lat. *lictor*). *Antiq. rom.* Garde qui marchait devant les grands magistrats en portant une hache placée dans un faisceau de verges.

LIDO [lido]. *n. m.* (XXᵉ; du *Lido* de Venise). *Géogr.* Lagune derrière un cordon littoral; le cordon littoral.

LIE [li]. *n. f.* (1120; *lias*, VIIIᵉ; gaul. °*liga*). ♦ 1° Dépôt qui se forme au fond des récipients contenant des boissons fermentées. V. **Fèces, résidu.** *Lie de cidre, de bière.* Spécialt. *Lie de vin, ou absolt. Lie.* « *Il ne sentait pas le vin, il sentait la lie, la boue des cuves* » (GIONO). ◇ *Par métaph. Boire* le calice, la coupe jusqu'à la lie.* ◇ ADJ. LIE DE VIN ou *lie-de-vin* [lidvɛ̃] : rouge violacé. « *Une oreille large, avec des poils et des taches lie-de-vin* » (DUHAM.). ♦ 2° *Fig.* Ce qu'il y a de plus vil. *La lie du peuple.* V. **Populace, racaille.** « *Chaque nation a sa lie, cette frange de ratés et d'aigris* » (SARTRE). ◇ ANT. *Élite, gratin* (fam.). — HOM. *Li; lit.* Formes des v. *lier, lien.*

LIÉ, ÉE. *adj.* V. **LIER.**

LIED [lid]. *n. m.* (1841; mot all.). ♦ 1° Chanson populaire, romance, ballade de caractère spécifiquement germanique. *Des lieds, des lieder* [lid; lidœʀ]. « *Le soir, sous les étoiles, les bateliers chantaient des lieds sentimentaux* » (MAUROIS). « *Ils se mirent à chanter des chœurs allemands et des lieder* » (GIRAUDOUX). ♦ 2° *Mus.* Mélodie vocale composée sur le texte d'un lied. *Les lieder de Schubert.* ◇ HOM. (du plur.) *Leader.*

LIE DE VIN. V. **LIE.**

LIÈGE [ljɛʒ]. *n. m.* (1180; lat. pop. °*levius*, de *levis* « léger »). ♦ 1° *Cour.* Matériau léger, imperméable et élastique, formé par la couche externe de l'écorce de certains arbres, en particulier du *chêne-liège* ou *suber.* V. **Suber, subéreux.** *Détacher de l'arbre le premier liège ou liège mâle* (démasclage). *Bouchon, flotteurs en liège. Semelle de liège. Liège aggloméré,* composé de débris de liège amalgamés. ♦ 2° *Bot.* Tissu secondaire formé de cellules mortes remplies d'air et dont la membrane est imprégnée de subérine (le liège du chêne-liège en est un cas particulier).

LIÉGÉ, ÉE [ljeʒe]. *adj.* (1492; de *liège*). Garni de liège. Spécialt. *Filet liégé, ligne liégée :* garnis de flotteurs en liège.

LIÉGEOIS, OISE [ljeʒwa, waz]. *adj.* et *n.* (de *Liège,* ville de Belgique). De *Liège.* — Loc. *Café, chocolat liégeois :* glace au café, au chocolat, avec de la crème Chantilly.

LIEN [ljɛ̃]. *n. m.* (v. 1120; lat. *ligamen,* de *ligare.* V. **Lier**). I. ♦ 1° Toute chose flexible et allongée servant à lier, à attacher plusieurs objets ou les diverses parties d'un objet. V. **Attache, bande, corde, cordon, courroie, ficelle, sangle.** *Liens utilisés en chirurgie.* V. **Garrot, ligature.** *Liens qui attachent des chiens de meute.* V. **Accouple, couple.** ◇ *Techn.* (1676) Pièce de bois ou de métal reliant deux parties d'un assemblage. V. **Bride.** ◇ *(Abstrait)* Ce qui relie, unit. *Ces faits n'ont aucun lien entre eux. Lien de cause à effet.* V. **Corrélation, liaison.** *Lien dans les idées.* V. **Enchaînement, filiation, suite.** *Lien logique.* V. **Analogie, rapport.** ♦ 2° (1226). Ce qui unit entre elles deux ou plusieurs personnes. V. **Liaison, relation.** *Lien de parenté, de famille. Les liens du sang, de l'amitié. Nouer des liens étroits avec qqn. Lien conjugal.* « *Plus le lien social s'étend, plus il se relâche* » (ROUSS.). *Trancher tous ses liens avec sa famille, son milieu social.* V. **Attache.** ♦ 3° Élément (affectif, intellectuel) qui attache l'homme aux choses. V. **Affinité.** *Le lien « que le travail et la souffrance même peuvent former entre l'homme... et la terre »* (FUSTEL). « *Il était lié aux choses par des liens invisibles* » (FRANCE). II. (XIIIᵉ). ♦ 1° *Vx.* Corde, chaîne qui enserre, retient un captif. ♦ 2° *Métaph.* et *fig.* Ce qui maintient (qqn) dans un état d'étroite dépendance. V. **Assujettissement, chaîne, servitude.** « *Délivré des liens du travail* » (BAUDEL.). *Liens moraux, affectifs.* ◇ ANT. *Rupture, séparation.*

LIER [lje]. *v. tr.* (*Leier, loier,* Xᵉ; lat. *ligare*). I. Mettre ensemble, rapprocher, unir. ♦ 1° Entourer,

serrer avec un lien (plusieurs choses ou les parties d'une même chose pour qu'elles tiennent ensemble). V. **Attacher.** *Lier de la paille en bottes, en faisceaux, en gerbes. Lier avec une corde, une ficelle.* V. **Ficeler.** *Un chirurgien « qui lie les artères et suture la plaie »* (SUARÈS). ♦ 2° Assembler, joindre. *Lier les pièces d'un assemblage.* — *Lier ses lettres,* les joindre l'une à l'autre par de légers traits. ◇ *Lier des sons. Lier les mots,* les prononcer en faisant une liaison. *Lier les notes, une phrase.* — *Passage lié.* V. **Legato.** ♦ 3° Joindre à l'aide d'une substance ou d'un ingrédient qui opère la réunion ou le mélange. V. **Liaison.** *Lier les briques avec du ciment* (V. **Cimenter**), *des pierres avec du mortier* (V. **Conglomérer**). — *Lier une sauce :* l'épaissir avec une liaison. ♦ 4° *(Abstrait).* Unir par un rapport logique, fonctionnel, structural. *Lier les idées.* V. **Associer, coordonner, relier.** *Lier les scènes d'une pièce de théâtre.* V. **Agencer.** *Chaîne, rapport qui lie la cause à l'effet.* — Au p. p. *Dans cette affaire, tout est lié :* tout se tient. « *Ces souvenirs, indissolublement liés à l'éveil de sa première jeunesse »* (RENAN). — Pronom. « *Les idées se liant les unes aux autres, il pensa...* » (FRANCE). V. **Rattacher** (se), **relier** (se). ♦ 5° Unir par des liens d'affection, de convenance, de solidarité, d'intérêt. *Leur communauté de goûts les liera vite.* V. **Rapprocher.** « *Une silencieuse fraternité liait Rivière et ses pilotes »* (ST-EXUP.). ◇ SE LIER (avec qqn). V. **Attacher** (s'). *Je me suis lié d'amitié avec lui.* Absolt. *Il se lie facilement.* V. **Liant.** Récipr. *Ils se rencontrent souvent mais ils ne se sont pas liés.* — ÊTRE LIÉ à, avec (qqn). *Ils sont très liés* (ensemble). V. **Familier, intime.** ♦ Faire naître (un lien). *Lier amitié* (avec qqn), contracter un lien d'amitié. *Lier conversation.* V. **Nouer.** ♦ Vx. *Lier partie :* convenir d'une partie de plaisir, d'une rencontre. — Mod. *Fig. Avoir partie liée* (avec qqn) : se mettre ou être entièrement d'accord (avec lui) pour une affaire où sont engagés des intérêts communs.

II. Fixer, retenir (qqn). ♦ 1° Attacher, enchaîner. *On l'avait lié sur une chaise.* V. **Ligoter.** Loc. *fig. Être fou à lier.* — Au p. p. *Pieds et poings liés.* ◇ (XVIᵉ) *Lier les mains à* (ou de) *qqn,* lui ôter toute possibilité d'action. *Avoir les mains liées,* être réduit à l'impuissance, à l'inaction. ♦ 2° Imposer une obligation (juridique, morale) à. V. **Astreindre, obliger.** *Être lié par un serment, une promesse, un contrat.* V. **Engager, garrotter.** « *Je ne suis liée que pour deux ans... les clauses de mon contrat me protègent* » (ROMAINS). ◇ *Relig.* Ne pas absoudre. « *Le pouvoir de lier et de délier les âmes »* (CHATEAUB.). ◇ 3° LIER À. V. **Attacher.** « *On la lia à la queue d'un cheval indompté »* (MICHELET). *Forçat lié à sa chaîne.* V. **Enchaîner, river.** ◇ *Fig.* Retenir par un lien de dépendance. *Contrat liant le débiteur au créancier.* — Par ext. *Lier sa vie à celle d'une femme. Lier son destin à celui d'une entreprise :* l'en faire dépendre*.

◇ ANT. *Délier, couper, délivrer, détacher, rompre, séparer.* — HOM. Formes du v. *lire.*

LIERNE [ljɛʀn(ə)]. *n. f.* (1561; de *lier;* Cf. *Lienne* « attache »). ♦ 1° *Archit.* Nervure de la voûte gothique, réunissant les sommets des arcs doubleaux et formerets à clef de voûte. ♦ 2° *Techn.* *(Charpent.).* Pièce de charpente horizontale qui relie deux poteaux.

LIERRE [ljɛʀ]. *n. m.* (1559; altér. de *l'ierre,* XIIᵉ; a. fr. *edre* (Xᵉ); lat. *hedera*). ♦ 1° Arbrisseau rampant et grimpant par des racines adventives, aux feuilles luisantes toujours vertes. *Lierre qui grimpe, attache ses crampons aux lézardes des murs.* ♦ 2° *Par anal. Lierre terrestre,* le gléchome.

LIESSE [ljɛs]. *n. f.* (*ledece, leece,* XIᵉ; lat. *lætitia* « joie », par attract. de l'a. fr. *lié* « joyeux »). ♦ 1° *Vx.* Joie. — *Littér.* Joie débordante et collective. V. **Allégresse.** « *Une étrange liesse emplissait la ville illuminée* » (GIDE). ♦ 2° *Mod. Littér. En liesse,* se dit des foules qui manifestent leur joie. *Peuple, nation en liesse.* « *Les gros rires de la horde en liesse »* (LECOMTE).

1. **LIEU** [ljø]. *n. m.* (XIIᵉ; *leu,* Xᵉ; lat. *locus*). I. ♦ 1° Portion déterminée de l'espace, considérée de façon générale et abstraite. V. **Endroit.** *Situation d'un objet dans un lieu.* V. **Position.** *Être, se trouver dans un lieu; présence en un lieu. En quel lieu? En quel lieu? V. Où. Dans ce lieu* (V. **Ici, là**); *dans un autre lieu* (V. **Ailleurs**); *dans un lieu quelconque* (quelque part*); *en tous lieux* (V. **Partout**). *Lieux proches, voisins.* V. **Alentour, environ(s), parage, secteur, voisinage.** *Science des noms de lieu.* V. **Toponymie.** *Lieu dit,* appelé. V. **Lieudit.** *Donner, attribuer un lieu à.* V. **Localiser, mettre, placer, situer.** *Choisir un lieu pour...* V. **Emplacement, place.** *La date et le lieu. Ce n'est ni le temps ni le lieu pour faire cela. Les coutumes varient avec les lieux.* V. **Climat, contrée, pays, région.** — *Un lieu charmant, agreste, champêtre.* V. **Séjour.** *Lieu saint, sacré, profane. Lieu public.* V. **Site.** *Des lieux retirés, écartés et solitaires.* « *Il y a des lieux où souffle l'esprit* » (BARRÈS). *Lieu de débauche, de perdition; mauvais lieu. Lieu sûr, où l'on est en sûreté. Mettre (qqn, qqch.) en lieu sûr. Lieu de départ, de destination. Indiquer l'heure et le lieu d'un rendez-vous.* — *Lieu de naissance d'une personne. Cesser de paraître au lieu de son domicile. Lieu de travail. Le lieu du crime, du délit.* V. **Scène, théâtre.** *Lieu de*

l'action. Unité de lieu du théâtre classique. « *Qu'en un lieu, qu'en un jour, un seul fait accompli...* » (BOIL.). — *Gram.* Situation spatiale. *Adverbes, prépositions de lieu; complément de lieu.* — *Loc.* (1549) *N'avoir ni feu ni lieu; être sans feu ni lieu,* se dit de pauvres gens sans foyer, sans domicile fixe, ou de vagabonds sans aveu. ♦ 2° HAUT LIEU (1291) : hauteur, colline sur lesquelles les Juifs élevaient des autels et faisaient des sacrifices. — *Fig.* Lieu mémorable théâtre de hauts faits. *Le Chemin des Dames est un des hauts lieux de la guerre de 1914-1918.* ◊ LIEU SAINT, nom donné aux temples, aux églises, aux sanctuaires. Au plur. *Les Lieux saints,* les lieux de la vie de Jésus, en Palestine, et *spécialt.* Les lieux de la Passion. V. **Terre** (sainte). ♦ 3° LIEU PUBLIC : lieu qui par destination admet le public (rue, jardin, mairie), ou lieu privé auquel le public peut accéder (café, cinéma). « *L'affluence qui se répand dans tous les lieux publics* » (CAMUS). ♦ 4° *Math.* (1691). LIEU GÉOMÉTRIQUE *d'un point P, d'une courbe C satisfaisant à certaines conditions :* ensemble des positions occupées par ce point, cette courbe.
II. LES LIEUX, plur. à valeur de sing. ♦ 1° *Vieilli.* Se dit d'un endroit unique considéré ou non dans ses parties (surtout avec le démonstratif). *De ces lieux, en ces lieux,* ici. *Le maître de ces lieux.* V. **Céans.** « *Allons, quittez ces lieux!* » (MOL.). ♦ 2° Mod. *(Dr.).* Endroit précis où un fait s'est passé. *La police s'est rendue sur les lieux. Être sur les lieux,* sur place. *L'usage, la coutume des lieux.* « *Le meurtrier aurait pu tarder à quitter les lieux* » (ROMAINS). ♦ 3° Appartement, maison, propriété. *Aménagement, configuration des lieux.* V. **Êtres.** *État des lieux. Quitter, évacuer, vider les lieux.* V. **Déloger.** « *Tout est resté rituel dans la disposition des lieux* » (ROMAINS). ♦ 4° *Lieux d'aisances* (1802). V. **Cabinet(s).** *Absolt.* (Vieilli) « *Les lieux! Oui! ces braves latrines* » (FLAUB.).
III. (Dans les expressions). ♦ 1° Place déterminée dans un ensemble, une succession (espace ou temps). *Ce n'est pas le lieu de parler de cela. En son lieu :* à son tour. *Loc. adv. En temps et lieu,* au moment et à la place convenables. *Nous vous ferons connaître notre décision en temps et lieu.* ♦ 2° Points successifs d'un discours, d'un écrit. *En premier lieu :* d'abord, premièrement, primo. *En dernier lieu :* enfin. ♦ 3° AVOIR LIEU : avoir, prendre place (à un endroit, à un moment). V. **Arriver, passer** (se), **produire** (se). *La fête aura lieu sur la grand-place.* V. **Tenir** (se). *Les Jeux olympiques ont lieu tous les quatre ans.* V. **Célébrer** (se). — *Absolt.* Être, se faire, s'accomplir. *La guerre de Troie n'aura pas lieu,* pièce de Giraudoux. ♦ 4° *Vx.* Place (d'une personne, d'un groupe) dans la hiérarchie sociale. V. **Famille, milieu.** *Être de bas, de haut lieu.* V. **Extraction, naissance.** *Mod.* EN HAUT LIEU : auprès des personnalités influentes, des supérieurs haut placés. *Aller se plaindre en haut lieu.* ♦ 5° AU LIEU DE (1538). *loc. prép.* À la place de. *Employer un mot au lieu d'un autre.* V. **Pour.** *Au lieu de prendre l'avion, nous prendrons le train.* V. **Défaut** (à défaut de), **faute** (de). — (Suivi d'un infinitif, pour exprimer l'opposition entre deux actes, deux états) *Vous rêvez au lieu de réfléchir.* « *Au lieu de la questionner, nous ferions mieux de lui servir une bonne tasse de café* » (ZOLA). ◊ AU LIEU QUE (1490) *loc. conj.* Avec *l'indicatif,* pour opposer deux états, deux actions différentes. V. **Alors** (que), **là** (où), **tandis** (que). « *On s'imaginait que je pouvais écrire par métier... au lieu que je ne suis jamais écrire que par passion* » (ROUSS.). Avec le *subjonctif,* pour opposer deux actes, deux états dont l'un se substitue à l'autre. V. **Loin** (loin que). « *Au lieu que son histoire l'ait calmé, on dirait plutôt qu'il s'aigrit* » (ROMAINS). ♦ 6° TENIR LIEU DE. V. **Remplacer, servir** (de). « *Marthe me tenait lieu de tout* » (RADIGUET). « *Ces superstitions tenaient donc lieu de religion à nos concitoyens* » (CAMUS). ♦ 7° *Fig.* et *vx.* Prendre, donner... *lieu de :* une condition qui autorise ou justifie (qqch.). V. **Droit, occasion, raison, sujet.** « *Ils prennent lieu de blasphémer* » (PASC.). « *Votre ressentiment me donnait lieu de craindre* » (MOL.). ◊ Mod. AVOIR LIEU DE. *Avoir lieu de se louer, de se plaindre de qqn. Elle n'a pas lieu de se plaindre.* — *Impers. Il y a lieu de :* il est opportun, il convient de. *Il n'y a pas lieu de s'inquiéter pour le moment. Absolt. S'il y a lieu* (de faire qqch.) : le cas échéant. *Nous vous convoquerons, s'il y a lieu.* ◊ DONNER LIEU À : fournir l'occasion. V. **Occasionner, produire, provoquer.** « *Tout ce qui était sacré donnait lieu à une fête* » (FUSTEL).
IV. LIEUX COMMUNS (1565; lat. *loci communes,* trad. gr. *topoï koïnoi*). ♦ 1° *Ancienn. Lieux communs; lieux :* arguments, développements et preuves applicables à tous les sujets. *Les Topiques d'Aristote, traité sur les lieux communs.* ♦ 2° *Mod.* LIEU COMMUN : idée, sujet de conversation que tout le monde utilise (V. **Banalité**); fait de style qu'un emploi trop fréquent a affadi. V. **Cliché, poncif.** *Lieux communs rebattus, prétentieux.* « *On ne s'entend que sur les lieux communs. Sans terrain banal, la société n'est plus possible* » (GIDE).
◊ HOM. Lieue.
2. LIEU [ljø]. *n. m.* (1553; *lief,* 1431; a. scand. *lyr*). Nom régional du *colin,* du *merlus (Gadidés.* V. **Merlan).**
LIEU-DIT ou **LIEUDIT** [ljødi]. *n. m.* (1874; de *lieu,* et

dit). Lieu de la campagne qui porte un nom traditionnel désignant une particularité d'ordre topographique ou historique. *L'autocar s'arrête au lieudit des « Trois-Chênes ». Des lieux-dits* ou *lieuxdits.*
LIEUE [ljø]. *n. f.* (1080; lat. *leuca,* d'o. gaul.). ♦ 1° *Ancienn.* Mesure de distance (env. 4 km). Loc. *À cent lieues à la ronde,* loin autour (d'un endroit). *Les bottes de sept lieues :* qui permettaient de faire 7 lieues en une enjambée (contes). ♦ 2° *Fig. J'étais à cent lieues de supposer cela. Il sent son ancien marin d'une lieue :* de loin. ♦ 3° *Lieue marine,* vingtième partie du grand cercle de la Terre qui vaut 3 milles ou 5555,5 mètres. *Vingt mille lieues sous les mers,* roman de J. Verne. ⊗ HOM. Lieu (1 et 2).
LIEUR, LIEUSE [ljœR, ljøz]. *n.* (1351; de *lier).* Personne qui lie des bottes de foin, de paille (botteleur), des gerbes de blé.
LIEUSE [ljøz]. *adj. et n. f.* (1894; de *lier).* ♦ 1° Machine servant à lier les gerbes. *Moissonneuse-lieuse* ou *lieuse.* V. **Faucheuse.** ♦ 2° *Ficelle lieuse,* servant à lier les gerbes.
LIEUTENANCE [ljøtnãs]. *n. f.* (XVe; de *lieutenant). Vx.* Charge, office, grade de lieutenant. *Lieutenance générale des armées.*
LIEUTENANT [ljøtnã]. *n. m.* (*Luetenant,* 1287; de *lieu,* et *tenant* « tenant lieu de »). ♦ 1° Celui qui est directement sous les ordres du chef et le remplace éventuellement. *Les lieutenants d'Alexandre, de César.* V. **Second.** ♦ 2° *Anc. Dr. Lieutenant général du royaume :* personnage investi à titre exceptionnel de l'autorité du roi. — Ancien officier de justice. *Les lieutenants généraux (lieutenant civil, lieutenant criminel) pouvaient être assistés de lieutenants particuliers.* ♦ 3° (1478). *Milit.* Grade de divers officiers. *Lieutenant général,* officier qui commandait sous les ordres d'un général. ♦ 4° *Mod.* Officier dont le grade est immédiatement au-dessous de celui de capitaine, et qui commande ordinairement une section. *Le lieutenant et deux galons. On dit « mon lieutenant » aux lieutenants, sous-lieutenants et aspirants.* ♦ 5° Premier grade des officiers de pont dans la marine marchande. *Lieutenant de vaisseau :* officier de la Marine nationale dont le grade correspond à celui de capitaine.
LIEUTENANT-COLONEL [ljøtnãkɔlɔnɛl]. *n. m.* (XVIIe; de *colonel).* Officier dont le grade est immédiatement inférieur à celui de colonel. *Le lieutenant-colonel a cinq galons de couleurs alternées; on lui dit « mon colonel ».*
LIEUTENANTE [ljøtnãt]. *n. f.* (1690; de *lieutenant).* ♦ 1° *Hist.* Femme d'un lieutenant-général. ♦ 2° *Mod.* Femme lieutenant.
LIÈVRE [ljɛvʀ(ə)]. *n. m.* (v. 1200; *levre,* 1080; lat. *lepus, oris).* ♦ 1° Mammifère rongeur, voisin du lapin (*Léporidés),* dont les pattes postérieures plus longues que les pattes antérieures, ce qui le rend très rapide à la course. V. **Bouquet, bouquin** (chasse). Femelle du lièvre. V. **Hase.** *Petit du lièvre.* V. **Levraut.** *Lièvre commun. Lièvre changeant,* vivant dans les montagnes et de teinte variable selon les saisons. *Débusquer, forcer un lièvre. Lièvre en forme, au gîte. Lever* (I, 4°) *un lièvre.* — Chair comestible de cet animal. *Civet, pâté de lièvre.* ♦ 2° *Loc. fig. Il ne faut pas courir deux lièvres à la fois :* mener de front plusieurs activités. — *C'est là que gît le lièvre* (lat. *hic jacet lepus),* là est le nœud de l'affaire. — *Lever, soulever un lièvre :* soulever à l'improviste une question importante, généralement embarrassante ou compromettante pour autrui.
LIFTIER [liftje]. *n. m.* (1920; angl. *lift* « ascenseur »). Garçon d'ascenseur (*lift,* n. m. (1904) ne s'emploie plus en français).
LIFTING [liftiŋ]. *n. m.* (XXe; *face-lifting* « ridectomie », de *to have one's face lifted :* se faire tirer la peau du visage). Anglicisme. Opération de chirurgie esthétique, par décollement et tension de l'épiderme (équivalent proposé : *déridage, lissage).*
LIGAMENT [ligamã]. *n. m.* (av. 1478; lat. *ligamentum,* de *ligare* « lier »). ♦ 1° Faisceau de tissu fibreux blanchâtre, très résistant et peu extensible, unissant deux os, deux cartilages (spécialt. au niveau d'une articulation) ou servant à maintenir en place d'autres parties ou organes. *Ligaments articulaires, interosseux. Ligament suspenseur de l'aisselle. Ligaments antérieurs de la vessie. Ligaments distendus, arrachés, dans l'entorse, dans la luxation.* ♦ 2° Repli du péritoine reliant les organes intra-abdominaux ou pelviens entre eux, ou à la paroi abdominale. *Ligament suspenseur du foie. Ligament gastro-pancréatique. Ligaments postérieurs de la vessie.*
LIGAMENTAIRE [ligamãtɛʀ]. *adj.* (v. 1970; de *ligament). Méd.* Relatif aux ligaments. *Laxité ligamentaire.*
LIGAMENTEUX, EUSE [ligamãtø, øz]. *adj.* (1515; *ligamental,* 1478; de *ligament). Anat.* Qui est de la nature des ligaments. *Tissu ligamenteux.*
LIGAND [ligã]. *n. m.* (v. 1970; mot amér., du lat. *ligandum,* gérondif de *ligare* « lier »). *Chim.* Molécule, ion dans lesquels un atome central est lié à d'autres atomes ou groupements d'atomes en nombre supérieur à la charge ou au

degré d'oxydation de l'atome central. — Traduction proposée : *coordinal.*

LIGATURE [ligatyʀ]. *n. f.* (XVᵉ ; *ligadure,* XIVᵉ ; bas lat. *ligatura,* de *ligare.* V. **Lier**). ♦ 1º Opération consistant à réunir, à fixer, à serrer avec un lien quelconque. *Faire une ligature.* — *Chir.* Nœud fait à l'aide d'un fil autour d'un vaisseau (hémostase), d'un cordon ou d'un conduit. — (Hortic.) *Ligature des greffes, des feuilles de salade, des sarments.* ♦ 2º Lien, nœud permettant cette opération. « *On fixa les skis avec de fortes ligatures* » (CHARDONNE). ♦ 3º *Typogr.* Trait reliant plusieurs lettres (ff, fl, etc.) ; signe comportant plusieurs lettres ainsi liées. ◇ *Mus.* Liaison. ♦ 4º *Gram.* Mot servant à lier plusieurs mots, plusieurs propositions (conjonction, préposition).

LIGATURER [ligatyʀe]. *v. tr.* (1842 ; de *ligature*). Serrer, fixer avec une ligature.

LIGE [liʒ] *adj.* (1080 ; p.-ê. bas lat. °*liticus,* rad. germ. *let-* ; Cf. all. *Ledig* « libre »). ♦ 1º *Féod.* Qui a rendu à son seigneur un hommage l'engageant à une fidélité absolue. *Homme, vassal lige.* Par ext. *Hommage lige.* ♦ 2º *Homme lige de,* homme entièrement dévoué à (une personne, un parti).

LIGIE [liʒi]. *n. f.* (1808 ; o. i.). Crustacé isopode voisin des cloportes.

LIGNAGE [liɲaʒ]. *n. m.* (fin XIᵉ ; de *ligne*).
I. ♦ 1º *Vx.* Ensemble des parents issus d'une souche commune. V. **Famille, race.** « *Une demoiselle de haut lignage* » (FLAUB.), de haut lieu, noble. ♦ 2º *Mod.,* Biol. *Lignage cellulaire :* généalogie des différents tissus, telle qu'on peut la retracer en embryologie (pour différentes espèces).
II. *(Néol.).* Nombre de lignes imprimées qui entrent dans la composition d'un texte.

LIGNARD [liɲaʀ]. *n. m.* (1863 ; de *ligne*). ♦ 1º *Vx.* Soldat de l'infanterie de ligne. ♦ 2º (1894). Journaliste payé à la ligne.

LIGNE [liɲ]. *n. f.* (1118 ; lat. *linea,* proprem. [corde] « de lin »).
I. Trait continu allongé, visible ou virtuel. ♦ 1º Trait dont l'étendue se réduit pratiquement à la seule dimension de la longueur. *Tracer, tirer des lignes. Ligne horizontale, verticale. Les cinq lignes de la portée.* ◇ *Géom.* Figure décrite par un point dont la position est fonction continue d'un paramètre (tel que le temps). *Ligne droite, courbe.* V. **Courbe, droite.** *Lignes parallèles, perpendiculaires. Point d'intersection de deux lignes.* — *Lignes de triangulation. Lignes isobares, isothermes. Lignes de force.* ♦ 2º (XVIIᵉ). Trait réel ou imaginaire qui sépare deux choses ; intersection de deux surfaces. V. **Frontière, limite.** *Lignes de niveau, sections d'une surface par différents plans horizontaux matérialisant le relief sur une carte. Ligne d'horizon,* ligne fictive à l'intersection du plan d'un tableau et du plan d'horizon de l'observateur. *Ligne de foi,* ligne servant de repère dans un instrument de visée. *Lignes délimitant un terrain de sport. Ligne de touche. Ligne d'arrivée.* « *La ligne tracée sur la carte et sur le sol qui constitue une frontière* » (VALÉRY). *Ligne de démarcation. Ligne de faille, de faite, de partage des eaux. Ligne équinoxiale. Passage de la ligne,* de l'équateur. — *Ligne jaune,* marquant la division d'une route en plusieurs bandes. — *Région.* (Belgique). *Ligne des cheveux,* la raie. ♦ 3º Chacun des traits qui sillonnent la paume de la main. *Lire les lignes de la main. Ligne de vie, de cœur.* ♦ 4º (1845). Contour, tracé. V. **Dessin, forme.** *Lignes et volumes. Lignes et couleurs. Harmonie des lignes. Les lignes d'un paysage.* V. **Courbe.** « *Cette ligne bleue des Vosges* » (J. FERRY). *Lignes du corps humain. Pureté des lignes. Lignes du visage.* V. **Linéament, profil.** « *Cette ligne onduleuse et grasse des dos féminins* » (MAUPASS.). 5º *La ligne,* ensemble des lignes, effet général produit par leur combinaison. « *La ligne de l'architecture grecque* » (LACRETELLE), « *La ligne contournée du style Régence* » (GREEN). Mode. *La ligne d'une robe. La ligne trapèze. Avoir de la ligne,* des formes élégantes, sveltes. V. **Silhouette.** — *Garder sa ligne :* rester mince. *Vous ne mangez plus rien ; c'est pour la ligne?* ♦ 6º *Mus. Ligne mélodique.* V. **Mélodie.** ♦ 7º *Fig.* Élément, point. *Les lignes essentielles d'un programme. Dans ses grandes lignes,* en gros.
II. (XIIᵉ, *linie*). Direction continue dans un sens déterminé. ♦ *Direction. En ligne droite.* « *M'indiquant la ligne qu'il fallait suivre* » (BARBEY). *Fig. S'écarter de la ligne droite, de la ligne du devoir.* V. **Voie.** *Ligne de conduite.* « *Il nous est si difficile... de suivre longtemps une ligne d'action* » (ROMAINS). — (1869) *Ligne politique. Être dans la ligne du parti,* suivre l'orthodoxie qu'il a définie. ♦ 2º Tracé idéal dans une direction déterminée. *Ligne de mire, de visée. Ligne de tir.* — *Escr. Être en ligne,* les épaules, le bras et l'épée sur la même ligne. *Ligne haute, basse, dehors, dedans,* dans lesquelles se font attaques et parades. ♦ 3º (1842). Trajet emprunté par un service régulier de transport en commun entre deux villes ou deux pays ; ce service. *Lignes de chemin de fer, de métro, d'autobus.* « *Un bout de ligne non terminé, que desservent des omnibus* » (NERVAL). *Tête* de ligne. Ligne maritime, aérienne. Pilote de ligne.* ◇ *Spécialt. Itinéraire militaire. Lignes de communication, de retraite.*
III. (XIIᵉ). Fil (ficelle, corde, câble, etc.) tendu dans une direction déterminée. ♦ 1º *Cordeau. Arbres plantés à la ligne. Ligne de charpentier* ou *simbleau.* — *Mar.* Cordage mince. *Ligne de loch, de sonde.* ♦ 2º (1343). Fil (soie, crin, nylon) portant à l'une de ses extrémités un hameçon garni d'un appât ou d'un leurre. *Pêche à la ligne. Ligne de fond,* ligne sans flotteur qui repose au fond de l'eau. « *Il m'enseignait à poser des lignes de fond* » (DUHAM.). *Ligne volante,* sans flotteur ni plomb. — *Par ext.* L'engin de pêche complet (gaule et ligne). ♦ 3º Système de fils ou de câbles conduisant et transportant l'énergie électrique. *Ligne à haute tension.* — *Spécialt.* Ligne électrique assurant les communications par télégraphe ou téléphone. *Ligne téléphonique. La ligne est occupée, en dérangement.* « *Téléphonez.* — *Nous avons essayé : la ligne est coupée* » (ST-EXUP.).
IV. Suite, série de personnes ou d'objets disposés dans une même direction. ♦ 1º Suite alignée de choses, de personnes placées côte à côte (surtout dans : *en ligne, sur une ligne...*). *Arbres plantés en ligne. Ranger sur plusieurs lignes. En ligne pour le départ!* — *Fig. Mettre sur la même ligne,* sur le même plan, au même niveau. — HORS LIGNE, hors de pair, supérieur. « *Son intelligence hors ligne le désigne pour un poste élevé* » (COURTELINE). ♦ 2º Série alignée d'ouvrages ou de positions. *Lignes de fortifications. Ligne de défense. La ligne Maginot, Siegfried,* systèmes fortifiés. ◇ *Suite d'unités militaires sur des positions alignées. Première, seconde ligne. Infanterie de ligne,* se disait des régiments appelés à combattre en ligne. — *Par anal.* (Rugby) *Première, troisième ligne* (d'avants). ◇ *Par ext.* Front. « *Une brigade de renfort montait en ligne* » (MAUROIS). *Reculer sur toute la ligne. Fig. Avoir raison sur toute la ligne,* tout à fait. ♦ 3º *Mar.* Formation de bâtiments de guerre avançant soit l'un à côté de l'autre *(ligne de front),* soit l'un derrière l'autre *(ligne de file). Bâtiments de ligne,* appelés à combattre en ligne, en escadre. ♦ 4º (XIIIᵉ). Suite de caractères disposés dans la page sur une même ligne horizontale. *Pages de lignes. Aller, revenir à la ligne,* pour entamer un autre alinéa. *Journaliste payé à la ligne. Tirer à la ligne,* chercher à allonger un article payé à la ligne. *Ligne-bloc.* V. **Linotype.** — *Lignes à copier* (punition scolaire). *Vous me ferez cent lignes!* ◇ *Par ext.* Mots constituant une ligne, un texte. *De la première à la dernière ligne. Je vous envoie ces quelques lignes, ce court billet. Lire entre les lignes,* deviner ce qui est sous-entendu. ♦ 5º *Vx. Ligne de compte,* article d'un compte. *Fig.* (Mod.) *Cela ne doit pas entrer en ligne de compte,* ne doit pas compter, être pris en considération. ♦ 6º *Télév.* Surface d'analyse de l'image, constituée par la juxtaposition des points élémentaires. *Nombre de lignes.* V. **Linéature.** ♦ 7º Suite des degrés de parenté. V. **Filiation, lignée.** *Ligne directe, collatérale. Descendre en droite ligne de.* « *Chaque ligne gardant son côté : les parents de la femme à gauche, ceux du défunt à droite* » (BALZ.). ♦ 8º *Techn.* Ensemble cohérent de produits de parfumerie conçus pour un même type d'utilisateurs. « *Offrir aux peaux sèches une ligne complète de produits* » (*Publicité,* avril 1974).
V. ♦ 1º Ancienne mesure de longueur, douzième partie du pouce. « *Sans perdre une ligne de sa haute taille* » (RENAN). ♦ 2º *Mod.* [Canada]. Mesure de longueur, huitième partie du pouce* (3,175 mm).

LIGNÉE [liɲe]. *n. f.* (déb. XIIᵉ ; de *ligne*). ♦ 1º Ensemble des descendants d'une personne. V. **Descendance, postérité.** « *Avoir une belle lignée* » (BALZ.). ◇ *Biol.* Syn. de *Souche*. Lignées de cellules sanguines.* ♦ 2º Famille, filiation spirituelle. « *Dans la lignée Chateaubriand-Barrès* » (MAUROIS).

LIGNER [liɲe]. *v. tr.* (fin XIIᵉ ; de *ligne*). Marquer de lignes, rayer. — Au p. p. *Papier ligné.*

LIGNEROLLE [liɲʀɔl]. *n. f.* (1786 ; de *ligne*). Techn., mar. Petit filin en fil de caret.

LIGNEUL [liɲœl]. *n. m.* (XIIIᵉ ; lat. pop. °*lineolum,* class. *lineola,* dimin. de *linea.* V. **Ligne**). Gros fil enduit de poix à l'usage des cordonniers.

LIGNEUX, EUSE [liɲø, øz]. *adj.* (1528 ; lat. *lignosus,* de *lignum* « bois »). ♦ 1º De la nature du bois. *Tissu ligneux,* substance compacte et fibreuse de la racine, de la tige et des branches de certains végétaux. « *Trois branches nouaient leurs fibres ligneuses* » (PERGAUD). *Plantes ligneuses* (opposé à *herbacées*). V. **Arbre.** ♦ 2º *Méd.* Qui a la consistance du bois. *Phlegmon ligneux.*

LIGNICOLE [liɲikɔl]. *adj.* (1842 ; lat. *lignum* « bois », et suff. *-cole*). *Zool.* Qui vit dans le bois. *Insectes lignicoles.*

LIGNIFICATION [liɲifikasjɔ̃]. *n. f.* (1842 ; de *lignifier*). *Bot.* Modifications des membranes de certaines cellules par association de la lignine à la cellulose (ligno-cellulose).

LIGNIFIER (SE) [liɲifje]. *v. pron.* (1699 ; lat. *lignum* « bois », et suff. *-fier*). *Bot.* Se convertir en bois par le phénomène de la lignification. — Au p. p. *Tissus lignifiés,* qui sont lignifiés.

LIGNINE [liɲin]. *n. f.* (1842; lat. *lignum* « bois »). *Chim.* Substance responsable de la lignification.

LIGNITE [liɲit]. *n. m.* (1765; lat. *lignum* « bois »). Charbon naturel fossile, noir ou brun, compact, présentant des lits de végétaux bien conservés.

LIGNOMÈTRE [liɲɔmɛtʀ(ə)]. *n. m.* (1906; de *ligne*, et *-mètre*). *Typogr.* Règle graduée servant à compter les lignes de composition.

LIGOT [ligo]. *n. m.* (1752; du lat. *ligare.* V. Lier). *Techn.* Petit fagot de bûchettes enduites de résine, servant d'allume-feu.

LIGOTAGE [ligɔtaʒ]. *n. m.* (1883; de *ligoter*). Action de ligoter; son résultat.

LIGOTER [ligɔte]. *v. tr.* (*Ligoter la vigne*, 1600; arg., 1837; de *ligote* « corde », repris de l'a. fr. (1180); prov. *ligot* « lien », lat. *ligare.* V. Lier). Attacher, lier (qqn) solidement avec une corde, en privant de l'usage des bras et des jambes. *Les voleurs ont ligoté le gardien.* — *Par métaph.* V. Enchaîner. « *Près de se laisser séduire et ligoter au mariage* » (Henriot).

LIGUE [lig]. *n. f.* (XIIIᵉ; it. *liga;* lat. *ligare.* V. Lier). ♦ 1° Alliance entre États, dans des circonstances particulières, pour défendre des intérêts communs, poursuivre une politique concertée. V. Alliance, coalition, union. « *Une ligue des neutres, ligue armée* » (Bainville). *La ligue d'Augsbourg. La Ligue arabe.* ♦ 2° Association formée à l'intérieur d'un État pour défendre des intérêts politiques, religieux. V. Cabale, parti. *La Sainte Ligue, la Ligue,* parti catholique constitué pendant les guerres de Religion pour combattre les protestants. ♦ 3° (1863). Nom de diverses associations qui se proposent des buts d'ordre moral, humanitaire, civique, etc. *Ligue des droits de l'homme. Ligue française de l'enseignement.* « *Les ligues patriotes sont... encombrées de fonctionnaires* » (Bernanos).

LIGUER [lige]. *v. tr.* (1564; de *ligue*). ♦ 1° Unir dans une ligue. V. Allier, coaliser. « *Liguer petit à petit l'Europe contre la France* » (Volt.). — *Pronom.* Former une ligue. ♦ 2° Associer dans un mouvement, dans une action. « *Ces deux êtres qu'il n'avait réunis que pour les liguer contre lui* » (Gide). *Pronom.* « *Tout en nous se ligue contre Dieu* » (Mauriac). ◇ ANT. Désunir.

LIGUEUR, EUSE [ligœʀ, øz]. *n.* (1594; de *ligue*). ♦ 1° *Hist.* Membre, partisan de la « Sainte Ligue ». ♦ 2° (XXᵉ). S'est dit des membres de certaines ligues politiques (en particulier d'extrême-droite et hostiles au pouvoir).

LIGULE [ligyl]. *n. f.* (1562; lat. *li(n)gula,* dimin. de *lingua.* V. Langue). *Bot.* Languette membraneuse à la face supérieure des feuilles de certaines plantes.

LIGULÉ, ÉE [ligyle]. *adj.* (1803; de *ligule*). ♦ 1° Pourvu de ligules. *Feuille ligulée.* ♦ 2° En forme de languette. *Fleurs ligulées.*

LIGULIFLORE [ligyliflɔʀ]. *adj. et n. f. pl.* (1842; de *ligule*, et suff. *-flore*). *Bot. Plantes liguliflores :* à fleurs ligulées.

LIGURE [ligyʀ]. *n. m.* (lat. *Ligur, Liguris*). Nom d'un peuple d'origine incertaine qui s'établit sur la côte méditerranéenne et l'arrière pays (sud-est de la Gaule; nord-ouest de l'Italie), vers le VIᵉ s. avant J.-C. *Le ligure,* langue ancienne du groupe italo-celtique (attestée surtout par des noms propres).

LILAS [lila]. *n. m.* (*Lilac,* 1600; esp. *lilac,* port. *lilaz,* de l'arabo-pers. *lîlâk).* ♦ 1° Arbuste ornemental (*Oléacées*) aux fleurs très parfumées, violettes ou blanches, disposées en grappes. *Lilas de Perse. — Les fleurs de cet arbuste. Lilas violet, blanc. Le temps des lilas.* ♦ 2° *Adj. (invar.).* Dont la couleur (violet tirant sur le rose, ou mauve) rappelle la couleur la plus commune des fleurs de lilas. *Subst. Un lilas foncé.*

LILIACÉES [liljase]. *n. f. pl.* (fin XVIIᵉ; bas lat. *liliaceus,* de *lilium.* V. Lis). Famille de plantes monocotylédones comprenant des plantes arborescentes et surtout herbacées, cultivées notamment comme ornementales (lis, tulipe) ou alimentaires (ail, asperge).

LILIAL, ALE, AUX [liljal, o]. *adj.* (1492; repris fin XIXᵉ; lat. *lilium.* V. Lis). *Littér.* Qui rappelle le lis, par sa blancheur, sa pureté. « *Une jeune Norvégienne à la gorge liliale* » (Bloy).

LILLIPUTIEN, IENNE [lilipysjɛ̃, jɛn]. *adj. et n.* (1801; « de Lilliput », 1727; de *Lilliput,* pays imaginaire des « Voyages de Gulliver », de Swift). Très petit, minuscule. *Taille lilliputienne.* Fig. « *Ces esprits lilliputiens* » (Balz.).

1. **LIMACE** [limas]. *n. f.* (1538; « limaçon », 1175; var. *limaz;* lat. pop. °*limaceus* et °*limacea,* class. *limax*). Mollusque gastéropode terrestre, sans coquille. *Limace rouge, noire. Limace grise.* V. Loche. *Par compar.* « *Avec la lenteur des limaces* » (Duham.). *Quelle limace!* se dit d'une personne lente et molle.

2. **LIMACE** [limas]. *n. f.* (1725; de l'a. arg. *lime*). *Pop.* Chemise. V. Liquette.

LIMAÇON [limasɔ̃]. *n. m.* (XIIᵉ; de *limace*). ♦ 1° Escargot. V. Colimaçon. ♦ 2° *Par anal.* (avec la coquille). *Escalier en* *limaçon* (en colimaçon, plus cour.). — *Math. Limaçon de Pascal,* se dit d'une podaire du cercle. ◇ *Anat.* (1685) Conduit enroulé en spirale, constituant une partie de l'oreille interne.

LIMAGE [limaʒ]. *n. m.* (XVIᵉ; de *limer*). Action de limer, et *spécialt.* de passer à la lime des pièces de coutellerie.

LIMAILLE [limaj]. *n. f.* (XIIIᵉ; de *limer*). Parcelles de métal détachées par le frottement de la lime. *Limaille de fer.*

LIMAN [limã]. *n. m.* (déb. XXᵉ; mot russe, « estuaire », rad. gr. *limên* « port »). *Géogr.* Estuaire lagunaire de fleuves (Ukraine, côtes de la mer Noire), barré en partie par un cordon littoral. *Côte à limans.*

LIMANDE [limãd]. *n. f.* (XIIIᵉ; de l'a. fr. *lime,* p.-ê. rad. gaul. *lem-* « traverse ». V. Limon 2). ♦ 1° Poisson de mer ovale et plat, à peau rugueuse, dont les yeux sont situés sur le côté droit. *Limande-sole,* à forme plus allongée. — *Limandes au four, au gratin.* — *Loc.* « *Une petite femme plate comme une limande* » (Balz.). ♦ 2° (1319). *Techn.* Pièce de bois étroite et plate. — Bande de toile goudronnée enveloppant un cordage.

LIMBAIRE [lɛ̃bɛʀ]. *adj.* (1845; de *limbe*). *Bot.* Du limbe (3°).

LIMBE [lɛ̃b]. *n. m.* (1415; lat. *limbus*). ♦ 1° Bord extérieur du disque d'un astre. *Limbe solaire.* ♦ 2° Bord gradué d'un cercle, d'un instrument circulaire. *Limbe d'un théodolite.* ♦ 3° (Fin XVIIIᵉ). *Bot.* Région principale, large et aplatie, de la feuille. ♦ 4° (Déb. XXᵉ). *Anat.* Anneau, région périphérique circulaire. *Limbe cornéen, unguéal.* ◇ HOM. Limbes.

LIMBES [lɛ̃b]. *n. m. pl.* (XVIᵉ; *limbe,* XIVᵉ; lat. *limbus* « lisière, frange », en relig.). ♦ 1° *Théol. cathol.* Séjour des âmes des justes avant la Rédemption *(limbes des patriarches),* ou des enfants morts sans baptême *(limbes des enfants).* ♦ 2° *Fig.* (fin XVIIᵉ). Région mal définie, état incertain. « *Que de choses flottent encore dans les limbes de la pensée humaine* » (Flaub.). ◇ HOM. Limbe.

1. **LIME** [lim]. *n. f.* (1175; lat. *lima*). ♦ 1° Outil de métal, garni d'aspérités, servant à entamer et user par frottement. V. Demi-ronde, queue-de-rat, râpe, riflard, rifloir, tiers-point. *Lime à main. Lime d'ajusteur. Lime sourde,* qui ne crie pas. *Lime à ongles.* — *Fig. Un dernier, un petit coup de lime,* un dernier travail de finition. ♦ 2° *Par anal.* (1803). Mollusque lamellibranche aux valves égales et striées.

2. **LIME** [lim]. *n. f.* (1555; prov. *limo,* arabe *lîma.* V. Limon). *Bot., Agric.* Variété de citronnier *(citrus aurantifolia);* fruit de cet arbre, au jus amer.

LIMER [lime]. *v. tr.* (XIIIᵉ; lat. *limare*). ♦ 1° Travailler à la lime, pour dégrossir, polir, réduire, etc. *Limer une pièce de fer. Limer ses ongles.* ♦ 2° *Fig. (Vieilli).* Parfaire par un travail méticuleux. V. Fignoler, polir, retoucher. « *Limer et perfectionner ses écrits* » (Boil.). ♦ 3° (1833). Élimer (surtout au p. p.). « *Robes limées au corsage par le frottement des pupitres* » (Fromentin).

LIMERICK [limʀik]. *n. m.* (XXᵉ; fin XIXᵉ en angl. pour désigner les poèmes d'E. Lear [1846]). *Littér.* Petite pièce en vers d'un comique absurde, fort à la mode en Angleterre après 1900. *Kipling, Arnold Bennett, le Président Wilson écrivirent des limericks.*

LIMES [limɛs]. *n. m. invar.* (XXᵉ; mot lat., « chemin, frontière »). *Hist.* Zone, frontière d'une province de l'Empire romain. *Le limes fortifié de Numidie.*

LIMETTE [limɛt]. *n. f.* (1782; de *lime* 2). *Bot.* Fruit, à saveur douce, du limettier.

LIMETTIER [limɛtje]. *n. m.* (1845; de *limette*). *Bot.* Variété de citronnier *(citrus limetta).*

LIMEUR, EUSE [limœʀ, øz]. *n.* (1350; de *limer*). ♦ 1° Ouvrier travaillant à limer. *Limeur à la main, à la machine. Limeur de tubes, de lunettes.* ♦ 2° *N. f.* (1867). Machine-outil servant à limer les grosses pièces. ♦ 3° *Adj. Étau limeur.*

LIMICOLE [limikɔl]. *adj.* (1839; bas lat. *limicola,* de *limus* « limon, boue », et suff. *-cole*). *Zool.* Qui vit sur la vase du fond de la mer, des lacs. *Annélides limicoles.* Subst. *Les limicoles.*

LIMIER [limje]. *n. m.* (XVᵉ; *liemier,* 1160; de *liem,* a. forme de *lien :* « chien tenu en laisse »). ♦ 1° Grand chien de chasse employé à quêter et détourner l'animal. « *Le limier... décèle aux bronchar la ruse du cerf* » (Genevoix). ♦ 2° (1709). *Fig.* Celui qui suit une piste, cherche à retrouver la trace de qqn. « *Soustraire Quinola aux recherches des plus fins limiers* » (Balz.). V. Détective, policier.

LIMINAIRE [liminɛʀ]. *adj.* (1548; bas lat. *liminaris,* de *limen* « seuil »). ♦ 1° Placé en tête d'un ouvrage, d'un discours. *Épître, déclaration liminaire.* V. Préliminaire. *Littér.* Initial. « *Une journée finale répondra à la journée liminaire* » (Maurois). ♦ 2° *Psycho.* Seuil.

LIMINAL, ALE, AUX [liminal, o]. *adj.* (déb. XXᵉ; angl. *liminal,* de lat. *limen* « seuil »). *Physiol.* Qui est au niveau du seuil* (c.-à-d. tout juste perceptible).

LIMITABLE [limitabl(ə)]. *adj.* (1845; de *limiter*). *Rare.* Susceptible d'être limité.

LIMITATIF, IVE [limitatif, iv]. *adj.* (1510; lat. *limitare*. V. **Limiter**). Qui limite, fixe ou précise des limites. *Disposition limitative. Énumération limitative.*

LIMITATION [limitɑsjɔ̃]. *n. f.* (1322; lat. *limitatio*). Action de limiter, de fixer des limites; son résultat. V. **Restriction**. *Limitation d'un pouvoir. Apporter des limitations à l'exercice du droit de grève.* « *Si la limitation des armements avait été acceptée par l'Allemagne* » (MART. du G.). *Limitation des naissances.* V. **Contrôle**. — *Sans limitation de temps*, sans que la durée, le délai soient limités. ◇ ANT. *Extension, généralisation.*

LIMITATIVEMENT [limitativmɑ̃]. *adv.* (1819; de *limitatif*). Par un énoncé limitatif.

LIMITE [limit]. *n. f.* (1355; lat. *limes, limitis*). ♦ 1° Ligne qui sépare deux terrains ou territoires contigus. V. **Bord, confins, frontière, lisière.** *Établir, marquer, tracer des limites.* « *Ce ruisseau... marquait la limite de la propriété* » (P. BENOIT). *Limites naturelles d'un pays. Limites d'un terrain de football, de tennis.* — En *appos. Zone limite.* ♦ 2° Partie extrême où se termine une surface, une étendue. *La mer s'étendait alors au delà de ses limites actuelles.* « *La terre a des limites, mais la bêtise humaine est infinie* » (FLAUB.). ♦ 3° Terme extrême (commencement ou fin) d'un espace de temps. *Les limites d'une période. Dernière limite.* — *Limite d'âge*, âge au delà duquel on ne peut se présenter à un examen, exercer une fonction. — *Sport* (Boxe) *Gagner avant la limite*, avant que tous les rounds prévus ne soient écoulés. ♦ 4° *Fig.* Point que ne peut ou ne doit pas dépasser une activité, une influence. V. **Barrière, borne, extrémité.** « *D'étroites limites fermaient le champ de mes recherches* » (FRANCE). *Aller jusqu'à la limite de ses forces. Limites fixées par la loi. Dans les limites du sujet. Les limites du possible. Dans les limites de nos moyens. La patience a des limites! — Dans une certaine limite.* V. **Mesure.** ♦ 5° *Math.* et *philo.* Grandeur fixe dont une grandeur variable peut approcher indéfiniment sans l'atteindre. En *appos. Valeur limite. Cas limite. Des expériences-limite(s).* — *À la limite*, si on ne se place en pensée au point vers lequel tend une progression sans l'atteindre jamais. — *Mécan. Limite d'élasticité**, *de rupture**. *Vitesse limite*, valeur limite vers laquelle tend la vitesse d'un corps qui se déplace dans un milieu résistant sous l'action d'une force constante. *Opt. Angle limite*, le plus petit angle d'incidence sous lequel se produit la réflexion totale. ♦ 6° Point que ne peuvent dépasser les possibilités physiques ou intellectuelles. « *C'est presque toujours par vanité qu'on montre ses limites* » (GIDE). *Connaître ses limites.* V. **Moyen.** *Cet athlète semble avoir atteint ses limites.* ♦ 7° SANS LIMITES : illimité (pr. ou fig.). *Une ambition sans limites*, sans frein.

LIMITÉ, ÉE [limite]. *adj.* (1360; V. **Limiter**). Qui a des limites (naturelles ou fixées), et *spécialt.* des limites étroites. V. **Fini.** *Surface limitée.* « *Des phénomènes limités* » (VALÉRY). *Nombre extrêmement limité.* V. **Restreint.** *Édition à tirage limité. Société à responsabilité limitée. N'avoir qu'une confiance limitée.* — *Fam. Il est assez limité*, il a des moyens limités. ◇ ANT. *Illimité, infini.*

LIMITER [limite]. *v. tr.* (1310; lat. *limitare*). ♦ 1° Servir de ligne de démarcation à, constituer la limite de. V. **Borner, délimiter.** *Mers qui limitent la France à l'ouest et au sud.* ♦ 2° Renfermer dans des limites, restreindre en assignant des limites. *Limiter le pouvoir de qqn, l'exercice d'un droit.* « *Tout ce qui prétendait limiter sa liberté* » (R. ROLLAND). « *Limiter l'enquête aux faits immédiats* » (BAUDEL.), ne pas la pousser au delà. *Fam. Limiter les dégâts*, les restreindre, ne pas les laisser s'aggraver. ♦ 3° SE LIMITER. *v. pron. S'imposer des limites. Savoir se limiter.* ◇ (*Passif*) *Avoir pour limites.* « *Le monde affectif, pour lui, se limite à sa personne* » (DUHAM.). ◇ ANT. *Étendre, généraliser.*

LIMITEUR [limitœʀ]. *n. m.* (1606, « personne qui limite »; de *limiter*). *Techn.* (1923). Dispositif mécanique ou électrique empêchant une grandeur de dépasser certaines limites. *Limiteur d'amplitude, de vitesse, de surtension.*

LIMITROPHE [limitʀɔf]. *adj.* (1467; lat. *jur. limitrophus*, du lat. *limes* « frontière », et *gr. trophos* « qui nourrit », désignant des terres affectées à la subsistance des soldats des frontières). ♦ 1° Qui est aux frontières, sur le pourtour d'un pays ou d'une région. V. **Frontalier.** « *Ces populations limitrophes qui cultivent les champs de bataille* » (CHATEAUB.). ♦ 2° (1587). Qui est voisin, a des frontières communes. *Départements limitrophes.*

LIMNÉE [limne]. *n. f.* (1823; *lymnée*, 1808; lat. *zool. limnæa*, gr. *limnaios* « d'étang »). Mollusque gastéropode pulmoné des eaux douces.

LIMNICULTURE. V. **AQUICULTURE.**

LIMNOLOGIE [limnɔlɔʒi]. *n. f.* (1892; gr. *limnê* « étang, lac », et *suff. -logie*). *Didact.* Science ayant pour objet les questions d'ordre physique ou biologique relatives aux lacs.

LIMOGEAGE [limɔʒaʒ]. *n. m.* (mil. XXᵉ; de *limoger*). *Fam.* Action de limoger; son résultat.

LIMOGER [limɔʒe]. *v. tr.* (1914; de *Limoges*, ville où

Joffre plaça en résidence, en septembre 1914, 134 officiers généraux jugés incapables). *Fam.* ♦ 1° Relever (un officier général) de son commandement. « *Il laissait entendre qu'on avait limogé Percin* » (PROUST). ♦ 2° Frapper (une personne haut placée) d'une mesure de disgrâce (déplacement d'office, mise à la retraite, etc.). V. **Destituer, disgracier.** *Limoger un préfet.*

1. **LIMON** [limɔ̃]. *n. m.* (déb. XIIᵉ; lat. pop. °*limo, onis*, class. *limus*). ♦ 1° *Cour.* Terre ou fines particules, entraînées par les eaux et déposées sur le lit et les rives des fleuves. V. **Alluvion, dépôt.** *Le Nil* « *laisse un limon qui fertilise la terre* » (BUFF.). *Limon employé comme engrais.* V. **Wagage.** — « *Dieu forma l'homme du limon de la terre* » (BIBLE). V. **Argile.** ♦ 2° *Minér.* Roche mixte argilo-siliceuse contenant du quartz détritique, formée d'éléments plus gros que ceux des vases. V. **Lœss.**

2. **LIMON** [limɔ̃]. *n. m.* (1160; probabl. d'un rad. gaul. °*lem-* « traverse »). ♦ 1° Chacun des deux brancards entre lesquels on attelle le cheval. ♦ 2° (XVIᵉ). *Techn.* Noyau d'un escalier, dans lequel sont engagés les abouts* des marches, et la balustrade du côté du vide.

3. **LIMON** [limɔ̃]. *n. m.* (1351; arabo-pers. *limûn*). *Vx.* Citron.

LIMONADE [limɔnad]. *n. f.* (1640; de *limon* 3, p.-ê. d'apr. esp. *limonada*). ♦ 1° *Vx.* Boisson rafraîchissante faite avec de l'eau, du jus de citron et du sucre. V. **Citronnade.** ♦ 2° *Mod.* Boisson gazeuse d'eau légèrement sucrée et acidulée. V. **Diabolo, soda.** « *La limonade qui pique les gorges desséchées de mille aiguilles rafraîchissantes* » (CAMUS). ♦ 3° *Comm.* Commerce des débitants de boissons. — Service des garçons de café (*opposé à* service du restaurant).

LIMONADIER, IÈRE [limɔnadje, jɛʀ]. *n.* (1680; de *limonade*). ♦ 1° Fabricant de limonade, de boissons gazéifiées. ♦ 2° Cafetier. *Restaurateurs et limonadiers.*

LIMONAGE [limɔnaʒ]. *n. m.* (1868; de *limon* 1). *Agric.* Fertilisation d'une terre par apport de limon.

LIMONAIRE [limɔnɛʀ]. *n. m.* (1906; nom de l'inventeur). Orgue de barbarie. « *À la fête foraine sur un manège, pendant que braille l'orgue Limonaire* » (ROMAINS).

LIMONÈNE [limɔnɛn]. *n. m.* (1922; de *limon* 3, et *suff. -ène*). *Chim.* Hydrocarbure de la famille des terpènes, qu'on rencontre dans les essences de citron, de bergamote, etc.

LIMONEUX, EUSE [limɔnø, øz]. *adj.* (1320; de *limon* 1). Qui contient du limon. *Le Guadalquivir* « *roulait ses eaux jaunes et limoneuses* » (L. BERTRAND).

LIMONIER [limɔnje]. *n. m.* (fin XIIᵉ; de *limon* 2). Cheval de trait destiné à l'attelage. *Appos. Chevaux limoniers.*

LIMONIÈRE [limɔnjɛʀ]. *n. f.* (1798; de *limon* 2). *Techn.* Partie de la voiture à cheval constituée par les limons.

LIMONITE [limɔnit]. *n. f.* (1842; de *limon* 1). *Minér.* Hématite brune (minerai de fer).

LIMOSELLE [limɔzɛl]. *n. f.* (1808; lat. bot. *limosella; lat. limosus* « limoneux, bourbeux »). Plante herbacée (*Scrofulariacées*), à toutes petites fleurs blanches ou roses, qui croît dans les lieux limoneux ou humides.

LIMOUSIN, INE [limuzɛ̃, in]. *adj.* et *n.* (var. a. *limosin* (XVᵉ); de *Limoges*, rad. lat. *Lemovices*, n. de peuple). ♦ 1° De la région de Limoges (ou Limousin). « *L'écolier limousin* » (RABELAIS). *Troubadours limousins.* — *Race limousine* (bovins, ovins et porcins). — *Subst. Un Limousin, une Limousine. Le limousin*, parler du groupe occitan. ♦ 2° *N. m.* (1690). *Vx.* Maçon (beaucoup de maçons étaient limousins).

LIMOUSINAGE [limuzinaʒ]. *n. m.* (1718; *limosinage*, 1694; de *limousin*). *Techn.* Type de maçonnerie faite avec des moellons et du mortier (utilisée, à l'origine, par les maçons dits limousins).

LIMOUSINE [limuzin]. *n. f.* (1836; de *limousin*). ♦ 1° Pèlerine d'étoffe grossière que portent les bergers. *Le berger* « *se dépouille de sa lourde limousine de bure* » (GIONO). ♦ 2° (1905). *Vieilli.* Type d'automobile, grande conduite intérieure (six places).

LIMOUSINER [limuzine]. *v. tr.* (1801; de *limousinage*). *Techn.* Construire en limousinage.

LIMPIDE [lɛ̃pid]. *adj.* (1500; lat. *limpidus*). ♦ 1° Dont rien ne trouble la parfaite transparence. V. **Clair, pur, transparent.** *Eau, source limpide.* « *Dans l'air limpide* » (GIDE). *Cristal limpide.* — *Regard limpide.* « *Un jet de voix limpide, frais* » (GAUTIER). ♦ 2° *Fig.* Parfaitement clair, intelligible. *Explication limpide.* « *Quoi de plus limpide que les préceptes de La Fontaine?* » (SIEGFRIED). ◇ ANT. *Opaque, trouble; obscur.*

LIMPIDITÉ [lɛ̃pidite]. *n. f.* (1680; bas lat. *limpiditas*). ♦ 1° Qualité, état de ce qui est limpide. V. **Clarté, pureté, transparence.** *Limpidité de l'eau, de l'air, du ciel.* « *La limpidité de son regard direct* » (CHARDONNE). *Par métaph.* « *Les soucis qui troublaient la limpidité naturelle de son âme* » (FRANCE). ♦ 2° Clarté parfaite. *Sylvie* (de Nerval), « *ce miracle de*

limpidité et de précision dans le vaporeux » (HENRIOT). ◇
ANT. *Opacité; obscurité.*

LIMULE [limyl]. *n. m.* (1808; lat. zool. *limulus*; o. i.).
Animal arthropode marin, fouisseur, vivant au voisinage des
côtes (Antilles, océan Indien); on l'appelle *crabe des
Moluques.*

LIN [lɛ̃]. *n. m.* (1170; lat. *linum*). ♦ 1° Plante herbacée,
à fleurs bleues, à graines oléagineuses, cultivée surtout pour
les fibres textiles de sa tige. *Rouissage, brisage, teillage, peignage du lin. Filage, filature du lin.* Tissus de lin. V. **Fil**. —
Graines de lin, employées en pharmacie. *Farine de lin*, utilisée
pour les cataplasmes. — *Gris de lin*, couleur grise, à reflets
métalliques, de la filasse du lin. — Par ext. *Lin de la Nouvelle-
Zélande*, phormium. *Lin sauvage*, linaire. ♦ 2° Tissu, toile
de lin. *Chemises de lin. Tailleur de lin.* « *Vêtu de probité candide
et de lin blanc* » (HUGO).

LINACÉES [linase]. *n. f. pl.* (1836; de *lin*, et suff. *-acée*).
Bot. Famille de plantes dicotylédones, dont le genre le plus
connu est le lin.

LINAIGRETTE [linɛgrɛt]. *n. f.* (1789; de *lin*, et *aigrette*).
Plante herbacée *(Cypéracées)* semblable au jonc, dont les
fleurs sont disposées en aigrettes argentées.

LINAIRE [linɛr]. *n. f.* (XVᵉ; de *lin*). Plante herbacée
(Scrofulariacées) dont les fleurs portent un long éperon. V.
Cymbalaire, velvote. — (Syn. *Lin sauvage*).

LINCEUL [lɛ̃sœl]. *n. m.* (XIIIᵉ; « drap de lit », XIᵉ; lat.
linteolum, dimin. de *linteum* « toile de lin »). Pièce de toile
dans laquelle on ensevelit un mort. *Le linceul du Christ.*
V. **Suaire**. — Par métaph. « *De si longs hivers et de si persistants linceuls de neige* » (LOTI).

LINÇOIR ou **LINSOIR** [lɛ̃swar]. *n. m.* (1676; o. i.).
Techn. Pièce fixée parallèlement au mur, destinée à recevoir
les solives du plancher qui correspondent à des ouvertures;
pièce reliant un chevêtre au mur.

LINÉAIRE [lineɛr]. *adj.* (XIVᵉ; lat. *linearis*, de *linea*. V.
Ligne). ♦ 1° Qui a rapport aux lignes, se traduit par des
lignes. *Mesure linéaire* (opposé à *mesure de superficie* ou de
volume). *Dessin linéaire. Perspective linéaire.* — Didact.
Adj. et *n. m.* Se dit d'une écriture caractérisée par des contours
syllabiques linéaires qui remplacent les images-signes de
l'écriture hiéroglyphique. *Le linéaire A, B, de Crète.* ♦
2° *Géom.* Qui a rapport aux propriétés des figures rectilignes.
Transformations, propriétés linéaires : affines (V. **Affin**).
♦ 3° *Alg.* Dont la variation peut être représentée par une
droite. *Expression linéaire par rapport à une inconnue*, expression où cette inconnue n'entre qu'au premier degré. *Equa-
tions linéaires, fonctions linéaires de plusieurs variables*, où
celles-ci figurent au premier degré, les produits de ces variables étant exclus. ♦ 4° *Techn. Phénomène linéaire :* phénomène où les grandeurs varient en demeurant proportionnelles, en électronique. ♦ 5° Par ext. *(Sc. nat.).* Qui est à la
fois étroit et allongé. *Feuilles linéaires.* ♦ 6° *Fig.* Qui évoque
une ligne. « *Un récit tout linéaire, je veux dire sans épaisseur* »
(GIDE).

LINÉAL, ALE, AUX [lineal, o]. *adj.* (XIVᵉ; du lat. *linea*).
Didact. Qui a rapport aux lignes.

LINÉAMENT [lineamɑ̃]. *n. m.* (1532; lat. *lineamentum*,
de *linea*). *Littér.* ♦ 1° Ligne élémentaire, caractéristique
d'une forme, d'un aspect général. « *Un fin visage dont les
linéaments trahissaient de la fatigue et une grande bonté* »
(DUHAM.). ♦ 2° *Fig.* Trait à l'état d'ébauche. « *Des linéaments vagues commencèrent à se former... dans sa méditation* »
(HUGO).

LINÉARITÉ [linearite]. *n. f.* (av. 1945; de *linéaire*,
et *-ité*). *Littér.* Caractère de ce qui est linéaire. — *Techn.*
Caractère d'un phénomène linéaire (4°), où les signaux ne
sont pas déformés.

LINÉATURE [lineatyr]. *n. f.* (1898; 1512, « proportions »;
du lat. *lineatus* « aligné, rayé »). *Télév.* Nombre de lignes d'une
image complète. V. **Définition**.

LINER [lajnœr]. *n. m.* (1907, mot angl., de *line* « ligne »).
Anglicisme. ♦ 1° Paquebot de grande ligne. ♦ 2° Avion de
transport de passagers, à très grande capacité. Cf. Gros
porteur (et *l'anglicisme* Jumbo jet).

LINETTE [linɛt]. *n. f.* (v. 1360; de *lin*). Graine de lin.

LINGAM [lɛ̃gam] ou **LINGA** [lɛ̃ga]. *n. m. invar.* (1765;
mot sanscrit). *Didact.* Symbole phallique du dieu Siva,
dont le culte est lié à l'idée de création.

LINGE [lɛ̃ʒ]. *n. m.* (h. XIIIᵉ; adj., « de lin », XIIᵉ; lat.
lineus). ♦ 1° Ensemble des pièces de tissu en coton, lin
ou fibres synthétiques, servant aux besoins du ménage.
Linge fin, gros linge; ellipt. *Blanchisseuse de fin, de gros.*
Linge de maison (pour le lit, la toilette, la table, la cuisine).
Armoire à linge (propre). *Coffre, sac à linge* (sale). *Laver le
linge. Essorer, sécher, repasser le linge. Étendre le linge* (sur
un séchoir, une *corde à linge*, avec des *pinces à linge*). *Linge
uni, brodé, ouvré.* ♦ 2° *Linge de corps*, ou absolt. *Linge*,
ensemble des sous-vêtements et pièces détachables de l'habillement en tissu léger. V **Dessous, lingerie.** *Linge fin.*

Changer de linge. Linge d'un trousseau, d'une layette. —
Pop. Il y a du beau linge, du linge, des femmes bien habillées.
♦ 3° *Pièce de linge.* « *Durtal essuya avec un linge mouillé
ces empreintes* » (HUYSMANS). *Linge de pansement.* V. **Bande,
compresse; charpie.** *Linges d'autel, sacrés.* V. **Amict, corporal,
manuterge, purificatoire, tavaïole.** — Par compar. *Blanc
comme un linge :* très pâle.

LINGÈRE [lɛ̃ʒɛr]. *n. f.* (1680; *lingier, lingière* « personne
qui confectionne et vend du linge », 1292; de *linge*). Femme
chargée de l'entretien et de la distribution du linge dans une
communauté, une grande maison.

LINGERIE [lɛ̃ʒri]. *n. f.* (1485; de *linge*). ♦ 1° *Rare.*
Fabrication et commerce du linge. *Lingerie pour hommes.*
V. **Chemiserie**. *Lingerie de maison.* ♦ 2° Local réservé à
l'entretien et au repassage du linge dans une communauté,
un grand appartement. « *Dans la lingerie, les femmes repassaient* » (CHARDONNE). ♦ 3° *Linge de corps. Lingerie d'homme,
de dame, d'enfant.* — Spécialt. *Linge de dame. Rayon de
la lingerie, dans un grand magasin.* ♦ 4° Ensemble des tissus
employés dans la lingerie fine pour dames. *Blouse, parure de
lingerie.*

LINGOT [lɛ̃go]. *n. m.* (1392; *langot*, 1380; de l'a. prov.
lingo, lenguo « langue », lat. *lingua*, par anal. de forme).
♦ 1° Masse de métal ou d'alliage gardant la forme du moule
où on l'a coulée. *Lingot de plomb, de fonte. Lingot d'or.* —
Spécialt. *Lingot d'or.* « *Les lingots entassés à la Banque de
France* » (BAINVILLE). ♦ 2° (1842). *Imprim.* Garniture.

LINGOTIÈRE [lɛ̃gɔtjɛr]. *n. f.* (1611; de *lingot*). *Techn.*
Moule à faire des lingots.

LINGUAL, ALE, AUX [lɛ̃gw(ɥ)al, o]. *adj.* (1735; du lat.
lingua. V. **Langue**). ♦ 1° *Anat.* Qui appartient, a rapport
à la langue. *Artère linguale. Muscles linguaux.* ♦ 2° *Phonét.*
S'est dit d'un phonème dont l'émission comporte essentiellement une action de la langue.

LINGUATULE [lɛ̃gw(ɥ)atyl]. *n. f.* (1808; du lat. *lingua*. V.
Langue). *Zool.* Animal articulé vermiforme, parasite des
mammifères et des reptiles.

LINGUETTE [lɛ̃gɛt]. *n. f.* (1967; du lat. *lingua* « langue »).
Pharm. Comprimé destiné à fondre lentement sous la langue.

LINGUIFORME [lɛ̃gɥifɔrm(ə)]. *adj.* (1842; du lat. *lingus*,
et *forme*). *Didact.* En forme de langue, de languette.

LINGUISTE [lɛ̃gɥist(ə)]. *n.* (1632, repris 1823; du lat. *lingua*. V. **Langue**). Spécialiste en linguistique. V. **Dialectologue,
étymologiste, grammairien, lexicologue, phonéticien, phonologue, sémanticien, syntacticien; angliciste, germaniste**, etc.

LINGUISTIQUE [lɛ̃gɥistik]. *n. et adj.* (1826; de *linguiste*).
I. *N. f.* ♦ 1° *Vx.* Étude comparative et historique des
langues (grammaire comparée, philologie comparée). ♦
2° (Fin XIXᵉ). *Mod.* Science qui a pour objet « la langue
envisagée en elle-même et pour elle-même » (SAUSSURE). V.
**Dialectologie, étymologie, grammaire, lexicologie, morpho-
logie, onomastique, philologie, phonétique, phonologie, sémantique, stylistique, toponymie.** *Linguistique historique* (Cf.
ci-dessus, 1°), *descriptive. Linguistique générale*, étude des
conditions générales de fonctionnement et d'évolution des
langues. *Linguistique fonctionnelle, structurale, quantitative.
Linguistique appliquée* (traduction automatique; pédagogie).
V. *aussi* **Psycholinguistique, sociolinguistique, stylistique.**
II. *Adj.* (1842). ♦ 1° Relatif à la linguistique. *Études
linguistiques. Théories linguistiques.* V. **Distributionnalisme,
génératif** (grammaire générative), **structuralisme.** ♦ 2° Propre à la langue, envisagé du point de vue de la langue. *Fait
linguistique. Communauté, géographie linguistique. Expression
linguistique.* V. **Langagier.**

LINGUISTIQUEMENT [lɛ̃gɥistikmɑ̃]. *adv.* (1877; de
linguistique). Du point de vue linguistique (1° et 2°).

LINIER, IÈRE [linje, jɛr]. *adj.* (1842; adj.; n., « fabricant
de toile de lin », XIIIᵉ; de *lin*). Relatif au lin, comme textile.
Industrie linière.

LINIÈRE [linjɛr]. *n. f.* (fin XIIᵉ; de *lin*). Champ de lin.

LINIMENT [linimɑ̃]. *n. m.* (v. 1370; bas lat. *linimentum*, de
linire « oindre »). *Pharm.* Liquide onctueux à base d'huile
ou de matière grasse plus épaisse, renfermant une substance
médicamenteuse et destiné à enduire et frictionner la peau.
Baume, onguent.

LINKAGE [linkaʒ]. *n. m.* (mil. XXᵉ; mot angl. [depuis
1874 en chimie, géométrie] « liaison »; de *to link* « lier »).
Anglicisme. Didact. (Biol.). Liaison existant entre les gènes
d'un chromosome; association de facteurs héréditaires qu'elle
entraîne. *Équiv. français :* liaison (factorielle, génétique).

LINKS [links]. *n. m. pl.* (1897; mot écossais, angl. *linch*
« bord »). *Anglicisme.* Terrain de golf*.

LINNÉEN, ENNE [lineɛ̃, ɛn]. *adj.* (1873; de Linné). *Sc.*
De Linné, créateur de la botanique moderne. *La classification linnéenne.*

LINO [lino]. *n.* Abrév. de *linoléum, linotype, linotypiste.*

LINOLÉUM ou **LINOLEUM** [linɔleɔm]. *n. m.* (1874;
angl. *linoleum*, 1863; lat. *linum* « lin », et *oleum* « huile »).

Techn. Revêtement imperméable fait de toile de jute enduite d'un mélange de poudre de liège, d'huile de lin, de gomme et de résine. *Linoléum uni, incrusté.* ◇ *Ellipt. et cour.* Tapis de linoléum. « *Le linoleum étouffait mes pas* » (Bosco).

LINON [linɔ̃]. *n. m.* (1606; de *linomple* « lin uni », xvᵉ; de *lin*). Tissu en armure toile, fin et transparent, plus clair que la batiste (de lin pour la lingerie fine, de coton pour la layette). *Mouchoirs de linon.*

LINOTTE [linɔt]. *n. f.* (xiiiᵉ; var. *linot*, 1460; de *lin*, cet oiseau étant friand de linettes). ♦ 1º Petit passereau siffleur, au plumage brun sur le dos, rouge sur la poitrine. ♦ 2º Loc. *Tête de linotte*, personne écervelée, agissant étourdiment et à la légère. « *Arnoux avait toujours été sans conduite et sans ordre. Une vraie tête de linotte !* » (Flaub.).

LINOTYPE [linɔtip]. *n. f.* (1889; mot anglo-amér., pour *line of types* « ligne de caractères »). *Imprim.* Machine à composer, fondant d'un seul bloc la ligne (dite *ligne-bloc*) composée avec des matrices. Abrév. *Composer à la lino.*

LINOTYPIE [linɔtipi]. *n. f.* (xxᵉ; de *linotype*). *Imprim.* Composition à la linotype.

LINOTYPISTE [linɔtipist(ə)]. *n.* (1904; de *linotype*). *Imprim.* Ouvrier, ouvrière composant à la linotype. Abrév. *Un, une lino.*

LINSANG [lɛ̃sɑ̃g]. *n. m.* (1872; mot javanais). Mammifère carnivore voisin de la genette, commun dans les îles de la Sonde et en Indochine.

LINTEAU [lɛ̃to]. *n. m.* (1530; *lintel*, fin xiiᵉ; lat. *limitaris* « de la frontière » [*limes*], confondu en lat. pop. avec *liminaris* « relatif au seuil » [*limen*]). Pièce horizontale (de bois, pierre, métal) qui ferme la partie supérieure d'une ouverture et soutient la maçonnerie. V. **Poitrail.** *Linteau de porte, de fenêtre.* « *Sur le linteau de pierre, on lisait encore la date de 1590* » (Nizan).

LINTER [lintɛr]. *n. m.* (1936; mot anglo-amér., de *lint* « fibre »). Anglicisme. *Techn.* Duvet de fibres très courtes qui reste attaché aux graines de coton après l'égrenage (utilisé dans la fabrication du fulmicoton).

LION, LIONNE [ljɔ̃, ljɔn]. *n.* (*m.*, en 1080; *f.*, 1530; lat. *leo, leonis*).
I. ♦ 1º Grand mammifère carnivore, à pelage fauve, à crinière brune et fournie chez le mâle, à queue terminée par une grosse touffe de poils, vivant en Afrique et en Asie. *Rugissement du lion. Chasse au lion. Fosse* aux lions.* « *C'était l'heure tranquille où les lions vont boire* » (Hugo). — Par compar. *Fort, courageux comme un lion. Se battre comme un lion.* ♦ 2º Loc. fig. *La griffe* du lion. La part du lion*, la totalité des parts ou la plus grosse part que s'adjuge le plus fort. Prov. *Un chien vivant vaut mieux qu'un lion mort.* — Pop. *Il a bouffé du lion*, se dit d'un homme qui fait preuve d'une énergie inhabituelle. ♦ 3º *Fig.* (1833; angl. *lion*). *Vx.* Homme en vue, célèbre. — Nom donné au type de jeune homme élégant qui succéda au dandy. ◇ *Mod.* Homme courageux. *C'est un lion !* ♦ 4º Lionne. *Vx.* Femme élégante. « *Si tu voulais, tu serais une des lionnes de l'après-guerre* » (Beauvoir).
II. ♦ 1º (1498; lat. *Leo*, allus. mythol. au *lion* de Némée). Constellation boréale de 25 étoiles visibles à l'œil nu (dont le dessin général évoque un lion). — *Signe du Lion*, cinquième signe du zodiaque (coïncidant de nos jours avec la constellation du Cancer). ♦ 2º (1611). *Lion de mer*, phoque à crinière.

LIONCEAU [ljɔ̃so]. *n. m.* (1160; de *lion*). Petit du lion et de la lionne.

LIONNE. V. **LION.**

LIPARIS [liparis]. *n. m.* (1765; lat. zool. *liparis*, 1554, gr. *liparos* « gras »). ♦ 1º Petit poisson allongé à peau visqueuse, des mers froides et tempérées. ♦ 2º (1839). Insecte lépidoptère, papillon nocturne épais et poilu, dont la chenille ravage les futaies. ♦ 3º (1839). Orchidée croissant dans les lieux humides et marécageux.

LIPASE [lipaz]. *n. f.* (1890; gr. *lipos* « graisse », et suff. *-ase*). *Biochim.* Enzyme qui active l'hydrolyse d'un lipide. *Lipase pancréatique*, qui joue un rôle dans la digestion des lipides alimentaires.

LIPÉMIE [lipemi]. *n. f.* (v. 1900; de *lip*[o]-, et *-émie*). *Méd.* Teneur du sang en lipides. *Augmentation de la lipémie au cours de la digestion, ou dans certaines maladies.*

LIPIDE [lipid]. *n. m.* (1923; gr. *lipos* « graisse », et suff. *-ide*). *Biochim.* Corps gras renfermant un acide gras ou un dérivé d'acide gras (ester, alcool, aldéhyde gras). *Lipides alimentaires. Lipides de réserve. Lipides cellulaires. Lipides complexes*, combinés à d'autres substances. *Substances apparentées aux lipides.* V. **Lipoïde.**

LIPIDIQUE [lipidik]. *adj.* (xxᵉ; de *lipide*). *Chim.* Relatif aux lipides*.

LIPO-. Élément, du gr. *lipos* « graisse ».

LIPOCHROME [lipɔkrom]. *n. m.* (1907; de *lipo-*, et *-chrome*). *Biochim.* Groupe de pigments liés aux lipides intracellulaires qui leur donnent une coloration jaune ou verdâtre.

LIPOÏDE [lipɔid]. *adj.* (1867; de *lipo-*, et suff. *-oïde*). *Sc.* ♦ 1º *Adj.* Qui a l'apparence de la graisse. ♦ 2º *Subst. m.* Substance apparentée aux lipides*, soluble dans les graisses. — Adj. LIPOÏDIQUE [lipɔidik].

LIPOLYSE [lipɔliz]. *n. f.* (1907; de *lipo-*, et *-lyse*). *Biol.* Destruction des graisses dans un organisme.

LIPOME [lipom]. *n. m.* (1751; de *lipo-*, et suff. *-ome*). *Méd.* Tumeur constituée par une prolifération du tissu adipeux.

LIPOPHILE [lipɔfil]. *adj.* (mil. xxᵉ; de *lipo-*, et *-phile*). *Didact., techn.* Qui retient les substances grasses.

LIPOPROTÉINE [lipɔprɔtein]. *n. f.* (mil. xxᵉ; de *lipo-*, et *protéine*). *Chim., biol.* Molécule résultant de l'union d'une protéine et d'un corps gras. — Adj. LIPOPROTÉIQUE [lipɔprɔteik] ou LIPOPROTÉINIQUE [lipɔprɔteinik].

LIPOSARCOME [lipɔsarkom]. *n. m.* (mil. xxᵉ; de *lipo-*, et *sarcome*). *Méd.* Tumeur mixte composée de tissu graisseux et de tissu embryonnaire.

LIPOSOLUBLE [lipɔsɔlybl(ə)]. *adj.* (1953; de *lipo-*, et *soluble*). *Sc.* Soluble dans les graisses, les huiles.

LIPOTHYMIE [lipɔtimi]. *n. f.* (1515; gr. *lipothumia*). *Méd.* ♦ 1º Perte de connaissance avec conservation de la respiration et de la circulation (premier degré de la syncope). ♦ 2º État de malaise intense (sudation profuse, nausée, faiblesse musculaire, troubles visuels) sans perte de conscience. *Lipothymie du diabétique.*

LIPOTROPE [lipɔtrɔp]. *adj.* (1922; de *lipo-*, et *-trope*). *Biol.* Qui se fixe sur les substances grasses des cellules vivantes.

LIPOVACCIN [lipɔvaksɛ̃]. *n. m.* (1931; de *lipo-*, et *vaccin*). *Méd.* Vaccin constitué par des microbes tués maintenus en suspension dans un liquide huileux.

LIPPE [lip]. *n. f.* (fin xiiiᵉ; moy. néerl. *lippe*). ♦ 1º Lèvre inférieure épaisse et proéminente. « *En avançant une lippe boudeuse* » (Mac Orlan). ♦ 2º *Faire la lippe*, bouder, faire la moue.

LIPPÉE [lipe]. *n. f.* (1316; de *lippe*). ♦ 1º *Vx.* Bouchée. ♦ 2º *Vx.* Bon repas. « *Franche lippée* » (La Font.), bon repas qui ne coûte rien.

LIPPU, UE [lipy]. *adj.* (1539; de *lippe*). Qui a une grosse lèvre inférieure, et *par ext.* de grosses lèvres. « *Bouche lippue* » (Gide). — « *Une bouche sensuelle à lèvres lippues* » (Balz.), à grosses lèvres.

LIQUATION [likwasjɔ̃]. *n. f.* (1757; « fusion », 1576; bas lat. *liquatio*). *Sc.* Opération qui consiste à séparer par fusion deux ou plusieurs métaux de fusibilité différente.

LIQUÉFACTEUR [likefaktœr]. *n. m.* (1862; du rad. de *liquéfaction*). Appareil permettant la liquéfaction d'un gaz, ou d'un fluide à l'état de vapeur. V. **Condenseur.**

LIQUÉFACTION [likefaksjɔ̃]. *n. f.* (1314; du lat. *liquefactum*, supin de *liquefacere* « liquéfier »). ♦ 1º *Vx.* Fusion. ♦ 2º (1874). *Mod.* Passage d'un corps gazeux à l'état liquide. *Point de liquéfaction. Liquéfaction industrielle de l'air* (par compression, détente et refroidissement). ◇ ANT. *Solidification.*

LIQUÉFIABLE [likefjabl(ə)]. *adj.* (1580; de *liquéfier*). Qui peut être liquéfié. *Gaz liquéfiables.*

LIQUÉFIANT, ANTE [likefjɑ̃, ɑ̃t]. *adj.* (1867; de *liquéfier*). Qui produit ou est propre à produire la liquéfaction. — *Fig.* (Fam.). Amollissant; épuisant. V. **Liquéfier**, 3º.

LIQUÉFIER [likefje]. *v. tr.* (1398; lat. *liquefacere*). ♦ 1º Faire passer à l'état liquide (un corps solide). V. **Fondre.** « *Un bout de cire presque liquéfié par la chaleur* » (Bosco). « *Le goudron des rues se liquéfie* » (Mauriac). ♦ 2º Faire passer à l'état liquide (un corps gazeux). *Liquéfier un gaz, l'air.* Pronom. *L'hélium se liquéfie difficilement.* — (*Vapeur*) Condenser. ♦ 3º SE LIQUÉFIER, perdre toute énergie, toute résistance morale. « *Ils s'écroulent ou se liquéfient* » (Mac Orlan). ◇ ANT. *Solidifier.*

LIQUETTE [likɛt]. *n. f.* (1878; probabl. de l'arg. *limace* « chemise » [1725], n. arg. *lime*). *Pop.* Chemise. « *Allez repasser les liquettes* » (Mac Orlan).

LIQUEUR [likœr]. *n. f.* (xiiᵉ; lat. *liquor*). ♦ 1º *Vx.* Toute substance liquide. *Spécialt.* Liquide organique. *Liqueur du sang* : plasma. *Liqueur séminale* : sperme. ◇ *Mod.* Solution employée en pharmacie, dans l'industrie. *Liqueur de Fehling. Liqueur titrée. Liqueur mère*, solution saturée, en équilibre avec la substance à dissoudre. *Liqueur des cailloux*, solution de silicate de sodium dissolvant certains minéraux. ♦ 2º (1680). *Cour.* Boisson sucrée et aromatisée, à base d'alcool ou d'eau-de-vie. V. **Spiritueux.** *Liqueurs apéritives* (V. **Amer, bitter**), *digestives. Fabricant de liqueurs.* V. **Distillateur, liquoriste.** *Principales liqueurs* : anis, anisette, bénédictine, cassis, chartreuse, cherry, citronnelle, crème (de banane, etc.), curaçao, kummel, marasquin, menthe, mirabelle, prunelle, raki, ratafia. « *Après le dîner, ... ils buvaient une liqueur anisée* » (Camus). *Liqueurs fortes. Déguster un petit verre de liqueur. Flacon de liqueur. Cave, service, verres à liqueurs. Bonbons à la liqueur.* — Loc. *Vin de* *liqueur* : liquoreux. ♦ 3° Eau-de-vie, digestif (sucré ou non) : cognac, rhum, kirsch, etc. *Prendrez-vous des liqueurs?*

LIQUIDABLE [likidabl(ə)]. *adj.* (fin XVIIIᵉ ; de *liquider*). *Rare.* Qui peut ou doit être liquidé.

LIQUIDAMBAR [likidãbaʀ]. *n. m.* (v. 1610 ; lat. mod. [1593] ; mot esp.). Arbre exotique dont on tire des résines balsamiques employées comme stimulants des voies respiratoires. *Baume de liquidambar.*

LIQUIDATEUR, TRICE [likidatœʀ, tʀis]. *n.* (1791 ; de *liquider*). *Dr.* Personne chargée de procéder à une liquidation. *Liquidateur de société. Liquidateur judiciaire*, nommé par le tribunal. — *Par appos.* (1798) *Commissaire liquidateur.* ◇ *Fig. Le liquidateur d'une situation difficile.*

LIQUIDATIF, IVE [likidatif, iv]. *adj.* (1845 ; de *liquider*). *Dr.* Qui opère la liquidation. *Acte liquidatif. Valeur liquidative d'un bien*, que l'on obtiendrait en cas de liquidation.

LIQUIDATION [likidɑsjɔ̃]. *n. f.* (1416 ; de *liquider*). ♦ 1° *Dr.* Action de rendre liquide, de calculer le montant de sommes à régler ; le règlement même de ces sommes. *Liquidation des dépens par le tribunal. Liquidation de l'impôt.* — Ensemble des opérations préliminaires au partage d'une indivision. *Liquidation d'une succession.* V. **Partage**. *Bilan de liquidation.* — Spécialt. *Liquidation judiciaire*, remplacée par le règlement judiciaire. V. **Faillite**. ◇ *Bourse.* Exécution des marchés à terme conclus pour une époque déterminée. *Liquidation de quinzaine, de fin de mois.* ◇ *Fig.* (1869) *La liquidation d'une situation politique difficile.* — *Spécialt.* Psychan. Guérison par une névrose par élimination d'une cause inconsciente révélée au cours de l'analyse. ♦ 2° (Fin XIXᵉ). Vente au rabais en vue d'un écoulement rapide des marchandises. *Liquidation du stock après inventaire.* ♦ 3° *Techn.* Opération par laquelle on équilibre les apports de soude et d'électrolyte, dans la fabrication du savon.

LIQUIDE [likid]. *adj. et n. m.* (XIIIᵉ ; lat. *liquidus*). **I. Adj.** ♦ 1° Qui coule ou tend à couler. V. **Fluide**. *Un corps liquide prend la forme du récipient qui le contient. Passage de l'état liquide à l'état solide* (coagulation, congélation), *à l'état gazeux* (vaporisation ; évaporation). *Solide, gaz qui passe à l'état liquide.* V. **Condensation, fusion, liquéfaction**. — *Air liquide* : conservé à l'état liquide par le froid. *Bouteille d'air liquide.* ◇ *Par métaph.* « *Les cils devenus noirs faisaient valoir le bleu liquide des yeux* » (MAUROIS). ◇ *Par ext.* Qui n'a pas de consistance. *Lier une sauce trop liquide.* ♦ 2° (XIVᵉ). *Phonét.* Se dit des consonnes *l, m, n, r*, qui, placées après une muette, sont de prononciation aisée. *Les consonnes liquides*, et subst. *Les liquides.* — *Groupe liquide* : groupe consonantique formé de deux consonnes dont la deuxième est une liquide. ♦ 3° (XVIᵉ ; it. *liquido*). *Fin.* Qui est exactement déterminé dans son montant, sa valeur. *Créance, dette liquide* : dont l'existence est certaine et la quotité déterminée. ◇ *Cour.* Qui est librement et immédiatement disponible. *Avoir de l'argent liquide, cent mille francs liquides* : en espèces. — (Subst.) *Avoir du liquide, n'avoir pas assez de liquide.*

II. (1695). **N. m.** ♦ 1° Tout corps à l'état de fluide, pratiquement incompressible, et formé de corpuscules (ions ou molécules) soumis à de faibles attractions. *L'eau, le lait sont des liquides. Écoulement, flux ; ébullition, évaporation des liquides. Liquide qui imbibe un corps par capillarité. Injecter, infuser, transfuser un liquide. Se dissoudre dans un liquide. Immerger, laver dans un liquide.* V. **Bain**. *Verser, transvaser un liquide dans une bouteille. — Liquide qui bout à gros bouillons, clapote, gicle, jaillit, ruisselle, s'écoule goutte à goutte. Gouttelettes, flots de liquide. — Liquide qui dépose. Liquide dissolvant.* V. **Solution**. *Liquide corrosif, effervescent. Liquide onctueux* (huile)*, visqueux, volatil* (essence). — *Mesure de la densité, de la compressibilité des liquides. Étude des propriétés physiques des liquides* (V. **Hydrométrie**)*. Mesures de capacité* pour liquides.* ♦ 2° *Spécialt.* Boisson. — *Pop.* (sing. collectif) *Qu'est-ce qu'il s'enfile comme liquide !* comme vin. — *Par ext. Malade qui ne peut prendre que des liquides*, des aliments liquides (bouillon, consommé). ♦ 3° *Liquides organiques.* V. **Humeur** *(vx)*, **liqueur** *(vx)*; *chyle, lymphe, sang, sérosité, suc. Liquide céphalo-rachidien. Liquide excrémentiel.* V. **Urine**. — *Liquide nourricier des végétaux.* V. **Sève**.

◈ ANT. Dur, épais, solide. Gaz, solide.

LIQUIDER [likide]. *v. tr.* (1520 ; de *liquide*). ♦ 1° *Dr.* Soumettre à une liquidation. *Liquider un compte, une succession, une société. Liquider des biens.* V. **Réaliser**. ◇ *Fig. et cour.* V. **Régler**. « *L'Angleterre... résolue d'aujourd'hui pour vingt compte avec la France* » (BAINVILLE). ♦ 2° (XIXᵉ). Vendre (des marchandises) au rabais. *Liquider le stock. Liquider huit mille kilos de sucre.* ♦ 3° (1931). *Fam.* En finir avec (qqn ou qqch.). V. **Débarrasser** (se). *Liquider un témoin gênant. « Votre ancienne monarchie avait depuis longtemps liquidé la féodalité* » (ROMAINS). — *Par ext.* Finir, terminer. « *Un silence pour liquider les assiettes* » (QUENEAU). *C'est liquidé, on n'en parle plus.* ◈ ANT. Acquérir.

LIQUIDIEN, IENNE [likidjɛ̃, jɛn]. *adj.* (XXᵉ ; de *liquide*). *Didact.* Qui est relatif aux liquides.

LIQUIDITÉ [likidite]. *n. f.* (1500 ; lat. *liquiditas*). ♦ 1° *Didact.* Caractère de ce qui est liquide. *Liquidité du mercure, du sang.* ♦ 2° *Fig.* (XIXᵉ). État d'un bien liquide. — *Dr. Liquidité d'une créance, d'une dette.* — *Fin.* Somme immédiatement disponible. *Les liquidités d'une banque.* ◈ ANT. Consistance. Immobilisation, investissement, placement.

LIQUOREUX, EUSE [likɔʀø, øz]. *adj.* (1719 ; « liquide », 1529 ; du lat. *liquor*). Qui rappelle la liqueur par la saveur douce, le degré élevé d'alcool. *Vins liquoreux. Les crus liquoreux de Banyuls, de Frontignan.*

LIQUORISTE [likɔʀist(ə)]. *n.* (1775 ; *liqueuriste*, 1735 ; du lat. *liquor*). Personne qui fabrique ou vend des liqueurs. — Adj. *Débitant liquoriste.*

1. LIRE [liʀ]. *v. tr.* : je lis, il lit, nous lisons, ils lisent ; je lisais ; je lus ; je lirai ; je lirais ; lis, lisons, lisez ; que je lise, que nous lisions ; que je lusse (inus.) ; lisant ; lu, lue (fin XIᵉ ; lat. *legere*).

I. ♦ 1° Suivre des yeux en identifiant (des caractères, une écriture). *Lire des lettres, des caractères, des numéros. Lire une écriture difficile, un manuscrit.* V. **Déchiffrer**. *Écriture qu'on ne peut lire.* V. **Illisible**. *Lire les caractères russes, chinois, hébreux.* « *Elle savait mal lire le petit caractère* » (FRANCE). ◇ *Absolt.* Être capable de lire une écriture. *Apprendre à lire à un enfant. Savoir lire et écrire. Lire couramment ; commencer à lire.* V. **Épeler**. *Lire mal.* V. **Ânonner**. — *Par exagér. Ne pas savoir lire* : être très ignorant. ◇ *Par ext.* (en parlant d'un autre sens que la vue) *Lire le braille.* ♦ 2° Prendre connaissance du contenu de (un texte), par la lecture. *Lire une lettre. J'ai lu cela dans un livre. J'ai lu dans le journal qu'il était mort. Signer sans lire. Lire pour s'instruire, se distraire. Lire une histoire, un roman, des vers.* « *N'ayant rien à lire, j'écris* » (STENDHAL). *Lire son bréviaire. Lire un journal. Lire avec passion* (V. **Avaler, dévorer**), *négligemment* (V. **Feuilleter, parcourir**). *Fam. Lire en diagonale.* — *Lire en vue de trouver un renseignement.* V. **Compulser, consulter**. *Lire plusieurs fois.* V. **Relire**. *Vouloir tout lire.* « *La chair est triste, hélas ! et j'ai lu tous les livres* » (MALLARMÉ). *Avoir qqch. à lire en voyage.* — *Lire un bon auteur. Lire tout Racine. Se faire lire* : avoir des lecteurs, en parlant d'un auteur. — *Ça se lit facilement, ça peut se lire, ça se laisse lire*, en parlant d'un ouvrage. *Livre, auteur qui mérite d'être lu. — Lire une langue étrangère, un auteur étranger dans le texte.* « *Il lisait très bien le français, mais il ne l'avait jamais parlé* » (STAËL). ◇ *Absolt.* V. **Bouquiner** *(fam.)*. *Aimer à lire.* V. **Lecteur, liseur**. *Lire beaucoup, vite, mal.* User ses yeux à lire. « *Je lis comme je voudrais qu'on me lise ; c'est-à-dire : très lentement* » (GIDE). ♦ 3° (XIᵉ). Énoncer à haute voix (un texte écrit) soit pour s'en pénétrer, soit pour en faire connaître le contenu à d'autres ou pour le transmettre. *Débit, diction de celui qui lit. Lire un discours devant l'Assemblée.* V. **Prononcer**. *Lire un arrêt, un jugement ; une prière* (Cf. *Leçon, légende*). ◇ *Spécialt.* Faire la lecture. « *Elle lisait bien, donnant à chaque don spécial d'accentuation juste* » (MAUPASS.). — *Lire qqch. à qqn. Elle lui lisait le journal.* ♦ 4° Déchiffrer (un système signifiant, un code) de manière à en maîtriser le contenu. *Lire un message chiffré.* V. **Décoder**. *Lire un graphique. Il ne sait pas lire la carte. — Cette image est difficile à lire* (V. **Lisible**). ♦ 5° *Acoust.* Enregistrer (avant la reproduction des sons). V. **Lecture** (8°).

II. *Fig.* ♦ 1° Déchiffrer, comprendre (ce qui est caché) par un signe extérieur. *Lire l'avenir dans les lignes de la main, le marc de café, les astres.* « *Faire des prédictions en lisant dans les cartes* » (ROMAINS). *Lire les lignes de la main.* ♦ 2° Discerner, reconnaître comme par un signe. V. **Découvrir, pénétrer**. *Lire un sentiment sur le visage, dans les yeux de qqn. Lire jusqu'au fond de la pensée, de l'âme.* « *Si tu pouvais lire dans mon cœur, tu verrais la place où je t'ai mise !* » (FLAUB.). — *Je lis dans votre jeu** (IV, 1°).

◈ HOM. Formes du v. lier (2), lyre.

2. LIRE [liʀ]. *n. f.* (1846 ; it. *lira*. V. **Livre** f.). Unité monétaire italienne. ◈ HOM. V. **Lire** (1).

LIRON. V. **Lérot**.

LIS ou **LYS** [lis]. (REM. L'orthogr. *lys* [XIVᵉ], inus. aux XVIIᵉ et XVIIIᵉ, n'a été reprise qu'au XIXᵉ). *n. m.* (1175, plur. du lat. *lilium*). ♦ 1° Plante monocotylédone (*Liliacées*), vivace, à feuilles lancéolées et à grandes fleurs. *Lis commun* : à fleurs blanches. *Caïeux, oignon, corolle de lis.* ♦ 2° La fleur blanche de ce commun. *Lis virginal. Blanc comme un lis, d'une blancheur de lis. Par métaph.* (poét.) *Un teint de lis.* ◇ *Littér. Le lis*, symbole de pureté, de candeur, de vertu. « *La blanche Ophélia flotte comme un grand lys* » (RIMBAUD). — *Par métaph. Elle était, sans rien savoir encore, le lys de cette vallée où elle croissait pour le ciel* » (BALZ.). ♦ 3° *Blas.* FLEUR DE LYS, DE LIS : figure héraldique formée de trois fleurs de lis schématisées et unies ; objet imitant cette figure. *La fleur de lis*, emblème de la royauté. ◇ *Spécialt.* Marque en rouge, en forme de fleur de lis, qu'on appliquait sur l'épaule de certains condamnés. ♦ 4° Se dit d'autres plantes. *Lis*

des vallées. V. **Muguet.** *Lis Saint-Jacques.* V. **Amaryllis.**
Lis d'étang, d'eau. V. **Nénuphar.** ◇ HOM. *Lice, lisse.*

LISAGE [liʒaʒ]. *n. m.* (1776; de *lire*). *Techn.* ♦ 1° Opération qui consiste à lire, à analyser un dessin pour tissu et à percer correctement les cartons qui sont montés dans le métier. ♦ 2° (1873). Machine effectuant cette opération.

LISE [liz]. *n. f.* (XIIᵉ; var. de *glise, glaise*). Sable mouvant. ◇ HOM. *Lyse.*

LISÉRAGE [lizeraʒ]. *n. m.* (1723; de *liserer*). *Techn.* Ouvrage qui consiste à border d'un fil (d'or, d'argent, de soie, de laine) les motifs d'une broderie.

LISERÉ [lizʀe] ou **LISÉRÉ** [lizeʀe]. *n. m.* (1743,-1798; de *liserer*). Ruban étroit dont on borde un vêtement. V. **Passepoil.** ◇ Liseré de soie. Liseré de robe, de veste. ◇ Bande formant bordure, d'une autre couleur que le fond. « *On commence à voir un petit liseré de ciel* » (GIONO).

LISERER [lizʀe] ou **LISÉRER** [lizeʀe]. *v. tr.; conjug. lever; céder* (Lizerer, 1525,-1681; de *lisière*). Border d'un liseré. « *Flanelle couleur crème et liserée de vert d'ortie* » (BLOY). ◇ *Fig.* Border. — Pronom. « *Leurs vêtements confondus se liséraient d'un fin duvet blanc* » (ZOLA).

LISERON [lizʀɔ̃]. *n. m.* (1539; dimin. de *lis*). ♦ 1° Plante herbacée (*Convolvulacées*), à tige volubile. *Petit liseron des champs, des blés* (V. **Clochette, vrillée**); *grand liseron, liseron des haies.* (V. **Liseron** des jardins (belle-de-jour). ♦ 2° V. **Volubilis.** ♦ 3° *Liseron épineux* : salsepareille.

LISEUR, EUSE [lizœʀ, øz]. *n.* (v. 1200; *leisor*, 1136; de *lire*). ♦ 1° (1680). Personne qui a l'habitude de lire beaucoup. V. **Lecteur.** *C'est un grand liseur de romans.* ♦ 2° (1723). *Techn.* Ouvrier, ouvrière qui effectue le lisage.

LISEUSE [lizøz]. *n. f.* (1867; de *lire*). ♦ 1° Couteau à papier servant de signet. ♦ 2° Couvre-livre interchangeable. *Liseuse en cuir.* ♦ 3° (XVIIᵉ). Petit vêtement de femme, veste chaude et légère d'intérieur (pour *lire* au lit, etc.).

LISIBILITÉ [lizibilite]. *n. f.* (1866; de *lisible*). Caractère de ce qui est lisible. *Écriture d'une lisibilité parfaite.* ◇ *Par métaph.* Possibilité d'interpréter; compréhensibilité. V. **Lecture, 3°.** *Lisibilité d'un texte.* « *Lisibilité parfaite d'une scène* » (BARTHES).

LISIBLE [lizibl(ə)]. *adj.* (1464; de *lire*). ♦ 1° Qui est aisé à lire, à déchiffrer. *Écriture, inscription lisible. Sa signature est à peine lisible.* — *Schéma, carte peu lisible. Texte lisible à plusieurs niveaux.* V. **Lecture, 3°.** — *Fig.* Déchiffrable, visible. (V. **Lire, II.**) « *Le jeûne et la misère étaient gravés sur cette figure en traits aussi lisibles que ceux de la peur* » (BALZ.). ♦ 2° (1798). Digne d'être lu. *Cet article est à peine lisible.* ◇ ANT. **Illisible.**

LISIBLEMENT [lizibləmɑ̃]. *adv.* (1534; de *lisible*). D'une manière lisible. *Écrire lisiblement.* « *Forme tes chiffres lisiblement* » (FLAUB.). ◇ ANT. **Illisiblement.**

LISIER [lizje]. *n. m.* (av. 1868; mot dial. de Suisse; du lat. *potium* « urine »). *Techn (Agric.).* Mélange d'excréments d'animaux comportant une quantité importante d'eau, conservé dans des fosses couvertes pour servir d'engrais. V. **Purin.**

LISIÈRE [lizjɛʀ]. *n. f.* (1244; p.-ê. de l'a. fr. *lis*, forme masc. rare de *lice* 2). ♦ 1° Bordure limitant de chaque côté une pièce d'étoffe. V. **Bande.** *Lisière d'un tissu différent. Largeur d'un drap entre les lisières.* V. **Laize, lé.** ◇ *Spécialt.* (*Vx*) Étoffe rude, utilisée pour tresser des chaussons. *Les prisonniers fabriquent des chaussons de lisière.* ♦ 2° *Vieilli.* Bandes ou cordons attachés au vêtement d'un enfant pour le soutenir quand il commence à marcher. — *Fig. Tenir en lisières :* exercer une tutelle, un empire sur (qqn). « *Elle était tenue en lisières par la question d'argent* » (BALZ.). ♦ 3° (1606). Partie extrême d'un terrain, d'une région. V. **Bord, bordure, limite.** *Lisière d'un champ, d'un bois, d'une forêt.* V. **Orée.** *Lisières d'un pays.* V. **Frontière.** *Lisières d'arbres.* — Fig. « *Peut-il exister aux confins des doctrines qui se combattent... une sorte de lisière, où l'on est bien venu à errer un moment* » (STE-BEUVE). ◇ ANT. **Centre, milieu.**

1. **LISSAGE** [lisaʒ]. *n. m.* (1873; de *lice* 2). *Techn.* Manière de disposer les lices selon le tissu à obtenir.

2. **LISSAGE** [lisaʒ]. *n. m.* (1762; de *lisser* 1). Action de lisser; résultat de cette action. V. **Glaçage.**

1. **LISSE** [lis]. *adj.* (XIIIᵉ; de *lisser* 1). Qui n'offre pas d'aspérités au toucher. *Surface lisse.* V. **Égal, uni.** *Notre voiture « glissait sur la longue bande de ciment lisse »* (CÉLINE). *Pierre lisse.* V. **Poli.** *Écorce lisse du hêtre. Une peau lisse, douce, unie. Visage lisse.* V. **Glabre.** *Cheveux lisses.* ◇ Anat. *Muscles lisses* et *muscles striés.* ◇ *Par ext. Eau lisse,* dont la surface est parfaitement calme. *Ciel calme et lisse.* ◇ ANT. **Âpre, inégal, rugueux; hérissé.** — HOM. *Lice, lis.*

2. **LISSE.** *n. f.* Techn. V. **LICE** (2). ◇ *Vén.* V. **LICE** (3).

3. **LISSE** [lis]. *n. f.* (1606; de *lisser* 1). *Techn.* Outil de cordonnier pour polir le cuir. V. **Fer.** — Outil de maçon pour polir les revêtements.

4. **LISSE** [lis]. *n. f.* (XIIIᵉ; V. *Lice* 1). *Mar.* Se dit des membrures de la coque d'un navire placées contre les couples

ou le bordé. ◇ *Aviat.* Élément longitudinal reliant les couples d'un fuselage, d'une voiture. V. **Longeron.** ◇ Assemblage de pièces de bois servant de garde-fou. V. **Herpe.** ◇ HOM. (de 1, 2, 3 et 4) V. **Lice** (1).

LISSÉ, ÉE [lise]. *adj.* et *n. m.* (1553; *licé* en a. fr. V. *Lisser* 1). ♦ 1° Rendre lisse. *Cheveux lissés.* Cuis. *Amandes lissées :* revêtues de sucre (V. **Dragées**). ♦ 2° *N. m.* (Cuis., confis.). Degré de cuisson du sucre qui va entrer en ébullition. *Petit, grand lissé.* ◇ HOM. *Lisser, lycée.*

1. **LISSER** [lise]. *v. tr.* (*Licier*, XVIᵉ; « repasser, polir », 1080; lat. *lixare* « extraire par la lixiviation », et par ext. [v. 800] « repasser »). ♦ 1° Rendre lisse. *Lisser sa moustache. Elle « lissait sa jupe avec ses paumes »* (SARTRE). *Oiseau qui lisse ses plumes avec son bec. — Lisser le papier, les étoffes avec une calandre. Lisser les peaux, les cuirs,* les apprêter en leur donnant le dernier lustre. ♦ 2° Éliminer les fluctuations rapides (d'un phénomène) pour ne retenir que l'évolution moyenne. *Lisser une courbe.* ◇ ANT. **Ébouriffer; craqueler.**

2. **LISSER** [lise]. *v. tr.* (1681; de *lisse* 4). Garnir de lisses (un navire). ◇ HOM. *Lissé, lycée.*

LISSEUR, EUSE [lisœʀ, øz]. *n.* (1445; de *lisser* 1). *Techn.* ♦ 1° Ouvrier, ouvrière qui lisse (du papier, des étoffes). ♦ 2° (Fin XIXᵉ). *N. f.* Machine pour lisser les étoffes, les cuirs. — Machine pour mouler et lisser les pains de beurre. — Machine à rendre lisse les revêtements routiers.

LISSIER. V. **Licier.**

LISSOIR [liswaʀ]. *n. m.* (1614; de *lisser* 1). *Techn.* Instrument pour lisser (le papier, les étoffes, le cuir). ◇ Instrument pour lisser le goudron, le bitume des routes lorsqu'il est encore chaud.

LISTAGE [listaʒ]. *n. m.* (XXᵉ; de *lister*). Action de lister; résultat de cette action; document qui reproduit une liste (souvent produit par l'imprimante d'un ordinateur). Recomm. offic. pour *listing*.

1. **LISTE** [list(ə)]. *n. f.* (1587; « bord, bande », déb. XIIᵉ; germ. *°lista*). Hippol. Bande de poils blancs sur le chanfrein de certains chevaux.

2. **LISTE** [list(ə)]. *n. f.* (1567; it. *lista*, même ou *liste* 1). ♦ 1° Suite de mots, de signes, généralement inscrits les uns au-dessous des autres. *Dresser une liste. Liste ouverte. Liste close. Nom couché sur une liste; qui ouvre, ferme une liste; tête, fin, queue de liste. Liste alphabétique. Liste des membres d'une société.* V. **Tableau.** *Liste des lauréats.* V. **Palmarès.** *Liste méthodique et détaillée d'objets.* V. **Bordereau, catalogue, état, inventaire.** *Liste des mets* (menu). — *Spécialt. Liste de proscription. Liste noire, liste de gens à surveiller, à abattre.* — *Dr. constit. Liste électorale. Scrutin de liste. Listes apparentées. Liste bloquée,* que l'électeur n'a pas le droit de modifier (V. **Panachage**). *Voter pour des candidats de différentes listes.* ◇ *Par ext.* V. **Énumération.** *La liste de ses mérites est longue. Grossir la liste de,* s'ajouter au nombre de. *Grossir la liste des mécontents.* V. **Rang(s).** ♦ 2° *Par ext. Liste civile :* somme allouée au chef de l'État pour subvenir aux dépenses et charges de sa fonction.

LISTEL (pl. **LISTELS** ou **LISTEAUX**) [listɛl, o]. *n. m.* (1676; it. *listello*; 1546, var. *listeau*, de *liste* « bande ». V. **Liteau**). ♦ 1° *Archit.* Petite moulure plate ou saillante. V. **Filet.** — *Menuis.* Baguette utilisée pour les encadrements. ♦ 2° *Numism.* Bande circulaire et saillante au bord des monnaies, des médailles. V. **Cordon, cordonnet.** ♦ 3° *Blas.* Ornement extérieur à l'écu, qui porte la devise ou le cri de guerre.

LISTER [liste]. *v. tr.* (XXᵉ; de a. fr. *lister,* de *liste* 1 « faire la lisière d'un drap » [1250], « orner le bord » [1547]; de *liste* 2). Mettre en liste. — *Techn.* Passer (des cartes perforées) dans une tabulatrice de manière à obtenir une ligne de texte par carte. V. **Listage.**

LISTING [listiŋ]. *n. m.* Anglicisme. V. **Listage.**

LIT [li]. *n. m.* (fin XIᵉ; lat. *lectus*).
I. ♦ 1° Meuble destiné au coucher. V. **Couche** (*poét.*). Cf. *pop.* Paddock, pageot, pieu, plumard, plume (*n. m.*), pucier. *Parties d'un lit : châssis, cadre du lit* (châlit, socle). *Bois de lit. Pieds du lit. Ciel du lit* (baldaquin, dais). *Garniture de lit.* V. **Literie.** *Tentures, rideaux de lit. Descente* de lit. *Tête, chevet, pied d'un lit. Lit d'enfant, de nouveau-né* (V. **Berceau**). *Lit à baldaquin. Lit à l'ange, lit d'ange* (à baldaquin couvrant la moitié de la surface); *lit à la duchesse.* « *Un lit à quenouilles en courtine de cretonne* » (GENEVOIX). « *Un petit lit tout maigre en cage de fer avec des pieds à roulettes* » (GIONO). — *Lits jumeaux :* lits semblables, à une place, installés l'un près de l'autre. — *Lit de milieu. Lit d'angle. Lit dans une alcôve, une niche. La ruelle d'un lit.* — *Lit en gondole, lit gondole. Lit clos* ou *lit breton,* à battants de bois qui se ferment. — *Lit de sangle,* fait de sangles fixées à deux montants de bois soutenus par des pieds croisés. *Lit divan. Lit pliant. Lit-cage. Lit portatif. Lit de camp.* — *Lit d'hôtel. Chambre à deux lits.* — *Lit d'hôpital. Clinique de cent lits.* ♦ 2° Partie rigide qui soutient l'ensemble. *Lit d'acajou. Lit métallique. Lit de fer, de cuivre. Acheter un lit d'époque. Monter, démonter un lit.* ♦ 3° Literie sur laquelle on s'étend. *Lit*

moelleux, douillet, dur, inconfortable. Bon lit; mauvais lit. V. **Grabat.** — *Lit de plume,* sorte de matelas de plume utilisé autrefois. V. **Couette.** ♦ 4° Loc. *Aller au lit, se mettre au lit.* V. **Coucher** (se). *Être au lit. Allons, les enfants, au lit!* V. **Dodo.** — *Dormir dans un lit. Dormir dans son lit, chez soi.* — *Sortir du lit.* V. **Lever** (se). *Sauter du lit. Au saut du lit,* au réveil, de bon matin. *Arracher, tirer qqn du lit.* — *Faire un lit,* disposer la literie pour qu'on puisse s'y coucher confortablement. *Lit en portefeuille*. Border un lit. Un lit défait.* PROV. *Comme on fait son lit on se couche** (1, III). — *Malade contraint de se mettre au lit. Garder le lit; par ext.* Garder la chambre. *Ne pas quitter sont lit; être cloué au lit.* — *Lit de douleur.* « *Votre mère... qui est clouée, comme moi, sur un lit de douleur* » (MART. du G.). *Lit de mort.* Par ext. *Sur son lit de mort,* sur le point d'expirer; *jusqu'à son lit de mort,* jusqu'à la fin de sa vie. *Mourir dans son lit,* dans son propre lit, d'une mort naturelle. ♦ 5° *Par métaph.* (le lit symbolisant l'union conjugale). *Chasser de son lit,* répudier. — Fig. *Enfants du premier lit :* d'un premier mariage. *Élever les enfants d'un autre lit.* « *Nicolas avait deux frères du premier lit* » (NERVAL). ♦ 6° *Lit de repos :* siège sur lequel on peut s'allonger pour se reposer. V. **Canapé, divan, sofa.** ♦ 7° *Lit de parade,* qui ne sert qu'à l'ornement d'une pièce ou sur lequel est exposé un mort illustre avant les funérailles. ♦ 8° *Dr. anc.* LIT DE JUSTICE, lit à dais, où le roi se plaçait lorsqu'il tenait une séance solennelle du parlement; *par ext.* La séance elle-même. *Tenir un lit de justice.*

II. ♦ 1° Couche d'une matière quelconque sur le sol, où l'on s'étend, où l'on dort. V. **Litière, matelas, natte, paillasse, tapis.** *Se coucher sur un lit de feuillage. Lit de paille. Lit de mousse.* ♦ 2° V. **Couche.** *Lit de cendres, de braises.* « *Des côtelettes d'agneau... couchées sur un lit épais et menu de pointes d'asperges* » (MAUPASS.). — Constr. *Lit de grosses pierres d'un mur. Lit de sable.* V. **Couchis.** — Géol. Couche de matériaux déposés par les eaux, l'érosion. V. **Dépôt, strate.** *Lit d'argile. Lit d'une pierre, lit de carrière,* situation de la couche de pierre dans le sol, la carrière. ♦ 3° Chacune des deux faces par lesquelles les pierres sont superposées dans une construction. *Les lits et les joints d'une pierre de taille.* ♦ 4° Creux naturel du sol, canal dans lequel coule un cours d'eau. « *Le ruisseau avait un lit pierreux, profond* » (P. BENOIT). *Fleuve qui sort de son lit.* V. **Déborder.** *Lit à sec. Détourner une rivière de son lit.* V. **Cours.** *Galets, cailloux, sable, limon du lit des cours d'eau. Lit mineur, majeur,* occupé par le cours d'eau en période de basses, de hautes eaux. — Par ext. *Lit de glacier.* ♦ 5° Mar. *Lit de marée, lit du courant,* endroit où la marée, le courant ont le plus de vitesse. — *Lit du vent,* la direction dans laquelle il souffle. V. **Aire.**
◇ HOM. *Li, lie;* forme des v. *lier, lire.*

LITANIE [litani]. *n. f.* (*Letanie,* 1155, jusqu'au XVIIᵉ; lat. eccls. *litania,* mot gr. « prière »). ♦ 1° Prière liturgique où toutes les invocations sont suivies d'une formule brève récitée ou chantée par les assistants. *Litanies des saints. Réciter, chanter les litanies.* ♦ 2° *Fig.* Longue énumération. Répétition ennuyeuse et monotone (de plaintes, de reproches, de demandes). « *C'est la litanie éternelle. Pourquoi l'as-tu épousé! Pourquoi as-tu aimé!* » (GIRAUDOUX).

LITCHI [litʃi] ou **LETCHI** [letʃi]. *n. m.* (*Li-chi, li-ci,* 1664-65; *lechia,* 1588; chinois *li-chi*). Arbre d'Asie méridionale, à fruit comestible; ce fruit. *Litchis au sirop.*

1. LITEAU [lito]. *n. m.* (1360; *listiel,* 1229; de *liste.* V. **Listel.**) *Techn.* ♦ 1° Baguette, tringle de bois fixée à un mur pour soutenir une tablette. V. **Tasseau.** ♦ 2° Raie de couleur parallèle à chaque lisière du linge de maison uni. *Nappe, serviettes à liteaux.* « *Un essuie-main à liteaux rouges* » (COLETTE). ♦ 3° *Techn.* Bois débité en section carrée de 25 × 25 mm environ, ou rectangulaire (20 × 40). *Liteaux de sapin.* ◇ HOM. *Litho.*

2. LITEAU [lito]. *n. m.* (1655; de *lit*). *Techn.* (*Chasse*). Lieu où le loup se repose pendant le jour. V. **Tanière.**

LITÉE [lite]. *n. f.* (1835; « portée d'animaux », XIIᵉ; de *lit*). *Chasse.* Ensemble d'animaux dans un même gîte, un même repaire. *Litée de lapereaux.* ◇ HOM. *Liter.*

LITER [lite]. *v. tr.* (1723; de *lit*). *Techn.* Mettre par lits, par couches. — Superposer (des poissons salés) par lits dans des barriques. ◇ HOM. *Litée.*

LITERIE [litʀi]. *n. f.* (h. 1614; 1834; de *lit*). ♦ 1° Tout ce qui entre dans la composition d'un lit; matériel de couchage. ♦ 2° *Spécialt.* Ensemble des objets qui recouvrent le châlit et le sommier : matelas, traversin, oreiller, couverture, édredon, couvre-lit (parfois aussi le linge : draps et taies). *Elle* « *laisse la literie s'aérer longuement à la fenêtre* » (ROMAINS).

LITHAM [litam] ou **LITSAM** [litsam]. *n. m.* (av. 1857, -XXᵉ; mot arabe). Pièce d'étoffe, voile dont les femmes musulmanes et les Touareg se couvrent la partie inférieure du visage.

LITHARGE [litaʀʒ(ə)]. *n. f.* (1314; *lithargyre,* XIIIᵉ; lat. d'o. gr. *lithargyrus* « pierre d'argent »). *Minér.* Oxyde naturel de plomb. ◇ Chim. Protoxyde de plomb (PbO) fondu et cristallisé en lamelles d'un jaune rougeâtre. *La litharge entre*

dans la fabrication des verres au plomb, des vernis pour poterie, des huiles de peinture.

-LITHE, -LITHIQUE, LITHO-. Éléments, du gr. *lithos* « pierre » (ex. : *aérolithe, galalithe,* etc.).

LITHIASE [litjɑz]. *n. f.* (1611; gr. *lithiasis*). *Méd.* Formation de concrétions solides (calculs) dans divers conduits ou cavités de l'organisme. *Lithiase rénale, urinaire.* V. **Gravelle.**

LITHIASIQUE [litjɑzik]. *adj.* (1845, *acide lithiasique* « urique »; de *lithiase*). *Méd.* De la lithiase; affecté de lithiase. — Subst. *Un, une lithiasique.*

LITHINE [litin]. *n. f.* (1827; de *lithium*). *Chim.* Oxyde de lithium.

LITHINÉ, ÉE [litine]. *adj. et n. m.* (1922; de *lithine*). Qui contient de la lithine. *Eaux minérales lithinées. Sels lithinés.* ◇ *N. m.* Comprimé de lithine. *Des lithinés.*

LITHINIFÈRE [litinifɛʀ]. *adj.* (1907; de *lithine,* et suff. *-fère*). Qui contient, produit du lithium.

LITHIQUE [litik]. *adj.* (v. 1780; du gr. *lithos* « pierre »). *Vx. Chim. Acide lithique,* ancien nom de l'acide urique*. *Mod.* (XXᵉ). Relatif à la pierre, de pierre. *Outillage lithique. Rigidité lithique.*

LITHIUM [litjɔm]. *n. m.* (1839; lat. mod. *lithion,* créé par Berzelius [1818]). *Chim.* Corps simple *(Li),* métal alcalin d'un blanc argenté, le plus léger de tous les solides (n° at. 3). *Minerai de lithium.* V. **Lépidolithe.** *Emploi industriel et pharmaceutique des sels de lithium.*

LITHO [lito]. *n. f.* (XXᵉ; abrév.). Lithographie. *Faire encadrer une litho.* ◇ HOM. *Liteau.*

LITHO-. Élément, du gr. *lithos* « pierre ».

LITHODOME [litɔdɔm]. *n. m.* (1827; gr. *lithodomos* « qui bâtit avec des pierres »). *Zool.* Mollusque lamellibranche à coquille cylindrique, qui creuse les roches pour s'y loger.

LITHOGÈNE [litɔʒɛn]. *adj.* (1843; de *litho-,* et *-gène*). ♦ 1° *Techn.* Qui produit des pierres, des roches. — Qui devient comme de la pierre. *Ciment lithogène.* ♦ 2° *Méd.* Qui produit des calculs.

LITHOGENÈSE [litɔʒənɛz]. *n. f.* (av. 1908; de *litho-,* et *-genèse*). *Géol.* Formation de roches.

LITHOGRAPHE [litɔgʀaf]. *n.* (1819; « minéralogiste » 1752; de *lithographie*). Personne qui imprime par la lithographie. V. **Graveur.** « *Un lithographe qui fabriquait des cartes de visite à la minute* » (MAUPASS.).

LITHOGRAPHIE [litɔgʀafi]. *n. f.* (1750; « étude des pierres », 1729; de *litho-,* et *-graphie*). ♦ 1° Reproduction par impression d'un dessin, d'un texte écrit ou tracé sur une pierre calcaire de grain très fin. V. **Gravure.** ♦ 2° *Une lithographie :* feuille, estampe obtenue par ce procédé. *Les lithographies de Daumier.* « *Deux lithographies coloriées, encadrées dans un petit cadre doré* » (BALZ.). V. **Chromolithographie.**

LITHOGRAPHIER [litɔgʀafje]. *v. tr.* (1819; de *lithographie*). Reproduire par la lithographie. V. **Graver, imprimer.** — Au p. p. *Album lithographié.* « *Je vis sur les murs des affiches lithographiées* » (NERVAL).

LITHOGRAPHIQUE [litɔgʀafik]. *adj.* (1819; « qui a rapport aux pierres », 1819; de *lithographie*). Qui a rapport, sert à la lithographie. *Encre lithographique. Calcaire lithographique.*

LITHOLOGIE [litɔlɔʒi]. *n. f.* (1742; de *litho-,* et *-logie*). *Vx (Sc.).* Pétrographie.

LITHOLOGIQUE [litɔlɔʒik]. *adj.* (1773; du précéd.). *Sc.* Qui a rapport à la lithologie. *Données, conditions lithologiques.* V. **Pétrographique.**

LITHOPHAGE [litɔfaʒ]. *adj. et n.* (1694; de *litho-,* et *-phage*). *Didact.* Coquilles, mollusques lithophages, qui creusent des cavités dans les rochers pour s'y loger. — *N. m.* (1694) *Un lithophage.*

LITHOPHANIE [litɔfani]. *n. f.* (1830; de *litho-,* et *-phanie*). *Techn.* Dessin sur une matière rendue translucide par des inégalités d'épaisseur. *La lithophanie permet d'obtenir des effets de transparence dans le verre opaque.* « *Des abat-jour en lithophanie* » (BALZ.).

LITHOSPHÈRE [litɔsfɛʀ]. *n. f.* (1907; de *litho-,* et *sphère*). *Géogr.* Nom donné à la partie solide de la sphère terrestre. *La lithosphère, l'atmosphère et l'hydrosphère.* V. **Sial.**

LITHOTHAMNIUM [litɔtamnjɔm]. *n. m.* (1922; lat. sav., de *litho-* et gr. *thamnion* « herbe »). *Bot.* Algue marine incrustée de calcaire. *Les lithothamniums contribuent à la formation des récifs calcaires, des atolls.*

LITHOTRITIE [litɔtʀisi]. *n. f.* (1826; de *litho-,* et lat. *terere,* p. p. *tritus* « broyé »). *Chir.* Opération chirurgicale qui consiste à broyer les calculs urinaires de la vessie (au moyen d'un appareil appelé LITHOTRITEUR [litɔtʀitœʀ]), pour en évacuer les fragments par l'urètre.

LITHOTYPOGRAPHIE [litɔtipɔgʀafi]. *n. f.* (1839; de *litho-,* et *typographie*). *Techn.* Procédé qui consiste à reproduire en lithographie une planche imprimée avec les caractères typographiques ordinaires.

LITIÈRE [litjɛʀ]. *n. f.* (XIIe ; de *lit*). ♦ 1° *Anciem.* Sorte de lit ambulant généralement couvert, porté sur un double brancard. *Litière orientale.* V. **Palanquin.** *Voyager en litière.* ♦ 2° Paille, feuilles sèches, fourrage répandus sur le sol d'une écurie, d'une étable pour que les animaux puissent s'y coucher. *Les litières souillées forment le fumier.* « *L'exhalaison ammoniacale de la litière, de l'ancienne paille* » (ZOLA). ♦ 3° *Loc. fig.* *Faire litière d'une chose*, la mépriser, la négliger, n'en tenir aucun compte (Cf. S'asseoir dessus). « *L'intérêt général nous oblige à faire litière de certaines conventions* » (AYMÉ).

LITIGE [litiʒ]. *n. m.* (XIVe ; lat. *litigium*). ♦ 1° Contestation donnant matière à procès. *Litiges soumis aux tribunaux.* V. **Affaire, cause, procès.** *Arbitrer, régler, trancher un litige. Cas en litige.* V. **Espèce** (II, 4°). *Objet, point en litige.* ♦ 2° Toute espèce de contestation. V. **Dispute.** « *Régler le litige par voie de négociations* » (SARTRE). *Question en litige,* controversée.

LITIGIEUX, IEUSE [litiʒjø, jøz]. *adj.* (1331 ; lat. *litigiosus*). ♦ 1° Qui est ou qui peut être en litige. V. **Contentieux, contesté.** « *Le Contentieux de la Guerre... se trouve surchargé d'affaires litigieuses* » (BALZ.). *Point litigieux.* V. **Douteux.** ♦ 2° *Vx.* Qui aime les litiges. V. **Procédurier.**

LITISPENDANCE [litispɑ̃dɑ̃s]. *n. f.* (XVIe ; lat. médiév. *litispendentia*). *Dr.* ♦ 1° *Vx.* État d'un procès en instance. ♦ 2° (1842). *Mod.* État d'un litige porté simultanément devant deux tribunaux du même degré également compétents.

LITORNE [litɔʀn(ə)]. *n. f.* (1555 ; du picard *lutron* « lambin » ; moy. néerl. *leuteren* « tarder »). Variété de grive à tête cendrée. V. **Jocasse, tourd.** — Par appos. *Grive litorne.*

LITOTE [litɔt]. *n. f.* (1521 ; bas lat. *litotes*, mot gr. « simplicité »). Figure de rhétorique qui consiste à atténuer l'expression de sa pensée pour faire entendre le plus en disant le moins. *Euphémisme par litote. On se sert d'une litote quand on suggère une idée par la négation de son contraire* (*ex.* : « *Ce n'est pas mauvais* », pour « *C'est très bon* »). « *Le classicisme tend tout entier vers la litote* » (GIDE). ◇ ANT. Hyperbole.

1. **LITRE** [litʀ(ə)]. *n. f.* (1835 ; var. de *liste, lite* « bordure, lisière », XIIe ; germ. *lista*). *Relig.* Ornement funèbre, large bande noire aux initiales du défunt, qu'on tend autour de l'église pour des funérailles solennelles.

2. **LITRE** [litʀ(ə)]. *n. m.* (1793 ; de *litron*, 1°). ♦ 1° Unité usuelle des mesures de capacité du système métrique (symb. *l*), représentant le volume d'un kilogramme d'eau pure sous la pression atmosphérique normale (env. 1 décimètre cube). *Pot qui fait, qui tient le litre.* ♦ 2° Récipient ayant la contenance d'un litre. *Litre en bois pour les grains, les moules. Litre en verre pour le vin, l'alcool* : absolt. *Un litre,* une bouteille d'un litre ou d'une contenance d'un litre. « *Qu'est-ce qui me prouve qu'il tient le litre, votre litre?* » (ROMAINS). ♦ 3° Contenu d'un litre. *Boire un litre de bière. Un litre de (vin) rouge.* V. **Kil** (fam.).

LITRON [litʀɔ̃]. *n. m.* (1584 ; lat. médiév. *litra*, mot gr. « livre de douze onces »). ♦ 1° *Métrol.* Ancienne mesure de capacité, le seizième du boisseau ; contenu de cette mesure. *Un litron de blé, de sel.* ♦ 2° *Pop.* (1867 ; de *litre* 2, 2°). Litre de vin.

LITSAM. V. **LITHAM.**

LITTÉRAIRE [liteʀɛʀ]. *adj. et n.* (1527 ; lat. imp. *litterarius*). ♦ 1° Qui a rapport à la littérature. *Œuvres littéraires. Citation littéraire.* « *La révolution littéraire de 1660* » (FAGUET). — *La vie littéraire. Milieux, cercles, salons littéraires. La saison des prix littéraires.* ◇ Qui étudie les œuvres, qui traite de littérature. *La critique, l'histoire littéraire.* ◇ Qui convient à la littérature, répond à ses exigences esthétiques. *Valeur, caractère littéraire d'un ouvrage. Langue littéraire et langue parlée.* « *Un style plus pur, plus ciselé, plus littéraire* » (GAUTIER). ◇ Qui ne se trouve que dans la littérature. *Péj.* Artificiel, manquant de sincérité. « *J'ai connu beaucoup de souffrances qui n'étaient pas littéraires ou figurées* » (PÉGUY). ♦ 2° (*Personnes, esprits*). Doué pour les lettres. *Un esprit plus littéraire que scientifique.* ◇ N. *Un, une littéraire* : personne dont les dons ou les activités sont littéraires. *Spécialt.* Un professeur de lettres.

LITTÉRAIREMENT [liteʀɛʀmɑ̃]. *adv.* (1835 ; de *littéraire*). Du point de vue littéraire.

LITTÉRAL, ALE, AUX [literal, o]. *adj.* (v. 1452 ; « littéraire », XIIIe ; bas lat. *litteralis*). ♦ 1° Qui utilise les lettres. *Notation littérale. Symboles littéraux de l'algèbre* (X, ...). — Qui est représenté par des lettres. *Coefficient littéral.* V. **Ling.** *Arabe littéral* : l'arabe écrit (*opposé à* parlé, dialectal). ♦ 2° Qui suit un texte lettre à lettre. *Transcription littérale. Traduction littérale,* qui se fait mot à mot. V. **Exact, textuel.** ♦ 3° Qui s'en tient, est pris strictement à la lettre. *Teneur littérale d'un texte. Le sens littéral d'un mot* (*opposé à* figuré), *d'un texte* (*opposé à* sens allégorique, symbolique). « *Du jour où l'on admet que l'on puisse abandonner le sens littéral des dogmes... on légitime du même coup... le libre examen* »

(MART. du G.). *Par métaph.* Rapporté exactement, objectivement. *Le fait littéral et la version des journaux.* ♦ 4° *Dr.* Qui s'appuie sur un écrit. *Preuve littérale.* ◇ ANT. *Figuré, symbolique.*

LITTÉRALEMENT [literalmɑ̃]. *adv.* (1465 ; de *littéral*). ♦ 1° D'une manière littérale. *Copier, traduire littéralement.* ♦ 2° En prenant le mot, l'expression au sens littéral. *Il était littéralement fou.*

LITTÉRALITÉ [literalite]. *n. f.* (1752 ; de *littéral*). Stricte conformité (d'une interprétation, d'une traduction) à la lettre, au texte. *Traducteur esclave de la littéralité.*

LITTÉRARITÉ [literarite]. *n. f.* (v. 1965 ; de *littéraire*). *Didact.* Caractère d'un texte considéré comme littéraire (V. **Littérature** II, 1° et III). *Définition sociologique, sémiotique, de la littérarité.*

LITTÉRATEUR [literatœr]. *n. m.* (*h. v.* 1470 ; 1716 ; lat. *litterator* « grammairien »). ♦ 1° *Vx.* Humaniste. ♦ 2° *Mod.* (souvent *péj.*). Homme de lettres, écrivain de métier. V. **Auteur.** « *Tolstoï, le moins littérateur des écrivains* » (R. ROLLAND).

LITTÉRATURE [literatyr]. *n. f.* (v. 1120, « écriture » ; lat. *litteratura* « écriture », puis « érudition »).

I. ♦ 1° (1432). *Vx.* Ensemble des connaissances ; culture générale. « *Des gens d'un bel esprit et d'une agréable littérature* » (LA BRUY.). ♦ 2° (1758 ; all. *Literatur*). Bibliographie d'une question ; ensemble des ouvrages publiés sur cette question. *Il existe sur ce sujet une abondante littérature.* ◇ *Mus.* Les œuvres écrites (pour un instrument dans une certaine forme). *La littérature de la flûte est très variée.*

II. (XVIIIe). Les œuvres écrites, dans la mesure où elles portent la marque de préoccupations esthétiques ; les connaissances, les activités qui s'y rapportent. ♦ 1° L'ensemble des œuvres littéraires. *Les grandes œuvres, les plus belles pages de la littérature. La littérature française, latine. Littérature classique, romantique, réaliste, impressionniste, symboliste, naturaliste, surréaliste.* ♦ 2° Le travail, l'art de l'écrivain. « *La littérature n'est qu'un développement de certaines des propriétés du langage* » (VALÉRY). ◇ Le métier d'homme de lettres, d'auteur littéraire. *Faire carrière dans la littérature.* ♦ 3° Ce qu'on ne trouve que dans les œuvres littéraires (*opposé à* la réalité). — Ce qui est artificiel, peu sincère. « *Et tout le reste est littérature* » (VERLAINE). ♦ 4° Ensemble des connaissances concernant les œuvres littéraires, leurs auteurs. V. **Critique.** *Manuel de littérature. Devoir, composition de littérature.* V. **Dissertation.** ◇ (XXe) Livre, manuel d'histoire de la littérature. *La littérature de Lanson.*

III. (*Néol.*). Tout usage esthétique du langage, même non écrit. *Littérature orale.*

LITTORAL, ALE, AUX [litɔral, o]. *adj. et n. m.* (1752 ; lat. *litoralis,* de *litus, litoris* « rivage »). ♦ 1° *Adj.* Qui appartient, qui est relatif à la zone de contact entre la terre et la mer. *Zone littorale. Cordons littoraux. Topographie littorale ; profil, tracé littoral.* — *Faune, flore littorale.* ♦ 2° *N. m.* (1828). *Le littoral* : la zone littorale. V. **Bord, côte, rivage.** *Littoral rectiligne, découpé. Le littoral méditerranéen.*

LITTORINE [litɔrin]. *n. f.* (1858 ; lat. zool. *littorina,* du lat. *litus* « rivage »). *Mollusque comestible, gastéropode à coquille épaisse, de teinte noire verdâtre, à opercule corné. V. **Bigorneau, vigneau** (ou *vignot*).

LITUANIEN ou **LITHUANIEN, ENNE** [lituanjɛ̃, ɛn]. *adj. et n.* (1740 ; de *Lituanie*). De Lituanie, pays balte. *Le lituanien* : langue du groupe balte (indo-européen).

LITURGIE [lityrʒi]. *n. f.* (1579 ; lat. médiév. *liturgia,* du gr. *leitourgia* « service public, service du culte »). *Relig. chrét.* Culte public et officiel institué par une Église. V. **Cérémonial, culte, service** (divin). *Liturgies catholiques* : occidentale (romaine, gallicane, ambrosienne, mozarabe), orientale (de saint Jean Chrysostome, de saint Basile, de saint Jacques, arménienne, copte, maronite). *Liturgie de l'Église anglicane. Liturgie presbytérienne. Livres de liturgie contenant la liturgie romaine* : bréviaire (ordinaire ; psautier ; temporal), missel ; rituel ; pontifical ; martyrologe ; cérémonial ; propres (des offices, etc.). *Actions, paroles de la vie religieuse réglées par la liturgie* : cérémonie, fête, heure, messe, mystère, office, rit(e), sacrement ; chant, hymne, leçon, lecture, litanie, prière. *Actes, rites particuliers de la liturgie* : aspersion, bénédiction, communion, consécration, dédicace, élévation, lavement, offrande, onction, procession, salut.

LITURGIQUE [lityrʒik]. *adj.* (1718 ; gr. ecclés. *leitourgikos*). Relatif ou conforme à la liturgie. V. **Hiératique.** *Chants, prières liturgiques. Calendrier, fête liturgique. Vêtements, linges, vases liturgiques.* V. **Sacré.** *Livres liturgiques* (V. **Liturgie**).

LITURGISTE [lityrʒist(ə)]. *n. m.* (1752 ; de *liturgie*). *Didact.* Celui qui est versé dans l'étude de la liturgie.

LIURE [ljyr]. *n. f.* (1559 ; *lieure,* XIIe ; lat. *ligatura*). *Techn.* Câble, cordage servant à lier à maintenir le chargement d'une charrette. ◇ *Mar.* Amarrage en cordage ou en chaîne reliant entre elles deux pièces d'un navire. *Liure du beaupré*, qui assujettit le beaupré à la guibre.

LIVAROT [livaʀo]. *n. m.* (1845; commune du Calvados). Fromage fermenté à pâte molle (sans moisissures), de forme cylindrique, à très forte odeur.

LIVÈCHE [livɛʃ]. *n. f.* (XIVᵉ; lat. pop. °*levistica*, bas lat. *levisticum*, altér. de *ligusticum*). Plante (*Ombelliféracées*) herbacée, vivace, à graines dépuratives. V. **Ache.**

LIVET [livɛ]. *n. m.* (1867; lat. *libella* « niveau »). Mar. Ligne à double courbure, intersection du pont et de la muraille du navire.

LIVIDE [livid]. *adj.* (1314; lat. *lividus*). ♦ 1° Littér. Qui est de couleur plombée, bleuâtre. « *Visages décomposés, livides, verts* » (GAUTIER). « *Une nuée noire, qui la plomba* (la Beauce) *d'un reflet livide* » (ZOLA). ♦ 2° Cour. D'une pâleur terne, en parlant de la peau. V. **Blafard, blême, hâve, pâle.** « *Jamais il n'avait vu une telle pâleur..., c'était le teint livide, exsangue des prisonniers du moyen âge* » (HUYSMANS).

LIVIDITÉ [lividite]. *n. f.* (XIVᵉ; de *livide*). État de ce qui est livide. *Méd.* Coloration violacée de la peau. *Lividité cadavérique.*

LIVING-ROOM [liviŋʀum] ou **LIVING** [liviŋ]. *n. m.* (1931; mot angl. « pièce pour vivre »). Pièce de séjour, disposée pour servir à la fois de salle à manger, de salon, et parfois de chambre. V. **Salle** (de séjour), **séjour, studio.** *Des living-rooms; des livings.* Cette grande pièce « *à laquelle les Anglo-Saxons donnent le nom de living-room pour faire entendre que s'y passe le plus clair de la vie familiale* » (DUHAM.).

LIVRABLE [livʀabl(ə)]. *adj.* (XIVᵉ, rare av. 1792; de *livrer*). Comm. Qui peut, doit être livré à l'acheteur. *Marchandise livrable à domicile.*

LIVRAISON [livʀɛzɔ̃]. *n. f.* (XIIᵉ; de *livrer*). ♦ 1° Remise matérielle d'un objet à celui auquel cet objet est dû. V. **Délivrance.** *La livraison constitue une obligation du vendeur dans le contrat de vente. Payable à la livraison. Voiture de livraison. Livraison en gare, à domicile. Délai de livraison.* ♦ 2° (*Librairie*). Chaque partie d'un ouvrage qu'on publie par volumes ou par fascicules livrables périodiquement. *Livraisons d'une revue.* V. **Numéro.**

1. LIVRE [livʀ(ə)]. *n. m.* (1080; lat. *liber* « feuille de liber », sur laquelle on écrivait).

I. Assemblage d'un assez grand nombre de feuilles portant des signes destinés à être lus. V. **Bouquin** (*fam.*), **tome, volume; écrit, ouvrage.** *Livre manuscrit* (V. **Manuscrit**), *imprimé. Matière, contenu d'un livre. « Un livre n'est rien qu'un petit tas de feuilles sèches, ou alors une grande forme en mouvement : la lecture* » (SARTRE). ♦ 1° Volume imprimé d'un nombre assez grand de pages (*opposé à* brochure, plaquette, à l'exclusion des périodiques (*opposé à* revue). *Composer, imprimer un livre.* V. **Imprimerie.** *Livre à l'impression, sous presse. Éléments, aspect extérieur d'un livre* (V. **Cahier, feuille, feuillet, page; brochage, cartonnage, coin, dos, emboîtage, fermoir, nervure, plat, reliure, signet, tranche, tranche-file, titre**). *Livre broché, cartonné, relié.* Loc. *Livre de poche,* broché, de petit format et à prix modique. *Couverture, jaquette d'un livre, Format* d'un livre.* — Loc. *Livre blanc, bleu, jaune,* recueil de pièces officielles, diplomatiques, publié après un événement important (guerre, etc.) afin de permettre au lecteur de juger sur pièces. — *Livre à figures, illustré. Livre d'images.* V. **Album.** *Livre de cartes.* V. **Atlas, portulan.** — *Commerce, vente des livres.* V. **Édition, librairie, libraire.** *Faire paraître, faire imprimer un livre.* V. **Publier.** *Droits d'auteur, droits de reproduction d'un livre.* V. **Copyright.** *Nombre d'exemplaires d'un livre.* V. **Tirage.** *Livre épuisé, en réimpression. Marchand, vendeur de livres d'occasion.* V. **Bouquiniste.** *Livres rares, anciens. Amateur de livres.* V. **Bibliophile.** *Collection de livres; meuble à livres.* V. **Bibliothèque.** *Pile de livres. Livres d'un écolier; livre de prix. Couvrir un livre.* V. **Couvre-livre, liseuse.** *Apposer sa marque sur un livre.* V. **Ex-libris.** ◊ Absolt. LE LIVRE : l'imprimerie et ses produits. *L'industrie, les industries du livre.* « *Ceci tuera cela. Le livre tuera l'édifice... Cela voulait dire : — La presse tuera l'Église* » (HUGO). ♦ 2° Ensemble des signes contenus dans un livre; texte imprimé reproduit dans un certain nombre d'exemplaires. *Divisions, subdivisions et annexes d'un livre :* chapitre, partie, tome, volume. *Avis au lecteur, dédicace, préface, table des matières d'un livre. Livre en deux, trois parties.* V. **Diptyque, trilogie.** — *Livre donnant des renseignements pratiques.* V. **Almanach, annuaire, barème, catalogue, guide, indicateur, registre, répertoire, vade-mecum.** *Livre de classe, d'étude.* V. **Abrégé, aide-mémoire, bibliographie, cours, dictionnaire, encyclopédie, essai, étude, glossaire, guide, lexique, manuel, mémento, méthode, précis, répertoire, résumé, thèse, traité, travail, vocabulaire.** *Livre de lecture.* V. **A B C, abécédaire, alphabet, syllabaire.** *Livre d'arithmétique, de géographie, de grammaire* (une arithmétique, une grammaire, etc.). — *Livre racontant des événements, une vie, la vie d'hommes illustres* (V. **Annales,**

biographie, chronique, journal, mémoires, souvenirs, vie), un voyage (V. **Itinéraire**). *Livre publié pour défendre* (V. **Apologie, défense, éloge**), *attaquer* (V. **Libelle, pamphlet**) *qqn. Livre en forme de conversation.* V. **Dialogue.** *Livre de caractère littéraire.* V. **Conte, nouvelle, pièce** (de théâtre), **poésie, roman.** — *Livres inspirés, révélés : livres sacrés.* V. **Écriture** (Bible, Évangile, Coran; Talmud; Véda). — *Livres religieux, liturgiques.* V. **Messe.** *Livre de messe, de prières. Livre d'heures.* — *L'auteur d'un livre.* V. **Écrivain.** *Écrire un livre. Faire un livre, des livres.* « *Quelque chose de nouveau et de vrai; c'est la seule excuse d'un livre* » (VOLT.). *Ensemble des livres écrits par un auteur.* V. **Œuvre.** *Livre contenant des extraits, des citations, des écrits divers d'un auteur, de divers auteurs.* V. **Ana, analecta, anthologie, chrestomathie, florilège; recueil.** — *Résumer, analyser, critiquer un livre. Ce livre est un grand succès de librairie* (Cf. l'anglicisme *Best-seller*). *Livre traduit en plusieurs langues.* V. **Traduction.** *L'Index, catalogue des livres interdits par l'Église.* — *Lire, commencer, ouvrir; terminer, fermer, finir un livre.* « *Un bon livre est un bon ami* » (BERNARD. de ST-P.). *Livre de chevet.* « *La chair est triste, hélas, et j'ai lu tous les livres* » (MALLARMÉ). ◊ LES LIVRES : la lecture, l'étude, l'érudition, la science, la théorie. *Les livres et la vie, et la pratique. Ne connaître une chose que dans les livres, que par les livres :* en avoir une connaissance livresque. « *Un prince dans un livre apprend mal son devoir* » (CORN.). « *Nous vivons trop dans les livres et pas assez dans la nature* » (FRANCE). — Loc. *Parler comme un livre :* doctement, sagement, savamment. — *À livre ouvert :* couramment. *Traduire une langue à livre ouvert.* ♦ 3° Métaph. *Ce qui peut être déchiffré, interprété comme un texte. Le livre du destin, de la nature.* « *Sylvie connaissait la vie. Et c'est le Livre des Livres* » (R. ROLLAND).

II. *Spécialt.* ♦ 1° Chacune des parties de certains ouvrages, qu'elle constitue ou non un volume séparé. V. **Partie.** *Les livres d'un Code, d'un traité.* « *Le second livre de l'Énéide* » (VOLT.). V. **Chant.** « *Le Tiers* (troisième), *le Quart* (quatrième) *livre des faits et dits héroïques du noble Pantagruel* » (RABELAIS). — (Bible) *Les livres historiques, poétiques, sapientiaux* (de la sagesse), *prophétiques.* ♦ 2° Cahier, registre sur lequel on peut écrire, noter qqch. V. **Album, carnet, registre.** *Noter qqch. sur un livre. Le livre de comptes, de dépenses.* — LIVRE DE RAISON : journal tenu par le chef de famille. — LIVRE D'OR : *Ancien.* Registre sur lequel étaient inscrits en lettres d'or les noms de familles nobles; *Mod.* Registre destiné à l'inscription de noms célèbres, à la réunion de commentaires élogieux. ◊ Dr., Comm. *Livres de commerce : livre journal; livres des inventaires et des bilans; grand livre : livre d'extraits où l'on enregistre et classe les articles du livre journal.* « *La conscience d'un honnête homme... est le meilleur grand-livre* » (BALZ.). *Livre de caisse.* Absolt. *Tenir les livres.* V. **Comptabilité.** — Dr. pub. *Livre, grand livre* (ou *grand-livre*) *de la Dette publique.* ◊ Mar. *Livre de bord*** *d'un navire.*

2. LIVRE [livʀ(ə)]. *n. f.* (XIIᵉ; *livra*, 980; lat. *libra*). ♦ 1° Ancienn. Unité de poids, qui variait selon les provinces, entre 380 et 550 grammes. *La livre se divisait en onces. Mod.* Un demi-kilogramme ou cinq cents grammes. *Acheter une livre de sucre, de café. Demi-livre. Quart de livre.* V. **Quart.** — (Au Canada). Unité de poids valant 16 onces*, ou 0,453 kg (abrév. lb). *Acheter deux livres de sucre. Peser 100 livres* ou *45,35 kilos.* « *[L'original] devait peser plus de douze cents livres* » (P. VILLENEUVE). ♦ 2° Ancienne monnaie de compte, représentant à l'origine un poids d'une livre d'argent, et moins de cinq grammes à l'établissement du système métrique (1801). V. **Franc.** *Trois livres* (V. **Écu**), *vingt-quatre livres* (V. **Louis**). *La livre tournois valait vingt sous.* ♦ 3° *Mod.* Unité monétaire anglaise. *Livre sterling* (symb. £). V. **Souverain.** *La livre vaut vingt shillings. Livre australienne, égyptienne.*

LIVRÉE [livʀe]. *n. f.* (v. 1290, « vêtements livrés, fournis par un grand seigneur à sa suite »; de *livrer*). ♦ 1° Ancienn. Vêtements aux couleurs des armes d'un roi, d'un grand seigneur, qu'ils faisaient porter aux hommes de leur suite. ♦ 2° (Fin XVᵉ). Habits d'une couleur convenue, d'un modèle particulier, que portent les domestiques masculins d'une même maison. *Livrée de valet, de cocher, de portier. Porter, revêtir la livrée :* être, devenir valet. ◊ Par ext. (*Vx*) La domesticité. « *La livrée sort du peuple* » (BALZ.). ♦ 3° Ancienn. *La livrée d'une dame :* rubans, pièces d'étoffe à ses couleurs. ♦ 4° *Littér.* Signes extérieurs caractéristiques, révélateurs (d'une condition, d'un état). *La livrée de la misère.* V. **Insigne, marque; apparence.** « *Revêtir la livrée du péché* » (GIDE). ♦ 5° *Zool., Chasse.* Pelage ou plumage d'un animal, lorsque sa coloration, son aspect est caractéristique.

LIVRER [livʀe]. *v.* (980, « délivrer »; lat. *liberare* « libérer, dégager »).

I. *V. tr.* ♦ 1° (1080). Mettre à la discrétion, au pouvoir de (qqn). *Livrer un coupable à la justice.* V. **Déférer, remettre.** « *La guerre civile livra le pays aux Romains* » (BAINVILLE).

◇ *Par ext.* Mettre sous la coupe, sous l'influence de (qqn). ♦ 2° Soumettre à l'action de (qqch.). *Livrer qqn à la mort, au supplice. Pays livré à l'anarchie.* ♦ 3° (XVᵉ). Remettre par une trahison entre les mains, au pouvoir de (qqn). *Livrer son complice à la police.* V. **Dénoncer, donner.** « *Les patries sont toujours défendues par les gueux, livrées par les riches* » (PÉGUY). ♦ 4° Abandonner, confier à qqn (une partie de soi, une chose à soi). V. **Donner.** *Livrer un peu de soi-même, par des confidences.* V. **Confier.** — *Spécialt. Livrer un secret.* V. **Communiquer,** confier, dévoiler. « *Comme un visage grimé livre ses secrets sous le feu d'un projecteur* » (COLETTE). ♦ 5° *Vieilli* ou *dr.* Mettre (qqch.) en la possession, à la disposition de qqn. V. **Donner, céder, fournir, procurer, remettre, vendre.** — *Cour.* Remettre à l'acheteur ce qui a été commandé, payé (V. **Livraison**). *Livrer une commande, une marchandise. Livrer à domicile, en gare.* ♦ 6° Engager, commencer (un combat, une bataille). V. **Donner, engager.** *Vx ou littér. Livrer des assauts, des combats. Mod. Livrer bataille.* ♦ 7° *Livrer passage :* laisser passer, permettre de passer.
II. SE LIVRER. *v. pron.* ♦ 1° (1636). Se mettre au pouvoir, entre les mains de qqn. V. **Rendre** (se), **soumettre** (se). *Se livrer après une longue résistance.* — *Spécialt.* Se dénoncer, se constituer prisonnier. « *Les pères se livrèrent pour les fils, les fils pour les pères* » (CHATEAUB.). ♦ 2° (1672). Se remettre, se confier... « *Je me livre en aveugle au destin qui m'entraîne* » (RAC.). (1669) *Se livrer à qqn,* en parler. V. **Se livrer,** parler de soi, de ce qu'on pense. V. **Confier** (se). « *Plus il se livre, plus il me plaît* » (GIDE). ♦ 3° Faire don de soi-même. *Cœur qui se livre.* — (1829) Accorder ses faveurs (en parlant d'une femme). V. **Abandonner** (s'). ◇ *Se livrer à :* se laisser aller (à un sentiment, une idée, une activité). V. **Adonner** (s'). *Se livrer à son humeur, à son caractère.* « *Il ne faut qu'aimer le plaisir pour se livrer à des sensations si douces* » (ROUSS.). « *Il put se livrer à tout son malheur sans craindre d'être vu* » (STENDHAL). V. **Abîmer** (s'), **enfoncer** (s'), **plonger** (se). *Se livrer aux pires excès.* V. **Porter** (se). ♦ 4° *Se livrer à :* effectuer (un travail, une tâche), exercer (une activité). *Se livrer à un travail, à une besogne, à une étude.* V. **Appliquer** (s'), **attacher** (s'), **atteler** (s'), **consacrer** (se), **pratiquer.** *Se livrer à un exercice, à un sport.* V. **Exercer** (s'), **pratiquer.** *Se livrer à ses occupations habituelles.* V. **Vaquer.** « *L'examen auquel je me suis livré est parfaitement objectif* » (DUHAM.).
◇ ANT. Arracher, délivrer, enlever, sauver (se). Conserver, défendre, détourner, garder. Détenir. Dérober (se), garder (se).
LIVRESQUE [livʀɛsk(ə)]. *adj.* (1595, repris 1808 ; de *livre,* d'apr. *pédantesque*). Qui vient des livres, qui est purement littéraire, théorique (*opposé à* pratique, réel, vécu, vrai). *Connaissances livresques ; science livresque.* « *Une bonne partie de leur amour était purement livresque* » (R. ROLLAND).
LIVRET [livʀɛ]. *n. m.* (v. 1200 ; de *livre*). ♦ 1° *Vx.* Petit livre. — *Spécialt. Mod.* Catalogue explicatif. *Livret d'une exposition.* ♦ 2° Petit registre. V. **Carnet.** *Livret militaire individuel* reproduisant les indications contenues au registre matricule. *Livret matricule* détenu par l'autorité militaire. — *Mar. Livret individuel de solde ; livret de santé.* ◇ *Cour. Livret de famille,* remis aux époux lors de la célébration du mariage. — *Livret scolaire,* carnet de notes scolaires, et d'appréciation des professeurs ; *spécialt.* Carnet des trois dernières années d'études secondaires. — *Livret de caisse d'épargne.* ♦ 3° *Mus.* (1867). Texte sur lequel est écrite la musique d'une œuvre lyrique. V. **Libretto.** *Livret d'un opéra, d'une opérette. Auteur de livrets.* V. **Librettiste.** *Livret adapté,* tiré d'une pièce de théâtre.
LIVREUR, EUSE [livʀœʀ, øz]. *n.* (XIVᵉ ; de *livrer*). Personne qui livre, transporte une marchandise. *Les livreurs d'un grand magasin, d'une compagnie de transports.* Par appos. *Garçon, employé livreur.*
LIXIVIATION [liksivjasjɔ̃]. *n. f.* (1699 ; du lat. *lixivia* « lessive »). *Didact.* Passage lent d'un solvant à travers une couche de substance pulvérisée pour en extraire les constituants solubles.
LLANOS [ljanos]. *n. m. pl.* (1846 ; *lano,* 1598 ; mot esp.). *Géogr.* Plaine herbeuse, en Amérique du Sud.
LLOYD [lɔjd]. *n. m.* (1832 ; angl. *Lloyd,* n. pr.). Nom adopté par des compagnies de navigation, d'assurances.
lm *Phys.* Symb. du lumen*.
LOADER [lodœʀ]. *n. m.* (mil. XXᵉ ; mot angl., de *to load* « charger »). *Anglicisme. Techn.* Engin de travaux publics capable d'assurer le chargement des déblais sur des camions. *Des loaders.* Recomm. offic. *Chargeuse*.*
LOB [lɔb]. *n. m.* (1907 ; mot angl.). *Tennis.* Coup qui consiste à envoyer la balle assez haut pour qu'elle passe par-dessus la tête du joueur opposé, hors de la portée de celui-ci. V. **Chandelle.** ◇ HOM. Lobe.
LOBAIRE [lɔbɛʀ]. *adj.* (1845 ; de *lobe*). *Anat.* Relatif à un lobe.
LOBBY [lɔbi]. *n. m.* (v. 1954 ; mot angl.). *Anglicisme.* Groupe de pression. « *Les lobbies des producteurs américains de gaz* » (*L'Express,* 1-1-1973).
LOBE [lɔb]. *n. m.* (av. 1478 ; gr. *lobos*). ♦ 1° *Anat.* Partie arrondie et saillante de divers organes. *Lobes du poumon. Les lobes du cerveau. Lobe frontal, pariétal, occipital, temporal.* ♦ 2° (1611). *Cour. Lobe de l'oreille,* prolongement arrondi et charnu du pavillon auriculaire. V. **Lobule.** « *Le lobe de leurs oreilles* (est) *allongé démesurément par le poids des anneaux* » (LOTI). ♦ 3° *Zool.* Chacune des deux parties arrondies de la nageoire caudale d'un poisson. ♦ 4° *Bot.* Partie arrondie entre deux larges échancrures des feuilles, des pétales. *Lobes des feuilles de lierre.* ♦ 5° *Archit.* Découpure en arc de cercle utilisée comme ornement de certains arcs et rosaces. ◇ HOM. Lob.
LOBÉ, ÉE [lɔbe]. *adj.* (1797 ; de *lobe*). Divisé en lobes. *Feuilles lobées du chêne, du figuier,* à découpures arrondies. ◇ *Archit. Arcades lobées de l'art mauresque.* — V. **Bilobé, trilobé.** ◇ HOM. Lober.
LOBECTOMIE [lɔbɛktɔmi]. *n. f.* (mil. XXᵉ ; de *lobe,* et suff. *-tomie*). *Chir.* Opération par laquelle on enlève un lobe (du poumon, du cerveau, etc.).
LOBÉLIE [lɔbeli]. *n. f.* (1778 ; de *Lobel,* botaniste du XVIᵉ). Plante exotique (LOBÉLIACÉES [lɔbeljase]), herbacée, vivace, à fleurs en grappe.
LOBER [lɔbe]. *v. intr.* (1928 ; de *lob*). *Tennis.* Faire un lob. ◇ *Trans.* Tromper, passer (l'adversaire) grâce à un lob. ◇ (Football) *Lober le gardien de but.* ◇ HOM. Lobe.
LOBOTOMIE [lɔbɔtɔmi]. *n. f.* (1953 ; de *lobe,* et suff. *-tomie*). *Chir.* Opération de neurochirurgie ; section de fibres nerveuses de la substance blanche du cerveau.
LOBULAIRE [lɔbylɛʀ] ou **LOBULÉ, ÉE** [lɔbyle]. *adj.* (1803,-1836 ; de *lobule*). *Anat.* Qui a la forme, l'aspect d'un lobule ; relatif au lobule.
LOBULE [lɔbyl]. *n. m.* (1690 ; de *lobe*). *Anat.* ♦ 1° Petit lobe. *Lobules du cerveau. Lobule de l'oreille.* ♦ 2° Unité structurelle et fonctionnelle de divers organes. *Lobules hépatiques* (du foie), *pulmonaires* (du poumon).
LOBULEUX, EUSE [lɔbylø, øz]. *adj.* (1867 ; de *lobule*). *Anat.* Qui est composé de lobules. *Tissu lobuleux.*
LOCAL, ALE, AUX [lɔkal, o]. *adj.* et *n.* (1314 ; bas lat. *localis*).
I. *Adj.* ♦ 1° Qui concerne un lieu, une région, lui est particulier. *Géographie, histoire locale* (*opposé à* générale). *Averses, éclaircies locales,* qui se produisent en certains points seulement. *Coutumes, traditions locales* (*opposé à* nationales). *Patriotisme local :* esprit de clocher. *Particularismes locaux.* « *Nos codes, nos ambitions, notre politique sont inspirés de notions fortement, puissamment locales* » (VALÉRY). *Journal local. Collectivités locales. Industrie locale. Produits locaux* (du cru). — *Affaire, question d'intérêt local. Chemin de fer d'intérêt local :* voies que les communes et les départements exploitent en régie ou concèdent à des entreprises. ♦ 2° (1669). *Couleur locale.* V. **Couleur** (I, 6°). ♦ 3° Qui n'affecte qu'une partie du corps. *Anesthésie locale. Traitement local.*
II. *N. m.* (1743). ♦ 1° *Vx.* Lieu considéré dans ses caractères particuliers, dans son emplacement, sa disposition, etc. « *Le local de la Grande Chartreuse* » (SENANCOUR). ♦ 2° (1801). *Mod.* Pièce, partie d'un bâtiment à destination déterminée. *Locaux à usage d'habitation.* V. **Chambre, logement.** *Locaux commerciaux, administratifs, professionnels* (atelier, cabinet, laboratoire). « *La réserve du sous-sol... local presque toujours désert* » (DUHAM.). *Locaux insalubres. Local spacieux. Local où se réunissent certaines sociétés* (cercles, clubs). *Locaux disciplinaires d'une caserne* (salle de police et prison).
◇ HOM. Loco (V. Locomotive).
LOCALEMENT [lɔkalmɑ̃]. *adv.* (1611 ; « par le corps », 1495, *opposé à* « spirituellement » ; de *local*). D'une manière locale. *Temps localement brumeux.* — *Douleurs qui se font sentir localement.*
LOCALISABLE [lɔkalizabl(ə)]. *adj.* (1873 ; de *localiser*). Qu'on peut localiser.
LOCALISATEUR, TRICE [lɔkalizatœʀ, tʀis]. *adj.* et *n. m.* (1870 ; du rad. de *localisation*).
I. *Adj. Littér.* ou *didact.* Qui localise. — *Spécialt.* Qui permet de localiser (un trouble, un phénomène). *Symptômes localisateurs des lésions cérébrales.*
II. *N. m.* (1931). Écran (ou série d'écrans) opaque aux rayons X, percé d'une lumière limitant la zone d'application.
LOCALISATION [lɔkalizasjɔ̃]. *n. f.* (1803 ; de *localiser*). ♦ 1° Action de situer en un certain lieu, en un point déterminé. *Localisation des sensations, des perceptions. Erreurs de localisation.* ♦ 2° Le fait d'être localisé en un certain point. *Localisation d'un corpuscule en un point.* ◇ *Méd.* Le fait de déterminer le siège d'une lésion ou d'un processus pathologique. *Localisation cérébrale :* détermination à la surface du cerveau, des zones correspondant à des fonctions bien déterminées. — *Le fait d'être localisé en un point. Localisation d'une infection au poumon.* ♦ 3° Action de circonscrire, de limiter dans l'espace. « *La localisation du conflit*

dans les Balkans » (MART. du G.). ◈ ANT. *Extension, généralisation.*

LOCALISÉ, ÉE [lɔkalize]. *adj.* (1846; V. Localiser). Situé, circonscrit en un lieu, un point. « *Une douleur aiguë, localisée sur un point* » (R. ROLLAND). *Conflit localisé.*

LOCALISER [lɔkalize]. *v. tr.* (1842; « adapter », 1798; de *local*). ♦ 1° Placer par la pensée en un lieu déterminé de l'espace (un phénomène ou l'origine d'un phénomène). *Localiser un bruit, une rumeur. Localiser la cause d'une maladie :* la rapporter à une région de l'organisme. V. **Déterminer.** ◇ Situer dans le temps, à une certaine date. *Localiser un souvenir.* ♦ 2° Circonscrire, renfermer dans des limites. V. **Limiter.** *Localiser une épidémie, un incendie, un conflit :* l'empêcher de s'étendre. — Pronom. *Le conflit s'est localisé.* ◈ ANT. *Étendre, généraliser.*

LOCALITÉ [lɔkalite]. *n. f.* (1590; bas lat. *localitas*). ♦ 1° Vx. Particularité ou circonstance locale; le lieu, le milieu. « *La localité exacte est un des premiers éléments de la réalité* » (HUGO). V. **Localisation.** ♦ 2° Lieu déterminé. ♦ 3° (1900). Cour. Petite ville, village. V. **Agglomération.**

LOCATAIRE [lɔkatɛʀ]. *n.* (1435; du lat. *locare* « louer »). ♦ 1° Dr. Personne qui prend un bien à loyer, en vertu d'un contrat de louage (V. **Preneur**). *Locataire d'une terre prise à ferme.* V. **Fermier.** ♦ 2° Cour. Personne qui prend à bail une maison, un logement. *Avoir des locataires. Hôtel meublé qui prend des locataires au mois.* V. **Hôte.** « *De bons locataires qui paient leurs termes à la minute et qui n'occasionnent pas de scandale* » (BLOY). — *Locataire principal.* Personne qui prend à loyer un local, en tout ou en partie, pour le sous-louer à une autre personne. ◈ ANT. *Bailleur, propriétaire.*

1. **LOCATIF, IVE** [lɔkatif, iv]. *adj.* (v. 1300; du lat. *locare*). Dr. Qui concerne le locataire ou la chose louée. *Réparations locatives,* réparations d'entretien, à la charge du locataire. *Risques locatifs,* responsabilités incombant à un locataire pour les dommages causés par sa faute dans l'immeuble qu'il occupe. *Charges locatives,* charges (II, 2°) incombant au locataire. *Valeur locative,* revenu que peut rapporter un immeuble donné en location.

2. **LOCATIF, IVE** [lɔkatif, iv]. *adj.* (1836; du lat. *locare* « placer », de *locus* « lieu »). Ling. Qui marque le lieu. *Prépositions locatives. Cas locatif,* et subst. (1873) *Locatif,* dans certaines langues à flexions (telles que le sanscrit), cas auquel se met le complément de lieu.

LOCATION [lɔkasjɔ̃]. *n. f.* (1219; lat. *locatio,* de *locare* « louer »). ♦ 1° Action de donner ou de prendre à loyer. V. **Louage; affermage, amodiation, bail.** *Donner, prendre en location.* V. **Louer.** *Location-vente :* contrat par lequel le locataire, moyennant le paiement de loyers plus élevés que les loyers normaux, devient, à l'expiration du bail, propriétaire de la chose louée. — *Spécialt.* Cour. *Location d'une maison, d'un appartement. Contrat de location. Prix de la location.* V. **Loyer.** *Renouvellement d'une location par tacite reconduction.* — *Location d'une chose mobilière, d'un piano, d'une voiture, de matériel industriel.* V. **Leasing.** ♦ 2° (1835). Action de retenir à l'avance une place dans un théâtre, dans un compartiment de chemin de fer. *Bureau de location,* ou absolt. *Location; prendre des places à la location.* — *Location* (d'une chambre d'hôtel, d'une place d'avion) *sous réserve de confirmation.* V. **Réservation.**

1. **LOCH** [lɔk]. *n. m.* (1683; néerl. *log*). Mar. Appareil servant à mesurer la vitesse d'un bâtiment (*ancien.* planche immergée au bout d'une ligne marquée de divisions. V. **Nœud.** *Filer, jeter le loch. Lochs automatiques et continus des navires modernes* (loch à hélice, loch électrique). « *Le loch n'accusait plus une vitesse bien fameuse* » (J.-R. BLOCH). ◈ HOM. *Looch, loque.*

2. **LOCH** [lɔx ou lɔk]. *n. m.* (déb. XXᵉ; mot écossais. Cf. angl. *lake*). En Écosse, Lac allongé occupant le fond des vallées; bras de mer s'enfonçant profondément dans les terres (V. **Fjord**). *Le loch Ness.*

LOCHE [lɔʃ]. *n. f.* (fin XIIᵉ; gaul. °*leuka* « blancheur »). ♦ 1° Petit poisson d'eau douce (*Cobitidés*) à chair comestible. *Loche franche,* dite aussi *Loche de rivière, d'étang.* ♦ 2° (1488). Limace grise. « *Ce corps sans muscles, sans nerfs, comme une loche blanche* » (MONTHERLANT).

LOCHER [lɔʃe]. *v. tr.* (XIIᵉ; frq. °*luggi* « branlant »). Région. *Locher un arbre,* le secouer pour en faire tomber les fruits. — Par ext. « *Locher des noix* » (FLAUB.).

LOCHIES [lɔʃi]. *n. f. pl.* (1694; gr. *lokheia* « accouchement »). Méd. Écoulement utérin pendant les deux ou trois semaines qui suivent l'accouchement.

LOCK-OUT [lɔkawt]. *n. m.* (1865; mot angl., *du* v. *to lock out* « mettre à la porte »). Fermeture d'ateliers, d'usines décidée par des patrons qui refusent le travail à leurs ouvriers, pour briser un mouvement de grève ou riposter à des revendications. « *À la grève du 30 novembre, le patronat riposta victorieusement par un lock-out massif* » (BEAUVOIR). *Des lock-out.*

LOCK-OUTER [lɔkawte]. *v. tr.* (mil. XXᵉ; de *lock-out*).

Fermer par un lock-out*. *Lock-outer les ateliers d'une usine.* — Priver de travail par le lock-out.

LOCO-. Élément, tiré de l'ablatif du lat. *locus* « lieu », d'apr. le lat. des humanistes *loco motivum* « puissance de se mouvoir d'un lieu » (à un autre).

LOCOMOBILE [lɔkɔmɔbil]. *adj.* et *n. f.* (1808; de *loco-,* et suff. *-mobile*). ♦ 1° Adj. Vx. Qui peut se mouvoir pour changer de place. ♦ 2° N. f. Mod. (1857). Machine à vapeur ou à moteur à explosion, montée sur roues et qui peut se déplacer d'un point à un autre pour actionner des engins industriels ou agricoles. V. **Tracteur.**

LOCOMOTEUR, TRICE [lɔkɔmɔtœʀ, tʀis]. *adj.* et *n. m.* (1690; de *locomotif* d'apr. *moteur*). ♦ 1° Adj. Qui permet de se déplacer, qui sert à la locomotion. *Muscles, organes locomoteurs.* Méd. *Ataxie locomotrice.* ♦ 2° N. m. (1901). V. **Locomotive.**

LOCOMOTIF, IVE [lɔkɔmɔtif, iv]. *adj.* (1583; lat. mod. °*locomotivus* [XVIᵉ], du bas lat. *motivus* « mobile ». V. **Loco-),** Didact. Qui opère la locomotion. Qui a rapport à la locomotion. Vx. *Machine locomotive.* V. **Locomotive.**

LOCOMOTION [lɔkɔmɔsjɔ̃]. *n. f.* (1772; de *locomotif,* d'apr. le lat. *motio*). Action de se mouvoir, de se déplacer d'un lieu vers un autre; fonction qui assure ce mouvement. *Muscles de la locomotion.* V. **Locomoteur.** *La marche,* mode naturel de la locomotion humaine. ◇ Par ext. V. **Déplacement, transport, voyage.** *Moyens de locomotion. Locomotion à vapeur, électrique.* V. **Traction.**

LOCOMOTIVE [lɔkɔmɔtiv]. *n. f.* (1826; de *locomotif,* adj.). ♦ 1° Engin, véhicule de traction servant à remorquer les trains. V. **Machine; locomotrice, motrice.** Abrév. pop. **LOCO** [lɔko] (1878). *Locomotive à vapeur, à moteur Diesel, électrique. Atteler une locomotive à un train.* — *Boîte à fumée, chaudière, cheminée, foyer, tender d'une locomotive à vapeur. Chauffeur, mécanicien de locomotive. Conducteur de locomotive électrique* (dit « conducteur-électricien »). ♦ 2° Fig. Élément moteur. « *Marx a dit que les révolutions sont les locomotives de l'histoire* » (NIZAN). — (1846). Leader politique, personnalité en vue. *Locomotive électorale. Locomotive littéraire.* — Loc. fam. *C'est une vraie locomotive,* en parlant d'un cheval de course, d'un coureur puissant, rapide, infatigable. — *Fumer comme une locomotive :* beaucoup.

LOCOMOTRICE [lɔkɔmɔtʀis]. *n. f.* (mil. XXᵉ; de *locomoteur*). Locomotive de puissance moyenne à moteur thermique ou électrique. On dit aussi *locomoteur.*

LOCOTRACTEUR [lɔkɔtʀaktœʀ]. *n. m.* (1921; de *loco-* [motive], et *tracteur*). Techn. Petite locomotive à moteur Diesel utilisée pour les manœuvres. Petit tracteur automobile.

LOCULAIRE [lɔkylɛʀ]. *n. m.* **LOCULÉ, ÉE** [lɔkyle] ou **LOCULEUX, EUSE** [lɔkylø, øz]. *adj.* (1799,-1842; de *locule* « loge » [vx]; lat. *loculus* « compartiment »). Bot. Partagé en plusieurs loges. *Fruit loculaire,* renfermé dans des alvéoles.

LOCUSTE [lɔkyst(ə)]. *n. f.* (v. 1120; lat. *locusta*). Vx. Sauterelle verte. ◇ Zool. **LOCUSTA** [lɔkysta] : criquet migrateur.

LOCUTEUR, TRICE [lɔkytœʀ, tʀis]. *n.* (mil. XXᵉ; lat. *locutor;* Cf. Locution). Didact. *(Ling.).* Personne qui emploie effectivement le langage, qui parle. Cf. Sujet parlant *(opposé à* auditeur).

LOCUTION [lɔkysjɔ̃]. *n. f.* (XIVᵉ, « paroles »; lat. *locutio,* de *loqui* « parler »). ♦ 1° (1487). Vx. Manière de s'exprimer, de parler (V. **Élocution**). ♦ 2° (1680). Mod. Arrangement, groupe de mots (syntagme) fixé par la tradition ou formant une unité lexicale. V. **Expression, formule, tour.** *Locution impropre, vicieuse. Locution figée. Locution sans traduction littérale dans une autre langue.* V. **Idiotisme.** *Locution nominale, verbale. Locution proverbiale.* ◇ Spécialt. Groupe de mots ayant une fonction grammaticale particulière. *Locution verbale,* formée d'un verbe suivi d'un mot généralement sans article (faire fi de); *locution adverbiale,* à valeur d'adverbe (en vain, tout de suite); *locution conjonctive,* à valeur de conjonction (à moins que, dès que, pour que); *locution interjective,* à valeur d'interjection (Dis donc!); *locution prépositive,* à valeur de préposition (auprès de, jusqu'à).

LODEN [lɔdɛn]. *n. m.* (1905; mot all.). Tissu de laine épais et imperméable dont on fait des manteaux, des pardessus. « *Mon frère qui arrive d'Allemagne, la pèlerine de loden roulée sur son baluchon* » (DUHAM.). *Par ext.* Manteau de loden. *Prenez vos lodens.*

LODS [lo]. *n. m. pl.* (XIIᵉ, « approbation, consentement » donné par le seigneur; de l'a. fr. *los* « louange », lat. *laus, laudis*). Dr. féod. (1300). *Lods et ventes,* droit de mutation entre vifs perçu par le seigneur. ◈ HOM. *Lot.*

LŒSS [løs]. *n. m.* (1846; mot all.). Géol. Limon calcaire, très fin, probablement d'origine éolienne. V. **Alluvion.** Le « *tenace chiendent invincible qui traverse l'antique lœss* » (CLAUDEL). *Les lœss chinois.*

LOF [lɔf]. *n. m.* (XIIᵉ; néerl. *loef*). Mar. Côté du navire frappé par le vent. *Aller, venir au lof.* V. **Lofer.** *Virer lof* *pour lof*, virer de bord vent arrière. « *Les vaisseaux firent tous tête à queue, virant lof pour lof* » (MADELIN).

LOFER [lɔfe]. *v. intr.* (1771 ; de *lof*). *Mar.* Faire venir le navire plus près du vent en se servant du gouvernail ; venir au lof, au vent.

LOGARITHME [lɔgaʀitm(ə)]. *n. m.* (1626 ; lat. sc. *logarithmus*, du gr. *logos* « rapport », et *arithmos* « nombre »). *Math. Logarithme d'un nombre*, exposant dont il faut, pour obtenir ce nombre, affecter un autre nombre donné appelé *base. Si* a = bⁿ, b *étant un nombre constant*, n *est dit le logarithme de* a *dans le système de base* b (n = log. bᵃ). *Logarithmes népériens* à *base* e, inventés par Neper. *Mantisse* et caractéristique* d'un logarithme. Tables de logarithmes.* — Par appos. *La fonction logarithme*, fonction inverse de la fonction exponentielle. Abrév. fam. *Log* [lɔg].

LOGARITHMIQUE [lɔgaʀitmik]. *adj.* (1690 ; de *logarithme*). *Math.* Qui a rapport aux logarithmes, qui utilise les logarithmes. *Calcul logarithmique. Échelle, règle logarithmique*, règle à calcul portant des graduations proportionnelles aux logarithmes des nombres successifs.

LOGE [lɔʒ]. *n. f.* (1138 ; frq. °*laubja*).
I. ♦ 1° *Vx.* Abri de branchage, de feuillages. *Spécialt.* Gîte d'un animal. *Loge du cochon.* V. **Bauge.** ◊ *Par ext.* Construction rudimentaire. V. **Cabane, hutte.** *Loge de bûcheron.* « *Une loge de charbonnier, basse, arrondie en forme d'œuf* » (GENEVOIX). ♦ 2° *Archit. (Vx).* Galerie, tribune. ◊ *Mod.* Galerie extérieure pratiquée à l'un des étages d'un édifice, formée de colonnes supportant généralement des arcades, et ouverte sur le dehors. V. **Loggia.** *Les loges du Vatican*, décorées par Raphaël. ♦ 3° *Vx.* Petit réduit, petite pièce abritant généralement un seul individu. *Fou enfermé dans une loge.* V. **Cabanon, cellule.** ♦ 4° (1660). *Mod.* Logement situé généralement près de la porte d'entrée, qui est habité par le concierge, le portier. V. **Conciergerie** *(vx).* ◊ Chacune des petites pièces aménagées dans les coulisses d'une salle de spectacle, et où les acteurs changent de costumes, se griment, se reposent. « *Dans l'appareil de la scène* (du théâtre) *et dans l'intimité de ses loges* » (Ch. DULLIN). ◊ (1845) Chambre, atelier où chaque candidat au Prix de Rome est enfermé isolément pendant la durée du concours pour satisfaire aux épreuves. *Entrer, monter en loge.* V. **Logiste.** ♦ 5° (1732 ; angl. *lodge*). Local où se réunissent des francs-maçons ; association de francs-maçons. V. **Atelier.** ♦ 6° Compartiment cloisonné. *Loges d'une écurie, d'une étable.* V. **Box, stalle.**
II. (XVIᵉ). Dans une salle de spectacle, compartiment contenant plusieurs sièges. V. **Avant-scène, baignoire.** *Loges de balcon, de corbeille. Premières, secondes loges, loges du premier, du second étage.* — Loc. fig. *Être aux premières loges*, à la meilleure place pour être spectateur, témoin d'une chose. « *Tu verras comment les Français se battent ; tu seras aux premières loges* » (SARTRE).
III. *Sc.* ♦ 1° *Bot.* Compartiment simple ou multiple qui contient une anthère, un ovaire, un péricarpe (V. **Loculaire**). *Loges qui renferment les pépins de la pomme.* ♦ 2° *Anat.* Cavité plus ou moins bien délimitée où est situé un organe, une structure. *Loge hépatique, prostatique.*

LOGEABLE [lɔʒabl(ə)]. *adj.* (av. 1470 ; de *loger*). Où l'on peut habiter, être logé. *Un réduit à peine logeable.* « *Je voudrais savoir si le château est logeable* » (STENDHAL).

LOGEMENT [lɔʒmɑ̃]. *n. m.* (1260, « campement » ; de *loger*). ♦ 1° Action de loger ou de se loger. *Assurer, donner le logement à qqn* (Cf. Le gîte, le couvert). *Avoir chez un ami le logement et la table.* ◊ Action de loger les habitants d'un pays. *Crise, problème du logement. Politique du logement.* V. **Habitat.** — *Milit. Le logement des troupes dans les casernes.* V. **Casernement.** — *Spécialt.* Action de loger chez les particuliers des troupes en déplacement. V. **Hébergement.** *Billet de logement.* ♦ 2° Tout local à usage d'habitation, et plus *spécialt.* Partie de maison, d'immeuble où l'on réside habituellement. V. **Appartement, demeure, domicile, habitation, logis, résidence.** *Trouver un logement provisoire.* V. **Abri, gîte, toit.** *Quitter son logement.* V. **Déloger, déménager.** *Emménager, fêter son installation dans un nouveau logement* (Cf. Pendre la crémaillère). *Loyer d'un logement. Être locataire, propriétaire de son logement. Il habite la province, mais il a un logement à Paris.* V. **Pied-à-terre, garçonnière, studio.** « *Nous passerons quatre mois à Rouen. Nous y avons pris un logement* » (FLAUB.). *Logement de deux pièces* (*ellipt.* Un deux pièces). *Logement garni, meublé* : un garni, un meublé. *Logement de concierge.* V. **Loge.** *Petit logement douillet.* V. **Nid.** *Logement clair, spacieux. Logement insalubre, sordide.* V. **Bouge, taudis.** *Logements ouvriers. Logement occupé, inhabité, inoccupé, vacant.* ◊ *Milit.* Local réquisitionné chez l'habitant par l'autorité militaire pour y loger des troupes de passage. *Soldats à la recherche de logements.* V. **Cantonnement.** ♦ 3° *Techn.* Cavité dans laquelle prend place une pièce mobile ou non. *Logement des billes d'un roulement à billes. Logement du pêne d'une serrure.*

LOGER [lɔʒe]. *v. ; conjug. bouger* (1138 ; de *loge*).

I. *V. intr.* ♦ 1° (1530). Avoir sa demeure (le plus souvent temporaire) en un endroit. V. **Demeurer, habiter, vivre** ; et *(pop.)* **Crécher, percher.** « *Un de ces bourgeois récents... qui logent dans les quartiers neufs* » (ROMAINS). *À quel hôtel logerez-vous ?* V. **Descendre.** — *Souris qui logent dans un tronc d'arbre.* V. **Gîter, nicher.** — Loc. *Loger à la belle étoile*.* ♦ 2° *Fig. et littér.* V. **Trouver** (se). « *La débauche et l'amour ne sauraient loger ensemble* » (ROUSS.).
II. *V. tr.* ♦ 1° (1390). Établir dans une maison, de manière temporaire ou durable. V. **Installer.** *Où logerez-vous tout ce monde-là ?* V. **Mettre.** *Loger qqn chez soi. On peut nous loger pour la nuit.* V. **Abriter, caser, héberger.** *Être bien logé, mal logé. Une domestique logée et nourrie. Se loger où l'on peut.* V. **Caser** (se). — *Ici on loge* (les voyageurs) *à pied et à cheval*, inscription des auberges d'autrefois. — Fig. *Être logé à la même enseigne*.* ◊ (Sujet de chose) Être susceptible d'abriter, d'héberger. V. **Tenir.** *Collège qui peut loger trois cents élèves.* V. **Recevoir.** ♦ 2° Mettre (une chose) quelque part. V. **Mettre, placer.** *Loger un vieux buffet au garde-meuble.* « *Des rainures où l'on aurait logé le petit doigt* » (ROMAINS). ◊ *Spécialt.* (1845) Faire entrer, faire pénétrer. *Loger une balle dans la cible. Le désespéré s'est logé une balle dans la tête.* ◊ Fig. « *Le remords s'est logé dans mon cœur* » (BALZ.).
◊ ANT. **Déloger. Congédier.**

LOGETTE [lɔʒɛt]. *n. f.* (XIIᵉ ; de *loge*). *Littér.* Petite loge (1°).

LOGEUR, EUSE [lɔʒœʀ, øz]. *n.* (XVᵉ ; de *loger*). Personne qui loue des garnis, une ou plusieurs chambres meublées. V. **Hôtelier.**

LOGGIA [lɔdʒja]. *n. f.* (1890 ; mot it.). *Archit.* Petite loge (2°) ; enfoncement formant balcon couvert. « *Une quantité extravagante de loggias, de moucharabiehs* » (LOTI).

LOGICIEL [lɔʒisjɛl]. *n. m.* (XXᵉ ; de *logique*, d'apr. *matériel*). *Techn.* Ensemble des travaux de logique, d'analyse, de programmation, nécessaires au fonctionnement d'un ensemble de traitement de l'information (*opposé à* Matériel). Recomm. offic. pour *Software.*

LOGICIEN, IENNE [lɔʒisjɛ̃, jɛn]. *n.* (XIIIᵉ ; du lat. *logicus*). ♦ 1° Spécialiste de la logique. *Stuart Mill, Goblot, célèbres logiciens* (V. **Philosophe**). ♦ 2° *Par ext.* Personne qui raisonne avec méthode, rigueur, en suivant les règles de la logique. *Parmi les mathématiciens, il y a des intuitifs et des logiciens.*

LOGICISME [lɔʒisism(ə)]. *n. m.* (1931 ; de *logique*, et *-isme*). *Didact.* ♦ 1° Tendance à utiliser les méthodes de la logique (dans un autre domaine). « *La psychologie et la sociologie ont abusé du logicisme* » (CH. SERRUS). ♦ 2° Tendance à opposer les procédés et les méthodes de la logique à ceux de la psychologie et à faire prévaloir les premiers (*opposé à Psychologisme*). ♦ 3° Tendance à réduire les mathématiques à la logique (logistique). V. **Réductionnisme** (*opposé à Mathématisme*). « *Les différences entre logicisme et axiomatisme se sont aujourd'hui presque évanouies* » (R. BLANCHÉ).

LOGICO-MATHÉMATIQUE [lɔʒikɔmatematik]. *adj.* (v. 1960 ; de *logique*, et *mathématique*, adj.). *Sc.* Qui appartient à la logique et aux mathématiques en tant que systèmes axiomatisés. *Structures logico-mathématiques.* « [...] *la distinction essentielle entre la connaissance logico-mathématique et la connaissance expérimentale ou empirique* » (J. PIAGET).

LOGICO-POSITIVISME [lɔʒikɔpozitivism(ə)]. *n. m.* (v. 1960 ; de *logique*, et *positivisme*). *Philo.* Théorie de la science unifiée par les structures logico-mathématiques (Schlick, Carnap, Tarski, Morris). V. **Empirisme** (logique), *positivisme* (logique).

-LOGIE, -LOGIQUE, -LOGUE. Éléments, du gr. *logia* « théorie », de *logos* « discours ». *Le suffixe* -logie *sert à désigner des sciences, des études méthodiques* (géologie, psychologie, technologie), *des façons de parler, des figures de rhétorique* (amphibologie, scatologie), *des ouvrages* (tétralogie). *Le suffixe* -logique *sert à former des adjectifs* (relatif à une science ; à une façon de parler) ; *le suffixe* -logue *des noms désignant des savants* (géologue) *ou des formes, des parties de discours* (dialogue, prologue). — On trouve aussi les suffixes : -LOGE (listes, livres : eucologe, martyrologe) ; -LOGIEN ; -LOGISTE (noms de savants : biologiste) ; -LOGISME (syllogisme).

1. LOGIQUE [lɔʒik]. *n. f.* (XIIᵉ ; lat. *logica*, gr. *logikê*, de *logos* « raison »).
I. ♦ 1° Science ayant pour objet l'étude, surtout formelle, des normes de la vérité ; « analyse formelle de la connaissance » (J. PIAGET). *Logique formelle, logique pure :* étude des concepts, jugements et raisonnements, considérés dans les formes où ils sont énoncés. *Logique des termes* (V. **Compréhension, extension, définition, division** ; classe, espèce, genre ; absolu, relatif) ; *logique des propositions* (V. **Attribut, copule, prédicat, sujet** ; axiome, affirmation, négation ; jugement, modalité) ; *logique des inférences* (V. **Implication, inférence, raisonnement** ; argument, conséquence, conversion, déduction, démonstration, syllogisme ; antécédent, conclusion,

conséquent, prémisse). — *Logique symbolique, formelle*,
formalisée.* V. **Logistique.** *Logique des classes. Logiques
modales. Logique générale :* épistémologie, méthodologie.
V. **Métalogique.** ♦ 2° *Livre, traité de logique. La logique de
Port-Royal,* d'Arnauld et Nicole (1662), *de Goblot.* ♦ 3° *Par
ext.* Art de convaincre par l'emploi des règles de la logique
formelle. V. **Dialectique.**
II. ♦ 1° Manière de raisonner, telle qu'elle s'exerce en
fait, conformément ou non aux règles de la logique formelle.
V. **Raisonnement.** *La logique de l'enfant, du primitif.* — « *La
logique des passions renverse l'ordre traditionnel du raisonnement* » (CAMUS). ◇ *Spécialt.* Raisonnement abstrait, schématique ; souvent opposé à la complexité du réel. ♦ 2° *Cour.*
Enchaînement cohérent d'idées, manière de raisonner juste,
suite dans les idées. V. **Cohérence, méthode.** *Vous manquez
de logique! Logique rigoureuse, parfaite. Logique apparente,
trompeuse.* Absolt. *Logique d'un raisonnement.* ♦ 3° *Fig.*
Suite cohérente, régulière et nécessaire d'événements, de
choses. « *Le communisme, cette logique de la démocratie* »
(BALZ.).
◇ ANT. *Désordre, illogisme, inconséquence.*

2. LOGIQUE [lɔʒik]. *adj.* (1536 ; du précéd.). ♦
1° Conforme aux règles, aux lois de la logique. *Déduction,
conclusion logique. Conséquences logiques.* ◇ *Par ext. Cour.*
Conforme au bon sens, à la logique (II, 2°). *Raisonnement
logique.* V. **Cohérent, conséquent, judicieux, suivi.** *Arguments
logiques.* V. **Juste, vrai.** *Suite logique, enchaînement logique
de faits.* « *Il n'y a pas... d'enchaînement logique absolu dans
le cœur humain* » (HUGO). *Conséquences logiques, inéluctables,
inévitables d'un événement.* V. **Naturel, nécessaire.** ◇ *Fam.
Normal, explicable.* ♦ 2° (XVIᵉ). Qui raisonne bien, avec
cohérence, justesse. *Esprit logique et clair.* V. **Cartésien.**
Vous n'êtes pas logique! ♦ 3° Qui se rapporte à l'intelligence,
et spécialt. *(Philo)* à l'entendement. *Raisons logiques et
raisons sentimentales.* V. **Intellectuel.** *Expression logique de la
pensée. Intelligence logique.* V. **Discursif.** *Esprits logiques et
esprits intuitifs.* V. **Déductif.** ♦ 4° Qui se rapporte à la science
de la logique. — Gram. *Analyse* logique.* ◇ ANT. *Absurde,
illogique ; déraisonnable, incohérent.*

LOGIQUEMENT [lɔʒikmɑ̃]. *adv.* (1798 ; de *logique* 2).
Conformément à la logique. *Discuter, raisonner, répondre
logiquement,* raisonnablement. ◇ (En tête de phrase, en
incise) *Logiquement,* à considérer les choses avec logique.
Logiquement, les choses devraient s'arranger.

LOGIS [lɔʒi]. *n. m.* (1308 ; de *loger*). ♦ 1° Vieilli ou *littér.*
Endroit où on loge, où on habite. V. **Demeure, habitation,
logement, maison.** *Quitter le logis familial.* V. **Foyer.** *Faire
les honneurs de son logis.* — Loc. fig. « *L'imagination, que
Malebranche appelait la folle du logis* » (VOLT.). ♦ 2° Loc.
Maréchal* des logis. ♦ 3° *Archit. Corps de logis,* partie
principale d'un bâtiment d'habitation (opposé à ailes).

LOGISTE [lɔʒist(ə)]. *n.* (1873 ; de *loge*). Élève des Beaux-
Arts admis à concourir en loge (pour le Prix de Rome, etc.).
« *Le tableau du jeune logiste inconnu* (Rouault) *était le seul à
n'être pas un pensum* » (F. JOURDAIN).

LOGISTICIEN, IENNE [lɔʒistisjɛ̃, jɛn]. *n.* (1908 ; de
logistique). *Didact.* Spécialiste de la logique mathématique.

LOGISTIQUE [lɔʒistik]. *n. f.* (1590, adj., « qui pense
logiquement » ; bas lat. *logisticus,* gr. *logistikos*).
I. *Didact.* ♦ 1° (1611). *Vx.* Partie de l'arithmétique, de
l'algèbre qui concerne les quatre opérations. ◇ (1765) Adj.
Logarithmes logistiques, utilisés en astronomie, et dans lesquels 0 est le logarithme de 3 600. ♦ 2° (1904). *Mod.* Logique
symbolique ; système d'algorithmes appliqués à la logique.
II. (1842). *Milit.* Art de combiner tous les moyens de
transport, de ravitaillement et de logement des troupes.
« *En respectant la logistique, le général Eisenhower mena
jusqu'à la victoire la machinerie... des armées du monde libre* »
(DE GAULLE). — Adj. (1874) *Moyens logistiques d'une armée.*

LOGO-. Élément, du gr. *logos* « parole, discours ». V.
-Logie.

LOGOGRAPHE [lɔgɔgraf]. *n. m.* (1580 ; gr. *logographos*).
Antiq. Se dit des premiers prosateurs grecs, et *spécialt.* des
historiens jusqu'à Hérodote. — Rhéteur qui composait des
discours, des plaidoyers pour les clients.

LOGOGRAPHIQUE [lɔgɔgrafik]. *adj.* (v. 1950 ; de
logo-, et *-graphique*). *Ling.* Se dit d'un système d'écriture
dans lequel un signe vaut un mot ou plusieurs mots.

LOGOGRIPHE [lɔgɔgrif]. *n. m.* (1623 ; de *logo-,* et gr.
griphos « filet », au fig. « énigme »). Énigme où l'on donne
à deviner plusieurs mots formés des mêmes lettres (*ex* : le
mot qui contient *nage* et *orge* est *orange*). V. **Devinette.**
◇ *Fig.* et *littér.* (XVIIIᵉ) Langage, discours obscur, inintelligible.

LOGOMACHIE [lɔgɔmaʃi]. *n. f.* (XVIᵉ ; gr. *logomakhia*).
V. **-Machie.** *Littér.* ♦ 1° Dispute, querelle sur les mots,
sur des choses insignifiantes. *Cette question est une pure
logomachie.* ♦ 2° Assemblage de mots creux dans un discours,
dans un raisonnement. V. **Verbalisme.** « *La logomachie où*

ce solitaire (Hugo) *..., enivré de mots, tombe par instants?* »
(HENRIOT).

LOGOMACHIQUE [lɔgɔmaʃik]. *adj.* (1846 ; de *logomachie*). *Littér.* Verbal, formel.

LOGOPATHIE [lɔgɔpati]. *n. f.* (XXᵉ ; de *logo-,* et *-pathie*).
Méd. Trouble de la parole et du langage.

LOGOPÉDIE [lɔgɔpedi]. *n. f.* (XXᵉ ; de *logo-,* et *-pédie,* 2).
Méd., phon. Traitement qui vise à corriger les défauts de
prononciation chez les enfants. V. **Orthophonie.**

LOGORRHÉE [lɔgɔʀe]. *n. f.* (1823 ; de *logo-,* et *-rrhée*).
Littér. et *méd.* Flux de paroles inutiles ; besoin irrésistible,
morbide de parler.

LOGOS [lɔgos]. *n. m.* (XVIIIᵉ ; mot gr. « parole, raison »).
♦ 1° *Philo.* Un des noms de la divinité suprême, chez les
stoïciens. Être intermédiaire entre Dieu et le Monde, chez
les néo-platoniciens. — *Par ext.* La Raison qui gouverne,
régit le monde. ♦ 2° *Théol.* Le Verbe de Dieu.

-LOGUE. V. **Logie.**

1. LOI [lwa]. *n. f.* (*Lei,* Xᵉ ; lat. *lex, legis* « loi »).
I. Règle impérative imposée à l'homme de l'extérieur.
♦ 1° Règle ou ensemble de règles obligatoires établies par
l'autorité souveraine d'une société et sanctionnées par la
force publique. *Lois humaines ; lois positives, civiles. L'Esprit
des lois,* de Montesquieu. — *Les lois d'un État, d'un pays,
d'une nation.* V. **Législation ; droit.** *Recueil de lois.* V. **Code.
Lois et institutions. Lois de l'Ancien Régime.* V. **Capitulaire,
charte, édit, ordonnance, règlement, statut.** *Loi écrite ; loi
coutumière.* « *Le plus grand malheur des hommes, c'est d'avoir
des lois et un gouvernement* » (CHATEAUB.). *Faire des lois.*
V. **Légiférer.** « *La liberté est le droit de faire tout ce que les
lois permettent* » (MONTESQ.). *Loi en vigueur, en application.*
— *Obéir aux lois, observer les lois. Infraction aux lois :*
contravention, crime, délit ; dérogation, infraction, violation.
— *Dr.* Disposition prise par le pouvoir législatif (chambre,
parlement). *Initiative des lois. Projet de loi,* émanant de
l'initiative gouvernementale ; *proposition de loi,* d'initiative
parlementaire. *Vote de la loi. Amender une proposition de loi.*
V. **Amendement.** *Promulgation, publication d'une loi. Préambule, dispositif, considérants d'une loi. Parties d'une loi* (V.
Article, clause, disposition). *Texte d'une loi. Principe de la territorialité, de la non-rétroactivité des lois. Constitutionnalité
d'une loi. Décision, arrêt conforme aux lois.* V. **Bien-jugé.**
— *Loi sur la presse. Lois constitutionnelles* (V. **Constitution**),
*organiques, fondamentales. Lois civiles ; lois pénales. Loi de
finances :* évaluation des dépenses de l'État et programme
d'impôts. *Loi de programme.* V. **Loi-programme.** ♦ 2° *Absolt.*
LA LOI : l'ensemble des règles juridiques établies par le législateur. V. **Droit, législation.** *Conforme à la loi.* V. **Légal, licite.**
Consacré par la loi. V. **Légitime.** *Autorité, force de loi.* « *La
loi est dure, mais c'est la loi* » (*dura lex, sed lex*). « *Au nom
de la loi!* ». *Nul n'est censé ignorer la loi. Avoir la loi pour soi.
Tomber sous le coup de la loi.* — *Homme de loi :* juriste, magistrat. *Gens de loi* (Vx). ♦ 3° *Par ext. Vx.* Domination imposée
par la conquête, la victoire (surtout dans les expressions
suivantes) : *Tenir un pays, un territoire sous ses lois.* « *Moi
régner! Moi ranger un État sous la loi!* » (RAC.). ◇ *Fig.* V.
Autorité, domination, empire, pouvoir, puissance. *Asservir,
soumettre qqn à sa loi. Subir la loi du plus fort.* ♦ 4° (Après
un v. exprimant l'ordre). Commandement que l'on donne,
ordre que l'on impose. *Dicter, faire la loi à qqn.* — Absolt.
Faire la loi : commander, se comporter en maître. *Vous ne
ferez pas la loi chez moi!* — Se faire une loi de, une obligation,
une règle. « *Elle s'était fait une loi de prendre ses repas seule* »
(BALZ.). ♦ 5° Règle, condition imposée par les choses, les
circonstances. *La loi du destin, de la fatalité. La loi de la
jungle. La loi du milieu, du gang.* PROV. *Nécessité fait loi.*
♦ 6° *Spécialt.* Règle exprimant la volonté de Dieu, de la
divinité. V. **Commandement, décret.** — *Relig. jud. La loi
de Moïse, de l'Ancien Testament, l'ancienne loi.* V. **Décalogue.**
Tables, livre de la Loi. Docteurs de la Loi. Fig. *C'est la loi
et les prophètes :* c'est une vérité incontestable. ♦ 7° (*Plur.*)
Règles ou conventions établies, qui sont ou doivent être
observées dans les rapports sociaux, dans la pratique d'un
art, d'un jeu, etc. V. **Règle ; code.** *Lois de l'honneur, de la
bienséance, de la politesse. Les lois de l'hospitalité. Les lois
de la mode.* « *On les enfile* (les vêtements) *méthodiquement.
Il y a des rites, il y a des lois* » (DUHAM.).
II. Règle impérative exprimant un idéal, une norme, une
éthique. ♦ 1° Règle dictée à l'homme par sa conscience, sa
raison. *Loi naturelle.* V. **Droit** (naturel), **principe.** « *La loi, en
général, est la raison humaine, en tant qu'elle gouverne tous les
peuples de la terre* » (MONTESQ.). — *Loi morale.* V. **Devoir,
précepte, principe, règle.** *Universalité de la loi morale.* — (Loc.)
N'avoir ni foi* ni loi. ♦ 2° *Lois de l'esprit,* axiomes fondamentaux (principes d'identité, de contradiction, du milieu exclu,
etc.) qui donnent à la pensée sa valeur logique. ♦ 3° *Les
lois du beau, de l'art :* les conditions de la perfection esthétique. V. **Canon, norme.**
III. (1690). Formule générale énonçant une corrélation
entre des phénomènes physiques, et vérifiée par l'expérience.

♦ 1º (Dans les sciences). « *La loi nous donne le rapport numérique de l'effet à sa cause* » (Cl. BERNARD). *Graphique, courbe exprimant une loi. Lois physiques.* V. **Propriété** (II). *Découvrir, trouver une loi. Lois des grands nombres*. Lois d'inertie, de la pesanteur, de la chute des corps. C'est un défi aux lois de l'équilibre.* — *Lois biologiques. Lois phonétiques. Lois économiques.* **IV.** *Par ext.* Principe essentiel et constant, condition *sine qua non.* V. **Nécessité.** *La loi de notre être, de la vie. Admettre comme une loi.* V. **Dogme.** « *La grande loi de la destruction violente des êtres vivants* » (J. de MAISTRE).

2. LOI [lwa]. *n. f.* (1611 ; forme d'*aloi*). Titre auquel les monnaies peuvent être fabriquées. V. **Aloi.**

LOI-CADRE [lwakadʀ(ə)]. *n. f.* (mil. XXᵉ ; de *loi*, et *cadre*). Loi dont les dispositions générales doivent servir de cadres à des textes d'application. *Des lois-cadres.*

LOIN [lwɛ̃]. *adv.* et *n. m.* (XIᵉ ; lat. *longe*). Adverbe marquant l'éloignement, la grande distance.

I. *Adv.* ♦ 1º À une distance (d'un observateur ou d'un point d'origine) considérée comme grande. *Être loin* (V. **Éloigné, lointain**), *très loin* (Cf. Aux antipodes, au bout du monde, au diable), *un peu loin.* V. **Distance** (à distance), *écart* (à l'écart). « *Bien loin, bien loin, presque à la ligne de l'horizon, cinq voiles de bateaux...* » (GAUTIER). *Un peu plus loin, deux kilomètres plus loin.* V. **Delà** (au). *Je n'irai pas plus loin.* V. **Avant.** « *Aller tout droit, plus loin, toujours plus loin, pour se fuir* » (ZOLA). *Aller trop loin.* V. **Dépasser.** *Les fuyards sont loin* (Cf. Hors d'atteinte, de portée, de vue). PROV. *Qui veut voyager loin ménage sa monture* : pour mener à bien une entreprise il ne faut pas gaspiller ses forces au départ. *Dans le même sens. Qui va doucement va loin* (Cf. Chi va piano,... va lontano). — Loc. *fam. Ne pas voir plus loin que son nez, que le bout de son nez*.* — Spécial. *Lire plus loin, voir plus loin,* plus en avant dans le texte. V. **Après** (ci-après), **bas** (plus bas), **infra.** ◊ (Abstrait) *Être loin* : être loin par la pensée du lieu où l'on se trouve (Cf. Être absent, ailleurs, à cent lieues). « *Tous deux vivaient en bon accord. Mais il la sentait loin* » (ZOLA) : *Aller loin* (au futur) : réussir. « *Ce jeune homme ira loin, je vous le prédis* » (VIGNY). — *N'allez pas chercher si loin ! c'est beaucoup plus simple que cela. Voir loin* : avoir de la pénétration, de la perspicacité. *Porter, pousser plus loin les recherches.* V. **Étendre.** *Aller plus loin que qqn* (dans tel ou tel domaine). V. **Dépasser, surpasser.** *Nous ne pouvons aborder ce sujet, cela nous entraînerait trop loin. J'irai même plus loin, j'irai jusqu'à dire que. Aller trop loin* : exagérer. — Spécial. (Quant à la portée, aux conséquences) *Une affaire qui peut aller loin, qui risque d'aller loin, de mener loin.* ♦ 2º Dans un temps jugé éloigné du moment présent ou de celui dont on parle. *L'été n'est pas bien loin. Fam. Pas plus loin qu'hier la chose s'est encore produite.* — *Tout cela est bien loin, comme c'est loin !* V. **Vieux.** *Un malade n'ira pas loin* : qui ne vivra pas longtemps (Cf. Ne pas faire de vieux os). — *Voir loin* : avoir une grande prévoyance. V. **Prévoir.**

II. *N. m.* (Dans des loc.). ♦ 1º IL Y A LOIN : il y a une grande distance. *Il y a loin de la gare au centre de la ville. Fig. Il y a loin, il y a un grand écart, une grande différence. De là à prétendre que c'est un incapable, il n'y a pas loin.* PROV. *Il y a loin de la coupe* aux lèvres.* ♦ 2º (1050). Loc. *adv.* AU LOIN : dans un lieu éloigné. *Être loin.* V. **Absent.** *Aller, partir au loin.* V. **Éloigner** (s'). *Voir, regarder, apercevoir au loin.* V. **Lointain** (dans le). « *Leurs yeux... Comme s'ils regardaient au loin, restent levés* » (BAUDEL.). ♦ 3º (1080). Loc. *adv.* DE LOIN : d'un lieu éloigné. *Venir, arriver de loin. Suivre de loin.* V. **Distance** (à). *Voir, apercevoir de loin une personne. Appareils pour voir, entendre de loin* (V. *préf.* Télé-). *Observer, suivre de loin les événements.* PROV. *À beau mentir* qui vient de loin.* — *Fig. Revenir de loin, réchapper, guérir d'une grave maladie.* — *Voir venir qqn de loin, pénétrer ses intentions secrètes.* « *La trahison pue..., et les gens primitifs la sentent de loin* » (BALZ.). — *De près ou de loin, de quelque manière. Ni de près ni de loin, en aucune manière. Être parent, allié de loin.* V. **Éloigné.** ◊ *De beaucoup, par une grande différence. C'est de loin son meilleur roman. Ce spectacle ne peut, et de loin, souffrir la comparaison* (Cf. Tant* s'en faut). ◊ (Dans le temps) *Dater de loin, de très loin.* V. **Longtemps.** ♦ 4º (1762). Loc. *adv.* DE LOIN EN LOIN : par intervalles, de place en place. *Bornes placées de loin en loin.* — *Ils ne se voient plus que de loin en loin* : de temps en temps. « *Pas de bruit... À peine, de loin en loin, un son de fifre...* » (DAUD.).

III. (1080). LOIN DE. *loc. prép.* ♦ 1º À une grande distance. *New York est loin de Paris. Loin de tout. Qu'allez-vous faire si loin d'ici? Loin de la foule.* V. **Écart** (à l'écart), **hors.** — *Non loin de,* assez près de. PROV. *Loin des yeux, loin du cœur* : les absents sont vite oubliés. ◊ *Fig. Les femmes d'à présent sont bien loin de ces mœurs* (MOL.). V. **Éloigné.** *Être loin du compte*, de compte. Être loin de qqn* (par le cœur), les idées). « *J'ai vécu le plus loin possible de moi-même et*

hors de la triste réalité » (FRANCE). — Loc. *Loin de moi, de nous* (telle chose), je l'écarte, nous l'écartons avec dégoût, mépris. V. **Arrière.** *Loin de moi la pensée de blâmer ce procédé.* — *Loin de là,* au contraire, bien au contraire, tant s'en faut. *Il n'est pas désintéressé, loin de là !* ♦ 2º Dans un temps éloigné, à une époque lointaine (futur ou passée). « *Le moment où je parle est déjà loin de moi* » (BOIL.). ♦ 3º PAS LOIN DE. V. **Près** (à peu près), presque. *Il n'est pas loin de minuit, il va être bientôt minuit. Cela ne fait pas loin de trois kilomètres. Pas loin de mille francs.* ♦ 4º *Fig. Être loin de,* négation emphatique exprimant le contraire de ce qu'on pouvait croire, attendre. *Il était loin de s'attendre à cela. Je suis loin de prétendre que.* « *Madame de Rênal était loin de se faire le plus petit reproche* » (STENDHAL).

IV. *Loc. conj.* ♦ 1º D'AUSSI LOIN QUE, DU PLUS LOIN QUE : dès que. *D'aussi loin qu'il me vit, qu'il nous a vus. Du plus loin qu'il nous a aperçus.* « *D'aussi loin je m'en souvienne, je l'ai toujours haï* » (GIDE). ♦ 2º *Fig.* LOIN, BIEN LOIN QUE, adversatif (suivi du subj.). « *Bien loin que cette mort t'en ait donné l'horreur, tu attaches à la chambre où elle a souffert un caractère sacré* » (MAURIAC). Cf. Bien au contraire*.

◇ ANT. Près, alentour, auprès, contre, côté (à côté).

LOINTAIN, AINE [lwɛ̃tɛ̃, ɛn]. *adj.* et *n. m.* (1150 ; lat. pop. °*longitanus,* de *longe* « loin »).

I. *Adj.* ♦ 1º Qui est à une grande distance dans l'espace (du lieu où l'on est ou de celui dont on parle). V. **Distant, éloigné ; loin.** *Entreprendre un voyage dans un pays lointain. Navigations lointaines. Lointain exil* [lwɛ̃tɛnɛgzil]. *Rumeur, musique lointaine. La Princesse lointaine,* la comtesse de Tripoli dont s'était épris le troubadour Jaufré Rudel. « *Pâle étoile du soir, messagère lointaine* » (MUSS.). ♦ 2º *(Abstrait).* Qui n'est pas proche, direct. V. **Éloigné.** *Les causes directes et les causes lointaines de la Révolution.* V. **Indirect.** *Une ressemblance lointaine.* V. **Vague.** ♦ 3º Qui est très éloigné dans le temps. *Passé, avenir lointain. Époque lointaine.* V. **Reculé.**

II. *N. m.* ♦ 1º (1640). *Peint.* Partie d'un tableau représentant de façon réaliste les lieux, les objets très éloignés du premier plan. *Des lointains bleuâtres, estompés, fondus.* « *Un lointain vaporeux qui se perd à l'horizon* » (GAUTIER). *Les lointains de Vinci, du Lorrain.* ♦ 2º (1685). *Cour.* Plan situé dans l'éloignement. *Dans le,* AU LOINTAIN. V. **Arrière-plan, fond, horizon** (à l'horizon), **loin** (au loin). « *Là-bas, au lointain, nous voyons le troupeau s'avancer* » (DAUD.). — *Au plur.* (Littér.) *Lointains bleuâtres. Les lointains de la campagne romaine.*

◇ ANT. Avoisinant, proche, prochain, voisin ; neuf, récent.

LOI-PROGRAMME [lwapʀɔgʀam]. *n. f.* (1964 ; de *loi,* et *programme*). Loi portant sur un programme à long terme (spécial. pour autoriser le gouvernement à engager des dépenses).

LOIR [lwaʀ]. *n. m.* (fin XIIᵉ ; lat. pop. *lis, liris,* class. *glis, gliris*). Petit mammifère rongeur *(Muscardinidés),* à poil gris et à queue touffue, qui se niche dans les creux des arbres ou des rochers. *Le loir est un animal hibernant. Variétés de loirs* : lérot, muscardin. — Loc. *fam. Être paresseux comme un loir,* par allusion à son engourdissement hivernal. « *Je dors comme un loir* » (FLAUB.).

LOISIBLE [lwazibl(ə)]. *adj.* (XIVᵉ ; de l'a. v. *loisir* « être permis »). *Vx.* Qui est permis, laissé à la libre volonté de qqn. ◊ *Mod.* (Impers.) *Il est loisible à chacun de publier...* » (BLOY). *Il lui, il m'est loisible de refuser.*

LOISIR [lwaziʀ]. *n. m.* (déb. XIIᵉ ; *a leisir,* 1080 ; de l'a. v. *loisir* « être permis » ; lat. *licere*). ♦ 1º *Vx.* État dans lequel il est loisible, permis à qqn de faire ou de ne pas faire qqch. V. **Liberté, permission, possibilité.** *Donner, laisser à qqn (le) loisir de faire qqch.* V. **Permettre.** — Spécial. Possibilité de disposer de son temps. « *Vivre sans gêne, dans un loisir éternel* » (ROUSS.). ♦ 2º *Mod.* À LOISIR, TOUT À LOISIR (loc. *adv.*) : en prenant tout son temps, à son aise. « *Rien d'excellent ne se fait qu'à loisir* » (GIDE). — Autant qu'on le désire, avec plaisir et à satiété. « *Aimer à loisir, ... Au pays qui te ressemble !* » (BAUDEL.). ♦ 3º Temps dont on dispose pour faire commodément qqch. *Mes occupations ne me laissent pas le loisir de vous écrire.* ♦ 4º (1530). Temps dont on peut librement disposer en dehors de ses occupations habituelles et des contraintes qu'elles imposent. V. **Liberté.** — Rare. *Ne savoir que faire de son loisir. Avoir besoin d'un long loisir, d'un peu de loisir.* V. **Délassement, repos.** — Cour. *Heures, moments de loisir. Avoir des loisirs, beaucoup de loisirs.* V. **Temps** (du temps libre, du temps à soi). « *L'octroi des loisirs aux classes ouvrières* » (GIRAUDOUX). « *Il faut de grands loisirs pour arriver au libre jeu des idées* » (DUHAM.). ♦ 5º (1740). *Au plur.* Occupations, distractions, pendant le temps de liberté. *Loisirs coûteux.*

LOKOUM. V. **LOUKOUM.**

LOLO [lolo]. *n. m.* (1511 ; onomat. enfantine sur l'initiale de *lait*). Lait (dans le langage enfantin).

LOMBAGO. V. Lumbago.

LOMBAIRE [lɔ̃bɛʀ]. adj. (1488; de lombes). Anat. et cour. Qui appartient aux lombes, se situe dans les lombes. Région lombaire. Les cinq vertèbres lombaires. Subst. La dernière lombaire s'articule avec le sacrum. ◊ Affections lombaires. V. Lordose, lumbago. Ponction lombaire.

LOMBALGIE [lɔ̃balʒi]. n. f. (XXᵉ; de lombes, et -algie). Didact. Douleur lombaire, quelle que soit la cause (rénale, vertébrale, nerveuse...). V. Lumbago. — Spécialt. Névralgie lombaire. Lombalgie aiguë.

LOMBARD, ARDE [lɔ̃baʀ, aʀd(ə)]. adj. et n. (XIIᵉ; lat. Langobardi, n. d'un peuple germ.). De Lombardie, province du Nord de l'Italie. — Le lombard, dialecte parlé en Lombardie.

LOMBARTHROSE [lɔ̃baʀtʀoz]. n. f. (XXᵉ; de lombes, et arthrose). Méd. Arthrose des vertèbres lombaires.

LOMBES [lɔ̃b]. n. m. pl. (1120, rare av. XVIᵉ; lat. lumbus « rein ». V. Longe). Anat. et cour. Région postérieure du tronc, située en arrière de la cavité abdominale, à droite et à gauche de la colonne vertébrale lombaire. (Cour. Les reins*). Douleur dans les lombes. V. Lumbago.

LOMBO-SACRÉ, ÉE [lɔ̃bɔsakʀe]. adj. (1867; de lombes, et sacré, de sacrum). Méd. Du sacrum et de la dernière vertèbre lombaire. L'articulation lombo-sacrée, entre la cinquième lombaire et le sacrum. Arthrose lombo-sacrée.

LOMBO-SCIATIQUE [lɔ̃bɔsjatik]. n. f. (XXᵉ; de lombes, et sciatique). Méd. Sciatique associée à des douleurs lombaires.

LOMBRIC [lɔ̃bʀik]. n. m. (XIIIᵉ; lat. lumbricus). ♦ 1° Annélide communément appelé ver de terre, au corps cylindrique de couleur rougeâtre. « Un beau lombric vivant, élastique et souple! » (COLETTE). ♦ 2° Ascaride*.

LOMBRICOÏDE [lɔ̃bʀikɔid]. adj. (1836; de lombric, et -oïde). Sc. Qui a l'aspect du lombric. Ascaride lombricoïde.

LONDONIEN, IENNE [lɔ̃dɔnjɛ̃, jɛn]. adj. et n. (de London, nom angl. de Londres). De Londres, capitale de l'Angleterre. La population londonienne. Les Londoniens.

LONDRÈS [lɔ̃dʀɛs]. n. m. (1849; esp. londres « de Londres »). Cigare de la Havane, fabriqué à l'origine spécialement pour les Anglais.

LONG, LONGUE [lɔ̃, lɔ̃g]. adj., n. m. et adv. (Xᵉ; lat. longus).

I. Adj. **Ⓐ** Dans l'espace (1080, lonc). ♦ 1° (Avant le nom). Qui a une étendue supérieure à la moyenne dans le sens de la longueur. V. Grand. Longues allées d'arbres. Une longue tige. Un long fil. Longs cheveux. Long nez. « Le héron au long bec emmanché d'un long cou » (LA FONT.). — Qui couvre une grande étendue, qui s'étend sur une grande distance. V. Étendu. Il faisait de longues enjambées. Longue vue. V. Longue-vue. Canon à longue portée. Voyage au long cours. V. Cours (V.) Une longue suite de pierres druidiques. Longue liste. — Longue suite d'événements. ♦ 2° (Après le nom). Dont la grande dimension (longueur) est importante par rapport aux autres dimensions (opposé à court, large, épais). — (Opposé à court) Chandail à manches longues. Robe longue. Culottes longues. Chaise longue. — Anat. Os longs. Muscles longs, et ellipt. Le long fléchisseur, le long supinateur de l'avant-bras. — Fig. Avoir le bras long*. Avoir les dents* longues. — (Opposé à large) Objets de forme longue (bande, barre, fil, tige). V. Barlong, oblong. Cou, nez long et mince. Une belle fille longue, svelte. V. Élancé. « Il est long comme un jour sans pain et maigre comme carême-prenant » (CONSTANTIN-WEYER). — (Opposé à épais) Cuis. Sauce longue, trop claire, trop délayée. V. Allonger (la sauce). ♦ 3° Long de (telle grandeur); plus, moins long : qui a telle ou telle dimension, dans le sens de la longueur. Territoire long de trois cents lieues. — Fig. Description trop longue d'un tiers. Prendre le chemin le plus long (Cf. Le chemin des écoliers*). Des cheveux trop longs. **Ⓑ** Dans le temps. ♦ 1° (Xᵉ). Qui a une durée très étendue, qui dure longtemps, beaucoup de temps. Un long hiver [lɔ̃kivɛʀ; cour. lɔ̃givɛʀ]. Il demeura un long moment dans cet état. V. Longtemps. Longue durée de la vie. V. Longévité. Longues nuits d'hiver, longs jours d'été. Disque microsillon de longue durée. Long voyage. Longue maladie. Longue attente. Longues séances. V. Interminable. Écrire une longue lettre. — Trouver le temps long, les jours longs. V. Mortel. Jamais les jours ne lui semblèrent si longs. — Gram. Syllabe, voyelle longue, et subst. Une longue. ◊ Qui dure longtemps et ne se répète pas souvent. À longs intervalles (de loin en loin). Boire, humer à longs traits. ◊ Loc. fig. Œuvre de longue haleine*. — Faire long feu*. ♦ 2° Qui remonte loin dans le temps, qui date de loin. V. Ancien, vieux. Un long passé. Une longue habitude. De longue date : depuis longtemps. ♦ 3° (1250). Éloigné dans l'avenir. Bail à long terme. À plus ou moins longue échéance. ◊ Loc. adv. A LA LONGUE : avec le temps, après beaucoup de temps. Il s'y fera à la longue. V. Finalement. Tu t'es dit « que je me consolerais à la longue de la mort de mon père » (FLAUB.). ♦ 4° Long (à) : lent. Feu long à s'éteindre. —

Fam. C'est long à venir, cette réponse. Être long à s'habiller. V. Lambin. « Donne tes ordres. Ne sois pas trop longue » (COCTEAU). ♦ 5° Long de; plus, moins long : qui est de telle ou telle durée. Cycle long d'un cinquantième de seconde. Dans un mois, les jours seront plus longs, moins longs de 30 minutes. « Vinrent juin et les plus longs jours » (COLETTE). **Ⓒ** Dans l'espace ou le temps, avec une valeur emphatique). De longs tourments. Couler à longs flots. V. Abondant. De longues heures (Cf. Des heures et des heures). Une longue après-midi durant. V. Entier, tout.

II. N. m. (1165). ♦ 1° (Précédé de au, de, en). Table de 1 m 20 de long sur 0 m 80 de large. V. Longueur. Tomber de son long; plus cour. de tout son long, en s'allongeant par terre. V. Étaler (s'). « Il aperçut Fouan par terre, étendu de tout son long sur le ventre » (ZOLA). ◊ Loc. adv. DE LONG; EN LONG : dans le sens de la longueur. « Hommes : 40. Chevaux (en long) : 8 », inscription à l'usage de l'armée sur les wagons de marchandises. Scier, scieur de long. Coupe pratiquée en long. V. Longitudinal. Profil en long d'une voie ferrée. — Pop. Avoir les côtes en long, être très paresseux ou très fatigué. — DE LONG EN LARGE, EN LONG ET EN LARGE. V. Large. AU LONG, TOUT AU LONG, TOUT DU LONG : complètement, en n'omettant aucun élément. Racontez-moi cela tout au long : en détail, par le menu. V. Longuement. ♦ 2° Loc. prép. AU LONG DE, LE LONG DE, TOUT LE LONG, TOUT DU LONG DE : en suivant sur toute la longueur (de), en suivant sur une certaine étendue le bord (de). « Le long des rues, des quais, des ponts, des boulevards, la foule criait » (MICHELET). « Cheminons vers la ville au long de la rivière » (VERLAINE). V. Côtoyer, longer, suivre. — (Dans le sens de la hauteur) Se hisser, grimper le long d'un mur, d'un mât. ◊ (Dans le temps) Durant, pendant toute la durée (de). Expérience acquise au long d'une carrière. Tout le long du jour : pendant tout le jour.

III. Adv. (1050, longes « longuement »). ♦ 1° Beaucoup. Son attitude en dit long. En savoir long. Le désir d'en savoir, d'en apprendre plus long. ♦ 2° Avec un vêtement long. Femme habillée trop long. — Littér. « Des senoras long voilées » (MUSS.).

◈ ANT. Court, large. Bref, instantané. Concis, succinct.

LONGANE [lɔ̃gan]. n. m. (XXᵉ; du chinois long-yen [long « dragon »; yen « œil »] par le lat. bot. longanum ou l'angl. longan [1732]). Fruit exotique voisin du litchi*.

LONGANIMITÉ [lɔ̃ganimite]. n. f. (XIIᵉ; bas lat. longanimitas). Littér. ♦ 1° Patience à supporter les souffrances morales. « Tous admirent la longanimité de ce peuple; c'est Job entre les nations » (MICHELET). ♦ 2° (XVIIᵉ). Patience à supporter ce qu'on aurait le pouvoir de réprimer, de punir. V. Indulgence. ◈ ANT. Impatience; dureté.

LONG-COURRIER [lɔ̃kuʀje]. adj. (1867; de long cours (V. Cours). Se dit d'un bâtiment qui navigue au long cours; des avions de transport sur les longs parcours. Avions long-courriers. — Subst. Des long-courriers.

1. LONGE [lɔ̃ʒ]. n. f. (Loigne « rein », 1175; lat. pop. °lumbea, de lumbus. V. Lombe). Moitié (en long) de l'échine du veau ou du chevreuil depuis le bas de l'épaule jusqu'à la queue. « Une longe de veau de lait aux champignons » (GIDE).

2. LONGE [lɔ̃ʒ]. n. f. (1175; de longe). ♦ 1° Corde, courroie qui sert à attacher un cheval (par ext. un animal domestique) ou à le mener. La longe est attachée au licol ou au collier. Mener un cheval par la longe. « C'était pitié de la voir (la chèvre) tirer tout le jour sur sa longe » (DAUD.). — Par ext. Trait avec lequel les chevaux tirent. ♦ 2° Techn. Lanière de cuir tressé dans une partie de sa longueur, attachée au manche d'un fouet et portant la mèche.

LONGER [lɔ̃ʒe]. v. tr.; conjug. bouger (1655, d'abord vén.; de long). ♦ 1° Vx ou littér. Prendre, suivre (une voie, un chemin). « Ils longeaient un petit escalier de montagne » (GIONO). ♦ 2° Mod. (1740). Aller le long de (qqch.), en suivant le bord, en marchant auprès. V. Côtoyer. Promeneur qui longe un jardin, un parc, un bois. Longer les murs pour se cacher. V. Raser. Voiture, train qui longe la mer. Naviguer en longeant la côte. V. Élonger, ranger. ♦ 3° (1835). Être, s'étendre le long de. V. Border, côtoyer. « En suivant le quai que longe le railway » (GAUTIER). « Un sentier longeait la rivière » (DUHAM.).

LONGERON [lɔ̃ʒʀɔ̃]. n. m. (1280, « poutre d'un moulin »; de long). ♦ 1° (1873). Pièce de charpente parallèle aux poutres principales et fixée aux poutrelles, qui soutient chaque rail ou rangée de rails d'un pont de chemin de fer. Traverses de rails posées sur des longerons. — Chacune des maîtresses poutres d'un pont métallique, d'une aile d'avion. « Chemineau de voiture d'avion, constitué par deux semelles* réunies par une âme (III). V. Lisse 4. ♦ 2° Chacune des pièces maîtresses longitudinales de la charpente, du châssis d'un véhicule. Longerons d'une locomotive. « Le châssis s'était rompu, faussant les deux longerons » (ZOLA). Fuselage à quatre longerons entretoisés.

LONGÉVITÉ [lɔ̃ʒevite]. n. f. (1787; bas lat. longævitas, de longus « long », et ævum « âge »). Longue durée de la vie (d'un individu, d'un groupe, d'une espèce). « *La longévité n'est désirable que si elle prolonge la jeunesse, et non pas la vieillesse* » (CARREL). ◊ *Durée de la vie.* Démogr. *Tables de longévité.* ◊ ANT. Brièveté.

LONGI-. Élément, du lat. *longus* « long ».

LONGICORNE [lɔ̃ʒikɔʀn(ə)]. *adj. et n. m.* (1823; de *longi-*, et *corne*). Zool. Qui a de longues cornes, de longues antennes. ◊ N. m. *Les longicornes,* famille d'insectes coléoptères.

LONGILIGNE [lɔ̃ʒiliɲ]. *adj. et n.* (1923; de *longi-*, et *ligne*). Didact. Caractérisé par la longueur du tronc et des membres par rapport à leur largeur.

LONGIMÉTRIE [lɔ̃ʒimetʀi]. *n. f.* (1633; de *mètre*, et suff. *-ie*). Vx. Art de mesurer par la trigonométrie les distances entre les points qu'on ne peut approcher.

LONGITUDE [lɔ̃ʒityd]. *n. f.* (1543; « longueur », 1361; lat. *longitudo*). L'une des coordonnées sphériques d'un point de la surface terrestre; distance angulaire de ce point au méridien d'origine mesurée en degrés. *Île située par 60° de latitude sud et 40° 20′ de longitude ouest.* — Astron. *Longitude céleste,* l'une des coordonnées écliptiques, distance angulaire mesurée par un arc sur le grand cercle de l'écliptique à partir du point vernal. *Bureau des longitudes.*

LONGITUDINAL, ALE, AUX [lɔ̃ʒitydinal, o]. *adj.* (1314; du lat. *longitudo, -inis* « longueur »). Qui est dans le sens de la longueur. *Raie longitudinale. Vallée longitudinale,* qui suit les chaînes de montagne. *Coupe, section longitudinale.* V. **Long** (en). ◊ ANT. Transversal.

LONGITUDINALEMENT [lɔ̃ʒitydinalmɑ̃]. *adv.* (1732; de *longitudinal*). Dans le sens de la longueur. *Couper longitudinalement.*

LONG-JOINTÉ, ÉE [lɔ̃ʒwɛ̃te]. *adj.* (1660; de *long*, et *joint*). Vétér., hippol. Se dit d'un cheval, d'une jument qui a le paturon trop long. *Des chevaux long-jointés.*

LONGOTTE [lɔ̃gɔt]. *n. f.* (1873; de *long*). Rare. Tissu de coton épais. V. **Calicot**.

LONGRINE [lɔ̃gʀin]. *n. f.* (1752; *longueraine*, 1716; it. *lungarina,* de *lungo* « long »). Techn. Pièce de charpente placée dans le sens de la longueur et qui relie d'autres pièces. — Pièce placée au-dessous et tout au long des rails. *Voie sur longrines des ponts métalliques.*

LONGTEMPS [lɔ̃tɑ̃]. *n. m. et adv.* (xᵉ; de *long*, et *temps*). **I.** N. m. ♦ 1° Compl. de prép. *Depuis, pendant, pour longtemps. Vous entendrez parler de lui avant longtemps : bientôt, sous peu. Exister depuis longtemps. Des visages depuis longtemps disparus. Il est resté absent pendant longtemps* (il est resté longtemps absent). « *À nouveau et pour longtemps, mon instruction se trouvait interrompue* » (GIDE). *Je n'en ai pas pour longtemps.* Fam. *Est-ce qu'il partira depuis longtemps?* ◊ DE LONGTEMPS, depuis longtemps. V. **Loin** (de). « *De longtemps, vous ne parviendrez à la zone où se trouve la neige* » (GAUTIER), vous n'y parviendrez que dans un temps éloigné. *Je ne compte pas y atteindre d'ici longtemps.* ♦ 2° Compl. d'il y a, voici, voilà. *Il est déjà venu ici, il y a longtemps.* V. **Autrefois, jadis**. « *Il y a longtemps que je t'aime, Jamais je ne t'oublierai* » (chanson). **II.** Adv. Pendant un long espace de temps. *Parler longtemps.* V. **Longuement**. « *J'ai longtemps habité sous de vastes portiques* » (BAUDEL.). *Il n'y a plus longtemps à attendre.* V. **Beaucoup**. — *Assez longtemps. Restez aussi longtemps que vous voudrez, tant que vous voudrez. Je n'aurais pas dû parler si longtemps. N'y restez pas trop longtemps, ne vous y éternisez pas! — Ils s'étaient connus bien longtemps avant leur mariage. On ne se souviendra de lui longtemps après sa mort.* ◊ ANT. Peu. Bientôt, naguère, récemment.

LONGUE [lɔ̃g]. *n. f.* (1690; de *long*). ♦ 1° Mus. Note longue. ♦ 2° (1740). Voyelle, syllabe longue (*opposé à* brève).

LONGUEMENT [lɔ̃gmɑ̃]. *adv.* (1080; de *long*). Pendant un long temps, avec longueur et continuité (d'une action). *Projet longuement mûri. Conter longuement une histoire.* V. Abondamment, amplement. « *À présent c'était lui qui la regardait,* — *longuement* » (MONTHERLANT). — *Le temps ne me permet pas de m'étendre longuement. Rédiger moins longuement.* ◊ ANT. Abrégé (en), brièvement.

LONGUET, ETTE [lɔ̃gɛ, ɛt]. *adj. et n. m.* (1314; *longet,* xIIᵉ; de *long*). ♦ 1° Fam. Qui est un peu long (en dimension ou en durée). *Une ode* « *un peu longuette* » (LECOMTE). ♦ 2° N. m. Techn. Marteau long et fin du facteur de pianos. ♦ 3° N. m. (1922). Sorte de petit pain biscotté, mince et long. V. **Gressin**.

LONGUEUR [lɔ̃gœʀ]. *n. f.* (1120; de *long*). **I.** (*Espace*). ♦ 1° Dimension d'une chose dans le sens de sa plus grande étendue; la plus grande dimension horizontale d'un volume entier (*opposé à* largeur, hauteur, profondeur). *La longueur d'une allée, d'une route; d'un lit, d'une automobile. Pièce toute en longueur. La vallée* « *s'étirait en longueur* » (MAC ORLAN). *Déployer dans sa longueur.* V. **Étendre**. *Dans le sens de la longueur.* V. **Long** (en long), **longitudinal**.

Géom. Le plus grand côté d'un rectangle, d'un prisme. — Sport. *Saut en longueur.* ♦ 2° Grandeur qui mesure cette dimension. *Une longueur de 1 000 km. Augmentation* (allongement), *diminution* (raccourcissement) *de longueur.* ♦ 3° Sports. Unité définie par la longueur de la bête, du véhicule, et servant à évaluer la distance qui sépare les concurrents dans une course. *Cheval qui prend deux longueurs d'avance, qui gagne d'une longueur* (V. *aussi* Encolure, tête). ♦ 4° Grandeur linéaire fondamentale; grandeur mesurant ce qui n'a qu'une dimension. *Les longueurs, les surfaces et les volumes. Longueur parcourue.* V. **Distance**. — *Longueur d'onde,* distance entre deux points consécutifs dans le même état vibratoire, dans la propagation d'un phénomène périodique. *De même longueur d'onde.* V. **Monochromatique**. *Unités de longueur :* mètre (et comp.), micron; aune, brasse, coudée, empan, lieue, ligne, pied, pouce, toise; encâblure, mille, nœud; année-lumière, parsec. ♦ 5° Grandeur supérieure à la moyenne, dans le sens de la longueur (*opposé au* fait d'être court). *Étroitesse et longueur d'un couloir, d'un tunnel.*

II. ♦ 1° Espace de temps. V. **Durée**. « *Des célébrités qui ne dépassent point la longueur d'un loyer; elles sont à terme* » (FLAUB.). ◊ Loc. prép. À LONGUEUR DE (v. 1930) : pendant toute la durée de, sans discontinuer. V. **Long** (tout au long de). *À longueur de journée.* « *À longueur de semaine, les prisonniers se débattirent* » (CAMUS). ♦ 2° Longue durée; durée trop longue. « *Patience et longueur de temps font plus que force ni que rage* » (LA FONT.). « *Rien n'égale en longueur les boiteuses journées...* » (BAUDEL.). *Tirer les choses en longueur,* les faire durer. *Traîner* en longueur.* ◊ Au plur. *Longs délais. Les longueurs de la justice.* V. **Lenteur**.

III. (1538). Durée nécessaire à la lecture, à l'expression (d'une œuvre); importance de son contenu. ♦ 1° Étendue ou durée quelconque. ♦ 2° Grande étendue ou durée. *Excusez la longueur de ma lettre.* « *Il y a une prévention contre ce livre, à cause de sa longueur* » (HENRIOT). ♦ 3° (*Au plur.*). *Passages trop longs, développements superflus qui alourdissent le texte. Fuir les longueurs, éviter les redites.* « *Ces longueurs, ou plutôt ces traînasseries me sont intolérables* » (GIDE).

◊ ANT. Brièveté.

LONGUE-VUE [lɔ̃gvy]. *n. f.* (1667, *lunette de longue-vue*; de *long,* et *vue*). Lunette d'approche. « *Les meilleures longues-vues braquées du haut des tillacs* » (BALZ.).

LOOCH [lɔk]. *n. m.* (*Lohot,* 1520; mot arabe). Pharm. Médicament de consistance sirupeuse (adoucissant), composé essentiellement d'une émulsion et d'un mucilage. ◊ HOM. *Loch, loque.*

LOOFA. V. LUFFA.

LOOPING [lupiŋ]. *n. m.* (1911; tiré de la loc. angl. *looping the loop* « action de boucler la boucle »). Acrobatie aérienne consistant en une boucle dans le plan vertical. *Faire des loopings.* V. **Boucle**.

LOPETTE [lɔpɛt]. *n. f.* (1889; dim. de *lope* « pédéraste »). Fam. Petite lope. V. **Pédéraste**. Terme d'injure.

LOPHOBRANCHES [lɔfɔbʀɑ̃ʃ]. *n. m. pl.* (1839; du gr. *lophos* « aigrette », et *branchie*). Zool. Ordre de poissons téléostéens, caractérisés par des branchies montées sur de courtes tiges ramifiées (*ex. :* hippocampe).

LOPHOPHORE [lɔfɔfɔʀ]. *n. m.* (1827; gr. *lophos* « aigrette », et *-phore*). Oiseau gallinacé, de la taille du faisan, qui porte une aigrette, et dont les plumes aux couleurs éclatantes sont utilisées comme parure. ♦ Rare. Les plumes de cet oiseau. « *Son grand chapeau de paille noire... avec une fantaisie de lophophore* » (ARAGON).

LOPIN [lɔpɛ̃]. *n. m.* (1314; du rad. de *loupe*). ♦ 1° Vx. Petit morceau, part de qqch. ♦ 2° Mod. Petit morceau de terrain, petit champ. « *Ce lopin de terre qui est, pour chacun d'eux* (les Français), *la patrie par excellence* » (DUHAM.).

LOQUACE [lɔkwas; *cour.* lɔkas]. *adj.* (1764; lat. *loquax*). Qui parle volontiers. V. **Bavard**. *Un homme, une femme loquace. Vous n'êtes pas très loquace aujourd'hui.* « *Il se tut. La femme, plus loquace, expliqua* » (MART. du G.). ◊ ANT. Silencieux, taciturne.

LOQUACITÉ [lɔk(w)asite]. *n. f.* (1466, rare av. xVIIIᵉ; lat. *loquacitas*). Littér. Disposition (habituelle ou occasionnelle) à parler beaucoup. *Loquacité fatigante, importune.* V. **Bagou, bavardage, faconde, volubilité**. ◊ ANT. *Silence.*

LOQUE [lɔk]. *n. f.* (1468; moy. néerl. *locke* « boucle, mèche »). ♦ 1° Vx ou région. (Belgique, Nord). Reste d'étoffe, morceau d'étoffe usé, déchiré. V. **Chiffon, lambeau**. *Frotter avec une loque de laine. Loque à poussières.* ◊ Cour. Vêtements qui tombent en loques. V. **Lambeau; guenille, haillon**. — Par ext. *Être en loques. Un clochard vêtu de loques.* V. **Loqueteux**. ♦ 2° Fig. *Loque effondré, sans énergie; qui a perdu tout ressort. Loque humaine. N'être qu'une loque. Épave.* ♦ 3° (v. 1860). Techn. Maladie des abeilles qui se manifeste par la pourriture du couvain. ♦ 4° Région. (Belgique). Peau à la surface du lait bouilli. ◊ HOM. *Loch, looch.*

-LOQUE. Élément, du lat. *loqui* « parler » (*ex.* : soliloque, ventriloque).

LOQUET [lɔkɛ]. *n. m.* (XIIe ; du moy. néerl. ; Cf. l'anglonorm. *loc*, mot de l'a. angl.). Fermeture de porte se composant d'une tige mobile (V. **Clenche**) dont l'extrémité vient par translation ou rotation se bloquer dans une pièce (V. **Mentonnet**) fixée au chambranle. ◇ *Spécialt.* La clenchette du loquet. « *Vous n'avez qu'à soulever le loquet de la grille* » (COLETTE). *Loquet en bois :* bobinette.

LOQUETEAU [lɔkto]. *n. m.* (1686 ; de *loquet*). *Techn.* Petit loquet.

LOQUETEUX, EUSE [lɔktø, øz]. *adj.* (v. 1500 ; de *loque*). ♦ 1° Vêtu de loques, de haillons. V. **Déguenillé**. Subst. *Un loqueteux.* ♦ 2° En loques, déchiré. *Habit loqueteux.* « *De vieux bouquins loqueteux* » (GENEVOIX).

LORAN [lɔrã]. *n. m.* (v. 1960 ; mot angl., abrév. de *Long Range Aid to Navigation*). *Techn.* Procédé radioélectrique permettant à un avion, à un navire d'obtenir son point par un réseau de stations.

LORD [lɔr]. *n. m.* (1558 ; mot angl. « seigneur »). Titre de noblesse en Angleterre. *La Chambre des lords. Lord et Lady Buckingham.* ◇ Titre attribué à certains hauts fonctionnaires ou à certains ministres anglais dans l'exercice de leurs fonctions. *Le lord Chancelier. Le lord du Sceau privé. Le Premier lord de l'Amirauté.* ⬦ HOM. *Laure, lors.*

LORD-MAIRE [lɔr(d)mɛr]. *n. m.* (1846 ; trad. angl. *lord mayor*). Maire élu de certaines grandes villes anglaises (*ex.* : Londres).

LORDOSE [lɔrdoz]. *n. f.* (1765 ; gr. *lordôsis*, de *lordos* « voûte »). ♦ 1° *Anat.* Courbure normale de la colonne vertébrale au dorso-lombaire, à concavité postérieure. ♦ 2° *Méd.* (par ext.). Exagération anormale de la cambrure du dos.

LORETTE [lɔrɛt]. *n. f.* (1840 ; de l'église N.-D. de *Lorette*, située dans un quartier où habitaient beaucoup de femmes de mœurs légères). *Vx.* Jeune femme élégante et facile. V. **Courtisane, grisette.**

LORGNER [lɔrɲe]. *v.* (1450 ; de l'a. fr. *lorgne* « louche », rad. germ. *lurni-*). ♦ 1° *V. intr. Vx.* Loucher. ♦ 2° *V. tr. Mod.* Regarder, observer de façon particulière (de côté, avec insistance, à l'aide d'un instrument). *Lorgner un rôti du coin de l'œil.* V. **Reluquer.** *Lorgner une femme.* ♦ *Fig.* Avoir des vues sur (qqch. que l'on convoite). V. **Guigner, loucher** (sur), **prétendre** (à). *Lorgner un héritage, une place.*

LORGNETTE [lɔrɲɛt]. *n. f.* (1694 ; de *lorgner*, d'apr. *lunette*). Petite lunette grossissante, *spécialt.* au spectacle. V. **Jumelle.** ◇ *Loc. fig. Regarder, voir par le petit bout de la lorgnette :* ne voir des choses qu'un petit côté, qu'un aspect accessoire que l'on grossit, dont on exagère l'importance ; avoir des vues étriquées, un esprit étroit.

LORGNON [lɔrɲɔ̃]. *n. m.* (1820 ; de *lorgner*). ♦ 1° *Vx.* Lentille correctrice. V. **Monocle.** ♦ 2° Ensemble de deux lentilles et de leur monture sans branches (V. **Binocle**), tenu à la main par une sorte de manche (V. **Face-à-main**) ou maintenu sur le nez par un ressort. V. **Pince-nez.** *Mettre, ajuster son lorgnon.* « *Un lorgnon qui tremblote toujours parce qu'il ne serre qu'un brimborion de peau, sous le front* » (DUHAM.).

LORI [lɔri]. *n. m.* (1776 ; onomat. du cri de l'oiseau). Oiseau grimpeur, sorte de perroquet de l'Inde. ⬦ HOM. *Loris, lorry.*

LORICAIRE [lɔrikɛr]. *n. m.* (1808 ; bas lat. *loricarius*, de *lorica* « cuirasse »). Poisson téléostéen de petite taille, vivant dans les fleuves de l'Amérique tropicale et dont le corps est recouvert de plaques dures.

LORIOT [lɔrjo]. *n. m.* (fin XIVe ; altér. de *l'oriot*, pour *l'oriol*, a. prov. *auriol*, du lat. *aureolus* « de couleur d'or »). Oiseau (*Passereaux*) plus petit que le merle, au plumage jaune vif sauf les ailes et la base du cou qui sont noires. *Loriot jaune, d'Europe,* appelé aussi *Merle d'or, grive dorée.* V. **Compère-loriot.**

LORIS [lɔri]. *n. m.* (1765 ; mot holl.). Mammifère lémurien ou prosimien, au corps grêle, sans queue. ⬦ HOM. *Lori, lorry.*

LORRAIN, AINE [lɔrɛ̃, ɛn]. *adj.* et *n.* (*Loherenc*, 1080 ; du nom de la province ; lat. médiév. *Lotharingia, Lotherengia*). De Lorraine, province de l'est de la France. *Le fer, le charbon lorrain.* — Subst. *Un Lorrain, une Lorraine.* — N. m. Le dialecte lorrain.

LORRY [lɔri]. *n. m.* (*Loris,* 1877 ; mot angl. ; o. i.). *Ch. de fer.* Wagonnet plat employé dans les travaux de construction de voies ferrées. ⬦ HOM. *Lori, loris.*

LORS [lɔr]. *adv.* (1130 ; lat. *illa hora*, ablatif, « à cette heure-là »). ♦ 1° (Seul). *Vx.* v. **Alors.** ♦ 2° LORS DE, au moment que, à l'époque de. *Lors de son mariage ; lors de leur installation à Paris.* ♦ 3° *Loc. adv. Depuis* lors. *Dès* lors. — *Pour* lors. ♦ 4° *Loc. conj. Lors même que.* V. **Lorsque.** — *Dès lors que. Lors même que* (avec l'ind. ou le condit.). « *Ce qui est juste est juste, lors même que le monde devrait crouler* » (ZOLA). ⬦ HOM. *Laure, lord.*

LORSQUE [lɔrsk(ə)]. *conj. de temps* (XIIe ; de *lors,* et que ; écrit longtemps en deux mots). ♦ 1° Marque la simultanéité : au moment où, quand. « *Lorsque l'enfant paraît* » (HUGO). *Lorsqu'il, ils ; lorsqu'elle... Lorsqu'un, une.* — *Et lorsqu'enfin son cœur cessa de battre* » (GIDE). — *Lorsqu'une fois :* une fois que, à partir du moment où. ♦ 2° Marque la simultanéité et l'opposition. *On fait des discours, lorsqu'il faut agir :* alors qu'il faut, tandis qu'il faut agir. ♦ 3° LORS... QUE. « *Lors, dis-je, qu'un sanglier...* » (MOL.). « *Lors donc que Murdoire...* » (AYMÉ). « *Lors même qu'ils risquent...* » (ROMAINS).

LOSANGE [lɔzɑ̃ʒ]. *n. m.* (*Losenge,* 1294 ; fém. jusqu'au XVIIIe ; du gaul. °*lausa* « pierre plate »). ♦ 1° *Blas.* Meuble de l'écu, figurant le fer de lance. *Le losange diffère de la macle en ce qu'il est plein.* — Forme de l'écu. *Écu en losange.* ♦ 2° *Mus.* (plain-chant). Note en forme de losange, valant la moitié de la carrée. ♦ 3° *Géom. et cour.* (1393). Parallélogramme dont les côtés sont égaux, en particulier lorsqu'il ne s'agit pas d'un carré. V. **Rhombe.** *Losange de tissu, de papier.* — « *Un visage en losange* » (ST-SIM.). ◇ Élément décoratif constitué par un losange. *Pavage en losanges.*

LOSANGÉ, ÉE [lɔzɑ̃ʒe]. *adj.* (*Losengié,* XIIIe ; de *losange*). Qui est formé ou couvert de losanges juxtaposés, de couleurs différentes formant un motif décoratif. *Frise losangée.* *Blas. Écu losangé.*

LOT [lo]. *n. m.* (1190 ; frq. °*lôt*). ♦ 1° Partie d'un tout que l'on partage entre plusieurs personnes. V. **Part, portion.** *Lots égaux, équitables. Diviser, morceler une terre en lots, pour la vendre.* V. **Lotir, lotissement.** — *Dr. Lots distribués à des cohéritiers. Lot en nature, en argent.* ◇ [Au Canada, fin XVIIIe ; de l'angl.]. *Hist.* Terrain d'un canton* concédé par l'État à un particulier pour le défrichement et la culture. *Les lots de la Couronne.* « *Le curé lui suggéra de se mettre en contact avec l'agent de la colonisation s'il voulait se trouver un lot sur le bord de la rivière* » (P. VILLENEUVE). — *Abusiv.* *Lopin de terre.* ♦ 2° *Cour.* Quantité de marchandises. V. **Assortiment, stock.** « *Déballer tout un lot de chiffons* » (ZOLA). — *Techn.* (trad. de l'angl. *batch*). Quantité d'un même produit pétrolier liquide expédié séparément dans une canalisation ou un pipe-line. ♦ 3° Ce qui échoit à un gagnant dans une loterie. *Le gros lot :* le plus important. *Lots de consolation.* — *Fin. Obligations, valeurs à lots :* remboursées par un tirage au sort, avec des primes. ♦ 4° Ce qui échoit (à qqn) ; ce que le hasard, la destinée, (lui) réserve. V. **Apanage, destin, sort.** « *Ton lot est de regretter toujours, de ne désirer jamais* » (FROMENTIN). « *Notre lot, notre destin, la source profonde de notre réalité d'homme* » (SARTRE). ⬦ ANT. *Totalité, tout.* — HOM. *Lods.*

LOTE. V. **LOTTE.**

LOTERIE [lɔtri]. *n. f.* (1538 ; néerl. *loterije,* ou it. *loteria.* V. **Lot**). ♦ 1° Jeu de hasard où l'on distribue un certain nombre de billets numérotés et où des lots sont attribués à ceux qui sont désignés par le sort. V. **Tombola.** *Billet de loterie. Tirage, tranches d'une loterie.* « *La loterie : duperie certaine et bonheur cherché par des fous* » (STENDHAL). — *Loterie nationale,* instituée par la loi du 31 mai 1933. *Acheter un billet, un dixième de Loterie nationale.* — *Loterie foraine. Roue de la loterie.* ♦ 2° *Fig.* Ce qui est gouverné, réglé par le hasard. *La vie, le monde est une loterie.*

LOTI, IE [lɔti]. *adj.* (1666 ; V. **Lotir**). *Être bien loti, mal loti :* favorisé, défavorisé par le sort. *Iron.* « *La voilà bien lotie !* » (MOL.).

LOTIER [lɔtje]. *n. m.* (1558 ; lat. *lotis* « mélilot »). Herbe annuelle ou vivace (*Légumineuses papilionacées*). *Lotier corniculé* (« trèfle cornu »), *utilisé comme fourrage.*

LOTION [losjɔ̃]. *n. f.* (1372 ; bas lat. *lotio,* de *lavare* « laver »). ♦ 1° *Vx.* Action de se faire couler un liquide sur le corps pour le laver, le rafraîchir. V. **Ablution, bain.** — *Spécialt. Lotion calmante, tonique. Faire des lotions sur une plaie.* ♦ 2° *Cour.* Le liquide utilisé. *Lotion capillaire,* pour empêcher la chute des cheveux. *Lotion médicamenteuse,* dans le traitement des maladies de la peau.

LOTIONNER [losjɔne]. *v. tr.* (1842 ; de *lotion*). Soumettre à une lotion. *Lotionner une plaie, le cuir chevelu.*

LOTIR [lɔtir]. *v. tr.* (v. 1300 ; de *lot*). ♦ 1° Partager, répartir par lots. *Lotir les immeubles d'une succession. Spécialt.* (1907) *Lotir un terrain,* une *propriété, un parc :* le diviser en lotissements. *Terrains à lotir :* à mettre en vente par lots. ♦ 2° Mettre en possession d'un lot. *Après le partage, chacun a été loti d'une maison.* — V. **Loti.**

LOTISSEMENT [lɔtismɑ̃]. *n. m.* (v. 1300, « tirage au sort » ; de *lotir*). ♦ 1° Action de répartir par lots, division par lots. *Lotissement des immeubles d'une succession.* — *Spécialt.* (XXe) Division d'un terrain en parcelles ; vente ou location de ces parcelles. ♦ 2° *Un lotissement :* le terrain loti ; chacune des parcelles de ce terrain. *Les lotissements de banlieue.*

LOTISSEUR, EUSE [lɔtisœr, øz]. *n.* (XIIIe ; sens mod. XXe ; de *lotir*). Personne qui partage des terrains en lots, les vend par lots. « *Leur belle vigne... qui tient en respect le lotisseur* » (COLETTE).

LOTO [lɔto]. *n. m.* (1732; it. *lotto* « lot; sort »). Jeu de hasard où l'on distribue aux joueurs des cartes portant plusieurs numéros, auxquels correspondent de petits cylindres de bois (ou des cartons) numérotés et mêlés dans un sac, le gagnant étant le premier à pouvoir remplir sa carte avec des numéros tirés au hasard. ◇ Le matériel du jeu de loto. *Acheter un loto.* — *Boules de loto :* les petits cylindres de bois sur lesquels sont inscrits les numéros. — Fig. et fam. *Des yeux en boules de loto :* tout ronds.

LOTTA [lɔt(t)a]. *n. f.* (1940; mot finlandais). Femme soldat finlandaise.

LOTTE ou **LOTE** [lɔt]. *n. f.* (1553; gallo-romain *lota*, gaul. °*lotta*). ♦ 1° Poisson au corps presque cylindrique, à peau épaisse, gluante, couverte d'écailles. *Lotte à l'américaine.* ♦ 2° Par ext. *Lotte (de mer).* V. **Baudroie**.

LOTUS [lɔtys]. *n. m.* (*Lote*, 1512; *lotus* « lotier, mélilot », 1553; lat. *lotus*, gr. *lôtos*, désignant cinq plantes différentes). ♦ 1° *Mythol.* Plante du littoral africain (Tunisie du Sud, Tripolitaine, Cyrénaïque) produisant un fruit auquel les anciens attribuaient des propriétés magiques. *Les Lotophages firent manger du lotus aux compagnons d'Ulysse qui en oublièrent leur patrie.* ♦ 2° Plante dicotylédone *(Nymphéacées)*, semblable au nénuphar blanc. *Le lotus sacré est un des principaux symboles de l'hindouisme.* — Nom donné à plusieurs nénuphars du Nil. *Lotus des Égyptiens* ou *nénuphar lotos* [lɔtos]. *Lotus bleu. La fleur de lotus stylisée, élément décoratif de l'art égyptien.* ♦ 3° *Lotus jujubier*, plante de la famille des Rhamnacées *(Ziziphus lotus). Trèfle lotus.* V. **Lotier.**

1. **LOUABLE** [lwabl(ə)]. *adj.* (XIIe; de *louer* 1). Qui est digne de louange, qui mérite d'être loué. V. **Bien, bon, estimable.** *Affection, intentions, sentiments louables.* V. **Honnête.** *De louables efforts.* V. **Méritoire.** « *Des scrupules personnels, infiniment louables* » (DUHAM.). ◇ ANT. **Blâmable, condamnable, mauvais, répréhensible.**

2. **LOUABLE** [lwabl(ə)]. *adj.* (XXe; « qu'on peut prendre à louage », 1606; de *louer* 2). Qu'on peut louer (2). *Cet appartement est difficilement louable, il est trop vétuste.*

LOUAGE [lwaʒ]. *n. m.* (1283; de *louer* 2). ♦ 1° *Vx.* Action de donner ou de prendre en location; loyer. ♦ 2° (XVIe). *Mod. Dr. Contrat de louage. Louage de choses* moyennant un prix convenu (V. **Loyer**) : *louage des maisons* (bail à loyer), *des héritages ruraux* (bail à ferme), *des animaux de ferme* (bail à cheptel), *d'un bâtiment de mer* (fret). *Voiture de louage. Louage d'ouvrage, d'industrie :* contrat d'entreprise. — *Louage de services :* contrat de travail.

LOUANGE [lwɑ̃ʒ]. *n. f.* (1120; de *louer* 1). ♦ 1° *Littér.* Action de louer (qqn ou qqch.); le fait d'être loué. V. **Éloge.** « *La louange ne sert qu'à corrompre ceux qui la goûtent* » (ROUSS.). — *À la louange de*, en l'honneur de. *Discours à la louange d'un héros.* V. **Apologie, panégyrique.** ♦ 2° *Cour. (Au plur.).* Témoignage verbal ou écrit d'admiration ou de grande estime. V. **Compliment, félicitation.** *Louanges outrées, serviles.* V. **Flagornerie, flatterie.** « *Le refus des louanges est un désir d'être loué deux fois* » (LA ROCHEF.). ♦ 3° *Titre* à être loué; mérite. V. **Gloire.** *Il faut « reconnaître, à sa louange... »* (HENRIOT). *Chanter la louange, les louanges de qqch.* V. **Vanter.** ◇ ANT. **Blâme, critique, reproche.**

LOUANGER [lwɑ̃ʒe]. *v. tr.;* conjug. *bouger* (Loengier, XIIe; rare av. XVe; de *louange*). *Littér.* Couvrir de louanges; faire l'éloge de. V. **Louer, glorifier.** « *Ils s'interrompirent pour louanger un Pouilly* (un vin) » (ROMAINS). ◇ ANT. **Blâmer, critiquer.**

LOUANGEUR, EUSE [lwɑ̃ʒœʀ, øz]. *n.* (1570; de *louanger*). ♦ 1° *Vieilli.* Personne qui a l'habitude, la manie de louanger. V. **Adulateur, encenseur, flagorneur, flatteur, laudateur.** ♦ 2° *Adj. (Littér.).* Qui contient ou exprime une louange. V. **Élogieux, laudatif.** *Discours louangeur. Paroles louangeuses.* ◇ ANT. **Caustique, dénigreur, médisant, satirique.**

LOUBAR ou **LOUBARD** [lubaʀ]. *n. m.* (1973; de *loulou* [II, 2°], suff. arg., p.-ê. d'apr. banlieu*sard*). *Fam.* Jeune homme vivant dans une banlieue, une zone urbaine, appartenant à une bande et affectant un comportement asocial. « *Les 'loubars', jeunes banlieusards, un peu chômeurs, un peu voyous...* » (*Nouv. Obs.*, 27-5-1974). « *Les étudiants ont déguerpi* [du Quartier latin] *devant l'invasion des loubards* » (*Nouv. Obs.*, 3-3-1975).

1. **LOUCHE** [luʃ]. *adj.* (1300; *losche*, 1180, fém. de l'a. fr. *lois;* lat. *luscus* « borgne »). ♦ 1° *Vx.* Qui est atteint de strabisme. V. **Bigle, louchon.** « *Le marquis était louche* » (PROUST). — *Yeux louches.* — Par *métaph.* (Mod.) *Il lui jeta un regard louche.* V. **Oblique, torve, travers (de).** ♦ 2° *Fig.* manque de clarté, de transparence. *Vin louche.* V. **Trouble.** « *Une lumière louche, un éclairage livide d'orage* » (ZOLA). ♦ 3° *Fig.* Qui n'est pas clair, pas honnête. V. **Suspect, trouble.** *Affaires, manœuvres louches. Fréquenter des milieux louches. Interlope. C'est louche :* bizarre et suspect. « *Patron d'une banque louche, directeur d'un journal suspect* »

(MAUPASS.). « *Des vices cachés, un passé louche* » (DUHAM.). *Un individu louche.* ◇ ANT. **Clair, franc, net.** — HOM. *Louche (2).*

2. **LOUCHE** [luʃ]. *n. f.* (*Louce*, XIIIe; frq. °*lôtja*). ♦ 1° Grande cuiller à long manche et à cuilleron hémisphérique, avec laquelle on sert le potage. « *Sa grande louche qui charriait ... une pleine écuellée de soupe aux choux* » (GIONO). ♦ 2° *Techn.* Nom de divers outils. ◇ HOM. *Louche (1).*

LOUCHER [luʃe]. *v. intr.* (1608; de *louche* 1). ♦ 1° Être atteint de strabisme; avoir les axes visuels des deux yeux non parallèles. V. **Bigler** *(fam.)*, louche (être). Cf. *pop.* Avoir un œil qui joue au billard et l'autre qui compte les points; avoir un œil qui dit merde à l'autre; avoir les yeux qui se croisent les bras. *Elle louchait légèrement* (Cf. *fam.* Avoir une coquetterie dans l'œil). ♦ 2° *Fig. et fam.* (1867). *Faire loucher qqn*, provoquer sa curiosité, son envie, son dépit. ◇ (1896) *Loucher sur* (ou *vers*), jeter des regards pleins de désir, de convoitise sur (qqn ou qqch.). V. **Guigner, lorgner.** « *Respellière louchait sur le buffet* » (ARAGON).

LOUCHERIE [luʃʀi]. *n. f.* (fin XVIIe; de *loucher*). Le fait de loucher; état d'une personne qui louche. V. **Strabisme.**

LOUCHET [luʃɛ]. *n. m.* (1342; de *louche* 2). *Techn.* Bêche à lame étroite et très allongée (pour creuser des tranchées, etc.).

LOUCHEUR, EUSE [luʃœʀ, øz]. *n.* (1829; de *loucher*). Personne qui louche. V. **Louchon.**

LOUCHON [luʃɔ̃]. *n. m.* (1866; de *louche* 1). *Fam.* Personne qui louche. V. **Loucheur.** « *Son apprentie, ce petit louchon d'Augustine* » (ZOLA).

LOUÉE [lwe]. *n. f.* (XIIe; de *louer* 2). *Région.* Assemblée où se louent les ouvriers agricoles, les journaliers. ◇ HOM. *Louer (1 et 2).*

1. **LOUER** [lwe]. *v. tr.* (XIVe; *lauder*, Xe; *loer*, XIIe; lat. *laudare*). ♦ 1° Déclarer (qqn ou qqch.) digne d'admiration ou de très grande estime; honorer de cette manière. V. **Exalter, glorifier, magnifier, vanter.** « *Aimez qu'on vous conseille et non pas qu'on vous loue* » (BOIL.). *Louer adroitement.* V. **Complimenter.** *Louer qqn sans mesure, avec des expressions hyperboliques.* V. **Encenser, flatter, louanger.** — *Louer la sévérité d'une personne.* V. **Approuver.** *Louer les qualités d'une chose.* V. **Prôner.** « *Ce qu'un grand nom recommande a chance d'être loué aveuglément* » (FRANCE). — *Absolt.* « *On ne loue d'ordinaire que pour être loué* » (LA ROCHEF.). ♦ 2° *LOUER* (qqn) *DE* ou *POUR* (qqch.). V. **Féliciter.** *Je vous loue infiniment de votre choix. On ne peut que le louer d'avoir agi ainsi.* « *Si c'est un politique, louez-le pour tout le mal qu'il n'a pas fait* » (ALAIN). *Louer Dieu, le Seigneur.* V. **Bénir, glorifier.** *Loc. Dieu soit loué !* exclamation de joie, de soulagement. ♦ 4° SE LOUER. *v. pron. Rare.* Se vanter. *Cour.* SE LOUER DE (qqch.) : témoigner ou s'avouer la vive satisfaction qu'on en éprouve. V. **Applaudir** (s'), **féliciter** (se). *Je me loue d'avoir accepté son offre. — Se louer de qqn :* être pleinement satisfait de lui. *Il n'a qu'à se louer de son fils.* ◇ ANT. **Blâmer, calomnier, critiquer, honnir, vilipender.** — HOM. *Louée, louer (2).*

2. **LOUER** [lwe]. *v. tr.* (XIIe; sens I et II; *louer qqn*, 1080; lat. *locare*). ♦ I. ♦ 1° Donner à loyer (à bail, en location). *Personne qui loue* (bailleur) *à un autre* (preneur; locataire) *un local, un appartement, une chambre meublée* (logeur), *un domaine, une terre.* V. **Affermer, arrenter.** *Maison à louer.* « *Les moines louèrent leur réfectoire pour deux cents francs* » (MICHELET). ♦ 2° SE LOUER : être à louer. *Cet appartement doit se louer cher.* ◇ *(Personnes)* Engager son service, son travail pour un temps déterminé moyennant un salaire convenu. *Les ouvriers agricoles se louent pour les labours.*

♦ II. ♦ 1° Prendre à loyer, en location, à bail. *Louer un appartement :* en être locataire. V. **Loueur.** *Louer un navire.* V. **Affréter.** *Louer une voiture, un poste de télévision.* ◇ *Spécialt.* Réserver, retenir en payant. *Louer sa place dans un train, un avion. Il est prudent de louer ses places.* ♦ 2° *Vieilli.* Engager à son service pour un temps déterminé, moyennant un salaire convenu. *Louer un guide pour une excursion.*

◇ HOM. *Louée, louer (1).*

LOUEUR, EUSE [lwœʀ, øz]. *n.* (1283; de *louer* 2). Personne qui fait métier de donner en location. *Loueur de chevaux, de voitures. Loueuse de chaises.* V. **Chaisière.**

LOUFIAT [lufja]. *n. m.* (1876; mot. arg., o. i.). *Pop.* Garçon de café. « *Buvant un verre, il fait signe au loufiat qui le sert* » (PRÉVERT).

LOUFOQUE [lufɔk]. *adj.* (1873; *louf*, 1894; transform. argotique de *fou*). *Pop.* ♦ 1° V. **Fou.** *Il a l'air un peu loufoque* (var. LOUF [luf], LOUFTINGUE [luftɛ̃g] (1885). « *Je vais vous dédommager... — Tu n'es pas louf ?* » (QUENEAU). ♦ 2° *(Choses). Une histoire loufoque.* « *Ce rêve qui peut paraître un tantinet loufoque* (sic) » (HUYSMANS). V. **Burlesque. Comédie, film loufoque.**

LOUFOQUERIE [lufɔkʀi]. *n. f.* (1879; de *loufoque*). Caractère d'une personne loufoque, de ce qui est loufoque.

« *La loufoquerie de la conversation tenait parfois du fantastique* » (GIDE). — *Une loufoquerie :* acte absurde, fou.

LOUGRE [lugʀ(ə)]. *n. m.* (1781; angl. *lugger*). *Mar.* Petit bâtiment de pêche ou de cabotage à trois mâts.

LOUIS [lwi]. *n. m.* (1640; du nom de *Louis XIII*). ♦ 1° Ancienne monnaie d'or, frappée à l'effigie du roi de France (valeur 10 livres, puis 24). ♦ 2° (1803). Pièce d'or française de vingt francs (V. **Napoléon**), et *par ext.* Somme de vingt francs (au jeu). *Perdre cent louis au baccara.*

LOUISE-BONNE [lwizbɔn]. *n. f.* (1690; du prénom *Louise*). Variété de poire d'automne, fondante et douce. *Des louises-bonnes.*

LOUIS-PHILIPPARD, ARDE [lwifilipaʀ, aʀd(ə)]. *adj.* (xxᵉ; de *Louis-Philippe*, et suff. péj. *-ard*). Qui a rapport au règne de Louis-Philippe, qui appartient au style de son époque. *Bourgeoisie louis-philipparde. Mobilier louis-philippard.* « *La maison louis-philipparde* » (QUENEAU).

LOUIS-QUATORZIEN, IENNE [lwikatɔʀzjɛ̃, jɛn]. *adj.* (1869; de *Louis quatorze*). Qui a rapport à Louis XIV, à son règne, à son époque.

LOUKOUM [lukum], **LOKOUM** [lɔkum]. *n. m.* (xxᵉ, -1853; arabe *rahat lokoum* « le repos de la gorge »). Confiserie orientale, faite d'une pâte aromatisée enrobée de sucre en fine poudre. *Elle* « *me donnait des loukoums poudrés comme ses doigts* » (ARAGON).

LOULOU [lulu]. *n. m.* (*Loup-loup*, fin xviiiᵉ; de *loup*). I. Petit chien d'appartement à museau pointu, à long poil, à grosse queue touffue enroulée sur le dos. *Loulou de Poméranie.*
II. ♦ 1° (1842). *Fam.* LOULOU, LOULOUTTE [lulut]. Terme d'affection. « *Je suis toujours ta petite loulloutte, vieux monstre !* » (BALZ.). ♦ 2° (1973). Mauvais garçon. « *Les loulous de banlieue* » (*Nouv. Obs.*, 16-4-1973). V. **Blouson** (noir), **loubar**(d), **voyou**.

LOUP [lu]. *n. m.* (*Leu, lou,* xiᵉ; *loup,* v. 1250; forme refaite d'apr. *louve;* lat. *lupus*). ♦ 1° Mammifère carnivore, qui ne diffère d'un grand chien que par son museau pointu, ses oreilles toujours droites et sa queue touffue pendante. *Pelage roux* (V. **Louvet**), *gris ou blanchâtre du loup. Bande de loups affamés.* « *Les loups mangent gloutonnement* » (LA FONT.). *Tanière du loup.* V. **Liteau.** *Le loup, la louve* et leurs louveteaux. Hurlement de loup.* — *Chasse au loup.* V. **Louveterie.** *Piège à loups.* ◇ *Par ext. Loup américain, loup des prairies.* V. **Coyote.** *Loup peint.* V. **Lycaon.** ◇ *Loc. div. Une faim de loup, une faim vorace. Un froid de loup, un froid très rigoureux. À pas* de loup. Entre chien et loup* (V. **Chien,** 1, 3°). *Se fourrer, se jeter, se précipiter dans la gueule* du loup. Hurler* avec les loups. Être connu comme le loup blanc* (par allus. à la facilité avec laquelle étaient repérés ces loups beaucoup plus rares que les loups fauves). *Avoir vu le loup, se dit d'une jeune fille qui n'est plus novice.* — *Loc. prov. La faim fait sortir le loup du bois. Les loups ne se mangent pas entre eux :* les méchants, les gens malhonnêtes ne se nuisent pas entre eux. *Quand on parle du loup, on en voit la queue,* se dit lorsqu'une personne survient au moment où l'on parle d'elle. *L'homme est un loup pour l'homme* (Cf. Homo homini lupus) : il est féroce, impitoyable. ◇ *Par métaph.* (1966). *Jeune loup,* politicien jeune et ambitieux. Par ext. *Les jeunes loups du sport, du spectacle, du disque.* ♦ 2° *Fam.* (1890). Terme d'affection à l'égard d'un enfant, d'un être cher. *Mon loup, mon gros loup, mon petit loup* (V. **Loulou,** II). ♦ 3° *Fam.* (1876). LOUP DE MER : vieux marin qui a beaucoup navigué et à qui ses longs voyages ont fait les manières rudes, l'humeur farouche et solitaire. — (1873) *Marin très expérimenté.* ◇ (xxᵉ) Court maillot de coton, à rayures horizontales généralement bleues et blanches, qui moule le buste. ♦ 4° (À cause de leur voracité). Poisson comestible de la Méditerranée. V. **Bar, lubin.** *Loup au fenouil.* ♦ 5° (1680). Sorte de masque de velours noir que portaient autrefois les dames lorsqu'elles sortaient. — Demi-masque de satin ou de velours noir qu'on porte dans les bals masqués. ♦ 6° *Vx.* Lésion (rappelant la morsure d'un loup). ◇ (1839) *Mod.* (*Techn.*) Malfaçon dans un ouvrage de construction, de couture. V. **Loupé.** — *Métall.* Agglomération de matière mal fondue se formant dans un minerai en fusion. — *Typogr.* Lacune dans une copie.

LOUPAGE [lupaʒ]. *n. m.* (xxᵉ; de *louper*). *Fam.* Le fait de louper; chose ratée, loupée. V. **Ratage.** *Un loupage complet.*

LOUP-CERVIER [luseʀvje]. *n. m.* (1113, fém.; xivᵉ, masc.; lat. *lupus cervarius* « loup qui attaque des cerfs »). Autre nom du lynx des régions septentrionales et centrales de l'Europe. V. **Lynx.** *Des loups-cerviers.*

LOUP DE MER. V. **Loup** (3°).

LOUPE [lup]. *n. f.* (1328; frq. *°luppa* « grosse masse informe d'une matière caillée », ou rad. expressif *lopp-*). ♦ 1° *Techn.* Perle brute ou pierre précieuse présentant un défaut de cristallisation qui rend sa transparence imparfaite. *Loupe d'émeraude.* ♦ 2° (1549). *Méd.* (Cour.). Kyste* sébacé (par accumulation de sébum dans le conduit d'une glande

sébacée de la peau). ◇ (1685) Défaut du bois, excroissance ligneuse qui se développe sur certains arbres. V. **Nodosité.** « *Divers objets d'art sculptés par un retraité dans des loupes d'arbre* » (CARCO). — Cette partie du bois utilisée en ébénisterie. *Buffet en loupe d'orme.* ♦ 3° (1676). *Cour.* Instrument d'optique, lentille convexe et grossissante qui donne des objets une image virtuelle droite et agrandie. V. **Compte-fils.** *Grossissement, puissance d'une loupe. Travailler, lire à la loupe.* — Fig. *Regarder une chose à la loupe,* l'examiner avec une grande minutie.

LOUPÉ, ÉE [lupe]. *adj. et n. m.* (xxᵉ; V. **Louper**). *Fam.* Manqué, raté. — N. m. *Techn.* Raté, loup (6°).

LOUPER [lupe]. *v. tr.* (1915; « gâcher », 1856; « flâner », 1835; de *loup,* 6°). ♦ 1° *Fam.* Ne pas réussir (un travail, une action). V. **Manquer, rater.** *Élève qui loupe une composition. Acteur qui loupe son entrée.* « *Riton esquissa le même mouvement et le loupa* » (QUENEAU). ♦ 2° *Fam.* Ne pouvoir prendre, laisser échapper. *Tu vas louper ton train. Louper le coche, la commande, l'occasion.* « *Faut pas louper son tour* » (BARBUSSE). ♦ 3° Intrans. *Ça n'a pas loupé :* manqué.

LOUP-GAROU [lugaʀu]. *n. m.* (*Leu garoul,* xiiiᵉ; renforcement (pléonasme) de *garou,* frq. *°wariwulf* « homme-loup »). Personnage malfaisant des légendes et superstitions populaires, ou lutin à forme de loup qui passait pour errer la nuit dans les campagnes. V. **Lycanthrope.** ◇ *Fig. et vieilli.* Personne d'humeur insociable, homme farouche et solitaire. « *Je vivais en vrai loup-garou* » (ROUSS.). V. **Sauvage.**

LOUPIOT, IOTTE [lupjo, jɔt]. *n.* (1875; probabl. dimin. de *loup*). *Fam.* V. **Enfant.**

LOUPIOTE [lupjɔt]. *n. f.* (1915; p.-ê. de *loupe,* dial. « chandelle »; Cf. arg. *Louper* « regarder »). *Fam.* Petite lampe, lumière. *Allumer une loupiote.* ◇ HOM. Fém. de *loupiot.*

LOURD, LOURDE [luʀ, luʀd(ə)]. *adj.* (*Lort* « stupide, maladroit », 1160; lat. pop. *lurdus,* p.-ê. altér. du lat. *luridus* « blême »). I. Maladroit. ♦ 1° (*Personnes;* xiiᵉ). Qui manque de finesse, de subtilité. V. **Balourd, épais, fruste, grossier, lourdaud, rustaud.** « *Elle est bête, elle est lourde, elle est bavarde* » (BAUDEL.). ♦ 2° Qui manifeste de la lourdeur, de la maladresse intellectuelle. *De lourds compliments. Lourdes plaisanteries.* V. **Gros.** *Phrase lourde. Style lourd.* V. **Embarrassé, gauche.** ♦ 3° (1530). Qui se déplace, se meut avec maladresse, gaucherie, lenteur. V. **Empoté, lourdaud, pataud.** *Son équipement le rend lourd et maladroit. Insecte, oiseau lourd :* qui vole lourdement. — *Par ext. Pas lourd.* « *Ces gens dansaient gravement, avec des gestes lourds* » (GREEN). II. (1556). ♦ 1° Difficile, pénible à porter, à déplacer, en raison de son poids. V. **Pesant.** *Lourd fardeau. Fardeau lourd à porter. Une valise très lourde.* « *D'un pas appesanti par ses lourdes chaussures* » (CHARDONNE). — *Terrain lourd, terre lourde,* qu'on a de la peine à remuer, à labourer (V. **Compact, fort**), ou détrempé, dans lequel on enfonce. ◇ *Fig. Se sentir les jambes, les mains, les paupières lourdes,* avoir de la peine à les mouvoir. *Par méton. Yeux lourds de sommeil.* — Qui gêne par une impression de pesanteur. *Tête lourde. Estomac lourd.* — *Sommeil lourd,* pesant, que rien ne peut déranger. ◇ *Bourse. Marché lourd,* dont les cours restent bas, immobiles ou orientés vers la baisse. ♦ 2° Dont le poids est élevé ou supérieur à la moyenne. V. **Gros.** *Un homme* « *dont la lourde bedaine surplombait les cuisses* » (BAUDEL.). — *Lourds* lourds.* (Opposé à *léger*). *Armes lourdes. Artillerie lourde,* de gros calibre. *Chars lourds. Bombardier lourd. Industrie lourde :* grosse industrie. ◇ Dont la densité est élevée. V. **Dense.** *Corps plus lourd que l'air.* Subst. *Les plus lourds que l'air :* les avions, hélicoptères, etc. (*opposé* à *plus léger que l'air*). — *Huiles* lourdes.* — *Sc. Hydrogène lourd,* isotope de l'hydrogène à poids atomique plus élevé (deutérium, tritium). *Eau* lourde,* dont cet hydrogène est un composant. ♦ 3° Qui agit avec force et violence. « *Un coup terrible, lourd, a retenti à la porte* » (BAUDEL.). V. **Rude, violent.** *Avoir la main lourde :* frapper fort, et *fig.* Punir, châtier sévèrement; mesurer, peser, verser en trop grande abondance, en quantité excessive. ♦ 4° Grand (en parlant de ce qu'on supporte). *Lourdes charges, lourds impôts.* V. **Écrasant.** *Lourde tâche. Lourde responsabilité. Lourde hérédité :* chargée. *De lourdes présomptions pèsent sur l'accusé.* V. **Grave.** *Lourd chagrin.* **Accablant, douloureux, dur, pénible.** — *Loc. En avoir lourd sur le cœur.* ♦ 5° Qui accable, oppresse, pèse. — *Le temps était lourd, orageux, d'une chaleur suffocante* » (GAUTIER). Fam. *Il fait lourd. Silence lourd.* — *Aliments lourds.* V. **Indigeste.** ♦ 6° LOURD (DE) : chargé (de). « *Une large table lourde de livres, de papiers, de pierres* » (GIONO). Fig. *Phrase lourde de sous-entendus, de menaces.* V. **Chargé, gros, plein, rempli.** ♦ 7° Qui donne une impression de lourdeur, de pesanteur, sur les sens. — (Sur la vue, par son aspect) V. **Massif, épais.** *Nuages lourds. Tentures lourds. Monument lourd.* V. **Mastoc.** *Une lourde silhouette.* V. **Ramassé, trapu.** — (Sur l'odorat) *Parfum lourd.* V. **Fort.** — (Sur le goût)

Un vin lourd et râpeux. ♦ 8° *Adv.* PESER LOURD. V. **Beaucoup.** *Cette malle pèse lourd.* Fig. *Cela ne pèsera pas lourd dans la balance :* n'aura pas grande importance. — Fig. et fam. *Il n'en sait pas lourd, il n'en fait pas lourd :* pas beaucoup.
◇ ANT. *Aisé, alerte, fin, subtil, vif.* — *Léger, facile, supportable; faible. Délicat, délié, élancé, élégant, gracieux, svelte.* — HOM. *Loure.*

LOURDAUD, AUDE [luʀdo, od]. *n. et adj.* (XIVe; de *lourd*). ♦ 1° *N.* Personne lourde, maladroite (au moral et au physique). V. **Maladroit, rustre.** ♦ 2° *Adj.* V. **Balourd, gauche.** « *Édouard est un peu lourd; il est même balourd; il est même lourdaud* » (DUHAM.). ◇ ANT. *Adroit, fin.*

LOURDE [luʀd(ə)]. *n. f.* (1628; de *lourd*). Pop. Porte. « *V'là que la lourde est bouclée* » (COURTELINE).

LOURDEMENT [luʀdəmɑ̃]. *adv.* (v. 1185; de *lourd*). ♦ 1° Gauchement, maladroitement. *Marcher lourdement.* — Fig. *Appuyer, insister lourdement.* ◇ En faisant preuve de beaucoup d'ignorance. V. **Grossièrement.** *Se tromper lourdement.* ♦ 2° De tout son poids, de toute sa force. *Tomber, choir lourdement.* — Fig. *Peser lourdement sur,* avoir des conséquences importantes pour. ♦ 3° Avec une charge, un matériel pesants. V. **Pesamment.** *Camions lourdement chargés.* « *Des rideaux drapés et lourdement frangés* » (GREEN). — Fig. *Ces charges grèvent lourdement son budget.* ◇ ANT. *Adroitement, légèrement.*

LOURDER [luʀde]. *v. tr.* (1927; de *lourde* « porte »). Pop. Mettre à la porte. — *Par ext.* Se débarrasser de (qqch. ou qqn). V. **Larguer, virer.** *Il s'est fait lourder.*

LOURDEUR [luʀdœʀ]. *n. f.* (1769; de *lourd*). État de ce qui est lourd. ♦ 1° Gaucherie, maladresse. *Lourdeur de la démarche.* ◇ Fig. Manque de finesse, de vivacité, de délicatesse. *Lourdeur d'esprit.* V. **Épaisseur, lenteur, pesanteur.** ♦ 2° Rare. Caractère de ce qui pèse lourd. V. **Pesanteur, poids.** *La lourdeur d'une valise.* ♦ 3° Fig. Caractère de ce qui est difficile à supporter. « *Vous comprendrez la lourdeur de mon fardeau* » (BALZ.). *La lourdeur de l'impôt.* ◇ *Par ext.* Douleur sourde, impression pénible de pesanteur. *Lourdeur de tête.* ♦ 4° Caractère massif, pesant. *Lourdeur des formes, de la silhouette. Lourdeur d'un édifice.* ◇ ANT. *Légèreté.*

LOURE [luʀ]. *n. f.* (fin XVe; lat. *lura* « sacoche », ou scand. *ludr*). ♦ 1° Ancienn. *Mus.* Musette de grande taille. ♦ 2° (v. 1720). Danse rustique ancienne à trois temps (dont le premier est accentué). ◇ HOM. *Lourd.*

LOURER [luʀe]. *v. tr.* (1765; « jouer de la *loure* », XVIe; de *loure*). Mus. *Vx.* Marquer nettement la première note de chaque temps. ◇ Mod. LOURÉ, indication qualifiant un mode d'attaque de notes liées et appuyées (notes surmontées de points sous le signe de liaison).

LOUSTIC [lustik]. *n. m.* (*Loustig*, 1759; all. *lustig* « gai », spécial. « bouffon attaché aux compagnies suisses »). ♦ 1° Ancienn. Amuseur attitré d'une compagnie « *Le boute-en-train du bourg, le loustic* » (BALZ.). ♦ 2° Mod. Individu facétieux. V. **Farceur, plaisantin.** *Élève qui fait le loustic.* Fig. « *Des écrivains ravalés, dangereux loustics, farceurs au quarteron* » (LAUTRÉAMONT). Fam. et péj. Homme, type. *C'est un drôle de loustic.*

LOUTRE [lutʀ(ə)]. *n. f.* (*Lutre*, 1120; lat. *lutra*, a éliminé les formes pop. *lorre, leurre*). ♦ 1° Petit mammifère carnivore (*Mustélidés*), à pelage brun épais et court, à pattes palmées, adapté à la vie aquatique, se nourrissant de poissons et de gibier d'eau. *Loutre commune* ou *loutre de rivière. Loutre marine,* du Pacifique Nord. ♦ 2° Fourrure de cet animal. *Un manteau de loutre.* ◇ *Par ext.* Nom donné, dans le commerce, à diverses fourrures. *Loutre d'Hudson* (ondatra, rat musqué), *de Sibérie* (martre, kolinski). *Loutre de mer* (otarie à long poil).

LOUVE [luv]. *n. f.* (XVe; *love*, XIIe; lat. *lupa*). I. Femelle du loup. *La louve et ses louveteaux. La louve romaine qui aurait allaité Remus et Romulus.* II. Fig. et techn. ♦ 1° (1460). Outil pour le levage des pierres de taille. V. **Levier.** ♦ 2° (1680). Filet de pêche, verveux à deux entrées opposées.

LOUVET, ETTE [luvɛ, ɛt]. *adj.* (*Gris louvet,* 1640; de *louve*). Qui est de la couleur du poil du loup, jaunâtre mêlé de noir, en parlant du cheval. *Jument louvette.*

LOUVETEAU [luvto]. *n. m.* (1331; de *louve*). ♦ 1° Petit du loup et de la louve. ♦ 2° Fig. (1839). Fils de franc-maçon. — (XXe) Scout de moins de douze ans.

LOUVETER [luvte]. *v. intr.;* conjug. *jeter* (XVIe; de *louve*). *Vén.* Mettre bas, en parlant de la louve.

LOUVETERIE [luvt(ə)ʀi; luvɛtʀi]. *n. f.* (1513; de *louvetier*). *Vx.* Chasse aux loups et autres animaux nuisibles en vue de leur destruction. Équipage dressé à cette chasse. — Mod. *Lieutenant de louveterie,* personne nommée par le préfet et qui exerce ses fonctions sous le contrôle de l'Administration des Eaux et Forêts.

LOUVETIER [luvtje]. *n. m.* (1516; de *louve.* V. **Loup**). *Vx. Grand-louvetier :* officier de la maison du roi, qui commandait l'équipage pour la chasse au loup. — Mod. (1814) Lieutenant de louveterie.

LOUVOIEMENT [luvwamɑ̃]. *n. m.* (1922; de *louvoyer*). Action de louvoyer, de tergiverser; détour, manœuvre. « *Les louvoiements sournois à quoi cette fausse situation l'obligeait* » (GIDE).

LOUVOYER [luvwaje]. *v. intr.;* conjug. *noyer* (*Lovoyer,* 1621; *lovier,* 1529; de *lof*). ♦ 1° *Mar.* Naviguer en zigzag, tantôt à droite, tantôt à gauche de la route à suivre, pour utiliser un vent contraire en lui présentant alternativement chaque côté du bâtiment. *Louvoyer au plus près* (du vent) : remonter au vent. ♦ 2° Fig. (1762). Prendre des détours pour atteindre un but. V. **Biaiser, tergiverser.** « *Regardant s'il est bien temps d'avancer ou de reculer, attendant, louvoyant, épiant les courants de l'opinion* » (MICHELET).

LOVELACE [lɔvlas]. *n. m.* (1796; nom d'un personnage du roman « Clarissa Harlowe », de Richardson, 1749; angl. *love* « amour », et *lace* « filet, piège »). Littér. Séducteur, don Juan.

LOVER [lɔve]. *v. tr.* (1678; bas all. *lofen* « tourner », même famille que *lof*). ♦ 1° *Mar.* Ramasser en rond (un câble, un cordage). *On love un cordage de gauche à droite.* ♦ 2° *Cour.* SE LOVER. *v. pron.* (1722). S'enrouler sur soi-même. « *Les crotales* qui *ondulent... ou se lovent, en sifflant, sous les mousses* » (VILLIERS).

LOXODROMIE [lɔksɔdʀɔmi]. *n. f.* (1667; du gr. *loxodromos,* de *loxos* « oblique », et *dromos* « course »). *Mar.* Courbe suivie par un navire lorsqu'il coupe les méridiens sous un même angle.

LOXODROMIQUE [lɔksɔdʀɔmik]. *adj.* (1667; de *loxodromie*). *Mar.* Relatif à la loxodromie. *Courbe loxodromique. Tables loxodromiques.*

LOYAL, ALE, AUX [lwajal, o]. *adj.* (*Leial,* 1080; lat. *legalis.* V. **Légal**). ♦ 1° (1407). *Vx* ou *Dr.* Conforme à la loi, à ce qui est requis par la loi. V. **Légal.** ◇ Mod. Dr., Comm. *Qualité loyale et marchande.* ♦ 2° *Cour.* (T. de féod.; repris fin XVIIIe). Qui est entièrement fidèle aux engagements pris, qui obéit aux lois de l'honneur et de la probité. V. **Fidèle, honnête, probe.** *Chevalier, sujet loyal.* V. **Féal** (vx). *Loyal serviteur. C'est l'ami le plus loyal.* V. **Dévoué.** *Adversaire, ennemi loyal.* V. **Droit, régulier** (fam.). « *La jeunesse est sincère, fidèle, honnête... loyale, généreuse* » (HUGO). — *Procédés loyaux envers un adversaire.* Remercier qqn pour ses bons et loyaux services. ◇ À LA LOYALE. *loc. adv.* Pop. ou *plais.* Loyalement. Arg. « *S'il avait accepté de se battre 'à la loyale'... (c'est-à-dire sans coups, seulement en luttant)* » (GENET). ◇ ANT. *Déloyal, faux, hypocrite... malhonnête; perfide.*

LOYALEMENT [lwajalmɑ̃]. *adv.* (XIIe, « légalement »; de *loyal*). D'une manière loyale, honnête. *Être loyalement dévoué. Combattre, discuter loyalement.* V. **Carte** (cartes sur table). *Il a loyalement accepté sa défaite.* ◇ ANT. *Déloyalement.*

LOYALISME [lwajalism(ə)]. *n. m.* (1839; de *loyal,* d'apr. l'angl. *loyalism* « fidélité à la Couronne »). ♦ 1° Fidélité aux institutions établies. *Loyalisme républicain.* ♦ 2° Attachement dévoué à une cause. V. **Dévouement.** *Loyalisme d'un militant envers son parti.* ◇ ANT. *Déloyauté.*

LOYALISTE [lwajalist(ə)]. *adj. et n.* (1717, en parlant des Américains fidèles au gouvernement anglais; angl. *loyalist.* V. **Loyal**). Qui a des sentiments de loyalisme.

LOYAUTÉ [lwajote]. *n. f.* (*Loiauté,* fin XIe; de *loyal*). Caractère loyal, fidélité à tenir ses engagements, à obéir aux règles de l'honneur et de la probité. V. **Droiture, honnêteté.** *Agir avec loyauté. V.* **Foi** (bonne foi). « *Vous lui jurerez foi et loyauté à toute épreuve* » (ROUSS.). *Loyauté conjugale* (V. **Fidélité**). — *Par ext.* « *Cette loyauté de regard, qui ne cache rien de soi* » (R. ROLLAND). *La loyauté de sa conduite.* ◇ ANT. *Déloyauté, hypocrisie, perfidie, traîtrise.*

LOYER [lwaje]. *n. m.* (v. 1300; lat. *locarium* « prix d'un gîte », rac. *locare;* Cf. Louer). ♦ 1° *Dr.* Prix du louage de choses. V. **Bail, location.** *Loyer, prendre à loyer.* V. **Louer.** *Loyer d'une ferme.* V. **Fermage.** ◇ Spécialt. et cour. Prix de la location d'un local d'habitation. *Loyer élevé, gros loyer; petit loyer. Habitation à loyer modéré* (H.L.M.). — *Par ext.* Le moment où le loyer doit être payé. V. **Terme.** « *La blanchisseuse se trouvait en retard d'un jour sur son loyer* » (ZOLA). ♦ 2° Fin. *Le loyer de l'argent,* le taux de l'intérêt. ♦ 3° *Vx.* Prix du louage de services, d'ouvrage. V. **Salaire.** « *Toute peine, dit-on, est digne de loyer* » (LA FONT.). ◇ Fig. et littér. V. **Prix, salaire.** « *Un homme... qui, chargé du loyer de ses fautes* » (GOBINEAU).

LSD [ɛlɛsde]. *n. m.* (répandu v. 1966; de l'amér. *LSD,* de l'all., abrév. de *Lyserg Säure Diethylamid* « acide lysergique diéthylamide »). Substance hallucinogène tirée d'alcaloïdes présents dans l'ergot de seigle. V. **Lysergamide.**

Lu Symbole chimique du *lutécium**.

LU, LUE [ly]. *p. p.* de LIRE.

LUBIE [lybi]. *n. f.* (1636; p.-ê. lat. *lubere*, var. de *libere* « trouver bon »). Idée, envie capricieuse et parfois saugrenue, déraisonnable. V. **Caprice, fantaisie, folie.** *Il a des lubies, il lui prend des lubies. Il ne veut pas démordre de sa lubie. « Attribuant à des lubies mes apparents changements d'humeur »* (GIDE).

LUBRICITÉ [lybʀisite]. *n. f.* (XIVᵉ; lat. ecclés. *lubricitas*). V. **Lubrique**). Penchant effréné ou irrésistible pour la luxure, la sensualité brutale. V. **Impudicité.** *Se livrer à la lubricité.* V. **Débauche.** ◇ ANT. *Chasteté, pureté.*

LUBRIFIANT, ANTE [lybʀifjɑ̃, ɑ̃t]. *adj.* et *n. m.* (av. 1478; de *lubrifier*). ♦ 1° *Adj.* Qui lubrifie. *Liquide lubrifiant.* ♦ 2° *N. m.* (1907). Matière onctueuse, ayant la propriété de lubrifier (cire, graisses, huiles, vaselines, résidus de distillation, substances à structure lamellaire : graphite, mica, talc). *Viscosité d'un lubrifiant.*

LUBRIFICATION [lybʀifikasjɔ̃]. *n. f.* (1842; de *lubrifier*). Action de lubrifier. *Lubrification d'un organe de machine par huilage, graissage.*

LUBRIFIER [lybʀifje]. *v. tr.* (av. 1520; du lat. *lubricus* « glissant », et *-fier*). Rendre glissant à l'aide d'une matière onctueuse qui atténue le frottement, facilite le fonctionnement. ◇ Enduire (un mécanisme, ses organes) d'une matière lubrifiante. V. **Graisser, huiler, oindre.** *Lubrifier un moteur, les rouages d'une machine, l'axe d'une roue.*

LUBRIQUE [lybʀik]. *adj.* (1450; a remplacé *lubre*; lat. *lubricus* « glissant »). Qui a, qui manifeste un penchant brutal pour la luxure. V. **Luxurieux.** — *Par ext.* Qui est empreint de lubricité. *Amours lubriques.* V. **Bestial, charnel.** *« Des peintures lubriques qui feraient rougir des capitaines de dragons »* (GAUTIER). — Plais. *Un œil lubrique.* ◇ ANT. *Chaste, pur.*

LUBRIQUEMENT [lybʀikmɑ̃]. *adv.* (XIVᵉ; de *lubrique*). D'une manière lubrique.

LUCANE [lykan]. *n. m.* (1789; lat. *lucanus* « cerf-volant »). Insecte coléoptère dont le mâle se distingue par des mandibules fortes et ramifiées (dites cornes). — Grand cerf-volant (insecte).

LUCARNE [lykaʀn(ə)]. *n. f.* (XVᵉ; *luquarne*, déb. XIVᵉ; altér. de *lucanne* [XIIIᵉ], du frq. °*lukinna*, d'apr. l'a. fr. *luserne* « flambeau, lumière », lat. *lucerna* « lampe »). ♦ 1° Petite fenêtre, pratiquée dans le toit d'un bâtiment pour donner du jour à l'espace qui est sous le comble. V. **Faîtière.** *Lucarne ronde, ovale* (V. **Œil-de-bœuf**), *carrée. Lucarne à tabatière. Lucarne des combles, d'un grenier, d'une mansarde.* ♦ 2° Petite ouverture pratiquée dans un mur, une cloison, une paroi. *Lucarne d'une entrée. Lucarne grillée d'un cachot.*

1. LUCERNAIRE [lysɛʀnɛʀ]. *n. m.* (1721; du lat. *lucerna* « lampe »). Liturg. Première partie de la vigile, office que les premiers chrétiens célébraient, à la lueur des lampes, pendant la nuit du samedi au dimanche.

2. LUCERNAIRE [lysɛʀnɛʀ]. *n. f.* (1845; du lat. *lucerna* « lampe »). Zool. Variété de scyphoméduse* fixée par le sommet de son ombrelle et présentant l'aspect d'un entonnoir portant sur son bord huit tentacules courts terminés en touffes.

LUCIDE [lysid]. *adj.* (1488; lat. *lucidus* « clair, lumineux »). ♦ 1° *Vx.* Clair, lumineux. V. **Translucide.** *Le faite... découpe dans l'air lucide sa frise »* (CLAUDEL). ♦ 2° *Spécialt.* (1690). *Fou, dément qui a des intervalles, des moments lucides* : durant lesquels il retrouve sa raison. ♦ 3° (1802). Qui perçoit, comprend, exprime les choses avec clarté, perspicacité. *Esprit, intelligence lucide.* V. **Clair, clairvoyant, pénétrant, perspicace.** *Thiers « a cette clarté qui fait plaisir à l'esprit, il est lucide »* (STE-BEUVE). *Il est revenu de son évanouissement, mais il n'est pas encore entièrement lucide.* V. **Conscient** (Cf. Avoir toutes ses idées, toute sa tête). *Juger d'un œil lucide, sans passion. Raisonnement lucide.* V. **Net.** ◇ Clairvoyant sur lui-même, sur son propre comportement. ◇ ANT. *Fou, inconscient; aveugle.*

LUCIDEMENT [lysidmɑ̃]. *adv.* (fin XVᵉ; de *lucide*). D'une manière lucide, avec clarté. *« Un regard si lucidement jeté dans sa pensée »* (BALZ.). ◇ ANT. *Aveuglément.*

LUCIDITÉ [lysidite]. *n. f.* (1768; « éclat, gloire », 1480; de *lucide*). ♦ 1° Qualité d'une personne, d'un esprit lucide. V. **Acuité, clairvoyance, clarté, pénétration, perspicacité.** *Raisonner avec lucidité. Lucidité d'un observateur, d'un critique, d'un juge. Proust « analysait, avec une impitoyable lucidité, ce qu'on avait dit et ce qu'on avait tu »* (MAUROIS). *Lucidité de l'esprit, des idées. Analyse d'une grande lucidité.* ♦ 2° Fonctionnement normal des facultés intellectuelles. V. **Conscience.** *Moments, intervalles de lucidité d'un aliéné.* V. **Raison.** *« La confession d'un fou dans une lueur de lucidité »* (MART. du G.). ◇ ANT. *Aveuglement, démence, égarement, illusion, ivresse, passion.*

LUCIFÉRIEN, IENNE [lysifeʀjɛ̃, jɛn]. *adj.* et *n.* (XVIIᵉ-XVIIIᵉ; de *Lucifer*, nom du démon). Qui tient de Lucifer, du Démon. V. **Démoniaque, satanique.** *« Orgueil luciférien »* (ST-SIM.). *« Le romantisme avec sa révolte luciférienne »*

(CAMUS). ◇ Hist. *N.* Membre d'une secte accusée de rendre un culte au démon.

LUCIFUGE [lysifyʒ]. *adj.* et *n. m.* (1532; lat. *lucifugus*). Didact. Se dit d'animaux qui fuient la lumière. — *N. m.* Variété du termite.

LUCILIE [lysili]. *n. f.* (1854; nom de plante, 1839; lat. mod. *lucilia*, de *lux, lucis* « lumière »). Zool. Insecte diptère, appelé communément « mouche verte », « mouche dorée ».

LUCIMÈTRE [lysimɛtʀ(ə)]. *n. m.* (1771; du lat. *lux, lucis* « lumière », et *mètre*). Sc. Appareil de mesure du rayonnement lumineux reçu en un point en une journée.

LUCIOLE [lysjɔl]. *n. f.* (*Luccìole*, 1704; it. *lucciola*, de *luce* « lumière »). Insecte coléoptère, dont l'adulte est ailé et lumineux (parfois confondu avec le ver luisant ou lampyre).

LUCRATIF, IVE [lykʀatif, iv]. *adj.* (1265; lat. *lucrativus*). Qui procure un gain, des profits, des bénéfices. *Occupation lucrative; office, travail lucratif. Une bonne place, lucrative. Son travail « était peu lucratif, mais facile »* (DUHAM.). — Dr. *Association créée dans un but lucratif. Opération lucrative.* V. **Fructueux.** ◇ ANT. *Bénévole, désintéressé, gratuit.*

LUCRATIVEMENT [lykʀativmɑ̃]. *adv.* (1829; de *lucratif*). *Vx.* D'une manière lucrative, en étant payé.

LUCRE [lykʀ(ə)]. *n. m.* (XVᵉ; lat. *lucrum*). ♦ 1° *Vx.* Gain, profit (V. **Lucratif**). ♦ 2° Mod. et péj. *Le goût, l'amour, la passion du lucre. « L'appât du lucre »* (HUYSMANS).

LUDDISME [lydism(ə)]. *n. m.* (XXᵉ; angl. *luddism*, de *Lud*, nom d'un personnage qui, dans un accès de colère, aurait détruit des métiers à tisser). Hist. Destruction des machines industrielles, en Angleterre, par des ouvriers révoltés; attitude ou pratique similaire dans les débuts de l'industrialisation. ◇ HOM. *Ludisme.*

LUDION [lydjɔ̃]. *n. m.* (1787; lat. *ludio* « baladin, histrion »; de *ludere* « jouer »). Appareil formé d'une sphère creuse percée d'un trou à sa partie inférieure (et parfois lestée par une figurine) qui monte et descend dans un bocal fermé par une membrane, quand on y modifie la pression. ◇ Par métaph. *Être ballotté comme un ludion, être un ludion :* être le jouet des circonstances.

LUDIQUE [lydik]. *adj.* (1939; du lat. *ludus* « jeu »). Didact. Relatif au jeu. *Activité ludique des enfants.* ◇ (1910). Philo., Sciences humaines. Relatif au jeu en tant qu'élément du comportement humain. *L'attitude ludique. « Fonctions ludiques de l'État »* (BOUTHOUL). — Subst. *Le ludique :* l'activité, le comportement du jeu. *« Le ludique, activité libre par excellence »* (CAILLOIS). V. **Ludisme.**

LUDISME [lydism(ə)]. *n. m.* (XXᵉ; du lat. *ludus* « jeu »). Didact. Activité ludique. *Le ludisme et l'équilibre vital.* V. **Ludique**, et *hom.* Luddisme.

LUÉTINE [lyetin]. *n. f.* (1913; de *lues* [*venerea*] « infection [vénérienne] », de *lues* « peste »). Didact. Substance extraite de cultures pures du tréponème pâle (*Treponema pallidum*), agent de la syphilis. *Luétine-réaction, ou réaction de Noguchi, destinée à révéler la syphilis.*

LUETTE [lyɛt]. *n. f.* (v. 1300; pour °*l'uette*, d'un dimin. lat. pop. de *uva* « grappe de raisin »). Saillie médiane charnue, allongée, au bord postérieur du voile du palais, qui contribue à la fermeture de la partie nasale du pharynx lors de la déglutition (*Syn.* **Uvule**). *Relatif à la luette.* V. **Staphylin.**

LUEUR [lyœʀ]. *n. f.* (XIIIᵉ; *luur*, XIIᵉ; lat. pop. °*lucoris*, de *lucere* « luire »). ♦ 1° Lumière faible, diffuse (V. **Clarté**) ou encore brusque, éphémère. *Lueur blafarde, tremblante, vacillante. « Les lueurs pâles des bougies »* (BALZ.). *Les premières lueurs du jour, de l'aube. Lueur crépusculaire. À la lueur d'une bougie, d'un feu. Lueur brusque, violente. Lueur des éclairs. « Une très vive lueur blanche émanant sans doute d'un vaste incendie »* (GIDE). ♦ 2° Expression vive et momentanée (du regard). *Lueur de la prunelle, des yeux. « Une lueur malicieuse du regard »* (MART. du G.). *Avoir une lueur de colère dans les yeux.* V. **Éclair, éclat, flamme.** ♦ 3° Fig. Illumination soudaine, faible ou passagère; légère apparence ou trace. *Lueur du souvenir.* V. **Trace. Lueur de raison.** V. **Éclair, étincelle.** *« Trouver une joie imprévue dans la plus faible lueur d'espérance »* (MUSS.). V. **Rayon.**

LUFFA [lyfa]. *n. m.* (1708; lat. sav., de l'arabe d'Égypte). Courge d'Afrique et d'Asie, dont la pulpe sillonnée de fibres coriaces donne, séchée, l'éponge végétale.

LUGE [lyʒ]. *n. f.* (fin XIXᵉ; mot région. (Savoie, Suisse), du gaul.; Cf. bas lat. *Sludia*, IXᵉ). Petit traîneau à patins relevés à l'avant. *Faire une glissade, une descente en luge.* — Le sport de la luge. *Faire de la luge.* V. **Bobsleigh, traîneau.**

LUGER [lyʒe]. *v. intr.*; conjug. *bouger* (1906; de *luge*). Faire de la luge.

LUGEUR, EUSE [lyʒœʀ, øz]. *n.* (1907; de *luge*). Personne qui fait de la luge.

LUGUBRE [lygybʀ(ə)]. *adj.* (v. 1300; lat. *lugubris*, de *lugere* « être en deuil »). ♦ 1° *Littér.* Qui est signe de deuil, de mort. V. **Funèbre, macabre.** *Glas lugubre.* ♦ 2° *Cour.* Qui marque ou inspire une profonde tristesse, un sombre accablement. V. **Funeste; funèbre, sinistre, triste.** *« Cette*

maison lugubre, aussi noire, aussi silencieuse et plus vide qu'une tombe » (HUGO). *Air, ton lugubre; mine lugubre.* V. **Chagrin.**
« *Ô flots, que vous savez de lugubres histoires!* » (HUGO). — *Il est lugubre* : d'une tristesse accablante. ◊ ANT. *Gai.*

LUGUBREMENT [lygybRəmɑ̃]. *adv.* (1606; de *lugubre*). D'une manière lugubre. V. **Sinistrement, tristement.** ◊ ANT. *Gaiement.*

LUI [lɥi]. *pron. pers.* (XIᵉ; lat. pop. *illui*, lat. class. *illi*, datif de *ille*). Pronom personnel de la troisième personne du singulier.
I. Pronom personnel des deux genres, représentant un nom de personne ou d'animal (*plur.* V. **Leur**). ♦ 1° (Énonçant les rapports de destination, d'attribution, d'appartenance, d'intérêt qu'exprime normalement la préposition *à*). *Il lui dit, elle lui parle. Il le lui a dit. Nous lui en avons parlé.* ◊ Complément « d'attribution » d'un verbe de perception ou de jugement. *On lui voit beaucoup d'ennemis*, on voit qu'il a beaucoup d'ennemis, « *Je lui crois bon esprit* » (ROMAINS). ◊ Complément d'un adjectif attribut, construit avec *être* ou un verbe similaire, ou complément de destination du verbe lui-même : *Il lui est très facile de venir*, c'est très facile *pour lui de venir.* « *Ce lui était une torture de travailler* » (R. ROLLAND). ◊ Faisant fonction de possessif, devant un nom désignant une partie du corps, un élément de la vie mentale ou affective (affection, émotion). *Je lui ai serré la main. Elle lui sauta au cou.* « *Elle lui riait dans le visage* » (ZOLA). « *Ses paroles lui déchiraient le cœur* » (R. ROLLAND). « *L'envie lui a pris de faire le moissonneur* » (ROMAINS). ♦ 2° LUI, objet d'un verbe principal et sujet d'un infinitif ayant lui-même un complément d'objet direct ou (plus rarement) indirect. *Faites-lui* ou *faites-le recommencer ce travail. Je le lui ferai recommencer.* « *L'aspect buté de l'enfant lui fit aussitôt changer de manière* » (MART. du G.). *Je lui ai laissé lire cette lettre. Je lui ai entendu dire cela.*
II. Pronom personnel masculin (V. **Elle**, *fém.; eux, plur.*). ♦ 1° Sujet. « *Lui, machinalement, retournait vers la batteuse* » (ZOLA). « *Lui, homme de peu de foi, repoussa ces conseils* » (STENDHAL). « *Vous ne l'aimez peut-être pas, mais lui vous aime* » (MAUROIS). *Lui aussi voudrait la connaître. Lui non plus n'y a rien compris.* — (Sujet d'un v. au p. p. ou d'une propos. elliptique) « *Lui arrivé, elle eut des accès d'impatience contre lui* » (STENDHAL). — « *Qu'est-ce qu'il a fait?* — *Lui, rien. Sa femme tout* » (FRANCE). *Elle est moins raisonnable que lui.* ♦ 2° (En apposition au sujet). « *Il la reconduisait, elle devant, lui derrière, elle pleurant, lui criant* » (MAUPASS.). ♦ 3° *C'est, c'était lui qui. C'est lui qui sera content de vous voir!* ♦ 4° (Attribut). « *Dans sa création le poète tressaille; Il est elle, elle est lui* » (HUGO). ♦ 5° (Objet direct). *Je ne veux voir que lui. Elle n'aimait ni lui ni ses amis.* « *L'abandon où je les avais laissés, lui et sa mère* » (MAURIAC).
III. Avec une préposition (V. **Elle**, *fém.; eux, plur.*). ♦ 1° À LUI : régime indirect des verbes énonçant le mouvement (*aller, arriver, courir*), la pensée (*penser, rêver, songer*), et des transitifs indirects tels que *renoncer. Vous pensez encore à lui? Dieu l'a rappelée à Lui.* — Régime indirect d'un verbe quand un autre pronom personnel est complément d'objet. *Voulez-vous me présenter à lui? On ne peut pas se fier à lui.* — Après *c'est. C'est gentil à lui de m'avoir écrit. C'est à lui de faire le nécessaire.* Ellipt. « *À lui de s'arranger* » (DAUD.). — Après un terme de même fonction. *Ne dites rien à sa femme ni à lui.* — Après un substantif (possession, appartenance) *Il a une allure bien à lui,* qui lui appartient en propre. *Des idées à lui. Un ami à lui,* un de ses amis. « *Ils sont de vieux compagnons à lui* » (ROMAINS). ◊ Dans le tour à valeur d'apposition. À LUI SEUL, À LUI TOUT SEUL. *Il n'y arrivera jamais à lui tout seul,* sans se faire aider. ♦ 2° DE LUI, EN LUI, PAR LUI, etc. *J'ai plaisir à parler de lui. J'ai confiance en lui. Pour lui. Avec lui, chez lui.* « *Si l'amour est un bien, il faut croire en lui* » (MUSS.), il faut y croire. ♦ 3° *Littér.* Devant un participe passé sans auxiliaire. *Un livre à lui dédié, un secret par lui soupçonné.* — Devant un adjectif : « *Pour des raisons à lui sans doute particulières* » (H. de RÉGNIER).
IV. LUI, employé comme réfléchi, au lieu de *soi*, pour représenter un sujet masculin. *Un homme content de lui. Il regarda autour de lui. Il me montra le carnet qu'il avait sur lui* » (GIDE). « *C'est tout un monde que chacun porte en lui!* » (MUSS.).
V. **LUI-MÊME** [lɥimɛm]. ♦ 1° (Non réfléchi). *Lui-même n'en sait rien.* ♦ 2° (Réfléchi). V. **Soi-même.** *La bonne opinion qu'il a de lui-même. Il est en contradiction avec lui-même.* « *Tel qu'en Lui-même enfin l'éternité le change* » (MALLARMÉ). — Loc. *De lui-même, de son chef. Il a agi de lui-même, tout seul.* — *En lui-même, par lui-même,* de par sa propre nature. *Qu'il vienne ici pour voir un peu par lui-même,* personnellement. — Renforçant le réfléchi SE. *Il se prend lui-même à son jeu. Il s'impose à lui-même une règle de conduite.*
◊ HOM. Formes du v. Luire.

LUIRE [lɥiR]. *v. intr.*; conjug. *conduire*, sauf au p. p. *lui*, pas de p. p. fém.; passé simple et imparf. du subj. inus.

(1080; a. fr. *luisir;* lat. *lucere*). ♦ 1° Émettre ou refléter de la lumière. V. **Briller, éclairer, reluire.** *L'aurore, le jour, le soleil luit. Rayon, reflet qui luit.* — *Yeux, prunelles, regards qui luisent de colère, d'envie.* — *Luire au soleil* : refléter sa lumière. V. **Luisant.** « *Les vieux meubles luisaient d'un poli merveilleux* » (NERVAL). ♦ 2° *Par métaph.* Apparaître, se manifester, comme une lueur apparaît aux yeux. « *L'espoir luit comme un brin de paille dans l'étable* » (VERLAINE). ◊ ANT. *Effacer (s'), pâlir.*

LUISANCE [lɥizɑ̃s]. *n. f.* (XVᵉ; repris 1848; de *luisant*). *Littér.* et rare. Caractère de ce qui luit. « *Ses cheveux ont une luisance légère* » (MONTHERLANT).

LUISANT, ANTE [lɥizɑ̃, ɑ̃t]. *adj.* et *n. m.* (1080; p. prés. de *luire.* V. **Luire**). ♦ 1° *Vx.* Qui luit, émet de la lumière. V. **Phosphorescent.** — *Mod.* VER LUISANT : lampyre. ♦ 2° Qui réfléchit la lumière, qui a des reflets. V. **Brillant, clair.** *Métal luisant, armes luisantes.* V. **Étincelant, poli.** « *Des meubles luisants, Polis par les ans* » (BAUDEL.). *Tache luisante et grasse. Vêtements luisants d'usure.* V. **Lustré.** ♦ 3° LUISANT. *n. m.* Qualité de ce qui est luisant. *Le luisant d'une étoffe, du satin.* « *Un vert profond qui a prit tout luisant* » (ROMAINS). ◊ ANT. *Obscur, sombre; mat, terne.*

LULU [lyly]. *n. m.* (1775; onomat.). Alouette des bois, mauviette.

LUMACHELLE [lymaʃɛl]. *n. f.* (1765; it. *lumachella*, de *lumaca* « limaçon »). *Minér., Techn.* Sorte de marbre contenant de nombreux débris de coquilles fossiles.

LUMBAGO ou **LOMBAGO** [lɔ̃bago]. *n. m.* (1756; mot bas lat., de *lumbus.* V. **Lombe**). Douleur des lombes, et *spécialt.* Affection douloureuse de la région lombaire apparaissant brusquement à la suite d'un effort et provoquée le plus souvent par une hernie de disque intervertébral (*fam.* tour de reins).

LUMEN [lymɛn]. *n. m.* (1922; mot lat. « lumière »). *Phys.* Unité de flux lumineux, correspondant au flux émis dans un stéradian par une source ponctuelle uniforme située au sommet de l'angle solide et ayant une intensité de 1 candela. — *Symb. lm.*

LUMIÈRE [lymjɛR]. *n. f.* (1080, au sens III; lat. *luminaria* « flambeau », en lat. ecclés. « lumière » de *lumen, luminis* « lumière »).
I. (XIIᵉ). ⓐ *Cour.* Agent physique capable d'impressionner l'œil, de rendre les choses visibles. ♦ 1° Ce par quoi les choses sont éclairées. V. **Clarté.** *Émettre, répandre de la lumière. Source de lumière.* « *La lumière, répartie sur tous les objets, les éclairait avec une extrême netteté* » (FRANCE). V. **Éclairage.** *Flots, torrents de lumière.* « *Un rais (sic) de lumière peut filtrer* » (ROMAINS). *Lumière intense, vive.* V. **Éclat.** « *Trop de lumière éblouit* » (PASC.). *Lumière diffuse, indécise.* V. **Lueur, reflet.** — *Lumière du soleil, du jour.* « *Une fenêtre qui laissait entrer plus d'air que de lumière* » (FRANCE). — *Astron. Lumière cendrée,* reflet du clair de Terre sur la Lune, vu de la Terre. *Lumière artificielle, électrique. Lumière d'une lampe, d'un phare.* ♦ 2° *Absolt.* Lumière du jour. *Poét. Ouvrir les yeux à la lumière,* naître. ◊ *Lumière artificielle. Donner de la lumière,* allumer. *Éteindre la lumière.* ♦ 3° (XIIᵉ, « lampe »). Source de lumière, point lumineux. *Les lumières de la ville.* « *À l'extrémité du souterrain... il aperçut une lumière* » (HUGO). *Travailler aux lumières.* ♦ 4° Représentation picturale de la lumière, éclairage. *Contraste de lumière et d'ombre. Touche de lumière. Effet de lumière.* ♦ 5° *Loc.* (trad. esp.) *Habit de lumière,* le costume, brodé de fils brillants, du torero qui a reçu l'alternative. ⓑ (XIXᵉ). *Sc.* Radiations* visibles ou invisibles émises par les corps incandescents ou luminescents (V. **Photo-**). *Théories* (corpusculaire, ondulatoire, électromagnétique, quantique) *sur la nature de la lumière. Quantité, intensité, unités de lumière.* V. **Candela, lumen, lux, phot, photon.** *Lumière cohérente*. *Lumière et couleurs. Lumière blanche,* on peut décomposer en un spectre continu. *Lumière noire* ou *lumière de Wood,* radiations ultraviolettes excitant la fluorescence. — *Vitesse de la lumière. Année de lumière.* V. **Année-lumière.** *Diffraction, polarisation, réflexion, réfraction de la lumière.*
II. *Fig.* (XIIᵉ). ♦ 1° Ce qui éclaire, illumine l'esprit. « *Pour obscurcir les lumières de sa raison* » (ROUSS.). *Lumière naturelle, révélée.* « *Cette mélancolie qui enveloppe l'âme et lui cache la lumière de Dieu* » (FRANCE). *Les lumières de la foi.* *Absolt. La Lumière,* Dieu, la Vérité, le Bien. *Les esprits de lumière,* les anges. ♦ 2° Ce qui rend clair, fournit une explication. V. **Clarté, éclaircissement.** *L'auteur jette une lumière nouvelle sur la question.* « *Ce fut là pour moi un trait de lumière* » (RENAN). *Faire la lumière, toute la lumière,* toutes les révélations et explications nécessaires. *N'apporter aucune lumière. À la lumière des événements.* ♦ 3° État de ce qui est visible, évident pour tous. V. **Évidence, jour** (grand). *Mettre en lumière, en pleine lumière,* éclairer, signaler. ♦ 4° *Vieilli.* Connaissance. « *Vous en acquerrez quelque petite lumière* » (BOSS.). — LES LUMIÈRES : la capacité intellectuelle naturelle, l'intelligence; ou les connaissances acquises, le

savoir. « *Les hommes se conduisaient par leurs lumières plutôt que par leurs passions* » (Rouss.). *Aidez-moi de vos lumières. Le Siècle des lumières*, le XVIIIᵉ siècle. « *La progression des lumières* » (Chateaub.). ♦ 5° Homme de grande intelligence, de grande valeur. V. **Flambeau, phare, sommité.** « *L'une des lumières du Conseil d'État* » (Balz.). Fam. *Ce n'est pas une lumière*, il n'est pas très intelligent.
III. *Par ext.* (1080, « embouchure du cor »). *Techn.* Ouverture pratiquée dans un instrument, un outil, une machine. V. **Jour, orifice.** *Lumière du canon des anciens fusils. Lumières d'admission, d'échappement*, dans un moteur à explosion. *Lumières des tiroirs d'une machine à vapeur*, par lesquelles se font l'entrée et la sortie de la vapeur. *Lumière d'un instrument à pinnule*, petit trou pour la visée.
◇ ANT. *Obscurité, ombre. Aveuglement, erreur.*

LUMIGNON [lymiɲɔ̃]. *n. m.* (XVIᵉ; *limignon*, XIIIᵉ; lat. *ellychnium*, gr. *ellukhnion*, avec infl. de *lumen* « lumière »). ♦ 1° *Vieilli.* Bout de la mèche d'une bougie ou d'une lampe allumée; bougie, chandelle près d'être consumée. « *Un rouge lumignon dans les losanges vitrés d'une lanterne* » (A. Bertrand). ♦ 2° *Mod.* Lampe qui éclaire faiblement. « *Un de ces lumignons que l'on nomme lampes-tempêtes* » (Duham.).

LUMINAIRE [lyminɛʀ]. *n. m.* (1175; lat. chrét. *luminare* « lampe, astre »). ♦ 1° Ensemble des sources d'éclairage et des décorations lumineuses utilisés dans une église, à l'occasion d'une cérémonie religieuse; cierge, lampe appartenant à cet ensemble. « *Les luminaires de chaque autel étaient allumés* » (Balz.). ♦ 2° (XXᵉ). *Cour.* Appareil d'éclairage permettant une bonne utilisation de la lumière (notamment en supprimant l'éblouissement). — *Fam.* Tout appareil d'éclairage.

LUMINANCE [lyminɑ̃s]. *n. f.* (1948; du rad. de *lumineux*). *Phys.* Quotient de l'intensité lumineuse d'une surface par l'aire apparente de cette surface pour un observateur lointain.

LUMINESCENCE [lyminesɑ̃s]. *n. f.* (1899; du lat. *lumen, -inis* « lumière », d'apr. *phosphorescence*). *Phys.* Émission de lumière par un corps non incandescent, déterminée par une radiation lumineuse excitatrice (*photoluminescence*), un courant électrique (*électroluminescence*), la radioactivité (*radioluminescence*), une réaction chimique (*chimiluminescence*). V. **Fluorescence, phosphorescence.**

LUMINESCENT, ENTE [lyminesɑ̃, ɑ̃t]. *adj.* (1904; de *luminescence*). *Phys. et cour.* Où se produit le phénomène de la luminescence. V. **Fluorescent, phosphorescent.** *Tubes luminescents servant à l'éclairage.*

LUMINEUSEMENT [lyminøzmɑ̃]. *adv.* (1470; de *lumineux*). D'une manière lumineuse, parfaitement claire. — *Fig. Il nous l'a expliqué lumineusement.*

LUMINEUX, EUSE [lyminø, øz]. *adj.* (1265; lat. *luminosus*, de *lumen*. V. **Lumière**). ♦ 1° Qui émet ou réfléchit la lumière. *Corps, point lumineux.* V. **Brillant, éclatant, étincelant.** *Source lumineuse.* « *Dans une ruelle, l'enseigne lumineuse flambait* » (Aragon). *Cadran lumineux d'une montre. Fontaine lumineuse*, dont le jet est éclairé. — *Par ext.* Clair, radieux. *Teint, regard lumineux. Un vert* « *d'un ton clair..., lumineux* » (Sarraute). ♦ 2° De la nature de la lumière (visible). *Rayon lumineux. Ondes lumineuses.* « *Des faisceaux lumineux balayaient la voûte nocturne* » (Mart. du G.). *Énergie lumineuse* (V. **Photon**). *Impression lumineuse*, produite par la lumière. ♦ 3° *Fig.* Qui a beaucoup de clarté, de lucidité. *Intelligence lumineuse.* V. **Lucide.** — Qui est d'une parfaite clarté, d'une vérité frappante. « *Ce raisonnement parut si fort, si lumineux* » (P.-L. Cour.). — *Fam. C'est une idée lumineuse*, une idée excellente, de génie.
◇ ANT. *Obscur.*

LUMINISTE [lyminist(ə)]. *n.* (1877; Cf. *Luminariste*, 1922; du lat. *lumen, -inis*). *Arts.* Peintre spécialiste des effets de lumière. (On emploie aussi **Luminisme**, *n. m.*).

LUMINOPHORE [lyminɔfɔʀ]. *n. m.* (XXᵉ; du lat. *lumen, -inis* « lumière » et *-phore*). *Techn.* Substance luminescente constituant l'écran des systèmes d'examen aux rayons X et de divers tubes cathodiques. Recomm. offic. pour *phosphor*.

LUMINOSITÉ [lyminozite]. *n. f.* (XVᵉ; lat. médiév. *luminositas*). ♦ 1° Qualité de ce qui est lumineux, brillant. « *L'extraordinaire luminosité du ciel* » (Gide). — « *La luminosité de son regard d'apôtre* » (Mart. du G.). V. **Éclat.** ♦ 2° *Sc.* Puissance lumineuse. *Masse et luminosité des étoiles.*
◇ ANT. *Obscurité.*

LUMITYPE [lymitip]. *n. f.* (*Néol.*, marque déposée; du rad. de *lumière*, et *-type*, d'apr. *linotype*). *Imprim.* Machine à composer photographique, livrant des films de textes mis en pages.

LUMP [lœp]. *n. m.* (1776; aussi *lompe*, fin XVIIIᵉ; de l'angl. *lump* ou *lumpfish*, orig. danoise). Nom courant du poisson nordique *Cyclopterus lumpus*, connu en France pour ses œufs. *Œufs de lump*, œufs noirs de ce poisson, présentés comme l'est le caviar.

1. **LUNAIRE** [lynɛʀ]. *adj.* (XIIIᵉ; lat. *lunaris*). ♦ 1° Qui appartient ou a rapport à la Lune. V. **Sélénite.** *Disque, clarté lunaire.* *Le sol lunaire. Cirque lunaire.* *Astron. Année lunaire :* composée de douze ou treize *mois lunaires* (ou *lunaisons*). *Cycle lunaire.* ♦ 2° *Par ext.* Qui semble appartenir à la Lune, évoque la Lune. *Paysage lunaire.* « *Des teintes livides de monde lunaire* » (Daud.). — « *Face lunaire* » (Balz.), blafarde ou ronde. ♦ 3° *Fig. et littér.* Qui a qqch. de chimérique (Cf. *Dans la lune*). « *Rêveur lunaire* » (Verlaine). « *Cœur lunaire* » (Lafargue).

2. **LUNAIRE** [lynɛʀ]. *n. f.* (1542; lat. alch. et bot. *lunaria*, de *luna* « lune »). Plante ornementale (*Crucifères*) à grandes fleurs pourpres, à fruits en disques blancs argentés (d'où son nom), dont une variété est appelée *monnaie du pape*.

LUNAISON [lynɛzɔ̃]. *n. f.* (1119; var. *lunation*, 1666; bas lat. *lunatio*). Mois lunaire, intervalle de temps compris entre deux nouvelles lunes consécutives.

LUNATIQUE [lynatik]. *adj. et n.* (1277; bas lat. *lunaticus*). ♦ 1° *Vx.* Soumis aux influences de la lune et, de ce fait, atteint de folie périodique. — *N.* « *Les lunatiques existent* » (Huysmans). ♦ 2° (1611). *Mod.* Qui a l'humeur changeante, déconcertante. V. **Capricieux, fantasque, versatile.** « *Un type enthousiaste, lunatique, extravagant* » (Mart. du G.). — *Une humeur, une conduite un peu lunatique.*

LUNCH [lœntʃ; lœʃ]. *n. m.* (1820; mot angl.). Repas léger que l'on sert devant un buffet, à la place d'un déjeuner. *Lunch de mariage.*

LUNCHER [lœʃe]. *v. intr.* (1856; de *lunch*). *Rare.* Faire un lunch.

LUNDI [lœdi]. *n. m.* (XIIᵉ; var. *lunsdi*, 1119; lat. pop. °*lunis* [class. *lunæ*] *dies* « jour de la lune »). Jour de la semaine qui vient après le dimanche. *Le lundi de Pâques, de Pentecôte*, le lendemain de ces fêtes. *Lundi saint*, de la semaine sainte. *Les Contes du lundi*, de Daudet. *Les Causeries du lundi*, de Sainte-Beuve.

LUNE [lyn]. *n. f.* (1080; lat. *luna*).
I. ♦ 1° Satellite de la Terre, recevant sa lumière du Soleil; son aspect vu d'un point de la Terre. *Le disque de la lune. Pleine lune, nouvelle lune. Croissant de (la) lune. Le clair de lune. Au clair de lune. Nuit sans lune*, sans clair de lune. — « *Visage en pleine lune* » (Courteline), tout rond. *Loc. fig. Être dans la lune*, très distrait, hors de la réalité. « *Avec son air de toujours tomber de la lune* » (Dorgelès). *Demander, promettre la lune*, l'impossible. *Aboyer à la lune.* — *Astron. et cour.* (L majuscule) *Premier, dernier quartier de la Lune. Lune dichotome*. Déclin, décours de la Lune. Révolution synodique de la Lune. Action de la Lune sur les marées. Éclipses de (la) Lune. — Envoyer un engin sur la Lune. Atterrir sur la Lune.* V. **Alunir.** *Paysages de la Lune* (V. **Lunaire, sélénite**). — *Étude de la Lune.* V. **Sélénologie.** ♦ 2° *Par anal.* (*Vieilli*). Satellite d'une planète. *Les lunes de Saturne.* ♦ 3° *Vx.* Mois lunaire. V. **Lunaison.** « *Il perdit encore trois lunes à équiper les éléphants* » (Flaub.). — *Mod. Lune rousse*.* ◇ *Loc. fig.* (Vieilli) *Être dans une bonne, une mauvaise lune*, bien, mal luné. — *Mod. Vieilles lunes*, temps passé, époques révolues. *Lune de miel* (d'après angl. *honeymoon*), les premiers temps du mariage, d'amour heureux et de bonne entente.
II. *Par anal.* ♦ 1° *Lune de mer*, ou *poisson lune*, mole. ♦ 2° *Lune d'eau*, nénuphar blanc, nymphéa. ♦ 3° *Pop.* Gros visage joufflu. ◇ *Derrière.*

LUNÉ, ÉE [lyne]. *adj.* (1867; en forme de croissant », 1579; de *lune*, par allus. à la prétendue infl. de la lune). *Bien, mal luné*, dans une disposition d'esprit bonne, mauvaise. « *Quand il est bien luné, il m'appelle* « *mon petit ami* » » (Duham.). *Il est mal luné aujourd'hui :* de très mauvaise humeur.

LUNETIER, IÈRE [lyntje, jɛʀ]. *n.* (1508; de *lunette*). Fabricant, marchand de lunettes. V. **Opticien.** ◇ *Adj.* (déb. XXᵉ) *Industrie lunetière.* On dit *aussi* **Lunettier** [lynetje].

LUNETTE [lynɛt]. *n. f.* (1200, « ornement rond »; dimin. de *lune*).
I. Ouverture, objet circulaire. ♦ 1° Ouverture ronde. ◇ (1676) Ouverture du siège d'aisances; ce siège. *La lunette des cabinets.* ◇ Ouverture ronde de la guillotine. ◇ *Mar. Lunette d'étambot.* ♦ 2° Fenêtre ronde. — (XXᵉ) Vitre arrière d'une automobile. *La lunette arrière.* ♦ 3° *Archit.* Ouverture formée par la pénétration d'une voûte dans une autre. ♦ 4° (1680). Pièce ronde. *Lunette de boîtier de montre.*
II. ♦ 1° (1398; « glace d'un miroir circulaire », 1280). *Cour.* **Lunettes** : paire de verres enchâssés dans une monture, posée devant les yeux et tenant par des branches (bride, de lorgnon), servant à corriger ou à protéger la vue. V. **Besicles, conserve(s).** *Porter, mettre des lunettes. Un monsieur à lunettes :* qui porte des lunettes. *Lunettes à monture d'écaille; elliptique. Lunettes d'écaille. Lunettes noires*, à verres noirs, teintés. *Lunettes de soleil. Lunettes de protection* (pour mécaniciens, soudeurs, motocyclistes). *Lunettes de plongée.* — *Fam. et fig. Mettez vos lunettes*, regardez mieux. ◇ *Serpent*

à lunettes (au capuchon orné d'une double tache circulaire), naja. ♦ 2° (1637). LUNETTE : instrument d'optique composé d'une ou plusieurs lentilles, servant à augmenter le diamètre apparent des objets ou à rendre la vue plus distincte. *Système optique d'une lunette* (collimateur, objectif, oculaire, œilleton, réticule). *Champ d'une lunette. Lunette d'approche.* V. **Jumelles, longue-vue, lorgnette.** *Lunette astronomique et télescope.*

LUNETTÉ, ÉE [lynete]. *adj.* (xxᵉ; de *lunette*). *Fam.* Porteur de lunettes; à lunettes (surtout dans : *lunette de...*). « *Il passait, glabre et lunetté d'écailles* » (AYMÉ).

LUNETTERIE [lynɛtʀi]. *n. f.* (1873; de *lunetier*). Métier, commerce du lunetier.

LUNI-SOLAIRE [lynisɔlɛʀ]. *adj.* (1732; du rad. de *lune*, et *solaire*). *Astron.* Qui a rapport à la fois à la Lune et au Soleil. *Année luni-solaire. Attraction luni-solaire. Précession luni-solaire.*

LUNULE [lynyl]. *n. f.* (1694; lat. *lunula* « croissant », dimin. de *luna* « lune »). ♦ 1° *Géom.* Figure plane en forme de croissant. *Quadrature de la lunule.* ♦ 2° (1867). Partie blanchâtre, en demi-lune, située à la base de l'ongle, près de sa racine. ♦ 3° (1867). *Liturg.* Petite boîte de verre en forme de croissant soutenant l'hostie au centre de l'ostensoir.

LUNURE [lynyʀ]. *n. f.* (1842; de *lune*). *Techn.* Défaut du bois se présentant sous la forme d'un cercle ou d'un croissant d'une couleur différente de celle du bois environnant.

LUPANAR [lypanaʀ]. *n. m.* (1532; mot lat.). *Littér.* Maison de prostitution.

LUPERCALES [lypɛʀkal]. *n. f. pl.* (xviᵉ; lat. *lupercalia*). *Antiq.* À Rome, Fête annuelle en l'honneur de *Lupercus* « le dieu loup », dieu de la fécondité.

LUPIN [lypɛ̃]. *n. m.* (xiiiᵉ; lat. *lupinus*). Plante herbacée *(Papilionacées)*, dont différentes espèces sont cultivées comme fourrage, engrais vert ou plantes ornementales. « *Des lupins bleus s'élevaient en colonnettes minces* » (ZOLA).

LUPULIN [lypylɛ̃]. *n. m.* (1867; *lupuline*, 1845; du lat. bot. *lupulus*, de *lupus* au sens de « houblon »). *Techn.* Poussière résineuse jaunâtre, amère et aromatique produite par les cônes du houblon, employée dans la fabrication de la bière.

LUPULINE [lypylin]. *n. f.* (1789; du lat. bot. *lupulus*. V. **Lupulin**). ♦ 1° Variété de luzerne à fleurs jaunes communément appelée *minette*. *Le lièvre « cabriole parmi les jaunes lupulines* » (PERGAUD). ♦ 2° (1845). *Techn.* Alcaloïde extrait du lupulin, qui rend la bière amère et assure sa conservation.

LUPUS [lypys]. *n. m.* (av. 1478, repris 1828; mot lat. méd., d'apr. *loup* « ulcère »). *Méd.* ♦ 1° *Vx.* Maladie cutanée chronique à tendance envahissante et ulcérative. ♦ 2° *Mod. Lupus vulgaire* : maladie cutanée due au bacille tuberculeux, caractérisée par des nodules qui ont tendance à se remplir, à s'ulcérer et à laisser des cicatrices atrophiques. — *Par ext.* Affection de la peau d'origine non tuberculeuse, dont les lésions ressemblent à celles du lupus tuberculeux. *Lupus érythémateux.*

LURETTE [lyʀɛt]. *n. f.* (1877; déform. de *il y a belle heurette*, express. dial., de *heurette*, dimin. de *heure*). *Loc. fam.* IL Y A BELLE LURETTE, il y a bien longtemps.

LURON, ONNE [lyʀɔ̃, ɔn]. *n.* (xvᵉ, masc. ; rad. onomat. *lur-*; Cf. Les refrains pop. *lure, lurette, turelure*). *Veilli.* Gaillard décidé et énergique. — *Mod. Joyeux, gai, luron,* bon vivant, insouciant et toujours prêt à s'amuser. V. **Compère, drille.** — « *Une commère comme cette luronne-là* » (BALZ.).

LUSIN ou **LUZIN** [lyzɛ̃]. *n. m.* (1732,-1678; pour *l'husin*, néerl. *huising*). *Mar.* Petit cordage de deux fils de caret entrelacés.

LUSITANIEN, IENNE [lyzitanjɛ̃, ɛn]. *adj.* et *n.* (xviiiᵉ; du lat. *Lusitania*, le Portugal). ♦ 1° *Antiq.* Relatif à la Lusitanie. *Subst.* Les *Lusitaniens,* ou *Lusitains* [lyzitɛ̃], peuple ibérique soumis par les Romains. ♦ 2° (1885). *Géol. N. m.* Étage du jurassique. *Adj.* Qui appartient, est relatif à cet étage.

LUSTRAGE [lystʀaʒ]. *n. m.* (1670; de *lustrer*). Action ou manière de lustrer. *Lustrage des étoffes,* opération d'apprêt (calandrage, glaçage). *Lustrage des fourrures, du feutre. Lustrage des glaces.*

LUSTRAL, ALE, AUX [lystʀal, o]. *adj.* (1355; lat. *lustralis,* de *lustrum.* V. **Lustre** 1). *Littér.* Qui sert à purifier. *L'eau lustrale du baptême.*

LUSTRATION [lystʀasjɔ̃]. *n. f.* (1355; lat. *lustratio,* de *lustrum.* V. **Lustre** 1). *Didact.* ou *littér.* Purification rituelle. *Lustration des nouveau-nés à Rome.* — *Liturg.* Aspersion.

1. LUSTRE [lystʀ(ə)]. *n. m.* (1611; « sacrifice », 1355; lat. *lustrum* « cérémonie purificatrice célébrée tous les cinq ans »). *Littér.* Cinq années. « *Mes douze lustres* » (ROUSS.), mes soixante ans. *Par ext.* « *Depuis des lustres* » (COLETTE), depuis longtemps.

2. LUSTRE [lystʀ(ə)]. *n. m.* (1489; it. *lustro*). ♦ 1° Éclat naturel ou artificiel d'un objet brillant ou poli. « *Le jais, l'ébène n'approchent pas de ce lustre miroitant* » (GAUTIER).

♦ 2° *Techn.* Enduit, apprêt pour lustrer les étoffes (V. **Cati**), les peaux; émail irisé de poterie. ♦ 3° *Fig.* Éclat qui rehausse, met en valeur. V. **Éclat, relief.** « *Anne redonna un lustre à l'hôtel d'Orgel* » (RADIGUET). « *Dépouillons l'écrivain du lustre que lui conserve encore la tradition* » (VALÉRY). ♦ 4° (1668). *Plus cour.* Appareil d'éclairage comportant plusieurs lampes, qu'on suspend au plafond. V. **Plafonnier, suspension.** *Lustres d'un salon.* « *Un lustre de Venise à lames plates* » (HUGO).

LUSTRÉ, ÉE [lystʀe]. *adj.* (xviiᵉ; V. **Lustrer**). ♦ 1° Qui a le brillant, les reflets d'une surface polie. « *Leurs ailes noires et lustrées* (des corneilles) » (CHATEAUB.). « *Son teint de Péruvien, ses cheveux lustrés* » (BAUDEL.). ♦ 2° *(Étoffe).* Apprêté avec un lustre spécial. V. **Satiné.** *Percale lustrée.* ♦ 3° Rendu brillant, poli par le frottement, l'usure. *Veste lustrée aux coudes.* ◇ ANT. **Mat, terne.**

LUSTRER [lystʀe]. *v. tr.* (1490; de *lustre* 2, et it. *lustrare*). ♦ 1° Rendre brillant, luisant. *Le chat lustre son poil en se léchant.* ◇ *Spécialt.* Rendre brillant en utilisant les produits et techniques de lustrage. *Lustrer les cuirs.* V. **Lisser.** *Lustrer une glace.* ♦ 2° Rendre brillant par le frottement, l'usure. « *Lustrer les manches de ses premiers vestons sur les pupitres d'un collège* » (DUHAM.). ◇ ANT. **Délustrer.**

LUSTRERIE [lystʀəʀi]. *n. f.* (1873; de *lustre* 2). Fabrication, commerce des lustres et appareils d'éclairage.

LUSTRINE [lystʀin]. *n. f.* (1730; it. *lustrina,* de *lustro.* V. **Lustre** 2). ♦ 1° *Vx.* Sorte de droguet de soie. ♦ 2° (1839). *Mod.* Tissu de coton d'armure croisée, fortement apprêté et glacé sur une face. *Doublure, manchettes de lustrine.*

LUT [lyt]. *n. m.* (xivᵉ; lat. *lutum* « boue, terre de potier »). *Techn.* Enduit très résistant, durcissant par dessiccation, servant à boucher hermétiquement des vases, des chaudières (V. **Luter**) ou à protéger des objets (tubes, cornues) allant au feu. ◇ HOM. **Luth, lutte.**

LUTÉCIEN [lytesjɛ̃]. *n. m.* (1883; de *Lutecia* « Lutèce »). *Didact.* (*Géol.*). Âge de l'éocène qui succède au *ludien* et au *bartonien.*

LUTÉCIUM [lytesjɔm]. *n. m.* (1907; de *Lutèce,* lat. *Lutetia,* a. n. de Paris). *Chim.* Corps simple, métal du groupe des terres rares (poids at. 174, 99; nᵒ at. 71; symb. *Lu*).

LUTÉINE [lytein]. *n. f.* (1890; du lat. *luteus* « jaune »). *Biol.* ♦ 1° Pigment jaune, présent dans le jaune d'œuf et certains végétaux. ♦ 2° Ancien nom de la progestérone.

LUTÉINISATION [lyteinizasjɔ̃]. *n. f.* (xxᵉ; de *lutéine,* et *-isation*). *Didact.* Modifications physiologiques qu'entraîne la lutéine (V. **Progestérone**) dans l'organisme des femelles.

LUTER [lyte]. *v. tr.* (1552; de *lut*). *Techn.* Boucher, enduire avec du lut. « *La glaise calcinée qui lute l'orifice* » (NERVAL). ◇ ANT. **Déluter.** — HOM. **Lutter.**

LUTH [lyt]. *n. m.* (xviᵉ; *leüt,* xiiiᵉ; a. prov. *laüt,* de l'arabe *al-oûd*). ♦ 1° Ancien instrument de musique à cordes pincées, importé en Europe par les Arabes, et qui connut une grande vogue du xviᵉ au xviiiᵉ s. V. **Théorbe.** *Jouer du luth* (V. **Luthiste**). ♦ 2° *Poét.* Symbole de la poésie lyrique. V. **Lyre.** « *Poète, prends ton luth* » (MUSS.). ♦ 3° *Par anal.* (1808). Grande tortue marine, dont la carapace sans écaille, est incluse dans une peau épaisse et coriace. *Par appos. Tortue luth.* ◇ HOM. **Lut, lutte.**

LUTHÉRANISME [lyteʀanism(ə)]. *n. m.* (*Luthérianisme,* xviᵉ; de *luthérien*). Doctrine de Luther; protestantisme luthérien. « *Le luthéranisme, appelé la religion évangélique* » (VOLT.).

LUTHERIE [lytʀi]. *n. f.* (1767; de *luthier*). Métier et commerce du luthier, fabrication des instruments à cordes et à caisse de résonance; ensemble de ces instruments. *Techn. Lutherie grattée, pincée.*

LUTHÉRIEN, IENNE [lyteʀjɛ̃, jɛn]. *adj.* (xviᵉ, var. *luthérin, luthériste;* de *Luther*). Propre à Luther, relatif, conforme à sa doctrine. *Église luthérienne,* ou *évangélique. Fédération luthérienne mondiale. Subst.* Les *Luthériens,* protestants qui professent la religion luthérienne.

LUTHIER [lytje]. *n. m.* (1649; de *luth*). Artisan de lutherie; fabricant de violons, altos, guitares, etc. *Les luthiers de Crémone.*

LUTHISTE [lytist(ə)]. *n.* (1895; Cf. anc. fr. *leuteur,* 1285; de *luth*). Joueur de luth.

LUTIN [lytɛ̃]. *n. m.* et *adj.* (1564; a. fr. *neitun, luitun* [xiiᵉ] « esprit diabolique »; lat. *Neptunus,* dont le nom figure dans une liste de démons du viiᵉ s.). I. *N. m.* ♦ 1° Esprit follet, petit démon espiègle et malicieux qui est supposé se manifester surtout pendant la nuit. V. **Esprit, farfadet.** *Courir comme un lutin.* ♦ 2° *Fig.* Enfant vif et espiègle. II. *Adj.* LUTIN, LUTINE [lytɛ̃, in] (1830) : éveillé, espiègle. « *Une Andalouse à l'œil lutin* » (MUSS.). V. **Mutin.**

LUTINER [lytine]. *v. tr.* (1684; « faire le lutin », 1525, V. intr. ; de *lutin*). ♦ 1° *Vx.* Taquiner de façon espiègle. ♦ 2° (Déb. xviiiᵉ). Harceler une femme de petites privautés par manière de plaisanterie. « *Je la lutinais un peu, ce qui semblait l'amuser* » (MAUPASS.).

LUTRIN [lytʀɛ̃]. *n. m.* (1606; *letrin*, XIIᵉ; lat. pop. °*lectrinum* ou °*lectorinum*, bas lat. *lectrum* et *lectorium* « pupitre », du rad. de *legere* « lire »). ♦ 1° Pupitre sur lequel on met les livres de chant, à la messe ou à l'office. *Le Lutrin*, poème de Boileau. ♦ 2° Enceinte réservée dans le chœur aux chantres et à la Schola.

LUTTE [lyt]. *n. f.* (XVIᵉ; *luite*, 1160; bas lat. *lucta*, ou de *lutter*). ♦ 1° Combat corps à corps. (V. **Catch, judo**). *Spécialt.* Sport de combat opposant corps à corps deux adversaires qui, au moyen de prises appropriées, s'efforcent de se terrasser (V. **Pancrace**). *Lutte gréco-romaine. Lutte libre.* « *Si la lutte libre admet quelques règles, elle se rapproche alors de la lutte grecque* » (J. PRÉVOST). ♦ 2° Opposition violente entre deux adversaires (individus, groupes), dont chacun s'efforce d'imposer à l'autre sa volonté et de faire triompher sa cause. V. **Conflit, rivalité.** *Lutte armée.* V. **Bataille, guerre.** « *La lutte était ardente et noire* » (HUGO). *Engager, abandonner la lutte. Dans l'ardeur de la lutte. Partis en lutte. Luttes politiques, religieuses.* — *Lutte des classes*, une des notions fondamentales du marxisme. « *C'est la lutte finale* », refrain de l'Internationale. ♦ 3° (*Lutte contre, pour...*) : action soutenue et énergique d'un individu ou d'un groupe (pour résister à une force hostile ou atteindre un certain but). V. **Effort.** « *La lutte de l'homme contre le monde ne cessera jamais* » (MAUROIS). « *La lutte d'une poignée d'intellectuels contre la tyrannie* » (CAMUS). *Lutte antipollution. Lutte contre l'alcoolisme.* V. **Campagne.** *Lutte d'un peuple pour sa libération, son indépendance.* ◇ (D'apr. angl. *struggle for life*) LUTTE POUR LA VIE : sélection naturelle des espèces; *fig.* Efforts pour survivre. ♦ 4° Antagonisme entre forces contraires. V. **Duel.** *Lutte entre le bien et le mal. Lutte du devoir et de la passion.* ♦ 5° *Loc. adv.* DE HAUTE LUTTE ou *littér.* DE VIVE LUTTE : en mettant dans la lutte toute la force ou l'autorité dont on dispose. « *Il est certaines âmes qu'il n'emportera pas de vive lutte* » (GIDE). ◇ ANT. **Accord, paix.** — HOM. **Lut, luth.**

LUTTER [lyte]. *v. intr.* (1601; *loitier*, 1080; lat. *luctare*). ♦ 1° Combattre à la lutte. *Lutter contre un adversaire.* « *Ces jeux terribles où les hommes luttaient corps à corps contre des bêtes féroces* » (GAUTIER). *Absolt.* « *L'hercule lutta encore deux ou trois fois en se faisant battre* » (GONCOURT). ♦ 2° S'opposer dans une lutte, un conflit. V. **Battre (se), combattre.** ◇ *Rivaliser. Lutter de vitesse.* « *Le fisc, la féodalité semblent lutter pour abrutir le peuple* » (MICHELET). ♦ 3° Mener une action énergique (contre ou pour qqch.). *Lutter contre la maladie, les fléaux, l'ignorance. Lutter pour l'indépendance, pour une cause.* V. **Militer.** « *Les hommes de mon espèce ont lutté pour sortir de la misère* » (DUHAM.). — *Absolt.* « *Ceux qui vivent, ce sont ceux qui luttent* » (HUGO). ◇ ANT. **Abandonner.** — HOM. **Luter.**

LUTTEUR, EUSE [lytœʀ, øz]. *n.* (XVIᵉ; *luiteor*, 1120; de *lutter*). Personne qui lutte. ♦ 1° Athlète qui pratique la lutte. V. *aussi* **Catcheur, judoka.** *Lutteur de foire.* V. **Hercule.** *Des bras, des épaules de lutteur, de lutteuse.* ♦ 2° *Fig.* Personne qui aime la lutte, l'action et sait lutter avec persévérance. V. **Jouteur.** *Tempérament de lutteur.* « *Ce vieux lutteur s'étonnait de se sentir las* » (ST-EXUP.).

LUX [lyks]. *n. m.* (1911; mot lat. « lumière »). *Phys.* Unité d'éclairement équivalant à l'éclairement d'une surface qui reçoit également et d'une manière uniforme un flux lumineux de 1 lumen par mètre carré. V. **Phot.** — *Symb.* **lx.** ◇ HOM. **Luxe.**

LUXATION [lyksasjɔ̃]. *n. f.* (1539; bas lat. *luxatio*). Déplacement anormal de deux surfaces articulaires qui ont perdu leurs rapports naturels. V. **Déboîtement, dislocation, entorse, foulure.** *Luxation de l'épaule, de la hanche.*

LUXE [lyks(ə)]. *n. m.* (1606; lat. *luxus*). ♦ 1° Mode de vie caractérisé par de grandes dépenses consacrées à l'acquisition de biens superflus, par goût de l'ostentation et du plus grand bien-être. V. **Faste, magnificence.** « *Le luxe d'un maître fastueux* » (VOLT.). « *On les voyait étaler un luxe insolent* » (FLAUB.). *Aimer le luxe, vivre dans le luxe. Lois contre le luxe :* somptuaires. — *Fam. C'est du luxe, ce n'est pas du luxe*, se dit de ce qui entraîne une dépense déraisonnable ou au contraire utile. *Il s'est acheté un costume, ce n'était pas du luxe!* ♦ 2° Caractère coûteux, somptueux (d'un bien ou d'un service). V. **Somptuosité.** *Luxe d'une chambre à coucher.* « *Un costume d'une élégance et d'un luxe extrêmes* » (GAUTIER). — DE LUXE : qui présente ce caractère. *Produits, articles de luxe.* V. **Prix.** *Taxe de luxe, sur ces produits. Cabines, train de luxe. Fam. Poule* de luxe. — *Par ext.* « *Si la science, l'art n'étaient qu'un ornement de luxe* » (RENAN), inutile, superflu. ♦ 3° *Un luxe :* bien ou plaisir coûteux qu'on s'offre sans nécessité. « *De tous les luxes, la femme est celui qui coûte le plus cher* » (MAUPASS.). « *Prenez des cigarettes. C'est mon seul luxe* » (CHARDONNE). — *Fig. Se donner, se payer le luxe de dire, de faire*, se permettre, comme chose inhabituelle et particulièrement agréable, de

dire, de faire. ♦ 4° *Un luxe de :* abondance ou profusion. *Avec un grand luxe de détails.* « *Ajoute à ce luxe de visions le tumulte* » (FROMENTIN). ◇ ANT. **Pauvreté, simplicité.** — HOM. **Lux.**

LUXER [lykse]. *v. tr.* (1541; lat. *luxare*). Provoquer la luxation de (certains os, une articulation). V. **Déboîter, disloquer.** *Se luxer la rotule.* V. **Démettre (se).** *Au p. p.* LUXÉ : victime d'une luxation. *Épaule luxée.*

LUXMÈTRE [lyksmɛtʀ(ə)]. *n. m.* (1933; de *lux*, et *-mètre*). *Phys.* Appareil servant à mesurer l'éclairement.

LUXUEUSEMENT [lyksɥøzmɑ̃]. *adv.* (1845; de *luxueux*). Avec luxe. *Appartement luxueusement meublé.*

LUXUEUX, EUSE [lyksɥø, øz]. *adj.* (1787; de *luxe*). Qui se signale par son luxe. V. **Fastueux, magnifique, somptueux.** *Installation luxueuse.* « *Le salon n'avait rien de bien luxueux* » (GIDE). ◇ ANT. **Pauvre, simple.**

LUXURE [lyksyʀ]. *n. f.* (1119; lat. *luxuria*). ♦ 1° Péché de la chair, recherche, pratique des plaisirs sexuels. V. **Impureté, lascivité, lubricité.** « *La luxure était bien le grand Péché, celui qui souille les sources de la vie* » (R. ROLLAND). — *Vx.* Concupiscence. V. **Désir.** « *Œil étincelant de luxure* » (HUGO). ♦ 2° *Rare. et vx.* Action luxurieuse. V. **Débauche, paillardise, vice.** « *Sans s'être confessé de ses luxures* » (HUYSMANS). ◇ ANT. **Chasteté, pureté.**

LUXURIANCE [lyksyʀjɑ̃s]. *n. f.* (1752; de *luxuriant*). Caractère de ce qui est luxuriant, surabondant. « *La végétation, par sa luxuriance même, entretient une saisissante fraîcheur* » (DUHAM.). — *Fig. Luxuriance des images dans un poème.* ◇ ANT. **Pauvreté, sécheresse.**

LUXURIANT, ANTE [lyksyʀjɑ̃, ɑ̃t]. *adj.* (1540; lat. *luxurians*, p. prés. de *luxuriare*). ♦ 1° Qui pousse, se développe avec une remarquable abondance. V. **Abondant, surabondant.** « *La végétation était si luxuriante que l'on avait peine à passer* » (GIDE). ♦ 2° *Fig.* Exubérant, très riche. « *Son imagination luxuriante anime tout* » (HENRIOT). ◇ ANT. **Pauvre, sec.**

LUXURIEUX, EUSE [lyksyʀjø, øz]. *adj.* (1119; lat. *luxuriosus*). ♦ 1° Adonné ou porté à la luxure. V. **Débauché, lascif, sensuel.** « *Luxurieux point ne seras* » (Sixième commandement). ♦ 2° Inspiré par la luxure. *Des « provocations luxurieuses* » (TAINE). ◇ ANT. **Chaste, pur.**

LUZERNE [lyzɛʀn(ə)]. *n. f.* (1600; *lauserne*, 1556; prov. *luzerno* « ver luisant », de l'a. prov. *luzerna* « lampe », lat. *lucerna*). Plante fourragère (*Papilionacées*), à petites fleurs violettes. *Champ de luzerne.* « *La luzerne faisait des couches molles... de satin vert d'eau* » (ZOLA).

LUZERNIÈRE [lyzɛʀnjɛʀ]. *n. f.* (1600; de *luzerne*). Champ de luzerne.

LUZULE [lyzyl]. *n. f.* (1827; lat. bot. *luzula*, de l'it. *luzziola, erba lucciola*, rad. *luce* « lumière »). Plante herbacée (*Joncacées*), à feuilles plates, velues, voisine du jonc.

Lw *Phys.* Symbole chimique du *lawrencium*.

lx *Phys.* Symbole du *lux*.

LYCANTHROPE [likɑ̃tʀɔp]. *n.* (1560; gr. *lukanthrôpos* « homme loup »). *Littér.* ou *didact.* Personne atteinte de lycanthropie. V. **Loup-garou.**

LYCANTHROPIE [likɑ̃tʀɔpi]. *n. f.* (1564; gr. *lukanthrôpia.* V. **Lycanthrope**). *Littér.* ou *didact.* ♦ 1° Délire dans lequel un homme se croit transformé en loup (ou en animal). ♦ 2° Croyance d'après laquelle les hommes peuvent se transformer en loup (ou en d'autres animaux). V. **Loup-garou.**

LYCAON [likaɔ̃]. *n. m.* (1552; lat. *lycaon* « loup d'Éthiopie »; repris 1874, d'apr. lat. zool. *canis lycaon*). Mammifère carnivore d'Afrique, qui tient du loup et de la hyène.

LYCÉE [lise]. *n. m.* (1802; *n. pr.*, « école et philosophie d'Aristote », 1568; au XVIIIᵉ, « lieu où s'assemblent les gens de lettres, lieu consacré à la philosophie, à l'instruction »; lat. *lyceum*, gr. *Lukeion*). ♦ 1° Établissement public d'enseignement (classique, moderne ou technique), donnant l'enseignement long du second degré. ♦ 2° Époque des études dans un lycée. « *Depuis le lycée, ses connaissances s'étaient estompées* » (CAMUS). — HOM. **Lissé, lisser.**

LYCÉEN, ENNE [liseɛ̃, ɛn]. *n.* (1819; de *lycée*). Élève d'un lycée. *Écoliers et lycéens.* V. **Potache.**

LYCÈNE [lisɛn]. *n. f.* (1846; lat. zool. *lycæna*, gr. *lukaina* « louve »). *Zool.* Insecte lépidoptère, papillon diurne aux ailes le plus souvent bleues.

LYCHNIS [liknis]. *n. m.* (1562; mot lat. et gr.). Plante herbacée (*Caryophyllacées*), comprenant de nombreuses variétés, dont plusieurs ornementales. « *Les houppes de lychnis poudrent de rose les fonds marécageux* » (GENEVOIX). *La nielle* des blés est un lychnis.*

LYCOPE [likɔp]. *n. m.* (1762; *lycopus*; du gr. *lukos* « loup », et *pous* « pied »). *Bot.* Plante dicotylédone, herbacée, vivace, appelée communément *marrube d'eau, pied-de-loup.*

LYCOPERDON [likɔpɛʀdɔ̃]. *n. m.* (1803; lat. bot., trad. de *vesse-de-loup*, du gr. *lukos* « loup », et *perdesthai* « péter »). *Bot.* Nom scientifique de la *vesse-de-loup.*

LYCOPODE [likɔpɔd]. *n. m.* (1750; lat. bot. *lycopodium*, trad. de *pied-de-loup*, du gr. *lukos* « loup », et *pous*, *podos* « pied »). Plante ptéridophyte à tige grêle, dont les spores répandent une poussière très fine utilisée en pharmacie sous le nom de *poudre de lycopode*.

LYCOSE [likoz]. *n. f.* (1839 ; lat. zool. *lycosa*, lat. *lycos*, mot. gr. « araignée-loup »). *Zool.* Araignée qui ne tisse pas de toile, et attrape ses proies à la course. V. **Tarentule**.

LYCRA [likʀa]. *n. m.* (xxᵉ ; marque déposée). Tissu synthétique à réseau élastique, qui a les mêmes utilisations que le lastex. *Gaine, maillot de bain en lycra.*

LYDDITE [lidit]. *n. f.* (1907 ; mot angl., de *Lydd*, ville du Kent). *Techn.* Explosif très voisin de la mélinite.

LYDIEN, ENNE [lidjɛ̃, ɛn]. *adj.* (de *Lydie*, lat. *Lydia*, province d'Asie Mineure). De *la Lydie*. — (Mus.) *Mode lydien*, ou subst. (moyen âge) *le lydien*, un des tons de la musique grecque antique ; cinquième mode ecclésiastique.

LYMPHANGITE [lɛ̃fɑ̃ʒit]. *n. f.* (1834 ; du rad. de *lymphe*, du gr. *aggeion* « vaisseau », et *-ite*). *Méd.* Inflammation des vaisseaux lymphatiques. *Lymphangite tronculaire, réticulaire.*

LYMPHATIQUE [lɛ̃fatik]. *adj.* (1665 ; « délirant », 1546 ; lat. sc. *lymphaticus*, repris du lat. médiév. « relatif à l'eau » ; de *lympha*. V. **Lymphe**.) ♦ 1° Relatif à la lymphe. *Vaisseaux lymphatiques*, ou absolt. *Les lymphatiques*, vaisseaux où circule la lymphe. *Ganglions lymphatiques.* ♦ 2° (1818). *Tempérament lymphatique*, un des quatre tempéraments de l'ancienne médecine humorale, caractérisé par la lenteur ou l'apathie et des formes alourdies et graisseuses. V. **Flegmatique**. « *Une constitution lymphatique qui se fatiguait des moindres travaux* » (BALZ.). Subst. *Un lymphatique*, un homme au tempérament lymphatique. ◇ *Mod.* et *cour.* Apathique, lent. *Un adolescent lymphatique.* ◇ ANT. *Actif, nerveux.*

LYMPHATISME [lɛ̃fatism(ə)]. *n. m.* (1852 ; de *lymphatique*). ♦ 1° État d'une personne lymphatique. ◇ *Fig.* « *Le lymphatisme de sa pensée* » (ARTAUD). ♦ 2° *Méd.* (Vx). État caractérisé par une augmentation de volume des tissus lymphoïdes, (souvent, dans l'enfance).

LYMPHE [lɛ̃f]. *n. f.* (1673 ; « eau », 1442 ; lat. sc. *lympha*, spécialis. du lat. *lympha* « eau »). Liquide organique incolore ou ambré, d'une composition comparable à celle du plasma sanguin. *Lymphe interstitielle*, liquide du système lacunaire. *Lymphe vasculaire*, circulant dans les vaisseaux lymphatiques.

LYMPHOCYTAIRE [lɛ̃fɔsitɛʀ]. *adj.* (1907 ; de *lymphocyte*). *Méd.* Des lymphocytes. *Leucémie lymphocytaire.*

LYMPHOCYTE [lɛ̃fɔsit]. *n. m.* (déb. xxᵉ ; de *lymphe*, et *-cyte*). *Méd.* Petit leucocyte à gros noyau non segmenté, présent dans le sang, la moelle et les tissus lymphoïdes (ganglions lymphatiques, rate). *Les lymphocytes jouent un rôle important dans les processus d'immunité de l'organisme.*

LYMPHOCYTOSE [lɛ̃fɔsitoz]. *n. f.* (mil. xxᵉ ; de *lymphocyte*). *Méd.* Augmentation du nombre de lymphocytes.

LYMPHOGRANULOMATOSE [lɛ̃fɔgʀanylɔmatoz]. *n. f.* (mil. xxᵉ ; de *lympho-*, *granulome*, et *-ose*). *Méd.* Maladie des ganglions lymphatiques.

LYMPHOGRAPHIE [lɛ̃fɔgʀafi]. *n. f.* (mil. xxᵉ ; de *lymphe*, et *-graphie*). *Méd.* Examen radiologique des vaisseaux et des ganglions lymphatiques après injection d'une substance opaque aux rayons X.

LYMPHOÏDE [lɛ̃fɔid]. *adj.* (1869 ; de *lymphe*, et *-oïde*). *Histol., méd.* Qui contient des lymphocytes ou des cellules ressemblant à des lymphocytes. *Tissu lymphoïde* : tissu conjonctif réticulé contenant des lymphocytes, caractéristique des *organes lymphoïdes* (rate, thymus, ganglions lymphatiques, amygdales) participant à la formation des lymphocytes.

LYMPHOPÉNIE [lɛ̃fɔpeni]. *n. f.* (mil. xxᵉ ; de *lympho*[cyte] et du gr. *penia* « pauvreté »). *Méd.* Diminution du nombre des lymphocytes du sang. V. **Leucopénie**. (On dit aussi LEUCOCYTOPÉNIE [løkɔsitɔpeni], *n. f.*).

LYNCHAGE [lɛ̃ʃaʒ]. *n. m.* (1883 ; de *lyncher*). Action de lyncher ; son résultat.

LYNCHER [lɛ̃ʃe]. *v. tr.* (1861 ; de l'anglo-amér. *to lynch*, de *lynch law* « loi de Lynch » (1837), procédé de justice sommaire attribué à un juge de Virginie, nommé Ch. *Lynch*). Exécuter sommairement, sans jugement régulier et par une décision collective (un criminel ou supposé tel). — *Par ext.* Exercer de graves violences sur (qqn), en parlant d'une foule. « *Un nègre lynché par une foule en furie, parce qu'il prétendait s'asseoir dans une partie de la salle réservée aux blancs!* » (SIEGFRIED).

LYNCHEUR, EUSE [lɛ̃ʃœʀ, øz]. *n.* (1892 ; de *lyncher*). Personne qui participe à un lynchage. « *Pauvres sots qui êtes de l'espèce des lyncheurs, pour qui droite et gauche sont égales, pourvu que le sang jaillisse* » (ARAGON). — Adj. *Une foule lyncheuse.*

LYNX [lɛ̃ks]. *n. m.* (1677 ; *lynz*, xIIᵉ ; mot lat., du gr. *lugx*). Mammifère carnivore (*Félidés*), fort et agile, aux oreilles pointues garnies d'un pinceau de poils. V. **Caracal**, **loup-cervier**. Par compar. *Avoir des yeux de lynx*, une vue perçante.

LYOPHILE [ljɔfil]. *adj.* (1931 ; du gr. *luein* « dissoudre », et *-phile*). *Didact.* Se dit des substances qui peuvent subir une dessiccation à basse température (lyophilisation*) et retrouver toutes leurs propriétés par addition du volume d'eau enlevé.

LYOPHILISATION [ljɔfilizasjɔ̃]. *n. f.* (1953 ; de *lyophiliser*). *Didact.* Dessiccation par sublimation à très basse température. V. **Déshydratation**. « *C'est par la lyophilisation, méthode entièrement nouvelle, que le café-filtre est séché de son eau* » (*Le Monde*, 5-2-1966).

LYOPHILISER [ljɔfilize]. *v. tr.* (1960 ; de *lyophile*). *Didact.* Déshydrater par lyophilisation. — Au p. p. *Produits lyophilisés. Plasmas, sérums, pièces anatomiques lyophilisées.*

LYRE [liʀ]. *n. f.* (fin xIIᵉ ; lat. *lyra*, gr. *lura*). ♦ 1° Instrument de musique antique à cordes pincées, fixées sur une caisse de résonance d'une forme voisine de celle de la cithare. V. **Heptacorde, pentacorde, tétracorde**. *La lyre, attribut d'Apollon.* — Par compar. *En forme de lyre, en lyre*, galbé comme les montants de la lyre antique. *Cornes en lyre.* ◇ Nom donné aux xvIIᵉ et xvIIIᵉ s. à une sorte de viole, au début du xIXᵉ s. à une sorte de guitare. ♦ 2° *Littér.* Symbole de la poésie, de l'expression poétique. *Accorder, essayer sa lyre.* « *Et j'ajoute à ma lyre une corde d'airain!* » (HUGO). — *Fam. Toute la lyre*, toutes choses ou personnes du même genre ; tout le tremblement. ♦ 3° *Par anal.* (1776). Ménure (ou *oiseau-lyre*). ◇ HOM. *Lire*.

LYRIC [liʀik]. *n. m.* (1931 ; mot angl.). Anglicisme. Couplet de music-hall. *Des lyrics.*

LYRIQUE [liʀik]. *adj.* et *n.* (1495 ; lat. *lyricus*, gr. *lurikos*, de *lura*. V. **Lyre**).
I. ♦ 1° *Antiq.* Destiné à être chanté avec accompagnement de musique (lyre, flûte, etc.) et souvent de danse. *Genres, poèmes lyriques grecs.* — *Poète lyrique*, auteur de poèmes lyriques. ♦ 2° *Hist. litt.* (xvIᵉ-xvIIIᵉ). Propre aux genres issus de la poésie grecque, tels que l'ode (*opposé à épique et dramatique*). ♦ 3° *Mod.* (1755). Se dit de la poésie qui exprime les sentiments intimes au moyen de rythmes et d'images propres à communiquer au lecteur l'émotion du poète, et de ce qui appartient à ce genre de poésie. *Poésie lyrique. Thèmes lyriques.* « *Le monde lyrique* » (BAUDEL.). — *Style, envolées lyriques.* V. **Poétique**. ♦ 4° (1810). Plein d'un enthousiasme, d'une exaltation de poète. V. **Passionné**. « *Révolté lyrique* » (MAUROIS). ♦ 5° Subst. *Un lyrique*, un poète lyrique. « *L'impudeur naturelle au lyrique moderne* » (LANSON). — N. f. *La lyrique* (didact.) : la poésie lyrique (1°, 2°, 3°). « *Une lyrique de la femme* » (BARTHES). — (ANT. *Prosaïque, prose*).
II. (xvIIIᵉ). Destiné à être mis en musique et chanté, joué sur une scène. *Drame lyrique*, opéra, oratorio. *Comédie lyrique*, opéra-comique, opérette. ◇ *Théâtre lyrique*, réservé à la musique dramatique. *Déclamation lyrique.* V. **Chant**. *Artiste lyrique*, chanteur, chanteuse d'opéra, d'opérette. etc. V. **Soprano*** lyrique.

LYRIQUEMENT [liʀikmɑ̃]. *adv.* (1555, « sur la lyre du poète » ; repris xxᵉ ; de *lyrique*). Avec lyrisme. ◇ ANT. *Prosaïquement.*

LYRISME [liʀism(ə)]. *n. m.* (1834 ; de *lyrique*). ♦ 1° *Vx.* Style élevé et hardi de l'auteur inspiré (ode, poésie sacrée). ♦ 2° *Mod.* Poésie, genre lyrique. *Le lyrisme romantique.* ♦ 3° *Par ext.* Mode d'expression exalté propre à la poésie lyrique. *Le lyrisme de Bossuet, de Chopin.* ♦ 4° *Fig.* Manière passionnée, poétique, de sentir, de vivre. « *Notre bon sens bourgeois complètement dénué de lyrisme* » (MAC ORLAN). ◇ ANT. *Prosaïsme.*

LYS. V. **Lis**.

LYSAT [liza]. *n. m.* (xxᵉ ; de *lyse*). *Sc.* Produit d'une lyse de cellules ou de microbes par des lysines.

LYSE [liz]. *n. f.* (1931 ; *lysis*, méd., « crise salutaire », 1839 ; gr. *lusis*. V. **-Lyse**). *Sc.* Destruction d'éléments organiques (tissus, cellules, microbes) sous l'action d'agents physiques, chimiques ou biologiques. ◇ HOM. *Lise*.

-LYSE. Élément final, du gr. *lusis* « solution, dissolution » (*ex.* : *dialyse, électrolyse*).

LYSERGAMIDE [lizɛʀgamid]. *n. m.* (mil. xxᵉ ; de [acide] *lysergique*, et *amide*). *Chim.* Composé dérivé des extraits de l'ergot de seigle, à propriétés hallucinatoires. V. **LSD**.

LYSERGIDE [lizɛʀʒid]. *n. m.* (apr. 1960 ; de acide *lysergi*[que], et suff. *-ide*). *Chim.* Drogue hallucinogène très toxique. V. **LSD**. (Cour. LSD*).

LYSERGIQUE [lizɛʀʒik]. *adj.* (1961 ; all. *Lysergsäure*, 1955, de *lyse***, *erg*[ot], et suff. *-ique*). *Chim.* Se dit d'un acide obtenu à partir de l'ergot de seigle, et dont un composé (*acide lysergique diéthylamide* ou lysergamide*) possède des propriétés hallucinatoires.

LYSIMAQUE [lizimak]. *n. f.* (1803 ; *lysimachie*, 1545 ; lat. *lysimachia*, mot gr.). *Bot.* Plante herbacée des lieux humides (*Primulacées*), à fleurs jaunes, vulgairement appelée *souci d'eau*.

LYSINE [lizin]. *n. f.* (1897, du gr. *lusis*. V. **-Lyse**). *Sc. Biochim.* ♦ 1° Acide aminé entrant dans la constitution des

protéines. *La lysine est indispensable au métabolisme humain.*
♦ 2° Anticorps ou toxine capables de provoquer la lyse
cellulaire.

LYSOZYME [lizozim]. *n. m.* (1951 ; de *lyso-*, gr. *luein*
[V. *-lyse*], et *-zyme;* V. **Enzyme**). Didact. *(Biol.).* Substance
capable de dissoudre certains germes.

LYTIQUE [litik]. *adj.* (1931 ; de *lyse*). *Didact.* Qui provoque la lyse. — *Par ext.* (Méd.). Qui est susceptible de supprimer certaines activités nerveuses normales ou pathologiques. — REM. Ce terme est surtout employé en composition, sous forme de suffixe (ex. : anxiolytique, spasmolytique).

M

M [ɛm]. *n. m.* ou *f.* ♦ 1° Treizième lettre, dixième consonne de l'alphabet *(m; M)* servant à noter à l'initiale, entre voyelles ou suivi de *e* caduc, une consonne occlusive nasale bilabiale [m] ; devant consonne ou en finale de mot, *M* nasalise la voyelle précédente. ♦ 2° *m.*, abrév. de *masculin. M.*, abrév. de *Monsieur; MM.* abrév. de *Messieurs.* — *Chim.* Abrév. de *méta* : *m-xylène,* pour *métaxylène.* ♦ 3° m, symb. de *mètre; m²,* symb. de *mètre carré; m³,* symb. de *mètre cube; de maxwell;* du préf. *milli-.* ♦ 4° M, chiffre romain (1 000).

MA. V. **Mon.**

MABOUL, E [mabul]. *n.* et *adj.* (1860 ; arg. de l'armée d'Afrique, 1830 ; arabe *mahboûl* « fou »). Pop. Fou (Cf. Cinglé, toqué). *Il est complètement maboul.*

MAC [mak]. *n. m.* (1835 ; dimin. de *maquereau*). Arg. Souteneur.

MACABRE [makabʀ(ə)]. *adj.* (*Danse macabre, macabré,* XVᵉ; probabl. d'un nom pr. *Macabé;* Cf. Macchabée). ♦ 1° *Danse macabre* : représentation allégorique de la Mort entraînant dans une ronde des personnages de toutes conditions. ♦ 2° (1842). Qui a pour objet les squelettes, les cadavres, et *par ext.* Qui évoque les images de mort (V. Funèbre, lugubre). *Scène, plaisanterie, humour macabre. Le genre macabre,* et ellipt. *le macabre.*

MACACHE [makaʃ]. *adv.* (1861 ; arabe *mâ-kânch* « il n'y a pas »). Pop. Pas du tout, rien du tout ; (il n'y a) rien à faire. « *Fini les permissions! macache les permissions!* » (COURTELINE).

MACADAM [makadam]. *n. m.* (*À la Mac-Adam,* 1830 ; du nom de l'inventeur *Mac Adam*). Revêtement de voies avec de la pierre concassée et du sable, agglomérés au moyen de rouleaux compresseurs. *Macadam goudronné.* V. **Tarmacadam.** — *Par ext.* Chaussée ainsi revêtue. *Rouler sur le macadam.*

MACADAMISAGE [makadamizaʒ]. *n. m.* (1827 ; de *macadamiser*). Opération par laquelle une route est macadamisée. État d'une voie macadamisée.

MACADAMISER [makadamize]. *v. tr.* (1828 ; de *macadam*). Recouvrir (une chaussée, une route) avec du macadam. V. **Empierrer.** « *Toutes les autres* (rues) *sont imparfaitement macadamisées* » (BALZ.).

MACAQUE [makak]. *n. m.* (1680 ; *mecou,* 1665 ; port. *macaco*). ♦ 1° Singe d'Asie à corps trapu, à museau proéminent et à grandes abajoues. *Un macaque femelle. Macaque rhésus**. ♦ 2° *Fig.* et *fam.* Personne très laide. *Elle ne va pas épouser ce vieux macaque!*

MACAREUX [makaʀø]. *n. m.* (1782 ; o. i.). Oiseau palmipède des mers septentrionales (zone tempérée nord et arctique), variété de pingouin voisin du guillemot, à gros bec triangulaire, court et renflé.

MACARON [makaʀ5]. *n. m.* (1552 ; it. dial. *macarone* « macaroni », p.-ê. du gr. *makaria*). ♦ 1° Gâteau sec, ovale ou rond, à base de pâte d'amandes, de blanc d'œuf et de sucre. ♦ 2° *Par anal.* Natte de cheveux roulée sur l'oreille. — *Fam.* Insigne, décoration de forme ronde. V. **Rosette.** *Recevoir le macaron.* — Ornement, motif rond. ♦ 3° *Pop.* Coup. V. **Marron.**

MACARONI [makaʀɔni]. *n. m.* (1650 ; mot it., plur. de *macarone.* V. **Macaron**). ♦ 1° Pâtes alimentaires de semoule de blé dur moulée en tubes creux. *Manger des macaronis,* ou (au sing. collectif) *du macaroni. Macaroni au fromage, au gratin.* ♦ 2° *Pop.* et péj. *Mangeur de macaroni,* et ellipt. *Un Macaroni,* un Italien.

MACARONIQUE [makaʀɔnik]. *adj.* (1546 ; it. *macaronico;* de *macaronea* « poème burlesque », dér. plaisant de *macarone*). Poésie macaronique, poésie burlesque où l'auteur entremêle des mots latins et des mots de sa propre langue affublés de terminaisons latines. *Latin macaronique :* latin de cuisine.

MACASSAR [makasar]. *n. m.* (1837 ; nom du chef-lieu de l'île des Célèbes). ♦ 1° *Huile de macassar,* huile de coco parfumée à l'essence d'ilang-ilang, utilisée autrefois comme cosmétique. Ellipt. « *Ils ne vendent pas seulement le Macassar* » (BALZ.). ♦ 2° (XXᵉ). Ébène brun sombre veiné de noir.

MACCHABÉE [makabe]. *n. m.* (1856, « noyé » ; p.-ê. allus. bibl. (les sept *Macchabées*) ou allus. aux personnages de la danse *macabre**). Pop. Cadavre. — Par abrév. *Macchab* ou *macab* [makab]. « *Des tons verts de macchabée pourrissant dans une mare* » (ZOLA).

MACÉDOINE [masedwan]. *n. f.* (1771, fig. ; par compar. plais. avec la *Macédoine,* empire d'Alexandre, habité par des peuples d'origines très diverses). ♦ 1° (1778). Mets composé d'un mélange de légumes (V. **Jardinière**) ou de fruits (V. **Salade**). *Macédoine de légumes. Macédoine de fruits au kirsch.* ♦ 2° *Fam.* Assemblage, mélange disparate. V. **Salmigondis.** « *Les circonstances qui faisaient de la société, sous l'Empire, une macédoine* » (BALZ.).

MACÉDONIEN, IENNE [masedɔnjɛ̃, jɛn]. *adj.* et *n.* (XVIᵉ; de *Macédoine*). De la Macédoine. *La République macédonienne* (de Yougoslavie). — N. Les Macédoniens. Le *macédonien,* langue slave du groupe méridional parlée en Macédoine yougoslave.

MACÉRATEUR [maseʀatœʀ]. *adj. m.* (1835 ; de *macérer*). Qui opère la macération (II). Subst. *Un macérateur,* récipient où l'on fait macérer des plantes, des grains.

MACÉRATION [maseʀasj5]. *n. f.* (XIVᵉ; lat. *maceratio,* du rad. de *macerare*).
I. Pratique d'ascétisme observée dans un esprit de pénitence. V. **Mortification.** « *Par macération je dormais sur une planche* » (GIDE).
II. (1611). ♦ 1° *Pharm.* Opération qui consiste à laisser tremper à froid un corps ou une substance dans un liquide, pour en extraire les constituants solubles (V. **Décoction; digestion; infusion**). Le fait de macérer. *La macération des fruits dans l'alcool.* ♦ 2° *Par ext.* Le liquide chargé, par macération, des principes solubles d'un corps. *Macération de quinquina.* ♦ 3° *Pathol.* Macération d'un fœtus mort dans l'utérus, décomposition par imbibition dans le liquide amniotique.

MACÉRER [maseʀe]. *v.;* conjug. *céder* (XIVᵉ; lat. *macerare*).
I. V. tr. *Relig.* Soumettre (son corps) à des macérations. V. **Mortifier.** « *Vous dormiez... Macérant votre chair et domptant votre esprit* » (LEC. DE LISLE).
II. (1546). ♦ 1° *V. tr.* Laisser séjourner, faire tremper (V. **Macération,** II). *Macérer de la racine de gentiane dans l'eau.* V. **Infuser.** *Cerises macérées dans l'eau-de-vie.* ♦ 2° *V. intr.* Tremper longtemps. *Viande qui macère dans une marinade.* V. **Mariner.** Fig. « *Vous m'avez laissée macérer dans mon ignorance* » (MONTHERLANT).

MACERON [masʀ5]. *n. m.* (1549 ; it. *macerone*). Plante méditerranéenne *(Ombellifères)* voisine des ciguës, mais dont les racines et les feuilles sont comestibles.

MACFARLANE [makfaʀlan]. *n. m.* (1859 ; écossais *Mac Farlane,* nom présumé de l'inventeur). *Anciennt.* Manteau d'homme, sans manches, avec des ouvertures pour passer les bras et un grand rabat en forme de cape.

MACH [mak]. *n. pr.* (v. 1950 ; nom d'un physicien autrichien). *Nombre de Mach,* rapport d'une vitesse à celle du son. Ellipt. *Voler à Mach 2, à Mach 3 :* à 2, 3 fois la vitesse du son (V. **Machmètre**). ◇ HOM. **Maque.**

MACHAON [maka5]. *n. m.* (1842 ; de *Machaon,* nom myth.). Papillon d'Europe aux grandes ailes jaune vif tachées et rayées de noir (appelé aussi *Grand porte-queue*).

MÂCHE [maʃ]. *n. f.* (1611 ; probabl. par altér. de *pomache,* p.-ê. de *poma*). Nom courant de la valérianelle, plante herbacée, appelée aussi *Blanchet(te), clairette, doucette,* dont les feuilles se mangent en salade.

MÂCHEFER [maʃfɛʀ]. *n. m.* (v. 1210 ; *mâcher* « écraser » (V. **Mâchure**), et *fer*). Scories retirées des foyers où se fait la combustion de la houille. *Le mâchefer est utilisé pour la fabrication des briques, l'entretien des pistes de course* (V. **Cendrée**), *des chemins, la confection des ballasts.*

MÂCHEMENT [maʃmã]. *n. m.* (1538 ; de *mâcher*). Action de mâcher.

MÂCHER [maʃe]. *v. tr.* (*Maschier,* v. 1190 ; lat. imp.

masticare). ♦ 1° Broyer, écraser avec les dents, par le mouvement des mâchoires, avant d'avaler. *Mâcher du pain, de la viande.* V. **Mastiquer.** « *Il mâchait pesamment et en faisant avec la bouche un bruit...* » (STENDHAL). ◇ *Loc. fig.* (XVIIe) *Mâcher le travail, la besogne à qqn* : la lui préparer, la lui faciliter. *Il faut tout lui mâcher.* « *Des doctrines toutes mâchées* » (MAUROIS) : faciles à assimiler. — *Ne pas mâcher ses mots, son opinion* : s'exprimer avec une franchise brutale (Cf. *Dire tout cru*). « *Voilà mon opinion, je ne la mâche pas* » (BALZ.). ♦ 2° Triturer longuement dans sa bouche (une substance non comestible qu'on rejette). *Mâcher du bétel, du chewing-gum, du tabac* (V. **Chiquer**). Spécialt. *Papier* mâché.* ◇ *Fig.* V. **Remâcher.** « *Tout en mâchant mon amertume* » (DORGELÈS). ♦ 3° *Techn.* Couper sans faire une section nette, en déchirant. *Lame mal aiguisée qui mâche le bois.*

MACHETTE [maʃɛt]. *n. f.* (1743; esp. *machete*). Grand coutelas utilisé en Amérique du Sud comme sabre d'abattage.

MÂCHEUR, EUSE [maʃœr, øz]. *n.* (1560; de *mâcher*). Personne qui mâche, a coutume de mâcher (qqch.). *Des mâcheurs de bétel.*

MACHIAVEL [makjavɛl]. *n. m.* (1831; du nom de *Machiavel*, homme d'État florentin (1469-1527), célèbre par ses théories politiques et ses écrits). *C'est un machiavel* : un homme d'État sans scrupule. V. **Machiavélique.**

MACHIAVÉLIQUE [makjavelik]. *adj.* (1578, rare av. 1803; de *Machiavel*. — REM. L'*adj.* de *Machiavel*, n. pr., est *machiavélien*). Rusé et perfide. *Une manœuvre, un procédé machiavélique. Le machiavélique Talleyrand.* — Par ext. *Un air, un sourire machiavélique.*

MACHIAVÉLISME [makjavelism(ə)]. *n. m.* (1611; de *Machiavel*). ♦ 1° Doctrine de Machiavel; art de gouverner efficacement sans préoccupation morale quant aux moyens. ♦ 2° *Péj.* Attitude de celui qui emploie la ruse, la mauvaise foi, pour parvenir à ses fins. V. **Artifice, perfidie, ruse.** « *Elle m'affirma depuis que je l'avais séduite, captée, déshonorée, avec un rare machiavélisme, une habileté consommée...* » (MAUPASS.). ◈ ANT. Franchise, naïveté.

MÂCHICOULIS [maʃikuli]. *n. m.* (*Machecolis*, 1402; p.-ê. de *mâchis*, de *mâcher* « écraser » (V. **Mâchure**), et *coulis*, de *couler*). Balcon au sommet des murailles ou des tours, percé d'ouvertures à sa partie inférieure pour observer l'ennemi ou laisser tomber sur lui des projectiles et des matières incendiaires. ◇ Les ouvertures elles-mêmes. *Une galerie à mâchicoulis.*

-MACHIE. Élément, tiré du gr. *makhê* « combat » (ex. : *logomachie, tauromachie*).

MACHIN [maʃɛ̃]. *n. m.* (1807; de *machine*). Fam. Désigne un objet, une personne dont on ignore le nom, dont le nom échappe ou qu'on ne prend pas la peine de nommer correctement. V. **Chose, fourbi, histoire, truc.** *Qu'est-ce que c'est que ce machin-là?* « *Un Godin? Mais ça chauffe le tonnerre ces machins-là* » (SARRAUTE). *Machin Chouette.* « *Mère Chose, je vous emprunte votre machin* » (HUGO).

MACHINAL, ALE, AUX [maʃinal, o]. *adj.* (1731; « des machines », fin XVIIe; de *machine*). Qui est fait sans intervention de la volonté, de l'intelligence, comme par une machine. V. **Automatique, inconscient, instinctif, involontaire, irréfléchi, mécanique, réflexe.** *Un geste machinal. Réactions machinales.* « *Ce qui dans l'homme est machinal : Les gestes de tous les jours* » (ARAGON). ◈ ANT. Raisonné, réfléchi, volontaire.

MACHINALEMENT [maʃinalmɑ̃]. *adv.* (1718; de *machinal*). D'une façon machinale, par habitude, sans réfléchir. V. **Mécaniquement.** *Chantonner machinalement en travaillant.*

MACHINATION [maʃinasjɔ̃]. *n. f.* (XIIIe; de *machiner*). Ensemble de menées secrètes, plus ou moins déloyales. V. **Agissement, complot, conspiration, intrigue, manœuvre, ruse.** *Ténébreuses, diaboliques machinations. Ourdir une machination.*

MACHINE [maʃin]. *n. f.* (XIVe; lat. *machina* « invention engin »).
I. *Vx.* Ruse, machination.
II. (1559). Objet fabriqué, généralement complexe (V. **Mécanisme**), destiné à transformer l'énergie (V. **Moteur**) et à utiliser cette transformation, qui se distingue en principe de *appareil* et de *outil*, qui ne font qu'utiliser l'énergie. *Au sens large* : tout système où existe une correspondance spécifique entre une énergie ou une information d'entrée et celles de sortie. ⓐ (Emplois généraux). *Effet, force, puissance, rendement d'une machine. Quantité de travail fournie par une machine. Machine à mécanisme intérieur.* V. **Automate.** *Organes d'une machine.* V. **Commande, mécanisme, moteur, transmission.** *Bâti d'une machine.* V. **Bâti, châssis, charpente.** *Pièces et dispositifs d'une machine.* V. **Arbre, axe, balancier, barre, bielle, bouton, bras, butée, came, cardan, carter, chaîne, chariot, chemise, clapet, collier, courroie, coussinet, crémaillère, culasse, cylindre, engrenage, frein, galet, glissière, hélice, manette, manivelle, palier, papillon, pignon, piston,**

plateau, ressort, robinet, rouage, roue, soupape, tambour, tige, tourillon, tringle, tube, turbine, tuyau, tuyère, va-et-vient, valve, volant.** *Mettre une machine en marche. Machine qui tourne, marche, fonctionne. Machine en panne. Réparation d'une machine* (V. **Mécanicien**). ◇ MACHINE À VAPEUR, qui utilise l'expansion de la vapeur d'eau pour produire la force motrice. *Machines à vapeur fixes* (pompes, compresseurs, chaudières à vapeur), *mobiles* (locomobiles, locomotives). *Pièces et dispositifs propres à la machine à vapeur.* V. **Balancier, chaudière, condenseur, presse-étoupe, réchauffeur, régulateur, surchauffeur, tiroir,** etc. *Machine à vapeur à simple, à double effet.* V. **Compound.** ◇ *Machine hydraulique, pneumatique, à air comprimé, électrique, dynamo-électrique* (V. **Dynamo**), *magnéto-électrique* (V. **Magnéto**), *électronique.* ⓑ *Spécialt.* ♦ 1° *Mécan.* Système de corps transformant un travail en un autre. *Machines simples* : levier, plan incliné, poulie, treuil, vis. *Machine composée* : combinaison de machines simples. ♦ 2° *Machines de bureau.* MACHINE À ÉCRIRE (1858), *et par abrév. Machine. Clavier, touches, chariot, rouleau, tabulateur, ruban d'une machine à écrire. Secrétaire qui tape une lettre à la machine.* V. **Dactylo.** ♦ 3° *Machines à signaux*, effectuant des opérations logiques (calculs, etc.) et acheminant des informations. *Machines mécanographiques, électroniques* (V. **Ordinateur**). *Machine à calculer. Machine à traduire.* ♦ 4° Appareils domestiques : *machine à laver, à laver la vaisselle.* V. **Lave-vaisselle.** *Machine à coudre.* ♦ 5° (Dans l'industrie, les métiers). *Les machines sont à la base de l'équipement industriel. Machine à tisser.* V. **Métier.** *Machines élévatrices, machines et appareils de levage. Machines agricoles*.* — MACHINE-OUTIL (1857) : machine dont l'effort final s'exerce sur un outil. *Machines-outils déformant la matière par choc, compression, étirage; désagrégeant la matière par enlèvement, cisaillement, usure. Machine à river, cintrer, plier, décolleter, fileter, tarauder.* — MACHINE-TRANSFERT : ensemble de machines-outils coordonnées par un système de transmission. *Des machines-transferts.* ♦ 6° Dispositif assurant la propulsion d'un navire. *La salle, la chambre des machines.* V. **Machinerie.** *Stopper les machines. Faire machine arrière, en arrière.* ♦ 7° Véhicule comportant un mécanisme. « *La motocyclette de M. Olivier. Une machine allemande, extraordinaire* » (BERNANOS). *Un cycliste, un motocycliste sur sa machine. Les machines volantes, ancêtres des avions.* — *Spécialt.* Locomotive. *Machine à vapeur. Machine électrique. Machine diesel*. Le dépôt des machines.* ♦ 8° Ancien. *Machines de guerre* : armes complexes d'attaque ou de défense. V. **Baliste, bélier, bombarde, catapulte, perrière, pierrier.** — *Mod.* Engin de guerre. « *Nous sommes habitués... aux horribles machines de guerre qui sèment la ruine et la mort* » (DUHAM.). — *Machine infernale (Ancienn.)* : dispositif de guerre exceptionnel combinant diverses armes et des explosifs, et destiné aux grandes destructions; *(Mod.)* : dispositif meurtrier installé et réglé pour perpétrer un attentat. V. **Bombe.** ♦ 9° *Théât.* Décors installés au moyen de machines. *Une pièce à machines.* V. *aussi Deus ex machina.* ♦ 10° Le machinisme, la mécanisation. *Le siècle, la civilisation de la machine, des machines.*
III. *Fig.* ♦ 1° (1641). Être vivant considéré comme une combinaison d'organes fonctionnant de façon mécanique. *La théorie des animaux-machines de Descartes.* — Vx. *La machine de l'homme* : l'organisme humain. — *Mod.* Personne qui agit comme un automate. — MACHINE À ... : ce qui est considéré comme ayant pour fonction unique ou essentielle de (faire, produire qqch.). *La machine à penser.* — Péj. *Il n'est qu'une machine à fabriquer de l'argent.* ♦ 2° (1609). Ensemble complexe dont la marche a la régularité d'une machine. — Vx. « *La machine ronde* » (LA FONT.) : la Terre. *La machine du monde, de l'univers.* — Mod. *La machine administrative, économique, politique.* ♦ 3° *Vx* (XVIIIe). Grand ouvrage de génie. « *La tragédie d'Héraclius est une belle machine* » (ACAD. 1798). — *Mod.* Peint. *Une grande machine* : grand tableau pompeux. ♦ 4° (1808). Désigne ce qu'on ne veut ou ne peut pas nommer précisément (ustensile, chose, personne). V. **Machin.**

MACHINER [maʃine]. *v. tr.* (XIIIe; lat. *machinari*, de *machina* « machine »). *Vieilli.* Former en secret (des desseins, des combinaisons malhonnêtes, illicites). V. **Comploter, manigancer, ourdir, tramer; machination.** *Machiner un complot, une trahison.* V. **Conspirer, intriguer.** *Machiner la perte de qqn.* « *Je machine en ce moment une épouvantable trame* » (MUSS.).

MACHINERIE [maʃinri]. *n. f.* (1805, « construction de machines », II; « machination », 1492, de *machiner*). ♦ 1° Ensemble des machines réunies en un même lieu et concourant à un but commun. *Entretien de la machinerie d'une filature.* ♦ 2° Par ext. Lieu où sont les machines, et *spécialt.* Salle des machines d'un navire. « *Le capitaine entra dans la machinerie* » (VERCEL).

MACHINISME [maʃinism(ə)]. *n. m.* (1742; de *machine*). ♦ 1° Vx. *Philo.* Doctrine des animaux-machines de Descartes. V. **Mécanisme.** ♦ 2° (1808). Emploi des machines;

généralisation de cet emploi en remplacement de la main-d'œuvre. *Le machinisme, base de la grande industrie, s'est développé au XIXᵉ s.*

MACHINISTE [maʃinist(ə)]. *n. m.* (1643, « inventeur de machines » ; de *machine*). ◆ 1° *Vx* (1694). Celui qui fait marcher une machine. ◆ 2° *Spécialt.* (1678). Ouvrier qui s'occupe des machines, des changements de décor, des truquages, au théâtre, dans les studios de cinéma. Abrév. arg. *Machino.* ◆ 3° *Vieilli* ou *Admin.* Conducteur, mécanicien. *Défense de parler au machiniste.*

MACHISME [matʃism(ə)]. *n. m.* (1971 ; du mexicain *machismo*, v. 1959 ; vulgarisme pour *virilidad* « virilité »). Système social, idéologie de la suprématie du mâle ; comportement de macho. « *Le machisme, la suprématie du mâle, est l'héritage de la civilisation ibérique centrée sur le mâle, faite pour et par le mâle* » (M. T. GUINCHARD). V. **Phallocratie.** (*Dér. MACHISTE, n. et adj.* V. **Phallocrate**).

MACHMÈTRE [makmɛtʀ(ə)]. *n. m.* (apr. 1955 ; de *Mach*, et suff. *-mètre*). Instrument servant à mesurer *le nombre de Mach** d'un avion.

MACHO [matʃo]. *n. m.* (1971 ; mot esp. d'Amérique, v. 1942 ; de l'esp. *macho*, lat. *masculus* « mâle »). *Fam.* Latino-américain qui fait sentir sa supériorité de mâle. « *Le Macho vit peu chez lui où il se conduit en maître qu'on sert, qu'on écoute, qu'on respecte* » (M. T. GUINCHARD). — *Par ext.* Homme phallocrate*.

MÂCHOIRE [maʃwaʀ]. *n. f.* (fin XIIᵉ ; de *mâcher*). ◆ 1° Chacun des deux arcs osseux de la bouche, dans lesquels sont implantées les dents. *Mâchoire supérieure* (fixe), *inférieure* (mobile). V. **Maxillaire.** *Sans mâchoire.* V. **Agnathe.** *Muscles masticateurs* (abaisseurs, élévateurs, propulseurs) *de la mâchoire inférieure. Contracture spastique des mâchoires* (V. **Trismus**). — Pop. *Jouer, travailler des mâchoires* : manger. — *Spécialt.* LA MÂCHOIRE : la mâchoire inférieure. V. **Mandibule.** *Bâiller à se décrocher la mâchoire.* « *Sa longue mâchoire qu'allonge une barbiche* » (ZOLA). ◆ 2° Pièce de l'appareil masticatoire des insectes portant les palpes. ◆ 3° *Par ext.* (1680). Chacune des pièces jumelées qui, dans un outil, un engin, un mécanisme, s'éloignent et se rapprochent à volonté pour serrer, tenir. *Mâchoires d'un étau, d'une clef anglaise, d'une paire de tenailles.* « *La mâchoire du piège a claqué* » (GIONO). *Mâchoire de frein,* pièce portant la garniture* de frein, et assurant le freinage par frottement.

MÂCHONNEMENT [maʃɔnmɑ̃]. *n. m.* (1832 ; de *mâchonner*). ◆ 1° Action de mâchonner. ◆ 2° *Méd.* Mouvement continuel des mâchoires, symptomatique de certaines affections cérébrales.

MÂCHONNER [maʃɔne]. *v. tr.* (XVᵉ ; dimin. de *mâcher*). ◆ 1° Mâcher lentement, longuement, avec difficulté ou négligence. « *Je regarde les chevaux et les mulets mâchonner leur paille hachée* » (THARAUD). — *Mâchonner son crayon, son cigare.* V. **Mordiller.** ◆ 2° (1611). *Fig.* Prononcer d'une manière indistincte, en articulant mal. V. **Marmonner, marmotter.** « *Il mâchonnait des bouts de phrases sous sa moustache jaunie* » (CAMUS).

MÂCHOUILLER [maʃuje]. *v. tr.* (1894 ; mot dial. ; de *mâcher*). *Fam.* Mâchonner ; mâcher sans avaler. « *Palaiseau mâchouillait une paille avec l'expression béate d'un ruminant* » (TROYAT).

MÂCHURE [maʃyʀ]. *n. f.* (1472 ; d'un a. v. *macher* « écraser, meurtrir », d'un rad. expressif *makk-*, avec infl. de *mâcher*). *Techn. Mâchures du drap, du velours* : parties où le poil n'a pas été coupé net par les forces, a été écrasé.

1. **MÂCHURER** [maʃyʀe]. *v. tr.* (1507 ; *mascurer*, XIIᵉ ; o. i., même famille que *masque*). Barbouiller, salir de noir. V. **Noircir.** *Mâchurer du papier, des habits.* ◇ *Imprim.* Tirer (une feuille) sans netteté. — Au p. p. *Feuille mâchurée.*

2. **MÂCHURER** [maʃyʀe]. *v. tr.* (XVᵉ ; de *mâchure*). ◆ 1° Écraser, entamer par pression. *Pièce mâchurée par l'étau.* ◆ 2° (Confusion avec *mâcher*). Entamer en mordant. — « *Le gros bout de son porte-plume mâchuré* » (GIDE).

MACIS [masi]. *n. m.* (*Macie*, 1256 ; mot lat., altér. de *macir* « écorce aromatique »). Tégument (arille) de la noix muscade utilisé comme aromate. « *Des plats véhéments, assaisonnés à la marjolaine et au macis* » (HUYSMANS).

MACKINTOSH [makintɔʃ]. *n. m.* (1842 ; mot angl., du nom de l'inventeur Charles *Mac Intosh*). *Vx.* Manteau imperméable. V. **Imperméable.**

1. **MACLE** [makl(ə)] ou **MACRE** [makʀ(ə)]. *n. f.* (1554-1765 ; mot de l'Ouest ; o. i.). Plante aquatique, à fleurs blanches, à fruits épineux appelés *châtaignes d'eau, noix d'eau.*

2. **MACLE** [makl(ə)]. *n. f.* (1298, *mascle*, probabl. germ. °*maskila*, de °*maska* ; Cf. all. *Masch* « maille »). ◆ I. *Blas.* Meuble de l'écu, formé d'un losange percé à jour en son milieu par un losange plus petit. ◆ II. (1690). *Sc.* Cristal complexe résultant de la réunion (pénétration ou accolement) de plusieurs cristaux de même espèce orientés différemment.

MACLÉ, ÉE [makle]. *adj.* (1795 ; de *macle*). *Sc.* Disposé en macles. *Cristaux maclés.*

MACLER [makle]. *v. tr.* (1765 ; o. i.). *Techn.* Brasser (le verre en fusion) dans le creuset, pour le rendre homogène (opération du *maclage* [maklaʒ]).

MÂCON [makɔ̃]. *n. m.* (de *Mâcon*, ville de Bourgogne). Vin du Mâconnais. *Une bouteille de mâcon.*

MAÇON [masɔ̃]. *n. m.* (XIIᵉ ; bas lat. *machio* (VIIᵉ), frq. °*makio*, rac. °*makôn* « faire » ; Cf. angl. *To make*). ◆ 1° Celui qui exécute ou dirige des travaux de maçonnerie. *Maître maçon. Compagnon, ouvrier maçon.* V. **Appareilleur, poseur ; limousin.** *Apprenti, aide maçon.* — *Outils, instruments, matériel du maçon.* V. **Auge, bétonnière, boucharde, bouloir, calibre, ciseau, doloire, échafaudage, écorperche, équerre, fil** (à plomb), **gâche, grattoir, griffe, langue-de-bœuf, madrier, marteau, niveau, oiseau, palançon, pelle, sabot, smille, spatule, truelle.** *Travail du maçon.* V. **Appareiller, bâtir, bétonner, bloquer, boucher, bousiller, chaîner, cimenter ; construire, crépir, étayer, gâcher, hourder, jointoyer, lambrisser, limousiner, métrer, plâtrer, ravaler, rejointoyer, renformir, sceller, terrasser.** — *Fig.* et *adj.* (1752) Se dit de certains animaux constructeurs. *Abeille, fourmi maçonne.* ◆ 2° (1782). Franc-maçon. *Sa mère « voyait dans les Maçons des ennemis de l'Église* » (ROMAINS).

MAÇONNAGE [masɔnaʒ]. *n. m.* (1240 ; de *maçonner*). Action de maçonner : travail, ouvrage de maçon. *Le maçonnage de ce mur a été bien exécuté ; est solide, grossier.*

MAÇONNER [masɔne]. *v. tr.* (v. 1220 ; de *maçon*). ◆ 1° Construire ou réparer en maçonnerie. *Maçonner un mur.* ◆ 2° Revêtir de maçonnerie. *Maçonner les parois d'un puits.* — Boucher avec de la maçonnerie. *Maçonner une fenêtre, une porte.*

MAÇONNERIE [masɔnʀi]. *n. f.* (*Machonerie*, v. 1280 ; de *maçon*). ◆ 1° Partie des travaux de construction comprenant l'édification du gros œuvre et certains travaux de revêtement. *Grosse maçonnerie* (gros ouvrage), comprenant les éléments essentiels du gros œuvre ; *petite maçonnerie* (ouvrage léger), comprenant la pose des enduits, le carrelage, etc. *Matériaux utilisés en maçonnerie.* V. **Aggloméré, béton, brique, caillou, ciment, crépi, latte, meulière, moellon, mortier, parpaing, pierre, pisé, plâtre.** *Entrepreneur de maçonnerie.* ◆ 2° Construction, partie de construction faite d'éléments assemblés et joints. *Maçonnerie de pierres de taille, de moellons* (V. **Limousinage**), *de briques* (V. **Briquetage**), *de béton* (V. **Bétonnage**). *Maçonnerie légère* (V. **Hourdis**), *de plâtre* (V. **Plâtrage**). *Maçonnerie grossière* (V. **Hourdage**), *de cailloux* (V. **Cailloutage**), *de terre battue* (V. **Pisé**), *de torchis.* *Maçonnerie sèche* : sans liant. — *Agencement des éléments d'une maçonnerie.* V. **Appareil, assise, joint, lit, parement.** *Maçonnerie en liaison, en blocage, en appareil réticulé, irrégulier. Massifs de maçonnerie, dans les fondations.* V. **Butée, culée, enrochement, orillon, platée, radier, soutènement.** *Maçonnerie renforcée par une armature.* ◆ 3° (1782). Franc-maçonnerie. « *Le conspirateur, l'homme qui entrerait dans la Maçonnerie* » (ROMAINS).

MAÇONNIQUE [masɔnik]. *adj.* (1782 ; de *maçon*). Relatif à la franc-maçonnerie. V. **Franc-maçonnique.** *Assemblée maçonnique.* V. **Convent, loge.** *Les musiques maçonniques de Mozart.*

MACQUE ou **MAQUE** [mak]. *n. f.* (1732 ; *make*, fin XIIᵉ, « masse d'armes » ; de *mascher, maquer* « broyer le chanvre », normanno-picard pour *mache*, rad. *makk-*. V. **Mâchure**). Outil à branches cannelées, servant au broyage du chanvre, du lin. V. **Broie.** ◇ HOM. *Mach.*

MACRAMÉ [makrame]. *n. m.* (1913 ; mot arabe). Travail à jour exécuté en fils tressés et noués. *Fonds, galons, passementeries en macramé.*

MACRE. V. **Macle** (1).

MACREUSE [makrøz]. *n. f.* (1642 ; norm. *macrouse*, altér. de *macrolle* [v. 1300] ; p.-ê. du frison *markol*, ou du néerl. *meerkol*). ◆ I. Oiseau migrateur, palmipède, voisin du canard. *Au XVIIᵉ s., la macreuse était une viande autorisée les jours maigres* (d'où le sens II). ◆ II. (Fin XIXᵉ). Viande maigre sur l'os de l'épaule du bœuf.

MACR(O)-. Élément, tiré du gr. *makros* « long, grand » (V. **Méga-**). ◇ ANT. *Micro-.*

MACROBIOTIQUE [makʀɔbjɔtik]. *adj.* (1846, n. f. « hygiène de vie, assurant la longévité », repris dans l'express. *Zen macrobiotique,* mil. XXᵉ ; d'apr. le japonais). Se dit d'un régime alimentaire, à base de céréales et de légumes naturels sans aucun ingrédient issu de transformations chimiques ou industrielles. — *Par ext.* Aliment composant un tel régime. « *Des conférences sur la nourriture macrobiotique* » (MALLET-JORIS).

MACROCÉPHALE [makʀɔsefal]. *adj.* (1556 ; gʀ. *makrokephalos*). Qui a une grosse tête (*Animal, insecte macrocé-*

phale), et *spécialt.* une tête anormalement volumineuse. ◊
ANT. *Microcéphale.*

MACROCÉPHALIE [makrɔsefali]. *n. f.* (1840; de
macrocéphale). *Méd.* Augmentation pathologique du volume
de la tête. *Macrocéphalie due à l'hydrocéphalie.* (On dit aussi
mégacéphalie, n. f., *mégalocéphalie*, n. f.).

MACROCOSME [makrɔkɔsm(ə)]. *n. m.* (1314, d'apr.
microcosme; suff. *-cosme*). *Philo.* ou *littér.* L'univers considéré
par rapport au microcosme que constitue l'homme. ◊ ANT.
Microcosme.

MACROCOSMIQUE [makrɔkɔsmik]. *adj.* (xxᵉ; de
macrocosme). ♦ 1° *Philo.* ou *littér.* Relatif au macrocosme, à
l'univers. ♦ 2° *Par ext.* Synthétique, global. *Vision macrocosmique, en sociologie, en économie.*

MACROCYTE [makrɔ(o)sit]. *n. m.* (v. 1906; de *macro-*,
et *-cyte*). *Biol.* Globule rouge d'un diamètre supérieur à la
normale.

MACRODÉCISION [makrɔdesizjɔ̃]. *n. f.* (1949; de
macro-, et *décision*). *Écon. polit.* Décision économique
émanant d'un groupe ou de l'État et portant sur des quantités globales.

MACRO-ÉCONOMIE [makrɔekɔnɔmi]. *n. f.* (1948; de
macro-, et *économie*). *Didact.* Partie de l'économie qui étudie
les grandes structures et les phénomènes économiques
globaux. ◊ ANT. *Micro-économie.*

MACRO-ÉCONOMIQUE [makrɔekɔnɔmik]. *adj.* (1948;
de *macro-économie*). *Didact.* Relatif aux structures et aux
faits économiques globaux. *Analyse, études macro-économi-
ques.* ◊ ANT. *Micro-économique.*

MACROGRAPHIE [makrɔgrafi]. *n. f.* (1922; de *macro-*,
et *graphie*). *Techn.* Étude de la structure des métaux et
alliages à l'œil nu ou avec un faible grossissement. ◊ ANT.
Micrographie. (Adj. *MACROGRAPHIQUE* [1922].)

MACROMOLÉCULE [makrɔmɔlekyl]. *n. f.* (av. 1948; de
macro-, et *molécule*). *Chim.* Molécule formée par l'union
d'un nombre élevé de « motifs moléculaires » identiques et
obtenue en général par condensation ou polymérisation*.
(Adj. *MACROMOLÉCULAIRE* [av. 1948].)

MACROPHAGE [makrɔfaʒ]. *n. m.* et *adj.* (1899; de
macro-, et suff. *-phage*). *Histol.* Grosse cellule dérivant du
monocyte* du sang, douée du pouvoir d'englober et de
détruire par phagocytose* des particules étrangères, des
déchets cellulaires et les micro-organismes. V. *Histiocyte.*

MACROPHOTOGRAPHIE [makrɔfɔtɔgrafi]. *n. f.*
(1948; de *macro-*, et *photographie*). *Techn.* Photographie
très rapprochée de petits objets donnant une image plus
grande que nature. (Adj. *MACROPHOTOGRAPHIQUE*).

MACROPODE [makrɔpɔd]. *adj.* et *n.* (1802; de *macro-*,
et suff. *-pode*). *Sc. nat.* Qui a de longs pieds, de longues
nageoires, de longs pédoncules. *N. m.* Poisson à longues
nageoires.

MACROSCÉLIDE [makrɔselid]. *n. m.* (1867; « insecte »,
1846; de *macro-*, et gr. *skelos* « jambe »). *Zool.* Mammifère
insectivore de petite taille, au museau prolongé par une
trompe mobile, à longs membres postérieurs.

MACROSCOPIQUE [makrɔskɔpik]. *adj.* (1874; de
macro-, et suff. *-scope*). *Didact.* Qui se voit à l'œil nu (*opposé à*
microscopique). *Aspect macroscopique d'un organe. Chimie
macroscopique.*

MACROSÉISME [makrɔseism(ə)]. *n. m.* (1807; de
macro-, et *séisme*). *Géophys.* Séisme directement perceptible
à l'homme, sans l'aide d'instruments (par opposition à
microséisme).

MACROSÉISMIQUE [makrɔseismik] ou **MACRO-
SISMIQUE** [makrɔsismik]. *adj.* (1946-1968; de *macroséisme*). *Géophys.* Relatif à un macroséisme. *Analyse, étude
macroséismique.*

MACROSPORANGE [makrɔspɔrɑ̃ʒ]. *n. m.* (1890; de
macro-, et *sporange*). *Bot.* Organe de certaines plantes (ptéry-
dophytes) où se forment les macrospores.

MACROSPORE [makrɔspɔr]. *n. f.* (1842; de *macro-*, et
gr. *spora* « semence »). *Bot.* Spore femelle de certains cryptogames vasculaires. *Les macrosporanges produisent les
macrospores.*

MACROURE [makrur]. *n. m.* (1802; de *macro-*, et gr. *oura*
« queue »). *Zool.* Crustacé *(Décapodes)* à longue queue. V.
Crevette, écrevisse, homard, langouste. Les macroures.

MACULA [makyla]. *n. f.* (1868; mot lat. « tache »).
Anat. Tache ovalaire jaune grisâtre du fond de l'œil, située
sur la rétine du côté inférieur externe de la papille optique.
On dit aussi *tache jaune.*

MACULAGE [makylaʒ] *n. m.* ou **MACULATION**
[makylasjɔ̃]. *n. f.* (1819,-xvIᵉ; de *maculer*). ♦ 1° Action de
maculer; son résultat. ♦ 2° *Typogr.* Traces de salissure
provoquées par des feuilles fraîchement imprimées.

MACULATURE [makylatyr]. *n. f.* (1567; de *maculer*).
♦ 1° *Typogr.* (Vx). Tache d'une feuille maculée. V.
Maculage. ♦ 2° *Par ext.* Feuille de papier grossier qui sert
à envelopper les rames. « *Une maculature qui enveloppait tes*

épreuves » (BALZ.). — Feuilles maculées à l'impression
servant de décharge. — Feuille intercalaire. V. *Macule* (2).

1. MACULE [makyl]. *n. f.* (XIIIᵉ; lat. *macula* « tache »).
♦ 1° *Vx.* Souillure, tache. « *Les macules des âmes* » (VOLT.).
♦ 2° Salissure, trace d'encre sur le papier. V.' *Bavochure,
bavure, maculage.* ♦ 3° *Méd.* Tache plane, décolorée ou
rouge, sur la peau. *Macule érythémateuse.* V. *Érythème.
Macule dépigmentée.*

2. MACULE [makyl]. *n. f.* (1322; abrév. de *maculature*).
Typogr. Feuille intercalaire destinée à éviter le maculage des
feuilles fraîchement imprimées. — Synonyme de *Maculature* (2°).

MACULER [makyle]. *v. tr.* (XIIᵉ; lat. *maculare*). ♦
1° *Littér.* Couvrir, souiller de taches. V. *Salir, souiller,
tacher. Maculer d'encre une feuille de papier.* V. *Barbouiller,
noircir. Maculer de boue ses vêtements.* V. *Crotter.* « *La boue
maculait son pansement* » (SARTRE). « *La table, grasse de sauce,
maculée de vin* » (ZOLA). ♦ 2° *Typogr.* Salir (les feuilles
fraîchement imprimées). V. *Maculage. Feuille maculée;
livre maculé.* ◊ ANT. *Essuyer, nettoyer. Immaculé.*

MADAME [madam]. *n. f.* (XIIᵉ; de *ma*, adj. poss., et
dame; plur. MESDAMES [medam]; abrév. *Mme, Mmes*).
I. *Vx.* ♦ 1° Titre honorifique donné aux femmes des
hautes classes de la société (souveraine, filles de la maison
royale, femmes nobles titrées), mariées ou non. *Spécialt.* La
femme de Monsieur, frère du roi (*par ex.* : Henriette d'Angleterre). ♦ 2° *Par ext.* Titre donné aux bourgeoises.
♦ 3° *Mod.* et *fam.* UNE MADAME (plur. MADAMES) : une dame.
Jouer à la madame. « *Les belles madames* » (SARTRE) : les
femmes élégantes de la haute société.
II. (XVIIᵉ). *Mod.* ♦ 1° Titre donné à toute femme qui est
ou a été mariée. *Madame Untel. Madame de Staël.
Madame Bovary. Madame la Générale,* épouse d'un général.
*Monsieur le docteur X et Madame, née Y. Bonjour, madame.
Bonsoir, mesdames, mesdemoiselles, messieurs. Madame
votre mère. Chère madame.* ♦ 2° Titre donné par respect à
certaines femmes, mariées ou non. — Titre précédant la
fonction d'une femme. *Madame la Présidente. Madame la
Directrice. Madame la Députée ou Madame le député.
Madame l'abbesse.* ♦ 3° *Absolt.* La maîtresse de maison.
Madame est servie. Veuillez m'annoncer à Madame.

MADAPOLAM [madapɔlam]. *n. m.* (1823; ville de l'Inde).
Étoffe de coton, calicot fort et lourd.

MADÉCASSE [madekas]. *adj.* et *n.* (1787; « Madagascar », n., 1765; mot indigène; var. *Malagasy*). *Vx.* De
Madagascar. V. *Malgache.*

MADE IN... [medin]. Mot anglais signifiant « fabriqué
en » (tel pays). *Made in France.*

MADELEINE [madlɛn]. *n. f.* (1223, *faire la Madeleine;*
lat. *Magdalena* « femme de Magdala », pécheresse célèbre de
l'Évangile). ♦ 1° *Fam. Pleurer comme une Madeleine* :
pleurer abondamment. ♦ 2° (XVIIᵉ). Nom donné à des
fruits qui mûrissent à l'époque de la Sainte-Madeleine
(pêche, prune, pomme, poire). — Nom de cépages précoces.
♦ 3° (1845; de *Madeleine Paulmier*, cuisinière). Petit gâteau
sucré à pâte molle, de forme arrondie. « *Ces gâteaux courts
et dodus appelés Petites Madeleines* » (PROUST).

MADEMOISELLE [madmwazɛl]. *n. f.* (XVIᵉ; de *ma*, adj.
poss., et *demoiselle;* plur. MESDEMOISELLES [me(ɛ)dmwazɛl];
abrév. *Mlle; Mlles*).
I. *Ancienn.* ♦ 1° Titre de la fille aînée des frères ou oncles
du roi. *La Grande Mademoiselle, duchesse de Montpensier,
cousine germaine de Louis XIV.* ♦ 2° Appellation des femmes
nobles non titrées, mariées ou non. *Racine appelait sa sœur
Madame avant son mariage avec Louis Rivière* (en tant que
jeune fille bourgeoise) *et Mademoiselle lorsqu'elle fut son
épouse* (assimilée à une femme noble non titrée).
II. *Mod.* Titre donné aux jeunes filles et aux femmes célibataires (Abrév. pop. *Mam'selle* ou *mam'zelle*). *Mademoiselle Une telle et ses parents. Mademoiselle votre fille.* —
Absolt. La fille de la maison.

MADÈRE [madɛr]. *n. m.* (1803; de l'île port. de *Madère*).
Vin de Madère. *Madère sec. Madère doux.* V. *Malvoisie.
Verre à madère* : petit verre. — *Cuis.* (Par appos.) *Sauce
madère* : sauce au madère.

MADONE [madɔn]. *n. f.* (1643; it. *madonna* « madame »,
nom donné à la Vierge). ♦ 1° Représentation de la Vierge,
généralement avec Jésus enfant. *Les Madones de Raphaël,
de Botticelli.* ♦ 2° *Par compar.* Femme belle comme une
madone. *Visage de madone.* — *Fig. Un charme* « *que n'avaient
pas ses sœurs, plus madones, plus régulières* » (ARAGON).
♦ 3° La Vierge, en Italie. *Italienne qui prie la Madone.*
4° *Madone des sleepings* (titre de roman), type de femme
fatale cosmopolite. « *Une grande voyageuse internationale,
presque [...] une madone des sleepings* » (BEAUVOIR).

MADRAGUE [madrag]. *n. f.* (1679; prov. *madraga*, arabe
almazraba « enceinte »). *Région.* Enceinte de filets à compartiments, fixés à demeure près de la côte pour capturer le thon.

MADRAS [madrɑs]. *n. m.* (1797; ville de l'Inde). ♦

1º Étoffe à chaîne de soie et trame de coton, de couleurs vives. *Robe, mouchoir de madras.* ♦ 2º *Par ext.* Mouchoir, fichu de madras ; ce mouchoir noué sur la tête servant de coiffure. V. **Foulard.** « *Un joli madras négligemment noué sur sa tête à la manière des créoles* » (BALZ.).

MADRÉ, ÉE [ma(α)dʀe]. *adj.* (XIVᵉ, *bois madré* « veiné, tacheté » ; de l'a. fr. *masdre, madre,* frq. °*maser* « excroissance rugueuse d'un tronc » ; fig. 1591, par compar. avec l'aspect varié du *bois madré*). Qui est malin, rusé. V. **Futé, matois, rusé.** *Paysan madré.* « *Rusé, madré, retors* » (FRANCE). — *Subst.* « *Ce vieux madré de cardinal* » (VOLT.). *Une petite madrée.*

MADRÉPORE [madʀepɔʀ]. *n. m.* (1671 ; it. *madrepora,* de *madre* « mère », et *poro* « pore »). Animal cœlentéré coralliaire des mers chaudes, à polypier perforé généralement dressé et ramifié. *Banc de madrépores.* — *Les madrépores* ou *madréporaires :* ordre de cœlentérés renfermant divers polypes.

MADRÉPORIEN, IENNE [madʀepɔʀjɛ̃, jɛn], **MADRÉPORIQUE** [madʀepɔʀik] ou **MADRÉPOREUX, EUSE** [madʀepɔʀø, øz]. *adj.* (1867,-1812,-1859 ; de *madrépore*). Qui appartient aux madrépores, est formé de madrépores. *Polypes madréporiens. Île madréporique.* V. **Atoll.**

MADRIER [madʀije]. *n. m.* (fin XVIᵉ ; *madrets,* 1382 ; altér. a. prov. *madier* « couverture de pétrin », d'un lat. pop. °*materium,* lat. class. *materia* « bois de construction »). Planche très épaisse. V. **Basting, poutre.** *Madrier de chêne, de sapin. Madrier de charpente.* « *Le plancher du fenil était fait de madriers mobiles* » (ZOLA).

MADRIGAL [madʀigal]. *n. m.* (*Madrigale,* 1542 ; it. *madrigale ;* o. i.). ♦ 1º *Hist. mus.* Pièce vocale polyphonique sur un texte profane. *Les madrigaux de Palestrina.* ♦ 2º Courte pièce de vers exprimant une pensée ingénieuse et galante. *Madrigaux de Voiture.* ◊ *Par ext. Cour.* Compliment galant et précieux.

MADRIGALISTE [madʀigalist(ə)]. *n.* (1873 ; de *madrigal*). *Mus.* Compositeur de madrigaux. *Les grands madrigalistes du XVIᵉ siècle.*

MAELSTROM, MAELSTRÖM ou **MALSTROM** [mal(ε)stʀɔm ; -tʀøm ; -tʀom]. *n. m.* (1857, comme nom commun ; nom d'un tourbillon de la côte norvégienne, 1765 ; mot holl., de *malen* « moudre, broyer », et *strom* « courant »). ♦ 1º Courant tourbillonnaire marin. V. **Gouffre.** ♦ 2º *Fig.* Tourbillon. « *Paris est un malstroëm* (sic) *où tout se perd* » (HUGO).

MAËRL [maεʀl] ou **MERL** [mεʀl]. *n. m.* (1877,-1860 ; mot bret. (*merl, maerl*), de l'a. fr. *marle,* var. de *marne*). *Géogr.* Dépôt littoral, formé de fin gravier et de débris d'algues calcaires, qui sert d'amendement. ◈ HOM. **Merle.**

MAESTOSO [maεstozo]. *adv.* (1846 ; *majestoso,* 1752 ; mot it.). *Mus.* Avec une lenteur majestueuse.

MAESTRIA [maεstʀija]. *n. f.* (1844 ; mot it. « maîtrise », de *maestro*). Maîtrise, facilité et perfection dans l'exécution (d'une œuvre d'art, d'un exercice). V. **Brio.** *Faire qqch., mener une intrigue avec maestria* (Cf. De main de maître). « *La maestria que tu as en traitant les idées et les phrases* » (FLAUB.).

MAESTRO [maεstʀo]. *n. m.* (1824 ; mot it. « maître »). Compositeur de musique ou chef d'orchestre célèbre. *Des maestros.* — *Plais. Chef d'orchestre. Bravo, maestro !*

MAFFIA, d'où **MAFIA** [mafja]. *n. f.* (*La Maffia,* 1875 ; mot sicilien, d'o. i. ; nom commun, 1933). *Péj.* Coterie secrète servant de cadres privés pour des moyens plus ou moins illicites. « *Il s'est formé une conspiration. Il s'est formé une bande complice ; il s'est formé une maffia* » (GIRAUDOUX). *Des maffias.* — *Par ext.* (non péj.). Groupe occulte. *Une petite mafia de collectionneurs.*

MAFFLU, UE [mafly]. *adj.* (*Maflé,* 1666 ; même rac. que l'a. v. *mafler* « manger beaucoup » ; néerl. *maffel* « mâchonner »). *Vx* ou *littér.* Qui a de grosses joues. V. **Joufflu.** « *Grasse, mafflue et rebondie* » (LA FONT.). *Visage mafflu.* ◊ Bouffi. « *Quelque robuste servante aux joues colorées et mafflues* » (GAUTIER). V. **Plein, rebondi, rond.** ◈ ANT. **Maigre.**

MAGASIN [magazɛ̃]. *n. m.* (v. 1400 ; arabe *makhâzin,* plur. de *makhzin* « dépôt, bureau » (Cf. Maghzen) par le prov.).

I. ♦ 1º Lieu de dépôt de marchandises destinées à être conservées ou vendues. V. **Entrepôt, réserve, resserre.** *Mettre en magasin.* V. **Emmagasiner.** *Magasins d'un port.* V. **Dock.** *Magasin à blé, à grains.* V. **Grange, grenier, silo), à vins** (V. **Cave, chai, halle**). — *Spécialt. Le magasin d'une boutique.* V. **Arrière-boutique, réserve.** *Avoir qqch. en magasin :* en stock. ♦ 2º *Spécialt. Milit.* Local destiné à recevoir les munitions, provisions nécessaires à l'armée. *Magasin d'armes, d'explosifs ; magasin à poudre.* V. **Arsenal, poudrière.** *Magasin de vivres ; d'habillement.* — *Théât. Magasin des accessoires.* Fig. « *Quelques mots français que nous avons laissé se décolorer dans le magasin des accessoires romantiques* » (MART. du G.). — Dr. comm. *Magasins généraux* : établissements jouissant du monopole d'exploitation de locaux destinés à entreposer des marchandises. ♦ 3º (1766 ; angl. *magazine*). *Vx.* Magazine. *Le Magasin pittoresque* (1833-1873). ♦ 4º *Techn.* (fin XIXᵉ). *Magasin d'une arme à feu à répétition* (fusil, revolver) : partie de l'arme recevant l'approvisionnement en cartouches. *Mettre un chargeur dans le magasin.* — Par anal. *Magasin d'un appareil de photo, d'une caméra,* où l'on met la pellicule à impressionner.

II. (1690 ; a supplanté *boutique,* v. 1800). *Cour.* Établissement de commerce où l'on conserve, expose des marchandises en vue de les vendre. V. **Boutique, commerce, échoppe, fonds.** *Tenir un magasin* (V. **Commerçant, marchand**). *Magasin d'alimentation. Devanture, étalage, vitrine d'un magasin. Employés de magasin.* V. **Caissier, commis, vendeur.** *Comptoir, rayons d'un magasin. Faire des achats, des emplettes dans un magasin. Courir les magasins.* V. **Course** (Cf. l'anglicisme *Faire du shopping*). — GRAND MAGASIN : grand établissement de vente comportant de nombreux rayons spécialisés. *Magasin à succursales multiples. Chaîne de magasins.* V. **Succursale.** *Magasin à libre service. Magasin à prix unique. Magasin à grande surface.* V. **Hypermarché, supermarché.** *Magasin spécialisé* (dans l'habillement, par ex.).

1. **MAGASINAGE** [magazinaʒ]. *n. m.* (1675 ; de *magasin*). *Comm.* Action de mettre en magasin, en dépôt. — *Par ext.* Durée du séjour des marchandises en magasin. — *Droits* (ou *frais*) *de magasinage,* droits acquittés pour le dépôt de marchandises en magasin.

2. **MAGASINAGE** [magazinaʒ]. *n. m.* (1909 ; mot canadien, de *magasiner*). *Canada.* Action de magasiner*. V. **Shopping** (anglicisme). *Faire du, son magasinage.* « *La malheureuse épouse épuisée par son après-midi de magasinage* » (V.-L. BEAULIEU).

MAGASINER [magazine]. *v. intr.* (1894 ; mot canadien, de *magasin,* d'apr. l'angl. *to shop.* Cf. Bouquiner). *Canada.* Aller dans les magasins pour se renseigner, faire des achats. Cf. Faire les courses. V. **Shopping** (anglicisme). « *Elle passait des heures autour des comptoirs, à ' magasiner ', c'est-à-dire à tripoter les étoffes, faire sortir les blouses, essayer des gants, bref à mettre sur les dents les vendeuses qui l'exécraient* » (RINGUET).

MAGASINIER [magazinje]. *n. m.* (1692 ; de *magasin*). Celui qui garde les marchandises déposées dans un magasin. V. **Garde-magasin.**

MAGAZINE [magazin]. *n. m.* (1776, n. f. ; angl. *magazine,* du fr. *magasin*). ♦ 1º Publication périodique, généralement illustrée. *Une pile de vieux magazines.* V. **Revue.** ♦ 2º Émission périodique de radio, de télévision, sur un sujet déterminé. *Magazine féminin.*

MAGDALÉNIEN, IENNE [magdalenjɛ̃, jɛn]. *adj.* (v. 1880 ; de *La Madeleine,* du lat. *Magdalena*). *Anthrop.* Relatif à la période de la préhistoire définie grâce aux vestiges découverts dans les cavernes de *La Madeleine* (Dordogne). *Civilisation, société magdalénienne.* — *Subst. Le magdalénien :* dernière période du paléolithique supérieur (civilisation du Renne).

1. **MAGE** [maʒ]. *n. m.* (1487 ; *mague,* XIIIᵉ ; lat. *magus,* gr. *magos,* d'o. persane). ♦ 1º Prêtre, astrologue, dans la Babylone antique, en Assyrie, puis dans l'Empire perse. ♦ 2º *Spécialt. Les Mages* : les personnages qui, selon l'Évangile, vinrent rendre hommage à l'enfant Jésus. Par appos. *Les Rois mages. La fête des Rois, l'Épiphanie commémore l'adoration des Rois mages.* « *L'Adoration des Mages* » : thème fréquent de la peinture religieuse. ♦ 3º (1611). *Didact.* Celui qui pratique les sciences occultes, la magie. V. **Astrologue, devin, magicien, sorcier.** *Les Mages,* poème de Hugo.

2. **MAGE** ou **MAJE** [maʒ]. *adj.* (XVᵉ ; prov. *majer* « plus grand ». V. **Majeur.** Hist. dr. *Juge maje* ou *mage :* lieutenant du sénéchal, dans certaines provinces.

MAGHRÉBIN ou **MAGRÉBIN, INE** [magʀebɛ̃, in]. *adj. et n.* (XXᵉ ; de l'arabe *maghrib* « Occident », *Maugrebin* au XVIIIᵉ. V. **Maugrabin;** 1931, *Mograbin*). Originaire du Maghreb. *L'économie maghrébine. Les parlers maghrébins.*

MAGHZEN ou **MAKHZEN** [maxzεn]. *n. m.* (*Maghzen* « cavaliers arabes », 1849 ; mot arabe « dépôt, bureau » ; Cf. Magasin). L'administration marocaine, sous le protectorat de la France.

MAGICIEN, IENNE [maʒisjɛ̃, jεn]. *n.* (XIVᵉ ; d'abord adj. « magique » ; de *magique*). ♦ 1º Personne qui pratique la magie. V. **Alchimiste, astrologue, devin, enchanteur, mage, nécromancien, sorcier, thaumaturge.** *Prodiges, enchantements d'un magicien. Herbe à la magicienne,* aux sorcières*. ♦ 2º *Fig.* Personne qui produit, comme par magie, des effets, des influences extraordinaires. « *L'orateur et le poète sont deux grands magiciens* » (DIDER.). *Chateaubriand* « *était un grand magicien, un grand enchanteur* » (STE-BEUVE). — *Par ext.* « *Le soleil, qui est le grand magicien de ce pays, et qui transfigure toutes choses* » (LOTI).

MAGIE [maʒi]. *n. f.* (1535 ; lat. *magia,* gr. *mageia*). ♦ 1º Art de produire, par des procédés occultes, des phénomènes inexplicables ou qui semblent tels. V. **Alchimie,**

astrologie, cabale, hermétisme, occultisme, sorcellerie, théurgie ; et suff. -Mancie. *Pratiques de magie.* V. **Apparition, charme, conjuration, divination, enchantement, ensorcellement, envoûtement, évocation, horoscope, incantation, maléfice, philtre, rite, sort, sortilège.** *Objets utilisés en magie.* V. **Amulette, grimoire, mandragore, talisman.** *Magie noire.* — Par ext. *Comme par magie* : d'une manière incompréhensible. ♦ 2° *Sociol.* Ensemble des procédés d'action et de connaissance (Cf. Science), à caractère secret, réservé (Cf. Religion), dans les sociétés dites « primitives ». ♦ 3° (XVII°). *Fig.* Influence vive, inexplicable, qu'exercent l'art, la nature, les passions. V. **Charme, prestige, puissance, séduction.** *Magie de l'art, de la couleur ; du style, du verbe.* « *C'est* (l'art pur) *créer une magie suggestive* » (BAUDEL.).

MAGIQUE [maʒik]. *adj.* (1265 ; lat. *magicus*, gr. *magikos*, de *mageia*. V. **Magie**). ♦ 1° Qui tient de la magie ; qui est utilisé, produit par la magie. V. **Cabalistique, ésotérique, merveilleux, occulte, surnaturel.** *Vertu, pouvoir, force magique. Formules, paroles, évocations magiques. Baguette, miroir, philtre magique.* — *Sociol. Mentalité magique, prélogique.* ♦ 2° Où la magie, l'irrationnel tient une grande place. *L'art magique des surréalistes.* Par ext. « *L'acte d'imagination est un acte magique* » (SARTRE). ♦ 3° *Fig.* (XVIII°). Qui produit des effets extraordinaires. V. **Étonnant, merveilleux, surprenant.** *Ascendant, pouvoir magique.* — Spécialt. *Lanterne* magique. ◊ ANT. *Naturel, normal, ordinaire.*

MAGIQUEMENT [maʒikmɑ̃]. *adv.* (XVI°, repris v. 1870 ; de *magique*). D'une manière magique, surnaturelle.

MAGISTER [maʒistɛʀ]. *n. m.* (XV° ; mot lat.). ♦ 1° *Vx.* Maître d'école de village. ♦ 2° Mod. et littér. (*Péj.*). Cuistre, pédant. ◊ HOM. *Magistère.*

MAGISTÈRE [maʒistɛʀ]. *n. m.* (XIII° ; lat. *magisterium*). ♦ 1° Dignité de grand maître d'un ordre militaire, *spécialt.* de l'ordre de Malte. ♦ 2° *Fig.* Autorité doctrinale, morale ou intellectuelle s'imposant de façon absolue. *Le magistère de l'Église, du Pape.* ♦ 3° *Vx* (Chim., Méd.) Précipité. *Magistère de soufre.* — Chim. (*vx*). Préparation pharmaceutique à laquelle on attribuait des vertus souveraines. ◊ HOM. *Magister.*

MAGISTRAL, ALE, AUX [maʒistʀal, o]. *adj.* (1265 ; lat. *magistralis*). ♦ 1° *Littér.* Qui appartient, qui convient à un maître. *Ton magistral.* V. **Doctoral, impérieux, péremptoire, solennel.** ♦ 2° *Didact.* Qui est fait ou donné par un maître. *Enseignement magistral.* Pharm. *Médicament magistral,* dont la formule est composée par le médecin lui-même dans son ordonnance (*opposé à* officinal). ♦ 3° *Fig.* et *cour.* Qui est digne d'un maître, qui atteste la maîtrise. V. **Beau, grand, souverain.** *Habileté magistrale. Réussir un coup magistral.* — (Plaisant.) *Un « magistral coup de pied »* (COLETTE). V. **Beau, formidable, magnifique.** ♦ 4° (1757). Techn. *Ligne magistrale* : ligne principale d'un plan, d'un tracé. ◊ ANT. *Médiocre, ordinaire.*

MAGISTRALEMENT [maʒistʀalmɑ̃]. *adv.* (*Magistraument,* déb. XV° ; de *magistral*). D'une manière magistrale. *Rôle magistralement interprété.* V. **Génialement.**

MAGISTRAT [maʒistʀa]. *n. m.* (1354, « magistrature » ; lat. *magistratus*). ♦ 1° *Vx.* L'administration publique ; les pouvoirs politiques. « *Plus le magistrat est nombreux...* » (ROUSS.). ♦ 2° (XVI°) Fonctionnaire public ou officier civil investi d'une autorité juridictionnelle, administrative ou politique. *Le président de la République, premier magistrat de France. Le préfet, premier magistrat du département.* ♦ 3° *Spécialt.* Membre du personnel de l'ordre judiciaire ayant pour fonction de rendre la justice (V. **Juge**) ou de requérir, au nom de l'État, l'application de la loi. *Magistrat du siège, du parquet. Magistrat supérieur d'un parquet.* V. **Procureur** (général), **substitut ; avocat** (général). *Épitoge, hermine, mortier, toge du magistrat.* — (1956). *Magistrat militaire,* titre donné aux officiers de justice militaire.

MAGISTRATURE [maʒistʀatyʀ]. *n. f.* (1472 ; du précéd.). ♦ 1° Charge des magistrats (2°). ♦ 2° *Spécialt.* Fonction d'un magistrat, état des magistrats de l'ordre judiciaire. *La magistrature de juge de paix. Faire carrière dans la magistrature.* — Par ext. Durée des fonctions d'un magistrat. ♦ 3° Corps des magistrats de l'ordre judiciaire. *Conseil supérieur de la magistrature. Magistrature assise* (V. **Juge**). *Magistrature debout.* V. **Ministère** (public), **parquet.**

MAGMA [magma]. *n. m.* (1694 ; lat. d'o. gr. *magma* « résidu »). ♦ 1° *Chim.* Bouillie épaisse, qui reste après l'expression des parties liquides d'une substance quelconque. ◊ *Par ext.* Masse épaisse, de consistance pâteuse. *Magma informe.* ♦ 2° (1879). *Géol.* Masse minérale pâteuse située en profondeur, dans une zone de température très élevée et de très fortes pressions, où s'opère la fusion des roches. *La solidification des magmas donne naissance aux roches éruptives.* ♦ 3° *Fig.* (XX°). Mélange confus. « *Ceux qui nous affirment que la conscience est un magma de données confuses* » (DANIEL-ROPS).

MAGMATIQUE [magmatik]. *adj.* (1924 ; de *magma*). *Géol.* Du magma. *Laves magmatiques.*

MAGNANARELLE [maɲanaʀɛl]. *n. f.* (1859 ; prov. *magnanarello*). Femme employée à l'élevage des vers à soie dans les magnaneries provençales (*région.*).

MAGNANERIE [maɲanʀi]. *n. f.* (1838 ; prov. *magnanié,* de *magnan* « ver à soie »). Local où se pratique l'élevage des vers à soie. ◊ Par ext. Sériciculture.

MAGNANIER, IÈRE [maɲanje, jɛʀ]. *n.* (1839 ; de *magnanerie*). Personne qui élève des vers à soie. V. **Sériciculteur.**

MAGNANIME [maɲanim]. *adj.* (1265 ; lat. *magnanimus*). ♦ 1° *Vx.* Qui a de la grandeur et de la force d'âme. ♦ 2° *Mod.* Qui est enclin au pardon des injures, à la bienveillance envers les faibles, les vaincus. V. **Bon, clément, généreux.** *Se montrer magnanime. Mirabeau, « homme de grand cœur, magnanime pour ses plus cruels ennemis »* (MICHELET). — Par ext. *Âme, cœur magnanime ; pensée, sentiment magnanime.* V. **Beau, généreux, grand, noble.**

MAGNANIMEMENT [maɲanimmɑ̃]. *adv.* (XV°-XVI° ; du précéd.). D'une manière magnanime.

MAGNANIMITÉ [maɲanimite]. *n. f.* (1265 ; lat. *magnanimitas*). ♦ 1° *Vx.* Grandeur d'âme, noblesse. « *La magnanimité est un noble effort de l'orgueil, par lequel il rend l'homme maître de lui-même* » (LA ROCHEF.). ♦ 2° Clémence, générosité. *Faire appel à la magnanimité du vainqueur.*

MAGNAT [magna]. *n. m.* (1732 ; mot polonais ; lat. médiév. *magnates* « les grands », de *magnus* « grand »). ♦ 1° Titre donné autrefois en Pologne et en Hongrie aux membres de la haute noblesse. ♦ 2° (1760-70 ; repris 1895 ; angl. *magnate*). Puissant capitaliste. *Les magnats de l'industrie, de la finance. Ce financier est un magnat du pétrole.* V. **Roi.**

MAGNER (SE) [maɲe]. *v. pr.* V. **MANIER (II).**

MAGNÉSIE [maɲezi]. *n. f.* (1762 ; « peroxyde de manganèse », 1554 ; lat. médiév. *magnesia,* de *magnes (lapis)* « pierre d'aimant », du gr. *magnes (lithos)* « pierre de Magnésie », ville d'Asie Mineure). Oxyde de magnésium (MgO), poudre blanche, légère, peu soluble dans l'eau. *Magnésie hydratée* : hydroxyde de magnésium Mg(OH)$_2$. *Emploi thérapeutique de la magnésie comme laxatif ou purgatif.* ◊ *Sulfate de magnésie* : sulfate de magnésium hydraté (d'Epsom), poudre purgative.

MAGNÉSIEN, IENNE [maɲezjɛ̃, jɛn]. *adj.* (1620 ; de *magnésie*). Qui contient du magnésium. *Roche magnésienne.*

MAGNÉSITE [maɲezit]. *n. f.* (1797 ; de *magnésie*.) Minér. Silicate naturel de magnésium, dit *écume de mer,* sépiolite. ◊ Carbonate naturel de magnésium (*giobertite*).

MAGNÉSIUM [maɲezjɔm]. *n. m.* (1818 ; de *magnésie*). Élément chimique (Mg) indispensable à la vie, métal léger (dens. 1,74 ; poids at. 24,31), blanc argenté, ductile et malléable, fusible à 651 °C et qui brûle à l'air une flamme blanche éblouissante en donnant de la magnésie. *Silicates de magnésium.* V. **Amiante, magnésite, stéatite, talc.** *Alliages au magnésium* (duralumin, partinium). *On emploie le magnésium en photographie, en pyrotechnie. Éclair de magnésium d'un flash.* « *Dans la lueur du magnésium on put voir que la femme était jeune encore* » (DURAS).

MAGNÉTIQUE [maɲetik]. *adj.* (1617 ; lat. *magneticus,* de *magnes (lapis)* « aimant »). ♦ 1° Qui a rapport à l'aimant ; qui en possède les propriétés ou relève de ces propriétés ; du magnétisme. *Effets, phénomènes magnétiques. Attraction, axe, balance, flux d'induction, moment magnétique. Champ** (III, 3°) *magnétique. Orage magnétique. Déclinaison, pôle magnétique* (géogr.). *Résistance magnétique.* V. **Réluctance.** *Moment magnétique du noyau atomique* (en relation avec le spin). *Unités magnétiques ou électromagnétiques du système C.G.S.* V. **Gauss ; maxwell ; œrsted, weber.** *Bande, ruban magnétique d'un magnétophone.* ♦ 2° (1784). Qui a rapport au magnétisme animal. *Influx magnétique. Passes magnétiques.* ◊ *Fig.* Qui exerce une influence occulte et puissante analogue au fluide magnétique. « *Ce pouvoir magnétique qu'il avait conservé* » (BOSCO). V. **Fascinateur.**

MAGNÉTISABLE [maɲetizabl(ə)]. *adj.* (1873 ; de *magnétiser*). Qui peut être magnétisé. *Sujet facilement magnétisable.*

MAGNÉTISANT, ANTE [maɲetizɑ̃, ɑ̃t]. *adj.* (1781 ; de *magnétiser*). Qui magnétise. Qui est propre à communiquer ou à produire le magnétisme. *Champ magnétisant.*

MAGNÉTISATION [maɲetizasjɔ̃]. *n. f.* (1784 ; de *magnétiser*). Action, manière de magnétiser. État d'un sujet magnétisé.

MAGNÉTISER [maɲetize]. *v. tr.* (1781 ; du rad. de *magnétique*). ♦ 1° Soumettre (un être vivant) à l'action du magnétisme animal. V. **Fasciner, hypnotiser.** Par ext. subst. *Le magnétisé.* Par ext. Communiquer le fluide magnétique à (un objet) au moyen de passes. « *Ils envoyaient à leurs pratiques des jetons magnétiques, des mouchoirs magnétiques, de l'eau magnétisée, du pain magnétisé* » (FLAUB.). ♦ 2° Tenir sous le charme. « *Son approche m'enivrait, sa présence me magnétisait* » (VIGNY). ♦ 3° (1907). Rendre (une substance) magnétique, lui donner les propriétés de l'aimant. V. **Aimanter.**

MAGNÉTISEUR, EUSE [maɲetizœʀ, øz]. n. (1786; de *magnétiser*). Personne qui pratique le magnétisme animal. V. **Hypnotiseur**. Par appos. *Guérisseur magnétiseur*.

MAGNÉTISME [maɲetism(ə)]. n. m. (déb. XVIIIᵉ; 1666, autre sens; du rad. de *magnétique*). ♦ 1º Partie de la physique ayant pour objet l'étude des propriétés des aimants (naturels ou artificiels) et des champs magnétiques*. — *Par ext.* Ensemble de ces phénomènes et propriétés. *Magnétisme permanent, temporaire, induit. Variétés de magnétisme* (V. **Diamagnétisme, ferromagnétisme, paramagnétisme**). *Magnétisme rémanent* (V. **Hystérésis, rémanence**). *Magnétisme développé par un courant électrique.* — *Magnétisme nucléaire*, dû au spin des particules du noyau. — *Magnétisme terrestre :* champ magnétique de la Terre (orienté dans la direction sud-nord). *Action du magnétisme terrestre sur l'aiguille de la boussole* (V. **Déclinaison**). ♦ 2º (1775). *Magnétisme animal*, et etlliat. *Magnétisme :* fluide magnétique qu'auraient certains individus. *Par ext.* Ensemble des phénomènes (hypnose, suggestion) par lesquels se manifeste chez le *magnétisé* l'action du fluide magnétique du *magnétiseur*. Ensemble des procédés déclenchant ces phénomènes. V. **Hypnotisme**. *Pratiques de magnétisme* (contemplation prolongée d'un objet brillant, imposition des mains, passes). ♦ 3º *Fig.* V. **Charme, fascination**. *Subir le magnétisme de qqn.* V. **Autorité, influence**. « *Le magnétisme des foules enthousiastes l'avait pris* » (FLAUB.).

MAGNÉTITE [maɲetit]. n. f. (1878; du rad. de *magnétique*). *Chim.* Oxyde naturel de fer magnétique.

MAGNÉTO [maɲeto]. n. f. (1891; abrév. de *machine magnéto-électrique*). Génératrice de courant électrique continu, dans laquelle le champ magnétique produisant l'induction est créé par un aimant permanent. *Des magnétos.* — *Spécialt.* Petite dynamo produisant le courant nécessaire à l'allumage d'un moteur à explosion.

MAGNÉTO-. Élément, du gr. *magnēs, -ētos* « aimant ».

MAGNÉTODYNAMIQUE [maɲetɔdinamik]. adj. (mil. XXᵉ; de *magnéto-* et *dynamique*). *Techn.* Se dit d'un appareil où l'excitation magnétique est produite par un aimant permanent. *Haut-parleur magnétodynamique.*

MAGNÉTO-ÉLECTRIQUE [maɲetɔelektʀik]. adj. (1837; de *magnéto-*, et *électrique*). *Phys.* Qui relève à la fois de l'électricité et du magnétisme. V. **Électro-magnétique**. *Machine magnéto-électrique.* V. **Magnéto**.

MAGNÉTOHYDRODYNAMIQUE [maɲetɔidʀɔdina-mik]. n. f. (mil. XXᵉ; de *magnéto-*, et *hydrodynamique*). *Phys.* Dynamique des fluides conducteurs sous l'action d'un champ magnétique. *La magnétohydrodynamique a permis de maintenir des plasmas sans parois matérielles, en vue d'obtenir des réactions de fusion nucléaire.*

MAGNÉTOMÈTRE [maɲetɔmɛtʀ(ə)]. n. m. (1780; de *magnéto-*, et *-mètre*). *Sc.* Instrument de mesure servant à comparer l'intensité des champs et des moments magnétiques.

MAGNÉTOMÉTRIE [maɲetɔmetʀi]. n. f. (mil. XXᵉ; de *magnéto-*, et *-métrie*). *Sc.* Mesure des grandeurs magnétiques.

MAGNÉTOPHONE [maɲetɔfɔn]. n. m. (1890; sens mod. apr. 1945, empr. all.). Appareil d'enregistrement et de reproduction des sons par aimantation rémanente d'un ruban d'acier ou d'un film recouvert d'une couche d'oxyde magnétique (bande magnétique). *Conférence, conversation enregistrée au magnétophone.*

MAGNÉTOSCOPE [maɲetɔskɔp]. n. m. (v. 1956; de *magnéto-*, et *-scope*). Appareil permettant l'enregistrement des images de télévision sur bande magnétique; cette bande. (Adj. **MAGNÉTOSCOPIQUE** [maɲetɔskɔpik]).

MAGNÉTOSCOPER [maɲetɔskɔpe]. v. tr. (1969; de *magnétoscope*). *Techn.* Enregistrer au magnétoscope.

MAGNÉTOSPHÈRE [maɲetɔsfɛʀ]. n. f. (v. 1966; de *magnéto-*, et *sphère* [d'apr. *atmosphère*]). *Géophys.* Partie de l'atmosphère la plus éloignée de la surface terrestre et soumise à l'influence prépondérante du champ magnétique. (Adj. **MAGNÉTOSPHÉRIQUE** [maɲetɔsfeʀik]).

MAGNÉTOSTRICTION [maɲetɔstʀiksjɔ̃]. n. f. (1948; de *magnéto-*, et *striction*). *Phys.* Déformation d'un corps ferromagnétique lorsqu'il est aimanté.

MAGNÉTRON [maɲetʀɔ̃]. n. m. (1921; de *magné(to-)*, et *-(cyclo)tron*). *Phys.* Tube cylindrique du type diode, placé dans un champ magnétique axial et utilisé comme amplificateur aux hyperfréquences.

MAGNIFICAT [maɲifikat]. n. m. invar. (v. 1300; mot lat., du cantique *Magnificat anima mea Dominum* « mon âme magnifie le Seigneur »; de *magnificare*). ♦ 1º Cantique de la Vierge Marie qui se chante aux Vêpres. ♦ 2º Musique composée sur le texte du Magnificat. *Le Magnificat de Bach.*

MAGNIFICENCE [maɲifisɑ̃s]. n. f. (1265; lat. *magnificentia*). ♦ 1º *Littér.* Qualité de celui qui est magnifique (1º); disposition à dépenser sans compter, à faire de grandes libéralités. V. **Générosité, munificence, prodigalité**. *Recevoir*

ses hôtes avec magnificence. V. **Royalement**. « *Les seigneurs faisaient assaut de magnificence, tenaient table ouverte, dépensaient sans compter* » (TAINE). ♦ 2º Qualité de ce qui est magnifique; beauté pleine de grandeur. V. **Apparat, éclat, faste, luxe, pompe, richesse, somptuosité, splendeur**. « *Les sacristies et les salles capitulaires de la cathédrale de Tolède sont d'une magnificence plus que royale* » (GAUTIER). *Être vêtu avec magnificence.* ♦ 3º (Abstrait). *Magnificence du style, du discours, des images.* ◇ ANT. **Mesquinerie, pauvreté**.

MAGNIFIER [maɲifje]. v. tr. (1120; lat. *magnificare*). *Littér.* ♦ 1º Célébrer, exalter par de grandes louanges. V. **Glorifier, louer**. *Magnifier les victoires, la mémoire d'un héros.* ♦ 2º Par *ext.* Rendre plus grand, élever. V. **Idéaliser**. *Des sentiments que le souvenir magnifie.* ◇ ANT. **Déprécier, rapetisser**.

MAGNIFIQUE [maɲifik]. adj. (1265; lat. *magnificus* « qui fait de grandes choses »). ♦ 1º *Vieilli*. Qui a des manières fastueuses, se plaît à faire d'opulentes dépenses. V. **Généreux, munificent, superbe**. « *Un magnifique tyran italien* » (BAUDEL.). — *Subst. Soliman II le Magnifique* (1495-1566). ♦ 2º (XVIᵉ). Qui a une beauté, une somptuosité pleine de grandeur et d'éclat. V. **Admirable, beau, brillant, éclatant, grand, grandiose, pompeux, riche, somptueux, splendide, superbe**. *Châteaux, palais magnifiques. Réception, repas magnifique. Magnifique installation.* V. **Luxueux**. ♦ 3º *Par ext.* (XVIᵉ, rare av. XIXᵉ). Très beau. V. **Splendide, superbe**. *Magnifique paysage. Il fait un temps, une nuit magnifique. Il a une peau, des dents magnifiques.* ♦ 4º *Fig.* Remarquable, admirable en son genre. *Découverte, invention magnifique. Il a une situation magnifique.* ◇ ANT. **Avare, mesquin. Modeste, simple. Horrible, laid**.

MAGNIFIQUEMENT [maɲifikmɑ̃]. adv. (XVᵉ; du précéd.). ♦ 1º D'une manière magnifique, somptueuse. V. **Somptueusement, superbement**. *Traiter magnifiquement ses hôtes. Livre magnifiquement relié.* ♦ 2º Très bien. *Il s'en est magnifiquement tiré.*

MAGNITUDE [maɲityd]. n. f. (XVIᵉ; « grandeur, puissance »; lat. *magnitudo*). *Astron.* (1915). Nombre caractérisant l'éclat relatif apparent d'un astre. V. **Grandeur**.

MAGNOLIA [maɲ(ɔ)lja] ou **MAGNOLIER** [maɲɔlje]. n. m. (1763,-1808; lat. bot. *magnolia*, de *Magnol*, botaniste français). Arbre de grande taille *(Magnoliacées)* à feuilles luisantes, à grandes fleurs blanches, très odorantes, cultivé comme ornemental, aussi appelé *laurier tulipier*.

MAGNUM [magnɔm]. n. m. (1889; lat. *magnus* « grand »). Grosse bouteille (de champagne, d'eau-de-vie; *par. ext.* d'eau minérale) contenant environ deux litres. V. **Jéroboam**.

1. **MAGOT** [mago]. n. m. (1476; altér. de *Magog* (Apocalypse), appliqué aux singes de Barbarie). ♦ 1º Singe à queue rudimentaire, appartenant au genre Macaque. ♦ 2º *Fig.* (1517). *Vx.* Homme très laid. V. **Macaque**. ♦ 3º (XVIIIᵉ). Figurine trapue de l'Extrême-Orient, en porcelaine, pierre, jade. *Magot chinois.*

2. **MAGOT** [mago]. n. m. (1549; altér. a. fr. *mugot*, — de *musgot* (XIᵉ) « lieu où l'on conserve les fruits », p.-ê. de même o. que *mijoter* —, par crois. avec *magaut, macaut* « poche, bourse »). Somme d'argent amassée et mise en réserve, cachée. V. **Bas** (de laine), **économie(s), trésor**. « *Des voleurs vinrent prendre le magot* » (VOLT.).

MAGOUILLE [maguj]. n. f. (v. 1970; o. i. p.-ê. de *grenouiller, grenouillage*, croisé avec les rad. *margu* « boue » [gaul.] et *gullja* « mare » [frq.]; Cf. dial. *Ragouiller* « agiter l'eau* ». V. **Margouillis**). *Polit.* (fam.). Manœuvres, tractations douteuses ou malhonnêtes. V. **Cuisine** (2º), **fricotage, grenouillage, tripotage**. « *Le triomphe de la 'magouille'*, comme on dit maintenant » (*Nouv. Obs.*, 22-01-1973). — (On emploie *aussi* le v. **Magouiller** [maguje] et ses dér. **Magouillage** [maguja3], n. m. et **Magouilleur** [magujœʀ], adj. et n.).

MAGYAR, ARE [magjaʀ]. adj. et n. (1846; mot hongr.). Qui a rapport au peuple établi au IXᵉ s. dans l'actuelle Hongrie. *Par ext.* De Hongrie. V. **Hongrois**. *Les Magyars. Langue magyare* (V. **Ougrien**).

MAHALEB [maalɛb]. n. m. (*Maguelet*, XVIᵉ; *macaleb*, 1611; arabe *mahleb*). *Arbor.* Cerisier sauvage, à bois dur, employé comme porte-greffe pour les cerisiers cultivés.

MAHARAJAH ou **MAHARADJAH** [maaʀa(d)ʒa]. n. m. (*Marraja*, 1758; de l'hindoustani *maha* « grand », et *raja* « roi »). Titre des princes hindous. V. **Rajah**. Pl. *Maharajahs* ou *mahajârah*. — Fém. **MAHARANI** [maaʀani], *épouse du maharajah. Des maharanis ou maharani.*

MAHATMA [maatma]. n. m. (v. 1902; mot hindi, proprem. « grande âme »). Nom donné, dans l'Inde moderne, à des chefs spirituels, sages et ascètes. *Le mahatma Gandhi.*

MAHDI [madi]. n. m. (1873, var. *Mahadi;* nom arabe). *Relig.* ♦ 1º Dans des sectes musulmanes, Nom donné à l'envoyé d'Allah, attendu pour compléter l'œuvre de Mahomet. ♦ 2º *Par ext.* Chef de tribus se prétendant mahdi.

MAHDISTE [madist(ə)]. adj. (1894; de *mahdi*). *Relig.*

Relatif au Mahdi (Cf. P.R. 2), à un mahdi. *Subst.* Partisan d'un mahdi (2°).

MAH-JONG ou **MA-JONG** [maʒɔ̃g]. *n. m.* (1923; mots chinois « je gagne »). Jeu chinois voisin des dominos. « *Un restaurant plein du fracas des joueurs de mah-jong* » (MAL-RAUX).

MAHOMÉTAN, ANE [maɔmetã, an]. *n. et adj.* (XVIIᵉ; *mahométiste*, antér.; de *Mahomet*, forme francisée de l'arabe *Mohamed*). *Vieilli.* Personne qui professe la religion de Mahomet, l'islamisme. V. **Musulman.** — Adj. *Prince mahométan.*

MAHOMÉTISME [maɔmetism(ə)]. *n. m.* (*Mahumétisme*, XVIᵉ; V. **Mahométan**). *Vieilli.* Religion de Mahomet. V. **Islam, islamisme.**

MAHONIA [maɔnja]. *n. m.* (1664; de (Port)-*Mahon*, aux Baléares). Arbuste buissonnant (*Berbéridacées*) ornemental, à feuilles persistantes semblables à celles du houx, à fleurs jaunes en grappes, à petites baies bleu foncé. « *Une touffe de mahonia dont les fleurs encore verdâtres commençaient à virer au jaune* » (ROBBE-GRILLET).

MAHONNE [maɔn]. *n. f.* (1540; turc *mâoûna*). ♦ 1° *Ancien.* Galère turque de grande taille. V. **Galéasse.** ♦ 2° *Par ext.* (XIXᵉ). Chaland de port, à formes très arrondies, utilisé en Méditerranée. — *Petit caboteur.*

MAHRATTE ou **MARATHE** [maʀat]. *adj. et n.* (*Marattes*, 1765; mot de l'Inde). Qui a rapport aux Mahrattes, peuple du Dekkan. — *Le marathe* : langue indo-européenne de l'Inde (indo-aryenne), rattachée au sanscrit.

MAI [mɛ]. *n. m.* (1080; lat. *maius, majus (mensis)*, mois de la déesse *Maia*). Nom du cinquième mois de l'année. *Le joli mois de mai. Muguet du premier mai. Le Premier Mai, fête du Travail.* — Loc. *Arbre de mai,* que l'on plantait chaque année en l'honneur de qqn. Ellipt. *Planter un mai, le mai.* — *Les événements* de Mai (1968), Mai 68.* ◊ HOM. *Maie, mais, mes. Maye.* Formes du v. *mettre.*

MAÏA [maja]. *n. m.* (1846; lat. *maia* ou *moea*). *Zool.* Grand crabe (*Décapodes brachyoures*) à la carapace couverte de tubercules velus, communément appelé *Araignée de mer.* ◊ HOM. *Maya.*

MAIE [mɛ]. *n. f.* (altér. de *mait*, XIIIᵉ; lat. *magis, magidem* « plat, pétrin »). Huche à pain; huche à pétrir. V. **Pétrin.** ◊ Table de pressoir. ◊ HOM. V. **Mai.**

MAÏEUR ou **MAYEUR** [majœʀ]. *n. m.* (1308; var. de *majeur.* V. **Maire**). *Ancienn.* et *dial.* Bourgmestre, maire. — Chef d'une corporation. ◊ *Auj.* en Belgique, Maire de village.

MAÏEUTIQUE [majøtik]. *n. f.* (1873; gr. *maieutikê* « art de faire accoucher »). *Hist. philo.* Méthode par laquelle Socrate, fils de sage-femme, se flattait d'accoucher les esprits des pensées qu'ils contiennent sans le savoir. V. **Dialectique.** — *Didact.* Méthode suscitant la réflexion intellectuelle (pédagogie).

1. **MAIGRE** [mɛgʀ(ə)]. *adj.* (1160; lat. *macer, macrum*). ♦ 1° Dont le corps a peu de graisse; qui pèse relativement peu pour sa taille et par rapport à son ossature (*opposé à* gros). V. **Décharné, efflanqué, étique, hâve, sec, squelettique.** *Rendre maigre, devenir maigre.* V. **Amaigrir.** *Être maigre, desséché, émacié. Très maigre, maigre comme un clou, un coup de trique, un hareng saur* (Cf. Il n'a que la peau et les os*; c'est un sac d'os*). *Un peu trop maigre.* V. **Fluet, maigrelet, maigrichon, maigriot.** *Petit homme maigre.* V. **Gringalet.** *Femme maigre.* V. **Planche.** *Les sept vaches* maigres.* — Subst. *Les gros et les maigres. Une fausse maigre* : qui donne l'impression d'être plus maigre qu'elle n'est. — *Par ext.* Qui a peu de graisse. *Doigts, bras, jambes maigres. Visage maigre. Joues maigres.* V. **Creux.** ♦ 2° Qui n'a, qui ne contient pas de graisse (*opposé à* gras). *Viande maigre; jambon, lard maigre* : sans gras. Subst. *Un morceau de maigre.* — *Fromages maigres* : faits avec du lait écrémé. — Par anal. *Chaux* maigre.* ♦ 3° *Par ext.* Où il n'entre ni viande ni graisse. *Repas maigre, bouillon maigre.* — Abusiv. *Viande maigre* : la chair de certains animaux aquatiques, considérée comme aliment maigre par l'Église. — Par ext. *Jours maigres* (déb. XVIᵉ) : où l'Église prescrit de faire maigre. — Subst. *Faire maigre* (1680) : ne manger ni viande ni aliment gras. *L'Église prescrit de faire maigre le vendredi.* ♦ 4° Qui est peu épais. « *Le maigre paquet de lettres et d'imprimés qu'elle distribuait aux convives* » (GIDE). — Typogr. *Filet maigre* : trait mince. *Caractères maigres.* Subst. *Texte à imprimer en maigre* (*opposé à* gras). — *Maigre filet d'eau. Maigre eau* : eau peu profonde. — Subst. *Les maigres d'un cours d'eau* : les endroits où il y a peu d'eau; ou encore : le moment des basses eaux, où le débit est le plus faible. V. **Étiage.** ♦ 5° Peu fourni, peu abondant (en parlant d'une végétation, etc.). *Gazon maigre, clairsemé; maigre pâturage. Avoir le cheveu maigre.* — Par ext. *Terre, sol maigre* : qui donne de maigres récoltes. V. **Aride, pauvre, stérile.** ♦ 6° *Fig.* De peu d'importance. V. **Médiocre.** *Il n'a obtenu que de bien maigres résultats. Maigre salaire, profit.* V. **Petit.** — Fam. *C'est maigre, c'est un peu maigre* :

c'est peu, bien peu. ◊ ANT. *Corpulent, dodu, gras, gros, obèse; abondant, copieux. Épais, large; luxuriant, riche. Important.*

2. **MAIGRE** [mɛgʀ(ə)]. *n. m.* (fin XIVᵉ [Wartburg]; du précéd.). Nom vulgaire de la sciène*.

MAIGRELET, ETTE [mɛgʀəlɛ, ɛt], **MAIGRICHON, ONNE** [mɛgʀiʃɔ̃, ɔn] ou **MAIGRIOT, OTTE** [mɛgʀijo, ɔt]. *adj.* (1579,-1869,-1876; de *maigre*). Un peu trop maigre. *Enfant maigrelet, fillette maigrichonne. Gamin maigriot.* — Subst. *Un petit maigrichon, maigriot.*

MAIGREMENT [mɛgʀəmã]. *adv.* (XIIIᵉ; de *maigre*). Chichement, petitement. *Maigrement payé.* V. **Peu.** *Sujet maigrement développé.* ◊ ANT. *Grassement, largement.*

MAIGREUR [mɛgʀœʀ]. *n. f.* (1372; de *maigre*). ♦ 1° État d'une personne ou d'un animal maigre; absence de graisse. *Maigreur extrême.* V. **Cachexie.** *Maigreur extrême du nourrisson.* V. **Athrepsie.** — *Physiol.* Disparition, diminution ou insuffisance des réserves graisseuses de l'organisme, parfois accompagnée d'atrophie des masses musculaires. ♦ 2° *Fig.* Caractère de ce qui est peu fourni. *Maigreur d'une végétation, d'une forêt.* — Caractère de ce qui est peu abondant, peu important. *Maigreur des revenus, du profit, des ressources.* V. **Pauvreté.** ◊ ANT. *Embonpoint, graisse, obésité. Abondance.*

MAIGRIR [mɛgʀiʀ]. *v.* (1530; de *maigre*).
I. *V. intr.* Devenir maigre. V. **Décoller, dessécher (se), fondre.** *Il a maigri pendant sa maladie. Maigrir de figure, des hanches. Régime pour maigrir.* V. **Amaigrissant.** — Au p. p. *Je vous trouve maigrie.*
II. *V. tr.* ♦ 1° Rendre maigre. V. **Amaigrir, émacier.** *La diète la maigrit.* — *Par ext.* Faire paraître maigre. *Cette robe la maigrit.* ♦ 2° *Fig.* *Techn.* Amincir (une pièce de bois). ◊ ANT. *Empâter, engraisser, grossir.*

MAIL [maj]. *n. m.* (1080; lat. *malleus* « marteau, maillet »). ♦ 1° *Vx.* Marteau. ♦ 2° Maillet à manche flexible pour pousser une boule de buis, au jeu qui porte son nom. — *Par ext.* Le jeu lui-même. ♦ 3° *Par ext.* Allée réservée au jeu de mail. — *Par anal.* Allée, promenade bordée d'arbres, dans certaines villes. « *L'Orme du mail* », roman de France. *Des mails.*

MAIL-COACH [mɛlkotʃ]. *n. m.* (1802; mot angl. « malleposte »). *Ancienn.* Berline à quatre chevaux, comportant plusieurs rangs de banquettes sur le toit. V. **Drag.** *Des mail-coaches.*

MAILLAGE [majaʒ]. *n. m.* (XXᵉ; de *mailler* I; [région.] « fabrication des filets »). ♦ 1° *Pêche.* Dimension des mailles d'un filet. *La réglementation du maillage des filets à crevettes.* ♦ 2° (v. 1968). Structuration en réseau. *Le maillage des lignes de transports collectifs.* — Densité d'un réseau. « *Dans cette région le maillage universitaire est le plus serré qui soit en France* » (*Le Monde,* 21-1-1968).

1. **MAILLE** [maj]. *n. f.* (v. 1080; lat. *macula* « boucle », et « tache »).
I. *Boucle.* ♦ 1° Chacune des petites boucles de matière textile dont l'entrelacement forme un tissu. *Mailles de jersey, du tricot, du crochet, de la dentelle. Maille qui file*. Tissu dont les mailles ne filent pas.* V. **Indémaillable.** *La tête et les jambes d'une maille. Monter des mailles sur une aiguille. Tricoter une maille. Maille à l'endroit, à l'envers.* V. **Point.** — *Mailles d'un filet. Nœud d'une maille.* — *Techn.* (*Électr.*). Tout circuit fermé dans un réseau électrique. ♦ 2° *Par ext.* Trou formé par chaque maille. — *Par ext.* Ouverture laissée entre les fils des filets de pêche. *Poisson qui passe à travers les mailles.* — *Par anal.* Chacun des espaces vides laissés entre les fils de fer d'un grillage, d'un treillage. ♦ 3° Se dit d'anneaux de métal reliés les uns aux autres. — Chacun des petits anneaux de fer, d'acier, qui formaient le tissu d'une armure. *Les chevaliers portaient des armures de mailles pour se protéger des coups.* V. **Camail, haubert, jaseran.** *Cotte de mailles.* — *Techn.* Anneau d'une chaîne. V. **Chaînon, maillon.**
II. *Tache.* ♦ 1° *Chasse.* Moucheture qui apparaît sur le plumage de certains oiseaux lorsqu'ils deviennent adultes. *Mailles de perdreau.* ♦ 2° *Méd.* Taie qui se forme sur la prunelle de l'œil. ♦ 3° *Bot.* Tache qui précède le bourgeon à fruit chez certaines plantes (concombre, melon, vigne).

2. **MAILLE** [maj]. *n. f.* (*Meaille*, XIIᵉ; lat. pop. *°medialia,* de *medius* « demi »). ♦ 1° *Hist.* Sous les Capétiens, La plus petite monnaie qui valait un demi-denier. V. **Obole.** ♦ 2° *Mod.* Loc. fig. *SANS SOU NI MAILLE* : sans aucun argent. « *Il n'a ni sou ni maille; son père a fait faillite* » (BALZ.). — *AVOIR MAILLE À PARTIR* (avec qqn) : avoir un différend, une difficulté (*proprem.* Avoir un demi-denier à partager avec qqn). V. **Contestation, démêlé, discussion, dispute.** *Il a eu maille à partir avec un collègue.*

MAILLECHORT [majʃɔʀ]. *n. m.* (1829; des noms de *Maillot* et *Chorier,* qui inventèrent l'alliage). Alliage inaltérable de cuivre, de zinc et de nickel qui imite l'argent. V. **Argentan.** « *L'argenterie peu sonore et triste du maillechort* » (BALZ.).

MAILLER [maje]. *v.* (XIIᵉ; de *maille* 1).
I. *V. tr.* ♦ 1° Faire avec des mailles. *Mailler un filet.*

Armure maillée : armure de mailles. ♦ 2° Relier à l'aide de mailles. Mar. *Mailler une chaîne* : la relier à une autre par une maille spéciale dite manille. *Mailler une voile.* V. **Lacer.**
II. *V. intr.* ♦ 1° Mar. *Un filet qui maille* : qui retient le poisson. — *Par ext.* Rester dans le filet (poisson). ♦ 2° *Se couvrir de mailles* (1, II). *Faucon qui maille* (On dit aussi *perdreau qui se maille*). — Au p. p. *Perdreau maillé.* ◇ Bot. *Pousser des mailles.* V. **Bourgeonner.**

MAILLET [majɛ]. *n. m.* (fin XIIIᵉ; dimin. de *mail*). ♦ 1° *Vx.* V. **Marteau.** *Maillet de porte.* ♦ 2° Outil ou instrument fait d'une masse dure emmanchée ou sert à frapper, à enfoncer. *Maillet de bois. Le manche, les deux têtes d'un maillet. Gros maillet.* V. **Mailloche, masse.** *Maillet de plombier* (V. **Batte**), *de tonnelier* (V. **Hutinet**). *Maillet et ciseau de sculpteur.* — *Maillet de croquet, de polo,* qui sert à frapper la boule. V. *aussi* **Mail.** ♦ 3° Arme de choc portée par les gens de pied au moyen âge, masse cylindrique de plomb emmanchée d'une longue hampe. V. **Plommée.**

MAILLETON [majtɔ̃]. *n. m.* (1551; de *maillet*). Agric. ♦ 1° *(Vx.)* Bouture ou bourgeon de l'année. ♦ 2° Lien avec lequel on attache la vigne.

MAILLOCHE [majɔʃ]. *n. f.* (1409; augmentatif de *mail*). ♦ 1° Gros maillet de bois. *Mailloche de mouleur.* — Marteau de carrier. V. **Mail.** ♦ 2° Baguette terminée par une boule garnie de peau, pour frapper la grosse caisse.

MAILLON [majɔ̃]. *n. m.* (1542; dimin. de *maille* 1). ♦ 1° *Rare.* Petite maille. ♦ 2° Anneau d'une chaîne. V. **Chaînon, maille.** *Les maillons d'une gourmette.* — *Spécialt.* (Mar.) Portion de chaîne d'ancre d'une longueur de trente mètres. « *Avec les trois maillons de chaîne du cargo* » (VERCEL).

MAILLOT [majo]. *n. m.* (XVIᵉ; *mailloel*, XIIᵉ; de *maille,* par anal. de forme avec des mailles entrelacées.)
I. *Vx.* Pièce ou bandes d'étoffe dont on enveloppait le corps d'un jeune enfant et qui enfermaient les bras et les jambes. — *Mod.* Lange qui enferme les jambes et le corps du nouveau-né jusqu'aux aisselles. V. **Emmailloter.** *Enfant au maillot* : dans les langes.
II. (v. 1820, *maillot de danseuse*; de *maillot* (I), serrant étroitement le corps de l'enfant; ou encore de *Maillot,* nom propre). ♦ 1° Vêtement souple, fait généralement de tricot, porté à même la peau et qui moule le corps. *Maillot de danseur.* « *Des femmes nues, vêtues seulement d'un maillot rose et d'une jupe de gaze* » (HUGO). *Maillot entier; maillot de jambes.* V. **Collant.** *Maillot des acrobates.* ♦ 2° Vêtement collant qui couvre le haut du corps. *Maillot et culotte de gymnaste, de sportif. Maillot de cycliste. Maillot jaune,* que porte le coureur qui est en tête du classement du Tour de France. — « *Des maillots de marin, blancs à raies bleues* » (GIONO). — *Spécialt. Maillot de corps* : sous-vêtement d'homme. V. **Tricot.** ♦ 3° MAILLOT DE BAIN, et absolt. MAILLOT : costume de bain collant. *Maillot de bain de femme d'une seule pièce, de deux pièces.* V. **Deux-pièces.** *Se mettre en maillot.*

MAILLOTIN [majɔtɛ̃]. *n. m.* (1380; dimin. de *maillet*). ♦ 1° Arme ancienne semblable au maillet. — *Hist. Les Maillotins,* nom donné aux Parisiens insurgés contre l'oppression fiscale au XIVᵉ s., qui s'étaient armés de maillotins. ♦ 2° (De *maillet,* 2°). Pressoir à olives.

MAILLURE [majyʀ]. *n. f.* (1690; de *maille* 1, II). Techn. ♦ 1° Moucheture, tache sur le plumage d'un oiseau. ♦ 2° Tache dans le bois.

MAIN [mɛ̃]. *n. f.* (*Man,* 980; lat. *manus*).
I. Partie du corps humain, organe du toucher et de la préhension, situé à l'extrémité du bras et muni de cinq doigts dont l'un (le pouce) est opposable aux autres. ♦ 1° (Sens propre et métaph.). *Main droite, gauche. Creux, paume; dos, plat, revers de la main. Squelette de la main* (V. **Métacarpe**). *Les lignes de la main. Avoir de grosses mains* (V. **Battoir, patte**), *de petites mains* (V. **Menotte**). *Mains calleuses. Être plus habile de la main droite* (V. **Droitier**), *gauche* (V. **Gaucher**); *être habile des deux mains* (V. **Ambidextre**). *Se salir, se laver les mains. La manucure va vous faire les mains. Main gantée* (V. **Gant**). *Étendre, ouvrir, fermer la main. Lever les mains. Haut les mains! Les mains en l'air!* formule dite lorsqu'on menace qqn d'une arme à feu. — (Tact) *Toucher avec la main. À portée* de la main. Imposition des mains. Passer la main dans le dos* (au fig. flatter). — (Préhension) *Prendre un paquet d'une (seule) main, des deux mains. Prendre, tenir sa tête entre ses mains, dans ses mains. Il lui arracha la boîte des mains. Vase qui échappe, tombe des mains. Tenir quelque chose à la main.* — Loc. *Être pris la main dans le sac* : en train de voler; en flagrant délit. — (*Spécialt.* contact des mains de deux personnes) *Marcher la main dans la main* (au fig. agir en parfait accord). *Tendre la main à qqn* : avancer la main pour qu'il la prenne, la serre (au fig. offrir son amitié, son pardon, son aide). *Politique de la main tendue* : de réconciliation. *Serrer la main à qqn, se serrer la main* (fam. la pince). — (Gestes, saluts) *Saluer de la main. Donner la main à qqn* : le tenir par la main. Fig. *En voilà deux qui peuvent se donner*

la main : ils se valent (Cf. Ils sont à mettre dans le même sac). *Se frotter les mains de contentement. Se tordre les mains de désespoir. Mettre la main sur son cœur,* pour protester de sa sincérité, de son innocence. Loc. fig. *J'en mettrais ma main au feu*.* — *Baiser la main d'une dame.* V. **Baise-main.** — (Servant à donner, à recevoir) *Glisser un billet dans la main de qqn. Tendre la main* (pour mendier). *Donner d'une main et retenir, et reprendre de l'autre.* Loc. *De la main à la main* : sans intermédiaire ou sans formalités. *Argent versé de la main à la main, sans reçu régulier.* — *Se passer une note de main en main. Circuler de mains en mains.* — *Recevoir, accepter quelque chose de la main de qqn* : de cette personne. Loc. *Recevoir, tenir de PREMIÈRE MAIN* : directement, de la source. *Information de première main. Érudition, ouvrage de première main* (où l'information est puisée aux sources), *de seconde main* (par l'intermédiaire d'autres auteurs). *Voiture d'occasion de première main* : qui n'a eu qu'un possesseur. — *Avoir la main ouverte* (pour donner). Loc. fig. *Avoir le cœur* sur la main.* — *Avoir les mains vides* : n'avoir rien à offrir, à donner. *Rentrer les mains vides* : sans avoir rien pu obtenir. PROV. *Aux innocents* les mains pleines.* — (Servant au travail) « *Faire est le propre de la main* » (VALÉRY). *Être adroit, maladroit de ses mains. Travailler de ses mains.* V. **Manuellement.** — *De la main de qqn* : par lui. « *Voilà votre thé, fait de ma blanche main* » (MUSS.). *Une page de sa main.* V. **Autographe.** « *Pourquoi désavouer un billet de sa main?* » (MOL.). — *De main de maître* : avec habileté, maestria. *Travail fait à la main* : sans l'aide de mécanismes, de machines. *Article écrit à la main.* V. **Manuscrit.** *Objets fabriqués à la main. Broderie à la main.* — *Cousu, fait main* : à la main. — (Violence) *Je vais te flanquer ma main sur la figure.* V. **Gifle, soufflet.** *Lever, porter la main sur qqn* : le battre. *Avoir la main leste* (pour frapper). *En être, en venir aux mains* : aux coups. V. **Battre** (se). ♦ 2° À MAIN. *Sac à main* : qui se tient à la main. *Levier, frein à main* : qui fonctionne à la main (V. **Manette;** manœuvrer). — *Attaque à main armée* : par des personnes armées. *Dessin à main levée* : fait en ne posant pas la main, d'un seul trait, et *par ext.* rapidement. — *À main droite, gauche* : à droite, à gauche. — *Tenir, saisir qqch. à pleine(s) main(s)* : en serrant (dans une main, ou avec les deux). *Puiser à pleines mains* : largement. — *Morceau à quatre mains* : joué (ou à jouer) par deux personnes ensemble sur le même clavier. ◇ DE MAIN. Ⓐ Fait avec, par la main. *Un revers* de main. En un tour de main.* Fig. *Coup de main* : attaque rapide; aide momentanée; façon adroite de procéder. V. **Coup.** — *Poignée, serrement de main.* V. **Shake-hand.** — PROV. *Jeux* de mains, jeux de vilains.* Ⓑ Qui agit, frappe. *Homme de main* : celui qui exécute des besognes basses ou criminelles pour le compte d'autrui. *La main d'un homme d'un parti, d'un gang.* V. **Séide, tueur.** Ⓒ Loc. *Ne pas y aller de main morte* : frapper rudement; attaquer avec violence. Par ext. *Cinquante francs un déjeuner! Eh bien ! ils n'y vont pas de main morte* : ils exagèrent (Cf. Y aller fort). — *Ouvrage préparé de longue main* : depuis longtemps, par un long travail. ◇ EN MAIN. *Le livre est en main* : en consultation (qqn s'en sert). Fig. *Démontrer qqch. preuve en main,* en montrant, en produisant une preuve. — *Prendre en main(s)* : en charge, se charger de. *Prendre en main l'éducation d'un enfant, les intérêts d'un ami.* V. **Défendre.** *Mettre à qqn le marché en mains. Être en bonnes mains* : dans la possession, sous la surveillance d'une personne sérieuse, compétente. — (Loc. empr. à l'équitation) *Avoir, tenir en main* (une affaire) : la mener à sa guise. *Le gouvernement n'a pas la situation en main.* — (Sens propre) *Remettre une lettre en main(s) propre(s),* au destinataire, en personne. ◇ SOUS MAIN : en secret. *Négocier sous main, en sous main.* ♦ 3° (Symbolisant l'acte même fait avec la main, les mains). *Mettre, prêter la main à* : travailler à. *Mettre la main à la pâte*. Mettre la dernière main à* : finir, terminer (un travail). *Donner la main à qqn pour faire qqch.* V. **Aider.** *Prêter la main à un projet, à un crime* : le favoriser, être complice. *Avoir la main heureuse, malheureuse* : avoir agi à bon, à mauvais escient. *Forcer la main à qqn* : le forcer d'agir. *Un homme à toutes mains* : capable de faire divers travaux. — *Sports.* Faute qui consiste à toucher le ballon, au football. *Il y a main.* — (Symbolisant la liberté, le pouvoir d'agir) *Je vous laisse les mains libres* : toute latitude. *Lier les mains.* « *Le prince, tout puissant pour faire le bien, a les mains liées pour faire du mal* » (VOLT.). Loc. *Faire des pieds et des mains* : multiplier les démarches, les efforts (pour aboutir à un résultat). — (Symbolisant la prise de possession) *Mettre la main sur* (qqn, qqch.) : trouver. « *Je n'ai pas pu mettre la main dessus* » (SARTRE). Par ext. Prendre, s'emparer de. *Les douaniers ont mis la main sur des marchandises de contrebande.* — *Faire main basse sur* : prendre, emporter, voler. *Avoir qqch. sous la main* : à sa portée, à sa disposition. « *La première chose venue qui me tombe sous la main* » (COURTELINE). — (Le pouvoir aut, lorité) *Il est tombé aux mains, dans les mains de ses ennemis* : en leur pouvoir, sous leur coupe. *Avoir la haute main sur* (qqn, qqch.) : commander, diriger. PROV.

Une main de fer dans un gant de velours : une autorité très ferme sous une apparence de douceur. ♦ 4° (Symbolisant l'acceptation). *Demander, obtenir la main d'une jeune fille :* la permission, la promesse de l'épouser. *Le père de cette jeune fille a refusé sa main à deux prétendants. Elle lui a accordé sa main.* ♦ 5° *Fig.* Action, effet, œuvre. *La main du destin, de Dieu. Reconnaître en un événement la main de la fatalité.* ♦ 6° *(Aux cartes).* L'initiative au jeu. *Avoir, céder, donner, passer la main. La main passe :* on change de premier joueur. *Fig. Passer la main :* abandonner, renoncer (à des prérogatives, etc.). *Fam. Allez! passe la main :* renonce. « *De ces hommes d'affaires qui refusent de passer la main* » (MAUROIS). — (Au baccara) *Avoir, faire la main, être à la main :* distribuer les cartes, être banquier. ♦ 7° *Vieilli.* Écriture (d'une personne). *Avoir une belle main.* ♦ 8° Manière d'exécuter, de procéder. *Ce pianiste a une bonne main gauche. Reconnaître la main d'un artiste, d'un auteur :* sa manière (V. **Griffe, patte, touche**). ◇ Habileté professionnelle. *Perdre la main. Ce petit travail lui fera la main. Se faire la main.* V. **Exercer (s').** ♦ 9° PETITE MAIN : apprentie couturière ; ouvrière débutante. *Elle a été engagée comme petite main.* — PREMIÈRE MAIN : première couturière. ♦ 10° MAIN CHAUDE : jeu de société, sorte de colin-maillard où l'on cherche à identifier celui qui vous frappe la main ; jeu de superposition des mains où celle du dessous vient se placer par-dessus. *Jouer à (la) main chaude.*

II. *Zool.* Partie correspondant du membre antérieur des vertébrés, tétrapodes, *spécialt.* lorsqu'elle a un pouce opposable (singes). ◇ *Bot.* Vrille des plantes sarmenteuses.

III. *Par anal.* ♦ 1° *Main de justice :* sceptre terminé par une main d'ivoire ou de métal précieux. — *Main de Fatma :* bijou arabe, amulette en forme de main humaine. — *Main de toilette,* ou MAIN. V. **Gant.** ♦ 2° Poignée de tiroir. *Main fixe, pendante.* — Anneau où l'on fixe l'anse d'un seau de puits. — *Auto.* Pièce du cadre de châssis à laquelle s'attache l'extrémité d'un ressort. *Main de ressort.* — Pièce de fer coudée servant à soulever des fardeaux. ♦ 3° *Main courante**. ♦ 4° *Main commune. (Dr.)* Clause des régimes matrimoniaux par laquelle les époux conviennent de l'administration conjointe de leurs biens. ♦ 5° *Comm.* Assemblage de vingt-cinq feuilles de papier. *Une rame se compose de vingt mains.* ♦ 6° Apprêt donné à une étoffe. ♦ 7° *Imprim.* *Papier qui a de la main,* du corps, de la tenue. ◇ HOM. *Maint.*

MAINATE [mɛnat]. *n. m.* (1775; o. i.). Passereau noir *(Sturnidés)* originaire de Malaisie, au bec orangé et à caroncules jaune vif, capable d'imiter la parole humaine. « *Le mainate a beaucoup de talent pour siffler, pour chanter et pour parler* » (BUFF.).

MAIN-D'ŒUVRE [mɛdœvr(ə)]. *n. f.* (1706; de *main,* et *œuvre*). ♦ 1° Travail de l'ouvrier ou des ouvriers participant à la confection d'un ouvrage, à la fabrication d'un produit. *Les frais de main-d'œuvre* (V. **Façon**) *interviennent dans le calcul des prix de revient.* ♦ 2° *Par ext.* L'ensemble des salariés, et *plus spécialt.* des ouvriers. *Main-d'œuvre agricole, étrangère, féminine. Main-d'œuvre immigrée,* travailleurs étrangers.

MAIN-FORTE [mɛfɔrt(ə)]. *n. f.* (XVe; de *main,* et *forte*). *Donner, prêter main-forte :* assistance pour exécuter qqch., généralement dans des circonstances difficiles ou périlleuses. V. **Aide.** ◇ *Spécialt.* Concours accordé à la justice, à la force publique. « *Javert avait réclamé main-forte à la Préfecture* » (HUGO).

MAINLEVÉE [mɛlve]. *n. f.* (1384; de *lever*). *Dr.* Acte qui met fin aux effets d'une saisie, d'une opposition, d'une hypothèque. *Accorder mainlevée d'un séquestre.*

MAINMISE [mɛmiz]. *n. f.* (1342; de *main,* et *mise,* p. p. de *mettre*). ♦ 1° *Féod.* V. **Confiscation, saisie.** ♦ 2° *Mod.* Action de prendre, de s'emparer. V. **Prise, rafle** (Cf. Mettre la main* sur ; faire main basse sur). *Mainmise d'un État sur des territoires étrangers.* — Par métaph. (déb. XXe) Prise de possession, domination. « *L'humanité atteindra à une mainmise vraiment grandiose sur la matière* » (BENDA). — *Péj.* Toute influence de caractère tyrannique et exclusif. V. **Emprise.**

MAINMORTABLE [mɛmɔrtabl(ə)]. *adj.* (1372; de *mainmorte*). *Dr.* ♦ 1° *Féod.* Assujetti au droit de mainmorte. *Vassal mainmortable. Subst. Un mainmortable.* ♦ 2° *Mod.* Dont les biens inaliénables (biens de mainmorte) ne donnent pas ouverture aux droits de succession. *Société mainmortable. Par ext. Immeubles mainmortables.*

MAINMORTE [mɛmɔrt(ə)]. *n. f.* (1213; de *main* « possession, autorité » et *morte*). *Dr.* ♦ 1° *Féod. Droit de mainmorte :* droit pour le seigneur de disposer des biens laissés par son vassal à sa mort. *Gens de mainmorte :* les serfs. ♦ 2° *Mod. Biens de mainmorte :* biens inaliénables des personnes de *mainmorte* (communautés religieuses, hospices, sociétés savantes).

MAINT, MAINTE [mɛ̃, mɛ̃t]. *adj.* et *pron. indéf.* (déb.

XIIe; p.-ê. gaul. *manté* ou germ. *manigipô* « grande quantité »). ♦ 1° *Adj. Vx* ou *littér.* (surtout dans des expressions). Plusieurs, un grand nombre de. « *En maint endroit* » (FRANCE). « *Roches de mainte espèce* » (VALÉRY). — (Au plur.) « *Maintes préoccupations, maintes réticences* » (GIDE). — *Cour. À maintes reprises. Maintes fois :* souvent. *Maintes et maintes fois.* ♦ 2° *Pron. Vx.* Beaucoup. « *Maintes des traditions...* » (DANIEL-ROPS). ◇ ANT. *Aucun.* — HOM. *Main.*

MAINTENANCE [mɛ̃tnɑ̃s]. *n. f.* (de *maintenir*). ♦ 1° *Vx.* Action de maintenir, de confirmer. V. **Confirmation, maintien, persévérance.** *Maintenance de la loi.* ♦ 2° (Angl. *maintenance*). Maintien à leur niveau normal des effectifs et du matériel d'une troupe au combat. Services d'entretien, de réparation, de stockage. ♦ 3° (mil. XXe; de l'angl.). Maintien d'un matériel technique en état de fonctionnement ; ensemble des moyens d'entretien et de leur mise en œuvre.

MAINTENANT [mɛ̃tnɑ̃]. *adv.* (v. 1170, « aussitôt » ; du p. prés. de *maintenir*). ♦ 1° (XIIIe). Dans le temps actuel, au moment présent. V. **Actuellement, aujourd'hui, présent (à), présentement.** *Autrefois et maintenant. Et maintenant?* « *Nous autres civilisations, nous savons maintenant que nous sommes mortelles* » (VALÉRY). — (Avec un passé, dans un récit) « *Son pouls était presque insensible maintenant* » (FLAUB.). — *Ellipt.* À partir de maintenant (avec un futur) « *C'est maintenant que nous allons être heureux* » (MOL.). ◇ (Précédé d'une prépos.) *Dès maintenant.* V. **Désormais.** *À partir de maintenant* (Cf. D'ores et déjà). « *La corruption des mœurs de maintenant!* » (MOL.). ◇ MAINTENANT QUE *(loc. conj.) :* à présent que, au moment où. « *Maintenant que je suis sous les branches des arbres Et que je puis songer à la beauté des cieux* » (HUGO). « *Maintenant qu'elle avait payé, elle lui dirait tout* » (MAUPASS.). ♦ 2° (En tête de phrase, marque une pause où l'esprit, dépassant ce qui vient d'être dit, considère une possibilité nouvelle; Cf. l'expression Ceci dit). *Voilà ce que je vous conseille; maintenant, vous ferez ce que vous voudrez.* « *On sait qu'un homme et une femme se voient beaucoup; maintenant sont-ils amants?* » (MAUROIS). ◇ ANT. *Autrefois.*

MAINTENEUR [mɛ̃tnœr]. *n. m. (Mainteneor,* XIIe; de *maintenir*). ♦ 1° *Rare.* Celui qui maintient. *A. France,* « *que j'ai toujours considéré comme un mainteneur du langage* » (DUHAM.). ♦ 2° *Spécialt.* Dignitaire des jeux Floraux de Toulouse, depuis 1323.

MAINTENIR [mɛ̃tnir]. *v. tr.;* conjug. *tenir.* V. **Venir** (v. 1132, « protéger, défendre » ; lat. pop. *manutenere « tenir avec la main »). ♦ 1° (XIIe). Conserver dans le même état; faire ou laisser durer. V. **Entretenir, garder, tenir.** *Maintenir l'ordre, la paix. Maintenir un état de fait, le statu quo.* V. **Continuer.** *Maintenir sa candidature, ses prétentions. Maintenir un ordre.* V. **Confirmer.** « *Je dois maintenir la température au même degré de fraîcheur* » (BALZ.). *Maintenir une loi en vigueur, un malade en vie.* ♦ 2° (1306). *Spécialt.* Affirmer avec constance, fermeté. V. **Certifier, soutenir.** *Je l'ai dit et je le maintiens. Maintenez-vous accusations?* V. **Répéter.** ♦ 3° (1690). Tenir dans une même position. V. **Attacher, fixer, retenir, soutenir, tenir.** *La clef de voûte maintient l'édifice. Maintenir fixe, stable, en équilibre.* — *Maintenir qqn,* le tenir solidement. V. **Immobiliser.** *Maintenir son cheval.* V. **Contenir.** « *Cette femme dont la petite main gantée maintenait la bête essoufflée* » (CHARDONNE). ♦ 4° SE MAINTENIR. *v. pron.* Rester dans le même état. *Malade, vieillard qui se maintient.* V. **Défendre (se).** *Certaines institutions se maintiennent pendant des siècles.* — *Impers.* et *pop. Alors, ça va? ça se maintient.* — (Avec un complément de manière ou un attribut) V. **Durer, rester, subsister.** « *Tâchons de nous maintenir dans la voie moyenne* » (STE-BEUVE). ◇ ANT. *Changer, modifier, annuler; supprimer. Cesser.*

MAINTIEN [mɛ̃tjɛ̃]. *n. m.* (XIIIe; de *maintenir*). ♦ 1° Manière de se tenir, manifestant les habitudes, le comportement social de qqn. V. **Air, allure, attitude, contenance, façon(s), port, posture, tenue.** *Maintien noble, superbe* (V. **Prestance**); *désinvolte; étudié* (V. **Pose**). « *Il allait prendre un maintien trop élégant et des gestes trop civilisés pour l'état qu'on devait lui supposer* » (VIGNY). — *Absolt. Professeur de danse et de maintien. Leçon de maintien.* ♦ 2° (1538). Action de maintenir, de faire durer. V. **Confirmation, conservation, continuité.** *Assurer le maintien de l'ordre.* — *Milit. Maintien au corps des soldats libérables. Ils protestent contre* « *le maintien sous les drapeaux de la classe en octobre* » (ARAGON). — *Dr. Maintien dans les lieux :* droit reconnu à certains locataires de rester dans les locaux loués contre le gré du propriétaire. ◇ ANT. *Abandon, changement, cessation, suppression.*

MAIRE [mɛr]. *n. m.* (Xe, *adj.;* lat. *maior.* V. **Majeur**). I. ♦ 1° (XIIe). Dans les « villes de commune » (ou communes jurées), Celui qui dirigeait le corps municipal. ♦ 2° (1789). Premier officier municipal élu par le conseil municipal, parmi ses membres, et qui est à la fois une autorité locale et l'agent du pouvoir central. *Le maire, premier magistrat de la commune. Monsieur le maire. L'écharpe du maire. Le*

maire de cette ville est une femme (Madame la mairesse (vx), *madame le maire). Adjoint au maire.* — *Spécialt.* À Paris, Officier municipal nommé par décret et remplissant dans chaque arrondissement les fonctions municipales d'agent du pouvoir central. ◊ *Loc. fam. Être passé devant le maire, chez Monsieur le maire :* être légalement marié.
II. *Hist.* Sous les Mérovingiens, Intendant du palais (V. **Majordome**) qui détenait un important pouvoir politique. *Les maires du palais.*
◊ HOM. **Mer, mère** (1 et 2).

MAIRESSE [mɛʀɛs]. *n. f.* (XIIIᵉ; de *maire*). ♦ **1°** *Plaisant.* Femme du maire. « *Monsieur le maire flanqué de sa mairesse* » (BALZ.). ♦ **2°** *Vx.* Femme exerçant les fonctions de maire.

MAIRIE [meʀi]. *n. f.* (XIIIᵉ; var. *mairerie*, XIVᵉ; de *maire*). ♦ **1°** Office, charge de maire. *Être élu à la mairie d'une grande ville.* — *Par ext.* Temps pendant lequel un maire exerce ses fonctions. ♦ **2°** *Administration municipale. Employé, secrétaire de mairie.* ♦ **3°** (1789). Bâtiment où se trouvent le bureau du maire, les services de l'administration municipale et où siège normalement le conseil municipal. V. **Hôtel** (de ville).

MAIS [mɛ]. *adv. et conj.* (Xᵉ; lat. *magis* « plus »).
I. *Adv.* ♦ **1°** *Vx.* Plus. — *Spécialt.* Vieilli ou littér. *N'en pouvoir mais :* n'y pouvoir rien. « *On n'en peut mais* » (GIDE). ♦ **2°** (Soulignant, renforçant le mot qui vient d'être exprimé). Oui, vraiment. « *On ne lui donna plus rien à faire, mais ce qui s'appelle rien* » (MONTHERLANT). *Tu viens avec moi?* — Mais oui, mais bien sûr, mais certainement.
II. *Conj.* (Xᵉ). ♦ **1°** Marquant une transition, en tête de phrase. V. **Et**. *Mais, dites-moi. Mais c'est de la folie!* « *Mais enfin, comment la chose s'est-elle passée?* » (DAUD.). *Mais encore?* ♦ **2°** Introduit une idée contraire à celle qui a été exprimée. *Les privilèges finiront, mais le peuple est éternel* » (MIRABEAU). *Ce n'est pas ma faute, mais la tienne! Je n'en veux pas un, mais deux. Mais au contraire.* ♦ **3°** Introduit une restriction, une correction, une addition, une précision indispensable. V. **Compensation, revanche** (en). « *J'embrasse mon rival, mais c'est pour l'étouffer* » (RAC.). « *Mon verre n'est pas grand, mais je bois dans mon verre* » (MUSS.). — *Non seulement..., mais, mais encore, mais aussi, mais même, mais en outre.* ♦ **4°** Introduit une objection (notamment sous forme interrogative). *Mais pourtant vous connaissez ce texte?* — *Je ne dis pas, mais... Oui, mais...* ♦ *Subst. Que signifie ce mais? Il n'y a pas de mais qui tienne!* vos objections ne comptent pas. *Il y a toujours avec lui des si et des mais.* « *Mais... mais... voilà une particule qui n'annonce rien de bon* » (GAUTIER).
III. MAIS exclamatif, joint à une interj. — (Surprise) *Eh mais! c'est ma foi vrai! Ah! ça, mais, je ne me trompe pas, c'est bien lui.* — (Défi, menace) *Je vais lui fermer le bec, ah mais!* — (Pop). *Non, mais! pour qui tu te prends! Non mais, des fois!*
◊ HOM. V. **Mai**.

MAÏS [mais]. *n. m.* (*Maiz*, 1519; esp. *maïs*, mot d'Haïti). Graminée à racines fibreuses, à tige droite, à larges feuilles lancéolées et dont les fruits sont des grains durs de la grosseur d'un pois, serrés sur un gros épi presque cylindrique. *Épi,* « *quenouille* » *de maïs. Plantation, champ de maïs.* — *Farine de maïs. Fleur de maïs.* V. **Maïzena**. *Utilisation du maïs dans l'alimentation humaine* (V. **Polenta**), *animale* (volailles, porcs), *comme matière première industrielle* (amidon, glucose, alcool). *Grains de maïs grillés, soufflés* (amér. « pop corn »). — *Ellipt. Bouillie, gâteau de maïs :* de farine de maïs.

MAÏSERIE [maisʀi]. *n. f.* (1931; de *maïs*). Établissement, usine où l'on traite le maïs pour la fabrication de fécule, de glucose.

MAISON [mɛzɔ̃]. *n. f.* (v. 980; lat. *mansio, mansionem,* de *manere* « rester »; a remplacé en gallo-rom. *casa*).
I. ♦ **1°** Bâtiment d'habitation. V. **Bâtiment, bâtisse, construction, édifice, hôtel, immeuble;** *abri, asile, logement, logis, pénates, résidence, toit;* *péj.* **Baraque, bicoque, bouge, cabane, case, masure, taudis;** *pop.* et *arg.* **Cagna, carrée, casbah, crèche, gourbi, guitoune, piaule, taule, turne.** *Parties, divisions d'une maison.* V. **Cage, comble, couverture, escalier, étage, façade, fondation, maçonnerie, mur, terrasse, toit, toiture.** — *Divisions intérieures de la maison.* V. **Êtres; appartement, chambre, pièce, salle;** *et aussi* **Buanderie, cave, cellier, corridor, couloir, cuisine, entrée, grenier, hall, office, souillarde, soupente, sous-sol, terrasse, véranda, vestibule.** *Maison d'une dizaine de pièces avec de nombreuses dépendances. Jardin, cour attenant à une maison.* — *Maison de bois, de briques, de pierres de taille. Maison préfabriquée.* — *Petite maison.* V. **Maisonnette.** *Maison rudimentaire.* V. **Chaumière, hutte.** *Maison bourgeoise :* habitée bourgeoisement (*opposé à* maison garnie, meublée) *et aussi* Maison assez cossue. *Maison de maître** (I, 8°). *Maison de banlieue.* V. **Pavillon.** *Maison rustique :* champêtre, de paysans. V. **Ferme.** *Maison de chasse.* V. **Pavillon, rendez-vous.** — *Maison de plaisance;*

maison de campagne. V. **Bastide, bungalow, cabanon, campagne, castel, chalet, château, cottage, fermette, folie, gentilhommière, manoir, mas, pavillon, pied-à-terre, villa.** *Maison de rapport* (vx), immeuble loué par appartements. V. **Immeuble.** *Louer, acheter une maison.* — *Rue bordée de maisons. Groupe, pâté de maisons.* V. **Bloc, îlot.** — *Par ext. Maison de poupée. Enfant qui fait une maison avec des cubes.* — Loc. fam. *Gros* (adv.) *comme une maison,* énorme, grossier, évident. Loc. LA MAISON-BLANCHE : résidence du président des États-Unis d'Amérique, et *par ext.* Le gouvernement américain. *La politique de la Maison-Blanche.* ♦ **2°** Habitation, logement (qu'il s'agisse ou non d'un bâtiment entier). V. **Chez-soi, demeure, domicile, foyer, home, logis.** *Quitter la maison.* — À LA MAISON : chez soi. *Il aime rester à la maison :* chez lui. *Rentrer à la maison.* V. **Bercail.** *Passez donc me voir à la maison. Gâteau fait à la maison* (Cf. *ci-dessous,* IV). ♦ **3°** L'intérieur d'une maison ou d'un appartement, son aménagement. V. **Intérieur.** *Maison en désordre* (V. **Bazar**), *bien tenue, confortable, arrangée avec goût* (V. **Bonbonnière**). *Déménager toute la maison :* tout ce qu'il y a dans la maison. — *Par ext.* (Vie à la maison) *Tenir la maison.* V. **Ménage.** *Maître, maîtresse de maison. Dépenses de la maison.* V. **Domestique.** *Train* de maison. Une des meilleures maisons de Paris.* « *Elle reçoit le mercredi; c'est une maison fort honorable* » (BALZ.). *Un valet de chambre de grande maison.* — *Par méton. Une maison accueillante.* Loc. *C'est la maison du bon Dieu :* une famille particulièrement accueillante. ♦ **4°** *Spécialt.* Maison, famille, où servent des domestiques. *Ce domestique a fait de nombreuses maisons.* V. **Place.** *Absolt. Les gens de maison :* les domestiques. *Le syndicat des gens de maison.* ♦ **5°** *Relig. La maison du Seigneur, de Dieu :* le temple de Jérusalem; *par ext.* V. **Église, sanctuaire, temple.** ♦ **6°** *Astrol. Les douze Maisons du Ciel :* les douze fuseaux par lesquels les astrologues divisent le ciel, pour analyser son état au moment de la naissance de qqn.
II. (XIIᵉ). Bâtiment, édifice destiné à un usage spécial. ♦ **1°** *Édifice public.* — (Vx) *Maison commune, maison de ville.* V. **Hôtel** (de ville), mairie. — *Dr. pén.* Se dit de nombreux établissements de détention. V. **Prison.** *Maison centrale* (prison d'État), *départementale. Maison de force. Maison de justice. Cour. Maison de correction.* ♦ **2°** Établissement public ou privé à un ou plusieurs bâtiments où l'on reçoit des usagers, qu'on les loge ou non. — *Maison de santé* (V. **Clinique, hôpital**), *de repos, de convalescence. Maisons de fous.* V. **Asile.** *Anciennt. Les Petites-Maisons :* hôpital de Paris où l'on enfermait les aliénés. *Un échappé des Petites-Maisons.* — *Maison de retraite,* où l'on reçoit les vieillards. *Maison du marin, du soldat,* établissement fournissant logement et nourriture aux marins, soldats en déplacement. V. **Foyer.** *Maison de la jeunesse, de la culture. Maison du peuple.* — *Maison d'éducation :* école, pensionnat privé ou institution (Légion d'honneur, etc.). *Maison d'enfants* (Cf. **Home** d'enfants, colonie de vacances). ♦ **3°** *Spécialt.* Lieu de plaisir. *Maison de jeux.* V. **Tripot.** *Maison de rendez-vous. Maison close; maison de passe, de tolérance.* V. **Bordel.** *La Maison Tellier,* nouvelle de Maupassant. ♦ **4°** *La maison mère, les maisons provinciales d'un ordre religieux.* ♦ **5°** Entreprise commerciale. *Maison de commerce.* V. **Établissement, firme.** *Maison de détail, de gros. La maison mère et les succursales. La Maison Nucingen,* roman de Balzac. « *Les employés d'une maison de commerce sont attachés par le cœur à la maison* » (CHARDONNE). ◊ *Spécialt.* L'établissement où l'on travaille (maison de commerce, administration, etc.). *L'esprit, les traditions de la maison. J'en ai assez de cette maison!* V. **Boîte, boutique.**
III. *Fig.* ♦ **1°** Les personnes qui vivent ensemble, habitent la même maison. V. **Maisonnée; famille.** « *Je voudrais pouvoir vous dépeindre la joie de ma maison* » (DUHAM.). *Faire la jeune fille de la maison :* faire le service au cours d'une réunion. ♦ **2°** *Vx* ou *Hist.* Les gens attachés au service d'une maison. V. **Domesticité.** *Une nombreuse maison.* — Ensemble des personnes employées au service des grands personnages. *La maison du roi, du souverain. Maison civile, militaire du président de la République :* ensemble des fonctionnaires qui lui sont attachés personnellement. ♦ **3°** Descendance, lignée des familles nobles. « *La comtesse d'Orgel appartenait par sa naissance à l'illustre maison des Grimoard de la Verberie* » (RADIGUET). *Maison d'Autriche, de Lorraine.*
IV. (XXᵉ). En appos. ♦ **1°** Qui a été fait à la maison, sur place (et non pas acheté au dehors). *Pâté, tarte maison* (Cf. Du chef). ♦ **2°** *Par ext. Pop.* Particulièrement réussi, soigné. « *Quelque chose de maison, je te le jure* » (R. GARY). ♦ **3°** Particulier à (une maison de commerce). « *Elle a vite attrapé le genre maison* » (BEAUVOIR). *Esprit maison, syndicat maison.*

MAISONNÉE [mɛzɔne]. *n. f.* (1611; de *maison*). L'ensemble de ceux qui habitent la même maison. — *Spécialt.* Famille. *Toute la maisonnée était réunie.*

MAISONNETTE [mɛzɔnɛt]. *n. f.* (1160; de *maison*).

Petite maison. V. **Pavillon**. *La maisonnette du garde-barrière*.

MAISTRANCE [mɛstrɑ̃s]. *n. f.* (1559 ; de *maistre, maître*). *Mar.* Ensemble des officiers mariniers de la marine de guerre française ; *spécialt.* Officiers de carrière. *Écoles de maistrance*.

MAÎTRE, MAÎTRESSE [mɛtʀ(ə), mɛtʀɛs]. *n.* (*Maistre*, 1080 ; *maistresse*, XIIe ; lat. *magister*).

I. Personne qui exerce une domination. ◆ **1°** Personne qui a pouvoir et autorité sur qqn pour se faire servir, obéir. *Le maître et l'esclave, et le vassal.* V. **Seigneur.** — *Le maître et les serviteurs, les domestiques.* V. **Patron.** — PROV. *Les bons maîtres font les bons valets :* les maîtres ont les valets qu'ils méritent. *Tel maître, tel valet :* les valets ont souvent les qualités et les défauts de leur maître. *Nul ne peut servir deux maîtres à la fois.* ◇ Possesseur d'un animal domestique. *Animal qui reconnaît son maître.* « *Le chien s'étendait sur un pouf aux pieds de sa maîtresse* » (GREEN). ◆ **2°** Personne qui a pouvoir d'imposer aux autres sa volonté. V. **Chef.** « *Un père n'est le maître de ses enfants que pour leur intérêt* » (SENANCOUR). — (1532) MAÎTRE, MAÎTRESSE DE MAISON : personne qui dirige la maison. *Maître de maison qui reçoit.* V. **Amphitryon, hôte.** *Parfaite maîtresse de maison.* — *Le maître d'un peuple, d'un pays,* celui qui y exerce effectivement le pouvoir. V. **Dirigeant, gouvernant, souverain.** « *Le Français est surtout jaloux de la liberté de se choisir son maître* » (ST-ÉVREMOND). *Les maîtres de la terre, du monde, tous ceux qui exercent un pouvoir. Devenir le maître du monde.* V. **Dictateur, dominateur, tyran.** — *Le Maître du monde, de la nature :* Dieu. ◆ **3°** *Être maître, le maître quelque part,* avoir pleine autorité, toute licence là où l'on est. — PROV. *Charbonnier est maître dans sa maison.* « *J'étais maître en ces lieux, seul j'y commande encore* » (VOLT.). *Le capitaine d'un bateau est seul maître à bord, est maître après Dieu.* — (Jeu) *Être maître à carreau,* avoir la carte la plus forte. ◆ **4°** Loc. *L'œil du maître,* la vigilance du maître à qui rien n'échappe. *Ni Dieu ni maître,* devise de Blanqui et des anarchistes. *Parler, agir en maître,* avec l'autorité, la liberté d'un maître. *Régner en maître.* — *Trouver son maître,* celui à qui l'on doit se soumettre, obéir. ◆ **5°** *(Choses).* Ce qui gouverne qqn, commande sa conduite. *L'argent, maître du monde.* « *Notre tempérament, notre caractère, nos passions, sont nos maîtres* » (LÉAUTAUD). ◆ **6°** (1538). ÊTRE MAÎTRE DE SOI, ÊTRE SON MAÎTRE (par rapport aux autres) : être libre et indépendant, n'avoir d'autre maître que soi-même. « *Tout homme était né libre et maître de lui-même* » (ROUSS.). « *Depuis dix ans qu'elle était riche et veuve, maîtresse d'elle-même par conséquent* » (BARBEY). — Par ext. *Être maître, le maître de ses actes, de son destin, de son emploi du temps.* V. **Disposer.** ◇ (Par rapport à soi-même) ÊTRE MAÎTRE DE SOI : avoir de l'empire sur soi-même. V. **Dominer** (se), **maîtriser** (se). « *Je suis maître de moi comme de l'univers* » (CORN.). « *J'étais maître de moi, très calme, sans colère* » (DUHAM.). — Par ext. « *Il lui coupa la parole dans un mouvement d'impatience dont il ne fut pas maître* » (MAUPASS.). ◆ **7°** ÊTRE MAÎTRE DE FAIRE QQCH. : avoir entière liberté de. « *Je laisse mon fils maître de faire ce qu'il voudra* » (BALZ.). ◆ **8°** Personne qui possède une chose, en dispose. V. **Possesseur, propriétaire.** *Dr.* Bien sans maître : abandonné. *Voiture, cheval ; maison de maître :* dont l'usager est le propriétaire (*opposé à* de louage) ; *par ext.* Maison grande et cossue. ◇ *Se rendre maître de qqch.* (se l'approprier), *de qqn* (le capturer, le maîtriser), *d'un pays* (le conquérir, l'occuper). *Se rendre maître d'un incendie, d'un fléau,* l'arrêter, le maîtriser. — (Choses abstraites) *Se trouver maître d'un secret. Être maître, rester maître de la situation, des événements.* V. **Arbitre.**

II. (XIIe). Personne qualifiée pour diriger. ◆ **1°** Personne qui exerce une fonction de direction, de surveillance. V. **Chef.** — Vx. *Maître de forges.* — *Maître d'œuvre :* chef de chantier (*fig.* et *mod.* directeur de travaux intellectuels). — Mod. *Maître des requêtes au Conseil d'État* (fém. *maître*). *Maître de ballet :* personne qui dirige un ballet dans un théâtre (fém. *maître* ou *maîtresse*). *Maître de chapelle. Maître des cérémonies. Maître d'hôtel**. — Milit. *Maître de camp.* V. **Mestre.** — Nom donné aux officiers mariniers. *Premier-maître, quartier-maître.* V. **Maistrance.** *Maître d'équipage.* — *Grand maître de l'ordre :* chef d'un ordre militaire. — *Grand maître de l'Université :* nom donné au ministre de l'Éducation nationale. — *Maître de conférences* (fém. *maître*) : personne chargée d'un cours dans une grande école ou enseignant dans une université avant d'accéder au titre de professeur. *Maître de recherches* (fém. *maître*). — *Maître d'études* (fém. *maîtresse*), qui surveille une étude. *Maître assistant* (invar. : *elle est maître assistant*). V. **Pion, surveillant.** *Maître d'internat* (fém. *maîtresse*). ◆ **2°** Personne qui enseigne. *Maître, maîtresse,* personne qui enseigne aux enfants dans une école, ou dans le particulier. V. **Éducateur, enseignant, instituteur, pédagogue, précepteur, professeur, régent.** *Maître, maîtresse d'école,* instituteur, institutrice. *Maîtresse auxiliaire. Maître de musique. Maîtresse de piano. Maître d'armes.* — Fig. *Le temps est un grand maître,* donne de l'expérience. ◆ **3°** *N. m.* (Dans le système corporatif ; XIIIe). Artisan qui dirige le travail et enseigne aux apprentis. *Les maîtres, les compagnons et les apprentis d'une corporation.* Fig. « *L'homme est un apprenti, la douleur est son maître* » (MUSS.). — *Être maître dans le métier, dans l'art de.* V. **Adroit, compétent, expert, savant.** *Elle est passée maître dans l'art de mentir. De main de maître,* avec l'habileté d'un maître, magistralement. *Des coups de maître. Trouver son maître,* qqn de supérieur à soi, de plus adroit, de plus compétent. ◆ **4°** *N. m.* Peintre, sculpteur qui dirigeait un atelier et travaillait souvent avec ses élèves à une même œuvre. *Attribuer au maître l'œuvre d'un élève. Le maître de* (suivi d'un nom de lieu, du titre de l'œuvre) : désignation d'un peintre ancien anonyme dont l'œuvre a la qualité de celle d'un maître d'atelier. *Le Maître de Moulins.* ◆ **5°** *N. m.* Personne dont on est le disciple, que l'on prend pour modèle. V. **Initiateur, modèle.** *Un maître à penser.* « *Une génération trouve parfois ses maîtres chez elle-même* » (THIBAUDET). ◆ **6°** *N. m.* Artiste, écrivain ou savant qui excelle dans son art, qui a fait école. *Les maîtres de la littérature française, de la peinture espagnole* (Cf. Les grands noms). *Un tableau de maître.* « *Admirons les grands maîtres, ne les imitons pas* » (HUGO).

III. (XIIIe). Titre donné à certaines personnes. ◆ **1°** *Vx* (suivi du nom ou du prénom). Titre donné autrefois familièrement aux hommes qu'on ne pouvait appeler « Monsieur » et encore au XIXe s. aux paysans, aux artisans. *Maître Pathelin. Maître Jacques.* Région. *Maître Une telle.* — Par plaisant. *Maître Corbeau, maître Renard.* ◆ **2°** *N. m.* Titre qui remplace Monsieur, Madame en parlant des gens de loi ou en s'adressant à eux (Avoué, avocat, huissier, notaire). *Maître X, avocate à la cour* (abrév. M^e). ◆ **3°** *N. m.* Titre que l'on donne en s'adressant à un professeur éminent, à un artiste ou un écrivain célèbre. *Monsieur (Madame) et cher Maître.*

IV. (v. 1080). MAÎTRE, MAÎTRESSE en appos. ou adj. ◆ **1°** Qui est le maître, la maîtresse (au sens, I, 1°). *Servante maîtresse :* servante, domestique qui est devenue maîtresse de la maison. ◆ **2°** Qui a les qualités d'un maître, d'une maîtresse. *Une maîtresse femme,* qui sait organiser et commander. V. **Énergique.** ◆ **3°** *Ancien.* Qui est le premier, le chef de ceux qui exercent la même profession dans un corps de métier, une entreprise. « *Il devint maître compagnon* » (BALZ.). *Maître cuisinier, maître coq ou maître queux. Maître sonneur,* chef de la corporation des sonneurs de cornemuse. — Pour renforcer une qualification injurieuse. *Maître fieffé. Maître filou.* « *Voilà un maître fou* » (VOLT.). ◆ **4°** Qui est important, ou qui est le plus important. *Maîtresse branche d'un arbre,* la plus grosse. V. **Principal.** *Maîtresse poutre d'un comble. Maître-couple,* couple placé dans la plus grande largeur du navire. *Maître-autel* (XVIe), autel principal d'une église, placé dans l'axe de la nef. *Des maîtres-autels.* ◇ Qui a de la force, de l'efficacité. *Les maîtres mots des magiciens.* — (Cartes) *Atout maître.* Garder ses cartes maîtresses, celles qui peuvent faire une levée. — Fig. Essentiel. *La pièce maîtresse d'une collection, d'un dossier. La qualité maîtresse d'une personne.* V. **Majeur.**

◈ ANT. *Esclave, serviteur ; inférieur, subalterne ; disciple, élève ; apprenti. Accessoire, secondaire.* — HOM. *Mètre, mettre.*

MAÎTRE-À-DANSER [mɛtʀadɑ̃se]. *n. m.* (1765 ; par anal. de forme des branches avec les jambes). *Techn.* Compas d'épaisseur à branches croisées.

MAÎTRE CHANTEUR [mɛtʀəʃɑ̃tœʀ]. *n. m.*
I. (1842 ; *chanteur*, 1821 ; de *chanter*). Personne qui fait chanter qqn, exerce un chantage.
II. (1846 ; calque de l'all. *Meistersinger*). Musicien et poète faisant partie d'une association, en Allemagne (XIVe s.).

MAÎTRESSE [mɛtʀɛs]. *n. f.* (XIIe ; de *maître*, et suff. *-esse*).
I. Féminin de *Maître* dans certains emplois. V. **Maître.**
II. ◆ **1°** Vx. *La maîtresse de qqn :* la jeune fille ou la femme qu'il aime et qui sous son empire sur lui. V. **Amie, amante, belle, bien-aimée.** « *Le mot de maîtresse veut dire une femme qui a donné son cœur, et qui veut le vôtre* » (MARIVAUX). — Spécialt. *Fiancée.* « *Il faut venger un père et perdre une maîtresse* » (CORN.). ◆ **2°** (1678). Mod. *La maîtresse de qqn :* femme qui s'est donnée à lui (sans être son épouse). V. **Amie** (bonne amie). *Ils sont amant et maîtresse. Avoir une maîtresse.* V. **Liaison.** *Il vit avec sa maîtresse.* V. **Concubine.**

MAÎTRISABLE [mɛtʀizabl(ə)]. *adj.* (1845 ; de *maîtriser*). Qui peut être maîtrisé (surtout en parlant des émotions, des réflexes). *Une peur irraisonnée, difficilement maîtrisable.* ◇ ANT. *Insurmontable, irrépressible.*

MAÎTRISE [mɛtʀiz]. *n. f.* (XIIe ; var. *mestrise, mestrie* ; de *maître*). Qualité de maître.
I. ◆ **1°** (XVe). Rare. Qualité, fonction d'une personne qui commande, exerce un pouvoir. V. **Autorité, domination, pouvoir, souveraineté.** « *Maîtrise et servitude* » (CAMUS). **2°** (Déb. XXe). MAÎTRISE DE SOI : qualité de celui qui est maître de soi, qui se domine. V. **Contrôle, empire.** « *Une fièvre et*

une impatience qui leur enlevaient toute maitrise d'eux-mêmes » (CAMUS). V. **Calme, sang-froid.** ◆ 3° Contrôle militaire d'un lieu. *L'Angleterre avait la maitrise des mers.* V. **Prépondérance, suprématie.** « *Ne seraient-ils que cinquante, ils possèdent la maitrise du terrain* » (MAC ORLAN).
II. ◆ 1° (XIIIᵉ). Qualité, grade, fonction de maître dans certains corps de métiers. *Maîtrise de conférences :* fonction, poste de maître de conférences. — *Absolt.* (1835) Fonction du maître de chapelle. ◇ (1734) École d'éducation musicale des enfants de chœur d'une église, dirigée par le maître de chapelle ; l'ensemble des chanteurs. *Diriger la maitrise d'une paroisse.* V. **Manécanterie.** ◆ 2° (XVᵉ). Qualité de maître dans une corporation. — *Par ext.* (1776) Ensemble des maîtres d'une corporation. *Les maitrises et les jurandes de l'Ancien Régime.* ◇ (XXᵉ) *Agents de maitrise,* nom donné à certains techniciens qui forment les cadres inférieurs d'une entreprise. V. **Habileté, maestria, métier, virtuosité.** *Exécuté avec maitrise.* « *À la maitrise, il* (l'enfant) *substitue le miracle* » (MALRAUX).

⬦ ANT. *Servitude. Apprentissage.*

MAÎTRISER [metrize]. *v. tr.* (v. 1200 ; de *maitrise*). ◆ 1° (*Vx*). Soumettre à sa domination. *Maîtriser un peuple.* V. **Asservir, assujettir, soumettre.** — *Fig. Les grands écrivains savent maitriser la langue.* ◆ 2° Se rendre maître de, par la contrainte physique. *Maitriser un cheval fougueux. Maitriser un agité en lui passant la camisole de force.* — *Par ext. Maitriser les forces de la nature.* V. **Discipliner, enchaîner.** ◆ 3° Dominer (une passion, une émotion, un réflexe). V. **Contenir, dompter, refouler, réprimer, surmonter, vaincre.** *Maitriser sa colère, son émotion.* « *Je maîtrisais complètement mes nerfs* » (MAUROIS). — *Pronom.* Se rendre maître de soi, se dominer. V. **Contrôler (se).** Cf. Prendre sur soi. *Allons, maitrisez-vous, un peu de sang-froid !* ⬦ ANT. *Obéir, soumettre (se). Délivrer. Abandonner (s') ; éclater.*

MAÏZENA [maizena]. *n. f.* (1853 ; angl. *maïzena,* de *maize* « maïs »). Fécule de maïs préparée pour être utilisée en cuisine (marque déposée).

MAJESTÉ [maʒɛste]. *n. f.* (v. 1120 ; lat. *majestas*). **I.** ◆ 1° Caractère de grandeur qui fait révérer les puissances souveraines. V. **Gloire, grandeur.** *La majesté divine.* — *Majesté impériale, princière. Atteinte à la majesté du souverain.* V. **Lèse** (*lèse-majesté*). — *Iconogr. Christ, Vierge de majesté :* représentés de face dans une attitude hiératique, généralement assis sur un trône. ◆ 2° (XIVᵉ). Dignité souveraine ; pouvoir royal. — *Par ext. Souverain.* « *Le jour où il fut majesté* » (HUGO). ◆ 3° (1575). Titre donné aux souverains héréditaires. *Votre Majesté, Vos Majestés* (par abrév. V. M., VV. MM.), se dit en parlant aux souverains. *Sa Majesté, Leurs Majestés* (abrév. S. M., LL. MM.), en parlant d'eux. « *Sa Majesté le roi viendra-t-il* » (A. HERMANT). **II.** (v. 1220). Caractère de grandeur, de noblesse dans l'apparence, l'allure, les attitudes. *Un air de majesté.* V. **Majestueux.** *Majesté grave, solennelle.* — (*Choses*) V. **Beauté, grandeur.** *La majesté de la nature.* « *Cette admirable ruine avait toute la majesté des grandes choses détruites* » (BALZ.). « *J'aime la majesté des souffrances humaines* » (VIGNY). — *Gram. Pluriel de majesté :* emploi de *nous* pour *je.* V. **Nous.**

⬦ ANT. *Vulgarité.*

MAJESTUEUSEMENT [maʒɛstɥøzmɑ̃]. *adv.* (1609 ; *majestueux*). Avec majesté ; d'une manière majestueuse. *S'avancer, marcher majestueusement.*

MAJESTUEUX, EUSE [maʒɛstɥø, øz]. *adj.* (1605 ; *magestueux,* 1576 ; de *majesté,* refait d'apr. *somptueux,* etc.). ◆ 1° Qui a de la majesté. V. **Auguste, imposant.** *Un majestueux vieillard. Air, port majestueux ; allure, démarche, taille majestueuse.* V. **Fier, grave, noble ; solennel.** ◆ 2° *Par ext.* Qui est d'une beauté pleine de grandeur, de noblesse. V. **Grandiose.** *La simplicité majestueuse du forum. Paysage, fleuve majestueux.* ⬦ ANT. *Grossier, vulgaire.*

MAJEUR, EURE [maʒœr]. *adj. et n.* (XVIᵉ ; Cf. prov. *Majer,* XIIᵉ ; var. de *maieur*, *maior,* accus. de *maire* (xᵉ) ; lat. *major.* V. **Mage** (2), **major**). **I.** ◆ 1° *Adj. compar.* Plus grand, plus important (*opposé à* mineur). *La majeure partie :* la plus grand nombre. *En majeure partie,* pour la plupart. — Relig. *Ordres majeurs. Les causes majeures :* celles dont le pape est seul juge. — Log. *Terme majeur d'un syllogisme,* et subst. *Le majeur :* le terme qui sert de prédicat à la conclusion (et qui a généralement la plus grande extension). *La prémisse majeure,* et subst. (XIVᵉ) *La majeure :* celle qui contient le majeur. — Mus. *Intervalle majeur :* plus grand d'un demi-ton chromatique que l'intervalle mineur. *Seconde, tierce, sixte, septième majeure. Ton, mode majeur,* où la tierce et la sixte au-dessus de la tonique sont majeures. — *Subst. Morceau en majeur.* — (Cartes) *Tierce, quarte, quinte majeure,* suite des trois, quatre, cinq

cartes supérieures dans la même couleur. — *Subst.* (1907) *Le majeur,* le plus long doigt de la main. V. **Médius.** ◆ 2° *Par ext.* Très grand, très important. V. **Considérable, exceptionnel.** *Cas de force* majeure. Intérêt majeur.* « *Leur unique étude, leur préoccupation majeure* » (DUHAM.). **II.** (XIIᵉ, *maire, maiour*). Qui a atteint l'âge de la majorité légale. *Héritier majeur. Fam. Il est majeur, il sait ce qu'il fait.* — *Subst. Majeur incapable, interdit* (assimilé au mineur). ◇ *Par ext. Peuple majeur,* capable de se diriger lui-même.

⬦ ANT. *Mineur. Petit ; insignifiant.*

MAJOLIQUE [maʒɔlik] ou **MAÏOLIQUE** [majɔlik]. *n. f.* (1556 ; it. *majorica, majolica* « de l'île Majorque »). Faïence italienne, *spécialt.* de la Renaissance. *Poterie en majolique.*

MA-JONG. V. **MAH-JONG.**

MAJOR [maʒɔr]. *adj. et n. m.* (XVIᵉ ; en prov., XIIIᵉ ; lat. *major,* compar. de *magnus* « grand »). **I.** *Adj. invar.* Supérieur par le rang (dans quelques composés). Milit. *Sergent* major. Tambour* major. Médecin* major, chirurgien major ; infirmière-major. État-major.* Mar. *Canot-major,* affecté au service de l'état-major. **II.** *N. m.* ◆ 1° (1660, empr. esp.). Officier supérieur chargé de l'administration, du service. — *Major général :* chef d'état-major du généralissime en temps de guerre. Mar. Contre-amiral commandant l'arsenal et dirigeant les services. ◆ 2° Chef de bataillon (V. **Commandant**), dans certaines armées étrangères. ◆ 3° Appellation des médecins militaires. *Monsieur le major.* ◆ 4° Candidat reçu premier au concours d'une grande École. *Le major de la promotion.*

MAJORAL, AUX [maʒɔral, o]. *n. m.* (1907 ; prov. *majourau,* bas lat. *majoralis*). *Dial.* ◆ 1° Berger en chef d'un grand troupeau, en Provence. ◆ 2° Chacun des cinquante membres du consistoire félibrige.

MAJORANT [maʒɔrɑ̃]. *n. m.* (v. 1950 ; de *majorer*). Sc. (*Math.*). Nombre supérieur ou égal à tous les éléments d'un ensemble. V. **Borne.** (S'oppose à *minorant*).

MAJORAT [maʒɔra]. *n. m.* (1671 ; esp. *mayorazgo,* de *mayor* « plus grand »). *Ancien.* Bien inaliénable et indivisible attaché à la possession d'un titre de noblesse et transmis avec le titre au fils aîné.

MAJORATION [maʒɔrasjɔ̃]. *n. f.* (1867 ; de *majorer*). ◆ 1° Action de chiffrer plus haut (ou trop haut) une évaluation. V. **Surestimation.** ◆ 2° Augmentation de prix. V. **Hausse, relèvement.** *Majoration de prix.* — Dr. fisc. *Majoration d'impôt. Majoration de retard.* ◇ ANT. *Sous-estimation. Baisse, diminution, rabais.*

MAJORDOME [maʒɔrdɔm]. *n. m.* (1512 ; it. *maggiordomo ;* lat. médiév. *major domus* « chef de la maison ». V. **Maire**). ◆ 1° Chef des domestiques, du service intérieur de la maison d'un souverain. ◆ 2° Maître d'hôtel de grande maison.

MAJORER [maʒɔre]. *v. tr.* (1870 ; du lat. *major*). Porter (une évaluation, un compte) à un chiffre plus élevé (ou trop élevé). *Majorer une facture.* — *Par ext.* Augmenter (le prix d'un bien). V. **Augmenter, élever, hausser.** ◇ *Math.* Jouer le rôle de majorant par rapport à (un ensemble). *Ensemble majoré par un nombre.* V. **Borner.** ⬦ ANT. *Baisser, diminuer, minorer.*

MAJORETTE [maʒɔrɛt]. *n. f.* (v. 1955 ; mot amér. de *major* « commandant », ou d'apr. *tambour-major*). Jeune fille qui défile en uniforme militaire de fantaisie, et en maniant une canne de tambour-major.

MAJORITAIRE [maʒɔritɛr]. *adj.* (1911 ; de *majorité*). ◆ 1° Se dit du système électoral dans lequel la majorité l'emporte, sans qu'il soit tenu compte des suffrages de la minorité. *Système, vote majoritaire.* ◆ 2° *Par ext.* (*Néol.*). Qui fait partie d'une majorité. *Subst. Les majoritaires d'un parti.* ◆ 3° Dr. comm. Qui détient dans une société la majorité des actions, des parts. *Associé, gérant majoritaire.*

MAJORITÉ [maʒɔrite]. *n. f.* (XIVᵉ, « supériorité » ; lat. *majoritas,* de *major* « plus grand »). **I.** (1510). Dr. Âge légal à partir duquel une personne devient pleinement capable ou responsable. V. **Majeur.** *Majorité civile, électorale :* âge fixé pour l'exercice des droits civils électoraux, *Majorité pénale,* âge où cesse la présomption de non-discernement (18). — *Absolt.* (*Cour.*) Majorité civile, âge de 18 ans. *Jusqu'à la majorité de l'enfant. Legs remis à la majorité.* **II.** (De *major*). Mar. Bureaux du major général dans un port militaire. — Personnel de l'état-major. **III.** ◆ 1° (1760 ; angl. *majority*). Groupement de voix qui l'emporte par le nombre dans un vote, dans une réunion de votants. V. **Pluralité** (vx). *La majorité des suffrages, des voix, des votes, des membres présents. Majorité absolue,* réunissant la moitié plus un des suffrages exprimés. *Majorité relative* (ou *simple*), groupement de voix supérieur en nombre à chacun des autres groupements, mais inférieur à la majorité absolue. *Majorité renforcée,* exigeant un nombre de voix supérieur à celui de la majorité absolue. — *Absolt. Avoir* *la majorité.* ♦ 2° (1789). Parti, fraction qui réunit la majorité des suffrages. *Les partis, les députés de la majorité. La majorité et la minorité d'un parti.* ♦ 3° Par anal. *Réunir la majorité des actions d'une société :* la majorité relative ou plus de la moitié. ♦ 4° (1802). Par ext. Le plus grand nombre. *Assemblée composée en majorité d'avocats. Les Français, dans leur immense majorité, pensent que...* V. **Généralité.** — (1970; d'apr. l'amér.). *La majorité silencieuse,* les classes moyennes, dont l'opinion conservatrice inexprimée est invoquée. *Dans la majorité des cas.* V. **Majeur** (majeure partie), **plupart** (la). — Absolt. *Se rallier à l'opinion de la majorité.*

◇ ANT. **Minorité.**

MAJUSCULE [maʒyskyl]. *adj. et n. f.* (1529; lat. *majusculus;* Cf. **Minuscule**). *Lettre majuscule :* lettre plus grande, d'une forme particulière, qui se met au commencement des phrases, des vers, des noms propres. *Un A, un H majuscule.* — N. f. *Une majuscule.* V. **Capitale.** *Majuscule ornée, enluminée.* ◇ ANT. **Minuscule.**

MAKÉMONO [makemɔno]. *n. m.* (1907; mot jap.). Peinture japonaise sur soie ou papier, beaucoup plus large que haute (V. **Kakémono**).

MAKI [maki]. *n. m.* (1756; mot malgache). Mammifère lémurien *(Lémuridés)* à museau pointu, à pelage épais, laineux, à queue longue et touffue. V. **Vari.** ◇ HOM. *Maquis.*

1. MAL, E [mal]. *adj.* (IXe; lat. *malus* « mauvais »). ♦ 1° Vx. Mauvais, funeste, mortel. *À la male heure,* à l'heure de la mort. « *Il suffit que la male fortune regarde ailleurs* » (SUARÈS). « *Mourir de male mort* » : de mort violente. *Male peste! (malepeste!) :* ancien juron. ♦ 2° Mod. (Dans quelques expressions, au masc.). *Bon gré, mal gré. Bon an, mal an.* ♦ 3° (En attribut). Contraire à un principe moral, à une obligation. *Faire, dire qqch. de mal.* « *L'aimerais-tu donc déjà? Ce serait mal.* — *Mal, reprit Eugénie, pourquoi?* » (BALZ.). ♦ 4° *Pas mal* (adj.). V. **Mal** (2, V).

2. MAL [mal]. *adv.* (XIe; lat. *male*).
I. D'une manière contraire à l'intérêt ou aux vœux de qqn. *Ça commence mal! Affaire qui va mal, qui périclite.* — (Fam.) *Ça va mal pour lui.* « *Ça va aujourd'hui?* — *Mal, très mal* ». *Tourner mal,* se gâter. *Cela lui a mal réussi. Le moment est mal choisi. Ça tombe mal. Mal lui en prit :* les conséquences furent fâcheuses pour lui. « *Mal en prit à Louis Bonaparte* » (HUGO). ◇ Avec malaise, douleur, désagrément. *Se sentir, se trouver mal,* éprouver un malaise. V. **Défaillir, s'évanouir** (s'). Cf. Tourner de l'œil. *Être mal portant,* et (fam.). *Être, se sentir mal fichu. Être mal en point. Il est, va mal, très mal. Elle est au plus mal,* à la dernière extrémité.
II. En termes ou d'une façon défavorable, avec malveillance, en mauvaise part. V. **Défavorablement.** *Traiter mal qqn. Mal parler de qqn :* le calomnier. *Avoir l'esprit mal tourné.* — *Prendre mal une remarque, un conseil, une plaisanterie :* la croire désobligeante (Cf. *Trouver mauvais,* se fâcher, prendre la mouche). *Être, se mettre mal avec qqn, avec sa famille,* se brouiller. *Être mal vu de qqn.*
III. Autrement qu'il ne convient. ♦ 1° De façon contraire à un modèle idéal. *Travail mal fait* (Cf. fam. En dépit* du bon sens; n'importe comment). *Vous vous y prenez mal.* V. **Maladroitement.** *Pianiste amateur qui joue mal un morceau. Il parle assez mal le français.* V. **Incorrectement.** *Écrivain qui écrit mal :* cacographe (V. **Caco**-). — Par ext. Se méprenant; de travers. *Mal interpréter un texte. Mal connaître une personne.* ♦ 2° D'une façon anormale, éloignée de la normale. *Grande femme mal bâtie.* ◇ D'une manière défectueuse, imparfaite. *Écrou mal serré. Lettres mal formées. Cote mal taillée.* ♦ 3° D'une façon qui choque le goût, les convenances (au physique ou au moral). *Individu mal habillé, mal peigné. Enfant mal élevé; qui se tient mal; parle mal, répond mal à ses parents,* sans respect. — Pop. *Ça la fout mal.* ♦ 4° Insuffisamment (en qualité ou quantité). V. **Médiocrement.** *Enfant qui réussit mal en classe. Mal dormir,* peu, ou d'un sommeil agité. *Travailleur, emploi mal payé. Il est mal remis de sa maladie.* V. **Incomplètement.** — En comp. (adj. et subst.). *Mal(-)aimé,* impopulaire. *Mal pensant*. Les mal-nourris*, les mal-logés*.* ◇ MAL, équivalant à une négation légèrement affaiblie : peu, pas. *Être mal à l'aise.* « *Le caractère variable, peu mis à exécution, mais mal content du comte* » (BALZ.). *Mal à propos.* ♦ 5° Difficilement; avec peine, effort. V. **Malaisément, péniblement.** *Asthmatique qui respire mal. Je comprends mal comment il a pu en arriver là.*
IV. Contrairement à une loi supérieure (morale ou religieuse). *Il s'est mal conduit, il a mal agi.* « *Mon frère tourna si mal, qu'il s'enfuit et disparut* » (ROUSS.). PROV. *Bien mal acquis ne profite jamais.*
V. ♦ 1° PAS MAL (avec négation). loc. adv. Assez bien, bien. *Ce tableau ne fera pas mal sur ce mur. Vous ne feriez pas mal de les avertir : vous devriez les avertir. Il ne s'en est pas mal tiré.* — Adj. (attribut) *Ce tableau n'est pas mal, pas mauvais, assez bon.* « *Électre est la plus belle fille d'Argos.* — *Enfin, elle n'est pas mal* » (GIRAUDOUX). ♦ 2° PAS MAL (sans négation). loc. adv. Assez, beaucoup (opposé à peu). *Il est*

pas mal froussard. Il a pas mal voyagé. V. **Passablement.** « *Ah! je m'en moque pas mal! dit Charles* » (FLAUB.). ♦ 3° PAS MAL DE (sans négation) : un assez grand nombre de, bon nombre de, beaucoup. *J'avais appris pas mal de choses.* « *Ils devaient mettre de côté pas mal d'argent* » (ZOLA). ♦ 4° TANT BIEN* QUE MAL. ♦ 5° DE MAL EN PIS : de plus en plus mal.

◇ ANT. **Bien.**

3. MAL [mal]. *n. m.* (980; lat. *malum*). — REM. Le pluriel MAUX [mo] n'est usité qu'aux sens I et II.
I. ♦ 1° Ce qui cause de la douleur, de la peine, du malheur; ce qui est mauvais, nuisible, pénible (pour qqn). V. **Dommage, perte, préjudice, tort.** *Faire du mal à qqn.* V. **Nuire.** « *Personne n'est méchant et que de mal on fait!* » (HUGO). *Il ne ferait pas de mal à une mouche (fam.) :* c'est un homme doux. *Vouloir du mal à un ennemi. Rendre le mal pour le mal (œil pour œil, dent pour dent). Le mal est fait.* ◇ UN MAL, DES MAUX. V. **Affliction(s), désolation, épreuve, malheur, peine.** « *La vie sans les maux est un hochet d'enfant* » (CHATEAUB.). *De deux maux, il faut choisir le moindre. Les maux qui frappent l'humanité.* V. **Calamité, plaie.** ◇ Par ext. Dommage causé aux choses. *La grêle a fait du mal aux récoltes.* ♦ 2° (XIIe). Souffrance, malaise physique. V. **Douleur.** *Mal insupportable, intolérable.* V. **Supplice.** « — *Où as-tu mal?* — *J'ai mal à la tête* ». *Souffrir d'un mal de gorge. Maux de tête* (migraine), *de dents, de ventre* (colique). *Avoir mal au cœur :* être écœuré, avoir la nausée. — Fig. et fam. *Cela me fait mal* (au ventre, au cœur) *de voir, d'entendre cela,* cela m'inspire de la pitié, du regret, du dégoût. *Cela me ferait mal!* je ne supporterais pas cela, jamais de la vie. Fam. *Avoir mal aux cheveux*. Se tirer sans mal d'un accident.* V. **Blessure.** *Il n'y a pas de mal. Il a eu plus de peur que de mal.* — *Mal de mer* (V. **Naupathie**), *mal de l'air, de la route,* malaises dus au mouvement d'un véhicule (nausées, vomissements). *Mal des montagnes, des hauteurs,* faute d'une oxygénation suffisante (bourdonnements d'oreilles, vomissements, torpeur). ♦ 3° Maladie. *Prendre mal, du mal, tomber malade. Être atteint, frappé d'un mal incurable.* « *Un mal qui répand la terreur* » (LA FONT.). *Le mal s'aggrave, empire*.* — Fig. *Trouver la cause, le siège du mal* (Cf. Mettre le doigt sur la plaie). Loc. prov. *Aux grands maux les grands remèdes*. Le remède est pire que le mal.* — *Le haut mal* (vx) : l'épilepsie. *Grand mal :* attaque majeure d'épilepsie, caractérisée par des convulsions. *Petit mal :* forme mineure d'épilepsie, de courte durée, sans perte de connaissance. V. **Absence.** — *Mal de Pott ou mal vertébral,* tuberculose vertébrale. — *Mal des rayons :* troubles consécutifs à une exposition intensive aux rayons ionisants. *Mal blanc,* panaris superficiel. ♦ 4° Souffrance, douleur morale. *Des mots qui font du mal.* V. **Blesser.** — *Le mal du siècle :* mélancolie profonde, dégoût de vivre de la jeunesse romantique. *Le mal du pays.* V. **Nostalgie.** — *Être en mal de,* souffrir de l'absence, du défaut de qqch. *Journaliste en mal de copie, écrivain en mal de sujet, d'imagination.* ♦ 5° Difficulté, peine. *Avoir du mal à faire qqch., à joindre les deux bouts*. Se donner du mal, un mal de chien, pour faire qqch., pour qqn :* se dépenser. *On n'a rien sans mal.*
II. (Choses mauvaises), défauts, imperfections qu'on voit en qqn, à qqch.; jugement qui en découle). ♦ 1° *Prendre, tourner mal qqch. :* voir le mauvais côté, ce qu'il y a de mauvais. ♦ 2° *Dire, penser du mal de qqn.* « *On aime mieux dire du mal de soi-même que de n'en point parler* » (LA ROCHEF.). V. **Calomnier, médire.**
III. ♦ 1° Ce qui est contraire à la loi morale, à la vertu, au bien. *Faire le mal. L'arbre de la science du Bien et du Mal.* « *Par delà le Bien et le Mal* », de Nietzsche. *Je n'y vois aucun mal. Honni* soit qui mal y pense. Quel mal y a-t-il à cela?* V. **Crime.** *Sans penser, songer à mal,* sans avoir d'intentions mauvaises. ♦ 2° Absolt. LE MAL : tout ce qui, opposé au Bien, est l'objet de désapprobation ou de blâme. *Le problème philosophique du Mal, de l'existence du Mal. Le monde partagé entre le Bien et le Mal* (V. **Dualisme, manichéisme**). *Le Démon, l'Esprit du mal.* « *Les Fleurs du mal* », poèmes de Baudelaire. « *Il m'a paru plaisant,... d'extraire la beauté du Mal* » (BAUDEL.). — Relig. *La faute, la concupiscence.* « *Nous sommes pleins de mal* » (PASC.). « *Notre Père qui es aux cieux..., délivre-nous du mal* » (prière du Notre Père).

◇ ANT. **Bien.** — HOM. **Mal** (1 et 2), *malle; mot.*

MALABAR [malabar]. *adj. et n.* (1928; p.-ê. de *Malabar* « Indien de la côte de Malabar »; pour le sens, Cf. *Lascar*). Arg. Homme très fort. V. **Costaud.** *Un type malabar. C'est un rude malabar, une vraie armoire à glace.*

MALACHITE [malak(f)it]. *n. f.* (Melochite, XIIe; lat. *molochitis,* mot gr., de *molokhê* ou *malakhê* « mauve »). Carbonate naturel de cuivre, pierre d'un beau vert diapré utilisée dans la fabrication d'objets d'art. *Écritoire en malachite.*

MALACO-. Élément, du gr. *malakos* « mou ».

MALACOLOGIE [malakɔlɔʒi]. *n. f.* (1814; de *malaco*- et -*logie*). Zool. Étude des mollusques.

MALACOPTÉRYGIENS [malakɔpteriʒjɛ̃]. *n. m. pl.*

(1770 ; de *malaco-*, et gr. *pterugion* « nageoire »). *Zool.* Ancien ordre de poissons osseux *(Téléostéens)* à nageoires molles.

MALACOSTRACÉS [malakɔstrase]. *n. m. pl.* (1809 ; de *malaco-*, et gr. *ostrakon* « coquille »). *Zool.* Sous-classe de crustacés à abdomen distinct (*ex.* : écrevisse).

MALADE [malad]. *adj.* et *n.* (1126, n. ; *malabde*, 980 ; lat. *male habitus* « qui se trouve en mauvais état »).

I. *Adj.* (1155). ♦ 1° Dont la santé est altérée ; qui souffre de troubles organiques ou fonctionnels. *Il est bien malade ; gravement, sérieusement malade.* V. **Atteint, mal** (1). *Malade comme une bête, un chien, à crever ; très malade. Se sentir malade, un peu malade.* V. **Indisposé, patraque, souffrant ; fichu** (mal). « *À force de se croire malade, on le devient* » (PROUST). *Une personne très délicate, toujours malade.* V. **Chétif, maladif, malingre, valétudinaire.** *Tomber malade. Soldat qui se fait porter malade.* V. *(arg. milit.)* **Pâle, raide.** *Spécialt.* (POP.) *T'es pas un peu malade ?* V. **Fou.** ◇ *Par exagér. Être malade d'inquiétude, de jalousie.* « *On est malades de rigoler !* » (COLETTE). — *Fam. J'en suis malade, cela me rend malade rien que d'y penser* (Cf. En faire une maladie*). ♦ 2° (Plantes). *Arbre, plante, graine malade. La vigne est malade cette année.* ♦ 3° (1640). *Fam. (Objets)* Détérioré, en mauvais état, très usé. *La reliure de ce bouquin est bien malade.* ♦ 4° Déréglé dans ses fonctions ou altéré dans sa constitution. *Intestins malades.* V. **Dérangé.** *Dent malade.* V. **Gâté.** — Fig. « *La conscience malade, voilà le théâtre de la fatalité moderne* » (SUARÈS). ♦ 5° (1549). *Dont l'activité, le fonctionnement sont gravement compromis. Entreprise, industrie malade, qui végète, périclite. Le Ministère est bien malade, il n'en a plus pour longtemps.*

II. *N.* Personne malade. *Malade qui garde la chambre, le lit, est alité. Demander des nouvelles d'un malade. Le malade est bien bas, est condamné, perdu.* V. **Moribond.** *Un grand malade.* V. *aussi* **Infirme, invalide.** *Interner un malade mental.* V. **Fou.** *Soigner, traiter un malade dans une clinique, un dispensaire, un hôpital, une infirmerie. Médecin qui visite, suit ses malades.* V. **Client.** *Guérir, opérer une malade.* V. **Patient.** — MALADE IMAGINAIRE, personne qui se croit malade, mais ne l'est pas. *Le Malade imaginaire*, comédie de Molière. Adj. *Elle est un peu malade imaginaire.*

◇ ANT. **Dispos, portant (bien). Sain.**

MALADIE [maladi]. *n. f.* (1150 ; de *malade*).

I. ♦ 1° Altération organique ou fonctionnelle considérée dans son évolution, et comme une entité définissable. — (Chez l'homme) *Maladie bénigne, grave, incurable, inguérissable, mortelle.* V. **Affection, mal** (3), **syndrome** ; *suff.* **-Pathie.** *Maladie aiguë, chronique. Maladie générale* (V. **Diathèse**)*, locale. Maladies infantiles*. *Maladie de cœur, de foie, de peau. Maladie vénérienne* (par euphém. : *maladie honteuse, vilaine maladie*). *Maladies de carence* : avitaminoses. *Maladie bleue :* malformation du cœur et des gros vaisseaux chez les jeunes enfants (enfants bleus). *Maladies mentales* (psychoses, névroses). *Maladie acquise, allergique, congénitale, héréditaire. Maladie essentielle, idiopathique, primitive. Maladie organique, secondaire, symptomatique ; maladie contagieuse, endémique, épidémique, sporadique, transmissible. Maladie spécifique. Maladie causée par un agent physique, chimique* (V. **Traumatisme ; brûlure ; intoxication**). *Maladie professionnelle*, contractée du fait de l'exercice d'une activité rémunérée (*ex.* : la silicose des mineurs). *Maladie infectieuse, inflammatoire* (V. *suff.* **-Ite**). *Maladie bacillaire, microbienne, parasitaire, virale* (ou à *virus*). *Symptômes d'une maladie. Attraper, contracter, couver, faire une maladie. Communiquer une maladie.* V. **Contagion, infection.** *Guérison d'une maladie. Retour d'une maladie.* V. **Rechute, récidive.** — *Étude et science des maladies.* V. **Médecine.** *Diagnostic d'une maladie. Cause d'une maladie.* V. **Étiologie.** *Traitement curatif, préventif des maladies.* V. **Thérapeutique ;** *suff.* **-Thérapie.** ◇ *Par exagér.* (Fam.) *En faire une maladie,* être très contrarié de qqch. *Il n'y a pas de quoi en faire une maladie.* ♦ 2° Absolt. *La maladie,* affection contagieuse virale qui frappe les jeunes chats et les jeunes chiens. *Vacciner un cocker contre la maladie.* ♦ 3° (Chez les végétaux). *Maladies des plantes. Maladies de la pomme de terre, de la vigne.* ♦ 4° *Par ext.* (1867). Altération biochimique. *Maladie du vin.* ♦ 5° LA MALADIE : l'état des organismes malades ; l'ensemble des troubles pathologiques. « *La maladie, c'est ce qui gêne les hommes dans l'exercice normal de leur vie, et surtout ce qui les fait souffrir* » (LERICHE). *Être miné, rongé par la maladie. Assurance-maladie.*

II. *Fig.* (XIIIe). ♦ 1° Ce qui apporte le trouble (dans les facultés morales, dans le comportement). « *C'est une maladie naturelle à l'homme de croire qu'il possède la vérité* » (PASC.). « *La maladie du siècle présent* » (MUSS.). ♦ 2° Habitude, comportement anormal, excessif. V. **Manie.** *Avoir la maladie de la propreté, de la nouveauté.* — *Par exagér.* (Fam.) *Elle a la maladie de se mêler des affaires d'autrui.*

◇ ANT. **Santé.**

MALADIF, IVE [maladif, iv]. *adj.* (1340 ; de *maladie*). ♦ 1° Qui est de constitution fragile, souvent malade ou sujet à l'être. V. **Cacochyme, chétif, égrotant** (vx), **grabataire, malingre, souffreteux, valétudinaire ; patraque** (fam.). « *J'étais très frêle et maladif* » (DAUD.). ♦ 2° Qui dénote une constitution fragile ou présente le caractère de la maladie. *Pâleur maladive. Air maladif.* ♦ 3° (XVIe). Anormal, excessif et irrépressible. *Une sensibilité maladive.* « *Ils avaient une peur maladive de gêner leurs voisins* » (R. ROLLAND). V. **Morbide.**

◇ ANT. **Fort, robuste.**

MALADIVEMENT [maladivmã]. *adv.* (1842 ; de *maladif*). D'une manière maladive (*pr.* et *fig.*). « *L'art maladivement élégant du Second Empire* » (HUYSMANS).

MALADRERIE [maladrəri]. *n. f.* (XIIe ; altér. de *maladerie*, dér. de *malade*, par crois. avec *ladre, ladrerie*). *Vx.* Hôpital de lépreux. V. **Léproserie.**

MALADRESSE [maladrɛs]. *n. f.* (1731 ; de *maladroit*, d'apr. *adresse*). ♦ 1° Manque d'adresse (dans les mouvements, dans l'exécution d'un ouvrage, l'accomplissement d'une tâche). V. **Inhabileté.** *Maladresse d'un tireur, d'un joueur de tennis.* ♦ 2° Manque d'habileté, de savoir-faire, de tact. *On ne peut lui confier aucune mission délicate ; il est d'une maladresse insigne.* « *Tout s'excuse ici-bas, hormis la maladresse* » (MUSS.). ◇ *Spécialt. Sa maladresse à dire ce qu'il ressent.* ♦ 3° *Par ext.* Caractère de ce qui est maladroit. *La maladresse de ses gestes ; d'un dessin.* ♦ 4° Action maladroite. V. **Bêtise, bévue, erreur, étourderie, faute, gaffe, imprudence.** *Une série de maladresses. Vous lui avez demandé son âge ? Quelle maladresse !* V. **Impair.** « *La maladresse qu'on avait faite en arrêtant la sacristine* » (RENAN). *Maladresses de style.* ◇ ANT. **Adresse, aisance.**

MALADROIT, OITE [maladrwa, wat]. *adj.* et *n.* (1538 ; de *mal* (2), et *adroit*). ♦ 1° Qui manque d'adresse, n'est pas adroit. V. **Inhabile, malhabile ; empoté, gauche, godiche, gourde, pataud.** *Elle n'est pas maladroite de ses mains* (Cf. N'être pas manchot*). *Ouvrier maladroit.* V. **Incapable.** — N. *C'est un maladroit, un propre à rien.* ♦ 2° (Dans le comportement, les relations sociales). *Un amoureux maladroit.* « *Que je suis donc à plaindre d'être si maladroit et de dire si mal ce que je pense !* » (SAND). — N. V. **Balourd, gaffeur, lourdaud.** *Quel maladroit ! C'était ce qu'il ne fallait pas dire.* ♦ 3° *Par ext.* Qui dénote de la maladresse. *Gestes maladroits.* — *Ne lui en parlez pas maintenant, ce serait maladroit.* V. **Sot.** *Mensonge maladroit.* V. **Grossier.** *Zèle maladroit.* V. **Lourd.** « *Ses manières timides, son obséquiosité maladroite lui déplaisaient* » (GREEN).

◇ ANT. **Adroit, capable, habile. Aisé, facile.**

MALADROITEMENT [maladrwatmã]. *adv.* (XVIe ; de *maladroit*). D'une manière maladroite. V. **Gauchement, mal** (2). *Exécuter maladroitement une besogne.* V. **Massacrer, saboter.** *Il s'y prend maladroitement. Il s'exprime maladroitement.* V. **Lourdement.** ◇ ANT. **Adroitement.**

MALAGA [malaga]. *n. m.* (1761 ; de *Malaga*, ville d'Espagne). ♦ 1° Vin liquoreux de la région de Malaga. ♦ 2° Raisin sec de Malaga.

MALAIRE [malɛʀ]. *adj.* (1765 ; du lat. *mala* « mâchoire, joue »). *Anat.* Qui a rapport à la joue. *Région malaire. Os malaire,* os de la pommette.

MALAIS, AISE [malɛ, ɛz]. *adj.* et *n.* (XVIIIe ; angl. *malay*, du malais). De Malaisie. *Kriss malais. Pantoum malais.* — N. *Les Malais.* — *Le malais,* langue de relation du groupe indonésien.

MALAISE [malɛz]. *n. m.* (XIIe, *adv.*, à *malaise*, à grand *malaise,* de *mal* 2, et *aise*). ♦ 1° *Vx.* État de celui qui n'est pas à son aise pécuniairement. V. **Embarras, gêne.** « *Pour qu'une révolution éclate, il faut que les classes inférieures souffrent d'un terrible malaise* » (JAURÈS). ♦ 2° Sensation pénible (souvent vague) d'un trouble dans les fonctions physiologiques. V. **Dérangement, embarras, gêne, incommodité, indisposition, mal, maladie, souffrance.** *Ressentir, éprouver du malaise, un léger malaise. Malaise passager.* « *Il éprouvait un tel malaise, une telle pesanteur de tête* » (ZOLA). ♦ 3° *Fig.* (XVIe, « affliction »). Sentiment pénible et irraisonné dont on ne peut se défendre. V. **Angoisse, inquiétude, souffrance, tristesse.** « *Cette sorte de malaise devant la misère d'autrui* » (MAURIAC). *Provoquer un malaise.* V. **Troubler.** *Un malaise général.* ◇ *Par euphém.* Crise, mécontentement larvés. *Le malaise paysan.* ◇ ANT. **Aise, bien-être, euphorie.**

MALAISÉ, ÉE [malɛze]. *adj.* (XIVe ; adj., 1530 ; p. p. de l'a. fr. *malaisier* « blesser, mettre à mal » de *mal* 2, et *aise*). Littér. Qui n'est pas aisé. ♦ 1° Qui ne se fait pas facilement. V. **Difficile.** *Tâche malaisée.* V. **Ardu, délicat.** Impers. « *Rien n'est tel que de commencer pour voir combien il sera malaisé de finir* » (HUGO). — *Malaisé à* (avec l'inf.) : difficile à. « *De la venir et de la suivre ils sont si malaisées à rencontrer* » (VOLT.). ♦ 2° *Vieilli.* Qui présente des difficultés. V. **Incommode, pénible.** « *Dans un chemin montant, sablonneux, malaisé* » (LA FONT.). ◇ ANT. **Aisé, commode, facile ; fortuné.**

MALAISÉMENT [malɛzemã]. *adv.* (1533 ; de *malaisé*). D'une manière malaisée. V. **Difficilement.** *Accepter, supporter malaisément une réflexion.* ◇ ANT. **Aisément, facilement.**

MALANDRE [malɑ̃dʀ(ə)]. *n. f.* (fin XIVe ; lat. *malandria*, espèce de lèpre). ♦ 1° *Zootechn.* Dermatose du cheval, des animaux de trait, caractérisée par l'apparition de fissures ou de crevasses dans le pli du genou. ♦ 2° *Techn.* Partie pourrie dans les bois de construction, particulièrement à l'endroit des nœuds.

MALANDREUX, EUSE [malɑ̃dʀø, øz]. *adj.* (1732 ; de *malandre*). *Zootechn.* Qui a des malandres.

MALANDRIN [malɑ̃dʀɛ̃]. *n. m.* (fin XIVe ; it. *malandrino*). Vieilli ou *littér.* Voleur ou vagabond dangereux. V. **Bandit, brigand, voleur.** « *Ce malandrin qui coula la plus grande part de ses jours dans les cabarets* » (LEMAITRE).

MALAPPRIS, ISE [malapʀi, iz]. *adj.* (v. 1230 ; de *mal* 2, et *appris*). Vieilli. Mal élevé. V. **Grossier, impoli, malhonnête.** *Un enfant malappris.* — Subst. *Espèce de malappris !* « *Elle m'interdit toute familiarité avec un tel malappris* » (FRANCE).

MALARD ou **MALART** [malaʀ]. *n. m.* (XIIe ; de *mâle*). Région. Canard mâle.

MALARIA [malaʀja]. *n. f.* (1833 ; nom d'un tableau au Salon de 1850 ; it. *malaria*, de *mala*, et *aria* « mauvais air »). Paludisme*.

MALAVISÉ, ÉE [malavize]. *adj.* (XIVe ; de *mal* 2, et *avisé*). *Littér.* Qui n'est pas avisé. V. **Étourdi, imprudent, inconsidéré, maladroit, sot.** *Il a été malavisé de refuser ce qu'on lui offrait.* « *Il n'était pas assez malavisé pour laisser sa raison dans son verre* » (R. ROLLAND). — Subst. *Un malavisé, une malavisée.*

MALAXAGE [malaksaʒ]. *n. m.* (1873 ; de *malaxer*). Action de malaxer. *Malaxage du beurre.*

MALAXER [malakse]. *v. tr.* (v. 1400 ; lat. *malaxare* « amollir »). ♦ 1° Pétrir (une substance) pour la rendre plus molle, plus homogène. V. **Triturer.** *Malaxer l'argile, le mortier, le plâtre. Malaxer le beurre.* ♦ 2° Manier pour assouplir, masser, pétrir. ♦ 3° Remuer ensemble de manière à mêler. « *Du bout de son couteau,* Mme *Pradonet malaxait du beurre et du roquefort* » (QUENEAU).

MALAXEUR [malaksœʀ]. *n. m.* (1864 ; de *malaxer*). Appareil, machine servant à malaxer. *Malaxeur à mortier, à béton.* V. **Bétonnière.** *Malaxeur-broyeur. Baratte-malaxeur.*

MALAYO-POLYNÉSIEN, ENNE [malɛjɔpɔlinezjɛ̃, ɛn]. *adj.* (1890 ; de *malais*, et *polynésien*). Langues malayo-polynésiennes : groupe des langues formé par l'indonésien (malais, philippin, javanais, malgache, etc.) et le polynésien.

MALCHANCE [malʃɑ̃s]. *n. f.* (1867 ; *malecheance*, XIIIe ; de *mal* 1, et *chance*). ♦ 1° Mauvaise chance, mauvaise fortune. V. **Adversité, déveine, guigne, poisse.** *Avoir de la malchance, beaucoup de malchance. La malchance le poursuit.* V. **Malédiction.** *Jouer de malchance :* de malheur. ♦ 2° Manifestation particulière de cette mauvaise chance. *Une série de malchances.* V. **Mésaventure, tuile.** ◇ ANT. *Chance.*

MALCHANCEUX, EUSE [malʃɑ̃sø, øz]. *adj.* (1876 ; de *malchance*). Qui a de la malchance. V. **Malheureux.** *Un joueur malchanceux.* Subst. *C'est un malchanceux.* ◇ ANT. *Chanceux, heureux.*

MALCOMMODE [malkɔmɔd]. *adj.* (1932 ; de *mal* 2, et *commode*). Qui n'est pas commode, qui est peu pratique. V. **Incommode.** *Un vêtement malcommode pour la campagne.* ◇ ANT. *Commode, pratique.*

MALDONNE [maldɔn]. *n. f.* (1827 ; de *mal* 1, et *donner*). ♦ 1° Mauvaise donne, erreur dans la distribution des cartes. *Faire une maldonne, faire maldonne. Maldonne, à refaire ! Une maldonne* ♦ 2° *Fig.* Erreur, malentendu. « *Leur amitié avait pour base une maldonne* » (GIDE). Pop. *(II) Y a maldonne !*

MÂLE [mal]. *n. et adj.* (*Masle, mascle,* XIIe ; lat. *masculus*). I. *N. m.* ♦ 1° Individu appartenant au sexe doué du pouvoir de fécondation. *Le mâle et la femelle. Le mâle dans l'espèce humaine.* V. **Homme.** Nom donné aux mâles dans certaines espèces animales. V. **Bélier, bouc, brocard, cerf, coq, étalon, jars, lièvre, malard, matou, sanglier, singe, taureau, verrat.** ♦ 2° *Fam.* Homme caractérisé par la puissance sexuelle. *Un beau mâle.* « *Un mâle brutal, habitué à trousser les filles* » (ZOLA). ♦ 3° *Dr.* Individu du sexe masculin. *Héritier que les mâles.*

II. *Adj.* ♦ 1° Qui appartient, qui est propre au sexe doué du pouvoir de fécondation. V. **Masculin.** *Enfant mâle. Héritier mâle. Grenouille mâle.* Biol. *Organes mâles des fleurs. Fleur* mâle. *Gamète, gonade, hormone mâle.* ♦ 2° *Techn.* Se dit de toute pièce de mécanisme qui s'insère dans une autre dite femelle. V. **Tenon.** *Pièce mâle d'une charnière.* — Électr. *Prise (de courant) mâle.* ♦ 3° (XVIe). Qui est caractéristique du sexe masculin (force, énergie). V. **Viril.** *Visage, air, traits mâles. Voix grave et mâle. Une mâle résolution.* V. **Courageux, énergique.** « *Je ne conçois pas un homme sans un peu de mâle énergie* » (STENDHAL). ♦ 4° *Littér.* Dont la force, la vigueur évoquent l'homme ce qu'il a de meilleur. « *Admirons le génie mâle de Corneille* » (VOLT.). « *Ce talent si fin est en même temps mâle et robuste* » (GAUTIER). ◇ ANT. *Femelle ; efféminé, féminin.*

MALÉDICTION [malediksjɔ̃]. *n. f.* (1375 ; lat. *maledictio* « médisance », sens ecclés., IVe ; Cf. a. fr. *Maléiçon, maudiçon,* XIIe). ♦ 1° *Littér.* Paroles par lesquelles on souhaite du mal à qqn (en appelant sur lui la colère de Dieu, etc.). V. **Anathème, exécration, imprécation.** « *Éloignez-vous de moi, enfant ingrat et dénaturé. Je vous donne ma malédiction* » (DIDER.). ♦ 2° Condamnation au malheur prononcée par Dieu ; état de qui en est la victime. *La malédiction de Dieu, divine.* V. **Réprobation.** « *L'amour tel que le concevaient les anciens n'était-il pas une folie, une malédiction, une maladie envoyée par les dieux ?* » (FLAUB.). ♦ 3° *Par ext.* Malheur auquel on semble voué par la destinée, par le sort. V. **Fatalité, malchance.** *Malédiction qui pèse sur qqn.* « *Depuis son enfance, Jerphanion vit sous la malédiction de la guerre* » (ROMAINS). — Interj. (marquant le dépit) *Malédiction ! il nous a échappé !* ◇ ANT. *Bénédiction ; bonheur, chance.*

MALÉFICE [malefis]. *n. m.* (1273 ; « méfait », 1213 ; lat. *maleficium* « méfait », de l'adj. *maleficus*). Sortilège malfaisant, opération magique visant à nuire. V. **Diablerie, ensorcellement, envoûtement, magie, œil (mauvais), sort, sortilège.** *Il prétend être victime d'un maléfice. Amulette, fétiche destinés à écarter les maléfices.* « *On était généralement d'accord qu'un maléfice avait été jeté sur lui* » (GOBINEAU).

MALÉFIQUE [malefik]. *adj.* (v. 1480 ; lat. *maleficus*). Doué d'une action néfaste et occulte. *Charme, signes maléfiques.* V. **Malin.** Spécialt. *Étoiles, planètes maléfiques.* ◇ ANT. *Bénéfique, bienfaisant.*

MALENCONTREUSEMENT [malɑ̃kɔ̃tʀøzmɑ̃]. *adv.* (1690 ; de *malencontreux*). D'une façon malencontreuse, mal à propos.

MALENCONTREUX, EUSE [malɑ̃kɔ̃tʀø, øz]. *adj.* (v. 1400 ; de l'a. fr. *malencontre,* de *mal* 1, et *a.* fr. *encontre* « rencontre »). Qui survient à contretemps, qui se produit mal à propos. V. **Ennuyeux, fâcheux.** *Un retard malencontreux.*

MAL-EN-POINT, MAL EN POINT. V. **Point** (II, 1°).

MALENTENDU [malɑ̃tɑ̃dy]. *n. m.* (1558 ; de *mal* 2, et *entendu,* de *entendre*). ♦ 1° Divergence d'interprétation entre personnes qui croyaient se comprendre. V. **Équivoque, erreur, méprise, quiproquo.** *Mots qui provoquent des malentendus.* « *Dans l'amour, l'entente cordiale est le résultat d'un malentendu* » (BAUDEL.). *Dissiper un malentendu.* ♦ 2° *Par ext.* Désaccord qu'implique cette divergence tant qu'elle échappe aux deux parties. ♦ 3° Mésentente sentimentale entre deux êtres. *Graves, douloureux malentendus.* ◇ ANT. *Entente.*

MALFAÇON [malfasɔ̃]. *n. f.* (*Malefaçon,* 1260 ; de *mal* 1, et *façon*). Défectuosité dans un ouvrage mal exécuté. V. **Défaut, imperfection.** *Malfaçon due à une erreur de l'entrepreneur.* « *Sévère pour les malfaçons, il eût été indulgent pour les retards* » (ROMAINS).

MALFAISANCE [malfəzɑ̃s]. *n. f.* (1738 ; de *malfaisant*). Disposition à faire du mal à autrui. *Par ext.* Action, influence mauvaise, nuisible. V. **Méfait.** ◇ ANT. *Bienfaisance, bienfait.*

MALFAISANT, ANTE [malfəzɑ̃, ɑ̃t]. *adj.* (fin XIIe ; p. prés. de *malfaire*). ♦ 1° Qui fait ou cherche à faire du mal à autrui. V. **Mauvais, méchant, nuisible.** « *Son Dieu prétendu n'est-ce qu'un être malfaisant* » (ROUSS.). *Des « méchantes fées, des génies malfaisants* » (HUYSMANS). ♦ 2° Dont les effets sont néfastes. *Idées, pensées dangereuses et malfaisantes.* V. **Corrosif, pernicieux.** *Les gens superstitieux attribuent un pouvoir malfaisant à l'opale.* V. **Maléfice, maléfique.** ◇ ANT. *Bienfaisant, bon, innocent.*

MALFAITEUR [malfɛtœʀ]. *n. m.* (XVe ; *maufaitour, -teur,* XIIe ; adapt. lat. *malefactor,* d'apr. *faire*). Celui qui commet, qui a commis des méfaits, des actes criminels. V. **Apache, assassin, bandit, brigand, criminel, gangster, gredin, larron, scélérat, voleur** (Cf. Gens de sac et de corde*, sans aveu* ; gibier* de potence). « *Dans toutes les grosses insurrections il y a des malfaiteurs semblables, gens sans aveu, ennemis de la loi* » (TAINE). *Dangereux malfaiteur. Association, bande de malfaiteurs.* V. **Gang, maffia.** ◇ ANT. *Bienfaiteur.*

MALFAMÉ ou **MAL FAMÉ, ÉE** [malfame]. *adj.* V. **FAMÉ.**

MALFORMATION [malfɔʀmasjɔ̃]. *n. f.* (1867 ; de *mal* 1, et *formation*). Anomalie, vice de conformation congénitale (alors que les déformations sont en général acquises). V. **Difformité, dystrophie, infirmité.**

MALGACHE [malgaʃ]. *adj.* et *n.* (*Malégaches,* 1769 ; mot de Madagascar). De Madagascar. *N.* Indigène de Madagascar. — *Le malgache :* groupe de langues malayo-polynésiennes parlées à Madagascar.

MALGRACIEUX, EUSE [malgʀasjø, øz]. *adj.* (1382 ; de *mal* 2, et *gracieux*). ♦ 1° *Vx* ou *région.* Qui manque de bonne grâce, de politesse. Incivil, rude. *L'État,* « *c'est un monsieur piteux et malgracieux assis derrière un guichet* » (FRANCE). ♦ 2° *Littér.* Qui manque de grâce, d'élégance. *Des mioches qui* « *mettaient leurs petites pattes malgracieuses sur mes genoux* » (MONTHERLANT). V. **Disgracieux.** ◇ ANT. *Aimable, gentil, gracieux, poli.*

MALGRÉ [malgʀe]. *prép.* (XVe, réfect. de *maugré* (XIIe-XVIe) ; de *mal* 1, et *gré*).
I. ♦ 1° Contre le gré (de qqn), en dépit de son opposition, de sa résistance. *Il a fait cela malgré son père. Malgré soi* : de mauvais gré, contre son gré (V. **Contrecœur** [à]) ; *par ext.* involontairement. « *Madame, j'ai entendu malgré moi ce que vous venez de dire* » (FRANCE). ♦ 2° En dépit de (qqch.). V. **Nonobstant.** *Malgré cela* (V. **Cependant**). *Malgré les ordres reçus, il a refusé.* V. **Mépris** (au). « *Malgré la guerre et tous ses maux Nous aurons de belles surprises* » (APOLLINAIRE). — MALGRÉ TOUT : malgré tous les obstacles ; quoi qu'il arrive ou puisse arriver (Cf. Envers* et contre tous* ; à toute force*). *Par ext.* Quand même ; pourtant. *C'était un grand homme, malgré tout* : quoi qu'on en dise ou pense. *Très habile et malgré tout naïf.*
II. MALGRÉ QUE. *loc. conj.* ♦ 1° Littér. *Malgré que j'en aie, qu'il en ait* : malgré mes (ses) réticences, mes hésitations. « *J'étais, malgré que j'en eusse, obligé de passer dans des endroits très agités* » (DUHAM.). ♦ 2° *(Avec le subj.).* Bien que, encore que, quoique (emploi critiqué). « *Malgré que rien ne puisse servir à rien, nous faisons sauter les ponts quand même* » (ST-EXUP.).
◈ ANT. *Grâce* (à).

MALHABILE [malabil]. *adj.* (XVe ; de *mal* 2, et *habile*). Qui manque d'habileté, de savoir-faire. V. **Gauche, inhabile, maladroit.** *Des mains malhabiles. Malhabile en affaires.* « *Les yeux gris, si malhabiles à mentir* » (COLETTE). ◈ ANT. *Habile.*

MALHABILEMENT [malabilmɑ̃]. *adv.* (1636; de *malhabile*). D'une manière malhabile. V. **Maladroitement.**

MALHEUR [malœʀ]. *n. m.* (XIIe ; de *mal* 1, et *heur*).
♦ 1° Événement qui affecte (ou semble de nature à affecter) péniblement, cruellement (qqn). V. **Accident, affliction; calamité, catastrophe, coup, désastre, deuil, disgrâce, échec, épreuve, fatalité, fléau, infortune, mal** (3°), **malchance, misère, perte, revers, ruine, traverse.** *Grand, affreux, horrible, terrible, irréparable malheur. Un malheur est si vite arrivé! Il lui est arrivé malheur. Un malheur n'arrive, ne vient jamais seul. Conjurer, éviter, prévenir, réparer un malheur. En cas de malheur. Il a eu bien des malheurs.* « *Des malheurs évités le bonheur se compose* » (A. KARR). « *Cette passion de vivre qui croît au sein des grands malheurs* » (CAMUS). — PROV. *À quelque chose malheur est bon* : tout événement pénible comporte quelque compensation. ◇ *Le malheur, les malheurs de qqn* : les événements malheureux qui lui arrivent. *Les Malheurs de Sophie, récit de la comtesse de Ségur.* « *Ma naissance fut le premier de mes malheurs* » (ROUSS.). V. **Douleur, peine.** *Pour son malheur, il a voulu se lancer dans la politique.* ◇ *Par exagér.* Désagrément, ennui, inconvénient. *C'est un petit malheur.* « *Le malheur, c'est que la nuit fût si lente à couler* » (FRANCE). ◇ *Spécialt. Fam.* Faire un malheur : un éclat qui pourrait avoir des conséquences fâcheuses. *Retenez-moi ou je fais un malheur! Arg.* Spectacles (par antiphrase). Remporter un grand succès. *Il a fait un malheur à l'Olympia.* ♦ 2° LE MALHEUR : situation, condition pénible, triste. V. **Adversité, affliction, chagrin, détresse, infortune, misère, peine.** *Bonheur et malheur, heur et malheur.* PROV. *Le malheur des uns fait le bonheur des autres. Faire le malheur de ce qu'on aime. — Avoir du malheur, bien du malheur.* « *Le malheur abêtit, je le sais bien* » (FRANCE). « *Tout le malheur des hommes vient de l'espérance* » (CAMUS). « *Le malheur des temps* » : les conditions misérables, lamentables d'une époque troublée. ♦ 3° Mauvaise chance, sort funeste. V. **Malchance, malédiction.** *Le malheur a voulu qu'il tombe malade. Le malheur est sur nous. — Jouer de malheur* : de malchance. — *Porter malheur* : avoir une influence néfaste. — *Par malheur* : par l'effet de la malchance, malheureusement. — *De malheur* : qui porte malheur. V. **Funeste.** *Oiseau de malheur* : de mauvais augure. *Fam. Encore cette pluie de malheur!* V. **Maudit.** ♦ 4° MALHEUR À. V. **Malédiction.** *Malheur aux vaincus!* (Vae victis). — Absolt. MALHEUR! *interj.* de surprise, de désappointement. ◈ ANT. *Béatitude, bonheur, heur.*

MALHEUREUSEMENT [malœʀøzmɑ̃]. *adv.* (XIVe ; de *malheureux*). ♦ 1° Rare. D'une manière très fâcheuse, pénible (après le verbe ou entre l'auxiliaire et le verbe). V. **Malencontreusement.** *Une affaire malheureusement commencée et s'est fait très mal.* ♦ 2° Cour. (av. le v. ou entre l'auxil. et le v.) Par malheur. *Il est malheureusement parti. C'est malheureusement impossible. J'achèterais bien ce livre, malheureusement je n'ai pas d'argent sur moi.* V. **Seulement.** ◈ ANT. *Heureusement.*

MALHEUREUX, EUSE [malœʀø, øz]. *adj.* et *n.* (v. 1050; de *malheur*).
I. ♦ 1° Qui est dans le malheur, accablé de malheurs. V. **Éprouvé, infortuné, misérable, pitoyable.** « *On prétend qu'on est moins malheureux quand on n'a que soi pour sa peine.* Loc. fam. *Malheureux comme les pierres.*
— Spécialt. Se dit d'une personne qui est blessée, tuée dans

un accident. *Les malheureuses victimes.* ◇ Contrarié, mal à l'aise. *Il est très malheureux, parce qu'il ne peut pas fumer.* ♦ 2° N. (XIIe). UN MALHEUREUX, UNE MALHEUREUSE : personne qui est dans le malheur. *Le malheureux qui souffre. Aider, secourir un malheureux.* ◇ Spécialt. V. **Indigent, miséreux, pauvre.** *Faire l'aumône à un malheureux. Un pauvre malheureux.* V. **Diable.** ◇ Spécialt. (du sens anc. « méchant, scélérat ») Personne que l'on méprise et que l'on plaint. V. **Misérable.** *Malheureux! qu'avez-vous fait? Par ext.* Insensé, fou. *Veux-tu laisser ce couteau, petit malheureux!* ♦ 3° Par ext. Qui exprime le malheur. *Un air, un visage malheureux.* V. **Triste ; piteux.** — Qui est marqué par le malheur, où règne le malheur. *Existence, vie malheureuse.* V. **Pitoyable.** *Destin malheureux.* V. **Cruel, noir.** *Temps malheureux, époque malheureuse.* V. **Difficile, dur, rude.** ♦ 4° Qui annonce du malheur, qui est marqué par la malchance. V. **Fatal, funeste, néfaste.** « *Je suis tenté de croire qu'il y a des jours, des mois, et des années malheureux* » (VOLT.). ◇ *Par ext.* De triste ou fâcheuse conséquence. V. **Affligeant, déplorable, désastreux, fâcheux, malencontreux, triste.** *Accident malheureux. Cette affaire a eu des suites malheureuses. — Il est malheureux que* : il est triste, est dommage que. *C'est malheureux, bien malheureux.* V. **Regrettable.** — Pop. (marquant l'indignation) *Si c'est pas malheureux, de voir une chose pareille!* V. **Lamentable.** ♦ 5° Qui est mal venu, mal inspiré. *Avoir un mot malheureux* : qui offense ou peine l'interlocuteur.
II. (1680). ♦ 1° Qui a de la malchance ; qui ne réussit pas. V. **Malchanceux.** PROV. *Heureux au jeu; malheureux en amour.* ◇ *Spécialt.* vaincu. *Candidat malheureux* : qui a échoué. — Fig. *Il a été malheureux, il a eu la main malheureuse* : il a fait un mauvais choix, il a mal réussi. V. **Maladroit.** ♦ 2° Qui ne réussit pas. *Entreprise, initiative, tentative malheureuse* : qui a échoué, une est vouée à l'échec. « *Leur mépris pour l'effort malheureux* » (BENDA). — Spécialt. *Amour malheureux* : qui n'est pas partagé.
III. (XVIIe). *Par ext.* Qui mérite peu d'attention, qui est sans importance, sans valeur. V. **Insignifiant, pauvre.** *Un malheureux scribouillard de rien du tout. En voilà des histoires pour un malheureux billet de dix francs!*
◈ ANT. *Heureux; riche. Agréable, avantageux. Chanceux, veinard.*

MALHONNÊTE [malɔnɛt]. *adj.* (1406, « délabré » ; de *mal* 2, et *honnête*). ♦ 1° (XVe). Vx. Qui manque à la décence, à la pudeur. *Vieilli.* Contraire à la pudeur. V. **Déshonnête, inconvenant, indécent.** *Paroles, désirs malhonnêtes.* ♦ 2° (1674). *Vx* ou *pop.* Qui manque à la civilité, aux convenances. V. **Grossier, impoli, malappris.** Subst. *Tais-toi, petit malhonnête!* ♦ 3° (1680). *Mod.* Qui manque à la probité ; qui n'est pas honnête. V. **Déloyal, voleur.** *Un commerçant, un négociant malhonnête.* V. **Canaille, escroc, faisan, fripouille.** *Associé, employé, serviteur malhonnête.* V. **Indélicat.** *Financier malhonnête.* V. **Véreux.** *Joueur malhonnête.* V. **Tricheur.** Par ext. Recourir à des procédés malhonnêtes, abusifs. ◈ ANT. *Honnête, décent; galant; fidèle, intègre, probe.*

MALHONNÊTEMENT [malɔnɛtmɑ̃]. *adv.* (1665; de *malhonnête*). D'une manière malhonnête. — Sans probité. *Il a agi malhonnêtement avec ses clients, ses associés.* ◈ ANT. *Honnêtement.*

MALHONNÊTETÉ [malɔnɛtte]. *n. f.* (1676; de *malhonnête*). Défaut d'honnêteté. ♦ 1° Vx. Inconvenance, indécence. ♦ 2° Vx. V. **Impolitesse, incorrection.** *Il est d'une malhonnêteté révoltante.* — Par ext. « *J'ai dit une malhonnêteté* » (FLAUB.). ♦ 3° Mod. Caractère d'une personne malhonnête (3°). V. **Improbité, infidélité; canaillerie, friponnerie.** *La malhonnêteté d'un agent d'affaires, de ses procédés.* ◇ Par ext. *Malhonnêteté intellectuelle* : emploi de procédés malhonnêtes, déloyaux; mauvaise foi. ◈ ANT. *Honnêteté.*

MALI [mali]. *n. m.* (date incert.; du lat. *aliquid mali* « quelque chose de mauvais »). Région. (Belgique). T. de comm. Déficit. — ANT. *Boni.*

MALICE [malis]. *n. f.* (déb. XIIe; lat. *malitia* « méchanceté »). ♦ 1° Sens fort (*Vieilli*). Aptitude et inclination à faire le mal, à nuire par des voies détournées. V. **Malignité, méchanceté.** « *La meilleure (femme) est toujours en malice féconde* » (MOL.). — Mod. *Il est sans malice*, sans méchanceté, sans détour, simple, naïf. *Ne pas entendre malice à qqch.* : n'y rien voir de mal. ♦ 2° (Sens faible). Mod. (1667; « ruse », XIIIe). Tournure d'esprit de celui qui prend plaisir à s'amuser aux dépens d'autrui. *Un grain de malice. Une pointe de malice et de moquerie. Réponse pleine de malice.* V. **Esprit, raillerie.** « *Une malice secrète qui fit un instant briller ses yeux* » (BERNANOS). ◇ *Vieilli.* Parole, action pleine de malice. *Dire, faire des petites malices.* V. **Facétie, plaisanterie.** ♦ 3° Loc. *Boîte à malice*. À attrape. — Sac à malice : sac des prestidigitateurs ; *par ext.* Ensemble des ressources, des tours dont qqn dispose. ◈ ANT. *Bénignité, bonté, innocence, naïveté.*

MALICIEUSEMENT [malisjøzmɑ̃]. *adv.* (v. 1190, de *malicieux*). D'une manière malicieuse. *Sourire malicieusement.*

MALICIEUX, EUSE [malisjø, øz]. *adj.* (*Malicios*, fin XIIᵉ; lat. *malitiosus* « méchant »). Qui a de la malice. ♦ 1° *Vx.* V. **Mauvais, méchant.** ♦ 2° (1690; « rusé », XIIIᵉ). *Mod.* Qui s'amuse, rit volontiers aux dépens d'autrui. V. **Coquin, espiègle, malin, spirituel, taquin.** *Avoir un esprit vif et malicieux.* — Par ext. *Œil, regard, rire, sourire malicieux.* V. **Narquois.** *Réflexion, réponse malicieuse.* V. **Piquant.** ◊ ANT. Bon. Naïf, niais.

MALIEN, ENNE [maljɛ̃, ɛn]. *adj.* (v. 1960; de *Mali*). Du Mali, république d'Afrique occidentale (Soudan).

MALIGNITÉ [maliɲite]. *n. f.* (*Malignitet*, v. 1120; lat. *malignitas*. V. **Malin.** ♦ 1° Caractère de celui qui cherche à nuire à autrui de façon dissimulée et souvent mesquine. V. **Bassesse, haine, malice, malveillance, méchanceté, perfidie, perversité.** *Médisance, calomnie, dénonciation, rapport faits par malignité. Des observations « pleines d'un esprit moqueur sans malignité, mais qui n'épargnait personne »* (BALZ.). ♦ 2° Propriété malfaisante, nuisible (d'une chose). V. **Nocivité.** — *Méd.* Tendance qu'a une maladie (surtout un cancer) à s'aggraver, à évoluer vers l'issue fatale. ♦ 3° *Rare.* Caractère de celui qui est malin. *Cet âne « était un animal farceur, plein de malignité »* (ZOLA). ◊ ANT. Bénignité, bonté.

MALIN, IGNE [malɛ̃, iɲ]. *adj.* (XVᵉ; *maligne*, v. 1120; lat. *malignus* « méchant »). ♦ 1° *Vx.* Qui a de la malignité, qui se plaît à faire du mal. V. **Mauvais, méchant.** — *Mod.* *L'esprit malin*, et subst. *Le Malin* : le Démon, Satan. — *Par ext.* Malveillant. *Éprouver un malin plaisir, une joie maligne à importuner, à faire souffrir qqn.* ♦ 2° (v. 1600). *Vieilli.* Qui a un effet néfaste, dangereux. V. **Nocif, pernicieux.** *Influences malignes d'un mauvais principe.* V. **Maléfique.** ◊ *Mod.* (1539) Se dit d'une maladie dont l'évolution est critique; d'une tumeur susceptible de se généraliser et d'entraîner la mort. *Fièvre, tumeur maligne.* ♦ 3° (1690). Qui a de la ruse et de la finesse, pour se divertir aux dépens d'autrui, se tirer d'embarras, réussir. V. **Astucieux, débrouillard, dégourdi, déluré, fin, futé, habile, roublard, rusé** (*pop.* Démerdard, mariol). *Être malin* (Cf. Avoir le nez fin ou creux, être une fine mouche). *Malin comme un singe.* « *Le Français, né malin, forma le vaudeville* » (BOIL.). *Jouer au plus malin.* « *Bien malin qui trouvera ! Vous vous croyez malin ! Elle n'est pas bien maligne* (*fam.* : maline). — *Par ext.* *Air, sourire malin.* ◊ Subst. *C'est un malin, une petite maligne.* — « *Oh ! c'était un malin, il savait s'arranger* » (ZOLA). PROV. *À malin, malin et demi* : on trouve toujours plus malin que soi. Par antiphr. *Regardez ce gros malin qui s'est fait prendre !* (1854). *Faire le malin* (Cf. Faire le faraud, le mariol; vouloir faire de l'esprit). « *Ne commencez pas à faire le malin parce que vous venez de toucher un billet de mille* » (QUENEAU). ♦ 4° (1808). *Fam.* (Impers.). *Ce n'est pas malin d'avoir fait cela!* V. **Fin, intelligent.** — (Par antiphr.) *C'est malin ! Tu peux être fier de toi!* V. **Spirituel.** ◊ *Par ext.* (1873) *Ce n'est pas malin, pas bien malin* : pas difficile. V. **Compliqué, sorcier.** *Ce n'est pas plus malin que ça!* ◊ ANT. Bénin, bon, innocent. Benêt, dupe, nigaud.

MALINES [malin]. *n. f.* (1752; de *Malines*, ville de Belgique). Dentelle très fine à fleurs brodées d'un fil plat. *Pochette, blouse de malines.*

MALINGRE [malɛ̃gr(ə)]. *adj.* (1598; *malingros*, 1225; p.-ê. a. fr. *mingre* « chétif », *haingre* « faible, décharné », avec infl. de *mal, malade*). Qui est d'une constitution faible et d'une santé fragile (ou qui semble tel). V. **Cacochyme, chétif, débile, délicat, faible, fragile, frêle, maladif, souffreteux.** « *Saint-Simon était un petit homme, malingre, d'apparence chétive* » (FAGUET). ◊ ANT. Fort, robuste.

MALINOIS [malinwa]. *n. m.* (1931; de *Malines*, ville de Belgique). Chien de berger belge, de robe grise ou fauve marquée de noir.

MALINTENTIONNÉ, ÉE [malɛ̃tɑ̃sjɔne]. *adj.* (1649; de *mal* 2, et *intentionné*). Qui a de mauvaises intentions, l'intention de nuire. V. **Méchant.** *Il y aura toujours des gens malintentionnés pour donner cette interprétation.* ◊ ANT. Bienveillant.

MALIQUE [malik]. *adj. m.* (1787; du lat. *malum* « pomme »). *Acide malique* : acide organique qui se trouve dans de nombreux végétaux (découvert en 1785 dans le jus de pommes aigres).

MAL-JUGÉ [malʒyʒe]. *n. m.* (1680; de *mal* 2, et *juger*). Le fait que le jugement de n'être pas conforme à l'équité, au droit naturel. ◊ ANT. Bien-jugé.

MALLE [mal]. *n. f.* (XIIᵉ; frq. *°malha*).
I. ♦ 1° Coffre destiné à contenir les effets qu'on emporte en voyage. V. **Bagage, cantine, coffre, marmotte, valise.** *Malle-cabine*, pour les voyages en bateau. *Faire sa malle, ses malles*, y ranger les objets que l'on doit emporter, et *par ext.* Se préparer à partir. ♦ 2° *Par ext.* Coffre d'une automobile. V. **Malle arrière.**
II. ♦ 1° *Par méton.* (*Malle-poste*, 1793). *Ancienn.* Voiture des services postaux. ♦ 2° (1860; d'apr. l'angl. *mail*). *Hist. Malle des Indes*, service, par chemins de fer et bateaux,

assurant le courrier de Londres aux Indes, par Calais et Marseille. *Mod.* Service maritime entre Calais et Douvres. ◊ HOM. *Mal* (1, 2, 3).

MALLÉABILISATION [maleabilizasjɔ̃]. *n. f.* (1801; malléabiliser, dér. de *malléable*). *Techn.* Opération par laquelle on rend un métal, un alliage plus malléable.

MALLÉABILITÉ [maleabilite]. *n. f.* (1676; de *malléable*). ♦ 1° Propriété de ce qui est malléable. *Degré de malléabilité des métaux usuels* (dans l'ordre : or, argent, aluminium, cuivre, étain, platine, zinc, fer, nickel). ♦ 2° Docilité. *Malléabilité d'un caractère, d'un esprit.*

MALLÉABLE [maleabl(ə)]. *adj.* (v. 1500; du lat. *malleare* « marteler », de *malleus* « marteau »). ♦ 1° Qui a la propriété de s'aplatir et de s'étendre sous le marteau (ou par l'action du laminoir) en lames ou feuilles. V. **Ductile.** *L'or est le plus malléable des métaux.* Par ext. *Malléables à chaud.* V. **Plastique.** ♦ 2° (1829). Qui se laisse manier, façonner, influencer. V. **Docile, flexible, maniable, obéissant, souple.** *Influences qui marquent un enfant malléable.* « *Pour rendre ductile une femme si peu malléable, ce poignet de fer était nécessaire* » (BALZ.). ◊ ANT. Cassant.

MALLÉOLAIRE [ma(l)leɔlɛr]. *adj.* (1834; de *malléole*). *Anat.* Qui se rapporte aux malléoles. *Artères, ligaments malléolaires.*

MALLÉOLE [mal(l)eɔl]. *n. f.* (1539; lat. *malleolus*, de *malleus* « marteau »). *Anat.* Saillie osseuse de la cheville. *Malléole externe* ou *péronière*, éminence du péroné; *malléole interne* ou *tibiale*, du tibia.

MALLETTE [malɛt]. *n. f.* (XIIIᵉ, « petit coffre »; de *malle*). Petite valise, généralement rectangulaire, servant souvent de nécessaire de voyage ou de travail. V. **Attaché-case.** — Petit coffret servant à présenter certains produits. ◊ (Belgique). Cartable d'écolier.

MALMENER [malməne]. *v. tr.*; conjug. *mener*. V. **Lever.** (XIIᵉ; de *mal* 2, et *mener*). ♦ 1° Traiter (qqn) rudement. V. **Maltraiter; battre, brutaliser.** *Le voleur s'est fait malmener par la foule. La critique l'a rudement malmené.* V. **Éreinter, esquinter.** *Être accablé de reproches et malmené par tout le monde.* V. **Houspiller, rudoyer.** ♦ 2° Mettre l'adversaire en danger, par une action vive. *L'équipe française a malmené les visiteurs pendant la première mi-temps.*

MALNUTRITION [malnytrisjɔ̃]. *n. f.* (mil. XXᵉ; angl. *malnutrition* (1862); de *mal*, et *nutrition*, même mot que le fr. *nutrition*). *Didact.* Alimentation mal équilibrée (sous-alimentation, suralimentation, carence d'éléments nutritifs indispensables, mauvaise assimilation des aliments due à divers états pathologiques).

MALOCCLUSION [malɔklyzjɔ̃]. *n. f.* (1963; angl. *malocclusion*; de *mal*, et *occlusion*). *Méd.* Fermeture défectueuse des dentures (implantation anormale de certaines dents, anomalie de position des mâchoires).

MALODORANT, ANTE [malɔdɔrɑ̃, ɑ̃t]. *adj.* (1907; de *mal* 2, et *odorant*). Qui a une mauvaise odeur. V. **Puant.** *Haleine malodorante. Un réduit malodorant.*

MALOTRU, UE [malɔtry]. *n.* (fin XVIᵉ; *malostruz* « malheureux », XIIᵉ; de *malastru*, lat. pop. *male astrucus* « né sous un mauvais astre »). Personne sans éducation, de manières grossières. V. **Goujat, mufle, rustre.** *Les façons de malotru.* « *En voilà encore un malotru! Il m'invite à dîner et il part en perm'(ission)!* » (HENRIOT). ◊ ANT. Distingué, poli.

MALPIGHIE [malpigi]. *n. f.* (1765; de *Malpighi*, anatomiste et bot. it.). Plante tropicale (*Malpighiacées*), arbre à feuilles épineuses, à fruits comestibles appelés *cerises des Antilles.*

MALPOSITION [malpozisjɔ̃]. *n. f.* (1951; angl. *malposition*; de *mal*, et *position*). *Méd.* Position anormale d'un organe, notamment des dents.

MALPROPRE [malprɔpr(ə)]. *adj.* (1550; de *mal* 2, et *propre*). ♦ 1° Qui manque de propreté, de netteté. V. **Sale.** *Enfant, vieillard malpropre. Fille négligée, aux mains malpropres. Vêtements, torchons malpropres.* ◊ Par ext. *Travail malpropre* : mal fait, grossièrement exécuté. ♦ 2° Qui choque la décence. V. **Grossier, immoral, inconvenant, indécent, obscène.** « *Ses plaisanteries de choix, histoires grivoises et malpropres arrivées à ses amis* » (MAUPASS.). ♦ 3° Qui manque de probité, de délicatesse. V. **Malhonnête.** *Un individu malpropre. Combinaisons, conduite, procédés malpropres.* — Subst. *Je ne me laisserai pas insulter par ce malpropre.* V. **Salaud, saligaud.** ◊ ANT. Propre; décent, honnête.

MALPROPREMENT [malprɔprəmɑ̃]. *adv.* (1539; de *malpropre*). D'une façon malpropre. V. **Salement.** *Cet enfant mange malproprement.*

MALPROPRETÉ [malprɔprəte]. *n. f.* (1663; de *malpropre*). ♦ 1° Caractère, état d'une personne, d'une chose malpropre. V. **Saleté.** « *Si le peuple* (russe) *a un air sale, cette malpropreté n'est qu'apparente* » (GAUTIER). ◊ Par ext. Acte, chose malpropre. *Des « malpropretés dégoûtantes »* (LA BRUY.). ♦ 2° *Fig.* Acte ou discours indécent, indélicat. V.

Grossièreté, indécence, indélicatesse, malhonnêteté, saleté; et *(pop.)* Cochonnerie, saloperie. ◊ ANT. *Propreté.*

MALSAIN, AINE [malsɛ̃, ɛn]. *adj.* (XIVᵉ; de *mal* 2, et *sain*). ♦ 1º Dont la nature n'est pas saine; qui porte en soi le germe d'une maladie. V. **Maladif.** « *Il n'y a rien de si triste que d'avoir des enfants laids, chétifs et malsains* » (SAND). *Apparence malsaine.* ♦ 2º *Fig.* Qui n'est pas normal, manifeste de la perversité. « *J'ai un esprit malsain dans un corps malsain. Je n'aime rien* » (P. MORAND). *Imagination, curiosité malsaine.* V. **Morbide.** ♦ 3º Qui engendre la maladie, est contraire à la santé. V. **Nuisible.** *Eaux malsaines, dangereuses à boire.* V. **Impur.** *Humidité malsaine. Métier, travaux malsains. — Logement malsain.* V. **Insalubre.** *Climat, temps malsain.* V. **Pourri.** — *Par ext.* (Fam.) *Filons d'ici, le coin est malsain, ça devient malsain, il y a du danger.* ♦ 4º *Fig.* Qui corrompt l'esprit. *Littérature malsaine.* V. **Immoral, pernicieux.** *Influence malsaine.* ◊ ANT. *Sain.*

MALSÉANT, ANTE [malseã, ãt]. *adj.* (1165; de *mal* 2, et *séant*). *Littér.* Contraire à la bienséance; qui sied mal en certaines circonstances. *Remarque, tenue malséante.* V. **Choquant, incongru, inconvenant, incorrect, malsonnant.** *Gaieté malséante en un lieu solennel.* V. **Déplacé.** « *Les huées seraient malséantes devant l'ensevelissement des héros* » (HUGO). ◊ ANT. *Bienséant, convenable; décent, poli.*

MALSONNANT, ANTE [malsɔnã, ãt]. *adj.* (XVᵉ; de *mal* 2, et *sonnant*). Contraire à la bienséance (bruit, paroles). *Propos malsonnants.* V. **Inconvenant, malséant.** *Injures, épithètes malsonnantes.* V. **Grossier.**

MALT [malt]. *n. m.* (1495; angl. *malt*). Nom donné aux céréales (surtout l'orge) germées artificiellement et séchées, puis séparées de leurs germes. *Utilisation du malt en brasserie comme moût. Malt légèrement torréfié pour la préparation de l'ale. Malt grillé, utilisé comme succédané du café.*

MALTAGE [maltaʒ]. *n. m.* (1834; de *malter*). Opération qui transforme l'orge en malt; son résultat. *Le maltage, première étape de la fabrication de la bière.*

MALTAIS, AISE [maltɛ, ɛz]. *n. et adj.* (1846; de *Malte*). ♦ 1º De Malte. N. *Un Maltais.* — *Le maltais*, dialecte arabe parlé à Malte et écrit à l'aide de l'alphabet latin complété. — Arg. anc. *Une maltaise* (1790), pièce d'or. ♦ 2º *Adj. et n.* — Masc. *Chien maltais* (ou *maltais*), petit chien d'agrément à poil blanc, long et soyeux. — *Fém. Oranges maltaises. Une livre de maltaises bien mûres.*

MALTASE [maltaz]. *n. f.* (fin XIXᵉ; de *malt*, et suff. *-ase*). *Biochim.* Enzyme qui active la décomposition du maltose en deux molécules de glucose.

MALTÉ, ÉE [malte]. *adj.* (1872; V. **Malter**). ♦ 1º Converti en malt. *Orge malté.* ♦ 2º Mêlé de malt grillé. *Lait malté.*

MALTER [malte]. *v. tr.* (1838; de *malt*). Convertir (une céréale) en malt.

MALTERIE [malt(ə)ʀi]. *n. f.* (1872; de *malt*). ♦ 1º Usine où l'on prépare le malt. ♦ 2º Magasin à malt d'une brasserie. ♦ 3º Industrie du malt.

MALTEUR [maltœʀ]. *n. m.* (1838; de *malter*). *Techn.* Ouvrier qui prépare le malt. Adj. *Ouvrier malteur.*

MALTHUSIANISME [maltyzjanism(ə)]. *n. m.* (1869; de *malthusien*). ♦ 1º Doctrine de Malthus, qui préconisait la limitation des naissances par la contrainte morale (pour remédier au danger de surpopulation). — *Par ext.* Doctrine qui préconise les pratiques anticonceptionnelles *(néomalthusianisme).* ♦ 2º (v. 1955). *Malthusianisme économique :* restriction volontaire de la production.

MALTHUSIEN, IENNE [maltyzjɛ̃, jɛn]. *adj.* (1842; de *Malthus*, économiste anglais [1766-1834]). Qui a rapport aux théories de Malthus, et *par ext.* au malthusianisme (démographique ou économique).

MALTOSE [maltoz]. *n. m.* (1872; de *malt*, et suff. *-ose*). *Chim.* Sucre formé de deux oses (diholoside) obtenu par l'hydrolyse enzymatique de l'amidon de l'orge germé *(sucre de malt).*

MALTÔTE [maltot]. *n. f.* (v. 1350; *mautoste*, 1262; de *mal* 1, et a. fr. *tolte* « imposition »; lat. *tollita*, de *tollere* « enlever »). *Hist.* Impôt extraordinaire. — Corps des collecteurs d'impôts *(maltôtiers* [maltotje]*).*

MALTRAITER [maltʀete]. *v. tr.* (v. 1520; de *mal* 2, et *traiter*). ♦ 1º Traiter avec brutalité. V. **Battre, brutaliser, frapper, malmener.** « *Qu'aviez-vous donc contre elle pour la maltraiter ainsi? Elle aurait pu mourir* » (GREEN). — Par métaph. *Maltraiter la langue, la grammaire,* faire des fautes. ♦ 2º Traiter avec rigueur, inhumanité. V. **Brimer, malmener, rudoyer.** « *Dans ce moment la destinée se maltraite* » (FROMENTIN). ♦ 3º Traiter sévèrement en paroles une personne à qui l'on parle (V. **Malmener, secouer**), ou dont on parle (V. **Arranger, critiquer, éreinter**). *Cet auteur a été très maltraité par la critique. Fig.* « *Ne pouvant avilir l'esprit, on se venge en le maltraitant* » (BEAUMARCH.). ANT. *Flatter, louer.*

MALVACÉES [malvase]. *n. f. pl.* (1747, sing.; lat. *malvaceus*, de *malva* « mauve »). *Bot.* Famille de plantes (dicotylédones) dialypétales) répandues surtout dans les régions tropicales (arbres, arbustes, herbes). *Ex. :* baobab, cacaoyer, cotonnier, fromager, guimauve, kola, mauve.

MALVEILLANCE [malvɛjãs]. *n. f.* (XIIᵉ; de *malveillant*). ♦ 1º Mauvais vouloir à l'égard de qqn, tendance à blâmer autrui; à lui vouloir du mal. *Regarder qqn avec malveillance.* V. **Hostilité.** *Malveillance ouverte, manifeste.* V. **Agressivité, animosité, désobligeance.** « *La malveillance et le dénigrement sont les deux caractères de l'esprit français* » (CHATEAUB.). V. **Malignité.** « *Cette vieille fille que sa maladie prédisposait à la malveillance!* » (GREEN). ♦ 2º Intention de nuire, visée criminelle. *Incendie, accident dû à la malveillance.* V. **Sabotage.** ◊ ANT. *Bienveillance; amitié, sympathie.*

MALVEILLANT, ANTE [malvɛjã, ãt]. *adj.* (*Malvuellant*, fin XIIᵉ; de *mal* 2, et *vueillant*, a. p. prés. de *vouloir*). ♦ 1º Qui a de la malveillance. — Subst. *Un malveillant.* V. **Méchant.** ♦ 2º *Par ext.* Qui exprime de la malveillance, s'en inspire. *Cancans, commérages malveillants. Remarques malveillantes.* V. **Agressif, aigre, méchant.** *Propos malveillants.* V. **Désobligeant, hostile.** ◊ ANT. *Bienveillant; amical, complaisant.*

MALVENU, UE [malvəny]. *adj.* (1843; *mal venu à,* XIIᵉ; de *mal* 2, et *venu*). ♦ 1º Qui n'est pas fondé à, qui n'a pas le droit de (faire telle chose). *Il est malvenu à se plaindre. — Par ext. Requête, doléance malvenue.* V. **Déplacé.** ♦ 2º Qui n'est pas développé normalement, qui n'est pas venu à son complet développement. *Arbre, enfant malvenu.* ◊ ANT. *Bienvenu.*

MALVERSATION [malvɛʀsasjɔ̃]. *n. f.* (1505; de l'a. fr. *malverser*, du lat. *male versari* « se comporter mal »). Faute grave, généralement inspirée par la cupidité, commise dans l'exercice d'une charge, d'un mandat. *Fonctionnaire coupable de malversations.* V. **Concussion, corruption, détournement, exaction, prévarication, trafic** (d'influence).

MALVOISIE [malvwazi]. *n. m.* (*Malvesy*, 1393; nom d'un îlot grec, it. *malvasia*). ♦ 1º Vin grec célèbre, doux et liquoreux. ♦ 2º *Par ext.* (XVIᵉ). Nom de vins obtenus avec le cépage malvoisie.

MAMAN [mamã]. *n. f.* (1256; *mamma*, 1584; formation enfantine par redoubl.; Cf. gr. et lat. *Mamma*). ♦ 1º Terme affectueux par lequel les enfants même devenus adultes, désignent leur mère. *Ah! vous dirai-je, maman...,* chanson. *Maman est sortie, va venir. Où est ta maman? Je ne sais pas, mon petit, demande à maman.* ♦ 2º *La maman,* la mère de famille. *Jouer à la maman.*

MAMBO [mãmbo]. *n. m.* (v. 1950; mot sud-amér.). Danse à deux temps, apparentée à la rumba.

MAMELLE [mamɛl]. *n. f.* (1121; lat. *mamilla*, de *mamma* « sein »). ♦ 1º Organe glanduleux (glande mammaire) spécial aux mammifères et sécrétant le lait. — (Chez la femme) *Vx.* et *méd.* Sein. *Les Amazones se brûlaient la mamelle droite. Enfant à la mamelle,* qui tète encore; *par ext.* en bas âge. *Mod.* et *péj.* Gros sein. — (Chez les animaux) *Mamelles de la chèvre, de la vache.* V. **Pis.** *Les douze mamelles de la truie.* V. **Tétine.** *Bout de la mamelle.* V. **Trayon.** ♦ 2º *Par ext. Vx.* Le même organe atrophié et rudimentaire chez l'homme. *Sous la mamelle gauche :* dans le cœur. ♦ 3º *Fig.* « *Labourage et pâturage sont les deux mamelles dont la France est alimentée* » (SULLY).

MAMELON [mamlɔ̃]. *n. m.* (h. XVᵉ; XVIᵉ; de *mamelle*). ♦ 1º *Anat.* Bout du sein, chez la femme. *Aréole du mamelon.* ♦ 2º (Fin XVIIIᵉ). Protubérance arrondie; *spécialt.* Sommet arrondi d'une colline, d'une montagne. V. **Colline, éminence, hauteur.** *Le village est construit sur un mamelon.*

MAMELONNÉ, ÉE [mamlɔne]. *adj.* (1850; anat., 1753; de *mamelon*). Qui est couvert de proéminences en forme de mamelons. « *Tout ce pays est bossué, mamelonné, plein d'accidents de terrain* » (GAUTIER). ◊ *Méd. Gastrite, glossite mamelonnée,* où la muqueuse est couverte de petites saillies arrondies.

MAMELOUK ou **MAMELUK** [mamluk]. *n. m.* (1808, -1765; *mameluns,* 1192; mamelucq, XVᵉ; arabe d'Égypte *mamloûk* « celui qui est possédé, esclave »). Cavalier des anciennes milices égyptiennes, garde du corps du sultan. — Adj. *Cavalerie mamelouke* ou *mameluke.* — Soldat d'un escadron de la garde impériale.

MAMELU, UE [mamly]. *adj.* (1549; de *mamelle*). *Plaisant.* Qui a de grosses mamelles, de gros seins.

M'AMIE ou **MAMIE** [mami]. Forme ancienne et fam. de « *ma* (mon) *amie* ». V. **Mie.**

MAMIE ou **MAMMY** [mami]. *n. f.* (mil XXᵉ; de l'angl. *Mammy* « maman »). *Fam.* Nom donné par les enfants à leur grand-mère. V. **Mémé, mémère, maman** (grand-bonne-). — Vieille femme. « *Mammy (c'est ainsi qu'on appelle les vieilles malades à l'hôpital)...* » (*Nouv. Obs.,* 24-6-1974).

MAMILLAIRE [mamil(l)ɛʀ]. *adj.* et *n. f.* (XVᵉ; « des mamelles »; du lat. *mamilla*).

I. *Adj. Sc. nat.* et *anat.* Qui a la forme d'un mamelon; relatif au mamelon. *Tubercule mamillaire d'une vertèbre. Muscle mamillaire,* n. f. (1845).

II. *Bot.* Cactée à grosses fleurs parfumées portant de petites éminences épineuses.

MAMMAIRE [mam(m)ɛʀ]. *adj.* (1654 ; du lat. *mamma* « sein maternel »). *Anat.* Relatif à la mamelle, au sein. *Glandes mammaires. Artère mammaire.*

MAMMALIEN, IENNE [mamaljɛ̃, jɛn]. *adj.* (1949 ; du lat. *mammalis*, de *mamma* « mamelle »). Qui se rapporte aux mammifères. *Caractères mammaliens, faune mammalienne.*

MAMMALOGIE [mam(m)alɔʒi]. *n. f.* (1803 ; lat. *mamma*, et suff. *-logie*). *Zool.* Étude des mammifères.

MAMMIFÈRE [mam(m)ifɛʀ] *adj.* et *n. m. pl.* (1791 ; du lat. *mamma* « mamelle », et suff. *-fère*). Qui porte des mamelles. *Femelle mammifère. Animaux mammifères*, et subst. LES MAMMIFÈRES. *n. m. pl.* Classe d'animaux vertébrés (tétrapodes), à température constante, respirant par des poumons, à système nerveux central développé, dont les femelles allaitent leurs petits à la mamelle. Au sing. *Un mammifère. Mammifères aériens, aquatiques, terrestres. Mammifères carnivores, insectivores, omnivores, végétariens ; ruminants. Ordres des mammifères :* carnivores, cétacés, chiroptères, édentés, insectivores, marsupiaux, monotrèmes, ongulés, primates, proboscidiens, rongeurs, siréniens.

MAMMITE [mam(m)it]. *n. f.* (1836 ; lat. *mamma*, et suff. *-ite*). *Zootechn.* Inflammation de la mamelle. *Mammite de la vache.* ◇ *Méd.* Inflammation du sein (appelée aussi couramment *mastite*).

MAMMOGRAPHIE [mamɔgrafi]. *n. f.* (mil. XXe ; du rad. *mammo-*, lat. *mamma* « mamelle », et de *-graphie*). *Méd.* Radiographie de la glande mammaire.

MAMMOUTH [mamut]. *n. m.* (1692 ; mot russe, d'une langue sibérienne, *mamout*). Gigantesque éléphant fossile du quaternaire.

MAMOURS [mamuʀ]. *n. m. pl.* (1608 ; de *m'amour, ma amour*, terme d'affection ; Cf. M'amie). *Fam.* Démonstrations de tendresse. V. **Caresse**. « *Faites-vous des mamours, idolâtrez-vous* » (HUGO). — Fig. « *Le Tsar et le Kaiser se sont fait des mamours* » (ROMAINS).

MAM'SELLE ou **MAM'ZELLE** [mamzɛl]. V. MADEMOISELLE.

MAN [mã]. *n. m.* (1835 ; frq. *°mado*). Larve du hanneton, dite aussi *ver blanc.* ◇ HOM. Formes du v. *mentir.*

MANA [mana]. *n. m.* (1864 ; mot mélanésien). *Sociol.* Puissance surnaturelle impersonnelle et principe d'action, dans certaines religions. « *L'homme qui possède du mana est celui qui sait et qui peut faire obéir les autres* » (CAILLOIS).

MANADE [manad]. *n. f.* (1867 ; prov. *menada*, du lat. *manus* « main »). *Dial.* En Provence, Troupeau de bœufs, de chevaux, de taureaux conduits par un gardian.

MANAGEMENT [manaʒmɛnt]. *n. m.* (1921, H. Fayol ; mot angl., « conduite, direction d'une entreprise »). *Anglicisme. Écon.* Ensemble des techniques d'organisation* et de gestion* d'une affaire, d'une entreprise. V. *aussi* **Administration, conduite** (3°), **direction, exploitation**. « *Le fameux 'management' est avant tout un climat de dynamisme* » (La Croix, 11-7-1970). — REM. Cet anglicisme a été adopté par l'Académie française, avec une prononciation française.

1. MANAGER [manadʒɛʀ]. *n. m.* (1865 ; mot angl., de *to manage* « manier, diriger »). ♦ 1° Celui qui veille à l'organisation matérielle de spectacles, concerts, matches, ou qui s'occupe particulièrement de la vie professionnelle et des intérêts d'un artiste (V. **Impresario**), d'un champion (V. **Entraîneur**). ♦ 2° (mil. XXe). *Écon.* Chef, dirigeant d'une entreprise. « *Manager technico-commercial d'un bureau de création* » (L'Express, 10-7-1972). V. **Management.**

2. MANAGER [mana(d)ʒe]. *v. tr.* (1927, empr. à l'angl. *to manage* « mener, diriger [une affaire] »). ♦ 1° *Sports.* Être le manager (1°), l'entraîneur d'un champion, d'une équipe. « *Je manage une équipe* » (L'Équipe, 15-10-1966). ♦ 2° *Écon.* Diriger une affaire. V. **Administrer, conduire** (5°), **gérer.**

MANANT [manã]. *n. m.* (XIIe, « habitant », et *aussi* « riche, puissant » ; p. prés. de l'a. v. *maneir, manoir* « demeurer », du lat. *manere*). ♦ 1° Au moyen âge, Habitant d'un bourg ou d'un village, et *spécialt.* Roturier assujetti à la justice seigneuriale. V. **Vilain.** ♦ 2° (1610). *Péj.* et *vieilli.* V. **Paysan.** « *Holà ! dérange-toi, manant, pour que je passe* » (MUSS.). ♦ 3° *Fig.* et *littér.* (1694). Homme grossier, sans éducation. V. **Rustre.** « *Michel est un manant et un animal, il ne faut pas lui écrire* » (STE-BEUVE). ◇ ANT. Gentilhomme.

MANCELLE [mãsɛl]. *n. f.* (1680 ; *mansel/es*, fin XIVe ; lat. pop. *°manicella*, de *manus* « main »). Chaîne, courroie joignant les attelles du collier d'un cheval à chacun des limons de la voiture.

MANCENILLE [mãsnij]. *n. f.* (1527 ; esp. *manzanilla*, dimin. de *manzana* « pomme »). Fruit du mancenillier, qui a l'aspect d'une petite pomme.

MANCENILLIER [mãsnije]. *n. m.* (1658 ; de *mancenille*). Arbre d'Amérique *(Euphorbiacées)* qui produit un latex très vénéneux (On l'appelle « arbre de poison », « arbre

de mort », et son ombre passait pour être mortelle).

1. MANCHE [mãʃ]. *n. f.* (v. 1150 ; lat. *manica*, de *manus* « main »). ♦ 1° Partie du vêtement qui entoure le bras. *Manches longues, qui s'arrêtent au poignet ; manches courtes, qui s'arrêtent au coude ou au-dessus. Ouverture où s'adapte la manche.* V. **Emmanchure, entournure.** *Manche montée, raglan, kimono. Parties de la manche.* V. **Coude, mancheron** (1), *parement, poignet, revers. Manches ballon, gigot, pagode. Vêtement, robe sans manches. Il jeta sa veste « à se glisser passer les manches »* (ARAGON). — *Être, se mettre en manches* (ou *en bras) de chemise*. *Relever, retrousser ses manches*, pour être plus à l'aise, pour travailler. Fig. *Retroussons nos manches :* mettons-nous hardiment au travail. — *Tirer qqn par la manche :* l'amener, le retenir auprès de soi. Fig. Attirer son attention. « *Quiconque découvre une évidence tire chacun par la manche pour la lui montrer* » (ST-EXUP.). — Fig. *Avoir qqn dans sa manche :* en disposer à son gré (comme la bourse qu'on plaçait dans la manche ; Cf. Dans la poche). *Tirer la manche à (de) qqn*, le solliciter. — Fig. et fam. *C'est une autre paire de manches :* c'est tout à fait différent, et *spécialt.* plus difficile. ♦ 2° (1803). *T. de Jeu* (les deux parties liées que l'on joue étant comparées à des manches) *Première manche, seconde manche* (V. **Revanche**) *et belle.* ♦ 3° (XVIe ; par anal. de forme). *Techn.* Large tuyau souple qui sert à conduire un fluide. — (Mar.) *Manche à vent*, conduit installé sur le pont pour aérer l'entrepont et la cale. *Manche à air*, conduit en tôlerie, à pied et pavillon orientable, destiné au même usage ; tube en toile placé en haut d'un mât pour indiquer la direction du vent (sur un aérodrome). — (Aérost.) *Manche d'un ballon, d'un aérostat.* ♦ 4° (1690). *Vx.* Bras de mer. V. **Détroit.** « *La manche de Bristol, la manche de Danemark* » (ENCYCL. DIDER.). Mod. *La Manche :* bras de mer qui sépare la France de l'Angleterre.

2. MANCHE [mãʃ]. *n. m.* (*Menche*, XIIe ; lat. pop. *manicus*, de *manus* « main »). ♦ 1° Partie d'un outil, d'un instrument par laquelle on le tient. V. **Manicle.** *Manche de pioche, de hache. Manche de couteau, de cuiller, de fourchette. Manche de casserole.* V. **Queue.** *Manche de pinceau.* V. **Ente.** *Manche de balai, à balai. Manche de parapluie. Manches de charrue.* V. **Mancheron.** — Aviat. *Manche à balai*, commande manuelle des gouvernails. « *On pilote manche sur le ventre* » (ST-EXUP.). ♦ 2° *Loc. fig. Branler* dans le manche. — *Jeter le manche après la cognée*. — Fam. *Être, se mettre du côté du manche :* du bon côté, du côté du plus fort ou de ses intérêts. ♦ 3° (D'un sens obscène, et de *manchot* (I, 2°), par jeu de mots). Fig. et fam. Maladroit, incapable. *Il s'est débrouillé comme un manche. Quel manche !* V. **Idiot, imbécile.** ♦ 4° (1690). Partie par laquelle on tient un gigot, une épaule pour le découper ; os (de gigot, côtelette). *Côtelette à manche.* ◇ *Manche à gigot*, pince réglable munie d'un manche, qu'on adapte à l'os que l'on tient pour découper la viande. ♦ 5° *Mus.* (1611). Partie d'un instrument, le long de laquelle sont tendues les cordes. *Manche de violon, de guitare.*

3. MANCHE [mãʃ]. *n. f.* (1790 ; 1532, « gratification, cadeau », par l'it. *máncia* « pourboire »). *Arg. des saltimbanques.* Faire la manche, faire la quête (après le spectacle). *Par ext.* Mendier, solliciter de l'argent.

1. MANCHERON [mãʃʀɔ̃]. *n. m.* (XIIIe, « garniture de manche » ; dimin. de *manche* 1). Petite manche couvrant le haut du bras. — Haut de la manche.

2. MANCHERON [mãʃʀɔ̃]. *n. m.* (1217 ; de *manche* 2). Chacune des deux tiges de direction placées à l'arrière d'une charrue ou d'un motoculteur. « *Les mains aux mancherons de la charrue, il jeta à son cheval le cri rauque dont il l'excitait* » (ZOLA).

MANCHETTE [mãʃɛt]. *n. f.* (h. XIIIe ; v. 1600 ; dimin. de *manche* 1). ♦ 1° Garniture cousue ou adaptée au bas d'une manche. *Manchettes de chemise en dentelle.* ◇ Poignet à revers d'une chemise. « *Une grosses manchette ronde s'échappait de sa manche de jaquette* » (ROMAINS). *Boutons de manchette.* ◇ Partie qui prolonge le gant au-dessus du poignet. ♦ 2° Fausses manches qui protègent un vêtement. *Des manchettes de lustrine.* ♦ 3° *Coup de manchette*, coup de taille au poignet de la main qui tient le sabre. — (XXe) Coup au menton, donné avec l'avant-bras. ♦ 4° *Imprim.* (1765). Addition marginale, note écrite en marge d'un texte. *Texte, note en manchette.* — *Cour.* (1901) Titre très large et en gros caractères, à la première page d'un journal. « *Le crieur s'avance au pas de course, la manchette du journal bien étalée sur sa poitrine* » (ROMAINS).

MANCHON [mãʃɔ̃]. *n. m.* (h. XIIIe ; XVIe ; de *manche* 1). ♦ 1° (1561). Pièce d'habillement, fourreau où l'on met les mains pour les protéger du froid. *Manchon de fourrure.* « *La bonne dame plongea dans un manchon ses mains jusqu'aux coudes* » (A. BERTRAND). *Chien de manchon :* chien minuscule que les femmes portaient dans leur manchon (au XVIIIe s.). ♦ 2° (1765). *Par anal.* Pièce cylindrique. *Manchon d'accouplement, d'assemblage.* V. **Anneau, bague, douille.** — Spécialt. *Manchon à incandescence :* gaine de tissu incombustible imprégnée de nitrates de thorium et de cérium, et qui augmente l'éclat de la flamme qu'elle entoure. « *Des lampes à manchon sont rangées sur une longue table* » (GAUTIER). — Mar. *Manchon d'écubier* : garniture qui entoure l'ouverture. — *Techn.* Rouleau de feutre sur lequel se fabrique le papier. ♦ 3° *Anat.* Organe de protection cyclindrique. *Manchon fibreux d'une articulation.*

MANCHOT, OTE [mɑ̃ʃo; ɔt]. *adj.* et *n.* (1502; de l'a. fr. *manc*, *manche* « manchot, estropié », lat. *mancus*. V. **Manquer**).
I. *Adj.* et *n.* ♦ 1° Qui est privé d'une main ou des deux mains ; qui est estropié ou privé d'un bras ou des deux bras. — *Subst. Le moignon d'un manchot, d'une manchotte.* ♦ 2° (1680). *Fam.* Maladroit. V. **Manche** (2 ; 3°). *N'être pas manchot* : être habile, adroit. — *Subst.* « *Je demande mille ouvriers et pas des manchots* » (DUHAM.).
II. (1760). *N. m.* Oiseau palmipède *(Sphéniscidés)* des régions antarctiques (semblable au pingouin qui vit dans l'Arctique). *Par ext.* Nom donné à tous les *Sphéniscidés* (manchot, gorfou, et sphénisque).

-MANCIE, -MANCIEN, ENNE. Élément, du gr. *manteia* « divination », qui sert à former des termes désignant des sciences divinatoires et ceux qui les pratiquent (ex. : *cartomancie, chiromancienne*).

MANCIPATION [mɑ̃sipasjɔ̃]. *n. f.* (1542; lat. jur. *mancipatio*). *Dr. rom.* Acte de transfert de la propriété.

MANDALE [mɑ̃dal]. *n. f.* (1849; p.-ê. de l'arg. it. *mandolino* « coup de pied »). *Arg.* Gifle. V. **Baffe.** « *Je lui ai filé une paire de mandales* » (SIMONIN).

MANDANT, ANTE [mɑ̃dɑ̃, ɑ̃t]. *n.* (1789; de *mander*). *Dr.* Personne qui confère un mandat à une autre (le mandataire). V. **Committant.** *Le mandant, les mandants d'un fondé de pouvoir, d'un représentant. Les électeurs sont les mandants de leur élu.*

MANDARIN [mɑ̃daʀɛ̃]. *n. m.* (1581; port. *mandarin*, altér. d'apr. *mandar* « mander, ordonner », du malais *mantari* « conseiller »). ♦ 1° *Hist.* Haut fonctionnaire de l'empire chinois, coréen. *Mandarin était généralement recrutés par concours parmi les lettrés.* ♦ 2° *Fig.* (1835). Lettré influent ; homme cultivé muni de titres. *Les Mandarins*, de S. de Beauvoir. ♦ 3° *Mandarin* ou par appos. *Canard mandarin* : espèce de canard d'Extrême-Orient.

MANDARINAL, ALE, AUX [mɑ̃daʀinal, o]. *adj.* (1776; de *mandarin*). ♦ 1° Relatif au mandarinat chinois. « *Ce dédain mandarinal pour le commerce* » (VOLT.). ♦ 2° *Fig.* Qui relève de l'autorité d'une classe privilégiée. V. **Élitiste.** « *Recruter les étudiants sans distinction de caste mandarinale* » (*Le Monde*, 26-5-1968).

MANDARINAT [mɑ̃daʀina]. *n. m.* (1732; de *mandarin*). ♦ 1° Charge, dignité de mandarin. ♦ 2° Corps des mandarins. *Fig.* et *péj.* Corps social prétendant former une classe à part, privilégiée, exerçant une autorité intellectuelle plus ou moins arbitraire ; cette autorité (V. **Élitisme**). *Mandarinat littéraire, artistique, politique.* ♦ 3° Système d'épreuves, de concours pour accéder à la dignité de mandarin. — *Fig.* Système analogue, où les postes, les honneurs sont répartis suivant la hiérarchie des diplômes, des titres universitaires.

MANDARINE [mɑ̃daʀin]. *n. f.* (1773; esp. *[naranja] mandarina* « [orange] des mandarins »). Fruit du mandarinier, plus petit que l'orange, doux et parfumé. *Mandarines et clémentines.* ◇ Par ext. *Adj. invar.* De couleur orange. *Des bas mandarine.*

MANDARINIER [mɑ̃daʀinje]. *n. m.* (1867; de *mandarine*). Arbre *(Aurantiacées)*, du genre *citrus*, dont le fruit est la mandarine.

MANDAT [mɑ̃da]. *n. m.* (1488, « rescrit du pape » ; lat. *mandatum* « chose mandée », de *mandare*). ♦ 1° (*Mandate*, 1628). *Dr.* Acte (contrat unilatéral) par lequel une personne (V. **Mandant**) donne à une autre (V. **Mandataire**) le pouvoir de faire qqch. pour le mandant et en son nom. Écrit qui constate le mandat. V. **Pouvoir, procuration.** *Donner mandat.* V. **Mandater.** *Mandat légal*, conféré par la loi qui désigne ou fait désigner (par le tribunal, le conseil de famille) un mandataire (tuteur, administrateur légal). *Mandat tacite de la femme mariée* (pour accomplir les actes nécessaires au besoin de la famille). — *Spécialt.* Ⓐ (1789) *Mandat représentatif.* Par ext. *Mandat législatif, parlementaire* : fonction de membre élu d'un Parlement. V. **Députation.** *Solliciter le renouvellement de son mandat.* Ⓑ *Hist.* (1919) Mandat confié à un État d'assister *(mandats d'assistance* ou *mandats A)* ou d'administrer *(mandats d'administration* ou *mandats B, C)* certains États ou territoires (V. **Tutelle**). *Territoire sous mandat.* Ⓒ (1771) *Mandat de paiement* : titre par lequel une personne donne à une autre mandat d'effectuer un paiement. V. **Effet** (de commerce). *Mandat de virement.* — *Spécialt. Mandat postal, mandat-poste, mandat* : titre constatant la remise d'une somme à l'Administration des Postes par un expéditeur avec mandat de la verser à une personne désignée (*destinataire*). *Mandats-cartes, mandats-lettres* : transmis sous la forme de cartes postales, de lettres. *Mandat-contributions*, mandat-

carte servant à régler les contributions directes. *Mandat télégraphique. Toucher un mandat.* Ⓓ *Procéd. pén.* (1790; *mandat à la barre*) Ordre de faire comparaître devant la justice, d'arrêter, de détenir qqn. *Mandat d'arrêt, de dépôt* (V. **Emprisonnement, incarcération**); *mandat d'amener.* ♦ 2° (1850). Charge, fonction donnée par une personne à une autre pour qu'elle la remplisse en son nom. V. **Commission, délégation, mission.** *Remplir son mandat.*

MANDATAIRE [mɑ̃datɛʀ]. *n.* (1537; lat. *mandatarius*, de *mandare*). ♦ 1° Personne à qui est conféré un mandat. V. **Agent, commissionnaire, délégué, fondé** (de pouvoir), **gérant, représentant.** — (1907) *Mandataire aux Halles* : commissionnaire ayant reçu mandat de vendre certaines denrées aux Halles de Paris. ♦ 2° Personne chargée d'agir pour le compte de qqn, pour défendre des intérêts. V. **Défenseur.** Fig. « *On dirait qu'il* (Washington) *se sent le mandataire de la liberté de l'avenir* » (CHATEAUB.).

MANDAT-CARTE, MANDAT-CONTRIBUTIONS, MANDAT-LETTRE. V. **Mandat** (1°, C).

MANDATEMENT [mɑ̃datmɑ̃]. *n. m.* (1873; de *mandater*). Action de mandater, d'acquitter un mandat de paiement.

MANDATER [mɑ̃date]. *v. tr.* (1823; de *mandat*). ♦ 1° *Fin.* Payer sous la forme d'un mandat. *Mandater une somme.* — *Spécialt.* Inscrire (une somme à payer) sur un mandat. V. **Libeller.** ♦ 2° *Cour.* Investir d'un mandat. *Mandater qqn pour la gestion d'une affaire.* V. **Confier** (à), **déléguer.** *Les électeurs qui ont mandaté tel élu.* V. **Députer.** — *Subst. Un mandaté.* V. **Mandataire.**

MANDCHOU, OUE ou **MANCHOU, OUE** [mɑ̃dʃu]. *adj.* et *n.* (1756, *mantchou*; de *mandjou*, mot toungouze). Originaire de Mandchourie. *La dynastie mandchoue.* — *Subst. Les Mandchous, le mandchou (mandjou)*, langue toungouze méridionale parlée en Mandchourie.

MANDEMENT [mɑ̃dmɑ̃]. *n. m.* (v. 1120; de *mander*). ♦ 1° *Vx.* Ordre écrit. V. **Instruction, ordre.** *Mandement du Roi.* ♦ 2° *Dr. can.* (1611). Écrit par lequel un évêque donne aux fidèles de son diocèse des instructions ou des ordres relatifs à la religion. V. **Instruction** (pastorale).

MANDER [mɑ̃de]. *v. tr.* (xe; lat. *mandare*). ♦ 1° *Vx.* Transmettre, faire tenir à qqn (un ordre, une instruction). V. **Communiquer, ordonner.** *Mandons et ordonnons que* (telle chose soit faite) : formule des mandements faits au nom du souverain, sous l'Ancien Régime. ♦ 2° *Vieilli* ou *littér.* Faire venir (qqn) par un ordre ou un avis. V. **Appeler, convoquer.** *Mander qqn d'urgence.* « *Le ministre de la Guerre, et celui de la Marine, étaient mandés d'urgence à l'Élysée* » (MART. du G.). ♦ 3° (v. 1680). *Vx.* Faire savoir par lettre, message. V. **Écrire.** *Mander qqch. à qqn. Mander des nouvelles.*

MANDIBULAIRE [mɑ̃dibylɛʀ]. *adj.* (1812; de *mandibule*). *Sc.* Qui a rapport aux mandibules (des animaux), à la mandibule (de l'homme).

MANDIBULE [mɑ̃dibyl]. *n. f.* (1314; bas lat. *mandibula*, de *mandere* « manger »). ♦ 1° *Sc.* Maxillaire inférieur. — *Fam.* Mâchoires. *Jouer des mandibules* : manger. ♦ 2° (XVIIIe). Chacune des deux parties cornées qui constituent le bec de l'oiseau. *Mandibule supérieure, inférieure.* ♦ 3° (1834). Chacune des deux pièces buccales de certains insectes *(Arthropodes)* et crustacés, qui leur servent à saisir et broyer la nourriture.

MANDOLINE [mɑ̃dɔlin]. *n. f.* (1759; it. *mandolino*, dimin. de *mandola*). V. **Mandore.** Instrument de musique originaire d'Italie, à caisse de résonance bombée (comme le luth) et à cordes pincées (On en joue avec un médiator).

MANDOLINISTE [mɑ̃dɔlinist(ə)]. *n.* (1882; de *mandoline*). Joueur, joueuse de mandoline.

MANDORE [mɑ̃dɔʀ]. *n. f.* (1576; *mandoire*, XIIIe; altér. lat. *pandura*, gr. *pandoura*). Ancien instrument de musique à cordes, analogue au luth. « *Tristement dort une mandore Au creux néant musicien* » (MALLARMÉ).

MANDORLE [mɑ̃dɔʀl(ə)]. *n. f.* (1930; it. *mandorla* « amande »). *Relig.* et *art.* Gloire ovale en forme d'amande dans laquelle apparaît le Christ de majesté du Jugement dernier.

MANDRAGORE [mɑ̃dʀagɔʀ]. *n. f.* (1268; *madeglore*, fin XIIe; lat. *mandragoras*, mot gr.). ♦ 1° Genre de plantes *(Solanacées)* dont la racine fourchue ressemble vaguement à une petite poupée. *La racine de mandragore servait autrefois de talisman.* ♦ 2° Racine de mandragore.

MANDRILL [mɑ̃dʀil]. *n. m.* (1751; mot d'une langue de la Guinée). Grand singe cynocéphale d'Afrique.

MANDRIN [mɑ̃dʀɛ̃]. *n. m.* (1676; mot occitan, du prov. *mandre* « manivelle », lat. *mamphur*, et got. °*manduls*). Outil ou pièce mécanique, de forme généralement cylindrique. *Mandrin de tourneur* (support). *Mandrin d'emboutissage.* *Agrandir, égaliser un trou au mandrin.*

MANDUCATION [mɑ̃dykasjɔ̃]. *n. f.* (1531; bas lat. *manducatio*, de *manducare* « manger »). *Physiol.* (1793). Action de manger, ensemble des opérations antérieures à la digestion (préhension, mastication, insalivation, déglutition).

1. -MANE. Élément, du lat. *manus* « main » (ex. : *bimane, quadrumane*).

2. -MANE, -MANIE. Éléments, du gr. *mania* « folie » (ex. : *mélomane, mythomane, nymphomane, toxicomane*).

MANÉCANTERIE [manekɑ̃tʀi]. *n. f.* (1836; lat. *mane* « le matin », et *cantare* « chanter »). École qui forme les enfants de chœur d'une paroisse, leur enseigne à chanter. La « *Manécanterie des petits chanteurs à la croix de bois* ».

MANÈGE [manɛʒ]. *n. m.* (XVIᵉ; it. *maneggio*, de *maneggiare*, du fr. *manier*).
I. ♦ 1º Exercice que l'on fait faire à un cheval pour le dresser, le dompter. V. **Équitation**. *Mouvements de manège* (voltes, passades). *Manège d'ensemble.* V. **Carrousel**. « *La garde à cheval qui fait son manège place de la République* » (ROMAINS). — *Termes de manège; vocabulaire du manège :* termes d'équitation, dressage, ou concernant le cheval. ◊ *Salle de manège, manège* : lieu où l'on dresse, monte les chevaux. *Manège couvert.* ♦ 2º *Techn.* (1812). Appareil utilisant la force d'un animal pour faire mouvoir une machine. *Cheval de manège qui tourne en rond, les yeux bandés.* ♦ 3º *Manège de chevaux de bois* : attraction foraine où des chevaux en bois, puis des animaux de toutes sortes, servant de montures, sont disposés circulairement autour d'un axe et entraînés par lui. *Faire un tour de manège.* — Par ext. *Manège d'autos, d'avions.*
II. *Fig.* (1688). ♦ 1º *Vx.* Manière, art de se comporter envers des êtres ou des choses; intrigue. ♦ 2º Comportement habile et artificieux pour arriver à ses fins. V. **Agissement(s), artifice, intrigue, machination, manœuvre, rouerie**. *Je comprends son petit manège.* V. **Jeu**. « *Son obstination à me séduire et à me repousser, ce manège qui durait depuis un an déjà* » (LOUYS).

MÂNES [mɑn]. *n. m. pl.* (XIVᵉ; lat. *manes* « âmes des morts »). ♦ 1º *Relig. rom.* Âmes des morts. V. **Esprit, lare, ombre**. « *Aux mânes paternels je dois ce sacrifice* » (CORN.). ♦ 2º *Fig.* et *littér.* Invoquer, interroger les mânes des ancêtres.

MANETON [mantɔ̃]. *n. m.* (fin XIXᵉ; de *manette*). ♦ 1º Poignée d'une manivelle. ♦ 2º Partie d'un vilebrequin sur laquelle est articulée la bielle. *Manetons d'un arbre moteur d'automobile.*

MANETTE [manɛt]. *n. f.* (1808; *mainette* « petite main », XIIIᵉ; dimin. de *main*). Clef, levier, poignée commandant un mécanisme et que l'on manœuvre à la main. *Manette de réglage d'une machine à vapeur. Manette des gaz d'un avion. Manette d'un percolateur.*

MANGANATE [mɑ̃ganat]. *n. m.* (1840; de *mangan*[èse], et suff. *-ate*). *Chim.* Sel de l'acide manganique (V. **Permanganate**).

MANGANÈSE [mɑ̃ganɛz]. *n. m.* (1774; « magnésie noire », 1578; nom anc. du peroxyde de manganèse; it. *manganesa*, p.-ê. altér. de *magnesia*). Corps simple, métal d'un blanc grisâtre (symb. Mn), dur et cassant, de densité 7,2, fondant à 1 240º (nº at. 25). *Le manganèse existe dans le sol à l'état d'oxyde* (acerdèse, braunite, haussmannite), *de bioxyde* (pyrolusite) *ou de sulfures* (alabandine). *Acier, bronze au manganèse.*

MANGANEUX [mɑ̃ganø]. *adj. m.* (1831; de *mangan*[èse], et suff. *-eux*). *Chim. Oxyde manganeux,* MnO (Se dit des sels de cet oxyde).

MANGANIN [mɑ̃ganɛ̃]. *n. m.* (*Manganine,* 1922; de *mangan*[èse], et suff. *-ine*). *Techn.* Alliage de cuivre (83 %), manganèse (13 %) et nickel. *Bobinage de résistance électrique en fil de manganin.*

MANGANIQUE [mɑ̃ganik]. *adj.* (1840; de *mangan*[èse], et suff. *-ique*). *Chim. Anhydride manganique,* MnO₃. *Acide manganique* : acide non isolé qui correspond à l'anhydride MnO₃. *Oxyde manganique,* Mn₂O₃ (Se dit des sels de cet oxyde).

MANGANITE [mɑ̃ganit]. *n. m.* (1872; de *mangan*[èse], et suff. *-ite*). *Chim.* Oxyde double (MnO₂) du bioxyde de manganèse et du sesquioxyde métallique.

MANGEABLE [mɑ̃ʒabl(ə)]. *adj.* (fin XIIᵉ, rare av. XVIIᵉ; de *manger*). ♦ 1º Qui peut se manger. V. **Comestible**. ♦ 2º Tout juste bon à manger, sans rien d'appétissant. ◊ ANT. **Immangeable**.

MANGEAILLE [mɑ̃ʒaj]. *n. f.* (1398; *mangeille,* 1264; de *manger*). ♦ 1º *Vx.* Nourriture, pâtée pour animaux domestiques. ♦ 2º *Péj.* Nourriture de l'homme, et *spécialt.* Nourriture abondante et médiocre. *La* « *nauséabonde odeur de vin et de mangeaille* » (BALZ.).

MANGEOIRE [mɑ̃ʒwaʀ]. *n. f.* (v. 1165; de *manger*). Auge destinée à contenir les aliments de certains animaux domestiques (chevaux, bestiaux, volaille). V. **Crèche, trémie**.

MANGEOTTER [mɑ̃ʒɔte]. *v. tr.* (1787; de *manger*). *Fam.* Manger en petite quantité. V. **Grignoter**.

1. MANGER [mɑ̃ʒe]. *v. tr.*; *conjug. bouger* (1080; lat. *manducare* « mâcher »). ♦ 1º Avaler pour se nourrir (un aliment solide ou consistant) après avoir mâché. V. **Absorber, ingérer, ingurgiter, prendre**; et les *pop.* **Bouffer, boulotter**.

Manger un bifteck, du pain, un gâteau. Manger du poisson. Manger de tout. Manger un morceau*. *Il ne mange rien,* très peu. *Bon à manger.* V. **Comestible, mangeable**. *Animaux qui mangent de la chair, des fruits* (V. **-Phage, -vore**). *Manger de l'herbe.* V. **Brouter, paître**. ◊ *Loc. fig, Il y a à boire et à manger,* du bon et du mauvais. *Manger son blé en herbe**, *de la vache** *enragée, son pain** *blanc le premier. Ne pas manger de ce pain**-*là. Manger le morceau* : avouer. *Fam. Manger la soupe sur la tête de (à) qqn* : le dépasser (en taille). ♦ 2º Dévorer (un être vivant, une proie). « *On tira à la courte paille, pour savoir qui serait mangé* » (Chanson pop.). ◊ *Fig. Manger qqn des yeux,* le dévorer des yeux. *Manger un bébé de caresses, de baisers,* l'en accabler. *Loc. On en mangerait!,* c'est appétissant, attrayant. *Il veut le manger tout cru**. *À quelle sauce serons-nous mangés? Il ne vous mangera pas,* il ne vous fera pas de mal, il n'est pas si terrible. — *Pronom.* « *Est-ce drôle que vous vous mangiez toujours entre femmes!* » (ZOLA). *Se manger le nez**. ♦ 3º *Absolt.* Absorber des aliments, généralement en prenant un repas. V. **Alimenter** (s'), **nourrir** (se); et les *pop.* **Becqueter, croûter**. *L'appétit vient en mangeant. Manger avec excès,* goulûment. V. **Bâfrer, empiffrer** (s'), **gaver** (se), **goinfrer** (se). *Manger comme quatre. Manger à sa faim. Manger peu, sans appétit.* V. **Chipoter, mangeotter, pignocher**. *Manger comme un oiseau. Boire en mangeant.* — *Donner à manger à un animal. Manger à tous les râteliers**. ◊ *Spécialt.* Prendre un repas. V. **Déjeuner, dîner, souper**. *S'attabler pour manger. Salle à manger. Manger en tête à tête. Manger chez soi, au restaurant.* ♦ 4º (1422, p. p.). Ronger. *Étoffe mangée par les mites, aux mites.* Par ext. « *Les murailles grises, mangées d'une lèpre jaune* » (ZOLA). — *Fig. Se manger les sangs,* être rongé de soucis, miné par l'inquiétude. ♦ 5º *Fig.* Faire disparaître en recouvrant, en débordant. « *Au visage mangé de barbe grise* » (COURTELINE). « *Ses yeux étonnés mangeaient l'étroit visage* » (MONTHERLANT). ♦ 6º *Fig.* (1669). *Manger ses mots,* les prononcer indistinctement, bredouiller. *Manger la consigne,* l'oublier, y manquer. ♦ 7º (1660). Absorber, consommer. « *Le foyer mangeait ses cinq mille kilogrammes de houille* » (ZOLA). ♦ 8º *Fig.* (XVIᵉ). Dépenser, dilapider. *Manger son capital. Manger de l'argent,* faire une opération déficitaire. — *Par anal.* « *La lecture mangeait du temps* » (DAUD.), faisait perdre du temps. *Loc. Ça ne mange pas de pain!,* ça ne coûte rien. ◊ ANT. **Jeûner**.

2. MANGER [mɑ̃ʒe]. *n. m.* (v. 980; du précéd.). ♦ 1º *Vx.* Fait, acte de manger. *Mod. En perdre le boire** *et le manger.* ♦ 2º *Pop.* Nourriture, repas. *Ici on peut apporter son manger. Ces violoneux* « *paient avec de la musique pour le sommeil et leur manger* » (ARAGON).

MANGERIE [mɑ̃ʒʀi]. *n. f.* (XIIᵉ; de *manger*). Repas copieux. « *Les mangeries interminables, où l'on parlait de mangeaille* » (R. ROLLAND).

MANGE-TOUT [mɑ̃ʒtu]. *n. m. invar.* (1558, « qui mange tout »; de *manger,* et *tout*). ♦ 1º (1834). *Vx.* Dissipateur, prodigue. ♦ 2º (1835). Variété de pois ou de haricots dont on mange la cosse avec la graine. *Adj. Haricots mange-tout.*

MANGEUR, EUSE [mɑ̃ʒœʀ, øz]. *n.* (1260; *fig.*; *mangiere,* 1226; de *manger*). ♦ 1º Qui mange (beaucoup, peu). *Un grand mangeur.* « *Je ne suis pas une grosse mangeuse* » (HUYSMANS). ♦ 2º Personne qui mange (telle ou telle chose). « *Les grands mangeurs de viande sont en général cruels* » (ROUSS.). *Mangeurs de grenouilles,* sobriquet des Français, à l'étranger. *Mangeurs d'hommes,* anthropophages. Vieilli. *Mangeur d'opium,* opiomane. — (Animaux) *Mangeurs de graines. Mangeurs de fourmis,* fourmilier. ♦ 2º *Fig.* Personne qui dépense, dissipe. « *Coureurs de filles et mangeurs d'argent* » (BARBEY). Littér. « *Les mangeurs de temps* » (MAUROIS), les fâcheux qui nous font perdre notre temps.

MANGEURE [mɑ̃ʒyʀ]. *n. f.* (1690; « pâture », XIVᵉ; de *manger*). Vieilli. Endroit mangé, rongé (d'une étoffe, d'un livre).

MANGLIER [mɑ̃glije]. *n. m.* (1716; de *mangle* (1555); mot malais: par l'esp.). Palétuvier, dont le fruit est appelé *Mangle* [mɑ̃gl(ə)].

MANGOUSTAN [mɑ̃gustɑ̃]. *n. m.* (1598; port. *mangustâo,* du malais). ♦ 1º Arbre des régions tropicales (*Clusiacées*) donnant un fruit très estimé. ♦ 2º *Vieilli.* Mangouste (1). (On trouve aussi *mangoustanier, mangoustier*).

1. MANGOUSTE [mɑ̃gust(ə)]. *n. f.* (1733; de *mangoustan*). Fruit du mangoustan, de la taille d'une orange, au goût de framboise.

2. MANGOUSTE [mɑ̃gust(ə)]. *n. f.* (1703; *mangouze,* 1697; port. *mangús* ou *mangosta,* de *mangus,* mot d'une langue de l'Inde). Petit mammifère carnivore (*Viverridés*) de l'Afrique et de l'Asie tropicales, rappelant la belette, facilement apprivoisable, utilisé pour la destruction des reptiles et des rats.

MANGROVE [mɑ̃gʀɔv]. *n. f.* (v. 1900; mot angl., du malais). *Géogr.* Association végétale halophile caractéristique des régions littorales de la zone tropicale, où croissent en pleine vase des forêts impénétrables de palétuviers.

MANGUE [mãg]. *n. f.* (1604; *manga*, 1540; port. *manga*, mot de la langue de Malabar). Fruit du manguier, de la taille d'une grosse pêche, à chair jaune, très parfumé, à odeur de térébenthine.

MANGUIER [mãgje]. *n. m.* (1600; de *mangue*). Arbre tropical de l'Inde et de l'Amérique du Sud *(Térébinthacées)*.

MANIABILITÉ [manjabilite]. *n. f.* (1876; de *maniable*). Qualité de ce qui est maniable. *Maniabilité d'un livre. Maniabilité d'un avion.* V. **Manœuvrabilité.** *Maniabilité d'un béton*, facilité à le transporter, à le couler.

MANIABLE [manjabl(ə)]. *adj.* (XIVᵉ; « agile », XIIᵉ; de *manier*). ♦ 1° Qu'on manie et utilise facilement. *Outil maniable.* ♦ 2° Qu'on manœuvre facilement. V. **Manœuvrable.** « *Le radeau restait maniable sur les hautes eaux* » (GIONO). ◇ Par ext. *(Mar.)* Qui permet une navigation, des manœuvres faciles. *Temps, vent maniable.* ♦ 3° Fig. (1538). Qui se laisse aisément diriger; docile, souple. « *Les électeurs censitaires étaient moins maniables* » (BAINVILLE). ◈ ANT. Encombrant, incommode; indocile, têtu.

MANIACO-DÉPRESSIF, IVE [manjakɔdepresif, iv]. *adj.* (mil. XXᵉ; de *maniaque*, et *dépressif*). Psychiatr. Propre à la psychose maniaque* dépressive.

MANIAQUE [manjak]. *adj.* (v. 1300; lat. médiév. *maniacus*, de *mania*. V. **Manie**). ♦ 1° *Vx.* Atteint de folie. V. **Fou.** — Mod. *(Psychiatr.).* Atteint de manie. Subst. *Un maniaque.* — Propre à la manie. *Excitation maniaque. Psychose maniaque dépressive* : maladie mentale qui se traduit par des accès de surexcitation (*manie*) alternant avec des périodes de dépression (mélancolie). V. **Cyclothymie.** ♦ 2° Cour. Qui a une idée fixe. Subst. « *Ces professionnels de la haine, ces maniaques de la représaille* » (DUHAM.). V. **Obsédé.** ♦ 3° (Fin XIXᵉ). Exagérément attaché à ses petites manies (4°), à des habitudes ridicules. *Célibataire maniaque.* Subst. *Quel vieux maniaque !* — Propre à un maniaque. *Soin maniaque.*

MANIAQUERIE [manjakʀi]. *n. f.* (v. 1890; de *maniaque*). Caractère d'une personne maniaque (3°).

MANICHÉEN, ENNE [manikeɛ̃, ɛn]. *n.* (XVIIᵉ; *manichée*, 1571; lat. *manichœus*, de *Manikhaios*, nom de *Manès*, en gr. ecclés.). Didact. Adepte du manichéisme. Adj. Propre au manichéisme ou qui s'en inspire. *Vision manichéenne du monde.*

MANICHÉISME [manikeism(ə)]. *n. m.* (1688; de *manichée*, *manichéen*). ♦ 1° Religion syncrétique du Persan Manès ou Mani (IIIᵉ s.), alliant à un fonds chrétien des éléments pris au bouddhisme et au parsisme, et pour laquelle le Bien et le Mal sont deux principes fondamentaux, égaux et antagonistes. ♦ 2° Par ext. Se dit de toute conception dualiste du bien et du mal. V. **Dualisme.** ♦ 3° Psychiatr. *Manichéisme délirant*, délire chronique sur le thème du Bien et du Mal.

MANICHORDION [manikɔrdjɔ̃] ou **MANICORDE** [manikɔrd(ə)]. *n. m.* (XVᵉ-[*monacorde*] XIIᵉ; gr. *monokhordon* « monocorde », altéré sous l'infl. de *manus* « main »). Hist. Instrument à cordes frappées, sorte de cithare à clavier, en usage en France avant le XVIᵉ s.

MANICLE [manikl(ə)] ou **MANIQUE** [manik]. *n. f.* (1170-1680; lat. *manicula*, dimin. de *manus* « main »). ♦ 1° Manchon de protection de certains ouvriers (cordonniers, bourreliers). V. **Gantelet.** ♦ 2° Techn. Manche ou poignée de divers outils.

MANIE [mani]. *n. f.* (fin XIVᵉ; bas lat. *mania*, mot gr.). ♦ 1° *Vx.* Folie. — Mod. *(Psychiatr.).* Syndrome mental caractérisé par divers troubles de l'humeur (exaltation euphorique, versatilité, expansivité, incohérence des idées et de l'activité motrice). *La manie est un épisode de la psychose maniaque* dépressive. *Manie confusionnelle, délirante.* ♦ 2° (v. 1628). Trouble de l'esprit possédé par une idée fixe. V. **Monomanie, obsession**; et *suff.* -**Mane, -manie**. *Manie de la persécution.* ♦ 3° (1665). Goût excessif, déraisonnable (pour quelque objet ou action). V. **Fureur, marotte, passion, rage.** « *La manie du linge* » (BALZ.). « *Cette manie de tricoter* » (FLAUB.). ♦ 4° (v. 1750). Habitude bizarre et tyrannique, souvent agaçante ou ridicule. « *Les vieilles gens ! C'est plein de manies* » (ZOLA). « *Chaque auteur a ses tics et ses manies* » (JOUBERT).

MANIEMENT [manimã]. *n. m.* (1237; de *manier*). ♦ 1° Vieilli. Action de tâter, de palper. ◇ Par méton. (1855) Chacun des amas graisseux superficiels, perceptibles à la main, qui permettent de juger de l'état d'engraissement d'un animal de boucherie. ♦ 2° Action ou façon de manier, d'utiliser avec les mains. V. **Manipulation, usage.** « *Le maniement conventionnel de la fourchette* » (MAUPASS.). « *Des ouvriers connaissant le maniement des machines* » (ARAGON). *Maniement d'armes*, suite de mouvements exécutés au commandement par les soldats avec leurs armes. ♦ 3° Fig. Action, manière d'employer, de diriger, d'administrer. V. **Emploi.** « *Le maniement de la langue* » (LANSON). *Maniement de fonds.* V. **Gestion.**

MANIER [manje]. *v. tr. (Maneir*, v. 1160; de *main*). I. ♦ 1° *Vx.* Tâter, palper. ♦ 2° Façonner, modeler avec la main. « *Manier la glaise et réaliser la maquette* » (BALZ.). ♦ 3° Avoir en main, entre les mains tout en déplaçant, en remuant. « *Un plaisir de petite fille qui trouve et manie un jouet nouveau* » (MAUPASS.). *Caissier qui manie de grosses sommes d'argent.* V. **Manipuler.** ♦ 4° Utiliser en ayant en main. « *Savoir manier l'épée et le poignard pour sa défense* » (TAINE). *Manier le pinceau.* — (Machine, véhicule) Utiliser pour une manœuvre. « *Avion assez rapide,... mais difficile à manier* » (MALRAUX). — *Manier un cheval*, le faire évoluer. ♦ 5° Fig. (fin XVᵉ). Mener à son gré. V. **Diriger, gouverner.** « *Pour manier ces masses* » (BALZ.). ♦ 6° Employer de façon plus ou moins habile. *Nul « n'a manié l'alexandrin dramatique d'une façon plus magistrale* » (GAUTIER). *Savoir manier l'ironie.* — Gérer, manier des fonds. II. *Fam.* SE MANIER (seult. inf.), SE MAGNER : se remuer, se dépêcher. « *On t'attend à la caserne, je te conseille de te manier* » (SARTRE). — Pop. (dans le même sens) « *Eh bien grouille-toi, fais fiça, magne-toi le popotin* » (QUENEAU).

MANIÈRE [manjɛr]. *n. f.* (1120; subst. de l'a. fr. *manier*, bas lat. *manuaria* « de la main, en main »). I. ♦ 1° Forme particulière que revêt l'accomplissement d'une action, le déroulement d'un fait, l'être ou l'existence. V. **Façon, mode, moyen.** *Manière d'agir, de se conduire, de vivre.* « *Une manière de sentir vive et forte* » (STAËL). « *Le mérite de son histoire était-il dans sa manière de la raconter...* » (BARBEY). — Ellipt. *Il y a la manière*, il faut savoir s'y prendre. *Avoir la manière.* ♦ 2° Loc. adv. *De cette manière*, ainsi. *De toute manière*, en tout cas, quoi qu'il arrive. *De quelle manière?* comment? Iron. *De la belle manière*, rudement, sans ménagement. *D'une manière générale*, dans la plupart des cas, en gros. *En aucune manière*, aucunement. « *La jalousie est, en quelque manière, juste et raisonnable* » (LA ROCHEF.), en un certain sens. — Loc. prép. *À la manière de*, comme. « *Il accomplissait sa tâche quotidienne à la manière du cheval de manège* » (FLAUB.). *De manière à*, propre à (obtenir telle conséquence). « *Apprends un métier et tâche de l'exercer de manière à gagner ta vie honorablement* » (DUHAM.). — Loc. conj. *De (telle) manière que*, introduisant une conséquence de fait : « *De manière que l'édifice tient à la fois de la cathédrale et de la basilique* » (CHATEAUB.) ; ou une conséquence voulue : « *Ils le garrottèrent de manière qu'il ne pût remuer* » (LAUTRÉAMONT). *De manière à ce que*, de manière que (conséquence voulue). « *Un portique disposé de manière à ce qu'on trouvât de l'ombre à toute heure* » (FRANCE). ♦ 3° Forme de comportement personnelle et habituelle. « *Ce n'est pas plus ma manière que mon goût* » (LACLOS). « *Avec sa manière de crier sur les toits ses moindres relations* » (PROUST). ♦ 4° (XIIIᵉ; archit.). Mode d'expression caractéristique d'un artiste, d'une école. V. **Genre, style.** « *La manière vague, floue qui faisait son originalité* » (GAUTIER). *Sonate dans la manière classique. Poème, tableau à la manière de X*, imitant la manière de X. Subst. *une* ou *la manière de*, un pastiche. ◇ Péj. *(Vx)* Maniérisme. ♦ 5° (XIIᵉ). Littér. Espèce, sorte. « *L'amitié entre homme et femme, c'est encore une manière d'amour* » (COCTEAU). « *Un roman construit en manière de poème* » (BAUDEL.), en forme de poème. « *Il se contentait de dire, en manière de plaisanterie* » (ZOLA), en guise de plaisanterie. ♦ 6° (Gram.). *De manière*, qui marque de quelle manière est qqn, qqch., se fait qqch. *Compléments, adverbes de manière* (ex. : *Il avance avec lenteur, lentement*).

II. *Au plur.* (XVIIᵉ). Comportement d'une personne considéré surtout dans son effet sur autrui. « *Les manières sont souvent ce qui fait que les hommes décident de vous en bien ou en mal* » (LA BRUY.). *Avoir de mauvaises manières. Apprendre les bonnes, les belles manières.* V. **Usage.** *En voilà des manières !* — Absolt. Vieilli. *Manquer de manières*, d'éducation. — Mod. et péj. *Faire des manières*, être poseur (V. **Chichi, embarras**), faire des simagrées, faire prier.

MANIÉRÉ, ÉE [manjere]. *adj.* (1679; « dressé », XIVᵉ; de *manière*). ♦ 1° Qui montre de l'affectation, manque de naturel ou de simplicité. V. **Affecté, poseur.** « *La société maniérée qui a des nausées devant le peuple* » (MAUPASS.). *Politesse maniérée.* ♦ 2° *(Art.)* Qui manque de spontanéité. V. **Apprêté, précieux.** « *Les talents maniérés ne peuvent éveiller un intérêt véritable* » (DELACROIX). *Style, genre maniéré.* V. **Maniérisme.** ◈ ANT. Naturel, simple.

MANIÉRISME [manjerism(ə)]. *n. m.* (1823; it. *manierismo*, de *maniera* « manière »). ♦ 1° Tendance au genre maniéré en art. « *Cette affectation, une mignardise sautillant* » (HENRIOT). ♦ 2° Art, style raffiné des artistes italiens entre la Renaissance et le baroque. *Le maniérisme de Bronzino.* ♦ 3° Psychiatr. Attitude apprêtée, affectée, caractéristique des états schizophréniques.

MANIÉRISTE [manjerist(ə)]. *adj. et n.* (1668; de *manière*). ♦ 1° Qui tombe dans le maniérisme, manque de naturel. ♦ 2° Artiste appartenant au maniérisme.

MANIEUR, EUSE [manjœr, øz]. *n.* (fin XIVᵉ; de *manier*).

Manieur de, personne qui manie (qqch.). « *Les dieux manieurs du tonnerre* » (ARAGON). — Fig. *Manieur d'argent*, homme d'affaires, financier. *Un manieur d'hommes.*

MANIFESTANT, ANTE [manifɛstɑ̃, ɑ̃t]. *n.* (1849 ; de *manifester*). Personne qui prend part à une manifestation. « *Une colonne de manifestants* » (MART. du G.).

MANIFESTATION [manifɛstasjɔ̃]. *n. f.* (v. 1200 ; lat. ecclés. *manifestatio*). ♦ 1° Fait, moyen par lequel Dieu se manifeste, devient sensible. ♦ 2° (1749). Action ou manière de manifester, de se manifester. V. **Expression**. « *Nul ne doit être inquiété pour ses opinions, pourvu que leur manifestation ne trouble pas l'ordre public* » (DÉCLAR. DR. HOM.). « *La vertu est un principe dont les manifestations diffèrent* » (BALZ.). *Manifestation de joie, de mécontentement.* V. **Démonstration, marque, témoignage**. Dr. *Manifestation de volonté**. Méd. *Manifestations cliniques d'une maladie.* V. **Phénomène, symptôme, trouble.** ♦ 3° (av. 1865). Démonstration collective, publique et organisée d'une opinion ou d'une volonté. *Manifestations populaires.* « *Une manifestation contre la guerre avait été rudement dispersée* » (MART. du G.). *Manifestation pacifique, silencieuse, tumultueuse.* Abrév. fam. (1952). MANIF [manif]. « *Alors, c'est pour quand, la manif?* » (ARAGON).

1. MANIFESTE [manifɛst(ə)]. *adj.* (v. 1190 ; lat. *manifestus*). ♦ 1° Vx. Avéré par le fait. « *Manifeste voleur* » (LA FONT.). ♦ 2° (XIIIᵉ). Dont l'existence ou la nature est évidente. V. **Certain, évident, indiscutable, visible.** *Différences manifestes.* « *Une tristesse et un désarroi de plus en plus manifestes* » (CAMUS). « *Il est manifeste que nous avons été dans un degré de perfection* » (PASC.). ◇ ANT. **Douteux, obscur.**

2. MANIFESTE [manifɛst(ə)]. *n. m.* (1365 ; du précéd.). ♦ 1° Liste des marchandises constituant la cargaison d'un navire, à l'usage des Douanes. — Par anal. *(Néol.)* Document de bord d'un avion (itinéraire, passagers, fret). ♦ 2° (1574 ; it. *manifesto*). Déclaration écrite, publique et solennelle, par laquelle un gouvernement, une personnalité ou un groupement politique expose son programme, justifie sa position. V. **Proclamation; foi** (profession de foi). *Le manifeste de Brunswick* (1792). *Le Manifeste communiste*, de Marx et Engels (1848). ♦ 3° Par ext. (1828). Exposé théorique lançant un mouvement littéraire. *Manifeste du surréalisme* (1924).

MANIFESTEMENT [manifɛstəmɑ̃]. *adv.* (1190 ; de *manifeste* 1). D'une manière manifeste. « *C'est manifestement la Prusse qui est devenue l'agresseur* » (FUSTEL).

MANIFESTER [manifɛste]. *v.* (v. 1120 ; lat. imp. *manifestare*).
I. *V. tr.* ♦ 1° Faire connaître de façon manifeste. V. **Déclarer, exprimer, révéler.** *Manifester sa volonté, ses intentions.* « *Marat sommait le peuple de manifester hautement son opinion* » (MICHELET). « *C'est à la duchesse qu'il manifestait son agacement* » (PROUST). ♦ 2° Faire ou laisser apparaître clairement. « *Il ne manifesta aucun étonnement* » (COURTELINE). *Une occasion de manifester son courage.* V. **Déployer.** — (Sujet de chose) « *Aucun geste ne manifesterait ma haine* » (RADIGUET). V. **Révéler, trahir.**
II. SE MANIFESTER. *v. pron.* (XVIᵉ). ♦ 1° Se révéler clairement dans son existence ou sa nature. « *Dieu ne se manifeste pas aux hommes avec toute l'évidence qu'il pourrait* » (PASC.). *La douleur « procure aux âmes supérieures l'occasion de se manifester* » (ROMAINS), de révéler leur valeur. ♦ 2° Apparaître, se montrer. « *Des divergences peuvent se manifester* » (VALÉRY). « *La crise se manifeste par des troubles politiques, sociaux* » (DUHAM.). V. **Traduire** (se).
III. *V. intr.* (1868). Participer à une manifestation (3°) politique, syndicale. « *On a manifesté dans les rues* » (ROMAINS).
◇ ANT. *Cacher.*

MANIFOLD [manifɔld]. *n. m.* (1932 ; mot angl., pour *manifold paper* « papier à copies multiples »). *Anglicisme.* ♦ 1° Carnet comportant plusieurs séries de feuilles et de papier carbone, permettant d'établir des doubles de documents. ♦ 2° Techn. Ensemble de vannes et de conduits orientant un fluide vers un réservoir ou des canalisations.

MANIGANCE [manigɑ̃s]. *n. f.* (1543 ; de *manus* « main », et suff. obscur ; Cf. dial. *Manigant* « ouvrier », 1556). Manœuvre secrète et suspecte, sans grande portée ni gravité. V. **Micmac.** « *Il se trouve là-dessous quelque manigance* » (BALZ.).

MANIGANCER [manigɑ̃se]. *v. tr.*; conjug. *placer* (1691 ; de *manigance*). Combiner par quelque manigance. V. **Comploter, machiner, tramer.** « *Hubert... m'épiait... : que pouvais-je bien manigancer?* » (MAURIAC).

MANIGUETTE [manigɛt]. *n. f.* (1555 ; var. de *malaguette*, lat. méd. *melegeta*; o. i.). Graine de paradis*, au goût poivré (V. **Amome**).

1. MANILLE [manij]. *n. f.* (1696 ; *malille*, 1660 ; esp. *malilla*, dimin. de *mala*, proprem. « la petite malicieuse »). ♦ 1° Vx. Carte, variable selon les jeux, affectée d'une valeur particulière. — Mod. Carte maîtresse (le dix) au jeu du même nom. ♦ 2° (Fin XIXᵉ). Jeu de cartes où les plus fortes sont les dix *(manille)*, puis l'as *(manillon)*. « *On fait une manille aux enchères à trois?* » (PAGNOL). *Manille contrée* (ou *coinchée*). *Joueurs de manille* (MANILLEURS [manijœr]).

2. MANILLE [manij]. *n. f.* (1680 ; « bracelet », 1543 ; lat. *manicula*. V. **Manicle**). ♦ 1° Ancienn. Anneau auquel on fixait la chaîne d'un galérien ou d'un forçat. « *La chaîne rivée à la manille de son pied* » (HUGO). ♦ 2° Techn. Anneau ou étrier reliant deux longueurs de chaîne.

3. MANILLE [manij]. *n. m.* (1846 ; nom de lieu). Cigare de Manille. *Fumer des manilles.*

MANILLON [manijɔ̃]. *n. m.* (1893 ; de *manille* 1). As, seconde carte à la manille.

MANIOC [manjɔk]. *n. m.* (1614 ; *manihot*, 1558 ; mot tupi). Arbrisseau des régions tropicales *(Euphorbiacées)*, dont la racine fournit une fécule alimentaire, le tapioca.

MANIPULATEUR, TRICE [manipylatœr, tris]. *n.* (1762 ; de *manipule* 2). ♦ 1° Personne qui procède à des manipulations. V. **Opérateur.** *Manipulateur de laboratoire*, assistant des expérimentateurs. *Manipulateur radiographe*, assistant des radiologues. ◇ *Prestidigitateur spécialisé dans la manipulation.* ♦ 2° (1861). Techn. Appareil en forme de levier servant à la transmission des signaux télégraphiques.

MANIPULATION [manipylasjɔ̃]. *n. f.* (1762 ; « traitement du minerai d'argent », 1716 ; calque de l'esp. *manipulacion*; de *manipule* (2) « poignée »). ♦ 1° Action, manière de manipuler (des substances, des produits, des appareils). *Manipulations chimiques.* « *J'étais en train de faire une manipulation délicate, à l'atelier* » (ROMAINS). *Manipulations radioactives.* V. **Télémanipulation.** — Spécial. Exercice scolaire tendant à familiariser les étudiants avec ce genre d'opérations. *Cahier de manipulations.* — Abrév. (1880). Manip. ♦ 2° Manœuvre manuelle consistant à mobiliser certaines articulations par pression ou étirement modérés. *Manipulations vertébrales.* ♦ 3° Branche de la prestidigitation reposant sur la seule habileté des mains. ♦ 4° Fig. et péj. (polit.). Tripotage. *Manipulations électorales.* V. **Manœuvre** (1, II). — Emprise occulte exercée sur un groupe (un individu). *Manipulation des foules.*

1. MANIPULE [manipyl]. *n. m.* (1380 ; lat. médiév. *manipulus*, dit aussi *mappula* « petite serviette »). Ornement sacerdotal, bande d'étoffe que portent à l'avant-bras gauche le prêtre, le diacre et le sous-diacre pour la célébration de la messe.

2. MANIPULE [manipyl]. *n. m.* (1478, « poignée » [mesure en pharmacie] ; « gerbe », 1519 ; lat. *manipulus* « poignée, gerbe »). *Antiq.* (1660). Enseigne, étendard d'une compagnie militaire romaine ; par ext. La compagnie, division de la cohorte.

MANIPULER [manipyle]. *v. tr.* (1765 ; de *manipule* 2 « poignée »). ♦ 1° Manier avec soin en vue d'expériences ou d'opérations scientifiques ou techniques. « *Manipuler des tubes, des fioles et des seringues* » (DUHAM.). — *Manipuler des substances, des drogues.* V. **Malaxer, mélanger, mêler.** ♦ 2° Par ext. Manier et transporter. *Manipuler des colis.* ♦ 3° Fig. Exercer une domination (politique) sur (un groupe, un individu). *Manipuler l'opinion politique. Il s'est laissé manipuler.*

MANIQUE. V. **Manicle.**

MANITOU [manitu]. *n. m.* (1627 ; mot algonquin). ♦ 1° Esprit du bien *(bon, grand manitou)* ou du mal *(méchant manitou)*, chez certaines peuplades indiennes. ♦ 2° Fig. (v. 1870). Personnage important et puissant. « *Le père est un grand manitou dans les chemins de fer* » (CÉLINE).

MANIVELLE [manivɛl]. *n. f.* (XVIᵉ ; *manevele* « poignée », v. 1130 ; lat. pop. °*manabella*, class. *manibula*, var. de *manicula*. V. **Manicle.** ♦ 1° Pièce mécanique constituée par un bras perpendiculaire à un arbre, auquel elle doit imprimer un mouvement de rotation. *Manivelle d'un treuil, d'un cric, d'une automobile. Manivelle de mise en marche. Retour de manivelle.* — (Cinéma) *Manivelle des anciennes caméras. Premier tour de manivelle*, commencement du tournage d'un film. ♦ 2° *Manivelle de moteur*, servant généralement à transformer un mouvement rectiligne alternatif en mouvement circulaire. *Arbre-manivelle.* V. **Vilebrequin.**

1. MANNE [man]. *n. f.* (v. 1120 ; lat. ecclés. *manna*, hébr. *man*). ♦ 1° Nourriture miraculeuse envoyée aux Hébreux dans le désert *(Exode, XVI, 15)*. ♦ 2° Fig. Don céleste. V. **Pain.** — Nourriture providentielle, don ou avantage inespéré. « *Le père est un grand manitou* » ♦ 3° Par ext. *Manne des poissons*, éphémères qui abondent sur les rivières et dont les poissons se nourrissent. ♦ 4° Par anal. (1550). Exsudation sucrée de divers végétaux (frêne, mélèze, eucalyptus).

2. MANNE [man]. *n. f.* (1467 ; *mande*, 1202 ; moy. néerl. *mande*). Grand panier d'osier. V. **Banne.** « *Tenant des mannes pleines de fruits et d'œufs* » (HUYSMANS).

1. MANNEQUIN [mankɛ̃]. *n. m.* (1680 ; « figurine », XIIIᵉ ; moy. néerl. *mannekijn*, dimin. de *man* « homme »). ♦ 1° Statue articulée à laquelle on peut donner diverses attitudes (modèle pour les peintres, sculpteurs). — Mod. (1830) Moulage ou armature servant de modèle pour la confection des vêtements, pour les essayages. « *Le mannequin* *d'osier sur lequel Madame Bergeret taillait ses robes* » (FRANCE). *Taille mannequin*, conforme aux proportions du mannequin type. *Mannequin des étalages*, pour la présentation des divers modèles de vêtements. ◇ *Par ext.* Figure imitant grossièrement un être humain. *Mannequin servant d'épouvantail.* ♦ 2° *Fig.* (1776). Homme sans caractère que l'on mène comme on veut. V. **Pantin.** — Personnage tout d'une pièce, dénué de vie. ♦ 3° (1897 ; « présentateur de mode masculine », 1830). Jeune femme employée par un grand couturier pour la présentation des modèles de collections.

2. **MANNEQUIN** [mankɛ̃]. *n. m.* (1467 ; *mandequin*, 1242 ; moy. néerl. *°mandekijn*, par l'interm. de *manne* 2). *Techn.* Petit panier d'horticulteur.

MANNITE [manit]. *n. f.* (1845 ; de *manne* 1). *Chim.* Substance organique qu'on rencontre notamment dans la manne du frêne.

MANNOSE [manoz]. *n. m.* (1902 ; de *mann*[e] 1, et -*ose*). *Biochim.* Substance glucidique, isomère du glucose, contenue dans les baies et les graines de certains végétaux.

MANODÉTENDEUR [manɔdetɑ̃dœʀ]. *n. m.* (1895 ; du nom de l'inventeur *Mandet*, d'après *mano* (mètre), et *détendeur*). *Techn.* Dispositif permettant d'abaisser la pression d'un gaz comprimé et d'en régler l'utilisation.

MANŒUVRABILITÉ [manœvʀabilite]. *n. f.* (1934 ; de *manœuvrable*). Aptitude d'un bateau, d'un véhicule à être manœuvré ; maniabilité.

MANŒUVRABLE [manœvʀabl(ə)]. *adj.* (1902 ; de *manœuvrer*). Apte à être manœuvré, maniable (bateau, véhicule).

1. **MANŒUVRE** [manœvʀ(ə)]. *n. f.* (1409 ; *manuevre* « corvée », 1248 ; lat. tardif *manuopera, manopera* « travail avec la main ». V. **Manœuvrer**).

I. ♦ 1° (Fin XVIᵉ). Action sur les cordages, les voiles, le gouvernail, etc., destinée à régler le mouvement d'un bateau. « *Prompt à la manœuvre, ne se trompant jamais dans le jeu compliqué des cordages* » (LOTI). — *Par anal.* Action, manière de régler le mouvement d'un véhicule. *Manœuvre d'une locomotive, de wagons dans une gare.* ◇ FAUSSE MANŒUVRE, erreur de manœuvre ; *fig.* Décision, démarche maladroite et sans résultat. ♦ 2° (1694). Exercice du temps de paix, que les instructeurs font faire aux soldats (maniement d'armes, mouvements) ; évolutions ordonnées prescrites par le commandement en temps de guerre, à des fins tactiques ou stratégiques. *Soldat exempté de manœuvre. Champ de manœuvre. Grandes manœuvres*, mettant en mouvement de gros effectifs. — *Manœuvre de débordement, de repli.* « *L'immense manœuvre où notre régiment roule comme un petit rouage* » (BARBUSSE). ♦ 3° Opération manuelle exercée sur une personne dans une intervention chirurgicale. « *L'infiltration et l'hyperesthésie laryngée ont rendu la manœuvre difficile* » (MART. du G.). — Procédé manuel par lequel le médecin imprime un mouvement, un changement de position, à une partie du corps, dans un but thérapeutique. (V. **Manipulation**), ou afin de préciser un diagnostic. *Manœuvre obstétricale*, destinée à faciliter l'expulsion du fœtus lors de l'accouchement. ♦ 4° Maniement permettant le fonctionnement d'un appareil ou d'une machine. « *Il était le seul à connaître la manœuvre d'un fusil* » (MAC ORLAN). — *Par ext.* Fonctionnement par un mécanisme automatique. *Câbles de manœuvre.*

II. *Fig.* (XVIIᵉ). Moyen, ensemble de moyens mis en œuvre pour atteindre un but, généralement par ruse et artifice. V. **Combinaison, intrigue, machination.** « *Des manœuvres dont j'étais la victime* » (ROUSS.). « *La manœuvre était subtile et perfide* » (MART. du G.). *Avoir toute liberté de manœuvre. Manœuvres électorales.* V. **Manipulation.** — *Dr. Manœuvres frauduleuses, dolosives* (dol*).

III. *Par ext.* (1643). *Mar.* (surtout *au plur.*). Cordage, filin appartenant au gréement. *Manœuvres dormantes*, fixes. *Manœuvres courantes*, mobiles. *Fausses manœuvres*, manœuvres supplémentaires installées provisoirement par mauvais temps.

2. **MANŒUVRE** [manœvʀ(ə)]. *n. m.* (1559 ; *menevre*, 1449 ; du précéd.). ♦ 1° *Vx.* Travailleur manuel. V. **Ouvrier.** ♦ 2° *Mod.* Ouvrier exécutant des travaux qui n'exigent pas de connaissances professionnelles spéciales. — *Manœuvre spécialisé*, ayant reçu une formation particulière pour un certain type de travail. — *Fam. Manœuvre-balai* (v. 1958), ouvrier sans aucune spécialisation, généralement préposé aux travaux de nettoyage et situé à la base de la hiérarchie des salaires. *Des manœuvres-balais.* — *Fig. Travail de manœuvre*, qui ne demande aucune initiative, aucun talent.

MANŒUVRER [manœvʀe]. *v.* (1690 ; *manuvrier, manovrer*, XIᵉ ; bas lat. *manu operare* « travailler avec la main »).

I. *V. intr.* ♦ 1° Effectuer une manœuvre sur un bateau, un véhicule. *Manœuvrer pour garer sa voiture.* ♦ 2° *Milit.* Faire l'exercice. Effectuer ou commander une manœuvre en temps de guerre. ♦ 3° *Fig.* Employer des moyens adroits pour arriver à ses fins. « *On manœuvre, on tourne l'obstacle* » (MAUPASS.). *Il a bien manœuvré.*

II. *V. tr.* (1736). ♦ 1° Manier de façon à faire agir, à faire fonctionner, à mouvoir où l'on veut. *Manœuvrer les cordages, le gouvernail.* « *Debout dans sa barque et manœuvrant sa perche* » (LOTI). *Manœuvrer le volant, les vitesses d'une automobile. Manœuvrer un véhicule.* ♦ 2° *Fig.* Faire agir (qqn) comme on le veut, par une tactique habile. V. **Gouverner, manier.** « *Les Jacobins manœuvraient la Gironde* » (BAINVILLE). *Tu t'es laissé manœuvrer.*

MANŒUVRIER, ÈRE [manœvʀije, ɛʀ]. *n.* (1585, « manœuvre » ; *manevrier*, 1278 ; lat. médiév. *manuoperarius*). ♦ 1° (1678). Personne qui sait manœuvrer (marine, armée). *Un habile manœuvrier.* — *Adj.* « *Les qualités manœuvrières des troupes* » (ROMAINS). ♦ 2° *Fig.* Personne qui manœuvre habilement (dans la politique, les affaires).

MANOIR [manwaʀ]. *n. m.* (XIIᵉ ; de l'a. fr. *maneir, manoir*, lat. *manere* « demeurer »). Logis seigneurial ; petit château ancien à la campagne. V. **Gentilhommière.** « *Le hobereau, au fond d'un manoir crasseux près de Morlaix* » (MONTHERLANT).

MANOMÈTRE [manɔmɛtʀ(ə)]. *n. m.* (1705 ; gr. *manos* « clairsemé, peu dense », et -*mètre*). Appareil servant à mesurer la tension d'un gaz, d'une vapeur, la pression d'un fluide contenu dans un espace fermé. *Manomètre à air libre, à air comprimé, à ressort.* — *Manomètre enregistreur.*

MANOMÉTRIE [manɔmetʀi]. *n. f.* (1836 ; de *manomètre*). *Phys.* Mesure des pressions.

MANOMÉTRIQUE [manɔmetʀik]. *adj.* (1836 ; de *manomètre*). *Phys.* Qui concerne le manomètre et son utilisation.

MANOQUE [manɔk]. *n. f.* (1700 ; mot dial. des Flandres, de *manus* « main »). ♦ 1° Petite botte de feuilles de tabac. ♦ 2° *Mar.* (1836). Pelote de cordage, de fil de ligne.

MANOUCHE [manuʃ]. *n.* (1898 ; du tsigane *mnouch* « homme »). *Arg.* Gitan nomade. V. **Romanichel**; bohémien.

MANOUVRIER, ÈRE [manuvʀije, ɛʀ]. *n.* (1189 ; lat. médiév. *manuoperarius*). *Vx* ou *région.* Manœuvre (2).

MANQUANT, ANTE [mɑ̃kɑ̃, ɑ̃t]. *adj.* (1609 ; de *manquer*). Qui manque, est en moins. *Pièces manquantes d'un service. Numéros manquants d'une série. Subst. Les manquants*, les absents, les objets qui manquent.

1. **MANQUE** [mɑ̃k]. *adj.* (XIVᵉ, « manchot » ; de *manc* [1185], lat. *mancus*). ♦ 1° *Vx* (XVIᵉ). Défectueux, faible, incomplet. ♦ 2° (1791 ; p.-ê. de *manque* 2). *Mod.* (Fam.) À LA MANQUE : raté, défectueux, mauvais. « *Cette espèce d'ingénieur à la manque* » (CLAUDEL). « *Ces histoires de conspirations à la manque* » (ROMAINS).

2. **MANQUE** [mɑ̃k]. *n. m.* (1594, « offense » ; de *manquer*). ♦ 1° (1606). Fait de manquer, absence ou grave insuffisance (d'une chose nécessaire). V. **Défaut.** *Manque de vivres, d'argent, de main-d'œuvre.* V. **Carence, pénurie, rareté.** « *Le manque absolu d'eau* » (ZOLA). — *Absolt. État de manque*, état d'un toxicomane privé de sa drogue. « *Un psychopathe drogué en pleine crise de manque* » (L'Express, 28-8-1972). « *Un manque d'imagination* » (BAUDEL.). « *Le manque de goût familier aux cuistres* » (MAURRAS). *Fam. Manque de pot* : malchance. ◇ *Loc. adv.* (Vx) *De manque*, en moins, absent. — *Loc. prép.* (Vieilli) *Manque de*, faute de. *Mod. Par manque de.* « *Par manque de foi* » (ALAIN-FOURNIER). ♦ 2° (1656). Chose qui manque. V. **Lacune.** « *Je trouve des manques dans ce souvenir* » (STENDHAL). *Fig.* « *Devant Claudel, je n'ai sentiment que de mes manques* » (GIDE). — *Tissage.* Maille ou point omis. — *(Roulette, Boule)* Première moitié de la série des numéros sur laquelle on peut miser en chance simple (opposé à *passe*). ♦ 3° *Vx* Faute commise en manquant. — (1867) MANQUE À GAGNER : occasion manquée de faire une affaire profitable ; somme qu'on aurait pu gagner. ◇ ANT. *Abondance, excès.*

MANQUÉ, ÉE [mɑ̃ke]. *adj. et n. m.* (1560 ; de *manquer*). I. *Adj.* ♦ 1° Qui n'est pas réussi. V. **Raté.** « *Expériences manquées* » (ZOLA). « *La conscience de sa vie manquée* » (FLAUB.). V. **Gâcher.** « *Les photos sont manquées* » (LOTI). « *Un rendez-vous manqué* » (ROMAINS). ♦ 2° *Vx.* Qui n'a pas réussi. *Mod.* Qui est tel par occasion et non par profession. *Le docteur est un cuisinier manqué*, il cuisine admirablement quand il s'en mêle. *Fam. Garçon manqué*, se dit d'une fille qui a des allures et des goûts de garçon. II. *N. m.* MANQUÉ (1807, de I, 1°) : Genre de biscuit (3°) recouvert de pralin ou de fondant aux fruits. *Moule à manqué* : moule plat et rond, à bord assez haut.

MANQUEMENT [mɑ̃kmɑ̃]. *n. m.* (XIVᵉ ; *manchement* « diminution, manque », v. 1300 ; de *manquer*). ♦ 1° *Vx.* Défaut, manque. V. **Faute.** ♦ 2° (1588). Le fait de manquer à quelque devoir. V. **Faute.** « *Le moindre manquement faisait d'un acte sacré un acte impie* » (FUSTEL). « *Redoutant quelque manquement à la stricte discipline* » (DUHAM.). ◇ ANT. *Observance, observation.*

MANQUER [mɑ̃ke]. *v.* (1398 ; it. *mancare*, lat. *mancus* « manchot, défectueux ». V. **Manque 1**).

I. *V. intr.* ♦ 1° Ne pas être, lorsqu'il le faudrait ; être absent, faire défaut. « *Des denrées qui manquaient sur le* marché » (CAMUS). « C'est le fonds qui manque le moins » (LA FONT.). Les occasions ne manquent pas. Le temps nous manque. Ce n'est pas l'envie qui lui en manque. ◇ Être absent. Cet élève manque trop souvent. « Pas un ne manquait à l'appel » (MART. du G.). Impers. « Il ne manquait pas de gens pour me reprocher mes vignobles » (MAURIAC) : il y avait des gens pour... ◇ Faire cruellement défaut. « New York leur manqua comme sa drogue à un intoxiqué » (MAUROIS). Ses enfants lui manquent. ♦ 2° Être en moins (dans un ensemble par là-même incomplet). « Des boutons qui manquaient aux chemises » (ARAGON). « Rien ne manquait au festin » (LA FONT.). Impers. Il manque deux pages à votre livre. Ce seigneur « à qui il ne manquait que d'être noble pour être gentilhomme » (MARIVAUX). Par antiphr. « Charmante relation ! s'écria ironiquement mon père. Il ne manquait plus que cela ! » (PROUST), c'est le comble. « Il ne manquerait plus qu'il ne vînt pas voir sa mère » (DUMAS fils), il ne manquerait plus que le fait que... ♦ 3° Ne pas être comme il faudrait. V. Défaillir, faillir. « La voix lui manqua » (VOLT.). « Trois pas plus loin, le pied vous manquait » (ROMAINS). ♦ 4° Vieilli. Commettre une faute. « Si j'ai manqué en cela, dites-le-moi » (GAUTIER). ♦ 5° (Choses). Échouer. « Dix fois de suite l'expérience manqua » (BAUDEL.). V. Rater.

II. V. tr. indir. ♦ 1° (1635). MANQUER DE, ne pas avoir lorsqu'il le faudrait, ne pas avoir en quantité suffisante. Il ne manque de rien : il a tout ce qu'il lui faut. « Manquant de tout, nus, sans souliers, sans pain » (CHATEAUB.). « Quand on manque de preuves, on se tait » (MUSS.). ◇ Être dépourvu (d'une qualité). Manquer de bon sens, de patience, d'imagination. « Le gars ne manque pas de culot » (MAC ORLAN). Cette remarque ne manque pas de finesse. ♦ 2° MANQUER À (qqn), négliger les égards qui lui sont dus. V. Offenser. « Il avait sans cesse peur qu'on ne lui manquât » (GIDE). ♦ 3° Manquer à (qqch.), ne pas se conformer à (qqch. qu'on doit observer). Manquer à son devoir, à l'honneur. Manquer à sa parole, à ses principes. ♦ 4° (Avec l'inf.). Littér. Manquer à, manquer de : oublier, négliger de. « J'ai manqué de faire maigre deux fois » (ROMAINS). « Que sa voix ne manquât à se faire entendre » (GIDE). — Mod. (toujours négatif) Avec de : je ne manquerai pas de vous informer. — Avec à : seult. dans : je n'y manquerai pas, je le ferai sûrement. ◇ Mar. (1773) Manquer à virer (pour un voilier), ne pas pouvoir achever la manœuvre de virement de bord. ◇ Manquer de, avec la valeur de « ne pas ». « On ne peut manquer d'être frappé » (ROMAINS), on ne peut ne pas être frappé. Ça ne peut manquer d'arriver. Ellipt. Ça n'a pas manqué. ♦ 5° (Semi-auxil.). Être tout près de, sur le point de. V. Faillir. « Dargelos avait manqué de l'écraser » (COCTEAU). — (Sans de, par attract. de faillir) « Elle avait manqué mourir » (FLAUB.).

III. V. tr. dir. (Mil. XVIIᵉ). ♦ 1° Ne pas réussir. V. Louper, rater. Manquer son coup. « La sensation d'avoir tout manqué dans sa vie » (MAUPASS.). Manquer sa vie. ♦ 2° Ne pas atteindre, ne pas toucher. Manquer la cible, la balle. « On ne doit jamais manquer sa femme quand on veut la tuer » (BALZ.). Pronom. Se manquer, ne pas réussir son suicide. — Par ext. La prochaine fois, je ne te manquerai pas, je me vengerai de toi, je t'aurai. ♦ 3° Ne pas rencontrer (qqn qu'on voulait voir). Je vous ai manqué de peu. Pronom. Nous nous sommes manqués. — Par anal. Manquer le train, arriver à la gare après son départ. ♦ 4° Laisser échapper, laisser perdre (qqch. de profitable). Manquer une occasion. Il ne manque pas une occasion de faire plaisir. Fam. Il n'en manque pas une ! Il ne manque pas une occasion de faire une maladresse, une gaffe. Vous n'avez rien manqué, vous n'avez pas perdu grand-chose en n'étant pas là. « Tu as manqué ta vocation » (MART. du G.). ♦ 5° S'abstenir d'assister, d'être présent à. Manquer un cours, la classe. V. Sécher. « Il n'avait pas coutume de manquer la messe » (SAND). « Elle en vint à manquer l'atelier » (ZOLA).

◇ ANT. Abonder, exister ; avoir ; respecter ; atteindre, réussir, saisir, toucher ; assister (à).

MANSARDE [mɑ̄saʀd(ə)]. n. f. (1676 ; du nom de l'architecte Mansard). ♦ 1° Comble brisé à quatre pans. « Des mansardes à visières comme des casques » (HUGO). ♦ 2° (1782). Chambre aménagée dans un comble brisé, et dont un mur est en pente. « Deux mansardes où couchaient un garçon de peine et la cuisinière » (BALZ.).

MANSARDÉ, ÉE [mɑ̄saʀde]. adj. (1844 ; de mansarde). Disposé en mansarde. La chambre « était très légèrement mansardée » (ROMAINS). Étage mansardé.

MANSE [mɑ̄s]. n. f. ou m. (1732 ; mans, XIIᵉ ; lat. médiév. mansus, de manere « demeurer »). Hist. Petit domaine féodal constituant une unité d'exploitation agricole. ◇ HOM. Mense.

MANSION [mɑ̄sjɔ̄]. n. f. (XIIᵉ, repris 1855 ; lat. mansio « séjour, demeure »). Hist. litt. Chaque partie du décor simultané, sur une scène de théâtre, au moyen âge. ◇ HOM. Mention.

MANSUÉTUDE [mɑ̄sɥetyd]. n. f. (1279 ; mansuetume,

1190 ; lat. mansuetudo). Littér. Disposition à pardonner généreusement. V. Bonté, indulgence. « L'Église a des trésors de mansuétude pour le pécheur » (L. BERTRAND). ◇ ANT. Sévérité.

1. **MANTE** [mɑ̄t]. n. f. (1404 ; a. prov. manta, lat. médiév. manta, var. fém. du bas lat. mantus). Ancienn. Manteau de femme très simple, ample et sans manches. « Les femmes enveloppées dans leurs grandes mantes brunes » (DAUD.).

2. **MANTE** [mɑ̄t]. n. f. (1734 ; lat. zool. mantis, mot gr. « prophétesse »). Insecte orthoptère (Mantidés) carnassier, vulgairement appelé religieuse, pour son attitude évoquant la prière. La mante femelle dévore souvent le mâle après l'accouplement. — Fig. Une mante religieuse : une femme cruelle avec les hommes, qui les « dévore ». ◇ HOM. Menthe.

MANTEAU [mɑ̄to]. n. m. (v. 1300 ; mantel, 980 ; lat. médiév. mantellus, dimin. de mantus. V. Mante 1).

I. ♦ 1° Vêtement avec ou sans manches qui se porte par-dessus les autres vêtements pour protéger le corps du froid et des intempéries. V. Caban, capote, douillette, paletot, pardessus, pelisse, plaid, trois-quarts. Manteau de pluie. V. Imperméable. Manteaux sans manches. V. Burnous, cape, chape, limousine, macfarlane, mante (1), mantelet, pèlerine, poncho. Manteaux antiques, anciens. V. Chlamyde, himation, pallium, saie, tabard. ♦ 2° Spécialt. Mod. Vêtement féminin à manches, droit, cintré ou ample, qui se porte sur la robe ou sur le tailleur. Manteau de lainage, de fourrure. Manteau habillé, sport, de voyage. Manteau court. V. Autocoat. Manteau à capuche. V. Parka. Manteau d'hiver, de demi-saison. Sortir sans manteau. ♦ 3° Fig. « Un lourd manteau de tristesse nous écrase les épaules » (LOTI). « Nous sommes accablés D'un manteau d'ignorance » (RIMBAUD). ◇ Ce qui cache, dissimule. V. Voile. « Le manteau d'hypocrisie catholique dont ils furent forcés de recouvrir leur sensibilité païenne » (GIDE). Livre publié sous le manteau, clandestinement. « Papa adorait raconter cette histoire sous le manteau » (H. BAZIN). ♦ 4° Petit vêtement protégeant un chien du froid, de la pluie.

II. ♦ 1° (XIIIᵉ). Zool., Vén. Dos d'un animal, quand il est d'une autre couleur que le reste du corps. V. Mantelure. — Zool. (1803) Membrane charnue des mollusques, repli du tégument qui double la coquille et en sécrète la matière calcaire. ♦ 2° (1332). Partie de la cheminée en saillie au-dessus du foyer. ♦ 3° (1681). Blas. Draperie doublée d'hermine enveloppant entièrement les armoiries. ♦ 4° (1834). Manteau d'Arlequin : encadrement d'une scène de théâtre figurant des rideaux relevés. ♦ 5° (v. 1940 ; allem. Mantel). Géol. Partie de la sphère terrestre entre la surface et le noyau central en fusion.

MANTELÉ, ÉE [mɑ̄tle]. adj. (1791 ; de mantel. V. Manteau). Zool. Qui a le dos d'une couleur différente de celle du reste du corps. Corneille mantelée.

MANTELET [mɑ̄tlɛ]. n. m. (1138, « petit manteau » ; mantel. V. Manteau). ♦ 1° (XIVᵉ). Ancienn. Abri portatif utilisé pendant la guerre de siège. ♦ 2° (1680). Manteau de prélat, sans manches, fendu par-devant, tombant jusqu'aux genoux. Mantelet violet (d'évêque), rouge (de cardinal). ◇ (1743) Courte cape de femme qui couvre les épaules et les bras. ♦ 3° Mar. (1702). Volet d'un hublot, d'un sabord.

MANTELURE [mɑ̄tlyʀ]. n. f. (1655 ; de mantel. V. Manteau). Zool. Manteau (II, 1°) du chien.

MANTILLE [mɑ̄tij]. n. f. (1810 ; « fichu à trois pointes », 1726 ; esp. mantilla, rad. de manteau). Écharpe de soie ou de dentelle, généralement noire, dont les Espagnoles se couvrent la tête et les épaules. — Par anal. Coiffure féminine imitée de la mantille espagnole. « La mantille blanche dont elle avait voilé ses cheveux » (MART. du G.).

MANTIQUE [mɑ̄tik]. n. f. (1837 ; mantice, mantie au XVIᵉ s. ; adj. manthique, 1587 ; gr. mantikos « divination »). Didact. Pratique divinatoire. Étude sémiologique des mantiques.

MANTISSE [mɑ̄tis]. n. f. (1872 ; lat. mantissa « surplus de poids »). Math. Partie décimale d'un logarithme.

MANUBRIUM [manybʀijɔm]. n. m. (1928 ; lat. manubrium « manche, poignée »). Anat. Manubrium sternal, segment supérieur du sternum auquel s'articulent les deux clavicules.

MANUCURE [manykyʀ]. n. (1877 ; lat. manus « main », et curare « soigner », d'apr. pédicure). Personne chargée des soins esthétiques des mains, des ongles. Les manucures d'un salon de coiffure, d'un institut de beauté.

MANUCURER [manykyʀe]. v. tr. (v. 1960 ; de manucure). Fam. Faire les mains de quelqu'un.

1. **MANUEL, ELLE** [manɥɛl]. adj. (v. 1200 ; lat. manualis). ♦ 1° Qui se fait avec la main ; où l'activité physique joue le rôle essentiel. Travail manuel. Métiers manuels. Habileté manuelle, dans tout exercice manuel. Dr. Don manuel, de la main à la main. ♦ 2° Qui emploie surtout ses mains. Travailleur manuel. Subst. Un manuel, une manuelle, personne plus apte, plus disposée à l'activité manuelle qu'à l'activité intellectuelle. ♦ 3° Qui fait appel à l'intervention humaine (par

oppos. à *automatique*). *Commande manuelle.* ◊ ANT. *Intellectuel.*

2. MANUEL [manɥɛl]. *n. m.* (1539; bas lat. *manuale*, de *manualis*. V. **Manuel** 1). Ouvrage didactique présentant, sous un format maniable, les notions essentielles d'une science, d'une technique, et *spécialt.* les connaissances exigées par les programmes scolaires. V. **Abrégé, cours.** *Manuel de physique, de littérature.*

MANUÉLIN, INE [manɥelɛ̃, in]. *adj.* (XXᵉ; port. *manoelino,* de *Manoel, Manuel Iᵉʳ,* roi de Portugal). Se dit d'un style architectural et décoratif qui se développa au Portugal autour de 1500, assez proche du style plateresque* espagnol (sculptures ornementales sur des structures gothiques, avec influences mauresques ou orientales).

MANUELLEMENT [manɥɛlmɑ̃]. *adv.* (XIVᵉ; de *manuel* 1). En se servant de la main; par une opération simplement manuelle.

MANUFACTURABLE [manyfaktyʀabl(ə)]. *adj.* (1877; de *manufacturer*). Qui peut être manufacturé. *Matières manufacturables.*

MANUFACTURE [manyfaktyʀ]. *n. f.* (1511, « travail manuel »; lat. médiév. *manufactura*). ♦ 1° *Vx.* Fabrication. Mod. *École centrale des arts et manufactures.* ♦ 2° (1623). *Vx.* Grande fabrique, établissement industriel utilisant surtout le travail à la main (mais sans que le machinisme en soit exclu). V. **Atelier, fabrique, usine.** — *Mod.* Établissement industriel où la qualité de la main-d'œuvre est primordiale. *Manufacture de porcelaines de Sèvres, de tapisseries des Gobelins. Manufacture d'armes,* produisant des armes de petit calibre. « *Dans une manufacture où les frais de main-d'œuvre représentent la moitié du prix de revient* » (CHARDONNE).

MANUFACTURER [manyfaktyʀe]. *v. tr.* (1601; de *manufacture*). ♦ 1° *Vx.* Fabriquer. *Mod.* (Au p. p.) *Produits manufacturés :* issus de la transformation industrielle des matières premières (*opposé à* brut). ♦ 2° *Par ext.* (XVIIIᵉ). Faire subir à (une matière première) une transformation industrielle.

MANUFACTURIER, IÈRE [manyfaktyʀje, jɛʀ]. *n. et adj.* (1664; de *manufacture*). ♦ 1° N. *(Vx.)* Patron d'une manufacture. V. **Fabricant.** ♦ 2° *Adj.* (1766). Industriel, producteur de produits manufacturés. « *Le régime du Pacte colonial, selon lequel les métropoles seules étaient manufacturières* » (SIEGFRIED).

MANU MILITARI [manymilitaʀi]. *loc. adv.* (1882; mots lat. « par la main [la force] militaire »). En employant la force armée, la force publique. *Il a fallu expulser les perturbateurs manu militari.*

MANUMISSION [manymisjɔ̃]. *n. f.* (1324; lat. *manumissio*). Dr. rom. et féod. Affranchissement (d'un esclave, d'un serf).

MANUSCRIT, ITE [manyskʀi, it]. *adj. et n. m.* (1594, adj. et n.; lat. médiév. *manuscriptum,* de *manu scriptus* « écrit à la main »).

I. *Adj.* Écrit à la main. « *Des textes enrichis de notes manuscrites* » (A. HERMANT). « *Ce faire-part manuscrit* » (LOTI).

II. *N. m.* ♦ 1° Texte, ouvrage écrit ou copié à la main. V. **Écrit.** *Le département des manuscrits, à la Bibliothèque nationale. Manuscrit enluminé, à miniatures. Déchiffrement, collation des manuscrits.* ♦ 2° (1740). Œuvre originale écrite de la main de l'auteur. *Manuscrit de premier jet.* « *Mes manuscrits, raturés, barbouillés, attestent la peine qu'ils m'ont coûtée* » (ROUSS.). *Apporter un manuscrit à son éditeur. Collection d'autographes et de manuscrits.* ◊ *Par ext.* Texte original dactylographié, plus ou moins corrigé de la main de l'auteur.

◊ ANT. *Imprimé.*

MANUTENTION [manytɑ̃sjɔ̃]. *n. f.* (1820; « maintien », 1478; « gestion », fin XVIᵉ; lat. médiév. *manutentio,* de *manutenere.* V. **Maintenir**). ♦ 1° Manipulation, déplacement manuel ou mécanique de marchandises, en vue de l'emmagasinage, de l'expédition et de la vente. *Appareils de manutention.* ♦ 2° Local réservé à ces opérations. « *La population des employés du Bon Marché se déversait vers les manutentions* » (CHARDONNE).

MANUTENTIONNAIRE [manytɑ̃sjɔnɛʀ]. *n.* (1907; « intendant d'une boulangerie militaire », 1788; de *manutention*). Personne employée aux travaux de manutention.

MANUTENTIONNER [manytɑ̃sjɔne]. *v. tr.* (1820; de *manutention*). Soumettre aux opérations de manutention.

MANUTERGE [manytɛʀʒ(ə)]. *n. m.* (1809; lat. médiév. *manutergium,* de *manus* « main », et *tergere* « essuyer »). *Liturg.* Linge dont se sert le célébrant pour s'essuyer les mains après le lavabo (I, 1°) de la messe.

MAOÏSME [maɔism(ə)]. *n. m.* (v. 1965; de *Mao Tsê-Toung*). *Polit.* Mouvement marxiste-léniniste prochinois se réclamant de Mao Tsê-Toung. « *Trotskisme, maoïsme et autres courants gauchistes* » (*Le Monde,* 16-11-1969).

MAOÏSTE [maɔist(ə)]. *adj. et n.* (v. 1965; de *Mao Tsê-Toung*). *Polit.* Partisan de la politique de Mao Tsê-Toung. V. **Prochinois;** propre au maoïsme* (et *abusiv.* gauchiste*). « *Troubles et incidents sanglants entre maoïstes et anti-maoïstes* » (*L'Express,* 2-7-1967). *Abrév.* MAO. *Les maos. Mao spontex,* maoïste spontanéiste (jeu de mots sur le nom d'une marque d'éponge). Adj. *Les « gauchistes maos »* (*L'Express,* 18-10-1972).

MAORI, IE [maɔʀi]. *adj. et n.* (1865; mot indigène). Relatif aux populations polynésiennes* de la Nouvelle-Zélande. N. *Les Maoris.* — Subst. *Le maori,* une des langues polynésiennes.

MA(H)OUS, OUSSE [maus]. *adj.* (1895; argot d'o. i.; p.-ê. bret. *mao,* angevin *mahou* « gros lourdaud »). *Pop.* Gros, de taille importante. « *La bête mahousse* » (J. PERRET). — *Vieilli.* Superbe, magnifique. « *Si la gonzesse est vraiment maousse* » (DUHAM.).

MAPPEMONDE [mapmɔ̃d]. *n. f.* (XIIIᵉ; *mapamonde,* XIIᵉ; lat. médiév. *mappa mundi,* de *mappa* « plan, carte » [« serviette, nappe » en lat. class.], et *mundus* « monde »). ♦ 1° Carte plane représentant le globe terrestre divisé en deux hémisphères projetés côte à côte. V. **Planisphère.** *Mappemonde céleste,* carte plane de la voûte céleste. ♦ 2° *Abusiv.* et *cour.* Sphère représentant le globe terrestre.

MAQUÉE [make]. *n. f.* (aussi *makée,* date incert.; d'un rad. roman *makk-,* expressif. V. **Mâchure**). En Belgique, Fromage blanc réputé du genre Caillebotte*. *Tarte à la maquée.*

MAQUER [make]. *v.* (1889; de *mac* « maquereau, souteneur »). *Pop.* ♦ 1° *V. pron. Se maquer,* se mettre en ménage (avec qqn), se marier. ♦ 2° *V. tr.* (1939). Au p. p. *Être maqué avec,* vivre en concubinage, être en ménage avec.

1. MAQUEREAU [makʀo]. *n. m.* (XIIIᵉ; *makerel,* v. 1138; probabl. emploi fig. du suivant [légende des maquereaux servant d' « entremetteurs » aux harengs]. Poisson osseux (*Scombridés*), fusiforme, au dos vert et bleu, au ventre nacré, vivant en bancs et faisant l'objet d'une pêche importante. *Fritures de maquereaux. Filets de maquereau au vin blanc.*

2. MAQUEREAU, ELLE [makʀo, ɛl]. *n.* (XIIIᵉ; moy. néerl. *makelâre* « courtier », de *makeln* « trafiquer »). *Pop.* Personne qui vit de la prostitution des femmes. V. **Entremetteur, proxénète.** *Spécialt. N. m.* Souteneur. « *J'ai l'habitude de payer pour les femmes avec qui je sors. Je ne suis pas un maquereau* » (QUENEAU). N. f. Tenancière de maison close.

MAQUEREAUTER ou **MAQUERELLER** [makʀote, makʀele]. *v. tr.* (1867-1358; de *maquereau, maquerelle*). *Pop.* Prostituer (une femme); exercer le proxénétisme. (*Dér.* MAQUEREAUTAGE [makʀotaʒ] (1887) ou MAQUERELLAGE [makʀelaʒ] (XIIIᵉ). *n. m.* V. **Proxénétisme.** « *J'appris [...] que j'étais soupçonné de maquereautage* » (CÉLINE).

MAQUETTE [makɛt]. *n. f.* (1752; it. *macchietta,* dimin. de *macchia* « tache », lat. *macula*). ♦ 1° Ébauche, modèle en réduction d'une sculpture. ♦ 2° Esquisse d'ensemble d'un panneau décoratif. ◊ *Par ext.* Original en couleurs que doit reproduire une page illustrée, une affiche. ♦ 3° Modèle réduit de décor de théâtre, d'un bâtiment, d'un ensemble architectural. ◊ *Par anal.* Modèle à échelle réduite d'un appareil, d'un véhicule. Reproduction à échelle réduite ou grandeur nature, destinée aux études de prototypes. *Maquette d'avion, maquette volante. Maquettes d'aménagement, de soufflerie.*

MAQUETTISTE [maketist(ə)]. *n.* (mil. XXᵉ; de *maquette*). Spécialiste chargé d'exécuter des maquettes (typographie, construction, mécanique, publicité). *Maquettiste publicitaire. Dessinateur maquettiste.*

MAQUIGNON [makiɲɔ̃]. *n. m.* (1538; *maquignon* [trafiquant] *de chevaux,* 1279; probabl. même rad. que *maquereau* 2). ♦ 1° Marchand de chevaux. « *Il aurait été un excellent maquignon* » (RESTIF). — *Péj.* Marchand de bestiaux peu scrupuleux et truqueur. ♦ 2° *Fig.* (XVIᵉ). Négociateur ou entremetteur malhonnête. *Au f.* (Rare) « *Cette courtière était une maquignonne d'affaires* » (VOLT.).

MAQUIGNONNAGE [makiɲɔnaʒ]. *n. m.* (1507; de *maquignon*). ♦ 1° Métier de maquignon. — *Péj.* (1636) Moyens de maquignon pour vendre des bêtes dont on dissimule les défauts. ♦ 2° *Fig.* (1585). Manœuvres frauduleuses ou indélicates. V. **Trafic.** « *Maquignonnage électoral* » (ARAGON).

MAQUIGNONNER [makiɲɔne]. *v. tr.* (1511; de *maquignon*). *Péj.* Vendre (une bête), négocier ou traiter (une affaire), en employant des procédés de maquignon. « *Le fils maquignonne notre honneur* » (ESTAUNIÉ).

MAQUILLAGE [makijaʒ]. *n. m.* (1628, « travail », mot d'arg.; de *maquiller*). ♦ 1° (1858). Action ou manière de maquiller, de se maquiller. « *Cet art du maquillage pour lequel des notions de peinture, d'éclairage sont nécessaires (au comédien)* » (JOUVET). V. **Grimage.** *Crème à maquillage.* ♦ 2° Ensemble des éléments (fond de teint, fards, poudres, rouge, ombres) servant à se maquiller; produits de beauté employés à l'embellissement du visage. *Maquillage du jour, du soir. Maquillage léger, lumineux.* « *Germaine s'attardait à faire son maquillage* » (ROMAINS). ◆ 3° (1847, arg.). Opération ayant pour but de modifier frauduleusement l'aspect (d'une chose). *Maquillage d'une voiture volée.*

MAQUILLER [makije]. *v. tr.* (arg. « faire », 1450; « travailler » 1628; moy. néerl. *maken* « faire »). ◆ 1° (*Se maquiller*, 1840, arg. de théâtre). Modifier ou embellir (le visage) par des procédés et produits appropriés. « *Depuis que je soigne et maquille mes contemporaines* » (COLETTE). — SE MAQUILLER. *v. pron.* Se grimer (théâtre); se farder. Au p. p. « *Nos filles d'aujourd'hui sont beaucoup mieux maquillées que leurs aînées* » (COLETTE). ◆ 2° (1815, arg.). Modifier de façon trompeuse l'apparence (d'une chose). V. Falsifier, truquer. *Maquiller un passeport. Il* « *réparait des timbres-poste rares et en maquillait également* » (MAC ORLAN). ◆ 3° *Fig.* Dénaturer, fausser. « *Maquiller la vérité* » (GIDE). « *Maquiller les chiffres* » (MAUROIS). ◇ ANT. Démaquiller; rétablir.

MAQUILLEUR, EUSE [makijœʀ, øz]. *n.* (1867; arg., 1847; *macquilleux* « faussaire », 1561; de *maquiller*). Spécialiste en maquillage. *Maquilleur de théâtre, de studio* (cinéma, télévision).

MAQUIS [maki]. *n. m.* (1829; *makis*, 1775; corse *macchia* « tache »). ◆ 1° Végétation (arbustes, buissons touffus) provenant d'une dégradation de la forêt méditerranéenne sur sols siliceux. *Les bandits corses prennent le maquis pour échapper à la police* : se cachent dans le maquis. ◆ 2° *Fig.* Complication inextricable. *Le maquis de la procédure.* « *On se perd dans ce maquis de mémoires et de libelles* » (BARRÈS). ◆ 3° (1942; de *prendre le maquis* [en Corse]). Sous l'occupation allemande, Lieu peu accessible où se regroupaient les résistants. ◆ *Par ext.* Organisation de résistance armée. « *Les maquis se multiplient et entament la guérilla* » (DE GAULLE). HOM. Maki.

MAQUISARD [makizaʀ]. *n. m.* (1942; de *maquis*). Résistant, combattant appartenant à un maquis.

MARABOUT [maʀabu]. *n. m.* (1617; *morabuth*, 1575; port. *marabuto*, de l'arabe *morâbit* « moine-soldat »). I. ◆ 1° Pieux ermite, saint de l'Islam, dont le tombeau (koubba) est un lieu de pèlerinage. ◆ 2° *Par ext.* Ce tombeau. II. *Par anal.* ◆ 1° (1771; de la forme du tombeau). *Vieilli.* Bouilloire à ventre large et couvercle en coupole (primitivement importée de Turquie). ◆ 2° (1820; de l'attitude du saint en prière). Grand oiseau (*Échassiers*) au plumage gris et blanc, à gros jabot, appelé souvent *cigogne à sac.* ◇ Plume à la queue de cet oiseau, utilisée comme parure. ◆ 3° (Par anal. de la plume). *Vieilli.* Organsin très fin; tissu léger d'organsin ou de tulle.

MARAÎCHAGE [maʀɛʃaʒ]. *n. m.* (1884; de *maraîcher*). Culture des légumes.

MARAÎCHER, ÈRE [maʀɛʃe, maʀɛʃɛʀ]. *n. et adj.* (1690; *marequier*, 1497; de *marais*). ◆ 1° *N.* Jardinier qui cultive des légumes. ◆ 2° *Adj.* (1812). Propre au maraîcher, relatif à son activité. *Culture maraîchère des légumes and primeurs.*

MARAÎCHIN, INE [maʀɛʃɛ̃, in]. *adj. et n.* (1840, n.; de *marais*). *Géogr.* Des marais poitevin et breton. *Les villages maraîchins.*

MARAIS [maʀɛ]. *n. m.* (1459; *maresc, mareis*, XIᵉ; frq. °*marisk*, rad. germ. °*mari-* « mer »). ◆ 1° Nappe d'eau stagnante généralement peu profonde recouvrant un terrain partiellement envahi par la végétation. V. Étang, fagne, marécage, marigot, palus, tourbière. *Végétation des marais,* palustre. *Fièvre des marais* (vx); paludisme. *Gaz des marais,* méthane. ◇ Région marécageuse. *Marais poitevin, breton.* ◆ 2° (Fin XVIᵉ). MARAIS SALANT, bassin creusé à proximité des côtes pour extraire le sel de l'eau de mer par évaporation. V. Saline. ◆ 3° (1680). Terrain (d'abord en lieu bas et humide) consacré à la culture maraîchère. V. Jardin. *Le Marais,* quartier de Paris où s'étendaient autrefois ces terrains cultivés. ◆ 4° *Fig.* Genre d'activité ou de vie où l'on s'enlise. « *Un marais intérieur d'ennui* » (FLAUB.). ◇ Hist. *Le Marais,* le Tiers Parti, les modérés, sous la Révolution. ◇ Météo. *Marais barométrique,* zone où les masses* d'air ont des variations de pression très faibles (par oppos. à *front*).

MARANTE ou **MARANTA** [maʀɑ̃t(a)]. *n. f.* (1693,-idem; de *Maranta*, botaniste). Plante (*Marantacées*) de l'Amérique tropicale, dont une espèce fournit l'arrow-root.

MARASME [maʀasm(ə)]. *n. m.* (1538; gr. *marasmos*). ◆ 1° Forme très grave de dénutrition, spécialement chez l'enfant, avec maigreur extrême, atrophie musculaire et apathie. V. Athrepsie, cachexie. ◆ 2° *Plus cour.* (déb. XIXᵉ). Accablement, apathie profonde. « *Granville tomba dans le plus affreux marasme. Il « vie lui fut odieuse* » (BALZ.). ◆ 3° *Fig.* Stagnation. « *Marasme politique* » (MIRABEAU). *Le marasme des affaires.* ◆ 4° *Par anal.* (Ce champignon « maigrit », se dessèche sans pourrir). Petit champignon à pied coriace (*Agaricacées*), dont une variété est appelée *mousseron d'automne.*

MARASQUE [maʀask(ə)]. *n. f.* (1845; *cerise marasque,* 1776; it. *(a)marasca,* de *amaro* « amer »). Variété de cerise acide des régions méditerranéennes.

MARASQUIN [maʀaskɛ̃]. *n. m.* (1739; it. *maraschino,* de *marasca.* V. Marasque). Liqueur de marasques. *Glace au marasquin.*

MARATHON [maʀatɔ̃]. *n. m.* (1896; de *Marathon,* ville grecque d'où courut, jusqu'à Athènes, le soldat portant la nouvelle de la victoire). ◆ 1° Course à pied de grand fond (42 km 195) sur route. ◆ 2° *Fig.* Épreuve ou séance prolongée qui exige une grande résistance. *Marathon de danse. Le marathon budgétaire, diplomatique.* — Comp. *Discussion, séance-marathon,* longue et pénible.

MARATHONIEN [maʀatɔnjɛ̃]. *n. m.* (v. 1930; de *marathon;* 1873 : « de la ville de Marathon »). Coureur de marathon. « *Parmi les coureurs de quinze cents, et les marathoniens eux-mêmes* » (J. PRÉVOST).

MARÂTRE [maʀɑtʀ(ə)]. *n. f.* (v. 1138; lat. tardif *matrasta,* de *mater*). ◆ 1° *Vx* ou *péj.* Femme du père, par rapport aux enfants qu'il a eus d'un premier mariage. V. Belle-mère. ◆ 2° Mère dénaturée, mauvaise mère. Fig. « *La société, plus marâtre que mère* » (BALZ.).

MARAUD, AUDE [maʀo, od]. *n.* (XVᵉ; du rad. expressif *marm-*). *Vx.* Coquin, drôle. ◇ HOM. Maraude.

MARAUDAGE [maʀodaʒ]. *n. m.* (1788; de *marauder*). ◆ 1° Maraude. ◆ 2° (1836). *Dr.* Vol de produits de la terre avant leur récolte.

MARAUDE [maʀod]. *n. f.* (1679; de *maraud*). ◆ 1° Vol de fruits, légumes, volailles, dans les jardins et les fermes, commis par des soldats en campagne (et *par ext.* par toute personne ou animal). « *Vivant de braconnage et de maraude* » (ZOLA). *Aller à la maraude, être en maraude.* ◆ 2° (1867). *Vx.* Prise en charge irrégulière, par une voiture louée à la journée. ◆ *Mod. Taxi en maraude,* qui circule à vide, lentement, à la recherche de clients. ◇ HOM. Maraude (fém. de *maraud*).

MARAUDER [maʀode]. *v. intr.* (1549, « mendier »; de *maraud*). ◆ 1° (1700). Pratiquer la maraude ou le maraudage. V. Chaparder, voler. ◆ 2° (1805 : cochers). *Taxi qui maraude* : qui est en maraude.

MARAUDEUR, EUSE [maʀodœʀ, øz]. *n. et adj.* (1679; de *marauder*). Personne (ou animal) qui maraude. V. Pillard, voleur. ◇ Adj. *Oiseau maraudeur.* — *Taxi maraudeur,* en maraude.

MARAVÉDIS [maʀavedi]. *n. m.* (1555; *malvedis,* 1500; mot esp. « monnaie des Almoravides »; arabe *morâbit;* Cf. Marabout). Ancienne monnaie de billon espagnole. — Plaisant. *Pas un maravédis :* pas un sou.

MARBRE [maʀbʀ(ə)]. *n. m.* (1050; lat. *marmor*). ◆ 1° Roche calcaire, formée de cristaux de calcite ou de dolomite, souvent veinée de couleurs variées et susceptible de prendre un beau poli. V. Brocatelle, carrare, cipolin, griotte, ophite, paros, turquin. *Carrière de marbre. Marbre brut, débité, poli. Colonnes, escalier, cheminée de marbre, en marbre. Marbre statuaire,* blanc. *Statue de marbre.* ◆ 2° Bloc, objet de marbre. *Spécialt.* Plateau de marbre d'une table, d'une commode. ◇ Statue de marbre. « *Les grands jets d'eau sveltes parmi les marbres* » (VERLAINE). ◆ 3° *Loc. Blanc, froid comme le marbre, un marbre. Être, rester de marbre,* impassible. *Visage de marbre, cœur de marbre,* insensible. ◆ 4° Matière imitant le marbre. *Marbre artificiel,* stuc mêlé de couleurs. — Marbrure. ◆ 5° Surface, table (à l'origine en marbre) de pierre ou de métal utilisée pour diverses opérations (en mécanique, verrerie, poudrerie). ◇ *Typogr.* (1622) Plateau de fonte polie placé sur un bâti (*pied du marbre*) sur lequel on fait les impositions ou la correction des textes. *Livre, article sur le marbre :* prêt à être imprimé. ◇ (Journal.) *Avoir du marbre,* des articles composés qui n'ont pu être imprimés, faute de place, et qui restent sur le marbre pour être utilisés ultérieurement.

MARBRÉ, ÉE [maʀbʀe]. *adj.* (v. 1200; de *marbre*). ◆ 1° Qui présente des marbrures. V. Jaspé, veiné. « *Platanes centenaires, aux peaux marbrées de serpents* » (COLETTE). « *Fromage marbré de vert et de bleu* » (GAUTIER). ◆ 2° Qu'on a marbré. *Papier marbré. Reliure en veau marbré ou raciné.*

MARBRER [maʀbʀe]. *v. tr.* (1640; de *marbre*). ◆ 1° Marquer (une surface) de veines, de taches pour donner l'apparence du marbre. *Marbrer la tranche d'un livre.* ◆ 2° (1867). Marquer (la peau) de marbrures. *Le froid lui marbrait le visage.*

MARBRERIE [maʀbʀəʀi]. *n. f.* (1765; de *marbrier*). ◆ 1° Art, métier du marbrier; son atelier. ◆ 2° Industrie de transformation et de mise en œuvre (débitage, façonnage, polissage) des marbres et autres roches susceptibles de prendre le poli. *Marbrerie d'ameublement, de bâtiment. Marbrerie funéraire.*

MARBREUR, EUSE [maʀbʀœʀ, øz]. *n.* (1680; de *marbrer*). *Techn.* Ouvrier spécialiste en marbrure (1°).

MARBRIER [maʀbʀije]. *n. m.* (1311; de *marbre*). ◆

1° Ouvrier spécialisé dans le sciage, la taille, le polissage des blocs ou objets en marbre ou pierre du même genre. ♦ 2° (1723). Fabricant, marchand d'ouvrages de marbrerie, et *spécialt.* de marbrerie funéraire. ♦ 3° *Adj.* (1845). Relatif au façonnage et à l'utilisation du marbre. *Industrie marbrière.*

MARBRIÈRE [maʀbʀijɛʀ]. *n. f.* (1562 ; de *marbre*). Carrière de marbre. *Les marbrières de Carrare.*

MARBRURE [maʀbʀyʀ]. *n. f.* (1680 ; de *marbrer*). 1° Imitation des veines et taches du marbre sur du papier, des peaux, la tranche d'un livre, une boiserie. V. **Jaspure, racinage.** ♦ 2° (1829). Marques violacées sur la peau, comparables aux taches et veines du marbre. « *Des marbrures aux pommettes* » (FLAUB.).

1. **MARC** [maʀ]. *n. m.* (XIIᵉ ; frq. °*marka*; Cf. all. *Mark*). ♦ 1° Ancien poids de huit onces de Paris (244 g 5) servant à peser les métaux précieux. ♦ *Marc d'or, marc d'argent* : quantité d'or, d'argent, pesant un marc ; monnaie de ce poids. ♦ 2° *Dr. Au marc le franc* : d'une manière proportionnelle (le *marc* valant un nombre déterminé de livres, de francs). *Créanciers payés au marc le franc* : au prorata de leurs créances.

2. **MARC** [maʀ]. *n. m.* (1539 ; *march*, XVᵉ ; subst. verb. de *marcher* « écraser »). ♦ 1° Résidu des fruits que l'on a pressés, dont on a extrait le jus, pour la fabrication de boissons (vin, cidre), d'huile, etc. *Marc de raisin, de pommes, d'olives.* — *Absolt.* Marc de raisin. *Distiller du marc.* ♦ 2° Eau-de-vie de marc de raisin distillé. *Marc de Bourgogne. Boire un petit verre de marc, un petit marc.* ♦ 3° Résidu d'une substance que l'on a fait infuser, bouillir, pour en extraire le principe. *Marc de café* (servant à des pratiques de divination). « *Tu crois au marc de café, Aux présages* » (VERLAINE). ◇ HOM. *Mare, marre.*

MARCASSIN [maʀkasɛ̃]. *n. m.* (1549 ; *marquesin*, 1496 ; mot picard, probabl. de *marque*, la bête portant des raies sur le dos). Petit sanglier qui suit encore sa mère. — *Civet de marcassin.*

MARCASSITE [maʀkasit]. *n. f.* (av. 1478 ; lat. médiév. *marchasita* (ou it., esp.) ; arabe *margachitâ*, mot persan). *Minér.* Bisulfure de fer naturel (FeS₂), cristallin, qui se présente en masses à structure fibreuse, souvent radiées (utilisé en bijouterie).

MARCESCENCE [maʀsesɑ̃s]. *n. f.* (1812 ; de *marcescent*). *Bot.* État d'une plante, d'une fleur qui se flétrit. V. **Dépérissement, étiolement, flétrissure.**

MARCESCENT, ENTE [maʀsesɑ̃, ɑ̃t]. *adj.* (1798 ; lat. *marcescens*, de *marcescere* « se flétrir »). *Bot.* Qui se flétrit sur la plante sans s'en détacher. *Sépales marcescents, feuilles marcescentes.* ◇ ANT. **Labile.**

MARCESCIBLE [maʀsesibl(ə)]. *adj.* (1519 ; lat. *marcescibilis*). *Littér.* Qui est sujet ou destiné à se flétrir (au *pr.* et au *fig.*). ◇ ANT. **Immarcescible.**

MARCHAND, ANDE [maʀʃɑ̃, ɑ̃d]. *n. et adj.* (*Marcheant*, XIIᵉ ; lat. pop. °*mercatans, antis*, p. prés. de *mercatare*, de *mercatus* « marché »).
I. *N.* Commerçant chez qui l'on achète une ou plusieurs sortes de marchandises (denrées, articles de consommation, d'utilité courante), qu'il fait profession de vendre. V. **Commerçant, négociant** ; et *aussi* **Fournisseur, vendeur.** *Marchand en gros* (V. **Grossiste**), *au détail* (V. **Débitant, détaillant**). *Marchand en boutique* (V. **Boutiquier**), *ambulant* (V. **Camelot, colporteur**). *Marchand à la sauvette. Marchand forain. Marchand malhonnête.* V. **Mercanti, trafiquant.** *Clientèle d'un marchand.* — Vx. *Marchande de nouveautés; marchande à la toilette**. — Mod. *Marchand d'étoffes, de chaussures. Marchand d'habits* : fripier. *Marchand de tapis. Marchand de journaux.* — (Vieilli) *Marchand de vin.* V. **Bistrot.** Mod. *Entrecôte marchand de vin,* préparée avec une sauce au vin. — *Marchand de marrons, de frites. Marchand d'eau,* dans les pays chauds où l'eau potable est rare. *Marchand de couleurs* : droguiste. *Marchand, marchande des quatre-saisons,* qui vend des fruits, des légumes et qui transporte son éventaire dans une petite voiture. — *Marchand de biens,* qui achète et revend des immeubles, des terrains, des domaines ruraux. — Péj. *Marchand de canons* : fabricant d'armes de guerre. — *Marchand de soupe* : mauvais restaurateur ; et *fig.* Directeur affairiste d'une institution d'enseignement privé. — *Marchand d'amour, de plaisir* : prostituée. — *Marchand de sommeil,* logeur exploitant sa clientèle.
II. *Adj.* ♦ 1° Propre au commerce. *Denrées marchandes.* — *Prix marchand* : prix de facture, auquel le marchand a acheté ses produits. *Valeur marchande* : valeur commerciale. *Qualité marchande,* normale (par oppos. à *extra-fine, supérieure,* etc. [V. **Qualité**]). — *Taille marchande,* propre à la vente. ♦ 2° *Vx.* Qui fait du commerce ; où l'on fait du commerce. V. **Commerçant.** « *L'endroit le plus marchand de la ville* » (STENDHAL). — Mod. *Galerie marchande,* ou se trouvent de nombreux commerces. ♦ 3° Mod. *Marine marchande,*

qui effectue les transports commerciaux. *Navire, vaisseau marchand.* ◇ ANT. *Client.* — HOM. *Marchant.*

MARCHANDAGE [maʀʃɑ̃daʒ]. *n. m.* (1845 ; de *marchander*). ♦ 1° *Dr.* Contrat illégal par lequel un sous-entrepreneur (V. **Marchandeur**) s'engage à faire effectuer un travail par une main-d'œuvre recrutée par ses soins, sans fournir aucun des matériaux. ♦ 2° (1867). Action de marchander ; discussion pour obtenir qu vendre qqch. au meilleur prix. « *Personne, dans les marchandages, ne montrait plus d'entêtement* » (FLAUB.). ◇ Fig. *(Péj.)* Tractation dans laquelle on discute sans s'embarrasser de scrupules pour obtenir quelque avantage. *Marchandage électoral.* « *Un système politique libéral, réglé par le marchandage et le chantage* » (BARRÈS).

MARCHANDER [maʀʃɑ̃de]. *v. tr.* (v. 1200, « faire commerce » ; de *marchand*). ♦ 1° (XIVᵉ). Essayer d'acheter (une chose) à meilleur marché, en discutant avec le vendeur. *Marchander un livre d'occasion, un bibelot ancien.* — *Intrans.* Discuter longuement avant de conclure un marché. *Payer sans marchander.* ♦ 2° *Dr.* Conclure un contrat de marchandage. ♦ 3° (En emploi négatif). Ne consentir à céder, à accorder ou à donner (qqch.) qu'avec parcimonie, après bien des hésitations ou des exigences en retour. V. **Chicaner.** *Il ne lui a pas marchandé les éloges, les félicitations.* ◇ ANT. *Prodiguer.*

MARCHANDEUR, EUSE [maʀʃɑ̃dœʀ, øz]. *n.* (1836 ; « vendeur », XVIᵉ ; de *marchander*). ♦ 1° Personne qui marchande. ♦ 2° *Dr.* Sous-entrepreneur qui s'engage à effectuer un travail à prix convenu et ne fournit que la main-d'œuvre (V. **Marchandage**).

MARCHANDISAGE [maʀʃɑ̃dizaʒ]. *n. m.* (1974 ; de *marchandise*). *Écon.* Étude des problèmes de création, d'amélioration, de présentation et de distribution des marchandises en fonction de l'évolution des besoins (Terme proposé pour traduire marketing* dans une partie de ses emplois).

MARCHANDISE [maʀʃɑ̃diz]. *n. f.* (XIIᵉ ; de *marchand*). ♦ 1° Chose mobilière pouvant faire l'objet d'un commerce, d'un marché. V. **Article, denrée, produit.** *Dr. comm.* Tout objet mobilier destiné à la vente, à l'exclusion des produits alimentaires (dits *denrées*). *Débiter, écouler, vendre des marchandises. Valeur, prix d'une marchandise. Marchandises en gros, au détail, d'occasion. Cachet, tampon, contremarque, étiquette, label d'une marchandise. Stock de marchandises. Train, wagon, gare de marchandises* (opposé à *de voyageurs*). — *Transport de marchandises.* V. **Cargaison, fret.** *Le pavillon** *couvre la marchandise.* — *Droits sur les marchandises.* V. **Douane.** ♦ 2° *Loc. Faire valoir sa marchandise* ; au fig. Présenter les choses sous un jour favorable. *Tromper sur la marchandise,* vendre une marchandise falsifiée ; *fig.* Donner autre chose que ce qu'on avait promis. ♦ 3° *Vx. Faire métier et marchandise d'une chose* (fig.) : la faire habituellement ; et *aussi* en faire trafic.

MARCHANT, ANTE [maʀʃɑ̃, ɑ̃t]. *adj.* (1830 ; de *marcher*). Rare. Qui marche. — *Milit. Aile marchante :* celle qui marche, *opposé* à celle qui pivote, dans un mouvement tournant. — Fig. *L'aile marchante d'un parti* : sa fraction la plus agissante. ◇ HOM. *Marchand.*

MARCHANTIA [maʀʃɑ̃tja] ou **MARCHANTIE** [maʀʃɑ̃ti]. *n. f.* (*Marchante,* 1839 [genre établi en 1713 par *Marchant,* bot. fr.]). *Bot.* Plante muscinée *(Hépatiques)* qui croît dans les endroits humides et tempérés.

1. **MARCHE** [maʀʃ(ə)]. *n. f.* (1080 ; germ. °*marka*). *Ancienn.* Province frontière d'un État, et *spécialt.* District militaire établi sur une frontière.

2. **MARCHE** [maʀʃ(ə)]. *n. f.* (XIVᵉ ; de *marcher*).
I. Endroit où se pose le pied. ♦ 1° *Vén.* Trace d'un animal. *Marches du cerf, de la loutre.* ♦ 2° (1528). *Cour.* Surface plane sur laquelle on pose le pied en franchissant d'un pas l'espace qui sépare deux plans horizontaux de hauteur différente ; par ext. (dans le cas de *marches pleines* ou *massives*) L'ensemble formé par cette surface et la contremarche. *Dessus* (« foulée »), *largeur* (V. **Giron**), *hauteur* (V. **Contremarche**) *d'une marche. Marches d'un escalier.* V. **Degré.** *Descendre, monter les marches. Attention à la marche ! V.* **Pas.** *Manquer une marche.* ♦ 3° *Techn.* Pédale d'un métier à tisser, d'un tour, d'un orgue. ◇ Touche d'un clavier de vielle.
II. (1508). Action de marcher. ♦ 1° Mode de locomotion naturel à l'homme et à certains animaux, constitué par une suite de pas. *La marche,* pratiquée pour le plaisir (V. **Déambulation, promenade**) ou par hygiène (V. **Footing**). *Aimer la marche.* « *La marche est encore le meilleur des exercices* » (GIDE). *Chaussures de marche. Marche athlétique* (sport). *Épreuve de marche.* ◇ *Façon de marcher ;* mouvement d'une personne, d'un animal qui marche. V. **Pas.** *Marche lente, rapide.* V. **Train.** *Régler sa marche sur celle d'un enfant.* — *Spécialt.* (Rare) V. **Allure, démarche.** « *Une marche lourde et balancée* » (R. ROLLAND). ◇ *Fig. Indiquez-moi la marche à suivre pour obtenir ces papiers.* V. **Méthode, moyen, voie.**

♦ 2° Action de se déplacer en marchant. V. **Cheminement.** *Poursuivre sa marche : son chemin.* — *Spécialt.* Action de marcher, considérée sous le rapport de la distance, de la durée. V. **Course, promenade, randonnée, tour.** *Longues marches dans le désert.* « *Elle en avait pour une demi-heure de marche* » (GREEN). V. **Trajet.** ♦ 3° Mouvement d'un certain nombre de personnes (d'animaux) qui marchent dans un ordre déterminé (V. **Défilé**). *Marche de protestation, du silence, silencieuse.* V. **Manifestation** (3°). *Ordre de marche.* — *Conduire, ouvrir la marche*, marcher le premier, en tête. *Clore, fermer la marche*, marcher le dernier. ◇ *Milit. Marche forcée*, prolongée au delà d'une étape normale. — *En avant, marche !* commandement, signal de départ. — Progression de gens armés. *Marche victorieuse.* V. **Avance.** — *Hist. La Marche sur Rome. La Longue Marche* (des communistes chinois). — *Mus. Air, chanson de marche*, dont le rythme très accusé peut régler le pas d'une troupe, d'un groupe de marcheurs. ◇ (1718) UNE MARCHE. *Marche militaire. Marche funèbre.* ♦ 4° *(Choses).* Tout déplacement continu dans une direction déterminée. *Sens de la marche d'un train, d'un autobus. Auto qui fait marche arrière.* Fig. *Faire marche arrière :* reculer (dans ses prétentions, ses intentions), renoncer. ◇ Par ext. (1895). *Marche arrière :* l'un des engrenages de la boîte de vitesses d'une automobile. ♦ 5° *Mus. Marche d'harmonie* (ou *harmonique*), répétition à intervalles égaux d'un petit groupe d'accords appelé *modèle*. V. **Progression.** ♦ 6° Mouvement d'un mobile, d'un appareil selon les lois naturelles, physiques ou mécaniques auxquelles il est soumis. *Marche d'un astre. Régler la marche d'une horloge.* ♦ 7° Fig. Cours. *La marche du temps ; du progrès.* ♦ 8° Fonctionnement. *Assurer la marche d'une entreprise, la bonne marche d'un service.* — En état de marche : capable de marcher, de fonctionner. ♦ 9° EN MARCHE *(loc. adv.)* : en train d'avancer. *Se mettre en marche.* V. **Ébranler** (s'). *Foule en marche.* Fig. « *L'esprit humain est toujours en marche* » (HUGO). — *Train en marche. Ne montez pas en marche.* V. **Partir** (faire). *Machine qui se met en marche.* V. **Démarrer.**
◇ ANT. *Arrêt, halte.*

MARCHÉ [maʁʃe]. *n. m.* (*Marchiet*, 1080 ; lat. *mercatus*, rac. *merx, mercis* « marchandise »).

I. ♦ 1° Convention portant sur la fourniture de marchandises, de valeurs ou de services. V. **Accord, affaire, contrat ; achat, échange, vente.** *Conclure, clore, passer, faire un marché. Annuler, résilier, rompre un marché. Marché ferme, définitif.* ◇ Loc. *Mettre à qqn le marché en main :* le sommer d'accepter ou de rejeter sans autre délai les conditions du marché ; *fig.* Le placer devant une alternative, sans plus admettre de discussion (Cf. C'est à prendre ou à laisser*). — *Par-dessus le marché :* au delà de ce qui a été convenu, en supplément. — En plus, avec cela. « *Déjà vous avez perdu la guerre, vous* (n') *allez pas nous faire tuer par-dessus le marché* » (SARTRE). ◇ Comm., Bourse. *Marché au comptant :* où l'exécution de la convention (livraison de l'objet vendu, paiement du prix) doit s'effectuer immédiatement ou dans un bref délai fixé par les règlements. *Marché à terme :* où l'exécution doit s'effectuer à une date plus ou moins éloignée (V. **Terme**) mais fixée par les parties ou le règlement. *Marché de fournitures*, portant sur des livraisons successives de marchandises. *Marché à option*. *Marché à prime :* où chaque partie garde la faculté de résilier le marché contre paiement d'une prime, opposé à *marché ferme.* V. **Forfait.** — Dr. adm. *Marché de travaux publics*, conclu entre une administration publique et un entrepreneur et portant sur la création, l'entretien d'un ouvrage public. ♦ 2° Par ext. Tout arrangement fait avec qqn. V. **Pacte.**

II. BON MARCHÉ. ♦ 1° *N. m.* Marché avantageux *(vx).* — Fig. et mod. *Faire bon marché d'une chose*, n'en pas faire grand cas. ◇ À BON MARCHÉ : à bas prix. *Fabriquer à meilleur marché*, moins cher. Adj. *Édition à bon marché ; habitations à bon marché.* — Fig. *À bon marché :* à bon compte. — (Sans la prép. à) *Acheter, vendre bon marché.* ♦ 2° Adj. invar. Qui est avantageux, n'est pas cher. *Articles bon marché. C'est très bon marché.* — Subst. *Le bon marché d'un produit :* son prix peu élevé. — (ANT. *Cher*).

III. ♦ 1° Lieu public de vente de biens et de services ; *spécialt.* Lieu où se tient une réunion périodique des marchands de denrées alimentaires et de marchandises d'usage courant. V. **Halle.** *Marché à ciel ouvert, marché couvert. Place du marché. Marché oriental.* V. **Khan, souk.** *Marché aux fleurs, aux poissons, aux bestiaux. Marché-gare*, où les denrées sont amenées directement par voie ferrée. *Le marché-gare de Rungis.* (Pl. *des marchés-gares.*) Fig. *Marché aux puces*. — Réunion publique périodique de commerçants. V. **Foire.** *Marché annuel où on liquide des soldes.* V. **Braderie.** *Jours de marché. Aller au marché :* aller acheter (au marché) les denrées nécessaires à la vie quotidienne. ♦ 2° Par ext. *Le marché des sucres, des cuirs d'une ville ; le marché de Londres, de New York :* l'endroit où se négocient, dans ces

villes, les transactions portant sur ces marchandises (V. **Bourse**). *Le marché de la rente, des actions*, dans une Bourse de commerce. ◇ Ensemble des opérations commerciales, financières, concernant une catégorie de biens dans une zone géographique ; cette zone ; les personnes qui y sont en relations commerciales. *L'offre et la demande sur un marché. Formation, état des prix sur un marché. Marché de produits, de services. Marché du travail. Mettre, offrir, jeter un (produit) sur le marché. Marchés internationaux. Marché mondial de l'étain. Marché de la zone franc.* — MARCHÉ COMMUN, forme spéciale d'union économique entre la France, l'Allemagne de l'Ouest, l'Italie, les Pays-Bas, la Belgique et le Luxembourg pays auxquels se sont joints la Grande-Bretagne, l'Irlande et le Danemark. — *Marché financier, de capitaux*, entre les entreprises et les banques. *Marché monétaire (marché des changes*, chambres de compensation, etc.). — Bourse. *Marché au comptant, à terme.* État du marché : *marché ferme, lourd, résistant, soutenu ; actif, agité ; faible, hésitant.* — *Marché officiel*, dans une économie à prix dirigés (opposé à *marché libre*). *Marché parallèle*, pratiquant des prix fixés librement, différents des prix officiels, mais autorisés. ◇ MARCHÉ NOIR : marché clandestin résultant de l'insuffisance de l'offre (en période de rationnement, taxation). — Cour. *Faire du marché noir :* vendre clandestinement, à des prix élevés, des marchandises rationnées, rares. ◇ Absolt. *Économie de marché :* où les mécanismes économiques obéissent à la loi de l'offre et de la demande (opposé à *économie dirigée, planifiée*). ♦ 3° Comm. « Débouché régulier solvable » (ROMEUF). *Conquérir un marché* (V. **Clientèle**). — Absolt. *Étude, analyse de marché :* étude des conditions de la distribution et de la consommation (pour augmenter les ventes, *par ex.*). V. **Marketing.**
◇ HOM. *Marcher.*

MARCHÉAGE [maʁʃeaʒ]. *n. m.* (1974 ; de *marché*). Écon. Branche du marketing* ayant pour objet les techniques d'application pratique de la vente.

MARCHEPIED [maʁʃəpje]. *n. m.* (1330 ; « engin de pêche », 1289 ; de *marcher*, et *pied*). ♦ 1° Petit banc où l'on pose les pieds quand on est assis. ♦ Mar. Cordage placé sous une vergue. ♦ 2° Dernier degré de l'estrade d'un autel, d'un trône. ♦ 3° Cour. Degré ou série de degrés fixes ou pliants, qui servent à monter dans une voiture ou à en descendre. *Voyager sur le marchepied d'un train bondé.* ◇ Petite échelle d'appartement, dont les échelons sont remplacés par des marches assez larges. V. **Escabeau.** ◇ Fig. Moyen de parvenir à ses fins, de réaliser ses ambitions. V. **Échelon.** *Servir de marchepied à qqn.* ♦ 4° Techn. Chemin qui longe un cours d'eau sur la rive opposée au chemin de halage.

MARCHER [maʁʃe]. *v. intr.* (*Marchier* « piétiner », trans., XIIᵉ ; frq. °*markôn* « marquer, imprimer le pas »).

I. ♦ 1° (XVᵉ). Se déplacer par mouvements et appuis successifs des jambes et des pieds sans quitter le sol (V. **Marche, pas**). *Enfant qui commence à marcher.* « *Je ne puis méditer qu'en marchant* » (ROUSS.). *Manière de marcher :* allure, démarche, marche. *Marcher à petits pas rapides.* V. **Trotter, trottiner.** *Marcher d'un pas lent. Marcher bon train, vite.* V. **Presser** (le pas). *Marcher avec peine.* V. **Traîner** (se). *Marcher en boitant ; avec une canne, des béquilles. Marcher dans la rue, sur une route.* V. **Déambuler, promener** (se) ; **piéton.** *Marcher à reculons :* reculer, rétrograder. *Marcher droit** (1, II). *(Danse)* Faire des pas ordinaires. *Marcher sur la pointe des pieds.* ♦ 2° Avancer (en parlant des êtres animés). *Marcher à quatre pattes*. *Acrobates qui marchent sur les mains.* — *(Animaux) Animaux qui marchent sur les doigts* (V. **Digitigrade**), *sur la plante des pieds* (V. **Plantigrade**). ♦ 3° Aller à pied. *Marcher vers la ville.* V. **Diriger** (se), **rendre** (se). Fig. « *Le marcheur seul lenteur marche vers la sagesse* » (VOLT.). — *Marcher au supplice. Marcher sans but, à l'aventure.* V. **Errer, flâner.** — *Marcher sur qqn*, aller vers lui avec violence, hostilité. *Marcher devant, derrière qqn.* — Fig. *Marcher avec qqn, la main dans la main, comme un seul homme :* être d'accord. ♦ 4° *(Troupes).* Faire mouvement. *Marcher sur une ville, contre un adversaire. Marcher au combat.* V. **Monter.** ♦ 5° Fig. et fam. (1852). Acquiescer, donner son adhésion à (qqch.). V. **Accepter, consentir.** *Marcher dans la combine.* « *Non, monsieur ! je ne marche pas !* » (MALRAUX). — Croire naïvement quelque histoire. *Il a marché dans mon histoire. Il ne marche pas, il court :* il fait plus encore que marcher (Cf. Donner dans le panneau, se faire avoir). ◇ *Faire marcher qqn*, obtenir de lui ce qu'on veut (par la force, la menace, la persuasion, la ruse). *Spécialt.* Abuser en faisant prendre pour vrai ce qui ne l'est pas. V. **Berner, tromper.** « *Le prince se moquait d'elle et la faisait marcher* » (MADELIN). ♦ 6° S'avancer dans un véhicule, à cheval. *Nous avons très bien marché au début, mais à Lyon la voiture est tombée en panne.* ♦ 7° *(Choses).* Se mouvoir de manière continue. *Automobile, train qui marche à 150 km à l'heure.* V. **Rouler.** ♦ 8° Fonctionner (en parlant d'un mécanisme). *Montre,* *pendule qui marche mal. Faire marcher une machine, une radio.* ♦ 9° *Fig.* (1865). Produire l'effet souhaité. *Ses affaires, ses études marchent bien* (Cf. Ça carbure, ça ronfle). *Ce procédé, cette ruse a marché. Marcher comme sur des roulettes*.* V. **Aller.**

II. MARCHER SUR, DANS... ♦ 1° Mettre le pied (sur qqch.) tout en avançant. *Défense de marcher sur les pelouses.* — Loc. fig. *Marcher sur les pas, sur les traces de qqn.* V. **Imiter.** — *Marcher sur les brisées* d'un rival. Marcher sur le corps, sur le ventre d'un concurrent.* V. **Passer.** — *Marcher sur des charbons* ardents, sur des œufs*.* ♦ 2° Poser le pied (sur qqch.), sans idée d'autre mouvement. *Marcher dans une flaque d'eau. Il a marché en plein dedans. Marcher sur les pieds de qqn.* ◇ *Fig. Marcher sur ses principes.* V. **Fouler, piétiner.**

◇ ANT. *Arrêter (s'), stopper.* — HOM. *Marché.*

MARCHEUR, EUSE [marʃœr, øz]. *n.* (1669; de *marcher*).
I. Personne qui marche, et *spécialt.* qui peut marcher longtemps, sans fatigue. *Un grand marcheur. Elle est bonne, mauvaise marcheuse.* ◇ *Polit.* (v. 1960). Qui participe à une marche de protestation. *Marcheurs de la paix.*
II. (1888). *Péj.* et *vieilli. Un vieux marcheur,* vieillard qui courtise les femmes. V. **Coureur;** Cf. Vieux beau.
III. *Adj.* (1791). *Zool.* Qui a l'habitude de marcher. *Oiseaux marcheurs.*

MARCOTTAGE [markɔtaʒ]. *n. m.* (1835; de *marcotter*). Mode de multiplication d'un végétal par lequel une tige aérienne s'enterre et prend racine. *Marcottage naturel. Marcottage artificiel de la vigne.* V. **Provignage** (ou **provignement**).

MARCOTTE [markɔt]. *n. f.* (1538, *marquotte,* var. *margotte; marquot,* 1397; du lat. *marcus*). Tige, branche d'une plante qui a pris racine. *Sevrer une marcotte,* cette tige devenue plante autonome. *Marcotte de vigne.* V. **Provin.**

MARCOTTER [markɔte]. *v. tr.* (1551; de *marcotte*). Multiplier par marcottes. *Marcotter des rosiers.*

MARDI [mardi]. *n. m.* (*Marsdi,* 1110; lat. *martis dies,* jour de Mars). Le troisième jour de la semaine (en comptant à partir du dimanche). *Venez mardi. Il vient le mardi, tous les mardis. Mardi gras :* dernier jour du carnaval, qui précède le carême. — *Fam. Ce n'est pas mardi gras aujourd'hui,* se dit pour se moquer d'une personne ridiculement accoutrée.

MARE [mar]. *n. f.* (fin XIIᵉ; frq. °*mara.* V. **Marais**). ♦ 1° Petite nappe d'eau peu profonde plus ou moins stagnante. V. **Flache, flaque, lagon.** *Mare dans un bois, une cour de ferme. Mare aux canards.* V. **Barbotière, canardière.** — (Plaisant.) *La mare aux harengs,* l'Atlantique Nord. ♦ 2° *Par ext.* Grande quantité de liquide répandu. *Une mare de sang.* ◇ HOM. *Marc, marre.*

MARÉCAGE [mareka3]. *n. m.* (1380; adj., 1213; de *maresc,* anc. forme de *marais*). Lieu inculte et humide, à flore particulière, où s'étendent des marais. V. **Marais;** *étang,* maremme. *Couper des joncs dans un marécage.*

MARÉCAGEUX, EUSE [marekaʒø, øz]. *adj.* (*Mares-,* 1552; *maresquageux,* 1532; Cf. a. fr. *Marcageus,* 1398; de *marécage*). ♦ 1° Qui est de la nature du marécage. V. **Bourbeux.** *Terrain, bas-fond marécageux.* ♦ 2° Qui vit dans les marécages. V. **Aquatique, uligineux.** *Plantes marécageuses.*

MARÉCHAL, AUX [mareʃal, o]. *n. m.* (*Marescal,* anglo-norm., 1086; a. frq. °*marnskalk* « domestique chargé de soigner les chevaux »). ♦ 1° *Maréchal,* et plus cour. MARÉCHAL-FERRANT (1611) : artisan dont le métier est de ferrer les chevaux et les animaux de trait, bœufs, ânes, mulets. *Forgerons qui font le métier de maréchaux-ferrants.* ♦ 2° *Ancien.* Officier préposé au soin des chevaux. — Officier de cavalerie. — *Mod.* MARÉCHAL DES LOGIS, sous-officier de cavalerie, d'artillerie, qui était à l'origine chargé du logement des troupes (arg. milit. MARGI(S) [marʒi]). *Les grades de maréchal des logis et de maréchal des logis-chef correspondent à ceux de sergent et de sergent-chef dans l'infanterie.* ♦ 3° (1791ᵉ). Nom donné à divers officiers généraux. *Maréchal de camp* (vx) : ancien nom de l'actuel général de brigade. ◇ *Maréchal de France,* et absolt. MARÉCHAL : à l'origine, Officier supérieur et fonctionnaire royal, second du connétable. — *Mod.* Officier général qui a la dignité la plus élevée dans la hiérarchie militaire (On lui dit : *Monsieur le Maréchal*). *Bâton* de maréchal.* ◇ HOM. *Maréchale.*

MARÉCHALAT [mareʃala]. *n. m.* (1840; de *maréchal*). *Didact.* Dignité de maréchal de France.

MARÉCHAL DES LOGIS. V. MARÉCHAL (2°).

MARÉCHALE [mareʃal]. *n. f.* et *adj.* (1623; de *maréchal*). ♦ 1° Épouse d'un maréchal. ♦ 2° (1864). Variété de charbon employée par les maréchaux-ferrants et les forgerons. Adj. *Houille maréchale.* ◇ HOM. *Maréchal.*

MARÉCHALERIE [mareʃalri]. *n. f.* (1533; de *maréchal*). *Techn.* Métier de maréchal-ferrant. Son atelier.

MARÉCHAL-FERRANT. *n. m.* V. MARÉCHAL (1°).

MARÉCHAUSSÉE [mareʃose]. *n. f.* (*Mareschaucie,*

XIIᵉ; de *maréchal*). *Ancienn.* Corps de cavaliers placé sous les ordres d'un prévôt des maréchaux, et chargé des fonctions de la gendarmerie actuelle. *Les archers de la maréchaussée.* ◇ *Mod.* et *plaisant.* (1718) Gendarmerie.

MARÉE [mare]. *n. f.* (XIIIᵉ; de *mer*). ♦ 1° Mouvement journalier d'oscillation de la mer dont le niveau monte et descend alternativement en un même lieu, provoqué par l'attraction de la Lune et du Soleil. *Marée montante.* V. **Flux.** *Marée haute* (haute mer, pleine mer). *Marée descendante.* V. **Jusant, reflux.** *Marée basse* (basse mer). — *À marée haute, basse; à la marée haute, basse* (loc. adv.) : lorsque la mer est haute, basse. *Grandes marées :* à fortes amplitudes (vives eaux), lorsque l'attraction du Soleil se conjugue avec celle de la Lune. V. **Syzygie.** *Faibles marées,* à faibles amplitudes (V. **Morte-eau**) lorsque les attractions s'opposent. V. **Quadrature.** *Raz* de marée. Coefficient de marée,* grandeur indiquant l'importance des marées en fonction de l'époque (de la position de la Lune et du Soleil). *Courant* de marée. Échelle* de marées.* — Loc. fig. *Contre vents et marées :* malgré tous les obstacles. ◇ *Spécialt.* Marée haute. ◇ *Fig.* V. **Flot.** *Marée humaine. « La marée montante des jeunes »* (*Entreprise,* 11-5-1968). *« Une marée de bonheur montait en lui »* (MAUROIS). ♦ 2° (Fin XIVᵉ). Poissons, crustacés, fruits de mer frais destinés à la consommation. *Manger de la marée fraîche. Marchand de marée.* V. **Mareyeur.** *Train de marée. Odeur de marée.* ◇ *Fig. Arriver comme marée en carême :* inévitablement. ♦ 3° MARÉE NOIRE (1967, trad. de l'angl. *black tide*). Pollution des rivages due à la diffusion dans la mer de mazout provenant du dégazage des soutes d'un pétrolier au large des côtes. — *Fig.* Phénomène regrettable s'étendant inexorablement. ◇ HOM. *Marrer.*

MARÉGRAPHE [maregraf] ou **MARÉOMÈTRE** [mareɔmɛtr(ə)]. *n. m.* (*Maréographe,* 1846,-1867; de *marée,* et *-graphe, -mètre*). *Techn.* Instrument enregistreur de la hauteur des marées qui trace une courbe, un graphique (*marégramme*) permettant de connaître à tout moment cette hauteur.

MARELLE [marɛl]. *n. f.* (XIVᵉ; *marrele* « jeton », XIIᵉ; p.-ê. préroman °*marr-* « pierre »). Jeu d'enfants qui consiste à pousser à cloche-pied un palet dans les cases numérotées d'une figure tracée sur le sol. *Jouer à la marelle.* ◇ La figure utilisée dans ce jeu. *Dessiner une marelle à la craie.*

MAREMMATIQUE [marematik]. *adj.* (1858; de *maremme*). *Didact.* Propre aux maremmes. — *Fièvres maremmatiques.* V. **Paludéen.**

MAREMME [marɛm]. *n. f.* (1842; *Les Maremmes,* n. pr., 1765; it. *maremma*). *Géogr.* Terrain marécageux et insalubre du littoral italien.

MARÉMOTEUR, TRICE [maremɔtœr, tris]. *adj.* (1922; de *marée,* et *moteur*). Relatif à la force motrice des marées. *Énergie marémotrice* (dite Houille bleue). *Usine marémotrice.*

MARENGO [marɛgo]. *n. invar.* (1836; n. f., 1825; de *Marengo,* village d'Italie). ♦ 1° *Cuis. Poulet, veau à la marengo* ou (plus cour.) *marengo,* qu'on a fait revenir dans l'huile avec des tomates et des champignons. *Du veau marengo.* ♦ 2° *N. m.* (1837). Drap noir mêlé de petits points blancs. *Du marengo.* ◇ *Par ext.* Nuance très foncée de brun rouge piqueté de blanc.

MARENNES [marɛn]. *n. f.* (v. 1902; de *Marennes*). Huître cultivée à Marennes. ◇ HOM. *Marraine.*

MARÉOMÈTRE. V. MARÉGRAPHE.

MAREYAGE [marɛjaʒ]. *n. m.* (fin XIXᵉ; de *marée,* 2°). Travail de stockage et de placement des produits comestibles de la pêche.

MAREYEUR, EUSE [marɛjœr, øz]. *n.* (déb. XVIIᵉ; de *marée,* 2°). Marchand, grossiste qui achète sur place les produits de la pêche et les expédie aux marchands de poisson.

MARGAILLE [margaj]. *n. f.* (date incert.; gaul. *marga* « boue ». V. **Margouillis**). *Région.* (Belgique). *Fam.* Bagarre, mêlée bruyante. — *Fig.* Désordre. *Quelle margaille!* V. **Bordel.**

MARGARINE [margarin]. *n. f.* (1813; d'apr. [acide] *margarique,* du gr. *margaron* « perle », à cause de la couleur de cet acide). Graisse alimentaire ressemblant au beurre, constituée par un mélange de corps gras d'origine végétale et animale (palmitine, stéarine, acide margarique, suif). *Un paquet de margarine.*

MARGAUDER. V. MARGOTER.

MARGAY [margɛ]. *n. m.* (1575; mot d'Amér. centr.). Chat sauvage (*Félidés*) de l'Amérique centrale et méridionale, appelé aussi *chat-tigre.*

MARGE [marʒ(ə)]. *n. f.* (XVIᵉ; *marce,* XIIIᵉ; lat. *margo, marginis* « bord, marge »). ♦ 1° Espace blanc autour du texte écrit ou imprimé. V. **Bord, bordure.** *Un livre à grandes marges. Rogner les marges à la reliure.* — *Spécialt.* L'espace blanc laissé sur le côté extérieur d'une page imprimée, à droite du recto, à gauche du verso; l'espace blanc à gauche d'une page manuscrite. *Laisser une marge. Notes, rectifications en marge.* ♦ 2° *Fig.* Intervalle d'espace ou de temps, latitude dont on dispose entre certaines limites. *Marge de liberté. Marge de réflexion.* V. **Délai.** *Prévoir une marge d'erreur.* — *Spécialt.* Possibilité d'action entre une limite pratique et une limite théorique, absolue. *Marge de tolérance*. Marge de sécurité :* disponibilités dont on est assuré au delà des dépenses prévues. V. **Volant.** — *De la marge :* de la distance ; des possibilités d'action. — « *Ça nous laisse de la marge pour manœuvrer* » (ROMAINS). V. **Facilité, latitude.** ♦ 3° EN MARGE DE : à la limite ou à une distance plus ou moins grande hors de la limite. *En marge de l'actualité.* « *Mes idées me mettaient en marge du monde* » (MAURIAC). Absolt. *Vivre en marge :* sans se mêler à la société ou sans y être accepté. *Un homme en marge.* ♦ 4° *Marge bénéficiaire,* différence entre le prix d'achat tel qu'il a été facturé et le prix de vente brut (commerce) ; entre le prix de revient et le prix de vente (industrie).

MARGELLE [maʀʒɛl]. *n. f.* (XIIe ; lat. pop. °*margella,* dimin. de *margo*). Assise de pierre, souvent circulaire, qui forme le rebord (d'un puits, du bassin d'une fontaine). V. **Bord.**

MARGER [maʀʒe]. *v. tr.* et *intr. ;* conjug. *bouger* (1549 ; *margiet,* adj., fin XIVe ; de *marge*). Placer la feuille d'imprimerie, ou le papier du rouleau en position de tirage sur le cylindre de la machine ou sous le rouleau de la rotative. ◇ Placer le margeur d'une machine à écrire pour fixer la largeur de la marge.

MARGEUR, EUSE [maʀʒœʀ, øz]. *n.* (1730 ; de *marger*). ♦ 1° *Imprim.* Ouvrier, ouvrière qui marge les feuilles. — Par anal. *Margeur automatique,* appareil remplissant cette fonction. ♦ 2° *N. m.* Dispositif servant à régler la marge, sur une machine à écrire.

MARGINAL, ALE, AUX [maʀʒinal, o]. *adj.* et *n.* (XVe ; du lat. *margo, marginis* « marge »). I. *Adj.* ♦ 1° Qui est mis dans la marge. *Note marginale.* ◇ *Géogr. Récifs marginaux,* en bordure d'une côte. ♦ 2° *Écon.* (angl. *margin*). *Utilité marginale. Entreprise marginale,* qui est à la limite du bénéfice et du déficit, en équilibre précaire. *Coût marginal,* coût théorique correspondant à la fabrication d'une unité supplémentaire d'un produit. ♦ 3° *Fig.* Qui est loin du centre. *Occupations, préoccupations marginales, rôle marginal.* V. **Accessoire, secondaire.** ◇ *Psycho. Conscience marginale :* état de conscience très faible (près du seuil). ◇ *Méd.* Situé en bordure d'un organe. *Fracture marginale,* sur le bord articulaire d'une extrémité osseuse. II. *N.* Personne vivant en marge de la société. V. **Asocial, hippie.** « *Alliance entre les opprimés du 'tiers monde' et les marginaux (étudiants, chômeurs) du monde occidental* » (*Nouv. Obs.,* 17-4-1968). — Adj. *Des groupes marginaux.*

MARGINALISME [maʀʒinalism(ə)]. *n. m.* (XXe ; de *marginal,* d'apr. angl.). *Écon.* Théorie où la valeur d'échange est déterminée par celle de la dernière unité disponible d'un produit.

MARGINALITÉ [maʀʒinalite]. *n. f.* (v. 1965 ; de *marginal*). État, caractère de ce qui (ou de celui) est marginal. « *Passer* [...] *de la marginalité aux charges officielles* » (*L'Express,* 31-7-1972).

MARGINER [maʀʒine]. *v. tr.* (1738 ; lat. *margo, marginis* « marge »). *Didact.* Annoter (un livre, un manuscrit) en écrivant dans les marges.

MARGIS [maʀʒi]. *n. m.* (1888 ; abrév. de *Maréchal des logis*). *Arg. milit.* Maréchal des logis.

MARGOTER ou **MARGOTTER** [maʀgɔte]. *v. intr.* (1680 ; de *Margot,* nom d'oiseaux (pie, etc.). Pousser son cri, en parlant de la caille (On dit aussi MARGAUDER [maʀgode]).

MARGOTIN [maʀgɔtɛ̃]. *n. m.* (*Marcottin,* 1803 ; de *Margot* « poupée »). *Vieilli.* Petit fagot de menu bois ou de brindilles utilisé comme allume-feu.

MARGOUILLIS [maʀguji]. *n. m.* (1630 ; de l'a. fr. *margouiller* « salir », p.-ê. de *mare,* et *goille,* frq. °*gullja*). *Fam.* Boue mêlée d'ordures. ◇ *Fig.* Mélange informe et répugnant. « *Ce margouillis soulève le cœur* » (MONTHERLANT).

MARGOULETTE [maʀgulɛt]. *n. f.* (1756 ; lat. *gula* « gueule », et *margouiller* « manger salement »). *Pop.* Bouche, mâchoire. V. **Gueule.** « *La margoulette enflée et de travers* » (ZOLA).

MARGOULIN, INE [maʀgulɛ̃, in]. *n.* (1840, « petit marchand forain » ; de *margouliner,* dial. « vendre de bourg en bourg », rac. *margouline* « bonnet », de *goule* « gueule »). *Bourse.* Spéculateur sans envergure. ◇ *Cour.* Individu incompétent et peu scrupuleux en affaires.

MARGRAVE [maʀgʀav]. *n.* (1732 ; *Marckgrave,* 1495 ; all. *Markgraf* « comte (gouverneur) d'une marche »). N. m. *Ancienn.* Titre de certains princes souverains d'Allemagne. — *N. f.* Femme d'un margrave (aussi MARGRAVINE [maʀgʀavin], *n. f.,* de l'all. *Margräfin*).

MARGRAVIAT [maʀgʀavja]. *n. m.* (1752 ; de *margrave*). *Ancienn.* Titre de margrave.

MARGUERITE [maʀgəʀit]. *n. f.* (*Margarite, margerite*

« perle », et « fleur », XIIe ; lat. *margarita* « perle »). ♦ 1° Nom commun de diverses plantes rustiques (*Composacées*). ◇ La fleur elle-même, blanche à cœur jaune, dite *grande marguerite, chrysanthème des prés. Effeuiller* la marguerite.* ♦ 2° *Mar.* Cordage qui, fixé sur un autre, aide à manœuvrer ce dernier. Ensemble formé par ce dispositif. *Faire marguerite, une marguerite.* ♦ 3° *Techn.* Outil de corroyeur pour crépir le cuir.

MARGUILLIER [maʀgije]. *n. m.* (1510 ; *marreglier, marrugler,* XIIe ; bas lat. *matricularius* « teneur de registre »). *Vieilli.* Chacun des membres composant le bureau du conseil de fabrique d'une paroisse. ◇ *Mod.* Laïc chargé de la garde et de l'entretien d'une église.

MARI [maʀi]. *n. m.* (XIIe ; lat. *maritus*). Homme uni à une femme par mariage. V. **Conjoint, époux.** *Choisir, prendre un mari. Le mari de Mme X. Mon mari.* — *Le mari et la femme. Un bon mari. Mari complaisant. Le premier, le second mari d'une veuve, d'une divorcée.* ◇ HOM. *Marri.*

MARIABLE [maʀjabl(ə)]. *adj.* (fin XIIe ; de *marier*). Qui est en état, en âge (V. **Nubile**) de se marier. *Avec un pareil caractère, il n'est guère mariable.* ◇ ANT. *Immariable.*

MARIAGE [maʀjaʒ]. *n. m.* (XIIe ; de *marier*). I. ♦ 1° Union légitime d'un homme et d'une femme. *Contracter mariage, un mariage.* V. **Alliance, conjungo** (*fam.*), **hymen** (*vx*), **union ; couple.** *Mariage civil,* contracté devant l'autorité civile. *Mariage religieux,* qui en France suit le mariage civil des personnes ayant une religion. *Mineur émancipé par le mariage. Acte de mariage. Contrat de mariage :* qui règle le régime des biens des époux. *Obligations issues du mariage. Enfants nés d'un premier, d'un second mariage.* V. **Lit.** *Mariage putatif. Dissolution du mariage par divorce ou par décès de l'un des conjoints. Mariage morganatique. Mariage de la main gauche*. Mariage blanc,* chaste. *Un mariage heureux, un bon mariage.* V. **Union.** — *Action,* fait de se marier. *Demande en mariage.* V. **Main** (demander la main). *Donner sa fille, son fils en mariage. Projet de mariage.* V. **Fiançailles.** — *Faire un mariage d'argent, d'intérêt. Mariage de raison, de convenance. Mariage d'amour.* ♦ 2° La cérémonie du mariage. V. **Noce.** *Aller, assister à un mariage. Un grand mariage.* — *Cadeaux, corbeille de mariage. Messe de mariage.* V. **Bénédiction** (nuptiale). ♦ 3° État, situation d'une personne mariée, d'un couple marié. *Préférer le mariage au célibat.* « *Le mariage surtout et la province vieillissent un homme* » (STENDHAL). *Les premiers temps du mariage.* V. **Lune** (de miel). *Couple qui fête ses vingt-cinq ans de mariage.* V. **Noce.**
II. *Fig.* ♦ 1° V. **Accord, alliance, association, assortiment, mélange, réunion, union.** *Mariage de deux couleurs, de deux parfums. Heureux mariage de mots.* ♦ 2° *Jeux.* Réunion, dans la même main, du roi et de la reine d'une même couleur. *Par ext.* Jeu de cartes où l'on cherche à faire des « mariages ». V. **Brisque.**
◇ ANT. *Célibat ; divorce, séparation.*

MARIAL, ALE, ALS [maʀjal]. *adj.* (1922 ; n. m., XVIe ; de *Marie*). *Liturg. cathol.* Relatif à la Vierge Marie. *Culte marial.*

MARIÉ, ÉE [maʀje]. *adj.* (fin XIIe ; V. **Marier**). ♦ 1° Qui est uni à un autre ; qui sont unis par le mariage. *Homme marié, femme mariée.* — Subst. *Jeune marié(e) :* celui, celle qui est marié(e) depuis peu. *Lune de miel des jeunes mariés.* ♦ 2° *Spécialt.* Personne dont on célèbre le mariage. « *Deux mariées pompeusement habillées de blanc* » (BALZ.). *Robe, voile, couronne de mariée.* « *Vive la mariée !* » — *Loc. prov. Se plaindre que la mariée est trop belle,* se plaindre d'une chose dont on devrait se féliciter, se réjouir, mais que l'on juge excessive. ◇ ANT. *Célibataire, divorcé, veuf.*

MARIE-JEANNE [maʀiʒan]. *n. f.* (v. 1968 ; adapt. fr. de *marijuana*). *Fam.* V. **Marijuana.** « *N'importe qui peut aujourd'hui se procurer du 'H', du kif, de la marie-jeanne, au prix d'une place de cinéma* » (*L'Express,* 1-9-1969).

MARIER [maʀje]. *v. tr.* (1155 ; lat. *maritare*). I. ♦ 1° Unir (un homme et une femme) en célébrant le mariage. *C'est le maire en personne qui les a mariés.* ♦ 2° Établir dans l'état de mariage. *Fille à marier,* en âge d'être mariée. *Marier sa fille avec, à un médecin.* — Absolt. *Depuis trente ans qu'ils étaient mariés.* ♦ 3° *Région.* (Nord, Belgique, Canada). Épouser. *Il l'a mariée contre l'avis de ses parents.* II. SE MARIER. *v. pron.* ♦ 1° *Récipr.* S'unir par le mariage (en parlant de deux personnes). ♦ 2° *Réfl.* Contracter mariage (en parlant d'une personne). *Il va se marier avec elle.* — *Il pense à faire une fin, à se marier.*
III. *Fig.* Unir. V. **Allier, associer, assortir, combiner.** *Marier des couleurs qui s'harmonisent. Marier la vigne à l'ormeau.* V. **Entrelacer, mêler.** *Marier deux styles.* — « *Les riches teintes brunes du bois se mariaient à la pourpre triomphale* » (BALZ.).
◇ ANT. *Divorcer.*

MARIE-SALOPE [maʀisalɔp]. *n. f.* (1777 ; de *Marie,* et *salope*). ♦ 1° *Mar.* Bateau, chaland à fond mobile destiné à transporter en haute mer les produits de dragage. *Des maries-salopes.* ♦ 2° (1831). *Pop.* Femme malpropre.

MARIEUR, EUSE [maʀjœʀ, øz]. *n.* (*Mariere*, 1120; de *marier*). *Fam.* Personne qui aime s'entremettre pour conclure des mariages. *Une marieuse enragée, une marieuse de gens.*

MARIGOT [maʀigo]. *n. m.* (1654; o. i., p.-ê. d'un mot caraïbe, d'apr. *mare*). Dans les régions tropicales, Bras mort d'un fleuve. — Lieu bas et sujet aux inondations. *Les marigots d'Amazonie.* V. **Marais.**

MARIHUANA [maʀiʀwana] ou **MARIJUANA** [maʀiʒyana]. *n. f.* (mil. XXᵉ; mot esp. d'Amérique, d'o. i., par l'angl.). Mélange de feuilles et de fleurs desséchées du chanvre indien, employé comme stupéfiant. Syn. fam. *Marie-jeanne* [maʀiʒan], n. f. *Cigarette de marijuana.*

1. MARIN, INE [maʀɛ̃, in]. *adj.* (1155; lat. *marinus*, de *mare* « mer »). ♦ 1° Qui appartient à la mer, vient de la mer, se produit ou vit dans la mer. V. **Mer** (de mer). *Air marin. Brise marine*, poème de Mallarmé. *Herbes, algues marines. Sel marin. Myth. Monstres, dieux marins.* ◇ *Par ext.* Qui se trouve près de la mer, au bord de la mer. V. **Maritime.** *Herbes marines. Falaises marines. Le Cimetière marin*, poème de Valéry. — Par ext. *Cure marine*, qui se fait au bord de la mer. V. **Hélio-marin; thalassothérapie.** ♦ 2° (1636). Qui est spécialement destiné à la navigation sur la mer. *Carte, lunette marine. Lieue marine. Mille marin.* ◇ (1835) *Bâtiment marin*, qui tient bien la mer. *Un yacht très marin.* — Loc. *Avoir le pied marin*, garder son équilibre, ne pas être malade sur un bateau, malgré le roulis, le tangage. ◇ ANT. *Terrestre.*

2. MARIN [maʀɛ̃]. *n. m.* (1756; « officier de marine », 1718; de *marin* 1). ♦ 1° Celui qui est habile dans l'art de la navigation sur mer. V. **Navigateur.** *Les Grecs, peuple de marins.* ♦ 2° Homme dont la profession est de naviguer sur la mer; *spécialt.* Homme d'équipage. V. **Matelot.** *Marins de la marine marchande, de la marine de guerre* (Cf. *Cols bleus; matafs, arg.*). *Fusilier*-marin. Inscription des marins sur le rôle d'équipage.* V. **Inscrit** (maritime). *Grades, hiérarchie des marins* (marine de guerre). V. **Mousse; apprenti, novice, matelot; quartier-maître, marine** (officier de). — Loc. *Marin d'eau douce, de bateau-lavoir* : médiocre marin, marin amateur, d'occasion. *Vieux marin expérimenté.* V. **Loup** (de mer). — *Caban, vareuse, maillot, béret de marin. Bonnet à pompon rouge des marins français.* ♦ 3° *Dr.* Toute personne travaillant à bord d'un navire sous l'autorité du capitaine. ♦ 4° Ellipt. *Col marin*, grand col carré à l'arrière et ouvert en pointe sur le devant comme celui des marins. *Costume marin*, costume bleu de petit garçon qui rappelle celui des marins. Ellipt. « *Roger, un garçon de cinq ans, avait un marin d'été* » (AYMÉ). ♦ 5° Vent tiède, accompagné de pluies, soufflant du Sud sur les côtes avoisinant le golfe du Lion.

MARINA [maʀina]. *n. f.* (v. 1968; anglo-amér., de l'it. *marina* « plage »). Ensemble touristique aménagé au bord de l'eau (port de plaisance et aménagements, logements... qui le bordent). « *Des ' marinas ' sur digue avec vue imprenable...* » (*Nouv. Obs.*, 21-4-1973).

MARINADE [maʀinad]. *n. f.* (1651; de *mariner*). Mélange de vin, de vinaigre salé, épicé (poivre, thym, laurier, ail, oignon, etc.) dans lequel on met du poisson, de la viande pour les conserver, les parfumer ou les attendrir avant la cuisson. *Marinade crue, cuite.* « *Des viandes fardées par des marinades* » (HUYSMANS). — Par ext. Aliment mariné.

MARINAGE [maʀinaʒ]. *n. m.* (1867; de *mariner*). Action de mariner, préparation par on fait subir à des viandes, des poissons pour les conserver.

1. MARINE [maʀin]. *n. f.* (XIᵉ; de *marin* 1).
I. ♦ 1° *Vx.* Mer; eau de mer. ◇ (Repris it. *marina*) Bord de mer. ♦ 2° *Peint.* (1699). Peinture ayant la mer pour sujet; genre constitué par cette peinture. *Les marines de Turner, de Boudin.*
II. (Fin XVIᵉ). ♦ 1° Tout ce qui concerne l'art de la navigation sur mer. *Relatif à la marine.* V. **Maritime, nautique, naval.** ◇ L'ensemble des administrations et services qui régissent l'activité maritime; l'ensemble des gens de mer. ♦ 2° *(Qualifié)*. Ensemble des navires appartenant à une même nation ou entrant dans une même catégorie. *Marine française, anglaise. Marine à voiles. Marine marchande, de commerce*, comprenant les navires de commerce et de pêche. *Marine militaire, marine de guerre.* V. **Armée** (de mer) (forces navales). *Marine nationale* (abrév. M. N.) : marine de guerre française. ♦ 3° *Absolt.* Marine de guerre. *Une marine puissante. Canon de marine. Les gars de la marine* (fam.). *Soldats de marine* (vx); *sous-officiers de marine* (fam.). *Officiers mariniers* (maistrance). V. **Marin.** *Officiers de marine.* V. **Enseigne; lieutenant** (de vaisseau); **capitaine** (de corvette, de frégate, de vaisseau); **contre-amiral, vice-amiral; amiral;** et *aussi* **Commandant, commodore, major, midship, pilotin.** *Ministère, ministre de la Marine.* ♦ 4° Ellipt. BLEU MARINE, ou *Marine* : bleu foncé semblable au bleu des uniformes de la marine. *Des chaussettes bleu marine, marine* ou

marines (rare). « *Des ceintures marines ou rouges tranchant sur la chemise blanche* » (ARAGON). — Subst. m. *Le marine.*

2. MARINE [maʀin]. *n. m.* (1860; mot angl., du fr. *marine*). Soldat de l'infanterie de marine américaine (Marine Corps) ou anglaise (Royal Marine Forces). *Les Marines, corps de débarquement.*

MARINÉ, ÉE [maʀine]. *adj.* (1546; de *marine* « eau de mer »). Trempé, conservé dans la saumure ou dans une marinade. *Harengs marinés. Maquereaux marinés au vin blanc.* « *Quartier de sanglier mariné* » (COLETTE).

MARINER [maʀine]. *v.* (1636; V. *Mariné*). ♦ 1° *V. tr.* Mettre (des poissons, des viandes) dans la saumure, dans une marinade. *Mariner du bœuf pour le mortifier.* ♦ 2° *V. intr.* (1732). Être, tremper dans la marinade. *Cette viande doit mariner plusieurs heures.* V. **Macérer.** ◇ *Fig. et fam.* Rester longtemps dans un lieu ou dans une situation désagréable. *Mariner en prison.*

MARINGOUIN [maʀɛ̃gwɛ̃]. *n. m.* (1614; *maringon*, 1566; du tupi-guarani [Brésil] *mbarigui*). Nom de différentes espèces de moustiques, de cousins (pays tropicaux; Canada). *L'époque des maringouins dans les Laurentides.*

MARINIER, IÈRE [maʀinje, jɛʀ]. *adj. et n.* (XIIᵉ; de *marin* 1).
I. ♦ 1° N. m. *Vx.* Homme de mer, marin. ◇ *Mod.* (1690) Par appos. *Officier marinier* : sous-officier de la marine de guerre. Dans la marine marchande, Marin qui a un rang intermédiaire entre le matelot et l'officier. ♦ 2° (1524). Tout homme dont la profession est de naviguer sur les fleuves, les rivières, les canaux. *Spécialt.* Celui qui fait partie de l'équipage d'une péniche. V. **Batelier.**
II. *Adj.* (XVIᵉ). *Vx.* Qui a rapport à la mer. V. **Marin.**

MARINIÈRE [maʀinjɛʀ]. *n. f.* (*Chausses à la marinière*, 1532; du précéd.). ♦ 1° (1836). À LA MARINIÈRE (à la manière des pêcheurs, des marins). *Moules à la marinière; moules marinière*, préparées dans leur jus, avec des oignons. *Vol-au-vent marinière*, aux fruits de mer. ♦ 2° (1836; *nager à la marinière*). Nage sur le côté. *Nager la marinière.* ♦ 3° (1923). Blouse sans ouverture sur le devant et qui descend un peu plus bas que la taille sans la serrer. *La marinière se porte par-dessus la jupe.*

MARINISME [maʀinism(ə)]. *n. m.* (1866; de *Marini*). *Hist. litt.* Préciosité du style (en littér. italienne ou sous l'influence italienne; Cf. Gongorisme).

MARIOL ou **MARIOLLE** [maʀjɔl]. *adj. et n.* (1726; « filou », 1578; -*olle*, 1916; it. *mariolo*, de *Maria* « Marie », la Vierge). *Pop.* V. **Malin.** *C'est un mariolle. Faire le mariolle*, le malin, l'intéressant; se vanter. « *Les types de la haute font leurs mariolles* » (BARBUSSE).

MARIONNETTE [maʀjɔnɛt]. *n. f.* (*Maryonete*, 1517; de *Marion*, dimin. de *Marie* « statuette de la Vierge »). ♦ 1° Figurine représentant un être humain ou un animal, actionnée à la main par une personne cachée, qui lui fait jouer un rôle. *Marionnette à fils.* V. **Fantoche.** *Marionnette à gaine.* V. **Pupazzo; guignol.** *Montreur de marionnettes. Tirer les fils, les ficelles des marionnettes.* ◇ *Plur.* Spectacle de marionnettes. *Aimer les marionnettes. Marionnettes filmées.* ♦ 2° *Fig.* Personne qu'on manœuvre à son gré, à laquelle on fait faire ce qu'on veut. V. **Automate, pantin.** « *Ils tirent chacun par le fil de ses passions ou de ses intérêts, et en font des marionnettes* » (BALZ.). ♦ 3° (1836). *Techn.* Réunion de poulies tenues verticalement par deux traverses entre lesquelles elles peuvent pivoter.

MARIONNETTISTE [maʀjɔnetist(ə)]. *n.* (1852; de *marionnette*). Montreur de marionnettes.

MARISTE [maʀist(ə)]. *n.* (1816; de *Marie*, la Vierge). Membre de la congrégation religieuse de la Société de Marie. Par appos. *Père, frère, sœur mariste.*

MARITAL, ALE, AUX [maʀital, o]. *adj.* (1587; « conjugal », 1531; lat. *maritalis*, de *maritus* « marié » et « mari »). *Dr.* Qui appartient au mari. *Autorisation maritale.*

MARITALEMENT [maʀitalmɑ̃]. *adv.* (1694; de *marital*). ♦ 1° *Vx.* À la manière d'un mari. ♦ 2° *Mod.* (1835). Comme mari et femme. V. **Conjugalement.** *Ils vécurent ensemble maritalement pendant plusieurs années.* V. **Concubinage** (en).

MARITIME [maʀitim]. *adj.* (1336; lat. *maritimus*). ♦ 1° Qui est au bord de la mer, concerne le bord de la mer, subit l'influence de la mer. *Ville, cité maritime. Ports maritimes et ports fluviaux. Plante, pin maritime. Climat maritime.* V. **Marin.** — Par ext. *Canal maritime.* ◇ Au Canada, *les Provinces maritimes.* ♦ 2° (1690). Qui se fait sur mer, par mer. *Navigation maritime.* « *Commerce maritime* » (MONTESQ.). — Par ext. *Les grandes puissances maritimes.* ♦ 3° Qui concerne la marine, la navigation, les marins. V. **Naval.** *Forces maritimes. Chantier maritime. Inscription*, inscrit maritime. Droit maritime.* ◇ Subst. *Les maritimes* : toutes personnes qui s'occupent de la marine et en particulier de la marine marchande.

MARITORNE [maʀitɔʀn(ə)]. *n. f.* (1798; *maütorné*, 1642; nom d'une servante repoussante dans « Don Quichotte »).

Femme laide, malpropre et désagréable. V. **Souillon**. « *Vous seriez faite comme une maritorne que je gagerais sur votre succès* » (GREEN).

MARIVAUDAGE [maʀivodaʒ]. *n. m.* (1760; de *Marivaux*, écrivain français du XVIIIᵉ). ♦ 1° *Hist. litt.* Affectation, afféterie, préciosité, recherche dans le langage et le style (attribués à Marivaux). ♦ 2° *Cour.* Propos, manège de galanterie délicate et recherchée. V. **Badinage**. *Il n'y a eu entre eux que du marivaudage.*

MARIVAUDER [maʀivode]. *v. intr.* (1760; de *Marivaux*). ♦ 1° *Vx.* Écrire à la manière de Marivaux. ♦ 2° *Mod.* Tenir, échanger des propos d'une galanterie délicate et recherchée. V. **Badiner**. *Ils marivaudaient à l'écart des invités.*

MARJOLAINE [maʀʒɔlɛn]. *n. f.* (XVIᵉ; *mariolaine*, fin XIVᵉ; p.-ê. lat. médiév. *majorana*; o. i.). Plante aromatique (*Labiacées*), utilisée comme aromate, comme assaisonnement et en infusion. *Le thym et la marjolaine.*

MARK [maʀk]. *n. m.* (1872; mot all., frq. °*marka*. V. **Marc** 1). Unité monétaire allemande qui vaut cent pfennigs. ◊ HOM. *Marque.*

MARKETING [maʀkɛtiŋ]. *n. m.* (1959; mot amér. « commercialisation »). *Écon.* Ensemble des techniques et méthodes ayant pour objet la stratégie commerciale dans tous ses aspects et notamment l'étude des marchés* commerciaux. *Faire du marketing, être chef du marketing d'une société.* — REM. Cet anglicisme peut être remplacé par plusieurs termes analysant le concept. V. **Marchéage, mercatique; marchandisage.**

MARLI [maʀli]. *n. m.* (*Plat à la Marly*, 1698; *marlie*, 1765; de *Marly* ou de *merles*, drap *merlé, meslé*). Bord intérieur d'un plat, d'une assiette. « *Un plat au marli noyé d'émail* » (COLETTE).

MARLOU [maʀlu]. *n. m.* (1821; Cf. arg. mod. *marle*; de *marlou* « matou », dial. du Nord, du rad. *marm-* (*marmonner*). *Pop.* Souteneur.

MARMAILLE [maʀmaj]. *n. f.* (1611; « gosse », 1560; de *marmot*, et *-aille*). *Fam.* Groupe nombreux de jeunes enfants bruyants. « *Toute la marmaille grouillait du matin au soir* » (MAUPASS.).

MARMELADE [maʀmǝlad]. *n. f.* (1617; *mermelade*, 1573; port. *marmelada* « confiture de coing (*marmelo*) »; lat. *melimelum*, mot gr.). ♦ 1° Préparation de fruits écrasés et cuits avec du sucre, du sirop. V. **Compote, confiture.** *Marmelade d'oranges, de pommes. Pâtisserie, entremets à la marmelade* : charlotte, chausson. ♦ 2° EN MARMELADE : se dit d'un aliment trop cuit et réduit en bouillie. *Viande en marmelade.* — *Fam.* V. **Capilotade.** *Une ruade lui a mis la mâchoire en marmelade* : la lui a fracassée. *Le boxeur avait le nez en marmelade.* ♦ 3° *Fig.* et *fam.* Gâchis. « *Le gâchis complet, le grabuge, le mastic, la marmelade* » (DUHAM.).

MARMENTEAU [maʀmɑ̃to]. *adj. m.* (1508; a. fr. *merrement*, lat. pop. °*materiamentum* «bois de construction». V. **Merrain**). *Eaux et forêts.* Se dit d'un bois de haute futaie qu'on ne coupe pas. *Des bois marmenteaux;* subst. *Des marmenteaux.*

MARMITAGE [maʀmitaʒ]. *n. m.* (v. 1915; de *marmiter*). Vieilli. Bombardement d'artillerie.

MARMITE [maʀmit]. *n. f.* (1313; a. fr. *marmite* « hypocrite », à cause du contenu caché du récipient, du rad. *marm-* (Cf. **Marmotter**), et *mite* « chatte »). ♦ 1° Récipient muni d'un couvercle et généralement d'anses (ou oreilles), dans lequel on fait bouillir l'eau, cuire des aliments. V. **Pot** (pot-au-feu). *Le fait-tout, marmite basse. Pied de marmite.* Fig. *Nez en pied de marmite* : gros à la base et rond du bout. — Par ext. *Marmite norvégienne* : récipient à parois et couvercle matelassés, destiné à conserver chaud un récipient intérieur qu'on y introduit. *Marmite autoclave*, à cuisson sous pression (dite cocotte* minute). ◊ Le contenu de la marmite (On dit aussi *Marmitée*). *Une marmite de bouillon, de pot-au-feu.* ◊ Par métaph. « *La tête lui bouillait comme une marmite* » (BALZ.). — Loc. fig. *Faire bouillir la marmite*, assurer la subsistance. ♦ 2° *Techn. Marmite de Papin* : dispositif permettant d'employer la pression de la vapeur d'eau au déplacement d'un piston dans un cylindre. ♦ 3° *Géol. Marmite de géants* : cuvette creusée par l'érosion tourbillonnaire de blocs de roches dures tournant à l'aide de graviers et galets au pied des cascades, dans les rapides. ♦ 4° *Arg. milit.* (1914; déjà 1745). Obus de gros calibre.

MARMITÉE [maʀmite]. *n. f.* (1590; de *marmite*). *Vx* ou *plaisant.* Contenu d'une marmite. *Une pleine marmitée de soupe.*

MARMITER [maʀmite]. *v. tr.* (v. 1894; de *marmite*). Vieilli. V. **Bombarder.** *Les Allemands « marmitent tout, détruisent le village* » (DORGELÈS).

MARMITON [maʀmitɔ̃]. *n. m.* (1523; de *marmite*). Jeune aide-cuisinier chargé du plus bas emploi. V. **Gâte-sauce, tournebroche.** « *Sa veste blanche et son bonnet blanc de marmiton* » (ZOLA).

MARMONNEMENT [maʀmɔnmɑ̃]. *n. m.* (1582; de *marmonner*). Action de marmonner; murmure sourd, indistinct.

MARMONNER [maʀmɔne]. *v. tr.* (1534; onomat.; var. de *marmotter*). ♦ 1° Dire, murmurer entre ses dents, d'une façon confuse. V. **Bredouiller, marmotter.** « *Ses lèvres remuaient comme s'il eût marmonné une prière* » (MART. du G.). ♦ 2° Murmurer avec hostilité. *Marmonner des injures, des menaces.*

MARMORÉEN, ÉENNE [maʀmɔreɛ̃, ɛn]. *adj.* (1837; lat. *marmoreus*, de *marmor* « marbre »). ♦ 1° *Didact.* Qui a la nature, l'apparence du marbre. *Roches marmoréennes.* ♦ 2° *Fig.* et *littér.* Qui a la blancheur, l'éclat, la froideur du marbre. « *L'éclat marmoréen de sa chair souple et polie* » (GAUTIER). *Visage d'une immobilité, d'une froideur marmoréenne.* V. **Froid, glacial.**

MARMORISER [maʀmɔrize]. *v. tr.* (1846; « éterniser », 1584; du lat. *marmor* « marbre »). *Géol.* Transformer en marbre, par une action naturelle. — Au p. p. *Calcaire marmorisé.*

MARMOT [maʀmo]. *n. m.* (1493, « singe »; p.-ê. de *marmotter* à cause des mouvements continuels que les singes font avec leurs babines » (BLOCH). ♦ 1° (1640). *Fam.* Petit garçon. — *Au plur.* Enfants, sans distinction de sexe. V. **Marmaille.** « *Les marmots déguenillés l'entouraient comme une nuée de moucherons* » (HUGO). ♦ 2° *Vx.* Petite figure grotesque ornementale (servant de heurtoir, etc.). V. **Marmouset.** — Loc. fig. *Croquer le marmot* : attendre.

MARMOTTE [maʀmɔt]. *n. f.* (v. 1200; de *marmotter*). ♦ 1° Mammifère rongeur hibernant, au corps ramassé, au pelage fourni. *La marmotte s'engourdit par le froid. Fourrure de marmotte* V. **Murmel.** — Par ext. *Manteau de marmotte.* — Loc. fig. *Dormir comme une marmotte* : profondément. ♦ 2° (1829). Ancienn. Coiffure de femme, faite d'un fichu enveloppant la tête (au XVIIIᵉ s.). Coiffure des petites Savoyardes, montreuses de marmottes. ♦ 3° (1829; p.-ê. par allus. à la « boîte à marmotte » des Savoyards). *Marmotte de voyage*, et absolt. *Marmotte*, malle formée de deux parties qui s'emboîtent l'une dans l'autre. *Marmotte de commis voyageur*, boîte à échantillons.

MARMOTTEMENT [maʀmɔtmɑ̃]. *n. m.* (1585; de *marmotter*). Mouvement des lèvres, murmure d'une personne qui semble marmotter qqch. « *Ses lèvres font ce sourd et long marmottement* » (VERLAINE). V. **Marmonnement.**

MARMOTTER [maʀmɔte]. *v. tr.* (v. 1480; onomat.). Dire confusément, en parlant entre ses dents. V. **Bredouiller, mâchonner, marmonner, murmurer.** « *De pieuses personnes marmottaient les prières* » (JALOUX). ◊ Absolt. Parler à voix basse, tout seul.

MARMOTTEUR, EUSE [maʀmɔtœr, øz]. *n. et adj.* (1605; de *marmotter*). Qui marmotte.

MARMOTTIER [maʀmɔtje]. *n. m.* (1867; de *huile de marmotte* (1835), nom donné à l'huile tirée de son amande). Prunier de Besançon.

MARMOUSET [maʀmuzɛ]. *n. m.* (XIIIᵉ; même rac. que *marmot*). ♦ 1° Figurine grotesque. *Marmouset de bois sculpté. Marmousets décorent les culs-de-lampe, une nuée de moucherons miséricordes des stalles, les extrémités des chenets.* ♦ 2° *Vx* ou *plaisant.* (XVᵉ). Petit garçon (V. **Marmot**); jeune homme, personnage insignifiant.

1. MARNAGE [maʀnaʒ]. *n. m.* (1641; de *marner* 1). Amendement d'une terre par un apport de marne.

2. MARNAGE [maʀnaʒ]. *n. m.* (1908; de *marner* 2). *Mar.* Amplitude maximale entre la haute et la basse mer. *L'estran* correspond au marnage.*

MARNE [maʀn(ǝ)]. *n. f.* (1266; altér. de *marle*, lat. pop. °*margila*, mot gaul.; Cf. **Maërl**). Mélange naturel d'argile et de calcaire. *Marnes argileuses, calcaires, limoneuses. Marnes employées comme amendements, comme engrais.*

1. MARNER [maʀne]. *v. tr.* (1564; altér. de *marler*, 1270; de *marne*). ♦ 1° Amender (une terre, un champ) avec de la marne. ♦ 2° *Pop.* (1827). Travailler dur.

2. MARNER [maʀne]. *v. intr.* (1716; d'une var. de *marge*). Région. *La marée, la mer marne* : monte au-dessus du niveau moyen.

MARNEUR [maʀnœr]. *n. m.* (1845; de *marner* 1). *Agric., Techn.* Celui qui marne les terres ou travaille dans une marnière.

MARNEUX, EUSE [maʀnø, øz]. *adj.* (1570; de *marne*). Qui a les caractères, la composition de la marne; qui contient de la marne. *Terrain, sol marneux. Calcaires marneux.*

MARNIÈRE [maʀnjɛr]. *n. f.* (*Marlière*, v. 1200; de *marne*). *Techn.* Carrière de marne.

MAROCAIN, AINE [maʀɔkɛ̃, ɛn]. *adj. et n.* (av. 1732, *marroquin*. V. **Maroquin**; de *Maroc*). Du Maroc. V. **Chérifien.** *Administration marocaine* (Maghzen). *Djellabah marocaine.* ◊ HOM. *Maroquin.*

MAROLLES [maʀɔl] ou **MAROILLES** [maʀwal]. *n. m.* (1723,-XXᵉ; de *Maroilles*, village du nord de la France). Fromage rectangulaire à pâte grasse.

MARONITE [maʀɔnit]. *n. et adj.* (1512; du patriarche *Maroun*). Nom des chrétiens orientaux de Syrie et du Liban, qui ont conservé la liturgie syriaque et qui forment l'une des Églises uniates. — Adj. *Prêtre, patriarche maronite.*

MARONNER [maʀɔne]. *v. intr.* (*Marro-*, 1743; mot du Nord-Ouest, « miauler »; même rac. que *maraud, marmotter*). *Fam.* Maugréer, exprimer sa colère, son dépit, en grondant, en marmonnant. V. **Murmurer, rager, râler** (*pop.*), **rouspéter.** *Faire maronner qqn :* enrager. ◇ HOM. *Marronner.*

MAROQUIN [maʀɔkɛ̃]. *n. m.* (1490; de *Maroc*, pays où l'on préparait ce cuir). ♦ 1° Peau de chèvre, de mouton, tannée au sumac et à la noix de galle, teinte et souvent grainée. *Maroquin rouge, brun.* « *Un gros in-folio relié en maroquin rouge* » (NERVAL). ♦ 2° Portefeuille ministériel, poste de ministre. *Il a fini par obtenir un maroquin.* V. **Ministère.** ◇ HOM. *Marocain.*

MAROQUINAGE [maʀɔkinaʒ]. *n. m.* (1842; de *maroquiner*). *Techn.* Préparation des peaux à la façon du maroquin.

MAROQUINER [maʀɔkine]. *v. tr.* (1701; de *maroquin*). *Techn.* Apprêter (une peau) comme le véritable maroquin, pour en imiter l'apparence. *Maroquiner de la basane, du veau.*

MAROQUINERIE [maʀɔkinʀi]. *n. f.* (v. 1700; de *maroquin*). ♦ 1° Fabrication, préparation du maroquin; atelier où on le prépare. V. **Tannage.** ♦ 2° Ensemble des industries utilisant les cuirs fins pour la fabrication et le revêtement (gainerie) de certains articles (portefeuilles, porte-monnaies, sacs à main, sous-main, etc.). ♦ 3° Commerce de maroquin, des articles de maroquinerie; ces articles. *Vendre de la maroquinerie.* ◇ Magasin où l'on vend des articles de maroquinerie, de gainerie.

MAROQUINIER [maʀɔkinje]. *n. m.* (v. 1700; de *maroquin*). ♦ 1° Ouvrier qui prépare les peaux de maroquin. ♦ 2° Celui qui fabrique des objets de maroquinerie. ♦ 3° Commerçant qui vend ces articles. *Acheter un sac chez le maroquinier.*

MAROTIQUE [maʀɔtik]. *adj.* (1585; du nom de Cl. *Marot* (1495-1544). *Littér.* Qui imite la langue et le style de Marot (considérés pendant la période classique comme le modèle de la poésie archaïque, gaie et simple).

MAROTTE [maʀɔt]. *n. f.* (1468, « poupée »; de *Marie*; Cf. Marionnette). ♦ 1° (1530). Sceptre surmonté d'une tête coiffée d'un capuchon bigarré et garni de grelots. *Marotte de bouffon, de fou.* ◇ *Par ext.* Tête de femme, en bois, carton, cire, dont se servent les modistes, les coiffeurs. ♦ 2° *Fig.* (1623). Idée fixe, manie. V. **Dada, folie, manie.** *Il a la marotte des mots croisés. C'est devenu une marotte.* V. **Habitude.** *Encore une nouvelle marotte!* V. **Caprice.** « *La vie n'est tolérable qu'avec une marotte, un travail quelconque* » (FLAUB.).

1. MAROUETTE [maʀwɛt] ou **MAROUTE** [maʀut]. *n. f.* (1867,-1611; de l'a. fr. *amarouste*; Cf. Amourette). Plante à odeur fétide (*Composacées*), appelée aussi *Camomille puante.*

2. MAROUETTE [maʀwɛt]. *n. f.* (1780; de la forme d'oc de *mariette*, dimin. de *Marie*; *maruetto* « marionnette »). Râle d'eau, petit échassier.

MAROUFLAGE [maʀuflaʒ]. *n. m.* (1785; de *maroufler*). *Peint.* Action de maroufler; toile de renfort sur laquelle une peinture, un panneau sont marouflés.

1. MAROUFLE [maʀufl(ə)]. *n. m.* (1534; var. de *maraud*). *Vx.* Homme grossier (V. **Rustre**); fripon.

2. MAROUFLE [maʀufl(ə)]. *n. f.* (*Marouf*, 1688; o. i.; p.-ê. fém. du précéd.). *Peint.* Colle forte.

MAROUFLER [maʀufle]. *v. tr.* (1746; de *maroufle* 2). *Peint.* Appliquer (une toile peinte) sur une surface (mur, toile...) avec de la maroufle. *Maroufler une peinture sur une toile, pour la renforcer. Maroufler un panneau :* le consolider en collant à son envers une toile, de la filasse. — Au p. p. adj. *Toile marouflée.*

MAROUTE. V. MAROUETTE (1).

MARQUAGE [maʀkaʒ]. *n. m.* (1669; de *marquer*). Opération par laquelle on marque (des animaux, des arbres, des marchandises). ◇ *Sports.* Action de marquer (1, A, 6°).

MARQUANT, ANTE [maʀkɑ̃, ɑ̃t]. *adj.* (1721; adj. part. de *marquer*). ♦ 1° *Carte marquante :* qui permet de marquer des points. ♦ 2° (1762). *Cour.* Qui marque, laisse une trace, un souvenir. V. **Mémorable, remarquable.** *Particularités marquantes. Événement marquant, mémorable. Personnage marquant*, que sa situation, son talent, son activité mettent en relief. ♦ ANT. **Insignifiant.**

1. MARQUE [maʀk(ə)]. *n. f.* (fin XVᵉ, « droit d'entrée »; de *marquer*; a remplacé *merc* (1119, *merque*), de l'a. nord. *merki* « marque »).

I. ♦ 1° (1530). Signe matériel, empreinte mis(e), fait(e) sur une chose pour la distinguer, la reconnaître ou servir de repère. V. **Empreinte, signe.** *Marque au couteau, à la scie.* V. **Coche, trait.** *Marque indélébile, ineffaçable. Marques de la viande de boucherie.* — *Coudre une marque à son linge :* une petite pièce de tissu portant une marque (initiales, nom, chiffre). — *Marques sur des papiers, des dossiers,* pour en faciliter le classement. V. **Cote.** *Marque numérique* (V. **Matricule, numéro**), *littérale, conventionnelle. Faire une marque sur une liste, à un mot.* V. **Astérisque, croix, point,**

renvoi. « *J'ai l'habitude de faire à mes livres des marques secrètes* » (DUHAM.). — *Spécialt.* Signe, croix qu'un illettré appose en place de signature. ♦ 2° *Sports* (XXᵉ). Trait, repère fait sur le sol (pour régler certains mouvements). — *Par ext.* Dispositif assurant une bonne position aux pieds des coureurs de vitesse qui vont prendre le départ. *La marque est soit un simple trou, soit un dispositif dit « starting-block ». À vos marques... Prêts?... Partez !* ♦ 3° Signe infamant que l'on imprimait sur la peau d'un condamné. V. **Flétrissure.** ♦ 4° (1690). *Comm.* Signe attestant un contrôle, le paiement de droits. V. **Cachet, contrôle, estampille, poinçon, sceau.** *Marque de la douane. Marque nationale de qualité.* — Signe (conventionnel ou non) par lequel les marchands notent le prix que leur a coûté un objet. ♦ 5° (1690). Signe distinctif appliqué sur une chose par celui qui l'a faite, fabriquée. *Marque d'orfèvre* (V. **Poinçon**), *d'ébéniste. Marque d'atelier d'une monnaie antique.* V. **Symbole.** ♦ 6° (1835). *Marque de fabrique et de commerce*, signe servant à distinguer les produits d'un fabricant, les marchandises d'un commerçant ou d'une collectivité. V. **Cachet, chiffre, estampille, étiquette, label, poinçon, sceau, timbre.** *Comm. Marque descriptive* (dénomination), *figurative* (emblème, vignette), *nominale* (nom en caractères particuliers). *Marque de distributeur. Marque déposée* (au tribunal). — *Spécialt.* Pharm. *Marque déposée d'un médicament :* nom sous lequel un médicament est vendu par le fabricant (à distinguer de sa dénomination* commune). — *Absolt. Produits de marque :* qui portent une marque connue, appréciée. ♦ 7° *Cour.* L'entreprise qui fabrique des produits de marque; ces produits. *Les grandes marques d'automobiles. Une grande marque et ses sous-marques. Image* de marque. Publicité* de marque.* ♦ 8° (1636). Ce qui sert à faire une marque. V. **Cachet, poinçon.**

II. (1530). ♦ 1° Trace naturelle dont l'origine est reconnaissable. V. **Impression, trace.** *Marques de pas, de roues de voiture dans un chemin. Marques de doigts gras sur une feuille de papier.* V. **Tache.** *Marques qui restent sur un tissu éraillé* (éraillure), *déchiré, froissé* (pli), *sur la carrosserie d'une voiture* (éraflure, raie). *Marques sur la peau; marques de coups, de contusions; de blessures :* bleu, cicatrice, ecchymose, marbrure, stigmate, vergeture, zébrure. *Marque de dents :* morsure. ◇ *Chasse. Marques :* traces, indices que laisse une bête et qui permettent de l'identifier. V. **Connaissance.** ♦ 2° Signe naturel, tache que l'on compare à une marque. *Avoir une marque sur le visage.* V. **Envie, nævus; cicatrice, tache.**

III. ♦ 1° (1549). Tout ce qui sert à faire reconnaître, retrouver une chose. V. **Mémento.** *Mettre une marque dans un livre pour retrouver facilement un passage.* V. **Signet.** — *Spécialt.* Jalon, repère. *Vx. Marque de théâtre :* ticket d'entrée. V. **Contremarque.** ◇ (1690) *Jeu.* Jeton, fiche, dispositif servant à noter les points des joueurs. — *Par anal.* Jeton, signe représentant de l'argent. V. **Sports** et *Jeu.* Décompte des points, au cours d'une partie, d'un match. *Mener à la marque* (Cf. Aux points). *À la mi-temps, la marque était de deux à un.* V. **Score.** ♦ 2° (1538, « armoiries »). *Marques distinctives d'une dignité, d'un grade, d'une fonction.* V. **Insigne, signe, symbole;** et *aussi* **Chevron, galon.** ◇ *Fig.* DE MARQUE. V. **Distinction, qualité** (de). « *Beaucoup de seigneurs de marque* » (VIGNY). *Hôtes de marque.*

IV. *Abstrait.* (1538). ♦ 1° Caractère, signe particulier qui permet de reconnaître, d'identifier qqch. V. **Annonce, attestation, attribut, caractère, critère, indication, indice, manifestation, présage, preuve, signe, symptôme, témoignage, témoin, trace.** *Être la marque de qqch.* V. **Révéler.** *Marque certaine, sûre, éclatante.* « *Instinct et raison, marques de deux natures* » (PASC.). *Réflexion qui porte la marque du bon sens* (Cf. Frappée au coin du bon sens). *Donner des marques de..., recevoir qqn avec des marques de joie.* V. **Démonstration.** *Marques d'affection, d'amour, de bienveillance, d'estime, de franchise.* V. **Preuve, trait.** ♦ 2° *Ling. L's est la marque du pluriel en français* (V. **Marqué, 5°**). ◇ HOM. *Mark.*

2. MARQUE [maʀk(ə)]. *n. f.* (XIVᵉ; prov. *marca*, du v. *marcar* « saisir à titre de représailles »). *Anc. Dr.* Représailles. — *Lettres de marque :* autorisation donnée à un particulier de se faire justice lui-même. *Mar. anc.* Commission donnée à un corsaire. ◇ HOM. *Mark.*

MARQUÉ, ÉE [maʀke]. *adj.* (1640; V. **Marquer**). ♦ 1° Pourvu, empreint d'une marque. *Briquet marqué :* estampillé. *Linge, drap marqué. Atomes marqués*, rendus radioactifs et, par là, décelables. ◇ (Personnes) *Être marqué :* porter la marque du forçat. Fig. *Être marqué :* compromis, engagé ou désigné (comme suspect, coupable). *Homme politique marqué à droite, à gauche.* — *Visage marqué*, fripé, chiffonné, aux yeux cernés; ou ridé, aux traits accusés. « *Il vieillit, il est marqué* » (BALZ.). ♦ 2° Qui constitue une marque. *Fam. Écrit, tracé. Il n'y a rien de marqué sur cette borne, ce poteau.* ♦ 3° Accentué. *Mesure, mélodie marquée.* — *Taille marquée*, soulignée par les vêtements. ♦ 4° *Abstrait* (1835). V. **Net,**

prononcé. *Distinction, différence marquée. Il a une préférence marquée pour le vin blanc. Changement marqué.* « *Une curiosité très marquée lui fit examiner et toucher tous les objets qui l'environnaient* » (MUSS.). ♦ 5° *Didact.* Qui porte un caractère particulier (par rapport à un terme neutre, *non marqué*). *Coursier, Étalon sont des termes marqués, par rapport à Cheval. Forme marquée du substantif* (féminin, pluriel, par rapport à masculin, singulier, *non marqués*).

MARQUER [maʀke]. *v.* (v. 1510; forme normanno-picarde (*merquier*, fin XIIᵉ); a remplacé *merchier* (XIIᵉ), *mercher*; de l'a. norm. *°merki* « marqué »).
I. *V. tr.* ⒶⒶ *(Concret).* ♦ 1° Distinguer, rendre reconnaissable (une personne, une chose parmi d'autres) au moyen d'une marque (I), d'un repère. V. **Indiquer, repérer, signaler.** *Marquer d'une coche* (cocher), *d'un cran* (créner), *d'une croix, d'une empreinte* (empreindre, estamper, étalonner), *d'une estampille* (estampiller), *d'une étiquette* (étiqueter), *d'un matricule, d'un numéro* (coter, matriculer, numéroter), *de points* (pointer, pointiller), *d'un timbre* (timbrer), *d'un signe quelconque. Marquer à la craie, au crayon, à l'encre. Marquer au poinçon* (poinçonner). *Marquer des draps, du linge*, en cousant une marque. *— Marquer le bétail au fer rouge.* Loc. métaph. *Marquer (un jour, un événement heureux) d'un caillou blanc, d'une pierre blanche* : le noter pour s'en souvenir. ◇ *Fam.* Écrire, inscrire, noter. *Marquer un numéro de téléphone sur son carnet.* « *Oubliait-elle de marquer toutes ses dépenses?* » (GREEN). ♦ 2° Former, laisser une trace, une marque (II) sur. *Marquer la peau de marbrures* (marbrer), *de taches* (tacher, tacheter), *de tatouages* (tatouer), *de zébrures* (taveler, zébrer). *Des traces de doigts marquaient les glaces. — Didact.* Introduire un indicateur dans (un corps, une substance) de façon à en permettre l'identification. *Globules rouges, blancs, marqués par un isotope radioactif.* ◇ *Fig.* et *cour. Marquer qqn de son influence, de son empreinte.* V. **Imprégner.** — Absolt. *La vie, les luttes, la misère l'ont marqué.* ♦ 3° Indiquer, signaler par une marque, un jalon. *Marquer une limite, des limites.* V. **Baliser, borner, délimiter, jalonner.** — (Choses) *Le ruisseau marquait la limite de la propriété.* Fig. « *Cette découverte marque une étape considérable dans l'histoire de notre monde* » (DUHAM.). ♦ 4° Indiquer (instrument). *Montre, chronomètre, pendule, horloge, qui marque les heures. Le thermomètre marquait dix degrés au-dessous de zéro.* ♦ 5° (1690). *Marquer les points, au cours d'une partie, d'un jeu*, les enregistrer, à l'aide de jetons, de marques. *Marquer les coups.* — Fig. MARQUER LE COUP : souligner par une manifestation quelconque, l'importance que l'on attache à qqch. *(Il vient d'être promu, il a voulu marquer le coup en invitant ses amis),* ou encore Manifester, par une réaction volontaire ou non, que l'on a été atteint, touché, offensé par qqch. *(On a fait des allusions sur son compte, mais il n'a pas marqué le coup).* — *Marquer un point* : obtenir un avantage sur ses adversaires (dans une contestation, une discussion). ◇ *Par méton.* Sports. *Marquer un but* (football), *un essai* (rugby), *un panier* (basket) : réussir un but, une essai. Absolt. *Il a réussi à marquer.* ♦ 6° *Sports.* (football, etc.). *Marquer un joueur* : le surveiller de très près. « *Elle était crampon comme un arrière qui vous 'marque' au foot* » (MONTHERLANT). ◇ *Fig.* Surveiller (un adversaire, un concurrent). « *Les Russes marquent la VIᵉ flotte* [américaine] » (*L'Express*, 20-12-1965). ♦ 7° Rendre sensible ou plus sensible; accentuer, souligner. V. **Scander.** *Marquer chacune de ses phrases par un geste de la main.* V. **Ponctuer.** *Marquer le pas* : faire sentir la cadence en frappant du pied, et *spécialt.* Piétiner sur place en cadence. Fig. Ralentir ou s'arrêter. *L'offensive marquait le pas.* ◇ (Choses) « *Son habit légèrement cintré marquait une taille mince* » (CHARDONNE). ⒷⒷ *(Abstrait).* ♦ 1° (1553). Vieilli. Indiquer, spécifier (qqch. à qqn). V. **Désigner, fixer.** *Marquer oralement* (V. Dire), *par écrit* (V. Écrire). « *Je voudrais vous marquer que votre opinion sur ces contestations est elle aussi de peu d'importance* » (MONTHERLANT). ♦ 2° *Vx.* Représenter, dépeindre. V. **Exprimer,** rendre. *Cet acteur marque la passion sans l'outrer.* ♦ 3° (1660). Faire connaître, extérioriser (un sentiment, une pensée). V. **Dire, exprimer, manifester, montrer, témoigner.** *Marquer son assentiment, son refus. Marquer de l'intérêt, de la rancune à qqn.* « *Je le saluai poliment et lui marquai ma surprise* » (FRANCE). ♦ 4° *(Choses).* Faire connaître, montrer, révéler par un signe, un caractère. V. **Annoncer, attester, caractériser, dénoncer, dénoter, indiquer, révéler, signaler, témoigner.** *La grâce qui marque l'adolescence. Ses moindres paroles marquent sa bonté.* « *Son visage marquait trois ou quatre ans de plus que son corps* » (GIDE).
II. *V. intr.* ♦ 1° (XVIIᵉ). Faire une impression assez forte pour laisser un souvenir durable. *Événements qui marquent.* V. **Dater; marquant.** *Les personnalités qui ont marqué pendant cette période.* ♦ 2° (1694). *Marquer bien* « avoir bel aspect »). Fam. MARQUER MAL : donner une mauvaise impression, par son allure, sa mine, sa mise. V. **Dégoter** *(fam.).* « *Cette dame que nous avons vue, nous avons bien trouvé qu'elle marquait très mal* » (PROUST). ♦ 3° (1762).

Laisser une trace, une marque. *Ce tampon ne marque plus. Coup qui marque.*

MARQUETÉ, ÉE [maʀkəte]. *adj.* (1379; de *marquer*). ♦ 1° Parsemé de taches de couleur. V. **Bigarré, tacheté,** truité. ♦ 2° Orné, décoré de marqueterie. *Plafond marqueté.*

MARQUETERIE [maʀkə(ɛ)tʀi]. *n. f.* (1416; de *marqueté*). ♦ 1° Assemblage décoratif de pièces de bois précieux (ou d'écaille, d'ivoire, de nacre, de métal) appliquées par incrustation ou par placage sur un fond de menuiserie. *Bibelots, coffret en marqueterie.* ♦ 2° Branche de l'ébénisterie relative à ces ouvrages. *Bois de marqueterie :* anis, carouge, ébène, merisier. ♦ 3° (XVIᵉ). Ensemble formé de parties disparates. V. **Mosaïque.** « *Une unité faite de pièces et de morceaux, une vraie marqueterie* » (STE-BEUVE).

MARQUETEUR [maʀkətœʀ]. *n. m.* (1576; de *marqueté*). *Techn.* Ouvrier ébéniste spécialisé dans les ouvrages de marqueterie.

MARQUEUR, EUSE [maʀkœʀ, øz]. *n.* (XVIᵉ; de *marquer*). ♦ 1° (1582). Personne qui marque, appose des marques. *Un marqueur de bétail.* ◇ *N. f.* MARQUEUSE : machine qui imprime la marque sur les produits. ♦ 2° *N. m.* (1791). Celui qui compte les points, les inscrit. Jeux, sports. *Les marqueurs d'un champ de tir.* — Par ext. *Marqueur automatique* (de billard, etc.). ♦ 3° *Sports.* Joueur qui marque des buts. ♦ 4° *Crayon*-feutre.*

MARQUIS [maʀki]. *n. m.* (1226; *marchis*, 1080; du rad. de *marche* 1). ♦ 1° *Hist.* Gouverneur militaire d'une Marche franque. ♦ 2° Titre seigneurial attaché à la possession d'une terre érigée en marquisat; le seigneur qui portait ce titre. ◇ *Mod.* Titre de noblesse qui prend rang après le duc et avant le comte; celui qui porte ce titre. *Monsieur le Marquis. Le marquis de Bassompierre.* ♦ 3° *Vx.* Homme élégant, raffiné, ou (péj.) qui se donne des airs de grand seigneur. *Des grâces de petit marquis.*

MARQUISAT [maʀkiza]. *n. m.* (1474; de *marquis*). ♦ 1° Terre qui conférait à son possesseur le titre de marquis. *Terre érigée en marquisat. Acheter un marquisat.* ♦ 2° (1552). Dignité de marquis.

MARQUISE [maʀkiz]. *n. f.* (1474; *marcise*, XIIᵉ; fém. de *marquis*).
I. Femme d'un marquis. *Madame la Marquise. La marquise de Sévigné.*
II. ♦ 1° (1718). Toile tendue au-dessus de l'entrée d'une tente d'officier. ♦ 2° (1867). Auvent généralement vitré au-dessus d'une porte d'entrée, d'un perron. V. **Véranda.** « *La marquise, au-dessus de la porte, a des vitres fêlées* » (ROMAINS). — *Marquises d'une gare*, vitrages qui abritent les quais, les voies. ♦ 3° (v. 1900). Bague à chaton oblong. *Marquise Louis XVI entourée de brillants.*

MARQUOIR [maʀkwaʀ]. *n. m.* (1771; de *marquer*). *Techn.* ♦ 1° Instrument servant à marquer. *Spécialt.* Outil des tailleurs, des couturières. ♦ 2° (1836). Modèle de lettres pour marquer le linge.

MARRAINE [maʀɛn]. *n. f.* (*Marrenne*, 1080; lat. pop. *matrina*, de *mater* « mère »). ♦ 1° Celle qui tient (ou a tenu) un enfant sur les fonts du baptême. *Le parrain et la marraine.* V. **Commère** *(vx).* *Marraine qui gâte son filleul.* ♦ 2° (1690). Celle qui préside au baptême d'une cloche, au lancement d'un navire. ♦ 3° (1914-1918). Jeune fille ou femme qui prend soin d'un soldat, l' « adopte », lui envoie des colis. *Marraine de guerre.* ◇ HOM. *Marrennes.*

MARRANT, ANTE [maʀɑ̃, ɑ̃t]. *adj.* (1920; de *se marrer*). *Pop.* Amusant, drôle. *Il n'est pas marrant, ton ami* : il est triste. ♦ Bizarre, extraordinaire. ◇ ANT. *Triste.*

MARRE [maʀ]. *adv.* (1895; de *se marrir* « s'affliger » (V. Marri), ou esp. *marearse* « avoir la nausée », de *mar* « mer »)). Fam. *En avoir marre*, en avoir assez, être excédé, dégoûté. *Il y en a marre! Y en a marre! c'est assez! Je commence à en avoir marre de ses simagrées* (Cf. Plein le dos, ras-le-bol). — Pop. *C'est marre* : ça suffit; *(arg.)* c'est tout. ◇ HOM. *Marc, mare.*

MARRER (SE) [maʀe]. *v. pron.* (1920, par antiphrase; d'abord « s'ennuyer », 1886; de *marre*). Pop. S'amuser, rire. *On s'est bien marré, il y a de quoi se marrer.* « *Quelle armée! Et on parle de chasser les Boches? Laissez-moi me marrer* » (DORGELÈS). ◇ HOM. *Marée.*

MARRI, IE [maʀi]. *adj.* (XIIᵉ; p. p. de l'a. fr. *marrir* « affliger »; frq. *°marrjan*). *Vx* ou *littér.* V. **Contrit, fâché.** « *Et de le voir si marri, si repentant, le bon prieur en était tout ému* » (DAUD.). ◇ HOM. *Mari.*

1. MARRON [maʀɔ̃]. *n. m.* (1532; d'un rad. préroman *°marr-* « caillou »; Cf. Marelle).
I. ♦ 1° Fruit comestible du châtaignier cultivé. V. **Châtaigne.** *Dinde aux marrons. Crème, purée de marrons.* — *Marchand de marrons,* qui fait griller des châtaignes en plein air et les vend chaudes aux passants. *Chaud les marrons!* — *Marrons glacés* : châtaignes confites dans du sucre (confiserie). ◇ Loc. *Tirer les marrons du feu,* se donner de la peine pour le seul profit d'autrui (par allus. à la fable de La Fontaine « Le Singe et le Chat »). ♦ 2° Par anal. *Marron d'Inde,*

graine non comestible du marronnier d'Inde. ♦ 3° *Adj.*
(1765). De la couleur (rouge brun) d'un marron. V. **Brun**.
Tissu marron clair. V. **Havane**. — Subst. *Elle porte bien le
marron.*
II. *Techn.* (1752). Jeton servant à contrôler la présence
d'une personne à son poste.
III. *Pop.* ♦ 1° (1881). Coup de poing (sur le *marron* : la
tête). *Sa mère « lui avait tant distribué de marrons qu'il en
sentait encore les bleus »* (QUENEAU). ♦ 2° *Adj.* (1855 ; de
rôti comme un marron). Attrapé, refait.
◇ HOM. *Marron* (2).
2. MARRON, ONNE [maʀɔ̃, ɔn]. *adj.* (1640, mot des
Antilles ; altér. de l'hispano-amér. *cimarron* « esclave fugitif »).
♦ 1° *Ancienn. Esclave, nègre marron* : qui s'est enfui pour
vivre en liberté. ♦ 2° (1832). Qui se livre à l'exercice illégal
d'une profession ou à des pratiques illicites. V. **Clandestin,
irrégulier.** *Courtier, médecin marron.* ◇ HOM. *Marron* (1).
MARRONNER [maʀɔne]. *v. intr.* (1771 ; de *marron* 2).
Ancienn. Être esclave marron, vivre en esclave marron.
◇ HOM. *Maronner.*
MARRONNIER [maʀɔnje]. *n. m.* (1560 ; de *marron* 1).
♦ 1° *Agric.* Nom d'une variété de châtaignier cultivé. ♦
2° (1668). *Cour. Marronnier d'Inde* ou *marronnier* : grand
arbre d'ornement *(Hippocastanacées)*, aux feuilles digitées, à
fleurs blanches ou rouges disposées en pyramides. *Le fruit
du marronnier, capsule coriace hérissée de pointes, renferme
la graine.* V. **Marron** (d'Inde).
MARRUBE [maʀyb]. *n. m.* (1387 ; lat. *marrubium*). Plante
herbacée vivace, à odeur musquée, des régions tempérées.
Marrube d'eau. V. **Lycope.** *Marrube noir, ballote*.
MARS [maʀs]. *n. m.* (v. 1215 ; lat. *martius*, de *Mars*, dieu
de la guerre). ♦ 1° Troisième mois de l'année dans le calendrier actuel (V. **Ventôse ; germinal**). *Mars a 31 jours. Il viendra
à Paris au mois de mars, en mars. « Mars, qui rit malgré les
averses »* (GAUTIER). — *Champ de Mars* : ancienn. Terrain
d'exercice (nom d'esplanades). — *Loc. Arriver comme mars
en carême*. ♦ 2° *Agric.* Les *mars*, les grains semés en mars
(avoine, orge, millet).
MARSAULT ou **MARSEAU** [maʀso]. *n. m.* (*Marsaux*,
1309,-XIXᵉ ; lat. *marem salicem* « saule mâle »). *Vx* ou *région.*
Saule qui pousse au bord des marais.
MARSEILLAIS, AISE [maʀsɛjɛ, ɛz]. *adj.* et *n.* (*Mar-
seillois, marsillois*, attesté XVIIIᵉ ; de *Marseille*). ♦ 1° De
Marseille (V. **Massaliote**). *Accent marseillais. Histoires,
plaisanteries marseillaises* (galéjades). ♦ 2° *La Marseillaise,*
hymne national français (de Rouget de Lisle, 1792). *La Marseillaise, d'abord intitulée « Chant de guerre de l'armée du
Rhin », fut chantée par les Marseillais à l'assaut des Tuileries.*
MARSOUIN [maʀswɛ̃]. *n. m.* (déb. XIᵉ ; scand. *marsvin*
« cochon de mer »). ♦ 1° Mammifère cétacé *(Delphinidés)*
des mers froides et tempérées, plus petit que le dauphin, à
museau bombé, à courte nageoire dorsale triangulaire.
Marsouin des mers polaires. V. **Bélouga.** ♦ 2° (1888 ; « marin »,
1828). Soldat ou gradé de l'ancienne infanterie de marine.
MARSOUINER [maʀswine]. *v. intr.* (v. 1968 ; de *marsouin*). *Mar.* Se dit d'une embarcation, d'un hydravion
qui plonge et se cabre alternativement sur l'eau (à la façon
des marsouins). *Un hydravion qui marsouine.* (On emploie
aussi MARSOUINAGE [maʀswinaʒ], *n. m.*)
MARSUPIAL, ALE, AUX [maʀsypjal, o]. *adj.* et *n. m.
pl.* (1736 ; du lat. *marsupium* « bourse », gr. *marsipion*).
♦ 1° *Zool. Poche marsupiale, repli marsupial*, en forme de
bourse, cavité incubatrice *(marsupium)*. ♦ 2° (1810). Les
MARSUPIAUX. *n. m. pl.* Ordre de mammifères vivipares dits
aussi *didelphes*, dont le développement embryonnaire effectué
dans l'utérus de la mère n'est que peu avancé à la naissance
et s'achève dans une cavité incubatrice ventrale *(marsupium)*
qui renferme les mamelles *(ex.* : dasyure, kangourou, koala,
opossum, phalanger, sarigue). Sing. *Un marsupial.* ♦ 3° *Fam.*
(apostrophe plaisante). *Tas de marsupiaux !* V. **Zigoto**.
— Sing. *Qu'est-ce que c'est que ce marsupial ?*
MARTAGON [maʀtagɔ̃]. *n. m.* (fin XIVᵉ ; mot esp.).
Variété de lis rose taché de pourpre, des régions montagneuses. Par appos. *Lis martagon.*
MARTE. V. **Martre.**
MARTEAU [maʀto]. *n. m.* (1380 ; plur. de *martel (mar-
teaus)* ; lat. pop. °*martellus*. V. **Martel**.)
I. ♦ 1° Outil de percussion, composé d'une masse métallique percée d'un trou *(œil)* dans lequel est fixé un manche.
V. **Maillet** *(vx)*. *Enfoncer un clou avec un marteau. Aplatir,
battre, écrouir du fer avec un marteau, à coups de marteau.*
V. **Marteler.** *Le marteau du forgeron frappe, sonne sur l'enclume. Marteaux spéciaux (de couvreur, de tailleur de pierre,
etc.).* V. **Asseau, besaiguë, boucharde, ferretier, laie, mailloche,
masse, massette, matoir, merlin, picot, rustique, smille.** ◇ *Le
marteau*, symbole du travail industriel au XIXᵉ s. *La faucille*
et le marteau. ◇ Loc. fig. *Être entre le marteau et l'enclume*.
♦ 2° (Dans des noms composés). Machine-outil agissant par
percussion. V. **Aplatissoir, marteau-pilon.** *Marteau pneumatique,* dans lequel un piston fonctionne à l'air comprimé

frappe avec force sur un outil. *Marteau-perforateur, marteau-
piqueur du mineur.* V. **Perforatrice.** ♦ 3° Instrument servant
à frapper des coups sur un objet, un corps. *Marteau de commissaire-priseur, marteau d'ivoire,* petit maillet dont le commissaire-priseur frappe un coup sur la table quand un objet
mis aux enchères est adjugé. — *Méd. Marteau à percussion,
à réflexes,* utilisé pour provoquer certains réflexes. — *Chir.*
Instrument servant à faire pénétrer les clous dans un os
(V. **Ostéosynthèse**). — *Eaux et for.* Marteau dont la tête
porte une marque en relief (initiales, armoiries), que les
agents forestiers impriment sur les arbres destinés à l'abattage ou à la réserve. V. **Martelage.** ♦ 4° *Mus.* (1690). Pièce
de bois, dont l'extrémité supérieure feutrée frappe une corde
de piano et la met en vibration quand on abaisse la touche
correspondante du clavier. ♦ 5° Pièce d'horlogerie formée
d'une tige portant un objet dur qui frappe les heures
sur un timbre. ♦ 6° Heurtoir fixé au vantail d'une porte.
*Javert, « soulevant le lourd marteau de fer, frappa un coup vio-
lent »* (HUGO). ♦ 7° *Fig. Requin marteau* : poisson
sélacien *(Squales)* des mers tropicales, dont la tête présente
deux prolongements latéraux symétriques portant les yeux. V.
Zygène. ♦ 8° (1611). *Anat.* Un des quatre osselets de l'oreille
moyenne des mammifères, dont la tête s'articule avec l'enclume*. ♦ 9° Sphère métallique, reliée par un fil d'acier à une
poignée en forme de boucle, et que les athlètes lancent en
pivotant sur eux-mêmes. *Lancement, lancer du marteau.*
II. (1889 ; de « avoir un coup de marteau », av. 1840).
Fam. Être marteau : fou, cinglé. « *Quand vingt-cinq bonshommes deviennent marteaux »* (DUHAM.).
MARTEAU-PILON [maʀtopilɔ̃]. *n. m.* (v. 1850 ; de
marteau, et *pilon*). Marteau mécanique de grosse forge, constitué par une masse pesante mue verticalement (à la vapeur,
à l'air comprimé ou à l'électricité).
MARTEAU-PIOLET [maʀtopjɔlɛ]. *n. m.* (1941 ; de *marteau,* et *piolet*). *Techn.* Marteau d'escalade servant de piolet,
utilisé à la fois pour poser des pitons et entailler la glace.
Tailler des marches au marteau-piolet. Pl. *Des marteaux-
piolets.*
MARTEL [maʀtɛl]. *n. m.* (XIIᵉ, « marteau » ; lat. pop.
°*martellus*, de *martulus, marculus*). *Mod.* (XVIᵉ). SE METTRE
MARTEL EN TÊTE : se faire du souci. « *Ne te mets pas martel
en tête. Je cours très peu de danger »* (ROMAINS).
MARTELAGE [maʀtəlaʒ]. *n. m.* (1530 ; de *marteler*).
Action de marteler. ♦ 1° Façonnage au marteau des métaux
malléables. ♦ 2° Opération par laquelle on marque au marteau les arbres à abattre ou à conserver (balivage), dans une
coupe.
MARTELÉ, ÉE [maʀtəle]. *adj.* (XVᵉ ; V. **Marteler**).
♦ 1° Travaillé au marteau. *Cuivre martelé. « Des casseroles
de cuivre ancien, martelées »* (COLETTE). ♦ 2° Émis avec
force et en détachant les sons. — *Mus. Notes martelées.*
MARTÈLEMENT ou **MARTELLEMENT** [maʀtɛlmã].
n. m. (*Martelement*, 1579,-1576 ; repris mil. XIXᵉ ; de *marteler*).
♦ 1° Bruit, choc du marteau battant le fer. V. **Battement.**
« *On ne distinguait plus que ce martèlement obstiné, les coups
pressés du marteau sur le fer »* (ZOLA). ♦ 2° Bruit cadencé
qui rappelle celui des coups de marteau.
MARTELER [maʀtəle]. *v. tr.* ; conjug. *geler* (XIIᵉ ; de
martel « marteau »). ♦ 1° Battre, frapper à coups de marteau.
Marteler un métal sur l'enclume. — Forger, façonner à coups
de marteau. ♦ 2° Frapper fort et à coups répétés sur. « *Il
lui martelait la figure à coups de poing »* (CARCO). ◇ Ébranler,
faire résonner, faire vibrer comme sous un coup de marteau.
« *Ce tocsin qui lui martelait le cerveau »* (MART. du G.).
« *Une idée qui lui martelait la cervelle »* (BALZ.) : qui lui revenait sans cesse, d'une manière lancinante. ♦ 3° *Fig.* Prononcer en articulant avec force, en détachant les syllabes.
V. **Accentuer.** « *Forçant sa voix et martelant ses mots »*
(MART. du G.).
MARTELEUR [maʀtəlœʀ]. *n. m.* (1743 ; *martelleur*, XIVᵉ ;
de *marteler*). *Techn.* Ouvrier qui travaille au marteau. *Spécialt.* Ouvrier qui manœuvre un marteau de grosse forge.
MARTENSITE [maʀtɛsit]. *n. f.* (apr. 1914 ; de *Martens,*
ingénieur allemand, et suff. *-ite*). *Techn.* (métall.). Mélange
par solution de carbone et de fer entrant dans la composition
des aciers trempés.
MARTIAL, ALE, AUX [maʀsjal, o]. *adj.* (1511 ; lat.
martialis, de *Mars,* dieu de la guerre).
I. ♦ 1° *Littér.* Relatif à la guerre, à l'armée ; qui encourage
à la guerre. *Discours martial.* ♦ 2° (Souvent *iron.*). Qui
dénote ou rappelle les habitudes militaires. *Allure, voix martiale.* ♦ 3° (1789). *Loi martiale,* autorisant le recours à la
force armée pour la répression intérieure. — *Cour martiale,*
tribunal militaire exceptionnel.
II. (1694 ; de *Mars* « fer », en alchimie). *Sc.* Qui contient
du fer. *Pyrite martiale.* — *Méd. Traitement martial,* par des
préparations contenant du fer (dans certaines anémies).
MARTIALEMENT [maʀsjalmã]. *adv.* (1842 ; de *martial*).
Littér. D'une manière martiale (I).

MARTIEN, IENNE [maʀsjɛ̃, jɛn]. *adj.* et *n.* (1530; de *Mars*). ♦ 1° De la planète Mars. *L'observation martienne.* ♦ 2° *Astrol.* Qui est sous l'influence attribuée à la planète Mars. ♦ 3° *N.* Habitant présumé de la planète Mars.

MARTIN-CHASSEUR [maʀtɛ̃ʃasœʀ]. *n. m.* (1750; d'apr. *martin-pêcheur*). Oiseau passereau, insectivore, voisin du martin-pêcheur, mais de mœurs terrestres. — (REM. Ce mot est moins courant que *martin-pêcheur*).

MARTINET [maʀtinɛ]. *n. m.* (1315; de *Martin*, n. pr.; Cf. Merlin).
I. *Techn.* Lourd marteau à soulèvement, mu par la vapeur, par un moulin à eau, etc. *Martinet de forge.* V. Marteau-pilon.
II. (1530; Cf. Oiseau Saint-Martin). ♦ 1° *Cour.* Oiseau passereau, à longues ailes, qui ressemble à l'hirondelle. « *Les cris délirants des martinets, qui fendaient l'air* » (R. ROL-LAND). ♦ 2° *Vieilli* (1564; par compar. avec la forme de l'oiseau en vol). Chandelier plat muni d'un manche, d'un crochet. « *Madame Saillard s'éclairait avec un martinet en cuivre* » (BALZ.).
III. (1743; métaph. du sens II ou du sens de « bâton »). Fouet à plusieurs lanières ou cordes. *Menacer un enfant du martinet.*

MARTINGALE [maʀtɛ̃gal]. *n. f.* (*Chausses à la martin-gualle*, 1534; prov. *martegalo*, de *Martigues*).
I. ♦ 1° (1611). Courroie du harnachement du cheval, qui relie la sangle (sous le ventre de l'animal) à la muserole. ♦ 2° (1873). Bande de tissu, de cuir, etc., placée horizontalement dans le dos d'un vêtement, à hauteur de la taille, pour en retenir l'ampleur. V. Patte. *Martingale d'un manteau, d'une veste.*
II. (1762; du prov. *jouga* (jouer) *a la martegalo*). Manière de jouer consistant à miser le double de sa perte du coup précédent. *Jouer la martingale à la roulette.* ◊ *Par ext.* Toute combinaison, plus ou moins scientifique (calcul des probabilités) au jeu. *Inventer, suivre une martingale.* « *Elle prétendait s'y faire des revenus* (au casino) *grâce à d'habiles martingales* » (BEAUVOIR).

MARTINI [maʀtini]. *n. m.* (v. 1930; marque déposée). Vermouth produit par la firme Martini et Rossi. *Du martini blanc, rouge.* — Verre de cet apéritif. « *Que prendrez-vous? demanda-t-il. Un martini?* » (BEAUVOIR).

MARTIN-PÊCHEUR [maʀtɛ̃pɛʃœʀ]. *n. m.* (1573; *martinet*, 1553; de *martin*, et *pêcheur*). Petit oiseau passereau, au corps épais, à long bec, à plumage bleu et roux, qui se nourrit de poissons.

MARTRE [maʀtʀ(ə)] ou **MARTE** [maʀt(ə)]. *n. f.* (XVIe, -1080; frq. °*marthor*; Cf. all. *Marder*). ♦ 1° Mammifère carnivore (*Mustélidés*), au corps allongé, au museau pointu, au pelage brun. *Martre commune, à gorge rousse. Martre du Canada* (ou pékan). ◊ *Par ext.* Se dit des *Mustélidés* du même genre. *Martre zibeline; martre fouine. La martre qui fournit le kolinski est appelée commercialement* « *loutre de Sibérie* ». ♦ 2° Fourrure de martre. *Manteau, col de martre.*

MARTYR, YRE [maʀtiʀ]. *n.* et *adj.* (XIe; lat. chrét. *martyr*, du gr. *martur* « témoin (de Dieu) »; Cf. a. fr. *Martre* (dans Montmartre). ♦ 1° Personne qui a souffert la mort pour avoir refusé d'abjurer la foi chrétienne, et *par ext.* une autre foi. *Martyrs des persécutions romaines des trois premiers siècles de notre ère* (de Néron à Dioclétien). *Ère des martyrs. Polyeucte, martyr; Théodore, vierge et martyre, pièces de Corneille. Les Martyrs, œuvre de Cha-teaubriand. Liste des martyrs.* V. Martyrologe. *Commun* des martyrs.* « *J'admire les martyrs. J'admire tous ceux qui savent souffrir et mourir, et pour quelque religion que ce soit* » (GIDE). — Loc. fig. *Prendre, se donner des airs de martyr, jouer les martyrs,* affecter une grande souffrance. ♦ 2° Personne qui meurt, qui souffre pour une cause. *Martyr d'un idéal, de la liberté.* — Par appos. *Enfant martyr. Peuple martyr. La Pologne martyre.* ◊ ANT. Bourreau.

MARTYRE [maʀtiʀ]. *n. m.* (*Martirie*, 1080; lat. ecclés. *martyrium*. V. Martyr). ♦ 1° La mort, les tourments qu'un martyr endure pour sa religion, sa foi. V. Baptême (*du* sang), supplice. *L'auréole; la couronne, la palme du martyre. Le martyre de saint Sébastien.* ♦ 2° *Par ext.* La mort ou les souffrances que qqn endure pour une cause. « *Le martyre est une sublimation. C'est une torture qui sacre* » (HUGO). ♦ 3° Peine cruelle, grande souffrance (physique ou morale). V. Calvaire, supplice, torture, tourment. *Sa maladie fut un martyre, lui fit souffrir le martyre.* « *En vérité c'est un martyre que cette séparation* » (SÉV.). ◊ Situation pénible, désagréable. *Pour une personne aussi active, l'inaction est un martyre.*

MARTYRISER [maʀtiʀize]. *v. tr.* (1138; lat. chrét. *martyrizare*, du lat. *martyr*). ♦ 1° *Rare.* Livrer au martyre. *Néron, Dioclétien martyrisèrent de nombreux chrétiens.* V. Persécuter. ♦ 2° *Cour.* (v. 1600). Faire souffrir beaucoup, physiquement ou moralement. V. Supplicier, torturer, tourmenter. *Ses rhumatismes le martyrisent.* « *Ça me fait rager de penser qu'il y a des hommes qu'on martyrise* » (SARTRE).

MARTYRIUM [maʀtiʀjɔm]. *n. m.* (1840; *martyrion*, XVIIIe; *martyre*, 1546; mot lat. « martyre »). *Relig.* Crypte, chapelle renfermant le tombeau d'un martyr. — Église placée sous l'invocation d'un martyr.

MARTYROLOGE [maʀtiʀɔlɔʒ]. *n. m.* (1354; lat. chrét. *martyrologium*). ♦ 1° *Relig.* Liste, catalogue des martyrs. ♦ 2° *Littér.* Liste de ceux qui ont souffert, sont morts pour une cause. *Le martyrologe de la science.*

MARXIEN, IENNE [maʀksjɛ̃, jɛn]. *adj.* (v. 1960; de *Marx*. V. Marxisme). *Didact.* De Karl Marx. *L'analyse marxienne du capitalisme est basée sur la théorie de la plus-value.*

MARXISANT, ANTE [maʀksizɑ̃, ɑ̃t]. *adj.* (v. 1964; de *marxiste*). Apparenté au marxisme. « *Les discours marxi-sants des syndicats* » (*L'Express*, 23-4-1973). *Des intellectuels marxisants.* V. Communisant.

MARXISER [maʀksize]. *v. tr.* et *réfl.* (v. 1965; *marxisa-tion* attesté 1962; de *marxiste*). Rendre ou devenir marxiste. « *Avant que le capitalisme ne se marxise* » (*La Croix*, 9-2-1969). [*Dér.* MARXISATION (maʀksizasj5), *n. f.*]

MARXISME [maʀksism(ə)]. *n. m.* (v. 1880; du nom de Karl *Marx* (1818-1883). Doctrine philosophique (matéria-lisme dialectique), sociale (matérialisme historique) et éco-nomique élaborée par Karl Marx, Friedrich Engels et leurs continuateurs. *Aspect politique et économique du marxisme.* V. Bolchevisme, collectivisme, communisme, socialisme. *Partis politiques* (communistes, socialistes), *syndicats, États se réclamant du marxisme. Néo-marxisme réformiste. Marxisme-léninisme.* ◊ ANT. Capitalisme.

MARXISTE [maʀksist(ə)]. *adj.* et *n.* (v. 1880; de *marxisme*). Relatif au marxisme. *Philosophie, matérialisme, socialisme marxiste.* — *Un, une marxiste :* partisan du marxisme. V. Communiste, socialiste. ◊ ANT. Capitaliste.

MARXOLOGUE [maʀksɔlɔg]. *n.* (1957, M. Rubel; de *Marx,* et -*logue,* d'apr. le russe [Riazanov, 1925]). Spécialiste de l'œuvre de Karl Marx.

MARYLAND [maʀilɑ̃(d)]. *n. m.* (1762; nom d'un État américain. Tabac à fumer originaire de l'État de Maryland. « *Ces messieurs fumeront du maryland* » (GAUTIER).

MAS [mɑ(s)]. *n. m.* (répandu v. 1860; mot languedocien et provençal (1109); a. fr. *mès,* lat. *mansum,* de *manere* « demeurer »; Cf. Maison, manoir). Ferme ou maison de campagne de style traditionnel, en Provence. *Des mas.*

MASCARADE [maskaʀad]. *n. f.* (1554; it. *mascarata,* var. de *mascherata.* V. Masque). ♦ 1° Divertissement où les participants sont déguisés et masqués. V. Déguisement, travesti. « *Les mascarades* (de la mi-carême) *attiraient les paysans à la ville* » (BALZ.). ◊ Ensemble de personnes déguisées et masquées; défilé de masques. ♦ 2° *Ancien.* Ballet travesti alternant des figures de danse et des récitations de vers galants; spectacle allégorique. — *Hist. litt.* Vers composés pour une mascarade. *Les Mascarades, combats et cartels,* de Ronsard (1565). ♦ 3° Déguisement, accoutre-ment ridicule ou bizarre. ♦ 4° *Fig.* Actions, manifestations hypocrites (V. Hypocrisie); mise en scène fallacieuse, trom-peuse. *Ce procès n'est qu'une mascarade, les accusés sont condamnés d'avance.*

MASCARET [maskaʀɛ]. *n. m.* (XVIe; mot gascon « bœuf tacheté », de *mascara* « mâchurer, tacheter », par métaph. d'un animal bondissant). ♦ 1° Longue vague déferlante produite dans certains estuaires par la rencontre du flux et du reflux. *Le mascaret de la Gironde, de la Seine.* V. Barre. ♦ 2° Déferlement violent, raz de marée. « *Un mascaret de feu* » (DUHAM.).

MASCARON [maskaʀ5]. *n. m.* (1633; it. *mascherone,* de *maschera* « masque »). *Archit.* Figure, masque fantastique ou grotesque décorant les clefs d'arcs, les chapiteaux, etc.

MASCOTTE [maskɔt]. *n. f.* (1867; prov. *mascoto* « sor-tilège », de *masco* « sorcière »). Animal, personne, objet considérés comme portant bonheur. V. Fétiche, porte-bonheur.

MASCULIN, INE [maskylɛ̃, in]. *adj.* (v. 1200; lat. *mas-culinus*).
I. ♦ 1° Qui est propre à l'homme (II). V. Mâle. *Courage masculin.* V. Viril. « *Ce fier, ce terrible et pourtant un peu nigaud de sexe masculin* » (BEAUMARCH.). ♦ 2° Qui a les caractères de l'homme, tient de l'homme. *Voix masculine. Elle est assez belle, mais trop masculine.* V. Hommasse. ♦ 3° Qui a rapport à l'homme. *Métier masculin.* ♦ 4° Qui est composé d'hommes. *Population masculine. Main-d'œuvre masculine.*
II. (*h. XIVe*). ♦ 1° Qui s'applique aux êtres mâles, mais le plus souvent (en français) à des êtres et à des choses sans rapport avec l'un ou l'autre sexe. *Genre masculin. Mot, substantif masculin.* — Subst. *Le masculin,* le genre masculin. — Forme masculine. *Le masculin d'un nom.* ♦ 2° (1690). *Rime masculine,* qui ne se termine pas par un *e* muet. ◊ ANT. Féminin.

MASCULINISER [maskylinize]. *v. tr.* (1521, v. pron., gram.; de *masculin*). ♦ 1° Rendre masculin, donner des caractères masculins, des manières d'hommes à. V. Viriliser.

Mode qui masculinise les femmes. ♦ 2° *Biol.* Provoquer l'apparition des caractères sexuels masculins. ◊ ANT. *Féminiser.*

MASCULINITÉ [maskylinite]. *n. f.* (XIIIe ; de *masculin*). ♦ 1° Caractère masculin. Qualité d'homme, de mâle. ♦ 2° Dr. anc. *Privilège de masculinité :* en vertu duquel dans les successions nobles, en ligne collatérale et égalité de degré, « le mâle forclot (exclut) la femelle ». V. **Salique** (loi). ◊ *Démogr. Taux de masculinité,* pourcentage des naissances masculines par rapport à l'ensemble total des naissances. ◊ ANT. *Féminité.*

MASER [mazɛr]. *n. m.* (1954 ; mot angl., abrév. de Molecular Amplification by Stimulated Emission of Radiation). *Phys.* Amplificateur obtenu par enrichissement en atomes ou molécules susceptibles d'émettre une radiation de fréquence donnée inférieure aux fréquences lumineuses (V. **Laser**) au profit des atomes ou des molécules susceptibles de l'absorber (et rendant ainsi l'énergie émise supérieure à l'énergie absorbée).

MASKINONGÉ [maskinɔ̃ʒe]. *n. m.* (1709 ; mot algonquin « brochet difforme ou très gros »). Poisson d'eau douce du Canada, apparenté au brochet. « *Des poissons d'une beauté sans pareille, pour leur grosseur, comme brochets, depuis deux pieds jusqu'à trois ou quatre pieds de long, des maskinongés, nommés ainsy en sauvage, à peu près ressemblants au brochet* » (BOUCAULT).

MASOCHISME [mazɔʃism(ə)]. *n. m.* (fin XIXe ; de *Sacher-Masoch*, romancier autrichien). ♦ 1° *Méd.* Perversion sexuelle par laquelle une personne ne peut atteindre le plaisir qu'en subissant une souffrance physique, des sévices. ♦ 2° *Cour.* Comportement d'une personne qui trouve du plaisir à souffrir, qui recherche la douleur et l'humiliation (*opposé à* sadisme).

MASOCHISTE [mazɔʃist(ə)]. *adj. et n.* (1897 ; de *masochisme*). Qui est atteint de masochisme. *Personne masochiste. Attitude masochiste. Tendances à la fois sadiques* et *masochistes* (sadomasochistes). Subst. *Un, une masochiste.* — *Abrév. fam.* MASO [mazo], adj. et n. *Il est un peu maso.*

MASQUAGE [maskaʒ]. *n. m.* (1963 ; de *masquer*). Action de masquer ; son résultat. — Spécialt. *Photogr.* Retouche au moyen de masques. — *Physiol.* Perception plus faible ou nulle d'un son, causée par la superposition d'un autre son de fréquence différente.

MASQUE [mask(ə)]. *n. m.* (1511 ; it. *maschera ;* du rad. prélatin °*mask-* ; Cf. bas lat. *Masca* « sorcière ; masque »). I. ♦ 1° Objet de matière rigide dont on couvre le visage humain pour transformer son aspect naturel. V. **Déguisement.** *Masque expressif, grotesque.* Spécialt. *Masque du théâtre antique, en bois ou en cuir et à ouverture en porte-voix. Masque tragique, comique.* — *Masques nègres, masques portés par les Noirs dans leurs danses et cérémonies.* — *Masques de carnaval, du mardi gras, de la mi-carême.* V. **Déguisement, mascarade.** « *Ces masques de mardi gras qui deviennent effrayants quand de vrais hommes vivants les portent sur leurs visages* » (SARTRE). ♦ 2° Objet souple ou rigide dissimulant une partie du visage. *Masque de velours noir.* V. **Loup.** *Lever, ôter, poser son masque pour se faire reconnaître.* — *Le Masque de fer,* personnage mystérieux qui ne quittait pas son masque dans la prison où le maintenait Louis XIV. ♦ 3° (1532). Vieilli. Personne qui porte un masque, et *par ext.* Personne déguisée. « *Masques et bergamasques* » (VERLAINE). ♦ 4° *Fig.* (XVIe). Dehors trompeur. V. **Apparence, extérieur.** *Sa douceur n'est qu'un masque.* « *Le masque de l'hypocrisie cache la malignité* » (LA BRUY.). *Sous ce masque débonnaire, il était prêt à tout.* « *Ce masque d'indifférence qu'elle me force à revêtir* » (GIDE). Absolt. *Sous le masque,* incognito, en cachette, hypocritement. V. **Manteau** (sous le). — *Ôter son masque, jeter le masque,* se montrer tel qu'on est, révéler ce qu'on cachait. *Lever, arracher le masque de qqn, à qqn :* dévoiler sa fausseté ; le confondre. V. **Démasquer.** « *Le génie de Goya veut arracher au monde son masque d'imposture* » (MALRAUX). ♦ 5° (1833). Aspect, modelé du visage. V. **Facies, physionomie.** *Avoir un masque impénétrable, un masque de tristesse.* V. **Air, expression.** « *Ce masque* (de Mirabeau) *où la physionomie, qui exprimait tout, triomphait de la laideur* » (STE-BEUVE). — Spécialt. Aspect anormal du visage, caractéristique d'un état physiologique ou pathologique. *Masque de grossesse.* V. **Chloasma.**
II. ♦ 1° (1540). Mascaron sculpté. « *Dans un jardin romain, un vieux masque de pierre M'attirait* » (NOAILLES). ♦ 2° Empreinte prise sur le visage d'une personne, *spécialt.* d'un mort ; reproduction de cette empreinte. *Masque mortuaire, funéraire.* ♦ 3° Appareil protecteur, masque de protection. *Masque d'escrime,* en toile métallique à mailles serrées, garni de bourrelets. — *Masque d'apiculteur ; d'ouvrier soudeur.* ◊ MASQUE À GAZ, appareil protégeant des fumées et gaz asphyxiants les voies respiratoires et le visage. ◊ *Chir.* Dispositif placé sur le visage d'une personne pour lui

faire respirer des vapeurs anesthésiques. « *Je fabrique un masque pour t'endormir à l'éther* » (DUHAM.). ♦ 4° (XXe). Couche de crème, etc., appliquée sur le visage pour resserrer, tonifier, adoucir l'épiderme. *Masque facial. Masque de beauté.* ♦ 5° (1873). *Milit.* Abri, masse de terre destinée à cacher, protéger les hommes et les ouvrages. — Tout obstacle naturel formant écran. *Installer une pièce de mortier derrière un masque.*
III. *Zool.* (fin XVIIIe). Lèvre inférieure allongée qui couvre une partie de la tête des larves de libellules.

MASQUÉ, ÉE [maske]. *adj.* (1538 ; V. **Masquer**). ♦ 1° Couvert d'un masque. *Visage masqué. Être attaqué par des bandits masqués.* ♦ 2° *Bal masqué :* où l'on porte des masques. V. **Travesti.** ♦ 3° Caché, dissimulé. *Milit. Batterie masquée. Tir masqué* (à pointage indirect).

MASQUER [maske]. *v. tr.* (1550 ; de *masque*). ♦ 1° Rare. Couvrir d'un masque, cacher sous un masque. *Masquer un enfant pour le carnaval.* ◊ *Vx.* Couvrir d'un déguisement complet. V. **Déguiser, travestir.** « *Allons donc nous masquer avec quelques bons frères* » (MOL.). ♦ 2° Déguiser sous une fausse apparence. V. **Dissimuler, enrober, farder, recouvrir, voiler.** *Masquer la vérité par des lâchetés.* « *Nos concitoyens qui avaient continué de masquer leur inquiétude sous de plaisanteries* » (CAMUS). ♦ 3° (1761). Cacher à la vue. *Cette maison masque le paysage, la vue.* V. **Dérober.** *Masquer les lumières.* ◊ *Milit.* Cacher à l'ennemi en interposant qqch. *Masquer une batterie, un mouvement de troupes.* ♦ 4° (1783). Dissimuler un goût, une odeur, par un goût, une odeur de nature différente. « *Les effroyables ingrédients qui masquaient le goût des poisons désinfectés* » (HUYSMANS). ♦ 5° *Mar.* Disposer de manière à ce que le vent frappe de face en plaquant les voiles au mât. *Masquer les voiles, le navire. Le vent masque le navire.* Intrans. *Le navire masque.* ◊ ANT. *Montrer.*

MASSACRANT, ANTE [masakʀɑ̃, ɑ̃t]. *adj.* (1777 ; de *massacre*). *Humeur massacrante :* très irritée, rebutante. V. **Insupportable.** « *Messire Robert s'était éveillé le matin fort bourru et de massacrante humeur* » (HUGO).

MASSACRE [masakʀ(ə)]. *n. m.* (XVIe ; *macecle, macecre* « boucherie », XIIe ; de *massacrer*). I. ♦ 1° *Vx.* Action de tuer une grande quantité de gibier. *Sonner le massacre, la curée.* ♦ 2° (1551). *Chasse.* Tête de daim, de cerf, séparée du corps et placée sur la peau de l'animal pendant la curée. — Bois de cerf muni de l'os frontal qui le supporte. « *Au-dessus de la cheminée, un massacre de cerf dix-cors épanouissait son bois* » (GAUTIER). — *Blas.* Figure de l'écu représentant un bois de cerf.
II. ♦ 1° (1564). Action de massacrer ; résultat de cette action. V. **Assassinat, boucherie, carnage, hécatombe, tuerie.** *Massacre des Innocents. Les Vêpres siciliennes, massacre des Français de Palerme. Massacre de la Saint-Barthélemy, en 1572. Massacres de Septembre* (1792). V. **Septembrisade(s).** *Massacre d'un peuple, d'une minorité ethnique.* V. **Anéantissement, destruction, extermination ; génocide.** *Envoyer des soldats au massacre,* les exposer à une mort certaine. *Donner le signal du massacre. Échapper au massacre.* ◊ (1893) *Jeu de massacre :* jeu forain qui consiste à abattre des poupées à bascule, en lançant des balles de son ; la baraque de foire où l'on joue à ce jeu. Fig. *Le licenciement des employés « peu à peu tournait au jeu de massacre* » (COURTELINE). ♦ 2° Combat dans lequel celui qui a le dessus met à mal sa victime. *Ce match de boxe a tourné au massacre.* ♦ 3° *Fig.* Destruction totale ou massive. « *Ils en font un massacre, dans la cuisine et dans tout l'appartement !* » (ZOLA). V. **Gâchis.** ♦ 4° (1640). Le fait d'endommager par brutalité ou maladresse ; travail très mal exécuté. ◊ Spécialt. Exécution ou interprétation exécrable, qui défigure une œuvre. *Cette interprétation est un vrai massacre.*

MASSACRER [masakʀe]. *v. tr.* (XVIe ; *macecler,* v. 1165 ; lat. pop. °*matteuculare,* de °*matteuca* « massue »). ♦ 1° (1564). Tuer avec sauvagerie et en masse des êtres qui ne peuvent pas se défendre. V. **Détruire, exterminer.** *Massacrer des prisonniers.* — Absolt. « *On ne massacre jamais que par peur, la haine n'est qu'un alibi* » (BERNANOS). ♦ 2° (v. 1600). Assassiner (une seule victime) qui ne peut se défendre. ◊ Mettre à mal (un adversaire en état d'infériorité). V. **pop.** **Amocher, démolir, écharper, esquinter.** ♦ 3° SE MASSACRER. *v. pron.* Se tuer les uns les autres ou l'un l'autre en un combat sanglant. V. **Détruire** (se). « *Ils vont se battre, tous ces imbéciles, se faire casser le profil, se massacrer* » (HUGO). ♦ 4° (1718). *Fam.* Mettre (une chose) en très mauvais état. *Abîmer, saccager.* « *Une vieille dame maigre massacrait une devanture à coups de parapluie* » (P. MORAND). ♦ 5° (1640). Endommager involontairement par un travail maladroit et brutal, par une mauvaise exécution. V. **Bousiller** (pop.), gâter. *Massacrer un texte en le disant, en le traduisant.* Défigurer. « *Monsieur de Bartas qui massacra le grand air de Figaro* » (BALZ.).

MASSACREUR, EUSE [masakʀœʀ, øz]. *n.* (1574 ;

« arme », 1543 ; de *massacrer*). ♦ 1° Personne qui massacre. V. **Assassin, tueur.** *Les massacreurs de la Saint-Barthélemy.* ♦ 2° *Fig.* (1834). Personne qui, par maladresse, gâte qqch., exécute mal un travail. V. **Maladroit.** *Ce pianiste est un massacreur.*

MASSAGE [masaʒ]. *n. m.* (1812 ; de *masser* 2). Action de masser. *Massage avec les mains, avec des instruments. Manœuvres de massage* : claquement, effleurage, friction, hachure, percussion, pétrissage, pincement, pression, tapotement, vibration. *Massage thérapeutique. Massage abdominal, cardiaque, facial.*

MASSALIOTE [masaljɔt]. *adj.* (1842 ; de *Massilia, Massalia*, nom gr. de *Marseille*). De Marseille, relatif à Marseille du temps qu'elle était colonie grecque. V. **Phocéen.** *Population massaliote. Commerce massaliote en Méditerranée.*

1. **MASSE** [mas]. *n. f.* (fin XIᵉ ; lat. *massa*, du gr. *maza* « pâte »).

I. ♦ 1° Quantité relativement grande de substance solide ou pâteuse, qui n'a pas de forme définie, ou dont on ne considère pas la forme. *Masse de pâte, de chair. Masse protoplasmique. Masse dure, solide.* V. **Bloc, morceau.** « *Les masses de pierre dont on élèvera des palais aux rois* » (DIDER.). *Masse informe.* — Loc. *Tomber, s'affaisser, s'écrouler comme une masse,* pesamment, comme une chose inanimée. « *Tout d'un coup, il devint blême et s'abattit devant le buffet, comme une masse* » (ZOLA). ◇ *Par ext.* Quantité relativement grande d'une matière fluide formant une unité autonome, ou considérée comme telle. *Masse d'eau que roule un fleuve.* V. **Volume.** — *Météo. Masse d'air,* flux d'air dont les caractéristiques physiques ont une certaine homogénéité. V. **Front** (II, 5°). ♦ 2° *La masse de qqch.,* la masse que constitue cette chose. « *Un broc d'eau bouillante qu'elle filtrait dans la masse du linge* » (COLETTE). « *Sentir sous son pied la masse élastique d'un cadavre* » (CAMUS). ◇ *Absolt. Pris, taillé dans la masse,* dans un seul bloc de matière. *Bibelot, statuette d'ivoire sculptés dans la masse,* sans aucune partie rapportée. ♦ 3° Réunion de nombreux éléments distincts (généralement de même nature) assemblés en une seule masse. V. **Agglomérat, agrégat, amas, conglomérat, magma.** *Masse de pierres, de cailloux.* V. **Monceau, tas.** ♦ 4° *Par ext.* Ce qui est perçu comme une unité, un ensemble, dont on ne peut ou ne veut distinguer les éléments constitutifs. ◇ *Arts.* Ensemble de l'œuvre, par rapport aux éléments dont elle se compose. *Colonnade qui allège la masse d'un édifice.* — *Au plur.* Principaux éléments d'une œuvre picturale, architecturale, considérés les uns par rapport aux autres, abstraction faite de leurs détails. *Répartition des masses dans un tableau.* ◇ *Mus.* Ensemble d'instruments, de voix qui jouent, chantent en même temps et forment une unité sonore. *Masse instrumentale, orchestrale, vocale.* — Groupe d'instruments de même famille, de voix, qui forment une unité sonore dans un ensemble. ◇ *Cour.* Ce qu'on voit globalement, sans distinguer les détails ou les parties. « *L'aube, incertaine encore, éclairait la masse blanche de Salonique* » (LOTI). ♦ 5° Ensemble de nombreuses choses qui font corps. V. **Ensemble, quantité.** *Réunir une masse de documents.* « *La masse des témoignages positifs accabla Michu* » (BALZ.). ◇ L'ensemble d'une même chose (qui peut exister sous forme dispersée). V. **Totalité.** *La masse du sang de l'organisme.* ♦ 6° *Spécialt.* (1615, dr.). Somme d'argent. — Somme formée par les retenues faites sur la paie de chaque soldat. *Allocations réglementaires, en espèces, d'un corps de troupe. Masse d'habillement, de couchage.* V. **Caisse.** — (1718) Ensemble des retenues faites sur le salaire d'un prisonnier et qu'on lui remet à sa libération. — Bourse commune d'un atelier d'élèves des Beaux-Arts. V. **Massier** (I). ◇ *Dr.* Ensemble de biens, de créances ou de dettes groupés pour arriver au calcul de certains droits. *Masse active, passive. Masse successorale.* — *Masse salariale* (V. **Salaire**). ♦ 7° *La masse, la grande masse de...,* la majorité, opposé aux exceptions. *La masse des mots français provient du latin.* ♦ 8° *Fam.* Grande quantité (sans idée d'ensemble). « *Il va nous arriver une masse de marchandises d'Europe* » (RIMBAUD). *Il n'y en a pas des masses,* pas beaucoup.

II. (*Êtres vivants* ; XVIᵉ). ♦ 1° Ensemble nombreux de personnes ou d'animaux assemblés et concertés d'une manière temporaire ou pour un objet momentané. V. **Groupe ; foule, rassemblement.** *Masse d'abeilles en essaim.* « *La masse autrichienne vint buter sur le front de Joubert* » (MADELIN). ◇ *Dr. Masse des créanciers* : groupement légal des créanciers d'un débiteur en faillite ou en liquidation judiciaire. *Masse des obligataires,* chargée de défendre les intérêts des obligataires d'une même société. ♦ 2° Multitude de personnes constituant un ensemble permanent. *Civilisation de masse, culture de masse, communications de masse.* V. **Mass-media.** *Les masses laborieuses.* ◇ *Absolt. LES MASSES* (fin XVIIIᵉ) : les couches populaires. V. **Foule, peuple.** *Psychologie des masses.* « *Les masses ont l'instinct de l'idéal* » (HUGO). « *Art des masses* » (MALRAUX). ♦ 3° L'ensemble qui fait corps, la majorité, opposé aux individus qui font exception. V. **Gros**

(le gros de), **majorité.** « *Ne faut-il pas qu'un petit nombre périsse pour sauver la masse du peuple?* » (MIRABEAU). ◇ *Absolt.* LA MASSE (opposé à *l'individu,* à *l'élite*). *Ce spectacle plaît à la masse.* V. **Public** (grand public). ♦ 4° *Fam.* Grande quantité de personnes (sans idée d'ensemble). *Il a une masse d'amis.* « *Des fidèles, il en avait des masses* » (CÉLINE).

III. *Loc. adv.* EN MASSE. ♦ 1° En formant une masse, tous ensemble en un groupe nombreux. V. **Bloc** (en), **foule** (en), **nombre** (en). *Levée en masse.* « *Toute la bonne compagnie se transporte en masse d'un salon à l'autre* » (STAËL). ♦ 2° *Par ext.* (*Fam.*). En grande quantité. « *J'ai encore des courses et des emplettes en masse !* » (JALOUX).

IV. *Phys. et Mécan.* (XVIIIᵉ). ♦ 1° Quantité de matière d'un corps ; rapport constant qui existe entre les forces qui sont appliquées à un corps et les accélérations correspondantes. *Le poids est proportionnel à la masse. Unités de masse* : gramme-masse, kilogramme-masse. — *Masse spécifique d'une substance* : masse de l'unité de volume. V. **Densité.** — *Phys. mod. Masse du proton, de l'électron. Masses atomiques*, moléculaires*. Nombre de masse,* nombre de nucléons dans un noyau d'atome. *Masse critique* : la plus petite masse nécessaire au maintien d'une réaction en chaîne dans une substance soumise à la fission. ♦ 2° *Électr. Masse électrique, magnétique* : grandeur sur laquelle un champ (électrique, magnétique) exerce son action pour produire une force. ◇ Conducteur commun auquel sont reliés les divers points d'un circuit qui doivent être affectés du même potentiel, en principe celui du sol. *Mettre à la masse,* relier électriquement à la masse. *Faire masse.* V. **Terre.**

◇ ANT. *Bribe, brin, grain, parcelle, individu.*

2. **MASSE** [mas]. *n. f.* (XIIᵉ, « arme » ; 1508, « outil » ; lat. pop. °*mattea*, qu'on rapproche de *mateola* « outil pour enfoncer »). ♦ 1° Gros maillet de bois ou de métal utilisé pour enfoncer, frapper, dégrossir une matière brute. *Masse de carrier, de sculpteur, de mineur, de corroyeur* (V. **Bigorne**). ◇ *Archéol. Masse d'armes* ou *masse* : arme de choc formée d'un manche et d'une tête de métal, souvent garnie de pointes ou évidée en ailettes. V. **Casse-tête, massue, plommée.** ◇ *Fig. et fam.* (1935) COUP DE MASSE : choc émotif, violent, accablant. *Il a reçu le coup de masse!* (Cf. Coup de massue). *Spécialt.* Prix excessif. *N'allez pas dans ce restaurant, c'est le coup de masse!* (Cf. Coup de barre, de fusil). ♦ 2° (1323). Bâton à tête d'or, d'argent, etc., porté dans un cortège par les huissiers qui précèdent certains personnages de marque (roi, chanceliers, sous l'Ancien Régime ; recteurs, doyens d'université, de nos jours). ♦ 3° (1721). Gros bout d'une queue de billard. *Jouer avec la masse.* V. **Massé.**

3. **MASSE** [mas]. *n. f.* (1723 ; « écheveau », 1339 ; lat. *mataxa*). *Comm.* Nom d'une quantité importante déterminée par l'usage. ◇ *Spécialt.* Cent quarante-quatre douzaines ou douze grosses.

MASSÉ [mase]. *n. m.* (1867 ; V. **Masser** 3). *Billard.* Coup où l'on masse la bille.

MASSELOTTE [maslɔt]. *n. f.* (1704 ; *machelotte, h. XIIIᵉ,* « petite masse » ; de *masse* 1). *Techn.* ♦ 1° Portion de métal en excédent qui adhère à une pièce de fonderie. V. **Bavure.** ♦ 2° Petite pièce agissant par inertie, dans un mécanisme. *Masselotte de fusée,* qui vient percuter l'amorce par inertie, au moment du choc.

MASSEPAIN [maspɛ̃]. *n. m.* (1544 ; « boîte », XVᵉ ; altér. it. *marzapane,* arabe *mautaban*). Pâtisserie faite d'amandes pilées, de sucre et de blancs d'œufs.

1. **MASSER** [mase]. *v. tr.* (XIIIᵉ ; rare av. XIXᵉ ; de *masse* 1). ♦ 1° Disposer ; rassembler en une masse, en masses. V. **Agglomérer, amasser, assembler, rassembler.** *Rare* (Choses) *Masser ses cheveux derrière sa tête. Cour.* (Personnes) *Masser des hommes, des prisonniers sur une place.* V. **Rassembler, réunir.** Pronom. *La foule s'était massée pour protester.* — *Milit. Masser des troupes* : les disposer en ordre serré. ♦ 2° *Peint.* Disposer en masses (les éléments d'un tableau). ◇ ANT. *Disperser, éparpiller.*

2. **MASSER** [mase]. *v. tr.* (1779 ; de l'arabe *mass* « toucher, palper »). Frotter, presser, pétrir les téguments de (qqn), avec les mains ou à l'aide d'appareils spéciaux, dans une intention thérapeutique ou hygiénique. « *Des femmes presque trop belles qui ont le temps de faire masser leur ventre* » (NIZAN). *Masser qqn.* V. **Massage, masseur.**

3. **MASSER** [mase]. *v. tr.* (1867 ; de *masse* 2, 3°). *Billard.* Frapper verticalement la bille de manière à lui imprimer un mouvement tournant.

MASSÉTER [maseteʀ]. *n. m.* (v. 1541 ; gr. *masêtêr* « masticateur »). *Anat.* Muscle élévateur du maxillaire inférieur.

MASSETTE [masɛt]. *n. f.* (*Macete,* XIIIᵉ ; de *masse* 2).
I. (1803 ; Cf. a. fr. *Macete,* XIIIᵉ). *Techn.* Gros marteau de tailleur de pierre, de cantonnier. ◇ *Archéol.* Massue légère et cannelée, en usage dans les tournois.

II. (1778). Nom commun de la *typha,* plante aquatique

monocotylédone, à épi compact, appelée aussi *canne de jonc*, *quenouille*.

MASSEUR, EUSE [masœʀ, øz]. *n.* (1779 ; de *masser* 2). ♦ 1° Personne qui pratique professionnellement le massage. *Masseur attaché à un sportif.* V. **Soigneur**. *Masseur qui pratique la kinésithérapie.* V. **Kinésithérapeute, physiothérapeute**. ♦ 2° Instrument, appareil servant à masser. *Masseur à rouleau* (V. **Vibromasseur**).

1. MASSICOT [masiko]. *n. m.* (1480 ; altér. it. *marzacotto* « vernis des potiers », o. arabe). *Techn.* Protoxyde de plomb (PbO) brusquement refroidi par trempe. V. **Cendrée**.

2. MASSICOT [masiko]. *n. m.* (1877 ; de l'invent. *Massiquot* (1797-1870). *Imprim.* Machine à rogner le papier.

MASSICOTER [masikɔte]. *v. tr.* (XXᵉ ; de *massicot* 2). *Imprim.* Rogner (le papier) au massicot.

1. MASSIER, IÈRE [masje, jɛʀ]. *n.* (1907 ; de *masse* 1 [I, 6°] ; autre sens, 1775 ; de *masser*). Dans un atelier d'artistes (*spécialt.* d'élèves de l'École des Beaux-Arts), Personne chargée de recueillir les cotisations formant la masse destinée aux dépenses communes.

2. MASSIER [masje]. *n. m.* (v. 1350 ; de *masse* 2). Huissier, appariteur qui portait une masse, dans certaines cérémonies.

MASSIF, IVE [masif, iv]. *adj. et n. m.* (1480 ; *massis*, 1180 ; de *masse* 1).
I. *Adj.* ♦ 1° Dont la masse occupe tout le volume apparent ; qui n'est pas creux (V. **Plein**), qui n'est pas un revêtement. *Bijou d'or massif. Porte en chêne massif. Roche massive.* ♦ 2° Qui constitue une masse, qui présente l'apparence d'une masse épaisse, lourde ou compacte. V. **Épais, gros, lourd, mastoc, pesant**. *Un massif essieu de fer. Colonne, tour massive.* « *Le docteur était un pas obèse, mais massif* » (DUHAM.). ♦ 3° *Fig.* (1922). Qui est fait, donné, se produit en masse. *Dose massive. Bombardement massif. Départs massifs au début des grandes vacances.*
II. *N. m.* (XIVᵉ, *massis*). ♦ 1° *Archit.* Ouvrage de maçonnerie formant une masse pleine et servant de soubassement, de contrefort. ♦ 2° (1740). *Cour.* Groupe compact (d'arbres, d'arbrisseaux, dans un parc). V. **Bois, bosquet**. « *De loin en loin s'élevaient des massifs de peupliers, d'acacias et de pins* » (NERVAL). ◇ (1867) Réunion de fleurs plantées d'une manière décorative. *Massif de roses.* ◇ *Par ext.* Espace de terre sur lequel pousse un massif de fleurs. V. **Corbeille**. « *Des massifs dégarnis entre deux floraisons printanières* » (CHARDONNE). ♦ 3° (1873). *Géogr.* Ensemble montagneux de forme massive (*opposé à* chaîne) généralement constitué par des terrains primitifs. *Le Massif central.* ♦ 4° *Anat. Massif facial osseux* : squelette de la face.
◇ ANT. **Élancé, léger, svelte ; épars. Creux ; plaqué.**

MASSIQUE [masik]. *adj.* (1911 ; de *masse* 1). *Phys.* De la masse (1, IV). *Volume massique d'une substance*, par unité de masse (1 g).

MASSIVEMENT [masivmɑ̃]. *adv.* (1584 ; de *massif*). D'une manière massive. *Édifice massivement construit.* V. **Lourdement, pesamment**. ◇ *Fig. Médicament administré massivement. Les Français ont massivement répondu à cet appel :* en masse.

MASS(-)MEDIA [masmedja], **MEDIA** ou **MÉDIA** [medja]. *n. m. pl.* (v. 1965 ; mot amér. « moyens [de communication] *de masse* », du lat. *media* « moyens »). Ensemble des supports de diffusion massive de l'information (presse, radio, télévision, cinéma, publicité, etc.). « *Le développement prodigieux des mass-media.* » (*Entreprise*, 5-4-1969). — Au sing. (au lieu de *medium*) « *Un nouveau media, la télévision* » (*Le Monde*, 9-6-1965). Rare. « *La télévision* [...] *est-elle un vrai mass medium ?* » (M. CLAVEL).

MASSORAH [masɔʀa]. *n. f.* (1798 ; *massore*, 1690 ; mot hébreu). *Relig.* Travail critique, exégèse sur le texte hébreu de la Bible, fait par un groupe de docteurs juifs (MASSORÈTES [masɔʀɛt]).

MASSUE [masy]. *n. f.* (*Maçue*, XIIᵉ ; lat. pop. °*matteuca*). V. **Masse**. ♦ 1° Bâton à grosse tête noueuse, servant d'arme contondante. V. **Casse-tête, masse**. *Massue hérissée de pointes de fer. La massue d'Hercule.* ◇ *Fig. Coup de massue*, coup brutal, décisif, et *fam.* Événement accablant et imprévu. — *Appos.* (v. 1930) *Des arguments massue*, qui font sur l'interlocuteur l'effet d'un coup de massue, le laissent sans réplique. ♦ 2° *Sc. nat.* Partie aérienne de certains champignons ; renflement terminal de certains organes (antennes, etc.) ressemblant à une massue.

MASTABA [mastaba]. *n. m.* (v. 1900 ; mot arabe « banc, banquette »). *Arts.* Tombeau de l'ancienne Égypte, en pyramide tronquée.

MASTECTOMIE [mastektɔmi]. *n. f.* (1971 ; de *mastos* « sein », et -*ectomie*). *Chir.* Ablation du sein (notamment en cas de cancer).

MASTIC [mastik]. *n. m.* (XIIIᵉ ; bas lat. *masticum*, gr. *mastikhê*). ♦ 1° Résine jaunâtre qui découle d'incisions pratiquées au tronc ou aux branches du lentisque. ♦ 2° *Cour.* Mélange pâteux et adhésif durcissant à l'air. — (1767)

Mélange de craie pulvérisée (ou blanc d'Espagne) et d'huile de lin, utilisé pour fixer les vitres aux fenêtres et assurer des fermetures hermétiques. ♦ 3° *Adj.* (1888). D'une couleur gris beige clair, voisine de celle du mastic (2°). « *Un personnage vêtu d'un complet mastic* » (DUHAM.). ♦ 4° *Typogr.* (1867). Erreur qui consiste à intervertir à l'impression deux paquets de composition, ou à mélanger les caractères dans les casses ; son résultat. *Faire un mastic.*

MASTICAGE [mastikaʒ]. *n. m.* (1830 ; de *mastiquer* 2). Action de mastiquer ; son résultat.

MASTICATEUR, TRICE [mastikatœʀ, tʀis]. *adj.* (1844 ; lat. *masticator*). Qui sert à mâcher. *Appareil masticateur. Muscles masticateurs* (masséter, temporal).

MASTICATION [mastikasjɔ̃]. *n. f.* (XIIIᵉ ; lat. méd. *masticatio*). Action de mâcher ; son résultat.

MASTICATOIRE [mastikatwaʀ]. *n. m.* (1549 ; de *mastiquer* 1). ♦ 1° Substance, médicament qu'on mâche longuement pour exciter la sécrétion salivaire, ou simplement par plaisir. *Le bétel, le tabac sont des masticatoires. Masticatoires pour animaux.* V. **Mastigadour**. — *Adj. Le chewing-gum, pâte masticatoire.* ♦ 2° (1541). Qui sert à la mastication ; relatif à la mastication. *Pièces masticatoires des crustacés.*

MASTIFF [mastif]. *n. m.* (*Mestif*, 1611 ; mot angl., de l'a. fr. *mastin*. V. **Mâtin**). Chien de garde d'une race anglaise, voisin des dogues. *La chienne « ressemblait plutôt à un petit mastiff qu'à un bouledogue* » (COLETTE).

MASTIGADOUR [mastigaduʀ]. *n. m.* (1664 ; esp. *mastigador*). *Vétér.* Masticatoire pour chevaux, administré à l'aide d'un linge attaché au mors.

1. MASTIQUER [mastike]. *v. tr.* (XVIᵉ ; -*guer*, v. 1370 ; lat. *masticare*. V. **Mâcher**). Broyer, triturer longuement avec les dents (un aliment, avant de l'avaler, ou une substance non comestible qu'on rejette). V. **Mâcher**. « *Les deux amis mastiquaient un* (sic) *entrecôte rebelle* » (DUHAM.). — Absolt. *Mastiquez bien en mangeant !*

2. MASTIQUER [mastike]. *v. tr.* (XVIᵉ ; fig., 1425 ; de *mastic*). Coller, joindre ou boucher avec du mastic. *Mastiquer des vitres. Mastiquer une fuite. Couteau à mastiquer.* ◇ ANT. **Démastiquer**.

MASTITE [mastit]. *n. f.* (1814 ; du gr. *mastos*, « mamelle », et du suff. -*ite*). *Méd.* Inflammation de la glande mammaire. ◇ SYN. **Mammite**.

MASTOC [mastɔk]. *n. et adj.* (*Mastok*, 1834 ; *mastoque*, 1845 ; p.-ê. all. *Mastochs* « bœuf à l'engrais », ou mot rouchi, du rad. de *masse*, *massif*). *Fam.* ♦ 1° N. m. *Vx.* Homme trapu, épais. ♦ 2° Adj. invar. *Mod.* V. **Épais, grossier, lourd, massif**. « *Colosse, mastoc et apoplectique* » (COURTELINE). ◇ (*Choses*) *Massif et sans grâce. Statue massic.*

MASTODONTE [mastɔdɔ̃t]. *n. m.* (1812 ; gr. *mastos* « mamelle », et *odontos* « dent », à cause de ses molaires mamelonnées). ♦ 1° *Zool.* Gigantesque mammifère fossile du tertiaire et du quaternaire, voisin de l'éléphant. ♦ 2° *Cour.* Personne d'une énorme corpulence. ♦ 3° *Machine*, véhicule gigantesque. « *Les jeunes filles pilotent des mastodontes pour aller suivre leurs classes* » (DUHAM.).

MASTOÏDE [mastɔid]. *n. f.* (1560 ; gr. *mastoeidês* « en forme de mamelle »). *Anat.* Partie postérieure et inférieure de l'os temporal, située en arrière du conduit auditif externe. — *Adj. Apophyse mastoïde*, partie inférieure en saillie de la mastoïde.

MASTOÏDIEN, IENNE [mastɔidjɛ̃, jɛn]. *adj.* (1654 ; de *mastoïde*). *Anat.* Qui a rapport à la mastoïde. *Muscle mastoïdien.*

MASTOÏDITE [mastɔidit]. *n. f.* (1855 ; de *mastoïde*, et -*ite*). *Méd.* Inflammation de la muqueuse qui tapisse les petites cavités au sein de l'apophyse mastoïde*, généralement consécutive à une otite moyenne suppurée.

MASTOLOGIE [mastɔlɔʒi]. *n. f.* (1973 ; du gr. *mastos* « mamelle », et -*logie*). *Méd.* Étude de la conformation, du fonctionnement et des affections du sein.

MASTROQUET [mastʀɔkɛ]. *n. m.* (1849 ; o. i., p.-ê. du flamand *meister* « patron » ; Cf. rouchi *Mastricot*). *Fam.* ♦ 1° Marchand de vin au détail, tenancier d'un débit de boissons. V. **Cafetier** ; et *fam.* **Bistro**. ♦ 2° (1862). Café, débit de boissons. V. **Troquet**. « *Une revue générale de tous les mastroquets du quartier* » (ZOLA).

MASTURBATION [mastyʀbasjɔ̃]. *n. f.* (1580 ; lat. *masturbatio*, de *manus* « main », et *stupratio* « action de souiller » ; Cf. le doublet sav. *Manustupration*). Pratique qui consiste à provoquer le plaisir sexuel par l'excitation manuelle des parties génitales (du sujet ou du partenaire). *Masturbation chez l'homme.* V. **Onanisme**.

MASTURBER (SE) [mastyʀbe]. *v. pron.* (1800 ; lat. *masturbare*). Se livrer à la masturbation. (Cf. *fam.* Se branler, se toucher). ◇ *Trans.* Procurer à (qqn) le plaisir par la masturbation.

M'AS-TU-VU [matyvy]. *n.* (v. 1800 ; question que se posent entre eux les acteurs évoquant leurs succès). Personne vaniteuse. *Un m'as-tu-vu* (ou *une m'as-tu-vue*). Plur. invar.

« *Ce sont de jeunes* m'as-tu-vu, *tout verts, tout fiers* » (MICHAUX). ◊ Adj. *Ce qu'il est* m'as-tu-vu !

MASURE [mazyʀ]. *n. f.* (XVᵉ ; « demeure », fin XIIᵉ ; lat. pop. *°mansura*). Petite habitation misérable, maison vétuste et délabrée. V. **Baraque, cabane.**

MASURIUM [mazyʀjɔm]. *n. m.* Chim. V. Technétium.

1. MAT [mat]. *adj. invar.* et *n. m.* (XIIᵉ ; arabe *mât* « mort »). Se dit, aux Échecs, du roi qui mis en échec et ne peut plus quitter sa place sans être pris. *Le roi est mat. Échec et mat !* ◊ *Par ext.* Se dit du joueur dont le roi est mat, qui a perdu. ◊ HOM. *Mat* (2) ; *matte* ; *maths.*

2. MAT, MATE [mat]. *adj.* (1424 ; « abattu, affligé », XIᵉ ; bas lat. *mattus*, p.-ê. de *madere* « être humide »). ◆ 1° Qui n'a pas de poli ou a été dépoli. V. **Terne.** *Or, argent mat.* ◆ 2° Qui n'est pas brillant. *Côté mat et côté brillant d'un tissu. Photo sur papier mat. Peinture mate. Peau mate* ; par ext. *fard mat*, qui fait la peau mate. ◆ 3° Qui n'est pas transparent, ne laisse voir aucune couleur. « *Le jour mat produit par ce ciel immuablement gris* » (RIMBAUD). « *Ce blanc mat des femmes de Barbarie* » (BUFF.). *Teint mat*, d'un ton un peu bistre et uniforme. ◆ 4° *Fig.* Qui a peu de résonance. V. **Sourd.** *Bruit, son mat.* ◊ ANT. *Poli. Brillant, luisant. Éclatant. Transparent. Sonore.* — HOM. *Mat* (1) ; *matte ; maths.*

MÂT [mɑ]. *n. m.* (*Mast*, 1080 ; frq. *°mast*). ◆ 1° *Mar.* Long poteau (pièce de bois à section circulaire ou cylindre métallique creux) dressé dans un navire au-dessus du pont pour porter, à bord des voiliers, les vergues et leur gréement et, à bord des bâtiments modernes, les installations radioélectriques, etc. *Fanal en haut d'un mât. Les trois mâts d'une caravelle, d'une frégate. Principaux mâts :* beaupré, mât de misaine, grand mât, mât d'artimon. *Bas mât*, partie inférieure d'un mât de grande dimension, formée de pièces d'assemblage croisées. *Voiles, voilure d'un mât. Caler, gréer, guinder, haubaner un mât. Mâts de charge*, servant à l'embarquement et au débarquement des marchandises. Par ext. *Mât de charge d'un quai.* V. **Derrick.** ◆ 2° Long poteau de bois planté sur la voie publique à l'occasion d'une fête et supportant des drapeaux, des écussons. — Longue perche lisse où les gymnastes s'exercent à grimper. Spécialt. *Mât de cocagne*. ◊ *Ch. de fer.* Support métallique d'un signal optique. V. **Pylône.** *Mât de sémaphore.*

MATADOR [matadɔʀ]. *n. m.* (1660 ; mot esp., de *matar* « tuer », et fig. qui peut « marquer »). ◆ 1° *Vx.* Nom des cartes maîtresses à l'hombre ». — Fig. *Vx* ou *région.* Personnage haut placé. « *Un des matadors de la finance* » (BALZ.). ◆ 2° (1780). Mod. *Taurom.* Torero chargé de la mise à mort. V. **Espada.** « *Les jeux de la muleta, privilège du matador* » (MONTHERLANT).

MATAF [mataf]. *n. m.* (1908 ; de *matafian* (v. 1880), de l'it. *matafione* « garcette »). *Arg. mar.* Matelot.

MATAGE [mataʒ]. *n. m.* (1873 ; de *mater* 2). Techn. Action de mater, de matir ; son résultat. ◆ 1° *Matage d'une dorure.* ◆ 2° *Matage du plomb d'une soudure. Matage d'une chaudière*, opération qui consiste à en boucher les fuites.

MATAMORE [matamɔʀ]. *n. m.* (1578 ; n. pr., personnage de comédie ; esp. *Matamoros*, « tueur de Maures »). Faux brave, vantard. V. **Bravache, capitan, fanfaron, fier-à-bras, rodomont.** *Faire le matamore.*

MATCH [matʃ]. *n. m.* (1827, rare av. 1869 ; mot angl.). Compétition entre deux ou plusieurs concurrents, deux ou plusieurs équipes (plur. *Matchs* ou *Matches*). *Match France-Angleterre de football. Match de boxe.* V. **Combat, rencontre.** *Disputer un match. Match nul*, où les deux adversaires terminent à égalité. ◊ *Par anal. Match de bridge, d'échecs.* V. **Tournoi.** — Compétition (économique, politique). « *Match industriel France-États-Unis* » (*L'Express*, 13-10-1969).

MATCHER [matʃe]. *v. intr.* (1895 ; de *match*). Rare. Disputer un match, se mesurer (avec qqn).

MATCHICHE [matʃiʃ]. *n. f.* (v. 1904 ; port. *maxixe*). Danse d'origine brésilienne, à deux temps, en vogue au début du siècle.

MATCH-PLAY [matʃplɛ]. *n. m.* (v. 1960 ; mot angl.). Anglicisme. *Sports.* Compétition de golf où se joue (entre deux joueurs ou deux équipes) trou par trou. « *Cette formule de match-play par équipes introduit dans le jeu une autre dimension, l'esprit de solidarité* » (*L'Équipe*, 11-10-1972).

MATÉ [mate]. *n. m.* (1716 ; *mati*, 1633 ; mot esp., d'un dialecte péruvien). Variété de houx, dite aussi *thé du Paraguay* ou *thé des Jésuites*, qui croît en Amérique du Sud et dont les feuilles torréfiées et pulvérisées fournissent, infusées dans l'eau chaude, une boisson stimulante. — *Par ext.* Cette boisson. ◊ HOM. *Mater* (1 et 2).

MATEFAIM [matfɛ̃]. *n. m. invar.* (1540 ; de *mater*, et *faim*). Galette, crêpe épaisse, etc. « *Des beignets farcis de confiture que nous appelions des mate-faim* (sic) » (BEAUVOIR).

MATELAS [matla]. *n. m.* (XVᵉ ; altér. de *materas*, 1391 ; it. *materasso*, de l'arabe *matrah* « chose jetée à terre »). ◆ 1° Pièce de literie, long et large coussin rembourré qu'on étend d'ordinaire sur le sommier d'un lit. *Matelas de crin, de laine,* de varech, de paille (V. **Paillasse**). *Retourner son matelas. Toile à matelas. Donner un matelas à refaire au matelassier. Piqûres d'un matelas.* — Par anal. *Matelas à ressorts, semi-métallique. Matelas de caoutchouc. Matelas pneumatique ; de camping*, enveloppe de toile caoutchoutée ou de matière plastique qu'on gonfle d'air. ◆ 2° Fig. et fam. *Un matelas de billets de banque :* une grosse liasse. Absolt. (Pop.) *Il a le matelas, un portefeuille bien garni.* ◆ 3° *Matelas d'air*, couche d'air ménagée entre deux parois.

MATELASSÉ, ÉE [matlase]. *adj.* et *n. m.* (1690 ; V. Matelasser). ◆ 1° Rembourré. « *La porte matelassée, à battants garnis de cuir* » (MAUPASS.). ◆ 2° Se dit d'un tissu ouaté maintenu par des piqûres formant un dessin en relief. *Doublure matelassée d'un manteau. Poches matelassées.* — N. m. *Tissu matelassé. Du matelassé de soie.* ◆ 3° Garni d'une doublure matelassée. *Manteau matelassé.*

MATELASSER [matlase]. *v. tr.* (1690 ; de *matelas*). ◆ 1° Rembourrer à la manière d'un matelas. *Matelasser un fauteuil.* ◆ 2° Rendre matelassé (un tissu). ◆ 3° Doubler de tissu matelassé (2°). ◆ 4° Garnir d'un revêtement, couvrir d'un vêtement épais. Pronom. *Se matelasser*, se couvrir de vêtements épais.

MATELASSIER, IÈRE [matlasje, jɛʀ]. *n.* (*Materassier*, 1615 ; de *matelas*). Personne dont le métier est de confectionner ou de réparer les matelas. ◊ Adj. *Ouvrier matelassier.*

MATELASSURE [matlasyʀ]. *n. f.* (1867 ; de *matelas*). Techn. Ce qui sert à matelasser, à rembourrer. *Matelassure d'une couverture ouatinée.* V. **Rembourrage.**

MATELOT [matlo]. *n. m.* (XIIIᵉ, var. *matenot* ; moy. néerl. *mattenoot* « compagnon de couche », les matelots ne disposant autrefois que d'un hamac pour deux). ◆ 1° *Mar.* et *cour.* Homme d'équipage, participant à la manœuvre ou à l'activité d'un navire, sous la conduite des officiers et des maîtres. V. **Marin** (Cf. *arg.* **Mataf**). *Apprenti matelot.* V. **Mousse.** *Jeune matelot.* V. **Novice.** ◊ Spécialt. Simple soldat de la marine de guerre. *Matelot de première, deuxième, troisième classe. Matelot des compagnies d'abordage et de débarquement.* V. **Fusilier** (marin). ◆ 2° Mar. *Matelot d'avant, matelot d'arrière*, nom du bâtiment qui précède ou qui suit un autre navire dans une ligne de file.

MATELOTAGE [matlɔtaʒ]. *n. m.* (1690 ; « métier de matelot », 1558 ; de *matelot*). Mar. ◆ 1° Solde, paye des matelots. ◆ 2° (1773). Connaissances relatives au métier de matelot, et *spécialt.* au travail du gabier.

MATELOTE [matlɔt]. *n. f.* (1674 ; *à la matelote*, 1643 ; de *matelot*). ◆ 1° Mets composé de poissons coupés en morceaux et accommodés avec du vin rouge et des oignons. *Matelote d'anguille. Lotte en matelote. Matelote de poisson de rivière.* V. **Pauchouse.** — Par appos. *Sauce matelote*, au vin rouge et aux oignons. ◆ 2° (1776). Danse au rythme vif, autrefois en vogue chez les matelots.

1. MATER [mate]. *v. tr.* (v. 1100 ; de *mat* 1). ◆ 1° Échecs. Mettre (le roi) en échec de telle manière qu'il ne puisse plus sortir de sa place sans être pris. *Mater le roi en échec.* Par ext. *Mater son partenaire.* — Absolt. Faire mat. ◆ 2° Fig. et *cour.* Rendre définitivement docile (un être, une collectivité). V. **Dompter, dresser.** « *Il suffirait d'un gouvernement à poigne pour les mater* » (ROMAINS). ◊ Réprimer ; abattre (qqch.). *Mater une révolte, les résistances, l'orgueil de qqn. Mater ses passions*, les maîtriser. ◊ HOM. *Maté, mater* (2).

2. MATER [mate] ou **MATIR** [matiʀ]. *v. tr.* (1765-1676 ; *matir* « fatiguer », XIIᵉ ; de *mat* 2). Techn. ◆ 1° Rendre mat. V. **Dépolir.** *Mater du verre.* — Au p. p. adj. *Argent maté* ou (*mieux*) MATI. ◆ 2° Comprimer, refouler (un métal) pour rendre un joint étanche, resserrer un assemblage. ◊ HOM. *Maté, mater* (1).

3. MATER [mate]. *v. tr.* (1897 ; p.-ê. de l'hispanisme algérois *matar* « tuer »). *Arg.* Regarder sans être vu. V. **Lorgner, reluquer.** « *Je mate : personne* » (SAN ANTONIO).

MATER [mateʀ]. *n. f.* (1947 ; apocope de *la maternelle* (1880) « mère »). Fam. (enfants). Mère.

MÂTER [mate]. *v. tr.* (*Master*, 1382 ; de *mât*). Pourvoir (un navire) de mâts ; mettre les mâts en place dans un bâtiment. — Absolt. Machine à mâter, puissante grue, à quai ou sur ponton, servant à mâter les navires ou à déplacer des poids lourds à bord des bâtiments. ◊ ANT. Démâter.

MATER DOLOROSA [mateʀdɔlɔʀoza]. *n. invar.* (1867 ; mots lat. « mère douloureuse »). ◆ 1° Arts. Vierge au pied de la Croix ou soutenant son fils mort. V. **Pietà.** ◆ 2° *Fig.* et *fam.* Femme mélancolique.

MÂTEREAU [matʀo]. *n. m.* (*Masterel*, 1529 ; dimin. de *mât*). Mar. Mât de longueur réduite et de faible diamètre.

MATÉRIALISATION [mateʀjalizasjɔ̃]. *n. f.* (1832 ; de *matérialiser*). ◆ 1° Action de matérialiser, se matérialiser ; son résultat. *Matérialisation d'une idée.* ◆ 2° Phys. Matérialisation d'énergie, d'un rayonnement sa transformation en particules pondérables (électrons). ◆ 3° Phénomène par lequel les médiums rendraient visibles et tangibles les esprits qu'ils évoquent.

MATÉRIALISER [mateʀjalize]. *v. tr.* (1754; de *matériel*). ♦ 1° *Littér.* Considérer comme ayant une nature matérielle, comme produit par la matière. « *Dans ce siècle où l'on s'efforce de matérialiser toutes les opérations de l'âme* » (Rouss.). ♦ 2° *Cour.* Représenter (une idée, une action abstraite) sous forme matérielle. *Gargouilles d'une cathédrale matérialisant les vices.* V. **Symboliser.** *L'art matérialise les idées.* V. **Concrétiser.** ◇ Pronom. Se MATÉRIALISER, devenir sensible, matériel. ◇ ANT. *Spiritualiser. Abstraire.*

MATÉRIALISME [mateʀjalism(ə)]. *n. m.* (1702; de *matériel*).
I. *Philo.* ♦ 1° Doctrine d'après laquelle il n'existe d'autre substance que la matière. V. **Atomisme, hylozoïsme, mécanisme.** *Le matérialisme est généralement lié à l'athéisme.* ♦ 2° (1931). *Matérialisme historique, matérialisme dialectique,* noms donnés à la doctrine de Karl Marx et de ses continuateurs. V. **Marxisme.**
II. (1873). État d'esprit caractérisé par la recherche des jouissances et des biens matériels. V. **Matérialiste** (2°).
◇ ANT. *Idéalisme, immatérialisme, spiritualisme.*

MATÉRIALISTE [mateʀjalist(ə)]. *n. et adj.* (1729; « apothicaire », 1553; de *matériel*). ♦ 1° *Philo.* Personne qui adopte ou professe le matérialisme. *Les matérialistes du XVIIIᵉ s. français.* ◇ Adj. *Philosophe, savant matérialiste.* — *Philosophie matérialiste.* ♦ 2° *Cour.* Personne qui recherche des jouissances et des biens matériels. *Vivre en matérialiste.* — Adj. *Esprit matérialiste.* V. **Positif.** « *Notre civilisation est matérialiste* » (Daniel-Rops). ◇ ANT. *Spiritualiste.* Ascète, ascétique.

MATÉRIALITÉ [mateʀjalite]. *n. f.* (1470; rare av. XVIᵉ; de *matériel*). ♦ 1° Caractère de ce qui est matériel. *Le spiritualisme refuse d'admettre la matérialité de l'âme.* — Dr. *Matérialité d'un acte* (opposé à motifs). V. **Réalité.** ♦ 2° V. **Matérialisme** (II). « *La matérialité brutale de notre civilisation s'oppose à l'essor de l'intelligence* » (Carrel). ◇ ANT. *Immatérialité, spiritualité.*

MATÉRIAU [mateʀjo]. *n. m.* (fin XIXᵉ; sing. refait d'apr. *matériaux*). *Techn.* Toute matière servant à construire. *La brique, matériau artificiel. Il « a fait refaire la tombe entière dans un matériau d'une meilleure qualité* » (Montherlant).

MATÉRIAUX [mateʀjo]. *n. m. pl.* (1510; plur. de *matériel*, var. anc. de *matériel*). ♦ 1° Les diverses matières nécessaires à la construction (d'un bâtiment, d'un ouvrage, d'un navire, d'une machine). *Matériaux de construction. Matériaux bruts, travaillés. Résistance* des matériaux.* ♦ 2° *Fig.* Éléments constitutifs d'un tout. *Les faits d'expérience sont les matériaux de la science.* Ce qui sert à la composition d'un ouvrage de l'esprit, en fournit la matière. *Rassembler, recueillir, réunir, mettre en œuvre des matériaux.* V. **Document.**

MATÉRIEL, ELLE [mateʀjɛl]. *adj. et n.* (1350; lat. *materialis*).
I. *Adj.* ♦ 1° (*Opposé à* formel). *Philo. Cause matérielle et cause formelle. Vérité matérielle d'une idée,* consistant dans l'accord de la pensée et de l'expérience. ♦ 2° (*Opposé à* spirituel). Qui est de la nature de la matière, constitué par de la matière. *Substance matérielle. Être matériel.* V. **Corporel.** *Le monde, l'univers matériel.* V. **Physique.** — Math. et Mécan. *Point* matériel.* ◇ *Cour.* Qui s'exprime, se manifeste dans la matière ou par la matière. *Impossibilités matérielles. Je n'ai ni le droit ni le pouvoir matériel d'intervenir. — Temps matériel,* nécessaire pour l'accomplissement d'une action. *Je n'ai pas le temps matériel d'y aller.* ♦ 3° Qui concerne le corps humain. V. **Charnel, physique.** *Jouissance matérielle. Être attaché à son confort matériel.* ♦ 4° Qui concerne les aspects extérieurs, visibles, des êtres ou des choses. *Organisation matérielle d'un spectacle. Preuves matérielles.* V. **Palpable, tangible.** ◇ Dr. *Fait matériel,* constitué par la matière même d'un fait, d'une chose, indépendamment de l'intention dont ils résultent. — *Erreur matérielle en comptabilité, en typographie.* ♦ 5° (*Opposé à* moral). Qui est constitué par des biens tangibles (*spécialt.* de l'argent), ou lié à leur possession. *Avantages, biens matériels.* V. **Concret.** *Aide matérielle.* — Qui concerne les nécessités de la vie quotidienne, les moyens financiers d'existence. *Besoins matériels. Gêne, difficultés matérielles.* « *Dès que la vie matérielle est bien assurée, tout le bonheur reste à faire* » (Alain). ◇ *Fam.* et *ellipt.* LA MATÉRIELLE. *n. f.* (fin XIXᵉ). Ce qui assure la vie quotidienne. *Avoir la matérielle assurée.* ♦ 6° *Fig.* et *péj.* Qui est attaché avec excès aux biens terrestres, aux plaisirs charnels. V. **Grossier, sensuel.** *Une personne trop matérielle, un être matériel.* V. **Positif, prosaïque.** *terre* (terre à terre). — Par ext. *Une civilisation matérielle.* V. **Matérialiste.**
II. *N. m.* (1624; *material,* v. 1300). ♦ 1° Ce qui compose le corps d'une chose, en Arts, *opposé à* la mise en œuvre). V. **Matériau,** manière. *Les matières de la gamme, matériel de la musique.* ♦ 2° (1822). Ensemble des objets, instruments, machines utilisés dans un service, une exploitation (opposé à personnel). V. **Équipement, outillage.** *Matériel d'exploitation*

agricole, de culture, d'imprimerie, de laboratoire, de bureau. Amortissements du matériel. — *Matériel roulant,* locomotives, machines, wagons et autres véhicules circulant sur la voie. — *Matériel de guerre.* V. **Arme, guerre.** *Dépôt de matériel. Stock de matériel.* — (1974) *Inform.* Recomm. off. pour *hardware** (opposé à *logiciel*). ◇ *Fig.* et iron. *Matériel humain,* l'ensemble des hommes employés dans une entreprise collective. ♦ 3° *Cour.* Ensemble des objets nécessaires à un exercice (sport, etc.). *Matériel de camping, de pêche.* — *Matériel de propagande* (tracts, brochures, affiches). ♦ 4° *Didact.* (Ethnol., sociol.) Ensemble des éléments soumis à un traitement. *Collecte, classement et analyse du matériel sur le terrain.* V. **Document, matériaux.** — (Psychan.) *Matériel analytique,* ensemble des éléments (paroles, comportements) susceptibles d'être interprétés par l'analyse (psychanalyse*). — (Biol.) *Matériel génétique,* support matériel de l'information* génétique. ♦ 5° *Écon.* Produit fini manufacturé nécessitant des approvisionnements en matières, de la main-d'œuvre d'étude et de fabrication, etc.
◇ ANT. (de l'adj.) *Abstrait, idéal, immatériel, incorporel, intellectuel, moral, spirituel; délicat, éthéré.*

MATÉRIELLEMENT [mateʀjɛlmã]. *adv.* (*Matérial-,* 1314; de *matériel*). ♦ 1° *Vx* (*Opposé à* formellement). *Philo.* Par rapport à la matière. ♦ 2° *Mod.* D'une manière matérielle, dans le domaine de la matière. *S'accomplir matériellement et spirituellement.* ◇ En ce qui concerne le corps. V. **Physiquement.** *Son chauffeur, « si proche de lui matériellement* » (Romains). ◇ Par rapport aux besoins matériels. *Les gens favorisés matériellement.* ♦ 3° En fait, effectivement. V. **Positivement, pratiquement.** *C'est matériellement impossible. Je n'en ai matériellement pas le temps.* ◇ ANT. *Moralement, spirituellement.*

MATERNAGE [mateʀnaʒ]. *n. m.* (1956; dér. du lat. *maternus,* de *mater* « mère », pour trad. l'angl. *mothering*). *Psychiatr., psychan.* Technique de traitement des psychoses visant à recréer entre le patient et le thérapeute, sur le mode à la fois réel et symbolique, la relation de la mère et du nourrisson. ◇ Action de traiter maternellement.

MATERNEL, ELLE [mateʀnɛl]. *adj. et n. f.* (XIVᵉ; du lat. *maternus,* de *mater* « mère »). ♦ 1° Qui appartient à la mère, lui est propre. *Le lait maternel. Amour, instinct maternel.* ◇ De sa mère. *Il craignait les réprimandes maternelles.* ♦ 2° Qui ressemble à ce qui vient d'une mère. « *Son vieux valet de chambre lui donnait ces soins maternels* » (Vigny). *Geste, ton maternel.* ♦ 3° (*Personnes*). Qui a le comportement, joue le rôle d'une mère. *Une femme maternelle avec son mari. Institutrice très maternelle.* ◇ (1887) ÉCOLE MATERNELLE, établissement d'enseignement primaire à personnel féminin, pour les enfants âgés de deux à six ans. V. **Jardin** (d'enfants). — (1904) N. f. *Entrer à la maternelle.* ♦ 4° Qui a rapport à la mère, quant à la filiation, à la relation familiale. *Un oncle du côté maternel. Parenté en ligne maternelle. Ma grand-mère maternelle.* ♦ 5° (XIVᵉ). *Langue maternelle :* la première langue qu'a apprise un enfant, généralement celle de sa mère. ♦ 6° Qui concerne les mères, considérées du point de vue social. *Centre de protection maternelle et infantile.* ◇ ANT. *Filial.*

MATERNELLEMENT [mateʀnɛlmã]. *adv.* (XIVᵉ; de *maternel*). D'une manière maternelle (2°, 3°). « *Une bienfaitrice qui allait s'occuper de lui maternellement* » (Balz.).

MATERNER [mateʀne]. *v. tr.* (1956; lat. *maternus,* pour trad. l'angl. *to mother*). *Psychiatr.* Soigner par maternage*. ◇ Traiter (qqn) de façon maternelle.

MATERNISER [mateʀnize]. *v. tr.* (1907; lat. *maternus,* et suff. *-iser*). *Techn.* Donner les propriétés chimiques du lait de femme à (un lait animal). « *Le lait sec peut être maternisé* » (La Croix, 24-12-1970).

MATERNITÉ [mateʀnite]. *n. f.* (XVᵉ; du lat. *maternus*).
♦ 1° État, qualité de mère. *Les joies et les peines de la maternité. Maternité volontaire. Allocations (de) maternité,* prestation accordée aux mères (remplacée par allocations prénatales et postnatales). — Dr. *Lien qui unit l'enfant à sa mère. Recherche de maternité.* ♦ 2° *Rare.* Sentiment maternel. *Une maternité abusive.* ♦ 3° Fonction génératrice de la femme. V. **Enfantement, génération, procréation.** *La femme n'est pas définie seulement par la maternité.* — *Cour.* V. **Accouchement, grossesse.** *Femme fatiguée par des maternités trop rapprochées.* ♦ 4° (1834; de « Hospice de la Maternité », création de la Convention). Établissement ou service hospitalier, réservé aux femmes en couches. *Maternités de la Ville de Paris.* ♦ 5° *Arts.* Tableau représentant une mère avec son ou ses enfants.

MATH ou **MATHS** [mat]. *n. f. pl.* (1880; abrév. de *mathématique*). *Fam.* Mathématiques. *Un fort en maths.* V. **Matheux.** *Faire des maths. Prof de maths.* ◇ Classe de mathématiques. *Math élém. Math sup* (supérieure). *Math géné* (générales). ◇ HOM. *Mat, matte.*

MATHÉMATICIEN, IENNE [matematisjɛ̃, jɛn]. *n.* (1370, aussi « astronome » jusqu'au XVIIIᵉ; du lat. *mathema-*

ticus). Personne versée dans les sciences mathématiques. V. **Algébriste, analyste, arithméticien, géomètre**. *Fermat, mathématicien célèbre.*

MATHÉMATIQUE [matematik]. *adj. et n. f.* (1265 ; lat. *mathematicus*, gr. *mathêmatikos* « scientifique », de *mathêma* « science »).

I. *Adj.* ♦ 1° Relatif aux mathématiques, à la mathématique (Cf. *ci-dessous*, II) ; qui utilise les mathématiques, s'exprime par elles. *Raisonnement, méthode, déduction, intuition mathématique. Opérations, problèmes mathématiques. Le temps mathématique*, des mathématiciens. ♦ 2° Qui présente les caractères de la pensée mathématique. V. **Géométrique** ; **précis, rigoureux**. *Une précision mathématique.* « *La rigueur mathématique de votre livre* » (BOURGET). ◊ *Fam.* Absolument certain, nécessaire. *Il doit réussir, c'est mathématique.* V. **Automatique, logique.**

II. *N. f.* ♦ 1° *Sing.* ou *plur.* (XVIᵉ). LA MATHÉMATIQUE (*vx* ou *didact.*) ; LES MATHÉMATIQUES (*cour.*) : ensemble des sciences qui ont pour objet la quantité et l'ordre. *Les mathématiques concrètes étudient les grandeurs mesurables et particulièrement l'espace* (V. **Géométrie**) *et le mouvement* (V. **Mécanique**). *Les mathématiques pures, abstraites, étudient la quantité, sous ses aspects discontinus* (algèbre élémentaire ; arithmétique), *ou continus* (calcul différentiel, intégral, infinitésimal, des infiniment petits) V. **Analyse ; géométrie** (analytique), *ainsi que la notion d'ordre* (topologie ; théorie des groupes). *Mathématiques appliquées* (trigonométrie ; géométrie descriptive, calcul des probabilités, sciences physicomathématiques. V. **Astronomie, physique**). *Principes, bases des mathématiques* (axiomes, postulats, définitions). *Apprendre, étudier les mathématiques. Cours, épreuve de mathématiques.* V. **Math.** ♦ 2° (Dans ces expressions). Classe spécialisée dans l'enseignement des mathématiques. *Mathématiques élémentaires* (fam. *Math élém* [matelɛm]) : une des classes préparant au baccalauréat. *Mathématiques spéciales, supérieures* : classes de préparation aux grandes écoles scientifiques (fam. *Math spé* [matspe], *Math sup* [matsyp], *arg. des écoles* : Hypotaupe, Taupe). — *Certificat de mathématiques générales* (fam. *Math géné* [matʒene]) *de la licence ès sciences.*

MATHÉMATISATION [matematizasjɔ̃]. *n. f.* (1957 ; de *mathématiser*). *Didact.* Traitement mathématique appliqué à un domaine de savoir. *La mathématisation de la physique au XVIIᵉ siècle.*

MATHÉMATISER [matematize]. *v. tr.* (1585, « faire des calculs astrologiques », repr. mil. XXᵉ ; de *mathématique*). *Didact.* Donner une structure mathématique ou appliquer des procédés mathématiques à (un objet de savoir). « *Le droit ou l'impossibilité de mathématiser la nature* » (FOUCAULT).

MATHÉMATIQUEMENT [matematikmã]. *adv.* (1552 ; de *mathématique*). Au point de vue mathématique ; selon les méthodes des mathématiques. *Par ext.* V. **Exactement, rigoureusement.** *C'est mathématiquement exact.* ◊ D'une manière nécessaire. *Cela devait mathématiquement arriver.* V. **Nécessairement.** ◊ ANT. **Approximativement.**

MATHEUX, EUSE [matø, øz]. *n.* (1929 ; de *math*). *Fam.* Étudiant, étudiante en maths. — Élève fort en maths.

MATI, IE [mati]. *adj.* V. **MATER** (2).

MATIÈRE [matjɛr]. *n. f.* (1175 ; *matire*, déb. XIIᵉ ; lat. *materia, materies*, d'abord « bois de construction », puis « matière »).

I. ♦ 1° *Philo., Sc.* Substance qui constitue les corps, objet d'intuition dans l'espace et possède une masse mécanique. *La structure de la matière.* V. **Atome**. *Les états de la matière* : solide, liquide, gazeux. *Éternité, impénétrabilité, inertie de la matière. Désintégration, transmutation de la matière.* — *Matière inorganisée*. V. **Chaos**. *Matière inanimée, inerte ; matière vivante**. ◊ *Anc. philo.* (Opposé à l'âme, la conscience, l'esprit) V. **Corps**. — La nature matérielle, les choses matérielles. *L'homme commande à la matière.* ♦ 2° *Philo.* Fond indéterminé de l'être, que la forme organise. V. **Substance**. *Par plaisant. Avoir la forme, l'esprit enfoncés dans la matière*, obscurcis, dominés par le corps. ♦ 3° *Dr. Matière d'un délit, d'un crime* : ce qui le constitue (en dehors de l'intention qui l'a fait commettre).

II. *Cour.* ♦ 1° *Une, des matière(s)* : substance ayant les caractéristiques de la matière (I) et connaissable par les sens, qu'elle prenne ou non une forme déterminée. *Matières organiques et inorganiques. Matière friable. Matière précieuse.* ◊ *Matières fécales*, et ellipt. *Matières.* V. **Excrément, fèces, selles.** ◊ *Anat.* MATIÈRE GRISE (du cerveau). V. **Substance.** *Fig. et fam.* L'intelligence, la réflexion. « *Faire travailler sa matière grise* » (AYMÉ). ♦ 2° *Spécialt.* Produit destiné à être employé et transformé par l'activité technique. V. **Matériau.** *Industrie utilisant de nombreuses matières.* Compt. *Comptabilité** *matières.* — MATIÈRE PREMIÈRE : non encore transformée par le travail, par la machine. *Importer des matières premières.* ♦ 3° MATIÈRES GRASSES : substances alimentaires (beurre, crème, huile, margarine) contenant des corps

gras. V. **Graisse.** ♦ 4° *Arts.* LA MATIÈRE : ce dont une œuvre d'art est faite ; ce à quoi l'activité de l'artiste donne forme. *Matière d'un peintre.* « *Je ne dis pas que la matière soit belle, ni que la couleur en soit bien choisie* » (FROMENTIN). ♦ 5° *Gram.* Complément de matière, introduit par les prépositions *de* et *en* (*ex.* : une table *de* chêne ; une coupe *en* cristal).

III. *Abstrait.* Ce qui constitue l'objet, le point de départ ou d'application de la pensée. ♦ 1° Contenu, sujet d'un ouvrage. *Anecdote, fait réel qui fournit la matière d'un livre. Traiter une matière* : un sujet ou une sorte de sujets. — *Entrée** *en matière d'un discours.* V. **Commencement.** — *Table** *des matières.* ◊ Ce qui est objet d'études scolaires, d'enseignement. V. **Discipline.** *Matières d'examen, d'écrit, d'oral. Matière à option.* ◊ *Dr.* Ce qui est l'objet de contrat, de procédure. *Matière d'un engagement. Matières sommaires**. ♦ 2° Ce sur quoi s'exerce ou peut s'exercer l'activité humaine. V. **Sujet.** « *Nous n'entendons point raillerie sur les matières de l'honneur* » (MOL.). V. **Point, question.** *Je suis incompétent en la matière, sur cette matière, en pareille matière.* V. **Article, chapitre.** — EN MATIÈRE (suivi d'un adj.) *En matière poétique*, en ce qui concerne la poésie. — *Dr. En matière civile, criminelle*, dans le domaine de la juridiction civile, criminelle. — *Loc. prép.* EN MATIÈRE DE : dans le domaine, sous le rapport de, en ce qui concerne (cet objet). « *En matière d'art, j'avoue que je ne hais pas l'outrance* » (BAUDEL.). ♦ 3° Ce qui fournit de quoi agir. V. **Cause, motif, objet, occasion, sujet ; raison.** « *Si je me plains, ce n'est pas sans matière* » (MAROT). — *Avoir, donner* MATIÈRE à... *Sa conduite donne matière à (la) critique.* V. **Lieu.** *Donner, fournir, trouver matière à plaisanter.*

◊ ANT. **Esprit, forme.**

MATIN [matɛ̃]. *n. m.* (*Mattin*, 980 ; lat. *matutinus*, qui a éliminé le lat. class. *mane*, resté dans *demain*). ♦ 1° Début du jour ; moments qui précèdent immédiatement et qui suivent le lever du soleil. V. **Aube, aurore, lever, point** (du jour). *Par un matin d'hiver. La lumière, la fraîcheur du matin. Brouillard, rosée du matin. L'étoile du matin* : Vénus. *Le petit matin*, moment où se lève le jour. V. **Potron-minet.** *Être du matin*, se lever tôt, être actif le matin. « *Quand on est jeune, on a des matins triomphants* » (HUGO). V. **Réveil.** ◊ AU MATIN : au début du jour. *Ils partirent au matin, au petit matin.* — DE BON, DE GRAND MATIN : très tôt. « *On se levait de bon matin, à Rome* » (NERVAL). — *Le matin et le soir, matin et soir.* « *Soir et matin la brise est fraîche* » (GAUTIER). — *Du soir au matin*, toute la nuit. *Du matin au soir*, toute la journée, et *fig.* Continuellement, sans arrêt. *Cet enfant braille du matin au soir.* ◊ *Adv.* MATIN : au matin, dès le matin. V. **Heure** (de bonne heure), tôt. *Se lever matin, trop matin.* *Fig. Pour l'attraper, le surprendre, il faut se lever matin* : il est difficile à surprendre, on ne l'attrape pas facilement. ♦ 2° (1659). La première partie de la journée qui commence au lever du jour et se termine à midi. V. **Matinée.** *Le docteur reçoit le matin et fait ses visites l'après-midi. Ce matin, la matinée d'aujourd'hui. Ce matin vers 11 heures. Un beau matin* (Cf. Un beau jour). *Un de ces matins.* — (Après un nom désignant un jour) *Le 23 mars au matin. La veille, chaque jour au matin.* — *Dimanche, hier, demain matin.* — (Sans ou avec accord) *Tous les dimanches matin.* Rare. « *Les jeudis matins* » (ALAIN-FOURNIER). ♦ 3° (Dans le décompte des heures). L'espace de temps qui va de minuit à midi, divisé en douze heures. *Une heure du matin.* ♦ 4° *Fig. et poét.* Commencement, début. *Le matin de la vie.* V. **Jeunesse.** ◊ ANT. **Soir. Après-midi.**

MÂTIN [matɛ̃]. *n. m.* (*Mastin*, XIIᵉ ; lat. pop. °*masetinus*, de *mansuetinus*, du lat. class. *mansuetus* « apprivoisé », de *manere* « rester »). ♦ 1° Grand et gros chien de garde ou de chasse. ♦ 2° *Fig. et vx.* Homme désagréable, grossier, laid. ◊ *Fam.* MÂTIN, MÂTINE : personne malicieuse, turbulente. V. **Coquin, luron.** *Ah! la mâtine!* ♦ 3° *Vx.* Interjection exprimant la surprise, l'admiration. « *Mâtin, vous ne vous refusez rien, vous!* » (HUYSMANS).

MATINAL, ALE, AUX [matinal, o]. *adj.* (1120 ; de *matin*). ♦ 1° Du matin ; qui a lieu, se produit le matin. V. **Matutinal.** *Gymnastique matinale.* — *Fleurs matinales*, qui s'ouvrent le matin. ♦ 2° Qui s'éveille, se lève tôt. V. **Matineux.** *Vous êtes bien matinal aujourd'hui!* — *À une heure matinale*, très tôt le matin. ◊ ANT. **Vespéral.**

MATINALEMENT [matinalmã]. *adv.* (1808 ; de *matinal*). *Littér.* À une heure matinale.

MÂTINÉ, ÉE [matine]. *adj.* (XVIIᵉ ; V. **Mâtiner**). ♦ 1° Se dit d'un chien qui n'est pas de race pure. V. **Corniaud.** *Par anal.* « *Un oiseau de proie, mâtiné d'échassier* » (MART. du G.). V. **Métissé.** ♦ 2° *Fig.* Mêlé (de). *Il parle un français mâtiné d'espagnol.* ◊ ANT. **Pur.**

MATINÉE [matine]. *n. f.* (1150 ; de *matin*). ♦ 1° La partie de la journée qui va du lever du soleil à midi, considérée dans sa durée. *Début, fin de matinée. Une belle matinée d'octobre. Dormir* (vx), *faire la grasse** *matinée. Je passerai chez vous dans la matinée.* — *Par ext.* Cette durée même. *Une* *matinée de travail.* ♦ 2° (1850). L'après-midi, *opposé à* la « soirée » (dans le langage de la vie mondaine). V. **Après-midi.** ♦ 3° Réunion, spectacle qui a lieu avant le dîner, l'après-midi. *Matinée musicale, littéraire, dansante. Cinéma qui affiche deux matinées et une soirée le dimanche.* « *J'allai enfin entendre la Berma, en* « *matinée* », *dans Phèdre* » (PROUST). ♦ 4° (1907). *Vieilli.* Déshabillé féminin destiné à être porté le matin. ◇ ANT. *Après-midi. Soirée.*

MÂTINER [matine]. *v. tr.* (1561 ; « traiter de chien », XIIᵉ ; de *mâtin*). Couvrir (une chienne de race), en parlant d'un chien de race différente (généralement croisée ou commune). *Faire mâtiner une levrette par un chien courant.* V. **Croiser.**

MATINES [matin]. *n. f. pl.* (1080 ; de *matin*, adapt. du lat. ecclés. *matutinæ (vigiliæ)* « veilles matinales »). *Liturg. cathol.* Office nocturne, la plus importante et la première des heures canoniales. V. **Vigile.** *Les matines sont généralement chantées entre minuit et le lever du jour.* « *Sonnez les matines!* » (chanson).

MATINEUX, EUSE [matinø, øz]. *adj.* (XIVᵉ ; de *matin*). *Vieilli.* Qui a l'habitude de se lever matin, tôt. V. **Matinal.** « *Les fidèles peu matineux manquaient souvent l'office* » (NERVAL).

MATINIER, IÈRE [matinje, jɛʀ]. *adj.* (*Messe matinière,* 1400 ; de *matin*). *Vx.* Du matin — *Littér. L'étoile matinière :* Vénus.

MATIR. V. MATER (2).

MATITÉ [matite]. *n. f.* (1833 ; de *mat*). ♦ 1° Caractère de ce qui est mat. « *La fausse matité d'un teint poudré* » (COLETTE). ♦ 2° *Méd.* Diminution d'intensité et absence de timbre appréciable dans le son obtenu par percussion des régions thoracique ou abdominale. *Matité pulmonaire.*

MATOIR [matwaʀ]. *n. m.* (1676 ; de *matir, mater*). *Techn.* Outil qui sert à rendre mat un métal.

MATOIS, OISE [matwa, waz]. *adj.* (av. 1573, « voleur, bandit » ; de *mate*, arg. anc. « lieu de réunion des voleurs », all. dial. *Matte* « prairie »). *Littér.* Qui a de la ruse sous les dehors de bonhomie. V. **Rusé, fin, finaud, madré.** *Un vieux paysan matois.* — Par ext. *Air matois.* ◇ Subst. *Un fin, un gros matois.*

MATOISERIE [matwazʀi]. *n. f.* (fin XVIᵉ ; de *matois*). *Vx.* Façon d'agir, tour matois. V. **Fourberie, tromperie.** *Voilà une belle, une fine matoiserie* (ACAD.). ◇ Caractère, qualité du matois.

MATON, ONNE [matɔ̃, ɔn]. *n.* (1946 ; de *mater* 3). *Arg.* Gardien(ne) de prison. « *La matonne me mène à la loggia, l'air excédé* » (SARRAZIN).

MATOU [matu]. *n. m.* (1571 ; *matoue,* XIIIᵉ ; p.-ê. onomat.). Chat domestique mâle et entier. *Un gros matou.*

MATRAQUAGE [matʀakaʒ]. *n. m.* (1948 ; de *matraquer*). ♦ 1° Action de matraquer. *Le matraquage des manifestants.* ♦ 2° *Fig.* Répétition fréquente et systématique d'un message qu'on veut imposer. V. **Intoxication.** *Matraquage publicitaire.*

MATRAQUE [matʀak]. *n. f.* (1863 ; arabe d'Algérie *matraq* « gourdin »). Arme contondante assez courte, généralement équilibrée (plus épaisse et plus pesante à une extrémité), constituée d'un bâton de bois, de caoutchouc durci, etc., ou par un dispositif simple (boule montée sur un support). V. **Casse-tête.** *Coup de matraque.*

MATRAQUER [matʀake]. *v. tr.* (XXᵉ ; de *matraque*). ♦ 1° Frapper à coups de matraque. — *Fig.* (1927) Donner le « coup de masse » ; présenter une addition excessive, etc. ♦ 2° (v. 1968) Infliger d'une manière répétée (un message : publicité, thème, musique). « *Matraquer l'un des mouvements d'un concerto à l'antenne, pendant quinze jours...* » (*Le Monde,* 23-1-1970). V. **Matraquage, 2°.**

MATRAQUEUR [matʀakœʀ]. *n. m. et adj.* (1948 ; de *matraquer*). ♦ 1° *N. m.* Celui qui matraque. ◇ *Arg. sport.* Joueur brutal. ♦ 2° *Adj.* (v. 1970). Qui matraque (2°). *Publicité matraqueuse.*

1. **MATRAS** [matʀa]. *n. m.* (*Materas,* fin XIIIᵉ ; probabl. du lat. *matara* « javeline », d'o. gaul.). *Archéol.* Gros trait d'arbalète terminé par une tête cylindrique ou quadrangulaire.

2. **MATRAS** [matʀa]. *n. m.* (*Matheras,* v. 1500 ; du précéd., infl. prob. arabe *matara* « outre, vase »). Vase de verre ou de terre au col étroit et long, utilisé autrefois en alchimie et, de nos jours, en chimie, en pharmacie pour diverses opérations, notamment la distillation. *Syn.* Récipient florentin.

MATRIARCAL, ALE, AUX [matʀijaʀkal, o]. *adj.* (v. 1900 ; de *matriarcat,* d'apr. *patriarcal*). *Didact.* Relatif au matriarcat. *Société matriarcale.*

MATRIARCAT [matʀijaʀka]. *n. m.* (1894 ; du lat. *mater* « mère », d'apr. *patriarcat*). *Didact.* Régime juridique ou social en vertu duquel la mère transmet son nom aux enfants, la seule filiation légale étant la filiation maternelle. ◇ ANT. *Patriarcat.*

MATRIÇAGE [matʀisaʒ]. *n. m.* (v. 1902 ; *matrissage,* 1842 ; de *matrice*). *Techn.* Opération qui consiste à donner à une pièce sa forme définitive en la pressant contre la matrice.

MATRICAIRE [matʀikɛʀ]. *n. f.* (1545 ; du lat. *matrix -icis* « matrice »). *Didact.* (*Bot., Pharm.*). Plante annuelle ou vivace *(Composacées),* connue sous le nom de camomille. *Matricaire officinale,* utilisée en infusion. *Matricaire odorante.* V. **Anthémis.**

MATRICE [matʀis]. *n. f.* (1265 ; lat. *matrix*). ♦ 1° *Anat.* (*Vieilli*). Nom commun de l'utérus. V. **Utérus.** *Inflammation de la matrice.* V. **Métrite,** et le *préf.* **Métr(o)-.** Fig. « *La terre, inépuisable et suprême matrice* » (HUGO). ♦ 2° *Techn.* (1556, imprim.). Moule qui, après avoir reçu une empreinte particulière en creux et en relief, permet de la reproduire sur un objet soumis à son action (V. **Forme**) ; une des deux parties d'un moule à compression. *La matrice d'un disque.* — *Grav.* Coin original d'une médaille ou d'une monnaie gravée en creux au poinçon. — *Typogr.* Bloc de cuivre qui porte, gravée en creux par un poinçon d'acier, l'empreinte du caractère, et dans lequel est coulé l'alliage. ♦ 3° *Alg.* Tableau rectangulaire de nombres *(éléments de la matrice)* sur lesquels on définit les opérations mathématiques usuelles telles que l'addition, la multiplication, l'inversion. *Matrices réelles, complexes* (de nombres réels, complexes). *Dimensions de la matrice :* nombre de *lignes* et de *colonnes* qu'elle comporte. ♦ 4° *Admin.* (1835). *Matrice du rôle des contributions directes,* registre contenant la liste des contribuables et l'indication de leurs facultés contributives, en vue de permettre la confection des rôles des impôts directs. *Matrice cadastrale.* V. **Cadastre.**

MATRICER [matʀise]. *v. tr.; conjug. placer* (1931 ; de *matrice*). *Techn.* Forger un objet en soumettant le métal porté au rouge à la pression d'une matrice.

1. **MATRICIDE** [matʀisid]. *n.* (1580 ; lat. *matricida;* suff. *-cide*). *Rare.* Personne qui a tué sa mère. V. **Parricide.** — Adj. *Enfant matricide.*

2. **MATRICIDE** [matʀisid]. *n. m.* (1521 ; lat. *matricidium*). *Rare.* Crime de celui, de celle qui a tué sa mère. V. **Parricide.**

MATRICIEL, IELLE [matʀisjɛl]. *adj.* (1853 ; de *matrice*). ♦ 1° *Admin.* Relatif aux matrices de l'administration. *Loyer matriciel,* qui sert de base à la fixation des cotes en matière de contributions directes. ♦ 2° *Alg.* Où interviennent les matrices. *Algèbre matricielle. Calcul matriciel.*

MATRICLAN [matʀiklɑ̃]. *n. m.* (XXᵉ ; lat. *mater,* et *clan*). *Ethnol.* Clan dont le recrutement est assuré par la voie matrilinéaire* (opposé à *Patriclan*).

MATRICULE [matʀikyl]. *n.* (1460 ; bas lat. *matricula*). ♦ 1° *N. f. Admin.* Registre, liste où sont inscrits (V. **Immatriculer**), avec un numéro d'ordre, les noms de toutes les personnes qui entrent dans une collectivité, un groupe ou un système organisé. *Les matricules d'une faculté, d'un hôpital.* Extrait de la matricule, délivré à une personne inscrite, et *par ext.* L'extrait lui-même. V. **Immatriculation** (carte d'). — Par ext. *Inscription sur la matricule.* V. **Immatriculation.** *Droits de matricule.* ◇ *Adj. Cour. Livret matricule d'un soldat. Numéro matricule.* ♦ 2° *N. m.* (fin XIXᵉ). *Cour.* Numéro d'inscription sur un registre matricule. *Effets d'un soldat marqués à son matricule.* — (1880) Arg. milit. et pop. *Ça devient mauvais pour son matricule,* sa situation devient fâcheuse.

MATRICULER [matʀikyle]. *v. tr.* (1550 ; de *matricule*). *Rare.* Marquer (un objet) d'un numéro matricule. V. **Numéroter.** *Un « semblable uniforme couleur cachou, matriculé »* (Cl. SIMON).

MATRILINÉAIRE [matʀilineɛʀ]. *adj.* (XXᵉ ; de *matri-,* et *linéaire,* angl. *matrilinear,* 1910). *Ethnol.* Se dit d'un type de filiation (par ext., d'un type d'organisation sociale) qui ne reconnaît que l'ascendance maternelle (opposé à *Patrilinéaire*). *Filiation, société matrilinéaire.*

MATRILOCAL, ALE, AUX [matʀilɔkal, o]. *adj.* (XXᵉ ; de *matri-,* et *-local,* angl. *matrilocal,* 1904). *Ethnol.* Se dit du type de résidence des couples, lorsqu'elle est déterminée par la résidence de la mère de l'épouse. « *Une résidence matrilocale où les gendres se groupaient avec leurs femmes au foyer de leurs beaux-parents* » (LÉVI-STRAUSS). Opposé à *Patrilocal.*

MATRIMONIAL, ALE, AUX [matʀimɔnjal, o]. *adj.* (XIVᵉ ; bas lat. *matrimonialis,* de *matrimonium* « mariage »). Qui a rapport au mariage. *Lien matrimonial.* V. **Conjugal.** — *Régimes matrimoniaux :* communauté, régime dotal, séparation de biens (régimes juridiques régissant les patrimoines respectifs des époux). — *Agence matrimoniale,* qui met en rapport, contre rétribution, des personnes désirant contracter mariage.

MATRIMONIALEMENT [matʀimɔnjalmɑ̃]. *adv.* (1495 ; de *matrimonial*). *Littér.* Au point de vue du mariage ; par les liens du mariage. « *Conjoindre matrimonialement deux imbéciles de jeunes premiers* » (GAUTIER).

MATRONE [matʀɔn]. *n. f.* (XIIᵉ ; lat. *matrona*). ♦ 1° *Antiq. rom.* Épouse d'un citoyen romain. ♦ 2° *Mod.* Mère de famille d'âge mûr, de caractère grave et d'allure imposante. ◇ *Femme d'un certain âge, corpulente et vulgaire. Une « vieille matrone du peuple, crasseuse et laide »* (CHATEAUB.). ♦ 3° *Vx* (XVᵉ). Sage-femme. ◇ *Mod.* Accoucheuse qui exerce illégalement ; avorteuse.

MATRONYME [matʀɔnim]. *n. m.* (mil. XXᵉ ; du lat.

mater, d'apr. *patronyme*). *Didact.* Nom de famille transmis par la mère (opposé à *Patronyme**). — On trouve aussi MATRONYMAT [matrɔnima], *n. m.* et MATRONYMIQUE [matrɔ nimik], *adj.*

MATTE [mat]. *n. f.* (1627; o. i.). *Techn.* Mélange de sulfures de fer et de cuivre, provenant de la première fusion d'un minerai sulfuré. ◈ HOM. *Mat. Maths.*

MATTHIOLE [matjɔl]. *n. f.* (1765; du nom de *Matthiole*, botaniste italien). Variété de giroflée rouge communément appelée *giroflée des jardins* ou *violier*, cultivée pour ses fleurs odorantes.

MATURATION [matyRasjɔ̃]. *n. f.* (v. 1300; lat. *maturatio*, de *maturare*). ♦ 1° *Bot.* Ensemble des transformations ou phases successives par lesquelles passent les semences et les tissus qui les enveloppent depuis la fécondation de l'ovule jusqu'à la maturité de la graine. — *Cour.* Le fait de *mûrir.* V. **Mûrissage, mûrissement.** *Hâter la maturation des fruits.* V. **Forcer.** *Maturation du raisin.* V. **Véraison.** « *La maturation de son talent* » (HENRIOT). ♦ 2° *Biol.* Ensemble des modifications subies par les cellules sexuelles, les rendant aptes à la fécondation. V. **Méiose.** *Maturation du fœtus*, au cours des derniers mois de la grossesse, le rendant viable (Cf. *Immaturité*). ♦ 3° *Méd.* Évolution d'un abcès vers une suppuration bien circonscrite. ♦ 4° *Techn. Cave de maturation*, où l'on fait séjourner les fromages.

MATURE [matyR]. *adj.* (1495; « mûr »; « posé, sensé », v. 1240; lat. *maturus* « mûr »). *Techn. Poisson mature :* prêt à frayer. ◇ *Biol.* Se dit d'une cellule (animale ou végétale) parvenue au terme de son développement. ◈ ANT. *Immature.*

MÂTURE [matyR]. *n. f.* (1680; de *mât*). ♦ 1° Ensemble des mâts d'un navire (V. **Gréement**). « *Les grands voiliers aux mâtures légères glissant sur le ciel* » (MAUPASS.). — Manière dont un navire est mâté. ♦ 2° Ce qui sert à mâter. *Pièces de mâture.* ♦ 3° *Atelier*, magasin où sont entreposés les bois de mâture, où sont confectionnés et réparés les mâts.

MATURITÉ [matyRite]. *n. f.* (1485; lat. *maturitas*). ♦ 1° État d'un fruit mûr. *On cueille les bananes avant leur complète maturité. Maturité précoce* (précocité), *tardive* (tardiveté). ◇ *Cela ne dit est mûr* (2° et 3°). ♦ 2° *Fig.* État de ce qui a atteint son plein développement. *Idée, projet qui vient à maturité. Talent en pleine maturité*, parvenu à un point de perfection. V. **Plénitude.** *Maturité d'esprit.* ♦ 3° État de développement complet (de l'organisme humain). — (1685). *Absolt.* L'âge mûr, celui qui suit immédiatement la jeunesse et confère à l'être humain la plénitude de ses moyens physiques et intellectuels. *Il est en pleine maturité.* V. **Force** (de l'âge). « *Les plaisirs de l'amour n'ont toute leur saveur que dans la maturité* » (LÉAUTAUD). ♦ 4° Sûreté de jugement, qui s'acquiert d'ordinaire avec l'âge, l'expérience. *Manquer de maturité.* V. **Circonspection, sagesse.** *Maturité précoce.* ◈ ANT. *Enfance; infantilisme.*

MATUTINAL, ALE, AUX [matytinal, o]. *adj.* (XIIᵉ; rare av. fin du XVIIIᵉ; du lat. *matutinus*). *Vx* ou *littér.* Qui appartient au matin. V. **Matinal** (*cour.*). — *Méd. Vomissements matutinaux.* V. **Pituite.**

MAUBÈCHE [mobɛʃ]. *n. f.* (1808; de *mal* 2, et du lat. *beccus* « bec »). Nom d'une variété de bécasseau.

MAUDIRE [modiR]. *v. tr.* : *je maudis, tu maudis, il maudit, nous maudissons, vous maudissez; je maudissais, nous maudissions; je maudis, nous maudîmes; je maudirai, nous maudirons; je maudirais, nous maudirions; maudis, maudissons, maudissez; que je maudisse; maudissant; maudit, ite* (Maldire, 1080, « dire du mal de »; lat. *maledicere*). ♦ 1° Vouer au malheur; appeler sur (qqn) la malédiction, la colère divine. V. **Anathématiser.** ◇ Vouer à l'exécration (une personne, une chose dont on a lieu de se plaindre, que l'on hait, méprise). V. **Abominer, exécrer.** *Maudire un ennemi, la guerre. Je maudis la fichue idée que j'ai eue.* ♦ 2° Vouer à la damnation éternelle. V. **Condamner, réprouver.** *Caïn a été maudit de Dieu, par Dieu.* ◈ ANT. *Adorer, bénir.*

MAUDIT, ITE [modi, it]. *adj.* (Maldit, 1080; V. **Maudire**). ♦ 1° Qui est rejeté par Dieu ou condamné, repoussé par la société. V. **Réprouvé.** *La guerre est maudite de Dieu et des hommes. Les Poètes maudits* (1885), essai de Verlaine. ◇ (En manière d'imprécation) « *Maudite soit l'espérance ! Maudite la foi, et maudite, avant tout, la patience !* » (NERVAL). ♦ 2° (*Avant le nom*). Dont on a sujet de se plaindre. V. **Détestable, exécrable, haïssable;** et *fam.* **Damné, fichu, sacré, sale, satané.** *Maudite engeance. Cette maudite histoire te tracasse beaucoup.* V. **Malheureux.** *La vertu* « *dans ce maudit siècle est toujours poursuivie* » (MOL.). « *Mon maudit amour pour les arts* » (STENDHAL). ♦ 3° *Subst. Les maudits*, les damnés. *Le Maudit*, le Démon. ◈ ANT. *Bénit, bienheureux.*

MAUGRABIN, INE [mograbɛ̃, in] ou **MAUGREBIN, INE** [mogRəbɛ̃, in]. *n. et adj.* (Maugrebin, 1808; de *Maugreb*, *Maghreb*). *Vx.* Du Maghreb. « *Sa mère était la vieille maugrabine D'Antequera* » (HUGO).

MAUGRÉER [mogRee]. *v. intr.* (1279; de l'a. fr. *maugré* « peine », déplaisir », de *mal* 1, et *gré*). Manifester son mécon-

tentement, sa mauvaise humeur, en protestant à mi-voix, entre ses dents. V. **Grogner, pester, ronchonner.** *Vieux grincheux qui ne cesse de maugréer contre tout le monde.* V. **Râler, rouspéter** (*fam.*). « *Je rognonne, je maugrée, je grogne même contre moi-même* » (FLAUB.).

MAURANDIE [moRãdi]. *n. f.* (1839; de *Maurandy*, botaniste espagnol). Plante herbacée (*Scrofulariacées*) d'origine mexicaine, cultivée pour ses fleurs à grande corolle.

MAURE, MAURESQUE ou **MORE, MORESQUE** [moR, moRɛsk(ə)]. *n. et adj.* (1636,-XIIᵉ; du lat. *maurus*; esp. *Moro*). ♦ 1° *Hist.* De l'ancienne *Mauretania*, région du nord de l'Afrique. *Numides et Maures de l'époque romaine.* V. **Berbère.** *Maures islamisés; Maures d'Espagne.* V. **Arabe, sarrasin.** *Invasion maure.* Mod. *Bain, café maure.* ♦ 2° De la Mauritanie, région d'Afrique occidentale. *Les Maures du Soudan, du Sénégal. Othello, le More de Venise*, personnage de Shakespeare. — *Tête-de-maure*, couleur brun foncé (aussi *tête-de-mort*). ◈ HOM. *Mort; mors;* formes du v. *mordre.*

MAURELLE [moRɛl]. *n. f.* (1771; du lat. *Maurus* « Maure », « brun foncé »). Variété de croton donnant un colorant brun, appelé *tournesol des teinturiers.* ◈ HOM. *Morelle.*

MAURESQUE [moRɛsk(ə)]. *n. f. et adj.* (À la *morisque*, 1379; esp. *morisco*; Cf. **Maure**). ♦ 1° *N. f.* (1611). Femme maure. ♦ 2° *Adj. Arts* (1447). *Vx.* Arabe, musulman. *Spécialt.* Hispano-moresque (var. MORESQUE).

MAUSER [mozɛR]. *n. m.* (fin XIXᵉ; du nom de l'inventeur all.). Fusil en usage dans l'armée allemande à partir de 1870. — Modèle de pistolet automatique. *Des mausers.*

MAUSOLÉE [mozɔle]. *n. m.* (1544; *mausole*, 1525; lat. *mausoleum*, gr. *mausolein* « tombeau du roi Mausole »). Somptueux monument funéraire de très grandes dimensions. V. **Tombeau.**

MAUSSADE [mosad]. *adj.* (Malsade, XIVᵉ; de *mal* 2, et a. fr. *sade*, lat. *sapidus* « savoureux »). ♦ 1° Qui est peu gracieux, peu avenant; qui laisse voir de la mauvaise humeur. V. **Chagrin, grognon, revêche.** — Par ext. *Caractère maussade.* V. **Acariâtre, acrimonieux, hargneux.** *Humeur maussade.* V. **Méchant.** *Mine maussade.* V. **Boudeur, mécontent, rechigné, renfrogné.** *Propos maussades.* V. **Désabusé, mélancolique, pessimiste.** ♦ 2° Qui inspire de l'ennui. V. **Ennuyeux, terne, triste.** *Ciel, temps maussade.* « *Une grande maison maussade et noire* » (DAUD.). ◈ ANT. *Amène, charmant, enjoué, gai, jovial. Divertissant.*

MAUSSADEMENT [mosadmã]. *adv.* (1530; de *maussade*). D'une manière maussade.

MAUSSADERIE [mosadRi]. *n. f.* (1740; de *maussade*). Humeur maussade. « *Son silence et sa maussaderie gênaient toute la table* » (MAUROIS). ◈ ANT. *Amabilité, aménité.*

MAUVAIS, AISE [mɔ(o)vɛ, ɛz]. *adj., adv. et n.* (*Malvais*, 1080; lat. pop. *°malifatius* « qui a un mauvais sort (*fatum*) »). REM. En épithète, *Mauvais* est le plus souv. avant le nom.

I. (Opposé à **BON**). ♦ 1° Qui présente un défaut, une imperfection essentielle; qui a une valeur faible ou nulle (dans le domaine utilitaire, esthétique ou logique). V. **Défectueux, imparfait;** préf. **Caco-.** *Assez mauvais* (V. **Médiocre**), *très mauvais* (V. **Abominable, épouvantable, exécrable, horrible, infect, lamentable**). *Plus mauvais.* V. **Pire.** *Mauvais produit. Mauvais lit. Fig. Filer un mauvais coton*. Être dans de mauvais draps*. Les bons et les mauvais morceaux.* ◇ *Qui rapporte peu. Mauvaise affaire*, qui a été mauvaise, insuffisante. *Mauvais métier*, peu lucratif. — *Mauvaise période, mauvaise saison :* défavorable pour un commerce, une activité. *Mauvaise cause, mauvais procès :* difficile à gagner. « *La gloire d'un bon avocat consiste à gagner de mauvais procès* » (BALZ.). ◇ *Mal fait, mal conçu.* V. **Défectueux, déplorable, désastreux, détestable** (Cf. *fam.* À la flan, à la manque, raté). *Mauvaise copie, mauvaise écriture.* — *Sans valeur esthétique. Mauvais livre. Mauvais film. Absolt. C'est bien mauvais, très mauvais :* ça ne vaut rien. ◇ *Qui ne suit pas la logique ou les règles.* V. **Faux, inexact.** *Mauvais calcul. Mauvais raisonnement. Mauvaise lecture d'un manuscrit. Parler en mauvais français.* V. **Incorrect.** ◇ *Qui ne fonctionne pas correctement. Avoir de mauvais yeux.* — *Par ext. Mauvaise digestion, mauvaise vue. Être en mauvaise santé, en mauvais état.* V. **Malade.** *Mauvaise mine. Mauvaise graisse. Mauvais jugement.* V. **Faux.** *Mauvaise mémoire :* infidèle. *Il a mauvais goût, du mauvais goût.* ♦ 2° (*Personnes*). Qui ne remplit pas correctement son rôle. V. **Lamentable, pauvre.** *Mauvais élève. Mauvais commerçant. Mauvais poète, acteur.* « *On ne voit jamais de mauvais artistes faire de beaux ouvrages* » (DELACROIX). *Mauvais ouvrier.* V. **Faible**), *très mauvais* (V. **Nul**) *en latin.* ♦ 3° Qui est mal choisi, ne convient pas, n'est pas approprié à l'objet considéré. *Mauvais moyen, mauvaise méthode. Jouer la mauvaise carte. La tire à la mauvaise route, a la mauvaise direction; se tromper. Arriver, se décider au mauvais moment.* — *Fig. Se placer sur un mauvais terrain. Mauvais prétexte. Mauvaises raisons.* — (Impers. et négatif) *Il ne serait pas mauvais de s'en souvenir; il n'est pas mauvais qu'il en fasse l'expérience :* c'est, ce serait indiqué. **II.** (Opposé à BON, BEAU, HEUREUX...). Qui cause ou peut causer du mal. V. **Néfaste, nuisible; désagréable.** ♦ 1° Qui annonce du malheur. *Mauvaise chance, fortune.* V. **Défavorable, funeste, sinistre.** *Mauvais augure, mauvais présage, mauvais sort. Il a le mauvais œil*. C'est mauvais signe.* ♦ 2° Qui est cause de malheur, d'ennuis, de désagrément. V. **Dangereux, nuisible, pernicieux.** *L'affaire prend une mauvaise tournure.* V. *Sale (fam.). Très mauvaise situation.* V. **Catastrophique, désastreux.** *Être en mauvaise posture. Recevoir un mauvais coup. On lui a joué un mauvais tour. Le café est mauvais pour les nerfs. La mer est mauvaise,* très agitée, dangereuse pour la navigation. — (Sur le plan intellectuel ou moral) *Mauvais conseils.* Par ext. *Mauvais conseiller. Mauvais livres, mauvais exemple. Mauvaises rencontres. Mauvaise plaisanterie.* — (Le caractère nuisible découlant du peu de valeur) *Mauvaises lois, mauvaises institutions.* Spécialt. *Mauvaise herbe. Mauvaise graine*.* ♦ 3° Qui déplaît ou qui peine. ◇ Désagréable (au goût, à l'odorat). *Cette viande a mauvais goût, a un mauvais goût* (V. **Dégoûtant**). — Désagréable au goût. V. **Imbuvable, immangeable.** *Faire un mauvais repas :* manger mal. *C'est mauvais.* Fam. *Pas mauvais :* assez bon (et même « très bon » par antiphr.). — *Mauvaise odeur. Mauvaise haleine.* ◇ (En parlant des circonstances atmosphériques, *opposé à* Beau) *Mauvais temps. La mauvaise saison :* la saison des intempéries. *Il fait mauvais, trop mauvais pour sortir.* ◇ Pénible à vivre. *Mauvais jours,* jours de malheur, de misère. V. **Misérable.** *Mauvais moments. Passer un mauvais quart* d'heure. Traverser une mauvaise passe.* V. **Difficile.** *Faire un mauvais rêve.* V. **Pénible.** *Mauvaise nouvelle. Mauvaise conscience.* — Qui déplaît, fait de la peine. *Faire mauvais effet.* — *Mauvaise opinion. Prendre qqch. en mauvaise part.* — *Trouver mauvais que...* V. **Trouver.** Fam. *La trouver, l'avoir mauvaise* (sous-entendu : la chose, l'affaire). V. **Saumâtre.** « *C'est quand on est marié qu'on doit l'avoir mauvaise* » (SARTRE). ◇ Peu accommodant. *Mauvaise humeur.* V. **Détestable, difficile, fichu, foutu** *(pop.),* **odieux.** *Mauvais caractère, esprit, vouloir, gré. Mauvaise tête, volonté. Mauvaise grâce.* Fam. *Être de mauvais poil*.* — Par ext. *Mauvais coucheur*. Mauvais joueur.*

III. (Opposé à BON, HONNÊTE). ♦ 1° Qui est contraire à la loi morale. V. **Corrompu.** *Mauvais instinct. Mauvaises pensées. C'est une mauvaise action. Mauvaise conduite :* immorale. *Loc. Femme de mauvaise vie,* prostituée. ◇ Qui incarne le mal. *Mauvais ange. Mauvais génie.* ♦ 2° *(Personnes).* Qui fait ou aime à faire du mal à autrui. V. **Méchant; cruel, dur, injuste, malfaisant, malveillant, vache** *(pop.). Il est mauvais comme une teigne. Se faire plus mauvais qu'on n'est :* se calomnier. *Ce n'est pas un mauvais homme, un mauvais bougre* (pop. *C'est pas le mauvais type, le mauvais cheval*). *Mauvaise bête, mauvaise langue.* V. **Médisant.** ◇ MAUVAIS GARÇON, se dit d'un homme prompt à en venir aux coups, et *spécialt.* d'un homme du Milieu (Cf. Mec.) *Mauvais garnement, mauvais drôle, mauvais sujet,* se dit d'enfants, de jeunes gens dont on blâme la conduite. ♦ 3° (Peut s'employer après le nom). Qui dénote de la méchanceté, de la malveillance. *Il a eu un rire mauvais. Mauvaise joie; une joie mauvaise.* V. **Cruel.**

IV. Adv. *Sentir mauvais :* avoir une odeur désagréable. Fig. *Ça sent mauvais,* les choses prennent une mauvaise tournure. — Littér. *Il fait mauvais,* suivi d'un infinitif. V. **Faire** (V, 2°).

V. *N.* ♦ 1° *N. m.* Ce qui est mauvais. V. **Mal** (3). *Le bon et le mauvais.* ♦ 2° *N. m.* ou *f.* Personne méchante. *Les mauvais. Oh ! la mauvaise !* — *Le Mauvais,* le Tentateur, le Démon. V. **Malin, maudit.**

◇ ANT. *Bon. Excellent. Adroit, habile. Bien, réussi. Favorable, heureux. Brave, charmant, heureux. Droit, honnête, louable.*

MAUVAISETÉ [mo(o)vɛzte]. *n. f.* (XVIIe; *malvaisité,* XIIe; de *mauvais*). Rare. Méchanceté. « *La mauvaiseté de notre nature* » (VALÉRY). ◇ ANT. *Bonté.*

MAUVE [mov]. *n. et adj.* (1265; lat. *malva*). **I.** *N. f.* Plante herbacée *(Malvacées)* à fleurs roses ou d'un violet pâle dont l'infusion est calmante (se dit). **II.** (1875). *Adj.* D'une couleur violet pâle. « *Fleurs rouges, jaunes, blanches* » (ZOLA). ◇ *N. m.* (1892) Couleur mauve.

MAUVÉINE [movein]. *n. f.* (1878; de *mauve*). Chim. Colorant violet dérivé de l'aniline.

MAUVIETTE [movjɛt]. *n. f.* (1694; de *mauvis*). ♦ 1° Vieilli. L'alouette, lorsqu'elle est grasse et bonne à manger. *Pâté, brochette de mauviettes.* ♦ 2° Fig. et cour. (1808). Personne chétive, au tempérament délicat, maladif. *Quelle mauviette !*

MAUVIS [movi]. *n. m.* (v. 1200; anglo-saxon *°maew* « mouette »). Variété de grive, plus petite que la litorne.

MAXI- [maksi]. (1966; de *maximum*). Premier élément

signifiant « grand, très grand », servant à former des substantifs, notamment dans le vocabulaire de la mode, de la publicité. *Maxi-manteau,* très long. « *La maxijupe concurrence désormais la mini* » (*L'Express,* 22-1-1968). — Adj. ou subst. *La mode maxi, le maxi.* ◇ ANT. *Mini-.*

MAXILLAIRE [maksil(l)ɛʀ]. *adj. et n. m.* (1488; *maxillere,* 1380; lat. *maxillaris,* de *maxilla* « mâchoire »). *Anat.* Relatif aux mâchoires. ◇ N. m. *Anat. et cour.* Chacun des deux os symétriques (appelé aussi *maxillaire supérieur,* soudés en un seul et formant la mâchoire supérieure. — Par ext. *Maxillaire inférieur.* V. **Mandibule.** « *Les maxillaires s'avançaient en mâchoires puissantes de carnassier* » (ZOLA).

MAXILLE [maksil]. *n. m.* (1894; lat. *maxilla*). *Zool.* Pièce buccale des insectes, des crustacés, en arrière des mandibules (syn. *Mâchoire*).

MAXIMA [maksima]. *plur. ou adj. fém.* V. **Maximum.** ◇ À MAXIMA. *Dr.* Se dit de l'appel formé par le ministère public pour diminuer la peine.

MAXIMAL, ALE, AUX [maksimal, o]. *adj.* (1877; de *maximum*). Qui constitue un maximum. V. **Maximum.** *Températures maximales.* ◇ (v. 1953). Par ext. *Vitesse, efficacité maximale.* ◇ ANT. *Minimal.*

MAXIMALISTE [maksimalist(ə)]. *n. m.* (1917; de *maximum*). Hist. Adaptation française de *bolchevik.*

MAXIME [maksim]. *n. f.* (1330; lat. médiév. *maxima* [*sententia*] « [sentence] la plus grande, la plus générale »). ♦ 1° (1538). Règle de conduite, règle de morale (V. **Précepte, principe**); appréciation ou jugement d'ordre général (V. **Axiome, proposition, vérité**). *Mettre en pratique, suivre une maxime.* « *Les maximes générales sont surtout bonnes contre les peines et les erreurs du voisin* » (ALAIN). ♦ 2° Spécialt. Formule lapidaire énonçant une maxime (1°). V. **Aphorisme, sentence.** *Maxime populaire, traditionnelle* (V. **Adage, dicton, dit, proverbe**), *maxime d'un auteur célèbre* (V. **Citation, pensée**). « *Les « Maximes » de M. de la Rochefoucauld sont les proverbes des gens d'esprit* » (MONTESQ.).

MAXIMISER [maksimize]. *v. tr.* (1907; de *maximum*). ♦ 1° *Philo.* Donner la plus haute valeur, la plus grande importance à. ♦ 2° (mil. XXe). Porter à son maximum. « *La personnalité qui maximise les chances de succès* » (*Entreprise,* 30-1-1971). ♦ 3° *Math.* Trouver les valeurs des paramètres (« *maximisés* ») d'une expression qui la rendent maximale*. — (On trouve parfois MAXIMALISER [maksimalize], *v. tr.*). *Dér.* MAXIMALISATION, *n. f.* ◇ ANT. *Minimiser*

MAXIMUM [maksimɔm]. *n. m.* (1718; mot lat. « le plus grand »). ♦ 1° *Sc.* Valeur d'une fonction supérieure à celles qui la précèdent ou la suivent immédiatement. *Premier, second maximum d'une fonction, d'une courbe, d'un graphique.* V. **Pointe.** ♦ 2° (1751). *Cour.* Valeur la plus grande atteinte par une quantité variable; limite supérieure. *Maximum de vitesse; de capacité, de force. Les maximums* ou *les maxima. Thermomètre à maxima,* qui indique la température la plus élevée atteinte dans un temps donné. — *Le maximum de chances,* le plus grand nombre. *Atteindre un maximum,* son maximum. — *Culminer.* — Absolt. *Au maximum :* tout au plus, au plus. *Mille francs au maximum* (abrév. pop. *Maxi*). — Dr. pén. *Maximum de la peine.* Absolt. *Il a été condamné au maximum,* il a eu le maximum. — Météo. *Maximum barométrique :* anticyclone. ♦ 3° Adj. (fin XIXe). Qui constitue un maximum. V. **Maximal.** « *Ton niveau ne peut pas atteindre son rendement maximum* » (MART. du G.). *Chiffre, tarif maximum.* — Au fém. *Tension, amplitude maximum* ou *maxima. Au plur. Des prix maximums* ou *maxima. Pressions maximums* ou *maxima.* ◇ ANT. *Minimum.*

MAXWELL [makswɛl]. *n. m.* (1900; nom du physicien [1831-1879]). *Phys.* Unité de flux magnétique du système C.G.S. (flux traversant une surface de 1 cm² normale à un champ de 1 gauss). Symb. *M.*

MAYA [maja]. *adj. et n. invar.* (1877; mot indigène). Relatif à une civilisation précolombienne d'Amérique centrale (Yucatan). *Art, civilisation maya.* N. *Le maya,* langue encore parlée. ◇ HOM. *Maïa.*

MAYE [mɛ]. *n. f.* (XIIIe; var. de *mait*). V. **Maie.** *Techn.* Auge de pierre destinée à recevoir l'huile d'olive dans un pressoir. ◇ HOM. V. **Mai.**

MAYONNAISE [majɔnɛz]. *adj. et n. f.* (À la mayonnaise, 1807; altér. de *mahonnaise,* p.-ê. en souvenir de la prise de Port-Mahon en 1756). Se dit d'une sauce froide composée d'huile, d'œufs et d'assaisonnements variés battus jusqu'à prendre de la consistance, par émulsion de l'huile dans le jaune d'œuf. *Sauce mayonnaise.* ◇ N. f. *La mayonnaise prend. Mayonnaise à l'ail.* V. **Ailloli.** — Ellipt. *Colin mayonnaise :* à la mayonnaise. « *On s'installe... autour d'une langouste mayonnaise* » (QUENEAU).

MAZAGRAN [mazagʀɑ̃]. *n. m.* (1864; de *Mazagran,* ville d'Algérie). *Vieilli.* Café, chaud ou froid, servi dans un verre. — Café froid étendu d'eau. ◇ Verre à pied de porcelaine épaisse, pour consommer ce café.

MAZARINADE [mazaʀinad]. *n. f.* (v. 1648; de *Mazarin*).

Hist. Pamphlet, chanson publiés contre Mazarin, pendant la Fronde.

MAZDÉEN, ENNE [mazdeɛ̃, ɛn]. *adj.* (1846; de l'a. perse *mazda* « sage »). *Relig.* Relatif au mazdéisme. *Prêtres mazdéens.*

MAZDÉISME [mazdeism(ə)]. *n. m.* (1846; de l'a. perse *mazda* « sage »). *Relig.* Religion zoroastrienne de l'Iran antique, encore pratiquée par les Guèbres, les Parsis.

MAZÉAGE [mazeaʒ]. *n. m.* (1846; de *mazer*). *Techn.* Action de mazer. V. **Affinage.**

MAZER [maze]. *v. tr.* (1842; p.-ê. du moyen haut all. *mase*). *Techn.* Traiter (la fonte) par un premier affinage.

MAZETTE [mazɛt]. *n. f.* (1626; p.-ê. norm. *mazette* « mésange »). ◆ 1° *Vx.* Mauvais petit cheval. ◆ 2° (1640). *Vieilli.* Personne maladroite au jeu. ◇ (1648) Personne sans ardeur ou incapable. « *Le monde n'est composé que de canailles et de mazettes* » (DUHAM.). ◆ 3° Interj. *(Région.).* Exclamation d'étonnement, d'admiration. *Un million? — Mazette!*

MAZOUT [mazut]. *n. m.* (1902; mot russe). Résidu de la distillation du pétrole, formé d'un mélange de carbures solides et liquides. Liquide épais, visqueux, brun, utilisé comme combustible. V. **Fuel-oil, huile** (lourde). *Poêle, chaudière à mazout. Chauffage au mazout.*

MAZOUTER [mazute]. *v. intr.* (v. 1945; de *mazout*). ◆ 1° *Mar.* Faire le plein de mazout. ◆ 2° Souiller de mazout. Au p. p. Pollué par le mazout, par la marée* noire. *Plages mazoutées.*

MAZURKA [mazyʀka]. *n. f.* (*Mazourka*, 1829; mot polonais). ◆ 1° Danse à trois temps d'orig. polonaise; air sur lequel on la danse. ◆ 2° *Par ext.* Courte composition musicale utilisant le rythme, les thèmes de la mazurka. *Les mazurkas de Chopin.*

ME [m(ə)]. *pron. pers.* : ME s'élide en M' devant une voyelle ou un h muet : *il m'envoie, il m'honore, vous m'y invitez, elle m'en donne* (842; lat. *me* « moi, me », en position inaccentuée). Pronom personnel de la première personne du singulier pour les deux genres. V. **Je, moi.** ◆ 1° Compl. d'obj. direct (représente la personne qui parle, qui écrit). *On me voit. Il m'a envoyé chercher. Il l'a envoyé me chercher. Tu me présenteras à lui.* ◆ 2° Compl. d'obj. indir. À moi. *Il me fait pitié. Il veut me parler.* « *Je fus averti qu'une maigre pension me serait versée* » (GIDE). *Donnez m'en.* ◆ Compl. d'un adj., d'un attribut. Pour moi. « *Ton amitié m'est le plus grand des biens* » (R. ROLLAND). ◇ Remplaçant un possessif (mon, ma, mes) *Les bras m'en tombent.* « *Le cœur me battait fort* » (GIDE). ◇ Pronom « d'intérêt personnel » (renforce un ordre, etc.). *Va me fermer cette porte!* ◆ 3° Sujet d'un infinitif régi par *Faire, laisser* ou un v. de perception. *Il me fera, il me laissera lire ce livre.* ◆ 4° (Dans un v. pronom. à la 1re pers.). *Je m'ennuie. Je me souviens.* ◆ 5° Avec un présentatif. *Me voici. Me voilà tranquille.*

MÉ- ou **MÉS-** (devant voyelle). Préfixe péj. du frq. °*missi* (*ex.* : *mésalliance, mécompte, mépris*).

MEA-CULPA [meakylpa]. *n. m.* (1560; mot lat. « par ma faute »). *Faire* (ou parfois *dire*) *son mea-culpa* : avouer sa faute, s'en repentir.

MÉANDRE [meɑ̃dʀ(ə)]. *n. m.* (1552; lat. *Mæander*, gr. *Maiandros*, fleuve sinueux de Phrygie). ◆ 1° Sinuosité d'un fleuve, d'une rivière. V. **Courbe, contour,** détour. « *Le train accepte tous les détours que lui proposent les méandres d'un petit cours d'eau* » (GIDE). — *Par anal. Méandre d'une route.* V. **Coude, lacet, zigzag.** ◆ 2° (1721). *Arts.* Ornement d'architecture ou de dessin formé de baguettes, de lignes entrecroisées ou brisées. V. **Frette, grecque, zigzag.** ◆ 3° *Fig. Méandres d'un exposé, d'un récit.* « *Les méandres de sa politique* » (MADELIN). V. **Détour, ruse.**

MÉANDRINE [meɑ̃dʀin]. *n. f.* (1828; *méandrite*, 1765; de *méandre*). Madrépore comprenant des polypiers vermiculés disposés en rangées sinueuses.

MÉAT [mea]. *n. m.* (1560; *méate* « passage, conduit », dès 1500; a. prov. *meat*, lat. *meatus*). ◆ 1° *Anat.* Orifice d'un canal. *Méat urinaire,* orifice externe de l'urètre. *Méats inférieur, moyen, supérieur, du nez :* cavités des fosses nasales limitées par les cornets nasaux. ◆ 2° *Bot.* Interstice entre les cellules d'un tissu végétal. V. **Lacune.**

MEC [mɛk]. *n. m.* (*Mecque* « roi », 1821; o. i.). ◆ 1° *Arg.* Homme énergique. *Un mec à la redresse.* V. **Dur.** ◆ 2° (v. 1850). *Pop.* Homme, individu quelconque. *Qu'est-ce que c'est que ce mec-là?* V. **Type.** *Un petit mec* (mecton [mɛktɔ̃]).

MÉCANICIEN, IENNE [mekanisjɛ̃, jɛn]. *n.* (1696; de *mécanique*). ◆ 1° *Didact.* Physicien spécialiste de la mécanique. ◇ Personne qui invente des machines, en dirige la construction. *Vaucanson,* célèbre mécanicien, constructeur d'automates. ◆ 2° (1840). *Cour.* Personne qui a pour métier de monter (V. **Monteur**), d'entretenir ou de réparer (V. **Dépanneur**) les machines. *Bleu, combinaison de mécanicien. Les mécaniciens d'un garage.* V. **Mécano.** Par appos. *Ouvrier mécanicien.* Par ext. *Il répare sa voiture lui-même, il est bon*

mécanicien. — Mécanicien de la marine. Officiers mécaniciens. Mécanicien d'avion. Mécanicien navigant. ◆ 3° (1834). *Spécialt.* Celui qui conduit une locomotive. V. **Conducteur.** ◆ 4° *Mécanicien-dentiste,* aide-dentiste, spécialisé dans la fabrication des appareils de prothèse. ◆ 5° *Adj.* (Néol.). *Civilisation mécanicienne,* caractérisée par le développement du machinisme.

MÉCANIQUE [mekanik]. *adj. et n. f.* (1265, adj., du lat. imp. *mecanicus,* gr. *mêkhanikos,* de *mêkhanê* « machine »; *n. f.,* XVIe, du lat. imp. *mecanica*). **I.** *Adj.* ◆ 1° *Vx. Arts* mécaniques. ◆ 2° (v. 1370). Qui est exécuté par un mécanisme; qui utilise des mécanismes, des machines. *Transformer, fabriquer par des procédés mécaniques. Composition mécanique, en imprimerie. Battage mécanique. Tissage mécanique. — Tuile* mécanique. — Qui est mû par un mécanisme. *Escalier mécanique. Piano* mécanique. — *Spécialt.* (*Opposé à* électrique) *Rasoir mécanique. Jouets mécaniques, train mécanique.* ◆ 3° Qui évoque le fonctionnement d'une machine (*opposé à* réfléchi, intelligent). V. **Automatique, machinal, réflexe.** « *Une tâche habituelle, avec ses mouvements mécaniques, est très proche de la rêverie* » (CHARDONNE). ◆ 4° (1680; du II). Qui concerne le mouvement et ses propriétés; qui est l'objet de la mécanique. *Lois mécaniques. — Par ext.* (Fam.) *Ennuis mécaniques :* de moteur. V. **Panne.** ◇ Qui consiste en mouvements, est produit par un mouvement. *Énergie mécanique* et énergie thermique (thermodynamique), et électricité. *Réactions mécaniques de la matière vivante. — Pierre gravée par un moyen mécanique* (*opposé à* chimique, électrique). ◆ 5° *Didact.* Qui utilise les notions dont fait usage la mécanique. *Explication, théorie mécanique de l'univers.* V. **Mécanisme.**
II. *N. f.* (1559). ◆ 1° Partie des mathématiques qui a pour objet l'étude du mouvement et de l'équilibre des corps, ainsi que la théorie des machines. *Mécanique rationnelle. Notions fondamentales de la mécanique :* force, masse, mouvement, vitesse. *Parties de la mécanique.* V. **Cinématique, dynamique, statique.** *Mécanique céleste.* V. **Astronomie.** *Mécanique des fluides,* ou *hydraulique. — Par ext.* Théorie relative aux phénomènes étudiés en mécanique. *Mécanique classique, de Descartes, de Newton. Mécanique relativiste*, quantique*, ondulatoire*.* ◆ 2° Science de la construction et du fonctionnement des machines. ◆ 3° (1690). *Une mécanique :* assemblage de pièces, destiné à produire, transmettre, transformer un mouvement. V. **Mécanisme.** *La mécanique d'une horloge, d'une montre.* « *Armand vérifiait la mécanique du frein* » (AYMÉ). ◇ *Absolt.* La machine considérée dans son ensemble. *Une mécanique. Dentelle faite à la mécanique.* ◇ *Fam.* Machine compliquée. ◇ *Loc. pop.* Rouler les mécaniques : les épaules.

MÉCANIQUEMENT [mekanikmɑ̃]. *adv.* (1740; « en ouvrier », 1490; de *mécanique*). ◆ 1° D'une manière mécanique. V. **Automatiquement, machinalement.** « *Appliquer mécaniquement des principes stricts* » (DANIEL-ROPS). ◆ 2° *Didact.* Du point de vue de la mécanique (II, 1°).

MÉCANISATION [mekanizasjɔ̃]. *n. f.* (1870; de *mécaniser*). Action de mécaniser (2°); son résultat. *Mécanisation d'une industrie, des moyens de locomotion.*

MÉCANISER [mekanize]. *v. tr.* (1580, « avilir »; du rad. de *mécanique,* et suff. *-iser*). Rendre mécanique. ◆ 1° *Vx* (1823). Rendre semblable à une machine. *Le travail à la chaîne mécanise l'ouvrier.* ◆ 2° *Mod.* Réduire à un travail mécanique (par l'utilisation de machines). *Le machinisme mécanise la production.* V. **Industrialiser, motoriser.**

MÉCANISME [mekanism(ə)]. *n. m.* (1701; lat. *mechanisma*).
I. ◆ 1° Combinaison, agencement de pièces, d'organes, montés en vue d'un fonctionnement d'ensemble. V. **Mécanique** (II, 3°). *Mécanisme d'une machine, d'une horloge. Démonter le mécanisme d'un fusil. Fonctionnement, réglage, remontage d'un mécanisme.* ◇ (1791) Par ext. *Le corps humain est un mécanisme délicat, perfectionné.* V. **Machine.** — *Fig. Le mécanisme économique, administratif.* « *Le vieillissement de l'esprit, l'ankylose des mécanismes dont l'esprit se sert* » (ROMAINS). ◆ 2° (Mil. XVIIIe). Mode de fonctionnement de ce qu'on assimile à une machine. *Mécanismes biologiques, organiques.* V. **Processus.** — (Abstrait) *Le mécanisme de la pensée, de la parole.* ◆ 3° *Mus.* (1867). La partie du talent qui n'a trait qu'à l'habileté, dans l'exécution. « *Ce qu'on appelle « mécanisme » lui faisait complètement défaut et je crois qu'il aurait trébuché dans la plus simple gamme* » (GIDE).
II. *Philo.* (1867). Théorie philosophique admettant qu'une classe ou la totalité des phénomènes peut être ramenée à une combinaison de mouvements physiques. *Mécanisme matérialiste.* V. **Atomisme, matérialisme.**
◆ ANT. Dynamisme, finalisme.

MÉCANISTE [mekanist(ə)]. *adj.* (1867; de *mécanisme*). *Philo.* Propre au système philosophique appelé mécanisme. *Théorie, explication mécaniste. Matérialisme mécaniste.*

MÉCANO [mekano]. *n. m.* (1922; abrév. de *mécanicien*).

Fam. Mécanicien. *Les mains « nerveuses et blessées des mécanos »* (MONTHERLANT). ◇ HOM. Meccano.

MÉCANO-. Élément, du gr. *mêkhanê* « machine ».

MÉCANOGRAPHE [mekanɔgʀaf]. *n.* (1911; de *mécano-*, et suff. *-graphe*). Personne spécialisée dans les travaux de mécanographie.

MÉCANOGRAPHIE [mekanɔgʀafi]. *n. f.* (1911; de *mécano-*, et suff. *-graphie*). Emploi de machines ou de dispositifs mécaniques pour les opérations logiques (calculs, tris, classements) effectuées sur des documents (administratifs, comptables, commerciaux, techniques, scientifiques).

MÉCANOGRAPHIQUE [mekanɔgʀafik]. *adj.* (1911; de *mécanographie*). Qui a rapport, qui a recours à la mécanographie. *Machines, classements mécanographiques ou électroniques. Comptabilité mécanographique.*

MÉCANOTHÉRAPIE [mekanɔteʀapi]. *n. f.* (1907; de *mécano-*, et suff. *-thérapie*). *Méd.* Traitement des maladies par des appareils mécaniques exerçant le corps à certains mouvements. *Rééduquer un infirme, un poliomyélitique par la mécanothérapie.* ◇ HOM. Méccano.

MECCANO [mĕkano]. *n. m.* (v. 1930; marque déposée; mot angl., forgé par Hornby sur le rad. de *mechanics*). Jeu de construction métallique. ◇ HOM. Mécano.

MÉCÉNAT [mesena]. *n. m.* (1867; de *mécène*). Qualité, comportement du mécène. *Le mécénat des Médicis.*

MÉCÈNE [mesɛn]. *n. m.* (*Mecenas*, 1526; lat. *Maecenas*, nom d'un ministre d'Auguste). Personne riche et généreuse qui aide les écrivains, les artistes. V. **Bienfaiteur, protecteur.** *« Soyez mon Mécène! Protégez les arts! »* (FLAUB.). *Cette riche héritière est le mécène d'un groupe de peintres.*

MÉCHAGE [meʃaʒ]. *n. m.* (1873; de *mécher*). ♦ 1° *Techn.* Action de mécher un tonneau. ♦ 2° *Chir.* Pose d'une mèche chirurgicale, drainage d'un abcès par une mèche.

MÉCHAMMENT [meʃamɑ̃]. *adv.* (XIVᵉ, *meschamment*, pour *méchantement*; de *méchant*). D'une façon méchante, avec méchanceté. V. **Cruellement, durement.** *Agir, parler méchamment. « Il s'appliqua méchamment à prendre un air indifférent; ce qui peinait le pauvre vieux »* (R. ROLLAND). ◇ ANT. Gentiment, humainement.

MÉCHANCETÉ [meʃɑ̃ste]. *n. f.* (1380; de l'a. fr. *mescheance*).
I. *Vx.* Caractère de ce qui est méchant (I), médiocre.
II. *Mod.* (1596; de *méchant*, II). ♦ 1° Caractère, comportement d'une personne méchante. V. **Cruauté, dureté, malignité, malveillance, mauvaiseté.** *C'est de la pure méchanceté. La nature a laissé « dans les meilleurs d'entre les hommes un petit fonds de méchanceté »* (BERGSON). *La méchanceté humaine « se compose, pour une large part, de jalousie et de crainte »* (MAUROIS). — Par ext. *Méchanceté de l'expression, du visage. La méchanceté du procédé.* V. **Indignité, noirceur.** *Méchanceté d'une allusion, d'une repartie.* ♦ 2° *Une méchanceté :* parole ou action par laquelle s'exerce la méchanceté. V. **Rosserie, tour** (mauvais, vilain, sale tour), **vacherie** *(pop.),* **vilenie.** *Il lui a dit de petites méchancetés.* ◇ ANT. Bienveillance, bonté, gentillesse, humanité.

MÉCHANT, ANTE [meʃɑ̃, ɑ̃t]. *adj.* (*Meschent*, XIIᵉ; de l'a. fr. *meschoir* « tomber mal »).
I. *(Avant le nom).* ♦ 1° *Vx* ou *littér.* Qui ne vaut rien (en son genre ou pour qqn). V. **Mauvais, médiocre, misérable.** *Un méchant livre. « Une méchante baraque de cantonnier »* (DAUD.). *Un méchant écrivain.* ♦ 2° *Mod.* Dangereux ou désagréable. *S'attirer une méchante affaire,* qui peut causer de graves embarras, des dangers. *Méchante humeur,* mauvaise humeur. ♦ 3° *Vieilli.* Insignifiant, négligeable. V. **Malheureux, pauvre, petit.** *« Voilà bien du bruit pour un méchant billet de deux cents louis! »* (AUGIER). ♦ 4° (1922; arg. sportif). *Fam.* Remarquable, extraordinaire (Cf. Formidable, terrible). *Une méchante voiture de course.*
II. (1549; en picard, XIVᵉ). ♦ 1° Qui fait délibérément du mal ou cherche à en faire, le plus souvent de façon ouverte et agressive. V. **Cruel, dur, malfaisant, malintentionné, malveillant, rosse** *(fam.),* **sans-cœur, vache** *(pop.).* *Un homme méchant, un méchant homme.* Noms désignant une personne méchante : sale bête, chameau, chipie, démon, gale, harpie, mégère, peste, poison, rosse, sorcière, suppôt (de Satan), teigne, vache, vipère. *Être méchant comme un âne rouge, comme un diable, comme la gale. Plus bête que méchant, plus nuisible par bêtise que par intention. Méchant en actions, en paroles; méchante langue.* V. **Acerbe, acrimonieux; médisant.** *« Nul ne mérite d'être loué de sa bonté s'il n'a pas la force d'être méchant »* (LA ROCHEF.). *« Est-il bon? est-il méchant? L'un après l'autre. Comme vous, comme moi, comme tout le monde »* (DIDER.). *« Moi, je suis méchante : ça veut dire que j'ai besoin de la souffrance des autres pour exister »* (SARTRE). ♦ 2° Qui se conduit mal, qui est turbulent (enfants). V. **Insupportable, vilain.** *Si tu es méchant, tu seras privé de dessert.* ♦ 3° *(Animaux).* Qui cherche à mordre, à griffer. *Chien méchant.* ♦ 4° Par ext. *Expression méchante; air,*

regard, sourire méchant. V. **Haineux; fielleux.** *Caractère méchant. Action, parole méchante.* V. **Méchanceté.** ♦ 5° *Fam.* Qui fait du mal. *« Tout valsait. C'est méchant sur le Pernod, le champagne »* (ARAGON). — (Au négatif) *Ce n'est pas bien méchant :* ni grave ni important.
III. *N.* ◇ *Littér.* Personne méchante. *Un méchant, une méchante; les méchants et les bons.* V. **Criminel, scélérat.** ◇ *Cour.* *Faire le méchant :* s'emporter, menacer. Par ext. *(Fam.)* Protester violemment, opposer de la résistance. *« Il l'assommerait d'un coup de poing, s'il faisait le méchant »* (ZOLA).
◇ ANT. Bon, excellent, doux, humain, inoffensif.

1. MÈCHE [mɛʃ]. *n. f.* (1393; lat. pop. °*micca*, *myxa*, mot gr. « mèche de lampe »).
I. ♦ 1° Cordon, bande, tresse de fils de coton, de chanvre, imprégné(e) de combustible et qu'on fait brûler par son bout libre, pour obtenir une flamme de longue durée. *Mèche de bougie, d'une lampe à huile. Bout de mèche d'une bougie, d'une lampe.* V. **Champignon** (2°), **lumignon, moucheron** (1°). *Pincer, couper, moucher une mèche brûlée. Remonter la mèche. Mèche enduite de cire pour éclairer.* V. **Rat** (de cave*). ♦ 2° Cordon fait d'une matière qui prend feu aisément. *Mèche d'amadou. Mèche d'une mine.* V. **Cordeau.** *Mèche fusante.* V. **Bickford.** ♦ 3° *Loc. fig.* (XVIᵉ). *Éventer, découvrir la mèche,* découvrir le secret d'un complot, une machination. *Vendre la mèche,* trahir le secret d'un complot; dévoiler un dessein qui devait être tenu caché.
II. *Par anal.* ♦ 1° (1538). *Chir.* Petite bande de gaze, de toile qu'on introduit entre les lèvres d'une plaie ou dans un trajet fistuleux, pour permettre l'écoulement de la sérosité, du pus, et pour éviter une cicatrisation prématurée. *Drainage d'une plaie par mèche ou par drain. Mèche hémostatique,* pour empêcher l'hémorragie. ♦ 2° Ficelle de fouet. ♦ 3° *Cour.* Cheveux distincts dans l'ensemble de la chevelure par leur position, leur forme, leur couleur. *Mèche tombante, folle. « Une mèche sombre, à reflets dorés, et que la main relevait sans cesse avec impatience »* (MART. du G.). *Mèches bouclées.* V. **Boucle; accroche-cœur.** ♦ 4° Tige d'acier de forme variable servant à percer par rotation le bois, le métal. V. **Foret.** *Mèche d'une vrille, d'un vilebrequin, d'une perceuse.* — *Mar.* Axe de gouvernail, de cabestan.

2. MÈCHE [mɛʃ]. *n. invar.* (1791; it. *mezzo* « moitié » et « moyen »). ♦ 1° *Fam. Être de mèche avec qqn :* être « de moitié », être d'accord en secret. V. **Complicité, connivence.** *Nous sommes de mèche,* complices. ♦ 2° (1808). *Pop. Il n'y a pas (y a pas) mèche.* V. **Moyen.** *« Quand il n'y aurait pas mèche de couper à cette corvée »* (ARAGON).

MÉCHER [meʃe]. *v. tr.;* conjug. *céder* (1752; de *mèche*). ♦ 1° *Techn.* Assainir (un tonneau) par la combustion d'une mèche soufrée. V. **Soufrer.** ♦ 2° *Chir.* Munir (une plaie) d'une mèche. *Abcès. Poser une mèche.*

MÉCHEUX, EUSE [meʃø, øz]. *adj.* (1846; de *mèche*). *Techn.* Qui se présente sous la forme de mèches, en parlant de la laine brute.

MÉCHOUI [meʃwi]. *n. m.* (1922; mot arabe). Mouton rôti à la broche sur les braises d'un feu de bois; portion de ce mouton servie au repas. — La repas.

MECHTA [meʃta]. *n. f.* (répandu v. 1950; mot arabe d'Algérie). Hameau, en Algérie, Tunisie.

MÉCOMPTE [mekɔ̃t]. *n. m.* (*Mesconte,* v. 1200; de l'a. v. *mécompter* « se tromper »; de *compter*, et préf. *mé-*). ♦ 1° Erreur dans un compte, un calcul. ♦ 2° (1664). Erreur de conjecture, de prévision; espoir fondé à tort. V. **Déception, désillusion.** *Essuyer de graves mécomptes. « Je m'attends aux faux pas, aux embûches, aux mécomptes »* (DUHAM.).

MÉCONDUIRE (SE) [mekɔ̃dɥiʀ]. *v. pron.* (date incert.; de *mé-*, et *conduire*). *Région.* (Belgique). Se mal conduire. *Il s'est méconduit avec sa femme.*

MÉCONDUITE [mekɔ̃dɥit]. *n. f.* (date incert.; de *mé-*, et *conduite*). *Région.* (Belgique). Mauvaise conduite. *Drame de la méconduite,* drame passionnel.

MÉCONIUM [mekɔnjɔm]. *n. m.* (1549, « suc de pavot »; mot lat., du gr. *mékonion*). *Méd.* (1740). Matière pâteuse brunâtre accumulée dans l'intestin du fœtus à terme et qui constituera la première selle du nouveau-né.

MÉCONNAISSABLE [mekɔnɛsabl(ə)]. *adj.* (fin XIIIᵉ; de *méconnaître*). Impossible ou difficile à reconnaître. *Se déguiser pour se rendre méconnaissable. Je ne l'avais pas revu depuis sa maladie; il est méconnaissable : très changé. Ils ont fait faire beaucoup de réparations; leur maison est méconnaissable.* ◇ ANT. Reconnaissable.

MÉCONNAISSANCE [mekɔnɛsɑ̃s]. *n. f.* (*Mesconoissance,* XIIᵉ; de *méconnaître*). *Littér.* Action de méconnaître; ignorance, incompréhension. *Il fait preuve d'une totale méconnaissance de la situation.* ◇ ANT. Reconnaissance.

MÉCONNAÎTRE [mekɔnɛtʀ(ə)]. *v. tr.; conjug. connaître* (*Mesconoistre,* fin XIIᵉ, de *mé-*, et *connaître*). ♦ 1° *Vx.* Ne pas connaître. ◇ *Vieilli.* Refuser de reconnaître pour sien (un parent, un ami, un acte dont on est l'auteur). V. **Désavouer**. ♦ 2° *Mod.* Ne pas reconnaître (une chose) pour ce qu'elle est. V. **Ignorer, négliger, oublier**. « *Il se méprend sur moi et méconnaît profondément qui je suis* » (GIDE). *Il ne méconnaît pas que ce (ne) soit là une exception importante :* il le reconnaît. ◇ *Spécialt.* Refuser d'admettre, d'accepter. « *Il a déclaré que je n'avais rien à faire avec une société dont je méconnaissais les règles les plus essentielles* » (CAMUS). ♦ 3° Ne pas apprécier (qqn ou qqch.) à sa juste valeur. V. **Déprécier, méjuger, mésestimer**. *La critique méconnaît les auteurs de son temps.* « *Il avait exalté orgueilleusement ses propres mérites parce que les autres les avaient méconnus* » (MAUROIS). ◈ ANT. **Reconnaître**; comprendre, connaître, considérer. **Apprécier**.

MÉCONNU, UE [mekɔny]. *adj.* (XVIe; V. **Méconnaître**). Qui n'est pas reconnu, estimé à sa juste valeur. « *Il n'est pas un homme qui n'ait été jusqu'à un certain point méconnu* » (MONTHERLANT). *Un génie méconnu.* — *Subst. Jouer les méconnus* (V. **Incompris**). ◈ ANT. **Reconnu**.

MÉCONTENT, ENTE [mekɔ̃tɑ̃, ɑ̃t]. *adj. et n.* (1501; de *mé-*, et *content*). ♦ 1° Qui n'est pas content, pas satisfait. *Il est rentré, déçu, dépité et très mécontent.* V. **Contrarié, ennuyé, fâché**. « *L'ennui et une sorte de résignation mécontente se lisaient sur ses traits* » (GREEN). V. **Maussade**. *Être mécontent de son sort. Il est mécontent de ce que vous lui avez dit, que vous ne soyez pas venu.* V. **Vexé**. *Vous n'aurez pas lieu d'être mécontent.* « *Il avait un pardessus gris clair dont il n'était pas mécontent* » (ARAGON) : dont il était satisfait. ♦ 2° *N. Un perpétuel mécontent.* V. **Grognon, insatisfait**. « *Ursus était le mécontent de la création. Il était dans la nature celui qui fait de l'opposition* » (HUGO). ◈ ANT. **Content, heureux, satisfait**.

MÉCONTENTEMENT [mekɔ̃tɑ̃tmɑ̃]. *n. m.* (1528; de *mécontent*). État d'esprit d'une personne mécontente; sentiment pénible d'être frustré dans ses espérances, ses droits. V. **Déplaisir, insatisfaction**. *Sujet de mécontentement :* chagrin, contrariété, ennui. *Éprouver quelque mécontentement.* « *Il y a des âmes tourmentées d'un sublime mécontentement* » (FRANCE). *Exprimer, manifester, témoigner son mécontentement par de la froideur, des reproches. Mécontentement général, populaire, provoqué par la cherté de la vie.* ◈ ANT. **Contentement, plaisir, satisfaction**.

MÉCONTENTER [mekɔ̃tɑ̃te]. *v. tr.* (XIVe; de *mécontent*). Rendre mécontent. V. **Contrarier, déplaire (à), ennuyer, fâcher**. *Cette mesure a mécontenté tout le monde.* ◈ ANT. **Contenter, plaire**.

MÉCRÉANT, ANTE [mekreɑ̃, ɑ̃t]. *adj. et n.* (*Mescreant*, XIIe; p. prés. de l'a. v. *mescroire, de croire,* et *més-*). *Vieilli* ou *fam.* (plaisant.). ♦ 1° Qui ne professe pas la foi considérée comme vraie. *Peuple mécréant.* — *N.* V. **Gentil, infidèle**. « *Ces temps où la France s'en allait en guerre contre les mécréants et les infidèles* » (CHATEAUB.). ♦ 2° *Par ext.* Qui n'a aucune religion. V. **Irréligieux**. — *N.* V. **Impie, incrédule, incroyant**. « *Ma mère, mécréante, permit cependant que je suivisse le catéchisme* » (COLETTE). ◈ ANT. **Croyant**.

MÉDAILLE [medaj]. *n. f.* (1496; it. *medaglia*). ♦ I. ♦ 1° Pièce de métal, généralement circulaire, frappée ou fondue en l'honneur d'un personnage illustre ou en souvenir d'un événement. V. **Monnaie**. *Médaille d'argent, de bronze. Médaille gravée à l'effigie, à l'empreinte d'un grand homme.* — *Cabinet des médailles de la Bibliothèque nationale. Science des médailles.* V. **Numismatique**. — *Loc. fig. Profil, tête de médaille,* visage d'un dessin très pur. « *Il portait son profil de médaille avec une simplicité si virile* » (MART. du G.). — *Fam. Le revers* de la médaille. ♦ 2° (1758). Pièce de métal constituant le prix (dans un concours, une exposition). ◇ (1857) Pièce de métal précieux, distinction honorifique. V. **Décoration**. *Conférer, décerner à qqn la médaille de sauvetage, du travail. Médaille militaire,* décernée aux sous-officiers et soldats les plus méritants. *Titulaire de la croix de guerre et de la médaille de la Résistance.* V. **Médaillé**. — *Par ext.* Ruban, barrette, rosette de même valeur honorifique que la médaille proprement dite. *Arborer, porter la médaille coloniale à sa boutonnière.* V. **Insigne**. ♦ 3° (1926). Petite pièce de métal, portée en amulette, en breloque. *Médaille pieuse,* représentant un sujet de dévotion. *Médaille bénite. Médaille de saint Christophe.* ♦ 4° (v. 1900). Plaque de métal numérotée dont le port est obligatoire (dans certaines professions...). *Médaille des porteurs de la S.N.C.F.* ◇ *Médaille d'identité* que certains animaux portent à leur collier. ♦ II. (1765). *Bot.* (Par anal. de forme). Nom courant de la *lunaire*.

MÉDAILLÉ, ÉE [medaje]. *adj. et n.* (1845; « décoré d'une médaille », 1611; de *médaille*). Qui a reçu une médaille (2°). *N. Les médaillés militaires.* ◈ HOM. **Médailler, médaillier**.

MÉDAILLER [medaje]. *v. tr.* (v. 1850; de *médaille*). Décorer, honorer d'une médaille. *Il s'est fait médailler.* ◈ HOM. **Médaillé, médaillier**.

MÉDAILLEUR [medajœʀ]. *n. m.* (1808; de *médaille*). *Techn.* Graveur de coins de médailles. V. **Médailliste**.

MÉDAILLIER [medaje]. *n. m.* (1671; « relatif aux médailles », 1571; de *médaille*). Meuble, petite armoire à tiroirs plats divisés en compartiments où l'on range des médailles. ◇ Collection de médailles. ◈ HOM. **Médaillé, médailler**.

MÉDAILLISTE [medajist(ə)]. *n.* (1609; de *médaille*). ♦ 1° Amateur, collectionneur de médailles. V. **Numismate**. ♦ 2° *Techn.* Fabricant, graveur de médailles. V. **Médailleur**. *Appos. Graveur médailliste.*

MÉDAILLON [medajɔ̃]. *n. m.* (1554, « grande médaille »; it. *medaglione, de medaglia* à « médaille »). ♦ 1° (1740). Portrait ou sujet sculpté, peint en miniature, dessiné ou gravé dans un cadre circulaire ou ovale. ♦ 3° (1611). Petit bas-relief circulaire représentant une effigie. ♦ 3° Bijou de forme ronde ou ovale enfermant un portrait, des cheveux, etc. « *Un médaillon suspendu à son cou par une chaîne de deuil* » (BALZ.). ♦ 4° (XXe). *Cuis.* Tranche mince et ronde (de viande). *Médaillon de veau, de foie gras.*

MÈDE [mɛd]. *n. et adj.* (1740; lat. médiév., gr. *médos*). De la Médie, contrée de l'Asie occidentale ancienne (l'Iran actuel). V. **Médique**. *Les Mèdes et les Perses.*

MÉDECIN [medsɛ̃]. *n. m.* (1392; *medecine,* v. 1330; de *médecine*). ♦ 1° Personne habilitée à exercer la médecine après obtention d'un diplôme sanctionnant une période déterminée d'études (en France, le doctorat en médecine). V. **Docteur**; et *(fam.)* **Toubib**. *Le but du médecin est de soigner, traiter, guérir les malades.* V. **Thérapeute**. *Premier médecin d'une cour.* V. **Archiatre**. *Médecin interdit, guérisseur poursuivi par l'Ordre des médecins. Droits et devoirs des médecins.* V. **Déontologie**. *Médecin exerçant.* V. **Clinicien, praticien**. *Médecin consultant. Médecin traitant,* qui suit le malade. *Médecin de famille. Consultation, visite; diagnostic, ordonnance, prescriptions du médecin. Mauvais médecin.* V. **Charlatan**. — *Médecin de quartier, de campagne. Médecin allopathe, homéopathe. Médecin généraliste*.* V. **Omnipraticien**. *Médecin spécialiste.* V. **Spécialiste** et *suff.* -Iatre (pédiatre, psychiatre), -logue, -logiste (cardiologue, dermatologiste, gynécologue, obstétricien, neurologue, oto-rhino-laryngologiste, radiologue, stomatologiste, urologue), et *aussi* Chirurgien, psychanalyste. *Médecin des hôpitaux. Médecin-chef de l'hôpital.* **Médecin légiste**, spécialiste dans l'exercice de la médecine légale. *Médecin du travail,* chargé d'examiner à titre préventif les salariés sur leur lieu de travail. — *Médecin militaire; médecin major.* V. **Major**. *Médecin-lieutenant, -capitaine. Médecin du service de santé, de la Marine. Le médecin du bord.* — *Par appos. Femme médecin.* V. **Docteur, doctoresse**. ♦ 2° *Fig. Médecin de l'âme, des âmes,* confesseur, prêtre, directeur de conscience.

MÉDECINE [medsin]. *n. f.* (1135, var. *medicine;* lat. *medicina, de medicus* « médecin »). ♦ I. *Vx* ou *région.* Médicament, remède. *Prendre médecine. Une médecine de cheval.* V. **Drogue**. ♦ II. (XIIIe-XIVe). ♦ 1° Science qui a pour objet la conservation et le rétablissement de la santé; art de prévenir et de soigner les maladies de l'homme. *De la médecine.* V. **Médical**. *Faire sa médecine, des études de médecine. Étudiant en médecine :* externe, interne; *fam.* carabin. *Docteur en médecine.* V. **Médecin**. *Faculté de médecine. Sciences fondamentales de la médecine.* V. **Anatomie, biochimie, biologie, histologie, microbiologie, pathologie, pharmacologie, physiologie**. *Médecine préventive* (V. **Antisepsie, asepsie, diététique, hygiène, prophylaxie**), *curative.* V. **Thérapeutique**; cure, médicament, traitement; *suff.* -**Thérapie**). *Médecine opératoire.* V. **Chirurgie**. *Médecine mentale* (V. **Psychiatrie**; psychanalyse). *Médecine infantile,* qui traite les maladies des enfants (V. **Pédiatrie, puériculture**). *Médecine générale,* qui s'occupe de l'ensemble de l'organisme, en dehors de toute spécialisation (V. **Généraliste**). *Médecine interne,* s'intéressant aux phénomènes pathologiques qui atteignent l'organisme dans son ensemble. *Médecine de la femme enceinte.* V. **Obstétrique**. *Médecine des maladies de la femme.* V. **Gynécologie**. *Médecine de la vieillesse.* V. **Gériatrie**. *Médecine des accidents.* V. **Traumatologie**. — *Médecine du travail,* qui s'occupe des maladies, blessures, infirmités d'origine professionnelle. *Médecine sociale,* qui concerne la pratique des lois sociales (dispensaires d'hygiène, pouponnières, sécurité sociale et du travail). — *Médecine légale,* branche de la médecine (exercée par les médecins légistes) ayant spécialement pour objet d'aider la justice pénale ou civile à découvrir la vérité. — *Par anal. Médecine vétérinaire.* ♦ Technique médicale particulière. *Médecine allopathique, homéopathique, pasteurienne, psychosomatique. Médecine clinique, expérimentale.* — *Médecine de groupe,* pratiquée par des médecins associés en un seul cabinet. ♦ 2° Profession du médecin. *Médecin marron, qui exerce illégalement la médecine.*

MEDECINE-BALL [medsinbol] ou **MEDICINE-BALL** [medisinbol]. *n. m.* (1931; angl. *medicine-ball*). Anglicisme.

Ballon lourd qui sert à l'entraînement, à la gymnastique (exercices d'assouplissement, etc.). *Des medicine-balls.*

MÉDERSA ou **MEDERSA** [medɛʀsa]. *n. f.* (1876; *médressé*, 1846; mot de l'arabe maghrébin « collège »). Établissement d'enseignement religieux musulman.

MEDIA [medja]. *n. m. pl.* V. MASS(-)MEDIA.

MÉDIAL, ALE, AUX [medjal, o]. *adj.* et *n. f.* (XVIIIe ; lat. *medialis*, de *medius* « qui est au milieu, central »). ♦ 1° *Adj.* Didact. et vx. *(Gram.).* Placé au milieu d'un mot. *Lettre médiale.* — *Spécialt.* Phonét. *Consonne médiale,* placée entre deux voyelles. ♦ 2° *N. f.* Statist. Valeur qui partage un ensemble d'éléments en deux groupes présentant une égalité.

MÉDIAN, ANE [medjã, an]. *adj.* et *n. f.* (1550, « imparfait » ; *médiant*, XIVe ; lat. *medianus*). I. *Adj.* (1560, anat.; autres emplois, 1812). ♦ 1° Qui est situé, placé au milieu. *Ligne médiane, plan médian. Veines, artères médianes. Nervure médiane d'une feuille.* ♦ 2° *Phonét.* Dont le point d'articulation est dans la partie moyenne du canal vocal. *Voyelle médiane.* N. f. *Une médiane* (s'est dit d'un son placé au milieu d'un mot). II. *N. f.* MÉDIANE (1425, *médiaine* « veine médiane »). ♦ 1° *Géom.* (1867). Segment de droite joignant un sommet d'un triangle au milieu du côté opposé. *Médianes d'un rectangle,* joignant les milieux des côtés opposés. ♦ 2° *Statist.* Valeur centrale d'un caractère, séparant une population en deux parties égales.

MÉDIANOCHE [medjanɔʃ]. *n. m.* (1672; esp. *media noche* « mi-nuit »). *Vx.* Repas fait un peu après minuit. V. Réveillon. « *Une vaste salle à manger où se trouvait préparé un médianoche confortable* » (GIDE).

MÉDIANTE [medjãt]. *n. f.* (*Consonance médiante* « intermédiaire », 1556 ; lat. *medians,* de *mediare* « être au milieu »). *Mus.* (1718). Troisième degré de la gamme (tierce majeure ou mineure au-dessus de la tonique).

MÉDIASTIN [medjastɛ̃]. *n. m.* (av. 1478, var. *médiastine* [XVIe] ; lat. médiév. *mediastinum* « qui est au milieu »). *Anat.* Région du thorax qui sépare la face interne des poumons. *Le médiastin contient le cœur et les gros vaisseaux, la trachée, l'œsophage et le thymus.*

MÉDIAT, ATE [medja, at]. *adj.* (1478; lat. *mediatus;* d'apr. *immédiat*). Didact. Qui agit, qui se fait indirectement. *Action, cause, relation médiate.* V. Indirect. *Auscultation médiate,* au stéthoscope. ◇ ANT. *Direct; immédiat.*

MÉDIATEUR, TRICE [medjatœʀ, tʀis]. *n.* (1265; bas lat. *mediator*). ♦ 1° Personne qui s'entremet pour faciliter un accord entre deux ou plusieurs personnes ou partis. V. Arbitre, conciliateur, négociateur. *L'entremise, l'intervention d'un médiateur.* « *Il se faisait le médiateur des querelles et des divisions de famille* » (NERVAL). — (1972, trad. du suéd. *ombudsman*). Personnalité chargée de veiller au respect par les pouvoirs publics des droits des administrés, en centralisant et en réglant les litiges entre l'Administration et les particuliers. — *Dr. trav.* Personne désignée pour le règlement amiable des conflits collectifs de travail. — *Dr. int. pub.* Personnalité chargée d'une médiation dans un litige international. — Adj. *Puissance, commission médiatrice.* ♦ 2° (Choses). Sc. (1860). Ce qui produit une médiation (2°), sert d'intermédiaire. V. **Médiation** (2°). *Médiateur chimique,* substance libérée par les fibres nerveuses et produisant un effet sur les cellules voisines. ◇ Adj. Géom. *Plan médiateur,* lieu géométrique, dans l'espace, des points équidistants de deux points donnés.

MÉDIATION [medjasjɔ̃]. *n. f.* (XIIIe, « division » ; bas lat. *mediatio,* de *mediare*). ♦ 1° (1611). Entremise destinée à mettre d'accord, à concilier ou à réconcilier des personnes, des partis. V. Arbitrage, conciliation, entremise, intermédiaire, intervention. *Offrir, proposer sa médiation.* — *Spécialt.* Procédure de conciliation internationale organisée par le pacte de la S.D.N., puis par la charte de l'O.N.U. ♦ 2° Didact. Le fait de servir d'intermédiaire ; ce qui sert d'intermédiaire. — *Philo.* Processus créateur par lequel on passe d'un terme initial à un terme final. ♦ 3° (1701). *Mus.* Pause au milieu d'un verset de plain-chant ; « partage de chaque verset d'un psaume en deux parties » (ROUSS.).

MÉDIATISER [medjatize]. *v. tr.* (1828; de *médiat*). ♦ 1° Hist. Placer sous la suzeraineté d'un vassal, de l'Empereur (sous le Saint Empire romain germanique). ♦ 2° Didact. Rendre médiat. — *Action de médiatiser* (MÉDIATISATION [medjatizasjɔ̃], *n. f.*).

MÉDIATOR [medjatɔʀ]. *n. m.* (1907 ; mot lat.). *Mus.* Petit plectre utilisé pour jouer de certains instruments à cordes grattées (mandoline, banjo).

MÉDIATRICE [medjatʀis]. *n. f.* (1611, « celle qui s'entremet » ; géom., 1923 ; fém. de *médiateur). Géom.* (en géométrie plane) Lieu géométrique des points équidistants de deux points donnés. *Médiatrice d'un segment de droite :* la droite perpendiculaire au milieu de ce segment. *Médiatrices d'un triangle,* les trois médiatrices des segments qui le constituent.

MÉDICAL, ALE, AUX [medikal, o]. *adj.* (1752; « qui guérit », 1660; *doigt médical* [le quatrième], 1534; du lat. *medicus* « médecin »). Qui concerne la médecine. *Acte médical. Études médicales. Prescription, ordonnance médicale. Soins médicaux. Propriétés médicales d'une substance médicinale. Visite médicale. Examen médical.* — *Le corps médical :* les médecins. *Auxiliaires médicaux.* — *Délégué médical, visiteur médical* (représentant les laboratoires pharmaceutiques auprès des médecins).

MÉDICALEMENT [medikalmã]. *adv.* (1606 ; de *médical).* Du point de vue de la médecine. « *Il n'est pas médicalement impossible que vous ayez contracté le bacille* » (MONTHERLANT).

MÉDICAMENT [medikamã]. *n. m.* (1314; lat. *medicamentum).* Substance employée pour traiter une affection ou une manifestation morbide. V. Drogue, médication, remède; **pharmacie, spécialité.** *Médicaments de synthèse. Administration, application d'un médicament* (posologie). *Médicament absorbé par une voie buccale, respiratoire* (inhalations), *par les vaisseaux sanguins* (injections, piqûres). *Médicaments officinaux* (du Codex), *galéniques, magistraux. Ordonner, prescrire un médicament à un malade.* (V. **Ordonnance**). *Tolérance, intolérance, allergie à certains médicaments.* — *Médicaments allopathiques, homéopathiques; curatifs, préventifs. Médicaments du psychique.* V. **Psychotrope.**

MÉDICAMENTER [medikamãte]. *v. tr.* (1518 ; de *médicament).* Vx ou *péj.* Soigner au moyen de médicaments.

MÉDICAMENTEUX, EUSE [medikamãtø, øz]. *adj.* (1541; de *médicament,* ou lat. *sav. medicamentosus).* ♦ 1° Qui a des propriétés thérapeutiques. « *Quelques substances médicamenteuses qui ne feront que hâter la disparition des derniers symptômes du mal* » (LAUTRÉAMONT). ♦ 2° Qui est dû aux médicaments. *Eczéma médicamenteux.*

MÉDICASTRE [medikastʀ(ə)]. *n. m.* (1560; it. *medicastro,* de *medico* « médecin »). Péj. *(Vieilli ou plais.).* Mauvais médecin.

MÉDICATION [medikasjɔ̃]. *n. f.* (1314; lat. *medicatio).* Emploi de médicaments* dans un but thérapeutique déterminé. V. **Thérapeutique.** *Médicaments, remèdes employés dans une médication.*

MÉDICINAL, ALE, AUX [medisinal, o]. *adj.* (fin XIIe, var. *medecinal;* lat. *medicinalis).* Qui a des propriétés curatives. *Herbe, plante médicinale.* V. **Simple.**

MÉDICINIER [medisinje]. *n. m.* (1765; du lat. *medicus). Bot.* Arbrisseau à graines purgatives *(Euphorbiacées),* dont le manioc est une variété.

MÉDICO-. Élément, du lat. *medicus* « médecin ».

MÉDICO-LÉGAL, ALE, AUX [medikɔlegal, o]. *adj.* (1863; de *médico-,* et *légal).* Relatif à la médecine légale. *Expertise médico-légale. Institut médico-légal :* la morgue.

MÉDICO-SOCIAL, ALE, AUX [medikɔsɔsjal, o]. *adj.* (v. 1960; de *médico-,* et *social).* Relatif à la médecine sociale.

MÉDIÉVAL, ALE, AUX [medjeval, o]. *adj.* (1874; du lat. *medium ævum* « moyen âge »). Relatif au moyen âge. V. Moyenâgeux. *Époque, histoire médiévale. Études médiévales. Art médiéval. La France, l'Europe médiévale.*

MÉDIÉVISME [medjevism(ə)]. *n. m.* (av. 1890; du lat. *medium ævum* « moyen âge »; V. **Médiéval**). Didact. Étude ou connaissance et goût du moyen âge. *Le médiévisme des romantiques.*

MÉDIÉVISTE [medjevist(ə)]. *n.* (1867; du lat. *medium ævum).* Didact. Spécialiste de l'histoire (générale, littéraire, etc.) du moyen âge.

MÉDINA [medina]. *n. f.* (1732; mot arabe). Partie musulmane d'une ville *(opposé* à ville européenne) en Afrique du Nord *(spécialt.* au Maroc).

MÉDIO-. Élément, du lat. *medius* « moyen » signifiant aussi « au milieu », « à la partie moyenne ».

MÉDIOCRE [medjɔkʀ(ə)]. *adj.* et *n.* (1495; lat. *mediocris,* rac. *medius* « moyen »). ♦ 1° Vieilli. Moyen. *Passion médiocre.* V. Modéré, ordinaire. *Petites, médiocres et grandes obligations. Médiocres difficultés.* ♦ 2° Mod. (XVIe). Qui est au-dessous de la moyenne, qui est insuffisant en quantité ou en qualité. *Salaire médiocre.* V. Modeste, modique, petit. *Ressources, revenus médiocres.* V. Maigre, minime, négligeable, piètre. ◇ Assez mauvais. V. Faible, imparfait, inférieur, pauvre, piètre, pitoyable, quelconque. *Médiocre nourriture. Sol médiocre :* peu productif. *Bonheur, vie médiocre.* V. Étriqué, mesquin. *Cette maison, ce livre a un médiocre intérêt.* V. Mince, minime. *Devoir médiocre,* à peine passable. ♦ 3° (Personnes). Qui a peu de capacité, ne dépasse pas ou même n'atteint pas la moyenne. V. Inférieur. *Esprit médiocre. Élève médiocre en français.* V. Faible. « *Rien n'est odieux aux gens médiocres comme la supériorité de l'esprit* » (STENDHAL). ◇ Subst. *Un médiocre :* une personne commune, sans talent particulier. « *Nos systèmes d'éducation s'adressent aux médiocres* » (RADIGUET). ♦ 4° N. m. LE MÉDIOCRE : la médiocrité. *Le bon, le médiocre et le pire. C'est au-dessous du médiocre :* c'est mauvais. ◊ ANT. *Grand, bon, excellent, parfait, supérieur. Distingué, éminent; fameux.*

MÉDIOCREMENT [medjɔkʀəmɑ̃]. *adv.* (XVIᵉ; de *médiocre*). ♦ 1° D'une manière médiocre, moyenne. V. Modérément. « *Le voyageur ne se montre que médiocrement enthousiaste de cette nature* » (STE-BEUVE). ♦ 2° Assez peu. « *Le vieillard fut médiocrement aimable* » (FLAUB.). ♦ 3° Assez mal. *Il joue, il travaille médiocrement.* ◊ ANT. *Bien; beaucoup.*

MÉDIOCRITÉ [medjɔkʀite]. *n. f.* (1314; lat. *mediocritas*). État de ce qui est médiocre; chose médiocre. ♦ 1° *Vx.* Position, situation moyenne; modération, juste milieu. « *Cette médiocrité tempérée en laquelle la vertu consiste* » (BOSS.). ♦ 2° *Mod.* (XVIᵉ). Insuffisance de qualité, valeur, mérite. V. **Imperfection, mesquinerie, pauvreté, petitesse.** *Médiocrité d'une œuvre.* V. **Faiblesse, imperfection, platitude.** « *Ils parlèrent de la médiocrité provinciale, des existences qu'elle étouffait* » (FLAUB.). ♦ 3° Personne médiocre. « *L'Institut, livré aux médiocrités* » (HUGO). ◊ ANT. *Excellence, grandeur, importance; génie.*

MÉDIQUE [medik]. *adj.* (1808; de *Mède*). *Hist. anc.* Qui concerne les Mèdes, ancien peuple de l'actuel Iran (et *par ext.* les Perses). *Les guerres médiques, que les Perses firent aux Grecs au Vᵉ s. av. J.-C.*

MÉDIRE [mediʀ]. *v. intr.;* conjug. *dire,* sauf *médisez* (1160; de *més-,* et *dire*). Dire (de qqn) le mal qu'on sait ou croit savoir sur son compte. *Médire de, sur* (vx) qqn. V. **Attaquer, critiquer, débiner** *(fam.),* **décrier, dénigrer, diffamer, taper** (taper sur, *fam.*). *Médire d'un ennemi, d'un rival.* « *Et je sais que de moi tu médis l'an passé* » (LA FONT.). Absolt. *Personne qui aime à médire :* mauvaise langue*. V. **Médisant.** « *Ceux-là peuvent calomnier : ils médiraient qu'on ne les croirait pas* » (BEAUMARCH.). ◊ ANT. *Louer, vanter.*

MÉDISANCE [medizɑ̃s]. *n. f.* (1559; de *médisant*). ♦ 1° Action de médire. V. **Dénigrement, détraction, diffamation.** *Être porté à la médisance.* ♦ 2° Une médisance : propos de celui qui médit. V. **Bavardage, cancan, commérage, méchanceté, potin, racontar, ragot.** *Médisance faite par malignité, par esprit de vengeance.* « *C'est pour la mettre à l'abri de médisances, qui sont peut-être des calomnies, que j'interviens* » (MAURIAC). *Prêter aux médisances.* V. **Commentaire.** ◊ ANT. *Apologie, compliment, éloge, louange.*

MÉDISANT, ANTE [medizɑ̃, ɑ̃t]. *adj. et n.* (fin XIIᵉ; p. prés. de *médire*). ♦ 1° Qui médit. *Propos, traits, bavardages médisants.* V. **Diffamatoire.** ♦ 2° N. *Un, une médisant(e).* V. **Détracteur, diffamateur.** *Défendre un ami auprès d'un médisant.* ◊ ANT. *Louangeur.*

MÉDITATIF, IVE [meditatif, iv]. *adj. et n.* (XIVᵉ, rare av. fin XVIIᵉ; lat. *meditativus*). ♦ 1° Qui est porté à la méditation. *Caractère, esprit méditatif. — Avoir un air méditatif.* V. **Absorbé, pensif, préoccupé, rêveur.** « *Elle reprit son air méditatif et son visage se referma* » (SARTRE). ♦ 2° N. *C'est un méditatif.* V. **Penseur, rêveur.**

MÉDITATION [meditasjɔ̃]. *n. f.* (1120; lat. *meditatio*). ♦ 1° Action de méditer, de soumettre à une longue et profonde réflexion. V. **Approfondissement, étude.** ♦ 2° Absolt. Réflexion qui approfondit longuement un sujet. V. **Application, concentration, réflexion.** *S'absorber, se plonger dans la méditation.* V. **Abstraire** (s'). *La méditation dans la retraite.* V. **Contemplation.** « *La méditation est un vice solitaire* » (VALÉRY). ◊ *Spécialt.* Oraison mentale. *Entrer en méditation.* V. **Recueillement.** ♦ 3° Pensée profonde, attentive, portant sur un sujet particulier. *Se livrer à de longues méditations. Le fruit de ses méditations. Méditation philosophique, religieuse.* ♦ 4° (Titre d'ouvrages). *Les Méditations métaphysiques de Descartes. Les Méditations de Lamartine (Méditations poétiques; Nouvelles Méditations).*

MÉDITER [medite]. *v.* (1495; lat. *meditari* « s'exercer »). ♦ 1° *V. tr.* Soumettre à une longue et profonde réflexion. V. **Approfondir, réfléchir** (à). *Méditer une pensée, une vérité.* ◊ *Spécialt.* Préparer par une longue réflexion (une œuvre, une entreprise). *Méditer un livre. Méditer un projet, un dessein.* V. **Combiner, échafauder, mûrir, projeter.** *Méditer de faire, d'être :* en former le projet. — *Vieilli.* « *Il se tut, méditant s'il ne conviendrait pas de développer cette pensée* » (R. ROLLAND). V. **Demander** (se). ♦ 2° *V. intr.* Penser longuement (à propos d'un sujet). V. **Réfléchir.** *Méditer sur la condition humaine. Méditer sur un problème :* spéculer. ♦ 3° Absolt. V. **Réfléchir, rêver, songer.** « *Je médite longtemps, en mon cœur replié* » (HUGO).

MÉDITERRANÉ, ÉE [mediteʀane]. *adj. et n. f.* (XVIᵉ; lat. *mediterraneus,* de *medius* « qui est au milieu », et *terra* « terre » *Vx.* Qui est au milieu des terres, séparé des continents. *Les mers méditerranées.* ◊ N. f. *Mod.* Géogr. *Une méditerranée. —* Cour. *La Méditerranée* (entre l'Europe, l'Asie, et l'Afrique).

MÉDITERRANÉEN, ENNE [mediteʀaneɛ̃, ɛn]. *adj.* (1569, rare av. XIXᵉ; du lat. *mediterraneum*). Qui appartient, se rapporte à la Méditerranée, et *par ext.* à ses rivages. *Bassin méditerranéen; régions méditerranéennes. Climat méditerranéen* (ensoleillé, sec).

MÉDIUM [medjɔm]. *n. m.* (XVIᵉ, « moyen, milieu »; mot lat.). ♦ 1° *Mus.* (1704). Étendue de la voix, registre des sons entre le grave et l'aigu. *Chanteuse qui a un beau médium.* ♦ 2° (1853; de l'angl.). Personne réputée douée du pouvoir de communiquer avec les esprits. *Fluide du médium. Émanation visible du corps du médium.* V. **Ectoplasme.** *Des médiums.* ♦ 3° *Log.* Moyen terme. ♦ 4° *Peint.* Tout liquide servant à détremper les couleurs (huile, essence, etc.).

MÉDIUMNIQUE [medjɔmnik]. *adj.* (1931; de *médium*). *Didact.* Propre au médium (2°). *Pouvoir médiumnique.*

MÉDIUMNITÉ [medjɔmnite]. *n. f.* (1873; de *médium*). *Didact.* Le fait d'être un médium (2°).

MÉDIUS [medjys]. *n. m.* (1520; lat. *medius [digitus]* « doigt du milieu »). Le troisième doigt (situé au milieu) de la main. V. **Majeur.**

MÉDOC [medɔk]. *n. m.* (1806; de *Médoc,* région viticole sur la rive gauche de la Gironde). Vin de bordeaux de la région du Médoc. « *Un coup de ce médoc vous défendra contre l'humidité* » (BAUDEL.).

MÉDULLAIRE [medyl(l)ɛʀ]. *adj.* (1503; lat. *medullaris,* de *medulla* « moelle »). *Sc.* ♦ 1° Qui a rapport à la moelle épinière ou à la moelle des os. *Canal médullaire,* partie centrale des os longs qui renferme la moelle; partie centrale de la tige des dicotylédones. ♦ 2° Qui a une constitution semblable à celle de la substance blanche de la moelle épinière. *Lames médullaires du thalamus* (dans le cerveau). ♦ Qui forme la partie centrale (d'un organe). *Substance médullaire de la glande surrénale* (V. **Médullosurrénale**). *Substance médullaire du rein.*

MÉDULLEUX, EUSE [medyl(l)ø, øz]. *adj.* (1842; du lat. *medula* « moelle »). *Bot.* Se dit des tiges qui ont une moelle abondante. *La tige du sureau est médulleuse.*

MÉDULLO-SURRÉNALE [medyl(l)ɔsyʀ(ʀ)enal]. *n. f.* (mil. XXᵉ; du lat. *medulla,* et *surrénale*). *Anat.* Partie interne des capsules surrénales, sécrétant l'adrénaline.

MÉDUSE [medyz]. *n. f.* (1754; de *Méduse,* nom mythol. V. **Méduser,** étym.). Animal (*Cœlentérés*) formé de tissus transparents d'apparence gélatineuse, ayant la forme d'une cloche (V. **Ombrelle**) sous laquelle se trouve la bouche et les tentacules. *Les méduses flottent dans l'eau de mer.* ◊ N. f. pl. Embranchement des cœlentérés comprenant les diverses sortes de méduses : *hydroméduses, scyphoméduses.*

MÉDUSER [medyze]. *v. tr.* (1606, rare av. 1838; du gr. *Medousa,* l'une des trois Gorgones, dont la tête hérissée de serpents changeait en pierre ceux qui la regardaient). Frapper de stupeur. V. **Pétrifier, stupéfier.** « *Dès que la présence du terrible Prosper cessait un instant de le méduser* » (HENRIOT). *En rester médusé.*

MEETING [mitiŋ]. *n. m.* (1733; mot angl.). ♦ 1° Réunion publique organisée pour discuter une question d'ordre collectif, social. *Mot d'ordre répété dans les meetings.* ♦ 2° Par ext. *Meeting d'aviation,* où l'on présente des modèles d'appareils, etc.

MÉFAIT [mefɛ]. *n. m. (Mesfait,* 1160; de l'a. v. *méfaire).* ♦ 1° Action mauvaise, nuisible à autrui. V. **Faute.** *Commettre de graves méfaits. Petits méfaits.* V. **Tour.** ♦ 2° Par ext. Résultat pernicieux. V. **Malfaisance.** *Les méfaits de l'alcoolisme.* ◊ ANT. *Bienfait.*

MÉFIANCE [mefjɑ̃s]. *n. f.* (XVᵉ; de *méfier*). Disposition à se méfier; état de celui qui se méfie. V. **Défiance, doute.** *Éveiller la méfiance de qqn. Avoir, éprouver de la méfiance à l'égard de qqn.* V. **Suspicion.** *Apaiser, dissiper la méfiance de qqn.* « *Méfiance est mère de sûreté* » (LA FONT.). ◊ ANT. *Confiance.*

MÉFIANT, ANTE [mefjɑ̃, ɑ̃t]. *adj.* (1642; p. prés. de *méfier*). Qui se méfie, est enclin à la méfiance. V. **Défiant.** « *Il me semble qu'être intelligent, c'est, au premier chef, être méfiant, même à l'égard de soi-même* » (LÉAUTAUD). *Naturel méfiant.* V. **Craintif, timoré.** *Un air méfiant. —* Subst. *Les méfiants.* ◊ ANT. *Confiant.*

MÉFIER (SE) [mefje]. *v. pron.* (fin XVᵉ; de *mé-,* et *se fier*). SE MÉFIER DE : ne pas se fier (à qqn); se tenir en garde (contre les intentions de qqn). V. **Défier** (se), **garder** (se). *Se méfier d'un flatteur, d'un inconnu, des étrangers. — Méfiez-vous de votre facilité, elle vous jouera des tours. Se méfier du jugement de qqn.* V. **Douter.** *Fam.* Se méfier de qqch.). *Méfiez-vous de cette porte.* — Absolt. Être sur ses gardes. *Méfiez-vous ! Il y a une marche :* faites attention ! ◊ ANT. *Confier* (se), *fier* (se).

MÉFORME [mefɔʀm(ə)]. *n. f.* (1933; de *forme,* et préf. *mé-*). *Sports.* Mauvaise forme.

MÉGA-, MÉGALO-. Éléments, du gr. *megas, megalê*

« grand » (il signifie « un million de » dans les noms d'unités physiques *(mégadyne, mégajoule)*. *Arg. scol.* Préfixe intensif.

MÉGACÉROS [megaseʀɔs]. *n. m.* (1890; de *méga-*, et gr. *keras* « corne »). *Paléont.* Grand ruminant *(Cervidés)* du quaternaire, aux bois immenses (jusqu'à 3 m d'envergure).

MÉGACÔLON [megakolɔ̃]. *n. m.* (1923; de *méga-*, et *côlon*). *Méd.* Dilatation anormale du gros intestin, accompagnée d'un épaississement de la paroi.

MÉGACYCLE [megasikl(ə)]. *n. m.* (1931; de *méga-*, et *cycle*). *Abusiv.* Se dit pour *mégacycle par seconde.* V. **Mégahertz.**

MÉGAHERTZ [megaɛʀts]. *n. m.* (mil. XXe; de *méga-*, et *hertz*). Unité de fréquence; un million de hertz, de cycles par seconde. Symb. *MH.*

MÉGAL(O)-. V. MÉG(A)-.

-MÉGALIE. Éléments, du gr. *megalê* « grand ».

MÉGALITHE [megalit]. *n. m.* (1877; de *méga-*, et *-lithe*). *Arts.* Monument de pierre brute de grandes dimensions. *Mégalithes préhistoriques, des cultures du Pacifique,* etc.

MÉGALITHIQUE [megalitik]. *adj.* (1867; du précéd.). Qui est composé de mégalithes, caractérisé par des mégalithes. *Monuments mégalithiques :* cromlech, dolmen, menhir, peulven. *Ère, civilisation mégalithique.*

MÉGALOMANE [megalɔman]. *adj.* (1896; de *mégalo-*, et *-mane*). *Méd.* Qui est atteint de mégalomanie. ◇ *Cour.* Qui est d'un orgueil excessif, d'une ambition injustifiée. *Subst. C'est un mégalomane.*

MÉGALOMANIE [megalɔmani]. *n. f.* (1873; de *mégalo-*, et *-manie*). ♦ 1° *Méd.* Comportement pathologique caractérisé par le désir excessif de gloire, de puissance ou l'illusion qu'on les possède (délire, folie des grandeurs). ♦ 2° *Cour.* Ambition, orgueil démesurés; goût du colossal.

MÉGALOPOLE [megalɔpɔl]. *n. f.* (mil. XXe; d'apr. l'angl. *megalopolis*, du gr. [V. **Mégalo-**, et **-polo**] pour désigner la vaste conurbation* de la côte nord-est des États-Unis). *Didact.* Agglomération urbaine très importante.

MÉGAPHONE [megafɔn]. *n. m.* (1892; de *méga-*, et *-phone*, par l'angl. [Edison, v. 1878]). Appareil servant à amplifier les sons. V. **Porte-voix.**

MÉGAPTÈRE [megaptɛʀ]. *n. m.* (1886; de *méga-*, et *-ptère*). *Zool.* Genre de mammifère cétacé, du type de la baleine (baleine à bosse). V. **Jubarte.**

MÉGARDE [megaʀd(ə)]. *n. f.* (XIIIe, *mesgarde*, du v. *mesgarder;* de *més-*, et *garder*). ♦ 1° *Vx.* Faute d'attention. ♦ 2° *Mod.* PAR MÉGARDE : par inattention, sans le vouloir. « *Elle avait, par mégarde, renversé d'une table des objets qui s'étaient brisés* » (LOTI). ◇ ANT. Exprès, volontairement.

MÉGATHÉRIUM [megateʀjɔm]. *n. m.* (1797; de *méga-*, et gr. *therion* « bête »). *Paléont.* Grand mammifère fossile des ères tertiaire et quaternaire (ordre des *Édentés*).

MÉGATONNE [megatɔn]. *n. f.* (v. 1950; de *méga-*, et *tonne*). Unité de mesure de la puissance destructrice des bombes atomiques (elle équivaut à un million de tonnes de T.N.T.). *Une bombe H de cinq mégatonnes.*

MÉGÈRE [meʒɛʀ]. *n. f.* (1480; lat. *Megæra*, gr. *Megaira*, nom d'une des Furies). Femme méchante. V. **Chipie, furie, harpie.** « *Vous n'imaginez pas quel tissu d'horreurs l'infernale mégère lui a écrit sur mon compte* » (LACLOS).

MÉGIR [meʒiʀ]. ou **MÉGISSER** [meʒise]. *v. intr.* (1720, -1846; de *mégis*). *Techn.* Tanner (une peau, un cuir) avec une préparation à base d'alun. *Cuir mégissé.*

MÉGIS [meʒi]. *n. m.* (*Megis*, XIIIe; de l'a. fr. *megier* « soigner »; lat. *medicare*). ♦ 1° *Vx.* Bain d'eau, de cendre et d'alun utilisé pour mégir les peaux. ♦ 2° *Adj.* Mod. et techn. *Veau, mouton mégis, cuir mégis :* qui a été plongé dans le mégis.

MÉGISSERIE [meʒisʀi]. *n. f.* (v. 1300; de *mégis*). ♦ 1° *Techn.* Art de préparer les cuirs utilisés par la ganterie et la pelleterie. ♦ 2° *Industrie, commerce des peaux mégissées;* lieu où s'exercent cette industrie, ce commerce.

MÉGISSIER [meʒisje]. *n. m.* (*Megucier*, 1205; de *mégis*). Ouvrier qui mégit les peaux, les cuirs. *Tablier de mégissier.* Par appos. *Ouvrier mégissier.*

MÉGOHM [megom]. *n. m.* (déb. XXe; de *méga-*, et *ohm*). *Phys.* Unité de résistance électrique (un million d'ohms). Symb. *MΩ.*

MÉGOHMMÈTRE [megommɛtʀ(ə)]. *n. m.* (mil. XXe; de *mégohm*, et *-mètre*). *Phys.* Appareil de mesure des très grandes résistances électriques.

MÉGOT [mego]. *n. m.* (1872; p.-ê. du dialect. *mégauder* « têter », de la famille de *mègue* « petit lait », gaul. °*mesigu-*). *Pop.* Bout de cigare ou cigarette qu'on a fini de fumer (Cf. Clope [klɔp], *arg.*). *Rallumer son mégot.* « *Un vieux bout de cigarette : un mégot bien froid, voilà ce que j'aime* » (DUHAM.).

MÉGOTER [megɔte]. *v. tr.* (1932; « parier un cigare », arg. scol., 1902; de *mégot*). *Fam.* Lésiner (dér. MÉGOTAGE [megɔtaʒ]).

MÉHARÉE [meaʀe]. *n. f.* (av. 1945; de *méhari*, Cf. Chevauchée). Expédition, voyage fait avec des méharis.

MÉHARI [meaʀi]. *n. m.* (*Meherry*, 1822; et *méhari*, 1637; arabe d'Algérie *mehri*, de la tribu des *Mahra*). Dromadaire d'Arabie, domestiqué en Afrique du Nord, et dressé pour les courses rapides. *Des méharis,* ou *des méhara* [meaʀa] (plur. arabe).

MÉHARISTE [meaʀist(ə)]. *n. m.* (déb. XXe; de *méhari*). Personne qui monte un méhari. *Caravane de méharistes.* — *Spécialt.* Soldat des compagnies sahariennes montées *(ancienn.)*. Par appos. *Officier méhariste.*

MEÏJI [mɛjʒi]. *adj.* (*Meidji*, v. 1900; mot jap.). *L'ère Meiji,* l'ère qui commence en 1868, dans la chronologie japonaise.

MEILLEUR, EURE [mɛjœʀ]. *adj.* (*Meillor*, 1080; lat. *melior*, compar. de *bonus* « bon »).

I. Comparatif de supériorité de *bon.* ♦ 1° Qui l'emporte dans l'ordre de la bonté. « *Les femmes sont meilleures ou pires que les hommes* » (LA BRUY.). *Cet homme est meilleur que je ne pensais. Vouloir rendre l'homme, l'humanité meilleur(e) :* l'améliorer. « *Il faut toujours être meilleur Que l'homme que l'on voudrait être* » (VERLAINE). ♦ 2° Qui l'emporte dans l'ordre de la qualité. *Il a trouvé une meilleure place que nous. Meilleure santé ! Je ne connais rien de meilleur.* V. **Dessus** (au-dessus). *Être de meilleure humeur. Article de meilleure qualité :* supérieur. *Meilleur marché :* compar. de *bon marché*. *De meilleure heure :* plus tôt. *Il est meilleur peintre que dessinateur.* ♦ 3° Adv. *Il fait meilleur aujourd'hui qu'hier,* le temps est meilleur. *Cette rose sent meilleur que celle-là.*

II. LE MEILLEUR, LA MEILLEURE, superlatif de *bon.* ♦ 1° Que rien ni personne ne surpasse dans son genre. Adj. *Le meilleur des hommes. Les meilleurs esprits.* V. **Excellent, supérieur.** *Le meilleur écrivain de son temps.* V. **Premier.** *C'est son meilleur ami. Le meilleur des mondes. Servir les meilleurs morceaux, les meilleurs vins. La meilleure part. Je vous adresse mes vœux les meilleurs, mes meilleurs vœux. Les plaisanteries les plus courtes sont les meilleures.* « *La raison du plus fort est toujours la meilleure* » (LA FONT.). Ellipt. *J'en passe, et des meilleures.* ♦ 2° *Subst.* Personne supérieure aux autres. *Même les meilleurs renoncent. Les meilleurs de l'humanité :* l'élite. *Que le meilleur gagne.* ◇ LE MEILLEUR DE : ce qu'il y a de meilleur en qqn, dans qqch. *Donner le meilleur de soi-même. Le meilleur de son talent. Le meilleur de ses pensées.* V. **Quintessence.** *Le meilleur d'une société.* V. **Crème, élite, fleur, gratin.** — *Être unis pour le meilleur et pour le pire,* pour les circonstances les plus heureuses comme pour les plus difficiles de la vie. ♦ 3° *Anglicisme* (1910). *Sports.* Prendre le meilleur sur, prendre le dessus, l'emporter sur.
◇ ANT. Pire.

MÉIOSE [mejoz]. *n. f.* (1842, « décours d'une maladie »; gr. *meiosis* « décroissance »). *Biol.* (v. 1910, en angl.). Division de la cellule en deux étapes aboutissant à la réduction de moitié du nombre des chromosomes contenus dans son noyau (passage du stade diploïde au stade haploïde au cours de la formation des gamètes). V. *aussi* **Mitose.**

MÉIOTIQUE [mejɔtik]. *adj.* (v. 1910, angl. *meiotic;* de *méiose*). *Biol.* De la méiose. *Réduction méiotique* (des chromosomes).

MEISTRE. V. **Mestre.**

MÉJANAGE [meʒanaʒ]. *n. m.* (XXe; du prov. *mejan* « moyen »). *Techn.* Classement des laines par qualité, longueur de fibres, etc.

MÉJUGER [meʒyʒe]. *v. tr.;* conjug. *juger.* V. **Bouger** *(Mesjuger*, XIIIe; de *mes-*, et *juger*). ♦ 1° *V. tr. indir.* MÉJUGER DE. *Littér.* Estimer trop peu. *Méjuger de qqn, des talents de qqn.* ♦ 2° *V. tr. dir. Cour.* Juger mal. V. **Déprécier, méconnaître, mésestimer.** « *L'amoureux qui se désole et méjuge l'amour* » (GIDE). ♦ 3° SE MÉJUGER. *v. réfl.* Se sous-estimer par excès de modestie.

MÉLÆNA ou **MÉLÉNA** [melena]. *n. m.* (1953; du gr. *melaina,* fém. de *melas* « noir », et *nosos* « maladie »). *Méd.* Évacuation de selles de couleur très foncée, contenant du sang digéré. *La méléna provient d'une hémorragie de la partie supérieure du tube digestif.*

MÉLAMPYRE [melɑ̃piʀ]. *n. m.* (1795; *mélanopyron,* 1615; gr. *melampuron,* de *melas* « noir », et *puros* « grain »). Plante herbacée *(Scrofularinacées)* dont certaines espèces (blé rouge, blé de vache, queue de renard) vivent en parasites des céréales.

MÉLAN(O)-. Élément, du gr. *melas, melanos* « noir ».

MÉLANCOLIE [melɑ̃kɔli]. *n. f.* (XIIIe; bas lat. *melancholia,* gr. *melagkholia* « bile noire, humeur noire »). ♦ 1° *Méd. Vx.* Bile noire, dont l'excès, selon les théories de la médecine ancienne, poussait à la tristesse. V. **Atrabile, humeur** (noire). ♦ 2° *Mod.* État pathologique caractérisé par une profonde tristesse, un pessimisme généralisé. V. **Dépression, neurasthénie.** *Mélancolie anxieuse, délirante; accès de mélancolie.* ♦ 3° *Cour.* (XVIIᵉ). État d'abattement, de tristesse, accompagné de rêverie. V. **Spleen.** *Tomber, sombrer dans la mélancolie. Accès, crises de mélancolie.* V. **Cafard, vague** (à l'âme). *Ne pas engendrer la mélancolie :* être très gai. « *La mélancolie, c'est le bonheur d'être triste* » (HUGO). « *La mélancolie n'est que de la ferveur retombée* » (GIDE). « *Le soleil noir de la mélancolie* » (NERVAL). ♦ 4° *Une mélancolie :* pensée, sentiment, attitude qui manifeste un tel état. V. **Chagrin.** « *Nous ne valons que ce que valent nos inquiétudes et nos mélancolies* » (MAETERLINCK). ♦ 5° Caractère de ce qui inspire un tel état. *Mélancolie du crépuscule, d'un paysage.* ◇ ANT. **Gaieté, joie.**

MÉLANCOLIQUE [melɑ̃kɔlik]. *adj.* (*Melancholique*, XIVᵉ; lat. *melancholicus*, du gr. *melagkholikos*). ♦ 1° Relatif à la mélancolie (2°). ◇ *Subst. Un, une mélancolique.* V. **Bilieux, neurasthénique.** « *Les mélancoliques nous offrent une image grossie de tout homme affligé* » (ALAIN). ♦ 2° En qui domine la mélancolie (3°). *Un homme rêveur et mélancolique.* V. **Pessimiste, sombre, ténébreux, triste.** *Caractère, tempérament mélancolique.* V. **Chagrin** (*adj.*), **maussade.** ♦ 3° Qui exprime, dénote ou inspire la mélancolie. *Air, attitude, regard, visage mélancolique.* V. **Amer, cafardeux, désabusé, morne, sombre, triste.** — *Une musique mélancolique. Paysage, site, nature mélancolique.* ◇ ANT. **Allègre, gai.**

MÉLANCOLIQUEMENT [melɑ̃kɔlikmɑ̃]. *adv.* (1549; de *mélancolique*). D'une manière mélancolique. ◇ ANT. **Gaiement.**

MÉLANÉSIEN, ENNE [melanezjɛ̃, ɛn]. *adj.* et *n.* (fin XIXᵉ; de *Mélanésie*, gr. *melas* « noir », et *nêsos* « île »). De Mélanésie. *Race mélanésienne :* race noire des habitants de la Nouvelle-Guinée et des archipels occidentaux de l'Océanie, jusqu'aux îles Fidji. — N. *Les Papous sont des Mélanésiens.* — *Le mélanésien,* l'ensemble des langues mélanésiennes.

MÉLANGE [melɑ̃ʒ]. *n. m.* (1420; de *mêler*). ♦ 1° Action de mêler, de se mêler. *Faire, opérer un mélange, le mélange de divers éléments.* V. **Alliage, alliance, assemblage, association, combinaison, fusion, union.** *Doser les éléments d'un mélange. Mélange de matières à haute température, dans un four* (alliage, amalgame). *Mélange de vins* (coupage). « *Un mélange si universel* (des âmes) » (MONTAIGNE). ◇ Par ext. *Mélange et fusion de races, d'éléments ethniques.* V. **Brassage, fusion, métissage.** ♦ 2° *Vieilli.* MÉLANGE DE : introduction d'un élément étranger, qui vient se mêler à qqch. « *Sa vertu* (de Polyeucte) *n'a aucun mélange de faiblesse* » (CORN.). ◇ *Mod.* SANS MÉLANGE DE : pur de. « *Il n'y a que le mal qui soit pur et sans mélange de bien* » (VIGNY). — *Absolt.* SANS MÉLANGE : pur. *Substance à l'état isolé et sans mélange. Bonheur sans mélange.* ♦ 3° Ensemble résultant de l'union de choses différentes, d'éléments divers. V. **Amalgame, amas, assemblage, réunion.** *Mélange intime, inextricable* (V. **Emmêlement, enchevêtrement**), *confus, disparate, hétéroclite* (V. **Confusion, fatras, fouillis, méli-mélo, pêle-mêle**). — *Spécialt. Chim., techn.* Association de plusieurs éléments, de plusieurs corps rendus indistincts, mais qui conservent leurs propriétés spécifiques (de sorte qu'ils demeurent séparables par des moyens mécaniques). V. **Combinaison, composé.** *Les solutions sont des mélanges moléculaires. Composition, analyse d'un mélange. Mélange pharmaceutique.* V. **Mixture.** *préparation.* — *Mélange carburant.* Absolt. *Mélange riche, pauvre.* ◇ *Fam. Se mélanger :* des boissons différentes (au cours d'une soirée, d'un repas). ◇ Fig. *Mélange de races, mélange ethnique :* produit d'êtres différents (hybride, métis). « *Le gros chien Riquet, qui était un affreux mélange de saint-bernard et d'épagneul* » (ARAGON). ◇ (*Choses abstraites*) V. **Amalgame, assemblage, composé, réunion.** *Mélange de courage et de faiblesse. Mélange de vérités et de mensonges.* V. **Tissu.** *Mélange d'idées, de doctrines.* V. **Syncrétisme.** *Mélange de thèmes littéraires, musicaux.* V. **Pot-pourri.** ♦ 4° *Didact.* MÉLANGES : titre de recueils sur des sujets variés. V. **Miscellanées, variétés.** *Mélanges littéraires, mélanges historiques,* de Voltaire. *Mélanges politiques,* de Chateaubriand. — *Spécialt.* Ouvrage composé d'articles réunis et dédiés à un maître par ses amis, ses disciples. ◇ ANT. **Discrimination, séparation, tri.**

MÉLANGÉ [melɑ̃ʒe]. *adj.* (XVIᵉ; V. **Mélanger**). ♦ 1° Qui entre dans un mélange. *Vin mélangé.* ♦ 2° Qui constitue un mélange. V. **Hétéroclite, mixte.** ◇ *Péj. Une assistance, une société assez mélangée :* formée d'éléments inégalement appréciés. ◇ ANT. **Pur.**

MÉLANGER [melɑ̃ʒe]. *v. tr.;* conjug. **bouger** (1549; de *mélange*). ♦ 1° Unir (des choses différentes) de manière à former un tout. V. **Allier, associer, combiner, incorporer, marier** (*fig.*), **mêler, réunir, unir.** *Mélanger des liquides en les agitant, en les brassant.* « *Elle se faisait un fond de teint avec les crèmes qu'elle mélangeait dans un soucoupe* » (GIONO). *Mélanger une chose à une autre, avec une autre, et une autre.* ◇ (*Abstrait*) *Mélanger des idées.* V. **Amalgamer,**

combiner. ♦ 2° *Fam.* Mettre ensemble (des choses) sans chercher ou sans parvenir à (les) ordonner. V. **Brouiller, emmêler.** *Il a mélangé tous les dossiers, toutes les fiches, on ne retrouve plus rien. Mélanger des dates dans sa mémoire.* V. **Confondre.** ◇ ANT. *Cribler, démêler, dissocier, ranger, séparer, trier.*

MÉLANGEUR, EUSE [melɑ̃ʒœr, øz]. *n.* (1867; *mélanger*). ♦ 1° Appareil servant à mélanger diverses substances. *Mélangeur d'eau froide et d'eau chaude.* Par appos. *Robinet mélangeur.* ♦ 2° *Radio, cinéma.* Dispositif mêlant et dosant les courants reçus de différents micros. *Mélangeur de son.* V. **Mixeur.**

MÉLANINE [melanin]. *n. f.* (1855; *mélaïne*, 1846; de *mélano-*). *Biochim.* Pigment brun foncé qui donne la coloration normale (pigmentation) à la peau, aux cheveux, à l'iris. *La mélanine est très abondante chez les individus de race noire* (dits *Mélanodermes*). *Présence pathologique de mélanine.* V. **Nævus, mélanome.** *Absence congénitale de mélanine.* V. **Albinisme.**

MÉLANIQUE [melanik]. *adj.* (1842; du gr. *melanos*). *Biol.* et *méd.* Relatif à la mélanine, caractérisé par la présence de mélanine. *Pigment mélanique. Sarcome mélanique* (mélanosarcome). *Tumeur mélanique.* V. **Mélanome.**

MÉLANISME [melanism(ə)]. *n. m.* (1842; du gr. *melanos*). *Biol.* Aptitude à fabriquer des pigments mélaniques en grande quantité; état qui en résulte. — *Méd.* Coloration anormalement foncée de la peau. *Mélanisme diffus.* V. **Mélanodermie.** *Mélanisme circonscrit* (V. **Éphélide, nævus**).

MÉLANODERMIE [melanɔdɛrmi]. *n. f.* (1867; de *mélano-*, et *-dermie*. Cf. *-Derme*). *Méd.* Pigmentation excessive de la peau, régionale ou généralisée. V. **Mélanisme.** *Mélanodermie du paludisme.*

MÉLANOME [melanom]. *n. m.* (1867; de *mélano-*, et suff. *-ome*). *Pathol.* Tumeur constituée par des cellules capables de produire de la mélanine*, le plus souvent pigmentées. *Mélanome bénin.* V. **Nævus.** *Mélanome malin :* mélanoblastome.

MÉLANOSE [melanoz]. *n. f.* (1836; gr. *melanôsis* « noircissement »). *Pathol.* Accumulation anormale de mélanine dans les tissus. *Mélanose de la conjonctive, du côlon, de la peau.* V. **Mélanisme.** — *Spécialt. Mélanose de la vigne.*

MÉLANOSTIMULINE [melanɔstimylin]. *n. f.* (1971; de *mélano-*, et *stimuline*). *Biochim.* Hormone élaborée par le lobe intermédiaire de l'hypophyse (lorsqu'il est différencié) et qui agit sur les cellules du derme (mélanocytes) pour stimuler la synthèse de la mélanine. (On dit aussi *hormone mélanotrope* [vieilli], *intermédine*).

MÉLASSE [melas]. *n. f.* (1664; *meslache*, 1508; esp. *melaza; de miel*). ♦ 1° Résidu sirupeux de la cristallisation du sucre. *Mélasse de canne, de betterave. Distillation des mélasses.* ♦ 2° *Fam.* Brouillard épais, boue. ◇ *Fig.* Situation pénible et inextricable. *Être dans la mélasse. Mélange confus. Quelle mélasse !*

MELBA [mɛlba]. *adj. invar.* (v. 1900; du nom de la cantatrice Nellie *Melba* (1861-1931). *Pêches, fraises Melba :* dressées dans une coupe sur une couche de glace et nappées de crème chantilly.

MELCHIOR [mɛlkjɔr]. *n. m.* (1858; altér. de *maillechort*). Maillechort. « *Elle « essuya les plateaux des deux balances de melchior* » (ZOLA).

MELCHITE [mɛlkit]. *n.* (1732; du syriaque *melech* « roi »). *Relig.* Nom donné aux chrétiens d'Églises orthodoxe des patriarcats d'Alexandrie, Jérusalem et Antioche.

MÊLÉ, ÉE [mele]. *adj.* (XIIᵉ; V. **Mêler**). ♦ 1° Qui forme un mélange (avec), qui est uni, joint (à). « *Les annales humaines se composent de beaucoup de fables mêlées à quelques vérités* » (CHATEAUB.). — *Absolt. Couleurs mêlées, tons mêlés. Races mêlées. Littérature et philosophie mêlées,* de Hugo. ♦ 2° Qui est entré en mélange (avec qqch. d'autre). *Plaisir mêlé de douleur, de peine.* ◇ *Sang mêlé,* métis. ♦ 3° Qui comporte, qui contient plusieurs choses mêlées, mélangées. *Style mêlé.* V. **Varié.** *Monde mêlé; assemblée, société mêlée.* V. **Bigarré, composite.**

MÉLÉAGRINE [meleagrin]. *n. f.* (fin XIXᵉ; *méliagre* « coquille », 1839; de *Méléagre,* nom mythol.). *Zool.* Mollusque lamellibranche, huître perlière. V. **Pintadine.**

MÊLÉ-CASS(E) ou **MÊLÉCASSE** [melekas]. *n. m.* (1876; pour *mêlé-cassis,* de *mêler,* et *cassis*). *Pop.* ♦ 1° Mélange d'eau-de-vie et de cassis. V. **mêlécasse, de mélécasse.** ♦ 2° *Voix de mêlécasse,* rauque.

MÊLÉE [mele]. *n. f.* (1080; de *mêler*). ♦ 1° Confusion de combattants au corps à corps. V. **Bataille, cohue, combat.** *Mêlée confuse, générale, sanglante.* « *La mêlée en hurlant grandit comme une flamme* » (HUGO). V. **Lutte, conflit.** *Se jeter dans la mêlée.* « *Au-dessus de la mêlée* », titre d'un article de R. Rolland. *Il a reçu un coup de poing dans la mêlée.* V. **Bagarre, rixe.** ♦ 2° Ensemble de personnes, de choses mêlées, indiscernables, désordonnées et le plus souvent agitées. V. **Confusion**. « *Un bocage, une mêlée d'arbustes et de plantes* » (LOTI). ◆ 3° Phase du jeu de rugby, dans laquelle plusieurs joueurs de chaque équipe sont groupés autour du ballon à terre *(mêlée spontanée)* ou pour attendre que le ballon soit placé sur le sol, au milieu d'eux *(mêlée ordonnée)*. *Demi de mêlée*. ◇ HOM. *Mêler*.

MÉLÉNA. V. **MÉLÆNA**.

MÊLER [mele]. *v. tr. (Mesler, 1080 ; lat. pop. misculare* [IXe], lat. *miscere).*

I. ◆ 1° *(Rare en emploi concret).* Unir, mettre ensemble (plusieurs choses différentes) de manière à former un tout. V. **Amalgamer, combiner, confondre, fondre, fusionner, mélanger, unir**. *Mêler des substances. Mêler des sons, des odeurs. — Mêler deux races de chiens, de chevaux*. V. **Accoupler, croiser, mâtiner**. ◇ Réunir (des choses abstraites) réellement ou par la pensée. *Mêler plusieurs sujets, plusieurs thèmes dans une œuvre. Il mêle dans sa réprobation les gens les plus divers*. ◆ 2° Manifester à la fois dans sa personne (des qualités différentes ou opposées). V. **Allier, joindre**. *Mêler la bonhomie à la force ; mêler des traits de caractère contradictoires*. ◆ 3° Mettre en un désordre inextricable. V. **Brouiller, embrouiller, mélanger**. *Il a mêlé tous mes papiers, toutes les notes que j'avais prises. Mêler des fils*. V. **Emmêler, entremêler**. *Mêler les cartes*. V. **Battre**. ◆ 4° Ajouter (une chose) à une autre, mettre (une chose) avec une autre, dans une autre, et les confondre en un tout. — MÊLER À... « *Des fleurs légères Que tu mêlais parfois à tes cheveux dorés* » (ARAGON). *Mêler des détails pittoresques à un récit*. — MÊLER AVEC... *Mêler la danse avec la musique*. — MÊLER DE... *Mêler d'eau un vin*, le couper. *Mêler un pamphlet d'allusions médisantes*. ◆ 5° Faire participer (qqn) à qqch. *Mêler qqn à une affaire*. V. **Associer, impliquer**.

II. SE MÊLER. **A** *(Choses)*. Être mêlé, mis ensemble. *Odeurs qui se mêlent. Peuples, races qui se mêlent*. V. **Fusionner**. — SE MÊLER À, AVEC : se joindre, s'unir pour former un tout. « *Ses oraisons* (de l'ecclésiastique) *se mêlaient aux sanglots étouffés de Bovary* » (FLAUB.). « *Son visage était ardent et l'impatience de vivre s'y mêlait à l'épouvante de mourir* » (MART. du G.). — *Il se mêle du dépit à sa colère*. V. **Entrer** (il entre... dans). **B** *(Personnes)*. ◆ 1° Se joindre à (un ensemble de gens), aller avec eux pour ne former qu'un seul groupe. *Ils se mêlèrent à nous. Se mêler à la foule*. ◆ 2° Participer à une activité, prendre part à. V. **Associer (s'), participer**. *Se mêler à un combat, à une rixe*. V. **Mêlée**. « *Ils appartenaient à un parti. Ils se mêlaient à tous les grands remous sociaux* » (GIRAUDOUX). ◆ 3° *Spécialt.* SE MÊLER DE (suivi d'un subst., d'un inf.). V. **Occuper (s'... de)**. « *La politique est l'art d'empêcher les gens de se mêler de ce qui les regarde* » (VALÉRY). — Fig. « *Un enfantillage devient grave quand l'orgueil s'en mêle* » (MUSS.). ◇ Péj. *Mêlez-vous de vos affaires, de ce qui vous regarde ! Se mêler des affaires d'autrui*. V. **Entremettre (s'), immiscer (s'), ingérer (s'), intervenir**. *De quoi se mêle-t-il, celui-là ?* — Pop. *Mêle-toi de tes oignons !* « *Nous nous mêlons de tout maintenant, nous feignons de nous intéresser à des tas de choses qui ne nous regardent pas* » (R. ROLLAND). ◆ 4° S'aviser de. *Lorsqu'il se mêle de travailler, il réussit mieux que un autre*.

◇ ANT. **Démêler, dissocier, isoler, séparer, trier ; discerner. Classer**. — HOM. *Mêlée*.

MÊLE-TOUT [mɛltu]. *n. m.* (date incert. ; de *mêler*, et *tout).* Région. (Belgique). Personne qui touche à tout. V. **Touche-à-tout**. — ◇ Personne qui intervient dans tout, est indiscrète.

MÉLÈZE [melɛz]. *n. m.* (1552 ; mot dauphinois ; du lat. pop. °*melacio*, du préroman °*melix, ice* (d'où *melze*, XVIe), du lat. *mel* « miel »). Arbre de la classe des conifères, à feuilles caduques, à cônes dressés. *Le bois de mélèze, utilisé en menuiserie, fournit aussi une résine* (térébenthine de Venise).

MÉLIA [melja]. *n. m.* (*Mélier*, 1839 ; gr. *melia* « frêne »). Arbre d'Asie *(Méliacées)* à fleurs odorantes, cultivé en Europe.

MÉLILOT [melilo]. *n. m.* (1322 ; lat. *melitotum*, du gr. *meli* « miel », et *lôtos* « lotus »). Herbe *(Papilionacées)* à fleurs odorantes, employée en pharmacie *(mélilot officinal)* et comme fourrage *(mélilot blanc)*.

MÉLI-MÉLO [melimelo]. *n. m.* (1861 ; *méli-méla*, 1841 ; *melli mello*, XVe-XVIe ; a. fr. *mesle mesle*, avec variation vocalique ; de *mêler*). V. aussi **Pêle-mêle**. *Fam.* Mélange très confus et désordonné. *Quel méli-mélo ! une chatte n'y retrouverait pas ses petits*. V. **Capharnaüm, confusion, fouillis, gâchis**. Fig. *Cette combine, cette affaire, quel méli-mélo !*

MÉLINITE [melinit]. *n. f.* (1884 ; d'apr. lat. *melinus*, du gr. *mêlinos* « couleur de coing »). Explosif constitué par de l'acide picrique fondu. *Obus à la mélinite*.

MÉLIORATIF, IVE [meljɔʀatif, iv]. *adj.* (1921 ; du lat. *meliorare*, d'apr. *péjoratif).* Didact. *(Ling.).* Qui présente sous un jour favorable *(opposé à* péjoratif*).* Adjectif *mélioratif. Subst. Les mélioratifs*.

1. **MÉLIQUE** [melik]. *n. f.* (1808 ; du lat. *mel* « miel »). Plante herbacée des régions tempérées *(Graminacées)*, qui fournit un fourrage.

2. **MÉLIQUE** [melik]. *adj.* (v. 1900 ; gr. *melikos* « qui concerne le chant »). *Hist. litt.* Se dit de la poésie lyrique grecque, et *spécialt.* de la poésie chorale.

MÉLISSE [melis]. *n. f.* (XIIIe ; lat. médiév. *melissa*, gr. *mellissophyllon* « feuille à abeilles »). ◆ 1° Plante mellifère, herbacée et aromatique *(Labiacées)*. V. **Citronnelle**. — *Mélisse des bois*. V. **Mélitte**. ◆ 2° EAU DE MÉLISSE : alcoolat d'essence de mélisse.

MÉLITTE [melit]. *n. f.* (*Mélite*, 1808 ; gr. *melitta* « abeille »). Herbe mellifère *(Labiacées)* des régions tempérées, dite aussi *mélisse des bois, mélisse sauvage*. ◇ HOM. *Mellite*.

MELKITE. Autre graphie de MELCHITE*.

MELLÂH [me(l)la]. *n. m.* (v. 1900 ; mot arabe « saloir »). Quartier juif d'une ville marocaine. V. **Ghetto**.

MELLIFÈRE [me(l)lifɛʀ]. *adj.* (1523, repris 1823 ; lat. *mellifer).* Didact. ◆ 1° Qui produit du miel. ◆ 2° *Plante mellifère*, dont le nectar est utilisé par les abeilles pour élaborer le miel.

MELLIFICATION [me(l)lifikasjɔ̃]. *n. f.* (1808 ; du lat. *mellificare).* Didact. Élaboration du miel par les abeilles.

MELLIFLUE [me(l)lifly]. *adj.* (1495 ; lat. *mellifluus).* ◆ 1° *Vx*. Qui distille du miel. ◆ 2° *Fig.* et *littér.* Qui a la suavité du miel. — *Péj.* V. **Doucereux, fade**. « *Style baveux, melliflue* » (BAUDEL.).

MELLITE [me(l)lit]. *n. m.* (1808 ; lat. *mellitus*, adj.). Pharm. Médicament sirupeux à base de miel. ◇ HOM. *Mélitte*.

MÉLO [melo]. *n. m.* (1872 ; abrév.). *Fam.* V. **Mélodrame**.

MÉLO-. Élément gr. et lat., du gr. *mélos* « chant », d'où « musique ».

MÉLODIE [melɔdi]. *n. f.* (XIIe ; bas lat. *melodia*, du gr. *melôidia*). ◆ 1° Succession de sons ordonnés de façon à constituer une forme (III), une structure perceptible et agréable. — Composition musicale, formée d'une suite de phrases ayant ce caractère. V. **Air, aria**. *Motif d'une mélodie*. ◆ 2° (Mil. XIXe). Pièce vocale composée sur le texte d'un poème, avec accompagnement. V. **Chant ; chanson, lied**. *Mélodies de Fauré, de Debussy sur des vers de Verlaine*. ◆ 3° Caractère, qualité d'une musique où la mélodie est particulièrement sensible (par rapport à l'harmonie, au rythme). *Musique sans mélodie*, qui manque de mélodie.

MÉLODIEUSEMENT [melɔdjøzmɑ̃]. *adv.* (XIVe ; de *mélodieux).* D'une manière mélodieuse. *Chanter mélodieusement*.

MÉLODIEUX, EUSE [melɔdjø, øz]. *adj.* (XIIIe ; de *mélodie).* Agréable à l'oreille (en parlant d'un son, d'une succession ou d'une combinaison de sons). V. **Harmonieux**. *Air, chant, gazouillement mélodieux. Voix mélodieuse*. V. **Doux, musical**. ◇ *Par ext.* Qui produit des sons agréables. *Oiseau mélodieux*.

MÉLODIQUE [melɔdik]. *adj.* (1607 ; de *mélodie).* ◆ 1° Qui a rapport à la mélodie. *Période, phrase, thème mélodique. Intervalle mélodique. Dessin, ligne, profil mélodique*, ensemble des rapports de continuité qui existent entre les sons d'une mélodie, relativement à leur hauteur. *Ligne mélodique ascendante*. ◆ 2° Qui a les caractères de la mélodie. « *La phrase qui m'avait paru trop peu mélodique, trop mécaniquement rythmée* » (PROUST).

MÉLODISTE [melɔdist(ə)]. *n.* (1842 ; de *mélodie).* Mus. Compositeur dont les œuvres sont marquées par l'importance ou la qualité de la mélodie.

MÉLODRAMATIQUE [melɔdʀamatik]. *adj.* (1833 ; de *mélodrame).* ◆ 1° Qui a rapport au mélodrame. *Répertoire mélodramatique*. ◆ 2° Qui tient du mélodrame, l'évoque, par l'outrance des expressions et des sentiments. « *Le mari les poings crispés et arpentant la chambre d'un air mélodramatique* » (GAUTIER).

MÉLODRAME [melɔdʀam]. *n. m. (Mélo-drame*, 1771 ; de *mélo-*, et *drame).* ◆ 1° Ancien. Œuvre dramatique accompagnée de musique. ◆ 2° (v. 1800). Drame populaire dont, à l'origine, un accompagnement musical soulignait certains passages et que caractérisent l'invraisemblance de l'intrigue et des situations, la multiplicité des épisodes violents, l'outrance des caractères et du ton (abrév. fam. *Mélo).* Le « *traître* » du mélodrame. « *Vive le mélodrame où Margot a pleuré !* » (MUSS.). — Péj. *Film qui tourne au mélo. Héros, personnage, scène, style de mélodrame. Nous voilà en plein mélo !*

MÉLOÉ [melɔe]. *n. m.* (1700 ; lat. mod., o. i.). Zool. Insecte coléoptère vésicant, noir ou bleu, à élytres très courts.

MÉLOMANE [melɔman]. *n.* (1781 ; de *mélo-*, et gr. *mania* « folie »). Personne qui aime la musique avec passion. — Adj. *Peuple mélomane.*

MÉLOMANIE [melɔmani]. *n. f.* (1781 ; de *mélo-*, et gr. *mania* « folie »). *Rare.* Amour passionné et excessif de la musique.

MELON [m(ə)lɔ̃]. *n. m.* (XIIIᵉ ; lat. *melo, onis*). ♦ 1º Plante dicotylédone *(Cucurbitacées)*, herbacée, rampante ou grimpante, dont les fruits, sphériques ou ovoïdes, ont une chair comestible, juteuse et sucrée. *Cultiver des melons sous cloches, sous châssis, sur couche.* V. **Melonnière**. *Variétés de melons.* V. **Cantaloup, sucrin.** ♦ 2º Le fruit lui-même. *Savoir choisir un melon. Côtes d'un melon.* — Par ext. *Melon d'eau.* V. **Pastèque.** ♦ 3º (Fin XIXᵉ). *Chapeau melon*, et ellipt. *Melon*, chapeau d'homme en feutre rigide, de forme ronde et bombée. ♦ 4º *Arg. scol.* (1838). Élève de première année, à Saint-Cyr. ♦ 5º (XXᵉ). *Pop.* et *péj.* Arabe.

MÉLONGÈNE [melɔ̃ʒɛn] ou **MÉLONGINE** [melɔ̃ʒin]. *n. f.* (1667 ; lat. bot. *melongena* [1561], formé, comme *melonge* au XVIᵉ, sur le rad. arabe d'*aubergine*). Ancien nom de l'aubergine (conservé seulement en lat. des botanistes, *solanum melongena*).

MELONNÉ, ÉE [m(ə)lɔne]. *adj.* (1827 ; de *melon*). *Bot.* Qui a la forme d'un melon.

MELONNÉE [m(ə)lɔne]. *n. f.* (1839 ; de *melon*). Variété de courge.

MELONNIÈRE [m(ə)lɔnjɛʀ]. *n. f.* (1537 ; de *melon*). Champ, terrain réservé à la culture des melons.

MÉLOPÉE [melɔpe]. *n. f.* (1578 ; bas lat. *melopoeia*, du gr.). ♦ 1º *Hist. mus.* Dans l'antiquité, Passage chanté. « *Le récitatif italien est précisément la mélopée des anciens* » (VOLT.). ♦ 2º *Cour.* Chant, mélodie monotone. « *Une sorte de mélopée lente et lugubre* » (LOTI).

MÉLOPHAGE [melɔfaʒ]. *n. m.* (1839 ; lat. zool. *melophagus*, du gr. *mêlon* « mouton », et *-phage*). *Zool.* Insecte diptère, parasite du mouton.

MELTING-POT [mɛltiŋpɔt]. *n. m.* (1927 ; mot angl., de *to melt* « fondre », et *pot* « creuset »). *Hist.* Brassage et assimilation des divers éléments démographiques, lors du peuplement des États-Unis, notamment au XIXᵉ siècle.

MÉLUSINE [melyzin]. *n. f.* (1922 ; p.-ê. appellation mythol.). Feutre à poils longs et souples utilisé en chapellerie.

MEMBRANE [mɑ̃bʀan]. *n. f.* (v. 1370 ; lat. *membrana*, de *membrum* « membre »). ♦ 1º *Anat.* Mince couche de tissu qui enveloppe un organe, qui tapisse une cavité ou un conduit naturel (V. **Muqueuse**). *Membranes muqueuses, séreuses, fibreuses, élastiques. Membranes du corps humain* (aponévrose, choroïde, cornée, endocarde, épendyme, hyaloïde, méninge, péricarde, périoste, péritoine, sclérotique, tympan). *Fausse membrane*, exsudat* riche en fibrine, ayant l'aspect d'une membrane, formé à la surface d'une muqueuse dans certaines inflammations (V. **Couenneux**). — *Membranes fœtales* : amnios*, chorion*, caduque (caduc*, II). Absolt. *Rupture des membranes dans l'accouchement.* V. **Poche** (des eaux). — Zool. *Membranes alaires de la chauve-souris. Membrane ondulante, nictitante.* ◇ *Bot.* Tissu végétal, couche cellulaire servant d'enveloppe, ou de cloison. *L'épiderme d'une tige est une membrane.* ♦ 2º *Biol.* Couche cytoplasmique différenciée, généralement semi-perméable, constituant une limite. *Membrane cellulaire. Membrane nucléaire*, séparant le noyau du cytoplasme. *Membrane vacuolaire*, délimitant les vacuoles. — (Végétaux) *Membrane cellulaire*, essentiellement formée de cellulose. *Membranes lignifiées.* ♦ 3º *Phys.* et *chim.* Mince cloison. *Membrane semi-perméable*. ◇ *Membrane vibrante*, feuille mince (aluminium, matière plastique) destinée à communiquer à une masse d'air importante les vibrations mécaniques qui lui sont imposées par l'organe mobile d'un haut-parleur.

MEMBRANEUX, EUSE [mɑ̃bʀanø, øz]. *adj.* (1538 ; de *membrane*). ♦ 1º *Anat.* Qui est de la nature d'une membrane. *Tissus membraneux.* — Zool. *Ailes membraneuses*, sans chitine *(opposé à élytres).* ♦ 2º *Méd.* Caractérisé par la présence de membranes, formé de membranes. *Bronchite membraneuse. Cataracte membraneuse.*

MEMBRANULE [mɑ̃bʀanyl]. *n. f.* (1549 ; lat. *membranula* ; dimin. de *membrane*). *Anat.* Petite membrane.

MEMBRE [mɑ̃bʀ]. *n. m.* (1080 ; lat. *membrum*). I. ♦ 1º *Cour.* et *anat.* Chacune des quatre parties appariées du corps humain qui s'attachent au tronc. « *Les membres sont des leviers articulés composés de trois segments* » (CARREL). *Membre supérieur* : bras, avant-bras et main (*cour.* : bras*). *Membre inférieur* : cuisse, jambe et pied (*cour.* : jambe*). *Membres thoraciques* (rare) : membres supérieurs. *Membres abdominaux* (rare) : membres inférieurs. *Privé d'un membre* : amputé, mutilé. *Membre fantôme* : sensation, parfois douloureuse, qu'éprouve un sujet à l'endroit d'un membre amputé comme si ce membre était encore présent. ◇ *Zool.* Chacune des quatre parties articulées qui s'attachent au

corps des vertébrés tétrapodes et servent essentiellement à la locomotion. V. **Aile, patte.** *Membres antérieurs, postérieurs.* — Par ext. *Patte des arthropodes.* ♦ 2º *Membre viril*, ou absolt. *Membre*, verge.
II. *Fig.* (v. 1570). ♦ 1º Personne qui fait nommément partie d'un corps. *Être, devenir membre d'une association, d'un parti, d'une assemblée, d'une académie.* V. **Adhérent, associé, sociétaire.** *Membre actif, honoraire, fondateur, perpétuel.* « *Membre du Conseil d'administration de la Compagnie de l'Ouest* » (ZOLA). ♦ 2º Groupe, pays qui fait librement partie d'une union. *Les membres d'une fédération, d'un cartel. Les membres de l'O.N.U.* En appos. *Les États membres.* ♦ 3º Chacune des personnes qui forment une communauté. *Les membres de la société, de l'Église.* « *Chaque famille sécrète un ennui spécifique qui fait fuir chacun de ses membres* » (VALÉRY).
III. (XVIIIᵉ, « portion, partie » (d'un fief, etc.). ♦ 1º Fragment (d'énoncé). *Membre de phrase.* — Partie d'un vers (entre deux coupes). ♦ 2º *Archit.* Partie constitutive d'un édifice ; ornement architectural, et *spécialt.* Moulure. ♦ 3º *Mar.* Chacune des grosses pièces qui forment les couples d'un navire. ♦ 4º Chacune des deux parties d'une équation ou d'une inégalité, situées respectivement à gauche et à droite du signe.

MEMBRÉ, ÉE [mɑ̃bʀe]. *adj.* (XIVᵉ ; de *membre*). ♦ 1º *Rare.* Pourvu (bien ou mal) en fait de membres. *Bien membré*, qui a des membres vigoureux. V. **Membrure.** ♦ 2º *Blas.* Se dit d'un oiseau qui a les pattes d'un autre émail que celui du corps.

MEMBRON [mɑ̃bʀɔ̃]. *n. m.* (1752 ; de *membre*, III, 2º). *Techn.* Baguette servant d'ourlet dans un faîtage.

MEMBRU, UE [mɑ̃bʀy]. *adj.* (1190 ; de *membre*). *Littér.* Aux membres gros et forts. « *Une femme rude, épaisse, membrue comme un homme* » (SUARÈS).

MEMBRURE [mɑ̃bʀyʀ]. *n. f.* (XIIᵉ ; de *membre*). ♦ 1º *Littér.* Ensemble des membres d'une personne, considérés dans leur constitution. *Membrure puissante, délicate.* ♦ 2º *Techn.* Ensemble des membres d'un navire ; chacune des poutres transversales attachées à la quille qui soutiennent le bordé et sur lesquelles sont fixés les barrots des ponts. ◇ Se dit de pièces maîtresses ou de pièces d'appui d'une construction, d'un assemblage.

MÊME [mɛm]. *adj.*, *pron.* et *adv.* (Mesme, 1271 ; *medisme*, fin XIᵉ, puis *meïsme* ; lat. pop. °*metipsimus*, superlat. de °*metipse*, lat. *egomet ipse* « moi-même en personne »).
I. *Adj. indéf.* ♦ 1º (*Devant le nom*). Marque l'identité absolue. « *Un lecteur passionné doit relire chaque année les mêmes livres* » (MAUROIS). « *Je te dis toujours la même chose parce que c'est toujours la même chose* » (MOL.). *Il était dans la même classe que moi.* ◇ La simultanéité. *En même temps.* ◇ La similitude. V. **Semblable.** « *Plus ça change, plus c'est la même chose* » (A. KARR). *Vous êtes tous du même avis.* ◇ L'égalité. V. **Égal.** *De même valeur. Au même degré.* ♦ 2º (*Après le nom ou le pronom*). *Même* marque qu'il s'agit exactement de l'être ou de la chose en question. « *Ces vers sont les paroles mêmes de François de Guise* » (CHATEAUB.). V. **Propre.** *Ceux-là mêmes qui le nient.* — Marquant une qualité possédée au plus haut point. « *Sainte Thérèse était la bonté même* » (HUYSMANS). ◇ Joint au pronom personnel. *Elle(s)-même(s), eux-mêmes, moi-même, nous-mêmes, soi-même, toi-même, vous-mêmes.*
II. *Pron. indéf.* ♦ 1º (Précédé de *le, la, les*). « *Ce sont toujours les mêmes qui se font tuer* » (attrib. à Bugeaud). « *La nature humaine est toujours la même* » (GAUTIER). *On prend les mêmes et on recommence.* ♦ 2º *Le même* (neutre). *Vx.* La même chose. Mod. *Cela revient au même.* Pop. *C'est du pareil au même* : c'est exactement pareil.
III. *Adv.* ♦ 1º Marquant un renchérissement, une gradation. « *Instructives pour les étrangers, et même pour les gens de mon pays* » (VOLT.). « *Même l'homme robuste faiblit* » (GIDE). « *Ci-gît Piron qui ne fut rien, Pas même académicien* » (PIRON). *Je ne me rappelle même plus. Sans même s'en apercevoir.* — *Même quand, même lorsque, lors même que... Même si*, *si même. Quand* même.* ♦ 2º Exactement, précisément. *Je l'ai rencontré ici même. Aujourd'hui même.* — À MÊME. « *Il but à même le goulot* » (MAUPASS.), directement au goulot. *Coucher à même le sol.* ♦ 3º *Loc. adv.* DE MÊME, *tout de même* (vx), du la même façon. V. **Ainsi, pareillement.** « *Elle avait aimé Dieu avec passion ; elle le craignait de même* » (STENDHAL). *Il en est, il en va de même pour...*, c'est aussi le cas de. — *Tout de même*, néanmoins, pourtant. « *Donne-lui tout de même à boire, dit mon père* » (HUGO). Exclam. *C'est un peu fort, tout de même !* ♦ 4º *Loc. conj.* DE MÊME QUE, introduisant une proposition comparative. V. **Comme.** « *Il fallait bien qu'elle fût debout la première, de même que par elle se couchait la dernière* » (ZOLA). — Pop. MÊME QUE : bien plus, et même, et d'ailleurs. « *Même que le colonel vient d'être tué* » (STENDHAL). ♦ 5º *Loc. prép.* À MÊME DE : en état, en mesure de. « *Un système de notes*

met le lecteur à même de vérifier » (RENAN). « Pour être à même de lui rendre service » (SAND). V. **Capable**.

◇ ANT. Autre.

MÉMÉ [meme]. n. f. (var. dial. de mémère). Fam. (enfants). Grand-mère. Où est ta mémé? — Mémé, ma mémé est partie. — (Appellatif). V. **Mémère**.

MÊMEMENT [mɛmmã]. adv. (XIIᵉ; de même). Vx. De même, pareillement.

MÉMENTO [memɛ̃to]. n. m. (1375; mot lat. « souviens-toi »). ♦ 1º Nom de deux prières de souvenir appartenant au canon de la messe. Mémento des vivants, des morts. ◇ Image en souvenir d'un mort. ♦ 2º (1839). Note, marque destinée à rappeler le souvenir d'une chose passée ou à faire. ♦ 3º (1873). Agenda. ♦ 4º (1902). Vieilli (sauf comme titre). Résumé, aide-mémoire.

MÉMÈRE [memɛʀ]. n. f. (1833; redoubl. enfantin de mère). ♦ 1º Pop. Grand-mère (appellatif). ♦ 2º Fam. Grosse femme d'un certain âge. « Tu sais, la grosse mémère blonde » (HUYSMANS).

1. MÉMOIRE [memwaʀ]. n. f. (XIIᵉ; memorie, 1050; lat. memoria).

I. ♦ 1º Cour. Faculté de conserver et de rappeler des états de conscience passés et ce qui s'y trouve associé; l'esprit, en tant qu'il garde le souvenir du passé. « Ce qui touche le cœur se grave dans la mémoire » (VOLT.). Événement encore présent à la mémoire, vivant dans les mémoires. « Le peu que je savais s'est effacé de ma mémoire » (ROUSS.). « Des refrains me remontent à la mémoire » (J. LEMAITRE). Chercher, fouiller dans sa mémoire. Effort de mémoire. Bonne, mauvaise mémoire. Avoir beaucoup, peu de mémoire. Perdre la mémoire. Lacunes de mémoire. « Il y a là un grand trou dans ma mémoire » (DAUD.). Rafraîchir* la mémoire de qqn. ◇ Loc. adv. DE MÉMOIRE, sans avoir la chose sous les yeux. Réciter, jouer de mémoire. V. **Cœur** (par). ◇ Mémoire de... : aptitude à se rappeler spécialement certaines choses. « La mémoire des lieux, des visages, des odeurs » (DUHAM.). Je n'ai pas la mémoire des noms. ♦ 2º Psycho. Ensemble de fonctions psychiques grâce auxquelles nous pouvons nous représenter le passé comme passé (fixation, conservation, rappel et reconnaissance des souvenirs). Mémoire-habitude, conservation dans le cerveau d'impressions qui continuent à influer sur notre comportement sous forme d'habitudes. Mémoire affective, reviviscence d'un état affectif ancien, agissant sur la mémoire, sans que nous en ayons conscience. « Mémoire volontaire », « mémoire involontaire » (PROUST). Relatif à la mémoire : -mnésique. Perte de la mémoire. V. **Amnésie**. ◇ Mémoire organique. « Les cellules, comme l'esprit, sont douées de mémoire » (CARREL). ♦ 3º Avoir de la mémoire : une bonne mémoire. Il n'a pas de mémoire. ♦ 4º Faculté collective de se souvenir. Rester dans la mémoire des hommes, de la postérité. « Ces noms sont restés exécrables dans la mémoire du peuple » (MICHELET). ♦ 5º Techn. Dispositif permettant de recueillir et de conserver, dans les calculatrices (ordinateurs, etc.), les informations destinées à un traitement ultérieur; le support de telles informations. Mémoires à cartes perforées, à disques et à tambours magnétiques; mémoires sur films minces, mémoire à supraconductivité. Mise en mémoire d'une information.

II. ♦ 1º La mémoire de : le souvenir (de qqch., de qqn). Conserver, garder la mémoire d'un événement. « Cette mémoire qu'il a de son visage, c'est bien l'amour » (CHARDONNE). « Le petit livre que je voudrais prolonger un peu la mémoire » (LOTI). ♦ 2º Souvenir qu'une personne laisse d'elle à la postérité. V. **Renommée**. Réhabiliter la mémoire d'un savant. — Loc. Un roi de glorieuse, de triste mémoire. — En mémoire de (vieilli), à la mémoire de, pour perpétuer, glorifier la mémoire de. « On inaugurait une plaque à la mémoire d'Évariste Galois » (ALAIN). ♦ 3º (En phrase négative). De mémoire d'homme, d'aussi loin qu'on s'en souvienne. De mémoire de sportif, on n'avait assisté à un match pareil. ♦ 4º Pour MÉMOIRE, se dit, en comptabilité, de ce qui n'est pas porté en compte et n'est mentionné qu'à titre de renseignement. Par ext. À titre de rappel, d'indication. Signalons, pour mémoire...

◇ ANT. Oubli.

2. MÉMOIRE [memwaʀ]. n. m. (1320; lat. memoria). ♦ 1º Dr. Écrit destiné à exposer, à soutenir la prétention d'un plaideur. V. **Factum** (vx). Mémoire ampliatif, produit par le demandeur en cassation. Mémoire en défense, établi par le défendeur. Les mémoires de Beaumarchais dans l'affaire Goëzman. ♦ 2º État des sommes dues à un entrepreneur, un fournisseur, un officier ministériel. « Un jardinier qui me présente des mémoires de deux mille francs tous les trois mois » (BALZ.). ♦ 3º Exposé ou requête sommaire à l'adresse de qqn. Adresser un mémoire au préfet, à une assemblée. ♦ 4º Dissertation adressée à une société savante. « Galois envoie mémoires sur mémoires à l'Académie des sciences » (ALAIN). Mémoires de l'Académie des sciences. ♦ 5º (1552). Plur. Relation écrite qu'une personne fait des événements auxquels

elle a participé ou dont elle a été témoin. V. **Annales, chroniques, commentaires**. Les Mémoires de Commynes. Mémoires de Retz, de Saint-Simon. — Mémoires autobiographiques, où les confessions se mêlent à l'histoire. V. **Journal, souvenir(s)**. Mémoires d'outre-tombe, de Chateaubriand. Écrire ses Mémoires. « Les Mémoires ne sont jamais qu'à demi sincères » (GIDE).

MÉMORABLE [memoʀabl(ə)]. adj. (XVᵉ; lat. memorabilis). Digne d'être conservé dans la mémoire des hommes. V. **Fameux, historique, inoubliable, remarquable**. Événement, jour mémorable. « Dans ces mémorables séances où Mirabeau remuait l'Assemblée » (HUGO). — Adv. MÉMORABLEMENT [memoʀabləmã].

MÉMORANDUM [memoʀãdɔm]. n. m. (1777; angl. memorandum, neutre subst. du lat. memorandus « qui doit être rappelé, mérite d'être rappelé »). ♦ 1º Note écrite, adressée par un agent diplomatique au gouvernement auprès duquel il est accrédité, pour exposer le point de vue de son gouvernement sur une question qui fait l'objet de négociations. ♦ 2º Note qu'on prend d'une chose qu'on ne veut pas oublier; carnet contenant ce genre de notes. V. **Agenda**. ♦ 3º Comm. Note de commande à un fournisseur.

MÉMORATION [memoʀasjɔ̃]. n. f. (1959; lat. memor, -oris). Didact. (Psychol.). Évocation d'un souvenir (plus ou moins récent). Processus de mémoration (Cf. Mémorisation*).

MÉMORIAL [memoʀjal]. n. m. (XIIIᵉ; bas lat. memoriale). ♦ 1º Écrit où sont consignées les choses dont on veut se souvenir. Le Mémorial de Pascal. — (Titres) Mémoires. Le Mémorial de Sainte-Hélène, par Las Cases. ♦ 2º (Anglicisme). Monument commémoratif. Le mémorial de La Fayette. Plur. Des mémoriaux.

MÉMORIALISTE [memoʀjalist(ə)]. n. (1725; bas lat. memorialis « historiographe »). ♦ 1º Auteur de mémoires historiques. V. **Chroniqueur, historien**. ♦ 2º Écrivain considéré dans la partie de son œuvre qui est un témoignage sur son temps.

MÉMORISATION [memoʀizasjɔ̃]. n. f. (1847; mot des pédagogues suisses; du lat. memor, memoris « qui se souvient »). Didact. Acquisition mnémonique volontaire. Procédés de mémorisation. V. **Mnémotechnique**.

MÉMORISER [memoʀize]. v. tr. (1907; de mémorisation). Didact. Fixer dans la mémoire par les méthodes de mémorisation. Mémoriser les connaissances.

MENAÇANT, ANTE [mənasã, ãt]. adj. (1530; de menacer). ♦ 1º Qui menace, exprime une menace. « La foule hostile et menaçante » (LOTI). Ton, air menaçant. Déclaration menaçante. V. **Comminatoire**. ♦ 2º Qui constitue une menace, un danger. V. **Dangereux, inquiétant**. « Les gueules menaçantes de douze canons » (BALZ.). « La position, de critique, était devenue menaçante » (HUGO). Temps menaçant, qui fait prévoir un orage. ◇ ANT. Rassurant.

MENACE [mənas]. n. f. (XIIᵉ; manatce, v. 880; lat. pop. °minacia, attesté au plur. minaciæ, class. minæ). ♦ 1º Manifestation par laquelle on marque à qqn sa colère, avec l'intention de lui faire craindre le mal qu'on lui prépare. V. **Avertissement, intimidation**. Obtenir qqch. par la menace, en usant de menaces. « Qui ne craint point la mort ne craint point les menaces » (CORN.). Menaces en l'air, qu'on n'a pas les moyens de mettre à exécution. Gestes, paroles de menace. Sous la menace, en cédant à la menace, à la contrainte. — « Cette menace d'un châtiment tout nouveau » (ROUSS.), par laquelle on faisait craindre un châtiment. Menaces de mort. ◇ Dr. Expression du projet de nuire à autrui. « À l'aide de la menace, écrite ou verbale, de révélations ou d'imputations diffamatoires » (CODE PÉN.). ♦ 2º Signe par lequel se manifeste ce qu'on doit craindre de qqch.; indice d'un danger; ce danger. « L'air était lourd de menaces » (CAMUS). « La menace suspendue sur son bonheur » (BOURGET). Menace de guerre, d'invasion.

MENACÉ, ÉE [mənase]. adj. (V. Menacer). En danger. « Un accord d'autant plus beau qu'il est instable et menacé » (DUHAM.). V. **Fragile**. ◇ ANT. Sûr.

MENACER [mənase]. v. tr. (Menacier, XIIᵉ; menasser, XIIIᵉ; lat. pop. °minaciare, de minaciæ. V. **Menace**). ♦ 1º Chercher à intimider par des menaces. Menacer qqn de mort, lui faire des menaces de mort. « Des décrets qui menaçaient de peines de prison les contrevenants » (CAMUS). Le patron l'a menacé de le renvoyer. — Il les menaçait de son couteau, avec son couteau. — Absolt. « Les gens timides menacent volontiers » (MONTESQ.). ♦ 2º Mettre en danger, constituer une menace (pour qqn). « L'idée qu'une guerre nous menace » (MART. du G.). « La misère, la maladie, le deuil, tout ce qui menace chaque homme » (SUARÈS). V. **Attendre**. ♦ 3º Présager, laisser craindre (quelque mal). Menacer ruine*. Son discours menace d'être long. V. **Risquer**. « Ses tempes menaçaient d'éclater » (MAC ORLAN). Absolt. Être menaçant. « Les orages sourds qui menaçaient » (LOTI). ◇ ANT. Rassurer.

MÉNADE [menad]. *n. f.* (1546; lat. d'o. gr. *mœnas, mœnadis*). *Antiq.* Bacchante.

MÉNAGE [menaʒ]. *n. m.* (*Mesnage*, XIIIe, d'apr. a. fr. *maisnie* « famille » [lat. pop. *°mansionaticum*, rac. *mansio* « maison »]; *manage*, v. 1150, de l'a. v. *maneir*, lat. *manere* « demeurer, séjourner »).
I. ♦ 1° *Vx.* Maison, intérieur. « *Notre ménage est très petit* » (NERVAL). — Mod. *Tenir son ménage.* DE MÉNAGE, fait à la maison. *Pain, jambon de ménage.* ♦ 2° *Vx* (v. 1210). Administration des choses domestiques. ◇ (XVIe) *Vieilli.* Économie, épargne. « *L'esprit de ménage et d'économie* » (GAUTIER). ♦ 3° (v. 1430). Mod. Ensemble des choses domestiques, tout ce qui concerne l'entretien d'une famille. *S'occuper du ménage. Vaquer aux soins du ménage.* « *Les travaux les plus pénibles du ménage demeurent attribués aux femmes* » (FRANCE). ◇ Ensemble des soins matériels, des travaux d'entretien et de propreté dans un intérieur. *Le ménage et la cuisine. Faire le ménage. Ustensiles de ménage* (balais, chiffons, etc.). *Femme* de ménage.* — *Faire des ménages*, faire le ménage chez d'autres moyennant rétribution. ♦ 4° (XIIIe). *Vx.* Meubles et ustensiles nécessaires à la vie domestique. Mod. *Monter son ménage.* — *Ménage de poupée*, ensemble d'ustentiles de ménage et de pièces de vaisselle en réduction (jouet d'enfants).
II. (XIIIe, *en ménage*). ♦ 1° (Dans des expressions). Vie en commun d'un couple. *Se mettre en ménage*, se marier, commencer à vivre ensemble. *Scènes* de ménage.* — *Faire bon, mauvais ménage avec qqn*, s'entendre bien, mal avec son conjoint, et *par ext.* avec qqn de son entourage. ♦ 2° Couple constituant une communauté domestique. « *On ne pouvait imaginer ménage plus tendrement uni* » (GIDE). *Jeune, vieux ménage.* « *Il y a tant de jeunes ménages qui vivent dans une mansarde ou chez leurs beaux-parents* » (SARRAUTE). « *Ne vous faites jamais un plaisir de troubler la paix des ménages* » (BALZ.). *Faux ménage*, couple non marié. — Fam. *Ménage à trois.* ♦ 3° *Rare.* Famille. *Il y a une dizaine de ménages dans cet immeuble.* ♦ 4° *Écon.* Unité de population définie par une consommation globale (famille ou personne vivant seule). *La consommation des ménages.*

MÉNAGEMENT [menaʒmɑ̃]. *n. m.* (1551; de *ménager*). ♦ 1° *Vx.* Administration, conduite, soin. « *Laissez-moi le ménagement de notre fortune* » (Abbé PRÉVOST). ♦ 2° (1655). Mesure, réserve dont on use envers qqn (par respect, par intérêt). « *Je ne connais plus ni respect, ni ménagement, ni bienséance* » (ROUSS.). *Traiter qqn sans ménagement*, brutalement. ♦ 3° Procédé dont on use envers qqn que l'on veut ménager. V. **Attention, égard, précaution.** « *Répondre avec d'adroits ménagements* » (MICHELET). ◇ ANT. Brusquerie, brutalité.

MÉNAGER [menaʒe]. *v. tr.; conjug. bouger* (XVe; intr., 1309, *habiter, faire le ménage* »; de *ménage*).
I. ♦ 1° Disposer, régler avec soin, adresse. V. **Arranger.** *Ménager une entrevue. L'auteur « ménage d'avance et de loin les dénouements* » (TAINE). *Transition, gradation bien ménagée. L'auteur a ménagé ses effets.* — « *Elle chercha à nous ménager un tête-à-tête* » (P. BENOIT). V. **Procurer.** « *La revanche que lui ménageait le sort* » (COCTEAU). *Je vous ménage une surprise.* V. **Préparer, réserver.** Pronom. « *Il s'est ménagé des intelligences dans la place* » (GAUTIER). ♦ 2° (1690). Installer ou pratiquer après divers arrangements et transformations. *Ménager un escalier, un passage dans l'épaisseur d'un mur.* « *La salle à manger a gardé la forme de la tour à l'intérieur de laquelle elle fut ménagée* » (P. BENOIT).
II. ♦ 1° (v. 1560). Employer (un bien) avec mesure, avec économie, de manière à conserver, à utiliser au mieux. V. **Économiser, épargner.** *Ménager son bien, ses vêtements. Ménager ses forces.* « *Il n'y a rien que les hommes ménagent moins que leur propre vie* » (LA BRUY.). « *Ménager le temps qui me reste* » (DESCARTES). Fam. *Vous n'avez pas ménagé le poivre!* vous en avez mis un peu trop. ♦ 2° (XVIIe). Faire ou dire avec mesure. *Ménagez vos expressions!* V. **Mesurer.** « *L'excellente reine ne m'eût pas ménagé les remontrances* » (FRANCE). ♦ 3° Employer ou traiter (un être vivant) avec le souci d'épargner ses forces ou sa vie. *Qui veut voyager loin ménage sa monture.* « *Les médecins dirent qu'il fallait le ménager beaucoup* » (SAND). ♦ 4° Traiter (qqn) avec prudence, égard, avec le souci de ne pas lui déplaire. « *L'adjoint ménageait les prêtres* » (ZOLA). « *Défendre les idées qui me plaisent sans avoir à ménager personne* » (ROMAINS). PROV. *Ménager la chèvre* et le chou.* ♦ 5° Traiter avec modération, avec indulgence, sans accabler de sa supériorité. *Il était plus fort, mais il ménageait visiblement son adversaire. Ménager la susceptibilité de qqn.* « *Je ne ménageais pas assez votre délicatesse* » (FRANCE). ♦ 6° (Réfl.). *Se ménager*, avoir soin de sa santé, ne pas abuser de ses forces. « *Soignez-vous, ménagez-vous* » (FLAUB.).
◇ ANT. (du II) Dépenser, gaspiller; exposer, fatiguer; accabler, malmener.

MÉNAGER, ÈRE [menaʒe, ɛʀ]. *n. et adj.* (*Mainagier*,

1281, « homme du petit peuple, journalier », puis « habitant »; de *ménage*).
I. *N.* ♦ 1° (XVe). *Vx.* Celui qui administre, gère (bien ou mal) un bien. Fig. « *Un roi... Est meilleur ménager du sang de ses sujets* » (CORN.). ♦ 2° *N. f.* (mil. XVe). Femme qui tient une maison, s'occupe du ménage. *Ménagère qui s'en va au marché. Le panier de la ménagère.* « *Les ménagères sur le seuil secouaient leurs tapis* » (ALAIN-FOURNIER). ♦ 3° *N. f.* (1931). Service de couverts de table dans un coffret.
II. *Adj.* ♦ 1° (1666; « qui administre bien », XVIe). *Vieilli.* (Personnes) MÉNAGER DE : qui ménage (II), est économe de. « *Le sage est ménager du temps et des paroles* » (LA FONT.). ♦ 2° Mod. (v. 1830). Choses. Qui a rapport aux soins du ménage, à la tenue de l'intérieur domestique. *Travaux ménagers. Appareils ménagers. Arts ménagers*, industries et techniques visant à faciliter le travail de la ménagère, accroître le confort et agrémenter la vie au foyer. *Enseignement ménager*, branche de l'enseignement technique à l'usage des jeunes filles (travaux ménagers, cuisine, couture, puériculture). ♦ 3° Qui provient du ménage. *Eaux, ordures ménagères.*

MÉNAGERIE [menaʒʀi]. *n. f.* (1664; « administration d'une ferme », 1530; « lieu où sont rassemblés les animaux d'une ferme », XVIe; de *ménage*). Lieu où sont rassemblés des animaux rares, soit pour l'étude, soit pour la présentation au public; les animaux ainsi rassemblés. *Ménagerie foraine, d'un cirque. La ménagerie du Jardin des plantes de Paris.* V. **Zoo.**

MENCHEVIK [menʃevik]. *adj. et n.* (1903; mot russe, de *menchistvo* « minorité »). *Hist.* Se dit des membres du parti social-démocrate russe hostiles à Lénine (ils furent mis en minorité au IIe Congrès de 1903 par les *bolcheviks** [Cf. P. R. 2]).

MENDÉLÉVIUM [mɛ̃delevjɔm]. *n. m.* (1957; du nom de *Mendéléiev*, chimiste russe). *Chim.* Élément artificiel (n° at. 101; symb. Mv).

MENDÉLIEN, IENNE [mɛ̃deljɛ̃, jɛn]. *adj.* (1907; du nom de *Mendel*). *Biol.* Relatif, conforme aux lois de Mendel. *Hérédité mendélienne. Caractère mendélien*, héréditaire.

MENDÉLISME [mɛ̃delism(ə)]. *n. m.* (déb. XXe; de *Mendel*). *Biol.* Théorie de l'hérédité formulée par Mendel (lois de l'hybridation : caractères dominants et récessifs).

MENDIANT, ANTE [mɑ̃djɑ̃, ɑ̃t]. *n.* (XIIe; de *mendier*). ♦ 1° Personne qui mendie pour vivre. V. **Chemineau, chiard, gueux, mendigot.** « *Un mendiant déguenillé, sollicitant l'attention et la pitié de la multitude* » (HUGO). ◇ Adj. *Ordres mendiants*, qui faisaient profession de vivre que d'aumônes (augustins, carmes, dominicains, franciscains). ♦ 2° (v. 1600; allus. aux ordres). *Les quatre mendiants*, ou ellipt. *mendiant(s)* : dessert composé de quatre sortes de fruits secs (amandes, figues, noisettes, raisins).

MENDICITÉ [mɑ̃disite]. *n. f.* (1265; lat. *mendicitas*). ♦ 1° Condition de celui qui mendie. *Être réduit à la mendicité.* ♦ 2° Action de mendier. *Délit de mendicité.* « *Je vais te faire arrêter pour mendicité, dit l'agent* » (SARTRE).

MENDIER [mɑ̃dje]. *v.* (*Mendiier*, 1131; *mendeier*, 1080; lat. *mendicare*). ♦ 1° *V. intr.* Demander l'aumône, la charité. V. **Gueuser** (*vx*), **mendigoter.** « *Personne n'y mendie, il s'y trouve de l'ouvrage pour tout le monde* » (BALZ.). ♦ 2° *V. tr.* Demander à titre d'aumône. — Fig. Solliciter humblement, ou (*péj.*) de façon servile et humiliante. *Mendier des voix, des compliments.*

MENDIGOT, OTE [mɑ̃digo, ɔt]. *n.* (1875; de *mendiant*, et suff. pop. de *Parigot*). *Pop.* Mendiant.

MENDIGOTER [mɑ̃digɔte]. *v. intr. et tr.* (1878; de *mendigot*). *Pop.* Mendier.

MENDOLE [mɑ̃dɔl]. *n. f.* (1547; a. prov. *mendolo*, lat. pop. *°mœnula*, dimin. de *mœna*). Poisson téléostéen des côtes méditerranéennes, gris argenté à raies brunes.

MENEAU [məno]. *n. m.* (1402; pl. *mayneaulx*, 1398; lat. *medianus* « qui est au milieu »). Chacun des montants ou traverses de pierre qui divisaient la baie des anciennes fenêtres; *par ext.* Chacune des barres verticales et transversales d'une croisée.

MENÉES [məne]. *n. f. pl.* (1540; « charge, sonnerie de charge », 1080; de *mener*). Agissements secrets et artificieux dans un dessein nuisible. V. **Intrigue, machination, manœuvre.** *Menées subversives.*

MENER [məne]. *v. tr.; conjug. lever* (Xe; lat. pop. *minare* « pousser, mener les bêtes en les menaçant », class. *minari* « menacer »).
I. Faire aller (qqn) avec soi. Ⓐ MENER À, EN, DANS; MENER et inf. ♦ 1° Conduire en accompagnant. V. **Emmener.** « *Nous allons mener les enfants à l'Exposition* » (DUHAM.). « *On menait les écoliers baigner tous les jeudis* » (CHATEAUB.). ♦ 2° Faire avancer (un animal) en l'accompagnant. *Mener les bêtes aux champs.* « *Le vieux mène son chien promener* » (CAMUS), *mène promener son chien.* Loc. fig. *Mener qqn en laisse, à la baguette, par le bout du nez.* ♦ 3° Conduire en exerçant un commandement, une influence. « *Le vieux*

colonel menait ses troupes au feu » (MAC ORLAN). « *Vous voulez mener la France à la guerre* » (MART. du G.). V. **Entraîner.**
B MENER QQN, QQCH. ♦ 1° Être en tête (un cortège, une file). « *La farandole menée par un gars de Barbantane* » (DAUD.). *Mener la danse.* ◇ *Absolt.* (Sports) *Mener* (le peloton) *pendant un tour. Mener deux à zéro,* avoir à la marque un avantage de 2 à 0. ♦ 2° *Fig.* Diriger, commander. « *Dans les jeux, je ne prétendais mener personne, mais je ne voulais pas être mené* » (CHATEAUB.). *Se laisser mener.* — « *Les idées mènent le monde* » (RENAN). « *Le profit n'est pas toujours ce qui mène l'homme* » (GIDE).
II. Faire aller une chose en la contrôlant. ♦ 1° Faire marcher, faire fonctionner. « *Ceux qui menaient le navire* » (LOTI). *Fig. Mener la barque**. ♦ 2° *Fig.* Faire avancer, faire évoluer sous sa direction. « *Il faut mener nos affaires rondement* » (VIGNY). « *Le docteur dut mener l'opération très vite* » (DUHAM.). « *Une campagne menée avec énergie* » (ROMAINS). — MENER À... *Mener une chose à bonne fin**, *à bien**, *à terme**. V. **Exécuter.** ◇ « *Je mènerai joyeuse vie* » (LOTI). *Mener la vie** *dure à qqn. Mener grand train, grand bruit, grand tapage.*
III. (*Choses*). Faire aller (qqn) d'un endroit à un autre. ♦ 1° Transporter. « *Le tramway qui le mènerait directement chez la papetière* » (ROMAINS). ♦ 2° Permettre d'aller d'un lieu à un autre. « *Une rue, puis une autre le menaient vers la petite place* » (GREEN). « *L'esprit mène à tout, à condition d'en sortir* » (J. JANIN). « *L'esprit sert à tous, mais il ne mène à rien* » (TALLEYRAND). — *Cela peut vous mener loin, plus loin que vous ne pensez,* avoir pour vous des conséquences lointaines qui risquent d'être fâcheuses. *C'est une somme qui ne vous mènera pas loin,* qui ne fournira pas longtemps à vos besoins.
IV. *Géom.* Tracer. *Mener une parallèle à une droite.*

MÉNESTREL [menɛstrɛl]. *n. m.* (XIIᵉ, repris 1827; « serviteur », 1050; bas lat. *ministerialis*). Au moyen âge, Musicien et chanteur ambulant (simple exécutant, et non créateur). V. **Jongleur.**

MÉNÉTRIER [menetrije]. *n. m.* (1272; var. du précéd.). Violoniste de village, qui escortait les noces, faisait danser les invités. V. **Sonneur, violoneux.** « *Le ménétrier allait en avant avec son violon empanaché de rubans* » (FLAUB.).

MENEUR, EUSE [mənœʀ, øz]. *n.* (XIIIᵉ; *meneor,* 1135; de *mener*). ♦ 1° *Vx.* Personne qui mène, conduit. *Meneur d'ours,* montreur d'ours. *Meneuse d'oies,* gardeuse d'oies. ◇ *Mod.* (*Métiers*) Conducteur, transporteur. — *Meneur de bois, de rails* (dans les mines). — *Meneur de jeu,* animateur d'un spectacle ou d'une émission de variétés. ♦ 2° (XVIIIᵉ). Personne qui, par son ascendant, son autorité, prend la tête d'un mouvement populaire. « *Les curés ne s'associèrent pas seulement à ces mouvements, ils en furent les meneurs* » (MICHELET). V. **Chef, dirigeant.** « *Celle qui semblait la meneuse du périlleux complot* » (LOTI). ◇ *Absolt. Péj.* Agitateur ouvrier. « *Les excès sociaux se livrent ces meneurs sont inqualifiables* » (MAUROIS). ♦ 3° Personne qui sait mener, manier les hommes. *C'est plus qu'un meneur d'hommes qu'un grand politique.*

MENHIR [meniʀ]. *n. m.* (1833; mot bas breton, de *men* « pierre », et *hir* « longue »). Monument mégalithique, pierre allongée dressée verticalement. V. **Cromlech, pierre** (levée).

MENIN, INE [menɛ̃, in]. *n.* (1606; esp. *menino, menina*). *Hist.* ♦ 1° Jeune homme, jeune fille de naissance noble, au service d'une maison princière espagnole. *Les Menines* (*las Meninas*), tableau de Velasquez. ♦ 2° (1680). *N. m.* En France, jeune gentilhomme attaché à la personne du dauphin.

MÉNINGE [menɛ̃ʒ]. *n. f.* (1478; bas lat. *meninga,* de l'accus. du gr. *mênigx*). ♦ 1° Chacune des membranes qui entourent le cerveau et la moelle épinière. *Méninge dure* (ou *pachyméninge*). V. **Dure-mère.** *Méninges molles* (ou *leptoméninges*). V. **Arachnoïde, pie-mère.** ♦ 2° *Fam.* (*Au plur.*). Le cerveau, l'esprit. *Il ne s'est pas fatigué les méninges. Je m'y casse les méninges.*

MÉNINGÉ, ÉE [menɛ̃ʒe]. *adj.* (1776; de *méninge*). *Didact.* ♦ 1° Relatif aux méninges. *Artère méningée.* ♦ 2° Qui concerne les méninges. *Syndrome méningé, réaction méningée,* symptômes traduisant l'irritation des méninges. *Hémorragie méningée.*

MÉNINGIOME [menɛ̃ʒjom]. *n. m.* (1953; de *méninge,* et *-ome*). *Méd.* Tumeur méningée, généralement bénigne.

MÉNINGITE [menɛ̃ʒit]. *n. f.* (1829; *méningité,* 1793; de *méninge,* et *-ite*). Nom générique des inflammations aiguës ou chroniques des méninges, par infection microbienne, virale ou intoxication. *Méningite cérébro-spinale épidémique.* '◇ *Fam. Il ne risque pas d'attraper une méningite,* il ne fait aucun effort intellectuel.

MÉNINGITIQUE [menɛ̃ʒitik]. *adj.* (1867; de *méningite*). *Méd.* Relatif à la méningite. Qui est atteint de méningite. *Subst. Un, une méningitique.*

MÉNINGOCOQUE [menɛ̃gɔkɔk]. *n. m.* (v. 1900, du rad.

gr. de *méninge,* et *-coque*). *Méd.* Diplocoque, agent pathogène de la méningite cérébro-spinale.

MÉNISQUE [menisk(ə)]. *n. m.* (1671; gr. *mêniskos* « croissant », de *mênê* « lune »). ♦ 1° *Phys.* Lentille convexe d'un côté et concave de l'autre. *Ménisque convergent, divergent.* — *Par ext.* Surface libre, convexe ou concave, qu'une colonne de liquide contenue dans un tube capillaire. ♦ 2° (1823). *Ménisque* (*articulaire*) : membrane fibro-cartilagineuse située entre deux surfaces articulaires mobiles (V. **Diarthrose**), qui assure un contact intime et le glissement de celles-ci. — Adj. MÉNISCAL, ALE, AUX [meniskal, o]. *Hernie méniscale* : saillie due à la luxation d'un ménisque du genou. ♦ 3° (1845). Bijou en forme de croissant.

MENNONITE [menɔnit]. *n.* (XVIIᵉ; du nom de *Menno Simonis*). *Relig.* Membre d'une secte d'anabaptistes (1ʳᵉ moitié du XVIᵉ s.), nombreux encore aujourd'hui aux Pays-Bas et aux États-Unis.

MÉNO-, -MÉNORRHÉE. Éléments de mots tirés du gr. *mên, mênos* « mois », et *rhein* « couler » qui entrent dans la composition de mots médicaux relatifs aux règles, aux menstrues (*aménorrhée, hyperménorrhée, ménorragie,* etc.).

MÉNOLOGE [menɔlɔʒ]. *n. m.* (1701; gr. *mênologion* « tableau des mois »). *Relig.* Calendrier martyrologe de l'Église grecque.

MÉNOPAUSE [menɔpoz]. *n. f.* (1823; du gr. *mên, mênos* « mois », d'où *mêniaia* « menstrues », et *pausis* « cessation »). Fin de la fonction ovarienne (arrêt de l'ovulation et des hémorragies menstruelles) ; époque où elle se produit (*cour.* retour d'âge).

MÉNOPAUSÉE [menɔpoze]. *adj. fém.* (XXᵉ; de *ménopause*). Se dit d'une femme chez laquelle la ménopause s'est produite.

MÉNOPAUSIQUE [menɔpozik]. *adj.* (1922; de *ménopause*). De la ménopause. *Troubles ménopausiques* (bouffées de chaleur, irritabilité, état dépressif). V. **Climatère.**

MÉNORRAGIE [menɔʀaʒi]. *n. f.* (1795; gr. *mên* [Cf. Ménopause], et *-rragie*). *Méd.* Exagération de l'écoulement menstruel (opposé à *aménorrhée*).

MENOTTE [mənɔt]. *n. f.* (1474; de *main*). ♦ 1° (*Au plur.*). Entraves, bracelets métalliques réunis par une chaîne qui se fixent aux poignets d'un prisonnier. « *Les policiers l'entourent pour lui passer les menottes* » (JOUHANDEAU). ♦ 2° (1545). Main d'enfant; petite main. « *Les mains de cette enfant sont bien les deux plus jolies menottes qu'il soit possible de faire* » (DIDER.).

MENSE [mɑ̃s]. *n. f.* (1603; lat. *mensa* « table », spécialisé en lat. ecclés.). ♦ 1° *Hist. relig. Mense épiscopale,* revenus affectés à la table d'un évêque. ♦ 2° *Dr. can.* Revenu ecclésiastique. *Mense abbatiale, conventuelle, épiscopale.* ◇ HOM. *Manse.*

MENSONGE [mɑ̃sɔ̃ʒ]. *n. m.* (1080; lat. pop. °*mentionica,* du bas lat. *mentire.* V. **Mentir**). ♦ 1° Assertion sciemment contraire à la vérité, faite dans l'intention de tromper. V. **Contre-vérité, fable, histoire, invention, menterie, tromperie.** *Gros, grossier mensonge. Mensonge innocent,* fait en plaisantant. V. **Blague, plaisanterie.** *Mensonge officieux,* fait pour rendre service. *Pieux mensonge,* inspiré par la piété ou la pitié. *Mensonge par omission. Commettre un mensonge.* « *Je commençais à débiter mon mensonge en tremblant* » (DAUD.). ♦ 2° L'acte de mentir, la pratique de l'artifice, de la fausseté. « *Le mensonge m'a toujours été odieux et impossible* » (LAMART.). *Vivre dans le mensonge.* « *Le mensonge est essentiel à l'humanité* » (PROUST). *Un mensonge.* « *Le mensonge sur lequel est édifié son bonheur* » (GIDE). ♦ 3° Fiction, en art. V. **Illusion.** « *Les fables de la mythologie unies aux mensonges du roman* » (CHATEAUB.). ♦ 4° Ce qui est trompeur, illusion. « *Le bonheur est un mensonge* » (FLAUB.). « *Laissez, laissez mon cœur s'enivrer d'un mensonge* » (BAUDEL.). PROV. *Songes, mensonges* : les rêves sont trompeurs. ◇ ANT. *Vérité, véracité. Réalité.*

MENSONGER, ÈRE [mɑ̃sɔ̃ʒe, ɛʀ]. *adj.* (déb. XIIᵉ; de *mensonge*). ♦ 1° Qui repose sur un mensonge, des mensonges. V. **Fallacieux, faux.** « *Les récits mensongers de ses exploits* » (MAC ORLAN). ♦ 2° Qui abuse, trompe. V. **Trompeur.** « *Sa protection était inefficace contre la mort, mensongère et dérisoire* » (LOTI). ◇ ANT. *Sincère, véritable.*

MENSONGÈREMENT [mɑ̃sɔ̃ʒɛʀmɑ̃]. *adv.* (XIIIᵉ; de *mensonger*). D'une manière mensongère.

MENSTRUATION [mɑ̃stʀyasjɔ̃]. *n. f.* (1761; de *menstrues*). Stade du cycle œstral (ou menstruel) de la femme, pendant lequel se produit, normalement tous les 25 à 31 jours, un écoulement de sang par le vagin, dû à la chute de la partie superficielle de la muqueuse utérine, sous l'effet d'hormones sexuelles. *Absence de menstruation.* V. **Aménorrhée.** *Menstruation douloureuse.* V. **Dysménorrhée.** — L'écoulement de sang lui-même (nom courant : *les règles*). *Menstruation anormalement abondante* (V. **Ménorragie**).

MENSTRUEL, ELLE [mɑ̃stʀyɛl]. *adj.* (1314; lat. *mens-*

trualis; de *mensis* « mois »). Qui a rapport aux menstrues, à la menstruation. *Sang menstruel. Cycle menstruel.*

MENSTRUES [mɑ̃stʀy]. *n. f. pl.* (fin XIVᵉ ; *menstre,* XIVᵉ ; lat. *menstrua,* de *mensis* « mois »). *Vx.* Écoulement de sang de la menstruation*. V. **Règles.**

MENSUALISATION [mɑ̃sɥalizɑsjɔ̃]. *n. f.* (1967 ; de *mensuel**). Fait de rendre mensuel (V. **Mensualiser**); son résultat. « *L'objectif des syndicats est la mensualisation des salaires* » (L'*Express*, 17-4-67).

MENSUALISER [mɑ̃sɥalize]. *v. tr.* (av. 1970 ; de *mensuel,* d'apr. le lat. *mensualis*). Rendre mensuel (un salaire, notamment un salaire mensuel).

MENSUALITÉ [mɑ̃sɥalite]. *n. f.* (1845 ; de *mensuel*). ♦ 1° Somme payée mensuellement. *Payable par mensualités.* ♦ 2° Somme perçue chaque mois, salaire mensuel. « *Nous vous assurerons les mensualités que vous touchiez ici* » (MART. du G.).

MENSUEL ELLE [mɑ̃sɥɛl]. *adj.* (1795 ; bas lat. *mensualis,* de *mensis* « mois »). ♦ 1° Qui a lieu, se fait tous les mois. *Revue, publication mensuelle.* ♦ 2° Calculé pour un mois et payé chaque mois. *Salaire, appointements mensuels.* V. **Mensualité.** ◇ *Subst.* (1968) *Les mensuels,* les salariés d'une entreprise payés au mois.

MENSUELLEMENT [mɑ̃sɥɛlmɑ̃]. *adv.* (1835 ; de *mensuel*). Tous les mois. « *Des livres que nous distribuait mensuellement le bibliothécaire* » (BALZ.).

MENSURATION [mɑ̃syʀɑsjɔ̃]. *n. f.* (1520, repris 1795 ; bas lat. *mensuratio,* de *mensurare.* V. **Mesurer**). Détermination et mesure, par divers moyens scientifiques, des dimensions caractéristiques ou importantes du corps humain ; les mesures ainsi obtenues. V. **Anthropométrie.** *Mensurations judiciaires,* servant à établir le signalement d'un prévenu et à reconnaître un repris de justice.

MENTAL, ALE, AUX [mɑ̃tal, o]. *adj.* (1371 ; lat. tardif *mentalis,* de *mens, mentis* « esprit »). ♦ 1° Qui se fait dans l'esprit seulement, sans expression orale ou écrite. *Prière mentale. Restriction mentale. Calcul mental.* ♦ 2° (1801, *aliénation mentale*). Qui a rapport aux fonctions intellectuelles de l'esprit. *Maladie mentale. Médecine mentale :* psychiatrie. « *L'état mental occasionné par le haschisch* » (BAUDEL.). « *Nos activités physiologiques et mentales* » (CARREL). V. **Psychique.** *Processus mentaux.* — *Âge mental :* âge qui correspond au degré de développement intellectuel (mesuré par les tests). ◇ ANT. *Écrit, parlé ; physique.*

MENTALEMENT [mɑ̃talmɑ̃]. *adv.* (XVᵉ ; de *mental*). ♦ 1° En esprit seulement, par la pensée, de tête. « *La jeune fille priait mentalement pour l'âme de Catherine* » (SAND). « *Il ne cessait de formuler mentalement ses conclusions* » (ROMAINS). V. **Intérieurement.** ♦ 2° (1932). Du point de vue mental (2°). « *Je me trouvais mentalement à peu près dispos* » (CÉLINE).

MENTALITÉ [mɑ̃talite]. *n. f.* (1877 ; « caractère mental », 1842 ; de *mental,* avec infl. prob. de l'angl. *mentality*). ♦ 1° *Sociol.* Ensemble des croyances et habitudes d'esprit qui informent et commandent la pensée d'une collectivité, communes à chaque membre de cette collectivité. « *La mentalité est le lien le plus résistant qui rattache l'individu à son groupe* » (BOUTHOUL). *La Mentalité primitive,* ouvrage de Lévy-Bruhl. « *Un philosophe qui étudie ce qu'il appelle la mentalité des enfants* » (DUHAM.). ♦ 2° *Cour.* État d'esprit, dispositions psychologiques ou morales. « *Mentalité me plaît. Il y a comme cela des mots nouveaux qu'on lance* » (PROUST). « *Cette mentalité spéciale qui est celle du permissionnaire* » (P. BENOIT). *Fam.* Mauvais esprit. *Jolie mentalité ! Quelle mentalité !*

MENTERIE [mɑ̃tʀi]. *n. f.* (XIIIᵉ ; de *mentir*). *Vx* ou région. Mensonge. « *C'est donc des menteries, ce qu'on raconte* » (ZOLA).

MENTEUR, EUSE [mɑ̃tœʀ, øz]. *n.* et *adj.* (*Menteor,* 1176 ; de *mentir*). ♦ 1° *N.* Personne qui ment, a l'habitude de mentir. V. **Imposteur, mythomane.** *C'est le plus grand menteur que la terre ait porté.* ♦ 2° *Adj.* Qui ment. V. **Faux, hypocrite.** « *Je ne la croyais pas si menteuse* » (SAND). ◇ (*Choses*) Mensonger, trompeur. « *Ces éloges menteurs qui faussent la conscience publique* » (CHATEAUB.). ◇ ANT. *Franc, sincère, vrai.*

MENTHE [mɑ̃t]. *n. f.* (1199 ; lat. *ment[h]a*). ♦ 1° Plante herbacée (*Labiacées*), très aromatique, qui croît dans les lieux humides. *Menthe sauvage, aquatique, poivrée. Thé à la menthe* avec des feuilles de menthe fraîches. — *Essence, alcool de menthe. Sirop, liqueur de menthe.* V. **Peppermint.** ♦ 2° Sirop de menthe. *Prendre une menthe à l'eau.* ◇ Essence de menthe. *Bonbons à la menthe. Pastilles de menthe, à la menthe.* ◇ HOM. *Mante.*

MENTHOL [mɛ̃tɔl]. *n. m.* (1874 ; de *menthe,* et *-ol*). Alcool terpénique extrait de l'essence de menthe poivrée, utilisé comme anesthésique (calmant) local, surtout au niveau des muqueuses.

MENTHOLÉ, ÉE [mɛ̃tɔle]. *adj.* (1874 ; de *menthol*). Additionné de menthol. *Vaseline mentholée.*

MENTION [mɑ̃sjɔ̃]. *n. f.* (fin XIIᵉ ; lat. *mentio*). ♦ 1° Action de nommer, de citer, de signaler. « *Si Josèphe a fait mention de Jésus* » (RENAN). *Il n'en est pas fait mention dans cet ouvrage. Événement digne de mention.* ♦ 2° Brève note donnant une précision, un renseignement. *La lettre est revenue avec la mention* « *Décédé* ». *Biffer les mentions inutiles* (sur un questionnaire à remplir). *Mention en marge d'un acte juridique.* ♦ 3° Indication d'une appréciation favorable de la part d'un jury d'examen. *Mention très honorable. Mention bien, très bien. Être reçu avec mention* (supérieure à « passable »). *Mention honorable,* distinction venant, dans une exposition, un concours, après les divers prix. ◇ HOM. *Mansion.*

MENTIONNER [mɑ̃sjɔne]. *v. tr.* (1432 ; de *mention*). Faire mention de. V. **Citer, nommer, signaler.** « *Une actrice dont le nom n'est pas assez oublié pour que je le mentionne ici* » (COLETTE). *Ne faire que mentionner une chose,* la signaler seulement, sans s'étendre. — Ling. *Mot mentionné.* V. **Autonyme.**

MENTIR [mɑ̃tiʀ]. *v. intr.;* conjug. *partir* (1080 ; bas lat. *mentire,* class. *mentiri*). ♦ 1° Faire un mensonge, affirmer ce qu'on sait être faux, nier ou taire ce qu'on devrait dire. *Mentir effrontément, comme un arracheur* de dents.* « *Il ment comme il respire* » (GIRAUDOUX), tout naturellement et continuellement. « *Je mentais non par intérêt, mais par bonté, par charité* » (RENAN). « *Il ne dit pas toute la vérité, ce qui est une façon de mentir* » (FLAUB.). Vieilli. « *Ils en ont menti* » (MUSS.), ils ont menti sur ce point. — *Sans mentir,* à dire vrai, en vérité (souvent *iron.*). PROV. *À beau mentir qui vient de loin :* il est facile de faire croire ce qu'on dit n'est pas vérifiable. — *Mentir à qqn,* le tromper par un mensonge. « *Ils s'étaient menti à eux-mêmes* » (R. ROLLAND), ils avaient refusé de regarder la vérité en face. ♦ 2° (*Choses*). Exprimer une chose fausse, être mensonger. *Vous faites mentir le proverbe,* ce que vous faites, ce qui vous arrive contredit le proverbe. ♦ 3° *Trans. indir.* MENTIR À (*Vx*) : manquer à (sa foi, sa promesse). Absolt. *Bon sang* ne peut mentir.* — *Mod.* Démentir. « *Mentir à l'idée qu'on s'était faite de lui* » (GAUTIER). « *Mentir à sa réputation* » (BARBEY).

MENTISME [mɑ̃tism(ə)]. *n. m.* (av. 1950 ; du lat. *mentis* « esprit »). *Méd., psycho.* Fuite des idées.

MENTON [mɑ̃tɔ̃]. *n. m.* (1080 ; lat. pop. °*mento, onis,* class. *mentum*). ♦ 1° Partie saillante, médiane, du maxillaire inférieur ; partie de la face qui y correspond. *Menton avancé, en galoche, pointu, rond, fuyant. N'avoir pas de menton,* avoir un menton peu saillant. ◇ *Par ext.* Région du menton (menton proprement dit et haut de la gorge). *Poils du menton,* barbe. *Double, triple menton,* plis sous le menton, comparés à des mentons superposés. ♦ 2° *Zool.* Chez les insectes broyeurs, Partie de la lèvre supérieure ; chez les oiseaux, Région à la base de la mâchoire inférieure.

MENTONNET [mɑ̃tɔnɛ]. *n. m.* (1604 ; de *menton*). *Techn.* Pièce saillante ou tenon servant d'arrêt. *Mentonnet de serrure, de clenche, d'arbre tournant.*

MENTONNIER, IÈRE [mɑ̃tɔnje, jɛʀ]. *adj.* (1580 ; de *menton*). Du menton. *Angle, nerf mentonnier. Fossette mentonnière.*

MENTONNIÈRE [mɑ̃tɔnjɛʀ]. *n. f.* (1373 ; de *menton*). ♦ 1° *Ancienn.* Partie inférieure du casque, protégeant le menton. ♦ 2° *Mod.* Bande passant sous le menton et retenant la coiffure. V. **Jugulaire.** *Bonnet à mentonnière.* ◇ *Chir.* Bandage du menton. ♦ 3° Plaquette de bois ou de plastique fixée à la base d'un violon, sur laquelle s'appuie le menton. ♦ 4° *Imprim.* Tasseau permettant de relever la casse des typographes.

MENTOR [mɛ̃tɔʀ]. *n. m.* (déb. XVIIIᵉ ; nom d'un personnage de l'Odyssée, popularisé par le *Télémaque* de Fénelon). *Littér.* Guide, conseiller sage et expérimenté. « *Il se sentait fort gauche dans ce rôle de mentor* » (MART. du G.).

1. MENU, UE [məny]. *adj.* et *adv.* (1080 ; lat. *minutus,* de *minuere* « diminuer »). (*Vieilli* ou *littér.,* sauf dans quelques expressions : *menus morceaux; par le menu*). ♦ 1° Qui a peu de volume. V. **Fin, mince, petit.** *Couper en menus morceaux. Les menues branches d'un arbre. Menus grains* (pois, lentilles). « *De vraies mains de prélat, aux doigts menus et potelés* » (GAUTIER). — (*Personnes*) Petit et mince. « *Étrange enfant, brune, menue* » (FROMENTIN). ♦ 2° Formé d'éléments relativement petits. *Menu gibier. Menu fretin.* — *Subst. pl.* (*Techn.*) LES MENUS : charbon en morceaux de petite dimension. V. **Fines.** ♦ 3° *Fig.* Qui a peu d'importance, peu de valeur. « *Un essaim de menues occupations harcelantes* » (GIDE). *Menus détails. Menues dépenses. Menue monnaie. Le menu peuple.* « *J'ai su par le menu détail tout ce qui s'était passé* » (ALAIN-FOURNIER). Ellipt. *Par le menu,* en détail. ♦ 4° *Adv.* En menus morceaux. *Hacher menu comme chair* à pâté.* « *De la pierre pilée menu* » (MAUPASS.). ◇ ANT. *Gros.*

2. MENU [məny]. *n. m.* (1761 ; subt. du précéd., proprem.

« menu détail »). ♦ 1° Liste détaillée des mets dont se compose un repas ; le repas considéré dans sa composition, son ordonnance. *Il faut que je fasse mon menu pour demain soir. Un menu varié, original.* « *En offrant à ses convives un menu fort supérieur à l'ordinaire* » (BLOY). — (Dans un restaurant) *Menu touristique. Menu à prix fixe* (*opposé à* repas à la carte). « *Le menu alignait autant de mets que de vers un sonnet* » (COLETTE). ♦ 2° Carte sur laquelle le menu est inscrit. *Garçon, le menu, s'il vous plaît. Un menu illustré.*

MENUET [mənɥɛ]. *n. m.* (1670; subst. de l'anc. adj. *menuet,* XIIe, dimin. de *menu,* proprem. « pas menu »). ♦ 1° Ancienne danse à trois temps, adoptée sous Louis XIV, dont le mouvement rapide devint plus tard très modéré ; air sur lequel on la dansait. « *Le caractère du menuet est d'une élégante et noble simplicité* » (ROUSS.). ♦ 2° Forme instrumentale, dans la suite, la sonate (ordinairement le troisième mouvement), comprenant un premier air répété deux fois (*menuet* stricto sensu), encadrant un second menuet (V. **Trio**).

MENUISE [mənɥiz]. *n. f.* (XIIe ; lat. *minutia* « parcelle »). *Techn.* ♦ 1° Petit plomb de chasse. ♦ 2° Menu bois, petits rondins.

MENUISER [mənɥize]. *v. tr.* (1690; « amenuiser », 1120; lat. pop. °*minutiare, de minutus.* V. **Menu**). *Techn.* ♦ 1° Découper, amincir (du bois, des planches). ♦ 2° Travailler en menuiserie. — Au p. p. « *Des boiseries ajourées, très finement menuisées* » (LOTI).

MENUISERIE [mənɥizri]. *n. f.* (1456 ; de *menuiser*). ♦ 1° *Vx.* Fabrication de menus ouvrages (*opposé à* grosserie), en particulier d'or et d'argent; petite orfèvrerie. ♦ 2° *Mod.* Travail (assemblages) du bois pour la fabrication des meubles et objets servant à l'agencement et à la décoration des maisons (*opposé à* charpente). *Entreprise, atelier de menuiserie. Menuiserie d'art* (V. **Ébénisterie**), *de bâtiment.* ♦ 3° Ouvrages ainsi fabriqués. *Menuiserie dormante* (décoration fixe, lambris, parquets), *mobile* (fenêtres, portes). *Plafond en menuiserie.* « *La menuiserie découpée des fenêtres* » (NERVAL). ♦ 4° Par ext. *Menuiserie métallique,* fabrication de systèmes ouvrants métalliques (surtout de grandes dimensions) ; ces systèmes.

MENUISIER [mənɥizje]. *n. m.* (1227; de *menuiser*). ♦ 1° *Vx.* Ouvrier en menuiserie (1°). *Corporation des orfèvres-menuisiers.* ♦ 2° (1382). *Mod.* Artisan, ouvrier qui travaille le bois équarri en planches pour la fabrication de meubles, voitures et ouvrages divers de menuiserie. *Menuisier de bâtiment, en meubles, en sièges. Menuisier d'art.* V. **Ébéniste**. *Le menuisier et le charpentier.*

MÉNURE [menyʀ]. *n. m.* (1808 ; lat. zool. *menura,* du gr. *mênê* « lune, croissant », et *oura* « queue »). Grand oiseau passereau, vivant en Australie, remarquable par sa queue en éventail, à plumes en forme de lyre. V. **Lyre**.

MENU-VAIR [mənyvɛʀ]. *n. m.* (1380 ; de *menu,* et *vair*). *Vx.* Petit-gris.

MÉNYANTHE [menjɑ̃t]. *n. m.* (1765 ; lat. bot. *menyanthes,* altér. du gr. *minuanthes* [*triphullon*] « trèfle qui fleurit peu de temps »). *Bot.* Plante (*Gentianacées*) herbacée, aquatique, à feuilles alternes trilobées, dite aussi *trèfle d'eau.*

MÉPHISTOPHÉLIQUE [mefistɔfelik]. *adj.* (1833 ; de *Méphistophélès,* nom du Démon dans la légende de Faust). Qui évoque Méphistophélès, semble appartenir au Démon. V. **Diabolique, satanique.** *Un rire méphistophélique.*

MÉPHITIQUE [mefitik]. *adj.* (1564 ; bas lat. *mephiticus,* de *mephitis* « exhalaison sulfureuse d'origine volcanique »). Se dit d'une exhalaison toxique et puante. *Vapeur méphitique.*

MÉPHITISME [mefitism(ə)]. *n. m.* (1782 ; de *méphitique*). *Didact.* Viciation de l'air par des gaz méphitiques.

MÉPLAT, ATE [mepla, at]. *adj. et n. m.* (1676 ; de *mé-,* et *plat*). **I.** *Adj. Rare.* Qui a plus de largeur que d'épaisseur. — *Spécialt.* (Arts) *Bas-relief méplat,* où l'on diminue l'épaisseur relative des premiers plans. *Lignes méplates,* qui dans un tableau établissent le passage d'un plan à un autre. **II.** *N. m.* (1762 ; « bois méplat », 1691). ♦ 1° Chacun des plans par lesquels on représente ou suggère le modèle des formes. « *Les méplats plus nettement accusés* » (GAUTIER). ♦ 2° *Cour.* Partie relativement plane du corps. « *Là où le dessin voulait des os, la chair offrait des méplats gélatineux* » (BALZ.). ◇ ANT. *Saillie.*

MÉPRENDRE (SE) [mepʀɑ̃dʀ(ə)]. *v. pron.;* conjug. *prendre* (1600 ; *mesprendre,* intr. (XIIe) ; de *mé-,* et *prendre*). *Littér.* Se tromper (en particulier, en prenant une personne, une chose pour une autre). « *Justin se méprenait au sens de mes paroles* » (DUHAM.), sur leur sens. « *Il se méprend sur moi et méconnaît qui je suis* » (GIDE). *Ils se ressemblent à s'y méprendre.*

MÉPRIS [mepʀi]. *n. m.* (V. 1225 ; de *mépriser*). ♦ 1° *Mépris de :* fait de considérer comme indigne d'attention; senti-

ment qui pousse à ne faire aucun cas (d'une chose). V. **Indifférence.** « *Poussant le mépris des scrupules presque aussi loin que le respect de l'étiquette* » (PROUST). « *Le mépris du danger est le premier des devoirs* » (TAINE). *Loc. prép.* AU MÉPRIS DE, sans tenir compte de, en dépit de. ♦ 2° *Mépris de :* sentiment par lequel on s'élève au-dessus de (ce qui est généralement apprécié). « *Un absolu mépris du succès* » (FLAUB.). « *Les hommes très jeunes ont le hautain mépris de la vie* » (DUHAM.). ♦ 3° *Mépris (pour) :* sentiment par lequel on considère qqn comme indigne d'estime, comme moralement condamnable. V. **Dédain, dégoût, mésestime.** « *Le mépris outrage plus que la haine* » (BARBEY). « *Je voudrais leur cracher mon mépris à la figure* » (GAUTIER). « *J'ai un mépris sans bornes pour ces femmes* » (MAUROIS). *Mots, expressions qui marquent le mépris :* péjoratifs. ♦ 4° *Un, des mépris :* manifestation de ce sentiment. V. **Affront.** « *Les prétentions exaspérées du collégien, ses mépris sifflants* » (MAURIAC). — *Vx.* (En amour) Manifestation d'indifférence. ◇ ANT. *Estime.*

MÉPRISABLE [mepʀizabl(ə)]. *adj.* (XIVe, d'après l'adv. *méprisablement;* de *mépriser*). ♦ 1° *Vx.* Négligeable. 2° *Mod.* Qui mérite le mépris (3°). V. **Abject, bas, honteux, indigne, vil.** *Un individu méprisable. Il n'y a rien de plus méprisable.* ◇ ANT. *Estimable, respectable.*

MÉPRISANT, ANTE [mepʀizɑ̃, ɑ̃t]. *adj.* (1226 ; de *mépriser*). Qui a ou témoigne du mépris. V. **Arrogant, dédaigneux, hautain.** « *Les gens sont durs et méprisants pour ceux que le bon Dieu a mal partagés* » (SAND). « *Il me parla du bout des lèvres, d'un air méprisant* » (DAUD.). ◇ ANT. Respectueux.

MÉPRISE [mepʀiz]. *n. f.* (1465 ; « mauvaise action », XIIe ; de *méprendre*). Erreur d'une personne qui se méprend. V. **Confusion.** « *Les méprises relatives aux visages* » (BAUDEL.). *La Double Méprise,* nouvelle de Mérimée. « *Je souffre de la louange si je sens qu'elle m'est octroyée par méprise* » (GIDE).

MÉPRISER [mepʀize]. *v. tr.* (XIVe ; *mesproiser,* v. 1180; de *mé-,* et *priser*). ♦ 1° Estimer indigne d'attention ou d'intérêt, ne faire aucun cas de. V. **Dédaigner, négliger.** « *Mépriser absolument les faits accessoires* » (BAUDEL.). *Cet avis n'est pas à mépriser.* « *J'affectais de mépriser la politesse* » (ROUSS.). *Mépriser le danger, la mort.* V. **Braver.** — *Vieilli.* (En amour) *Je feignais de la mépriser* » (FRANCE), de ne pas m'intéresser à elle. ♦ 2° Estimer indigne d'intérêt (un bien ordinairement prisé et convoité). V. **Désintéresser** (se). *Mépriser l'argent.* « *Ils réclament l'honneur de mépriser les honneurs* » (DUHAM.). ♦ 3° Considérer (qqn) comme indigne d'estime, comme moralement condamnable. V. **Honnir.** « *Peut-être le méprisait-il trop pour vouloir lui ôter la vie* » (MÉRIMÉE). « *Pour ne point les haïr* (les hommes), *je les méprise* » (FRANCE). « *Le jour où l'homme se méprise, où il se voit méprisé, il se tue* » (BALZ.). ◇ ANT. Apprécier, considérer; convoiter, désirer; admirer, estimer, honorer.

MER [mɛʀ]. *n. f.* (1050 ; lat. *mare*). ♦ 1° Vaste étendue d'eau salée qui couvre une grande partie du globe. V. **Océan.** *Haute mer,* partie de la mer la plus éloignée des rivages. V. **Large.** *Brise, vent de mer,* qui souffle de la mer vers la terre. *Au-dessus du niveau de la mer. Eau de mer. Bord de mer. Bains de mer. Fond, profondeur de la mer. État de la mer :* de sa surface (V. **Calme, tempête**). *Mouvement, ondulations de la mer* (V. **Flot, houle, lame, vague**). *Coup de mer. Mal de mer. La mer est pleine,* a atteint son niveau le plus haut pendant la marée. *La mer est basse,* a atteint son niveau le plus bas. *La mer monte, est plus haute.* V. **Marée.** *Bruit, mugissement de la mer.* — *Oiseaux, poissons de mer. Étoile* de mer.* — *Navigation en mer. Loc. En pleine mer,* loin du rivage (correspond dans la langue courante au sens de *haute mer*). *Gens de mer :* marins. *Port de mer. Prendre la mer,* quitter le mouillage. *Voyage, commerce par mer. Combat sur mer :* naval. *Armée de mer :* marine. ◇ *Loc. Un homme à la mer,* tombé dans la mer ; et *fig.* désemparé, à la dérive. *Ce n'est pas la mer à boire,* ce n'est pas tellement difficile. *Il boirait la mer et les poissons,* il a extrêmement soif. *C'est une goutte d'eau dans la mer,* se dit d'une chose relativement minime, dépourvue d'importance. — *Droit de la mer* (Dr. intern. pub.) : ensemble des règles régissant les rapports juridiques issus des activités maritimes, et statuant sur les espaces maritimes. — *Mer territoriale,* annexée par convention aux territoires des États riverains. ♦ 2° Bassin océanique, plus ou moins isolé, de dimensions limitées. *Mers secondaires, bordières, intercontinentales, fermées. Mer du Nord, mer Rouge, mer Noire, mer Baltique. Les deux mers,* l'Atlantique et la Méditerranée. *Bras* de mer.* ♦ 3° *Fig.* Vaste étendue. *Mer de sable,* vaste désert de sable. *La mer de Glace,* grand glacier des Alpes françaises. « *La mer de blé, couvrant la terre de son immensité verte* » (ZOLA). — Grande quantité (de ce qui est comparé à un liquide). « *Cette immersion violente dans une mer de mots* » (FROMENTIN). ◇ HOM. *Maire, mère* (1 et 2).

MERCANTI [mɛʀkɑ̃ti]. *n. m.* (1863; *mercantiste,* 1842; sabir de l'Afrique du Nord, de l'it. *mercanti,* plur. de *mer-*

cante « marchand »). ♦ 1° (En Orient, Afrique du Nord). Marchand dans un bazar ; commerçant accompagnant une armée. ♦ 2° *Cour.* Commerçant malhonnête ; profiteur. « *Pour Haverkamp, le terme de* mercanti *s'appliquait expressément aux profiteurs de l'Alimentation* » (ROMAINS).

MERCANTILE [mɛʀkɑ̃til]. *adj.* (1551 ; it. *mercantile*, de *mercante* « marchand »). ♦ 1° *Vx.* Commercial. Spécialt. *Système mercantile*, mercantilisme. ♦ 2° *Mod.* (fin XVIIIᵉ). Digne d'un commerçant cupide, d'un profiteur. « *Sans que jamais rien de vénal et de mercantile ose approcher d'une si pure source* » (ROUSS.).

MERCANTILISER [mɛʀkɑ̃tilize]. *v. tr.* (1908 ; de *mercantile*). Littér. et péj. Rendre mercantile, soumettre à l'intérêt commercial.

MERCANTILISME [mɛʀkɑ̃tilism(ə)]. *n. m.* (1833 ; de *mercantile*). ♦ 1° *Hist. écon.* Doctrine des économistes des XVIᵉ et XVIIᵉ s. tendant essentiellement à procurer à l'État les moyens d'obtenir les richesses premières que sont l'or et l'argent. ♦ 2° *Littér.* et péj. Esprit mercantile.

MERCANTILISTE [mɛʀkɑ̃tilist(ə)]. *n. m.* (1846 ; de *mercantilisme*). Hist. écon. Économiste partisan du mercantilisme. Adj. *Théories mercantilistes.*

MERCAPTAN [mɛʀkaptɑ̃]. *n. m.* (1845 ; d'abord en all., 1834, contract. de *mercurium captans* « qui capte le mercure »). *Chim.* Ancien nom des *thiols*.

MERCATICIEN, IENNE [mɛʀkatisjɛ̃, jɛn]. *n.* (1974 ; de *mercatique*). Écon. Spécialiste de la mercatique*.

MERCATIQUE [mɛʀkatik]. *n. f.* (1974 ; d'apr. le lat. *mercatus*, « marché »). Écon. Branche du marketing* spécialisée dans l'étude des aspects théoriques et généraux de la vente.

MERCENAIRE [mɛʀsənɛʀ]. *adj. et n.* (XIIIᵉ) ; lat. *mercenarius*, de *merces* « salaire »).
I. Adj. ♦ 1° *Vx* ou littér. Qui n'agit ne travaille que pour un salaire. « *Les mères n'ont plus voulu nourrir leurs enfants, il a fallu les confier à des femmes mercenaires* » (ROUSS.). « *L'entretien des troupes mercenaires* » (MICHELET). ◊ *Mod.* et péj. Vénal. « *La grande tribu mercenaire des écrivains à tout faire* » (MAUPASS.). ♦ 2° *Vieilli.* Inspiré par la seule considération du gain. « *De là vint cet amas d'ouvrages mercenaires* » (BOIL.).
II. N. ♦ 1° *Vx.* Salarié. — Loc. mod. *Travailler comme un mercenaire* : faire un travail pénible, ingrat, et pour un salaire de misère. ♦ 2° *Hist.* et mod. Soldat mercenaire à la solde d'un gouvernement étranger. *Les mercenaires d'Afrique.* V. Affreux.

MERCERIE [mɛʀsʀi]. *n. f.* (1690 ; « marchandise », 1187 ; de *mercier*). ♦ 1° Ensemble des marchandises servant aux travaux de couture, aux ouvrages de dames, au vêtement et à la parure. *Article de mercerie* (aiguilles, fils, boutons, rubans, etc.). ♦ 2° Commerce, boutique de mercier.

MERCERISAGE [mɛʀsʀizaʒ]. *n. m.* (1902 ; du nom de John *Mercer*). Techn. Opération consistant à imprégner les fils ou tissus de coton d'une solution de soude caustique qui leur donne un aspect brillant et soyeux.

MERCERISER [mɛʀsʀize]. *v. tr.* (1923 ; de *mercerisage*). Techn. Traiter (le coton) par mercerisage. — Au p. p. Cour. *Coton mercerisé.*

MERCERISEUSE [mɛʀsʀizøz]. *n. f.* (1935 ; de *merceriser*). Techn. Machine qui effectue le mercerisage.

MERCHANDISING [mɛʀʃɑ̃dajziŋ ou -diziŋ]. *n. m.* (1966 ; mot angl., de *to merchandise* « promouvoir les ventes »). Anglicisme. Comm. V. Marchandisage.

MERCI [mɛʀsi]. *n. f. et m.* (*Mercit*, v. 880 ; lat. *merces, edes* « prix, salaire, récompense », et en lat. tardif « faveur, grâce »).
I. N. f. ♦ 1° *Vx.* V. Grâce, pitié. « *Ils me réduiraient à crier merci* » (ROUSS.), à demander grâce. — Mod. « *Une bataille sans trêve et sans merci* » (R. ROLLAND), impitoyable. ♦ 2° *Loc. prép.* À LA MERCI DE : dans une situation où l'on dépend entièrement du bon plaisir de (qqn). « *L'esprit est à la merci du corps comme sont les aveugles à la merci des voyants* » (VALÉRY). *Tenir qqn à sa merci.* — Fig. Dans une situation où l'on est entièrement exposé aux effets (d'une chose). « *Votre destinée est à la merci d'un faux pas, d'une décision hâtive* » (BERNANOS). ♦ 3° *Loc. adv.* (Cf. en a. fr. *La mercî Dieu, Dieu mercî*). DIEU MERCI, grâce à Dieu. « *Elles ne se portaient pas mal, Dieu merci !* » (ZOLA).
II. N. m. (1533, *un grand merci* ; masc. par erreur sur le genre de *grand* dans cette express.). ♦ 1° Remerciement. « *Le froid merci qu'une femme accorde à son valet* » (BALZ.). *Mille mercis.* ♦ 2° Terme de politesse dont on se sert pour remercier. *Merci mille fois. Merci beaucoup.* — « *Merci pour cette bonne promesse* » (DUMAS fils). « *Merci de votre adhésion* » (ROMAINS). « *Merci d'être venue* » (BOURGET). Iron. « *Ah bien ! merci, elle était jolie, la noce !* » (ZOLA). *Merci du compliment !* ♦ 3° Formule de politesse accompagnant un refus. *Non, merci. Merci, je ne fume pas.*

MERCIER, IÈRE [mɛʀsje, jɛʀ]. *n.* (XIIᵉ, « marchand » ; de l'a. fr. *merz* [Xᵉ] « marchandise », lat. *merx ;* spécialis.

du sens comme pour *mercerie*). Marchand d'articles de mercerie.

MERCREDI [mɛʀkʀədi]. *n. m.* (*Mercresdi*, 1119 ; lat. médiév. *Mercoris dies*, class. *Mercurii dies* « jour de Mercure »). Quatrième jour de la semaine (en comptant à partir du dimanche). — *Le mercredi, en France, est le jour de congé scolaire des enfants* (remplaçant le jeudi*). — *Mercredi des Cendres*, premier jour du carême, dans la liturgie catholique.

MERCURE [mɛʀkyʀ]. *n. m.* (XVᵉ ; du nom de la planète *Mercure*, lat. *Mercurius*, à laquelle l'analogie alchimique associait ce métal). Corps simple *(Hg)*, métal d'un blanc argenté, liquide à la température ordinaire (poids at. 200, 61 ; nᵒ at. 80), présent dans la nature sous forme de cinabre, d'où on l'extrait par grillage du minerai dans un courant d'air. V. **Hydrargyre, vif-argent.** *Alliages de mercure.* V. **Amalgame.** *Utilisation du mercure* (étamage des glaces, construction d'appareils de physique, lampes à vapeur de mercure). « *Un monumental baromètre à mercure* » (DUHAM.).

MERCUREUX [mɛʀkyʀø]. *adj. m.* (1842 ; de *mercure*). *Chim.* Se dit des composés du mercure monovalent (Cf. Mercurique).

1. **MERCURIALE** [mɛʀkyʀjal]. *n. f.* (XIIIᵉ ; lat. *mercurialis* « (herbe) de Mercure »). Plante herbacée, à fleurs dioïques verdâtres, mauvaise herbe des jardins *(Euphorbiacées)*.

2. **MERCURIALE** [mɛʀkyʀjal]. *n. f.* (1535 ; lat. *mercurialis*, pris comme adj. de *mercredi*). ♦ 1° *Ancien.* Assemblée des cours de justice, qui se tenait deux fois par an, un mercredi, où le président devait faire la critique de la justice et des juges ; le discours du président. *Mod.* (1810) Discours inaugural prononcé par un membre du Parquet à la rentrée des tribunaux. ♦ 2° *Fig.* et littér. (1672). Remontrance, réprimande. *Prononcer, écrire une sévère mercuriale contre qqn.*

3. **MERCURIALE** [mɛʀkyʀjal]. *n. f.* (h. 1701 ; 1793 ; du lat. *mercurialis* « membre du collège des marchands », *Mercure* étant le dieu du commerce). Tableau officiel hebdomadaire portant les prix courants des denrées vendues sur un marché public ; le cours officiel de ces denrées.

MERCURIEL, ELLE [mɛʀkyʀjɛl]. *adj.* (1626 ; *mercurial*, 1546 ; de *mercure*). Didact. (*Chim., pharm.*, etc.). Qui contient du mercure. *Pommade mercurielle. Vapeurs, poussières mercurielles* (toxiques, provoquant l'hydrargyrisme).

MERCURIQUE [mɛʀkyʀik]. *adj.* (1842 ; de *mercure*). *Chim.* Se dit des composés du mercure bivalent (Cf. Mercureux).

MERCUROCHROME [mɛʀkyʀɔkʀɔm]. *n. m.* (1931 ; nom déposé, de *mercuro-*, de *mercure*, et -*chrome*). Méd. Dérivé d'une fluorescéine mercurielle utilisé comme antiseptique pour usage externe en solution aqueuse ou alcoolique de couleur rouge. *Le mercurochrome remplace couramment la teinture d'iode.*

MERDE [mɛʀd(ə)]. *n. f. et interj.* (déb. XIIIᵉ ; lat. *merda*).
I. N. f. Vulg. ♦ 1° Matière fécale. V. **Excrément.** *Merde d'oie* (v. caca d'oie). ♦ 2° *Fig.* Être ou chose méprisable, sans valeur. *Il ne se prend pas pour une merde, se le croit un personnage.* « *Vous êtes de la m... dans un bas de soie* », mot de Napoléon à Talleyrand. *De merde*, nul, vil. ◊ *Situation inextricable.* « *Et nous, nous sommes dans la merde* » (SARTRE). V. **Mélasse, merdier.** — (1917) Temps bouché, sans visibilité.
II. *Interj.* Fam. ♦ 1° Exclamation de colère, d'impatience, de mépris. V. **Crotte.** « *Braves Français, rendez-vous! Cambronne répondit :* Merde! » (HUGO). « *Après tout, merde! Avec ce grand mot on se console de toutes les misères humaines* » (FLAUB.). « *Merde pour l'imprimeur* » (MAROT). ♦ 2° Exclamation d'étonnement, d'admiration. *Merde alors!*

MERDEUX, EUSE [mɛʀdø, øz]. *adj. et n.* (1392 ; de *merde*). ♦ 1° Vulg. Sali d'excréments. — Loc. *Bâton merdeux :* personne qu'on repousse avec dégoût et mépris. ♦ 2° N. Gamin, blanc-bec. « *Cette merdeuse de dix ans* » (ZOLA). « *Un merdeux pareil !* » (CARCO).

MERDIER [mɛʀdje]. *n. m.* (XIIᵉ ; de *merde*). Vulg. ♦ 1° *Vx.* Lieu plein d'excréments. ♦ 2° *Mod.* (1951). Fig. Grand désordre, confusion inextricable. « *Avec le merdier que son père avait laissé en mourant, c'était inespéré* » (Cl. SIMON).

MERDOYER [mɛʀdwaje]. *v. intr.* ; conjug. noyer (1884, arg. scol. ; de *merde*). Pop. S'embrouiller dans une explication, dans des démarches maladroites. V. **Vasouiller.** — *Arg. scol.* Sécher (var. MERDER [mɛʀde]).

1. **MÈRE** [mɛʀ]. *n. f.* (v. 1050 ; *madre, medre*, Xᵉ ; lat. *mater*). ♦ 1° Femme qui a mis au monde un ou plusieurs enfants. V. **Maman.** « *Je t'imaginais mère de deux garçons* » (SARTRE). *Mère de famille. La fête des Mères.* « *Oh! l'amour d'une mère! amour que nul n'oublie!* » (HUGO). « *On aime sa mère presque sans le savoir* » (MAUPASS.). *Mère affectueuse, consolatrice* (V. Maternel). *Mauvaise mère.* V. **Marâtre.** *Mère abusive, castratrice. Orpheline de mère. Frères par la mère.* V. **Utérin.** *Filiation par la mère.* V. **Matrilinéaire.** Appos. *La reine* mère. Adj. « *Elle est plus mère qu'épouse* » (SARTRE). ◊ *Mère célibataire* (1961), femme non mariée qui a un ou plusieurs enfants (expression destinée à éviter *fille-mère*,

devenu péjoratif, V. Fille II, 3°). ◊ (Relig. chrét.) *Marie, mère de Dieu, vierge et mère. La Bonne Mère :* Notre-Dame. *Bonne mère !* exclamation marseillaise. ♦ 2° (XIVe). Femelle qui a un ou plusieurs petits. « *Le faon fut tué. Alors sa mère brama* » (FLAUB.). ♦ 3° Femme qui a conçu et porte un enfant. V. Enceinte. « *Elle devient mère. L'état de grossesse est pénible* » (DIDER.). *Il l'a rendue mère.* ♦ 4° Femme qui est comme une mère. *Mère adoptive.* « *Une seconde mère pour vous tous* » (MAUROIS). ♦ 5° (XVIIe). Supérieure d'une communauté religieuse. « *Des nonnes qui se liguent pour discuter les volontés de leur Mère* » (HUYSMANS). — Titre de vénération donné à une religieuse professe. « *La mère Crucifixion est morte* » (HUGO). Appellatif. *Oui, ma mère.* ♦ 6° Appellation familière pour *Madame*, en parlant d'une femme d'un certain âge. *C'est la mère Michel qui a perdu son chat.* « *Au revoir, mère Rollet !* » (FLAUB.). *Ma petite mère.* ♦ 7° Littér. Femme qui est à l'origine d'une race. *Ève, la mère de tous les vivants. Nos mères, nos aïeules.* Par anal. *Mère patrie,* État qui a fondé des colonies, d'autres États. *Revenir dans la mère patrie.* ♦ 8° Vx ou littér. Pays d'origine ou d'élection. « *France, mère des arts, des armes et des lois* » (DU BELLAY). — *Notre mère la Terre.* ♦ 9° (1552). Origine, source. PROV. *L'oisiveté est mère de tous les vices. Méfiance est mère de sûreté.* — Spécialt. (appos.) (*Branche mère. Maison mère. Cellule mère. Langue mère. L'idée mère de cet ouvrage* (plur. régulier : *des maisons mères*). ♦ 10° Techn. (1840). Moule en plâtre, obtenu par le surmoulage d'un modèle type, servant à la fabrication de pièces de poterie. — Matrice (en galvanoplastie). ◊ (1867) *Mère de vinaigre,* membrane gélatineuse formée à la surface d'un liquide alcoolique par les mycodermes de la fermentation acétique. ◊ HOM. Maire, mer, mère (2).

2. **MÈRE** [mɛʀ]. *adj. f.* (1369; lat. *mera,* fém. de *merus* « pur »). Pur, fin (dans l'expression *mère goutte**).

-MÈRE. Élément final de comp. savants, d'après les comp. gr. en *-merès,* de *meros* « partie ». Ex. : isomère.

MÈRE-GRAND [mɛʀgʀɑ̃]. *n. f.* (1435; de *mère* 1, et *grand*). Vx. Grand-mère. *Le petit Chaperon rouge et sa mère-grand.*

MERGULE [mɛʀgyl]. *n. m.* (1839; lat. zool. *mergulus* (1816), bas lat., de *mergus* « plongeon »). Petit oiseau marin (*Alcidés*) noir et blanc, voisin du pingouin et du guillemot.

MÉRIDIEN, ENNE [meʀidjɛ̃, ɛn]. *adj.* et *n.* (XIIIe; lat. *meridianus,* de *meridies* « midi »).
I. *Adj.* ♦ 1° Littér. De midi. « *Voici bientôt l'heure méridienne* » (LOTI). « *La cité qui sort de sa torpeur méridienne* » (GAUTIER). *Ombre méridienne,* la plus courte. — Astron. *Plan méridien* (ainsi appelé parce que le Soleil, dans sa course apparente, le coupe à midi et à minuit) : dans un lieu donné, Plan défini par l'axe de rotation de la Terre et la verticale de ce lieu. ♦ 2° Sc. Relatif au plan méridien. *Hauteur méridienne d'un astre,* sa hauteur au-dessus de l'horizon quand il est dans le plan méridien. *Lunette méridienne* (ou *cercle méridien*), lunette astronomique mobile dont l'axe optique se déplace dans le plan méridien d'un lieu. *Observations méridiennes.*
II. *N. m.* ♦ 1° Astron. (1377). *Méridien céleste d'un lieu,* grand cercle imaginaire de la sphère céleste passant par les pôles célestes, le zénith et le nadir du lieu, perpendiculaire à l'équateur. ♦ 2° Géogr. (*Méridien terrestre*) et cour. Tout cercle imaginaire passant par les deux pôles terrestres. *La longueur du méridien terrestre est à peu près de 40 000 km. Arc de méridien.* — Demi-cercle joignant les pôles. *Méridiens et parallèles sur les cartes. Méridien d'un lieu,* qui passe par ce lieu. *Méridien d'origine,* choisi arbitrairement pour la détermination des longitudes. ♦ 3° Phys. *Méridien magnétique d'un lieu,* grand cercle passant par ce lieu et par les pôles magnétiques du globe. ♦ 4° Math. Section que fait, dans une surface de révolution, un plan passant par l'axe de cette surface. ♦ 5° Anat. *Méridien oculaire :* plan vertical qui passe par les pôles (antérieur et postérieur) du globe oculaire, perpendiculaire à son « équateur ».

MÉRIDIENNE [meʀidjɛn]. *n. f.*
I. ♦ 1° (XIIIe, var. *merienne;* bas lat. *meridiana (hora)* « heure de midi »). Sieste que l'on fait vers le milieu du jour. « *Par une 'après-midi de cet été, je faisais la méridienne* » (MISTRAL). ♦ 2° (1842). Canapé de repos à deux chevets de hauteur inégale, en vogue sous l'Empire et la Restauration.
II. Astron. (XVIIIe). Intersection du plan méridien et du plan horizontal en certain lieu. Géol. Chaîne de triangulation orientée suivant un méridien. *La méridienne de Cassini.*

MÉRIDIONAL, ALE, AUX [meʀidjɔnal, o]. *adj.* (1314; bas lat. *meridionalis,* de *meridies* « sud »). ♦ 1° Qui est au sud. « *La pointe la plus méridionale de l'Afrique* » (MONTESQ.). ♦ 2° Cour. Qui est du Midi, propre aux régions et aux pays du Midi (d'un pays, et spécialt. de la France). *Climat méridional.* « *Un visage tout méridional* » (BALZ.). « *L'accent méridional de son père* » (ARAGON). ♦ 3° Subst. Personne du midi de la France. « *Non ! ce qu'on bon Méridional il*

prononçait : « *Nan !* » (DAUD.). « *Le débit enflammé des Méridionaux* » (DUHAM.). ◊ ANT. Septentrional.

MERINGUE [məʀɛ̃g]. *n. f.* (1737; o. i., p.-ê. du polonais *marzynka*). Gâteau très léger fait de blancs d'œufs battus et de sucre, cuit à four doux.

MERINGUER [məʀɛ̃ge]. *v. tr.* (1737; de *meringue*). Enrober, garnir de pâte à meringue (surtout au p. p.). *Gâteau meringué.*

MÉRINOS [meʀinos]. *n. m.* (fin XVIIIe; esp. *merino,* probabl. d'o. arabe). ♦ 1° Mouton de race espagnole (originaire d'Afrique du Nord) à toison épaisse donnant une laine très fine, importé en France au XVIIIe s. Par appos. *Bélier mérinos.* — Loc. pop. (1867) *Laisser pisser le mérinos,* attendre, laisser aller les choses. ♦ 2° Laine de ce mouton; tissu fait de cette laine. « *Sa robe de mérinos* » (FRANCE).

MERISE [məʀiz]. *n. f.* (1265; du lat. *amarus* « amer », avec infl. de *cerise*). Petite cerise sauvage, rose ou noire, peu charnue.

MERISIER [məʀizje]. *n. m.* (XIIIe; de *merise*). ♦ 1° Cerisier sauvage. V. Putier. *Bois de merisier,* rouge brun veiné de jaune, utilisé en ébénisterie et tournerie. « *La belle pipe de merisier* » (DUHAM.), en bois de merisier. ♦ 2° Bouleau du Canada, à écorce foncée.

MÉRISME [meʀism(ə)]. *n. m.* (mil. XXe, E. Benveniste; autre sens en 1845; du gr. *merisma* « délimitation »). Ling. Trait distinctif minimal dont la combinatoire produit les phonèmes.

MÉRISTÈME [meʀistɛm]. *n. m.* (v. 1900; du gr. *meristos* « partagé », et suff. *-ème*). Bot. Tissu jaune qui engendre les autres tissus d'un organe (racine, tige, bourgeon), et dont les cellules très serrées sont en voie de cloisonnement.

MÉRITANT, ANTE [meʀitɑ̃, ɑ̃t]. *adj.* (1787; de *mériter*). Souvent iron. Qui a du mérite. « *C'est une petite femme bien méritante* » (COLETTE).

MÉRITE [meʀit]. *n. m.* (1120, « récompense »; lat. *meritum*).
I. (XIIIe). ♦ 1° Ce qui rend une personne digne d'estime, de récompense, quand on considère la valeur de sa conduite et les difficultés surmontées. V. Vertu. « *Où serait le mérite, si les héros n'avaient jamais peur ?* » (DAUD.). *Il n'en a que plus de mérite.* « *Je n'ai jamais trompé ma femme. Aucun mérite : je l'aime* » (DUHAM.). *Il a au moins le mérite de la sincérité, le mérite de le reconnaître. Tout le mérite lui en revient.* ♦ 2° Relig. Ce qui va au-delà du devoir strict, a sa source dans la charité et constitue une sorte de créance morale transportable d'une personne à une autre. *Les mérites du Christ.* « *Le mérite de la Passion* » (Concile de Trente) : le mérite du Christ souffrant. « *La réversibilité des mérites* » (J. de MAISTRE). ♦ 3° Ce qui rend une conduite digne d'éloges. « *Quel est le mérite d'une résistance conseillée par les préjugés seuls ?* » (SENANCOUR).
II. ♦ 1° *Le mérite,* ensemble de qualités intellectuelles et morales particulièrement estimables. V. Valeur. « *Au détriment des gens de mérite* » (GAUTIER). « *Ajax et lui, d'égale force, d'égal mérite* » (GIDE). « *Les postes auxquels son mérite lui donnait droit* » (MAUROIS). ♦ 2° *Un mérite :* qualité louable. « *Un honnête homme aux mérites certains mais sans éclat* » (AYMÉ). « *Auprès des assemblées comme auprès des femmes, l'assiduité sera toujours le premier mérite* » (MICHELET). « *Deux estampes qui n'étaient pas sans mérite* » (DIDER.). « *Ce détail n'a d'autre mérite que sa scrupuleuse exactitude* » (COURTELINE).
III. Nom de certains ordres et décorations (récompenses). *Mérite agricole, artisanal.*
◊ ANT. Démérite; défaut, faiblesse.

MÉRITER [meʀite]. *v. tr.* (XVe; « récompenser », 1395; de *mérite*). ♦ 1° Être, par sa conduite, en droit d'obtenir (un avantage) ou exposé à subir (un inconvénient). V. Encourir (Cf. Être digne de, passible de). « *Que je n'ai mérité ni cet excès d'honneur ni cette indignité* » (RAC.). « *Il ne suffit pas d'avoir le bonheur, il faut encore le mériter* » (HUGO). *Mériter l'estime, la reconnaissance de qqn. Un repos bien mérité, bien gagné. Il recevra le châtiment qu'il mérite.* « *Il avait mérité la maison de correction* » (ARAGON). *Il l'a bien mérité* (Cf. C'est bien fait, il ne l'a pas volé). — *Toute peine mérite salaire. Ceci mérite réflexion. — Cet élève mérite de réussir. Le fait mérite d'être noté.* V. Peine (valoir la). — « *De pareilles femmes ne mériteraient pas que d'honnêtes gens se battissent pour elles* » (LACLOS). *Il mériterait qu'on lui en fasse autant !* ♦ 2° Être digne d'avoir à ses côtés, dans sa vie. « *Vous ne méritez pas l'honnête femme qu'on vous a donnée* » (MOL.). « *Le monde antique n'a pas eu les dieux qu'il méritait* » (PÉGUY). ♦ 3° Vieilli (*Choses*). Donner droit. V. Valoir. « *Ce sont ces traits qui ont mérité à Corneille le nom de grand* » (VOLT.). ♦ 4° Absolt. Littér. ou Relig. Avoir du mérite, des mérites. — *Il a bien mérité de la patrie,* il a rendu des services éminents (formule officielle). ◊ ANT. Démériter.

MÉRITOIRE [meʀitwaʀ]. *adj.* (1265; lat. *meritorius* « qui mérite ou procure un salaire »). Où le mérite est grand;

qui est digne d'éloge ou de récompense. V. **Louable.** *Œuvre, effort méritoire.* ◇ ANT. **Blâmable.**

MERL. V. **MAËRL.**

MERLAN [mɛʀlɑ̃]. *n. m.* (*Merlanc, merlenc,* XIIIᵉ; de *merle,* avec suff. germ.). ♦ 1° Poisson osseux (*Gadidés,* comme la morue, le merlus), dépourvu de barbillon à la mâchoire inférieure. *Merlan frit, grillé.* — Fam. *Faire des yeux de merlan frit,* lever les yeux au ciel de façon ridicule en ne montrant que le blanc des yeux. ♦ 2° (1744, « perruquier », couvert de poudre, comme le merlan de farine avant d'être frit). *Pop.* Coiffeur.

MERLE [mɛʀl(ə)]. *n. m.* (XIIᵉ; bas lat. *merulus,* class. *merula*). ♦ 1° Oiseau passereau (*Turdidés*), au plumage généralement noir chez le mâle, brun chez la femelle. *Merle noir, à plastron. Siffler comme un merle.* Femelle (merlette), petit (merleau) *de merle.* ♦ 2° Fig. *Un vilain merle,* et (iron.) *un beau merle,* un vilain personnage. — *Merle blanc,* personne ou chose introuvable ou extrêmement rare.

MERLETTE [mɛʀlɛt]. *n. f.* (XIVᵉ; var. anc. *merlesse;* de *merle*). ♦ 1° Rare. Femelle du merle. ♦ 2° Blas. Petit oiseau morné, passant, les ailes serrées.

1. MERLIN [mɛʀlɛ̃]. *n. m.* (1624; var. *marlin,* dial.; lat. *marculus* « marteau »). ♦ 1° Hache à fendre le bois. ♦ 2° (1803). Masse à assommer les bœufs. *Tuer un bœuf d'un seul coup de merlin.*

2. MERLIN [mɛʀlɛ̃]. *n. m.* (1636; moy. néerl. *meerlijn*). *Mar.* Petit cordage composé de trois fils de caret. V. **Manoque.**

MERLON [mɛʀlɔ̃]. *n. m.* (1642; it. *merlone;* Cf. Merle, 1205; p.-ê. emploi fig. de *merle* « oiseau »). Partie pleine d'un parapet entre deux créneaux, deux embrasures. *« Une porte crénelée, dont les merlons fendus s'évasent à la vénitienne »* (J.-R. BLOCH).

MERLU ou **MERLUS** [mɛʀly]. *n. m.* (1285; crois. prob. de *merlan,* et a. fr. *luz* « brochet », lat. *lucius*). *Région.* Poisson osseux (*Gadidés*), voisin de la morue, n'ayant que deux nageoires dorsales et une anale (appelé *colin,* à Paris).

MERLUCHE [mɛʀlyʃ]. *n. f.* (1603; var. mérid. de *merlu*). Morue, merlu ou poisson du genre gade, vendus séchés et non salés.

MÉRO-. Premier élément de mots savants, du gr. *meros* « partie ». V. aussi **Méristème.**

MÉROSTOMES [meʀɔstɔm]. *n. m. pl.* (1890; de *méro-,* et gr. *stoma* « bouche »). *Zool.* Arthropodes chélifères aquatiques à respiration branchiale. V. **Limule.**

MÉROU [meʀu]. *n. m.* (1808; *méro,* 1714; esp. *mero*). Grand poisson téléostéen des côtes de Provence et d'Espagne, ainsi que d'Afrique et d'Amérique du Sud, à la chair très délicate.

MÉROVINGIEN, IENNE [meʀɔvɛ̃ʒjɛ̃, jɛn]. *adj.* (1643; *merovynge,* XVᵉ; lat. médiév. *Merowingi,* de *Merowig,* Mérovée, nom d'une tribu de Francs Saliens). Relatif à la famille qui régna sur la Gaule franque de Clovis à l'élection de Pépin le Bref; à son époque. *Dynastie mérovingienne. Écriture mérovingienne,* minuscule cursive. *Subst. Les Mérovingiens,* les princes de la dynastie mérovingienne.

MERRAIN [mɛʀɛ̃]. *n. m.* (XIVᵉ; *mairrien,* v. 1150; lat. tardif *materiamen,* de *materia* « bois de construction »). ♦ 1° Techn. Bois de chêne débité en planches destinées surtout à la tonnellerie. ♦ 2° (Fin XIVᵉ). *Vén.* Tige centrale de la ramure du cerf.

MERVEILLE [mɛʀvɛj]. *n. f.* (v. 1050; lat. pop. °*miribilia;* altér. de *mirabilia* « choses étonnantes, admirables »). ♦ 1° Vieilli. Phénomène inexplicable, prodige, miracle. *« De merveilles sans nombre effrayer les humains »* (RAC.). *Alice au pays des merveilles.* — Loc. *C'est, ce n'est pas merveille que :* c'est (ce n'est pas) étonnant, extraordinaire. *« Ce n'est pas merveille que vous soyez malade »* (VOLT.). ♦ 2° Mod. Chose qui cause une intense admiration. *Les merveilles de la nature, de l'art. Les Sept Merveilles du monde* (pyramides d'Égypte, phare d'Alexandrie, jardins de Babylone, temple de Diane à Éphèse, mausolée; Zeus de Phidias, colosse de Rhodes). *Fig. La huitième* merveille du monde. « C'est une merveille d'architecture »* (NERVAL). V. **Chef-d'œuvre.** *« Ce livre me paraît une merveille d'intelligence, de tact »* (GIDE). ◇ Loc. *Faire merveille,* obtenir des résultats remarquables. *Promettre monts* et merveilles. « Elle disait merveilles de l'abbaye »* (HUGO), elle la vantait comme chose admirable. ◇ Loc. adv. À MERVEILLE : parfaitement, remarquablement. *Il se porte à merveille. « Des étrangers qui parlent le français à merveille »* (GIDE). ♦ 3° (Fin XVIIIᵉ). Beignet léger de pâte frite découpée.

MERVEILLEUSEMENT [mɛʀvɛjøzmɑ̃]. *adv.* (*Merveillusement,* 1080; de *merveilleux*). ♦ 1° *Vx.* Extraordinairement, étonnamment. *« C'est un sujet merveilleusement vain que l'homme »* (MONTAIGNE). ♦ 2° Mod. Admirablement, parfaitement. *« Sur le clavier, ses petites mains merveilleusement exercées »* (LOTI). *« Marie est merveilleusement faite »* (ANOUILH). ◇ ANT. **Naturellement. Horriblement, laidement.**

MERVEILLEUX, EUSE [mɛʀvɛjø, øz]. *adj.* et *n.* (*Mervillus,* 1080; de *merveille*). I. *Adj.* ♦ 1° Vieilli. Qui étonne au plus haut point, extraordinaire. *« Le fait merveilleux, c'est qu'il existe des croyants »* (CHARDONNE). *« L'homme ne s'étonne presque plus à l'annonce de nouveautés plus merveilleuses »* (VALÉRY). ◇ Spécialt. Qui étonne par son caractère inexplicable, surnaturel. V. **Magique, miraculeux, prodigieux.** *Aladin, ou la lampe merveilleuse.* ♦ 2° Cour. Qui est admirable au plus haut point, exceptionnel en son genre. *« Les femmes ont un instinct, un flair merveilleux »* (GAUTIER). *« Un merveilleux soir »* (LOTI). *« Un merveilleux chant »* (GAUTIER). *« Un jardin merveilleux »* (GREEN). V. **Magnifique.** — *Elle est merveilleuse dans ce rôle.* V. **Remarquable.** II. *N.* ♦ 1° *Le merveilleux :* ce qui est inexplicable de façon naturelle; le monde du surnaturel. *« L'amour du merveilleux, si naturel au cœur humain »* (ROUSS.). ◇ Élément d'une œuvre littéraire se référant à l'inexplicable, au surnaturel, au fantastique. *« Le merveilleux païen et le merveilleux chrétien »* (CHATEAUB.). ♦ 2° *N. m.* et *f.* (v. 1740). Élégant(e), excentrique (au XVIIIᵉ et au début du XIXᵉ s.). *Les incroyables* et les merveilleuses du Directoire.* ◇ ANT. **Naturel; horrible.**

MÉRYCISME [meʀisism(ə)]. *n. m.* (1812; gr. *mêrukismos* « rumination »). *Méd.* Retour anormal des aliments de l'estomac dans la bouche. V. **Régurgitation.**

MERZLOTA [mɛʀzlɔta]. *n. f.* (1940; mot russe). *Géogr.* Couche du sol et du sous-sol qui ne dégèle jamais. *La merzlota de la toundra sibérienne.* Syn. *Tjale* (mot scandinave).

MES. *adj. poss.* V. **Mon.**

MÉS-. *préf.* V. **Mé-.**

MESA [meza]. *n. f.* (1923; mot esp. « table »). *Géogr.* Plateau formé par les restes d'une coulée volcanique, quand l'érosion a abaisé les terrains environnants.

MÉSAISE [mezɛz]. *n. m.* (fin XIIᵉ; de *mes-,* et *aise*). *Vx.* Malaise, gêne. *Littér. La maison « dégage une impression de mésaise et de froid »* (HUYSMANS). ◇ ANT. **Aise.**

MÉSALLIANCE [mezaljɑ̃s]. *n. f.* (1666; de *mésallier*). Mariage avec une personne considérée comme inférieure par la naissance ou le milieu auquel elle appartient. *« Mᵐᵉ Dupin de Francueil continuait à soutenir que mésalliance engendre mésentente »* (MAUROIS).

MÉSALLIER (SE) [mezalje]. *v. pron.* (1610; de *més-,* et *allier*). Faire une mésalliance. — Trans. *« Un nom illustre, mais mésallié »* (HERMANT).

MÉSANGE [mezɑ̃ʒ]. *n. f.* (*Masenge,* fin XIIᵉ; frq. °*meisinga*). Petit oiseau (*Passereaux*), qui se nourrit d'insectes, de graines et de fruits. *Mésange charbonnière* ou *pinsonnière,* plus petite que le moineau. *Mésange bleue* ou *meunière. Mésange nonnette* ou *nonnette des marais. Mésange rémiz.*

MÉSANGETTE [mezɑ̃ʒɛt]. *n. f.* (1812; de *mésange*). Piège, cage à trébuchet pour prendre les petits oiseaux.

MÉSAVENTURE [mezavɑ̃tyʀ]. *n. f.* (XIIᵉ; de *més-,* et *avenir, advenir;* Cf. Aventure). Aventure fâcheuse, événement désagréable. V. **Accident, malchance.** *Déception, déconvenue causée par une mésaventure.*

MESCALINE [mɛskalin]. *n. f.* (mil. XXᵉ; du mexicain *mexcalli* « peyotl »; Cf. *Mescal* « boisson mexicaine » (1873). Alcaloïde extrait du peyotl (cactée du Mexique) qui produit des troubles hallucinatoires. *« Le docteur Lagache lui proposa de venir... se faire piquer à la mescaline; cette drogue provoquait des hallucinations »* (BEAUVOIR).

MESDAMES, MESDEMOISELLES. *n. f. plur.* de **Madame, Mademoiselle.**

MÉSENCÉPHALE [mezɑ̃sefal]. *n. m.* (1882; de *més(os)-,* et *encéphale*). *Anat.* Partie moyenne de l'encéphale située au-dessus de la protubérance annulaire (pédoncules cérébraux, tubercules quadrijumeaux et pédoncules cérébelleux).

MÉSENCHYME [mezɑ̃ʃim]. *n. m.* (1893; de *més(o)-,* et *-enchyme,* du gr. *enkhuma* « infusion, injection », d'apr. *parenchyme*). *Biol.* Tissu conjonctif embryonnaire dérivé du mésoderme, qui donne par différenciation le tissu conjonctif adulte, les cartilages, les os, les muscles et les éléments du sang. — *Adj.* MÉSENCHYMATEUX, EUSE.

MÉSENTENTE [mezɑ̃tɑ̃t]. *n. f.* (1845; de *més-,* et *entente*). Défaut d'entente ou mauvaise entente. V. **Brouille, désaccord, dispute, mésintelligence.** *Il y a une légère mésentente entre eux.* ◇ ANT. **Entente.**

MÉSENTÈRE [mezɑ̃tɛʀ]. *n. m.* (v. 1370; gr. *mesenterion*). *Anat.* Repli du péritoine qui relie les intestins (jéjunum et iléon) à la paroi abdominale postérieure. *« Sa maladie était une inflammation du mésentère »* (BALZ.). V. **Péritonite.** *Mésentère des certains animaux de boucherie.* V. **Coiffe, fraise.**

MÉSENTÉRIQUE [mezɑ̃teʀik]. *adj.* (1541; de *mésentère*). *Anat.* Relatif au mésentère, qui appartient au mésentère. *Artères, veines, vaisseaux, ganglions mésentériques.*

MÉSESTIMATION [mezɛstimasjɔ̃]. *n. f.* (v. 1874; de *mésestimer*). *Littér.* Action de mésestimer; son résultat.

MÉSESTIME [mezɛstim]. *n. f.* (1753; de *mésestimer*). *Littér.* Défaut d'estime, de considération pour qqn ou qqch. V. **Déconsidération, dédain, mépris.** *Tenir une personne en mésestime.* ◇ ANT. **Estime.**

MÉSESTIMER [mezɛstime]. *v. tr.* (1556; de *més-*, et *estimer*). *Littér.* Avoir mauvaise opinion de (une personne, une chose); ne pas apprécier à sa juste valeur. V. **Déprécier, méconnaître, méjuger, sous-estimer.** « *Il mésestimait par principe un pouvoir civil dont il ignorait les actes* » (FRANCE). *Ne mésestimez pas les difficultés.* ◇ ANT. **Estimer, surestimer.**

MÉSINTELLIGENCE [mezɛtelizɑ̃s]. *n. f.* (1490; de *més-*, et *intelligence*). Défaut d'accord, d'entente, d'harmonie entre les personnes. V. **Brouille, désaccord, discorde, dissentiment, mésentente.** *Mésintelligence dans un ménage.* « *La mésintelligence entre le frère et la sœur croissait tous les jours* » (MÉRIMÉE). ◇ ANT. **Accord, entente, harmonie, intelligence.**

MESMÉRIEN, IENNE [mɛsmerjɛ̃, jɛn]. *adj.* (1827; de *Mesmer*, médecin all.). *Hist.* Relatif à Mesmer ou au mesmérisme. *Magnétisme mesmérien.*

MESMÉRISME [mɛsmerism(ə)]. *n. m.* (1782; de *Mesmer*). *Hist.* Doctrine de Mesmer sur le magnétisme animal.

MÉSO-. Élément, du gr. *mesos* « au milieu, médian ».

MÉSOBLASTE [mezɔblast(ə)]. *n. m.* (1853; de *méso-*, et *-blaste*). *Sc.* Ébauche du mésoderme (embryol.). *Adj.* MÉSOBLASTIQUE.

MÉSOCARPE [mezɔkarp(ə)]. *n. m.* (1842; de *méso-*, et *-carpe*). *Bot.* Couche moyenne du péricarpe d'un fruit, qui dans les drupes forme la partie charnue (entre l'épiderme « ou peau » et le noyau ou les graines).

MÉSODERME [mezɔdɛrm(ə)]. *n. m.* (1855; bot.; de *méso-*, et *derme*). *Embryol.* Feuillet moyen de l'embryon, formé entre l'ectoderme et l'endoderme, à la fin du stade de la gastrula*. *Les muscles, les os, le sang, les vaisseaux, le cœur, le rein dérivent du mésoderme.* (On dit aussi *mésoblaste.*) *Adj.* MÉSODERMIQUE [mezɔdɛrmik] (1899).

MÉSOLITHIQUE [mezɔlitik]. *adj.* et *n. m.* (1909; de *méso-*, et *-lithique*). *Didact.* Se dit de la période moyenne de l'âge de pierre, entre le paléolithique et le néolithique. *Les temps mésolithiques.* — N. m. *Le mésolithique* (12 000-6 000 av. J.-C.) ◇ *Par ext. L'industrie mésolithique.*

MÉSON [mezɔ̃]. *n. m.* (v. 1935; mot gr. « milieu »). *Phys.* Particule de masse intermédiaire (entre celle de l'électron et celle du proton). *Méson π* (pi), 270 fois plus lourd que l'électron; *méson K* (970 fois plus lourd).

MÉSOPOTAMIEN, ENNE [mezɔpɔtamjɛ̃, ɛn]. *adj.* et *n.* (1867; *-potamique*, 1854; gr. *mesopotamios* « entre deux fleuves »). De Mésopotamie, région de l'Irak actuel où coulent le Tigre et l'Euphrate. *Plaine mésopotamienne. Civilisations mésopotamiennes. Art mésopotamien* : assyrien, chaldéen.

MÉSOSCAPHE [mezɔskaf]. *n. .m.* (XXe; de *méso-*, et gr. *skaphos* « embarcation »). *Techn.* Engin permettant l'exploration des mers à profondeur moyenne.

MÉSOSPHÈRE [mezɔsfɛr]. *n. f.* (XXe; de *méso-*, et *sphère*). *Sc.* Couche de l'atmosphère au delà de la stratosphère.

MÉSOTHORAX [mezɔtɔraks]. *n. m.* (1842; de *méso-*, et *thorax*). *Zool.* Segment moyen du thorax des insectes qui porte les ailes supérieures.

MÉSOZOÏQUE [mezɔzɔik]. *adj.* et *n. m.* (1867; de *méso-*, et *-zoïque*). *Géol.* Se dit des terrains secondaires les plus récents. *Le mésozoïque* : les terrains mésozoïques; *leur époque.*

MESQUIN, INE [mɛskɛ̃, in]. *adj.* (1611; *meschin, -ine* « jeune homme, fille », XIIe; it. *meschino*, arabe *miskin* « pauvre »). ♦ 1° *Vx.* Médiocre; sans importance ni valeur. V. **Chétif, piètre.** « *Ce tapis mesquin ne cadre guère avec mon luxe* » (DIDER.). ♦ 2° *Mod.* (Personnes). Qui est attaché à ce qui est petit, médiocre; qui manque de générosité. *Un esprit mesquin.* V. **Bas, étriqué, étroit, petit.** *Personne envieuse et mesquine.* ◇ (Choses) Qui est le fait d'une personne mesquine. *Idées, conceptions mesquines. Attitude mesquine. De petites histoires mesquines.* V. **Sordide.** « *La plus pure victoire traîne un convoi de satisfactions mesquines* » (ROMAINS). ♦ 3° *Spécialt.* Qui témoigne d'avarice, de parcimonie. *Calcul mesquin. N'offrez pas si peu, ce serait mesquin.* ◇ ANT. **Important, riche; généreux, grand, large, noble.**

MESQUINEMENT [mɛskinmɑ̃]. *adv.* (1608; de *mesquin*). D'une façon mesquine. *Agir mesquinement envers qqn.* V. **Bassement.** *Économiser, distribuer mesquinement.* V. **Chichement, parcimonieusement.** ◇ ANT. **Généreusement.**

MESQUINERIE [mɛskinri]. *n. f.* (1635; de *mesquin*). ♦ 1° Caractère d'une personne mesquine, qui manque de grandeur d'âme, de générosité; V. **Bassesse, étroitesse (d'esprit), médiocrité.** *Manifester sa mesquinerie par de petites susceptibilités, de petites rancunes. La mesquinerie d'une* vengeance. ◇ *Spécialt.* V. **Avarice, économie, parcimonie.** ♦ 2° *Une mesquinerie*, attitude, action mesquine. V. **Petitesse.** *Il est incapable d'une telle mesquinerie.* « *Il sourit, en grand seigneur qui ne s'abaisse pas à certaines mesquineries* » (MART. du G.). ◇ ANT. **Générosité, grandeur, largeur (d'esprit).**

MESS [mɛs]. *n. m.* (1838; mot angl., du fr. *mes*, *mets*). Lieu où se réunissent les officiers ou les sous-officiers d'une même unité, pour prendre leur repas en commun. V. **Cantine, popote.** « *Ici, on sable le champagne au mess des sous-officiers* » (APOLLINAIRE). — *Par ext.* Personnel, matériel affecté à la nourriture des officiers et sous-officiers; ensemble de ceux qui mangent au mess. « *On mange en commun; c'est un « mess » qui a ses règlements* » (TAINE). ◇ HOM. **Messe.**

MESSAGE [mesaʒ]. *n. m.* (fin XIe; « envoyé » jusqu'au XVe; de l'a. fr. *mes*, lat. *missus*, de *mittere* « envoyer »). ♦ 1° Charge de dire, de transmettre qqch. V. **Ambassade, commission.** *S'acquitter d'un message. Ambassadeur chargé d'un message.* « *Un message suppose un expéditeur, un message et un destinataire, il n'a qu'une valeur de moyen* » (SARTRE). ♦ 2° *Cour.* L'objet, l'information, les paroles que le messager transmet. V. **Annonce, avis, communication.** *Message écrit.* V. **Correspondance, dépêche, lettre, missive, pli.** *Message téléphonique, télégraphique. Message téléphoné* : communication téléphonique transmise au destinataire par voie postale. *Adresser, capter, recevoir, transmettre un message.* — *Message publicitaire*, tout ensemble d'informations transmises au public dans l'intention de diffuser et faire vendre un produit, quel que soit le support utilisé (Recomm. offic. pour traduire l'angl. *spot*). — *Par métaph. Les messages des sens. Message de l'au-delà, d'outre-tombe.* ♦ 3° (1704; empr. anglais). *Dr. constit.* Communication du souverain, du chef de l'État, au pouvoir législatif. *Spécialt. Message du président de la République lu devant le Parlement.* ♦ 4° Contenu de ce qui est révélé, transmis aux hommes. *L'Évangile, message de Jésus.* — *Chanson à message.* ♦ 5° *Sc.* (Sémiol., théorie de l'information, etc.). Élément matériel par lequel un ensemble d'informations, organisées selon un code*, circule d'un émetteur à un récepteur (concept élargi par rapport au sens courant, 2°). *Message acoustique, visuel.*

MESSAGER, ÈRE [mesaʒe, ɛr]. *n.* (*Messagier*, 1160; de *message*). ♦ 1° Personne chargée de transmettre une nouvelle, un objet. V. **Envoyé, porteur.** *Envoyer des messagers.* « *Il servait de messager. Sa mère l'envoyait, et il rapportait la réponse* » (ZOLA). ◇ *Hist.* Transporteur de messages, de missives. (Fin XVIIe) Agent d'un service de messagerie (V. **Facteur**). ♦ 2° *Littér.* Ce qui annonce qqch. V. **Avant-coureur.** « *Ces premiers jours de mars, qui sont les messagers du printemps* » (MUSS.). « *Pâle étoile du soir, messagère lointaine* » (MUSS.). ♦ 3° *Biol. ARN messager* (abrév. *ARN-m*), l'une des formes de l'acide ribonucléique*, transportant l'information génétique.

MESSAGERIE [mesaʒri]. *n. f.* (XIIIe, « transport de messages »; de *messager*). ♦ 1° (Fin XVIIe). Service de transports de lettres (V. **Postes**), et spécialt. de colis et voyageurs. ◇ *Hist. Messageries royales*, chargées de transporter les sacs de procédure, lettres, marchandises, sommes d'argent. ◇ *Mod. Entrepreneur de messageries. Messageries maritimes, aériennes, compagnie de messageries* (V. **Transport**). ♦ 2° Transport de marchandises, à grande vitesse (Ch. de fer, bateau, voiture). *Bureau des messageries. Ellipt. Faire enregistrer un colis aux messageries.*

MESSE [mɛs]. *n. f.* (Xe; lat. chrét. *missa* « messe », p. p. subst. de *mittere* « envoyer », d'apr. *Ite* (allez), *missa est*). ♦ 1° Dans la religion catholique, Sacrifice du corps et du sang de Jésus-Christ sous les espèces du pain et du vin, par le ministère du prêtre et suivant le rite prescrit (office divin; saint sacrifice). *Le sacrifice de la messe est un acte de propitiation. Ordinaire de la messe. Parties, prières, rites de la messe* : ablution, agnus dei, alleluia, aspergès, bénédiction, canon, communion, confiteor, consécration, credo, élévation, épître, eucharistie, évangile, gloria, graduel, introït, kyrie, mémento, oblation, offertoire, oraison, pater, postcommunion, préface, prône, purification, répons, sanctus, secrète, séquence. *Célébrer, dire la messe. Les enfants de chœur servent la messe. Vin de messe.* — *Livre de messe.* V. **Paroissien; évangéliaire, missel.** — *Aller à la messe. Entendre la messe. Ceux qui vont à la messe* : les catholiques (Cf. Tala, arg. de l'École normale). — *Messe basse*, lue, chantée (ou messe haute (vx), grand-messe). Messe solennelle* (chantée avec diacre et sous-diacre). *Messe du jour*, fixée par le calendrier liturgique. *Messe papale, pontificale* (célébrée par le pape, un pontife). *Messe des morts.* V. **Service (funèbre).** *Messe de minuit*, pour Noël. « *Paris vaut bien une messe* », phrase attribuée à Henri IV au moment de sa conversion au catholicisme. ♦ 2° *Messe noire* : parodie sacrilège du saint sacrifice. ♦ 3° Ensemble de compositions musicales sur les paroles des chants liturgiques de la messe (Kyrie, Gloria, Credo, Sanctus, Benedictus, Agnus dei). *Messe en si mineur*, de Bach. V. *aussi* **Requiem.** ◇ HOM. **Mess.**

MESSEOIR [meswaʀ]. *v. intr.; conjug. seoir;* inus., sauf *il messied, messéant* (v. 1220 ; de *mes-,* et *seoir). Littér.* Ne pas convenir ; n'être pas séant. « *Le bel air ne messied pas toujours* » (FRANCE).

MESSER [meseʀ]. *n. m.* (XVIᵉ ; it. *messere.* V. **Messire**). *Vx* (devant un nom). Seigneur. « *Messer Gaster* » (RABELAIS), l'estomac.

MESSIANIQUE [mesjanik]. *adj.* (1846 ; de *messie). Relig.* ou *littér.* Relatif à la venue d'un messie, au messianisme. *Espoirs messianiques.* « *Les explications messianiques des Psaumes* » (RENAN).

MESSIANISME [mesjanism(ə)]. *n. m.* (1831 ; de *messie). Relig.* Croyance selon laquelle un messie personnel viendra affranchir les hommes du péché et établir le royaume de Dieu sur la Terre. — *Fig.* et *littér. Le messianisme révolutionnaire.*

MESSIDOR [mesidɔʀ]. *n. m.* (1793 ; du lat. *messis* « moisson », et gr. *dôron* « présent »). Dixième mois du calendrier révolutionnaire (du 19 ou 20 juin au 19 ou 20 juillet). « *Au grand soleil de Messidor* » (A. BARBIER).

MESSIE [mesi]. *n. m.* (fin XVᵉ ; lat. ecclés. *messias;* hébreu *mâschîakh,* de l'araméen *meschikhâ* « oint [du Seigneur] », traduit en gr. par *khristos.* V. **Christ**). ♦ 1º *Relig.* Libérateur désigné et envoyé par Dieu. *Attente d'un messie.* V. **Messianisme.** — *Cour. Le Messie. Les chrétiens reconnaissent et adorent en Jésus-Christ le Messie. Seconde venue du Messie* (« *parousie* »). ♦ 2º *Fam. Attendre qqn comme le Messie :* avec grande impatience, grand espoir.

MESSIED (IL). V. **MESSEOIR.**

MESSIER [mesje]. *n. m.* (XIIIᵉ ; bas lat. *messarium,* de *messis* « moisson »). *Ancienn.* Gardien des récoltes.

MESSIEURS. V. **MONSIEUR.**

MESSIRE. V. **mesiʀ]. *n. m.* (XIIᵉ ; de *mes,* cas sujet de *mon,* et *sire*). Ancienne dénomination honorifique réservée d'abord aux grands seigneurs (V. **Monseigneur**), puis ajoutée au titre des personnes de qualité ou placée devant le nom des prêtres, avocats, médecins.

MESTRANCE. V. **MAISTRANCE.**

MESTRE ou **MEISTRE** [mestʀ(ə)]. *n. m.* (1546,-1762, mar. ; it. *maestro (di campo). Ancienn.* ♦ 1º **MESTRE DE CAMP** : officier commandant un régiment d'infanterie, de cavalerie. V. **Colonel.** ♦ 2º *Mar.* (1688 ; prov. *mestre*). Grand mât, maître mât *(arbre, mât de mestre). Voile de mestre.*

MESURABLE [məzyʀabl(ə)]. *adj.* (XIIᵉ ; de *mesurer*). Qui peut être mesuré ; qui est susceptible de mesure. « *La quantité extensive est seule mesurable* » (BERGSON). *Une grandeur mesurable est telle que l'on puisse définir l'égalité et la somme de deux de ses valeurs.* ◊ ANT. **Immensurable.**

MESURAGE [məzyʀaʒ]. *n. m.* (1247 ; de *mesurer). Techn.* Action de mesurer (une longueur, une surface ou un volume), par un procédé direct et concret. V. **Mesure** *(cour.). Mesurage d'un champ.*

MESURE [m(ə)zyʀ]. *n. f.* (1080 ; lat. *mensura,* rac. *metiri* « mesurer »).

I. ♦ 1º Action de déterminer la valeur de certaines grandeurs par comparaison avec une grandeur constante de même espèce, prise comme terme de référence (étalon, unité). V. **Détermination, évaluation, mensuration, mesurage;** suff. **-métrie.** *Degré d'approximation, précision d'une mesure. Échelle de mesure.* — *Absolt. Importance, rôle d'une mesure dans les sciences exactes, dans les sciences de la nature. Introduction de la mesure dans les sciences humaines* (psychologie, sociologie). — *Mesure d'une grandeur. Mesure de l'étendue, de l'espace.* V. **Dimension; largeur, longueur.** *Mesure des masses, des pressions, des températures. Mesures des forces, du travail; mesures électriques. Mesure du temps* (horlogerie, minuterie). *Appareil, instrument de mesure. Systèmes de mesures.* V. **Métrique; C.G.S., M.T.S.** *Divisions* (décimales, centésimales), *multiples* (double, etc.) *d'une unité de mesure.* V. **Centi-, déca-, déci-, hecto-, kilo-, méga-, milli-, myria-.** *Mesure des longueurs, des surfaces, des volumes. Sciences de la mesure.* V. **Métrologie; acidimétrie, alcalimétrie, alcoo(lo)-métrie, anthropométrie, aréométrie, barymétrie, bathymétrie, calorimétrie, chronologie, densimétrie, ébulliométrie, électro-métrie, goniométrie, hydrométrie, hygrométrie, hypsométrie, œnométrie, oxydimétrie, phonométrie, photométrie, plani-métrie, psychrométrie, saccharimétrie, spectroscopie, télémétrie, tribométrie, trigonométrie.** ♦ 2º Grandeur (et *spécialt.* dimension) déterminée par la mesure. *Math. Mesure d'un ensemble,* nombre réel définissant avec précision cette grandeur associée à un ensemble (nul s'il est vide, positif dans le cas contraire). V. **Espace** (II, 2º), **métrique** (II, 2º). *Prendre les mesures d'une pièce, d'un meuble :* en déterminer les dimensions par des mesures. ◊ *Spécialt.* Dimensions caractéristiques du corps. *Les mesures d'une statue grecque; d'une star de cinéma* (tour de taille, de poitrine, etc.). *Tailleur qui fait un vêtement aux mesures de son client, sur mesure(s). Fig. Sur mesure,* spécialement adapté à une personne ou à un but. ♦ 3º Appréciation de la valeur, de l'importance d'une chose. V. **Évaluation.** « *Le temps fuyait, et il n'en avait ni le*

sentiment ni la mesure » (A. HERMANT). ◊ Valeur, capacité appréciée ou estimée. *La mesure de ses forces. Donner sa mesure, la mesure de son talent :* montrer ce dont on est capable. « *Il est des hommes qui donnent leur mesure du premier coup* » (DELACROIX). ♦ 4º *(Loc.).* Proportion, rapport. À LA MESURE DE : qui correspond, est proportionné à. V. **Échelle.** *Un adversaire à sa mesure. Une architecture à la mesure de l'homme.* — DANS LA MESURE DE..., OÙ... : dans la proportion de, où; pour autant que. *Dans la mesure du possible. Dans une certaine mesure,* jusqu'à un certain degré, un certain point. ◊ *Loc. conj.* À MESURE QUE... : à proportion que, *et par ext.* en même temps que (marque la progression dans la durée). *On s'aime à mesure qu'on se connaît mieux.* ◊ AU FUR ET À MESURE. V. **Fur.** ◊ *Loc. adv.* À MESURE. V. **Peu** (peu à peu), **successivement.**

II. ♦ 1º Quantité représentable par un étalon concret, prise pour terme de comparaison dans l'évaluation des grandeurs de même espèce. *Poids et mesures.* ◊ *Loc. fig. Avoir deux poids, deux mesures :* juger différemment selon les objets. — Vieilli. *Agir avec poids et mesure, tout faire par compas et par mesure :* agir avec circonspection, lenteur, sans rien laisser au hasard. ♦ 2º *Spécialt.* Récipient de capacité connue, servant à l'évaluation des volumes. *Mesure à grains. Remplir, vider une mesure.* ◊ *Par ext.* Quantité (de grains, de liquide) que contient ce récipient. *Donner deux mesures d'avoine à un cheval.* V. **Dose, ration.** — *Loc. fig. La mesure est comble**. *Combler la mesure. Faire une bonne mesure :* donner généreusement. ♦ 3º COMMUNE MESURE (en phrase négative) : quantité prise pour unité et servant à exprimer les rapports avec d'autres quantités homogènes. *Il n'y a pas de commune mesure entre la diagonale et l'un des côtés du carré, entre le rayon et la circonférence d'un cercle.* V. **Incommensurable.** *Fig. Il n'y a aucune commune mesure entre Shakespeare et ses contemporains :* sa valeur est incomparablement plus grande. ♦ 4º *Fig.* Moyen d'apprécier une même nature par une sorte d'étalon. « *Comme si l'effort n'était pas la mesure même de l'être!* » (DUHAM.). *Ces deux événements sont sans commune mesure.* — « *L'homme est la mesure de toutes choses* » (d'apr. Protagoras).

III. ♦ 1º Quantité, dimension déterminée, considérée comme normale, souhaitable. *La mesure ordinaire, naturelle. La juste, la bonne mesure.* ◊ *Absolt.* V. **Borne, limite.** *Dépasser, excéder la mesure :* exagérer. — *Loc. Outre mesure.* V. **Excessivement.** *Un courage sans mesure.* V. **Démesuré, illimité.** ♦ 2º Modération dans le comportement. V. **Circonspection, précaution, retenue.** *Dépenser avec mesure.* V. **Économie.** *S'habiller avec mesure. Dire avec mesure les choses les plus fortes. Le sens, le goût de la mesure* (V. **Équilibre**). ♦ 3º *Une mesure* (XVIIᵉ) : manière d'agir proportionnée à un but à atteindre; acte officiel visant à un effet. V. **Disposition, moyen; demi-mesure.** *Mesures efficaces, décisives. Prendre des mesures de circonstance, d'urgence. Mesures préventives, disciplinaires* (dr. pénal). *Mesure conservatoire :* acte juridique ayant pour but de protéger ou de conserver un bien ou un droit. — *Mesure d'instruction,* ordonnée afin d'éclairer le tribunal sur les prétentions du demandeur (dr. civ., procéd. pén.). ♦ 4º Succession régulière ou périodique de divisions temporelles d'égale valeur; ces divisions. ◊ Division de la durée musicale en plusieurs parties égales, formant une base sensible pour le rythme. V. **Cadence, mouvement, rythme.** *Tenir compte de la mesure; scander, battre la mesure.* — *Loc. adv.* EN MESURE : en suivant la mesure, *et par ext.* en cadence, à intervalles répétés. « *Il lui manquait la cadence double des fléaux, tapant en mesure* » (ZOLA). ◊ *Par ext.* Chacune des divisions formant la mesure. *Mesure binaire, à deux, quatre temps; ternaire, à trois temps* (à trois-deux, trois-huit, six-huit, etc.). *Compter une mesure pour rien* (avant de commencer à jouer). *Barre de mesure.* ◊ *Versif.* Structure métrique du vers (V. **Mètre**); groupe rythmique constituant un tout et séparé d'un autre groupe par la coupe. ♦ 5º *Escr.* Distance convenable pour porter ou pour parer un coup (à l'épée ou au fleuret). *Être à la mesure, entrer, hors de mesure.* ◊ *Fig.* et *cour. Être en mesure de :* avoir la possibilité de; être en état. « *Je ne suis point en mesure de tester* » (BALZ.).

◊ ANT. **Démesure, excès.**

MESURÉ, ÉE [məzyʀe]. *adj.* (XVIᵉ ; V. **Mesurer**). ♦ 1º Évalué par la mesure. *Distance, hauteur mesurée.* ♦ 2º Déterminé, réglé par la mesure. V. **Réglé.** *Pas mesurés.* V. **Régulier.** *Pause mesurée :* rythmée, cadencée. — *Par ext. Ton de voix grave et mesuré.* V. **Compassé, lent.** ♦ 3º *(Personnes).* Qui agit avec mesure. V. **Circonspect, modéré.** « *Il décida de rester raisonnable, mesuré* » (RADIGUET). ◊ ANT. **Démesuré.**

MESURER [məzyʀe]. *v. tr.* (1080 ; bas lat. *mensurare,* lat. *metiri*).

I. Évaluer par la mesure. ♦ 1º Évaluer (une longueur, une surface, un volume) par une comparaison avec un étalon de même espèce. V. **Apprécier, estimer.** *Mesurer au mètre* (V. **Métrer**), *à la toise* (V. **Toiser**). *Mesurer un terrain à la chaîne d'arpenteur.* V. **Arpenter, chaîner.** *Mesurer une profondeur à la sonde.* V. **Sonder.** *Mesurer le volume, la capacité d'un récipient.* V. **Cuber, jauger, niveler, rader.** *Mesurer une dose.* V. **Doser.** *Mesurer qqn* : sa taille. ♦ 2° Déterminer la valeur d'une grandeur mesurable, lui attribuer un nombre qui fixe son intensité ou son état (par rapport à une grandeur de la même espèce). *Mesurer par l'observation directe, à l'aide d'instruments, par le calcul.* V. **Calculer.** Absolt. « *Chercher des rapports ou mesurer, c'est la même chose* » (CONDILLAC). ♦ 3° *Mesurer, mesurer des yeux* : apprécier, évaluer du regard. Fig. *Mesurer qqn des yeux* : le toiser. ♦ 4° (*Abstrait*). Juger par comparaison. V. **Estimer, évaluer.** *Mesurer la valeur de qqn. Mesurer la portée, l'efficacité d'un acte. Mesurer la vanité de ses prétentions.* « *Quand les périls sont passés, on les mesure et on les trouve grands* » (VIGNY). *Mesurer un travail, un effort, une intention aux résultats* : juger d'après les résultats.

II. Avoir pour mesure. ♦ 1° (*Choses*). V. **Faire, contenir, jauger.** *Cette planche mesure deux mètres.* ♦ 2° (*Personnes*). Avoir telle taille. *Il mesure un mètre quatre-vingts et pèse quatre-vingts kilos.*

III. Régler par une mesure, après mesure. ♦ 1° Donner, régler avec mesure. V. **Compter, départir, distribuer.** *Le temps nous a été mesuré.* ♦ 2° Faire, employer avec mesure, modération. V. **Régler.** *Mesurer ses pas, ses gestes, ses paroles.* V. **Compter, ménager.** *Mesurez vos expressions!* ♦ 3° *Mesurer qqch. à, sur...,* déterminer l'importance, l'intensité d'une chose par rapport à une autre. V. **Proportionner (à), régler** (sur). « *Peut-être que Dieu mesure nos douleurs et nos travaux aux forces de notre jeunesse* » (SAND). « *Les êtres jeunes et les animaux mesurent leur sommeil sur la durée du jour* » (COLETTE).

IV. SE MESURER. *v. pron.* ♦ 1° Être mesurable. « *Tout ce qui se mesure, finit* » (BOSS.). *Se mesurer en mètres, en litres.* ◇ *Fig.* Être apprécié, estimé. « *Le pouvoir se mesure à l'audace* » (JAURÈS). ♦ 2° (*Personnes*). *Se mesurer avec, à qqn* : se comparer à lui par une épreuve, et *spécialt.* par une épreuve de force, un combat. V. **Battre (se), lutter.** « *Te mesurer à moi! qui t'a rendu si vain...* » (CORN.). ♦ 3° (*Récipr.*). *Se mesurer (des yeux)* : se considérer réciproquement, se toiser. « *Ils se mesuraient d'un œil hostile* » (MAURIAC).

MESUREUR [məzyʀœʀ]. *n. m.* (XIIe ; de *mesurer*). ♦ 1° *Techn.* (1860). Celui qui mesure, est chargé de mesurer. ♦ 2° Appareil de mesure. *Mesureur de pression.*

MÉSUSER [mezyze]. *v. tr. indir.* (1283 ; de *més-*, et *user*). Littér. User mal d'une chose. V. **Abuser.** *Mésuser de sa fortune.* « *Les moissons de joie que récoltent les riches, et dont ils mésusent si cruellement contre nous* (les pauvres) » (MIRBEAU).

MÉTA [meta]. *n. m.* (1953 ; marque déposée ; abrév. de *métaldéhyde*). Métaldéhyde, combustible solide qui brûle sans laisser de résidu. *Réchaud à méta.*

MÉT(A)-. Élément, du gr. *meta,* exprimant la succession, le changement, la participation. — REM. Dans les néol. scientifiques (*métalangue, métamathématique*), *méta-,* signifie « ce qui dépasse, englobe » (un objet de pensée, une science).

MÉTABOLE [metabɔl]. *adj.* (1845 ; du gr. *metabolê* « changement »). *Biol.* Se dit d'un insecte qui subit des transformations importantes au cours du développement postembryonnaire. (V. **Métamorphose**). — Subst. *Un métabole.*

MÉTABOLISME [metabɔlism(ə)]. *n. m.* (1858, chim. ; gr. *metabolê;* Cf. Métabolique, 1855). *Physiol.* Ensemble des transformations chimiques et physico-chimiques qui s'accomplissent dans tous les tissus de l'organisme vivant (dépenses énergétiques, échanges, nutrition...). *Phénomènes d'assimilation du métabolisme.* V. **Anabolisme.** *Phénomènes de dégradation du métabolisme.* V. **Catabolisme.** — *Adj.* MÉTABOLIQUE [metabɔlik]. *Métabolisme basal ou de base,* quantité de chaleur que produit, par heure et par mètre carré de la surface du corps, un sujet à jeun et au repos.

MÉTABOLITE [metabɔlit]. *n. m.* (mil. XXe ; de *métabolisme,* et *-ite*). *Physiol.* Toute substance organique qui participe aux processus du métabolisme*, ou qui est formée dans l'organisme au cours des transformations métaboliques.

MÉTACARPE [metakaʀp(ə)]. *n. m.* (1546 ; gr. *metakarpion*). *Anat.* Ensemble des cinq os (*métacarpiens*) qui constituent le squelette de la main, entre le carpe et les phalanges.

MÉTACARPIEN, IENNE [metakaʀpjɛ̃, jɛn]. *adj.* (1752 ; de *métacarpe*). *Anat.* Qui appartient ou a rapport au métacarpe. *Ligaments métacarpiens. Veines métacarpiennes.* — Subst. *Les métacarpiens* : les cinq os du métacarpe. *Le premier, deuxième métacarpien.*

MÉTACENTRE [metasɑ̃tʀ(ə)]. *n. m.* (1746 ; de *méta-,* et *centre*). *Phys.* Point d'application de la résultante des forces qui s'exercent sur un corps solide flottant.

MÉTAIRIE [meteʀi]. *n. f.* (*Moitoierie,* v. 1200 ; de *métayer*). ♦ 1° Domaine agricole exploité selon le système du métayage. V. **Borderie.** *Exploitant d'une métairie.* V. **Métayer.** « *Il avait fallu partager ses domaines en quatre grandes métairies* » (BALZ.). ♦ 2° Les bâtiments de la métairie.

MÉTAL, AUX [metal, o]. *n. m.* (déb. XIIe ; lat. *metallum* « métal, mine »). ♦ 1° *Chim.* et *cour.* Nom générique désignant tout corps simple, doué d'un état particulier (éclat métallique), bon conducteur de la chaleur et de l'électricité et formant, par combinaison avec l'oxygène, des oxydes basiques. *Coloration, conductibilité, ductilité, dureté, fusibilité, malléabilité, ténacité des métaux.* — *Principaux métaux* : aluminium, chrome, cuivre, étain, fer, mercure, nickel, plomb, zinc ; baryum, béryllium (ou *glucinium, vx*), bismuth, cadmium, calcium, cérium, cobalt, erbium, gallium, germanium, indium, iridium, lithium, magnésium, manganèse, molybdène, osmium, palladium, plutonium, potassium, radium, rhodium, rubidium, ruthénium, sodium, strontium, tantale, terbium, thallium, titane (titanium), tungstène, uranium, vanadium, ytterbium, yttrium, zirconium. *Métaux précieux.* V. **Argent, or, platine.** « *Ils allaient conquérir le fabuleux métal* » (HEREDIA). *Métaux radioactifs* : actinium, polonium, radium, thorium, uranium. *Mélange de deux ou plusieurs métaux.* V. **Alliage.** *Les métaux à l'état naturel.* V. **Minerai.** *Roche, filon, gisement qui contient un métal.* ◇ *Blas.* Se dit de couleurs du blason : or et argent. ♦ 2° *Cour.* Substance métallique (métal ou alliage). *Métal anglais,* alliage de zinc et d'antimoine utilisé en orfèvrerie. *Métal blanc,* alliage de divers métaux ressemblant à de l'argent. — *Industrie des métaux.* V. **Métallurgie** ; acier, fonte. *Métal en barre, en lingot. Lame, plaque, feuille de métal.* ♦ 3° *Spécialt.* LE MÉTAL, moyen d'échange, étalon monétaire. V. **Monnaie.** *La valeur du billet convertible est égale à celle du métal auquel il donne droit.* ♦ 4° *Fig.* et *littér.* Substance, matière dont est fait un être (dans des métaph. et expressions). « *Les collégiens reconnurent que ce camarade était de métal pur* » (MAUROIS).

MÉTALANGAGE [metalɑ̃gaʒ] *n. m.* ou **MÉTALANGUE** [metalɑ̃g]. *n. f.* (v. 1960 ; de *méta-,* et *langage* ou *langue ;* en polonais, Tarski, 1935). *Didact.* Langage naturel ou formalisé qui sert à parler d'une langue, à la décrire. V. **Métalinguistique.**

MÉTALDÉHYDE [metaldeid]. *n. m.* ou *f.* (1855 ; de *méta-,* et *aldéhyde*). Composé solide de l'aldéhyde, corps blanc inflammable. V. **Méta.**

MÉTALINGUISTIQUE [metalɛ̃gɥistik]. *adj.* (v. 1960 ; de *métalangage* d'apr. *linguistique,* adj.). *Didact.* Qui relève du métalangage, appartient au métalangage. *Mots métalinguistiques,* mots autonymes* et mots de la terminologie linguistique. *Les dictionnaires et les grammaires sont des ouvrages métalinguistiques.*

MÉTALLIFÈRE [metalifɛʀ]. *adj.* (1827 ; du lat. *metallum,* et *-fère*). Qui contient un métal. *Gisement métallifère.*

MÉTALLIQUE [metalik]. *adj.* (v. 1500 ; lat. *metallicus*). ♦ 1° Qui est fait de métal, constitué par du métal. *Fil, charpente métallique. Menuiserie métallique.* ◇ *Spécialt. Monnaie métallique. Encaisse métallique.* ♦ 2° Qui appartient au métal, a l'apparence du métal. *Éclat, reflet métallique.* ♦ 3° Qui semble venir d'un corps fait de métal. *Bruit, son métallique. Vibrations métalliques.* « *Une voix métallique, impersonnelle, psalmodia* » (DUHAM.).

MÉTALLISATION [metalizasjɔ̃]. *n. f.* (1753 ; de *métalliser*). Opération par laquelle on métallise une surface. V. **Galvanisation.**

MÉTALLISÉ, ÉE [metalize]. *adj.* (XVIe, « transformé en métal ». V. **Métalliser**). Qui a reçu un éclat métallique par métallisation. *Peinture métallisée. Voiture gris métallisé.*

MÉTALLISER [metalize]. *v. tr.* (XVIe ; de *métal*). ♦ 1° Donner à (un corps) un éclat métallique. ♦ 2° Couvrir d'une légère couche de métal. V. **Étamer, galvaniser.** *Métalliser un miroir.*

MÉTALLO. V. MÉTALLURGISTE.

MÉTALLOCHROMIE [metalɔkʀɔmi]. *n. f.* (v. 1888 ; rad. lat. *metallum,* et suff. *-chromie*). *Techn.* Technique de coloration des surfaces métalliques.

MÉTALLOGRAPHIE [metalɔgʀafi]. *n. f.* (1548, « traité des métaux » ; du lat. *metallum,* et *-graphie*). *Sc., Techn.* Étude de la structure et des propriétés des métaux. *Métallographie microscopique, aux rayons X.*

MÉTALLOGRAPHIQUE [metalɔgʀafik]. *adj.* (1827 ; du précéd.). *Sc., Techn.* Relatif à la métallographie.

MÉTALLOÏDE [metalɔid]. *n. m.* (1828, adj. ; de *métal,* et *-oïde*). *Chim.* ♦ 1° *Ancienn.* Corps simple, généralement dépourvu d'éclat, mauvais conducteur de la chaleur et de l'électricité et qui forme avec l'oxygène des composés acides ou neutres (*opposé à* métal). ♦ 2° *Mod.* (1960). Corps simple qui a des propriétés métalliques, mais aussi des propriétés opposées, et forme en particulier des composés amphotères. On les appelle aussi des *non-métaux.*

MÉTALLOPLASTIQUE [metalɔplastik]. *adj.* (mil. XXᵉ; de *plastique*). *Techn.* Qui a certaines caractéristiques d'un métal et d'une matière plastique. *Joints de culasse métalloplastiques* (en amiante et cuivre en feuilles).

MÉTALLOPROTÉINE [metalɔprɔtein]. *n. f.* (1968; lat. *metallum*, et *protéine*). *Biochim.* Hétéroprotéine combinée à un métal (fer, cuivre, magnésium, zinc). *L'hémoglobine, la chlorophylle, sont des métalloprotéines.*

MÉTALLURGIE [metalyrʒi]. *n. f.* (1611; lat. sc. *metallurgia*, du gr. *metallourgein* « exploiter une mine »). ♦ 1° Ensemble des industries et des techniques qui assurent la fabrication des métaux. *Métallurgie du fer* (V. **Sidérurgie**), *des métaux non ferreux* (aluminium, cuivre, etc.). *Métallurgie lourde*, qui traite le minerai. *Métallurgie électrothermique.* V. **Électrométallurgie.** *Métallurgie fine* (alliages, aciers spéciaux). — *Opérations principales et procédés de la métallurgie* : aciérage, affinage, ajustage, alésage, battage, bleuissage, brasage, bronzage, brunissage, calcination, calorisation, cémentation, coulage, décapage, décarburation, déphosphoration, dérochage, doucissage, éclaircissage, écrouissage, emboutissage, estampage, étamage, étirage, forgeage, fraisage, fusion, grillage, laminage, martelage, métallisation, métallochromie, meulage, moulage, polissage, puddlage, recuite, réduction, repoussage, ressuage, revenu, revivification, soudure, sulfinisation, tirage, tréfilage, trempe, usinage. — *Matériel, outillage de métallurgie* : trémie, trieur, convertisseur, four, haut-fourneau, forge, marteau-pilon; étireuse, filière, laminoir; tour. ♦ 2° Travail, mise en œuvre des métaux. *Métallurgie de transformation* : ensemble des industries mécaniques (outillage industriel, construction du matériel de transport, construction automobile et aéronautique, matériel agricole). ♦ 3° Ensemble des entreprises et des installations où l'on travaille les minerais métalliques, et *par ext.* les métaux. *La métallurgie française. Crise dans la métallurgie.*

MÉTALLURGIQUE [metalyrʒik]. *adj.* (1752; de *métallurgie*). Relatif à la métallurgie. *Industries métallurgiques* : métallurgie lourde et métallurgie de transformation. *Coke métallurgique.*

MÉTALLURGISTE [metalyrʒist(ə)]. *adj.* et *n. m.* (1719; de *métallurgie*). Adj. Qui s'occupe de métallurgie. *Industriel, ouvrier métallurgiste.* ◇ N. m. *Les grands métallurgistes de l'Est.* V. **Fondeur, forge** (maître de forges). — *Spécialt.* Ouvrier qui travaille dans la métallurgie. « *Les métallurgistes de l'automobile ne formulaient aucune revendication particulière* » (ROMAINS). V. **Ajusteur, chaudronnier, fondeur, riveur.** *Un métallurgiste.* Abrév. fam. (v. 1921) *Un métallo, des métallos* [metalo].

MÉTALOGIQUE [metalɔʒik]. *adj.* et *n. f.* (XXᵉ; all. *metalogisch*, XIXᵉ; lat. *metalogicus* [XIIᵉ]; de *méta-*, et *logique*). *Didact.* Qui sert de base à la logique. — *N. f.* Étude formalisée des logiques symboliques, notamment de leur consistance et de leur complétude.

MÉTAMATHÉMATIQUE [metamatematik]. *n. f.* (mil. XXᵉ; de l'all. [Hilbert] d'apr. *méta-*, et *mathématique*). *Didact.* Étude formalisée des structures des mathématiques.

MÉTAMÈRE [metamɛʀ]. *adj.* et *n. m.* (1874; de *méta-*, et suff. *-mère*). ♦ 1° *Chim.* Se dit de composés organiques isomères ayant même fonction. ♦ 2° N. m. *Zool.* Chacun des segments articulés ou anneaux successifs d'un arthropode, d'un ver. ◇ *Anat., embryol.* (1874). Segment résultant de la division primitive du mésoderme de l'embryon. *L'embryon humain comprend environ quarante métamères.*

MÉTAMÉRIE [metameʀi]. *n. f.* (1874; de *métamère*). ♦ 1° *Chim.* Type d'isomérie, caractère des corps métamères. ♦ 2° *Embryol.* Disposition sous forme de métamères* des éléments anatomiques de l'embryon.

MÉTAMORPHIQUE [metamɔrfik]. *adj.* (1825; de *métamorphisme*). *Géol.* Se dit de toute roche qui a été modifiée dans sa structure par l'action de la chaleur et de la pression. *Syn.* Cristallophyllien. *Le gneiss, roche métamorphique.*

MÉTAMORPHISER [metamɔrfize]. *v. tr.* (1930; de *métamorphisme*). *Géol.* Transformer par métamorphisme.

MÉTAMORPHISME [metamɔrfism(ə)]. *n. m.* (1825; de *méta-*, et gr. *morphê* « forme »). *Géol.* Ensemble des phénomènes qui donnent lieu à l'altération des roches sédimentaires, à leur transformation en roches cristallophylliennes.

MÉTAMORPHOSABLE [metamɔrfozabl(ə)]. *adj.* (1846; de *métamorphoser*). Qui peut être métamorphosé. V. **Transformable.**

MÉTAMORPHOSE [metamɔrfoz]. *n. f.* (v. 1530; *Les Métamorphoses d'Ovide*, 1488; lat. d'o. gr. *metamorphosis* « changement de forme »). ♦ 1° Changement de forme, de nature ou de structure, si considérable que l'être ou la chose qui en est l'objet n'est plus reconnaissable. *Métamorphoses des dieux de la mythologie gréco-latine. Métamorphoses successives de Vichnou.* V. **Avatar, incarnation.** ◇ *Alchim. Métamorphose des métaux en or.* V. **Conversion, transmutation.** ♦ 2° *Biol.* Changement total de forme et de structure

que subit un animal (surtout les insectes) au cours de son développement post-embryonnaire, avant d'arriver à la forme adulte. *Métamorphoses des grenouilles. Insectes à métamorphoses complètes, incomplètes. Stades de la métamorphose* (larve, nymphe, imago; chenille, chrysalide). ♦ 3° Changement d'aspect d'un être ou d'un objet. *Métamorphoses successives d'un acteur au cours d'une représentation.* — *Fig.* Changement complet d'une personne ou d'une chose, dans son état, ses caractères. V. **Transformation.** *L'amour opère une métamorphose. Une lente métamorphose.* V. **Évolution.** « *Cette difficile métamorphose de la femme de théâtre en femme du monde* » (GAUTIER).

MÉTAMORPHOSER [metamɔrfoze]. *v. tr.* (1571; de *métamorphose*). ♦ 1° Faire passer (un être) de sa forme primitive à une autre forme. V. **Changer, transformer.** *Des charmes « Qui métamorphosaient en bêtes les humains »* (LA FONT.). *Jupiter se métamorphosa en taureau pour enlever Europe.* V. **Incarner** (s'). ♦ 2° *Zool.* Recherche de coléoptères qui se métamorphosent. ♦ 3° *Fig.* Changer complètement (qqn, qqch.), modifier profondément l'aspect, la nature de. « *J'ai métamorphosé Louis, il est devenu charmant* » (BALZ.). V. pron. « *L'art se métamorphose, s'adapte aux circonstances* » (R. ROLLAND).

MÉTAPHASE [metafaz]. *n. f.* (v. 1902; de *méta-*, et *phase*). *Biol.* Deuxième phase de la mitose.

MÉTAPHORE [metafɔr]. *n. f.* (1265; lat. d'o. gr. *metaphora* « transposition »). Figure de rhétorique, et *par ext.* Procédé de langage qui consiste dans un transfert de sens (terme concret dans un contexte abstrait) par substitution analogique. V. **Comparaison, image.** « *La racine du mal, une source de chagrins* » *sont des métaphores. Filer* (I, 3°) *la métaphore.*

MÉTAPHORIQUE [metafɔrik]. *adj.* (XIVᵉ; de *métaphore*). ♦ 1° Qui tient de la métaphore. *Mot pris avec une valeur métaphorique.* ♦ 2° Qui abonde en métaphores. *Style métaphorique. Discours métaphorique.* V. **Allégorique.**

MÉTAPHORIQUEMENT [metafɔrikmã]. *adv.* (XVIᵉ; de *métaphorique*). D'une manière métaphorique; par métaphore. *Parler métaphoriquement.*

MÉTAPHOSPHORIQUE [metafɔsfɔrik]. *adj.* (1845; de *méta-*, et *phosphorique*). *Chim. Acide métaphosphorique* (PO_3H), l'un des acides dérivés du phosphore.

MÉTAPHYSE [metafiz]. *n. f.* (1963; de *méta-*, et *-physe*, d'apr. *épiphyse*). *Anat.* Segment d'un os long compris entre l'épiphyse et la diaphyse (Adj. **MÉTAPHYSAIRE** [metafizɛr]).

MÉTAPHYSICIEN, IENNE [metafizisjɛ̃, jɛn]. *n.* (1361; de *métaphysique* 1). ♦ 1° Personne qui s'occupe de problèmes métaphysiques, compose des ouvrages sur la métaphysique. V. **Philosophe.** *Platon, Descartes, Kant, illustres métaphysiciens.* ◇ Adj. *Par ext.* Qui est tourné vers les problèmes abstraits. « *Les Romains n'étaient point métaphysiciens* » (STAËL). ♦ 2° Personne dont l'esprit, tourné vers les abstractions, ne sait plus juger sainement le réel. « *Une assemblée de métaphysiciens dirigeait la France* » (MICHELET).

1. MÉTAPHYSIQUE [metafizik]. *n. f.* (XIVᵉ; lat. scolast. *metaphysica*, gr. *(ta) meta (ta). phusika* « ce qui suit les questions de physique »). ♦ 1° Recherche rationnelle ayant pour objet la connaissance de l'être absolu, des causes de l'univers et des principes premiers de la connaissance. V. **Ontologie, philosophie.** *La métaphysique étudie la nature de la matière, de l'esprit, les problèmes de la connaissance, de la vérité, de la liberté humaine.* V. *aussi.* **Épistémologie, métalogique, morale.** ♦ 2° *La métaphysique de* (qqch.) : réflexion systématique se proposant, après une analyse critique, de dégager les bases de toute activité humaine, de l'art, de la religion; résultat de cette réflexion. *La métaphysique du droit. Les Fondements de la métaphysique des mœurs*, de Kant. ♦ 3° Goût excessif ou abus de la réflexion abstraite qui rend obscure la pensée. *Tout cela n'est que de la métaphysique, ne contient rien de positif.* « *Il ne s'est pas embarrassé de métaphysique* » (ROMAINS) : de considérations abstraites, morales...

2. MÉTAPHYSIQUE [metafizik]. *adj.* (1546; lat. scolast. *metaphysicus*). ♦ 1° Qui relève de la métaphysique, porte sur des sujets de métaphysique. *Les problèmes métaphysiques de la liberté humaine, de l'existence de Dieu. Méditations métaphysiques*, de Descartes. ♦ 2° Qui est d'ordre rationnel, et non sensible. V. **Transcendant.** — (Chez A. Comte). *Ère, état métaphysiques*, caractérisés par une explication des phénomènes fondée sur des notions abstraites et non sur l'expérience. ♦ 3° Qui présente l'incertitude, l'obscurité attribuées à la métaphysique. *Cette discussion est bien métaphysique.* V. **Abstrait.** ♦ 4° *Vieilli.* Purement spirituel, désincarné. « *Cet amour métaphysique et platonique* » (D'ALEMB.).

MÉTAPHYSIQUEMENT [metafizikmã]. *adv.* (1690; de *métaphysique* 2). D'une manière métaphysique.

MÉTAPSYCHIQUE [metapsiʃik]. *adj.* et *n. f.* (1907; de *méta-*, et *psychique*). *Didact.* Qui concerne les phénomènes psychiques inexpliqués (télépathie, etc.). ◊ *N. f.* V. **Para-psychologie.**

MÉTAPSYCHOLOGIE [metapsikɔlɔʒi]. *n. f.* (mot all. [Freud, v. 1898]; de *méta-*, et *psychologie*). *Didact.* Toute psychologie dont l'objet est au-delà du donné de l'expérience.

MÉTASTASE [metastɑz]. *n. f.* (1586; gr. *metastasis* « changement de place »). *Pathol.* Amas de cellules cancéreuses consécutif à la dissémination à distance (par voie sanguine ou lymphatique) à partir du foyer primitif. — *Par ext.* Foyer infectieux ou parasitaire secondaire, formé en un point éloigné du foyer initial, par migration de l'agent responsable. *Métastases ganglionnaires. Métastases cérébrales* d'un cancer du sein. — *Adj.* MÉTASTATIQUE [metastatik] (1793 au sens général).

MÉTATARSE [metataʀs(ə)]. *n. m.* (1586; de *méta-*, et *tarse*). *Anat.* Partie du squelette du pied formée par les cinq os (métatarsiens), comprise entre le tarse et les premières phalanges des orteils.

MÉTATARSIEN, IENNE [metataʀsjɛ̃, jɛn]. *adj.* (1771; de *métatarse*). *Anat.* Qui a rapport, appartient au métatarse. *Arcade métatarsienne. Ligaments métatarsiens.* — Subst. *Les métatarsiens* (les cinq os du tarse). *Le premier, le deuxième métatarsien.*

MÉTATHÈSE [metatɛz]. *n. f.* (1587; gr. *metathesis*). *Ling.* Altération d'un mot ou d'un groupe de mots par déplacement, interversion d'un phonème, d'une syllabe, à l'intérieur de ce mot ou de ce groupe.

MÉTATHORAX [metatɔʀaks]. *n. m.* (1844; de *méta-*, et *thorax*). *Zool.* Troisième anneau du thorax d'un insecte.

MÉTAYAGE [metɛjaʒ]. *n. m.* (1838; de *métayer; a.* fr. *moitoiage* « convention par moitié », de *moitoier* « partager par moitié »). Mode d'exploitation agricole, louage d'un domaine rural (V. **Métairie**) à un preneur (V. **Métayer**) qui s'engage à le cultiver sous condition d'en partager les fruits et récoltes avec le propriétaire (bail à partage de fruits). *Conversion des baux à métayage en baux à fermage.*

MÉTAYER, YÈRE [meteje, ɛjɛʀ]. *n.* (*Meiteier*, XIIᵉ; *meitié*, forme anc. de *moitié*). Personne qui prend à bail et fait valoir un domaine sous le régime du métayage. V. **Colon** (*dial.* Bordier, granger ou grangier).

MÉTAZOAIRE [metazɔɛʀ]. *n. m.* (1890; de *méta-*, et gr. *zôon* « animal »). *Zool.* Organisme animal constitué par plusieurs cellules (par oppos. à protozoaire*), organisme unicellulaire).

MÉTEIL [metɛj]. *n. m.* (*Mesteil*, XIIIᵉ; lat. pop. °*mistilium*, de *mixtus* « mélange »). Seigle et froment mêlés qu'on sème et qu'on récolte ensemble. *Méteil additionné d'orge.* V. **Champart.**

MÉTEMPSYCOSE [metɑ̃psikoz]. *n. f.* (1564; bas lat. *metempsychosis*, mot gr. « déplacement de l'âme »; Cf. Psycho-). Doctrine selon laquelle une même âme peut animer successivement plusieurs corps. V. **Transmigration.** *La métempsycose, dogme fondamental du brahmanisme.*

MÉTENCÉPHALE [metɑ̃sefal]. *n. m.* (XXᵉ; de *mét(a)-*, et *encéphale*). *Embryol.* Partie de l'encéphale embryonnaire dérivée de la vésicule cérébrale postérieure. *Le métencéphale est à l'origine de la protubérance annulaire et du cervelet.*

MÉTÉO [meteo]. *n. f.* et adj. invar. Abrév. de MÉTÉOROLOGIE et de MÉTÉOROLOGIQUE.

MÉTÉORE [meteɔʀ]. *n. m.* (v. 1270; lat. médiév. *meteora*, gr. *meteôros* « élevé dans les airs »). ♦ 1° *Vx* ou didact. Tout phénomène qui se produit dans l'atmosphère. « *La foudre est un météore comme la rosée* » (J. de MAISTRE). *Météores aériens* (V. Cyclone, tempête, tornade, trombe, typhon, vent), *aqueux* (V. Giboulée, grêle, neige, pluie), *ignés* (V. **Éclair, feu, tonnerre**). *Météores lumineux.* V. Arc-en-ciel, aurore (boréale), halo, parhélie. ♦ 2° *Cour.* Corps céleste qui traverse l'atmosphère terrestre (visible la nuit par une traînée lumineuse). V. Astéroïde, bolide, étoile (filante). — *Passer, briller comme un météore.* ◊ *Fig.* Personne, chose qui brille d'un éclat vif et passager; ou qui passe très rapidement.

MÉTÉORIQUE [meteɔʀik]. *adj.* (1580; de *météore*). Des météores, relatif aux météores. — *Nuage météorique*, formé de météores, d'aérolithes. — *Cratère météorique*, formé par la chute de météorites (on emploie aussi MÉTÉORITIQUE, *adj.*).

MÉTÉORISATION [meteɔʀizasjɔ̃]. *n. f.* (XXᵉ; du gr. *meteôra* « phénomène céleste »). *Géomorphol.* Ameublissement des roches résistantes par fragmentation ou par altération due aux agents climatiques.

MÉTÉORISER [meteɔʀize]. *v. tr.* (fin XVIᵉ; gr. *meteôrizein* « élever, gonfler »). *Méd.* Gonfler l'abdomen par l'accumulation du gaz. — Au p. p. « *Une panse nue, météorisée, énorme* » (HUYSMANS).

MÉTÉORISME [meteɔʀism(ə)] *n. m.* ou **MÉTÉORISATION** [meteɔʀizasjɔ̃]. *n. f.* (XVIᵉ,-1811; gr. *meteôrismos,*

de *météoriser*). *Méd.* Gonflement de l'abdomen par les gaz s'accumulant dans l'estomac et l'intestin. V. **Ballonnement, enflure, flatulence.**

MÉTÉORITE [meteɔʀit]. *n. m.* ou *f.* (1830; de *météore*). *Astron.* Fragment de corps céleste qui traverse l'atmosphère et tombe sur la Terre. V. **Aérolithe.** *Bombardement de météorites.*

MÉTÉOROLOGIE [meteɔʀɔlɔʒi]. *n. f.* (1547; gr. *meteôrologia*). ♦ 1° Étude scientifique des phénomènes atmosphériques. V. **Temps.** *La météorologie étudie les pressions* (anticyclone, cyclone, dépression), *les courants* (vents), *les températures, la présence de l'eau dans l'atmosphère* (nuages, précipitations : pluie, neige, brouillard). *Détermination, prévision du temps par la météorologie.* ♦ 2° *Par ext.* Service qui s'occupe de météorologie (*par abrév.* MÉTÉO). *Travailler à la météorologie, à la météo. Bulletin de la météo.*

MÉTÉOROLOGIQUE [meteɔʀɔlɔʒik]. *adj.* (1550; de *météorologie*). Qui concerne la météorologie. *Observations météorologiques. Carte météorologique. Bulletin météorologique. Observatoire, station météorologique.* — Abrév. « *Passez-moi les messages météo* » (ST-EXUP.).

MÉTÉOROLOGUE [meteɔʀɔlɔg] ou **MÉTÉOROLOGISTE** [meteɔʀɔlɔʒist(ə)]. *n.* (fin XVIIIᵉ,-1821; de *météorologie*). Personne qui s'occupe de météorologie.

MÉTÈQUE [metɛk]. *n. m.* (*Mestèque*, 1743; gr. *metoikos* « qui change de maison », de *meta*, et *oikos* « maison »). ♦ 1° *Hist. antiq.* Étranger domicilié en Grèce, qui n'avait pas droit de cité. ♦ 2° (1894). *Cour.* et *péj.* Étranger méditerranéen résidant en France et dont l'aspect physique, les allures sont très déplaisants.

MÉTHACRYLIQUE [metakrilik]. *adj.* (1874; du rad. de *méthylique*, et *acrylique*). *Chim.* Se dit de composés thermoplastiques (esters de l'acide méthacrylique polymérisés). *Résines méthacryliques*, employées comme verre de sécurité (Plexiglas).

MÉTHANE [metan]. *n. m.* (1882; de *méth(ylène)*, et suff. *-ane*). Carbure d'hydrogène (hydrocarbure saturé, premier de la série des paraffines) de formule CH_4, et de densité 0,559, appelé autrefois *Formène, gaz des marais*; gaz incolore, inodore, inflammable formant un mélange explosif avec l'air. *Le méthane provoque des explosions dans les mines de houille.* V. **Grisou.**

MÉTHANIER [metanje]. *n. m.* (mil. XXᵉ; de *méthane*, d'apr. *pétrolier*). *Techn.* Navire transporteur de gaz liquéfié. Appos. *Cargo méthanier.*

MÉTHÉMOGLOBINE [metemɔglɔbin]. *n. f.* (1902; de *mét[a]-*, et *hémoglobine*). *Méd.* Forme oxydée d'hémoglobine dans laquelle le fer, passé à l'état ferrique, a perdu son pouvoir de fixer l'oxygène.

MÉTHIONINE [metjɔnin]. *n. f.* (1953; de *mé[thylène]*, *thio-*, et *-ine*). *Biochim.* Acide aminé soufré indispensable à l'organisme humain, participant à la synthèse des protéines et d'autres composés organiques.

MÉTHODE [metɔd]. *n. f.* (1537; lat. tardif *methodus*). ♦ 1° Marche, ensemble de démarches que suit l'esprit pour découvrir et démontrer la vérité (dans les Sciences). V. **Logique.** « *Discours de la méthode pour bien conduire sa raison et chercher la vérité dans les sciences* », de Descartes (1637). *Méthode analytique* (V. **Analyse**), *synthétique* (V. **Synthèse**). *Méthode déductive, inductive, objective; dialectique. Méthode expérimentale.* ♦ 2° Ordre suivi pour exécuter quelque ouvrage de l'esprit; arrangement qui en résulte. V. **Logique, ordre, raisonnement.** *Absence de méthode qui dépare un ouvrage.* ♦ 3° Ensemble de démarches raisonnées, suivies, pour parvenir à un but. V. **Système.** *Méthode de travail. Il devait changer de méthode. Ne laissez rien au hasard, agissez avec méthode. Manque de méthode. Il « se déshabille avec une certaine méthode* » (ROMAINS). — Procédé technique, scientifique. V. **Procédé, technique,** n. f. « *Les méthodes de culture employées par les colons de la Kabylie* » (P. BENOIT). *Perfectionner les méthodes d'une industrie.* Ensemble des moyens industriels mis en œuvre pour organiser une fabrication. *Le service des méthodes.* V. **Ordonnancement.** ♦ 4° Ensemble des règles, des principes normatifs sur lesquels reposent l'enseignement, la pratique d'un art. *Les méthodes de l'architecture.* ♦ 5° (*Par méton.*) Livre, ouvrage exposant de façon graduelle ces règles, ces principes. *Méthode de violon, de piano, de comptabilité.* ♦ 6° *Fam.* Moyen. *Il a trouvé la bonne méthode pour s'enrichir.* V. **Manière.** *Indiquer à qqn la méthode à suivre.* V. **Formule, marche** (à suivre). ◊ ANT. Désordre, empirisme, errement.

MÉTHODIQUE [metɔdik]. *adj.* (1488; lat. *methodicus*). ♦ 1° Qui est fait, calculé, ordonné avec méthode, résulte de l'application d'une méthode. *Liste méthodique.* V. **Catalogue.** *Démonstration, preuves, vérifications méthodiques.* ♦ 2° Qui agit, qui raisonne avec méthode. *Chercheur, savant méthodique. Esprit méthodique.* V. **Cartésien, réfléchi.** « *Moi-*

neau se montrait timoré, méthodique, scrupuleux » (DUHAM.).
◇ ANT. Empirique; brouillon, désordonné.

MÉTHODIQUEMENT [metɔdikmã]. *adv.* (XVIᵉ; de *méthodique*). D'une manière méthodique, avec méthode. *Agir méthodiquement.*

MÉTHODISME [metɔdism(ə)]. *n. m.* (1760; angl. *methodism*, du même rad. que le fr. *méthode*). Secte protestante fondée en Angleterre par John Wesley en 1729. *Le méthodisme prit naissance au sein de l'anglicanisme.* — Doctrine de cette secte.

MÉTHODISTE [metɔdist(ə)]. *adj.* et *n.* (1760; angl. *methodist*. V. **Méthodisme**). Relatif au méthodisme. *Pasteur méthodiste.* — *N.* Personne qui professe le méthodisme. *Un, une méthodiste.*

MÉTHODOLOGIE [metɔdɔlɔʒi]. *n. f.* (1842; de *méthode*, et *-logie*). Étude des méthodes scientifiques, techniques (Subdivision de la logique). V. **Épistémologie**. — On emploie aussi l'adjectif *méthodologique*.

MÉTHODOLOGIQUE [metɔdɔlɔʒik]. *adj.* (1877; de *méthodologie*). Relatif à la méthodologie.

MÉTHYLE [metil]. *n. m.* (1840; de *méthylène*). *Chim.* Radical monovalent CH₃. *Chlorure de méthyle*, employé comme fluide frigorifique et anesthésique. *Salicylate de méthyle*, employé en parfumerie (essence de Wintergreen).

MÉTHYLÈNE [metilɛn]. *n. m.* (1834; gr. *methu* « boisson fermentée », et *hulê* « bois »). ♦ 1º Nom commercial de l'alcool méthylique (Esprit de bois). *Le méthylène est utilisé pour dénaturer l'alcool éthylique.* ♦ 2º *Chim.* Radical bivalent CH₂ dérivé du méthane. *Bleu de méthylène*, colorant aux propriétés antiseptiques.

MÉTHYLIQUE [metilik]. *adj.* (1867; de *méthyle*). *Chim.* Se dit des composés dérivés du méthane. *Alcool méthylique* (CH₃OH). V. **Méthylène**; esprit (de bois).

MÉTICULEUSEMENT [metikyløzmã]. *adv.* (1846; de *méticuleux*). D'une manière méticuleuse. « *Elle a continué ce travail méticuleusement pendant tout le repas* » (CAMUS).

MÉTICULEUX, EUSE [metikylø, øz]. *adj.* (1584, dr.; lat. *meticulosus* « craintif »). Sujet à de petites craintes, à de petits scrupules (V. **Scrupuleux**); très attentif aux détails, aux minuties. V. **Minutieux; maniaque, pointilleux**. *Il est extrêmement méticuleux dans son travail.* — *Par ext. Esprit méticuleux. Propreté méticuleuse.* « *Elle était coiffée avec un soin méticuleux* » (GREEN). ◇ ANT. Brouillon, désordonné, négligent.

MÉTICULOSITÉ [metikylozite]. *n. f.* (1828; de *méticuleux*). *Littér.* Caractère d'une personne, d'une action méticuleuse. « *Balzac qui méditait, élaborait et corrigeait ses romans avec une méticulosité si opiniâtre* » (GAUTIER).

MÉTIER [metje]. *n. m.* (*Menestier, mistier* « service », « office », Xᵉ; lat. *ministerium* (V. **Ministère**), altéré en °*misterium*, par crois. avec *mysterium*).
I. ♦ 1º Genre d'occupation manuelle ou mécanique qui trouve son utilité dans la société. V. **Art, industrie**. « *Un vrai métier, un art purement mécanique, où les mains travaillent plus que la tête* » (ROUSS.). *Régime des métiers au moyen âge.* V. **Corporation**. *Les corps de métiers. Conservatoire, École des arts et métiers.* ♦ 2º Tout genre de travail déterminé, reconnu ou toléré par la société et dont on peut tirer ses moyens d'existence. V. **Profession; fonction; gagne-pain**. *fam.* **Boulot, job**. *Métier manuel, intellectuel. Le métier de la guerre, des armes.* V. **Parti**. *Petits métiers* : artisanaux, exercés individuellement et qui ont de nos jours un aspect pittoresque. *Choisir un métier.* V. **Carrière**. *Avoir un bon métier. Exercer, pratiquer son métier, un métier* : travailler. « *J'ai fait mille métiers pour gagner ma vie* » (CAMUS). *Savoir, connaître, faire son métier* : l'exercer comme il faut, faire ce qu'on doit faire. *Gâcher, gâter le métier. Il est plombier, garagiste de son métier.* V. **État**. *Être du métier*, être spécialiste du travail dont il s'agit. *N'écoutez pas les conseils de n'importe qui, adressez-vous à un homme de métier* : à un professionnel. *Termes de métier.* V. **Technique** (*adj.*), **technologique**. *Argot de métier.* PROV. *Il n'est point de sot métier*, tous les métiers sont utiles et respectables. « *Chacun son métier, les vaches seront bien gardées* » (FLORIAN) : chacun doit s'occuper de son affaire exclusivement pour que tout marche bien. ♦ 3º Occupation permanente qui possède certains caractères d'un métier. « *Le métier de roi est grand, noble, et flatteur* » (LOUIS XIV). — *Par ext. Les intellectuels,* « *dont le métier est de chercher la vérité au milieu de l'erreur* » (R. ROLLAND). V. **Fonction, rôle**. ♦ 4º Habileté technique (manuelle ou intellectuelle) que confère l'expérience d'un métier. V. **Technique; expérience, habileté, maîtrise**. *Avoir du métier. Il a des idées mais aucun métier.* — *Péj.* La technique sous l'aspect du travail routinier, de la recette. « *Il y a toujours, dans la composition d'un roman par un professionnel, une part de métier* » (MAUROIS).
II. (XVIᵉ). ♦ 1º Machine servant à travailler les textiles. *Métier mécanique. Métier à filer la laine, le coton.* V. **Jenny**.

Métier continu. Métier à renvider. V. **Renvideur**. *Métier à tisser. Métier Jacquard. Métier à tricoter.* V. **Tricoteuse**. *Métier à tapisserie, à dentelle. Métier à broder.* ♦ 2º Bâti qui supporte un ouvrage de dames (broderie, dentelle, tapisserie). ♦ 3º *Loc. Fig. Mettre sur le métier.* V. **Entreprendre**. « *Vingt fois sur le métier remettez votre ouvrage* » (BOIL.).

MÉTIS, ISSE [metis]. *adj.* (*Mestiz*, fin XIIᵉ; bas lat. *mixticius*, de *mixtus* « mélange »). ♦ 1º *Vx.* Qui est mélangé; qui est fait moitié d'une chose, moitié d'une autre. — *Mod. Tissu métis, toile métisse*, dont la chaîne est en coton et la trame en lin (fil et coton). *Subst. Du métis. Draps de métis.* ♦ 2º (*Metice*, 1615; du port. de même orig.). Qui est issu du croisement de races, de variétés différentes dans la même espèce. *Dont le père et la mère sont de races différentes. Enfant métis. Subst.* « *La métisse épousée par le commandant de Waize* » (MART. du G.). *Métis né d'un Noir et d'une Blanche* [ou *d'une Noire et d'un Blanc*] (V. **Mulâtre**), *d'un Européen et d'une Asiatique.* V. **Eurasien**. *Descendant de métis et d'une race pure.* V. **Quarteron**. V. *aussi* **Hybride; bâtard**. ◇ ANT. Pur.

MÉTISSAGE [metisaʒ]. *n. m.* (1834; de *métis*). ♦ 1º Croisement, mélange de races. *Les racistes luttent contre le métissage.* ♦ 2º *Zool.* et *Bot.* V. **Hybridation** (sens large). ◇ ANT. Pureté (de la race), sélection.

MÉTISSER [metise]. *v. tr.* (1869; *métiser*, 1854; de *métis*). Croiser des individus de races différentes. *Métisser des lapins, des plantes. Chien métissé, bâtard, métis.*

MÉTONYMIE [metɔnimi]. *n. f.* (1521; bas lat. *metonymia*, mot gr. « changement de nom »). Figure de rhétorique, et *par ext.* Procédé de langage par lequel on exprime un concept au moyen d'un terme désignant un autre concept qui lui est uni par une relation nécessaire (La cause pour l'effet, le contenant pour le contenu, le signe pour la chose signifiée). V. **Hypallage, synecdoque**. *Boire un verre* (le contenu), *ameuter la ville* (les habitants), *sont des métonymies.*

MÉTONYMIQUE [metɔnimik]. *adj.* (av. 1844; de *métonymie*). Qui a le caractère de la métonymie, contient des métonymies. *Expression, emploi métonymique.*

MÉTOPE [metɔp]. *n. f.* (1520; bas lat. *metopa*, mot gr., de *meta*, et *opê* « ouverture »). *Archit.* Intervalle séparant deux triglyphes d'une frise dorique, et dans lequel se trouve généralement une dalle sculptée. *Les métopes du Parthénon.*

MÉTRAGE [metraʒ]. *n. m.* (1823; de *métrer*). ♦ 1º Action de métrer, de mesurer au mètre. *Le métrage d'une allée.* ♦ 2º Longueur en mètres (décimètres, centimètres) d'un objet. — *Spécialt.* Longueur de tissu vendu au mètre (la largeur étant généralement connue ou précisée). *Il faut un petit métrage pour faire une jupe.* — *Par ext.* Pièce, coupon. « *Quelques métrages de coton* » (CÉLINE). ♦ 3º *Cinéma.* (1907). *Métrage d'un film*, longueur totale de la pellicule, proportionnelle au temps de projection. — *Par ext.* (1911) *Long métrage, moyen métrage, court métrage*, film de longueur déterminée. *Les documentaires sont des courts métrages.*

MÈTRE [metr(ə)]. *n. m.* (1360; lat. *metrum*, gr. *metron* « mesure »).
I. ♦ 1º *Prosod. gr.* et *lat.* Nature du vers déterminée par le nombre et la suite des pieds qui le composent. ♦ 2º Élément de mesure du vers; chaque groupe de deux pieds dans la poésie grecque. V. **Heptamètre, monomètre, tétramètre, trimètre**. ♦ 3º Structure du vers moderne, ou *par ext.* Structure de tout vers (V. **Mesure**); type de vers déterminé par le nombre de syllabes et le rythme. *Le choix du mètre.*
II. (1791; gr. *metron*). ♦ 1º Unité principale de longueur, base du système métrique (symb. *m*). *Le mètre, d'abord défini par rapport à la longueur du méridien* (dix millionième partie du quart), *a été concrétisé par un étalon* (1799); *il est défini à partir de la longueur d'onde d'une radiation du krypton 86.* — *Mètre carré* (m²), unité de superficie. V. **Centiare**. *Mètre cube* (m³), unité de volume. V. **Stère**. *Des mètres carrés, des mètres cubes.* — *Mètre par seconde* (m/s) : unité de vitesse. *Mètre-seconde* (m/s²) : unité d'accélération. ◇ *Un cent mètres*, une course de cent mètres. *Courir un cent mètres.* ♦ 2º Objet concret, étalon du mètre. *Le mètre international en platine iridié, déposé au pavillon de Breteuil.* — Règle ou ruban gradué de la longueur du mètre (ou un peu plus long), qui sert à mesurer. *Mètre rigide en bois, en métal. Mètre pliant. Mètre à ruban*, fait d'un ruban métallique qui s'enroule dans une boîte. ◇ HOM. Maître, mettre.

-MÈTRE. Second élément, du gr. *metron* « mesure » (*ex.* : géomètre, périmètre, baromètre, thermomètre).

MÉTRÉ [metre]. *n. m.* (1846; de *métrer*). *Techn.* Mesure d'un terrain, d'un ouvrage de construction; devis détaillé des travaux dans le bâtiment. V. **Toisé**.

MÉTRER [metre]. *v. tr.*; conjug. *céder* (1834; de *mètre*, II). Mesurer au mètre. *Métrer un terrain. Maçon qui métre une construction.*

MÉTREUR, EUSE [metrœr, øz]. n. (1846; de *métrer*). Personne qui mètre (*spécialt.* les constructions). *Métreur vérificateur*, qui fait l'évaluation de certains travaux pour le compte de l'entrepreneur.

MÉTRICIEN, IENNE [metrisjɛ̃, jɛn]. n. (1846; de *métrique*). Didact. Personne qui fait des recherches, des études de métrique (versification).

-MÉTRIE. Élément, signifiant « mesure, évaluation » (*ex.* : géométrie, thermométrie). V. -**Mètre.**

-MÉTRIQUE. Élément d'adjectifs tels que *barométrique, chronométrique.* V. -**Métrie.**

MÉTRIQUE [metrik]. adj. et n. f. (1496; lat. *metricus*, gr. *metrikos*).

I. *Versif.* Qui est relatif à l'emploi de la mesure, du mètre (I). *Vers métrique*, fondé sur la quantité prosodique. ◇ *N. f.* (1768) LA MÉTRIQUE : étude de la versification fondée sur l'emploi des mètres. V. **Prosodie.** *Par ext.* Tout système de versification ; ensemble des règles qui y sont relatives. V. **Vers.** « *Notre métrique est basée sur le nombre des syllabes* » (GIDE).

II. (1795 ; de *mètre*, II). ♦ 1° Qui a rapport au mètre, unité de mesure. *Système métrique* : système décimal de poids et mesures qui a le mètre pour base, institué d'abord en France le 7 avril 1795. ♦ 2° *Math.* Relatif aux distances. *Espace* métrique.* ◇ Subst. fém. *Géom.* Théorie de la mesure dans un espace (II, 2°), basée sur la formule de la distance entre deux points de cet espace.

MÉTRITE [metrit]. n. f. (1807 ; *metritis*, 1795 ; lat. méd. *metritis*, du gr. *mêtra* « matrice »). Maladie inflammatoire de l'utérus.

MÉTRO [metro]. n. m. (1891 ; de *métropolitain* 2). Chemin de fer à traction électrique, partiellement ou totalement souterrain, qui dessert les différents quartiers d'une capitale (notamment Paris) ou d'une grande ville. *Stations de métro.* « *Les bouches du métro refoulaient jusque sur le trottoir le flot des voyageurs* » (MART. du G.). *Couloirs, portillons du métro. Carte, billet, ticket de métro. Prendre le métro.* « *Zazie dans le métro* », de R. Queneau. *Le dernier métro.* V. **Balai.** — Loc. *Métro, boulot, dodo*, slogan résumant la situation du travailleur parisien. « *Un ouvrier parisien asphyxié par le métro-boulot-dodo !* » (*Nouv. Obs.*, mars 1973). *Le métro de Milan, de Montréal, de Mexico.*

MÉTRO-. Élément, tiré du gr. *metron* « mesure ».

MÉTROLOGIE [metrɔlɔʒi]. n. f. (1780 ; de *métro-*, et *-logie*). Didact. Science des mesures ; traité sur le poids et mesures.

MÉTROLOGIQUE [metrɔlɔʒik]. adj. (1842 ; de *métrologie*). Didact. Qui a rapport à la métrologie. *Études métrologiques.*

MÉTROMANIE [metrɔmani]. n. f. (1723 ; de *mètre* [I], et suff. *-manie*). Vx. Manie de composer des vers. « *La Métromanie ou le Poète* », comédie de Piron.

MÉTRONOME [metrɔnɔm]. n. m. (1815 ; de *métro-*, et *-nome*). Petit instrument à pendule, de forme pyramidale, servant à marquer la mesure pour l'exécution d'un morceau de musique. « *Mᵐᵉ de Cambremer... battant la mesure avec sa tête transformée en balancier de métronome* » (PROUST).

MÉTROPOLE [metrɔpɔl]. n. f. (XIVᵉ ; bas lat. *metropolis*, gr. *mêtêr* « mère », et *polis* « ville »). ♦ 1° *Relig.* Ville pourvue d'un archevêché où réside un métropolitain. ♦ 2° *Cour.* Ville principale. V. **Capitale.** *Les grandes métropoles économiques. Paris, métropole des libertés.* — *Métropole d'équilibre* : capitale régionale. ♦ 3° (XVIIIᵉ). État, territoire d'un État, considéré par rapport à ses colonies, aux territoires extérieurs (Cf. Mère* patrie).

1. MÉTROPOLITAIN, AINE [metrɔpɔlitɛ̃, ɛn]. adj. et n. m. (XIVᵉ ; bas lat. *metropolitanus*).

I. *Relig.* Qui a rapport à une métropole. *Église métropolitaine.* — *Archevêque métropolitain*, et subst. *Un métropolitain.*

II. Qui appartient à la métropole (*opposé à* colonial). *Territoire métropolitain et départements d'outre-mer.*

2. MÉTROPOLITAIN [metrɔpɔlitɛ̃]. adj. et n. m. (1874 ; angl. *metropolitan* « de la grande ville ». V. **Métropole,** 1°). Vx. *Chemin de fer métropolitain.* — N. m. (Admin.) *Le métropolitain.* V. **Métro.**

MÉTROPOLITE [metrɔpɔlit]. n. m. (1842 ; du rad. de *métropole*). Titre donné aux archevêques de l'Église orthodoxe.

MÉTRORRHAGIE ou **-RRAGIE** [metrɔraʒi]. n. f. (1809 ; gr. *mêtra* « matrice », et *-rrhagie*). Méd. Hémorragie utérine. V. **Ménorragie.**

METS [mɛ]. n. m. (XVᵉ ; *mes*, 1160 ; lat. pop. *missum* « ce qui est mis sur la table », de *mittere* « mettre »). Chacun des aliments qui entrent dans l'ordonnance d'un repas. V. **Plat.** *Mets épicé, relevé ; fade, insipide. Manger des mets délicats, succulents.* « *Ce qui parvenait à l'intéresser dans des mets*

comme le lapin chasseur,... c'était le piquant de la préparation » (ROMAINS). ◇ HOM. V. **Mai.**

METTABLE [metabl(ə)]. adj. (1160 ; de *mettre*). Qu'on peut mettre (ne se dit que des habits). *Cette veste, ce manteau n'est plus mettable. Ce costume est encore, à peine mettable.* « *Tu n'as que deux gilets blancs de mettables* » (BALZ.). V. **Honnête, passable.** ◇ ANT. *Immettable.*

METTEUR, EUSE [metœr, øz]. n., rare au f. (1305, repris 1694 ; de *mettre*). Inusité, sauf dans les expressions suivantes. ♦ 1° METTEUR EN ŒUVRE : ouvrier, artisan, technicien qui met en œuvre, réalise un projet, un plan. — *Spécialt.* Ouvrier bijoutier qui monte les perles, les pierres précieuses. ◇ *Fig.* Celui qui met en œuvre, utilise (qqch.). « *Veut-on que Napoléon n'ait été que le metteur en œuvre de l'intelligence sociale répandue autour de lui ?* » (CHATEAUB.). ♦ 2° (1819). METTEUR EN PAGES : typographe qui effectue la mise en pages. ♦ 3° (1873). METTEUR AU POINT : celui qui dégrossit une statue d'après le plâtre ; celui qui assure l'assemblage et le réglage d'éléments de matériels mécaniques ou électriques, qui met au point les divers mécanismes avant les essais. ♦ 4° (1873). METTEUR EN SCÈNE : personne qui assure la réalisation, la représentation sur scène d'une œuvre dramatique. — *Par ext.* (1908) Réalisateur de films. ◇ (D'apr. *metteur en scène*) METTEUR EN ONDES : réalisateur d'émissions radiophoniques. Fém. « *J'obtins une situation de 'metteuse en ondes' à la radio nationale* » (BEAUVOIR).

METTRE [mɛtr(ə)]. v. tr. : *je mets, tu mets, il met, nous mettons, vous mettez, ils mettent ; je mettais, nous mettions ; je mis, nous mîmes ; je mettrai, nous mettrons ; je mettrais, nous mettrions ; mets, mettons, mettez ; que je mette, que nous mettions ; que je misse, que nous missions ; mettant, mis* (Xᵉ ; lat. *mittere* « envoyer », et « mettre », en lat. pop.).

I. Faire changer de lieu. ♦ 1° Faire passer (une chose) dans un lieu, dans un endroit, à une place (où elle n'était pas). V. **Placer ;** *pop.* **Coller, ficher, flanquer, fourrer, foutre.** *Mettez cela ici, là, autre part. Il faut enlever, ôter cet objet de là et le mettre ailleurs ; il faut le mettre là où il était.* V. **Remettre.** *Je ne trouve plus mon stylo, je l'ai pourtant bien mis quelque part. Mettre et laisser qqch. quelque part.* V. **Établir, fixer.** — METTRE SUR. V. **Poser.** *Mettre un tapis sur le parquet.* V. **Étendre.** *Mettre une carte sur une autre.* V. **Couvrir.** Loc. fig. *Mettre sur le chantier, sur le métier. Mettre cartes sur table.* — METTRE SOUS (V. **Cacher, glisser**). *Mettre la clé* sous la porte.* — METTRE DANS. V. **Enfoncer, insérer, introduire.** « *Elle mit des billets de banque dans une enveloppe* » (GREEN). Fig. *Mettre qqch. dans la tête, l'esprit, l'idée* (de qqn). V. **Enfoncer.** — (En envoyant, en lançant) *Mettre une balle dans la cible, dans le but.* Absolt. *Il a mis en plein dans le mille.* — METTRE EN. *Mettre en bouteille, en sac* (ensacher). *Mettre en terre* : planter ou enterrer. — METTRE À *un endroit.* V. **Placer.** *Mettre chaque chose à sa place.* V. **Caser, loger, ranger, serrer.** *Mettre sa voiture au garage. Mettre au panier, à la poubelle* : jeter. *Mettre une lettre à la poste, à la boîte aux lettres* : poster. ◇ *Mettre devant, derrière qqch. Mettre la charrue devant, avant les bœufs. Mettre devant les yeux* : présenter. — *Mettre près, auprès de.* V. **Approcher.** « *Coupeau mit sa chaise tout contre le lit* » (ZOLA). *Mettre avec.* V. **Attacher, joindre.** *Mettre entre.* V. **Intercaler, interposer.** *Mettre un mot entre guillemets, entre parenthèses. Mettre par terre.* V. **Déposer, poser.** ◇ (Suivi d'un adv.) *Mettre dessus, dessous.* — *Mettre ensemble.* V. **Assembler.** Spécialt. *Mettre bas* (V. **Bas,** IV, 1°). ♦ 2° Placer (un membre, une partie du corps) dans une position. *Mettre ses bras en l'air, ses coudes sur la table, ses mains derrière le dos, le pied à l'étrier, les poings sur les hanches.* ♦ 3° Placer (un être vivant) à tel endroit. *Mettre un enfant sur sa chaise* : asseoir ; *dans son lit* : coucher. *Mettre des gardes aux portes.* V. **Poster.** — *Après avoir mis les hommes un peu partout* (ZOLA). *Mettre son cheval à l'écurie. Mets-toi là et attends ton tour.* — Fig. *Mettre au pied du mur*, devant le fait accompli. Mettre dans de mauvais draps*. Mettre les rieurs de son côté* : faire rire aux dépens de son adversaire. — Fam. *Mettre dedans, tromper.* — *Mettre ses amis dans les meilleures chambres.* V. **Caser, installer, loger.** *On l'a mis, on l'a relégué sous les combles. Mettre à la place d'honneur* (à table) : faire asseoir. — *Mettre qqn dans le train.* V. **Conduire.** *Mettre sur la route, dans le bon chemin.* V. **Diriger.** Fig. *Mettre sur la voie.* ♦ 4° Faire passer dans un en faisant changer de situation. *Mettre qqn sur la paille* : le ruiner. *Il a mis son fils en pension.* — *Mettre une chose à l'abri, à couvert, en lieu sûr.* V. **Garder, tenir.** *Mettre en place.* V. **Installer, ranger.** *Mettre de l'argent en réserve, de côté.* — *Mettre du café à chauffer, du linge (à) sécher. On prend paquet de linge, qu'elle avait dû mettre sécher* (ALAIN-FOURNIER). — Loc. *Mettre au monde, au jour* : donner naissance à *(pr. et fig.).* ◇ Spécialt. Placer (qqn) dans un emploi ; l'affecter à un travail. V. **Affecter, préposer.** *On l'a mis à la direction, à la gérance, au service d'exportation. Mettre un ouvrier à un travail.* ♦ 5° (Abstrait). Placer en esprit à un certain rang, dans un classement, une série. V. **Classer.** *Mettre l'homme, une personne à tel ou tel rang. Mettre à côté de, sur le même plan. Je mets les bons* *livres parmi les choses nécessaires.* ♦ 6° Placer (un vêtement, un ornement, etc.) sur qqn en le disposant comme il doit l'être. V. **Habiller, vêtir.** *Mettre un chapeau sur la tête de qqn, lui mettre un chapeau.* Fig. « *Je mis un bonnet rouge au vieux dictionnaire* » (HUGO). ◇ Passer, revêtir (ses propres vêtements). *Mettre ses vêtements, ses habits.* V. **Habiller** (s'), **vêtir** (se). *Mettre un costume, des gants.* « *Je n'ai que ma robe à mettre, je suis prête* » (COLETTE). ◇ Par ext. Porter. *Il ne met jamais de chapeau.* ♦ 7° Ajouter en adaptant, en assujettissant. — METTRE À : ajouter une chose à une autre (pour la compléter, la réparer). *Mettre un fer à une pioche, un soc à une charrue. Mettre un bouton à une veste, une pièce à un pantalon.* — METTRE DANS : mêler. *Mettre de l'eau dans son vin*. *Mettre divers ingrédients dans un plat.* ♦ 8° Disposer. *Mettre le couvert, la table.* V. **Dresser.** ◇ Installer. *Il a fait mettre le gaz, l'électricité (chez lui, dans sa chambre).* ♦ 9° Fig. Ajouter à, mêler à. *Mettre de la grâce dans ses gestes.* « *Son accent parisien mettait une note amusante dans ces réunions cosmopolites* » (MART. du G.). ♦ 10° METTRE... À : ajouter, apporter (un élément moral, affectif) à une action. V. **User** (de). *Mettre du soin à se cacher, du zèle à faire qqch.* « *Il y mit tout son talent, toute son âme, toute sa piété* » (GAUTIER). — Loc. *Il y a mis du sien* : il a donné, payé de sa personne, et *spécial.* il a fait des concessions, s'est montré conciliant. ♦ 11° METTRE... DANS, EN, À : placer dans, faire consister en. *Mettre de grands espoirs en qqn.* V. **Fonder.** *Mettre son orgueil dans la réussite. Il met son orgueil à réussir.* ♦ 12° METTRE (un certain temps, de l'argent) À : dépenser, employer, utiliser (ce temps). *Mettre plusieurs jours, un temps très long, à faire qqch.* — (De l'argent) *Mettre mille francs à un achat, à un bibelot. Combien voulez-vous y mettre? Y mettre le prix.* ♦ 13° Placer (de l'argent). *Mettre son argent dans une affaire, en viager.* ♦ 14° Porter, provoquer, faire naître. *Il a mis le désordre, le trouble partout.* V. **Causer, créer, semer.** *Mettre de l'ordre. Mettre fin*. ◇ *Mettre le feu à qqch.* : faire brûler. — *Par ext.* Faire marcher, amorcer, déclencher. *Mettre le contact. Mettre les gaz.* ♦ 15° Écrire, coucher par écrit. *Mettre son nom sur un album. Mettre une somme sur un compte, au compte de qqn.* — *Mettez que je le suis d'accord. Mettez cent francs, notez, inscrivez.* ♦ 16° Fam. METTRE QUE : admettre, dire. *Mettons que je n'ai rien dit.* V. **Supposer.** « *Mettons que le prix soit honnête* » (AYMÉ). ♦ 17° Faire figurer, inclure (dans une œuvre, un texte). *Mettre dans son livre des extraits d'auteurs. Les choses que Balzac a mises dans ses livres. Il a voulu trop en mettre* : trop en dire. ◇ *Mettre un type, un personnage en scène, sur la scène.* ♦ 18° Fam. ou pop. Donner (un coup). V. **Coller.** Absolt. *Qu'est-ce qu'il lui met!* — Fig. *En mettre un coup*. Sports. *Ils leur ont mis 5 buts à 0.* ♦ 19° Pop. (1914). *Mettre les bouts, les bâtons (les jambes)* : partir (Cf. Mettre les voiles, mettre les gaz). — Absolt. « — *Alors, on les met? — Cinq minutes, dit Robert.* — *Dépêche-toi* » (BEAUVOIR).

II. ♦ 1° Placer dans une position nouvelle (sans qu'il y ait déplacement ni modification d'état, pour le complément). *Mettre qqn debout* (lever), *sur son séant* (asseoir). *Mettre sur ses pieds.* Fig. *Mettre sur pied*. — *Mettre bas, à bas* : abattre. *Mettre à l'envers, sens dessus dessous.* ♦ 2° Placer, disposer dans une position particulière. *Voulez-vous mettre le loquet* (le baisser), *le verrou* (le pousser)? « *Elle courut mettre elle-même les verrous* » (ZOLA). ♦ 3° Mar. *Mettre les voiles en ciseaux. Mettre un navire à la voile, à l'ancre.* Absolt. *Mettre à la voile pour appareiller. Mettre le cap sur l'ouest,* tourner vers l'ouest.

III. Faire passer dans un état nouveau; modifier en faisant passer dans une situation nouvelle. ♦ 1° (*Sens concret*). METTRE EN : transformer en. *Mettre une pierre, une agate en cachet, en bague. Mettre du blé en gerbe. Mettre du linge en charpie. Mettre les bras en croix. Mettre en flammes, en feu. Mettre un champ en blé, en avoine* : l'ensemencer. *Mettre en fraction, en centimètres.* V. **Convertir.** *Mettre un texte en français, en anglais.* V. **Traduire.** *Mettre en bon français. Mettre en forme.* « *Admirable matière à mettre en vers latins!* » (MUSS.). ◇ METTRE À. *Mettre un étang, un bassin à sec. Mettre en brouillon au propre.* Gram. *Mettre un verbe à la forme passive, au futur; un substantif au pluriel.* ♦ 2° (Emplois abstraits). METTRE (qqch. ou qqn) DANS, EN, À : changer, modifier en faisant passer dans, à un état nouveau. *Mettre dans un état, en un état, en l'état.* Absolt. *Mettre en état* : préparer. *Mettre une pendule à l'heure. Mettre* (plusieurs personnes ou choses) *en accord. Mettre en commun. Mettre en contact, en présence, en relation, en rapport. Mettre au point un appareil de photo.* — Faire avancer, marcher, agir ou préparer pour l'action. *Mettre en état de marche. Mettre une armée en bataille, une pièce d'artillerie en batterie. Mettre en mouvement, en train, en marche, en service, en vente. Mettre en action, en pratique, en usage. Mettre en œuvre.* ♦ 3° Mettre en marche; faire fonctionner. *Il met la radio à partir de six heures du matin. Mettez le chauffage, il commence à faire froid.* ♦ 4° (Abstrait). Soumettre

à un examen qui entraîne un jugement, une conclusion. *Mettre en lumière, en évidence, en valeur, en doute. Mettre en cause, en jeu.* ♦ 5° Placer (qqn) dans telle ou telle situation. *Mettre en danger. Mettre hors de combat. Mettre qqn à l'aise. Mettre au supplice. Mettre à mort. — Mettre en colère. Mettre en confiance. Mettre au désespoir.* — (Avec attribut) V. **Rendre.** *Mettre qqn mal à l'aise. Mettre un boxeur knock-out.*

IV. SE METTRE. Ⓐ *V. pron.* ♦ 1° (*Sens réfl.*). Venir occuper un lieu, une place. V. **Placer** (se). *Se mettre à un endroit, à la fenêtre. Se mettre dans un fauteuil confortable* : s'y asseoir. *Se mettre au lit* : se coucher. *Se mettre à l'eau. Ils se mirent autour.* V. **Entourer, environner.** *Se mettre entre deux personnes.* — *Se mettre à table*, s'asseoir à table. *Se mettre (pour en jouer).* — Loc. *Ne plus savoir où se mettre* : être embarrassé, gêné. — *Ôte-toi de là que je m'y mette,* maxime du sans-gêne. ♦ 2° (Avec un nom de lieu indéterminé ou un nom abstrait). *Se mettre à l'abri. Se mettre au service de qqn. Se mettre dans une situation délicate, dans une sale affaire.* ♦ 3° Prendre une position. *Se mettre au garde-à-vous, à genoux.* ♦ 4° Devenir (en tel ou tel état physique). *Se mettre en sueur. Se mettre à l'aise. Le temps s'est mis au beau.* — (En parlant de la mise, du vêtement) *Se mettre en habit, en bras de chemise.* ♦ 5° Devenir. *Se mettre en colère. Se mettre en frais, en peine. Se mettre d'accord avec qqn. Se mettre dans son tort.* — (Suivi d'un adv.) *Se mettre bien, mal avec qqn.* Absolt. *Il se met bien* (fam.) : il est dans une situation enviable, il ne se refuse rien (souvent *iron.*). « — *Je vendais des fleurs ici. Tu te mettais bien* » (SARTRE). ♦ 6° SE METTRE EN (suivi d'un substantif exprimant le mouvement). *Se mettre en chemin, en route* : partir. *Se mettre en marche, en mouvement.* ♦ 7° SE METTRE À : commencer à faire. *Se mettre au travail, à l'étude. Se mettre à l'ouvrage. Se mettre au latin, aux mathématiques* : commencer à les étudier. « *Je ne me suis mis à l'anglais que très tard* » (GIDE). — S'appliquer, prendre goût à. *Jusqu'alors il ne mordait pas au latin, maintenant il s'y met.* — Commencer. *Se mettre à faire qqch. Se mettre à rire, à pleurer.* V. **Prendre** (se). Ellipt. *Il va falloir s'y mettre* (au travail, à travailler). — Accepter un état, un genre de vie nouveau. *Se mettre au régime, à la diète, à l'eau.* ♦ 8° (*Sens passif*). Se placer, s'introduire. *Gravier qui se met dans un conduit. Les vers s'y sont mis.* ♦ 9° (*Récipr.*). Pop. *Qu'est-ce qu'ils se mettent!* (comme coups!) Ⓑ SE METTRE, suivi d'un compl. d'objet : mettre à soi. *Se mettre un sac sur le dos. Se mettre de l'encre sur les doigts.* Fig. et fam. *Se mettre le doigt dans l'œil. S'en mettre jusqu'aux yeux, plein la lampe.* — Fig. *Se mettre (une idée) dans la tête, en tête. Mettez-vous bien ça dans la tête.* V. **Enfoncer** (s'). — *Se mettre (qqn) à dos* : le fâcher, l'indisposer contre soi. ◇ *Spécialt.* (pour se vêtir). *Sa femme se plaint de n'avoir rien à se mettre* (pour s'habiller autrement, avec plus de goût). — Fam. *Se mettre la ceinture*.

◇ ANT. **Enlever, ôter, soustraire.** — HOM. **Mètre; maître.**

MEUBLANT, ANTE [mœblɑ̃, ɑ̃t]. *adj.* (XIIIᵉ; de *meubler*). ♦ 1° Qui peut s'employer pour l'ameublement. ♦ 2° Dr. *Meubles meublants,* effets mobiliers destinés « à l'usage et à l'ornement des appartements » (CODE CIV., art. 535).

MEUBLE [mœbl(ə)]. *adj.* et *n. m.* (*Mueble,* XIIᵉ; lat. pop. *mobilis,* o bref *(o long en lat. class.).*

I. *Adj.* ♦ 1° Dr. (*Opposé à* immeuble). Qui peut être déplacé, ou qui est réputé tel par la loi. *Biens meubles par nature* (animaux, mobilier, navires, matériaux de construction, marchandises), *par la détermination de la loi* (créances, rentes, actions des sociétés, fonds de commerce, droits d'auteur, offices ministériels). ◇ *Subst.* (XIIIᵉ) *Le meuble,* l'ensemble des biens meubles (de qqn). V. **Mobilier.** — *Un meuble,* un bien meuble. « *En fait de meubles, possession vaut titre* » (CODE CIV.). ♦ 2° *Spécial.* (Cour.). *Sol, terre meuble,* qui se laboure, se fragmente aisément. « *Quelques terres meubles ou argileuses* » (BALZ.).

II. *N. m.* (XVIᵉ). ♦ 1° Vx. Tout ce qui est destiné au service d'une maison, et *par ext.* Objet ou ensemble d'objets utiles. « *Ce couteau à plusieurs lames est un meuble fort commode* » (LITTRÉ). ♦ 2° (XVIIᵉ). *Mod.* Nom générique des objets mobiles de formes rigides, qui concourent à l'aménagement de l'habitation, des locaux. V. **Ameublement, mobilier.** *Principaux meubles* : armoire, bahut, buffet, commode, lit, siège, table. *Meubles de rangement. Meubles de bureau* : bibliothèque, bureau, casier, classeur, fichier, secrétaire. *Meuble combiné avec radio et pick-up. Meubles de jardin en rotin, en vannerie.* — *Fabrication des meubles* (V. **Ébénisterie, menuiserie**). *Marchand de meubles anciens* (antiquaire), *d'occasion* (brocanteur). *Meubles rustiques.* « *Nos misérables meubles de bois plaqué, tous ces ustensiles informes* » (GAUTIER). *Meuble Louis XVI, Empire. Meubles métalliques de bureau, de clinique.* — Loc. *S'installer, se mettre, être, vivre dans ses meubles,* dans un appartement, une maison qu'on meuble ou qu'on a meublés. ◇ Par ext.

Vx. Mobilier et décoration assortis. « *Un meuble de salon en velours d'Utrecht et en acajou* » (HUGO). V. **Ameublement.** ♦ 3° *Blas.* Nom de tout objet figuré sur l'écu. *Partitions et meubles de l'écu.*
◇ ANT. *Bien-fonds, immeuble.*

MEUBLÉ, ÉE [mœble]. *adj.* et *n. m.* (1279, « garni, riche ». V. **Meubler**). ♦ 1° Qui est loué avec des meubles, des ustensiles. *Louer un appartement, une chambre meublés.* V. **Garni.** *Location meublée.* ♦ 2° *N. m.* (1922). *Habiter un meublé.*

MEUBLER [mœble]. *v. tr.* (XIII°; de *meuble*). ♦ 1° *Vx.* Équiper, pourvoir. ♦ 2° *Mod.* (XIV°). Garnir de meubles. *Meubler une chambre pour la louer.* — Au p. p. *Son appartement est à peine meublé, est bien meublé.* — Pronom. *Se meubler en Empire.* — Par ext. « *L'unique chaise qui meublait sa cellule* » (MAC ORLAN). ♦ 3° *Cretonne qui meuble bien,* qui fait bel effet comme tissu d'ameublement. V. **Meublant.** ♦ 4° *Fig.* Remplir ou orner. « *L'illusion, cette espèce de nuit que nous meublons de songes* » (BALZ.). *Meubler sa mémoire.* V. **Enrichir.** *Meubler sa solitude, ses loisirs avec quelques bons livres.* V. **Occuper.** ◇ ANT. *Démeubler.*

MEUGLEMENT [møgləmã]. *n. m.* (1539; de *meugler*). Cri sourd et prolongé des bovins. V. **Beuglement, mugissement.**

MEUGLER [møgle]. *v. intr.* (1539; altér. de *beugler*). Crier, pousser des meuglements, en parlant des bovins. V. **Beugler, mugir.** « *La vache s'agitait, se battait de sa queue en meuglant* » (ZOLA).

MEULAGE [mølaʒ]. *n. m.* (v. 1900; de *meuler*). Opération d'ajustage par friction d'une meule rotative. *Meulage d'une couronne dentaire.*

1. **MEULE** [møl]. *n. f.* (*Muele*, 1170; lat. *mola*). ♦ 1° Cylindre plat et massif, servant à broyer, à moudre. V. **Broyeur, concasseur.** *Meules de moulin en pierre meulière. Meule courante ou traînante,* qui repose sur la première. ♦ 2° Disque en matière abrasive à grains très fins, servant à aiguiser (V. **Affiloir**), à polir (V. **Aléseuse**). « *La machine à aiguiser avec sa lourde meule, en grosse pierre épaisse* » (GIONO). *Affûter un couteau sur la meule.* Spécialt. *Meule servant à modifier par abrasion la forme d'une dent.* ♦ 3° *Agric.* Grand fromage en forme de disque très épais. *Meule de gruyère.*

2. **MEULE** [møl]. *n. f.* (*Moule*, 1150; p.-ê. métaph. du précéd.). ♦ 1° Amas, gros tas de foin, de gerbes (V. **Gerbier**), dressé après la fenaison ou la moisson, et recouvert d'un toit de chaume. « *Jean et ses deux faneuses avaient commencé la première meule* » (ZOLA). *Meule ronde,* en forme de tronc de cône renversé, surmonté d'un cône. *Haute meule de paille.* V. **Pailler.** ♦ 2° *Tas de bois recouvert d'herbe ou de feuillage,* qu'on carbonise pour faire du charbon de bois. ♦ 3° *Tas de fumier provenant des couches de champignons; la champignonnière elle-même.*

MEULER [møle]. *v. tr.* (v. 1900; de *meule* 1). Passer, dégrossir à la meule. *Machine à meuler.*

MEULETTE [mølɛt]. *n. f.* (1846; de *meule* 2). *Agric.* Petite meule de foin.

1. **MEULIER** [mølje]. *n. m.* (XIII°; de *meule* 1). *Techn.* Ouvrier qui fabrique des meules.

2. **MEULIER, IÈRE** [mølje, jɛʀ]. *adj.* et *n. f.* (1566; adj.; de *meule* 1). ♦ 1° *Pierre meulière,* et *n. f. Meulière,* pierre à surface rugueuse, variété de calcaire siliceux employée en maçonnerie. *Une villa en meulière.* « *Toutes les maisons sont bâties en pierres meulières trouées comme des éponges* » (NERVAL). ♦ 2° *N. f.* Carrière de pierre meulière. *Exploiter une meulière.*

MEULON [møl5]. *n. m.* (*Mulon,* XIII°; a. fr. *muillon,* lat. pop. °*mutulio,* par crois. avec *meule* 1). ♦ 1° *Région.* V. **Meule.** ♦ 2° *Agric.* Petite meule de fourrage élevée dans un pré avant la confection des grandes meules ou le transport du foin dans les granges. ♦ 3° *Techn.* Tas de sel extrait d'un marais salant.

MEUNERIE [mønʀi]. *n. f.* (1767; de *meunier*). ♦ 1° Industrie de la fabrication des farines (V. **Minoterie**); commerce du meunier. *Installation de petite, de moyenne meunerie.* V. **Moulin.** *Opérations de meunerie* : blutage, broyage, convertissage, nettoyage, sassage. ♦ 2° Ensemble des meuniers. *Chambre syndicale de la meunerie.*

MEUNIER, ÈRE [mønje, ɛʀ]. *n.* et *adj.* (XIII°; a. fr. *mounier, munier;* lat. °*molinarius,* de *molinum* « moulin »). I. ♦ 1° Personne qui possède, exploite un moulin à céréales, ou qui fabrique de la farine. V. **Minotier.** *Échelle de meunier* : escalier raide. Par appos. « *Un garçon meunier assis sur des sacs de blé* » (BALZ.). *Meunier, tu dors,* chanson enfantine. « *Le meunier, son fils et l'âne,* » fable de La Fontaine. — MEUNIÈRE : épouse d'un meunier. ♦ 2° *Vieilli.* *À la meunière,* à la mode de la farine. *Truite à la meunière.* — *Cour.* Ellipt. *Sole meunière.* ♦ 3° *Adj.* Qui a rapport à la meunerie. *Industrie meunière.* II. *Fig.* (déb. XVIII°). ♦ 1° *N. m.* Nom du chevesne, poisson qui vit près des moulins. ♦ 2° *N. f.* Mésange bleue.

MEURETTE [mœʀɛt] *n. f.* (XX°, en fr. génér.; forme région. [Bourgogne, etc.] de *murette* (XV°); de l'a. fr. *muire* « eau salée » [Cf. *Saumure*]; lat. *muria*). *Cuis.* Sauce au vin servant à préparer certains poissons, les œufs (surtout dans l'expression *œufs en meurette,* œufs pochés accompagnés de cette sauce; Cf. *Œufs à la murette,* 1614).

MEURT-DE-FAIM [mœʀdəfɛ̃]. *n. invar.* (1690; *mort-de-faim,* 1604; de *mourir,* et *faim*). Personne misérable au point de ne pouvoir se nourrir. V. **Crève-la-faim, miséreux.** « *Il les reçut comme des meurt-de-faim* » (ZOLA).

MEURTRE [mœʀtʀ(ə)]. *n. m.* (*Murtre,* 1090; de *murtrir, meurtrir* « assassiner »). Action de tuer volontairement un être humain. V. **Crime, homicide;** et suff. *-Cide. Meurtre commis avec préméditation.* V. **Assassinat.** « *Le mobile du meurtre était trouvé* » (ZOLA). *Meurtre inspiré par la pitié* (V. **Euthanasie**).

MEURTRIER, IÈRE [mœʀtʀije, ijɛʀ]. *n.* et *adj.* (XV°; *murtrier,* XII°; de *meurtre*). I. Personne qui a commis un ou des meurtres. V. **Assassin, criminel, homicide.** « *Nous demeurons stupides devant le meurtrier tranquille et doux, qui tient un carnet de ses victimes* » (COLETTE). *Meurtrier professionnel.* V. **Tueur.** II. *Adj.* (v. 1220). ♦ 1° *Vx* (*Personnes*). Qui commet ou a commis un meurtre, des meurtres. « *Bientôt de Jézabel la fille meurtrière* » (RAC.). ♦ 2° *Mod.* (*Choses*). Qui cause, entraîne la mort de nombreuses personnes. V. **Destructeur, funeste, sanglant.** *Combats meurtriers. Coups meurtriers.* V. **Mortel.** « *Trois de ses fils étaient morts sous ce climat meurtrier* » (MAUPASS.). — *Où de nombreuses personnes trouvent la mort.* « *Nos routes sont rendues meurtrières par la hantise stupide du dépassement* » (MONTHERLANT). ◇ Qui sert à perpétrer un meurtre. V. **Homicide.** *Arme meurtrière.* ◇ *Fig.* Qui pousse à tuer. *Fureur meurtrière.* ◇ ANT. *Victime.*

MEURTRIÈRE [mœʀtʀijɛʀ]. *n. f.* (1573; de *meurtrier*). Ouverture, fente verticale pratiquée dans un mur de fortification pour jeter des projectiles ou tirer sur les assaillants. *Meurtrières d'un château fort, d'une forteresse.* V. **Archère, barbacane.** *Meurtrière d'un parapet de tranchée.* V. **Créneau.** *Des « ouvertures si étroites qu'elles ressemblaient à des meurtrières* » (BERNANOS).

MEURTRIR [mœʀtʀiʀ]. *v. tr.* (1382; *murdrir,* 1138; frq. °*murthrjan*). ♦ 1° *Vx.* Assassiner, tuer. ♦ 2° (XVI°). *Mod.* Serrer, heurter au point de laisser une marque sur la peau. V. **Contusionner, écraser, fouler, froisser.** *Il lui serrait le poignet à le meurtrir. Se meurtrir le front.* ♦ 3° *Endommager* (un fruit, un légume). V. **Cotir.** ♦ 4° Marquer de traces semblables à des meurtrissures. *Visage meurtri par la fatigue.* ♦ 5° (*Abstrait*). Blesser, déchirer. « *Je blessais souvent des âmes fraîches et nobles par les mêmes coups qui me meurtrissaient secrètement* » (BALZ.). *Cœur meurtri.*

MEURTRISSURE [mœʀtʀisyʀ]. *n. f.* (1535; de *meurtrir*). ♦ 1° Marque sur la peau meurtrie. V. **Blessure, bleu, contusion, coup, noir.** *Les meurtrissures rendent la peau livide. Meurtrissure causée par un pincement* (V. **Pinçon**), *par les dents d'un animal* (V. **Morsure**). ♦ 2° Tache (sur des fruits, des végétaux endommagés dans leur chute, leur transport). V. **Cotissure.** ♦ 3° Marque, trace laissée par la fatigue, la maladie, la vieillesse. — *Fig. Meurtrissure du cœur.*

MEUTE [møt]. *n. f.* (*muete* « soulèvement, expédition », 1155; lat. pop. *movita,* class. *motus,* p. p. de *movere* « mouvoir »). ♦ 1° Troupe de chiens courants dressés pour la chasse à courre. *Lâcher, lancer la meute sur un cerf. Chiens de meute,* ceux qu'on découple les premiers pour attaquer. ♦ 2° *Fig.* Bande, troupe de gens acharnés à la poursuite, à la perte de qqn. *Meute de créanciers, d'envieux.* « *La meute des hommes d'argent* » (DUHAM.).

MÉVENTE [mevãt]. *n. f.* (1675; du v. *mévendre* (XII°), comp. de *vendre*). ♦ 1° *Vieilli.* Vente à perte. ♦ 2° (1846). *Mod.* Forte chute des ventes qui compromet la prospérité d'un commerce. *Traverser une période de mévente.* V. **Marasme.** « *L'accumulation des stocks, la mévente... me mettent dans l'impossibilité de tenir mes engagements* » (MAUROIS).

MEXICAIN, AINE [mɛksikɛ̃, ɛn]. *adj.* et *n.* (1588; de *Mexique*). Du Mexique. *Poncho, sombrero mexicain. Alcool mexicain.* V. **Tequila.** *Ruines des anciennes civilisations mexicaines* (aztèque, maya). *Pyramide mexicaine.* — *Les Mexicains. Une Mexicaine.*

MÉZAIL [mezaj]. *n. m.* (XIV°-XV°; o. i.). *Archéol.* Armure de tête, visière mobile d'un casque fermé.

MÉZIGUE [mezig]. *pron. pers.* (1835; de *zigue* [V. **Zig**], et du poss. *mes* [id. pour *tes, ses* : *tézigues, sézigues*]). *Arg.* Moi. *C'est pour mézigue.*

MEZZANINE [mɛdzanin]. *n. f.* (1676; it. *mezzanino* « entresol », de *mezzo* « milieu, moitié »). ♦ 1° Petit entresol ménagé entre deux grands étages. — *Par ext.* Petite fenêtre d'entresol. ♦ 2° (XX°). *Mezzanine d'une salle de spectacle.* V. **Corbeille.** *Prendre deux fauteuils à la mezzanine,* et ellipt.

deux mezzanines. — Au masc. « *Aux meilleures places, quelque part du côté du mezzanine* » (QUENEAU).

MEZZA-VOCE [mɛdzavɔtʃe]. *loc. adv.* (1758; it. *mezza*, et *voce* « voix »). *Mus.* ou *littér.* À mi-voix. *Chanter mezza-voce.* Par ext. *Confidence faite mezza-voce.*

MEZZO. *n.* V. MEZZO-SOPRANO.

MEZZO-, MEZZA-. Premier élément, de l'it. « moyen, moyenne ».

MEZZO-SOPRANO [mɛdzosɔprano]. *n.* (1839; it. « soprano moyenne »). *Mus.* ♦ 1° *N. m.* Voix de femme, intermédiaire entre le soprano et le contralto. *Des mezzo-sopranos.* Abrév. « *Elle avait une voix de mezzo voilée* » (R. ROLLAND). ♦ 2° *N. f.* Celle qui a cette voix. *Mélodies chantées par une mezzo-soprano. Une mezzo* [mɛdzo].

MEZZO-TINTO [mɛdzotinto]. *n. m. invar.* (1749; it. « demi-teinte »). *Arts.* Gravure « à la manière noire » exécutée en grattant la planche grenée pour obtenir, à partir d'un noir uniforme, des gris plus légers et des blancs purs.

Mg Symbole chimique du magnésium*.

1. MI [mi]. *n. m.* (XIIIe; première syllabe de *mira* dans l'hymne de saint Jean-Baptiste). ♦ 1° Troisième note de la gamme d'ut, cinquième degré de l'échelle fondamentale. *Mi naturel, bémol, dièse. Gamme, ton de mi majeur, de mi mineur.* ♦ 2° Corde d'un instrument qui donne le son de cette note. *Le mi du violon* (chanterelle). ◊ HOM. *Mie*; formes du v. *mettre.*

2. MI- [mi]. *adj.* et *adv.* employé comme *préf.* (1080, adj. 15°; du lat. *medius* « qui est au milieu »). ♦ 1° Suivi d'un nom et formant avec lui un nom composé. *La mi-janvier* : le milieu de janvier. ♦ 2° *(Loc. adv.).* À MI- suivi d'un nom. *À mi-hauteur, à mi-distance.* « *On a de l'eau jusqu'à mi-cuisses* » (GIDE). V. **Mi-corps** (à), **mi-jambes** (à). — *À mi-temps.* ♦ 3° Suivi d'un adjectif, d'un participe (forme un adv.). *Mi-long. Mi-figue* mi-raisin. *Étoffe mi-fil, mi-coton.* « *Une galerie, mi-salle de billard, mi-cabinet de travail* » (COCTEAU). ◊ HOM. V. **Mi.** (1).

MIAM-MIAM [mjammjam]. *interj.* et *n. m.* (XXe; onomatopée enfantine). *Fam.* Exclamation exprimant le plaisir de manger. *Subst.* (lang. enfantin). Le fait de manger. *Un bon miam-miam.*

MIAOU [mjau]. *n. m.* (1619; onomat.). Cri du chat (lang. enfantin). V. **Miaulement.** *On entend des petits miaous.*

MIASMATIQUE [mjasmatik]. *adj.* (1797; de *miasme*). ♦ 1° *Littér.* Qui contient ou produit des miasmes. *Marécage miasmatique.* ♦ 2° *Méd.* Qui est causé par les miasmes. *Fièvre miasmatique.*

MIASME [mjasm(ə)]. *n. m.* (1695; gr. *miasma* « souillure »). ♦ 1° Émanation à laquelle on attribuait les maladies infectieuses et les épidémies avant les découvertes pasteuriennes. « *Ces eaux s'amassent, croupissent et, se résolvant par l'évaporation, remplissent l'atmosphère de miasmes pestilentiels* » (GAUTIER). ♦ 2° Gaz putride, provenant de déchets végétaux ou animaux en décomposition.

MIAULEMENT [mjolmɑ̃]. *n. m.* (1564; de *miauler*). Cri du chat. V. **Miaou.** ◊ Bruit ressemblant au miaulement du chat, léger grincement, sifflement. « *Un miaulement de cor lui déchire le tympan* » (MART. du G.).

MIAULER [mjole]. *v. intr.* (XIIIe; onomat.). ♦ 1° Se dit du chat (et de certains félins) quand il fait entendre son cri. ♦ 2° Faire entendre un bruit analogue au miaulement. *Les balles miaulent.*

MIAULEUR [mjolœr]. *adj.* et *n. m.* (XVIe; de *miauler*). Qui miaule.

MI-BAS [miba]. *n. m.* (XXe; de *mi-*, et *bas*). Chaussettes montantes. *Porter des mi-bas.*

MICA [mika]. *n. m.* (1735; lat. *mica* « parcelle ». V. *Miche*). ♦ 1° Minerai à structure feuilletée, formé de silico-aluminates (de potassium de fer, etc.), constituant des roches volcaniques et métamorphiques. *Le gneiss, le granit, le micaschiste sont des roches à mica.* ♦ 2° Plaque de mica blanc transparent, utilisée comme vitre, comme isolant thermique.

MICACÉ, ÉE [mikase]. *adj.* (1755; de *mica*). ♦ 1° *Minér.* De la nature du mica; qui contient du mica. *Sable micacé.* ♦ 2° Semblable à du mica. « *Une poussière micacée, brillante* » (GAUTIER).

MI-CARÊME [mikarɛm]. *n. f.* (1251; de *mi-*, et *carême*). Jeudi de la troisième semaine de carême. *Mascarades, réjouissances de la mi-carême.*

MICASCHISTE [mikaʃist(ə)]. *n. m.* (1817; de *mica*, et *schiste*). *Minér.* Roche métamorphique composée de mica et de quartz.

MICELLAIRE [misɛl)lɛr]. *adj.* (1922; de *micelle*). *Sc.* Propre aux micelles. *Structure micellaire.*

MICELLE [misɛl]. *n. f.* (v. 1900; du lat. *mica* « parcelle »). *Sc.* Nom donné par Nægeli aux particules en suspension dans une solution colloïdale (formées par des chaînes de molécules). ◊ HOM. *Missel.*

MICHE [miʃ]. *n. f.* (XIIIe; « miette », v. 1170; lat. pop.

°*micca*, de *mica*). ♦ 1° Pain rond assez gros, en usage à la campagne. ♦ 2° MICHES. *n. m. pl.* Arg. Fesses.

MICHELINE [miʃlin]. *n. f.* (v. 1930; de *Michelin*, firme constructrice). Automotrice montée sur pneumatiques.

MI-CHEMIN (À) [amiʃmɛ̃]. *loc. adv.* (XVIe; de *mi-*, et *chemin*). Au milieu ou vers le milieu du chemin, du trajet. *Rester à mi-chemin.* Fig. *S'arrêter à mi-chemin,* sans avoir atteint son but. — Loc. prép. *À mi-chemin de.*

MICHETON [miʃtɔ̃]. *n. m.* (v. 1810; de *michi,* même sens [1739], forme pop. de *Michel*). *Arg.* Amant qui paye. — *Par ext.* (1894). Niais qu'on peut gruger, dépouiller sans crainte. V. **Gogo**; **cave 3** (II).

MI-CLOS, CLOSE [miklo, kloz]. *adj.* (1839; de *mi-*, et *clos*). À moitié clos. *Fleurs mi-closes. L'œil mi-clos.* « *Quand, ta main approchant de tes lèvres mi-closes* » (LAMART.). *Persiennes mi-closes.*

MICMAC [mikmak]. *n. m.* (1691; *miquemaque*, n. f., 1640; altér. de *meutemacre* « rebelle », du moy. néerl. *muytmaker* « mutin »). *Fam.* Intrigue mesquine, agissements suspects. V. **Manigance.** « *Il doit y avoir là-dessous bien des micmacs* » (ROMAINS).

MICOCOULIER [mikɔkulje]. *n. m.* (*Micacoulier*, 1552; mot prov., gr. mod. *mikrokoukouli*). Arbre du genre orme (*Ulmacées*) des régions chaudes et tempérées. *Micocoulier de Provence.* « *Quatre oliviers ou un vieux puits sous un micocoulier* » (BOSCO).

MI-CORPS (À) [amikɔr]. *loc. adv.* (1788; de *mi-*, et *corps*). Au milieu du corps, jusqu'au niveau de la taille. *Il entra dans l'eau jusqu'à mi-corps. Portrait à mi-corps,* de la partie supérieure du corps.

MI-CÔTE (À) [amikot]. *loc. adv.* (1690; de *mi-*, et *côte*). Au milieu, à la moitié de la pente d'une côte. « *J'approche d'une petite ville. Elle est située à mi-côte* » (LA BRUY.).

1. MICRO. *n. m.* (v. 1930). V. MICROPHONE.

2. MICR(O)-. Premier élément, gr. *mikros* « petit » (en métrologie, marque la division d'une unité par un million. *Microseconde;* symb. μ).

MICRO-AMPÈRE [mikrɔɑper]. *n. m.* (1923; de *micro-*, et *ampère*). *Électr.* Un millionième d'ampère (μA).

MICRO(-)AMPÈREMÈTRE [mikrɔɑpermɛtr(ə)]. *n. m.* (1923; de *micro-ampère*, et *-mètre*). *Électr.* Ampèremètre capable de mesurer de très faibles intensités.

MICRO-ANALYSE [mikrɔanaliz]. *n. f.* (mil. XXe; de *micro-*, et *analyse*). Analyse chimique de haute précision, portant sur des masses extrêmement faibles.

MICROBALANCE [mikrɔbalɑ̃s]. *n. f.* (1920; de *micro-*, et *balance*). Balance de précision servant à peser de très petits poids, de l'ordre du centième de milligramme.

MICROBE [mikrɔb]. *n. m.* (1878; gr. *mikrobios* « dont la vie est courte », de *bios* « né »). ♦ 1° *Vx.* Nom générique de tous les organismes unicellulaires invisibles à l'œil nu (V. *Micro-organisme*). ♦ 2° *Cour.* Micro-organisme pathogène. V. **Bacille, bactérie, germe, vibrion, virus.** *Culture de microbes :* bouillon de culture. *Toxines sécrétées par les microbes. Lutte contre les microbes* (sérum, vaccin; antisepsie, asepsie). ♦ 3° *Fig.* et *fam.* Personne chétive, petite. V. **Avorton.**

MICROBICIDE [mikrɔbisid]. *adj.* et *n. m.* (1889; de *microbe*, et suff. *-cide*). *Vieilli.* Qui tue les microbes (Syn. mod. *Bactéricide*). V. **Antiseptique.**

MICROBIEN, IENNE [mikrɔbjɛ̃, jɛn]. *adj.* (1894; de *microbe*, et suff. *-ien*). ♦ 1° Relatif aux microbes. *Culture microbienne.* ♦ 2° Causé, produit par les microbes. *Maladie microbienne. Toxines microbiennes.*

MICROBIOLOGIE [mikrɔbjɔlɔʒi]. *n. f.* (1888; de *micro-*, et *-biologie*). *Didact.* Science qui traite des organismes microscopiques et ultramicroscopiques. *Branches de la microbiologie :* bactériologie, mycologie, protistologie, virologie.

MICROBIOLOGISTE [mikrɔbjɔlɔʒist(ə)]. *n.* (1891; de *microbiologie*). *Sc.* Spécialiste de la microbiologie.

MICROBUS [mikrɔbys]. *n. m.* (mil. XXe; de *micro-*, et *bus*). Petit autobus rapide.

MICROCÉPHALE [mikrɔsefal]. *adj.* et *n.* (1795; gr. *mikrokephalos*; Cf. *-Céphale*). ♦ 1° *Sc.* Qui a une tête anormalement petite. *N. Un, une microcéphale.* ♦ 2° *Zool.* Qui a la tête petite. *Fourmi microcéphale.* ◊ ANT. *Acromégalique, macrocéphale.*

MICROCHIRURGIE [mikrɔʃiryrʒi]. *n. f.* (mil. XXe; de *micro-*, et *chirurgie*). *Sc.* Intervention chirurgicale effectuée sur une structure vivante très petite, sous contrôle du microscope.

MICROCINÉMA [mikrɔsinema]. *n. m.* (*Microcinématographe*, 1910; de *micro-*, et *cinéma*). Prises de vues d'objets microscopiques.

MICROCLIMAT [mikrɔklima]. *n. m.* (mil. XXe; de *micro-*, et *climat*). *Biol.* Conditions climatiques (surface du sol, humidité, etc.) concernant une zone très restreinte.

Étude des microclimats en fonction d'une faune spécifique.
MICROCOQUE [mikrɔkɔk]. *n. m.* (1890; de *micro-*, et suff. *-coque*). Nom générique de microbes en forme de grains arrondis, tels que le gonocoque, le staphylocoque, etc.

MICROCOSME [mikrɔkɔsm(ə)]. *n. m.* (1314; bas lat. *microcosmus*, gr. *mikrokosmos*). ♦ 1° *Philo. anc.* L'homme, le corps humain considéré comme un petit univers, une image réduite du monde, du macrocosme, auquel il correspond, partie à partie. ♦ 2° *Mod. et littér.* Abrégé, image réduite du monde, de la société. « *Ce microcosme que vous appelez drame ou roman* » (HUGO).

MICROCOSMIQUE [mikrɔkɔsmik]. *adj.* (1765, chim.; de *microcosme*). *Didact.* Relatif au microcosme.

MICROCRISTAL, AUX [mikrɔkristal, o]. *n. m.* (mil. XXᵉ; de *micro-*, et *cristal*). *Didact.* Cristal microscopique formant la structure de certains corps.

MICRODISSECTION [mikrɔdisɛksjɔ̃]. *n. f.* (mil. XXᵉ; de *micro-*, et *dissection*). *Sc.* Micromanipulation* qui consiste à disséquer des organismes microscopiques, des cellules vivantes.

MICRO-ÉCONOMIE [mikrɔekɔnɔmi]. *n. f.* (mil. XXᵉ; de *micro-*, et *économie*). *Didact.* Étude de l'activité et des comportements économiques des individus; ces comportements (*Adj.* MICRO-ÉCONOMIQUE). ◇ ANT. *Macro-économie*.

MICROFARAD [mikrɔfarad]. *n. m.* (1893; de *micro-*, et *farad*). *Électr.* Unité usuelle de capacité (un millionième de farad : μF).

MICROFICHE [mikrɔfiʃ]. *n. f.* (mil. XXᵉ; de *micro-*, et *fiche*). *Techn.* Photographie en format très réduit d'un document à archiver (on emploie couramment *Microfilm* dans ce cas). *Un microfilm est formé de microfiches.*

MICROFILM [mikrɔfilm]. *n. m.* (1931; de *micro-*, et *film*). Photographie de très petit format sur film, qui permet de reproduire sous un faible volume l'image de documents. *Lire un manuscrit ancien sur microfilm.* V. **Microfiche**. *Collection de microfilms.* V. **Filmothèque**.

MICROFILMER [mikrɔfilme]. *v. tr.* (1931; de *microfilm*). Photographier pour obtenir un microfilm. *Microfilmer un document.*

MICROGLOSSAIRE [mikrɔglɔsɛʀ]. *n. m.* (v. 1960; de *micro-*, et *glossaire*). *Ling.* Vocabulaire spécial à une activité, répertorié et considéré comme indépendant du vocabulaire général.

MICROGRAPHIE [mikrɔgrafi]. *n. f.* (1665; de *micro-*, et *-graphie*). *Sc.* Science qui a pour objet la préparation et la description des objets soumis à l'observation microscopique. *La micrographie des métaux.*

MICROGRAPHIQUE [mikrɔgrafik]. *adj.* (1834; de *micrographie*). *Sc.* Relatif à la micrographie. *Analyse micrographique.*

MICROGRENU, UE [mikrɔgrəny]. *adj.* (1931; de *micro-*, et *grenu*). *Minér.* Roches microgrenues, roches volcaniques formées de petits minéraux cristallins à peine visibles à l'œil nu, sans résidu vitreux (*opposé à* microlithique).

MICROLITHIQUE [mikrɔlitik]. *adj.* (v. 1900; de *micro-*, et *-lithique*). *Minér.* Roches microlithiques, roches volcaniques semi-cristallines, dans lesquelles de petits cristaux (microlithes) sont noyés dans une masse vitreuse (*opposé à* microgrenu).

MICROMANIPULATION [mikrɔmanipylasjɔ̃]. *n. f.* (mil. XXᵉ; de *micro-*, et *manipulation*). *Sc.* Opération effectuée sur un objet microscopique, dans le champ du microscope (microdissection, injections dans les cellules, etc.), à l'aide d'instruments très petits (*micro-instruments*) et de dispositifs spéciaux (*micromanipulateurs*).

MICROMÈTRE [mikrɔmɛtʀ(ə)]. *n. m.* (1572, « sorte de compas »; 1640, « instrum. d'astron. »; de *micro-*, et *-mètre*). ♦ 1° (1860). Instrument de mesure utilisé pour connaître les dimensions des objets étudiés avec un appareil optique à fort grossissement (télescope, microscope). ♦ 2° *Techn.* Instrument servant à mesurer les petites grandeurs. *Jauge, palmer à micromètre.* ♦ 3° Micron*.

MICROMÉTRIE [mikrɔmetʀi]. *n. f.* (1840; de *micro-*, et suff. *-métrie*). *Didact.* Mesure d'objets microscopiques à l'aide du micromètre.

MICROMÉTRIQUE [mikrɔmetʀik]. *adj.* (1836; de *micrométrie*). *Sc.* Relatif à la micrométrie, à la mesure de haute précision. ◇ *Vis micrométrique*, dont le pas très petit permet le réglage d'instruments de haute précision.

MICRON [mikrɔ̃]. *n. m.* (1890; gr. *mikron*, neutre de *mikros* « petit »). Unité de longueur (μ) égale à un millionième de mètre.

MICRO-ONDE [mikrɔɔ̃d]. *n. f.* (1931; de *micro-*, et *onde*). *Radio.* Onde de très petite longueur.

MICRO-ORGANISME ou **MICROORGANISME** [mikrɔɔʀganism(ə)]. *n. m.* (1876; de *micro-*, et *organisme*). *Sc.* Tout organisme vivant visible seulement au microscope ou à l'ultramicroscope. V. **Microbe**. *Les micro-organismes appartiennent aux trois règnes : règne bactérien (bactéries),* règne végétal (*protophytes, levures*), règne animal (*protozoaires*). V. *aussi* Protistes. *Micro-organismes saprophytes, pathogènes, parasites. Étude des micro-organismes.* V. **Microbiologie**.

MICROPHONE [mikrɔfɔn]. *n. m.* (1732; de *micro-*, et *-phone*). ♦ 1° *Hist. sc.* Tout instrument augmentant l'intensité des sons, de manière à les rendre perceptibles. ♦ 2° *Cour.* (v. 1880; angl. *microphone*, 1877). Appareil qui transforme les ondes sonores en énergie électrique, laquelle, après avoir été transmise par fil ou par ondes électromagnétiques, peut à son tour être transformée en sons. *Utilisation du microphone en téléphonie, en radiodiffusion.* ◇ Abrév. MICRO [mikro]. *Parler, chanter au micro, devant le micro.*

MICROPHONIQUE [mikrɔfɔnik]. *adj.* (1890; de *microphone*). Qui a rapport au microphone, qui fait partie d'un microphone. *Amplificateur, capsule microphonique.*

MICROPHOTOGRAPHIE [mikrɔfɔtɔgrafi]. *n. f.* (1890; de *micro-*, et *photographie*). ♦ 1° *Abusiv.* Photographie d'un objet visible au microscope (terme correct : *photomicrographie*). ♦ 2° Photographie de très petites dimensions. V. **Microfilm**, **microfiche**.

MICROPHYSIQUE [mikrɔfizik]. *n. f.* (1910; sens mod., v. 1930; de *micro-*, et *physique*). Partie de la physique qui étudie spécialement l'atome et les phénomènes à l'échelle atomique. *Physique et microphysique*, ouvrage de L. de Broglie.

MICROPYLE [mikrɔpil]. *n. m.* (1828; de *micro-*, et gr. *pylê* « porte »). *Bot.* Orifice de l'ovule des plantes par lequel le tube pollinique pénètre jusqu'à la nucelle lors de la fécondation.

MICROSCOPE [mikrɔskɔp]. *n. m.* (1656; lat. mod. *microscopium* (1618), du gr.; Cf. *Micro-*, et *-scope*). Instrument d'optique qui permet de voir des objets invisibles à l'œil nu, grâce à un système composé de plusieurs lentilles. *Microscope qui grossit mille fois. Grossissement, puissance du microscope. Étude, examen des objets visibles au microscope.* V. **Micrographie**. *Microscope monoculaire, binoculaire. Mise au point d'un microscope. Microscope à pouvoir séparateur élevé.* V. **Ultramicroscope**. *Microscope micrométrique, polarisant, à immersion.* ◇ Par ext. *Microscope électronique*, dans lequel un faisceau d'électrons remplace le rayon lumineux. ◇ Fig. *Examiner, étudier une chose au microscope, avec la plus grande minutie* (Cf. À la loupe). « *Si j'agissais davantage, je n'aurais pas le temps de regarder mon âme au microscope* » (GAUTIER).

MICROSCOPIQUE [mikrɔskɔpik]. *adj.* (v. 1700; de *microscope*). ♦ 1° *Sc.* Visible seulement au microscope. *Organismes microscopiques* (microbes ou micro-organismes). ♦ 2° Qui se fait à l'aide du microscope. *Examen, opération microscopique.* ♦ 3° *Cour.* Très petit. V. **Imperceptible**, **minuscule**. « *Boire le café de Turquie dans les microscopiques tasses bleues* » (LOTI). ◇ ANT. *Macroscopique; grand, énorme.*

MICROSECONDE [mikrɔsgɔ̃d]. *n. f.* (1931; de *micro-*, et *seconde*). *Sc.* Unité de temps qui vaut un millionième de seconde (symb. μs).

MICROSILLON [mikrɔsijɔ̃]. *n. m.* (répandu v. 1950; de *micro-*, et *sillon*). ♦ 1° *Techn.* Sillon très fin d'un disque de phonographe à longue durée (33 tours-minute). ♦ 2° *Cour.* Le disque lui-même. *Acheter des microsillons.* Adj. « *Une voix métallique, impersonnelle, sortie d'un disque microsillon* » (DUHAM.).

MICROSOCIOLOGIE [mikrɔsɔsjɔlɔ̃ʒi]. *n. f.* (mil. XXᵉ; de *micro-*, et *sociologie*). *Sc.* Sociologie des liaisons sociales élémentaires.

MICROSPORANGE [mikrɔspɔʀɑ̃ʒ]. *n. m.* (1890; de *micro-*, et *sporange*). *Bot.* Organe de certaines algues et des cryptogames vasculaires où se forment les microspores.

MICROSPORE [mikrɔspɔʀ]. *n. f.* (1846; de *micro-*, et *spore*). *Bot.* Spore mâle, de petites dimensions, de végétaux qui produisent aussi des macrospores*.

MICROTHERMIE [mikrɔtɛʀmi]. *n. f.* (1920; de *micro-*, et *thermie*). *Phys.* Unité calorifique (symb. μth) égale à un millionième de thermie.

MICROTOME [mikrɔtɔm]. *n. m.* (1899; de *micro-*, et *-tome*). *Sc.* Instrument qui sert à couper dans les tissus animaux ou végétaux des lames très minces afin de les étudier au microscope.

MICTION [miksjɔ̃]. *n. f.* (1618; bas lat. *mictio, minctio,* rac. *mingere* « uriner »). *Méd.* Action d'uriner; écoulement de l'urine. *Miction douloureuse, involontaire.*

MIDI [midi]. *n. m.* (1080; de *mi-*, et *di* « jour », lat. *diem*). I. ♦ 1° Milieu du jour, entre le matin et l'après-midi. *Le soleil de midi est haut dans le ciel.* « *Midi, Roi des étés, épandu sur la plaine* » (LEC. DE LISLE). « *Midi le juste* » (VALÉRY). *En plein midi. Le repas de midi. Magasin, musée qui reste ouvert à midi. Région. Le matin, le midi et le soir. —* Ellipt. *Prendre un cachet matin, midi et soir. —* (Belgique). *Entre l'heure de midi, dans l'heure du déjeuner, à midi* ◇ Fig. *Âge de la pleine maturité, Le démon* de midi.
♦ 2° Heure du milieu du jour, douzième heure. *Les douze*

coups de midi. Il est midi, midi sonné. À midi, sur le coup de midi. Fam. *Vers les midi.* — *Midi un quart* (12 h 15) ; *midi dix* (minutes). ◊ *Fig. Chercher midi à quatorze heures :* chercher des difficultés où il n'y en a pas, compliquer les choses. — Pop. *C'est midi* (sonné) : il n'y a pas moyen. « *Avec eux, c'était labeur, labeur. Et midi pour sortir le soir* » (AYMÉ). **II.** (XIIᵉ-XIIIᵉ). ♦ 1° L'un des quatre points cardinaux. V. **Sud.** ♦ 2° Exposition d'un lieu en face de ce point. *Versant, coteau exposé au midi.* ♦ 3° Région qui est au sud d'un pays. *Le midi de l'Angleterre, de la France.* ♦ 4° Absolt. *Le Midi,* le Sud du continent européen. *Les peuples du Nord et les peuples du Midi.* « *Le Nord vaut peut-être mieux pour la morale. Mais le Midi vaut mieux pour la vie* » (SUARÈS). ◊ *Spécialt.* (plus cour.) La région du sud de la France. *Les gens du Midi.* V. **Méridional.** *Accent du Midi.*
◊ ANT. *Minuit. Nord.*

MIDINETTE [midinɛt]. *n. f.* (fin XIXᵉ, « qui se contente d'une *dinette* à *midi* » ; de *midi,* et *dinette*). ♦ 1° Jeune ouvrière ou vendeuse parisienne de la couture, de la mode. V. **Cousette, couturière, modiste, trottin.** « *Son passé de midinette* » (MART. du G.). ♦ 2° Jeune fille de la ville, simple et frivole. *Goûts, lectures de midinette.*

MIDSHIPMAN [mitʃipman] ou **MIDSHIP** [mitʃip]. *n. m.* (1785-1867 ; mot angl. « homme du milieu du vaisseau »). *Mar.* Aspirant dans la marine anglaise. ◊ Enseigne de vaisseau de deuxième classe, dans la marine française. *Des midshipmen, des midships.*

1. MIE [mi]. *n. f.* (XIIᵉ-XVIIᵉ, « parcelle » (V. **Miette**) ; lat. *mica* « parcelle »). **I.** *Vx* (XIIᵉ). Particule de négation. *Ne... mie.* V. **Pas.** « *De nouvelles peines auxquelles ils ne s'attendaient mie* » (SAND). **II.** (1209). ♦ 1° Partie molle à l'intérieur du pain. *Manger la mie et laisser la croûte d'une tartine.* « *Ils se mettaient à pomper la sauce à pleine mie* » (GIONO). *Pain de mie,* pain sans croûte utilisé pour les sandwiches, les toasts. ♦ 2° *Fig.* et pop. (1886). *À la mie de pain,* sans valeur. « *Cher monsieur Vous êtes un mec à la mie de pain* » (APOLLINAIRE). Cf. À la gomme, à la flan.
◊ ANT. *Croûte.* — HOM. *Mi ;* formes du v. *mettre.*

2. MIE [mi]. *n. f.* (XIIIᵉ ; de *amie* sous la forme *m'amie* « mon amie »). *Vx* ou *littér.* Amie, femme aimée. « *J'aime mieux ma mie au gué* » (chanson ancienne).

MIEL [mjɛl]. *n. m.* (*Mel,* 980 ; lat. *mel*). ♦ 1° Substance sirupeuse et sucrée, de couleur ambrée, que les abeilles élaborent dans leur jabot avec le nectar des fleurs ou d'autres matières végétales, et qu'elles dégorgent dans des alvéoles de cire pour la nourriture de leur communauté. *Mouche à miel* (vx), abeille. *Production du miel.* V. **Apiculture.** *Gâteau de miel,* gâteau de cire divisé en alvéoles contenant le miel. V. **Gaufre, rayon.** *Bonbon, nougat, pain d'épice au miel. Les ours sont friands de miel. Couleur de miel.* ♦ 2° *Fig.* Chose douce, agréable (souvent *péj.*). V. **Agrément, douceur.** « *Le miel de la politesse* » (SUARÈS). — Loc. *Être tout miel, tout sucre tout miel,* se faire très doux. V. **Doucereux, mielleux.** ♦ 3° LUNE DE MIEL. V. **Lune.** ♦ 4° *Fam.* Euphém. pour *Merde.*

MIELLÉ, ÉE [mjele]. *adj.* (XIIᵉ ; de *miel*). *Littér.* Qui contient du miel, est sucré au miel. *Boisson miellée,* qui rappelle le miel par la couleur, la saveur, l'odeur. *Les fleurs d'amandier* « *exhalerent leur parfum miellé, miellé* » (COLETTE). — *Pharm.* Se dit d'une préparation contenant du miel comme édulcorant.

MIELLÉE [mjele]. *n. f.* (1578, « hydromel » ; de *miel*). ♦ 1° (1808). *Bot.* Exsudation sucrée, mucilagineuse qui apparaît en été sur les bourgeons et les feuilles de certains arbres (érable, tilleul, etc.). ♦ 2° *Apic.* Nectar butiné que rapportent les abeilles.

MIELLEUSEMENT [mjɛløzmɑ̃]. *adv.* (XVIᵉ ; de *mielleux*). D'une manière mielleuse, doucereuse. V. **Doucereusement.**

MIELLEUX, EUSE [mjɛlø, øz]. *adj.* (1265 ; de *miel*). ♦ 1° *Vx.* Qui a le goût ou l'odeur du miel. « *Les mielleuses bananes* » (CHÉNIER). — *Péj.* Fade. *Liqueur mielleuse.* ♦ 2° *Fig.* (XVIIᵉ, « édulcoré » ; 1771, sens mod.). Qui a une douceur affectée. V. **Doucereux.** *Paroles, phrases mielleuses. Air, ton, sourire mielleux.* V. **Hypocrite, onctueux, patelin, sucré.** « *Des flatteries empressées et mielleuses* » (STENDHAL).
◊ ANT. *Aigre, âpre ; brutal, sec.*

MIEN(S), MIENNE(S) [mjɛ̃, mjɛn]. *adj.* et *pron.* possessifs représentant la première personne du singulier : *je, me, moi* (842 ; lat. *meum*). Qui est à moi, m'appartient ; qui se rapporte à moi. **I.** *Adj. poss.* ♦ 1° *Littér.* (épithète ; après un art. démonstr. ou indéf.). *Un mien cousin,* un cousin à moi, un de mes cousins. « *Cette œuvre mienne* » (GIDE). ♦ 2° (Attribut). *Ce livre est mien,* m'appartient, est à moi. *Des protestations que je fais miennes,* que je prends à mon compte. **II.** *Pron. poss. Cour.* LE MIEN, LA MIENNE, *les miens, les miennes :* l'objet ou l'être lié à la première personne par

un rapport de parenté, de possession, etc. *Votre fils et le mien.* « *Ton premier coup d'épée égale tous les miens* » (CORN.). « *Préoccupé du bien public autant ou plus que du mien propre* » (GIDE). *Leurs enfants et les deux miens.* — (Attribut) *Ce livre n'est pas le mien, c'est celui d'un ami. Vos idées sont les miennes sur ce sujet,* les mêmes que les miennes. *Je ne discute pas, votre prix sera le mien.* **III.** *Subst.* ♦ 1° LE MIEN, ce qui est à moi, mon bien. « *Tu nous as prêché je ne sais quelle distinction du tien et du mien* » (DIDER.). ♦ 2° *J'y ai mis du mien :* j'ai fait un effort. ♦ 3° LES MIENS, mes parents, mes amis, mes partisans. *J'aime les miens.* « *— Es-tu des nôtres? — Je suis des vôtres, si vous êtes des miens* » (MUSS.).

MIETTE [mjɛt]. *n. f.* (XIIᵉ ; de *mie* 1). ♦ 1° Petite parcelle de pain, de gâteau qui tombe quand on le coupe ou le rompt. *Ramasser les miettes sur la table, sur la nappe après le repas. Mettre du pain en miettes.* V. **Émietter.** « *Économe, elle recueillait du bout du doigt sur la table les miettes de son pain* » (FLAUB.). ♦ 2° *Fig. Les miettes de sa fortune.* V. **Bribe.** « *Elle jeta à tout le monde quelque miette de son sourire* » (FRANCE). ♦ 3° *Par ext.* Petit fragment. *Mettre, réduire un verre en miettes.* V. **Morceau, pièce.** ♦ 4° Le plus petit morceau (d'un aliment). *Donnez-m'en une miette pour y goûter.* V. **Peu** (un peu). *Ils n'en ont pas laissé une miette.* ♦ 5° *Fig.* et *fam.* Un petit peu. *Ne pas perdre une miette d'un spectacle,* n'en rien perdre. *Il ne s'en fait pas une miette,* il ne se fait aucun souci. — *Adv.* « *On voyait que Landry était une miette plus grand* » (SAND).

MIEUX [mjø]. *adv.* (*Mielz,* Xᵉ ; lat. *melius,* de *melior* « meilleur »). Comparatif irrégulier de BIEN (au lieu de *plus bien*).
I. MIEUX. ♦ 1° D'une manière plus accomplie, meilleure. *Cette lampe éclaire mieux. Je l'estime davantage depuis que je le connais mieux. Il n'en travaillera que mieux. Reculer* pour mieux sauter. « *Impossible d'exprimer une pensée plus admirable* » (GIDE). — *Loc. verb.* ALLER MIEUX : être en meilleure santé. V. **Guérir, remettre** (se). *Elle va mieux.* — Être dans un état plus favorable, plus prospère. *Les choses commencent à mieux aller. Ça ira mieux demain.* Fam. *Ça ne va pas mieux ! ça ne va pas du tout, c'est le comble.* — FAIRE MIEUX, avoir intérêt, avantage à. *A-t-il mieux fait de se taire? Il ferait mieux de rester tranquille.* — *Aimer mieux,* préférer. *Valoir mieux.* ♦ 2° MIEUX QUE... *Il travaille mieux que son frère. Elle sait mieux que personne ce qu'elle doit faire. Mieux que jamais.* « *Elle était mieux qu'indolente ; elle était indifférente* » (BARBEY). *Il a mieux réussi que je ne pensais. Il n'écrit pas mieux qu'il ne parle,* il parle mal et n'écrit pas mieux. ♦ 3° (Après un adv. de quantité). *Un peu mieux, beaucoup, bien, mieux.* ♦ 4° *Loc. Tant* mieux. D'autant* mieux. — Mieux, en corrélation avec *plus, moins,* marque une augmentation directement ou inversement proportionnelle. « *Mieux je saisis ces rapports, plus je m'intéresse à l'œuvre* » (FRANCE). — *On ne peut mieux,* parfaitement. — *Adj. C'est on ne peut mieux.* V. **Parfait.** — *De mieux en mieux,* en progressant vers le mieux. *Notre malade va de mieux en mieux.* Iron. *De mieux en mieux, ne vous gênez pas !* — *À qui mieux mieux,* à qui fera mieux (ou plus) que l'autre. V. **Envi** (à l'envi).
II. LE MIEUX. ♦ 1° De la meilleure façon. « *Ce que je sais le mieux, c'est mon commencement* » (RAC.). *Les situations le mieux payées* (beaucoup payées), *les mieux payées* (payées plus que les autres). *Le mieux qu'il peut, du mieux qu'il peut. Le mieux du monde,* parfaitement. ♦ 2° *Loc.* AU MIEUX, de la meilleure façon. *En mettant les choses au mieux,* en supposant l'état, les conditions les meilleures. — *Vendu au mieux,* au prix du marché, quel qu'il soit. — Ellipt. *Au mieux,* il réunira deux mille suffrages. — *Être au mieux avec une personne,* en excellents termes. — *Au mieux de,* de la façon la plus appropriée. *Je réglerai l'affaire au mieux de vos intérêts.* ♦ 3° POUR LE MIEUX, très bien, excellemment ; le mieux possible. « *Tout est pour le mieux dans le meilleur des mondes* » (VOLT.). ♦ 4° DES MIEUX. Vieilli. Très bien. « *Cela va des mieux* » (JALOUX). — *Mod.* *Cet appartement est des mieux meublés.* « *L'exemple est des mieux choisi* » (Ch. du Bos).
III. *Adj. attribut.* ♦ 1° (*Personnes*). En meilleure santé. *Se sentir mieux. Je vous trouve mieux ces temps-ci.* ◊ Plus agréable, plus beau. *Il est mieux que son frère ; il est mieux sans moustache.* ◊ Plus à l'aise. *Mettez-vous dans ce fauteuil, vous serez mieux.* ♦ 2° (*Choses*). Dans un état meilleur, plus convenable, plus satisfaisant. *Nous ne nous voyons plus : c'est mieux ainsi. Parler est bien, se taire est mieux.* V. **Préférable.** ◊ DE MIEUX : de meilleur, qui soit mieux. *Si vous n'avez rien de mieux à faire ce soir, je vous emmène au cinéma.* Iron. *Je n'ai rien trouvé de mieux que de venir me déranger ici.* — *Ce qu'il y a de mieux dans un spectacle* (V. Bouquet), *dans une société* (V. Gratin). *Ce qu'il y a, ce qui se fait de mieux dans le genre. Une maison tout ce qu'il y a de mieux.* ♦ 3° *Loc.* QUI MIEUX EST : ce qui est mieux

encore. « *Le plus grand esprit de ce temps ! Et, qui mieux est, grand esprit et grand cœur* » (DUHAM.). ♦ **IV.** *(Nominal).* ♦ **1°** *(Sans article).* Qqch. de mieux, une chose meilleure. *En attendant mieux, je m'en contenterai, en attendant qqch. de mieux. J'attendais, j'espérais mieux de lui. Il y a mieux, mais c'est plus cher. Il ne demanderait* pas mieux.* — *Faute de mieux. Je m'attendais à mieux, je suis déçu. Il a changé en mieux* : à son avantage. ♦ **2°** *N. m.* LE MIEUX : ce qui est plus accompli, meilleur, le plus haut degré d'excellence possible. *Efforts de l'homme vers le mieux.* PROV. *Le mieux est l'ennemi du bien* : on risque de gâter une bonne chose en voulant la rendre meilleure, en cherchant à mieux faire. « *Ce n'est pas le bien qui réjouit l'homme, c'est le mieux* » (TAINE). ◇ Spécialt. *Le mieux, du mieux, un mieux.* V. **Amélioration.** *Le médecin a constaté du mieux, un léger mieux. Il fait des efforts, il y a du mieux.* V. **Progrès.** ◇ *De mon (ton, son) mieux,* aussi bien qu'il est en mon (ton, son) pouvoir. *Je t'aide de mon mieux.*
◇ ANT. **Pire.**

MIEUX-ÊTRE [mjøzɛtʀ(ə)]. *n. m.* (XVIIIᵉ ; de *mieux,* et *être*). État plus heureux, amélioration du bien-être. « *Découvrir les lois physiques pour s'en servir au mieux-être des hommes* » (BAZIN).

MIÈVRE [mjɛvʀ(ə)]. *adj.* (v. 1240, var. *esmièvre, nièvre ;* p.-ê. a. scand. *snoefr* « vif »). ♦ **1°** *Vx.* **Espiègle.** *Enfant « mièvre et éveillé »* (MOL.). ♦ **2°** Mod. (fin XVIIᵉ ; « d'une gentillesse affectée », en moy. fr.). D'une grâce quelque peu enfantine et fade. *Peinture gracieuse et mièvre. Paroles mièvres.* V. **Doucereux.** *Poésie d'un charme un peu mièvre.* V. **Gentil.**
◇ ANT. **Vif, vigoureux.**

MIÈVREMENT [mjɛvʀəmã]. *adv.* (1846 ; de *mièvre*). Rare. D'une manière mièvre.

MIÈVRERIE [mjɛvʀɔʀi]. *n. f.* (1718 ; *mievreté,* XVᵉ ; de *mièvre*). ♦ **1°** *Vx.* Espièglerie. ♦ **2°** Mod. Grâce puérile, fade et recherchée. « *La mièvrerie, la molle joliesse de certaines phrases* » (GIDE). ◇ Chose mièvre. « *L'escalier du grand temple contraste absolument avec les mièvreries d'alentour* » (LOTI).

MI-FIN [mifɛ̃]. *adj. (Néol.* ; de *mi-,* et *fin).* Intermédiaire entre gros et fin (en parlant de produits du commerce). *Petits pois mi-fins.* V. **Demi-fin.**

MIGMATITE [migmatit]. *n. f.* (1931 ; du gr. *migma* « mélange », et suff. *-ite*). Minér. Roche métamorphique, gneissique, d'aspect mélangé, formée d'une « trame » sombre (amphibole, *par ex.*) et d'un apport magmatique clair (feldspaths, quartz).

MIGNARD, ARDE [miɲaʀ, aʀd(ə)]. *adj.* (1418 ; de *mignon,* et suff. *-ard*). ♦ **1°** *Vieilli.* Qui a une douceur mignonne. V. **Gentil.** « *Des attentions mignardes* » (SAND). ♦ **2°** *(Personnes).* Péj. V. **Affecté, recherché.** *Tolstoï « s'engouait de petits-maîtres mignards, des musiques de clavecin »* (R. ROLLAND). ♦ **3°** *Fam.* Qui a un aspect mignon, une grâce délicate, de la joliesse. *La petite Indochinoise « était mignarde, avec des mains minuscules »* (SARTRE). ◇ ANT. **Grossier.**

MIGNARDISE [miɲaʀdiz]. *n. f.* (1539 ; de *mignard*). ♦ **1°** *Littér.* Gentillesse mignonne, grâce délicate. V. **Délicatesse, gentillesse.** *La mignardise de son visage.* ♦ **2°** Délicatesse, grâce affectée. V. **Afféterie.** « *Ces menues pages* (de Balzac) *où le génie tombe dans l'afféterie et la mignardise* » (HENRIOT). — Par ext. *Des mignardises.* V. **Chichi, manière, minauderie.** *Les mignardises d'une coquette.* ♦ **3°** Fig. *Mignardise,* par appos. *Œillet mignardise,* petit œillet à fleurs très odorantes et de couleur variée.

MIGNON, ONNE [miɲɔ̃, ɔn]. *adj.* et *n.* (XVᵉ ; de *mignot* (XIIᵉ), par chang. de suff. ; p.-ê. de *minet* « chat »). ♦ **I.** *Adj.* ♦ **1°** Qui, dans son apparence menue, a de la grâce et de l'agrément (V. **Charmant, gentil, gracieux, joli, mignard ;** et *fam.* **Mimi**). *Fille jeune et mignonne, aimable. Pied mignon. Bras mignon et potelé.* « *Des gestes mignons de tête* » (FLAUB.). « *Ô la mignonne créature ! mes yeux ne pouvaient se lasser de la regarder* » (DAUD.). — Par ext. *Péché* mignon.* ♦ **2°** *Filet mignon,* coupé dans la pointe du filet. ♦ **3°** *Fam.* Aimable et gentil, complaisant. *Il est bien plus mignon que son frère. Soyez mignonne, aidez-moi à mettre le couvert.* ♦ **II.** ♦ **1°** *N. m.* Le genre mignon. *Le joli et le mignon.* ♦ **2°** *N. m.* et *f.* (mil. XVᵉ). Personne mignonne (en parlant des enfants, des jeunes gens). *Une jolie petite mignonne.* T. d'affection. « *Mignonne, allons voir si la rose...* » (RONSARD). *Mon mignon.* ◇ Pop. Jeune fille (Cf. **Poupée**). ♦ **3°** *N. m.* (XVIᵉ). *Vx.* V. **Favori.** « *Cet enfant est le mignon de sa mère* » (LITTRÉ). — Hist. *Les mignons d'Henri III,* favoris du roi, très efféminés.
◇ ANT. **Laid.**

MIGNONNE [miɲɔn]. *n. f.* (1690 ; de *mignon*). Espèce de poire d'un rouge foncé ; de prune longue et d'un blanc jaunâtre.

MIGNONNEMENT [miɲɔnmã]. *adv.* (XVᵉ ; de *mignon*). *Vieilli.* D'une manière mignonne.

MIGNONNET, ETTE [miɲɔnɛ, ɛt]. *adj.* et *n.* (v. 1500 ; dimin. de *mignon*). Petit et mignon, assez mignon. V. **Gentillet.** *C'est mignonnet.*

MIGNONNETTE [miɲɔnɛt]. *n. f.* (1732, « œillet » ; v. 1500, fém. de *mignonnet*). ♦ **1°** Nom donné à certaines plantes : œillet mignardise*, saxifrage ombreuse, chicorée sauvage. ♦ **2°** (1697 ; « dentelle », 1699). Satinette de coton clair à rayures de couleur, qui sert à doubler les manches des vêtements d'homme. ♦ **3°** (Fin XVIIIᵉ). Poivre concassé pour assaisonner les huîtres. ♦ **4°** Fin gravier.

MIGNOTER [miɲɔte]. *v. tr.* (déb. XVᵉ ; de *mignot* « mignon »). ♦ **1°** *Vieilli.* Traiter délicatement, gentiment. V. **Cajoler, caresser, choyer, dorloter.** « *Je voulais une bonne blessure au bras pour pouvoir être pansé, mignoté par la princesse* » (BALZ.). ♦ **2°** Pronom. *Se mignoter,* faire longuement, soigneusement sa toilette ; se bichonner.

MIGRAINE [migʀɛn]. *n. f.* (XIVᵉ ; *goutte migraigne,* XIIIᵉ ; lat. méd. *hemicrania* « (douleur) dans la moitié du crâne »). Douleur intense qui affecte un seul côté de la tête, qui survient sous forme de crises (V. **Céphalalgie**), et s'accompagne de nausées. — Par ext. Cour. Mal de tête.

MIGRAINEUX, EUSE [migʀɛnø, øz]. *adj.* (1890 ; de *migraine*). Relatif à la migraine. *Des accès migraineux.* « *Je suis brisé et migraineux* » (J.-R. BLOCH). ◇ *Subst.* Personne sujette à la migraine.

MIGRANT, ANTE [migʀã, ãt]. *adj.* et *n.* (v. 1960 ; de *migration*). Qui participe à une migration (1°). — *Spécialt.* Travailleur originaire d'une région peu développée, s'expatriant pour trouver du travail, ou un travail mieux rémunéré. V. **Émigrant.**

MIGRATEUR, TRICE [migʀatœʀ, tʀis]. *adj.* (1843 ; du lat. *migrare*). Qui émigre. *Passage d'oiseaux migrateurs.* — Subst. « *Elle les entendait maintenant revenir, les migrateurs, et passer sur sa forêt en grands froufrous d'ailes* » (PERGAUD).

MIGRATION [migʀasjɔ̃]. *n. f.* (1495 ; lat. *migratio*). ♦ **1°** Déplacement de populations qui passent d'un pays dans un autre pour s'y établir. V. **Émigration, immigration.** *Migration des barbares.* V. **Invasion.** ◇ Déplacement de populations d'un endroit à un autre. *Migrations alternantes :* déplacements entre le lieu d'habitation et le lieu de travail. *Migrations saisonnières* (vacances, travail saisonnier). ♦ **2°** Déplacement, d'ordinaire périodique, qu'accomplissent certaines espèces animales. *Migration des hirondelles, des cigognes, des anguilles.* ♦ **3°** Fig. (Relig.). *Migration des âmes.* V. **Transmigration.** ♦ **4°** Sc. Déplacement (d'un organisme) au cours de son développement ou de ses métamorphoses. — *Physiol.* Déplacement (de cellules) dans l'organisme. *Migration des leucocytes.* V. **Diapédèse.** *Migration de l'ovule* (de l'ovaire à l'utérus, par la trompe utérine). — Embryol. *Migration du testicule* (de la cavité abdominale vers les bourses). — Pathol. *Migration de cellules cancéreuses.* V. **Métastase.** *Migration d'un caillot sanguin.* V. **Embolie.** ◇ Déplacement (d'une substance) à l'intérieur d'un milieu (d'un élément) à l'intérieur d'un isomère. *Migration de l'humus dans le sol, d'un radical dans un isomère.*

MIGRATOIRE [migʀatwaʀ]. *adj.* (1838 ; du lat. *migrare*). Relatif aux migrations. *Mouvement migratoire.*

MIGRER [migʀe]. *v. intr.* (1546 ; repris XXᵉ ; lat. *migrare*. V. **Émigrer**). *Didact.* Changer d'endroit, de région, émigrer (en parlant des humains et des espèces animales). — (Sujet nom de choses). *Notre sidérurgie migre vers les ports.*

MIHRÂB [miʀab]. *n. m.* (1874 ; mot arabe). *Didact.* (Arts, etc.). Niche pratiquée dans la muraille d'une mosquée et orientée vers La Mecque. *L'imam officie dans le mihrâb.*

MI-JAMBE (A) [amiʒãb]. *loc. adv.* (*Mi-jambes,* 1606 ; de *mi-,* et *jambe).* Au niveau du milieu de la jambe. *Avoir de l'eau jusqu'à mi-jambe, à mi-jambes.*

MIJAURÉE [miʒɔʀe]. *n. f.* (1640 ; p.-ê. d'un dial. *mijolée,* de *mijoler* « cajoler », de *mijot.* V. **Mijoter**). Femme, jeune fille aux manières affectées, prétentieuses et ridicules. V. **Bêcheur** (2°), **pimbêche.** *Faire la mijaurée.*

MIJOTER [miʒɔte]. *v. tr.* (1767 ; « faire mûrir », 1583 ; de l'a. fr. *mijot* « lieu où l'on fait mûrir les fruits » ; p.-ê. du germ. *°musganda*). ♦ **I.** ♦ **1°** Faire cuire ou bouillir lentement, à petit feu. *Mijoter du bœuf miroton. Lapin mijoté.* — Préparer un mets avec soin, avec amour. V. **Mitonner.** *Mijoter de bons petits plats.* ♦ **2°** *Fam.* Mûrir, préparer avec réflexion et discrétion (une affaire, un mauvais coup, une plaisanterie). V. **Fricoter.** « *Je préparais quelques-unes de ces phrases bien mijotées, qu'en définitive je ne dis jamais* » (DUHAM.). *Qu'est-ce qu'il mijote?* ♦ **II.** *Intrans.* ♦ **1°** Cuire, bouillir à petit feu. *Potage qui mijote.* ♦ **2°** Fig. *Complot qui mijote.*

MIKADO [mikado]. *n. m.* (1827, mot japonais, *mikaddo* « souverain pontife de la religion »). ♦ **1°** Empereur des Japonais. ♦ **2°** Jeu d'adresse d'inspiration japonaise, ressemblant au jonchet*.

1. MIL [mil]. V. **Mille.**

2. **MIL** [mij, mil]. *n. m.* (1282; lat. *milium*). *Vx.* V. Millet. *Grain de mil.*

3. **MIL** [mil]. *n. m.* (1878; persan *mail* « marteau »). *Rare.* Petite massue de bois utilisée en gymnastique pour les exercices d'assouplissement. ◇ HOM. Mille.

MILAN [milɑ̃]. *n. m.* (1500; mot prov., lat. pop. °*milanus*, lat. *miluus*). Oiseau rapace diurne *(Aquilidés).* *Milan royal :* aigle à queue fourchue, écoufle. *Milan blanc :* busard, circaète. *Milan noir.*

MILANAIS, AISE [milanɛ, ɛz]. *adj. et n. m.* (1606, *milanoise*, nom d'une danse; de *Milan*). De Milan, la plus grande ville d'Italie du Nord (Lombardie). — À LA MILANAISE, *loc. adv.* ou MILANAISE, *adj.*, se dit de plats panés (œufs, mie de pain, parmesan) à la manière lombarde. *Escalopes milanaises.* — *Timbale milanaise :* pâtes, champignons, ris de veau. — *N. m.* Variété de génoise à l'abricot.

MILDIOU [mildju]. *n. m.* (*Mildew*, 1874; mot angl.). Nom de maladies cryptogamiques qui attaquent diverses plantes. *Mildiou de la pomme de terre* (phytophtora), *de la betterave* (péronospora), *du houblon, du trèfle.* ◇ *Spécialt.* Maladie de la vigne (rouille des feuilles) causée par le *plasmopara viticola.*

MILDIOUSÉ, ÉE [mildjuze]. *adj.* (v. 1900; de *mildiou*). *Agric.* Atteint du mildiou. *Vigne mildiousée.*

MILE [majl]. *n. m.* (1866 [le mot était francisé en *mille*]; mot angl.; lat. *milia*). Mesure anglo-saxonne de longueur (1609 m). V. Mille 2. *Le record du monde du mile.*

MILIAIRE [miljɛʀ]. *adj. et n. f.* (1560; lat. *miliarius*). *Méd.* Qui présente l'aspect d'un grain de mil. *Éruption miliaire.* *Fièvre miliaire,* ou *miliaire* (n. f.), caractérisée par une abondante transpiration et une éruption miliaire (nom pop. : *gale, bédouine*). V. Suette. *Tuberculose* miliaire.* ◇ HOM. Milliaire.

MILICE [milis]. *n. f.* (fin XVIᵉ; *milicie*, 1372; lat. *militia* « service militaire »). ♦ 1° *Vx.* Art de la guerre. ♦ 2° *Vx.* Armée. « *Rome nourrissait une milice admirable* » (Boss.). ◇ *Mod.* Armée belge. — Service militaire, en Belgique. *Certificat de milice.* ♦ 3° *Hist.* *Milices communales, urbaines, bourgeoises,* formées dans les villes de communes. *Milices provinciales,* recrutées par tirage au sort. ♦ 4° *Mod.* Troupe de police supplétive qui remplace ou renforce une armée régulière. *Milices populaires.* ◇ *Spécialt.* (1943-1944) *La Milice,* corps formé pour soutenir les forces allemandes d'occupation contre la résistance française. ◇ Police, dans certains pays.

MILICIEN, IENNE [milisjɛ̃, jɛn]. *n.* (1725; de *milice*). ♦ 1° *N. m. Hist.* Soldat d'une milice (3°). ♦ 2° (v. 1937). *Mod.* *N. m.* ou *f.* Personne appartenant à une milice (4°). « *Une milicienne venait d'arriver* » (MALRAUX). ♦ 3° En Belgique, Soldat qui fait son service militaire. V. Appelé.

MILIEU [miljø]. *n. m.* (XIIᵉ; de *mi-* 2, et *lieu*). **I.** ♦ 1° *(Dans l'espace).* Partie d'une chose qui est à égale distance de ses bords, de ses extrémités. *Scier une planche en son milieu, dans le sens de la longueur.* V. Axe. *Le milieu d'une pièce ronde.* V. Centre. *Le milieu d'une rue,* le point situé à mi-distance de ses extrémités; le point (la ligne) situé(e) à mi-distance des trottoirs. *Le milieu de la Terre* (dans la géographie antique). *Absolt.* *L'Empire du Milieu :* l'Empire chinois. — *Lit de milieu,* éloigné des murs latéraux. ♦ 2° Ce qui est placé entre d'autres choses. *Le doigt du milieu.* *Le rang du milieu et les rangs latéraux.* ♦ 3° Période également éloignée du commencement et de la fin. *Le milieu du jour* (V. Midi), *de la nuit* (V. Minuit). *Depuis le milieu du XIXᵉ siècle.* ♦ 4° AU MILIEU (DE) : à mi-distance des extrémités. *Au milieu du corps :* à mi-corps. — *Par ext.* Loin des extrémités, du bord; à l'intérieur. *Au milieu d'un fourré, des bosquets.* V. Dans, parmi. *Au milieu d'une région, d'un pays.* « *Échevelé, livide au milieu des tempêtes* » (HUGO). — *Au milieu des gens qui nous entourent.* — Fig. *Au milieu du bruit, du tohu-bohu.* V. Dans. *Au milieu du danger.* « *L'on causait, de voiture à voiture, au milieu de cris et de rires* » (ZOLA). V. Parmi. — (Temps) *Au milieu du jour, du repas* (V. Pendant). ◇ AU BEAU MILIEU DE, EN PLEIN MILIEU DE... *Au beau milieu de la chaussée. Il est arrivé en plein milieu de la séance.* ♦ 5° *Par ext.* *Milieu de table,* pièce décorative placée au milieu d'une table. V. Surtout *(n. m.).*

II. *Fig.* ♦ 1° Ce qui est éloigné des extrêmes, des excès; position, état intermédiaire. V. Entre-deux, intermédiaire. *Il y a un milieu, il n'y a pas de milieu entre... L'homme dans la nature est « un milieu entre rien et tout »* (PASC.). « *S'il n'a pas vécu comme un saint, il n'a pas été non plus un mauvais homme. Il tenait le milieu* » (CAMUS). ♦ 2° *Spécialt.* Parti moyen. V. Transaction. *Il n'y a pas de milieu.* — *Log.* Ce qui peut être intercalé entre deux notions, moyen terme. V. Médium. *Principe du milieu* (du tiers) *exclu :* de deux propositions contradictoires, il est nécessaire que l'une soit vraie et l'autre fausse (il n'y en a pas de troisième possible). ♦ 3° LE JUSTE MILIEU. V. Mesure, moyenne. « *Garder en tout un juste milieu, voilà la règle du bonheur* » (DIDER.). — *Spécialt.* Méthode de gouvernement modéré, doctrine politique de la monarchie constitutionnelle de Louis-Philippe *(juste-milieu).* ♦ 4° *Didact.* Ce qui, interposé entre deux ou plusieurs corps, transmet une action physique de l'un à l'autre. « *Il ne peut y avoir de point de contact que par un milieu* » (CHATEAUB.).

III. *Sc.* et *cour.* Ce qui entoure, ce dans quoi une chose ou un être se trouve. ♦ 1° « *Un espace matériel dans lequel un corps est placé* » (D'ALEMB.). *Milieu réfringent.* ♦ 2° *Biol.* (v. 1830). Ensemble des objets matériels, des êtres vivants, des conditions physiques, chimiques, climatiques qui entourent et influencent un organisme vivant. *Adaptation au milieu. Le milieu intérieur* (Cl. Bernard, 1878) : ensemble des liquides physiologiques de l'organisme. — *Milieu de culture* (pour micro-organismes, cellules). — Géogr. *Étude des milieux et des êtres vivants, de leurs rapports.* V. Biogéographie; écologie. *La notion de climat est comprise dans celle de milieu.* ♦ 3° (1842). Ensemble des conditions extérieures dans lesquelles vit et se développe un individu humain. *L'homme et le milieu.* V. Société. « *La race, le milieu et le moment* » (TAINE). ♦ 4° *Cour.* (v. 1850). L'entourage matériel et moral d'une personne (V. Ambiance, atmosphère, cadre, climat, décor, entourage, environnement), et *spécialt.* Le groupe social où elle vit (pays, classe sociale, profession, famille). *Milieu d'où l'on sort, où l'on vit. S'adapter à un nouveau milieu, changer de milieu. Être, se sentir dans son milieu.* V. Élément. — *Plur.* *Les milieux militaires, littéraires, scientifiques. On pense généralement dans les milieux bien informés que...* ♦ 5° *Absolt.* (1921). *Le Milieu,* groupe social formé en majorité d'individus vivant des subsides de filles soumises et des produits de vol. *Un gars, un mec du Milieu.* « *Il n'existe plus de « milieu » sauf celui des macs qui sont des donneurs. Le cambrioleur et le tueur sont seuls* » (GENET). ◇ ANT. Bord, bout, côté, extrémité; commencement, fin.

MILITAIRE [militɛʀ]. *adj. et n. m.* (1355; lat. *militaris*, de *miles* « soldat »). **I.** *Adj.* ♦ 1° Relatif à la force armée, à son organisation, à ses activités, en particulier au cours d'un conflit. V. Guerrier. *L'art militaire :* stratégie, tactique. *École militaire. Hiérarchie militaire. Circonscription, région militaire. Préparation militaire* (abrév. *P. M.*). *Service* militaire. Les autorités civiles et militaires. Justice militaire* (conseil de guerre, cour martiale). *Décoration, médaille militaire. Servitude et Grandeur militaires,* œuvre de Vigny. *Opération militaire. Victoire militaire :* par les armes. *Équipement militaire. Camion, véhicule militaire. Marine, aviation militaire. Route militaire.* V. Stratégique. — *Salut militaire. Musique, marche militaire.* — *Attaché*, médecin militaire. Êtes-vous militaire ou civil? Il est militaire dans l'âme.* ♦ 2° *Par ext.* *L'esprit, la fibre militaire :* le goût des armes, de l'armée. V. Militarisme. ♦ 3° Qui est considéré comme propre à l'armée, aux soldats. *Concision, exactitude militaire. L'heure militaire :* précise. ♦ 4° Qui est fondé sur l'armée, sur la force armée. *Gouvernement militaire; tyrannie, joug militaire.* V. Caporalisme. — *Coup d'État, putsch, révolution militaire* (pronunciamiento).

II. *N. m.* (1662). ♦ 1° UN MILITAIRE, celui qui appartient à l'armée, en tant que groupe social, fait partie des forces armées. V. Soldat; homme (de troupe), officier. « *Est-ce qu'un militaire n'est pas fait pour être tué?* » (DIDER.). *Militaire de carrière, de métier. Demi-tarif pour les enfants et les militaires en uniforme. — Militaire borné, chauvin.* V. Baderne; culotte (de peau). *Fam.* *Pardon, militaire!* ♦ 2° *Littér.* LE MILITAIRE, l'ensemble des militaires; le métier de soldat. « *Là-dessus, je pus disposer, comme on dit dans le militaire* » (DUHAM.). ◇ ANT. Civil.

MILITAIREMENT [militɛʀmɑ̃]. *adv.* (1565; de *militaire*). ♦ 1° D'une manière militaire. *Saluer militairement.* — Avec une rigueur, une exactitude militaire. *Mener militairement une affaire :* avec décision, tambour battant. ♦ 2° Par l'emploi de la force armée. V. Manu militari. « *Les ponts sur la Moselle étaient occupés militairement par les troupes allemandes* » (MART. du G.).

MILITANT, ANTE [militɑ̃, ɑ̃t]. *adj.* (1420; de *militer*). Qui combat, qui lutte. ♦ 1° *Relig.* *L'Église militante et l'Église triomphante.* ♦ 2° (v. 1835). Qui prône l'action directe, le combat. V. Actif. *Doctrine, politique militante.* ♦ 3° *Subst.* UN MILITANT, UNE MILITANTE. *Militant ouvrier, syndicaliste, communiste, chrétien.* « *Ces militants qui sont l'avant-garde de la classe ouvrière* » (ARAGON). *Militants de base :* ceux qui, dans un parti, n'ont pas de titre ou de responsabilité particulière dans la hiérarchie (opposé à l'appareil, l'état-major).

MILITANTISME [militɑ̃tism(ə)]. *n. m.* (1963; de *militant*). Attitude de ceux qui militent activement dans une organisation (V. Militant).

MILITARISATION [militaʀizasjɔ̃]. *n. f.* (1845; de *militariser*). Action de militariser; son résultat. ◇ ANT. Démilitarisation.

MILITARISER [militaʀize]. *v. tr.* (1843; de *militaire*). Organiser d'une façon militaire; pourvoir d'une force armée.

Militariser une région frontière. Zone militarisée. ◊ ANT.
Démilitariser.

MILITARISME [militarism(ə)]. *n. m.* (1790; de *militaire*).
Péj. ◆ 1° Prépondérance de l'armée, de l'élément militaire
dans la vie d'une société; goût des armes, de la guerre. V.
Bellicisme. « *Il avait la haine du militarisme brutal* » (R. ROL-
LAND). ◆ 2° Système politique qui s'appuie sur l'armée;
gouvernement par les militaires. ◊ ANT. *Antimilitarisme, pacifisme.*

MILITARISTE [militarist(ə)]. *adj. et n.* (1892; de *militarisme*). *Péj.* Relatif au militarisme; partisan du militarisme.
Nationalisme militariste. ◊ ANT. *Pacifiste.*

MILITER [milite]. *v. intr.* (XIII⁰, « faire la guerre »; lat.
militari, de miles, -itis « soldat »). ◆ 1° (*Choses;* 1669, Dr.).
Militer pour, contre : constituer une raison, un argument pour
ou contre. *Les arguments, les raisons qui militent en faveur
de cette décision.* « *Tout ce qui militait en 1789 pour le maintien de l'Ancien Régime* » (CHATEAUB.). ◆ 2° (*Personnes;*
déb. XIX⁰). Agir, lutter sans violence pour ou contre (une
cause). — *Spécialt.* Être un militant (de parti, de syndicat).
« *Un copain qui milite à la Guerre sociale* » (ROMAINS).

MILK-BAR [milkbar]. *n. m.* (1955; angl. *milk* « lait »,
et *bar*). *Anglicisme.* Bar, café où l'on ne consomme que des
boissons non alcoolisées.

MILK-SHAKE [milkʃɛk]. *n. m.* (1956; mot amér., de
milk « lait », et *shake* « secouer »). *Anglicisme.* Boisson
frappée, à base de farine lactée et parfumée.

MILLAGE [milaʒ]. *n. m.* (XX⁰; mot canadien, de *mille* 2,
d'apr. *kilométrage*, et angl. *mileage*). *Canada.* Action de
mesurer en milles*; nombre de milles parcourus. *Millage
d'une voiture,* indiqué au compteur.

MILLAS *n. m.* ou **MILLASSE, MILLIASSE** [mijas].
n. f. (1488; *millace* « céréale », au sens de « bouillie de millet »,
millas, 1796; du rad. de *millet*). *Région.* Gâteau de farine
de maïs. Se dit de divers gâteaux et pâtisseries.

1. **MILLE** [mil]. *adj. et n.* (*Mil,* 1080; *mile,* 1165; lat.
milia, plur. de *mille*).
I. *Adj.* ◆ 1° Numéral cardinal (1 000) : dix fois cent.
Mille, mille un, mille dix, mille cent (ou plus souvent *onze
cents*), *mille neuf cent quatre-vingt-dix-neuf. Deux, dix, cent
mille. Mille fois plus* (kilo-), *moins* (milli-). *Mille ans.* V.
Millénaire, millésime. *Billet de mille francs.* Ellipt. *Un billet
de mille. Mille mètres.* Ellipt. *Courir un cinq mille. Mille kilos*
(tonne). — *Les mille et une nuits.* — (Dans une date : MIL
[mil] « *Mil huit cent onze* » (HUGO). ◆ 2° Un grand nombre,
une grande quantité (Cf. *Trente-six, cent*). *Souffrir mille
morts. Dire mille fois. Faire mille amitiés.* — *Tapisserie à
mille fleurs,* est-à-dit. MILLE FLEURS : verdure du XV⁰ s. semée
de fleurettes. ◊ Loc. *Je vous le donne en mille* : vous n'avez
pas une chance sur mille de deviner, de gagner votre pari.
◆ 3° *numéral ordinal.* V. **Millième.** *Page mille. Le numéro
deux mille.*
II. *N. m.* ◆ 1° Le nombre mille. *Mille plus deux mille
cinq cents.* — *Spécialt. Un, deux, dix pour mille* (⁰/₀₀) : proportion de cas par millier d'unités. ◆ 2° Partie centrale
d'une cible, marquée du chiffre 1 000. *Mettre dans le mille* :
dans le but. Fig. « *Alors je suis tombée juste?... — Vous avez
mis dans le mille* » (QUENEAU). ◆ 3° V. **Millier.** *Objets vendus
à tant le mille.* Fam. *Avoir, gagner des mille et des cents* :
énormément. ◊ Chaque millier d'exemplaires d'une édition.

2. **MILLE** [mil]. *n. m.* (XIII⁰; du précéd.). ◆ 1° Nom de
plusieurs anciennes mesures de longueur, de distance. *Mille
romain* : mille pas (1 472 m 5). — Ancienne mesure en usage
dans de nombreux pays (France, Italie, Allemagne). ◆
2° *Mod.* (francis. de l'angl. *mile*). *Mille anglais.* V. **Mile.**
[Au Canada, apr. 1760]. Mesure valant 5 280 pieds*, soit
1 609 m (abrév. *mi*). « *Quatre cents milles, en plein hiver,
sans changer de cheval* » (A. HÉBERT). *Compter les habitants
par mille carré.* ◊ *Mille marin* : la 60⁰ partie d'un degré
équatorial (1852 m). ◊ HOM. *Mil.*

1. **MILLE-FEUILLE** [milfœj]. *n. f.* (1539; a. fr. *milfoil,*
d'apr. lat. *millefolium;* de *mille* 1, et *feuille*). Une des espèces
d'achillée (plante).

2. **MILLEFEUILLE** [milfœj]. *n. m.* (fin XIX⁰; de *mille* 1,
et *feuille*). Gâteau de pâte feuilletée.

MILLEFLEURS. V. **MILLE** (I, 2°).

MILLÉNAIRE [mi(l)lenɛr]. *adj. et n. m.* (1495; lat. *millenarius*). ◆ 1° *Adj.* Qui a mille ans (ou plus). *Une tradition
plus que millénaire, plusieurs fois millénaire. Des arbres
millénaires* : très vieux. ◆ 2° *N. m.* Période de mille ans. *Les
dynasties égyptiennes du second millénaire avant Jésus-Christ.*
◊ *Par ext.* Millième anniversaire. *Le deuxième millénaire*
(bi-millénaire) *de la fondation d'une ville.*

MILLÉNARISME [mi(l)lenarism(ə)]. *n. m.* (1845; du lat.
millenarius). *Relig.* Doctrine du millénium. — *Dér.* MIL-
LÉNARISTE, adj. *Théorie millénariste des premiers siècles de
l'Église.*

MILLÉNIUM [mi(l)lenjɔm]. *n. m.* (1765; lat. *millenarius*).
Règne de mille ans attendu par les « millénaires » (pour qui
le Messie régnerait mille ans sur la Terre avant le jour du

Jugement dernier). *Par ext.* L'âge d'or. « *On allait vers une
sorte de millénium* » (ROMAINS).

MILLE-PATTES [milpat]. *n. m. invar.* (1873; *mille-
pieds,* 1562; de *mille* 1, et *patte*). Nom courant des myriapodes du groupe des *Scolopendres* (vingt et un segments,
quarante-deux pattes).

MILLE-PERTUIS ou **MILLEPERTUIS** [milpɛrtɥi].
n. m. (1539; de *mille* 1, et *pertuis*). Herbe ou arbrisseau
(*Hypéricacées*) dont les feuilles semblent criblées de petits
trous (glandes translucides), appelé *herbe de Saint-Jean,
herbe à mille trous.* — *Huile de mille-pertuis,* utilisée comme
vulnéraire (Baume du commandeur).

MILLÉPORE [mil(l)epɔr]. *n. m.* (1752; prononc. latinisée de *mille-pore*). *Zool.* Polypier calcaire (*Hydrocoral-
laires*).

MILLE-RAIES [milrɛ]. *n. m.* (v. 1900; de *mille* 1, et *raie*).
Tissu à fines rayures ou côtes. Par appos. *Velours mille-raies,
imprimé mille-raies.*

MILLERANDAGE [milrãdaʒ]. *n. m.* (v. 1900; de *mille-
rand,* lat. *millium* [millet] *granum* [grain], adj. appliqué
aux raisins avortés). *Agric.* Avortement partiel ou développement incomplet d'une partie des grains du raisin.

MILLERANDÉ, ÉE [milrãde]. *adj.* (v. 1900; de *mille-
rand*). *Agric.* Affecté de millerandage. *Grappes millerandées.*

MILLÉSIME [mi(l)lezim]. *n. m.* (1515; lat. *millesimus*
« millième »). ◆ 1° *Chron.* Chiffre exprimant le nombre
mille, dans l'énoncé d'une date. « *Charte datée de 350, au
lieu de 1350, par oubli du millésime* » (HATZFELD). ◆ 2° *Cour.*
Les chiffres qui indiquent la date d'une monnaie, d'une
médaille (et par ext. d'un timbre-poste, de certains produits :
vins de crus, etc.). *Bouteille au millésime de 1947.*

MILLÉSIMÉ, ÉE [mi(l)lezime]. *adj.* (1846; de *millésime*). Qui porte un millésime. « *Flacons jeunes, fioles millé-
simées* » (COLETTE).

MILLET [mijɛ]. *n. m.* (*Milet,* 1256; dimin. de *mil* 2).
◆ 1° Nom courant d'une graminée, le panic. V. **Mil** 2 (*vx*).
Millet commun, millet blanc, à tiges ramifiées, à inflorescence
lâche, allongée. *Millet des oiseaux, d'Italie; millet à grappes,*
à panicules serrées et épillets courts. *Grain de millet. Farine
de millet* (millet commun). ◊ *Par ext.* Nom donné à plusieurs
céréales (maïs, sarrasin : *millet noir*). *Gros millet, millet de
Guinée.* V. **Sorgho.** ◆ 2° *Méd.* Petit kyste blanc, rappelant
un grain de millet, siégeant à la face (surtout aux paupières)
ou sur la peau des organes génitaux externes. (On dit aussi
milium).

MILLI-. Élément, du lat. *mille* « mille », indiquant la
division de l'unité par mille.

MILLIAIRE [miljɛr]. *adj. et n. m.* (fin XV⁰; lat. *milliarius,
de mille*). *Antiq. rom.* (1636). Qui marque la distance d'un
mille romain (mille pas). *Borne, colonne, pierre milliaire.*
◊ HOM. *Miliaire.*

MILLIAMPÈRE [mi(l)liãpɛr]. *n. m.* (1881; de *milli-,* et
ampère). *Électr.* Millième d'ampère *(mA).*

MILLIARD [miljar]. *n. m.* (1544; de *million,* par chang.
de suff.). Nombre de mille millions; quantité immense.
« *Des millions de soleils éclairent des milliards de mondes* »
(VOLT.). *Capital d'un milliard* (de francs). V. **Milliardaire.**

MILLIARDAIRE [miljardɛr]. *adj. et n.* (1895; de *milliard*). Qui possède un milliard (ou plus) d'une unité monétaire. *Il est presque milliardaire. Compagnie pétrolière plusieurs
fois milliardaire en dollars.* ◊ N. m. *Un, une milliardaire,*
personne extrêmement riche.

MILLIARDIÈME [miljardjɛm]. *adj. et n. m.* (1923; de
milliard). ◆ 1° *Adj. numéral ordinal.* Nombre ordinal correspondant à milliard. ◆ 2° Se dit d'une des parties d'un tout
divisé en un milliard de parties égales. N. m. *Un milliardième.*

MILLIASSE [miljas]. *n. f.* (1479; de *million,* par chang.
de suff.). *Vx* ou *plaisant.* Nombre, quantité immense.

MILLIBAR [mi(l)libar]. *n. m.* (1917; de *milli-,* et *bar*).
Météo. Unité de pression atmosphérique (millième de bar :
1 000 baryes; 3/4 mm de mercure). Symb. *mb.*

MILLIÈME [miljɛm]. *adj. et n. m.* (1377; *millisme,* XIII⁰;
de *mille*). ◆ 1° *Adj. numéral ordinal.* Qui occupe le rang
indiqué dans une date par le nombre mille. Subst. *Le, la
millième.* ◆ 2° Se dit d'une des parties d'un tout divisé en
mille parties égales. *La millième partie d'une somme d'argent.*
— N. *Un millième de millimètre.* Absolt. Calcul des charges
d'un immeuble par millièmes. *Spécialt.* Unité d'angle, en artillerie (diamètre d'un objet vu à une distance de mille fois
ce diamètre).

MILLIER [milje]. *n. m.* (1080; de *mille*). Nombre, quantité
de mille ou d'environ mille. *Un millier de francs. Des milliers* : un grand nombre indéterminé. *Milliers d'années.* —
Loc. *Par milliers,* en très grand nombre. *Les étoiles
« clignotaient par milliers au-dessus de sa tête* » (MAC ORLAN).

MILLIGRAMME [mi(l)ligram]. *n. m.* (1795; de *milli-,*
et *gramme*). Millième partie du gramme *(mg).*

MILLILITRE [mi(l)lilitr(ə)]. *n. m.* (1795; de *milli-,* et
litre). *Didact.* Millième partie du litre *(ml).*

MILLIMÈTRE [mi(l)limɛtr(ə)]. *n. m.* (1795; de *milli-*, et *mètre*). Millième partie du mètre *(mm)*. *Millième de millimètre* (micron). *Millimètre carré* (mm²). *Millimètre cube* (mm³). *Millimètre de mercure*, unité de pression (1 333 baryes).

MILLIMÉTRÉ, ÉE [mi(l)limetre]. *adj.* (XXᵉ; de *millimètre*). Gradué, divisé en millimètres. *Papier millimétré* (ou **MILLIMÉTRIQUE** [mil(l)imetrik]).

MILLIMICRON [mi(l)limikrɔ̃]. *n. m.* (1923; de *milli-*, et *micron*). *Sc.* Millième partie du micron, millionième de millimètre. *Un millimicron* (mμ) *vaut dix angstræms.*

MILLION [miljɔ̃]. *n. m.* (v. 1270; it. *milione*). Mille fois mille. *Un million, dix millions de millions* (V. **Milliard**), *un million de millions* (V. **Trillion**). ◇ *Ellipt.* Un million de francs, d'unités monétaires. *Posséder des millions.* V. **Millionnaire**. *Être riche à millions* : très riche. *Des millions* : un nombre énorme.

MILLIONIÈME [miljɔnjɛm]. *adj. et n.* (1550; de *million*). ♦ 1º *Adj. num. ordinal.* Qui occupe le rang marqué par le nombre d'un million. *La millionième entrée dans une exposition internationale.* Subst. *Le, la millionième.* ♦ 2º Se dit de chaque partie d'un tout divisé en un million de parties égales. N. *Un millionième de millimètre.*

MILLIONNAIRE [miljɔnɛr]. *adj. et n.* (1740; de *million*). Qui possède un ou plusieurs millions (d'unités monétaires, et *spécialt.* de francs). *Par ext.* Qui est très riche. *Il est plusieurs fois millionnaire.* V. **Multimillionnaire**. *Millionnaire en dollars, en livres sterling.* — N. *Un, une millionnaire.*

MILLITHERMIE [mi(l)litɛrmi]. *n. f.* (1923; de *milli-*, et *thermie*). *Sc.* Millième de thermie *(mth.)* V. **Calorie** (grande), **kilocalorie**.

MILLIVOLT [mi(l)livɔlt]. *n. m.* (1923; de *milli-*, et *volt*). *Sc.* Millième de volt *(mV)*.

MILORD [milɔr]. *n. m.* (Millour, XIVᵉ; angl. *my lord* « mon seigneur »). ♦ 1º *Vx.* Titre donné en France aux lords et pairs d'Angleterre, et *par ext.* à tout étranger riche, puissant. « *Riche étranger, ou Milord, sont synonymes* » (SENANCOUR). ♦ 2º *Ancienn.* (v. 1835). Cabriolet à quatre roues, à siège surélevé.

MILOUIN [milwɛ̃]. *n. m.* (1760; p.-ê. du lat. *miluus* « milan »). Oiseau palmipède des régions arctiques, canard sauvage à plumage noir, à tête et cou de couleur rousse.

MIME [mim]. *n.* (1534; lat. *mimus*, gr. *mimos*). ♦ 1º N. m. *Antiq.* Courte comédie bouffonne où les danses, la mimique des acteurs jouaient un grand rôle. ◇ *Par ext.* Personne qui jouait dans ces pièces. ♦ 2º N. *Mod.* (1834). Personne qui joue dans les pantomimes, acteur qui s'exprime par les attitudes et les gestes, sans paroles. *L'art du mime.* V. **Mimique**, **pantomime**. *Debureau père et fils, célèbres mimes du théâtre des Funambules.* Au fém. « *Mademoiselle Rachel fut plutôt une mime tragique* » (GAUTIER). — *Par ext.* Personne qui a le talent d'imiter les manières, le langage d'autrui.

MIMER [mime]. *v. tr.* (1838; de *mime*). Exprimer ou reproduire par des gestes, des jeux de physionomie, sans le secours de la parole. « *Mimer le désir, la joie, la fatigue* » (MAURIAC). *Mimer qqn par dérision.* V. **Imiter**, **singer**. — Au p. p. *Monologue mimé.*

MIMÉTIQUE [mimetik]. *adj.* (v. 1900; de *mimétisme*). *Sc. nat.* Du mimétisme. *Réactions mimétiques.*

MIMÉTISME [mimetism(ə)]. *n. m.* (1874; du gr. *mimeisthai* « imiter »). ♦ 1º Propriété que possèdent certaines espèces animales, pour assurer leur protection, de se rendre semblables par l'apparence au milieu environnant, à un être de ce milieu, à un individu d'une espèce mieux protégée ou moins redoutée. *Mimétisme des couleurs* (homochromie), *des formes* (homotypie). *Mimétisme du caméléon.* ♦ 2º *Par ext.* Imitations, ressemblances qu'elle produit. *Madame de Chateaubriand « écrivait, elle aussi... ainsi le veut le mimétisme »* (HENRIOT).

MIMI [mimi]. *n. m.* (XIXᵉ; « coiffure de femme », XVIIᵉ; de *minet*). ♦ 1º *(Lang. enfantin).* Chat. ♦ 2º Baiser, caresse. *Fais un gros mimi à ta grand-mère.* ♦ 3º *Fam.* (1828). Terme d'affection. « *Qu'a donc le mimi? On est triste?* » (FLAUB.). ◇ *Adj.* (Pop.) V. **Mignon**.

MIMIQUE [mimik]. *adj. et n. f.* (1570; lat. *mimicus*, gr. *mimikos*). I. *Adj. (Didact.).* Qui a rapport au mime. *Poésie mimique.* II. *N. f.* (1839). ♦ 1º *Didact.* Art de l'expression ou de l'imitation par le geste; action de mimer. ♦ 2º *Cour.* Ensemble des gestes expressifs et des jeux de physionomie qui accompagnent ou remplacent le langage oral. *Mimique des sourds-muets.*

MIMODRAME [mimɔdram]. *n. m.* (1847; de *mime*, et *drame*). Œuvre dramatique interprétée par gestes, mimiques, danses, sans texte mais avec accompagnement musical. V. **Pantomime**. « — *Le Jeune Homme et la Mort, est-ce un ballet? Non. C'est un mimodrame...* » (COCTEAU).

MIMOGRAPHE [mimɔgraf]. *n. m.* (XVIᵉ; de *mime*, et suff. *-graphe*). *Vx.* Écrivain qui compose des mimes auteur de mimes.

MIMOLETTE [mimɔlɛt]. *n. f.* (*Néol.*; de *mi-*, et *mollet* « un peu mou »). Fromage de Hollande à pâte demi-tendre.

MIMOLOGIE [mimɔlɔʒi]. *n. f.* (1732; de *mime*, et *-logie*). ♦ 1º *Didact.* Art de l'imitation par le geste, et plus *spécialt.* par la voix. ♦ 2º Langage mimique des sourds-muets.

MIMOSA [mimoza]. *n. m.* (1602; *fém.* jusqu'au XIXᵉ; var. anc. *mimeuse, mimose;* lat. bot. mod., de *mimus* « mime », par allus. à la contractilité de la plante). ♦ 1º Arbre ou arbrisseau des régions chaudes (*Mimosacées;* V. **Acacia** [1º]), dont certaines variétés portent des fleurs jaunes en forme de très petites boules duveteuses recherchées pour leur parfum. *La sensitive, variété de mimosa.* ♦ 2º Les fleurs du mimosa cultivé, disposées en grappes. *Bouquet de mimosa.* ♦ 3º *Appos. Œufs mimosa* : garniture de hors-d'œuvre faite de jaunes d'œufs écrasés.

MIMOSÉES *(vx)* [mimoze] ou **MIMOSACÉES** [mimozase]. *n. f. pl.* (1842,-XXᵉ; de *mimosa*). *Bot.* Sous-famille des Légumineuses, comprenant près de 1 500 espèces d'arbres ou d'arbrisseaux des régions chaudes, à fleurs petites et régulières (acacia, mimosa).

MINABLE [minabl(ə)]. *adj. et n.* (XVᵉ, « qui peut être sapé, détruit par une mine »; de *miner*). ♦ 1º (1810). Qui semble miné, usé par la misère, la maladie, le chagrin, à en inspirer pitié. V. **Misérable**, **pitoyable**. ♦ 2º *Fam.* Très médiocre. V. **Lamentable**, **piètre**, **piteux**. *Résultats minables. Spectacle minable. Mener une existence minable.* V. **Étriqué**. « *Il riait de lui-même... de sa vie, de ses minables passions* » (SARTRE). ◇ *Par ext. Vous avez entendu sa conférence? Il a été minable.* — N. *Une bande de minables.* ◇ ANT. **Enviable**, **réussi**.

MINABLEMENT [minabləmã]. *adv.* (1842; de *minable*). D'une manière minable.

MINAGE [minaʒ]. *n. m.* (1922; de *miner*, l'a. fr. *minaje* [XIVᵉ], de *mine* 3, est un autre mot). *Rare.* Action de miner (2º, 4º). ◇ ANT. **Déminage**.

MINAHOUET [minawɛ]. *n. m.* (1809; du breton *min* « pointe »). *Mar.* Petite mailloche servant à fourrer les cordages minces.

MINARET [minarɛ]. *n. m.* (1606; turc *ménáret*, arabe *mandra* « phare »). Tour d'une mosquée du haut de laquelle le muezzin invite les fidèles musulmans à la prière. « *Les minarets, élancés comme un millier de mâts au-dessus des édifices* » (NERVAL).

MINAUDER [minode]. *v. intr.* (1645; de *mine* 1). Faire des mines, prendre des manières affectées pour attirer l'attention, plaire, séduire. V. **Grimace**. « *Elle faisait de petites façons, elle minaudait* » (BALZ.).

MINAUDERIE [minodri]. *n. f.* (XVIᵉ; de *minauder*). ♦ 1º Action de minauder; caractère d'une personne qui manque de naturel en voulant plaire, séduire. V. **Affectation**. « *Les fausses grâces, la minauderie, l'afféterie, le précieux* » (DIDER.). ♦ 2º DES MINAUDERIES : airs, attitudes, manières, gestes affectés d'une personne qui minaude. V. **Chichi**, **façon**, **grimace**, **manière**, **mine** (1), **simagrée**, **singerie**. *Minauderies d'une coquette.* V. **Agacerie**. « *Les femmes ordinaires, qui se dépensent en œillades, en minauderies et en sourires* » (MUSS.).

MINAUDIER, IÈRE [minodje, jɛr]. *adj.* (1690; du rad. de *minauder*). Qui minaude, qui a l'habitude de minauder. V. **Poseur**. *Femme minaudière.* Subst. « *Cette petite minaudière* » (CHARDONNE).

MINBAR [minbar]. *n. m.* (1931; mot arabe). *Didact.* (*Arts*, etc.). Chaire d'une mosquée. *Minbar sculpté.*

MINCE [mɛ̃s]. *adj. et interj.* (fin XIVᵉ; de l'a. v. *mincier* « couper en menus morceaux », var. de *menuiser*). I. *Adj.* ♦ 1º (*Opposé à épais*). Qui a peu d'épaisseur. V. **Fin**. *Couper de la viande en tranches minces.* V. **Émincer**. *Métal réduit en bandes, en plaques minces* (feuilles, rubans). *Lamelle, membrane très mince* (pellicule). *Étoffe mince comme du papier à cigarette, comme une pelure d'oignon.* V. **Léger**. « *Mon parapluie beaucoup trop mince pour la saison* » (CÉLINE). ♦ 2º (*Opposé à large*). V. **Délié**, **étroit**, **filiforme**, **ténu**. *Colonnettes minces. Mince filet d'eau.* ♦ 3º Qui a des formes relativement étroites pour leur longueur, et donne une impression de finesse. *Jeune femme mince, grande et mince.* V. **Élancé**, **fluet**, **gracile**, **menu**, **svelte**. « *Vit-on jamais au bal une taille plus mince?* » (BAUDEL.). V. **Fin**. *Lèvres minces. Jambes minces.* V. **Grêle**. ♦ 4º *Fig.* Qui a peu d'importance, peu de valeur. V. **Insignifiant**, **médiocre**, **négligeable**. *Pour un mince profit. Un prétexte bien mince.* « *Ce n'est pas une mince affaire* » (DAUD.). V. **Petit**. ♦ 5º *Adv. Peindre mince*, par couches minces.

II. *Interj.* (1878; *mince que...* « combien », 1873; emploi iron.). *Pop.* Exclamation de surprise (souvent euphémisme de *merde*). *Mince! j'ai perdu mon sac! Ah! mince! Mince alors!* « *Hé bien! mince de rigolade!* » (ROMAINS). ◇ ANT. **Épais**, **fort**, **gros**, **large**.

MINCEUR [mɛ̃sœr]. *n. f.* (1782; de *mince*). ♦ 1º Caractère, qualité de ce qui est mince. *Minceur d'une feuille de papier. Minceur d'un fil* du de la Vierge. V. **Ténuité**. ♦ 2º (Personnes). *Elle est d'une minceur et d'une élégance remarquables.* V. **Gracilité.** « *Une taille d'une minceur extraordinaire* » (GONCOURT). V. **Finesse.** ♦ 3° (de *mince* I, 4°). *La minceur du profit, des preuves.* ◇ ANT. Épaisseur, grosseur.

MINCIR [mɛ̃siʀ]. *v. intr.* (mil. XXe; de *mince*). Devenir plus mince. *Elle a beaucoup minci.* — Syn. AMINCIR* (s').

1. **MINE** [min]. *n. f.* (XVe; p.-ê. bret. *min* « bec, museau »).
I. (Aspect physique). ♦ 1° *Vx.* Aspect, apparence du corps. V. **Air, allure, maintien.** « *Les beaux habits servent bien à la mine* » (RÉGNIER). « *Un homme de grande mine et de grande tournure* » (GAUTIER). V. **Prestance.** ♦ 2° *(Emplois mod.).* Aspect extérieur, apparence naturelle ou affectée *(opposé à* la nature profonde, *aux* sentiments). V. **Extérieur.** *C'est un passionné, sous sa mine tranquille. Juger des gens sur la mine.* — *Fig. Un rôti de bonne mine :* appétissant. ◇ *Loc. Ça ne paie pas de mine :* ça a mauvaise apparence. « *C'était un garçon de petite taille et qui ne payait pas de mine. Il était maigre, noiraud* » (DUHAM.). — *Faire mine de* (et inf.), paraître disposé à, faire semblant de. « *L'autre a fait mine de lui donner un coup de tête* » (CAMUS). — *Fam. et iron. Avoir bonne mine :* l'air emprunté, ridicule. — *Pop. Mine de rien,* sans en avoir l'air, comme si de rien n'était. *Tâche de le cuisiner un peu, mine de rien, en douce.*
II. (Aspect du visage). ♦ 1° (XVIe). Aspect du visage qui est l'expression de la santé. *Avoir bonne, mauvaise mine. Avoir une mine de papier mâché, de déterré :* très mauvaise mine. *Tu en as une sale mine !* Absolt. *Tu en as une mine !* ♦ 2° Aspect du visage, expression du caractère ou de l'humeur. V. **Figure, physionomie.** *Mine boudeuse, renfrognée, soucieuse. Mine enjouée, éveillée.* V. **Minois.** « *Il y a des mines de déconfits bien réjouissantes à voir* » (FLAUB.). — *Avoir la mine longue, allongée. Faire triste mine, avoir l'air déçu, dépité. Faire une mine de dix pieds de long.* V. **Tête.** — *Faire bonne mine à tous.* V. **Accueil.** *Faire grise mine :* accueillir avec froideur.
III. DES MINES (XVIe). Jeux de physionomie, attitudes, gestes. *Petites mines gracieuses d'un bébé.* ◇ *Péj. Mines affectées.* V. **Affectation, façon, maniérisme, minauderie, simagrée.** *Coquette qui fait des mines.* V. **Minauder.**

2. **MINE** [min]. *n. f.* (1314; p.-ê. gallo-rom. °*mina,* mot celtique).
I. ♦ 1° *Vx.* Minerai. « *Mine métallique* » (BUFF.). Mod. (dans des expressions) *Mine de platine,* alliage naturel de métaux de la famille du platine. — *Mine de plomb* [XVe s.] : graphite, plombagine. ♦ 2° (XXe). Petit bâton de graphite, et *par ext.* de toute matière laissant une trace, qui constitue la partie centrale d'un crayon. *Crayon à mine dure, tendre.* — *Mettre une mine rouge dans un porte-mines.*
II. (Répandu XVIIe; « le terrain où se trouve le minerai », 1314). ♦ 1° Terrain d'où l'on peut extraire un métal, une matière minérale utile, qui s'y trouve sous sa forme de gisement (V. **Gîte**) ou d'alluvions. *Mine souterraine. Mine à ciel ouvert.* V. **Carrière, minière.** *Région de mines :* bassin minier. *Filons, veines d'une mine.* — *Mine de cuivre, de fer, d'or, de diamants. Mine de houille, de sel.* V. **Filon, fonds, gisement.** *Ces archives sont une mine inépuisable de documents. C'est une mine d'érudition, un puits de science.* « *C'est une mine inépuisable de bons sentiments* » (FLAUB.). — *Mine d'or,* ressource fructueuse pouvant être développée ou exploitée avec profit. ♦ 2° *Didact. (Dr.).* Masse de substances précieuses, utiles, contenues dans une mine. *Nationalisation des mines de combustibles minéraux.* ♦ 3° (Répandu XVIIIe) d'express. telles que *la coupe, l'exploitation d'une mine* (1°, 2°). Cavité pratiquée dans le sous-sol et ensemble d'ouvrages souterrains aménagés pour l'extraction d'un minerai. *Galerie, puits de mine. Travailler à la mine, en surface ou au fond* (V. **Mineur**). *Travail des mines.* V. **Abattage, havage, herschage, roulage.** ◇ *Par ext.* Installations de surface, bâtiments de la mine (machines d'extraction, ateliers, locaux sanitaires et administratifs). ◇ *Admin.* LES MINES, administration spécialisée dans l'étude géologique des terrains, la topographie et l'exploitation du sous-sol, et la direction de tout travail en souterrain (tunnels). *École, ingénieur des Mines.* ◇ *Absolt.* Mine de charbon. V. **Charbonnage, houillère.** *Travailler à la mine.* « *C'est joli, cinquante ans de mine, dont quarante-cinq au fond !* » (ZOLA).
III. (XVe). ♦ 1° *Vx.* Galeries de sape. ♦ 2° (XVIe). Excavation pratiquée sous un ouvrage pour le faire sauter au moyen d'une mine » (DORGELÈS). *Chambre, fourneau, trou de mine. Mettre le feu à une mine. Coup de mine* (mine). ♦ *Fig. et vx.* Machination secrète, complot. *Découvrir, éventer la mine.* ♦ 3° (XXe). Engin explosif, dont le dispositif de mise à feu se déclenche au passage d'un véhicule *(mines antichars),* d'un homme *(mines antipersonnel)* ou à distance. *Amorcer, piéger une mine. Neutralisation des mines* (déminage). *Champ de mines. Détecteur de mines.* ◇ Engin explosif immergé, fixé au fond par un câble *(mine dormante),* ou flottant entre deux eaux *(mine flottante* ou *dérivante). Mine magnétique. Dragueur, mouilleur de mines.*

3. **MINE** [min]. *n. f.* (XIIe; altér. de *émine,* lat. *hemina).* V. **Hémine.** Ancienne mesure française de capacité pour les grains et matières sèches (demi-setier). V. **Minotier.**

4. **MINE** [min]. *n. f.* (1562; lat. *mina,* gr. *mnâ). Antiq.* gr. Poids et monnaie de 100 drachmes.

MINER [mine]. *v. tr.* (1190; de *mine* 2). ♦ 1° *Vx.* Saper, détruire par une « mine » une galerie. V. **Saper.** ♦ 2° *Mod.* Creuser, attaquer à la base ou à l'intérieur d'une chose. V. **Caver, creuser, fouir, ronger, saper.** *La mer mine les falaises. Tronc d'arbre, mur miné par le temps.* V. **Attaquer,** affaiblir, ruiner par une action progressive et sournoise. *La maladie qui le mine.* V. **Attaquer.** *Miner la santé, les forces, la résistance de qqn.* V. **Abattre, affaiblir, diminuer, user.** *Le chagrin, l'inquiétude, la passion le mine.* V. **Brûler, consumer, corroder, ronger.** *Miner une société.* V. **Détruire, désintégrer, saper.** ♦ 4° Garnir d'explosifs pour faire sauter. — Garnir de mines (2, III, 3°). *Miner une route.* — Au p. p. *Zone minée.* ◇ ANT. Combler; guérir, remonter. Déminer.

MINERAI [minʀɛ]. *n. m.* (*Minerois,* 1314, repris XVIIIe; de *mine* 2). Tout minéral qui contient, à l'état pur ou sous forme de mélange, une ou plusieurs substances chimiques déterminées, en proportions telles qu'on puisse les isoler industriellement. *Substance terreuse qui enveloppe le minerai.* V. **Gangue.** *Disposition des minerais.* V. **Filon, gisement, gîte.** *Teneur d'un minerai en métal. Extraire un métal d'un minerai.* V. **Métallurgie.** *Installation pour l'extraction d'un minerai.* V. **Mine** (2).

MINÉRAL, ALE, AUX [mineʀal, o]. *adj. et n.* (1478; lat. médiév. *mineralis).*
I. *Adj.* ♦ 1° Relatif aux corps constitués de matière inorganique. *Le règne minéral et le règne végétal. Chimie minérale et chimie organique.* ♦ 2° Constitué de matière inorganique. *Cire minérale. Résine minérale fossile. Huiles minérales. Combustibles minéraux. Sels minéraux.* ♦ 3° *Eau minérale :* minéralisée.
II. *N. m.* (XVIe). Corps, substance inorganique, et *spécialt.* Élément ou composé naturel de la chimie minérale, constituant de l'écorce terrestre. *Étude des minéraux et de leur formation.* V. **Géologie, minéralogie.** *État amorphe ou cristallin des minéraux. Les minéraux entrent dans la composition des roches** (V. *aussi* **Minerai, pierre**).

MINÉRALIER [mineʀalje]. *n. m.* (XXe; « ouvrier en métaux », XVIe; de *minéral).* *Techn.* Cargo conçu pour le transport des minerais. *Appos. Des cargos minéraliers.*

MINÉRALISATEUR, TRICE [mineʀalizatœʀ, tʀis]. *adj. et n.* (1779; de *minéraliser).* Qui transforme un métal en minerai. *Le soufre, l'oxygène, les acides, substances minéralisatrices. Agent minéralisateur :* corps qui possède la propriété de rendre cristalline une matière amorphe.

MINÉRALISATION [mineʀalizasjɔ̃]. *n. f.* (1751; de *minéraliser).* *Techn., sc.* ♦ 1° Transformation d'un métal en minerai; état du métal ainsi transformé. ♦ 2° État d'une eau qui contient certaines substances minérales en dissolution. ♦ 3° *Biochim.* Transformation (d'une substance organique) en substance minérale.

MINÉRALISER [mineʀalize]. *v. tr.* (1751; de *minéral).* *Techn., sc.* ♦ 1° Faire passer un métal à l'état de minerai. *Minéraliser du cuivre.* ♦ 2° Modifier l'eau en y ajoutant certaines substances minérales. *Eau faiblement minéralisée.*

MINÉRALOGIE [mineʀalɔʒi]. *n. f.* (1750; « étude des sels minéraux », 1649; de *minéral,* et *-logie).* Science qui traite des minéraux constituant les matériaux de l'écorce terrestre. *La minéralogie, science annexe de la géologie.* ◇ *Par ext.* Ouvrage qui traite de minéralogie.

MINÉRALOGIQUE [mineʀalɔʒik]. *adj.* (1751; de *minéralogie).* ♦ 1° Relatif à la minéralogie. V. **Géologique.** *Collection minéralogique.* ♦ 2° Relatif au service des Mines. *Arrondissement minéralogique.* *Spécialt. Numéro minéralogique, lettres minéralogiques :* ensemble de chiffres ou de lettres qui constitue le numéro d'immatriculation d'un véhicule à moteur (d'abord affecté par le service des Mines). *Plaque minéralogique* ou *d'immatriculation.*

MINÉRALOGISTE [mineʀalɔʒist(ə)]. *n. m.* (1753; de *minéralogie).* Savant qui s'occupe de minéralogie.

MINERVAL [minɛʀval]. *n. m.* (1840; 1771, Trévoux [à propos des écoliers de Rome]; de *minerval* « qui concerne *Minerve* »). En Belgique, Rétribution due par les élèves de certaines écoles.

MINERVE [minɛʀv(ə)]. *n. f.* (1626, « intelligence, esprit »; nom fr. de *Minerva,* déesse de la sagesse). ♦ 1° (1842). *Méd.* Appareil orthopédique destiné à maintenir la tête en bonne position. ♦ 2° (v. 1902). *Imprim.* Petite machine à imprimer. « *C'était une 'Minerve' à pédale, suffisante pour imprimer une feuille entière* » (DUHAM.).

MINERVISTE [minɛʀvist(ə)]. *n. m.* (fin XIXe; de *minerve,* 2°). *Imprim.* Ouvrier typographe qui actionne une minerve.

MINESTRONE [minɛstʀon]. *n. m.* (1931; mot it.). Soupe italienne au riz (ou aux pâtes) et aux légumes. — *Appos.*

« *Nous avons de la soupe minestrone, fit la donna* » (CARCO).

MINET, ETTE [minɛ, ɛt]. *n.* (XVIᵉ; fém.; de *mine*, nom pop. onomat. du chat en gallo-roman).
I. *Fam.* ♦ 1° Petit chat, petite chatte. V. **Mimi, minou.** « *Deux élégantes minettes, toutes blanches* » (CHATEAUB.). ♦ 2° T. d'affection. *Mon minet, ma petite minette.* ♦ 3° (1965). Jeune homme élégant.
II. *N. f.* Nom de la luzerne lupuline, dite aussi *triolet.*

MINETTE [minɛt]. *n. f.* (1846; de *mine* 2). *Région.* Minerai de fer, en Lorraine.

1. MINEUR, EURE [minœʀ]. *adj.* (XIVᵉ; lat. *minor*). ♦ 1° *Vx* ou *spécialt.* Plus petit, inférieur, *dans quelques expressions* (*opposé à* majeur). V. **Moindre.** *L'Asie Mineure*, l'Anatolie (Turquie actuelle). — Relig. *Ordres* mineurs.* ◇ Log. *Terme mineur d'un syllogisme*, le sujet de la conclusion. *Proposition mineure*, et subst. *La mineure*, la seconde des prémisses, qui a pour sujet le terme mineur et pour attribut le moyen terme. ◇ Mus. et cour. *Intervalle mineur* : se dit d'un intervalle déterminé réduit autant qu'il le peut l'être sans devenir faux. *Seconde mineure* (de mi à fa, *par ex.*). *Tierce mineure*, tierce d'un ton et demi. — Par ext. *Gamme mineure. Mode, ton mineur. Sonate en ut mineur.* — *Subst.* Le mode mineur. ♦ 2° *Mod.* (XXᵉ). D'importance, d'intérêt secondaire. *Problème, soucis mineurs. Arts mineurs.* V. **Décoratif.** Littér. et Bx-arts. *Genres mineurs. Peintre, poète mineur*, de second plan. « *Cet écrivain mineur a rencontré un grand sujet* » (HENRIOT). ♦ 3° (*Personnes*). Qui n'a pas atteint l'âge de la majorité (18 ans). *Enfants mineurs.* — *Subst. Un mineur, une mineure. Les mineurs et les interdits sont des incapables. Tuteur, conseil de famille du mineur. Émancipation du mineur. Enlèvement, détournement de mineurs.* ◇ ANT. *Majeur, Important, supérieur.*

2. MINEUR [minœʀ]. *n. m.* (v. 1210; de *mine* 2). ♦ 1° Ouvrier qui travaille dans une mine, *spécialt.* de houille. V. **Galibot, haveur, herscheur, porion, raucheur.** *Mineur de fond. Mineur du Borinage. Maison, village de mineurs.* V. **Coron.** — Par appos. *Ouvrier mineur.* ♦ 2° *Milit.* Soldat chargé de la pose des mines explosives. V. **Sapeur.**

MINI-. Élément, du lat. *minus* « moins ». V. **Micro-.** — Ce préfixe, tiré de composés anglais (comme *miniskirt.* **Minijupe**), s'est rapidement diffusé, produisant d'innombrables composés, avec le sens de « très petit, très court », « très bref » (*minivacances*), « infime ».

MINI [mini]. *adj. inv.* (v. 1965; du préf. *mini-*). *Fam. La mode mini*, des minijupes*. — Adv. *S'habiller mini.*

MINIATURE [minjatyʀ]. *n. f.* (1644; it. *miniatura*, de *minium*; rapproché dès le XVIIᵉ de *minuscule, mignon*, et écrit *mignature*). ♦ 1° *Didact.* Lettre ornementale (d'abord rouge, et tracée au minium) pour orner le commencement des chapitres des manuscrits médiévaux. ♦ 2° *Cour.* Peinture fine de petits sujets servant d'illustration aux manuscrits, aux missels. V. **Enluminure.** *Miniatures byzantines, irlandaises, gothiques, persanes. Peintre de miniatures.* V. **Miniaturiste.** ♦ 3° Genre de peinture délicate de petite dimension (*la miniature*); cette peinture (*une miniature*). *Porter une miniature en médaillon.* « *L'autre* (portrait), *était une miniature de style Empire* » (HENRIOT). ♦ 4° *Fig.* EN MINIATURE, en très petit, en réduction. « *Une dizaine de richards, une bourgeoisie en miniature* » (BALZ.). — *Ellipt.* (par appos.) « *Un Pompéi miniature* » (ARAGON), minuscule. ◇ *Par ext.* Modèle réduit. « *Une miniature d'épousée* » (MAUPASS.).

MINIATURÉ, ÉE [minjatyʀe]. *adj.* (1840; de *miniature*). Illustré de miniatures. « *Marges historiées et miniaturées* » (GAUTIER). ◇ Peint en miniature. *Portrait miniaturé.*

MINIATURISATION [minjatyʀizasjɔ̃]. *n. f.* (v. 1960; de *miniaturiser*). *Techn.* Action de miniaturiser.

MINIATURISER [minjatyʀize]. *v. tr.* (v. 1960; de *miniature*, 4°). *Techn.* Donner (à un objet, un mécanisme) les plus petites dimensions possibles.

MINIATURISTE [minjatyʀist(ə)]. *n.* (1748; de *miniature*). Peintre de miniatures (V. **Enlumineur**). « *Marie de France écrit comme peignent les miniaturistes, à petites touches* » (HENRIOT).

MINIBUS [minibys]. *n. m.* (v. 1965; de *mini-*, et *bus*). Petit autobus.

MINI(-)CASSETTE [minikasɛt]. *n. f.* (1968; de *mini-*, et *cassette*). Nom d'une marque de cassettes* de petite dimension.

MINIER, IÈRE [minje, jɛʀ]. *adj.* (1867; de *mine* 2). Qui a rapport aux mines. *Gisement minier. Industrie minière.* — Où il y a des mines. *Bassin, pays minier.*

MINIÈRE [minjɛʀ]. *n. f.* (1265; de *mine* 2). ♦ 1° *Vx.* Mine, minerai. ♦ 2° Dr. Mine peu profonde ou à ciel ouvert. *Les minières sont laissées à la disposition des propriétaires du sol.*

MINI-JUPE [miniʒyp]. *n. f.* (1966; de *mini-*, et *jupe*; trad. de l'angl. *mini-skirt*; Cf. Mini-). Jupe s'arrêtant à mi-cuisses. V. **Jupette.** *La mini-jupe dégage largement le genou.* « *Sa mini-jupe en jeans* » (MALLET-JORIS). *Des mini-jupes.*

MINIMA [minima]. *plur.* ou *adj. fém.* V. **MINIMUM.**

MINIMA (A) [aminima]. *loc. adv.* (1765; lat. jur. *a minima pœna* « de la plus petite peine »). Dr. *Appel a minima*, appel que le ministère public interjette lorsqu'il estime la peine insuffisante. ◇ ANT. *Maxima (a).*

MINIMAL, ALE, AUX [minimal, o]. *adj.* (1877; de *minimum*). *Rare.* Qui constitue un minimum. ◇ *Cour.* Météo. *Températures minimales.* ◇ ANT. *Maximal.*

MINIME [minim]. *adj. et n.* (1361; lat. *minimus* « le plus petit »). ♦ 1° Très petit, peu important (en parlant de choses abstraites). V. **Infime, petit.** *Des faits minimes.* V. **Insignifiant.** *Dégâts extrêmement minimes. Salaires minimes.* V. **Dérisoire, médiocre, piètre.** « *Je n'ai rien oublié! Pas la moindre, pas la plus minime circonstance!* » (GOBINEAU). ♦ 2° *N.* Religieux, religieuse de l'ordre monastique fondé par saint François de Paule (XVᵉ). *Les minimes se veulent les plus humbles des Frères mineurs.* ◇ *Sports.* Enfants de 14 à 16 ans. *Match de minimes.* ◇ ANT. *Considérable, énorme, immense.*

MINIMISER [minimize]. *v. tr.* (1842; de *minime*). Présenter en donnant de moindres proportions; réduire l'importance de. V. **Réduire.** *Minimiser des résultats, des incidents; le rôle de qqn. Minimiser l'importance d'une discorde.* V. **Dédramatiser, dépassionner.** ◇ ANT. *Amplifier, exagérer, grossir, maximiser.*

MINIMUM [minimɔm]. *n. m.* (déb. XVIIIᵉ; mot lat. « le plus petit »). ♦ 1° *Math.* Valeur d'une fonction inférieure à celles qui la précèdent ou la suivent immédiatement. ♦ 2° *Cour.* Valeur la plus petite atteinte par une quantité variable; limite inférieure. *Minimum de frais. Les minima atteints. Dans le minimum de temps. Atteindre son minimum.* — *Au minimum*, au plus bas degré, à presque rien. *Absolt.* Au moins, tout au moins, pour le moins. V. **Bas** (au bas mot). ◇ *Dr.* Minimum de la peine. *Condamné au minimum.* ◇ *Par ext.* La plus petite quantité déterminée nécessaire. *La ration alimentaire doit contenir un minimum de matières grasses. Minimum* (de points) *exigible à un examen. Fam. S'il avait un minimum de savoir-vivre.* V. **Moindre** (le). ◇ MINIMUM VITAL (abrév. de *Salaire minimum vital*) : somme permettant de satisfaire le minimum des besoins qui correspondent au niveau de vie dans une société donnée. — *Biol., sociol.* Minimum nécessaire pour maintenir l'organisme en vie (ration alimentaire dite « métabolisme de base »). ♦ 3° *Adj.* Qui constitue un minimum. *Âge minimum.* V. **Minimal.** *Pertes, gains minimums* (ou *minima*). *Intensité minimum* (ou *minima*). *Salaire* minimum interprofessionnel garanti* ou S.M.I.G. [smig], devenu S.M.I.C. [*salaire (...) de croissance*]. *Fam. Un maillot de bain minimum* : minuscule. ◇ ANT. *Maximum* (et *maxima*). *Comble.*

MINISTÈRE [ministɛʀ]. *n. m.* (1468; lat. *ministerium*; V. **Métier**).
I. ♦ 1° *Vx* ou *littér.* Charge que l'on doit remplir. V. **Charge, emploi, fonction.** *Les devoirs, les obligations de son ministère.* — *Mod.* Sacerdoce. *Le ministère du prêtre.* « *Le saint ministère auquel je me destine* » (STENDHAL). ♦ 2° *Vieilli.* Action de celui qui sert d'instrument. V. **Concours, entremise, intervention, offices** (bons offices). *Offrir, proposer son ministère.* Dr. *Par ministère d'huissier.* ♦ 3° *Dr.* MINISTÈRE PUBLIC : corps de magistrats établis près des tribunaux avec la mission de défendre les intérêts de la société, de veiller à l'exécution des lois et des décisions judiciaires. V. **Magistrature.** *Magistrats du ministère public, établis près d'un tribunal.* V. **Parquet; avocat** (général), **commissaire, procureur** (général), **substitut.** *Le ministère public soutient l'accusation.*
II. Dr. constit. et cour. (XVIIᵉ; d'apr. *ministre*). ♦ 1° Corps des ministres et secrétaires d'État. V. **Cabinet, conseil** (des ministres), **gouvernement.** *Former un ministère. Entrer dans un ministère.* « *Un ministère qu'on soutient est un ministère qui tombe* » (TALLEYRAND). *Ministère de coalition.* — (Suivi du nom du premier ministre) *Le ministère Poincaré.* — *Par ext.* Temps que dure un ministère. ♦ 2° Département ministériel; partie des affaires de l'administration centrale dépendant d'un ministre. *Fonctionnaire d'un ministère. Ministère de l'Agriculture, des Affaires étrangères, de l'Éducation nationale.* — *Par ext.* Bâtiment où sont installés les services d'un ministère; ensemble de ces services. « *Les visiteurs qui ont une requête à faire dans un ministère* » (SARTRE). ♦ 3° Fonction de ministre (vx, *Ministériat*). V. **Portefeuille.**

MINISTÉRIEL, ELLE [ministeʀjɛl]. *adj.* (1598; lat. *ministerialis*). ♦ 1° *Vx.* Qui a rapport à un office, un ministère (I). — Dr. *Officier ministériel.* V. **Avoué, commissaire-priseur, huissier, notaire.** ♦ 2° Relatif au ministère (II), au gouvernement. *Solidarité ministérielle. Crise ministérielle.* ◇ Partisan du ministère. *Député, parti, journal ministériel.* V. **Gouvernemental.** ♦ 3° Relatif à un ministère; qui émane d'un ministre. *Département ministériel. Arrêté, décret ministériel.* ♦ 4° (*Abusif*). De, du ministre. *Voyage ministériel.*

MINISTRABLE [ministʀabl(ə)]. *adj.* (1894; de *ministre*). Susceptible de devenir ministre. « *Un parlementaire ministrable* » (ROMAINS). Subst. *Les ministrables.*

MINISTRE [ministʀ(ə)]. *n. m.* (XIIᵉ; lat. *minister* « serviteur »).
I. *Vx* ou *spécialt.* Celui qui est chargé d'une fonction, d'un office. ♦ 1° *Relig.* (XVIᵉ). Celui qui a la charge (du culte divin), agit au nom de (Dieu). *Ministre de Jésus-Christ, de l'Évangile.* V. **Ecclésiastique, prêtre.** *L'aumônier, ministre du culte dans une communauté.* ◇ *Spécialt.* (XVIᵉ) Pasteur protestant. ♦ 2° *Vx.* Celui qui est chargé d'une fonction, d'un office, celui qu'on utilise pour l'accomplissement de qqch. V. **Serviteur.**
II. (XVIIᵉ; *ministre d'État*, et absolt. *ministre*). ♦ 1° *Ancienn.* Chef d'un grand service public permanent. *Louvois, ce grand ministre.* ♦ 2° *Mod.* Agent supérieur du pouvoir exécutif; homme d'État placé à la tête d'un département ministériel ou ministère. *Nomination d'un ministre. Fonction de ministre.* V. **Ministère, portefeuille.** « *Député demain, après-demain je puis être ministre et alors je te prends à mon cabinet* » (ARAGON). *Ensemble des ministres.* V. **Cabinet, gouvernement, ministère.** *Décret pris en Conseil des ministres. Le président du Conseil et les ministres. Ministres de l'Éducation nationale* (grand maître de l'Université), *des Finances, de l'Intérieur. Madame X, le ministre de la Santé publique. Premier ministre : le chef du gouvernement* (en régime parlementaire), *nommé par le président de la République. Au Canada. Chef du gouvernement et du Conseil des ministres* (chef du parti politique majoritaire à l'Assemblée nationale, ou d'une coalition). *Ministre sans portefeuille,* membre du cabinet qui n'est pas à la tête d'un département ministériel. *Ministre d'État :* ministre sans portefeuille. *Ministres et secrétaires d'État.* ◇ *Par appos. Bureau ministre :* bureau de grande taille, à tiroirs latéraux. *Papier ministre,* de format officiel. ♦ 3° *Dr. intern.* Agent diplomatique de rang immédiatement inférieur à celui d'ambassadeur et chargé de représenter son gouvernement à l'étranger. *Le ministre est à la tête d'une légation. Ministre plénipotentiaire.* — *Ministre résident,* agent de la troisième classe (après les ministres plénipotentiaires et avant les chargés d'affaires).
MINIUM [minjɔm]. *n. m.* (*Minion*, 1560; mot lat.). ♦ 1° Oxyde de plomb (Pb₃O₄), poudre de couleur rouge. *Le minium était utilisé dans l'enluminure des manuscrits.* V. **Miniature.** ♦ 2° *Cour.* Peinture au minium préservant le fer de la rouille. « *Un réservoir cylindrique de tôle... que trois peintres passaient au minium* » (ROMAINS).
MINNESINGER [minesiŋɡɛʀ]. *n. m.* (1841; mot all.). Poète chanteur allemand, au moyen âge. V. **Trouvère.**
MINOEN, ENNE [minɔɛ̃, ɛn]. *adj.* (1931; angl. *minoan,* de *Minos*). Relatif à la période archaïque de la civilisation crétoise et grecque. *L'art minoen.* Subst. *Le minoen ancien.*
1. **MINOIS** [minwa]. *n. m.* (1498; de *mine* 3). Jeune visage délicat, éveillé, plein de charme. *Minois d'enfant.* V. **Frimousse.** « *Minois chiffonné* » (ROUSS.).
2. **MINOIS.** V. **MINOS.**
MINORANT [minɔʀɑ̃]. *n. m.* (v. 1950; de *minorer*). Nombre inférieur ou égal à tous les éléments d'un ensemble. V. **Borne.** (S'oppose à *majorant.*)
MINORATIF, IVE [minɔʀatif, iv]. *adj.* (1370; lat. *minorativus*). *Didact.* Qui déprécie, diminue l'importance (opposé à *majoratif*).
MINORER [minɔʀe]. *v. tr.* (XIVᵉ; lat. *minorare*). *Didact.* ♦ 1° Diminuer l'importance de (qqch.). V. **Minimiser.** *Spécialt.* Porter à un chiffre moins élevé. ◇ *Math.* Jouer le rôle de minorant* par rapport à (un ensemble). V. **Borner.** ♦ 2° (1842). Évaluer au-dessous de sa valeur réelle. V. **Sous-estimer.** ◇ ANT. *Augmenter, hausser, majorer.*
MINORITAIRE [minɔʀitɛʀ]. *adj.* et *n.* (fin XIXᵉ; de *minorité*). Relatif à la minorité, qui appartient à la minorité. *Parti, tendance minoritaire.* — N. *Les minoritaires.* ◇ ANT. *Majoritaire.*
MINORITÉ [minɔʀite]. *n. f.* (1437; lat. médiév. *minoritas,* class. *minor* « moindre »). ♦ 1° (Opposé à *majorité* [I]). État d'une personne qui n'a pas encore atteint l'âge où elle sera légalement considérée comme pleinement capable et responsable de ses actes. V. **Mineur.** *La minorité, cause d'incapacité. Dr. Minorité pénale* qui a pour effet de soumettre les mineurs délinquants âgés de moins de dix-huit ans à un régime juridique et pénal particulier. ◇ *Par ext.* Temps pendant lequel un individu est mineur. — *Spécialt. Minorité d'un souverain,* temps pendant lequel il ne peut, étant trop jeune, régner par lui-même. *Une ordonnance de Charles V avait fixé à quatorze ans la fin de la minorité des rois. Régence pendant une minorité.* ♦ 2° (1727; angl. *minority;* opposé à *majorité* [III]). Groupement (de voix) qui est inférieur en nombre dans un vote, une réunion de votants. *Une petite minorité d'électeurs.* — *En minorité,* dans la situation de ce groupe. *Être en minorité. L'Assemblée a mis le Ministère en minorité.* ◇ *Parti, groupe qui n'a pas la majorité des suffrages. Être dans la minorité. Représentation des minorités dans un système électoral.* — *Par ext.* Groupe peu nombreux dont les idées, les intérêts se distinguent dans un parti, un peuple. *Minorité agissante.* ♦ 3° *La, une minorité de :* le plus petit nombre, le très petit nombre, dans une collectivité ou une collection d'objets. *Dans la minorité des cas. Cette thèse ne peut intéresser qu'une minorité de lecteurs.* ♦ 4° (XXᵉ). « Collectivité de race, de langue ou de religion, caractérisée par un vouloir-vivre collectif, englobée dans la population majoritaire d'un État dont ses affinités tendent à l'éloigner » (CAPITANT). *Minorités ethniques. Droits, protection, indépendance des minorités.* ◇ ANT. *Majorité.*
MINOT [mino] ou **MINOIS** [minwa]. *n. m.* (*Minot,* 1690; du bret. *min* « bec, pointe »). *Mar.* Arc-boutant qui fait saillie à chaque épaule d'un navire et sur lequel s'amure la misaine.
MINOTERIE [minɔtʀi]. *n. f.* (1836; de *minotier*). ♦ 1° Grand établissement industriel pour la transformation des grains en farine. V. **Moulin.** ♦ 2° Industrie de la mouture des grains. V. **Meunerie.**
MINOTIER [minɔtje]. *n. m.* (1791; de *minot* « anc. mesure de grains »; de *mine* 3). Industriel qui exploite une minoterie. V. **Meunier.**
MINOU [minu]. *n. m.* (1560; « plante », 1398; var. de *minet*). *Fam.* Petit chat (lang. enfantin). V. **Minet.**
MINUIT [minɥi]. *n. m.* (*Mie nuit,* XIIᵉ; du *mi-,* et *nuit;* fém. jusqu'au XVIIᵉ, parfois encore *mod.* et *littér.*). ♦ 1° Milieu de la nuit. *Soleil de minuit.* « *Sur le minuit, une espèce de souper avec du vin de Champagne* » (STENDHAL) : un médianoche. ♦ 2° Heure du milieu de la nuit, la douzième après midi *(24 heures ou 0 heure.) Les douze coups de minuit. À minuit précis, minuit sonné. Minuit et demi.* — *Messe de minuit,* célébrée dans la nuit de Noël.
MINUS. V. **MINUS HABENS.**
MINUSCULE [minyskyl]. *adj.* et *n. f.* (1634; lat. *minusculus* « un peu plus petit, assez petit »). ♦ 1° *Lettre minuscule* (opposé à *majuscule*), lettre plus petite et d'une forme particulière. *Caractère minuscule* ou *bas de casse. Un a, un b minuscule.* ◇ N. f. *Une minuscule :* une lettre minuscule. — *Par ext.* Écriture en lettres minuscules. *La minuscule cursive.* ♦ 2° *Cour.* (1873). Très petit. V. **Étriqué, exigu,** infime, microscopique, minime, nain, riquiqui *(fam.). Une minuscule boîte. Un jardin minuscule.* V. **Miniature.** ◇ ANT. *Majuscule. Colossal, énorme, géant, gigantesque, immense.*
MINUS HABENS [minysabɛ̃s] ou **MINUS** [minys]. *n.* (1867; lat. « ayant moins »). *Fam.* Individu incapable ou peu intelligent. « *Elle traitait Paul comme un minus habens* » (COCTEAU). *Une, des minus habens. C'est un minus, un vrai minus.* « *Ce pitoyable minus ignorant de la menace suspendue sur sa tête* » (AYMÉ).
1. **MINUTAGE** [minytaʒ]. *n. m.* (1930; de *minuter*). Horaire précis du déroulement d'une opération, d'une cérémonie, etc. « *L'homme, de la sirène de l'entrée à la sirène de la sortie, est possédé par le minutage* » (ARAGON).
2. **MINUTAGE** [minytaʒ]. *n. m.* (XXᵉ; de *minute*). Action de minuter.
MINUTAIRE [minytɛʀ]. *adj.* (1867; de *minute,* II). *Dr.* Qui est en minute, le caractère d'une minute, d'un original. *Acte, testament minutaire.*
MINUTE [minyt]. *n. f.* (XIIIᵉ; lat. *minuta,* fém. de *minutus* « menu »).
I. (XIIIᵉ). ♦ 1° Division du temps, soixantième partie de l'heure (symb. *mn* ou *m*). *La minute se divise en soixante secondes. Deux heures cinq minutes, deux heures quarante-cinq minutes* (dans le lang. courant : *deux heures cinq, trois heures moins le quart*). — *Une minute de silence*.* ♦ 2° Court espace de temps. V. **Instant, moment.** *Jusqu'à la dernière minute. Je reviens dans une minute. Toutes les cinq minutes. Minute d'inattention. Une minute de vérité*.* « *Je n'ai pas d'ici là une minute à perdre* » (FLAUB.). ◇ *Loc. À la minute où,* au moment où. *D'une minute à l'autre :* dans l'instant, dans un futur très proche, imminent. *À la minute :* à l'instant même, tout de suite.* ◇ *En appos. (Fam.)* Très rapide, fait très rapidement. *Entrecôte minute. Cocotte-minute* (marque déposée). ◇ *Interj. (Fam.) Minute!* attendez une minute, ne soyez pas si pressé, et *fig.* Doucement, je ne suis pas de cet avis. *Minute, papillon!* « *Arrivés en ville, minute, il faut se séparer* » (QUENEAU). ♦ 3° Unité de mesure des angles; soixantième partie d'un degré de cercle. *Trois degrés, douze minutes* (3° 12').
II. (XIVᵉ; lat. médiév. *minuta* « écriture menue »). ♦ 1° *Vx.* Petite écriture, petits caractères. ♦ 2° *Dr.* Original d'un acte authentique dont le dépositaire ne peut se dessaisir. V. **Original.** *Minute d'un jugement. Minutes des actes notariés* (conservées au minutier). *Copie, expédition d'une minute.* V. **Grossie.**
MINUTER [minyte]. *v. tr.* (1382; de *minute*).
I. (De *minute,* II). ♦ 1° *Dr.* Rédiger (un acte) pour servir de minute, *par ext.* (vx) une lettre. *Minuter un contrat.* ♦ 2° *Fig.* et *vx.* Méditer, projeter.
II. (1908; de *minute,* I). *Mod.* Organiser (une cérémonie, un spectacle, une opération, un travail) selon un horaire précis. — *Au* p. p. *Travail, discours minuté. Emploi du temps strictement minuté.*

MINUTERIE [minytʀi]. *n. f.* (1786; de *minute*, I). ♦ 1° *Techn.* Partie d'un mouvement d'horlogerie qui communique aux aiguilles le mouvement de la roue d'échappement. ♦ 2° (1912). *Cour.* Appareil électrique (*spécialt.* Éclairage) destiné à assurer, à l'aide d'un mouvement d'horlogerie, un contact pendant un nombre déterminé de minutes. *Minuterie d'un escalier d'immeuble.* « *Trois, quatre fois, ils devaient rallumer la minuterie* » (MONTHERLANT).

MINUTIE [minysi]. *n. f.* (1627; lat. *minutia* « parcelle », de *minutus*). ♦ 1° *Une minutie* (vieilli) : menu détail sans importance. V. **Bagatelle, rien, vétille.** *Discuter sur des minuties.* ♦ 2° (XVIIIe). *La minutie* : application attentive aux menus détails. V. **Méticulosité, soin.** « *Un esprit de détail porté jusqu'à la minutie* » (ROUSS.). *Faire un travail avec minutie* : fignoler, lécher. *Décrire avec minutie.* V. **Précision.** *Ouvrage, peinture d'une grande minutie.* ◇ ANT. **Négligence.**

MINUTIER [minytje]. *n. m.* (v. 1900; de *minute*, II). *Dr.* ♦ 1° Local affecté au dépôt des archives notariales comptant plus de cent vingt-cinq ans de date. *Le minutier central des Archives.* ♦ 2° Registre contenant les minutes des actes d'un notaire.

MINUTIEUSEMENT [minysjøzmɑ̃]. *adv.* (1812; de *minutieux*). Avec minutie. « *Il examina la lame minutieusement* » (MAC ORLAN).

MINUTIEUX, EUSE [minysjø, øz]. *adj.* (1752; *minucier*, 1737; de *minutie*). ♦ 1° (*Personnes*). Qui s'attache, s'arrête avec minutie aux détails. V. **Consciencieux, exact, formaliste, maniaque, méticuleux, scrupuleux, tatillon.** « *Observateur le plus patient et le plus minutieux* » (GAUTIER). ♦ 2° (*Choses*). Qui marque ou suppose de la minutie. V. **Attentif, soigneux.** *Soin minutieux. Inspection minutieuse. Lent et minutieux travail. Dessin minutieux, soigné. Exposé minutieux.* V. **Détaillé.** ◇ ANT. **Désordonné, négligent. Grossier.**

MINYANTHE. V. **MÉNYANTHE.**

MIOCÈNE [mjɔsɛn]. *adj.* et *n. m.* (1837; angl. *miocene*, du gr. *meion* « moins », et *kainos* « récent »). *Géol.* Se dit d'un groupe intermédiaire de terrains tertiaires (entre l'oligocène et le pliocène). *Époque, terrain, faune miocène.* — *N. m.* Troisième période de l'ère primaire qui y correspond.

MIOCHE [mjɔʃ]. *n.* (1807; « apprenti », arg., 1787; « mie de pain », XVIe; de *mie* 1). *Fam.* Enfant. V. **Gamin, lardon, marmot, moutard.** *Bande de mioches.*

MI-PARTI, IE [mipaʀti]. *adj.* (XIIe; de l'anc. v. *mipartir* « partager en deux moitiés »). ♦ 1° *Rare.* Divisé, partagé en deux moitiés égales, mais dissemblables. *Blas. Écu mi-parti.* ♦ 2° *Hist. Chambres mi-parties*, instituées par l'édit de Nantes et composées, par moitié, de juges catholiques et de juges protestants.

MIR [miʀ]. *n. m.* (1890; mot russe). *Hist.* Organisme de propriété collective rurale, avant la révolution russe de 1917. ◇ HOM. **Mire, myrrhe;** formes des v. **mettre et mirer.**

MIRABELLE [miʀabɛl]. *n. f.* (XVIIe; it. *mirabella*, altér. de *mirobolano*. V. **Myrobolan**). ♦ 1° Petite prune ronde et jaune. *Confiture de mirabelles.* ♦ 2° Eau-de-vie de mirabelle. *Un petit verre de mirabelle.*

MIRABELLIER [miʀabelje]. *n. m.* (fin XIXe; de *mirabelle*). Prunier à mirabelles.

MIRABILIS [miʀabilis]. *n. m.* (1874, fém.; mot lat.). *Bot.* Plante herbacée, ornementale, à grandes fleurs s'ouvrant la nuit *(Nyctaginacées)*, communément appelée *Belle-de-nuit.*

MIRACLE [miʀakl(ə)]. *n. m.* (XIe; lat. *miraculum* « prodige »; de *mirari* « s'étonner »). ♦ 1° Fait extraordinaire où l'on croit reconnaître une intervention divine bienveillante, auquel on confère une signification spirituelle. V. **Merveille, mystère, prodige, signe.** *Les miracles de Lourdes. Guéri par un miracle.* V. **Miraculé.** — *Loc. La cour des Miracles.* V. **Cour.** — *Cela tient du miracle*, est miraculeux. — *Fam. Croire aux miracles*, être crédule et optimiste (Cf. *Croire au père Noël*). ♦ 2° *Littér.* Au moyen âge. Drame sacré au sujet emprunté aux Vies de saints, à la Légende dorée (V. **Mystère**). *Le Miracle de Théophile*, de Rutebeuf. ♦ 3° Chose étonnante et admirable qui se produit contre toute attente. *Tout semblait perdu, et le miracle se produisit.* « *L'amour est le miracle de la civilisation* » (STENDHAL). *Le miracle grec* (de la civilisation grecque). ◇ *Loc. Faire, accomplir des miracles*, obtenir des résultats remarquables, extraordinaires. *Crier miracle, au miracle.* V. **Extasier** (s'). *Il n'y a pas de quoi crier miracle.* — *C'est miracle, ce serait miracle, un miracle, si... C'est miracle qu'il réussisse, que d'y parvenir* : c'est, ce serait une chose extraordinaire, le résultat d'un hasard improbable et heureux. — *Loc. adv. Par miracle* : d'une façon inattendue et heureuse. V. **Bonheur** (par). *Il en a réchappé par miracle.* ♦ 4° Chose admirable dont la réalité semble extraordinaire. V. **Merveille.** *Ce monument est un miracle d'architecture, un miracle d'équilibre.* « *Un miracle d'esprit, d'adresse et de beauté* » (MOL.).

MIRACULÉ, ÉE [miʀakyle]. *adj.* (1839; du lat. *miraculum*). Sur qui s'est opéré un miracle. *Malade miraculé,*

guéri par un miracle. — *Subst. Un(e) miraculé(e). Les miraculés de Lourdes.*

MIRACULEUSEMENT [miʀakyløzmɑ̃]. *adv.* (XIVe; de *miraculeux*). ♦ 1° D'une manière miraculeuse, par un miracle. ♦ 2° Comme par miracle, extraordinairement. *Il s'en est sorti miraculeusement.* ◇ Par ext. *Elle est miraculeusement belle.* V. **Prodigieusement.**

MIRACULEUX, EUSE [miʀakylø, øz]. *adj.* (1314; du lat. *miraculum*). ♦ 1° Qui est le résultat d'un miracle. V. **Surnaturel.** *Guérison, apparition miraculeuse. La pêche miraculeuse.* ♦ 2° Où se font des miracles. *La grotte miraculeuse de Lourdes.* ♦ 3° Qui produit des effets incompréhensibles, inexplicables, des prodiges. V. **Étonnant, merveilleux, prodigieux.** *Un remède miraculeux.* ♦ 4° Qui est extraordinaire. *Il n'y a rien de miraculeux dans sa réussite.* ◇ ANT. **Naturel, normal. Ordinaire, quelconque.**

MIRADOR [miʀadɔʀ]. *n. m.* (*Miradore*, 1830; mot esp., de *mirar* « regarder »). ♦ 1° Belvédère au sommet d'un bâtiment, balcon ou loge vitrée en encorbellement. ♦ 2° Poste d'observation et de guet, et *spécialt.* Construction surélevée servant de poste de surveillance dans un camp de prisonniers. « *Deux miradors à cent mètres l'un de l'autre reposent sur la crête du mur* » (SARTRE).

MIRAGE [miʀaʒ]. *n. m.* (1753; de *mirer*). I. ♦ 1° Phénomène optique dû à la réfraction inégale des rayons lumineux dans des couches d'air inégalement chaudes et pouvant produire l'illusion d'une nappe d'eau s'étendant à l'horizon, où se refléteraient les objets éloignés. *Les mirages du désert.* ♦ 2° Illusion, apparence séduisante et trompeuse. V. **Apparence, chimère, illusion, mensonge, vision.** *Les mirages de la gloire, du succès.* « *Le délicieux mirage d'amour* » (LOTI). ♦ 3° (1959). Nom porté par un avion militaire français de bombardement. *Des Mirages.* II. (Fin XIXe). *Techn.* Action de mirer (les œufs).

MIRBANE [miʀban]. *n. f.* (1867; o. i.). Nom d'un parfum. *Essence de mirbane.* V. **Nitrobenzène.**

MIRE [miʀ]. *n. f.* (XVe; de *mirer*). ♦ 1° *Vx.* Action de mirer, de viser. — Mod. *Prendre sa mire* : viser. *Cran de mire.* V. **Cran.** *Ligne de mire*, ligne droite imaginaire déterminée par l'œil du tireur. — POINT DE MIRE (1771) : point de visée, endroit où l'on veut que le coup porte. Fig. *Être le point de mire* : le centre d'intérêt, d'attention. « *Elle était le point de mire de toutes les demandes, de toutes les sollicitations* » (STE-BEUVE). V. **Cible, objet, sujet.** ♦ 2° *Techn.* Signal fixe (jalon, disque, perche) servant à déterminer une direction par une visée. *Mire parlante* (graduée). *Jalon-mire.* V. **Jalon.** ◇ HOM. V. **Mir.**

MIRE-ŒUFS [miʀø]. *n. m. invar.* (1907; de *mirer*, et *œuf*). Appareil qui sert à mirer les œufs.

MIREPOIX [miʀpwa]. *n. f.* et *adj.* (XIXe; du nom du duc de *Mirepoix*). *Cuis.* Préparation à base de légumes et d'épices, pour servir avec une viande.

MIRER [miʀe]. *v. tr.* (XIIe; lat. pop. *mirare* « regarder attentivement », class. *mirari* « s'étonner »). ♦ 1° *Vx.* Regarder avec attention. — (XVIe) Viser avec une arme au feu (V. **Mire**). — Mod. (1874) Examiner (des œufs) à contre-jour, à la lumière naturelle ou artificielle. V. **Mire-œufs.** ♦ 2° (Par attract. de *miroir*). *Littér.* Regarder (dans une surface polie); refléter. *Venise mire son front dans ses eaux.* ◇ SE MIRER. *v. pron.* Vieilli ou *littér.* Se regarder, se contempler. *Se mirer dans l'eau, un miroir.* — *Littér.* Se refléter. *Arbre qui se mire dans l'eau.*

MIRETTE [miʀɛt]. *n. f.* (1836, arg.; de *mirer*). *Pop.* Œil. *De belles mirettes.*

MIREUR, EUSE [miʀœʀ, øz]. *n.* (1849; « petite mine », 1846; de *mirer*). *Techn.* Personne qui mire, examine des œufs.

MIRIFIQUE [miʀifik]. *adj.* (XVIIIe; « admirable », XIVe; lat. *mirificus*, rac. *mirari*. V. **Mirer**). *Plaisant.* Merveilleux. V. **Étonnant, mirobolant, prodigieux.** *Des promesses mirifiques* (Adv. *Mirifiquement* [miʀifikmɑ̃]).

MIRLIFLOR(E) [miʀliflɔʀ]. *n. m.* (*Mirliflor*, XVIIIe; p.-ê. altér. de *(eau de) mille fleurs*, parfum à la mode, avec infl. de *mirifique*). *Plaisant.* Jeune élégant content de lui. *Faire le mirliflore.*

MIRLITON [miʀlitɔ̃]. *n. m.* (1752; p.-ê. anc. refrain de chanson pop.). Tube creux (de roseau, de carton, etc.) garni à ses deux extrémités d'une membrane (papier fin, peau d'oignon; Cf. *Flûte à l'oignon*), et percé d'une ouverture latérale près de chaque bout, sur laquelle on applique les lèvres pour nasiller un air. V. **Flûteau; bigophone.** — *Vers de mirliton* (du genre de ceux qui sont imprimés sur les bandes de papier entourant les mirlitons) : mauvais vers.

MIRMIDON. V. **MYRMIDON.**

MIRMILLON [miʀmijɔ̃]. *n. m.* (1732; lat. *mirmillo*). *Antiq. rom.* Gladiateur qui combattait les rétiaires.

MIRO ou **MIRAUD, AUDE** [miʀo, od]. *adj.* et *n.* (1928; de *mirauder* « regarder », 1405; de *mirer*). *Pop.* Qui voit très mal, myope. V. **Bigleux.**

MIROBOLANT, ANTE [miʀɔbɔlɑ̃, ɑ̃t]. *adj.* (1836; *miro-*

bolard, 1767 ; de *myrobolan*). *Fam.* Incroyablement magnifique, trop beau pour être vrai. V. **Extraordinaire, merveilleux, mirifique.** *Des gains mirobolants. Les statistiques « produisent, sur beaucoup de naïfs, un effet mirobolant »* (DUHAM.). ◇ HOM. *Myrobolan.*

MIROIR [miʀwaʀ]. *n. m.* *(Mireor*, XIIᵉ ; de *mirer*). ♦ 1º Objet constitué d'une surface polie (d'abord de métal, aujourd'hui de verre étamé) qui sert à réfléchir la lumière, à produire l'image des personnes et des choses. V. **Glace.** *Tain d'un miroir. Se regarder dans un miroir.* V. **Mirer** (se). *Miroir déformant, grossissant. Miroir de poche, miroir mural. Miroir d'ameublement.* V. **Psyché.** *Miroir de Venise. Commerce des miroirs.* V. **Miroiterie.** « *Ô miroir ! Eau froide par l'ennui dans ton cadre gelée »* (MALLARMÉ). — Opt. *Miroir plan. Miroirs sphérique, hyperbolique, parabolique.* ◇ *Spécialt. Miroir ardent,* miroir concave qui peut enflammer les objets par les rayons solaires. — *Miroir magique,* censé faire apparaître des personnes ou des choses absentes. — *Miroir à (aux) alouettes,* engin composé d'une planchette mobile munie de petits miroirs que l'on fait tourner et scintiller au soleil pour attirer les oiseaux ; *fig.* Ce qui trompe, ce qui fascine. ♦ 2º *Littér.* Surface unie qui réfléchit la lumière ou les objets. « *Le miroir azuré des lacs »* (NERVAL). ◇ MIROIR D'EAU : pièce d'eau de forme géométrique dans un jardin, un parc. ♦ 3º *(Abstrait).* Ce qui offre à l'esprit l'image, la représentation des personnes, des choses, du monde. *Les yeux sont le miroir de l'âme.* « *Chrétien de Troyes est le miroir de la société féodale française »* (ARAGON). ♦ 4º Cuis. *Œufs au miroir,* qu'on fait cuire sans brouiller le jaune et le blanc *(cour.* Œufs sur le plat).

MIROITANT, ANTE [miʀwatɑ̃, ɑ̃t]. *adj.* (1839 ; de *miroiter*). Qui miroite. V. **Brillant, chatoyant, scintillant.** *Surface miroitante de la mer. Soie miroitante.* — Fig. *Style miroitant.*

MIROITÉ, ÉE [miʀwate]. *adj.* *(Mirouetté,* 1690 ; de *miroiter*). Hippol. *Cheval miroité,* cheval bai et dont la croupe est marquée de taches d'une couleur plus brillante que le fond de la robe.

MIROITEMENT [miʀwatmɑ̃]. *n. m.* (1622 ; de *miroiter*). Éclat, reflet particulier produit par un objet qui miroite. V. **Chatoiement, lustre, reflet, scintillement.** *Miroitement des eaux.* « *Une étincelle jaillissait de sa pupille à travers le miroitement de ses lunettes »* (FLAUB.).

MIROITER [miʀwate]. *v. intr.* (XVIᵉ ; de *miroir*, jadis prononcé *miroi*). ♦ 1º Réfléchir la lumière en jetant des reflets scintillants. V. **Briller, chatoyer, scintiller.** *Vitres, eau qui miroite.* ♦ 2º Fig. *Faire miroiter,* proposer comme avantageux (afin d'appâter qqn). V. **Promettre.** *Il lui a fait miroiter les avantages qu'il pourrait en tirer.*

MIROITERIE [miʀwatʀi]. *n. f.* (1702 ; de *miroitier*). Commerce, industrie des miroirs et des glaces.

MIROITIER, IÈRE [miʀwatje, jɛʀ]. *n. m.* et *f.* (1564 ; de *miroir*). Personne qui vend, fabrique, encadre, taille des miroirs ou des glaces. V. **Glacier** *(vx).* **Miroitier-poseur.**

MIROTON [miʀɔtɔ̃], *pop.* **MIRONTON** [miʀɔ̃tɔ̃]. *n. m.* (1691,-XXᵉ ; o. i.). Bœuf bouilli et coupé en tranches que l'on cuisine avec des oignons, du lard, du vinaigre. Par appos. *Du bœuf miroton.*

MIRONTON, MIRONTAINE [miʀɔ̃tɔ̃, miʀɔ̃tɛn]. (déb. XVIIIᵉ). Refrain de chansons.

MIS, MISE [mi, miz]. *adj.* (V. Mettre). P. p. de *Mettre*. *Spécialt.* ♦ 1º *Couvert, table mis(e)* : dressé(e). ♦ 2º (XVIIᵉ). *Habillé, vêtu.* « *Nénesse, mis comme un garçon de la ville »* (ZOLA). *Bien, mal mis.* ◇ HOM. *Mi, mie.*

MISAINE [mizɛn]. *n. f.* (XVIᵉ ; d'apr. it. *mezzana,* de *migenne,* 1382 ; catal. *mitjana* « qui est au milieu »). Voile basse du mât de l'avant du navire (autrefois du milieu). « *Ils hissèrent la misaine, levèrent l'ancre »* (MAUPASS.). — *Mât de misaine,* le premier mât vertical à l'avant du navire.

MISANTHROPE [mizɑ̃tʀɔp]. *n. et adj.* (1552 ; gr. *misanthrôpos,* de *misein* « haïr », et *anthrôpos* « homme »). ♦ 1º *(Sens fort).* Personne qui manifeste de l'aversion pour le genre humain. « *De ces misanthropes qui haïssent tout le monde, et qui ne s'aiment pas eux-mêmes »* (SCARRON). ◇ *Par ext.* Personne qui a le caractère sombre, aime la solitude, évite la société. V. **Atrabilaire, ours, sauvage, solitaire.** *Un vieux misanthrope. Le Misanthrope,* pièce de Molière. ♦ 2º *Adj.* Qui hait le genre humain, et *par ext.* évite le commerce de ses semblables. V. **Bourru, chagrin, farouche, insociable.** *Elle est devenue bien misanthrope.* ◇ ANT. **Philanthrope. Sociable.**

MISANTHROPIE [mizɑ̃tʀɔpi]. *n. f.* (XVIᵉ ; gr. *misanthrôpia ;* Cf. le précéd.). Haine du genre humain ; caractère, humeur du misanthrope. *Accès de misanthropie.* ◇ ANT. **Philanthropie. Sociabilité.**

MISANTHROPIQUE [mizɑ̃tʀɔpik]. *adj.* (1794 ; de *misanthropie*). *Littér.* Qui a le caractère de la misanthropie. *Réflexions, idées misanthropiques.* ◇ ANT. **Philanthropique.**

MISCELLANÉES [miselane]. *n. f. pl.* (1570 ; lat. *miscella-*

nea « choses mêlées », rac. *miscere* « mêler »). *Didact.* Mélanges scientifiques ou littéraires. V. **Mélange(s).**

MISCIBLE [misibl(ə)]. *adj.* (1757 ; du lat. *miscere* « mêler »). *Sc.* Qui peut se mêler avec une autre substance en formant un mélange homogène. *L'eau et l'alcool sont entièrement miscibles.*

MISE [miz]. *n. f.* (XIIIᵉ ; de *mettre*). **I.** ♦ 1º Action de mettre (quelque part). *Mise en place. Mise en lieu sûr. Mise en bouteilles.* Fig. et fam. *Mise en boîte*.* — Typogr. *Mise en forme, en pages. Mise en ondes*.* (V. **Metteur**). ◇ *Spécialt. Mise bas,* action de mettre bas. V. **Parturition.** *Mise bas d'une chatte.* ◇ MISE EN SCÈNE (1800) : organisation matérielle de la représentation (choix des décors, places, mouvements et jeu des acteurs, etc.). V. **Scénographie.** *Fig. Il a fait toute une mise en scène.* ◇ *Procéd. Mise au rôle,* inscription d'une affaire à l'audience. ♦ 2º Action de mettre (dans une position nouvelle). *Mise sur pied. Mise à pied.* V. **Renvoi.** — Mar. *Mise à la voile.* ♦ 3º Action de mettre (dans un état nouveau, une situation nouvelle). MISE EN. *Mise en plis*.* *Mise en eau* (d'un barrage), action de le remplir d'eau. — *Mise en gage,* en dépôt. — *Mise en équation.* — *Mise en état, en ordre.* — *Mise en branle, en jeu, en œuvre*, en pratique, en train*, en vigueur. Mise en circulation. Mise en service, en vente.* — *Mise en demeure*.* *Mise en garde* (I, 5º). *Mise en liberté. Mise en disponibilité d'un fonctionnaire. — Mise en valeur*.* — *Dr.* MISE EN ACCUSATION : le fait d'accuser, signifié par l'acte d'accusation. *Chambre des mises en accusation :* qui saisit la cour d'assises (juridiction suprême d'instruction). — MISE À... *Mise au net. Mise au point*.* (V. **Metteur**). *Mise à jour*.* *Mise à feu :* le fait d'allumer les feux de (une chaudière, un four). — *Mise à prix*.* *Mise au pas*,* à la raison. *Mise à la retraite. Mise à mort*.* — *Mise sous tension* (d'une installation) : sur alimentation en courant électrique.

II. *Spécialt.* (« dépense », mil. XIIIᵉ). ♦ 1º Action de mettre de l'argent au jeu ou dans une affaire ; somme d'argent ainsi engagée. ◇ (Au jeu) V. **Cave, enjeu, poule.** *Déposer une mise.* V. **Miser.** *Doubler la mise. Sauver la mise,* retirer l'argent engagé, à défaut de gain. Fig. et pop. *Il lui a sauvé la mise,* lui a épargné quelque perte ou désagrément. ◇ MISE DE FONDS*.* ou *mise.* V. **Investissement, participation, placement.** — Dr. *Mise sociale,* apport financier d'un associé. ♦ 2º DE MISE (par ellipse de *Mise en circulation).* Vx. « *Les monnaies décriées ne sont plus de mise »* (FURET.). ◇ *Mod.* Qui a cours, est reçu, accepté, convenable (souvent en proposition négative). *Ces manières ne sont plus de mise, ne sont pas de mise chez nous.* ♦ 3º (Fin XVIIIᵉ). Manière d'être habillé. V. **Ajustement, habillement, tenue, toilette.** « *Les plus recherchés dans leur mise »* (BALZ.). *Soigner sa mise.*

MISER [mize]. *v. tr.* (1789 ; de *mise*). ♦ 1º Déposer, mettre (un enjeu). V. **Caver, jouer, ponter.** *Miser dix francs. Miser tout sur le rouge, à la roulette.* ♦ 2º Absolt. *Miser sur un cheval, aux courses.* Fig. *Miser sur les deux tableaux :* se ménager un intérêt dans l'un et l'autre partis. ◇ Fam. *Miser sur,* compter, faire fond sur. *On ne peut pas miser là-dessus.*

MISÉRABILISTE [mizeʀabilist(ə)]. *adj.* et *n.* (mil. XXᵉ ; de *misérable*). Se dit d'un écrivain, d'un auteur de films, etc., qui dépeint avec insistance les aspects les plus misérables de la vie sociale (tendance dite MISÉRABILISME [mizeʀabilism(ə)], 1961). — *Réalisme misérabiliste. — Un misérabiliste.*

MISÉRABLE [mizeʀabl(ə)]. *adj.* (1336 ; lat. *miserabilis*). ♦ 1º Qui inspire ou mérite d'inspirer la pitié ; qui est dans le malheur, la misère. V. **Lamentable, malheureux, pitoyable.** *L'homme, pour Pascal, est à la fois misérable et grand.* — *(Choses)* Triste, pénible. *Misérable existence. Condition misérable du travailleur.* ◇ *Subst. Un, une misérable,* personne malheureuse. ♦ 2º Qui est dans une extrême pauvreté ; qui est au bas de l'échelle sociale. V. **Besogneux, indigent, pauvre ; minable, miteux.** « *Selon que vous serez puissant ou misérable »* (LA FONT.). — *(Choses) Pays, région misérable,* très pauvre. *Vêtements misérables.* V. **Guenille.** ◇ *Subst.* UN, UNE MISÉRABLE. V. **Diable** (pauvre), **gueux ;** misé-reux, paria, pouilleux, traîne-misère, va-nu-pieds. *Les Misérables,* roman de Hugo. ♦ 3º Qui est sans valeur, sans mérite. V. **Insignifiant, méprisable, piètre.** « *Lucrèce était un misérable physicien »* (VOLT.). « *Toute cette agitation lui apparaissait misérable à côté de leur amour »* (FLAUB.). — *Spécialt.* (avant le nom) V. **Malheureux, méchant, pauvre.** *Tant d'histoires, pour un misérable billet de dix francs !* ♦ 4º *Vieilli.* Dont la conduite mérite l'indignation, le mépris. V. **Malhonnête, méprisable.** ◇ *Subst.* V. **Malheureux ; coquin** *(vieilli).* — (Plaisant.) *Ah, petit misérable !* ◇ ANT. **Heureux. Riche. Admirable. Abondant, important, remarquable.**

MISÉRABLEMENT [mizeʀabləmɑ̃]. *adv.* (XIVᵉ ; de *misérable*). D'une manière misérable. ♦ 1º De façon très malheureuse. V. **Lamentablement, tristement.** *Décliner misérablement.* ♦ 2º Dans la pauvreté. *Vivre misérablement.* V. **Pauvrement.** ♦ 3º Mesquinement. *Lésiner misérablement.* V. **Chichement.** ◇ ANT. **Richement.**

MISÈRE [mizɛʀ]. *n. f.* (*Miserie*, XIIᵉ; lat. *miseria*, de *miser* « malheureux »). ♦ 1° *Vieilli* ou *littér.* Sort digne de pitié; malheur extrême. V. **Adversité, détresse, infortune, malheur.** *La misère des temps. Malade sur son lit de misère. Collier* de misère. Quelle misère!* — Interj. *Misère!* V. **Malheur.** ♦ 2° *Une misère* : ce qui rend le sort digne de pitié; événement malheureux, douloureux, pénible. V. **Calamité, chagrin, disgrâce, malheur, peine.** « *Toutes nos misères véritables sont intérieures et causées par nous-mêmes* » (FRANCE). *Compassion aux misères d'autrui* : miséricorde. *Les misères de l'âge.* V. **Incommodité.** *Petites misères.* V. **Ennui.** ◇ Par exagér. *Faire des misères à qqn* : le tracasser, le taquiner. V. **Malice, méchanceté, mistoufle, taquinerie.** ♦ 3° *(Mystique.)* Se dit de la condition de l'homme, de son néant. V. **Bassesse, faiblesse, impuissance.** *Misère de l'homme sans Dieu,* selon Pascal. ♦ 4° Extrême pauvreté, pouvant aller jusqu'à la privation des choses nécessaires à la vie. V. **Besoin, débine, dèche, dénuement, gêne, indigence, mistoufle, mouise, pauvreté, panade, purée.** *Être, tomber dans la misère* (Cf. *Être sur la paille*, tirer la langue**). *Réduire qqn à la misère. Misère noire. Misère dorée,* cachée par une apparence d'aisance. *Crier, pleurer misère,* se plaindre de sa pauvreté. — *De misère,* misérable. *Salaire de misère.* ♦ 5° *Méd. Misère physiologique,* état d'une personne gravement sous-alimentée. V. **Dénutrition.** ♦ 6° *(Rare).* Caractère de ce qui est digne de mépris; insignifiance. ◇ *Une misère* : chose de peu d'importance, de peu de valeur. V. **Babiole, bagatelle, vétille.** « *Son appartement ne lui coûtait que six cents francs par mois.* — *Une misère, dit-il* » (BALZ.). ♦ 7° Chose moralement mesquine, vile. « *Que de misères mises au jour* » (MARIVAUX). ◇ ANT. **Bonheur, félicité, grandeur.** *Abondance, bien-être, fortune, opulence, richesse. Importance; noblesse.*

MISERERE ou **MISÉRÉRÉ** [mizeʀeʀe]. *n. m.* (XVIᵉ; *colique de miserere* (vx) « occlusion intestinale », 1546; lat. *miserere* « aie pitié », déb. d'un psaume). *Liturg. cathol.* Le psaume « Miserere mei, Deus ». *Des miserere.* ◇ *Mus.* Air sur lequel le *miserere* se chante; ce chant.

MISÉREUX, EUSE [mizeʀø, øz]. *adj.* et *n.* (fin XIVᵉ; repris fin XIXᵉ, du sens 4° de *misère*). Qui donne l'impression de la misère, d'une extrême pauvreté. V. **Besogneux, famélique, misérable, pauvre.** *Un mendiant miséreux. Par ext. Quartiers miséreux.* ◇ Subst. *Un miséreux.* V. **Gueux, malheureux, meurt-de-faim.** ◇ ANT. **Aisé, opulent, riche.**

MISÉRICORDE [mizeʀikɔʀd(ə)]. *n. f.* (1120; lat. *misericordia,* de *misericors* « qui a le cœur [*cor*] sensible au malheur [*miseria*] »). I. ♦ 1° *Vieilli.* Sensibilité à la misère, au malheur d'autrui. V. **Bonté, charité, commisération, compassion, pitié.** *Sœurs de la Miséricorde.* — Mar. *Ancre* de miséricorde* (ou de salut) : la plus forte du navire. ♦ 2° Pitié par laquelle on pardonne au coupable. V. **Clémence, indulgence, pardon.** *Demander, obtenir miséricorde.* — Relig. *La miséricorde divine.* V. **Absolution.** — Loc. prov. *À tout péché miséricorde,* toute faute est pardonnable. ♦ 3° *Interj.* Exclamation qui marque une grande surprise accompagnée de douleur, de peur, de regret. II. Saillie fixée sous l'abattant d'une stalle d'église, pour permettre aux chanoines, aux moines, de s'appuyer ou de s'asseoir pendant les offices tout en ayant l'air d'être debout. ◇ ANT. **Cruauté, dureté.**

MISÉRICORDIEUX, IEUSE [mizeʀikɔʀdjø, jøz]. *adj.* (XIIᵉ; de *miséricorde*). Qui a de la miséricorde, de la compassion (V. **Bon**); qui pardonne facilement (V. **Clément**). *Dieu est miséricordieux* (Adv. *Miséricordieusement* [mizeʀikɔʀdjøzmã]).

MIS(O)-. Élément, du gr. *misein* « haïr ». V. *aussi* **Misanthrope.**

MISOGYNE [mizɔʒin]. *adj.* et *n.* (1559, rare av. 1757; gr. *misogûnes,* de *gunê* « femme »). Qui hait ou méprise les femmes. N. *Un, une misogyne.*

MISOGYNIE [mizɔʒini]. *n. f.* (1827; de *misogyne*). Haine ou mépris des femmes.

MISONÉISME [mizɔneism(ə)]. *n. m.* (1894; de *miso-,* et gr. *neos* « nouveau »). *Didact.* Hostilité à la nouveauté, au changement (V. **Routine**).

MISONÉISTE [mizɔneist(ə)]. *n.* et *adj.* (v. 1900; de *misonéisme*). *Didact.* Ennemi de la nouveauté.

MISPICKEL [mispikɛl]. *n. m.* (*Mispikket,* 1765; mot all.). Arsénio-sulfure naturel de fer (FeAsS).

MISS [mis]. *n. f.* (*Misse,* 1713; mot angl. « mademoiselle »). ♦ 1° (XIXᵉ). Mademoiselle, en parlant d'une Anglaise, d'une Américaine. *Miss Smith.* ♦ 2° *Vx.* Demoiselle anglaise. *Des misses, des miss.* ◇ *Spécialt.* Gouvernante anglaise. ♦ 3° (1931). Nom donné aux jeunes reines de beauté élues dans les concours internationaux ou locaux. « *Elle, si jolie, si faite pour jouer les Miss France* » (MONTHERLANT).

MISSEL [misɛl]. *n. m.* (1611; a. fr. *messel,* XIIᵉ; d'apr. lat. *missalis liber* « livre de messe »). Livre liturgique qui contient les prières et les lectures nécessaires à la célébration de la messe pour l'année entière, avec l'indication des rites et des cérémonies qui les accompagnent. V. **Messe** (livre de), paroissien. *Suivre la messe dans son missel.* ◇ HOM. **Micelle.**

MISSI DOMINICI [misidɔminisi]. *n. m. pl.* (1765; mots lat. « envoyés du maître »). *Hist.* Inspecteurs royaux qui visitaient les provinces, sous les Carolingiens, et notamment sous Charlemagne.

MISSILE [misil]. *n. m.* (1949; mot angl., du lat. *missile* « projectile »; Cf. a. fr. *Missile* (XIVᵉ). Engin spécial. V. **Engin, fusée.** *Missile balistique muni d'une ogive nucléaire. Missile tactique. Missiles stratégiques,* de grande portée. *Missile antimissile.*

MISSILIER [misilje]. *n. m.* (1970; de *missile*). *Milit.* Militaire ou marin spécialiste des missiles.

MISSION [misjɔ̃]. *n. f.* (XIVᵉ; *mession,* XIIᵉ; lat. *missio* « action d'envoyer », de *mittere* « envoyer »). ♦ 1° Charge donnée à qqn d'aller accomplir qqch., de faire qqch. V. **Charge, commission, délégation, députation, légation** *(vx),* **mandat.** *Charger d'une mission. Envoyer en mission* (V. **Commettre, déléguer, dépêcher, détacher**). *Avoir mission de faire qqch. S'acquitter d'une mission. Mission accomplie. Personne chargée de mission* : délégué, député, émissaire, envoyé, mandataire, représentant. *Mission officielle, officieuse, secrète. Mission dangereuse.* — *Mission diplomatique.* V. **Ambassade.** *Mission culturelle française à l'étranger. Mission économique.* — *Mission de reconnaissance. Ordre de mission. Mission aérienne.* — *Mission scientifique* (exploration, géologie, archéologie, météorologie, etc.). *Partir en mission au pôle Sud.* ◇ *Relig.* Ordre divin donné à un fidèle d'accomplir qqch. *Mission des apôtres.* — *Cour.* Charge de propager une religion. Prédications et œuvres accomplies à cet effet, propagande religieuse. *Pays de mission,* où la religion doit être répandue. *Prêtre de la Mission.* V. **Lazariste.** ♦ 2° Groupe de personnes ayant une mission. *La mission est arrivée au grand complet. Faire partie de la mission.* — *Spécialt.* Organisation de religieux chargés de la propagation de la foi (V. **Missionnaire**). *Absolt.* Mission catholique. *Faire des dons aux Missions.* ♦ 3° Bâtiment où logent les missionnaires. ♦ 4° But, tâche que l'on se donne à soi-même avec le sentiment d'un devoir. « *Il est comme quelqu'un qui se serait fixé une tâche, une mission* » (ARAGON). ◇ Action, but auquel on a sert semble destiné. V. **Fonction, rôle, vocation.** *La mission de l'artiste.* Par ext. *La mission civilisatrice de la France.* — *(Choses)* V. **But, destination, fonction.** « *La mission de l'art n'est pas de copier la nature* » (BALZ.).

MISSIONNAIRE [misjɔnɛʀ]. *n. m.* et *adj.* (1631; de *mission*). ♦ 1° Prêtre des Missions. *Missionnaires d'Afrique.* ♦ 2° *Adj.* (XIXᵉ). Qui a la mission de propager sa religion. *Sœur missionnaire.* Par ext. *Œuvre missionnaire. L'esprit missionnaire,* de celui qui cherche à convertir à une religion, et *par ext.* à un idéal.

MISSIVE [misiv]. *adj. f.* et *n. f.* (1456; du lat. *missus,* p. p. de *mittere* « envoyer »). ♦ 1° *Adj. Dr. Lettre missive,* tout écrit qu'une personne envoie à une autre par l'intermédiaire d'un particulier ou des P. et T. (lettre, carte postale, message, télégramme). ♦ 2° *N.* (1580). *Cour.* Lettre. V. **Babillarde, billet, lettre, message, mot, pneumatique.** « *Elle déchira l'audacieuse missive* » (LACLOS).

MISTELLE [mistɛl]. *n. f.* (1902; esp. *mistela,* de *misto* « mélangé »). *Techn.* Nom donné aux moûts de raisin dont la fermentation a été arrêtée par une addition d'alcool, et servent à la préparation des vins de liqueur, des vermouths.

MISTIGRI [mistigʀi]. *n. m.* (1827; de *miste,* var. de *mite,* nom pop. du chat, et de *gris*). ♦ 1° Nom donné familièrement à un chat. ♦ 2° Valet de trèfle entre deux cartes de même valeur, dans certains jeux. ◇ *Par ext.* Jeu de cartes, où le *mistigri* est une carte avantageuse.

MISTON, ONNE [mistɔ̃, ɔn]. *n.* (1790, « individu, type »; o. i.). *Fam.* et région. Gamin, gamine.

MISTOUFLE [mistufl(ə)]. *n. f.* (1866; de *emmitoufler*). ♦ 1° *Pop.* Méchanceté. *Faire des mistoufles à qqn.* V. **Misère.** ♦ 2° *Pop.* (Avec infl. de *misère*). V. **Misère, pauvreté.** *Être dans la mistoufle.* « *Deux clopinards de la mistoufle qui crevaient de faim* » (AYMÉ).

MISTRAL [mistʀal]. *n. m.* (1803; *mestral,* 1519; a. prov. *maestral* « magistral », « vent maître »). Vent violent qui souffle du nord ou du nord-ouest vers la mer, dans la vallée du Rhône et sur la Méditerranée.

MITAINE [mitɛn]. *n. f.* (1180; de l'a. fr. *mite,* même sens, p.-ê. de *mite* « chat »). I. ♦ 1° *Vx.* ou région. [Canada]. Moufle. « *Il suffit d'un bon pantalon de laine chaud, d'un chandail, [...] d'une tuque et d'une bonne paire de mitaines* » (*Québec, Chasse et pêche,* déc. 1972). ♦ 2° *Mod.* Gant qui laisse à nu les dernières phalanges des doigts. « *Elle prit des mitaines noires* » (MUSS.). II. (1640; probabl. refrain pop.). *Fam. Onguent miton mitaine,* remède qui ne fait ni bien ni mal.

MITAN [mitɑ̃]. *n. m.* (*Mitant,* XIVᵉ; dial. de l'Est, de *mi,* et *tant*). *Vx,* région. ou *pop.* Milieu, centre. ◇ HOM. **Mi-temps.**

MITE [mit]. *n. f.* (XIIIᵉ; moy. néerl. *mite*). ♦ 1° Nom de divers arthropodes *(Acariens, arachnides)* qui vivent au détriment de matières végétales ou animales. *Mite de la farine, du fromage.* ◊ *Spécialt.* Petit papillon blanchâtre de la famille des teignes dont les larves rongent les étoffes et les fourrures. *Habit mangé des mites, troué aux mites.* Fam. *Mangé aux mites,* troué, en mauvais état. ♦ 2° *Fig.* et *fam.* (1867). Chassie. *Avoir la mite à l'œil.* ◊ HOM. **Mythe.**

MITÉ, ÉE [mite]. *adj.* (1743; de *mite*). Mangé, rongé des mites. *Fourrure mitée.* ◊ *Fig.* et *fam.* Troué, peu présentable.

MI-TEMPS [mitɑ̃]. *n. f.* (1907; de *mi,* et *temps*). ♦ 1° Temps de repos au milieu d'un match (dans les sports d'équipes : football, rugby, hockey, etc.). V. **Pause.** *Les joueurs se délassent pendant la mi-temps.* « *La mi-temps est enfin sifflée* » (M. PRÉVOST). ♦ 2° Chacune des deux moitiés du temps réglementaire dans le match. *Avoir l'avantage en seconde mi-temps.* — À MI-TEMPS. loc. adv. *Travailler, être employé à mi-temps,* pendant la moitié de la durée normale du travail. ◊ HOM. *Mitan.*

MITER (SE) [mite]. *v. pron.* (1931; de *mité*). Être attaqué, abîmé par les mites. *Mettre des vêtements dans des housses pour éviter qu'ils se mitent.*

MITEUX, EUSE [mitø, øz]. *adj. et n.* (1808; de *mite*). ♦ 1° *Vx.* Chassieux. ♦ 2° (1880). *Mod.* En piteux état; d'apparence misérable. V. **Minable, pauvre, piètre.** « *Le petit cinéma miteux du boulevard Bonne-Nouvelle* » (MONTHERLANT). — N. *(Fam.)* Personne pauvre, pitoyable dont on ne fait pas grand cas. *Un hôtel trop chic pour des miteux comme nous.* — (Adv. fam. *Miteusement* [mitøzmɑ̃]).

MITHRIACISME [mitʀijasism(ə)] ou **MITHRACISME** [mitʀasism(ə)]. *n. m.* (1842,-fin XIXᵉ; de *Mithra,* nom d'un dieu perse). *Relig.* Culte de Mithra.

MITHRIAQUE [mitʀijak]. *adj.* (1765; de *Mithra;* Cf. le précéd.). *Relig.* Relatif au culte de Mithra. *Religion, mystères mithriaques.*

MITHRIDATISER [mitʀidatize]. *v. tr.* (v. 1900; de *Mithridate;* Cf. le suivant). *Littér.* Immuniser en accoutumant à un poison. Pronom. *Se mithridatiser.*

MITHRIDATISME [mitʀidatism(ə)] *n. m.* ou **MITHRIDATATION** [mitʀidatizasjɔ̃]. *n. f.* (1867,-1908; de *Mithridate,* roi qui s'immunisait contre les poisons). *Méd.* Immunité à l'égard des poisons minéraux ou végétaux, acquise par accoutumance progressive.

MITIGATION [mitigasjɔ̃]. *n. f.* (XIVᵉ; de *mitiger*). *Didact.* Action de mitiger. V. **Adoucissement.** — *Dr. Mitigation des peines :* substitution, en vertu de la loi et par égard pour la faiblesse physique du condamné, d'une peine plus douce à la peine ordinaire du crime. ◊ ANT. **Aggravation.**

MITIGÉ, ÉE [mitiʒe]. *adj.* (1676; V. **Mitiger**). ♦ 1° Adouci, atténué. *Les limbes, espèce d'enfer mitigé.* ♦ 2° *Cour.* Moins strict. V. **Relâché.** *Zèle mitigé.* « *Républicains mitigés* » (VOLT.). On emploie à tort *mitigé* au sens de « mêlé, mélangé », par influence de *mi-, moitié.*

MITIGER [mitiʒe]. *v. tr.;* conjug. *bouger* (1355; lat. *mitigare* « adoucir », de *mitis* « doux »). *Vieilli.* Rendre plus doux, moins rigoureux. V. **Adoucir, édulcorer, tempérer.** ◊ ANT. **Aggraver.**

MITIGEUR [mitiʒœʀ]. *n. m.* (1973; de *mitiger*). *Techn.* Robinet mélangeur à une seule manette pour régler le débit et la température d'un mélange d'eau chaude et d'eau froide.

MITOCHONDRIE [mitɔkɔ̃dʀi]. *n. f.* (*Mitochondria,* 1898; du gr. *mitos* « filament », et *khondros* « cartilage »). *Biol.* Chacun des granules du cytoplasme cellulaire appartenant au chondriosome* et jouant un rôle fondamental dans la respiration et les réactions énergétiques de la cellule vivante. — *Par ext.* Tout élément du chondriosome (dit aussi *appareil mitochondrial*).

MITON [mitɔ̃]. *n. m.* (XVᵉ; de *mite* « gant »). V. **Mitaine**). ♦ 1° *Archéol.* Gantelet formé d'un poucier articulé et d'une plaque de protection pour les autres doigts. ♦ 2° *Miton mitaine.* V. **Mitaine.**

MITONNER [mitɔne]. *v.* (1546; de *miton* « mie de pain »; de *mie*).
I. *V. intr.* Cuire longtemps à petit feu dans l'eau ou le bouillon. V. **Bouillir, mijoter.** « *La soupe mitonnait en gémissant* » (GIONO).
II. *V. tr.* ♦ 1° Préparer en faisant cuire longtemps à feu doux. Au p. p. *Ragoût mitonné.* — *Par ext.* Préparer soigneusement un mets, une composition quelconque. *Elle nous a mitonné un bon petit dîner.* ♦ 2° *Fig.* Préparer tout doucement (une chose, une personne) pour un résultat. *Mitonner une affaire. Se mitonner un avenir confortable.* ◊ *Mitonner qqn :* être aux petits soins pour lui. V. **Cajoler, dorloter.** ◊ *Pronom.* Se procurer toutes sortes d'aises et de commodités, se soigner. « *Je vous ai laissée vous mitonnant dans votre lit* » (SÉV.).

MITOSE [mitoz]. *n. f.* (fin XIXᵉ; gr. *mitos* « filament »). *Biol.* Division indirecte de la cellule où chaque chromosome se dédouble (V. **Caryocinèse**), de sorte que les deux cellules

résultant de cette division possèdent, en nombre égal, les mêmes chromosomes que la cellule d'origine. *Phases de la mitose :* anaphase, métaphase, prophase, télophase. *Mitose réductionnelle.* V. **Méiose.** — *(Adj.* **MITOTIQUE** [mitɔtik] ou **MITOSIQUE** [mitɔzik], 1899).

MITOYEN, ENNE [mitwajɛ̃, ɛn]. *adj. (Mittoyenne* « au centre », XIVᵉ; réfect. d'apr. *mi-* « demi », de l'a. fr. *moiteen,* de *moitié).* Qui est entre deux choses, commun à l'une et à l'autre. *Cloison mitoyenne.* « *Un jardinet dont le mur était mitoyen avec la sacristie* » (BALZ.). ◊ *Dr.* Se dit d'une clôture, d'un fossé séparant deux fonds contigus et qui appartient en copropriété aux propriétaires de l'un et de l'autre. *Mur mitoyen jusqu'à l'héberge.*

MITOYENNETÉ [mitwajɛnte]. *n. f.* (1804; de *mitoyen*). Caractère de ce qui est mitoyen. — *Par ext.* Qualité de ce qui est contigu. V. **Contiguïté, voisinage.** ◊ *Dr.* Copropriété d'une clôture, d'un mur, d'une haie, d'un fossé séparant deux fonds. *La mitoyenneté entraîne l'indivision forcée. Non-mitoyenneté d'un fossé.*

MITRAILLADE [mitʀajad]. *n. f.* (1794, « décharge de mitraille »; de *mitrailler*). ♦ 1° Tir, décharge de mitrailleuse. V. **Mitraille.** ♦ 2° *Rare.* Mitraillage. « *La mitraillade de femmes et d'enfants* » (DORGELÈS).

MITRAILLAGE [mitʀajaʒ]. *n. m.* (xxᵉ; de *mitrailler*). Action de mitrailler.

MITRAILLE [mitʀaj]. *n. f.* (*Mitaille,* 1295; a. fr. *mite* « monnaie pauvre de Flandre », moy. néerl. *mite,* même mot que *mite*). ♦ 1° *Fam.* Menue monnaie de métal. *Avoir les poches pleines de mitraille* (cet emploi est souvent senti comme un fig. du 3°, plus *cour.*). ♦ 2° *Débris* de métaux. V. **Ferraille.** ♦ 3° Ferraille, puis balles de fonte qu'on utilisait autrefois dans les canons comme projectiles meurtriers. *Canons chargés à mitraille.* — *Mod.* Décharge d'artillerie, spécialt. d'obus et de balles. *Fuir sous la mitraille.* « *Les lignes de défense crachaient sans arrêt leur mitraille* » (MART. du G.).

MITRAILLER [mitʀaje]. *v.* (1794; de *mitraille,* 3°).
I. *V. intr. Vx.* Tirer à mitraille.
II. *V. tr.* ♦ 1° Prendre pour objectif d'un tir à mitraille *(vx);* d'un tir de mitrailleuse *(mod.). Mitrailler un avion, un train.* ◊ Pronom. *(Récipr.) Se mitrailler sans répit.* ◊ *Fig.* V. **Bombarder.** *Mitrailler de noyaux de cerise.* ♦ 2° *Par anal.* et *fam.* Photographier ou filmer sans arrêt de tous côtés (un personnage de l'actualité). *Le Président fut mitraillé par les reporters à sa sortie de l'Élysée.*

MITRAILLETTE [mitʀajɛt]. *n. f.* (1935; de *mitrailleuse,* et suff. dimin.). Arme à tir automatique portative, officiellement nommée pistolet mitrailleur (P. M.). « *Un tir de mitraillette se déclencha* » (CAMUS).

MITRAILLEUR [mitʀajœʀ]. *n. m.* (1795; de *mitrailler*). ♦ 1° *Vx.* Celui qui tire ou fait tirer à mitraille sur la foule. *Les mitrailleurs de la Convention.* ♦ 2° *Mod.* (1873). Servant d'une mitrailleuse. *Mitrailleur à bord d'un avion.*

MITRAILLEUSE [mitʀajøz]. *n. f.* (1867; de *mitrailler*). Arme automatique à tir rapide. *Mitrailleuse lourde,* pour position défensive ou sur véhicule. *Mitrailleuse légère* utilisée en campagne. *Affût trépied, bande, chargeur de mitrailleuse.* — *Tireur, chargeur, servant, pourvoyeur d'une pièce de mitrailleuse.* V. **Mitrailleur.**

MITRAL, ALE, AUX [mitʀal, o]. *adj.* (1673; de *mitre*). *Anat.* En forme de mitre. *Valvule mitrale* (ou bicuspide), valvule à deux valves, située au niveau de l'orifice de communication entre l'oreillette et le ventricule gauche du cœur. Subst. *La mitrale.* — *Par ext.* Qui a rapport à la mitrale. *Rétrécissement mitral.*

MITRE [mitʀ(ə)]. *n. f.* (fin XIIᵉ; lat. *mitra,* mot gr. « bandeau »).
I. ♦ 1° Haute coiffure triangulaire de cérémonie portée par les prélats et, notamment, par les évêques. *La mitre et la crosse épiscopales. Recevoir la mitre :* être nommé évêque. *La mitre et la tiare.* ♦ 2° *Antiq.* Coiffure en forme de bandeau, turban, etc.
II. *(Par anal. de forme).* ♦ 1° *Techn.* Chapeau triangulaire surmontant une cheminée sur un toit, qui sert à la protéger de la pluie et à empêcher le vent d'y rabattre la fumée. V. **Abat-vent.** ♦ 2° Mollusque gastéropode des mers tropicales (*Monotocardes*) à coquille longue et pointue.

MITRÉ, ÉE [mitʀe]. *adj.* (fin XIIᵉ; de *mitre*). Qui a droit de porter la mitre, en parlant des abbés ayant reçu la bénédiction abbatiale. *Abbé crossé et mitré.*

MITRON [mitʀɔ̃]. *n. m.* (1690; de *mitre,* à cause de la forme primitive des bonnets de garçons boulangers). Garçon boulanger ou pâtissier. — *Allus. hist. Le boulanger, la boulangère et le petit mitron,* le roi Louis XVI, la reine et le dauphin, ainsi nommés par le peuple affamé qui vint les chercher à Versailles le 5 octobre 1789.

MI-VOIX (À) [amivwa]. *loc. adv.* (1852; de *mi-,* et *voix*). D'une voix faible, ni haut ni bas. V. **Mezza-voce.** *Parler à mi-voix.*

MIXAGE [miksaʒ]. *n. m.* (1935; de l'angl. *to mix*). *Audio-visuel.* Regroupement sur une même bande de plusieurs enregistrements séparés (dialogues, commentaires, bruits, musique, pour un film). *Faire le mixage sonore* : équilibrer le son des différents instruments, entre eux et par rapport à la voix (enregistrement d'une chanson, etc.). — Recomm. offic. *mélange.*

MIXER [mikse]. *v. tr.* (mil. xxᵉ; Cf. le précéd.). *Cinéma.* Procéder au mixage de.

MIXER ou **MIXEUR** [miksœʀ]. *n. m.* (v. 1950; mot angl. « mélangeur »). *Anglicisme.* Appareil électrique servant à mélanger, à battre des aliments. V. **Batteur, malaxeur.**

MIXITÉ [miksite]. *n. f.* (1842, pour *mixtité*; de *mixte*). *Admin.* Caractère de ce qui est mixte. *Mixité des établissements scolaires.*

MIXTE [mikst(ə)]. *adj.* (xivᵉ, rare av. xviiiᵉ; lat. *mixtus*, p. p. de *miscere* « mélanger »). ♦ 1° *Didact.* Qui est formé de plusieurs, de deux éléments de nature différente. V. **Combiné, composé, mélangé.** — *Transp., Mar. Train, navire mixte,* assurant à la fois le transport de passagers et de marchandises. — Géol. *Roche mixte,* composée de deux roches. ◇ *Cour.* (Personnes) *Commission, tribunal mixte,* formés de membres, de juges appartenant à des corps, à des pays différents. — *Relig. Mariages mixtes,* entre catholiques et chrétiens d'une autre Église. ♦ 2° *Cour.* Qui comprend des personnes des deux sexes. *École, cours, classe mixte.* — *Double mixte,* au tennis (entre deux équipes formées d'un homme et d'une femme).

MIXTION [mikstjɔ̃]. *n. f. (Mistion,* xiiiᵉ; lat. *mixtio).* *Didact.* Action de mélanger plusieurs substances, et *spécialt.* plusieurs drogues pour la composition d'un médicament. V. **Incorporation, mélange.** ◇ *Par ext.* Produit de cette mixtion; médicament. V. **Mixture.**

MIXTIONNER [mikstjɔne]. *v. tr.* (1530; de *mixtion*). *Rare.* Mélanger (des substances, et *spécialt.* des drogues). V. **Mêler.**

MIXTURE [mikstyʀ]. *n. f.* (1560; rare av. xixᵉ; *misture,* 1190; lat. *mixtura*). ♦ 1° *Didact.* Mélange de plusieurs substances chimiques, pharmaceutiques, généralement liquides. V. **Mélange, mixtion.** ♦ 2° *Cour.* Mélange comestible (boisson ou aliment) dont on reconnaît mal les composants. *Ne buvez pas cette affreuse mixture.* ♦ 3° *Fig.* Mélange complexe, bizarre.

M. K. S. [ɛmkɑɛs]. Système d'unités physiques, *mètre, kilogramme* et *seconde* (le système M. K. S. A. [ɛmkɑɛsɑ] y ajoute *l'ampère*).

MLLE : **MADEMOISELLE.** — **MM.** : **MESSIEURS.** — **MME** : **MADAME.**

mn Symbole de *minute* (1°).
Mn Symbole chimique du manganèse*.

MNÉMO-. Élément, du gr. *mnêmê* « mémoire ».

MNÉMONIQUE [mnemɔnik]. *adj.* et *n. f.* (1800; gr. *mnêmonikos*). *Didact.* Qui a rapport à la mémoire, qui sert à aider la mémoire. *Procédé mnémonique.* V. **Mnémotechnique.**

MNÉMOTECHNIQUE [mnemɔtɛknik]. *adj.* et *n. f.* (1827; de *mnémotechnie* (1823), et suff. *-technie*). Capable d'aider la mémoire par des procédés d'association mentale qui facilitent l'acquisition et la restitution des souvenirs. *Méthode mnémotechnique* (mnémotechnie, *vx*). « *Un moyen mnémotechnique pour des êtres qui n'apprenaient pas facilement* » (FRANCE).

-MNÈSE, -MNÉSIE, -MNÉSIQUE. Éléments, du gr. *mnaomai* « se souvenir » (*ex.* : amnésie, amnésique, hypermnésie, paramnésie).

Mo Symbole chimique du molybdène*.

MOBILE [mɔbil]. *adj.* et *n.* (1301, « bien meuble »; lat. *mobilis* « qui se meut », pour *movibilis* de *movere* « mouvoir »).

I. *Adj.* (1551). ♦ 1° Qui peut être mû, dont on peut changer la place ou la position. *Pièce mobile d'une machine, d'un dispositif* (chariot, coulisse, piston, etc.). *Culasse mobile. Carnet, calendrier à feuillets mobiles.* V. **Amovible.** — *Caractères d'imprimerie mobiles,* qu'on assemble au moment de la composition et qu'on peut ensuite désassembler (Monotype). ♦ 2° Dont la date, la valeur peut être modifiée, est variable. *Fêtes mobiles.* — *Échelle* mobile. ♦ 3° *Milit.* Qui peut se déplacer (en opérations). V. **Mobiliser.** Ancien. *Un garde mobile de la guerre de 1870,* et subst. *Un mobile.* V. **Moblot.** — *Mod. La garde mobile.* V. **Garde** (I, II, 1°). ♦ 4° Qui n'est pas fixe, se déplace sans cesse. *Population mobile.* V. **Ambulant, nomade.** ♦ 5° Dont l'apparence change sans cesse. V. **Mouvant.** *Reflets mobiles.* V. **Changeant, fluctuant, fugitif.** « *Une petite ombre mobile palpitait derrière ses pas* » (LOUYS). — *Visage, regard mobile,* plein de vivacité. V. **Animé.** ♦ 6° *Vieilli.* Dont les pensées, l'humeur sont sujettes au changement. V. **Léger, ondoyant, versatile.** *Humeur mobile.* V. **Capricieux, instable.**

II. *N. m.* ♦ 1° (xviiᵉ). *Mécan.* Tout corps qui se meut ou est mû, considéré dans son mouvement. *Mouvement, vitesse, direction, masse d'un mobile.* — *Problème de mobiles,* concernant des corps ou des êtres fictifs en mouvement dans des conditions déterminées. ♦ 2° *Vieilli.* Ce qui fournit une impulsion, un mouvement. V. **Moteur.** « *L'argent, premier mobile des affaires de ce monde* » (VOLT.). ◇ *Mod.* Ce qui porte, incite à agir. V. **Impulsion.** *Mobile d'une action.* V. **Cause, motif.** « *Toutes les actions humaines ont pour mobile la faim ou l'amour* » (FRANCE). — *Dr.* But particulier par lequel s'explique un acte. « *Dès lors, le mobile du meurtre était trouvé. Les Roubaud, connaissant le legs,...* » (ZOLA). ♦ 3° *Arts* (1949; de l'angl.). Ensemble d'éléments construits en matériaux légers et agencés de telle sorte qu'ils prennent des dispositions variées sous l'influence du vent ou de tout autre moteur. *Les mobiles de Calder.*

◇ ANT. (de l'adj.) *Immobile; fixe.*

-MOBILE. Élément, du lat. *mobilis* (*ex.* : automobile).

MOBILIER, IÈRE [mɔbilje, jɛʀ]. *adj.* et *n.* (1510, rare av. xviiiᵉ; de *mobile*).

I. *Adj.* ♦ 1° Qui consiste en meubles; qui se rapporte aux biens meubles. *Propriété, richesse, fortune mobilière. Contribution, cote mobilière,* calculée d'après la valeur locative réelle du logement. ♦ 2° *Dr.* Qui est de la nature du meuble. *Effets mobiliers. Valeurs mobilières.* ◇ Qui concerne les biens meubles. *Saisie, vente mobilière.*

II. *N. m.* (1771). ♦ 1° *Cour.* Ensemble des meubles destinés à l'usage et à l'aménagement d'une habitation. V. **Ameublement.** *Le mobilier d'une maison. Mobilier Louis XV, Empire, rustique. Mobilier de cuisine, de bureau.* ♦ 2° *Dr.* Ensemble des meubles qui dépendent d'un patrimoine, d'une masse de biens. — *Mobilier national,* ensemble des meubles meublants qui sont la propriété de l'État et servent à garnir les bâtiments nationaux.

◇ ANT. *Foncier, immobilier.*

MOBILISABLE [mɔbilizabl(ə)]. *adj.* (1842; de *mobiliser*). Qui peut être mobilisé. — *Subst. Un mobilisable.* ◇ *Fig. Toutes les énergies mobilisables.*

MOBILISATEUR, TRICE [mɔbilizatœʀ, tʀis]. *adj.* (av. 1970; de *mobiliser*). ♦ 1° *Milit.* Chargé de la mobilisation. *Centre mobilisateur.* ♦ 2° Qui mobilise (3°). V. **Motivant.** *Un slogan mobilisateur des masses.*

MOBILISATION [mɔbilizasjɔ̃]. *n. f.* (1808; de *mobiliser*). Action de mobiliser. ♦ 1° *Fin.* Le fait de rendre meuble (une valeur commerciale). *Mobilisation de capitaux investis, de titres de rente.* ◇ Action de mobiliser un actif qui a un caractère d'immobilisation. ♦ 2° (1836). *Cour.* Opération qui a pour but de mettre une armée, une troupe sur le pied de guerre. *Décréter la mobilisation. Mobilisation partielle.* V. **Appel, rappel.** *Mobilisation générale. La mobilisation n'est pas la guerre.* ◇ État de celui qui est mobilisé. *Commerce fermé pour cause de mobilisation du propriétaire.* ♦ 3° *Fig. Mobilisation des ressources, des forces vives de la nation* (dans une guerre, une période de crise). ♦ 4° *Physiol.* Processus par lequel l'organisme utilise des substances de réserve, en les transformant en substances solubles qui sont mises en circulation. *Mobilisation du glycogène du foie, des muscles.* ♦ 5° *Méd.* Action de faire bouger (un membre, une articulation) volontairement *(mobilisation active)* ou par intervention d'autrui *(mobilisation passive,* pratiquée, par ex., par un kinésithérapeute). ◇ ANT. *Démobilisation;* (de 1°) *immobilisation.*

MOBILISER [mɔbilize]. *v. tr.* (1787; de *mobile*).

I. *Dr.* et *fin.* ♦ 1° Prendre, déclarer meuble par convention (ce qui est immeuble par nature). V. **Ameublir.** ♦ 2° *Mobiliser une créance,* la rendre immédiatement négociable en la mettant en circulation.

II. *Cour.* (1836). ♦ 1° Mettre sur le pied de guerre (une armée); affecter (des citoyens) à des postes militaires. V. **Appeler, rappeler; enrégimenter, enrôler, lever, recruter.** *Être mobilisé dans les services auxiliaires.* — Au p. p. *Réserviste, soldat mobilisé,* et subst. *Un mobilisé.* V. **Rappelé, requis.** — *Absolt. Le gouvernement a décidé de mobiliser.* ◇ *Par ext.* (d'un groupement quelconque) *Organisation syndicale qui mobilise ses adhérents en vue d'une manifestation, d'une grève.* *Fam. Toute la famille est mobilisée pour organiser la fête.* ♦ 2° *Fig.* Faire appel à, mettre en jeu (des facultés intellectuelles ou morales). *Mobiliser les enthousiasmes.* V. **Motiver.**

◇ ANT. *Démobiliser.*

MOBILITÉ [mɔbilite]. *n. f.* (v. 1200; lat. *mobilitas*). ♦ 1° Caractère de ce qui peut se mouvoir ou être mû, changer de place, de position (V. **Mobile**). *Mobilité d'un membre, d'un organe.* — *Accroître la mobilité d'une armée par la motorisation. La mobilité d'une population, d'une espèce animale. Mobilité de la main-d'œuvre.* ♦ 2° Caractère de ce qui change rapidement d'aspect ou d'expression. *Mobilité du visage.* « *Une mobilité de l'intelligence qui se règle exactement sur la mobilité des choses* » (BERGSON). ♦ 3° *Fig. Mobilité des sentiments, de l'humeur, de la volonté.* V. **Caprice, fluctuation,**

inconstance, instabilité, vacillation, variabilité. « *Mobilité de l'esprit français* » (CHATEAUB.). ◇ ANT. **Immobilité.** Fixité.

MOBLOT [mɔblo]. *n. m.* (1848; abrév. fam. de *mobile*). *Fam.* et *vieilli.* Soldat de la garde nationale mobile (1848 et 1870).

MOBYLETTE [mɔbilɛt]. *n. f.* (1955, marque déposée; de *mobile*, et *bicyclette*). Cyclomoteur d'une marque répandue. « *Maintenant les porteurs de journaux doivent avoir des mobylettes* » (R. VAILLAND). V. **Cyclomoteur.**

MOCASSIN [mɔkasɛ̃]. *n. m.* (1707; *mekezin*, 1615; algonquin *makisin*, par l'angl.). ♦ 1° Chaussure des Indiens d'Amérique du Nord, en peau non tannée. ♦ 2° *Par anal.* Chaussure basse (de marche, de sport), généralement sans attaches. *Des mocassins.*

MOCHARD, ARDE [mɔʃar, ard(ə)]. *adj.* (1898; de *moche*). *Fam.* Assez moche.

MOCHE [mɔʃ]. *adj.* (1878; o. i.; Cf. le T. techn. *Moche* « écheveau » [vx], du frq. *°mokka* « masse informe »). *Fam.* ♦ 1° Laid. « *Ses cravates étaient rudement moches* » (ROMAINS). ♦ 2° Mauvais. *C'est moche ce qu'il a fait là!* V. **Méprisable.** « *Tous ces types qui comptent sur toi, ce serait moche de les décevoir, non?* » (BEAUVOIR). ◇ ANT. Beau, chic.

MOCHETÉ [mɔʃte]. *n. f.* (1936; de *moche*). *Fam.* Personne laide. *Quelle mocheté, cette femme!*

MOCO [mɔko]. *n. m.* (1854, arg. mar.; o. i.). Marin toulonnais; *par ext.* Provençal. *Un chtimi* (un homme du Nord) *n'aura l'air aussi sale qu'un moco sale* » (J.-R. BLOCH).

MODAL, ALE, AUX [mɔdal, o]. *adj.* et *n. f.* (1546; de *mode* 2). Du mode. ♦ 1° *Philo.* (*Vx.*) Qui a rapport aux modes de la substance. *Existence modale.* ♦ 2° *Gram.* Relatif aux modes des verbes. *Attraction, forme, valeur modale.* ♦ 3° *Mus. Notes modales* : la tierce et la sixte, notes qui caractérisent le mode. ♦ (xxᵉ) *Musique modale*, où l'organisation en modes est primordiale (*opposé à* tonal).

MODALITÉ [mɔdalite]. *n. f.* (1546; de *modal*). ♦ 1° *Philo.* Propriété que possède la substance d'avoir des modes. *Les modalités de l'étendue.* — Forme particulière d'une substance. ♦ 2° *Cour.* Forme particulière d'un acte, d'un fait, d'une pensée, d'un être ou d'un objet. V. **Circonstance, manière, particularité.** *Modalités de paiement.* V. **Formule.** *Les modalités d'application d'une loi, d'un décret.* ♦ 3° *Gram.* Adverbe de modalité, qui modifie le sens d'une phrase entière (et non d'un mot isolé). ♦ 4° *Dr.* Disposition d'un acte juridique qui en retarde, en limite les effets (*ex.* : condition, terme). ♦ 5° *Mus.* Caractère d'un morceau de musique dépendant du mode auquel il appartient. V. **Mode** (2).

1. **MODE** [mɔd]. *n. f.* (xvᵉ, aussi aux sens de *mode* 2; lat. *modus* « manière, mesure »). ♦ 1° *Vx.* Manière individuelle de vivre, d'agir, de penser. « *Maître chez moi, j'y pouvais vivre à ma mode* » (ROUSS.). V. **Convenance, façon, fantaisie, manière.** ♦ 2° *Vieilli* sauf dans l'express. : *à la mode de...* Manière collective de vivre et de penser, propre à une époque, à un pays, à un milieu. *Cette conduite était conforme aux modes de l'époque.* V. **Coutume, habitude, mœurs, pratique, usage.** « *Savez-vous planter les choux à la mode de chez nous?* » (Chanson pop.). *Cousin* à la mode de Bretagne. — *Bœuf à la mode, bœuf mode.* Tripes à la mode de Caen. ♦ 3° *Mod.* Goûts collectifs, manières passagères de vivre, de sentir qui paraissent de bon ton dans une société déterminée. *Les engouements de la mode.* V. **Vogue.** « *Il est des modes jusque dans la façon de souffrir ou d'aimer* » (GIDE). *Décoration selon la mode du XVIIIᵉ s.* V. **Goût, style** (dans le). — *Loc.* À LA MODE : conforme au goût du jour. *Être, revenir à la mode. Villes d'eau, plages à la mode. Chanson à la mode. Ce n'est plus à la mode, c'est passé de mode.* V. **Démodé.** ♦ 4° *Absolt.* *La mode* (XVIIᵉ). Habitudes collectives et passagères en matière d'habillement. *Mode masculine, féminine. Changements saisonniers de mode. Suivre la mode. Ce genre de manteau est à la mode cette année.* V. **Faire** (se), **porter** (se). — *Ellipt. Teintes, tissus mode.* — *Gravure, journal de mode*, concernant la toilette féminine. « *Un journal de mode, une de ces revues hebdomadaires où l'on entretient les dames de leur beauté* » (DUHAM.). ♦ 5° *Par ext.* (fin XVIIIᵉ, plur.). Commerce, industrie de la toilette féminine. *Travailler dans la mode.* V. **Couture.** — *Plur.* (*Vx.*) *Un marchand, une marchande de modes.* — *Spécialt.* Chapellerie féminine. *Magasin de modes.* V. **'Modiste.**

2. **MODE** [mɔd]. *n. m.* (1611; même mot que *mode* 1). ♦ 1° *Philo. Vx.* Manière d'être d'une substance. ♦ 2° *Mus.* (fém., xvIᵉ). Chacune des dispositions particulières de la gamme caractérisée par la disposition des intervalles (tons et demi-tons). *Les modes du plain-chant*, authentique, plagal. *Les modes de la musique occidentale, moderne* : majeur et mineur. *Abusiv. Les modes de la musique antique* (ce sont des *tons*). ♦ 3° *Ling.* (fém., xvIᵉ). Caractère d'une forme verbale susceptible d'exprimer l'attitude du sujet parlant vis-à-vis du processus exprimé par le verbe (énoncé simple :

indicatif; subjonctif, conditionnel, impératif, etc.). *Les temps de chaque mode. Modes personnels. Modes impersonnels* (infinitif, participe). ♦ 4° *Statist.* Valeur d'un caractère correspondant à la population la plus dense. ♦ 5° (Fin XVIIIᵉ). *Mode de...* : forme particulière sous laquelle se présente un fait, s'accomplit une action. V. **Forme.** *Mode de vie, d'existence.* V. **Genre.** *Mode d'action.* V. **Façon, manière.** *Mode de production, d'exploitation.* V. **Méthode.** *Mode de paiement.* V. **Formule, modalité.** *Mode d'emploi**.

MODELAGE [mɔdlaʒ]. *n. m.* (1830; de *modeler*). ♦ 1° Action de modeler une substance plastique pour lui donner une forme déterminée. *Modelage d'une statue en terre glaise, en cire, en plâtre.* ♦ 2° Un modelage : l'ouvrage ainsi modelé. *De beaux modelages.*

MODÈLE [mɔdɛl]. *n. m.* (1549; it. *modello*, lat. pop. *°modellus* de *modulus*). ♦ 1° Ce qui sert ou doit servir d'objet d'imitation pour faire ou reproduire qqch. V. **Archétype, canon, étalon, exemple.** *Modèle de déclinaison, de conjugaison.* V. **Paradigme.** *Texte qui est donné comme modèle à des élèves.* V. **Corrigé, plan.** *Modèle de rédaction d'acte juridique.* V. **Formule.** *Sa conduite doit être un modèle pour nous.* V. **Règle.** *Copier, suivre un modèle.* — *Sur le modèle de.* V. **Image** (à l'); *imitation* (à l'). — « *Le poète ne doit avoir qu'un modèle, la nature* » (HUGO). « *Les hommes tiennent à se proposer des exemples, des modèles qu'ils appellent héros* » (CAMUS). ◇ *Adj. Un employé, un écolier modèle.* V. **Parfait.** *Il a une conduite modèle.* V. **Bon, édifiant, exemplaire.** ♦ 2° *Arts.* Personne ou objet dont l'artiste reproduit l'image. V. **Sujet.** *Dessin, dessiner d'après le modèle.* V. **Dessin, figure qui sert de modèle.** V. **Carton, esquisse, maquette.** ◇ *Spécialt.* Homme ou femme dont la profession est de poser pour des artistes. *Figure dessinée d'après le modèle nu.* V. **Académie.** ♦ 3° *Modèle de...*, personne, fait, objet possédant au plus haut point certaines qualités ou caractéristiques qui en font le représentant d'une catégorie. *Modèle de fidélité, de générosité. Harpagon, modèle de l'avare.* V. **Type.** ◇ *Par ext.* Ce qui représente sous une forme concrète ou restreinte une classe, une catégorie. *Cette phrase de Montaigne nous fournit un modèle de ce qu'était la langue française au XVIᵉ s.* V. **Échantillon, spécimen.** ◇ Catégorie, variété particulière, définie par un ensemble de caractères et à laquelle peuvent se rapporter des faits ou objets réels. *Les différents modèles d'organisation industrielle.* ♦ 4° Objet, type déterminé selon lequel des objets semblables peuvent être reproduits à de multiples exemplaires. V. **Standard, type.** *Modèle reproduit en grande série. Modèle courant, nouveau.* — *Ellipt. Fusil modèle 1936, modifié 1939.* — *Dr. Modèle de fabrique*, et absolt. *Modèle*, objet servant de prototype à une fabrication industrielle. *Modèle déposé.* « *Sans doute mes modèles étaient vieux-jeu* » (LARBAUD). ♦ 5° Objet de même forme qu'un objet plus grand mais exécuté en réduction. V. **Maquette.** *Modèle de navire, d'un édifice.* — **MODÈLE RÉDUIT.** *Modèle réduit au 1/100. Appos. Faire voler un avion modèle réduit.* ◇ Objet matériel dont on reproduit la forme, les contours pour obtenir des objets du même type. *Modèle en bois, en carton, en métal d'après lequel on confectionne un objet, un vêtement.* V. **Gabarit, moule, patron.** ♦ 6° *Sc.* Représentation simplifiée d'un processus ou d'un système. *Modèle mathématique*, modèle formé par des expressions mathématiques et destiné à simuler un tel processus. *Écon. Modèles d'explication, modèles prévisionnels.* (V. **Simulation.**) *Modèles et structures**. Cf. L'anglicisme *Pattern*. ◇ ANT. Copie, imitateur, imitation.

MODELÉ [mɔdle]. *n. m.* (1845; de *modeler*). ♦ 1° Relief des formes tel qu'il est rendu dans une sculpture, un dessin, une peinture. — *Par ext. Le modelé du corps.* ♦ 2° *Géogr.* Configuration du relief. *Le modelé d'une région.*

MODELER [mɔdle]. *v. tr.*; conjug. *geler* (1538; de *modèle*). ♦ 1° Façonner (un objet) en donnant une forme déterminée à une substance molle. *Modeler une poterie.* ◇ *Spécialt.* Façonner en glaise, en cire le modèle d'une statue, d'un objet). « *Une statuette modelée en cires colorées* » (FRANCE). ♦ 2° Pétrir (une substance plastique) pour lui imposer une certaine forme. V. **Manier.** *Pâte, terre à modeler.* ♦ 3° Conférer une certaine forme. *Géol. L'érosion modèle le relief. Épaule bien modelée.* ♦ 4° *Fig.* (1738). *Modeler son goût sur celui de qqn.* V. **Former, régler.** *Modeler toute une vie humaine d'après un type préconçu.* V. **Façonner.** — SE MODELER *sur qqn ou qqch.* : se façonner en empruntant les caractères. V. **Conformer** (se), **mouler** (se).

MODELEUR, EUSE [mɔdlœr, øz]. *n.* et *adj.* (1598; de *modeler*). ♦ 1° Sculpteur qui exécute des modèles (en terre, en cire). ♦ 2° *Techn.* Ouvrier qui confectionne des modèles (de machines, etc.).

MODÉLISTE [mɔdelist(ə)]. *n.* et *adj.* (xxᵉ; *modelliste*, 1832, d'apr. l'it.; de *modèle*). ♦ 1° Personne qui fait ou dessine des modèles. « *Une modiste, une modéliste, un effort plus créateur* » (SARRAUTE). — *Adj. Ouvrier, ouvrière modéliste.* ♦ 2° Personne qui fabrique des modèles réduits (de véhicules, avions, trains). *Concours de modélistes* (ou de MODÉLISME [mɔdelism(ə)]).

MODÉNATURE [mɔdenatyʀ]. *n. f.* (1752; it. *modanatura*, de *modano* « modèle »). *Archit.* Profil des moulures. *Modénature d'une corniche.*

MODÉRANTISME [mɔdeʀɑ̃tism(ə)]. *n. m.* (1793; de *modérant*, p. prés. de *modérer*). *Hist.* Doctrine politique, opinion des modérés (ou MODÉRANTISTES [mɔdeʀɑ̃tist(ə)]), spécialement sous la Révolution française.

MODÉRATEUR, TRICE [mɔdeʀatœʀ, tʀis]. *n. et adj.* (1416; lat. *moderator*). ♦ 1° Personne, chose qui tend par son action ou ses effets à modérer ce qui est excessif, à concilier les partis opposés. ◇ *Adj.* Qui modère. « *Le classicisme modérateur et le romantisme inventeur* » (HENRIOT). ♦ 2° *Mécan.* (1845). Mécanisme qui a pour fonction de régulariser un fonctionnement. V. **Régulateur**. *Modérateur d'une horloge. Lampe à modérateur*, ou ellipt. *Modérateur*, lampe munie d'un dispositif qui régularise l'ascension de l'huile. ♦ 3° (Mil. XXᵉ). Corps (eau lourde, graphite, béryllium) qui, dans une pile atomique, permet de régler une réaction en chaîne. V. **Ralentisseur**. ♦ 4° *Ticket* modérateur.* ◇ ANT. *Excitateur. Accélérateur.*

MODÉRATION [mɔdeʀasjɔ̃]. *n. f.* (1355; lat. *moderatio*). ♦ 1° Vertu, comportement d'une personne qui est éloignée de tout excès. *Faire preuve de modération dans sa conduite.* V. **Circonspection, mesure, réserve, retenue, sagesse.** *Modération dans les idées, le style, le ton.* V. **Douceur.** *Modération dans le boire et le manger.* V. **Frugalité, sobriété.** ♦ 2° Action de modérer, de diminuer (qqch.). *Modération de la tension.* V. **Diminution.** — Sc. *Loi de modération, relative à l'équilibre chimique.* ♦ 3° *Dr.* Action de rendre moins rigoureuse une règle, une peine. V. **Adoucissement, réduction.** — *Modération de droit*, dégrèvement partiel d'impôt. ◇ ANT. *Abus, excès, immodération, intempérance.*

MODERATO [mɔdeʀato]. *adv.* (1842; mot it.). ♦ 1° Terme indiquant le mouvement modéré d'un morceau, intermédiaire entre l'andante et l'allégro. *Allégro moderato. Moderato cantabile.* ♦ 2° Morceau qui est écrit et doit être joué dans ce mouvement.

MODÉRÉ, ÉE [mɔdeʀe]. *adj. et n.* (1361; de *modérer*). ♦ 1° Qui fait preuve de mesure, qui se tient éloigné de tout excès. « *Qui veut être modéré parmi les furieux s'expose à leur furie* » (ROUSS.). *Modéré dans ses prétentions, ses désirs.* V. **Mesuré, sage.** « *Il m'est impossible d'être modérée en quelque chose, et surtout dans ce qui regarde le cœur* » (GAUTIER). ♦ 2° (1789). Qui professe des opinions politiques éloignées des extrêmes (spécialt. en France, conservatrices). V. **Centriste.** « *Ce parti modéré qui désirait vivement la fusion des opinions* » (BALZ.). — N. *Les modérés.* ♦ 3° Peu intense, assez faible. V. **Moyen.** *Prix modéré.* V. **Bas, raisonnable.** *Habitation à loyer modéré* (H.L.M.). *Chaleur, température modérée.* V. **Doux, tempéré.** ♦ 4° *Mus.* Moderato. ◇ ANT. *Abusif, déraisonnable, exagéré, excessif, immodéré.*

MODÉRÉMENT [mɔdeʀemɑ̃]. *adv.* (1370; de *modéré*). Avec modération, d'une manière modérée. *Boire, manger modérément.* « *Elle aimerait mieux n'être point aimée que de l'être modérément* » (ROUSS.). ◇ ANT. *Excessivement, fortement, immodérément.*

MODÉRER [mɔdeʀe]. *v. tr.*; conjug. *céder* (1361; lat. *moderare*, de *modus* « mesure »). ♦ 1° Diminuer l'intensité de (un phénomène, un sentiment), réduire à une juste mesure (ce qui est excessif). V. **Adoucir, diminuer, mitiger, réprimer, tempérer.** *Modérer sa colère.* V. **Apaiser, calmer, retenir.** *Modérez vos ardeurs, vos expressions. Modérer l'allure, la vitesse* (ralentir). ♦ 2° *V. pron.* SE MODÉRER : se tenir dans une juste mesure, éloigné de tout excès. — Absolt. V. **Contenir** (se). « *Il faut vous modérer, le laisser dire, et dissimuler avec lui* » (BEAUMARCH.). ◇ ANT. *Augmenter, exagérer, outrer.*

MODERNE [mɔdɛʀn(ə)]. *adj. et n.* (1361; bas lat. *modernus*, de *modo* « récemment »). Qui est du temps de celui qui parle ou d'une époque relativement récente.
I. ♦ 1° Actuel, contemporain. « *Pour un homme du XIIIᵉ siècle, le gothique était moderne* » (MALRAUX). *L'époque moderne. Les temps modernes.* — *Dans ce dictionnaire, on désigne par moderne* (mod.) *les mots et les emplois vivants de nos jours* (opposé à *vieux, vieilli*). ♦ 2° Qui bénéficie des progrès récents de la technique, de la science. V. **Neuf, nouveau, récent.** *Confort moderne.* ♦ 3° (*Personnes*). Qui tient compte de l'évolution récente, dans son domaine; qui est de son temps. « *Il faut être absolument moderne* » (RIMBAUD). ♦ 4° N. m. (XXᵉ). *Il est meublé en moderne. Il n'aime que le moderne.*
II. (Opposé à *ancien, antique*). ♦ 1° Qui appartient à une époque postérieure à l'antiquité (*Les temps modernes*, moyen âge et époque contemporaine). *Le grec moderne.* ◇ Subst. *Les anciens et les modernes*, les grands écrivains de l'antiquité et des temps modernes. *Querelle des anciens et des modernes* : des partisans des uns et des autres. ♦ 2° *Hist. Époque moderne* et par ext., *histoire moderne*, de la fin du

moyen âge (traditionnellement fixée à 1453, chute de Constantinople) à la Révolution française (1789), début de l'époque « contemporaine ». ♦ 3° (XXᵉ). *Enseignement moderne* (sciences et langues vivantes), *opposé à* classique. *Classes modernes.*
◇ ANT. *Ancien, antique, classique, passé.*

MODERNISATEUR [mɔdɛʀnizatœʀ]. *n. m.* (mil. XXᵉ; de *moderniser*). Celui qui modernise. « *On* (leur) *permet de jouer aux réformateurs et aux modernisateurs* » (*Le Monde*, 12-10-1966).

MODERNISATION [mɔdɛʀnizasjɔ̃]. *n. f.* (1878; de *moderniser*). Action de moderniser; son résultat.

MODERNISER [mɔdɛʀnize]. *v. tr.* (1754; de *moderne*). ♦ 1° Rendre moderne. *Moderniser l'orthographe d'un texte du XVIᵉ s.* ♦ 2° Organiser d'une manière conforme aux besoins, aux moyens modernes. *Moderniser la technique, les méthodes.* V. **Transformer.** *Commerçant qui modernise son magasin.* V. **Rajeunir, rénover.** Pronom. « *Il dit que l'Église se modernise* » (ARAGON).

MODERNISME [mɔdɛʀnism(ə)]. *n. m.* (v. 1900; h. 1845; de *moderniste*). ♦ 1° Goût de ce qui est moderne ; recherche du moderne à tout prix. *Modernisme en peinture.* ♦ 2° *Relig.* Mouvement chrétien préconisant une nouvelle interprétation des croyances et des doctrines traditionnelles, en accord avec l'exégèse moderne. ◇ ANT. *Archaïsme, classicisme, traditionalisme.*

MODERNISTE [mɔdɛʀnist(ə)]. *adj. et n.* (1769; de *moderne*). ♦ 1° Qui adopte les idées modernes; préfère ce qui est moderne. *Un écrivain, un peintre moderniste.* ♦ 2° Partisan du modernisme; relatif au modernisme en religion. ◇ ANT. *Archaïque, traditionaliste.*

MODERNITÉ [mɔdɛʀnite]. *n. f.* (1849; de *moderne*). Caractère de ce qui est moderne, spécialt. en art. « *La vulgarité, la modernité de la douane et du passeport* » (CHATEAUB.). ◇ ANT. *Antiquité, archaïsme.*

MODERN STYLE [mɔdɛʀnstil]. *n. m. et adj.* (1896; mot angl. « style moderne »). Style de décoration (flore stylisée) répandu entre 1900 et 1925. « *On le conduit dans un boudoir modern style* » (ROMAINS).

MODESTE [mɔdɛst(ə)]. *adj.* (1355; lat. *modestus*, de *modus* « mesure »). ♦ 1° *Vx.* Qui a de la modération. V. **Modéré, réservé.** « *Si l'on était modeste et sobre* » (LA BRUY.). ♦ 2° (XVIᵉ). *Mod.* Qui est simple, sans faste ou sans éclat. *Mise, tenue modeste*, qui n'attire pas l'attention. *Salaire, loyer, train de vie modeste.* V. **Médiocre; limité.** *Acceptez ce modeste présent.* — *Milieu social modeste. Il est d'une origine très modeste.* V. **Humble.** ♦ 3° De peu d'importance. V. **Petit.** « *Des gens d'une qualité intellectuelle très modeste* » (ROMAINS). ♦ 4° (*Personnes; XVIIᵉ*). Qui a une opinion modérée, réservée, de son propre mérite, se comporte avec modestie. V. **Effacé, humble, réservé.** *Un homme simple et modeste, timide et modeste. Vous êtes trop modeste.* « *Sois modeste ! c'est le genre d'orgueil qui déplaît le moins* » (RENARD). — *Air, mine modeste.* V. **Discret, effacé, réservé.** ◇ Subst. *Faire le modeste.* ♦ 5° Qui a de la pudeur, de la retenue, de la décence. « *Avec une démarche modeste, et les yeux baissés* » (LAUTRÉAMONT). ◇ ANT. *Excessif, grand; orgueilleux, prétentieux, vaniteux; effronté.*

MODESTEMENT [mɔdɛstəmɑ̃]. *adv.* (XIVᵉ; de *modeste*). D'une manière modeste. ♦ 1° *Vx.* Avec modération. ♦ 2° *Mod.* Avec modestie. V. **Humblement.** *Parler, se comporter modestement.* V. **Simplement.** ♦ 3° Avec pudeur.

MODESTIE [mɔdɛsti]. *n. f.* (1355; lat. *modestia*). ♦ 1° *Vx.* Modération. ♦ 2° (XVIIᵉ). *Mod.* Modération, retenue dans l'appréciation de soi-même, de ses qualités. V. **Humilité, réserve, retenue, simplicité.** *L'améthyste, la violette, symboles de modestie.* « *Ils avaient manqué de cette modestie, de cet effacement de soi, de ces qualités de modération de jugement* » (PROUST). — *Fausse modestie, modestie affectée.* « *La fausse modestie est le plus décent de tous les mensonges* » (CHAMFORT). ♦ 3° Pudeur, retenue. V. **Décence, honnêteté.** *La rougeur de la modestie.* ◇ ANT. *Excès; audace, orgueil, prétention, vanité; indécence.*

MODICITÉ [mɔdisite]. *n. f.* (1584; bas lat. *modicitas*). ♦ 1° Caractère de ce qui est modique (pécuniairement). V. **Exiguïté, petitesse.** *La modicité de son revenu. Modicité d'un prix, d'un loyer.* ♦ 2° Médiocrité, petitesse. « *Elle se raccrochait, la malheureuse, à la modicité de ses espoirs* » (ARAGON).

MODIFIABLE [mɔdifjabl(ə)]. *adj.* (1611; de *modifier*). Qui peut être modifié. V. **Transformable.** « *Nous sommes changeantes, impressionnables, modifiables par ce qui nous entoure* » (MAUPASS.).

MODIFIANT, ANTE [mɔdifjɑ̃, ɑ̃t]. *adj.* (1868; de *modifier*). *Didact.* Qui modifie. *Facteur modifiant.*

MODIFICATEUR, TRICE [mɔdifikatœʀ, tʀis]. *adj. et n.* (v. 1820-1830; 1797, « réformateur » ; lat. *modificator*). Qui a la propriété de modifier. *Agent modificateur.* V. **Transformateur.** *Action modificatrice.* — N. (1845) *Un modificateur.*

MODIFICATIF, IVE [mɔdifikatif, iv]. *adj.* (XVIᵉ; de

modifier). Qui modifie. *Texte modificatif. Note modificative.* — *Termes modificatifs; propositions modificatives.* Subst. *Les adverbes sont des modificatifs.*

MODIFICATION [mɔdifikasjɔ̃]. *n. f.* (1385; lat. *modificatio*). ♦ 1° *Didact.* Manière d'être accidentelle d'une substance; relation du mode à la substance qu'il détermine. V. **Modalité.** « *Les passions ne sont que des modifications de l'amour de soi* » (ROUSS.). ♦ 2° *Cour.* Changement qui n'affecte pas l'essence de ce qui change. V. **Altération, variation.** *Modifications physiques d'une substance. Modification quantitative* : agrandissement, diminution. *Modification en mieux* (amélioration), *en pire* (aggravation). *Modification brusque, rapide; imperceptible, progressive. Subir, entraîner de profondes modifications.* ♦ 3° Changement apporté à qqch. « *Il faudra faire quelques modifications à ce projet, à ce plan, à ce texte.* V. **Correction, rectification, refonte, remaniement, révision.** *Modification apportée à un projet de loi. à un contrat.* V. **Amendement, dérogation, restriction.** ◇ ANT. *Maintien, permanence, stabilité.*

MODIFIER [mɔdifje]. *v. tr.* (1355; lat. *modificare*, rad. *modus*). ♦ 1° Changer (une chose) sans en altérer la nature, l'essence. *Modifier un peu, beaucoup* (V. **Transformer**). *Modifier ses plans.* « *Les habitudes, les mœurs, les costumes ont nécessairement modifié les types humains* » (GAUTIER). ♦ 2° SE MODIFIER. *v. pron.* « *Une impression qui se modifie sans cesse* » (BERGSON). V. **Changer, évoluer, varier.** *L'énergie se modifie.* ◇ ANT. *Fixer, laisser, maintenir.*

MODILLON [mɔdijɔ̃]. *n. m.* (*Modiglion*, 1545; it. *modiglione*, lat. pop. *°mutulio.* V. **Mutule**). *Archit.* Ornement en forme de console renversée placé sous la saillie d'une corniche ou appliqué à un mur, pour supporter un vase, un buste.

MODIQUE [mɔdik]. *adj.* (XVe, rare av. 1675; lat. *modicus*). Qui est peu considérable (somme d'argent). V. **Faible, médiocre, minime, modeste, petit.** *Salaire modique. Pour la modique somme de 100 francs.* « *Il nous donnait qu'une modique pension* » (MUSS.). ◇ ANT. *Considérable, grand, important.*

MODIQUEMENT [mɔdikmã]. *adv.* (1680; de *modique*). D'une façon modique. V. **Faiblement, maigrement, modestement, petitement.** *Modiquement payé, rétribué.*

MODISTE [mɔdist(ə)]. *n.* (1661, « qui affecte de suivre la mode »; de *mode* 1). ♦ 1° (1777). *Vx.* Marchand, marchande de « modes » (ajustements et vêtements féminins). ♦ 2° (1842). Mod. *N. f.* Fabricante et marchande de coiffures féminines. *Atelier, boutique de modiste.* « *En attendant que nos modistes reviennent à une conception décente du chapeau* » (COLETTE). ◇ Ouvrière qui confectionne les chapeaux de femme (pour une modiste, une maison de couture).

MODULAIRE [mɔdylɛʀ]. *adj.* (av. 1845; de *module*). *Didact.* ou *techn.* ♦ 1° Qui dérive de l'emploi du module (1°). *Architecture modulaire.* ♦ 2° (1867). *Math.* Du module. *Mesure modulaire* (ou arithmétique) *d'un vecteur.* ♦ 3° *Phys.* Fondé sur un module.

MODULANT, ANTE [mɔdylã, ãt]. *adj.* (1875; de *moduler*). *Mus.* Qui constitue ou produit une modulation. *Marche modulante.*

MODULATEUR, TRICE [mɔdylatœʀ, tʀis]. *n.* (1842, « celui qui connaît la modulation »; de *modulation*). *Radio* (v. 1930). Appareil, ensemble d'appareils qui modulent un courant, une onde. *Modulatrice* (ou adj. *Lampe modulatrice*) : lampe qui effectue le changement de fréquence par modulation.

MODULATION [mɔdylasjɔ̃]. *n. f.* (1495, rare av. 1626; lat. *modulatio*, it. *modulazione*). ♦ 1° Chacun des changements de ton, d'accent, d'intensité, de hauteur dans l'émission d'un son (V. **Inflexion**); action ou façon de moduler. ♦ 2° *Mus.* (XVIIe; d'apr. it.). Passage d'une tonalité (mode) à une autre; transition par laquelle s'opère ce passage, conformément aux règles de l'harmonie. *Modulation aux tons voisins* (qui ne diffèrent que par une altération), *aux tons éloignés* (par un accord commun altéré, par des accords intermédiaires; une marche modulante). *Ton principal et modulation d'un morceau.* ◇ *Peint.* Rapprochement de tons chauds et froids de valeur équivalente. ♦ 3° *Radio* (v. 1930). Opération par laquelle on fait varier l'amplitude, l'intensité, la fréquence, la phase d'un courant ou d'une oscillation (onde porteuse), en vue de transmettre un signal. Superposition de ce signal à l'onde porteuse. *Modulation d'amplitude, en amplitude. Modulation de fréquence* (m. f.). *Modulation de phase.* — *Cour.* Émission en modulation de fréquence. *Écouter la modulation de fréquence.*

MODULE [mɔdyl]. *n. m.* (1547; lat. *modulus*, de *modus* « mesure »). ♦ 1° *Archit.* Unité de mesure adoptée pour déterminer les proportions des membres d'architecture. *Le module des architectes grecs était le demi-diamètre du fût de colonne à sa base.* — *Par ext.* Unité de mesure, étalon. Spécialt. *Le module d'une médaille, d'une monnaie. Cigarette, cigare de gros module.* — *Techn. Module d'un engrenage,* quotient de son diamètre par le nombre de dents. *Module d'une voie ferrée.* ◇ Unité de mesure de débit (de l'eau d'une

pompe, d'une fontaine) équivalant à 10 m³ par 24 h. *Par ext.* Appareil pour la mesure des débits. ♦ 2° *Phys.* Coefficient caractérisant une propriété de résistance mécanique des matériaux. *Module de rigidité* (de Coulomb); *module de traction; module de torsion,* coefficient d'élasticité. ♦ 3° *Math. Module d'un vecteur* : sa mesure arithmétique. ♦ 4° Unité constitutive d'un ensemble. — *Archit. Module d'habitation* : maisons préfabriquées groupées entre elles pour constituer un logement individuel ou collectif. — *Astronaut.* Élément d'un véhicule spatial. *Module lunaire.* ◇ Groupe de travail intégré à un réseau. *Module de terminologie.*

MODULER [mɔdyle]. *v. tr.* (1488; lat. *modulari;* repris XVIIe, it.). ♦ 1° *Cour.* Articuler, émettre (une mélodie, un son varié) par une voix ou un instrument. *Moduler un air en le sifflant.* « *Leurs cris aigus modulés sur tous les tons* » (GAUTIER). ♦ 2° *Mus.* (XVIIe; it.). *Intrans.* Effectuer une ou plusieurs modulations. — Trans. *Moduler un passage.* ♦ 3° *Radio.* Faire varier les caractéristiques d'un courant électrique ou d'une onde. V. **Modulation.** — Au p. p. *Courant à fréquence modulée.* ♦ 4° Adapter (qqch.) à différents cas particuliers. « *Grâce à une souplesse de conception on peut moduler sa maison : nombre de pièces et disposition intérieure* » (*Femmes d'aujourd'hui*, 4-11-1970). — Au p. p. « *Politique de vente d'armes modulée selon de mystérieux critères* » (*Le Monde*, 22-3-1967).

MODULO- [mɔdylo]. *n. m.* (1968; de *module*). *Math.* [suivi d'un nombre]. Opérateur donnant le reste de la division par ce nombre. *19 est congru* à 1 modulo-6.*

MODULOR [mɔdylɔʀ]. *n. m.* (1950; de *module*, et [nombre d']*or*). *Didact.* Système de mesure destiné à fixer les proportions des ouvrages d'architecture; suite dont chaque terme est obtenu en multipliant le précédent par le nombre d'or $\dfrac{1 + \sqrt{5}}{2}$.

MODUS VIVENDI [mɔdysvivēdi]. *n. m. invar.* (1869; mots lat. « manière de vivre »). Accommodement, transaction mettant d'accord deux parties en litige. *Trouver un modus vivendi.*

MOELLE [mwal]. *n. f.* (*Meole*, XIIe; *moele*, par métathèse, 1265; lat. *medulla*).

I. ♦ 1° Substance molle et grasse de l'intérieur des os, formée de cellules conjonctives remplies de graisse (dite aussi *moelle jaune*). — *Anat. Moelle rouge* (ou *sanguine*), riche en cellules conjonctives jeunes et en vaisseaux sanguins. *Moelle grise,* riche en trame conjonctive (stade du vieillissement). *Moelle de bœuf* (utilisée en cuisine). *Entrecôtes à la moelle. Os à moelle* : contenant de la moelle. — Loc. fig. « *Rompre l'os et sucer la substantifique moelle* » (RABELAIS), ce qu'il y a de meilleur, de plus précieux et de plus profond. ♦ 2° *La moelle des os,* l'intérieur du corps. *Fig.* Le tréfonds de l'être. « *Soudain, je frissonnai jusqu'aux moelles* » (MAUPASS.).

II. ♦ 1° (1667; *moelle spinale,* XVIe). MOELLE ÉPINIÈRE : *La moelle épinière et l'encéphale forment le système nerveux central. Substance grise centrale* (corps des neurones) *et substance blanche périphérique* (fibres nerveuses à myéline) *de la moelle, formant des cordons ou faisceaux. Relatif à la moelle épinière.* V. **Médullaire, rachidien, spinal: myél(o)-.** ♦ 2° *Bot.* Substance molle (parenchyme médullaire) contenue au centre de la tige et de la racine des plantes dicotylédones.

MOELLEUSEMENT [mwaløzmã]. *adv.* (1765; de *moelleux*). D'une manière moelleuse. *Moelleusement étendu sur des coussins.*

MOELLEUX, EUSE [mwalø, øz]. *adj.* (1478; de *moelle*). ♦ 1° *Vx.* Qui contient de la moelle. V. **Médullaire.** ♦ 2° *Mod.* Qui a de la douceur et de la mollesse au toucher. V. **Doux, mou.** *Étoffe moelleuse. Un moelleux édredon. Siège, lit, coussin, tapis moelleux,* où l'on enfonce confortablement. V. **Élastique.** ♦ 3° Agréable au palais, au goût. *Chocolat moelleux.* V. **Onctueux, savoureux.** *Vin moelleux,* et léger, *qui a du moelleux.* ♦ 4° Agréable à l'oreille; qui a une sonorité pleine et douce. *Son moelleux. Timbre moelleux et velouté.* ♦ 5° Qui a de la mollesse et de la grâce (en parlant des formes naturelles ou artistiques). V. **Gracieux, souple.** *Ligne, touche moelleuse.* « *Le moelleux arrondi des épaules* » (MART. du G.). ◇ ANT. *Dur, raide, sec.*

MOELLON [mwalɔ̃]. *n. m.* (XVIe; altér. d'apr. *moelle,* de l'a. fr. *moilon,* XIVe; *moulon,* XIIe; lat. pop. *modiolo, -onis,* de *modiolus* « moyeu »). ♦ 1° Pierre de construction maniable en raison du son poids et de sa forme. *Moellons naturels ou bruts. Empilage de moellons bruts sur mortier* (opus incertum). *Moellons de blocage. Moellons équarris* (V. **Libage**), *taillés.* ♦ 2° *Géol.* Pierre de grosseur intermédiaire entre le bloc et le caillou.

MOELLONAGE ou **MOELLONNAGE** [mwalɔnaʒ]. *n. m.* (1873; de *moellon*). *Techn.* Construction en moellons.

MOERE [mwɛʀ]. *n. f.* (1604; *more* « marais », XIIe; mot holl.). *Région.* En Flandre, Lagune d'eau douce comblée et desséchée (V. **Wateringue**), qui est mise en culture.

MŒURS [mœr ; souv. mœrs, *fam.*] *n.f. pl.* (*Meurs*, 1361 ; *mors, murs*, XIIᵉ ; lat. *mores*, m. pl.).

I. ♦ 1° Habitudes (d'une société, d'un individu) relatives à la pratique du bien et du mal. V. **Conduite, morale.** *Bonnes, mauvaises mœurs.* « *Le travail engendre forcément les bonnes mœurs, sobriété et chasteté* » (BAUDEL.). *Mœurs austères, rigides, sévères* (rigorisme). *Mœurs corrompues, dissolues, relâchées. Femme de mœurs faciles, légères.* ♦ 2° Dr. *Bonnes mœurs,* ensemble des règles imposées par la morale sociale. *Outrage aux bonnes mœurs. Certificat de bonnes vie et mœurs,* attestant la bonne conduite et la moralité. — *Police des mœurs,* ellipt. *Les Mœurs :* police chargée de la réglementation de la prostitution. ♦ 3° Vx. *Bonnes mœurs,* respect et pratique des vertus. *Avoir des mœurs, ne pas avoir de mœurs.* V. **Moralité, principe(s).** « *Les mœurs sont l'hypocrisie des nations* » (BALZ.). — Mod. Dr. *Crime contre les mœurs. Attentat aux mœurs,* crimes et délits portant atteinte aux bonnes mœurs.

II. ♦ 1° Habitudes de vie, coutumes d'un peuple, d'une société. V. **Coutume(s), usage(s).** *Mœurs des peuples primitifs. Mœurs policées. Les mœurs antiques, féodales. Les mœurs de son temps. Cette habitude est entrée dans les mœurs.* PROV. *Autres temps, autres mœurs,* les mœurs changent avec les époques. — « *Les caractères, ou les mœurs de ce siècle* » (LA BRUY.). « *Essai sur les mœurs et l'esprit des nations* » (VOLT.). ♦ 2° Habitudes communes à un groupe humain. *Les mœurs du peuple et les mœurs du grand monde. Peinture de mœurs.* ♦ 3° Habitudes de vie individuelles, comportement d'une personne. *Avoir des mœurs simples, des mœurs bohèmes.* Fam. *Quelles mœurs ! Drôles de mœurs ! En voilà, des mœurs !* ♦ 4° Habitudes de vie d'une espèce animale. *Les mœurs des abeilles.*

◊ HOM. Formes du v. *mourir.*

MOFETTE [mɔfɛt]. *n. f.* (1741, « gaz nocif, émanation » ; it. *moffetta,* de *muffa* « moisissure », mot longobard).

I. Vx., Chim. Gaz impropre à la respiration (oxyde de carbone, gaz carbonique, hydrogène sulfuré, etc.). V. **Fumerolle** (froide).

II. **Mouffette** (animal).

MOHAIR [mɔɛr]. *n. m.* (1860 ; mot angl. ; arabe *mukhayyar* « choix », par attract. de l'angl. *hair* « poil ». V. **Moire**). Poil de la chèvre angora, long, droit, fin et soyeux, dont on fait des étoffes légères et des laines à tricoter. — Par appos. *Laine mohair.* ◊ Étoffe de mohair. *Costume de mohair.*

MOI [mwa]. *pron. pers.* et *n. m.* (v. 1170 ; *mei,* XIᵉ ; lat. *me* [V. **Me**], en position accentuée).

I. *Pron. pers.* (forme tonique) de la première personne du sing. et des deux genres, représentant la personne qui parle ou qui écrit. V. **Je** (*pop.* Bibi (2), mézigue, ma pomme). ♦ 1° (Complément d'objet après un impératif positif). *Regarde-moi. Laissez-moi là.* — Phrase exclamative. « *Moi régner ! Moi ranger un État sous ma loi !* » (RAC.). — (Avec un inf. de narration). « *Et moi de me débattre, de frapper Alphonsine* » (FRANCE). — (Avec un participe) *Moi parti, que ferez-vous ?* ♦ 3° (Sujet d'une proposition elliptique). « *Qui est là ? — Moi.* » « *Vous fumez ? — Moi aussi.* » ♦ 4° (Sujet ou compl., coordonné à un nom, un pronom). *Mon avocat et moi sommes de cet avis.* « *Ni mes cousines ni moi n'avions avec elle une grande intimité* » (GIDE). — (Compl. d'objet) *Il a invité ma femme et moi ; il nous a invités, ma femme et moi.* ♦ 5° (Sujet ou compl. dans une phrase comparative, après *plus que, moins que, aussi... que, autre que, comme,* etc.). *Ne faites pas comme moi. Je n'en accuse que moi.* ♦ 6° (Renforçant JE, ME, SOI, respect.). *Moi, je... Moi aussi, j'y suis allé.* — Moi, il m'a complètement oublié. On ne m'a jamais manqué de respect, à moi. Moi, ce qui fait ma force...* ♦ 7° Moi QUI. « *Moi qui vous parle, j'ai connu...* » (FRANCE). « *Et moi qui vous avais prise pour un homme !* » (MORAND). ♦ 8° (Attribut). « *L'État, c'est moi* » (LOUIS XIV). « *L'art, c'est moi ; la science, c'est nous* » (Cl. BERNARD). — Loc. C'EST MOI... (et propos. relative). *C'est moi qui vous le dis.* « *C'est moi que vous cherchez, messieurs ?* » (DAUD.). ♦ 9° (Précédé d'une préposition). « *On fait de moi, avec moi, devant moi, tout ce qu'on veut* » (DIDER.). « *Je ne pensais pas, en pensant en moi, à travers moi, envers et contre moi* » (DUHAM.). *Avec moi. Chez moi.* — DE MOI. *L'idée n'est pas de moi, mais de lui. Pauvre de moi !* — *Faites-en. Je vous donnerai des nouvelles de moi.* — POUR MOI : à mon égard, en ma faveur. « *Elle fut pour moi la plus tendre des mères* » (ROUSS.). — Pour ma part. « *Et je lui crois, pour moi, le timbre un peu fêlé* » (MOL.). — À MOI ! cri pour appeler à l'aide, ou interpellation (*vx*). « *À moi, comte, deux mots* » (CORN.). — Un ami à moi, des mes amis. — (Après des verbes de mouvement, d'intérêt, des pronominaux) *Il s'attacha à moi ; il vint à moi.* V. aussi **Me.**

— *À part moi :* dans mon for intérieur. *Quant à moi :* pour moi. *De vous à moi :* confidentiellement. *C'est à moi d'agir.* ♦ 10° Loc. MOI-MÊME, forme renforcée de *Moi.* — MOI SEUL. *C'est moi seul qui suis responsable.* — MOI AUSSI. — MOI NON PLUS.

II. (1583). *N. m. invar.* ♦ 1° Le Moi, le mot « moi ». *Le moi, le je, reviennent très souvent dans ses vers.* ♦ 2° Ce qui constitue l'individualité, la personnalité d'un être humain. V. **Esprit ; individu.** *Le Culte du moi,* de Barrès. ◊ Philo. « *Ce moi, c'est-à-dire l'âme* » (DESCARTES). *L'unité du moi.* ♦ 3° La personnalité dans sa tendance à ne considérer que soi. V. **Égocentrisme, égoïsme, égotisme.** « *Le moi est haïssable* » (PASC.). « *Au diable ton « moi » ! Pense donc un peu au « toi » !* » (R. ROLLAND). ♦ 4° Forme que prend une personnalité à un moment particulier. *Notre vrai moi.* « *Le moi que j'étais alors, et qui avait disparu* » (PROUST). ♦ 5° Psychan. Ce qui, dans l'individu, adapte l'organisme à la réalité, contrôle les pulsions (le « *ça* ») condamnées par le surmoi*. V. **Ego.**

◊ HOM. Mois, moye.

MOIGNON [mwaɲɔ̃]. *n. m.* (XIIᵉ ; a. fr. *moignier, esmoignier* « mutiler », de l'a. prov., probabl. de *°mundiare* « couper pour nettoyer », de *mundus* « pur »). ♦ 1° Extrémité d'un membre amputé ; portion comprise entre la cicatrice et l'articulation qui se trouve au-dessus. V. **Moignon,** *les moignons d'un manchot, d'un amputé.* ♦ 2° Ce qui reste d'une grosse branche cassée ou coupée, d'un arbre. ♦ 3° Membre rudimentaire. *Les moignons d'ailes des oiseaux marcheurs.*

MOINDRE [mwɛ̃dʀ(ə)]. *adj. compar.* (*Mendre, meindre,* XIIᵉ ; lat. *minor* [V. **Mineur**], compar. de *parvus* « petit »).

I. *Compar.* ♦ 1° Plus petit (en quantité, en importance), plus faible. V. **Inférieur.** *Rendre moindre, amoindrir. Bien moindre, beaucoup moindre.* « *Ces inimitiés sont moindres aujourd'hui qu'elles n'étaient hier* » (FRANCE). ♦ 2° Vx. Inférieur (en mérite, en rang). « *Ils sont moindres qu'esclaves* » (CORN.).

II. *Superl.* (1220). ♦ 1° LE MOINDRE, le plus petit, le moins important, le moins remarquable. *Les moindres détails. Le moindre effort. S'il avait eu le moindre bon sens.* V. **Minimum.** — (Avec un possessif) *C'est là son moindre défaut* (LA FONT.). — *La moindre des choses. C'est le moindre de mes soucis.* V. **Cadet, dernier.** PROV. *De deux maux, il faut choisir le moindre.* ♦ 2° (Précédé d'une négation). V. **Aucun, nul.** *Il n'y a pas le moindre doute ; sans le moindre doute. Certains savants, et non des moindres.*

◊ ANT. **Meilleur, supérieur.**

MOINDREMENT [mwɛ̃dʀəmɑ̃]. *adv.* (1726 ; de *moindre*). Littér. *Le moindrement* (avec une négation) : le moins du monde. *Il ne s'est pas le moindrement étonné.*

MOINE [mwan]. *n. m.* (XIIᵉ ; *munies,* 1080 ; lat. pop. *°monicus,* lat. ecclés. *monachus,* mot gr. « solitaire », de *monos* « seul »).

I. Religieux chrétien vivant à l'écart du monde, soit seul (*anachorète, ermite*), soit le plus souvent en communauté, après s'être engagé par les vœux à suivre la règle d'un ordre. V. **Cénobite, frère, monial, père, religieux ; convers.** *Communauté de moines.* V. **Couvent, monastère.** — Par ext. *Moine bouddhiste* (V. **Bonze**), *lamaïste.* PROV. *L'habit* ne fait pas le moine.* ◊ Loc. prov. (allus. à la vie paresseuse et dissolue qu'une tradition populaire ancienne attribuait aux moines) *Mener une vie de moine. Être gros, gras comme un moine.* V. **Chanoine.**

II. Fig. (*Moine des Indes* « rhinocéros », 1740). ♦ 1° (Allus. à la forme conique du capuchon des moines). Se dit de divers objets (ou animaux) de forme conique. — (Par allus. à l'aspect du moine encapuchonné) Nom d'un mammifère marin (V. **Phoque**). — *Macareux commun.* ♦ 2° Ancien. Ustensile formant un bâti en un cylindre creux constitué par un réchaud et servant à chauffer un lit (comme la bouillotte, la bassinoire).

MOINEAU [mwano]. *n. m.* (*Moinel,* XIIᵉ ; de *moine,* d'apr. la couleur du plumage). ♦ 1° Oiseau passereau à livrée brune striée de noir. *Moineau franc.* V. **Piaf** (*pop.*), **pierrot.** *Moineau montagnard, moineau des champs.* V. **Friquet.** *Épouvantail à moineaux. Volée de moineaux.* ♦ 2° Loc. fig. *Tête de moineau,* variété de charbon à usage domestique. ♦ 3° Fig. *Vilain, sale moineau :* individu désagréable ou méprisable. *C'est un drôle de moineau :* un drôle de type. V. **Oiseau.**

MOINERIE [mwanʀi]. *n. f.* (XIIIᵉ ; de *moine*). Péj. et vx. ♦ 1° L'ensemble des moines. **Couvent, monastère.** ♦ 2° Esprit, condition monastique. « *Tâter de la moinerie* » (ST-SIM.).

MOINILLON [mwaniɥjɔ̃]. *n. m.* (1667 ; de *moine*). Jeune moine.

MOINS [mwɛ̃]. *adv.* (XVᵉ ; *meins,* XIIᵉ ; lat. *minus,* neutre de *minor*). Comparatif irrégulier de PEU.

I. Comparatif d'infériorité. ♦ 1° *Il travaille moins. Il a moins parlé. Il a parlé moins. Il est moins grand, moins riche. Tâchez d'arriver moins tard. J'ai moins faim, moins froid.* ♦ 2° MOINS QUE. *Il travaille moins que son frère, moins*

qu'avant, moins que je ne croyais. Moins que jamais. — On le plaignait « *moins pour les pertes qu'il avait souffertes que pour sa manière de les souffrir* » (HUGO). ♦ 3° (Précédé d'un adv.) *Un peu plus ou un peu moins. D'autant moins que. Beaucoup, bien moins. Encore moins. Trois fois moins.* ♦ 4° (Précédé d'une négation, et exprimant une égalité). *Non moins que.* V. **Ainsi** (que), **comme.** *Rien* moins, rien de moins que. Pas moins :* tout autant. *Il n'est pas moins vrai que :* il est cependant vrai. — *On ne peut moins :* le moins qu'il soit possible. Loc. adv. « *J'étais alors on ne peut moins sceptique* » (GIDE) : très peu sceptique. ♦ 5° *Plus ou moins :* à peu près, quelque peu. *Ni plus ni moins* — *De moins en moins :* en diminuant par degrés. *Moins il travaille* (et) *moins il réussira.*
II. LE MOINS, superlatif de PEU. ♦ 1° « *C'est le fonds qui manque le moins* » (LA FONT.). *Le sentiment le moins généreux. Le moins mal ; le moins souvent possible.* — *Le moins du monde :* aussi peu que possible. V. **Moindrement.** *Pas le moins du monde ; sans s'inquiéter le moins du monde,* pas du tout ; nullement. ♦ 2° AU MOINS, appliqué à une condition qui atténuerait ou corrigerait le caractère d'un événement, d'une situation que l'on déplore. *Si, au moins, il était arrivé à temps !* V. **Seulement.** « *Puisque tu ne fiches rien, rentre au moins à la maison* » (ZOLA). *Il y a au moins une heure :* au minimum. V. **Bien.** — DU MOINS (loc. restrictive) : néanmoins, pourtant, en tout cas. *S'il a reçu des menaces, du moins n'est-il pas en danger. Il a été reçu premier, du moins il le prétend :* ou plutôt, il le prétend. — *Dans un sens voisin.* TOUT AU MOINS, À TOUT LE MOINS, POUR LE MOINS. — DES MOINS, parmi les moins. « *Un portrait des moins flatteurs* » (STE-BEUVE) : très peu flatteur.
III. *Nominal.* ♦ 1° *Une quantité moindre ; une chose moindre. Cela coûte moins. On ne peut pas faire moins. Ni plus ni moins :* exactement autant. — MOINS DE. *Moins de vingt kilos. Il a moins de vingt ans. Ellipt.* (Fam.) *Les moins de vingt ans :* ceux qui ont moins de vingt ans. *Film interdit aux moins de seize ans.* — Loc. *En moins de rien. En moins de temps qu'il n'en faut pour le dire. En moins de deux*.* ♦ 2° (Opposé à *trop*). MOINS DE : une quantité insuffisante. « *Plutôt moins que trop de nourriture* » (BUFF.). ♦ 3° À MOINS DE, QUE : loc. désignant une limite au-dessous de laquelle, et *par ext.* une condition en dehors de laquelle une chose n'est pas possible, pas réalisable ou tolérable. *À moins de cent francs.* V. **Dessous** (au). *Fig.* En dehors d'une certaine condition. *Il n'accepterait pas à moins d'une augmentation, à moins qu'il ne reçoive une augmentation, à moins de recevoir une augmentation.* — Loc. conj. *À moins que* (et subj.) : si ce n'est que, sauf le cas où. *J'irai chez vous, à moins que vous ne sortiez, à moins que vous ne soyez pas rentré.* — À MOINS : une chose moindre, une quantité, un prix moindre. *Il est furieux ; on le serait à moins !* ♦ 4° DE MOINS, EN MOINS, exprimant l'idée de manque, d'insuffisance, de restriction. *Être en moins :* manquer.
IV. *N. m.* ♦ 1° LE MOINS : la plus petite quantité, la moindre chose. *Qui peut le plus peut le moins. Le moins que l'on en puisse dire, c'est qu'il a été bien maladroit.* V. **Minimum.** « *Les œuvres les plus belles sont celles où il y a le moins de matière* » (FLAUB.). ♦ 2° *Le signe moins* (—) : le signe de la soustraction ; le signe qui affecte les nombres négatifs, en algèbre. *Mettez un moins.*
V. *Adj.* (Attribut). « *Il est moins qu'il paraît, moins que ce qu'il dit* » (GIONO). — Spécialt. *Il est, c'est moins que rien*. Subst.* (Fam.) *C'est un moins que rien.*
VI. *Prép.* ♦ 1° En enlevant, en ôtant, en soustrayant. *Six moins quatre font deux. Dix heures moins dix, moins dix* (minutes), *moins le quart.* — *Ellipt.* (en sous-entendant l'heure) *Dépêchez-vous, il est presque moins dix.* Loc. *Il était moins une, moins cinq :* il s'en fallait de très peu. ♦ 2° (Introduisant un nombre négatif). *Il fait moins dix* (degrés). *Dix puissances moins sept* (10⁻⁷).
◇ ANT. *Autant ; davantage, plus.*

MOINS-PERÇU [mwɛ̃pɛʀsy]. *n. m.* (1838 ; de *moins,* et *percevoir*). *Dr., fin.* Ce qui, étant dû, n'a pas été perçu. ◇ ANT. *Trop-perçu.*

MOINS-VALUE [mwɛ̃valy]. *n. f.* (1868 ; d'apr. *plus-value*). *Écon., comm.* Diminution de la valeur d'une chose ; perte de valeur. *Spécialt.* Différence entre le produit réel et le produit théorique (par ex. d'un impôt). Plur. *moins-values.* ◇ ANT. *Plus-value ; boni.*

MOIRAGE [mwaʀaʒ]. *n. m.* (1763 ; de *moirer*). *Techn.* Opération par laquelle on donne l'apprêt de la moire à une étoffe. Par ext. *Moirage du papier. Moirage du fer-blanc.*

MOIRE [mwaʀ]. *n. f.* (*Mouaire,* 1650 ; angl. *mohair*). ♦ 1° *Ancienn.* Étoffe en poils de chèvre. V. **Mohair.** ♦ 2° (Fin XVII°). *Mod.* Apprêt que reçoivent certains tissus par écrasement irrégulier de leur grain (à la calandre, au cylindre). ◇ *Par ext.* Tissu d'armure toile qui présente des parties mates et des parties brillantes par suite de cet apprêt. V. **Moiré.** *Moire de soie, de rayonne. Ruban de moire. Moire antique.* à grandes ondes. ♦ 3° (XIX°). *Littér.* Aspect ondé,

changeant, chatoyant d'une surface. « *Des moires de vieil or couraient le long des blés* » (ZOLA).

MOIRÉ, ÉE [mwaʀe]. *adj.* et *n. m.* (v. 1540, rare av. 1740 ; de *moire*). ♦ 1° *Adj.* Qui a reçu l'apprêt, qui présente l'aspect de la moire. « *Les murs tendus de soie moirée vieux rose* » (LARBAUD). — Par anal. *Papier moiré.* ♦ 2° *Fig.* V. **Chatoyant, ondé.** *Les ailes moirées des corbeaux.* ♦ 3° LE MOIRÉ, *n. m.* Caractère, aspect d'une étoffe moirée. V. **Moirure.** *Moiré antique ; moiré français.* ◇ *Moiré métallique :* tôle étamée chauffée et passée à l'acide, ce qui lui donne un aspect moiré.

MOIRER [mwaʀe]. *v. tr.* (*Mohérer,* 1765 ; de *moire*). ♦ 1° *Techn.* Traiter (une étoffe) par moirage. *Moirer de la soie au cylindre, à la calandre* (V. **Calandrer**). ♦ 2° *Fig.* et *littér.* Rendre chatoyant. « *Un soleil étincelant moirait la mer de rubans de feu* » (LAMART.).

MOIREUR [mwaʀœʀ]. *n. m.* (1846 ; de *moirer*). *Techn.* Ouvrier qui effectue le moirage des étoffes, du papier, du fer-blanc, du zinc.

MOIRURE [mwaʀyʀ]. *n. f.* (1894 ; de *moirer*). Effet du moiré ; reflet, chatoiement d'une surface moirée. *Les moirures d'un plan d'eau au clair de lune.*

MOIS [mwa]. *n. m.* (*Meis,* 1080 ; lat. *mensis*). ♦ 1° Chacune des douze divisions de l'année (V. **Mensuel**). *Mois de trente, de trente et un jours. Le mois de février compte vingt-huit ou vingt-neuf jours* (en année bissextile). *Mois solaire. Mois lunaire.* V. **Lunaison.** *Mois du calendrier* républicain. Tableau des mois actuels.* V. **Janvier, février, mars, avril, mai, juin, juillet, août, septembre, octobre, novembre, décembre.** *Le début, le courant du mois. Le quantième du mois. Une fin de mois. Période de trois* (V. **Trimestre**), *de six mois* (V. **Semestre**). *Être payé tous les mois, au mois.* ◇ *Le mois de Marie :* mois de mai, consacré à la Vierge dans la liturgie catholique. ♦ 2° Espace de temps égal à trente jours. *Mois légal. Trois mois de séjour. Femme enceinte de trois mois, de six mois.* — Espace de temps compris entre un quantième quelconque d'un mois et le même quantième du mois suivant. *Billet à un, trois mois d'échéance.* ♦ 3° *Par méton.* Salaire ; rétribution correspondant à un mois de travail. V. **Mensualité.** *Toucher son mois. Mois double, dit parfois treizième mois, accordé au personnel d'une entreprise.* — Somme due pour un mois de location, de services, de prestations. *Il doit deux mois à son propriétaire, au boucher.* ◇ HOM. *Moi, moye.*

MOISE [mwaz]. *n. f.* (1328 ; lat. *mensa* « table »). *Techn.* Assemblage formé de deux pièces jumelles fixées de chaque côté d'une ou de plusieurs autres pièces, qu'elles relient et qu'elles maintiennent.

MOÏSE [mɔiz]. *n. m.* (fin XIX° ; de *Moïse,* n. pr.). Petite corbeille capitonnée qui sert de berceau.

MOISER [mwaze]. *v. tr.* (1755 ; de *moise*). *Techn.* Lier, assembler au moyen de moises. *Moiser une charpente.*

MOISI, IE [mwazi]. *adj.* et *n. m.* (XII° ; V. *Moisir*). ♦ 1° *Adj.* Attaqué, gâté par la moisissure. *Confiture, boule de pain moisie.* ♦ 2° N. m. *Le moisi :* la partie d'une chose qui est moisie. *Enlever le moisi d'un fromage.* — Odeur, goût de *moisi :* odeur, goût spécifiques des choses, des substances attaquées par la moisissure ou altérées par une atmosphère humide. « *Cette pièce sent le renfermé, le moisi, le rance* » (BALZ.).

MOISIR [mwaziʀ]. *v.* (XII° ; lat. pop. °*mucire,* class. *mucere ;* Cf. Mucus). I. *V. intr.* ♦ 1° Se détériorer, se gâter sous l'effet de l'humidité, de la température. *Vieux meubles abandonnés qui moisissent au fond d'une cave.* ◇ Se couvrir de moisissure. V. **Chancir.** *Ce pain moisit, a moisi.* ♦ 2° Rester inactif, improductif. *Les avares ont des cassettes* « *qu'ils laissent moisir dans un coin de leur cabinet* » (LA BRUY.). ♦ 3° (XV° ; *Personnes*). Attendre, rester longtemps au même lieu, dans la même situation, y perdre son temps. V. **Croupir, languir.** *Nous n'allons pas moisir ici toute la journée.* « *Je vais t'introduire chez le patron, sans quoi tu pourrais moisir jusqu'à sept heures du soir* » (MAUPASS.). II. *V. tr.* Gâter, détériorer en couvrant de moisissure. *L'humidité moisit les raisins.*

MOISISSURE [mwazisyʀ]. *n. f.* (v. 1400 ; de *moisir*). ♦ 1° Altération, corruption d'une substance organique, attaquée et couverte par des végétations cryptogamiques. *La moisissure précède souvent la décomposition.* ♦ 2° Végétation cryptogamique (filaments du thalle ou du mycélium de champignons parasites) qui forme une mousse étalée en taches veloutées. *Moisissure blanche, verte. Sentir la moisissure.* V. **Moisi** (2°). *Moisissure du fromage, du vin, du vinaigre* (V. **Fleur**). *Champignons des moisissures* (ascomycètes, mucor, mycoderme, pénicillium, puccinie, sporotric). ♦ 3° *Fig.* Pourriture. « *Toute la moisissure de la société parisienne* » (MAUPASS.). ♦ 4° Partie d'une substance, d'un objet qui est atteint de moisissure. V. **Moisi.** *Enlever la moisissure d'un fromage.*

MOISSINE [mwasin]. *n. f.* (XIII° ; o. i., p.-ê. du rad. de *mensa;* Cf. Moise). *Agric.* Bout de sarment auquel tient encore la grappe et par lequel on la suspend quand on veut la conserver fraîche.

MOISSON [mwasɔ̃]. *n. f.* (*Meisson,* 1160; lat. pop. °*messio,* class. *messis*). ♦ 1° Travail agricole qui consiste à récolter les céréales (surtout le blé), lorsqu'elles sont parvenues à maturité. *Faire la moisson à la main* (faux, faucille), *à la machine* (moissonneuse). « *Ce n'est pas celui qui fait la moisson qui mange la galette* » (BALZ.). *Mise en meule, en gerbe, du blé après la moisson.* ♦ 2° L'époque, la saison à laquelle se fait la moisson. *La moisson approche.* ♦ 3° Les céréales qui sont ou seront l'objet de la moisson. V. **Récolte.** *Rentrer, engranger la moisson.* « *Les sillons que la moisson dore* » (HUGO). ♦ 4° *Fig.* Action de recueillir, d'amasser en grande quantité (des récompenses, des gains, des renseignements); ce qu'on recueille. *Une moisson d'images, de souvenirs. Votre volume* « *où je vais faire moisson d'idées et de faits* » (STE-BEUVE).

MOISSONNAGE [mwasɔnaʒ]. *n. m.* (1860; de *moissonner*). *Agric.* Méthode particulière de moisson.

MOISSONNER [mwasɔne]. *v. tr.* (1204, fig.; de *moisson*). ♦ 1° (XIIIᵉ). Couper et récolter (des céréales). V. **Faucher.** *Moissonner du blé, du seigle, de l'orge.* — Par ext. *Moissonner un champ.* Absolt. « *On commençait à moissonner par places* » (MAUPASS.). ♦ 2° *Fig.* et *littér.* Recueillir, amasser (qqch.) en grande quantité. V. **Cueillir.** « *Elle allait moissonnant les roses de la vie* » (HUGO). ◊ Recueillir comme résultat de ses actes. « *Ils ont semé du vent, et ils moissonneront des tempêtes* » (BIBLE). ♦ 3° *Métaph.* et *littér.* Détruire, faire périr. *La guerre, l'épidémie moissonne les vies humaines.*

MOISSONNEUR, EUSE [mwasɔnœʀ, øz]. *n.* et *adj.* (v. 1200; de *moisson*). ♦ 1° Personne qui fait la moisson. *Les moissonneurs sont souvent des ouvriers agricoles saisonniers.* ♦ 2° *N. f.* (1860). Machine agricole qui sert à moissonner. V. **Faucheuse.** MOISSONNEUSE-BATTEUSE-LIEUSE; MOISSONNEUSE-JAVELEUSE, *n. f.*

MOITE [mwat]. *adj.* (*Moiste,* XIIIᵉ; *muste,* 1190; p.-ê. lat. *mucidus* « moisi », par crois. avec *musteus* « juteux », de *mustum* « moût »). Légèrement humide. *Peau moite de sueur.* « *Ces paumes moites qu'il essuyait avec un mouchoir* » (MAURIAC). *Atmosphère, chaleur moite.* ◇ ANT. **Sec.**

MOITEUR [mwatœʀ]. *n. f.* (*Moistour,* 1247; de *moite*). ♦ 1° Légère humidité. *Moiteur de l'air. Moiteur étouffante.* — État de ce qui est moite; état de transpiration dans lequel la peau se couvre d'une légère sueur. ♦ 2° Cette sueur. « *Et les moiteurs de mon front blême* » (VERLAINE).

MOITIÉ [mwatje]. *n. f.* (*Moitiet,* XIIᵉ; *meitiet,* 1080; lat. *medietas, -atis* « milieu, moitié »). ♦ 1° L'une des deux parties rigoureusement égales d'un tout. *Le diamètre partage le cercle en deux moitiés. Cinq est la moitié de dix. Moitié d'une heure, d'une douzaine.* V. **Demi(e).** ◊ *Par ext.* Partie à peu près égale à la moitié. *Une bonne, une grosse moitié :* un peu plus de la moitié. *La moitié de sa vie, de son existence. Raccourcir, réduire de moitié. Partager par moitié.* ◇ (Accord du verbe) « *L'autre moitié jetait des cris* » (VOLT.). « *La moitié des hommes ne sauraient pas se servir de leurs armes* » (MALRAUX). ♦ 2° L'une des deux parties égales ou à peu près égales d'un tout, considérée comme unité autonome et opposable à l'autre. *La première moitié du XIIᵉ s.* ♦ 3° **Milieu.** *Parvenu à la moitié de son existence. À la moitié d'une côte :* à mi-côte. ♦ 4° *Fig.* et *vx. Moitié de ma vie, de mon âme :* terme d'affection. ◇ *Mod.* (1542) *Littér.* puis *fam.* **Épouse, femme.** « *Votre chère moitié* » (SÉV.). ♦ 5° À MOITIÉ : à demi; et *par ext.* Partiellement. *Ne rien faire à moitié.* « *Elle n'aime pas faire les choses à moitié : quand on les fait... il faut les faire bien* » (SARRAUTE). *Remplir un verre à moitié. Verre à moitié plein.* — Loc. prép. À MOITIÉ *chemin. À moitié prix :* pour la moitié du prix. — À MOITIÉ, répété devant deux mots différents. V. **Mi.** *Fonctions à moitié civiles, à moitié militaires.* ♦ 6° (XIIᵉ). MOITIÉ... MOITIÉ... *Moitié farine et moitié son* (Cf. Mi-figue* mi-raisin). « *Une vieille petite rue, moitié escalier, moitié sentier de chèvre* » (LOTI). — *Fam. Êtes-vous content de votre voyage? — Moitié-moitié* (Cf. Couci-couça). *Partageons les bénéfices moitié-moitié.* V. **Fifty-fifty.** ♦ 7° Loc. fig. *Agir, être, se mettre* DE MOITIÉ, en participation à égalité avec qqn, dans les bénéfices et les pertes. — *Être* POUR MOITIÉ *dans,* être cause, responsable pour une bonne part. ◇ ANT. **Double.**

MOITIR [mwatiʀ]. *v. tr.* (1567; de *moite*). *Vx* ou *techn.* Rendre moite; imprégner d'eau. *Moitir le papier :* l'imbiber d'eau de manière régulière.

MOKA [mɔka]. *n. m.* (1773; de *Moka,* port d'Arabie). ♦ 1° Variété de café originaire de l'Arabie méridionale; boisson faite avec sa graine. « *Une de ces petites tasses pleines d'un moka brûlant* » (NERVAL). ♦ 2° Gâteau fourré d'une crème au beurre parfumée au café (ou au chocolat).

MOL. V. **Mou.**

1. MOLAIRE [mɔlɛʀ]. *n. f.* (av. 1478; adj. lat. *dens molaris* « dent en forme de meule »). Dent de la partie pos-

térieure de la mâchoire, dont la fonction est de broyer. *Les molaires ont une couronne large et aplatie, hérissée de tubercules. L'homme adulte possède douze molaires, réparties par trois de chaque côté des arcades dentaires supérieure et inférieure. Les troisièmes molaires ou dents de sagesse.*

2. MOLAIRE [mɔlɛʀ]. *adj.* (XXᵉ; de *mole*). *Sc.* De la mole (molécule-gramme). *Masse molaire.*

3. MOLAIRE [mɔlɛʀ]. *adj.* (1921; du lat. *moles* « masse »). *Didact.* (*Philo.*). Considéré comme un tout. V. **Global, total, unitaire.** « *Les deux mouvements, moléculaire et molaire* » (MEYERSON).

MOLARITÉ [mɔlaʀite]. *n. f.* (1954; de *mole*). *Chim.* Nombre de moles pour 1 000 g de solvant.

MOLASSE ou **MOLLASSE** [mɔlas]. *n. f.* (1783; *pierre molasse,* déb. XVIIᵉ; de l'adj. *mollasse* ou forme péj. de *meulière*). *Sc.* ou *techn.* Grès tendre, mêlé d'argile, de quartz. ◊ HOM. *Mollasse* (1).

MOLE [mɔl]. *n. f.* (v. 1930; de l'angl.). *Sc.* Syn. moderne de MOLÉCULE-GRAMME. ◊ HOM. *Molle* (fém. de *mou*).

1. MÔLE [mol]. *n. f.* (1372; empr. au lat. médic. *mola,* proprem. « meule »). *Pathol.* Croissance anormale du placenta dont les villosités du chorion se transforment en nombreuses vésicules groupées en grappes, et qui aboutit à l'avortement précoce. *La môle peut dégénérer en cancer.*

2. MÔLE [mol]. *n. m.* (1546; it. *molo*). Construction en maçonnerie, destinée à protéger l'entrée d'un port. V. **Brise-lames, digue, jetée, musoir.** ◇ Terre-plein qui s'avance à l'intérieur d'un bassin pour faciliter l'embarquement ou le débarquement des marchandises. V. **Embarcadère, quai.** « *La foule qui encombre le môle quand partent les transatlantiques* » (MAUPASS.).

3. MÔLE [mol]. *n. f.* (1765; lat. *mola* « meule »). Poisson (*Plectognates*), dont le corps en forme de disque aplati peut atteindre jusqu'à deux mètres de long (poisson de lune). *La môle vit dans les mers chaudes.*

MOLÉCULAIRE [mɔlekylɛʀ]. *adj.* (1797; de *molécule*). De la molécule, qui a rapport aux molécules. *Attraction moléculaire. Structure, constitution moléculaire. Formule moléculaire :* représentation d'un composé chimique en juxtaposant les symboles des éléments (atomes) qui le constituent. *Formule moléculaire développée,* représentant les positions, les liaisons et les valences des atomes. *Poids, masse moléculaire :* poids, masse de $6,023.10^{23}$ molécules; somme des poids atomiques des atomes constituant une molécule (*ex. :* pour l'eau, $H_2O = 18$). V. **Atome-gramme.**

MOLÉCULARITÉ [mɔlekylaʀite]. *n. f.* (XXᵉ; de *moléculaire*). *Chim.* Nombre de molécules participant à chacune des étapes d'une réaction.

MOLÉCULE [mɔlekyl]. *n. f.* (1674; lat. mod. *molecula,* de *moles* « masse »). ♦ 1° *Vx.* Particule de matière; corpuscule. « *J'ai fait tous mes efforts pour concevoir une molécule vivante* » (ROUSS.). ♦ 2° *Mod.* (déb. XIXᵉ). Ensemble électriquement neutre d'atomes unis les uns aux autres par liaison chimique. *La molécule d'un corps est formée d'atomes; sa composition est exprimée par la formule moléculaire. Mouvement des molécules de la matière. Très grosses molécules.* V. **Macromolécule, micelle.** — *Molécule-gramme* (vx). V. **Mole.**

MOLÈNE [mɔlɛn]. *n. f.* (*Moleine,* XIIIᵉ; p.-ê. pour *molaine,* dér. de *mol* « mou »). Plante (*Scrofulariacées*) herbacée, à feuilles isolées et molles, à fleurs en épis. *La molène commune est appelée Bouillon blanc, chandelier, cierge de Notre-Dame.*

MOLESKINE [mɔlɛskin]. *n. f.* (1857; *mole-skin,* 1838; angl. *mole-skin* « peau de taupe »). ♦ 1° Tissu de coton très fort présentant une face satin et une face croisée. ♦ 2° *Cour.* Toile de coton revêtue d'un enduit mat ou verni imitant le cuir. « *L'étroite salle, avec ses banquettes de moleskine* » (ZOLA). « *Les moleskines cirées des cartables* » (VALÉRY).

MOLESTER [mɔlɛste]. *v. tr.* (v. 1200; bas lat. *molestare,* rac. *molestus* « fâcheux, pénible »). ♦ 1° *Littér.* Tourmenter en suscitant des désagréments. V. **Importuner, persécuter, tracasser, vexer.** ♦ 2° (1923). Maltraiter physiquement. V. **Bousculer, brutaliser, malmener, rudoyer.** *Il a été pris à partie et s'est fait molester par la foule.*

MOLETAGE [mɔltaʒ]. *n. m.* (1842; de *moleter*). ♦ 1° *Techn.* Action de moleter. ♦ 2° Quadrillage moleté.

MOLETER [mɔlte]. *v. tr.;* conjug. *jeter* (1382; de *molette*). ♦ 1° *Techn.* Travailler à la molette. ♦ 2° Faire un striage ou un quadrillage à la molette sur une tête de vis, un bouton, etc., pour les tourner à la main plus aisément. — Surtout au p. p. *Vis moletée.*

MOLETTE [mɔlɛt]. *n. f.* (1301; de *meule,* d'apr. lat. *mola*). ♦ 1° *Vx.* Petit pilon de pharmacien. ♦ 2° *Techn.* (1482, « poulie »). Roulette. *Spécialt.* Petite roue étoilée en acier, à l'extrémité de l'éperon, avec laquelle on pique les flancs du cheval. ◇ Outil fait d'une roulette mobile qui sert à travailler certains matériaux. *Molette de graveur, de ciseleur.* ♦ 3° (1846). *Techn.* Disque d'acier qui sert à travailler les corps durs. V. **Fraise.** ♦ 4° *Cour.* Roulette à surface striée ou quadrillée qui sert à manœuvrer certains dispositifs mobiles. *Molette de mise au*

point (jumelles). « *Manuel tournait la molette des jumelles* » (MALRAUX). *Clé à molette.* — *Molette à briquet :* roulette taillée en lime qui frotte la pierre pour produire l'étincelle.
◇ HOM. *Mollette.* (fém. de *mollet* 1).

MOLIÉRESQUE [mɔljeʀɛsk(ə)]. *adj.* (1867 ; de *Molière*). Relatif aux œuvres, à l'art de Molière. Qui est dans la manière de Molière. *Verve moliéresque.*

MOLINISTE [mɔlinist(ə)]. *n.* (XVIIe ; de Luis *Molina*, jésuite esp., 1536-1600). Catholique partisan des opinions de Molina sur la grâce (prédestination conciliable avec le libre arbitre) ; doctrine dite MOLINISME [mɔlinism(ə)] (n. m.). *Attaques de Pascal contre les molinistes.* — Adj. *Doctrine moliniste.*

MOLINOSISTE [mɔlinozist(ə)]. *n.* (1732 ; de *Molinos*, prêtre cathol. esp. mort en 1696). *Théol.* Partisan des opinions de Molinos (*molinosisme*) qui professait le quiétisme.

MOLLAH [mɔ(l)la] ou **MULLAH** [my(l)la]. *n. m.* (*Moulah*, fin XVIIe ; mot arabe « maître, seigneur »). Dans l'Islam, Savant docteur en droit canonique.

MOLLARD [mɔlaʀ]. *n. m.* (1865 ; du rad. de *moelle*, *moelleux*). *Pop.* et *vulg.* Crachat (dér. MOLLARDER [mɔlaʀde] (1866), « cracher »).

1. **MOLLASSE** [mɔlas]. *adj.* (*Mollace*, 1559 ; de *mol*, *mou*, et *-asse*, ou it. *molaccio*). ♦ 1o Qui est mou et flasque. *Des chairs mollasses.* ♦ 2o *Fig.* Qui est trop mou, qui manque d'énergie. V. Apathique, endormi, faible, indolent, nonchalant, paresseux. *Une grande fille mollasse, sans activité ni volonté.* « *Le rythme* (de cette poésie) *est aussi mollasse que la pensée* » (TAINE). Subst. *Un, une mollasse.* ◇ ANT. Dur. Actif. — HOM. *Molasse.*

2. **MOLLASSE.** *n. f.* V. MOLASSE.

MOLLASSERIE [mɔlasʀi]. *n. f.* (XXe ; de *mollasse*) Excessive mollesse d'une personne.

MOLLASSON, ONNE [mɔlasɔ̃, ɔn]. *n.* et *adj.* (1887 ; de *mollasse*). *Fam.* Personne mollasse. *Allons, dépêche-toi, gros mollasson!* « *Ce mollasson d'Achille ne la secondait pas. Il passait les journées à fumer des pipes* » (ZOLA).

MOLLEMENT [mɔlmɑ̃]. *adv.* (XIIIe ; de *mol*, *mou*). ♦ 1o Sans vigueur, sans énergie. V. Faiblement. *Travailler mollement, sans ardeur, sans empressement. L'assemblée réclama faiblement, mollement.* V. Timidement. ♦ 2o Avec douceur et lenteur, avec un abandon gracieux. V. Doucement, indolemment, lentement, nonchalamment. *Le fleuve coule mollement.* V. Paresseusement, tranquillement. « *Les vapeurs rampaient mollement dans les branchages* » (HUGO). ◇ ANT. Durement, rudement ; énergiquement, fermement.

MOLLESSE [mɔlɛs]. *n. f.* (*Molece*, 1190 ; de *mol*, *mou*). Ⓐ *Abstrait.* Caractère de ce qui est mou, sans énergie. ♦ 1o Paresse physique, intellectuelle ; manque de volonté. V. Apathie, indolence, langueur, nonchalance, paresse, somnolence. *La mollesse d'un élève paresseux.* « *S'il était venu, ce n'était que par lâcheté, par mollesse* » (GREEN). ♦ 2o *Vieilli.* Manière de vivre facile, délicate et voluptueuse. V. Sybaritisme. « *J'aime le luxe et même la mollesse* » (VOLT.). ♦ 3o *Spécialt.* Manque de vigueur, de force dans une œuvre, dans le style. Ⓑ *Concret* (XVIe). Caractère de ce qui est mou (1o). Ⓒ *Par anal.* ♦ 1o Caractère d'une forme souple, douce, imprécise. *La mollesse des contours.* ♦ 2o Caractère d'un climat mou. ◇ ANT. Dureté, fermeté. Activité, allant, dynamisme, entrain, vivacité ; ardeur, énergie, force. Ascétisme.

1. **MOLLET, ETTE** [mɔlɛ, ɛt]. *adj.* (XIIIe ; dimin. de *mol*, *mou*). Un peu mou, agréablement mou au toucher. *Lit mollet.* V. Douillet, doux. *Pain mollet,* petit pain blanc à mie légère. — *Œuf mollet,* cuit dans sa coquille le temps nécessaire pour que le blanc soit bien pris et le jaune encore liquide. ◇ HOM. (du fém.) *Molette.*

2. **MOLLET** [mɔlɛ]. *n. m.* (1560 ; de l'adj. *mollet*). Partie charnue à la face postérieure de la jambe, entre le jarret et la cheville. *Le mollet est formé par le triceps sural* (jumeaux et soléaire). *Le gras* du mollet. *Mollets de coq,* nerveux et peu charnus.

MOLLETIÈRE [mɔltjɛʀ]. *n. f.* (fin XIXe ; de *mollet* 2). Jambière de cuir, d'étoffe qui s'arrête en haut du mollet. V. Leggins. *Molletières cirées des gardes mobiles.* — Adj. *Bande molletière,* bande de drap de laine qu'on enroule autour du mollet.

MOLLETON [mɔltɔ̃]. *n. m.* (1664 ; de *mollet* 1). Tissu de laine ou de coton gratté sur une ou deux faces. *Le molleton est pelucheux, doux, chaud et léger.* — *Molleton d'une planche à repasser :* morceau de ce tissu.

MOLLETONNÉ, ÉE [mɔltɔne]. *adj.* (1845 ; de *molleton*). Doublé, garni de molleton. *Gants molletonnés.* V. Fourré.

MOLLETONNER [mɔltɔne]. *v. tr.* (v. 1900 ; de *molleton*). Garnir de molleton.

MOLLETONNEUX, EUSE [mɔltɔnø, øz]. *adj.* (1846 ; de *molleton*). De la nature du molleton. *Étoffe molletonneuse.* V. Pelucheux.

MOLLIR [mɔliʀ]. *v.* (XVe ; de *mol*, *mou*). I. *V. tr.* ♦ 1o *Vx.* Rendre mou. V. Amollir. « *Mon grand*

mal de pitié mollirait une roche » (BAÏF). ♦ 2o *Mar. Mollir un cordage,* le détendre. II. *V. intr.* (XVIIe). Devenir mou. ♦ 1o *Rare.* Devenir mou. « *Sentir, sous les pas, le sol mollir* » (GIDE). ♦ 2o Perdre sa force. *Sentir ses jambes mollir de fatigue, d'émotion.* V. Chanceler. — *Mar. Le vent mollit,* perd de sa violence. ♦ 3o *Fig.* Commencer à céder ; abandonner peu à peu ses résolutions. V. Abandonner (s'), dégonfler (se), faiblir, flancher. « *Il voulut riposter, puis il mollit et céda* » (COLETTE). *Courage qui mollit.* V. Diminuer, faiblir. *Sa résolution a molli.* — *Fam.* Hésiter, flancher. ◇ ANT. Durcir, raidir ; persister, résister, tenir.

MOLLO [mɔlo]. *adv.* (1933 ; de *mollement*). *Pop.* Doucement. *Vas-y mollo!*

MOLLUSCUM [mɔlyskɔm]. *n. m.* (1846 ; mot lat. « nœud de l'érable »). *Méd.* Petite tumeur fibreuse de la peau.

MOLLUSQUE [mɔlysk(ə)]. *n. m.* (1771 ; lat. sc. *molluscus* [XVIIe], lat. *mollusca* [*nux*] « noix à écorce molle »). ♦ 1o Animal invertébré au corps mou. *Les mollusques,* embranchement du règne animal, comprenant des métazoaires, au corps mou (invertébrés) non divisé en segments, le plus souvent enfermé dans une coquille calcaire. V. Céphalopodes, gastéropodes, lamellibranches. *Les mollusques possèdent un cœur, un tube digestif, un appareil respiratoire* (branchie et parfois poumon) *et un système nerveux ; beaucoup sont hermaphrodites, et presque tous ovipares. Mollusques comestibles* (V. Coquillage). ♦ 2o *Fig.* et *fam.* Personne molle. V. Mollasson.

MOLOCH [mɔlɔk]. *n. m.* (1860 ; de *Moloch,* dieu cruel des Ammonites). *Zool.* Reptile saurien *(Crassilingues)* à corps massif semblable à celui du crapaud, hérissé d'épines écailleuses.

MOLOSSE [mɔlɔs]. *n. m.* (1555 ; lat. *molossus,* mot gr. « chien du pays des Molosses », en Épire). *Littér.* Gros chien de garde, chien de berger, dogue. « *Les rudes molosses aux crocs puissants* » (PERGAUD).

MOLTO [mɔlto]. *adv.* (attesté XIXe ; mot it.; Cf. a. fr. *Moult*). *Mus.* Très (dans une loc. adv. it.) *Allegro molto vivace.*

MOLY [mɔli]. *n. m.* (XVIe ; mot lat., gr. *mô̄lu*). ♦ 1o *Myth.* Plante magique donnée par Hermès à Ulysse pour le préserver des enchantements de Circé (dans l'*Odyssée*). ♦ 2o *Bot.* Plante du genre ail (ail doré).

MOLYBDÈNE [mɔlibdɛn]. *n. m.* (1782 ; « argent mêlé de plomb », XVIe ; lat. *molybdæna,* mot gr., de *molubdos* « plomb »). *Chim.* Corps simple (symb. *Mo*), métal blanc, dur, (p. at. 95,95, dens. 10,2), fusible à 2 620o. *Aciers spéciaux au molybdène.*

MOLYBDÉNITE [mɔlibdenit]. *n. f.* (1846 ; de *molybdène*). *Minér.* Sulfure naturel de molybdène (MoS_2).

MOLYBDIQUE [mɔlibdik]. *adj.* (fin XVIIIe ; de *molybdène*). *Chim.* Se dit de composés du molybdène (*Anhydride molybdique* MoO_3; *acide molybdique* MoO_4H_2, dont les sels sont des MOLYBDATES [mɔlibdat]).

MOLYSMOLOGIE [mɔlismɔlɔʒi]. *n. f.* (1973 ; du gr. *molusma* « tache, souillure », et *-logie*). *Didact.* Science des pollutions.

MÔME [mom]. *n.* (1821 ; mot pop. d'o. i.). ♦ 1o *Fam.* Enfant. V. Gosse (Cf. Chiard, moujingue, moutard). *Une petite môme de cinq ans.* ◇ *Pop.* Adj. (1834) *Il est encore tout môme :* tout petit. « *Y en a de tout mômes! Et des malingres!* » (CARCO). ♦ 2o *Pop.* (1864). *Une môme :* une jeune fille, une jeune femme. *Une belle môme. Ta môme,* ta maîtresse.

MOMENT [mɔmɑ̃]. *n. m.* (1119 ; lat. *momentum,* contract. de *movimentum* « mouvement »). I. ♦ 1o Espace de temps limité (relativement à une durée totale) considéré le plus souvent par rapport aux faits qui le caractérisent. V. Instant, intervalle ; heure, minute, seconde. *Moments de la vie, de l'existence.* V. Jour; époque. *Moment où un événement s'est produit. Un petit moment. Un grand, un bon moment. Le moment présent.* Absolt. *Les puissants du moment. Célébrité, succès du moment* (qui ne durera guère). ♦ 2o Court instant. *Un éclat d'un moment :* passager, fugitif. « *Plaisir d'amour ne dure qu'un moment* » (FLORIAN). *En un moment. Pour un moment :* pour peu de temps. *Je n'en ai que pour un moment, attends-moi.* Dans le temps de peu de temps ; bientôt. Ellipt. *Un moment! J'arrive.* ♦ 3o Circonstance, temps caractérisé par son contenu. *Moment de gêne, de bonheur. Moments passés à faire qqch., auprès de qqn. Bons et mauvais moments. C'est un mauvais moment à passer. Moment important, crucial, décisif.* — *N'avoir pas un moment à soi :* avoir un emploi du temps très chargé. *Ne pas trouver un moment pour faire qqch.* — *Les premiers, les derniers moments. Attendre le dernier moment.* — *Spécialt. Les derniers moments de qqn :* ceux qui précèdent immédiatement sa mort. ♦ 4o Point de la durée (qui correspond ou doit correspondre à un événement). « *Il n'y a qu'un moment pour chaque chose* » (MICHELET). V. Occasion. *Profiter du moment. Ce n'est pas le moment. C'est* *le moment ou jamais.* V. **Cas.** *Attendre le moment convenable, favorable, opportun.* ♦ 5° *Loc.* AU MOMENT. *Au moment de* (loc. prép.). V. **Lors.** *Au moment de partir :* sur le point de. *Au moment où* (loc. conj.). V. **Comme, lorsque.** *Au moment où il s'y attend le moins.* Littér. « *Au moment que la guerre éclata* » (DUHAM.). *Au moment de :* sur le point de. « *C'était un complot d'évasion qui était au moment de réussir* » (HUGO). — *À certains, à d'autres moments. À ce moment.* V. **Alors.** *À un moment donné. À ce moment du récit.* V. **Endroit.** ♦ 6° *Loc. adv.* À TOUT MOMENT, À TOUS MOMENTS, sans cesse, continuellement. *À aucun moment :* pas une seule fois, jamais. — EN CE MOMENT : à l'heure qu'il est, à présent. V. **Actuellement, aujourd'hui, maintenant.** — SUR LE MOMENT, au moment précis où une chose a eu lieu. POUR LE MOMENT. V. **Présentement.** *Cela suffira pour le moment, nous verrons plus tard.* — PAR MOMENTS, par intervalles ; de temps à autre. — DE MOMENT(S) EN MOMENT(S), à intervalles plus ou moins réguliers, incessamment. — D'UN MOMENT À L'AUTRE [dœmɔmã talotʀ] : d'une façon imminente, bientôt, très prochainement. ♦ 7° *Loc. conj.* DU MOMENT OÙ, QUE. *Vieilli.* Dès l'instant que, à partir du moment où ; au moment où. « *Nous nous arrêterons du moment que nous n'apercevrons plus la mer* » (MAETERLINCK). *Mod.* Puisque, dès lors que. « *Du moment que tu sais bien que ce n'est pas lui, pourquoi dire ces bêtises-là?* » (MAUPASS.).

II. (1765 ; lat. *momentum* « pression d'un poids »). ♦ 1° *Mécan.* Moment *d'un vecteur par rapport à un point :* produit de l'intensité (représentée par sa longueur) de ce vecteur par la distance du point au vecteur (le moment est un vecteur perpendiculaire au plan défini par le premier vecteur et le point). Moment cinétique *d'un point matériel par rapport à un point, à un axe, moment de son vecteur vitesse.* Moment d'inertie *d'un point matériel par rapport à un point :* produit de sa masse par le carré de sa distance au point. Moment d'un couple : produit de la distance des deux forces par leur intensité commune. Moment magnétique : moment du couple nécessaire pour maintenir un aimant perpendiculaire à un champ uniforme. Moment magnétique *d'une boucle parcourue par un courant,* celui de l'aimant équivalent. ♦ 2° (1870 ; all. Moment « élément décisif »). *Psycho.* Moment psychologique, idée ou sentiment susceptible de déterminer à l'action. *Cour.* (compris au sens I) Moment (I) favorable à une réaction.

MOMENTANÉ, ÉE [mɔmãtane]. *adj.* (1542 ; *momentené*, XIVᵉ ; bas lat. *momentaneus,* de *momentum.* V. **Moment**). Qui ne dure qu'un moment, qui n'est pas destiné à continuer. V. **Bref, court, éphémère, passager, provisoire, temporaire.** *Gêne momentanée. Arrêts, efforts momentanés.* V. **Discontinu, intermittent.** ◊ ANT. **Continuel, durable.**

MOMENTANÉMENT [mɔmãtanemã]. *adv.* (XVᵉ, *momentainement* « instantanément » ; de *momentané*). D'une manière momentanée. V. **Provisoirement.** *Cacher momentanément un secret* (Cf. Un moment, un temps). *Le trafic est momentanément interrompu.* ◊ ANT. **Constamment, continuellement.**

MOMERIE [mɔmʀi]. *n. f.* (1440, « mascarade » ; de l'a. fr. *momer* « se déguiser », d'o. expressive). ♦ 1° *Vx.* Mascarade. Divertissement dansé. ◊ *Farce ; parodie.* « *Cette momerie de ministère* » (RETZ). ♦ 2° (XVIIᵉ, « affectation hypocrite, simulation »). *Littér.* Cérémonie ou pratique considérée comme ridicule ou insincère. V. **Bigoterie.** « *Sa répugnance pour ce qu'il appelait les momeries de l'Église* » (BALZ.).

MOMIE [mɔmi]. *n. f.* (XIIIᵉ ; lat. médiév. *mumia,* arabe *moûmîya,* rac. *moum* « cire »). ♦ 1° *Vx.* Substance bitumineuse utilisée pour l'embaumement des cadavres. — *Par ext.* Drogue médicinale, composition visqueuse mélangée de bitume et de poix. ♦ 2° (XVIᵉ). *Mod.* Cadavre desséché et embaumé par les procédés des anciens Égyptiens. *La momie de Ramsès II. Préparation des momies.* V. **Embaumer, momifier.** *Natron* (ou *natrum*), *bitume pour momies. Momie entourée de bandelettes. Le Roman de la momie,* de Th. Gautier. « *Nous restons là comme des momies* » (VIGNY), immobiles, inactifs. ♦ 3° *Fig.* et *vieilli.* Personne maigre ; ou encore immobile, figée. ◊ *Spécialt.* Personne à opinions ou manières surannées, arriérées.

MOMIFICATION [mɔmifikasjɔ̃]. *n. f.* (1789 ; de *momifier*). ♦ 1° Transformation (d'un cadavre) en momie par dessiccation, embaumement. État d'un cadavre momifié. *Momification naturelle par dessèchement.* ♦ 2° Dessiccation des tissus dans certaines maladies (gangrène sèche).

MOMIFIER [mɔmifje]. *v. tr.* (1789 ; de *momie*). ♦ 1° Transformer en momie. V. **Dessécher ; embaumer.** — *Au p. p. Cadavre momifié.* ♦ 2° *Fig. Rare.* Rendre très maigre. — *Au p. p.* « *Une vieille ridée, momifiée en quelque sorte* » (GAUTIER). ♦ 3° Rendre inerte. *L'inaction le momifie peu à peu. Esprit qui se momifie.* V. **Abêtir, fossiliser** (se).

MOMORDIQUE [mɔmɔʀdik]. *n. f.* (1765 ; lat. bot. *momordica* ; du lat. *momordi* « j'ai mordu »). Plante grimpante

(*Cucurbitacées*) appelée « concombre sauvage », cultivée pour ses fruits ornementaux (pommes de merveille).

MON [mɔ̃], **MA** [ma], **MES** [me]. *adj. poss.* (*Meon,* Xᵉ ; des adj. lat. à l'accus. *meum, meam, meos* et *meas* en emploi atone). *Liaison :* Mon ami [mɔ̃nami] ou *vieilli* [mɔnami]. I. (*Sens subjectif*). ♦ 1° Qui est à moi, qui m'appartient. V. **Je, moi.** « *Mon arc, mes javelots, mon char, tout m'importune* » (RAC.). — *Par ext. Ma taille ; mon poids.* REM. Devant les noms désignant les parties du corps, l'article défini remplace l'adj. poss. (J'ai mal à la tête. V. **Le, me**), sauf quand il importe d'insister sur la possession : « *Je pose ma main sur ma poitrine* » (MAURIAC). — *C'est mon opinion. À mon avis. Ma naissance, ma jeunesse. De mon vivant.* ◊ *Dont je suis l'auteur, l'agent. Mon œuvre. Tout est de mon temps.* Présentez-lui mes hommages. ◊ Qui m'est habituel ou me convient. *Je vous répondrai à mon heure. Ce n'est pas mon genre. Je prenais mon petit verre de fine du dimanche.* ◊ *Par ext.* Qui est le mien, auquel j'appartiens. *Ma nationalité. Les gens de mon espèce. Ma génération, ma promotion. De mon temps. Dans ma rue.* ♦ 2° (Devant un nom de personne). Exprime la parenté ou des relations variées. *Mon père, ma femme, mes enfants. Ma fiancée. Mon patron. Mes élèves. Mes voisins, mes clients, mes invités.* ♦ 3° *Par ext.* (Marquant l'intérêt personnel). *Alors, mon bonhomme s'est mis à hurler comme un fou.* — (S'appliquant à un objet que l'on s'est pour ainsi dire approprié par son travail, son étude) *Je sais mes auteurs. Je connais mon monde. Je gagne mes cent francs par jour.* ♦ 4° (En s'adressant à qqn). *Oui, mon père. Viens, mon enfant. Mon cher ami. Mon amie* (vx, *M'amie*)*. Mon cher monsieur. Mes chers auditeurs. Mon chéri. Mon vieux.* « *Elle l'accablait de petits noms : mon chien, mon loup, mon chat* » (ZOLA). — *Relig.* Mon Père. *Ma sœur. Mes bien chers frères. Mon Dieu.* ◊ (*Milit.,* sauf dans la marine) En parlant à un supérieur. *Mon lieutenant, mon général.* ◊ *Pop.* (Marquant des nuances très diverses, de la camaraderie à l'ironie, au mépris) *Ah! bien, mon salaud, mon cochon.* « *C'est que je vous connais, mes bougres!* » (ZOLA). II. (*Sens objectif*). De moi, relatif à moi (personnes). *Mon persécuteur, mon juge,* celui qui me persécute, me juge. ◊ (Choses) *Elle est restée dix ans à mon service. On m'a félicité de mon élection. Il était venu à mon aide.* « *Ma rencontre lui était désagréable* » (FRANCE). *Loc. À mon égard, à mon intention, à mon endroit, en mon honneur, en ma faveur.* ◊ HOM. **Mont.**

MONACAL, ALE, AUX [mɔnakal, o]. *adj.* (1534 ; lat. ecclés. *monachalis,* de *monachus* « moine »). Relatif aux moines, à leur vie, à leur état. V. **Monastique.** *La vie monacale.* — *Par ext.* Digne d'un moine. *Mener une vie monacale.* V. **Ascétique, claustral.**

MONACHISME [mɔnaʃ(k)ism(ə)]. *n. m.* (1554 ; lat. médiév. *monachismus,* de *monachus* « moine »). *Relig.* État, vie de moine ; institution monastique.

MONADE [mɔnad]. *n. f.* (1547 ; bas lat. *monas, -adis* « unité », mot gr.). *Philo.* Chez les pythagoriciens, unité parfaite qui est le principe des choses matérielles et spirituelles. — (Fin XVIIᵉ) Chez Leibniz, Substance simple, inétendue, indivisible, active, qui constitue l'élément dernier des choses et qui est douée d'appétition et de perception.

MONADELPHE [mɔnadɛlf(ə)]. *adj.* (1797 ; de *mono-,* et *-adelphe*). *Bot.* Dont les étamines sont soudées entre elles. *Fleurs monadelphes.*

MONADOLOGIE [mɔnadɔlɔʒi]. *n. f.* (fin XVIIᵉ ; de *monade,* et *-logie*). *Philo.* Théorie de Leibniz sur les monades (On dit aussi MONADISME [mɔnadism(ə)] n. m.).

MONANDRE [mɔnãdʀ(ə)]. *adj.* (1797 ; de *mono-,* et *-andre*). *Bot.* Qui n'a qu'une étamine. *Fleur monandre.*

MONARCHIE [mɔnaʀʃi]. *n. f.* (1265 ; bas lat. *monarchia,* mot gr. « gouvernement d'un seul »). ♦ 1° *Didact.* Régime dans lequel l'autorité politique réside dans un seul individu (V. **Monarque**), et est exercée par lui ou par des délégués : dictature, empire, monarchie (2°), etc. *Monarchie élective, héréditaire, militaire* (ou *monocratie*). ♦ 2° *Cour.* Régime politique dans lequel le chef de l'État est un roi héréditaire. V. **Royauté.** *Monarchie absolue, de droit* divin; *constitutionnelle, élective, parlementaire, représentative. Interrègne dans une monarchie.* V. **Régence.** — (En France) *L'ancienne, la vieille monarchie,* avant la Révolution de 1789. V. **Régime** (Ancien Régime). *La monarchie selon la Charte.* V. **Restauration.** *Monarchie de Juillet :* gouvernement du roi Louis-Philippe (1830-1848). ♦ 3° *Par ext.* État gouverné par un seul chef, spécialement par un roi héréditaire. *La monarchie d'Angleterre, des Pays-Bas.* V. **Couronne, royaume.** ◊ ANT. **Aristocratie, démocratie, oligarchie ; république.**

MONARCHIQUE [mɔnaʀʃik]. *adj.* (1482 ; de *monarchie*). Qui a rapport à la monarchie. *État, gouvernement monarchique.*

MONARCHISME [mɔnaʀʃism(ə)]. *n. m.* (h. 1550 ; XVIIIᵉ ; de *monarchie*). Doctrine politique des partisans de la monarchie.

MONARCHISTE [mɔnaʀʃist(ə)]. *n.* et *adj.* (1738; de *monarchie*). Partisan de la monarchie, d'un roi. V. **Royaliste.** *Les monarchistes français divisés après la révolution de Juillet en légitimistes et orléanistes.* — Adj. *Doctrine monarchiste.*
◇ ANT. **Démocrate, républicain.**

MONARQUE [mɔnaʀk(ə)]. *n. m.* (1361; bas lat. *monarcha*, gr. *monarkhês*, de *monos* « seul », et *arkhein* « commander »). Chef de l'État dans une monarchie. V. **Empereur, potentat, prince, roi, souverain.** *Monarque absolu.* V. **Autocrate.** *Monarque héréditaire.*

MONASTÈRE [mɔnastɛʀ]. *n. m.* (XIVᵉ; lat. ecclés. *monasterium*, du gr.). ♦ 1° Établissement où des moines vivent isolés du monde. *Monastère du mont Athos.* ♦ 2° Établissement où vivent des religieux, des religieuses appartenant à un ordre quelconque (abbaye, prieuré, commanderie, chartreuse, couvent, ermitage). V. **Cloître, communauté.** *Église, cloître, salle capitulaire d'un monastère. Cartulaire d'un monastère. S'enfermer, se retirer dans un monastère.* — Par ext. *Monastère de lamas, de bonzes.* V. **Bonzerie, lamaserie.** *Monastère indien.* V. **Ashram.**

MONASTIQUE [mɔnastik]. *adj.* (1495; lat. ecclés. *monasticus*, gr. *monastikos*). Qui concerne les moines. V. **Monacal.** *Discipline, esprit, état, vie monastique. Vœux, règles monastiques. L'architecture monastique du moyen âge. Ordres monastiques* : dont les religieux vivent habituellement en clôture. — Par anal. *Austérité, simplicité monastique.*

MONAURAL, ALE, AUX [mɔnɔʀal, o]. *adj.* (v. 1960; de *mon(o)-*, et lat. *auris* « oreille »). ♦ 1° *Acoust.* Synonyme de *Monophonique.* ♦ 2° *Physiol.* Relatif à une seule oreille (en tant qu'organe de l'audition).

MONAZITE [mɔnazit]. *n. f.* (1874; all. *Monazit*, du gr. *monazein* « être seul, rare »). *Minér.* Minéral contenant des composés de cérium, de thorium et d'autres terres rares.

MONCEAU [mɔ̃so]. *n. m.* (*Moncel*, 1160; bas lat. *monticellus* « monticule »). Élévation formée par une grande quantité d'objets entassés sans ordre. V. **Accumulation, amas, amoncellement, tas.** *Des monceaux de morts.* « *Le monceau de revues qui jonchaient une table* » (GREEN). — Fig. *Un monceau d'erreurs.*

MONDAIN, AINE [mɔ̃dɛ̃, ɛn]. *adj.* et *n.* (fin XIIᵉ; lat. ecclés. *mundanus* « du monde, du siècle »). ♦ 1° *Relig.* Qui appartient au monde, au siècle (*opposé à* religieux, sacré). V. **Profane.** *Vie mondaine et vie monastique.* — *Vx.* Qui est attaché aux vanités du siècle, du monde. — Subst. *Le Mondain*, poème de Voltaire. ♦ 2° (Fin XVIIᵉ). *Cour.* Relatif à la société des gens en vue, aux divertissements, aux réunions de la haute société. *Vie mondaine et brillante.* « *Leurs propres obligations mondaines primaient la mort d'un ami* » (PROUST). — *Romancier, écrivain mondain* : qui écrit sur la vie de la haute société, des salons, et pour un public mondain (souvent *péj.*). ♦ 3° (XIXᵉ). Qui aime les mondanités, sort beaucoup dans le monde. *Il est très mondain.* Loc. *Danseur* mondain.* Subst. *Un mondain, une mondaine* : un homme, une femme du monde. ♦ 4° *Police mondaine*, et subst. (1925) *La Mondaine* : policiers en civil spécialisés dans la répression du trafic de la drogue. ♦ 5° *Philo.* (XXᵉ). Qui appartient, qui a rapport à l'univers matériel (on emploie aussi *intra-mondain*). ◇ ANT. **Religieux.**

MONDANITÉ [mɔ̃danite]. *n. f.* (1398; de *mondain*). ♦ 1° *Relig.* État de ce qui appartient au monde, au siècle. — Attachement aux biens de ce monde. ♦ 2° *Cour.* Goût pour la vie mondaine, pratique de la haute société, de ses distractions. « *Proust eut alors une légère poussée de mondanité et donna quelques dîners au Ritz* » (MAUROIS). ♦ 3° *Au plur.* Les événements, les particularités de la vie mondaine. *Aimer; fuir les mondanités.* ◇ Chronique mondaine d'un journal. « *On voyait tous les jours leur nom dans les mondanités du Gaulois* » (PROUST).

MONDE [mɔ̃d]. *n. m.* (XIIᵉ; lat. *mundus*).
I. ♦ 1° L'ensemble formé par la Terre et les astres visibles, conçu comme un système organisé. V. **Cosmos, univers.** *Les anciens plaçaient la Terre au centre du monde.* ◇ Le système planétaire auquel appartient la Terre, et *par ext.* les systèmes comparables pouvant exister dans l'univers. « *Le Soleil est au centre de notre monde planétaire* » (VOLT.). ◇ Tout corps céleste comparé à la Terre. « *Le Dieu qui fait les mondes, Le ver qui les détruit* » (HUGO). *Entretien sur la pluralité des mondes habités*, de Fontenelle. *La Guerre des mondes*, roman de H.-G. Wells. ♦ 2° L'ensemble de tout ce qui existe. V. **Univers, macrocosme.** *Conception du monde.* « *Je crois donc que le monde est gouverné par une volonté puissante et sage* » (ROUSS.). Loc. *Tout est pour le mieux dans le meilleur des mondes* (maxime des optimistes). — (S'opposant à l'homme) *Connaissance du monde. L'homme et le monde.* V. **Nature.** *Création du monde selon la Genèse. Fin du monde.* V. **Apocalypse.** ♦ 3° (*Qualifié*). La totalité des choses, des concepts d'un même ordre (considéré comme un aspect de l'univers). *Le monde de la pensée et le monde physique. Monde extérieur, sensible, visible, des apparences.*

— *Philo. Monde des essences, des idées.* ♦ 4° *Par ext.* Ensemble de choses considéré comme formant un petit univers (V. **Microcosme**), un domaine à part. *Le monde de la folie. Le monde poétique, de l'art.* — (Dans le domaine matériel) *Le monde des abeilles, le monde végétal. Le monde du silence.* ◇ *Fig.* Ensemble complexe et important. *Ce paquebot, ce grand magasin est un monde.* ◇ Loc. fig. *Faire tout un monde de qqch.* : toute une affaire. *Il s'en fait un monde, tout un monde.* ◇ *Exagérer* (s'). — *Fam. C'est un monde !* c'est énorme, exagéré (marque l'indignation). *Il y a un monde entre...* V. **Abîme.**

II. La Terre, habitat de l'homme; l'humanité. ♦ 1° La planète Terre. V. **Globe, terre.** *L'axe du monde.* — *Spécialt.* La surface terrestre, où vivent les hommes. *Les cinq parties du monde.* V. **Continent.** *Carte du monde.* V. **Mappemonde.** *Qui concerne le monde entier.* V. **Mondial.** *Citoyen du monde.* V. **Cosmopolite.** *Courir, parcourir le monde, le vaste monde. Tour du monde, voyage autour du monde.* Loc. fam. *Le monde est petit, bien petit!* se dit lorsqu'on rencontre qqn à l'improviste, dans un lieu où on ne l'attendait pas. « *Paris, nombril du monde* » (HUGO). Fig. *C'est le bout du monde, au bout du monde* : très loin. *Les quatre coins du monde* : tous les continents. — *De par le monde* : à travers la terre entière. *Un peu partout dans le monde. Le plus grand barrage du monde. Les sept merveilles, la huitième merveille du monde.* — *Champion, championnat du monde.* ◇ *Le Nouveau Monde* : l'Amérique. *L'ancien monde* : le monde tel qu'il était connu des anciens (Europe, Afrique et Asie). *La Revue des Deux Mondes.* ♦ 2° *Relig.* Le monde, ce monde, ce bas monde, opposé à *l'Autre monde*, que les âmes sont censées habiter, après la mort (V. **Au-delà**). *En ce monde et dans l'autre.* « *Mon royaume n'est pas de ce monde* » (ÉVANG. St Jean). *Loc. cour.* Mépriser les biens de ce monde. Passer dans l'autre monde : mourir. Envoyer, expédier qqn dans l'autre monde : le tuer. *Il n'est plus de ce monde* : il est mort. — *De l'autre monde* : de l'au-delà, et *aussi* d'un temps très ancien. Fig. *Avoir des idées de l'autre monde* : très étranges, incompréhensibles. ♦ 3° (*Le Monde*, lieu et symbole de la vie humaine). AU MONDE. *Mettre un enfant au monde.* V. **Accoucher, enfanter.** *Venir au monde. Être seul au monde* : dans la vie. ♦ 4° La société, la communauté humaine vivant sur la terre; le genre humain. V. **Humanité, société.** *Histoire du monde.* — Loc. *C'est vieux* comme le monde. Depuis que le monde est monde* : toujours; de mémoire d'homme. *Ainsi va le monde. Du train où va le monde. À la face du monde* : ouvertement, devant le public. ♦ 5° La société, telle qu'elle se présente à une époque donnée ou dans un milieu géographique déterminé. *L'avènement d'un monde meilleur. La fin d'un monde*, d'une époque, d'un état social, d'un régime. *Le monde ancien; le monde moderne. Regards sur le monde actuel*, de Valéry. — *Le monde antique. Le monde capitaliste et le monde communiste. Le monde libre* : les démocraties libérales. — Loc. *Il faut de tout pour faire un monde* : se dit pour excuser l'état ou les goûts des gens. « *C'est dégueulasse, mais il faut de tout pour faire un monde* » (QUENEAU). *C'est le monde renversé, le monde à l'envers* : se dit pour désigner une dérogation à l'ordre normal des choses (dans une société donnée). ♦ 6° Terme augmentatif des affirmations ou des négations. — DU MONDE, renforçant un superlatif. *C'est le meilleur homme du monde.* — Vx. « *Le bon sens est la chose du monde la mieux partagée* » (DESCARTES). — Mod. *Le mieux* du monde. Pas le moins* du monde.* — AU MONDE, renforçant *Tout, rien, aucun. Pour rien au monde.* V. **Jamais.** *Faire tout au monde pour.* V. **Efforcer** (s'). *Unique au monde.*

III. Aspect ou portion de la société; vie en société opposée à d'autres aspects de la vie humaine. ♦ 1° *Relig.* (XIVᵉ). La vie profane. V. **Mondain** (1°). *Renoncer au monde.* — *Spécialt.* La vie séculière, opposée à la vie monastique. V. **Siècle.** ♦ 2° La vie en société, considérée surtout dans ses aspects de luxe et de divertissement; l'ensemble de ceux qui vivent cette vie (V. **Mondain, mondanité**). *Vivre dans le monde, loin du monde.* « *J'ai de grands projets de dissipation : je compte aller beaucoup dans le monde* » (STENDHAL). *Être répandu dans le monde, dans les salons*. Entrée dans le monde. Le beau, le grand monde.* V. **Aristocratie, gentry.** — *Homme, femme du monde*, de la haute société, qui a des manières raffinées. *Une femme du monde. Le demi-monde* (V. ce mot). ◇ *Absolt.* et *vx.* La pratique de la vie mondaine. *Savoir le monde.* « *J'ai vu, et je sais ce que c'est que la vie* » (GAUTIER). ♦ 3° Milieu ou groupement social particulier. *Être du même monde.* V. **Milieu.** *Il n'est pas de notre monde.* — *Le monde des affaires, des lettres, du spectacle. Le pauvre monde* : les gens simples, le peuple. *Le petit monde* : les enfants.

IV. *Par ext.* Les hommes. ♦ 1° LE MONDE, DU MONDE : les gens, des gens; un certain nombre de personnes. *J'entends du monde dans la rue. Il y a beaucoup de monde, il n'y a pas grand monde. Il y a du monde?* qqn? *Devant le monde* : en public. Loc. *Se moquer, se ficher, se foutre du monde.* — *Spécialt.* Beaucoup de gens. *Spectacle où il y a du monde.*

Il y a un monde fou*. V. **Foule**. — Spécialt. *Avoir du monde chez soi :* des invités. ◇ (1180) TOUT LE MONDE : chacun. *Il ne peut jamais faire comme tout le monde. Il raconte son histoire à tout le monde* (Cf. À tout-venant). *Tout le monde est servi?* PROV. *La rue est à tout le monde. Monsieur Tout-le-Monde,* n'importe qui, le premier venu. ♦ 2° *(Autrefois).* Personnel au service de qqn. *Bien choisir son monde.* — *Par ext.* Les gens à qui on a affaire, que l'on reçoit, que l'on fréquente, que l'on emploie. « *Il connaissait* « *son monde* », *savait le faible et le fort de chacun* » (MADELIN).

MONDÉ, ÉE [mɔ̃de]. *adj.* (XVIᵉ; V. *Monder). Techn.* Nettoyé (céréale, etc.). *Cour.* ORGE MONDÉ. *Par ext.* Boisson faite d'eau dans laquelle on a fait bouillir l'orge mondé *(ancienn.).*

MONDER [mɔ̃de]. *v. tr.* (fin XIIᵉ; lat. *mundare* « purifier »). *Agric., techn.* Nettoyer en séparant des impuretés (corps étrangers, pellicules, pépins). V. **Décortiquer, émonder.** *Monder de l'orge, des raisins secs.*

MONDIAL, ALE, AUX [mɔ̃djal, o]. *adj.* (fin XIXᵉ; « mondain », 1525; lat. eccl. *mundialis; de monde).* Relatif à la terre entière; qui intéresse toute la terre. *Population, production mondiale. À l'échelle mondiale. Renommée mondiale. L'actualité mondiale.* V. **International.** *La Première, la Deuxième Guerre mondiale.*

MONDIALEMENT [mɔ̃djalmɑ̃]. *adv.* (mil. XXᵉ; de *mondial).* D'une manière mondiale; partout dans le monde. *Mondialement connu.* V. **Universellement.**

MONDIALISATION [mɔ̃djalizasjɔ̃]. *n. f.* (v. 1960; de *mondial).* Le fait de devenir mondial, de se répandre dans le monde entier.

MONDIALISER [mɔ̃djalize]. *v. tr.* (v. 1960; de *mondial).* Rendre mondial.

MONDOVISION [mɔ̃dɔvizjɔ̃]. *n. f.* (1962; de *monde,* et *(télé)vision).* Transmission d'images de télévision dans les lieux éloignés du globe grâce à des relais satellites de la Terre (var. MONDIOVISION [mɔ̃djɔvizjɔ̃], d'apr. *mondial).*

MONÉGASQUE [mɔnegask(ə)]. *n. et adj.* (1874; it. *monegasco,* lat. *Monœcus).* De la ville ou de la principauté de Monaco. *Un, une Monégasque. Population monégasque.*

MONEL [mɔnɛl]. *n. m.* (1931; de *Monell,* industriel amér.). Alliage de cuivre et de nickel contenant en outre un peu d'étain et résistant à la corrosion.

MONÈME [mɔnɛm]. *n. m.* (XXᵉ; de *mono-,* d'apr. *morphème).* *Ling.* V. **Morphème.** « *Comme tout signe, le monème est une unité à deux faces, une face signifiée, son sens ou sa valeur, et une face signifiante* » (A. MARTINET).

MONÈRE [mɔnɛr]. *n. f.* (1878; gr. *monêrês* « simple »). *Sc.* Être vivant constitué d'une seule cellule sans noyau, qui représente la forme la plus simple de la matière organique. *Certaines amibes peuvent être considérées comme des monères.*

MONERGOL [mɔnɛrgɔl]. *n. m.* (1959; de *mon[o]-,* et *[prop]ergol).* *Techn.* Liquide unique qui assure la propulsion d'un moteur de fusée.

MONÉTAIRE [mɔnetɛr]. *adj.* (XVIᵉ; bas lat. *monetarius).* Relatif à la monnaie. V. **Monnaie.** *Alliage monétaire. Unité monétaire.* V. **Étalon.** *Systèmes monétaires :* système métallique (monométallisme, bimétallisme), systèmes à étalons de change. — *Stock monétaire :* quantité de monnaie existant à un moment donné. — *Masse monétaire :* somme de toutes les formes de monnaie existant dans un pays à un moment donné. — *Marché monétaire,* marché des banques.

MONÉTISER [mɔnetize]. *v. tr.* (1823; du lat. *moneta,* d'apr. *démonétiser). Écon.* Transformer en monnaie. *Monétiser un métal.*

MONGOL, OLE [mɔ̃gɔl]. *adj. et n.* (1756; *mogol,* 1611; mot indigène). De Mongolie. *Tribus mongoles. Race mongole* ou *mongolique,* nom donné parfois à la race jaune. *Les Mongols. L'ancien empire des Mongols.* V. **Tatar.** — *Le mongol,* nom générique des langues parlées par les peuples mongols (famille ouralo-altaïque).

MONGOLIEN, IENNE [mɔ̃gɔljɛ̃, jɛn]. *adj.* (1874; de *Mongolie).* ♦ 1° *Vx.* De Mongolie. *Populations mongoliennes.* ♦ 2° (XXᵉ). Relatif au mongolisme. *Faciès mongolien.* — *Subst.* Malade atteint de mongolisme.

MONGOLIQUE [mɔ̃gɔlik]. *adj.* (1842; de *Mongolie).* Relatif à la Mongolie, aux Mongols. *Régions mongoliques. Race, faciès, œil mongolique.*

MONGOLISME [mɔ̃gɔlism(ə)]. *n. m.* (1866, à cause du faciès de Mongol [face ronde, yeux bridés] que présentent les malades). *Pathol.* Affection malformative complexe, due à une aberration chromosomique se manifestant dès la naissance par un faciès typique (mongolien*), souvent associé à d'autres malformations (surtout cardiaques), et par une arriération mentale. REM. Terme médical conseillé : *trisomie* (indiquant le type de l'aberration chromosomique).

MONGOLOÏDE [mɔ̃gɔlɔid]. *adj.* (1868; de *mongol,* et *-oïde). Méd.* Se dit de certains traits anormaux qui rappellent le mongolisme*. *Brides mongoloïdes des yeux.* — Par ext. *Individu mongoloïde.* Subst. *Un, une mongoloïde.*

1. MONIAL, ALE, AUX [mɔnjal, o]. *adj.* (XIIIᵉ; de *monie,* anc. forme de *moine). Vx* ou *géogr.* V. **Monacal.** *Paray-le-Monial* (ville).

2. MONIALE [mɔnjal]. *n. f.* (XVIᵉ; lat. eccl. *[sancti] monialis* « religieuse »). *Relig.* Religieuse qui vit en clôture.

MONISME [mɔnism(ə)]. *n. m.* (1875; all. *Monismus,* du gr. *monos* « seul »). *Philo.* Système qui considère l'ensemble des choses comme réductible à l'unité. *Monisme spirituel, matérialiste.* ◇ ANT. *Dualisme, pluralisme.*

MONISTE [mɔnist(ə)]. *adj.* et *n.* (1877; du précéd.). *Philo.* Relatif au monisme. *Doctrine moniste.* — *N.* Partisan du système moniste. *Un moniste.*

MONITEUR, TRICE [mɔnitœr, tris]. *n.* (XVᵉ; lat. *monitor).*
I. *(Personnes).* ♦ 1° *Vx.* Personne qui donne des conseils, sert de guide. *Le Moniteur universel,* nom d'un ancien journal. ♦ 2° (1864; d'abord milit.). *Mod.* Personne qui enseigne certains sports, certaines disciplines. V. **Entraîneur.** *Moniteur d'aviation, de ski. Moniteur d'une auto-école. Monitrice d'éducation physique.* — « *Des volontaires, des monitrices qui fermeront la fenêtre en cas d'alerte, etc.* » (BEAUVOIR).
II. (angl. *monitor).* ♦ 1° *Techn.* Dispositif assurant une fonction de coordination. ◇ *Inform. Moniteur séquentiel,* programme écrit en vue de régler la succession de programmes indépendants. ♦ 2° *Méd. Moniteur cardiaque :* appareil automatique de surveillance de l'activité cardiaque, enregistrant de façon continue l'électrocardiogramme sur un écran lumineux et mettant en action un dispositif d'alarme lorsque se produisent des troubles très graves. *Les services de réanimation modernes sont dotés de moniteurs.* ◇ ANT. *Élève.*

MONITION [mɔnisjɔ̃]. *n. f.* (1283; lat. *monitio). Relig.* Dans l'Église catholique, Avertissement que l'autorité ecclésiastique adresse avant d'infliger une censure. *Monition canonique, de justice.* — Publication d'une monitoire.

MONITOIRE [mɔnitwar]. *n. m.* (XIVᵉ; lat. *monitorius). Relig.* Lettre d'un juge d'Église qui avertissait les fidèles d'avoir, sous des peines ecclésiastiques, à révéler ce qui pouvait éclairer la justice sur certains faits criminels. — Adj. *Une lettre monitoire.*

MONITOR [mɔnitɔr]. *n. m.* (1864; « lézard », 1842; mot amér., du lat. *monitor). Vx.* Navire de guerre cuirassé, bas sur l'eau, dont le type fut créé aux États-Unis pendant la guerre de Sécession.

MONITORAT [mɔnitɔra]. *n. m.* (1968; de *moniteur,* d'apr. le lat. *monitor).* Apprentissage, formation pour la fonction de moniteur; la fonction elle-même. *Monitorat de vol à voile.*

MONITORING [mɔnitɔriŋ]. *n. m.* (1969; mot anglo-amér. *monitoring* « contrôle, commande »). Anglicisme. *Didact.* Technique de surveillance électronique utilisée en médecine, en électronique sur les appareils d'enregistrement, et dans les usines. « *Médecins et infirmières suivent les battements du nouveau cœur sur un écran de monitoring* » (*L'Express,* 2-8-1973). Recomm. offic. : *monitorage.*

MONNAIE [mɔnɛ]. *n. f.* (*Moneie, monoie,* XIIᵉ; lat. *moneta* « qui avertit », surnom de Junon, le temple de *Juno moneta* servant d'atelier pour la frappe des monnaies). ♦ 1° Pièce de métal, de forme caractéristique, dont le poids et le titre sont garantis par l'autorité souveraine, certifiés par des empreintes marquées sur sa surface, et qui sert de moyen d'échange, d'épargne et d'unité de valeur. V. **Pièce.** *Étude des médailles et des monnaies :* numismatique. *Aspect d'une monnaie.* V. **Carnèle, cordon, cordonnet, crénelage, envers, face, grènetis, légende, listel, millésime, module, pile, tranche.** *Monnaies d'or et d'argent* (Cf. Espèces sonnantes et trébuchantes). *Monnaies de cuivre, de bronze, de nickel. Monnaies divisionnaires, d'appoint, de billon. Aloi, titre d'une monnaie. Monnaie fourrée, rognée.* ◇ *Par ext.* Ensemble des pièces de même type. *Frapper, fondre une monnaie. Retirer une monnaie de la circulation.* V. **Démonétiser.** — L'ensemble des pièces utilisées comme monnaie (2°). *Pièce de monnaie. Battre monnaie. Hôtel de la Monnaie,* et ellipt. *La Monnaie,* établissement où l'on frappe monnaies et médailles. — *Spécialt.* FAUSSE MONNAIE : contrefaçon frauduleuse des pièces de monnaie ayant cours légal (et *par ext.* dans le langage courant : de toute monnaie légale). *Fabricant de fausse monnaie.* V. **Faussaire, faux-monnayeur.**
2° *Écon.* Tout instrument de mesure et de conservation de la valeur, de moyen d'échange des biens. *Monnaie métallique,* lingots, barres, puis pièces de métal. V. **Espèces, numéraire.** *Monnaie fiduciaire*. Monnaie de papier :* monnaie fiduciaire constituée par des billets dont la valeur fictive (nominale), d'abord représentée par du métal précieux contre lequel on pouvait l'échanger, repose de nos jours sur la garantie de la banque d'émission. *Monnaie scripturale** ou *Monnaie de banque.* V. **Chèque.** *Monnaie de compte* (qui n'est pas représentée par du métal ou des billets). ◇ *Cour.* Unité monétaire

particulière admise et utilisée dans un pays. *Cours d'une monnaie. Monnaie qui se dévalorise. Stabilisation d'une monnaie. Valeurs relatives de plusieurs monnaies.* V. **Change, cours, pair.** — *Principales monnaies étrangères actuelles :* **baht** (Thaïlande) ; *bolivar* (Venezuela) ; *couronne* (Danemark, Islande, Norvège, Suède,, Tchécoslovaquie) ; *cruzeiro* (Brésil) ; *dinar* (Algérie, Irak, Jordanie, Tunisie, Yougoslavie) ; *dirham* (Maroc) ; *dollar* (Australie, Canada, États-Unis, Éthiopie) ; *drachme* (Grèce) ; *escudo* (Portugal, Chili) ; *florin* (Pays-Bas) ; *forint* (Hongrie) ; *franc* (Belgique, France, Luxembourg, Suisse) ; *kyat* (Birmanie) ; *lek* (Albanie) ; *leu* (Roumanie) ; *lev* (Bulgarie) ; *lire* (Italie) ; *livre* (Égypte, Eire, Grande-Bretagne, Israël, Liban, Syrie, Turquie, Union Sud-Africaine) ; *mark* (Allemagne, Finlande) ; *peseta* (Espagne) ; *peso* (Argentine, Bolivie, Colombie, Mexique, Uruguay) ; *piastre* (Viet-Nam) ; *rial* (Iran) ; *rouble* (U.R.S.S.) ; *roupiah* (Indonésie) ; *roupie* (Inde, Pakistan) ; *schilling* (Autriche) ; *sucre* (Équateur) ; *yen* (Chine, Japon) ; *zloty* (Pologne). V. *aussi* **Cent, guinée, kopeck, penny, pfennig, shilling, souverain, tchervonetz.** ◇ *Fig. Servir de monnaie d'échange. Payer qqn en monnaie de singe*. C'est monnaie courante :* c'est chose très fréquente, très banale. « *À partir d'un certain âge, les attaques sont monnaie courante* » (ARAGON). ♦ 3° *Cour.* Ensemble de pièces, de billets de faible valeur que l'on porte sur soi comme argent de poche. *Petite, menue monnaie.* V. **Mitraille.** *Je n'ai pas un sou de monnaie. Passez la monnaie! Mettre sa monnaie dans un porte-monnaie*.* ◇ *Spécialt.* Ensemble des pièces, des billets de valeur moindre qui représente la différence entre la valeur d'une pièce, d'un billet et le prix d'une marchandise. V. **Appoint.** « *Quand la caissière lui eut rendu la monnaie de sa pièce de cent sous* » (MAUPASS.). *Fig. Rendre à qqn la monnaie de sa pièce :* user de représailles envers lui, lui rendre dont pour dent. — Somme constituée par plusieurs pièces ou billets représentant au total la valeur d'une seule pièce, d'un seul billet. *La monnaie d'un billet de mille francs. Faire de la monnaie :* échanger un billet, une pièce contre l'équivalent en petites pièces, en petits billets.

MONNAIE-DU-PAPE [mɔnɛdypap]. *n. f.* (1846 ; de *monnaie* « pièce », et *pape*). Nom de la lunaire (plante). « *Une gerbe de monnaies-du-pape, avec l'illumination froide et morte de leurs médailles sans effigie* » (JALOUX).

MONNAYABLE [mɔnɛjabl(ə)]. *adj.* (1886 ; de *monnayer*). Qu'on peut monnayer (1°). *Métaux monnayables.* — Dont on peut tirer de l'argent. V. **Vendable.**

MONNAYAGE [mɔnɛjaʒ]. *n. m.* (*Monaage*, 1296 ; de *monnayer*). *Techn.* Fabrication de la monnaie à partir d'un métal ou d'un alliage monétaire.

MONNAYER [mɔnɛje]. *v. tr.* ; conjug. *payer* (déb. XIIᵉ ; de *monnaie*). ♦ 1° *Techn.* Transformer en monnaie (un lingot, un objet de métal). *Monnayer de l'or* (V. **Monétiser**), *de la vaisselle d'or.* — Au p. p. *Or monnayé.* ◇ *Frapper* (la monnaie) d'une empreinte. *Absolt. Monnayer au balancier, à la presse monétaire.* ♦ 2° (1935). Convertir en argent liquide. *Monnayer un billet, un bien.* ♦ 3° *Cour.* Se faire payer (quelque avantage), en tirer de l'argent. *Monnayer son talent.*

MONNAYEUR [mɔnɛjœR]. *n. m.* (1539 ; de *monnayer*). *Rare.* Ouvrier qui travaille à la fabrication de la monnaie de l'État. *Cour. Faux monnayeur.* V. **Faux-monnayeur.**

MON(O)-. Élément, du gr. *monos* « seul, unique ».

MONO [mɔnɔ]. *adj. inv.* (v. 1960 ; abrév. de *monophonique*). *Monophonique.* « *Ces disques peuvent être écoutés aussi bien sur un électrophone 'mono' que sur un électrophone 'stéréo'* » (*Science et Vie*). *Des disques mono.*

MONOACIDE [mɔnɔasid]. *adj.* (1933 ; de *mono-*, et *acide*). *Chim.* Qui ne possède qu'un seul atome d'hydrogène acide par molécule.

MONOATOMIQUE [mɔnɔatɔmik]. *adj.* (1868 ; de *mono-*, et *atomique*). *Chim.* Dont la molécule n'a qu'un atome.

MONOBASIQUE [mɔnɔbazik]. *adj.* (1866 ; de *mono-*, et *basique*). *Chim. Acide monobasique*, dont un seul atome d'hydrogène peut être remplacé par un atome de métal.

MONOBLOC [mɔnɔblɔk]. *adj. invar.* et *n. m.* (1906 ; de *mono-*, et *bloc*). *Techn.* D'une seule pièce, d'un seul bloc. *Châssis monobloc.* ◇ *N. m.* Groupe des cylindres d'un moteur à explosion, fondus d'un seul bloc.

MONOCÂBLE [mɔnɔkabl(ə)]. *n. m.* et *adj.* (mil. XXᵉ ; de *mono-*, et *câble*). *Techn.* Transporteur aérien à un seul câble sans fin. — *Adj.* Qui n'a qu'un seul câble. *Téléphérique monocâble.*

MONOCAMÉRALISME [mɔnɔkameralism(ə)] ou **MONOCAMÉRISME** [mɔnɔkamerism(ə)]. *n. m.* (1931 ; de *mono-*, et lat. *camera* « chambre »). *Dr. constit.* Système parlementaire à une seule Chambre.

MONOCELLULAIRE [mɔnɔselylɛR]. *adj.* (1893 ; de *mono-*, et *cellulaire*). *Biol.* Composé d'une seule cellule. V. **Unicellulaire.**

MONOCHROMATIQUE [mɔnɔkrɔmatik]. *adj.* (1840 ; de *mono-*, et *chromatique*). ♦ 1° *Vieilli.* Monochrome*. ♦ 2° *Phys.* De même fréquence ou longueur d'ondes. *Ondes monochromatiques.*

MONOCHROME [mɔnɔkrom]. *adj.* (1771 ; gr. *monokhrômos*). Qui est d'une seule couleur (dont les valeurs peuvent varier). *Les peintures en camaïeu, la photo en noir et blanc sont monochromes.* ◇ ANT. *Polychrome.*

MONOCHROMIE [mɔnɔkrɔmi]. *n. f.* (1868 ; de *monochrome*). *Didact.* Caractère de ce qui est monochrome. ◇ ANT. *Polychromie.*

MONOCINÉTIQUE [mɔnɔsinetik]. *adj.* (mil. XXᵉ ; de *mono-*, et *cinétique*). *Phys.* Se dit de particules qui ont la même vitesse (*spécialt.* d'électrons accélérés à tension constante).

MONOCLE [mɔnɔkl(ə)]. *n. m.* (1827 ; « borgne », XIIIᵉ ; « lorgnette monoculaire », 1671 ; bas lat. *monoculus* « qui n'a qu'un œil »). Petit verre optique que l'on fait tenir dans une des arcades sourcilières. V. **Lorgnon ; carreau.** *Porter le monocle.* « *Le monocle du marquis de Forestelle était minuscule, n'avait aucune bordure* » (PROUST).

MONOCLINAL, ALE, AUX [mɔnɔklinal, o]. *adj.* (1890 ; de *mono-*, d'apr. *synclinal*). *Géol. Structure monoclinale :* où les couches appartiennent au même côté d'un pli.

MONOCLINIQUE [mɔnɔklinik]. *adj.* (1868 ; de *mono-*, et gr. *klinein* « incliner »). *Minér.* Se dit d'un type cristallin qui a trois axes obliques l'un sur l'autre, dont deux seulement sont égaux entre eux (On dit aussi *clino-rhombique* [klinɔ rɔbik]).

MONOCOQUE [mɔnɔkɔk]. *n. m.* et *adj.* (1923 ; de *mono-*, et *coque*). ♦ 1° *N. m. Ancienn.* Avion à fuselage. ♦ 2° *Adj. Mod.* (1955). *Auto.* Sans châssis, dont la coque assure à elle seule la rigidité. *Voiture monocoque.* ♦ 3° *N. m.* Bactérie ronde se présentant isolée. V. **Staphylocoque, streptocoque.**

MONOCORDE [mɔnɔkɔrd(ə)]. *n. m.* et *adj.* (XIVᵉ ; lat. *monochordon*, mot gr. ; Cf. Manichordion). *Mus.* ♦ 1° *N. m.* Instrument à une corde tendue sur une caisse de résonance. *Le monocorde sert à l'étude de l'acoustique.* ♦ 2° *Adj.* (fin XIXᵉ). *Instrument monocorde*, à une seule corde. ◇ *Fig. et cour.* Qui est sur une seule note, n'a qu'un son. V. **Monotone.** « *Le timbre de Meynestrel s'élevait, monocorde, distinct* » (MART. du G.).

MONOCOTYLÉDONE [mɔnɔkɔtiledɔn]. *adj.* et *n. f. pl.* (1787 ; de *mono-*, et *cotylédon*). *Bot.* Dont la graine n'a qu'un cotylédon. *L'iris est monocotylédone.* ◇ *N. f. pl.* LES MONOCOTYLÉDONES, classe de végétaux phanérogames angiospermes dont l'ovaire n'est formé que d'un seul cotylédon dans la plantule de leur graine et qui ont généralement des feuilles isolées et engainantes à nervures parallèles, et des organes floraux disposés par trois. *Sing. Une monocotylédone.* ◇ ANT. *Acotylédone, dicotylédone.*

MONOCRATIE [mɔnɔkrasi]. *n. f.* (v. 1966 ; de *mono-*, et *-cratie*, d'apr. *aristocratie*). *Polit.* Forme de gouvernement où le pouvoir effectif réside dans la volonté du chef de l'État. « *La monocratie gaullienne* » (*Le Monde*, 31-5-1969).

MONOCRISTAL, AUX [mɔnɔkristal, o]. *n. m.* (mil. XXᵉ ; de *mono-*, et *cristal*). *Didact.* et *techn.* Cristal élémentaire d'une structure cristalline complexe). *Filaments formés de monocristaux métalliques* (dits « moustaches ») *à qualités mécaniques très élevées.* — Cristallisation de glace.

MONOCULAIRE [mɔnɔkylɛR]. *adj.* (1800 ; du lat. *monoculus*). ♦ 1° *Méd.* Relatif à un seul œil. *Strabisme monoculaire. Vision monoculaire.* ♦ 2° *Opt.* Qui est pourvu d'un seul oculaire. *Microscope monoculaire* (opposé à *binoculaire*).

MONOCULTURE [mɔnɔkyltyR]. *n. f.* (1842 ; de *mono-*, et *culture*). *Culture d'un seul produit. Monoculture du riz, du tabac.* ◇ ANT. *Polyculture.*

MONOCYCLE [mɔnɔsikl(ə)]. *adj.* (1842 ; de *mono-*, et *-cycle* « roue »). *Didact.* Qui n'a qu'une roue. *Subst. Un monocycle*, vélocipède à une seule roue. *Acrobate sur un monocycle.*

MONOCYCLIQUE [mɔnɔsiklik]. *adj.* (1906 ; de *mono-*, et *cycle* (menstruel). *Physiol.* Se dit d'espèces ne présentant qu'un cycle sexuel par an.

MONOCYLINDRIQUE [mɔnɔsilɛ̃dRik]. *adj.* (1907 ; de *mono-*, et *cylindre*). *Mécan.* À un seul cylindre. *Moteur monocylindrique.* — *Archit.* Se dit d'une colonne au fût rond par oppos. à la colonne fasciculée*. (On dit aussi *monostyle**).

MONOCYTE [mɔnɔsit]. *n. m.* (1949 ; de *mono-*, et *cyte*). *Biol.* Gros leucocyte mononucléaire de 12 à 25 μ. V. **Leucocyte, macrophage.**

MONODIE [mɔnɔdi]. *n. f.* (1732 ; lat. *monodia*, mot gr., rac. *ôdê* « chant »). *Antiq.* Monologue, couplet lyrique dans la tragédie. ◇ *Mod.* Chant à une seule voix sans accompagnement.

MONŒCIE [mɔnesi]. *n. f.* (1787 ; lat. sc. *monœcia*, gr. *monos* « seul », et *oikia* « maison »). *Bot.* État d'une plante monoïque.

MONOGAME [mɔnɔgam]. *adj.* (1495, repris 1808 ; lat.

ecclés. *monogamus*, du gr.; Cf. *Mono*-, et *-game*). ♦ 1° Qui n'a qu'une seule femme, qu'un seul mari à la fois (*opposé à* bigame, polygame); qui pratique la monogamie. *Peuples monogames.* Subst. *Un, une monogame.* ◇ *Zool.* Se dit des animaux qui choisissent une seule femelle, et restent avec elle au moins pendant la saison des amours. ♦ 2° *Bot.* Qui a des fleurs unisexuées, dont chaque pied porte des fleurs d'un seul sexe. V. Dioïque. ◇ ANT. Monoïque, polygame.

MONOGAMIE [mɔnɔgami]. *n. f.* (1526; lat. ecclés. *monogamia*, mot gr.; Cf. *Mono*-, et *-gamie*). Régime juridique en vertu duquel un homme ou une femme ne peut avoir plusieurs conjoints en même temps. « *Toutes les civilisations supérieures ont tendu à la monogamie* » (BOURGET). ◇ *Sc. nat.* État des animaux, des plantes monogames. V. *aussi* Bigamie, polyandrie. ◇ ANT. Polygamie.

MONOGAMIQUE [mɔnɔgamik]. *adj.* (1842; de *monogamie*). Qui a rapport à la monogamie, qui a pour base la monogamie. *Famille monogamique.*

MONOGÉNISME [mɔnɔʒenism(ə)]. *n. m.* (1865; de *mono*-, et *-génie*). *Didact.* Doctrine de l'unité d'origine de l'homme, selon laquelle toutes les races humaines dérivent d'un type primitif commun. ◇ ANT. Polygénisme.

MONOGRAMME [mɔnɔgram]. *n. m.* (1557; bas lat. d'o. gr. *monogramma*; Cf. *Mono*-, et *-gramme*). Chiffre composé de la lettre initiale ou de la réunion de plusieurs lettres (initiales et autres) d'un nom, entrelacées en un seul caractère. *Monogramme brodé sur un mouchoir. Monogramme du Christ.* V. Chrisme. ◇ Marque ou signature abrégée.

MONOGRAMMISTE [mɔnɔgramist(ə)]. *n.* (1931; de *monogramme*). Didact. (*Arts*). Artiste, peintre qui signe d'un monogramme.

MONOGRAPHIE [mɔnɔgrafi]. *n. f.* (1793; de *mono*-, et *-graphie*). Étude complète et détaillée qui se propose d'épuiser un sujet précis relativement restreint. *Écrire une monographie.* « *Jusqu'à ce que toutes les parties de la science soient élucidées par des monographies spéciales* » (RENAN).

MONOGRAPHIQUE [mɔnɔgrafik]. *adj.* (1842; de *monographie*). Didact. Qui a les caractères d'une monographie.

MONOÏDÉISME [mɔnɔideism(ə)]. *n. m.* (fin XIXᵉ; de *mono*-, et *idée*). Rare. État d'un esprit occupé d'une façon quasi exclusive par une seule idée. V. Idée (fixe).

MONOÏQUE [mɔnɔik]. *adj.* (1799; de *mono*-, et gr. *oïkos* « demeure »). Bot. *Plante monoïque* dont les fleurs mâles et les fleurs femelles sont réunies sur le même pied (On dit aussi *Polygame*). *Le maïs est monoïque. Caractère monoïque.* V. Monœcie. ◇ ANT. Dioïque, monogame.

MONOKINI [mɔnɔkini]. *n. m.* (1964; tiré par plaisanterie de *bikini* en donnant à *bi*- la valeur de deux : « maillot deux pièces »). Fam. Maillot de bain féminin qui ne comporte qu'une culotte.

MONOLINGUE [mɔnɔlɛ̃g]. *adj.* (XXᵉ; de *mono*-, d'apr. *bilingue*). Qui ne parle qu'une langue. — En une seule langue. *Ce dictionnaire est monolingue* (*opposé à* bilingue).

MONOLINGUISME [mɔnɔlɛ̃gᵕism(ə)]. *n. m.* (XXᵉ; de *monolingue*). Didact. Qualité d'une personne, d'une région monolingue.

MONOLITHE [mɔnɔlit]. *adj.* et *n. m.* (1532, rare av. XVIIIᵉ; lat. d'o. gr. *monolithus*; Cf. *Mono*-, et *-lithe*). ♦ 1° Archit. Qui est d'un seul bloc de pierre (en parlant d'un ouvrage de grandes dimensions). *Colonne, linteau monolithe.* ♦ 2° N. m. *Un monolithe*, un monument monolithe. Par ext. Très grosse pierre. « *Gibraltar, c'est un monolithe monstrueux lancé du ciel* » (GAUTIER).

MONOLITHIQUE [mɔnɔlitik]. *adj.* (av. 1948; de *monolithe*). ♦ 1° D'un seul bloc de pierre; monolithe. *Obélisque monolithique.* ♦ 2° Fig. Qui forme bloc; dont les éléments forment un ensemble rigide, homogène, impénétrable. *Parti monolithique.* « *Le système qu'on m'enseignait était à la fois monolithique et incohérent* » (BEAUVOIR). « *Cette espèce... d'orgueil serein, monolithique et sans fissure* » (Cl. SIMON). ◇ ANT. Décomposable, souple.

MONOLITHISME [mɔnɔlitism(ə)]. *n. m.* (1880; de *monolithe*). ♦ 1° Archit. Système de construction avec une seule pierre ou un petit nombre de très grosses pierres. ♦ 2° Fig. (Néol.). Caractère monolithique. *Monolithisme des grands partis.*

MONOLOGUE [mɔnɔlɔg]. *n. m.* (XVᵉ; de *mono*-, et *-logue*, d'apr. *dialogue*). ♦ 1° Dans une pièce de théâtre, Scène à un personnage qui parle seul. ◇ Scène fantaisiste dite par un seul personnage. *Monologue comique à dire en société.* ♦ 2° Long discours d'une personne qui ne laisse pas parler ses interlocuteurs, ou à qui ses interlocuteurs ne donnent pas la repartie. « *La propagande ou la polémique, qui sont deux sortes de monologue* » (CAMUS). ♦ 3° (1ʳᵉ moitié XIXᵉ). Discours d'une personne seule qui parle, pense tout haut. V. Soliloque. — *Monologue intérieur*, longue suite de pensées; littér. (dans un roman) Transcription à la première personne d'une suite d'états de conscience que le personnage est censé éprouver. ◇ ANT. Dialogue, entretien.

MONOLOGUER [mɔnɔlɔge]. *v. intr.* (1851; de *monologue*). Parler seul, ou en présence de qqn comme si l'on était seul.

MONOMANE [mɔnɔman] ou **MONOMANIAQUE** [mɔnɔmanjak]. *adj.* (1829,-1839; de *monomanie*). *Vx.* Atteint de monomanie. Subst. *Un, une monomane* ou *monomaniaque.* V. Maniaque.

MONOMANIE [mɔnɔmani]. *n. f.* (1825; de *mono*-, et *-manie*). Psychiatr. (*Vx*) Délire partiel, psychose limitée à un seul ordre de faits. V. Manie. ◇ *Cour.* et *vieilli.* Idée fixe, obsession.

MONÔME [mɔnom]. *n. m.* (1691; de *mono*-, d'apr. *binôme*). ♦ 1° Alg. Expression algébrique entre les parties de laquelle il n'y a pas de signe d'addition ou de soustraction. ♦ 2° (1878; appelé *seul-home*, en 1836, arg. polytechn., jeu de mot et allus. à la suite des termes du monôme (1°). File d'étudiants se tenant par les épaules, qui se promènent sur la voie publique. *Formez le monôme, formez!*

MONOMÈRE [mɔnɔmɛʀ]. *adj.* et *n. m.* (XXᵉ; zool., 1839; de *mono*-, d'apr. *polymère*). Chim. Constitué de molécules simples. ◇ ANT. Polymère.

MONOMÉTALLISME [mɔnɔmeta(l)lism(ə)]. *n. m.* (1875; de *mono*-, et *métal*). Écon. Système monétaire métallique dans lequel un seul métal étalon possède les caractères fondamentaux de frappe libre et de pouvoir libératoire illimité (*opposé à* bimétallisme). *Monométallisme or, argent.*

MONOMÉTALLISTE [mɔnɔmeta(l)list(ə)]. *adj.* (1876; de *monométallisme*). Écon. Qui a le monométallisme pour système monétaire. *Pays monométalliste.* — Subst. Partisan du monométallisme (*opposé à* bimétalliste).

MONOMÈTRE [mɔnɔmɛtʀ(ə)]. *adj.* (1771; gr. *monometros*, de *mono*-, et *-mètre*). Poés. Qui n'a qu'une seule espèce de vers. *Poème monomètre.* ◇ Se dit d'un vers grec ou latin formé d'une seule mesure de deux pieds.

MONOMOTEUR, TRICE [mɔnɔmɔtœʀ, tʀis]. *adj.* (1931; de *mono*-, et *moteur*). Qui n'a qu'un seul moteur. *Avion monomoteur.* Subst. *Un petit monomoteur de tourisme.*

MONONUCLÉAIRE [mɔnɔnykleɛʀ]. *adj.* et *n. m.* (1899; de *mono*-, et *nucléaire*). Qui n'a qu'un seul noyau, en parlant d'une cellule. *Les leucocytes mononucléaires* (n. m. *les mononucléaires*) *comprennent les lymphocytes, les monocytes.*

MONONUCLÉOSE [mɔnɔnykleoz]. *n. f.* (v. 1903; de *mononucléaire*). Méd. Leucocytose caractérisée par l'augmentation des mononucléaires. *Mononucléose infectieuse.*

MONOPHASÉ, ÉE [mɔnɔfaze]. *adj.* (déb. XXᵉ; de *mono*-, et *phase*). Électr. Se dit du courant alternatif simple ne présentant qu'une phase. — Subst. m. *Du monophasé.* (S'oppose à *polyphasé.*)

MONOPHONIQUE [mɔnɔfɔnik]. *adj.* (mil. XXᵉ; de *mono*-, et *phonique*). Mus. ♦ 1° Qui n'a qu'une partie, est à l'unisson (*opposé à* polyphonique). V. Homophone. ♦ 2° Qui comporte un seul canal d'amplification (en parlant d'un système électro-acoustique) et ne peut donner l'impression de relief sonore (*opposé à* stéréophonique). — Syn. *Monaural.*

MONOPHYSITE [mɔnɔfizit]. *adj.* (1765; de *mono*-, et gr. *phusis* « nature »). Relig. *Doctrine monophysite*, qui ne reconnaît qu'une nature (divine; humaine) au Christ (MONOPHYSISME [mɔnɔfizism(ə)]).

MONOPLACE [mɔnɔplas]. *adj.* (1923; de *mono*-, et *place*). Qui n'a qu'une place, en parlant d'un véhicule. *Voiture, avion monoplace.* Subst. *Un, une monoplace.*

MONOPLAN [mɔnɔplɑ̃]. *n. m.* (1909; de *mono*-, et *plan*). Avion qui n'a qu'un seul plan de sustentation (*opposé à* biplan, triplan).

MONOPLÉGIE [mɔnɔpleʒi]. *n. f.* (XXᵉ; de *mono*-, d'après *hémiplégie*). Méd. Paralysie d'un seul membre ou d'un seul groupe musculaire.

MONOPOLE [mɔnɔpɔl]. *n. m.* (1358; lat. *monopolium*, gr. *monopôlion*, de *pôlein* « vendre »). ♦ 1° Écon. Régime soustrayant une entreprise ou une catégorie d'entreprises du régime de la libre concurrence et leur permettant de devenir maîtres de l'offre sur le marché (V. Duopole, oligopole). *Capitalisme de monopole* (ou *monopoliste* [mɔnɔpɔlist(ə)]). *Monopole légal* (privilèges, brevets, marques). *Entreprise, trust qui a le monopole d'un produit, d'un service. Monopole d'émission d'une banque privée. Monopole de droit, de fait. Monopole d'État.* V. Régie. ♦ 2° Fig. Privilège exclusif. V. Exclusivité. *Ce parti s'attribue le monopole du patriotisme.* ◇ ANT. Concurrence. Monopsone.

MONOPOLEUR, EUSE [mɔnɔpɔlœʀ, øz]. *n.* (1555; de *monopoler.* V. Monopoliser). Écon. Bénéficiaire d'un monopole, vendeur sans concurrent. — Par appos. *Trust monopoleur.*

MONOPOLISATEUR, TRICE [mɔnɔpɔlizatœʀ, tʀis]. *n.* (1846; de *monopoliser*). Personne qui monopolise (2°).

MONOPOLISATION [mɔnɔpɔlizasjɔ̃]. *n. f.* (1846; de *monopoliser*). Action de monopoliser. V. Accaparement.

MONOPOLISER [mɔnɔpɔlize]. *v. tr.* (1783; *monopoler,*

intr., xvᵉ; de *monopole*). ♦ 1º Exploiter, vendre par monopole (V. **Monopoleur**). ♦ 2º *Fig.* Accaparer (qqn ou qqch.), s'attribuer (un objet ou un privilège exclusif). « *Béranger monopolise la Chanson* » (BALZ.). V. **Monopolisateur**.

MONOPOLISTE [mɔnɔpɔlist(ə)]. *adj.* et *n.* (1836, n.; fin xviᵉ, « accapareur »; de *monopole*). *Écon.* Qui impose ou détient un monopole. V. **Monopoleur**. *Un groupe financier monopoliste*.

MONOPOLISTIQUE [mɔnɔpɔlistik]. *adj.* (1967; de *monopole, monopoliser*). *Écon.* De monopole. *Le capitalisme monopolistique*.

MONOPRIX [mɔnɔpʀi]. *n. m.* (1932; nom déposé; de *mono-*, et *prix*). Magasin à succursales multiples (Cf. Prisunic, Uniprix) originairement à prix unique pour un groupe déterminé de marchandises. V. **Centrale** (d'achat).

MONOPSONE [mɔnɔpsɔn]. *n. m.* (1948; de *mono-*, et du gr. *opsônein* « s'approvisionner »). *Écon.* Situation économique où de nombreux vendeurs doivent écouler leur marchandise à un acheteur unique (*opposé à* Monopole).

MONOPTÈRE [mɔnɔptɛʀ]. *adj.* et *n. m.* (1547; gr. *monopteros; de mono-*, et *-ptère*). *Archit. Temple monoptère; un monoptère*, temple circulaire à coupole entourée d'une seule rangée de colonnes.

MONORAIL [mɔnɔʀaj]. *adj. invar.* et *n. m.* (1884; de *mono-*, et *rail*). Se dit d'une voie de chemin de fer à un seul rail. — N. m. *Un monorail*, voiture ou dispositif se déplaçant sur un seul rail. *Des monorails.*

MONORIME [mɔnɔʀim]. *adj.* (1691; de *mono-*, et *rime*). *Poés.* Dont tous les vers ont la même rime. — *Subst. m.* Poème monorime.

MONOSACCHARIDE [mɔnɔsakaʀid]. *n. m.* (mil. xxᵉ; de *mono-*, et *saccharide*). *Biochim.* (*Vx*.) Sucre de formule CₙHₐₙOₙ, non hydrolysable (*opposé à* polysaccharide). *Ex.:* glucose, fructose. (Nom chimique moderne : *ose**). V. *aussi* **Ribose**.

MONOSÉPALE [mɔnɔsepal]. *adj.* (1842; de *mono-*, et *sépale*). *Bot.* Qui n'a qu'un sépale; dont le calice est d'une seule pièce. *Fleur monosépale* (On dit aussi *gamosépale*).

MONOSKI [mɔnɔski]. *n. m.* (v. 1960; de *mono-*, et *ski*). Ski nautique sur un seul ski (Cf. Aquaplane, surf). *Faire du monoski.*

MONOSPERME [mɔnɔspɛʀm(ə)]. *adj.* (1798; de *mono-*, et *-sperme*). *Bot.* Qui ne contient qu'une seule graine. *Fruit monosperme.*

MONOSTYLE [mɔnɔstil]. *adj.* (xxᵉ; bot., 1808; de *mono-*, et *-style*). *Archit.* Se dit d'une colonne qui n'a qu'un fût.

MONOSULFITE [mɔnɔsylfit]. *n. m.* (xxᵉ; de *mono-*, et *sulfite*). *Techn.* Sulfite de sodium.

MONOSYLLABE [mɔnɔsil(l)ab]. *adj.* et *n. m.* (1521; lat. *monosyllabus*). Qui n'a qu'une syllabe. ◇ N. m. *Un monosyllabe*, un mot d'une syllabe. *Répondre par monosyllabes* (*ex. :* oui, non, tiens ! Ah? Vous?), sans former de phrase. « *Le cocher essaya de nouer la conversation, mais le voyageur ne répondait que par monosyllabes* » (HUGO). ◇ ANT. Polysyllabe.

MONOSYLLABIQUE [mɔnɔsi(l)labik]. *adj.* (1752; de *monosyllabe*). ♦ 1º Qui n'a qu'une syllabe. V. **Monosyllabe**. ♦ 2º Qui ne contient que des monosyllabes. *Langue monosyllabique. Le chinois est monosyllabique.* ◇ ANT. Polysyllabique.

MONOSYLLABISME [mɔnɔsi(l)labism(ə)]. *n. m.* (1846; de *monosyllabe*). *Didact.* Caractère monosyllabique.

MONOTHÉIQUE [mɔnɔteik]. *adj.* (1844; de *monothéisme*). *Didact.* Qui appartient au monothéisme. *Croyances monothéiques.*

MONOTHÉISME [mɔnɔteism(ə)]. *n. m.* (1834; de *mono-*, et *théisme*). Croyance en un Dieu unique. *Monothéisme des musulmans.* ◇ ANT. Polythéisme.

MONOTHÉISTE [mɔnɔteist(ə)]. *n.* et *adj.* (1834; de *monothéisme*). Personne dont la religion est un monothéisme. ◇ Adj. *Peuple monothéiste.*

MONOTONE [mɔnɔtɔn]. *adj.* (1732; bas lat. *monotonus*, gr. *monotonos*). ♦ 1º Qui est toujours sur le même ton ou dont le ton est peu varié. V. **Monocorde**. « *Des gémissements sourds ou aigus qui ne faisaient qu'une plainte monotone* » (CAMUS). ◇ Qui est régulier et sur le même ton. « *Au rythme monotone des deux tambours* » (MAC ORLAN). ♦ 2º (*D'un acteur, d'un orateur*). Qui lasse par un débit monotone. ♦ 3º *Fig.* Qui lasse par son uniformité, par la répétition des mêmes choses. V. **Uniforme**. *Paysage monotone. Une vie monotone*, triste et unie, qui manque de variété, d'imprévu. ♦ 4º *Math.* Qui varie dans le même sens. *Fonction monotone*, soit croissante, soit décroissante. ◇ ANT. Nuancé, varié. Divertissant.

MONOTONIE [mɔnɔtɔni]. *n. f.* (1671; de *monotonia*). ♦ 1º *Rare.* Caractère de ce qui est monotone (1º). *Monotonie d'une psalmodie.* ♦ 2º *Cour.* (déb. xviiiᵉ). Uniformité lassante. *Monotonie d'un paysage, d'un travail.* « *Ma vie est la plus unie du monde, et rien n'en vient couper la monotonie* »

(GAUTIER). V. **Ennui, grisaille**. ◇ ANT. Changement, diversité, variété.

MONOTRACE [mɔnɔtʀas]. *adj.* (1948; de *mono-*, et *trace*). *Techn.* (*Aviat.*). Se dit d'un train d'atterrissage à deux roues dans l'axe de symétrie de l'avion.

MONOTRÈME [mɔnɔtʀɛm]. *adj.* et *n. m.* (1834; de *mono-*, et gr. *trêma* « orifice »). *Zool.* Qui n'a qu'un seul orifice pour le rectum, les conduits urinaires et les conduits génitaux (V. **Cloaque**). ◇ LES MONOTRÈMES, ordre de mammifères ovipares comprenant des animaux terrestres ou aquatiques, au corps couvert de poils ou de piquants, à la tête prolongée par un bec corné aplati ou tubulaire. *Les échidnés, les ornithorynques sont des monotrèmes. Un monotrème.*

MONOTYPE [mɔnɔtip]. *adj.* et *n.* (1842; de *mono-*, et *type*).
I. *Adj.* ♦ 1º *Bot.* Se dit de genres dont les espèces ont entre elles des rapports qui en font un groupe distinct. ♦ 2º (xxᵉ). *Mar. Yacht de course monotype*, correspondant à un type aux caractères bien définis. — *Subst. Course de monotypes.*
II. N. *Techn.* ♦ 1º N. m. *Arts* (fin xixᵉ). Procédé de peinture ou de gravure permettant d'obtenir par impression un exemplaire unique. *Les monotypes de Degas.* ♦ 2º N. f. *Imprim.* (déb. xxᵉ, d'apr. *linotype*). Machine à composer qui fond les caractères isolément.

MONOVALENT, ENTE [mɔnɔvalɑ̃, ɑ̃t]. *adj.* (1906; de *mono-*, et *valent*). ♦ 1º *Chim.* Dont la valence est égale à un. ♦ 2º *Méd.* « Se dit d'un sérum thérapeutique ou d'un vaccin préparé au moyen d'une seule race microbienne, et qui est efficace seulement contre les affections déterminées par cette seule race » (GARNIER et DELAMARE). ♦ 3º (D'apr. le sens étymol.). À valeur unique ; à fonction, effet, forme unique.

MONOXYLE [mɔnɔksil]. *adj.* (1839, *monoxylo;* de *mono-*, et *-xyle*). *Didact.* Fait d'une seule pièce de bois. *Pirogue monoxyle.*

MONSEIGNEUR [mɔ̃sɛɲœʀ]. *n. m.* (xiiᵉ; de *mon*, et *seigneur*. V. Messire). ♦ 1º Titre honorifique donné à certains personnages éminents (*mod.* aux archevêques, évêques, prélats et aux princes des familles souveraines). Abrév. Mgr. Au plur. *Messeigneurs* [mesɛɲœʀ]; *nosseigneurs* (rare). Abrév. *Mgrs.; NN. SS.* « *Vous êtes tous empoisonnés, messeigneurs* » (HUGO). ♦ 2º (1827). *Un monseigneur*, ou plus cour. (appos.) *une pince monseigneur* : levier dont se servent les voleurs pour forcer les serrures.

MONSIEUR [məsjø] *n. m.*, **MESSIEURS** [mesjø]. *n. m. pl.* (1314; de *mon*, et *sieur*). Abrév. M., MM. ♦ 1º Titre donné autrefois aux hommes de condition assez élevée (nobles ou bourgeois). ◇ *Spécialt.* Titre donné aux princes de la famille royale. — *Absolt. Monsieur* : l'aîné des frères du roi. ♦ 2º *Mod.* Titre donné aux hommes de toute condition. *Bonjour, Monsieur. Comment allez-vous, cher Monsieur? Bonjour, monsieur Durand* (pop. ou à un inférieur). *Mesdames et Messieurs.* Pop. *Bonjour Messieurs Dames, m'sieu dames; bonjour m'sieu* [msjø]. — *Monsieur le Maréchal. Monsieur le Ministre.* ♦ 3º Titre respectueux donné à un homme par ceux qui lui parlent à la 3ᵉ personne (domestiques, vendeurs). *Monsieur devrait accepter.* ♦ 4º *Fam.* Le mari, opposé à la femme. « *Monsieur ne songe à rien, monsieur dépense tout* » (LA FONT.). ♦ 5º UN MONSIEUR, un homme de la bourgeoisie opposé au travailleur manuel, au paysan. « *Ma mère veut que son Jacques soit un monsieur* » (J. VALLÈS). ◇ Homme dont on ne connaît pas le nom et dont l'aspect, les manières annoncent quelque éducation. V. **Homme**. ◇ *Spécialt.* (Avec certains adj.) *Un joli, un vilain monsieur :* un individu méprisable. ◇ (Langage enfantin) *Un monsieur :* un homme, quel qu'il soit. *Dis merci au monsieur.* ◇ (Emphatique) *C'est un monsieur :* un personnage considérable, remarquable.

MONSIGNOR [mɔ̃siɲɔʀ] ou **MONSIGNORE** [mɔ̃siɲɔʀe]. *n. m.* (1769; mot it. « monseigneur »). *Relig. cathol.* Prélat, haut dignitaire de la cour papale. *Des monsignori* [mɔ̃siɲɔʀi] (rare); *des monsignores*.

MONSTRE [mɔ̃stʀ(ə)]. *n. m.* et *adj.* (1120, « prodige », chose incroyable »; lat. *monstrum*).
I. N. m. ⓐ ♦ 1º (v. 1180). Être, animal fantastique et terrible (des légendes, mythologies). V. **Chimère, dragon**, etc. ◇ Animal réel gigantesque ou effrayant. *Monstres marins :* grands cétacés, poulpes, etc. ♦ 2º Être vivant ou organisme de conformation anormale (par excès, défaut ou position anormale des parties). *On exhibait des monstres* (ou *des monstres prétendus*) *dans les foires. Les veaux à deux têtes, les moutons à cinq pattes sont des monstres. Monstre humain.* « *Au bout de quinze ans, un monstre vint consoler la pauvre femme de ce mariage* » (RADIGUET). — *Étude des monstres.* V. **Tératologie**. ♦ 3º (xviᵉ). Personne d'une laideur effrayante. « *Elle est extrêmement grasse... elle louche, enfin c'est un monstre* » (BALZ.). ♦ 4º Personne effrayante par son caractère, son comportement (*spécialt.* sa méchanceté). *C'est un monstre de cruauté.* ◇ *Fam. Petit monstre!* se dit à un enfant. *Fém.* (Plaisant.) « *Petite monstresse* [mɔ̃stʀɛs] ! » (COLETTE).

♦ 5º Loc. fig. LES MONSTRES SACRÉS : les grands comédiens (titre d'une pièce de Cocteau, 1940). Ⓑ *Fig.* (XVIᵉ). ♦ 1º *Vx.* Chose bizarre, incohérente, formée de parties disparates. ♦ 2º *Mus.* Texte formé de syllabes quelconques que le compositeur remet au parolier comme canevas pour le rythme, la mesure. **II.** *Adj.* (1846). *Fam.* Très important, immense. V. **Colossal, prodigieux.** *Un meeting monstre. Un travail monstre. Ça va faire un effet monstre.* V. **Bœuf.** « *C'était une réclame monstre que le journaliste avait imaginée* » (MAUPASS.).

MONSTRUEUSEMENT [mɔ̃stʁyøzmɑ̃]. *adv.* (1333 ; de *monstrueux*). D'une manière monstrueuse. V. **Excessivement, prodigieusement.** *Homme* « *monstrueusement gros* » (CHAMFORT).

MONSTRUEUX, EUSE [mɔ̃stʁyø, øz]. *adj.* (XIVᵉ ; lat. *monstruosus*). ♦ 1º Qui a la conformation d'un monstre (1º, 2º). V. **Difforme.** — Qui est propre à un monstre, qui rappelle un monstre. *Laideur* monstrueuse.* ♦ 2º Qui est d'une taille, d'une intensité prodigieuse et insolite. V. **Colossal, énorme, excessif, extraordinaire, gigantesque.** « *Elle vit la machine du rapide s'arrêter, monstrueuse et docile* » (FRANCE). ♦ 3º Qui choque extrêmement la raison, la morale. V. **Abominable, affreux, effrayant, effroyable, étonnant, épouvantable, horrible.** « *Cette chose monstrueuse que le sacrifice d'un être vivant à l'égoïsme d'un autre* » (RENAN). *Idée monstrueuse. C'est monstrueux !* ◇ ANT. **Beau, normal.**

MONSTRUOSITÉ [mɔ̃stʁyozite]. *n. f.* (1488 ; de *monstrueux*). ♦ 1º *Méd.* Anomalie congénitale très grave et apparente, compromettant une ou plusieurs fonctions importantes de l'organisme, et le plus souvent incompatible avec la vie. V. *aussi* **Difformité, malformation.** ◇ Malformation grave affectant une partie du corps (emploi abusif en méd.). ♦ 2º Caractère de ce qui est monstrueux. *Fig. La monstruosité d'un crime.* V. **Atrocité, horreur.** ♦ 3º Chose monstrueuse (3º). « *Comment, vous, un homme de progrès, osez-vous en revenir à ces monstruosités ?* » (ZOLA).

MONT [mɔ̃]. *n. m.* (Xᵉ ; lat. *mons, montis*). Importante élévation de terrain. V. **Montagne.** ♦ 1º (En emploi libre). *Poét.* ou *vx.* V. **Butte, colline, élévation, hauteur, montagne.** *Du haut des monts.* — *Spécialt. Les monts :* les Alpes. *Au delà des monts.* V. **Ultramontain.** ♦ 2º (Dans des expressions géographiques). *Le mont des Oliviers. Le mont Blanc.* — *Au plur. Les monts du Cantal.* ♦ 3º *Loc. Monts et par vaux :* à travers tout le pays, de tous côtés, partout. *Il est sans cesse par monts et par vaux :* en voyage. — *Promettre monts et merveilles* : des avantages considérables, des choses admirables, étonnantes. « *Ce futur conseiller vous promettait monts et merveilles* » (RADIGUET). ♦ 4º *Chirom.* Petite éminence charnue. *Les cinq monts de la main.* — *Anat. Mont de Vénus.* V. **Pénil.** ◇ ANT. **Plaine, val.** — HOM. **Mon.**

MONTAGE [mɔ̃taʒ]. *n. m.* (1604 ; de *monter*, II). ♦ 1º (*Rare*). Action de monter, de porter plus haut, d'élever. *Montage des grains.* ♦ 2º (1765, *montage de métier* (filatures). Opération par laquelle on assemble les pièces (d'un mécanisme, d'un dispositif, d'un objet complexe) pour le mettre en état de servir, de fonctionner. V. **Arrangement, assemblage, disposition.** *Montage des couteaux, des chaussures.* — *Montage des manches.* — *Montage d'un moteur au banc d'essai.* « *Son atelier de montage est à peu près installé* » (ROMAINS). *Chaîne de montage. Montages de précision. Montage en bijouterie.* V. **Monture.** — *Électr.* et *radio.* Mode d'association de différents organes et circuits. *Montage en parallèle, en série.* — *Imprim.* Réunion de la composition, des clichés (pour former une page, etc.). *Spécialt.* Fixation (d'un cliché, d'un élément de composition) pour l'amener au niveau voulu. — Groupement sur un support (verre, plastique) des éléments de la forme d'impression (offset). V. **Photo-montage.** ♦ 4º *Cin.* Choix et assemblage des plans d'un film dans certaines conditions d'ordre et de temps. *Film de montage :* constitué d'éléments préexistants assemblés. *Par ext. Un montage,* ce film. — *Par anal.* Organisation dans le temps d'éléments sonores enregistrés : *montage sonore.* ♦ 5º Ce qui est monté ; résultat d'un montage (2º). *Montage électronique imprimé.* (*Syn.* CIRCUIT). ◇ ANT. **Démontage, dislocation.**

MONTAGNARD, ARDE [mɔ̃taɲaʁ, aʁd(ə)]. *adj.* et *n.* (1512 ; de *montagne*). ♦ 1º Qui habite les montagnes, vit dans les montagnes. *Peuples montagnards.* — *Subst.* Habitant des montagnes. ♦ 2º *Hist.* Conventionnel appartenant, siégeant à la Montagne*. *Montagnards et Girondins.* ♦ 3º Relatif à la montagne. *Vie montagnarde.*

MONTAGNE [mɔ̃taɲ]. *n. f.* (déb. XIIᵉ ; lat. pop. *°montanea,* fém. subst. de *°montaneus,* class. *montanus,* de *mons.* V. **Mont**). ♦ 1º Importante élévation de terrain. V. **Accident** (de terrain), **colline, éminence, hauteur ; djebel, puy, rocher, volcan.** *Sommet aigu* (V. **Aiguille, cime, dent, pic, piton, pointe**), *arrondi* (V. **Ballon, croupe, mamelon**) *d'une montagne.* V. *aussi* **Crête, faîte.** *Flancs, pente, versant d'une montagne.* **Base, pied d'une montagne. Hauteur d'une montagne.** V. **Altitude.** — *Chaîne, massif de montagnes. Cirque de montagnes.*

Montagne figurée sur un blason. V. **Terrasse.** ◇ *Loc. C'est la montagne qui accouche d'une souris :* se dit par raillerie des résultats décevants, dérisoires d'une entreprise, d'un ambitieux projet. — *Grand comme une montagne :* très grand. — *Se faire une montagne de qqch. :* s'en exagérer les difficultés, l'importance. « *Je n'en fis pas des montagnes* » (BEAUVOIR). — *Soulever les montagnes,* se jouer de grandes difficultés. *Il ferait battre des montagnes,* il sème partout la discorde. — *Il n'y a que les montagnes qui ne se rencontrent* pas.* ♦ 2º LES MONTAGNES, LA MONTAGNE, ensemble de montagnes (chaîne, massif) ; zone, région de forte altitude (*opposé à* la plaine). *Pays de montagne.* V. **Montagneux.** *Flore, faune des montagnes.* V. **Monticole.** — *Habiter la montagne.* V. **Montagnard.** *Chalet de montagne. Passer ses vacances à la montagne* (*opposé à* la mer, à la campagne). *Excursion en montagne. Stations de montagne. Sports de montagne* ou *sports d'hiver.* V. **Alpinisme, ascension, ski.** — *La haute, la moyenne montagne. La montagne à vaches :* les zones d'alpages, où paissent les troupeaux (*péj.* dans la bouche des alpinistes). ◇ *Géogr.* (V. **Relief ; orogénie, orographie**). *Montagnes jeunes,* formées par des plissements, par volcanisme. *Montagnes anciennes :* massifs rajeunis par l'érosion ou les mouvements du sol. ♦ 3º *Fig.* Amas, amoncellement. « *Les neuf autres tombereaux, avec leurs montagnes de choux* » (ZOLA). ♦ 4º *Hist.* LA MONTAGNE, les bancs les plus élevés de l'assemblée conventionnelle où siégeaient les députés de gauche, conduits par Robespierre et Danton. ♦ 5º (1848). MONTAGNES RUSSES : suite de montées et de descentes rapides parcourues par un véhicule, dans les foires (On dit aussi *scenic railway*). — *Fig.* Suite de montées et de descentes. « *Le bateau s'enfonça, c'était les montagnes russes* » (SARTRE).

MONTAGNETTE [mɔ̃taɲet]. *n. f.* (XVᵉ ; de *montagne*). *Fam.* Petite montagne. « *Les Alpines, cette chaîne de montagnettes pas bien méchantes ni très hautes* » (DAUD.).

MONTAGNEUX, EUSE [mɔ̃taɲø, øz]. *adj.* (1265 ; de *montagne*). Où il y a des montagnes ; formé de montagnes. *Région montagneuse. Massif montagneux.* ◇ ANT. **Plat.**

MONTAISON [mɔ̃tezɔ̃]. *n. f.* (1834 ; « action de monter », XVIᵉ ; de *monter*). *Techn.* Migration des saumons qui montent en eau douce pour aller frayer ; saison de cette migration. V. **Frai.**

MONTANISME [mɔ̃tanism(ə)]. *n. m.* (1846 ; de *Montanus*). *Relig. chrét.* Doctrine hérétique de Montanus, croyance dans l'intervention perpétuelle du Saint-Esprit.

MONTANISTE [mɔ̃tanist(ə)]. *n.* et *adj.* (1732 ; de *Montanus*). *Relig.* Partisan de Montanus. *Adj. Doctrine, secte montaniste.*

MONTANT, ANTE [mɔ̃tɑ̃, ɑ̃t]. *adj.* et *n.* (XIIᵉ ; de *monter*). **I.** *Adj.* Qui monte. ♦ 1º Qui se meut de bas en haut. *Mouvement montant. Marée montante. Bateau montant :* qui remonte le courant (par oppos. à *avalant*). — *Milit. Garde* montante.* — *Par ext. Train montant :* qui se dirige vers Paris ou vers l'origine de la ligne. — *Mus. Gamme montante.* ♦ 2º Qui va, s'étend vers le haut. *Chemin montant* (V. **Escarpé**). — *Par ext.* (*opposé à* décolleté) *Corsage montant. Robe montante.* — *Par ext. Techn. Joints montants :* verticaux. — *Colonne** (II, 6º) *montante* (de gaz, d'eau chaude). **II.** *N. m.* ♦ 1º (1296). Pièce verticale (*opposé à* traverse) dans un dispositif, une construction, une charpente (en *Archit.* on dit plutôt *Pied-droit*). V. **Jambage, portant.** *Montants d'une fenêtre. Montants d'une échelle.* « *Les montants et barreaux du lit sont en fer* » (ROMAINS). ◇ *Montants de bride :* partie de la bride qui va du mors aux côtés du frontail. ♦ 2º *Fig.* (XVIIᵉ ; « excédent », 1514). Chiffre auquel monte, s'élève un compte. V. **Chiffre, somme, total.** *Le montant des frais.* ♦ 3º Goût relevé, saveur piquante. *Donner du montant à une sauce.* V. **Corser.** *Vin qui a du montant :* de la force et du bouquet. ◇ *Fig.* et *vx* (XIXᵉ) Charme, entrain, piquant. « *J'ai du montant, un chic...* » (MIRBEAU). ◇ ANT. **Descendant.**

MONT-BLANC [mɔ̃blɑ̃]. *n. m.* (mil. XXᵉ ; du *mont Blanc,* montagne franç.). Crème ou gâteau de marrons garni de crème fouettée (allus. à une montagne neigeuse).

MONT-DE-PIÉTÉ [mɔ̃dpjete]. *n. m.* (1576 ; mauvaise trad. de l'it. *monte di pietà* « crédit de pitié »). Établissement de prêt sur gage (appellation mod. : Crédit municipal). **Tante** (ma tante, *pop.*). *Engager sa montre au mont-de-piété.* V. **Clou.** *Reconnaissance du mont-de-piété.*

MONTE [mɔ̃t]. *n. f.* (1584 ; « montant, valeur, intérêt », XIIIᵉ ; de *monter*). ♦ 1º *Zootech.* Pratique de l'accouplement chez les Équidés et les Bovidés ; ensemble du service des mâles pendant une période limitée à une saison déterminée. *Accouplement, saillie.* — Saillie. *Mener une jument à la monte.* ♦ 2º (Fin XIXᵉ). Action de monter un cheval en course ; manière de monter d'un cavalier, d'un jockey. *Monte adroite, défectueuse.*

MONTE-CHARGE [mɔ̃tʃaʁʒ(ə)]. *n. m. invar.* (1862 ; de *monter,* et *charge*). Appareil servant à monter des marchandises, des fardeaux, d'un étage à l'autre. V. **Élévateur, monte-plats, monte-sac.** *L'ascenseur* et le monte-charge.*

MONTÉE [mɔ̃te]. *n. f.* (fin XIIᵉ; de *monter*). ◆ 1° Action de monter (I). ◇ Action de grimper, de se hisser quelque part. V. **Escalade, grimpée.** *Être essoufflé par une pénible montée. Montée à l'échelle.* « *La montée dans la voiture* » (BOURGET). ◇ *(Choses)* Action de s'élever. V. **Ascension.** *Montée d'un ballon, d'un avion.* « *L'ascenseur à la descente comme à la montée est toujours plein* » (MICHAUX). *Montée d'une voûte*.* — *Montée des eaux.* V. **Crue.** *Montée du lait, de la sève.* Fig. *Montée des prix.* V. **Hausse.** ◆ 2° Action de monter (II). ◇ Action de gravir. *La montée d'une côte.* « *Des montées de côte au soleil* » (FLAUB.). ◇ *(Rare)* Action de monter (un objet). « *Il surveilla la montée de ses belles valises... dans sa chambre* » (ROMAINS). ◆ 3° Pente que l'on gravit. V. **Côte, grimpée, raidillon, rampe.** *Montée abrupte. Maison en haut de la montée.* ◇ ANT. Descente; baisse, chute, diminution; avilissement. Palier.

MONTE-EN-L'AIR [mɔ̃tɑ̃lɛʀ]. *n. m. invar.* (1885; de *monter en l'air*). Pop. Cambrioleur.

MONTE-PENTE. *Rare.* V. **REMONTE-PENTE.**

MONTE-PLATS [mɔ̃tpla]. *n. m. invar.* (1894; de *monter*, et *plats*). Petit monte-charge qui sert à faire monter ou descendre les plats de la cuisine à la salle à manger.

MONTER [mɔ̃te]. *v.* (déb. XIIᵉ; lat. pop. °*montare*, de *mons*. V. **Mont**).

I. *V. intr.* (Auxil. *être*, ou *avoir*). Ⓐ *(Êtres animés).* ◆ 1° Se déplacer dans un mouvement de bas en haut; se transporter vers un lieu plus haut que celui où l'on était, s'y placer. *Monter sur une éminence, une hauteur.* V. **Grimper.** *Monter en haut*, au haut d'une tour, là-haut.* — *Monter au grenier, dans sa chambre. Monter par l'ascenseur.* — *Monter se coucher.* « *Elle monta s'enfermer dans sa chambre* » (FLAUB.). — *Monter sur un arbre, à un arbre.* V. **Grimper.** *Monter sur une échelle, à une échelle. Monté sur une chaise : juché.* ◇ Par anal. Se dresser, s'élever. *Danseuse qui monte sur les pointes.* Fig. *Monter sur ses ergots*.* ◇ Loc. *Monter sur les planches*. Monter à l'échafaud.* — *Monter à cheval.* Absolt. *Monter à califourchon, en amazone. Il monte bien. Police montée, à cheval.* — *Monté sur des patins, une luge.* — *Monter sur un véhicule, dans une voiture, en voiture. Monter sur un bateau, monter à bord.* V. **Embarquer** (s'). — *Monter à* (ou *en*) *bicyclette. Monter dans un taxi, un train, un avion. Il n'est jamais monté en avion : il ne l'a jamais pris.* V. **Prendre.** — *Monter à l'assaut, au front, en ligne.* ◆ 2° Par ext. et fam. Se déplacer du sud vers le nord (en raison de l'orientation des cartes géographiques où le Nord est en haut). « *Dans le Midi, j'étais un embusqué; monter à Paris, c'était monter au front* » (MONTHERLANT). ◆ 3° Fig. Progresser dans l'échelle sociale, s'élever dans l'ordre moral, intellectuel. *Monter en grade : obtenir de l'avancement.* V. **Avancer.** *Fam.* Absolt. *La vedette qui monte.* ◆ 4° Jeu. Surenchérir; augmenter la mise. — *Cartes.* Mettre une carte supérieure. Ⓑ *(Choses).* ◆ 1° S'élever dans l'air, dans l'espace. *Le soleil monte au-dessus de l'horizon.* — *L'avion monte à six mille mètres. Les brouillards qui montent du fleuve.* ◆ 2° Par anal. Se dit des sons, des odeurs, des impressions qui émanent des choses. *Bruits montant de la rue.* — Par ext. *Nos prières montent vers vous.* ◇ En parlant de phénomènes physiologiques, des effets d'émotions apparaissant en un point élevé du corps, du visage. *La colère fait monter le sang au visage, à la tête* (V. **Attirer, porter**). *Le rouge m'est monté au front.* « *Les larmes lui montaient aux yeux* » (DUHAM.). — *La moutarde lui monte au nez.* V. **Emporter** (s'). — *Le vin lui est monté à la tête.* V. **Enivrer.** — Fig. « *Les fumées de l'ambition me montaient à la tête* » (ROUSS.). V. **Exalter, griser, troubler.** ◆ 3° S'élever en pente. *Là où la route monte.* V. **Montée.** — Par anal. *S'étendre jusqu'à une certaine hauteur. Bas qui montent à mi-cuisse.* ◆ 4° Gagner en hauteur. *Le tas, le niveau monte. La maison en construction commence à monter. Les blés montent.* V. **Pousser.** *Monter en graine*.* ◆ 5° *(Fluides).* Progresser, s'étendre vers le haut. *La sève brute monte par les vaisseaux ligneux de la racine jusqu'au bois de la tige. Le mercure monte dans le thermomètre, le baromètre.* Par ext. *Le baromètre monte, a monté.* — *Le lait monte sur le feu. Monter comme une soupe au lait* (au *fig.* S'emporter). — Absolt. et fig. *Faire monter qqn* : exciter sa colère. — ◇ Spécialt. Se dit de la mer, des rivières, dont le niveau gagne en hauteur. *La Seine a monté de cinquante centimètres.* « *La mer montait, chassant peu à peu vers la ville les premières lignes des baigneurs* » (MAUPASS.). ◆ 6° Mus. Aller du grave à l'aigu. *Le ton monte* : la discussion tourne à la dispute. ◆ 7° Aller en augmentant (des prix), hausser de prix (des biens, des marchandises). V. **Augmenter.** *Les prix ne cessent de monter. Ses actions ont monté.* — Fig. *Grandir, atteindre un degré élevé.* « *Une sainte gloire de maman dont la température montait en flèche* » (H. BAZIN) : très vite. *Sa gloire montait.* ◆ 8° Atteindre un total. V. **Montant.** *À combien montera la dépense?*

II. *V. tr.* (Auxil. *avoir*). ◆ 1° Parcourir en s'élevant, en se dirigeant vers le haut. V. **Gravir.** *Monter les marches d'un escalier. Monter un escalier. Monter une côte, une rampe.* V. **Escalader, grimper.** — Fig. *Monter la gamme,* chanter ou jouer une gamme du son le plus bas au plus aigu. — Par ext. *Monter la garde.* V. **Garde.** ◆ 2° Être sur (un animal dit *monture*). *Monter un cheval. Ce cheval n'a jamais été monté.* ◆ 3° Couvrir (la femelle), en parlant du cheval et d'autres quadrupèdes. V. **Monte; saillir, servir.** ◆ 4° Porter, mettre en haut (qqch.). *Monter une malle au grenier. Monter l'eau d'un puits. La concierge monte le courrier* (aux occupants des étages). ◆ 5° Porter, mettre plus haut, à un niveau plus élevé. V. **Élever, exhausser, hausser, lever, rehausser, relever, remonter; surélever, surhausser.** *Monter la crémaillère d'un cran. Monter la mèche d'une lampe.* — *Collet* monté.* — Mus. *Monter un instrument, un violon : le mettre à un ton plus élevé.* ◇ Fig. MONTER LA TÊTE à qqn, ou simplement MONTER QQN : l'animer, l'exciter contre qqn. « *C'est elle qui monte la tête à Valorin contre moi* » (AYMÉ). *Se monter la tête, l'imagination* : s'exalter, se faire des idées, des illusions. ◆ 6° Mettre en état de fonctionner, de servir, en assemblant les différentes parties. V. **Ajuster, assembler; montage, monteur.** *Monter une machine, un échafaudage, un fusil. Monter la tente.* V. **Dresser.** — Imprim. *Monter une page.* — Au p. p. *Installation mal montée.* Pâtiss. *Pièce* montée.* ◇ *Monter un film.* V. **Montage.** ◆ 7° Fig. *Monter une pièce de théâtre* : en préparer la représentation. — *Monter une affaire, une entreprise, une société.* V. **Constituer, établir, organiser.** *Monter un complot.* V. **Combiner, ourdir.** — *Monter un coup.* — *Coup* monté.* — Fam. *Monter le coup à qqn* : lui en faire accroire (Cf. *Monter un bateau**). ◆ 8° Fournir, pourvoir de tout ce qui est nécessaire. *Monter un cavalier en lui fournissant le cheval et l'équipement. Monter son ménage, son trousseau.* ◆ 9° Fixer définitivement. *Monter un diamant sur une bague.* V. **Enchâsser, sertir; monture.** *Monter une pièce d'or sur une épingle.* Fig. *Monter (une chose) en épingle*.*

III. SE MONTER. *v. pron.* ◆ 1° Être monté. *Côte, escalier qui se monte facilement. Cheval rétif qui se monte difficilement.* ◆ 2° Se pourvoir. *Se monter en linge, en livres.* V. **Fournir** (se), **pourvoir** (se). *Il s'est bien monté en matériel.* ◆ 3° S'exciter. *La tête, l'imagination se monte.* Fam. *Se monter* : se mettre en colère. V. **Irriter** (s'). — Fam. ÊTRE MONTÉ : de mauvaise humeur, en colère. « *Tout à l'heure, vous étiez joliment montée contre lui* » (ZOLA). ◆ 4° S'élever à (un total). V. **Atteindre.** *Les frais se sont montés à cent francs.*
◇ ANT. Abaisser, baisser, démonter, descendre, diminuer.

MONTE-SAC(S) [mɔ̃tsak]. *n. m. invar.* (fin XIXᵉ; de *monter*, et *sac*). Appareil de levage employé dans les docks, pour monter les sacs.

MONTEUR, EUSE [mɔ̃tœʀ, øz]. *n.* (*Munteor* « cavalier », XIIᵉ; de *monter*). ◆ 1° (1765, en horlogerie). Personne qui monte (II, 6°) certains ouvrages, appareils, machines; ouvrier, technicien qui effectue des opérations de montage. *Monteur-ajusteur,* assembleur. *Monteur électricien. Monteuse en fleurs artificielles, en parapluies.* — Cout. *Monteuse en cols.* ◆ 2° Spécialiste chargé du montage des films. « *Metteurs en scène, acteurs, script-girls, monteuses* » (BEAUVOIR). *Chef monteur, assistant monteur.* ◆ 3° Fig. Personne qui prépare, combine. *Un monteur d'affaires; une monteuse de coups.*

MONTGOLFIÈRE [mɔ̃gɔlfjɛʀ]. *n. f.* (1782; du nom des inventeurs). Ancienn. Aérostat formé d'une enveloppe remplie d'air chauffé et dilaté par un foyer placé dessous. V. **Ballon.**

MONTICOLE [mɔ̃tikɔl]. *adj.* (1846; lat. *monticola*; suff. *-cole*). Didact. et rare. Qui vit dans les montagnes.

MONTICULE [mɔ̃tikyl]. *n. m.* (1488; bas lat. *monticulus*, dimin. de *mons*). Petite montagne. V. **Butte, éminence, hauteur.** ◇ Par ext. Petite bosse de terrain (V. **Tertre**); tas de matériaux. *Monticule de pierres.* V. **Tas.**

MONTJOIE [mɔ̃ʒwa]. *n. m.* (XIIᵉ; de *mont*, et *joie*, altér. frq. °*mund-gawi* « protection du pays »). Vx. Monceau de pierres (indication d'un chemin; monument commémoratif).

MONTMORENCY [mɔ̃mɔʀɑ̃si]. *n. f. invar.* (1868; nom de lieu). Variété de cerise acide. V. **Griotte.**

MONTOIR [mɔ̃twaʀ]. *n. m.* (1160; de *monter*). ◆ 1° Grosse pierre, billot ou banc pour monter sur un cheval. « *Un banc de pierre, qui servait de montoir* » (BALZ.). ◆ 2° (1873). Techn. Outil servant à monter des pièces métalliques.

MONTRABLE [mɔ̃tʀabl(ə)]. *adj.* (XIIIᵉ; de *montrer*). Rare. Qui peut être montré. « *Tu n'étais guère montrable* » (ARAGON). V. **Présentable.**

1. MONTRE [mɔ̃tʀ(ə)]. *n. f.* (*Mostre*, 1243; de *montrer*). Vx, littér. ou spécialt. Action de montrer, de mettre en vue. ◆ 1° Vx ou littér. V. **Démonstration, étalage, exhibition, parade.** « *Il n'avait aucune affectation extérieure, ni montre d'austérité* » (RENAN). — *Pour la montre, pour l'apparence extérieure, la parade.* — Loc. FAIRE MONTRE DE : montrer avec affectation, faire parade (V. **Étaler, exhiber**). Mod. Montrer au grand jour, révéler, faire preuve. « *Pour faire montre de sa largeur d'esprit* » (PROUST). ♦ 2° Comm. *Vx.* Étalage de marchandises pour attirer les acheteurs. — *Mod.* V. **Éventaire, vitrine.** « *Vous avez guigné quelques jolis volumes que j'ai en montre* » (ROMAINS). ♦ 3° Techn. Poterie d'essai, pour déterminer la température d'un four de potier, de porcelainier.

2. MONTRE [mɔ̃tr(ə)]. *n. f.* (XVIe; du précéd., « objet qui *montre* l'heure »). *Cour.* ♦ 1° Petite boîte à cadran contenant un mouvement d'horlogerie, qu'on porte sur soi pour savoir l'heure (*pop.* Tocante). *La montre est une horloge de petite dimension pouvant fonctionner dans toutes les positions. Montre de gousset, de poche. Chaîne de montre.* « *Ces anciennes montres de nos pères, en forme d'oignons* » (NERVAL). *Montre portée au poignet.* V. **Montre-bracelet.** *Montre de précision.* V. **Chronomètre.** *Boîtier, verre, cadran, aiguilles d'une montre. Montre à répétition,* qui sonne l'heure quand on appuie sur un poussoir. *Mettre sa montre à l'heure, remonter sa montre.* ♦ 2° *Loc. Montre en main,* en mesurant le temps avec précision, en minutant. *J'ai mis un quart d'heure montre en main pour aller à la gare.* ♦ (Sports) *Course contre la montre,* où chaque coureur part seul, le classement s'effectuant d'après le temps mis par les concurrents; *au fig.* Entreprise qu'on doit mener à bien dans un délai très bref. ◇ *Loc. Dans le sens* des aiguilles d'une montre.* V. **Dextrorsum.**

MONTRE-BRACELET [mɔ̃trəbrasls]. *n. f.* (XXe; de *montre* 2, et *bracelet*). Montre montée sur un bracelet de cuir, de métal, etc. (appelée souvent simplement *Montre*). V. **Bracelet-montre.**

MONTRER [mɔ̃tre]. *v. tr.* (*Mostrer,* Xe; var. *monstrer;* lat. *monstrare*).
I. *(Sens propre).* ♦ 1° Faire voir, mettre devant les yeux. *Montrer un objet à qqn. Montrez sa chambre à Monsieur. Vendeur qui montre ses marchandises.* V. **Présenter; montre** (1). *Montrer son passeport, ses papiers.* V. **Exhiber.** *Montrer des animaux dressés* (V. **Montreur**). *Montrer patte* blanche. Montrer le poing*. Montrer ses charmes, ses richesses.* V. **Déployer, étaler, exhiber.** « *Partagé entre la vanité de montrer son trésor et la crainte de se le faire voler* » (ZOLA). *Montrer ses toilettes.* V. **Arborer.** *Montrer sa force pour n'avoir pas à s'en servir.* ◇ (Choses) *Peinture, film qui montre un personnage, un paysage.* ♦ 2° Faire voir de loin, par un signe, un geste. V. **Désigner, indiquer.** *Montrer du doigt les étoiles. Montrer le chemin, la voie.* ◇ (Choses) *Panneau, flèche qui montre le chemin, la sortie.* V. **Indiquer.** ♦ 3° Laisser voir, être fait ou disposé de telle sorte qu'un observateur puisse voir, apercevoir. *Montrer ses jambes en s'asseyant.* Loc. fig. *Montrer les dents*. Montrer le nez*, le bout de l'oreille*.* ◇ (Choses) *Robe qui montre les bras, le cou.* V. **Découvrir, dégager, dénuder.** *Tapis qui montre la corde.* ♦ 4° Faire voir (un texte), faire lire. « *Elle ne m'écrirait plus si elle savait que je montre ses lettres à d'autres hommes* » (MAC ORLAN).
II. *Fig.* Faire connaître. ♦ 1° Faire voir à l'esprit, faire imaginer. V. **Représenter.** *L'auteur montre dans ses livres un pays, une société.* V. **Décrire, dépeindre, évoquer, peindre.** « *Il suffit de montrer les choses telles qu'elles sont. Elles sont assez ridicules par elles-mêmes* » (RENARD). ◇ (Choses) *Récit qui montre aux lecteurs l'état d'un pays.* V. **Décrire.** ♦ 2° Faire constater, mettre en évidence. V. **Démontrer, établir, prouver, signaler, souligner.** « *La raison du plus fort est toujours la meilleure, Nous l'allons montrer tout à l'heure* » (LA FONT.). *Montrer à qqn qu'il a tort. Kant montre dans ses œuvres que... Dire, écrire, expliquer. Montrer comment, pourquoi...* ◇ (Choses) « *C'est la voix, surtout, qui montre l'éducation* » (ROMAINS). V. **Déceler.** *L'expérience nous montre que.* V. **Enseigner, instruire** (V). *Signes qui montrent la présence, l'imminence de qqch.* V. **Annoncer, déceler, dénoter, dénoncer.** *Ces détails montrent une habileté consommée.* V. **Attester, témoigner** (de). ♦ 3° *Vx.* Apprendre par l'exemple, l'explication. V. **Enseigner.** « *Ce libéral montrait le latin au fils Sorel* » (STENDHAL). ◇ *Mod. Montrer le maniement d'un appareil, montrer ce qu'il faut faire.* « *Je lui montrais à découper, à coller mes petites boîtes* » (ZOLA). ♦ 4° Faire paraître, faire connaître volontairement par sa conduite. *Montrer ce qu'on est réellement :* déposer, lever le masque. *Je lui montrerai qui je suis, de quel bois je me chauffe. Montrer ce qu'on sait faire,* donner toute sa mesure. *Montrer ses qualités avec affectation, complaisance.* V. **Afficher, étaler.** *Montrer à qqn son affection.* V. **Marquer, témoigner.** ♦ 5° Laisser paraître; révéler par l'attitude, le comportement. V. **Exprimer, extérioriser, manifester, témoigner.** *Montrer son étonnement, son émotion.* « *Il avait peur d'être froissé et surtout de le montrer* » (FRANCE). *Elle n'a jamais montré combien elle souffrait.* ◇ *Montrer de l'humeur, du courage, en avoir d'une manière visible, évidente.* « *Le petit Lord Byron montrait une force d'esprit très rare* » (MAUROIS).
III. SE MONTRER. *v. pron.* ♦ 1° Se faire voir intentionnellement; être vu. *Se montrer à qqn, se montrer quelque part.* V. **Apparaître, présenter** (se). *Il n'a qu'à se montrer pour être applaudi.* V. **Paraître.** ♦ 2° Se faire voir, connaître (sous

un aspect particulier, réel ou simulé). *Se montrer sous un jour favorable, tel qu'on est.* ♦ 3° Se montrer (et attribut) : être effectivement, pour un observateur. V. **Être.** *Se montrer courageux, habile.* V. **Révéler.** *La médecine s'est montrée impuissante.* V. **Avérer** (s'). *Se montrer le meilleur des maris.* « *Il s'était montré d'une pingrerie révoltante* » (MAC ORLAN). ◇ ANT. *Cacher, couvrir; fourvoyer; manquer* (de). *Disparaître.*

MONTREUR, EUSE [mɔ̃trœr, øz]. *n.* (1328; de *montrer*). Personne qui fait métier de montrer en public certaines curiosités. *Montreur d'ours, d'animaux.* V. **Meneur.** *Montreur de marionnettes* (marionnettiste).

MONTUEUX, EUSE [mɔ̃tɥø, øz]. *adj.* (XIVe, rare av. 1488; lat. *montuosus.* V. **Mont**). *Vieilli.* Qui présente des monts, des hauteurs. *Pays montueux,* au relief tourmenté. V. **Montagneux.** *Terrain montueux.* V. **Accidenté, inégal.** « *Stamboul est une ville fort montueuse* » (NERVAL). ◇ ANT. *Plat.*

MONTURE [mɔ̃tyr]. *n. f.* (1360; de *monter*).
I. Bête sur laquelle on monte pour se faire transporter. *Un cavalier et sa monture.* V. **Cheval.** *Enfourcher sa monture.* PROV. *Qui veut voyager loin ménage sa monture.* ◇ *Plaisant.* Vélo, moto.
II. ♦ 1° Action de monter un ouvrage. V. **Assemblage, montage.** ♦ 2° (1740). Partie d'un objet qui sert à assembler, fixer, supporter la pièce, l'élément principal. *Monture de chevalet. Monture d'épée,* la garde. *Monture de lunettes,* qui maintient les verres en place. *Monture d'un bijou, d'un diamant.*

MONUMENT [mɔnymã]. *n. m.* (980; lat. *monumentum*). ♦ 1° Ouvrage d'architecture, de sculpture, destiné à perpétuer le souvenir de qqn, qqch. *Monument commémoratif :* arc de triomphe, colonne, trophée, etc. — *Monument funéraire,* élevé sur une sépulture. V. **Mausolée, sépulcre, stèle, stoupâ, tombeau, tumulus.** — *Monument aux morts,* élevé à la mémoire des morts d'une même communauté, ou victimes d'une même catastrophe. *Monument aux morts de la guerre de 1914-18.* ♦ 2° Édifice, pierre dressée ou monceau de pierres, qui a une valeur religieuse, symbolique. *Science des monuments antiques.* V. **Archéologie.** *Monuments mégalithiques, préhistoriques.* ♦ 3° *Rare.* Ce qui conserve ou exalte le souvenir d'une personne, d'une chose; ce qui sert de document, d'archives. ♦ 4° *Cour.* Édifice remarquable par son intérêt archéologique, historique ou esthétique. V. **Bâtiment, construction, édifice, palais.** *Monument historique, classé. Monument public.* ◇ (*Fam.*) Objet énorme. *Cette armoire est un véritable monument.* ♦ 5° *Fig.* Œuvre imposante, vaste, digne de durer. « *L'Encyclopédie est un monument qui honore la France* » (VOLT.). ♦ 6° *Fam.* Un monument de... « *Le traité d'Aix-la-Chapelle a passé pour un monument d'absurdité* » (BAINVILLE).

MONUMENTAL, ALE, AUX [mɔnymãtal, o]. *adj.* (1806; de *monument*). ♦ 1° Qui a un caractère de grandeur majestueuse. V. **Grand, imposant.** « *Le pin a quelque chose de monumental; ses branches ont le port de la pyramide* » (CHATEAUB.). *Fig. L'œuvre monumentale de Hugo.* ♦ 2° *Didact.* Relatif aux monuments. *Histoire monumentale.* ◇ Qui constitue un monument, fait partie d'un monument. *Sculpture, statue, peinture monumentale.* ♦ 3° *Fam.* (1873). Énorme. V. **Colossal, démesuré, gigantesque, immense.** « *Un monumental baromètre à mercure* » (DUHAM.). *Il est d'une bêtise monumentale.* V. **Prodigieux.** *Erreur monumentale.*

MONUMENTALITÉ [mɔnymãtalite]. *n. f.* (1909; h. 1845; de *monumental*). *Didact.* Caractère monumental (d'une construction, d'une œuvre d'art), résultant surtout des proportions et du style.

1. MOQUE [mɔk]. *n. f.* (1678; néerl. *mok*). *Mar.* Bloc de bois percé intérieurement d'un trou par lequel passe un cordage, et muni sur son pourtour d'une cannelure pour recevoir une estrope.

2. MOQUE [mɔk]. *n. f.* (1780; néerl. *mokke* « aiguière »). *Région.* Récipient servant de mesure. *Une moque de bière, de tabac.*

MOQUER [mɔke]. *v.* (1180; o. i.; p.-ê. onomat.).
I. V. tr. *Littér.* Tourner en ridicule, faire un objet de dérision ou de plaisanterie de (qqn, qqch.). V. **Ridiculiser.** « *Il se vit bafoué, Berné, sifflé, moqué, joué* » (LA FONT.). « *Il ne me déplaît pas d'être moqué* » (GIDE).
II. V. pron. ⒶⓈ ♦ 1° *Cour.* SE MOQUER (de qqn, de qqch.). Tourner en ridicule. V. **Bafouer, blaguer, chiner, dauber, gausser** (se), **narguer, persifler, railler, ridiculiser, rire** (de); Cf. *fam.* et *pop.* Mettre en boîte, se fich(r)e, se foutre de, se payer la tête. *Il se moque de son professeur en l'imitant.* V. **Contrefaire, parodier.** *Je me moquai de sa frayeur.* « *Je n'ai pas envie de me faire moquer de moi* » (ROMAINS). ♦ 2° Ne pas se soucier, ne pas faire cas de (qqn, qqch.). V. **Dédaigner, mépriser.** *Je m'en moque* (Cf. *Je m'en balance, je m'en bats l'œil, je m'en fiche; pop.* je m'en fous, je m'en torche; *vulg.* je m'en branle). « *La vraie éloquence se moque de l'éloquence* » (PASC.). *Se moquer du qu'en-dira-t-on.* V. **Braver.** *Se moquer d'une chose comme de l'an quarante*, comme de sa première chemise. Se moquer du tiers comme du*

quart*. Fam. « *Léon se moquait pas mal des souvenirs de M. Octave* » (MONTHERLANT). — *Se moquer de* (et l'inf.), s'abstenir, refuser de faire une chose. *Prêcher* « *que l'État doit être fort et se moquer d'être juste* » (BENDA). ♦ 3° Tromper ou essayer de tromper (qqn) avec désinvolture. *Il s'est bien moqué de vous. Vous vous moquez du monde !* Ⓑ SE MOQUER. *Vieilli* ou *littér*. Ne pas agir, ne pas parler sérieusement. V. **Plaisanter**. *Vous vous moquez, je pense.*
◊ ANT. Admirer, flatter, respecter. Intéresser (s').

MOQUERIE [mɔkʀi]. *n. f.* (1272; de *moquer*). ♦ 1° *La moquerie* : action, habitude de se moquer. V. **Ironie, raillerie**. ♦ 2° *Une, des moquerie(s)* : action, parole par laquelle on se moque. V. **Impertinence, lazzi, persiflage, plaisanterie, quolibet, raillerie, satire**. « *Les moqueries reprenaient leur train et... Melchior était la risée de la ville* » (R. ROLLAND). ♦ 3° *Vx*. Action, parole absurde qui ne mérite pas d'être prise au sérieux. V. **Absurdité, plaisanterie**. ◊ ANT. Admiration, flatterie, respect.

MOQUETTE [mɔkɛt]. *n. f.* (1650; *moucade*, 1611; o. i.). ♦ 1° Étoffe dont la trame et la chaîne sont de fil et qui est veloutée en laine. « *Un large tapis de moquette* » (DUHAM.). ♦ 2° *Cour*. Tapis cloué, couvrant généralement toute la surface d'une pièce. « *La moquette beige, uniforme et moelleuse, qui tapissait l'ancien appartement de M. Thibault* » (MART. du G.).

MOQUETTER [mɔkete]. *v. tr.* (mil. XX°; de *moquette*). Recouvrir de moquette. *Moquetter une chambre. Maison moquettée.*

MOQUEUR, EUSE [mɔkœʀ, øz]. *adj.* et *n.* (v. 1180; de *moquer*). ♦ 1° Qui a l'habitude de se moquer (I), qui est enclin à la moquerie. V. **Blagueur, caustique, frondeur, goguenard, gouailleur, persifleur, pince-sans-rire**. « *La vraie femme est trop tendre pour être moqueuse* » (MICHELET). ◊ Subst. *C'est un moqueur*. ♦ 2° Qui est inspiré par la moquerie, qui indique un caractère porté à la moquerie. V. **Ironique, narquois, piquant, railleur**. *Regard, rire moqueur*. ♦ 3° *N. m.* (1676). Genre d'oiseaux d'Amérique, du groupe des merles, qui imitent le chant des autres oiseaux. Par appos. *L'oiseau moqueur*. ◊ ANT. (des 1° et 2°) Admiratif, flatteur.

MORACÉES [mɔʀase]. *n. f. pl.* (mil. XX°; lat. sav., du lat. *morus* « mûrier »). *Bot*. Famille de plantes apétales (*ex*. : mûrier, figuier).

MORAILLE [mɔʀaj]. *n. f.* (1617; prov. *moralha*, de *mor* « museau », lat. pop. °*murru* « visière »; Cf. Morion). 1° *Techn*. Tenaille utilisée par le maréchal-ferrant pour pincer les naseaux d'un cheval rétif. V. **Tord-nez**. — Pince formant anneau, servant à maintenir et maîtriser les taureaux. 2° Plur. *Techn*. Tenailles, pinces de verrier. ♦ 3° *Archéol*. (a. fr. *moraille* « visière », XIII°). Pièce de fer à charnière fixant la visière au casque.

MORAILLON [mɔʀajɔ̃]. *n. m.* (XV°; *morillon*, 1360; de *moraille*). *Techn*. Plaque mobile à charnière, percée d'une fente dans laquelle passe un demi-anneau fixe (qu'on assujettit au moyen d'un cadenas) ou un pêne. *Rabattre le moraillon sur la serrure.*

MORAINE [mɔʀɛn]. *n. f.* (1779; savoyard *morena* « bourrelet de terre », d'un rad. prélat. *murr-* « tertre »). Débris de roche entraînés par un glacier. *Spécialt*. Accumulation, amas de forme caractéristique que constituent les *moraines déposées*. *Moraines latérales, médianes, frontales*.

MORAINIQUE [mɔʀenik]. *adj.* (1875; de *moraine*). Didact. (*Géol*.). Relatif à une moraine. *Dépôt, butte morainique. Amphithéâtre morainique.*

MORAL, ALE, AUX [mɔʀal, o]. *adj.* et *n. m.* (déb. XIII°, attesté par l'adv.; lat. *moralis*, de *mores* « mœurs »). I. *Adj.* ♦ 1° Qui concerne les mœurs, les habitudes et surtout les règles de conduite admises et pratiquées dans une société. *Attitude, expérience morale. Conscience* morale. Sens moral* : discernement du bien et du mal. *Valeurs morales. Jugement moral. Impératifs, principes moraux. Obligation, loi morale.* ♦ 2° Qui concerne l'étude philosophique de la Morale (I, 1°). V. **Éthique**. *Théorie morale.* « *L'enseignement presque tout moral des grands philosophes antiques* » (GIDE). ♦ 3° Qui est conforme aux mœurs, à la morale (I, 2°); qui est admis comme tel. V. **Honnête, juste**. — *Spécialt*. V. **Édifiant**. « *Êtes-vous édifié? Voilà une histoire morale... les méchants sont été punis et les bons récompensés* » (SARTRE). *Ce film n'est pas moral.* ♦ 4° *Philo*. Qui concerne l'action et le sentiment (*opposé* à logique, intellectuel). *Certitude morale.* ♦ 5° Relatif à l'esprit, à la pensée (*opposé* à matériel, physique). V. **Intellectuel, spirituel**. *L'homme matériel et l'homme moral* (l'âme, l'esprit). *Force morale. Douleurs morales et physiques.* Dr. *Personne morale.* — *Sciences morales*, qui étudient l'homme sur le plan spirituel (psychologie, sociologie, morale, histoire). *Académie des sciences morales et politiques.* II. *N. m.* (dér. du sens I, 5°). LE MORAL. ♦ 1° (1754). *Vieilli*. L'ensemble des facultés morales, mentales (caractère, esprit, âme). — Mod. *Au moral* : sur le plan moral, spirituel.

♦ 2° (1846). *Cour*. Disposition temporaire à supporter plus ou moins bien les dangers, les difficultés. *Le moral est bas, est bon. Le moral des troupes. Notre malade a bon moral.* « *M. Homais s'était efforcé de le raffermir, de lui remonter le moral* » (FLAUB.). « *On avait faim, on avait le moral à zéro* » (AYMÉ) : très bas. V. **Démoraliser**.
◊ ANT. Amoral, immoral. Corporel, matériel, physique.

MORALE [mɔʀal]. *n. f.* (1530, les *Moralles*, titre d'un « traité »; de *moral*). I. ♦ 1° (Déb. XVII°). Science du bien et du mal; théorie de l'action humaine en tant qu'elle est soumise au devoir et a pour but le bien. V. **Éthique**. « *La Morale est la science des lois naturelles* » (DIDER.). « *La Morale est la science des fins, la science de l'ordre idéal de la vie* » (RAUH). ◊ Doctrine morale. *Morales du devoir, de l'obligation* (V. **Déontologie**). *Morale kantienne, platonicienne, stoïcienne. Morale hédoniste, épicurienne. Morale* « *sans obligation ni sanction* » (GUYAU). *Morale métaphysique* (Métamorale), *religieuse. Morale chrétienne.* ♦ 2° Ensemble des règles de conduite considérées comme valables, de façon absolue. V. **Éthique; bien, valeur. Morale et conscience, et liberté. Conforme à la morale. V. Bien, bon.** « *La vraie morale se moque de la morale* » (PASC.). ♦ 3° Ensemble de règles de conduite découlant d'une conception de la morale. *Morale sévère, rigoureuse.* V. **Rigorisme**. *Morale d'ascète.* V. **Ascétisme**. *Les jansénistes reprochaient aux jésuites une morale relâchée* (V. **Laxisme**). *La morale d'un écrivain, d'une œuvre* : l'attitude morale, la leçon qui se dégage de son œuvre. ♦ 4° (XIX°). Ensemble des habitudes et des valeurs morales (V. **Mœurs**), dans une société donnée. *Étude sociologique des morales et des religions.* II. (1680, « sermon »). ♦ 1° Injonction, leçon de morale portant sur un point particulier. V. **Admonestation, leçon**. Vx. *De longues et ennuyeuses morales.* Mod. *Faire la morale, de la morale à qqn.* V. **Réprimande**. ♦ 2° Courte pièce ou conclusion en forme de leçon de morale. V. **Apologue, maxime, moralité**. *La morale d'une fable.* ♦ 3° Précepte, enseignement moral qu'on peut tirer d'une histoire, d'un événement. *La morale de cette histoire, c'est...* V. **Moralité**.
◊ ANT. Immoralité, mal.

MORALEMENT [mɔʀalmɑ̃]. *adv.* (v. 1225; de *moral*). ♦ 1° Conformément à une règle de conduite. *Se conduire, agir moralement.* ◊ Du point de vue éthique. *Action moralement mauvaise.* ♦ 2° Avec une certitude morale. *Être moralement sûr.* ♦ 3° Sur le plan spirituel, intellectuel. « *Il est de l'essence de l'Homme de créer, matériellement et moralement* » (BERGSON). ◊ ANT. Immoralement. Matériellement, physiquement.

MORALISANT, ANTE [mɔʀalizɑ̃, ɑ̃t]. *adj.* (1778; de *moraliser*). Qui moralise (I). V. **Moralisateur**.

MORALISATEUR, TRICE [mɔʀalizatœʀ, tʀis]. *adj.* et *n.* (1846; de *moraliser*). Qui fait la morale, édifie. V. **Édifiant**. *Influence moralisatrice.* « *Je voulais éviter le ton moralisateur* » (GIDE). — N. « *Une littérature de moralisateur* » (DUHAM.). V. **Moraliste**.

MORALISATION [mɔʀalizasjɔ̃]. *n. f.* (1823; de *moraliser*). Action de rendre moral, de moraliser (II). V. **Édification**. ◊ ANT. Corruption, démoralisation.

MORALISER [mɔʀalize]. *v.* (1375; de *moral*). I. Faire des leçons de morale. ♦ 1° V. *intr*. Faire des réflexions morales dans une intention édifiante. V. **Prêcher**. ♦ 2° V. *tr*. Instruire ou reprendre (qqn) en lui faisant la morale. V. **Admonester, catéchiser, sermonner**. « *Elle s'était emparée d'Athanase qu'elle moralisait en lui débitant les plus étranges lieux communs* » (BALZ.). II. (1834). *Vieilli*. Rendre moral, élever moralement. « *Éclairer le peuple, c'est le moraliser* » (HUGO). ◊ ANT. Corrompre; pervertir.

MORALISME [mɔʀalism(ə)]. *n. m.* (1771, « moralité »; sens philos. 1842, d'apr. al. *Moralismus*; de *morale*). ♦ 1° Attitude qui consiste à sacrifier toutes les valeurs à la valeur morale. ♦ 2° Attachement strict et formaliste à une morale. « *Le moralisme simpliste de ce puritain* » (MART. du G.). ◊ ANT. Immoralisme.

MORALISTE [mɔʀalist(ə)]. *n. m.* (1690; de *morale*). ♦ 1° *Rare*. Auteur qui écrit, qui traite de la morale. *Les grands moralistes grecs.* ♦ 2° (Répandu XIX°). Auteur de réflexions sur les mœurs, sur la nature et la condition humaines. *Montaigne, Pascal, La Rochefoucauld, La Bruyère, Vauvenargues, célèbres moralistes français.* ♦ 3° Personne qui, par ses œuvres, son exemple, donne des leçons, des préceptes de morale. V. **Moralisateur**. « *Un moraliste austère* » (GAUTIER). — Adj. *Elle a toujours été moraliste. Attitude moraliste* : empreinte de moralisme. ◊ ANT. Immoraliste.

MORALITÉ [mɔʀalite]. *n. f.* (fin XII°; lat. *moralitas*). ♦ 1° Caractère moral, valeur au point de vue moral, éthique. V. **Mérite**. *Moralité d'une action, d'une attitude.* ◊ *Absolt*. Valeur morale positive. « *La moralité de l'artiste est la force et la vérité de sa peinture* » (BARBEY). ♦ 2° Attitude, conduite ou valeur morale. *Faire une enquête sur la moralité* *de qqn. Personne de haute moralité. La moralité de son fils l'inquiète.* V. **Mentalité.** ◇ *Absolt.* Sens moral (V. **Conscience**) ; vie conforme aux préceptes de la morale (V. **Honnêteté**). *Témoins, certificat de moralité.* « *Un jeune homme sans moralité* » (BALZ.). ♦ 3° *Vieilli.* Réflexion morale. V. **Morale** (II, 2°) ; maxime, sentence. Enseignement moral que l'on peut tirer d'un événement, d'un récit. *La moralité d'une fable.* V. **Conclusion, enseignement.** ◇ *Hist. litt.* Au moyen âge, Courte pièce de théâtre, souvent allégorique, à l'intention édifiante. ◇ ANT. *Immoralité.*

MORASSE [mɔʀas]. *n. f.* (1845 ; it. *moraccio* « noiraud », de *moro* « noir »). *Imprim.* Dernière épreuve, faite généralement à la brosse, lorsque la mise en pages du journal est terminée.

1. **MORATOIRE** [mɔʀatwaʀ]. *adj.* (1765 ; lat. jur. *moratorius,* de *morari* « retarder »). *Dr.* Qui accorde un délai. — *Intérêts moratoires,* dus pour retard au paiement de la créance.

2. **MORATOIRE** [mɔʀatwaʀ]. *n. m.* ou **MORATORIUM** [mɔʀatɔʀjɔm]. *n. m.* (v. 1920,-1913 ; du précéd.). *Dr.* Disposition légale suspendant l'exigibilité des créances, le cours des actions en justice. V. **Délai, suspension.** *Des moratoires, des moratoriums.*

MORBIDE [mɔʀbid]. *adj.* (xvᵉ ; lat. *morbidus*). ♦ 1° *Méd.* Relatif à la maladie. *État morbide.* V. **Pathologique.** ♦ 2° *Cour.* Anormal, causé par un dérèglement psychique. V. **Dépravé.** *Curiosité, imagination morbide.* V. **Maladif, malsain.** ♦ 3° Qui flatte les goûts dépravés. *Littérature morbide.* V. **Malsain.** ◇ ANT. *Sain.*

MORBIDESSE [mɔʀbidɛs]. *n. f.* (1676 ; *morbidezza,* 1580 ; mot. it., de *morbido* « doux » ; Cf. Morbide). ♦ 1° *Littér.* Grâce un peu maladive, langueur, nonchalance. ♦ 2° *Peint.* Délicatesse et souplesse dans le modelé des chairs (V. **Langueur**). « *Des têtes italiennes d'une morbidesse délicieuse* » (GAUTIER).

MORBIDITÉ [mɔʀbidite]. *n. f.* (av. 1850 ; de *morbide*). *Didact.* ♦ 1° Caractère morbide. *Morbidité d'un état.* ♦ 2° Ensemble des causes qui peuvent produire une maladie. 3° *Démogr.* Nombre (absolu ou relatif) des malades dans un groupe donné et pendant un temps déterminé. *Tables de morbidité.*

MORBILLEUX, EUSE [mɔʀbijø, øz]. *adj.* (1842 ; du lat. médiév. *morbillus* « éruption, rougeole », proprem. « petite maladie » ; Cf. it. *Morbilla*). *Méd.* Relatif à la rougeole. *Virus morbilleux.* Encéphalite morbilleuse.

MORBLEU [mɔʀblø]. *interj.* (1612 ; euphém. pour *mort de Dieu, mordieu,* xvᵢᵉ). *Vx.* Juron en usage surtout au xviiᵉ s. V. **Palsambleu.**

MORBUS [mɔʀbys]. *n. m.* (1765). V. CHOLÉRA.

MORCEAU [mɔʀso]. *n. m.* (*Morsel,* 1155 ; de l'a. fr. *mors* « morceau, morsure »). ♦ 1° Partie, quantité qui a été séparée d'un aliment, d'un mets solide (soit pour être mangée en une bouchée, soit pour constituer une portion, une part). *Morceau de pain* (V. **Bout, quignon**), *de viande. Sucre en morceaux.* ◇ *Par ext.* Mets entier détaché ou pouvant être détaché d'un tout (bête de boucherie). *Les fins, les bons morceaux. Morceau de choix, de roi. Bas morceaux.* — *Fam. Manger un morceau :* faire un petit repas. ◇ *Fig. Mâcher** à qqn. *Emporter* le morceau.* — *Pop. Casser, manger le morceau :* avouer, parler (Cf. Se mettre à table). ♦ 2° Partie d'un corps ou d'une substance solide. V. **Bout, bribe, fraction, fragment, grain, parcelle, part, partie, pièce** *(vx),* **portion, quartier, segment, tronçon.** *Morceau de ficelle. Couper, déchirer, mettre en morceaux.* V. **Morceler.** *En mille morceaux, cassé en nombreux fragments. Partie distincte, mais non séparée d'un tout. Morceau de terre.* V. **Coin, lopin.** — *Fig. Un bon morceau de.* V. **Partie.** *C'est fait de pièces et de morceaux.* V. **Disparate.** « *Il s'était mis à récapituler sa journée ; à la juger morceau par morceau* » (ROMAINS). ♦ 3° Fragment, partie d'une œuvre littéraire. V. **Extrait, passage.** *Morceau excellent, faible.* — *Spécialt. Morceaux choisis :* recueil contenant des passages d'auteurs ou d'ouvrages divers. V. **Anthologie, chrestomathie, compilation.** ◇ *Par ext.* Ouvrage (poème, discours) considéré dans sa totalité. « *C'est* (une poésie) *mon morceau favori* » (BALZ.). ♦ 4° *Mus.* Fragment complet d'une œuvre instrumentale en plusieurs parties (pour les formes fixes, on dit plutôt *Mouvement*). *Les deux premiers morceaux d'Iberia.* ◇ *Cour.* Partie quelconque d'une œuvre musicale. *Mettre au programme d'un concert, d'un spectacle. Le public a vivement applaudi le dernier morceau.* — *Œuvre musicale généralement assez courte considérée comme un tout. Morceau de piano. Morceau de concours. Exécuter un morceau. Partition musicale.* « *Une pile de morceaux de musique aux tranches fripées* » (ROMAINS). ♦ 5° *Arts.* Fragment de peinture considéré au point de vue de l'exécution. « *Le morceau le plus parfait qu'il y eut au Salon* » (DIDER.). ◇ *Œuvre. Morceau d'architecture.* ♦ 6° *Fig.* et *fam. Un beau morceau (de femme) :* une belle femme. ◇ ANT. *Bloc, tout.*

MORCELABLE [mɔʀsəlabl(ə)]. *adj.* (av. 1910 ; de *morceler*). Qu'on peut morceler. *Propriété morcelable.*

MORCELER [mɔʀsəle]. *v. tr.* ; conjug. *appeler* (1574 ; de *morcel,* anc. forme de *morceau*). ♦ 1° *Rare.* Diviser (une substance, un corps solide) en plusieurs morceaux. V. **Casser, fragmenter.** ♦ 2° Partager (une étendue de terrain) en plusieurs parties. V. **Démembrer, partage.** *Morceler en lots.* V. **Lotir.** — *Pronom. Propriété qui se morcelle, peut se morceler.* V. **Morcelable.** ◇ ANT. *Bloquer ; regrouper, remembrer.*

MORCELLEMENT [mɔʀsɛlmɑ̃]. *n. m.* (1792 ; de *morceler*). Action de morceler ; état de ce qui est morcelé. V. **Désagrégation, division, fractionnement.** — *Spécialt.* V. **Démembrement, division, partage.** *Le morcellement de la propriété, de la terre.* « *En se déclarant contre le morcellement à outrance* » (ZOLA). ◇ *Fig. Morcellement des forces.* V. **Dispersion.** ◇ ANT. *Regroupement, remembrement.*

MORDACHE [mɔʀdaʃ]. *n. f.* (1560 ; de *mordre*). *Techn.* ♦ 1° Pièce de bois, de métal tendre, qu'on applique sur les mâchoires d'un étau pour serrer un objet sans l'endommager. ♦ 2° Extrémité de certaines pinces ou tenailles.

MORDACITÉ [mɔʀdasite]. *n. f.* (1478 ; lat. *mordacitas*). ♦ 1° *Vx.* Qualité d'une substance corrosive. *La mordacité de l'acide sulfurique.* ♦ 2° *Littér.* Caractère de ce qui est mordant (I, 3°). V. **Causticité.** *La mordacité d'une critique.*

MORDANÇAGE [mɔʀdɑ̃saʒ]. *n. m.* (1846 ; de *mordancer*). *Techn.* Opération qui consiste à imprégner une étoffe d'un mordant.

MORDANCER [mɔʀdɑ̃se]. *v. tr.* ; conjug. *placer* (1846 ; de *mordant*). *Techn.* Imprégner une étoffe d'un mordant en vue de l'impression ou de la teinture.

MORDANT, ANTE [mɔʀdɑ̃, ɑ̃t]. *adj.* et *n. m.* (xiiᵉ ; p. prés. de *mordre*).
I. *Adj.* Qui mord, attaque. ♦ 1° *Vén. Bêtes mordantes,* qui se défendent en mordant (blaireau, loup, loutre, ours, renard, sanglier, etc.). ♦ 2° *Par ext. Froid mordant.* V. **Cuisant.** *Voix mordante, son mordant,* dont le timbre est sonore et pénétrant. ♦ 3° *Fig.* Qui attaque, raille avec une violence qui blesse. V. **Acerbe, acéré, acide, acrimonieux, aigre, caustique, incisif, piquant, vif.** « *Mordante à l'excès, elle avait peu d'amies* » (BALZ.). *Répondre à qqn d'une manière mordante* (Cf. River son clou à qqn). *Ironie mordante.*
II. *N. m.* (xviᵉ ; « agrafe », xiiiᵉ). ♦ 1° Caractère de ce qui est mordant. *Le mordant d'une scie.* ♦ 2° *Fig.* Armée, troupe, équipe sportive qui a du mordant, de l'énergie, de la vivacité dans l'attaque. *Œuvre qui a du mordant :* un ton vif et original qui saisit le lecteur. *Pamphlet plein de mordant.* V. **Fougue, vivacité.** ♦ 3° *Mus.* Petit ornement mélodique. ♦ 4° *Techn.* Substance utilisée pour exercer une action corrosive sur un métal. *Emploi de mordants en gravure.* — Substance utilisée en teinture pour fixer le colorant sur la fibre. V. **Mordançage, mordancer.** ◇ ANT. *Calmant, doux.*

MORDICANT, ANTE [mɔʀdikɑ̃, ɑ̃t]. *adj.* (1539 ; bas lat. *mordicans*). *Vx.* Qui provoque un picotement, une petite morsure. V. **Âcre, caustique, corrosif.** « *Une vapeur fuligineuse et mordicante* » (MOL.).

MORDICUS [mɔʀdikys]. *adv.* (1690 ; mot lat. « en mordant »). *Fam.* Obstinément, opiniâtrement, sans démordre. *Affirmer, soutenir qqch. mordicus.* « *Elle lui tenait tête hardiment, et discutait mordicus* » (R. ROLLAND).

MORDILLAGE [mɔʀdijaʒ] ou **MORDILLEMENT** [mɔʀdijmɑ̃]. *n. m.* (1842,-1894 ; de *mordiller*). Action de mordiller. « *Les petits mordillements d'oreilles* » (PERGAUD).

MORDILLER [mɔʀdije]. *v. tr.* et *intr.* (xviᵉ ; de *mordre*). Mordre légèrement et à plusieurs reprises.

MORDORÉ, ÉE [mɔʀdɔʀe]. *adj.* et *n. m.* (*More doré,* 1669 ; de *maure* et *doré*). Qui est d'un brun chaud avec des reflets dorés. « *Un lichen sombre, brun profond, vert noir, mordoré* » (GENEVOIX). N. m. *Du mordoré.*

MORDORER [mɔʀdɔʀe]. *v. tr.* (v. 1850 ; de *mordoré*). Donner une teinte mordorée à. Pronom. « *Les gazons se mordorent* » (GAUTIER).

MORDORURE [mɔʀdɔʀyʀ]. *n. f.* (1834 ; de *mordoré*). Couleur mordorée.

MORDRE [mɔʀdʀ(ə)]. *v.* ; conjug. *rendre* (1080 ; lat. *mordere*).
I. *V. tr.* ♦ 1° Saisir et serrer avec les dents de manière à blesser, à entamer, à retenir. V. **Croquer, déchiqueter, mâchonner, mordiller ; morsure.** *Mon chien l'a mordu.* Pronom. *Bêtes qui cherchent à se mordre.* — *Mordre à belles dents, jusqu'au sang.* — *Fig. Se mordre les doigts*, la langue*. Mordre la poussière :* tomber de tout son long ; *fig.* Essuyer un échec, une défaite. ♦ 2° *Absolt.* Avoir l'habitude d'attaquer, de blesser avec les dents. *Mettre une muselière à un chien pour l'empêcher de mordre.* — *Plaisant. Vous pouvez approcher, je ne mords pas.* ♦ 3° Blesser au moyen d'un bec, d'un crochet, d'un croc. *Insecte, oiseau qui mord. Être mordu par un serpent.* V. **Piquer.** ♦ 4° *Par anal.* La lime mord le métal. V. **Entamer, user ; détruire, ronger.** — *Grav. Mordre,* faire

mordre une planche : lui faire subir l'action corrosive d'un mordant (eau-forte), après avoir enlevé le vernis à certains endroits au moyen d'une pointe. ◊ S'accrocher, trouver prise. « *Les clous de leurs fers mordent la surface glissante* » (GAUTIER). Pignon *qui mord,* engrène. ♦ 5° Fig. « *Le froid mouillé mordait si fort les mains* » (GENEVOIX). — *L'inquiétude lui mordait le cœur.*

II. ♦ 1° *V. tr. indir.* MORDRE À : saisir avec les dents une partie d'une chose. « *Il avait fini par mordre au fruit défendu* » (HUGO). — *Poisson qui mord à l'appât,* et absolt. *qui mord :* qui se laisse prendre facilement. — Impers. « *Ça n'a pas mordu, ce soir, mais je rapporte une rare émotion* » (RENARD). — Fig. *Mordre à l'appât, à l'hameçon*. ◊ *Fig.* et *fam.* Prendre goût à (un travail), s'y mettre, y faire des progrès. V. **Comprendre.** « *Mords-tu ferme aux mathématiques ?* » (BALZ.). ♦ 2° *V. intr.* MORDRE DANS : enfoncer les dents dans. « *Comme font les enfants qui mordent dans des pommes* » (NOAILLES). ◊ S'enfoncer, pénétrer. « *Des os dans lesquels on mord avec des instruments de menuisier* » (DUHAM.). ♦ 3° MORDRE SUR (une chose, et *par ext.* une personne) : agir, avoir prise sur elle, l'attaquer. *Faire mordre un acidé sur le cuivre.* ◊ Empiéter. *Concurrent disqualifié pour avoir mordu sur la ligne de départ.* V. **Dépasser.**

MORDU, UE [mɔʀdy]. *adj.* (XVIᵉ ; a remplacé l'a. p. p. *mords.* V. **Mordre**). ♦ 1° Qui a subi une morsure. Fig. « *Des voisines mordues de curiosité* » (ZOLA). (1887). ♦ 2° *Absolt.* (1927, Sports). *Fam.* Personne qui a un goût extrême pour qqch. V. **Fou.** *C'est un* mordu *du football, du jazz* (Cf. Fanatique, toqué).

MORE. V. **MAURE.**

MOREAU, ELLE [mɔʀo, ɛl]. *adj.* (*Morel,* v. 1240 ; lat. pop. °*maurellus* « brun comme un Maure »). Se dit d'un cheval qui est d'un noir luisant. *Chevaux moreaux, jument morelle.* ◊ Subst. *Un moreau.*

MORELLE [mɔʀɛl]. *n. f.* (XIIIᵉ ; lat. tardif. *maurella,* fém. de °*maurellus.* V. **Moreau**). *Bot.* Plante dicotylédone (*Solanacées*), à petites fleurs en étoile, dont les nombreuses variétés (herbes, arbustes) sont cultivées comme plantes comestibles (V. Aubergine, pomme de terre, tomate). — Spécialt. *Morelle sauvage, toxique* (douce-amère). — ◊ HOM. *Maurelle; morelle* (fém. de *moreau*).

MORESQUE. V. **MAURESQUE.**

MORFAL, ALE [mɔʀfal]. *adj.* et *n.* (1935 ; de *morfiler,* var. de *morfier* « manger »). *Arg.* (origine *arg. milit.*). Qui dévore, qui a un appétit insatiable. *Quel morfal !*

1. **MORFIL** [mɔʀfil] ou **MARFIL** [maʀfil]. *n. m.* (1545, -1690 ; esp. *marfil,* d'o. arabe). *Vx.* Ivoire brut ; défenses d'éléphant non travaillées.

2. **MORFIL** [mɔʀfil]. *n. m.* (1611 ; de *mort,* p. p. de *mourir,* et *fil*). Petites parties d'acier, barbes métalliques qui restent au tranchant d'une lame affûtée. *Enlever le morfil.* V. **Émorfiler.**

MORFONDRE (SE) [mɔʀfɔ̃dʀ(ə)]. *v. pron.;* conjug. *fondre* (1549 ; « être catarrheux » [cheval], « prendre froid », intr., v. 1400 ; du prov. *mourre,* rad. *murr-* « museau », et *fondre*). ♦ 1° *Vx.* Prendre froid, être transi. ♦ 2° *Mod.* (1611). S'ennuyer, être triste lorsqu'on attend. V. **Attendre,** languir. « *Ce pauvre chou qui se morfondait ici en attendant le résultat* » (AYMÉ). ♦ 3° *Trans.* (XVIᵉ). *Rare.* Transir, glacer. « *Je sens la pluie... Elle me morfond* » (DUHAM.). ◊ ANT. *Amuser (s').*

MORFONDU, UE [mɔʀfɔ̃dy]. *adj.* (XVIᵉ ; V. **Morfondre**). ♦ 1° *Littér.* Transi, glacé. « *Morfondu dans la pluie* » (PROUST). ♦ 2° Fig. Ennuyé du fait d'une déception. « *Très morfondue à la pensée qu'elle ne le verrait pas* » (MONTHERLANT).

MORGANATIQUE [mɔʀganatik]. *adj.* (1609 ; lat. médiév. *morganaticum,* all. *Morgen[gabe]* « présent du matin des noces », et suff. lat. -*aticum*). *Dr., hist.* Se dit de l'union contractée par un prince et une femme de condition inférieure, et de la femme ainsi épousée, qui ne bénéficie pas de tous les droits accordés à l'épouse. *Mariage, épouse morganatique.*

MORGANATIQUEMENT [mɔʀganatikmã]. *adv.* (1846 ; de *morganatique*). *Dr.* Par une union morganatique.

MORGELINE [mɔʀʒəlin]. *n. f.* (XVᵉ ; it. *morsugalline, morso di gallina* « morsure de poule » ; du lat. *mordere,* et *gallina*). Nom d'une stellaire appelée *aussi* Mouron des oiseaux (*Caryophyllacées*).

1. **MORGUE** [mɔʀg(ə)]. *n. f.* (v. 1460 ; de *morguer*). Contenance hautaine et méprisante ; affectation exagérée de dignité. V. **Arrogance, hauteur, insolence, orgueil.** « *Gourmé, plein de morgue, froid* » (BALZ.). « *Leur morgue... les préservait de toute sympathie humaine* » (PROUST).

2. **MORGUE** [mɔʀg(ə)]. *n. f.* (XVIIᵉ ; « lieu où l'on fouillait les prisonniers », 1526 ; du précéd.). Lieu où les cadavres non identifiés sont exposés pour les faire reconnaître (appelé à Paris *Institut médico-légal*). « *Ses visites à la Morgue l'emplissaient de cauchemars* » (ZOLA). ◊ Salle où, dans un hôpital, une clinique, reposent momentanément les morts.

MORGUÉ! [mɔʀge], **MORGUENNE!** [mɔʀgɛn], **MORGUIENNE!** [mɔʀgjɛn]. *interj.* (XVIIᵉ ; corrupt. de *mordieu*). *Vx.* Anciens jurons paysans correspondant à *Morbleu, mordieu.* ◊ HOM. *Morguer.*

MORGUER [mɔʀge]. *v. tr.* (XVᵉ ; lat. pop. °*murricare* « faire la moue », rad. *murr-* « museau »). *Vx.* Traiter avec morgue et insolence. V. **Braver.** ◊ HOM. *Morgué.*

MORIBOND, ONDE [mɔʀibɔ̃, 5d]. *adj.* (1492 ; lat. *moribundus*). Qui est près de mourir. V. **Agonisant, mourant.** — Subst. « *Endormir les souffrances du moribond avec des injections de morphine* » (HUYSMANS).

MORICAUD, AUDE [mɔʀiko, od]. *adj.* et *n.* (1583 ; nom de chien, XVᵉ ; de *More, Maure*). *Fam.* Qui a le teint très brun, basané. V. **Noiraud.** ◊ *N.* Personne au teint très brun, et spécialt. Homme, femme de couleur *(péj.).*

MORIGÉNER [mɔʀiʒene]. *v. tr.;* conjug. *céder* (fin XVIᵉ ; *morigéné,* 1314 ; lat. médiév. *morigenatus* « bien élevé », class. *morigeratus* « complaisant, docile »). ♦ 1° *Vx.* Élever. « *Bien mal morigéné* » (MOL.). ♦ 2° (XVIIIᵉ). Réprimander, sermonner. « *Ils lui ont promis de morigéner le prodigue* » (GIDE). — *Spécialt.* Réprimander en se donnant des airs de moraliste.

MORILLE [mɔʀij]. *n. f.* (1500 ; lat. pop. °*mauricula* de *maurus.* V. **Morelle**). Champignon ascomycète à chapeau alvéolé, comestible. *Poulet aux morilles.*

MORILLON [mɔʀijɔ̃]. *n. m.* (XIIIᵉ ; de l'a. fr. *morel.* V. **Moreau**). ♦ 1° Variété de raisin noir. ♦ 2° (1564). Canard sauvage à plumage noir. ♦ 3° Petite émeraude brute.

MORIO [mɔʀjo]. *n. m.* (1762 ; lat. zool., p.-ê. de *Maure, more* « brun »). Papillon du genre *vanesse,* aux ailes brunes bordées de jaune.

MORION [mɔʀjɔ̃]. *n. m.* (1542 ; esp. *morrion,* de *morra* « sommet de la tête »). *Archéol.* Ancien casque léger, à calotte sphérique, à bords relevés en pointe par-devant et par-derrière.

MORMON, ONE [mɔʀmɔ̃, ɔn]. *n.* (1854 ; de *Mormon,* auteur prétendu de *The Book of Mormon,* 1830). Membre d'une secte d'origine américaine (« Église de Jésus-Christ des saints des derniers jours »), dont la doctrine, fondée sur une lecture de la Bible et du « Livre de Mormon », admet les principes essentiels du christianisme et présente des analogies avec l'islam. — Adj. *La secte mormone.*

MORMONISME [mɔʀmɔnism(ə)]. *n. m.* (1860 ; de *mormon*). Secte, religion des mormons.

1. **MORNE** [mɔʀn(ə)]. *adj.* (1138 ; frq. °*mornón* « être triste » ; Cf. angl. *to mourn*). ♦ 1° Qui est d'une tristesse morose, allant jusqu'à l'abattement et au mutisme. V. **Abattu, sombre, triste.** « *Inquiète de le voir si morne* » (SAND). « *Son visage reprenait sa morne immobilité* » (ZOLA). ♦ 2° (XVIᵉ). Triste et maussade. *Temps morne.* « *Waterloo ! morne plaine* » (HUGO). — « *Une vie morne et sans éclaircie* » (MAUPASS.). V. **Terne.** « *La conversation resta morne* » (GIDE). ◊ ANT. *Ardent, gai.*

2. **MORNE** [mɔʀn(ə)]. *n. f.* (1478 ; de *morner*). *Archéol.* Anneau servant à rendre la lance inoffensive. V. **Frette** (1).

3. **MORNE** [mɔʀn(ə)]. *n. m.* (1640 ; mot créole des Antilles ; altér. esp. *morro* « monticule » ; Cf. Morion). Dans les îles : Réunion, Antilles, Petite montagne isolée, de forme arrondie. « *On voit une grande partie de l'île, avec ses mornes surmontés de leurs pitons* » (BERNARD. de ST-P.).

MORNÉ, ÉE [mɔʀne]. *adj.* (XVᵉ ; de *morne* 1). ♦ 1° *Archéol.* Émoussé, garni d'une morne (2). *Lance mornée.* ♦ 2° *Blas.* (XVIᵉ). Se dit d'un animal représenté sans dents, sans griffes, sans bec. — *Casque morné,* représenté avec la visière fermée. ◊ HOM. *Mort-né.*

MORNIFLE [mɔʀnifl(ə)]. *n. f.* (1549 ; de °*mornifler,* rad. *murr-* « museau » et a. fr. *nifler.* V. **Renifler**). *Fam.* Coup du plat ou du revers de la main sur le visage. V. **Gifle, taloche.** « *De ta main experte en mornifles* » (VERLAINE).

1. **MOROSE** [mɔʀoz]. *adj.* (1615 ; lat. *morosus*). Qui est d'une humeur chagrine, qui ne peut égayer. V. **Chagrin, morne, renfrogné, sombre, triste.** « *C'était la conscience de sa vie manquée qui lui donnait un air morose* » (FLAUB.). — « *Ces vieillesses moroses* » (STE-BEUVE). ◊ ANT. *Gai, joyeux.*

2. **MOROSE** [mɔʀoz]. *adj.* (1863 ; lat. théol. *morosa delectatio,* bas lat. *morosus* « lent », de *mora* « retard »). *Délectation** *morose* (qui se complaît, s'attarde).

MOROSITÉ [mɔʀozite]. *n. f.* (1486 ; lat. *morositas*). *Littér.* Caractère, humeur morose. V. **Chagrin, tristesse.** « *Une sorte de morosité et de rigidité calviniste* » (GIDE). ◊ ANT. *Gaieté, joie.*

MORPH(O)-, -MORPHE, -MORPHIQUE, -MORPHISME. Éléments, du gr. *morphê* « forme ».

MORPHÈME [mɔʀfɛm]. *n. m.* (1923 ; de *morph-,* et suff. de *phonème*). *Ling.* ♦ 1° *(Vx.).* Élément de formation (affixe) conférant un aspect grammatical déterminé à un élément de signification *(sémantème).* ♦ 2° (De l'angl.). Forme minimum douée de sens qui est libre ou liée à une autre forme. *Le morphème est constitué de phonèmes** *et est le* constituant d'un mot*. *Morphème lexical* (V. **Lexème**), grammatical.

MORPHINE [mɔʀfin]. *n. f.* (1819; de *Morphée*, dieu du sommeil, lat. *Morpheus*, mot gr.). *Chim.* Principal alcaloïde de l'opium, doué de propriétés soporifiques et calmantes. *Morphine-base* : morphine brute, avant purification. *Chlorhydrate, sulfate de morphine.* ◇ *Cour.* Sel de morphine. *Morphine employée comme analgésique, calmant, ou hypnotique. La morphine est un stupéfiant* (V. **Morphinomane**). « *Comme ces gens qui se piquent depuis longtemps à la morphine et qui doivent sans cesse augmenter la dose* » (LÉAUTAUD).

MORPHINISME [mɔʀfinism(ə)]. *n. m.* (1877; de *morphine*). *Méd.* Intoxication chronique par la morphine.

MORPHINOMANE [mɔʀfinɔman]. *adj. et n.* (1888; *morphiomane*, 1880; de *morphine*, et *-mane*). Qui s'intoxique à la morphine. — N. *Un, une morphinomane :* toxicomane qui se pique à la morphine. « *Ces morphinomanes invétérés, aux traits fripés, vieilles maquerelles de la drogue* » (MICHAUX).

MORPHINOMANIE [mɔʀfinɔmani]. *n. f.* (1888; *morphiomanie*, 1880; de *morphine*, et *-manie*). Habitude toxique de la morphine.

MORPHISME [mɔʀfism(ə)]. *n. m.* (mil. XXᵉ; du gr. *morphê* « forme »). *Math., sc.* Application d'un ensemble dans un autre, chacun étant muni d'une loi de composition interne telle que l'image d'un composé* de deux éléments est le composé des images de ces éléments (on dit aussi HOMO-MORPHISME).

MORPHOGÈNE [mɔʀfɔʒɛn]. *adj.* (v. 1900; de *morpho-*, et *-gène*). *Biol.* Qui détermine la forme, la structure d'un organisme vivant.

MORPHOGÉNÈSE [mɔʀfɔʒenɛz]. *n. f.* (1868; de *morpho-*, et *-génèse*). *Sc.* Développement des formes, des structures d'un organisme vivant.

MORPHOLOGIE [mɔʀfɔlɔʒi]. *n. f.* (1841; all., 1822 [Gœthe]; de *morpho-*, et *-logie*). ♦ 1° Étude de la configuration et de la structure externe (d'un organe ou d'un être vivant). *Morphologie végétale, animale.* — Par ext. *Morphologie de la surface terrestre.* V. **Géomorphologie**. ♦ 2° Forme, configuration, apparence extérieure (d'un organisme vivant). *Morphologie anormale.* (V. **Anomalie, difformité, malformation, monstruosité**). ♦ 3° (1868). *Ling.* Étude de la formation des mots et des variations de forme qu'ils subissent dans la phrase.

MORPHOLOGIQUE [mɔʀfɔlɔʒik]. *adj.* (1842; de *morphologie*). *Sc.* Relatif à la morphologie, aux formes (en biologie, en linguistique). *Types morphologiques.*

MORPHOLOGIQUEMENT [mɔʀfɔlɔʒikmã]. *adv.* (1863; de *morphologique*). *Sc.* Du point de vue de la morphologie.

MORPHOPSYCHOLOGIE [mɔʀfɔpsikɔlɔʒi]. *n. f.* (1950; de *morpho-*, et *psychologie*). *Sc.* Étude des correspondances entre la psychologie et les types ou prédominances morphologiques chez l'homme.

MORPION [mɔʀpjɔ̃]. *n. m.* (1532; de *mords*, impér., et *pion* « fantassin »). ♦ 1° *Vulg.* Pou du pubis. (V. **Phtiriasis**). ♦ 2° *Pop.* (1866). Gamin, garçon très jeune. « *Il n'y a que des morpions ici !* » (SARTRE). ♦ 3° (1924). Jeu consistant à placer alternativement un signe sur le quadrillé d'un papier, jusqu'à ce que l'un des deux joueurs parvienne à former une file de cinq signes.

MORS [mɔʀ]. *n. m.* (1386; « morsure, morceau », XIᵉ; de *mordre*. V. **Morceau**). ♦ 1° Pièce du harnais, levier qui passe dans la bouche du cheval et qui, en agissant sur les barres, sert à le diriger. V. **Frein**. *Branches et embouchures du mors.* ◇ *Loc. Prendre le mors aux dents*, prendre les branches du frein avec les incisives, rendant ainsi inefficace l'action du mors; s'emballer. — *Fig.* S'emporter, se mettre soudainement et avec énergie à un travail, à une entreprise. ♦ 2° (XVIᵉ). Chacune des mâchoires d'un étau, de tenailles, de pinces. ♦ 3° *Rel.* Rainure pratiquée près du dos d'un volume pour y loger le carton de la couverture; bord du carton qui s'y loge. ⊗ HOM. *Maure, more, mort;* formes du v. *mordre.*

1. MORSE [mɔʀs(ə)]. *n. m.* (*Mors*, 1540; russe *morju*, lapon *morssa*). Grand mammifère marin des régions arctiques, amphibie, au corps épais et allongé, que l'on chasse pour son cuir, sa graisse et l'ivoire de ses défenses.

2. MORSE [mɔʀs(ə)]. *n. m.* (1856; mot anglo-amér., du nom de l'inventeur). Système de télégraphie électromagnétique et de code de signaux (utilisant des combinaisons de points et de traits). *Signaux en morse.* Par appos. *Alphabet morse.*

MORSURE [mɔʀsyʀ]. *n. f.* (1213; de *mors*). ♦ 1° Action de mordre. *La morsure d'un chien.* — « *Redouter la morsure des cobras* » (LOTI) : la piqûre. — Par anal. « *La morsure des outils entamant la houille* » (ZOLA). ◇ *Grav.* Opération qui consiste à attaquer à l'acide les parties dévernies d'une planche de cuivre. ♦ 2° Blessure, marque faite en mordant. *La morsure était profonde.* — Par anal. « *Des tables portant sur la tranche de nombreuses morsures de canif* » (ROMAINS).

1. MORT [mɔʀ]. *n. f.* (Xᵉ; lat. *mors, mortis*). **I.** Cessation définitive de la vie (d'un être humain, d'un animal et, *par ext.*, de tout organisme biologique). ♦ 1° Cessation de la vie, considérée comme un phénomène inhérent à la condition humaine ou animale. V. **Trépas**. *Étude de la mort.* V. **Thanatologie**. « *La mort est partout, devant nous, derrière nous* » (SARTRE). — (Personnifiée) *Voir la mort de près. La mort frappe, n'épargne personne.* « *C'est la Mort qui console, hélas, et qui fait vivre* » (BAUDEL.). ♦ 2° Fin d'une vie humaine, circonstances de cette fin. *Mort naturelle, accidentelle, subite. Mort volontaire,* suicide. *Mourir de sa belle mort,* de vieillesse et sans souffrance. *Lit de mort. Être à la mort, à l'article de la mort,* tout près de mourir. *Risquer la mort. Être en danger de mort. C'est une question de vie ou de mort,* une affaire où il y a va de la vie. ◇ *À mort,* d'une façon qui entraîne la mort. V. **Mortellement**. *Frappé à mort. Je lui en veux, nous sommes brouillés à mort,* je le déteste jusqu'à vouloir sa mort. ♦ 3° Cette fin provoquée. *Donner la mort,* tuer. *Engin de mort.* « *Machines de guerre qui sèment la ruine et la mort* » (DUHAM.). *Menaces de mort. Pulsions de mort.* V. **Thanatos**. *Peine de mort. Camp de l'extermination*. Arrêt de mort. Condamner, mettre à mort. Mise à mort d'un taureau. Droit de vie et de mort. À mort!* cri par lequel on réclame la mort de qqn. *Mort au tyran! Mort aux vaches*!* ♦ 4° Terme de la vie humaine considéré dans le temps. V. **Décès**. *Avant, depuis sa mort.* « *Les anniversaires de la mort de ma mère* » (STE-BEUVE). *Ouvrage publié après la mort de l'auteur.* V. **Posthume**. *Loc. À la vie (et) à la mort,* pour toujours. « *Ces belles amitiés-là, à la vie à la mort* » (LOTI). ♦ 5° *Biol.* Arrêt complet et irréversible des fonctions vitales (d'un organisme, d'une cellule) entraînant sa destruction progressive. *Mort d'un organisme, d'une cellule.* « *La mort est un processus qui gagne de proche en proche* » (J. ROSTAND). *Mort apparente,* arrêt temporaire ou ralentissement extrême des fonctions cardiaques et respiratoires.

II. *Fig.* ♦ 1° *Ancienn. Mort civile :* privation définitive des droits civils. — *Relig. La mort éternelle, de l'âme :* la condamnation du pécheur aux peines de l'enfer. ♦ 2° Destruction (d'une chose). *C'est la mort du commerce.* V. **Fin, ruine**. « *La mort de la liberté* » (CAMUS). ♦ 3° Douleur mortelle. V. **Agonie**. *Souffrir mort et passion, mille morts.* « *Ils ont la mort dans l'âme* » (SARTRE), ils sont tout à fait désemparés, désespérés.

◇ ANT. *Vie, naissance.*

2. MORT, MORTE [mɔʀ, mɔʀt(ə)]. *adj.* (Xᵉ; lat. pop. °*mortus*, class. *mortuus*, de *mori*. V. **Mourir**). ♦ 1° Qui a cessé de vivre. *Corps mort.* V. **Cadavre**. *Enfant mort à la naissance.* V. **Mort-né**. *Il est mort depuis longtemps.* V. **Décédé**. *Il est mort et enterré.* « *Laissé pour mort sur le champ de bataille* » (CHATEAUB.). *Mort au champ d'honneur. Être comme mort, à moitié mort,* inanimé. *Tomber mort, raide mort. Morts ou vifs.* — (*Animaux*) V. **Crevé**. « *Un chien vivant vaut mieux qu'un lion mort* » (BIBLE). — (Végétaux) *Arbre mort. Bois* mort. Feuilles mortes.* — (Organes, tissus) *Chair, peau morte.* ♦ 2° Qui semble avoir perdu la vie. *Ivre mort. Mort de fatigue,* épuisé. *Absolt. Je suis morte!* — *Par ext.* Hors d'usage. *Le moteur est mort.* — *Mort de peur,* paralysé par la peur. *Plus mort que vif,* effrayé au point de ressembler à un mort plus qu'à un vivant. — *Yeux morts,* éteints. « *Affalé dans un fauteuil, les bras pendants, les jambes mortes* » (DUHAM.). *Ne pas y aller de main* morte!* — *Loc. C'est un homme mort,* qu'on peut déjà considérer comme mort (menace d'être assassiné, maladie). ♦ 3° (*Choses*). Sans activité, sans vie. « *Paris était mort. Plus d'autos, plus de passants* » (SARTRE). *Eau morte.* V. **Stagnant**. *La mer Morte. Loc. Point*, poids* mort. Temps* mort. Œuvres* mortes d'un navire. Angle mort :* zone dans laquelle le tir, l'observation sont rendus impossibles (par un écran, etc.). *Cheptel* mort. Nature* morte.* ♦ 4° Qui appartient à un passé révolu. « *Comme les villes mortes sortent des sables* » (MAUROIS). *Langue morte.* « *Ma vieille amitié pour lui n'est point morte* » (GIDE). ⊗ ANT. *Vivant. Animé, vif.*

3. MORT, MORTE [mɔʀ, mɔʀt(ə)]. *n.* (1080; de *mort* 2). ♦ 1° Dépouille mortelle d'un être humain. V. **Cadavre**. *Ensevelir, incinérer les morts. Restes, cendres d'un mort. Tête* de mort. Fam. Médecin des morts,* médecin légiste. — *Pâle comme un mort.* ♦ 2° Être humain qui ne vit plus (mais considéré comme existant dans la mémoire des hommes ou dans l'au-delà). V. **Défunt**. « *Les morts gouvernent les vivants* » (A. COMTE). *Culte, religion des morts.* V. **Ancêtre**. *Messe, prières des morts. Le jour des Morts. Monument aux morts.* ♦ 3° *Poét.* Esprit, âme d'une personne morte. *Le royaume des morts.* ♦ 4° Personne que la mort a frappée. *Accident qui a fait un mort et trois blessés. La place du mort* (fam.), à côté du conducteur d'automobile. *Les morts de la guerre, du choléra.* V. **Victime**. — *Loc. Faire le mort,* faire semblant d'être mort, rester rigoureusement immobile. *Fig.* Ne pas se manifester, ne pas intervenir. ♦ 5° *Fig.* « *Un mort en sursis* » (MART. du G.), *un mort vivant,* qqn qui est condamné à mort, à mourir. ◊ Dr. *Mort civil*, personne frappée de mort civile. ♦ 6° N. m. (*Cartes :* whist, bridge). Joueur qui étale ses cartes et ne participe pas au jeu; les cartes de ce joueur. *L'as est au mort, la dame dans ma main.* ◊ ANT. *Vivant.* — HOM. *Maure, mors.* Formes du v. *mordre.*

MORTADELLE [mɔrtadɛl]. *n. f.* (XVe; it. *mortadella*, du lat. *murtatum* « farce au myrte »). Gros saucisson, fabriqué avec du porc et du bœuf et séché dans un séchoir spécial.

MORTAISAGE [mɔrtɛzaʒ]. *n. m.* (1845; de *mortaiser*). *Techn.* Opération consistant à faire une mortaise; opération d'usinage destinée à donner à une cavité sa forme définitive.

MORTAISE [mɔrtɛz]. *n. f.* (*Mortoise*, XIIIe; p.-ê. de l'arabe *murtazza* « fixé »). Entaille faite dans une pièce de bois ou de métal pour recevoir le tenon d'une autre pièce. V. *Adent. Assemblage à tenons et à mortaises. Creuser, faire une mortaise.* — *Spécialt.* Ouverture dans une gâche pour recevoir le pêne de la serrure.

MORTAISER [mɔrtɛze]. *v. tr.* (1302; de *mortaise*). *Techn.* Entailler en faisant une mortaise; effectuer le mortaisage de.

MORTAISEUSE [mɔrtɛzøz]. *n. f.* (1868; de *mortaiser*). *Techn.* Machine-outil destinée au mortaisage.

MORTALITÉ [mɔrtalite]. *n. f.* (XIIe; lat. *mortalitas*). ♦ 1° *Vx.* Condition d'un être mortel (opposé à *immortalité*). ♦ 2° (XIIIe). Mort d'un certain nombre d'hommes ou d'animaux, succombant pour une même raison (épidémie, fléau). « *L'excessive mortalité qu'on relevait dans la geôle municipale* » (CAMUS). ♦ 3° (XIIe). *Démogr. Taux de mortalité :* nombre de décès au sein d'une population pendant une période de temps déterminée. *Régression, accroissement de la mortalité. Tables de mortalité* (ou *de létalité*). *Mortalité des nouveau-nés.* V. *Létalité,* **mortinatalité.** *Mortalité infantile. Taux de mortalité et de natalité dans une population.*

MORT-AUX-RATS [mɔr(t)ɔra]. *n. f.* (1606; de *mort* 1, et *rat*). Préparation empoisonnée destinée à la destruction des rongeurs.

MORT-BOIS [mɔrbwa]. *n. m.* (déb. XVIe; de *mort* 2, et *bois*). *Techn.* Bois de petite dimension qu'on ne peut employer à aucun ouvrage.

MORTE-EAU [mɔrto]. *n. f.* (1690; de *mort* 2, et *eau*). Faible marée, époque de cette marée.

MORTEL, ELLE [mɔrtɛl]. *adj.* (1080; lat. *mortalis*). ♦ 1° Sujet à la mort. *Tous les hommes sont mortels.* « *Il importe de savoir si l'âme est mortelle ou immortelle* » (PASC.). « *Son âme avait presque abandonné son enveloppe mortelle* » (STENDHAL). — *Dépouille* mortelle.* — (*Choses*) Sujet à disparaître. ♦ 2° *Subst.* (XIIIe). Être humain. V. **Homme, personne.** *Littér. Les dieux et les mortels.* — Cour. « *Livre signifie ouvrage imprimé, pour le commun des mortels* » (PROUST). *Un heureux mortel,* un homme qui a de la chance. ♦ 3° (Fin XVIe). Qui cause la mort, entraîne la mort. V. **Fatal.** *Maladie, blessure mortelle. Poison mortel.* PROV. *Plaie d'argent* n'est pas mortelle.* ◊ (1080) Qui souhaite, cherche la mort de qqn. *Ennemi mortel.* ◊ *Péché mortel :* qui entraîne la mort de l'âme. ♦ 4° *Par exagér.* D'une intensité dangereuse. *Un froid mortel.* « *La jalousie mortelle qui me déchirait le cœur* » (Abbé PRÉVOST). ♦ 5° *Extrêmement pénible. Un ennui, un silence mortel.* « *Voilà trois mortelles heures qu'on les laisse se morfondre* » (DAUD.). ◊ *Fam.* Extrêmement ennuyeux, sinistre. « *C'était mortel comme d'habitude* » (SARTRE).

MORTELLEMENT [mɔrtɛlmɑ̃]. *adv.* (XIIe; de *mortel*). ♦ 1° Par un coup mortel. V. *Mort* (à). « *Grièvement, mais non mortellement blessé* » (DIDER.). ♦ 2° D'une façon intense, extrême. « *Il était mortellement pâle* » (VIGNY). « *La journée avait été mortellement ennuyeuse* » (ALAIN-FOURNIER).

MORTE-SAISON [mɔrt(ə)sezɔ̃]. *n. f.* (v. 1400; de *mort* 2, et *saison*). Époque de l'année où l'activité est réduite dans un secteur de l'économie. Au plur. *Mortes-saisons.*

MORT-GAGE [mɔrgaʒ]. *n. m.* (1283; de *mort* 2, et *gage*). *Anc. Dr.* Gage dont les fruits ne venaient pas en déduction du capital de la créance. Au plur. *Morts-gages.*

MORTIER [mɔrtje]. *n. m.* (1190; lat. *mortarium*). I. ♦ 1° Récipient en matière dure et résistante, servant à broyer certaines substances. « *Le pharmacien pilait des poudres au fond d'un mortier de marbre* » (MAUPASS.). *Mortier de cuisine* (pour l'ail, les épices). ♦ 2° (XVe). *Ancienn.* Bouche à feu servant à lancer des boulets. V. **Bombarde.** ◊ *Mod.* Pièce à tir courbe, *spécialt.* Pièce portative utilisée par l'infanterie. V. **Obusier.** ♦ 3° Toque ronde que portaient les présidents, le greffier en chef du parlement et le chancelier de France. *Président à mortier.* — *Mod.* Bonnet porté par certains magistrats. II. (XIIe). Mélange de chaux éteinte (ou de ciment) et de sable délayé dans l'eau et utilisé en construction pour lier ou recouvrir les pierres. V. **Gâchis, rusticage.** *Mortier hydraulique. Mortier maigre, gras. Pelle à mortier. Bande, couvre-joint, crépi de mortier.*

MORTIFIANT, ANTE [mɔrtifjɑ̃, ɑ̃t]. *adj.* (fin XVIe; de

mortifier). ♦ 1° Qui mortifie la chair, les sens. ♦ 2° Qui humilie l'amour-propre. V. **Humiliant, vexant.**

MORTIFICATION [mɔrtifikasjɔ̃]. *n. f.* (XIIe; lat. ecclés. *mortificacio*). ♦ 1° Privation, souffrance qu'on s'impose dans une intention spirituelle ou morale. V. **Macération, pénitence.** ♦ 2° (XVIIe). Souffrance d'amour-propre, traitement mortifiant. V. **Humiliation.** « *Elles auraient la mortification de voir plaire les autres et de ne plaire jamais* » (MARIVAUX). ♦ 3° (XVIe). *Rare.* Nécrose. ◊ *Cuis.* Faisandage. ◊ ANT. *Satisfaction.*

MORTIFIER [mɔrtifje]. *v. tr.* (1120; lat. ecclés. *mortificare*). ♦ 1° Rendre comme mort au péché, insensible aux tentations, par la pratique des mortifications. V. **Châtier, macérer, mater.** *Mortifier sa chair.* — Pronom. « *Elle se mortifiait, restait des heures à genoux* » (ARAGON). ♦ 2° (XVIIe). Faire cruellement souffrir (qqn) dans son amour-propre. V. **Blesser, froisser, humilier.** « *La déclaration de Bernard l'humiliait, le mortifiait* » (GIDE). « *Germain fut mortifié qu'on le supposât déjà épris* » (SAND). V. **Vexer.** ♦ 3° (XVIe). *Rare.* Faire mourir (un tissu) en le décomposant. *La gangrène mortifie les chairs.* ◊ *Cuis.* Faisander. — Attendrir (la viande). ◊ ANT. *Enorgueillir, flatter.*

MORTINATALITÉ [mɔrtinatalite]. *n. f.* (1874; lat. *mors, mortis* « mort », et *natalité*). *Démogr.* Nombre d'enfants mort-nés (mortalité intra-utérine) au sein d'une population et pendant une période de temps déterminée (en général, une année). *Taux de mortinatalité* (abusiv. *mortinatalité*) : nombre de mort-nés par mille naissances.

MORT-NÉ, MORT-NÉE [mɔrne]. *adj. et n.* (1285; de *mort* 2, et *né*). ♦ 1° Mort en venant au monde. *Enfants mort-nés. Un mort-né.* ♦ 2° *Fig.* Qui échoue dès le début. « *Chefs-d'œuvre mort-nés* » (GAUTIER). ◊ HOM. *Morné.*

MORTUAIRE [mɔrtɥɛr]. *adj.* (v. 1300; lat. *mortuarius*). Relatif aux morts, aux cérémonies en l'honneur d'une personne décédée. V. **Funèbre, funéraire.** *Cérémonie mortuaire. Chapelle, chambre mortuaire.* « *Un long cercueil sous un drap mortuaire* » (DIDER.). *Masque, couronne mortuaire. Registre mortuaire.* Au Canada, *Salon mortuaire.* V. **Funéraire.** ◊ *Région.* (Belgique). *N. f.* Maison du défunt. *Réunion à la mortuaire.*

MORUE [mɔry]. *n. f.* (1260; var. anc. et dial. *molue*; o. i.; p.-ê. celt. *mor* « mer » et, a. fr. *luz.* V. **Merlus**). ♦ 1° Grand poisson du genre gade*, qui vit dans les mers froides. *Pêcheurs de morue* (Islandais ou Terre-Neuvas). V. **Morutier.** — *Morue noire.* V. **Aiglefin.** *Morue fraîche.* V. **Cabillaud.** *Morue séchée.* V. **Merluche, stockfish.** *Morue verte,* salée mais non séchée. *Morue fumée.* V. **Haddock.** *Huile de foie de morue. Brandade de morue.* ◊ *Par métaph. Habit queue de morue.* ♦ 2° *Vulg.* (1849). Prostituée. — T. d'injure pour une femme.

MORULA [mɔryla]. *n. f.* (1880; all., 1874; lat. sc., dimin. de *morum* « mûre »). *Embryol.* Premier stade de développement embryonnaire, représenté par la segmentation de l'œuf fécondé sous forme d'une petite sphère à surface mamelonnée. V. *aussi* **Blastula, gastrula.**

MORUTIER, IÈRE [mɔrytje, jɛr]. *n. m. et adj.* (1874; *moruyer,* 1606; de *morue*). ♦ 1° *N. m.* Homme ou bateau faisant la pêche à la morue. ♦ 2° *Adj.* Relatif à la morue, à sa pêche. *Industrie morutière.*

MORVE [mɔrv(ə)]. *n. f.* (fin XIVe; probabl. var. méridion. de *gourme*). ♦ 1° *Vétér.* Grave maladie contagieuse des Équidés, due à un bacille spécifique, transmissible à l'homme et caractérisée par un jetage purulent. *Morve cutanée.* V. **Farcin.** ♦ 2° *Cour.* Humeur visqueuse qui s'écoule du nez de l'homme. V. **Morveux.** « *La morve lui coule des deux narines jusqu'à la bouche* » (SARTRE).

MORVEUX, EUSE [mɔrvø, øz]. *adj. et n.* (XIIIe; de *morve*). ♦ 1° *Vétér.* Atteint de la morve. ♦ 2° *Cour.* Qui a de la morve au nez. *Enfant malpropre, barbouillé et morveux.* — *Fig.* PROV. *Qui se sent morveux (qu'il) se mouche,* que celui qui se sent visé par une critique en fasse son profit. ♦ 3° *N.* (*Fam.*). Gamin, gamine. « *Une petite morveuse qu'on aurait encore dû moucher* » (ZOLA). — *Spécialt.* Garçon, fille très jeune qui se donne des airs d'importance. « *On le traita de morveux, et on l'envoya coucher* » (R. ROLLAND).

1. MOSAÏQUE [mɔzaik]. *n. f.* (1526; it. *mosaico,* lat. médiév. *musaicum,* altér. de *musivum*). ♦ 1° Assemblage décoratif de petites pièces rapportées (pierre, marbre, terre cuite, smalt) retenues par un ciment et dont la combinaison figure un dessin; art d'exécuter ces assemblages. *Les mosaïques de Pompéi, de Ravenne. Mosaïque murale, de pavement.* « *La mosaïque, mère du vitrail* » (MALRAUX). — *Rel. Décor* multicolore fait d'incrustations de pièces de cuir. — *Parquet mosaïque :* fait de petites lames de bois collées. ♦ 2° *Fig.* Ensemble d'éléments juxtaposés. V. **Marqueterie.** *L'Italie était une* « *véritable mosaïque de principautés* » (MADELIN). ♦ 3° (1922). Maladie des plantes cultivées, due à des virus. *Mosaïque du tabac.*

2. **MOSAÏQUE** [mɔzaik]. *adj.* (1541; lat. mod. *mosaicus*, de *Mo(y)ses*, *Moïse*). *Relig.* Qui a rapport à Moïse et au mosaïsme. *Loi mosaïque.*

MOSAÏQUÉ, ÉE [mɔzaike]. *adj.* (1894; h. *1845*; de *mosaïque* 1). *Arts.* Qui ressemble à une mosaïque. *Spécialt.* Reliure mosaïquée, ornée d'une mosaïque.

MOSAÏSME [mɔzaism(ə)]. *n. m.* (1845; de *mosaïque* 2). *Relig.* Ensemble des doctrines et institutions religieuses que les Juifs reçurent de Moïse.

MOSAÏSTE [mɔzaist(ə)]. *n.* (1823; de *mosaïque* 1). *Techn., Arts.* Artiste qui exécute des mosaïques; carreleur. *Appos. Ouvrier mosaïste.*

MOSAN, ANE [mɔzɑ̃, an]. *adj.* (1907; de *Mosa*, n. lat. de la Meuse). De la Meuse, des régions qu'elle arrose. *Les plateaux mosans.* — *L'art mosan*, remarquable surtout du XIᵉ au XIIIᵉ s. (art roman).

MOSCOUTAIRE [mɔskutɛr]. *n.* (v. 1920; de *Moscou*). *Péj. (Polit.).* Communiste accusé de prendre ses mots d'ordre à Moscou. — Adj. « *Le plus moscoutaire des P. C. européens* » (*Nouv. Obs.* 16-11-1972).

MOSELLAN, ANE [mɔzelɑ̃, an]. *adj.* (1740; de *Moselle*). De la Moselle, de sa région.

MOSETTE ou **MOZETTE** [mɔzɛt]. *n. f.* (1653; it. *mozetta*, altér. d'*almozetta* « petite aumusse »). Courte pèlerine que portent certains dignitaires ecclésiastiques. V. **Camail.** *Mosette de chanoine, d'évêque.*

MOSQUÉE [mɔske]. *n. f.* (1553 [*musquette*, XIVᵉ]; it. *moscheta* et *mesquite*, esp. *mezquita*]; it. *moschea*, de l'arabe *masdjid* « endroit où l'on adore »). Sanctuaire consacré au culte musulman. *Coupole, mihrab, minaret, minbar d'une mosquée.*

MOT [mo]. *n. m.* (Xᵉ; bas lat. *muttum*, rad. *muttire* « souffler mot, parler », proprem. « dire *mu* »). ♦ 1° *Cour.* Chacun des sons ou groupe de sons correspondant à un sens, entre lesquels se distribue le langage. *Mot prononcé, mot écrit ou graphique* (suite de signes entre deux blancs). *Articuler, manger ses mots. Chercher ses mots. Avoir un mot sur le bout de la langue* : ne pas le trouver tout en étant sûr de le connaître. *Ne pas dire un seul mot. Sans mot dire.* V. **Motus.** *Ne pas souffler mot. En disant ces mots, à ces mots. Mot mal écrit, illisible. Mot à double sens. Jeu* de mots. Ce ne sont que des mots* : des mots vides de sens, du vent. *Se payer* de mots.* « *Les mots, ces ' grues métaphysiques ', pour reprendre l'expression de Lafargue, derrière lesquels les certitudes disparaissent si bien* » (ARAGON). « *Tout de suite les grands mots !* » (MAURIAC), les mots emphatiques qui ne disent pas simplement les choses. *Gros* mot. Le mot de Cambronne, de cinq lettres* (merde). *Mot convenu. Mot d'ordre*, de passe*. Se donner le mot* (de passe), se mettre d'accord, être d'intelligence. *Le mot de l'énigme. Le fin* mot de l'affaire. Au bas* mot. Rapporter un propos mot pour mot, sans y changer un mot, textuellement. Mot à mot* [motamo], un mot après l'autre. *Traduction mot à mot,* littérale. *Subst. Le mot à mot,* la traduction littérale. ♦ MOTS CROISÉS : mots qui se recoupent sur une grille carrée et quadrillée de telle façon que chacune des lettres d'un mot disposé horizontalement entre dans la composition d'un mot disposé verticalement. *Faire des mots croisés.* V. **Cruciverbiste, mots-croisiste.** ♦ 2° *Ling.* Forme libre douée de sens qui entre dans la production de la phrase. *Mot d'un morphème, de plusieurs morphèmes.* V. **Composé, dérivé, lexie; affixe, base, radical.** *Fonction d'un mot dans la phrase, distributions* d'un mot.* *Classes de mots.* V. **Adjectif, adverbe, article, conjonction, interjection, nom** (et substantif), **préposition, pronom, verbe.** *Mots lexicaux* (nom, verbe, adj., adv.), *mots grammaticaux. Mot qui évoque un bruit.* V. **Onomatopée.** *Mot à plusieurs sens, polysémique. Mots à signifiants identiques* (V. **Homonyme**), *voisins* (V. **Paronyme**), *à mêmes signifiés* (V. **Synonyme**), *à signifiés contraires* (V. **Antonyme**). *Mot autonyme*. Groupe de mots.* V. **Expression, locution, syntagme.** *Ensemble des mots d'une langue* (V. **Lexique**), *étude des mots* (V. **Lexicologie**). *Mot vieux* (V. **Archaïsme**), *nouveau* (V. **Emprunt, néologisme**). *Mots courants, usuels, familiers, populaires, mots d'argot*; mots savants.* V. **Terme, vocable.** *Mots régionaux. Chercher un mot dans le dictionnaire*. Étymologie*, définition* d'un mot.* ◇ *Doc. Mot-clé*, mot représentant une notions fondamentales de l'information contenue dans un texte. ◇ *Mot-valise* : voir à l'ordre alphab. ♦ 3° *(Dans des express.).* Phrase, parole. « *La Dauphine adressait un mot à chacun* » (CHATEAUB.). *Je lui en toucherai un mot, je lui en parlerai brièvement. En un mot,* pour résumer en une seule expression, en une phrase. *Deux mots, quelques mots,* un bref discours. *Avoir son mot à dire,* être en droit d'exprimer son avis. *Placer son mot,* intervenir dans une discussion. *C'est mon dernier mot,* je ne ferai pas une concession de plus. *Avoir le dernier mot,* ne plus trouver de contradicteur, l'emporter. *Il n'a pas dit son dernier mot,* il est encore capable d'intervenir, de modifier à son profit la situation. *Prendre qqn au mot,* se saisir aussitôt d'une proposition qu'il a faite

sans penser qu'elle serait retenue. ◇ *Écrire un mot à qqn,* une courte lettre, un billet. *Avez-vous reçu mon mot ?* ♦ 4° Parole exprimant une pensée de façon concise et frappante. *Mots célèbres, historiques.* « *Selon le mot du plus spirituel de nos diplomates* » (BALZ.). *Mot d'enfant. Mot d'auteur,* où l'on reconnaît l'esprit de l'auteur plus que le caractère du personnage. *Le mot de la fin,* l'expression qui résume parfaitement la situation. *Bon mot, mot d'esprit,* parole drôle et spirituelle. V. **Trait.** *Avoir toujours le mot pour rire*.* « *Chamfort a laissé bien des mots qu'on répète* » (STE-BEUVE), des traits spirituels. — *Fam. Nous avons eu des mots ensemble,* nous nous sommes disputés. ◇ HOM. *Maux* (pl. de *mal*).

MOTARD [mɔtar]. *n. m.* (1937; de *moto*). *Fam.* Motocycliste, et *spécialt.* Motocycliste de l'armée ou de la gendarmerie. *Les motards de la police routière.*

MOTEL [mɔtɛl]. *n. m.* (v. 1950; mot anglo-amér., du rad. de *motor (car)* « automobile », et *hotel*). *Anglicisme.* Hôtel situé au bord des routes à grande circulation, aménagé pour recevoir les automobilistes de passage. « *Nous entrons dans le Nevada. Enfin les premiers motels s'allument* » (BEAUVOIR).

MOTET [mɔtɛ]. *n. m.* (XIIIᵉ; de *mot*). *Mus.* Chant d'église à plusieurs voix. ◇ (XVᵉ) *Motet a cappella.* Pièce de musique destinée à l'église et composée sur des paroles latines qui ne font pas partie de l'office. *Motets de Lulli, de Bach.*

MOTEUR, TRICE [mɔtœr, tris]. *n. m. et adj.* (1377; lat. *motor,* de *movere* « mouvoir »). **I.** ♦ 1° *N. m.* Vx *(Philo. anc.).* Principe de mouvement, cause première. ◇ *Agent, instigateur.* ♦ 2° *Adj.* (XVIᵉ). *Physiol.* Qui engendre le mouvement. *Nerf moteur. Muscle moteur* (V. aussi **Locomoteur, vasomoteur**). ◇ Se dit d'un centre nerveux qui envoie des influx capables d'inhiber ou de stimuler l'activité d'un organe périphérique. — *Spécialt.* Se dit d'un centre nerveux qui commande l'activité musculaire. V. **Motricité.** *Troubles moteurs* (par atteinte des centres, des nerfs moteurs). V. **Contracture, paralysie, spasme.** — *Force motrice. Roues motrices d'une automobile. Arbre moteur :* vilebrequin. **II.** *N. m.* ♦ 1° (1744). *Vx.* Force motrice. *Moteur animé* (homme, cheval), *inanimé* (air, eau). ♦ 2° *Mod.* (1859, *moteur à gaz*). Appareil servant à transformer une énergie quelconque en énergie mécanique. *Moteurs à vent.* V. **Aéromoteur.** *Moteurs hydrauliques. Moteurs thermiques. Moteurs à vapeur.* V. **Machine.** *Moteurs à combustion interne. Moteurs à injection, diesel. Moteurs à gaz, à réaction*.* V. **Turbopropulseur, turboréacteur.** *Moteurs pneumatiques. Moteurs électriques.* V. **Électromoteur.** *Véhicules à moteur.* V. **Automobile, cyclomoteur, locomotrice, motrice, tracteur,** etc. *Munir de moteurs.* V. **Motoriser.** *Moteur d'avion* (V. **Bi-, tri-, quadrimoteur**). — V. aussi **Servomoteur.** ♦ 3° *Spécialt.* Moteur à explosion et à carburation. *Moteur à 1, 2, 4, 6 cylindres. Moteur à deux, à quatre temps. Moteur de 750 cm³* (de cylindrée). *Pièces essentielles d'un moteur :* bielle, bougie, came, carburateur, culasse, cylindre, distributeur, piston, rupteur, segment, soupape, vilebrequin. — Par appos. *Bloc moteur,* ensemble du moteur proprement dit et des organes annexes. *Bloc moteur et organes de transmission.* — *Rythme, régime d'un moteur. Moteur poussé,* qui, pour une cylindrée donnée, tourne plus vite qu'un autre et a une puissance supérieure. — Par appos. *Frein* moteur.*

-MOTEUR. Élément final (*ex.* : servomoteur).

MOTIF [mɔtif]. *n. m.* (1361; de l'a. adj. *motif* « qui met en mouvement »; bas lat. *motivus* « mobile »). ♦ 1° Mobile d'ordre intellectuel, raison d'agir, et *par ext.* de ressentir. *Quel est le motif de votre visite ?* « *Il me paraît impossible de comprendre les actes des hommes sans se représenter leurs motifs* » (SEIGNOBOS). V. **Intention.** *Je cherche les motifs de sa conduite.* V. **Cause, explication.** *Les motifs qu'on a d'être heureux.* V. **Occasion, raison, sujet.** *Faux motif.* V. **Prétexte.** « *Les plus beaux motifs ne servent qu'à déguiser les plus petites causes* » (BALZ.). — *Pour le bon motif,* pour des raisons valables; *spécialt. (fam.)* En vue du mariage. *Il la courtise pour le bon motif.* — *Sans motif,* sans raison. — *Dr.* Exposé des raisons qui déterminent les magistrats à rendre un jugement. *Les motifs et le dispositif des jugements. Exposé* des motifs.* V. **Attendu, considérant.** ♦ 2° Sujet d'une peinture. *Travailler sur le motif,* devant un modèle. ◇ Ornement isolé ou répété, servant de thème décoratif. *Tissu imprimé à grands motifs de fleurs.* V. **Dessin.** ◇ *Mus.* Phrase ou passage remarquable par son dessin (mélodique, rythmique). *Motif dramatique répété.* V. **Leitmotiv.** ♦ ANT. *Conséquence, effet.*

MOTILITÉ [mɔtilite]. *n. f.* (1812; lat. *motum,* supin de *movere* « mouvoir »). *Physiol.* Faculté de se mouvoir. V. **Mobilité, mouvement, motricité.** — Ensemble des mouvements propres à un organe, à un système. *Motilité intestinale.* V. **Péristaltisme.** ◇ *Fig. et littér.* « *Elle les douait (les sensations) d'une motilité qui lui rendait difficile de les garder pour elle* » (PROUST).

MOTION [mosjɔ̃]. *n. f.* (XIIIᵉ; lat. *motio*). ♦ 1° *Vx.* Action de mouvoir (V. **Impulsion**); mouvement. ◇ (Sens repris au xxᵉ). *Didact.* (Psychanal.). *Motion pulsionnelle*, la pulsion en tant que modification psychique (pulsion en acte). ♦ 2° *Mod.* (1775; angl. *motion*). Proposition faite dans une assemblée délibérante par un de ses membres. *Faire, rédiger une motion.* — Dr. constit. *Motion de censure*, proposition par laquelle l'Assemblée nationale met en cause la responsabilité du Gouvernement (Cf. Question de confiance).

MOTIONNER [mosjɔne]. *v. intr.* (1797; de *motion*). *Rare.* Déposer une motion.

MOTIVANT, ANTE [mɔtivã, ãt]. *adj.* (mil. xxᵉ; du p. prés. de *motiver*). *Didact.* Qui motive. *Raisons motivantes.* V. Motivation.

MOTIVATION [mɔtivasjɔ̃]. *n. f.* (1923; h. 1845; de *motiver*). ♦ 1° *Philo.* Relation d'un acte aux motifs qui l'expliquent ou le justifient. *La motivation d'un acte.* ♦ 2° *Écon.* « Ensemble des facteurs déterminant le comportement de l'agent économique, plus particulièrement du consommateur » (ROMEUF). *Les études de motivation permettent l'orientation de la publicité.* ♦ 3° *Psychol.* Action des forces (conscientes ou inconscientes) qui déterminent le comportement (sans aucune considération morale). *Motivations inconscientes.*

MOTIVER [mɔtive]. *v. tr.* (1721; de *motif*). ♦ 1° (*Personnes*). Justifier par des motifs. *Motiver une action, une démarche, une démission. Un refus à peine motivé.* ♦ 2° (*Choses*). Être, fournir le motif de. V. Causer, expliquer. *Voilà ce qui a motivé notre décision.* ♦ 3° MOTIVÉ, ÉE. *p. p. adj.* Qui a une motivation (3°). *Jeune cadre dynamique et motivé.* ◇ ANT. (du p. p.) Immotivé.

MOTO [mɔto]. *n. f.* (1898; abrév. de *motocyclette*). Véhicule à deux roues, à moteur à essence de plus de 125 cm³. *Être à, en moto, sur sa moto.* « La haute moto rouge, tout étincelante, ronflait sous moi comme un petit avion » (BERNANOS). *Course de motos.*

MOTO-. Élément, tiré de *moteur* (n. m.).

MOTOCISTE [mɔtɔsist(ə)]. *n. m.* (v. 1970; de *moto*, et suff. *-iste*). Spécialiste de la vente et de la réparation de motocycles.

MOTO-CROSS [mɔtɔkʀɔs]. *n. m.* (xxᵉ; de *moto* [cyclette], et *cross*-[country]). Course de motos sur parcours accidenté.

MOTOCULTEUR [mɔtɔkyltœʀ]. *n. m.* (1913; du suiv.). Petit mototracteur à deux roues ou à chenilles dirigé à la main.

MOTOCULTURE [mɔtɔkyltyʀ]. *n. f.* (1910; de *moto*-, et *culture*). Utilisation du moteur mécanique dans l'agriculture.

MOTOCYCLE [mɔtɔsikl(ə)]. *n. m.* (1895, « motocyclette »; de *moto*-, et *cycle*). *Lang. admin.* Tout véhicule automobile à deux roues (cyclomoteur, motocyclette, scooter, vélomoteur; Cf. Les deux roues*).

MOTOCYCLETTE [mɔtɔsiklɛt]. *n. f.* (1896; de *moto*-, d'apr. *bicyclette*). ♦ 1° *Vx.* Tout motocycle. ♦ 2° *Littér.* V. Moto.

MOTOCYCLISME [mɔtɔsiklism(ə)]. *n. m.* (1934; de *motocycle*, d'apr. *cyclisme*). Pratique de la motocyclette. *Spécialt.* Sport de la motocyclette et du side-car.

MOTOCYCLISTE [mɔtɔsiklist(ə)]. *n.* (1897; de *motocyclette*, d'apr. *cycliste*). Personne qui conduit une motocyclette. *Motocycliste de l'armée, de la police.* V. Motard. *Casque de motocycliste.*

MOTOGODILLE [mɔtɔgɔdij]. *n. f.* (1906; de *moto*-, et *godille*). Petit moteur pouvant se placer à l'arrière d'une barque.

MOTONAUTIQUE [mɔtɔnotik]. *adj.* (1948; du suivant). *Sport.* Relatif au motonautisme.

MOTONAUTISME [mɔtɔnotism(ə)]. *n. m.* (1948; de *moto*-, et *nautisme*). *Sport.* Navigation sur petits bateaux à moteur.

MOTONEIGE [mɔtɔnɛʒ]. *n. f.* (v. 1960; de *moto*, et *neige*). Petit véhicule à une ou deux places avec des skis à l'avant, sur chenilles. *Des motoneiges.* (A remplacé l'anglicisme *skidoo*).

MOTONEIGISTE [mɔtɔnɛʒist(ə)]. *adj.* (v. 1970; mot canadien, de *motoneige*). [Canada]. Personne qui pratique la motoneige. « *La police remercie les nombreux motoneigistes venus lui prêter main-forte* » (*Le Français dans le monde*, 1973).

MOTOPOMPE [mɔtɔpɔ̃p]. *n. f.* (xxᵉ; de *moto*-, et *pompe*). Pompe entraînée par un moteur à explosion ou électrique.

MOTOPROPULSEUR [mɔtɔpʀɔpylsœʀ]. *adj. m.* (xxᵉ; de *moto*-, et *propulseur*). *Techn.* Se dit des organes d'un véhicule qui produisent et transmettent le mouvement. *Groupe motopropulseur d'une automobile.*

MOTORISATION [mɔtɔʀizasjɔ̃]. *n. f.* (xxᵉ; de *motoriser*). Action de motoriser; son résultat. *Motorisation des transports; des troupes.*

MOTORISER [mɔtɔʀize]. *v. tr.* (*Motorisé*, 1922; de *moteur*, lat. *motor*). ♦ 1° *Rare.* Munir d'un moteur. ♦ 2° *Cour.* Munir de véhicules à moteur, de machines auto-

mobiles. *Motoriser l'agriculture.* V. Mécaniser. — Au p. p. « *Ses rêves de culture motorisée et d'engrais chimiques* » (AYMÉ). *Troupes motorisées*, transportées par camions automobiles, motocyclettes. — Fam. *Être motorisé* : se déplacer avec un véhicule à moteur. *Vous êtes motorisé? Pouvez-vous me reconduire chez moi ?*

MOTORISTE [mɔtɔʀist(ə)]. *n. m.* (1966; de *moteur*). ♦ 1° Constructeur de moteurs d'avions ou d'automobiles. « *La consommation de carburant* [...] *a été le premier des objectifs des efforts entrepris par les motoristes* » (*Entreprise* 5-1973). ♦ 2° Mécanicien spécialiste de la réparation et de l'entretien des automobiles et des moteurs.

MOTORSHIP [mɔtɔʀʃip]. *n. m.* (xxᵉ; mot angl. « bateau à moteur »). *Mar.* Désignation anglaise des navires de commerce à moteur diesel. *Abrév. :* M/S.

MOTOTRACTEUR [mɔtɔtʀaktœʀ]. *n. m.* (xxᵉ; de *moto*-, et *tracteur*). *Techn.* Tracteur automobile.

MOTRICE. *adj. f.* V. MOTEUR *(adj.).*

MOTRICE [mɔtʀis]. *n. f.* (fin xixᵉ; abrév. de *locomotrice*). Voiture à moteur qui en entraîne d'autres. *Motrice de tramway.*

MOTRICITÉ [mɔtʀisite]. *n. f.* (1825; de *moteur*, *motrice*). *Physiol.* Ensemble des fonctions qui assurent les mouvements. *Motricité volontaire, involontaire* (ou *réflexe*). — Ensemble des mouvements de l'organisme, d'une de ses parties.

MOTS-CROISISTE [mokʀwazist(ə)]. *n.* (xxᵉ; de *mots croisés*). Amateur de mots croisés. V. Cruciverbiste.

MOTTE [mɔt]. *n. f.* (*Mote* « levée de terre », 1155; p.-ê. d'un rad. prélatin °*mutta*). ♦ 1° Morceau de terre compacte, comme on en détache en labourant. *Écraser les mottes d'un champ au brise-mottes, à la herse, au rouleau.* — Par ext. *Motte de gazon.* V. Gazon. ♦ 2° *Motte de beurre* : masse de beurre des crémiers, pour la vente au détail. *Acheter du beurre en motte, un quart de beurre à la motte.*

MOTTER (SE) [mɔte]. *v. pron.* (1550; de *motte*). *Chasse.* Se cacher, se blottir derrière les mottes, en parlant d'un animal. *Perdrix qui se mottent.*

MOTTEUX [mɔtø]. *n. m.* (xvɪᵉ, adj.; 1750, zool.; de *motte*). Nom d'un oiseau (*Passereaux; Turdidés*), variété de traquet.

MOTU PROPRIO [mɔtypʀɔpʀijo]. *loc. adv.* et *n. m.* (1550; loc. lat. « de son propre mouvement », lang. de la Chancellerie du Saint-Siège). *Relig.* ou *didact.* ♦ 1° Spontanément, de plein gré. ♦ 2° *N. m.* Lettre apostolique expédiée par le pape, de sa propre initiative, sans requête préalable. *Des motu proprio.*

MOTUS! [mɔtys]. *interj.* (1662; latinisation de *mot*). Interjection pour inviter qqn à garder le silence. « *Comme ça, motus, bouche cousue !* » (SARTRE).

MOT-VALISE [movaliz]. *n. m.* (xxᵉ; de *mot*, et *valise*). Mot composé d'éléments non signifiants de deux ou plusieurs mots. *La formation de mots-valises est très productive en américain* (ex. : *motor car* et *hotel* donnent *motel*).

1. MOU [mu] ou **MOL** [mɔl] devant voyelle ou *h* muet, (fém.) **MOLLE** [mɔl]. *adj., adv.* et *n.* (1170; lat. *mollis*). **I.** *Adj.* Ⓐ (*Opposé à* DUR). ♦ 1° Qui cède facilement à la pression, au toucher; qui se laisse entamer sans effort. *Substance molle. Cire molle. Fromage à pâte molle.* V. Tendre. *Fromage mou. Beurre que la chaleur rend mou.* V. Amollir, ramollir. *Matière molle, facile à modeler.* V. Plastique. — *Parties molles*, les chairs, les viscères. ♦ 2° Doux; qui s'enfonce au contact. V. Moelleux, mollet. *Matelas mou. Un mol oreiller.* — Par ext. « *La molle tiédeur du bain* » (GAUTIER). V. Doux. ♦ 3° *Bruit mou*, un peu sourd et long. ♦ 4° *Temps mou*, humide et (généralement) chaud. *Climat mou.* ♦ 5° *Visage mou, aux traits mous.* V. Avachi, flasque. Ⓑ (*Opposé à* RAIDE, RIGIDE). ♦ 1° Qui est dépourvu de rigidité, de raideur. V. Souple. *Tige, taille molle.* V. Flexible. « *La molle liane Qui se balance* » (VALÉRY). *Col mou. Chapeau mou.* — *Avoir les jambes molles* : faibles. ♦ 2° Par ext. *De molles ondulations de terrain*, arrondies, douces ou imprécises. Qui a une souplesse gracieuse. *La molle rondeur de ses bras.* Ⓒ *Fig.* ♦ 1° Qui manque d'énergie, de vitalité. V. Abattu, amorphe, apathique, avachi, endormi, indolent, inerte, lymphatique, mollasse, nonchalant. *Élève mou, qui traîne sur ses devoirs.* V. Lambin, lent. — *Air, gestes mous.* V. Languissant. ◇ Qui manque de vigueur morale, de caractère. V. Faible, veule. « *Vous êtes mou comme une chiffe* » (BALZ.). — *N'opposer qu'une molle résistance. Faire de molles protestations.* ♦ 2° Qui manque de fermeté, de vigueur (en parlant du style, de l'exécution d'une œuvre). *Pianiste dont le jeu est mou. Dessin mou.* ♦ 3° *Vieilli.* Qui a le caractère de la mollesse (2°). V. Amollissant, efféminé. *Molle langueur.* V. Voluptueux. « *La vie molle, rampante, efféminée* » (DIDER.). **II.** *Adv.* ♦ 1° *Pop.* Doucement, sans hâte, sans violence. « *Vas-y-mou, c'est un môme* » (SARTRE). Cf. *pop.* Mollo. ♦ 2° Avec mollesse, mollement. *Musicien qui joue trop mou.* **III.** *N. m.* ♦ 1° *Fam.* Homme faible de caractère, qui recule devant les risques, les responsabilités. *C'est un mou.* ♦ 2° Ce qui est mou. *Le mou et le dur.* ♦ 3° *Avoir du mou*, n'être pas assez tendu. *Donner du mou à un hauban*, le détendre.

◇ ANT. Dur, rigide. Ferme, fort, vigoureux. *Agissant, alerte, dynamique, preste, vif.* — HOM. Mou (2), moue, moût. — (du fém.) Mole.

2. MOU [mu]. *n. m.* (*Mol*, XIVᵉ ; du précéd.). ♦ 1° Poumon des animaux de boucherie (abats). « *La vente en gros du mou de bœuf* » (ZOLA). — Morceau de mou. *Chat qui mange son mou.* ♦ 2° Pop. *Bourrer le mou* (de qqn) : bourrer le crâne, en faire accroire. — *Rentrer dans le mou* (de qqn). V. **Battre** (Cf. Rentrer dans le chou, dans le lard). ◇ HOM. Mou (1), moue, moût.

MOUCHAGE [muʃaʒ]. *n. m.* (XXᵉ ; de *moucher*). Action de moucher, de se moucher.

MOUCHARABIEH [muʃarabjɛ(e)]. *n. m.* (*Moucharaby*, 1846 ; arabe *machrabiya*). Dans l'architecture arabe, Balcon fermé par un grillage qui forme avant-corps devant une fenêtre.

MOUCHARD, ARDE [muʃar, ard(ə)]. *n. m.* et *f.* (1580 ; de *mouche*). ♦ 1° Péj. Espion, indicateur de police. V. **Mouche** (III). ♦ 2° Délateur, dénonciateur. V. **Cafard** (*fam.*), **mouton** (*pop.*), **rapporteur, sycophante.** ♦ 3° (1894). Se dit de certains appareils de contrôle. V. **Contrôleur.** — Milit. Avion d'observation.

MOUCHARDAGE [muʃardaʒ]. *n. m.* (fin XVIIIᵉ ; de *moucharder*). Fam. Action, habitude de moucharder. V. **Dénonciation.**

MOUCHARDER [muʃarde]. *v. tr.* (1596 ; de *mouchard*). Fam. Surveiller en vue de dénoncer ; dénoncer. V. **Cafarder** (*fam.*), **espionner.** ◇ Absolt. Faire le mouchard. *Écolier qui moucharde.* V. **Rapporter.**

MOUCHE [muʃ]. *n. f.* (*Musche*, v. 1120 ; lat. *musca*). I. ♦ 1° Vx. Tout insecte volant (mouche, abeille, guêpe, moucheron, moustique, taon). « *Mouche guêpe* » (MONTAIGNE). ◇ Loc. mod. *Mouche d'Espagne* : la cantharide. — Région. (1487) *Mouche à miel* : l'abeille. ♦ 2° Mod. Insecte (*Diptères, Muscidés*) aux nombreuses espèces, dont la plus commune est la *mouche domestique* (*musca domestica*). *La larve* (V. **Asticot**) *de la mouche vit dans les matières organiques en putréfaction. Mouche bleue, mouche de la viande* (calliphore). *Mouche dorée* ou *mouche verte* (lucilie). *Mouche tsé-tsé* (glossine). *Mouche du vinaigre* (drosophile). ◇ Cour. *la mouche domestique. Protection contre les mouches* (chasse-mouches, insecticide, papier tue-mouches). *Chiures de mouches.* — Loc. *Faire d'une mouche un éléphant* : accorder beaucoup d'importance à une chose insignifiante. — *Pattes de mouches* : écriture très petite, irrégulière et difficile à lire. — *On aurait entendu une mouche voler* : le plus profond silence régnait. — *On prend plus de mouches avec du miel qu'avec du vinaigre ; on ne prend pas les mouches avec du vinaigre.* — Fam. *Il ne ferait pas de mal à une mouche* : il n'est absolument pas méchant. — *Mourir, tomber comme des mouches* : en masse, en grand nombre. — *Être, faire la mouche du coche* : être importun, s'agiter beaucoup sans rendre de réels services (d'apr. *Le Coche et la Mouche*, fable de La Fontaine). — *Prendre la mouche*, s'emporter, se mettre en colère. — *Quelle mouche le pique?* pourquoi se met-il en colère brusquement et sans raison apparente ?

II. Par anal. (forme, couleur, etc.). ♦ 1° (XVIIᵉ). Vx. Petite tache. ♦ 2° (1655). Petit morceau de taffetas noir que les femmes mettaient sur la peau pour en faire ressortir la blancheur. ♦ 3° (1846). *Mouche artificielle* : appât fait de plumes de couleurs fixées à un hameçon. *Pêche à la mouche* : pêche au lancer à la mouche artificielle. ♦ 4° Bouton que l'on fixe à la pointe d'un fleuret, pour le rendre inoffensif (V. **Moucheter**). ♦ 5° (Dans l'express. *Faire mouche*). Point noir au centre de la cible. Fig. Toucher juste (Cf. Mettre dans le mille*). « *Vous faisiez mouche à chaque mot* » (AYMÉ). ♦ 6° Tache qui apparaît dans le champ de l'œil. « *Il avait des mouches devant les yeux, et des points d'or* » (ARAGON). ♦ 7° (1846). Touffe de poils au-dessous de la lèvre inférieure.

III. Par allus. à la finesse, la mobilité de l'insecte. ♦ 1° (1389). Vx. Espion. V. **Mouchard.** ♦ 2° (1673). Mod. *Fine mouche* : personne habile, rusée. ♦ 3° Mar. Petit navire de reconnaissance, très mobile. *Mouche d'escadre.* ◇ Cour. (1878) *Mouche*, puis *Bateau mouche*, bateau de passagers sur la Seine, à Paris. ♦ 4° Sports. *Poids mouche.* V. **Poids.**

MOUCHER [muʃe]. *v. tr.* et *pron.* (XIIᵉ ; lat. pop. *°muccare*, de *mu[c]cus* « morve »). ♦ 1° Débarrasser (le nez) de ses mucosités en pressant les narines et en expirant fortement. *Mouche ton nez!* — Par ext. *Moucher un enfant.* ♦ Fig. (*Pop.*) Remettre (qqn) vertement à sa place, lui dire son fait. V. **Cingler, rembarrer, réprimander.** ◇ *Il s'est fait rudement moucher.* ♦ 2° Rendre le nez. *Moucher du sang.* ♦ 3° Se **MOUCHER.** *v. pron.* Moucher son nez. « *Le vieux musicien paraissait donner du cor, quand il se mouchait* » (BALZ.). — Loc. *Qui se sent morveux*, se mouche. — Iron. *Ne pas se moucher du coude* : se prendre pour qqn d'important. ♦ 4° (1220). *Moucher une chandelle, une lampe.* V. **Mouchette.**

1. MOUCHERON [muʃr5]. *n. m.* (v. 1200 ; de *moucher*). Vieilli. Bout de mèche qui reste rouge, après l'extinction d'une chandelle.

2. MOUCHERON [muʃr5]. *n. m.* (v. 1300 ; de *mouche*). ♦ 1° Insecte volant de petite taille ; petite mouche. « *Des vols d'éphémères, de moucherons commençaient... à danser à hauteur d'homme* » (NIZAN). *Le Lion et le Moucheron*, fable de La Fontaine. ♦ 2° Fam. Petit garçon.

MOUCHERONNER [muʃrɔne]. *v. intr.* (v. 1903 ; de *moucheron*). Se dit de certains poissons (saumon, truite) quand ils sautent hors de l'eau pour attraper au vol des mouches, des moucherons.

MOUCHETÉ, ÉE [muʃte]. *adj.* (*Mosqueté*, 1340 ; de *mouche*. V. **Moucheter**). ♦ 1° Chargé de marques de couleur différente du fond. V. **Tacheté, tigré.** *Cheval moucheté. Reliure en veau moucheté.* — Blas. Chargé de mouchetures d'hermine. ♦ 2° Semé de petites taches de couleur différente. *Laine mouchetée. Tweed gris moucheté de rouge.* ♦ 3° Garni d'une mouche (II, 4°). *Fleuret moucheté.*

MOUCHETER [muʃte]. *v. tr.* ; conjug. *jeter* (1483 ; de *mouche*). ♦ 1° Parsemer de petites marques, de petites taches rondes (V. **Moucheture**) d'une couleur autre que celle du fond. — Par ext. « *Les lampes électriques mouchetaient la nuit* » (R. ROLLAND). ♦ 2° Escr. Mettre une mouche à une arme pour l'émousser et la rendre inoffensive. *Moucheter un fleuret.*

MOUCHETIS [muʃti]. *n. m.* (déb. XXᵉ ; de *moucheter*). Techn. (*Constr.*). Crépi fait au balai et présentant de petites saillies.

MOUCHETTE [muʃɛt]. *n. f.* (*Mouhetes*, 1394 ; de *moucher*). I. N. f. pl. Anciennt. Ciseaux qui servaient à moucher les chandelles. « *Ayant pris les mouchettes pour moucher la chandelle...* » (ZOLA). II. Archit. ♦ 1° Rebord saillant du larmier d'une corniche. ♦ 2° Motif en ellipse des fenêtrages du gothique flamboyant.

MOUCHETURE [muʃtyr]. *n. f.* (1539 ; de *moucheter*). ♦ 1° Petite marque, tache d'une autre couleur que le fond. « *Une moucheture de fange sur mon seul gilet blanc!* » (BALZ.). — Blas. *Mouchetures d'hermine* : petits morceaux de fourrure disposés de place en place sur l'hermine. ♦ 2° Tache naturelle sur le corps, le pelage, le plumage de certains animaux. V. **Maille, ocelle.** ♦ 3° (au pluriel). Méd. Petites incisions superficielles de la peau (V. **Scarification**) répétées à des endroits très proches, destinées à décongestionner en provoquant un écoulement des sérosités accumulées.

MOUCHOIR [muʃwar]. *n. m.* (XVᵉ ; *mouschoir* « mouchettes », lat. XIVᵉ ; *moucheur*, fin XIIIᵉ ; de *moucher*). ♦ 1° Petite pièce de linge, généralement de forme carrée, qui sert à moucher, à s'essuyer le visage (Cf. pop. Tire-jus). *Mouchoir de batiste, de soie. Mouchoir de Cholet. Mouchoir brodé.* V. aussi **Pochette.** — Par ext. *Mouchoir aseptique en ouate de cellulose, mouchoir de papier*, qu'on jette après usage. — Loc. *Agiter son mouchoir en signe d'adieu. Faire un nœud à son mouchoir pour se rappeler qqch.* ◇ Par compar. *Appartement, jardin grand comme un mouchoir de poche* : très petit. — Sports (1909) *Arriver dans un mouchoir* : en peloton serré. ♦ 2° *Mouchoir (de cou, de tête)* : pièce d'étoffe dont les femmes se couvrent la tête, les épaules. V. **Châle, fichu, foulard, pointe.** *Françoise « ayant noué sur sa tête un mouchoir bleu* » (ZOLA).

MOUCHURE [muʃyr]. *n. f.* (1690 ; de *moucher*). Rare. ♦ 1° Mucosités du nez. V. **Morve.** ♦ 2° Bout de la mèche d'une chandelle que l'on enlève en la mouchant.

MOUDRE [mudr(ə)]. *v. tr.* : *je mouds, tu mouds, il moud, nous moulons, vous moulez, ils moulent ; je moulais, nous moulions ; je moulus, nous moulûmes ; je moudrai, nous moudrons ; je moudrais, nous moudrions ; que je moule, que nous moulions ; mouds, moulons, moulez ; moulant, moulu.* Part. pass. *moulu, moudrai(s),* et *moulu, ue* (*Moldre*, XIIᵉ ; lat. *molere*). ♦ 1° Broyer (des grains) avec une meule. V. **Broyer, écraser, pulvériser.** *Moudre du poivre, du café.* V. **Café.** *La table sentait le café moulu fraîchement* » (BOSCO). ♦ 2° Rare. Briser, accabler de coups. V. **Battre ; moulu.** « *Ses trois ennemis qui le moulaient de coups* » (DUMAS). — Fam. (menace) « *Je le moudrais, murmura le père en le dévorant du regard* » (AYMÉ). ♦ 3° *Moudre un air* : le jouer sur un instrument à manivelle (orgue de barbarie, vielle). — Par ext. *Cette rue « Où des orgues moudront des gigues dans les soirs* » (VERLAINE).

MOUE [mu]. *n. f.* (1175 ; « lèvre » ; frq. *°mauwa*, p.-ê. onomat.). ♦ 1° Grimace que l'on fait en avançant, en resserrant les lèvres. *Une moue boudeuse, de dédain.* « *Elle ne put retenir une moue incrédule et presque désapprobatrice* » (MART. du G.). *Faire la moue.* V. **Lippe.** ♦ 2° Fig. Air de mécontentement. *Il a pris la moue à notre proposition.* V. **Grimace.** ◇ HOM. Mou, moût.

MOUETTE [mwɛt]. *n. f.* (*Moëtte*, XIVᵉ ; dimin. de l'a. fr. *maoue, mauve*, anglo-saxon *maew*). ♦ 1° Oiseau de mer, palmipède *(Laridés)*, voisin du goéland mais plus petit. V. **Hirondelle** (de mer). *Mouette blanche ou sénateur ; mouette à capuchon noir ; mouette tridactyle ; mouette rieuse ; mouette pillarde.* V. **Stercoraire.** « *La mer calme où des mouettes éparses flottaient comme des corolles blanches* » (PROUST). ♦ 2° *Mar.* Canot pneumatique de sauvetage.

MOUFFETTE [mufɛt]. *n. f.* (1741 ; V. **Mofette**). Petit mammifère carnivore *(Mustélidés)* qui peut projeter, comme moyen de défense, un liquide d'odeur infecte sécrété par ses glandes anales (comme le putois). *La mouffette est chassée pour sa fourrure.* V. **Sconse** ou **skunks.**

MOUFLE [mufl(ə)]. *n.* (*Mofle*, XIIᵉ ; lat. médiév. *muffula* (817), d'o. germ. V. **Mufle**).
I. N. f. *Cour.* Pièce de l'habillement qui couvre entièrement la main, sans séparation pour les doigts, sauf pour le pouce. V. **Gant, mitaine.** « *Sa pelisse en peau de mouton, ses moufles fourrées* » (HUYSMANS). *Moufles de skieur.*
II. *N. m.* ou *f.* (1549, « support des poutres »). *Techn.* Assemblage mécanique de poulies dans une même chape, pour soulever de lourds fardeaux. « *Le moufle est une poulie montée à l'envers* » (ALAIN). *Deux moufles constituent un palan.*
III. *N. m.* (1611). *Chim.* Vase de terre permettant de soumettre un corps à l'action du feu sans que la flamme le touche. ◇ *Techn.* (N. m. ou f.). Four à porcelaine.

MOUFLET, ETTE [muflɛ, ɛt]. *n.* (mil. XXᵉ ; a. fr. et dial. *mo[u]flet, mouflart, moufflu* « rebondi, dodu » ; Cf. **Moufle, mufle**). *Fam.* Petit enfant. « *Toutes les femmes, voyez-vous ça... Mais tu n'es qu'une mouflette* » (QUENEAU). V. **Mioche, moujingue, moutard.**

MOUFLON [mufl5]. *n. m.* (1754 ; *muffle*, 1556 ; it. *muflone*, bas lat. dial. *mufro*). Mammifère ruminant ongulé, très proche du bouquetin. *Les mouflons ont une fourrure épaisse et rude ; les mâles portent de grosses cornes recourbées en volute.*

MOUFTER ou **MOUFETER** [mufte]. *v. intr.* (*Mouffer*, 1918 ; o. i. ; p.-ê. du rad. *muff-*, de *mouflet*). *Fam.* Broncher, protester. — REM. Utilisé surtout à l'infinitif, à l'imparfait et aux temps composés.

MOUILLAGE [muja3]. *n. m.* (1654, d'abord aux Antilles ; de *mouiller*).
I. ♦ 1° *Mar.* Action de mettre à l'eau. *Mouillage des mines, des ancres.* ◇ *Mar.* et *cour.* Action de mouiller l'ancre. *Mouillage d'un navire.* V. **Ancrage, embossage.** ♦ 2° Emplacement favorable pour mouiller un navire. V. **Abri.** « *Des bâtiments en marche venant chercher un mouillage* » (MAUPASS.).
II. ♦ 1° (1765). Action de mouiller (qqch). *Mouillage du cuir, en corroierie. Mouillage du linge avant de le repasser.* ♦ 2° Addition d'eau dans un liquide. V. **Coupage.** *Le mouillage frauduleux du lait, du vin mis en vente.*

MOUILLANT, ANTE [mujã, ãt]. *n. m.* et *adj.* (mil. XXᵉ ; de *mouiller*). *Techn.* Se dit de produits destinés à abaisser la tension superficielle d'un liquide afin qu'il imprègne ou s'étale plus aisément. V. **Tensio-actif.** *Détersif à base de mouillant.*

MOUILLE [muj]. *n. f.* (XXᵉ ; « source », 1846 ; de *mouiller*). *Mar.* Avarie d'une cargaison par inondation ou humidité.

MOUILLÉ, ÉE [muje]. *adj.* (*Moillie*, déb. XIIIᵉ ; V. **Mouiller**). ♦ 1° Qui a été mis en contact avec un liquide. *Un linge mouillé.* V. **Humide.** *Être mouillé comme une soupe, jusqu'aux os* : complètement. V. **Ruisselant, trempé.** — *Vieilli. Quand il fait mouillé* : quand il pleut. — *Géogr. Section mouillée, périmètre mouillé d'un fleuve*, dépendant du niveau. ◇ *Yeux mouillés, regard mouillé*, plein de larmes. *Voix mouillée, pleine d'émotion.* ◇ *Fig. Poule mouillée.* V. **Poule.** ◇ *Subst.* « *Son manteau sent le mouillé* » (R. ROLLAND). ♦ 2° *Consonnes mouillées*, dont l'articulation se termine par l'émission d'un [j] la langue se rapprochant du palais. V. **Palatalisé.** *N mouillé* [ɲ] *comme dans agneau* [aɲo] *et autrefois l mouillé.* ◇ ANT. **Sec.**

MOUILLEMENT [mujmã]. *n. m.* (1553 ; de *mouiller*). *Rare.* Action de mouiller. ◇ *Phonét. Mouillement d'une consonne.* V. **Mouillure.**

MOUILLER [muje]. *v. tr.* (2ᵉ moitié XIVᵉ ; *moillier, moilier*, fin XIᵉ ; lat. pop. *°molliare* « amollir », de *mollis* « mou »)).
I. ♦ 1° Imbiber, mettre en contact avec de l'eau, avec un liquide très fluide. V. **Arroser, asperger, éclabousser, humecter, imbiber, inonder, tremper.** *Il a mouillé sa toilette, mouille dans le broc son mouchoir* » (GIDE). *Mouiller son doigt de salive pour feuilleter un livre.* ◇ *Cuis.* Ajouter un liquide pendant la cuisson pour faire une sauce. *Mouiller un ragoût avec du bouillon, du vin blanc.* ◇ *(Choses)* « *Cette graisse qui fait que l'eau ne mouille pas les cygnes* » (COCTEAU). *Se faire mouiller par la pluie, l'orage.* V. **Doucher, saucer** *(fam.)*, **tremper.** Absolt. *Pluie, brouillard qui mouille, transperce.* ♦ 2° Étendre d'eau (un liquide). V. **Couper, diluer.** « *Il commença de les mouiller* (les absinthes) *délicatement, goutte par goutte* » (COURTELINE). ♦ 3° (XVIIᵉ s.). *Mar.* Mettre à l'eau. *Mouiller une sonde, une mine. Mouiller l'ancre.* — Absolt. *(Mar. et cour.)* Jeter l'ancre, s'arrêter. V. **Ancrer,**

fond (donner fond). *Ce paquebot mouille en grande rade.* V. **Embosser.** ♦ 4° (1690). *Mouiller une consonne*, l'articuler en rapprochant la langue du palais comme pour émettre un [j]. ♦ 5° *Fig., fam.* Compromettre (qqn). « *Encore heureux qu'il ne t'ait pas mouillé ?* » (BAZIN). ♦ 6° *Pop. Intrans.* (1946 ; de *mouiller* [sa culotte] « uriner »). Avoir peur. — *Vulg.* Désirer (femmes).
II. SE MOUILLER. *v. pron.* ♦ 1° S'imbiber d'eau (ou d'un liquide très fluide), entrer en contact avec l'eau, dans l'eau. *Se mouiller en sortant sous la pluie, en renversant un liquide sur soi.* — « *Sa voix s'altère, ses yeux se mouillent* » (DIDER.). ♦ 2° *Fig.* (1886). *Fam.* Se compromettre, prendre des risques. V. **Tremper** (dans une affaire). « *Ils ont tellement peur de se mouiller ! Ils laisseraient torturer... vingt innocents plutôt que de se compromettre avec nous* » (BEAUVOIR). ◇ ANT. **Assécher, dessécher, éponger, essuyer, sécher.**

MOUILLÈRE [mujɛr]. *n. f.* (1846 ; de *mouiller*). *Région.* Partie de pré, de champ habituellement humide.

MOUILLETTE [mujɛt]. *n. f.* (1690 ; dimin. de *mouiller*). Petit morceau de pain long et mince qu'on trempe dans les œufs à la coque, dans un liquide. « *Taillant au pain de longues mouillettes, il les plongeait dans le café* » (GENEVOIX).

MOUILLEUR [mujœr]. *n. m.* (1842 ; de *mouiller*). ♦ 1° *Mar.* Appareil qui tient l'ancre dans la même position jusqu'au moment de la laisser tomber pour mouiller. ♦ 2° (1890). Appareil employé pour mouiller, humecter (les étiquettes, les timbres). ♦ 3° (1914). *Mouilleur de mines*, navire aménagé pour le mouillage des mines.

MOUILLOIR [mujwar]. *n. m.* (1497 ; de *mouiller*). Récipient utilisé pour mouiller. *Mouilloir de repasseuse.*

MOUILLURE [mujyr]. *n. f.* (*Moilleüre*, XIIIᵉ ; de *mouiller*). ♦ 1° Action de mouiller. V. **Mouillage, mouillement.** — État de ce qui est mouillé. ♦ 2° *Une mouillure* : trace laissée par l'humidité. *Mouillures d'un tissu, d'un papier.* ♦ 3° (Fin XIXᵉ). Caractère d'une consonne mouillée. *La mouillure du « n » dans « agneau ».* V. **Palatalisation.**

MOUISE [mwiz]. *n. f.* (1895 ; « soupe », 1829 ; all. dial. du Sud *mues* « bouillie »). *Pop.* Misère, pauvreté. V. **Panade, purée.** « *Et toi ? Toujours dans la mouise ?* » (MAC ORLAN).

MOUJIK [mu3ik]. *n. m.* (*Mougik*, v. 1830 ; *mousique*, 1727 ; mot russe « paysan »). Paysan russe. « *Deux ou trois chariots de moujiks cherchant à rejoindre leurs isbas* » (GAUTIER).

MOUJINGUE [mu3ɛg]. *n.* (1915 ; o. i., p.-ê. mot algérien, de l'esp. *muchacho* « enfant »). *Pop.* Enfant. V. **Mouflet, moutard.** « *Il est quand même drôle, ton moujingue* » (AYMÉ).

MOUKÈRE ou **MOUQUÈRE** [mukɛr]. *n. f.* (*Moukeiras*, plur., 1863 ; en sabir, 1830 ; mot algérien de l'esp. *mujer* « femme »). *Arg.* Femme. « *La mouquère se mit à brailler...* » (QUENEAU).

1. MOULAGE [mula3]. *n. m.* (1369 ; de *moudre*). ♦ 1° *Rare.* Action de moudre. ♦ 2° *Féod.* Droit payé au seigneur du moulin banal.

2. MOULAGE [mula3]. *n. m.* (*Mollage*, 1415 ; de *mouler*). ♦ 1° Action de mouler, de fabriquer avec un moule. *Moulage d'un objet de métal, d'une cloche, d'une statue.* V. **Fonte.** *Moulage des verres d'optique.* ♦ 2° Objet, ouvrage obtenu au moyen d'un moule. *Prendre un moulage d'un objet* (l'objet servant de moule). V. **Empreinte ; surmoulage.** ◇ Reproduction d'une œuvre originale obtenue par moulage. « *Un bon moulage ne vaut pas une bonne statue* » (TAINE).

1. MOULE [mul]. *n. m.* (1450 ; *modle*, 1190 ; puis *molle* ; du lat. *modulus*). ♦ 1° Corps solide creusé et façonné, dans lequel on verse une substance liquide ou pâteuse qui, solidifiée, conserve la forme qu'elle a prise dans la cavité ; et (XIIIᵉ) Objet plein sur lequel on applique une substance plastique pour qu'elle en prenne la forme. V. **Forme, matrice, modèle.** *Moule pris sur un objet.* V. **Surmoule.** *Moule en sable, en terre. Moule à cire perdue* : modèle en cire sur lequel on applique de l'argile, la cire durcissant au contact du métal en fusion. *Moule d'une forme typographique.* V. **Empreinte.** *Moule utilisé en poterie.* V. **Mère.** *Moule à pisé* (V. **Banche**), *à briques.* « *Sur le moule il versait du plâtre liquide* » (STENDHAL). — *Moule à tarte, à manqué**, *à charlotte, à brioche, à gaufre* (V. **Gaufrier**), *à glaces.* ◇ *Pièce creuse servant à faire des pâtés de sable.* ♦ 2° *Techn. Moule d'un bouton recouvert de tissu.* ◇ *Cuve où les maroquiniers mettent les peaux.* — *Mesure de bois de chauffage.* ♦ 3° *Loc. fig. Être fait au moule*, bien fait, « bien roulé ». *Des jambes faites au moule.* ♦ 4° *Fig.* Modèle, type. « *Si la nature a bien ou mal fait de briser le moule dans lequel elle m'a jeté* » (ROUSS.). — Forme imposée de l'extérieur (à la personnalité, au caractère, à une œuvre).

2. MOULE [mul]. *n. f.* (XVIᵉ ; *muscle, mousle*, XIIIᵉ ; lat. *musculus* « petite souris ». V. **Muscle**). ♦ 1° Mollusque lamellibranche comestible, aux valves oblongues et renflées, d'un bleu ardoisé, sans charnière, qui vit fixé sur les rochers, sur les corps immergés. *Écailles, byssus des moules. Moule* *d'eau douce.* V. **Anodonte, mulette.** *Culture ou élevage des moules.* V. **Mytiliculture,** et *aussi* **Bouchot, moulière.** *Parc à moules. Acheter un litre de moules.* — *Moules marinière.* ♦ 2° *Pop.* (Infl. de *mou, mollusque*). Personne molle; mollasson. Imbécile, sot. *Quelle moule!* V. **Nouille.**

MOULÉ, ÉE [mule]. *adj.* (1080, « fait au moule », fig. V. **Mouler**). ♦ 1° Obtenu par un moule; reproduit au moyen d'un moulage. *Statue de bronze moulé.* V. **Fondu.** *Ornements moulés en plâtre.* — *Pain moulé,* cuit dans un moule et non directement sur la plaque du four. V. **Four.** ♦ 2° *Lettre moulée :* lettre imprimée ou qui l'imite. *Écriture moulée,* régulière et bien formée. ♦ 3° *Archit.* Orné de moulures. *Colonne moulée.*

MOULER [mule]. *v. tr.* (XVe; *moler,* 1080; de *moule*). Donner une forme, fabriquer, reproduire à l'aide d'un moule. ♦ 1° Obtenir (un objet) en versant dans un moule creux une substance qui en conserve la forme après solidification. *Mouler des briques, des caractères d'imprimerie.* Absolt. *Mouler en cire, en plâtre.* On dit pour les métaux : couler, fondre. ♦ 2° Reproduire (un objet, un modèle plein) en y appliquant une substance plastique qui en prend les contours. — Prendre copie au moyen d'un moule en plâtre pris sur l'original. *Mouler un bas-relief, un buste.* — *Mouler le visage d'une personne célèbre.* ♦ 3° *Fig. Mouler dans,* faire entrer dans une forme fixe. « *L'agent supérieur, qui moule son action dans ces lois* » (RENAN). — *Mouler sur,* faire, former sur un modèle; ajuster à. « *Mouler les lois sur les mœurs générales* » (BALZ.). ♦ 4° Épouser étroitement les contours de. V. **Ajuster (s'), appliquer (s'), épouser.** « *Sa robe de soie collante moule exactement sa taille longue* » (BAUDEL.). V. **Serrer.** ♦ 5° *Mouler une lettre, un mot :* l'écrire d'une écriture soignée, parfaitement formée.

MOULEUR [mulœʀ]. *n. m.* (*Moleor,* 1260; de *mouler*). *Techn.* Ouvrier qui moule des ouvrages de sculpture (pour obtenir une copie, un nouveau modèle), des pièces de fonderie, des matières plastiques. *Ancienne corporation des fondeurs-mouleurs.*

MOULIÈRE [muljɛʀ]. *n. f.* (1681; de *moule* (2). Lieu situé au bord de la mer dans lequel on pêche ou on élève des moules. V. **Parc** (à moules). *Moulière naturelle, artificielle. Compartiments d'une moulière.* V. **Bouchot.**

MOULIN [mulɛ̃]. *n. m.* (XIIe; *molin,* déb. XIIe; bas lat. *molinum,* de *mola* « meule »). ♦ 1° Appareil servant à broyer, à moudre le grain des céréales; établissement qui utilise ces appareils. *Produits du moulin :* farine, mouture, recoupe, remoulage, son. *Outillage, équipement d'un moulin :* battant, blutoir, cerce, claquet, convertisseur, meule, plansichter, sasseur, trieur. *Moulin à cylindres. Moulin à vent. Ailes, volants, voilure d'un moulin à vent.* V. **Volant.** — *Moulin hydraulique, à eau* (V. **Abée, bief, vanne**). *Roues, aubes, palettes d'un moulin.* « *Meunier, tu dors, ton moulin va trop vite* » (Chanson enfantine). — Loc. fig. *On ne peut être à la fois au four et au moulin :* partout à la fois. — *Se battre contre des moulins à vent :* contre* des ennemis imaginaires (allus. à un épisode de Don Quichotte). — *Apporter, faire venir de l'eau au moulin* (de qqn) : lui procurer des ressources; lui donner des arguments dans un débat. ♦ 2° Le bâtiment où les machines sont installées. V. **Meunerie, minoterie.** *Habiter dans un moulin désaffecté, dans un vieux moulin. Les Lettres de mon moulin,* de Daudet. ◊ L'entreprise (atelier ou grande usine) qui les met en œuvre. *Exploitant d'un moulin.* V. **Meunier, minotier.** *Les Grands Moulins de Paris.* — Loc. fig. *On entre dans cette maison comme dans un moulin,* comme on veut. *Jeter son bonnet* par-dessus les moulins.* ♦ 3° (1378). MOULIN À... : installation, appareil servant à battre, à piler, à pulvériser, à extraire le suc par pression, broyage (V. **Pressoir**). *Moulin à huile* (« oliverie »), *à sucre. Moulin à foulon.* ◊ Appareil ménager pour écraser, moudre. *Moulin à café, à poivre. Moulin à légumes :* ustensile qui sert à écraser les légumes (V. **Mouliner**), pour préparer les potages, les purées. ♦ 4° (1680). *Fig.* MOULIN À PAROLES (*vx*), *langue; fam.* Personne qui parle sans arrêt. V. **Bavard.** ♦ 5° MOULIN À PRIÈRES : dans la religion bouddhiste (*Tibet*), Cylindre renfermant des bandes de papier recouvertes d'une formule sacrée et qu'on fait tourner pour acquérir les mérites attachés à la répétition de cette formule. ♦ 6° *Fam.* (1909). Moteur d'automobile. « *Sturmer emballe son moulin d'un coup d'accélérateur furieux* » (G. ARNAUD).

MOULINAGE [mulinaʒ]. *n. m.* (1675; de *mouliner*). Opération qui consiste à mouliner (2°, 3°).

MOULINER [muline]. *v. tr.* (fin XVIIe, pron.; de *moulin*). ♦ 1° *Vx.* Ronger le bois. *Planche moulinée par les vers.* ♦ 2° (1675). *Techn.* Tordre et filer mécaniquement (la soie grège) au moyen d'un moulin garni de fuseaux ou de bobines. ♦ 3° *Fam.* Écraser, passer au moulin à légumes. *Mouliner des pommes de terre.*

MOULINET [muline]. *n. m.* (*Molinet,* 1389; de *moulin*). I. ♦ 1° *Vx.* Petit moulin. ♦ 2° *Mod.* Objet ou appareil qui fonctionne selon un mouvement de rotation ou qui a

une disposition en ailes. *Le moulinet d'une crécelle.* ◊ Spécialt. Tourniquet qui sert à enlever ou à traîner des fardeaux. *Le moulinet d'un treuil. Le moulinet d'une barrière.* — *Pêche* (et *cour.*) Petit tambour commandé par une manivelle. V. **Dévidoir.** *Moulinet multiplicateur.* II. ♦ 1° (1418, « bâton qu'on fait tourner »; *faire le moulinet,* 1594). Mouvement de rotation rapide (qu'on fait avec un bâton, une épée, un sabre) pour écarter l'adversaire et parer ses coups. « *Une canne en fer avec laquelle il faisait souvent des moulinets* » (BALZ.). — Par ext. *Faire de grands moulinets des deux bras.* ♦ 2° *Danse.* Figure dans laquelle deux ou quatre danseurs tournent autour d'un pivot formé par leurs mains droites réunies.

MOULINETTE [mulinet]. *n. f.* (mil. XXe, nom déposé; de *moulinet*). *Fam.* Petit moulin à légumes, broyeur ménager. *Passer à la moulinette.* V. **Mouliner.**

MOULINEUR, EUSE [mulinœʀ, øz] ou **MOULINIER, IÈRE** [mulinje, jɛʀ]. *n.* (1615,-1732; de *mouliner*). *Techn.* Ouvrier, ouvrière qui travaille au moulinage de la soie.

MOULT [mult]. *adv.* (*Mult,* Xe; lat. *multum* « beaucoup »). *Vx.* Beaucoup, très.

MOULU, UE [muly]. *adj.* (*Moleü,* XIIe; V. **Moudre**). ♦ 1° Réduit en poudre. *Café moulu.* ♦ 2° Accablé de coups, brisé de fatigue. V. **Courbatu, éreinté, fourbu, rompu, vanné.** « *Altérés, affamés, moulus de fatigue* » (GAUTIER).

MOULURE [mulyʀ]. *n. f.* (*Molleüre,* 1423; *mollure,* XVIe de *mouler*). ♦ 1° Ornement allongé à profil constant, en relief ou en creux. *Moulures d'une corniche* (V. **Modénature**), *d'un plafond. Tarabiscot entre deux moulures. Ornement d'une moulure* (billette, entrelacs, ove, palmette, perle, postes, rai[s]-de-cœur). *Moulures simples, petites moulures :* sans filets. *Moulures couronnées, grandes moulures :* accompagnées de filets. *Différentes moulures.* V. **Anglet, archivolte, armilles, astragale, bague, baguette, bandeau, bandelette, boudin, cannelure, cavet, cimaise, congé, cordon, doucine, échine, filet, gorge, listel, nervure, piédouche, plate-bande, plinthe, quart-de-rond, réglet, scotie, talon, tore, tringle.** *Moulures d'ébénisterie,* taillées ou rapportées. ♦ 2° (XXe). *Moulures électriques :* lattes creusées de rainures parallèles qui reçoivent les fils conducteurs et qui sont recouvertes par une bande (couvercle, chapeau).

MOULURER [mulyʀe]. *v. tr.* (1872, p. p.; de *moulure*). Orner de moulures. Absolt. *Machine, outil, rabot à moulurer.* ◊ Au p. p. *Panneau moulurê. Colonne moulurée.* V. **Moulé** (3°). *Les « grandes chambres moulurées d'or »* (BOSCO).

MOUMOUTE [mumut]. *n. f.* (1865; de *moutonne* « perruque », 1724). *Fam.* Cheveux postiches, perruque.

MOUND [mawnd]. *n. m.* (1890; mot angl. « tertre »). *Archéol.* Monument de l'Amérique précolombienne (bassin du Mississippi) constitué par un tertre artificiel. V. **Tumulus.**

MOUQUÈRE. V. **Moukère.**

MOURANT, ANTE [muʀɑ̃, ɑ̃t]. *adj.* et *n.* (1539; de *mourir*). ♦ 1° Qui se meurt; qui va mourir. V. **Agonisant, expirant.** « *J'étais si presque mourant* » (ROUSS.). ◊ *N.* UN MOURANT, UNE MOURANTE. V. **Moribond.** *La Mort et le Mourant,* fable de La Fontaine. — Dr. *Le premier mourant des conjoints, des père et mère* (le « prémourant »). ♦ 2° Par ext. « *Une mourante vie* » (LA FONT.). — Fig. *Yeux, regards mourants.* V. **Languissant; langoureux.** ♦ 3° Qui cesse, s'arrête, finit. V. **Affaibli, éteint.** « *Ses sons mourants* (de la voix) *arrivaient à peine jusqu'à l'oreille de Mina* » (STENDHAL). « *Les pourpres du jour mourant* » (MAUPASS.). ♦ 4° *Fig.* et *fam.* Qui fait mourir d'ennui. V. **Ennuyeux, tuant.** « *C'est mourant, d'avoir à s'occuper toujours de son dîner !* » (R. ROLLAND). ◊ Qui fait mourir de rire. V. **Crevant.** ◊ ANT. *Naissant.*

MOURIR [muʀiʀ]. *v. intr. : je meurs, tu meurs, il meurt, nous mourons, vous mourez, ils meurent; je mourais; je mourus; je mourrai; je mourrais; que je meure, que nous mourions; que je mourusse; meurs; mourant; mort;* se conjug. avec Être (*Morir,* 980; lat. pop. *morire,* class. *mori*). I. ♦ 1° Cesser de vivre, d'exister, d'être. V. **Mort** (1); décéder, disparaître, éteindre (s'), expirer, finir, partir (*fig.*), passer, périr, succomber, trépasser (Cf. Aller *ad patres,* passer de vie à trépas; descendre dans la tombe; finir ses jours, sa vie; perdre la vie; rendre l'âme, l'esprit, le dernier soupir; fermer les yeux; être rappelé, paraître devant Dieu; et (*fam., pop.*) calancher, clamecer, claquer, crever, y rester; avaler son extrait de naissance; casser sa pipe; passer l'arme à gauche; partir les pieds devant, entre quatre planches). « *L'âme n'est pas sujette à mourir avec le corps* » (DESCARTES). *Homme qui va mourir, qui est sur le point de mourir.* V. **Moribond, mourant.** *Fermer les yeux à un homme qui vient de mourir.* — Loc. prov. *On ne meurt qu'une fois.* — *Faire mourir,* exécuter, tuer. *La maladie qui l'a fait mourir,* qui l'a emporté, enlevé. ◊ (Avec un compl., un attribut, exprimant la cause de la mort) *Mourir de faim, d'inanition, de maladie. On n'en meurt pas :* ce n'est pas grave. *Mourir de vieillesse, de sa belle mort. Mourir assassiné.* — (Avec un compl., un adverbe, un attribut, exprimant les circonstances de la mort) *Mourir doucement, subitement. Mourir dans son lit, à l'hôpital.* « *Vous mourûtes aux bords où vous fûtes laissée* » (RAC.). *Mourir jeune. Fontenelle est mort centenaire.* « *Il est mort guéri* » (CHAMFORT). *Mourir à la peine* : en plein travail. *Mourir à la tâche* : à force de travail. — *Il mourra dans la peau d'un ivrogne* : il ne se corrigera pas. ◇ (Dans un combat) V. **Tomber; périr.** *Mourir au feu, au champ d'honneur. Mourir en héros.* « *Que vouliez-vous qu'il fît contre trois?* — *Qu'il mourût* » (CORN.). *La garde meurt et ne se rend pas. Ceux qui vont mourir te saluent* (Morituri te salutant). « *Pour elle* (la République) *un Français doit mourir* » (Le Chant du départ). ◇ (*Végétaux*) Cesser de vivre (plantes annuelles); perdre sa partie aérienne sans cesser de vivre (plantes vivaces). Se faner (*fleurs*). — Allus. évang. *Si le grain ne meurt.* ♦ 2° *Par exagér.* Dépérir. *Mourir d'amour.* — *Partir, c'est mourir un peu.* — (Dans un serment) *Que je meure, si je mens!* « *Mon père voudra m'y forcer; plutôt mourir* » (STENDHAL). ♦ 3° *Fig.* Éprouver une grande affliction. V. **Souffrir.** « *Je meurs si je vous perds, mais je meurs si j'attends* » (RAC.). — À MOURIR : au point d'éprouver une souffrance, une grande fatigue. « *Je suis lasse à mourir de la fadeur des nouvelles* » (SÉV.). *S'ennuyer à mourir.* — MOURIR DE : être très affecté par ; souffrir de. *Mourir de chagrin, de tristesse, de peur, de honte.* « *Je travaille toujours pour ne pas mourir d'ennui* » (PROUDHON). — *Mourir d'envie* de. — *Mourir de faim* (V. **Meurt-de-faim**), *de soif, de chaleur* : avoir très faim, soif. — *Mourir de rire**. ◇ *Relig.* MOURIR À : se séparer définitivement de. V. **Renoncer.** « *Il est pénible de voir une jeune fille mourir volontairement au monde* » (FRANCE). ♦ 4° (*Choses*). Cesser d'exister, d'être (par une évolution lente, progressive). *Civilisation, pays qui meurt.* V. **Anéantir** (s'), **disparaître.** *Le feu, la flamme meurt.* V. **Éteindre** (s'). *Le jour meurt.* V. **Effacer** (s'). « *Occupés à regarder mourir à nos pieds les longues houles...* » (FROMENTIN). *Bruit, son, voix qui meurt.* V. **Affaiblir** (s'), diminuer, **évanouir** (s'). — *Sentiment, amour qui languit et meurt.* V. **Cesser, éteindre** (s'), **finir.**

II. SE MOURIR. *v. pron. Littér.* Être sur le point de mourir. « *Madame se meurt, Madame est morte* » (BOSS.). *Fig.* « *Au dehors, le soleil se mourait* » (ZOLA).

◇ ANT. **Vivre; naître.** Continuer, durer; **renaître.**

MOURON [muʀ5]. *n. m.* (*Moron, moron,* XIIᵉ ; du germ.). ♦ 1° Plante herbacée (*Primulacées*), des régions tempérées d'Europe, à fleurs rouges ou bleues. *Mouron d'eau.* V. **Samole.** — *Mouron blanc ou mouron des oiseaux.* V. **Morgeline, stellaire.** « *Il criait sur un ton gras et traînant :* — *Mouron pour les p'tits oiseaux!* » (ZOLA). ♦ 2° *Pop.* (1878, « cheveux », arg.). *Se faire du mouron* : du souci (Cf. Se faire des cheveux). « *Ne te fais pas de mouron, conseilla la sœur* » (AYMÉ).

MOURRE [muʀ]. *n. f.* (1475; it. dial. *morra,* it. *mora,* lat. *mora* « retard »). *Ancienn.* Jeu de hasard dans lequel deux personnes se montrent rapidement et simultanément un certain nombre de doigts dressés en criant un chiffre pouvant exprimer ce nombre (celui qui donne le chiffre juste gagne). « *La mourre jeu du nombre illusoire des doigts* » (APOLLINAIRE).

MOUSCAILLE [muskaj]. *n. f.* (1880; « excrément », XVIᵉ; *de mousse* « excrément », arg., 1570). *Pop. Être dans la mouscaille,* avoir de graves ennuis ; être dans la misère, la pauvreté. V. **Panade** (fig.).

MOUSMÉ [musme]. *n. f.* (1887; mot jap.). Jeune fille, jeune femme japonaise. « *Elle a l'air d'une petite mousmé* » (PROUST).

MOUSQUET [muskɛ]. *n. m.* (1574; var. *mosquet, mousquette* (1550); it. *moschetto,* rac. *mosca* « mouche »). Ancienne arme à feu portative, plus lourde que l'arquebuse, qu'on posait au sol sur une petite fourche et qu'on allumait avec une mèche. « *Laissez là vos mousquets trop pesants pour vos bras* » (BOIL.).

MOUSQUETADE [muskətad] ou **MOUSQUETERIE** [muskə(ɛ)ʀi]. *n. f.* (1574,-fin XVIᵉ; *de mousquet*). *Vieilli.* Décharge de mousquets, et *par ext.* de fusils. V. **Salve.** « *Les coups de canon et le feu roulant de la mousqueterie* » (RIVAROL). *Il n'entendit plus* « *ni la mousquetade, ni les grondements de l'artillerie* » (BALZ.).

MOUSQUETAIRE [muskətɛʀ]. *n. m.* (1580; *de mousquet*). ♦ 1° Fantassin armé d'un mousquet. ♦ 2° (1622). Cavalier armé d'un mousquet formant deux compagnies et faisant partie des troupes de la Maison du Roi. *Mousquetaires gris, mousquetaires noirs* (couleurs de la robe des chevaux). *Les Trois Mousquetaires,* roman de Dumas. ♦ 3° *Col mousquetaire,* grand col de femme, rabattu et à pointes écartées. *Poignet mousquetaire,* poignet de chemise d'homme qui forme revers et s'attache avec des boutons de manchette (*opposé à* poignet droit). *Gant à la mousquetaire,* gant à large crispin. *Botte à la mousquetaire,* botte à revers.

MOUSQUETON [muskət5]. *n. m.* (1578; *de mousquet,* d'apr. it. *moschettone*). ♦ 1° *Ancienn.* Mousquet gros et court. ♦ 2° *Mod.* Fusil à canon court. *Mousquetons des*

---

gendarmes. ♦ 3° (1872; abrév. de *porte-mousqueton*). Boucle à ressort se refermant seule, utilisée pour suspendre, accrocher. *Mousqueton de harnachement, de parachute.*

MOUSSAILLON [musaj5]. *n. m.* (1842; de *mousse* 2). *Fam.* Petit mousse.

MOUSSAKA [musaka]. *n. f.* (XXᵉ; m. turc). Plat composé d'aubergines et d'une farce de viande (additionnée de purée de tomates, d'œufs) cuites au four.

MOUSSANT, ANTE [musɑ̃, ɑ̃t]. *adj.* (1713; *bière moussante; de mousser*). Qui produit de la mousse. *Savon moussant. Crème à raser moussante.*

1. MOUSSE [mus]. *n. f.* (1226; *mosse,* XIIᵉ; frq. °*mosa,* avec infl. d'un dér. lat. de *mel* « miel »).

I. Plante généralement verte, rase et douce, formant touffe ou tapis sur la terre, les pierres, les écorces (*la mousse, de la mousse*). Couvert de mousse. V. **Moussu.** ◇ *Bot.* LES MOUSSES, classe de plantes cryptogames cellulaires (*Muscinées* ou *Bryophytes*) pourvues de chlorophylle, à tiges feuillées sans racines ni vaisseaux, fixées au sol par des poils absorbants (*Rhizoïdes*) à reproduction sexuée et parfois végétative (bourgeonnement, marcottage naturel). *Ex. :* hypnes, polytric, sphaigne. *Organes reproducteurs des mousses* : anthéridies, archégones. *Les hépatiques, plantes intermédiaires entre les lichens et les mousses.* — « *La mousse épaisse, velouteuse, d'un vert pur et profond, se lisérait de filets d'or* » (GENEVOIX). — PROV. *Pierre qui roule n'amasse pas mousse,* on ne s'enrichit guère à courir le monde, à changer d'état. — *Appos. Vert mousse,* nuance de vert clair.

II. (1680). ♦ 1° Amas serré de bulles, qui se forme à la surface des eaux agitées. V. **Écume.** ♦ 2° Bulles de gaz accumulées à la surface d'un liquide sous pression. *Mousse de champagne. Mousse au bord d'un pot de bière.* V. **Col** (faux col). « *La tête penchée sur son bock il regardait la mousse blanche pétiller et fondre* » (MAUPASS.). — (1778) Entremets ou dessert à base de crème ou de blancs d'œufs fouettés. *Mousse au chocolat.* — Pâté léger et mousseux. *Mousse de foie de volaille, de foie gras.* ♦ 3° *Techn. Mousse carbonique,* produit ignifuge, formant une écume très abondante. ♦ 4° *Chim. Mousse* (ou éponge) *de platine,* platine spongieux obtenu par calcination du chloroplatinate d'ammonium (utilisé comme catalyseur). ♦ 5° *Cour. Caoutchouc mousse,* caoutchouc spongieux dans lequel a été dissous du gaz neutre, chimiquement inerte. *Mousse de nylon,* tricot de nylon assez épais et très extensible. ◇ *Point mousse* : point essentiel du tricot, obtenu en tricotant toutes les mailles à l'endroit.

III. *Fam.* (1899; d'un sens argotique). V. **Mouscaille.** *Se faire de la mousse* : du souci, de la bile.

2. MOUSSE [mus]. *n. m.* (1552; n. f., « jeune fille », XVᵉ; it. *mozzo,* esp. *mozo* « garçon »). Jeune garçon de moins de seize ans qui fait sur un navire de commerce l'apprentissage du métier de marin. V. **Moussaillon.** « *On me dit qu'il allait passer novice après deux années de mousse* » (MAUPASS.).

3. MOUSSE [mus]. *adj.* (XVᵉ; « émoussé », 1364; p.-ê. lat. pop. °*muttius,* même rad. que *mutilus* « tronqué »). *Vx* ou *techn.* Qui n'est pas aigu ou qui n'est pas tranchant. *Pointe, lame mousse, devenue mousse par usure.* V. **Émousser.** « *Nos instruments sont trop mousses* » (PASC.). ◇ ANT. **Coupant, pointu.**

MOUSSEAU, MOUSSOT [muso]. *adj. m.* (*Mousseaut,* 1808; o. i., p.-ê. de *mousse* [1, II]). *Vx. Pain mousseau* (mousso*t*) : pain de farine de gruau.

MOUSSELINE [muslin]. *n. f.* (1656; *mosulin,* n. m., 1298; it. *mussolina,* arabe *mausili* « de Mossoul », ville de Mésopotamie). ♦ 1° Toile de coton claire, fine et légère, généralement apprêtée. Le même tissu, de soie ou de laine (V. **Singalette, tarlatane**). « *Une délicieuse étoffe inédite nommée mousseline de soie* » (BALZ.). *Robe, voile de mousseline.* ♦ 2° *Fig. Appos. Verre mousseline,* verre très fin. ◇ *Pommes mousseline,* purée de pommes de terre fouettée. *Sauce mousseline,* émulsionnée, faite d'une sauce hollandaise à laquelle on mêle de la crème fouettée.

MOUSSER [muse]. *v. intr.* (1680; de *mousse* [1, II]). ♦ 1° Produire de la mousse. ♦ 2° *Fig. et fam. Faire mousser :* vanter, mettre exagérément en valeur. V. **Valoir** (faire). *M. Bertrand* « *fait mousser les moindres détails de son usine* » (ROMAINS). *Se faire mousser.* — *Pop. Faire mousser qqn,* le mettre en colère, rendre enragé de rage.

MOUSSERON [musʀ5]. *n. m.* (*Meisseron,* v. 1200; bas lat. *mussirio, -onis, mousseron,* par attract. de *mousse* 1). Champignon, non courant de plusieurs espèces d'agarics comestibles (tricholome, marasme).

MOUSSEUX, EUSE [musø, øz]. *adj.* et *n.* (1545, « moussu »; de *mousse* [1, II]). ♦ 1° *Vx.* Moussu. ♦ 2° (1671). Qui mousse, produit de la mousse. *Eau trouble et mousseuse.* V. **Écumeux.** *Elle* « *s'attablait devant le chocolat mousseux* » (COLETTE). *Comm. Vins mousseux,* rendus mousseux par fermentation naturelle. V. **Champagne; asti, blanquette.** *Cour.* N. m. *Du mousseux,* tout vin mousseux, à l'exclusion du champagne. *Une coupe de mousseux.* ♦ 3° *Fig.* Couvert de duvet, de poils fins. *Rose mousseuse*, à tige et calice velus. « *Cette merveille oubliée aujourd'hui : une nuque mousseuse* » (MAURIAC).

MOUSSOIR [muswaʀ]. *n. m.* (1743 ; de *mousser*). Ustensile de cuisine en bois pour faire mousser, pour délayer. (V. aussi **Batteur**, **fouet**).

MOUSSON [musɔ̃]. *n. f.* (1622 ; altér. de *monson* (1602 ; Cf. *Mouçone*, 1598) ; port. *monçao*, par le néerl. ; arabe *mausim* « époque, saison »). ◆ 1° Vent tropical régulier qui souffle alternativement pendant six mois de la mer vers la terre *(mousson d'été)* et de la terre vers la mer *(mousson d'hiver)* apportant de profondes modifications aux climats. *Les moussons soufflent dans l'océan Indien, en Australie.* ◆ 2° Époque du renversement de la mousson. *Les orages, les cyclones de la mousson.*

MOUSSU, UE [musy]. *adj.* (Mossu, 1160 ; de *mousse* 1, I). Couvert de mousse. *Pierres moussues. Branches, souches moussues.*

MOUSTACHE [mustaʃ]. *n. f.* (fin XVᵉ ; it. *mostaccio*, bas gr. *mustaki*, gr. a. *mustax* « lèvre supérieure »). ◆ 1° Poils qui garnissent la lèvre supérieure de l'homme à droite et à gauche du sillon qui la divise. V. **Bacchante** *(fam.)*. *Porter la moustache, des moustaches. Moustache(s) en croc, en brosse, à la Charlot* (Charlie Chaplin), *à la gauloise. Tirer sur sa moustache, tortiller, retrousser sa moustache.* — *Femme qui a de la moustache*, dont le duvet de la lèvre supérieure est abondant. — Fig. « *Elle s'était fait une moustache blanche* (en buvant du lait) » (SARTRE). ◆ 2° Longs poils tactiles poussant de part et d'autre de la lèvre supérieure des carnivores et rongeurs (V. **Vibrisse**). *Moustaches du chat, du lion, du phoque, de la souris.*

MOUSTACHU, UE [mustaʃy]. *adj.* (1845 ; de *moustache*). Qui a une grosse moustache, qui a de la moustache. *Visage, portrait moustachu. Une matrone moustachue.* Subst. *Un moustachu.*

MOUSTÉRIEN, IENNE [musteʀjɛ̃, jɛn]. *adj.* (1880 ; de *Moustier*, village de la Dordogne). *Période moustérienne, période préhistorique du paléolithique moyen (homme de Néanderthal).* Subst. *Le moustérien.*

MOUSTIQUAIRE [mustikɛʀ]. *n. f.* (*Moustiquière*, 1773 ; de *moustique*). ◆ 1° Rideau de gaze ou de mousseline dont on entoure les lits pour se préserver des moustiques. *Dormir sous une moustiquaire.* ◆ 2° Châssis en toile métallique que l'on place aux fenêtres et aux portes pour empêcher les moustiques, les mouches d'entrer dans une maison. « *Des grosses mouches à casque vert, toutes neuves, rebondissant avec désespoir et obstination sur les moustiquaires* » (R. DUCHARME). — *Au Canada*, n. m. « *On a entendu à travers les mailles du moustiquaire les murmures précipités* » (R. DUCHARME).

MOUSTIQUE [mustik]. *n. m.* (*Mousquite*, 1611 ; *moustique* [1654] par métathèse (infl. de *tique*) ; esp. *mosquito*, rac. *mosca* « mouche »). ◆ 1° Cour. Insecte diptère *(Culicidés, anophélidés)*, possédant une trompe avec laquelle il pique la peau pour tirer du sang. V. **Anophèle, cousin, maringouin, stégomyie**. *Certaines espèces de moustiques transmettent des maladies contagieuses (paludisme, filariose).* « *Des nuages de moustiques, dont la susurration et les piqûres ne s'arrêtaient ni jour ni nuit* » (FLAUB.). *Insecticide qui tue les moustiques* (V. **Démoustication**). ◆ 2° Fig. et fam. Enfant, personne minuscule. V. **Moucheron**.

MOÛT [mu]. *n. m.* (Moust, XIIIᵉ ; lat. *mustum*). ◆ 1° Jus de raisin qui vient d'être exprimé et n'a pas encore subi la fermentation alcoolique. *Moût obtenu par foulage* (vins rouges), *pressurage* (vins blancs). *Chaptalisation, sucrage des moûts. Moût qui a subi le mutage à l'alcool.* V. **Mistelle**. ◆ 2° Jus extrait des pommes pour la fabrication du cidre, du poiré. ◆ 3° Suc d'origine végétale, préparé pour être soumis à la fermentation alcoolique. *Moût de bière, de betterave.* ✦ HOM. *Mou* (1 et 2), *moue*.

MOUTARD [mutaʀ]. *n. m.* (1827 ; o. i. ; Cf. lyonnais *Moté* « gamin »). *Pop.* Petit garçon. ◇ *Au plur.* Enfants. V. **Môme, mioche**. « *Les deux enfants se remirent en marche en pleurant...* (Gavroche) *les aborda :* — « *Qu'est-ce que vous avez donc, moutards ?* » (HUGO).

MOUTARDE [mutaʀd(ə)]. *n. f.* (*Mostarde*, déb. XIIIᵉ ; de *moût*). ◆ 1° Plante herbacée *(Crucifèracées)*, à fleurs jaunes. *Moutarde sauvage* (ou *des champs*), très nuisible aux cultures. V. **Sanve, sénevé**. *Moutarde blanche (sinapis)*, cultivée comme fourrage ou engrais vert. *Moutarde noire (brassica)*, dont les graines noires broyées fournissent une farine utilisée comme révulsif. *Cataplasmes à la farine de moutarde.* V. **Sinapisme**. ◆ 2° (1288). *Plus cour.* Condiment préparé industriellement avec des graines de moutarde pulvérisées, du moût, du verjus ou du vinaigre, du sel et des aromates. *Moutarde de Dijon. Moutarde à l'estragon. Moutarde extra-forte. Pot à moutarde :* moutardier. — *Sauce moutarde*, chaude, préparée avec de la moutarde et du beurre fondu. ◇ Loc. fig. *La moutarde lui monte au nez*, l'impatience, la colère le gagne. ◆ 3° *(En appos.).* Couleur de moutarde.

Jaune moutarde. « *De jeunes soldats vêtus de drap moutarde* » (MAC ORLAN). ◆ 4° *Gaz moutarde.* V. **Ypérite**. — *Moutarde azotée*, médicament anticancéreux.

MOUTARDIER [mutaʀdje]. *n. m.* (1311 ; de *moutarde*). ◆ 1° Fabricant ou marchand de moutarde. *Les moutardiers de Bordeaux, de Dijon.* ◇ *Fig. et fam.* (XVIIIᵉ) *Se croire le premier moutardier du pape*, se prendre à tort pour un personnage d'importance. ◆ 2° (1323). Petit vase, récipient dans lequel on met la moutarde pour la servir à table.

MOUTIER [mutje]. *n. m.* (*Moustier*, Xᵉ ; lat. pop. °*monisterium*, class. *monasterium*). *Vx.* (ou noms de lieux). V. **Monastère**. *Saint-Pierre-le-Moutier.*

MOUTON [mutɔ̃]. *n. m.* (XIIIᵉ ; *multun*, v. 1120 ; gaul. °*multo*, gallois *molt*, irland. *molt* « mâle châtré »).

I. ◆ 1° Mammifère domestique ruminant *(Ovidés)*, à toison laineuse et frisée. *Mouton mâle* (V. **Bélier**), *femelle* (V. **Brebis**). *Jeune mouton.* V. **Agneau**. *Cri du mouton* (bêlement, bêler). *Maladies du mouton* (charbon, clavelée, fourchet, muguet, piétin, tournis...). *Troupeau de moutons. Mouton à laine* (V. **Caracul, mérinos**), *à viande. Moutons transhumants, de pré salé* (V. **Pré-salé**). *Tonte des moutons.* ◆ 2° *Spécialt.* (opposé à *bélier, brebis, agneau*). *Bélier châtré, élevé pour la boucherie.* ◇ Loc. fig. (allus. à la farce de Maître Pathelin) *Revenons à nos moutons*, à notre sujet. — *Un mouton à cinq pattes*, une personne qui fait figure de phénomène. *Chercher le mouton à cinq pattes :* une chose extrêmement rare (Cf. **Merle blanc**). — Loc. *Jouer à* saute-mouton*. ◆ 3° *Par ext.* Fourrure de mouton. *Manteau en mouton doré. Canadienne doublée de mouton.* ◇ *Cuir de mouton.* V. **Basane**. *Reliure en mouton.* ◆ 4° *Chair, viande de mouton. Morceaux de mouton.* V. **Bout** (saigneux), **carré, collet, côtelette, épaule, gigot, poitrine, selle**. *Ragoût de mouton.* V. **Haricot, navarin**. *Mouton à la broche.* V. **Méchoui**.

II. Fig. ◆ 1° *C'est un mouton :* une personne crédule et passive, qui se laisse facilement mener ou berner. — *Un mouton enragé*, une personne habituellement paisible qui cède soudain à une violente colère. « *Il avait des révoltes de mouton enragé* » (COURTELINE). ◇ *(Allus. à l'instinct grégaire des moutons ; Cf. Les moutons de Panurge*, dans le *Pantagruel* de Rabelais)* Personne sans conduite, les opinions se modèlent sur celles de son entourage. V. **Moutonnier**. ◆ 2° (1777 ; arg.) *allus.* probable à l'humeur débonnaire affectée pour inspirer confiance). Compagnon de cellule que la police donne à un détenu, avec mission de provoquer ses confidences et de les rapporter à la justice. V. **Délateur, espion, mouchard**. « *Ces prisonniers secrètement vendus qu'on appelle moutons dans les prisons* » (HUGO). ◆ 3° *Fig.* Petite vague crêtée d'écume. « *Le mouvement des moutons d'écume* » (ALAIN). V. **Moutonner**. ◇ Petit nuage blanc et floconneux. V. **Moutonné**. ◇ Flocon de poussière (V. **Chaton**). *Il « laisse pendre au plafond les toiles d'araignées, les moutons se promener sous le lit* » (GAUTIER). ◆ 4° (1490 ; pour l'évolution, Cf. **Bélier**). Lourde masse de fer ou de fonte, employée pour le battage des pieux, des pilotis, sur les chantiers de construction. V. **Bélier, hie, sonnette**. ◇ *Techn.* Pièce de bois dans laquelle on engage les anses d'une cloche pour la suspendre. — *Mar.* Armure d'une voile à antenne.

III. (1493). Adj. (fém. MOUTONNE). ◆ 1° *Vx.* Qui est de la nature du mouton. ◆ 2° Qui rappelle le mouton. « *Dans les figures de Raphaël, la douceur est souvent un peu moutonne* » (TAINE). — Fig. Doux et passif, capable d'une obéissance aveugle. *Humeur moutonne.* « *Quoique très mouton de cœur* » (BALZ.).

MOUTONNANT, ANTE [mutɔnɑ̃, ɑ̃t]. *adj.* (1876 ; de *moutonner*). Qui moutonne. V. **Moutonneux**. *Cette bourgade « se niche au rebord des hauteurs moutonnantes* » (DANIEL-ROPS).

MOUTONNÉ, ÉE [mutɔne]. *adj.* (1732 ; V. **Moutonner**). ◆ 1° V. **Frisé**. *Tête moutonnée.* ◆ 2° *Ciel moutonné.* V. **Pommelé**. *Nuages moutonnés.* ◆ 3° *Géol. Roches moutonnées*, dont la surface présente une série de creux et de bosses, produite par le passage d'un glacier.

MOUTONNEMENT [mutɔnmɑ̃]. *n. m.* (1877 ; de *moutonner*). Le fait de moutonner ; forme de ce qui moutonne. *Moutonnement de la mer, des vagues. Moutonnement des collines.*

MOUTONNER [mutɔne]. *v. intr.* (XIVᵉ ; de *mouton*). ◆ 1° Devenir semblable à une toison de mouton. *Mer, lac, rivière qui moutonne*, se couvre de moutons (II, 3°). V. **Écumer**. ◆ 2° Évoquer par son aspect la toison du mouton, la surface d'une eau faiblement agitée. *Les buissons qui moutonnent sur les pentes.*

MOUTONNERIE [mutɔnʀi]. *n. f.* (av. 1781 ; de *mouton*). Caractère de mouton (II, 1°), naïveté ; esprit d'imitation et passivité. *Agir par moutonnerie.*

MOUTONNEUX, EUSE [mutɔnø, øz]. *adj.* (1834 ; de *moutonner*). Qui moutonne (V. **Moutonnant**). « *La mer bleue, moutonneuse à son habitude* » (MAC ORLAN).

MOUTONNIER, IÈRE [mutɔnje, jɛʀ]. *adj.* (1548 ; subst.

« berger », 1303 ; de *mouton*). ♦ 1° *Vx.* Du mouton. « *La moutonnière créature* » (LA FONT.). ♦ 2° *Fig.* et *mod.* Qui suit aveuglément les autres, les imite sans discernement. V. **Grégaire, imitateur.** « *Le public, gent moutonnière* » (BALZ.).

MOUTURE [mutyʀ]. *n. f.* (XIIIᵉ ; lat. pop. °*molitura*, de *molere* « moudre »). ♦ 1° Opération de meunerie qui consiste à réduire en farine des grains de céréales, et *spécialt.* du blé. *Mouture haute* (par cylindre) ; *mouture basse* (par meules). ♦ 2° Produit résultant de cette opération. *Bluter la mouture. Résidus des moutures* (issues, son). ♦ 3° *Agric.* Mélange par tiers de froment, de seigle et d'orge. *Pain de mouture.* ♦ 4° *Rare.* Prix dû ou payé au meunier pour son travail. *Meunier qui réclame sa mouture.* — *Fig.* et *cour. Tirer deux, dix moutures d'un sac, du même sac, tirer plusieurs profits d'une même affaire.* ♦ 5° (xxᵉ). *Fig.* et *péj.* Reprise, sous une forme plus ou moins différente, d'un sujet déjà traité, d'un thème connu. *C'est au moins la troisième mouture du même ouvrage.*

MOUVANCE [muvɑ̃s]. *n. f.* (1495 ; de *mouvoir*, II). I. *Féod.* ♦ 1° Dépendance d'un fief par rapport à un autre. V. **Tenure.** ♦ 2° Fief dont d'autres dépendent *(mouvance active)*, ou qui dépend d'un autre fief *(mouvance passive)*. « *Une des plus riches mouvances du royaume* » (BALZ.). ◇ *Fig.* (mil. XXᵉ) Domaine, sphère d'influence. *La mouvance électorale.* II. (1914). *Didact.* Caractère de ce qui est mouvant. *On a reproché à Bergson* « *la mouvance, le mobile* » (PÉGUY).

MOUVANT, ANTE [muvɑ̃, ɑ̃t]. *adj.* (XIIᵉ ; de *mouvoir*). ♦ 1° *Vx.* Qui se meut, bouge, remue. V. **Animé, mobile.** « *Cette statue mouvante et parlante* » (MOL.). ♦ 2° *Mod.* Qui change sans cesse de place, de forme, d'aspect. *La nappe mouvante des blés.* V. **Ondoyant.** « *Les feux mouvants du bivouac Éclairent des formes de rêve* » (APOLLINAIRE). ◇ *Nos conceptions* « *de la société changeante et de l'univers mouvant* » (JAURÈS). V. **Changeant,** instable, fugitif. *Pensée mouvante et confuse.* V. **Flottant,** fluide. — *Subst.* LE MOUVANT : tout ce qui change, évolue, se transforme. V. **Mouvement.** *La Pensée et le Mouvant, de Bergson.* ♦ 3° (XVIIᵉ). *Vx.* Qui fait mouvoir ; moteur. *Principe mouvant, forces mouvantes.* ♦ 4° Qui n'est pas stable, qui s'écroule, s'enfonce. *Terrain mouvant. Sables* mouvants.* — *Par métaph. Bâtir sur un terrain mouvant,* instable. ◇ ANT. **Fixe,** immobile, stable.

MOUVEMENT [muvmɑ̃]. *n. m.* (*Movement*, 1190 ; de *mouvoir*). I. *(Sens propre).* Changement de position dans l'espace en fonction du temps, par rapport à un système de référence. **Ⓐ** *(Matière inorganique).* ♦ 1° Sc. et *cour. Mouvement d'un corps.* V. **Course,** déplacement, trajectoire, trajet. *Qui peut effectuer un mouvement :* mobile. *Communiquer, imprimer, transmettre un mouvement, le mouvement.* V. **Action,** impulsion, **motion,** lancement, poussée, transmission. *Mouvement rectiligne* (translation) ; *courbe, circulaire* (courbe, révolution, rotation, torsion, tour). *Mouvements alternatifs, de balancier, de bascule* (balancement, battement, onde, ondulation, oscillation, pulsation, trépidation, va-et-vient, vibration). *Mouvements périodiques;* ondulatoires* (V. **Onde**) ; *oscillatoires ; pendulaires*. Mouvement sinusoïdal. Mouvements isochrones, synchrones.* — *Direction* d'un mouvement. Mouvement en avant* (V. **Progression ;** avance) ; *en arrière* (V. **Récession,** reflux, retour, rétrogradation, rétrogression), *mouvement ascendant, montant* (V. **Ascension,** élévation, montée), *descendant* (V. **Baisse,** chute, descente). *Mouvements divergents, convergents, rayonnants.* — *Force, intensité d'un mouvement.* V. **Vitesse.** *Mouvement uniforme ; varié. Mouvement accéléré.* — *Étude du mouvement.* V. **Cinématique, dynamique, mécanique.** ◇ *(Mouvements naturels)* Sc. *Mouvement apparent. Mouvement réel, propre* (des astres). *Mouvement d'une molécule, d'une particule. Mouvements browniens*. Position et mouvement en physique atomique* (V. **Incertitude**). — *Mouvements de l'écorce terrestre* (glissement, plissement, soulèvement). *Mouvements sismiques.* — *Cour.* V. **Agitation,** remuement. *Mouvements de l'air, des feuillages agités par le vent. Mouvement de l'eau. Quantité de mouvement d'un point matériel,* produit de sa masse par sa vitesse. ◇ *(Mouvements artificiels) Production, transmission du mouvement. Utilisation du mouvement d'une machine* (V. **Travail**). *Mouvement perpétuel,* transformation fictive d'énergie en travail sans aucune dissipation. ◇ *Cin. Mouvements d'appareil, de caméra* (panoramiques, travellings et mouvements à la grue). ♦ 2° Ensemble des déplacements de véhicules. V. **Circulation,** trafic. *Mouvement des navires dans un canal, des avions sur un aérodrome. Mouvements d'un port.* ◇ *Ch. de fer. Marche des trains. Le chef du mouvement.* ♦ 3° *Par anal. Mouvement des marchandises, de capitaux* (V. **Entrée,** sortie). *Mouvements de fonds. Mouvements de caisse* (portant sur l'argent liquide). ♦ 4° *Mus.* Progression des sons vers le grave ou l'aigu. *Mouvement direct* (les voix, les parties progressant dans le même sens), *contraire* (en sens inverse), *oblique* (une des parties est stationnaire). **Ⓑ** *(Matière vivante).* ♦ 1° UN MOUVEMENT : changement de position ou de place

effectué par un organisme ou une de ses parties. *Mouvements du corps ou d'une partie du corps humain.* V. **Geste.** *Attitudes, positions, postures et mouvements. Mouvements simples,* effectués *par un membre, une partie du corps :* abduction, élévation, extension, flexion, inclinaison, pronation, rotation, supination. *Mouvements actifs* (effectués volontairement). *Mouvements passifs* (imprimés par autrui). V. **Mobilisation** (4°). *Mouvements complexes, effectués par tout le corps :* agenouillement, balancement, bond, chute, culbute, élan, gambade, pirouette, plongeon, rétablissement, saut. *Mouvements de la locomotion* (course, marche, pas). *Mouvements vifs, lents, aisés, maladroits. Mouvements de locomotion des oiseaux* (vol), *des poissons* (nage). ◇ *Spécialt.* (*Mouvements d'un exercice, d'une manœuvre*) *Table des mouvements,* pour analyser scientifiquement les opérations d'un travail. *Mouvements de gymnastique, de nage. En deux temps*, trois mouvements.* Par ext. *Commander le mouvement :* l'exercice. — *Mouvements coordonnés. Mouvements inconscients* (contraction, convulsion, frémissement, frisson, spasme, tremblement, tressaillement). *Mouvement automatique* (V. **Automatisme**), *instinctif, réflexe* (V. **Réflexe,** n.). ♦ 2° LE MOUVEMENT : la capacité (V. **Motilité**) ou le fait de se mouvoir. *Le Mouvement,* propriété de la vie. *Aimer le mouvement :* être actif, remuant. *Prouver le mouvement en marchant.* « *Je hais le mouvement qui déplace les lignes* » (BAUDEL.). ◇ *Loc. Se donner, prendre du mouvement.* V. **Exercice.** *Se donner peu de mouvement.* ♦ 3° Déplacement (d'une masse d'hommes agissant, se mouvant en même temps). *Mouvement d'une foule, d'un groupe d'hommes.* V. **Agitation,** flot, remous. — *Par ext. Remue-ménage,* tumulte. **Agitation.** « *Tout à coup, il se fit un grand mouvement* » (DAUD.). — *Par méton.* « *On demeure surpris par le mouvement... de cette grande ville* » (MAUPASS.). ♦ 4° *Spécialt. Mouvements de troupes.* V. **Évolution, manœuvre.** *Surveiller les mouvements de l'ennemi. Faire mouvement vers tel point du front. Guerre de mouvement. Mouvement tournant ; de repli, de retraite.* ♦ 5° *Admin. Mouvements de personnel* (mutations, déplacements). *Mouvement diplomatique. Tableau de mouvement.* **Ⓒ** EN MOUVEMENT : qui se déplace, bouge. *Mettre un mécanisme en mouvement :* faire marcher. — *Toute la maison est en mouvement.* *Fig.* « *L'esprit n'est que la bêtise en mouvement* » (VALÉRY). II. *Par ext.* Ce qui traduit le mouvement, donne l'impression du mouvement. ♦ 1° (Dans le langage). *Le mouvement de la phrase.* V. **Rapidité,** vie, vivacité. *Le mouvement d'un récit.* ♦ 2° (Dans les arts plastiques). V. **Vie.** « *Ils disent d'une figure en repos qu'elle a du mouvement, c'est-à-dire qu'elle est prête à se mouvoir* » (DIDER.). ♦ 3° *Mus.* et *cour.* Degré de rapidité que l'on donne à la mesure, conformément aux intentions du compositeur, au caractère de la pièce. V. **Mesure,** rythme; tempo, temps. *Le mouvement d'un morceau est défini par la durée d'une note* (noire, croche) battue un nombre déterminé de fois par minute (au métronome). *Indication de mouvement* (ex. : noire = 120). *Principaux mouvements.* V. **Adagio, allégretto, allégro, andante, andantino, largo, larghetto, lento, moderato, presto, prestissimo, scherzando, scherzo.** ◇ *Par ext.* Partie d'une œuvre musicale devant être exécutée dans tel ou tel mouvement. *Les mouvements d'une suite, d'une sonate, d'une symphonie. Le premier mouvement de ce concerto est un allégro.* ♦ 4° Ligne, courbe que l'on considère comme l'effet d'un mouvement. *Mouvement de terrain, du sol.* V. **Accident,** courbe, vallonnement. « *Une chaîne de petites montagnes, dernière ondulation des mouvements de terrain du Nivernais* » (BALZ.). *Mouvement gracieux d'un dossier Louis XV.* III. (XVIᵉ). Mécanisme qui produit, entretient un mouvement régulier. *Mouvement d'horlogerie. Il faut changer, réparer le mouvement.* IV. *Fig.* **Ⓐ** Changement, modification. ♦ 1° *Littér. Mouvements de l'âme, du cœur :* les différents états de la vie psychique. V. **Ardeur,** élan, émotion, impulsion, inclination, passion, sentiment, tendance. « *Les mouvements de son âme étaient dirigés tantôt par les remords, tantôt par la passion* » (STENDHAL). *Mouvements intérieurs. Mouvement soudain, violent.* — *Cour. Un bon mouvement,* incitant à une action généreuse, désintéressée, ou simplement amicale. *Un bon mouvement, venez avec nous ! Mouvement d'agacement, d'impatience, d'humeur. Mouvement de joie, de colère.* — *Le premier mouvement :* la première réaction, la plus spontanée. « *Méfiez-vous des premiers mouvements parce qu'ils sont bons* » (attribué à Talleyrand). ◇ Expression collective d'une opinion, d'une émotion, par le geste ou la parole. *Son discours a suscité des mouvements divers de l'auditoire. Mouvements divers.* ♦ 2° Changement dans l'ordre social. *Le mouvement de l'histoire, de la société. Le mouvement des réformes.* — *Parti du mouvement* (opposé à conservateur). V. **Progrès.** *Fam. Être dans le mouvement :* suivre les idées en vogue, être au fait de l'actualité, des nouveautés. (Cf. *Dans le vent*). UN MOUVEMENT : action collective (spontanée ou dirigée) tendant à produire un changement d'idées, d'opinions ou d'organisation sociale. *Mouvement révolutionnaire, insurrec-*

tionnel. — *Par ext.* Organisation, parti qui dirige ou organise un mouvement social. *Mouvement syndical. Mouvements de jeunesse. Mouvement de libération nationale. Mouvement littéraire, artistique. Le mouvement romantique, symboliste, dada, surréaliste.* ◆ 3° Changement quantitatif. V. **Variation.** *Mouvements de la population. Mouvements des prix.* **Ⓑ** *Philo.* Tout changement en fonction du temps; évolution, devenir. *Une philosophie du mouvement.* V. **Mouvant.** ◇ ANT. *Arrêt, immobilité, inaction, repos. Calme.*

MOUVEMENTÉ, ÉE [muvmãte]. *adj.* (1845; de *mouvement*). ◆ 1° *Terrain mouvementé*, qui présente des mouvements, des accidents. V. **Accidenté.** ◆ 2° *Fig.* et *cour.* (1868). Qui a du mouvement, de l'action (composition littéraire). *Récit mouvementé.* V. **Vivant.** — Qui présente des péripéties variées. *Poursuite, arrestation mouvementée. Avoir une vie mouvementée.* V. **Agité.** *Lutte mouvementée.* V. **Animé.** *Séance mouvementée*, où il se produit des incidents, des mouvements divers. V. **Houleux, orageux.** ◇ ANT. *Égal, plat; calme.*

MOUVEMENTER [muvmãte]. *v. tr.* (1833; de *mouvement*). *Rare.* Rendre mouvementé (une œuvre littéraire). « *Pour mouvementer un peu ce drame sans action* » (GAUTIER).

MOUVOIR [muvwaʀ]. *v. tr.* : *je meus, tu meus, il meut, nous mouvons, vous mouvez, ils meuvent; je mouvais; je mus; je mouvrai; je mouvrais; meus, mouvons, mouvez; que je meuve, que nous mouvions; que je musse; mouvant; mû, mue. Rare* sauf inf., prés. ind. et part. (1311; *moveir*, XIIᵉ; lat. *movere*).

I. *V. tr.* ◆ 1° Mettre en mouvement. V. **Agir** (faire), animer, ébranler, remuer. *Mouvoir ses membres.* — *Machine mue par l'électricité, par la force de l'homme.* « *On le voyait sortir de chez lui, mû comme par un ressort* » (JOUHANDEAU). ◆ 2° *Fig.* Mettre en activité, en action. V. **Agir** (faire), émouvoir, exciter, pousser. *Le mobile qui le meut.* « *Toujours mû par un perpétuel sentiment de bonté, par une intention délicate* » (BALZ.). V. **Animé.**

II. (XIIᵉ). SE MOUVOIR. *v. pron.* Être en mouvement. V. **Bouger, déplacer** (se), remuer. — *Spécialt.* V. **Aller, bouger, courir, marcher.** *Le commandant* « *ne se mouvait que tout d'une pièce à la fois* » (JOUHANDEAU). — *Fig.* (Littér.) *Se mouvoir dans un univers factice, dans le mensonge* : y vivre. ◇ *Ellipt.* FAIRE MOUVOIR : faire se mouvoir. « *Une roue que l'eau du torrent fait mouvoir* » (STENDHAL). ◇ ANT. *Arrêter, enchaîner, fixer, immobiliser, paralyser, river; freiner.*

MOVIOLA [mɔvjɔla]. *n. f.* (v. 1930; mot amér. de *movie* « cinéma » et suff. dimin. lat.). *Cin.* Appareil de projection sonore en format réduit, comportant un petit écran en verre dépoli, et utilisé pour le montage.

MOXA [mɔksa]. *n. m.* (1677; jap. *mogusa*, nom d'une variété d'armoise dont le parenchyme sert de combustible). *Méd.* Bâtonnet ou branche d'armoise, employé en médecine traditionnelle chinoise, qui est brûlé au contact de la peau dans des régions bien déterminées et dont les effets sont comparables à ceux de l'acupuncture. « *Il avait fallu lui brûler la colonne vertébrale avec des moxas* » (BARBEY).

MOYE ou **MOIE** [mwa]. *n.f.* (1694; subst. verb. de *moyer*, du lat. *mediare*). *Techn.* Couche tendre au milieu d'une pierre, qui la fait déliter. ◇ HOM. *Moi, mois.*

MOYÉ, ÉE [mwaje]. *adj.* (XVIIᵉ; de *moyer*. V. **Moye**). *Techn. Pierre moyée*, pierre de taille sciée par le milieu, ou altérée par une couche tendre.

1. MOYEN, ENNE [mwajɛ̃, jɛn]. *adj.* (*Moien*, XIIᵉ; *meien*, 1120; bas lat. *medianus* « qui est au milieu », de *medius*). Qui tient le milieu.

I. ◆ 1° Qui se trouve entre deux choses. ◇ (Dans l'espace, entre deux parties extrêmes ou deux choses de même nature) V. **Médian; intermédiaire.** *Oreille moyenne. Le cours moyen d'un fleuve. Moyen-Orient.* ◇ (Dans le temps) *Le moyen âge.* V. **Moyen âge.** *Ling. Moyen français*, la langue française entre l'ancien français et le français moderne (*approximativement*, les XIVᵉ et XVᵉ s.). ◇ (Dans l'ordre d'un énoncé) *Math. Termes moyens*, et n. m. pl. *Les moyens*, les deux éléments centraux d'un ensemble de quatre éléments. MOYEN TERME (dans un syllogisme) : celui des trois termes par l'intermédiaire duquel le majeur et le mineur sont mis en rapport. V. **Médium.** — *Par ext.* Médiateur. *Fig.* Parti intermédiaire entre deux solutions extrêmes, deux prétentions opposées. — *Cour.* Milieu. « *Si vous ne faites pas fortune, vous serez persécuté : il n'y a pas de moyen terme pour vous* » (STENDHAL). ◆ 2° Qui, par ses dimensions ou sa nature, tient le milieu entre deux extrêmes. *Être de taille moyenne. Moyenne altitude.* — *Cin. Moyen métrage**. — *Boxe. Poids** *moyen. Cour. Prix moyen.* V. **Modéré.** *Âge moyen. Solution moyenne. Voies moyennes. Classes moyennes*, petite et moyenne bourgeoisies. « *La classe moyenne, bourgeoise... Classe vraiment moyenne en tout sens, moyenne de fortune, d'esprit, de talent* » (MICHELET). ◆ 3° Qui est du type le plus courant. V. **Courant, ordinaire.** *Le Français moyen*, personne représentative du commun des Français. *Le lecteur, le spectateur*

moyen. ◆ 4° Qui n'est ni bon ni mauvais. *Qualité moyenne.* V. **Correct.** *Intelligence moyenne. Élève moyen en mathématiques. Résultats moyens.* V. **Honnête, honorable, médiocre, passable.**

II. (XVIIIᵉ). Que l'on établit, calcule en faisant une moyenne. V. **Moyenne** (*n. f.*). *Température moyenne annuelle d'un lieu. La durée moyenne de la vie. Temps solaire vrai et temps** *moyen.* ◇ ANT. *Extrême. Excessif, limite. Énorme, immense, minuscule. Exceptionnel, génial.*

2. MOYEN [mwajɛ̃]. *n. m.* (1361; de *moyen* 1, au sens de « intermédiaire »). ◆ 1° Ce qui sert pour arriver à une fin. V. **Procédé, voie.** *Votre père* « *peut faire fortune là-bas; je lui en fournirai les moyens* » (MONTHERLANT). *La fin et les moyens.* PROV. *Qui veut la fin** *veut les moyens. La fin** *justifie les moyens.* — *Gram. Complément de moyen.* V. **Instrument.** — *Les moyens de faire qqch. Par quel moyen?* V. **Comment.** *Moyen de faire fortune. Trouver un moyen.* V. **Formule, méthode, plan, recette;** et (*fam.*) *Biais, filon, joint, truc. Trouver moyen de :* parvenir à. *Plaisant. Il « trouvait moyen d'être tout ensemble ultra-royaliste et ultra-voltairien* » (HUGO). — *S'il en avait le moyen, il le pouvait. Prendre, employer, utiliser un moyen. Avoir, laisser le choix des moyens. Il y a plusieurs moyens de...* V. **Façon, manière.** *Il a essayé tous les moyens* (Cf. Remuer ciel et terre*). *Tous les moyens lui sont bons :* il est peu difficile, peu scrupuleux sur le choix des moyens. *Par tous les moyens*, à toute force, à tout prix. — *Moyen efficace. Un bon moyen.* « *Vous avez refusé un moyen de me voir? Un moyen simple, commode et sûr?* » (LACLOS). *Moyen provisoire, insuffisant.* V. **Demi-mesure, expédient.** *Moyen de fortune.* Se débrouiller par, avec les moyens du bord, les seuls moyens que fournissent une situation, un lieu donnés. *Employer les grands moyens*, ceux dont l'effet doit être décisif par la force, l'importance des éléments mis en jeu. *Moyen détourné.* V. **Artifice, astuce, biais, calcul, manœuvre.** ◇ *Il y a moyen, il n'y a pas moyen* : il est possible, il est impossible de. *Il n'y a pas moyen de le faire obéir, qu'il soit à l'heure.* Ellipt. *Plus moyen de le voir en ce moment!* V. **Impossible.** *Pas moyen! Rien à faire!* V. **Mèche.** « *Dimanche, avec mes parents, pas moyen de rire* » (AYMÉ). ◇ *Moyen d'action.* V. **Levier, ressort.** *Moyens de pression. Moyens de défense. Moyens de contrôle. Moyens d'expression* (d'une personne; fig. d'un art). — *Moyens de transport, de communication.* ◇ *Dr.* Raison de droit ou de fait invoquée devant le tribunal à l'appui d'une prétention. *Les moyens d'une cause. Moyens de défense. Moyens d'opposition, de faux* (1, III). — *Fin.* (au plur.) Procédés par lesquels le Trésor public se procure les ressources nécessaires à l'équilibre du budget. *Voies et moyens.* ◇ PAR LE MOYEN DE : par l'intermédiaire, grâce à. V. **Canal, entremise, instrument, intermédiaire.** — AU MOYEN DE : à l'aide de (le moyen exprimé étant généralement concret). V. **Aide** (à l'aide de), **avec, grâce (à), moyennant**, par. *André se dirigeait au moyen d'alignements pris par lui...* » (LOTI). ◆ 2° *Spécialt.* (1798). LES MOYENS : pouvoirs naturels et permanents d'une personne, dans l'ordre physique, intellectuel ou moral. V. **Capacité, faculté, force.** *Moyens physiques d'un sportif.* « *Un garçon qui avait de l'ambition et des moyens; il s'appliquait, il comprenait, il retenait* » (ALAIN). V. **Don, facilité.** *Perdre ses moyens. Être en possession de tous ses moyens*, être en bonne forme physique au moment voulu, pour réussir, sans aide étrangère, en agissant seul. *Il est rentré chez lui par ses propres moyens*, sans être accompagné, ou sans utiliser les transports publics. ◆ 3° (Fin XVᵉ). *Plur.* Ressources pécuniaires. *Ses parents n'avaient pas les moyens de lui faire faire des études. C'est trop cher, c'est au-dessus de mes moyens, je n'en ai pas les moyens.* — *Fam.* (L'emploi qu'on en fait n'étant pas précisé) *Avoir de petits, de gros moyens.* ◇ ANT. *Fin, impossibilité, impuissance.*

MOYEN ÂGE ou **MOYEN-ÂGE** [mwajɛnaʒ]. *n. m.* (1640; de *moyen*, et *âge*). Période comprise entre l'antiquité et les temps modernes, traditionnellement limitée par la chute de l'Empire romain d'Occident (476) et la prise de Constantinople (1453). *Le haut moyen âge :* la partie la plus ancienne. *Les hommes, les villes du moyen âge.* V. **Médiéval.** *Société du moyen âge.* V. **Féodalité.** *Arts, styles du moyen âge* (gothique, roman). « *Le XIXᵉ siècle a bien vengé le moyen âge des mépris du XVIIIᵉ* » (BALZ.). — *Par appos.* ou adj. (1835; vieilli) *Costume moyen âge.* V. **Moyenâgeux.** « *Le roman moyen-âge florissait principalement à Paris* » (GAUTIER).

MOYENÂGEUX, EUSE [mwajɛnaʒø, øz]. *adj.* (1865; de *moyen âge*). ◆ 1° *Vieilli.* Qui concerne le moyen âge; du moyen âge. V. **Médiéval.** ◆ 2° Qui a les caractères, le pittoresque du moyen âge; qui évoque le moyen âge. *Costume moyenâgeux. Rues moyenâgeuses d'une petite ville.* ◇ *Fig. Suranné, vétuste. Des procédés moyenâgeux.*

MOYEN-COURRIER [mwajɛ̃kuʀje]. *n. et adj. m.* (mil. XXᵉ; d'apr. *long courrier*). Avion de transport utilisé sur des distances moyennes (1 600-2 000 km). *Des moyens-courriers.*

MOYENNANT [mwajɛnɑ̃]. *prép.* (1361 ; de *moyenner*). Au moyen de, par le moyen de, à la condition de. V. **Avec, grâce** (à), **prix** (au prix de). *Acquérir une chose, la jouissance d'une chose moyennant un prix convenu.* V. **Pour.** *Il accepta de rendre ce service moyennant finance, récompense.* V. **Contre,** échange (en échange de). « *Il fallait d'abord obtenir un numéro d'ordre, moyennant quoi on aurait un bon, moyennant quoi on aurait de l'essence* » (BEAUVOIR). ◇ *Loc. conj.* Littér. « *J'en suis... moyennant que le temps le veuille* » (DAUD.).

MOYENNE [mwajɛn]. *n. f.* (XIVᵉ, « milieu » ; de *moyen* 1). ♦ 1º (XVIIᵉ). *Math.* Moyenne géométrique ou proportionnelle ; *la moyenne géométrique,* m, *entre deux quantités,* a *et* b, *est une quantité telle que* a, m *et* b *sont en progression géométrique :* m/a = b/m ; ab = m². *Moyenne arithmétique de plusieurs nombres,* quotient de la somme de ces quantités par leur nombre. *Moyenne harmonique* de plusieurs nombres.* Cour. *Calculer la moyenne des températures à Paris au mois d'août.* Rouler à une moyenne de 70 km/h. Fam. *Faire 70, du 70 de moyenne.* — La moitié des points qu'on peut obtenir (5 sur 10, 10 sur 20). *Avoir la moyenne.* — Dr. constit. *Moyenne électorale,* dans le scrutin de liste, nombre calculé en divisant le nombre de voix par le nombre de sièges obtenus, et servant à l'utilisation des restes. *Plus forte moyenne,* mode de répartition des sièges, dans le cadre du scrutin de liste avec représentation proportionnelle, accordant aux listes ayant obtenu les plus fortes moyennes, les sièges non attribués au quotient. ◇ *Fam.* En parlant de ce qui n'est pas mesurable. *Cela fait une moyenne,* cela compense. ◇ EN MOYENNE (mil. XIXᵉ) : en faisant une moyenne, en évaluant approximativement la moyenne. « *On y compte* (en Hollande) *en moyenne une grande inondation tous les sept ans* » (TAINE). *Il travaille en moyenne 8 heures par jour.* ♦ 2º (1836). Type également éloigné des extrêmes, le plus courant. *Une intelligence, une habileté au-dessus de la moyenne. Être dans la bonne moyenne.* « *Vous avez autrement de poigne que la moyenne des patrons* » (ROMAINS).

MOYENNEMENT [mwajɛnmɑ̃]. *adv.* (XIIᵉ ; de *moyen*). D'une manière moyenne, à demi, ni peu ni beaucoup. *Être moyennement beau, riche. Aller moyennement vite. Travailler moyennement.* V. **Honnêtement, passablement.** « *Comment va-t-il?* — *Moyennement* ». ⊘ ANT. **Excessivement.**

MOYENNER [mwajɛne]. *v. tr.* (XIIᵉ ; de *moyen* 2). ♦ 1º *Vx.* Ménager, procurer (qqch.) en servant d'intermédiaire. *Moyenner la réconciliation de deux personnes.* ♦ 2º *Absol.* (1845). Pop. *Il n'y a pas moyen de moyenner,* il est impossible d'y parvenir, d'y réussir.

MOYETTE [mwajɛt]. *n. f.* (1846 ; dimin. de l'a. fr. *moie* « meule » ; lat. *meta*). *Agric.* Petite meule provisoire qu'on dresse dans un champ.

MOYEU [mwajø]. *n. m.* (*Moiel,* XIIᵉ ; lat. *modiolus* « petit vase »). ♦ 1º Partie centrale de la roue que traverse l'axe ou l'essieu autour duquel elle tourne. *Partie centrale d'une roue d'automobile,* tournant sur la fusée par l'intermédiaire de roulements. ♦ 2º *Par ext.* Toute pièce centrale sur laquelle sont assemblées des pièces devant tourner autour d'un axe. *Moyeu de volant, de poulie, d'hélice.*

MOZABITE [mɔzabit] ou **MZABITE** [mzabit]. *n.* (1846,-déb. XXᵉ ; du *Mzab,* Sud algérien). Musulman appartenant à la secte schismatique des kharijites et dont la terre d'élection est le Mzab.

MOZARABE [mɔzaʀab]. *n. et adj.* (1732 ; 1690, *musarabe ;* a. esp. *moz' arabe ;* arabe *musta'rib* « arabisé »). *Hist.* Au temps de l'occupation arabe en Espagne, Espagnol chrétien qui, devant allégeance à un chef maure, avait en échange le droit de pratiquer sa religion. Adj. *Art mozarabe,* art chrétien d'Espagne (influencé par l'art musulman) pendant l'occupation arabe (XIᵉ, XIIᵉ s.). V. *aussi* **Mudéjar.**

MOZETTE. V. **MOSETTE.**

M.T.S. [ɛmteɛs]. (abrév. de *Mètre-Tonne-Seconde*). Phys. *Système M.T.S.,* système d'unités absolues à trois unités fondamentales : le *mètre* pour la longueur, la *tonne* pour la masse et la *seconde* pour le temps.

MU [my]. *n. m.* Lettre de l'alphabet grec [μ], correspondant au m français. ⊘ HOM. *Mû* (de *mouvoir*), *mue* (de *muer*).

MÛ, MUE. V. **MOUVOIR.**

MUANCE [myɑ̃s]. *n. f.* (« changement, variation », XIIᵉ ; de *muer*). ♦ 1º *Mus. anc.* (XVIᵉ). Nom qu'on donnait, dans la solmisation, à la substitution d'un hexacorde à un autre. ♦ 2º (1846). *Vx.* Altération de la voix quand elle mue.

MUCHER [myʃe]. *v. tr. et pron.* (XIIᵉ ; forme norm. et picarde de *musser*). *Fam. et dial.* Cacher. V. **Musser.** — Pronom. *Muche-toi !*

MUCILAGE [mysilaʒ]. *n. m.* (1314 ; lat. *mucilago,* de *mucus*). *Didact.* Substance végétale (extraite de lichens, de graines de lin, de la bourrache), composée de pectines, ayant la propriété de gonfler dans l'eau et employée en pharmacie comme adjuvant (épaississant) médicamenteux et comme laxatif.

MUCILAGINEUX, EUSE [mysilaʒinø, øz]. *adj.* (XIVᵉ ; de *mucilage*). Qui est formé de mucilage, qui a l'aspect, la consistance du mucilage. *Médicament mucilagineux.* Subst. *Un mucilagineux.*

MUCOR [mykɔʀ]. *n. m.* (1775 ; mot lat. « moisissure »). *Bot.* Champignon siphomycète, type du groupe des *Mucoracées* ou *Mucorinées.*

MUCORACÉES [mykɔʀase] ou **MUCORINÉES** [mykɔʀine]. *n. f. pl.* (1868 ; *mucorées,* 1842 ; de *mucor*). *Bot.* Groupe de champignons siphomycètes terrestres presque tous saprophytes, dont le type est le mucor.

MUCOSITÉ [mykozite]. *n. f.* (1539 ; du lat. *mucosus*). Amas de substance épaisse et filante qui tapisse certaines muqueuses. V. **Glaire, morve, pituite.** *Mucosités qui encombrent les voies respiratoires.*

MUCRON [mykʀɔ̃]. *n. m.* (1874 ; lat. *mucro*). *Bot.* Petite pointe raide qui termine certains organes végétaux.

MUCUS [mykys]. *n. m.* (1743 ; mot lat. « morve »). *Anat.* Liquide transparent, d'aspect filant produit par les glandes muqueuses et servant d'enduit protecteur à la surface des muqueuses. V. **Mucosité.**

MUDÉJAR ou **MUDÉJARE** [mydeʒaʀ]. *n. et adj.* (*Mudéjare,* 1722 ; mot esp. ; arabe *mudayyan* « pratiquant »). *Hist.* Musulman d'Espagne devenu sujet des chrétiens après la reconquête. ◇ Adj. *Art mudéjar,* art chrétien influencé par l'art musulman dans l'Espagne reconquise (XIIᵉ-XVIᵉ s.).

1. **MUE** [my]. *n. f.* (XIIᵉ ; de *muer*). I. ♦ 1º Changement partiel ou total qui affecte la carapace, les cornes, la peau, le plumage, le poil, etc., de certains animaux, en certaines saisons ou à des époques déterminées de leur existence. « *Le poil de ces animaux qui se renouvelle tous les ans par une mue complète* » (BUFF.). — *Fig.* Transformation. « *La mue mystérieuse de la terre donnait aux vacances de Pâques une qualité particulière* » (MAURIAC). ◇ Saison à laquelle ce changement a lieu. ♦ 2º Dépouille d'un animal qui a mué. *Trouver la mue d'un serpent.* ♦ 3º Changement dans le timbre de la voix humaine au moment de la puberté, surtout sensible chez les garçons. V. **Muance** (*vx*). « *Ces voix d'enfants proches de la mue* » (HUYSMANS). II. (1344 « cage à oiseau, pour la mue »). *Agric.* Cage circulaire, sans fond, pour les poules (V. **Poulailler**), les lapins. — Endroit où l'on enferme des volailles destinées à l'engraissement (V. **Épinette**). ⊘ HOM. *Mu ; mû* (de *mouvoir*), mu (de *muer*).

2. **MUE** [my]. *adj. f.* (XVIᵉ ; de l'anc. adj. *mu* « muet » [XIIᵉ] ; lat. *mutus*). *Vx. Rage mue :* où le chien atteint de cette maladie n'aboie pas.

MUER [mɥe]. *v.* (1080 ; lat. *mutare* « changer ». V. **Muter**). ♦ 1º V. tr. *Vx.* Changer. — Littér. *Muer en,* transformer en. « *La pluie avait soudain mué Venise en une immense moisissure* » (MAURIAC). Pronom. « *Ces joies refoulées se sont muées en rêves* » (R. ROLLAND). ♦ 2º (XVIᵉ). *V. intr.* (En parlant d'un animal). Changer de peau, de plumage, de poil. V. **Dépouiller** (se) ; *mue.* « *Un paon muait, un geai prit son plumage* » (LA FONT.). ◇ (De la voix humaine) Changer de timbre au moment de la puberté. *Sa voix mue.* Au p. p. adj. *Voix muée.* — *Les enfants muent entre onze et quatorze ans.*

MUET, ETTE [mɥɛ, ɛt]. *adj. et n.* (XIIᵉ ; dimin. de l'anc. fr. *mu,* lat. *mutus*). Ⓐ *Personnes.* ♦ 1º Qui est privé de l'usage de la parole (V. **Mutisme,** mudité). *Muet de naissance.* Sourd et muet. V. **Sourd-muet.** ◇ N. *Un muet, une muette.* Loc. fig. *La grande muette :* l'armée. ♦ 2º Qui, sous l'effet d'une émotion violente, d'un sentiment vif, est momentanément incapable de parler, de s'exprimer. *Muet d'admiration, d'étonnement, de peur.* « *L'étonnement rendit muet le jeune prisonnier* » (VIGNY). *En rester muet.* V. **Coi** (Cf. En perdre la parole ; demeurer sans voix). ♦ 3º Qui s'abstient volontairement de parler, de répondre. V. **Silencieux, taciturne** (Cf. Ne dire mot, ne pas souffler mot). *Être muet comme une carpe, comme la tombe.* V. **Discret.** « *Cette femme immobile, muette, hautaine* » (CHARDONNE). Ⓑ (Théât.) *Personnages muets,* qui n'ont aucune parole à prononcer. — Par ext. *Jeu muet,* où un acteur joue son personnage sans parler, par des gestes, des mimiques. *Rôle muet.* Ⓒ *Choses.* ♦ 1º (*Sentiments*). Qui ne s'exprime pas par la parole. *Muette protestation. De muets reproches.* ◇ Qui se tait, qui refuse de s'exprimer. *Joie muette.* PROV. *Les grandes douleurs sont muettes.* ♦ 2º Qui, par nature, ne produit aucun son. *Horloge sonnante et horloge muette.* — Mus. *Clavier muet :* clavier silencieux servant aux exercices de doigté. — *Cinéma, film muet,* qui ne comporte pas l'enregistrement ni la reproduction de la parole, du son. Subst. m. Cinéma muet. « *Les films parlants n'ont pas tenu les promesses du muet* » (SARTRE). ♦ 3º (1673). Qui ne se fait pas entendre dans la prononciation. *S final dans corps est une lettre muette.* — *E, H muet.* V. **E, H.** ♦ 4º Qui ne contient ou n'utilise aucun signe écrit. *Carte* (II) *muette. Médaille muette,* sans inscription. *Clavier muet d'une machine à écrire,* dont les touches ne portent pas l'indication des lettres. Ⓖ (Lieux). *Littér.* Où l'on n'entend aucun son. V. **Silencieux.** « *Tout se tait. Le désert est muet,* *vaste et nu* » (HUGO). ◊ ANT. *Bavard, parlant.* — HOM. Formes du v. *muer.*

MUETTE [mɥɛt]. *n. f.* (*Mueta*, XVᵉ ; anc. orthogr. de *meute.* V. **Meute**). *Vx.* Petite maison qui servait de logis aux chiens de meute. — Pavillon qui servait de rendez-vous de chasse. ◊ HOM. *Muette* (fém. de *muet*).

MUEZZIN [mɥɛdzin]. *n. m.* (1823 ; *maizin*, 1568 ; turc *muezzin*, de l'arabe *mo'adhdhin* « qui appelle à la prière »). Fonctionnaire religieux musulman attaché à une mosquée et dont la fonction consiste à appeler du minaret les fidèles à la prière.

MUFFIN [myfin ou mœfin]. *n. m.* (1793 ; m. angl. 1703, o. i., p.-ê. à rapprocher du fr. *pain moufflet*, du rad. *mouff-*). Petit pain rond cuit dans un moule, qui se mange en général grillé et beurré. *Servir des muffins avec le thé.*

MUFLE [myfl(ə)]. *n. m.* (1542 ; var. de *moufle*, germ. *muffel* « museau »). ♦ 1° Extrémité du museau de certains mammifères (carnassiers, rongeurs, ruminants) caractérisée par l'absence de poil. *Mufle de bœuf. Le chien « s'en écarta avec un froncement de mufle »* (PERGAUD). ♦ 2° *Fig.* et *fam.* (1824). *Vx.* Individu stupide, désagréable. ◊ *Mod.* (1836) Individu mal élevé, grossier et indélicat. V. **Goujat, malotru.** *Se conduire comme un mufle.* Adj. *Ce qu'il peut être mufle !* ◊ ANT. (du 2°) *Galant.*

MUFLERIE [myfləri]. *n. f.* (1867 ; de *mufle* 2°). Caractère, action, parole d'un mufle (2°). V. **Goujaterie, grossièreté, indélicatesse.** « *Il était sans cesse indigné contre la muflerie et la crapulerie de ses contemporains* » (GIDE). ◊ ANT. *Galanterie, savoir-vivre.*

MUFLIER [myflije]. *n. m.* (1778 ; de *mufle*, 1°). Plante herbacée aux fleurs élégantes, solitaires ou en grappes, de coloris divers, rappelant la forme d'un mufle. *Muflier à grandes fleurs.* V. **Gueule-de-loup.** *Muflier tête de mouton. Muflier bâtard* (ou *cymbalaire*).

MUFTI ou **MUPHTI** [myfti]. *n. m.* ([*Mofty*] 1546,-1732 ; turco-arabe *moufti* « juge »). Théoricien et interprète du droit canonique musulman, qui remplit à la fois des fonctions religieuses, judiciaires et civiles.

MUGE [myʒ]. *n. m.* (1546 ; mot prov., du lat. *mugil*). Poisson des mers tempérées (*Mugilidés*) appelé aussi *mulet*, se nourrissant de matières organiques en décomposition dans la vase des fleuves, et dont la chair est très estimée. *Œufs de muge séchés.* V. **Poutargue.**

MUGIR [myʒir]. *v. intr.* (XIIIᵉ ; lat. *mugire* ; Cf. a. fr. *Muir*). ♦ 1° En parlant des Bovidés, Pousser le cri sourd et prolongé propre à leur espèce. V. **Beugler, meugler.** ♦ 2° Faire entendre un bruit qui ressemble à un mugissement. « *Les vents déchaînés mugissaient avec fureur dans les voiles* » (FÉN.).

MUGISSANT, ANTE [myʒisɑ̃, ɑ̃t]. *adj.* (fin XVᵉ ; de *mugir*). Qui mugit. *Troupeaux mugissants.* ◊ *Fig. Flots mugissants.*

MUGISSEMENT [myʒismɑ̃]. *n. m.* (1495 ; de *mugir*). Cri d'un animal qui mugit. V. **Beuglement, meuglement.** ◊ *Fig.* Cri, bruit qui y ressemble. *Les mugissements de la tempête.*

MUGUET [mygɛ]. *n. m.* (XIIᵉ ; a. fr. *muguette*, altér. de *muscade*, à cause du parfum). ♦ 1° Plante herbacée des régions tempérées (*Liliacées*), aux fleurs petites et blanches en clochettes, groupées en grappes et très odorantes. *Muguet des bois. Offrir un brin de muguet.* « *Un cortège de premier Mai, avec les fleurs de muguet à la boutonnière* » (ROMAINS). — *Essence de muguet* (V. **Terpinol**), et ellipt. *Savonnette au muguet.* ♦ 2° *Vx* (XVIᵉ ; par allus. au parfum). Jeune élégant. ♦ 3° (XVIIIᵉ). *Méd.* (Par anal. d'aspect entre la lésion et la fleur du muguet). Inflammation de la muqueuse de la bouche et du pharynx sous forme d'érosions recouvertes d'un enduit blanchâtre, due à une levure (*candida* ou *oïdium.* V. **Candidose**). Syn. *Blanchet.* — *Par ext. Muguet intestinal, vaginal :* inflammation des muqueuses par les mêmes levures.

MUGUETER [myg(ə)te]. *v. tr. ; conjug. jeter* (XVᵉ ; de *muguet*, 2°). *Vx.* Courtiser. « *Ayant eu l'audace de mugueter ses femmes* » (CHATEAUB.).

MUID [mɥi]. *n. m.* (*Mui*, XIIIᵉ ; *meu*, XIIᵉ ; lat. *modius*). ♦ 1° Ancienne mesure de capacité pour les liquides, les grains, le sel (à Paris 268 l pour le vin et 1 872 l pour les matières sèches). ♦ 2° Futaille de la capacité d'un muid. V. **Barrique, tonneau.**

MULARD, ARDE [mylar, ard(ə)]. *n. m.* et *adj.* (1842 ; de *mul.* V. **Mulet**). Hybride du canard commun et du canard musqué. — Adj. *Cane mularde.*

MULASSIER, IÈRE [mylasje, jɛr]. *adj.* (1471 ; de l'a. fr. *mulasse* « jeune mulet », de *mul.* V. **Mulet**). ♦ 1° Qui a rapport au mulet, est composé de mulets. *Cheptel mulassier.* ♦ 2° Qui produit des mulets. *Jument mulassière*, et subst. *Une mulassière.*

MULÂTRE, MULÂTRESSE [mylatr(ə), atrɛs]. *n.* et *adj.* (1604 ; var. *mulat, mulate*, XVIIᵉ ; fém. *mulâtresse*, 1724 ; altér. de l'esp. *mulato* « mulet, bête hybride »). Homme, femme de couleur, né de l'union d'un Blanc avec une Noire ou d'un Noir avec une Blanche. V. **Métis.** *Descendants de*

mulâtres et de Blancs. V. **Quarteron.** ◊ *Adj.* (MULÂTRE aux deux genres) *Il est mulâtre. Fillette mulâtre.*

1. MULE [myl]. *n. f.* (1080, fém. de l'a. fr. *mul* ; lat. *mula*). Hybride femelle de l'âne et de la jument (ou du cheval et de l'ânesse), généralement stérile. *Monter une mule.* « *Une belle mule noire mouchetée de rouge, le pied sûr, le poil luisant* » (DAUD.). — *Loc. fam.* (V. **Mulet**) *Chargé comme une mule. Capricieux, têtu comme une mule. Avoir une tête de mule,* un entêtement borné. « *Mais dénouez-vous donc, tête de mule !... Sortez de ce silence... !* » (COCTEAU).

2. MULE [myl]. *n. f.* (v. 1350-60 ; T. de vétér. « crevasse, engelure » au talon, 1314 ; lat. *mulleus* [*calceus*] « soulier rouge », de *mullus* « rouget ». V. **Mulet** 2). Pantoufle de femme à talon assez haut ou à semelle compensée, et sans quartier. « *Des mules à hauts talons qui claquaient à terre, sous des pieds nus* » (ARAGON). *La mule du pape*, pantoufle blanche brodée d'une croix. *Baisement de la mule du pape.*

MULE-JENNY [mylʒe(ɛn)ni]. *n. f.* (1821 ; mot angl., de *mule*, au sens « d'hybride », et *jenny.* V. **Jenny**). *Techn.* Métier renvideur à mouvement automatique pour la filature du coton et de la laine. Plur. *Des mules-jennys.*

1. MULET [mylɛ]. *n. m.* (1080 ; dimin. de l'a. fr. *mul* ; lat. *mulus*). Hybride mâle de l'âne et de la jument (*grand mulet*) ou du cheval et de l'ânesse (*petit mulet.* V. **Bardot**), toujours infécond. *Le mulet, animal vigoureux, patient et sobre, est très recherché pour les parcours en montagne* (V. **Muletier**). — *Loc. fam. Chargé comme un mulet. Têtu comme un mulet.* V. **Mule.** « *Il est têtu, que c'est un vrai mulet* » (BALZ.).

2. MULET [mylɛ]. *n. m.* (XIIIᵉ, var. *mule* ; lat. *mullus* « rouget », avec attract. de *mulus* « mulet »). Nom commun du muge (poisson). V. **Surmulet.**

MULETA [mulɛta]. *n. f.* (1840 ; mot esp.). *Taurom.* Pièce de flanelle rouge tendue sur un court bâton, avec laquelle le matador provoque et dirige les charges du taureau. *Passes de muleta. Travail de la muleta* (esp. *faena de muleta*).

MULETIER, IÈRE [myltje, jɛr]. *n. m.* et *adj.* (déb. XIVᵉ ; de *mulet*, 1). ♦ 1° Conducteur de mulets, de mules. ♦ 2° *Adj.* (XVIᵉ). Chemin, sentier muletier, étroit et escarpé, que seuls peuvent emprunter les mulets. *Nous marchions « par des sentiers muletiers, raides et caillouteux* » (TROYAT). *Piste muletière.*

MULETTE [mylɛt]. *n. f.* (1806 ; altér. de *moulette*, dimin. de *moule*). Mollusque d'eau douce (*Lamellibranches*) à épaisse coquille nacrée, aux deux valves égales, qui produit des perles. V. **Moule** (d'eau douce).

MULON [myl5]. *n. m.* (XIIIᵉ ; de *meule* 2). *Région.* Autre forme de *Meulon.* « *Recueillir le sel et le mettre en mulons* » (BALZ.).

MULOT [mylo]. *n. m.* (XIIᵉ ; néerl. *mol* « taupe », avec infl. de *mulet*). Petit mammifère rongeur (*Muridés*) appelé aussi « rat des champs ». V. **Surmulot.**

MULSION [mylsj5]. *n. f.* (1855 ; lat. *mulsio*). *Didact.* Action de traire le lait d'un animal domestique femelle. V. **Traite.**

MULTI-. Élément, du lat. *multus* « beaucoup, nombreux ». V. **Pluri-, poly-.** ◊ ANT. *Mono-, uni-.*

MULTIBROCHE [myltibrɔʃ]. *adj.* (mil. XXᵉ ; de *multi-*, et *broche*). *Techn. Tour multibroche*, muni de plusieurs broches parallèles.

MULTICÂBLE [myltikabl(ə)]. *adj.* et *n. m.* (mil. XXᵉ ; de *multi-*, et *câble*). *Techn.* Qui comporte plusieurs câbles. *Benne multicâble.* — *N. m.* Installation d'extraction où les cages sont suspendues à plusieurs câbles (mines).

MULTICARTE [myltikart(ə)]. *adj.* (mil. XXᵉ ; de *multi-*, et *carte*). Se dit d'un voyageur de commerce qui représente plusieurs maisons, a plusieurs cartes*. *Cherchons deux représentants multicartes.*

MULTICAULE [myltikol]. *adj.* (1803 ; lat. *multicaulis*). *Bot.* Qui a des tiges nombreuses. *Mûrier multicaule.*

MULTICELLULAIRE [myltiselylɛr]. *adj.* (1865 ; de *multi-*, et *cellulaire*). *Biol.* Composé de nombreuses cellules. V. **Pluricellulaire.**

MULTICOLORE [myltikɔlɔr]. *adj.* (1512, rare av. 1823 ; lat. *multicolore*). *Cour.* Qui présente des couleurs variées. V. **Polychrome.** *Oiseaux multicolores.*

MULTICULTURALISME [myltikyltyralism(ə)]. *n. m.* (1971 ; de *multi-*, et *culturel* 2). *Didact.* Coexistence de plusieurs cultures dans un même pays. « *Le terme biculturalisme ne dépeint pas comme il faut notre société ; le mot multiculturalisme est plus précis à cet égard* » (P. E. TRUDEAU).

MULTIDIMENSIONNEL, ELLE [myltidimɑ̃sjɔnɛl]. *adj.* (XXᵉ ; de *multi-*, et *dimensionnel*). *Didact.* (*Math.*). Se dit d'un espace à plus de trois dimensions. — *Fig.* Qui concerne plusieurs niveaux, plusieurs « dimensions » de l'expérience, du savoir.

MULTIDISCIPLINAIRE ou **MULTI-DISCIPLINAIRE** [myltidisiplinɛr]. *adj.* (mil. XXᵉ ; de *multi-*, et *disciplinaire*). Qui concerne plusieurs disciplines ou spécialités.

« *Un enseignement multidisciplinaire* » (*Le Monde*, 21-11-1968).

MULTIFILAIRE [myltifilɛʀ]. *adj.* (v. 1960; de *multi-*, et *fil*). *Techn.* Formé de plusieurs fils ou brins.

MULTIFLORE [myltiflɔʀ]. *adj.* (1798; lat. *multiflorus*). *Bot.* Qui porte de nombreuses fleurs. *Pédoncule multiflore.*

MULTIFORME [myltifɔʀm(ə)]. *adj.* (1440; lat. *multiformis*). Qui se présente sous des formes variées, sous des aspects, des états différents et nombreux. *Menace multiforme, imprécise.* « *Cette nation multiforme* (la France) *fut fanatique sous Henri IV, factieuse sous Louis XIII, grave sous Louis XIV...* » (CHATEAUB.).

MULTILATÉRAL, ALE, AUX [myltilateʀal, o]. *adj.* (1948; de *multi-*, et *latéral*). *Polit.* Qui concerne des rapports entre États; à quoi adhèrent, participent, souscrivent plusieurs États. *Un accord multilatéral.*

MULTILOBÉ, ÉE [myltilɔbe]. *adj.* (1808; de *multi-*, et *lobé*). *Sc. nat.* Qui est divisé en de nombreux lobes.

MULTILOCULAIRE [myltilɔkylɛʀ]. *adj.* (1808; de *multi-*, et *loculaire*). *Bot.* Se dit d'un ovaire qui est divisé en un grand nombre de loges.

MULTIMILLIARDAIRE [myltimiljaʀdɛʀ]. *adj.* et *n.* (xxᵉ; de *multi-*, et *milliardaire*). Plusieurs fois milliardaire; richissime.

MULTIMILLIONNAIRE [myltimiljɔnɛʀ]. *adj.* et *n.* (1906; de *multi-*, et *millionnaire*). Plusieurs fois millionnaire; qui possède beaucoup de millions. V. **Riche.** — Subst. *Un multimillionnaire.*

MULTINATIONAL, ALE, AUX [myltinasjɔnal, o]. *adj.* (mil. xxᵉ; de *multi-*, et *national*). ♦ 1° *Polit.* Qui concerne, englobe plusieurs pays. « *Une flotte d'intervention multinationale* » (*L'Express*, 12-1967). ♦ 2° *Écon.* Qui a des activités dans plusieurs pays. « *Les grandes firmes multinationales* » (*Le Monde*, 1-1968).

MULTIPARE [myltipaʀ]. *adj.* et *n.* (1808; de *multi-*, et *pare*). *Physiol.* ♦ 1° Se dit d'une femelle qui met bas plusieurs petits en une seule portée. *La truie est multipare* (multiparité). ♦ 2° Se dit d'une femme qui a déjà enfanté plusieurs fois. — Subst. *Une multipare.* V. *aussi* **Primipare, unipare.**

MULTIPLACE [myltiplas]. *adj.* et *n. m.* (v. 1930; de *multi-*, et *place*). Se dit d'un avion qui comporte plusieurs places. — Subst. *Un multiplace.* ◇ ANT. **Monoplace.**

MULTIPLE [myltipl(ə)]. *adj.* et *n. m.* (xviiᵉ; *multiplice*, 1380; lat. *multiplex*). ♦ 1° Qui n'est pas simple. Qui est composé de plusieurs éléments de nature différente, ou qui se manifeste sous des formes différentes. V. **Divers.** « *Ce vaste et multiple monde du moyen âge* » (MICHELET). « *Ma douleur n'est pas une, elle est multiple* » (BALZ.). ♦ 2° Qui est constitué de plusieurs éléments, de plusieurs individualités identiques ou comparables. *Écho multiple.* ♦ 3° Qui contient plusieurs fois exactement un nombre donné; qui est obtenu par la multiplication d'un nombre entier par un autre. *21 est multiple de 7.* Subst. *Tout multiple de deux est pair. Plus petit commun multiple* (de plusieurs nombres); abrév. p. p. c. m. *Les multiples et les sous-multiples**. ♦ 4° (Avec un nom au pluriel). V. **Nombreux.** — Qui existent en plusieurs exemplaires. *Charrue à socs multiples.* — Qui se présentent sous des formes variées. V. **Divers, varié.** *Activités, aspects, causes multiples.* ◇ ANT. **Simple, un, unique.**

MULTIPLEX [myltiplɛks]. *adj.* et *n. m.* (1890; « multiple », 1380; mot lat. « multiple »). *Techn. Dispositif multiplex*, qui permet d'établir plusieurs communications télégraphiques, téléphoniques, radiotéléphoniques au moyen d'une seule voie de transmission. — Subst. *Un multiplex.*

MULTIPLIABLE [myltiplijabl(ə)]. *adj.* (1120, « augmentable »; de *multiplier*). Qui peut être multiplié. *Tout nombre est multipliable.*

MULTIPLICANDE [myltiplikɑ̃d]. *n. m.* (1549; lat. *multiplicandus*). *Arith.* Dans une multiplication, Celui des facteurs qui est énoncé le premier.

MULTIPLICATEUR, TRICE [myltiplikatœʀ, tʀis]. *adj.* et *n. m.* (1515; bas lat. *multiplicator*). Qui multiplie, sert à multiplier. *Train multiplicateur, dans un dispositif de changement de vitesse.* ◇ N. m. *Arith.* Dans une multiplication, Celui des deux facteurs qui est énoncé le second. ◇ ANT. **Diviseur.**

MULTIPLICATIF, IVE [myltiplikatif, iv]. *adj.* (1678; bas lat. *multiplicativus*). Qui multiplie, qui aide à multiplier, à marquer la multiplication. *Signe multiplicatif* (×). — *Gram.* Se dit des mots qui indiquent la multiplication d'une grandeur prise comme unité. *Préfixe multiplicatif* (bi-, tri-, quadri-).

MULTIPLICATION [myltiplikasjɔ̃]. *n. f.* (xiiiᵉ; bas lat. *multiplicatio*). ♦ 1° Augmentation en nombre. V. **Accroissement, augmentation, prolifération, pullulement.** « *La multiplication des ouvrages médiocres corrompt le goût* » (CONDORCET). *Multiplication des partis politiques.* ♦ 2° *Vx.* Reproduction d'êtres vivants. V. **Génération, reproduction.** ◇ *Mod. Biol.* Reproduction (surtout en parlant de la reproduction asexuée). V. **Bourgeonnement, gemmation, scissiparité, sporulation.** *Multiplication des bactéries.* *Bot. Multiplication*

végétative : reproduction des végétaux par des organes végétatifs (stolons, rhizomes, tubercules, caïeux, bulbilles, turions). *Multiplication artificielle.* V. **Bouturage, marcottage, provignage.** ♦ 3° (xviᵉ). Opération qui a pour but d'obtenir à partir de deux nombres *a* et *b* (multiplicande et multiplicateur), un troisième nombre (produit*), égal à la somme de *b* termes égaux à *a* (ex. : 12 × 8 = 96). *Multiplication de plusieurs nombres entre eux.* V. **Facteur** (II, 1°). *Table de multiplication*, tableau des produits des premiers nombres entre eux. ♦ 4° *Mécan.* (Dans un système de transmission). Rapport qui existe entre les vitesses angulaires de deux arbres dont l'un transmet le mouvement à l'autre. *Multiplication d'une bicyclette :* rapport du nombre de dents du pédalier au nombre de dents du pignon de la roue motrice. ◇ ANT. **Division, scission. Diminution.**

MULTIPLICITÉ [myltiplisite]. *n. f.* (xiiᵉ; bas lat. *multiplicitas*). Caractère de ce qui est multiple; grand nombre. V. **Abondance, pluralité, quantité.** *Multiplicité des inventions; des difficultés.* « *Multiplicité d'objets; diversité de conditions...; pluralité de statuts* » (VALÉRY). ◇ ANT. **Simplicité, unicité, unité.**

MULTIPLIER [myltiplije]. *v.* (1120, var. *molteplier, montoplier*; lat. *multiplicare*; Cf. Multiple).

I. *V. intr.* ♦ 1° *Rare* et *vx.* Augmenter en nombre. « *Les conséquences multiplient à proportion* » (PASC.). ♦ 2° Augmenter en nombre par la reproduction. V. **Proliférer.** « *Croissez et multipliez* » (BIBLE, Genèse).

II. *V. tr.* ♦ 1° Augmenter (le nombre, la quantité d'êtres ou de choses de la même espèce). V. **Accroître, augmenter.** *Multiplier les exemplaires d'un texte.* V. **Reproduire.** *Multiplier les essais, les tentatives.* V. **Répéter.** « *Le gouvernement de Guillaume II avait multiplié... des offres d'entente* » (MART. du G.). — Au p. p. *Des offres multipliées.* ◇ Augmenter le nombre des êtres vivants d'une même espèce. *Multiplier des plantes par semis* (V. **Semer**), *par bouture.* ◇ *Par ext.* Avoir pour conséquence un accroissement de qqch. *L'argent multiplie les désirs.* ♦ 2° *Arithm.* Faire la multiplication de. *Multiplier un nombre par lui-même.* V. **Puissance.** *Coefficient qui multiplie une quantité algébrique. Sept multiplié par neuf* (7 × 9) : sept fois* neuf.

III. SE MULTIPLIER. ♦ 1° Augmenter, être augmenté en nombre, en quantité; se produire en grand nombre. V. **Accroître** (s'), **croître, développer** (se). « *En quelques jours... les cas mortels se multiplièrent* » (CAMUS). ◇ Être répété ou reproduit un grand nombre de fois. *Livre à succès dont les tirages se multiplient.* ♦ 2° (*Êtres vivants*). Se reproduire. V. **Engendrer, procréer.** ♦ 3° *Fig.* Se dit d'une personne qui semble être partout à la fois, qui mène de front plusieurs entreprises, a une activité débordante.

◇ ANT. **Diminuer, démultiplier, diviser.**

MULTIPOLAIRE [myltipɔlɛʀ]. *adj.* (1864; de *multi-*, et *polaire*). ♦ 1° *Phys.* Qui comporte plus de deux pôles. *Dynamo multipolaire.* ♦ 2° *Biol. Cellule multipolaire :* cellule nerveuse qui émet de nombreux prolongements.

MULTIRISQUE [myltiʀisk(ə)]. *adj.* (1974; de *multi-*, et *risque*). Se dit d'une assurance couvrant plusieurs risques pour un même contrat. *Des assurances multirisques.*

MULTISTANDARD [myltistɑ̃daʀ]. *adj. m. inv.* et *n. m.* (mil. xxᵉ; de *multi-*, et *standard*). *Techn.* Se dit d'un récepteur de télévision susceptible de recevoir des émissions de « standards » (nombre de lignes) différents. — N. m. « *Les multistandards permettent de capter les deux chaînes françaises* [...] *ainsi que les réseaux belges 819 et 625 lignes* [...] » (*Science et Vie*).

MULTITRAITEMENT [myltitʀɛtmɑ̃]. *n. m.* (xxᵉ; de *multi-*, et *traitement*). *Techn.* Traitement simultané de plusieurs programmes (par un ordinateur).

MULTITUBE [myltityb]. *adj.* (1948; de *multi-*, et *tube*). *Techn.* (*Milit.*). Se dit d'un canon lance-fusées à plusieurs tubes.

MULTITUBULAIRE [myltitybylɛʀ]. *adj.* (1892; de *multi-*, et *tubulaire*). *Techn.* Se dit d'une chaudière de machine à vapeur dont l'eau circule dans de nombreux tubes disposés au-dessus du foyer.

MULTITUDE [myltityd]. *n. f.* (xiiᵉ; lat. *multitudo*). ♦ 1° Grande quantité (d'êtres, d'objets) considérée ou non comme constituant un ensemble. *Une multitude d'écoliers, de visiteurs entra* (ou *entrèrent*). V. **Armée, essaim, flot, légion, nuée.** « *Cette multitude prodigieuse de quadrupèdes, d'oiseaux, de poissons, d'insectes, de plantes, de minéraux* » (BUFF.). ♦ 2° Grande quantité (d'êtres ou d'objets). « *La multitude des lois fournit souvent des excuses aux vices* » (DESCARTES). « *La multitude des maisons se dressaient dans leur énormité minuscule* » (FRANCE). ♦ 3° Rassemblement d'un grand nombre de personnes. V. **Foule, troupe.** *La multitude qui accourait pour le voir.* « *La douce passion de fuir la multitude* » (MOL.). ◇ *Spécialt.* (*Vieilli* ou *littér.*) Le plus grand nombre, la grande majorité, le commun des hommes (*opposé à l'individu; ou spécialt, et péj. opposé à l'élite*). V. **Foule,**

masse, peuple, populace, tourbe. « *Évitons d'avoir rien de commun avec la multitude* » (LA BRUY.). « *La vile multitude qui a perdu toutes les Républiques* » (THIERS).

MUNI [myni]. V. MUNIR.

MUNICIPAL, ALE, AUX [mynisipal, o]. adj. (XVe; lat. municipalis, de municipium « municipe »). ♦ 1° Antiq. rom. Relatif à un municipe. ♦ 2° (XVIIIe). Relatif à l'administration d'une commune. V. **Communal**. *Conseil municipal. Conseiller municipal. Élections municipales*, des conseillers municipaux par les citoyens. *Magistrats municipaux* (V. **Maire**). *Taxes, charges municipales* : centime additionnel, octroi... *Stade, théâtre municipal; piscine municipale.* — Spécialt. et vx. *Garde municipal.* Subst. *Municipal* (et pop. *Cipal*) : soldat de la garde municipale de Paris.

MUNICIPALISATION [mynisipalizasjɔ̃]. n. f. (1966; de municipaliser). Action de municipaliser. *La municipalisation des sols.*

MUNICIPALISER [mynisipalize]. v. tr. (1966; de municipal). Soumettre au contrôle de la municipalité.

MUNICIPALITÉ [mynisipalite]. n. f. (1756; de municipal). ♦ 1° Le corps municipal; l'ensemble des personnes qui administrent une commune. *La municipalité d'une commune comprend le maire, ses adjoints et les conseillers municipaux. Le petit parc « dont la municipalité avait doté la ville* » (GREEN). — *Par ext.* Siège de l'administration municipale. V. **Mairie; hôtel** (de ville). — *La circonscription administrée par une municipalité.* V. **Commune**. ♦ 2° Dr. admin. *(Sens étroit).* Réunion du maire et des adjoints (à l'exclusion des conseillers municipaux).

MUNICIPE [mynisip]. n. m. (1548; lat. municipium). Antiq. rom. Cité, ville annexée par Rome et dont les habitants, sans avoir de droits politiques autres que locaux, jouissaient des droits civils de la citoyenneté romaine.

MUNIFICENCE [mynifisɑ̃s]. n. f. (XIVe; lat. munificentia, de munificus « qui fait [facere] des présents [munus] »). Littér. Grandeur dans la générosité, la libéralité. V. **Largesse, magnificence**. ◊ ANT. Avarice, mesquinerie.

MUNIFICENT, ENTE [mynifisɑ̃, ɑ̃t]. adj. (1846; de munificence). Littér. Qui a de la munificence. V. **Généreux, large, libéral, magnifique**.

MUNIR [mynіʀ]. v. tr. (déb. XVIe; « fortifier, défendre [une place forte] », 1360; lat. munire). ♦ 1° Vx. Approvisionner (une place, une armée) de moyens de défense ou de subsistance. V. **Munition; équiper, ravitailler**. ♦ 2° Mod. Garnir (qqch.), pourvoir (qqn) de ce qui est nécessaire, utile pour une fin déterminée. V. **Garnir; équiper, nantir, outiller, pourvoir**. *Munir un stylo d'une cartouche d'encre.* V. **Charger**. *Munir un voyageur d'un peu d'argent.* V. **Procurer** (à). ◊ V. pron. SE MUNIR DE. V. **Prendre**. *Se munir d'un imperméable, d'un passeport.* Fig. *Se munir de patience, de courage.* V. **Armer** (s'). ◊ *Au p. p.* MUNI(E) DE : qui a, est pourvu de. *Machine munie des derniers perfectionnements.* V. **Doté**. *Ils doivent être « munis de leurs papiers militaires et de vivres pour deux jours* » (SARTRE). ◊ ANT. **Démunir, dépourvoir**. Dénué, dépourvu, exempt, manquant (de), privé.

MUNITION [mynisjɔ̃]. n. f. (XIVe; lat. munitio, de munire « munir »). ♦ 1° Vx. Ensemble des moyens de subsistance *(munitions de bouche.* V. **Vivres**) et de défense *(munitions de guerre)* dont on munit une troupe, une place. Mod. *Pain* de munition.* Plaisant. *Munitions de bouche*, les vivres, la nourriture. ♦ 2° Mod. *(Au plur.)*. Explosifs et projectiles nécessaires au chargement des armes à feu (V. **Balle, cartouche, fusée, obus, plomb**) ou lâchés par un vecteur (V. **Bombe**). *Entrepôt d'armes et de munitions.* V. **Arsenal**. « *Les Anglais vendent de la poudre et des munitions à tout le monde, aux Turcs, aux Grecs, au diable* » (BALZ.).

MUNITIONNAIRE [mynisjɔnɛʀ]. n. m. (1572; de munition). Milit. ♦ 1° Celui qui est chargé de fournir à une armée les munitions de bouche (vivres, fourrages). V. **Fournisseur**. ♦ 2° Fournisseur de munitions de guerre.

MUNSTER [mœstɛʀ]. n. m. (fin XIXe; de la vallée de Munster, en Alsace). Fromage fermenté à pâte molle. *Munster au cumin.*

MUNTJAC [mœtʒak]. n. m. (1874; mot angl.; de minchek, mot de Java). Mammifère ongulé (*Cervidés*) de petite taille, qui vit en Malaisie, en Indonésie.

MUPHTI. V. MUFTI.

MUQUEUX, EUSE [mykø, øz]. adj. et n. f. (1520; lat. mucosus, de mucus. V. **Mucus**).
I. Adj. ♦ 1° Qui a le caractère du mucus, des mucosités. *Exsudat muqueux.* ♦ 2° Qui sécrète, produit du mucus. *Glande muqueuse.* Vx. *Membrane muqueuse* : muqueuse (II.).
II. N. f. (1855). Membrane qui tapisse les cavités de l'organisme, qui se raccorde avec la peau au niveau des orifices naturels et qui est lubrifiée par la sécrétion de mucus. V. **Épithélium**. *Muqueuse buccale, nasale. Muqueuse de l'estomac, intestinale.*

MUR [myʀ]. n. m. (980; lat. murum [murus]). ♦ 1° Ouvrage de maçonnerie qui s'élève verticalement ou obliquement

(murs de soutènement) sur une certaine longueur et qui sert à enclore, à séparer des espaces ou à supporter une poussée. *Matériaux utilisés dans la construction d'un mur* : pierre; mortier; blocage, libage, remplage. *Mur maçonné* (opposé à *mur de pierres sèches*). *Murs ossaturés* (formés de piliers, de chaînages et matériaux de remplissage). *Pièces, constructions consolidant un mur ou formant son ossature* : assise, appui, arc-boutant, contrefort, contre-mur, étai, étançon, harpe, jambe. *Mur de torchis, de pisé. Bâtir, construire, élever un mur. Fermer de murs.* V. **Emmurer, murer**. *Fruit* d'un mur. Finition extérieure d'un mur* : badigeonnage, crépi, parement, ravalement, rudération, rusticage. *Crépir, parementer, plâtrer, jointoyer un mur. Pan de mur. Sommet d'un mur* : bahut, chaperon, crête; pignon. *Surface apparente d'un mur.* V. **Parement**. *Mur à hauteur d'appui.* V. **Garde-fou, parapet; muret, murette**. Constr. *Mur rideau* : mur de façade qui ne supporte pas de plancher. *Mur porteur*, structure servant de support à la construction. — *Mur décrépi, lézardé, qui tombe en ruine.* « *Un vieux mur croulant et chargé de lierre* » (ST-EXUP.). *Murs d'appui, de soutènement* (V. **Bajoyer, épaulement, perré**). *Mur de clôture.* V. **Clôture, enceinte**. *Terrain clos de murs. Mur mitoyen.* — *Mur du combattant* (que doivent franchir les soldats à l'entraînement). ◊ *Murs d'enceinte d'une forteresse, d'une place forte, d'une ville.* V. **Courtine, fortification, muraille, rempart**. *Murs crénelés, percés de meurtrières. Par ext. Le mur de l'Atlantique*, ensemble d'ouvrages fortifiés construit par les Allemands durant la seconde guerre mondiale. — *Le mur de Berlin.* ◊ *Par ext.* LES MURS : la ville, la partie de la ville circonscrite par les murs. *Dans les murs* (V. **Intra-muros**). *Hors des murs* (V. **Extra-muros**). — *Par ext. Il est arrivé dans nos murs* : dans notre ville. ◊ *Les murs d'une maison. Murs extérieurs, gros murs* (V. **Cage**). *Murs intérieurs, de refends.* V. **Cloison**. *Murs portants.* — *Murs supportant la retombée de voûtes* (V. **Pied-droit**). — *Face intérieure des murs, des cloisons d'une habitation. Mettre des tableaux aux murs. Horaire affiché au mur.* V. **Mural**. — *Entre quatre murs* : dans une maison vide; et *aussi* en restant enfermé dans une maison (volontairement ou non). ◊ Loc. *Raser les murs*, pour se cacher, se protéger. *Sauter, faire le mur* : sortir sans permission de la caserne, et *par ext.* d'une pension. *Coller au mur.* V. **Fusiller** (Cf. Au poteau). — *Se cogner, se taper la tête contre les murs.* V. **Désespérer** (se). — *Mettre au pied du mur*, acculer à, enlever toute échappatoire. — *Les murs ont des oreilles* : on peut être surveillé, épié sans qu'on le sache (se dit *spécialt.* en parlant des espions). ♦ 2° Barrière, enceinte (qui n'est pas en maçonnerie). *Petit mur de terre. Mur de rondins.* V. **Palanque**. ♦ 3° Ce qui sépare, forme obstacle. « *Un mur de pluie me séparait du reste du monde* » (GIDE). — *Abstrait. Un mur d'incompréhension. Se heurter à un mur.* — *Cet homme est un mur*, est insensible, inflexible. ◊ « *Le 'mur d'argent' serait renversé... les deux cents familles dépouillées de leur pouvoir* » (BEAUVOIR). ♦ 4° Fig. (mil. XXe). Cour. *Le mur sonique, le mur du son* : l'ensemble des obstacles, des difficultés qui s'opposent au dépassement de la vitesse du son par un avion, une fusée. *Franchir le mur du son.* — Techn. *Mur de la chaleur* : difficultés dues à l'échauffement des parois d'avions, de fusées, aux vitesses supersoniques. ♦ 5° Sports. *Faire le mur* : former une défense compacte (rugby, etc.). ◊ HOM. **Mûr, mûre**.

MÛR, MÛRE [myʀ]. adj. (XVIIe; *meür*, XIIe; lat. *maturus*). ♦ 1° Qui a atteint son plein développement, en parlant d'un fruit, d'une graine (V. **Maturation, maturité**). *Un fruit bien mûr, trop mûr.* V. **Avancé, blet**. *Couleur de blé mûr.* — Loc. fam. *De vertes* et de pas mûres.* ♦ 2° Par anal. Se dit d'un abcès, d'un furoncle près de percer. *Abcès mûr.* ♦ 3° Fam. Très usé, près de se déchirer (tissu). *La toile mûre creva.* ♦ 4° (1547, *douleur meure). Abstrait.* Qui a atteint le développement nécessaire à sa réalisation, à sa manifestation. *Un projet mûr. La guerre, la révolution est mûre.* ◊ (Personnes) *Être mûr pour*, être préparé, prêt à. *Ce jeune homme n'est pas mûr pour les affaires. Mûr pour le mariage.* ♦ 5° *L'âge mûr*, où l'homme a atteint son plein développement. V. **Adulte**. Par ext. *L'homme mûr.* V. **Fait**. — Péj. *Qui n'est plus jeune.* « *Une demoiselle mûre, son aînée de cinq ans, extrêmement laide, mais douce* » (ZOLA). ♦ 6° *Esprit mûr*, qui a atteint tout son développement, montre de la réflexion, de la sagesse. V. **Maturité** (d'esprit). Par ext. *Adolescent très mûr pour son âge.* ♦ 7° Posé, raisonnable, réfléchi. « *Il n'est pas trop à fait assez mûr. Je ne parle pas de son âge... C'est une question de tempérament* » (SARRAUTE). — *Après mûre réflexion*, après avoir longuement réfléchi, pesé le pour et le contre. ♦ 7° (1923). V. **Ivre, soûl**. *Il est complètement mûr.* ◊ ANT. **Vert**. *Gamin, puéril.* — HOM. **Mur, mûre**.

MURAGE [myʀaʒ]. n. m. (XIIIe; de murer). Action de murer. *Murage d'une porte.*

MURAILLE [myʀaj]. n. f. (1346; de mur). ♦ 1° Étendue de murs épais et assez élevés. *Haute muraille.* — Loc. *Couleur de muraille* : grise, se confondant avec celle des murs. ◊ Spécialt. Fortification. V. **Mur, rempart**. *Enceinte de murailles.*

Murailles flanquées de tours crénelées. La Grande Muraille de Chine. ♦ 2° Ce qui s'élève comme un mur, empêche de voir ou de se déplacer ; surface verticale abrupte, escarpée. V. **Paroi.** « *La muraille blanche et sans fin de la falaise* » (MAUPASS.). ♦ 3° *Mar.* Tout ce qui constitue l'épaisseur de la coque d'un navire, depuis la flottaison jusqu'aux plats-bords. ♦ 4° *Hipp.* Partie extérieure du sabot d'un cheval.

MURAL, ALE, AUX [myʀal, o]. *adj.* *(Murail,* 1355, rare av. XVIIIe ; lat. *muralis).* ♦ 1° *Archéol.* (1690). *Couronne murale,* qui était décernée au guerrier monté le premier à l'assaut des murailles d'une place forte. ♦ 2° *Didact.* Des murs. *Plantes murales.* V. **Rupestre.** ♦ 3° *Cour.* (1846). Qui est appliqué sur un mur, comme ornement. *Peintures murales.* — Qui est fixé au mur (et ne repose pas par terre). *Pendule, étagère, bibliothèque murale. Elle « se regarda dans le grand miroir mural* » (AYMÉ).

MÛRE [myʀ]. *n. f.* *(Meure,* XIIe ; lat. *mora,* pl. neutre pris pour un fém. de *morum)*. ♦ 1° Fruit du mûrier. V. **Mûrier.** *Mûre noire, blanche.* ♦ 2° *Cour.* Fruit noir de la ronce des haies (V. **Mûron**) comestible, qui ressemble au fruit du mûrier. *Gelée de mûres. Vin de mûres.* ◇ HOM. *Mur, mûr.*

MÛREMENT [myʀmɑ̃]. *adv. (Meurement,* fin XIVe ; de *mûr).* Avec beaucoup de réflexion. *J'y ai mûrement réfléchi.* « *Il était important de peser mûrement le parti que j'avais à prendre* » (ROUSS.).

MURÈNE [myʀɛn]. *n. f.* *(Moreine,* 1268 ; lat. *muræna,* mot gr.). Poisson physostome *(Murénidés)* long et mince, ondulant dans l'eau, très vorace.

MURÉNIDÉS [myʀenide]. *n. m. pl.* (v. 1900 ; de *murène).* *Zool.* Famille de poissons téléostéens *(Physostomes apodes)* à corps allongé et cylindrique dépourvu de nageoires abdominales. *Principaux murénidés :* anguille, congre, murène.

MURER [myʀe]. *v. tr.* (fin XIIe ; de *mur).* ♦ 1° Entourer de murs. « *Enclos désert, muré d'un mur croulant* » (HUGO). ♦ 2° Fermer, clore par un mur, une maçonnerie. *Murer une porte, une issue, une galerie de mine.* V. **Aveugler, boucher, condamner.** « *Les fenêtres avaient été murées avec des briques* » (STENDHAL). ♦ 3° Enfermer dans un endroit dont on bouche les issues par une maçonnerie. *Par ext. Mineurs murés au fond :* enfermés par un éboulement. ◇ *Fig.* Enfermer, isoler. « *Une prévention instinctive qui le murait dans une sorte de silence* » (MART. du G.). ♦ 4° SE MURER : s'enfermer (en un lieu), s'isoler. V. **Cacher** (se), **cloître**r (se). « *Il se mura chez lui. Ses volets restaient clos, tout le jour* » (R. ROLLAND). ◇ *Fig. Se murer dans son silence.* V. **Renfermer** (se). « *Muré en lui-même* » (R. ROLLAND).

MURET [myʀɛ] *n. m.* ou **MURETTE** [myʀɛt]. *n. f.* (1240, -1508 ; dimin. de *mur).* Petit mur. *Spécialt.* Mur bas de pierres sèches servant de séparation.

MURETIN [myʀtɛ̃]. *n. m.* (XXe ; de *muret).* Petit mur.

MURETTE. *n. f.* V. **MURET.**

MUREX [myʀɛks]. *n. m.* (1505 ; mot lat.). Mollusque gastéropode *(Monotocardes)* à coquille épaisse, hérissée d'épines, dont les Anciens tiraient la pourpre.

MURIATE [myʀjat]. *n. m.* (1782 ; du lat. *muria* « saumure »). *Chim. Vx.* Ancien nom des chlorures.

MURIATIQUE [myʀjatik]. *adj.* (1714 ; de *muriate).* *Chim. Vx. Acide muriatique,* acide chlorhydrique.

MURIDÉS [myʀide]. *n. m. pl. (Murides,* 1834 ; du lat. *mus, muris* « souris »). *Zool.* Famille de petits rongeurs caractérisés par une queue longue couverte de poils ras, et qui vivent cachés *(ex. :* campagnol, gerbille, hamster, lemming, mulot, ondatra, rat, souris).

MÛRIER [myʀje]. *n. m. (Morier,* XIIe ; de *mûre,* 1°). ♦ 1° Arbre à fleurs monoïques *(Urticacées)* originaire d'Orient et acclimaté dans le bassin méditerranéen. *Mûrier noir,* à fruits noirs dont on fait le sirop de mûres. *Mûrier blanc,* à fruits clairs, utilisé en ébénisterie et en papeterie. *Bombyx* du mûrier.* ♦ 2° *Abusiv.* Nom donné parfois à la ronce.

MÛRIR [myʀiʀ]. *v. (Meurer,* XIIIe ; refait en *meurir* (1350), à cause de *murer ; mûrir,* XVIe ; de *meur, mûr).* I. *V. tr.* ♦ 1° Rendre mûr. « *Seul, un ensoleillement prolongé peut mûrir le raisin* » (TAILLEMAGRE). ♦ 2° *Fig.* Mener (une chose) à point en y appliquant sa réflexion. V. **Approfondir.** *Mûrir une pensée.* V. **Méditer, réfléchir** (sur). *Mûrir un projet.* V. **Mijoter, préparer.** « *Que m'importent les dons, chez qui ne sait pas les mûrir ?* » (GIDE). ♦ 3° Donner de la maturité d'esprit à. « *Car je suis un homme fait : les dégoûts m'ont mûri* » (SENANCOUR). ♦ 4° *Pop.* Se mûrir, s'enivrer. II. *V. intr.* ♦ 1° Devenir mûr, venir à maturité. *Fruit qui commence à mûrir. Les blés mûrissent.* V. **Grandir.** ♦ 2° *Méd.* Devenir mûr. *Abcès qui mûrit.* ♦ 3° *Fig.* Se développer, atteindre son plein développement. *Laisser mûrir une idée, un projet.* ♦ 4° Acquérir de la maturité d'esprit, de la sagesse. « *Les bons mûrissent. Les mauvais pourrissent* » (HUGO).
◇ ANT. *Avorter.*

MÛRISSAGE [myʀisaʒ] ou **MÛRISSEMENT** [myʀismɑ̃].

n. m. (XXe,-1587 ; de *mûrir).* Action de mûrir, de faire mûrir. V. **Maturation.** *Le mûrissement des bananes dans les entrepôts. Fig. Mûrissement d'un projet.*

MÛRISSANT, ANTE [myʀisɑ̃, ɑ̃t]. *adj.* (fin XVIIIe ; de *mûrir).* Qui devient mûr. *Fruit mûrissant.* ◇ *Fig. Personne mûrissante,* qui n'est plus jeune. « *Il aurait pardonné ces faiblesses de femme mûrissante* » (MAUROIS).

MÛRISSERIE [myʀisʀi]. *n. f.* (mil. XXe ; de *mûrir).* Lieu où les importateurs laissent mûrir certains fruits (tels que les bananes).

MURMEL [myʀmɛl]. *n. m.* (1931 ; mot all. « marmotte »). Fourrure de marmotte, généralement teinte, dont l'aspect rappelle le vison.

MURMURANT, ANTE [myʀmyʀɑ̃, ɑ̃t]. *adj.* (XVIe ; de *murmurer).* Qui murmure *(choses).* « *Mathilde écouta cette nuit murmurante du printemps au déclin* » (MAURIAC).

MURMURE [myʀmyʀ]. *n. m.* ; lat. *murmur* « grondement », onomat. ; changt. de sens en fr. à cause de la prononc. du *u* : d'abord [u], puis [y]).
I. ♦ 1° Bruit sourd, léger et continu de voix humaines .V. **Bourdonnement, chuchotement, susurrement.** *Rires et murmures d'élèves. Pas un murmure dans la salle.* V. **Marmonnement, marmottement.** ♦ 2° Commentaire fait à mi-voix par plusieurs personnes dans une circonstance particulière. *Murmure d'approbation.* « *Une valse dont les premières mesures furent accueillies par une espèce de murmure de gourmandise* » (GREEN). ♦ 3° *Absolt. (Au plur.).* Plaintes sourdes ou commentaires désobligeants de plusieurs personnes. V. **Grognement, plainte, protestation.** *Les murmures d'une foule indignée.* « *On est surpris des murmures qu'excita l'exécution de Montmorency* » (BAINVILLE). — (Au sing., en tournure négative) *Accepter une chose sans murmure,* sans hésitation ni murmure.
II. Bruit continu, léger, doux et harmonieux. *Le murmure des eaux, d'une fontaine.* « *Un peuplier, dont les feuilles agitées rendaient un perpétuel murmure* » (FRANCE). V. **Bruissement.** ◇ *Méd. Murmure respiratoire* (ou *vésiculaire)* : bruit doux perçu à l'auscultation du poumon normal, à travers la paroi thoracique, pendant toute l'inspiration et au début de l'expiration.
◇ ANT. *Hurlement, vacarme.*

MURMURER [myʀmyʀe]. *v.* (XIIe ; de *murmure).*
I. *V. intr.* (Personnes). ♦ 1° Faire entendre un murmure. V. **Bourdonner, marmotter.** *Foule qui murmure.* ♦ 2° Faire entendre une plainte, une protestation sourde. V. **Bougonner, geindre, grogner, grommeler, gronder, plaindre** (se), **protester, râler, ronchonner.** *Accepter, obéir sans murmurer.* V. **Broncher.** « *Ces Lombards murmuraient déjà contre les impôts* » (MADELIN). ♦ 3° *Littér.* Faire entendre un murmure (II). *Feuilles qui murmurent dans le vent.* V. **Bruire.**
II. *V. tr.* Dire, prononcer à mi-voix ou à voix basse. V. **Chuchoter ; marmonner, marmotter, susurrer.** « *Nous murmurions des vers que nous inspirait le spectacle de la nature* » (CHATEAUB.). — En incise : « *Maître Renault, murmura-t-il, je voudrais bien vous dire quelque chose* » (FLAUB.).
◇ ANT. *Crier.*

MÛRON [myʀɔ̃]. *n. m. (Moron,* XIVe ; de *mûre). Dial.* Fruit de la ronce, couramment appelé *mûre.*

MURRHIN, INE [myʀɛ̃, in]. *adj.* (1556 ; lat. *murrhinus).* *Antiq. Vases murrhins,* vases de murrhe (matière irisée mal connue).

MUSACÉES [myzase]. *n. f. pl.* (1839 ; lat. bot., du lat. mod. *musa). Bot.* Famille de plantes monocotylédones *(ex. :* bananier).

MUSAGÈTE [myzaʒɛt]. *adj. m.* (1552 ; lat. d'o. gr. *musagetes). Myth. Apollon musagète,* conducteur des Muses.

MUSARAIGNE [myzaʀɛɲ]. *n. f.* (XVe ; lat. pop. *musaranca,* de *mus* « rat », et *aranea* « araignée »). Petit mammifère insectivore *(Soricidés),* voisin de la souris. *Musaraigne commune.* V. **Musette** (2). *Musaraigne d'eau.*

MUSARD, ARDE [myzaʀ, aʀd(ə)]. *adj.* et *n.* (1086 ; de *muser).* *Fam.* Qui passe son temps à muser. V. **Flâneur, oisif.**

MUSARDER [myzaʀde]. *v. intr.* (v. fin XIIe, repris 1834 ; de *musard).* Perdre son temps à des riens. V. **Muser, flâner, lanterner.** « *Allons, Pierre, dépêche-toi, sacrebleu ! Ce n'est pas le jour de musarder* » (MAUPASS.).

MUSARDISE [myzaʀdiz] ou *(vx)* **MUSARDERIE** [myzaʀdəʀi]. *n. f.* (1834,-1546 ; *musardie,* XIIIe ; de *musard).* Caractère, comportement du musard ; action de muser. V. **Flânerie.**

MUSC [mysk]. *n. m.* (XIIIe ; bas lat. *muscus).* Substance brune très odorante, à consistance de miel, sécrétée par les glandes abdominales d'un cervidé mâle voisin du chevrotin. *Grains de musc séché.* — Parfum préparé à partir du musc, ou synthétique. *Les dandys se parfumaient au musc.* V. **Muscadin, musqué.**

MUSCADE [myskad]. *adj.* et *n. f.* (XIIe ; a. prov. *muscada ;* de *musc).* ♦ 1° *Noix muscade,* et subst. (XVIe) *Muscade,* graine du fruit du muscadier, ovoïde, brune, ridée, d'odeur

aromatique, employée comme épice. *Râper une muscade.*
Gratin à la muscade. ♦ 2° *Par anal.* (de parfum). *Rose mus-*
cade, variété de rose rouge. ♦ 3° *N. f.* Petite boule de liège
utilisée par les escamoteurs dans leurs tours de passe-passe.
— Loc. fig. *Passez muscade,* se dit d'une chose qui passe
rapidement ou que l'on fait disparaître avec adresse, aisance
ou désinvolture (Cf. Le tour est joué).

MUSCADET [myskadɛ]. *n. m.* (1415, « vin muscat » ;
mot prov.). Cépage blanc des vignobles nantais. — *Cour.*
Vin blanc sec obtenu avec ce cépage.

MUSCADIER [myskadje]. *n. m.* (1701 ; de *muscade*).
Arbre exotique des régions tropicales, à feuilles persistantes
(Myristicacées), qui produit un fruit dont la graine est la
muscade.

MUSCADIN [myskadɛ̃]. *n. m.* (1578, « pastille parfumée
au musc » ; 1747, n. pr. ; it. *moscardino.* V. Musc). *Vx* (1790).
Jeune fat, d'une coquetterie ridicule dans sa mise et ses
manières. V. **Élégant, incroyable, muguet** (2°). ◇ *Spécialt.*
Nom donné, sous la Révolution, aux royalistes qui se distinguaient par leur élégance recherchée.

MUSCADINE [myskadin]. *n. f.* (xxᵉ ; de *muscade* 1°).
Chocolat fin fourré qui imite l'aspect de la noix muscade.

MUSCARDIN [myskaʀdɛ̃]. *n. m.* (1753 ; it. *moscardino,*
par allus. à l'odeur musquée qu'on attribuait autrefois à cet
animal). Petit mammifère rongeur de la taille d'une souris,
variété de loir roux à gorge et poitrine blanches.

MUSCARDINE [myskaʀdin]. *n. f.* (1827 ; it. *moscardino).*
Maladie mortelle des vers à soie, due à un champignon parasite, le botrytis.

MUSCARI [myskaʀi]. *n. m.* (1755 ; lat. bot. ; rad. *muscus*
« musc »). Plante *(Liliacées)* d'Europe et d'Asie Mineure, à
fleurs bleues ou rouge violacé disposées en grappes, et très
parfumées. *Muscari chevelu. Muscari odorant,* dit *jacinthe
musquée.*

MUSCARINE [myskaʀin]. *n. f.* (1877 ; de *muscaria (ama-
nita)* « amanite tue-mouche », d'où est extrait ce poison ; rad.
musca « mouche »). Alcaloïde toxique de certains champignons vénéneux (fausse oronge, amanite panthère, bolet
bronzé), antagoniste de l'atropine.

MUSCAT [myska]. *adj. et n. m.* (1371 ; mot prov. ; de
musc). ♦ 1° *Raisin muscat,* à odeur musquée. — (Au fém.)
« *La treille muscate* » (COLETTE). — N. m. *Une grappe de
muscat. Muscat blanc, noir.* ♦ 2° *Vin muscat,* vin de liqueur,
produit avec des raisins muscats. — N. m. *Un verre de muscat.*
V. **Frontignan, lacryma-christi, malaga, picardan.**

MUSCIDÉS [myside]. *n. m. pl.* (1827 ; du lat. *musca*
« mouche »). *Zool.* Famille d'insectes diptères à antennes
courtes *(Brachycères),* communément appelés « mouches »
(*ex.* : glossine, idie, lucilie, mouche commune, tachine).

MUSCINÉES [mysine]. *n. f. pl.* (1855 ; du lat. *muscus).*
Bot. Embranchement du règne végétal (V. **Bryophytes**), qui
comprend les deux classes de cryptogames cellulaires ayant
tiges et feuilles, mais dépourvues de racines et de fleurs :
les hépatiques* et les mousses*.

MUSCLE [myskl(ə)]. *n. m.* (1314 ; lat. *musculus* « petit
rat ». V. **Moule** 2). ♦ 1° *Anat.* et *cour.* Structure organique
contractile qui assure les mouvements. V. **Motricité.** *Relatif
aux muscles.* V. **Musculeux, musculaire;** et le préf. **Myo-,
sarco-.** *Le muscle est fait de cellules en fibres formées d'un
protoplasme* (sarcoplasme) *parsemé de fibrilles divisées en
segments contractiles et élastiques alternés. Muscles striés,
volontaires. Muscles lisses, viscéraux, formés de fibres très
courtes juxtaposées et innervés par le système végétatif. Propriétés des muscles :* contractilité, élasticité, excitabilité, tonicité. *Corps, ventre, points d'insertion d'un muscle.* V. **Tendon.**
Enveloppe des muscles. V. **Aponévrose, fascia.** *Muscle cardiaque.* V. **Myocarde.** ♦ 2° *Spécialt. Cour.* Muscles apparents
sous la peau. V. **Musculature.** *Contracter, gonfler un muscle.
Développer ses muscles par l'exercice.* « *Au moindre mouvement qu'il faisait, on voyait tous ses muscles* » (FÉN.). « *Elle
avait des muscles d'acier, dans sa souplesse de chatte* » (ZOLA).
Se claquer, se froisser un muscle. — Absolt. *Avoir des muscles,*
et (fam.) *du muscle :* être fort, robuste. V. **Musclé.** *Être tout
en muscles,* sans graisse. *Il n'a pas de muscles, ce garçon !*

MUSCLÉ, ÉE [myskle]. *adj.* (1553 ; rare av. xviiiᵉ ; de
muscle). Qui est pourvu de muscles (striés) marqués et puissants. V. **Fort.** *Jambes musclées.* Fig. et fam. Énergique, fort,
robuste. « *Une pièce* (de théâtre) *solide et bien musclée* »
(R. KEMP). — Iron. (1968). *Appariteurs musclés :* policiers en
civil recrutés pour assurer un service d'ordre dans les facultés.
◇ *Arg. scol.* Difficile. *Problème musclé.*

MUSCLER [myskle]. *v. tr.* (1771, rare av. 1868 ; de *muscle*).
Pourvoir de muscles développés, puissants. *Exercices pour
muscler le ventre.* « *Cette gymnastique me musclait* » (J. PRÉ-
VOST).

MUSCULAIRE [myskylɛʀ]. *adj.* (fin xviiᵉ ; du lat. *mus-
culus*). Relatif aux muscles, à leur structure, à leur activité.
Système musculaire : la musculature. *Fibres musculaires.
Tissu musculaire. Force musculaire.*

MUSCULATION [myskylɑsjɔ̃]. *n. f.* (1866 ; répandu
mil. xxᵉ en sports ; lat. *musculus*). Ensemble d'exercices
destinés à muscler. *Musculation d'un organe, musculation
générale du corps. Travail, exercices de musculation en vue
d'une compétition.*

MUSCULATURE [myskylatyʀ]. *n. f.* (1833, T. d'arts ;
du lat. *musculus*). Ensemble et disposition des muscles d'un
organisme ou d'un organe. *Musculature de l'homme.* « *La
musculature du redoutable athlète intimidant les gens* » (GON-
COURT).

MUSCULEUX, EUSE [myskylø, øz]. *adj.* (1314 ; lat.
musculosus, de *musculus*). ♦ 1° *Anat.* Qui est de la nature
des muscles. *Brides musculeuses du côlon.* ♦ 2° *Mod.* Qui
a des muscles développés, forts. V. **Musclé.** « *Que ses bras
sont musculeux !* » (LAUTRÉAMONT). ♦ 3° *N. f. Physiol.*
Couche de fibres musculaires de la paroi d'un organe creux,
d'un conduit naturel.

MUSE [myz]. *n. f.* (xiiiᵉ ; lat. *musa,* gr. *moûsa*). ♦ 1° *Myth.*
Chacune des neuf déesses qui, dans la mythologie antique,
présidaient aux arts libéraux. *Les neuf muses :* Clio (histoire),
Calliope (éloquence, poésie héroïque), *Melpomène* (tragédie),
Thalie (comédie), *Euterpe* (musique), *Terpsichore* (danse),
Érato (élégie), *Polymnie* (lyrisme), *Uranie* (astronomie).
Apollon et les Muses. V. **Musagète.** — *Spécialt.* Muse qui
inspire le poète. Vx. *Courtiser les Muses,* s'essayer à la
poésie. ♦ 2° *Fig. Les Muses* (vx), *la Muse :* la poésie. « *Jeune,
je cultivais les Muses* » (CHATEAUB.). Genre poétique. *La
muse épique des anciens.* V. **Inspiration.** L'inspiration poétique,
souvent évoquée sous les traits d'une femme. « *J'allais sous
le ciel, Muse ! et j'étais ton féal* » (RIMBAUD). ♦ 4° *Vx* ou
plaisant. Inspiratrice d'un poète, d'un écrivain.

MUSEAU [myzo]. *n. m.* (*Musel,* 1200 ; de l'a. fr. °*mus ;*
lat pop. *musum,* o. i.). ♦ 1° Partie antérieure de la face de
certains animaux (Mammifères ; poissons) lorsqu'elle fait
saillie en avant (Ne se dit pas du cheval). *Partie antérieure du
museau des ruminants* (V. **Mufle**), *du porc* (V. **Groin**), *du chien*
(V. **Truffe**). *Museau de brochet, de requin.* — Anat. *Museau
de tanche :* partie du col utérin qui fait saillie dans le vagin.
◇ *Museau de bœuf, de porc,* préparation de mufle, de joues,
de lèvres et de menton de ces animaux. *Museau à la vinaigrette.*
♦ 2° *Fam.* Visage. Figure. *Affreux, vilain museau.* « *Ces jolis
museaux si fins, si éveillés, si espiègles* » (GAUTIER). V. **Minois.**
Pop. *Fricassée de museaux,* embrassade.

MUSÉE [myze]. *n. m.* (xiiiᵉ, « temple des Muses » ; lat.
museum, gr. *mouseîon*). ♦ 1° (1732, *muséon, museum*). Hist.
Le musée d'Alexandrie, centre d'études scientifiques créé par
les Ptolémées. — Par anal. *Vx* (1762) Lieu destiné à l'étude
des Beaux-Arts, des Sciences et des Lettres. — (1771) Cabinet
d'homme de lettres. ♦ 2° (1765 ; *museum,* 1746). Mod.
Établissement dans lequel sont rassemblées et classées des
collections d'objets présentant un intérêt historique, technique, scientifique, artistique, en vue de leur conservation et
de leur présentation au public. V. **Cabinet, collection; muséographie, muséologie.** *Musée de peinture* (V. **Pinacothèque**),
de sculpture. Le musée des Arts et Métiers (V. **Conservatoire**).
Musée d'histoire naturelle (V. **Muséum**). — *Spécialt.* Musée
d'art. *Musée du Louvre. Expositions d'un musée. Conservateur, gardien de musée.* « *Ce qui entend le plus de bêtises dans
le monde est peut-être un tableau de musée* » (GONCOURT).
Par ext. Objet, pièce de musée : digne d'être présenté dans
un musée. ♦ 3° Lieu rempli d'objets rares, précieux, beaux.
Son appartement est un véritable musée. Par appos. « *New
York n'est pas une ville-musée* » (SARTRE). ◇ *Par ext.* Collection, réunion de choses du même genre. « *Un musée d'inepties* » (FRANCE). Loc. fam. *Musée des horreurs :* réunion de
choses très laides. ◇ HOM. **Muser.**

MUSELER [myzle]. *v. tr. ;* conjug. *appeler* (1372 ; de
museau). ♦ 1° Empêcher (un animal) d'ouvrir la gueule,
de mordre en lui emprisonnant le museau. V. **Muselière.**
Museler un chien. — Au p. p. *Taureau muselé.* ♦ 2° *Fig.*
Empêcher de parler, de s'exprimer ; réduire au silence. V.
Bâillonner, enchaîner, garrotter, taire (faire). *Museler l'opposition. Museler la presse par la censure. Museler les passions.*

MUSELET [myzlɛ]. *n. m.* (fin xixᵉ ; de *museau*). Armature
de fils métalliques qui maintient le bouchon des bouteilles
de vin mousseux, de champagne.

MUSELIÈRE [myzəljɛʀ]. *n. f.* (xiiiᵉ ; de *museau*). Appareil
servant à museler certains animaux en leur entourant le
museau. *Mettre une muselière à un chien.* « *Avec des morceaux
de ficelle... il confectionna fort vite une solide muselière* »
(PERGAUD).

MUSELLEMENT [myzɛlmɑ̃]. *n. m.* (1868 ; de *museler*).
Action de museler. *Musellement d'un chien.* — Fig. *Le musellement de l'opposition.*

MUSÉOGRAPHIE [myzeɔgrafi]. *n. f.* (1842 ; de *musée,*
et -*graphie*). *Didact.* Description, histoire des musées ; étude
des collections. (*Adj.* MUSÉOGRAPHIQUE).

MUSÉOLOGIE [myzeɔlɔʒi]. *n. f.* (mil. xxᵉ ; de *musée,*
et -*logie*). Sciences, techniques qui concourent à la conserva-

tion, au classement, à la présentation d'œuvres, d'objets dans les musées.

1. **MUSER** [myze]. *v. intr.* (XIIᵉ, « rester le museau en l'air » ; même rad. que *museau*. V. Amuser).
I. *Vieilli* ou *littér.* Perdre son temps à des bagatelles, à des riens. V. Attarder (s'), flâner, musarder, traîner. « *J'aime à muser... toute la journée sans ordre et sans suite* » (ROUSS.).
II. *Vén.* Se dit du cerf qui entre en rut.
◇ HOM. *Musée.*

2. **MUSER** [myze]. *v. intr.* (date incert. ; de l'a. fr. *muse*, « musette » [1]). *Région.* (Belgique). Faire un bruit sourd à bouche fermée (chahut, protestation).

MUSEROLLE [myzʀɔl]. *n. f.* (1593 ; it. *museruola*, de *muso* « museau »). Pièce de harnais, partie de la bride qui se place sur le chanfrein.

1. **MUSETTE** [myzɛt]. *n. f.* et *m.* (XIIIᵉ ; de l'a. fr. *muse*, même sens, de *muser*. V. Cornemuse).
I. ♦ 1º *Ancienn.* Instrument de musique à vent, sorte de cornemuse alimentée par un soufflet. V. Loure. *Le sac, le soufflet, les chalumeaux d'une musette.* « *Jouez, hautbois, résonnez, musettes* » (Cantique de Noël). ◇ *Hist. mus.* Air, danse du XVIIIᵉ s. de caractère naïf et doux. ♦ 2º Par appos. BAL-MUSETTE (d'abord « bal champêtre où l'on danse au son de la cornemuse, de la musette ») : bal populaire où l'on danse, généralement au son de l'accordéon, la java, la valse, le fox-trot dans un style particulier. « *Des bals-musettes* » (DUHAM.). *Orchestre musette. Valse musette.* ◇ N. m. *Le musette :* le genre de musique que jouent les orchestres musettes. — *Bal musette.* ◇ « *Ils allèrent dans un musette boire un dernier verre* » (QUENEAU).
II. (1867). *N. f.* Sac de toile, qui se porte souvent en bandoulière. « *Quand vous cherchez dans vos musettes Votre gamelle ou votre quart* » (ARAGON). *Musette mangeoire pour les chevaux.* — Loc. fig. et fam. *Qui n'est pas dans une musette :* qui n'est pas petit, ne compte pas pour rien. « *Ils vouaient à nos grands chefs une de ces admirations qui n'était pas dans une musette* » (CÉLINE).

2. **MUSETTE** [myzɛt]. *n. f.* (1846 ; même rad. que *musaraigne*). *Région.* Musaraigne commune.

MUSÉUM [myzeɔm]. *n. m.* (1746, « musée de peinture » ; lat. *museum.* V. Musée). *Mod.* (fin XVIIIᵉ). Musée consacré aux sciences naturelles. Absolt. *Le Muséum,* le Muséum d'histoire naturelle de Paris (appelé avant 1793 « Jardin des Plantes »).

MUSICAL, ALE, AUX [myzikal, o]. *adj.* (1380 ; de *musique*). ♦ 1º Qui est propre, appartient à la musique. *Son musical. Notation musicale. Études musicales.* « *Swann tenait les motifs musicaux pour de véritables idées* » (PROUST). ◇ Où il y a de la musique ; qui concerne la musique. *Soirée musicale.* V. Concert, récital. *Comédie musicale. La critique musicale.* ♦ 2º Qui a les caractères de la musique. *Voix très musicale.* V. Doux, harmonieux, mélodieux. *Son plus ou moins musical d'un récepteur radiophonique.* V. Musicalité.

MUSICALEMENT [myzikalmɑ̃]. *adv.* (1380 ; de *musical*). ♦ 1º Conformément aux règles de la musique. — En ce qui concerne la musique. *Être doué musicalement.* ♦ 2º D'une manière harmonieuse.

MUSICALITÉ [myzikalite]. *n. f.* (1845 ; de *musical*). Qualité de ce qui est musical. *Musicalité d'un récepteur radiophonique. Musicalité d'une phrase, d'un vers.*

MUSIC-HALL [myzikol]. *n. m.* (1862 ; mot angl. « salle de musique »). Établissement qui présente un spectacle de variétés. *Chanteuse de music-hall. Numéros d'un spectacle de music-hall.* ◇ Genre de spectacle présenté par cet établissement. *Aimer le music-hall.*

MUSICIEN, IENNE [myzisjɛ̃, jɛn]. *n.,* et *adj* (XIVᵉ ; de *musique*). ♦ 1º Personne qui connaît l'art de la musique ; est capable d'apprécier la musique. Adj. « *Elle était assez musicienne* » (R. ROLLAND). ♦ 2º Personne dont la profession est de faire (composer, jouer) de la musique. V. Artiste, compositeur, exécutant, interprète ; chanteur, chef (d'orchestre, de chœurs), instrumentiste, maître (de chapelle). ◇ *Spécialt.* Compositeur. *Les grands musiciens.* — Instrumentiste. *Musicien qui joue d'un instrument.* V. Joueur (de). *Musicien qui joue seul* (V. Soliste), *qui accompagne* (V. Accompagnateur), *joue dans un orchestre* (V. Concertiste, exécutant). *Musiciens ambulants d'autrefois.* V. Jongleur, ménestrel, ménétrier, troubadour, trouvère. *Musicien de jazz* (angl. *jazzman*). *Jeu, technique d'un musicien. Excellent musicien.* V. Virtuose. ♦ 3º *Fig.* « *Racine, parfait musicien du vers* » (HENRIOT).

MUSICO-. Élément de mots savants relatifs à la musique.

MUSICOGRAPHE [myzikɔɡʀaf]. *n.* (1850 ; « instrument pour écrire la musique », 1846 ; de *musico-,* et *-graphe*). *Didact.* Auteur qui écrit sur la musique, l'histoire de la musique et des musiciens.

MUSICOGRAPHIE [myzikɔɡʀafi]. *n. f.* (1923 ; de *musico-*, et *-graphie*). *Didact.* Art d'écrire sur la musique. Description des œuvres musicales.

MUSICOLOGIE [myzikɔlɔʒi]. *n. f.* (déb. XXᵉ ; de *musico-,* et *-logie*). Science de la théorie, de l'esthétique et de l'histoire de la musique. *Institut de musicologie.*

MUSICOLOGUE [myzikɔlɔɡ]. *n.* (1889 ; de *musico-,* et *-logue*). Spécialiste de la musicologie. *Un éminent musicologue.*

MUSIQUE [myzik]. *n. f.* (v. 1130 ; lat. *musica,* gr. *mousikê* « art des Muses »).
I. ♦ 1º Art de combiner des sons d'après des règles (variables selon les lieux et les époques), d'organiser une durée avec des éléments sonores ; productions de cet art (sons ou œuvres). *La musique « impuissante à exprimer quoi que ce soit »* institue « *un ordre entre l'homme et le temps* » (d'après Stravinsky). « *Si la musique nous est si chère, c'est qu'elle est la parole la plus profonde de l'âme* » (R. ROLLAND). — Loc. prov. *La musique adoucit les mœurs.* — *Aimer la musique.* V. Mélomane. *Musique vocale* (V. Chant, voix). *Musique instrumentale. Textes mis en musique. Grands genres de musique (occidentale).* V. Contrepoint, mélodie ; harmonie ; homophonie, monodie, polyphonie. *Musique tonale, atonale, polytonale.* V. Ton. *Musique modale.* V. Mode. *Musique sérielle, dodécaphonique.* V. Série. — *Musique concrète,* à base de sons naturels, musicaux ou non (bruits). — *Formes principales de la musique.* V. Antienne, aria, ariette, arioso, ballade, ballet, canon, cantate, chaconne, chanson, chœur, choral, concerto, divertissement, étude, fantaisie, fugue, impromptu, intermède, lied, madrigal, mélodie, menuet, messe, motet, opéra, opérette, oratorio, passacaille, poème (symphonique), prélude, psaume, quatuor, rapsodie, requiem, romance, rondo, scherzo, sérénade, sonate, sonatine, suite, symphonie, toccata, trio, variation. *Musique pour piano, pour piano et violon.* — *Musique de chambre :* Ancienn. Musique vocale ou instrumentale exécutée dans la chambre des princes ; Mod. Musique pour un petit nombre de musiciens (V. Octuor, quatuor, quintette, septuor, sextuor, sonate, trio). *Musique d'orchestre, orchestrale, symphonique.* V. Orchestre. — *Musique sacrée, spirituelle. Musique de danse, de ballet. Musique de théâtre, de scène.* V. Lyrique (drame, théâtre lyrique), opéra, opéra-comique, opérette. *Musique de film.* — *Musique de cirque, de foire, de bal. Musique de marche, musique militaire.* — *Musique classique, sérieuse. Musique légère, populaire. Musique de jazz* (V. Jazz). *Musique classique*, romantique, moderne. Musique exotique, folklorique, populaire.* — *Étudier la musique.* V. Solfège. *Professeur de musique. École, conservatoire de musique. Société de musique.* V. Orphéon, philharmonique (société). — *Écrire, composer, faire de la musique.* V. Composition ; arrangement, harmonisation, improvisation, instrumentation, orchestration, transcription, transposition. *Œuvre de musique.* V. Morceau, page, pièce, opus. *Interpréter, jouer, faire de la musique* (chanter, jouer) ; déchiffrer). — *Entendre, écouter de la musique.* V. Audition ; concert, festival, récital. ◇ Loc. *Boîte* à musique.* — *Musique enregistrée* (disques). *Dîner, travailler en musique,* en écoutant de la musique. ♦ 2º *Musique écrite,* œuvre musicale écrite. *Marchand de musique. Savoir lire la musique. Jouer sans musique.* V. Partition. *Papier à musique,* sur lequel sont imprimées les portées. Fig. *Être réglé comme du papier à musique,* avoir des habitudes très régulières ; être organisé, prévu dans tous ses détails *(choses).* ♦ 3º Réunion de musiciens qui ont coutume de jouer ensemble (*vx* au sens général). V. Orchestre. *La musique de la chambre, de la chapelle du roi.* — Mod. *Musique militaire, musique d'un régiment.* V. Clique, fanfare, nouba. *Chef de musique. Régiment qui marche musique en tête.* Fam. *En avant la musique ! Allons-y !* ♦ 4º *Vx.* Concert. « *Il y a des musiques tous les soirs* » (SÉV.). ◇ *Fig.* et fam. En parlant des cris, des discours. *C'est toujours la même musique.* V. Chanson, histoire. *Changer de musique,* parler d'autre chose. V. Disque, refrain. ◇ *Fam.* (1880) *Connaître la musique,* savoir de quoi il retourne, savoir comment s'y prendre.
II. *Par anal.* ♦ 1º Suite, ensemble de sons rappelant la musique. V. Bruit, harmonie, mélodie, murmure. *La musique des oiseaux, des cigales.* V. Chanson. ♦ 2º Harmonie. *Musique d'une langue. La musique d'un poème.* « *De la musique avant toute chose* » (VERLAINE).

MUSIQUER [myzike]. *v.* (XVIᵉ ; de *musique*). *Vx.* ♦ 1º V. *tr.* Mettre en musique. *Musiquer des vers.* ♦ 2º V. *intr.* Jouer de la musique. « *Nous musiquâmes tout le jour au clavecin du prince* » (ROUSS.).

MUSIQUETTE [myzikɛt]. *n. f.* (1875 ; dimin. de *musique*). Musique facile, sans valeur artistique. *Il n'aime que la musiquette.*

MUSOIR [myzwaʀ]. *n. m.* (1757 ; de *museau*). Pointe extrême d'une digue, d'une jetée ou d'un môle. — Tête d'une écluse.

MUSQUÉ, ÉE [myske]. *adj.* (1425 ; p. p. de *musquer* « parfumer au musc »). ♦ 1º Parfumé au musc. ♦ 2º (Dans des loc.). Dont l'odeur rappelle celle du musc. *Rat musqué.* V. Ondatra. *Bœuf musqué.* V. Ovibos. ◇ *Vieilli.* Dont la saveur rappelle celle du musc. *Raisin musqué.* V. Muscat.

♦ 3º *Fig.* et *vx.* Affecté, recherché. « *Mon premier langage était scintillant et musqué* » (VIGNY).

MUSSER [myse]. *v. tr.* et *pron.* (XIIᵉ; var. *mucer*; lat. pop. *°muciare*). *Vx* ou *dial.* Cacher. V. **Mucher.** « *Tasie mussait sa tête au creux de son bras replié* » (GENEVOIX).

MUSSIF [mysif]. *adj. m.* (1811; a. fr. *music,* lat. [*aurum*] *musivum* « or mosaïque »). *Techn. Or mussif,* bisulfure d'étain, d'une belle couleur jaune doré, utilisé pour bronzer les statuettes de plâtre.

MUSSITATION [mysitasjɔ̃]. *n. f.* (1827; lat. *mussitatio,* de *mussitare* « parler à voix basse »). *Méd.* Mouvement des lèvres sans émission d'aucun son, symptôme de troubles cérébraux.

MUSTANG [mystɑ̃g]. *n. m.* (1868; a. esp. *mestengo* « sans maître »). Cheval à demi sauvage des pampas d'Amérique.

MUSTÉLIDÉS [mystelide]. *n. m. pl.* (*Mustélins,* 1827; lat. *mustella* « belette »). *Zool.* Famille de mammifères carnivores, de petite taille, bas sur pattes, au corps étroit et allongé, et à belle fourrure, généralement sanguinaires et nocturnes (belette, blaireau, fouine, furet, hermine, loutre, martre, moufflette, putois, ratel, vison, zibeline).

MUSULMAN, ANE [myzylmɑ̃, an]. *adj.* et *n.* (XVIᵉ; arabe *moslem* « fidèle, croyant »).
I. *Adj.* ♦ 1º Qui professe la religion de Mahomet. V. **Mahométan** *(vx). Arabes, Indiens musulmans. Le monde musulman.* V. **Islam.** *Pèlerin musulman, qui revient de La Mecque* (Hadj). ♦ 2º Qui est propre à l'Islam, relatif ou conforme à sa loi, à ses rites; qui appartient à la communauté islamique. V. **Islamique.** *Dogme musulman.* V. **Coran, sunna.** *Calendrier musulman.* V. **Hégire.** *Dignitaires, fonctionnaires musulmans :* ag(h)a, cadi, calife, chérif, iman, mollah, muezzin, mufti, pacha, sultan, uléma, vizir. *Écoles musulmanes :* médersa, zaouïa. — *Le croissant musulman. L'art musulman.*
II. *N.* Adepte de l'Islam. V. **Mahométan, sarrasin** *(vx). Allah, Dieu des musulmans.* — (Hist.) *Musulman d'Espagne.* V. **Mudéjar.**

MUTABILITÉ [mytabilite]. *n. f.* (1170; lat. *mutabilitas). Littér.* Caractère de ce qui est sujet au changement. « *La mutabilité des choses de la vie* » (SENANCOUR). *Sc.* État d'une forme vivante qui subit une mutation. ◊ ANT. *Immutabilité.*

MUTABLE [mytabl(ə)]. *adj.* (1842; lat. *mutabilis). Sc.* Qui est sujet au changement. *Gène mutable.* Susceptible de mutabilité. V. **Labile.**

MUTAGE [mytaʒ]. *n. m.* (1842; de *muter* 1). *Techn.* Action de muter (un moût). *Le mutage a pour but de conserver au moût une partie de son sucre. Mutage à l'alcool.* V. **Mistelle.**

MUTAGÈNE [mytaʒɛn]. *adj.* (XXᵉ; de *mutation,* et -*gène). Biol.* Capable de provoquer des mutations. *Agent mutagène. Radiations mutagènes.* — Subst. *Un mutagène.* — Recomm. offic. **MUTOGÈNE** [mytɔʒɛn].

MUTAGÉNÈSE [mytaʒenɛz]. *n. f.* (XXᵉ; de *mutation,* et -*génèse). Biol.* Production de mutation due à l'action d'agents physiques ou chimiques.

MUTANT, ANTE [mytɑ̃, ɑ̃t]. *adj.* et *n.* (1909; all. ou angl. *mutant.* V. **Mutation**). *Biol.* Qui dérive par mutation. *Gène, caractère, type mutant.* « *Dès lors que la nouvelle espèce naît dans un seul individu mutant* » (J. ROSTAND). *N. Un mutant,* descendant d'une lignée chez lequel apparaît une mutation.

MUTATION [mytasjɔ̃]. *n. f.* (XIIᵉ; lat. *mutatio).* ♦ 1º *Didact.* Changement. « *Nos actions sont en perpétuelle mutation* » (MONTAIGNE). « *Les mutations rapides de la mer* » (VALÉRY). *Les alchimistes espéraient obtenir la mutation des métaux en or.* V. **Conversion, transmutation.** ♦ 2º *Cour.* Affectation d'un fonctionnaire à un autre poste ou à un autre emploi, d'un athlète à un autre club, etc. *Mutation d'office, sur demande, pour raison de service.* ♦ 3º *Dr. civ.* Changement opéré dans le droit de propriété d'un bien ou dans la possession d'un droit. — *Dr. fisc.* a) Transmission d'un droit de propriété ou d'usufruit d'une personne à une autre. *Droits de mutation. Mutation par décès.* V. **Succession.** b) Mise à jour des matrices cadastrales (changements de revenus des contribuables). — *Dr. mar. Mutation en douane,* transfert de la propriété d'un navire. ♦ 4º *Mus. Jeux de mutation,* jeux d'orgue dont chaque note comporte plusieurs tuyaux de différentes longueurs qui émettent les harmoniques. ♦ 5º *Biol.* (1884; en all. de Vries). Modification brusque, et permanente de caractères héréditaires, par changement « *dans le nombre ou dans la qualité des gènes* » (J. ROSTAND). *Mutation et hérédité* (V. **Génétique**). *Mutations naturelles ou provoquées* (par irradiation, etc.). V. **Mutagénèse.**

MUTATIONNISME [mytasjɔnism(ə)]. *n. m.* (XXᵉ; de *mutation). Sc.* Théorie biologique, d'après laquelle l'évolution est un phénomène discontinu provoqué par des mutations (*opposé à* darwinisme).

MUTATIONNISTE [mytasjɔnist(ə)]. *adj.* (XXᵉ; de *mutation). Sc.* Qui a rapport au mutationnisme. *Subst.* Partisan du mutationnisme.

1. MUTER [myte]. *v. tr.* (1801; var. *muetter*; p.-ê. de *muet).* Techn. *Muter un moût de raisin :* en arrêter la fermentation alcoolique par addition d'alcool ou d'anhydride sulfureux. V. **Soufrer.** *Vin muté.*

2. MUTER [myte]. *v. tr.* (1874, au p. p.; lat. *mutare).* Affecter à un autre poste, à un autre emploi. *Muter un fonctionnaire par mesure de sanction* (V. **Déplacer**; *mutation*).

MUTILANT, ANTE [mytilɑ̃, ɑ̃t]. *adj.* (1845; de *mutiler*). Qui mutile, qui peut produire une mutilation. *Gangrène, plaie mutilante.*

MUTILATEUR, TRICE [mytilatœr, tris]. *n.* (1512; de *mutiler*). *Littér.* Personne qui mutile (au pr. et au fig.). Adj. *Couteau mutilateur.*

MUTILATION [mytilasjɔ̃]. *n. f.* (1245; lat. *mutilatio).* ♦ 1º Perte accidentelle ou ablation d'un membre, d'une partie du corps. *Mutilation ethnique* (excision du clitoris de la femme; perforation des lèvres, du nez, pour y attacher des anneaux). « *Il a fallu... amputer le membre. C'est une mutilation très pénible* » (DUHAM.). *Mutilation spontanée* (autotomie) *du lézard en danger* (qui se coupe la queue). ♦ 2º Dégradation. *Mutilation de statues, de tableaux.* « *La mutilation périodique de ces beaux arbres* » (STENDHAL). ♦ 3º Coupure, altération, perte d'un fragment de texte. « *J'ai vu les mutilations qu'il* (Senancour) *va faire à Oberman* » (STE-BEUVE).

MUTILÉ, ÉE [mytile]. *n.* (1834; p. p. subst. de *mutiler*). Personne qui a subi une mutilation, généralement par fait de guerre ou par accident. V. **Amputé.** *Mutilé de guerre.* V. **Blessé, infirme, invalide.** *Office national des mutilés et réformés. Pension de mutilé à 100 %. Les mutilés de la face* (gueules cassées). *Mutilé du travail,* qui a été victime d'un accident du travail (infirme civil). *Les grands mutilés* (abusiv.).

MUTILER [mytile]. *v. tr.* (1334; lat. *mutilare*). ♦ 1º Priver (un être humain, un animal) de son intégrité physique par une mutilation, une grave blessure (*rare,* sauf au pass. et p. p.). V. **Blesser, couper, écharper, estropier.** *Il a été mutilé du bras droit, des deux jambes à la dernière guerre.* — Pronom. *Se mutiler volontairement pour échapper à l'incorporation.* ♦ 2º Détériorer, endommager. V. **Dégrader.** *Mutiler un arbre.* — Au p. p. « *Cet ancien Versailles mutilé et approprié à d'autres usages* » (TAINE). ♦ 3º Altérer (un texte, un ouvrage littéraire) en retranchant quelque partie essentielle. V. **Diminuer, tronquer.** ♦ 4º Fig. et littér. *Mutiler la vérité.* V. **Altérer, déformer.**

MUTIN, INE [mytɛ̃, in]. *adj.* et *n.* (XIVᵉ; de *meute* « émeute »).
I. ♦ 1º *Vx.* Qui n'a pas le sens de la discipline, qui est porté à la révolte. V. **Désobéissant, insoumis.** « *Un enfant impérieux et mutin* » (ROUSS.). ♦ 2º *N. Mod.* Personne qui se révolte avec violence. V. **Factieux, mutiné, rebelle, révolté.**
II. (XVIIIᵉ). Qui est d'humeur taquine, qui aime à plaisanter. V. **Badin, gai.** *Fillette mutine.* ◊ Par ext. *Un petit air mutin.* V. **Éveillé, gamin.** *Ton mutin.* V. **Vif.** « *Le minois le plus adorablement mutin qu'on puisse imaginer* » (GAUTIER).
◊ ANT. *Docile. Morose, sérieux, triste.*

MUTINÉ, ÉE [mytine]. *adj.* et *n.* (1577, n.; de *se mutiner*). Révolté par une mutinerie. V. **Mutin.** *Les marins mutinés, les mutinés du cuirassé Potemkine.*

MUTINER (SE) [mytine]. *v.* (XIVᵉ; de *mutin,* I). Se dresser contre une autorité, se porter à la révolte avec violence. V. **Rebeller (se), révolter (se).** *Prisonniers qui se mutinent contre leurs gardiens.* V. **Mutin, mutiné.**

MUTINERIE [mytinri]. *n. f.* (1332; de *mutin*).
I. (De *mutin,* I). Action de se mutiner; son résultat. V. **Insurrection, révolte, sédition.** *Mutinerie de troupes.* « *Peu s'en fallut qu'il n'y eût mutinerie et soulèvement du populaire* » (GAUTIER).
II. (De *mutin,* II). *Rare.* Caractère de ce qui est mutin. « *Son joli geste, la mutinerie de son accent* » (BALZ.).

MUTISME [mytism(ə)]. *n. m.* (1741; lat. *mutus* « muet »). ♦ 1º *Méd.* Refus de parler déterminé par des facteurs affectifs, des troubles mentaux (névrose, psychose), en l'absence de lésions des centres nerveux du langage et des organes de la phonation. V. **Aphasie, mutité, surdi-mutité.** *Mutisme des aliénés, des simulateurs.* ♦ 2º *Cour.* Attitude, état d'une personne qui refuse de parler, qui a l'habitude de garder le silence ou qui est réduite au silence. *S'enfermer dans le mutisme, dans un mutisme opiniâtre.* — Fig. « *L'État, c'est le mutisme constitutionnel du peuple* » (PROUDHON). ◊ ANT. *Bavardage, loquacité, parole.*

MUTITÉ [mytite]. *n. f.* (1803; bas lat. *mutitas).* ♦ 1º *Vx.* État de celui qui est muet. V. **Aphasie, mutisme.** ♦ 2º *Mod.* Impossibilité réelle, pour un sujet, de parler par insuffisance de développement ou destruction des centres ou des organes servant au langage oral. V. **Surdi-mutité.** *Mutité sans atteinte de la fonction auditive.* V. **Audi-mutité.**

MUTUALISME [mytɥalism(ə)]. *n. m.* (1840; *mutuellisme,* 1828; de *mutuel).*
I. *Écon.* Doctrine économique basée sur la mutualité.
II. (1890). *Zool.* Association de deux animaux d'espèces

différentes qui retirent des bénéfices réciproques de cette union, sans vivre aux dépens l'un de l'autre. *Mutualisme et commensalisme.*

MUTUALISTE [mytɥalist(ə)]. *adj.* et *n.* (1834; *mutualliste*, 1828; de *mutuel*). *Écon.* Relatif au mutualisme (I). *Assurances mutualistes.*

MUTUALITÉ [mytɥalite]. *n. f.* (XVIᵉ, rare av. 1784; de *mutuel*). *Rare.* Caractère de ce qui est mutuel. ◇ *Spécialt.* Forme de prévoyance volontaire par laquelle les membres d'un groupe, moyennant le seul payement d'une cotisation, s'assurent réciproquement contre certains risques (maladies, blessures, infirmités, chômage) ou se promettent certaines prestations. V. **Association, mutuelle.**

MUTUEL, ELLE [mytɥɛl]. *adj.* et *n. f.* (1329; du lat. *mutuus* « réciproque »). ♦ 1° Qui implique un rapport double et simultané, un échange d'actes, de sentiments. V. **Réciproque.** *Amour mutuel, partagé. Complaisance, responsabilité mutuelle. Concessions mutuelles.* « *Une tolérance mutuelle entre les diverses confessions* » (ROMAINS). ♦ 2° Qui suppose un échange d'actions et de réactions entre deux ou plusieurs choses. — *Enseignement mutuel,* dans lequel certains élèves (moniteurs) instruisaient, sous la direction du maître, leurs camarades moins avancés. *Établissement, société d'assurance mutuelle.* V. **Mutualité.** *Pari* mutuel urbain* (P.M.U.). — *N. f.* (déb. XXᵉ) *Une mutuelle.* V. **Mutualité.** « *Vous versez deux francs par mois, me dit-il, et quand vous mourez, la Mutuelle donne cinq mille francs pour vos funérailles* » (DUHAM.).

MUTUELLEMENT [mytɥɛlmɑ̃]. *adv.* (1495; de *mutuel*). D'une manière qui implique un échange entre personnes ou choses. V. **Réciproquement.** *Aidons-nous mutuellement, les uns les autres. Les époux se doivent mutuellement fidélité et assistance.* « *Deux personnes qui disputent cherchent mutuellement à se couvrir la voix* » (MONTHERLANT).

MUTULE [mytyl]. *n. f.* (1546; lat. *mutulus* « tête de chevron »). *Archit.* Ornement d'un entablement dorique qui est placé sous le larmier en face du triglyphe, dont il a la largeur. *La mutule correspond au modillon des autres ordres.*

Mv Symbole chimique du mendélévium*.

MYALGIE [mjalʒi]. *n. f.* (1866; de *my*[o]-, et -*algie*). *Méd.* Douleur musculaire (*Adj.* MYALGIQUE [mjalʒik]).

MYASTHÉNIE [mjasteni]. *n. f.* (1878; de *my*[o]-, et *asthénie*). *Méd.* État de fatigue musculaire. — *Spécialt.* Affection caractérisée par une fatigabilité musculaire excessive et évoluant par poussées (*Adj.* MYASTHÉNIQUE [mjastenik]).

-MYCE, MYC(O)-. Éléments, du gr. *mukês* « champignon » (*ex.* : saccharomyce, mycologie, streptomycine).

MYCÉLIEN, ENNE [miseljɛ̃, ɛn]. *adj.* (1877; de *mycélium*). *Bot.* Qui a rapport au mycélium.

MYCÉLIUM [miseljɔm]. *n. m.* (1846; *mucélion*, 1842; lat. sc., gr. *mukês*). *Bot.* Ensemble des filaments, plus ou moins ramifiés; qui proviennent des spores et constituent le thalle des champignons.

MYCÉNIEN, IENNE [misenjɛ̃, jɛn]. *adj.* (1842; de *Mycènes*). *Hist.* Relatif à la civilisation, à la culture préhellénique dont Mycènes était le centre.

-MYCÈTE. Dernier élément de mots savants désignant des champignons (*ex.* : ascomycètes).

MYCODERME [mikɔdɛrm(ə)]. *n. m.* (1846; lat. scient. *mycoderma*). *Bot.* Champignon unicellulaire proche des levures, mais qui ne produit pas d'asques. *Mycoderme du vin* (« fleur du vin ») qui détruit par oxydation l'alcool des boissons fermentées.

MYCODERMIQUE [mikɔdɛrmik]. *adj.* (1878; de *mycoderme*). *Bot.* Formé de mycodermes. *Végétations, végétaux mycodermiques.*

MYCOLOGIE [mikɔlɔʒi]. *n. f.* (1842; de *myco*-, et -*logie*). *Didact.* Partie de la botanique qui étudie les champignons (adj. MYCOLOGIQUE [mikɔlɔʒik]).

MYCOLOGUE [mikɔlɔg]. *n.* (1842; *mycétologue*, 1834; de *myco*-, et -*logue*). *Didact.* Botaniste spécialisé dans l'étude des champignons.

MYCORHIZE [mikɔriz]. *n. m.* (1899; de *myco*-, et gr. *rhiza* « racine »). *Bot.* Champignon à longs filaments qui s'associe par symbiose aux racines des certains arbres.

MYCOSE [mikoz]. *n. f.* (1842; de *myco*-, et *ose*). *Méd.* Affection parasitaire provoquée par des champignons. — *Adj.* MYCOSIQUE [mikɔsik] (1966).

MYDRIASE [midrijaz]. *n. f.* (1539; gr. *mudriasis*). *Méd.* Dilatation de la pupille. *Mydriase physiologique* (accommodation de l'œil à l'obscurité et à la distance). *Mydriase médicamenteuse* (atropine, belladone, cocaïne). *Mydriase pathologique* (paralysie de l'iris). ◈ ANT. *Myosis.*

MYDRIATIQUE [midrijatik]. *adj.* (1861; de *mydriase*). *Méd.* Relatif à la mydriase; qui provoque une dilatation de la pupille. *Effet mydriatique de l'atropine.* — *Subst. Examen du fond de l'œil après instillation d'un mydriatique.*

MYÉL(O)-, -MYÉLITE. Éléments, tirés du gr. *muelos* « moelle ».

MYÉLINE [mjelin]. *n. f.* (1868; de *myél*-, et -*ine*). *Anat.* Substance lipidique et protidique complexe qui forme un manchon autour de certaines fibres nerveuses. *Fibres nerveuses myéliniques de la substance blanche de la moelle épinière et du cerveau. Fibres nerveuses sans myéline* (ou *amyéliniques*) *des nerfs sympathiques, du nerf olfactif.*

MYÉLITE [mjelit]. *n. f.* (1836; de *myél*-, et -*ite*). *Méd.* Maladie de la moelle épinière. *Myélite de la substance grise.* V. **Poliomyélite.**

MYÉLOBLASTE [mjelɔblast]. *n. m.* (1931; de *myélo*-, et -*blaste*). Cellule de la moelle osseuse dont dérivent les leucocytes polynucléaires. *Certaines leucémies sont dues à la prolifération massive des myéloblastes.*

MYÉLOCYTE [mjelɔsit]. *n. m.* (1855; de *myélo*-, et -*cyte*). *Histol.* Cellule mère des leucocytes polynucléaires.

MYÉLOGRAPHIE [mjelɔgrafi]. *n. f.* (1963; de *myélo*-, et -*graphie*). *Méd.* Radiographie de la colonne vertébrale après injection d'une substance de contraste (gaz ou liquide opaque) dans le canal rachidien.

MYÉLOME [mjelom]. *n. m.* (1868; de *myél*[o]-, et -*ome*). *Pathol.* Tumeur, le plus souvent cancéreuse, de la moelle osseuse. — *Spécialt. Myélome multiple :* prolifération cancéreuse de la moelle osseuse.

MYGALE [migal]. *n. f.* (1827; gr. *mugalê* « musaraigne », de *mus* « rat », et *galê* « belette »). Grande araignée fouisseuse qui se creuse dans le sol un abri qu'elle ferme avec un opercule amovible.

MYI-. Élément, tiré du gr. *muia* « mouche ».

MYIASE [mijaz]. *n. f.* (1923; *myiasis*, 1902; du gr. *muia* « mouche »). *Méd.* Lésion de la peau ou des cavités naturelles de l'homme ou des animaux, provoquée par des larves de mouches vivant habituellement ou accidentellement en parasites. *Myiase furonculeuse. Myiase oculaire.*

MY(O)-. Élément, tiré du gr. *mus* « muscle ».

MYOCARDE [mjɔkaʀd(ə)]. *n. m.* (1877; de *myo*-, et suff. -*carde*). *Anat.* Muscle strié réticulaire épais, qui constitue la majeure partie de la paroi du cœur. *Le myocarde joue un rôle essentiel dans la circulation du sang.* V. aussi **Endocarde, péricarde.** *Infarctus* du myocarde.*

MYOCARDITE [mjɔkaʀdit]. *n. f.* (1855; de *myocarde*). *Méd.* Inflammation du myocarde. *Myocardite aiguë; chronique* (scléreuse).

MYOGRAPHE [mjɔgraf]. *n. m.* (1827; « spécialiste de myographie »; de *myo*-, et -*graphe*). *Physiol.* Appareil destiné à enregistrer, en les amplifiant, les contractions musculaires (courbe obtenue : MYOGRAMME [mjɔgram], *n. m.*).

MYOLOGIE [mjɔlɔʒi]. *n. f.* (1628; de *myo*-, et -*logie*). *Didact.* Partie de l'anatomie qui étudie les muscles (adj. MYOLOGIQUE [mjɔlɔʒik]).

MYOME [mjom]. *n. m.* (1878; de *myo*-, et -*ome*). *Pathol.* Tumeur bénigne constituée par des fibres musculaires. *Myome de l'utérus* (appelé couramment, mais improprement, *fibrome*).

MYOPATHIE [mjɔpati]. *n. f.* (1890; de *myo*-, et -*pathie*). *Méd.* Maladie des muscles, qu'elle soit secondaire à une autre affection (troubles endocriniens ou métaboliques, intoxications) ou primitive, de cause non élucidée et souvent familiale. — *Spécialt. Myopathie* (ou dystrophie) *primitive progressive,* caractérisée par l'atrophie de divers groupes musculaires, d'évolution très grave.

MYOPE [mjɔp]. *n.* et *adj.* (1578; lat. *myops*, gr. *muôps* « qui cligne des yeux »). ♦ 1° *N.* Personne qui a la vue courte; qui ne voit distinctement que les objets rapprochés. V. **Amétrope** (opposé à *hypermétrope, presbyte*). « *Ses yeux de myope, vagues et absorbés, faisaient le tour de la table* » (R. ROLLAND). ♦ 2° *Adj.* Atteint de myopie. *Il, elle est myope, myope comme une taupe** (fam.). Cf. *Avoir la vue basse. Œil, regard myope.* ◇ *Fig.* Qui manque de perspicacité, de largeur de vue. « *Les politiques myopes ne virent pas...* » (MICHELET).

MYOPIE [mjɔpi]. *n. f.* (1650; gr. *muôpia*). ♦ 1° Anomalie de la vision, dans laquelle l'image d'un objet éloigné se forme en avant de la rétine en raison d'un allongement de l'axe antéro-postérieur de l'œil (V. **Amétropie**). *La myopie est corrigée par le port de lunettes concaves.* ♦ 2° *Fig. Myopie intellectuelle.*

MYOPOTAME [mjɔpɔtam]. *n. m.* (1842; lat. zool. *myopotamus*, de *mus* « rat », et *potamos* « fleuve »). *Zool.* Mammifère rongeur vivant dans les marécages (*cour.* castor du Chili, ragondin).

MYOSIS [mjozis]. *n. m.* (*Myosie*, 1808; mot lat., du gr. *muein* « cligner de l'œil »). *Méd.* Contraction exagérée de la pupille. ◈ ANT. *Mydriase.*

MYOSITE [mjozit]. *n. f.* (1867; de *myo*-, *s*, et suff. -*ite*). *Méd.* Inflammation du tissu musculaire.

MYOSOTIS [mjozɔtis]. *n. m.* (1545; mot lat., gr. *muosôtis*). « oreille [*ous, ôtos*] de souris [*mus*] », à cause de la forme des feuilles). Plante herbacée *(Borraginacées)* à petites fleurs bleues (parfois blanches, roses) qui croît dans les lieux humides. *Le myosotis est aussi appelé : herbe d'amour, oreille de souris, ne m'oubliez pas* (Vergissmeinnicht; forget-me-not). « *De bons yeux bleus très pâles, comme des myosotis un peu fanés* » (R. ROLLAND).

MYRIA- ou **MYRIO-**. Éléments, du gr. *murias* « dizaine de mille ».

MYRIADE [miʀjad]. *n. f.* (1525; bas lat. *myrias*, gr. *murias* « dizaine de mille »). ♦ 1° *Antiq.* Nombre de dix mille. ♦ 2° *Mod.* Très grand nombre; quantité immense. « *Des poissons innombrables, des myriades et des myriades* » (LOTI).

MYRIAMÈTRE [miʀjamɛtʀ(ə)]. *n. m.* (1793; de *myria-*, et *mètre*). *Rare.* Unité de longueur de dix mille mètres (dix kilomètres).

MYRIAPODES [miʀjapɔd]. *n. m. pl.* (1827; de *myria-*, et *-pode*). *Zool.* Classe d'animaux arthropodes dont le corps est formé d'anneaux portant chacun une *(Chilopodes)* ou deux *(Chilognathes* ou *Diplopodes)* paires de pattes. V. **Mille-pattes.** *Principaux myriapodes : géophile, gloméris, scolopendre. Sing. Un myriapode.*

MYRIO-. V. MYRIA-.

MYRIOPHYLLE [miʀjɔfil]. *n. m.* (*Myriophyllus*, 1827; de *myrio-*, et *-phylle*). Herbe aquatique utilisée pour la décoration des aquariums (On l'appelle « volant d'eau »).

MYRMÉ(CO)-. Élément, tiré du gr. *murmêx* « fourmi ».

MYRMÉCOPHILE [miʀmekɔfil]. *adj.* et *n.* (1896; de *myrméco-*, et *-phile*). *Biol.* Qui vit avec les fourmis, en association avec elles. *Plantes, pucerons myrmécophiles.*

MYRMIDON ou **MIRMIDON** [miʀmidɔ̃]. *n. m.* (1665; -fin XVIIIe; lat. *Myrmidon*, mot gr., de *murmêx* « fourmi »). *Fam.* Petit homme chétif, insignifiant. V. **Nain, pygmée.** *Au fém.* Plaisant. « *Une aimable vieille... un peu puérile, avec sa taille de myrmidone* » (HUYSMANS). ⟡ ANT. *Colosse, géant, hercule.*

MYROBOLAN [miʀɔbɔlɑ̃]. *n. m.* (XIIIe; lat. *myrobolanus*, gr. *murobolanos*, de *muron* « parfum », et *balanos* « gland ». V. **Mirabelle**). *Pharm. (Vx.)* Nom donné aux fruits séchés de diverses espèces d'arbres exotiques (badamiers) utilisés comme remède. ◊ HOM. *Mirobolant.*

MYROSINE [miʀozin]. *n. f.* (1855; du gr. *muron* « parfum »). *Biochim.* Enzyme qui se trouve dans les graines de moutarde noire.

MYROXYLE [miʀɔksil] ou **MYROXYLON** [miʀɔksilɔ̃]. *n. m.* (1842; du gr. *muron* « parfum », et *xulon* « bois »). *Bot.* Arbre d'Amérique du Sud *(Papilionacées)* dont le tronc fournit une résine (baume de tolu; baume du Pérou).

MYRRHE [miʀ]. *n. f.* (v. 1080; lat. *myrrha*, mot gr.). Gomme résine aromatique fournie par le balsamier. *L'or, l'encens et la myrrhe offerts à l'enfant Jésus par les Rois mages.* « *Un parfum âcre qui brûlait l'odorat..., le parfum de la myrrhe flottait dans l'air* » (HUYSMANS). ◊ HOM. *Mir, mire;* forme des v. mettre et mirer.

MYRTACÉES [miʀtase]. *n. f. pl.* (1842; de *myrte*). *Bot.* Famille de plantes dicotylédones dialypétales comprenant des arbres et arbustes (barringtonia, cajeput, eucalyptus, giroflier, goyavier, jamerosier, myrte).

MYRTE [miʀt(ə)]. *n. m.* (1512; *mirte*, XIIIe; lat. *myrtus*, gr. *murtos*). ♦ 1° Arbre ou arbrisseau à feuilles coriaces, persistantes *(Myrtacées)*. *Myrte commun*, des régions méditerranéennes. *Myrte piment*, dont les fruits sont utilisés comme épices (poivre de la Jamaïque; piment des Anglais; toute-épice). — Par ext. *Myrte bâtard* (myrica); *myrte épineux* (fragon). ♦ 2° *Antiq.* et *poét.* Feuille de myrte. *Couronne de myrte. Les lauriers et les myrtes, emblèmes de gloire.*

MYRTIFORME [miʀtifɔʀm(ə)]. *adj.* (1732; de *myrte*, et *-forme*). *Anat.* Qui a la forme lancéolée des feuilles de myrtes. *Muscle myrtiforme*, abaisseur des ailes du nez.

MYRTILLE [miʀtij]. *n. f.* (*Mirtile*, XIIIe, repris XVIIIe; lat. *myrtillus*, de *myrtus* « myrte »). ♦ 1° Nom d'une variété d'airelle. *La myrtille est appelée selon les régions :* abrétier, abrêt-noir, brimbelle, moret, raisin des bois, teint-vin. *Des buissons de myrtilles.* ♦ 2° *Cour.* Baie noire comestible de la myrtille. « *Ces myrtilles des montagnes que je cueillis un jour de grand froid* » (GIDE). *Confiture de myrtilles.*

MYSTAGOGIE [mistagɔʒi]. *n. f.* (XVIIe; de *mystagogue*). *Didact.* Initiation aux mystères de la religion, de la magie, de l'occultisme. « *La superstition, la mystagogie, la sorcellerie* » (BARRÈS).

MYSTAGOGUE [mistagɔg]. *n. m.* (1564; lat. *mystagogus*, gr. *mustagôgos*, de *agein* « conduire »). *Antiq. gr.* Prêtre initiateur aux mystères sacrés.

MYSTÈRE [mistɛʀ]. *n. m.* (*Mistere*, XIIe; lat. *mysterium*, gr. *mustêrion*, de *mustês* « initié ». V. **Métier**). **I.** *Didact.* Rite, culte, savoir réservé à des initiés. ♦ 1° *Antiq.* Culte religieux, secret, auquel n'étaient admis que des initiés. V. **Ésotérisme.** *Religions à mystères. Admission*

aux mystères : initiation, mystagogie. *Mystères grecs* (orphiques, d'Éleusis), *orientaux* (d'Attis, d'Isis, de Cybèle, mithriaques). ♦ 2° *Relig. chrét.* Dogme révélé, inaccessible à la raison. *Le mystère de la Trinité, de l'Incarnation, de la Rédemption. Le catéchisme contient les mystères de la foi.* — *Théol.* Le dessein conçu par Dieu de sauver l'homme, d'abord caché, puis révélé en la personne du Christ; les sacrements, considérés en tant que signes de ce dessein. « *Le mystère de Jésus* » (PASC.), *de l'Eucharistie.*

II. *Cour.* Chose cachée, secrète. ♦ 1° Ce qui est (ou est cru) inaccessible à la raison humaine. *Profond, étrange mystère. Le mystère des choses, de la nature, de la vie.* « *Agent aveugle et sourd de mystères funèbres* » (HUGO). « *Je vais dévoiler tous les mystères : mystères religieux ou naturels, mort, naissance, avenir, passé, cosmogonie, néant* » (RIMBAUD). ◊ Caractère mystérieux et plus ou moins sacré d'un lieu. « *Lieux baignés de mystère* » (BARRÈS). ♦ 2° Ce qui est inconnu, caché (mais qui peut être connu d'une ou de plusieurs personnes). V. **Secret.** *Cela cache, couvre un mystère. Il y a un mystère là-dessous. Les mystères de la politique, de la science.* V. **Arcanes.** *Ce n'est un mystère pour personne.* ◊ Chose étonnante, difficile à comprendre, à expliquer. *C'est un mystère.* « *Ce vieillard muet fut un mystère pour le peintre* » (BALZ.). ♦ 3° Ce qui a un caractère incompréhensible, très obscur. V. **Obscurité, secret.** *Aimer le mystère. Trouver du mystère à tout.* ♦ 4° Obscurité volontaire dont on entoure qqch.; ensemble des précautions que l'on prend pour rendre incompréhensible, pour cacher. *S'envelopper, s'entourer de mystère.* « *Il prit... un air de grand mystère, agita l'index, et demanda à tous le secret* » (ARAGON). *Chut! Mystère.* V. **Discrétion, silence.** — (Plaisant.) *Mystère et boule de gomme!* — Loc. *Faire (un) mystère, faire grand mystère de qqch.* V. **Cacher.** « *Il faisait, à propos de tout, des cachotteries et des mystères* » (R. ROLLAND). ♦ 5° Question difficile; problème ardu. V. **Énigme.** *Débrouiller un mystère. Clé, solution du mystère.* ♦ 6° Pâtisserie faite de glace enrobée de meringue et amandes pilées. ♦ 7° Nom d'un avion de combat supersonique français.

III. (XVe). *Littér.* (par confus. avec *ministerium*, var. *mistère*). Au moyen âge, Genre théâtral qui mettait en scène des sujets religieux. V. **Miracle; diablerie.** *Le Mystère de la Passion*, d'Arnoul Gréban.

◊ ANT. *Clarté, évidence; connaissance.*

MYSTÉRIEUSEMENT [misteʀjøzmã]. *adv.* (1557; de *mystérieux*). D'une manière mystérieuse. *Littér.* D'une manière occulte. *La sibylle prophétisait mystérieusement.* — *Cour.* D'une manière cachée, secrète.

MYSTÉRIEUX, EUSE [misteʀjø, øz]. *adj.* (1440; de *mystère*). ♦ 1° *Littér.* ou *didact.* Relatif à un culte, à un dogme, réservé à des initiés, à une connaissance cachée. V. **Mystère** (I); **cabalistique, ésotérique, occulte.** *Forces, influences mystérieuses. Rites mystérieux.* ♦ 2° *Cour.* Qui est inconnaissable, incompréhensible ou inconnu. V. **Énigmatique, impénétrable, inexplicable, inexpliqué, obscur, secret, ténébreux.** *Le hasard est mystérieux. Sentiments mystérieux, profonds.* « *De mystérieuses puissances, qui prennent le commandement dans les instants de néant* » (R. ROLLAND). ◊ Qui est insolite, évoque la présence de forces cachées. *Lieu, monde mystérieux.* « *Le fjord est mystérieux et profond* » (SUARÈS). ♦ 3° Qui est difficile à comprendre, à expliquer. V. **Difficile.** *Cette histoire est bien mystérieuse.* ♦ 4° Dont la nature, le contenu sont tenus cachés. V. **Secret.** *Dossier mystérieux.* « *On redoutait de comprendre ces griefs mystérieux* » (CHARDONNE). ◊ Dont l'identité, la qualité, les fonctions sont tenues secrètes. *Un mystérieux personnage.* ♦ 5° Qui cache, tient secret qqch. V. **Secret, sibyllin.** *Un homme mystérieux.* Subst. « *Tu fais le mystérieux* » (FROMENTIN). — *Voix basse et mystérieuse :* confidentielle. *Expression mystérieuse du visage.* ⟡ ANT. *Clair, évident, connu, public, révélé.*

MYSTICISME [mistisism(ə)]. *n. m.* (1804; du lat. *mysticus* « mystique »). ♦ 1° Ensemble des croyances et pratiques se donnant pour objet une union intime de l'homme et du principe de l'être (divinité); dispositions psychiques de ceux qui recherchent cette union. V. **Contemplation, extase, oraison.** *Mysticisme chrétien, islamique, bouddhiste.* ◊ Foi, dévotion fervente à caractère mystique, intuitif. « *Nombreux sont... ceux qui confondent mysticisme et spiritualité* » (GIDE). ♦ 2° Croyance, doctrine philosophique faisant une part excessive au sentiment, à l'intuition. V. **Irrationalisme, intuitionnisme.**

MYSTICITÉ [mistisite]. *n. f.* (1718; de *mystique*). 1° *Vx.* Mysticisme, extase, pratique mystique. ♦ 2° *Mod.* et *littér.* Foi, dévotion intuitive et intense. « *La mysticité de Fénelon* » (D'ALEMB.).

MYSTIFIABLE [mistifjabl(ə)]. *adj.* (1845; de *mystifier*). Qui peut être mystifié (1°).

MYSTIFIANT, ANTE [mistifjã, ãt]. *adj.* (1831; repris v. 1950; de *mystifier*). Qui mystifie (2°). *Propagande mystifiante.* ⟡ ANT. *Démystifiant.*

MYSTIFICATEUR, TRICE [mistifikatœʀ, tʀis]. *n.* (1772; de *mystifier*). Personne qui aime à mystifier, à s'amuser des gens en les trompant. V. **Farceur, fumiste, trompeur.** *Mystificateur littéraire.* V. **Faussaire** *(fig.).* — Adj. *Intentions mystificatrices.* ◊ ANT. *Démystificateur.*

MYSTIFICATION [mistifikɑsjɔ̃]. *n. f.* (1772; de *mystifier*). ♦ 1° Actes ou propos destinés à mystifier qqn, à abuser de sa crédulité. V. **Canular, farce, fumisterie.** *Être le jouet d'une mystification.* « *Ces froides mystifications qui consistent à défendre des opinions auxquelles on ne tient pas* » (BALZ.). — *Mystification littéraire, intellectuelle.* ♦ 2° *Par ext.* Tromperie collective, d'ordre intellectuel, moral. V. **Mythe.** *Considérer le patriotisme, la religion, le socialisme, comme des mystifications.* ◊ ANT. *Positivisme, rationalisme; démystification.*

MYSTIFIER [mistifje]. *v. tr.* (1764; dér. plaisant. de *mystère*). ♦ 1° Tromper (qqn) en abusant de sa crédulité et pour s'amuser à ses dépens. V. **Abuser, duper, leurrer.** *Les naïfs qu'on mystifie.* — *Au p. p.* Subst. *Les mystificateurs et les mystifiés.* ♦ 2° *(Néol.).* Tromper par une mystification (2°). « *Pour éviter que le révolutionnaire ne soit mystifié par les anciens maîtres...* » (SARTRE). ◊ ANT. *Démystifier.*

MYSTIQUE [mistik]. *adj. et n.* (*Misticque*, v. 1390; lat. *mysticus*, gr. *mustikos* « relatif aux mystères »). I. *Adj.* ♦ 1° *Didact.* Relatif au mystère, à une croyance cachée, supérieure à la raison, dans le domaine religieux. *Interprétation mystique, allégorique. Le corps mystique du Christ* : l'Église. « *Les ténèbres mystiques dont il (le Christ) se couvre dans l'Eucharistie* » (BOSS.). *L'Agneau mystique* (nom d'un retable célèbre de Van Eyck). *Rose mystique* : l'un des noms donnés à la Vierge Marie. ♦ 2° *Cour.* Qui concerne les pratiques, les croyances ou les dispositions psychologiques propres au mysticisme. « *Qu'entendez-vous par « mystique »? — Ce qui présuppose et exige l'abdication de la raison* » (GIDE). *Extase, expérience mystique. Connaissance mystique.* ♦ 3° *(Personnes).* Qui est prédisposé au mysticisme. « *Je suis mystique au fond et je ne crois à rien* » (FLAUB.). ♦ 4° Qui a le caractère exalté, absolu, intuitif du mysticisme. « *Il avait connu ce « miracle », cette communauté mystique des troupes au feu* » (MART. du G.). II. *N.* ♦ 1° Personne qui s'adonne aux pratiques du mysticisme, et *par ext.* Qui a une foi religieuse intense et intuitive. V. **Illuminé, inspiré.** *Les grands mystiques chrétiens.* « *Rimbaud, mystique à l'état sauvage* » (CLAUDEL). — *Par anal. Les mystiques de la révolution.* V. **Illuminé.** ♦ 2° *N. f.* LA MYSTIQUE : ensemble des pratiques du mysticisme, intuitions, connaissances obtenues par elles. « *L'amour avait commencé par plagier la mystique... lui avait emprunté ses ferveurs, ses élans, ses extases...* » (BERGSON). — *Par anal.* Système d'affirmations absolues à propos de ce à quoi on attribue une vertu suprême. *La mystique de la force, de la paix.* ◊ ANT. *Clair, évident; rationnel.*

MYSTIQUEMENT [mistikmɑ̃]. *adv.* (1470; de *mystique*). Selon un sens mystique. « *Les croyants sont habiles à interpréter mystiquement les balbutiements d'un mourant* » (GIDE).

MYTHE [mit]. *n. m.* (1818; bas lat. *mythus*, gr. *muthos* « récit fable »). ♦ 1° Récit fabuleux, souvent d'origine populaire, qui met en scène des êtres incarnant sous une forme symbolique des forces de la nature, des aspects de la condition humaine. V. **Fable, légende, mythologie.** « *Un mythe est une histoire, une fable symbolique, simple et frappante...* » (D. de ROUGEMONT). *Mythes solaires. Mythes grecs d'Antée, de Cybèle, d'Orphée, de Prométhée. Mythes chrétiens, païens, profanes. Le Mythe de Sisyphe*, d'A. Camus. — *Par ext.* Représentation de faits ou de personnages réels déformés ou amplifiés par l'imagination collective, la tradition. V. **Légende.** *Le mythe de Faust, de Don Juan. Le mythe napoléonien. Le mythe de l'Atlantide.* ♦ 2° *Fig.* Pure construction de l'esprit (V. **Idée**). « *Ce mythe : la fatalité des événements* » (MART. du G.). — *Fam. Son oncle à héritage? C'est un mythe!* il n'existe pas (V. **Affabuler**). ♦ 3° Expression d'une idée, exposition d'une doctrine ou d'une théorie au moyen d'un récit poétique. V. **Allégorie.** *Le mythe de la caverne chez Platon.* ♦ 4° Représentation idéalisée de l'état de l'humanité dans un passé ou un avenir fictif. *Mythe de l'Âge d'or, du Paradis perdu.* V. **Utopie.** « *Les mythes actuels conduisent les hommes à se préparer à un combat...* » (G. SOREL). ♦ 5° (1930). Image simplifiée, souvent illusoire, que des groupes humains élaborent ou acceptent au sujet d'un individu ou d'un fait et qui joue un rôle déterminant dans leur comportement ou leur appréciation. *Créer des mythes*

nouveaux. *Détruire les mythes* (V. **Démystification, démystifier, démythifier**). *Le mythe du flegme britannique, de la galanterie française, de la lourdeur allemande.* « *Mythe est le nom de tout ce qui n'existe et ne subsiste qu'ayant la parole pour cause* » (VALÉRY). « *Le mythe est une parole choisie par l'histoire : il ne saurait surgir de la 'nature' des choses* » (BARTHES). ◊ HOM. *Mite.*

-MYTHIE, MYTHO-. Éléments, du gr. *muthos* « fable ». **MYTHIFIER** [mitifje]. *v.* (1930; de *mythe*). ♦ 1° V. intr. *Rare et littér.* Fabriquer des mythes. ♦ 2° V. tr. *(Didact.).* Instaurer en tant que mythe. *Au p. p. Une institution mythifiée.* (Dér. MYTHIFICATION, n. f.).

MYTHIQUE [mitik]. *adj.* (XIVᵉ, repris 1831; de *mythe*). Qui a rapport ou appartient au mythe; qui a le caractère d'un mythe. *Inspiration, tradition mythique. Héros mythique.* V. **Fabuleux, imaginaire, légendaire.** ◊ ANT. *Historique, réel.*

MYTHOGRAPHE [mitɔgraf]. *n. m.* (1839; de *mythe*, et suff. *-graphe*). *Didact.* Auteur d'ouvrages sur les mythes, les fables. V. **Mythologue.**

MYTHOLOGIE [mitɔlɔʒi]. *n. f.* (XIVᵉ; bas lat. *mythologia*, gr. *muthologia*). ♦ 1° Ensemble des mythes (1°), des légendes propres à un peuple, à une civilisation, à une religion. *Mythologie hindoue, grecque.* — *Spécialt.* Mythologie de l'antiquité gréco-romaine. *Fables de la mythologie. Dieux, déesses, héros et demi-dieux de la mythologie.* ♦ 2° Science, étude des mythes (1°), de leurs origines, de leur développement et de leur signification (On dit parfois MYTHOGRAPHIE [mitɔgrafi]). ♦ 3° (Mil. XXᵉ). Ensemble de mythes (5°) se rapportant à un même objet, un même thème, une même doctrine. *Mythologie de la vedette. Le vin* (en France) *supporte une mythologie variée* (R. BARTHES).

MYTHOLOGIQUE [mitɔlɔʒik]. *adj.* (1481; lat. *mythologicus*, gr. *muthologikos*. V. **Mythologie**). Qui a rapport ou appartient à la mythologie (V. **Fabuleux**), et *spécialt.* à la mythologie gréco-romaine. *Divinités mythologiques. Attributs mythologiques* (le caducée de Mercure, le char d'Amphitrite, le fuseau des Parques). *Dictionnaire mythologique.*

MYTHOLOGUE [mitɔlɔg]. *n.* (XVIᵉ; de *mythologie*). *Didact.* Savant(e) qui se spécialise dans l'étude des mythes, de la mythologie (V. **Mythographe**), ou qui considère comme un mythe un certain contesté (en histoire).

MYTHOMANE [mitɔman]. *adj.* (1905; de *mytho-*, et suff. *-mane*). Qui est atteint de mythomanie. — *Subst.* V. **Fabulateur, menteur.**

MYTHOMANIE [mitɔmani]. *n. f.* (1905; de *mytho-*, et suff. *-manie*). Forme de déséquilibre psychique, caractérisée par une tendance à la fabulation, au mensonge, à la simulation. « *Sa mythomanie est un moyen de nier la vie... de nier, et non pas d'oublier* » (MALRAUX).

MYTIL(I)-, MYTIL(O)-. Éléments, du lat. *mytilus*, gr. *mutilos* « coquillage, moule ».

MYTILICULTEUR [mitilikyltœr]. *n. m.* (v. 1903; de *mytiliculture*). *Didact.* Celui qui fait l'élevage des moules.

MYTILICULTURE [mitilikyltyʀ]. *n. f.* (1890; de *mytilo-*, et *culture*). *Didact.* Élevage des moules, pratiqué dans des parcs à moules ou « moulières ».

MYTILOTOXINE [mitilɔtɔksin]. *n. f.* (1889; de *mytilo-*, et *toxine*). *Biochim.* Substance toxique qui peut se trouver dans les moules, et occasionner des empoisonnements.

MYXŒDÉMATEUX, EUSE [miksedematø, øz]. *adj. et n.* (1882; de *myxœdème*). *Méd.* Qui a rapport au myxœdème, qui a pour cause le myxœdème. *Idiotie myxœdémateuse.* ◊ *N.* Personne atteinte de myxœdème.

MYXŒDÈME [miksedɛm]. *n. m.* (1879; gr. *muxa* « morve », et *oidêma* « gonflement »). *Méd.* Affection que l'insuffisance ou à la suppression de la fonction thyroïdienne et caractérisée par un œdème et une coloration jaunâtre de la peau, des troubles intellectuels et sexuels (V. **Crétinisme, goitre, hypothyroïdie**).

MYXOMATOSE [miksɔmatɔz]. *n. f.* (1952; de *myxome*). « tumeur molle, composée de tissu muqueux », du gr. *muxa* « morve »). Grave maladie infectieuse et contagieuse du lapin, caractérisée par des tuméfactions d'apparence gélatineuse entre la peau et les muqueuses, et une très vive inflammation des paupières.

MYXOMYCÈTES [miksɔmisɛt]. *n. m. pl.* (1877; gr. *muxa* « morve », et suff. *-mycète*). *Bot.* Champignons inférieurs classés parmi les protistes* en raison de l'aspect amiboïde, rappelant celui des protozoaires, de leurs formes végétatives qui s'unissent en une masse gélatineuse mobile (plasmodes plurinucléées).

N

N [ɛn]. *n. m.* Quatorzième lettre et onzième consonne de l'alphabet, servant à noter à l'initiale, entre voyelles ou suivie de *e* caduc [ə], une consonne occlusive nasale dentale [n]; devant consonne ou en finale de mot *N* nasalise la voyelle précédente. *N majuscule, n minuscule. Gn* note le *n* mouillé [ɲ] sauf dans des mots savants (gnome [gnɔm]). ◊ *N.*, abrév. de *nord.* — *Nº* ou *nº*, abrév. de *numéro.* — *N.* ou *N*, N***, servant à désigner une personne indéterminée (Cf. *Untel*) ou que l'on ne veut pas nommer. « *N** arrive avec grand bruit* » (LA BRUY.). — (*n* minuscule) *Gram.* Abrév. de *nom.* — *Math.* Sert à noter un nombre indéterminé. *Le nombre entier* n *et ses voisins immédiats* n — 1 *et* n + 1. *Fonction de degré* n, *admettant* n *racines.* V. **Nième.** n, symbole de nano-*. — *Chim.* N, symbole de l'azote (de *Nitrogène*). — *Phys.* N, symbole de newton*. ◊ HOM. *Aine, haine.*

N'. V. **Ne.**

NA! [na]. *interj.* (1840; onomat.). Exclamation enfantine ou familière renforçant une affirmation ou une négation.

Na Symbole chimique du sodium.

NABAB [nabab]. *n. m.* (1653; *navabo,* 1614; du port.; mot hindoustani, arabe *nawwâb,* plur. de *nâïb* « lieutenant »). ♦ 1º *Hist.* Titre donné dans l'Inde musulmane aux grands officiers des sultans, aux gouverneurs de provinces. ♦ 2º (XVIIIᵉ). *Vx.* Européen qui avait fait fortune aux Indes. ♦ (1777) *Mod.* Personnage fastueux et très riche. *Le Nabab,* roman d'A. Daudet.

NABI [nabi]. *n. m.* (1853; mot hébreu). ♦ 1º *Relig.* Chez les Hébreux, Prophète, homme inspiré par Dieu. ♦ 2º (1888). *Arts.* Nom adopté par de jeunes peintres indépendants qui voulaient s'affranchir de l'enseignement officiel. *Le mouvement des nabis* ou **Nabisme** ou **Nabism(e)**.

NABOT, OTE [nabo, ɔt]. *n. et adj.* (1549; probabl. altér. de *nain-bot,* de *nain,* et *bot*). Personne de très petite taille. V. **Avorton, nain.** ◊ ANT. *Colosse, géant.*

NACARAT [nakaʀa]. *n. m.* (1611; *nacarade,* 1578; esp. *nacarado* « nacré »). *Littér.* Couleur d'un rouge clair dont les reflets rappellent ceux de la nacre. — *Adj.* (invar.) « *Une soierie nacarat* » (PROUST).

NACELLE [nasɛl]. *n. f.* (XIᵉ; bas lat. *navicella, naucella,* dimin. de *navis* « bateau »). ♦ 1º *Vx* ou *poét.* Petit bateau à rames, sans voile. V. **Canot.** ♦ 2º (1846). *Mod.* Panier ou coque carénée fixée sous un aérostat (pour les aéronautes, le moteur, les agrès). *Nacelle d'un ballon.* ♦ 3º *Chim.* Petit récipient allongé, en verre, porcelaine ou métal, destiné à recevoir une ou plusieurs substances susceptibles de réagir entre elles ou avec l'atmosphère du tube qui le contient et que l'on chauffe.

NACRE [nakʀ(ə)]. *n. f.* (1560; *nacrum, nacle,* XIVᵉ; it. *naccaro; arabe naqqâra*). ♦ 1º *Vx.* Pinne marine. ♦ 2º (XVIIᵉ). *Mod.* Substance à reflets irisés qui tapisse intérieurement la coquille de certains mollusques (burgau, mulette, huître), utilisée en bimbeloterie, marqueterie. *Boutons de nacre.* ♦ 3º *Littér.* Couleurs, reflets nacrés. « *La nacre changeante de leurs flancs* » (ZOLA).

NACRÉ, ÉE [nakʀe]. *adj.* (1734; de *nacre*). *Cour.* Qui a l'aspect, l'éclat irisé de la nacre. « *Des libellules aux ailes nacrées* » (MAUPASS.). *Vernis à ongles nacré.*

NACRER [nakʀe]. *v. tr.* (1845; de *nacre*). ♦ 1º *Techn.* Traiter (les fausses perles) de façon à leur donner l'aspect de la nacre. ♦ 2º (fin XVIᵉ). *Littér.* Iriser. V. **Nacré.**

NADIR [nadiʀ]. *n. m.* (1556; *nador,* 1361; arabe *nâdir* « opposé » [au zénith]). *Didact.* Point imaginaire de la sphère céleste auquel aboutirait, en passant par le centre de la Terre, une verticale partant du lieu de l'observateur (*opposé à* zénith).

NÆVUS, NÆVI [nevys, nevi]. *n. m.* (1834; *neve,* 1611; mot lat. « tache, verrue »). *Méd.* Malformation congénitale de la peau, se présentant sous la forme de tache ou de tumeur. V. **Envie, grain** (de beauté). *On distingue divers nævi* (pigmentaire, pileux, vasculaire).

NAFÉ [nafe]. *n. m.* (1845; de l'arabe *nâfic*). *Bot.* Fruit du ketmie*, dont on fait une pâte, un sirop pectoral.

NAGAÏKA ou **NAHAÏKA** [nagaika, nahaika]. *n. f.* (1907; mot russe). Fouet de cuir des cosaques.

NÂGARI. V. DEVANÂGARI.

NAGE [naʒ]. *n. f.* (1160; de *nager*). ♦ 1º *Vx.* Navigation. *Mod.* (*T. de mar.*) Action, manière de ramer. *Bancs de nage,* sur lesquels sont assis les rameurs. *Chef de nage. Nage à couple, en pointe.* « *Allons, en place pour la nage!* » (MAUPASS.). ♦ 2º (1552). *Cour.* Action, manière de nager (2º). V. **Natation.** *Nage rapide, de vitesse. Principales nages* : brasse (ordinaire, papillon), coupe, crawl, indienne, marinière, nage sur le dos, over arm stroke... *Nage libre,* au choix de chaque nageur (pratiquement, le crawl). — *Nage sous-marine.* — Loc. adv. *À la nage* : en nageant. « *Se jeter à la mer pour gagner la côte à la nage* » (BAUDEL.). — Fig. *Homard à la nage* : cuit dans un court-bouillon. ♦ 3º *Fig.* (1572, *être à nage*). *Être en nage* : être inondé de sueur.

NAGEOIRE [naʒwaʀ]. *n. f.* (1555; de *nager*). Organe formé d'une membrane soutenue par des rayons osseux, qui sert d'appareil propulseur et stabilisateur aux poissons et à certains animaux marins. *Nageoires impaires,* anale, caudale (homocerque, hétérocerque), dorsale. *Nageoires paires,* pectorales, pelviennes. — *Nageoires des marsouins, des phoques, des pinnipèdes.*

NAGER [naʒe]. *v. intr.; conjug.* bouger (XIIᵉ; *nagier,* 1080; lat. *navigare*). ♦ 1º *Vx.* Naviguer. — *Mod. et mar.* (1280) Ramer, aller à l'aviron. *Nager de l'avant, à culer, à couple, en pointe.* ♦ 2º (Mil. XIVᵉ). *Cour.* Se soutenir et avancer à la surface de l'eau, au moyen sur ou dans l'eau par des mouvements appropriés. *Nager comme un poisson. Il ne sait pas nager, il apprend à nager. Nager sous l'eau.* « *Il nagea entre deux eaux, jusque sous un navire* » (HUGO). — Fig. (1914; fam.) *Il sait nager,* il sait se débrouiller, manœuvrer. ◊ *Trans.* Pratiquer (un genre de nage); parcourir (à la nage), disputer (une épreuve de nage). *Apprendre à nager le crawl. Il a nagé le 400 et le 1500 mètres.* ♦ 3º Flotter, surnager. « *Et les frais nymphéas sur l'eau vive nageant* » (LEC. DE LISLE). ♦ 4º Être baigné, plongé dans un liquide (trop) abondant. *Deux ou trois carottes nageaient dans le bouillon.* — Littér. *Nager dans le sang,* être couvert de sang. ♦ 5º *Fig.* Être dans la plénitude d'un sentiment, d'un état. V. **Baigner.** *Nager dans la joie.* « *Son père ne nageait pas dans l'opulence* » (ROUSS.). ♦ 6º *Fam.* Être au large, flotter (dans ses vêtements). *Il a beaucoup maigri, il nage dans son complet.* ♦ 7º *Fam.* (1916). Être dans l'embarras, dans l'incertitude. *Je ne m'y retrouve plus, je nage complètement.* V. **Perdre** (pied).

NAGEUR, EUSE [naʒœʀ, øz]. *n.* (XIIᵉ; de *nager*). ♦ 1º *Vx.* Navigateur. — *Mod. Mar.* Rameur. *Nageur de l'arrière, de l'avant. Banc des nageurs.* ♦ 2º (1350). Personne qui nage, qui sait nager. « *Comme un nageur entraîné sans s'en apercevoir* » (PROUST). ◊ Athlète disputant une épreuve de natation. V. **Crawleur.** ◊ *Mar. mil. Nageur de combat,* homme*-grenouille qui travaille contre un objectif ennemi. ♦ 3º *Fig. C'est un nageur,* un combinard.

NAGUÈRE [nagɛʀ]. *adv.* (XIIᵉ; pour *n'a guère(s)* « il n'y a guère »). *Littér.* Il y a peu de temps. V. **Récemment.** « *Il n'arrive à haïr ce qu'on aimait naguère* » (HUGO). *Jadis et Naguère,* de Verlaine. ◊ ANT. *Autrefois.*

NAHAÏKA. V. NAGAÏKA.

NAÏADE [najad]. *n. f.* (1488; lat. d'o. gr. *naias, naiadis*). ♦ 1º *Myth.* Divinité des rivières et des sources. V. **Nymphe.** ♦ 2º *Littér.* ou *plaisant.* Baigneuse, nageuse. ♦ 3º (1765). Plante aquatique (*Naïadacées*) des eaux douces dont la pollinisation se fait par l'eau.

NAÏF, NAÏVE [naif, naiv]. *adj.* (1155; lat. *nativus*). I. ♦ 1º *Vx* ou *littér.* Originaire, natif. « *Saisir notre esprit dans son état naïf et comme à ses débuts* » (PAULHAN). ♦ 2º (XIVᵉ). *Vieilli.* Qui représente bien la chose telle qu'elle est. V. **Ressemblant, sincère.** « *La seconde utilité du poème dramatique se rencontre en la naïve peinture des vices et des vertus* » (CORN.). ◊ *Sc.* Empirique. « *Comme on dit la théorie naïve des ensembles* » (QUENEAU). ♦ 3º (XVIᵉ). *Mod.* Qui est

naturel, sans artifice, spontané. « *Elle offre l'image d'une gaieté naïve et franche* » (LACLOS). Qui est d'une simplicité sans apprêt. « *L'adagio, cantilène simple et naïve* » (BERLIOZ). Spécialt. *Art naïf*, art populaire, folklorique, contemporain de l'art évolué. Par ext. *Peintre naïf*, subst. *Les naïfs.*
II. Cour. *(Personnes).* ♦ 1° (1607). Qui est plein de confiance et de simplicité par ignorance, par inexpérience. V. **Candide, confiant, ingénu, simple.** *Un garçon naïf et charmant.* « *Aucune hypocrisie ne venait altérer la pureté de cette âme naïve* » (STENDHAL). — *Candeur, foi naïve.* ♦ 2° (1642). Qui est d'une crédulité, d'une confiance irraisonnée et quelque peu ridicule. V. **Crédule, innocent, niais.** « *Il est encore plus naïf que vous, il s'imagine que tout le monde est bon* » (GREEN). *Je ne suis pas assez naïf pour y croire.* ◇ Subst. *Vous me prenez pour un naïf !* V. **Gobe-mouches, jobard, niais, poire.** « *Des naïfs qu'on mystifie* » (BERGSON).
◈ ANT. **Artificieux, astucieux, habile.**

NAIN, NAINE [nɛ̃, nɛn]. *n. et adj.* (XII°; lat. *nanus*).
I. *N.* ♦ 1° *Cour.* Personne d'une taille anormalement petite. V. **Avorton, nabot, pygmée.** ◇ *Spécialt.* (Dans les légendes) Personnage imaginaire de taille minuscule (gnome, farfadet, lutin, korrigan). *Blanche-Neige et les Sept Nains.* ◇ *NAIN JAUNE* (1838) : jeu de cartes où l'on place les mises sur un tableau dont la case centrale représente un nain vêtu de jaune, qui tient à la main un sept de carreau. ♦ 2° Individu atteint de nanisme. ♦ 3° *Fig. et littér.* Personne sans mérite, petit esprit. « *Que de nains couronnés paraissent des géants !* » (VOLT.).
II. *Adj.* ♦ 1° (1636). Qui est anormalement petit. « *Elle avait beau être très petite, presque naine* » (JOUHANDEAU). ◇ Affligé de nanisme. *Il est minuscule, mais il n'est pas nain.* ♦ 2° (Désignant des espèces, des variétés de plantes de petite taille). *Arbre nain, rosier nain. Haricot, pois nain.* ♦ 3° *Astron.* (déb. XX°). *Étoiles naines*, appartenant à la série principale du diagramme de Hertzsprung-Russell, d'une luminosité intrinsèque plus faible que le Soleil. Subst. *Une naine rouge.*
◈ ANT. **Colosse, géant.**

NAISSAIN [nɛsɛ̃]. *n. m.* (1868; de *naître*). Embryons ou larves des huîtres et des moules d'élevage.

NAISSANCE [nɛsɑ̃s]. *n. f.* (XII°; de *naître*).
I. ♦ 1° Commencement de la vie indépendante (caractérisé par l'établissement de la respiration pulmonaire); moment où le fœtus est expulsé de l'organisme maternel. *Donner naissance à*, enfanter. *Faire-part de naissance. Date et lieu de naissance.* « *L'éducation de l'homme commence à sa naissance* » (ROUSS.). V. **Berceau.** — Loc. *De naissance*, d'une manière congénitale, non acquise. « *Aveugle et sourd de naissance* » (DIDER.). V. **Né** (aveugle). « *Le vrai coloriste connaît de naissance la gamme des tons* » (BAUDEL.), il en a une connaissance innée. — Dr. Instant marquant la sortie de l'enfant du sein maternel, et condition d'acquisition de la capacité juridique, avec effet rétroactif au jour de la conception. *Déclaration de naissance. Acte, extrait de naissance.* Loc. *Avaler* son acte (bulletin) de naissance. Thème de naissance* (astrol.) : généthliaque. ◇ UNE, DES NAISSANCE(S). *Nombre de naissances.* V. **Natalité.** *Contrôle*, limitation des naissances. Régulation des naissances (orthogénie).* ♦ 2° Mise au monde d'un enfant, accouchement. *Naissance difficile, avant terme. Naissance double*, de jumeaux. ♦ 3° *Vieilli* (1380). Origine, extraction; condition sociale résultant du fait qu'on est né dans telle classe de la société. *Grande, haute naissance.* Mod. *De haute, de bonne naissance.* « *Cet air de courtoisie des Turcs de bonne naissance* » (LOTI), bien nés. ◇ *Absolt.* (*Vx*) Noblesse. « *La naissance n'est rien où la vertu n'est pas* » (MOL.).
II. *Fig.* ♦ 1° (v. 1600). Commencement, apparition. « *Ce halo qui marquait la naissance du jour* » (MART. du G.). « *Il faut remonter à la naissance de toute l'œuvre racinienne* » (MAURIAC). « *De la naissance de l'amour* » (STENDHAL). *C'est dans ce quartier que l'émeute a pris naissance*, a commencé. « *L'esprit français à sa naissance* » (ARAGON). ♦ 2° (1561). Point, endroit où commence qqch. *Naissance d'un arc* (commencement de la courbure). *Naissance d'un fleuve.* V. **Source.** — *Spécialt.* « *Le corsage laissait voir la naissance du cou* » (HUGO). « *Un garrot qu'il noua à la naissance de la cuisse* » (MART. du G.).
◈ ANT. **Mort; fin.**

NAISSANT, ANTE [nɛsɑ̃, ɑ̃t]. *adj.* (1581; de *naître*). ♦ 1° *Blas.* V. **Issant.** ♦ 2° (1638). *Littér.* Qui commence à apparaître, à se développer. « *Un bouton de rose naissante* » (FÉN.). « *Le demi-cercle de la lune naissante* » (FROMENTIN). « *C'est ici* (Néron) *un monstre naissant* » (RAC.). « *Sa gloire naissante* » (GAUTIER). ♦ 3° *Chim.* (1855). *État naissant*, état des corps qui viennent d'être libérés dans une réaction.
◈ ANT. **Finissant, mourant.**

NAÎTRE [nɛtʀ(ə)]. *v. intr.* : *je nais, nous naissons; je naissais; je naquis; je naîtrai; je naîtrais; nais, naissons, naissez; que je naisse; que je naquisse; naissant; né* (1080; lat. pop. °*nascere*, class. *nasci*).
I. ♦ 1° Venir au monde, sortir de l'organisme maternel. *Un enfant qui vient de naître*, un nouveau-né. *Il est né à terme, avant terme* (prématuré), *à sept mois* (après sept mois de vie intra-utérine). « *Je suis né à Genève, en 1712, d'Isaac Rousseau et de Suzanne Bernard* » (ROUSS.). *Il est né le premier de quatre enfants* (Cf. Premier né*). *En naissant*, au moment de la naissance. « *L'homme n'a pas en naissant la science infuse* » (Cl. BERNARD). — Impers. *Il naît plus de filles que de garçons.* ◇ Loc. fig. *Je ne suis pas né d'hier**, de la dernière pluie. ◇ (Suivi d'un attribut) « *Nous naissons faibles* » (ROUSS.). *Les hommes naissent et demeurent libres et égaux en droit. Il est né poète.* — *Être né pour*, être naturellement fait pour, destiné à. « *Nous étions nés l'un pour l'autre* » (GÉRALDY). « *L'homme est né pour le bonheur* » (GIDE). ♦ 2° NAÎTRE à : commencer une vie nouvelle, s'éveiller, s'ouvrir à. « *Je nais à une vie plus étendue* » (BALZ.). « *À peine né à la vie intellectuelle* » (BOURGET).
II. *Fig.* (XIII°). ♦ 1° Commencer à exister. « *Paris est né dans cette vieille île de la Cité* » (HUGO). « *Colbert fit naître l'industrie en France* » (VOLT.), la créa. « *L'amour qui naît subitement* » (LA BRUY.). « *Toutes ces influences font naître l'amitié* » (MAUPASS.), l'éveillent, la provoquent. — *Naître de*, être causé par. « *Il n'y a point de mal dont il ne naisse un bien* » (VOLT.). « *Une joie née de la camaraderie* » (ROMAINS). ♦ 2° Commencer à se manifester, apparaître. « *Le jour naissait, calme et glacial* » (MAUPASS.). V. **Lever** (se). « *Cette respiration calme de la mer faisait naître et disparaître des reflets huileux* » (CAMUS).
◈ ANT. **Mourir. Finir.**

NAÏVEMENT [naivmɑ̃]. *adv.* (v. 1265; de *naïf*). ♦ 1° *Vx.* Par nature, de naissance. « *Déplorer qu'aux parents soit confiée la garde des enfants qui déjà naïvement leur ressemblent* » (GIDE). ♦ 2° *Vx* (1559). Au naturel; avec exactitude et sincérité. « *Représenter naïvement les choses sans les changer* » (BUFF.). ♦ 3° (1694). *Mod.* D'une manière naïve (II); avec ingénuité, avec une simplicité et une confiance excessives. V. **Ingénument.** « *Tout naïvement, sans y entendre malice* » (DAUD.). ◈ ANT. **Artificieusement.**

NAÏVETÉ [naivte]. *n. f.* (v. 1265; de *naïf*). ♦ 1° *Vx.* Simplicité et franchise naturelle dans l'expression. « *Je vais procéder à cette confession avec la même naïveté* » (ROUSS.). « *Cette naïveté est dépourvue de mots choisis* » (VOLT.). ♦ 2° (XVII°). *Mod.* Simplicité, grâce naturelle empreinte de confiance et de sincérité. V. **Candeur, fraîcheur, ingénuité.** « *Toute la personne de Cosette était naïveté, ingénuité, transparence* » (HUGO). « *Une sorte de naïveté de bon enfant* » (STE-BEUVE). « *Remarque naïve, ingénue.* ♦ 3° (1680). Excès de confiance, de crédulité, résultant souvent de l'ignorance, de l'inexpérience ou de l'irréflexion; marque de cet état d'esprit. V. **Crédulité.** « *Aucun âge n'échappe à la naïveté* » (RADIGUET). « *Mille choses qu'elle avait eu l'impardonnable naïveté de lui confier* » (GREEN). ◈ ANT. **Astuce, finesse.**

NAJA [naʒa]. *n. m.* (1734; lat. zool. créé par les Hollandais; *nagha*, v. 1525; mot de Ceylan, hindi *nag* « serpent »). Nom scientifique du *cobra.*

NANA [nana]. *n. f.* (1949; de *Anna*). *Pop.* Maîtresse. *Un jules et sa nana.* — Femme. *Une belle nana.* V. **Pépée, souris** 2° (pop.).

NANAN [nanɑ̃]. *n. m.* (1650; rac. onomat. *nann-*, attestée dans de nombreux dér. dial.). *Fam. et vx.* Friandise, chose délicieuse. « *Les nanans dont nous sommes friands* » (BALZ.). ◇ *Mod. C'est du nanan*, c'est exquis, très agréable, très facile.

NANDOU [nãdu]. *n. m.* (1816; lat. zool. *nandu;* mot guarani [Brésil], déjà emprunté au XVII°, *yandou*, 1614). Grand oiseau coureur *(Rhéidés)* de l'Amérique du Sud, voisin de l'autruche.

NANISME [nanism(ə)]. *n. m.* (1838; du lat. *nanus* « nain »). Anomalie caractérisée par la petitesse de la taille très inférieure à la moyenne, due à diverses causes (insuffisance thyroïdienne, hypophisaire, ovarienne, affections rénales ou digestives, troubles de l'ossification ou métaboliques). V. **Achondroplasie.** ◈ ANT. **Gigantisme.**

NANKIN [nãkɛ̃]. *n. m.* (1766; ville de Chine). Toile de coton unie, généralement de couleur jaune, d'abord fabriquée à Nankin. Par ext. *Gants nankin*, de couleur jaune chamois.

NANO-. Élément, du gr. *nanos* « petit ». *Phys.* Préfixe (symb. n) qui, placé devant le nom d'une unité, forme le nom de l'unité un milliard de fois plus petite (*ex.* : *nanoseconde*).

NANSOUK ou **NANZOUK** [nãzuk]. *n. m.* (*Nansouques*, 1771,-répandu v. 1853; mot hindi). Toile de coton légère d'aspect soyeux, employée en lingerie et pour la broderie. « *En jupon de nanzouk blanc* » (COLETTE).

NANTI, IE [nãti]. *adj. et n.* (XVI°; V. **Nantir**). Qui est bien pourvu; et *spécialt.* riche. « *Rassurant les révolutionnaires nantis* » (BAINVILLE). — N. *Les nantis.* ◈ ANT. **Pauvre.**

NANTIR [nãtiʀ]. *v. tr.* (1283; de l'a. fr. *nant* « gage », a. scand. *nam* « prise de possession »). ♦ 1° *Dr.* (*Vx*). Mettre (un créancier) en possession d'un gage pour sûreté de la dette. — Pronom. *Se nantir des effets d'une succession*, en prendre possession avant liquidation de la succession. ◆ 2° (XVI°). *Rare.* Mettre en possession de qqch. par précaution. V. **Munir, pourvoir.** *Cour.* (au p. p.) « *Les peuples nantis de quelque supériorité* » (BENDA), en possession de quelque supériorité. V. **Nanti.** ◇ ANT. *Démunir, priver.*

NANTISSEMENT [nɑ̃tismɑ̃]. *n. m.* (1283; de *nantir*). Contrat réel de garantie par lequel le débiteur remet à un créancier, pour sûreté de sa dette, la possession effective d'un bien; le bien ainsi remis. V. **Antichrèse, gage.** *Nantissement de fonds de commerce, de matériel d'outillage. Prêt sur nantissement.*

NANZOUK. V. **NANSOUK.**

NAOS [nao(ɔ)s]. *n. m.* (*Naon*, 1771; mot gr.). *Archéol.* Partie intérieure et centrale d'un temple grec (entre le pronaos et l'opisthodome).

NAPALM [napalm]. *n. m.* (v. 1945; de *Na*, symb. chim. du sodium, et *palm*, abrév. de *palmitate*). Essence solidifiée au moyen du palmitate de sodium ou d'aluminium, servant à la fabrication de bombes incendiaires. *Bombes au napalm.*

NAPÉE [nape]. *n. f.* (XV°; lat. *napæa*, du gr. *napê* « bois, vallon »). *Mythol.* Nymphe des bois et des prés. ◇ HOM. *Napper.*

NAPEL [napɛl]. *n. m.* (XVI°; lat. sc. *napellus*, dimin. de *napus* « navet »). Espèce très commune d'aconit.

NAPHTALÈNE [naftalɛn]. *n. m.* (fin XIX°; var. de *naphtaline*). *Chim.* Hydrocarbure cyclique ($C_{10}H_8$) extrait du goudron de houille, corps solide, blanc, brillant, cristallisé, à odeur pénétrante, utilisé dans l'industrie des colorants, des parfums.

NAPHTALINE [naftalin]. *n. f.* (1821, de *naphte*). Vx (*Chim.*). Naphtalène. ◇ *Mod.* et *cour.* Naphtalène impur vendu dans le commerce (en particulier comme antimite).

NAPHTE [naft(ə)]. *n. m.* (1557; *napte*, 1213; lat. *naphta*, mot gr. d'o. orient.). ◆ 1° Bitume liquide, mélange de carbures naturels (pétrole brut). *Nappe de naphte.* ◆ 2° *Comm.* Produit distillé des pétroles, de densité comprise entre 0,67 et 0,72, utilisé comme combustible, dissolvant, dégraisseur. *Lampe à naphte.*

NAPHTOL [naftɔl]. *n. m.* (1864; du rad. de *naphtaline*). *Chim.* Nom des deux phénols isomères dérivés du naphtalène.

NAPOLÉON [napɔleɔ̃]. *n. m.* (1811; n. pr.). Ancienne pièce d'or de vingt francs à l'effigie de Napoléon. *Double napoléon*, pièce de quarante francs.

NAPOLÉONIEN, IENNE [napɔleɔnjɛ̃, jɛn]. *adj.* (v. 1850; de *Napoléon*). Qui a rapport à Napoléon I°, et *par ext.* à Napoléon III, aux Napoléon. *L'épopée napoléonienne. La dynastie napoléonienne.*

NAPOLITAIN, AINE [napɔlitɛ̃, ɛn]. *adj.* et *n.* (XVI°; it. *napoletano*, lat. *neapolitanus*, de *Neapolis* « Naples »). De Naples, relatif à Naples. *Chansons, romances napolitaines.* — N. *Les Napolitains.* — *Le napolitain* (dialecte). ◇ *Tranche napolitaine*, glace disposée en couches diversement parfumées, servie en tranches.

NAPPAGE [napaʒ]. *n. m.* (1844; de *nappe*). Linge de table. ◇ *Cuis.* Couche nappée (2°).

NAPPE [nap]. *n. f.* (*Nape*, v. 1170; lat. *mappa* « serviette de table »). 1° Linge qui sert à couvrir la table du repas. *La nappe et les serviettes.* « *La grande table ovale où brillent sur la nappe damassée les couverts d'argent* » (CHARDONNE). *Nappe blanche; à carreaux. Nappe à thé. Mettre, ôter la nappe.* — *Nappe en plastique, en papier.* ◇ *Liturg.* (1508) *Nappes d'autel*, chacun des trois linges de lin ou de chanvre qui doivent recouvrir l'autel. — *Nappe de communion.* II. *Fig.* (XVIII°). ◆ 1° *Cour.* Vaste couche ou étendue plane (de fluide). « *La nappe d'eau verte frangée d'écume* » (BARBEY). « *Des nappes de brumes dormantes s'étirent* » (MAUPASS.). *Nappe de gaz*, couche de gaz lourd qui s'étend sur le sol. *Nappe de feu*, vaste surface embrasée. ◆ 2° *Spécialt.* Géogr., Géol. *Nappe (d'eau)*, eau occupant une dépression fermée; toute eau stagnante (lac, étang). *Écoulement en nappe*, de type laminaire. — *Nappe d'eau souterraine. Nappe libre, captive.* — *Nappe volcanique*, ancienne lave qui s'est étendue sur une vaste surface. *Nappe de charriage* : étendue de terrain qui a avancé, a été « charrié » au-dessus d'autres terrains, en laissant des traces. ◆ 3° *Techn.* (1769). Large bande de textile cardé d'épaisseur constante à la sortie de la machine. — Ensemble des fils de chaîne sur le métier. ◆ 4° *Géom.* (1819). Portion fermée de surface. — Portion illimitée et d'un seul tenant d'une surface courbe.

NAPPER [nape]. *v. tr.* (1845; de *nappe*). ◆ 1° Couvrir comme d'une nappe. « *La table nappée d'une broderie ancienne* » (COLETTE). ◆ 2° *Cuis.* (XX°). Recouvrir (une viande, un gâteau) d'une couche de sauce consistante, de gelée, de marmelade. ◇ HOM. *Napée.*

NAPPERON [napʁɔ̃]. *n. m.* (*Naperon*, 1391; dimin. de *nappe*). ◆ 1° (1845) Petit linge de table servant à protéger ou décorer la table ou la nappe. *Napperons individuels*, placés sous chaque couvert. V. **Set** (de table) [anglicisme]. ◆ 2° Petit linge décoratif qui sert à isoler un objet (vase, lampe) du meuble qui le supporte. V. **Dessus.**

NARCÉINE [naʁsein]. *n. f.* (1832; du gr. *narkê* « engourdissement »). *Chim.* Un des alcaloïdes de l'opium.

NARCISSE [naʁsis]. *n. m.* (1538; *narciz*, 1363; lat. *narcissus*, gr. *narkissos*). I. Plante monocotylédone *(Amaryllidacées)* bulbeuse, herbacée, à fleurs campanulées blanches très odorantes, ou jaunes. *Narcisse des poètes.* V. **Jeannette.** *Narcisse jonquille.* V. **Jonquille.** *Narcisse sauvage, des prés.* V. **Coucou.** *Absolt.* NARCISSE : le narcisse blanc odorant.
II. (1598; de *Narcisse*, personnage de la mythologie, qui s'éprit de lui-même en se regardant dans l'eau d'une fontaine, et fut changé en la fleur qui porte son nom). *Littér.* Homme qui se contemple, s'admire. « *Des Narcisses, aimant et détestant leur image, mais à qui toute autre est indifférente* » (RADIGUET).

NARCISSIQUE [naʁsisik]. *adj.* et *n.* (v. 1960; de *narcissisme*). Inspiré par le narcissisme; qui relève du narcissisme. — *Psychan. Stade narcissique infantile de la sexualité.*

NARCISSISME [naʁsisism(ə)]. *n. m.* (1894; de *Narcisse*). ◆ 1° *Cour.* Contemplation de soi, attention exclusive portée à soi. V. **Égotisme.** ◆ 2° *Psychan.* Fixation affective à soi-même.

NARCO-. Élément, du gr. *narkê* « engourdissement ».

NARCO-ANALYSE [naʁkɔanaliz]. *n. f.* (1949; 1936 en angl.; de *narco-*, et *analyse*). *Méd.* Investigation de l'inconscient d'un sujet préalablement mis dans un état de narcose incomplète (ou *subnarcose*).

NARCOLEPSIE [naʁkɔlɛpsi]. *n. f.* (1880; de *narco-*, et gr. *lêpsis* « prise »). *Méd.* Accès brusque de sommeil. — *Adj.* NARCOLEPTIQUE [naʁkɔlɛptik].

NARCOSE [naʁkoz]. *n. f.* (1836; gr. *narkôsis*). ◆ 1° *Vx.* Torpeur pathologique. ◆ 2° (1903). *Mod.* Sommeil provoqué artificiellement par un narcotique. V. **Anesthésie.**

NARCOTHÉRAPIE [naʁkɔteʁapi]. *n. f.* (mil. XX°; de *narco-*, et *-thérapie*). *Didact.* Traitement de certaines affections mentales ou psychiques par un sommeil artificiel continu. V. **Sommeil** (cure de).

NARCOTINE [naʁkɔtin]. *n. f.* (1819; du rad. de *narcotique*). *Chim.* Un des alcaloïdes de l'opium employé comme calmant de la toux.

NARCOTIQUE [naʁkɔtik]. *adj.* et *n. m.* (1314; lat. médiév. *narcoticus*, gr. *narkôtikos*). ◆ 1° *Adj.* Qui assoupit, engourdit la sensibilité. V. **Anesthésique, calmant.** *Propriétés narcotiques d'une plante. Plantes narcotiques*, aux propriétés narcotiques. ◆ 2° *N. m.* Médicament qui provoque la narcose. V. **Stupéfiant.** ◇ *Fig.* Ce qui fait dormir. « *Les larmes sont un narcotique* » (DAUD.).
REM. On confond souvent à tort *narcotiques* et *stupéfiants*.

NARD [naʁ]. *n. m.* (1538; *narde*, 1213; lat. *nardus*, d'o. orient.). ◆ 1° *Nard (indien)* : plante herbacée, exotique *(Valérianacées)*, aromate très apprécié des Anciens. ◇ Parfum extrait de cette plante. ◆ 2° (1538). Nom de diverses valérianacées. *Nard celtique, des montagnes.* ◆ 3° (1765). Plante monocotylédone *(Graminées)* herbacée, à feuilles piquantes, commune dans les prés.

NARGUER [naʁge]. *v. tr.* (XVIII°; « être désagréable », 1452; *se narguer* « se moquer », 1562; lat. pop. °*naricare* « nasiller », de *naris* « narine »). Braver avec insolence, avec un mépris moqueur. « *Narguer impunément les Rois et les lois* » (ST-SIM.). « *De jeunes officiers allèrent jusque dans le Palais-Royal narguer la foule* » (MICHELET).

NARGUILÉ, NARGHILÉ [naʁgile] ou **NARGHILEH** [naʁgile]. *n. m.* (1834; narghilé, 1823; mot persan). Pipe orientale, à long tuyau communiquant avec un flacon d'eau aromatisée que la fumée traverse avant d'arriver à la bouche du fumeur. V. **Houka.** « *Fumant notre narguilé sous les platanes d'un café turc* » (LOTI).

NARINE [naʁin]. *n. f.* (1165; lat. pop. °*narina*, class. *naris*). Chacun des deux orifices extérieurs des cavités nasales. « *Les narines de son nez mince palpitaient largement* » (FLAUB.). « *Gomez l'aspira largement en dilatant ses narines* » (SARTRE). « *Les narines se pincent* » (VALÉRY).

NARQUOIS, OISE [naʁkwa, waz]. *adj.* (1582; mot argot., o. i.; *le narquois* « l'argot », XVII°). ◆ 1° *Vx.* Filou, rusé. ◆ 2° (1846; infl. probabl. de *narguer*). *Mod.* Qui est à la fois moqueur et malicieux. V. **Goguenard, ironique, railleur.** *Un sourire narquois.* « *Une lueur narquoise s'alluma entre ses cils* » (MART. du G.). — (Personnes) *Il est toujours un peu narquois.* ◇ ANT. *Respectueux.*

NARQUOISEMENT [naʁkwazmɑ̃]. *adv.* (1868; de *narquois*). D'une manière narquoise.

NARRATEUR, TRICE [naʁatœʁ, tʁis]. *n.* (1490; lat. *narrator*). Personne qui (spécialt. écrivain) qui raconte (certains événements). V. **Conteur, historien.** « *Le narrateur de cette histoire* » (CAMUS).

NARRATIF, IVE [naʀatif, iv]. *adj.* (1440; bas lat. *narrativus*). *Vx.* Qui fait le récit (de qqch.). ◇ *Mod.* Composé de récits ; propre à la narration. *Histoire narrative. Élément narratif d'un poème.*

NARRATION [naʀasjɔ̃]. *n. f.* (1190; lat. *narratio*). ◆ 1° Exposé écrit et détaillé d'une suite de faits, dans une forme littéraire. V. **Récit; exposé, relation.** « *Les récits de famille... se gravent plus fortement dans la mémoire que les narrations écrites* » (VIGNY). « *Une narration sèche, abstraite dans son élégance* » (STE-BEUVE). — *Gram. Infinitif de narration.* ◆ 2° (1680). *Rhét.* Partie du discours qui suit la proposition et précède la confirmation. ◆ 3° (1862). Exercice scolaire qui consiste à développer, de manière vivante et pittoresque, un sujet donné. V. **Rédaction.** *Composition de narration.*

NARRÉ [naʀe]. *n. m.* (1453; de *narrer*). *Vx.* Récit. « *Tel est le narré fidèle de ma demeure à l'Hermitage* » (ROUSS.).

NARRER [naʀe]. *v. tr.* (1388; lat. *narrare*). *Littér.* Raconter. « *Pour narrer les histoires de mon jeune temps* » (DUHAM.).

NARTHEX [naʀtɛks]. *n. m.* (1721; gr. ecclés. *narthêx* « férule, cassette »). *Archit.* Vestibule de l'église, distinct du porche en ce qu'il est compris sous la même couverture que la nef, souvent surmonté d'une tribune. *Narthex d'une basilique romane.*

NARVAL [naʀval]. *n. m.* (1732; *narwal*, 1647; *nahwal*, 1627; danois *narhval*, d'o. islandaise, par le lat. sav.). Grand mammifère cétacé (*Odontocètes*) de l'océan Glacial Arctique, appelé communément *licorne de mer*, caractérisé par le développement considérable, chez le mâle, de la canine gauche qui devient une longue défense horizontale. « *Quatre narvals énormes qui brandissaient formidablement leurs espadons* » (GAUTIER).

NASAL, ALE, AUX [nazal, o]. *adj.* (1611; lat. *nasus* « nez »). ◆ 1° Qui a rapport ou appartient au nez. *Fosses nasales :* les deux cavités séparées par la lame perpendiculaire du nez et par lesquelles l'air pénètre par les narines. *Cloison, épine nasale. Hémorragie nasale.* V. **Épistaxis.** ◆ 2° (1721). Dont la prononciation comporte une résonance de la cavité nasale mise en communication avec l'arrière-bouche. *Consonnes nasales* (M [m], N [n], GN [ɲ]); *voyelles nasales* (AN, EN [ɑ̃], IN [ɛ̃], ON [ɔ̃], UN [œ̃]) Subst. *Une nasale.* — *Par ext.* Nasillard. « *Une voix sonore, un peu nasale* » (ROMAINS). ◇ HOM. *Naseau.*

NASALISATION [nazalizasjɔ̃]. *n. f.* (1868; de *nasaliser*). Fait de se nasaliser, passage d'un phonème oral au phonème nasal correspondant. ◇ ANT. *Dénasalisation.*

NASALISER [nazalize]. *v. tr.* (1868; *nasaler*, 1781; de *nasal*). *Phonét.* Rendre nasal (un son, une prononciation). M, n, devant une consonne, nasalisent la voyelle qui les précède : rompre, bande. — *Phonème nasalisé.* Pronom. *La première syllabe de* dandy *se nasalise en français.* ◇ ANT. *Dénasaliser.*

NASALITÉ [nazalite]. *n. f.* (1760; de *nasal*). *Didact.* Caractère nasal (d'un phonème).

NASARD [nazaʀ]. *n. m.* (1685; « cornet », 1519; du rad. lat. de *nez*). *Mus.* Jeu de mutation de l'orgue, à son flûté, qui sert au renforcement de la quinte.

NASARDE [nazaʀd(ə)]. *n. f.* (1532; var. *nazarde*; du rad. lat. de *nez*). *Vx* ou *littér.* ◆ 1° Chiquenaude sur le nez. ◆ 2° *Fig.* Coup de patte, camouflet.

NASE ou **NAZE** [naz]. *n. m.* (1835; it. ou prov. *naso*, lat. *nasus*. V. Nez). *Pop.* Nez.

NASEAU [nazo]. *n. m.* (1540; du rad. lat. de *nez*). Chacune des narines de certains grands mammifères, et *spécialt.* du cheval. « *Le dromadaire enfonçait ses naseaux dans le sable* » (CHATEAUB.). ◇ *Fam. Les naseaux :* le nez. ◇ HOM. *Nasaux.*

NASILLARD, ARDE [nazijaʀ, aʀd(ə)]. *adj.* (1654; de *nasiller*). Qui nasille, vient du nez. *Voix nasillarde.* « *Il prenait une voix de tête, des tons nasillards* » (R. ROLLAND). *Les sons nasillards d'un mirliton.*

NASILLEMENT [nazijmɑ̃]. *n. m.* (1790; de *nasiller*). ◆ 1° Action de nasiller. « *Au nasillement d'une musette* » (CHATEAUB.). — *Méd.* Trouble de la phonation caractérisé par un excès de résonance des cavités nasales, dû à un défaut de perméabilité des fosses nasales. ◆ 2° Cri du canard.

NASILLER [nazije]. *v. intr.* (1575; du rad. lat. de *nez*). ◆ 1° Parler du nez. ◆ 2° (Canard). Pousser son cri. ◆ 3° Faire entendre des sons nasillards. « *Elle écarta l'écouteur, elle entendit l'appareil nasiller* » (MART. du G.). ◆ 4° *Trans.* (1767). *Littér.* Dire, chanter en nasillant. « *Un Requiem nasillé par deux jeunes filles* » (BENOIT).

NASILLEUR, EUSE [nazijœʀ, øz]. *n.* (1680; de *nasiller*). Personne qui nasille, est atteinte de nasillement.

NASIQUE [nazik]. *n.* (1790; lat. *nasica* « au grand nez », surnom prop.). I. *N. f.* Grande couleuvre arboricole de l'Inde, dont les plaques nasales se prolongent en avant du museau. II. *N. m.* (1791). Mammifère simien (*Semnopithèques*)

de Bornéo, singe de grande taille au nez pointu très proéminent.

NASITORT [nazitɔʀ]. *n. m.* (XIIIᵉ; lat. *nasturtium*). Autre nom du *cresson alénois.*

NASONNEMENT [nazɔnmɑ̃]. *n. m.* (1834; de *nasonner* [1743], var. de *nasiller*, d'apr. *chantonner*). *Méd., Phonét.* Trouble de la phonation dû à une exagération de la perméabilité nasale, caractérisé par une légère nasalisation des voyelles orales.

NASSE [nas]. *n. f.* (XIIᵉ; lat. *nassa*). ◆ 1° Engin de pêche, panier oblong en osier, en filet ou en treillage métallique. V. **Casier.** *Poser, lever des nasses.* ◇ Filet pour la capture des petits oiseaux. ◆ 2° *Zool.* Mollusque gastéropode carnassier. *Syn.* NATICE.

NATAL, ALE, ALS [natal]. *adj.* (v. 1500; lat. *natalis*). ◆ 1° Où l'on est né. *Le pays natal. Ma maison natale. Milly ou la Terre natale,* poème de Lamartine. — *Langue natale,* maternelle. « *Mêlant un français farouche à son arabe natal* » (DUHAM.). ◆ 2° Relatif à la naissance (Cf. Postnatal, périnatal, prénatal).

NATALISTE [natalist(ə)]. *adj.* (1939; de *natal*). Qui cherche à favoriser, à augmenter la natalité. *Politique nataliste.* « *Une circulaire... leur avait enjoint de servir la propagande nataliste* » (BEAUVOIR).

NATALITÉ [natalite]. *n. f.* (1868; de *natal*). Rapport entre le nombre des naissances en une période de temps déterminée (généralement un an) et l'effectif de la population considérée (taux de natalité générale). *Pays à forte, à faible natalité. Accroissement, régression (dénatalité) de la natalité.* ◇ ANT. *Mortalité.*

NATATION [natasjɔ̃]. *n. f.* (1550; lat. *natatio*). Action de nager, considérée comme un exercice, un sport. V. **Nage.** *Pratiquer la natation. Professeur de natation. Épreuves de natation sportive* (nage libre, brasse, dos). *Sports annexes de la natation* (plongeon, water-polo).

NATATOIRE [natatwaʀ]. *adj.* (*Lieu natatoire,* 1581; « baignade, piscine », n., v. 1190; bas lat. *natatorius*). ◆ 1° *Rare.* Relatif à la natation. ◆ 2° (1789). *Vessie* natatoire :* qui sert à nager.

NATICE [natis]. V. Nasse 2°.

NATIF, IVE [natif, iv]. *adj.* et *n.* (XIVᵉ; lat. *nativus*; Cf. Naïf).

I. *Adj.* ◆ 1° (Vieilli). NATIF DE : né d'une famille établie à (tel endroit). V. **Originaire.** — *Pop. Il est né natif de Marseille.* ◆ 2° Qu'on a de naissance. V. **Inné, naturel.** « *Elle avait une noblesse native* » (BALZ.). « *Cette répugnance, qui déjà sans doute était native, à toute possession* » (GIDE). ◆ 3° (1762). Se dit de certains métaux, qu'on trouve naturellement non combinés. *Or, cuivre natif.* V. **Brut.**

II. *N.* Personne née dans le pays dont il est question. V. **Indigène, naturel.**

NATION [nasjɔ̃]. *n. f.* (*Nacion,* v. 1270; « naissance, race », 1160; lat. *natio*). ◆ 1° *Vx.* Groupe d'hommes auxquels on suppose une origine commune. « *Des nations d'hommes d'une taille gigantesque* » (ROUSS.). V. **Race.** ◆ 2° Groupe humain, généralement assez vaste, qui se caractérise par la conscience de son unité et la volonté de vivre en commun. V. **Peuple.** « *Le peuple français est mieux qu'une race, c'est une nation* » (BAINVILLE). *Essai sur les mœurs et l'esprit des nations,* ouvrage de Voltaire. — *Allez, enseignez toutes les nations* (Bible) : les peuples idolâtres. ◆ 3° Groupe humain constituant une communauté politique, établie sur un territoire défini ou un ensemble de territoires définis, et personnifiée par une autorité souveraine. V. **État, pays, puissance.** « *La division du territoire habitable en nations politiquement définies* » (VALÉRY). *Relations entre les nations, internationales. Organisation des Nations Unies* (O.N.U.), créée en 1945 pour remplacer la *Société des Nations* (S.D.N., 1919). ◆ 4° Ensemble des individus qui composent ce groupe. « *Cette partie de la nation qu'on nomme la bourgeoisie* » (HUGO). *Les vœux de la nation.* ◇ *Dr.* Personne juridique constituée par l'ensemble des individus composant l'État, mais distincte de ceux-ci et titulaire du droit subjectif de souveraineté. « *Le principe de toute souveraineté réside essentiellement dans la Nation* » (DÉCLAR. DR. HOM.). « *L'Europe des Nations* » (DE GAULLE). — *Cour. La nation,* la collectivité. *Biens, moyens de production qui doivent revenir à la nation,* être nationalisés.

NATIONAL, ALE, AUX [nasjonal, o]. *adj.* et *n.* (1550; *nacional,* 1534, d'abord T. d'organisation religieuse; de *nation*). ◆ 1° (Répandu fin XVIIIᵉ). Qui appartient à une nation (2° et 3°), qui a pour objet une nation, particulièrement celle à laquelle on appartient (*opposé à* étranger, à international). *Territoire national. Fête nationale.* « *La plupart des minorités ethniques ont tenté de ressusciter leurs langues nationales* » (SARTRE). *Spécialt. Langue nationale :* langue d'un groupe ethnique dont l'usage est légalement reconnu dans l'État auquel appartient ce groupe. (À distinguer de *langue officielle*). *Armée nationale,* composée de citoyens (et non de mercenaires ou de volontaires étrangers). ◇ *Polit.* Qui incarne ou prétend incarner et servir avant tout sa nation (en se défiant de toute tendance internationaliste). « *Tout ce qui est national est nôtre* », slogan de Ch. Maurras. « *Depuis quand les gens de droite s'appellent-ils nationaux?* » (BERNANOS). *Les partis nationaux.* N. *Les nationaux.* — Au Québec, *Parti de l'Union nationale* [1936, DUPLESSIS]. *Membre de l'Union nationale.* V. **Unioniste.** ◆ 2° (*Opposé à* local, régional, privé). Qui intéresse la nation entière, qui appartient à l'État, est entretenu, géré, organisé par l'État. *Biens nationaux : biens des émigrés, de l'Église, qui furent confisqués sous la Révolution et vendus au profit de l'État. Défense, Éducation nationale. Assemblée nationale. Bibliothèque nationale,* ou subst. *La Nationale. Comité, bureau, congrès national d'un parti* (*opposé à* fédéral, local). *Équipe nationale de football.* — *Route nationale.* Subst. *La Nationale 7.* ◇ *Obsèques nationales.* ◆ 3° Qui est issu de la nation (4°), qui la représente ou l'exprime. « *Nous sommes ici par la volonté nationale* » (MIRABEAU). *Victor Hugo, notre grand poète national.* ◆ 4° N. (1787). Personne qui possède telle nationalité déterminée. *Les nationaux et ressortissants français.* ◈ ANT. *Étranger.*

NATIONALISATION [nasjɔnalizɑsjɔ̃]. *n. f.* (*h. 1845;* 1877, à propos de l'Angleterre, répandu déb. XXᵉ; « action de nationaliser » au sens anc., fin XVIIIᵉ; *de nationaliser*). Action de transférer à la collectivité la propriété de certains biens ou moyens de production appartenant à des entreprises privées. V. **Étatisation, socialisation.** *La nationalisation des houillères, du crédit.* ◈ ANT. **Dénationalisation, privatisation.**

NATIONALISER [nasjɔnalize]. *v. tr.* (1842; « rendre national », 1792; *de national*). Opérer la nationalisation de (une entreprise privée). — Au p. p. *Entreprises nationalisées,* où est intervenue la nationalisation. *Le secteur nationalisé. Les banques nationalisées.* ◈ ANT. **Dénationaliser, privatiser.**

NATIONALISME [nasjɔnalism(ə)]. *n. m.* (1798; *de national*). ◆ 1° Exaltation du sentiment national; attachement passionné à la nation à laquelle on appartient, accompagné parfois de xénophobie et d'une volonté d'isolement. V. **Chauvinisme, patriotisme.** « *Le départ de nos dernières troupes provoqua une explosion de nationalisme* » (GAXOTTE). ◆ 2° Doctrine fondée sur ce sentiment, subordonnant toute la politique intérieure au développement de la puissance nationale et revendiquant le droit d'affirmer à l'extérieur cette puissance sans limitation de souveraineté. *Le nationalisme intégral de Ch. Maurras.* « *Scènes et Doctrines du nationalisme* », de Barrès. ◆ 3° Doctrine, mouvement politique qui revendique pour une nationalité le droit de former une nation. *Les nationalismes européens du XIXᵉ s.* ◇ ANT. **Internationalisme.**

NATIONALISTE [nasjɔnalist(ə)]. *adj.* et *n.* (1830; *de nationalisme*). Qui concerne le nationalisme ou qui l'inspire. — N. *Les nationalistes,* ceux qui poussent le sentiment national jusqu'au nationalisme; les partisans du nationalisme politique.

NATIONALITÉ [nasjɔnalite]. *n. f.* (1808; *de national*). ◆ 1° Existence ou volonté d'existence en tant que nation d'un groupe d'hommes unis par une communauté de territoire, de langue, de traditions, d'aspirations; ce groupe dans la mesure où il maintient ou revendique cette existence. « *En Irlande, le catholicisme est cher aux hommes comme symbole de la nationalité* » (MICHELET). — *Principe des nationalités,* au nom duquel ces groupes ont le droit de se constituer en État politiquement autonome. ◆ 2° (1868). État d'une personne qui est membre d'une nation déterminée. *Le Code de la nationalité française. Nationalité d'origine. Nationalité acquise.* V. **Naturalisation.** *De deux nationalités.* V. **Binational.**

NATIONAL-SOCIALISME [nasjɔnalsɔsjalism(ə)]. *n. m.* (v. 1921; all. *National-Sozialismus*). Doctrine du « parti ouvrier allemand » et surtout de Hitler qui en devint le chef. V. **Nazisme.**

NATIONAL-SOCIALISTE [nasjɔnalsɔsjalist(ə)]. *adj.* (v. 1921; all. *National-Sozialist*). Relatif au national-socialisme; partisan de ce mouvement. V. **Hitlérien, nazi.** « *En 1920, à Munich, Hitler tint la première grande réunion du Parti ouvrier allemand national-socialiste* » (BAINVILLE). — Subst. *Des nationaux-socialistes.*

NATIVEMENT [nativmɑ̃]. *adv.* (1554; *de natif*). Par l'effet d'une disposition native. « *L'un possédait nativement des manières nobles* » (BALZ.).

NATIVISME [nativism(ə)]. *n. m.* (1876; *de natif*). *Philo.* Théorie qui s'oppose au génétisme*, et selon laquelle la perception de l'espace est naturelle (donnée par la sensation).

NATIVISTE [nativist(ə)]. *adj.* et *n.* (1888; *de natif*). *Psychol.* Du nativisme. — Partisan du nativisme.

NATIVITÉ [nativite]. *n. f.* (XIIᵉ; bas lat. *nativitas*). ◆ 1° *Relig. chrét.* Naissance (de Jésus, de la Vierge, de saint Jean-Baptiste). *Arts. Une nativité,* un tableau, une sculpture représentant la nativité du Christ. ◇ Fête anniversaire commémorant cette naissance. V. **Noël.** ◆ 2° *Astrol.* (XVIᵉ). *Thème généthliaque, horoscope.*

NATRON [natʀɔ̃] ou **NATRUM** [natʀɔm]. *n. m.* (1665, -1765; esp. *natron,* arabe *natroûn*). Carbonate naturel de sodium cristallisé. « *Les momies pénétrées de bitume et de natrum* » (GAUTIER).

NATTE [nat]. *n. f.* (*Nate,* XIᵉ; lat. médiév. *natta,* bas lat. *matta*). ◆ 1° Pièce d'un tissu fait de brins végétaux entrelacés à plat, servant de tapis, de couchette. *Natte de paille, de roseau, de jonc, de raphia.* « *Quelques vieux Arabes accroupis sur des nattes et fumant le kief* » (GIDE). ◆ 2° (1525). *Tresse plate. Natte à trois, six brins.* Mar. V. **Paillet.** ◆ 3° (1690). Tresse de cheveux. « *En soulevant des nattes de ses cheveux qu'elle portait sur les épaules* » (PROUST).

NATTÉ [nate]. *n. m.* (XXᵉ; attesté 1894; *de natter*). ◆ 1° Tissu en laine ou coton, dont l'armure est une variante de l'armure toile, présentant de petits damiers. ◆ 2° Petit pain fait de rubans de pâte tressés.

NATTER [nate]. *v. tr.* (1344; *de natte*). ◆ 1° *Vx.* Couvrir d'une natte. ◆ 2° (1606). Entrelacer, mettre en natte. V. **Tresser.** *Natter de la soie. Natter ses cheveux. Action de natter : nattage.* — Au p. p. « *Nattée à l'alsacienne, deux petits rubans voletant au bout de mes deux tresses* » (COLETTE). ◇ ANT. **Dénatter.**

NATTIER, IÈRE [natje, jɛʀ]. *n.* (XIVᵉ; *de natte*). Artisan qui fabrique et vend des nattes.

NATURALISATION [natyʀalizɑsjɔ̃]. *n. f.* (1566; *de naturaliser*). I. ◆ 1° Acquisition de la nationalité, par décision de l'autorité publique, à la demande d'une personne ressortissante d'un autre État ou apatride (CODE DE LA NATIONALITÉ, art. 59). *Demande, lettre, décret de naturalisation.* ◆ 2° Acclimatation durable d'une espèce végétale ou animale importée dans un lieu où elle se maintient d'elle-même, comme une espèce indigène. ◆ 3° *Fig.* Acclimatation définitive (d'un mot, d'une idée venant de l'étranger). II. (1907). Opération par laquelle on conserve un animal mort, une plante coupée en lui donnant l'apparence de la nature vivante. V. **Empaillage.**

NATURALISER [natyʀalize]. *v. tr.* (1471; *du rad. lat. de naturel*). I. ◆ 1° Assimiler (qqn) aux nationaux d'un État par naturalisation. « *Me faire naturaliser ottoman, changer de nom et de patrie* » (LOTI). Au p. p. *Un Français naturalisé.* Subst. *Les naturalisés et les naturalisées.* ◆ 2° (Fin XVIᵉ). Acclimater de façon durable (une espèce végétale ou animale). ◆ 3° *Fig.* (1553). Introduire et acclimater définitivement. « *Passionné pour les arts de l'Europe et résolu de les naturaliser dans son pays* » (MÉRIMÉE). II. (1874). Conserver (un animal, une plante) par naturalisation. V. **Empailler.**

NATURALISME [natyʀalism(ə)]. *n. m.* (1582; *du rad. lat. de naturel*). ◆ 1° *Philo.* Doctrine selon laquelle rien n'existe en dehors de la nature (II, 3°), qui exclut le surnaturel. ◆ 2° *Peint.* (1839). Représentation réaliste de la nature. ◇ *Hist. litt.* (1868; mus., 1841) Doctrine, école qui proscrit toute idéalisation du réel et insiste principalement sur les aspects qui, dans l'homme, relèvent de la nature et de ses lois. V. **Réalisme.** « *Zola croit avoir découvert le Naturalisme !* » (FLAUB.). ◇ ANT. **Fantastique, idéalisme.**

NATURALISTE [natyʀalist(ə)]. *n.* et *adj.* (1527; *du rad. lat. de naturel*). I. *N.* ◆ 1° Savant qui s'occupe spécialement de sciences naturelles. V. **Botaniste, minéralogiste, zoologiste.** « *Il passait pour un grand naturaliste, pour le successeur de Buffon* » (BALZ.). ◇ Personne qui s'intéresse aux sciences naturelles. « *J'étais « naturaliste » avant d'être littérateur* » (GIDE). ◆ 2° (1845). Artisan qui procède à la naturalisation des animaux et des plantes destinés aux collections. V. **Empailleur.** II. *Adj.* ◆ 1° *Philo.* (1580). Partisan du naturalisme, propre au naturalisme. ◆ 2° *Peint.* (1675; repris et précisé mil. XIXᵉ). Qui reproduit fidèlement la nature (*opposé à* l'idéalisation *et à* l'imagination en art). *École, peintre naturaliste.* — *Hist. litt.* (1877) Adepte du naturalisme, inspiré par le naturalisme. « *Les Romanciers naturalistes* », œuvre de Zola. « *Le déterminisme du roman naturaliste écrase la vie* » (SARTRE). ◇ ANT. **Fantastique, formaliste, idéaliste.**

NATURE [natyʀ]. *n. f.* (1119; lat. *natura*). I. ◆ 1° (Qualifié : *la nature de...*). Ensemble des caractères, des propriétés qui définissent un être, une chose concrète ou abstraite, généralement considérés comme constituant un genre. V. **Essence, entité.** « *On peut bien connaître l'existence d'une chose, sans connaître sa nature* » (PASC.). « *Définir la nature et marquer les conditions d'existence de chaque art* » (TAINE). — Spécialt. *La nature humaine.* « *Il y a deux natures en nous* » (PASC.). — Théol. *L'union des deux natures* (divine et humaine) *en Jésus-Christ.* ◇ Loc. DE... NATURE. *De cette nature,* de ce genre, de cette espèce. *De toute nature, de toute sorte.* « *Ces recherches sont de nature à bouleverser la science* » (DUHAM.), susceptibles de bouleverser la science. ◆ 2° *Absolt.*

Ensemble des caractères innés (physiques ou moraux) propres à une espèce, et *spécialt.* à l'espèce humaine ; le principe interne qui détermine ces caractères. « *Analyser le cœur humain pour y démêler les vrais sentiments de la nature* » (Rouss.). « *Une chose si fort contre nature et si pénible* » (Stendhal). — *Spécialt.* Les instincts de la chair. « *La nature en elle ne s'était point encore apaisée* » (Aragon). ♦ 3° (Dans des expressions). Ce qui est inné, spontané, *opposé* à ce qui est acquis (par la coutume, la vie en société, la civilisation). *L'homme dans l'état de nature.* — *Seconde nature* : les caractères qui ont pris la force, l'importance de caractères innés. *La coutume, l'habitude est une seconde nature.* ♦ 4° *La nature de qqn, une nature* : ensemble des éléments innés d'un individu. V. **Caractère, idiosyncrasie, naturel, tempérament.** « *Leurs natures disparates semblaient un instant s'accorder* » (Mart. du G.). « *Il cachait une nature aimante sous de froids dehors* » (Goncourt). — *De nature, par nature,* du fait de sa nature. V. **Naturellement.** « *Manuel était discipliné par nature* » (Malraux). ◊ *Par ext. Une nature violente, insouciante : une personne d'un naturel violent.* « *C'était une nature de paysan* » (Barrès). *C'est une heureuse nature, il est toujours satisfait.* Absolt. « *C'est une nature, elle a une personnalité* » (Proust) : une forte personnalité.

II. ♦ 1° Principe actif, souvent personnifié, qui anime, organise l'ensemble des choses existantes selon un certain ordre. *Les lois de la nature.* « *La nature agit toujours avec lenteur* » (Montesq.). « *La nature ne procède que par bonds et désordres soudains* » (Duham.). — (*Opposé à* l'homme, à l'activité humaine) « *Le sort des femmes que la nature a disgraciées* » (Dider.). « *La nature travaille à rétablir ce que l'homme ne cesse de détruire* » (Buff.). « *Cette confiance du médecin qui fait crédit à la nature plus qu'à ses remèdes* » (Chardonne). ♦ 2° Principe fondamental de tout jugement moral, ensemble de règles idéales dont les lois humaines ne sont qu'une imitation imparfaite. « *Le code des nations serait court, si on le conformait rigoureusement à celui de la nature* » (Dider.). *Ce qui est contre la loi de nature, contre nature.* Spécialt. *Vices contre nature, perversions sexuelles.* — *Chose contre nature,* « *contre la loi de nature* » (Rouss.). « *J'ose presque dire que l'état de réflexion est un état contre nature* » (Rouss.). ♦ 3° L'ensemble des choses qui présentent un ordre ou se produisent suivant des lois ; l'ensemble de tout ce qui existe. V. **Monde, univers.** « *Rien ne se perd ni rien ne se crée dans la nature* » (Cl. Bernard). *Les secrets de la nature.* « *Le sentiment écrasant de la permanence de la nature* » (Balz.). ♦ 4° Ce qui, dans l'univers, se produit spontanément, sans intervention de l'homme ; tout ce qui existe sans l'action de l'homme. « *L'art est constamment au-dessous de la nature* » (Muss.). « *Corrigeant partout la nature* » (La Font.). *Des formes géométriques qui n'existent pas dans la nature.* ♦ 5° L'ensemble des choses perçues, visibles, en tant que milieu où vit l'homme. *La nature sensible.* V. **Réalité.** *Sciences abstraites et sciences de la nature. Les forces de la nature.* ◊ *Spécialt.* Le monde physique, objet d'émotion esthétique. *Aimer, admirer la nature. Le sentiment de la nature.* « *S'enivrer à loisir des charmes de la nature* » (Rouss.). « *Mais la nature est là, qui t'invite et qui t'aime* » (Lamart.). — *Par ext. et fam. Il a disparu dans la nature,* on ne sait où il se trouve, on n'a aucune nouvelle de lui. *La voiture a dérapé, s'est retrouvée dans la nature,* loin de la route. V. **Décor.** ♦ 6° Modèle que l'art se propose de suivre ou de reproduire. *Dessiner, peindre d'après nature.* « *C'était un buste creux, et plus grand que nature* » (La Font.). *Par appos. Grandeur* nature.* ◊ V. **Nature morte.** ♦ 7° **En nature** : en objets réels (dans un échange, une transaction), sans intermédiaire monétaire. « *Chacun fournit sa part en argent ou en nature* » (Taine).

III. *Adj. et adv.* ♦ 1° *Adj. invar.* Préparé simplement. *Bœuf nature.* — Consommé sans assaisonnement (Cf. *Au naturel*). *Je préfère les huîtres nature. Café nature* : noir. ◊ *Fam.* Naturel, vrai, exact. « *Nana était si nature dans ce personnage* » (Zola). « *Ça fera plus* nature » (Dorgelès). *Il est nature,* naïf, franc. ♦ 2° *Adv. Pop.* Naturellement. « *— Quoi, du riz ? —* Nature, *du riz* » (Dorgelès).

NATUREL, ELLE [natyʀɛl]. *adj. et n.* (1160 ; *natural,* 1119 ; *jorz naturals* : « jour astronomique » ; lat. *naturalis*).
I. ♦ 1° Qui appartient à la nature d'un être, d'une chose. *Caractères naturels.* ◊ *Vx.* Qui appartient à la nature d'un lieu. V. **Indigène.** « *Le faucon qui est naturel en France* » (Buff.). ♦ 2° Relatif à la nature des choses ou à la nature (II). *Phénomènes naturels. Lois naturelles.* — *Spécialt. Sciences* naturelles. Histoire* naturelle.* ♦ 3° Qui appartient à la nature des choses (*opposé à* miraculeux, surnaturel). « *Les faits naturels et les miracles* » (Gautier). — *Théol.* Tiré de la nature (*opposé à* révélé). *Raisons naturelles.* ♦ 4° Propre au monde physique, à l'exception de l'homme et de ses œuvres (*opposé à* humain, artificiel). « *Une coupure pratiquée de main d'homme, plutôt qu'une ouverture naturelle* » (Gautier). *Frontières naturelles. — Soie naturelle.* ♦ 5° Qui

n'a pas été modifié, traité par l'homme. V. **Brut.** *Eau minérale naturelle. — Gaz naturel. — Spécialt.* Qui n'est pas altéré. V. **Pur.** « *Des eaux-de-vie naturelles, saines, honnêtes* » (Chardonne). ◊ *Mus.* Sans altération. *Note naturelle* (*opposé à* « bécarre, dièse, bémol »). *Ton naturel.* ♦ 6° Qui se trouve dans la nature, n'est pas le fruit de la pensée (*opposé à* idéal). « *La géométrie ne s'occupe pas de solides naturels* » (Poincaré). Ling. *Genre naturel* (*opposé à* genre grammatical). ◊ *Nombres naturels,* chacun des entiers positifs de la suite 1, 2, 3, 4… ♦ 7° Fondé sur la nature, imposé par la nature (II, 2°) en tant que principe. *Les droits* naturels de l'homme. La loi* naturelle. Inégalité naturelle et inégalité sociale.* ♦ 8° Qui correspond à l'ordre habituel, est considéré comme un reflet de l'ordre de la nature. V. **Normal.** « *Le côté naturel et simple des choses* » (Gautier). *C'est naturel, tout naturel,* cela va sans dire, cela va de soi. ♦ 9° (1398 ; *opposé à* légitime). *Enfant naturel,* bâtard. *Héritiers* naturels.*

II. (Mil. XIII°). ♦ 1° Relatif à la nature humaine, commun à tous les hommes. « *S'il y avait une langue naturelle et commune à tous les hommes* » (Rouss.). Relatif aux fonctions de la vie. *Besoins naturels. Fonctions naturelles.* V. **Physiologique.** ◊ *Relig.* De la nature humaine (*opposé à* divin, surnaturel). ♦ 2° Qui est inné en l'homme (individu, groupe, humanité), *opposé à* acquis, appris. V. **Natif.** « *Ce prince avait tous les vices acquis, en avait un naturel* » (Michelet). *Penchant, goût naturel.* « *Le style est une qualité naturelle comme le son de la voix* » (Claudel). — *Naturel à qqn* : habituel, conforme à sa nature. « *Rien de ce qui m'est naturel n'est dangereux* » (Senancour). ♦ 3° Qui appartient réellement à qqn, n'a pas été modifié. *C'est son teint naturel. — Mort naturelle* (*opposé à* accidentel, provoqué). ♦ 4° (1640). Qui témoigne de la nature d'un individu et par suite exclut toute affectation, toute contrainte. V. **Franc, sincère, spontané.** « *Le geste simple et naturel* » (Maupass.). ◊ (*Personnes*) Qui se comporte, s'exprime avec spontanéité, conformément à sa nature profonde. « *Rien n'empêche tant d'être naturel que l'envie de le paraître* » (La Rochef.). « *Elle reste parfaitement naturelle, dénuée de la moindre pose* » (Montherlant). ♦ 5° Œuvre d'art. Qui donne une impression de vérité, d'aisance, de simplicité. « *Une intrigue simple et naturelle* » (Dider.). « *Ce don du style naturel, qui vient du cœur* » (R. Rolland).

III. NATUREL. *n. m.* ♦ 1° (XV°). Ensemble des caractères physiques et moraux qu'un individu possède en naissant. **Caractère, humeur, nature, tempérament.** « *D'un naturel très réfléchi et très sensible* » (Ste-Beuve). prov. *Chassez le naturel, il revient au galop.* ♦ 2° (1671). Aisance avec laquelle on se comporte, spontanéité sans affectation. V. **Abandon, facilité.** « *Il jouait un personnage et perdait presque tout naturel* » (Gide). « *Elle conserva le naturel et la liberté des façons allemandes* » (Stendhal). ◊ Simplicité pleine de vérité (en art). « *Le purisme nuit au naturel* » (Duham.). ♦ 3° (1587). Personne originaire d'un lieu. V. **Aborigène, autochtone, indigène.** « *Un naturel du village de Gruisson* » (Hugo). ♦ 4° Loc. **Au naturel.** *Vx.* D'après nature, avec exactitude. ◊ *Mod.* Sans assaisonnement, non préparé. *Thon au naturel.*

◊ **ANT.** (de l'adj.) *Artificiel, surnaturel ; factice, falsifié ; idéal, anormal, arbitraire. Acquis ; affecté, forcé, maniéré, recherché, sophistiqué ; académique, emphatique.*

NATURELLEMENT [natyʀɛlmã]. *adv.* (XII° ; de *naturel*). ♦ 1° Conformément à la nature, de par la nature d'une chose, d'un être. « *Comme le soleil naturellement répand ses rayons* » (Boss.). « *De grands cheveux noirs, naturellement bouclés* » (Rouss.). ♦ 2° Par un enchaînement logique ou naturel. « *Que tout est explicable naturellement, même l'inexplicable* » (Renan). ◊ Inévitablement, nécessairement. « *On a été naturellement porté à penser que…* » (Montesq.). *Fam.* Forcément, bien sûr. « *J'ai rien dit, naturellement* » (Mac Orlan). ♦ 3° (v. 1190). Par une impulsion naturelle, conformément au naturel, à l'instinct. V. **Nativement.** « *Vous êtes bon naturellement* » (Mol.). « *Il était naturellement courageux, comme tant de timides* » (Malraux). ♦ 4° (XIV°). D'une manière spontanée, aisée. « *Elle le tutoyait si naturellement que Léon n'en était pas surpris* » (Mart. du G.). V. **Facilement, spontanément.** ◊ Sans affectation ni recherche, avec naturel. « *Il faut exprimer le vrai pour écrire naturellement* » (La Bruy.). V. **Simplement.**
◊ **ANT.** *Artificiellement, faussement.*

NATURE MORTE [natyʀmɔʀt(ə)]. *n. f.* (1752 ; de [II, 6°], et *mort*). ♦ 1° Objets ou êtres inanimés faisant le sujet essentiel d'un tableau ; genre de peinture qui s'attache à les représenter. *Peintre de nature(s) morte(s).* ♦ 2° (Mil. XIX°). Tableau dans ce genre de peinture. « *La Raie* », *célèbre nature morte de Chardin. Nature morte au pichet, aux oranges,* se dit d'un tableau de nature morte d'après son objet principal.

NATURISME [natyʀism(ə)]. *n. m.* (1778 ; de *nature*). ♦ 1° *Philo.* Culte de la nature. *Le « naturisme mécaniste » de Buffon* (J. Rostand). ◊ Doctrine selon laquelle l'adoration des forces de la nature est à l'origine de la religion.

♦ 2° (1845). *Méd.* Doctrine hippocratique, d'après laquelle on doit tout attendre de la médication naturelle. ♦ 3° (1931). *Cour.* Doctrine prônant le retour à la nature dans la manière de vivre (vie en plein air, aliments naturels, nudisme).

NATURISTE [natyʀist(ə)]. *n.* et *adj.* (1845, méd.; de *naturisme*, 2°). Partisan du naturisme, qui pratique le naturisme (3°). *Camp de naturistes.* V. **Nudiste.** — *Adj.* Relatif au naturisme. *Revue naturiste.*

NAUCORE [nokɔʀ]. *n. f.* (1800; du gr. *naus* « navire », et *koris* « punaise »). Insecte des eaux stagnantes, communément appelé *punaise d'eau.*

NAUFRAGE [nofʀaʒ]. *n. m.* (1549; *naffrage*, 1414; lat. *naufragium*, de *navis* « bateau », et *frangere* « briser »). ♦ 1° Perte totale ou partielle d'un navire par un accident de navigation. V. **Fortune** (de mer), **submersion.** *Le naufrage du Titanic. Le bateau a fait naufrage, a coulé, sombré.* — Par ext. *Ce marin a fait naufrage deux fois, a été deux fois victime d'un naufrage.* Fig. *Faire naufrage au port,* échouer au moment où on semble avoir réussi. ♦ 2° *Fig.* Destruction totale, ruine. « *Le naufrage de mes ambitions* » (MAURIAC). « *Le grand homme qui nous sauvera du naufrage* » (BALZ.). *Naufrage des espoirs, des croyances, des projets : effondrement. Naufrage d'un pays, d'une société. Le naufrage de son honneur, de sa réputation, de sa fortune* (ACAD.). ◇ ANT. *Renflouement, sauvetage.*

NAUFRAGÉ, ÉE [nofʀaʒe]. *adj.* et *n.* (1300; lat. *naufragus,* d'apr. *naufrager*). ♦ 1° *(Personnes).* Qui a fait naufrage. *Marin naufragé.* Subst. *Naufragés réfugiés sur un radeau, un canot de sauvetage.* ♦ 2° (1681). Se dit aussi des navires. « *Le vaisseau naufragé* » (MÉRIMÉE).

NAUFRAGER [nofʀaʒe]. *v. intr.; conjug. bouger* (1520; lat. *naufragare*). Rare. Faire naufrage.

NAUFRAGEUR [nofʀaʒœʀ]. *n. m.* (1874; de *naufrager*). ♦ 1° Pillard qui, par de faux signaux, provoquait un naufrage pour voler la cargaison, les épaves. ◇ *(Navire)* Qui provoque un naufrage, par abordage, collision. *Bateau naufrageur.* ♦ 2° *Fig.* Celui qui provoque la ruine. *Les naufrageurs de l'État.*

NAUMACHIE [nomaʃi]. *n. f.* (1520; lat. *naumachia,* mot gr., de *naus* « navire », et *makhê* « combat »). *Antiq.* Représentation d'un combat naval dans un cirque où l'arène était remplacée par un bassin ; ce bassin.

NAUPATHIE [nopati]. *n. f.* (1965; du gr. *naus* « navire », et *-pathie*). *Méd.* Mal de mer. *(Naupathique,* adj. et n.).

NAUPLIUS [noplijys]. *n. m.* (1882; mot lat. « espèce de crustacé »). *Zool.* Première forme larvaire des crustacés. V. **Larve.**

NAUSÉABOND, ONDE [nozeabɔ̃, 5d]. *adj.* (1762; lat. *nauseabundus*). ♦ 1° *(Odeur).* Qui cause des nausées, qui écœure. « *Dépotoir nauséabond* » (MAUPASS.), qui dégage de mauvaises odeurs. V. **Dégoûtant, fétide, puant.** ♦ 2° *Fig.* Répugnant. « *Des écrits qui nous paraissent... de l'insipidité la plus nauséabonde* » (GAUTIER).

NAUSÉE [noze]. *n. f.* (1573; lat. *nausea*; gr. *nautia* « mal de mer », de *nautês* « marin »). ♦ 1° Envie de vomir. V. **Haut-le-cœur.** « *Elle fut prise d'une nausée soudaine* » (FLAUB.). *Avoir la nausée, des nausées,* avoir mal au cœur. ♦ 2° Sensation de dégoût insurmontable. « *La société maniérée qui a des nausées devant le peuple* » (MAUPASS.). « *C'est à donner la nausée* » (BENOIT), c'est écœurant. *J'en ai la nausée,* j'en suis dégoûté, excédé.

NAUSÉEUX, EUSE [nozeø, øz]. *adj.* (1793; de *nausée*). Qui provoque des nausées. V. **Émétique.** « *C'était cela l'ennui? C'était ce vide nauséeux* » (DUHAM.).

-NAUTE, -NAUTIQUE. Éléments de composition, du gr. *nautês* « navigateur », *nautikos* « relatif à la navigation ».

NAUTILE [notil]. *n. m.* (1562; lat. *nautilus*; gr. *nautilos*). ♦ 1° Mollusque céphalopode *(Tétrabranchiaux)* à coquille spiralée, divisée en loges que traverse un long appendice *(siphon).* ♦ 2° (1664). *Arts.* Vase fait d'une conque marine irisée montée sur un pied d'orfèvrerie.

NAUTIQUE [notik]. *adj.* (v. 1500; lat. *nauticus,* gr. *nautikos*). ♦ 1° Relatif à la technique de la navigation. V. **Naval.** *Art, science nautique. Instructions nautiques.* ♦ 2° Relatif à la navigation de plaisance et aux sports qui s'y rattachent. *Joutes nautiques. Sports nautiques* (hors-bords, régates, yachting). *Ski* nautique.*

NAUTISME [notism(ə)]. *n. m.* (1966; de *nautique*). Sports nautiques, surtout navigation de plaisance.

NAUTONIER, IÈRE [notɔnje, jɛʀ]. *n.* (XVᵉ; *notonier,* v. 1120; a. prov., du lat. pop. °*nauto, onis,* class. *nauta*). *Vx.* Personne qui conduit un bateau. ◇ *Mod. Le nautonier des enfers,* Charon. V. **Nocher.**

NAVAJA [navax(ʒ)a]. *n. f.* (1840; mot esp.). Long couteau espagnol à lame effilée et légèrement courbe.

NAVAL, ALE, ALS [naval]. *adj.* (v. 1300; lat. *navalis*). ♦ 1° Qui concerne les navires, la navigation. V. **Maritime, nautique.** *Constructions navales. Chantier naval.* ♦ 2° Relatif à la marine militaire, à la guerre sur mer. *Forces navales,*

V. **Flotte, marine.** *Base navale. Combat naval. École navale :* école supérieure qui forme les officiers de la marine militaire. — N. f. *Il est élève de Navale.*

NAVALISATION [navalizasjɔ̃]. *n. f.* (XXᵉ; de *naval*). *Tech.* Adaptation à une utilisation sur bateau.

NAVARIN [navaʀɛ̃]. *n. m.* (1866; *navarins* « navets », 1847; déform. plaisante de *navet,* d'apr. *Navarin,* ville fameuse par la bataille de 1827). Mouton en ragoût, accompagné de petits oignons, carottes, navets.

NAVARQUE [navaʀk(ə)]. *n. m.* (1610; lat. d'o. gr. *navarchus;* Cf. *-Arque). Antiq. gr.* Commandant d'un vaisseau ou d'une flotte.

NAVET [navɛ]. *n. m.* (1265; *naviet,* 1220; de *nef,* 1174, lat. *napus*). ♦ 1° Plante crucifère, cultivée pour ses racines comestibles. V. **Chou, rave, rutabaga.** *Navets potagers, fourragers.* ◇ *Cour.* Racine comestible du navet potager, utilisée en cuisine pour accompagner les viandes grasses. *Canard aux navets.* ♦ 2° *Fig.* (1867; à cause de la fadeur du navet). Mauvais tableau. Œuvre d'art sans valeur. « *Ce buste n'est pas un simple navet* » (MALRAUX). ◇ *Spécialt.* Très mauvais film, insipide et ennuyeux.

1. **NAVETTE** [navɛt]. *n. f.* (XIIIᵉ; dér. anc. de *nef,* employé par anal. de forme). ♦ 1° Dans le métier à tisser, Instrument formé d'une pièce de bois, d'os, de métal, pointue aux extrémités et renfermant la bobine de trame, qui se déplace de la longueur de la duite en un mouvement alternatif. *Navette à main, cintrée,* que le tisserand lance à la main. *Navette droite, volante,* lancée par un mécanisme. ◇ Dans une machine à coudre, Instrument de métal contenant et dirigeant le fil de dessous. ◇ *Mar.* Instrument porte-fil ; aiguille pour confectionner les filets de pêche. ♦ 2° (1353; par anal. de forme). *Liturg.* Petit vase à encens. ◇ Petit pain au lait pour buffet. ♦ 3° *Fig.* (mil. XVIIIᵉ). Faire la navette, aller et venir régulièrement. « *Il faisait la navette entre Londres et Vienne* » (MART. du G.). ◇ *Dr. const.* Examen des projets de loi, successivement devant les deux Chambres. *Les projets financiers font la navette entre la Chambre et le Sénat.* ◇ Service de transport ou véhicule assurant régulièrement et fréquemment la correspondance entre deux lignes, la liaison entre deux centres de communication. ♦ 4° *Astronaut.* Vaisseau spatial capable d'assurer une liaison entre la Terre et une station orbitale.

2. **NAVETTE** [navɛt]. *n. f.* (fin XVIᵉ; « graine de cette plante », 1323; de *navet*). Plante de la famille des Crucifères, sorte de chou cultivé comme fourrage et comme oléagineux. *Huile de navette.* ◇ *Grosse navette.* V. **Colza.**

NAVETTEUR, EUSE [navɛtœʀ, øz]. *n.* (XXᵉ; de *navette* 1, 3°). *Belgicisme.* Personne qui fait régulièrement la navette par un moyen de transport collectif, entre son domicile et son lieu de travail (Cf. Banlieusard). REM. Ce mot pourrait servir d'équivalent à l'angl. *commuter* pour toute la francophonie.

NAVICERT [navisɛʀ]. *n. m.* (v. 1940; mot angl., abrév. pour *navigation certificate). Mar., Comm.* Permis de naviguer sur mer, délivré par les belligérants aux navires de commerce.

NAVICULAIRE [navikylɛʀ]. *adj.* (av. 1478; lat. *navicularis,* de *navicula,* dimin. de *navis* « bateau »). *Anat.* Qui a la forme allongée d'une nacelle. *Os naviculaire :* os de la rangée antérieure du tarse articulé avec l'astragale (aussi appelé *scaphoïde tarsien). Fossette naviculaire,* élargissement de l'urètre, en arrière du méat urinaire.

NAVICULE [navikyl]. *n. f.* (1827; lat. *navicula.* V. **Naviculaire**). Algue microscopique *(Diatomées),* aux valves en forme de carène, dont une espèce *(navicule bleue)* provoque le verdissement des huîtres.

NAVIGABILITÉ [navigabilite]. *n. f.* (1823; de *navigable*). ♦ 1° État d'un cours d'eau, d'une surface d'eau navigable. ♦ 2° (1863). État d'un navire en mesure de tenir la mer; état d'un avion en mesure de voler. *Certificat de navigabilité.*

NAVIGABLE [navigabl(ə)]. *adj.* (1448; lat. *navigabilis*). Où l'on peut naviguer, où un navire peut flotter. *Cours d'eau navigable.*

NAVIGANT, ANTE [navigã, ãt]. *adj.* et *n.* (1812; « navigateur », 1473; de *naviguer). Mar.* et (XXᵉ) *Aviat.* Qui navigue *(opposé à* ceux qui restent à terre). *Le personnel navigant.* ◇ N. *Les navigants.* (S'oppose à *rampants**).

NAVIGATEUR [navigatœʀ]. *n. m.* (1529; lat. *navigator*). ♦ 1° *Littér.* Marin qui fait les voyages au long cours sur mer. *Un hardi navigateur.* ◇ *Mar.* Marin de commerce ayant à bord une fonction relative à la conduite, à l'entretien du navire. ◇ *Adj. m. Un peuple navigateur.* ♦ 2° Membre de l'équipage chargé de faire suivre à un avion une direction déterminée. *Le navigateur et le radio.*

NAVIGATION [navigasjɔ̃]. *n. f.* (1265; lat. *navigatio*). ♦ 1° Le fait de naviguer, de se déplacer en mer à bord d'un navire. *Navigation maritime, au long cours, au cabotage. Navigation hauturière, côtière. Navigation de pêche, de commerce, de plaisance.* « *Les roches du Calvados rendent la navigation dangereuse jusqu'à Cherbourg* » (MAUPASS.). Le fait de naviguer sur les cours d'eau. V. **Batellerie.** « *Cette* *immense navigation intérieure ne ralentit point leurs expéditions lointaines* » (CHATEAUB.). ♦ 2° Science et technique du déplacement des navires. V. **Manœuvre, pilotage.** *Navigation à l'estime. Navigation astronomique* (en haute mer). *Navigation radioélectrique* (radiogoniométrie, radar). ♦ 3° Ensemble des déplacements de navires dans un lieu, sur un itinéraire déterminé ; trafic par eau. *Lignes, compagnies de navigation. Navigation mixte.* ♦ 4° Circulation aérienne (en avion, en aérostat). *Navigation aérienne. Navigation à vue, à l'estime. Navigation spatiale, interplanétaire,* art de conduire un véhicule aéronautique ou spatial à une destination donnée, par la détermination de la position, le calcul de la trajectoire optimale et le guidage par référence à celle-ci.

NAVIGUER [navige]. *v. intr.* (1392 ; lat. *navigare*). ♦ 1° (*Navires et passagers*). Se déplacer sur l'eau. V. **Voguer.** *Navire en état de naviguer.* ♦ 2° (*Marins*). Voyager sur un navire. *Ce mousse n'a pas encore navigué.* ♦ 3° Pratiquer l'art de la navigation ; conduire, diriger la marche d'un navire. « *Ils naviguaient sur le bord du fleuve,... dégagés des remous* » (GIONO). ◊ Diriger la marche d'un avion. « *Je navigue à sept cent cinquante mètres d'altitude* » (ST-EXUP.). ♦ 4° Loc. fig. *Naviguer entre les écueils :* éviter habilement les obstacles, les dangers. « *Le char de l'État navigue sur un volcan* » (H. MONNIER). « *Le chrétien navigue à contre-courant* » (MAURIAC). ♦ 5° *Fig.* et *fam.* Voyager, se déplacer beaucoup, souvent.

NAVIPLANE [naviplan]. *n. m.* (1966 ; de *navi*[gation] ; et -*plane*, d'apr. *aquaplane*). *Techn.* Véhicule de transport amphibie sur coussin d'air (aéroglisseur). V. **Hovercraft** (anglicisme).

NAVIRE [navir]. *n. m.* (1160 ; *navilie, navirie,* 1080 ; lat. pop. *°navilium,* altér. de *navigium*). Construction flottante de forme allongée, pontée, destinée aux transports sur mer (moins cour. que *bateau.* Surtout en parlant des forts tonnages). V. **Bâtiment ; bateau, embarcation ; cargo, paquebot.** *Coque, muraille, côtés* (bâbord, tribord), *pont, entrepont, cale... d'un navire. Navires à rames, à voiles, à vapeur, à moteur diesel, à propulsion atomique. Navire de guerre.* V. **Vaisseau.** *Navire de commerce, marchand. Navire transbordeur.* V. **Ferry-boat.** *Navire-citerne* (V. **Méthanier,** pétrolier, propanier, tanker). *Navire-hôpital,* navire aménagé en hôpital et placé sous la sauvegarde de conventions internationales. *Navire-école,* où se fait l'apprentissage du métier de marin. *Mauvais navire.* V. **Rafiot.** — *Nationalité, numéro d'un navire. Navires de commerce :* allège, baleinier, brise-glace, caboteur, cargo, chalutier, chasse-marée, clipper, dragueur, ferry-boat, goélette, hourque, morutier, paquebot, ponton, remorqueur, sardinier, schooner, sloop, tartane, terre-neuvas, thonier, toueur, transatlantique, transbordeur. *Anciens navires :* barge, boutre, brick, caravelle, chébec, corsaire, cotre, drakkar, frégate, gabare, galéasse, galère, galion, galiote, mahonne. *Principaux navires de guerre :* aviso, canonnière, contre-torpilleur, corvette, croiseur, cuirassé, destroyer, dragueur (de mines), éclaireur, escorteur, frégate, garde-côte, garde-pêche, patrouilleur, porte-avions, ravitailleur, sous-marin, torpilleur, vedette. *Navire amiral,* sur lequel est embarqué l'amiral. — *Pièces, matériel à bord d'un navire :* cordage, gréement, manœuvre, voile, agrès, apparaux, équipement. *Armement* d'un navire. Navires jumeaux :* possédant les mêmes caractéristiques de construction. *Affréter, armer, équiper un navire.* ◊ *Dr.* Tout bâtiment de mer (gros ou petit).

NAVISPHÈRE [navisfɛr]. *n. f.* (v. 1950 ; de *navi-,* et *sphère*). *Mar.* Instrument en forme de sphère représentant la voûte céleste, que le navigateur peut orienter, en latitude et en heure, de façon à reconnaître le nom de l'étoile dont il prend la hauteur au sextant.

NAVRANT, ANTE [navrɑ̃, ɑ̃t]. *adj.* (1787 ; de *navrer*). ♦ 1° Qui navre, provoque la tristesse, le découragement. V. **Affligeant, attristant, décourageant, désolant, pénible.** « *Ce frisson qui vous passe dans le dos à la vue de certaines petites choses navrantes* » (MAUPASS.). ♦ 2° Tout à fait fâcheux, déplorable, regrettable. *Il n'écoute personne, c'est navrant.* ♦ ANT. **Consolant, réconfortant.**

NAVREMENT [navrəmɑ̃]. *n. m.* (1831 ; de *navrer*). *Littér.* Profonde tristesse.

NAVRER [navre]. *v. tr.* (XIIᵉ ; *nafrer,* 1080 ; a. nord. *°nafra* « percer »). ♦ 1° *Vx.* Blesser. « *Navrer à mort* » (ACAD. 1694). ♦ 2° *Fig.* (1538). Affliger profondément. V. **Attrister, désoler.** « *Ce qui m'a profondément attristé, navré est plutôt le mot...* » (FLAUB.). « *Contrister encore mon cœur déjà navré de tant d'autres façons* » (ROUSS.). ♦ 3° Contrarier vivement. « *Une consommation de pétrole bien faite pour navrer le chef du matériel* » (COURTELINE). « *Il avait l'air tout à fait navré de décevoir cette dame* » (ROMAINS). ◊ ANT. **Consoler, réconforter.**

NAZARÉEN, ÉENNE [nazareɛ̃, ɛɛn]. *adj.* (attesté XVIIᵉ ; trad. des Évangiles, Matthieu, II, 23 ; de *Nazareth*). De Nazareth, ville de Galilée (Israël) où, selon les Évangiles, se passa la vie cachée de Jésus. — Se dit d'une école de

peintres allemands du début du XIXᵉ s., établis à Rome et précurseurs des préraphaélites* anglais.

NAZI, IE [nazi]. *n.* et *adj.* (v. 1930 ; abrév. all. de *national-sozialist*). Membre du parti national-socialiste allemand. V. **Chemise** (brune), **hitlérien.** ◊ Qui se rapporte à l'organisation, aux actes de ce parti. *Les victimes de la barbarie nazie. Lutte contre le régime nazi.* V. **Antinazi ; dénazifier.**

NAZISME [nazism(ə)]. *n. m.* (v. 1930 ; de *nazi*). Mouvement, régime nazi.

NE [n(ə)] et **N'** [n] (devant une voyelle ou un *h* muet). *adv.* de négation (xᵉ ; lat. *non* en position proclitique). Forme atone de la négation, dont *non* est la forme tonique. REM. *Ne* précède immédiatement le verbe ; seuls les pron. pers. compl. peuvent s'intercaler entre *ne* et le verbe. *Je ne le veux pas.*

I. NE, marquant seul la négation. ♦ 1° *Vx.* « *Je ne lui confierais l'état de ma garde-robe* » (LA BRUY.). ♦ 2° *Mod.* (En phrase principale). Loc. *N'avoir crainte, n'avoir cure*, n'avoir garde*. N'empêche, n'importe, qu'à cela ne tienne.* « *Si ce n'eût été la crainte de l'humilier* » (BAUDEL.). *On ne peut mieux. Je ne sais qui, quoi, comment, où.* « *Que ne suis-je morte à sa place ?* » (PROUST). ◊ (Dans une subordonnée au subj., après une négative). « *Pas un homme en place, qui ne fût un crétin* » (FLAUB.). — *Il ne peut faire un pas que sa mère ne s'inquiète :* sans qu'elle s'inquiète. « *Ce n'est pas que quelques personnes ne m'aient reproché cette même simplicité* » (RAC.). ◊ (Ne peut s'employer seul avec certains verbes, après *il n'est..., si...* et conditionnel et dans quelques tours). *Je ne peux, je n'ose le dire. Je ne cesse de vous le répéter.* « *Vous ne savez qu'inventer* » (BALZ.). — *Si je ne me trompe.* « *Si l'artillerie ne fût au plus tôt* » (ZOLA). « *Il y avait longtemps qu'il n'avait pas aussi heureux* » (MAUROIS). « *Je n'avais d'autres sorties que le matin* » (DAUD.). ♦ 4° *Ne,* sans *pas* ou *point* (avec un indéfini à sens négatif : *personne, rien...,* avec *ni* répété, etc.). *Elle ne perdait aucune occasion.* « *La destinée n'est à personne* » (VOLT.). « *C'était leur faute, si rien ne marchait* » (ZOLA). *Nul ne peut servir deux maîtres. Ne croire ni à Dieu ni au diable.* « *Ni l'or ni la grandeur ne nous rendent heureux* » (LA FONT.).

II. NE... PAS, NE... POINT, NE... PLUS, NE... JAMAIS, NE... QUE. ♦ 1° (*Emploi normal*). *Il n'est pas*, plus*, jamais* là. Je n'en ai point*.* V. *aussi* **Guère, goutte, mais, mie.** ♦ 2° (Omission de *ne* devant *pas* ou *point*). « *Dirait-on pas vraiment qu'on vous traîne au supplice ?* » (MUSS.). « *Voilà-t-il pas qu'il commence une sorte de conférence* » (BARRÈS). (Pop.) « *M'en parlez pas... Si c'est pas malheureux !... J'avais qu'elle* » (CARCO).

III. NE, en emploi dit explétif. ♦ 1° (Apr. certains verbes exprimant la crainte, l'impossibilité, et phrase affirmative). « *Je crains presque, je crains qu'un songe ne m'abuse* » (RAC.). « *J'ai peur que mon héros ne vous paraisse étrange* » (MUSS.). « *Pour empêcher qu'on n'affranchît trop d'esclaves* » (MONTESQ.). « *Pour éviter que les conversations ne devinssent difficiles* » (MAUROIS). ♦ 2° (Apr. certains verbes, marquant le doute, la négation, en phrase négative). « *Je ne doute point qu'il n'y ait eu une ancienne erreur* » (LA BRUY.). « *Je ne nie pas que ces interprétations ne soient ingénieuses* » (FRANCE). ♦ 3° (Apr. un comparatif d'inégalité, introduit par *autre, autrement, meilleur, mieux, moindre, moins, pire, plus*). « *On se voit d'un autre œil qu'on ne voit son prochain* » (LA FONT.). « *Mieux que je ne pourrais le faire* » (LACLOS). « *Se faire prendre pour moins instruit qu'on n'est* » (ROMAINS). ♦ 4° (Apr. certaines loc. conj. : *à moins que, avant que*). « *Il se peut que l'on pleure, à moins qu'on ne rie* » (MUSS.).

NÉ, NÉE [ne]. *adj.* (V. **Naître ;** et *aussi* **Mort-né, nouveau-né.** ♦ 1° *Littér.* (XVIᵉ). Qui est né (le premier, le dernier). *Premier, dernier-né.* ◊ *Bien né, mal né,* qui a un bon, un mauvais naturel, de bons, de mauvais penchants. « *Mais aux âmes bien nées...* » (CORN.). *Né pour,* doté d'aptitudes pour. — De noble, de basse extraction. « *Aux yeux de cette femme, je ne suis pas bien né* » (STENDHAL). ♦ 2° (XVIIᵉ). De naissance, par un don naturel. « *Contrairement aux peintres nés* » (GAUTIER). « *Sophie-Victoire était une artiste-née* » (MAUROIS). ◊ HOM. **Nez.**

NÉANMOINS [neɑ̃mwɛ]. *adv.* et *conj.* (XVIIᵉ ; *naient moins,* 1160 ; nombr. var. en a. fr. ; *néantmoins,* XVᵉ à XVIIᵉ ; de *néant* « en rien », et *moins*). Malgré ce qui vient d'être dit ; en dépit de cela. V. **Cependant, pourtant, toutefois.** « *Impétueux dans ses souhaits et néanmoins patient* » (HUYSMANS).

NÉANT [neɑ̃]. *nominal* et *n. m.* (XIIᵉ ; *nient,* 1050 ; lat. pop. *°negens, entis,* du négatif *ne,* et *gens.* V. **Gent,** gens). I. *Nominal* (conservé dans quelques express.). Rien. *Vx.* « *C'est un homme de néant* » (Log. de Port-Royal), sans mérite. « *Des gens de néant* » (MONTESQ.), sans naissance, obscurs. « *Pour néant* » (LA FONT.), pour rien, inutilement. ◊ *Mod. Réduire à néant,* anéantir. « *La seule approche de cet homme avait réduit à néant son espoir* » (MAURIAC). Ellipt. NÉANT, rien à signaler. *Signes particuliers : néant.*

II. *N. m.* ♦ 1° (XIIᵉ). Chose, être de valeur nulle. « *Un*

néant à l'égard de l'infini » (PASC.). « *Il voit comme un néant tout l'univers ensemble* » (RAC.). « *Un de ces néants que la jeunesse revêt un instant de rayons* » (MAURIAC). ♦ 2° (XVIIe). *Vx.* Situation obscure. « *Rentre dans le néant dont je t'ai fait sortir* » (RAC.). — Mod. *Le néant de qqch.* : valeur, importance nulle. V. **Faiblesse, misère.** « *Désabusé des choses d'ici-bas par un spectacle qui lui en met sous les yeux le néant* » (MASSILLON). « *Tu me donnais le sentiment de mon néant* » (MAURIAC). ♦ 3° *Absolt.* (1637). *Cour.* Ce qui n'est pas encore, ou n'existe plus. « *L'homme est matière, il sort du néant, il rentre dans le néant* » (HUGO). « *Des êtres que leur inventeur pourrait se flatter d'avoir tirés tout entiers du néant* » (MAURIAC). « *Éternité, néant, passé...* » (LAMART.). — Fin de l'être, mort. « *La terreur de ce néant inévitable, détruisant toutes les existences* » (MAUPASS.). ◇ *Philo.* Non-être. « *Je suis comme un milieu entre l'être et le néant* » (DESCARTES). « *Le néant conçu comme une absence de tout* » (BERGSON). « *Le néant est la négation radicale de la totalité de l'existant* » (d'apr. HEIDEGGER). *L'Être et le Néant,* ouvrage de Sartre.
⬦ ANT. *Être, existence.*

NÉANTISATION [neɑ̃tizasjɔ̃]. *n. f.* (1943, Sartre; de *néantir, néantiser*). *Philo.* Action de néantiser, de concevoir comme non-être; son résultat.

NÉANTISER [neɑ̃tize]. *v. tr.* (1967; de *néant*). *Philo.* Faire disparaître, anéantir, détruire. ◇ *Fig.* (1970). Éliminer, réduire à rien.

NEBKA [nɛpka]. *n. f.* (1931; mot arabe). *Géogr.* Amas de sable autour d'un obstacle, dans un désert.

NÉBULEUSE [nebylø(e)z]. *n. f.* (1642; de *étoile nébuleuse,* désignant un amas de matières cosmiques).
I. Tout corps céleste dont les contours ne sont pas nets.
♦ 1° Amas de matières raréfiées de forme irrégulière *(nébuleuses diffuses),* ou Atmosphère stellaire de dimension exceptionnelle et de forme régulière *(nébuleuses planétaires).* ♦ 2° Nébuleuse extra-galactique : énorme ensemble d'étoiles, d'amas d'étoiles et de matière interstellaire, de la dimension comparable à celle de la Voie lactée. V. **Galaxie.** *Nébuleuse spirale, elliptique* (de forme lenticulaire).
II. *Fig.* Amas diffus. « *La coalition était à l'état de nébuleuse* » (MADELIN).

NÉBULEUSEMENT [nebyløzmɑ̃]. *adv.* (1736; fig. v. 1870; de *nébuleux*). *Rare.* D'une manière nébuleuse. *Il s'est exprimé nébuleusement.*

NÉBULEUX, EUSE [nebylø, øz]. *adj.* (1360; lat. *nebulosus,* de *nebula* « brouillard »). ♦ 1° Obscurci par les nuages ou le brouillard. V. **Brumeux, nuageux.** *Ciel nébuleux.* ♦ 2° Qui est constitué par des nuages, des vapeurs ou qui en a l'aspect. V. **Vaporeux.** « *D'un crêpe nébuleux le ciel était voilé* » (HUGO). ♦ 3° *Fig.* (1745; « incertain », XVe). Qui manque de clarté, de netteté. V. **Brumeux, confus, flou, fumeux, incertain, indécis, obscur.** *Idées nébuleuses, projets nébuleux.* — *Auteur, philosophe nébuleux.* ⬦ ANT. *Clair, net, transparent. Précis.*

NÉBULISATION [nebylizasjɔ̃]. *n. f.* (1970; de *nébuliseur*). Action de projeter un liquide en fines gouttelettes.

NÉBULISEUR [nebylizœr]. *n. m.* (v. 1960; du lat. *nebula* « nuage »). Vaporisateur projetant une substance en très fines gouttelettes. *Parfum, médicament vendu en nébuliseur.* V. **Aérosol.**

NÉBULOSITÉ [nebylozite]. *n. f.* (1488; lat. *nebulositas*). ♦ 1° *Didact.* Substance nébuleuse, nuage, vapeur. — *Méd.* *Nébulosité de la cornée.* V. **Leucome, néphélion, taie.** ♦ 2° État, caractère de ce qui est nébuleux. *Nébulosité du ciel.* — *Météo.* (1889). Fraction du ciel couverte par des nuages, à un moment donné. *Nébulosité variable.* ♦ 3° *Fig.* (1845). *Nébulosité d'une explication, d'une théorie.* V. **Obscurité.** ⬦ ANT. *Clarté.*

NÉCESSAIRE [nesesɛr]. *adj. et n. m.* (XIIe; lat. *necessarius*).
I. *Adj.* ♦ 1° Se dit d'une condition, d'un moyen dont la présence ou l'action rend seule possible une fin ou un effet. *Condition nécessaire et suffisante* pour *qu'un quadrilatère soit un rectangle* (ex. : que deux de ses angles successifs soient droits). « *Rabe ne possédait plus les deux sous nécessaires afin de payer sa place* » (MAC ORLAN). Impers. *Il n'est pas nécessaire d'espérer pour entreprendre.* ♦ 2° Dont l'existence, la présence est requise pour répondre au besoin (de qqn). V. **Indispensable, utile.** NÉCESSAIRE À. « *Le mensonge est nécessaire aux hommes* » (FRANCE). « *Voyez-vous, nos enfants nous sont bien nécessaires* » (HUGO). ◇ *Absolt.* Qui est très utile, s'impose; dont on ne peut se passer. V. **Essentiel, primordial.** « *Ils manquèrent de tout ce qui est nécessaire, au milieu de tout ce qui est superflu* » (DIDER.). *Mal nécessaire,* dont on ne peut se passer vu les avantages qu'il comporte. *Personne nécessaire* (par les services qu'elle rend). « *La certitude d'être nécessaire prolonge la vie des vieilles femmes* » (MAURIAC). *Elle n'a pas jugé nécessaire de nous prévenir.* *Falloir* (il faut que). — *Être nécessaire, en parler, qu'on en parle.* ♦ 3° *Log.* Qui est de la nature ou qui est l'effet d'un lien

logique, causal. *Enchaînement nécessaire d'un effet par rapport à sa cause.* V. **Logique.** — Cour. *Effet, produit, résultat nécessaire :* qui doit se produire immanquablement. V. **Immanquable, inéluctable, inévitable, infaillible, obligatoire, obligé.** « *Toute chose humaine est nécessaire et déterminée par la marche irrésistible de l'ensemble des choses* » (SENANCOUR). ♦ 4° *Philo.* Qui existe sans qu'il y ait de cause ni de condition à son existence. V. **Absolu, inconditionné, premier.** *L'être nécessaire.*
II. *N. m.* (1530). A Ce qui est nécessaire. ♦ 1° Biens dont on ne peut se passer *(opposé à* luxe, superflu*).* *Le strict nécessaire.* « *Tant que quelqu'un manque du nécessaire, quel honnête homme a du superflu?* » (ROUSS.). V. **Nécessiteux.** ♦ 2° Ce qu'il faut faire ou dire, et qui suffit. *Nous ferons le nécessaire.* « *Elle ne disait que le nécessaire, rien de plus, rien de moins* » (HERMANT). ♦ 3° *Philo.* Le nécessaire *(opposé à* contingent*).* V. **Nécessité.** B (1718). Boîte, étui renfermant les ustensiles indispensables (à la toilette, à un ouvrage). V. **Trousse.** *Nécessaire de toilette, à ongles, à ouvrage.* « *Munie d'une valise ou d'un simple nécessaire de voyage* » (Cl. SIMON). (1973). Ensemble de pièces et d'outils permettant d'effectuer certains travaux.
⬦ ANT. *Inutile, superflu; contingent, éventuel.*

NÉCESSAIREMENT [nesesɛrmɑ̃]. *adv.* (1846; de *nécessaire*). ♦ 1° Par un besoin pressant, une obligation imposée. V. **Absolument.** *Je devrai nécessairement partir cette semaine.* ♦ 2° Par une implication logique. *La cause et l'effet sont liés nécessairement.* — Par voie de conséquence, à coup sûr. V. **Certainement, fatalement, forcément, inévitablement.** « *Le sérieux que donne nécessairement la pensée continuellement fixée sur tout ce qui est grand* » (STENDHAL). « *Il refusera.* — *Pas nécessairement.* » ⬦ ANT. *Accidentellement, fortuitement, hasard* (par).

NÉCESSITANT, ANTE [nesesitɑ̃, ɑ̃t]. *adj.* (1544; de *nécessiter*). *Théol.* *Grâce nécessitante :* qui contraint.

NÉCESSITÉ [nesesite]. *n. f.* (XIIe; lat. *necessitas*). ♦ 1° Caractère nécessaire (d'une chose, d'une action). V. **Obligation.** *La nécessité de gagner sa vie.* « *La nécessité d'un oui ou d'un non devenait absolue* » (ZOLA). « *Il ne voyait guère la nécessité de baptiser la petite* » (ZOLA). V. **Besoin.** *Sévère sans nécessité.* ♦ 2° Chose, événement inéluctable qui exerce une contrainte sur l'homme. *C'est une nécessité absolue* (Cf. Il faut en passer par là). *La nécessité de mourir. Nécessité intérieure, subjective, profonde.* — Par nécessité : en étant obligé, forcé. V. **Nécessairement.** *J'ai accepté par nécessité plus que par choix.* ♦ 3° *Philo. et Log.* Enchaînement nécessaire des causes et des effets, des principes et des conséquences. *Doctrine de la nécessité.* V. **Déterminisme.** *Nécessité et liberté.* ♦ 4° (Souv. au plur.) Chose, condition ou moyen nécessaires. V. **Exigence.** *Nécessités militaires, financières. Les nécessités de la concurrence.* ◇ Besoin impérieux. V. **Besoin.** *Les nécessités de la vie :* les besoins que l'on doit satisfaire pour mener une vie normale. *Objets, dépenses de première nécessité :* qui correspondent à des besoins essentiels. V. **Indispensable.** ◇ *Spécialt. Vieilli.* Se dit des besoins naturels. *Faire ses nécessités. Chalet de nécessité.* ♦ 5° État d'une personne qui se trouve obligée (par un besoin, une contrainte extérieure) de faire qqch. *Être, se trouver dans la nécessité d'accepter. La nécessité où ils sont de partir. Ne me contraignez pas à cette pénible nécessité.* ♦ 6° *Absolt.* État où l'on est contraint de faire telle ou telle chose. *Nécessité fait loi :* certains actes se justifient par leur caractère inévitable. *Faire de nécessité vertu :* faire d'une chose imposée et pénible une occasion de mérite et de vertu. *Il songeait* « *à faire, non de nécessité vertu, mais de nécessité plaisir* » (MUSS.). ◇ *Dr.* État d'une personne, d'un gouvernement contraint de commettre un acte incriminé et pour lequel, vu les circonstances, lui est accordé le bénéfice de l'impunité. — *Dr. const.* Théorie impliquant la dispense de répartition des compétences constitutionnelles en cas de péril national. ♦ 7° *Vx.* Privation des biens nécessaires. V. **Dénuement, indigence, pauvreté.** *Être dans la nécessité, une cruelle nécessité.* V. **Nécessiteux.** ⬦ ANT. *Éventualité, possibilité. Contingence. Luxe.*

NÉCESSITER [nesesite]. *v. tr.* (XIVe; lat. *necessitare* « contraindre », de *necessitas*). ♦ 1° *Vx.* Contraindre (qqn). « *Je serais nécessité de me livrer à l'empressement du peuple* » (ROUSS.). ♦ 2° *Philo.* Impliquer, entraîner par une relation nécessaire, inéluctable. V. **Déterminer, impliquer.** ♦ 3° (1757). Cour. *(Sujet de chose)* Rendre indispensable, nécessaire; faire de qqch. un besoin. V. **Exiger; commander, réclamer, requérir.** « *Le portrait... nécessite une immense intelligence* » (BAUDEL.).

NÉCESSITEUX, EUSE [nesesitø, øz]. *adj. et n.* (1549; « nécessaire », 1402; de *nécessité*). *Didact.* Qui est dans le dénuement, manque du nécessaire. V. **Indigent, pauvre.** *Aider les familles nécessiteuses.* — Subst. *Je partagerais* « *aux nécessiteux le peu que je possède* » (CHATEAUB.). ⬦ ANT. *Aisé, riche.*

NECK [nɛk]. *n. m.* (1911; mot angl. « cou »). *Géol.* Piton de laves provenant d'une cheminée de volcan.

NEC PLUS ULTRA ou **NEC-PLUS-ULTRA** [nɛkplys yltʀa]. *n. m. invar.* (1773; *non plus ultra*, xvııᵉ; loc. lat. subst. « pas au delà », apposée sur les colonnes d'Hercule). Ce qu'il y a de mieux. « *Un appartement qui avait dû jadis sembler le nec plus ultra du luxe* » (Gautier).

NÉCR(O)-. Élément, du gr. *nekros* « mort ».

NÉCROBIE [nekʀɔbi]. *adj. et n.* (1785; de *nécro-*, et gr. *bios* « vie »). ♦ 1° *Adj. et n. m.* Se dit d'un organisme qui vit sur les cadavres. ♦ 2° *N. f.* Petit insecte coléoptère *(Cléridés)*, vivant sur les matières en décomposition.

NÉCROLOGE [nekʀɔlɔʒ]. *n. m.* (1646; lat. médiév. *necrologium*). ♦ 1° *Didact., Relig.* Liste de morts. — *Spécialt.* Registre où sont inscrits les noms des morts d'une paroisse, d'une communauté religieuse. — *Par ext.* Liste de personnes mortes dans une catastrophe (naufrage, séisme, guerre). ♦ 2° (1762). *Vx.* Nécrologie.

NÉCROLOGIE [nekʀɔlɔʒi]. *n. f.* (1797; « nécrologe », 1704; de *nécrologe*). ♦ 1° Notice biographique consacrée à une personne morte récemment. ♦ 2° Liste ou avis des décès survenus à une date ou dans un temps déterminés, publiée par un journal, une revue.

NÉCROLOGIQUE [nekʀɔlɔʒik]. *adj.* (1784; de *nécrologie*). Qui a rapport ou appartient à la nécrologie. *Notice nécrologique.*

NÉCROLOGUE [nekʀɔlɔg]. *n. m.* (1828; de *nécrologie*). *Didact.* Auteur de nécrologies.

NÉCROMANCIE [nekʀɔmɑ̃si]. *n. f.* (xvıᵉ; *nigromance*, v. 1119; lat. d'o. gr. *nekromanteia*). Science occulte qui prétend évoquer les morts pour obtenir d'eux des révélations de tous ordres, particulièrement sur l'avenir. V. **Spiritisme**.

NÉCROMANCIEN, IENNE [nekʀɔmɑ̃sjɛ̃, jɛn]. *n.* (1512; *nigremanchien*, 1247; de *nécromancie*). Personne qui pratique la nécromancie. V. **Nécromant, spirite**.

NÉCROMANT [nekʀɔmɑ̃]. *n. m.* (xvıᵉ; it. *negromante*). *Vx.* Nécromancien, enchanteur, magicien.

NÉCROPHAGE [nekʀɔfaʒ]. *adj.* (1802; gr. *nekrophagos*). *Didact.* Qui vit de cadavres, qui mange de la matière putréfiée. *Insecte nécrophage.*

NÉCROPHILIE [nekʀɔfili]. *n. f.* (1946; du gr. *nekros* « mort », et *-philie*). *Méd.* Perversion sexuelle dans laquelle, habituellement, « l'orgasme est obtenu au contact physique de cadavres » (*Union*, oct. 1972). V. **Vampirisme 2°**.

NÉCROPHORE [nekʀɔfɔʀ]. *n. m.* (1802; *nicrophore*, 1790; gr. *nekrophoros*). Insecte coléoptère *(Silphidés)* qui enfouit des charognes, des cadavres de taupe, de souris, sur lesquels il pond ses œufs.

NÉCROPOLE [nekʀɔpɔl]. *n. f.* (1836; gr. *nekropolis* « ville des morts »). Vaste cimetière antique, souterrain ou à ciel ouvert, de caractère monumental. *Nécropoles égyptiennes, étrusques, grecques.* ◇ *Littér.* Vaste cimetière de grande ville.

NÉCROPSIE [nekʀɔpsi]. *n. f.* (1836; de *nécro-*, et gr. *opsis* « vue »). *Vx.* Autopsie.

NÉCROSE [nekʀoz]. *n. f.* (1695; gr. *nekrôsis*). *Biol.* Altération d'un tissu consécutif à la mort de ses cellules. V. **Mortification; gangrène**. — *Adj.* NÉCROSIQUE [nekʀɔzik]. NÉCROTIQUE [nekʀɔtik].

NÉCROSER [nekʀoze]. *v. tr.* (1780; de *nécrose*). *Biol.* Frapper de nécrose. — *Au p. p.* *Peau nécrosée.* *Pronom.* *Tissu qui se nécrose.*

NECTAIRE [nɛktɛʀ]. *n. m.* (1769; lat. sav. *nectareum*, gr. *nektar*). *Bot.* Tissu qui sécrète un suc mielleux (V. **Nectar**) et formant ordinairement une turgescence sur la feuille ou la fleur.

NECTAR [nɛktaʀ]. *n. m.* (fin xvᵉ; mot lat., du gr. *nektar*). ♦ 1° *Myth.* Breuvage des dieux. *Vx* ou *littér.* Boisson de saveur exquise. — *Fig.* « *Du pur nectar de poésie* » (Ste-Beuve). ♦ 2° Suc mielleux que sécrètent les nectaires. *Abeilles qui butinent le nectar.*

NECTARINE [nɛktaʀin]. *n. f.* (1907; du gr. *nektar* « boisson des dieux », et *-ine*). *Comm.* V. **Brugnon**.

NÉERLANDAIS, AISE [neɛʀlɑ̃dɛ, ɛz]. *n. et adj.* (attesté 1846; de *Néerlande*, forme fr. de *Nederland*, nom des Pays-Bas). De Hollande, des Pays-Bas. V. **Hollandais**. *Les Néerlandais.* — *Le néerlandais*, langue germanique, branche du bas allemand; langue officielle de Belgique, avec le français.

NEF [nɛf]. *n. f.* (xıᵉ; lat. *navis*). ♦ 1° *Vx* ou *poét.* Navire. — *Spécialt.* Grand navire à voiles du moyen âge. *Une nef figure sur les armes de Paris.* ♦ 2° (xııᵉ; par anal. de forme). Partie comprise entre le portail et le chœur d'une église dans le sens longitudinal, où se tiennent les fidèles. *Nef à cinq, six travées. Nef centrale, principale, grande nef,* et absolt. *La nef. Nef latérale.* V. **Bas-côté, collatéral**. « *Un peuple considérable envahit la nef, débordant jusque sur le parvis* » (Camus).

NÉFASTE [nefast(ə)]. *adj.* (1355; lat. *nefastus* « interdit par la loi divine »). ♦ 1° *Antiq. rom. Jours néfastes*, où il était interdit par la loi religieuse de vaquer aux affaires publiques, et *spécialt.* de rendre la justice. ♦ 2° (1762; confus. avec lat. *faustus* « heureux ». V. **Faste**). *Cour.* Marqué par quelque événement malheureux. *Jour, année néfaste.* — Qui a ou peut avoir des conséquences malheureuses, fâcheuses. V. **Désastreux, fatal, funeste, mauvais**. « *Il faut lutter contre un régime et contre une idéologie néfastes* » (Sartre). *Influence néfaste. Néfaste à.* V. **Nuisible**. ◇ *(Personnes)* Qui cause ou peut causer quelque dommage. ◈ ANT. **Faste, propice**.

NÈFLE [nɛfl(ə)]. *n. f.* (1240; var. dial. *nesple, mesle*, plur. neutre lat. *mespila*). Fruit comestible du néflier. *Nèfle grise, rousse.* ◇ *Pop. Des nèfles !* réponse négative et ironique à une demande jugée excessive (Cf. La peau; des clous !).

NÉFLIER [neflije]. *n. m.* (xıııᵉ; de *nèfle*). Arbre des régions tempérées *(Rosacées)*, au tronc tordu, qui produit les nèfles.

NÉGATEUR, TRICE [negatœʀ, tʀis]. *n. et adj.* (1830; « celui qui reniait le Christ », 1752; lat. *negator*). *Littér.* Personne qui nie, qui a l'habitude de nier. « *Les penseurs passent aisément pour des obstinés et des négateurs* » (Alain). — *Adj. Esprit négateur. Philosophie négatrice.*

NÉGATIF, IVE [negatif, iv]. *adj. et n. f.* (1283; lat. *negativus*, de *negare* « nier »).
I. (*Opposé à affirmatif*). ♦ 1° Qui exprime une négation, un refus. *Réponse négative.* « *Le guide fit un signe de tête négatif* » (Hugo). ◇ Qui exprime la négation, en linguistique. *Phrase négative. Préfixe négatif. Particule négative* (ne, non). ♦ 2° *N. f.* LA NÉGATIVE. *Se tenir sur la négative*, persister dans un refus. *Dans la négative* (*opposé à* dans l'affirmative), si c'est non.
II. (*Opposé à positif*). ♦ 1° (xvııᵉ). Qui est dépourvu d'éléments constructifs, ne se définit que par le refus de ce qui lui est opposé. « *Ils ont fait de la Justice une chose négative, qui défend, prohibe, exclut* » (Michelet). ◇ *(Personnes)* Qui ne fait que des critiques, n'approuve aucunement (un projet, un ouvrage). *Il s'est montré très négatif.* ♦ 2° Qui est dépourvu d'éléments réels, qui ne se définit que par l'absence de son contraire. *Qualités négatives.* « *Le résultat négatif des recherches* » (Balz.). V. **Nul**. — *Méd. Réaction négative* (à un antigène donné), qui ne se produit pas. *Cuti négative.* « *Albumino-réaction négative, c'est bon signe* » (Mart. du G.). ♦ 3° (1638). *Grandeur, quantité négative*, celle qui, dans une représentation géométrique des grandeurs (ou des quantités) par segments mesurés à partir d'une même origine sur une droite orientée, correspond à un déplacement dans la direction inverse de celle de l'axe. — *Alg. Nombre négatif*, nombre relatif affecté du signe —. *Le nombre — 2 est négatif.* ♦ 4° Se dit de tout ce qui peut être considéré comme inverse. *Électricité* négative des électrons. Pôle négatif.* V. **Cathode**. — *Géotropisme négatif de la tige des plantes.* ◇ *Image, épreuve négative*, sur laquelle les parties lumineuses des objets représentés sont figurées par des taches sombres et inversement. V. **Cliché, contretype**. — *Subst. m.* (1854) *Un négatif :* la plaque ou la pellicule qui porte cette image. ◈ ANT. **Affirmatif, positif**.

NÉGATION [negasjɔ̃]. *n. f.* (*Négatiun*, xııᵉ; lat. *negatio*, de *negare* « nier »). ♦ 1° Acte de l'esprit qui consiste à nier, à rejeter un rapport, une proposition, une existence; expression de cet acte. *Négation de Dieu. Négation de la vérité, des valeurs.* V. **Nihilisme**. « *La négation n'est qu'une attitude prise par l'esprit vis-à-vis d'une affirmation éventuelle* » (Bergson). ◇ Action, attitude qui va à l'encontre d'une chose, qui n'en tient aucun compte (V. **Condamnation**). *Cette méthode est la négation de la science.* ♦ 2° (1370). Manière de nier, de refuser; mot ou groupe de mots qui sert à nier. *Adverbes de négation.* V. **Ne, non**. *Auxiliaires de la négation.* V. **Goutte, guère, jamais, mie** *(vx),* **pas, plus, point, tout** (du). *Négation exprimée par la conjonction* ni, *par les indéfinis* aucun, nul, personne, rien. *Préfixe marquant la négation* (V. **Privatif**). ◈ ANT. **Affirmation, assentiment**.

NÉGATIVEMENT [negativmɑ̃]. *adv.* (xıvᵉ; de *négatif*). D'une manière négative. *Répondre négativement.*

NÉGATIVISME [negativism(ə)]. *n. m.* (1919; de *négatif*). *Méd.* Comportement pathologique qui consiste à résister, soit passivement, soit activement à toute sollicitation externe ou interne. ◇ *Didact.* Attitude négative, de refus. « *Il n'entrait pas de désenchantement dans notre négativisme... Nous réprouvions le présent au nom d'un avenir...* » (Beauvoir).

NÉGATIVITÉ [negativite]. *n. f.* (1838; de *négatif*). ♦ 1° État d'un corps chargé d'électricité négative. ♦ 2° (xıxᵉ). Caractère de ce qui est négatif (II, 1°). « *La négativité du parti communiste est provisoire* » (Sartre).

NÉGATON [negatɔ̃]. *n. m.* (1939; de *négatif*, d'apr. *électron*). *Phys.* Électron négatif.

NÉGATOSCOPE [negatɔskɔp]. *n. m.* (mil. xxᵉ; de

négat[if], et *-scope*). *Méd.* Écran lumineux pour examen des radiographies.

NÉGLIGÉ [negliʒe]. *n. m.* (1687; de *négliger*). ♦ 1º État d'une personne mise sans recherche. « *Toute parure lui nuit. C'est dans l'abandon du négligé qu'elle est vraiment ravissante* » (LACLOS). — *Péj.* V. **Débraillé, laisser-aller.** « *Il se fait remarquer par son négligé* » (BALZ.). ♦ 2º (1789). Tenue légère qu'on porte dans l'intimité. V. **Déshabillé.** « *Elle était encore en négligé du matin* » (R. ROLLAND). ◇ ANT. **Apprêt.**

NÉGLIGÉ, ÉE [negliʒe]. *adj.* (XVIIᵉ; V. **Négliger**). ♦ 1º Qui ne fait pas l'objet d'un soin suffisant. *Tenue négligée. Intérieur négligé, mal tenu.* — *Un rhume négligé peut dégénérer en bronchite.* ◇ (1640; *Personnes*) Mal tenu, peu soigné. ♦ 2º Dont on s'occupe moins qu'on ne le devrait. *Épouse négligée qui cherche des consolations.*

NÉGLIGEABLE [negliʒabl(ə)]. *adj.* (1843; *négligible*, 1834; de *négliger*). Qui peut être négligé, qui ne vaut pas la peine qu'on en tienne compte. V. **Dérisoire, insignifiant.** *Considérer un danger comme négligeable.* « *Un groupe de gens dont les moyens ne sont pas négligeables* » (ROMAINS). ◇ *Math. Quantité négligeable,* dont on peut ne pas tenir compte, dont l'omission n'entraîne pas d'erreur appréciable dans le résultat final. — *Fig.* et cour. *Considérer, traiter qqn comme quantité négligeable,* ne tenir aucun compte de sa présence, de ses opinions, de ses désirs. ◇ ANT. **Appréciable, important, notable, remarquable.**

NÉGLIGEMMENT [negliʒamɑ̃]. *adv.* (*Négligentement,* 1200; de *négligent*). ♦ 1º D'une manière négligente, sans soin. « *Ses cheveux négligemment peignés, pendaient par mèches* » (GAUTIER). ♦ 2º Avec une négligence feinte. *Madras négligemment noué sur la tête.* ♦ 3º Sur un ton d'indifférence. *Répondre négligemment.*

NÉGLIGENCE [negliʒɑ̃s]. *n. f.* (1120; lat. *negligentia*). ♦ 1º Action, fait de négliger qqch.; attitude, état d'une personne dont l'esprit ne s'applique pas à ce qu'elle fait ou devrait faire. V. **Nonchalance, paresse.** ◇ Manque de précautions, de prudence, de vigilance. V. **Omission, oubli.** « *Cette négligence que donne la victoire* » (MONTESQ.). *Négligence coupable, criminelle. Négligence des pouvoirs publics.* V. **Carence.** — *Dr.* Faute non intentionnelle, consistant à ne pas accomplir un acte qu'on aurait dû accomplir. ♦ 2º *Une, des négligence(s)* : faute ou défaut dû au manque de rigueur, de soin. *Négligences de style.* « *Il s'y trouvait bien quelques négligences, à cause de la prodigieuse fécondité avec laquelle je l'avais écrit* » (MUSS.). ◇ ANT. **Application, assiduité, conscience, diligence, exactitude, minutie, zèle.**

NÉGLIGENT, ENTE [negliʒɑ̃, ɑ̃t]. *adj.* et *n.* (1190; lat. *negligens*). Qui fait preuve de négligence. V. **Inattentif.** *Employée négligente, toujours en retard dans son travail.* — *Jeter un coup d'œil négligent.* ◇ N. « *Ne me parlez plus de ce paresseux, de ce négligent, de ce loir...* » (VOLT.). ◇ ANT. **Appliqué, consciencieux, soigneux.**

NÉGLIGER [negliʒe]. *v. tr.; conjug. bouger* (1355; lat. *negligere*). ♦ 1º Laisser (une chose) manquer du soin, de l'application, de l'attention qu'on lui devrait; ne pas accorder d'importance à. V. *fam.* **Ficher** (se). *Négliger ses intérêts, sa santé.* V. **Désintéresser** (se). « *Les esprits calculateurs qui ne négligent rien* » (MUSS.). *Négliger sa personne,* sa mise, et pronom. *Se négliger,* ne pas avoir soin de sa personne, de sa toilette (Cf. Se laisser aller). — NÉGLIGER DE, ne pas prendre soin de. *Vous ne négligerez pas de vous vêtir chaudement.* V. **Manquer, omettre, oublier.** ♦ 2º Porter à (qqn) moins d'attention, d'affection qu'on le devrait. *Négliger ses enfants. Mari qui néglige sa femme. Négliger ses amis.* V. **Abandonner, délaisser.** ♦ 3º Ne pas tenir compte, ne faire aucun cas de. *Négliger un avis salutaire.* V. **Passer** (outre, par-dessus). *Ce n'est pas à négliger.* V. **Écarter.** — *Étudier l'âme sans négliger le corps.* V. **Méconnaître, oublier.** ◇ Ne pas mettre en pratique. « *Il négligeait* (les moyens) *de retenir Simone* » (MAUROIS). ◇ Ne pas saisir ou ne pas retenir, laisser passer. *Négliger une occasion. Il ne néglige rien pour m'être agréable.* V. **Épargner.** ◇ ANT. **Occuper** (s').

NÉGOCE [negɔs]. *n. m.* (*Negoces* « affaires », 1190; lat. *negotium*). ♦ 1º Vieilli. Affaire, occupation. « *As-tu quelque négoce avec le patron du logis?* » (MOL.). ♦ 2º (1617). Vieilli. Commerce, activité commerciale. V. **Commerce.** *Liberté du négoce. Le haut négoce.*

NÉGOCIABILITÉ [negɔsjabilite]. *n. f.* (1771; de *négociable*). *Comm.* Qualité attachée à certaines formes que peuvent revêtir les titres représentatifs d'un droit ou d'une créance grâce à laquelle ce droit ou cette créance sont transmissibles par les procédés du droit commercial. V. **Cessibilité.** *Négociabilité des effets de commerce.*

NÉGOCIABLE [negɔsjabl(ə)]. *adj.* (1675; de *négocier*). Qui peut être négocié (II, 2º). V. **Cessible, transférable.** *Titre négociable.*

NÉGOCIANT, ANTE [negɔsjɑ̃, ɑ̃t]. *n.* (1550; it. *nego-*

ziante). Personne qui se livre au négoce, au commerce en grand. V. **Commerçant, exportateur, marchand, trafiquant.** *Négociant en vins.* « *Ayant salué de nouveau, il ajouta : — Négociant en toiles et cordes, à Bordeaux* » (HENRIOT).

NÉGOCIATEUR, TRICE [negɔsjatœʀ, tʀis]. *n.* (1462; « régisseur », 1361; lat. *negotiator* « commerçant »). ♦ 1º Personne qui a la charge de négocier une affaire. V. **Agent, courtier, intermédiaire.** *Il a été le négociateur de cet accord.* ♦ 2º Agent diplomatique chargé de négocier un accord, un traité. *Les négociateurs du traité de paix.* V. **Diplomate.**

NÉGOCIATION [negɔsjasjɔ̃]. *n. f.* (1323, « affaire »; lat. *negotiatio* « commerce »). ♦ 1º *Vx.* Action de faire du commerce. — *Mod.* Transmission des effets de commerce. *Négociation d'une lettre de change.* ♦ 2º (1544). Série d'entretiens, d'échanges de vues, de démarches qu'on entreprend pour parvenir à un accord, pour conclure une affaire. V. **Tractation.** *Les premières négociations d'un divorce. Négociations entre les syndicats et le patronat.* ◇ Échange de vues soit entre deux puissances par l'intermédiaire de leurs agents diplomatiques, ou envoyés spéciaux et de leur gouvernement, soit entre plusieurs·puissances, au cours de congrès ou conférences, en vue d'aboutir à la conclusion d'un accord. *Engager, avoir des négociations. Ouverture, progrès, succès, échec des négociations.* — *Spécialt.* Recherche d'un accord, comme moyen d'action politique (*opposé à* force, guerre). « *La pensée d'obtenir des frontières préservatrices par force ou par négociation* » (CHATEAUB.).

NÉGOCIER [negɔsje]. *v.* (1370; lat. *negotiari*). **I.** *V. intr.* ♦ 1º *Vx.* Faire du négoce, du commerce. V. **Commercer.** ♦ 2º (XVIᵉ). *Mod.* Mener une négociation. V. **Discuter.** *Gouvernement qui négocie avec une puissance étrangère.* V. **Traiter.** « *C'est* (David) *un diplomate, c'est un commerçant; en tous sens du terme, il négocie* » (DANIEL-ROPS). — *Absolt.* Régler un conflit par voie de négociation. **II.** *V. tr.* ♦ 1º Établir, régler (un accord) entre deux parties. *Négocier une affaire* (V. **Traiter**), *une capitulation, une convention, un traité.* « *Pour faire réussir le raccommodement qu'elle négociait* » (SAND). — Pronom. *Un accord se négocie.* ♦ 2º Transmettre à un tiers (un effet de commerce, une valeur mobilière). *Négocier un billet, une lettre de change. Valeurs négociées à terme.* ♦ 3º (1927; calque angl. *to negociate a curve*). Auto. *Négocier un virage,* manœuvrer de manière à bien prendre un virage à grande vitesse.

NÉGONDO ou **NÉGUNDO** [negɔ̃do]. *n. m.* (*Negundo,* 1602; mot malais par le port., le lat. mod.). Érable d'Amérique du Nord (*Acérinées*), arbre ornemental à feuilles panachées de blanc.

NÈGRE, NÉGRESSE [nɛgʀ(ə); nɛgʀɛs]. *n.* et *adj.* (1516; *negresse,* 1637; var. *une negre* [1643]; rare au XVIIIᵉ; esp. ou port. *negro* « noir »). ♦ 1º Vieilli ou péj. Homme, femme de race noire, dite « mélano-africaine » (divisée en cinq groupes : soudanais, guinéen, congolais, nilotique, sud-africain ou zambézien). V. **Noir.** *Type physique des nègres.* V. **Négroïde.** *Nègre blanc, négresse blanche* : à peau claire. ◇ Noir employé autrefois dans certains pays chauds comme esclave. *Traite des nègres* (V. **Esclavage**). — *Travailler comme un nègre,* très durement. ♦ 2º *Fig. N. m.* (1757). Personne qui ébauche ou écrit entièrement les ouvrages signés par un écrivain célèbre. *Les nègres d'A. Dumas.* ♦ 3º *Par ext.* Couleur brun foncé. V. **Marron.** — Adj. (*Neigre,* 1611) *Une robe nègre* (On dit plutôt *tête de nègre*). ♦ 4º *Cuis. Nègre en chemise,* entremets au chocolat garni de crème. ♦ 5º PETIT NÈGRE (1877) : français incorrect et sommaire parlé par les indigènes des colonies. — *Par ext.* Mauvais français. *S'exprimer en petit nègre.* ♦ 6º (XVIIIᵉ). Nègre (*adj. des deux genres*). Qui appartient, est relatif à la race noire. *Vieilli* ou *péj.* (en parlant des gens) V. **Noir.** *Tribus nègres.* « *Une femme nègre* » (CHATEAUB.). ◇ *Mod. Art nègre. Musique nègre. Masque nègre.*

NÉGRIER, IÈRE [negʀije, ijɛʀ]. *adj.* et *n.* (1685; de *nègre*). ♦ 1º Relatif à la traite des Noirs; qui s'occupe de la traite des Noirs. *Capitaine, vaisseau négrier.* ♦ 2º *N. m.* Celui qui se livrait à la traite des Noirs, marchand d'esclaves. — *Par anal.* Chef d'entreprise qui traite ses employés comme des esclaves. ◇ Navire qui servait à la traite des Noirs.

NÉGRILLE [negʀij]. *n. m.* (1879; dimin. de *nègre*). Se dit des individus d'une race à peau très sombre d'Afrique équatoriale. V. **Pygmée.** *Les négrilles ne sont pas des nègres.*

NÉGRILLON, ONNE [negʀijɔ̃, ɔn]. *n.* (1714; dimin. de *nègre*). Enfant nègre. ◇ *Plaisant.* Enfant très brun de peau.

NÉGRITUDE [negʀityd]. *n. f.* (v. 1933; de *nègre*). *Littér.* Ensemble des caractères, des manières de penser, de sentir propres à la race noire; appartenance à la race noire.

NÉGRO-AFRICAIN, AINE [negʀoafʀikɛ̃, ɛn]. *adj.* (mil. XXᵉ; de *nègre*, et *africain*). Relatif aux Noirs d'Afrique. *Langues négro-africaines.*

NÉGROÏDE [negrɔid]. *adj.* (1874; de *nègre*, et *-oïde*). Qui rappelle les personnes de race noire par son aspect (notamment les cheveux crépus, le nez épaté, les grosses lèvres). *Type négroïde.* — *Races négroïdes*, plus proches de la race noire que des autres.

NEGRO-SPIRITUAL [negrospiritɥol]. *n. m.* (1935, *spiritual* ou *spirituel;* de l'amér. *negro* « nègre », et *spiritual* « [chant] spirituel »). Chant religieux chrétien des Noirs des États-Unis. *Les negro-spirituals constituent une des sources du jazz.* V. Gospel.

NÉGUENTROPIE [negɑ̃trɔpi]. *n. f.* (XXᵉ; de *néga*[tive], et *entropie*). *Didact.* Entropie* négative; augmentation du potentiel énergétique. (*Adj.* NÉGUENTROPIQUE).

NÉGUNDO. V. NÉGONDO.

NÉGUS [negys]. *n. m.* (1556, rare av. XVIIIᵉ; éthiop. *negûs* [*negusti*] « roi [des rois] »). Titre porté par les souverains éthiopiens.

NEIGE [nɛʒ]. *n. f.* (*Naije*, v. 1325; de *neiger*). ◆ 1° Eau congelée dans les hautes régions de l'atmosphère, et qui tombe en flocons blancs et légers. *De la neige.* V. Nival. *Les neiges de l'hiver, de la montagne. Blanc comme neige. Chute de neige. Tempêtes de neige. Neige fondue,* transformée en eau, *spécialt.* Pluie glaciale qui tombe en hiver. *Route recouverte de neige* (V. **Enneigé**). *Paysage de neige. Boule, bonhomme de neige. Accumulation de neige.* V. **Congère**, **névé.** *Ôter la neige.* V. **Déneiger; déneigement.** *Les sports de la neige :* sports d'hiver. *Neige lourde, poudreuse, pourrie, tôlée,* etc.; *bosse de neige.* (T. de skieur, d'alpiniste). — Par ext. *Trains de neige,* qui conduisent aux stations de sports d'hiver. — *Équipement pour aller sur la neige.* V. **Raquette, ski, traîneau.** *Neiges éternelles. Fonte des neiges. Classe de neige :* enseignement dispensé durant un mois dans une station d'altitude à une classe primaire venant d'une grande ville, qui peut ainsi bénéficier des sports de la neige. ◆ 2° *Par anal.* (de couleur, de consistance). *Neige artificielle :* substance chimique utilisée pour l'entraînement des skieurs, pour simuler la neige (au cinéma). *Neige carbonique*. — *Arg.* (1921) Cocaïne. — *Œufs à la neige, en neige.* V. **Œuf.** ◆ 3° *Fig.* DE NEIGE, blanc. *Barbe, cheveux de neige.* « *Un dos de neige* » (BALZ.).

NEIGER [neʒe]. *v. impers.;* conjug. *bouger* (*Negier*, XIIᵉ; lat. pop. *°nivicare*, de *nix, nivis* « neige »). Tomber, en parlant de la neige. « *Il neigeait. L'âpre hiver fondait en avalanche* » (HUGO).

NEIGEUX, EUSE [neʒø, øz]. *adj.* (1552; de *neige*). ◆ 1° Qui est couvert de neige, constitué par de la neige. *Cimes neigeuses.* — Par ext. *Temps neigeux.* ◆ 2° Qui rappelle la neige par sa blancheur, sa douceur. *Duvet neigeux.*

NÉLOMBO ou **NELUMBO** [nelɔ̃bo]. *n. m. invar.* (1765; mot cingalais). Plante aquatique *(Nymphéacées)* à fleurs blanches ou jaunes. *Le nélombo d'Orient est le lotus sacré des Hindous.* V. Lotus.

NÉMALE [nemal] ou **NÉMALION** [nemaljɔ̃]. *n. m.* (v. 1902; de *Nemal*, naturaliste amér.). *Bot.* Genre d'algues rouges gélatineuses *(Némaliacées),* qui croissent dans les eaux à cours rapide.

NÉMAT(O)-. Éléments, du gr. *nêma, nêmatos* « fil ».

NÉMATHELMINTHES [nematɛlmɛ̃t]. *n. m. pl.* (1890; de *némato-,* et *helminthe*). *Zool.* Classe de vers, à corps cylindrique allongé, non segmenté, dont les *nématodes* constituent le principal ordre (V. *aussi* Plathelminthes).

NÉMATOCYSTE [nematɔsist(ə)]. *n. m.* (1864; de *némato-,* et gr. *kustis* « vessie »). *Zool.* Vésicule urticante des cœlentérés.

NÉMATODES [nematɔd]. *n. m. pl.* (1887; de *némato-,* et *oïde*). *Zool.* Ordre de némathelminthes, généralement parasites. V. **Ascaride, filaire, oxyure, strongle, tylenchus.** *Certains vers intestinaux sont des nématodes.* Au sing. *Un nématode.*

NÉNIES [neni]. *n. f. pl.* (1721; « lamentation », 1639; lat. *nenia*). *Antiq.* Chant funèbre (Grèce, Rome antique). ◇ HOM. Nenni.

NENNI [nani; ne(ɛn)ni]. *adv.* (*Nenil,* v. 1130; comp. de *nen,* forme atone de *non* [V. Ne], et de *il;* Cf. Oui). *Vx* et *dial.* Adverbe de négation. V. **Non.** ◇ HOM. Nénies.

NÉNUPHAR [nenyfar]. *n. m.* (XIIIᵉ; lat. médiév., de l'arabe. *nînûfar*). Plante aquatique *(Nymphéacées)* qui croît dans les pays chauds et tempérés et dont les grandes feuilles rondes s'étalent sur l'eau. V. **Lis** (d'eau, des étangs). *Nénuphar jaune* ou *Jaunet d'eau. Nénuphar blanc* ou *Nymphéa. Nénuphar des Égyptiens.* V. Lotus.

NÉO-. Élément, du gr. *neos* « nouveau ».

NÉOBLASTE [neɔblast(ə)]. *n. m.* (v. 1965; du gr. *neos* « nouveau », et *blastos* « germe »). *Biol.* Chacune des cellules indifférenciées qui, chez certains animaux (Planaires*, Annélides*), assurent la reconstitution des parties accidentellement amputées.

NÉO-CAPITALISME [neɔkapitalism(ə)]. *n. m.* (v. 1960; de *néo-,* et *capitalisme*). *Écon.* Capitalisme moderne qui admet l'intervention de l'État dans certains domaines.

NÉO-CAPITALISTE [neɔkapitalist(ə)]. *adj.* (v. 1960; de *néo-,* et *capitaliste*). *Écon.* Qui pratique, concerne le néo-capitalisme.

NÉO-CELTIQUE [neɔsɛltik]. *adj.* (1874; de *néo-,* et *celtique*). *Ling.* Se dit des langues modernes dérivées des langues celtiques. V. Celtique, gaélique, kymrique.

NÉO-CLASSICISME [neɔklasisism(ə)]. *n. m.* (v. 1900; de *néo-,* et *classicisme*). École, mouvement littéraire (et *spécialt.* poétique) préconisant le retour au classicisme, sous une forme renouvelée. *Le néo-classicisme dérive de l'école romane de Moréas.* ◇ Formes d'art imitées ou renouvelées de l'antiquité classique.

NÉO-CLASSIQUE [neɔklasik]. *adj.* (v. 1900; de *néo-,* et *classique*). Qui appartient, est relatif au néo-classicisme. *Architecture, poésie néo-classique.* — Subst. *Les néo-classiques.*

NÉO-COLONIALISME [neɔkɔlɔnjalism(ə)]. *n. m.* (v. 1960; de *néo-,* et *colonialisme*). Nouvelle forme de colonialisme qui impose la domination économique à un pays.

NÉO-COLONIALISTE [neɔkɔlɔnjalist(ə)]. *adj.* (v. 1960; Cf. le précéd.). Qui pratique, concerne le néo-colonialisme.

NÉOCOMIEN, IENNE [neɔkɔmjɛ̃, jɛn]. *n.* et *adj.* (1835; de *Neocomun,* nom lat. de Neuchâtel, en Suisse). *Géol.* Groupe (ou sous-système) du système crétacé comprenant le *valanginien* et le *hauterivien.*

NÉO-CRITICISME [neɔkritisism(ə)]. *n. m.* (v. 1870; de *néo-,* et *criticisme*). *Philo.* Doctrine philosophique renouvelée de la doctrine de Kant. *Le néo-criticisme de Renouvier.*

NÉO-DARWINISME [neɔdarwinism(ə)]. *n. m.* (v. 1902; de *néo-,* et *darwinisme*). *Sc.* Transformisme par sélection naturelle, sans hérédité des caractères acquis, darwinisme modifié par Weismann.

NÉODYME [neɔdim]. *n. m.* (1923; de *néo-,* et [*di*] *dyme*). *Chim.* Corps simple, un des éléments des terres rares, appartenant au groupe du cérium (symb. Nd; nº at. 60).

NÉOFORMATION [neɔfɔrmasjɔ̃]. *n. f.* (1878; de *néo-,* et *formation*). *Biol.* Formation de tissus nouveaux. — *Méd.* Tumeur, bénigne ou non. V. **Néoplasme.**

NÉOFORMÉ, ÉE [neɔfɔrme]. *adj.* (1973; de *néoformation*). *Biol.* Qui résulte d'une néoformation. *Tissu néoformé.*

NÉOGÈNE [neɔʒɛn]. *n. m.* (1890; de *néo-,* et *gène*). *Géol.* Période du tertiaire qui touche au quaternaire, comprenant le *miocène* et le *pliocène.*

NÉO-GOTHIQUE [neɔgɔtik]. *adj.* (v. 1950; de *néo-,* et *gothique*). *Archit.* Qui imite le gothique. — Subst. *Le néo-gothique,* style en vogue à la fin du XIXᵉ s.

NÉO-GREC, GRECQUE [neɔgrɛk]. *adj.* (1846; de *néo-,* et *grec*). *Didact.* ◆ 1° Qui a rapport à la Grèce moderne Langue, littérature néo-grecque. ◆ 2° Qui imite l'art de la Grèce ancienne. *Le style néo-grec.*

NÉO-HÉBRIDAIS, AISE [neɔebridɛ, ɛz]. *adj.* et *n.* (v. 1902; de *néo-,* et [*Nouvelles-*]*Hébrides*). Des Nouvelles-Hébrides. — N. *Les Néo-Hébridais sont du type mélanésien.*

NÉO-IMPRESSIONNISME [neɔɛ̃prɛsjɔnism(ə)]. *n. m.* (1907; de *néo-,* et *impressionnisme*). *Arts.* Autre nom du pointillisme*.

NÉO-KANTISME [neɔkɑ̃tism(ə)]. *n. m.* (XXᵉ; de *néo-,* et *kantisme*). *Philo.* Théorie psychologique morale, dérivée du criticisme de Kant.

NÉO-LIBÉRALISME [neɔliberalism(ə)]. *n. m.* (mil. XXᵉ; de *néo-,* et *libéralisme*). *Écon., Polit.* Forme de libéralisme qui admet une intervention limitée de l'État.

NÉOLITHIQUE [neɔlitik]. *adj.* (1866; de *néo-,* et *-lithique*). *Préhist.* Se dit de la période la plus récente de l'âge de pierre et de ce qui appartient à cette période. *Âge, époque néolithique* ou *de la pierre polie. Civilisation néolithique.* — Subst. *Le néolithique.*

NÉOLOGIE [neɔlɔʒi]. *n. f.* (1759; de *néo-,* et *logie*). *Vieilli.* Introduction, emploi de mots nouveaux dans une langue, afin de l'enrichir. « *Une inflammation à laquelle notre néologie n'a pas encore su trouver son nom* » (BALZ.). — *Didact.* (mil. XXᵉ). Processus par lequels le lexique d'une langue s'enrichit, soit par la productivité morphologique, soit par emprunts ou par tout autre moyen (sigles, acronymes...). *Commission de néologie.*

NÉOLOGIQUE [neɔlɔʒik]. *adj.* (1726; de *néologisme*). Qui est relatif au néologisme. *Locution néologique.*

NÉOLOGISME [neɔlɔʒism(ə)]. *n. m.* (1735; de *néo-,* et *logisme*). ◆ 1° *Vieilli* et *péj.* Nom donné au XVIIIᵉ s., à une certaine affectation de nouveauté dans la manière de s'exprimer. ◆ 2° (1800). Emploi d'un mot nouveau (soit créé, soit obtenu par déformation, dérivation, composition, emprunt, etc.) ou emploi d'un mot dans un sens nouveau *(néologisme de sens)*. ♦ 3° Mot nouveau; sens nouveau d'un mot. ◇ *Psychiatr.* Mot forgé par un malade mental, incompréhensible pour l'entourage. ◇ ANT. *Archaïsme*.

NÉOMÉNIE [neɔmeni]. *n. f.* (1495; lat. *neomenia*, mot gr., de *neos* [V. Néo-], et *mên* « mois »). *Antiq.* Fête qui correspondait à la nouvelle lune.

NÉOMYCINE [neɔmisin]. *n. f.* (1949; de *néo-*, gr. *mukos* Cf. *-myce*, et *-ine*). *Méd.* Antibiotique à large spectre d'action (comparable à celui de la streptomycine), administré par la bouche et en applications locales (pommade, solution).

NÉON [neɔ̃]. *n. m.* (1898; gr. *neos* « nouveau », et suff. *-on;* Cf. Argon, krypton). *Chim.* et *cour.* L'un des gaz rares (p. at. 20,2; n° at. 10) qui se trouvent dans l'air dans une très faible proportion (symb. Ne), employé dans l'éclairage (tubes luminescents à lumière rouge). *Enseigne lumineuse au néon.* — Abusiv. *Tube au néon*, tube fluorescent.

NÉO-NATAL, E, ALS [neɔnatal]. *adj.* (1969; de *néo-*, et *natal*). *Didact.* Qui concerne le nouveau-né. *Soins néonatals.*

NÉONATOLOGIE [neɔnatɔlɔʒi]. *n. f.* (v. 1970; de *néonat*[al], et *-logie*). *Didact.* Ensemble des connaissances relatives au nouveau-né.

NÉOPHYTE [neɔfit]. *n.* et *adj.* (*Néofite*, 1495; rare av. XVIIᵉ; lat. ecclés. *neophytus*, gr. *neophytos* « nouvellement planté »). ♦ 1° *Hist. relig.* Nom donné dans l'Église primitive aux personnes nouvellement converties au christianisme. — Personne récemment convertie et baptisée. ♦ 2° *Cour.* (1759). Personne qui a récemment adopté une doctrine, un système, ou qui vient d'entrer dans un parti, une association. V. **Adepte**. *L'ardeur, la ferveur, le zèle d'un néophyte.* V. **Novice**, prosélyte. — Adj. *Un zèle néophyte.*

NÉOPLASIQUE [neɔplazik]. *adj.* (1878; de *néoplasie*). *Méd.* Qui concerne un néoplasme. *Affection néoplasique.*

NÉOPLASME [neɔplasm(ə)]. *n. m.* ou *(vieilli)* **NÉOPLASIE** [neɔplazi]. *n. f.* (1855,-1867; de *néo-*, et gr. *plasma* « ouvrage façonné », ou *plasis* « formation, façon »). *Pathol.* Prolifération pathologique de cellules, de tissus se présentant généralement sous la forme d'une tumeur. — *Spéciait.* Prolifération de tissu cancéreux, tumeur cancéreuse.

NÉO-PLATONICIEN, IENNE [neɔplatɔnisjɛ̃, jɛn]. *n.* et *adj.* (1836; de *néo-*, et *platonicien*). *Didact.* Partisan du néoplatonisme. — Adj. *Doctrine, école néo-platonicienne.*

NÉO-PLATONISME [neɔplatɔnism(ə)]. *n. m.* (1836; de *néo-*, et *platonisme*). *Didact.* ♦ 1° Doctrine inspirée de la philosophie de Platon, qui prit naissance et se développa à Alexandrie vers le IIIᵉ s. de notre ère. *Plotin fut le principal représentant du néo-platonisme.* ♦ 2° Se dit de divers mouvements littéraires, artistiques ou philosophiques inspirés du platonisme.

NÉO-POSITIVISME [neɔpozitivism(ə)]. *n. m.* (mil. XXᵉ; de *néo-*, et *positivisme*). *Philo.* Théories positivistes du XXᵉ s. (philosophie analytique et logique).

NÉO-POSITIVISTE [neɔpozitivist(ə)]. *adj.* et *n.* (1908; de *néo-*, et *positiviste*). *Didact.* Du néo-positivisme.

NÉOPRÈNE [neɔpʀɛn]. *n. m.* (1959; nom déposé; de *néo-*, et suff. chim. *-prène* [de *chloro-*, *isoprène*], de *pr*[opyle], et *-ène*). *Techn.* Caoutchouc synthétique *(chloroprène* [dérivé de l'acétylène] *polymérisé).*

NÉO-RÉALISME [neɔʀealism(ə)]. *n. m.* (v. 1935; de *néo-*, et *réalisme*). Théorie artistique ou littéraire renouvelée du réalisme. ◇ Nom donné (en 1942) à une école cinématographique italienne caractérisée par le réalisme, la vérité des situations et des décors, les préoccupations sociales.

NÉO-RÉALISTE [neɔʀealist(ə)]. *adj.* (v. 1945; du précéd.). Qui est relatif au néo-réalisme, qui suit les principes du néo-réalisme. *Film néo-réaliste.*

NÉOTÉNIE [neɔteni]. *n. f.* (v. 1900; de l'all. *néo-*, et rad. gr. *ten-* « étendre »). *Biol.* Persistance, temporaire ou permanente, des formes larvaires au cours du développement d'un organisme.

NÉO-THOMISME [neɔtɔmism(ə)]. *n. m.* (v. 1902; de *néo-*, et *thomisme*). *Relig.* Thomisme moderne, répandu surtout depuis l'Encyclique *Æterni patris* (1879), où Léon XIII recommandait d'incorporer à la philosophie de saint Thomas les acquisitions de la science contemporaine.

NÉOTTIE [neɔti]. *n. f.* (1839; gr. *neottia* « nid d'oiseau »). *Bot.* Sorte d'orchidée sans chlorophylle, saprophyte qui croît dans l'humus des hêtraies.

NÉO-ZÉLANDAIS, AISE [neɔzelɑ̃dɛ, ɛz]. *adj.* et *n.* (fin XIXᵉ, « maori »; de *néo-*, et *zélandais*). De Nouvelle-Zélande. *Population néo-zélandaise.* — *Les Néo-Zélandais.*

NÉOZOÏQUE [neɔzɔik]. *adj.* (1868; de *néo-*, et gr. *zôon* « être vivant »). *Géol. Ère néozoïque*, autre appellation de l'ère tertiaire (par allusion au renouvellement de la flore et de la faune à cette époque).

NÈPE [nɛp]. *n. f.* (1762; lat. *nepa* « scorpion »). Insecte rhynchote des eaux stagnantes *(Népidés)*, dont une espèce, la nèpe cendrée, est commune en France. V. **Punaise** (d'eau).

NÉPENTHÈS [nepɛ̃tɛs]. *n. m.* (*Nepenthe*, 1560; mot gr. « qui dissipe la douleur »). ♦ 1° Chez les Grecs, Breuvage magique, remède qui dissipait la tristesse, la colère. — Plante dont les anciens tiraient cette drogue. ♦ 2° (*Népente*, 1799). Plante carnivore *(Sarracéniacées)* qui croît en Malaisie et à Madagascar, dont les feuilles en vrilles se terminent par une urne à couvercle.

NÉPÉRIEN [nepeʀjɛ̃]. *adj. m.* (1846; de *Neper*, n. pr.). *Math.* Se dit des logarithmes naturels.

NÉPÈTE [nepɛt]. *n. f.* (1827; *népéta*, 1694; lat. *nepeta*). *Bot.* Plante à odeur forte *(Labiacées)* qui comprend de nombreuses espèces, dont la *cataire.*

NÉPHÉLÉMÉTRIE [nefelemetʀi]. *n. f.* (mil. XXᵉ; Cf. *Néphélectomètre*, 1930; du gr. *nephelê* « nuage », et *-métrie*). *Sc.* Mesure de la concentration d'une émulsion d'après sa transparence.

NÉPHÉLION [nefeljɔ̃]. *n. m.* (1765; gr. *nephelion* « petit nuage »). *Méd.* Tache transparente de la cornée n'interceptant pas complètement la lumière. V. **Albugo, leucome, taie.**

NÉPHR(O)-. Élément, du gr. *nephros* « rein ».

NÉPHRECTOMIE [nefʀɛktɔmi]. *n. f.* (1890; Cf. Néphrotomie « opération de la pierre », 1753; de *néphr-*, et *-ectomie*). *Chir.* Ablation chirurgicale d'un rein.

NÉPHRÉTIQUE [nefʀetik]. *adj.* (*Néfrétique*, 1620; lat. méd. *nephreticus*, gr. *nephritikos* « qui souffre des reins »). Relatif au rein malade. V. **Rénal.** *Colique néphrétique :* douleur aiguë provoquée par un spasme des uretères, souvent dû au passage d'un calcul. — *Subst.* Malade affligé de coliques néphrétiques.

NÉPHRIDIE [nefʀidi]. *n. f.* (1924; gr. *nephridios* « qui concerne le rein »). *Zool.* Organe excréteur de certains animaux (brachiopodes, rotifères, vers).

1. NÉPHRITE [nefʀit]. *n. f.* (1802; *néphrésie*, 1557; gr. *nephritis* [*nosos*] « [maladie] des reins »). Nom générique des maladies inflammatoires et douloureuses du rein. *Néphrite aiguë. Néphrite chronique ou* (vx) *mal de Bright.* — Adj. NÉPHRITIQUE [nefʀitik].

2. NÉPHRITE [nefʀit]. *n. f.* (1798; gr. *nephritis* « des reins »). *Minér.* Variété de jade (qui passait pour guérir les reins). Variété minérale du genre amphibole.

NÉPHROGRAPHIE [nefʀɔgʀafi]. *n. f.* (1843 « étude des reins », sens mod. 1953; de *néphro-*, et *-graphie*). *Méd.* Radiographie du rein, pratiquée après l'injection d'une substance dans les voies urinaires (V. **Urographie**), ou dans les artères du rein (V. **Artériographie**).

NÉPHROLOGIE [nefʀɔlɔʒi]. *n. f.* (1803; de *nephro-*, et *-logie*). *Méd.* Étude de la physiologie et de la pathologie du rein. *Néphrologie et urologie*.

NÉPHROLOGUE [nefʀɔlɔg]. *n.* (fin XIXᵉ; de *néphrologie*). *Méd.* Spécialiste de néphrologie.

NÉPHRON [nefʀɔ̃]. *n. m.* (1970; du gr. *nephros* Cf. *néphro-*). *Physiol.* et *anat.* Unité anatomique et fonctionnelle du rein, constituée par un glomérule rénal et les tubes rénaux qui s'y rattachent. *Un rein humain comprend environ 1 million de néphrons.*

NÉPHROPATHIE [nefʀɔpati]. *n. f.* (1922; de *néphro-*, et *-pathie*). *Didact.* Affection du rein, en général. *Spéciait. Néphropathie gravidique*, maladie rénale des femmes enceintes.

NÉPHROSE [nefʀoz]. *n. f.* (XXᵉ; en all. 1905; de *nephro-*, et suff. *-ose*). *Méd.* Affection chronique et dégénérative du rein.

NÉPOTISME [nepɔtism(ə)]. *n. m.* (1653; it. *nepotismo*, de *nepote* « neveu »). ♦ 1° *Hist. relig.* Faveur et autorité excessive accordées par certains papes à leurs neveux, leurs parents, dans l'administration de l'Église. ♦ 2° *Littér.* (1800). Abus qu'un homme en place fait de son crédit, de son influence pour procurer des avantages, des emplois aux membres de sa famille, à ses amis. V. **Favoritisme.**

NEPTUNIUM [nɛptynjɔm]. *n. m.* (1940; de *Neptune*, planète). *Chim.* Élément transuranien radio-actif (symb. Np, n° at. 93) obtenu artificiellement à partir de l'uranium.

NÉRÉIDE [neʀeid]. *n. f.* (1488; lat. *nereis, -idis*, mot gr.), ♦ 1° Nymphe de la mer. ♦ 2° (1803). *Zool.* Genre de vers annélides *(Polychètes)* qui vivent dans la mer sur les fonds vaseux.

NERF [nɛʀ]. *n. m.* (1080; lat. *nervus* « ligament, tendon »). I. ♦ 1° *Vx.* Ligament, tendon des muscles. V. **Muscle, tendon.** « *Un petit vieux sec, tout en nerfs* » (DAUD.). *Se fouler, se froisser un nerf.* — *Spéciait.* NERF DE BŒUF : verge du bœuf ou du taureau, durcie par dessiccation et étirée, dont on se servait comme d'une matraque. ♦ 2° *Fig.* (1559 ; toujours au sing. ; sens repris du lat.). Ce qui fait la force active, la vigueur physique d'une personne, d'un animal. V. **Vigueur.** *Avoir du nerf. Priver de nerf.* V. **Énerver** *(vx)*. — Fam. *Allons,*

du nerf, un peu de nerf, frappez plus fort! Par anal. *Un style qui a du nerf, qui manque de nerf. Pinceau, touche, composition qui manque de nerf,* qui est mou, languissant. — *Par ext.* Ce qui donne l'efficacité. Loc. prov. *L'argent est le nerf de la guerre.* ♦ 3° *Rel.* Cordelette au dos d'un livre relié, à laquelle est cousu un cahier, et qui forme une nervure apparente. V. **Nervure.**
II. ♦ 1° (1314). Cordon blanchâtre, généralement cylindrique, qui relie un centre nerveux (moelle, cerveau) à un organe ou à une structure organique (V. **Nerveux, neuro-**). *Les nerfs sont constitués par les prolongements des cellules nerveuses (axones*) réunis en faisceaux. Nerfs centrifuges* (ou *efférents*), qui conduisent l'influx nerveux vers la périphérie. *Nerfs centripètes* (ou *afférents*), qui transmettent l'influx nerveux vers les centres nerveux. *Nerfs moteurs,* qui commandent l'activité musculaire. *Nerfs sensitifs,* qui transmettent aux centres nerveux les stimuli concernant la sensibilité générale. *Nerfs sensoriels,* qui conduisent les impulsions reçues par les organes des sens vers leurs centres nerveux. *Nerfs mixtes,* à fibres motrices et sensitives. *Racine, tronc d'un nerf. Distribution des nerfs.* V. **Innervation.** *Réseau de nerfs.* V. **Plexus.** *Excitabilité, conductibilité des nerfs. Douleur dans le territoire d'un nerf.* V. **Névralgie.** *Inflammation d'un nerf.* V. **Névrite.** *Ôter les nerfs d'une dent* (V. **Dévitaliser**). ♦ 2° *Cour.* (XIXᵉ). Les nerfs considérés comme ce qui supporte les excitations extérieures ou les tensions intérieures. *Avoir les nerfs fragiles, irritables.* V. **Nerveux** (II), *névropathe.* — *C'est un paquet de nerfs,* se dit d'une personne très nerveuse. (1817). *Porter sur les nerfs.* V. **Agacer, énerver, irriter.** Fam. « *Dieu! que son ton péremptoire me tapait sur les nerfs* » (GIDE). *Ne pas contrôler ses nerfs.* V. **Énerver** (s'); *énervement, nervosité. Avoir les nerfs tendus, à vif* (fam.), *en boule* (1902; se mettre les nerfs) *en pelote* : être très énervé, irrité, en colère. *Être sur les nerfs, vivre sur les nerfs,* se dit d'une personne très fatiguée qui n'agit que par des efforts de volonté. *Être à bout de nerfs,* dans un état de surexcitation qu'on ne peut maîtriser plus longtemps. — *Crise de nerfs,* cris, pleurs, gestes désordonnés (V. **Hystérie**). Absolt. *Avoir ses nerfs,* être énervé, avoir une petite crise de nerfs. *Maladie de nerfs.* — (v. 1940) *La guerre des nerfs :* l'ensemble des procédés visant à affaiblir le moral de l'ennemi en agissant sur les nerfs des militaires et des civils au moyen de fausses nouvelles, de campagnes d'intimidation, etc.

NÉRITIQUE [neritik]. *adj.* (1931; gr. *nérités* « coquillage »). *Géol.* Se dit des sédiments marins déposés sur la plate-forme continentale.

NÉROLI [neroli]. *n. m.* (1672; nom d'une princesse italienne). *Comm.* Fleur d'oranger destinée à la distillation. *Essence de néroli,* huile essentielle, extrait de fleur d'oranger (spécialt. de bigaradier).

NÉRONIEN, IENNE [neronjɛ, jɛn]. *adj.* (1765; de *Néron,* empereur romain). *Littér.* Qui est propre à Néron, digne de la réputation de cruauté de Néron. « *Plaisir un peu néronien d'allumer un feu de brousse* » (GIDE).

NERPRUN [nɛrprœ̃]. *n. m.* (1501; lat. pop. *niger prunus* « prunier noir »). Arbre ou arbrisseau vivace à fruits noirs (*Rhamnacées*). *Nerprun bourdaine,* nommé « aulne noir », « épine de cerf ». V. **Bourdaine.** *Nerprun purgatif,* dont les baies donnent le *sirop de nerprun,* purgatif énergique, et aussi un colorant, le *vert de vessie. Nerprun à feuilles persistantes.* V. **Alaterne.**

NERVATION [nɛrvasjɔ̃]. *n. f.* (1800; dér. sav. de *nerf,* I). *Bot., zool.* Disposition des nervures d'une feuille, d'une aile d'insecte. *La forme générale de la feuille dépend de sa nervation.*

NERVEUSEMENT [nɛrvøzmã]. *adv.* (1583; de *nerveux*). ♦ 1° Avec nerf, vigueur. — Fig. *Phrase nerveusement construite.* ♦ 2° Par l'action du système nerveux. *Ébranlé nerveusement.* ♦ 3° D'une manière nerveuse, excitée. *Marcher nerveusement de long en large.*

NERVEUX, EUSE [nɛrvø, øz]. *adj.* et *n.* (XIIIᵉ; de *nerf,* d'apr. lat. *nervosus*).
I. *Vx.* Relatif aux nerfs (I, 1°), aux ligaments, aux tendons. ♦ 1° *Mod.* Qui a des tendons vigoureux, apparents. *Mains nerveuses.* « *Il était de stature moyenne, nerveux, brun de poil et de cuir* » (DUHAM.). — *Bouch. Viande nerveuse,* qui présente des tendons, qui est trop ferme, dure. V. **Filandreux, tendineux.** ♦ 2° *Fig.* Qui a du nerf (I, 2°), de la force active et de la rapidité. V. **Vigoureux.** *Un cheval, un coureur nerveux.* ◇ Par anal. *Voiture nerveuse,* qui a une grande vitesse d'accélération et de bonnes reprises. ◇ (Abstrait) *Style nerveux,* qui a de la force, de la rapidité, de la concision. V. **Concis, vigoureux.**
II. ♦ 1° (1678). Relatif au nerf, aux nerfs (II). *Cellule nerveuse.* V. **Neurone.** *Fibre nerveuse,* cylindraxe du neurone qui forme le nerf. *Terminaison nerveuse,* extrémité de la fibre. *Tissu nerveux,* formé de neurones. *Système nerveux,* ensemble des organes, des éléments de tissu nerveux qui commandent les fonctions de sensibilité, motilité, nutrition

et, chez les vertébrés supérieurs, les facultés intellectuelles et affectives. *Organes du système nerveux.* V. **Ganglion, nerf, plexus.** *Système nerveux central* ou *centres nerveux.* V. **Névraxe.** *Système nerveux sympathique, parasympathique. Influx nerveux.* ♦ 2° *Spécialt.* Qui concerne les nerfs, comme support de l'émotivité, des tensions psychologiques. *Tension nerveuse; rire nerveux; toux nerveuse.* V. **Convulsif, hystérique.** — *Maladies nerveuses,* se dit plus spécialement des maladies qui affectent le psychisme sans lésion organique connue. V. **Névrose, névrotique.** *Dépression nerveuse. Grossesse nerveuse.* « *Il n'y avait là que des faims nerveuses, des caprices d'estomacs détraqués* » (ZOLA). ◇ (Personnes) Émotif et agité, qui ne peut garder son calme, au physique et au moral. V. **Émotif.** *Un tempérament nerveux. Une attente qui rend nerveux.* V. **Agité, énervé, excité, fébrile, impatient, irritable.** « *Grand nerveux fatigué et nerveux, se promenant de long en large* » (CAMUS). — *N.* Personne de tempérament nerveux. « *Tout ce que nous connaissons de grand nous vient des nerveux* » (PROUST). Type caractérologique : « primaire, émotif, inactif » (LE SENNE).
◇ ANT. Flasque, mou; lâche, languissant. Calme, flegmatique, froid.

NERVI [nɛrvi]. *n. m.* (1804; plur. de l'it. *nervo* « vigueur »). ♦ 1° *Vx* (Arg. marseillais). Portefaix. ♦ 2° *Vieilli.* Homme sans aveu. ◇ *Mod.* Homme de main, tueur. *Des nervis.*

NERVIN [nɛrvɛ̃]. *adj. m.* et *n. m.* (1710; de *nerf,* d'apr. lat. *nervinus* « relatif aux nerfs »). *Pharm.* Qui a (est censé avoir) une action tonifiante sur les nerfs (II). *Baume nervin. Un nervin,* le remède lui-même.

NERVOSITÉ [nɛrvozite]. *n. f.* (1553, « vigueur »; lat. *nervositas*). ♦ 1° *Vx.* Vigueur physique. ♦ 2° (1838). *Mod.* État d'excitation nerveuse passagère. V. **Énervement;** agacement, exaspération, irritation, surexcitation. *Être dans un état de grande nervosité.* ◇ ANT. Calme.

NERVURE [nɛrvyr]. *n. f.* (1388, « renfort de bouclier »; de *nerf,* I). Ligne saillante sur une surface, rappelant par son aspect un nerf (I, 1°), une nervure (I) (1719). Filet saillant formé par un faisceau libéro-ligneux traversant le limbe d'une feuille. *Les nervures sont comme le squelette, la charpente de la feuille.* « *La dentelle délicate des nervures jaunies* » (PERGAUD). ♦ 2° Filet corné qui se ramifie et soutient la membrane de l'aile chez certains insectes. *Les fines nervures des ailes de la libellule.* ♦ 3° *Rel.* V. **Nerf.** *Nervures d'un livre.* ♦ 4° *Archit.* Moulure arrondie, arête saillante des voûtes d'ogives. *Les nervures d'une voûte gothique* (ogives, liernes, tiercerons). ♦ 5° *Techn.* Filet saillant qui renforce la résistance d'une pièce. *Nervures d'une bielle.* — *Aviat.* Partie de l'armature d'une aile. ♦ 6° *Cout.* Petit pli décoratif en relief, piqué près du bord.

NERVURÉ, ÉE [nɛrvyre]. *adj.* (1875; de *nervure*). Qui présente des nervures. *Feuille, aile nervurée.* — *Jupe nervurée.*

NERVURER [nɛrvyre]. *v. tr.* (XXᵉ; de *nervure*). Garnir de nervures.

NESCAFÉ [nɛskafe]. *n. m.* (1942; marque déposée; de *Nes*[tlé], et *café*). Café préparé avec une poudre soluble (de cette marque) et de l'eau chaude; la poudre.

NESTORIEN, IENNE [nɛstɔrjɛ, jɛn]. *n.* et *adj.* (XIIIᵉ; de *Nestorius,* patriarche de Constantinople au Vᵉ s.). *Hist. relig.* Disciple de Nestorius, hérésiarque qui affirmait que les deux natures du Christ (divine et humaine) possédaient leur individualité propre. *Les nestoriens furent condamnés par le concile d'Éphèse* (431). — Adj. *Hérésie nestorienne* (nestorianisme [nɛstɔrjanism(ə)]). *Les églises nestoriennes de Syrie.*

NET, NETTE [nɛt]. *adj.* et *adv.* (1120, « pur, serein » [ciel]; lat. *nitidus* « brillant »).
I. Adj. **Ⓐ** ♦ 1° (XIIIᵉ). Que rien ne ternit ou ne salit. V. **Propre.** *Une vaisselle nette. Linge net.* V. **Blanc, immaculé.** *Figures et mains nettes.* Fig. *Avoir les mains nettes :* n'avoir rien à se reprocher. ◇ Propre et soigné (avec une nuance de simplicité, de fraîcheur) *Une petite robe simple et nette. Intérieur net et propre.* ♦ 2° Qui est débarrassé, nettoyé (de ce qui salit, encombre). — *Faire place nette,* vider les lieux, et *fig.* Renvoyer d'une maison, d'une entreprise tous ceux dont on veut se débarrasser; rejeter ce dont on ne veut plus. ◇ Fig. et littér. *Il est net de tout blâme* : débarrassé, délivré. — (v. 1450) *Je veux en avoir le cœur net* (déchargé d'un souci, d'une préoccupation) : en être assuré. *Avoir la conscience nette,* pure; se sentir irréprochable. ♦ 3° *Fig.* Qui est sans mélange; qu'aucun élément étranger n'altère. ♦ 4° *Comm.* (1723). Dont on a déduit tout élément étranger (opposé à brut). *Quitte et net. Bénéfice, produit, salaire* net. Poids net.* — (Invar.) *Il reste net, 140 francs.* ◇ NET DE, exempté de, non susceptible de. *Net d'impôt, de tout droit.* **Ⓑ** ♦ 1° (1219; Abstrait). Clair. Avoir des idées nettes, se faire une idée nette. *Garder des souvenirs très nets. Explication claire et nette.* V. **Lumineux.** — *Nette amélioration :* très sensible. *Une différence très nette.* V. **Marqué.** ◇ Qui ne laisse pas de place au doute, à l'hésitation. *Je veux une réponse nette,*

sans équivoque. Ma position est nette. V. **Catégorique.** *Termes nets.* V. **Explicite, exprès, formel.** *Aimer les situations nettes.* — *Il a été très net,* il a parlé sans ambiguïté. ♦ 2° (1645). Qui frappe par des contours fortement marqués ; qui ne donne lieu à aucune ambiguïté. V. **Clair, distinct, précis.** *Dessin, caractères parfaitement nets. Couleurs nettes.* V. **Tranché.** *Coupure, cassure nette.* V. **Régulier.** *Voix, diction très nette.* — Subst. *Mettre* AU NET : au propre, recopier (un premier jet) de façon claire et lisible. « *Il écrivait sa composition directement au net, sans une rature* » (LARBAUD).
II. *Adv.* (mil. XV⁰ ; *a net,* XII⁰). D'une façon nette. ♦ 1° D'une manière précise, brutale ; tout d'un coup. *Cela s'est cassé net. S'arrêter net. La balle l'a tué net.* ♦ 2° D'une manière claire, franche ; carrément. *Il lui a parlé net. Je lui ai dit tout net ce que j'en pensais.* V. **Crûment.** « *Faut-il vous répondre net ?* » (DIDER.).
◇ ANT. **Sale, souillé.** Confus, équivoque, évasif, flou, imprécis, incertain, indécis, indistinct, vague.

NETTEMENT [nɛtmɑ̃]. *adv.* (XII⁰, « entièrement » ; de *net*). D'une manière nette. ♦ 1° *Vx* (v. 1210). Proprement. ♦ 2° *Mod.* (1538). Avec clarté (dans le domaine intellectuel). *Marquer nettement les différences, expliquer nettement.* ◇ D'une manière qui paraît claire, incontestable. *Usage qui tend nettement à disparaître. L'emporter nettement sur un adversaire.* — Fam. *Un sens nettement péjoratif. Un coureur nettement plus rapide. Il est nettement le plus fort.* V. **Certainement.** ♦ 3° (1835). D'une manière claire, très visible (concret). *Les feuillages se découpent nettement sur le ciel.* V. **Distinctement, fortement.** ◇ ANT. *Ambigument, confusément, obscurément, vaguement.*

NETTETÉ [nɛtte]. *n. f.* (1216, « propreté » ; *netée* « pureté », XII⁰ ; de *net*). ♦ 1° (1645). Qualité de ce qui est net (I, B). V. **Clarté, précision.** *Netteté des idées, d'une impression. Netteté d'esprit.* V. **Lucidité.** *Expression qui manque de netteté.* « *Il parlait avec netteté* » (MAURIAC). ♦ 2° Caractère de ce qui est clairement visible, bien marqué. *La netteté des traits, de l'écriture.* V. **Précision.** ◇ ANT. *Ambiguïté, confusion, flou, imprécision, incertitude, indécision, obscurité.*

NETTOIEMENT [netwamɑ̃]. *n. m.* (XV⁰ ; *nattiement,* XII⁰ ; de *nettoyer*). ♦ 1° Ensemble des opérations ayant pour but de nettoyer. V. **Assainissement, nettoyage.** *Nettoiement des rues, d'un quartier. Service du nettoiement* (enlèvement des ordures). ♦ 2° Agric. *Nettoiement des terres, du sol,* destruction des herbes ou plantes nuisibles. — (1771) *Nettoiement des grains.* ◇ Opération dont le but est de dégager, dans les peuplements forestiers, les jeunes plants des mortsbois et des bois blancs qui en entravent la croissance.

NETTOYAGE [netwajaʒ]. *n. m.* (1420 ; *nestiage,* en Normandie, 1344 ; de *nettoyer*). ♦ 1° Action de nettoyer ; son résultat. *Nettoyage d'une façade.* V. **Ravalement.** *Nettoyage du linge.* V. **Blanchissage, lavage.** *Nettoyage des vêtements.* V. **Dégraissage, teinturerie.** *Nettoyage à sec, à la vapeur.* — *Nettoyage par le vide,* à l'aide d'un aspirateur. *Fig.* et *fam.* Action de débarrasser un lieu de tout ce qui l'encombre. ♦ 2° Milit. Action de débarrasser un lieu d'ennemis. *Ce que, dans nos guerres modernes, on appelle avec pudeur le nettoyage d'une position* (DUHAM.). ◇ Fam. Licenciement du personnel indésirable ; renvoi brusque (de visiteurs, d'intrus).

NETTOYER [netwaje]. *v. tr.* ; conjug. *noyer* (1175 ; de *net*). ♦ 1° Rendre net, propre, en débarrassant de tout ce qui ternit ou salit. *Nettoyer des vêtements.* V. **Dégraisser, détacher.** *Nettoyer la maison* (faire le ménage*). V. **Balayer, frotter.** *Nettoyer un tapis,* en le battant, en le passant à l'aspirateur. *Nettoyer les meubles.* V. **Épousseter, essuyer.** *Nettoyer l'argenterie* (V. **Fourbir**), *les cuivres.* V. **Astiquer.** *Nettoyer les casseroles* (V. **Récurer**), *les verres. Nettoyer un puits, un fossé, un canal, un bassin.* V. **Curer.** *Nettoyer un bateau.* V. **Briquer.** — *Nettoyer à l'eau* (V. **Laver**), *à sec.* — *Se nettoyer la figure, les mains.* V. **Débarbouiller, frictionner, laver, savonner.** *Nettoyer une plaie.* V. **Déterger.** ♦ 2° (XIII⁰, *nettoyer qqch. de...*). Rendre net (un contenant, un lieu), en débarrassant de ce qui remplit, encombre, gêne. V. **Vider.** « *L'écuelle était mieux que vidée, elle était nettoyée* » (HUGO). ◇ Fam. Vider en démolissant, en cambriolant, en dépensant. *Il a nettoyé son compte en banque. Nettoyer qqn :* le dépouiller. *Cette série de procès l'a complètement nettoyé. Se faire nettoyer à la Bourse, au jeu.* V. **Lessiver.** ♦ 3° Spécial. (*Nettoyer une tranchée,* 1671). Débarrasser (un lieu, une position) de gens dangereux, d'ennemis. « *Je vais nettoyer un bout de rue avec sa mitrailleuse* » (MALRAUX). ◇ *Pop.* (1844). Éliminer, liquider, tuer. « *Il jurait que les bourgeois seraient nettoyés avant trois mois* » (ZOLA). ◇ ANT. *Salir, souiller, ternir ; remplir.*

NETTOYEUR, EUSE [netwajœr, øz]. *n.* (1480 ; de *nettoyer*). Personne qui nettoie. *Nettoyeur de vitres* (V. **Laveur**), *de parquets.* — (1859) Nom donné à certains appareils ou machines. *Nettoyeurs de grains.* ◇ *Nettoyeur de tranchées,* soldat qui nettoie (3°) une tranchée.

1. NEUF [nœf]. *adj.* et *n. invar.* (*Nof,* 1119 ; lat. *novem*).

I. ♦ 1° Adj. numéral cardinal (9). *Neuf égale huit plus un. Le chiffre neuf, le nombre vingt-neuf. Pendant neuf heures* [nœvœr], *neuf ans* [nœvɑ̃]. *Les neuf Muses. Neuf cents. Polygone à neuf côtés* (ennéagone). *Neuf dizaines.* V. **Nonante, quatre-vingt-dix.** ♦ 2° *Ordinal.* V. **Neuvième.** *Le chapitre, la page, le tome neuf. Le roi Louis neuf* (Louis IX). *Ellipt. Le neuf juin. Le neuf du mois.*
II. *N. m.* Le nombre neuf. *Neuf est divisible par trois. Preuve* par neuf. ◇ Le chiffre neuf. *Neuf arabe* (9), *romain* (IX). *Un neuf mal fait.* ◇ Le numéro neuf. *Il habite au neuf.* ♦ — (*Jeux*) Carte à jouer marquée de neuf points. *Le neuf de carreau.*

2. NEUF, NEUVE [nœf, nœv]. *adj.* et *n.* (XIV⁰ ; *nous,* 980 ; *nuef,* XII⁰ ; lat. *novus*).
I. ♦ 1° Qui vient d'être fait et n'a pas encore servi. *Essuyer les plâtres d'une maison neuve. Étrenner une robe neuve. Prendre livraison d'une voiture neuve.* Loc. *Faire peau neuve.* — *À l'état neuf ; tout neuf, flambant* neuf, qui semble n'avoir jamais été utilisé. ♦ 2° (Avec art. défini et après le nom). Plus récent (*opposé* à ancien, vieux). *Le vieux château et le château neuf ; la vieille ville et la ville neuve* (Cf. *Château-neuf,* *Villeneuve,* noms de lieux). V. **Moderne.** *Le Pont-Neuf à Paris.* ♦ 3° (*Choses abstraites*). V. **Nouveau, original.** *Traiter un sujet neuf. Thème banal traité d'une manière neuve. Des idées, des pensées, des remarques neuves.* « *Le bonheur est une idée neuve en Europe* » (ST-JUST). *Expressions, tournures, images neuves.* V. **Audacieux.** ♦ 4° (*Personnes*). NEUF À..., DANS... : qui n'a pas encore l'expérience, l'habitude (des choses, des passions, de la vie). V. **Inexpérimenté, novice.** Vx. « *Quoique modeste et neuve au manège des salons* » (BALZ.). *Mod.* « *J'étais neuf dans le métier* » (ALAIN). — Littér. *Un cœur neuf,* sans expérience. ♦ 5° (*Sentiments, passions*). Qui vient de naître, qui a encore ou qui a repris toute sa fraîcheur et sa force. *Sensations fortes et neuves. La vision, le regard neuf de l'enfant, de l'artiste.* ♦ 6° Qui existe depuis peu de temps, qui vient d'arriver. V. **Récent.** *Peuple neuf,* qui a accédé depuis peu à l'existence nationale. ◇ *Fam.* QQCH. DE NEUF (Faits récents pouvant amener quelque changement). V. **Nouveau.** *Rien de neuf dans l'affaire X.* « *Eh bien, dis-je, quoi de neuf ?* » (BAUDEL.).
II. *N.* ♦ 1° *Le neuf,* ce qui est neuf. *Artisan qui fait le neuf et le vieux,* qui fait des objets neufs et répare les vieux. *Vendre du neuf et de l'occasion.* — *Cet homme politique prétend faire du neuf et du raisonnable.* ♦ 2° (1564). DE NEUF, avec qqch. de neuf (vêtements, équipements). *Être habillé, vêtu de neuf. Appartement meublé de neuf.* ♦ 3° (XVI⁰). À NEUF, de manière à rendre l'état ou l'apparence du neuf. *Repeindre une pièce à neuf. Remettre à neuf.* V. **Rénover, réparer, restaurer.**
◇ ANT. *Ancien, usé, vieux. Banal, éculé.*

NEUFCHÂTEL [nøʃatɛl]. *n. m.* (1798 ; de *Neufchâtel,* Seine-Maritime). Fromage fabriqué originairement à Neufchâtel. V. **Bondon.**

NEUF-HUIT (À) [nœfɥit]. *loc. adj.* (1803 ; de *neuf,* et *huit*). Mus. Se dit d'une mesure à trois temps, ayant une noire pointée par temps.

NEUME [nøm]. *n.* (XIV⁰ ; lat. médiév. *neuma,* altér. gr. *pneuma* « souffle, émission de voix »). *Hist. mus.* ♦ 1° *N. m.* Signe servant autrefois à la notation du plain-chant (notation dite *neumatique* [nømatik]). ♦ 2° *N. f.* Groupe de notes émises sur un seul souffle ; courte mélodie qui se vocalise, sans paroles ou sur la dernière syllabe du dernier mot, à la fin de l'alléluia de certaines antiennes.

NEUR(O)-. Élément, du gr. *neuron* « nerf ». Var. *Névr(o)-.*
NEURAL, ALE, AUX [nøral, o]. *adj.* (1890 ; de *neuron*). *Biol.* Relatif au système nerveux. — Embryol. *Plaque neurale, tube neural.*

NEURASTHÉNIE [nørasteni]. *n. f.* (*Névrasthénie,* 1859 ; de *neur*[o]-, et *asthénie*). ♦ 1° *Méd.* (1880). Névrose caractérisée par une grande fatigabilité, des troubles psychiques (angoisse, insomnie), cardio-vasculaires, digestifs, sexuels et des douleurs diverses (maux de tête). V. **Hypocondrie.** ♦ 2° *Cour.* État durable d'abattement accompagné de tristesse. *Faire de la neurasthénie.*

NEURASTHÉNIQUE [nørastenik]. *adj.* (1880 ; *névrasthénique,* 1859 ; de *neurasthénie*). ♦ 1° *Méd.* Qui a rapport à la neurasthénie. *Troubles neurasthéniques.* ◇ Qui est atteint de neurasthénie. *Devenir, être neurasthénique.* — Subst. *Un, une neurasthénique.*

NEUROCHIRURGICAL, E, AUX [nøroʃiryrʒikal, o]. *adj.* (mil. XX⁰ ; de *neuro-,* et *chirurgical*). *Didact.* Relatif à la neurochirurgie.

NEUROCHIRURGIE [nøroʃiryrʒi]. *n. f.* (mil. XX⁰ ; de *neuro-,* et *chirurgie*). *Méd.* Chirurgie des nerfs, des centres nerveux.

NEUROCHIRURGIEN, IENNE [nøroʃiryrʒjɛ̃, jɛn]. *n.* (mil. XX⁰ ; de *neurochirurgie*). *Didact.* Chirurgien qui pratique la neurochirurgie.

NEURODÉPRESSEUR [nøʀɔdeprɛsœʀ]. *n. m.* (v. 1970; de *neuro-*, rad. de *dépression*, suff. *-eur*). *Méd.* Médicament qui fait baisser la tension, ralentit ou atténue diverses activités cérébrales, normales ou pathologiques, en agissant au niveau du système nerveux central (anticonvulsivants, hypnotiques, neuroleptiques, sédatifs, tranquillisants).

NEUROLEPTIQUE [nøʀɔlɛptik]. *adj. et n. m.* (v. 1960; de *neuro-*, et gr. *leptos* « faible » [au sens propre « mince »]). *Méd.* Se dit des médicaments qui exercent une action calmante globale sur le système nerveux. — Subst. *Les tranquillisants majeurs sont des neuroleptiques.*

NEUROLINGUISTIQUE [nøʀɔlɛ̃gɥistik]. *n. f.* (v. 1965; de *neuro-*, et *linguistique*). *Didact.* Étude des relations entre les facteurs neurologiques des troubles du langage et leur expression linguistique.

NEUROLOGIE [nøʀɔlɔʒi]. *n. f.* (1691; *névrologie*, 1690; de *neuro-*, et *-logie*). Branche de la médecine qui étudie l'anatomie, la physiologie et la pathologie du système nerveux, qui traite des maladies du système nerveux.

NEUROLOGIQUE [nøʀɔlɔʒik]. *adj.* (*Névrologique*, 1832; de *neurologie*). Qui a rapport aux nerfs ou à la neurologie. *Clinique, examen neurologique.*

NEUROLOGUE [nøʀɔlɔg] ou **NEUROLOGISTE** [nøʀɔlɔʒist(ə)]. *n.* (1907,-1935; *névrologie*, 1838; de *neurologie*). Médecin spécialisé en neurologie.

NEURONE [nøʀɔn]. *n. m.* (1896; gr. *neuron* « nerf »). *Biol.* Cellule des centres nerveux présentant un prolongement constant unique (*axone*)* et des prolongements plus courts, inconstants (*dendrites*)*. *Le neurone, unité fondamentale, fonctionnelle et anatomique du tissu nerveux.* — Adj. NEURONAL, ALE, AUX [nøʀɔnal, o], NEURONIQUE [nøʀɔnik].

NEUROPHYSIOLOGIE [nøʀɔfizjɔlɔʒi]. *n. f.* (mil. XXᵉ; de *neuro-*, et *physiologie*). *Méd.* Physiologie du système nerveux.

NEUROPHYSIOLOGIQUE [nøʀɔfizjɔlɔʒik]. *adj.* (1969; de *neuro-*, et *physiologique*). *Didact.* Relatif à la physiologie des nerfs.

NEUROPHYSIOLOGISTE [nøʀɔfizjɔlɔʒist(ə)]. *n.* (1968; de *neuro-*, et *physiologiste*). Spécialiste de la neurophysiologie.

NEUROPLÉGIQUE [nøʀɔpleʒik]. *adj. et n. m.* (mil. XXᵉ; de *neuro-*, et *-plégique*). *Didact.* Se dit d'une substance capable de paralyser la transmission de l'influx nerveux.

NEUROPSYCHIATRE [nøʀɔpsikjatʀ(ə)]. *n.* (mil. XXᵉ; de *neuro-*, et *psychiatre*). *Didact.* Spécialiste de neuropsychiatrie.

NEUROPSYCHIATRIE [nøʀɔpsikjatʀi]. *n. f.* (mil. XXᵉ; de *neuro-*, et *psychiatrie*). *Méd.* Discipline médicale qui englobe la psychiatrie*, la neurologie* et leurs interrelations.

NEUROPSYCHOLOGIE [nøʀɔpsikɔlɔʒi]. *n. f.* (1951 [d'abord en angl.]; de *neuro-*, et *psychologie*). *Méd.* Étude des phénomènes psychiques en liaison avec la physiologie et la pathologie du système nerveux.

NEUROTROPE [nøʀɔtʀɔp]. *adj.* (1922; de *neuro-*, et *-trope*). *Méd.* Germes, toxiques, virus neurotropes : qui se fixent surtout sur le système nerveux.

NEURO-VÉGÉTATIF, IVE [nøʀɔveʒetatif, iv]. *adj.* (XXᵉ; de *neuro-*, et *végétatif*). *Anat.* et *physiol.* Système neuro-végétatif (système nerveux autonome ou sympathique) : ensemble des structures nerveuses qui assurent le fonctionnement des organes (la vie végétative). *Le système neurovégétatif comprend le système parasympathique* et le système orthosympathique*.* — *Par ext.* Relatif au système neurovégétatif. *Troubles neuro-végétatifs, dystonie neuro-végétative.*

NEURULA [nøʀyla]. *n. f.* (XXᵉ; de *neuro-*, d'apr. *morula*). *Embryol.* Embryon de vertébré, au stade où se forme l'ébauche du système nerveux (après la *gastrula*).

NEUSTRIEN, ENNE [nøstʀjɛ̃, ɛn]. *adj. et n.* (1771; de *Neustrie*). *Hist.* De la Neustrie, partie occidentale de la Gaule franque, à l'époque mérovingienne.

NEUTRALISANT, ANTE [nøtʀalizɑ̃, ɑ̃t]. *n. m. et adj.* (1812, subst.; de *neutraliser*). ♦ 1° *Chim.* Substance qui neutralise. — Adj. *Substance neutralisante. Plonger une pièce métallique, après un traitement par l'acide, dans un bain neutralisant.* ♦ 2° Adj. *Didact.* Qui neutralise (2°, 3°).

NEUTRALISATION [nøtʀalizasjɔ̃]. *n. f.* (1778; de *neutraliser*). ♦ 1° Action de neutraliser, de se neutraliser, d'équilibrer. — *Méd. Neutralisation d'un agent nocif par un anticorps.* ♦ 2° *Polit.* (1795). Action de retirer la qualité de belligérants, de soustraire au droit de la guerre. *Neutralisation du personnel sanitaire, d'un navire, d'un territoire.* ♦ 3° *Tir de neutralisation*, exécuté moins pour détruire un objectif que pour le réduire à l'impuissance.

NEUTRALISER [nøtʀalize]. *v. tr.* (1606; *v. intr.*, « rester neutre », 1564; lat. *neutralis*). Rendre neutre. ♦ 1° *Polit.* Assurer à (un État, un territoire, une ville) la qualité de neutre. ♦ 2° *Sc.* (1776). *Chim. Neutraliser un acide par une base.* — *Phys. Force qui neutralise une force antagoniste.* — *(Couleur)* Annuler, amortir l'effet de (une autre couleur). ♦ 3° (1792). *Cour.* Empêcher d'agir, par une action contraire

qui tend à annuler les efforts ou les effets; rendre inoffensif (V. **Annihiler, compenser, contrebalancer, désamorcer**). *La cour voulait « endormir Lafayette, neutraliser Mirabeau, amortir son action »* (MICHELET). V. **Contrecarrer**. *« Les idées ne peuvent être neutralisées que par des idées »* (BALZ.). ◇ *Se neutraliser* (récipr.), se compenser, se faire équilibre.

NEUTRALISME [nøtʀalism(ə)]. *n. m.* (mil. XXᵉ; h. 1845; du suiv.). Doctrine, système politique qui tend à ne pas lier une nation à un groupe de puissances (par des alliances).

NEUTRALISTE [nøtʀalist(ə)]. *adj. et n.* (1916; du lat. *neutralis*). ♦ 1° Favorable à la neutralité systématique. *Attitude, théorie neutraliste.* ♦ 2° *Dr. intern.* et *cour.* Favorable à une neutralité garantie à l'égard de puissances en conflit (ou à régimes antagonistes). *Les pays neutralistes.* Subst. *« Les neutralistes français de gauche commençaient à comprendre leur erreur »* (BEAUVOIR).

NEUTRALITÉ [nøtʀalite]. *n. f.* (1360; du lat. *neutralis*). ♦ 1° Caractère, état d'une personne qui reste neutre (2°). V. **Abstention**. *Rester dans la neutralité.* — *Neutralité d'un livre, d'un ouvrage historique, d'un rapport.* ◇ *Psychan.* Attitude que doit adopter le psychanalyste à l'égard de ses patients. *Neutralité bienveillante.* ♦ 2° *Dr. intern.* et *cour.* État d'une nation qui ne participe pas à une guerre V. *aussi* Non-engagement. *Neutralité garantie. Garantir, violer la neutralité d'un État. Garder, observer la plus stricte neutralité. Partisan de la neutralité.* V. **Neutraliste**. *« La neutralité armée, est-ce encore de la neutralité ? »* (SARTRE). ♦ 3° (1811). *Sc.* (*Chim., électr.*). *État d'un corps neutre.* — ANT. *Belligérance, intervention.*

NEUTRE [nøtʀ(ə)]. *adj. et n.* (v. 1370; lat. *neuter* « ni l'un ni l'autre »). ♦ 1° (Fin XVᵉ). Qui est dans l'état de neutralité. *État, pays, prince neutre.* ◇ Qui n'appartient à aucun des belligérants, à aucune des parties adverses; qu'on décide de maintenir en dehors des hostilités. *Navire, ressortissant, territoire neutre.* — *N.* LES NEUTRES : les nations neutres. *Droit des neutres*, reconnu aux neutres par les belligérants. ♦ 2° (v. 1550). Qui s'abstient de prendre parti, de s'engager d'un côté ou de l'autre. V. **Impartial, objectif**. *Rester neutre dans un débat, une querelle. « En temps de révolution, qui est neutre est impuissant »* (HUGO). *État neutre entre les religions. Information neutre et objective.* ♦ 3° (v. 1420). *Ling.* Qui appartient à une catégorie grammaticale dans laquelle se rangent en principe les noms d'objets ou d'êtres étrangers à l'attribution d'un sexe, et formellement les noms qui ne présentent pas les caractéristiques du masculin et du féminin. *Genre neutre. Adjectif, article, nom, pronom neutre.* — Subst. *Le neutre. Le mot latin* templum *est un neutre.* ◇ *Par ext.* (En français) Mots (pronoms, etc.) qui présentent, dans leur sens et leur valeur, les caractères du neutre formel de certaines langues. ♦ 4° (XVIIIᵉ). *Chim.* Qui n'est ni acide, ni alcalin. *Combinaison, milieu, sel neutre.* — (1821) *Électr.* Se dit d'un corps (ou d'une substance) qui n'est chargé ni par l'électricité positive, ni par l'électricité négative. *Fil neutre dans le triphasé*, ou subst. *Le neutre.* — *Phys. at. Mésons à l'état neutre. Particule neutre.* V. **Neutron**. — *Zool.* Se dit des insectes (fourmis, abeilles, termites), dont les organes sexuels sont atrophiés et qui protègent ou approvisionnent la communauté (fourmis-soldats, fourmis-ouvrières). ♦ 5° *Couleur, teinte neutre* : indécise, sans éclat. ♦ 6° Qui est dépourvu de passion, d'originalité; qui reste froid, détaché, objectif. *Style neutre, inexpressif. « Sur un ton neutre, déférent »* (GIDE). ⊗ ANT. *Belligérant, ennemi, hostile. Cru, éclatant, vif.*

NEUTRINO [nøtʀino]. *n. m.* (v. 1933; de *neutron*). ♦ Particule électriquement neutre et extrêmement légère (c'est-à-dire ayant une masse très inférieure à celle de l'électron) » (L. de BROGLIE). V. *aussi* Antineutrino.

NEUTRON [nøtʀɔ̃]. *n. m.* (1932; mot angl.; de *neutral* « neutre », en électr., et *-on*, de *électron*). Particule élémentaire, électriquement neutre, qui fait partie de tous les noyaux atomiques, sauf du noyau d'hydrogène normal. *C'est le nombre des neutrons qui différencie les noyaux des isotopes. Neutrons rapides, neutrons lents* (dits *thermiques*). *Ralentissement des neutrons dans les réactions en chaîne.*

NEUTROPHILE [nøtʀɔfil]. *adj. et n. m.* (1903; de *neutre*, et *-phile*). *Méd.* Se dit de cellules qui ont une affinité pour des colorants neutres. *Leucocytes neutrophiles.* — Subst. *Les neutrophiles*, leucocytes* polynucléaires du sang, à granulations colorées par des colorants neutres (appelés aussi *granulocytes neutrophiles*).

NEUVAINE [nœvɛn]. *n. f.* (1611; *nouvenne*, v. 1364; de *neuf*). Série d'exercices de piété et de prières, qu'on fait pendant neuf jours consécutifs. *Faire une neuvaine.*

NEUVIÈME [nœvjɛm]. *adj. et n.* (1550; *noviesme*, 1230; *noefme*, 1080; de *neuf*).
I. Qui succède au huitième. ♦ 1° Adj. numéral ordinal. *La neuvième page. La Neuvième Symphonie*, de Beethoven. ♦ 2° N. *Arriver le neuvième dans une compétition. Les élèves de neuvième. Il est entré en neuvième.*
II. Se dit d'une fraction d'un tout divisé également en

neuf. ♦ 1° Adj. *La neuvième partie de son volume.* ♦ 2° N. m. *Le neuvième d'une longueur. Quatre neuvièmes.* **III.** *N. f.* (1721). *Mus.* Intervalle de neuf degrés (octave de la seconde).

NEUVIÈMEMENT [nœvjɛmmɑ̃]. *adv.* (*Neufviesmement*, 1479; de *neuvième*). En neuvième lieu.

NE VARIETUR [nevaʀjetyʀ]. *loc. adv.* et *adj.* (lat., « pour qu'il ne soit pas changé »). *Didact. Faire parapher un acte ne varietur. Édition ne varietur* : définitive.

NÉVÉ [neve]. *n. m.* (1865; p.-ê. savoyard *névi;* Cf. lat. *Nix, nivis* « neige »). Masse de neige durcie en haute montagne, qui alimente parfois un glacier.

NEVEU [n(ə)vø]. *n. m.* (1190; *nevoud*, cas régime de *niés* (sujet), en a. fr.; lat. *nepos, nepotis* « petit-fils ». V. Népotisme). ♦ 1° *Vx.* Petit-fils; descendant. « *Mon époux a des fils, il aura des neveux* » (CORN.). ♦ 2° *Mod.* Fils du frère, de la sœur; du beau-frère ou de la belle-sœur (parmi d'oncle, tante). *Son neveu et sa nièce*. Neveu à la mode de Bretagne* : fils d'un cousin germain ou d'une cousine germaine. — *Le Neveu de Rameau*, ouvrage de Diderot. — *Loc. pop.* « *Est-ce que ça vous regarde?... — Un peu, mon nveu* (sic) » (QUENEAU) : ça me regarde (Cf. Et comment!).

NÉVR(O)-. V. NEUR(O)-.

NÉVRALGIE [nevʀalʒi]. *n. f.* (1801; de *névr*[o]-, et *-algie*). ♦ 1° Douleur ressentie dans le territoire d'un nerf sensitif. *Névralgie faciale, sciatique. Les névralgies sont parfois des symptômes de névrite.* ♦ 2° *Cour.* et *abusiv.* Mal de tête. « *Cette névralgie térébrante dans la tête, qui ne la quittait pas* » (MONTHERLANT).

NÉVRALGIQUE [nevʀalʒik]. *adj.* (1801; de *névralgie*). ♦ 1° Relatif à la névralgie. *Douleur, point névralgique.* — « *Un écrivain doit cultiver ses souffrances et appuyer sur les points névralgiques* » (MAUROIS). ♦ 2° (1932). *Le point névralgique d'une situation.* V. **Sensible.**

NÉVRAXE [nevʀaks(ə)]. *n. m.* (1855; de *névr-*, et *axe*). *Anat.* Ensemble du cerveau et de la moelle épinière (axe cérébro-spinal ou centres nerveux).

NÉVRILÈME [nevʀilɛm]. *n. m.* (1827; de *névr-*, et gr. *eilêma* « enveloppe »). *Anat.* (Vieilli). Épinèvre*.

NÉVRITE [nevʀit]. *n. f.* (1824; de *névr-*, et *-ite*). *Méd.* Lésion inflammatoire des nerfs. — *Abusiv.* Toute atteinte des nerfs (y compris les lésions dégénératives). *Névrite périphérique* (d'origine interne ou externe). *Névrite alcoolique* (V. **Polynévrite**).

NÉVRITIQUE [nevʀitik]. *adj.* (1864; de *névrite* « remède contre les nerfs », 1694). *Méd.* Relatif à la névrite.

NÉVRODERMITE [nevʀɔdɛʀmit]. *n. f.* (1855; de *névro-*, et *dermite*). *Méd.* Affection cutanée chronique caractérisée par des plaques ou des lésions diffuses d'aspect papuleux et prurigineuses.

NÉVROGLIE [nevʀɔgli]. *n. f.* (1869; de *névro-*, et gr. *gloios* « glu »). *Anat.* Tissu conjonctif de soutien du système nerveux, composé par des cellules dites *névrogliques*.

NÉVROPATHE [nevʀɔpat]. *adj.* et *n.* (1873; de *névr*[o]-, et *-pathe*). *Vieilli.* Qui souffre de névropathie. — *Mod.* Qui souffre de névrose*. V. **Névrosé.** — *Subst.* *Un névropathe.*

NÉVROPATHIE [nevʀɔpati]. *n. f.* (1845; de *névr*[o]-, et *-pathie*). *Méd. Vieilli.* Troubles psychiques et fonctionnels traduisant un état de faiblesse du système nerveux (en médecine moderne, on parle de *névrose*, plus rarement de *neurasthénie*).

NÉVROPTÈRES [nevʀɔptɛʀ]. *n. m. pl.* (1764, adj.; de *névr*[o]-, et *-ptère*). *Zool.* Nom générique d'insectes aux ailes transparentes sillonnées de nombreuses nervures (fourmilion, phrygane).

NÉVROSE [nevʀoz]. *n. f.* (1785; du gr. *neuros* [Cf. Neuro-], et suff. *-ose*). *Psychiatr.* Affection caractérisée par des troubles affectifs et émotionnels (angoisse, phobies, obsessions, asthénie), dont le malade est conscient mais ne peut se débarrasser, et qui n'altèrent pas l'intégrité de ses fonctions mentales. V. **Hystérie, neurasthénie, névropathie.** *Névroses et psychoses*. Névrose traumatique, névrose de caractère. Théorie freudienne des névroses.* — *Les Névroses*, poèmes de Rollinat.

NÉVROSÉ, ÉE [nevʀoze]. *adj.* et *n.* (1857; de *névrose*). Atteint de névrose. V. **Déséquilibré, névropathe.** — *Subst.* *Un névrosé, une névrosée.* « *Il est si nerveux, presque un névrosé* » (MORAND).

NÉVROTIQUE [nevʀɔtik]. *adj.* (*Névrosique*, 1842; *remède névrotique* « contre les troubles nerveux », 1793; remplace *névrosique*, 1842; de *névrose*). *Psychiatr.* Relatif à la névrose. *Troubles névrotiques, tempérament névrotique.*

NEW-LOOK [njuluk]. *n. m.* et *adj.* (1947; mot amér. « nouvel aspect »). Style nouveau (en mode, en politique).

NEWTON [njutɔn]. *n. m.* (v. 1950; n. pr.). *Phys.* Unité de force (*N*), correspondant à une accélération de 1 m/s par seconde communiquée à une masse de 1 kg.

NEWTONIEN, IENNE [njutɔnjɛ̃, jɛn]. *adj.* et *n.* (1734; de *Newton*). *Hist. sc.* Relatif à Newton, à son système. *Astronomie, physique newtonienne. Système newtonien.* — *Subst.* Partisan des théories, du système de Newton. *La querelle des cartésiens et des newtoniens.*

NEZ [ne]. *n. m.* (*Nes*, 1080; lat. *nasus*).
I. ♦ 1° Partie saillante du visage, située dans son axe, entre le front et la lèvre supérieure, et qui abrite la partie antérieure des fosses nasales, organes de l'odorat (Cf. pop. Blair, blase, nase, pif, tarin). *Base, racine, ailes, arête, bout du nez.* Pop. *Trous de nez* : les narines. *Poils du nez* (vibrisses). *Long nez. Nez droit, grec. Nez aquilin, bourbonien, busqué, crochu. Nez en bec d'aigle. Nez pointu, en lame de couteau. Nez écrasé, épaté. Nez gros et rond.* V. **Truffe.** *Nez en pied de marmite, en patate. Nez retroussé, en trompette.* « *Le nez de Cléopâtre : s'il eût été plus court, toute la face de la terre aurait changé* » (PASC.). « *Le nez est l'organe où s'étale le plus aisément la bêtise* » (PROUST). — *Le nez de Cyrano.* — *Faux nez* : pièce de carton, de matière plastique, imitant un nez. *Mutilé qui porte un nez de cuir.* — *Loc. Fourrer, mettre ses doigts dans son nez, dans le nez.* Fig. et fam. *Gagner les doigts dans le nez* : sans aucune difficulté. — *Se boucher le nez*, pour ne pas sentir une odeur désagréable. — *Aspirer* (V. **Inhaler, renifler**), *souffler, respirer par le nez. Parler du nez.* V. **Nasal** (2°), *nasiller. Voix du nez.* — *Ça sent la graisse, le gaz à plein nez* : très fort. — *Saigner du nez. Avoir le nez bouché. Avoir la goutte, la morve au nez. Nez qui coule.* V. **Coryza, rhinite, rhume.** *Mouche ton nez* : mouche-toi. *Soins du nez.* V. **préf.** Rhino-; oto-rhino-laryngologie. *Os, cartilages, cloison, muscles du nez.* V. **Nasal.** ♦ 2° *Loc. fig. Mener qqn par le bout du nez* : le mener à sa guise (*par allus. au cheval que l'on mène par la bride*). — *Ne pas voir plus loin que le bout de son nez* : être borné, manquer de discernement, de prévoyance. — *À vue de nez* : à première estimation, approximativement. — *Cela lui pend au nez* : cela va lui arriver. — *Tirer les vers* du nez à qqn.* — *Se manger, se bouffer le nez* (pop.) : se disputer violemment, se battre. — *Se piquer le nez* : s'enivrer. *Avoir un verre dans le nez* : être visiblement éméché. — *Cela se voit comme le nez au milieu de la figure, du visage* : c'est très apparent. — *Faire un long nez, un drôle de nez* : faire une moue de déception, de dépit. *Absolt.* « *Elle faisait un nez!... elle ne savait plus très bien si elle devait rire ou faire aussi le nez* » (DUHAM.). ◇ (Belgicisme). *Faire de son nez* : prendre un air prétentieux, sûr de soi, arrogant. ◇ PIED DE NEZ. *Faire un pied de nez à qqn* (= un nez d'un *pied* de long) : un geste de dérision qui consiste à étendre la main, doigts écartés, en appuyant le pouce sur son nez. ♦ 3° Face, figure, visage. *Montrer son nez* : se montrer. *Montrer le bout de son nez* : se montrer à peine, apparaître. *Mettre le nez, son nez à la fenêtre.* ◇ *Loc. fam. Mettre le nez dehors* : sortir. *Il fait un temps à ne pas mettre le nez dehors.* — *Le nez en l'air, au vent* : la tête levée, et *fig.* en musant. *Baisser le nez* : baisser la tête; *spéclalt.* en signe de honte, de dépit. « *Georges avait baissé le nez dans sa tasse* » (ZOLA). *Piquer du nez* : laisser tomber sa tête en avant (en s'endormant). *Fourrer le nez dans son assiette. Fourrer son nez dans de vieux papiers* : les compulser. — *Mettre, fourrer son nez dans les affaires d'autrui* : les examiner, s'en mêler indiscrètement. V. **Immiscer** (s'). *Il fourre son nez partout* : il est curieux, indiscret. V. **Fouiller, fouiner, fureter.** *Avoir le nez sur son travail, ne pas lever le nez* : y rester plongé, sans se laisser distraire. — *Avoir le nez sur qqch.* : être tout près. « *Pour bien décrire quelque chose, il ne faut pas avoir le nez dessus* » (GIDE). — *Se casser le nez à la porte de qqn* : trouver porte close, et *fig.* Éprouver un échec. — *Fermer la porte au nez de qqn* : le congédier, et *fig.* le rebuter avec brusquerie. — *Se trouver nez à nez* [neane] *avec qqn* : le rencontrer brusquement, à l'improviste. V. **Face** (à face). — *Au nez de qqn* : devant lui, sans se cacher (avec une idée de bravade, d'impudence). V. **Braver.** *Au nez et à la barbe. Rire au nez.* — *Étaler devant le nez, fourrer sous le nez.* — *Passer sous le nez* : échapper à qqn après avoir semblé être à sa portée. « *Trois places qui nous passeront sous le nez* » (BALZ.). — *Pop.* (1821) *Avoir qqn dans le nez* : le détester (Cf. Ne pas pouvoir le sentir). — *La moutarde* lui monte au nez.* ♦ 4° *Vx.* Odorat. *Il a bon nez.* — *Mod.* Flair, perspicacité. *Avoir du nez.* V. **Clairvoyance, prévoyance, sagacité.** *Ils se sont bien débrouillés, ils ont eu du nez.* ♦ 5° (*Animaux*). Mufle, museau, groin, hure.
II. ♦ 1° Partie saillante située à l'avant de qqch. V. **Avant.** *Bateau trop chargé à l'avant qui tombe sur le nez.* V. **Proue.** ◇ Partie effilée à l'avant du fuselage d'un avion. *Avion qui pique du nez.* ♦ 2° *Techn. Nez de gouttière* : morceau de zinc conique soudé à un tuyau de descente. ♦ 3° *Géogr. Le nez de Jobourg* (cap).
◇ HOM. Né.

Ni Symbole chimique du nickel.

NI [ni]. *conj.* (1229; *ne*, 842; lat. *nec*). Conjonction négative (correspondant à l'affirmatif *et*) qui sert à joindre en

les distinguant des épithètes, noms, pronoms et des propositions.
I. Ni accompagné d'une autre négation. ♦ 1° Joignant deux (ou plusieurs) mots ou groupes de mots à l'intérieur d'une proposition négative (avec *ne... pas, point, rien*). « *Elle n'a rien de fin ni de distingué* » (BALZ.). « *Il ne sait pas parler, ni raconter ce qu'il vient de voir* » (LA BRUY.). « *Le soleil ni la mort ne se peuvent regarder fixement* » (LA ROCHEF.). « *L'instituteur ni le curé n'ont besoin d'avoir un nom qui les désigne* » (MAURIAC). — (Avec *ne* seul ; *ni* est répété devant chaque terme) *Ne dire ni oui ni non. Le prince russe, qui « n'était ni prince ni russe* » (STENDHAL). *N'avoir ni feu ni lieu, ni foi ni loi.* — *Ni l'un ni l'autre*. Ni plus* ni moins que.* ◇ REM. a) Accord. Plur. « *Ni l'un ni l'autre n'avaient le caractère endurant* » (STENDHAL). — *Une mission « à laquelle ni moi, ni vous, ni lui, ne pouvons plus nous dérober* » (MART. du G.). b) *Ce n'est ni votre candidat ni le mien qui sera nommé* (sing., les deux sujets s'excluant mutuellement). — *Ni moi ni personne ne peut le dire.* ◇ ET NI... Littér. « *Le rire n'empêche pas la haine, et ni le sourire, l'amour* » (GIDE). ♦ 2° Ni joignant plusieurs propositions négatives. *Vx* ou *littér.* (Propositions principales — ou indépendantes — ayant un même sujet). « *Il n'avance ni ne recule* » (MAUPASS.). « *Les yeux ne se ferment ni ne se brouillent* » (ROMAINS). (Propositions principales ou indépendantes ayant des sujets différents) *Ni* se répète. « *Ni l'ignorance n'est défaut d'esprit ni le savoir n'est preuve de génie* » (VAUVEN.). ◇ (Propositions subordonnées) *Je constate que vous ne l'acceptez ni ne le refusez.* « *Il ne croit pas que l'histoire soit ni devienne jamais une science* » (FRANCE).
II. Ni, sans autre négation. ♦ 1° Dans des propositions elliptiques (sans verbe). *Viendrez-vous ? Ni ce matin ni ce soir.* ♦ 2° *Littér.* Après un nom, un pronom, un adjectif ou un verbe équivalant à une négation. « *Rien de si plat ni de si uniforme (que ce pays)* » (MAURIAC). ♦ 3° (Après *Sans, sans que* + subj.). *Sans feu ni lieu. Sans tambour ni trompette.* « *Une semaine toute blanche, sans crime, ni duel, ni procès célèbre, ni incident politique* » (DAUD.). ♦ 4° (Dans une phrase comparative d'inégalité). « *Patience et longueur de temps Font plus que force ni que rage* » (LA FONT.).
◇ HOM. *Nid.* Formes du v. *nier.*

NIABLE [njabl(ə)]. *adj.* (1662 ; de *nier*). Qui peut être nié (*rare*, sauf au négatif) : *Cela n'est pas niable.* ♦ ANT. Indéniable.

NIAIS, NIAISE [njɛ, njɛz]. *adj.* (1265 ; *nies*, 1175 ; lat. pop. °*nidax*, de *nidus*. V. Nid). ♦ 1° *Fauconn.* Qui n'est pas encore sorti du nid. *Faucon niais.* ♦ 2° *Cour.* Dont la simplicité, l'inexpérience va jusqu'à la bêtise. V. *Godiche, jobard, naïf, nigaud, simple, sot.* « *Mieux vaut un adversaire intelligent qu'un ami niais* » (GIDE). — *Subst.* UN NIAIS, UNE NIAISE. V. *Âne, cruche, gobeur, gogo, naïf, nicodème, serin. Pauvre niais ! Quelle niaise !* V. *Oie.* ♦ 3° Par ext. *Air niais. Sourire niais.* V. *Béat.* « *Cette niaise première jeunesse qui fait de l'homme le Jocrisse de ses sensations* » (BARBEY). *Livre niais, style niais et plat.* ◇ ANT. *Fin, habile, malicieux, malin, rusé, spirituel.*

NIAISEMENT [njɛzmã]. *adv.* (1596 ; de *niais*). D'une façon niaise.

NIAISERIE [njɛzʀi]. *n. f.* (1559 ; de *niais*). ♦ 1° Caractère d'une personne ou d'une chose niaise. V. *Bêtise, crédulité ; sottise.* « *Le penchant qu'il manifeste à faire des dupes... l'habitude qu'il a de spéculer sur la niaiserie du partenaire* » (DUHAM.). *Niaiserie d'une réflexion, d'un air.* ♦ 2° UNE NIAISERIE : action, parole de niais (V. *Ânerie, bêtise*), et par ext. Chose futile. V. *Babiole, bagatelle, baliverne, fadaise, futilité, rien, sottise. S'occuper, causer, parler de niaiseries. Napoléon « a donné une nouvelle édition de toutes les niaiseries monarchiques* » (STENDHAL). ◇ ANT. *Finesse, malice.*

NIAOULI [njauli]. *n. m.* (1878 ; mot de Nouvelle-Calédonie). Arbrisseau exotique (*Myrtacées*) qui fournit l'essence qui entre dans la composition du goménol.

NIB [nib]. *adv.* (1800 ; de *nibergue*, pour *nibergue*, de *bernique*). *Arg. vieilli.* Rien. *J'y comprends nib de nib.*

1. NICHE [niʃ]. *n. f.* (1295 ; p.-ê. de l'a. v. *niger, nicher* « agir en niais » ; de la même famille que *Niais, nid* [V. Niche 2], ou forme francisée de *nique*). Tour malicieux destiné à attraper qqn. V. *Espièglerie, facétie, farce, tour. Faire des niches.* « *Il était comme un gamin qui joue des niches* » (R. ROLLAND).

2. NICHE [niʃ]. *n. f.* (1395 ; de *nicher*). ♦ 1° Enfoncement pratiqué dans l'épaisseur d'une paroi pour abriter un objet décoratif (statue, buste, vase). V. *Cavité.* « *Des niches richement encadrées et occupées par des bustes antiques* » (GAUTIER). ♦ 2° Enfoncement formant réduit. *Lit dans une niche.* V. *Alcôve.* ♦ 3° (1697). Abri en forme de petite maison où couche un chien. *Chien de garde à la niche. À la niche !* (Cf. *Allez coucher !*). ♦ 4° Fig. *Niche écologique.* V. *Biotope.*

NICHÉE [niʃe]. *n. f.* (1552 ; *nicée* « groupe d'enfants »,

1330 ; de *nicher*). ♦ 1° Les oiseaux d'une même couvée qui sont encore au nid. V. *Couvée.* — Par anal. *Nichée de souris, de chiens.* ♦ 2° Famille nombreuse ; troupe d'enfants.

NICHER [niʃe]. *v.* (1636, « couver » ; *nigier* « faire son nid », v. 1155 ; lat. pop. °*nidicare*, de *nidus* « nid »).
I. *V. intr.* ♦ 1° Faire son nid. V. *Nidifier.* « *Les cigognes nichent partout sous les toits* » (LOTI). — Se tenir dans son nid, et *spécialt.* y couver. ♦ 2° *Fam.* (1650). Demeurer, s'établir dans un logement. *Où niche-t-il ?* V. *Loger, percher.*
II. *V. tr.* (1588). *Fam.* et *vx.* Placer dans quelque endroit (que l'on compare à un nid, à une niche). « *Dans ma chambre, allez me la nicher* » (MOL.).
III. SE NICHER. *v. pron.* ♦ 1° Faire son nid. — Par anal. *L'écureuil se niche dans le creux d'un chêne.* ♦ 2° Se blottir, se cacher. *Où s'est-il niché, où est-il allé se nicher ? Un village qui se niche dans la verdure, dans la forêt.* — Fig. Se mettre, se fourrer. « *Où la vertu va-t-elle se nicher ?* » (VOLT.).

NICHET [niʃɛ]. *n. m.* (1752 ; de *nicher*). *Agric.* Œuf factice (en plâtre, en marbre) qu'on met dans les nids, les poulaillers pour que les poules y aillent pondre.

NICHOIR [niʃwaʀ]. *n. m.* (1680 ; de *nicher*). ♦ 1° Cage pour faire couver les canaris, les serins. ♦ 2° (1732). Panier à claire-voie, cage pour faire couver les oiseaux de basse-cour.

NICHON [niʃɔ̃]. *n. m.* (1867 ; de *nicher*). *Pop.* et *vulg.* Sein de femme.

NICHROME [nikʀom]. *n. m.* (1932 ; de *nickel*, et *chrome*). *Techn.* Alliage de nickel et de chrome, avec un peu de fer. *Résistances électriques en nichrome.*

NICKEL [nikɛl]. *n. m.* (1765 ; d'abord en suéd. [1751], d'apr. all. *Kupfernickel* [de *Kupfer* « cuivre », et *Nickel*, abrév. de *Nicolaus*, sobriquet donné par les mineurs allemands]). ♦ 1° Corps simple, métal d'un blanc argenté (dens. 8,9 ; p. atom. 58, 71 ; n° at. 28 ; symb. Ni), malléable et ductile, très résistant et inaltérable à la température ordinaire, fusible vers 1 452°. *On obtient le nickel par grillage du minerai* (V. Speiss), *par fusion et affinage. Alliages au nickel :* argentan, constantan, invar, maillechort, nichrome, platinite. ♦ 2° *Adj. Pop.* (1918 ; par allus. au beau poli que peut prendre le nickel). Qui est d'une propreté raffinée, impeccable. *C'est drôlement nickel chez eux.*

NICKELAGE [niklaʒ]. *n. m.* (1844 ; de *nickeler*). Action de nickeler ; son résultat. — Dépôt d'une couche de nickel sur un métal oxydable pour le préserver de l'oxydation. V. *Galvanisation, galvanoplastie.*

NICKELÉ, ÉE [nikle]. *adj.* (1846, « qui contient du nickel ». V. Nickeler) ♦ 1° Fait en métal ou en alliage recouvert de nickel. ♦ 2° *Fig.* et *fam.* (1899 ; altér. de *nickelé* [1894] p.-ê. d'un *dial. aniclé* « noué, arrêté dans sa croissance »). *Avoir les pieds nickelés*, refuser d'agir, de « marcher », se montrer habituellement paresseux, indolent.

NICKELER [nikle]. *v. tr. ;* conjug. *appeler* (1853 ; p. p., 1846 ; de *nickel*). Couvrir d'une mince couche de nickel, par procédé électrolytique. V. *Galvaniser.*

NICKÉLIFÈRE [nikelifɛʀ]. *adj.* (1818 ; de *nickel*, et *-fère*). *Didact.* Qui contient du nickel. *Dépôt nickélifère.*

NICODÈME [nikɔdɛm]. *n. m.* (1662 ; nom d'un pharisien qui posa au Christ des questions naïves. V. Nigaud). *Fam.* V. *Niais, nigaud.* « *Devant ma mine déconfite, Camille me traita de Nicodème* » (MAURIAC).

NICOL [nikɔl]. *n. m.* (1867 ; de *Nicol*, physicien anglais). *Opt.* Instrument d'optique, essentiellement constitué par un spath d'Islande, et utilisé pour l'étude des phénomènes de polarisation de la lumière. V. *Prisme.*

NICOTINE [nikɔtin]. *n. f.* (1818 ; du rad. de *nicotiane* [1570] ou *herba nicotiana*, herbe à *Nicot* « tabac »). Alcaloïde ($C_{10}H_{14}N_2$) du tabac, liquide huileux, incolore, très soluble dans l'eau. « *Demande à un fumeur que la nicotine empoisonne s'il peut renoncer à son habitude* » (MAUPASS.). « *Elle posait sur lui sa main toute jaunie de nicotine* » (MAURIAC). *Sans nicotine :* dénicotinisé.

NICOTINISME [nikɔtinism(ə)]. *n. m.* (1867 ; de *nicotine*). *Méd.* Syn. de *tabagisme*.* Cf. Tabacomanie.

NICTATION [niktasjɔ̃] ou **NICTITATION** [niktitasjɔ̃]. *n. f.* (1827,-1868 ; lat. *nictatio*). ♦ 1° *Didact.* (*Zool.*). Clignotement des paupières. ♦ 2° *Méd.* Clignements fréquents de durée prolongée, dus à la contraction spasmodique des muscles orbiculaires des paupières.

NICTITANT, ANTE [niktitã, ãt]. *adj.* (1868 ; du rad. de *nictation*). *Zool. Paupière nictitante*, troisième paupière qui, chez les oiseaux nocturnes, préserve l'œil d'une lumière trop vive, par un clignotement constant.

NID [ni]. *n. m.* (xvᵉ ; *nl*, 1190 ; lat. *nidus*). ♦ 1° Abri que les oiseaux se construisent pour y pondre, couver leurs œufs et élever leurs petits (V. Nicher, nidifier). *Nid d'alouette, d'hirondelle*.* V. *Aire.* ◇ Fig. NID D'AIGLE : construction en un lieu élevé, escarpé. — NID DE POULES : petite dépression dans une chaussée. « *Le cocher se retournait pour m'annoncer chaque nid-de-poule de la route* » (PIN-

GET). — Mar. (1851). NID DE PIE : poste d'observation placé assez haut sur le mât. ◇ Loc. *Prendre, trouver l'oiseau au nid*, surprendre qqn chez lui. *Prendre, trouver la pie au nid.* PROV. *Petit à petit, l'oiseau fait son nid* : les choses se font, s'élaborent progressivement. ♦ 2° Abri que se construisent ou se ménagent certains animaux. *Nid d'écureuil. Nid de souris.* Nid de chenilles (chenillère), *de fourmis* (fourmilière), *de guêpes* (guêpier), *de termites* (termitière). ♦ 3° *Fig.* NIDS D'ABEILLES : garniture, broderie en forme d'alvéoles de ruche. — Tissu d'armure spéciale dessinant des alvéoles carrés. *Serviettes de toilette en nid(s) d'abeilles.* — Techn. *Radiateur à nid(s) d'abeilles*, radiateur d'automobile présentant l'aspect des rayons d'une ruche. — *Par ext.* Caractérise un matériau dont la structure cellulaire rappelle celle d'un rayon de miel. ♦ 4° *Par métaph.* Logis de l'homme considéré surtout sous son aspect d'intimité, de confort. *Un nid douillet, un vrai nid d'amoureux.* ♦ 5° *Fig.* NID DE... : endroit où se trouvent étroitement rassemblées plusieurs personnes ou choses qu'on a lieu de redouter. V. **Repaire.** *Nid de brigands. Nid de vipères*. Nid de mitrailleuses, de résistance,* petit groupe d'infanterie isolé, disposant d'armes automatiques. ◇ *Littér.* Milieu, circonstances, terrain où peuvent éclore et se développer certaines vocations ou idées, certains phénomènes. « *Cette France qui est un grand nid de soldats* » (CHATEAUB.). ◈ HOM. *Ni.* Formes du v. *nier.*

NIDATION [nidasjɔ̃]. *n. f.* (1894; du lat. *nidus* « nid »). Biol. Fixation de l'œuf fécondé des mammifères dans la muqueuse utérine. (*Syn.* IMPLANTATION).

NIDIFICATION [nidifikasjɔ̃]. *n. f.* (1778; de *nidifier*). Didact. Art, action ou manière de nidifier; construction d'un nid. « *Le bel et surprenant instinct de la nidification* » (DUHAM.).

NIDIFIER [nidifje]. *v. intr.* (v. 1172; lat. *nidificare*). Didact. Construire un nid. V. **Nicher.** *Les oiseaux nidifient au printemps.*

NIÈCE [njɛs]. *n. f.* (XIIe; lat. pop. °*neptia*; class. *neptis,* même évol. de sens que *neveu*). Fille du frère ou de la sœur, du beau-frère ou de la belle-sœur (*opposé à* oncle, tante). *Avoir plusieurs nièces, deux ou trois neveux et nièces.*

NIELLAGE [njɛlaʒ]. *n. m.* (1854; de *nieller* 2). Opération par laquelle on nielle un ouvrage d'orfèvrerie.

1. **NIELLE** [njɛl]. *n. f.* (*Neele, neiele,* XIIe; lat. *nigella* « nigelle »). I. *Rare* ou *région.* (Plantes). ♦ 1° V. **Nigelle.** ♦ 2° *Nielle des blés.* V. **Lychnis; gerzeau.** II. (1538; *Cf.* a. fr. *Niele* « brouillard nuisible aux céréales », 1190). Maladie de l'épi des céréales (et *spécialt.* du blé), produite par une anguillule (V. **Tylenchus**). *La carie et la nielle du blé sont parfois confondues sous le nom de charbon.*

2. **NIELLE** [njɛl]. *n. m.* (*Neel, neiel* « émail noir », repris it. *niello,* 1823; lat. *nigellus,* de *niger* « noir ». V. **Nielle** 1). Techn., Arts. ♦ 1° Incrustation d'émail noir dont on décore une plaque de métal; émail noir (sulfure d'argent) servant pour cette incrustation. *Un beau nielle. Travail d'orfèvrerie en nielles.* V. **Niellure** (2). ♦ 2° *Par ext.* (1842). Épreuve d'essai d'une plaque gravée tirée sur papier par l'orfèvre pour vérifier l'état du travail.

1. **NIELLER** [njele]. *v. tr.* (*Niellé,* 1538; de *nielle* 1). Agric. Attaquer, gâter par la nielle. *Les anguillules qui niellent le blé.* — *Blé niellé.*

2. **NIELLER** [njele]. *v. tr.* (1611; *neeler,* XIe; de *neel* « émail noir ». V. **Nielle** 2). Techn. Orner, incruster de nielles. V. **Graver.** *Pour nieller une surface de métal, on la creuse (à l'acide ou par un procédé électrochimique) comme pour le damasquinage, puis on applique le nielle dans les creux et on procède à la cuisson.* — *Au p. p.* Cour. *Horloge au cadran niellé.*

NIELLEUR [njɛlœʀ]. *n. m.* (1826; de *nieller* 2). Graveur de nielles.

1. **NIELLURE** [njelyʀ]. *n. f.* (1558; de *nielle* 1). Agric. Effets de la nielle sur les épis de céréales (blé, etc.).

2. **NIELLURE** [njelyʀ]. *n. f.* (1812; *nelleure,* 1611; a. fr. *neelure,* XIIe; de *nieller* 2). Technique, procédés de gravure en nielles (Syn. *Niellage*); travail en nielles.

NIÈME ou **ÉNIÈME** [ɛnjɛm]. *adj. et n.* (1834; arg. de Polytechnique; de *N,* en math., d'apr. *deuxième, troisième*). ♦ 1° *Math.* D'ordre n. *La Nième* (ou *nième*) *puissance.* ♦ 2° *Cour.* D'ordre indéterminé. *Je vous le répète pour la nième fois.*

NIER [nje]. *v. tr.* (v. 1450; *neier* « nier Dieu », 980; lat. *negare*). ♦ 1° Rejeter (un rapport, une proposition, une existence); penser, se représenter (un objet) comme inexistant; déclarer (un objet) irréel. V. **Contester, démentir.** *L'homme « est toujours disposé à nier tout ce qui lui est incompréhensible »* (PASC.). *Nier l'évidence. Nier un fait, un événement; l'existence, la possibilité d'une chose. L'accusé nie tout,* et absolt. *L'accusé persiste à nier* (ce dont on l'accuse). *Nier ce que qqn vient d'affirmer.* V. **Contredire.** « *Les stoïciens prétendaient qu'on supprime la douleur en la niant* » (BENDA). — *Nier l'existence de Dieu.* Absolt. « *L'Église affirme, la raison nie* » (HUGO). ♦ 2° *Absolt.* Refuser, rejeter les croyan-

ces, les valeurs proposées. *Esprit destructeur, négateur, qui ne fait que nier. Nier et douter.* « *L'homme est la créature qui, pour affirmer son être et sa différence, nie* » (CAMUS). ♦ 3° *Vx* ou *littér.* NIER DE (et l'inf.). *Une somme* « *que je dois être prêt à nier d'avoir touchée* » (GIDE). — *Mod.* NIER (et l'inf.). « *Il nia avoir frappé la bête* » (BERNANOS). ♦ 4° NIER QUE (et l'ind.). *Il nie qu'il est venu à quatre heures* (il est pourtant venu); — (et subj.) *Il nie qu'il soit venu* (on ne sait s'il est venu ou non). — « *Je ne nie pas que ce sentiment d'affinités ne se ramène à des souvenirs confus* » (ROMAINS); je pense qu'il s'y ramène. *Je ne nie pas que ce soit vrai* : je n'en sais rien. ♦ 5° *Vx.* Refuser, dénier. — *Mod.* Dr. *Nier un dépôt, une dette* : soutenir qu'on n'en est point débiteur. *Nier sa signature.* V. **Désavouer.** ♦ 6° Refuser l'idée de (un démenti, un défi moral). « *Tout homme ne vit que pour nier la mort* » (NIZAN). ◈ ANT. *Affirmer, assurer, attester, avouer, certifier, confesser, confirmer, croire, maintenir, reconnaître.*

NIETZSCHÉEN, ÉENNE [nitʃeɛ̃, ɛɛn]. *adj. et n.* (fin XIXe; de *Nietzsche,* philos. all.). Relatif à Nietzsche, à sa pensée. *Le surhomme nietzschéen.*

NIFÉ [nife], **NIF** ou **NIFE** [nif]. *n. m.* (XXe; de *nickel,* et *fer*). Géol. Noyau de la Terre, qui serait constitué de nickel et de fer.

NIGAUD, AUDE [nigo, od]. *adj. et n.* (v. 1500; abrév. de *Nigodème,* prononc. pop. de *Nicodème*). ♦ 1° Qui se conduit d'une manière niaise. V. **Gauche, niais, sot.** — Subst. V. **Benêt, dadais, niais, nicodème.** « *Il faut que j'avoue que je suis un grand nigaud; je mets tout mon plaisir à être triste* » (STENDHAL). — Avec une nuance affectueuse, en parlant à un enfant. V. **Bêta.** *Allons, gros nigaud, ne pleure pas !* ♦ 2° *N. m.* (1781). Petit cormoran; d'aspect lourd et maladroit. ◈ ANT. *Fin, fûté, malicieux, malin, rusé, spirituel.*

NIGAUDERIE [nigodʀi]. *n. f.* (1548; de *nigaud*). Caractère du nigaud; action de nigaud. V. **Sottise.**

NIGELLE [niʒɛl]. *n. f.* (1538; lat. *nigella*; forme sav. de *nielle* 1). Herbe dont les graines parfumées étaient utilisées comme condiment (Toute-épice). V. **Nielle** (1). *Nigelle des champs; nigelle cultivée.*

NIGHT-CLUB [najtklœb]. *n. m.* (1964; mots angl. « *club de nuit* [*night*] »). Anglicisme. Boîte de nuit. *Des night-clubs.*

NIGRI-, NIGRO-. Éléments, du lat. *niger* « noir ».

NIHILISME [niilism(ə)]. *n. m.* (1801; du lat. *nihil* « rien »). ♦ 1° *Philo.* Doctrine d'après laquelle rien n'existe d'absolu. — *Morale.* Doctrine qui nie la vérité morale, les valeurs et leur hiérarchie. ♦ 2° *Cour.* (1877). Idéologie d'un parti philosophique et politique niant toute valeur à la contrainte exercée par l'individu et prônant la recherche de la liberté totale. *Nihilisme et terrorisme, et anarchisme.* V. aussi **Libertaire.**

NIHILISTE [niilist(ə)]. *adj. et n.* (1761, relig.; 1793, polit.; du lat. *nihil*). ♦ 1° *Philo.* Relatif au nihilisme (métaphysique ou moral). — Subst. Adepte du nihilisme. ♦ 2° (1877, russe). Du nihilisme (2°). *Parti nihiliste russe.* Subst. *Les nihilistes.*

NILGAUT [nilgo]. *n. m.* (1666; hindoustani *nîlgâu,* mot persan « *bœuf* [*gao*], *bleu* [*nil*] »). Mammifère ongulé (*Bovidés*) voisin de l'antilope*.

NILLE [nij]. *n. f.* (*Neille,* pour *anille,* 1328; lat. *anaticula* « *petit canard* »). Techn. Manchon mobile (bobine) autour du manche d'une manivelle.

NILOTIQUE [nilɔtik]. *adj.* (1842; lat. d'o. gr. *niloticus,* de *Nilus,* gr. *Neilos* « le Nil »). Didact. (*Géogr.*). Relatif au Nil, à son delta, aux contrées riveraines.

NIMBE [nɛ̃b]. *n. m.* (1692; lat. *nimbus* « nuage »). ♦ 1° *Archéol.* Cercle figuré autour de la tête des certains empereurs, sur les médailles antiques. ♦ 2° Zone lumineuse qui entoure la tête des représentations de Dieu, des anges, des saints. V. **Auréole, couronne** (de gloire). *Nimbe crucifère,* réservé au Christ. *Nimbe circulaire, triangulaire.* ♦ 3° *Littér.* Zone lumineuse qui entoure une personne, une chose. V. **Auréole, halo.** « *Le nimbe doré des cheveux* » (LOTI).

NIMBER [nɛ̃be]. *v. tr.* (*Nimbé,* 1874; de *nimbe*). ♦ 1° Pourvoir, entourer, orner d'un nimbe. V. **Auréoler.** *Le miniaturiste a nimbé la tête du saint.* ♦ 2° Entourer, auréoler. « *De quel rayonnement se nimbait le beau visage de mon amie !* » (GIDE). — *Au p. p. Apparition nimbée de lumière.*

NIMBUS [nɛ̃bys]. *n. m.* (1830; mot lat. « *nuage* »). Météo. Se dit de nuages sombres aux contours déchiquetés qui se forment à basse altitude et se résolvent rapidement en pluie. *Nimbus surmonté d'un cumulus (cumulo-nimbus),* combiné avec un stratus (*nimbo-stratus* [nɛ̃bɔstʀatys]). *Des nimbus.*

N'IMPORTE (QUI, QUEL...). V. **IMPORTER.**

NINAS [ninas]. *n. m. invar.* (fin XIXe; esp. *niñas,* fém. plur. de *niños* « enfant »). Petit cigare fait avec des débris de tabac.

NIOBIUM [njɔbjɔm]. *n. m.* (1854; all. 1844; de *Niobé,* n. pr. gr., fille de *Tantale*). Chim. Corps simple, métal brillant, blanc (p. at. 92,91; dens. 8,57; point de fusion 2 470°), rare et toujours associé avec le tantale dans ses minerais (d'où le nom du métal). Syn. COLOMBIUM.

NIÔLE. V. GNÔLE.

NIPPE [nip]. *n. f.* (1605; de *guenipe*, forme dial. de *guenille*). ♦ 1° *Vx.* Objet servant à l'ajustement et à la parure. « *De belles nippes, du linge fin, des bijoux* » (GAUTIER). ♦ 2° *Mod.* Vêtements pauvres et usés. V. **Hardes, frusques.** *Vendre ses nippes, ses vieilles nippes.* « *Des nippes qui ne valent pas quatre sous* » (HUGO). — *Pop.* Tout vêtement. V. **Fringues.**

NIPPER [nipe]. *v. tr.* (1718; de *nippe*). *Fam.* Fournir de nippes, de vêtements; vêtir. V. **Habiller; fringuer.** *Se nipper :* s'approvisionner en vêtements; mettre des vêtements. — Au p. p. « *C'est que je suis nippée comme une princesse !* » (BALZ.).

NIPPO-. Élément signifiant « japonais » (V. **Nippon**) et servant à former des adj. composés (ex. *nippo-américain, aine*).

NIPPON, ONE ou **ONNE** [nipɔ̃, ɔn]. *adj. et n.* (fin XIXᵉ, *le Nippon* « le Japon »; *le Niphon* « une des îles du Japon », 1765; mot jap. « soleil levant »). Du Japon (État, nation). V. **Japonais** (plus cour.). *L'empire nippon.* Subst. *Les Nippons.*

NIQUE [nik]. *n. f.* (1370; d'une rac. *nick*, attestée en gallorom.; onomat.). *Faire la nique à qqn :* faire un signe de mépris, de bravade. V. **Braver, moquer** (se). *Fig.* Se moquer de. *Pichegru et Cadoudal* « *devaient s'en être échappés, faisant la nique à la fameuse police consulaire* » (MADELIN).

NIQUEDOUILLE [nikduj]. *n. et adj.* (1654; rac. de *nigaud, nicodème*, et suff. péj. -*ouille*). *Vieilli* et *fam.* Nigaud, niais. — Adj. « *Je me suis trouvé assez niquedouille d'avoir failli payer pour d'autres* » (ROMAINS).

NIRVĀNA [nirvana]. *n. m.* (1844; mot sanscr. « extinction »). *Relig.* Dans le bouddhisme, Extinction du karman, du désir humain, entraînant la fin du cycle des naissances et des morts. *Le nirvāna peut être considéré comme un anéantissement, un état de sérénité suprême, une fusion de l'âme individuelle et de l'âme collective* (*spécial.* dans le brahmanisme).

NITESCENCE [nitesɑ̃s]. *n. f.* (1835; du lat. *nitescere* « briller »). *Didact.* Lueur, clarté, rayonnement.

NITOUCHE. V. SAINTE NITOUCHE.

NITRATATION [nitratasjɔ̃]. *n. f.* (1838; de *nitrater*). *Sc., Techn.* Action de nitrater; état de ce qui est nitraté.

NITRATE [nitrat]. *n. m.* (1787; de *nitre*). Sel de l'acide nitrique (ou azotique). V. **Azotate.** *Nitrates naturels de soude* (V. **Caliche**), *de potasse* (V. **Nitre, salpêtre**). *Nitrates synthétiques.* — *Nitrate d'argent*, utilisé comme caustique, cicatrisant. *Bâton de nitrate* (d'argent). — *Agric.* et cour. *Nitrates utilisés comme engrais* (*nitrate de sodium : nitrate du Pérou, du Chili; de potassium; de calcium; d'ammonium*).

NITRATER [nitrate]. *v. tr.* (1803; de *nitrate*). *Sc., Techn.* ♦ 1° Ajouter du nitrate à. *Nitrater un mélange.* — Au p. p. *Engrais nitratés.* ♦ 2° Convertir en nitrate. ♦ 3° Traiter au nitrate d'argent. *Nitrater des peaux pour les colorer.*

NITRATION [nitrasjɔ̃]. *n. f.* (v. 1903; de *nitrate*). *Chim.* Introduction du radical NO₂ dans des composés organiques.

NITRE [nitr(ə)]. *n. m.* (1256; lat. *nitrum*, gr. *nitron*). *Chim.* Ancien nom du *Nitrate* (azotate) *de potassium.* V. **Salpêtre.**

NITRÉ, ÉE [nitre]. *adj.* (v. 1600; de *nitre*). *Chim. Vx.* Qui contient du nitre. *Mod. Dérivés nitrés :* composés organiques contenant le radical NO₂ (substitué à l'hydrogène). *Ex. :* nitrobenzène, acide picrique, chloropicrine.

NITRER [nitre]. *v. tr.* (XXᵉ; de *nitre*). *Sc., Techn.* Traiter par l'acide nitrique.

NITREUX, EUSE [nitrø, øz]. *adj.* (XIIIᵉ; lat. *nitrosus*). *Chim. Vx.* Qui contient du nitre. *Acide nitreux* (HNO₂). V. **Azoteux.**

NITRIÈRE [nitrijɛr]. *n. f.* (1562; de *nitre*). *Techn.* Lieu d'où l'on extrait les nitrates. V. **Salpêtrière.**

NITRIFIANT, ANTE [nitrifjɑ̃, ɑ̃t]. *adj.* (XXᵉ; de *nitrifier*). *Chim.* Qui produit la nitrification.

NITRIFICATION [nitrifikasjɔ̃]. *n. f.* (1797; de *nitrifier*). *Chim.* Transformation en nitrates de l'ammoniaque et des sels ammoniacaux. *La nitrification se fait en deux temps* (*nitrosation*; nitration**), *sous l'influence de bactéries* (dites nitrobactéries). V. **Ammonisation.**

NITRIFIER [nitrifje]. *v. tr.* (1797; de *nitre*). *Chim.* Transformer en nitrates. — SE NITRIFIER. *v. pron. Vx.* Se couvrir de nitre, de salpêtre. — *Mod.* Se transformer en nitrate.

NITRILE [nitril]. *n. m.* (1858; de *nitre*). *Chim.* Se dit des composés (acycliques) renfermant le radical CN (*acétonitrile* ou *éthane-nitrile; propionitrile* ou *propane-nitrile, formonitrile* ou *méthane-nitrile* (acide cyanhydrique).

NITRIQUE [nitrik]. *adj. m.* (1787; de *nitre*). *Chim.* V. **Azotique.** *Acide nitrique* HNO₃ : eau-forte. *Esters nitriques.*

NITRITE [nitrit]. *n. m.* (1803; de *nitre*). *Chim.* Sel de l'acide nitreux (azotite).

NITROBENZÈNE [nitrobɛzɛn] *n. m.* ou **NITROBENZINE** [nitrobɛzin]. *n. f.* (1838; de *nitre*, et *benzène*). *Chim.,*

Techn. Dérivé nitré du benzène (C₆H₅NO₂), liquide toxique, huileux, utilisé en parfumerie (essence de mirbane), dans la fabrication d'explosifs, dans l'industrie des colorants. V. **Aniline.**

NITROCELLULOSE [nitroselyloz]. *n. f.* (1907; de *nitre*, et *cellulose*). *Chim., Techn.* Nitrate de cellulose, ester nitrique de la cellulose. V. **Coton-poudre, fulmi-coton.**

NITROGLYCÉRINE [nitroglisɛrin]. *n. f.* (1847; de *nitre*, et *glycérine*). Trinitrate de glycérine (C₃H₅[NO₃]₃), huile jaune qui détone violemment sous le choc et qui est le constituant essentiel de la dynamite.

NITROPHILE [nitrofil]. *adj.* (mil. XXᵉ; de *nitre*, et suff. -*phile*). *Didact. Plantes nitrophiles*, qui demandent beaucoup de nitrates pour se développer.

NITROSATION [nitrozasjɔ̃]. *n. f.* (déb. XXᵉ; du lat. *nitrosus*). *Chim.* Introduction du groupement NO dans une molécule. *La nitrosation constitue le premier temps de la nitrification* naturelle :* transformation de l'ammoniac en nitrites sous l'action de nitrobactéries du genre *Nitrosomonas* [nitrosɔmɔnas].

NITROTOLUÈNE [nitrotolчɛn]. *n. m.* (1899; de *nitre*, et *toluène*). *Techn.* Se dit des dérivés nitrés du toluène dont l'un (*trinitrotoluène* ou T.N.T.) est un explosif puissant.

NITRURATION [nitryrasjɔ̃]. *n. f.* (1932; de *nitrurer*). *Techn.* Durcissement superficiel de l'acier (cémentation) par formation de nitrures.

NITRURE [nitryr]. *n. m.* (1836; de *nitre*). *Chim.* Composé défini d'azote et d'un métal, ou solution d'azote dans un métal. *Nitrure de fer.*

NITRURER [nitryre]. *v. tr.* (1932; de *nitrure*). *Techn.* Traiter (un métal) en le chauffant en présence de vapeurs d'ammoniac, pour le durcir. — *Acier nitruré.*

NIVAL, ALE, AUX [nival, o]. *adj.* (1927; lat. *nivalis*). *Didact.* De la neige, dû à la neige. *Régime nival*, des cours d'eau alimentés par les neiges (hautes eaux à la fonte : printemps). ◊ HOM. (du pl.) *Niveau.*

NIVÉAL, ÉALE, ÉAUX [niveal, eo]. *adj.* (1838; du lat. *nix, nivis* « neige »). *Bot.* Qui fleurit pendant l'hiver. *L'edelweiss, fleur nivéale.*

NIVEAU [nivo]. *n. m.* (*Nivel*, 1311; altér. de *livel* [XIIIᵉ]; Cf. angl. *Level*, lat. pop. *°libellus*, class. *libella*).

I. Instrument qui sert à donner l'horizontale, à vérifier l'horizontalité. *Niveau de maçon*, châssis triangulaire ou rectangulaire auquel est suspendu un fil à plomb qui vient battre une marque fixe (ligne de foi) quand l'instrument est en position horizontale. *Niveau d'eau de caoutchouc*, à trépied, instrument à deux vases communicants qui, remplis d'eau, donnent une ligne de visée horizontale. *Niveau à bulle* (d'air) ou *nivelle. Niveau à lunette.* Utilisation des niveaux en arpentage, en géodésie, en topographie.

II. (1429). ♦ 1° Degré d'élévation, par rapport à un plan horizontal, d'une ligne ou d'un plan qui lui est parallèle. V. **Hauteur.** *Étage d'un bâtiment. Soixante niveaux consacrés à l'habitation. Niveau d'un liquide dans un vase, une éprouvette. Jauge indiquant le niveau d'essence, d'huile dans un réservoir. Stylo à niveau d'encre apparent. Niveau de l'eau sur un navire :* ligne de flottaison. *Changements, inégalités de niveau* (dénivellation, dénivellement). *Baisse, élévation de niveau.* Être au même niveau que... : à fleur*, à ras* de. *Ces deux allées ne sont pas de niveau :* pas sur le même plan. *Surface de niveau*, surface horizontale, dont tous les points sont au même niveau, forment une surface normale aux lignes de champ (dans un champ de vecteurs). *Mettre de niveau :* niveler*. *Courbes de niveau* (sur une carte), représentant les points de même altitude. — *Passage* à niveau.* — *Niveau de la mer*, niveau zéro à partir duquel on évalue les altitudes. *Variations de niveau des eaux d'un fleuve. Niveau le plus bas. Niveau de base*, limite au-dessous de laquelle un cours d'eau cesserait d'exercer un effet par érosion, transport (étiage). ◊ AU NIVEAU DE : à la même hauteur. *Appartement au niveau du sol :* rez-de-chaussée. *L'eau lui arrivait au niveau de la taille :* à mi-corps. — *Par ext.* À côté et sur la même ligne (perpendiculaire à un chemin, à une direction); à la hauteur de. *Arrivé au niveau du groupe, il ralentit le pas.* — *Angle au niveau :* de la ligne de tir avec l'horizontale. ♦ 2° *Fig.* (1704). Élévation comparative, degré comparatif. *Mettre au même niveau :* à côté, sur la même ligne, sur le même plan. *Il n'est pas de niveau.* — *Niveau social*, degré de l'échelle sociale. ◊ Degré hiérarchique; échelon d'une organisation. *Les consignes devront être observées à tous les niveaux.* ◊ Échelon atteint par une grandeur, par rapport à une base de référence relative à cette grandeur. *Niveau de pollution, de pression acoustique, de température. Niveau minimal* (des prix, des salaires...) [V. **Plancher**], *niveau maximal* [V. **Plafond**]. ◊ *Niveau intellectuel, culturel*, degré des connaissances, de la culture. *Des élèves de même niveau. Niveau mental, intellectuel*, moment, stade du développement mental chez l'enfant (plus ou moins précoce selon les individus). ◊ Valeur intellectuelle ou artistique. *Le niveau des études. Le niveau de la production littéraire, cinématographique d'un pays.* « *Les chefs-d'œuvre ont un niveau, le même pour tous, l'absolu* » (HUGO). ◊ Ling. *Niveau de langue,* caractère stylistique d'une langue (littéraire, familier, vulgaire), d'après le niveau social, culturel de ceux qui la parlent. ◊ AU NIVEAU DE. *Se mettre au niveau d'une chose, d'une personne* (au diapason, à la portée). *Il n'est pas au niveau de sa tâche.* V. **Hauteur** (à la). *Au niveau de la commune, de l'électeur, de l'acheteur.* V. **Échelon.** ♦ 3º NIVEAU DE VIE, ensemble des biens et des services que permet d'acquérir ou de se procurer le revenu national moyen, ou le revenu moyen d'une catégorie déterminée de citoyens. *Le haut niveau de vie des pays riches. Le niveau de vie a monté; a baissé* (paupérisation). *Indices de niveau de vie.*

◊ HOM. (de *nival*) *Nivaux.*

NIVELAGE [nivlaʒ]. *n. m.* (*Nivellage,* 1636; de *niveler*). Action de niveler; son résultat.

NIVELER [nivle]. *v. tr.;* conjug. *appeler* (déb. XIVᵉ; de *nivel.* V. **Niveau.** ♦ 1º *Cour.* Mettre de niveau, rendre horizontal, plan, uni (une surface). V. **Aplanir, égaliser.** *Niveler en rasant les aspérités* (déblayer, écrêter), *en bouchant les creux* (combler). *L'érosion tend à niveler les reliefs.* « *Ces montagnes dont tous les accidents étaient nivelés sous les couches successives de la neige* » (BALZ.). ♦ 2º *Techn.* (1549). Mesurer avec un niveau. ♦ 3º *Fig.* (1795). Mettre au même niveau, rendre égal. V. **Égaliser.** *Niveler les fortunes, les profits. Niveler au plus bas, au plus haut,* en égalant ce qu'il y a de plus bas, de plus élevé.

NIVELETTE [nivlɛt]. *n. f.* (1845; dimin. de *niveau*). *Techn.* Petit niveau à voyant pour régler la pente d'une chaussée.

NIVELEUR, EUSE [nivlœʀ, øz]. *n.* (1546, « géomètre »; de *niveler*). ♦ 1º Personne qui nivelle, mesure au niveau. ♦ 2º *Fig.* et *péj.* (1789). Personne qui veut niveler les rangs et les fortunes dans la société. V. **Égalitaire.** — Adj. « *Un levain de haine niveleuse* » (MICHELET). ♦ 3º *N. m. Techn.* (*Agric.*). Petite herse.

NIVELEUSE [nivløz]. *n. f.* (1948; en appos., 1914; de *niveler*). *Techn.* Engin de terrassement utilisé pour niveler les terres.

NIVELLE [nivɛl]. *n. f.* (1907; de *niveau*). *Techn.* Niveau à bulle.

NIVELLEMENT [nivɛlmɑ̃]. *n. m.* (1538; de *niveler*). ♦ 1º Action de niveler, de mesurer les hauteurs comparatives de différents points d'un terrain par rapport à un plan horizontal donné, de la surface terrestre par rapport au niveau de la mer. *Planimétrie et nivellement. Instruments de nivellement :* cathétomètre, mire, niveau. *Nivellement trigonométrique.* V. **Triangulation.** *Nivellement général de la France,* détermination des altitudes et pose des repères de niveau. ♦ 2º Action de mettre de niveau, d'égaliser (une surface). *Nivellement d'un terrain par des travaux de terrassement.* ♦ 3º *Fig.* (1802). Action de niveler, de rendre égal. *Nivellement par la base, par le bas.* « *Le nivellement des rangs, l'égalité de tous devant la loi* » (CHATEAUB.).

NIVÉOLE [niveɔl]. *n. f.* (1796; du lat. *niveus* « neigeux »). Plante monocotylédone (*Amaryllidées*) qui ressemble au perce-neige, et qui croît dans les bois et les prés.

NIVERNAIS, AISE [nivɛʀnɛ, ɛz]. *adj.* et *n.* (*Nivernois,* 1732; du bas lat. *Nivernum* « de Nevers »). Du Nivernais, région de France. *Race nivernaise,* race de bœufs très estimée. *Subst. Les Nivernais.*

NIVO-. Élément, du lat. *niveus* « de neige ».

NIVO-GLACIAIRE [nivɔglasjɛʀ]. *adj.* (XXᵉ; de *nivo-,* et *glaciaire*). *Géogr. Régime nivo-glaciaire,* des cours d'eau alimentés par les glaciers et la neige (maximum de printemps; minimum d'hiver).

NIVO-PLUVIAL, ALE, AUX [nivɔplyvjal, o]. *adj.* (1927; de *nivo-,* et *pluvial*). *Géogr. Régime nivo-pluvial,* des cours d'eau alimentés par les pluies (maximum d'automne) et les neiges (maximum de printemps).

NIVÔSE [nivoz]. *n. m.* (1793; lat. *nivosus* « neigeux »). *Hist.* Le quatrième mois du calendrier républicain (21 ou 22 décembre au 20 ou 21 janvier).

NIXE [niks(ə)]. *n. f.* (1836; all. *Nix*). *Myth.* et *littér.* Génie ou nymphe des eaux, dans les légendes germaniques.

NIZERÉ [nizʀe]. *n. m.* (1877; persan *nizrin* « rose musquée »). *Techn.* Essence de roses blanches.

NÔ [no]. *n. m.* (fin XIXᵉ; mot jap.). Drame lyrique de caractère religieux et traditionnel, au Japon. ◊ HOM. *Nos.*

NOBELIUM [nɔbe(e)ljɔm]. *n. m.* (mil. XXᵉ; de *Nobel,* chimiste suédois). Élément chimique transuranien (nº at. 102).

NOBILIAIRE [nɔbiljɛʀ]. *n. m.* et *adj.* (1690; du lat. *nobilis*). ♦ 1º *N. m.* Registre des familles nobles d'un pays, d'une province. V. **Armorial.** *Le nobiliaire de Bretagne.* ♦ 2º *Adj.* (1812). Qui appartient ou qui est propre à la noblesse.

V. **Aristocratique.** *Hiérarchie, titres nobiliaires. Document nobiliaire.* V. **Généalogique.** *Particule nobiliaire.*

NOBLAILLON, ONNE [nɔblajɔ̃, ɔn]. *n.* (1874; de *noble,* suff. péj.). *Péj.* Noble de petite noblesse. V. **Nobliau.**

NOBLE [nɔbl(ə)]. *adj.* et *n.* (fin XIᵉ; lat. *nobilis*). Qui est au-dessus du commun.

I. *(Sens général).* Qui l'emporte sur les autres êtres ou objets de son espèce. ♦ 1º *Littér.* Dont les qualités morales sont grandes. « *Le peuple espagnol se regarde comme la nation la plus noble de la terre* » (JOUBERT). V. **Généreux, magnanime.** *Noble caractère.* V. **Courageux.** — *Nobles sentiments; actions nobles.* V. **Beau, élevé, généreux, sublime.** « *Sa vie, honorable entre toutes, ne connut que de nobles aspirations* » (GAUTIER). « *Le cheval, la plus noble conquête que l'homme ait jamais faite* » (BUFF.). ◊ (1911; angl. *noble art* [XVIIIᵉ], *noble science* [1588]). *La* NOBLE ART : la boxe. « *La boxe... a mérité le nom de noble art* » (J. PRÉVOST). ♦ 2º Qui commande le respect, l'admiration, par sa distinction, son autorité naturelle. V. **Imposant, majestueux, olympien.** *Une beauté noble et imposante. Ton noble. De nobles accents.* V. **Mâle.** « *Une jeune fille, remarquablement belle, avec des traits nobles et réguliers* » (BALZ.). — Théât. *Père noble,* rôle d'homme d'un certain âge et d'une gravité, d'une dignité souvent un peu outrées. « *À côté d'une si noble figure* » (ID.). ♦ 3º Qui a de la majesté, une beauté grave, parfois un peu froide. *Noble ordonnance d'un tableau.* — Hist. litt. (*Opposé à* bas) *Genre, style noble* (V. **Élevé, soutenu**), qui rejette les mots et expressions jugés vulgaires par le goût du temps. ♦ 4º Se dit de ce qui est considéré comme supérieur, dans certaines expressions. — *Cour.* et *littér.* Se dit des organes indispensables à la vie. *Parties nobles :* le cerveau, le cœur. — *Métaux nobles,* métaux précieux, inaltérables à l'air ou à l'eau (argent, or, platine). — *Comm. Matières nobles,* non synthétiques (le bois, la pierre, la laine, etc.). — « *Les spécialités les plus 'nobles' : électronique, mécanique, télécommunications* » (*Le Monde,* 13-9-69).

II. *Spécialt.* et *cour.* ♦ 1º (1216). « *Qui est élevé au-dessus des roturiers par sa naissance, par ses charges, ou par la faveur du prince* » (FURET.); qui appartient à une classe privilégiée (sociétés hiérarchisées, féodales, etc.) ou qui descend d'un membre de cette classe et peut en justifier (par des *titres de noblesse*). ♦ 2º (XIVᵉ). *N. Un noble, une noble* (rare). V. **Aristocrate, grand, seigneur.** *Les nobles.* V. **Noblesse.** *Noble ruiné, qui cherche à redorer son blason. Nobles de campagne.* V. **Hobereau, junker.** — *Nobles d'Espagne* (Hidalgos), *de Russie* (Boyards), *de la Rome antique* (Patriciens). ♦ 3º Qui appartient, qui est propre aux nobles, caractéristique de leur état. *Particule d'un nom noble. Être de naissance, de race, de sang noble.* « *C'était une Altesse, ... et de la race la plus noble... fille du prince de Parme, elle avait épousé un cousin également princier* » (PROUST). ◊ Qui est composé de nobles, occupé par des nobles. *Le noble faubourg* (le faubourg Saint-Germain, à Paris).

◊ ANT. (de I) *Bas, commun, mesquin, vil. Familier.* — (de II) *Bourgeois, roturier, vilain.*

NOBLEMENT [nɔbləmɑ̃]. *adv.* (XIᵉ-XIIᵉ, « d'une manière pompeuse »; de *noble*). ♦ 1º *Dr. féod.* *Tenir noblement une terre,* en fief. *Vx.* En gentilhomme, à la manière des nobles. *Vivre noblement,* sans exercer aucune profession ou en exerçant uniquement le métier des armes. ♦ 2º (1538). *Mod.* D'une manière noble (I), avec noblesse. V. **Dignement, grandement.** *Refuser noblement une aumône :* avec fierté.

NOBLESSE [nɔblɛs]. *n. f.* (*Noblece,* 1155; de *noble*). Caractère, état, qualité de ce qui est noble.

I. *(Sens général).* ♦ 1º Grandeur des qualités morales, de la valeur humaine. V. **Dignité, élévation, magnanimité.** « *La noblesse est la préférence de l'honneur à l'intérêt* » (VAUVEN.). « *Toute noblesse vient du don de soi-même* » (LARBAUD). *Noblesse d'âme, de caractère, d'esprit. Noblesse de vues.* V. **Hauteur.** — *Noblesse des procédés, des sentiments. Noblesse d'une entreprise.* — Au plur. *Littér.* Actions, sentiments nobles. « *Les facultés du génie sont indépendantes des noblesses de l'âme* » (BALZ.). ♦ 2º Caractère noble du comportement, de l'expression ou de l'aspect physique. *Dignité, distinction, majesté.* « *L'aisance, la noblesse de ces citoyens fiers et tranquilles* » (RENAN).

II. *Spécialt.* (*Noblace,* 1279). ♦ 1º Condition du noble. *Hiérarchie des titres de noblesse* (selon l'ordonnance du 25 août 1817). V. **Chevalier, baron, vicomte, comte, marquis, duc, prince.** *Les armoiries, le blason, la couronne, signes de noblesse. Être de haute noblesse.* V. **Lignage.** *Quartiers* de noblesse. Noblesse paternelle. Noblesse utérine*. Noblesse d'épée, d'office ou noblesse de robe. Noblesse personnelle,* qui ne se transmet pas aux descendants. — Loc. prov. *Noblesse oblige :* la noblesse crée le devoir de faire honneur à son nom. ♦ 2º Classe des nobles. V. **Aristocratie.** *Origines féodales de la noblesse. Prérogatives, privilèges de la noblesse sous l'Ancien Régime. Noblesse et tiers état*.* — Une partie de cette classe. *Ancienne noblesse,* antérieure à la Révolution; *nouvelle noblesse,* créée depuis la Révolution. *Noblesse* d'Empire, celle qui tient ses titres de Napoléon Ier. *Appartenir à la haute noblesse*, à la plus ancienne, à la plus illustre (*opposé à la petite noblesse*). — *Noblesse anglaise* (V. **Gentry**), *germanique*.

◇ ANT. (du I) *Bassesse, infamie. Familiarité.* — (du II) *Roture.*

NOBLIAU [nɔblijo]. *n. m.* (1840; de *noble*). Noble de petite noblesse, ou de noblesse douteuse. V. **Noblaillon** *(péj.).*

NOCE [nɔs]. *n. f.* (XIe; lat. pop. °*noptiæ*, déform. d'apr. °*novius* « nouveau marié », du class. *nuptiæ*). ♦ 1° LES NOCES : mariage. *Célébrer ses noces. Relatif aux noces.* V. **Nuptial.** *Épouser qqn en secondes noces* : contracter un second mariage. *Justes noces* : le mariage légitime. *Convoler en justes noces.* — *Nuit de noces.* ♦ 2° (1578, sing.). Ensemble des réjouissances qui accompagnent un mariage. *Je vous invite à mes noces.* Au sing. *Aller, être invité à la noce de qqn. Festin, repas, robe de noce. Salle pour noces et banquets.* — *Les noces de Cana,* au cours desquelles le Christ changea l'eau en vin (Évang. saint Jean). — Loc. *N'être pas à la noce* : être dans une mauvaise situation. « *Ah! je ne suis pas à la noce... Dans ma chambre, il fait un froid de loup...* » (MIRBEAU). ♦ 3° *Par anal.* Fête qu'on célèbre à l'occasion de l'anniversaire de son mariage. *Noces d'argent* (vingt-cinquième anniversaire), *d'or* (cinquantième), *de diamant* (soixantième), *de platine* (soixante-cinquième). ♦ 4° L'ensemble des personnes qui assistent à un mariage, qui forment le cortège du mariage. *Une noce villageoise.* ♦ 5° (1834; arg. 1719, « libertinage »). *Fam.* Partie de plaisir, de débauche, généralement accompagnée d'excès de table et de boisson. — Vie dissipée, consacrée à la débauche, au plaisir. *Faire la noce* : faire une partie de plaisir; mener de manière habituelle une vie de débauche. V. **Fête; bombe, java, nouba.**

NOCEUR, EUSE [nɔsœr, øz]. *n. et adj.* (1836; fém.; 1834; de *noce*). *Fam.* Personne qui aime faire la noce (5°). V. **Bambocheur, débauché, fêtard, viveur.** « *Quel noceur! se dit Joseph en employant une expression populaire passée dans les ateliers* » (BALZ.). « *Une noceuse comme il n'y en a plus* ». (ZOLA). Adj. *Il est un peu trop noceur.* ◇ ANT. *Abstinent, ascète.*

NOCHER [nɔʃe]. *n. m.* (*Nochier,* 1246; it. *nocchiero;* lat. *nauclerus;* gr. *nauklêros* « patron de bateau »). *Poét.* et *vieilli.* Celui qui conduit, dirige une embarcation. V. **Pilote.** *Charon, nocher des Enfers.* V. **Nautonier.**

NOCIF, IVE [nɔsif, iv]. *adj.* (début XVIe; *noxif,* 1495; lat. *nocivus*). Qui peut nuire. V. **Dangereux, funeste, nuisible, toxique.** *Gaz nocif.* V. **Délétère.** — (Abstrait) *Théories, influences nocives.* V. **Pernicieux.** ◇ ANT. *Anodin, innocent, inoffensif.*

NOCIVITÉ [nɔsivite]. *n. f.* (1876; de *nocif*). Caractère de ce qui est nuisible. V. **Malignité, toxicité.** *Nocivité d'une substance; d'une doctrine.* ◇ ANT. *Innocence, innocuité.*

NOCTAMBULE [nɔktɑbyl]. *n. et adj.* (1701; lat. médiév. *noctambulus,* de lat. class. *nox, noctis* « nuit » et *ambulare* « marcher »). ♦ 1° *Vx* Somnambule. ♦ 2° (1720). *Mod.* Personne qui veille quand les autres dorment, qui se promène ou se divertit la nuit. V. **Fêtard.** — Adj. *Un noceur noctambule.*

NOCTAMBULISME [nɔktɑbylism(ə)]. *n. m.* (1765; de *noctambule*). ♦ 1° *Vx.* Somnambulisme. ♦ 2° *Fam.* (1888). Habitude de se promener, de se divertir la nuit.

NOCTILUQUE [nɔktilyk]. *adj. et n.* (1722; bas lat. *noctilucus* « qui luit pendant la nuit »). *Zool.* Qui a la propriété d'émettre une lueur dans l'obscurité. *Lampyre noctiluque* (ver luisant). — *N. f.* (1846) Protozoaire luminescent qui vit dans la mer et se présente sous la forme d'une sphère minuscule et molle.

NOCTUELLE [nɔktɥel]. *n. f.* (1792; du lat. *noctua* « chouette »). Nom donné à plusieurs papillons nocturnes, généralement de taille moyenne et de coloration terne (grise, brune). *Ex.* : agrotis, leucanie, xanthie.

NOCTULE [nɔktyl]. *n. f.* (1791; du lat. *noctua* « chouette »). Chauve-souris d'assez grande taille (*Vespertilionidés*) qui vit en Europe et en Asie.

NOCTURNE [nɔktyrn(ə)]. *adj. et n.* (1355; lat. *nocturnus*). **I.** *Adj.* ♦ 1° Qui est propre à la nuit. Qui a lieu pendant la nuit. « *Entrevues, rendez-vous nocturnes* » (LACLOS). — *Tapage nocturne.* ♦ 2° Qui veille, se déplace, chasse pendant la nuit. *Oiseaux, papillons nocturnes ou de nuit.* **II.** *N. m.* ♦ 1° *Liturg. cathol.* Chacune des parties de l'office de la nuit (V. **Matines**), qui contient un certain nombre de psaumes et de leçons. ♦ 2° *Mus. Ancienn.* (XVIIIe). Sérénade, divertissement pour instruments (à vent, à archet). — (XIXe) Romance à deux voix. — *Mod.* Morceau de piano de forme libre, à caractère mélancolique. *Les nocturnes de Chopin.* **III.** *N. m.* (1839). Oiseau rapace qui ne sort, ne chasse que la nuit (chouette, duc, grand duc, hibou). *Les grands nocturnes.*

IV. *N. f.* ou *m.* ♦ 1° (1935). *Sports.* Compétition qui a lieu en soirée. ♦ 2° (1967). *Comm.* Ouverture en soirée de certains magasins, expositions.

◇ ANT. *Diurne.*

NOCUITÉ [nɔkɥite]. *n. f.* (1834; du lat. *nocuus* « nuisible »). *Méd.* Caractère de ce qui est nuisible. ◇ ANT. *Innocuité.*

NODAL, ALE, AUX [nɔdal, o]. *adj. et n.* (1820; *jointure nodale* « qui forme un nœud », 1503; du lat. *nodus*). ♦ 1° *Didact.* Relatif aux nœuds acoustiques d'une corde ou d'une surface vibrante. *Points nodaux. Ligne nodale sur une plaque vibrante,* ou subst. *La nodale.* ♦ 2° *Anat.* et méd. Relatif au tissu différencié du myocarde dont dépend l'excitabilité du cœur. V. **Nœud** (II, 2°). *Arythmie nodale.*

NODOSITÉ [nɔdozite]. *n. f.* (1539; h. XIVe; bas lat. *nodositas*). ♦ 1° *Méd.* Formation pathologique arrondie et dure. V. **Nodule, nouure.** *Nodosités rhumatismales.* ♦ 2° *Bot.* et *cour.* État d'un végétal ou d'une partie de végétal qui présente de nombreux nœuds. *Nodosité d'une tige, d'un tronc.* ◇ *Par ext.* Nœud, loupe. *Spécial.* Radicelle des légumineuses, hypertrophiée par l'azote fixé par un microbe.

NODULAIRE [nɔdyler]. *adj.* (1842, n., « sorte d'algue »; de *nodule*). *Didact.* Qui a des nodosités, des nodules; relatif aux nodules.

NODULE [nɔdyl]. *n. m.* (1821; lat. *nodulus* « petit nœud »). *Géol.* Concrétion pierreuse qui se rencontre dans une roche tendre, généralement calcaire. ◇ (1498). *Pathol.* Petite nodosité. *Nodule cancéreux, nodule tuberculeux.* V. **Tubercule.** — *Anat.* Petit renflement. *Nodules des valvules aortiques du cœur.*

NODULEUX, EUSE [nɔdylø, øz]. *adj.* (1812; du lat. *nodulus*). *Didact.* ♦ 1° Qui comporte beaucoup de petits nœuds. *Tige noduleuse.* ♦ 2° Qui contient des nodules. *Calcaire noduleux.*

NOËL [nɔel]. *n. m.* (1175; *nael,* v. 1120; lat. *natalis* [dies] « [jour] de naissance »). ♦ 1° Fête que les chrétiens célèbrent le 25 décembre, en commémoration de la naissance du Christ. V. **Nativité.** *La fête de Noël, précédée par l'Avent. Messes de Noël* (spécial. messe de minuit). *La crèche de Noël, ornée en Provence de santons. Arbre, bûche, réveillon, sapin de Noël. Congé, vacances de Noël. Joyeux Noël!* « *Le Noël de cette année-là* » (CAMUS). *Mettre ses souliers dans la cheminée pour Noël. Cadeaux de Noël.* — *Bonhomme Noël; père Noël* : personnage imaginaire qui est censé descendre par la cheminée au cours de la nuit de Noël pour déposer des cadeaux dans les souliers des enfants. *Croire au père Noël* : être très naïf, se faire des illusions. — *La fête de Noël,* et ellipt. *La Noël.* « *Mes amis, voici la Noël qui arrive* » (BOSCO). PROV. *Noël au balcon, Pâques au tison* : s'il fait doux à Noël, il fera froid à Pâques. ♦ 2° (Déb. XVIe). Cantique qui se chante à l'occasion de Noël. ♦ 3° *Fam. Le noël,* le *petit noël* : cadeau qu'on donne à l'occasion de Noël.

NOÈSE [nɔez]. *n. f.* (1943; gr. *noêsis* [V. **Noologique**], par l'all.). *Philo.* L'acte par lequel on pense (ce que l'on pense est le **Noème** [nɔɛm]).

NOÉTIQUE [nɔetik]. *adj.* (1950; mot all., du gr. *noêtikos*). *Philo.* De la pensée (noèse).

NŒUD [nø]. *n. m.* (1530; forme pop. *neu,* 1175; lat. *nodus*). **I.** (Croisement, entrelacement). ♦ 1° Enlacement d'une chose flexible (fil, corde, cordage) ou entrelacement de deux objets flexibles, exécuté de façon qu'il soit d'autant plus serré que l'on tire plus fortement sur les extrémités. *Faire un nœud.* V. **Nouer.** *Nœuds ordinaires, nœuds de marque,* servant à raccourcir une corde, à faire un point d'arrêt. *Nœud simple, double.* V. **Boucle.** *Nœud d'une maille. Corde à nœuds,* utilisée pour le grimper. *Nœud droit, nœud de tisserand. Nœud de vache.* — *Nœuds d'attache,* destinés à attacher une corde à un point fixe. *Nœud coulant.* V. **Collet, lacet, lasso.** *Nœuds de chaise* (mar.). — *Nœud de cravate,* qui assujettit la cravate autour du cou. *Nœud trop serré, trop lâche. Faire, défaire, desserrer, dénouer un nœud. Faire un nœud à son mouchoir* (pour se rappeler qqch.). ◇ *Nœud gordien,* nœud extrêmement compliqué qui attachait le joug au timon du char de Gordius (roi légendaire de Phrygie) conservé dans le temps de Zeus à Gordium; Alexandre, ne pouvant le dénouer, le trancha d'un coup d'épée. *Fig.* Difficulté, problème quasi insoluble. *Couper, trancher le nœud gordien,* trancher de façon violente une difficulté. « *Ce nœud gordien qui ne se dénoue pas et que le génie tranche* » (BALZ.). ♦ 2° *Mar.* (1621). Nœuds de marque disposés à une distance de 14 m 78 sur la ligne de loch. Longueur qui sépare deux nœuds de la ligne; unité de mesure. Unité de vitesse pour les navires et les avions correspondant à 1 mille marin à l'heure. *Navire qui file vingt nœuds. Avion qui décolle à cent nœuds.* ♦ 3° Ruban noué servant de parure; ornement en forme de nœud. V. **Bouffette, rosette.** *Mettre des nœuds dans les cheveux.* V. **Cadogan, coque.** « *Frêle parmi les nœuds énormes de rubans* » (VERLAINE). *Nœud papillon. Nœud de perles, de diamants.* ♦ 4° Enroulement d'un reptile (sur lui-même, autour d'un corps qu'il étreint). V.

Anneau, repli. — *Nœud de vipères,* emmêlement de vipères dans le nid. « *Dans un soir d'humilité, j'ai comparé mon cœur à un nœud de vipères* » (MAURIAC). ♦ 5° *Fig. Vx* et *littér.* Lien, attachement très étroit entre des personnes. V. **Chaîne.** « *Il est des nœuds secrets, il est des sympathies...* » (CORN.). *Le nœud sacré, le saint nœud du mariage.* ♦ 6° Point essentiel d'une affaire complexe, d'une difficulté. *Voilà le nœud de l'affaire.* V. **Fond, hic.** *Le nœud du débat.* « *C'était là justement le nœud de la situation* » (MICHELET). ♦ 7° (1637). *Théâtre, Littér.* Péripétie ou suite de péripéties qui amènent l'action à son point culminant. V. **Intrigue, péripétie.** *Les trois dernières scènes de l'acte I constituent le nœud de l'action du Cid. Le nœud et le dénouement.* « *Dans le roman classique, l'action comporte un nœud* » (SARTRE). ♦ 8° *Sc. Astron.* Point d'intersection de l'orbite d'une planète avec l'écliptique. *Nœud ascendant, descendant,* ce point d'intersection selon que la planète passe de l'hémisphère sud dans l'hémisphère nord ou vice versa. ◇ *Phys.* Point constamment immobile dans une onde stationnaire, alors que les autres sont animés d'un mouvement vibratoire qui atteint sa plus grande amplitude aux points dits « ventres » (V. **Nodal**). — Point où se trouve un centre d'une unité structurale (ion, atome, molécule) d'un édifice cristallin. ◇ *Nœud vital,* centre des mouvements respiratoires, situé dans le bulbe. ♦ 9° Endroit où se croisent plusieurs grandes lignes, d'où partent plusieurs embranchements. *Nœud ferroviaire, routier.* — *Électr.* Point d'un circuit où aboutissent plusieurs conducteurs.

II. (Saillie). ♦ 1° (v. 1200). Protubérance à la partie externe d'un arbre, constituée par un faisceau plus ou moins contourné de fibres et de vaisseaux ligneux. *Nœuds d'un tronc, d'un bâton.* V. **Noueux.** — Partie très dense et dure, à l'intérieur de l'arbre. ♦ 2° *Anat.* (1213, « vertèbre »). Amas de cellules à fonction bien définie. *Nœud sinusal, nœud atrioventriculaire du myocarde.* ♦ 3° *Géogr.* Point où se croisent deux chaînes de montagnes, présentant une surélévation caractéristique. ♦ 4° *Techn.* Partie saillante. ♦ 5° *Vulg.* V. **Gland** 2°. *Tête de nœud!* (injure).

NOIR, NOIRE [nwaʀ]. *adj.* et *n.* (XIIᵉ ; *neir*, 1080 ; lat. *niger*).

I. *Adj.* **Ⓐ** (*Concret*). ♦ 1° Se dit de l'aspect d'un corps dont la surface ne réfléchit aucune radiation visible (V. **Noirceur, noircir; mélan(o)-**). *Noir comme (du) jais, comme de l'encre, comme du cirage, comme du charbon, comme de l'ébène. Yeux noirs. Cheval.* V. **Moreau,** *chat noir. Fourmi noire. Bêtes noires, au pelage noir (chasse).* Fig. *C'est sa bête* noire.* — *Perles noires. La Pierre noire de La Mecque* (Kaaba). — *Drap, velours noir. Soutane, jaquette noire. Le drapeau noir des pirates. Mettre un costume noir, une cravate noire* (en signe de deuil). — *Par ext.* Qui porte un vêtement noir. *Moines noirs. Le Prince Noir* (à cause de la couleur de ses armes). — *Gravure à la manière noire. Tableau* noir. La couleur noire* (à la boule, à la roulette). *Le huit noir est sorti.* — *Épaisse fumée noire. Un café noir, bien noir.* V. **Fort.** Ellipt. (1859) *Garçon, un noir!* ◇ (*Phys.*) *Corps noir,* enceinte fermée, absorbant toutes les radiations qui tombent sur elle. *Lumière noire.* ♦ 2° Qui est d'une couleur (gris, brun, bleu) très foncée, presque noire. *Cheveux noirs :* très bruns. *Teint noir.* V. **Basané, noiraud.** *Être tout noir après un séjour à la mer.* V. **Bronzé, hâlé.** ♦ 3° (*Neir,* 1080). Qui appartient à la race « mélano-africaine », à peau très pigmentée (V. **Nègre**). *Des hommes à la peau noire. Une femme noire. Race noire, peuples noirs.* V. **Négritude.** *Par ext.* Propres aux personnes de cette race. *L'âme noire. Le problème noir aux États-Unis.* Subst. *Les Noirs* (II, 6°). ♦ 4° Qui est plus sombre (dans son genre). *Du pain noir ou du pain blanc. Blé* noir. Raisin noir. Savon* noir. Terres* noires. Lunettes* noires.* ♦ 5° Qui, pouvant être blanc et propre, se trouve sali. V. **Sale.** *Avoir les mains noires, les ongles noirs. Marée* noire.* Pop. *Les gueules noires.* V. **Mineur.** — *Noir de... Mur noir de suie.* « *Un papier noir de surcharges et de ratures* » (COURTELINE). ♦ 6° Qui est privé de lumière, plongé dans l'obscurité, dans l'ombre. V. **Obscur, sombre, ténébreux.** *Cabinet noir, chambre noire. Cachots noirs. Il fait noir comme dans la gueule d'un loup, comme dans un four. Nuit noire,* complète (sans lune, sans étoiles). *Silhouette, ombre noire.* « *Paris, noir océan où se refiétaient les étoiles scintillantes du ciel* » (MAUROIS). ◇ Qui est obscurci, assombri. *Ciel noir.* V. **Couvert, sombre.** *Un froid noir,* froid qu'il fait par temps couvert. Littér. « *Le soleil viril se mélancolie* » (NERVAL). ♦ 7° *Anc. méd.* Trouble, troublé. *Bile, humeur noire :* atrabile, hypocondrie, mélancolie. ♦ 8° *Pop.* (1898). Ivre. *Il est complètement noir, il a le cerveau obscurci par l'alcool.* « *Un samedi, j'étais noir, je les ai engueulés tous* » (DORGELÈS). **Ⓑ** (*Abstrait*). ♦ 1° (XIIᵉ). Assombri par la mélancolie. « *J'entre en une humeur noire, en un chagrin profond* » (MOL.). V. **Triste.** *Avoir, se faire des idées noires. Noirs soucis, noirs pressentiments.* V. **Funeste ; funèbre.** *Faire un tableau bien noir de la situation.* V. **Tout triste ; je vois tout noir** (ALAIN). Cf. *ci-dessous,* II, 4° : *en noir.* ◇ *Malheureux, funeste. Une série* noire.* Poét. « *La lutte était ardente et noire* » (HUGO) : terrible. ◇ *Regarder*

qqn d'un œil noir : avec irritation, colère. *Jeter un regard noir.* ♦ 2° Marqué par le mal. V. **Mauvais, méchant.** *Magie noire. Messe noire. Roman*, film noir. Humour noir.* ◇ V. **Atroce, odieux, pervers.** Vieilli ou littér. *Une âme noire. Des crimes si noirs. Noire ingratitude.* « *Quelque noir projet de vengeance* » (GAUTIER). ♦ 3° (1940). *Marché noir :* clandestin. Ellipt. *Acheter une denrée au noir.* — *Travail au noir* et *par ext. Travail noir. Caisse noire.*

II. *N. m.* ♦ 1° (XIIᵉ). Couleur noire. « *La monotonie de ces couleurs, noir gluant du goudron... noir terne des habits, noir laqué des voitures* » (CAMUS). *Noir d'encre. Un beau noir.* *Habillé, vêtu de noir. Porter du noir, être en noir* (spécialt. en signe de deuil). — *C'est écrit noir sur blanc,* de façon visible, incontestable. *Vous me mettrez noir sur blanc tous ces projets.* — *La couleur noire aux jeux* (opposé à rouge). *Le noir est sorti.* *Centre d'une cible de tir. Mettre dans le noir.* ◇ (Par métaph.). *Aller, passer, changer du blanc au noir :* être changeant, versatile. ♦ 2° L'obscurité, les ténèbres, la nuit. *Enfant qui a peur dans le noir.* — Fig. *Être dans le noir, dans le noir le plus complet,* ne rien comprendre à qqch. ♦ 3° Matière colorante noire (produit naturel ou de synthèse). — *Noir ANIMAL* (1839), obtenu par calcination en vase clos de diverses matières animales (*spécialt.* des os). V. **Charbon.** *Broyer* du noir.* — *Noir de fumée* (1660), obtenu par combustion incomplète de corps riches en carbone, tels que les résidus de l'industrie des résines. V. **Suie.** *Noir de carbone. Noir d'ivoire, noir de liège* (ou *noir d'Espagne*), *noir de lie. Noir d'aniline,* obtenu par oxydation de l'aniline en milieu acide. ◇ *Avoir du noir sur la joue :* être sali de noir. — *Se mettre du noir aux yeux* (maquillage). ♦ 4° *Fig.* LE NOIR, symbole de la mélancolie, du pessimisme. EN NOIR, AU NOIR. *Voir tout en noir, voir tout noir.* « *Permets-moi de te dire que tu pousses au noir... Tu vois tout en noir* » (SARRAUTE). *Pousser les choses au noir :* être exagérément pessimiste, alarmiste. — « *Les pessimistes de la plume* » : *ils cherchent un « beau noir »,* dirait le peintre » (VALÉRY). — *Pop.* Tristesse. *Il a le noir.* V. **Cafard.** ♦ 5° Partie noire d'une chose. *Les noirs d'une gravure,* les parties fortement ombrées. V. **Hachure.** *Les noirs et les clairs d'un tableau.* ◇ *Agric.* Nom de diverses maladies des plantes dont certains organes prennent une coloration noire. *Noir des grains.* V. **Charbon.** *Noir du seigle.* V. **Ergot.** *Noir de l'olivier.* V. **Fumagine.** ♦ 6° *N. m.* et *f.* (XVIIᵉ). Homme, femme de race noire. *Les Noirs d'Afrique. Les Noirs américains* (des États-Unis). *Une Noire.* REM. *Noir* tend à remplacer *nègre,* considéré comme péj.

    ◇ ANT. *Blanc, blond, clair; gai, optimiste; pur.*

NOIRÂTRE [nwaʀɑtʀ(ə)]. *adj.* (1395; de *noir,* et *-âtre*). Qui tire sur le noir; d'une couleur tirant sur le noir. V. **Sombre.** *Couleur, teinte noirâtre. Tache noirâtre.*

NOIRAUD, AUDE [nwaʀo, od]. *adj.* et *n.* (1538; de *noir*). Qui est noir de teint, de type très brun. V. **Basané, moricaud.** — (Personnes) *Il est un peu noiraud. Face noiraude.* — N. *Un petit noiraud.*

NOIRCEUR [nwaʀsœʀ]. *n. f.* (1487; *nerçor,* 1160; de *noir*). ♦ 1° *Littér.* Couleur, caractère de ce qui est noir. *Noirceur de l'encre.* « *Chez Ribera, un ton clair éclate subitement sur la noirceur lugubre* » (TAINE). ♦ 2° *Vx.* Mélancolie, tristesse. ◇ *Mod.* et *littér.* Méchanceté extrême, odieuse. V. **Perfidie.** « *La noirceur d'un regard, d'une âme, d'un forfait* » (SARTRE). *La noirceur de son ingratitude, de cette trahison.* V. **Horreur, indignité.** ♦ 3° *Une, des noirceur(s) :* acte, parole témoignant de cette méchanceté. *Tramer, méditer quelque noirceur.* ◇ ANT. *Blancheur, clarté; bonté.*

NOIRCIR [nwaʀsiʀ]. *v.* (XIIIᵉ; *nercir,* XIIᵉ ; lat. pop. °*nigricire,* class. *nigrescere* « devenir noir »). I. *V. intr.* Devenir noir. *La fraise sauvage qui mûrit, noircit et tombe. Sa peau noircit facilement au soleil.* V. **Brunir.** II. *V. tr.* (XIIᵉ « assombrir, attrister »). ♦ 1° *Littér.* (XIIIᵉ). Diffamer (qqn). V. **Calomnier, dénigrer.** — *Par ext. Noircir la réputation de qqn.* ♦ 2° Colorer ou enduire de noir. *Noircir des poutres, du chêne. La fumée a noirci les murs.* V. **Enfumer.** *Charbon qui noircit les mains.* V. **Barbouiller, charbonner, maculer, salir.** — Fam. *Noircir du papier,* écrire. « *Des cahiers... dont chaque jour il noircissait quatre pages* » (GIDE). III. SE NOIRCIR. *v. pron.* ♦ 1° (1549). Devenir noir. *Les couleurs de ce tableau se sont noircies.* ♦ 2° *Fig.* et *vx* (1640). S'accuser, se charger. « *Je ne me noircis point pour le justifier* » (RAC.). ♦ 3° *Pop.* (1918). S'enivrer. « *On va se noircir?* » (BERNANOS).

    ◇ ANT. *Blanchir, innocenter, justifier.*

NOIRCISSEMENT [nwaʀsismã]. *n. m.* (fin XVIᵉ ; de *noircir*). Action de noircir (concret). *Noircissement du papier sensible à la lumière.*

NOIRCISSEUR [nwaʀsisœʀ]. *n. m.* (1678; de *noircir*). *Techn.* Ouvrier teinturier qui achève les noirs. ◇ Fam. *Noircisseur de papier.* V. **Barbouilleur.**

NOIRCISSURE [nwaʀsisyʀ]. *n. f.* (1538; de *noircir*). Tache de noir. *Spécialt.* Altération du vin qui prend une teinte noire.

NOIRE [nwaʀ]. *n. f.* (1633; de *noir*).

I. *Mus.* Note à corps noir et à queue simple dont la valeur relative est déterminée par la mesure (un temps dans les mesures à deux, trois, quatre-quatre ; un demi-temps dans les mesures à un-deux, deux-deux) et la valeur absolue par le mouvement (*ex. :* une seconde, quand *Noire* = 60). *Noire pointée. Silence équivalant à une noire.* V. **Soupir.**
II. Femme de race noire. V. **Noir** (II, 6°).

NOISE [nwaz]. *n. f.* (fin XIᵉ ; « bruit, tapage », en a. fr. ; lat. *nausea* « mal de mer »). ♦ 1° Vx. Querelle, dispute. « *C'est une noise que vous nous cherchez* » (JOUHANDEAU). « *De petites noises* » (DUHAM.). ♦ 2° *Loc. mod.* (1611). *Chercher noise à qqn.* V. **Quereller.** « *Beaumarchais était ferrailleur et souvent cherchait noise* » (P.-L. COUR.).

NOISERAIE [nwazRɛ]. *n. f.* (1812 ; de *noyer*). *Rare.* Terrain planté de noyers ou de noisetiers. V. **Coudraie.**

NOISETIER [nwaztje]. *n. m.* (1530, *noisettier ;* de *noisette*). Arbrisseau des bois et des haies, qui produit la noisette. V. **Coudrier.** *Baguette, tige souple de noisetier. Terrain planté de noisetiers :* coudraie, noiseraie.

NOISETTE [nwazɛt]. *n. f.* (1280 ; de *noix*). ♦ 1° Fruit du noisetier, akène ovoïde et lisse, retenu à sa base dans un involucre vert aux bords découpés et dont la coque contient une amande comestible. V. **Aveline.** *Cueillir, casser des noisettes* (V. **Casse-noisettes**). *Glace à la noisette. Beurre de noisette,* beurre mélangé d'une poudre de noisettes pilées. *Un goût de noisette.* ◊ Morceau de la grosseur d'une noisette. *Mettre une noisette de beurre sur une escalope.* V. **Noix.** ♦ 2° (1607). *Couleur de noisette, couleur noisette,* gris roussâtre rappelant la couleur de la noisette. Adj. invar. « *Elle a des yeux noisette* » (ARAGON).

NOIX [nwa(ɑ)]. *n. f.* (*Noiz,* 1155 ; lat. *nux).* ♦ 1° Fruit du noyer, constitué d'une écale verte (brou), d'un endocarpe lignifié à maturité qui forme la coque et d'une amande comestible. *Noix verte,* dont la coque, non encore ligneuse, ne se sépare pas du brou (V. **Cerneau**). *Gauler des noix.* ◊ *Cour.* La graine, formée de la coque contenant l'amande. *Noix écalée,* dont la coque s'est séparée du brou. *Noix fraîche, sèche. Coquille* de noix.* — L'amande formée de quatre quartiers séparés par un zeste. *Manger des noix. Huile de noix.* ◊ *Une noix de beurre,* un morceau de la grosseur d'une noix. V. **Noisette.** ♦ 2° Se dit d'autres fruits qui ressemblent à la noix. *Noix d'acajou, d'arec, de coco, de kola, de pistache. Noix muscade, vomique.* — *Noix de galle.* ♦ 3° (1690). *Par anal. de forme.* Se dit de renflements, parties et pièces saillantes. *Noix de veau,* partie arrière du cuisseau, particulièrement appréciée. *Donnez-moi un rôti dans la noix.* — *Noix de bœuf,* pelote graisseuse dans les muscles lombaires. *Gîte à la noix.* — *Noix de côtelette,* la partie centrale. ◊ *Techn.* Se dit de certains axes de roues, de moulins. ♦ 4° *Fig.* et *fam.* Imbécile. *Quelle noix !* Une vieille noix. — Adj. « *Qu'est-ce que vous avez comme instruction ?...* — *Je ne suis pas plus noix qu'un autre* » (QUENEAU). ◊ À LA NOIX, à la noix de coco : sans valeur. « *Tu parles d'une guerre à la noix* » (DORGELÈS). V. **Con** (à la).

NOLI ME TANGERE [nɔlimetãʒɛRɛ]. *n. m. invar.* (av. 1478 ; express. lat. « ne me touche pas », Évang. saint Jean). ♦ 1° *Méd. anc.* Ulcère cutané que les divers topiques ne font qu'irriter. ♦ 2° (1704). Balsamine des bois (plante).

NOLIS [nɔli]. *n. m.* (1634 ; de *noliser*). *Mar., Comm.* Fret.

NOLISEMENT [nɔlizmã]. *n. m.* (1681 ; *nolesement,* XIVᵉ ; de *noliser*). *Mar., Comm.* Affrètement.

NOLISER [nɔlize]. *v. tr.* (*Nauliser,* 1520 ; it. *noleggiare,* de *nolo* « fret » ; lat. *naulum,* gr. *naulon*). *Mar., Comm.* Affréter, fréter (un navire). — *Navire nolisé. Par anal. Noliser un avion.* — *Avion nolisé.* V. **Charter** (anglicisme).

NOM [n5]. *n. m.* (Xᵉ ; lat. *nomen*).
I. Mot ou groupe de mots servant à désigner un individu et à le distinguer des êtres de la même espèce. ♦ 1° Vocable servant à nommer une personne, un groupe. *Noms de personnes* (V. **Onomastique**). *Avoir, porter tel nom.* V. **Nommer** (se) ; **appeler** (s'), et *aussi* **blase.** *Il, elle se nomme... X. Porter le nom de..., répondre au nom de... Appeler, désigner qqn par son nom.* V. **Nommer.** *Connaître qqn de nom :* ne le connaître que de réputation. — *Mettre son nom au bas d'une lettre.* V. **Signature, signer.** — *Nom célèbre, fameux. Amerigo Vespuce donna son nom à l'Amérique et Christophe Colomb à la Colombie. Le héros qui donnait son nom à la tribu.* V. **Éponyme.** ◊ Le nom sous lequel une personne fait qqch. (qui engage sa responsabilité). *Prêter son nom à qqn* (V. **Prête-nom**). *Agir au nom de qqn, en son nom.* ◊ (Éléments du nom) *Nom individuel. Nom de baptême :* nom individuel conféré au baptême, dans les civilisations chrétiennes. V. **Prénom** (On dit aussi *Petit nom*). *Nom de famille, nom patronymique.* V. **Patronyme.** — *Se cacher sous un faux nom. Prendre un nom, un nom d'emprunt* (V. **Sobriquet, surnom.** *Nom de guerre ; nom de théâtre.* V. **Pseudonyme.** ♦ 2° *Spécialt.* Nom de baptême, prénom. *Noms de garçons, noms de filles.* — *Quel nom pour un bébé ?* — *Louis, treizième du nom :* le treizième roi de France à porter le nom de Louis. ♦ 3° Nom de famille. *Nom, prénom et domicile. Offrir son nom à une femme :* la demander en mariage. *Nom de jeune fille d'une femme mariée. Être le dernier de son nom, du nom :* de sa famille. *Nom noble, à particule* (pop. *Nom à rallonges*). ♦ 4° *Nom commercial :* appellation sous laquelle le commerçant (personne physique ou morale) exerce son commerce (nom, surnom, raison sociale). V. **Célébrité, gloire, renommée.** *Se faire un nom. Laisser un nom.* ♦ 5° (Dans quelques expressions). V. **Nommer.** ♦ 6° *Vx.* Noblesse. *Son nom et sa naissance.* « *Un état, une famille, un nom, un rang* » (BEAUMARCH.). ♦ 7° *Le nom de Dieu :* le nom employé pour désigner Dieu, et qu'il est généralement interdit de profaner. — *Au nom du Père, du Fils et du Saint-Esprit,* formule du signe de croix. *Au nom du ciel, du Christ.* V. **Pour.** — (Dans les jurons) *Nom de Dieu !* (Par euphém.) *Nom de Zeus !* (Jupiter). *Nom de nom ! Nom d'une pipe ! Nom d'un chien ! Nom d'un petit bonhomme ! Nom d'un tonnerre !* ♦ 8° Désignation individuelle d'un animal, d'un lieu, d'un objet. *Donner à son chien le nom de Médor. Noms de lieux* (V. **Toponymie**). *Noms de rues.* — *Noms d'objets. Nom d'un bateau,* écrit sur la marque de poupe. *Noms de produits, de marques. Nom déposé :* qui désigne un produit déposé.

II. (v. 1165). ♦ 1° Mot servant à désigner les êtres, les choses qui appartiennent à une même catégorie logique, et *spécialt.* à une même espèce. V. **Appellation, dénomination, désignation.** *Donner un nom.* V. **Nommer.** *Appeler les choses par leur nom :* parler avec franchise, précision, et *spécialt.* d'une manière crue. « *La peste, puisqu'il faut l'appeler par son nom* » (LA FONT.). « *De quel nom te nommer, heure trouble où nous sommes ?* » (HUGO). *La liberté, ce nom terrible.* « *Un je ne sais quoi qui n'a plus de nom dans aucune langue* » (BOSS.). *Une épouvante sans nom :* si intense qu'on ne peut la qualifier. *Une odeur sans nom dans la langue.* V. **Innommable.** *Un libéralisme qui n'ose pas dire son nom :* honteux. *Comme son nom l'indique...* — Littér. *Le beau nom de Sage* (V. **Qualification, titre**). « *Ce grand nom d'homme* » (VIGNY). — Loc. *Traiter qqn de tous les noms :* l'accabler d'injures (Cf. *lui donner des noms d'oiseaux**). ◊ *Spécialt.* (Nomenclature scientifique) *Nom d'espèce, spécifique. Nom de genre, nom générique.* ♦ 2° Le *Nom,* opposé à la chose nommée. V. **Mot, signifiant.** *Le nom et la chose. Le nom ne fait rien à la chose. La santé n'est qu'un nom :* qu'une apparence. — Philo. *Croire à l'existence des noms* (V. **Nominalisme**) et pas à celle des concepts (conceptualisme), ou des choses (réalisme). ♦ 3° *Collect. Vx. Le nom français,* etc. : tous ceux qui portent ce nom (de peuple). « *Vous trouverez partout l'horreur du nom romain* » (RAC.). ♦ 1° AU NOM DE... : en considération de..., en invoquant... *Au nom de la loi :* en vertu de la loi, des pouvoirs qu'elle confère. V. **Ordre.** — *Allus. hist. Liberté*, que de crimes on commet en ton nom !*

III. (Dans le langage ; *nom substantif,* XIVᵉ). ♦ 1° *Cour.* V. **Substantif.** *Noms propres. Noms communs. Noms concrets, abstraits. Noms d'agent, d'action, d'état, d'instrument.* — *Nom composé.* — *Genre et nombre des noms. Nom sujet, attribut, complément. Nom en apposition. Complément de nom.* ◊ REM. a) Pour l'emploi ou l'omission de l'article devant les noms. V. **Le ; de.** — b) Pour la formation et l'accord des noms composés, se rapporter à chacun d'eux. ♦ 2° *Ling.* Catégorie utilisée par les grammairiens latins et classiques et reprise par certains grammairiens modernes, comprenant le *nom* au sens 1° *(nom substantif),* l'*adjectif* et le *pronom (nom adjectif),* et parfois certaines formes verbales *(noms verbaux :* infinitifs, participes).

◊ HOM. **Non.**

NOMADE [nɔmad]. *adj.* et *n.* (1542, *n. m. pl. ;* adj. 1730 ; lat. *nomas, -adis,* mot gr., proprem. « pasteur »). ♦ 1° *Géogr.* Qui n'a pas d'établissement, d'habitation fixe, en parlant d'un groupe humain. V. **Ambulant, errant, instable, mobile.** *Peuple, population, tribu nomade.* ◊ *Zool.* Se dit d'un animal qui change de région avec les saisons. ♦ 2° *Par ext. Vie nomade,* d'une personne en déplacements continuels. V. **Errant, vagabond.** « *Cet instinct nomade..., toujours en quête d'aventure* » (GIDE). ♦ 3° N. *Peuple de nomades. Les nomades du désert. Nomades à demi sédentarisés* (semi-nomades). « *Les nomades aux lentes caravanes* » (ST. EXUP.). *Nomades qui se déplacent dans des roulottes.* V. **Forain.** ◊ *Dr.* Tout individu n'ayant aucun domicile fixe, qui se déplace en France, et n'entre pas dans la catégorie des forains. ◊ ANT. Fixe, sédentaire.

NOMADISER [nɔmadize]. *v. intr.* (1845 ; de *nomade*). *Didact.* Vivre en nomade. « *Costals nomadisa et chassa dans la région de Fez* » (MONTHERLANT).

NOMADISME [nɔmadism(ə)]. *n. m.* (1845 ; de *nomade*). Genre de vie des nomades. *Le nomadisme au Sahara.* ◊ Vie nomade, faite de déplacements continuels.

NO MAN'S LAND [nomanslãd]. *n. m.* (v. 1915, expression anglaise signifiant « terre d'aucun homme »). Zone comprise entre les premières lignes de deux armées ennemies. — *Par ext.* Zone frontière comprise entre deux postes de douane de nationalité différente. — *Fig.* Terrain neutre.

NOMBRABLE [nɔ̃brabl(ə)]. *adj.* (1350; de *nombrer*). Qui peut être nombré, compté. ◊ ANT. **Innombrable**.

NOMBRE [nɔ̃br(ə)]. *n. m.* (déb. XIIᵉ; lat. *numerus*).

I. ♦ 1° *Sc.* Concept de base des mathématiques, une des notions fondamentales de l'entendement que l'on peut rapporter à d'autres idées (de pluralité, d'ensemble, de correspondance), mais non définir. *À l'origine, et dans le cas le plus simple des nombres naturels* (1, 2, 3, 4...) : *symbole caractérisant une unité ou une collection d'unités considérée comme une somme. Caractère servant à représenter les nombres.* V. **Chiffre.** *Le nombre 1, le nombre 3. Le nombre, base de la mesure* (V. **Quantité**). *Système de nombres.* V. **Numération.** *Nombres entiers. Nombres arithmétiques,* non affectés d'un signe (+ ou —), *définissant une grandeur non orientée,* par oppos. à *algébriques. Nombres entiers qualifiés ou relatifs : nombres positifs et négatifs. Nombres fractionnaires décimaux, rationnels, irrationnels. Nombre algébrique,* racine réelle d'une équation algébrique à coefficients entiers; *nombre transcendant,* non algébrique (*le nombre* π = 3,14159 ; *le nombre e* = 2,71828). *Nombres incommensurables*. Nombres réels, imaginaires*, complexes. — Nombre cardinal*,* ordinal*. *Nombres pairs, impairs. Nombres binaires, ternaires. Nombres premiers*. Puissance, racine d'un nombre. Élever un nombre au carré. Extraire la racine d'un nombre. Fonction des nombres.* V. **Coefficient, dividende, diviseur, exposant, facteur, multiplicande, multiplicateur.** *Logarithme d'un nombre.* ◊ *Loi des grands nombres :* à mesure que le nombre des épreuves augmente, le nombre moyen des réussites d'un événement se rapproche de plus en plus de la valeur la plus probable fixée par le calcul. ◊ *Phys.* NOMBRE ATOMIQUE. V. **Atomique.** ◊ NOMBRE D'OR. *Esthét.* (Dans le partage asymétrique d'une composition picturale) Rapport entre la plus grande des deux parties et la plus petite, égal au rapport entre le tout et la plus grande (*On dit aussi* **Section dorée**). — *Aviat. Nombre de Mach.* V. **Mach.** ◊ *Écrire un nombre en lettres. Nombre cardinal* (sept); *ordinal* (septième). V. **Numéro, quantième.** *Noms de nombre,* mots désignant les nombres cardinaux, ordinaux, et les fractions. ♦ 2° *Cour.* Nombre concret servant à caractériser une pluralité de choses, de personnes. *Nombre d'habitants d'un pays, des hommes d'une armée.* V. **Effectif.** *Nombre de fois.* V. **Fréquence.** *Quel nombre?* V. **Combien.** *Évaluer un nombre :* compter, dénombrer. *Nombre exact. Nombre rond*. Un nombre qui monte, s'élève à deux mille. Un certain nombre de...* V. **Plusieurs.** *Un petit nombre.* V. **Peu.** *Un assez grand nombre, (un) bon nombre de...* (Cf. Pas mal* de...). *Un grand nombre.* V. **Beaucoup;** collection, foule, masse, multitude, quantité. *Le grand nombre, le plus grand nombre des...* V. **Généralité,** majorité, plupart (la). *Nombre impressionnant, incalculable. — Ennemi supérieur en nombre. Grossir le nombre de...* ◊ *Loc. prép.* AU NOMBRE DE... : en tel nombre, en tout, au total. *Les rois mages étaient au nombre de trois.* — AU NOMBRE DE..., DU NOMBRE DE... V. **Parmi;** entre. « *Fouan était comme rayé du nombre des vivants* » (ZOLA). *Serez-vous du nombre des invités?* Ellipt. *Serez-vous du nombre?* — SANS NOMBRE (sans possibilité d'être dénombré). V. **Innombrable, nombreux.** *Il a eu des occasions sans nombre de se faire connaître.* ♦ 3° *Le nombre :* pluralité, grand nombre. *La qualité importe plus que le nombre.* V. **Quantité.** « *La valeur n'attend pas le nombre des années* » (CORN.). — Masse, grande quantité de personnes. « *Le droit du nombre, le respect de la foule a succédé à l'autorité du nom* » (FLAUB.). *Ils succombèrent sous le nombre. Subir la loi du nombre. Faire nombre, faire un ensemble nombreux. Inviter des amis pour faire nombre à une première. Dans le nombre, dans la quantité. Dans le nombre, nous en trouverons bien un qui nous conviendra.* ◊ EN NOMBRE, en grande quantité, en masse. *Les candidats se sont présentés en nombre* (V. **Affluence**). — NOMBRE DE... V. **Beaucoup, maint.** *Depuis nombre d'années. Nombre d'entre eux.*

II. ♦ 1° *Ling.* (1550). Catégorie grammaticale fondée sur la considération du compte, suivant que le mot est employé pour désigner un objet ou concept unique ou une pluralité. *Nombre exprimant l'unité* (V. **Singulier**), *la dualité* (V. **Duel** 2), *la pluralité* (V. **Pluriel**). *S'accorder en genre et en nombre.* ♦ 2° (1549). *Didact.* Répartition rythmique et harmonique des éléments d'un vers, d'une phrase. V. **Cadence, harmonie, rythme.** « *J'aurais plié la signification d'une phrase à son nombre* » (GIDE).

NOMBRER [nɔ̃bre]. *v. tr.* (*Nombrer,* XIIᵉ; lat. *numerare*). *Vx* ou *littér.* Affecter d'un nombre, évaluer en nombre. V. **Compter, dénombrer, supputer.** « *Je ne pus nombrer les mets qui s'offrirent à ma vue* » (LESAGE).

NOMBREUX, EUSE [nɔ̃brø, øz]. *adj.* (1350; de *nombre*). ♦ 1° Qui est formé d'un grand nombre d'éléments. V. **Abondant,** considérable. *Foule nombreuse.* V. **Dense.** *Famille nombreuse.* V. **Grand.** *Nombreuse assistance.* REM. Au plur. *Nombreux* se place après le nom pour éviter la confusion avec 2° (*des groupes nombreux :* formés de beaucoup de personnes).

♦ 2° En grand nombre. V. **Multi-, poly-.** *Ils vinrent nombreux à notre appel.* — (Épithète : avant le nom) *De nombreux groupes. Dans de nombreux cas.* V. **Beaucoup.** *Après de nombreuses expériences.* V. **Multiple.** ♦ 3° *Didact.* Qui a du nombre (II, 2°). V. **Cadencé, harmonieux.** « *Quel style magnifique, nombreux, riche de fortes cadences!* » (DUHAM.). ◊ ANT. **Petit. Rare.**

NOMBRIL [nɔ̃bri]. *n. m.* (XIIᵉ; lat. pop. *umbiliculus,* class. *umbilicus*). ♦ 1° Cicatrice arrondie formant une petite cavité ou une saillie, placée sur la ligne médiane du ventre des mammifères, à l'endroit où le cordon ombilical a été sectionné (nom scientifique : V. **Ombilic**). Par exagér. *Être décolleté jusqu'au nombril,* avoir un décolleté très profond. ◊ *Fig.* V. **Centre.** *Le nombril de la terre, du monde.* Fam. *Se prendre pour le nombril du monde,* donner à sa personne une importance exagérée. ♦ 2° *Bot.* Petite cavité sur un fruit, à l'opposé de la queue (On dit aussi *œil*).

NOME [nɔm]. *n. m.* (1732; gr. *nomos* « portion de territoire »). *Hist.* Division administrative de l'Égypte ancienne. ◊ Circonscription administrative de la Grèce moderne.

-NOME, -NOMIE, -NOMIQUE. Éléments de composition, du gr. *-nomos, -nomia, -nomikos,* rad. *nemein* « distribuer, administrer ».

NOMENCLATEUR, TRICE [nɔmɑ̃klatœr, tris]. *adj. et n.* (1664, hist.; lat. *nomenclator;* Cf. le suiv.). *Sc.* (1762, *adj.*). Qui établit une nomenclature. « *La tendance des nomenclateurs à distribuer les êtres par familles ou genres* » (J. ROSTAND).

NOMENCLATURE [nɔmɑ̃klatyr]. *n. f.* (1559; lat. *nomenclatura* « action d'appeler [*calare*] par le nom [*nomen*] »). ♦ 1° Ensemble des termes employés dans une science, une technique, un art..., méthodiquement classés; méthode de classement de ces termes. V. **Terminologie.** *Nomenclature systématique.* « *Un nom qui ne semblait pas avoir été encore adopté officiellement dans la nomenclature botanique* » (ROMAINS). ◊ Liste méthodique des objets, des éléments d'une collection*. V. **Catalogue, inventaire, recueil, répertoire.** *La nomenclature des douanes. Nomenclature juridique :* ensemble systématique de rubriques (mots clés) utilisable en informatique juridique. ♦ 2° Ensemble des formes (mots, expressions, morphèmes) répertoriées dans un dictionnaire, un lexique et faisant l'objet d'un article distinct. V. **Liste, recueil.** *Compléter la nomenclature d'un dictionnaire par un supplément.*

NOMINAL, ALE, AUX [nɔminal, o]. *adj.* (1503; lat. *nominalis,* de *nomen* « nom »).

I. *Ling.* ♦ 1° Qui se rapporte au nom (III), a valeur de nom, équivaut à un nom. *Emploi nominal d'un mot.* — *Formes nominales de la conjugaison* (infinitifs, participes). *Proposition, phrase nominale :* sans verbe ou avec le v. *être.* ♦ 2° *Sujet. Un nominal,* pronom. *Nominaux démonstratifs* (ça), *personnels* (moi, toi, soi, lui, il), *possessifs* (le mien, le tien), *indéfinis* (aucun, même, tous, tout).

II. (1732, *prière nominale*). Relatif au nom de personnes ou d'objets individuels. *Appel nominal :* qui se fait en appelant les noms. *Liste nominale.* V. **Nominatif.**

III. (1778). ♦ 1° *Didact.* Relatif aux mots, aux noms (II) et non aux choses elles-mêmes. *Définition nominale.* ♦ 2° Qui existe seulement de nom, et pas en réalité. *Autorité nominale que confère un titre honorifique.* ♦ 3° *Écon. Valeur nominale :* valeur théorique, qui correspond à une définition donnée a priori, mais non pas toujours à la réalité économique actuelle. *Valeur nominale d'une monnaie, d'une action.* V. **Extrinsèque.** *Salaire nominal et salaire réel.* ♦ 4° *Techn.* Se dit d'une performance annoncée par le constructeur d'un appareil. *Une puissance nominale de dix watts.* ◊ ANT. **Collectif. Effectif, réel. Verbal.**

NOMINALEMENT [nɔminalmɑ̃]. *adv.* (1801, au sens 2°; de *nominal*). ♦ 1° Par son nom. *Être nominalement désigné, appelé.* ♦ 2° De nom. « *La monarchie qui, à cette époque, dominait nominalement toute la Gaule* » (MICHELET). ♦ 3° *Ling.* Forme verbale, adverbe employé nominalement : comme nom.

NOMINALISME [nɔminalism(ə)]. *n. m.* (1752; de *nominal*). *Philo.* ♦ 1° Doctrine suivant laquelle les idées générales ne sont que des noms, des mots. ♦ 2° *Nominalisme scientifique :* doctrine scientifique qui substitue l'idée de réussite empirique, de commodité à celle de connaissance absolue, de vérité. ♦ 3° *Dr. Nominalisme monétaire :* principe en vertu duquel le débiteur est tenu au paiement du montant prévu au moment où la dette est contractée (V. *aussi* **Indexation**).

NOMINALISTE [nɔminalist(ə)]. *adj.* (1752; n. m., 1590; de *nominal*). *Philo.* Relatif au nominalisme. *Doctrine nominaliste.*

1. **NOMINATIF** [nɔminatif]. *n. m.* (XIIIᵉ; lat. *nominativus*). *Ling.* Cas affecté à un nom (III, 2° : substantif, adjectif, pronom), et qui énonce un concept, soit seul, soit comme sujet (ou attribut) dans la phrase.

2. **NOMINATIF, IVE** [nɔminatif, iv]. *adj.* (1789; du lat. *nominare*). Qui nomme; qui contient, énonce expressément le nom, les noms (I). *État nominatif, liste nominative. Titre nominatif :* qui porte le nom du propriétaire (*opposé à au porteur*).

NOMINATION [nɔminɑsjɔ̃]. *n. f.* (1305; lat. *nominatio*). **I.** ♦ 1° Action de nommer (qqn) à un emploi, à une fonction, à une dignité. V. **Désignation.** *Nomination à un grade, à un poste supérieur* (V. **Élévation,** promotion). *Nomination inattendue.* V. **Parachutage.** *Nomination d'un héritier.* V. **Institution.** — *Par ext.* L'acte portant nomination. « *Remettez les nominations, vous pourrez les signer après-demain* » (BALZ.). ◇ *(Sens passif)* Le fait d'être nommé à un poste. *Il vient d'obtenir sa nomination.* ♦ 2° Droit de nommer à un emploi, à une dignité, à un bénéfice. *Emploi à la nomination du préfet.* ♦ 3° Le fait d'être nommé (dans une distribution de prix, parmi les lauréats d'un concours). V. **Mention.** *Obtenir plusieurs nominations, prix ou accessits.* **II.** *Didact.* (fin XIVᵉ, « dénomination »; « nomenclature », XVIIIᵉ). Action de nommer (I). « *La nomination est un acte métaphysique d'une valeur absolue* » (SARTRE).
◈ ANT. Destitution.

NOMINATIVEMENT [nɔminativmɑ̃]. *adv.* (1789; de *nominatif* 2). En nommant les personnes dont on parle. « *Il désignait nominativement six favoris du roi* » (MICHELET).

NOMMÉ, ÉE [nɔme]. *adj.* (*Numez* « cité », fin XIᵉ; V. Nommer). **I.** ♦ 1° Qui a pour nom. *Un homme nommé Dubois.* — *Subst.* (Dr. ou péj.) *Le, un nommé X.* ♦ 2° Désigné par son nom. *Les personnes nommées plus haut.* V. **Susdit, susnommé.** ♦ 3° *Loc.* À POINT NOMMÉ : au moment voulu, à propos. **II.** Désigné, choisi par nomination. *Magistrats nommés et magistrats élus.*

NOMMÉMENT [nɔmemɑ̃]. *adv.* (XIIᵉ; de *nommé, ée*). ♦ 1° En nommant, en désignant (qqn) par son nom. *Accuser, dénoncer, désigner nommément qqn.* ♦ 2° Spécialement. « *L'influence du climat, et nommément celle de l'humidité* » (LITTRÉ).

NOMMER [nɔme]. *v. tr.* (XIIIᵉ; *nommer*, 980; lat. *nominare*).
I. Désigner par un nom. V. **Appeler.** ♦ 1° Distinguer (une personne) par un nom; donner un nom à (qqn). V. **Dénommer.** *Ses parents l'ont nommé Paul.* V. **Prénommer.** « *La fille à Cognet, la Cognette comme on la nommait* » (ZOLA). ♦ 2° Distinguer (une chose, un concept) par un vocable particulier. V. **Appeler, dénommer.** *Nommer un corps chimique nouvellement découvert, une espèce végétale, animale.* ♦ 3° Désigner, qualifier (qqn) par un vocable. « *Ô mon fils, de ce nom j'ose encor vous nommer* » (RAC.). — Appliquer un nom à (une chose, une idée). *Ce que les hommes ont nommé amitié; ce que nous nommons mal, malheur.* « *Certaines règles que les lois de la nature* » (DESCARTES). « *Ce tas de cendres éteint qu'on nomme le passé* » (HUGO). ♦ 4° Indiquer (une personne, une chose) en disant ou en écrivant son nom. V. **Citer, dénommer, désigner, indiquer, mentionner.** *Froisser qqn en ne le nommant pas. Nommer plusieurs personnes.* V. **Énumérer.** *Par plaisant. Un riche banquier : Rockefeller, pour ne pas le nommer.* — *L'accusé refuse de nommer ses complices.* V. **Dénoncer.** — *Nommer une ville. Les poètes « ne songent qu'à nommer le monde* » (SARTRE) : à donner un nom aux choses. ♦ 5° *Pronom.* SE NOMMER... avoir pour nom.
II. (XIVᵉ). ♦ 1° *Vx.* Désigner (en nommant [2°] ou en élisant. « *Le peuple au Champ de Mars nomme ses magistrats* » (RAC.). ♦ 2° *Mod.* Désigner, choisir (une personne) de sa propre autorité, pour remplir une fonction, une charge, être élevé à une dignité (*opposé à élire*). V. **Appeler, commettre, désigner.** *Nommer qqn à un emploi* (V. **Pouvoir**). *On l'a nommé directeur.* V. **Faire.** *Nommer tout d'un coup à un poste.* V. **Bombarder.** ◇ Dr. *Nommer qqn son héritier :* le désigner, le reconnaître pour tel. V. **Déclarer, instituer.** — *Par ext.* Donner, conférer à qqn le titre de. *Nommer des fonctionnaires, des magistrats. Nommer d'office un expert, un avocat.* V. **Commettre.**
◈ ANT. (du sens II) Déposer, destituer.

NOMO-. Élément, du gr. *nomos* « loi ».

NOMOGRAMME [nɔmɔgram]. *n. m.* (1931; de *nomo-* et *-gramme*). Sc. Graphique coté.

NOMOGRAPHE [nɔmɔgraf]. *n. m.* (1827; gr. *nomographos*). *Didact.* Auteur d'un recueil de lois, d'une étude sur les lois.

NOMOGRAPHIE [nɔmɔgrafi]. *n. f.* (1819; gr. *nomographia*). ♦ 1° *Didact.* Traité sur les lois et sur leur interprétation. ♦ 2° *Sc.* Procédé graphique de résolution de certains problèmes de calcul, par l'emploi d'un *nomogramme* (abaque, graphique).

NOMOTHÈTE [nɔmɔtɛt]. *n. m.* (1605; gr. *nomothetês*). *Antiq. gr.* Membre d'une commission législative, à Athènes.

NON [nɔ̃]. *adv. de négation* (XIᵉ; lat. *non* en position accentuée. V. Ne).
I. *Adv.* ♦ 1° (Réponse négative, refus). « *Je dois bien t'ennuyer, Spark? — Non : pourquoi cela?* » (MUSS.). — *Accepterez-vous, à la fin? Non, rien à faire, n'insistez pas.* — *Non, non et non! — Mais non! Non merci. Ma foi non. Ah! ça non! Sûrement, certainement non. Certes non.* « *Vous êtes fâchée de cela? Oh! que non* » (MUSS.). « *Ai-je tout dit? Non pas!* » (DUHAM.). *Pourquoi non?* V. **Pas.** ◇ *Fam.* (interrogatif) N'est-ce pas ? « *C'est triste, non, de penser que, si on devient un homme public, on ne peut plus être complètement sincère quand on t'écrivain?* » (BEAUVOIR). ♦ 2° (Complément direct d'un v. déclaratif). *Il dit toujours non :* il nie, il refuse. *C'est un fable, il ne sait pas dire non. Fam. Je ne dis pas non : je veux bien. — Ne dire ni oui ni non :* ne pas prendre parti. ◇ (En subordonnée complétive) *Il n'en est rien. Je vous dis que non. J'espère bien que non. Faire signe que non.* ♦ 3° (Pour annoncer ou souligner la négation). *Non, je ne le regrette pas.* ♦ 4° *Fam.* ou *pop.* Exclamatif, marquant l'indignation, la protestation. *Non, par exemple! Non, mais! Non mais des fois; non mais sans blague!* « *Non mais, regardez-moi comme c'est fringué!* » (ARAGON). ♦ 5° Interrogatif, marquant l'étonnement. *Il nous quitte. Non, pas possible?* ♦ 6° (Belgicisme). NON FAIT : négation renforcée (d'apr. *Si fait,* V. Si 2, I, 1°).
II. (En phrase coordonnée ou juxtaposée). — ET NON, MAIS NON... « *Presque tous les hommes meurent de leurs remèdes et non de leurs maladies* » (MOL.). — ET (MAIS) NON PAS, POINT... « *Il désirait inspirer confiance. Mais non point se confier à l'aveuglette* » (ROMAINS). — OU NON, marquant une alternative. *Que vous le vouliez ou non. Êtes-vous décidé ou non* » « *Jean,... se demandait tous les jours s'il l'épouserait ou non* » (MAUPASS.). — (En fin de phrase, pour nier un verbe qui est énoncé dans un premier membre affirmatif) V. **Pas.** « *Les riches sont moralement tenus d'être probes; les pauvres non* » (FRANCE). ◇ NON PLUS remplace *aussi* dans une proposition négative. « *Elle ne parlait pas, Charles non plus* » (FLAUB.). « *Elle non plus, parbleu! n'a pu prendre longtemps au sérieux son amour* » (GIDE). — NON, NON PAS, NON POINT, NON SEULEMENT... MAIS... *Une voix non pas servile, mais soumise. Compter non plus par syllabes mais par pieds.* « *Non seulement vos vers sont mauvais, mais il m'est démontré que vous n'en ferez jamais de bons* » (DIDER.). ◇ NON SANS... (affirmation atténuée) *Non sans hésitation :* avec une certaine hésitation. *Non sans s'être retourné maintes fois :* en se retournant maintes fois. ◇ *Loc. conj.* NON QUE sert à écarter une explication possible. « *Elle accepta avec joie, non qu'il y eut entre vous beaucoup d'intimité, mais elle aimait nos enfants* » (MAURIAC).
III. NON, en emploi adverbial. Qui n'est pas, est le contraire de. *Un personnage non négligeable. Personne non conformiste. Pacte de non-agression.* Voir les comp. en *non-.*
IV. N. m. invar. *Un non; des non. Un non catégorique.* V. Refus. *Pour un oui ou pour un non :* pour un rien.
◈ ANT. Oui, si. — HOM. Nom.

NON-ACTIVITÉ [nɔnaktivite]. *n. f.* (1846; de *non*, et *activité*). Situation d'un fonctionnaire, et *spécialt.* d'un officier provisoirement sans emploi. V. **Disponibilité.** *Mise en non-activité par retrait ou suppression d'emploi.* ◈ ANT. Activité.

NONAGÉNAIRE [nɔnaʒenɛr]. *adj. et n.* (1660; « qui comprend 90 unités », 1380; lat. *nonagenarius*). Qui est parvenu à l'âge de quatre-vingt-dix ans. *Vieillard nonagénaire.* N. *Un(e) nonagénaire.*

NONAGÉSIME [nɔnaʒezim]. *adj. et n. m.* (1762; « quatre-vingt-dixième », 1534; du lat. *nonagesimus*). *Astron. Le nonagésime degré de l'écliptique,* et ellipt. *Le nonagésime,* le point de l'écliptique éloigné de 90° des points d'intersection de l'écliptique et de l'horizon.

NON-AGRESSION [nɔnagresjɔ̃; n5-]. *n. f.* (1932; de *non*, et *agression*). Le fait de ne pas recourir à l'agression, de ne pas attaquer (tel ou tel pays). *Pacte de non-agression.*
◈ ANT. Agression.

NON-ALIGNÉ, ÉE [nɔnaliɲe]. *adj.* (1965; de *non*, et *aligné*). *Polit.* Qui pratique le non-alignement.

NON-ALIGNEMENT [nɔnaliɲmɑ̃; n5-]. *n. m.* (1964; de *non*, et *alignement*). Le fait de ne pas se conformer à une politique commune. ◈ ANT. Alignement.

NONANTE [nɔnɑ̃t]. *adj.* (XIIᵉ; lat. *nonaginta*). *Vx* ou *région.* (En Belgique, en Suisse romande). Quatre-vingt-dix. — *Adj. ordinal.* NONANTIÈME [nɔnɑ̃tjɛm].

NON-ASSISTANCE [nɔnasistɑ̃s; n5-]. *n. f.* (mil. XXᵉ; de *non*, et *assistance*). *Dr. pén.* Délit qui consiste à ne pas secourir volontairement. *Non-assistance à personne en danger.*
◈ ANT. Assistance, secours.

NON-BELLIGÉRANCE [nɔ̃be(ɛl)liʒerɑ̃s]. *n. f.* (1939; de *non*, et *belligérance*). État d'une nation qui, sans observer une stricte neutralité, s'abstient de prendre part effectivement à un conflit armé. ◈ ANT. Belligérance.

NON-BELLIGÉRANT, ANTE [nɔ̃be(ɛl)liʒeʀɑ̃, ɑ̃t]. *n. et adj.* (v. 1939 ; de *non-belligérance*). Qui s'abstient de prendre part à un conflit.

NONCE [nɔ̃s]. *n. m.* (*Nunce*, 1521 ; it. *nunzio*, du lat. *nuntius* « envoyé »). Agent diplomatique du Saint-Siège, archevêque titulaire accrédité comme ambassadeur permanent du Vatican auprès d'un gouvernement étranger. V. **Légat.** *Nonce apostolique. Nonce intérimaire.* V. **Internonce.**

NONCHALAMMENT [nɔ̃ʃalamɑ̃]. *adv.* (XVᵉ ; de *nonchalant*). D'une manière nonchalante, avec nonchalance. *Travailler nonchalamment. Nonchalamment vautré sur des coussins.* V. **Mollement, paresseusement.** ◇ ANT. **Activement.**

NONCHALANCE [nɔ̃ʃalɑ̃s]. *n. f.* (1150 ; de *nonchalant*). ♦ 1° Caractère, manière d'agir d'une personne nonchalante ; manque d'ardeur, de soin. V. **Apathie, indolence, insouciance, langueur, mollesse, négligence, nonchaloir, paresse, tiédeur.** *Faire un travail avec nonchalance.* « *On y trouve tous les raffinements de la nonchalance orientale* » (LOTI). ♦ 2° Absence de hâte, de vivacité ; caractère de ce qui est lent, et comme indifférent au but. *Marcher, répondre avec nonchalance.* V. **Nonchalament.** « *Louise se souleva avec nonchalance de son fauteuil* » (CHARDONNE). ◇ Grâce alanguie. *Nonchalance d'un geste, d'une pose.* V. **Abandon.** ◇ ANT. **Ardeur, entrain, vivacité, zèle.**

NONCHALANT, ANTE [nɔ̃ʃalɑ̃, ɑ̃t]. *adj.* (1265 ; de *non*, et *chalant*, p. prés. de l'a. v. *chaloir*). Qui manque d'activité, d'ardeur par insouciance, indifférence. V. **Indolent, insouciant, mou.** *Écolier nonchalant.* V. **Fainéant, paresseux.** *Humeur nonchalante.* ◇ Par ext. *Pas, geste nonchalant.* V. **Lent.** « *Dans cette pose nonchalante où t'a surprise le plaisir* » (BAUDEL.). V. **Alangui.** ◇ ANT. **Actif, ardent, vif, zélé.**

NONCHALOIR [nɔ̃ʃalwaʀ]. *n. m.* (XIIᵉ, inus. après XVIᵉ et repris par les poètes du XIXᵉ ; de *non*, et a. v. *chaloir* substantivé). Vieilli et littér. Nonchalance. « *Les voluptés du nonchaloir et le bien-être du chez soi* » (GAUTIER).

NONCIATURE [nɔ̃sjatyʀ]. *n. f.* (1623 ; it. *nunziatura*). Diplom. Charge, fonction de nonce. *Prélat nommé à la nonciature d'Espagne.* — Exercice de cette fonction. ◇ Résidence du nonce ; services administratifs qu'elle abrite.

NON-COMBATTANT, ANTE [nɔ̃kɔ̃batɑ̃, ɑ̃t]. *adj.* (1842 ; de *non*, et *combattant*). Qui ne prend pas une part effective aux combats, en parlant de certains membres du personnel militaire. Subst. *Les non-combattants d'une armée.* ◇ ANT. **Combattant.**

NON-COMPARANT, ANTE [nɔ̃kɔ̃paʀɑ̃, ɑ̃t]. *adj.* (1834 ; de *non*, et *comparant*). Dr. Qui ne comparaît pas en justice, qui fait défaut. *Partie non-comparante.* — Subst. *Les non-comparants.* ◇ ANT. **Comparant.**

NON-COMPARUTION [nɔ̃kɔ̃paʀysjɔ̃]. *n. f.* (1580 ; de *non*, et *comparution*). Dr. (*Procéd.*) Le fait de ne pas comparaître en justice. ◇ ANT. **Comparution.**

NON-CONCILIATION [nɔ̃kɔ̃siljasjɔ̃]. *n. f.* (1868 ; de *non*, et *conciliation*). Dr. Défaut de conciliation. *Ordonnance de non-conciliation.* ◇ ANT. **Conciliation.**

NON-CONFORMISME [nɔ̃kɔ̃fɔʀmism]. *n. m.* (1877 ; de *non-conformiste*). ♦ 1° Hist. Doctrine des non-conformistes. ♦ 2° Attitude morale d'un non-conformiste (V. **Indépendance**). *Le non-conformisme de Gide.* ◇ ANT. **Conformisme.**

NON-CONFORMISTE [nɔ̃kɔ̃fɔʀmist(ə)]. *n.* et *adj.* (1688 ; de *non*, et *conformiste*). ♦ 1° Hist. Protestant qui n'est pas conformiste*. — Adj. *Doctrine, église non conformiste.* V. **Dissident.** ♦ 2° Par ext. (1830). Personne qui ne se conforme pas aux usages établis, aux opinions reçues, qui fait preuve d'originalité. *D'irréductibles non-conformistes.* ◇ Adj. V. **Indépendant, individualiste.** *Peintre, musicien non conformiste.* — *Morale non conformiste.* ◇ ANT. **Conformiste.**

NON-CONFORMITÉ [nɔ̃kɔ̃fɔʀmite]. *n. f.* (1704 ; de *non*, et *conformité*). Défaut de conformité. ◇ ANT. **Conformité.**

NON-CONTRADICTION [nɔ̃kɔ̃tʀadiksjɔ̃]. *n. f.* (XXᵉ ; de *non*, et *contradiction*). Philo. *Principe de non-contradiction*, par lequel « une chose n'est pas autre qu'elle-même ». ◇ ANT. **Contradiction.**

NON-DIRECTIF, IVE [nɔ̃diʀɛktif, iv]. *adj.* (1966 ; de *directif*, d'apr. l'amér. *non-directive* [Lewin et Lippitt], 1938). Qui n'est pas directif* (I, 2°). *Chef non-directif.* V. **Démocratique.** — Psycho. *Entretien, questionnaire non-directif*, qui évite de suggérer une orientation dans les réponses ou dans l'ensemble d'un sondage. « *Une relation d'aide non-directive* » (*Le Monde*, 7-10-1973). — *Psychothérapie non-directive*, dans laquelle le psychothérapeute s'abstient de se substituer au patient pour lui proposer une direction. Se dit d'une méthode ou d'une attitude qui ne fait pas pression sur l'interlocuteur. ◇ ANT. **Autocratique, autoritaire, directif.**

NON-DIRECTIVITÉ [nɔ̃diʀɛktivite]. *n. f.* (1969 ; de *non-directif*). Caractère non-directif, méthode non-directive.

NON-DISCRIMINATION [nɔ̃diskʀiminasjɔ̃]. *n. f.* (1964 ; de *non*, et *discrimination*). Refus d'appliquer des traitements

différents selon les appartenances ethniques, politiques, raciales ou sociales.

NONE [nɔn]. *n. f.* (XIIᵉ ; lat. *nona*, fém. de *nonus* « neuvième »). I. *Au sing.* (De *nona* [*hora*] « neuvième heure »). ♦ 1° Antiq. rom. Neuvième heure du jour ; quatrième partie du jour qui commençait à la fin de la 9ᵉ heure. ♦ 2° Liturg. cathol. Petite heure canoniale qui se récite après sexte, à la neuvième heure du jour (v. 15 h). II. *Au plur.* (De *nonæ* [*dies*] « neuvièmes jours »). Antiq. rom. Division du mois qui tombait le neuvième jour avant les ides. ◇ HOM. **Nonne.**

NON(-)ENGAGÉ, ÉE [nɔ̃nɑ̃gaʒe ; nɔ̃-]. *adj.* et *n.* (mil. XXᵉ ; de *non*, et *engagé*). Qui n'est pas engagé dans un des grands « blocs » politiques qui dominent le monde actuel. *Nations non-engagées.* N. *Les non-engagés.* ◇ ANT. **Engagé.**

NON-ENGAGEMENT [nɔ̃nɑ̃gaʒmɑ̃]. *n. m.* (1968 ; de *non*, et *engagement*). Neutralité.

NON-ÊTRE [nɔ̃nɛtʀ(ə) ; nɔ̃-]. *n. m.* (XIVᵉ ; de *non*, et *être*, n. m.). Philo. Fait de ne pas être ; état de ce qui n'est pas. V. **Néant.** ◇ ANT. **Être.**

NON EUCLIDIEN, IENNE [nɔ̃nøklidjɛ̃, jɛn ; nɔ̃-]. *adj.* (1868 ; de *non*, et *euclidien*). Sc. Qui n'obéit pas au postulat d'Euclide (sur les parallèles*). *Géométries non euclidiennes.* ◇ ANT. **Euclidien.**

NON-EXÉCUTION [nɔ̃nɛgzekysjɔ̃]. *n. f.* (déb. XIXᵉ ; de *non*, et *exécution*). Dr. Défaut d'exécution. *Non-exécution d'un contrat, d'une obligation.* ◇ ANT. **Exécution.**

NON-EXISTENCE [nɔ̃nɛgzistɑ̃s ; nɔ̃-]. *n. f.* (1757 ; de *non*, et *existence*). Philo. Le fait de ne pas être, de ne pas exister. *Arguments en faveur de l'existence ou de la non-existence de Dieu.* V. **Inexistence.** ◇ ANT. **Existence.**

NON(-)FIGURATIF, IVE [nɔ̃figyʀatif, iv]. *adj.* (1936 ; n. m. ; de *non*, et *figuratif*). Arts. Qui ne représente pas le monde extérieur. *Art ; peintre non figuratif.* V. **Abstrait.** — Subst. *Les non(-)figuratifs.*

NONIDI [nɔnidi]. *n. m.* (1793 ; du lat. *nonus* « neuvième », et *dies* « jour »). Hist. Neuvième jour de la décade du calendrier républicain.

NON-INSCRIT, ITE [nɔ̃nɛ̃skʀi, it]. *n. m.* et *adj.* (XXᵉ ; de *non*, et *inscrit*). Dr. const. et cour. Parlementaire qui n'est pas inscrit à un groupe politique ou parlementaire. — Adj. *Les députés non-inscrits.*

NON-INTERVENTION [nɔ̃nɛ̃tɛʀvɑ̃sjɔ̃]. *n. f.* (1830 ; de *non*, et *intervention*). Attitude d'un gouvernement qui s'abstient d'intervenir dans les affaires d'un pays étranger, et spécialt. dans ses querelles intestines ou dans ses conflits avec d'autres peuples. *Politique de non-intervention.* « *Blum... avait opté pour la « non-intervention »* » (BEAUVOIR). *Non-intervention et neutralisme*. ◇ ANT. **Intervention.**

NON-INTERVENTIONNISTE [nɔ̃nɛ̃tɛʀvɑ̃sjɔnist(ə)]. *adj.* et *n.* (1838 ; de *non-intervention*). Favorable à la non-intervention. *Politique non-interventionniste.* — N. *Les non-interventionnistes.* ◇ ANT. **Interventionniste.**

NON-JOUISSANCE [nɔ̃ʒwisɑ̃s]. *n. f.* (1660 ; de *non*, et *jouissance*). Dr. Privation de jouissance. *La non-jouissance de sa maison lui donne droit à une indemnité.* ◇ ANT. **Jouissance.**

NON-LIEU [nɔ̃ljø]. *n. m.* (1836 ; de *non*, et *lieu*). Dr. Décision par laquelle une juridiction d'instruction, se fondant sur une justification de droit ou sur une insuffisance de preuves, dit qu'il n'y a pas lieu de suivre la procédure tendant à faire comparaître l'inculpé devant une juridiction de jugement. *Arrêt, ordonnance de non-lieu*, et ellipt. *Rendre un non-lieu.* « *L'enquête a tourné court : j'ai bénéficié d'un non-lieu* » (MAURIAC). ◇ ANT. **Condamnation.**

NON-MOI [nɔ̃mwa]. *n. m.* (1842 ; de *non*, et *moi*). Philo. L'objet ou le monde extérieur en tant que distinct du sujet.

NONNE [nɔn]. *n. f.* (1175 ; lat. ecclés. *nonna*). Vx ou plaisant. Religieuse. ◇ HOM. **None.**

NONNETTE [nɔnɛt]. *n. f.* (XIIIᵉ, « jeune nonne » ; de *nonne*). ♦ 1° (1512 ; par anal. d'aspect entre le plumage gris cendré de cet oiseau et le costume de certaines religieuses). Nom d'une variété de mésange. ♦ 2° (1803). Petit gâteau en pain d'épice, de forme ronde, primitivement fabriqué dans les couvents de religieuses (On dit aussi *Chanoinesse*).

NONOBSTANT [nɔnɔpstɑ̃]. *prép.* et *adv.* (XIIIᵉ ; de *non*, et de l'a. fr. *obstant*, du lat. *obstans*, p. prés. de *obstrare* « faire obstacle »). I. *Prép. Vx* ou *Dr.* Sans être empêché par qqch., sans s'y arrêter. V. **Dépit** (en dépit de), *malgré*. « *Nonobstant cette ferme déclaration, il s'esquive lui-même* » (BARBUSSE). — Dr. *Nonobstant prohibitions. Ce nonobstant, nonobstant ce...* II. *Adv. Vx.* V. Cependant, néanmoins. « *Nonobstant, il se tint parole* » (BARBEY).

NON-PAIEMENT [nɔ̃pɛmɑ̃]. *n. m.* (1743 ; de *non*, et *paiement*). Dr. Défaut de paiement. *En cas de non-paiement.* ◇ ANT. **Paiement.**

NONPAREIL, EILLE [nɔ̃paʀɛj]. *adj.* et *n.* (1350; var. anc. *nompareil;* de *non,* et *pareil*). **I.** *Adj. Vx.* Qui n'a pas son pareil, qui est sans égal en son genre. V. **Beau, inégalable, pareil** (sans pareil). **II.** *N. f.* ♦ 1° *Vx.* Ruban très étroit. « *Elle déploya ses longs cheveux et les rattacha avec des non-pareilles bleues* » (GAUTIER). ◇ Dragée de très petite taille. ◇ *Typogr.* Ancien nom du petit caractère d'imprimerie appelé aujourd'hui corps de six points (corps 6). ♦ 2° *N. f.* (1801), ou *n. m.* (1846). Nom de plusieurs variétés de petits oiseaux d'Amérique du Nord. « *La nonpareille des Florides* » (CHATEAUB.). ♦ 3° *N. m.* (1667), ou *n. f.* (1721). Nom de diverses espèces d'œillet.

NON-PESANTEUR [nɔ̃pəzãtœʀ]. *n. f.* (1966; de *non,* et *pesanteur*). V. **Apesanteur.**

NON-PROLIFÉRATION [nɔ̃pʀɔliferasjɔ̃]. *n. f.* (1966; de *non,* et *prolifération*). *Polit.* Limitation de la quantité (d'armes nucléaires dans le monde).

NON-RECEVOIR [nɔ̃ʀ(ə)səvwaʀ]. *n. m.* (1690; de *non,* et *recevoir*). Fin de non-recevoir. V. **Fin.**

NON-RETOUR (POINT DE) [nɔ̃ʀ(ə)tuʀ]. *n. m.* (v. 1965; calque de l'amér. *point of no return*). Point au delà duquel un aéronef ne peut plus revenir à son lieu de départ. — *Fig.* Moment où il n'est plus possible de revenir en arrière (dans une série ordonnée d'actes, de décisions). « *Point de non-retour où le passé engage irréversiblement l'avenir* » (*Le Monde,* 14-10-1969).

NON-RÉTROACTIVITÉ. *n. f.* V. **Rétroactivité.**

NON-SATISFACTION [nɔ̃satisfaksjɔ̃]. *n. f.* (1921; de *non,* et *satisfaction*). *Didact.* Absence de satisfaction (d'un besoin, etc.). *La non-satisfaction des dernières revendications.* — *Par ext.* État d'esprit qui en résulte. V. **Insatisfaction.** « *Remboursement garanti en cas de non-satisfaction* » (*Science et Vie,* sept. 1921). ◈ ANT. *Satisfaction.*

NON-SENS [nɔ̃sãs]. *n. m. invar.* (v. fin XIIe; de *non,* et *sens* « bon sens »). ♦ 1° Défi au bon sens, à la raison. V. **Absurdité.** « *Exalter la violence et la haine pour instaurer le règne de la justice et de la fraternité, c'est un non-sens* » (MART. du G.). ♦ 2° (De *sens* « signification »). Absence de sens. *Sens et non-sens,* essai de Merleau-Ponty. ♦ 3° Ce qui est dépourvu de sens (phrase, proposition, raisonnement). *Élève qui fait un non-sens, dans une version latine* (V. **Contresens**). ◈ ANT. *Bon sens* (V. **Sens**), *sens.*

NON-STOP [nɔ̃stɔp]. *adj. invar.* et *n. m. invar.* (1966; de l'angl. *non stop*). *Américanisme.* **I.** *Adj.* ♦ 1° Se dit d'un vol sans escale. « *Les compagnies aériennes vont assurer un vol quotidien non-stop entre Paris et Stuttgart* » (*Le Monde,* 23-4-1966). ♦ 2° (Sports, spectacles, etc.). Ininterrompu. *Épreuve de ski en descente non-stop.* « *Quatorze concerts non-stop* » (*Nouv. Obs.,* 21-8-1972). **II.** *N. m.* ou *f.* Processus ininterrompu. « *En non-stop, sept des plus fameux orchestres étudiants américains* » (*L'Express,* 10-7-1972).

NON-TISSÉ [nɔ̃tise]. *n.* (v. 1970; de *non,* et *tissé*). *Techn.* Matériau obtenu en assemblant entre elles des fibres par des procédés chimiques ou physiques autres que le tissage ou le tricotage. *Robe en non-tissé.*

NON-USAGE [nɔ̃nyzaʒ; nɔ̃-]. *n. m.* (1689; de *non,* et *usage*). Fait de ne pas ou de ne plus utiliser qqch. *Non-usage d'un mot, d'une expression.* ◇ *Dr.* Fait de ne pas user d'un droit réel. ◈ ANT. *Usage.*

NON-VALEUR [nɔ̃valœʀ]. *n. f.* (mil. XVe; de *non,* et *valeur*). ♦ 1° *Dr.* État d'une propriété qui ne produit aucun revenu; cette propriété. *Une terre en friche est une non-valeur.* — *Fin.* Créance irrécouvrable. ♦ 2° Chose ou personne sans valeur. « *C'est pour vous une non-valeur* (la littérature), *un champ stérile* » (BLOY). ◈ ANT. *Valeur.*

NON-VIABLE [nɔ̃vjabl(ə)]. *adj.* (1970; de *non,* et *viable*). *Didact.* Se dit d'un fœtus qui n'est pas encore viable du fait de son développement intra-utérin insuffisant.

NON-VIOLENCE [nɔ̃vjɔlãs]. *n. f.* (1924; de *non,* et *violence;* d'apr. l'angl., trad. du sanscr. *ahimsâ*). Doctrine qui recommande d'éviter la violence dans l'action politique, en toutes circonstances. V. **Résistance** (passive). « *La non-violence est la loi de notre espèce, comme la violence est la loi de la brute* » (GANDHI; trad. R. ROLLAND).

NON-VIOLENT, ENTE [nɔ̃vjɔlã, ãt]. *adj.* et *n.* (1924; de *non-violence*). ♦ 1° Partisan de la non-violence. ♦ 2° Qui procède par la non-violence. *Manifestations non-violentes.*

NOOLOGIQUE [nɔɔlɔʒik]. *adj.* (1834; gr. *noos, noûs* « esprit », et suff. *-logique*). *Philo. Sciences noologiques,* qui ont pour objet la pensée de l'esprit (*opposé à cosmologique*).

NOPAL, ALS [nɔpal]. *n. m.* (1587; mot esp., de l'aztèque *nopalli*). Variété de *Cactée* (V. **Oponce**) à rameaux aplatis (raquettes), et à fruits comestibles (figues de Barbarie). « *Nulle végétation que celle des nopals — ces paradoxales raquettes vertes, couvertes de piquants venimeux* » (GIDE).

NORD [nɔʀ]. *n. m.* et *adj.* (*North,* déb. XIIe; *nort,* 1190; angl. *north*).

I. *N. m.* ♦ 1° Celui des quatre points cardinaux correspondant à la direction du pôle qui est situé dans le même hémisphère que l'Europe et la majeure partie de l'Asie. V. **Septentrion** (*poét.*). *Actuellement le nord géographique correspond assez exactement à la direction de l'étoile polaire. Vents du nord :* aquilon (*poét.*), bise, mistral, tramontane. *Pièce exposée au nord, en plein nord.* — *Nord magnétique,* indiqué par l'aiguille aimantée et différent du nord géographique. — Loc. fig. *Perdre* le nord.* — AU NORD DE... : dans une région située dans la direction du nord par rapport à un lieu donné. *Au nord de la Loire.* ♦ 2° Ensemble des pays, partie d'un ensemble géographique qui est la plus proche du nord. *Pays, peuples du Nord.* V. **Nordique.** Loc. *Afrique, Amérique du Nord.* — *Le Grand Nord :* la partie du globe terrestre située près du pôle Nord. ◇ (En parlant de la France; *opposé à* Midi) *Les gens, un homme du Nord.* L'ensemble des départements qui se trouvent le plus au nord de la France (Nord, Pas-de-Calais, Somme, Aisne). *La région du Nord. Les industriels du Nord. La gare du Nord,* à Paris. **II.** *Adj. invar.* Qui se trouve au nord. V. **Septentrional.** *Hémisphère Nord.* V. **Boréal.** *Pôle Nord* (V. **Arctique**). *Les côtes nord de la Bretagne. Le portail nord d'une cathédrale.* ◈ ANT. *Midi, sud.*

NORD-AFRICAIN, AINE [nɔʀafʀikɛ̃, ɛn]. *adj.* et *n.* (1935; de *nord,* et *africain*). D'Afrique du Nord. *Climat nord-africain. Population, main-d'œuvre nord-africaine. Les Nord-Africains.* (V. **Bicot, raton**).

NORD-AMÉRICAIN, AINE [nɔʀamerikɛ̃, ɛn]. *adj.* et *n.* (1906; de *nord,* et *américain*). D'Amérique du Nord. *Les Nord-Américains.* V. **Américain.**

NORD-CORÉEN, ENNE [nɔʀkɔreɛ̃, ɛn]. *adj.* et *n.* (1952; de *nord,* et *coréen*). De la Corée du Nord. *Les Nord-Coréens.*

NORD-EST [nɔʀɛst]. *n. m.* et *adj.* (*Northest,* 1241; de *nord,* et *est*). Point de l'horizon situé à égale distance entre le nord et l'est. *Le nord-nord-est,* situé à égale distance entre le nord et le nord-est. — Partie d'un pays située dans cette direction. *Le nord-est de la France.* ◇ *Adj. La région nord-est de l'Angleterre.*

NORDIQUE [nɔʀdik]. *adj.* et *n.* (1873, ling.; all. *Nordisch*). Qui est relatif, qui appartient aux pays du nord de l'Europe (spécialement à la Scandinavie); qui en est originaire. *Europe nordique.* — *Langues nordiques,* issues du nordique commun (V. **Norois**) ou germanique septentrional. *Langues nordiques actuelles :* danois, islandais, norvégien, suédois. — *Race, type nordique.* ◇ *N. Un, une Nordique.* — *Le nordique* (langue).

NORDIR [nɔʀdiʀ]. *v. intr.* (1868; de *nord*). *Mar.* Tourner au nord (en parlant du vent).

NORDISTE [nɔʀdist(ə)]. *n.* et *adj.* (v. 1861-1865; de *nord*). *Hist.* Partisan ou membre des États du Nord, aux États-Unis, pendant la guerre de Sécession. — *Adj. Armée, navire nordiste.* ◈ ANT. *Sudiste.*

NORD-OUEST [nɔʀwɛst]. *n. m.* et *adj.* (*Northwest,* 1155; des anc. formes de *nord,* et *ouest*). ♦ 1° Point de l'horizon situé à égale distance entre le nord et l'ouest. *Le vent du nord-ouest.* V. **Noroît.** ♦ 2° Partie d'un pays située dans cette direction. *Le nord-ouest de la France.*

NORD-VIETNAMIEN, IENNE [nɔʀvjɛtnamjɛ̃, jɛn]. *adj.* et *n.* (v. 1955; de *nord,* et *vietnamien*). De l'État du Vietnam du Nord. *Les Nord-Vietnamiens.*

NORIA [nɔʀja]. *n. f.* (1792; esp. *noria,* arabe *nâ'oûra*). Machine hydraulique à godets qui sert à élever l'eau et qui fonctionne suivant le principe du chapelet hydraulique (V. **Chapelet**). *Noria égyptienne* (Sakieh). ◇ Se dit de divers appareils élévateurs.

NORMAL, ALE, AUX [nɔʀmal, o]. *adj.* et *n.* (1753; verbe *normal,* h. XVe; lat. *normalis,* de *norma* « équerre »). ♦ 1° *Géom. Ligne normale,* et subst. *Normale à une courbe en un point :* perpendiculaire à la tangente en ce point. *Normale à une surface :* perpendiculaire au plan tangent. — *Plan normal,* perpendiculaire à la tangente. ♦ 2° (1793). *École normale. École normale supérieure,* ou ellipt. *Normale. Être reçu à Normale Lettres, à Normale Sciences* (V. **Normalien**). ♦ 3° Qui sert de règle, de modèle, d'unité, de point de comparaison. *Chim. Solution normale :* qui contient une valence-gramme par litre. ♦ 4° (1834). *État normal,* état d'un être vivant, d'un organe qui n'est affecté d'aucune modification pathologique. *Le teint naturel, l'aspect normal du visage. N'être pas dans son état normal* (Cf. N'être pas dans son assiette). ♦ 5° *Cour.* (*Sens général*). Qui est dépourvu de tout caractère exceptionnel; qui est conforme au type le plus fréquent (V. **Norme**); qui se produit selon l'habitude. *Homme normal. Il n'est pas normal :* se dit d'un individu dont le niveau intellectuel est inférieur à la moyenne, dont le comportement laisse supposer des troubles mentaux. *En temps normal :* quand les circonstances sont normales. V. **Ordinaire.** « *Mes études médicales allaient un train normal* » (DUHAM.). *Ce prix est très normal.* V. **Correct, honnête.**

La situation n'est pas encore redevenue normale. — *Il est, il paraît normal de...* V. **Compréhensible, légitime.** *Puisqu'il « a vécu dans la terreur, il trouve normal que les autres la connaissent à leur tour »* (CAMUS). *C'est bien normal :* excusable. ♦ 6º *N. f.* LA NORMALE. *Intelligence au-dessus, au-dessous de la normale. S'écarter de la normale. Revenir à la normale.* ◊ ANT. *Anormal. Bizarre, étonnant, exceptionnel, extraordinaire. Particulier, spécial*

NORMALEMENT [nɔʀmalmɑ̃]. *adv.* (1826; de *normal*). D'une manière normale, en temps normal. V. **Habituellement.** *Tout se passe normalement. Normalement, nous devons arriver à cinq heures.* ◊ ANT. *Anormalement, accidentellement.*

NORMALIEN, IENNE [nɔʀmaljɛ̃, jɛn]. *n.* (v. 1850; de école *Normale*). Élève de l'École normale supérieure. ◊ Élève d'une École normale supérieure ou primaire.

NORMALISATION [nɔʀmalizasjɔ̃]. *n. f.* (1923; de *normaliser*). ♦ 1º Action de normaliser. V. **Standardisation.** *Association Française de* NOR*malisation* (AFNOR). *Bureaux de normalisation.* ♦ 2º (v. 1950). Action de rendre normal. *Normalisation des relations diplomatiques.*

NORMALISER [nɔʀmalize]. *v. tr.* (1923; de *normal*). ♦ 1º Soumettre (une production) à des normes (3º) tendant à réduire le nombre des types d'un même article, afin d'abaisser les prix de revient et de rendre les produits uniformes, les pièces des machines interchangeables. V. **Standardiser.** *Normaliser l'écartement des voies de chemin de fer.* ♦ 2º (v. 1950). Faire devenir ou redevenir normal. *Normaliser les relations diplomatiques avec un pays étranger.*

NORMALITÉ [nɔʀmalite]. *n. f.* (1834; de *normal*). Didact. Caractère de ce qui est normal.

NORMAND, ANDE [nɔʀmɑ̃, ɑ̃d]. *n.* et *adj.* (XIIᵉ; forme latinisée *nortmannus*, XIᵉ; frq. °*nortman* « homme du Nord »). ♦ 1º Hist. Nom des envahisseurs scandinaves (Norvégiens et Danois) qui effectuèrent de nombreux raids en France et en Europe au IXᵉ s. Cf. Viking. ◊ Du duché de Normandie. *Conquête de l'Angleterre, de la Sicile par les Normands.* — Adj. *L'Angleterre normande du moyen âge.* V. **Anglonormand.** ♦ 2º Cour. De la province française de Normandie. — N. (XVIIIᵉ) *Réponse de Normand,* exprimée en termes ambigus. *Répondre en Normand, ni oui, ni non.* — Adj. *Le dialecte normand,* et subst. *Le normand.* — *Armoire normande. Le trou* normand.*

NORMATIF, IVE [nɔʀmatif, iv]. *adj.* (1868; du lat. *norma*). Didact. Qui constitue une norme, est relatif à la norme. *Sciences normatives,* dont l'objet est constitué par des jugements de valeur, et qui donne des règles, des préceptes. *Logique, morale normative. Grammaire descriptive* and *grammaire normative.*

NORME [nɔʀm(ə)]. *n. f.* (1160, *mettre norme à,* « régler »; rare av. XIXᵉ; lat. *norma* « équerre, règle »). ♦ 1º Littér. Type concret ou formule abstraite de ce qui doit être. V. **Canon, idéal, loi, modèle, principe, règle.** *Norme juridique, sociale.* ♦ 2º État habituel, conforme à la majorité des cas (Cf. La moyenne, la normale). *S'écarter de la norme* (Cf. Déviant). *Revenir à la norme.* ♦ 3º (v. 1920). Techn. Formule qui définit un type d'objet, un produit, un procédé technique en vue de simplifier, de rendre plus efficace et plus rationnelle la production. V. **Normaliser.** *Objet conforme aux normes* (standard, type). ◊ *Norme de productivité,* productivité moyenne d'une gamme déterminée de produits. ♦ 4º Ling. Ce qui dans la parole, le discours, correspond à l'usage général (opposé d'une part à *système,* d'autre part à *discours*). ♦ 5º Dr. Règle de droit; règle juridique. ♦ 6º Math. *Norme d'un vecteur,* nombre réel mesurant sa longueur. V. **Distance.** ◊ ANT. *Bizarrerie, difformité.*

NORMÉ, ÉE [nɔʀme]. *adj.* (mil. XXᵉ; de *norme*). Sc. Dont les vecteurs de base sont de même longueur. V. **Orthonormé.**

NOROIS ou **NOROÎT** [nɔʀwa]. *n. m.* (*Noroûé,* 1823; *noroît,* 1869; altér. dial. de *nord-ouest*). Mar. Vent du nord-ouest. ◊ HOM. *Norois.*

NOROIS, OISE ou **NORROIS, OISE** [nɔʀwa, waz]. *n.* et *adj.* (fin XIIᵉ; *norresche,* XIIᵉ; du rad. a. angl. « nord »; Cf. le précéd.). Ling. Ancienne langue des peuples scandinaves, appelée *nordique* ou *germanique septentrional. Le vieux norrois.* — Adj. Langue norroise. *Texte norrois,* écrit en caractères runiques. ◊ HOM. *Norois.*

NORVÉGIEN, IENNE [nɔʀveʒjɛ̃, jɛn]. *adj.* et *n.* (XVIIᵉ; *norvegue* « nordique », XVᵉ; all. *Norwegen,* Norvège, proprem. « chemin du Nord »). De la Norvège. *L'État norvégien.* Loc. *Marmite* norvégienne.* — N. *Les Norvégiens.* — N. m. *Le norvégien :* langue scandinave parlée en Norvège.

NORVÉGIENNE [nɔʀveʒjɛn]. *n. f.* (1874; de [barque] *norvégienne*). Mar. Barque dont l'avant est courbe et relevé.

NOS. plur. de NOTRE.

NOSO-. Élément, du gr. *nosos* « maladie ».

NOSOGRAPHIE [nɔzɔgʀafi]. *n. f.* (1798, de *noso-,* et -*graphie*). Didact. *(Méd.).* Description et classification méthodique des maladies (Cf. Symptomatologie).

NOSOLOGIE [nɔzɔlɔʒi]. *n. f.* (1747; de *noso-,* et -*logie*). Didact. *(Méd.).* Discipline médicale qui étudie les caractères distinctifs des maladies en vue de leur classification systématique.

NOSTALGIE [nɔstalʒi]. *n. f.* (1759; gr. méd. *nostalgia* [1678]; du gr. *nostos* « retour », et suff. -*algie*). ♦ 1º État de dépérissement et de langueur causé par le regret obsédant du pays natal, du lieu où l'on a longtemps vécu : mal du pays. *Nostalgie des émigrés, des exilés.* ♦ 2º Regret mélancolique (d'une chose révolue ou de ce qu'on n'a pas connu); désir insatisfait. V. **Mélancolie.** « *Cette nostalgie produite par une habitude brisée* » (BALZ.). *Chateaubriand « gardera toute sa vie la nostalgie de la poésie* » (DUHAM.). « *La nostalgie c'est le désir de ne sait quoi* » (ST-EXUP.).

NOSTALGIQUE [nɔstalʒik]. *adj.* (v. 1800; de *nostalgie*). ♦ 1º Qui est relatif à la nostalgie, empreint de nostalgie. *Pensées, regrets nostalgiques.* ♦ 2º Mélancolique, triste. *Chanson nostalgique. Regard nostalgique.*

NOSTOC [nɔstɔk]. *n. m.* (*Nostoch,* XVIIᵉ; o. i., mot créé par Paracelse). Bot. Cyanophycée (algue bleue) microscopique des sols humides formant des masses gélatineuses.

NOSTRAS [nɔstʀas]. *adj. m.* (1803; mot lat. « de notre pays »). Méd. *Choléra nostras :* acclimaté, non endémique et produit par un colibacille.

NOTA [nɔta], **NOTA BENE** [nɔtabene]. *loc. lat.* et *n. m.* (XIᵉ,-1764; impér. du lat. *notare* « noter »). Mots latins signifiant « Notez » ou « Notez bien », utilisés en français pour attirer l'attention du lecteur sur une remarque importante (abrév. N. B.). — N. m. *Un nota, des nota bene.* V. **Note, observation, remarque.**

NOTABILITÉ [nɔtabilite]. *n. f.* (1360; de *notable,* d'apr. lat. *notabilis*). ♦ 1º Rare. Caractère d'une personne notable. *Sa notabilité est connue.* ♦ 2º (1800). Cour. Une, des *notabilité(s).* Personne notable, qui occupe un rang supérieur dans une hiérarchie. V. **Personnalité.** « *La nef était remplie des notabilités châtelaines et bourgeoises qui se rencontrent encore dans cette localité* » (NERVAL).

NOTABLE [nɔtabl(ə)]. *adj.* et *n. m.* (1265, « notoire »; lat. *notabilis,* rac. *notare*). ♦ 1º (XIVᵉ). Qui est digne d'être noté, remarqué. V. **Remarquable.** *Un fait notable. Des différences notables, de notables progrès.* V. **Appréciable, important, sensible.** ♦ 2º (*Personnes*). Qui occupe une situation sociale importante. V. **Considérable.** « *Être quelqu'un de notable dans une grande usine d'automobiles* » (DUHAM.). ♦ 3º *N. m.* (1355). Personne à laquelle sa situation sociale confère une certaine autorité dans les affaires publiques. *Les notables d'une ville.* V. **Notabilité** (2º), **personnalité.** *Les Assemblées de notables,* convoquées par le Roi, sous l'Ancien Régime. ◊ ANT. *Insensible, négligeable.*

NOTABLEMENT [nɔtabləmɑ̃]. *adv.* (v. 1250; de *notable*). D'une manière notable. V. **Considérable, sensiblement.** *Deux choses notablement différentes.* « *La vie des deux amis s'en trouva notablement modifiée* » (DUHAM.).

NOTAIRE [nɔtɛʀ]. *n. m.* (1190, *notarie* « scribe »; *notere,* fin XIIIᵉ, sens actuel; lat. *notarius* « sténographe, secrétaire », de *notare* « noter »). ♦ 1º Officier public établi pour recevoir tous les actes et contrats auxquels les parties doivent ou veulent faire donner le caractère d'authenticité attaché aux actes de l'autorité publique, et pour en assurer la date, en conserver le dépôt, en délivrer des grosses et expéditions (autrefois dans le cadre de son ressort territorial, maintenant sur le territoire national). V. **Tabellion** (*vx*). *Cabinet, étude de notaire. Panonceau de notaire. Maître Untel, notaire. Clercs de notaire. Acte, contrat faits devant notaire, notarié. Comparaître par-devant notaire. Maître Suzanne X, notaire; elle est notaire.* ♦ 2º (1479). *Notaire apostolique*.*

NOTAIRESSE [nɔtɛʀɛs]. *n. f.* (*Notaresse,* 1841; de *notaire*). Vieilli. Femme d'un notaire.

NOTAMMENT [nɔtamɑ̃]. *adv.* (*Notemment,* 1485; de *notant,* p. prés. de *noter*). ♦ 1º D'une manière qui mérite d'être notée (sert le plus souvent à attirer l'attention sur un ou plusieurs objets particuliers faisant partie d'un ensemble précédemment désigné ou sous-entendu). V. **Particulièrement, singulièrement, spécialement.** *Les mammifères, et notamment l'homme.* « *Envers les étrangers, et notamment envers les Allemands* » (MOL.). ♦ 2º (*Belgicisme*). Nommément.

NOTARIAL, ALE, AUX [nɔtaʀjal, o]. *adj.* (*Notairial,* 1611; lat. médiév. *notariatus*). Dr. Relatif à la charge de notaire. *Fonctions notariales. Actes notariaux.*

NOTARIAT [nɔtaʀja]. *n. m.* (1482; de *notaire*). Dr. Charge, fonction de notaire. *Se destiner au notariat.* ◊ *Corps des notaires.*

NOTARIÉ, ÉE [nɔtaʀje]. *adj.* (1450; de *notaire*). Fait par un notaire, devant notaire. *Actes notariés.* V. **Authentique.** « *Vous passez un simple acte sous seing privé et non un acte notarié* » (P. MORAND).

NOTATION [nɔtasjɔ̃]. *n. f.* (1361, « appellation »; lat. *notatio*). ♦ 1º (1750). Action, manière de noter, de représenter par des symboles; système de symboles. *Notation des nombres, notation numérique; notation par lettres. Notation littérale, algébrique, créée par Viète au XVIe s. Notation chimique*, utilisant des lettres ou groupes de lettres (V. **Symbole**), des chiffres et divers signes arithmétiques. *Notation atomique.* — *Notation musicale*, représentation des sons, de leur valeur, de leur durée; de tous les éléments et caractères d'une musique quelconque. *Notation carrée du moyen âge. Notation ronde actuelle.* — *Notation sténographique* (sténographie), *phonétique* (phonétique). ◆ 2° Action de noter, de représenter par le dessin, la peinture. *L'impressionnisme « substitue au dessin classique la notation des ombres et des reflets »* (FRANCASTEL). ◆ 3° Ce qui est noté (par écrit); courte remarque. V. **Note**. *« Toute la psychologie de J. Renard (est) de notations »* (SARTRE). ◇ (En dessin, en peinture) *Notations vivement colorées.* ◆ 4° Action de donner une note (II, 6°). *Notation des devoirs par le professeur. Notation d'un fonctionnaire par son chef de service.*

NOTE [nɔt]. *n. f.* (XIIe; lat. *nota*).
I. ◆ 1° Signe qui sert à caractériser un son par sa forme (durée du son) et par sa place sur la portée (hauteur du son). *Figures de notes*, les différentes formes des notes exprimant leur durée relative. V. **Ronde; blanche; noire; croche.** *Les notes modernes sont ovales et munies, sauf la ronde, d'une hampe ou queue dirigée vers le haut ou vers le bas. Savoir lire ses notes.* ◆ 2° Son figuré par une note. *Les notes de la gamme* (do, ré, mi, fa, sol, la, si). *L'échelle des notes. Note basse, haute. Jouer, sauter une note. Fausse note.* V. **Canard, couac.** *Donner la note* : la tonique du morceau. ◇ *Son musical. Note cristalline. « L'oiseau lançait son appel, une seule note sifflante et plaintive »* (DUHAM.). ◆ 3° Touche d'un clavier, correspondant à une note. *« Il s'appliquait consciencieusement à taper à côté des notes »* (R. ROLLAND). ◆ 4° Fig. *Note juste*, détail vrai, approprié. *Fausse note*, élément qui ne convient pas à un ensemble, qui détruit une harmonie. — *Forcer la note*, exagérer. ◇ *Les rideaux blancs mettaient une note gaie dans la chambre* : apportaient un élément gai. *Donner la note*, donner le ton. ◇ *Être dans la note*, être dans le style, en accord avec. *Cet objet... cette remarque étaient bien dans la note* : convenaient parfaitement.
II. (1530). ◆ 1° *Rare.* Marque faite pour garder mention, indication de qqch. *J'ai mis une note sur mon exemplaire pour retrouver ce passage* (ACAD.). ◆ 2° (1636). Mot, phrase se rapportant à un texte et qui figure à côté du texte, généralement à l'endroit concerné. V. **Annotation; addition, apostille, nota.** *Note manuscrite. Note marginale. Observation, remarque, commentaire en note. « Mon Rabelais est tout bourré de notes et commentaires »* (FLAUB.). ◇ *Bref éclaircissement nécessaire à l'intelligence d'un texte, et qui figure au bas de la page ou à la fin du texte.* V. **Explication, glose, scolie.** *Notes et variantes. « L'œuvre sans notes. La note, c'est le médiocre qui s'accroche au beau »* (ALAIN). ◆ 3° Brève communication écrite. V. **Avis, communication, communiqué, notice.** *Faire passer une note.* — *Note officielle. Note de service. Note diplomatique*, communication écrite soit entre agents diplomatiques, soit entre un ambassadeur et le gouvernement auprès duquel il est accrédité. V. **Mémorandum.** *Note officielle*, signée. *Note verbale, confidentielle*, non signée. ◆ 4° Brève indication recueillie par écrit (en écoutant, en étudiant, en observant). *Voici quelques notes sur la question.* V. **Aperçu, considération, observation, pensée, réflexion.** *Cahier, carnet de notes* (V. **Bloc-notes**). — *Prendre en note une adresse, un numéro de téléphone.* V. **Noter.** *J'en prends note. Prendre des notes pendant un discours, un cours.* ◇ *Titre de certains essais critiques. Notes nouvelles sur E. Poe*, de Baudelaire. *Note conjointe...*, de Péguy. ◇ *Par ext.* Papier, feuille où sont écrites des notes. *Étudiants qui se prêtent leurs notes. Orateur qui parle sans notes.* ◆ 5° Détail d'un compte; papier sur lequel se trouve le détail d'un compte. V. **Compte, facture, mémoire.** *Note de blanchisseuse. Note d'hôtel* (au restaurant, on dit **Addition**). *Note de gaz, d'électricité. Demander sa note.* — *Le total du compte, la somme due. Acquitter, payer, régler une note.* ◆ 6° (1845). Brève appréciation donnée par un supérieur sur le travail, la conduite de qqn. V. **Cote, observation, point.** *Note d'un fonctionnaire, d'un élève.* V. **Notation.** *Infliger une mauvaise note. Par ext. C'est une mauvaise note pour lui*, un mauvais point, un blâme. ◇ *Cour.* Appréciation chiffrée donnée selon un barème préalablement choisi. *Note sur 10, sur 20. Mettre une note à un devoir. Carnet de notes d'un écolier.*

NOTER [nɔte]. *v. tr.* (1119, « remarquer »; lat. *notare*).
I. (1538). ◆ 1° Marquer (ce dont on veut garder l'indication, ce qu'on juge digne de mention). *Noter les passages intéressants d'un livre* : les cocher, les souligner. *J'ai noté d'une croix ce qui me semblait particulièrement juste.* ◆ 2° Écrire pour mémoire. V. **Consigner, enregistrer, inscrire, marquer.** *Noter une adresse, un numéro de téléphone, une commande. Notez-le sur vos tablettes**. *« Noter soigneusement et dans le plus grand détail tout ce qui se produit »* (SARTRE).

— *Notez que nous serons absents jusqu'à la fin du mois.* ◆ 3° Prêter attention à (qqch.). V. **Apercevoir, constater, remarquer.** *Ceci mérite d'être noté. Il faut bien noter ceci* (Cf. Faire attention, prendre garde, se rendre compte). *Notez bien.* **Nota bene.** *Il faut noter, il est à noter qu'il était encore bien jeune.* — (En incise) *Je ne lui ai rien dit, notez, mais il a compris.* ◆ 4° Affecter d'une note. — Désigner (qqn) à l'opinion, par une note favorable ou défavorable (dans l'expression *Noter qqn de...*). ◇ Apprécier par une observation, une note chiffrée. *Noter un élève, un employé.* — Au p. p. *Fonctionnaire bien noté. Rendre des compositions notées.*
II. *Mus.* Écrire, copier (de la musique) avec les caractères destinés à cet usage. *Noter un air.*

NOTICE [nɔtis]. *n. f.* (XIIIe; « connaissance de quelque chose »; lat. *notitia* « connaissance », en bas lat. « registre, liste »). ◆ 1° (1721). Préface d'un livre dans laquelle l'éditeur présente succinctement l'auteur et l'œuvre. V. **Abrégé, note.** ◆ 2° Bref exposé écrit, ensemble d'indications sommaires. V. **Abrégé, note.** *Notice biographique, bibliographique, nécrologique. Notice explicative.* ◆ 3° *Comm.* Résumé des conditions d'une émission de titres par une société.

NOTIFICATIF, IVE [nɔtifikatif, iv]. *adj.* (1860; de *notifier*). Qui sert à notifier. *Lettre notificative.*

NOTIFICATION [nɔtifikasjɔ̃]. *n. f.* (1314, « connaissance »; du rad. lat. de *notifier*). *Dr.* (1468). Action de notifier; acte par lequel on notifie. V. **Annonce, avis, exploit, signification.** *Notification a été faite du jugement aux parties intéressées.* — *Dr. admin.* Information communiquée en la forme administrative à une personne pour porter à sa connaissance une décision qui la concerne. — *Proc. civ.* Acte instrumentaire par lequel on porte à la connaissance d'une personne une décision la concernant. *Notification a été faite du jugement aux parties intéressées.*

NOTIFIER [nɔtifje]. *v. tr.* (1314, « faire connaître »; lat. *notificare*). ◆ 1° *Cour.* Faire connaître expressément. V. **Annoncer, communiquer, informer, signifier.** *On lui notifia son renvoi. « Des messages de trois mots notifiant des rendez-vous »* (BLOY). ◆ 2° *Dr.* (1463). Porter à la connaissance d'une personne intéressée et dans les formes légales (un acte juridique). V. **Intimer, signifier notification.**

NOTION [nosjɔ̃]. *n. f.* (1570; lat. *notio*). ◆ 1° Connaissance élémentaire. V. **Élément, rudiment.** *Notions de chimie, d'anglais, de grammaire.* — (Titre) *Notions d'algèbre* : manuel élémentaire d'algèbre. ◆ 2° Connaissance intuitive, synthétique et assez imprécise (de qqch.). *Notion qui devance l'expérience.* V. **A priori.** — *Notions morales; notions du bien et du mal. Je n'en ai pas la moindre notion.* V. **Idée.** *« Elle perdait la notion du lieu au point qu'il lui arrivait de tomber... de sa chaise »* (GIDE). ◆ 3° Objet abstrait de connaissance; concept. V. **Abstraction, idée, pensée.** *« Les idées sont des notions des objets »* (ROUSS.). *Le mot et la notion.*

NOTIONNEL, ELLE [nosjɔnɛl]. *adj.* (*Notionel*, 1701; de *notion*). *Didact.* Relatif à une notion, à un concept. V. **Conceptuel.**

NOTO-. Élément, du gr. *nôtos* « dos ».

NOTOIRE [nɔtwaʀ]. *adj.* (1283; *notore*, 1226; lat. jur. *notorius* « qui fait connaître »). ◆ 1° Qui est connu d'une manière sûre, certaine et par un grand nombre de personnes. V. **Connu, évident, manifeste, public, reconnu.** *« Vérité notoire et publique »* (D'ALEMB.). *Le fait est notoire. Il est notoire que...* V. **Clair.** — *Dr. Inconduite notoire.* ◆ 2° (Personnes). Avéré, reconnu comme tel. *Un criminel notoire.* ◇ Célèbre, très connu. *« Les praticiens notoires »* (MART. du G.). ◇ ANT. *Douteux, faux, inconnu.*

NOTOIREMENT [nɔtwaʀmã]. *adv.* (1283; de *notoire*). De façon notoire; au su d'un grand nombre de personnes. V. **Manifestement.** *Nouvelle notoirement fausse. Il est notoirement insolvable.*

NOTONECTE [nɔtɔnɛkt(ə)]. *n. m.* ou *f.* (1808; de *noto-*, et gr. *nêktos* « nageur »). *Zool.* Punaise d'eau, qui nage sur le dos (*Rhynchotes*).

NOTORIÉTÉ [nɔtɔʀjete]. *n. f.* (1404; du lat. *notorius*. V. **Notoire**). ◆ 1° Caractère de ce qui est notoire; le fait d'être connu d'une manière certaine et générale. *Notoriété d'un fait, d'une nouvelle.* — Loc. *Cela est de notoriété; il est de notoriété publique que...* ◇ *Par ext.* L'opinion générale qui donne une chose pour notoire. *« Il admirait un peu au hasard, d'après la notoriété publique »* (GAUTIER). — *Dr. Acte de notoriété* : acte par lequel un officier public ou ministériel relate des témoignages constatant la notoriété d'un fait. ◆ 2° (1856). Fait d'être connu avantageusement. V. **Célébrité, renom, renommée, réputation.** *Son livre lui a donné de la notoriété.* ◇ ANT. *Obscurité; ignorance.*

NOTRE [nɔtʀ(ə)], plur. **NOS** [no]. (*Nostro*, 842; *nostre*, 1080; lat. *noster*). Adjectif possessif de la première personne du pluriel et des deux genres, correspondant au pronom personnel *Nous**.
I. Qui est à nous, qui nous appartient. ◆ 1° (Représentant deux ou plusieurs personnes, dont le locuteur). *Les*

religieuses « *ne disent de rien* ma *ni* mon... *Elles disent de toutes choses* notre » (HUGO). « *Donnons tous nos démissions* » (BALZ.). ♦ 2° (Représentant un groupe de personnes). *Notre bonne ville.* « *Gloire à notre France éternelle!* » (HUGO). ♦ 3° (Représentant la généralité des hommes). *Notre esprit. Notre-Dame* (Voir ce mot). **II.** *Emplois stylistiques.* ♦ 1° Marquant la sympathie personnelle. *Comment va notre malade?* ♦ 2° Marquant « un intérêt supposé commun au sujet parlant et à l'interlocuteur » (SANDFELD). *Notre héros, notre homme partit en voyage.* ♦ 3° *Dial.* et *pop.* Devant un appellatif. « *Elle répondit...* : — *Quoi, not'maître* [nɔtmɛtʀ] » (MAUPASS.). ♦ 4° Pour *mon* (*ma, mes*) : représentant une seule personne. (*Nous**, de majesté ou de modestie) *Tel est notre bon plaisir.* ◊ HOM. (du plur.) *Nô.*

NÔTRE, NÔTRES [notʀ(ə)]. *adj., pron. poss.* et *n.* (*Nostre,* XIᵉ; lat. *nostrum*). Qui est à nous, nous appartient, se rapporte à nous. **I.** *Adj. poss.* À nous, de nous. Vx. *Cette idée* nôtre, *cette idée de nous.* ◊ *Mod.* et *littér.* (attribut) « *Nous les avons faites* nôtres (ces émotions) » (PROUST). **II.** (XIᵉ). LE NÔTRE, *la nôtre, les nôtres, pron. poss.* L'être ou l'objet qui est en rapport de possession, de parenté, d'intérêt, etc., avec le groupe formé par le locuteur *(Je, moi)* et une ou plusieurs autres personnes *(nous). Votre livre et le nôtre. Vos idées ne sont pas toujours les nôtres. Ils ont leurs soucis, et nous les nôtres.* **III.** *N.* (XVIᵉ). *Nous y mettons chacun du nôtre. — Les nôtres :* nos parents, amis, compagnons. *Soyez des nôtres : venez avec nous.*

NOTRE-DAME [nɔtʀədam]. *n. f.* (déb. XIIIᵉ; de *notre,* et *dame*). Employé sans article (comme nom propre). Désignation traditionnelle de la Vierge Marie, parmi les catholiques. ◊ Nom d'églises, de sanctuaires dédiés à la Vierge (*Notre-Dame de Paris, de Lourdes*).

NOTULE [nɔtyl]. *n. f.* (1752, *h.* 1495; bas lat. *notula* [vᵉ], de *nota.* V. *Note*). Petite annotation à un texte.

NOUAGE [nwaʒ]. *n. m.* (1603; de *nouer*). *Techn.* (1874). Opération de tissage; action de nouer les fils d'une chaîne terminée à ceux qui doivent leur succéder.

NOUAISON [nwɛzɔ̃]. *n. f.* (attesté 1948; de *nouer*). *Agric.* et *Arbor.* Transformation de l'ovaire de la fleur en fruit (On dit aussi *Nouure*). *Nouaison du raisin.*

NOUBA [nuba]. *n. f.* (fin XIXᵉ; arabe d'Algérie *nowba* « tour de rôle », désignant la musique que l'on jouait à tour de rôle devant les maisons des dignitaires). ♦ 1° Musique militaire des régiments de tirailleurs d'Afrique du Nord, comportant des instruments indigènes (fifres, tambourins). ♦ 2° *Fig.* et *pop.* (1897). *Faire la nouba.* V. **Bombance, java, noce.** « *Ce n'est pas parce qu'ils sont riches qu'ils doivent faire la nouba tous les jours* » (DUHAM.).

1. NOUE [nu]. *n. f.* (XIVᵉ; *noe,* XIIIᵉ; lat. médiév. *nauda,* d'o. gaul.). *Région.* Terre grasse et humide (V. **Marécage**) cultivée en pâturage, en prairie*; terrain périodiquement inondé.

2. NOUE [nu]. *n. f.* (1471; *nohe, noe,* 1223; lat. pop. °*navica,* °*nauca,* dér. de *navis*). *Techn.* ou *région.* ♦ 1° Tuile creuse, bande de plomb servant à l'écoulement des eaux de pluie. ♦ 2° (1611). Angle rentrant formé par l'intersection de deux combles; pièce de charpente qui supporte leur jonction. ◊ HOM. *Nous;* formes du v. *nouer.*

NOUÉ, ÉE [nwe]. *adj.* (XVᵉ, « dru, serré ». V. **Nouer**). ♦ 1° Serré, attaché, réuni par un ou plusieurs nœuds. ♦ 2° *Fig.* Contracté, serré comme par un nœud. *Avoir la gorge nouée. Être noué :* contracté; nerveux. « *Très gauche, très noué : incapable d'accomplir tous les mouvements dans leur véritable ampleur* » (J. PRÉVOST). ♦ 3° *Anc. méd.* Qui forme une nodosité. *Articulation nouée* (par la goutte, le rachitisme). — (1718) *Enfant noué :* rachitique.

NOUEMENT [numã]. *n. m.* (XVᵉ; de *nouer*). *Rare.* Action de nouer.

NOUER [nwe]. *v.* (XIIIᵉ; *noer,* XIIᵉ; lat. *nodare.* V. **Nœud**). **I.** *V. tr.* ♦ 1° Arrêter (une corde, un fil, un lien) ou unir (les deux bouts d'une corde, d'un lien) en faisant un nœud. V. **Attacher, lier.** *Nouer ses lacets. Nouer sa cravate*. *Nouer un garrot serré. —* Techn. *Nouer la chaîne, la trame :* en rattacher les fils rompus. V. **Nouage.** ♦ 2° (XVIIᵉ). Serrer, envelopper (qqch.), réunir (un ensemble de choses) en faisant un ou plusieurs nœuds. *Nouer une gerbe, un bouquet avec un lien, un fil.* « *On lui donnait des sous, et il les nouait dans un coin de son mouchoir* » (Ch.-L. PHILIPPE). V. **Envelopper.** ◊ Par ext. « *Leurs doigts se nouaient* » (ARAGON) : se serraient. ♦ 3° *Fig.* (Par allus. à un nœud coulant qui étrangle). « *Un sanglot lui noua la gorge* » (MART. du G.). **II.** *V. tr.* (*Abstrait;* XVIIᵉ). ♦ 1° Établir, former (un lien moral). *Nouer une alliance, une relation.* « *Il avait noué, dénoué des amitiés* » (DUHAM.). V. **Lier.** ♦ 2° *Vieilli.* Organiser, former (une affaire compliquée, emmêlée). *Nouer un complot, une conspiration.* V. **Ourdir.** — Théât. *Nouer l'action,*

l'intrigue * : en établir le « nœud » pour l'amener à son point culminant. *L'intrigue se noue au IIᵉ acte.* V. **Compliquer** (se). **III.** *V. intr.* (1690). *Agric., Bot.* Passer à l'état de fruit, en parlant des fleurs fécondées. V. **Nouaison.** *Les fruits ont bien noué.* ◊ ANT. (de I, II) **Dénouer.**

NOUET [nwɛ]. *n. m.* (*Noet,* XIIIᵉ; de *nouer*). *Vieilli.* Linge noué, dans lequel on a placé une substance (médicamenteuse, aromatique) pour la faire infuser, bouillir. V. **Infusion.**

NOUEUX, EUSE [nwø, øz]. *adj.* (1530; *noous,* XIIIᵉ; lat. *nodosus,* de *nodus.* V. **Nœud**). ♦ 1° *Bois, arbre noueux :* qui a beaucoup de nœuds. *Racines noueuses.* ♦ 2° Qui présente des nœuds, des nodosités. *Mains noueuses.* « *Ses doigts noueux comme un cou de poulet* » (J. RENARD). ◊ Qui a des articulations noueuses; qui est maigre et sec. *Un vieillard noueux.*

NOUGAT [nuga]. *n. m.* (1750; prov. *nogat* « tourteau de noix »; lat. pop. °*nucatum,* de *nux* « noix »). ♦ 1° Confiserie fabriquée avec des amandes (ou des noix, des noisettes) et du sucre caramélisé, du miel. *Nougat dur, mou.* ♦ 2° *Fig.* et *pop.* (1928). *C'est du nougat!* c'est très bon, c'est du nanan. ♦ 3° *Pop.* (1926; Cf. *Jambes en nougat* « fatiguées, molles », 1917). *Les nougats :* les pieds. « *On avait mal aux nougats à force de circuler* » (QUENEAU).

NOUGATINE [nugatin]. *n. f.* (XXᵉ; de *nougat*). Se dit d'une sorte de nougat brun, dur, utilisé en confiserie et en pâtisserie.

NOUILLE [nuj]. *n. f.* (1767; *nulle,* 1655; all. *Nudel*). ♦ 1° *Des, les nouilles :* pâtes alimentaires, plates ou rondes, coupées en morceaux de longueur moyenne. *Les nouilles sont plus épaisses que les vermicelles, plus courtes que les spaghettis; elles sont pleines, à la différence des macaronis. Nouilles au jus, au gratin, au fromage.* ♦ 2° *Fig.* et *fam.* Personne molle et niaise. « *On a beau être pour la paix, on n'est pas des nouilles* » (MART. du G.). *Quel plat de nouilles! —* Adj. *Ce qu'il peut être nouille!* ♦ 3° *Plaisant.* (Péj.). *Style nouille :* style décoratif, à la mode vers 1900.

NOULET [nulɛ]. *n. m.* (1314; de *noue* 2). *Techn.* ♦ 1° Canal d'écoulement formé d'un assemblage de noues. ♦ 2° Pièce de charpente placée à l'intersection de deux combles en angle rentrant, de hauteurs différentes.

NOUMÉNAL, ALE, AUX [numenal, o]. *adj.* (1874; de *noumène*). *Philo.* Relatif au noumène, chez Kant. *Moi nouménal; volonté nouménale* (qui émane du caractère intelligible du moi).

NOUMÈNE [numɛn]. *n. m.* (1808; mot all. [Kant], transcription du gr. *nooumena* « choses pensées », p. passif de *noein* « penser ». V. **Noèse**). *Philo.* Objet de la raison, réalité intelligible (*opposé à* phénomène, réalité sensible). — Chose en soi.

NOUNOU [nunu]. *n. f.* (1867; de *nourrice*). Nourrice (dans le lang. enfantin). *Sa vieille nounou. Les nounous.* Appellatif. *Viens, nounou.*

NOURRAIN [nuʀɛ̃]. *n. m.* (*Norrin,* 1310; lat. pop. °*nutrimen* « action de nourrir [*nuture*] »). Fretin qu'on met dans un étang, un vivier, pour le peupler ou le repeupler. V. **Alevin.** ◊ Cochon de lait qu'on engraisse.

NOURRI, IE [nuʀi]. *adj.* (XIIᵉ, *n.,* « invité à une table ». V. **Nourrir**). ♦ 1° Alimenté. *Bien, mal nourri. Logé et nourri.* ♦ 2° (1771). Entretenu, continué ou renforcé. *Feu, tir nourri, fusillade nourrie.* V. **Dense.** *Sons nourris. Conversation nourrie.*

NOURRICE [nuʀis]. *n. f.* (*Norrice,* 1138; bas lat. *nutricia,* fém. de *nutricius* « nourricier »). **I.** Ⓐ ♦ 1° Femme qui allaite un enfant en bas âge (V. **Nourrisson**). « *La véritable nourrice est la mère* » (ROUSS.). *Nourrice qui donne le sein à un enfant, le fait téter.* ♦ 2° *Spécialt.* Nourrice à gages, autre que la mère. *Confier un enfant à une nourrice, à la campagne. Enfants qui ont la même nourrice* (Cf. *Frères*, sœurs* de lait). ♦ 3° *Mettre un enfant en nourrice :* le donner à une nourrice hors de chez soi. *Être en nourrice, encore en nourrice :* tout enfant. ♦ 4° Femme qui a été la nourrice de qqn. *Rôle des nourrices, confidentes du théâtre antique. Sa vieille nourrice.* V. **Nounou.** ♦ 5° (1874). *Nourrice* (ou vieilli *nourrice sèche*) : femme qui élève un nourrisson, lui donne ses soins. ♦ 6° *Épingle de nourrice :* de sûreté. ♦ 7° (*Animaux*). Femelle qui allaite des larves. Ⓑ *Fig.* (XIVᵉ). Ce qui crée, forme, nourrit. V. **Nourricier.** « *La Révolution qui était la nourrice de Napoléon* » (CHATEAUB.). **II.** (1907). ♦ 1° *Techn.* Réservoir intermédiaire muni de raccords, placé à l'intersection des conduites d'eau. — *Auto.* Réservoir intermédiaire de réserve. ♦ 2° *Cour.* V. **Bidon, jerrycan.** « *La nourrice de cinquante litres se trouve sous la banquette arrière* » (P. MORAND).

NOURRICERIE [nuʀisʀi]. *n. f.* (XIVᵉ; de *nourricier*). ♦ 1° *Vx.* Pièce destinée aux enfants. V. **Nursery.** ♦ 2° *Agric.* Lieu où l'on engraisse les bestiaux.

NOURRICIER, IÈRE [nuʀisje, jɛʀ]. *n.* et *adj.* (*Norrecier*, 1190; lat. pop. °*nutricarius*, de *nutricius*. V. *Nourrice*). **I.** *N.* ♦ 1° (XIIᵉ). *Vieilli.* Celui qui élève un enfant (qui n'est pas le sien). — *Spécialt.* (XVIᵉ) Le mari de la nourrice. *Les nourriciers :* la nourrice et son mari. — *Mod.* et *adj.* (1690) *Père nourricier :* mari de la nourrice; père adoptif. *Saint Joseph, père nourricier de l'Enfant Jésus.* ♦ 2° *Fig.* et *vx* (XVIᵉ). Celui qui fournit des moyens de subsistance, soutient une cause. « *Les protecteurs et les nourriciers* (de l'Église) » (Boss.). **II.** *Adj.* ♦ 1° (1538). Qui fournit, procure la nourriture. *La terre nourricière.* « *La meule nourricière* » (CHÉNIER). ♦ 2° (XVIIIᵉ). Qui contribue à la nutrition. V. *Nutritif*. *Suc nourricier; sève nourricière. Anat. Artères nourricières* (des os longs), qui pénètrent dans l'os à travers les *trous* des *canaux nourriciers* et assurent leur irrigation.

NOURRIR [nuʀiʀ]. *v. tr.* (XIIᵉ; *norir* « élever », Xᵉ; lat. *nutrire*). **I.** *Vx.* ♦ 1° Élever, former (surtout passif et p. p.). « *J'ai été nourri aux lettres* » (DESCARTES) : élevé dans l'étude des lettres. — *Mod. Être nourri dans les bons principes :* éduqué, formé. « *Félicité, bien que nourrie dans la rudesse...* » (FLAUB.). ♦ 2° *Vx.* Produire. « *Et tout ce que l'Espagne a nourri de vaillants* » (CORN.). **II.** *Mod.* Alimenter, soutenir la vie. ♦ 1° (XIᵉ). Élever, alimenter (un enfant nouveau-né) en l'allaitant. V. *Allaiter. Mère qui nourrit ses enfants.* ♦ 2° (XIIIᵉ). Entretenir, faire vivre (une personne, un animal) en lui donnant à manger ou en lui procurant les aliments nécessaires à sa subsistance. V. *Alimenter, sustenter. Nourrir un enfant à la cuiller. Nourrir un malade, un paralytique,* qui ne peut se nourrir lui-même. ◇ Procurer, fournir les aliments. V. *Ravitailler. La pension loge et nourrit dix personnes. L'intendance les nourrit bien.* Par ext. *Les régions qui nourrissent la capitale.* ♦ 3° Pourvoir (qqn) de moyens de subsistance. V. *Entretenir. C'est lui qui nourrit toute la famille, qui la fait vivre. Avoir trois personnes à nourrir :* à sa charge. ◇ *Fig.* (XVIᵉ) Fournir, donner de quoi vivre à. *Ce métier ne nourrit pas son homme. Industrie qui nourrit des milliers d'ouvriers.* ♦ 4° Constituer une subsistance pour l'organisme. ♦ 5° (1530). Entretenir (une chose) en augmentant l'importance, ou en faisant durer plus longtemps. *Nourrir le feu, une lampe.* V. *Alimenter. Nourrir les sons :* émettre des sons pleins et les soutenir (V. *Nourri*, 2°). — *Nourrir son style :* lui donner de la force, de la vigueur. V. *Étoffer. Nourrir un récit de détails vécus.* ♦ 6° Pourvoir (l'esprit) d'une nourriture spirituelle. *La lecture nourrit l'esprit.* V. *Former.* — Par ext. « *Cette terre natale qui nous nourrit, non seulement de pain et de vin, mais encore d'idées, de sentiments, de croyances* » (FRANCE). ♦ 7° (XIIᵉ). Entretenir en soi (un sentiment, une pensée). *Nourrir un désir, des rancunes, une haine. Nourrir l'espoir, l'illusion :* espérer. *Nourrir un projet.* V. *Caresser, préparer. Il fallait « qu'elle eût nourri des pensées criminelles* » (MAURIAC). — « *La solitude nourrit les pensées sombres* » (GAUTIER). **III.** SE NOURRIR. *v. pron.* (*Soi nourrir*, 1190). ♦ 1° Absorber tel ou tel aliment. V. *Vivre. Se nourrir de légumes, de viande :* en consommer, en manger (V. *-Phage, -vore*). — *Absolt. Se nourrir, bien se nourrir :* manger. ♦ 2° *Fig.* V. *Abreuver* (s'), *repaître* (se). *Se nourrir d'illusions, de rêves.* « *Le monde se nourrit d'un peu de vérité et de beaucoup de mensonges* » (R. ROLLAND). ◇ ANT. *Sevrer; affamer, priver.* — (du pron.) *Jeûner.*

NOURRISSAGE [nuʀisaʒ]. *n. m.* (1482; de *nourrir*). *Agric.* Action ou manière d'élever les bestiaux. V. *Bétail.*

NOURRISSANT, ANTE [nuʀisɑ̃, ɑ̃t]. *adj.* (1314; de *nourrir*). ♦ 1° Qui nourrit (plus ou moins bien); qui a une valeur nutritive plus ou moins grande. V. *Nutritif. Aliments peu nourrissants, très nourrissants.* ♦ 2° *Absolt.* Qui nourrit beaucoup. V. *Substantiel. Aliment nourrissant mais indigeste.* « *Il lui aurait fallu de la viande... et de la nourriture nourrissante* » (AYMÉ).

NOURRISSEUR [nuʀisœʀ]. *n. m.* (XIIᵉ, « celui qui nourrit »; de *nourrir*). *Agric.* ♦ 1° (1803). Celui qui entretient des vaches pour la vente de leur lait (sans cultiver les fourrages). Celui qui engraisse du bétail pour la boucherie. V. *Engraisseur.* ♦ 2° Récipient (pour la nourriture des bestiaux; des abeilles).

NOURRISSON [nuʀisɔ̃]. *n. m.* (1538; *a nurrezon* « en nourrice », 1150; *nourreçon*, XIIᵉ; bas lat. *nutritio* « nourriture »). ♦ 1° (XVIᵉ). Enfant qu'une femme nourrit de son lait. ♦ 2° *Vx.* Enfant au sein, qui n'a pas atteint l'âge du sevrage; enfant âgé de plus d'un mois et de moins de deux ans. V. *Bébé. Service de consultation des nourrissons, dans un dispensaire.* ♦ 3° *Fig.* et *vx.* Disciple, élève. *Les poètes étaient appelés en style noble : nourrissons des muses, nourrissons du Parnasse.*

NOURRITURE [nuʀityʀ]. *n. f.* (XIVᵉ; *nurture* « bétail », fin XIᵉ; *norreture* « éducation », XIIᵉ; bas lat. *nutritura*, avec infl. de *nourrir*).

I. *Vx.* ♦ 1° Éducation. ♦ 2° (XVIᵉ). Allaitement. **II.** (1530). *Mod.* ♦ 1° Substance que l'on mange, qui est assimilée par l'organisme et sert à le nourrir. V. *Alimentation, nutrition, subsistance.* V. *Aliment. Produits destinés à la nourriture des hommes.* V. *Vivres. Nourriture des animaux.* V. *Pâture. Bouchées, morceaux, fragments de nourriture.* V. *aussi Portion, ration. Absorber, prendre de la nourriture :* manger, se nourrir. *Nourriture préparée, accommodée.* V. *Cuisine. Nourriture pauvre; riche. Nourriture solide*; liquide* (potages, soupes, etc., à l'exclusion des boissons sans valeur nutritive). ◇ *Ce qu'on mange habituellement aux repas.* V. *Chère, mangeaille, manger (n. m.), pitance, soupe (fig.);* V. *pop.* Becquetance, bouffe, bouffetance, boustifaille, croûte. *Comment est la nourriture dans ce restaurant, cette pension? Médiocre, mauvaise nourriture.* V. *Tambouille.* « *Il rêvait à des nourritures gargantuesques* » (GONCOURT). — *Dépenser beaucoup pour la nourriture, plus pour la nourriture que pour l'habillement.* ♦ 2° *Vx.* Ce qui entretient, fait durer. V. *Aliment* (2°). « *Ce flambeau sans nourriture* » (VOLT.). ♦ 3° *Littér. Nourriture de l'esprit.* « *La nourriture de l'impulsion créatrice* » (RIMBAUD). *Les Nourritures terrestres, Les Nouvelles Nourritures,* œuvres de Gide.

NOUS [nu]. *pron. pers.* (XIIIᵉ; *nos*, v. 880; lat. *nos*). Pronom personnel de la première personne du pluriel (représente la personne qui parle et une ou plusieurs autres, ou un groupe auquel celui qui parle appartient. V. *On*).

I. *Pron. pers. plur.* ♦ 1° Employé seul (sujet). « *Mes deux frères et moi, nous étions tout enfants* » (HUGO). *Vous et moi, nous sommes de vieux amis.* — (Attribut) « *Et c'est nous trop souvent qui faisons nos malheurs* » (M.-J. CHÉNIER). — Compl. *Il nous regarde, il ne nous voit pas. Tu nous ennuies.* « *Un fait qui regarde nous et non eux* » (PROUST). — Compl. indir. *Il nous a écrit* (= à nous). « *Notre fortune n'est pas à nous* » (DUMAS). *Chez nous, pour nous.* ◇ *Pron. réfléchi* (ou réciproque). *Nous nous sommes regardés sans rien dire.* ♦ 2° Nous, renforcé. NOUS-MÊME(S). « *Nous sommes incompréhensibles à nous-mêmes* » (PASC.). — NOUS AUTRES (XVIᵉ) : marque une distinction très forte ou s'emploie avec un terme en apposition. « *Nous autres, compatriotes de Napoléon* » (MÉRIMÉE). « *Nous autres Français* », ouvrage de Bernanos. — (Précisé par un numéral cardinal) *Voilà qui nous contentera tous deux. A nous trois, nous y arriverons.*

II. Emplois stylistiques (Transposition de personnes). ♦ 1° (1ʳᵉ pers. du sing.). Employé pour *je* (plur. de modestie ou de majesté). *Le Roi dit : nous voulons.* ♦ 2° (2ᵉ pers.). V. *Toi, vous.* « *Eh bien, madame la baronne, comment allons-nous?* » (MAUPASS.). « *Hé bien, nous deviendrons un grand savant?* » (BOURGET). ♦ 3° (3ᵉˢ pers.). V. *Il, elle.* S'emploie lorsque celui qui parle (avocat, notaire) le fait en tant que représentant des intérêts d'une personne.

III. *N. masc. sing.* Le mot *nous.* « *Un de ces orgueils exigeants qui s'accommodent mal du « nous »* » (DUHAM.). *Le je et le nous.*

◇ HOM. *Noue;* formes du v. *nouer.*

NOUURE [nuyʀ]. *n. f.* (*Noueüre*, 1611; de *nouer*). ♦ 1° *Méd.* Déformation, tuméfaction des épiphyses, du cartilage des côtes, du dos, caractéristique du rachitisme*. — *Pathol.* Nodosité sous-cutanée. ♦ 2° *Bot.* Commencement de la formation du fruit. V. *Nouaison.*

NOUVEAU [nuvo], **NOUVEL** [nuvɛl] (devant subst. commençant par voyelle ou *h* muet), **NOUVELLE** [nuvɛl]. *adj.* et *n.* (XIIIᵉ; *novel,* fin XIᵉ; lat. *novellus,* dimin. de *novus.* V. *Neuf*).

I. ♦ 1° (*Après le subst.*). Qui apparaît pour la première fois; qui vient d'apparaître. V. *Récent. Les pousses nouvelles.* V. *Jeune, vert. Pommes de terre nouvelles. Vin nouveau. La saison nouvelle. Invention, création nouvelle. Un modèle nouveau, un type nouveau.* « *Sur des pensers nouveaux, faisons des vers antiques* » (CHÉNIER). V. *Moderne.* — *Art nouveau,* se dit *spécialt.* du « modern style ». « *Deux chambres art nouveau* » (J. ROMAINS). — *Mots, termes nouveaux.* V. *Néologisme. L'ordre ancien et l'ordre nouveau. Établir une religion nouvelle. Un esprit nouveau.* PROV. *Tout nouveau, tout beau :* ce qui est nouveau est apprécié (et puis délaissé ensuite). ◇ *Des faits nouveaux. Qu'y a-t-il de nouveau?* V. **Nouvelle** *(n. f.). Quoi de nouveau? Rien de nouveau. Fam. Ça alors, c'est inouï, c'est un peu fort.* — *Subst. Il y a du nouveau dans l'affaire X.* ◇ *Un homme nouveau,* connu ou arrivé depuis peu de temps. *Un homme politique nouveau.* ♦ 2° (*Devant le subst.*). Qui est depuis peu de temps ce qu'il est. *Les nouveaux riches. Les nouvelles recrues, les soldats nouvellement incorporés* (V. *Bleu*). « *Que d'amis, que de parents naissent en une nuit au nouveau ministre* » (LA BRUY.). — (Devant un participe) *Le nouvel élu, les nouveaux élus. Les nouveaux mariés.* V. *Jeune. Des nouveaux venus.* ◇ *N.* LE NOUVEAU, LA NOUVELLE, celui, celle qui vient d'arriver dans un collège, un bureau, une collectivité dont les membres se connaissent tous. « *Le proviseur entra, suivi d'un nouveau habillé en bourgeois* » (FLAUB.). *Grande école où les nouveaux* *sont victimes de canulars, de brimades.* V. **Bizuth.** ♦ 3° (*Après le subst.,* et souvent qualifié). Qui tire de son caractère récent une valeur de création, d'invention. V. **Hardi, inédit, insolite, neuf, original.** *Un art, un style, un langage nouveau, tout à fait nouveau. Cette qualité toute moderne et toute nouvelle. L'emploi nouveau et hardi que certains écrivains font des mots.* ◇ Subst. *Faire, réclamer du nouveau en art. Le goût du nouveau.* V. **Innovation, innover, novateur.** « *Demandons au poète du nouveau — idées et formes* » (RIMBAUD). ♦ 4° NOUVEAU À (vieilli)..., POUR... (qqn) : qui était jusqu'ici inconnu de (qqn); dont on n'a pas l'habitude. V. **Inconnu, inhabituel; inaccoutumé, inusité.** *C'est pour moi une chose nouvelle.* « *Ce mot me fut nouveau et inconnu* » (PASC.). « *Ce document est nouveau pour vous tous, messieurs, et même pour moi* » (ROMAINS). ♦ 5° (*Personnes; en attribut ou après le subst.*). *Vx.* Qui n'a pas, qui n'a guère l'expérience ou l'habitude de qqch. V. **Inexpérimenté, neuf, novice.** « *Nous arrivons tout nouveaux aux divers âges de la vie* » (LA ROCHEF.). « *Je suis encore fort nouveau dans mes affaires* » (Ch. de SÉV.).

II. (*Avant le subst.,* et seult. épithète). ♦ 1° Qui apparaît après un autre qu'il remplace, au moins provisoirement, ou tend à remplacer dans notre vision, dans nos préoccupations (*opposé à* ancien, vieux). — *Le Nouvel An. La nouvelle lune :* le croissant, quand il commence à grandir (avant la demi-lune). *Le Nouveau Monde, le Nouveau Continent. La Nouvelle-Zélande. Le Nouveau Testament. Le nouveau régime.* « *J'ai essayé d'inventer de nouvelles fleurs, de nouveaux astres, de nouvelles chairs, de nouvelles langues* » (RIMBAUD). ♦ 2° Qui a succédé, s'est substitué à un autre. V. **Autre, second.** *Son nouveau mari. Acheter une nouvelle voiture. Jusqu'à nouvel ordre*. Faire de nouvelles recherches, de nouveaux efforts. Une nouvelle édition.* — Titres. *Nouveaux Lundis,* de Sainte-Beuve. *La Nouvelle Revue française.* ◇ Spécialt. (Devant un nom propre) *Un nouveau César, un nouvel Alexandre.* V. **Second.** *Julie, ou la Nouvelle Héloïse,* roman de Rousseau.

III. *Loc. adv.* ♦ 1° DE NOUVEAU (1160; sens mod. XVIᵉ). Pour la seconde fois, une fois de plus. V. **Derechef, encore.** *Faire qqch. de nouveau :* recommencer. ♦ 2° À NOUVEAU (1835; Banque). Créditer, débiter, porter à nouveau : sur un nouveau compte. ◇ (1852) D'une manière différente, sur de nouvelles bases. *Examiner à nouveau une question.* « *De nouveau* » veut dire « *derechef* » et « *à nouveau* » veut dire « *à neuf* » (DUHAM.). — *Par ext.* (au sens de : *De nouveau*). « *Elle m'interdit à nouveau toute familiarité avec sa malappris* » (FRANCE). ◈ ANT. Ancien, antique, vieux; banal, expérimenté; même.

NOUVEAU-NÉ, NOUVEAU-NÉE [nuvone]. *adj. et n.* (fin XIIᵉ; *de nouveau* « récemment », et *né*). ♦ 1° Adj. Qui vient de naître. *Un enfant nouveau-né. Des faons nouveau-nés.* — Fig. *Une gloire nouveau-née.* ♦ 2° N. m. (1680). Enfant ou animal qui vient de naître, qui est né depuis quelques jours; spécialt. (*Méd.*). Enfant qui a moins de 28 jours. V. **Bébé, nourrisson.** *Du nouveau-né.* V. **Néo-natal.** *Cris, vagissements du nouveau-né.* « *Certaines mères vont se récriant sur la beauté des nouveau-nés* » (GIDE).

NOUVEAUTÉ [nuvote]. *n. f.* (1320; novelté, XIIIᵉ; de *nouveau*). ♦ 1° Caractère de ce qui est nouveau. *Mode qui plaît par sa nouveauté. Ce problème garde toujours sa nouveauté.* V. **Actualité.** — Spécialt. Originalité. « *Le point de perfection est atteint lorsque la nouveauté de la forme répond exactement à la nouveauté intérieure* » (GIDE). ♦ 2° Absolt. Ce qui est nouveau. *Aimer la nouveauté. Le charme, l'attrait de la nouveauté.* ♦ 3° Une, des nouveauté(s) : chose nouvelle. « *Chaque nouveauté doit être toujours tout entiers disponibles* » (GIDE). *Tiens, vous ne fumez plus? C'est une nouveauté!* ◇ Spécialt. Doctrine, institution, pratique nouvelle (religieuse, morale, politique) en contradiction avec la tradition, les idées reçues. V. **Innovation.** *Esprit conservateur hostile aux nouveautés.* « *La peur des changements, l'horreur des nouveautés qui font du bruit* » (FROMENTIN). ◇ (1666) Ouvrage nouveau qui vient de sortir, d'être représenté. V. **Livre.** *Nouveautés annoncées sous la rubrique :* « *Vient de paraître* ». ◇ Production nouvelle de l'industrie de la mode. *Nouveautés de printemps, d'hiver. Haute nouveauté,* article qui est à la dernière mode. — *Magasin de nouveautés :* d'articles de mode. *La nouveauté,* l'industrie et le commerce des nouveautés. ◈ ANT. Ancienneté, antiquité, archaïsme; banalité, cliché; coutume; vieillerie.

NOUVELLE [nuvɛl]. *n. f.* (XIIIᵉ; novele, XIᵉ; lat. pop. novella, n. f., de *novella,* pl. « choses récentes »). ♦ 1° Premier avis qu'on donne ou qu'on reçoit (d'un événement récent); cet événement porté pour la première fois à la connaissance de la personne intéressée, ou du public. *La nouvelle d'une bataille, d'un succès, d'un mariage.* « *La nouvelle que l'armée autrichienne avait été battue* » (BAINVILLE). *Annoncer, apporter une nouvelle. Répandre, divulguer, transmettre une nouvelle. Apprendre, recevoir une nouvelle. Connaissez-vous la nouvelle? Nouvelle de bonne source, de première main. La nouvelle n'est pas confirmée.* V. **Bruit, écho, rumeur.** *Fausse*

nouvelle. V. **Bobard, canard.** *Lancer une nouvelle sensationnelle* (V. **Bombe**), *importante* (V. **Scoop**). — *Bonne, mauvaise nouvelle,* annonce d'un événement heureux, malheureux. *Heureuse, triste, fâcheuse nouvelle.* — Spécialt. « *La bonne nouvelle* ». V. **Évangile.** — Loc. *Ce n'est pas une nouvelle,* c'est une chose que je savais déjà. *Première nouvelle!* parlant d'une chose dont on n'avait pas connaissance et qui surprend. ◇ *Les nouvelles,* tout ce que l'on apprend par la rumeur publique, par la presse. V. **Information.** *Aller aux nouvelles. Les nouvelles du jour. Dernières nouvelles,* celles de dernière heure. *Les nouvelles de Londres, de Berlin,* les informations en provenance de Londres, de Berlin. *Petites nouvelles et faits* divers.* ◇ (Belgicisme). *Quelle(s) nouvelle(s)? :* comment ça va? ♦ 2° (*Pluriel*). Renseignements concernant l'état ou la situation d'une personne qu'on n'a pas vue ou dont on n'a pas entendu parler depuis quelque temps. *Avoir des nouvelles de qqn.* « *Sans nouvelles de toi, je suis désespéré* » (APOLLINAIRE). *Ne plus donner de ses nouvelles.* V. **Signe** (de vie). *Envoyer, faire prendre des nouvelles d'un malade.* Loc. prov. *Pas de nouvelles, bonnes nouvelles,* quand on ne reçoit pas de nouvelles de qqn, on peut supposer qu'elles sont bonnes. — *Vous aurez, vous entendrez de mes nouvelles!* avertissement menaçant. — *Vous m'en direz des nouvelles,* vous m'en direz sûrement du bien, vous m'en ferez compliment. « *Je vais te faire goûter à mon eau-de-vie de prunes, tu m'en diras des nouvelles* » (SARRAUTE). — Iron. *Vous vous plaignez? prenez don ma place, et vous m'en direz des nouvelles!* ♦ 3° Écrit destiné à tenir le public au courant des nouvelles. V. **Journal.** Vx. « *Nouvelles à la main* » (VOLT.) : qu'on distribuait manuscrites. ♦ 4° (XVᵉ; it. novella). Récit généralement bref, de construction dramatique, et présentant des personnages peu nombreux. V. **Conte.** *Romans et nouvelles.* « *La nouvelle... est faite pour être lue d'un coup, en une fois* » (GIDE). — *Les Cent Nouvelles nouvelles. Les Nouvelles exemplaires,* de Cervantes. *Les nouvelles de Mérimée, de Maupassant.*

NOUVELLEMENT [nuvɛlmã]. *adv.* (XIVᵉ; novelment, 1160; de *nouveau*). Depuis peu de temps. V. **Récemment.** (Seult. devant un p. p., un passif). *Il est nouvellement arrivé.* « *Le roi l'avait nouvellement nommé généralissime* » (VIGNY). ◈ ANT. Anciennement.

NOUVELLISTE [nuvelist(ə)]. *n.* (1620; de nouveau, d'apr. it. *novellista*). ♦ 1° *Vx.* Personne occupée à recueillir et à débiter des nouvelles. Rédacteur de nouvelles. V. **Journaliste.** ♦ 2° Mod. (1640). Auteur de nouvelles (4°). « *Comme nouvelliste et romancier Edgar Poe est unique dans son genre* » (BAUDEL.).

NOVA [nɔva], plur. NOVÆ [nɔve]. *n. f.* (fin XIXᵉ; fém. de l'adj. *novus* « nouveau »). Astron. Étoile qui, demeurée jusqu'alors invisible, présente brusquement un éclat très vif dont l'intensité décline ensuite avec des fluctuations irrégulières. *Nova de très forte magnitude ou supernova.* ◇ HOM. (du plur.) *Nover.*

NOVATEUR, TRICE [nɔvatœr, tris]. *n.* (1578; bas lat. *novator,* rad. *novus* « neuf »). Personne qui innove ou tente d'innover. V. **Innovateur;** créateur, initiateur. « *Les novateurs à qui l'avenir a donné raison* » (RENAN). ◇ Adj. (1770) « *Un talent hardi et novateur* » (ROMAINS). *Esprit novateur.* V. **Audacieux, révolutionnaire.** ◈ ANT. Conservateur, imitateur, réactionnaire, rétrograde.

NOVATION [nɔvasjɔ̃]. *n. f.* (1307; bas lat. *novatio,* de *novare* « renouveler », rad. *novus*). Dr. Convention par laquelle une obligation est éteinte et remplacée par une obligation nouvelle.

NOVATOIRE [nɔvatwar]. *adj.* (1874; du bas lat. *novatio*). Dr. Qui est de la nature de la novation ou a rapport à elle. *Acte, effet novatoire.*

NOVELLES [nɔvɛl]. *n. f. pl.* (Nouvelles, 1585; lat. *novellæ,* de *novellus* « nouveau »). Dr. rom. Constitutions promulguées par l'empereur Justinien après les Institutes et le Digeste.

NOVEMBRE [nɔvɑ̃br(ə)]. *n. m.* (1119; lat. *novembris,* de *novem* « neuf », neuvième mois de l'ancienne année romaine). Onzième mois de l'année (dans le calendrier actuel). « *Quand novembre de brume inonde le ciel bleu* » (HUGO). *Le 1ᵉʳ novembre, fête de la Toussaint. Le 11 Novembre,* anniversaire de l'armistice de 1918.

NOVER [nɔve]. *v. tr.* (1868; lat. *novare*). Dr. Renouveler (une obligation). — Absolt. Effectuer une novation. *Il n'est pas nécessaire que l'intention de nover soit exprimée par écrit.* ◇ HOM. *Novæ.*

NOVICE [nɔvis]. *n. et adj.* (1175, adj.; lat. *novicius*). I. *N.* (XIIIᵉ). ♦ 1° Personne qui a pris récemment l'habit religieux, et passe un temps d'épreuve (V. **Noviciat**) dans un couvent, avant de prononcer les vœux définitifs. *Postulante qui prend le voile et devient novice.* ♦ 2° Personne qui aborde une chose dont elle n'a aucune habitude, qui est sans expérience. « *Pour un novice, Sigognac ne jouait point trop mal* » (GAUTIER). V. **Apprenti, commençant, débutant.** *Se laisser prendre comme un novice.* V. **Bleu, conscrit.** ♦ 3° Mar. Jeune

marin de seize à dix-huit ans, entre le mousse et le matelot.
II. *Adj.* ♦ 1° Qui manque d'expérience. V. **Candide,
ignorant.** « *Frédéric était si novice, que ses premières folies
de jeunesse lui semblaient le bonheur même* » (MUSS.). ♦ 2° Qui
manque d'expérience (dans la pratique d'un art, l'exercice
d'une profession, d'une activité). V. **Inexpérimenté, inhabile,
maladroit.** *Il est encore bien novice dans le métier.* V. **Jeune,
neuf.**
◊ ANT. *Expérimenté, habile.*

NOVICIAT [nɔvisja]. *n. m.* (1535; de *novice*). ♦ 1° Temps
d'épreuve que la règle d'une congrégation religieuse impose
aux novices avant leur profession; situation des novices
pendant ce temps. V. **Probation.** ♦ 2° Partie d'un couvent
réservée aux novices. *Salle d'études du noviciat.*

NOVOCAÏNE [nɔvɔkain]. *n. f.* (1908; pour *novococaïne*,
de *cocaïne*, et lat. *novus* « nouveau »). *Méd.* Nom commercial
d'un anesthésique local administré par injections (dénomination commune : *procaïne*).

NOYADE [nwajad]. *n. f.* (1794; de *noyer* 1, et suff. *-ade*).
♦ 1° *Rare.* Action de noyer un être vivant; résultat de cette
action. *Les noyades de Nantes* (ordonnées en 1793 par le
conventionnel Carrier). ♦ 2° (Fin XIXᵉ). *Cour.* Le fait de
se noyer; mort accidentelle par immersion dans l'eau. *Sauver
qqn de la noyade. Tragique noyade en mer.* V. **Hydrocution.**

NOYAU [nwajo]. *n. m.* (1530; *noiel*, XIIIᵉ; lat. pop.
nodellus, de *nodus* « nœud »).
I. Partie dure dans un fruit. ◊ *Bot.* Partie dure et lignifiée de l'endocarpe, renfermant l'amande (V. **Graine**) ou
les amandes de certains fruits à péricarpe charnu. ◊ *Cour.*
Noyau (au sens bot.) ou graine dure dans une baie (datte,
etc.). *Fruits à noyau et fruits à pépins. Noyaux d'abricots, de
cerises, d'olives, de prunes. Retirer les noyaux* : dénoyauter.
— *Fam. Fauteuil, matelas rembourré avec des noyaux de pêche,*
très dur et inconfortable. « *Sur des lits de noyaux de pêche* »
(VERLAINE). — *Eau, crème, liqueur de noyau(x),* préparée
avec des amandes de noyaux (d'abricots) infusées dans de
l'eau-de-vie.
II. Partie centrale, fondamentale d'un objet. ♦ 1° (XVIIIᵉ).
Sc. Astron. Partie solide et la plus brillante d'une comète*.
Partie centrale d'une tache solaire. — *Géol.* et *cour.* Partie
centrale du globe terrestre. *L'hypothèse d'un noyau terrestre
incandescent ou « noyau igné » est complètement abandonnée
de nos jours.* ◊ *Biol.* (1868) Partie différenciée de la cellule,
corpuscule séparé du cytoplasme cellulaire par une membrane,
et qui contient les chromosomes. *Le noyau joue un rôle essentiel dans la reproduction de la cellule. Division du noyau.* V.
Méiose, mitose. *Constituants du noyau.* V. **Chromatine,
nucléoprotéine; désoxyribonucléique, ribonucléique.** *Le noyau
est constitué par une membrane nucléaire renfermant le suc
nucléaire qui contient le filament nucléaire. Leucocytes, cellules
à un seul noyau* (V. **Mononucléaire**), *à plusieurs noyaux* (V.
Polynucléaire; nucléé). ◊ *Anat.* Amas de substance grise
des centres nerveux. *Noyaux du bulbe. Noyaux du thalamus.*
◊ *Phys.* (1928) Partie centrale de l'atome, ensemble de
charge positive formé de protons et de neutrons. V. **Nucléon.**
*Les électrons gravitent autour du noyau. Fission du noyau
d'uranium. La physique du noyau* (V. **Nucléaire**), *branche
de la microphysique.* ♦ 2° (1549). Pièce, partie maîtresse,
autour de laquelle s'organisent les autres éléments d'un
ensemble. — *Archit.* Toute armature intérieure enveloppée
d'un revêtement. *Noyau d'une voûte,* colonne centrale sur laquelle
s'appuie le sommet de la voûte. — *Noyau d'un escalier,*
pile sur colonne centrale. ◊ *Techn.* Partie pleine à l'intérieur
d'un moule et qui produira, à la fonte, le vide correspondant.
◊ *Électr.* (1890) *Noyau d'une bobine d'induction, d'un inducteur* : pièce de fer doux placée au centre. ♦ 3° *Fig.* Ce vers
quoi tout converge où d'où tout émane. V. **Centre.**
♦ 4° *Comm.* Liste irréductible de produits contingentés.
III. (v. 1794). Groupes de personnes. ♦ 1° Petit groupe
qui est à l'origine d'une importante réunion d'hommes.
Le noyau ethnique d'un peuple. ♦ 2° Groupe humain, considéré quant à sa permanence, à la fidélité de ses membres.
« *Pour faire partie du « petit noyau », du « petit groupe », du
« petit clan » des Verdurin* » (PROUST). ♦ 3° Très petit groupe
considéré par rapport à sa cohésion, à l'action qu'il mène
(au sein d'un milieu hostile). *Parti désorganisé par des noyaux
d'opposants* (V. **Noyauter**). — *Milit. Noyaux de résistance,*
petits groupes isolés.

NOYAUTAGE [nwajotaʒ]. *n. m.* (1923; de *noyauter*).
Système qui consiste à introduire dans un milieu neutre
(syndicat, administration) ou hostile (parti politique adverse)
des propagandistes isolés chargés de le diviser, de le désorganiser et, le cas échéant, d'en prendre la direction. V.
Entrisme (politique), **infiltration.** « *Le noyautage des casernes* »
(MALRAUX).

NOYAUTER [nwajote]. *v. tr.* (XXᵉ; de *noyau*). Soumettre au noyautage. *Parti qui noyaute un syndicat ouvrier.*

NOYÉ, ÉE [nwaje]. *adj.* et *n.* (XIIIᵉ; V. **Noyer** 1). ♦ 1° *Adj.*
Marins noyés en mer. V. **Disparu; périr.** — *Fig. Être noyé* :

dépassé par la difficulté ou l'ampleur d'un travail, ne pas
savoir s'en tirer. V. **Perdu.** ◊ *Par anal. Des yeux noyés de
pleurs. Regard noyé* : vague, hagard. *Par ext.* « *Une résidence d'été, noyée dans la verdure* » (LOTI). ◊ *Fig. Quelques
bons passages noyés dans un fatras de digressions inutiles.*
♦ 2° *N.* (*Nooié,* fin XIIᵉ). Personne morte noyée; cadavre
noyé. *Repêcher un noyé.* — *Personne qui est en train de se
noyer,* a perdu connaissance. *Ranimer un noyé par la respiration artificielle.*

1. NOYER [nwaje]. *v. tr.* et *pron.* : *je noie, il noiera; nous
noyions; que vous noyiez* (fin XIIᵉ); *neier,* Xᵉ; lat. *necare*
« tuer »).
I. *V. tr.* ♦ 1° Faire mourir, tuer par asphyxie en immergeant dans un liquide. *Noyer des chatons.* Loc. prov. *Qui
veut noyer son chien l'accuse de la rage* : on invente des torts
à ceux que l'on veut punir. ◊ *Noyer le poisson* : promener le
poisson une fois pris en lui élevant par moment la tête hors
de l'eau pour l'épuiser. *Fig.* Embrouiller volontairement
une affaire, en entretenant la confusion, de manière à lasser
l'interlocuteur, à la faire céder. ♦ 2° (1500). Recouvrir d'eau.
V. **Engloutir, inonder, submerger.** *Noyer un pays sous les eaux
de la mer. Noyer l'estomac* : troubler la digestion par une
ingestion excessive de liquide. — *Par métaph. Balzac* « *nous
noyait dans un tel déluge de paroles qu'il fallait bien se taire* »
(GAUTIER). ◊ *Noyer dans le sang,* exercer des représailles
sanglantes. ◊ *Spécialt. Noyer la poudre* : la mouiller pour la
rendre inutilisable. *Noyer le carburateur* (par excès d'essence).
◊ *Par métaph.* (XVᵉ) *Noyer son chagrin dans l'alcool. Noyer
sa raison dans le vin.* ♦ 3° Enfoncer complètement (dans une
masse solide). *Noyer un clou dans le bois. Noyer des tiges de
fer dans du ciment.* ◊ *Archit.* Envelopper complètement dans
la maçonnerie. — *Au p. p. Pilier noyé dans la masse.*
♦ 4° (XVIIᵉ). Faire absorber et disparaître dans un ensemble
vaste ou confus. *Noyer les contours, les couleurs. Noyer un cri
dans le brouhaha, le tumulte.* V. **Étouffer.** *Noyer l'essentiel
de sa pensée dans les digressions.* V. **Délayer.**
II. (1174). ♦ 1° SE NOYER. *v. pron.* Mourir asphyxié par
l'effet de l'immersion dans un liquide. V. **Noyade.** *Baigneur
qui perd pied, coule à pic et se noie.* ◊ *Loc. fig. Se noyer dans
un verre d'eau* : être maladroit, incapable de surmonter les
moindres obstacles. ♦ 2° *Fig.* « *L'orateur, qui se noyait dans
ses phrases et périphrases* » (BALZ.). ♦ 3° Se perdre, sombrer. « *Ô vous, tristes plaisirs où leur âme se noie* » (LA FONT.).

2. NOYER [nwaje]. *n. m.* (*Noier,* v. 1180; lat. pop. *nuca-
rius,* de *nux* « noix »). ♦ 1° Arbre de grande taille, à feuilles
composées, à fleurs disposées en chatons pendants, solitaires ou groupées en un épi terminal, et dont le fruit est
la noix. « *Huit ou dix noyers magnifiques étaient au bout
du verger* » (STENDHAL). ◊ *Bot.* Plante de la famille des
Juglandacées, qui comprend le noyer commun et des arbres
voisins. ♦ 2° Bois de cet arbre. *Meubles de noyer. Ronce*
de noyer.

N.P.D [ɛnpede]. *n. m.* et *n.* (1961; sigle). [Au Canada].
Nouveau Parti Démocratique (4°). — *Subst.* Membre,
électeur de ce parti.

NTSC [ɛntɛsse]. *adj.* et *n. m.* (mil. XXᵉ; sigle, de l'angl.
National Television System Committee). Se dit du système
de télévision en couleurs mis au point aux États-Unis et
actuellement en usage aux États-Unis, au Canada, en Australie et au Japon.

1. NU, NUE [ny]. *adj.* et *n.* (1080; lat. *nudus*).
I. *Adj.* ♦ 1° Qui n'est couvert d'aucun vêtement. *Femme
nue. Complètement nu, tout nu. Être nu comme la main, comme
un ver* : Cf. *Être dans le costume d'Adam, dans le plus simple
appareil, dans l'état de nature, à poil* (*pop.*). *Doctrine qui
conseille de vivre nu.* V. **Nudisme.** *Se mettre nu* : se déshabiller*. — *Nu jusqu'à la ceinture. À demi-nu. Bras nus. Pied,
torse nu. Être nu-pieds* (V. **Va-nu-pieds**), *nu-tête* : avoir les
pieds nus, la tête nue. « *Dehors, bras nus, nu-tête* » (HUGO).
Les mains nues : sans gants. ◊ Dépourvu de cheveux, de
poils. *Crâne nu. Visage nu.* V. **Glabre.** ♦ 2° *Littér.* Mal vêtu,
misérable. *Vêtir ceux qui sont nus.* ♦ 3° Dépourvu de son
accompagnement, de son complément habituel. *Épée nue* :
hors du fourreau. — *Titre nu* : charge achetée ou vendue
sans la clientèle qui y est jointe. — *Loc. À l'œil nu* : sans instrument d'optique. *Boxer à main nue* : sans gant. ♦ 4° (1607).
Dépourvu d'ornement, de parure. *Une plaine nue,* sans
végétation (V. **Pelé**). *Un arbre nu,* sans feuilles. *Mur nu* :
sans ornement, lisse. *Cellule pauvre et nue* : sans meubles.
V. **Vide.** ♦ 5° *Zool.* Qui n'est pas recouvert de poils, de
plumes ou d'écailles. *Mollusques nus* : dépourvus de coquille.
— *Bot.* Dépourvu des appendices qui l'accompagnent normalement dans les autres végétaux. *Réceptacle nu. Amande,
fleur nue.* ♦ 6° *Fig.* Sans apprêt, sans déguisement, sans
fard. *Le style de Napoléon est simple et nu.* « *Une morale nue
apporte de l'ennui* » (LA FONT.). *La vérité toute nue.* ♦ 7° *Dr.*
V. **Nue-propriété.**
II. À NU. *loc. adv.* (1174). *Vx.* Sans être vêtu. *Se mettre
à nu* : se mettre nu. ◊ *Mod.* À découvert. *Mettre à nu.* V.

Dénuder, dévoiler. « *Mon cœur mis à nu* », carnet intime de Baudelaire. *Mettre à nu un fil électrique, une surface métallique*. — *Monter un cheval à nu :* sans selle (à cru*).
III. (1669). *N. m.* Corps humain ou partie du corps humain dépouillé(e) de tout vêtement. — Genre qui consiste à dessiner, à peindre, à sculpter le corps humain nu ; œuvre de ce genre. V. **Académie, nudité.** « *Ce que fut l'amour aux conteurs et aux poètes, le Nu le fut aux artistes de la forme* » (VALÉRY). — *Album de nus photographiques.*
◇ ANT. Couvert, déguisé, habillé, vêtu.
2. NU [ny]. *n. m.* (mot grec). Treizième lettre de l'alphabet grec (ν), correspondant au *n* français. ◇ HOM. *Nue.*
NUAGE [nɥaʒ]. *n. m.* (1564 ; de *nue*, qu'il a remplacé).
♦ 1° Amas de vapeur d'eau condensée en fines gouttelettes qui se forme et se maintient en suspension dans l'atmosphère. V. **Brouillard, nébulosité ; nue, nuée** (*littér.*). *Types de nuages.* V. **Cirrus, cumulus, nimbus, stratus** (alto-cumulus, alto-stratus, cirro-stratus, cumulo-nimbus, strato-cumulus). *Nuages en flocons.* V. **Mouton.** *Nuages de grêle, de pluie :* qui portent la grêle, la pluie. *Nuage qui crève. Les nuages s'amoncelaient. Les nuages courent, obscurcissent le ciel. Ciel chargé de nuages* (V. **Nébuleux, nuageux**), *couvert de petits nuages* (V. **Moutonné**). *Ciel sans nuage.* « *J'aime les nuages... les nuages qui passent... là-bas... les merveilleux nuages!* » (BAUDEL.). ◇ *Fig. Être, se perdre dans les nuages :* être distrait ; se perdre dans des rêveries confuses. V. **Lune** (dans la). ♦ 2° Par anal. *Nuage de fumée, de poussière.* — *Nuage artificiel émis au moyen d'un appareil fumigène.* — *Nuage de mousseline, de tulle* (tissu léger, transparent). *Nuage de lait :* très petite quantité qui prend, avant de se mélanger avec le thé, le café, l'aspect d'un nuage. ◇ *Nuage de sauterelles.* ♦ 3° *Vieilli.* Ce qui empêche de voir, ce qui obscurcit, trouble la vue, l'intelligence. « *Un nuage confus se répand sur ma vue* » (BOIL.). ♦ 4° Ce qui annonce un danger, est lourd de menaces. *Nuages noirs à l'horizon.* — Ce qui trouble la sérénité (soupçons, brouilleries, etc.). *Bonheur sans nuages :* qui n'est pas troublé. V. **Trouble.**
NUAGEUX, EUSE [nɥaʒø, øz]. *adj.* (1549 ; de *nuage*).
♦ 1° Couvert de nuages. V. **Nébuleux.** *Ciel, temps nuageux.* *Météo.* Qui concerne les nuages, est constitué par des nuages. *Tête, corps, traîne d'un système nuageux.* ♦ 2° *Fig.* V. **Nébuleux** (3°), obscur, trouble, vague. *Esprit nuageux. Théorie nuageuse.* ◇ ANT. Clair, serein.
NUAISON [nɥɛzɔ̃]. *n. f.* (1529 ; de *nue*). *Mar.* Durée d'un même vent, d'un même état atmosphérique.
NUANCE [nɥɑ̃s]. *n. f.* (1380 ; de *nuer*). ♦ 1° Chacun des degrés par lesquels peut passer une même couleur. V. **Tonalité.** « *Le regard moderne sait voir la gamme infinie des nuances* » (MAUPASS.). *Couleurs franches et nuances indécises.* ♦ 2° État intermédiaire par lequel peut passer une chose, un sentiment, une personne. *Nuances insensibles, imperceptibles.* « *Goethe a parcouru toutes les nuances de l'amour* » (STAËL). ◇ *Différence peu sensible, délicate, entre des choses de même nature. Saisir des nuances. Caractère, esprit tout en nuances. Il y a des nuances, une nuance.* ◇ *Ce qui s'ajoute à l'essentiel pour le modifier légèrement. Mettre dans son regard une nuance de complicité.* « *Nous apportons quelques nuances à leurs affirmations* » (GIDE). ♦ 3° Degré divers de douceur ou de force à donner aux sons. *Indications et nuances en musique.* ♦ 4° Particularité délicate de l'expression (en musique, littérature). *L'inspiration de Verlaine, toute en nuances.*
NUANCÉ, ÉE [nɥɑ̃se]. *adj.* (1680 ; V. **Nuancer**). ♦ 1° *Rare.* Qui a diverses nuances. *Tissu nuancé et changeant.* ♦ 2° *Cour.* Qui tient compte de différences ; qui n'est pas net, tranché. « *Un tableau très nuancé* » (ROMAINS). *Opinion nuancée.*
NUANCER [nɥɑ̃se]. *v. tr.;* conjug. *placer* (fin XVIᵉ ; de *nuance*). ♦ 1° Colorer en parcourant progressivement la gamme des nuances d'une même couleur ; assortir les nuances. ♦ 2° Faire passer graduellement d'un état à un autre, en atténuant les différences, en adoucissant les contrastes. — Exprimer en tenant compte des différences les plus délicates. *Nuancer sa pensée.* ♦ 3° Rendre délicatement et fidèlement les nuances dans l'interprétation d'une œuvre. ◇ ANT. Contraster, opposer, trancher.
NUANCIER [nɥɑ̃sje]. *n. m.* (v. 1950 ; de *nuance*). *Comm.* Présentoir de coloris factices (poudres, rouges à lèvres, à ongles, etc.) proposés en échantillonnages à la clientèle.
NUBIEN, ENNE [nybjɛ̃, ɛn]. *adj. et n.* (1701 ; lat. *Nubæi*, peuple éthiopien). De Nubie, région d'Afrique (Nord du Soudan, Sud de l'Égypte).
NUBILE [nybil]. *adj.* (1509 ; lat. *nubilis* ; de *nubere* « se marier »). ♦ 1° Qui est en âge d'être marié. V. **Mariable.** *D'après la loi française, les filles sont nubiles à quinze ans, et les garçons à dix-huit.* ♦ 2° Qui est formé, apte à la reproduction (Se dit surtout des filles). V. **Formé.** *Ce n'est plus une enfant, elle est nubile.* V. **Femme.** — Par ext. *Âge nubile :* fin de la puberté. ◇ ANT. Impubère.

NUBILITÉ [nybilite]. *n. f.* (1750 ; de *nubile*). *Dr.* Âge nubile ; aptitude à contracter mariage. — État d'une jeune fille nubile.
NUCAL, ALE, AUX [nykal, o]. *adj.* (1837 ; de *nuque*). *Anat.* De la nuque. *Les os nucaux.*
NUCELLE [nysɛl]. *n. m.* (1838 ; lat. *nux, nucis* « noix »). *Bot.* Partie centrale de l'ovule (des phanérogames).
NUCLÉ(O)-. Premier élément de mots savants, tiré du lat. *nucleus* « noyau ».
NUCLÉAIRE [nykleɛʀ]. *adj. et n.* (1838, « relatif au noyau du fruit », aussi *nucléal ;* du lat. *nucleus*).
I. *Adj.* ♦ 1° (1857). *Biol.* Relatif au noyau de la cellule. *Appareil nucléaire. Membrane nucléaire.* ♦ 2° (1931). *Phys.* Relatif au noyau de l'atome. *Particules nucléaires* (protons, neutrons). *Charge, spin nucléaire. Fission nucléaire ; réactions, transmutations nucléaires.* — *Cour. Énergie nucléaire :* fournie par une réaction nucléaire (fission, fusion) libérant l'énergie de liaison des particules d'un noyau. *Physique nucléaire :* partie de la physique atomique qui étudie le noyau. ♦ 3° (*Néol.*). Qui utilise l'énergie nucléaire. V. **Atomique.** *Guerre nucléaire. Projets de non-prolifération des armes nucléaires.* Cf. **Dénucléariser.** *Abusiv. Puissances nucléaires,* qui possèdent des bombes atomiques.
II. *N. m.* (mil. XXᵉ). *L'avènement du nucléaire.*
NUCLÉARISATION [nyklearizasjɔ̃]. *n. f.* (1959 ; de *nucléaire*). Action de rendre nucléaire (l'énergie). *La nucléarisation de l'énergie est une solution à la crise du pétrole.*
NUCLÉÉ, ÉE [nyklee]. *adj.* (1868 ; de *nucleus*). *Biol.* Qui possède un ou plusieurs noyaux. *Cellule nucléée.*
NUCLÉINE [nyklein]. *n. f.* (1897 ; de *nucleus*, et *-ine*). *Biochim.* Nucléoprotéide* isolé de cellules de pus et de spermatozoïdes de saumon (le premier à avoir été isolé, en 1868).
NUCLÉIQUE [nykleik]. *adj.* (1897 ; de *nucleus*, et *-ique*). *Biochim. Acides nucléiques*, constituants de la cellule vivante (noyau et cytoplasme cellulaire) à propriétés acides (combinaison de plusieurs nucléotides). V. **Désoxyribonucléique**, ribonucléique.
NUCLÉOLE [nykleɔl]. *n. m.* (1855 ; de *nucleus*, et *-ole*). *Biol.* Petit corps sphérique qui se trouve dans les noyaux cellulaires.
NUCLÉON [nykleɔ̃]. *n. m.* (1948 ; de *nuclé-*, d'apr. *proton*). *Phys.* Un des éléments constituant le noyau atomique. V. **Neutron, proton.**
NUCLÉONIQUE [nykleɔnik]. *adj. et n. f.* (1950 ; de *nucléon*). *Phys.* Relatif au nucléon. *N. f.* Science, technique des transmutations atomiques.
NUCLÉOPROTÉIDE [nykleɔprɔteid]. *n. m.* (1949 ; de *nucléo-*, et *protéide*). *Biochim.* Combinaison formée par un acide nucléique (désoxyribonucléique ou ribonucléique) et une protéine basique. V. **Nucléine, protamine.** *Les nucléoprotéides sont des constituants du noyau cellulaire.*
NUCLÉOPROTÉINE [nykleɔprɔtein]. *n. f.* (XXᵉ ; de *nucléo-*, et *protéine*). *Biochim.* Nucléoprotéide dont le groupement prosthétique (actif) est un acide ribonucléique.
NUCLÉOSIDE [nykleozid]. *n. m.* (1970 ; de *nuclé[o]*, et *oside*). *Biochim.* Produit de décomposition partielle d'un nucléotide*, constitué par un pentose* (le plus souvent du ribose) et une base purique ou pyrimidique.
NUCLÉOTIDE [nykleɔtid]. *n. m.* (v. 1963 ; de *nucléo-*, et *-ide*). *Biochim.* Constituant de la cellule vivante (noyau et cytoplasme) formé d'un sucre uni à une base purique ou pyrimidique, et associé à l'acide phosphorique (sous forme de phosphate). *Les acides nucléiques sont constitués de nucléotides.*
NUCLÉUS [nykleys]. *n. m.* (1846, du lat. *nucleus* « nucelle »). *Sc.* ♦ 1° *Biol.* Noyau (de cellule). ♦ 2° (1864). *Préhist.* Rognon de silex faisant partie de l'outillage paléolithique.
NUDISME [nydism(ə)]. *n. m.* (v. 1925 ; de *nu*, d'apr. *nudus*). Doctrine prônant la vie au grand air dans un état de complète nudité. V. **Naturisme.** Pratique de cette doctrine. *Faire du nudisme.* — *Par ext.* Le fait d'être nu ou très peu vêtu. V. **Nudité.** *Le nudisme intégral est interdit sur les plages.*
NUDISTE [nydist(ə)]. *adj. et n.* (v. 1930 ; « peintre de nus », 1924 ; du lat. *nudus*). Relatif au nudisme. — *N.* Personne qui pratique le nudisme. *Camp de nudistes.*
NUDITÉ [nydite]. *n. f.* (1320 ; *nueté*, a. fr. ; bas lat. *nuditas*, de *nudus*, « nu »). ♦ 1° État d'une personne nue. « *Le sommeil nous avait surpris dans notre nudité* » (RADIGUET). ◇ Le fait de vivre nu. V. **Nudisme.** « *Une revue allemande pour la propagation de la nudité* » (P. MORAND). ♦ 2° *Par ext.* Corps humain dévêtu ; partie du corps dénudée, chair nue (en parlant de ce qui est habituellement couvert). « *Ce n'est point une nudité qu'un visage, mais une belle main commence à en devenir une* » (MARIVAUX). ♦ 3° *Arts.* Homme, femme nus. V. **Nu.** « *Les peintres les ont reproduites* [...] »

sous forme de belles nudités » (HENRIOT). ♦ 4° *(Choses).* État de ce qui n'est pas recouvert, de ce qui n'est pas orné. *Nudité d'un mur.* « *Sur la nudité blafarde de cette salle, de hautes affiches jaunes s'étalaient violemment* » (ZOLA). — Fig. *Vices, laideurs qui s'étalent dans toute leur nudité : avec impudence,* sans se cacher.

NUE [ny]. *n. f.* (XIIᵉ; lat. pop. °*nuba,* class. *nubes*). *Vx* (ou en locutions). V. **Nuage, nuée.** ♦ 1° *Vx* ou *littér.* Nuages. « *Le soleil dissipe la nue* » (LA FONT.). — *Par ext.* Le ciel, l'espace nuageux ou non. « *Sa prière étant faite, il entend dans la nue une voix* » (LA FONT.). ♦ 2° *Mod.* (En locution). *Porter, mettre aux nues :* admirer, louer avec enthousiasme. V. **Louange.** — *Tomber des nues :* être extrêmement surpris, déconcertané par un événement inopiné (Cf. *Tomber* de la lune). « *Je tombais des nues, j'étais ébahi, je ne savais que dire* » (ROUSS.). ◇ HOM. Nu.

NUÉ, ÉE [nɥe]. *adj.* (1200; de *nue*). *Vx* ou *Techn.* De couleurs changeantes. *Jaspe nué.* — *Or nué :* formant le fond d'une broderie de soie. ◇ HOM. Nuée, nuer.

NUÉE [nɥe]. *n. f.* (XIIᵉ; de *nue*). ♦ 1° *Littér.* Gros nuage. V. **Nuage, nue.** *Nuées d'orage.* « *La voyez-vous passer, la nuée au flanc noir?* » (HUGO). ♦ 2° *Par ext. Nuée ardente,* amas de gaz, de vapeur d'eau, de cendres, expulsé lors d'une éruption volcanique. ♦ 3° Multitude formant un groupe compact (comparé à un nuage). « *Une nuée d'oiseaux qui tourbillonnent et voltigent sans but* » (GAUTIER). ◇ Très grand nombre (de choses, de personnes). V. **Quantité.** « *Des nuées innumérables de flagorneurs l'environnaient* » (PÉGUY). ◇ HOM. Nuer.

NUE-PROPRIÉTÉ [nyprɔprijete]. *n. f.* (1765; de *nu,* et *propriété*). *Dr.* Ensemble des attributs du droit de propriété qui appartiennent au propriétaire d'un bien sur lequel une autre personne a un droit d'usufruit, d'usage ou d'habitation. *Des nues-propriétés.*

NUER [nɥe]. *v. tr.* (1380; p. p., 1200; de *nue,* d'après les teintes changeantes des nuages). *Vx.* Assortir les couleurs, des tons. V. **Bigarrer, nuancer.** — *Techn.* Assortir les couleurs. *Nuer des laines et des soies.* ◇ HOM. Nué, nuée.

NUIRE [nɥiʀ]. *v. tr. indir.;* conjug. *conduire,* sauf au p. p. *nui,* pas de p. p. fém.; passé simple et impér. du subj. inus. (XIIᵉ; lat. *nocere,* dont le *e* est devenu bref). **NUIRE À.** ♦ 1° Faire du tort, du mal (à qqn). V. **Léser, préjudicier.** *La liberté consiste à pouvoir faire tout ce qui ne nuit pas à autrui. Nuire à qqn auprès de ses amis* (V. **Desservir**). — *Par ext. Nuire à sa santé.* V. **Détruire, ruiner.** *Nuire à la réputation de qqn.* ♦ 2° *(Choses).* Constituer un danger; causer du tort. *Cette accusation lui a beaucoup nui. Cela risque de nuire à nos projets.* V. **Contrarier, gêner.** — *Absolt. Désir, intention, volonté de nuire* (V. **Malignité, malveillance, méchanceté**). PROV. *Trop gratter cuit, trop parler nuit.* — *Abondance de biens ne nuit pas.* ♦ 3° SE NUIRE. *v. pron. (Réfl.).* Se faire du mal, se causer du tort à soi-même. — *(Récipr.)* « *Sans se détruire réciproquement et sans se nuire* » (STE-BEUVE). V. **Entre-nuire** (s'). ◇ ANT. Aider, assister, servir.

NUISANCE [nɥizɑ̃s]. *n. f.* (1120, repris v. 1960 par l'angl. *nuisance;* de *nuire*). I. *Vx.* ou *dial.* Caractère de ce qui est nuisible; chose nuisible. II. (Répandu à partir de 1965). Ensemble de facteurs d'origine technique (bruits, dégradations*, pollutions*, etc.) ou sociale (encombrements, promiscuité) qui rendent la vie malsaine ou pénible. ◇ *Par ext.,* à propos de choses abstraites. V. **Gêne.** *Les nuisances psychopathogènes, par exemple la carence affective, la carence d'autorité.*

NUISIBLE [nɥizibl(ə)]. *adj.* (XIVᵉ; *nuisable,* 1120; de *nuire,* sous l'infl. du bas lat. *nocibilis*). Qui nuit (à qqn, à qqch.). V. **Dangereux, défavorable, dommageable, funeste, malfaisant, néfaste, nocif, toxique.** *Climat, temps nuisible à la santé.* V. **Insalubre, malsain.** ◇ *Absolt.* V. **Mauvais.** *Engins nuisibles. Émanations, gaz nuisibles.* V. **Délétère; nuisance.** — *Spécialt. Animaux nuisibles,* animaux parasites, vulnérants, portevirus, venimeux et destructeurs (d'animaux ou de végétaux utiles). ◇ ANT. *Avantageux, bienfaisant, favorable, inoffensif; utile.*

NUISIBLEMENT [nɥiziblemɑ̃]. *adv.* (1549; de *nuisible*). *Rare.* D'une manière nuisible. ◇ ANT. *Utilement.*

NUIT [nɥi]. *n. f.* (*Noit,* 980; lat. *nox, noctis*). I. ♦ 1° Obscurité résultant de la rotation de la Terre, lorsqu'elle dérobe un point de sa surface à la lumière solaire. V. **Obscurité, ombre, ténèbre.** *Le jour et la nuit, la lumière et la nuit. Relatif à la nuit.* V. **Nocturne.** *Il fait nuit. La nuit tombe. À la nuit tombante.* V. **Crépuscule, soir.** *La nuit venue. Nuit noire,* très obscure. *Nuit d'encre*. *Nuit sans lune. Nuit étoilée.* Poét. *L'astre de la nuit,* la Lune. PROV. *La nuit, tous les chats sont gris,* on ne distingue pas une personne d'une autre, on ne risque pas d'être reconnu. — *Loc. fig. C'est le jour et la nuit,* deux choses, deux personnes entièrement opposées, différentes. ♦ 2° *Littér.* V. **Obscurité.** « *Une noire tempête déroba le ciel à nos yeux, et nous fûmes plongés dans*

une profonde nuit » (FÉN.). — Fig. *La nuit des temps,* se dit d'une époque très reculée, dont on ne sait rien. « *Tant d'usages d'une cruauté nécessaire et bizarre, dont la cause s'est perdue dans la nuit des temps* » (DIDER.). Poét. *La nuit du tombeau, la nuit éternelle.* V. **Mort.** ♦ 3° *Littér.* Le fait de ne pas voir, de ne pas comprendre, de ne pas sentir. V. **Noir.** « *Dans la nuit où nous sommes tous, le savant se cogne au mur* » (FRANCE). II. (Temps où il fait noir). ♦ 1° Espace de temps qui s'écoule depuis le coucher jusqu'au lever du soleil. *Jour et nuit, nuit et jour* [nɥiteʒuʀ] : continuellement, sans répit. *Milieu de la nuit.* V. **Minuit.** *Jusqu'à une heure avancée de la nuit. En pleine nuit. Toute la nuit. Établissement ouvert la nuit. La longue nuit polaire d'hiver. La nuit de la Saint-Jean est la plus courte de l'année.* PROV. *La nuit porte conseil*. — « *La nuit qui abolit tout, fatigues et passions* » (SARTRE). ◇ (Emploi de ce temps) *Dormir sa nuit. Nuit sans sommeil* ou *nuit blanche. V.* **Veille, veillée.** *Il en rêve la nuit. Marcher, se promener, sortir la nuit.* V. **Noctambule.** — *Nuit d'hôtel,* passée à l'hôtel. V. **Nuitée.** — *Je vous souhaite une bonne nuit.* Ellipt. *Bonne nuit.* V. **Bonsoir.** — *Nuit de noces :* la première nuit après les noces, que les époux passent ensemble. ♦ 2° DE NUIT. Qui a lieu, se passe la nuit. V. **Nocturne.** *Travail, garde, surveillance de nuit. Service de nuit. Vol de nuit. Fête de nuit.* — *Par ext.* Qui travaille, exerce ses fonctions pendant la nuit. *Veilleur de nuit, gardien, garde de nuit. Fam. Être de nuit.* ◇ Qui sert pendant la nuit. *Table* de nuit. Vase* de nuit. Bonnet*, chemise de nuit.* — Qui est ouvert la nuit; qui fonctionne la nuit. *Boîte* de nuit. Asile* de nuit. Sonnette de nuit d'une pharmacie.* ◇ Qui vit, reste éveillé la nuit. *Oiseaux de nuit.* V. **Nocturne.** *Papillons de nuit.* ◇ ANT. *Jour, lumière.* — HOM. Formes du v. *nuire.*

NUITAMMENT [nɥitamɑ̃]. *adv.* (1328; altér. de l'a. fr. *nuitantre,* bas lat. *noctanter,* class. *nocte, noctu*). *Littér.* Pendant la nuit, à la faveur de la nuit. « *Ils avaient pris les armes, incendiaient nuitamment les meules et les granges* » (CENDRARS).

NUITÉE [nɥite]. *n. f.* (*Nuitie,* 1250; de *nuit*). ♦ 1° *Vx.* L'espace, la durée d'une nuit. Dial. *À nuitée :* toute la nuit. ♦ 2° *Spécialt. Écon.* Nuit passée à l'hôtel.

NUL, NULLE [nyl]. *adj.* et *pron.* (842; lat. *nullus*). I. ♦ 1° *Littér.* (Adjectif indéfini accompagné d'une négation, et placé devant le nom). Pas un. V. **Aucun.** — (Employé avec NE) *Nul homme n'en sera exempté.* V. **Personne.** *Nulle chose ne manque.* V. **Rien.** *Je n'en ai nul besoin.* V. **Pas.** *Nul autre n'en est capable.* — (Sans négation exprimée) « *Que m'avaient-ils fait ? Nulle offense* » (LA FONT.). *Des choses de nulle importance, de nulle valeur.* — Ellipt. (sens fort exprimé) *Nulle paix pour lui. Nul doute.* « *Fiévreuses années ! Nul répit, nulle relâche* » (R. ROLLAND). — (Avec SANS) *Agir sans nulle crainte. Sans nulle exception. Sans nul doute.* ◇ *Cour.* NULLE PART. ♦ 2° (Pronom indéfini sing. employé comme sujet). *Littér.* ou *admin.* Pas une personne. V. **Aucun, personne.** *Nul n'est censé ignorer la loi.* Loc. cour. *À l'impossible nul n'est tenu. Nul mieux que lui n'est capable de... Nul depuis Hugo n'a mieux manié l'alexandrin.* (Après SANS QUE). « *Vous êtes à l'âge où un homme peut s'accorder une amie sans que nul y trouve à redire* » (F. de CUREL). — (dans des adages) *Nul ne plaide par procureur. Nulle peine sans loi* (*Nulla pœna sine lege*).

II. (XVᵉ). *Adj.* qualificatif (toujours après le nom). *Cour.* ♦ 1° Qui est sans existence, se réduit à rien. *Inclinaison très petite ou nulle. Différence nulle.* V. **Zéro** (égal à zéro). *Les risques sont nuls, il n'y a pas de risques.* V. **Inexistant.** *Résultats nuls.* V. **Négatif.** ◇ Qui reste sans résultat, sans décision. *Match nul,* où il n'y a ni gagnant ni perdant. ◇ *Dr.* Qui n'a pas d'effet légal, en parlant d'un acte frappé de nullité. V. **Caduc, invalide** *(vx).* Toute disposition au profit d'un incapable sera nulle. Nul et non avenu*. Nul et de nul effet. Rendre nul.* V. **Annuler, infirmer.** — *Par ext.* Sans effet. *Billet, papier nul par expiration de délai.* V. **Périmé.** ♦ 2° Qui ne vaut rien, pour la qualité, en parlant d'ouvrages de l'esprit, de travaux intellectuels. « *Les compositions de mathématiques de Max Jacob étaient si nulles qu'on avait renoncé à les corriger* » (MAX JACOB). *Un devoir nul, qui mérite zéro.* ◇ (Personnes) Sans mérite intellectuel, sans valeur. *Personne nulle.* V. **Nullité.** *Paul* « *est incapable, il est nul, c'est un âne, un demeuré* » (COCTEAU). — *Être nul, en, dans...,* très mauvais dans (un domaine particulier). *Élève nul en maths.* ♦ 3° *N. f. Techn.* Élément chiffré (caractère, mot, phrase) qui ne correspond à rien et qui est destiné à donner des garanties de sécurité supplémentaires (dans un message chiffré). ◇ ANT. *Beaucoup, chacun, tout; tous. Important, réel, valable; éminent, fort.*

NULLARD, ARDE [nylaʀ, aʀd(ə)]. *adj.* (mil. XXᵉ; de *nul,* et suff. péj. *-ard*). *Fam.* Tout à fait nul, qui n'y connaît rien. *Elle est nullarde en anglais.* Subst. *C'est un vrai nullard.* V. **Nullité.**

NULLEMENT [nylmɑ̃]. *adv.* (1180; de *nul*). Pas du tout, en aucune façon. V. **Aucunement, point** (Cf. Pas le moins du monde). *Cela ne me gêne nullement. Il n'était nullement jaloux.* — (Avec une négation sous-entendue) *Audacieux, mais nullement brave. Cela vous déplaît-il ? Nullement.* — (Avec *sans*) *Il attendait, sans nullement s'impatienter.*

NULLIPARE [nyl(l)ipaʀ]. *adj.* et *n. f.* (1953; du lat. *nullus,* et *-pare,* d'apr. *primipare). Didact.* Se dit d'une femme qui n'a pas eu d'enfant. V. **Multipare, primipare.** Subst. *Une nullipare.*

NULLITÉ [nyl(l)ite]. *n. f.* (XIIIᵉ-XIVᵉ ; lat. médiév. *nullitas).*
♦ 1º *Dr.* Inefficacité d'un acte juridique résultant de l'absence de l'une des conditions de fond ou de forme requises pour sa validité. *Nullité d'un acte, d'un legs* (V. **Caducité**). *Nullité d'ordre public,* qui peut être relevée d'office par le juge. *Nullité de procédure, de jugement. Acte entaché de nullité :* auquel s'attache une cause de nullité. — Sanction qui frappe cet acte. *Acte frappé de nullité. Action, demande en nullité.* ◊ *Par ext.* Cause de nullité. V. **Vice.** « *Pour ne point faire un faux, pour ne pas introduire de nullité dans les actes du mariage* » (HUGO). ♦ 2º Caractère de ce qui est nul, sans valeur. *La nullité d'une objection* (V. **Futilité**)*, d'une démonstration.* ◊ *Cour.* Défaut de talent, de connaissances, de compétence (d'une personne). *La nullité d'un élève.* V. **Faiblesse.** *Ils sont tous d'une nullité lamentable.* ♦ 3º *Une, des nullité(s) :* personne nulle. V. **Non-valeur, nullard, zéro.** « *C'est une vraie nullité.* « *Des nullités, comme nous en avons tant dans notre Assemblée actuelle* » (NERVAL). ◊ ANT. *Validité, valeur; crack, génie.*

NÛMENT ou **NUEMENT** [nymã]. *adv.* (1213; de *nue* [nu], et *-ment). Littér.* Sans déguisement, sans fard. « *Je vous dirai tout nûment que je le trouve le plus barbifiant des raseurs* » (PROUST). V. **Crûment.**

NUMÉRAIRE [nymeʀɛʀ]. *adj.* et *n. m.* (1561; bas lat. *numerarius).* ♦ 1º Adj. *Didact.* Qui sert à compter. *Pierres numéraires,* qui servaient à évaluer les distances sur les routes. — *Espèces numéraires,* espèces monnayées. ♦ 2º *N. m.* (1720). Monnaie métallique, et *par ext.* Toute monnaie ayant cours légal. V. **Espèce(s).** *Apports en numéraire* (opposé à *apports en nature, apports en industrie). Paiement en numéraire.*

NUMÉRAL, ALE, AUX [nymeʀal, o]. *adj.* (1474; bas lat. *numeralis).* Qui désigne, représente un nombre, des nombres arithmétiques. *Système numéral. Symboles numéraux,* tous les symboles utilisés pour représenter des nombres (signes, lettres, chiffres). V. **Numération.** *Lettres numérales,* désignant des nombres (chez les Phéniciens, les Hébreux, les Grecs, les Romains). ◊ *Gram. Adjectifs numéraux,* adjectifs indiquant le nombre *(adjectifs numéraux cardinaux)* ou le rang *(adjectifs numéraux ordinaux).* — Subst. *Un numéral, les numéraux. Numéraux cardinaux, ordinaux.* ◊ HOM. Numéro.

NUMÉRATEUR [nymeʀatœʀ]. *n. m.* (1487; bas lat. *numerator). Arithm.* Nombre supérieur d'une fraction qui indique combien elle contient de parties aliquotes de l'unité. *Numérateur et dénominateur d'une fraction.* — Terme supérieur d'une fraction algébrique.

NUMÉRATION [nymeʀasjɔ̃]. *n. f.* (XIVᵉ ; lat. *numeratio).* ♦ 1º *Arithm.* Manière de rendre sensible la notion abstraite de nombre et d'en conserver la mémoire ; système permettant d'écrire et de nommer les divers nombres. *Numération concrète des primitifs* (cailloux des anciens Romains, quipos des Incas, doigts de la main). *Base de numération,* nombre de chiffres, y compris le zéro, qui servent de base pour former les autres nombres. *Numération à base 2* (V. **Binaire**)*, à base 12* (V. **Duodécimal**)*, à base 10* (V. **Décimal**)*, numération binaire*.* ♦ 2º Action de nombrer, de compter ; résultat de cette action. V. **Compte.** — *Méd. Numération globulaire,* dénombrement des globules (hématies, leucocytes, plaquettes) du sang, effectué sous un échantillon de sang placé sous le microscope.

NUMÉRIQUE [nymeʀik]. *adj.* (1616; du lat. *numerus* « nombre »). ♦ 1º *Math.* Qui est représenté par un nombre, des nombres arithmétiques (chiffres). *Partie numérique et partie littérale ; valeur numérique d'une équation algébrique.* ♦ 2º Qui concerne les nombres arithmétiques. *Calcul numérique,* où les grandeurs sont représentées par des valeurs discontinues, par opposition à *calcul analogique* (recomm. offic. pour remplacer *digital*). Opérations numériques.* ♦ 3º Évalué en nombre. *Données numériques. La supériorité numérique de l'ennemi.* ♦ 4º *Techn.* Se dit, par opposition à analogique, de la représentation de données d'information ou de grandeurs physiques au moyen de caractères — des chiffres généralement (V. **Digital**) — et aussi des systèmes, dispositifs ou procédés employant ce mode de représentation discrète. *Un calcul numérique. Une pendule numérique,* pendule sans aiguilles, sur laquelle l'heure est inscrite en chiffres mobiles. ◊ ANT. *Littéral.*

NUMÉRIQUEMENT [nymeʀikmã]. *adv.* (1697; de *numérique).* Relativement au nombre, en nombre. *L'ennemi était numériquement inférieur.*

NUMÉRO [nymeʀo]. *n. m.* (1560; it. *numero* « nombre »),

♦ 1º Marque en chiffres, nombre attribué à une chose pour la caractériser parmi des choses semblables, ou la classer dans une série (Abrév. Nº, nº devant un nombre). *Numéro d'une maison. Numéro bis, ter, ajouté entre deux numéros. Numéro d'une place dans une salle de spectacle, dans un train.* — *Numéro de police ou d'immatriculation d'une automobile. Numéro d'inscription* (matricule). *Numéro d'un navire,* numéro officiel et définitif de chaque bâtiment de la Marine nationale. — *Numéros des pages d'un livre* (pagination). *Numéro de téléphone.* Composer, faire, demander un numéro de téléphone. *Numéro de compte* (chèques bancaires, postaux). — *Comm.* Numéro exprimant la taille, la grosseur relative d'un objet. *Numéro des morceaux de sucre. Numéro des verres de lunettes :* numéro indiquant le degré de convergence ou de divergence des verres. *Vendre au numéro* (peintres) : selon la dimension. — *Chim. Numéro atomique*.* ◊ *Spécialt.* Nombre utilisé dans le tirage au sort, les jeux de hasard, les loteries. *Tirer le bon, le mauvais numéro qui décidait du service aux armes.* — *Fig. Tirer le bon numéro,* avoir de la chance. « *Vous avez chipé à la loterie le bon numéro, l'amour dans le sacrement* » (HUGO). — *Numéro d'un billet de loterie. Numéros sortants, gagnants.* ♦ 2º *Adj.* Fig et fam. *Numéro un,* principal. *L'ennemi public numéro un.* ◊ De première qualité (Cf. **De première**). ♦ 3º (1901). Fam. *Un numéro,* une personne bizarre, originale. *Quel numéro !* V. **Phénomène.** « *Dites donc, ça a l'air d'un drôle de numéro, votre client* » (MONTHERLANT). ♦ 4º Partie d'un ouvrage périodique qui paraît en une seule fois et porte un numéro. V. **Livraison.** *Numéro d'une revue, d'un journal. Ce numéro est épuisé.* — *Par ext.* Exemplaire de tel ou tel numéro. — *La suite au prochain numéro,* la suite de l'article paraîtra dans le numéro suivant ; *fig.* et *fam.* La suite à demain. ♦ 5º (1879). Petit spectacle faisant partie d'un programme de variétés, du répertoire d'un artiste de cirque, de music-hall. *Numéro de chant, de mime, de danse, de cirque, de prestidigitation. Les trapézistes X dans leur nouveau numéro.* — *Fig.* et *fam.* Spectacle donné par une personne qui se fait remarquer. *Il nous a fait son numéro habituel.* ◊ HOM. Numéraux (pl. de numéral).

NUMÉROTAGE [nymeʀɔtaʒ]. *n. m.* (1787; de *numéroter).* Action de numéroter. *Numérotage de billets, d'étiquettes.* « *Projet de numérotage des rues et des maisons de Paris* », par Laclos (1787).

NUMÉROTATION [nymeʀɔtasjɔ̃]. *n. f.* (1834; de *numéroter).* Action de numéroter. Ordre des numéros. *Changer la numérotation d'une collection.*

NUMÉROTÉ, ÉE [nymeʀɔte]. (1690; V. **Numéroter**). Qui porte un numéro. *Siège numéroté. Exemplaire numéroté d'un livre,* et *par ext. Édition numérotée.*

NUMÉROTER [nymeʀɔte]. *v. tr.* (1680; de *numéro*). Marquer, affecter d'un numéro. V. **Chiffrer.** *Numéroter les pages d'un manuscrit, d'un registre.* V. **Coter, folioter, paginer.** — Fig. et fam. *Numéroter ses abattis*.* ◊ SE NUMÉROTER. *v. pron.* (Réfl.) Se donner un numéro. *Soldats qui se numérotent à l'exercice.*

NUMÉROTEUR [nymeʀɔtœʀ]. *n. m.* (1871; de *numéroter). Techn.* Instrument servant à imprimer des numéros à la main.

NUMERUS CLAUSUS [nymeʀysklozys]. *n. m.* (1931; mots lat. « nombre fermé »). Limitation discriminatoire (d'abord contre les étudiants juifs, en Europe centrale). *Vichy* « *instaura pour les étudiants un numerus clausus* » (BEAUVOIR).

NUMIDE [nymid]. *adj.* et *n.* (XVIᵉ ; lat. *Numide,* gr. *Nomas, Nomados,* proprem. « pasteur »). *Hist.* De Numidie, ancien nom d'une région du nord de l'Afrique. *Esclave numide.* — N. *Les Numides.*

NUMISMATE [nymismat]. *n.* (1823; de *numismatique,* d'apr. *diplomate). Didact.* Spécialiste, connaisseur des médailles et monnaies anciennes. « *Je le tourne et le retourne comme un numismate interroge une curieuse pièce de monnaie* » (THARAUD).

NUMISMATIQUE [nymismatik]. *adj.* et *n. f.* (1740; « numismate », 1579; lat. *numisma,* var. de *nomisma,* mot gr. « monnaie »). *Didact.* ♦ 1º Adj. Relatif aux monnaies, aux médailles anciennes ; à leur connaissance. *Étudier une monnaie du point de vue numismatique.* ♦ 2º *N. f.* (1803). Connaissance, science des médailles et des monnaies anciennes comme témoins des civilisations.

NUMMULAIRE [ny(m)mylɛʀ]. *adj.* et *n. f.* (1545; lat. *nummularius,* de *nummulus* « petite monnaie »). *Lysimaque nummulaire,* ou n. f. *Nummulaire,* la lysimaque. — *Méd.* Qui a la forme d'une pièce de monnaie. *Lésion nummulaire de la peau.* (1837). *Crachat nummulaire.*

NUMMULITE [nym(m)ylit]. *n. f.* (1803; du lat. *nummulus).* *Paléont.* Fossile, foraminifère à coquille ronde, divisée en loges spiralées, très abondant au début du tertiaire (éocène).

NUMMULITIQUE [ny(m)mylitik]. *adj.* et *n. m.* (1864; de *nummulite). Géol.* Qui renferme des nummulites, est formé de nummulites. *Calcaires, sables nummulitiques de*

l'éocène. N. m. *Le nummulitique,* ensemble des terrains du début du tertiaire.

NUNATAK [nynatak]. *n. m.* (1913; mot du Groenland). *Géogr.* Saillie rocheuse laissée à découvert par la calotte glaciaire.

NUNCUPATIF [nɔ̃kypatif]. *adj. m.* (1308; bas lat. *nuncupativus,* de *nuncupare* « dénommer »). Dr. rom. *Testament nuncupatif,* fait par simple déclaration devant témoins et suivant les formes légales.

NUNCUPATION [nɔ̃kypasjɔ̃]. *n. f.* (*Noncoupacion,* XIVᵉ; lat. jur. *nuncupatio, onis* « appellation »). *Dr. rom.* Déclaration solennelle du testateur, parfois jointe à la mancipation.

NUOC-MÂM [nɥɔkmam]. *n. m.* (1837, *neuc-num; mot* vietnamien « eau de poisson »). Sauce de poisson macéré dans une saumure, assaisonnement très employé dans la cuisine vietnamienne.

NU-PROPRIÉTAIRE [nyprɔprijetɛr]. *n.* (1845; de *nue-propriété*). *Dr.* Personne à qui appartient la nue-propriété d'un bien. *Un nu-propriétaire. Une nue-propriétaire, des nus-propriétaires.*

NUPTIAL, ALE, AUX [nypsjal, o]. *adj.* (XIIIᵉ; lat. *nuptialis,* de *nuptiæ.* V. Noce). *Littér.* (sauf dans qques expressions). Relatif aux noces, à la célébration du mariage. *Bénédiction, cérémonie, messe nuptiale.* « *L'amour de Gwinplaine pour Déa devenait nuptial* » (HUGO). *Lit nuptial. Chambre nuptiale. Marche nuptiale. Anneau nuptial, robe nuptiale.* ◊ *Vol nuptial des abeilles.*

NUPTIALITÉ [nypsjalite]. *n. f.* (1879; de *nuptial*). *Démogr.* Étude statistique des mariages (et des divorces) dans une population; nombre relatif des mariages *(taux de nuptialité). Tables de nuptialité* (par classe d'âge).

NUQUE [nyk]. *n. f.* (XVIᵉ; « moelle épinière », 1314; lat. médiév. *nuca, nucha,* de l'arabe *nukha*). Partie postérieure du cou, au-dessous de l'occiput. *Coiffure dégageant la nuque.* « *Sur les nuques se tordent toutes sortes de petits cheveux follets* » (GAUTIER). *Couvre-nuque pour protéger la nuque.*

NURAGHE, plur. **NURAGHI** [nyrage, agi]. *n. m.* (1826; *nurage,* La Marmora; mot sarde, qu'on rattache aux racines hébraïques *nour* « lumière », et *hag* « toit »). *Archéol.* Tour antique, en forme de cône tronqué, propre à la Sardaigne.

NURSE [nœrs(ə)]. *n. f.* (1896; « nourrice anglaise », 1855; mot angl., du fr. *nourrice*). Domestique (anglaise à l'origine) qui s'occupe exclusivement des soins à donner aux enfants. V. **Bonne** (d'enfants), **garde, gouvernante.** « *Sur les trottoirs, des nurses à voiles bleus roulaient dans des voitures vernies des bébés en dentelles* » (CHARDONNE).

NURSERY [nœrsəri]. *n. f.* (1833; mot angl.; du précéd.). Pièce réservée aux enfants. *Des nurseries.*

NUTATION [nytasjɔ̃]. *n. f.* (1748; lat. *nutatio, onis*). *Didact.* ◊ 1° *Astron.* Oscillation périodique de l'axe de rotation de la Terre (axe du monde) autour de sa position moyenne. Par ext. *Nutation de l'axe d'un astre.* ◊ *Math. Angle de nutation,* angle formé par l'axe de rotation d'un solide et un axe fixe. ◊ 2° *Bot.* Changement de direction d'un organe végétal en cours de croissance; ancienne dénomination de l'*héliotropisme.* ◊ 3° *Pathol.* Balancement continuel de la tête.

NUTRIMENT [nytrimɑ̃]. *n. m.* (1868; « nourriture », XIVᵉ; lat. *nutrimentum*). *Didact.* Substance alimentaire pouvant être entièrement et directement assimilée. *Nutriment introduit en injections intraveineuses.*

NUTRITIF, IVE [nytritif, iv]. *adj.* (1314; bas lat. *nutritivus,* de *nutrire.* V. **Nourrir**). ◊ 1° Qui contribue à la nutrition; qui a la propriété de nourrir. *Éléments, principes nutritifs d'un aliment. Sucs nutritifs.* V. **Nourricier.** *Réserves nutritives.* ◊ *Par ext.* Qui contient en abondance des principes nutritifs. *Aliments, mets nutritifs.* V. **Fortifiant, nourrissant, substantiel, riche.** ◊ 2° *Par ext. Didact.* Relatif à la nutrition. *Les besoins nutritifs de l'homme. Fonctions nutritives.*

NUTRITION [nytrisjɔ̃]. *n. f.* (1361; bas lat. *nutritio,* de *nutrire* « nourrir »). ◊ 1° *Physiol.* Ensemble de processus d'assimilation et de désassimilation qui ont lieu dans un organisme vivant, lui permettant de se maintenir en bon état et lui fournissant l'énergie vitale nécessaire. *Fonctions de nutrition.* V. **Alimentation, digestion, métabolisme.** ◊ 2° *(Sens restreint). Physiol.* ou *cour.* Transformation et utilisation des aliments dans l'organisme. *Troubles de la nutrition.*

Mauvaise nutrition. V. **Carence, dénutrition, malnutrition.**

NUTRITIONNEL, ELLE [nytrisjɔnɛl]. *adj.* (1969; de *nutrition*). *Didact.* Qui concerne la nutrition. *Composition nutritionnelle du lait. Troubles d'ordre nutritionnel.*

NUTRITIONNISTE [nytrisjɔnist(ə)]. *n.* (1958; de *nutrition*). *Didact.* Spécialiste des problèmes de la nutrition. *Nutritionniste sportif.*

NYCTAGINACÉES [niktaʒinase]. *n. f. pl.* (1931; *nyctagynées,* 1839; de *nyctage* « belle de nuit », lat. sav. du gr. *nyx* « nuit »). *Bot.* Famille de plantes dicotylédones apétales (*ex.* : bougainvillée).

NYCTALOPE [niktalɔp]. *n.* (1562; lat. *nyctilope,* 1538; *noctilupa,* v. 1370; gr. *nyctalops,* de *nux, nuktos* « nuit », et *ôps* « vue »). *Méd.* Personne qui a la faculté de distinguer les objets sous une faible lumière ou pendant la nuit. — Adj. *La chouette, le hibou, oiseaux nyctalopes.*

NYCTALOPIE [niktalɔpi]. *n. f.* (1668; lat. *nyctalopia*). *Biol.* et *méd.* Faculté de bien voir pendant la nuit ou dans l'obscurité, normale chez certains animaux (hibou, chouette, chat), rare chez l'homme. V. **Héméralopie.**

NYCTHÉMÈRE [niktemɛr]. *n. m.* (1846; du gr. *nux, nuktos* « nuit », et *hêmera* « jour »). *Didact.* Espace de temps comprenant un jour et une nuit et correspondant à un cycle biologique.

NYCTURIE [niktyri]. *n. f.* (1903; du gr. *nux, nuktos* « nuit », et suff. *-urie). Physiol., méd.* Élimination plus abondante d'urine ou mictions plus fréquentes la nuit que le jour.

NYLON [nilɔ̃]. *n. m.* (v. 1935; nom déposé, mot amér., probabl. de l'élément *nyl-* de *vinyle,* et *-on,* d'apr. *cotton* « coton »). Fibre synthétique (polyamide), obtenue au moyen de réactions sur des sous-produits du goudron. *Résistance, élasticité du nylon. Brosse en nylon. Étoffe de nylon,* et ellipt. *Du nylon. Lingerie de nylon. Bas de nylon,* et par appos. *Bas nylon.*

NYMPHAL, ALE, AUX [nɛ̃fal, o]. *adj.* (XXᵉ; mythol., 1530; de *nymphe,* 3°). *Zool.* Relatif aux nymphes d'insectes. *Stade nymphal.*

NYMPHE [nɛ̃f]. *n. f.* (1265; lat. d'o. gr. *nympha*). ◊ 1° *Mythol.* Nom des déesses d'un rang inférieur, qui hantaient les bois, les montagnes, les fleuves, la mer, les rivières. V. **Dryade, naïade, napée, néréide, océanide, oréade.** — Représentation plastique d'une nymphe, sous forme d'une jeune femme nue ou demi-nue. « *Je me représentai les Satyres qu'on voit dans les jardins ravissant des Nymphes* » (FRANCE). Par ext. *(Plaisant.)* Jeune fille ou jeune femme, au corps gracieux. ◊ 2° *Anat.* Petites lèvres de la vulve. ◊ 3° *Zool.* (1682; fig. du sens gr.). Deuxième stade de la métamorphose des insectes, intermédiaire entre la larve et l'imago. V. **Nymphose.** *Nymphe de lépidoptère.* V. **Chrysalide.**

NYMPHÉA [nɛ̃fea]. *n. m.* (1538; lat. sav., d'o. gr. *nymphæa*). Nom scientifique du nénuphar blanc, appelé aussi *lune d'eau. Les Nymphéas,* de Cl. Monet.

NYMPHÉACÉES [nɛ̃fease]. *n. f. pl.* (1817; de *nymphéa*). *Bot.* Famille de plantes angiospermes (*Dicotylédones, dialypétales*), aquatiques et rhizomateuses, à canaux aérifères à larges feuilles nageant sur les eaux douces. *Principales nymphéacées :* nélombo, nénuphar, nymphéa, victoria.

NYMPHÉE [nɛ̃fe]. *n. m.* (fin XVᵉ; de *nymphe*). *Archéol.* Grotte naturelle ou artificielle où jaillissait une source, une fontaine, sanctuaire consacré aux nymphes.

NYMPHETTE [nɛ̃fɛt]. *n. f.* (1611; repris v. 1960; de *nymphe*). Très jeune fille au physique attrayant. Adolescente aux manières aguicheuses, à l'air faussement candide.

NYMPHOMANE [nɛ̃fɔman]. *adj.* et *n.* (1819; de *nymphomanie*). Femme ou femelle atteinte de nymphomanie. *Jument nymphomane.*

NYMPHOMANIE [nɛ̃fɔmani]. *n. f.* (1732; de *nymphe,* et *-manie*). Exagération pathologique des désirs sexuels chez la femme ou certaines femelles. V. aussi **Satyriasis.**

NYMPHOSE [nɛ̃foz]. *n. f.* (1874; de *nymphe*). *Zool.* État de nymphe (d'un insecte).

NYSTAGMUS [nistagmys]. *n. m.* (*Nystagme,* 1839; gr. *nustagmos,* de *nustazein* « baisser la tête »). *Méd.* Secousses rythmiques involontaires des globes oculaires, survenant le plus souvent dans le regard latéral, lors de circonstances physiologiques particulières (fatigue des yeux, troubles de la vision, lésions nerveuses, fixation d'un objet qui se déplace).

O

O [o]. *n. m.* ♦ 1° Quinzième lettre de l'alphabet, la quatrième des voyelles. *O majuscule, o minuscule. Ô accent circonflexe* ou *ô.* O, e *dans l'o* ou *Œ.* — Phonét. O *ouvert* ([ɔ] : sole); o *fermé* ([o] : rose); o *nasalisé* ([ɔ̃] : bon). ♦ 2° Abrév. de *Ouest.* Symbole de l'*oxygène.* ♦ 3° O', particule placée devant les noms propres irlandais et indiquant la filiation (fils de...). *O' Neil.* ◊ HOM. V. **Ô.**

Ô [o]. *interj.* (980; lat. *O,* onomat.). ♦ 1° Interjection servant à invoquer, à interpeller (dite parfois *O* vocatif). *Ô ciel!* « *Chantez, ô conques sur les eaux!* » (ST -JOHN PERSE). ♦ 2° Interjection traduisant un vif sentiment (joie, admiration, douleur; crainte, colère). « *Ô nuit désastreuse!* » (BOSS.). « *Ô rage, ô désespoir, ô vieillesse ennemie* » (CORN.). ◊ HOM. Au, aulx, aux, eau, haut, ho, o, oh, os (pl.).

OARISTYS [ɔaʀistis]. *n. f.* (fin XVIIIᵉ; mot gr.). Littér. Idylle, ébats amoureux. « *Ah! les oaristys! les premières maîtresses!* » (VERLAINE).

OASIEN, IENNE [ɔazjɛ̃, jɛn]. *adj.* (1865; d'*oasis*). Géogr. Relatif aux oasis. *Subst.* Habitant d'une oasis. *Les oasiens du Sahara.*

OASIS [ɔazis]. *n. f.,* parfois *m.* (1766; n. pr., 1561; bas lat. *oasis,* mot gr. empr. à l'égypt.). ♦ 1° Endroit d'un désert qui présente de la végétation due à la présence d'un point d'eau. *Oasis sahariennes.* Par ext. « *Cette banlieue de Grenade forme comme une oasis enchantée au milieu des plaines brûlées de l'Andalousie* » (STENDHAL). ♦ 1° Fig. Lieu ou moment reposant, chose agréable (dans un milieu hostile, une situation pénible). « *Dans ce triste quatorzième siècle, le règne de Charles V est une oasis de raison* » (BAINVILLE).

OB-. Élément, de la prép. lat. *ob* « en face, à l'encontre », qui prend la forme *oc-, of-, op-, os-, o-,* selon la lettre qu'il précède (*occasion, offenser, opprimer, omettre*).

OBÉDIENCE [ɔbedjãs]. *n. f.* (1155; lat. *obœdientia*). ♦ 1° Relig. Obéissance à un supérieur ecclésiastique. — Autorisation de changer de lieu. ◊ Nom donné à certaines maisons religieuses dépendant d'une maison principale. ♦ 2° Littér. Obéissance ou soumission. *Une obédience absolue.* V. **Dépendance, obéissance, soumission, subordination.** « *J'avais passé vingt ans de ma vie dans l'obédience, dans la servitude* » (DUHAM.). ♦ 3° Lien entre une puissance spirituelle, politique et ceux qui lui sont soumis (dans les express. *dans l'obédience, d'obédience...*) V. **Domination.** *Les pays d'obédience communiste.* ◊ ANT. **Indépendance.**

OBÉDIENCIER [ɔbedjãsje]. *n. m.* (1240; de *obédience*). Relig. Religieux soumis à l'autorité spirituelle d'un supérieur. — Religieux qui administre, par ordre de son supérieur, un bénéfice dont il n'est pas titulaire.

OBÉDIENTIEL, ELLE [ɔbedjãsjɛl]. *adj.* (1636; de *obédience*). Relig. Relatif à l'obédience.

OBÉIR [ɔbeiʀ]. *v. tr. indir.* (1120; lat. *obœdire*). OBÉIR À. ♦ 1° Se soumettre (à qqn) en se conformant à ce qu'il ordonne ou défend. *Enfant qui obéit à ses parents.* V. **Écouter.** *Obéir à un maître* : être, se mettre aux ordres d'un maître. *Obéir à une puissance.* V. **Inféoder** (s'). *Il a de l'autorité et sait se faire obéir.* « *Il sera obéi de ses troupes* » (MAUROIS). — Absolt. *Il faut obéir.* V. **Incliner** (s'), **soumettre** (se). « *Il est toujours facile d'obéir, si l'on rêve de commander* » (SARTRE). — *Obéir au doigt* et à l'œil, sans murmurer. ♦ 2° Se conformer, se plier (à ce qui est imposé par autrui, ou par soi-même). V. **Acquiescer** (à), **déférer** (à). *Obéir à un ordre,* l'exécuter. V. **Obtempérer.** Par ext. *Obéir aux lois.* V. **Observer.** *Obéir à la mode.* V. **Suivre.** *Obéir à sa conscience. Obéir à une impulsion.* V. **Céder.** *Il obéissait à un mouvement, à un sentiment de pitié.* ♦ 3° (*Choses*). Être soumis à (une volonté). *L'outil obéit à la main.* ◊ Par ext. Être soumis à (une nécessité, une force, une loi naturelle). *Les corps matériels obéissent à la loi de la gravitation.* ◊ ANT. **Commander, diriger, ordonner; désobéir, résister, transgresser, violer.**

OBÉISSANCE [ɔbeisãs]. *n. f.* (1413; « juridiction », 1270; de *obéir*). Le fait d'obéir; action, état de celui qui obéit (l'obéissance a un caractère plus formel que la soumission).

V. **Soumission, subordination.** *Obéissance des enfants à leurs parents, des soldats à leurs chefs militaires; des religieux à leurs supérieurs* (V. **Obédience, observance**). *Devoir obéissance à un chef. Prêter, jurer obéissance à qqn. Refus d'obéissance.* — *Obéissance aux règles.* V. **Discipline, observation.** — « *Il n'entendait donc point pousser l'esprit d'obéissance jusqu'à la soumission aveugle* » (DUHAM.). ◊ ANT. **Commandement, désobéissance, indiscipline, résistance.**

OBÉISSANT, ANTE [ɔbeisã, ãt]. *adj.* (1170; p. prés. d'*obéir*). Qui obéit volontiers. V. **Discipliné, docile, soumis.** *Enfant obéissant.* V. **Doux, sage.** *Obéissant envers son père* (vx), *à son père.* V. **Discipliné.** *Chien obéissant.* — Par ext. « *Bien que connu pour ma nature obéissante, ponctuelle et douce, comme Buffon dit du chameau* » (PROUST). ◊ ANT. **Désobéissant, entêté, indocile, têtu, volontaire.**

OBEL ou **OBÈLE** [ɔbɛl]. *n. m.* (1689; lat. d'o. gr. *obelus* « broche »). Paléogr. Trait noir en forme de broche servant à signaler un passage interpolé sur les manuscrits anciens.

OBÉLISQUE [ɔbelisk(ə)]. *n. m.* (1537; lat. *obeliscus,* du gr., de *obelos.* V. **Obèle**). ♦ 1° Dans l'art égyptien, Colonne en forme d'aiguille quadrangulaire surmontée d'un pyramidion. *L'obélisque de Louqsor, amené d'Égypte et érigé place de la Concorde à Paris.* ♦ 2° Monument ayant cette forme. « *Il y avait un monument aux morts, un obélisque qu'un coq de bronze surmontait* » (NIZAN).

OBÉRÉ, ÉE [ɔbeʀe]. *adj.* (1596; lat. *obœratus* « endetté »). Chargé de dettes.

OBÉRER [ɔbeʀe]. *v tr.*; conjug. *céder* (1680; du précéd.). Charger, accabler de dettes. V. **Endetter.** *Guerre qui obère les finances d'un pays.* Pronom. *S'obérer.*

OBÈSE [ɔbɛz]. *adj. et n.* (1825; lat. *obesus,* de *edere* « manger »). ♦ 1° Adj. Qui a un embonpoint excessif, qui est anormalement gros. V. **Bedonnant, énorme, ventru.** *Il est devenu obèse.* ◊ Méd. Atteint d'obésité. ♦ 2° N. Un, une obèse. « *Le martyre de l'obèse* », de H. Béraud. ◊ ANT. **Maigre.**

OBÉSITÉ [ɔbezite]. *n. f.* (1550; lat. *obesitas*). État d'une personne obèse. ◊ Méd. Augmentation ou excès du tissu adipeux de l'organisme, accompagné d'un excédent de poids (plus de 25 % du poids estimé normal). V. **Adiposité, grosseur, lipomatose.** *Obésité exogène,* par suralimentation. *Obésité endogène,* résultant de troubles métaboliques ou endocriniens. ◊ ANT. **Maigreur.**

OBI [ɔbi]. *n. f.* (1551; mot jap.). Longue et large ceinture de soie du costume japonais traditionnel. « *Sa robe était gris perle et son obi ponceau* » (FARRÈRE). ◊ HOM. Hobby.

OBIER [ɔbje]. *n. m.* (1551; var. de *aubier,* à cause de la couleur blanche du bois). Arbuste à fleurs blanches en boules compactes très décoratives, appelé « boule de neige » (espèce de *viorne*).

OBIT [ɔbit]. *n. m.* (1238; « trépas », XIIᵉ; lat. *obitus,* de *obire* « mourir »). Liturg. cathol. Service religieux célébré au bénéfice de l'âme d'un défunt, généralement au jour anniversaire de sa mort. *Des obits.*

OBITUAIRE [ɔbityɛʀ]. *adj. m. et n. m.* (Obitaire, XIVᵉ; lat. médiév. *obituarius,* de *obitus* « mort »). Relig. cathol. ♦ 1° Adj. Relatif au décès. V. **Mortuaire.** *Registre obituaire,* donnant la liste des morts pour lesquels a été célébré un service funèbre. ♦ 2° N. m. Registre obituaire d'une abbaye; livre liturgique contenant les obits funèbres.

OBJECTAL, ALE, AUX [ɔbʒɛktal, o]. *adj.* (1951; du lat. *objectum*). Psychan. Qui se rapporte à des objets indépendants du moi du sujet. *Relations objectales. Processus mentaux objectaux.*

OBJECTER [ɔbʒɛkte]. *v. tr.* (1561; objeter, 1288; lat. *objectare* « placer devant, opposer »). ♦ 1° Opposer (une objection) à une opinion, une affirmation, pour la réfuter. *Objecter de bonnes raisons à, contre un argument. Objecter que.* V. **Répondre, rétorquer.** « *Il objectait qu'une action militaire autrichienne se heurterait au veto du Kaiser* » (MART. du G.). — Opposer (une objection) à qqn. V. **Répliquer.** « *Il est rarement arrivé qu'on m'ait objecté quelque chose* *que je n'eusse point du tout prévue* » (DESCARTES). ♦ 2° Opposer (un fait, un argument) à un projet, une demande, pour les repousser. *Objecter la fatigue pour ne pas sortir.* V. Prétexter. ◇ Alléguer comme un obstacle ou un défaut, pour rejeter la demande de qqn. *On lui objecta son jeune âge; qu'il était trop jeune.* « *Elle n'aura plus à vous objecter le scandale du tête-à-tête* » (LACLOS). ◈ ANT. Approuver.

OBJECTEUR [ɔbʒɛktœʀ]. *n. m.* (1777; de *objecter*). ♦ 1° *Vx.* Celui qui fait des objections. V. **Contradicteur.** ♦ 2° *Mod.* OBJECTEUR DE CONSCIENCE (1933; trad. angl. *conscientious objector*). Celui qui, en temps de paix ou de guerre, refuse d'accomplir ses obligations militaires, en alléguant que ses convictions lui enjoignent le respect inconditionné de la vie humaine.

1. **OBJECTIF, IVE** [ɔbʒɛktif, iv]. *adj.* (XIVᵉ; lat. scolast. *objectivus*). ♦ 1° Qui a rapport à un objet donné. *Vx.* Opt. *Verre objectif.* V. **Objectif** (2). — Milit. (XVIIIᵉ) *Point objectif.* V. **Objectif** (2). ◇ Ling. Relatif à l'objet. *Génitif objectif. Sens objectif des adjectifs possessifs.* ♦ 2° Philo. *Vx.* Chez Descartes, Qui n'est que conceptuel. — (Déb. XIXᵉ) *Mod.* Qui existe hors de l'esprit, comme un objet indépendant de l'esprit. *L'espace et le temps n'ont pour Kant aucune réalité objective.* — Log. Qui repose sur l'expérience. V. **Scientifique.** — (Méd.) *Symptômes, signes objectifs,* que le médecin peut constater (opposés à ceux, dits *subjectifs,* que seul le malade perçoit). — Polit. *La droite objective,* les éléments qui en fait sont de droite (indépendant de l'étiquette qu'ils se donnent). ♦ 3° *Cour.* Se dit d'une description de la réalité (ou d'un jugement sur elle) indépendante des intérêts, des goûts, des préjugés de celui qui la fait. *Faire un rapport objectif des faits.* « *J'ai pu porter sur mon cas un jugement objectif, lucide, un diagnostic de médecin* » (MART. du G.). — Par ext. *Information objective. Un article objectif sur les conflits sociaux.* ♦ 4° (*Personnes*). Dont les jugements objectifs, impartiaux, ne sont altérés par aucune préférence subjective. V. **Impartial.** *Observateur, historien objectif.* ◈ ANT. *Subjectif; affectif, arbitraire, partial.*

2. **OBJECTIF** [ɔbʒɛktif]. *n. m.* (1666; V. Objectif 1, 1°). I. Phys. ♦ 1° (De *verre objectif*). Système optique d'une lunette (ou d'un microscope) qui se trouve tournée vers l'objet à examiner. V. **Oculaire.** « *Dans toutes les lunettes il faudrait donc l'objectif aussi grand, et l'oculaire aussi fort qu'il est possible* » (BUFF.). ♦ 2° Système optique formé de lentilles qui donne des objets photographiés une image réelle enregistrée sur une plaque sensible ou un film. *Objectif d'un appareil photographique, d'une caméra. Objectif anastigmat, objectif à grand angle (ou grand angulaire), objectif à très grande distance focale.* V. **Téléobjectif.** *Obturateur, diaphragme d'un objectif.* ◇ Par ext. L'appareil photographique ou cinématographique. *Braquer son objectif sur qqn.*

II. But à atteindre. ♦ 1° (v. 1850; de *point objectif*). Point contre lequel est dirigée une opération stratégique ou tactique. *Nos troupes ont atteint leur objectif. Bombarder des objectifs militaires.* ◇ Résultat qu'on se propose d'atteindre par une opération militaire. « *Il connaît son objectif, qui est la défense ou la conquête de tel territoire* » (MAUROIS). ♦ 2° *Fig.* (1874). But précis que se propose l'action. *Tout mettre en œuvre pour atteindre un objectif.*

OBJECTION [ɔbʒɛksjɔ̃]. *n. f.* (1190; bas lat. *objectio*). ♦ 1° Argument que l'on oppose à une opinion, à une affirmation pour la réfuter. V. **Critique, réfutation, réplique.** *Faire, formuler une objection.* « *Pour prévenir les objections que l'on peut ici m'adresser, il faudrait de longues explications* » (RENAN). ♦ 2° Ce que l'on oppose à une suggestion, une proposition pour la repousser. *Cette proposition n'a soulevé aucune objection.* V. **Contestation, difficulté, discussion, opposition, protestation.** *Si vous n'y voyez pas d'objection.* V. **Inconvénient, obstacle.** ◇ *Objection de conscience,* principe sur lequel se fonde l'attitude des objecteurs* de conscience. ◈ ANT. Approbation.

OBJECTIVATION [ɔbʒɛktivasjɔ̃]. *n. f.* (1846; de *objectiver*). Didact. Action d'objectiver, de rendre objectif. — Psychiatr. Mécanisme mental par lequel un malade atteint de délire chronique interprète ses hallucinations comme des réalités.

OBJECTIVEMENT [ɔbʒɛktivmɑ̃]. *adv.* (XIVᵉ; de *objectif* 1). D'une manière objective. ♦ 1° Philo. En tant qu'objet, indépendamment de l'esprit du sujet. ♦ 2° Gram. En considérant au sens objectif (de l'adjectif). ♦ 3° *Cour.* D'une façon objective, impartiale. *Examiner objectivement une opinion adverse.* ◈ ANT. Arbitrairement, subjectivement.

OBJECTIVER [ɔbʒɛktive]. *v. tr.* (1836; de *objectif* 1). Didact. ♦ 1° Transformer en réalité objective, susceptible d'étude objective. *Objectiver sa conscience.* ♦ 2° Rapporter à un objet, référer à une réalité extérieure. *Objectiver ses sensations.* ♦ 3° Extérioriser. V. **Exprimer, manifester.** *Elle était incapable d'objectiver sa pensée, ses sentiments. Elle ne trouvait pas ses mots* » (ARAGON). *Le langage objective une pensée.*

OBJECTIVISME [ɔbʒɛktivism(ə)]. *n. m.* (1932; de *objec-*

tif). Didact. Attitude pratique qui consiste à s'en tenir aux données contrôlables par les sens, à écarter les données subjectives. ◇ Philo. Doctrine de l'objectivité de certaines choses. *Partisan de l'objectivisme* (objectiviste [ɔbʒɛktivist(ə)]).

OBJECTIVITÉ [ɔbʒɛktivite]. *n. f.* (1803; de *objectif* 1). ♦ 1° Philo. *Elle.* Qualité de ce qui existe indépendamment de l'esprit. ♦ 2° Qualité de ce qui donne une représentation fidèle d'un objet. *Objectivité de la science.* V. **Impersonnalité.** ♦ 3° (XXᵉ). *Cour.* Qualité de ce qui est exempt de partialité, de préjugés. *Objectivité d'un jugement. Récit qui manque à l'objectivité, manque d'objectivité.* ◇ (*Personnes*) Attitude d'esprit d'une personne objective, impartiale. *Objectivité d'un historien, d'un juge.* V. **Impartialité.** « *Elle regardait pendant des heures, dans le miroir, son visage, avec une froide objectivité* » (MAUROIS). ◈ ANT. Partialité, subjectivité.

OBJET [ɔbʒɛ]. *n. m.* (*Object,* XIVᵉ; lat. scolast. *objectum* « ce qui est placé devant », de *objicere* « jeter [*jacere*] devant »).

I. (Concret). ♦ 1° Didact. Toute chose (y compris les êtres animés) qui affecte les sens, et *spécialt.* la vue. *La perception des objets.* « *L'histoire naturelle embrasse tous les objets que nous présente l'univers* » (BUFF.). ♦ 2° Chose solide ayant unité et indépendance et répondant à une certaine destination. V. **Chose** (Cf. fam. Machin, truc). *Forme, matière, grandeur d'un objet. Objets fabriqués. Saisir le premier objet qui tombe sous la main. Manier un objet avec précaution.* « *Reconnaître un objet usuel, c'est savoir s'en servir* » (BERGSON). (1973). *Objet spatial,* corps naturel ou artificiel situé dans l'espace, dont l'orbite n'a pas été calculée. — *Objet volant non identifié.* V. **Ovni.** — Bureau des *objets trouvés,* où leurs propriétaires peuvent les réclamer. *Objets de première nécessité. Objets utiles, à usage professionnel.* V. **Instrument, outil.** *Objets de toilette.* V. **Article.** *Objets pieux, objets de piété.* — *Objets précieux.* OBJETS D'ART, ayant une valeur artistique (à l'exception de ce qu'on appelle *œuvre d'art,* et des meubles). *Magasin d'antiquités et d'objets d'art.*

II. (Abstrait). ♦ 1° Tout ce qui se présente à la pensée, qui est occasion ou matière pour l'activité de l'esprit. *L'objet de la pensée.* « *La géométrie a pour objets certains solides idéaux* » (POINCARÉ). ♦ 2° Philo. Ce qui est donné par l'expérience, existe indépendamment de l'esprit (*opposé au sujet qui pense*). *Le sujet et l'objet. Traiter quelqu'un en objet. Femme-objet. Langage-objet et métalangage.* ♦ 3° OBJET DE... : être ou chose à quoi s'adresse (un sentiment). *Être un objet de pitié, d'horreur, de mépris, de convoitise pour qqn. La curiosité dont il est l'objet.* « *Rome, l'unique objet de mon ressentiment* » (CORN.). *Objet d'amour, objet aimé, personne qu'on aime.* — *Absolt.* (Style précieux et vx) « *Femmes! objets chers et funestes!* » (ROUSS.). ♦ 4° Ce vers quoi tendent les désirs, la volonté, l'effort et l'action. V. **But, fin.** *L'objet de nos vœux. L'objet que je me propose est de..., mon intention, mon dessein et de...* « *Il ne soupçonnait pas même l'objet de ma visite* » (FRANCE). — *Cette démarche, cette plainte est dès lors sans objet :* n'a plus de raison d'être. *Remplir son objet, atteindre son but.* ◇ *Psychan.* Cause globale (personne, partie d'une personne, objet matériel ou fantasme) susceptible de constituer pour le moi le terme d'une relation, d'un rapport investi affectivement. *Relation d'objet.* V. **Objectal.** *Bon, mauvais objet.* ♦ 5° Par ext. *L'objet d'un discours.* V. **Matière, substance, sujet, thème.** *Cette circulaire a pour objet la salubrité publique.* V. **Concerner.** ◇ FAIRE, ÊTRE L'OBJET DE : subir. *Ce malade est l'objet d'une surveillance constante.* ♦ 6° *Dr.* Prestation sur laquelle portent un droit, une obligation, une convention, une demande en justice. *L'objet d'un litige, d'un procès.* ♦ 7° Gram. *Complément d'objet d'un verbe,* désignant la chose, la personne, l'idée sur lesquelles porte l'action marquée par le verbe. *Complément d'objet direct,* ou *ellipt. objet direct,* directement rattaché au verbe sans l'intermédiaire d'une préposition (*ex.* : je prends un crayon). *Complément d'objet indirect,* ou *ellipt. objet indirect,* rattaché au verbe par l'intermédiaire d'une préposition (*ex.* : j'obéis à vos ordres). V. **Transitif.** *Proposition complément d'objet* ou *complétive* (*ex.* : je lui ai annoncé *que tu étais parti*). ◈ ANT. Créature, forme, sujet.

OBJURGATION [ɔbʒyʀgasjɔ̃]. *n. f.* (XIIIᵉ, rare av. XVIIIᵉ; lat. *objurgatio*). Surtout au plur. ♦ 1° Parole vive par laquelle on essaie de détourner qqn d'agir comme il se propose de le faire. V. **Admonestation, remontrance, représentation, réprimande, reproche.** *Céder aux objurgations de qqn.* ♦ 2° Prière instante. « *L'objurgation amoureuse recommença, plus enflammée* » (BLOY). « *Lassé de la surveiller sans cesse, de m'épuiser en objurgations toujours vaines* » (GIDE). ◈ ANT. Apologie, approbation, encouragement.

OBLAT, ATE [ɔbla, at]. *n.* (1549; lat. *oblatus* « offert », p. de *offerre* ; l'oblat se donnant à un couvent avec ses biens). ♦ 1° Personne qui s'est agrégée à une communauté religieuse en lui faisant donation de ses biens et en promettant d'observer un règlement, mais sans prononcer les vœux et sans abandonner le costume laïque. *L'oblat*, roman de Huysmans. ♦ 2° Religieux de certains ordres. *Les oblats de Saint-François de Sales, de Marie-Immaculée.* ♦ 3° N. m. pl. *Liturg.* Tout ce qui est offert à l'occasion du Sacrifice (luminaire, pain bénit, dons, honoraires ou quêtes).

OBLATIF, IVE [ɔblatif, iv]. *adj.* (1946; du lat. *oblativus* « qui s'offre »). *Didact.* Qui s'offre à satisfaire les besoins d'autrui au détriment des siens propres. *Amour oblatif.* ◊ ANT. *Captatif.*

OBLATION [ɔblasjɔ̃]. *n. f.* (1120; lat. *oblatio*). ♦ 1° *Littér.* Action d'offrir (qqch.) à Dieu. « *Jésus fit à Dieu l'oblation solennelle de sa personne* » (BOURDALOUE). ♦ 2° *Liturg.* Acte par lequel le prêtre offre à Dieu le pain et le vin qu'il doit consacrer.

OBLIGATAIRE [ɔbligatɛR]. *n.* (1867; du rad. de *obligation*, sur le modèle de *donataire*). *Dr.* Créancier dont le droit résulte d'un titre d'obligation négociable. — Adj. *Emprunt obligataire*, en obligations (1°).

OBLIGATION [ɔbligasjɔ̃]. *n. f.* (1235; lat. jur. *obligatio*, de *obligare*). ♦ 1° *Dr.* Lien de droit en vertu duquel une personne peut être contrainte de donner, de faire ou de ne pas faire qqch. (V. **Créancier, débiteur**). *Obligation alimentaire. Obligation* « in solidum », qui lie plusieurs personnes vis-à-vis d'une ou plusieurs autres. — *Spécialt.* Dette créée par un lien juridique. *Contracter une obligation. S'acquitter d'une obligation. Extinction d'une obligation* (prescription). *Obligation conditionnelle, conjointe, obligation de moyen, de résultat. Acte authentique portant une obligation, notamment acte par lequel on se reconnaît débiteur.* — (1872). *Dr. comm.* Titre négociable, nominatif ou au porteur, remis par une société ou une collectivité publique à ceux qui lui prêtent des capitaux et réalisant les divisions du montant total d'un emprunt en coupures d'un même chiffre. *Émission d'actions et d'obligations. Obligation cautionnée*, traite par laquelle un contribuable, après avoir fourni une caution capable* et solvable*, peut se libérer du paiement de certains droits à l'égard du fisc. *Obligation convertible, échangeable.* ♦ 2° (XVIe). *Cour.* Lien moral qui assujettit l'individu à une loi religieuse, morale ou sociale; prescription constituant la matière d'une loi de cette nature. *S'acquitter des obligations d'un bon citoyen. Remplir les obligations de sa charge. Faire honneur, satisfaire; manquer, se soustraire à ses obligations. Obligation de conscience, d'honneur.* V. **Engagement, promesse, serment.** « *Nous naissons chargés d'obligations de toute sorte envers la société* » (A. COMTE). *Obligations professionnelles.* V. **Responsabilité.** *Obligations fastidieuses.* V. **Corvée, servitude, sujétion.** — *Obligation morale*, ou *obligation* : caractère impératif que revêt la loi morale. V. **Devoir, impératif.** *Esquisse d'une morale sans obligation ni sanction*, ouvrage de Guyau. ♦ 3° *Obligation de* (et inf.) : le fait d'être obligé, contraint de faire qqch. V. **Nécessité.** *L'obligation d'avoir recours à un interprète, d'emprunter de l'argent.* ♦ 4° *Vieilli.* Lien moral qui attache à la personne dont on a reçu un bienfait, et qui crée un devoir de reconnaissance. *Avoir à qqn de l'obligation, bien des obligations.* « *Je ne veux point... demeurer redevable à mon ennemi, et je lui ai une obligation dont il faut que je m'acquitte* » (MOL.). ◊ ANT. *Dispense, grâce, liberté.*

OBLIGATOIRE [ɔbligatwaR]. *adj.* (XIVe; lat. jur. *obligatorius*, de *obligare*. V. **Obliger**). ♦ 1° Qui a la force d'obliger, qui a un caractère d'obligation (1°, 2°). *Instruction gratuite et obligatoire.* « *L'étude de l'hébreu n'était pas obligatoire au séminaire* » (RENAN). « *Elle répondit que la messe seule était obligatoire* » (R. ROLLAND). *Obligatoire pour qqn, pour tous.* ♦ 2° *Fam.* Inévitable, nécessaire. V. **Forcé, obligé.** *Il a raté son examen, c'était obligatoire !* ◊ ANT. *Facultatif, libre, volontaire; fortuit.*

OBLIGATOIREMENT [ɔbligatwaRmɑ̃]. *adv.* (1845; de *obligatoire*). D'une manière obligatoire. *Vous devez obligatoirement présenter votre passeport à la frontière.* ◊ *Fam.* Forcément. *Cela devait obligatoirement arriver.*

OBLIGÉ, ÉE [ɔbliʒe]. *adj.* (XIIIe; V. **Obliger**). ⓐ *Personnes.* ♦ 1° Tenu, lié par une obligation, assujetti par une nécessité. — *Dr. Une personne obligée envers un créancier.* Subst. *Le principal obligé*, le débiteur principal (*opposé à* la caution). — « *Obligés au secret comme les confesseurs* » (GAUTIER). Vx. « *Obligé à ménager le temps me reste* » (DESCARTES). Mod. « *Obligés de leur demander grâce* » (MICHELET). « *Elle s'est vue obligée de devenir bigote* » (DAUD.). « *Je serai bien obligé de la refuser* » (MONTHERLANT). ♦ 2° (1559). Attaché, lié (par un service reçu). V. **Reconnaissant, redevable.** « *Je vous suis obligé de l'attention que vous avez eue* » (BOSS.). — Subst. *L'obligé*, celui qu'on a obligé. « *Le bienfaiteur crée des droits à l'obligé* » (BALZ.). « *N'être l'obligé de personne* » (JOUBERT). *Je suis son obligé.* ⓑ *Choses.* ♦ 1° *Mus.* (1703; it. *obligato*). *Récitatif* obligé. ♦ 2° *Cour.* (fin XVIIIe). Qui résulte de quelque obligation ou nécessité; qui est commandé par l'usage, par les faits. V. **Indispensable, nécessaire, obligatoire.** « *Bien que supplément obligé aux lois, le duel est affreux* » (CHATEAUB.) « *La vie commune n'était plus que le contact obligé de deux êtres* »

(ZOLA). *Fam. C'est obligé !* c'est forcé. *C'était obligé*, c'était fatal, ça devait arriver. ◊ ANT. *Dispensé, exempt; quitte, facultatif.*

OBLIGEAMMENT [ɔbliʒamɑ̃]. *adv.* (mil. XVIIe; de *obligeant*). D'une manière obligeante, avec obligeance.

OBLIGEANCE [ɔbliʒɑ̃s]. *n. f.* (1785; en a. fr. « obligation »; de *obligeant*). Disposition à obliger, à se montrer obligeant. V. **Affabilité, amabilité, complaisance, gentillesse, prévenance.** « *À mon ami, dont le grand savoir et l'infatigable obligeance ont guidé mes pas* » (R. ROLLAND). « *M. Véron eut l'obligeance de m'offrir les colonnes de son journal* » (STE-BEUVE). ◊ ANT. *Désobligeance, malveillance.*

OBLIGEANT, GEANTE [ɔbliʒɑ̃, ʒɑ̃t]. *adj.* (1601; de *obliger*). Qui aime à obliger, à faire plaisir. V. **Affable, aimable, complaisant, gentil, prévenant, serviable.** « *Il est consulté de tous et très obligeant* » (STE-BEUVE). « *L'offre que vous me faites est tout à fait obligeante* « (BOIL.). ◊ ANT. *Désobligeant.*

OBLIGER [ɔbliʒe]. *v. tr.; conjug. bouger* (1246, « engager » [des liens]; lat. *obligare*, de *ligare* « lier »). ♦ 1° (Fin XIIIe). Assujettir par une obligation d'ordre juridique. *Le contrat oblige les deux parties. Obliger à* (et subst. ou inf.). « *La loi oblige l'homme à quantité d'actes* » (VALÉRY). — *Pronom.* Se lier par une obligation. *S'obliger à faire, à fournir.* ♦ 2° Assujettir par une obligation d'ordre moral. *L'honneur m'y oblige.* « *Ces devoirs nous obligent vis-à-vis de la cité* » (BERGSON). *Noblesse* oblige. « *L'intérêt général nous oblige à faire litière de certaines conventions* » (AYMÉ). ♦ 3° Mettre dans la nécessité de (faire qqch.). V. **Astreindre, contraindre, forcer.** Vieilli. *Obliger de.* « *Les persécutions les ont obligés de passer dans les Indes* » (MONTESQ.). Mod. *Obliger à.* « *La gêne domestique l'obligea à tenir un hôtel* » (STE-BEUVE). « *Tout nous oblige à admettre son existence* » (PAULHAN). *Rien ne vous y oblige.* — *Pronom.* S'imposer de. « *Michèle s'obligea à réciter le de Profundis* » (MAURIAC). ♦ 4° (1538). Attacher (qqn) par une obligation, en rendant service, en faisant plaisir. V. **Aider, secourir; obligeant.** « *Il faut autant qu'on peut obliger tout le monde* » (LA FONT.). *Vous n'obligerez pas un ingrat. Vous m'obligerez, vous m'obligeriez infiniment en faisant, si vous faisiez telle chose.* Vx. « *On m'obligera de ne m'en plus parler* » (LACLOS), en ne m'en parlant plus. ◊ ANT. *Affranchir, dispenser; exempter; désobliger.*

OBLIQUE [ɔblik]. *adj.* (XIIIe; lat. *obliquus*. ♦ 1° Qui s'écarte de la verticale, de la perpendiculaire (à une ligne, un plan donnés ou supposés). V. **Biais.** « *Vers la fin de la journée, quand le soleil est oblique* » (GAUTIER). — Non horizontal. « *Ses yeux étaient obliques, mais admirablement fendus* » (MÉRIMÉE). — *Regard oblique*, de qqn qui ne regarde pas droit, en face. « *Un de ces regards obliques pleins de finesse et de ruse* » (BALZ.). ◊ *Géom.* **Ligne oblique**, ou subst. *Une oblique*, droite joignant un point A à un point d'une droite BC autre que le pied de la perpendiculaire menée de A à cette droite. *Projection oblique d'un point sur un plan. Cône, prisme oblique.* — *Astron. Ascension oblique d'un astre*, arc d'équateur compris entre le point équinoxial et le point de l'équateur qui franchit l'horizon en même temps que l'astre. ◊ *Milit. Ordre oblique. Tir, feux obliques.* V. **Écharpe** (en). ◊ *Anat.* Se dit de certains muscles dont les fibres ont une direction oblique par rapport au plan qui divise le corps en deux moitiés symétriques. *Muscle grand oblique, petit oblique de l'abdomen, de l'œil.* — *Mus. Mouvement oblique.* ♦ 2° *Fig.* (Dans certaines expressions). Qui n'est pas direct. *Dr. Action oblique*, indirecte. *Ling. Cas obliques*, qui n'expriment pas de rapports directs. *Discours oblique* (oratia obliqua), discours indirect. ◊ *Vx.* Qui manque de droiture, tortueux. ♦ 3° *Loc. adv.* EN OBLIQUE (1876) : dans une direction oblique. V. **Diagonale** (en), **obliquement.** ◊ ANT. *Direct, droit; franc.*

OBLIQUEMENT [ɔblikmɑ̃]. *adv.* (XIVe; de *oblique*). Dans une direction ou une position oblique. V. **Biais** (de), **côté** (de). « *Des piquets fichés obliquement en terre* » (THARAUD). « *Devant cet homme qui la contemplait obliquement* » (HUGO). ◊ ANT. *Droit, directement.*

OBLIQUER [ɔblike]. *v. intr.* (1825; tr., « faire dévier », XIIIe; de *oblique*). Prendre une direction oblique, aller, marcher en ligne oblique. V. **Dévier.** « *Ils errèrent, obliquant de droite ou de gauche* » (LOTI).

OBLIQUITÉ [ɔblikɥite]. *n. f.* (1361; lat. *obliquitas*). Caractère ou position de ce qui est oblique. V. **Inclinaison.** *Obliquité des rayons solaires suivant l'heure ou la saison.* « *L'obliquité du regard* » (PROUST). ◊ *Géom.* Relation de position entre deux droites ou deux plans qui ne sont ni perpendiculaires ni parallèles. — *Astron. Obliquité de l'écliptique*, angle du plan de l'écliptique et du plan de l'équateur céleste. ◊ ANT. *Aplomb, verticalité.*

OBLITÉRATEUR, TRICE [ɔbliteRatœR, tRis]. *adj. et n. m.* (1877; du rad. lat. de *oblitérer*). *Littér.* ou *Techn.* Qui sert à oblitérer. ◇ *N. m.* Instrument employé pour oblitérer des timbres, des reçus.

OBLITÉRATION [ɔbliterasjɔ̃]. *n. f.* (1777; du rad. lat. de *oblitérer*). ♦ 1° *Pathol.* Effacement, fermeture, d'un conduit, d'une cavité, par accolement de ses parois (V. Occlusion), ou par la présence d'un corps étranger (V. Embolie, obstruction, obturation). *Oblitération congénitale.* V. Imperforation. ♦ 2° (1863). *Cour.* Action d'oblitérer (un timbre); son résultat. *Cachet d'oblitération.*

OBLITÉRER [ɔblitere]. *v. tr.;* conjug. *céder* (v. 1512; lat. *oblitterare*). ♦ 1° *Vieilli.* Effacer par une usure progressive. Pronom. « *Petit à petit, les délicates sculptures s'oblitèrent* » (GAUTIER). ◇ *Fig. et littér. Souvenir oblitéré par le temps.* ♦ 2° *Méd.* (1782). Produire l'oblitération de (un conduit, une cavité). ♦ 3° (1863). Cour. *Oblitérer un timbre :* l'annuler par l'apposition d'un cachet qui le rend impropre à servir une seconde fois. — Au p. p. *Timbre oblitéré.* N. m. *Les oblitérés d'une collection de timbres.*

OBLONG, ONGUE [ɔblɔ̃, ɔ̃g]. *adj.* (av. 1478; lat. *oblongus*). ♦ 1° Qui est plus long que large. V. Allongé. *Un visage oblong.* ♦ 2° (Livres, albums). Qui est moins haut que large. *Format oblong.*

OBNUBILATION [ɔbnybilasjɔ̃]. *n. f.* (1486; lat. ecclés. *obnubilatio*). *Littér.* Action d'obnubiler (l'esprit), état de l'esprit obnubilé. — *Méd.* Ralentissement des fonctions psychiques, accompagné d'engourdissement, d'une baisse de la vigilance, d'un manque de lucidité. *Obnubilation due à une commotion cérébrale, à l'épilepsie, à un choc émotionnel.*

OBNUBILER [ɔbnybile]. *v. tr.* (XIVᵉ; « couvrir de nuages », v. 1270; lat. *obnubilare*). Obscurcir (l'esprit). « *Une sorte de fièvre qui, loin d'obnubiler sa pensée...* » (MADELIN). — Au p. p. *Avoir l'esprit obnubilé, être obnubilé par une idée.*

OBOLE [ɔbɔl]. *n. f.* (XIIIᵉ; lat. *obolus*, gr. *obolos*). ♦ 1° Ancienne monnaie française, valant un demi-denier. ◇ (1559) Ancienne monnaie grecque, valant le sixième d'une drachme. ♦ 2° (XVIIᵉ). *Vx.* Très petite somme. V. Sou. « *Je n'ai pas fait tort d'une obole à mes héritiers* » (BALZ.). ♦ 3° (1902). *Mod.* Modeste offrande, petite contribution en argent. *Apporter son obole à une souscription.*

OBOMBRER [ɔbɔ̃bʀe]. *v. tr.* (XIVᵉ, rare au XIXᵉ; lat. *obumbrare*). *Littér.* Couvrir d'ombre. — *Fig.* Obscurcir.

OBSCÈNE [ɔpsɛn]. *adj.* (1534; lat. *obscenus*, « de mauvais augure »). Qui blesse délibérément la pudeur en suscitant des représentations d'ordre sexuel. « *Les livres les plus monstrueusement obscènes* » (HUGO). V. Licencieux, pornographique. « *Des filles de joie tenaient les propos les plus obscènes* » (CHATEAUB.). *Geste obscène.* V. Déshonnête, immoral, impudique, indécent. ◇ ANT. Décent, pudique.

OBSCÉNITÉ [ɔpsenite]. *n. f.* (1511; lat. *obscenitas*). ♦ 1° Caractère de ce qui est obscène. V. Immoralité, indécence. « *Ces sujets ne seraient point souillés par cette obscénité révoltante* » (BAUDEL.). ♦ 2° Parole, phrase obscène. « *Il disait des grossièretés, des obscénités et des ordures* » (HUGO). V. Graveleure, ordure; cochonnerie (pop.). ◇ ANT. (du 1°) Décence, pudeur.

OBSCUR, URE [ɔpskyʀ]. *adj.* (XIIᵉ; lat. *obscurus*). I. ♦ 1° Qui est privé (momentanément ou habituellement) de lumière. V. Noir, sombre. « *Nuit sans étoiles, nuit obscure !* » (BAUDEL.). « *Une de ces cours obscures où le soleil ne pénètre jamais* » (BALZ.). « *Un enchevêtrement de ruelles obscures* » (COURTELINE). Loc. *Les salles obscures*, de cinéma. ♦ 2° Qui est foncé, peu lumineux. V. Sombre. « *Les écueils se dessinent en grisailles obscures* » (LOTI). Subst. « *Une insensible dégradation du clair à l'obscur* » (GIDE).
II. *(Abstrait).* ♦ 1° Qui est difficile à comprendre, à expliquer (par sa nature ou par la faute de celui qui expose). V. Énigmatique, incompréhensible, inexplicable, mystérieux. « *Des questions complexes ou obscures non encore étudiées* » (Cl. BERNARD). « *Pour des raisons qui me sont demeurées obscures* » (DUHAM.). « *Il y a deux points que je trouve encore obscurs* » (ROMAINS). « *Cet amas de phrases louches, irrégulières, incohérentes, obscures* » (VOLT.). V. Embrouillé, équivoque, fumeux. « *Déchiffrer, éclaircir un texte, un passage obscur. Poème obscur.* V. Hermétique. « *Poète obscur.* ♦ 2° Qui n'est pas net, pas défini; que l'on sent, perçoit ou conçoit confusément, sans pouvoir l'analyser. V. Vague. « *Un obscur instinct de conservation* » (GAUTIER). « *Saisi d'un obscur malaise* » (DUHAM.). « *Un sentiment encore obscur et à peine éveillé* » (MAUPASS.). ◇ *Dont on sent les effets sans en connaître la nature, l'origine.* « *L'histoire n'est pas le résultat de hasards obscurs* » (DANIEL-ROPS). ♦ 3° *(Personnes).* Qui n'a aucun renom, qui n'est pas connu. V. Ignoré, inconnu. « *Je crèverai obscur ou illustre* » (FLAUB.). « *Un obscur et inepte compilateur* » (CHAMFORT). ◇ Qui est d'une condition sociale modeste. V. Humble. « *Tous gens obscurs, de pauvres gens* » (MICHELET). Subst. « *Et nous les petits, les obscurs, les sans-grade* » (Ed. ROSTAND). — *Vie obscure.* « *Ils s'employaient à des besognes obscures et mal payées* » (MAUPASS.).

◇ ANT. *Clair, lumineux. Connu, distinct; intelligible, net, précis. Célèbre, illustre.*

OBSCURANTISME [ɔpskyʀɑ̃tism(ə)]. *n. m.* (1823; de *obscurant* [1781], de *obscur*). Hostilité aux « lumières », opposition à la diffusion de l'instruction et de la culture dans le peuple. V. Ignorantisme. « *Deux journaux que les feuilles constitutionnelles accusaient d'obscurantisme* » (BALZ.).

OBSCURANTISTE [ɔpskyʀɑ̃tist(ə)]. *adj. et n.* (1839; de *obscurantisme*). Inspiré par l'obscurantisme; partisan de l'obscurantisme.

OBSCURCIR [ɔpskyʀsiʀ]. *v. tr.* (1265; *oscurir*, XIIᵉ; de *obscur*).
I. ♦ 1° Priver de lumière, de clarté. V. Assombrir. « *La chambre obscurcie déjà par la nuit commençante* » (MART. du G.). « *Ses vallées sont obscurcies par les fumées des usines* » (CHATEAUB.). V. Noircir. ◇ Affaiblir, éteindre (la clarté, la lumière). Pronom. « *Un nuage glissa devant le soleil et le jour s'obscurcit soudain* » (COURTELINE). ♦ 2° Troubler, affaiblir (la vue). « *Les yeux obscurcis de larmes* » (ZOLA). V. Voile. ♦ 3° *Rare.* Rendre foncé, sombre. *Obscurcir une couleur.* V. Assombrir. « *Des meubles obscurcis par les crasses* » (HUYSMANS).
II. *(Abstrait).* ♦ 1° Rendre obscur, peu intelligible. « *Les philosophes, en tâchant d'expliquer des choses qui sont manifestes, n'ont rien fait que les obscurcir* » (DESCARTES). ♦ 2° Rendre incapable de discernement, de lucidité. V. Obnubiler. « *Un concours de causes peut obscurcir de nouveau la réflexion* » (RENAN). Pronom. « *La perception du bien et du mal s'obscurcit à mesure que l'intelligence s'éclaire* » (CHATEAUB.).

◇ ANT. *Éclaircir, éclairer.*

OBSCURCISSEMENT [ɔpskyʀsismɑ̃]. *n. m.* (1538; *oscurcissement*, XIIIᵉ; de *obscurcir*). ♦ 1° Action d'obscurcir; perte de lumière, d'éclat. *Obscurcissement du ciel.* ♦ 2° Le fait de rendre peu intelligible ou peu clairvoyant (V. Obscurcir, II). « *Le grand travail d'obscurcissement, d'erreur* » (MICHELET).

OBSCURÉMENT [ɔpskyʀemɑ̃]. *adv.* (1213; de *obscur*).
I. *Rare.* D'une manière à peine visible, imperceptible. « *Les anges y volaient sans doute obscurément* » (HUGO).
II. *Cour.* ♦ 1° D'une manière peu intelligible. « *Il est mauvais de parler obscurément des choses claires* » (DUHAM.). ♦ 2° D'une manière vague, insensible. « *La modification de mon état sentimental, préparée obscurément par les désagrégations continuelles de l'oubli* » (PROUST). ♦ 3° De manière à rester ignoré, inconnu. « *Cet amas de papier noirci qui moisit obscurément chez les bouquinistes* » (FRANCE).

◇ ANT. *Clairement, nettement. Glorieusement.*

OBSCURITÉ [ɔpskyʀite]. *n. f.* (v. 1260; *obscurtet*, 1119; lat. *obscuritas*).
I. Absence de lumière; état de ce qui est obscur. V. Noir, nuit, ténèbres. *Obscurité complète, profonde, totale.* « *Comme on distingue peu à peu des objets dans l'obscurité* » (MONTHERLANT). « *On pénètre dans l'obscurité de l'église* » (LOTI).
II. *(Abstrait).* ♦ 1° Défaut de clarté, d'intelligibilité. « *L'obscurité qui enveloppe les lois* » (FRANCE). « *L'embrouillement des papiers, la savante obscurité des calculs* » (MICHELET). « *L'obscurité qu'on trouve à Mallarmé* » (VALÉRY). ◇ État de ce qui est mal connu. *L'obscurité des origines.* ♦ 2° *Une, des obscurité(s) :* passage, point obscur. « *Il est des obscurités qui tiennent aux choses dont on parle* » (VALÉRY). « *Il convenait de se taire jusqu'à ce que certaines obscurités fussent éclaircies* » (HUGO). ♦ 3° Situation sans éclat, où l'on reste obscur. V. Médiocrité. « *Il avait vécu longtemps dans une obscurité laborieuse et heureuse* » (DUHAM.).

◇ ANT. *Clarté, lumière. Évidence, netteté. Célébrité, renom.*

OBSÉCRATION [ɔpsekʀasjɔ̃]. *n. f.* (XIIIᵉ; lat. *obsecratio*). *Didact.* (*Relig.*, etc.). Prière par laquelle on implore Dieu, on conjure qqn au nom de Dieu. V. Déprécation, supplication. « *Quant aux incursions diaboliques, on ne les refoule qu'après de persistantes obsécrations* » (HUYSMANS).

OBSÉDANT, ANTE [ɔpsedɑ̃, ɑ̃t]. *adj.* (1845; de *obséder*). Qui obsède (3°), s'impose sans répit à la conscience. « *Le souvenir était fixé dans son cerveau, obsédant, presque intolérable* » (CHARDONNE).

OBSÉDÉ, ÉE [ɔpsede]. *n.* (1640; de *obséder*). Personne qui est en proie à une idée fixe, à une obsession. *Un obsédé sexuel.*

OBSÉDER [ɔpsede]. *v. tr.;* conjug. *céder* (fin XVIᵉ; lat. *obsidere*). ♦ 1° *Vx.* Entourer d'une présence constante, d'une surveillance sans relâche. « *Les espions m'obsèdent* » (ROUSS.). — *Spécial. Le diable l'obsède :* le tourmente. ♦ 2° *Vieilli.* Importuner par des assiduités, des démarches d'une insistance déplacée. « *Elle fut importune, maladroite souvent; elle obséda* » (STE-BEUVE). ♦ 3° *Mod.* Tourmenter de manière incessante; s'imposer sans répit à la conscience. V. Hanter, poursuivre, tracasser, travailler. « *Quand le remords ou l'ennui les obsède* » (BAUDEL.). « *Cette musique qui ne sait pas quand on la quitte et qui m'obsède* encore » (GIDE). « *Obsédé par la préoccupation de défendre un système politique* » (BARRÈS).

OBSÈQUES [ɔpsɛk]. *n. f. pl.* (1398; *osseque*, déb. XIIᵉ; bas lat. *obsequiæ*). Cérémonie et convoi funèbre (surtout dans le lang. officiel). V. **Enterrement, funérailles.** *Obsèques civiles, religieuses. Obsèques nationales.*

OBSÉQUIEUSEMENT [ɔpsekjøzmã]. *adv.* (1829; de *obséquieux*). D'une manière obséquieuse.

OBSÉQUIEUX, EUSE [ɔpsekjø, øz]. *adj.* (XVᵉ; lat. *obsequiosus*). Qui exagère les marques de politesse, d'empressement, par servilité ou hypocrisie. V. **Plat, rampant, servile.** « *Les plus obséquieux serviteurs de Napoléon* » (CHATEAUB.). « *D'une politesse obséquieuse devant les chefs* » (ZOLA). ◇ ANT. Hautain, impoli.

OBSÉQUIOSITÉ [ɔpsekjozite]. *n. f.* (1504; de *obséquieux*). Attitude, comportement d'une personne obséquieuse. V. **Platitude, servilité.** « *Poli jusqu'à l'obséquiosité* » (FLAUB.). « *L'obséquiosité du personnel lui était agréable* » (MART. du G.).

OBSERVABLE [ɔpsɛʀvabl(ə)]. *adj.* (1587; « qui doit être observé », 1508; lat. *observabilis*). Qui peut être observé. *Éclipse observable dans telle région.* ◇ ANT. Inobservable.

OBSERVANCE [ɔpsɛʀvãs]. *n. f.* (XIIIᵉ; lat. *observantia*.) ♦ 1° Action d'observer habituellement, de pratiquer une règle en matière religieuse; obéissance (à la règle). V. **Observation, pratique.** « *L'observance de la loi du Seigneur* » (MASSILLON). — (Règle non religieuse) « *La vie se résumait pour lui à la stricte observance du tableau de service* » (LOTI). ♦ 2° *Une observance* : règle, loi religieuse prescrivant l'accomplissement de pratiques. « *Une des observances minutieuses qui commandent toute la vie juive* » (THARAUD). ♦ 3° Manière dont la règle est observée dans une communauté religieuse. « *Un monastère cistercien de la plus rigide observance* » (BLOY). Par anal. « *Radical et franc-maçon d'étroite observance* » (MAURIAC). ♦ 4° Règle d'un ordre. *Religieux de l'observance de saint Benoît.* ◇ *Par ext.* Ordre religieux (considéré par rapport à sa règle, à sa discipline). *L'observance de saint François* : les Franciscains. ◇ ANT. Inobservance, manquement.

OBSERVATEUR, TRICE [ɔpsɛʀvatœʀ, tʀis]. *n.* (1491; lat. *observator*). **I.** *Vx.* Personne qui observe (une loi, une prescription). « *Observateurs zélés de l'exacte justice* » (VOLT.). **II.** *Mod.* ♦ 1° (1555). Personne qui observe, s'attache à observer la nature, l'homme, la société. « *Cet artiste est l'observateur le plus patient et le plus minutieux* » (GAUTIER). « *Il exerçait sur chaque nouveau venu ses facultés aiguës d'observateur* » (PROUST). — *Spécialt.* Personne qui s'adonne à l'observation scientifique des phénomènes naturels. « *L'observateur écoute la nature, l'expérimentateur l'interroge* » (CUVIER). ♦ 2° Personne qui, dans une circonstance particulière, observe un événement auquel elle assiste. V. **Témoin.** « *Les affiches à lettres énormes échappent à l'observateur* » (BAUDEL.). — *Math.* Celui par rapport à qui se fait une observation, se mesure une quantité. *Pour un observateur placé en A.* ♦ 3° Personne chargée d'observer. — Agent chargé par un gouvernement d'assister à des négociations et d'en rendre compte. — Homme, officier chargé d'une mission d'observation militaire. *Observateur d'artillerie.* ♦ 4° *Adj.* Qui aime à observer, est doué pour l'observation. « *Son esprit est observateur et sensé* » (STE-BEUVE).

OBSERVATION [ɔpsɛʀvasjɔ̃]. *n. f.* (1200; lat. *observatio*). **I.** ♦ 1° *Vx.* Loi, tradition communément observée. « *Quelqu'une de nos observations, reçue avec autorité* » (MONTAIGNE). ♦ 2° (1507). *Mod.* Action d'observer ce que prescrit une loi, une règle. V. **Obéissance, observance.** « *Je voudrais obtenir une stricte observation du règlement* » (CHARDONNE). **II.** (1361). ♦ 1° Action de considérer avec une attention suivie la nature, l'homme, la société, afin de les mieux connaître. V. **Examen.** « *La patience dans l'observation de la nature* » (GIDE). « *L'attention qu'exige l'observation du cœur humain* » (STAËL). « *Le monde était son champ d'observation* » (MAUROIS). *Esprit d'observation*, aptitude à observer. ♦ 2° *Une observation* : remarque, écrit exprimant le résultat de cette considération attentive. V. **Note, réflexion.** « *Sa critique est un tissu d'observations sensées et justes* » (STE-BEUVE). ♦ 3° Parole, déclaration par laquelle on fait remarquer qqch. à qqn. « *Tu m'en fis l'observation* » (VERLAINE). *Cet exposé appelle plusieurs graves observations.* V. **Objection.** « *Elle se permit des observations* » (FLAUB.), des critiques. ◇ Remarque par laquelle on reproche à qqn son attitude, ses actes. V. **Avertissement, réprimande, reproche.** « *Ses employés auxquels il faisait de continuelles observations* » (BALZ.). ♦ 4° Procédé scientifique d'investigation, constatation attentive des phénomènes tels qu'ils se produisent, sans volonté de les modifier. *Appareils, instruments d'observation.* « *Sciences d'observation* » (Cl. BERNARD) : sciences de faits, qui n'ont pas recours à l'expérimentation. *L'observation et l'expérience.* ◇ Acte d'observer un phénomène; compte rendu du phénomène

constaté, décrit, mesuré. « *À chaque observation que je faisais sur l'organisation végétale* » (ROUSS.). *Observations météorologiques, astronomiques.* ♦ 5° (*En loc.*). Surveillance attentive à laquelle on soumet un être vivant, un organe. « *Je l'ai mis en observation et j'espère le guérir* » (DUHAM.). *Quarantaine d'observation* : qui dure le temps nécessaire pour constater le bon état sanitaire d'un navire. ♦ 6° Surveillance systématique des activités d'un suspect, d'un ennemi. « *Javert laissa deux hommes en observation* » (HUGO). Corps, détachement *d'observation* (militaire). *Observation aérienne. Aviation d'observation.* ♦ 7° *Sport.* Examen attentif auquel on soumet un adversaire, afin de mesurer ses forces, de découvrir ses points faibles. *Le premier round a été un round d'observation.*

◇ ANT. (du I) Désobéissance, manquement, inobservation. — (du II, 2°) Compliment.

OBSERVATOIRE [ɔpsɛʀvatwaʀ]. *n. m.* (1667; du rad. de *observation*). ♦ 1° Établissement scientifique destiné aux observations astronomiques et météorologiques. *L'Observatoire de Paris. Coupole, télescope d'un observatoire.* ♦ 2° (Mil. XIXᵉ). Lieu élevé, favorable à l'observation ou aménagé en poste d'observation. « *Napoléon avait choisi pour observatoire une étroite croupe de gazon* » (HUGO). *Observatoire d'artillerie.*

OBSERVER [ɔpsɛʀve]. *v. tr.* (Xᵉ; lat. *observare*). **I.** Se conformer de façon régulière à (une prescription). « *Il faut observer certaines règles, certaines formules* » (JOUBERT). « *Une des seules coutumes de l'Islam qu'elles observaient fidèlement encore* » (LOTI). ◇ Vieilli. Prendre, adopter de façon constante. « *Aussi observe-t-elle cette précaution* » (GIDE). *Observer la même attitude.* **II.** (1535). ♦ 1° Considérer avec attention, afin de connaître, d'étudier. V. **Contempler, examiner, regarder.** « *Le philosophe consume sa vie à observer les hommes* » (LA BRUY.) « *La Fontaine scrute le nid d'oiseau, il observe le brin d'herbe* » (HUGO). « *Elle m'observa avec plus d'attention* » (FRANCE). V. **Dévisager, fixer.** « *Quand il se sait observé* » (R. ROLLAND). *Observer un adversaire. Absolt.* « *Ils sont trop occupés à regarder, ils observent, étudient et peignent* » (DIDER.). ◇ *Spécialt.* Soumettre à l'observation scientifique. *Observer un phénomène, une réaction.* « *Dans les sciences d'observation, l'homme observe mais il n'expérimente pas* » (Cl. BERNARD). ♦ 2° Examiner en contrôlant, en surveillant. « *Comme un parvenu observe ses gestes à table* » (RADIGUET). ♦ 3° Épier. *Un « espion de première qualité qui avait tout observé, tout écouté* » (HUGO). « *Les enfants sont nos espions, ils nous observent* » (GAUTIER). — Milit. Observer les mouvements de l'ennemi, un secteur du front. ♦ 4° Constater, remarquer par l'observation. V. **Noter.** « *Ce sont de ces traits qui ne se trouvent point si on ne les a observés* » (STE-BEUVE). « *On observe que les travaux les plus pénibles demeurent attribués aux femmes* » (FRANCE). *Permettez-moi de vous faire observer que...*, de vous signaler. ♦ 5° Pronom. Se prendre pour sujet d'observation. « *Dans ses premiers ouvrages Balzac s'observe et se dissèque lui-même* » (GAUTIER). ◇ Se surveiller, se contrôler. « *On s'observe moins dans l'intimité de la vie domestique* » (STENDHAL). ◇ Récipr. « *Deux peuples, s'observant et s'étudiant sans à l'aise* » (BAUDEL.).

◇ ANT. Enfreindre, mépriser, violer. — (du pron.) Abandonner (s').

OBSESSION [ɔpsesjɔ̃]. *n. f.* (1590; « siège », XVᵉ; lat. *obsessio*). ♦ 1° *Vx.* État de celui qu'un démon obsède. *On distinguait obsession et possession.* ♦ 2° (1690) Action d'importuner, d'obséder; son résultat. « *Il insistait, le lardait d'une obsession de litanies* » (COURTELINE). ♦ 2° (1857). *Cour.* Idée, image, mot qui s'impose à l'esprit de façon répétée et incoercible. V. **Hantise, idée** (fixe). « *Les obsessions de la mélancolie ou de l'idée fixe* » (BAUDEL.). « *Cette pensée ne le quittait pas, c'était une obsession* » (DAUD.). « *L'amour, c'est l'obsession du sexe* » (BOURGET) — *Psycho.* Représentation, accompagnée d'états émotifs pénibles, qui tend à accaparer tout le champ de la conscience. V. **Manie, phobie.**

OBSESSIONNEL, ELLE [ɔpsesjɔnɛl]. *adj.* (1952; de *obsession*). *Psycho.* Propre à l'obsession, qui relève d'une obsession. *Idée obsessionnelle. Névrose obsessionnelle.*

OBSIDIENNE [ɔpsidjɛn]. *n. f.* (1765; *obsidiane*, 1600; lat. *obsidianus*, leçon fautive pour *obsidianus* [*lapis*] « pierre d'Obsius »). Nom de diverses variétés de laves (rhyolite, trachyte et andésite) semblables au verre, de couleur foncée.

OBSIDIONAL, ALE, AUX [ɔpsidjɔnal, o]. *adj.* (XVIᵉ; lat. *obsidionalis*, de *obsidio* « siège »). *Didact.* Relatif aux sièges, aux villes assiégées. *Monnaie obsidionale*, frappée dans une ville assiégée. — *Loc. Fièvre obsidionale*, sorte de psychose collective qui atteint une population assiégée. — *Psycho. Délire obsidional*, délire d'un sujet qui se croit assiégé, environné de persécuteurs.

OBSOLESCENCE [ɔpsɔlesãs]. *n. f.* (1958; mot angl. 1828, du lat. *obsolescere* « tomber en désuétude »). *Didact.* Le fait de devenir périmé. — *Spécialt.* Vieillissement technologique de l'équipement industriel, dû à l'apparition d'un matériel nouveau de meilleure qualité ou d'un plus grand rendement.

OBSOLESCENT, ENTE [ɔpsɔlesã, ãt]. *adj.* (1968; mot angl. 1755). *Écon.* Qui est tombé en désuétude.

OBSOLÈTE [ɔpsɔlɛt]. *adj.* (1596; lat. *obsoletus*). *Ling.* et *relig.* Qui n'est plus en usage. *Mot obsolète.* V. **Désuet.**

OBSTACLE [ɔpstakl(ə)]. *n. m.* (1220; lat. *obstaculum*, de *obstare* « se tenir [*stare*] devant »). ♦ 1° Ce qui s'oppose au passage, gêne le mouvement. « *Le vent ne rencontre aucun obstacle naturel sur le plateau* » (CAMUS). « *La voiture fit un écart pour ne pas heurter un obstacle* » (ALAIN-FOURNIER). Milit. *Obstacle antichar.* — *Spécialt.* Chacune des difficultés (haies, murs, rivières, etc.) semées sur le parcours des chevaux. *Course d'obstacles* (haies, steeple). ♦ 2° *Fig.* Ce qui s'oppose à l'action, à l'obtention d'un résultat. « *Les obstacles au divorce sont utiles, à condition de ne pas être insurmontables* » (CHARDONNE). « *Capable de culbuter toutes les résistances et de franchir bien des obstacles* » (BERGSON). « *On manœuvre, on tourne l'obstacle* » (MAUPASS.). *Faire obstacle à :* empêcher, gêner. *Sans rencontrer d'obstacle,* sans encombre. V. **Barrière, difficulté, empêchement, gêne, opposition.** ◇ ANT. **Aide.**

OBSTÉTRICAL, ALE, AUX [ɔpstetʀikal, o]. *adj.* (1818; de *obstétrique*). *Didact.* Relatif à l'obstétrique.

OBSTÉTRIQUE [ɔpstetʀik]. *adj.* et *n. f.* (1803, adj.; du lat. *obstetrix* « sage femme »). ♦ 1° Adj. (*Vx.*). Relatif aux accouchements. V. **Obstétrical.** ♦ 2° *N. f.* Partie de la médecine qui traite de la grossesse et des accouchements. V. **Gynécologie.**

OBSTINATION [ɔpstinasjɔ̃]. *n. f.* (v. 1190; lat. *obstinatio*). Caractère, comportement d'une personne obstinée. « *Derrière son front bombé, on sentait une obstination de paysan* » (R. ROLLAND). « *Cette obstination dans le refus* » (GIDE). « *Pourquoi cette obstination à se taire?* » (BOURGET). V. **Constance, entêtement, opiniâtreté, persévérance, ténacité.** ◇ ANT. **Docilité, inconstance.**

OBSTINÉ, ÉE [ɔpstine]. *adj.* (v. 1220; lat. *obstinatus*). ♦ 1° Qui s'attache avec énergie et de manière durable à une manière d'agir, à une idée. V. **Opiniâtre; entêté, persévérant, têtu, volontaire.** « *L'entêtement d'une femme obstinée* » (ROUSS.). « *Obstinés dans leurs rancunes* » (MICHELET). ♦ 2° (*Choses*). Qui marque de l'obstination. *Effort, travail obstiné.* « *La résistance la plus obstinée* » (MICHELET). ◇ ANT. **Docile, inconstant.**

OBSTINÉMENT [ɔpstinemã]. *adv.* (1532; *ostinement,* XIVᵉ; de *obstiné*). Avec obstination. V. **Opiniâtrement.** *Refuser obstinément.*

OBSTINER (S') [ɔpstine]. *v. pron.* (1538; lat. *obstinare*). Se montrer obstiné, se comporter avec obstination. V. **Entêter (s'), opiniâtrer (s').** *Il s'obstine dans son idée.* « *Le silence où tu t'obstinais* » (MAURIAC). « *Elle ne s'obstinera pas sur un détail de procédure* » (CHARDONNE). « *Je m'obstinais à les trouver belles* » (ROUSS.). V. **Buter (se), insister, persévérer, persister.** ◇ ANT. **Céder.**

OBSTRUCTIF, IVE [ɔpstʀyktif, iv]. *adj.* (1539; de *obstruction*). *Didact.* Qui cause une obstruction.

OBSTRUCTION [ɔpstʀyksjɔ̃]. *n. f.* (1538; lat. *obstructio*). ♦ 1° Gêne ou obstacle à la circulation des matières solides ou liquides (dans un conduit de l'organisme). V. **Engorgement, iléus, oblitération, occlusion.** *Obstruction des voies respiratoires. Obstruction des trompes utérines.* ♦ 2° (1890; repris angl. *obstruction*). Tactique qui consiste, dans une assemblée, un parlement, à entraver, à paralyser les débats par des procédés divers (discours interminables, etc.). *Faire de l'obstruction pour empêcher le vote d'une loi.* ♦ 3° (1933). *Sports.* Action par laquelle un joueur (de football, rugby, etc.) barre volontairement le passage à un adversaire qui n'est pas en possession du ballon. *L'obstruction est sanctionnée par un coup franc.*

OBSTRUCTIONNISME [ɔpstʀyksjɔnism(ə)]. *n. m.* (1892; de *obstruction*). *Polit.* Tactique parlementaire qui consiste à faire de l'obstruction systématique.

OBSTRUCTIONNISTE [ɔpstʀyksjɔnist(ə)]. *n.* et *adj.* (1890; de *obstruction*). *Polit.* Parlementaire qui pratique l'obstruction. — Adj. *Tactique obstructionniste.*

OBSTRUÉ, ÉE [ɔpstʀye]. *adj.* (1713; V. **Obstruer**). Bouché. *Conduit obstrué.* — Engorgé. « *Une horrible saleté croupissait dans les ruisseaux obstrués* » (BAUDEL.).

OBSTRUER [ɔpstʀye]. *v. tr.* (1540; lat. *obstruere*). ♦ 1° Engorger, boucher (un canal, un vaisseau dans l'organisme). V. **Oblitérer.** ♦ 2° (1780). Embarrasser, faire obstacle en entravant ou en gênant la circulation. V. **Barrer, boucher, encombrer.** « *Ce chemin est obstrué de feuillages et de fleurs* » (GAUTIER). « *Les voitures se croisaient, obstruant le passage* » (R. ROLLAND). ◇ ANT. **Déboucher.**

OBTEMPÉRER [ɔptãpeʀe]. *v. tr. indir.;* conjug. *céder* (1377; lat. *obtemperare*). *Dr.* et *Admin.* Obéir, se soumettre à (une injonction, un ordre). « *Je lui intimai par trois fois l'ordre de circuler, auquel il refusa d'obtempérer* » (FRANCE). ◇ ANT. **Contrevenir.**

OBTENIR [ɔptəniʀ]. *v. tr.;* conjug. *tenir.* V. **Venir** (1355; *optenir,* 1283; lat. *obtinere,* francisé d'apr. *tenir*). ♦ 1° Parvenir à se faire accorder, à se faire donner (ce qu'on veut avoir). V. **Acquérir, arracher, conquérir, décrocher** (fam.), **enlever, extorquer, impétrer** (dr.), **recevoir, recueillir, remporter.** « *J'ai cessé de souhaiter, sachant que je ne pouvais rien obtenir* » (GIDE). « *Décidée à obtenir quelques éclaircissements* » (MART. du G.). « *Pour obtenir la main de cette petite* » (LOTI). *Je lui ai fait obtenir de l'avancement.* « *On obtenait du ministre une lettre de cachet* » (ROMAINS). « *Le sculpteur a obtenu de travailler dans la verdure* » (DAUD.). « *Mazarin exigea et obtint que le Parlement vînt le haranguer* » (VOLT.). ♦ 2° Réussir à atteindre (un résultat). « *Des années de patience pour obtenir le plus infime résultat* » (SARTRE). *Obtenir un métal à l'état liquide. En additionnant, on obtient un total de tant.* — (*Art*) « *On peut exagérer sans obtenir un véritable effet de caricature* » (BERGSON). « *Cette vertu incantatrice que Mallarmé obtient directement* » (GIDE). ◇ ANT. **Manquer, perdre.**

OBTENTION [ɔptãsjɔ̃]. *n. f.* (1360; du lat. *obtentus,* p. p. de *obtinere.* V. **Obtenir**). *Didact.* Le fait d'obtenir. *Formalités à remplir pour l'obtention d'un visa. L'obtention d'une température constante est difficile.*

OBTURATEUR, TRICE [ɔptyʀatœʀ, tʀis]. *adj.* et *n.* (1560; du rad. lat. de *obturer*). ♦ 1° Adj. Qui sert à obturer. *Plaque obturatrice.* — Anat. *Membrane obturatrice, muscles obturateurs,* servant à obturer le trou sous-pubien (dit aussi *obturateur*). ♦ 2° *N. m.* Appareil de prothèse utilisé pour fermer une ouverture. « *Les obturateurs de tympan qui protégeaient leur ouïe* » (HAMP). ◇ (XVIIIᵉ) Organe d'arrêt ou de réglage d'un débit (liquide, gaz). V. **Clapet, soupape, valve.** ◇ (1858) Dans un appareil photographique, Dispositif grâce auquel la lumière traversant l'objectif impressionne la surface sensible au moment voulu. *Obturateur à rideau.*

OBTURATION [ɔptyʀasjɔ̃]. *n. f.* (v. 1500; bas lat. *obturatio*). Action d'obturer; état de ce qui est obturé. Spécialt. *Obturation d'une arme à feu,* empêchant toute fuite de gaz à travers la culasse. *Obturation dentaire* (radiculaire ou coronaire), au moyen de ciments, résines, amalgames, or. V. **Inlay.**

OBTURER [ɔptyʀe]. *v. tr.* (1538; lat. *obturare*). Boucher (une ouverture, un trou). *Obturer avec un ciment la cavité d'une dent cariée.*

OBTUS, USE [ɔpty, yz]. *adj.* (av. 1478; lat. *obtusus* « émoussé »). ♦ 1° Rare. Qui est émoussé, de forme arrondie. — *Géom.* (1542) *Angle obtus :* plus grand qu'un angle droit. *Angle obtus de 100°.* ♦ 2° *Fig.* (fin XVIᵉ). Vx. *Ouïe, vue obtuse :* qui manque d'acuité. *Mod.* (Esprit) Qui manque de finesse, de pénétration. V. **Borné, bouché.** « *Des problèmes si aisés à résoudre que l'esprit le plus obtus s'en tirerait sans peine* » (ALAIN). « *L'expression obtuse de son visage* » (GIDE). ◇ ANT. **Aigu; pénétrant.**

OBTUSANGLE [ɔptyzãgl(ə)]. *adj.* (1671; bas lat. *obtusangulus*). Géom. *Triangle obtusangle :* triangle dont l'un des angles est obtus.

OBUS [ɔby]. *n. m.* (1797; *hocbus,* 1515, et *obus,* 1697, « obusier »; all. *Haubitze,* tchèque *haufnice* « catapulte »). Projectile utilisé par l'artillerie, généralement de forme cylindro-conique, le plus souvent creux et rempli d'explosif. *Obus explosifs ou brisants. Obus à balles, à mitraille.* V. **Shrapnell.** *Obus incendiaires, fumigènes, éclairants. Obus atomiques. Obus de rupture,* utilisé en marine pour percer les blindages. *Obus perforants* (pleins). — *Parties d'un obus :* cartouche, ceinture, chambre, culot, fusée, ogive, percuteur. « *Chaque obus soulevait une longue gerbe de terre dans un nuage de fumée* » (DORGELÈS). *Éclat d'obus. Trou d'obus.*

OBUSIER [ɔbyzje]. *n. m.* (1762; de *obus*). *Vx.* Bouche à feu destinée à lancer des obus. ◇ *Mod.* Canon court pouvant exécuter un tir plongeant ou vertical. V. **Mortier.** *Obusier de campagne.*

OBVENIR [ɔbvəniʀ]. *v. intr.;* conjug. *venir* (1369; lat. *obvenire*). *Dr.* Échoir. *Biens obvenus par succession.*

OBVERS ou **OBVERSE** [ɔbvɛʀ ou ɔbvɛʀs(ə)]. *n. m.* ou *n. f.* (1808; lat. *obversus*). Vx. Avers (d'une médaille). ◇ ANT. **Revers.**

OBVIE [ɔbvi]. *adj.* (1889; lat. *obvius,* proprem. « qui vient au-devant »). Théol. *Sens obvie :* qui se présente tout naturellement à l'esprit.

OBVIER [ɔbvje]. *v. tr. indir.* (1361; « résister », 1180; bas lat. *obviare*). OBVIER à : mettre obstacle, parer à (un mal, un inconvénient). « *Pour obvier à cet inconvénient* » (GAUTIER). V. **Remédier.** ◇ ANT. **Aggraver.**

OC [ɔk]. Particule affirmative (XIIᵉ; mot prov.; lat. *hoc*). Au moyen âge, Mot signifiant « oui », dans les régions de France situées approximativement au sud de la Loire. — *Loc. mod. Langue d'oc,* ensemble des dialectes des régions où *oui* se disait *oc* (opposé à langue d'oïl). V. **Occitan, provençal.**

OCARINA [ɔkaʀina]. *n. m.* (1890; mot it., probabl. de *oca* « oie »). Petit instrument à vent, en terre cuite ou en métal, de forme ovoïde, percé de trous et muni d'un bec. « *On faisait un concert. Un caporal jouait de l'ocarina* » (DORGELÈS).

OCCASE [ɔkaz]. *n. f.* (1841; de *occasion*). *Pop.* Occasion. « *C'est une occase que tu ne retrouveras jamais* » (FLAUB.).

OCCASION [ɔka(a)zjɔ̃]. *n. f.* (1174; lat. *occasio*). ♦ 1° Circonstance qui vient à propos, qui convient. « *C'est une belle occasion à saisir* » (MART. du G.). V. **Aubaine, chance.** « *Son père ayant voulu profiter d'une occasion pour le faire entrer au ministère* » (BALZ.). *Il a sauté sur l'occasion* (fam.). *Il ne manquait, ne perdait jamais une occasion d'en parler.* « *Il ne négligeait aucune occasion de leur faire entendre d'utiles vérités* » (FRANCE). « *Un garçon agile trouve l'occasion de rendre des services* » (ROMAINS). « *Quand l'occasion de dépenser agréablement se présente* » (ROUSS.). Par plaisant. « *Vous avez perdu une belle occasion de vous taire!* vous auriez mieux fait de vous taire. PROV. *L'occasion fait le larron* : dans certaines circonstances, la tentation incite à mal agir. ◇ *Loc. adv.* À L'OCCASION : quand l'occasion se présente, le cas échéant. V. **Éventuellement.** « *Volontaire, capable de se montrer dur à l'occasion* » (ROMAINS). — *À la première occasion*, dès que l'occasion se présente. ♦ 2° Marché avantageux pour l'acheteur, objet de ce marché. « *Des occasions uniques! J'aurais payé le double au Havre* » (ZOLA). D'OCCASION : *Vx*, Bon marché, en solde; *Mod.* Qui n'est pas neuf. *Livres, voitures d'occasion*, de seconde main. Ellipt. *Ce marchand fait le neuf et l'occasion.* ♦ 3° *Occasion de* : circonstance qui détermine (une action), provoque (un événement). V. **Cause, motif.** « *Les leçons de cuisine étaient l'occasion de plaisanteries* » (ROMAINS). V. **Lieu** (donner). « *Ce fut pour la municipalité l'occasion de demander une loi de sévérité* » (MICHELET). ◇ *Loc. prép.* À L'OCCASION DE : l'occasion en étant fournie par. « *Il y avait un bal costumé; c'était à l'occasion de la Mi-Carême* » (MAUPASS.). V. **Pour.** ♦ 4° Circonstance. V. **Cas.** « *Dans combien d'occasions le mensonge ne devient-il pas une vertu héroïque!* » (VOLT.). « *J'ai décidé de me mettre du côté des victimes, en toute occasion* » (CAMUS). Vieilli. *Par occasion*, par accident, par hasard. *D'occasion*, accidentel, occasionnel. « *Des liaisons d'occasion qu'un jeune homme rencontre toujours* » (MAUPASS.). ◇ *Les grandes occasions*, les circonstances importantes de la vie sociale. *Dans, pour les grandes occasions.*

OCCASIONNALISME [ɔkazjɔnalism(ə)]. *n. m.* (1845; de *occasionnel*). *Philo.* Théorie de Malebranche, d'après laquelle il n'y a, dans le monde des créatures, que des causes occasionnelles.

OCCASIONNEL, ELLE [ɔkazjɔnɛl]. *adj.* (1679; de *occasion*). ♦ 1° *Philo. Cause occasionnelle*, circonstance qui, sans être une véritable cause (efficiente), contribue au fait considéré qui, sans elle, ne se produirait pas. ♦ 2° (1836). *Cour.* Qui résulte d'une occasion, se produit, se rencontre par hasard. V. **Fortuit.** « *Son interlocuteur occasionnel* » (ROMAINS). ◇ ANT. *Efficient; habituel.*

OCCASIONNELLEMENT [ɔkazjɔnɛlmã]. *adv.* (1546; *occasionaument*, 1306; de *occasionnel*). D'une manière occasionnelle (et non habituelle). V. **Accidentellement.**

OCCASIONNER [ɔkazjɔne]. *v. tr.* (1596; de *occasion*). Être l'occasion (3°) de (qqch. de fâcheux). V. **Causer, déterminer, entraîner, provoquer.** « *Pour savoir ce qui pouvait occasionner ce retard* » (LACLOS). « *Nous ne vous occasionnerons pas de dépenses* » (SAND).

OCCIDENT [ɔksidã]. *n. m.* (1120; lat. *occidens* « soleil tombant »). ♦ 1° *Poét.* Un des quatre points cardinaux; côté de l'horizon, point du ciel où le soleil se couche. V. **Couchant, ouest.** ♦ 2° Région située vers l'ouest, par rapport à un lieu donné. *Spécial.* Partie de l'ancien monde située à l'ouest. *L'Empire romain d'Occident.* ◇ *Polit.* L'Europe de l'Ouest, les États-Unis, et plus généralement, les membres de l'Organisation du Traité de l'Atlantique Nord (*O.T.A.N.*). *La défense de l'Occident.* ◇ ANT. *Orient; est, levant.* — HOM. *Oxydant.*

OCCIDENTAL, ALE, AUX [ɔksidãtal, o]. *adj.* et *n.* (1530; *occidentel*, 1314; lat. *occidentalis*). ♦ 1° Qui est à l'ouest. *Côte occidentale d'un pays. L'Europe occidentale.* ♦ 2° Qui se rapporte à l'Occident. « *L'Europe avait été jusqu'ici le foyer de la culture occidentale* » (SIEGFRIED). ◇ *Polit. Les puissances occidentales.* ◇ N. Habitant de l'Occident. ◇ ANT. *Oriental.*

OCCIDENTALISER [ɔksidãtalize]. *v. tr.* (1877; de *occidental*). Modifier conformément aux habitudes de l'Occident. *Occidentaliser les coutumes, les mœurs.* — Au p. p. *La bourgeoisie de ce pays mène une vie occidentalisée. Les Japonais sont largement occidentalisés.* v. pron. (dér. OCCIDENTALISATION [ɔksidãtalizasjɔ̃] *n. f.*).

OCCIPITAL, ALE, AUX [ɔksipital, o]. *adj.* (av. 1478; lat. médiév. *occipitalis*). *Anat.* Qui appartient à l'occiput. *Os occipital* et subst. *L'occipital, os qui forme la partie inférieure et postérieure du crâne. Trou occipital* : large ouverture de la partie inférieure médiane de l'os occipital, faisant

communiquer la cavité crânienne avec le canal rachidien et donnant passage à la partie inférieure du bulbe et aux artères vertébrales.

OCCIPUT [ɔksipyt]. *n. m.* (1372; mot lat.). Partie postérieure et inférieure médiane de la tête.

OCCIRE [ɔksiʀ]. *v. tr.*; conjug. : inus. sauf inf. et p. p. (temps comp.) : *occis, ise* (1361; *occidre*, Xᵉ; lat. pop. *aucidere*, class. *occidere*). *Vx* (ou *mod.* par plaisant., seulement à l'inf., au p. p. *occis*, et temps comp.). Tuer. « *Mais pourquoi qu't'as occis le mataf?* » (GENET).

OCCITAN, ANE [ɔksitã, an]. *adj.* et *n. m.* (XXᵉ; lat. médiév. [*lingua*] *occitana*, latinisation de [*langue*] *d'oc*). *Ling.* Relatif aux parlers français de langue d'oc. *Groupe provençal ou occitan. Littérature occitane.* — N. m. Langue d'oc parlée dans le sud de la France. *Le renouveau de l'occitan.*

OCCLURE [ɔklyʀ]. *v. tr.*; conjug. *conclure* : p. p. *occlus* (1858; « enfermer », 1440; lat. *occludere*). *Méd.* Fermer. ◇ *Chir.* Pratiquer l'occlusion de. ◇ ANT. *Ouvrir.*

OCCLUSIF, IVE [ɔklyzif, iv]. *adj.* (1907; « qui ferme », *bandage occlusif*, 1876; du lat. *occlusus*, p. p. de *occludere* « fermer »). ♦ 1° *Méd.* Qui produit une occlusion. ♦ 2° *Phonét. Consonne occlusive*, et subst. *Une occlusive*, consonne dont l'articulation comporte essentiellement une occlusion du canal buccal, suivie d'une ouverture brusque. [p, t, k, b, d, g] *sont des occlusives.*

OCCLUSION [ɔklyzjɔ̃]. *n. f.* (1808; bas lat. *occlusio*). ♦ 1° *Chir.* Opération consistant à rapprocher les bords d'une ouverture naturelle. ♦ 2° (1812). Oblitération d'un conduit ou d'un orifice. *Occlusion intestinale*, déterminant l'arrêt du cours des matières contenues dans l'intestin. V. **Iléus.** ♦ 3° (1868). Fermeture complète. *Occlusion des paupières. Occlusion du canal buccal dans la prononciation des occlusives.* ◇ Contact des dentures inférieure et supérieure par le jeu des muscles de la mâchoire. *Occlusion équilibrée, normale. Occlusion bouleversée* (malocclusion). — *Adj.* OCCLUSAL, ALE, ALS [ɔklyzal]. *Harmonie, dysharmonie occlusale.* ♦ 4° (1869; repris angl. *occlusion*). *Techn.* Propriété que possèdent certains solides d'absorber les gaz.

OCCULTATION [ɔkyltasjɔ̃]. *n. f.* (1488; lat. *occultatio*). ♦ 1° *Astron.* Disparition passagère (d'un astre) par l'interposition d'un astre apparemment plus grand. V. **Éclipse.** *Occultation d'une étoile par la lune.* ♦ 2° Action d'occulter (une source lumineuse).

OCCULTE [ɔkylt(ə)]. *adj.* (1120; lat. *occultus*). ♦ 1° Qui est caché et inconnu par nature. V. **Secret.** « *Je ne parlerai pas des puissances occultes, du magnétisme, de la télépathie* » (MAETERLINCK). ♦ 2° Qui se garde, garde le secret ou l'incognito. V. **Clandestin.** « *Que certaines puissances d'argent aient un rôle occulte et parfois décisif...* » (ROMAINS). *Comptabilité occulte.* ♦ 3° (1690). *Sciences occultes*, doctrines et pratiques secrètes faisant intervenir des forces qui ne sont reconnues ni par la science ni par la religion, et requérant une initiation (alchimie, astrologie, cartomancie, chiromancie, divination, magie, nécromancie, radiesthésie, télépathie). V. **Occultisme.**

OCCULTER [ɔkylte]. *v. tr.* (1324; lat. *occultare*). ♦ 1° *Astron.* Cacher à la vue (une étoile). ♦ 2° Rendre peu visible (une source lumineuse), en la munissant d'un dispositif dit occultant, 1876; en canalise les rayons en un faisceau étroit. *Occulter un phare, un signal.*

OCCULTISME [ɔkyltism(ə)]. *n. m.* (1845; de *occulte*). Croyance à l'existence de réalités suprasensibles qui seraient perceptibles par les méthodes des sciences occultes; ensemble des sciences occultes et des pratiques qui s'y rattachent. V. **Cabale, ésotérisme, hermétisme, illuminisme, spiritisme, théosophie.**

OCCULTISTE [ɔkyltist(ə)]. *n.* et *adj.* (1890; de *occulte*). *Didact.* Qui pratique l'occultisme, est relatif à l'occultisme.

OCCUPANT, ANTE [ɔkypã, ãt]. *adj.* et *n.* (1480; prés. de *occuper*). ♦ 1° *Dr.* Qui occupe un lieu. *La partie occupante.* — *N.* (*Cour.*) (*spécialt.* en dr., Ancien locataire ou preneur d'un local d'habitation ou professionnel, à l'expiration du terme du congé qui lui a été signifié). *L'occupant des lieux.* « *Un logement que son occupant désirait souslouer* » (ROMAINS). *Le premier occupant :* celui qui a pris le premier possession d'un lieu. *Occupant de bonne foi. Occupant sans droit ni titre.* ♦ 2° Qui occupe militairement un pays, un territoire. *L'armée, l'autorité occupante.* — N. (v. 1940) *Les occupants, l'occupant.*

OCCUPATION [ɔkypasjɔ̃]. *n. f.* (XIIᵉ; lat. *occupatio*). ♦ 1° Ce à quoi l'on consacre son activité, son temps. V. **Affaire, besogne, ouvrage, passe-temps.** « *Le cercle d'occupation où tourne son existence* » (FLAUB.). « *Les jeux des enfants sont de graves occupations* » (BARBUSSE). *Vaquer à ses occupations.* ◇ *Travail susceptible d'occuper.* « *Il lui aurait fallu une occupation, un métier* » (ARAGON). ♦ 2° (1360). *Dr.* Mode d'acquisition de la propriété résultant de la prise de possession d'un bien vacant. ◇ *Cour.* Fait d'habiter effectivement ♦ 3° (1515). Action de s'emparer par les armes d'une ville, d'un territoire, de s'y installer en substituant son autorité à celle de l'État envahi. *Armée d'occupation.* — *Dr. intern. pub.* Établissement par un État de son autorité sur un territoire (Acte de Berlin, 1855). ◇ Période pendant laquelle la France fut occupée par les Allemands (1940-1944). ♦ 4° Fait d'occuper un lieu. *Grève avec occupation des locaux.* ◈ ANT. *Inaction, oisiveté.* — *Abandon.* — *Évacuation.*

OCCUPÉ, ÉE [ɔkype]. *adj.* (v. 1180; lat. *occupatus*). ♦ 1° *(Personnes).* Qui se consacre (à un travail). *Il est occupé à la rédaction de ses mémoires, à rédiger ses mémoires.* — Absolt. « *Un évêque est un homme fort occupé* » (HUGO), qui a beaucoup à faire, qui est très pris. ◇ Vieilli. *Occupé de,* préoccupé de, qui a l'esprit absorbé par. « *Madame de Rénal, occupée sans cesse de Julien* » (STENDHAL). ♦ 2° *(Choses).* Dont on a pris possession. *La zone occupée et la zone libre en France* (1940-1942). *Appartement occupé, habité.* « *Tous les bancs étaient occupés* » (MART. du G.). ◈ ANT. *Inoccupé. Désœuvré, inactif. Libre, vide.*

OCCUPER [ɔkype]. *v. tr.* et *pron.* (XIV°; lat. *occupare*). I. *V. tr.* ♦ 1° Prendre possession de (un lieu), tenir en sa possession. « *En quelques heures les troupes occuperont Belgrade* » (MART. du G.). *Occuper le terrain,* le tenir en s'y installant solidement. *Occuper un pays vaincu,* le soumettre à une occupation militaire. ♦ 2° Remplir, couvrir (une certaine étendue, d'espace ou de temps). « *L'étude Beynaud occupait le premier étage* » (MART. du G.). — « *Ils étaient faits pour occuper la première et la plus grande place* » (CHATEAUB.). *Une activité qui occupe une bonne part de mon temps.* ♦ 3° (1530). Habiter. « *Le propriétaire en occupait une partie et louait l'autre* » (HUGO). ♦ 4° Intéresser, employer qqn à. Vieilli. *Occuper qqn de qqch.* « *En occupant les gens de leur propre intérêt* » (BEAUMARCH.). Mod. *Occuper à...* « *Tant qu'il n'occuperait pas à de nouvelles opérations officiers et soldats...* » (MADELIN). ◇ Absolt. Faire travailler. « *Moi qui occupe douze cents ouvriers* » (ZOLA). ♦ 5° Employer, meubler (du temps). « *Pour occuper ses heures d'attente* » (LOTI). *Occuper ses loisirs à jouer au bridge.* ♦ 6° Absolt. Dr. *Occuper pour qqn,* se dit d'un avoué qui se charge des intérêts d'un client. V. **Postuler** (I).
II. S'OCCUPER. *v. pron.* (1365). Vieilli. *S'occuper à,* s'attacher, s'appliquer à. — Mod. *S'occuper d'une affaire,* y employer son temps, ses soins. *S'occuper de politique, de littérature.* V. **Mêler** (se). *Ne vous occupez pas de ça,* ne vous en souciez pas, n'en tenez pas compte. — « *La géométrie ne s'occupe pas de solides naturels* » (POINCARÉ). V. Traiter. ◇ *S'occuper de qqn,* prendre soin de lui, veiller sur lui ou le surveiller. ◇ Absolt. *S'il s'occupe, il trouve qqch. à faire* « *Le gosse dort? demande-t-il. T'occupe pas...* » (QUENEAU).

OCCURRENCE [ɔkyʀɑ̃s]. *n. f.* (1440; du lat. *occurrere.* V. **Occurrent**). ♦ 1° *Littér.* Cas, circonstance. *En l'occurrence,* dans le cas présent. « *Changeant de route suivant l'occurrence* » (BALZ.). ♦ 2° *Liturg.* Rencontre de fêtes occurrentes. ♦ 3° (De l'angl. *occurrence*). Ling. Apparition d'une unité linguistique dans le discours. *L'occurrence de changeant et de route dans la citation précédente.* V. **Cooccurrence.** — Cette unité. *Changeant est une occurrence du mot changeant.*

OCCURRENT, ENTE [ɔkyʀɑ̃, ɑ̃t]. *adj.* (1475; lat. *occurrens,* p. prés. de *occurrere* « se rencontrer »). *Liturg.* (Fête). Qui tombe le même jour.

OCÉAN [ɔseɑ̃]. *n. m.* (*Occean,* 1120; lat. *oceanus*). ♦ 1° Vaste étendue d'eau salée qui couvre une grande partie de la surface du globe terrestre. V. **Mer.** *Étude des océans.* V. **Océanographie.** ◇ Vaste partie déterminée de cette étendue. *L'océan Atlantique, Indien, Pacifique.* — Absolt. *L'Océan* : l'océan Atlantique. *Les plages de la Méditerranée et les plages de l'Océan* (en France). ♦ 2° Fig. *Océan de... :* vaste étendue, immensité. V. **Mer.** « *Un océan d'éternelle verdure* » (LOTI). « *L'océan des âges* » (LAMART.). « *Cet océan de musique qui remplit les siècles* » (R. ROLLAND).

OCÉANAUTE [ɔseanot]. *n. m.* (1964; de *océan,* et *-naute*). Spécialiste de l'exploration sous-marine. V. **Aquanaute.**

OCÉANIDE [ɔseanid]. *n. f.* (1721; lat. d'o. gr. *oceanis, -idis*). *Mythol.* Chacune des nymphes de la mer, filles d'Océanos et de Téthys.

OCÉANIEN, IENNE [ɔseanjɛ̃, jɛn]. *adj.* et *n.* (1845; « océanique », 1716; de *Océanie,* 1812). De Océanie. *Populations océaniennes. L'art océanien.* — N. *Les Océaniens.*

OCÉANIQUE [ɔseanik]. *adj.* (1548; lat. *oceanicus*). ♦ 1° Qui appartient, est relatif à l'océan. *Explorations, profondeurs océaniques.* ♦ 2° Qui est au bord de la mer, qui subit l'influence de l'océan. *Régions océaniques. Climat océanique.*

OCÉANOGRAPHE [ɔseanɔgʀaf]. *n.* (1907; de *océanographie*). Spécialiste de l'océanographie.

OCÉANOGRAPHIE [ɔseanɔgʀafi]. *n. f.* (1584, rare av. 1876; de *océan,* et *-graphie*). Science qui a pour objet l'étude des mers et océans, du milieu marin et de ses frontières (avec l'air, avec le fond), ainsi que des organismes qui y vivent. *Océanographie physique, biologique. Océanographie descriptive. Applications de l'océanographie à l'océanologie*.

OCÉANOGRAPHIQUE [ɔseanɔgʀafik]. *adj.* (1894; de *océanographie*). Qui appartient à l'océanographie. *L'Institut océanographique de Paris, de Monaco.*

OCÉANOLOGIE [ɔseanɔlɔʒi]. *n. f.* (v. 1970; de *océan,* et *-logie*). « Ensemble des méthodes et des opérations scientifiques, techniques [...] mises en œuvre en vue de la prospection, de l'exploitation économique ou de la protection des océans, dans leur partie fluide, sur ou dans le sol immergé et sur les rivages » (H. LACOMBE). *Les recherches concernant les richesses minérales ou biologiques des océans et des mers relèvent de l'océanologie. Dér.* OCÉANOLOGIQUE, *adj.;* OCÉANOLOGUE, *n.*

OCELLE [ɔsɛl]. *n. m.* (1825; lat. *ocellus,* dimin. de *oculus* « œil »). *Didact.* ♦ 1° Tache arrondie dont le centre et le tour sont de deux couleurs différentes (ailes de papillons, plumes d'oiseaux). ♦ 2° (1845). *Zool.* Œil « simple » des insectes et des arthropodes (*opposé à* yeux composés, à facettes).

OCELLÉ, ÉE [ɔse(ɛl)le]. *adj.* (1804; lat. *ocellatus*). *Littér.* ou *Sc.* Parsemé d'ocelles. *Papillon à ailes ocellées. Paon ocellé.*

OCELOT [ɔslo]. *n. m.* (1765; *ocelotl,* 1640, mot aztèque). Mammifère carnivore (*Félidés*), grand chat sauvage à pelage roux tacheté de brun. V. **Chat-tigre.** ◇ Fourrure de cet animal. *Manteau d'ocelot.*

OCRE [ɔkʀ]. *n. f.* (1307; lat. *ochra,* gr. *ôkhra,* de *ôkhros* « jaune »). ♦ 1° Colorant minéral naturel, jaune brun ou rouge, constitué par de l'argile et des oxydes de fer ou de manganèse. ◇ Couleur fabriquée avec de l'ocre. *Acheter un tube d'ocre. Ocres brunes* (terre de Sienne, terre d'ombre). *Crayon d'ocre.* ♦ 2° Couleur d'un brun jaune ou orangé. « *Les façades d'un bel ocre pâle* » (ROMAINS). — Adj. *Poudre ocre rosée, pour fards.*

OCRÉ, ÉE [ɔkʀe]. *adj.* et *n. m.* (1588; de *ocre*). ♦ 1° Teint en ocre. ♦ 2° (1902). N. m. *Techn.* Coloration des fils de lin ou de chanvre à l'ocre jaune.

OCREUX, EUSE [ɔkʀø, øz]. *adj.* (1762; de *ocre*). ♦ 1° Qui contient de l'ocre. « *Le drap est raidi par la boue ocreuse* » (BARBUSSE). ♦ 2° (1874). De couleur ocre.

OCT(A)-, OCTI-, OCTO-. Éléments, du lat. *octo* « huit ».

OCTAÈDRE [ɔktaɛdʀ(ə)]. *n. m.* (1557; bas lat. *octædros,* mot gr. V. **-Èdre**). *Géom.* Polyèdre à huit faces. *Octaèdre régulier,* dont les faces sont des triangles équilatéraux.

OCTAÉDRIQUE [ɔktaedʀik]. *adj.* (1799; de *octaèdre*). *Géom.* Qui a la forme d'un octaèdre. *Cristal octaédrique.*

OCTANE [ɔktan]. *n. m.* (de *oct-,* et *-ane*). *Chim.* Hydrocarbure saturé (C_8H_{18}) de la série des paraffines, à nombreux isomères. — Cour. *Indice d'octane,* caractérisant le pouvoir antidétonant d'un carburant.

OCTANT [ɔktɑ̃]. *n. m.* (1619; lat. *octans* « huitième partie »). *Géom., Techn.* ♦ 1° Arc de 45° (huitième de cercle). ♦ 2° Instrument du genre du sextant, mais dont le bâti n'est que de 45°.

OCTANTE [ɔktɑ̃t]. *adj. num. card.* (1282; latinisation de l'a. fr. *oitante,* d'apr. le lat. *octoginta*). *Vx* et *dial.* (on dit aussi *huitante*). Quatre-vingts.

OCTAVE [ɔktav]. *n. f.* (v. 1180; lat. *octavus* « huitième »). ♦ 1° *Liturg.* Huitième jour après certaines fêtes. *L'octave de Pâques est le dimanche de Quasimodo.* ◇ Durée de huit jours pendant laquelle on commémore une grande fête. *Octaves privilégiées, communes.* ♦ 2° (1534). *Mus.* et *cour.* Intervalle parfait de huit degrés de l'échelle diatonique (5 tons; 2 demi-tons diatoniques); intervalle de deux fréquences dont l'une est le double de l'autre. *Octave augmentée* (do — dièse), *diminuée* (do — do bémol). Absolt. *À l'octave* (ou *Octava,* 8ᵛᵃ) : terme, signe indiquant qu'un passage doit être joué une octave plus haut ou plus bas. — *Faire des octaves* : jouer en même temps une note et son octave. *Passage de piano en octaves.* ◇ Huitième degré de l'échelle diatonique; son, note portant le même nom que la tonique et situé une octave plus haut (fréquence double, première harmonique), plus bas. ♦ 3° *Escrime.* Huitième parade (l'épée dans la ligne du dehors, pointe basse).

OCTAVIER [ɔktavje]. *v. intr.* (1765; de *octave*). *Mus.* Jouer l'octave supérieure au lieu de la note. *Trans.* Jouer à l'octave supérieure. *Octavier un passage.*

OCTAVIN [ɔktavɛ̃]. *n. m.* (1803; de *octave*). *Mus.* Petite flûte accordée à l'octave supérieure de la grande flûte.

OCTET [ɔktɛ]. *n. m.* (mil. XX°; du lat. *octo* « huit »). *Inform.* Base composée de huit caractères binaires utilisée dans la plupart des langages machines. *Un caractère alphanumérique* peut être représenté par un octet.

OCTIDI [ɔktidi]. *n. m.* (1793; de *oct-,* et lat. *dies* « jour »). Huitième jour de la décade, dans le calendrier républicain.

OCTO-. V. OCT-.

OCTOBRE [ɔktɔbʀ(ə)]. *n. m.* (1213 ; lat. *october*). Huitième mois de l'année romaine (qui commençait en mars) ; dixième mois de l'année actuelle. « *Octobre, le courrier de l'hiver* » (A. BERTRAND). — Hist. *Les journées d'octobre* (5 et 6 octobre 1789) au cours desquelles le peuple de Paris ramena de Versailles Louis XVI et sa famille. — (En Russie) *Révolutions d'octobre*, celle d'octobre 1905 qui contraignit Nicolas II à octroyer une constitution ; celle d'octobre 1917 qui renversa le régime de Kérensky au profit des soviets.

OCTOCORALLIAIRES [ɔktɔkɔʀaljɛʀ]. *n. m. pl.* (*Octocoralliens*, 1907 ; de *octo-*, et *coralliaires*). *Zool.* Coralliaires à huit tentacules (alcyon, corail, etc.).

OCTOGÉNAIRE [ɔktɔʒenɛʀ]. *adj. et n.* (1578 ; lat. *octogenarius*). Âgé de quatre-vingts ans. — N. « *Cette variété malingre d'octogénaires* » (HUGO).

OCTOGONAL, ALE, AUX [ɔktɔgɔnal, o]. *adj.* (1520 ; de *octogone*). Qui a huit angles. ◇ Dont la base est un octogone. *Pyramide octogonale.*

OCTOGONE [ɔktɔgɔn]. *adj. et n.* (1520 ; lat. *octogonos*, mot gr. ; Cf. *Octo-*, et *-gone*). ◆ 1° Adj. *Vx.* Octogonal. ◆ 2° Mod. *N. m.* Polygone à huit côtés. — *Spécialt.* Fortification de plan octogonal. ◇ Agrès de gymnase faits de plates-formes octogonales superposées.

OCTOPODE [ɔktɔpɔd]. *adj.* (1818 ; gr. *oktôpous, podos* ; Cf. *-Pode*). *Zool.* Qui a huit pieds ou huit tentacules. ◇ *N. m. pl.* Sous-ordre de mollusques céphalopodes à deux branchies (poulpes, argonautes).

OCTOSTYLE [ɔktɔstil]. *adj.* (1580 ; gr. *oktastulos*, de *oktô* « huit », et *stulos* « colonne »). *Archit.* Qui a huit colonnes, une façade de huit colonnes.

OCTOSYLLABE [ɔktɔsi(l)lab]. *adj. et n. m.* (1611 ; lat. *octosyllabus*. V. *Syllabe*). *Didact.* Qui a huit syllabes. ◇ *N. m.* Vers de huit syllabes.

OCTOSYLLABIQUE [ɔktɔsi(l)labik]. *adj.* (1907 ; de *octosyllabe*). *Didact.* Octosyllabe.

OCTROI [ɔktʀwa]. *n. m.* (XVᵉ ; *otrei, otroi*, XIIᵉ ; de *octroyer*). ◆ 1° Action d'octroyer. « *L'octroi des loisirs aux classes ouvrières* » (GIRAUDOUX). — Spécialt. *Dr. const.* Mode d'établissement d'une constitution par décision unilatérale (ex. : la Charte de 1814). ◆ 2° Contribution indirecte que certaines municipalités étaient autorisées à établir et à percevoir sur les marchandises de consommation locale (droits d'entrée). ◇ *Par ext.* Administration qui était chargée de cette contribution. *Le bureau, la barrière de l'octroi,* ou absolt. *L'octroi.*

OCTROYER [ɔktʀwaje]. *v. tr.* ; conjug. *noyer* (XVᵉ ; *otreier*, 1080 ; lat. pop. *°auctorizare*, class. *auctorare* « garantir, louer »). Accorder à titre de faveur, de grâce. V. **Concéder.** « *La Charte avait l'inconvénient d'être octroyée* » (CHATEAUB.). « *Celui qui a bien employé le temps qu'on lui octroie* » (COCTEAU). — Pronom. « *Il s'octroie encore deux secondes* » (MART. du G.).

OCTUOR [ɔktɥɔʀ]. *n. m.* (1878 ; de *oct-*, d'apr. *quatuor*). *Mus.* Œuvre musicale pour huit instruments. ◇ Formation de chambre de huit instrumentistes (ou chanteurs).

OCTUPLE [ɔktypl]. *adj.* (1377 ; lat. *octuplus*). *Didact.* Qui vaut huit fois (une quantité donnée).

OCTUPLER [ɔktyple]. *v. tr.* (1798 ; de *octuple*). *Didact.* Multiplier par huit.

OCULAIRE [ɔkylɛʀ]. *adj. et n.* (1555 ; « visible », 1478 ; lat. *ocularis*). I. Adj. ◆ 1° Qui a vu de ses propres yeux. *Témoin oculaire.* ◆ 2° (1611). De l'œil, relatif à l'œil. *Globe oculaire.* — Astron. *Cercle oculaire,* image réelle de l'objectif, dans une lunette. II. *N. m.* (1672). Dans un instrument d'optique, Lentille ou système de lentilles près duquel on applique l'œil. *Oculaire de Huygens, de Ramsden... Oculaires orthoscopiques.* V. **Objectif** (II, 1°).

OCULARISTE [ɔkylaʀist(ə)]. *n.* (1855 ; de *oculaire*). *Didact.* Personne qui fabrique des pièces de prothèse oculaire.

OCULISTE [ɔkylist(ə)]. *n.* (1503 ; du lat. *oculus* « œil »). Médecin spécialiste des troubles de la vision. V. **Ophtalmologiste.**

OCULUS [ɔkylys]. *n. m.* (fin XIXᵉ ; mot lat. « œil »). *Archit.* Fenêtre ronde, œil-de-bœuf. *Oculus gothique. Des oculi* ou *des oculus.* — *Techn.* Partie découpée dans une porte, une cloison.

OCYTOCINE [ɔsitɔsin] ou **OXYTOCINE** [ɔksitɔsin]. *n. f.* (mil. XXᵉ ; du gr. *ôkutokos* « qui procure un accouchement [*tokos*] rapide [*ôkus*] »). *Biochim.* Hormone élaborée par le lobe postérieur de l'hypophyse qui provoque la contraction de l'utérus au cours de l'accouchement.

ODALISQUE [ɔdalisk(ə)]. *n. f.* (1624 ; turc *odalik*). *Hist.* Femme de chambre esclave qui était au service des femmes d'un harem. — *Cour.* Femme d'un harem. « *L'Europe donne un sens impropre au terme d'odalisque* » (NERVAL). *L'Odalisque couchée,* célèbre tableau d'Ingres.

ODE [ɔd]. *n. f.* (1488 ; bas lat. *oda*, gr. *ôdê*, proprem. « chant »). ◆ 1° *Littér.* gr. Poème lyrique destiné à être chanté ou dit avec accompagnement de musique. *Odes de Sapho. Ode triomphale,* composée pour célébrer un athlète vainqueur à l'un des grands jeux de la Grèce. *Les odes de Pindare. Odes d'Horace* (imitées des lyriques grecs). ◆ 2° (1549). Poème lyrique d'inspiration généralement élevée, le plus souvent constitué de strophes symétriques. *Odes de Ronsard, de Malherbe. Odes et ballades,* de V. Hugo. *Les Cinq grandes Odes,* de Claudel.

-ODE. Élément final de composition, du gr. *hodos* « route » (ex. : cathode).

ODELETTE [ɔdlɛt]. *n. f.* (1554 ; de *ode*). Petite ode d'un genre gracieux. *Les Odelettes de Nerval.*

ODÉON [ɔdeɔ̃]. *n. m.* (1755 ; *odéum*, 1547 ; lat. *odeum*, gr. *ôdeion*). *Antiq. gr.* Nom de divers édifices consacrés aux chants et à la musique, ou de certains théâtres. ◇ *Mod.* (1797) Nom d'un théâtre parisien.

ODEUR [ɔdœʀ]. *n. f.* (fin XIVᵉ ; *odor*, XIIᵉ ; lat. *odor*). Émanation volatile, caractéristique de certains corps et susceptible de provoquer chez l'homme ou chez un animal des sensations dues à l'excitation d'organes spécialisés. V. **Effluve, exhalaison.** *Odeur agréable.* V. **Arôme, bouquet, fragrance, fumet, parfum, senteur.** *Odeur désagréable.* V. **Empyreume, fétidité, puanteur, relent, remugle.** *Avoir une bonne, une mauvaise odeur.* V. **Sentir** (bon, mauvais). « *Une odeur fine et suave d'héliotrope s'exhalait d'un petit carré de fèves en fleurs* » (CHATEAUB.). *Odeur sui generis*. Odeur de brûlé, de moisi, de renfermé. Corps sans odeur.* V. **Inodore.** — Loc. fig. *L'argent n'a pas d'odeur.* ◇ *Loc.* ODEUR DE SAINTETÉ : odeur suave qu'exhalerait le corps de certains saints après leur mort. *Fig.* État de perfection spirituelle. « *Huit ou dix séminaristes vivaient en odeur de sainteté* » (STENDHAL). *Mourir en odeur de sainteté.* Par ext. « *Les révolutionnaires n'étaient pas en odeur de sainteté dans la maison Eyssette* » (DAUD.), y étaient mal vus.

-ODIE. Élément final de composition, du gr. *-ôdia,* rad. *ôdê* « chant ».

ODIEUSEMENT [ɔdjøzmɑ̃]. *adv.* (1541 ; de *odieux*). D'une manière odieuse. *Il a été odieusement traité.* « *Il s'ennuyait odieusement* » (BEAUVOIR).

ODIEUX, EUSE [ɔdjø, øz]. *adj.* (1376 ; lat. *odiosus*). ◆ 1° Qui excite la haine, le dégoût, l'indignation. V. **Antipathique, détestable, exécrable, haïssable, ignoble, infâme, méchant.** « *C'était un homme odieux, un méchant homme* » (D'ALEMB.). « *Pas de gens qui lui fussent si odieux* » (NERVAL). *Il s'est rendu odieux à tout le monde.* — *Un crime particulièrement odieux.* « *Un rôle odieux, bas, lâche* » (ROUSS.). — Subst. « *L'odieux de la condamnation de Jeanne d'Arc* » (BAINVILLE). ◆ 2° Très désagréable, insupportable. *Le gosse a été odieux aujourd'hui.* ◇ ANT. **Adorable, agréable, aimable, charmant.**

ODO-. Élément, du gr. *hodos* « route ». V. **-Ode.**

ODOMÈTRE [ɔdɔmɛtʀ(ə)]. *n. m.* (1678 ; gr. *hodometron,* de *hodos* « route », et *metron* « mesure »). *Didact.* Podomètre.

ODONATES [ɔdɔnat]. *n. m. pl.* (1839 ; du gr. *odous, odontos* « dent »). *Zool.* Ordre d'insectes (*Archiptères*) caractérisés par des pièces buccales du type broyeur, comprenant les libellules.

ODONTALGIE [ɔdɔ̃talʒi]. *n. f.* (1694 ; gr. *odontalgia ;* Cf. *-Algie*). *Méd.* Douleur d'origine dentaire. V. **Mal, rage** (de dents).

-ODONTE, -ODONTIE, ODONT(O)-. Éléments de composition, du gr. *odous, odontos* « dent ».

ODONTOÏDE [ɔdɔ̃tɔid]. *adj.* (1771 ; de *odont*[o]-, et suff. *-oïde*). *Didact.* En forme de dent. *Apophyse odontoïde de l'axis,* s'articulant dans le trou vertébral de l'atlas.

ODONTOLOGIE [ɔdɔ̃tɔlɔʒi]. *n. f.* (1771 ; de *odonto-*, et *-logie*). *Didact.* Étude et traitement des dents ; médecine dentaire. V. **Stomatologie.**

ODONTOSTOMATOLOGIE [ɔdɔ̃tɔstɔmatɔlɔʒi]. *n. f.* (1955 ; de *odonto-*, et *stomatologie*). *Méd.* Étude de la chirurgie dentaire et de la stomatologie ; thérapeutique de la bouche et des dents.

ODORANT, ANTE [ɔdɔʀɑ̃, ɑ̃t]. *adj.* (1223 ; de l'a. v. *odorer*, 1120 ; lat. *odorare*). Qui exhale une odeur. « *La drogue singulièrement odorante* » (BAUDEL.). ◇ ANT. **Inodore.**

ODORAT [ɔdɔʀa]. *n. m.* (1560 ; lat. *odoratus*). Sens par lequel on perçoit les odeurs. V. **Olfaction.** *L'odorat subtil du chien.* V. **Flair.** *L'odeur du civet chatouillait agréablement l'odorat.*

ODORIFÉRANT, ANTE [ɔdɔʀifeʀɑ̃, ɑ̃t]. *adj.* (1380 ; lat. médiév. *odoriferant-*, de *odorifer*). Qui répand une odeur agréable. « *Des plantes odoriférantes, le thym et la sarriette* » (DUHAM.). ◇ ANT. **Puant.**

ODYSSÉE [ɔdise]. *n. f.* (1814 ; empl. fig. du titre du poème d'Homère, lat. *Odyssea,* gr. *Odusseia*). ◆ 1° Récit d'un voyage rempli d'aventures. ◆ 2° Voyage particulièrement mouvementé, vie agitée à l'image d'un tel voyage.

ŒCUMÉNICITÉ [ekymenisite]. *n. f.* (1752; de *œcuménique*). Didact. *(Relig.).* Caractère œcuménique. *Œcuménicité d'un concile.*

ŒCUMÉNIQUE [ekymenik]. *adj.* (fin XVIᵉ; lat. médiév. *œcumenicus*, du gr. *oikoumenê* [*gê*] « terre habitée, univers »). Relig. Universel. *Patriarche œcuménique,* titre que se donnent les évêques de Constantinople.

ŒCUMÉNISME [ekymenism(ə)]. *n. m.* (1927; de *œcuménique*). Relig. Mouvement favorable à la réunion de toutes les Églises chrétiennes en une seule.

ŒDÉMATEUX, EUSE [edematø, øz]. *adj.* (1549; de *œdème*). Méd. Atteint d'œdème. *Membre œdémateux.* ◇ De la nature de l'œdème. *Infiltration œdémateuse.*

ŒDÈME [edεm]. *n. m.* (1538; *endimie,* 1478; gr. *oidêma,* de *oidein* « enfler »). Infiltration séreuse de divers tissus et en particulier du tissu sous-cutané et sous-muqueux, se traduisant par un gonflement diffus. V. **Anasarque.** *Œdème inflammatoire.* V. **Inflammation.** *Œdème mécanique.* V. **Stase.** *Œdème aigu du poumon :* engorgement séreux brutal des alvéoles pulmonaires. « *Ses doigts gonflés d'œdème se refusaient à tout service* » (MART. du G.).

ŒDICNÈME [ediknεm]. *n. m.* (1816; lat. zool. *œdicnemus,* 1553; du gr. *oidein* « enfler », et *knêmê* « jambe »). Zool. Oiseau (échassier *Charadriidés*), voisin du pluvier, appelé aussi *courlis de terre.*

ŒDIPE [edip]. *n. m.* (mil. XXᵉ; n. pr.). Psychan. S'emploie pour *complexe** *d'Œdipe.*

ŒIL [œj], *plur.* **YEUX** [jø]. *n. m.* (1380; *ol, oil,* Xᵉ et XIᵉ; lat. *oculus,* à l'accus. : *oculum, oculos*).

I. ♦ 1° Organe de la vue (globe oculaire et ses annexes). *Le globe de l'œil est logé dans la cavité orbitaire. Tunique externe, moyenne, interne de l'œil.* V. **Choroïde, ciliaire** (procès), **cornée, iris, rétine, sclérotique, uvée.** *Milieux transparents et réfringents de l'œil.* V. **Chambre, cristallin** ; *vitré* (corps, humeur). *Annexes de l'œil :* capsule de Tenon, cil, conjonctive, glande lacrymale, muscle droit, oblique, orbiculaire, paupière, sourcil. *Angle externe, interne de l'œil.* V. **Commissure.** *Médecine des yeux.* V. **Ophtalmologie.** *Troubles fonctionnels des yeux :* achromatopsie, amaurose, amétropie, daltonisme, hypermétropie, myopie, presbytie, strabisme. *Maladies des yeux :* albugo, cataracte, conjonctivite, exophtalmie, glaucome, kératite, staphylome, taie, trachome, uvéite. ◇ Cour. *Avoir de bons, de mauvais yeux.* V. **Vue.** *S'user les yeux à lire. Des yeux chassieux, larmoyants, qui louchent.* Pop. *Avoir un œil qui dit merde à l'autre,* les yeux qui se croisent les bras : loucher. *Perdre un œil, les deux yeux, devenir borgne, aveugle.* « *J'ai bon pied, bon œil, bonne santé* » (BALZ.). — *De grands, de petits yeux. Yeux globuleux, enfoncés, bridés. Une brune aux yeux bleus, aux yeux noirs. Ses yeux brillent, pétillent, luisent, fixe, fixe, durs, froids.* « *Vos beaux yeux me font mourir d'amour* » (MOL.). Loc. « *Ce n'est pas pour ses beaux yeux* » (ZOLA), ce n'est pas par amour pour lui, dans la seule intention de lui plaire. — *Lever, baisser les yeux. Rouler des yeux furibonds.* « *Il avait fait les yeux doux** *à la comtesse* » (MUSS.). *Faire les gros yeux à qqn,* le regarder d'un air mécontent, sévère. ◇ (Mouvement des paupières) *Ouvrir, fermer les yeux.* « *J'ouvris les yeux* » (HUGO), je m'éveillai. *Avoir, tenir les yeux grands ouverts. Ouvrir de grands yeux, des yeux ronds, écarquiller les yeux :* ouvrir des yeux agrandis, arrondis par la surprise, l'étonnement. — Fig. *Ouvrir l'œil* (fam. *l'œil et le bon*) : être très attentif, vigilant. *Il m'a ouvert, dessillé les yeux,* m'a révélé, fait comprendre ce que je ne savais pas, ce qui m'échappait. — *Fermer un œil pour viser. Sentir ses yeux se fermer,* sous l'effet du sommeil. *Ne pas fermer l'œil de la nuit* : ne pas dormir. « *Bientôt mes yeux se fermeront pour l'éternité* » (FRANCE), je mourrai bientôt. *Fermer les yeux de qqn,* à qqn qui vient de mourir. — Fig. *Fermer les yeux,* se refuser à voir : faire, par tolérance, connivence, lâcheté, etc., comme si on n'avait pas vu. « *Elle ferma les yeux sur mes sorties du soir* » (MAURIAC). *J'irais là-bas les yeux fermés,* sans avoir besoin de la vue (tant ce chemin m'est familier). *Accepter qqch. les yeux fermés :* en toute confiance, sans examen, sans vérification. — *Ciller les yeux. Cligner l'œil, les yeux, de l'œil, des yeux.* ◇ (Dans l'action de la vue) *Voir une chose de ses yeux, de ses propres yeux. Objet visible à l'œil nu :* sans l'aide d'aucun instrument d'optique. *À vue d'œil. Regarder qqn dans les yeux, dans le blanc** *des yeux. Lorgner, surveiller du coin de l'œil,* d'un regard en coin. Pop. « *T'as donc pas les yeux en face des trous ?* » (SARTRE), tu n'y vois pas clair, tu es mal réveillé ? — *Je n'en crois** *pas mes yeux.* ♦ 2° Par ext. Regard. *Chercher, suivre qqn des yeux. Jetez un peu les yeux de ce côté.* « *Elle l'interrogeait, les yeux fixés sur lui* » (MAUPASS.). « *Ai-je retiré vos yeux que je cherchais toujours ?* » (RAC.). « *Je ne pouvais détacher mes yeux de son visage* » (PROUST). « *Je dévorais d'un œil ardent les belles personnes* » (ROUSS.). « *Brusquement ses yeux tombèrent sur la lettre* » (GREEN). *Sous mes yeux,* à ma vue, devant moi. *Aux yeux de tous. Je lui ai mis sous les*

yeux tous les documents, je les lui ai montrés. Obéir au doigt* *et à l'œil* (à un signe, un simple regard). ◇ MAUVAIS ŒIL, regard auquel on attribue la propriété de porter malheur; faculté de porter malheur par ce regard. « *La croyance au mauvais œil* » (MAUPASS.). ♦ 3° COUP D'ŒIL : regard rapide, prompt. « *Sans jeter un coup d'œil par la vitre* » (ROMAINS). « *Elle jeta un coup d'œil sur la façade* » (GREEN). *Découvrir, remarquer une chose du premier coup d'œil. Jeter un coup d'œil sur le journal :* le parcourir rapidement, en lire quelques lignes. — Fig. « *Les dames ont le coup d'œil juste* » (BRILLAT-SAV.), l'art d'observer promptement et exactement. *La justesse et la sûreté du coup d'œil.* — Absolt. *Avoir du coup d'œil,* du discernement, de l'intuition. — *Par ext.* Vue qu'on a d'un point sur un paysage. « *Le coup d'œil sur la ville est merveilleux* » (MAUPASS.). ♦ 4° Fig. (dans des expressions). Attention portée par le regard. « *Une ville qui par sa situation attire l'œil du voyageur* » (BALZ.). « *Ce qui frappe et tire l'œil* » (VALÉRY). *Cela saute** *aux yeux, crève** *les yeux.* — *Être tout yeux, tout oreilles :* regarder, écouter très attentivement. *N'avoir pas les yeux dans sa poche :* ne pas manquer d'observer ce qui pourrait échapper à qqn de moins attentif. *Avoir l'œil américain,* remarquer du premier coup d'œil. — *N'avoir d'yeux que pour qqn :* ne voir que lui, et *au fig.* Ne s'intéresser qu'à lui. « *Depuis longtemps Colbert avait l'œil sur les procédés de Fouquet* » (STE-BEUVE), les observait avec attention et vigilance. — Fam. *Avoir, tenir qqn à l'œil :* sous une surveillance qui ne se relâche pas. — *Avoir l'œil à tout,* veiller à tout. *L'œil du maître. L'œil de Dieu, de la conscience.* ♦ 5° *(Abstrait).* Disposition, état d'esprit, jugement. *Voir qqch. d'un bon œil, d'un mauvais œil :* d'une manière favorable ou défavorable, avec satisfaction ou avec déplaisir. *Considérer une chose d'un œil critique.* « *On se voit d'un autre œil qu'on ne voit son prochain* » (LA FONT.). — *Aux yeux de qqn :* selon son appréciation, sa manière de voir. « *Elle devint un monstre à ses yeux* » (AYMÉ). ♦ 6° Loc. fig. *Tenir à une chose comme à la prunelle** *de ses yeux. Coûter** *les yeux de la tête.* — *N'avoir plus de yeux pour pleurer,* avoir tout perdu. *Je m'en bats** *l'œil. Taper** *dans l'œil de qqn.* — *Faire de l'œil.* « *On fait de l'œil aux modistes* » (MAUPASS.), on leur fait des clins d'œil, des œillades. *Se rincer** *l'œil. N'avoir pas froid** *aux yeux.* — *Tourner de l'œil : vx,* Mourir; mod. S'évanouir. — *Avoir les yeux plus grands que le ventre,* se servir d'un plat plus qu'on n'en pourra manger; *fig.* Avoir des ambitions au delà de ses moyens. *Se mettre le doigt** *dans l'œil. Voir quatre yeux* (fam. *entre quatre-z-yeux* [ɑ̃trəkatzjø]), en tête à tête. Allus. bibl. *Œil pour œil, dent pour dent,* expression de la loi du talion. ◇ Loc. adv. À L'ŒIL (1827) : *Vx,* À crédit, sans payer (*proprem.* sur la vue, la bonne mine); *Mod.* Gratuitement. « *Tu as payé demi-tarif ?... — Non, ... je suis entré à l'œil* » (QUENEAU). — Loc. exclam. (Fam.) MON ŒIL ! se dit pour marquer l'incrédulité, le refus.

II. Par ext. ♦ 1° *Œil de verre,* œil artificiel en verre ou en émail. ♦ 2° *Œil électrique,* cellule photo-électrique. — *Œil cathodique,* œil magique : petit tube à rayons cathodiques permettant d'effectuer le contrôle visuel du réglage d'un récepteur de radio. ♦ 3° *Œil d'une porte :* petit dispositif de visée (Syn. *Espion*).

III. *Par anal.* ♦ 1° Se dit d'ouvertures, trous, bagues, ornements ronds. *Œil d'une aiguille.* V. **Chas.** *Œil d'une meule,* trou par lequel elle est fixée sur l'axe. V. **Œillard.** — *Techn.* Trou ménagé dans un outil pour introduire le manche. — *Yeux du fromage de gruyère :* trous qui se forment dans la pâte. « *La soupe était froide, couverte d'yeux de graisse* » (ZOLA), de petits ronds de graisse. ♦ 2° Arbor. Bourgeon naissant. V. **Œilleton.** *Greffe, écussonnage à œil dormant* (utilisant des bourgeons à feuilles), *à œil poussant. Tailler une vigne à deux yeux, à trois yeux :* en laissant sur la branche deux, trois boutons à fruit. ♦ 3° Imprim. (plur. ŒILS). Partie du caractère comprenant le dessin de la lettre formant relief, et qui s'imprime sur le papier. *L'œil de la lettre. Gros œil, petit œil.*

IV. Fig. *(Rare).* Apparence, aspect. *Ces perles ont un bel œil* (ACAD.). Absolt. « *Le plat avait de l'œil* » (DUHAM.), avait belle apparence.

ŒIL-DE-BŒUF [œjdəbœf]. *n. m.* (1530; de *œil,* et *bœuf).* Fenêtre, lucarne ronde ou ovale, pratiquée dans un mur, un comble. V. **Oculus.** « *Deux chambres de domestique, éclairées par un œil-de-bœuf* » (BALZ.). *Des œils-de-bœuf.*

ŒIL-DE-CHAT [œjdəʃa]. *n. m.* (1416; de *œil,* et *chat*). Variété de quartz chatoyant, chargé de fibres d'amphibole. ◇ Variété de corindon (aluminate de glucinium). *Des œils-de-chat.*

ŒIL-DE-PERDRIX [œjdəpεrdri]. *n. m.* (1858; de *œil,* et *perdrix*). Cor entre les doigts de pied. *Des œils-de-perdrix.*

ŒIL-DE-PIE [œjdəpi]. *n. m.* (1688; de *œil,* et *pie).* Mar. Œillet dans une voile, par où passe le filin. *Des œils-de-pie.*

ŒILLADE [œjad]. *n. f.* (1493; de *œil*). Regard, clin d'œil plus ou moins furtif, de connivence. « *D'une œillade discrète, il signalait à M. Nègre sa boutonnière* » (COURTELINE). — Spécialt. Clin d'œil constituant un appel, une invite amoureuse ou coquette. *Lancer, jeter, décocher une œillade. Faire des œillades* (Cf. Jouer* de la prunelle). « *Ces œillades incendiaires que l'Orient a léguées à l'Espagne* » (GAUTIER).

ŒILLARD [œjaʀ]. *n. m.* (1554; de *œil*). *Techn.* Œil* d'une meule.

ŒILLÈRE [œjɛʀ]. *n. f.* (*Oillière*, fin XIIᵉ; de *œil*). ♦ 1° *Archéol.* Partie du heaume qui se rabattait sur les yeux. ♦ 2° (1611). *Mod.* Plaque de cuir attachée au montant de la bride et empêchant le cheval de voir sur le côté. ◇ Fig. et cour. *Avoir des œillères* : être borné, ne pas voir certaines choses par étroitesse d'esprit ou par parti pris. « *C'est ce qui lui donne sa force... ces partis pris, ces œillères* » (SARRAUTE). ♦ 3° (1835). Petit récipient ovale pour les bains d'œil.

ŒILLET [œjɛ]. *n. m.* (*Œllet*, fin XIIIᵉ; de *œil*). I. ♦ 1° Petit trou pratiqué dans une étoffe, du cuir, etc., souvent cerclé, servant à passer un lacet, un bouton. *Œillets d'une chaussure.* — Bordure rigide qui entoure cette ouverture. *Machine, pince à œillets.* « *Elle ajustait des petits ronds de cuivre à des œillets de corset* » (HUGO). ♦ 2° (1731). *Techn.* Bassin d'un marais salant; compartiment rectangulaire situé dans la partie centrale d'une saline et où se dépose le sel. II. (1493; de *œil*, nom anc. ou dial. de fleurs). ♦ 1° Plante dicotylédone (*Caryophyllacées*), herbe annuelle ou vivace, cultivée pour ses fleurs rouges, roses, blanches, très odorantes. V. Grenadin. *Œillet mignardise. Œillet de poète*, à fleurs réunies en corymbes. ◇ Fleur de cette plante. *Porter un œillet à la boutonnière.* ♦ 2° Par ext. *Œillet d'Inde*, tagète. *Œillet des Jansénistes*, nom d'un lychnis. ◇ *Œillet de mer*, nom d'une actinie.

ŒILLETON [œjtɔ̃]. *n. m.* (1554; de *œillet*). ♦ 1° *Bot.* Bourgeon qui se développe au collet des racines, à l'aisselle des feuilles de certaines plantes, utilisé pour leur reproduction. ♦ 2° (1777). Pièce adaptée à l'oculaire d'une lunette, d'un télescope, etc., percée d'un petit trou qui détermine la position de l'œil de l'observateur. ◇ Petit viseur circulaire, remplaçant le cran de mire sur certaines armes.

ŒILLETONNAGE [œjtɔnaʒ]. *n. m.* (1874; de *œilletonner*). *Arbor.* Action d'œilletonner.

ŒILLETONNER [œjtɔne]. *v. tr.* (1652; de *œilleton*). *Arbor.* ♦ 1° Débarrasser (un arbre) de ses bourgeons à bois; débarrasser (un arbre fruitier) de ses bourgeons à feuilles. ♦ 2° Propager (une plante) en en séparant les œilletons.

ŒILLETTE [œjɛt]. *n. f.* (1732; altér. d'*oliette* [XIIIᵉ], dér. d'*olie*, anc. forme d'*huile*). Variété de pavot cultivé pour ses graines dont on extrait une huile comestible. Cette huile.

ŒKOUMÈNE ou **ÉCOUMÈNE** [ekumɛn]. *n. m.* (*Œcuménée*, 1858; gr. *oikoumenê* [gê]; V. Œcuménique). *Géogr.* Espace habitable de la surface terrestre.

ŒN-, ŒNO-. Éléments, du gr. *oinos* « vin ».

ŒNANTHE [enãt]. *n. f.* (1550; lat. d'o. gr. *œnanthe*). Plante dicotylédone (*Ombellifères*) herbacée, aux racines vénéneuses, qui croît dans les lieux humides.

ŒNANTHIQUE [enãtik]. *adj.* (1860; du bas lat. *œnanthium* « essence de raisins sauvages »). *Didact.* Relatif à l'arôme des vins. *Acide, éther œnanthique*, composés auxquels certains vins doivent leur bouquet.

ŒNOLIQUE [enɔlik]. *adj.* (1846; de *œnol, vx*, « vin servant d'excipient pharmaceutique », rad. *œn-*). *Pharm.* Qui a le vin pour excipient. *Médicament œnolique.* ◇ *Chim. Acides œnoliques*, nom donné à une série de matières colorantes, qu'on trouve dans les vins rouges.

ŒNOLISME [enɔlism(ə)]. *n. m.* (1903; de *œn-*, d'apr. *alcoolisme*). *Didact.* Forme d'alcoolisme due à l'abus de vin.

ŒNOLOGIE [enɔlɔʒi]. *n. f.* (1636; de *œno-*, et *-logie*). *Didact.* Étude des techniques de fabrication et de conservation des vins.

ŒNOLOGIQUE [enɔlɔʒik]. *adj.* (1836; de *œnologie*). *Didact.* Relatif à l'œnologie.

ŒNOMÉTRIE [enɔmetri]. *n. f.* (1838; de *œno-*, et *-métrie*). *Techn.* Mesure de la richesse des vins en alcool.

ŒNOMÉTRIQUE [enɔmetrik]. *adj.* (1846; de *œnométrie*). *Techn.* Qui concerne l'œnométrie.

ŒNOTHERA [enɔtera] ou **ŒNOTHÈRE** [enɔtɛʀ]. *n. m.* (1777; gr. *oinothêras*). *Bot.* Nom de l'onagre (2), dans le système de Linné.

ŒNOTHÉRACÉES [enɔterase]. *n. f. pl.* (1846; de *œnothera*). *Bot.* Onagrariacées.

ŒRSTED [œʀsted]. *n. m.* (1923; nom d'un physicien danois). *Phys.* Unité C.G.S. d'intensité de champ magnétique.

ŒRSTITE [œʀstit]. *n. f.* (*Néol.*; du précéd.). *Techn.* Acier au titane et au cobalt, à forte aimantation rémanente.

ŒSOPHAGE [ezɔfaʒ]. *n. m.* (1562; *ysofague*, 1314; gr. *œisophagos*). Partie de l'appareil digestif, canal musculo-membraneux qui va du pharynx à l'estomac.

ŒSOPHAGIEN, IENNE [ezɔfaʒjɛ̃, jɛn]. *adj.* (1701; de *œsophage*). *Anat., Méd.* Relatif à l'œsophage. *Contractions œsophagiennes. Sonde œsophagienne.*

ŒSOPHAGITE [ezɔfaʒit]. *n. f.* (1836; de *œsophage*). *Méd.* Inflammation de l'œsophage.

ŒSOPHAGOSCOPE [ezɔfagɔskɔp]. *n. m.* (déb. XXᵉ; de *œsophage*, et *-scope*). *Méd.* Instrument (endoscope*) pour l'examen direct de l'œsophage.

ŒSTRAL, ALE, AUX [ɛstʀal, o]. *adj.* (mil. XXᵉ; de *œstrus*). *Physiol.* Relatif à l'œstrus. *Cycle œstral*, ensemble des modifications périodiques de l'utérus et du vagin déclenchées par les sécrétions ovariennes et préparant à la fécondation et à la gestation. V. Menstruation.

ŒSTRE [ɛstʀ(ə)]. *n. m.* (1519; lat. *œstrus* « taon »). Insecte diptère (*Œstridés*), grosse mouche dont les larves vivent en parasites sous la peau ou dans les fosses nasales de certains mammifères (cheval, mouton, etc.).

ŒSTROGÈNE [ɛstʀɔʒɛn]. *adj.* et *n. m.* (mil. XXᵉ; de *œstrus*, et *-gène*). *Physiol.* Qui provoque l'œstrus* chez les femelles des mammifères. *Les hormones œstrogènes les plus importantes sont la folliculine* et l'œstradiol.*

ŒSTRUS [ɛstʀys]. *n. m.* (1953; mot lat.; gr. *oistros* « fureur »). *Biol.* Période de rut correspondant à l'ovulation, pendant laquelle une femme est fécondable. V. Œstral.

ŒUF, ŒUFS [œf, ø]. *n. m.* (XIVᵉ; *of, uef, oef*, XIIᵉ; lat. *ovum*). I. *Cour.* ♦ 1° Corps plus ou moins gros, dur et arrondi que produisent les femelles des oiseaux et qui contient le germe de l'embryon et des substances destinées à le nourrir pendant l'incubation. *Coquille, blanc, jaune* (et *cicatricule*) *de l'œuf. Vitellus. Œuf de poule, de cane, de pigeon. Ponte, incubation, couvaison, éclosion des œufs.* ◇ *Spécial.* Œuf de poule, spécialement destiné à l'alimentation. *Marchand de beurre, œufs et fromages. Œufs frais, du jour, en conserve. Mirer* un œuf. Œufs à la coque*. Œuf dur*, cuit dans sa coquille jusqu'à ce que le blanc et le jaune soient durs. *Casser des œufs pour faire une omelette. Battre des blancs d'œufs en neige*, jusqu'à ce qu'ils soient blancs et fermes. *Œufs brouillés*, mêlés sans être battus. *Œufs au plat, frits, pochés. Œufs au jambon. Œufs en meurette*. Œufs mimosa*. Œufs à la neige*, blancs d'œufs battus et pochés servis avec une crème. *Œufs au lait*, crème faite d'œufs et de lait pris au four. ♦ 2° Par ext. Produit des femelles ovipares. *Œuf de reptile, de batracien. Œufs de poisson. Œufs de seiche.* V. Raisin (de mer). *Œufs comestibles d'esturgeon, de sterlet.* V. Caviar. — *Œufs d'insectes.* V. Couvain. *Œuf de pou.* V. Lente. *Œufs d'abeille. Métamorphose de l'œuf en larve.* ♦ 3° Loc. *En forme d'œuf.* V. Ovale, ové, ovoïde. « *Il avait une tête chauve en forme d'œuf* » (MAUROIS). *Tête, crâne d'œuf* (péj.). — *Fam. Des œufs sur le plat*, se dit d'une poitrine de femme lorsqu'elle est petite et plate. — *Plein comme un œuf*, rempli. « *Nos villes closes, pleines comme des œufs* » (SARTRE). — *Marcher sur des œufs*, en touchant le sol avec précaution, et spécial. d'un air mal assuré. — *La poule* aux œufs d'or. Tondre sur les œufs, tondre un œuf*, être d'une avarice sordide. — *C'est comme l'œuf de* (Christophe) *Colomb, il fallait y penser* : se dit d'une réalisation qui paraît simple mais qui suppose une idée ingénieuse (anecdote de Colomb sectionnant le bout d'un œuf pour le faire tenir debout). — *Loc. prov. On ne fait pas d'omelette sans casser* des œufs. Mettre tous ses œufs dans le même panier*, mettre tout son avoir, tous les moyens dans une même entreprise (et s'exposer ainsi à tout perdre). ◇ DANS L'ŒUF, dans le principe, avant la naissance, l'apparition de qqch. « *Ce serait tuer dans l'œuf l'organisation de l'Europe* » (MART. du G.). *Il faut étouffer cette affaire dans l'œuf.* — *Fam.* (1860) *Quel œuf! quel imbécile!* — *Pop. Va te faire cuire un œuf!* formule pour se débarrasser d'un importun, montrer qu'on n'est pas dupe. ♦ 4° Par anal. *Œuf de Pâques*, confiserie en forme d'œuf, en chocolat ou en sucre, qu'on offre à l'occasion de Pâques. *Œufs à la liqueur*, petits bonbons en sucre remplis de liqueur. ◇ *Œufs à repriser*, objet en forme d'œuf, qu'on introduit à l'intérieur des bas pour y faire des reprises. II. *Biol.* (XVIIᵉ). Première cellule d'un être vivant à reproduction sexuée (animal ou végétal), née de la fusion des deux cellules reproductrices (gamète mâle et gamète femelle), nommée aussi *zygote*. *Segmentation de l'œuf.* V. Morula, blastula, gastrula. *Abusiv.* Le gamète femelle (ovule ou oosphère) avant sa fécondation (on dit aussi *œuf vierge*). En obstétrique, le produit de la conception au cours de son développement intra-utérin, comprenant l'embryon* ou le fœtus et ses enveloppes. ◇ HOM. (du pl.) Eux.

ŒUFRIER [œfʀije]. *n. m.* (1838; de *œuf*). Ustensile de cuisine pour cuire plusieurs œufs à la coque; petit plateau pour coquetiers. Tout contenant pour des œufs. *Œufrier de réfrigérateur.*

ŒUVÉ, ÉE [œve]. *adj.* (1393; de *œuf*). *Pêche.* Se dit d'un poisson femelle contenant des œufs. *Carpe œuvée.*

ŒUVRE [œvʀ(ə)]. *n. f.* et *m.* (1250; *uevre, œvre, ovre,* XIIe; lat. *opera*).

I. *N. f.* ♦ 1° Activité, travail (dans certaines locutions figées). — À L'ŒUVRE. *Être à l'œuvre,* être au travail. « *Je vous verrai à l'œuvre* » (ROMAINS). *Se mettre à l'œuvre. Ne faire œuvre de ses dix doigts* (vx). — D'ŒUVRE. *Bois d'œuvre,* destiné à être travaillé *(opposé à* bois de chauffage). *Main-d'œuvre. Maître d'œuvre* (vieilli), chef d'atelier. *Fig.* et *mod.* Personne qui dirige un travail intellectuel ◇ (En œuvre) METTRE EN ŒUVRE : employer en vue d'une application pratique (des matériaux). *Par ext.* Combiner, employer de façon ordonnée. *Mettre en œuvre certains moyens.* « *Tout mettre en œuvre pour éviter la guerre* » (MART. du G.). — Exploiter, mettre en pratique. « *La science enrichit celui qui met en œuvre, non le véritable inventeur* » (RENAN). — Spécialt. *Vx* (Travail du joaillier qui taille et enchâsse une pierre). Fig. « *Certains défauts qui, bien mis en œuvre, brillent plus que la vertu même* » (LA ROCHEF.). V. **Valeur** (mettre en). — *Mise en œuvre :* action de mettre en œuvre ; emploi d'éléments, mise en pratique. ♦ 2° *Plur.* au loc. Action humaine, jugée au regard de la loi religieuse ou morale. *Chaque homme sera jugé selon ses œuvres. La foi et les œuvres. Faire œuvre pie* (pieuse), *méritoire. L'œuvre de chair*. Renoncer* à Satan, à ses pompes et à ses œuvres.* — Spécialt. *Bonnes œuvres,* les charités que l'on fait, pour soulager les pauvres ou pour des fondations pieuses ou charitables. ◇ *Par ext.* Organisation ordinairement due à l'initiative privée et ayant pour but de faire du bien à titre non lucratif. *Collecte au profit d'une œuvre.* ♦ 3° *(Au sing.).* Ensemble d'actions et d'opérations effectuées par un agent, réservées à un agent. « *C'est à l'intelligence d'achever l'œuvre de l'intuition* » (R. ROLLAND). *Quand le médecin arriva, la mort avait déjà fait son œuvre. La satisfaction de l'œuvre accomplie.* — *Faire œuvre d'ami,* agir, se conduire en ami. *Faire œuvre utile.* ♦ 4° Résultat sensible (être, objet, système) d'une action ou d'une série d'actions orientées vers une fin ; ce qui existe du fait d'une création, d'une production. « *Les œuvres des humains sont fragiles comme eux* » (VOLT.). « *Une machine sans âme qui accomplirait les œuvres d'un homme* » (RENAN). *L'œuvre d'un savant, d'un homme d'État,* ce qu'ils ont accompli durant leur vie et qui leur survit. *Être le fils* (5°) de ses œuvres.* « *À chacun selon sa capacité ; à chaque capacité selon ses œuvres* », formule des saint-simoniens. — *Être l'œuvre de...,* être fait par..., être dû à l'action de... « *Il y a de grandes choses qui ne sont pas l'œuvre d'un homme, mais d'un peuple* » (HUGO). « *Une belle gravure est une œuvre de patience et d'amour* » (GAUTIER), qui demande de la patience. ♦ 5° *Spécialt.* Ensemble organisé de signes et de matériaux propres à un art, mis en forme par l'esprit créateur ; production littéraire ou artistique. V. **Ouvrage.** *Composer une œuvre littéraire, musicale, picturale. L'auteur d'une œuvre. C'est son œuvre capitale, maîtresse.* V. **Chef-d'œuvre.** *Une œuvre de jeunesse, mineure. Les œuvres complètes d'un auteur. Œuvres choisies.* V. **Page.** — (Sing.) *L'œuvre d'un écrivain, d'un artiste,* l'ensemble de ses différentes œuvres, considéré dans sa suite, son unité et son influence. « *L'auteur, dans son œuvre, doit être présent partout, et visible nulle part* » (FLAUB.). « *Faire œuvre durable c'est là mon ambition* » (GIDE). ◇ (Mil. XIXe) ŒUVRE D'ART : œuvre qui manifeste la volonté esthétique d'un artiste, qui donne le sentiment de la valeur artistique. « *La condition génératrice des œuvres d'art, l'amour exclusif du Beau* » (BAUDEL.). ♦ 6° *Mar.* (au plur.). ŒUVRES VIVES *d'un navire,* la partie de la coque qui est au-dessous de la ligne de flottaison. V. **Carène.** ŒUVRES *mortes,* la partie émergée. V. **Accastillage.** — *Fig. Nation atteinte, frappée dans ses œuvres vives,* dans une partie vitale, dans ses ressources essentielles.

II. *N. m.* ♦ 1° *Vx.* Œuvre (I). « *Sans cela toute fable est un œuvre imparfait* » (LA FONT.). ♦ 2° *Archit. L'œuvre, les œuvres,* l'ensemble de la bâtisse. *Cour.* LE GROS ŒUVRE : les fondations, les murs et la toiture d'un bâtiment. *Le second œuvre,* ouvrages d'achèvement d'une construction. *Techn. Une pièce dans œuvre,* ménagée dans le corps du bâtiment ; *hors œuvre, hors d'œuvre,* hors du corps du bâtiment, en saillie (Cf. Hors-d'œuvre). — *Reprendre un mur sous-œuvre.* V. **Sous-œuvre.** *Loc. cour. Être à pied d'œuvre.* ♦ 3° *Littér.* Ensemble des œuvres d'un artiste, particulièrement d'un peintre ou d'un graveur. *L'œuvre gravé de Rembrandt.* « *L'œuvre entier de Beethoven* » (R. ROLLAND). ♦ 4° *Alchim. Le grand œuvre,* la transmutation des métaux en or, la recherche de la pierre philosophale.

ŒUVRER [œvʀe]. *v. intr.* (1530; a. fr. *obrer, ovrer;* bas lat. *operare.* V. **Ouvrer**). *Littér.* Travailler, agir. « *Du temps de ma jeunesse... j'œuvrais n'importe comment, n'importe où* » (GIDE).

OFF [ɔf]. *adv.* et *adj. invar.* (mil. XXe; de l'angl. *off screen* « hors de l'écran »). *Anglicisme.* ♦ 1° *Cin.* Qu'on ne voit pas sur l'écran, n'est pas lié à l'image ; hors champ. *L'inspecteur est off. Une voix off commente la scène.* — N. m. *Voix off.* « *Nouvelle-Guinée précise, en off, un commentaire liminaire* »

(Nouv. Obs., 28-8-1972). ♦ 2° *Adj.* (1969; de *off-Broadway* « hors de Broadway », qualifiant un théâtre d'avant-garde). Se dit d'un spectacle, généralement d'avant-garde, qui se donne en marge d'un programme officiel. « *Dans les sous-sols d'une boîte où s'improvise un festival 'off'* » *(L'Express,* 3-7-1972).

OFFENSANT, ANTE [ɔfɑ̃sɑ̃, ɑ̃t]. *adj.* (1672; de *offenser).* ♦ 1° Qui offense. V. **Blessant, injurieux.** « *Ce que le visage de la fortune peut présenter d'offensant pour un pauvre* » (GIDE). ♦ 2° *Vx.* ou *littér.* Qui produit une sensation désagréable (V. Offenser, II). « *L'offensante odeur de chou* » (DUHAM.). ◇ ANT. **Flatteur.**

OFFENSE [ɔfɑ̃s]. *n. f.* (1380; « blessure, dommage », 1226; lat. *offensa).* ♦ 1° Parole ou action qui offense, qui blesse qqn dans son honneur, dans sa dignité. V. **Affront, injure, insulte, outrage.** « *Plus l'offenseur est cher, et plus grande est l'offense* » (CORN.). « *Généreux, facile à pardonner les offenses* » (CHATEAUB.). — *Soit dit sans offense :* sans vouloir vous offenser. *Fam. Il n'y a pas d'offense :* il n'y a pas de mal. ♦ 2° *Péché* (qui offense Dieu). « *Pardonne-nous nos offenses* » (Prière du Pater). ♦ 3° *Spécialt.* Outrage envers un chef d'État. ◇ ANT. **Compliment, flatterie.**

OFFENSÉ, ÉE [ɔfɑ̃se]. *adj.* et *n.* (V. Offenser). Qui a subi, qui ressent une offense. « *D'un air de dignité offensée* » (LOTI). « *L'air offensé et glacial* » (LOTI). ◇ N. La personne qui a subi une offense. *Dans un duel, l'offensé a le choix des armes.*

OFFENSER [ɔfɑ̃se]. *v. tr.* (v. 1450; de *offense;* a remplacé l'a. fr. *offendre,* XIIe; lat. *offendere).*

I. ♦ 1° Blesser (qqn) dans sa dignité ou dans son honneur, par la parole ou par l'action. V. **Froisser, humilier, injurier, outrager, vexer.** « *Ombrageux et facile à offenser* » (ROUSS.) : susceptible. « *Don Gormas fait ce qu'il peut pour offenser Don Diègue* » (PÉGUY). ♦ 2° Manquer, déplaire (à Dieu) par le péché. « *On n'offense que Dieu qui seul pardonne* » (VERLAINE). ♦ 3° *Vieilli* ou *littér.* Blesser, porter atteinte à. « *De peur d'offenser sa délicatesse* » (STENDHAL). ◇ Manquer gravement (à une règle, une vertu). V. **Braver.** *Offenser le bon sens, le bon goût.* « *Les lois de la décence se trouvaient souvent offensées* » (FLAUB.).

II. ♦ 1° *Vx.* Blesser, meurtrir. « *Un coup de mousquet qui n'offense pas l'os* » (SÉV.). ♦ 2° *Vieilli.* Blesser (les sens) par une sensation pénible. « *D'un ton rauque, si fort qu'il offense l'oreille* » (BUFF.). V. **Écorcher.**

III. S'OFFENSER. *v. pron.* Réagir par un sentiment d'amour-propre, d'honneur blessé à ce que l'on considère comme une offense. V. **Fâcher** (se), **formaliser** (se), **froisser** (se), **vexer** (se). « *Ne s'offensant de rien, bon flatteur de tous* » (STENDHAL). ◇ ANT. **Flatter, plaire.**

OFFENSEUR [ɔfɑ̃sœʀ]. *n. m.* (1606; « pêcheur », XVe; de *offenser).* Celui qui fait une offense. V. **Agresseur, insulteur.** « *Je m'occupe trop peu de l'offense, pour m'occuper beaucoup de l'offenseur* » (ROUSS.).

OFFENSIF, IVE [ɔfɑ̃sif, iv]. *adj.* (1538; « offensant », 1417; de l'a. fr. *offendre;* lat. *offendere;* d'apr. *défensif).* Qui attaque, sert à attaquer. *Armes offensives. Guerre offensive :* où les opérations militaires ont pour objet d'attaquer l'ennemi et non seulement de le contenir. « *Bonaparte devait affronter un formidable retour offensif* » (MADELIN). *Fig. Le retour offensif de l'hiver.* — *Traité offensif; alliance offensive,* aux termes desquels les parties contractantes doivent attaquer ensemble. *Ligue offensive et défensive.* ◇ ANT. **Défensif** (Cf. Inoffensif).

OFFENSIVE [ɔfɑ̃siv]. *n. f.* (1587; de *offensif).* ♦ 1° Action d'attaquer l'ennemi, en prenant l'initiative des opérations. V. **Attaque.** *Prendre, reprendre l'offensive. Passer à l'offensive.* — *Une offensive :* attaque de grande envergure, exécutée à l'échelon d'une grande unité. *Préparer, déclencher une offensive.* ♦ 2° Attaque, campagne d'une certaine ampleur. *Offensive diplomatique.* « *L'offensive qu'elle prenait plaisir à mener contre les jeunes générations* » (MAUROIS). — *Fig.* « *Le mistral a différé son offensive* » (COLETTE). ◇ ANT. **Défense, défensive.**

OFFENSIVEMENT [ɔfɑ̃sivmɑ̃]. *adv.* (1718; de *offensif).* De façon offensive. ◇ ANT. **Défensivement.**

OFFERTOIRE [ɔfɛʀtwaʀ]. *n. m.* (v. 1350; bas lat. *offertorium).* *Liturg.* Partie de la messe, ensemble des rites et des prières qui accompagnent la bénédiction du pain et du vin. V. **Oblation.** ◇ Antienne qui précède l'offrande du pain et du vin. — Morceau de musique joué entre le Credo et le Sanctus.

OFFICE [ɔfis]. *n. m. et f.* (XIIe; lat. *officium).*

I. ♦ 1° *Vieilli.* Fonction que l'on doit remplir, charge dont on doit s'acquitter. *Résigner un office,* l'abandonner. — *Loc. fig. Remplir son office :* produire son effet naturel, jouer pleinement son rôle. *Faire office de :* tenir lieu de. *Servir (de).* « *Mes amis faisaient office de prospecteurs* » (GIDE). ♦ 2° (XIVe). *Ancienn.* Fonction permanente et stable

dont le titulaire possédait des devoirs déterminés par les coutumes et les ordonnances et avait la propriété de sa charge. *Vénalité* des offices*. « *Ceux qui se font honorer pour des charges et des offices* » (PASC.). ♦ 3° (1816). Fonction publique conférée à vie. *Office public, ministériel. Office d'avoué, de notaire, d'agent de change*. V. **Officier**. ♦ 4° (XIVᵉ). *Loc.* D'OFFICE : par le devoir général de sa charge ; sans l'avoir demandé soi-même. *Avocat, expert commis, nommé d'office*. — *Par l'effet d'une mesure générale. Être mis à la retraite d'office*. ♦ 5° (XVIᵉ). *Vx*. Devoir. « *Et d'un homme de bien il sait trop bien l'office* » (MOL.). ♦ 6° (1863 ; p.-ê. d'apr. l'angl. *office*). Lieu où l'on remplit les devoirs d'une charge*. Établissement qui se consacre à une activité particulière. V. **Agence, bureau, étude**. *Office commercial, de publicité*. ◇ (Déb. XXᵉ) *Dr. admin*. Service doté de la personnalité morale, de l'autonomie financière et confié à un organisme spécial. *Office national départemental. Office national interprofessionnel des céréales. Office des changes. Office national d'immigration*. ♦ 7° (XVIᵉ). *N. f*. (mais *m*. cour.). Pièce ordinairement attenante à la cuisine où se prépare le service de la table. V. **Dépense**. *Les domestiques prenaient leur repas à l'office*. « *Les conversations risquent de prendre un air de ragots d'office* » (ROMAINS).
II. (XIIᵉ). ♦ 1° Liturg. *Office (divin)*, ensemble des prières de l'Église, réparties aux heures de la journée. — Une de ces prières. *Office de nuit*. — Ensemble des prières pour un jour déterminé. *L'office du jour. Calendrier des offices*. V. **Ordo**. ♦ 2° *Cour*. Toute cérémonie du culte. *Célébrer un office. Office des morts, funèbre*. « *Les fidèles peu matineux manquaient souvent l'office* » (NERVAL), la messe.
III. ♦ 1° (Fin XVᵉ). *Vx*. Service que l'on rend à qqn. *Mod*. « *Vous remercier de vos bons offices* » (DUHAM.). ♦ 2° *Diplom. Bons offices* : démarches d'un État, pour amener des États en litige à négocier. V. **Conciliation, médiation**. *La France a proposé ses bons offices*.

OFFICIAL, AUX [ɔfisjal, o]. *n. m*. (1262 ; « officier public », XIIᵉ ; lat. jur. *officialis* « apparitieur »). *Dr. canon*. Juge ecclésiastique auquel un évêque déléguait le droit de rendre la justice à sa place.

OFFICIALISATION [ɔfisjalizasjɔ̃]. *n. f*. (v. 1940 ; de *officialiser*). Action d'officialiser.

OFFICIALISER [ɔfisjalize]. *v. tr*. (fin XIXᵉ ; du rad. de *officiel*). Rendre officiel. *Officialiser une nomination*.

OFFICIALITÉ [ɔfisjalite]. *n. f*. (XIIIᵉ ; de *official*). *Dr. canon*. Tribunal, juridiction de l'official (qui correspondait au diocèse).

OFFICIANT, ANTE [ɔfisjɑ̃, ɑ̃t]. *n*. (1671 ; de *officier*). ♦ 1° *N. m*. Clerc qui préside une cérémonie sacrée (messe, etc.). V. **Célébrant**. *L'officiant et les enfants de chœur*. *Adj*. *Le ministre officiant*. ♦ 2° *N. f*. Religieuse qui est de semaine au chœur.

OFFICIEL, ELLE [ɔfisjɛl]. *adj. et n*. (1778 ; angl. *official* ; bas lat. *officialis*, de *officium*. V. **Office**). ♦ 1° Qui émane d'une autorité reconnue, constituée (gouvernement, administration). *Actes, documents officiels. Textes officiels* (lois, décrets, arrêtés, débats des assemblées), recueillis dans le *Journal officiel* (subst. *l'Officiel*). *Dépêche, note officielle*. — *Langue officielle* : langue dont l'emploi est statutairement reconnu dans un État, un organisme, pour la rédaction des textes officiels émanant de lui (À distinguer de *langue nationale*. *Trois seulement des quatre langues nationales de la Suisse sont langues officielles*). ◇ *Certifié par l'autorité*. « *Barbentane élu ! Cela avait été officiel vers sept heures* » (ARAGON). *Fam. Officiel !* c'est absolument sûr. ◇ *Péj*. *Donné pour vrai par l'autorité. La version officielle de l'incident*. « *L'histoire officielle et menteuse qu'on enseigne* » (BALZ.). ♦ 2° Organisé par les autorités compétentes. *Cérémonie officielle. La visite officielle d'un souverain*. — *Candidature officielle*. ♦ 3° (*Personnes*). Qui a une fonction officielle. *Un personnage officiel. Porte-parole officiel du gouvernement*. V. **Autorité**. — *Par ext*. Réservé aux personnages officiels. *Voitures officielles*. ◇ *N*. Personnage officiel, autorité. *La tribune des officiels*. — (*Sports*) Celui qui a une fonction dans l'organisation, la surveillance des épreuves (organisateur, juge, arbitre). ◇ ANT. *Officieux*.

OFFICIELLEMENT [ɔfisjɛlmɑ̃]. *adv*. (1789 ; de *officiel*). À titre officiel, de source officielle. *Il en a été officiellement avisé*.

1. OFFICIER [ɔfisje]. *v. intr*. (1540 ; « exercer un office », 1290 ; lat. médiév. *officiare*, de *officium*. V. **Office**). ♦ 1° Célébrer l'office divin, présider une cérémonie sacrée. « *L'évêque officiait en personne* » (NERVAL). ♦ 2° *Fig*. Agir, procéder comme si l'on accomplissait une cérémonie. « *Clémentine officie... pieusement devant la table. Elle prépare d'abord le déjeuner du maître* » (DUHAM.).

2. OFFICIER [ɔfisje]. *n. m*. (1324 ; lat. médiév. *officiarius* « chargé d'une fonction » [*officium*]). ♦ 1° *Ancienn*. Titulaire d'un office. *Officiers de justice. Grands officiers de la Couronne . auxiliaires du roi qui, à l'origine, s'occupaient*

d'un service domestique en même temps que de l'administration d'un service public. — Domestique dans une grande maison (princière, etc.). *Officiers de bouche*. ◇ *Mod. Dr. Officiers publics, ministériels* : personnes investies d'un office ministériel ou public (huissier, agent de change...). — *Vieilli. Officiers municipaux* : ceux qui ont une charge dans l'administration d'une commune. *Officier de l'état* civil*. — *Officier de police judiciaire*, titre conféré par la loi aux personnes qui ont pour mission de rechercher et de constater les infractions, d'en livrer les auteurs à la justice (procureurs, juges, maires, gardes champêtres, etc.). ♦ 2° (XVIᵉ). *Cour*. Militaire ou marin titulaire d'un grade égal ou supérieur à celui de sous-lieutenant ou d'enseigne de seconde classe, et susceptible d'exercer un commandement. — (Armée de terre, aviation) *Officiers et soldats. Officiers subalternes, supérieurs et généraux*. V. **Grade**. *Officier d'infanterie, d'artillerie, d'aviation, de gendarmerie, d'état-major. Positions de l'officier* : activité, disponibilité, non-activité, congé d'activité, réforme, retraite. *Officier de réserve*. Officier instructeur, d'ordonnance*. Officier sorti du rang, sorti d'une école*. — (Mar.) *Officiers et matelots. Officiers de marine*, officier du corps de la marine militaire appelés à armer les bâtiments de guerre et à les commander. *Officiers de la marine* : ceux des autres corps. *Officiers de la marine marchande. Officier mécanicien*. Par ext. *Officier marinier* . ♦ 3° Titulaire d'un grade dans un ordre honorifique. *Officier d'académie* (palmes académiques). *Officier de la Légion d'honneur* : titulaire du grade supérieur à celui de chevalier. — *Grand officier* : titulaire du grade supérieur à celui de commandeur.

OFFICIEUSEMENT [ɔfisjøzmɑ̃]. *adv*. (1859 ; « obligeamment », XIVᵉ ; de *officieux*). D'une manière officieuse (2°). ◇ ANT. *Officiellement*.

OFFICIEUX, EUSE [ɔfisjø, øz]. *adj*. (1534 ; lat. *officiosus*). ♦ 1° *Vx*. Qui rend, cherche à rendre service. V. **Obligeant, serviable**. « *Si officieux, si secourable* » (FÉN.). « *Ses soins officieux* » (RAC.). — *Subst. Faire l'officieux* : faire l'empressé, se mêler de tout. — *Loc. mod.* (Littér.) *Mensonge officieux*, fait pour rendre service. ♦ 2° (1868). Communiqué à titre de complaisance par une source autorisée mais sans garantie officielle. *Nouvelle officieuse. Résultats officieux d'une élection. Texte officieux d'un discours*. « *On savait, de source officieuse que...* » (MART. du G.). V. **Officieusement**. ◇ ANT. *Égoïste ; officiel*.

OFFICINAL, ALE, AUX [ɔfisinal, o]. *adj*. (1732 ; « de boutique », déb. XVIᵉ ; de *officine*). *Pharm*. Se dit d'une préparation faite dans l'officine d'une pharmacie, selon les prescriptions du Codex, prête à être délivrée (par opposition à une préparation magistrale*).

OFFICINE [ɔfisin]. *n. f*. (1160 ; lat. *officina*). ♦ 1° *Vx*. Boutique, atelier. ◇ *Fig. et mod*. (1643) Endroit où se prépare, où s'élabore qqch. *Une officine de fausses nouvelles*. « *Une officine d'espionnage allemand* » (ARAGON). ♦ 2° (1812). Laboratoire annexé à une pharmacie, où sont élaborés certains produits. V. **Officinal**.

OFFRANDE [ɔfrɑ̃d]. *n. f*. (1080 ; lat. médiév. *offerenda*, subst. au f., du lat. class. *offeranda* « choses à offrir »). ♦ 1° Don que l'on offre à la divinité ou à ses représentants. *Offrande votive, expiatoire. Recueillir les offrandes des fidèles*. — (Relig. anc.) V. **Libation, sacrifice**. ♦ 2° *Liturg*. Cérémonie pratiquée à certaines messes où le prêtre présente la patène à baiser et reçoit les dons des fidèles. ♦ 3° *Cour*. Don, présent. « *L'offrande de mon ami fut beaucoup plus considérable, en moins d'une heure* » (BAUDEL.). *Apporter son offrande*. « *Quelqu'un vers qui porter en offrande sa jeunesse et sa pureté* » (GIDE).

OFFRANT [ɔfrɑ̃]. *n. m*. (1365 ; de *offrir*). *Le plus offrant*, l'acheteur qui offre le plus haut prix. *Vendre, adjuger au plus offrant*.

OFFRE [ɔfr(ə)]. *n. f*. (1138 ; de *offrir*). ♦ 1° Action d'offrir ; ce que l'on offre. *Recevoir, accepter une offre, des offres. Une offre avantageuse*. « *Jacques déclina l'offre d'un cigare* » (MART. du G.). *Offres de service. Offre d'emploi*. V. **Ouverture, proposition**. ♦ 2° Quantité de produits ou de services offerts sur le marché (*opposé à* demande). *L'offre dépasse la demande*. « *La production se règle par la loi de l'offre et de la demande* » (Ch. GIDE), celle qui régit les prix et les salaires en économie libérale. *Offre publique d'achat*. V. **O.P.A.** *Offre publique d'échange* (O.P.E.). ♦ 3° *Dr*. Fait de proposer à une autre personne la conclusion d'un contrat. — *Acte par lequel on propose d'acquitter une dette. Offre réelle*, présentation matérielle de l'objet de la dette, avec obligation, pour le créancier, de la recevoir. — *Admin. fin. Offre de concours*. — *Spécial. Offre d'adjudication*. *L'État a fait un appel d'offres pour l'exécution de ces travaux. Répondre à un appel d'offres en soumissionnant*. ◇ ANT. *Demande. Refus*.

OFFRIR [ɔfrir]. *v. tr*. ; conjug. *couvrir* (1090 ; lat. pop. °*offerire*, class. *offerre*). ♦ 1° Donner en cadeau. *Je lui ai offert des bonbons, des fleurs pour sa fête*. « *Je vous offre ces vers* » (BAUDEL.) V. **Dédier**. — *Pronom* (Sens réfl.) *Je voudrais* *pouvoir m'offrir des vacances.* V. **Payer** (se). ♦ 2° Proposer ou présenter (une chose) à qqn en la mettant à sa disposition. « *Maréchal lui avait offert et prêté, spontanément, de l'argent* » (MAUPASS.). *Offrir des rafraîchissements.* « *On t'offre une place de chroniqueur* » (DAUD.). *Offrir son aide, ses services.* — « *Les lâches qui offrirent de se rendre* » (FLAUB.). « *Il serrait des mains, offrait à boire* » (CHARDONNE). — Loc. div. *Offrir le bras* à qqn. Offrir son offre, son bras à qqn,* pour combattre à ses côtés. — *Offrir le combat,* donner à l'ennemi l'occasion d'engager le combat. — *Offrir son nom à une femme,* lui proposer de l'épouser. *Offrir ses hommages, ses vœux de nouvel an.* V. **Présenter.** ◇ (Compl. de personne) « *Il t'offrait sa fille, il te cédait sa cabane* » (DIDER.). — Pronom. *Se proposer. Il s'offrit comme guide. S'offrir en otage.* — Spécialt. (Sens libre) « *Elle s'offrait avec une impudeur souveraine* » (ZOLA). — (Avec un inf.) Vx. *S'offrir de faire qqch.,* proposer de faire... Mod. « *Pour s'offrir à porter les provisions* » (LESAGE). ♦ 3° Mettre à la portée de qqn. *Offrir à un homme l'occasion de se racheter. Je vous offre le choix,* la possibilité de choisir. *Cette situation offre bien des avantages.* ◇ Pronom. (Pass.) « *Le moindre petit plaisir qui s'offre à ma portée* » (ROUSS.). V. **Présenter** (se), **rencontrer** (se). ♦ 4° Comm. Proposer en contrepartie de qqch. *Je vous offre cent francs, pas un sou de plus, je suis prêt à vous payer cent francs. On offre une récompense à qui rapportera les documents perdus.* « *Je suis courtier, je prends la liberté de vous offrir quelques nouveautés* » (FRANCE). ♦ 5° Exposer à la vue. V. **Montrer.** « *Son beau front n'offrait au regard ni l'ampleur carrée...* » (BALZ.). « *Elle offre l'image d'une gaieté naïve* » (LACLOS). Pronom. « *Une belle fille qui s'offre aux regards* » (TAINE). V. **Montrer** (se). « *Une clairière où s'offrait un banc* » (MART. du G.). V. **Trouver** (se). ◇ Fig. Présenter à l'esprit. « *Les événements dont l'histoire nous offre le tableau* » (COURNOT). « *Ce qui n'offre rien de répréhensible* » (MAURIAC). ♦ 6° Exposer (à qqch. de pénible, de dangereux) de manière intentionnelle ou non. « *Il allait offrir sa poitrine aux baïonnettes* » (HUGO). Pronom. *S'offrir aux coups.* ◇ ANT. **Refuser.**

OFFSET [ɔfsɛt]. *n. m.* (1904; mot angl. « report »). Procédé d'impression à plat utilisant le report sur caoutchouc. — Par appos. *Presse offset. Papier offset,* utilisé pour l'impression en offset.

OFF-SHORE [ɔfʃɔʀ]. *adj. et n. m.* (1952; mots angl. « loin du rivage »; de *off-* « loin de, hors de », et *shore* « rivage »). ♦ 1° Adj. *Programme, commandes off-shore* : commandes d'équipement de l'armée américaine passées aux industries du pays où les troupes sont stationnées. ♦ 2° N. m. Techn. Installation de forage pétrolier sous-marin, sur plate-forme. — Adj. « *Une installation pétrolière off-shore* » (*Science et Vie,* 1972).

OFFUSQUER [ɔfyske]. *v. tr.* (XIVe; lat. ecclés. *offuscare* « obscurcir »). ♦ 1° Vx. Empêcher de voir, en masquant. V. **Cacher.** « *Ses cheveux blancs offusquaient son visage* » (CHATEAUB.). ♦ 2° Vieilli. Empêcher, boucher (la vue). « *Les larmes m'offusquaient la vue* » (ROUSS.). ♦ 3° (XVIIIe). Mod. Porter ombrage, indisposer. V. **Déplaire.** « *Les succès de Proust continuaient à offusquer Montesquiou* » (MAUROIS). ◇ Pronom. Se froisser, se formaliser. V. **Choquer, froisser.** ◇ ANT. (du fig.) **Charmer, complaire, plaire.**

OFLAG [ɔflag]. *n. m.* (1940; abrév. de l'all. *Offizierlager*). Camp allemand où étaient internés les officiers des armées alliées (Cf. Stalag).

OG(H)AMIQUE [ɔgamik]. *adj.* (1881; de *Ogham,* inventeur mythique de cette écriture). Se dit de l'écriture des inscriptions celtiques d'Irlande et du Pays de Galles (du Ve-VIIe s. (offrant des analogies avec l'écriture runique).

OGIVAL, AUX [ɔʒival, o]. *adj.* (1823; de *ogive*). Caractérisé par l'emploi des ogives, de l'ogive. *Voûte ogivale.* — Par ext. *Arcs ogivaux* ou *en ogive. Architecture ogivale :* dénomination de l'architecture gothique, au XIXe s.

OGIVE [ɔʒiv]. *n. f.* (1250; var. *oegive, augive;* o. i.; p.-ê. anglo-norm. *ogé* du lat. *obviatum,* supin de *obviare* « s'opposer », avec suff. lat. *-ivus*). ♦ 1° Arc diagonal bandé sous une voûte et en marquant l'arête. *Arc d'ogives. Croisée d'ogives :* partie de la voûte où se croisent les deux ogives (au sommet). *La croisée d'ogives est la caractéristique presque constante du style gothique.* ♦ 2° Par ext. et abusiv. Arc brisé. *Arc en ogive* (opposé à arc en plein cintre). V. **Ogival.** *Ogive en tiers-point. Ogive surhaussée. Ogive lancéolée,* fréquente dans l'art arabe, mauresque. *Ogive surbaissée.* ♦ 3° Par anal. Partie supérieure des projectiles oblongs (dits *aussi* cylindro-ogivaux) tels que balles, obus. — Spécialt. *Ogive atomique,* ogive à charge nucléaire d'engins ou projectiles de l'artillerie atomique. *Ogive d'une fusée intercontinentale, d'un missile.* V. **Tête.**

OGRE [ɔgʀ(ə)], **OGRESSE** [ɔgʀɛs]. *n.* (v. 1300; fém., 1697; altér. prob. de °*orc,* lat. *Orcus,* nom d'une divinité infernale). Géant des contes de fées, à l'aspect effrayant, se nourrissant de chair humaine. *L'ogre et le Petit Poucet.* — Par métaph. *Manger comme un ogre.* « *Elle se jeta dessus*

avec un appétit d'ogresse » (FLAUB.). — *L'ogre de Corse,* surnom donné par les royalistes à Napoléon (dont les guerres « dévoraient » la jeunesse française).

OH! [o]. *interj.* (1659; ancienn. *ho!;* lat. *oh!*). ♦ 1° Interjection marquant la surprise ou l'admiration. « *Oh! oh! je n'y prenais pas garde* » (MOL.). « *Oh! c'était un malin* » (ZOLA). ♦ 2° Interjection renforçant l'expression d'un sentiment quelconque. *Oh! quelle chance!* « *Oh! n'insultez jamais une femme qui tombe!* » (HUGO). ♦ 3° Subst. *Pousser des oh! et des ah!* ◇ HOM. **V. Ô.**

OHÉ! [ɔe]. *interj.* (*Oé,* 1215; lat. *ohe*). Interjection servant à appeler. *Ohé! là-bas! Venez ici. Ohé, les gars!*

OHM [om]. *n. m.* (1867; nom d'un physicien allemand). Électr. Unité de résistance électrique, correspondant à la résistance existant entre deux points d'un conducteur lorsqu'une différence de potentiel constante de 1 volt, appliquée entre ces deux points, crée dans ce conducteur un courant dont l'intensité est égale à 1 ampère (symb. Ω). ◇ HOM. *Heaume, home.*

OHMIQUE [omik]. *adj.* (1907; de *ohm*). Électr. Qui a rapport à l'ohm, à la loi d'Ohm. *Résistance ohmique. Chute ohmique de potentiel.*

OHMMÈTRE [ommɛtʀ(ə)]. *n. m.* (1890; de *ohm*). Électr. Instrument servant à mesurer la résistance électrique.

-OÏDE, -OÏDAL. Éléments, du gr. *-eidês,* qui servait à former des adj. comp. sur un rad. avec *o* final, avec le sens de « semblable à » (de *eidos* « aspect »).

OÏDIUM [ɔidjɔm]. *n. m.* (1825; lat. sc., gr. *ôoeidès* « ovoïde »). Bot., Agric. Champignon microscopique unicellulaire parasite dont une variété s'attaque à la vigne qu'il couvre d'une poussière grisâtre; maladie due à ce champignon. *Oïdium de la vigne, du rosier.* — Méd. Levure pathogène (*Candida*) responsable d'infections de la peau et des muqueuses. V. **Muguet; candidose.**

OIE [wa]. *n. f.* (XIIIe; *oe, oue,* XIIe; bas lat. *auca*). ♦ 1° Oiseau palmipède, ansériforme (*Anatidés*), gris ou blanc, au long cou, dont une espèce est depuis très longtemps domestiquée; spécialt. La femelle de cette espèce. V. **Jars** (mâle), **oison** (petit). *Cri de l'oie.* V. **Cacarder, criailler.** *Troupeau d'oies. Gardeuse d'oies. Engraisser des oies. Confit d'oie. Graisse d'oie. Pâté de foie gras, de foie d'oie.* — *Plume d'oie,* autrefois utilisée pour écrire. — *Oie sauvage.* V. **Bernache.** *Un vol, un passage d'oies sauvages.* — Spécialt. JEU DE L'OIE : jeu où chaque joueur fait avancer un pion, selon le coup de dés, sur un tableau formé de cases numérotées où des oies sont figurées toutes les neuf cases. Loc. fig. *Patte d'oie.* V. **Patte-d'oie.** *Pas* de l'oie. Couleur merde* (ou *caca*) *d'oie.* — *Bête comme une oie,* très bête. ♦ 2° Fig. Personne très sotte, niaise. « *Une grande oie infatuée d'elle-même* » (BAUDEL.). — *Une oie blanche,* une jeune fille très innocente, niaise. V. **Oiselle.**

OIGNON [ɔɲɔ̃]. *n. m.* (XIVe; *hunion, ognon,* XIIIe; lat. dial. *unio, onis*). ♦ 1° Plante potagère voisine de l'ail (*Liliacées*), vivace, à bulbe comestible. V. **Ciboule, échalote.** *Oignon blanc, de couleur, à bulbe blanc, coloré.* — Par compar. *En rang d'oignon,* rangé en file, sur une seule ligne. ◇ Bulbe de cette plante, utilisé en cuisine. *Éplucher, hacher des oignons. Veau aux oignons. Soupe à l'oignon. Petits oignons :* petits bulbes d'oignons plantés serrés. *Petits oignons confits, en saumure. Pelure d'oignon,* pellicule interposée entre les diverses couches du bulbe. *Couleur pelure d'oignon,* rose violacé. *Vin pelure d'oignon.* ◇ Loc. fig. Fam. *Aux petits oignons,* parfait, très bien. *Occupe-toi de tes oignons,* occupe-toi de tes affaires, mêle-toi de ce qui te regarde. « *Après tout, c'étaient ses oignons* » (ARAGON), c'était son affaire. ♦ 2° (1538). Partie renflée de la racine de certaines plantes; cette racine. *Oignon de tulipe, de lis.* V. **Rhizome.** ♦ 3° Par anal. (1701). Méd. Inflammation de la bourse séreuse d'une articulation des orteils, en particulier de la bourse articulaire entre la première phalange du gros orteil et le métatarsien. V. **Cor, durillon.** ♦ 4° (1834). Grosse montre ancienne, très bombée.

OIGNONADE [ɔɲɔnad]. *n. f.* (*Ognonnade,* 1552; de *oignon*). Rare. Plat d'oignons.

OIGNONIÈRE [ɔɲɔnjɛʀ]. *n. f.* (1546; de *oignon*). Agric. Terrain semé en oignons.

OÏL [ɔjl]. Particule affirmative (1080; a. fr. *o* « cela »; du lat. *hoc,* et *il*). Au Moyen âge, mot signifiant « oui » dans les régions de France situées approximativement au nord de la Loire. ◇ *Langue d'oïl,* langue de ces régions (opposé à *langue d'oc*) qui comportait plusieurs parlers (picard, bourguignon, anglo-normand, francien, etc.).

OILLE [ɔj]. *n. f.* (1673; esp. *olla.* V. **Olla-podrida**). Vx. Ragoût ou potage, fait de divers légumes et viandes très assaisonnés. *Pot à oille,* soupière dans laquelle on servait l'oille.

OINDRE [wɛ̃dʀ(ə)]. *v. tr.;* conjug. *joindre* (1120; lat. *ungere*). ♦ 1° Vx. Frotter d'huile ou d'une matière grasse. V. **Enduire.** — Loc. prov. « *Oignez vilain, il vous poindra;*

poignez vilain, il vous oindra » : il faut traiter rudement les gens grossiers, si on veut en être respecté. ◇ *Fig.* Imprégner. « *La musique m'occupait à l'excès ; j'en oignais mon style* » (GIDE). ♦ 2° *Relig.* Attoucher une partie du corps (le front, les mains) avec les saintes huiles pour bénir ou sacrer. V. **Chrême, extrême-onction.**

OING, *(vx)* ou **OINT** [wɛ̃]. *n. m.* (1260; lat. *unguen*). Graisse des animaux servant à oindre. *Vieux oing* (ou *oint*), vieille graisse de porc fondue servant à graisser un mécanisme. « *Une huile minérale remplace le vieux oint dans les machines à grand frottement* » (GAUTIER). ◇ HOM. Oint.

OINT, OINTE [wɛ̃, wɛ̃t]. *adj.* et *n. m.* (XVᵉ; de *oindre*). Frotté d'huile. — *Relig.* Consacré par une huile sainte. ◇ N. m. *Les oints du Seigneur,* les rois, les prêtres (dans le judaïsme, le christianisme). *L'oint du Seigneur,* Jésus-Christ. ◇ HOM. Oing.

-OIR, -OIRE. Suffixes, du lat. *orius,* servant à former des noms d'instruments.

OISEAU [wazo]. *n. m.* (*Oisel,* XIIᵉ; lat. pop. °*aucellus,* de *avicellus,* dimin. de *avis* « oiseau »).
I. ♦ 1° Animal appartenant à la classe des vertébrés tétrapodes à sang chaud, au corps recouvert de plumes, dont les membres antérieurs sont des ailes, les membres postérieurs des pattes, dont la tête est munie d'un bec corné dépourvu de dents, et qui est en général adapté au vol. *Les oiseaux :* cette classe de vertébrés. *Le plumage de l'oiseau. Les oiseaux sont ovipares. Petits des oiseaux.* V. **Couvée, nichée ; oiselet, oisillon.** *Étude des oiseaux.* V. **Ornithologie.** *Oiseaux à longues pattes* (Échassiers), *à pattes palmées* (Palmipèdes). *Oiseaux terrestres, marins. Oiseaux migrateurs*, oiseaux de passage. Oiseaux percheurs, plongeurs, sauteurs, coureurs. Oiseaux domestiques* (V. **Volatile**), *de basse-cour* (V. **Volaille**). *Oiseau diurne, nocturne. Oiseaux de proie*.* ◇ *Classification des oiseaux.* « *Impennes* » (manchot) *et ratites* (autruche ; kiwi). — *Gallinacés* (coq, perdrix). — *Palmipèdes* (alcidés : pingouin ; laridés : goéland ; stéganopodes : cormoran, fou, pélican, etc. ; ansériformes : cygne, canard, oie ; etc.). — *Échassiers* (charadriidés : bécasse, pluvier, vanneau ; gruiformes : grue, outarde ; ardéiformes : cigogne, ibis, héron). — « *Colombins* » (pigeon). — *Rapaces* (aigle, faucon, condor, vautour). — *Grimpeurs* (perroquet ; coucou ; pic, toucan). — *Passereaux* (une trentaine de familles ; *ex. :* martin-pêcheur, huppe, corbeau, loriot, étourneau, pinson, serin, bouvreuil, alouette, mésange, merle, grive, rossignol, fauvette, hirondelle, martinet, colibri). — (Noms désignant des espèces) *Oiseau de paradis.* V. **Paradisier.** *Oiseau des îles*. L'oiseau de Jupiter,* l'aigle, dit aussi *Roi des oiseaux ; l'oiseau de Junon,* le paon ; *de Vénus,* la colombe. *L'oiseau des tempêtes,* le goéland, l'aigle. — *Vol des oiseaux.* V. **Vol, voler.** *Bande, nuée, volée d'oiseaux. L'oiseau crie, chante, siffle. Chants d'oiseaux* (babil, gazouillis, piaillement, pépiement, ramage). — *Épouvantail à oiseaux.* — *Prendre un oiseau à la glu, au piège, à l'appeau, au miroir. Oiseau captif, en cage. Éleveur d'oiseaux.* V. **Aviculteur.** *Marchand d'oiseaux.* V. **Oiselier.** *Le marché aux oiseaux, à Paris.* — *Chasse aux oiseaux.* V. **Gibier.** — Blas. *Oiseau éployé, essoré*.* — *Être léger comme un oiseau. Être gai, libre comme un oiseau. Chanter comme un oiseau.* — *Baiser d'oiseau,* léger et tendre. — Loc. *Être comme l'oiseau sur la branche*. Petit à petit l'oiseau fait son nid :* les choses se font, se réalisent progressivement. *Oiseau de bon, de mauvais augure*. Oiseau de malheur.* — À vol d'oiseau. loc. adv. Se dit d'une distance en ligne droite d'un point à un autre de la surface terrestre, qui est la distance théorique la plus courte. *Distance à vol d'oiseau.* — En regardant de très haut, comme le ferait un oiseau (Cf. Vu d'avion). *Perspective à vol d'oiseau* ou *à vue d'oiseau.* ♦ 2° Fam. et péj. Individu. *Qui est cet oiseau-là ? C'est un drôle d'oiseau !* V. **Moineau.** *Un oiseau rare,* une personne irremplaçable, étonnante (surtout iron.). *Un vilain oiseau,* une personne déplaisante. « *Vous le connaissez maintenant, cet oiseau !* » (ZOLA). — Loc. *Donner à qqn des noms d'oiseaux :* l'insulter.
II. *Techn.* (1445 ; infl. de *ojoel, aubjoel* (1290 ; Cf. Auge). ♦ 1° Hotte, civière qui se place sur l'épaule et dans laquelle les maçons portent le mortier. ♦ 2° Chevalet que les couvreurs accrochent à la charpente du toit pour former échafaudage.

OISEAU-LYRE [wazoliʀ]. *n. m.* (v. 1903 ; de *oiseau,* et *lyre*). Autre nom de la lyre, ou ménure. *Des oiseaux-lyres.*

OISEAU-MOUCHE [wazomuʃ]. *n. m.* (1632 ; de *oiseau,* et *mouche,* à cause de sa petite taille). Nom courant du *colibri. Des oiseaux-mouches. Des libellules « grandes comme des oiseaux-mouches* » (MAUPASS.).

OISELER [wazle]. *v.* ; conjug. *appeler* (XIIᵉ ; de *oiseau*). ♦ 1° V. tr. *Fauconner.* Dresser (un oiseau) pour le vol, la chasse. *Oiseler un épervier.* ♦ 2° V. intr. *Vén.* Tendre des pièges aux oiseaux (filets, gluaux).

OISELET [wazlɛ]. *n. m.* (XIIᵉ ; dimin. de *oiseau*). *Vx* ou *littér.* Petit oiseau. V. **Oisillon.**

OISELEUR [wazlœʀ]. *n. m.* (XIIᵉ ; de *oiseler*). Celui qui fait métier de prendre les oiseaux. « *La ruse et la patience avec lesquelles les oiseleurs finissent par saisir les oiseaux les plus défiants* » (BALZ.).

OISELIER, IÈRE [wazəlje, jɛʀ]. *n.* (1558 ; de *oiseau*). *Rare.* Personne dont le métier est d'élever et de vendre des oiseaux. « *L'oiselier du rez-de-chaussée commence à transporter ses cages sur le trottoir* » (CHARDONNE).

OISELLE [wazɛl]. *n. f.* (h. 1562 ; 1857 ; fém. d'*oiseau*). ♦ 1° Poét. Femelle d'oiseau. « *L'été, l'oiseau cherche l'oiselle* » (NERVAL). ♦ 2° Fam. Jeune fille niaise (Cf. Oie blanche). « *Je n'en crois plus rien depuis que c'est l'avis d'une oiselle* » (FRANCE).

OISELLERIE [wazɛlʀi]. *n. f.* (XIVᵉ ; de *oiseau*). ♦ 1° Vx. Lieu où l'on élève les oiseaux. V. **Cage, volière.** ♦ 2° Métier d'oiselier, commerce des oiseaux.

OISEUX, EUSE [wazø, øz]. *adj.* (v. 1210 ; *oiseus* « oisif », XIIᵉ ; lat. *otiosus*). Qui ne sert à rien, ne mène à rien. V. **Inutile, stérile, vain.** *Dispute, question oiseuse.* « *Ne dites pas de paroles oiseuses. Au fait ! au fait ! et vivement !* » (BALZ.). ◇ ANT. *Utile ; important.*

OISIF, IVE [wazif, iv]. *adj.* et *n.* (*Ouesif,* 1350 ; de *oiseux,* par changt. de suff.). ♦ 1° Adj. Qui est dépourvu d'occupation, n'exerce pas de profession. V. **Désœuvré, inactif, inoccupé.** *Ne restez pas oisif.* « *Tout citoyen oisif est un fripon* » (ROUSS.). — Par ext. *Mener une vie oisive.* ♦ 2° (1553). N. Personne qui dispose de beaucoup de loisir. *De riches oisifs. Passe-temps d'oisifs.* — Spécialt. Personne à qui sa fortune permet de vivre largement sans avoir à exercer de profession lucrative. « *L'angoisse de la mort est un luxe qui touche beaucoup plus l'oisif que le travailleur* » (CAMUS). ◇ ANT. *Actif, laborieux, occupé, travailleur.*

OISILLON [wazijɔ̃]. *n. m.* (v. 1200 ; dimin. d'*oiseau*). Petit oiseau ; jeune oiseau (surtout en parlant des espèces de petite taille). « *Trois oisillons déjà emplumés* » (COLETTE).

OISIVEMENT [wazivmɑ̃]. *adv.* (1500 ; de *oisif*). D'une manière oisive. V. *Vivre oisivement.*

OISIVETÉ [wazivte]. *n. f.* (1330 ; de *oisif*). État d'une personne oisive. V. **Désœuvrement, inaction.** *Vivre dans l'oisiveté.* « *Il vaut mieux mourir que de traîner dans l'oisiveté une vieillesse insipide ; travailler, c'est vivre* » (VOLT.). — PROV. *L'oisiveté est la mère de tous les vices.* ◇ ANT. *Étude, occupation, travail.*

OISON [wazɔ̃]. *n. m.* (XIIIᵉ ; réfection d'apr. *oiseau,* de *osson ;* lat. pop. °*aucio, aucionis,* de *auca.* V. Oie). ♦ 1° Petit de l'oie. ♦ 2° Fig. et vieilli. Personne très crédule, facile à mener. « *Tu es un véritable oison et on n'a guère pris soin de t'instruire, mon pauvre petit* » (SAND).

O.K. [ɔke]. *adv.* et *adj. invar.* (1869, répandu après la guerre 1939-45 ; mot amér., abrév. de *all correct* ; altér. de *all correct*). Américanisme. ♦ 1° Adv. Fam. D'accord. V. **Oui.** (Cf. Entendu, bien). *À demain ? — O.K. O.K., les gars, j'arrive !* ♦ 2° Adj. attribut. V. **Bien.** *C'est O.K., ça va, ça convient. Tout est O.K., on peut partir.*

OKAPI [ɔkapi]. *n. m.* (1901 ; angl. *okapi* [1900], mot africain). Mammifère ongulé du Congo, de la taille d'une grande antilope et dont la tête ressemble à celle de la girafe.

OKOUMÉ [ɔkume]. *n. m.* (1914 ; mot gabonais). Nom commercial du bois d'un arbre du Gabon (*Aucoumea klaineana*) utilisé en ébénisterie et dans la fabrication du contreplaqué.

OLÉ ! ou **OLLÉ !** [ɔl(l)e]. *interj.* (1919 ; mot esp.). ♦ 1° Exclamation espagnole qui sert à encourager. ♦ 2° Adj. fam. OLÉ OLÉ [ɔle ɔle]. Qui est libre dans ses manières ou son langage. *Elle est, elles sont un peu olé olé.*

OLÉ(I)-, OLÉ(O)-. Premier élément, du lat. *olea* « olivier », *oleum* « huile ».

OLÉACÉES [ɔlease]. *n. f. pl.* (1847 ; *oléinées,* 1846 ; du lat. *olea* « olivier »). Famille de plantes phanérogames angiospermes, classe des dicotylédones gamopétales (*ex. :* frêne, jasmin, lilas, olivier, troène). *Une oléacée.*

OLÉAGINEUX, EUSE [ɔleaʒinø, øz]. *adj.* et *n.* (XIVᵉ ; du lat. *oleaginus* « relatif à l'olivier »). Qui est de la nature de l'huile. *Liquide oléagineux.* V. **Huileux.** — Qui contient de l'huile. *Fruits oléagineux. Graines, plantes oléagineuses.* V. **Oléifère.** ◇ N. *Un oléagineux :* substance oléagineuse. V. **Huile.** — Plante susceptible de fournir une telle substance. *L'arachide, le colza, la navette sont des oléagineux.*

OLÉANDRE [ɔleɑ̃dʀ(ə)]. *n. m.* (XVᵉ ; lat. médiév. *oleander,* o. i.). Vx. Autre nom du *laurier-rose.*

OLÉATE [ɔleat]. *n. m.* (1825 ; du lat. *oleum* « huile », et *-ate*). Biochim. Sel ou ester qui résulte de la combinaison de l'acide oléique avec une base.

OLÉCRANE ou **OLÉCRÂNE** [ɔlekʀan]. *n. m.* (XVᵉ ; gr. *olekranon,* de *ôlenê* « bras, coude », et *kranion* « tête »). Anat. Apophyse postérieure à l'extrémité supérieure du cubitus, formant la saillie du coude. — *Adj.* OLÉCRÂNIEN, IENNE [ɔlekʀanjɛ̃, jɛn]. *Bourse olécrânienne.*

OLÉFIANT, ANTE [ɔlefjɑ̃, ɑ̃t] ou **OLÉIFIANT, ANTE**

[ɔleifjã, ãt]. adj. (1828; du lat. oleum « huile », et -fier). Chim. Qui produit de l'huile. — Vx. Gaz oléfiant. V. Éthylène.

OLÉFINES [ɔlefin]. n. m. pl. (v. 1900; mot angl. [1860]; de oléfiant [V. Oléfiant], et -ine). Chim. Carbures éthyléniques de formule C_nH_{2n}.

OLÉICULTEUR [ɔleikyltœʀ]. n. m. (1907; de oléi-, et -culteur). Didact. Qui pratique l'oléiculture.

OLÉICULTURE [ɔleikyltyʀ]. n. f. (1907; de oléi-, et culture). Didact. Culture de l'olivier.

OLÉIFÈRE [ɔleifɛʀ]. adj. (1812; lat. oleifer). Didact. Qui produit de l'huile, des graines oléagineuses. Plantes oléifères.

OLÉIFORME [ɔleifɔʀm(ə)]. adj. (1923; de oléi-, et -forme). Didact. Dont la consistance est analogue à celle de l'huile.

OLÉINE [ɔlein]. n. f. (1847; lat. oleum-, et -ine, d'apr. glycérine). Biochim. Ester de l'acide oléique et du glycérol qui entre dans la composition de nombreux corps gras (beurre, huile d'olive, huile des graines de soja, beurre de noix de coco).

OLÉIQUE [ɔleik]. adj. m. (1822; du lat. oleum, et -ique). Chim. Acide oléique, acide organique non saturé ($C_{17}H_{33}COOH$), qui se trouve sous forme de glycérides, tels que l'oléine, dans de nombreux corps gras.

OLÉODUC [ɔleɔdyk]. n. m. (1894, répandu mil. XXᵉ; de oléo- [d'apr. le sens de l'angl. oil « pétrole »], sur le modèle d'aqueduc). Conduite de pétrole. V. Pipeline.

OLÉOLAT [ɔleɔla]. n. m. (1838; de oléo-, et -lat). Pharm. (Vieilli). Huile essentielle.

OLÉOMÈTRE [ɔleɔmɛtʀ(ə)]. n. m. (1858; de oléo-, et -mètre). Techn. Aréomètre qui sert à mesurer la densité des huiles (On dit aussi éléomètre, élaiomètre).

OLÉUM [ɔleɔm]. n. m. (1919; mot lat. « huile »). Chim. Acide sulfurique fumant, obtenu par procédé de contact, qui se présente sous la forme d'un liquide huileux.

OLFACTIF, IVE [ɔlfaktif, iv]. adj. (1503, rare jusqu'au XVIIIᵉ; lat. méd. olfactivus, de olfactus « odorat »). Relatif à l'odorat, à la perception des odeurs. Sens olfactif. Nerf olfactif. Lobe olfactif. Muqueuse olfactive.

OLFACTION [ɔlfaksjɔ̃]. n. f. (1507, « odeur, parfum »; d'apr. olfactif). Didact. Fonction par laquelle l'homme et les animaux perçoivent les odeurs. V. Odorat. Trouble de l'olfaction : dysosmie.

OLIBRIUS [ɔlibʀijys]. n. m. (Olybrius, 1537; nom d'un empereur romain du vᵉ s., incapable et fanfaron). ♦ 1º Vx. Bravache, fanfaron. ♦ 2º Mod. (Fam. et péj.). Homme importun qui se fait fâcheusement remarquer par sa conduite, ses propos bizarres. V. Original.

OLIFANT ou **OLIPHANT** [ɔlifã]. n. m. (1080; altér. d'éléphant). Cor d'ivoire, taillé dans une défense d'éléphant, dont les chevaliers se servaient à la guerre ou à la chasse. L'olifant de Roland.

OLIG(O)-. Élément, tiré du gr. oligos « petit, peu nombreux ».

OLIGARCHIE [ɔligaʀʃi]. n. f. (1361; gr. oligarkhia « commandement de quelques-uns »). Régime politique dans lequel la souveraineté appartient à un petit groupe de personnes, à une classe restreinte et privilégiée. ◊ Ce groupe. ◊ ANT. Démocratie, monarchie.

OLIGARCHIQUE [ɔligaʀʃik]. adj. (1361; gr. oligarkhikos). Relatif à l'oligarchie. Régime oligarchique. « Nous organiserons un pouvoir oligarchique, un Sénat à vie, une Chambre élective qui sera dans nos mains » (BALZ.).

OLIGARQUE [ɔligaʀk(ə)]. n. m. (1823; gr. oligarkhês). Didact. Membre, partisan d'une oligarchie.

OLIGISTE [ɔligist(ə)]. adj. et n. m. (1801; gr. oligistos, superlat. de oligos « peu », ce minerai étant relativement peu riche). Chim. Fer oligiste; n. m. Oligiste : oxyde naturel de fer (Fe_2O_3) qui constitue un excellent minerai. V. Hématite (rouge).

OLIGOCÈNE [ɔligɔsɛn]. adj. et n. m. (1881; de oligo-, et gr. kainos « récent »). Géol. Se dit du groupe de terrains tertiaires qui succède à l'éocène. Époque, faune, terrain oligocène. — Subst. L'oligocène.

OLIGOCHÈTES [ɔligɔkɛt]. n. m. pl. (v. 1903; de oligo-, et gr. khaitê « chevelure »). Zool. Classe d'annélides terrestres ou aquatiques, au corps translucide, sans pieds ni appendices (ex. : lombric, lombricule, tubifex). — Un oligochète.

OLIGO-ÉLÉMENT [ɔligɔelemã]. n. m. (1948; de oligo-, et élément). Physiol. Élément chimique, métal ou métalloïde, présent en très faible quantité dans l'organisme, et généralement indispensable au métabolisme. Principaux oligo-éléments : cobalt, cuivre, fer, fluor, iode, manganèse, molybdène, zinc.

OLIGOPHRÉNIE [ɔligɔfʀeni]. n. f. (mil. XXᵉ; de oligo-, et -phrénie). Méd. Arriération mentale. Oligophrénie phénylpyruvique (phénylcétonurie).

OLIGOPOLE [ɔligɔpɔl]. n. m. (mil. XXᵉ; de oligo-, et [mono]pole). Écon. Marché où quelques vendeurs ont le monopole de l'offre.

OLIGOPOLISTIQUE [ɔligɔpɔlistik]. adj. (1959; de oligopole, d'apr. monopolistique). Écon. Propre à l'oligopole*. Structure industrielle oligopolistique.

OLIGURIE [ɔligyʀi]. n. f. (1877; de oligo-, et -urie). Méd. Diminution de la quantité d'urine éliminée pendant 24 heures.

OLIM [ɔlim]. n. m. invar. (attesté XVIIᵉ; mot lat. « autrefois »). Hist. dr. Registre du parlement de Paris (1254-1318).

OLIVAIE [ɔlivɛ] ou **OLIVERAIE** [ɔlivʀɛ]. n. f. (1606, -1632; oliverie, 1350; de olive « olivier » ou de olivier). Verger, plantation d'oliviers. Les oliveraies du littoral méditerranéen. V. Olivette.

OLIVAISON [ɔlivɛzɔ̃]. n. f. (1636; de olive). Agric. Récolte des olives; saison où elle se fait.

OLIVÂTRE [ɔlivɑtʀ(ə)]. adj. (1553; de olive). Qui tire sur le vert olive. Grive à dos gris olivâtre. ◊ Spécialt. Se dit d'un teint bistre, généralement mat et foncé, d'où le rouge, le rose sont absents. V. Verdâtre. « Il devait à son origine (les Antilles)... son teint olivâtre et son regard languide » (GIDE).

OLIVE [ɔliv]. n. f. (1260; « olivier », 1080; prov. oliva, lat. oliva). ♦ 1º Fruit de l'olivier, drupe globuleuse et oblongue, de couleur verdâtre puis noirâtre à maturité, à peau lisse, dont on extrait de l'huile. Huile d'olive. Olives vertes (picholines), noires. Canard aux olives. ♦ 2º (1694). Ornement d'architecture; perle allongée en olive. ◊ Objet ayant la forme ellipsoïdale d'une olive. « Le cordon de tirage, au bout duquel pendait une olive crasseuse » (BALZ.). — Petit interrupteur en forme d'olive, placé sur la longueur d'un fil électrique. ◊ Pièce mécanique ellipsoïdale. ◊ Anat. Éminence de la face latérale du bulbe rachidien (olives bulbaires), des hémisphères cérébelleux (olives cérébelleuses). ◊ Zool. Mollusque gastéropode prosobranche (Monotocardes) à coquille ellipsoïdale. ♦ 3º (1798). Par appos. Vert olive, olive : d'une couleur verte tirant sur le brun. Des étoffes olive.

OLIVERAIE. V. Olivaie.

OLIVÉTAIN [ɔlivetɛ̃]. n. m. (1808; it., du mont Olivet « planté d'oliviers »). Relig. Moine de l'ordre du Mont-Olivet, rameau des Bénédictins fondé à Sienne au XIVᵉ s.

OLIVETTE [ɔlivɛt]. n. f. (v. 1611; de olive). ♦ 1º Champ, terrain planté d'oliviers. « Ces olivettes suspendues sur les rives de torrents sans eau » (DUHAM.). ♦ 2º Région. (1690, prov.) : danse folklorique provençale qui se danse après la cueillette des olives. ♦ 3º (Olivetto, 1772). Variété de vigne à raisins oblongs; raisins. Petite tomate oblongue.

OLIVIER [ɔlivje]. n. m. (XIIᵉ; oliver, 980; de olive). ♦ 1º Arbre ou arbrisseau (Oléacées) à troncs noueux, à feuilles lancéolées, vert pâle à leur face supérieure, blanchâtres à leur face inférieure et dont le fruit (V. Olive) est comestible et oléagineux. Culture de l'olivier. V. Oliveraie; oléiculture. La branche d'olivier, symbole de la trêve, de la paix. Allus. bibl. Le rameau d'olivier qu'une colombe ramena à Noé. — Allus. évang. Le jardin des Oliviers, le mont des Oliviers (Gethsémani), où Jésus pria, délaissé par ses disciples, avant d'être arrêté. ♦ 2º Bois de cet arbre, clair et présentant de jolis dessins, susceptible d'un beau poli et utilisé en ébénisterie. Statue d'olivier. Plateau d'olivier.

OLIVINE [ɔlivin]. n. f. (1798; de olive). Minér. Variété verdâtre de péridot. Olivine altérée. V. Serpentine.

OLLAIRE [ɔl(l)ɛʀ]. adj. (1732; lat. ollarius, de olla « pot »). Techn. Pierre ollaire, serpentine, facile à travailler, durcissant au feu et employée pour faire des vases, des « pots ».

OLLA-PODRIDA [ɔj(l)apɔdʀida]. n. f. invar. (1590; express. esp. olla [pot] podrida [pourri]. V. Pot-pourri). Vx. Plat espagnol, sorte de ragoût. ◊ Fig. et vx. Mélange informe.

OLLÉ! interj. V. OLÉ!

OLO-. V. HOLO-.

OLOGRAPHE ou **HOLOGRAPHE** [ɔlɔgʀaf]. adj. (1603; lat. olographus, pour holographus, mot gr., de holos « entier »). Dr. Testament olographe, écrit en entier de la main du testateur.

OLYMPIADE [ɔlɛ̃pjad]. n. f. (1370; lat. olympias, -adis; gr. olumpias, -ados, du nom d'Olympia, ville d'Élide). ♦ 1º Période de quatre ans entre deux jeux olympiques. ♦ 2º Jeux olympiques. Athlète qui se prépare pour les prochaines olympiades.

OLYMPIEN, IENNE [ɔlɛ̃pjɛ̃, jɛn]. adj. (1552; du lat. olympius; gr. olumpios, de Olumpos « montagne de Thessalie, séjour des dieux »). ♦ 1º Myth. Relatif à l'Olympe, à ses dieux. Les dieux olympiens, et subst. Les Olympiens. — Spécialt. Se disait de Jupiter et de Junon. Temple de Jupiter olympien. ♦ 2º (1838). Noble, majestueux avec calme et hauteur (comme l'on représente Jupiter). Air, calme olympien. « Très lointain, très serein, très olympien » (QUENEAU). Front olympien, haut et large; spécialt. (1897). Méd. Ce type de front, caractéristique d'une ostéite déformante.

OLYMPIQUE [ɔlɛpik]. adj. (v. 1520; lat. olympicus; gr. olumpikos, du nom de la ville d'Olympie). Antiq. gr. Jeux olympiques : qui étaient célébrés tous les quatre ans près d'Olympie, à partir de 776 av. J.-C., et où se disputaient les prix de concours gymnastiques. ◇ Mod. (1894) Série de rencontres sportives internationales réservées aux meilleurs athlètes amateurs, et ayant lieu tous les quatre ans. Jeux olympiques d'hiver (ski, patinage). — Par ext. Record, champion olympique. « Autour de la terre, le flambeau olympique court de ville en ville » (P. de COUBERTIN). Stade olympique. — Conforme aux règlements des Jeux olympiques. Piscine olympique.

OLYMPISME [ɔlɛpism(ə)]. n. m. (1934; de olymp[ique], et -isme). Institution, organisation des Jeux olympiques.

OMBELLE [5bɛl]. n. f. (Umbelle, 1558; lat. umbella « parasol »). Bot. Mode d'inflorescence dans lequel les pédicelles insérés en un même point du pédoncule s'élèvent en divergeant pour disposer leurs fleurs dans un même plan (V. Corymbe), sur une même surface sphérique ou ellipsoïdale. Ombelle simple, composée. ◇ Plus cour. Fleur en ombelle. Bouquet d'ombelles. « Au bord des chemins, montaient de hautes graminées et de grandes fleurs en ombelle » (LOTI).

OMBELLÉ, ÉE [5be(ɛl)le]. adj. (1797; de ombelle). Bot. Disposé en ombelle. Fleurs ombellées.

OMBELLIFÉRACÉES. V. OMBELLIFÈRE.

OMBELLIFÈRE [5be(ɛl)lifɛʀ]. adj. et n. f. (Um-, 1698; du lat. umbella, et -fère). Qui porte des ombelles. Plante ombellifère. ◇ N. f. pl. Les OMBELLIFÈRES (1701) ou OMBELLIFÉRACÉES [5be(ɛl)liferase] (Néol.) : famille de plantes phanérogames angiospermes (Dicotylédones; Dialypétales) comprenant des herbes caractérisées par une racine pivotante, des feuilles engainantes, des fleurs en ombelle (angélique, anis, carotte, céleri, cerfeuil, ciguë, panais, persil). — Une ombellifère.

OMBELLIFORME [5be(ɛl)lifɔʀm(ə)]. adj. (Um-, 1765; de ombelle, et -forme). Didact. Qui a la forme d'une ombelle.

OMBELLULE [5be(ɛl)lyl]. n. f. (1778; dimin. de ombelle). Bot. Ombelle partielle qui fait partie d'une ombelle composée. « Les ombellules du cerfeuil sauvage » (BALZ.).

OMBILIC [5bilik]. n. m. (Ombelic, XIVe; lat. umbilicus. V. Nombril). Didact. ou littér. I. ♦ 1° Anat. et didact. Nombril*. — Avant la naissance, endroit d'où part le cordon reliant le fœtus au placenta. V. Omphalo-. ♦ 2° Bot. (1762). Dépression à la base ou au sommet de certains fruits. — Renflement au sommet du chapeau d'un champignon. ♦ 3° Techn. Partie centrale et saillante (d'un bouclier, d'un plat, d'une assiette). ♦ 4° Géol. Dépression peu étendue et creuse, cuvette au fond d'une vallée glaciaire. ♦ 5° Fig. et littér. Point central. V. Centre. L'Ombilic des limbes, de A. Artaud. II. (XVIe, ombilic de Vénus). Plante à racine tubéreuse (Crassulacées), dont une variété à fleurs pendantes est appelée nombril de Vénus.

OMBILICAL, ALE, AUX [5bilikal, o]. adj. (Um-, 1490; de ombilic). ♦ 1° Anat. Relatif à l'ombilic, au nombril. Cordon ombilical. V. Cordon. La région ombilicale. Hernie ombilicale. ♦ 2° Sc., Techn. En forme d'ombilic. Dépression ombilicale.

OMBILIQUÉ, ÉE [5bilike]. adj. (Um-, 1765; de ombilic). Sc. Pourvu d'un ombilic. ◇ Qui présente une dépression. Feuille ombiliquée, attachée au pétiole par le milieu de sa surface, qui est un peu échancrée.

OMBLE [5bl(ə)]. n. m. (Humble, 1553; altér. d'amble, mot de Neuchâtel; bas lat. amulus). Poisson physostome (Salmonidés) appelé communément Omble-chevalier, ombre-chevalier, saumon de fontaine.

OMBRAGE [5bʀaʒ]. n. m. (1165; de ombre). ♦ 1° Ensemble de branches et de feuilles qui donnent de l'ombre. V. Feuillage. Sous l'ombrage, les ombrages des arbres. ♦ 2° L'ombre que donnent les feuillages. « Nous trouvâmes que ces saules faisaient un agréable ombrage » (LESAGE). ♦ 3° (XVIe; l'ombre excitant la défiance et l'inquiétude, particulièrement chez les chevaux). Fig. et vieilli. Sentiment de défiance. V. Défiance. — Spécialt. Jalousie, crainte d'être éclipsé, plongé dans l'ombre par qqn. Vieilli « Tout ce qui m'offrait un peu d'ombrependance... lui donnait de l'ombrage (à ma mère) » (FRANCE). Mod. Porter ombrage. Il en a pris ombrage. V. Ombrageux. ◇ ANT. Confiance, tranquillité.

OMBRAGÉ, ÉE [5bʀaʒe]. adj. (1350; V. Ombrager). Abrité par un ombrage. « Sur le penchant de quelque agréable colline bien ombragée » (ROUSS.). Avenue ombragée. V. Ombreux.

OMBRAGER [5bʀaʒe]. v. tr.; conjug. bouger (Umbragier, 1112; de ombrage). ♦ 1° Faire, donner de l'ombre (en parlant des feuillages). Arbres qui ombragent une allée, une terrasse. « Une habitation commode, tout ombragée de platanes » (DAUD.). ♦ 2° Couvrir, cacher comme fait un ombrage. « Ses longs cils baissés ombrageaient ses joues de pourpre » (HUGO).

OMBRAGEUX, EUSE [5bʀaʒø, øz]. adj. (1300; ombragié, v. 1225; de ombrage). ♦ 1° (D'un animal de trait ou de somme). Qui s'inquiète, s'effraie d'une ombre ou de tout ce qui le surprend. Cheval, âne, mulet ombrageux. ♦ 2° Cour. (XVIe). Qui est porté à prendre ombrage, s'inquiète, s'alarme, s'effraye (V. Défiant, inquiet, méfiant, peureux) ou se froisse aisément (V. Difficile, farouche, jaloux, susceptible). Caractère ombrageux. « Donc, sans être jaloux, tort mesquin et hideux, Je deviens ombrageux comme un cheval de race » (VERLAINE). ◇ ANT. Paisible, tranquille.

1. OMBRE [5bʀ(ə)]. n. f. (Umbre, 980; masc. jusqu'au XVIe; lat. umbra). I. ♦ 1° Zone sombre créée par un corps opaque qui intercepte les rayons d'une source lumineuse; obscurité, absence de lumière (surtout celle du soleil) dans une telle zone. Ombre partielle. V. Demi-jour, pénombre. Jeter, faire de l'ombre; projeter une ombre. L'ombre des arbres, des feuillages. V. Couvert, ombrage. Arbres qui donnent de l'ombre. Ruelle pleine d'ombre. — L'ombre, les ombres du soir, du crépuscule, provoquées par l'obliquité des rayons du soleil couchant. Ombre claire. — Astron. Hémisphère plongé dans l'ombre. Cône d'ombre d'un astre. V. Éclipse. 30 degrés à l'ombre. Places à l'ombre et places au soleil dans une arène. — Fig. et fam. (1486) Mettre qqn à l'ombre : l'enfermer, l'emprisonner. — À l'ombre de : tout près de. Il grandit à l'ombre de la maison paternelle. — Sous la protection de, à l'abri de. « Le libéralisme, qui croissait à l'ombre de la Charte constitutionnelle » (BARBEY). — DANS L'OMBRE. Dans l'ombre d'une forêt. Fig. Vivre dans l'ombre de qqn, constamment près de lui, dans l'effacement de soi. ♦ 2° Représentation d'une zone sombre, en peinture. V. Ombrer. Les ombres et les clairs (V. Clair-obscur). Terre d'ombre, couleur servant à ombrer. V. Ombre (3). — Loc. fig. Il y a une ombre au tableau : la situation comporte un élément d'inquiétude, un désavantage. ◇ Par anal. Place, tache sombre sur une surface plus claire. « Un léger duvet qui faisait une ombre sur ses lèvres » (FRANCE). — Ombre à paupières, fard qu'on étale sur les paupières. ♦ 3° Par ext. Obscurité. Les ombres de la nuit. « Dans l'ombre doublement obscure de la nuit et des rues profondes » (MICHELET). ♦ 4° Fig. V. Obscurité, secret. Rester, vivre, végéter dans l'ombre : dans une situation obscure, ignorée. V. Caché, inconnu. Sortir de l'ombre. V. Oubli. — Laisser une chose dans l'ombre : dans l'incertitude, l'obscurité. V. Mystère. Ce qui se trame dans l'ombre. V. Secrètement. II. (1175). ♦ 1° Zone sombre limitée par le contour plus ou moins déformé (d'un corps qui intercepte la lumière). V. Contour, image, silhouette. Ombre absolue, qu'un corps projette dans l'espace. Ombre relative, qu'il projette sur une surface, sur un autre corps. Ombre portée. Ombre droite (portée sur un plan horizontal), renversée (sur un plan vertical). — Longueur, direction des ombres, selon la position du soleil. Ombre méridienne : la plus courte, celle de midi. Les ombres bleues des peupliers. « La lumière de la lampe faisait danser son ombre au mur, la diminuant et l'allongeant tour à tour » (BERNANOS). Fig. Avoir peur de son ombre : être très craintif. — Loc. fig. Être comme l'ombre et le corps, se dit d'amis inséparables. — Être l'ombre de qqn : s'attacher à ses pas, le suivre fidèlement. — Suivre qqn comme son ombre. ♦ 2° Plur. Ombres projetées sur un écran, une surface plane, pour constituer un spectacle. Théâtre d'ombres. Ombres chinoises : projection sur un écran de silhouettes découpées. V. Image, silhouette. ♦ 3° Apparence, forme imprécise (spécialt. humaine) dont on ne discerne que les contours. Entrevoir deux ombres qui s'avancent. ♦ 4° Par métaph. (l'ombre étant considérée comme l'apparence changeante, transitoire et trompeuse d'une réalité). V. Reflet. « La peine et le plaisir ne sont que l'ombre d'un songe » (ROUSS.). — Loc. Abandonner, lâcher, laisser la proie pour l'ombre : un avantage pour une espérance vaine. ◇ Fig. Chose, apparence fragile et vaine. V. Apparence, chimère, simulacre. « Nous poursuivons des songes et nous embrassons des ombres » (FRANCE). — UNE OMBRE DE : la moindre apparence, la plus petite quantité de (souvent en tournure négative). V. Soupçon, trace. Il n'y a pas l'ombre d'un doute. « Il n'y avait eu de la part de madame de Parnes ombre de sévérité ni de résistance » (MUSS.). ♦ 5° (1608). Dans certaines croyances, Apparence d'une personne qui survit après sa mort. V. Âme, double, fantôme, mânes. Le royaume des ombres. ♦ 6° Reflet affaibli (de ce qui a été). Un vieillard qui n'est plus que l'ombre de lui-même. Cette équipe n'est plus que l'ombre d'elle-même. ◇ ANT. Clarté, éclairage, lumière. Réalité; vivant.

2. OMBRE [5bʀ(ə)]. n. m. (Umbre « poisson scienidé », fin XIVe; lat. umbra « poisson de teinte sombre »). Poisson de rivière (Salmonidés), voisin du saumon et de l'omble* (sa bouche est plus petite). ◇ Ombre-chevalier : omble*-chevalier.

3. OMBRE [5bʀ(ə)]. n. f. (1808; de terre d'ombre). V. Ombre [1, I, 2°], avec infl. de Ombrie). Terre brune, qui sert à ombrer (Syn. Terre d'ombre ou terre de Sienne). ◇ HOM. Nombre.

OMBRELLE [ɔ̃bʀɛl]. *n. f.* (1588, n. m., « parasol » ; it. *ombrello*, bas lat. *umbrella*, class. *umbella*. V. **Ombelle**). ♦ 1° Petit parasol de femme. *Ouvrir, fermer une ombrelle. S'abriter du soleil sous une ombrelle.* « *L'ombrelle... que traversait le soleil, éclairait de reflets mobiles la peau blanche de sa figure* » (FLAUB.). ♦ 2° Par anal. *Zool.* Partie convexe de la masse généralement transparente d'une méduse, d'où partent les tentacules.

OMBRER [ɔ̃bʀe]. *v. tr.* (1555 ; « mettre à l'ombre », XVᵉ ; repris à l'it.). ♦ 1° Marquer de traits ou de couleurs figurant les ombres, en dessinant ou en peignant. *Ombrer un dessin, un tableau.* Au p. p. *Partie ombrée.* — Par ext. *Maquillage qui ombre les paupières. Terre d'ombre, servant à ombrer.* V. **Ombre** (3). ♦ 2° *Littér.* Mettre dans l'ombre. « *Un grand feutre à longue plume Ombrait son œil qui s'allume* » (VERLAINE).

OMBRETTE [ɔ̃bʀɛt]. *n. f.* (1776 ; de *ombre* 1). Oiseau échassier de l'Afrique tropicale *(Ciconiidés),* huppé, au plumage sombre.

OMBREUX, EUSE [ɔ̃bʀø, øz]. *adj.* (XIIᵉ ; lat. *umbrosus,* de *umbra.* V. **Ombre** 1). ♦ 1° *Littér.* Qui donne de l'ombre. *Les hêtres ombreux.* ♦ 2° Qui est à l'ombre ; où il y a beaucoup d'ombre. V. **Ombrage.** *Bois ombreux, forêts ombreuses.* V. **Sombre, ténébreux.** « *Les salles d'attente étaient ombreuses et fraîches* » (CAMUS). ◊ ANT. *Ensoleillé.*

OMBRIEN, IENNE [ɔ̃bʀijɛ̃, jɛn]. *adj. et n.* (1846 ; de *Ombrie*). D'Ombrie, région d'Italie. — *Ling.* *L'ombrien, langue du groupe italique.*

OMBRINE [ɔ̃bʀin]. *n. f.* (*Umbrine,* 1611 ; de *ombre* 2). Poisson marin *(Sciénidés)* à corps rayé de bandes brunes, à chair comestible.

OMBUDSMAN [ɔmbydsman]. *n. m.* (v. 1960 ; suéd. *umbothsmathr, umboth* « commission », et *mathr* « homme »). *Emprunt du suédois.* Dans divers pays, personne chargée de défendre les droits du citoyen face aux pouvoirs publics. En France : *médiateur** ; au Québec : *protecteur** *du citoyen.*

-OME. Élément, désignant une tumeur, une maladie se manifestant par une tumeur (*ex. :* fibrome, hématome).

OMÉGA [ɔmega]. *n. m.* (XIIᵉ ; mot gr., littéral. « o grand »). ♦ 1° *L'alpha et l'oméga.* V. **Alpha.** ♦ 2° (1535). Vingt-quatrième et dernière lettre de l'alphabet grec (Ω, ω), servant à noter l'*o* long ouvert en grec ancien.

OMELETTE [ɔmlɛt]. *n. f.* (1548 ; altér. d'*amelette,* de *alumelle : lamelle,* avec agglut. de *a*). Mets fait avec des œufs battus et cuits à la poêle auxquels on peut ajouter divers éléments. *Omelette aux champignons, au fromage, aux fines herbes, au jambon, au lard. Omelette baveuse**. « *L'inimitable omelette d'Alsace, craquante et dorée comme un gâteau* » (DAUD.). *Omelette flambée.* PROV. *On ne fait pas d'omelette sans casser** *les œufs.* — *Par ext. Fam. Attention à l'omelette,* à ne pas casser les œufs.

OMETTRE [ɔmɛtʀ(ə)]. *v. tr. ;* conjug. *mettre* (1337, var. *obmettre* [XVᵉ-XVIIIᵉ] ; lat. *omittere,* d'apr. *mettre*). S'abstenir de négliger de considérer, de mentionner ou de faire (ce qu'on pourrait, qu'on devrait considérer, mentionner, faire). V. **Négliger, oublier, passer** (sous silence), **taire** (Cf. **Laisser de côté***). *N'omettre aucun détail. Omettre qqn dans une liste. Omettre de faire qqch.* V. **Manquer.** ◊ ANT. **Mentionner, penser** (à).

OMICRON [ɔmikʀɔn]. *n. m.* (mot gr. ; littéral. « o petit »). Quinzième lettre de l'alphabet grec (Ο, ο) qui sert à noter en grec ancien l'*o* bref fermé.

OMIS, ISE [ɔmi, iz]. *adj. et n. m.* (*Obmis,* 1690 ; V. **Omettre**). ♦ 1° Qui a été omis. *Ajouter une référence omise.* ♦ 2° *N. m.* (1907). Jeune homme qui n'a pas été recensé par l'autorité militaire.

OMISSION [ɔmisjɔ̃]. *n. f.* (1350 ; bas lat. *omissio*). Le fait, l'action d'omettre qqch. ; la chose omise. *Omission volontaire ; involontaire.* V. **Absence, lacune, manque, négligence, oubli.** *Sauf erreur ou omission. L'omission comme figure de rhétorique.* V. **Prétérition.** « *Quant aux omissions ou erreurs involontaires que j'ai pu commettre...* » (BAUDEL.). ◊ *Faute, péché d'omission, par omission.* V. **Péché.** *Pécher par omission. Mensonge par omission.* ◊ *Dr. fisc.* Soustraction totale ou partielle d'un bien à l'assiette de l'impôt direct, du fait volontaire ou involontaire du contribuable. ◊ ANT. *Présence. Confession, déclaration.*

OMN(I)-. Élément, tiré du lat. *omnis* « tout ».

OMNIBUS [ɔmnibys]. *n. m. et adj.* (1825 ; de *voiture omnibus ;* lat. *omnibus* « pour tous ». V. **Bus**). ♦ 1° *Ancienn.* Voiture publique d'abord hippomobile, puis automobile, transportant des voyageurs dans une ville. *Impériale d'un omnibus. L'omnibus Madeleine-Bastille.* ♦ 2° *Mod.* (1838). *Train omnibus,* qui dessert toutes les stations. *Le train de 14 h 20 est omnibus entre Boulogne et Calais.* — *Subst.* Train omnibus. *Prendre un omnibus* (opposé à express). ♦ 3° *Électr.* *Barre omnibus,* conducteur de grande section relié, d'une part au générateur et d'autre part au circuit de distribution.

OMNICOLORE [ɔmnikɔlɔʀ]. *adj.* (1827 ; de *omni-,* et *-colore*). *Didact.* Qui présente toutes les couleurs.

OMNIDIRECTIONNEL, ELLE [ɔmnidiʀɛksjɔnɛl]. *adj.* (1948 ; de *omni-,* et *direction ;* Cf. Directionnel). *Techn.* Dont les propriétés sont les mêmes dans toutes les directions. — (T.S.F.) *Antenne omnidirectionnelle. Radiophare omnidirectionnel.* ◊ ANT. *Unidirectionnel.*

OMNIPOTENCE [ɔmnipɔtɑ̃s]. *n. f.* (1387 ; bas lat. *omnipotentia*). Puissance absolue, sans limitation. V. **Toute-puissance.** *Pouvoir absolu.* V. **Absolutisme, domination, suprématie.** *L'omnipotence militaire.* ◊ ANT. *Impuissance.*

OMNIPOTENT, ENTE [ɔmnipɔtɑ̃, ɑ̃t]. *adj.* (XIIᵉ ; lat. *omnipotens*). Qui est tout-puissant, qui dispose d'une puissance absolue.

OMNIPRATICIEN, IENNE [ɔmnipʀatisjɛ̃, jɛn]. *n.* (v. 1960 ; de *omni-,* et *praticien*). *Admin.* Médecin généraliste*. ◊ ANT. *Spécialiste.*

OMNIPRÉSENCE [ɔmnipʀezɑ̃s]. *n. f.* (1823 ; de *omni-,* et *présence*). *Littér.* Faculté de pouvoir être présent partout ; présence en tout lieu. V. **Ubiquité.** *L'omniprésence de Dieu. L'omniprésence de son souvenir.*

OMNIPRÉSENT, ENTE [ɔmnipʀezɑ̃, ɑ̃t]. *adj.* (1838 ; de *omni-,* et *présent*). *Littér.* Qui est présent partout, en tout lieu. — *Par ext.* Qui accompagne partout. *Une préoccupation omniprésente.* « *Le bruit omniprésent du vent* » (Cl. SIMON).

OMNISCIENCE [ɔmnisjɑ̃s]. *n. f.* (1734 ; lat. médiév. *omniscientia*). *Littér.* Science de toute chose. « *Dans l'idée de Dieu, avec son omnipotence et son omniscience* » (BAUDEL.).

OMNISCIENT, ENTE [ɔmnisjɑ̃, ɑ̃t]. *adj.* (1737 ; de *omniscience*). *Littér.* Qui sait tout. Nul n'est omniscient. V. **Universel.** « *La science n'est ni omnisciente, ni infaillible* » (MAUROIS).

OMNISPORTS [ɔmnispɔʀ]. *adj. invar.* (1966 ; de *omni-,* et *sport*). Qui concerne tous les sports ; où l'on pratique tous les sports. *Club omnisports.*

OMNIUM [ɔmnjɔm]. *n. m.* (1872 ; à propos d'un emprunt en Angleterre, 1776 ; mot lat., génit. plur. de *omnis* « tout »). ♦ 1° *Écon.* Société financière ou commerciale qui s'occupe de toutes les branches d'un secteur économique. *Les omniums affectent souvent la forme du holding. L'omnium des pétroles.* ♦ 2° (1933). *Sports.* Handicap ouvert aux chevaux de tout âge (sauf les deux ans) courant en plat. ◊ Compétition cycliste sur piste, combinant plusieurs courses.

OMNIVORE [ɔmnivɔʀ]. *adj.* (1749 ; de *omni-,* et *-vore*). *Didact.* Qui mange de tout, qui se nourrit indifféremment d'aliments d'origine animale ou végétale. *L'homme est omnivore.*

OMOPLATE [ɔmɔplat]. *n. f.* (1534 ; homoplate, v. 1370 ; gr. *ômoplatê*). Os plat triangulaire, appliqué sur la partie postérieure et supérieure du thorax. V. **Épaule.** *Parties de l'omoplate :* fosse sous-scapulaire, épine de l'omoplate, acromion, fosse supérieure et inférieure, apophyse coracoïde, cavité glénoïde. *L'omoplate est reliée au sternum par la clavicule.* — *Cour.* Le plat de l'épaule. « *Il lui avait plaqué une main entre les omoplates* » (SARTRE).

OMPHAL(O)-. Élément, du gr. *omphalos* « nombril ».

ON [5]. *pron. indéf.* (XIIᵉ ; *om,* 842 ; du nomin. lat. *homo.* V. **Homme**). Pronom personnel indéfini de la 3ᵉ personne, invariable, faisant toujours fonction de sujet. REM. *L'on* (au moyen âge = « les hommes »), s'emploie encore pour éviter un hiatus, une cacophonie (« *Ce que l'on conçoit bien* » ; « *Et l'on pense* »).

I. *pron.* Ⓐ ♦ 1° Les hommes en général, l'homme. *On ne saurait penser à tout.* ♦ 2° Les gens, l'opinion. *On dit que :* le bruit court. *Subst. Un on-dit ; le qu'en-dira-t-on* (Cf. à l'ordre alphab.). — *On dirait**. — *C'est, comme on dit, un beau brin de fille :* suivant l'expression consacrée (Cf. Comme dit l'autre*). ♦ 3° Un plus ou moins grand nombre de personnes. *On était fatigué de la guerre.* « *Ici, on est très radical et libre penseur. Quand je dis « on est », j'entends parler de cinq ou six petits bourgeois* » (FLAUB.). ♦ 4° Une personne quelconque, qqn. « *On me l'a dit : il faut que je me venge* » (LA FONT.). *On apporta le dessert :* le dessert fut apporté. Ⓑ ON, représentant une ou plusieurs personnes déterminées (emplois stylistiques). ♦ 1° Il ou elle. « *Nous sommes restés bons amis ; on me confie ses petites pensées, on suit quelquefois mes conseils* » (DIDER.). ♦ 2° Tu, toi, vous. *Fam. Eh bien! on ne s'en fait pas? Alors, on se promène? — Alors? On s'en va comme ça? On ne dit même pas merci?* » (SARTRE). « *Ce bruit d'eau qu'on entend de partout, qui vous enveloppe* » (DAUD.). ♦ 3° Je, moi. *Oui, oui! on y va.* — (Dans un écrit) *On montrera dans ce livre que...* » (COLETTE). ♦ 4° *Fam.* Nous. « *Nous autres artistes... on ne fait pas toujours ce qu'on veut* » (COLETTE). *L'enfant « prit la main de sa mère. — On s'en va, viens* » (M. DURAS). *Pop.* « *Il faut prendre les mesures immédiates. — Nous, on veut bien* » (SARTRE). Ⓒ REM. d'emploi. ♦ 1° Le pron. pers. *soi* ou un nom accompagné d'un possessif (*son*) pour compl. « *On a souvent besoin d'un plus petit que soi* » (LA FONT.). *On n'est jamais si bien servi que par soi-même.* « *On*

ne tremble jamais que pour soi » (PROUST). ♦ 2° Suivi d'un participe passé ou d'un attribut. — (Au masc. sing.) « On n'est jamais si heureux ni si malheureux qu'on s'imagine » (LA ROCHEF.). — (Avec accord) « L'on est pas plus jolie » (STENDHAL). « On est vieille, on est prude, on est la tante » (HUGO). « On est toujours servis les derniers » (SARTRE). ♦ 3° Loc. (Avec Pouvoir et Savoir) On ne peut plus, on ne peut mieux. On ne sait qui, on ne sait quoi.
II. N. m. Le mot « on ». « Quand on, Monsieur On, est tout seul à raconter des histoires » (P. HERVIEU).
◇ HOM. Ont (forme du v. avoir).

ONAGRAIRE. V. ONAGRE 2.

ONAGRARIACÉES [ɔnagʀaʀjase] ou **ONAGRARIÉES** [ɔnagʀaʀje]. n. f. pl. (1891,-1838 ; de onagraire). Bot. Famille de plantes dicotylédones dialypétales, qui comprend des herbes (circée, épilobe, fuchsia, jussiée, onagre 2).

1. **ONAGRE** [ɔnagʀ(ə)]. n. m. (fin XIIe ; onager, v. 1120 ; lat. onager ; gr. onagros « âne sauvage »). ♦ 1° Âne sauvage, de grande taille (Équidés). ♦ 2° (XIVe ; par anal. avec la ruade de l'animal). Archéol. Machine de guerre, baliste ou catapulte, utilisée au cours des sièges.

2. **ONAGRE** [ɔnagʀ(ə)] ou **ONAGRAIRE** [ɔnagʀɛʀ]. n. f. (1778,-1803 ; onagra, 1615 ; gr. onagra). Plante appelée herbe aux ânes, cultivée pour ses fleurs. V. Œnothera.

ONANISME [ɔnanism(ə)]. n. m. (1760 ; d'Onan, personnage de la Bible). Littér. et méd. Masturbation* pratiquée par un homme, et par ext. masturbation (en général).

ONC, ONCQUES ou **ONQUES** [5k]. adv. (Onque, 880 ; lat. unquam « quelquefois »). Vx. Jamais.

1. **ONCE** [5s]. n. f. (Unce, 1138 ; lat. uncia « douzième partie »). ♦ 1° Ancien poids qui valait la douzième partie de la livre romaine et la seizième partie de la livre de Paris. Le marc valait huit onces. ◇ Mesure de poids anglo-saxonne, utilisée au Canada (apr. 1760), qui vaut la seizième partie de la livre* ou 28,349 g (abrév. oz). Gants de boxe de quatre onces. — Un vingt-six onces, un quarante onces de whisky. ◇ 2° Fig. Une once de... : très petite quantité. Il n'a pas une once de bon sens. V. Grain.

2. **ONCE** [5s]. n. f. (fin XIIIe ; de lonce, lat. pop. °lyncea ; de lynx). Nom d'une variété de panthère (Félidés), vivant en Asie centrale (on l'appelle léopard, panthère des neiges).

ONCIAL, ALE, AUX [5sjal, o]. adj. et n. f. (1587 ; lat. uncialis « d'un douzième (de pied) », « d'un pouce »). Didact. Se dit d'une écriture romaine en capitales arrondies de grande dimension, souvent réservée aux têtes de chapitre. Caractères onciaux. Lettres onciales. Écriture onciale. — Subst. Manuscrit en onciale.

ONCLE [5kl(ə)]. n. m. (Uncle, déb. XIIe ; lat. avunculus « oncle maternel »). Le frère du père ou de la mère, et par ext. le mari de la tante (Cf. fam. Tonton). V. aussi Grand-oncle. Relatif à un oncle. V. Avunculaire. Oncle paternel, maternel. Oncle par alliance. L'oncle et ses neveux, ses nièces. Oncle à la mode de Bretagne : cousin germain du père ou de la mère. Oncle à héritage, oncle riche dont on attend un héritage. — Oncle d'Amérique : parent riche, émigré depuis longtemps, qui laisse aux siens un héritage inattendu. — Oncle Sam : personnification familière des États-Unis.

ONCOLOGIE [5kɔlɔʒi]. n. f. (XXe ; du gr. onkos « grosseur, tumeur », et -logie). Didact. Étude des tumeurs cancéreuses. V. Cancérologie (carcinologie). Dér. ONCOLOGISTE [5kɔlɔʒist(ə)] n. m.

ONCOTIQUE ou **ONKOTIQUE** [5kɔtik]. adj. (mil. XXe ; du gr. onkos « masse, volume »). ♦ 1° Pathol. Relatif aux tumeurs. ♦ 2° Chim. Pression oncotique : pression osmotique d'une solution colloïdale complexe. V. Osmotique. Pression oncotique du plasma sanguin.

ONCTION [5ksj5]. n. f. (1190 ; lat. unctio, de unguere « oindre »). ♦ 1° Didact. (Relig.). Rite qui consiste à oindre une personne ou une chose (avec de l'huile sainte, du saint chrême), en vue de lui conférer un caractère sacré, d'attirer sur elle la grâce. L'onction qui accompagnait le sacre d'un roi. L'onction dans les sacrements et les cérémonies catholiques : baptême, confirmation, extrême-onction*, ordination d'un prêtre, sacre d'un évêque, consécration, bénédiction. ♦ 2° Méd. Friction de la peau avec un corps gras. ♦ 3° (1363). Littér. Douceur dans les gestes, les paroles, qui dénote de la piété, de la dévotion, et y incite. Onction apostolique, ecclésiastique. ◇ Spécialt. Douceur persuasive qui touche le cœur, porte à la piété. « Il gardait de sa première vocation je ne sais quelle onction du regard et de la voix » (GIDE). ◇ ANT. Brièveté, brutalité, dureté, rudesse, sécheresse.

ONCTUEUSEMENT [5ktɥøzmɑ̃]. adv. (1582 ; de onctueux). ♦ 1° D'une manière onctueuse. ♦ 2° (1798). Littér. Avec onction.

ONCTUEUX, EUSE [5ktɥø, øz]. adj. (Unctueus, 1314 ; lat. médiév. unctuosus). ♦ 1° Qui est propre à oindre ; qui est de la nature d'un corps gras ; qui fait au toucher l'impression douce et moelleuse de la graisse, de l'huile. V. Gras, huileux, savonneux. Liquide onctueux. Savon onctueux. ◇

(Aliment, saveur) Potage onctueux. V. Doux, moelleux, velouté. « Légume onctueux comme une crème » (MAUPASS.). ♦ 2° Fig. (souvent iron.). Qui a de l'onction. V. Dévot. « Cette lenteur douce, un peu onctueuse, des gens d'Église » (LOTI). Manières onctueuses. V. Mielleux, patelin. ◇ ANT. Bref, sec.

ONCTUOSITÉ [5ktɥozite]. n. f. (1314 ; de onctueux). Didact. Caractère de ce qui est onctueux, doux au toucher. Onctuosité du talc.

ONDATRA [5datʀa]. n. m. (Ondathra, 1632 ; mot indien du Canada). Mammifère rongeur (Muridés), qui vit à la manière des castors. V. Loutre (d'Hudson), rat (musqué). — Sa fourrure. Manteau d'ondatra.

ONDE [5d]. n. f. (XIIe ; lat. unda « eau courante »).
I. ♦ 1° Vx ou littér. Masse d'eau qui se soulève et s'abaisse en se déplaçant ou en donnant l'illusion du déplacement. V. Flot, vague. « L'onde approche, se brise » (RAC.). — Fig. « Une onde brusque de rougeur inonda son visage » (MART. du G.). ♦ 2° Littér. et vieilli. L'eau de la mer, les eaux courantes ou stagnantes. V. Eau. « Dans le courant d'une onde pure » (LA FONT.). Onde limpide, transparente. Voguer sur l'onde. ♦ 3° Forme sinueuse, rappelant l'aspect de l'onde. — Archit. et Décor. Ornement fait de lignes sinueuses et parallèles.
II. (1765, « ondes concentriques sur l'eau »). ♦ 1° Phys. Déformation, ébranlement ou vibration dont l'élongation est une fonction périodique des variables de temps et d'espace. Ondes longitudinales, dans lesquelles le déplacement, la vibration se produit dans la direction de la propagation (ex. : ondes sonores). Ondes transversales, dans lesquelles le déplacement, la vibration se produit dans un plan perpendiculaire à la direction de propagation (ex. : ondes électromagnétiques). V. Vibration. Crête, creux d'une onde. Phase des points d'une onde. Source d'une onde. Front d'onde, lieu des points de l'espace atteints par la vibration à l'instant considéré. Surface d'onde, surface continue telle que les vibrations en chacun de ses points soient en phase. Amplitude*, période* d'une onde. Fréquence d'une onde. Longueur d'onde, espace parcouru par la vibration pendant une période. V. Angstrœm. Vitesse de propagation d'une onde, vitesse qu'aurait un point qui se trouverait constamment sur la crête de l'onde. Train d'ondes, émission d'ondes en nombre limité. Ondes entretenues, émission continue d'ondes d'amplitude constante. Ondes amorties : dont l'amplitude décroît. Ondes directes. Ondes indirectes ou d'espace, ondes réfléchies sur l'ionosphère. Onde stationnaire, provoquée par deux sources de même période et de même amplitude en opposition de phase. Interférence, diffraction des ondes. Ondes liquides, ondes concentriques qui se propagent dans l'eau quand on y jette une pierre (1er emploi, dans ce sens). V. Cercle, ride, rond. Ondes sismiques. — Ondes de choc, sillage généralement conique d'un objet se déplaçant dans l'air à une vitesse supersonique. Ondes explosives. — Ondes sonores. V. Son (infra-son, ultra-son, son audible), résonance. — ONDES ÉLECTROMAGNÉTIQUES : famille d'ondes qui ne nécessitent aucun milieu matériel connu pour leur propagation. Les ondes électromagnétiques comprennent (dans l'ordre de longueur d'onde décroissante) les ondes hertziennes, les rayons infrarouges, les radiations visibles, les rayons ultraviolets, les rayons X et les rayons gamma. Ondes lumineuses de la lumière*. — Onde associée à un corpuscule (en mécanique ondulatoire*). — Cour. ONDES HERTZIENNES ou radioélectriques. V. T.S.F. Longueur et fréquence des ondes de T.S.F. exprimées en mètres, en kilocycles (ou kilohertz) en mégacycles (ou mégahertz). Ondes courtes, petites ondes, grandes ondes. Écouter une émission sur ondes courtes. Ondes porteuses*. ◇ Fig. et fam. Être sur la même longueur d'onde, se comprendre, en parlant de deux personnes en conversation. — V. aussi Radar, télé-. ♦ 2° Absolt. et cour. LES ONDES, la radiodiffusion. V. Radio. Sur les ondes ou dans la presse. Mettre en ondes, mise en ondes. Metteur en ondes. Passer sur les ondes tel jour à telle heure. ♦ 3° Par ext. Ondes musicales ou ondes Martenot (nom de l'inventeur), instrument de musique à clavier, monodique, dont le son est produit par des vibrations de lampes du type radioélectrique. ♦ 4° Physiol. Onde musculaire, péristaltique (propagée de proche en proche d'une contraction). V. Péristaltisme.
III. Fig. et littér. Se dit de sensations, de sentiments qui se manifestent par accès, et se propagent comme une onde. Ondes de colère, de sympathie. « Des ondes heureuses le traversaient » (MAUROIS).

ONDÉ, ÉE [5de]. adj. (XIVe ; de onde). Didact. ou littér. En forme d'onde (I, 3°), qui présente des ondes. Tissu ondé. V. Moiré. Jaspes ondés ou veinés. Mouvement ondé des cheveux. V. Onduleux. « Ses bandeaux, torrents de cheveux noirs vigoureusement ondés à ses tempes » (BARBEY). — Blas. Croix ondée, chevron ondé. ◇ HOM. Onder.

ONDÉE [5de]. n. f. (XIIIe ; « flot », XIIe ; de onde). Pluie soudaine et de peu de durée. Petite ondée. Être surpris par *une ondée.* V. **Averse.** *Elle « lâcha son ombrelle, recevant l'ondée »* (ZOLA). ◊ HOM. *Ondé.*

ONDEMÈTRE [ɔ̃dmɛtʀ(ə)]. *n. m.* (1910; de *onde,* et *-mètre*). Techn. Appareil servant à mesurer la longueur d'onde d'une émission radioélectrique.

ONDIN, INE [ɔ̃dɛ̃, in]. *n.* (XVIᵉ, fém.; 1704, masc.; de *onde*). Génie, déesse des eaux dans la mythologie nordique (rare au masc.). *Les nixes, les ondins et les ondines.*

ON-DIT [ɔ̃di]. *n. m. invar.* (fin XIIᵉ; de *on,* et *dit.* V. **Dire**). Bruit qui court. V. **Bruit, racontar, rumeur.** *Ce ne sont que des on-dit.*

ONDOIEMENT [ɔ̃dwamɑ̃]. *n. m.* (1165; de *ondoyer*). ♦ 1° Mouvement de ce qui ondoie. *L'ondoiement des herbes dans le vent.* V. **Frisson.** ♦ 2° Liturg. cathol. Baptême où seule l'ablution baptismale est faite, sans les rites et prières habituels.

ONDOYANT, ANTE [ɔ̃dwajɑ̃, ɑ̃t]. *adj.* (XIIᵉ; de *ondoyer*). ♦ 1° Qui ondoie, a le mouvement de l'onde. *Les blés ondoyants.* *Flamme ondoyante.* V. **Mouvant.** *Taille ondoyante.* V. **Onduleux, souple.** ◊ *Par ext.* Qui présente des courbes gracieuses. *Formes ondoyantes des femmes de Rubens.* V. **Sinueux.** ♦ 2° Littér. (XVIᵉ). Qui est mobile, change aisément. *« C'est un sujet merveilleusement vain, divers et ondoyant que l'homme »* (MONTAIGNE). *Personne ondoyante.* V. **Capricieux, changeant, inconstant, variable.** *« Représenter l'ondoyante humanité dans sa vérité momentanée »* (GONCOURT). ◊ ANT. *Constant, stable.*

ONDOYER [ɔ̃dwaje]. *v.;* conjug. *noyer* (1200, « couler »; de *onde*). ♦ 1° V. intr. (1617; de *ondé* « vague »). Remuer, se mouvoir en s'élevant et s'abaissant alternativement. *Drapeau, panache qui ondoie dans le vent.* V. **Flotter, onduler.** ♦ 2° V. tr. (1250; de *onde* « eau »). Liturg. cathol. Baptiser par ondoiement. *Ondoyer un nouveau-né.*

ONDULANT, ANTE [ɔ̃dylɑ̃, ɑ̃t]. *adj.* (1761; de *onduler*). Qui ondule. *Démarche ondulante.* V. **Ondoyant.** ◊ Méd. *Fièvre ondulante,* qui s'élève puis décroît par ondulations progressives. *Pouls ondulant,* perçu sous forme d'ondes irrégulières.

ONDULATION [ɔ̃dylasjɔ̃]. *n. f.* (1680, « mouvement concentrique dans un fluide »; du bas lat. *undula* « petite onde »). ♦ 1° Vx. Onde concentrique dans l'eau; onde en général. ♦ 2° (v. 1780). Mod. Mouvement alternatif de ce qui s'élève et s'abaisse en donnant l'impression d'un déplacement longitudinal; mouvement sinueux, latéral. *Ondulation des vagues, de la houle* (V. **Ondoiement**), *des blés.* « *Elle se tordait la taille, balançait son ventre avec des ondulations de houle* » (FLAUB.). ♦ 3° Ligne, forme sinueuse, faite de courbes alternativement concaves et convexes. *Les ondulations des cheveux.* V. **Cran.** *Par ext.* Action de friser (les cheveux). *Ondulation indéfrisable, permanente (vx : on dit indéfrisable, permanente).* ◊ Spécialt. *Ondulation du sol, du terrain,* suite de dépressions et de saillies dues à un plissement. V. **Pli.** « *Les ondulations du terrain commençaient à devenir plus fortes* » (GAUTIER). « *Là-bas, suivant les ondulations de la petite rivière, une grande ligne de peupliers serpentait* » (MAUPASS.). V. **Sinuosité.**

ONDULATOIRE [ɔ̃dylatwaʀ]. *adj.* (1765; de *onduler*). Phys. ♦ 1° Qui a les caractères d'une onde (II). *Mouvement ondulatoire de la houle, du son.* ◊ Qui appartient à l'onde. *Aspect, caractère ondulatoire.* ♦ 2° Qui se rapporte aux ondes. *Mécanique ondulatoire,* théorie selon laquelle toute particule est considérée comme associée à une onde périodique. « *La mécanique ondulatoire est née d'un effort pour comprendre la véritable nature du dualisme des ondes et des corpuscules* » (L. de BROGLIE).

ONDULÉ, ÉE [ɔ̃dyle]. *adj.* (1767; V. **Onduler**). Qui ondule, fait des courbes. V. **Sinueux.** *Cheveux ondulés.* ◊ *Tôle* ondulée. *Route, chaussée ondulée,* dont la surface présente des rides.

ONDULER [ɔ̃dyle]. *v.* (1746; bas lat. °*undulare,* rac. *unda* « onde »).
I. *V. intr.* ♦ 1° Avoir un mouvement d'ondulation. V. **Ondoyer.** *Images qui ondulent dans l'eau.* « *La houppelande du cocher ondulait par grands plis au trot du cheval* » (ARAGON). V. **Dérouler** (se), **flotter.** « *L'armée en marche ondule au fond des chemins creux* » (HUGO). ♦ 2° Présenter des ondulations (3°). « *Une route ondulait devant eux par-dessus collines et vallons* » (GIONO). *Ses cheveux ondulent naturellement.*
II. *V. tr.* (1877). Rendre ondulé. *Onduler des cheveux au fer* (V. **Friser**).

ONDULEUX, EUSE [ɔ̃dylø, øz]. *adj.* (1735; du rad. de *ondulation*). ♦ 1° Qui présente de larges ondulations. V. **Courbe, flexueux, ondulé, sinueux.** *Une courbe, une ligne onduleuse. Plaine onduleuse.* ♦ 2° (1779). Qui ondule. V. **Ondoyant, ondulant.** « *Elle marchait avec un léger mouvement onduleux, comme si elle eût été portée par une barque* » (MAUPASS.). ◊ ANT. *Droit, plat, raide.*

ONE MAN SHOW [wanmanʃo]. *loc. subst. m.* (1964; mot angl. « spectacle [*show*] d'un seul homme [*one man*] »).

Spectacle de variétés centré sur une vedette. Recomm. offic. *Spectacle solo.*

ONÉREUSEMENT [ɔneʀøzmɑ̃]. *adv.* (1781; de *onéreux*). Rare. D'une manière onéreuse.

ONÉREUX, EUSE [ɔneʀø, øz]. *adj.* (1370, « lourd, pesant »; lat. *onerosus,* de *onus, oneris* « poids, charge »). ♦ 1° (1509). *Vx.* Qui est à charge, qui est incommode, pénible. « *Dès que l'état de mère est onéreux, on trouve bientôt le moyen de s'en délivrer tout à fait* » (ROUSS.). — Dr. *À titre onéreux,* sous la condition d'acquitter une charge, une obligation. ♦ 2° Mod. (1694). Qui impose des frais, des dépenses; qui est cher. V. **Cher, coûteux, dispendieux, lourd.** « *Les logements meublés, c'était quand même trop onéreux* » (DUHAM.). ◊ ANT. *Bénévole, gracieux, gratuit; avantageux, économique.*

ONE-STEP [wanstɛp]. *n. m. invar.* (v. 1910; mot amér. « un pas » [par temps]). Danse d'origine américaine, sur une musique à deux temps plus ou moins syncopée, à la mode en France après la guerre de 1914-1918; air sur lequel elle se danse. *L'orchestre jouait des one-step.*

ONGLE [ɔ̃gl(ə)]. *n. m.* (1160; *ungle,* v. 1100; lat. *ungula*). ♦ 1° Lame cornée, implantée sur l'extrémité dorsale des doigts chez l'homme (V. **Onycho-**). *Ongle des doigts, des orteils.* *Racine, matrice de l'ongle. Lunule de l'ongle. Taches blanches sur l'ongle* (albugo). *Petites peaux se détachant au pourtour des ongles* (envies). *Inflammation du lit de l'ongle.* V. **Onyxis.** *Ongle incarné**. *Porter les ongles longs.* Fam. *Avoir les ongles en deuil**. — *Manger, ronger ses ongles* (V. **Onychophagie**). *Faire les ongles.* V. **Manucure.** *Se curer, se brosser les ongles. Nécessaire** *à ongles* (V. **Onglier**), contenant *brosse à ongles, polissoir, lime, ciseaux, pince à ongles. Vernis, rouge à ongles.* *Pierrette regardait « ses ongles qu'elle n'osait encore vernir et qu'elle ne rongeait déjà plus »* (QUENEAU). *Se peindre les ongles. — Gratter, égratigner, griffer avec les ongles.* ◊ *Loc. fig.* *Avoir les ongles crochus* : être très avare. — *Faire rubis** *sur l'ongle,* en buvant. Fig. *Payer rubis** *sur l'ongle. — Être qqch. jusqu'au bout des ongles* : l'être tout à fait. « *Certains qui n'en sont pas moins pères jusqu'au bout des ongles* » (DUHAM.). *Avoir de l'esprit, du talent jusqu'au bout des ongles* : beaucoup. *Connaître, savoir qqch. sur le bout des ongles* : complètement, à fond. ♦ 2° Griffe des carnassiers. — Serre des rapaces. — Fig. *Avoir bec et ongles* (allus. au rapace), *dents et ongles* (au carnassier) : avoir les moyens de défense et d'attaque.

ONGLÉ, ÉE [ɔ̃gle]. *adj.* (1400; de *ongle*). Didact. Qui a des ongles, est pourvu d'ongles. V. *aussi* **Ongulé.** « *Ces pattes onglées de poignards rétractiles* » (GAUTIER). — Fauconn. *Oiseau onglé,* qui a des serres. ◊ *Blas.* Qui a des ongles, des griffes d'un émail différent du corps. ◊ HOM. *Onglée.*

ONGLÉE [ɔ̃gle]. *n. f.* (1456; de *ongle*). Engourdissement douloureux de l'extrémité des doigts, provoqué par le froid, premier degré de la gelure des mains (surtout dans *Avoir l'onglée*). ◊ HOM. *Onglé.*

ONGLET [ɔ̃glɛ]. *n. m.* (1304, « crochet en forme d'ongle »; de *ongle*). ♦ 1° Menuis. (1676). Extrémité d'une planche, d'une moulure formant un angle de quarante-cinq degrés; assemblage de deux moulures qui se coupent à angle droit, en juxtaposant leurs onglets. *Assemblage à onglet, en onglet.* — *Boîte à onglets,* formée de deux barres de bois à encoches pour guider la scie, entre lesquelles on place la planche, la moulure que l'on veut scier, couper en onglet. ♦ 2° (1680). Petite bande de papier (repliée sur le côté ou rapportée) permettant d'insérer dans un ouvrage une feuille isolée. *Monter un hors-texte, des gravures sur onglet.* ♦ 3° (Par anal. de forme). Bouch. (1960) Partie de la fressure qui tient au foie et aux poumons. — Morceau pour biftecks (muscles piliers du diaphragme). ◊ Bot. (XVIIIᵉ) Partie inférieure du pétale, par laquelle il s'insère au réceptacle. — Arbor. (XIXᵉ) Partie d'un rameau laissée au-dessus de l'œil, après la taille. ◊ (1690) Poinçon ou burin taillé en triangle. V. **Onglette.** ◊ Géom. (XIXᵉ) Portion d'un volume (cylindre, sphère, cône) comprise entre deux plans passant par l'axe. *Onglet cylindrique, conique, sphérique.* ♦ 4° (1835). Entaille où l'on peut introduire l'ongle. Échancrure sur le plat d'une règle. — Entaille sur la lame d'un canif, d'un couteau (pour permettre de tirer la lame).

ONGLETTE [ɔ̃glɛt]. *n. f.* (1615; « petit ongle », 1572; de *ongle*). Petit outil du graveur en médailles (V. **Burin**), appelé aussi *Onglet, ognette.*

ONGLIER [ɔ̃glie]. *n. m.* (1874; de *ongle*). Ensemble, réunion des instruments nécessaires à la toilette des ongles, des mains; étui, nécessaire qui les contient (Cf. Nécessaire à ongles).

ONGLON [ɔ̃glɔ̃]. *n. m.* (1846; « grand ongle », 1310; de *ongle*). Zool. Sabot des Artiodactyles (*ruminants, porcins*) et des Proboscidiens (éléphants). *Chaque pied porte deux onglons.*

ONGUENT [ɔ̃gɑ̃]. *n. m.* (XIIIᵉ; lat. *unguens, entis*). ♦ 1° *Vx.* Parfum, baume. ♦ 2° Pharm. Sorte de pommade* renfermant habituellement des substances résineuses, peu employée en thérapeutique moderne. V. **Crème, embrocation, emplâtre, liniment, pommade, topique.** *Onguent napolitain,* pommade mercurielle. *Onguent à base de cire, d'huile* (V. **Cérat**), *de résines. Appliquer un onguent sur une brûlure.* ◇ *Loc. fam. Onguent miton mitaine.* V. **Mitaine.**

ONGUICULE [ɔ̃g(ɥ)ikyl]. *n. m.* (1846; lat. *unguiculus*). *Didact.* Petit ongle.

ONGUICULÉ, ÉE [ɔ̃g(ɥ)ikyle]. *adj.* (1756; du lat. *unguiculus*). *Didact.* Qui a un ongle à chaque doigt. *Animaux onguiculés.* — *Bot. Pétale onguiculé,* pourvu d'onglets très apparents.

ONGUIFORME [ɔ̃g(ɥ)ifɔʀm(ə)]. *adj.* (1846; du lat. *unguis,* et -*forme*). *Didact.* Qui a la forme d'un ongle.

ONGULÉ, ÉE [ɔ̃gyle]. *adj. et n. m. pl.* (1754; du lat. *ungula*). Se dit des animaux dont les pieds sont terminés par des productions cornées (V. **Ongle, onglon, sabot**). ◇ **LES ONGULÉS.** *n. m. pl.* Ordre de mammifères placentaires comportant les Artiodactyles, les Périssodactyles et les Proboscidiens.

ONGULIGRADE [ɔ̃gyligʀad]. *adj. (Ongulograde,* 1839; du lat. *ongula,* et -*grade*). *Didact.* Qui marche sur des sabots, en parlant d'animaux. V. **Ongulé.**

ONIR(O)-. Élément, du gr. *oneiros* « rêve ».

ONIRIQUE [ɔniʀik]. *adj.* (1907; du gr. *oneiros* « rêve »). ♦ 1° *Didact.* Relatif aux rêves. *Images, scènes, visions de l'état onirique. Il « ne trouvait jamais la moindre consolation aux délires oniriques »* (DUHAM.). ♦ 2° *Littér.* Qui évoque un rêve, semble sorti d'un rêve. *Atmosphère, décor onirique de certaines œuvres surréalistes.*

ONIRISME [ɔniʀism(ə)]. *n. m.* (1923; de *onirique*). *Didact. Méd.* Activité mentale pathologique faite de visions et de scènes animées, telles qu'on réalise le rêve. *Onirisme infectieux, toxique.*

ONIROLOGIE [ɔniʀɔlɔʒi]. *n. f.* (1933; de *oniro-,* et -*logie*). *Psycho.* Étude des rêves.

ONIROLOGUE [ɔniʀɔlɔg]. *n. m.* (1933; de *onirologie*). *Psycho.* Personne qui se livre à l'étude des rêves.

ONIROMANCIE [ɔniʀɔmɑ̃si]. *n. f. (Oniromance,* 1623; de *oniro-,* et -*mancie*). *Didact.* Divination par les songes.

ONIROMANCIEN, IENNE [ɔniʀɔmɑ̃sjɛ̃, jɛn]. *n.* (1836; de *oniromancie*). *Didact.* Personne qui pratique l'oniromancie.

ONKOTIQUE. V. **ONCOTIQUE.**

ONOMASIOLOGIE [ɔnɔmazjɔlɔʒi]. *n. f.* (1904; gr. *onomasia* « désignation »; de *onoma* « mot », et -*logie*). *Ling.* Science des significations partant de l'idée pour en étudier l'expression (*opposé à* sémasiologie).

ONOMASTIQUE [ɔnɔmastik]. *n. f. et adj. (Onomastic,* XVIe; gr. *onomastikos* « relatif au nom »). *Ling.* ♦ 1° *N. f.* Étude, science des noms propres, et *spécialt.* des noms de personnes. V. **Anthroponymie.** ♦ 2° *Adj.* (1838). Relatif aux noms propres, et *spécialt.* aux noms de personnes, à leur étude. *Index, table onomastique.*

ONOMATOPÉE [ɔnɔmatɔpe]. *n. f.* (XVIe; lat. *onomatopoeia,* gr. *onomatopoiia* « création [*poiein* « faire »] de mots [*onoma* »]). *Ling.* Création de mot suggérant ou censé suggérer par imitation phonétique la chose dénommée; le mot imitatif lui-même (*ex.* : gazouillis, roucoulement, boum, crac, susurrer, vrombir). — *Par ext.* Mot formé par un procédé phonétique (interjections, noms formés par redoublement de syllabes).

ONOMATOPÉIQUE [ɔnɔmatɔpeik]. *adj.* (1838; *onomatopique,* XVIIIe; de *onomatopée*). Relatif à l'onomatopée; qui en a les caractères. *Formations onomatopéiques du langage enfantin.*

ONQUES. V. **ONC.**

ONTO-. Élément, du gr. *ôn, ontos* « l'être, ce qui est ».

ONTOGENÈSE [ɔ̃tɔʒənɛz] ou **ONTOGÉNIE** [ɔ̃tɔʒeni]. *n. f.* (1874; de *onto-,* et -*genèse, -génie*). *Biol.* Développement de l'individu, depuis la fécondation de l'œuf jusqu'à l'état adulte. V. **Phylogenèse.**

ONTOGÉNIQUE [ɔ̃tɔʒenik]. *adj.* (1899; de *ontogénie*). ♦ 1° *Biol.* Relatif à l'ontogenèse (On dit aussi **ONTOGÉNÉTIQUE** [ɔ̃tɔʒenetik]). ♦ 2° *Philo.* Qui engendre l'être, en parlant de la pensée, du raisonnement, d'un concept.

ONTOLOGIE [ɔ̃tɔlɔʒi]. *n. f.* (1692; lat. philo. *ontologia,* 1646). *Philo.* Partie de la métaphysique qui s'applique à l'être en tant qu'être, indépendamment de ses déterminations particulières. *L'Être et le Néant, essai d'ontologie phénoménologique,* de Sartre.

ONTOLOGIQUE [ɔ̃tɔlɔʒik]. *adj.* (1765; de *ontologie*). *Philo.* Relatif à l'ontologie, à l'être en tant que tel. *Preuve ontologique de l'existence de Dieu,* qui vise à prouver l'existence de Dieu par la seule analyse de sa définition (Dieu est parfait, donc il existe).

ONTOLOGIQUEMENT [ɔ̃tɔlɔʒikmɑ̃]. *adv.* (1874; de *ontologique*). *Philo.* Du point de vue de l'être en tant que tel.

ONTOLOGISME [ɔ̃tɔlɔʒism(ə)]. *n. m.* (XIXe; de *ontologie*).

Philo. Caractère d'une philosophie dans laquelle prédominent les préoccupations ontologiques.

O.N.U. [ɔny; *parfois* ɔeny]. *n. f.* Abréviation de *Organisation des Nations Unies.* V. **Nation.**

ONUSIEN, IENNE [ɔnyzjɛ̃, jɛn]. *adj.* (1966; de *O.N.U.*). De l'*Organisation des Nations Unies.* — *Subst. Les onusiens,* les fonctionnaires de l'O.N.U.

ONYCH(O)-. Élément, du gr. *onux, onukhos* « ongle ».

ONYCHOPHAGIE [ɔnikɔfaʒi]. *n. f.* (1893; de *onycho-,* et -*phagie*). *Didact. (Méd.).* Habitude de se ronger les ongles.

-ONYME, -ONYMIE, -ONYMIQUE. Éléments, du gr. -*ônumos, de onoma* « nom ».

ONYX [ɔniks]. *n. m. (Onix,* XIIe; lat. *onyx,* gr. *onux,* la pierre étant translucide comme un ongle). Variété d'agate présentant des zones concentriques régulières de diverses couleurs. *Coupe en onyx.* — Fig. « *Ses admirables yeux d'onyx »* (PROUST).

ONYXIS [ɔniksis]. *n. m.* (1835; gr. *onux* « ongle »). *Méd.* Inflammation du lit de l'ongle, presque toujours chronique et accompagnée d'ulcérations, de fongosités. *Ongle incarné, forme d'onyxis.*

ONZAIN [ɔ̃zɛ̃]. *n. m.* (1473, « monnaie »; de *onze*). *Didact.* Strophe de onze vers.

ONZE [ɔ̃z]. *adj. et n.* (1080; lat. *undecim,* de *unus* « un », et *decem* « dix »).

I. ♦ 1° *Adj. num. cardinal invar.* Nombre. Dix plus un (11). *Un enfant de onze ans. Qui a onze éléments.* V. **Hendéca-.** *Vers de onze syllabes* (hendécasyllabes). *Il n'y a qu'onze pages ou que onze pages. Onze cents* (ou *mille cent*). ♦ 2° *Adj. ordinal.* V. **Onzième.** *Louis onze. Chapitre onze. Il est onze heures.* — *Bouillon d'onze heures, de onze heures* : breuvage empoisonné.

II. *N. m.* (Sans élision). *Onze plus deux. Le onze.* — (Pour onzième) *Le onze du mois. Le onze novembre.* ◇ Équipe de onze joueurs, au football. *Les joueurs sélectionnés pour le onze de France.*

ONZIÈME [ɔ̃zjɛm]. *adj. et n.* (XVIe; *unzime,* 1199; de *onze*).

I. *Adj. et n. m.* ♦ 1° *Adj.* Qui vient immédiatement après le dixième. *Le onzième jour,* et (vx) *l'onzième jour. Les ouvriers de la onzième heure,* parabole évangélique (St Matth.) exprimant la charité divine à l'égard de ceux qui viennent tardivement à la vraie foi. — *Subst. Il est le onzième.* ♦ 2° *N. m.* La onzième partie. *Chacun aura le onzième de l'héritage.*

II. *N. f. Mus.* Intervalle de onze degrés, redoublement de la quarte.

ONZIÈMEMENT [ɔ̃zjɛmmɑ̃]. *adv.* (XVIIIe; de *onzième*). En onzième lieu.

OO-. Élément, du gr. *ôon* « œuf ». V. **Ovo-.**

OOCYTE [ɔɔsit]. *n. m.* V. **OVOCYTE.**

OOGONE [ɔɔgɔn]. *n. f.* (1890; de *oo-,* et -*gone*). *Bot.* Organe où se forment les cellules femelles (oosphères), chez les Thallophytes (champignons, algues). V. **Archégone.**

OOLITHE [ɔɔlit]. *n. m.* (1752, n. f.; de *oo-,* et -*lithe*). *Minér.* Calcaire formé de grains sphériques (comparés à des œufs de poissons). *Les oolithes sont caractéristiques du jurassique ancien.* — Formation analogue de grains d'oxyde de fer.

OOLITHIQUE [ɔɔlitik]. *adj.* (1818; de *oolithe*). *Minér.* Formé d'oolithes; relatif à l'oolithe. *Terrains calcaires oolithiques.* Subst. *L'oolithique.* V. **Jurassique.**

OOSPHÈRE [ɔɔsfɛʀ]. *n. f.* (1890; de *oo-,* et -*sphère*). *Bot.* Gamète femelle des plantes (correspondant à l'*oocyte* chez les animaux). *Oosphère formée dans l'ovaire, dans l'oogone, l'archégone, ou provenant d'un prothalle.*

OOSPORE [ɔɔspɔʀ]. *n. f.* (1874; de *oo-,* et *spore*). *Bot.* Œuf (fécondé) des algues et des champignons.

OOTHÈQUE [ɔɔtɛk]. *n. f.* (fin XIXe; de *oo-,* et -*thèque*). *Zool.* Groupe d'œufs enfermés dans une même coque, chez de nombreux insectes orthoptères (*ex.* : blattes); cette coque.

O. P. A. [ɔpea]. *n. f.* (v. 1970). *Écon.* Abréviation pour Offre publique d'achats.

OPACIFICATION [ɔpasifikasjɔ̃]. *n. f.* (XXe; de *opacifier*). *Méd.* ♦ 1° Diminution de la transparence de la cornée ou du cristallin. V. **Albugo, leucome, néphélion, taie.** ♦ 2° Injection d'une substance opaque aux rayons X en vue d'un examen radiologique.

OPACIFIER [ɔpasifje]. *v. tr.* (1868; de *opaque*). Rendre opaque. — Pronom. S'OPACIFIER, devenir opaque.

OPACIMÉTRIE [ɔpasimetʀi]. *n. f.* (1948; de *opaci*[té], et -*métrie*). *Techn.* Mesure de l'opacité de certaines substances (avec l'**OPACIMÈTRE** [ɔpasimɛtʀ(ə)], *n. m.*).

OPACITÉ [ɔpasite]. *n. f.* (v. 1500; lat. *opacitas*). ♦ 1° Ombre épaisse. « *Tout le reste était brouillard... opacité, noirceur »* (HUGO). ♦ 2° (1680). Propriété d'un corps qui ne se laisse pas traverser par la lumière. ◇ ANT. Translucidité, transparence.

OPALE [ɔpal]. *n. f. (Opalle,* XVIe; *optal,* v. 1120; lat. *opalus*). Pierre précieuse opaque ou translucide (variété de silice hydratée) à reflets irisés, dont il existe plusieurs sortes : *opale noble, opale de feu, opale miellée, opale commune* (ou semi-opale). « *Une opale : pierre de malheur, gemme infâme* » (APOLLINAIRE). — *Adj.* Qualifie un verre non transparent, rendu blanc et mat par un revêtement interne de silice. *Des ampoules opales.*

OPALESCENCE [ɔpalesɑ̃s]. *n. f.* (1866 ; de *opale*). *Littér.* Aspect, reflet opalin.

OPALESCENT, ENTE [ɔpalesɑ̃, ɑ̃t]. *adj.* (1868 ; de *opale*). *Littér.* et *didact.* Qui prend la couleur, les reflets de l'opale. V. **Opalin.**

OPALIN, INE [ɔpalɛ̃, in]. *adj.* et *n. f.* (XVIIIe ; de *opale*). ♦ 1º Qui a l'aspect, la couleur laiteuse, les reflets irisés de l'opale. V. **Blanchâtre, laiteux.** « *Verte, opaline ou laiteuse, c'est toujours de l'absinthe* » (COLETTE). ♦ 2º *N. f.* (1895). Substance vitreuse dont on fait des vases, des ornements. « *Un vase d'opaline bleue où elle met des fleurs* » (ROMAINS). ◇ Objet (vase, bibelot) fait de cette matière. *Une collection d'opalines.*

OPALISER [ɔpalize]. *v. tr.* (1877 ; de *opale*). *Techn.* Donner un aspect opalin à (une matière). Dér. OPALISATION [ɔpali zasjɔ̃], *n. f.*

OPAQUE [ɔpak]. *adj.* (XIVe ; lat. *opacus* « ombragé, touffu »). ♦ 1º Qui s'oppose au passage de la lumière. *Verre opaque.* « *Le brouillard qui rendait pesante, opaque et nauséabonde la nuit* » (MAUPASS.). ♦ 2º (XVIe). *Opaque à...*, qui s'oppose au passage de (certaines radiations). *Corps opaque aux rayons ultraviolets, aux rayons X.* ♦ 3º Impénétrable. *Nuit, ombre opaque.* — *Fig. Mot opaque,* dont la forme ne permet en aucune façon de connaître le sens. ◈ ANT. *Clair, diaphane, hyalin, translucide, transparent.*

OPE [ɔp]. *n. f.* ou *m.* (1547 ; lat. *opa ;* gr. *opê* « ouverture »). *Archit.* Trou ménagé dans un mur et destiné à recevoir une poutre, un boulin. — *Opes d'une frise dorique :* ouvertures réelles ou simulées entre les métopes. ◈ HOM. **Hop.**

-OPE, -OPIE. Éléments, du gr. *ôps, opis* « vue ».

OPÉRA [ɔpera]. *n. m.* (v. 1646 ; it. *opera*). ♦ 1º Poème, ouvrage dramatique mis en musique, dépourvu de dialogue parlé, qui est composé de récitatifs, d'airs (V. **Chant, bel canto**), de chœurs et parfois de danses (V. **Ballet**) avec accompagnement d'orchestre (Cf. **Drame lyrique**). *Grand opéra* ou *opéra sérieux :* dont le sujet est tragique. *Opéra bouffe :* dont les personnages et le sujet sont empruntés à la comédie. V. **Opéra-comique, opérette.** *Livret d'un opéra. Le compositeur et le librettiste d'un opéra. Chanteur, chœurs d'un opéra.* V. **Chanteur, diva, prima donna.** ◇ Genre musical constitué par ces ouvrages. *Aimer l'opéra.* ♦ 2º (1694). Édifice, théâtre où l'on joue ces sortes d'ouvrages. *La Scala de Milan, célèbre opéra italien.* — (À Paris) *L'Opéra* (Académie nationale de musique). *Actrice, chœurs, danseuse, petit rat* de l'Opéra.* ♦ 3º *(Modes).* Couleur rouge pourpre.

OPÉRABLE [ɔperabl(ə)]. *adj.* (1845 ; « qui pousse à agir », 1450 ; de *opérer*). Qui peut être opéré, est en état de l'être. *Malade opérable.* Par ext. *Cancer opérable.* ◈ ANT. **Inopérable.**

OPÉRA-COMIQUE [ɔperakɔmik]. *n. m.* (1715 ; de *opéra,* et *comique*). ♦ 1º Drame lyrique, généralement sans récitatif, composé d'airs chantés avec accompagnement orchestral, alternant parfois avec des dialogues parlés. ◇ Genre constitué par cette sorte d'ouvrage. ♦ 2º Nom d'un théâtre lyrique subventionné de Paris.

OPÉRANT, ANTE [ɔperɑ̃, ɑ̃t]. *adj.* (1560 ; p. prés. de *opérer*). Qui produit un effet. — *Théol. Grâce opérante.* ◇ Cour. (1787) *Non mesures ont été opérantes.* V. **Agissant, efficace.** ◈ ANT. **Inopérant.**

OPÉRATEUR, TRICE [ɔperatœr, tris]. *n.* (XIVe, « artisan » ; lat. *operator, -trix*). ♦ 1º *Vx.* Personne qui opère, exécute une action. V. **Auteur.** « *Opérateur des miracles* » (PASC.). ♦ 2º *Vx.* Personne qui exécute une opération de chirurgie. V. **Chirurgien.** ♦ 3º *Mod.* Personne qui exécute des opérations techniques déterminées, fait fonctionner un appareil. V. **Manipulateur.** *Opérateur sur machines électriques.* Cour. *Opérateur de prise de vues,* et absolt. *Opérateur.* V. **Cadreur, caméraman.** ♦ 4º *Mécan.* (*opposé à* récepteur). Organe d'une machine-outil qui exécute le travail qu'une machine doit accomplir. ♦ 5º *Math.* Symbole mathématique indiquant une opération à réaliser. « *l'opérateur de l'addition* ». — Élément d'un ensemble associé aux éléments d'un deuxième ensemble et définissant une loi de composition externe. V. **Algorithme.**

OPÉRATION [ɔperasjɔ̃]. *n. f.* (XIIIe, « ouvrage, travail » ; lat. *operatio*). ♦ 1º Action d'un pouvoir, d'une fonction, d'un organe qui produit un effet selon sa nature. *Les opérations de la digestion.* « *La mémoire est nécessaire pour toutes les opérations de la raison* » (PASC.). — *Opération de la grâce. Opération du Saint-Esprit :* action mystique du Saint-Esprit par laquelle la Vierge Marie fut rendue mère. *Fig. et fam.* Moyen mystérieux et efficace. *Il s'est enrichi très vite, comme par l'opération du Saint-Esprit.* ♦ 2º Acte ou série d'actes (matériels ou intellectuels) supposant réflexion

et combinaison de moyens en vue d'obtenir un résultat déterminé. V. **Accomplissement, entreprise, exécution, travail.** *Opérations industrielles, chimiques, pharmaceutiques, techniques.* V. **Manipulation, traitement.** *Les opérations d'une fabrication. Machine qui se charge de la plupart des opérations.* ♦ 3º (1613). *Math. et cour.* Processus de nature déterminée qui, à partir d'éléments connus, permet d'en engendrer un nouveau. V. **Calcul.** *Opérations fondamentales :* addition, soustraction, multiplication, division (les *quatre opérations*), élévation à une puissance, extraction d'une racine. ♦ 4º (1690). *Opération (chirurgicale) :* toute action mécanique sur une partie du corps vivant en vue de la modifier, de la couper, de l'enlever (V. **Ablation, amputation;** et -tomie), de greffer un tissu, un organe (V. **Greffe;** et -plastie), de mettre en place certains appareils de prothèse, d'extraire un corps étranger, etc. V. **Intervention.** *Subir une opération. Opération sous anesthésie. Salle ; table d'opération.* V. **Billard.** ♦ 5º (1701). *Opération (militaire) :* ensemble de mouvements, de manœuvres, de combats qui permet d'atteindre un objectif, d'assurer la défense d'une position, le succès d'une attaque (V. **Bataille, campagne**). *Ligne, théâtre d'opérations. Avoir, prendre l'initiative des opérations.* — Par anal. *Opération de police.* — (Suivi d'un nom de code) *Opération Torch* (débarquement allié en Afrique du Nord, 1942). ◇ *Fam.* Série de mesures coordonnées en vue d'atteindre un résultat. *Opération « baisse des prix ».* ♦ 6º (XVIIIe). V. **Affaire, spéculation.** *Opération commerciale, financière. Opérations de bourse,* ventes et achats réalisés dans une bourse de marchandises ou de valeurs. — *Fam. Vous n'avez pas fait là une belle opération !*

OPÉRATIONNEL, ELLE [ɔpera(ɔ)sjɔnɛl]. *adj.* (mil. XXe ; de *opération,* d'apr. angl. *operational* [1922]). ♦ 1º Relatif aux opérations militaires, aux aspects de la stratégie, qui concernent plus particulièrement les opérations, les combats. *Base opérationnelle.* ◇ Qui est en exploitation, fonctionne correctement. *Système d'armes opérationnel.* ♦ 2º (1956 ; angl. *operational research*). *Recherche opérationnelle,* technique d'analyse scientifique (mathématique) des phénomènes d'organisation afin d'obtenir des résultats optimisés*. ♦ 3º (1968). Qui peut être mis en service. « *Ce centre commercial devrait être opérationnel en 1971* » (*La Croix,* 6-8-1969). ◇ *Fig.* Qui est pratique.

OPÉRATOIRE [ɔperatwar]. *adj.* (1784 ; lat. *operatorius*). ♦ 1º Relatif aux opérations chirurgicales. *Médecine opératoire.* V. **Chirurgie.** *Manœuvres, méthodes opératoires.* — *Bloc opératoire :* ensemble des locaux et installations d'un centre chirurgical. *Choc, commotion, maladie opératoire :* phénomènes morbides observés à la suite d'opérations. V. **Post-opératoire.** ♦ 2º *Didact.* Qui concerne une opération (2º, 3º).

OPERCULAIRE [ɔperkylɛr]. *adj.* et *n. f. pl.* (1815 ; de *opercule*). *Sc., Techn.* Qui fait office d'opercule, qui forme une ouverture à la manière d'un couvercle. *Valve operculaire.* ◇ (1874) *N. f. pl.* Genre d'infusoires qui vivent fixés sur certains insectes aquatiques.

OPERCULE [ɔperkyl]. *n. m.* (1736 ; lat. *operculum* « couvercle »). ♦ 1º *Zool.* Pièce cornée ou calcifiée par laquelle les mollusques gastéropodes peuvent clore leur coquille. ◇ Membrane qui recouvre l'ouverture des narines à la base du bec des oiseaux. ♦ 2º *Zool.* (1797). Ensemble des pièces osseuses qui protègent les fentes des branchies chez certains poissons. ♦ 3º (1767). *Bot.* Couvercle qui ferme l'urne des mousses, à maturité. V. **Coiffe.** ♦ 4º (1878). Couvercle qui obture les cellules des abeilles. ♦ 5º *Techn.* Pièce formant couvercle.

OPERCULÉ, ÉE [ɔperkyle]. *adj.* (1767 ; de *opercule*). *Sc.* et *Techn.* Qui est muni d'un opercule. *Coquille operculée.*

OPÉRÉ, ÉE [ɔpere]. *adj.* et *n. m.* (V. **Opérer**). 1º *(Personnes).* Qui vient de subir une opération chirurgicale. — (1845) « *Les opérés étaient emportés, d'autres médecins s'employaient tout le jour à réfaire les pansements* » (DUHAM.). *Abusiv. Les grands opérés :* qui ont subi une grave opération. ♦ 2º *(Choses).* Effectué. ◇ *N. m.* Fin. *Avis d'opéré :* par lequel un agent de change confirme l'exécution d'un ordre.

OPÉRER [ɔpere]. *v. tr. ;* conjug. *céder* (1470 ; lat. *operari* « travailler », de *opus* « œuvre, ouvrage »). ♦ 1º *Vx.* Produire, déterminer. « *Des sacrements qui opèrent tout sans nous* » (PASC.). ◇ *Mod. Absolt.* Faire effet. V. **Agir.** *Ce médicament n'a pas opéré. Laisser opérer la nature.* ♦ 2º Accomplir (une action), effectuer (une transformation) par une suite ordonnée d'actes (opération). V. **Exécuter, faire, pratiquer, réaliser.** *Il faut opérer un choix. Éléments d'une colonne militaire qui opèrent leur jonction.* « *Pour opérer une telle transposition avec charme, il fallait une imagination à la fois forte et souple* » (STE-BEUVE). ◇ *Absolt.* Faire l'acte, l'action qu'on a à faire. *Il faut opérer de cette manière.* V. **Procéder.** « *Les brigands opèrent nuitamment* » (BALZ.). ♦ 3º (1690). Soumettre à une opération chirurgicale. *Anesthésier un malade avant de l'opérer. Opérer qqn de l'appendicite.* — *Absolt.*

Se résoudre à opérer. V. **Intervenir.** *Opérer à chaud, à froid.* ◇ Traiter (un organe, une malformation, une lésion) par une opération chirurgicale. *Opérer un œil de la cataracte.* ♦ 4° S'OPÉRER. *v. pron.* V. **Lieu** (avoir lieu), **produire** (se). *L'expropriation pour cause d'utilité publique s'opère par autorité de justice.* — Impers. *Il s'opère en ce moment un grand changement.*

OPÉRETTE [ɔpeʀɛt]. *n. f.* (1825; all. *Operette* [attribué à Mozart], d'apr. l'it. *operetta*, dimin. d'*opera*). Petit drame comique dont le sujet et le style, légers et faciles, sont empruntés à la comédie (Cf. Opéra bouffe). *Chanteuse d'opérette.* V. **Divette.** *Les opérettes d'Offenbach.* — Par plaisant. *Conspirateur, héros, armée d'opérette :* qu'on ne peut prendre au sérieux.

OPHI(O)-. Élément, du gr. *ophis* « serpent ».

OPHICLÉIDE [ɔfikleid]. *n. m.* (1811; de *ophi*-, et gr. *kleis, kleidos* « clé »). *Mus.* Gros instrument à vent, en cuivre et à embouchure, muni de clés. *L'ophicléide a un son très grave et une justesse douteuse.*

OPHIDIEN, IENNE [ɔfidjɛ̃, jɛn]. *adj.* (1800; gr. *ophis* « serpent »). *Didact.* Relatif au serpent; de la nature du serpent, qui a son aspect. — LES OPHIDIENS. *n. m. pl. Zool.* Sous-ordre de reptiles. V. **Serpent.**

OPHIOGLOSSE [ɔfjɔglɔs]. *n. m.* (1762; du lat. mod. *ophioglossum*, 1694; de *ophio*-, et *-glosse*). *Bot.* Fougère à feuille ovale qui croît dans les lieux humides, les marécages, appelée communément *Langue de serpent, herbe sans couture.*

OPHIOGRAPHIE [ɔfjɔgʀafi] ou **OPHIOLOGIE** [ɔfjɔlɔʒi]. *n. f.* (1838,-1823; de *ophio*-, et *-graphie, -logie*). *Sc.* Partie de la zoologie qui traite des serpents. V. **Herpétologie.**

OPHIOLÂTRIE [ɔfjɔlatʀi]. *n. f.* (1721; de *ophio*-, et *-lâtrie*). *Didact.* Culte, adoration du serpent. V. **Ophite** (2).

1. OPHITE [ɔfit]. *n. m.* (1495; lat. *ophites*, mot gr., de *ophis*, les rayures de la pierre évoquant une peau de serpent). *Minér.* Marbre de couleur sombre (souvent verdâtre), parfois avec des cristaux blancs de feldspath en filets.

2. OPHITE [ɔfit]. *n. m.* (1765; Cf. le précéd.). *Hist. relig.* Membre d'une secte gnostique égyptienne (IIᵉ s. apr. J.-C.) vouant un culte au serpent qui avait tenté Ève (pour avoir révélé à l'homme la connaissance du bien et du mal) et faisant de cet animal un symbole du Messie.

OPHIURE [ɔfjyʀ]. *n. f.* (1808; de *ophi*-, et gr. *oura* « queue »). *Zool.* Animal échinoderme de la classe des ophiuridés, dont la forme rappelle celle de l'étoile de mer.

OPHIURIDES [ɔfjyʀid] ou **OPHIURIDÉS** [ɔfjyʀide]. *n. m. pl. (Ophiurines*, 1846; de *ophiure*). *Zool.* Classe d'animaux échinodermes marins voisins des Stellérides, mais dont les bras plus grêles et plus mobiles sont capables de mouvements sinueux.

OPHRYS [ɔfʀis]. *n. m.* et *f.* (*Ophris*, 1549; lat. *ophrys*, mot gr.). *Bot.* Orchidée dont les fleurs offrent l'aspect d'insectes. *Ophrys bombyx, frelon, mouche.*

OPHTALM(O)-, -OPHTALMIE. Éléments, du gr. *ophthalmos* « œil » (*ex.* : exophtalmie).

OPHTALMIE [ɔftalmi]. *n. f.* (*Obtalmie*, 1361; lat. *ophtalmia*, mot gr.). Affection, maladie inflammatoire de l'œil (forme de conjonctivite ou atteinte globale de l'œil). « *J'ai une légère ophtalmie, fruit de mes lectures* » (STE-BEUVE).

OPHTALMIQUE [ɔftalmik]. (*Obthalmique*, XIVᵉ; lat. *ophtalmicus*, mot gr.). *Anat., Méd.* Relatif à l'œil, aux yeux. V. **Oculaire.** *Artère, nerf ophtalmique. Migraine ophtalmique.*

OPHTALMOLOGIE [ɔftalmɔlɔʒi]. *n. f.* (1753; de *ophtalmo*-, et *-logie*). *Sc.* Branche de la médecine qui traite de l'œil, de la fonction visuelle, des maladies oculaires et des opérations pratiquées sur l'œil.

OPHTALMOLOGIQUE [ɔftalmɔlɔʒik]. *adj.* (1808; de *ophtalmologie*). *Sc.* Relatif à l'ophtalmologie. *Recherches ophtalmologiques.* — *Clinique ophtalmologique :* où l'on soigne les affections des yeux.

OPHTALMOLOGISTE [ɔftalmɔlɔʒist(ə)] ou **OPHTALMOLOGUE** [ɔftalmɔlɔg]. *n.* (1838; de *ophtalmologie*). *Sc.* Médecin spécialiste en ophtalmologie. (On dit aussi *oculiste*).

OPHTALMOMÈTRE [ɔftalmɔmɛtʀ(ə)]. *n. m.* (1836; de *ophtalmo*-, et *-mètre*). *Méd.* Instrument servant à mesurer les degrés de courbure et le pouvoir de réfraction de la cornée, à évaluer un *astigmatisme**.

OPHTALMOSCOPE [ɔftalmɔskɔp]. *n. m.* (1855; de *ophtalmo*-, et *-scope*). *Méd.* Instrument servant à éclairer et à examiner le fond de l'œil.

OPHTALMOSCOPIE [ɔftalmɔskɔpi]. *n. f.* (XVIIᵉ, « connaissance du caractère par l'examen des yeux »; de *ophtalmo*-, et *-scopie*). *Méd.* (fin XIXᵉ). Examen du fond de l'œil.

OPIACÉ, ÉE [ɔpjase]. *adj.* (1812; du lat. *opium*). Qui contient une préparation d'opium. *Médicament opiacé, cigarettes opiacées.* — Par ext. *Odeur opiacée,* d'opium.

OPIACER [ɔpjase]. *v. tr.* (1846; de *opiacé*). *Techn.* Préparer avec de l'opium, en ajoutant de l'opium.

OPIAT [ɔpja]. *n. m.* (1393; lat. médiév. *opiatum,* d'*opium*). *Vx.* Électuaire opiacé. ◇ Électuaire quelconque.

OPIMES [ɔpim]. *adj.* (1571; lat. *opimus* « copieux, riche », dans l'express. *opima spolia*). Hist. ou littér. *Dépouilles opimes :* les dépouilles d'un général ennemi tué par un général romain et que ce dernier remportait. — *Fig.* Riches dépouilles, riche profit qu'on recueille comme un butin.

OPINER [ɔpine]. *v. intr.* (XIVᵉ; lat. *opinari*). ♦ 1° *Vx* ou *Dr.* Dire, énoncer son opinion, son avis (dans une assemblée, une délibération). « *Opiner sur la religion* » (JOUBERT). *Opiner pour ou contre une proposition.* ♦ 2° *Dr.* ou plaisant. *Opiner à :* donner son assentiment. V. **Adhérer, consentir.** ◇ Absolt. *Opiner du bonnet,* donner son adhésion totale à l'avis d'un autre (ce que faisaient les docteurs en Sorbonne en levant leur bonnet). « *C'est à se demander si le rôle des livres... n'est pas d'écouter et d'opiner du bonnet* » (COCTEAU).

OPINIÂTRE [ɔpinjatʀ(ə)]. *adj.* (*Opiniastre,* 1431; du lat. *opinio.* V. **Opinion**). ♦ 1° *Vx.* Qui est attaché à une manière tenace, obstinée à ses opinions. V. **Entêté, obstiné, têtu.** ◇ *Littér.* Tenace dans ses idées, ses résolutions. V. **Acharné, déterminé, entier, persévérant, résolu, tenace, volontaire.** *Esprit, caractère opiniâtre.* ♦ 2° *Cour. (Choses).* Qui ne cède pas, que rien n'arrête. *Haine, opposition opiniâtre.* V. **Irréductible, obstiné.** *Travail, combat, lutte opiniâtre.* « *Après six mois de résistance opiniâtre, il fallut céder à la demoiselle* » (MUSS.). *Toux opiniâtre.* V. **Persistant.** ◇ ANT. Faible, versatile.

OPINIÂTREMENT [ɔpinjatʀəmɑ̃]. *adv.* (1431; de *opiniâtre*). Avec opiniâtreté. V. **Obstinément.** *Soutenir opiniâtrement un avis.* V. **Mordicus.** ◇ ANT. Faiblement, mollement.

OPINIÂTRER (S') [ɔpinjatʀe]. *v. pron.* (1538; de *opiniâtre*). *Vx* ou *littér.* S'obstiner, s'attacher opiniâtrement à une opinion, une résolution. V. **Buter** (se), **entêter** (s'), **persévérer.** *S'opiniâtrer dans un projet.* ◇ ANT. Céder, transiger.

OPINIÂTRETÉ [ɔpinjatʀəte]. *n. f.* (1528; de *opiniâtre*). ♦ 1° *Vx.* Attachement obstiné à une opinion. V. **Entêtement, obstination.** ♦ 2° *Mod.* Persévérance tenace. V. **Constance, détermination, fermeté, résolution, ténacité, volonté.** *Travailler, lutter, résister avec opiniâtreté.* V. **Acharnement.** « *Avec l'opiniâtreté, l'on vient à bout de tout* » (STENDHAL). ◇ ANT. Faiblesse, mollesse, versatilité.

OPINION [ɔpinjɔ̃]. *n. f.* (v. 1190; lat. *opinio,* rac. *opinari.* V. **Opiner**). I. ♦ 1° Manière de penser, de juger; attitude de l'esprit qui tient pour vraie une assertion; assertion que l'esprit accepte ou rejette (généralement en admettant une possibilité d'erreur). V. **Appréciation, avis ; conviction, croyance, idée, jugement, pensée, point de vue** (Cf. Manière de voir, de penser). *Avoir telle opinion.* V. **Considérer, croire, estimer, juger, penser, tenir** (verbes appelés par les grammairiens *verbes d'opinion*). *Faire adopter, suivre une opinion; se ranger à une opinion.* Ne pas avoir d'opinion. *Brusque changement d'opinions :* revirement, volte-face. *Avoir la même opinion que qqn, partager ses opinions* (Cf. Être du même bord; abonder dans son sens). *Être de l'opinion de quelqu'un qui a parlé. Différences, divergences d'opinions.* « *Il ne fut jamais au monde deux opinions semblables* » (MONTAIGNE). — *Donner, émettre, exprimer une opinion, son opinion* (V. **Dire, opiner**). « *Pourquoi dites-vous cela ? — Simplement parce que c'est mon opinion* » (DUHAM.). *Défendre, professer, soutenir une opinion. Défenseur, tenant d'une opinion. Avoir le courage de ses opinions :* les soutenir avec franchise. — *Opinion assurée* (V. **Certitude, conviction**), *incertaine* (V. **Conjecture, soupçon**). *Opinion toute personnelle, purement subjective.* V. **Impression, imagination, sentiment.** *Opinions toutes faites.* V. **Parti** (parti pris), *préjugé, prévention.* ◇ *C'est une affaire d'opinion :* une affaire où intervient le jugement subjectif de chacun. ♦ 2° *Plur.* ou *collectif.* Point de vue, position intellectuelle, idée ou ensemble des idées que l'on a dans un domaine déterminé. V. **Doctrine, système, théorie, thèse.** *Opinions philosophiques, religieuses* (V. **Credo, foi**), *politiques* (V. **Parti**). *Opinions avancées, subversives.* Nul ne doit être inquiété pour ses opinions. — *Journal d'opinion* (opposé à journal d'information). *Liberté d'opinion* (liée aux libertés de réunion, d'enseignement, de presse). ♦ 3° *Dr.* (XVᵉ). Avis d'une personne dans une délibération (V. **Opiner**). *Partage d'opinions,* situation résultant de l'absence d'une majorité, au cours d'un délibéré. ♦ 4° (XVIᵉ). *Bonne, mauvaise opinion de... :* jugement de valeur porté sur une personne, un acte, une qualité. *Avoir bonne, mauvaise opinion de qqn.* V. **Estimer, mésestimer.** *Donner aux autres bonne opinion de soi. Il a une piètre opinion de leur valeur.* « *Tu n'as pas une haute opinion de la générosité de nos jeunes gens* » (DIDER.). — *Avoir bonne opinion de soi.* V. **Présomption** (Cf. Être content de soi, se gober). « *Une bonne opinion de soi est la règle* » (ROMAINS).

II. ♦ 1° Jugement collectif, ensemble d'opinions, de jugements de valeur sur qqch. ou qqn. *L'opinion des autres, du public, du monde.* ◇ Absolt. *L'opinion,* les idées partagées, les jugements portés par la majorité d'un groupe social.

Braver l'opinion. « *Le mensonge et la crédulité s'accouplent et engendrent l'Opinion* » (VALÉRY). « *L'opinion se fait d'après l'opinion. Il en faut une première* » (COCTEAU). ♦ 2° Ensemble des opinions d'un groupe social sur les problèmes politiques, moraux, philosophiques, religieux. *L'opinion ouvrière, paysanne. L'opinion française, américaine.* ◇ *Absolt.* Ensemble des attitudes d'esprit dominantes dans une société (à l'égard de problèmes généraux, collectifs et actuels) ; ensemble de ceux qui partagent ces attitudes. *L'opinion publique. Influencer, travailler l'opinion ; agir sur l'opinion. Sondages d'opinion. L'opinion est unanime, divisée. Fractions de l'opinion. Les courants de l'opinion. Mouvements d'opinion.* — *Poser un problème devant l'opinion. Alerter l'opinion. Agir sur l'opinion par la propagande.*

OPIOMANE [ɔpjɔman]. *n.* (1907 ; de *opium*, et -*mane*). Toxicomane qui fume ou mange l'opium.

OPIOMANIE [ɔpjɔmani]. *n. f.* (1932 ; de *opiomane*). Toxicomanie par usage habituel de l'opium.

OPISTHO-. Élément, du gr. *opisthen* « derrière, en arrière ».

OPISTHOBRANCHES [ɔpistɔbrɑ̃ʃ]. *n. m. pl.* (1890 ; de *opistho-*, et *branches* « branchies »). *Zool.* Ordre de mollusques gastéropodes dont les branchies se trouvent en arrière du cœur.

OPISTHODOME [ɔpistɔdɔm]. *n. m.* (1752 ; gr. *opisthodomos*, de *domos* « maison »). *Archéol.* Partie postérieure d'un temple grec, pièce abritant le trésor et où seuls les prêtres, les prêtresses avaient accès.

OPISTHOGRAPHE [ɔpistɔgraf]. *adj.* (1546 ; gr. *opisthographos*). *Didact.* Se dit d'un manuscrit couvert d'écriture au verso comme au recto.

OPIUM [ɔpjɔm]. *n. m.* (XIIIᵉ ; lat. *opium*, gr. *opion*, de *opos* « suc »). ♦ 1° Suc des capsules d'un pavot (*papaver somniferum*), incisées avant maturité, latex riche en alcaloïdes, dont le plus actif est la morphine. *L'opium est un stupéfiant.* V. Codéine, narcéine, narcotine, morphine, papavérine, thébaïne. *Manger, fumer de l'opium* (V. Opiomane). *Fumerie d'opium. Goutte, boulette d'opium.* « *Tu possèdes les clefs du paradis, ô juste, subtil et puissant opium* » (BAUDEL.). *Teintures d'opium :* laudanum, élixir parégorique. *Prendre de l'opium pour dormir.* ♦ 2° *Par ext. Opium de laitue.* V. **Lactucarium.** ♦ 3° *Fig.* Ce qui cause un agréable assoupissement moral en éloignant des difficultés, des problèmes réels. « *La religion est l'opium du peuple* » (trad. K. MARX).

OPO-. Élément, du gr. *opos* « suc ».

OPODELDOCH [ɔpɔdɛldɔk]. *n. m.* (XVIᵉ ; mot lat., p.-ê. du gr. *opos* « suc »). *Pharm.* Médicament à base de savon et d'ammoniaque, utilisé en frictions contre les douleurs.

OPONCE [ɔpɔ̃s] ou **OPUNTIA** [ɔpɔ̃sja]. *n. m.* (v. 1900, -1562 ; lat. *opuntia*, de *opuntios*, gr. *opuntios* « d'Oponte », ville grecque). *Bot.* Plante grasse (*Cactée*) à tiges aplaties en raquettes portant des tubercules épineux d'où sortent de grandes fleurs. V. **Cactus,** figuier (de Barbarie), nopal.

OPONTIACÉES [ɔpɔ̃sjase]. *n. f. pl.* (*Opuntiacées,* 1846 ; de *opuntia*). *Bot.* Synonyme de *cactées* (plus cour.).

OPOPANAX [ɔpɔpanaks]. *n. m.* (*Opopanac,* XIIIᵉ ; lat. *opopanax,* de *panax* « plante médicinale »). Plante (*Ombellifères*) qui pousse dans les rochers et les sables de la région méditerranéenne et dont une variété fournit une gomme-résine aromatique utilisée comme parfum ; cette gomme-résine.

OPOSSUM [ɔpɔsɔm]. *n. m.* (1640 ; mot amér., de l'algonquin *oposon*). ♦ 1° Espèce de sarigue (*Marsupiaux*) à beau pelage noir, blanc et gris. ♦ 2° Fourrure de cet animal. *Manteau d'opossum.* — *Par ext. Opossum d'Australie,* fourrure du renard phalanger (*Marsupiaux*).

OPOTHÉRAPIE [ɔpɔteʀapi]. *n. f.* (1898 ; de *opo-*, et -*thérapie*). *Méd.* Emploi thérapeutique d'organes, de glandes endocrines, à l'état brut ou sous forme d'extraits. *Opothérapie thyroïdienne.* V. **Hormonothérapie, organothérapie.**

OPPIDUM [ɔpidɔm]. *n. m.* (1765 ; mot lat.). *Archéol., Hist.* Ville fortifiée, fortification romaine. V. **Citadelle.**

OPPORTUN, UNE [ɔpɔʀtœ̃, yn]. *adj.* (1355 ; lat. *opportunus,* rad. *portus,* proprem. « qui conduit au port »). Qui convient dans un cas déterminé, qui vient à propos. V. **Convenable.** *Démarche opportune. Au moment opportun.* V. **Bon, favorable,** propice. (Cf. Tomber à point nommé, à pic). *En temps opportun.* V. **Utile.** « *Il n'est plus de vérité qu'opportune : c'est-à-dire que le mensonge opportun triomphe...* » (GIDE). *Il lui parut opportun de céder.* V. **Expédient, indiqué.** ◇ ANT. **Déplacé,** fâcheux, inopportun, intempestif.

OPPORTUNÉMENT [ɔpɔʀtynemɑ̃]. *adv.* (1422 ; de *opportun*). D'une manière opportune, à propos. *Arriver opportunément.* ◇ ANT. **Contretemps (à),** inopportunément.

OPPORTUNISME [ɔpɔʀtynism(ə)]. *n. m.* (1869 ; de *opportun*). Politique qui consiste à tirer parti des circonstances, à les utiliser au mieux, en transigeant, au besoin, avec les principes. « *Vous allez peut-être m'accuser d'opportunisme ! pourtant ce barbarisme cache une vraie politique* » (GAMBETTA). ◇ Comportement de celui qui règle sa conduite selon les

circonstances, qui subordonne ses principes à son intérêt momentané.

OPPORTUNISTE [ɔpɔʀtynist(ə)]. *n.* et *adj.* (1877 ; de *opportunisme*). Personne qui se conduit avec opportunisme. — *Adj.* Qui pratique l'opportunisme. *Politicien opportuniste.* V. **Attentiste.**

OPPORTUNITÉ [ɔpɔʀtynite]. *n. f.* (1220 ; lat. *opportunitas*). Caractère de ce qui est opportun. V. **À-propos.** *Discuter de l'opportunité d'une mesure.* « *Il balança sur l'opportunité de répéter ce propos* » (DUHAM.). ◇ ANT. **Inopportunité ;** contretemps.

OPPOSABILITÉ [ɔpozabilite]. *n. f.* (1865 ; de *opposable*). ♦ 1° *Didact.* Caractère de ce qui est opposable. *L'opposabilité du pouce.* ♦ 2° *Dr.* Caractère d'un droit, d'un moyen de défense que son titulaire peut faire valoir contre un tiers. *Opposabilité d'un contrat, d'une convention.* ◇ ANT. **Inopposabilité.**

OPPOSABLE [ɔpozabl(ə)]. *adj.* (1845 ; de *opposer*). Qui peut être opposé. ♦ 1° Qui peut être mis en face, vis-à-vis. *Le pouce est opposable aux autres doigts de la main.* ♦ 2° Qui peut être utilisé contre. *Raison opposable à une décision.* — *Dr.* Que l'on peut faire valoir contre un tiers. *Cette fin de non recevoir n'est pas opposable.* ◇ ANT. **Inopposable.**

OPPOSANT, ANTE [ɔpozɑ̃, ɑ̃t]. *adj.* et *n.* (1336, dr. ; de *opposer*). ♦ 1° Qui s'oppose à. — *Dr. La partie opposante :* qui s'oppose à un acte, un jugement. V. **Opposition.** *Tiers opposant.* — Qui s'oppose à une mesure, une autorité. *La minorité opposante.* — *N.* (XVIIIᵉ) Personne opposante. V. **Adversaire, contradicteur.** *Les opposants au régime.* « *Les opposants m'intéressent plus que les suiveurs* » (GIDE). — *Spécialt.* Membre de l'opposition. *Les opposants et les gouvernants. Une opposante.* ♦ 2° *Anat.* Qui met en opposition, vis-à-vis. *Muscle opposant,* et subst. *L'opposant du pouce.* ◇ ANT. **Approbateur,** consentant. *Défenseur,* soutien.

OPPOSÉ, ÉE [ɔpoze]. *adj.* et *n. m.* (1549 ; V. Opposer). ♦ 1° Se dit (*au plur.*) de choses situées de part et d'autre et plus ou moins loin d'un axe réel ou imaginaire et qui sont orientées face à face, dos à dos (V. Symétrique) ; se dit (*au sing.*) d'une de ces choses par rapport à l'autre. *Les pôles sont diamétralement opposés. Le panneau opposé aux fenêtres.* V. **Vis-à-vis (de).** *Du côté opposé ; au bout opposé ; sur la rive opposée.* V. **Autre.** — *Sens opposé.* V. **Contraire, inverse.** *Rangé en sens opposé.* V. **Tête-bêche.** *Muscles qui produisent des mouvements opposés.* V. **Antagoniste.** — *Bot. Feuilles opposées et feuilles alternes.* — *Géom.* (1718) *Angles opposés par le sommet,* dont les côtés sont en prolongement l'un de l'autre et qui ont même mesure. ◇ *Nombres opposés,* de même valeur absolue et de signe contraire. ♦ 2° Qui fait contraste. *Couleurs opposées.* ♦ 3° Qui s'oppose, qui est aussi éloigné, aussi différent que possible dans le même genre, le même ordre d'idées. V. **Contraire.** *Ils ont des goûts opposés, des opinions opposées.* V. **Discordant, divergent, incompatible, inconciliable.** *Concilier des intérêts opposés.* « *Les extrêmes opposés fatiguent* » (STAËL). *Mots de sens opposé.* V. **Antonyme ; versus.** *Log. Termes opposés :* corrélatifs et contraires ou contradictoires. ♦ 4° (1549, « insoumis »). Qui s'oppose (à), se dresse contre. V. **Adversaire, contraire, contre, défavorable, ennemi, hostile.** *Être opposé à tous les excès.* **Personne, faction opposée.** V. **Dissident, opposant, rebelle.** ♦ 5° *N. m.* Côté opposé, sens opposé. *L'opposé du Nord est le Sud.* ◇ (1681 ; *abstrait*) Ce qui est opposé. V. **Contraire.** *Soutenir l'opposé d'une opinion.* V. **Contrepartie, contre-pied.** *Les opposés.* V. **Extrême, pôle** (*fig.*). — *Fam. Cet enfant est tout l'opposé de son frère* (Cf. C'est le jour et la nuit). ◇ (1845) *Loc. adv.* À L'OPPOSÉ : du côté opposé. V. **Opposite.** *La gare est à l'opposé.* — D'une manière opposée, contraire. V. **Contraire** (au contraire). ◇ *Loc. prép.* À L'OPPOSÉ DE... : du côté opposé à. — D'une nature, d'une manière opposée à. V. **Contradiction (en),** contre, encontre (à l'), rebours (à). « *Ceci est à l'opposé de ses discours habituels. Tu passes à l'ennemi* » (MONTHERLANT). *À l'opposé de X, Y pense que rien n'est perdu.* V. **Contraire** (au contraire de) ; contrairement (à). ◇ ANT. **Contigu ;** adéquat, analogue, conforme, identique, semblable.

OPPOSER [ɔpoze]. *v. tr.* (1165, v. intr., « objecter » ; lat. *opponere,* d'apr. *poser*).

I. *V. tr.* ♦ 1° (1312). Alléguer (une raison qui s'oppose à ce qu'une personne a dit, fait). V. **Objecter, prétexter.** « *Il refuse ? Quel prétexte vous a-t-il opposé ?* » (MAURIAC). *Il n'y a rien à opposer à cela.* V. **Répondre.** ♦ 2° (XVIᵉ). Mettre en face, face à face pour le combat. *Opposer une armée puissante à l'ennemi.* ◇ *Opposer une personne à une autre,* la faire entrer en lutte, en compétition avec une autre. V. **Armer, dresser, exciter** (contre). *Des questions d'intérêt les opposent.* V. **Diviser.** *Conflit qui oppose deux pays.* — (Sports) *Match qui opposa le Stade français et Reims.* ♦ 3° (XVIᵉ). Placer (qqch.) en face pour faire obstacle. *Opposer une digue aux crues d'un fleuve.* — Présenter (un obstacle). *La résistance qu'un objet nous oppose.* ◇ (Abstrait) *Opposer* la force à la force. « *Quand on oppose à leur agitation le silence et la froideur* » (MONTAIGNE). — Dr. *Opposer l'incapacité du mineur avec qui on a contracté* (V. **Opposabilité**, 2°). ♦ **4°** (1636). Placer en face de ; mettre vis-à-vis. *Opposer deux objets, un objet à un autre.* ◊ (1762) Juxtaposer (des éléments opposés) ; mettre en opposition, en contraste. *Opposer deux couleurs, le noir au blanc.* ♦ **5°** (XVII°). Montrer ensemble, comparer (deux choses totalement différentes). Cf. Mettre en balance, en contraste, en face. « *J'ai choisi Burrhus pour opposer un honnête homme à cette peste de cour* » (RAC.). — *Par ext.* Mettre en comparaison, en parallèle avec. *Quels orateurs pouvait-on opposer à Cicéron, à Sénèque ?* ◊ Donner, présenter comme totalement différent, ou comme contraire. *Il est absurde d'opposer l'âme au corps.*

II. S'OPPOSER. *v. pron.* ♦ **1°** (1495). Faire obstacle ou mettre obstacle *(personnes)*. V. **Contrarier, contrecarrer, contredire, empêcher, interdire** (Cf. Être, aller, s'élever, se dresser contre*). *Parents qui s'opposent à un mariage. S'opposer aux décisions, aux volontés de qqn. Je m'y oppose formellement. Il s'oppose à ce que vous preniez de telles responsabilités.* ◊ Agir contre, résister (à qqn) ; agir à l'inverse de (qqn). V. **Braver, dresser (se), résister** (Cf. Tenir tête à). « *En toutes choses, d'instinct, je m'opposais à lui* » (FRANCE). Absolt. *Le moi se pose en s'opposant.* ♦ **2°** (1667). Être en face pour faire obstacle. Rare. *Armée qui s'oppose à une autre.* V. **Face, front** (faire face, front). ◊ Cour. *(Abstrait)* Faire obstacle. V. **Empêcher, entraver.** *Les préjugés s'opposaient aux progrès de la science. Leur religion s'y oppose.* V. **Défendre, interdire.** *Rien ne s'oppose plus à leur union.* ♦ **3°** Faire contraste. *Couleurs qui s'opposent.* — Être totalement différent. V. **Opposé.** Être le contraire. V. **Différer** (1). *Haut s'oppose à bas, est opposé à bas.* V. **Opposition.**
◈ ANT. **Accorder, acquiescer, appuyer, céder. Coopérer, correspondre, ressembler. Concilier, rapprocher, réconcilier.**

OPPOSITE [ɔpozit]. *n. m.* (1325 ; adj., XIII° ; lat. *oppositus* « opposé ». V. **Opposé.** *Vx.* Lieu, côté opposé ; manière opposée. ◊ *Mod.* À L'OPPOSITE (loc. adv.) ; À L'OPPOSITE DE (loc. prép.). *Leurs maisons sont situées à l'opposite l'une de l'autre.* V. Face (en face), vis-à-vis. « *Cette chambre est flanquée à l'opposite par* (un) *gros mur* » (BALZ.).

OPPOSITION [ɔpozisjɔ̃]. *n. f.* (1165 ; « objection » ; lat. *oppositio*).
I. ♦ **1°** (1370). Rapport de choses opposées qui ne peuvent coexister sans se nuire ; de personnes que leurs opinions, leurs intérêts dressent l'une contre l'autre. V. **Antagonisme, combat, désaccord, heurt, lutte.** *Opposition de deux adversaires, de deux rivaux.* V. **Discorde, dissension, dissentiment, hostilité, rivalité.** — EN OPPOSITION. *Entrer en opposition avec qqn, sur un point particulier.* V. **Conflit, contestation, dispute.** ♦ **2°** (XV°, astron.). Position de deux choses opposées, d'une chose opposée (une à une autre). — *Astron.* Distance angulaire de 180° entre deux astres. *La conjonction et l'opposition.* ♦ **3°** Effet produit par des objets, des éléments très différents juxtaposés. V. **Contraste.** *Opposition de couleurs, de sons.* ♦ **4°** (XVI°). Rapport de deux choses opposées, qu'on oppose ou qui s'opposent. V. **Contraste, différence.** *Opposition des contraires. Opposition entre froid et chaud, bien et mal.* V. **Antonymie.** *Ling.* Relation entre deux mots, deux termes voisins dans le discours et dont les sens sont contraires. *Opposition pertinente.* — *Opposition de deux vérités, de deux principes.* V. **Antinomie, antithèse.** — EN OPPOSITION. *Sa conduite est en opposition avec ses idées.* — PAR OPPOSITION (loc. adv.) ; PAR OPPOSITION À (loc. prép.) : par contraste avec, d'une manière opposée à.

II. ♦ **1°** Action, fait de s'opposer en mettant obstacle, en résistant. *Opposition de qqn* (V. **Désobéissance, résistance**) *à une action, un projet* (V. **Désapprobation, refus**), *à une politique, une doctrine.* V. **Anti-.** *Faire, mettre opposition à qqch.* V. **Difficulté, empêchement, obstacle, veto.** *Hugo* « *finira par emporter à soi la craintive Adèle, malgré l'opposition des deux familles* » (HENRIOT). *Faire de l'opposition.* ♦ (1474) *Dr.* Manifestation de volonté destinée à empêcher l'accomplissement d'un acte juridique, ou à imposer certaines conditions à cet accomplissement. *Moyens d'opposition. Opposition à mariage,* ayant pour objet d'empêcher la célébration du mariage en considération d'un empêchement légal. *Opposition à paiement,* par laquelle le créancier arrête entre les mains d'un tiers les sommes dues à son débiteur. V. **Saisie-arrêt.** — *Faire opposition à un chèque perdu.* ◊ *Proc.* Moyen que peut soulever un justiciable ayant fait l'objet d'un jugement par défaut, afin de faire rejuger l'affaire. Cf. Voie de recours. ♦ **2°** (1745). Les personnes qui sont en opposition au gouvernement, au régime politique en vigueur. V. **Opposant.** *L'opposition en régime parlementaire.* V. **Minorité.** « *L'idée que j'avais du gouvernement représentatif me conduisit à entrer dans l'opposition* » (CHATEAUB.). *Les partis, les journaux de l'opposition.* — En Angleterre. *L'opposition de Sa Majesté.*
◈ ANT. **Conjonction, harmonie. Analogie, conformité, corres**

pondance. **Accord, alliance ; adhésion, approbation, consentement, obéissance, soumission.**

OPPOSITIONNEL, ELLE [ɔpozisjɔnɛl]. *adj. et n.* (mil. XX° ; de *opposition*). De l'opposition politique. — N. « *Une fraction d'oppositionnels trotskystes* » (BEAUVOIR).

OPPRESSANT, ANTE [ɔpresɑ̃, ɑ̃t]. *adj.* (1866 ; « tyrannique », XV° ; de *oppresser*). Qui oppresse. « *Une chaleur énervante, oppressante, un étouffement complet* » (DAUD.). ◊ *Fig.* Accablant. *Mélancolie oppressante.*

OPPRESSÉ, ÉE [ɔprese]. *adj.* (fin XII° ; « accablé ». V. Oppresser). Gêné dans ses fonctions respiratoires, essoufflé. « *Si oppressé qu'il ne pouvait contenir le ronflement de son haleine* » (ZOLA). *Se sentir oppressé.*

OPPRESSER [ɔprese]. *v. tr.* (XIII° ; « gêner par une pression, accabler » ; du lat. *oppressum,* supin de *opprimere.* V. Opprimer). Gêner (qqn) dans ses fonctions respiratoires, comme en lui pressant fortement la poitrine. « *Il me semblait que l'intensité des ténèbres m'oppressait et me suffoquait* » (BAUDEL.). V. **Étouffer.** ◊ *Fig.* Accabler, étreindre. « *Christophe voulait parler, une angoisse l'oppressait* » (R. ROLLAND).
◈ ANT. **Dilater, soulager.**

OPPRESSEUR [ɔprescœr]. *n. m.* (1359 ; lat. *oppressor*). Celui qui opprime. V. **Tyran.** « *La muette hostilité qui sépare l'oppresseur de l'opprimé* » (CAMUS). — Adj. « *La barbarie du régime oppresseur* » (JAURÈS). V. **Oppressif.** ◈ ANT. **Opprimé.**

OPPRESSIF, IVE [ɔpresif, iv]. *adj.* (XIV° ; de *oppresser*). Qui tend ou sert à opprimer. V. **Opprimant.** *Autorité, fiscalité oppressive.* V. **Tyrannique.** ◈ ANT. **Libéral.**

OPPRESSION [ɔpresjɔ̃]. *n. f.* (déb. XIII° ; plur. « violences, dommages », XII°). ♦ **1°** Action, fait d'opprimer. *Oppression du faible par le fort.* V. **Domination ; joug.** — Absolt. Action de faire violence par abus d'autorité. V. **Asservissement, tyrannie.** *La résistance à l'oppression est un des droits du citoyen. Gémir sous l'oppression.* V. **Contrainte, dépendance, sujétion.** *Régime d'oppression.* ◊ État d'opprimé. « *Syracuse. Cette ville, toujours dans la licence ou dans l'oppression* » (MONTESQ.). ♦ **2°** (1659). Gêne respiratoire, sensation d'un poids qui oppresse la poitrine. V. **Suffocation.** « *Il fut pris d'une grande chaleur dans la poitrine, avec une oppression à ne pouvoir se tenir couché* » (FLAUB.). ◊ *Fig.* Malaise psychique, accompagné d'une sensation de pesanteur ou de crispation dans la poitrine (Cf. Avoir le cœur serré*). ◈ ANT. **Liberté.**

OPPRIMANT, ANTE [ɔprimɑ̃, ɑ̃t]. *adj.* (1771 ; de *opprimer*). Rare. Qui opprime. V. **Oppressif.**

OPPRIMÉ, ÉE [ɔprime]. *adj. et n.* (XVI° ; V. Opprimer). Qui subit une oppression. *Populations opprimées. Aller au secours d'un pays opprimé.* ◊ N. (1535) *Défendre, libérer les opprimés.* « *Tous les opprimés... sont venus combattre avec nous* » (MALRAUX). ◈ ANT. **Libre, oppresseur.**

OPPRIMER [ɔprime]. *v. tr.* (*Obprimer,* 1356 ; lat. *opprimere*).
I. ♦ **1°** Soumettre à une autorité excessive et injuste, persécuter par des mesures de violence. V. **Asservir, assujettir, écraser, tyranniser.** *Opprimer un peuple, les faibles.* « *Entre le fort et le faible, entre le riche et le pauvre... c'est la liberté qui opprime et la loi qui libère* » (LACORDAIRE). ♦ **2°** (1667). Empêcher de s'exprimer, de se manifester. V. **Étouffer.** *Opprimer les consciences, la liberté, l'opinion.* ♦ **3°** (1904). Oppresser (se dit d'une sensation pénible).
II. ♦ **1°** (1530). *Vx* ou *littér.* Accabler sous un poids, un fardeau. « *Ô paupières qu'opprime une nuit de trésor* » (VALÉRY). ♦ **2°** *Vx.* Tuer, assassiner. « *Aux yeux de tout son peuple il faut que je l'opprime !* » (RAC.).
◈ ANT. **Soulager, libérer.**

OPPROBRE [ɔprɔbr(ə)]. *n. m.* (1120 ; lat. *opprobrium,* de *probrum* « action honteuse »). *Littér.* ♦ **1°** Ce qui humilie, mortifie à l'extrême d'une manière éclatante et publique. V. **Déshonneur, flétrissure, honte, ignominie.** *Accabler, couvrir qqn d'opprobre. Jeter l'opprobre sur qqn.* ◊ Sujet de honte, cause de déshonneur. « *Je viens de mettre au monde un fils, mon opprobre et mon désespoir* » (BEAUMARCH.). ♦ **2°** État d'abjection, de déchéance extrême. V. **Avilissement.** « *J'ai vécu dans une sorte d'opprobre où le bien a perdu sa récompense et le mal sa hideur* » (GIDE). ◈ ANT. **Considération, gloire, honneur.**

-OPSIE. Élément, du gr. *opsis* « vision, vue ».

OPSONINE [ɔpsɔnin]. *n. f.* (1931 ; du gr. *opson* « assaisonnement »). *Biochim.* et *physiol.* Protéine soluble du sang qui se fixe sur les bactéries et en facilite la phagocytose*. — Adj. OPSONIQUE [ɔpsɔnik]. *Indice opsonique du sérum sanguin.*

OPTATIF, IVE [ɔptatif, iv]. *adj.* (XV° ; n. m., « mot exprimant un souhait », 1374 ; lat. *optativus,* de *optare* « souhaiter »). *Ling.* Qui exprime le souhait. — *Mode optatif,* et subst. m. *L'optatif,* mode du verbe qui exprime le souhait.

OPTER [ɔpte]. *v. intr.* (1552 ; lat. *optare* « choisir »). *Littér.* ou *Dr.* Faire un choix, prendre parti entre deux ou plusieurs choses qu'on ne peut avoir ou faire ensemble. V. **Adopter, choisir, décider (se) ; option.** *Opter pour la nationalité* française. « *Faut-il opter? je ne balance pas, je veux être peu-ple* » (LA BRUY.).

OPTICIEN, IENNE [ɔptisjɛ̃, jɛn]. *n.* (1640; fém., 1854; rad. d'*optique*). ♦ 1° *Vx.* Celui qui connaît ou enseigne l'optique. V. **Physicien.** ♦ 2° (1765). *Mod.* Personne qui fabrique, vend des instruments d'optique. *Faire faire ses lunettes chez l'opticien. Opticien qui se conforme à l'ordonnance de l'oculiste**. — Adj. *Diplôme d'ingénieur opticien.*

OPTIMAL, ALE, AUX [ɔptimal, o]. *adj.* (XXᵉ; de *optimum*, d'apr. *maximal*). *Didact.* Qui est un optimum; qui est le meilleur possible.

OPTIMALISER [ɔptimalize]. *v. tr.* (v. 1968; de *optimal*). V. **Optimiser.** — Dér. OPTIMALISATION, *n. f.* V. **Optimisation.**

OPTIMISATION [ɔptimizasjɔ̃]. *n. f.* (1967; de *optimiser*). *Écon.* Action d'optimiser; son résultat. — *Math.* Recherches des valeurs des paramètres qui maximisent une fonction.

OPTIMISER [ɔptimize]. *v. tr.* (v. 1960; de *optimal*, d'apr. l'angl.). *Écon.* Calculer le programme, le modèle optimal de (une organisation, une production). V. **Optimaliser.**

OPTIMISME [ɔptimism(ə)]. *n. m.* (1737; du lat. *optimus*, superl. de *bonus* « bon »). ♦ 1° *Philo.* Doctrine selon laquelle le monde est le meilleur et le plus heureux possible. *Candide* ou *l'Optimisme*, roman de Voltaire (1758), consacré à la réfutation de cette doctrine. ♦ 2° (1788). *Cour.* Tournure d'esprit qui dispose à prendre les choses du bon côté, en négligeant leurs aspects fâcheux. « *L'optimisme m'est toujours apparu comme l'alibi sournois des égoïstes* » (BER-NANOS). ♦ 3° Impression, sentiment de confiance heureuse, dans l'issue, le dénouement favorable d'une situation particulière. « *Le vent était plutôt à l'optimisme* » (MART. du G.). *Envisager la situation avec optimisme. Médicament qui incite à l'optimisme.* V. **Euphorisant.** ◇ ANT. **Pessimisme.**

OPTIMISTE [ɔptimist(ə)]. *adj.* (1752; du rad. d'*optimisme*). ♦ 1° *Philo.* Qui a rapport à l'optimisme ou à ses partisans. — *Subst.* Théoricien ou partisan de l'optimisme. ♦ 2° *Cour.* Qui est naturellement disposé à voir tout en beau, à être toujours content de son sort. Subst. « *Les vrais optimistes n'écrivent pas : ils mangent, ils jouissent* » (DUHAM.). ♦ 3° Qui a l'impression, dans une circonstance particulière, que les choses vont tourner favorablement. *Le docteur n'est pas très optimiste.* — (Choses) « *Les communiqués officiels restaient optimistes* » (CAMUS). ◇ ANT. **Pessimiste.**

OPTIMUM [ɔptimɔm]. *n. m.* (1771; mot lat. « le meilleur », superlatif neutre de l'adj. *bonus*). État considéré comme le plus favorable pour atteindre un but déterminé ou par rapport à une situation donnée. *Optimum de production*, niveau de la production qui assure le profit le plus élevé. *Des optimums* ou *des optima* [ɔptima]. ◇ Adj. (XXᵉ) V. **Optimal.** *Atteindre l'effet optimum. Température optimum* ou *optima.* « *La nation semble faire effort pour atteindre... sa composition optima* » (VALÉRY). *Conditions optimums* ou *optima.*

OPTION [ɔpsjɔ̃]. *n. f.* (v. 1190; lat. *optio*). ♦ 1° Faculté, action d'opter. V. **Choix.** « *La nécessité de l'option me fut toujours intolérable* » (GIDE). « *Pendus, ou noyés, nous n'avions pas d'autre option* » (HUGO). V. **Alternative.** — *Matières, textes à option dans le programme d'un examen*, entre lesquels le candidat peut choisir. V. **Facultatif.** ♦ 2° *Dr.* Faculté ou action de choisir entre plusieurs situations juridiques. — Promesse unilatérale de vente à un prix déterminé sans engagement de la part du futur acheteur. *Prendre une option sur une place d'avion. Lever l'option, abandonner une option.* — Somme versée au vendeur en contrepartie de cette promesse. V. **Arrhes.**

OPTIONNEL, ELLE [ɔpsjɔnɛl]. *adj.* (v. 1967; de *option*). Qui donne lieu à un choix. V. **Facultatif.** *Les enseignements optionnels.* ◇ *Écon.* Qu'on peut acquérir facultativement avec autre chose.

OPTIQUE [ɔptik]. *adj. et n.* (1314; gr. *optikos* « relatif à la vue »).

I. *Adj. et n. f.* ♦ 1° Relatif à la vision. *Nerf optique* formé par la réunion au niveau de la *papille optique* des prolongements des cellules de la rétine. *Angle optique* (ou *visuel*), formé dans l'œil de l'observateur par le croisement des rayons qui partent des extrémités de l'objet regardé. ♦ 2° Relatif à l'optique (II). *Verres optiques.* ◇ *N. f.* L'OPTIQUE : partie optique (lentilles, etc.) d'un appareil d'optique (*opposé à* monture, accessoires). *L'optique d'une caméra.*

II. *N. f.* (1605; lat. *optice*; gr. *optikê* [*tekhnê*] « art de la vision »). ♦ 1° Science qui a pour objet l'étude de la lumière, de ses lois et de leurs relations avec la vision. V. **Catoptrique, dioptrique, optométrie, spectroscopie.** *Optique géométrique*, fondée sur l'étude des lois de la réflexion et de la réfraction, et supposant la propagation rectiligne de la lumière. *Optique médicale*, qui étudie les phénomènes de réfraction normale et pathologique des milieux réfringents de l'œil (V. **Opticien**). *Optique physique*, qui s'occupe des phénomènes en relation avec la nature (ondulatoire, corpusculaire) de la lumière. *Optique cristalline* : étude des propriétés optiques des cristaux.

Appareils, instruments, matériel d'optique : lentille, loupe, lunette, ménisque, microscope, miroir, objectif, oculaire, périscope, prisme, spectroscope, stadia, stéréoscope, télémètre, télescope, verre. *Fabricant, marchand d'appareils d'optique.* V. **Opticien.** — Par ext. *Optique électronique.* ◇ *Traité, ouvrage sur l'optique. L'Optique de Newton.* ◇ *Commerce, fabrication, industrie des appareils d'optique. Ingénieur qui travaille dans l'optique. Optique astronomique, photographique.* — Loc. *Illusion* d'optique.* ♦ 2° Aspect particulier que prend un objet vu à distance d'un point déterminé. V. **Perspective.** *L'optique du théâtre, du cinéma.* « *Il faut qu'à cette optique de la scène, toute figure soit ramenée à son trait le plus saillant, le plus individuel, le plus précis* » (HUGO). ◇ (*Abstrait*) Manière de voir, point de vue. « *Des lois particulières qui régissent l'optique des esprits orientaux* » (GOBI-NEAU).

OPTO-. Élément du gr. *optos* « visible ».

OPTOMÈTRE [ɔptɔmɛtr(ə)]. *n. m.* (1858; rad. gr. *opsomai* « voir », et -*mètre*). *Techn.* Appareil qui sert à évaluer le degré d'amétropie (hypermétropie, myopie) de l'œil.

OPTOMÉTRIE [ɔptɔmetri]. *n. f.* (1874; de *optomètre*). *Didact.* ♦ 1° Mesure de l'amétropie de l'œil au moyen de l'optomètre; spécialité de l'opticien qui examine la vue. V. **Optométriste.** ♦ 2° Partie de l'optique et de la physique qui a la vision pour objet.

OPTOMÉTRISTE [ɔptɔmetrist(ə)]. *n.* (XIXᵉ; de *optométrie*). Opticien qui pratique l'optométrie (comme l'oculiste). *Opticien optométriste lunetier.*

OPULENCE [ɔpylɑ̃s]. *n. f.* (1464; lat. *opulentia*, de *opulentus*). ♦ 1° Grande abondance de biens. V. **Abondance, aisance, fortune, richesse.** *Vivre dans le luxe et l'opulence. Nager dans l'opulence. Opulence d'un État.* ♦ 2° Fig. *Opulence des formes.* V. **Ampleur.** ◇ ANT. Besoin, misère, pauvreté.

OPULENT, ENTE [ɔpylɑ̃, ɑ̃t]. *adj.* (1356; lat. *opulentus*). ♦ 1° Qui est très riche, qui est dans l'opulence. V. **Riche.** « *La Hongrie, contrée opulente et fertile* » (D'ALEMB.). « *Son luxe opulent était celui des grands hôtels* » (MAUPASS.). Par ext. *Vie opulente.* ♦ 2° Qui a de l'ampleur dans les formes. « *Il trouvait les femmes opulentes et sensuelles* » (ROMAINS). *Poitrine opulente.* V. **Fort, gros.** ◇ ANT. Misérable.

OPUNTIA. V. **Oponce.**

OPUS [ɔpys]. *n. m.* (mot lat. « ouvrage »). *Mus.* Indication utilisée pour désigner un morceau de musique avec son numéro dans l'œuvre complète d'un compositeur (Abrév. *Op.*). *Numéro d'opus des œuvres de Bach* (B.W.V.), *Mozart* (Köchel). *Beethoven, opus 106.*

OPUS INCERTUM [ɔpysɛ̃sɛrtɔm]. *n. m.* (XXᵉ; mots lat. « ouvrage irrégulier »). *Techn.* Empilage de moellons bruts sur mortier.

OPUSCULE [ɔpyskyl]. *n. m.* (XIVᵉ; lat. *opusculum*, dimin. de *opus* « ouvrage »). Petit ouvrage, petit livre. V. **Brochure.**

1. OR [ɔr]. *n. m.* (Xᵉ; lat. *aurum*). **Ⓐ** (*Métal*). ♦ 1° Métal précieux jaune brillant, corps simple (symb. Au; poids at. 197; nᵒ at. 79), très ductile et malléable, inattaquable à l'air et à l'eau. *L'or est inaltérable, inoxydable. L'or se trouve dans la nature surtout à l'état natif* (non combiné), *mais impur, en fragments* (V. **Paillette, pépite, poudre**), *mêlés à du sable* (sable aurifère*), *à des dépôts rocheux* (V. **Placer**). *Mine* d'or. Chercheur d'or.* V. **Orpailleur.** *La ruée vers l'or. Les alchimistes prétendaient transformer le plomb en or.* — Loc. *Le veau* d'or. La poule* aux œufs d'or.* ◇ Par ext. (En parlant des composés, des solutions de l'or) *Liqueur d'or* : sorte de ratafia contenant des paillettes d'or (appelée aussi *Eau-de-vie de Dantzig*). — *Or colloïdal* : solution colloïdale d'or, employée comme anti-infectieux. ◇ Ce métal précieux allié ou non à d'autres substances, dans des proportions variables (titre, aloi). *Or de coupelle**, *affiné. Or vierge, or pur, or fin. Titre de l'or.* V. **Aloi, carat, titre.** *Or contrôlé, poinçonné.* V. **Poinçon.** *Or jaune, ou blanc* (allié d'argent et de cuivre), *or rouge* (allié de cuivre), *or gris* (allié de zinc, de nickel). *Or patiné; vieil or.* — *Lingot, barre d'or. Bijoux, joyaux d'or* ; *or en massif.* V. **Orfèvrerie.** *Stylo à plume en or.* — *Filigrane d'or. Peinture, enluminure sur fond d'or. Incruste un filet d'or dans un métal* : damasquiner. *Couvrir d'une feuille d'or.* V. **Doré, dorer.** *Bijou en plaqué d'or.* V. **Plaqué.** *Argent plaqué d'or.* V. **Vermeil.** — *Dents en or.* — *Étoffe brodée d'or* : brocart. *Habits de soie et d'or. Le camp du Drap* d'or.* — Loc. fig. *Être cousu, tout cousu d'or* : très riche. Poét. *Jaunes filés d'or* et *de soie* : très heureux (par allus. aux Parques). ◇ *Pièces d'or.* V. **Jaunet, louis.** *Payer une somme en or* = en pièces d'or. « *Tu répugnes peut-être à te séparer de ton or, hein, fifille?* » (BALZ.). ◇ Par ext. Monnaie métallique virtuelle (étalon, valeur de référence) ou réelle (*or monnayé*). V. **Monnaie.** *Cours de l'or. Valeur, change de l'or.* — *Encaisse d'une banque d'émission. Étalon or. Valeur or d'une unité monétaire.* ♦ 2° Symbole de richesse. *Le pouvoir de l'or.* « *L'or est tout; et le reste, sans or, n'est rien* » (DIDER.). *Soif de l'or.* — Loc. *Acheter, vendre,* *payer à prix d'or* : très cher. — *Valoir son pesant d'or* : valoir très cher, et *fig.* Être très précieux, avoir une grande valeur. — *Affaire, marché en or.* V. **Avantageux.** Fig. *C'est de l'or en barre.* — *Couvrir d'or* : payer très cher (qqn), lui donner beaucoup d'argent. *Faire un pont* d'or à qqn. Rouler sur l'or* : être dans l'opulence, la richesse. *Pour tout l'or du monde* : à aucun prix. V. **Jamais.** « *C'était une rue où elle n'aurait pas demeuré pour tout l'or du monde* » (ZOLA). ♦ 3º Substance ayant l'apparence de l'or véritable. V. **Chrysocale, oripeau.** *Or mussif. Or de couleur.* Par appos. *Peinture or. L'or d'un cadre, d'une décoration.* ⓑ Fig. et *métaph.* ♦ 1º (En parlant de ce qui a une couleur jaune, un éclat comparable à celui de l'or). V. **Brillant, éclat.** *Cheveux d'or,* d'un blond doré. *Casque d'or. L'or des blés, des ajoncs. L'or et la pourpre de l'automne.* ♦ 2º **Blas.** Un des deux métaux héraldiques, représenté conventionnellement par des pointillés. ♦ *(En loc.).* Chose précieuse, rare, excellente. PROV. *Tout ce qui brille n'est pas or.* — *Noces d'or.* — *Parler d'or* : dire des choses excellentes, très sages. *Saint Jean Bouche d'or.* Cf. **Chrysostome.** *Le silence est d'or.* — *Être franc, bon comme l'or. Cœur d'or.* V. **Bon, excellent, généreux.** — *Fam.* EN OR : excellent, parfait. *Un mari en or.* « *Je vois un beau film à faire.* — *Un sujet en or, approuva Lili* » (AYMÉ). ◇ ÂGE D'OR : temps heureux d'une civilisation (ancien ou à venir). Par ext. « *Cette période extraordinaire qu'on a pu appeler l'âge d'or de la littérature française médiévale* » (ARAGON). — *Siècle d'or,* se dit d'une époque brillante de prospérité et de culture (*spécialt.* en Espagne). ◇ *Livre d'or.* V. **Livre.** — *Esthét. Nombre d'or.* V. **Nombre.** ♦ 4º *L'or noir* : le pétrole.

2. OR [ɔʀ] et *vx* **ORE, ORES** [ɔʀ]. *adv.* et *conj.* (Xe; lat. pop. *hora* pour *hac hora* « à cette heure »; Cf. Désormais, dorénavant, encore, lors). **I.** Adv. *Vx.* Maintenant, présentement. *Or ça.* « *Or, adieu, j'en suis hors* » (LA FONT.). ◇ *Mod.* D'ORES ET DÉJÀ [dɔʀze deʒa] (1877) : dès maintenant, dès aujourd'hui. « *Le triomphe final sera difficile. Mais d'ores et déjà, pour ceux qui consentent à voir, il est inévitable* » (MART. du G.). **II.** *Mod. Conj.* Marquant un moment particulier d'une durée ou d'un raisonnement. « *Or, un dimanche elle aperçut tout à coup une femme qui promenait son enfant* » (MAUPASS.). — *Or sert à introduire la mineure d'un syllogisme, un argument ou une objection à une thèse.* ◇ HOM. *Hors, or* (1).

ORACLE [ɔʀakl(ə)]. *n. m.* (1160, « lieu sacré »; lat. *oraculum*). ♦ 1º (1390). *Vx.* Volonté de Dieu annoncée par les prophètes et les apôtres. V. **Prophétie.** ♦ 2º (1530). *Antiq.* Réponse qu'une divinité donnait à ceux qui la consultaient en certains lieux sacrés. V. **Divination.** *Les oracles de la pythie, de la sibylle.* — La divinité qui rendait ces oracles; le sanctuaire où elle les rendait. *L'oracle de Delphes.* ♦ 3º (1546). *Littér.* Décision, opinion exprimée avec autorité et qui jouit d'un grand crédit. « *L'honneur parle, il suffit : ce sont là nos oracles* » (RAC.). ♦ 4º (1609). Personne qui parle avec autorité ou compétence. V. **Augure.** « *Talleyrand, considéré comme l'oracle de son temps* » (MADELIN).

ORAGE [ɔʀaʒ]. *n. m.* (XIIe; de l'a. fr. *ore* « brise »; lat. *aura*). ♦ 1º Perturbation atmosphérique violente, caractérisée par des phénomènes électriques (éclairs, tonnerre), souvent accompagnée de pluie, de vent. V. **Bourrasque, ouragan, tempête.** *Pluie, vent d'orage. Il va y avoir, il va faire de l'orage. L'orage menace, éclate.* « *Levez-vous vite, orages désirés* » (CHATEAUB.). — *Orage volcanique,* qui accompagne l'éruption d'un volcan. ◇ *Orage magnétique* : perturbation du champ magnétique terrestre qui coïncide avec les éruptions solaires et les aurores polaires. ♦ 2º *Fig.* Trouble qui éclate ou menace d'éclater. Littér. *Les orages des passions.* Cour. *Il y a de l'orage dans l'air* : une nervosité qui laisse présager une dispute. « *Sa voix, son regard, sa figure sont à l'orage* » (BALZ.). ◇ ANT. *Calme* (1).

ORAGEUSEMENT [ɔʀaʒøzmã]. *adv.* (1868; de *orageux*). D'une manière orageuse.

ORAGEUX, EUSE [ɔʀaʒø, øz]. *adj.* (*h.* 1200, fig.; 1564; de *orage*). ♦ 1º Qui annonce l'orage; qui a les caractères de l'orage. *Le temps est orageux. Ciel, nuage orageux. Chaleur, pluie orageuse.* ◇ Sujet aux orages; troublé par l'orage. *Saison, contrée orageuse. Mer orageuse.* ♦ 2º *Fig.* Tumultueux. *Discussion, séance, vie orageuse.* V. **Agité, mouvement.** ◇ ANT. *Calme* (2).

ORAISON [ɔʀɛzɔ̃]. *n. f.* (*Oreison,* 1050; lat. *oratio*). ♦ 1º Prière. V. **Orémus.** *Oraison dominicale. Oraison jaculatoire. Dire, faire, réciter une oraison.* — *Liturg. Les trois oraisons de la messe* : la collecte, la secrète, le postcommunion. ♦ 2º (XVIe) repris lat. class.). *Vx.* Discours prononcé en public. V. **Harangue.** — *Mod. Oraison funèbre* : discours religieux prononcé à l'occasion des obsèques d'un personnage illustre. *Les « Oraisons funèbres » de Bossuet. Fam. Prononcer l'oraison funèbre d'un usage, d'une institution.* ♦ 3º *Vx.* (XVIIe). *Les parties de l'oraison* : les parties du dis-

ORAL, ALE, AUX [ɔʀal, o]. *adj.* (1610; du lat. *os, oris* « bouche »). ♦ 1º (*Opposé à écrit*). Qui se fait, se transmet par la parole. V. **Verbal.** *Confession, déposition; littérature, tradition orale.* ◇ *Spécialt. Épreuves orales d'un examen.* — *Subst. L'oral* : l'ensemble des épreuves orales d'un examen ou d'un concours. *Il a réussi à l'écrit, mais échoué à l'oral.* ♦ 2º (v. 1830). Relatif à la bouche. V. **Buccal.** *Médicament qui s'administre par voie orale.* — *Psychan. Stade oral* : premier stade de la libido, précédant le stade anal, selon Freud. — *Phonét. Voyelle orale* (*opposé à nasale*). ◇ ANT. *Écrit, graphique.*

ORALEMENT [ɔʀalmã]. *adv.* (1907; de *oral*). D'une manière orale. *Interroger un élève oralement.*

-ORAMA. Élément, du gr. *orama* « vue », simplifié en *-rama* (*ex.* : panorama; cinérama).

ORANGE [ɔʀãʒ]. *n. f.* (1515; *pomme d'orenge,* v. 1300; a. it. *melarancia;* de l'arabe *narandj*). ♦ 1º Fruit comestible de l'oranger (agrume), d'un jaune tirant sur le rouge. *Quartier d'orange. Écorce, peau, pelure d'orange.* V. **Zeste.** *Orange amère.* V. **Bigarade.** *Orange sanguine. Marmelade d'oranges. Jus d'orange. Orange pressée* (V. **Orangeade**). *Vin d'oranges.* V. **Sangria.** *Liqueur d'orange.* V. **Curaçao.** — Loc. fig. *On presse* l'orange et on jette l'écorce.* ♦ 2º Adj. invar. D'une couleur semblable à celle de l'orange. V. **Orangé.** *Des rubans orange.* — Subst. m. *Un orange clair, soutenu.*

ORANGÉ, ÉE [ɔʀãʒe]. *adj.* et *n. m.* (XVIe; de *orange*). ♦ 1º D'une couleur formée par la combinaison du jaune et du rouge. V. **Orange; abricot, tango.** *Soie orangée. Rose orangé.* « *De chaudes teintes orangées dorent sa joue au fard vermeil* » (GAUTIER). ♦ 2º N. m. Cette couleur, en tant que couleur du spectre solaire. *Les orangés,* matières colorantes azoïques.

ORANGEADE [ɔʀãʒad]. *n. f.* (1642; it. *aranciata*). Boisson préparée avec du jus d'orange, du sucre et de l'eau.

ORANGEAT [ɔʀãʒa]. *n. m.* (*Orengat,* 1398; de *orang*·). *Rare.* Écorce d'orange confite.

1. ORANGER [ɔʀãʒe]. *n. m.* (1389; de *orange*). Arbre fruitier (*Aurantiacées*) qui produit les oranges. *Oranger amer* (bigaradier). *Spécialt.* L'oranger doux (*citrus sinensis*). *Plantation, verger d'orangers.* V. **Orangeraie, orangerie.** *Bois, bosquet d'orangers. Eau de fleur d'oranger,* liqueur obtenue par la distillation des fleurs de l'oranger. *La fleur d'oranger,* symbole de la virginité et du mariage. « *Lucie s'avançait... une couronne d'oranger dans les cheveux* » (FLAUB.).

2. ORANGER [ɔʀãʒe]. *v. tr.;* conjug. *bouger* (1846; de *orange*). *Rare.* Teindre d'une couleur orange. *Oranger des rubans.*

ORANGERAIE [ɔʀãʒʀɛ]. *n. f.* (XXe; de *oranger* 1). Plantation, verger d'orangers cultivés en pleine terre.

ORANGERIE [ɔʀãʒʀi]. *n. f.* (1603; de *oranger* 1). ♦ 1º Lieu fermé où l'on met à l'abri pendant la saison froide les orangers cultivés dans des caisses. V. **Serre.** *L'orangerie de Versailles, des Tuileries.* ◇ Partie d'un jardin où les orangers sont placés pendant la belle saison. ♦ 2º (1876). Orangeraie.

ORANGETTE [ɔʀãʒɛt]. *n. f.* (1846; de *orange*). Petite orange amère, cueillie avant maturité, et utilisée en confiserie.

ORANGISTE [ɔʀãʒist(ə)]. *n.* et *adj.* (1839; de *Orange,* n. pr.). *Hist.* Nom donné aux partisans de la dynastie d'Orange.

ORANG-OUTAN, ORANG-OUTANG [ACAD.] [ɔʀã utã]. *n. m.* (1680, répandu XVIIIe; du malais *orang outan* « homme des bois »). Grand singe anthropoïde d'Asie, à longs poils, aux membres antérieurs très longs. *Des orangs-outans.*

ORANT, ANTE [ɔʀã, ãt]. *n. m.* et *f.* (1874; du lat. *orare*). *Archéol.* ♦ 1º Dans l'art chrétien primitif, Personnage représenté en prière. *Les orantes des peintures des catacombes.* Adj. *Vierge orante.* ♦ 2º (Moyen âge, Renaissance). Statue funéraire qui représente un personnage en prière, à genoux et les mains jointes (*opposé à gisant*).

ORATEUR, TRICE [ɔʀatœʀ, tʀis]. *n. m.* (1380, fém. 1666; *oratour,* v. 1180; lat. *orator*). *Rare* au fém. ♦ 1º Personne qui compose et prononce souvent des discours. V. **Conférencier, débatteur, rhéteur** (*péj.*), **tribun.** *Orateur sacré.* V. **Prédicateur.** *Orateur éloquent, persuasif. Une femme orateur, une oratrice.* « *Pour apprécier pleinement un orateur, il faut l'entendre et le voir* » (ROMAINS). ◇ Personne qui est amenée occasionnellement à prendre la parole. *À la fin du banquet l'orateur a été très applaudi.* ♦ 2º Personne éloquente, qui sait parler en public, qui use du style des ouvrages d'éloquence. « *Clemenceau est orateur comme certaines femmes sont belles. Par sursauts* » (ROMAINS).

1. ORATOIRE [ɔʀatwaʀ]. *n. m.* (XIIIe; *oratur,* XIIe; lat. chrét. *oratorium,* du lat. *orare* « prier »). ♦ 1º Lieu destiné à la prière, petite chapelle. « *Il disait sa messe soit à la cathédrale, soit dans son oratoire* » (HUGO). ♦ 2º (1680). Nom de diverses congrégations religieuses. *L'Oratoire de Jésus.*

Membre de l'Oratoire. Les Pères de l'Oratoire. V. **Oratorien.** — *Église,* maison de la congrégation de l'Oratoire. ♦ 3° *Mus.* Vx. V. **Oratorio.**

2. ORATOIRE [ɔʀatwaʀ]. *adj.* (v. 1500; lat. *oratorius;* de *orator*). Qui appartient ou convient à l'orateur, à l'art de parler en public; qui a le caractère des ouvrages d'éloquence. *Art oratoire.* V. **Déclamation.** *Développement oratoire* : discours. *Morceau, période, procédé, ton oratoire. Joute oratoire.* ◇ (1798) *Précautions oratoires :* moyens qu'on emploie pour se concilier la bienveillance de l'auditeur et ménager sa susceptibilité.

ORATORIEN [ɔʀatɔʀjɛ̃]. *n. m.* (1721; de *oratoire* 1). Membre de la congrégation religieuse de l'Oratoire. *Malebranche, Massillon, oratoriens célèbres.*

ORATORIO [ɔʀatɔʀjo]. *n. m.* (1700; mot it. « oratoire »). *Mus.* Drame lyrique sur un sujet religieux, parfois profane, qui contient les mêmes éléments que la cantate, avec un rôle plus important dévolu à l'orchestre. *Les oratorios de Haendel. L'oratorio de Noël, de Bach.*

1. ORBE [ɔʀb(ə)]. *adj.* (XIIIᵉ; *orbs* « aveugle », 1050; lat. *orbus*). ♦ 1° *Chir. Coup orbe,* qui meurtrit la chair sans l'entamer. ♦ 2° *Techn. Mur orbe,* qui n'est percé d'aucune ouverture.

2. ORBE [ɔʀb(ə)]. *n. m.* (XIIIᵉ; fém.; 1527, masc.; lat. *orbis*). ♦ 1° *Astron.* Espace circonscrit par l'orbite d'une planète ou de tout corps céleste. *Surface d'un orbe elliptique.* ◇ *(Abusif)* Cette orbite. *Orbe que décrit la Lune.* ♦ 2° *Poét.* Globe, sphère (d'un astre). « *L'orbe d'or du soleil tombé des cieux sans bornes* » (LEC. DE LISLE). ◈ HOM. Orbe (1).

ORBICOLE [ɔʀbikɔl]. *adj.* (1868; de *orbe* 2, et *-cole*). *Rare.* Qui se trouve sur tous les points du globe. *Plante orbicole.*

ORBICULAIRE [ɔʀbikylɛʀ]. *adj.* (XIVᵉ; lat. *orbicularis*). *Didact.* ♦ 1° En forme de cercle. V. **Rond.** *Anat. Muscles orbiculaires* (des lèvres, des paupières), dont la contraction détermine une occlusion. *Subst. L'orbiculaire des paupières.* ♦ 2° Qui décrit un cercle. *Mouvement orbiculaire.*

ORBITAIRE [ɔʀbitɛʀ]. *adj.* (XVIᵉ; de *orbite*). *Anat.* Qui a rapport à l'orbite de l'œil.

ORBITAL, ALE, AUX [ɔʀbital, o]. *adj.* (1874; de *orbite*). *Astron.* Qui a rapport à l'orbite d'une planète, d'un satellite, etc. *Station orbitale.*

ORBITE [ɔʀbit]. *n. f.* (1314; lat. *orbita*. V. Orbe 2). I. Cavité osseuse dans laquelle se trouvent placés l'œil et ses annexes. *Avoir les yeux qui sortent des orbites.* V. **Exorbité.** *Faire sortir de son orbite* (V. **Désorbiter**). II. ♦ 1° *Astron.* (1676). Trajectoire courbe d'un corps céleste ayant pour foyer un autre corps céleste. *Orbite elliptique d'une planète. Inclinaison d'une orbite planétaire sur l'écliptique. La Terre décrit, parcourt son orbite autour du Soleil en 365 jours 6 h 9 mn.* — (Abusif) *Placer un satellite artificiel sur son orbite; le mettre en orbite* : lui faire décrire l'orbite prévue, calculée. (V. **Lancer**). *Qui peut être mis sur orbite.* V. **Satellisable.** ◇ *Phys.* Trajectoire fermée décrite par un corps animé d'un mouvement périodique. *Les orbites des électrons.* ♦ 2° *Fig.* « *Une séduction irrésistible... qui vous emporte dans son orbite* » (BARBEY). V. **Sphère.** « *En 1956, le phénomène-mythe-Bardot fut mis sur orbite* » (*Paris-Match,* 25-10-1969).

ORBITÈLES [ɔʀbitɛl]. *n. m. pl.* (1846; du lat. *orbis,* et *tela*). *Zool.* Famille d'araignées sédentaires qui tissent une toile verticale avec fils circulaires et rayonnants (*ex. :* l'épeire).

ORCANÈTE ou **ORCANETTE** [ɔʀkanɛt]. *n. f.* (*Arguenet,* 1398; *arcamette,* 1562; de *arcanne,* lat. médiév. *alchanna,* de l'arabe). Plante des régions méditerranéennes (*Borraginées*) dont la racine fournit une matière colorante rouge foncé. ◇ *Techn.* Racine contenant un principe colorant rouge.

ORCHESTIQUE [ɔʀkestik] ou **ORCHESTRIQUE** [ɔʀkestʀik]. *n. f.* (1721,-XIXᵉ; gr. *orkhêstikê*). *Antiq. gr.* Art de la danse, science des attitudes et des mouvements considérés dans leur valeur expressive et leur emploi au théâtre. V. **Chorégraphie, pantomime.**

ORCHESTRAL, ALE, AUX [ɔʀkɛstʀal, o]. *adj.* (1845; de *orchestre*). Propre à l'orchestre symphonique. *Masse, musique orchestrale.* ◇ Qui a les qualités de l'orchestre. *Beauté orchestrale, style orchestral.*

ORCHESTRATEUR, TRICE [ɔʀkɛstʀatœʀ, tʀis]. *n.* (mil. XXᵉ; de *orchestrer*). Musicien, musicienne qui fait une orchestration.

ORCHESTRATION [ɔʀkɛstʀasjɔ̃]. *n. f.* (1836; de *orchestrer*). ♦ 1° Action, manière d'orchestrer. V. **Instrumentation.** *Cours, traité d'orchestration.* ♦ 2° Adaptation d'une œuvre musicale à l'orchestre. V. **Arrangement, harmonisation.**

ORCHESTRE [ɔʀkɛstʀ(ə)]. *n. m.* (1520; gr. *orkhêstra*). I. ♦ 1° *Antiq.* Dans les théâtres antiques, Espace compris entre le public et la scène. ♦ 2° (1665) *Mod.* Partie contiguë à la scène et un peu en contrebas, où peuvent prendre place des musiciens. *Fosse d'orchestre. Les pupitres de l'orchestre.*

♦ 3° *Cour.* Dans une salle de spectacle, Ensemble des places du rez-de-chaussée les plus proches de la scène ou de l'écran. *Fauteuil d'orchestre.* Par ext. *Louer deux orchestre(s).* ◇ Le public qui occupe ces places. Il « *saluait de nouveau en souriant sous les applaudissements de l'orchestre* » (MAUPASS.). II. (v. 1750). Groupe d'instrumentistes qui exécute ou qui est constitué en vue d'exécuter de la musique polyphonique. *Orchestre de trois, de soixante exécutants. Grands et petits orchestres.* V. **Concert, ensemble, formation, octuor, quatuor, quintette, septuor, trio.** *Orchestre symphonique. Morceau, musique d'orchestre.* V. **Orchestral.** *Concerto pour violon et orchestre. Parties d'orchestre* (opposé à *parties vocales*). *Orchestre philharmonique. Orchestre dirigé par X. Chef* d'orchestre.* « *Enfin le chef d'orchestre abaissa sa baguette, et toutes les personnes qui étaient sur la scène se mirent ensuite à faire du bruit* » (MONTHERLANT). *Orchestre d'harmonie*. Orchestre de cuivres.* V. **Fanfare.** — (Selon le genre d'œuvres) *Orchestre de (musique) de chambre. Orchestre de jazz, de danse.*

ORCHESTRER [ɔʀkɛstʀe]. *v. tr.* (1838; de *orchestre*). ♦ 1° *Mus.* Composer (une partition) en combinant les parties instrumentales. *Œuvre puissamment orchestrée.* ◇ Adapter pour l'orchestre. V. **Arranger, harmoniser.** *Ravel a orchestré les « Tableaux d'une exposition » de Moussorgsky.* ♦ 2° *Fig.* Organiser en cherchant à donner le maximum d'ampleur et de retentissement. *Orchestrer une campagne de presse.*

ORCHIDACÉES [ɔʀkidase]. *n. f. pl.* (1846, adj. V. **Orchidée**). Famille de plantes phanérogames angiospermes à pétales inégaux (V. **Labelle**), souvent épiphytes, qui comprend de nombreuses espèces (*ex. :* orchis, vanille). V. **Orchidée.**

ORCHIDÉE [ɔʀkide]. *n. f.* (1766; du gr. *orkhidion* « petit testicule »). Plante de la famille des orchidacées dont les fleurs groupées en grappes parfumées sont recherchées pour leur grande beauté. ◇ *Cour.* La fleur. *Corbeille, gerbe d'orchidées.*

ORCHIS [ɔʀkis]. *n. m.* (1546; gr. *orkhis*). *Bot.* Plante d'Europe et d'Asie Mineure (*Orchidacées*), communément appelée *orchidée.*

ORCHITE [ɔʀkit]. *n. f.* (1836; gr. *orkhis*). *Méd.* Inflammation du testicule. *Orchite ourlienne,* qui complique les oreillons.

ORDALIE [ɔʀdali]. *n. f.* (1721; a. angl. *ordâl*). *Ancienn.* Épreuve judiciaire par les éléments naturels, jugement de Dieu par l'eau, le feu.

ORDINAIRE [ɔʀdinɛʀ]. *adj.* et *n. m.* (1348; « juge », 1260; lat. *ordinarius*). I. *Adj.* ♦ 1° Conforme à l'ordre normal, habituel de choses; sans condition particulière. V. **Courant, habituel, normal, usuel.** *Le cours ordinaire des choses.* V. **Coutumier.** *Des façons ordinaires.* — *Impers.* « *Il est encore assez ordinaire de mépriser qui nous méprise* » (LA BRUY.). — *Fam. Ça alors, c'est pas ordinaire !* c'est étonnant, incompréhensible. ◇ *Habituel,* coutumier à qqn. *Sa froideur, sa gaieté, sa maladresse ordinaire.* ♦ 2° (*Personnes*). Qui remplit habituellement une fonction. *Hist. Le médecin, le maître d'hôtel ordinaire du roi,* qui remplissait sa fonction toute l'année. *Évêques ordinaires :* ceux qui gouvernent un diocèse. ♦ 3° (XVIIᵉ). Dont la qualité ne dépasse pas le niveau moyen le plus courant. V. **Banal, commun.** *Les génies et les hommes ordinaires. Des gens très ordinaires :* de condition sociale très modeste, ou peu distingués. — « *Un destin exalté peut être le substitut d'une existence tout ordinaire, et réciproquement* » (ROMAINS). *Du vin ordinaire.* II. *N. m.* ♦ 1° (XVIᵉ). *À son ordinaire :* d'après son comportement habituel, comme d'habitude. « *Demain j'irai au collège en fumant... comme à mon ordinaire* » (FLAUB.). ◇ Le degré habituel, moyen d'une chose. Ce qui ne se distingue par rien de particulier. *Avoir horreur de l'ordinaire.* « *Une intelligence au-dessus de l'ordinaire* » (PROUDHON). ♦ 2° (Déb. XVᵉ). Surtout *Milit.* Ce que l'on mange, ce que l'on sert habituellement aux repas. V. **Alimentation.** *Un bon ordinaire. Menu supérieur à l'ordinaire. Caporal d'ordinaire.* ♦ 3° *Liturg. Ordinaire de la messe :* ensemble des prières de teneur invariable (opposé à *propre*). III. *Loc. adv.* D'ORDINAIRE, À L'ORDINAIRE : de façon habituelle, à l'accoutumée, *et par ext.* le plus souvent. V. **Coutume** (de), **habitude** (d'); habituellement, ordinairement, **souvent** (le plus souvent). « *Un hiver plus rude que d'ordinaire* » (MICHELET), *et par ext.* « *Le vieux jardinier Clovis fagotant du bois mort comme à l'ordinaire* » (BERNANOS).

◈ ANT. Anormal, étrange, exceptionnel, extraordinaire, original, rare, remarquable. Distingué, excentrique.

ORDINAIREMENT [ɔʀdinɛʀmɑ̃]. *adv.* (1381; de *ordinaire*). D'une manière ordinaire, habituelle. V. **Communément, couramment, généralement, habituellement.** *Il vient ordinairement le matin.* « *Cette audace inattendue dans un homme ordinairement si craintif* » (ROUSS.).

ORDINAL, ALE, AUX [ɔʀdinal, o]. *adj. et n. m.* (1550; lat. gram. *ordinalis*). ♦ 1° Qui marque l'ordre, le rang. *Nombre ordinal* (opposé à *nombre cardinal**), indiquant la position, le rang d'un élément dans un ensemble bien ordonné*. — *Gram.* Se dit d'un adjectif numéral qui exprime le rang d'un élément dans un ensemble. *Subst. Les ordinaux servent à classer un objet dans une série.* — *Adverbes ordinaux,* dérivés des adjectifs ordinaux (premièrement, deuxièmement). ♦ 2° *N. m.* (XVIᵉ; mot angl.). *L'ordinal,* livre de prières et de formules d'ordination de l'Église anglicane.

ORDINAND [ɔʀdinɑ̃]. *n. m.* (1642; lat. *ordinandus*). *Liturg.* Celui qui est ordonné prêtre. ◇ HOM. *Ordinant.*

ORDINANT [ɔʀdinɑ̃]. *n. m.* (1690; lat. *ordinans*). *Liturg.* Ministre du sacrement de l'ordination. V. **Ordinateur.** L'évêque est l'ordinant. ◇ HOM. *Ordinand.*

ORDINARIAT [ɔʀdinaʀja]. *n. m.* (1877; de [évêque] *ordinaire* I, 2°). *Relig.* Fonction, pouvoir judiciaire de l'évêque diocésain.

ORDINATEUR, TRICE [ɔʀdinatœʀ, tʀis]. *adj. et n. m.* (1491; lat. *ordinator, -trix*). ♦ 1° *Adj. (Didact).* Qui ordonne, met en ordre. *Cause ordinatrice.* ♦ 2° *N. m. (Relig.).* Celui qui confère un ordre ecclésiastique. V. **Ordinant.** ♦ 3° *N. m.* (mil. XXᵉ). Grosse calculatrice électronique dotée de mémoires à grande capacité, de moyens de traitement des informations à grande vitesse, capable de résoudre des problèmes arithmétiques et logiques complexes grâce à l'exploitation automatique de programmes enregistrés. *Adresse, pupitre d'un ordinateur. Imprimante d'ordinateur.*

ORDINATION [ɔʀdinasjɔ̃]. *n. f.* (1190; lat. chrét. *ordinatio*). ♦ 1° *Liturg. cathol.* Acte par lequel est administré le sacrement de l'ordre. *Les ordinations ont lieu au cours d'une messe pontificale. Conférer* (V. **Ordinant**), *recevoir* (V. **Ordinand**) *l'ordination.* « *Chaque séminariste devait passer par cinq ordinations : la* « *tonsure* », *les* « *ordres moindres* », *le* « *sous-diaconat* », *le* « *diaconat* » *et le* « *sacerdoce* » (STE-BEUVE). ◇ *Cour.* Administration de la prêtrise (ordre majeur). ♦ 2° (1671; repris au lat. class.). *Math.* Action d'ordonner. ◇ *Techn. (Néol.)* Ensemble d'opérations effectuées par un ordinateur.

ORDO [ɔʀdo]. *n. m. invar.* (XVIIIᵉ; mot lat. « ordre »). *Liturg.* Calendrier liturgique qui comprend les diverses parties de l'année liturgique de l'Église universelle et d'une Église ou d'un ordre particulier.

ORDONNANCE [ɔʀdɔnɑ̃s]. *n. f.* (XIIᵉ; de *ordonner*). I. Mise en ordre; disposition selon un ordre. V. **Agencement, arrangement, disposition, ordonnancement, organisation.** *Ordonnance des mots dans la phrase.* « *L'ordonnance, la disposition de toutes les fêtes, tout cela est de la charge du majordume-major* » (ST-SIM). *L'ordonnance d'un repas,* la suite des plats. ◇ (XVIIᵉ) *Peint.* Composition d'ensemble d'un tableau, d'une œuvre décorative; groupement et équilibre des masses. — *Archit.* Disposition d'ensemble d'un édifice. V. **Architectonique.** *Ordonnance d'un appartement :* disposition des pièces; plan. « *Une pièce voisine qui, dans l'ordonnance de l'appartement, formait un salon de jeu* » (BALZ.).

II. (XIIIᵉ). Prescription, chose ordonnée. ♦ 1° *Dr. const.* Textes législatifs émanant de l'Exécutif (roi, gouvernement). V. **Constitution, loi.** *Ordonnances et édits*.* — *Les ordonnances de la constitution de 1958 :* textes du domaine exécutif pris par le pouvoir exécutif (V. **Décret-loi**). ◇ (1868) *Arrêté du préfet de police de Paris.* V. **Règlement.** ◇ (1510) *Décision émanant d'un juge unique. Le juge a rendu une ordonnance de non-lieu. Ordonnance pénale* (ou *décret pénal*), *pouvant porter condamnation d'un contrevenant sans qu'il ait pu se défendre. Ordonnance de non-conciliation en matière de divorce.* ◇ *Fin.* (XVᵉ) *Ordre de paiement décerné par un ministre (ordonnance de paiement) :* autorisation à une personne (V. **Ordonnateur**) *de disposer de crédits par des mandats de paiement (ordonnance de délégation).* ♦ 2° (1660). Prescriptions d'un médecin; écrit qui les contient. *Médicament délivré seulement sur ordonnance.* « *Un petit meuble secrétaire était consacré en entier aux ordonnances que l'on gardait toutes* » (MONTHERLANT). ♦ 3° (1752). *Vx.* Cavalier servant de messager à un officier supérieur ou général. — *Ancienn.* (1849; souvent masc.) Domestique militaire, soldat attaché à un officier. « *Les ordonnances suivaient, portant les cantines* » (SARTRE). ♦ 4° *Milit.* (1740). D'ORDONNANCE : conforme au règlement. *Revolver d'ordonnance.* ◇ (1812) *Officier d'ordonnance :* officier qui remplit auprès d'un officier général, ou d'un chef d'État, les fonctions d'aide de camp.

ORDONNANCEMENT [ɔʀdɔnɑ̃smɑ̃]. *n. m.* (1493, « testament »; de *ordonnance*). ♦ 1° *Fin.* Acte par lequel un administrateur ordonne l'ordre à un comptable de payer une dépense publique préalablement liquidée. ♦ 2° *Techn.* Ensemble des processus de mise en œuvre et de contrôle d'une commande (de la fabrication à l'expédition). *Par ext.* Organisation méthodique (de la fabrication, d'un processus). V. **Méthode.**

ORDONNANCER [ɔʀdɔnɑ̃se]. *v. tr.;* conjug. *placer* (1801; de *ordonnance*). ♦ 1° Donner l'ordre de payer le montant d'une dépense publique. ♦ 2° *Vieilli.* Prescrire (qqch.) par une ordonnance médicale.

ORDONNATEUR, TRICE [ɔʀdɔnatœʀ, tʀis]. *n.* (1504; de *ordonner*). ♦ 1° Personne qui dispose, met en ordre. *Ordonnateur, ordonnatrice d'une fête, d'un repas.* — (XIXᵉ) *Ordonnateur des pompes funèbres,* qui accompagne et dirige les convois mortuaires. ♦ 2° *Fin., Compt.* Autorité compétente pour ordonnancer une dépense engagée et liquidée. *Adj. Commissaire ordonnateur.*

ORDONNÉ, ÉE [ɔʀdɔne]. *adj.* (XIIIᵉ; V. **Ordonner**). ♦ 1° En bon ordre. *Maison bien ordonnée. Discours ordonné.* PROV. *Charité bien ordonnée commence par soi-même.* ◇ *Math. Ensemble ordonné,* sur lequel il existe une relation d'ordre. *Ensemble totalement ordonné,* où la relation d'ordre est définie par tous les couples d'éléments. *Ensemble (bien) ordonné,* dont deux éléments quelconques sont tels que l'un doit être considéré comme précédant l'autre. V. **Couple.** *Un vecteur est ordonné.* ♦ 2° (1559). Qui a de l'ordre et de la méthode. *Un enfant ordonné.* ◇ ANT. *Confus, désordonné, brouillon.*

ORDONNÉE [ɔʀdɔne]. *n. f.* (1658; de *ordonner*). Coordonnée verticale qui sert à définir la position d'un point : *a)* Dans un plan avec l'abscisse (coordonnée horizontale); *b)* Dans un système à trois dimensions avec abscisse et cote. ◇ Mesure algébrique d'un segment de l'axe vertical.

ORDONNER [ɔʀdɔne]. *v. tr.* (XIVᵉ, d'apr. *donner*; de *ordener,* 1119; lat. *ordinare*). ♦ 1° Disposer, mettre dans un certain ordre. V. **Agencer, arranger, classer, distribuer, organiser, ranger.** — *Pronom.* « *Insensiblement, ce tumulte s'ordonna, devint rythme* » (MART. du G.). ◇ *Math.* Conférer un ordre aux éléments de (un ensemble). *Alg.* Disposer, écrire (un polynôme) en rangeant ses termes suivant les puissances croissantes ou décroissantes d'un terme. ♦ 2° Élever (qqn) à l'un des ordres de l'Église. V. **Consacrer; ordination, ordre.** *Ordonner un diacre, un prêtre.* ♦ 3° (1352). *Cour.* Prescrire par un ordre. V. **Adjurer, commander, dicter, enjoindre, prescrire.** *Ordonner qqch. à qqn.* « *Vous me voyez prêt à servir de nouveau Votre Excellence en tout ce qu'il lui plaira de m'ordonner* » (BEAUMARCH.). *Je vous ordonne de vous taire.* V. **Sommer.** *Il ordonne que tout le monde soit (sera) convoqué chez lui.* — *Spécialt. Médecin qui ordonne un traitement, des médicaments.* V. **Ordonnance.** ◇ *Dr.* Prescrire par une ordonnance. V. **Décider, statuer.** *Ordonner le huis clos.* ◇ ANT. *Déranger, dérégler, embrouiller. Interdire; obéir.*

ORDRE [ɔʀdʀ(ə)]. *n. m.* (1080, sens II; lat. *ordo, ordinis*). I. (1155). Relation intelligible entre une pluralité de termes. V. **Organisation, structure; économie.** « *L'idée de la forme se confond avec l'idée de l'ordre* » (COURNOT). ♦ 1° *Didact.* Disposition, succession régulière (de caractère spatial, temporel, logique, esthétique, moral). V. **Disposition, distribution.** *Ordre de termes qui se succèdent* (V. **Enchaînement, filiation, gradation, succession, suite**), *alternent, se reproduisent à intervalles réguliers* (V. **Alternance, cycle**). « *Conduire par ordre mes pensées, en commençant par les objets les plus simples* » (DESCARTES). *L'ordre des mots dans la phrase.* V. **Syntaxe.** *Mettre dans un certain ordre* (V. **Agencer, classer, disposer, ranger**). *Changer, renverser l'ordre des termes. Ordre chronologique, logique. Procédons par ordre. Ordre d'importance. Ordre alphabétique, numérique. Dans l'ordre d'entrée en scène. Math. Relation d'ordre,* toute relation à la fois réflexive*, antisymétrique* et transitive*. ◇ Disposition d'une troupe sur le terrain. *Ordre de marche, de bataille.* *Ordre serré :* type de formation des unités militaires pour le défilé. *Navires en ordre de convoi.* ◇ *Dr.* Procédure réglant la répartition du prix de vente d'un immeuble entre créanciers. *Ordre amiable, judiciaire.* ◇ (1771; de l'angl.) ORDRE DU JOUR : matières, sujets dont une assemblée délibérante doit s'occuper tour à tour, dans un certain ordre. *Voter l'ordre du jour.* — *Fig. À l'ordre du jour,* d'actualité, dont on s'occupe particulièrement à un moment donné. « *Madame de Sévigné est une de ces sujets qui sont perpétuellement à l'ordre du jour en France* » (STE-BEUVE). ♦ 2° Disposition qui satisfait l'esprit, semble la meilleure possible; aspect régulier, organisé. « *Là tout n'est qu'ordre et beauté, Luxe, calme et volupté* » (BAUDEL.). *Mettre sa chambre, ses dossiers, ses idées en ordre. En ordre :* rangé, ordonné. « *Tout est en ordre. Les chaises autour de la table* » (SARTRE). ◇ *Bon fonctionnement. Remettre une affaire en ordre. Mettre bon ordre à* (une situation), *remettre en bon fonctionnement, faire cesser le désordre. Il y a du gaspillage : nous y mettrons bon ordre.* ♦ 3° Qualité d'une personne qui a une bonne organisation, de la méthode. *Un homme d'ordre.* « *La mère, pleine d'ordre, tenait les livres... menait toute la maison* » (ZOLA). — *Spécialt.* Qualité d'une personne qui range les objets à leur place et sait les retrouver. V. **Ordonné.** *Cette maîtresse de maison a beaucoup d'ordre, n'a aucun ordre.* ♦ 4° *Principe de causalité ou de finalité du monde.* « *Un*

ordre réglé de tout temps par la Providence » (La Rochef.).
Cour. C'est dans l'ordre des choses, dans l'ordre, c'est normal,
inévitable. « Peut-être ai-je été mis au monde pour vivre avec
une femme. Cela n'est-il pas dans l'ordre? » (Camus). ♦
5° (1762). Organisation sociale. V. Civilisation, société.
L'ordre social, économique et politique. Ébranler, renverser
l'ordre établi. — Troubler l'ordre public : la sécurité publique,
le bon fonctionnement des services publics. Contrevenir à des
dispositions d'ordre public (qui s'imposent à la société). ◇
Spécialt. Stabilité sociale, respect de la société établie. Les
partisans de l'ordre. Un homme d'ordre. Maintenir, faire
régner l'ordre. Rétablir l'ordre. — Le service d'ordre. Les
forces de l'ordre, les gardiens de l'ordre, chargés de réprimer
une émeute, une insurrection. ♦ 6° Norme, conformité à
une règle. Tout est rentré dans l'ordre, redevenu normal.
Rappeler qqn à l'ordre, à ce qu'il convient de faire. V. Réprimander. « S'ils s'avisent de faire un écart, ils sont sévèrement
rappelés à l'ordre » (Duham.).
II. (1080, « ordre religieux »). Catégorie, classe d'êtres
ou de choses, considérée d'après sa structure, son organisation ou d'après sa place dans une série, une classification.
V. Catégorie, classe, groupe. ♦ 1° Littér. Domaine particulier.
« L'ordre de l'événement et l'ordre de la justice ont en eux et
entre eux une contrariété native » (Péguy). Cour. Espèce
(choses abstraites). V. Nature, sorte. Choses de même ordre,
d'ordres différents. « Une inquiétude de cet ordre » (Camus).
— Ordre de grandeur*. Un nombre, de l'ordre de deux millions. — Dans le même ordre, dans un autre ordre d'idées.
♦ 2° (En loc.). Qualité, valeur. V. Plan. « La réputation exagérée d'Auguste Comte, érigé en grand homme de premier
ordre » (Renan). Une œuvre de second ordre, mineure. De
dernier ordre. ♦ 3° Système architectural antique ayant
une unité de style. Ordres grecs : dorique, ionique, corinthien ; ordres romains : toscan, composite. ♦ 4° Sc. nat.
Division intermédiaire entre la classe* et la famille*.
♦ 5° Ancienn. Division de la société. V. Classe. Les trois
ordres de la société française sous l'Ancien Régime : noblesse,
clergé, tiers état. ◇ Dr. civ. Classement de personnes ou
d'institutions suivant certaines règles juridiques. Ordre
d'héritiers, de créanciers. Ordre des juridictions (civile, pénale,
administrative). ♦ 6° Association*, groupe de personnes
soumises à certaines règles professionnelles, morales ou religieuses. V. Corporation, corps. L'ordre des médecins. L'ordre
des avocats. Absolt. Le conseil, le bâtonnier* de l'ordre. —
Ordres de chevalerie*. « L'ordre de Malte auquel mes parents
me destinaient » (Abbé Prévost). ◇ Association honorifique
constituée par un ancien ordre de chevalerie ou créée en vue
de récompenser le mérite. L'ordre de la Légion d'honneur,
l'ordre de la Libération. Insignes d'un ordre. ◇ Association
de personnes vivant dans l'état religieux après avoir fait des
vœux solennels. Par ext. Toute communauté* religieuse.
Ordres monastiques (V. Moine). Règle, observance, habit d'un
ordre. — Ordre des bénédictins, des capucins, des carmélites,
des chartreux, des dominicains, des franciscains, des jésuites.
Le tiers ordre (le troisième après les ordres masculins et
féminins) : association dont les membres, vivant dans le
monde, pratiquent une règle... sous la direction et conformément à l'esprit d'un ordre religieux. V. Tertiaire. ♦
7° (XVIᵉ). L'un des degrés de la hiérarchie cléricale catholique. La tonsure, signe de l'ordre. Ordres mineurs (V. Acolyte, exorciste, lecteur, portier). Ordres majeurs (V. Évêque,
prêtre, diacre). Absolt. Entrer dans les ordres. V. Ordonner;
ordination. ♦ 8° Relig. Une des hiérarchies d'anges (subdivisées en chœurs).
III. (v. 1625). ♦ 1° Acte par lequel un chef*, une autorité
manifeste sa volonté; ensemble de dispositions impératives.
V. Commandement, directive, injonction, instruction, prescription. Ordre formel, exprès, impératif*. Donner l'ordre
d'accomplir une mission. Vos désirs sont pour nous des ordres.
— Donner un ordre. V. Commander, ordonner; imposer. Ordre
et contrordre. Obéir à un ordre, aux ordres. V. Obéissance;
obtempérer. Exécuter un ordre. Agir sur l'ordre d'un supérieur.
Enfreindre, transgresser un ordre. — Être aux ordres de
qqn : être, se mettre à sa disposition*. À vos ordres, mon
capitaine! — Être sous les ordres de qqn : être son inférieur,
dans la hiérarchie. — (Sans article) Par ordre du ministre...
Vente par ordre de justice. « Elle lui a donné ordre de ne laisser
entrer personne » (Laclos). — Jusqu'à nouvel ordre : jusqu'à ce qu'un ordre vienne modifier la situation ; et par ext.
jusqu'à ce qu'une décision, un fait nouveau modifie la situation. « L'imitation est jusqu'à nouvel ordre la seule école de
l'originalité » (Duham.). ♦ 2° Décision entraînant une opération commerciale. Ordre d'achat (V. Commande, 1°), de vente.
— Ordre de bourse : mandat* d'acheter ou de vendre une
valeur en bourse, que l'on donne à un agent de change, un
coulissier, un banquier. Billet à ordre. Payez à l'ordre de
M. X... ◇ Comm. Commande. Feuille d'ordres. Voyageur de
commerce qui prend des ordres. Un bel ordre. ♦ 3° Mot
d'ordre (Vx) : mot de passe* militaire; par ext. Consigne,
résolution commune aux membres d'un parti. « Un mot

d'ordre avait fini par courir... : Du pain ou de l'air » (Camus).
◇ Vieilli. La réunion pendant laquelle les chefs militaires
donnent leurs ordres. Mod. Ordre du jour d'un chef militaire : l'ensemble de ses instructions, de ses ordres pour la
journée. Citer un soldat à l'ordre du jour, et ellipt. à l'ordre du
bataillon, de l'armée..., de la nation, le signaler pour sa belle
conduite. V. Citation.
◇ Ant. Anarchie, chaos, confusion, désordre*. Défense,
interdiction.

ORDURE [ɔrdyr]. n. f. (1118; de l'a. fr. ord « sale », lat.
horridus). ♦ 1° Toute matière qui souille et répugne. De
l'ordure, des ordures. V. Crasse, détritus, fange, immondice,
saleté. — Spécialt. Excrément. Chien qui fait ses ordures sur
le trottoir. ♦ 2° (Plur.). Choses de rebut dont on se débarrasse. V. Balayures, débris, déchet. Ordures ménagères. Balai,
pelle à ordures. Tas d'ordures. Boîte à ordures. V. Poubelle,
vide-ordures. La voirie procède à l'enlèvement des ordures
(V. Boueur [ou boueux]). Décharge des ordures. V. Dépotoir.
Jeter, mettre aux ordures, se débarrasser de... Bon à mettre
aux ordures, à jeter. ♦ 3° Littér. L'ordure. V. Boue, fange,
souillure. Se vautrer dans l'ordure. V. Débauche. « Que le cœur
de l'homme est creux et plein d'ordure! » (Pasc.). ♦ 4° Propos, écrit, action vile, sale ou obscène. V. Cochonnerie,
grossièreté, obscénité, saleté. Dire, écrire des ordures. Ce
livre est une ordure. « Il répondit par un flot d'ordures »
(Zola). ♦ 5° Vulg. Servant d'injure très violente à l'adresse
d'une personne. V. Fumier, salope. « Allez, fous-moi le camp,
ordure! Sans ça je fais un malheur! » (Sartre).

ORDURIER, IÈRE [ɔrdyrje, jɛr]. adj. (1718; n. m., 1680,
« boîte à ordures »; de ordure). Qui dit ou écrit des choses
sales, obscènes. « Des gens très orduriers » (Proust). V.
Grossier. ◇ Qui contient des ordures, des obscénités. V.
Ignoble, obscène, sale. Propos orduriers; chansons, plaisanteries ordurières.

ORÉADE [ɔread]. n. f. (1482; du gr. oreas). Myth. gr.
Divinité, nymphe des montagnes et des bois.

ORÉE [ɔre]. n. f. (1308, « rive, rivage »; lat. ora). Vx.
Bord. V. Bordure. Mod. L'orée du bois, de la forêt. ◇ Ant.
Cœur, fond.

OREILLARD, ARDE [ɔrɛjar, ard(ə)]. adj. et n. m. (1642;
de oreille). ♦ 1° Rare. Qui a les oreilles d'une longueur
démesurée. Cheval, chien oreillard. ♦ 2° N. m. Se dit d'animaux à longues ou grandes oreilles (lapins, lièvres, ânes).
— Zool. Petite chauve-souris aux énormes oreilles. ♦
3° Techn. Oreille (de fauteuil).

OREILLE [ɔrɛj]. n. f. (1080; lat. auricula. V. Auri-).
I. ♦ 1° L'un des organes constituant l'appareil
auditif (V. pop. Esgourdes, portugaises). L'oreille droite,
gauche. — Anat. L'oreille comprend trois segments : l'oreille
externe (V. Pavillon), l'oreille moyenne (V. Tympan, osselet,
trompe [d'Eustache]) et l'oreille interne (V. Labyrinthe,
rocher). — Sécrétion de l'oreille. V. Cérumen. Bourdonnement,
sifflement, tintement d'oreilles. Par plaisant. Les oreilles ont
dû vous tinter (tellement nous avons parlé de vous). — Loc.
Écoutez de toutes vos oreilles. Être tout yeux*, tout oreilles :
attentif (Cf. Être tout ouïe). N'écouter que d'une oreille, d'une
oreille distraite. Prêter l'oreille, écouter. Fermer l'oreille,
les oreilles, à refuser d'écouter. Faire la sourde oreille, feindre
de ne pas entendre, et par ext. d'ignorer une demande. Ne
pas en croire* ses oreilles. — Casser* les oreilles. Rebattre
les oreilles. Parler, dire qqch. à l'oreille de qqn, dans le creux
de l'oreille, de sorte qu'il soit seul à entendre. Dire de bouche
à oreille. Si cela venait à ses oreilles : à sa connaissance. V.
Apprendre. Ce n'est pas tombé dans l'oreille d'un sourd : ces
paroles ont été mises à profit. Cela lui entre par une oreille et
lui sort par l'autre, il ne fait pas attention à ce qu'on lui
dit, ne le retient pas. prov. « Ventre affamé n'a point
d'oreilles » (La Font.), celui qui a faim n'écoute plus rien.
◇ Par méton. Personne qui entend, écoute. Choquer les
oreilles pudiques. ◇ Fig. Avoir l'oreille du maître, de qqn, en
être écouté. V. Confiance, faveur. « Ma bonne camarade
(qui a l'oreille du ministre et même l'oreiller) » (Villiers).
◇ Par ext. Ouïe. Être dur* d'oreille. Avoir l'oreille fine,
exercée, délicate. Rime pour l'oreille. « Un homme qui a
l'oreille juste et qui joue faux » (Flaub.). — Absolt. « Avoir
de l'oreille, c'est avoir l'ouïe sensible, fine et juste » (Rouss.).
Il n'a pas d'oreille, aucune oreille. ♦ 2° Partie visible de
l'organe de l'ouïe, dont la grandeur et la forme varient
selon les espèces et les individus. Oreilles pointues, décollées,
en feuille de chou, en chou-fleur. Lobe de l'oreille. Boucles,
pendants d'oreilles. Chapeau sur l'oreille. Emmitouflés jusqu'aux oreilles. Rougir jusqu'aux oreilles, beaucoup. Frotter,
tirer l'oreille, les oreilles à un enfant (pour le punir). « Veux-
tu que je te tire les oreilles? » (Mac Orlan). — Fig. Se faire
tirer l'oreille, se faire prier, ne pas céder aisément. Il commence à nous échauffer (chauffer) les oreilles, à nous fâcher,
nous énerver. Dormir sur ses deux oreilles, sans inquiétude.
◇ Oreilles d'animaux. Oreilles d'âne. Oreilles pendantes de
certains chiens. — Loc. fig. Montrer le bout de l'oreille, se

trahir. *Dresser* l'oreille. Avoir l'oreille basse*. Avoir, mettre la puce* à l'oreille.*
II. *Par anal.* de forme. ♦ 1° Partie saillante ressemblant au pavillon de l'oreille. *Oreille d'un ballot, d'un sac.* — *Oreille d'une charrue.* V. **Versoir.** — *Techn.* Chacun des deux appendices symétriques d'un écrou. *Écrou à oreilles.* — *Mar.* Partie élargie à chaque extrémité de la patte d'une ancre. ◇ Chacun des deux appendices symétriques (généralement pleins) de récipients et ustensiles, par lesquels on les prend. V. **Anse.** *Oreilles d'une cocotte, d'une marmite, d'une tasse.* V. **Orillons.** ♦ 2° Chacune des deux parties latérales du dossier de certains fauteuils, sur laquelle on peut appuyer sa tête. V. **Oreillard.** *Bergère à oreilles.* ♦ 3° *Vx.* Pli au coin d'un feuillet de livre. V. **Corne.** ♦ 4° (Nom d'animaux, de plantes). *Oreille de mer.* V. **Haliotide.** *Oreille de souris.* V. **Myosotis.**

OREILLER [ɔʀɛje]. *n. m.* (fin XII°; de *oreille*). Pièce de literie qui sert à soutenir la tête, coussin rembourré, généralement carré. *Oreiller sur un traversin. Taie d'oreiller. Dormir sans oreiller.* ◇ *Sur l'oreiller,* au lit; et *par ext.* dans la plus grande intimité. « *On se dispute..., on se déteste presque, on se raccommode sur l'oreiller* » (LÉAUTAUD).

OREILLETTE [ɔʀɛjɛt]. *n. f.* (XII°; « pince pour boucle d'oreille »; de *oreille*). ♦ 1° (Déb. XIX°). Partie d'un chapeau qui protège les oreilles. *Chapeau, toque à oreillettes.* ♦ 2° (1654). Chacune des deux cavités supérieures du cœur. *Oreillettes et ventricules du cœur. Les veines pulmonaires débouchent à l'oreillette gauche, les veines caves à l'oreillette droite.*

OREILLON [ɔʀɛjɔ̃]. *n. m.* (XII°; « coup sur l'oreille »; de *oreille*). ♦ 1° *Archéol.* Partie mobile de l'armure de tête, qui protégeait l'oreille et la joue. ◇ *Par ext. Rare.* Oreillette (1°). ♦ 2° (XIV°). *Cour. et méd.* Les OREILLONS : maladie infectieuse, épidémique et contagieuse d'origine virale caractérisée par une inflammation des glandes parotides et des douleurs dans l'oreille. V. **Ourlien.** « *Des cinq enfants habitant l'hôtel, Louise fut la plus éprouvée par les oreillons* » (HÉRIAT). ♦ 3° *Fortif.* V. **Orillons.**

ORÉMUS [ɔʀemys]. *n. m.* (1560; lat. *oremus,* 1ʳᵉ pers. du plur. du subj. prés. de *orare*). Mot prononcé à la messe par le prêtre pour inviter les fidèles à prier avec lui. ◇ *Fam.* et *vx.* Prière, oraison. *Marmonner des orémus.*

ORES. V. **OR** (2).

ORFÈVRE [ɔʀfɛvʀ(ə)]. *n. m.* (XII°; lat. *aurifex,* finale d'apr. l'a. fr. *fèvre* « artisan », lat. *faber*). Fabricant d'objets d'ornement, de table, en métaux précieux, en cuivre, en étain, en alliage; marchand de pièces d'orfèvrerie. *Atelier, magasin d'orfèvre. Orfèvre-joailler, orfèvre-bijoutier.* ◇ *Être orfèvre en la matière,* s'y connaître parfaitement. *Loc. prov.* « *Vous êtes orfèvre, Monsieur Josse* » (MOL.) : vos conseils sont intéressés.

ORFÉVRÉ, ÉE [ɔʀfevʀe]. *adj.* (1907; antér. *orfévri, -ie;* de *orfèvre*). Façonné par un orfèvre. *Coupe d'argent orfévré.*

ORFÈVRERIE [ɔʀfevʀəʀi]. *n. f.* (*Orfaverie,* fin XII°; de *orfèvre*). ♦ 1° Art, métier, commerce de l'orfèvre. *Apprenti, monteur en orfèvrerie.* ♦ 2° Ouvrages de l'orfèvre, destinés à la décoration, à l'exercice du culte (calice, ciboire, ostensoir), au service de la table (argenterie, corbeilles, vases). *Orfèvrerie d'argent massif, d'étain.* « *De hauts dressoirs en chêne sculpté, où luisaient vaguement des blocs d'orfèvrerie* » (GAUTIER).

ORFRAIE [ɔʀfʀɛ]. *n. f.* (1491; *orfres,* 1200; lat. *ossifraga,* proprem. « qui brise les os »). Nom courant du *Pygargue vulgaire;* oiseau de proie diurne, souvent confondu avec l'*effraie,* sorte de chouette. ◇ *Pousser des cris d'orfraie* (pour d'*effraie*) : crier, hurler.

ORFROI [ɔʀfʀwa]. *n. m.* (*Orfreis,* 1150; du lat. *aurum phrygium*). *Didact.* Parement, broderie d'or (et *par ext.* d'argent) des vêtements liturgiques. *Orfrois d'une chasuble.*

ORGANDI [ɔʀɡãdi]. *n. m.* (1723; p.-ê. altér. d'une var. d'*organsin*). Toile de coton, légère et très claire, enduite d'un apprêt ferme. *Robe d'été en organdi uni; imprimé.* — Le même tissu en soie.

ORGANE [ɔʀɡan]. *n. m.* (1120, « instrument ». V. **Orgue;** lat. *organum*).
I. (De *organon* « instrument de musique »). ♦ 1° (1465; *orguene,* 1190). Voix (surtout d'un chanteur, d'un orateur). *Organe bien timbré.* « *Un bel organe* » (FLAUB.). ♦ 2° *Fig.* (XVI°). Voix autorisée d'un porte-parole, d'un interprète. *Le ministère public est l'organe de l'accusation.* ◇ *Par ext.* (1782) Publication périodique considérée comme l'expression, l'interprète des opinions (d'un parti, des intérêts d'un groupement). V. **Journal.** « *Le Globe, organe de la doctrine saint-simonienne* » (BALZ.).
II. (De *organon* « outil »). ♦ 1° (XV°). Partie d'un être vivant (organisme) remplissant une fonction particulière. *Lésion d'un organe.* V. **Organique** (maladie). *Greffe d'organe. La fonction* crée l'organe.* — *Organe de la circulation, de la digestion, de la respiration. Organes génitaux internes,*

externes, et absolt. *Les organes.* V. **Partie(s), sexe.** — *Organes des sens. L'œil, organe de la vue.* ♦ 2° Instrument (II; fig.). « *La volonté est l'organe de la puissance* » (SUARÈS). ♦ 3° *Spécialt.* Institution chargée de faire fonctionner une catégorie déterminée de services. V. **Organisme.** *Ensemble des organes directeurs de l'État :* le gouvernement. ♦ 4° (1860). Mécanisme. *Organes de commande, de transmission d'une machine.* Élément d'une machine ayant une fonction particulière. V. **Accessoire, équipement, instrument.**

ORGANEAU [ɔʀɡano]. *n. m.* (1382; de *organe*). *Mar.* Anneau de fer à l'extrémité de la verge d'une ancre pour l'amarrer.

ORGANICIEN, IENNE [ɔʀɡanisjɛ̃, jɛn]. *adj. et n.* (v. 1960; de *organique*). Se dit d'un(e) chimiste spécialisé(e) en chimie organique.

ORGANICISME [ɔʀɡanisism(ə)]. *n. m.* (1846; de *organe*). ♦ 1° *Philo.* Doctrine d'après laquelle la vie est le résultat de l'organisation. ♦ 2° *Méd.* Doctrine selon laquelle toute maladie a pour cause une lésion d'organes.

ORGANIGRAMME [ɔʀɡaniɡʀam]. *n. m.* (1952; de *organi[ser],* et *-gramme*). Tableau schématique des divers services d'une entreprise et de leurs rapports mutuels. — Représentation graphique des sous-ensembles d'un système et des relations qui les lient entre eux.

ORGANIQUE [ɔʀɡanik]. *adj.* (1561; « veine jugulaire », 1314; lat. *organicus*). ♦ 1° Qui a rapport ou qui est propre aux organes. *Vie organique* (ou *végétative*). *Maladie, trouble organique* (par opposition à *trouble fonctionnel*). ♦ 2° Propre aux êtres organisés. *Phénomènes organiques.* ♦ 3° Qui provient de tissus vivants ou de transformations subies par les produits extraits d'organismes vivants. *L'albumine, la chitine, la myéline, substances organiques. Engrais organiques* (opposé à *chimique*). — (1840) *Chimie organique,* qui a pour objet l'étude des composés du carbone, corps contenu dans tous les êtres vivants (opposé à *chimie minérale*). ♦ 4° (XX°). *Polit.* Qui a rapport à l'essentiel de l'organisation d'un État, de la constitution d'un traité. *Loi organique.* ◇ ANT. *Inorganique.*

ORGANIQUEMENT [ɔʀɡanikmã]. *adv.* (1547; de *organique*). D'une manière organique, du point de vue de l'organisation profonde et cohérente d'un ensemble.

ORGANISABLE [ɔʀɡanizabl(ə)]. *adj.* (1835; de *organiser*). Qui peut être organisé.

ORGANISATEUR, TRICE [ɔʀɡanizatœʀ, tʀis]. *n.* (1793; de *organiser*). ♦ 1° Personne qui organise, sait organiser. *C'est un organisateur de premier ordre. L'organisatrice de cette fête.* — Adj. *Puissance organisatrice d'un génie.* ♦ 2° N. m. *Embryol.* (v. 1924). Partie de l'embryon qui provoque la différenciation des territoires embryonnaires, puis des tissus.

ORGANISATION [ɔʀɡanizasjɔ̃]. *n. f.* (1390; de *organiser*). ♦ 1° *Vieilli.* État d'un corps organisé. ◇ Manière dont ce corps est organisé. V. **Conformation, structure.** *L'organisation des végétaux, des mammifères.* ♦ 2° *Mod.* Action d'organiser (qqch.); son résultat. V. **Agencement, aménagement, arrangement, direction.** *Défaut, manque d'organisation. Avoir l'esprit d'organisation.* « *L'impresario qui s'était chargé de l'organisation matérielle du concert* » (R. ROLLAND). *L'organisation du travail,* coordination des activités et des tâches en vue d'améliorer les conditions de travail. V. **Planning.** *Organisation des loisirs :* partie de la politique de l'environnement relative aux activités non imposées, récréatives. *Absolt. Bonne, mauvaise organisation.* ◇ (1798) Façon dont un ensemble est constitué en vue de son fonctionnement. V. **Ordre, régime, structure.** *L'organisation d'un service, dans une entreprise, une administration.* — *Une organisation politique puissante, balancée entre la démocratie et l'oligarchie* » (BAINVILLE). ♦ 3° Association qui se propose des buts déterminés. V. **Assemblée, groupement, société.** *Organisation politique.* V. **Parti.** *Militants d'une organisation ouvrière, syndicale.* V. **Syndicat.** *Une puissante organisation financière, industrielle, commerciale.* V. **Entreprise.** — *Organisation de tourisme, de voyage.* V. **Organisme.** — *Organisation des Nations Unies* (O.N.U.). *Organisation des Nations Unies pour l'Éducation, la Science et la Culture* (U.N.E.S.C.O.). *Organisation mondiale de la santé* (O.M.S.). ◇ ANT. *Anarchie, chaos, dérèglement, désordre, désorganisation.*

ORGANISATIONNEL, ELLE [ɔʀɡaniza(a)sjɔnɛl]. *adj.* (1968; de *organisation*). Qui concerne l'organisation spécialement politique. *Problèmes organisationnels de la gauche non communiste.*

ORGANISÉ, ÉE [ɔʀɡanize]. *adj.* (1606; V. **Organiser**). ♦ 1° Pourvu d'organes. *Êtres organisés.* ♦ 2° Qui est disposé ou se déroule suivant un ordre, des méthodes ou des principes déterminés. *Voyage organisé. Fam. C'est du vol organisé!* ◇ *Esprit organisé,* méthodique. *Par ext.* (XX°) *Personne bien organisée,* qui organise bien sa vie, son emploi du temps. ♦ 3° Qui appartient à une organisation, qui a reçu une organisation. *Citoyens organisés en Partis.* « *Cette force*

(le peuple) *n'était nullement organisée* » (MICHELET). *Un militant conscient et organisé. Société, religion organisée.*
◇ ANT. *Anarchique, inorganique, inorganisé.*

ORGANISER [ɔʀganize]. *v. tr.* (XIVᵉ, « rendre apte à la vie » ; de *organe*). ◆ 1° (Fin XVIIIᵉ). Doter d'une structure, d'une constitution déterminée, d'un mode de fonctionnement. *Organiser les parties d'un ensemble.* V. **Agencer, disposer, ordonner.** *Il fallait* « *organiser, armer la Révolution, lui donner la forme et la force* » (MICHELET). *Organiser la résistance. Organiser le travail, la distribution, un service des ventes.* ◆ 2° Soumettre à une méthode, à une façon déterminée de vivre ou de penser. *Organiser son temps, sa vie.* — S'ORGANISER. *v. pron.* (*Personnes*) *Organiser ses activités. Il perd beaucoup son temps, il ne sait pas s'organiser.* ◆ 3° Préparer (une action), pour qu'elle se déroule dans les conditions les meilleures, les plus efficaces. V. **Concerter, diriger, monter ; pied** (mettre sur pied). *Organiser un voyage, une promenade, une fête. Organiser une rencontre.* V. **Arranger, ménager.** — *Organiser une manifestation publique, un meeting, un complot.* ◆ 4° Biol. Constituer en organes différenciés (V. **Organisateur, 2°**). ◇ ANT. *Déranger, dérégler, désorganiser, détruire.*

ORGANISME [ɔʀganism(ə)]. *n. m.* (1729 ; de *organe*).
I. Biol. Être vivant, animal ou végétal, ayant une individualité propre ; ensemble des organes* qui le constituent. — *Spécialt.* Le corps humain. *Les besoins, les fonctions de l'organisme.* « *Les troubles de conscience réagissent tout naturellement sur l'organisme. Est-ce qu'une contrariété ne vous serre pas l'estomac ?* » (ROMAINS). *Organisme unicellulaire, microscopique.* V. **Micro-organisme.**
II. (1842). ◆ 1° Ensemble organisé. *Une nation est un organisme vivant.* « *Les grandes villes sont des organismes monstrueux* » (R. ROLLAND). *L'organisme social.* ◆ 2° Ensemble des services, des bureaux affectés à une tâche. V. **Organisation.** « *Un représentant de l'organisme syndical* » (DUHAM.). *La Société des Nations,* « *organisme tendant à supprimer la guerre* » (BENDA).

ORGANISTE [ɔʀganist(ə)]. *n.* (1223 ; lat. médiév. *organista*). Personne dont la profession est de jouer de l'orgue. *J.-S. Bach fut un remarquable organiste.*

ORGANITE [ɔʀganit]. *n. m.* (1864 ; de *organe*). Biol. Tout élément cellulaire différencié assurant une fonction déterminée (*ex. :* le noyau).

ORGANO-. Premier élément de mots scientifiques signifiant « organe » (*organogénèse*) ou « organique » (*organosoluble*).

ORGANOGÉNÈSE [ɔʀganɔʒenɛz]. *n. f.* (1959 ; *organogénie*, 1842 ; de *organe*, et *-génèse*). Méd. Formation et développement des différents organes d'un organisme. — On écrit aussi *Organogenèse.*

ORGANOTHÉRAPIE [ɔʀganɔteʀapi]. *n. f.* (1899 ; de *organe*, et *-thérapie*). Méd. Opothérapie par des extraits d'organes.

ORGANSIN [ɔʀgɑ̃sɛ̃]. *n. m.* (XIVᵉ ; it. *organzino*). Techn. Fil de soie torse, destiné à former la chaîne des étoffes. *Organsin filé.*

ORGANSINER [ɔʀgɑ̃sine]. *v. tr.* (1712 ; de *organsin*). Tordre la soie pour obtenir de l'organsin (opération de l'ORGANSINAGE [ɔʀgɑ̃sinaʒ]).

ORGASME [ɔʀgasm(ə)]. *n. m.* (1623 ; « accès de colère », 1611 ; du gr. *organ* « bouillonner d'ardeur »). ◆ 1° Vx. Méd. Irritation, hystérie. *Une attaque d'orgasme* (ENCYCL.). ◆ 2° Vx. Physiol. (fin XVIIIᵉ). Érection. — ◇ Mod. Didact. (1837) Le plus haut point du plaisir sexuel qui est son aboutissement et qui coïncide chez l'homme avec l'éjaculation. « *Le plaisir atteint à l'orgasme* » (GIDE). — Adj. ORGASTIQUE [ɔʀgastik].

ORGE [ɔʀʒ(ə)]. *n. f.* (XIIᵉ ; lat. *hordeum*). ◆ 1° Graminée herbacée à fleurs disposées en épi simple, cultivée comme céréale. *Champ d'orge. Orge hâtive, de printemps.* ◇ Fig. *Grain* d'orge. ◆ 2° Grain de cette céréale, utilisé surtout en brasserie (V. **Malt, maltage**) et pour l'alimentation des chevaux, des porcs, de la volaille. *Dégermer de l'orge. Boissons à base d'orge.* V. **Bière, kwas, orgeat.** *Pain d'orge.* — *Sucre d'orge.* V. **Sucre.** — (Au masc.) *Orge mondé. Orge perlé,* graines dépouillées de leurs deux pellicules et réduites en petits grains ronds entre deux meules.

ORGEAT [ɔʀʒa]. *n. m.* (1495 ; prov. *orjat* ; de *orge*). Sirop préparé autrefois avec une décoction d'orge et, de nos jours, avec une émulsion d'amandes douces et amères. — (1732) *Ce sirop étendu d'eau.* « *Je ne peux rien vous offrir à boire, dit Irène. À moins que vous n'aimiez le sirop d'orgeat* » (SARTRE).

ORGELET [ɔʀʒɔlɛ]. *n. m.* (1671 ; *orgeolet*, 1615 ; dimin. de *horgeol* [1538] ; lat. *hordeolus* « grain d'orge »). Petite inflammation purulente, de la grosseur d'un grain d'orge, sur le bord des paupières (noms courants : compère-loriot, grain d'orge). V. **Chalazion.**

ORGIAQUE [ɔʀʒjak]. *adj.* (1833 ; gr. *orgiakos*). ◆ 1° Antiq. *Des orgies (1°). Culte, fêtes orgiaques.* ◆ 2° Littér. Qui tient

de l'orgie, évoque l'orgie. « *La partie voluptueuse et orgiaque de l'ouverture de Tannhäuser* » (BAUDEL.).

ORGIE [ɔʀʒi]. *n. f.* (XVᵉ-XVIᵉ ; lat. *orgia*). ◆ 1° Antiq. (*Plur.*). Fêtes solennelles en l'honneur de Dionysos à Athènes, de Bacchus à Rome. V. **Bacchanale.** — *Spécialt.* Chants et danses de Bacchantes. ◆ 2° Mod. Partie de débauche, où les excès de table, de boisson, s'accompagnent de plaisirs grossièrement licencieux. — *Par ext.* Repas long et bruyant, copieux et arrosé à l'excès. V. **Beuverie, ripaille, soulographie.** « *Quand le souper devint une orgie, les convives se mirent à chanter, inspirés par les vins* » (BALZ.). ◆ 3° (XIXᵉ). ORGIE DE : usage excessif de (ce qui plaît). V. **Excès.** « *Après les éblouissantes orgies de forme et de couleur du dix-huitième siècle, l'art s'était mis à la diète* » (HUGO). « *Les inimaginables orgies de conversation* » (STE-BEUVE).

ORGUE [ɔʀg(ə)]. *n.* (1155 ; lat. ecclés. *organum*). REM. Depuis le XVIIIᵉ, *masc.* au sing. et plus souvent *fém.* au plur. « *Si l'église possède petit et grand orgue* » (N. DUFOURCQ). « *Dans les orgues modernes, celles qui n'ont guère plus de cent ans...* » (N. DUFOURCQ).
I. *Mus.* ◆ 1° Grand instrument à vent, composé de nombreux tuyaux que l'on fait résonner par l'intermédiaire de claviers, en y introduisant de l'air au moyen d'une soufflerie. « *L'orgue... est un orchestre entier, auquel une main habile peut tout demander ; il peut tout exprimer* » (BALZ.). *Buffet, coffre, sommier, console d'un orgue.* Claviers (bombarde, positif, récit, etc.), *pédalier, registres, tirasse, touches de l'orgue. Pédale d'orgue. Jeux d'orgue* (à anches, de flûte, de bourdon). *Facteur d'orgues. Toccata pour orgue.* — (Dans une église) *Les grandes orgues. Tribune d'orgues* ; ellipt. *Monter aux orgues, à l'orgue* (généralement au fond de la grande nef, au-dessus du portail principal). « *Maintenant, elle tient l'orgue de la chapelle chaque Dimanche* » (GIDE). ◇ *Orgue portatif,* dit *positif* (qu'on pose). *Orgue de Barbarie* (par altér. de *Barberi,* nom d'un fabricant d'orgues de Modène), dont on joue au moyen d'une manivelle qui actionne le soufflet et fait tourner un cylindre noté réglant l'admission de l'air dans les tuyaux. *Orgue limonaire*. Joueur d'orgue.* ◇ (1868). *Orgue électrique* (sans tuyau), muni d'amplificateurs et de haut-parleurs, et produisant les sons au moyen de circuits électriques. *Orgue électronique, radio-électrique,* fonctionnant avec des circuits oscillants. *Orgue de cinéma,* orgue électrique composé de certains jeux particuliers, soumis à un constant trémolo. ◆ 2° POINT D'ORGUE, temps d'arrêt qui suspend la mesure sur une note dont la durée peut être prolongée à volonté ; signe [⌢] placé au-dessus d'une note pour marquer ce temps d'arrêt. Par métaph. « *Cette visite allegro, s'achevait en point d'orgue dans la chambre du colonel* » (DUHAM.).
II. *Par anal.* ◆ 1° (1485). Ancienne pièce d'artillerie composée de plusieurs canons de mousquets montés sur un affût. ◇ *Orgues de Staline :* engin soviétique multitube lançant des obus autopropulsés (pendant la 2ᵉ guerre mondiale). ◆ 2° Géogr. (XIXᵉ). *Orgues basaltiques,* coulées de basalte en forme de tuyaux d'orgue serrés les uns contre les autres. V. **Colonne ; chaussée.** ◆ 3° Zool. (1752). *Orgue de mer.* V. **Tubipore.**

ORGUEIL [ɔʀgœj]. *n. m.* (Orgoill, 1080 ; frq. °urgôli « fierté »). ◆ 1° Opinion très avantageuse, le plus souvent exagérée, qu'on a de sa valeur personnelle aux dépens de la considération due à autrui. « *Il faut définir l'orgueil une passion qui fait que de tout ce qui est au monde l'on n'estime que soi* » (LA BRUY.). *Défaut, péché d'orgueil. Être gonflé d'orgueil.* « *Hubert pensait... que j'étais atteint dans mon orgueil* » (MAURIAC). *Blessure, froissement d'orgueil.* « *Cet orgueil inique et aveugle qui caractérise les grands hommes* » (SARTRE). *Attitude pleine d'orgueil.* V. **Arrogance, dédain, hauteur, insolence, morgue, présomption, suffisance.** ◇ *En bonne part,* Sentiment élevé de dignité. V. **Amour-propre, fierté.** « *Les femmes fières dissimulent leur jalousie par orgueil* » (STENDHAL). « *Nous voici vaincus et captifs, humiliés dans notre légitime orgueil national* » (SARTRE). ◆ 2° L'ORGUEIL DE : la satisfaction d'amour-propre que donne... V. **Fierté.** *Avoir l'orgueil de ses enfants, de sa maison, de ses titres.* V. **Enorgueillir (s'), fier** (être). *Il ne cache pas son orgueil de posséder son métier à la perfection.* « *Il avait bien eu quelque succès à l'office. Mais il n'en tirait pas grand orgueil* » (ROMAINS). V. **Gloire, vanité.** ◇ *Par méton.* Ce qui motive cette fierté. « *Les chats puissants et doux, orgueil de la maison* » (BAUDEL.). ◇ ANT. *Humilité, modestie, simplicité. Bassesse. Honte.*

ORGUEILLEUSEMENT [ɔʀgœjøzmɑ̃]. *adv.* (*Orgoillusement*, 1080 ; de *orgueilleux*). Avec orgueil, d'une manière orgueilleuse. ◇ ANT. *Modestement.*

ORGUEILLEUX, EUSE [ɔʀgœjø, øz]. *adj.* (*Orgoillus*, 1080 ; de *orgueil*). ◆ 1° Qui a de l'orgueil. V. **Fier, infatué.** *Nature orgueilleuse.* « *Leurs caractères orgueilleux s'entrechoquaient comme des nuées d'orage* » (R. ROLLAND). — Qui manifeste, montre de l'orgueil. V. **Arrogant, hautain, prétentieux, présomptueux, vaniteux.** « *Cet être que l'on a* *vu à Verrières si rempli de présomption, si orgueilleux, était tombé dans un excès de modestie ridicule* » (STENDHAL). *Orgueilleux comme un paon.* — Subst. *C'est une orgueilleuse.* ◇ *Par ext.* Qui dénote de l'orgueil, inspiré par l'orgueil. « *L'orgueilleux plaisir de supplanter un rival aimé* » (LESAGE). ♦ 2° *a l'orgueil de, qui tire orgueil de. Une mère orgueilleuse de son fils.* V. **Fier** (de). « *Il n'y a jamais eu... de sultane si orgueilleuse de sa beauté* » (MONTESQ.). ◈ ANT. **Humble, modeste. Honteux** (de).

⟋**ORIBUS** [ɔribys]. *n. m.* (1827; sens incert., XVᵉ; o. i.). *Dial.* et *vx.* Chandelle de résine qu'on plaçait de part et d'autre d'une cheminée.

ORICHALQUE [ɔrikalk(ə)]. *n. m.* (1765; gr. *oreikhalkos* « airain de montagne »). *Antiq.* Métal fabuleux des anciens.

ORIEL [ɔrjɛl]. *n. m.* (1899; de l'angl. *Oriel window* « fenêtre sous une galerie, un auvent », anc. fr. *oriol* orig. obscure « porche »). Fenêtre en encorbellement faisant saillie sur un mur de façade. (Recomm. offic. pour remplacer *Bow*-window*). V. *aussi* **Bay-window.**

ORIENT [ɔrjã]. *n. m.* (1080; lat. *oriens*, p. prés. de *oriri* « surgir, se lever »). I. ♦ 1° *Poét.* Un des quatre points cardinaux, côté de l'horizon où le soleil se lève. V. **Levant; est.** Fig. « *Tant de choses éclatantes ont eu leur orient et leur couchant* » (VOLT.). ♦ 2° *Cour.* Région située vers l'est par rapport à un lieu donné. *Spécialt.* (En prenant l'Europe comme référence) L'Asie et parfois certains pays du bassin méditerranéen ou de l'Europe centrale. V. **Oriental.** — *Orient-Express* [ɔrjɛksprɛs], nom d'un train rapide international reliant Paris à Istanbul. *Extrême-Orient, Moyen-Orient* (V. **Levant**), *Proche-Orient.* — *Hist. L'empire d'Orient*, l'empire byzantin. II. (1778). *Franc-Maçonn. Grand-Orient*, loge* centrale formée dans la capitale par les représentants des loges de province. III. (1742). Reflet nacré des perles (rappelant la lumière du soleil levant). *Perle d'un bel orient.* ◈ ANT. **Occident.**

ORIENTABLE [ɔrjãtabl(ə)]. *adj.* (XXᵉ; de *orienter*). Qui peut être orienté. *Phare orientable. Store à lames orientables.*

ORIENTAL, ALE, AUX [ɔrjãtal, o]. *adj.* et *n.* (1160; lat. *orientalis*). Qui a rapport à l'Orient. ♦ 1° Qui est situé à l'est d'un lieu. *La côte orientale de l'Irlande. Pyrénées orientales. Allemagne orientale.* ♦ 2° Originaire de l'Orient. — *Peuples orientaux. Langues orientales :* langues mortes ou vivantes de l'Orient (hébreu, chaldéen, arabe, chinois, etc.). — *École des langues orientales* (fam. *langues o* [lãgzo]). — N. *Un Oriental, une Orientale. Les Orientaux et les Occidentaux.* ♦ 3° Qui est propre à l'Orient ou le rappelle. *Style oriental, musique orientale.* « *La splendeur orientale* » (BAUDEL.). *Loc. adv. Recevoir à l'orientale.* ◈ ANT. **Occidental.**

ORIENTALISME [ɔrjãtalism(ə)]. *n. m.* (1830; de *oriental*). *Didact.* ♦ 1° Science, goût des choses de l'Orient. ♦ 2° Caractère oriental.

ORIENTALISTE [ɔrjãtalist(ə)]. *n.* et *adj.* (1799; de *oriental*). *Didact.* Spécialiste de l'étude de l'Orient, de l'Asie. — Adj. « *On était helléniste, maintenant on est orientaliste* » (HUGO). *Écrivain, peintre orientaliste du XIXᵉ siècle.*

ORIENTATION [ɔrjãtasjõ]. *n. f.* (1834; de *orienter*). ♦ 1° Détermination des points cardinaux d'un lieu, et *par ext.* de l'endroit où l'on se trouve. *Avoir le sens de l'orientation. Table* d'orientation.* — *Physiol.* Capacité de tout individu de se situer dans le temps et dans l'espace. ♦ 2° (1874). *Fig.* Action de donner une direction déterminée. *L'orientation de ses études. L'orientation professionnelle a pour objet d'aider la famille à diriger l'enfant vers la profession qui lui convient le mieux. Une conseillère* d'orientation professionnelle.* ♦ 3° (1838). Fait d'être orienté de telle ou telle façon. V. **Position, situation.** *Orientation d'une maison.* V. **Exposition.** — Fig. *Les résultats* « *ne changeaient rien à l'orientation de l'enquête* » (ROMAINS). *L'orientation d'un mouvement politique, littéraire.* ◇ *Position angulaire d'un engin spatial par rapport à une trièdre de référence.*

ORIENTÉ, ÉE [ɔrjãte]. *adj.* (1485; de *Orient*). ♦ 1° Disposé d'une certaine manière par rapport aux points cardinaux. « *Les vastes chambres situées à l'est* » (COLETTE). *Appartement bien, mal orienté.* ♦ 2° *Math.* Où l'on a choisi un sens positif (noté par une flèche). *Droite orientée.* ♦ 3° *Fig.* Qui a une certaine tendance doctrinale. *Un ouvrage orienté.*

ORIENTEMENT [ɔrjãtmã]. *n. m.* (1838; de *orienter*). *Rare.* Orientation. — *Mar. Orientement des voiles.*

ORIENTER [ɔrjãte]. *v. tr.* (1680; de *Orient*). I. ♦ 1° *Vx.* Disposer (un édifice) en direction de l'Orient. ♦ 2° *Mod.* Disposer une chose par rapport aux points cardinaux, à une direction, un objet déterminé. *Orienter une maison au sud. L'exigence* « *qui oriente les plantes du côté où la lumière arrive* » (NIZAN). ♦ 3° *Orienter une carte, un plan :* y porter les repères des points cardinaux. ♦ 4° *Math. Orien-ter une droite :* lui donner un sens positif (figuré par une

flèche). ♦ 5° Indiquer à (qqn) la direction à prendre. V. **Conduire, diriger, guider.** *Orienter un voyageur égaré.* — Fig. *Orienter (qqn).* V. **Brancher.** *Orienter un élève. Orienter les recherches.* II. S'ORIENTER. *v. pron.* ♦ 1° Se tourner vers l'est (vx), et *par ext.* dans une direction déterminée. « *Des musulmans... s'orientent à présent vers la Mecque et se prosternent pour la prière du soir* » (LOTI). ◇ Diriger son activité (vers). Fig. *S'orienter vers une recherche.* « *La littérature s'orientait de plus en plus vers l'humain* » (LECOMTE). ♦ 2° *Absolt.* Déterminer la position que l'on occupe par rapport aux points cardinaux, à des repères. « *Ce qui l'empêchait alors de s'orien-ter, c'était un brouillard qui s'élevait avec la nuit* » (SAND). « *Sa pensée commençait à s'orienter, non sans faux pas* » (DUHAM.). ◈ ANT. *Égarer.*

ORIENTEUR, EUSE [ɔrjãtœr, øz]. *n.* (1836, adj.; de *orienter*). ♦ 1° N. m. *Techn.* Appareil servant à déterminer l'orientation d'un lieu. ♦ 2° *Milit. Officier orienteur :* qui dirige les mouvements d'une troupe. ♦ 3° (Fém. rare). *Orienteur (professionnel)*, qui s'occupe d'orientation pédagogique ou professionnelle.

ORIFICE [ɔrifis]. *n. m.* (h. 1398; 1636; lat. *orificium*). ♦ 1° Ouverture qui fait communiquer une cavité naturelle ou artificielle avec l'extérieur. *Orifice d'un puits, d'un tuyau, d'un four. Orifice d'admission, d'échappement des gaz dans un moteur à explosion.* — *Boucher, agrandir un orifice.* « *Nous ne laissâmes qu'un très petit orifice, juste assez large pour nous permettre de surveiller la baie* » (BAUDEL.). ♦ 2° Ouverture faisant communiquer un conduit, un organe avec une structure voisine ou avec l'extérieur. V. **Méat, pore.**

ORIFLAMME [ɔrifla(a)m]. *n. f.* (XIVᵉ; *orie flambe*, 1080; de l'a. fr. *orie* « doré », et *flamme*). Petit étendard, ancienne bannière des rois de France. V. **Drapeau, gonfalon.** ◇ *Mod.* Bannière d'apparat ou utilisée comme ornement. *Oriflammes d'une église.* « *Des oriflammes aux couleurs du royaume, que le vent desséchant fait claquer dans l'air* » (LOTI).

ORIGAN [ɔrigã]. *n. m.* (XIIIᵉ; du lat. *origanum*). Plante aromatique voisine de la menthe, appelée aussi *marjolaine.* ◇ Aromate tiré de cette plante.

ORIGINAIRE [ɔriʒinɛr]. *adj.* (1365; bas lat. *originarius*). ♦ 1° Qui tire son origine, vient (d'un pays, d'un lieu). V. **Natif.** « *La famille de ma mère était originaire du Beauvaisis* » (DUHAM.). *La fondue est originaire de Suisse.* ♦ 2° Qui est à l'origine, à la source même (d'une chose). V. **Premier.** *La nation est le titulaire originaire de la souveraineté.* ◇ Qui apparaît à l'origine, qui date de l'origine. *Tare, vice originaire.* V. **Inné, originel.** ◈ ANT. **Étranger.** *Postérieur, sub-séquent, ultérieur.*

ORIGINAIREMENT [ɔriʒinɛrmã]. *adv.* (1532; de *origi-naire*). Primitivement, à l'origine. V. **Originellement.** *Le slogan* « *était originairement un cri de guerre* » (GIDE).

1. **ORIGINAL, AUX** [ɔriʒinal, o]. *n. m.* (1269; lat. *origi-nalis*). ♦ 1° Ouvrage de la main de l'homme, dont il est fait des reproductions. ◇ Rédaction primitive d'un document. V. **Minute.** *Copie conforme à l'original.* V. **Authentique.** « *Il n'existe dans l'original ni virgules, ni repos indiqué* » (BALZ.). ◇ Texte dans la langue où il a été écrit par l'auteur. *Traduction qui s'éloigne de l'original.* ◇ Œuvre d'art de la main de l'auteur. « *Je t'avouerai... que je prendrais une mau-vaise copie pour un sublime original* » (DIDER.). ♦ 2° Personne réelle, objet naturel représentés ou décrits par l'art. V. **Modèle.** *Ressemblance du portrait avec l'original.* « *Mᵐᵉ de Montmaur, original de Mᵐᵉ de Merteuil* » (STENDHAL). ◈ ANT. **Copie, double, imitation, réplique, reproduction.**

2. **ORIGINAL, ALE, AUX** [ɔriʒinal, o]. *adj.* (v. 1240; lat. imp. *originalis* « qui existe dès l'origine »). ♦ 1° *Vx* ou *littér.* Primitif. V. **Originaire, originel.** « *Tout mot qui fait un long usage prend des acceptions nouvelles, plus ou moins dis-tinctes de l'acception originale* » (DUHAM.). ♦ 2° Qui émane directement de l'auteur, est l'origine et la source première des reproductions. *Pièces originales, documents originaux. Copie originale*, faite directement sur l'original. *Gravures originales*, exécutées par l'artiste lui-même. *Édition originale*, première édition en librairie d'un texte inédit. *Ellipt. L'origi-nale de* « *Liaisons dangereuses* ». ♦ 3° Qui paraît ne dériver de rien d'antérieur, ne ressemble à rien d'autre, est unique. V. **Inédit, neuf, nouveau, personnel.** *Avoir des vues, des idées originales.* « *Il s'était tant de fois entendu dire ces choses, qu'elles n'avaient pas pour lui rien d'original* » (FLAUB.). *Décora-tion originale.* ◇ (XVIIᵉ; Personnes) *Hommes, esprits origi-naux. Auteur, talent, artiste original.* « *Pour tout dire, être original, c'est être soi* » (LÉAUTAUD). « *Il (Jules Renard) est hanté par le désir d'être original et par la crainte de n'y point parvenir* » (SARTRE). ♦ 4° *Par ext.* Marqué de caractères nou-veaux et singuliers au point de paraître bizarre, peu normal. V. **Bizarre, curieux, étonnant, étrange, spécial.** « *Il n'y a qu'en France que le mot original, appliqué à un indi-vidu, soit presque injurieux* » (GAUTIER). Subst. *C'est un ori-ginal.* V. **Fantaisiste, numéro, phénomène, type.** *Quelle origi-*

nale ! elle ne fait rien comme tout le monde. ◊ ANT. Imité. Banal, *classique, commun; conformiste.*

ORIGINALEMENT [ɔriʒinalmɑ̃]. *adv.* (XIVᵉ, « primitivement »; de *original*). *Rare.* D'une manière originale.

ORIGINALITÉ [ɔriʒinalite]. *n. f.* (1699 ; « lignage », 1380 ; de *original* 2). ♦ 1° Caractère de ce qui est original, de celui qui est original (3°). V. **Fraîcheur, hardiesse, nouveauté.** *« Une création d'une extraordinaire originalité »* (HENRIOT). *Originalité et élégance d'une toilette. L'originalité d'un écrivain, d'un artiste. Des êtres sans originalité.* V. **Personnalité.** *« En littérature, on commence à chercher son originalité laborieusement chez les autres »* (GONCOURT). ◊ *Spécialt.* Étrangeté, excentricité, singularité. *Se faire remarquer par l'originalité de ses manières.* ♦ 2° Élément original. *C'est une des originalités de ce nouveau modèle.* ◊ Action étrange d'un original. V. **Excentricité.** *« Ces originalités... devinrent le sujet de plus d'une causerie »* (BALZ.). ◊ ANT. Banalité, conformisme, imitation, impersonnalité.

ORIGINE [ɔriʒin]. *n. f.* (XVᵉ ; *orine*, 1138 ; lat. *origo, -inis*). I. ♦ 1° Ancêtres ou milieu humain primitif auquel remonte la généalogie d'un individu, d'un groupe. V. **Ascendance, extraction, parenté, souche.** *Être de noble, de modeste origine. Garder la marque, l'empreinte de ses origines. « On sentait son origine paysanne, assez basse, à ses vêtements »* (ARAGON). *Il est d'origine française, irlandaise. Nationalité, pays d'origine.* V. **Terroir.** — (En parlant d'animaux) Pédigree. ♦ 2° Temps, milieu d'où vient une chose. *Une coutume d'origine ancienne. « Un messianisme d'origine chrétienne et bourgeoise »* (CAMUS). ◊ *Origine populaire d'un mot.* V. **Étymologie; dérivation.** *Mot d'origine grecque, d'origine inconnue.* ♦ 3° Point de départ de ce qui est envoyé. V. **Provenance.** *L'origine d'un message, d'un appel téléphonique. Origine d'un produit commercial,* l'endroit où il est produit. *Appellation* d'origine.* ♦ 4° *Sc.* Point à partir duquel on mesure les coordonnées. *Méridien d'origine,* à partir duquel on évalue la longitude.

II. ♦ 1° Commencement, première apparition ou manifestation. V. **Création, naissance.** *À l'origine du monde, des temps.* — Absolt. À L'ORIGINE (*loc. adv.*) : dès l'origine. V. **Début** (au). *« À l'origine, on utilisait, pour faire des liens, certaines tiges souples d'osier »* (DUHAM.). ◊ *(Au plur.)* Commencements, formes anciennes d'une réalité qui se modifie. *Les origines de la vie.* ♦ 2° Ce qui explique l'apparition ou la formation d'un fait nouveau. V. **Cause.** *Origine d'une révolution. « Le diplôme fut l'origine de sa définitive réussite »* (CÉLINE). *Avoir son origine dans qqch.* V. **Source.** ◊ ANT. *Destination. Fin.*

ORIGINEL, ELLE [ɔriʒinɛl]. *adj.* (XIVᵉ ; lat. *originalis*. V. **Original.** Qui date de l'origine, qui vient de l'origine. V. **Initial, originaire, original, premier, primitif.** *L'état originel de l'homme.* V. **Natif.** *Sens originel d'un mot.* ◊ Du premier homme créé par Dieu (relig. chrét.). *La grâce, l'innocence originelle. Péché* originel.* ◊ ANT. *Artificiel.*

ORIGINELLEMENT [ɔriʒinɛlmɑ̃]. *adv.* (XIVᵉ ; de *originel*). Dès l'origine, à l'origine. V. **Primitivement.**

ORIGNAL, AUX [ɔriɲal, o]. *n. m.* (1664 ; orignac, 1605 du basque *oregnac,* plur. de *oregna* « cerf »). Élan du Canada et de l'Alaska. *« La grande forêt où brament les femelles d'orignal »* (GENEVOIX). *« C'est drôle, des fois, ça qui remonte dans les entrailles : [...] des urgences d'aller me chercher un orignal du côté du lac Long »* (J. GODBOUT).

ORILLON [ɔrijɔ̃]. *n. m.* (XVIᵉ; dimin. d'*oreille*). ♦ 1° *Vx* ou *région.* Objet ou partie d'instrument en forme de petite oreille. *Orillons d'une écuelle.* ♦ 2° *Fortif. Orillons* (ou *Oreillons) d'un bastion :* saillies de maçonnerie à l'angle d'épaule d'un bastion.

ORIN [ɔrɛ̃]. *n. m.* (1483 ; p.-ê. moy. néerl. *oorring* « boucle d'oreille », puis « anneau d'ancre », attesté seult. au XIXᵉ ; Cf. catalan *Orri* [1340], port. *ourinque* [1416], etc.). *Mar.* Cordage reliant une ancre à la bouée qui permet d'en repérer l'emplacement. — Câble servant à maintenir une mine immergée entre deux eaux.

ORIPEAU [ɔripo]. *n. m.* (*Oripel,* XIIᵉ ; de l'a. fr. *orie* « doré », et *peau*). ♦ 1° *Techn.* Lame de cuivre ou de laiton très mince ayant l'apparence de l'or. ♦ 2° *Étoffe,* broderie ou ornement de faux or ou de faux argent. — *Fig.* et *littér.* Faux éclat, apparence brillante et trompeuse. ♦ 3° *Au plur.* (XVIIᵉ). *Cour.* Vêtements voyants, vieux habits dont un reste de clinquant fait ressortir l'usure. V. **Guenille.** *Vieille coquette couverte d'oripeaux.*

O.R.L. [ɔɛrɛl]. *n.* Abrév. de *oto-rhino-laryngologie. Médecins O.R.L.*

ORLE [ɔrl(ə)]. *n. m.* (*Urle, ourle,* XIIᵉ ; lat. pop. °*orula,* dimin. de *ora* « bord »). ♦ 1° *Vx.* Ourlet. *Mar. Orle d'une voile.* ♦ 2° *Archit.* Bordure ou filet soulignant l'ove d'un chapiteau. ♦ 3° *Blas.* Bordure étroite qui suit, sans le toucher, le bord de l'écu.

ORLÉANISTE [ɔrleanist(ə)]. *n. et adj.* (1839 ; de *Orléans,* nom de la branche cadette des Bourbons). *Hist.* Personne qui soutenait les droits de la famille d'Orléans au trône de France. — Adj. *Le parti orléaniste.*

ORLON [ɔrlɔ̃]. *n. m.* (1950; suff. de *nylon*). Fibre textile synthétique (nom déposé). *Pull-over en orlon.*

ORMAIE [ɔrmɛ] ou **ORMOIE** [ɔrmwa]. *n. f.* (*Ourmaye,* 1301 ; de *orme*). Lieu planté d'ormes. ◊ HOM. *Ormet.*

ORME [ɔrm(ə)]. *n. m.* (1175 ; var. *olme,* lat. *ulmus*). ♦ 1° Arbre (*Ulmacées*) atteignant 20 à 30 mètres de haut, à feuilles dentelées. *Allée d'ormes. L'orme du mail,* roman d'A. France. Loc. fam. *Attendez*-moi sous l'orme.* ♦ 2° Bois de cet arbre. *« Nous ferons peut-être la coque en orme. L'orme est bon pour les parties noyées »* (HUGO). *Loupe* d'orme.*

1. ORMEAU [ɔrmo]. *n. m.* (1546 ; *ormel,* XIIᵉ ; de *orme*). Petit orme, jeune orme.

2. ORMEAU [ɔrmo], **ORMET** [ɔrmɛ], **ORMIER** [ɔrmje]. *n. m.* (XVIᵉ ; du lat. *auris maris* « oreille de mer »). Mollusque marin comestible, nom courant de l'haliotide. ◊ HOM. (de *ormet) Ormaie.*

ORMILLE [ɔrmij]. *n. f.* (1762 ; de *orme*). *Région.* Plant d'ormeau. ◊ Haies de jeunes ormeaux.

1. ORNE [ɔrn(ə)]. *n. m.* (1220 ; lat. *ordo, ordinis* « ordre »). *Sylvic. Faire orne,* abattre les arbres droit devant soi. ◊ (1611) *Vitic., Région.* Sillon tiré entre les rangées de ceps.

2. ORNE [ɔrn(ə)]. *n. m.* (1529 ; lat. *ornus*). *Région.* Nom d'une variété de frêne à fleurs blanches.

ORNEMANISTE [ɔrnəmanist(ə)]. *n.* (1800 ; de *ornement*). *Arts.* Spécialiste du dessin ou de l'exécution de motifs décoratifs, en plâtre ou en stuc. Appos. *Sculpteur ornemaniste.*

ORNEMENT [ɔrnəmɑ̃]. *n. m.* (1050 ; lat. *ornamentum*). ♦ 1° *Rare.* Action d'orner ; résultat de cette action. V. **Décoration.** Cour. *Arbres, plantes d'ornement.* V. **Ornemental, décoratif.** ♦ 2° Ce qui orne, s'ajoute à un ensemble pour l'embellir ou lui donner un certain caractère. *Ornements de passementerie, de tapisserie. « La beauté n'a besoin d'aucun ornement et se suffit à elle-même »* (LOUYS). *Une toilette sans aucun ornement* (V. **Bijou, fanfreluche**). — Liturg. *Le prêtre officie revêtu de ses ornements sacerdotaux,* des vêtements et insignes prescrits par les règles liturgiques. ♦ 3° *Arts, Décor.* et *cour.* Motif accessoire d'une composition. *Peintre, sculpteur d'ornements* (V. **Ornemaniste**). *Les ornements d'un édifice.* V. **Ornementation.** *Ornements rapportés.* V. **Applique.** — *Ornements d'un texte.* V. **Fleuron, miniature, vignette.** ◊ *Blas.* Pièce extérieure à l'écu. ♦ 4° *Mus.* Note ou ensemble de notes, trait instrumental ou vocal, qui s'ajoute à une mélodie sans modifier la ligne mélodique. ♦ 5° *Vieilli* (1538). Procédé d'expression qui orne le discours (figures de rhétorique, etc.). V. **Figure.** ♦ 6° *Fig.* et *littér.* V. **Gloire, honneur.** *« La jeune princesse était devenue l'ornement et l'âme de la cour »* (STE-BEUVE).

ORNEMENTAL, ALE, AUX [ɔrnəmɑ̃tal, o]. *adj.* (1838 ; de *ornement*). Qui a rapport à l'ornement, qui utilise des ornements. *Style ornemental.* ◊ Qui sert à l'ornement. V. **Décoratif.** *Motif ornemental. Plantes ornementales.*

ORNEMENTATION [ɔrnəmɑ̃tasjɔ̃]. *n. f.* (1838 ; de *ornement*). ♦ 1° Action d'ornementer. *Travailler à l'ornementation d'une façade.* V. **Décoration.** ♦ 2° Ensemble d'éléments qui ornent. *Il a peint « toute une ornementation de feuillage, de fruits... du plus grand goût »* (GAUTIER).

ORNEMENTER [ɔrnəmɑ̃te]. *v. tr.* (1860 ; de *ornement*). Garnir d'ornements ; embellir par des ornements convenablement disposés (surtout *au p. p.*). V. **Décorer, orner.** *« Un salon encombré de fleurs, au plafond curieusement ornementé d'armoiries et de rocailles »* (GAUTIER).

ORNER [ɔrne]. *v. tr.* (1487 ; lat. *ornare*). ♦ 1° Mettre en valeur, embellir (une chose). V. **Agrémenter, décorer, enjoliver, parer.** *Orner une façade de drapeaux. Orner sa boutonnière d'une fleur. Orner un livre d'enluminures, de vignettes.* V. **Illustrer.** ◊ Servir d'ornement à. *« Il faut un bijou pour orner cette robe trop sévère.* V. **Égayer.** *« Un crucifix et deux images coloriées... ornaient seuls cet appartement propre et désolant »* (MAUPASS.). ♦ 2° Rendre plus attrayant ; conférer un charme, un éclat ou une valeur à (qqn, qqch.). V. **Rehausser.** *« Je ne veux pas orner la vérité »* (MAETERLINCK). V. **Habiller.** *« Je l'ornais de vertus qu'elle n'avait pas »* (MAUROIS). ◊ *Vieilli.* Enrichir. *Orner son esprit.* ♦ 3° *Au p. p.* ORNÉ DE : qui a pour ornement. *Un « grand peigne orné de boules d'or »* (GREEN). Absolt. LETTRES ORNÉES : enluminées. *Un discours trop orné :* où il y a trop de figures, d'effets de style.

ORNIÈRE [ɔrnjɛr]. *n. f.* (1278 ; de l'a. fr. *ordière* [v. 1190], lat. pop. °*orbitaria* par crois. avec *orne* 1). ♦ 1° Trace plus ou moins profonde que les roues des voitures creusent dans les chemins. *« Le suble du chemin sillonné par de profondes ornières que l'eau remplissait entièrement »* (VIGNY). ♦ 2° *Fig.* Chemin tout tracé, routine. *« Vous êtes un criminel classique. Vous suivez l'ornière »* (ROMAINS). *Sortir de l'ornière.* V. **Routine.** ◊ (Néol.) *Sortir de l'ornière,* d'une situation pénible, difficile.

ORNITHO-. Élément, du gr. *ornis, ornithos* « oiseau ».

ORNITHOGALE [ɔʀnitɔgal]. *n. m.* (*Ornitogalon*, 1553; du gr. *gala* « lait »). *Bot.* Plante bulbeuse à fleurs blanches, jaunes ou orangées *(Liliacées)*. La dame-d'onze-heures est un ornithogale.

ORNITHOLOGIE [ɔʀnitɔlɔʒi]. *n. f.* (1649; de *ornitho-*, et *-logie*). *Sc.* Partie de la zoologie qui traite des oiseaux.

ORNITHOLOGIQUE [ɔʀnitɔlɔʒik]. *adj.* (1771; de *ornithologie*). *Sc.* Qui a rapport à l'ornithologie, aux oiseaux.

ORNITHOLOGISTE [ɔʀnitɔlɔʒist(ə)] ou **ORNITHOLOGUE** [ɔʀnitɔlɔg]. *n.* (1721,-1765; de *ornithologie*). *Sc.* Spécialiste de l'ornithologie.

ORNITHOMANCIE [ɔʀnitɔmɑ̃si]. *n. f.* (1717; de *ornitho-*, et *-mancie*). *Antiq.* Méthode de divination par le chant ou le vol des oiseaux (V. Augure 1).

ORNITHORYNQUE [ɔʀnitɔʀɛ̃k]. *n. m.* (1803; de *ornitho-*, et gr. *runkhos* « bec »). Mammifère *(Monotrèmes)* australien, amphibie et ovipare, à bec corné, à longue queue plate, aux pattes munies de cinq doigts palmés et armés de griffes.

ORNITHOSE [ɔʀnitoz]. *n. f.* (mil. XXᵉ; de *ornitho-*, et suff. *-ose* 2). *Méd.* Maladie infectieuse des oiseaux, transmissible à l'homme, chez qui elle prend la forme d'une pneumonie. V. Psittacose.

ORO-. Élément, du gr. *oros* « montagne ».

OROBANCHE [ɔʀɔbɑ̃ʃ]. *n. f.* (1546; lat. *orobanche, -es*, du gr. *orobagkhê*, de *agkhein* « étouffer »). Plante sans chlorophylle, d'une teinte roussâtre, violacée ou blanchâtre, vivant en parasite sur les racines des légumineuses. « *Amusement de retrouver, jaillie du sable, cette même orobanche que j'admirais dans les dunes* » (GIDE).

OROBE [ɔʀɔb]. *n. m.* (*Orbe*, 1256; lat. *orobus*, même rad. qu'*orobanche*). Plante *(Légumineuses)* des régions tempérées, voisine de la vesce.

OROGÉNÈSE [ɔʀɔʒenɛz]. *n. f.* (1910; de *oro-*, et *-génèse*). *Didact.* Phase d'édification des reliefs de l'écorce terrestre.

OROGÉNIE [ɔʀɔʒeni]. *n. f.* (1868; de *oro-*, et *-génie*). *Didact.* ♦ 1° Syn. d'*orogénèse*. ♦ 2° Branche de la géographie physique qui étudie les mouvements de l'écorce terrestre, en particulier ceux qui ont donné naissance aux montagnes.

OROGÉNIQUE [ɔʀɔʒenik]. *adj.* (1868; de *orogénie*). *Didact.* Qui a rapport à l'orogénie. *Mouvements orogéniques de l'époque hercynienne.*

OROGRAPHIE [ɔʀɔgʀafi]. *n. f.* (1823; de *oro-*, et *-graphie*). *Didact.* Étude, description des montagnes. — Par ext. *L'orographie de l'Europe*, l'ensemble de ses reliefs montagneux.

OROGRAPHIQUE [ɔʀɔgʀafik]. *adj.* (1836; de *orographie*). *Didact.* Qui a rapport à l'orographie.

ORONGE [ɔʀɔ̃ʒ]. *n. f.* (1775; prov. *ouranjo* « orange »). Autre nom de l'amanite. *Oronge vineuse, oronge vraie*, espèces comestibles. *Fausse oronge*, à chapeau rouge taché de blanc, vénéneuse.

OROPHARYNX [ɔʀɔfaʀɛ̃ks]. *n. m.* (XXᵉ; du lat. *os, oris* « bouche », et *pharynx*). *Anat.* Partie moyenne du pharynx qui communique avec la bouche.

ORPAILLAGE [ɔʀpajaʒ]. *n. m.* (1866; de *orpaill[eur]*). Travail des orpailleurs.

ORPAILLEUR [ɔʀpajœʀ]. *n. m.* (1762; de l'a. fr. *harpailler* « saisir », altér. d'*apr. or*). Ouvrier qui recueille par lavage les paillettes d'or dans les fleuves ou les terres aurifères. — *Par ext.* Chercheur d'or.

ORPHELIN, INE [ɔʀfəlɛ̃, in]. *n.* (1150; *orfanin*, fin XIᵉ; lat. ecclés. *orphanus*, mot gr.). Enfant qui a perdu son père et sa mère, ou l'un des deux. *Un orphelin de père et de mère. Orphelin élevé dans une institution, un orphelinat.* V. Pupille. *Tuteur d'une orpheline.* « *Le veuf, l'orphelin, tous ceux qu'on foule, ou qu'on opprime...* » (MASSILLON). Loc. fam. *Il défend la veuve et l'orphelin*, se dit des avocats, *par ext.* et plaisant. de tout protecteur des opprimés (Cf. Don Quichotte). ◇ Adj. *Un enfant orphelin.*

ORPHELINAT [ɔʀfəlina]. *n. m.* (1861; de *orphelin*). Établissement destiné à élever des orphelins. ◇ Orphelins de cet établissement.

ORPHÉON [ɔʀfeɔ̃]. *n. m.* (1767; de *Orphée*, personnage mythologique). ♦ 1° *Vx.* Sorte d'instrument de musique à cordes et à clavier. ♦ 2° (1833). *Vx.* École, société de chant choral. ◇ *Mod.* (1868) Fanfare. « *N'oubliez pas qu'on dit, à l'heure actuelle, d'une fanfare municipale : un Orphéon!* » (COCTEAU).

ORPHÉONISTE [ɔʀfeɔnist(ə)]. *n.* (1852; de *orphéon*). Membre d'un orphéon.

ORPHIE [ɔʀfi]. *n. f.* (*Orfie*, 1554; gr. *orphos*). Genre de poissons téléostéens à bec pointu, appelés aussi *aiguilles* ou *bécassines* de mer.

ORPHIQUE [ɔʀfik]. *adj.* (1750; de *Orphée*). *Didact.* Qui a rapport à la religion initiatique dont Orphée passait pour être le fondateur. *Mystères orphiques. Poésie orphique.*

ORPHISME [ɔʀfism(ə)]. *n. m.* (1863; de *Orphée*). *Didact.* Doctrine ou secte religieuse de l'antiquité qui s'inspire de la pensée d'Orphée.

ORPIMENT [ɔʀpimɑ̃]. *n. m.* (déb. XIIᵉ; du lat. *auripigmentum*, proprem. « couleur d'or »). *Chim. anc.* ou *Techn.* Sulfure jaune d'arsenic utilisé en peinture et dans certaines industries.

ORPIN [ɔʀpɛ̃]. *n. m.* (XIIIᵉ; altér. d'*orpiment*). ♦ 1° *Techn.* V. Orpiment. ♦ 2° (1372). Plante charnue *(Crassulacées)* qui croît sur les toits et les murs. *Orpin reprise* ou *orpin vulgaire*, aux propriétés astringentes. *Orpin blanc.*

ORQUE [ɔʀk(ə)]. *n. m.* (1560; lat. *orca*). Mammifère marin, sorte de dauphin, appelé communément *épaulard.*

ORSEILLE [ɔʀsɛj]. *n. f.* (*Orsolle*, XVᵉ; catalan *orxella*, p.-ê. de l'arabe). Lichen des côtes rocheuses de la Méditerranée qui fournit une matière de couleur rouge violacé. V. Rocelle. ◇ *Techn.* Pâte tirée de ce lichen et utilisée comme colorant.

ORTEIL [ɔʀtɛj]. *n. m.* (fin XIIᵉ; *arteil*, 1160; lat. *articulus*, dimin. de *artus* « articulation »). Doigt de pied. *Les cinq orteils.* ◇ Plus cour. *Le gros orteil* ou *l'orteil*, le pouce du pied. « *Son orteil qui la supporte tout entière frotte sur le sol comme le pouce sur un tambour* » (VALÉRY).

ORTH(O)-. Élément, du gr. *orthos* « droit », et *fig.* « correct ».

ORTHOCENTRE [ɔʀtɔsɑ̃tʀ(ə)]. *n. m.* (déb. XXᵉ; de *ortho-*, et *-centre*). *Géom.* Point de rencontre des trois hauteurs d'un triangle ou des quatre hauteurs d'un tétraèdre à arêtes opposées orthogonales.

ORTHOCHROMATIQUE [ɔʀtɔkʀɔmatik]. *adj.* (1889; de *ortho-*, et *chromatique*). *Phot. Plaque orthochromatique* : sensible à toutes les couleurs sauf au rouge.

ORTHODONTIE [ɔʀtɔdɔ̃ti]. *n. f.* (1948; de *orth[o]-*, et *-odontie*). *Didact.* Branche de la médecine dentaire, qui traite les malpositions des dents. — Adj. ORTHODONTIQUE [ɔʀtɔdɔ̃tik].

ORTHODOXE [ɔʀtɔdɔks(ə)]. *adj.* et *n.* (1431; lat. ecclés. *orthodoxus*, du gr. *doxa* « opinion »).
I. ♦ 1° Conforme au dogme, à la doctrine d'une religion. *Théologien orthodoxe.* — N. *Les orthodoxes et les hérétiques.* ♦ 2° (1787). Conforme à une doctrine quelconque, aux opinions et usages établis. V. Conformiste, traditionnel. *Conduite, morale orthodoxe. Économiste, historien orthodoxe.* — N. *Orthodoxes et dissidents d'un parti politique.* ♦ 3° (en emploi négatif) *Son attitude n'est pas très orthodoxe, est peu orthodoxe* : elle n'est pas conforme aux usages reçus.
II. Se dit des Églises chrétiennes des rites d'Orient séparées de Rome au XIᵉ siècle. *Église orthodoxe russe, grecque.* — Qui appartient à ces Églises. *Clergé, culte, rite orthodoxe.* ◇ Subst. *Les orthodoxes grecs.*
◈ ANT. Hérétique, hétérodoxe. Non-conformiste.

ORTHODOXIE [ɔʀtɔdɔksi]. *n. f.* (1580; de *orthodoxe*).
♦ 1° Ensemble des doctrines, des opinions considérées comme vraies par la fraction dominante d'une Église, et enseignées officiellement. V. Dogme. *L'orthodoxie catholique. Interprétation qui sort de l'orthodoxie.* « *La vérité de l'orthodoxie ne fut jamais pour lui l'objet d'un doute* » (RENAN). ◇ (1787) Ensemble des principes, des usages traditionnellement ou généralement admis (en matière d'art, de science, de morale). *Ils* « *se sont fait un système d'épuration progressive, de minutieuse orthodoxie, qui vise à faire d'un parti une secte, une petite église* » (MICHELET). ♦ 2° Caractère orthodoxe (d'une proposition, d'une personne). *L'orthodoxie d'une exégèse.* « *Pour prix de son orthodoxie, il demandait la vie éternelle* » (VOLT.). ◇ Par ext. *Orthodoxie d'un jugement littéraire, moral...* V. Conformisme. ◈ ANT. Hérésie, hétérodoxie. Non-conformisme.

ORTHODROMIE [ɔʀtɔdʀɔmi]. *n. f.* (1691; du gr. *orthodromein* « courir en ligne droite »). *Didact.* Route d'un navire, d'un avion qui suit la voie la plus directe. *Orthodromie et loxodromie*. — Le chemin le plus court entre deux points sur une surface (plane ou courbe).

ORTHODROMIQUE [ɔʀtɔdʀɔmik]. *adj.* (1765; de *orthodromie*). *Didact.* Relatif à l'orthodromie. *Navigation orthodromique.*

ORTHOGÉNÈSE [ɔʀtɔʒenɛz]. *n. f.* (1893; de *ortho-*, et *-génèse*). *Biol.* Théorie selon laquelle l'évolution des organismes vivants est prédéterminée, sans intervention de l'adaptation. ◇ Développement suivant une direction constante selon les espèces. — On écrit aussi *Orthogénèse.*

ORTHOGÉNIE [ɔʀtɔʒeni]. *n. f.* (1965; de *ortho-*, et *-génie*). *Méd.* Régulation des naissances. V. Contrôle, planning (familial). *Centres d'orthogénie.*

ORTHOGÉNISME [ɔʀtɔʒenism(ə)]. *n. m.* (1969; de *orthogénie*). *Méd.* Science qui traite de l'orthogénie*.

ORTHOGONAL, ALE, AUX [ɔʀtɔgɔnal, o]. *adj.* (1520; du lat. *orthogonus*, du gr. « à angle droit »). *Géom.* Qui forme un angle droit, qui se fait à angle droit. V. Perpendiculaire. *Droites orthogonales. Plans orthogonaux. Courbes orthogonales* : dont les tangentes menées du point où elles se coupent sont perpendiculaires. — *Projection orthogonale (ou orthographique)* : projection d'une figure obtenue au moyen de perpendiculaires abaissées à partir des différents points de cette figure sur une droite, un plan, une surface quelconque.

ORTHOGONALEMENT [ɔʀtɔgɔnalmɑ̃]. *adv.* (1528; de *orthogonal*). *Géom.* D'une manière orthogonale, à angle droit. V. **Perpendiculairement**.

ORTHOGRAPHE [ɔʀtɔgʀaf]. *n. f.* (1529; *ortografie*, XIIIᵉ; lat. *orthographia*, mot gr.; Cf. *Ortho-*, et *-graphie*). ♦ 1° Manière d'écrire un mot qui est considérée comme la seule correcte. *Chercher l'orthographe d'un mot dans le dictionnaire. Orthographe d'usage :* ensemble des conventions qui régissent la graphie des mots indépendamment de la fonction qu'ils peuvent remplir dans une phrase. *Orthographe d'accord :* ensemble des règles qui régissent la graphie des mots selon la fonction qu'ils remplissent dans une phrase. V. **Grammaire**. *Faute d'orthographe. Réforme de l'orthographe.* « *L'absurdité de notre orthographe, qui est, en vérité, une des fabrications les plus cocasses du monde, est bien connue* » (VALÉRY). ◊ *Connaissance de ces règles.* « *Et nous donc? crois-tu que nous mangions des sais pas grand'chose, mais je sais l'orthographe* » (ANOUILH). *Un élève bon en orthographe. Trouble d'acquisition de l'orthographe.* V. **Dysorthographie**. ◊ *Application effective de ces règles dans un texte. Orthographe correcte, barbare, capricieuse.* « *Son orthographe est très mauvaise* » (ROMAINS). ♦ 2° Manière particulière dont un mot est écrit en fait. V. **Graphie**. *Mots qui ont la même orthographe.* V. **Homographe**. ◊ Système de notation des sons par des signes écrits, propre à une langue, à une époque, à un écrivain. *L'orthographe du XVIᵉ siècle, de Ronsard, de Voltaire. Orthographe étymologique, phonétique,* conforme à l'étymologie, au son.

ORTHOGRAPHIE [ɔʀtɔgʀafi]. *n. f.* (*Ortografie* « orthographe », XIIIᵉ; de *ortho-*, et *-graphie*). ♦ 1° (XVIIᵉ). *Vx.* Profil ou coupe perpendiculaire d'une fortification. ♦ 2° (1838). *Rare.* Projection orthogonale* (ou orthographique).

ORTHOGRAPHIER [ɔʀtɔgʀafje]. *v. tr.* (1426; de *orthographe*). Écrire du point de vue de l'orthographe. *Il orthographie correctement.* Pronom. *Son nom s'orthographie avec deux r.*

ORTHOGRAPHIQUE [ɔʀtɔgʀafik]. *adj.* (1752; fortif., 1691; de *orthographe*). ♦ 1° Relatif à l'orthographe. *Signes orthographiques. Réforme orthographique.* ♦ 2° Relatif à l'orthographe (2°). V. **Orthogonal**.

ORTHONORMÉ, ÉE [ɔʀtɔnɔʀme]. *adj.* (mil. XXᵉ; de *ortho-*, et *normé*). Dont les vecteurs de base sont orthogonaux et de même longueur. *Repère orthonormé.* V. **Normé**.

ORTHOPÉDIE [ɔʀtɔpedi]. *n. f.* (1741; de *ortho-*, et gr. *pais, paidos* « enfant »). ♦ 1° *Vx.* Art de prévenir et de corriger les difformités du corps chez les enfants. ♦ 2° *Par ext. Mod.* Branche de la médecine qui étudie et traite les affections du squelette, des muscles et des tendons. *Orthopédie dentofaciale,* qui traite des malformations des dents et des mâchoires. V. **Prothèse**. ♦ 3° *Cour.* Orthopédie des membres inférieurs (par rapprochement avec lat. *pes, pedis* « pied »).

ORTHOPÉDIQUE [ɔʀtɔpedik]. *adj.* (1771; de *orthopédie*). Relatif à l'orthopédie. *Appareil orthopédique.* « *Sa jambe gauche serrée dans une bottine orthopédique* » (SARTRE).

ORTHOPÉDISTE [ɔʀtɔpedist(ə)]. *n. et adj.* (1771; de *orthopédie*). Médecin qui pratique l'orthopédie. ◊ Personne qui fabrique ou vend des appareils orthopédiques.

ORTHOPHONIE [ɔʀtɔfɔni]. *n. f.* (1828; de *ortho-*, et *-phonie*). *Didact.* Prononciation normale et correcte. *Méd., phon.* Traitement qui vise à la correction des défauts d'élocution.

ORTHOPHONISTE [ɔʀtɔfɔnist(ə)]. *n.* (1966; de *orthophonie*). *Méd., phon.* Spécialiste de l'orthophonie*.

ORTHOPNÉE [ɔʀtɔpne]. *n. f.* (1611; de *ortho-*, et gr. *pnein* « respirer »). *Méd.* Difficulté de respirer (V. **Dyspnée**) en position couchée. *Orthopnée des cardiaques, des asthmatiques.*

ORTHOPTÈRE [ɔʀtɔptɛʀ]. *n. m. et adj.* (1789; lat. sav., de *ortho-*, et *-ptère*). *Zool.* Ordre d'insectes à élytres mous, et à ailes postérieures pliées dans le sens de la longueur. « *Les mantes religieuses font, en effet, partie de l'ordre des orthoptères, ainsi que les blattes, les sauterelles, les grillons, les acridiens, les phasmes et les forficules* » (QUENEAU).

ORTHOPTIQUE [ɔʀtɔptik]. *adj. et n. f.* (1923; de *orth[o]-*, et *optique*). *Didact.* (Physiol.). ♦ 1° *Adj.* Relatif à la vision normale des deux yeux. ♦ 2° *N. f.* Discipline médicale qui a pour objet de corriger les troubles visuels liés à la mauvaise coordination des mouvements oculaires, en particulier le strabisme. — ORTHOPTISTE [ɔʀtɔptist(ə)], *n. m.*

ORTHORHOMBIQUE [ɔʀtɔʀɔ̃bik]. *adj.* (1868; de *ortho-*, et *rhombe*). *Minér.* Cristal orthorhombique, qui a la forme d'un prisme droit à base en losange.

ORTHOSCOPIQUE [ɔʀtɔskɔpik]. *adj.* (1878; de *ortho-*, et *-scopique*). *Phot.* Se dit d'un objectif construit de manière à éviter toute déformation de l'image.

ORTHOSE [ɔʀtoz]. *n. m.* (1803; de *ortho-*, et *-ose*). *Minér.* Feldspath potassique de couleur blanche, rose ou rouge, abondant dans le granite.

ORTHOSTATIQUE [ɔʀtɔstatik]. *adj.* (1907; de *ortho-*, et gr. *statos* « qui est debout »). *Didact.* Relatif à la station debout, qui se produit pendant la station debout. *Albuminurie orthostatique.*

ORTHOSYMPATHIQUE [ɔʀtɔsɛ̃patik]. *adj.* (1930; de *ortho-*, et *sympathique*). *Anat.* Se dit de la partie du système nerveux végétatif (ou neurovégétatif) dont les centres se trouvent dans les cornes latérales de la moelle thoracique et lombaire. On dit aussi *par abrév.* Sympathique. Son action est antagoniste de celle du *parasympathique*.

ORTIE [ɔʀti]. *n. f.* (fin XIIᵉ; *ortrie*, v. 1120; lat. *urtica*). Plante (*Urticacées*) dont les feuilles sont couvertes de poils fins qui renferment un liquide irritant (acide formique). *Piqûre d'ortie.* « *Quand l'ortie est jeune, la feuille est un légume excellent* » (HUGO). *Loc. Jeter le froc* aux orties.

ORTOLAN [ɔʀtɔlɑ̃]. *n. m.* (Hortolan, 1552; prov. *ortolan,* du bas lat. *hortulanus* « de jardin »). Petit oiseau à chair très estimée, variété de bruant qui vit dans l'Europe méridionale. « *Et nous donc? crois-tu que nous mangions des ortolans?* » (BALZ.), une nourriture délicate et recherchée.

ORVALE [ɔʀval]. *n. f.* (1256; p.-ê. altér. de *auris galli* « oreille de coq », d'apr. *or,* et *valoir*). Variété de sauge qui est appelée aussi *toute-bonne.*

ORVET [ɔʀvɛ]. *n. m.* (1319, au plur. *orveis;* de l'a. fr. *orb* « aveugle »). Reptile saurien (proche des lézards), dépourvu de membres, ovovivipare, qui se nourrit de vers et de limaces. *On appelle l'orvet serpent de verre* (la queue se brisant facilement), *bien que ce ne soit pas un serpent.*

ORVIÉTAN [ɔʀvjetɑ̃]. *n. m.* (1642; it. *orvietano* « d'Orvieto », ville d'Italie). *Vx.* Drogue inventée par un charlatan d'Orvieto, qui fut en vogue au XVIIᵉ siècle. — *Par ext. Marchand, vendeur d'orviétan.* V. **Charlatan, imposteur**.

ORYCTÉROPE [ɔʀikteʀɔp]. *n. m.* (1791; gr. *oruktêr, oruktêros* « fouisseur »). Mammifère d'Afrique, appelé aussi *cochon de terre,* qui vit caché le jour et sort pendant la nuit pour se nourrir de termites et de fourmis.

OS Symbole chimique de l'osmium*.

OS [ɔs; *plur. o*]. *n. m.* (1080; lat. *ossum,* var. de *os, ossis*). ♦ 1° *Anat. et cour.* Chacune des pièces rigides, constituées par un tissu spécial (V. **Osseux**), du squelette de l'homme et des animaux vertébrés. *Articulation des os.* V. **Articulation, diarthrose, suture, symphyse, synarthrose.** *Os longs, os plats, os courts. Intérieur* (V. **Moelle**) *et extérieur de l'os* (V. **Périoste**). *Diaphyse, épiphyse, apophyse d'un os. Chez certains poissons, les os* (V. **Arête**) *sont remplacés par des cartilages.* ◊ (Chez l'homme) *Les os de la main, du bassin. Avoir de gros os, de petits os* (V. **Ossature**). *Avoir des os saillants* (V. **Maigre, osseux**). *On lui voit les os, on lui voit la peau sur les os. C'est un sac d'os* [sakdos], *un paquet d'os* [pakedos] *une personne très maigre. Se rompre les os,* faire une chute dangereuse. *Un os brisé* (V. **Esquille; fracture**), *démis, déboîté. Maladie des os :* carie, ostéite, ostéomyélite, etc. *Décalcification des os.* — *Loc. En chair et en os* [ɑ̃ʃɛʀeɑ̃nos], *en personne, physiquement réel.* « *Une de ces vagues de tendresse fraternelle qui le soulevaient chaque fois qu'il retrouvait Antoine, en chair et en os* » (MART. du G.). — *Il ne fera pas de vieux os,* il ne vivra pas longtemps. — *Être mouillé, trempé jusqu'aux os,* complètement trempé contre son gré (pluie, etc.). *Fig. Jusqu'aux os, jusqu'à la moelle des os,* complètement (*personnes*). *Jusqu'à l'os,* complètement (*choses*). « *Ce monde propret, fini, hiérarchisé, rationnel jusqu'à l'os* » (SARTRE). — *Vulg.* (1948) *L'avoir dans l'os,* ne pas obtenir ce qu'on voulait; être possédé, refait. *Il l'a dans l'os !* (Chez les animaux) « *Un loup n'avait que les os et la peau* » (LA FONT.). *Viande vendue avec os, sans os* (V. **Désossé**). *Des os de poulet. Os de côtelette.* V. **Manche**. *Os à moelle. Des os à moelle* [osamwal]. *Jeter un os à un chien. Ronger un os.* — *Loc. Donner un os à ronger à qqn,* faire à qqn une maigre faveur. — *Loc. fam.* (1914) *Tomber sur un os; il y a un os !* une difficulté, un obstacle. V. **Cactus**. ♦ 2° LES OS : restes d'un être vivant, après sa mort. V. **Carcasse, ossements**. « *Les os dans le cercueil vont tomber en poussière* » (MUSS.). ♦ 3° Matière d'objets faits avec des os. *Aiguille, alène, boutons en os. Couteaux à manches en os. Jetons en os.* ♦ 4° *Par anal. Os de seiche,* lame calcaire qui soutient le dos de la seiche, et qu'on donne aux oiseaux pour s'y aiguiser le bec. ◊ HOM. (du plur.) V. **Eau**.

O.S. [oɛs]. *n.* Abréviation de *ouvrier* spécialisé. « *Quel modèle de croissance permettrait de libérer* [...] *les O.S. de leur chaîne?* » (*L'Express*, 31-07-1972).

OSCABRION [ɔskabʀijɔ̃]. *n. m.* (1765; o. i.). *Zool.* Mollusque marin couvert de plaques calcaires sur sa face dorsale.

OSCAR [ɔskaʀ]. *n. m.* (v. 1930; nom propre). Haute récompense décernée chaque année, sous forme d'une statuette, par l'Académie des Arts et Sciences du cinéma, aux États-Unis. ◊ *Par ext.* Récompense décernée par un jury dans des domaines divers. *Oscar de la chanson, de la publicité.*

OSCILLANT, ANTE [ɔsilɑ̃, ɑ̃t]. *adj.* (1746; de *osciller*). ♦ 1° Qui oscille, qui a un rythme alterné plus ou moins régulier. — *Phys.* Qui change de sens périodiquement. *Décharge oscillante. Circuits oscillants.* ♦ 2° *Fig.* Qui passe par des alternatives, varie. V. **Incertain.** — Méd. *Fièvre oscillante,* qui présente de grandes variations au cours de la journée.

OSCILLATEUR [ɔsilatœʀ]. *n. m.* (1907; de *osciller*). *Phys.* Dispositif générateur d'oscillations électriques, lumineuses, sonores, mécaniques. V. **Diapason; alternateur.** — *Spécialt.* Émetteur d'ondes porteuses. *Oscillateur local. Oscillateur à cristal, à lampe.*

OSCILLATION [ɔsilɑsjɔ̃]. *n. f.* (1605; lat. *oscillatio*). ♦ 1° Mouvement d'un corps qui oscille. V. **Balancement, branle.** *Sc. Oscillation simple* : chacun des deux mouvements d'aller et retour d'un mobile qui décrit plusieurs fois la même portion limitée de droite ou de courbe, d'une extrémité à l'autre. *Oscillation double* (ou *complète*) : mouvement alternatif d'un corps autour d'une position d'équilibre. *Oscillation d'un pendule.* V. **Battement.** *Amplitude, période des oscillations. Oscillations synchrones.* ◊ *Par ext.* Variation d'une grandeur mécanique, électrique, etc., caractérisée par un changement périodique de sens et une constance (*oscillation périodique* ou *entretenue*) ou une décroissance continue (*oscillation amortie*) de l'amplitude maxima à chacune des alternances. *Oscillations de l'énergie magnétique. Oscillations électriques, électromagnétiques.* V. **Vibration.** ♦ 2° *Cour.* Tout mouvement de va-et-vient qui ne s'effectue pas forcément entre les mêmes limites. *Oscillations d'un navire.* V. **Roulis, tangage.** ◊ *Fig. Sc.* Toute variation alternative et irrégulière d'une grandeur. *Zone climatique à oscillations saisonnières. Oscillations de la tension artérielle.* — Cour. V. **Fluctuation, variation.** *Oscillations de l'opinion.* « *Cette oscillation perpétuelle du fascisme au communisme, du communisme au fascisme* » (SARTRE).

OSCILLATOIRE [ɔsilatwaʀ]. *adj.* (1729; lat. mod. *oscillatorium*). *Sc.* Qui est de la nature de l'oscillation. *Phénomène oscillatoire.* — Qui a rapport aux oscillations. *Prendre la tension par la méthode oscillatoire.*

OSCILLER [ɔsile]. *v. intr.* (1752; lat. *oscillare*). ♦ 1° Aller de part et d'autre d'une position moyenne par un mouvement alternatif plus ou moins régulier; se mouvoir par oscillations. *Pendule qui oscille.* « *Il demeurait incertain, oscillant sur ses pieds* » (COLETTE). V. **Balancer** (se). « *Sa tête oscille de droite et de gauche* » (MART. du G.). V. **Dodeliner.** *Le courant d'air fit osciller la flamme de la bougie.* V. **Vaciller.** ♦ 2° (*Abstrait*). Varier en passant par des alternatives. *Osciller entre deux positions, deux partis.* V. **Hésiter.** « *Ce sont des âmes qui manquent de centre; elles oscillent perpétuellement, plutôt qu'elles n'évoluent* » (R. ROLLAND).

OSCILLOGRAMME [ɔsilɔgʀam]. *n. m.* (v. 1930; de *osciller*). *Sc.* Courbe tracée sur l'écran d'un oscillographe cathodique.

OSCILLOGRAPHE [ɔsilɔgʀaf]. *n. m.* (1876; de *osciller*). ♦ 1° *Mar.* Instrument servant à étudier l'action de la houle et du roulis sur un navire. ♦ 2° *Électr.* Galvanomètre à oscillations très rapides, utilisé pour l'enregistrement des courants électriques variables à basse fréquence. *Oscillographe cathodique* ou **OSCILLOSCOPE** [ɔsilɔskɔp] (1954), qui permet l'étude des phénomènes oscillants de haute fréquence.

OSCILLOMÈTRE [ɔsilɔmɛtʀ(ə)]. *n. m.* (1877; de *osciller*). ♦ 1° *Électr.* Oscillographe (2°). ♦ 2° *Méd.* Instrument servant à mesurer les oscillations artérielles.

OSCULATEUR, TRICE [ɔskylatœʀ, tʀis]. *adj.* (1752; lat. *osculari* « baiser »). *Géom.* Se dit d'une courbe, d'une surface, qui, en un point donné, a le contact de l'ordre le plus élevé avec une autre courbe, surface. *Plan osculateur; surface osculatrice.*

OSCULATION [ɔskylɑsjɔ̃]. *n. f.* (1765; fin XVᵉ, « baiser »; lat. *osculatio*). *Géom.* Mode de contact propre aux courbes et aux surfaces osculatrices.

OSCULE [ɔskyl]. *n. m.* (1830; lat. *osculum* « petite bouche »). *Zool.* Orifice arrondi au sommet des éponges, par lequel elles rejettent l'eau absorbée par les pores.

1. **-OSE.** Élément, tiré du mot *glucose** et servant à former les noms des glucides. *Ex.* : *cellulose, dextrose, maltose, saccharose.*

2. **-OSE.** Élément, du gr. *-ôsis* servant à former des noms de maladies non inflammatoires (*ex.* : *nécrose, névrose*).

OSE [oz]. *n. m.* (v. 1950; de *-ose*, 1, substantivé). *Biochim.* Nom générique des glucides non hydrolysables, de formule $C_nH_{2n}O_n$. (*Opposé à* Oside*; *Syn.* : *Monosaccharide*). *On classe les oses, selon le nombre d'atomes de carbone, en trioses, tétroses, pentoses, hexoses, heptoses, octoses.*

OSÉ, ÉE [oze]. *adj.* (v. 1190; de *oser*). ♦ 1° Qui est fait ou tenté avec audace, avec témérité. *Démarche, tentative osée.* V. **Hardi, risqué.** *C'est bien osé de votre part.* V. **Audacieux, téméraire.** ◊ Qui risque de choquer les bienséances. *Plaisanteries, scènes osées.* V. **Libre.** ♦ 2° (*Personnes*). Qui montre de la hardiesse ou de l'effronterie. V. **Audacieux.** ◊ ANT. Timide; convenable.

OSEILLE [ozɛj]. *n. f.* (*Osille,* XIIIᵉ; bas lat. *acidula,* de *acidus* « acide », d'apr. *oxalis* « oseille »). ♦ 1° Plante (*Polygonacées*) cultivée dans les potagers pour ses feuilles comestibles au goût acide (acide oxalique). *Soupe à l'oseille.* ◊ (1860) Pop. *Il veut nous la faire à l'oseille* : nous tromper. ♦ 2° (1876; répandu 1920). *Pop.* Argent. V. **Fric.** *Avoir de l'oseille,* être riche. *Ils ont piqué l'oseille.*

OSER [oze]. *v. tr.* (v. 1150; lat. pop. °*ausare,* class. *audere,* d'apr. le p. p. *ausus*). ♦ 1° *Littér.* OSER QQCH. : entreprendre, tenter avec assurance, audace (une chose considérée comme difficile, insolite ou périlleuse). V. **Risquer.** « *Et, dans une sourde volonté de se donner mieux et plus que jamais, elle osa ce qu'elle n'eût pas cru possible d'oser* » (FRANCE). « *Présence d'esprit; qui donc osa le premier cet heureux mariage de mots?* » (GIDE). ♦ 2° OSER FAIRE *qqch.* : avoir l'audace, le courage, la hardiesse de. « *Il faut oser regarder en face ce que l'on tait* » (MAURIAC). « *La terrible question qu'il n'osait même pas se formuler* » (BARRÈS). *Je n'ose plus rien dire.* — (Négatif, sans *pas,* avec un sens plus faible) « *Pauline n'osait l'appeler par son prénom* » (CHARDONNE). *Il n'osait faire un mouvement.* ◊ (En mauvaise part) Avoir le front, la hardiesse, l'imprudence de. *Il a osé me faire des reproches, lever la main sur moi.* V. **Permettre** (se). « *Qui donc ose parler lorsque j'ai dit : silence!* » (HUGO). — (Avec une intention de menace ou de défi) *Ose répéter ce que tu viens de dire. Approchez, si vous l'osez.* ◊ *Par ext.* En manière de précaution oratoire) V. **Permettre** (se). *J'ose espérer que vous accepterez. Si j'ose dire.* — (Comme souhait) *J'ose l'espérer. J'ose croire qu'il ira mieux.* V. **Vouloir.** ♦ 3° *Absolt.* Se montrer audacieux, téméraire, prendre des risques (Cf. *fam.* Prendre son courage à deux mains). *Il faut oser!* « *Rien ne se fait par le calme : on n'ose qu'en révolution* » (RENAN). « *Agir c'est oser. Penser c'est oser* » (ALAIN). ◊ ANT. **Craindre.** Hésiter.

OSERAIE [ozʀɛ]. *n. f.* (v. 1200; de *osier*). Endroit, terrain planté d'osiers.

OSIDE [ozid]. *n. m.* (v. 1950; de *-ose* 1). *Chim.* Nom générique des glucides décomposables par hydrolyse. *Les oses et les osides.* V. **Hétéroside, holoside.**

OSIER [ozje]. *n. m.* (1265; lat. pop. °*aussarium,* du frq. °*awi* « terrain marécageux »). ♦ 1° Saule de petite taille, aux rameaux flexibles. *Plantation d'osiers* (V. **Oseraie**). *Branche, scion d'osier.* ♦ 2° Le rameau de l'osier, employé pour la confection de liens et d'ouvrages de vannerie. *Tresser de l'osier. Brin d'osier.* — *Fauteuil en osier.* « *De petits paniers d'osier remplis de myrtilles noires* » (DAUD.).

OSIÉRICULTURE [ozjeʀikyltyʀ]. *n. f.* (1923; de *osier,* et *-culture*). *Didact.* Culture de l'osier; exploitation d'oseraies.

OSMIQUE [ɔsmik]. *adj.* (1842; de *osmium*). *Chim. Acide osmique* (OsO_4) : solide cristallisé, incolore, dont la solution est utilisée en histologie pour colorer les préparations.

OSMIUM [ɔsmjɔm]. *n. m.* (1804; du gr. *osmê* « odeur »). *Chim.* Métal (symb. *Os*) dur, en cristaux blancs, qu'on trouve dans la nature associé à l'iridium, au platine.

OSMOMÈTRE [ɔsmɔmɛtʀ(ə)]. *n. m.* (1893; de *osmo*[*se*], et *-mètre*). ♦ 1° *Sc.* Appareil servant à mesurer la pression osmotique. ♦ 2° Instrument utilisé pour évaluer l'odorat.

OSMONDE [ɔsmɔ̃d]. *n. f.* (XIIᵉ; mot du Nord, o. i.). *Bot.* Fougère vivace dite aussi « fougère aquatique ». *L'osmonde royale* ou *fougère à fleurs est cultivée comme plante d'ornement.

OSMOSE [ɔsmoz]. *n. f.* (1861; gr. *ôsmos* « poussée, impulsion »). ♦ 1° Phénomène de diffusion, qui se produit lorsque deux liquides ou deux solutions de concentrations moléculaires différentes se trouvent séparés par une membrane semi-perméable laissant passer le solvant mais non la substance dissoute. ♦ 2° *Fig.* et *littér.* Interpénétration, influence réciproque. « *Il se fait comme ça, entre les rêves et la conscience éveillée, des échanges mal définis : une sorte d'osmose* » (ARAGON).

OSMOTIQUE [ɔsmɔtik]. *adj.* (1855; de *osmose*). *Chim.* Qui a rapport à l'osmose, qui est de la nature de l'osmose. *Solutions de même tension osmotique.* V. **Isotonique.**

OSQUE [ɔsk(ə)]. *adj.* (1732; lat. *osci, oscus*). D'un peuple primitif de l'Italie. — *Subst. Les Osques,* ce peuple. *L'osque,* langue italique de ce peuple. *L'osque et l'ombrien.* V. **Italique.**

OSSATURE [ɔsatyʀ]. *n. f.* (1801; de *os*). ♦ 1° Ensemble des os, tels qu'ils sont disposés dans le corps. V. **Squelette.** *Personne qui a une ossature grêle, robuste.* « *L'ossature de sa tête... faisait penser à un crâne d'oiseau* » (MART. du G.). V. **Charpente.** ♦ 2° Ensemble de parties essentielles et résistantes qui soutient un tout. V. **Charpente.** *Ossature d'un monument, d'une voûte. Ossature en béton armé.* ◊ *Fig. L'ossature sociale. L'ossature, structure. L'ossature d'un discours, d'un drame.* V. **Canevas.**

OSSÉINE [ɔsein]. *n. f.* (1864; de *os*). *Biochim.* Substance protidique qui représente près d'un tiers de la composition des os et qui donne de la gélatine par hydrolyse.

OSSELET [ɔslɛ]. *n. m.* (1190; dimin. de *os*; Cf. a. fr.

ossel, osset). ♦ 1° *Rare.* Petit os. — *Anat. Les osselets de l'oreille*, les petits os de la caisse du tympan. V. **Enclume, étrier, marteau.** ♦ 2° (1538). Chacun des petits os (provenant du carpe des moutons) qu'on doit lancer, puis rattraper sur le dos de la main dans le jeu du même nom. « *Moktar accroupi sur le paillasson, en train de jouer aux osselets* » (DUHAM.). ♦ 3° *Vétér.* (1684). Exostose, tumeur osseuse à la base de la jambe du cheval.

OSSEMENTS [ɔsmɑ̃]. *n. m. pl.* (XIVᵉ; sing., 1165, « squelette »; lat. ecclés. *ossamentum*). Os décharnés et desséchés de cadavres d'hommes ou d'animaux. *Des ossements blanchis par le temps. Dépôt d'ossements.* V. **Charnier, ossuaire.** *Ossements fossiles.*

OSSEUX, EUSE [ɔsø, øz]. *adj.* (1537; *ossos*, 1220; de *os*). ♦ 1° Qui est propre aux os, de la nature de l'os. *Tissu osseux*, constitué d'*osséine** (élaborée par les ostéoblastes) et de cellules osseuses (ostéocytes). *Éminence osseuse. Tuberculose osseuse.* — *Chir.* Greffe osseuse par transplantation d'un morceau de périoste. ♦ 2° Qui possède des os. *Poissons osseux* (*opposé à* poissons cartilagineux). ♦ 3° Qui est constitué par des os. *Charpente osseuse. Carapace osseuse.* ♦ 4° Dont les os sont saillants, très apparents. V. **Maigre.** *Un visage « osseux, comme taillé dans le silex »* (MAURIAC). ◇ ANT. **Charnu, dodu.**

OSSIANIQUE [ɔsjanik]. *adj.* (1800; de *Ossian*, barde écossais légendaire du IIIᵉ s.). Qui appartient ou ressemble aux poèmes attribués à Ossian (1760). « *Les émotions causées par les poésies ossianiques* » (STAËL).

OSSIFICATION [ɔsifikasjɔ̃]. *n. f.* (1697; de *ossifier*). ♦ 1° Formation du tissu osseux par transformation d'un tissu fibreux ou cartilagineux en substance osseuse. *Point, centre d'ossification. Ossification des fontanelles.* V. **Ostéogénie.** ♦ 2° Production anormale de tissu osseux au sein d'un autre tissu. V. **Ostéophyte.** *Ossification des cartilages d'une articulation* (V. **Ankylose**).

OSSIFIER [ɔsifje]. *v. tr.* (1697; de *os*). ♦ 1° *Rare.* Convertir en tissu osseux. ◇ *Fig. et littér.* Endurcir, rendre insensible. « *En Allemagne le culte de l'argent n'ossifie pas tout à fait le cœur* » (STENDHAL). ♦ 2° S'OSSIFIER. *v. pron.* Se transformer en tissu osseux. *Cartilage qui s'ossifie. Squelette incomplètement ossifié.*

OSSO BUCO [ɔsɔbuko]. *n. m.* (XXᵉ; mot it. « os [à] trou »). Jarret de veau servi avec l'os à moelle, et accompagné de riz à la tomate (plat italien).

OSSU, UE [ɔsy]. *adj.* (1175; de *os*). *Rare.* Qui a de gros os. « *Un grand escogriffe, long, sec, jaune, bilieux, ossu* » (GAUTIER).

OSSUAIRE [ɔsɥɛr]. *n. m.* (1775; lat. *ossuarium* « urne funéraire »). ♦ 1° Amas d'ossements. ♦ 2° Excavation (V. **Catacombes**), bâtiment où sont conservés des ossements humains. *Ossuaires des cloîtres romans. L'ossuaire de Douaumont.*

OSTÉALGIE [ɔstealʒi]. *n. f.* (1836; de *osté*[o]-, et -*algie*). *Méd.* Douleur osseuse profonde.

OSTÉITE [ɔsteit]. *n. f.* (1836; de *osté*[o]-, et -*ite*). *Méd.* Inflammation des os. V. **Carie, ostéomyélite.** *Ostéite chronique, syphilitique, tuberculeuse.*

OSTENSIBLE [ɔstɑ̃sibl(ə)]. *adj.* (1740; du lat. *ostensus*, p. p. de *ostendere* « montrer »). ♦ 1° *Vx.* Qui peut être montré sans inconvénient. *Lettre ostensible.* ♦ 2° *Mod.* (1801). Qui est fait sans se cacher ou avec l'intention d'être remarqué. V. **Apparent, ouvert, patent, visible.** *Attitude, démarche ostensible. Charité ostensible.* V. **Ostentatoire.** « *Les faits publics et ostensibles* » (STE-BEUVE). ◇ ANT. **Caché, discret, furtif, secret.**

OSTENSIBLEMENT [ɔstɑ̃sibləmɑ̃]. *adv.* (h. 1361; 1789; de *ostensible*). D'une manière ostensible. « *Elle avait bâillé une ou deux fois assez ostensiblement* » (GAUTIER). ◇ ANT. **Subrepticement.**

OSTENSOIR [ɔstɑ̃swar]. *n. m.* (1762; *ostensoire*, fém., 1501; du lat. *ostensus*). Pièce d'orfèvrerie destinée à contenir l'hostie consacrée et à l'exposer à l'adoration des fidèles. — Par métaph. « *Ton souvenir en moi luit comme un ostensoir* » (BAUDEL.).

OSTENTATEUR, TRICE [ɔstɑ̃tatœr, tris]. *adj.* (1535; lat. *ostentator* « qui montre »). *Vx.* Ostentatoire.

OSTENTATION [ɔstɑ̃tasjɔ̃]. *n. f.* (1406; « action de montrer », 1366; lat. *ostentatio*). Mise en valeur excessive et indiscrète d'un avantage. V. **Étalage, parade.** *Agir par ostentation, avec ostentation.* V. **Affectation, gloriole, orgueil, vanité.** « *Les femmes mettent de l'ostentation jusque dans la grandeur d'âme* » (STENDHAL). ◇ ANT. **Discrétion, modestie.**

OSTENTATOIRE [ɔstɑ̃tatwar]. *adj.* (1546; du lat. *ostendere*). *Littér.* Qui témoigne de l'ostentation, qui est fait, montré avec ostentation. *Charité ostentatoire. Témoignage, démonstration ostentatoire d'amitié.* ◇ ANT. **Discret.**

OSTÉO-. Élément, du gr. *ostéon* « os » (*ex.* : ostéoblaste).

OSTÉOBLASTE [ɔsteɔblast(ə)]. *n. m.* (1878; de *ostéo*-, et

-*blaste*). Forme jeune de cellule osseuse qui produit l'osséine au cours de l'ossification.

OSTÉOCLASIE [ɔsteɔklazi]. *n. f.* (1890; de *ostéo*-, et -*clasie*). *Chir.* Opération qui consiste à fracturer certains os pour redresser des déformations osseuses ou articulaires.

OSTÉOGENÈSE [ɔsteɔʒənɛz] ou **OSTÉOGÉNIE** [ɔsteɔʒeni]. *n. f.* (1874, -1736; de *ostéo*-, et -*genèse*, -*génie*). *Embryol.* Formation et développement des os par le processus de l'*ossification**.

OSTÉOLOGIE [ɔsteɔlɔʒi]. *n. f.* (1594; de *ostéo*-, et -*logie*). *Sc.* Partie de l'anatomie qui traite des os (*Adj.* OSTÉOLOGIQUE [ɔsteɔlɔʒik]).

OSTÉOMALACIE [ɔsteɔmalasi]. *n. f.* (1827; *ostéomalaxie*, 1808; de *ostéo*-, et gr. *malakia* « mollesse »). *Méd.* Ramollissement généralisé des os par résorption diffuse des sels calcaires de la substance osseuse.

OSTÉOMYÉLITE [ɔsteɔmjelit]. *n. f.* (1855; de *ostéo*-, et *myélite*). *Méd.* Inflammation d'un os causée par des germes pathogènes (terme consacré par l'usage mais incorrect, la moelle de l'os n'étant pas atteinte). V. **Ostéite.**

OSTÉOPHYTE [ɔsteɔfit]. *n. m.* (1833; de *ostéo*-, et -*phyte*). *Méd.* Production osseuse pathologique au voisinage des articulations, constituée par ossification anormale du périoste ou prolifération du tissu osseux. *Les ostéophytes sont souvent présents dans l'arthrose.*

OSTÉOPLASTIE [ɔsteɔplasti]. *n. f.* (1855; de *ostéo*-, et -*plastie*). *Chir.* Opération réparatrice du squelette, faite par transplantation de fragments d'os ou de périoste.

OSTÉOPOROSE [ɔsteɔpɔroz]. *n. f.* (1924; de *ostéo*-, et gr. *poros* « passage »). *Méd.* Raréfaction pathologique du tissu osseux, limitée à certains os ou diffuse. *Dér.* OSTÉOPOROTIQUE [ɔsteɔpɔrɔtik], *adj. et subst.* Un ostéoporotique.

OSTÉOSARCOME [ɔsteɔsarkom]. *n. m.* (1827; de *ostéo*-, et *sarcome*). *Pathol.* Tumeur maligne (cancer) d'un os, ou sarcome renfermant des éléments osseux.

OSTÉOSYNTHÈSE [ɔsteɔsɛ̃tɛz]. *n. f.* (XXᵉ; de *ostéo*-, et *synthèse*). *Chir.* Réunion des fragments d'un os fracturé, au moyen de vis, boulons, clous, plaques métalliques.

OSTÉOTOMIE [ɔsteɔtɔmi]. *n. f.* (1753; de *ostéo*-, et -*tomie*). *Chir.* Section d'un os long pour remédier à une difformité.

OSTIAK [ɔstjak]. *n. m.* (*Ostiaque*, 1765; nom d'un peuple). *Ling.* Langue finno-ougrienne de l'Ob (Sibérie). *L'ostiak et le vogoul.*

OSTIOLE [ɔstjɔl]. *n. m.* (1846; lat. *ostiolum*, de *ostium* « porte »). *Sc. nat.* Petite ouverture; *spécialt.* Orifice par lequel se font les échanges gazeux de la feuille.

OSTO. V. **HOSTO.**

OSTRACÉ, ÉE [ɔstrase]. *adj. et n.* (1727; du gr. *ostrakon* « coquille »). *Zool.* De la nature de l'huître. ◇ *N. f. pl.* Géol. *Marne à ostracées* contenant de nombreuses coquilles d'huîtres.

OSTRACISME [ɔstrasism(ə)]. *n. m.* (1535; gr. *ostrakismos*, de *ostrakon* « coquille » [les sentences étaient notées sur un morceau de poterie appelé *ostrakon*]). ♦ 1° *Hist.* Bannissement de dix ans prononcé à la suite d'un jugement du peuple, à Athènes et dans d'autres cités grecques. V. **Proscription.** ♦ 2° (XVIIIᵉ). Décision d'exclure ou d'écarter du pouvoir une personne ou un groupement politique. V. **Exclusion.** *Prononcer l'ostracisme contre un ancien ministre. Être frappé d'ostracisme par la majorité.* ◇ *Par ext.* Hostilité (d'une collectivité) qui rejette un de ses membres. « *Il vivait dans un isolement relatif qui n'avait pas... l'ostracisme de l'aristocratie pour cause* » (PROUST).

OSTRÉI-. Élément, du lat. *ostrea*, gr. *ostreon* « huître ».

OSTRÉICOLE [ɔstreikɔl]. *adj.* (1872; de *ostréi*-, et -*cole*). *Techn.* Qui a rapport à l'ostréiculture.

OSTRÉICULTEUR, TRICE [ɔstreikyltœr, tris]. *n.* (1875; de *ostréi*-, et -*culteur*). Personne qui pratique l'ostréiculture.

OSTRÉICULTURE [ɔstreikyltyr]. *n. f.* (1861; de *ostréi*-, et -*culture*). Élevage des huîtres.

OSTRÉIDÉS [ɔstreide]. *n. m. pl.* (1868; lat. sav., de *ostrea* « huître »). *Zool.* Famille de mollusques lamellibranches, à laquelle appartient l'huître.

OSTROGOTH, -GOTHE ou **OSTROGOT, -GOTE** [ɔstrɔgo, gɔt]. *n. et adj.* (1668, fig.; bas lat. *ostrogothus*, nom d'une tribu des Goths, du germ. *ost* « Est »). ♦ 1° *Hist.* Habitant de la partie orientale des territoires occupés par les Goths. ♦ 2° *Fig.* Homme malappris, ignorant et bourru. V. **Sauvage.** *Quel ostrogoth !* — *Par ext.* Personnage extravagant.

OTAGE [ɔtaʒ]. *n. m.* (*Ostage*, 1080, aussi « logement, demeure »; de *oste* « hôte », les otages étant d'abord logés chez le souverain). Personne livrée ou reçue comme garantie de l'exécution d'une promesse, d'un traité (militaire ou politique). V. **Gage, garant, répondant.** *Servir d'otage.*

Otages civils. « *Ils avaient instauré leur système de représailles... pour chaque membre de la Reichswehr abattu, ils fusilleraient un certain nombre d'otages* » (BEAUVOIR). ◇ Personne que l'on arrête et détient comme gage pour obtenir ce que l'on exige. *Bagnards révoltés qui s'emparent de leurs gardiens comme otages.*

OTALGIE [ɔtalʒi]. *n. f.* (1701 ; *otalgique*, dès 1495 ; gr. *otalgia*). *Méd.* Douleur d'oreille.

OTARIE [ɔtaʀi]. *n. f.* (1810 ; gr. *ôtarion* « petite oreille »). Mammifère pinnipède du Pacifique et des mers du Sud, au cou plus allongé que le phoque. ◇ Sa peau, sa fourrure (dite *loutre de mer*).

ÔTER [ote]. *v. tr.* (*Oster*, 1119 ; lat. *obstare* « faire obstacle », bas lat. « enlever »). REM. *Ôter* est d'un emploi moins courant qu'*enlever* (sauf dans les parlers régionaux). ♦ 1° Enlever (un objet) de la place qu'il occupait. V. **Déplacer**, retirer. *Ôter les assiettes en desservant. Ôtez-lui ce couteau des mains.* V. **Arracher, enlever.** — Par métaph. *Cela m'ôte un poids de dessus la poitrine.* V. **Soulager.** — Fig. « *Je ne peux m'ôter de l'idée que c'est peut-être après tout le libertin qui a raison* » (RENAN). *On ne m'ôtera pas de l'idée que c'est un mensonge,* j'en suis convaincu. ♦ 2° (XIIᵉ). Enlever (ce qui vêt, couvre, protège). V. les mots en **Dé-, des-** ; et **Quitter**, retirer. « *Tous ces vêtements peuvent être ôtés en un tour de main* » (TAINE). *Ôter son chapeau, ses gants, ses chaussures.* ♦ 3° Faire disparaître (ce qui gêne, salit). *Ôter une tache. Ôter les mauvaises herbes.* ♦ 4° Enlever (une partie d'un ensemble) en coupant, en arrachant, en séparant. *Ôter le noyau, la pelure, les arêtes. Ôter un nom d'une liste.* V. **Supprimer.** *Ôter un passage d'un ouvrage.* V. **Couper, retrancher.** ◇ Cour. *Ôter une somme d'une autre ; ôter un nombre, une quantité d'un total.* V. **Déduire, retrancher, soustraire.** *6 ôté de 10 égale 4.* ♦ 5° Mettre hors de la portée, du pouvoir ou de la possession de qqn. V. **Enlever, retirer.** « *On m'a ôté papier, plumes et encre* » (LACLOS). *Il m'ôte le pain* de la bouche*. Ôter un enfant à sa mère. Ôter la vie.* V. **Tuer.** — *Ôter à qqn ses forces, son courage, l'usage de la parole, l'appétit* (V. **Couper**). *Ôter les illusions.* V. **Cesser** (faire), **désabuser**. *Cela n'ôte rien à son mérite.* ♦ 6° S'ÔTER. *v. pron.* Cour. *Ôtez-vous de là, ôtez-vous de devant moi.* V. **Écarter** (s'). — Loc. fam. *Ôte-toi de là que je m'y mette,* se dit lorsqu'une personne prend votre place ou veut, sans-gêne. ◇ ANT. **Mettre.** Ajouter. Donner.

OT(I)-, OT(O)-. Éléments, du gr. *oûs, ôtos* « oreille ». **OTIQUE** [ɔtik]. *adj.* (1812 ; gr. *otikos*). *Anat.* Relatif à l'oreille, aux voies nerveuses auditives. V. **Auriculaire.**

OTITE [ɔtit]. *n. f.* (1810 ; du lat. méd., du gr. *otos*). Inflammation aiguë ou chronique de l'oreille. *Otite externe, moyenne, interne ; simple, double* (une oreille ou les deux).

OTOCYON [ɔtɔsjɔ̃]. *n. m.* (1847 ; de *oto-*, et gr. *kuôn* « chien »). Mammifère *(Canidés)* carnassier d'Afrique aux grandes oreilles, appelé parfois *chien oreillard.*

OTOCYSTE [ɔtɔsist(ə)]. *n. m.* (v. 1904 ; de *oto-*, et *cyste*. V. *Cysto-*). *Zool.* Chez les invertébrés, petite cavité renfermant un otolithe (1°), qui donne à l'animal un réflexe d'équilibration.

OTOLITHE [ɔtɔlit]. *n. m.* (1827 ; de *oto-*, et *-lithe*). ♦ 1° *Zool.* Concrétion minérale de l'otocyste, qui communique les vibrations sonores. ♦ 2° *Anat.* Concrétion minérale (calcaire chez l'homme) de l'oreille interne, qui sert à l'équilibration.

OTOLOGIE [ɔtɔlɔʒi]. *n. f.* (1793 ; de *oto-*, et *-logie*). *Sc.* Partie de la médecine qui étudie l'oreille (anatomie et pathologie).

OTO-RHINO-LARYNGOLOGIE [ɔtɔʀinɔlaʀɛ̃gɔlɔʒi]. *n. f.* (1923 ; de *oto-*, *rhino-*, et *laryngologie*). Partie de la médecine qui s'occupe des maladies de l'oreille, du nez et de la gorge. V. **O.R.L.**

OTO-RHINO-LARYNGOLOGISTE [ɔtɔʀinɔlaʀɛ̃gɔlɔʒist(ə)] ou *(cour.)* **OTO-RHINO** [ɔtɔʀino]. *n.* (1923 ; du précéd.). Médecin spécialisé en oto-rhino-laryngologie.

OTORRAGIE [ɔtɔʀaʒi]. *n. f.* (1863 ; de *oto-*, et *-rragie*). *Méd.* Écoulement de sang par l'oreille.

OTORR(H)ÉE [ɔtɔʀe]. *n. f.* (1803 ; de *oto-*, et *-rr[h]ée*). *Méd.* Écoulement de sérosité, de mucus ou de pus par l'oreille.

OTOSCOPE [ɔtɔskɔp]. *n. m.* (1855 ; de *oto-*, et *-scope*). *Méd.* Petit tube muni d'un dispositif d'éclairage destiné à examiner l'intérieur de l'oreille (examen dit OTOSCOPIE [ɔtɔskɔpi]).

OTTOMAN, ANE [ɔtɔmɑ̃, an]. *adj. et n.* (1654 ; de *Othman*, fondateur d'une dynastie qui régna sur la Turquie). **I.** *Adj.* Qui a rapport à la dynastie d'Othman. ◇ *Par ext. Ancienn.* Turc. *Empire ottoman,* l'empire turc (de 1299 à 1918). *Armée ottomane.* **II.** ♦ 1° *N.* Membre de la dynastie fondée par Othman. *Les conquêtes des Ottomans.* — *Par ext.* V. **Turc.** ♦ 2° *N. m.* Étoffe de soie à trame de coton formant de grosses côtes. « *La dame avait une robe En ottoman violine* » (APOLLINAIRE).

♦ 3° **OTTOMANE.** *n. f.* (1780). Canapé à dossier arrondi en corbeille.

OU [u]. *conj.* (*U*, Xᵉ ; lat. *aut*). Conjonction disjonctive, qui unit des termes, membres de phrases ou propositions ayant même rôle ou même fonction, mais sépare les idées. ♦ 1° (Équivalence de formes désignant une même chose). *Le patronyme, ou nom de famille. Le Tartuffe, ou l'Imposteur.* — *Bonnet* blanc ou blanc bonnet.* ♦ 2° (Indifférence entre deux éventualités opposées). « *Il lui était parfaitement égal d'être ici ou là, parti ou revenu* » (GAUTIER). « *Que tu viennes du ciel ou de l'enfer, qu'importe ?* » (BAUDEL.). *Donnez-moi le rouge ou bien le noir, peu importe. Je lui écrirai, ou plutôt j'irai le voir. Son père ou sa mère pourront l'accompagner.* — Symbole (V) de la somme* logique. ♦ 3° (Évaluation approximative par deux numéraux). « *Il vit cinq ou six arbres le long d'un petit fossé* » (STENDHAL). *Un groupe de quatre ou cinq hommes* (V. **À**). ♦ 4° (Alternative). *L'un ou l'autre.* **Autre.** « *C'est à vous de choisir mon amour ou ma haine* » (CORN.). V. **Soit.** *Il faut qu'une porte soit ouverte ou fermée. C'est tout ou rien. Le père ou la mère aura la garde de l'enfant.* « *Il faut mourir, la belle, ou être à moi !... La tombe ou mon lit !* » (HUGO). *Rendez-le, ou alors occupez-vous-en. Acceptez-vous, oui ou non ?* « *Y a-t-il* ET *dans l'acte ou bien* OU *?* » (BEAUMARCH.). *Littér.* (En corrélation avec soit) « *Plusieurs, soit paresse ou prudence, étaient restés au seuil du défilé* » (FLAUB.). ◇ OU, après un impératif ou un subjonctif introduisant la conséquence qui doit résulter si l'ordre n'est pas observé. V. **Sans** (sans ça), *sinon.* « *Montrez-moi patte blanche, ou je n'ouvrirai point* » (LA FONT.). « *Lâche-moi, lui dit-elle, ou je te crache au visage !* » (HUGO). ◇ OU... OU..., pour souligner l'exclusion d'un des deux termes. *Ou vous obéirez, ou vous serez puni.* « *Ou je me trompe étrangement, ou nous ressemblons à cet homme* » (MUSS.). *Ou bien c'est lui ou bien c'est moi, il faut choisir.* ◇ HOM. *Août, hou, houe, houx, où.*

OÙ [u]. *pron., adv. relat. et interr.* (*O*, puis *u*, Xᵉ ; lat. *ubi*). **I.** *Pron., adv. relatif.* ♦ 1° (*Sens locatif*). Dans le lieu indiqué ou suggéré par l'antécédent. V. **Dans** (dans lequel), sur (lequel). *Le pays où il est né.* « *Toute une mer immense où fuyaient les galères* » (HEREDIA). *Elle la retrouva là où elle l'avait laissé* (REM. *Avoir, C'est là..., c'est à...,* on emploie *que et non où*). — *La maison d'où il sort.* V. **Dont.** « *Je sais tous les chemins par où je dois passer* » (RAC.). « *Hier soir retour de Paris pour où j'étais parti* » (GIDE). — (*Avec inf.*) *Littér. Je cherche une villa où passer mes vacances.* — Fig. (État) *On ne peut le transporter dans l'état où il est. Dans le trouble où j'étais.* ◇ Vx ou littér. (*Où* représentant d'autres prépositions : *à, pour,* etc.) « *Suivez les doux transports où l'amour vous invite* » (RAC.). « *C'est l'unique bonheur où mon âme prétend* » (CORN.). Cour. *Au prix où est le beurre. Du train, au train où vont les choses.* ♦ 2° (*Sens temporel*). V. **Que** (3). « *Pendant le temps où elle vaquait aux soins du ménage* » (BALZ.). « *Il avait passé l'âge où l'on se marie par entraînement* » (FROMENTIN). *Au cas où il viendrait. Au moment où il arriva.*

II. *Adv.* ♦ 1° (*Sens locatif*). Là où, à l'endroit où. V. **Là.** *J'irai où vous voudrez.* « *Les Fleuves m'ont laissé descendre où je voulais* » (RIMBAUD). « *D'où il était, il aurait pu s'apercevoir de ma présence* » (BENOIT). *On est puni par où l'on a péché.* — (Pour indiquer le sujet d'un chapitre) Dans lequel. « *Où il est traité de la manière d'entrer au couvent* » (HUGO). ◇ OÙ QUE. En valeur d'indéfini (avec le subj.). *Où que vous alliez* : en quelque lieu que vous alliez. « *D'où que vienne le vent désormais, celui qui soufflera sera le bon* » (GIDE). ♦ 2° (*Sens temporel*). « *Mais où ma souffrance devint insupportable, ce fut quand il me dit...* » (PROUST). ♦ 3° D'OÙ, marquant la conséquence. *D'où vient, d'où il suit que...* — (Sans verbe exprimé) *Il ne m'avait pas prévenu de sa visite : d'où mon étonnement.* V. **Là** (de là).

III. *Adv. interr.* ♦ 1° Interrogation directe. En quel lieu ? en quel endroit ? *Où est votre frère ?* « *Mais où sont les neiges d'antan ?* » (VILLON). « — *Où vas-tu ?* — *Là.* — *Où, là ?* » (ZOLA). *Où trouver cet argent ?* « *Où donc est le jeune mari Que vous m'aviez promis ?* » (LA FONT.). « *Où est-ce que Mᵐᵉ Swann a pu aller pêcher ce monde-là ?* » (PROUST). « *D'où venaient-ils ? Du lieu le plus prochain. Où allaient-ils ? C'est ce que l'on sait où l'on va ?* » (DIDER.). « *Que vais-je dire ? Par où commencerai-je ?* » (FLAUB.). « *Jusqu'où ne serais-je pas monté ?* » (MAURIAC). ♦ 2° Interrogation indirecte (après un verbe déclaratif). *Dis-moi où tu vas. Je ne sais où aller.* « *Qui peut dire où la matière commence Qui peut dire où le temps présent finit* » (ARAGON). *Je vois où il veut en venir. Ils ne savent plus où donner de la tête.* ◇ N'importe où, dans n'importe quel endroit. *Dieu sait où* : dans un endroit inconnu, ou *péj.* un endroit peu adéquat. ◇ HOM. **V. Ou.**

OUABAÏNE [wabain]. *n. f.* (1892 ; du somali *ouabaïo*). *Méd.* L'un des glucosides cardiotoniques (strophantoside) extrait des graines du strophante* glabre.

OUAILLE [waj]. *n. f.* (1361 ; *oeille*, 1120 ; bas lat. *ovicula,* de *ovis* « brebis »). ♦ 1° *Vx.* Brebis. ♦ 2° (1170; d'apr. la parabole du bon et du mauvais pasteur). *Surtout au plur.* Les chrétiens, par rapport à l'un de leurs pasteurs. *Le curé et ses ouailles.*

OUAIS ! [wɛ]. *interj.* (1553; onomat). *Vx.* Interjection familière exprimant la surprise. « *Ouais ! Quel est donc le trouble où je vous vois paraître?* » (MOL.). ◇ *Mod.* et *fam.* Se dit pour *oui* (ironique ou sceptique).

OUANANICHE [wananiʃ]. *n. f.* (1897; mot indien [Montagnais] « le petit égaré »). [*Au Canada*]. Saumon d'eau douce. « *Un ciel de ouananiche et de fin d'automne* » (G. MIRON).

OUAOUARON [wawarɔ̃]. *n. m.* (1632; mot iroquois « grenouille verte »). [*Au Canada*]. Grenouille géante d'Amérique du Nord pouvant atteindre 20 cm de long, et dont le coassement ressemble à un meuglement. Syn. : *Grenouille mugissante, grenouille-taureau.* « *Les ouaouarons priaient dans les mares qui se desséchaient* » (V.-L. BEAULIEU).

OUATE [wat]. *n. f.* (*Wadda, h.* 1380; 1661; p.-ê. arabe *bata'in,* par l'it.). ♦ 1° Laine, soie ou coton spécialement préparé pour garnir les doublures de vêtements, des objets de literie, pour rembourrer des sièges. V. **Bourre**. *De l'ouate ou de la ouate.* « *Une vieille robe de chambre en calicot imprimé dont la ouate prenait la liberté de sortir par plusieurs déchirures* » (BALZ.). ◇ *Par ext. Ouate de verre* : de fibre de verre (Cf. Laine de verre). ♦ 2° Coton spécialement préparé pour servir aux soins d'hygiène. *Ouate chirurgicale, hydrophile, thermogène, de cellulose. Tampon d'ouate.* ◇ HOM. Watt.

OUATÉ, ÉE [wate]. *adj.* (1680; de *ouate*). Recouvert, garni d'ouate. *Douillette ouaté. Pansement ouaté.* ◇ *Fig. Un pas ouaté :* étouffé. V. **Feutré.**

OUATER [wate]. *v. tr.* (1798; de *ouate*). Doubler, garnir d'ouate. *Il faut l'ouater, le ouater.* ◇ *Fig.* « *Le duvet neigeux et doux... qui ouatait le ventre et les cuisses de l'oiseau* » (GENEVOIX).

OUATINE [watin]. *n. f.* (1906; de *ouate*). Étoffe molletonnée utilisée pour doubler certains vêtements. *Manteau doublé d'ouatine,* et (plus cour.) *de ouatine.*

OUATINER [watine]. *v. tr.* (1906; de *ouatine*). Doubler de ouatine. ◇ OUATINÉ, ÉE, *p. p.* et *adj. Peignoir ouatiné.* — *Fig. Vie ouatinée, douillette.*

OUBLI [ubli]. *n. m.* (*Ubli,* 1080; de *oublier*). ♦ 1° Défaillance de la mémoire, portant soit sur des connaissances ou aptitudes acquises, soit *spécialt.* sur les souvenirs ; action d'oublier (V. **Absence, lacune, trou** [de mémoire]). *Oubli d'un nom, d'une date, d'un événement. Oubli pathologique.* V. **Amnésie.** *Oubli du langage* (aphasie), *des mouvements* (apraxie), *de l'usage des objets* (agnosie). ◇ État caractérisé par l'absence ou la disparition de souvenirs dans la mémoire (individuelle ou collective). *Le temps apporte avec lui l'oubli.* « *Le ciel a mis l'oubli pour tous au fond d'un verre* » (MUSS.). « *Retrouver ceux qu'on aime serait bon, mais l'oubli est encore meilleur* » (CLAUDEL). — *Myth. Le Léthé, fleuve de l'oubli.* Littér. « *Un immense fleuve d'oubli nous entraîne dans un gouffre sans nom* » (RENAN). *Cour.* Par métaph. *Tomber dans l'oubli, dans un profond, un éternel oubli. Sauver, tirer de l'oubli. Surgir de l'oubli.* ♦ 2° Fait de ne pas effectuer ce qu'on devait faire, de ne pas tenir compte d'une règle, plus ou moins involontairement. *L'oubli de ses devoirs, de la loi morale, de la vertu.* V. **Abandon, manquement.** ◇ UN OUBLI. V. **Distraction, étourderie, inattention, négligence, omission.** *C'est un oubli. Commettre, réparer un oubli. Je crains d'avoir fait un oubli.* « *Par moments, des gaucheries, des oublis, des inadvertances* » (STE-BEUVE). ♦ 3° Fait de ne pas prendre en considération, par indifférence ou mépris. « *Dans leur oubli des choses terrestres, ils sont presque nus, un pagne de toile autour de la taille* » (LOTI). *Oubli de soi-même,* par altruisme, désintéressement. V. **Abnégation, désintéressement.** « *Telle est la récompense infinie de l'amour : un oubli de soi* » (SUARÈS). ◇ *Spécialt.* Pardon. *Pratiquer l'oubli des injures, des offenses.* ◈ ANT. **Mémoire, souvenir. Actualité, célébrité. Ressentiment. Reconnaissance.** — HOM. **Oublie.**

OUBLIABLE [ubliabl(ə)]. *adj.* (1398; de *oublier*). *Rare.* Qui peut être oublié. ◈ ANT. **Inoubliable** (cour.).

OUBLIE [ubli]. *n. f.* (1360; d'apr. *oublier, oublée,* déb. XIII°; lat. médiév. *oblata* « offrande »). ♦ 1° *Vx.* Pain azyme ; hostie non encore consacrée. ♦ 2° *Vieilli.* Petite gaufre en forme de cylindre ou de cornet. V. **Plaisir** (2). *Marchand d'oublies* (« oublieur », vx). « *Des vendeuses de plaisirs crièrent leurs oublies* » (CHATEAUB.). ◇ HOM. **Oubli.**

OUBLIER [ublije]. *v. tr.* (*Ublier,* 1080; *oblider,* X°; lat. pop. °*oblitare,* de *oblitus, p. p.* de *oblivisci*). I. ♦ 1° Ne pas avoir, ne pas retrouver (le souvenir d'une chose, d'un événement, d'une personne). *J'ai oublié le titre de cet ouvrage, je ne m'en souviens plus. Oublier sa leçon. J'ai oublié qu'il doit venir, lequel c'est ; pourquoi et comment ils ont pris cette décision.* ♦ 2° Ne plus pouvoir pratiquer (un ensemble de connaissances, une technique). *Oublier sa langue maternelle. Oublier la pratique d'un métier.* — Absolt.

Il apprend vite et oublie de même. ♦ 3° Ne plus connaître, ne plus s'occuper de (collectivité). *On oublia l'art gréco-romain pendant le moyen âge. Être oublié :* ne plus être connu. *Cet homme du jour sera bientôt oublié* (Cf. Tomber dans l'oubli). — *Un auteur oublié. Mourir complètement oublié.* « *Oublié ! Mot terrible. Qu'une âme ait péri dans les âmes !* » (MICHELET). *Se faire oublier,* faire en sorte qu'on ne parle plus de vous (en mal). Cf. Faire le mort. ◇ Cesser de penser à (ce qui est désagréable). « *La gentillesse de quelques-uns faisait oublier leur laideur* » (ROUSS.). *Oublier ses soucis, ses tourments.* — Absolt. *Boire pour oublier.* ♦ 4° Ne pas avoir à l'esprit (ce qui devrait tenir l'attention en éveil). V. **Négliger, omettre.** *Oublier l'heure :* ne pas s'apercevoir de l'heure qu'il est, se mettre en retard. *Il en oublie le boire et le manger. Oublier la consigne.* V. **Manger.** *Oublier ses responsabilités* (V. **Abandonner**), *ses affaires, son travail.* V. **Désintéresser** (se). — (Avec inf.) « *N'oubliez pas d'être à ma porte à quatre heures et demie* » (HUGO). V. **Manquer.** *Il a oublié de nous prévenir.* — (Avec QUE) *Vous oubliez que c'est interdit. Je n'oublie pas qu'il doit venir demain.* « *J'oubliais qu'il eût un intendant* » (LA FONT.). ♦ 5° Négliger de mettre. V. **Omettre.** *Oublier le vinaigre dans la salade.* ◇ (1214) Négliger de prendre. V. **Laisser.** *Oublier son portefeuille. Oublier son parapluie au cinéma.* « *Il s'aperçoit qu'il a oublié son pardessus. Mais où?* » (MALRAUX). ♦ 6° Négliger (qqn) en ne s'occupant pas de lui, en faisant preuve d'indifférence à son égard. *Oublier ses amis.* V. **Délaisser, désintéresser** (se), **détacher** (se), **laisser.** *On a vite oublié les absents* (Cf. Loin* des yeux, loin du cœur). *Fam. Eh bien ! on ne vous voit plus, vous nous oubliez !* ◇ Ne pas donner part à (qqn). *On l'a oublié dans la distribution. N'oubliez pas les pauvres. N'oubliez pas le guide, s'il vous plaît !* (donnez-lui un pourboire). ♦ 7° Refuser sciemment de faire cas d'une personne, de tenir compte d'une chose. *Vous oubliez vos promesses. Vous oubliez qui je suis :* vous manquez aux égards qui me sont dus. ◇ *Spécialt.* Pardonner. *Oublier une faute, une injure* (Cf. Passer l'éponge*; fermer les yeux*; passer [sur]; faire comme si de rien n'était). *N'en parlons plus, j'ai tout oublié.*

II. (*Soi oblier,* v. 1200). S'OUBLIER. *v. pron.* ♦ 1° (*Sens passif*). Être oublié. « *Tout s'oublie et se perd au cours rapide des heures* » (FRANCE). *Ce genre d'affront ne s'oublie pas.* ♦ 2° (*Sens réfl.*). Cesser d'avoir nettement conscience de son existence personnelle. « *Je ne rêve jamais plus délicieusement que quand je m'oublie moi-même* » (ROUSS.). ◇ Ne pas penser à soi, à ses propres intérêts. « *Uni à d'autres hommes... l'homme se trouve lui-même en s'oubliant* » (MAUROIS). — *Iron. Il ne s'est pas oublié :* il a su se réserver sa part d'avantages, de bénéfices. ♦ 3° Manquer aux égards dus à (autrui ou soi-même). « *Messieurs, vous vous oubliez, vous manquez de dignité* » (MAUPASS.). ◇ *Par euphém.* Faire ses besoins là où il ne le faut pas. *Le chat* « *s'oubliait dans tous les coins de la boutique* » (ZOLA).

◈ ANT. **Rappeler** (se), **retenir, souvenir** (se). **Penser** (à), **songer** (à). **Occuper** (s'occuper de).

OUBLIETTE [ublijɛt]. *n. f.* (XIII°; de *oublier*). *Souv. au plur.* Cachot où l'on enfermait autrefois les personnes condamnées à la prison perpétuelle. ◇ Fosse couverte d'une trappe basculante où l'on faisait tomber ceux dont on voulait se débarrasser. *Les oubliettes d'un château.* — *Fam. Jeter, mettre aux oubliettes :* laisser de côté, refuser de s'occuper de (qqn, qqch.).

OUBLIEUX, EUSE [ublijø, øz]. *adj.* (*Oblious,* 1190; repris XVIII°; de *oublier*). Qui oublie (4° et 6°), néglige de se souvenir de. OUBLIEUX DE... « *Aussi insouciant que son ami, aussi oublieux du passé et négligent de l'avenir* » (MARMONTEL). *Oublieuse de ses devoirs* (V. **Négligent**), *des services qu'on lui a rendus* (V. **Ingrat**). — *Absolt.* « *Je ne m'étonne plus de voir les femmes devenir égoïstes, oublieuses et légères* » (BALZ.). ◈ ANT. **Soucieux** (de).

OUCHE [uʃ]. *n. f.* (1229; bas lat. *olca*). *Dial.* Pâturage. — Terrain, généralement clos, cultivé en potager ou planté d'arbres fruitiers.

OUED [wɛd]. *n. m.* (1874; mot arabe « cours d'eau »; pl. arabe *ouadi*). Rivière d'Afrique du Nord. *cours d'eau temporaire dans les régions arides.* « *Je partais chaque jour... tantôt suivant le lit aride de l'oued, tantôt gagnant les grandes dunes* » (GIDE). *Des oueds.*

OUEST [wɛst]. *n. m.* et *adj.* (*West,* fin XII°; de l'angl.). I. N. m. ♦ 1° Celui des quatre points cardinaux qui est situé à l'opposé de l'Est, dans une direction qui forme un angle de 90° avec la direction du Nord. V. **Couchant, occident.** *Le soleil se couche à l'ouest. Vent d'ouest. Chambre exposée, orientée à l'ouest.* — À L'OUEST DE : dans la direction de l'ouest par rapport à un lieu donné. *Dreux est à l'ouest de Paris.* ♦ 2° Partie d'un ensemble géographique qui est la plus proche de l'Ouest. *L'Ouest de la France. Allemagne de l'Ouest,* fédérale. ◇ (Politique internationale) *L'Europe occidentale et les États-Unis.* V. **Occident.** *Les rapports entre l'Est et l'Ouest.*

II. *Adj. invar.* Qui se trouve à l'ouest, en direction de l'ouest. *Longitude ouest. La côte ouest de la Corse.* V. **Occidental.** « *Aux portes ouest de la ville* » (CAMUS). ◇ ANT. *Est.*

OUEST-ALLEMAND, ANDE [wɛstalmɑ̃, ɑ̃d]. *adj. et n.* (v. 1950 ; calque angl. *west german*). De l'Allemagne de l'Ouest. — REM. Ce mot, comme *Est-allemand*, est mal formé ; la syntaxe française réclame : *Allemand de l'Ouest.*

OUF! [uf]. *interj.* (1642 ; *of*, 1579 ; onomat.). Interjection qui exprime la douleur soudaine, l'étouffement. *Il n'a pas eu le temps de dire ouf :* de prononcer un mot. « *Bon Dieu! un homme ne peut pas crever comme un rat pour rien et sans faire ouf* » (SARTRE). ◇ Exprimant le soulagement. *Ouf! enfin, on respire. Ouf! bon débarras.*

OUGRIEN, IENNE [ugʀijɛ̃, ijɛn]. *adj.* (1874 ; *ougrofinnois*, 1868 ; de *ougre* ; V. **Hongrois**). Langues *ougriennes*, se dit de deux langues sibériennes, l'ostiak (mansi) et le vogoul (kanti), parlées par des populations de la région de l'Ob, ainsi que du hongrois* (V. **Finno-ougrien**).

OUI [wi]. Particule d'affirmation invar. (XVᵉ ; *oïl*, 1080 ; lat. *hoc*, a. fr. *o*, renforcé par le pron. pers. *il*. V. **Oc***). REM. On ne fait pas l'élision (sauf emploi fam.).

I. Adverbe équivalant à une proposition affirmative qui répond à une interrogation non accompagnée de négation (Cf. **Si**). ◆ 1º (Dans une réponse positive à une question). *Venez-vous avec moi? Oui. Oui, Monsieur.* — (Répété par insistance) *Acceptez-vous? Oui, oui, certainement.* V. **Assurément, certainement, certes** (Cf. Comment donc, bien sûr, sans aucun doute ; d'accord, entendu, volontiers, et le *altér. pop.* ouais, voui). *Êtes-vous satisfait? Oui et non :* à demi. ◇ (Renforcé par un adverbe, une loc. adv., une exclamation) *Mais oui. Certes oui. Mon Dieu oui. Dame oui. Oui-da.* — *Oui, bien sûr. Ça oui. Ma foi, oui. Eh! oui, hé oui. Ah oui, alors! Eh bien oui.* — *Que oui!* ◆ 2º (Comme interrogatif). *Ah oui!* vraiment? Fam. *Tu viens, oui?* — *Est-ce lui, oui ou non?* — *Vulg. Oui ou merde!* ◆ 3º (Complément direct d'un verbe déclaratif). *Il dit toujours oui* (V. **Accepter, admettre**). — *Ne dire ni oui, ni non. Répondez-moi par oui ou par non.* ◇ (En subordonnée complétive) *Il semblerait que oui.* « *Les uns disent que non, les autres disent que oui* » (MOL.). *En voulez-vous? Si oui, prenez-le.* ◇ (En phrase coordonnée ou juxtaposée) *Sont-ils Français? Lui, non, mais elle, oui.*

II. N. m. *Les millions de oui du référendum.* « *Le premier oui qui sort de lèvres bien-aimées!* » (VERLAINE). Loc. *Pour un oui pour un non,* à tous propos, sans raison. ◇ ANT. **Non.** — HOM. *Ouï* (forme du v. *ouïr*), *ouïe.*

OUÏ-DIRE [widiʀ]. *n. m. invar.* (v. 1200 ; de *ouï*, p. p. de *ouïr*, et *dire*). Ce qu'on ne connaît que pour l'avoir entendu dire. — Loc. *Par ouï-dire :* par la rumeur publique. « *Chacun sait, au moins par ouï-dire, qu'il y a des perceptions trompeuses* » (ALAIN). ◇ HOM. *Ouïe.*

OUÏE [wi]. *n. f.* (Oïe, 1080 ; de *ouïr*).
I. Le sens qui permet la perception des sons. V. **Audition.** *Organes de l'ouïe.* V. **Oreille.** *Son perceptible à l'ouïe :* audible. *Avoir l'ouïe fine.* « *Sa vie se concentra dans le seul sens de l'ouïe* » (BALZ.). — Fam. (Plais.). *Je suis tout ouïe* [tutwi] : j'écoute attentivement (Cf. Tout oreilles).
II. *Plur.* OUÏES. ◆ 1º (XVIᵉ) Orifices externes de l'appareil branchial des poissons, sur les côtés de la tête. *Attraper un poisson par les ouïes.* ◆ 2º Ouverture latérale de la table supérieure d'un violon, en forme d'S. ◆ 3º Abat-vent à lamelles obliques, rappelant les branchies des poissons. ◇ HOM. *Oui; ouï* (p. p. de *ouïr*).

OUÏE! ou **OUILLE!** [uj]. *exclam.* (attesté XXᵉ ; onomat.). Interjection (souvent répétée), exprimant la douleur, la surprise et le mécontentement. V. **Aïe.** ◇ HOM. *Houille.*

OUÏG(H)OUR [uiguʀ]. *adj. et n. m.* (1846 ; mot turc). D'une langue turque de l'Asie centrale, cette langue.

OUILLER [uje]. *v. tr.* (1750 ; *aouller* [XIIIᵉ], de *aouiller* « remplir jusqu'à l'œil »). Techn. Remplir (un tonneau) à mesure que le niveau baisse. ◇ HOM. *Houiller.*

OUILLÈRE, OUILLIÈRE [ujɛʀ] ou **OULLIÈRE** [uljɛʀ]. *n. f.* (1842 ; du lat. médiév. *ouliare* « creuser, extraire »). Agric. Vigne en *ouillère,* dans laquelle les ceps sont disposés en lignes parallèles espacées, avec des cultures intercalaires. ◇ Une *ouillère,* intervalle, petite allée entre les ceps. ◇ HOM. *Houillère.*

OUÏR [wiʀ]. *v. tr.* : j'*ois,* il *oit, nous oyons, vous oyez, ils oient;* j'*ouïs, nous oyions;* j'*ouïs, nous oyions;* j'*orrai; oyons, oyez, oyant; ouï. Vx,* sauf inf. et p. p. *(Oïr,* XIIᵉ ; *ouïr,* Xᵉ ; lat. *audire).* Vx. V. **Entendre, écouter.** J'ai *ouï dire que...* V. **Ouï-dire.** « *Oyez, dit-il ensuite, oyez peuple, oyez tous* » (CORN.). Jamais « *il ne fut donné d'ouïr un vacarme plus discordant* » (LOTI). ◇ Dr. *Ouïr des témoins :* entendre, recevoir leur déposition. ◇ HOM. (du p. p. p.) *Oui, ouïe.*

OUISTITI [wistiti]. *n. m.* (1767 ; adapt. d'un mot indigène, considéré comme un onomat. par Buffon). Singe très petite taille, à longue queue et touffe de poils à la pointe de chaque oreille. ◇ Fig. et fam. *Un drôle de ouistiti :* de type.

OUKASE. V. **UKASE.** — **OULÉMA.** V. **ULÉMA.**

OULLIÈRE. V. **OUILLÈRE.**

OURAGAN [uʀagɑ̃]. *n. m.* (1640 ; *houragan,* 1609 ; *huracan, uracan,* XVIᵉ ; d'une langue des Antilles, par l'esp.). ◆ 1º Forte tempête caractérisée par un vent très violent, et *spécialt.* par un vent cyclonal. V. **Cyclone, tornade, typhon.** *La mer des Antilles est souvent agitée par des ouragans.* ◇ *Cour.* Vent violent accompagné de pluie, d'orage. V. **Bourrasque, tourmente.** *Arbres arrachés par l'ouragan.* « *En un instant, ils furent enveloppés par l'ouragan, affolés par les éclairs, assourdis par le tonnerre, trempés des pieds à la tête* » (R. ROLLAND). ◆ 2º *Fig.* Mouvement violent, impétueux. *Arriver comme un ouragan.* « *Cette bonne femme... c'est un ouragan* » (SARTRE). *Son discours a déchaîné un ouragan :* un grand tumulte.

OURALIEN, IENNE [uʀaljɛ̃, jɛn]. *adj.* (1846 ; de *Oural).* Géogr. Relatif à la chaîne montagneuse de l'Oural et à la région qui l'entoure. — Ling. Langues *ouraliennes; (l'ouralien),* langues finno-ougriennes et samoyèdes (On parle aussi de groupe OURALO-ALTAÏQUE [uʀaloaltaïk] (1876), groupant l'ouralien, le turc, le mongol, etc.).

OURDIR [uʀdiʀ]. *v. tr.* (*Ordir,* XIIᵉ ; lat. pop. *ordire,* class. *ordiri).* ◆ 1º Techn. Réunir les fils de chaîne en nappe et les tendre, avant le tissage. *Abusiv.* Tisser, croiser les fils ourdis avec les fils de trame. V. **Tramer.** ◇ *Poét.* Tisser. *L'araignée ourdit sa toile.* « *La Parque à filets d'or n'ourdira point ma vie* » (LA FONT.). ◆ 2º *Fig.* et *littér.* (XIIᵉ). Disposer les premiers éléments d'une intrigue. V. **Combiner, machiner, monter, nouer.** « *C'est mon métier d'auteur dramatique d'ourdir, de régler et de dénouer les affaires de ce genre!* » (VILLIERS). Pronom. « *Et toujours la fortune est le mobile des intrigues qui s'élaborent, des trames qui s'ourdissent!* » (BALZ.). V. **Tramer** (se). ◇ HOM. (du p. p.) *Hourdis.*

OURDISSAGE [uʀdisaʒ]. *n. m.* (1765 ; de *ourdir*). Techn. Préparation de la chaîne pour le tissage.

OURDISSEUR, EUSE [uʀdisœʀ, øz]. *n.* (1410 ; de *ourdir*). Techn. Personne qui effectue l'ourdissage.

OURDISSOIR [uʀdiswaʀ]. *n. m.* (1410 ; de *ourdir*). Techn. Appareil servant à étaler en nappe et à tendre les fils de la chaîne.

OURDOU [uʀdu]. *n. m.* (1846 ; turc *ordu* « camp »). Une des deux langues nationales du Pakistan (forme islamisée de l'hindoustani). — Adj. *La littérature ourdou.*

-OURE. Élément, du gr. *oura* « queue ».

OURLÉ, ÉE [uʀle]. *adj.* (*Orlé,* XIIᵉ ; de *ourler*). Bordé d'un ourlet. *Mouchoirs ourlés. Couture ourlée* (rabattue et terminée par un ourlet). — Fig. et littér. « *Des prairies ourlées de ruisseaux* » (RENARD). « *Un épais nuage ourlé de feu blanc* » (COLETTE). *Oreilles finement ourlées.*

OURLER [uʀle]. *v. tr.* (1530 ; *orler,* 1175 ; du lat. *orulus,* de *ora* « bord »). Garnir, border d'un ourlet. *Ourler du linge, un drap, un mouchoir.* — Fig. et littér. « *Adieu, petite oreille que la lumière de la fenêtre ourle de givre rose!* » (DUHAM.).

OURLET [uʀlɛ]. *n. m.* (1487 ; *orlet* « bord d'un objet », déb. XIIIᵉ ; de *ourler).* ◆ 1º (XVᵉ). Repli d'étoffe terminant un bord (V. **Bordure**). *Faire un ourlet à un mouchoir,* à une pièce d'étoffe pour l'empêcher de s'effilocher. *Défaire l'ourlet pour rallonger une jupe. Ourlet à points de côté* (dits *points d'ourlet).* — *Faux ourlet :* bande de tissu rapportée. ◆ 2º Techn. Bord replié de certains objets métalliques. V. **Rebord, repli.** *Ourlet d'une gouttière.* ◇ *Ourlet de l'oreille :* bord replié du pavillon. ◆ 3º Fig. et littér. « *On ne voyait plus que l'ourlet blanc de l'écume autour de l'île* » (DAUD.).

OURLIEN, IENNE [uʀljɛ̃, jɛn]. *adj.* (1885 ; de l'a. fr. région. *ourles* « oreillons »). Méd. Relatif aux oreillons. *Fièvre ourlienne. Orchite, ovarite ourlienne.*

OURS [uʀs]. *n. m.* (fin XVIᵉ ; *urs,* 1080 ; lat. *ursus*). ◆ 1º Mammifère carnivore plantigrade (*Ursidés*), de grande taille dont les principales espèces, au pelage épais, aux membres armés de griffes non rétractiles, au museau allongé ; *spécialt.* le mâle adulte. *Femelle* (V. **Ourse**), *petit* (V. **Ourson**) *de l'ours.* — *Ours brun, d'Europe et d'Asie. Ours gris d'Amérique* (V. **Grizzli**). *Ours noir d'Amérique. Ours du Canada. Ours malais, ours des cocotiers* (plus petit). *Ours polaire ou blanc,* à cou mince et à tête aplatie. « *Les dandinements stupides de l'ours blanc* » (BAUDEL.). « *Aux deux côtés du lit, il y avait deux grandes peaux d'ours noir* » (ZOLA). *Ours dressés, savants. Montreur d'ours. Ours en cage. La fosse aux ours d'un jardin zoologique.* ◆ 2º Loc. fig. *Vendre la peau de l'ours :* disposer d'une chose que l'on ne possède pas encore. — *Le pavé de l'ours,* La Fontaine : maladresse commise dans l'intention de rendre service, mais qui produit un effet contraire. *Se balancer, se dandiner, tourner comme un ours en cage,* aller et venir par inaction. « *Dans une fosse comme un ours Chaque matin je me promène Tournons tournons tournons toujours* » (APOLLINAIRE). ◆ 3º Par anal. Jouet d'enfant (en peluche, etc.) ayant l'apparence d'un ourson. *Il a eu un ours en peluche pour Noël* (Cf. *lang. enf.*

Nounours). ◆ 4° (Animaux qui ont une certaine ressemblance avec l'ours). *Ours marin*, sorte de phoque. ◆ 5° (v. 1670 ; adj. ; allus. aux mœurs solitaires, à l'aspect lourdaud de l'ours). *Homme insociable, hargneux, qui fuit la société.* V. **Grossier, misanthrope, sauvage.** *C'est un vieil ours.* — Loc. *Ours mal léché**. — Adj. *« La mère et le fils semblaient un peu ours »* (ZOLA).

OURSE [urs(ə)]. *n. f.* (XIIIᵉ ; *orsse*, fin XIIᵉ ; lat. *ursa.* V. **Ours**). ◆ 1° Femelle de l'ours. *Une ourse et ses petits.* ◆ 2° (1544). Nom de deux constellations situées près du pôle arctique. *La Grande Ourse* ou *Grand Chariot. L'étoile polaire appartient à la Petite Ourse.*

OURSIN [ursẽ]. *n. m.* (1552 ; de *ours;* Cf. prov. *Ursin de mer*). Animal échinoderme *(Échinides)*, au test globuleux, rigide, sphérique, muni de piquants. *« L'oursin, dont la bouche s'appelle, on ne sait pourquoi, lanterne d'Aristote, creuse le granit »* (HUGO). — Spécialt. Cet animal, lorsqu'il est comestible. *Manger des huîtres et des oursins* (Cf. **Fruits*** de mer).

OURSON [ursõ]. *n. m.* (1540 ; de *ours*). ◆ 1° Petit de l'ours. ◇ Ours noir d'Amérique, de petite taille. ◆ 2° Ancienn. Bonnet à poils des grenadiers.

OUST, OUSTE ! [ust(ə)]. *interj.* (attesté fin XIXᵉ ; onomat.). Fam. Interjection pour chasser ou presser qqn. *« Sortez, vous dis-je ; allons, oust ! hors d'ici ! »* (COURTELINE). *« Allons, ouste ! Prenez la porte ! »* (BOSCO).

OUT [awt]. *adv.* et *adj. invar.* (1891 ; mot angl. « hors de »). *Anglicisme.*
I. Tennis. *Adv.* Hors des limites du court. — *Adj. Balle out.*
II. (1966). *Adj. invar.* Se dit de qqn qui se trouve dépassé, rejeté hors d'une évolution ou incapable de la suivre. (Opposé à *in.*) *« Geneviève* [...] *rétorquerait que Freud est définitivement 'out' ou dépassé, du rococo »* (MALLET-JORIS). Cf. Circuit (hors), coup (dans le), course (dans la), mouvement (dans le).

OUTARDE [utard(ə)]. *n. f.* (XIVᵉ ; lat. pop. **austarda*, contract. de *avis tarda* « oiseau lent »). ◆ 1° Oiseau échassier au corps massif, à pattes fortes et à long cou. *La chair de l'outarde est appréciée. Petite outarde* ou canepetière. ◆ 2° (1535). Bernache du Canada. *La rivière aux Outardes. « Elle nous a montré un champ où un jour quand elle était petite 42000 outardes étaient descendues des nuages pour picorer des restes d'avoine »* (R. DUCHARME).

OUTARDEAU [utardo]. *n. m.* (*Otardeau*, 1552 ; de *outarde*). *Rare.* Petit de l'outarde.

OUTIL [uti]. *n. m.* (1538 ; *ostil*, 1190 ; lat. *ustensilia* « ustensiles »). ◆ 1° Objet fabriqué qui sert à agir sur la matière, à faire un travail. V. **Appareil, engin, instrument, machine.** — (Outil désigne en général un objet plus simple et utilisé directement par la main). *« Un outil humain est… un objet façonné, transformé, de manière à pouvoir être utilisé commodément et efficacement pour accomplir un certain genre d'action »* (G. VIAUD). — *Outils de cordonnier, de maçon, d'orfèvre. Outils à travailler le bois. Outils de jardinage* (V. **Ustensile**). *Manier des outils. Caisse, planche, trousse à outils. Panoplie d'outils. — Boîte à outils.* V. **Matériel, outillage.** — *Pièces, éléments d'un outil. Manche d'outil.* — Loc. prov. *Les mauvais ouvriers sont toujours de mauvais outils* : on s'excuse d'un mauvais travail en alléguant les moyens employés. — ◇ Fig. *Dans le régime nazi, « l'homme n'est plus qu'un outil au service du Führer »* (CAMUS). ◆ 2° Pop. et vieilli. Individu aux manières bizarres. *Un drôle d'outil.*

OUTILLAGE [utijaʒ]. *n. m.* (1829 ; de *outiller*). Ensemble, assortiment d'outils nécessaires à l'exercice d'un métier, d'une activité manuelle, à la marche d'une entreprise, d'une exploitation. V. **Équipement, matériel.** *Exposition d'outillage agricole. L'outillage perfectionné d'une usine moderne.*

OUTILLÉ, ÉE [utije]. *adj.* (1760 ; *hostillé*, 1377 ; de *outil*). Muni, équipé d'outils. *Ouvrier bien, mal outillé. Il n'est pas outillé pour faire ce travail. « L'intérêt du pays est sans doute qu'il y ait sur notre sol des usines outillées pour un raffinage véritable »* (ROMAINS).

OUTILLER [utije]. *v. tr.* (1550 ; de *outil.* V. **Outillé**). ◆ 1° Munir des outils nécessaires à un certain travail, à une certaine production. V. **Équiper.** *Il a outillé ses ouvriers de façon très moderne. Outiller un atelier, une usine.* — Pronom. (Réfl.) *Dans certains corps de métier, les ouvriers s'outillent à leurs frais.* ◆ 2° Donner, fournir à (qqn) les moyens matériels de faire qqch. ; équiper (un local, un objet) en vue d'une destination particulière. — Pronom. *S'outiller à peu de frais pour la pêche.*

OUTILLEUR [utijœr]. *n. m.* (1845 ; de *outil*). *Techn.* Professionnel qui confectionne et met au point calibres, moules, outillages et montages de fabrication.

OUTLAW [awtlo]. *n. m.* (1783 ; mot angl. « hors la loi »). Dans les pays anglo-saxons, *Ancienn.* Brigand vivant hors la loi. V. **Hors-la-loi.** *Des outlaws.*

OUTPUT [awtput]. *n. m.* (v. 1965 ; mot angl. « hors de », et *to put* « mettre »). *Anglicisme.* Inform. Sortie des données dans un système informatique (à franciser en [*produit de*] *sortie*). ◇ ANT. *Input.*

OUTRAGE [utraʒ]. *n. m.* (1080 ; de *outre* 2). ◆ 1° Offense ou injure extrêmement grave (de parole ou de fait). V. **Affront, injure, insulte, offense.** *Accabler qqn d'outrages. « Ce manque de parole au rendez-vous lui semblait un outrage »* (FLAUB.). *Venger, laver un outrage.* — *Faire outrage. Me reprochant « d'avoir, en de faciles amours, fait outrage à sa mémoire »* (NERVAL). ◇ Spécialt. *Il lui a fait subir les derniers outrages :* il a abusé d'elle (V. **Viol**). ◇ *Fig.* et *littér.* V. **Atteinte, dommage, tort.** *Les outrages du temps. « Pour réparer des ans l'irréparable outrage »* (RAC.). ◆ 2° *Dr.* Délit par lequel on met en cause l'honneur d'un personnage officiel (magistrat, etc.) dans l'exercice de ses fonctions. *Outrage par paroles, gestes, menaces, écrits ou dessins. Outrage à magistrat. « Jérôme Crainquebille… fut traduit en police correctionnelle pour outrage à un agent de la force publique »* (FRANCE). ◆ 3° *Par ext.* Acte gravement contraire (à une règle, à un principe). V. **Violation.** *Outrage à la raison, au bon sens.* ◇ *Dr. Outrage aux bonnes mœurs :* délit qui consiste à porter publiquement atteinte à la moralité. — *Outrage à la pudeur.* V. **Attentat** (aux mœurs).

OUTRAGÉ, ÉE [utraʒe]. *adj.* (XVIIᵉ ; V. **Outrager**). Qui a subi un outrage. *Parents outragés.* Par ext. *Prendre un air outragé*, l'air d'une personne outragée.

OUTRAGEANT, ANTE [utraʒã, ãt]. *adj.* (1660 ; de *outrager*). Qui outrage. V. **Injurieux, insultant.** *Critique, propos outrageants. « Elle répondait quelquefois à ses amis par des plaisanteries outrageantes à force de piquante énergie »* (STENDHAL).

OUTRAGER [utraʒe]. *v. tr.* ; conjug. *bouger* (1478 ; de *outrage*). ◆ 1° Offenser gravement par un outrage (actes ou paroles). V. **Bafouer, injurier, insulter, offenser.** *« Une femme outragée dans son honneur, c'est-à-dire dans ce qu'elle a de plus précieux »* (STENDHAL). *« Une princesse parjure… a outragé les dieux de ses pères ! »* (GAUTIER). ◆ 2° Contrevenir gravement à (qqch.). *Outrager les bonnes mœurs, la morale. Outrager la raison, le bon sens.*

OUTRAGEUSEMENT [utraʒøzmã]. *adv.* (1538 ; « excessivement », 1283 ; de *outrageux*). ◆ 1° *Vx.* D'une manière outrageuse. *Insulter outrageusement qqn. Plaisant. « Elle se fout outrageusement de lui, si j'ose parler un tel langage »* (COURTELINE). ◆ 2° Excessivement. *Femme outrageusement fardée. « Outrageusement bête »* (HUGO).

OUTRAGEUX, EUSE [utraʒø, øz]. *adj.* (1175 ; *outrajos*, 1160 ; de *outrage*). *Vx* et *littér.* Qui fait outrage. *« Cesse de me tenir ce discours outrageux »* (CORN.).

OUTRANCE [utrãs]. *n. f.* (XIIᵉ ; de *outre* 2). ◆ 1° Chose ou action outrée. V. **Excès.** *Une outrance de langage. Les outrances du mélodrame.* ◇ Caractère de ce qui est outré. V. **Démesure, exagération.** *L'outrance de son langage. « Pour éviter le commun, ils seraient allés jusqu'à l'outrance, jusqu'au paroxysme »* (GAUTIER). ◆ 2° Loc. adv. À OUTRANCE : avec exagération, avec excès. *« La femme de Montchevreuil était… dévote à outrance »* (ST-SIM.). *Poursuivre un combat à outrance :* jusqu'à victoire totale. *« Des républicains ardents… qui voulaient la guerre à outrance »* (BAINVILLE).

OUTRANCIER, IÈRE [utrãsje, jɛr]. *adj.* (1870 ; de *outrance*). Qui pousse les choses à l'excès. V. **Excessif, outré.** *Caractère outrancier. Propos outranciers.*

1. OUTRE [utr(ə)]. *n. f.* (v. 1400 ; lat. *uter, utris* « ventre »). Peau de bouc cousue en forme de sac et servant de récipient pour la conservation et le transport des liquides (pays de la Méditerranée ou du Proche-Orient). *Outre d'eau, de vin. Être gonflé, plein comme une outre* (spécialt. avoir trop bu, mangé). *Gros comme une outre.* ◇ *Fig. « Le ventre est l'outre des vices »* (HUGO).

2. OUTRE [utr(ə)]. *prép.* et *adv.* (*Ultre*, 1080 ; lat. *ultra.* V. **Ultra-**). ◆ 1° (Dans des expressions adverbiales). Au delà de. *Outre-Atlantique :* en Amérique (du Nord). *Outre-Manche :* en Grande-Bretagne. *Les peuples d'outre-mer* (Afrique, Orient, Amérique). *Les anciennes possessions françaises d'outre-mer. Départements français d'outre-mer.* V. **D.O.M.** *Outre-Rhin. Les Mémoires d'outre-tombe, de Chateaubriand.* ◆ 2° *Adv.* de lieu. *Passer outre* : aller au delà, plus loin. *« Il tournait le dos au chemin et ne me voyait pas. Je passai outre sans l'interpeller »* (BOSCO). Fig. et vx. *Continuer.* ◇ *PASSER OUTRE* (qqch.) : — a) *Vx.* Procéder immédiatement à (qqch.) ; commencer ou poursuivre. *Passer « outre à la célébration du mariage »* (BALZ.) : le célébrer. — b) Mod. Ne pas tenir compte de (une opposition, une objection). V. **Braver, mépriser.** *« Puis, comme malgré son insistance, on passait outre, il protesta, les dents serrées »* (ZOLA). *« Je me gardai bien, au début, de passer outre à cette réserve du partenaire »* (DUHAM.). ◆ 3° *Prép.* En plus de. *« Cette salle… était immense ; elle pouvait contenir outre les douze cents députés, quatre milliers d'auditeurs »* (MICHELET). *« Outre leurs photographies, les deux jeunes gens avaient échangé leurs confidences »* (ROMAINS). ◇ Loc. conj. *Outre* que... « *Outre qu'il parle tout seul, il est sujet à de certaines grimaces* » (LA BRUY.). Cf. Non seulement... mais encore. *Outre le fait que*, sans parler du fait que. ♦ 4° OUTRE MESURE *(loc. adv.)* : excessivement, au delà de la normale (surtout en tour négatif). V. Excès (à l'excès), trop. *Ce voyage, ce travail ne l'avait pas fatigué outre mesure.* ♦ 5° EN OUTRE *(loc. adv.)* : de plus, en plus de cela. V. Aussi, également, part (d'autre part). *Il est tombé malade... (et) en outre, il a perdu sa place.* « *En outre de la modique pension qu'il touchait, il continuait de récolter quelques petites sommes* » (R. ROLLAND). ♦ 6° D'OUTRE EN OUTRE. loc. adv. *Vx.* De part en part. *Percé d'outre en outre.*

OUTRÉ, ÉE [utʀe]. adj. (XVIᵉ ; « vaincu, exténué », XIIIᵉ ; de *outrer*). ♦ 1° Poussé au delà de la mesure. V. **Exagéré**, excessif, extrême, outrancier. *Flatterie outrée. Éloges outrés.* « *Tous ces portraits séduisent à première vue, mais, en général, ils sont outrés et passent la mesure* » (STE-BEUVE). ♦ 2° (Personnes). *Vx* ou *littér.* Qui passe les bornes dans sa conduite ou ses sentiments. *Un dévot outré :* affecté. ♦ 3° *Mod.* V. Indigné, révolté, scandalisé. « *Votre Maman a attribué votre redoublement de tristesse à un redoublement d'amour... elle en est outrée* » (LACLOS). *Je suis outré de, par son ingratitude.* « *Outré d'un tel aveuglement et d'une telle injustice... je fondis en larmes* » (FRANCE).

OUTRECUIDANCE [utʀəkɥidɑ̃s]. n. f. (XIIᵉ ; de l'a. fr. *outrecuider* « avoir en soi une confiance excessive » ; de l'a. fr. *cuider* « croire »). *Littér.* ♦ 1° Confiance excessive en soi-même, estime exagérée de soi. V. Fatuité, orgueil, présomption. *Parler de soi avec outrecuidance.* « *Pouvons-nous sans folle outrecuidance croire que l'avenir ne nous jugera pas* » (RENAN). ♦ 2° Désinvolture impertinente envers autrui. V. Audace, effronterie, impertinence. *Répondre à qqn avec outrecuidance.* ◇ *Une outrecuidance :* une action qui témoigne de l'outrecuidance. ◈ ANT. Modestie, réserve.

OUTRECUIDANT, ANTE [utʀəkɥidɑ̃, ɑ̃t]. adj. (fin XIIᵉ ; de l'a. fr. *outrecuider* ; Cf. Outrecuidance). Qui montre de l'outrecuidance. *Personnage outrecuidant.* V. Fat, présomptueux ; audacieux, impertinent. — Par ext. *Réponse, action outrecuidante.* « *Il trouve outrecuidant de notre part que nous n'acceptions pas...* » (GAUTIER).

OUTREMER [utʀəmɛʀ]. n. m. (XIIᵉ ; de outre 2, et mer). ♦ 1° *Minér.* Lapis-lazuli (pierre bleue). ♦ 2° *Cour.* Couleur d'un bleu intense. *Yeux, ciel d'outremer.* Appos. *Bleu outremer.* V. Ultra-marin. — *Adj. Littér.* « *Un ciel outremer comme du lapis-lazuli* » (FLAUB.). ◈ HOM. Outre-mer (V. Outre 2, 1°).

OUTREPASSÉ, ÉE [utʀəpase]. adj. (V. Outrepasser). *Archit.* *Arc outrepassé* : arc en fer à cheval : qui dessine un arc de cercle plus grand que le demi-cercle ou plein cintre.

OUTREPASSER [utʀəpase]. v. tr. (1155 ; de *outre*, et *passer*). ♦ 1° *Vieilli.* Aller au delà de (une limite). V. **Dépasser**. ♦ 2° *Mod.* Aller plus loin qu'il n'est permis. *Outrepasser ses droits, ses pouvoirs.* V. Excéder (Cf. Abuser, empiéter). « *J'ai pour règle de conduite rigoureuse de ne jamais outrepasser les limites de ma compétence* » (ROMAINS). V. Franchir, passer (les bornes). « *Nous n'aurions osé prendre sur nous d'outrepasser ses ordres* » (GAUTIER).

OUTRER [utʀe]. v. tr. (XVᵉ ; « dépasser », 1155 ; de *outre* 2). ♦ 1° Exagérer, pousser (qqch.) au delà des limites raisonnables. *Outrer une pensée, une attitude. Comédien qui outre son jeu.* V. Forcer. *Outrer un effet.* V. Charger, amplifier, développer. « *Le jeune chanteur, outrant un peu son accent qui faisait oublier de rire les enfants* » (STENDHAL). ♦ 2° *Vx.* Pousser (qqn) à un excès dans l'ordre des sentiments, des émotions déplaisantes. « *Ce manque de parole m'a outré contre lui* » (SÉV.). — *Mod.* (aux temps comp. et sans compl.) Indigner, mettre hors de soi. *Votre façon de parler de sa mort m'a outré.* V. Outré (3°).

OUTRIGGER [awtʀigœʀ]. n. m. (1873 ; mot angl. « armé [rig] en dehors [out] »). *Sports.* Embarcation légère à rames, destinée aux courses. *Dans les outriggers, les avirons prennent appui sur des montures métalliques débordantes.*

OUTSIDER [awtsajdœʀ]. substantif. n. m. (1859 ; mot angl. « qui se tient en dehors »). ♦ 1° *Turf.* Cheval de course qui ne figure pas parmi les favoris. *Le Prix de l'Arc de Triomphe a été remporté cette année par un outsider.* ♦ 2° *Fig.* Pour ce fauteuil à l'Académie, dans cette élection, Z fait figure d'outsider.

OUVERT, ERTE [uvɛʀ, ɛʀt(ə)]. adj. (*Overt*, 1214 ; *oevre*, XIIᵉ ; V. Ouvrir).

I. ♦ 1° Disposé de manière à laisser le passage. *Porte, fenêtre ouverte. Grand ouvert* : ouvert le plus possible. — *C'est ouvert* : on peut entrer. ♦ 2° Où l'on peut entrer (local) ; qui n'est pas fermé (récipient). *Magasin ouvert.* — *Fam.* (en parlant de la personne qui tient un local, un magasin) « *D'ordinaire je reste ouvert jusqu'à la Toussaint, dit-il en regardant le comptoir* » (SARTRE). ♦ 3° Disposé de manière à laisser communiquer avec l'extérieur. *Bouche ouverte, yeux ouverts.* — Par ext. *Sons ouverts* : prononcés avec la bouche assez ouverte. ◇ *ouvert* [ɔ]. — *Boîte ouverte. Son porte-monnaie*

est toujours ouvert : il est généreux. Loc. fig. *À tombeau* ouvert.* ◇ *Robinet ouvert* : qui laisse passer l'eau. *Le gaz est ouvert.* ♦ 4° Dont les parties sont écartées, séparées. *Main ouverte (opposé à poing fermé). Fleur ouverte* : épanouie. *À bras ouverts* [abʀazuvɛʀ]. « *Grimm me recevrait les bras ouverts avec la plus tendre amitié* » (ROUSS.). *Livre ouvert. Lire le latin à livre ouvert* : couramment. — *Lettre* ouverte.* — Géom. *Angles ouverts*, dont les côtés sont écartés. ◇ *Vx.* Large, dégagé. « *Elle avait le front ouvert, large et uni* » (HAMILTON). ◇ *Col ouvert, chemise ouverte.* ♦ 5° Qui présente une interruption. *Courbe ouverte. Plaie ouverte.* « *Sa mine fleurie, son air ouvert et pourtant buté* » (SARTRE). — *Loc. Il nous a parlé à cœur ouvert* : en toute franchise. ♦ 2° Qui se manifeste, se déclare publiquement. V. **Déclaré**, manifeste, patent, public. *Faire une guerre ouverte à qqn. Déchaîner une campagne ouverte, officielle.* « *Rien encore ne l'avait fâché avec eux d'une façon ouverte et définitive* » (ZOLA). ♦ 3° Qui s'ouvre facilement aux idées nouvelles, qui comprend ou admet sans peine, sans préjugé. *Un esprit ouvert.* V. Éveillé, pénétrant, vif. « *Morale ouverte et morale fermée* » (BERGSON). « *Quand l'émancipation philosophique vient ensuite, cela produit des esprits très ouverts* » (RENAN).

◈ ANT. Étroit, serré ; couvert, fermé, protégé ; faux, froid, hypocrite, renfermé ; intime, secret ; borné, buté, étroit.

OUVERTEMENT [uvɛʀtəmɑ̃]. adv. (XIIᵉ ; de *ouvert*). D'une manière ouverte, sans dissimulation. V. **Franchement**. *Dire ouvertement la vérité*, sans compliment, sans flatterie. *Témoigner ouvertement son affection. Agir ouvertement.* V. Découvert (à). ◈ ANT. Cachette (en), secrètement.

OUVERTURE [uvɛʀtyʀ]. n. f. (XIIᵉ ; lat. pop. °*opertura*, class. *apertura*. V. Ouvrir).

I. ❶ *L'ouverture (de)...* ♦ 1° Action d'ouvrir ; état de ce qui est ouvert. *L'ouverture des portes du magasin se fait à telle heure. Heures, jours d'ouverture. Procéder devant témoin à l'ouverture d'un coffre-fort. Ouverture d'une lettre, d'un testament.* ◇ *Chir.* Première phase d'une opération dans laquelle on coupe les tissus. ◇ Caractère de ce qui est plus ou moins ouvert (dispositifs réglables). *Ouverture d'un objectif ; régler l'ouverture.* ◇ *Ouverture d'un angle* : écartement des côtés. ♦ 2° Le fait de rendre praticable, utilisable. *Ouverture d'une route.* « *Lors de l'ouverture du fameux chemin direct de Rognes à Châteaudun* » (ZOLA). « *J'arrivai chez (le docteur) Dutrieux pour l'ouverture de son cabinet* » (DUHAM.). ♦ 3° (Abstrait). *Ouverture de cœur*, qualité de cœur qui s'épanche volontiers. V. **Abandon, franchise, sincérité**. *Ouverture d'esprit*, qualité de l'esprit ouvert. ♦ 4° Le fait d'être commencé, mis en train ; de devenir ouvert (I, 8°). V. Ouvrir (I, 9°). *Ouverture de la session, d'une séance, d'une enquête, d'un débat.* V. **Commencement, début**. *Ouverture d'une exposition, d'une école, d'un théâtre, d'une usine.* V. **Inauguration**. *Cours d'ouverture et cours de clôture*, à la Bourse. — *Ouverture de la chasse, de la pêche*, le premier des jours où il est permis de chasser, de pêcher. *Faire l'ouverture (de la chasse)* : aller chasser ce jour-là. ◇ *Dr. Ouverture de succession.* Dr. comm. *Ouverture de crédit.* Législ. fin. *Ouverture de crédits*, autorisation de dépenser donnée aux ordonnateurs par les lois. ◇ *Cartes.* Action ou possibilité d'ouvrir (le jeu). ◇ *Échecs.* Série de coups par laquelle débute, s'ouvre une partie. ◇ *Sports* (Rugby) *Demi d'ouverture*, joueur chargé d'ouvrir. ❷ *Plur.* Premier essai en vue d'entrer en pourparlers. V. Avance, offre, proposition. *Faire des ouvertures de paix, de négociation, de conciliation.* « *Comme je voyais... qu'on attendait mes ouvertures, je balbutiai* : « *Vous allez bien, madame?* » (MAUPASS.). ❸ *Mus.* Morceau, généralement conçu pour l'orchestre, par lequel débute le plus souvent un ouvrage lyrique (opéra, opéra-comique, oratorio).

II. *Une, des ouverture(s)* : ce qui fait qu'une chose est ouverte. ♦ 1° Solution de continuité par laquelle s'établit la communication ou le contact entre l'extérieur et l'intérieur ; espace libre, vide, dans une paroi. V. **Accès, entrée, issue, passage, trou**. *Les ouvertures d'un bâtiment, d'un mur* : tout vide aménagé ou percé dans la construction. V. Arche, baie, chatière, embrasure, fenêtre, guichet, jour, judas, lucarne, œil-de-bœuf, porte, soupirail, trappe, vasistas. *Une muraille*

« *où il avait laissé deux ouvertures, la fenêtre et la porte* » (ZOLA). *Ouverture étroite.* V. **Entrebâillement, interstice.** ◇ *Ouverture d'une grotte, d'un puits* (orifice), *d'un volcan* (cratère); *d'une boite, d'un four* (gueule). « *L'ouverture ronde...* (du) *gant* » (FARRÈRE). ♦ 2° *Fig.* Voie d'accès; moyen de comprendre. « *On n'a d'ouverture sur un être que si on en est aimé* » (CHARDONNE).

◇ ANT. *Clôture, fermeture; fin, finale* (mus.).

OUVRABLE [uvʀabl(ə)]. *adj. m.* (1260; *uverable,* fin XIIᵉ; de *ouvrer* « travailler »). Se dit des jours consacrés normalement au travail, *opposé à* jours fériés (le mot est rattaché par erreur à *ouvrir* [les magasins, les usines]). ◇ ANT. *Férié; chômé.*

OUVRAGE [uvʀaʒ]. *n. m.* (déb. XIIIᵉ; *ovraigne,* 1155; de *œuvre*). ♦ 1° (XIIIᵉ). Ensemble d'actions coordonnées par lesquelles on met qqch. en œuvre, on effectue un travail. V. **Œuvre; besogne, tâche, travail.** *Avoir, ne pas avoir d'ouvrage.* V. **Occupation.** *Ouvrages manuels. Ouvrage pénible, de longue haleine. Ouvrages de dames : travaux de couture, broderie, tricot, tapisserie.* « *Suzanne jouait du piano et était fort habile à toutes sortes d'ouvrages de dame* » (ARAGON). — *Se mettre à l'ouvrage.* Loc. *Avoir du cœur à l'ouvrage.* ◇ *Travail lucratif, rémunéré.* « *Quand on en a l'envie, on trouve toujours de l'ouvrage* » (Ch.-L. PHILIPPE). ◇ *Techn. Bois d'ouvrage,* destiné à être employé dans la fabrication d'objets ouvrés. — Dr. *Louage d'ouvrage :* contrat de travail. V. **Entreprise.** ◇ *Au fém.* (Pop.) *C'est de la belle ouvrage :* un ouvrage soigné, bien fait. ♦ 2° (Déb. XVᵉ). Objet produit par le travail d'un ouvrier, d'un artisan, d'un artiste. *Ouvrage d'orfèvrerie, de marqueterie.* ◇ *Spécialt.* Construction. *Le gros de l'ouvrage. Ouvrages de maçonnerie :* gros ouvrage, ouvrage léger. V. **Maçonnerie.** — OUVRAGES D'ART : constructions (ponts, tranchées, tunnels) nécessaires à l'établissement d'une voie. ◇ *Techn.* (1757) Partie cylindrique basse d'un haut fourneau. ♦ Fortif. *Ouvrage militaire.* V. **Blockhaus, fortification.** *Ouvrage défensif. Ouvrage de campagne :* fortification provisoire. ◇ (1542) Objet de couture, de broderie, de tricot, de tapisserie, considéré relativement à son exécution ou durant son exécution. *Ouvrage à l'aiguille. Ouvrage de soie, de coton.* — Loc. *Boîte, corbeille, panier, sac à ouvrage. Table à ouvrage* (V. **Travailleuse**). « *Après le dîner, elle faisait quelque ouvrage de couvent* » (HUGO). ♦ 3° (XVIIᵉ). Texte scientifique, technique ou littéraire. V. **Écrit, œuvre** (*œuvre* insiste plus sur la qualité artistique), **texte.** *La matière, le sujet d'un ouvrage. Ouvrages publiés sur une question.* V. **Littérature. Édition, diffusion, publication d'un ouvrage. Ouvrage sous presse*.** *Ouvrages de philosophie, de politique, de littérature et de technique. Ouvrage didactique. Ouvrage de fiction, d'imagination.* ◇ *Livre. Ouvrages à la vitrine d'un libraire.* ♦ 4° (1640). *Vieilli ou littér.* Ensemble d'opérations tendant à une fin; ce qui est fait, accompli par qqn. **Œuvre, travail.** « *Et cette alarme universelle Est l'ouvrage d'un moucheron* » (LA FONT.). « *J'ai fait un peu de bien, c'est mon meilleur ouvrage* » (VOLT.). *L'ouvrage du hasard. L'ouvrage du temps.*

◇ ANT. *Divertissement, récréation, repos.*

OUVRAGÉ, ÉE [uvʀaʒe]. *adj.* (v. 1360; de *ouvrage*). ♦ 1° Ouvré, travaillé. ♦ 2° Qui a nécessité un travail minutieux, délicat. ♦ *Orné.* « *Une de ces signatures si ouvragées qu'elle lui prit pour l'exécution fignolée dix bonnes minutes* » (CÉLINE). ◇ ANT. *Brut, grossier.*

OUVRAGER [uvʀaʒe]. *v. tr.;* conjug. *bouger* (1564; de *ouvrage*). Enrichir d'ornements, façonner de manière délicate, compliquée. V. **Orner, ouvrer.**

OUVRAISON [uvʀɛzɔ̃]. *n. f.* (1846; de *ouvrer*). *Techn.* Action d'ouvrer et de mettre en œuvre (les soies grèges). — Les soies ouvrées.

OUVRANT, ANTE [uvʀɑ̃, ɑ̃t]. *n. m.* et *adj.* (XVIᵉ; de *ouvrir*). I. N. m. *Techn.* Panneau mobile recouvrant une peinture. *Les ouvrants d'un triptyque.* ◇ *Partie mobile d'un ouvrage de menuiserie à châssis* (porte, croisée, armoire), *opposé à* dormant. V. **Battant.** II. *Adj.* (1611). Qui ouvre (II). *Toit ouvrant* (d'une voiture). ◇ Dr. *À jour ouvrant :* dès le début de l'audience du jour.

OUVRÉ, ÉE [uvʀe]. *adj.* (déb. XIVᵉ; de *ouvrer*). *Techn.* ou *littér.* Travaillé, façonné. *Bois, fer, cuivre ouvré.* V. **Manufacturé, ouvragé.** *Produits ouvrés et semi-ouvrés.* ◇ *Orné.* « *La grande porte... toute ouvrée de guirlandes* » (ARAGON). V. **Ouvragé.** *Linge ouvré,* orné de broderies, de dentelles. ◇ ANT. *Brut; uni.*

OUVREAU [uvʀo]. *n. m.* (1723; de *ouvrir*). *Techn.* Ouverture pratiquée dans les parois des fours de verriers, dans les fourneaux, les meules à charbon, etc. (pour attirer l'air, pour puiser de la matière).

OUVRE-BOÎTE(S) [uvʀəbwat]. *n. m.* (1935; de *ouvrir,* et *boîte*). Instrument coupant, servant à ouvrir les boîtes de conserves.

OUVRE-BOUTEILLE(S) [uvʀəbutɛj]. *n. m.* (mil. XXᵉ;

de *ouvrir,* et *bouteille*). Instrument servant à ouvrir les bouteilles capsulées. V. **Décapsuleur.**

OUVRE-GANT(S) [uvʀəgɑ̃]. *n. m.* (1920; de *ouvrir,* et *gant*). *Techn.* Instrument formé de deux branches articulées, servant à assouplir le cuir et écarter les doigts d'un gant.

OUVRE-HUÎTRE(S) [uvʀ(ə)ɥitʀ(ə)]. *n. m.* (1902; de *ouvrir,* et *huître*). Couteau spécial, ou instrument, servant à ouvrir les huîtres. *Des ouvre-huîtres.*

OUVRER [uvʀe]. *v.* (XIIIᵉ; *obrer,* 980; lat. *operari*). ♦ 1° V. intr. *Vx* ou *dial.* Travailler. V. **Œuvrer.** « *Il est défendu d'ouvrer les fêtes et les dimanches* » (FURET.). V. **Ouvrable.** ♦ 2° V. tr. *Techn.* Mettre en œuvre (des matériaux). V. **Élaborer, façonner.** *Ouvrer du bois.* ◇ *Ouvrer du linge :* le décorer, l'orner par des travaux d'aiguille (V. **Ouvrage, ouvragé**).

1. **OUVREUR** [uvʀœʀ]. *n. m.* (*Ovreor* « ouvrier », XIIIᵉ; lat. *operatorem*; de *ouvrer*). *Techn.* Ouvrier papetier qui puise la pâte dans la cuve.

2. **OUVREUR, EUSE** [uvʀœʀ, øz]. *n.* (1611, « qui ouvre »; de *ouvrir*). *Jeu* (XXᵉ). Personne qui ouvre (I, 9°) le jeu ou engage la première une mise, au poker.

OUVREUSE [uvʀøz]. *n. f.* (1680, théâtre; de *ouvrir*). Femme chargée de placer les spectateurs dans une salle de spectacle. *Des ouvreuses de cinéma.*

OUVRIER, IÈRE [uvʀije, ijɛʀ]. *n.* et *adj.* (XIIIᵉ; *ovrer, overier,* XIIᵉ; lat. *operarius*). I. N. ♦ 1° Personne qui exécute un travail manuel, exerce un métier manuel ou mécanique moyennant un salaire; et (*cour.*) Travailleur manuel de la grande industrie. V. **Salarié, travailleur; prolétaire.** *Ouvrier agricole, ouvrier d'usine. Ouvrier à façon* (V. **Façonnier**), *à la journée* (V. **Journalier**). *Artisan qui embauche, prend un ouvrier.* V. **Aide.** *Ouvrier en apprentissage.* V. **Apprenti.** *Formation, qualification professionnelle des ouvriers. Ouvrier sans qualification.* V. **Manœuvre.** *Ouvrier qualifié*,* hautement qualifié. « *L'O.S. sans qualification précise, appelé faussement « ouvrier spécialisé »... tend à disparaître avec le perfectionnement des machines complexes* » (CHOMBART DE LAUWE). — *Ouvriers travaillant en équipe, à la chaîne. Chef d'une équipe d'ouvriers.* V. **Chef** (d'équipe), **contremaître.** *Outils, outillage d'un ouvrier. Ouvriers d'une usine.* V. **Main-d'œuvre, personnel.** *Les ouvriers d'un atelier, d'un chantier. Ouvrier, ouvrière à domicile, en chambre.* — *Embaucher, employer des ouvriers* (embauche, emploi). *Débaucher des ouvriers. Renvoi, licenciement d'un ouvrier. Ouvriers sans travail :* chômeurs. *Gain, salaire, paye d'un ouvrier. Communautés, organisations professionnelles d'ouvriers :* compagnonnages, syndicats. *Ouvriers syndiqués. Ouvriers qui font grève :* grévistes. « *Un ouvrier ne peut pas vivre en bourgeois; il faut, dans l'organisation sociale d'aujourd'hui, qu'il subisse jusqu'au bout sa condition de salarié* » (SARTRE). — Loc. prov. *Les mauvais ouvriers ont toujours de mauvais outils*.* — Collect. *L'ouvrier :* la classe ouvrière. *Le bourgeois et l'ouvrier.* ♦ 2° (XVIᵉ). *Vx* ou *littér.* Personne qui effectue habituellement et avec habileté un travail, et *spécialt.* Personne dont le métier, la profession consiste dans l'exécution de tel ou tel travail. V. **Artisan, artiste.** « *Elle avait une prestesse d'ouvrière, car tout le monde peut, à certaines façons, reconnaître le faire de l'ouvrier et celui d'un amateur* » (BALZ.). PROV. *À l'œuvre on connaît l'ouvrier* (V. **Artisan**). — Par métaph. *Le grand ouvrier, l'éternel ouvrier :* Dieu. ♦ 3° *Vx. L'ouvrier de* (qqch.). V. **Agent, artisan, auteur.** « *Je suis l'ouvrier de ma fortune* » (Boss.).

II. *Adj.* (v. 1400 : *jour ouvrier* « ouvrable »). ♦ 1° (1789). Qui a rapport aux ouvriers, qui est constitué par des ouvriers ou est destiné aux ouvriers, au prolétariat industriel. *La classe ouvrière. Les questions ouvrières.* « *Elle ne savait rien de l'enfance ouvrière, différente de celle qu'elle avait eue, comme le cauchemar d'un sommeil calme* » (ARAGON). *Législation ouvrière et sociale. Militant d'un syndicat ouvrier. Force ouvrière* (F. O.), nom d'une centrale syndicale. *Jeunesse ouvrière chrétienne* (J. O. C.). *Section française de l'Internationale ouvrière* (S. F. I. O.). ◇ *Train, service ouvrier,* desservant une usine. « *Nous avons en France des cités ouvrières... elles sont le produit artificiel des cités voisines* » (SARTRE). ♦ 2° *Cheville ouvrière.* V. **Cheville.**

III. Adj. et n. f. *Zool.* (1751). *Abeille ouvrière* (rare), et *n. f.* OUVRIÈRE : individu neutre (femelle dont l'appareil génital n'est pas développé), dans une ruche. *Par anal.* Fourmi, guêpe neutre.

◇ ANT. *Employeur, maître, patron; bourgeois. Patronal.*

OUVRIÉRISME [uvʀijeʀism(ə)]. *n. m.* (mil. XXᵉ; de *ouvrier*). *Polit.* Système selon lequel le mouvement syndical, la gestion socialiste de l'économie, doivent être dirigés par les mouvements ouvriers.

OUVRIÉRISTE [uvʀijeʀist(ə)]. *adj.* et *n.* (1935; de *ouvrier*). *Polit.* Tenant de l'ouvriérisme.

OUVRIR [uvʀiʀ]. *v.;* conjug. *couvrir* (*Uvrir,* 1080; lat. pop. °*operire,* class. *aperire*).
I. *V. tr.* ♦ 1° Disposer (une ouverture) en déplaçant ses

éléments mobiles, de manière à mettre en communication l'extérieur et l'intérieur. *Ouvrir une porte, la porte, l'ouvrir à peine* (V. **Entrouvrir**), *l'ouvrir toute grande, à deux battants. Ouvrir la fenêtre. Ouvrir la porte avec une clef, un passepartout.* Par ext. *Clef qui ouvre une porte, qui permet de l'ouvrir. Ouvrir une porte avec effraction.* V. **Crocheter, forcer.** « *Ô Seigneur! ouvrez-moi les portes de la nuit, Afin que je m'en aille et que je disparaisse!* » (HUGO). ◇ *Absolt.* (avec ellipse du complément « la porte »). *Va ouvrir. Ouvrez, au nom de la loi!* ◇ *Ouvrir la porte, la vitre d'une voiture.* ♦ 2° Mettre en communication (un contenant, un local) avec l'extérieur par le déplacement ou le dégagement de l'élément mobile. *Ouvrir une armoire, une boîte, un bocal, un paquet.* V. **Déballer, déboucher.** Absolt. *Pour ouvrir, percez le couvercle.* ◇ *Spécialt.* (en insistant sur le résultat et sur la durée des effets) Rendre accessible (un local). *Ouvrir un magasin, une boutique de 9 heures à 18 heures.* — Absolt. *Nous ouvrirons toute la matinée de dimanche.* ♦ 3° Mettre (un objet) dans une disposition qui assure la communication ou le contact avec l'extérieur. *Ouvrir les lèvres, la bouche.* Ellipt. et fam. *L'ouvrir* : parler. *Il n'y a pas moyen de l'ouvrir, avec ce bavard.* — *Ouvrir la gueule, le bec.* — *Ouvrir les yeux. Ouvrir l'œil* : être attentif. Par ext. *Cela lui ouvrira les yeux* : lui fera ouvrir les yeux. ◇ *Ouvrir un sac, sa bourse, un portemonnaie, un portefeuille. Ouvrir une enveloppe.* ◇ *Ouvrir un robinet.* — (Fam.). *Ouvrir la lumière, le gaz,... la radio, la télévision, le chauffage,* etc. ; faire fonctionner. V. **Mettre**; **allumer**; **brancher.** ◇ *Ouvrir l'appétit à qqn* : donner faim. ♦ 4° Par ext. Écarter, séparer (des éléments mobiles). *Ouvrir les rideaux. Ouvrir les bras, ses ailes.* V. **Déployer, étendre.** *Ouvrir un couteau, un éventail, un parapluie. Ouvrir un livre. Ouvrir largement son journal.* V. **Étaler.** — *Ouvrir le lit, les draps.* ◇ Fig. *Ouvrir les rangs* : desserrer. ♦ 5° Faire, en creusant, en trouant (une solution de continuité). *Ouvrir une fenêtre dans un mur, une brèche dans une forteresse.* V. **Pratiquer.** ◇ *Chirurgien qui ouvre un abcès à l'aide d'un bistouri.* V. **Inciser, percer.** — S'**OUVRIR** *les veines. S'ouvrir le ventre.* V. **Éventrer** (s'). *S'ouvrir le crâne en tombant.* — Absolt. *Le diagnostic externe est insuffisant, il va falloir ouvrir.* ♦ 6° Créer ou permettre d'utiliser (un moyen d'accéder, d'avancer, une voie). *Ouvrir, s'ouvrir un chemin, une voie.* V. **Frayer.** Fig. *Ouvrir la voie*. Ouvrir une entrée, une issue, un passage. Ouvrir un canal à la navigation.* « *La victoire en chantant nous ouvre la carrière* » (M.-J. CHÉNIER). ◇ Fig. *Ouvrir des horizons, des perspectives.* « *Avec cette idée que je m'étais faite du rêve comme ouvrant à l'homme une communication avec le monde des esprits* » (NERVAL). ◇ *Par ext.* Rendre accessible (un domaine) à qqn. « *Ses succès... lui ouvraient quelques salons* » (BALZ.). *Ouvrir sa maison à qqn*, lui offrir son accueil. ♦ 7° Fig. Découvrir, présenter. *Ouvrir à qqn son âme, son cœur, sa pensée.* V. **Découvrir.** *Il nous a ouvert le fond de son cœur* (Cf. Parler à cœur ouvert). *Cela ouvre à l'esprit des horizons.* « *Vous m'avez ouvert un monde d'idées que je ne soupçonnais pas* » (PROUST). ♦ 8° *Ouvrir l'esprit* (à qqn) : lui rendre l'esprit ouvert, large. « *Ce sont deux arts* (la musique et la danse)... *qui ouvrent l'esprit d'un homme aux belles choses* » (MOL.). ♦ 9° Commencer, mettre en train. *Ouvrir une campagne, les hostilités, la lutte, le feu* (V. **Attaquer**). *Ouvrir le dialogue, une discussion, un débat, une information, une enquête, un procès. Ouvrir un compte, un crédit à qqn* : l'accorder. — *Ouvrir la session parlementaire, la séance, le scrutin. Ouvrir une exposition, une foire, la chasse.* ◇ Être le premier à faire, à exercer (une activité, etc.). *Ouvrir la marche, la danse, le bal, le ban.* — *Son nom ouvre la liste.* — (Jeux) *Ouvrir le jeu, être le premier à miser, à déclarer, à jouer.* Absolt. *Ouvrir d'un trèfle, d'un pique.* — *Au rugby*, en parlant du demi d'ouverture, *Ouvrir sur tel joueur*, en lui lançant le ballon. ♦ 10° Créer, fonder (un établissement *ouvert* au public). *Ouvrir un magasin, une boutique, des écoles, un commerce.* « *Servin, l'un de nos artistes les plus distingués, conçut le premier l'idée d'ouvrir un atelier pour les jeunes personnes qui veulent prendre des leçons de peinture* » (BALZ.).

II. *V. intr.* ♦ 1° Être ouvert. *Cette porte n'ouvre jamais. Magasin, théâtre qui ouvre le jour. Ouvrir sur*, donner accès, donner vue sur. V. **Donner.** *Porte qui ouvre sur la rue.* ♦ 2° Commencer, débuter. *Les cours ouvriront la semaine prochaine.* « *La scène ouvre, dans Sophocle, par un chœur de Thébains prosternés au pied des autels* » (VOLT.).

III. S'**OUVRIR.** *v. pron.* ♦ 1° Devenir ouvert. *La porte s'ouvre. Sésame*, ouvre-toi!* (formule magique, dans un conte oriental). *C'est l'heure où toutes les boutiques s'ouvrent.* — *Sa bouche s'ouvre. Narines qui semblent s'ouvrir.* — *Mains, bras, ailes qui s'ouvrent. La fleur s'ouvre.* V. **Déplier** (se), **éclore, épanouir** (s'). *La foule s'ouvrait sur mon passage.* « *Sa bourse s'ouvrait facilement* » (BALZ.) : il ouvrait sa bourse, donnait facilement. « *Le dossier qu'elle portait manqua s'ouvrir, elle en retint les pages* » (GIRAUDOUX). ♦ 2° S'OU-VRIR SUR : être percé, pratiqué de manière à donner accès ou vue sur. V. **Donner.** « *La porte d'entrée s'ouvrait directement sur le large couloir* » (ZOLA). « *Au-dessus de la porte, un œil-de-bœuf s'ouvrait sur la nuit* » (DUHAM.). ♦ 3° Se présenter, s'offrir comme une voie d'accès, un chemin. *Le chemin, la route qui s'ouvre devant nous.* ◇ *(Abstrait)* Devenir accessible, apparaître comme accessible. *Une vie nouvelle s'ouvrait devant lui.* ♦ 4° *(Personnes ou choses humaines).* S'OUVRIR À (qqch.), devenir accessible à, se laisser pénétrer par (un sentiment, une idée). « *Son cœur s'ouvre aux premiers feux de l'amour* » (ROUSS.). V. **Abandonner** (s'). *Esprit qui s'ouvre à certaines notions.* — Absolt. *Son esprit commence à s'ouvrir.* ◇ *S'ouvrir à qqn*, lui ouvrir son cœur, sa pensée. V. **Confier** (se). « *Je ne m'en suis ouvert à personne. J'emporterai ce secret avec moi dans la tombe* » (J. VALLÈS). « *À qui tout de même s'ouvrir de tout cela?* » (ARAGON). ♦ 5° *(Choses).* Commencer, être mis en train. *L'exposition qui allait s'ouvrir.* — S'ouvrir par, commencer par. « *Au moment où s'ouvre le présent récit* » (DUHAM.).

◇ ANT. Fermer, boucher, clore, plier, resserrer, serrer; barrer, intercepter, interdire; finir, terminer.

OUVROIR [uvʀwaʀ]. *n. m.* (XVe ; ovreor, 1160 ; de *ouvrer*). Lieu réservé aux ouvrages de couture, de broderie..., dans une communauté de femmes, un couvent. « Atelier de charité où des personnes bénévoles font des « ouvrages de dames » pour les indigents ou les ornements d'église.

OUZBEK [uzbɛk]. *adj. et n.* (*Uzbek*, 1846 ; mot de cette langue). D'une ethnie turque d'Asie (République soviétique d'Ouzbékistan). — Langue du groupe turc.

OV(O)-. V. **Ovo-.**

OVAIRE [ɔvɛʀ]. *n. m.* (1672 ; lat. méd. *ovarium*, de *ovum* « œuf »). ♦ 1° Glande génitale femelle qui produit les ovules et les hormones sexuelles. *Fonction de l'ovaire.* V. **Ovarien, ovulation.** *Tumeur, kyste de l'ovaire. Ablation de l'ovaire* (ovariectomie). ♦ 2° (1746). *Bot.* Partie inférieure du pistil ou du carpelle, formée d'une ou plusieurs loges, qui contient les ovules destinés à devenir des graines après la fécondation (V. **Fleur, fruit**).

OVALBUMINE [ɔvalbymin]. *n. f.* (déb. XXe ; de *ov*[o]-, et *albumine*). *Biochim.* Substance protidique (glycoprotéine) qui forme la plus grande partie du blanc de l'œuf.

OVALE [ɔval]. *adj. et n.* (1361 ; du lat. *ovum* « œuf »). ♦ 1° Adj. Qui a la forme d'une courbe fermée et allongée analogue à celle d'un œuf de poule (V. **Ovoïde**) ; qui a la forme d'une ellipse. « *Monsieur Edmond avait un visage ovale terminé par un menton en galoche* » (Ch.-L. PHILIPPE). — Sports. *Ballon ovale*, ballon de rugby (par ext. le rugby) opposé à *ballon rond.* ♦ 2° N. m. (1660 ; *une ovalle*, 1562). Courbe qui est formée par le raccordement de quatre arcs de cercle (V. **Ove**). « *Un salon avec un grand ovale au plafond comme chez les gens riches* » (ROMAINS). — *Spécialt.* L'ovale du visage. « *Malheureusement, le menton termine quelquefois par une courbe trop brusque un ovale divinement commencé* » (GAUTIER). ◇ EN OVALE : en forme d'ovale.

OVALISATION [ɔvalizasjɔ̃]. *n. f.* (1923 ; de *ovaliser*). *Techn.* Défaut d'une pièce mécanique dû à l'usure inégale des parois d'un cylindre.

OVALISÉ, ÉE [ɔvalize]. *adj.* (1845 ; de *ovale*). *Techn.* Qui a pris une forme ovale (d'un cylindre). *Canon de fusil ovalisé.*

OVARIECTOMIE [ɔvaʀjɛktɔmi]. *n. f.* (XXe,-1855 ; du lat. *ovarium*, et *-ectomie*). *Chir.* Ablation d'un ovaire ou des ovaires. *Ovariectomie bilatérale.* V. **Castration.**

OVARIEN, IENNE [ɔvaʀjɛ̃, jɛn]. *adj.* (1838 ; de *ovaire*). Relatif à l'ovaire. *Follicule ovarien. Hormones ovariennes.* V. **Folliculine, œstrogène, progestérone.** *Cycle ovarien* : ensemble des modifications périodiques de l'ovaire (maturation du follicule ovarien, ovulation, formation du corps jaune). V. **Œstral. Involutions ovariens.**

OVARITE [ɔvaʀit]. *n. f.* (1832 ; du lat. *ovarium*, et suff. *-ite*). *Méd.* Inflammation des ovaires.

OVATE [ɔvat]. *n. m.* (1874 ; plur. lat. *°ovates*, gr. *ouateis*, lat. class. *vates* « celui qui prédit l'avenir »). *Hist. relig.* Prêtre gaulois, entre les druides et les bardes, dans la hiérarchie druidique.

OVATION [ɔvasjɔ̃]. *n. f.* (1520 ; lat. *ovatio*, de *ovis* « brebis »). ♦ 1° Hist. *(Antiq. rom.).* Cérémonie en l'honneur d'un général victorieux, accompagnée du sacrifice d'une brebis. ♦ 2° Cour. (1767). Se dit d'acclamations publiques, de manifestations bruyantes d'approbation rendant honneur à un personnage, à un orateur. V. **Acclamation, cri.** *Faire une ovation à qqn.* V. **Ovationner.** « *Un tonnerre d'acclamations, ce bruit émouvant des ovations lointaines est se rapprochant, annonçait le héros* » (MADELIN). ◇ ANT. Huée.

OVATIONNER [ɔvasjɔne]. *v. tr.* (1892 ; de *ovation*). Acclamer, accueillir qqn par des ovations. *Il s'est fait ovationner.* ◇ ANT. Huer.

OVE [ɔv]. *n. m.* (1622 ; lat. *ovum* « œuf »). *Didact.* Ornement en forme d'œuf (V. **Ovale**) utilisé en architecture, en orfèvrerie. *Ove qui orne une corniche, une moulure. Oves fleuronnés, entourés de feuillages.*

OVÉ, ÉE [ɔve]. adj. (1798; « gros, plein », 1226, en Flandres; du lat. ovum « œuf »). Didact. Se dit d'un objet en relief qui a la forme d'un œuf. V. Ovale, ovoïde. Fruit ové.

OVER ARM STROKE [ɔvɛʀaʀmstʀɔk]. n. m. (v. 1923; mots angl. « coup [stroke] de bras [arm] par dessus »). Sports (Anglicisme). Nage sur le côté avec ciseaux des jambes, où un bras est ramené d'arrière en avant hors de l'eau.

OVIBOS [ɔvibos]. n. m. (1825; du lat. ovis « brebis », et bos « bœuf »). Zool. Mammifère ruminant qui rappelle le mouton par sa toison et par sa queue (Cour. bœuf musqué). L'ovibos vit dans les régions arctiques; il se nourrit de lichens et de mousses.

OVIDÉS [ɔvide]. n. m. pl. (déb. XXᵉ; du lat. ovis « brebis »). Zool. Groupe de mammifères ongulés ruminants, sous-famille des Bovidés ou Cavicornes. V. Ovinés (ex. : mouton).

OVIDUCTE [ɔvidykt(ə)]. n. m. (1771; lat. mod. oviductus, 1676; du lat. ovum « œuf », et ductus « conduit »). Anat. Conduit par lequel, chez les animaux, l'ovule ou oocyte (V. Œuf) quitte l'ovaire. Dans l'espèce humaine, l'oviducte est nommé trompe de Fallope.

OVIN, INE [ɔvɛ̃, in]. adj. (XVIᵉ, repris 1839; du lat. ovis « brebis »). Qui appartient, qui est relatif au mouton, au bélier, à la brebis. Bête, espèce, race ovine. — Subst. Les ovins.

OVINÉS [ɔvine]. n. m. pl. (1923; du lat. ovis « brebis »). Zool. Sous-famille de mammifères ongulés ruminants de la famille des Bovidés qui comprend notamment les Ovidés.

OVIPARE [ɔvipaʀ]. adj. (1700; ovipere, 1558; du lat. ovum « œuf », et parere « engendrer »). Se dit des animaux qui se reproduisent par des œufs (leur embryon ne se développe pas aux dépens des tissus maternels, mais d'une réserve nutritive contenue dans une enveloppe, l'ensemble constituant l'œuf*). Les oiseaux sont ovipares, ainsi que les crustacés, la plupart des insectes, des poissons, des reptiles. — Par ext. Reproduction ovipare. — Subst. Les vivipares et les ovipares.

OVIPARITÉ [ɔvipaʀite]. n. f. (1838; de ovipare). Didact. (Zool.). Mode de reproduction propre aux animaux ovipares.

OVIPOSITEUR [ɔvipozitœʀ]. n. m. (1877; de ov[i]- [V. Ovo-], et lat. positor « qui place »). Zool. Organe à l'aide duquel les insectes déposent leurs œufs et les introduisent dans les tissus ou les cavités où ils doivent se développer.

OVISCAPTE [ɔviskapt(ə)]. n. m. (1844; de ov[i]- [V. Ovo-], et gr. skaptein « creuser »). Zool. Organe qui permet à certains insectes d'introduire leurs œufs dans un milieu résistant. V. Tarière.

OVNI [ɔvni]. n. m. (1972; sigle, calque de l'amér. UFO, pour unknown flying object). Techn. Objet volant non identifié (« soucoupe volante », etc.). « La presse hebdomadaire dite à sensation 'ressort' de temps à autre quelques dossiers d'OVNI » (Sc. et Avenir, sept. 1972). — Dér. Ovniologie, n. f., étude des ovnis.

OVO-, OV-, OVI-. Éléments, du lat. ovum « œuf ».

OVOCYTE [ɔvɔsit]. n. m. (1899; de ovo-, et -cyte). Biol. Gamète femelle qui n'est pas encore arrivé à maturité. V. Ovule.

OVOGENÈSE [ɔvɔʒənɛz] ou **OVOGÉNIE** [ɔvɔʒeni]. n. f. (1899,-1847; du lat. ovum « œuf », et -génèse, -génie). Biol. Formation des gamètes femelles (ovules) à partir des ovocytes*. On dit aussi Oogénèse [ɔɔʒenɛz].

OVOÏDAL, ALE, AUX [ɔvɔidal, o]. adj. (1800; de ovoïde). Didact. Dont la forme rappelle celle d'un œuf.

OVOÏDE [ɔvɔid]. adj. (1769; du lat. ovum, et -oïde). Qui a la forme d'un œuf. V. Ovale, ové. Amphore, crâne, fruit ovoïde.

OVOVIVIPARE [ɔvovivipaʀ]. adj. (1839; de ovo-, et vivipare). Zool. Se dit des animaux qui sont en fait des ovipares, mais dont les œufs éclosent à l'intérieur du corps maternel. L'orvet, la vipère sont ovovivipares. — Subst. Les ovovivipares.

OVOVIVIPARITÉ [ɔvovivipaʀite]. n. f. (1923; de ovovivipare). Biol. Mode de reproduction des animaux ovovivipares.

OVULAIRE [ɔvylɛʀ]. adj. (1838; de ovule). Biol. Relatif à l'ovule. Ponte ovulaire.

OVULATION [ɔvylasjɔ̃]. n. f. (1855; de ovule). Se dit, chez les mammifères, de la libération de l'ovule après rupture du follicule ovarien (follicule de De Graaf). L'ovulation, stade du cycle ovarien*. Adj. OVULATOIRE [ɔvylatwaʀ]. Qui n'a pas d'ovulation. V. Anovulatoire.

OVULE [ɔvyl]. n. m. (1798; lat. sav. ovula, du lat. ovum « œuf »). ♦ 1° Bot. Gamète femelle végétal (Cf. Oosphère) qui, après la fécondation, se transforme en graine. Éléments et annexes de l'ovule : chalaze, funicule, micropyle, nucelle, sac embryonnaire, tégument. ♦ 2° (1835). Anat., Méd. et cour. Gamète femelle animal, élaboré par l'ovaire. V. Ovocyte. Les ovules et les spermatozoïdes, cellules germinales. ♦ 3° Pharm. Petit solide de forme ovoïde, constitué de

glycérine ou de beurre de cacao, enrobant des substances médicamenteuses (V. Suppositoire).

OX-, OXY-, OXYD-. Éléments, du gr. oxus « pointu, acide », avec le sens d'oxygène dans la nomenclature chimique.

OXACIDE [ɔksasid]. n. m. (1846; de ox[y]-, et acide). Chim. Acide contenant de l'oxygène (ancienne terminologie).

OXALATE [ɔksalat]. n. m. (1787; du gr. oxalis « oseille », et suff. -ate). Chim. Sel de l'acide oxalique. Oxalate acide de potassium, dit Sel d'oseille.

OXALIDE [ɔksalid]. n. f., **OXALIS** [ɔksalis]. n. m. (1559, -1812; du gr. oxalis « oseille »). Bot. Plante herbacée dont les feuilles contiennent de l'oxalate de potassium.

OXALIQUE [ɔksalik]. adj. (1787; du gr. oxalis). Acide oxalique : acide dont les sels (oxalates) se trouvent dans certaines plantes acides, dont l'oseille : cristaux utilisés pour faire disparaître les taches.

OXFORD [ɔksfɔʀ]. n. m. (1873; de Oxford, ville anglaise). Tissu de coton à armure toile, dont les fils de trame et les fils de chaîne sont de couleur différente. Une chemise en oxford. ◊ Par appos. Qui a une armure toile. Flanelle oxford.

OXHYDRYLE [ɔksidʀil]. n. m. (1900; de ox-, -hydr-, et gr. ulê « bois »). Chim. Nom du groupe univalent OH. V. Hydroxyle.

OXHYDRIQUE [ɔksidʀik]. adj. (1867; de ox-, et -hydrique). Se dit d'un mélange d'oxygène et d'hydrogène dont la combustion dégage une chaleur considérable. — Chalumeau* oxhydrique.

OXY-, OXYD-. V. Ox-.

OXYACÉTYLÉNIQUE [ɔksiasetilenik]. adj. (1903; de oxy-, et acétylénique). Techn. Chalumeau oxyacétylénique : qui fonctionne avec un mélange d'oxygène et d'acétylène.

OXYCARBONÉ, ÉE [ɔksikaʀbɔne]. adj. (1908; de oxy-, et carboné). Physiol. Hémoglobine oxycarbonée, qui a fixé de manière stable de l'oxyde de carbone.

OXYCHLORURE [ɔksiklɔʀyʀ]. n. m. (1843; de oxy-, et chlorure). Chim. Combinaison de chlore et d'un oxyde.

OXYCOUPAGE [ɔksikupaʒ]. n. m. (1949; de oxy-, et découpage). Techn. Découpage des métaux au chalumeau (oxhydrique, oxyacétylénique).

OXYCRAT [ɔksikʀa]. n. m. (av. 1475; gr. oxucraton). Archéol., Hist. Boisson faite d'un mélange de vinaigre et d'eau, utilisée dans l'antiquité grecque.

OXYDABLE [ɔksidabl(ə)]. adj. (1789; de oxyder). Susceptible d'être oxydé.

OXYDANT, ANTE [ɔksidɑ̃, ɑ̃t]. adj. (1806; de oxyder). Qui oxyde. — Subst. Oxydants et réducteurs. — Par ext. Accepteur d'électrons périphériques. Le chlore est un oxydant. ◊ HOM. Occident. — ANT. Réducteur.

OXYDASE [ɔksidaz]. n. f. (1897; de oxyd-, et -ase). Biochim. Enzyme activant l'oxydation.

OXYDATION [ɔksidasjɔ̃]. n. f. (Oxidation, 1789; de oxyder). ♦ 1° Combinaison avec l'oxygène pour donner un oxyde. V. Combustion, rouille. Oxydation et réduction* sont deux phénomènes inséparables. ♦ 2° Tout phénomène dans lequel un élément est oxydé. Degré d'oxydation.

OXYDE [ɔksid]. n. m. (Oxide, 1787; du gr. oxus « acide »). Chim. et cour. Composé résultant de la combinaison d'un corps avec l'oxygène (bioxyde, peroxyde, protoxyde, sesquioxyde, selon la proportion d'oxygène). Oxyde de carbone. Oxydes de fer (abusiv. : rouille [hydroxyde]); oxyde de cuivre (abusiv. : vert-de-gris [hydrocarbonate de cuivre]).

OXYDER [ɔkside]. v. tr. (1787; de oxyde). Transformer plus ou moins complètement en oxyde. V. Peroxyder. — Par ext. L'air oxyde la plupart des métaux. Pronom. Le fer s'oxyde rapidement. — Chim. Augmenter d'une unité au moins le degré d'oxydation. ◊ ANT. Réduire.

OXYDIMÉTRIE [ɔksidimetʀi]. n. f. (XXᵉ; de oxyde, et -métrie). Chim. Dosage d'un oxydant.

OXYDORÉDUCTION [ɔksidɔʀedyksjɔ̃]. n. f. (déb. XXᵉ; de oxyde, et réduction). Chim. Double phénomène d'oxydation et de réduction.

OXYGÉNATION [ɔksiʒenasjɔ̃]. n. f. (1789; de oxygéner). ♦ 1° Action d'oxygéner, de s'oxygéner; son résultat. ♦ 2° Action d'appliquer de l'eau oxygénée. ◊ ANT. Désoxygénation.

OXYGÈNE [ɔksiʒɛn]. n. m. (1783, var. oxigène; du gr. oxus « acide » [V. Oxy-], et -gène). Élément métalloïde (symb. O, at. 16, nᵒ at. 8), gaz invisible, inodore qui constitue approximativement 1/5 de l'air atmosphérique. Combinaison avec l'oxygène. V. Oxyde; combustion, oxydation. L'ozone*, modification allotropique de l'oxygène. L'oxygène est indispensable à la plupart des êtres vivants. Absorption de l'oxygène par l'organisme (respiration). Dégagement d'oxygène des plantes à chlorophylle. Étouffer par manque d'oxygène (asphyxie). Ballon d'oxygène. « Le médecin fit une piqûre de morphine et pour rendre la respiration moins pénible demanda *des ballons d'oxygène* » (PROUST). *Bouteille d'oxygène comprimé.*

OXYGÉNÉ. V. OXYGÉNER.

OXYGÉNER [ɔksiʒene]. *v. tr.* (1787, « oxyder »; de *oxygène*). ♦ 1° Ajouter de l'oxygène à (une substance), par dissolution. *Oxygéner de l'eau.* Au p. p. *Composés oxygénés d'un corps.* ◇ Pronom. *S'oxygéner les poumons* (fam.), respirer de l'air pur. ♦ 2° EAU OXYGÉNÉE, solution aqueuse de peroxyde d'hydrogène (H_2O_2), dans les proportions indiquées par le volume d'oxygène susceptible d'être libéré par un volume de cette solution. *Eau oxygénée à 10, à 20 volumes. L'eau oxygénée est un oxydant, un antiseptique, un hémostatique et un décolorant puissant.* ◇ *Oxygéner les cheveux :* les passer à l'eau oxygénée. *S'oxygéner les cheveux.* — Au p. p. *Cheveux blonds oxygénés.*

OXYGÉNOTHÉRAPIE [ɔksiʒenɔteʀapi]. *n. f.* (1917; de *oxygène*, et *-thérapie*). *Méd.* Emploi thérapeutique de l'oxygène en inhalations (masque ou tente à oxygène, appareil à surpression).

OXYHÉMOGLOBINE [ɔksiemɔglɔbin]. *n. f.* (1874; *oxy-*, et *hémoglobine*). *Physiol.* Combinaison de l'hémoglobine avec l'oxygène, formée dans les poumons au contact de l'air inspiré.

OXYLITHE [ɔksilit]. *n. m.* (1902; de *oxy-*, et *-lithe*). *Chim.* Peroxyde de sodium additionné de traces d'un sel de cuivre, qui était employé pour la préparation de l'oxygène.

OXYMEL [ɔksimɛl]. *n. m.* (XIIIᵉ; gr. *oxumeli*, de *meli* « miel »). *Pharm. (Vx).* Préparation faite d'eau, de vinaigre et de miel.

OXYSULFURE [ɔksisylfyʀ]. *n. m.* (1836; de *oxy-*, et *sulfure*). *Chim.* Combinaison de soufre, d'oxygène et d'un élément. *Oxysulfure de carbone.*

OXYTON [ɔksitɔ̃]. *n. m.* (1570; gr. *oxytonos* « ton »). *Ling.* Qui a l'accent aigu (et *par ext.* l'accent d'intensité) sur la dernière syllabe (Cf. Paroxyton, proparoxyton).

OXYURE [ɔksjyʀ]. *n. m.* (1827, adj.; de *ox-*, et gr. *oura* « queue »; Cf. *suff.* -Ure). *Zool.* Ver nématode, parasite des intestins des mammifères, principalement de l'homme.

OXYUROSE [ɔksjyʀoz]. *n. f.* (1923; de *oxyure*, et suff. *-ose* 2). *Méd.* Ensemble de troubles provoqués par les oxyures, surtout chez l'enfant.

OYAT [ɔja]. *n. m.* (1810; *oyak*, 1415; o. i., mot picard). Graminée *(élyme des sables)* employée à fixer les sables des dunes.

OYE [wa]. *n. f.* Vx. V. OIE.

OZÈNE [ozɛn]. *n. m.* (1478; du gr. *ozein* « exhaler une odeur »). *Méd.* Atrophie de la muqueuse nasale accompagnée de formation de croûtes et de sécrétions fétides (odeur de punaises, d'où le nom pop. *punaisie*).

OZOCÉRITE [ozɔseʀit] ou **OZOKÉRITE** [ozɔkeʀit]. *n. f.* (1866,-1855; du gr. *ozo* « odeur », et *keros* « cire »). *Minér.* Mélange naturel d'hydrocarbures solides, dit aussi « cire fossile, paraffine naturelle ».

OZONE [ozɔ(o)n]. *n. m.* (1855; en all., 1840; du p. prés. du gr. *ozein* « exhaler une odeur »). *Chim.* Forme allotropique de l'oxygène contenant trois atomes dans la molécule (O_3), gaz bleu et odorant qui se forme dans l'air ou l'oxygène soumis à une décharge électrique. *L'ozone est un puissant oxydant qui a des propriétés antiseptiques et bactéricides. Utilisation de l'ozone pour purifier l'air, l'eau, pour le vieillissement artificiel des eaux-de-vie.*

OZONÉ, ÉE [ozone]. *adj.* (1858; de *ozone*). *Chim.* Qui renferme de l'ozone.

OZONISATION [ozonizasjɔ̃]. *n. f.* (1856; de *ozone*). *Chim., techn.* Action d'ozoniser; état de ce qui est ozonisé.

OZONISER [ozonize]. *v. tr.* (1856; de *ozone*). *Chim., techn.* Transformer en ozone; traiter, purifier à l'ozone.

OZONISEUR [ozonizœʀ]. *n. m.* (1868,-fin XIXᵉ; de *ozone*). *Techn.* Appareil servant à préparer l'ozone à partir de l'oxygène ou de l'air.

P

P [pe]. *n. m.* ♦ 1° Seizième lettre et douzième consonne de l'alphabet. [p], *occlusive labiale sourde*. REM. 1. P reste muet à la fin de certains mots *(coup, drap, galop, loup)*, dans *beaucoup* et *trop*, sauf dans le cas d'une liaison avec un mot à initiale vocalique *(Il est trop aimable)* ; à l'intérieur de certains mots *(compter, dompteur, sculpture)*. 2. Le double *p* se prononce comme *p* simple *(opposition, rapport)*. 3. Le groupe *ph* se prononce [f] *(pharmacie, éléphant)*. ♦ 2° Abréviation. P (majuscule). *Chim.* Symbole du *phosphore*. — Symb. de *pico-*. — *Ecclés.* Abrév. de *Père*. ◇ *p* (minuscule). Abrév. de *page* ; *pp* : pages. — *p. p.* Abrév. de *participe passé*. — *Mus.* Abrév. de *piano* ; *pp* : pianissimo. **Pa** Symbole de *pascal**. — Symbole de *protactinium**.

PACAGE [pakaʒ]. *n. m.* (XVIe ; *pascuage* « repas », 1330 ; du lat. *pascuum* « pâturage »). ♦ 1° Action de faire paître le bétail. — *Dr. Droit de pacage*, droit de mener paître les bestiaux. ♦ 2° Terrain où l'on fait paître les bestiaux. V. *Pâturage. Changement de pacage.* V. **Transhumance.** « *On allait dès demain partir pour les pacages d'été* » (GIONO). ◇ HOM. *Pacquage*.

PACAGER [pakaʒe]. *v. tr.* et *intr.* ; conjug. *bouger (Pascagier*, XVIe ; de *pacage)*. Faire paître, faire pâturer (des troupeaux). — Au sing. *Cour.* Éléphant. « *Une toile cirée

PACE MAKER [pɛsmɛkœʀ]. *n. m.* (v. 1960 ; mots angl. « celui qui règle la marche, le pas [*pace*] » de *pace* et *maker* « faiseur »). *Anglicisme.* Stimulateur* cardiaque.

PACFUNG ou **PACKFUNG** [pakf5]. *n. m.* (1923 ; *packfond*, 1836 ; angl. *paaktong*, 1775 ; mot dial. chinois). *Techn.* Alliage naturel de cuivre et de nickel qui a l'aspect de l'argent.

PACHA [paʃa]. *n. m.* (1771 ; *bacha*, 1457 ; mot turc). ♦ 1° Gouverneur d'une province de l'ancien empire ottoman. ◇ Titre honorifique que portaient en Turquie, avant 1923, certains hauts personnages. ♦ 2° *Fam. Mener une vie de pacha, faire le pacha*, mener une vie fastueuse, nonchalante ; se faire servir. ◇ *Arg. mar.* Le commandant d'un navire de guerre.

PACHALIK [paʃalik]. *n. m. (Pachalic*, 1811 ; de *pacha*). *Hist.* Région soumise au gouvernement d'un pacha.

PACHTO [paʃto]. *n. m.* V. AFGHAN.

PACHYDERME [paʃ(k)idɛʀm(ə)]. *adj.* et *n.* (1797 ; *pachiderme*, 1576 ; gr. *pakhudermos*, « qui a la peau épaisse »). ♦ 1° *Adj. Vx.* Qui a la peau épaisse. ♦ 2° *N. m. pl.* Ancien ordre de mammifères qu'on classe de nos jours dans l'ordre des *Ongulés.* — Au sing. *Cour.* Éléphant. « *Une toile cirée semblable à la dépouille écailleuse d'un pachyderme* » (MART. du G.). *Une démarche de pachyderme :* lourde.

PACHYDERMIE [paʃ(k)idɛʀmi]. *n. f.* (1903 ; de *pachyderme*). *Méd.* Épaississement pathologique de la peau, généralement limité à une région. *Pachydermie compliquant un éléphantiasis.*

PACIFICATEUR, TRICE [pasifikatœʀ, tʀis]. *n.* et *adj.* (1500 ; lat. *pacificator*). Personne qui pacifie, ramène la paix. *Hoche, le pacificateur de la Vendée.* — Par ext. *L'amour* « *est le grand pacificateur* » (MICHELET). ◇ *Adj. Mesures pacificatrices.*

PACIFICATION [pasifikasjɔ̃]. *n. f.* (1450 ; lat. *pacificatio*). Action de pacifier. « *Cette pacification du Maroc avait été obtenue autant par la persuasion que par la force* » (MAUROIS). *Politique, mesures de pacification.*

PACIFIER [pasifje]. *v. tr.* (1487 ; *pacefier* « faire la paix », 1250 ; lat. *pacificare*). ♦ 1° Ramener à l'état de paix (un pays, un peuple). « *Il pacifia la Sicile tant par la force que par la clémence* » (GAUTIER). *Par euphém.* Rétablir l'ordre, réduire la rébellion dans (un pays). ♦ 2° *Fig.* Rendre calme. *Pacifier les esprits.* V. **Apaiser, calmer.** — *Absolt.* « *Vous ne savez pas comme c'est bon, d'avoir beaucoup d'argent ; comme cela pacifie!* » (MONTHERLANT). ◇ ANT. *Agiter, attiser.*

PACIFIQUE [pasifik]. *adj.* (XVe ; *pacific*, dr., h. XIVe ; lat. *pacificus*). ♦ 1° *(Personnes)*. Qui aime la paix, qui aspire à la paix. « *C'était (Philippe-Auguste) un prince cauteleux, plus pacifique que guerrier* » (MICHELET). — Par ext. *Calme, esprit pacifique.* V. **Débonnaire.** ♦ 2° *Dr. Possesseur pacifique :* dont le titre n'est pas contesté, qui n'est pas

troublé dans sa possession. V. **Paisible** *(dr.)*. ♦ 3° *(Choses).* Qui a la paix pour objet. *Utilisation pacifique de l'énergie nucléaire.* ♦ 4° Qui se passe dans le calme, la paix. V. **Paisible.** *Coexistence pacifique entre États.* ◇ ANT. *Belliqueux.*

PACIFIQUEMENT [pasifikmɑ̃]. *adv.* (v. 1308 ; de *pacifique*). D'une manière pacifique, sans violence. *Pays qui accède pacifiquement à l'indépendance.*

PACIFISME [pasifism(ə)]. *n. m.* (1845 ; de *pacifique*). Doctrine des pacifistes. « *Le pacifisme multiplie quelquefois les guerres et l'indulgence la criminalité* » (PROUST). *Pacifisme et neutralisme.* ◇ ANT. *Bellicisme.*

PACIFISTE [pasifist(ə)]. *n.* et *adj.* (1907 ; de *pacifique*). Partisan de la paix. *Pacifistes et non-violents.* « *Vos compatriotes, s'ils me connaissaient, me flétriraient sûrement du nom de 'pacifiste' qui est chez vous, je crois, une injure* » (A. HERMANT). — *Adj. Idéal pacifiste.* ◇ ANT. *Belliciste.*

PACK [pak]. *n. m.* (1851 ; angl. *pack-ice* « paquet de glace »). ♦ 1° *Mar.* Banquise ou agglomération de glace de mer en dérive. ♦ 2° (1937). *Au rugby*, L'ensemble des avants. « *Dax, dont les avants furent humiliés par le pack parisien* » (L'Équipe, 16-10-1972).

PACOTILLE [pakɔtij]. *n. f.* (1711 ; esp. *pacotilla*, de la famille de *paquet).* ♦ 1° *Vx.* Ballot de marchandises que l'équipage d'un navire pouvait transporter avec lui sans payer de fret. ♦ 2° *Anciennt.* Assortiment de marchandises, de menus objets, destinés au commerce en pays lointains. V. **Verroterie.** ♦ 3° (1835). *Péj.* et *mod.* Marchandises de mauvaise qualité, de peu de valeur. V. **Camelote.** ◇ DE PACOTILLE *(péj.)* : sans valeur, faux. *Bijou de pacotille. Fig. Un héroïsme de pacotille.*

PACQUAGE [pakaʒ]. *n. m.* (1583 ; de *pacquer*). *Techn.* Opération qui consiste à pacquer le poisson. ◇ HOM. *Pacage.*

PACQUER [pake]. *v. tr.* (1423 ; « mettre en paquet »), 1341 ; V. *Paquet).* *Techn.* Emballer, entasser (le poisson salé) dans un baril.

PACSON, PAQSON ou **PAXON** [paks5]. *n. m.* (1899 ; *pacmon*, 1822 ; de *paq*[*uet*] et suff. arg. [adj. possessifs, etc.]) *Arg.* Paquet. « *Elle récupéra discrètement le pacson oublié par le type...* » (QUENEAU). — (Var. : *Pacsin, pacsif*, etc.)

PACTE [pakt(ə)]. *n. m.* (*Pact*, 1355 ; lat. *pactum.* V. **Paix**). Convention de caractère solennel entre deux ou plusieurs parties (personnes ou États). V. **Marché.** *Conclure, sceller, signer un pacte.* « *N'étions-nous pas tacitement convenus de mener une existence paisible? J'avais rompu le pacte* » (FRANCE). *Spécialt.* (Diplomatie) *Pacte d'alliance, de non-agression.* ◇ Document, écrit qui constate la convention. ◇ *Hist. Pacte colonial :* système réservant à la Métropole le marché colonial. ◇ *Sorcell. Pacte avec le diable :* convention d'après laquelle le démon se mettait au service de qqn en échange de son âme. *Le pacte de Faust avec Méphistophélès.*

PACTISER [paktize]. *v. intr.* (1481 ; de *pacte*). Conclure un pacte, un accord (avec qqn). *Pactiser avec l'ennemi.* ♦ *Fig.* Agir de connivence (avec qqn) ; composer (avec qqch.). V. **Composer, transiger.** « *Si je croyais au diable je dirais que je pactise aussitôt avec lui* » (GIDE). *Pactiser avec le crime, avec sa conscience.*

PACTOLE [paktɔl]. *n. m.* (1660 ; nom d'une rivière de Lydie qui roulait des paillettes d'or). *Littér.* Source de richesse, de profit. *Il a trouvé le pactole. C'est un vrai pactole.*

PADDOCK [padɔk]. *n. m.* (1828 ; mot angl. « enclos, parc »). ♦ 1° *Agric.* Enclos aménagé dans une prairie pour les juments poulinières et leurs poulains. ♦ 2° *Turf.* Enceinte réservée dans laquelle les chevaux sont promenés en main. ♦ 3° *Pop.* (1923). Lit. *Se mettre au paddock.*

PADDY [padi]. *n. m.* (1878 ; mot angl., du malais). *Comm.* Riz non décortiqué.

PADICHA(H). V. PADISCHAH.

PADINE [padin]. *n. f.* (1823, « varech » ; o. i.). Algue brune, dont les frondes irrégulières s'étalent en éventail.

PADISCHAH ou **PADICHA(H)** [padiʃa]. *n. m.* (1756 ; mot persan). *Hist.* Titre que portait l'empereur des Turcs (V. Sultan).

PADOU ou **PADOUE** [padu]. *n. m.* (1642 ; de la ville de *Padoue*). *Techn.* Ruban mi-fil, mi-soie.

PAELLA [paeja ; paela]. *n. f.* (répandu mil. xxᵉ ; mot esp. « poêle »). Plat espagnol composé de riz cuit à l'huile dans un poêlon avec des moules, des crustacés, des viandes, etc. *La paella valencienne.*

PAF! [paf]. *interj.* (1755, « eau-de-vie » ; onomat.). ♦ 1° Interjection qui exprime un bruit de chute, de coup. *Paf! Il est tombé par terre.* « *Le bouchon de champagne fit paf! et la bouteille bava...* » (ARAGON). ♦ 2° (1839). *Adj. et pop.* Ivre. « *Vous avez été joliment paf, hier... Moi, je n'aime pas les hommes qui boivent* » (BALZ.). *Elles sont paf.*

PAGAIE [page]. *n. f.* (*Pagais*, 1686 ; malais *pengajoeh*). Aviron court en forme de pelle, pour les pirogues, canoës, périssoires.

PAGAÏE, PAGAILLE ou **PAGAYE** [pagaj]. *n. f.* (xviiᵉ, mar. ; prov. mod. *pagaio*, o. i.). ♦ 1° *Fam.* EN PAGAÏE : en grande quantité. « *Il en a comme cela plein, plein, en pagaye* » (MONTHERLANT). ♦ 2° (v. 1850). *Fam.* Grand désordre. V. Chienlit. « *Discipline militaire d'abord. La pagaille est finie* » (MALRAUX). *Quelle pagaïe! C'est la pagaïe dans cette société.* — EN PAGAÏE : en désordre. *La chambre est en pagaïe.* ⊘ ANT. Ordre.

PAGANISER [paganize]. *v. tr.* (1445 ; du lat. *paganus* « païen »). *Didact.* (1660). Rendre païen, revêtir d'un caractère païen.

PAGANISME [paganism(ə)]. *n. m.* (1546 ; *paienisme*, 1155 ; lat. ecclés. *paganismus*. V. Païen). ♦ 1° Nom donné par les chrétiens à la fin de l'empire romain aux cultes polythéistes. V. Gentilité, polythéisme. *Le paganisme hellénique.* ⊘ *Par ext.* L'antiquité gréco-romaine. « *Dans le paganisme, où chaque État avait son culte et ses dieux, il n'y avait point de guerres de religion...* » (ROUSS.). ♦ 2° *Par anal.* « *Je sais bien ce qui a nui à Théophile Gautier : son paganisme, son amour exclusif de la forme* » (HENRIOT).

PAGAYE. V. PAGAÏE.

PAGAYER [pageje]. *v. intr.* ; conjug. *payer* (1686 ; de *pagaie*). Ramer à l'aide d'une pagaie.

PAGAYEUR, EUSE [pagejœr, øz]. *n.* (v. 1750 ; de *pagaie*). Personne qui se sert de la pagaie.

1. PAGE [paʒ]. *n. f.* (1155 ; lat. *pagina*). ♦ 1° Chacun des deux côtés d'une feuille de papier, de parchemin, etc., susceptible de recevoir un texte ou un dessin. *Première, deuxième page d'une feuille.* V. Recto, verso. *Numérotation des pages.* V. Pagination. *La première* (Cf. La une), *la dernière page des journaux. Suite en page 3, en troisième page. Les pages d'un livre, d'un cahier. Page blanche, vierge. Pages de garde* (1). « *Toute son invention* (de Mallarmé) *se fonde sur la considération de la page, unité visuelle* » (VALÉRY). ⊘ Fig. (1920) *Être à la page* : être au courant de l'actualité ; suivre la dernière mode. ♦ 2° Le texte inscrit sur une page. *Page d'écriture* (devoir scolaire). ⊘ *Spécialt.* Unité servant à évaluer la longueur d'un texte. *Des lettres de trente pages. Il est payé à la page.* ♦ 3° Surface d'une page, considérée dans son aspect matériel. *Bas, haut, fin de la page. Haut de deux, trois colonnes. Vingt-cinq lignes à la page. Graphique sur une double page.* ⊘ *Typogr. Page grise*(*). La belle page* : page impaire, de droite. *Fausse page* (de gauche). — MISE EN PAGES : opération par laquelle le *metteur en pages* d'un journal, d'une revue, dispose les paquets de composition en y intercalant tout ce qui doit rentrer dans le texte (blancs, titres, clichés, etc.). « *À l'heure où la* mise en page (sic) *décidait de l'admission ou du rejet de tel ou tel article* » (BALZ.). ♦ 4° *Cour.* Feuille, feuillet. *Corner les pages d'un livre. Feuilleter, tourner les pages. Il manque une page.* — Fig. *Tourner la page* : passer à autre chose. *Il faut* « *avoir le courage de renoncer, d'accepter l'échec, de tourner la page et de recommencer* » (MAUROIS). ♦ 5° Passage d'une œuvre littéraire. *Les plus belles pages d'un écrivain.* V. Anthologie. ⊘ Composition musicale. « *Excentricité pour laquelle Debussy venait d'écrire une page pittoresque* » (DUHAM.). ♦ 6° Fig. Partie de la vie ou de l'histoire d'un individu, un groupe, d'une nation. V. Événement, fait. *Une page glorieuse de l'histoire de France.*

2. PAGE [paʒ]. *n. m.* (1430 ; « valet », 1225 ; probabl. gr. *paidion* latinisé ; Cf. it. *Paggio*). *Ancienn.* Jeune noble qui était placé auprès d'un roi, d'un seigneur, d'une grande dame pour apprendre le métier des armes, faire le service d'honneur. « *Au sortir de page on devenait écuyer* » (CHATEAUB.). — *Vieilli ou littér. Hardi, effronté comme un page.*

3. PAGE V. PAGEOT.

PAGEL (*n. m.*) ou **PAGELLE** [paʒɛl]. *n. f.* (1562 ; *pageau*, 1552 ; lat. *pagellus*, d'o. gr. V. Pagre). *Pêche.* Dorade.

PAGEOT ou **PAJOT** [paʒo], **PAGE** [paʒ]. *n. m.* (1895, -1916 ; o. i., probabl. même rad. que *pagnoter*). *Pop. Lit. Se mettre au pageot, au page, au pajot* [paʒte].

PAGINATION [paʒinasjɔ̃]. *n. f.* (1801 ; du lat. *pagina*). Action de mettre un numéro sur chacune des pages d'un livre ; résultat de cette action. *Erreur de pagination.*

PAGINER [paʒine]. *v. tr.* (1811 ; du lat. *pagina*). Numéroter les pages de. V. Folioter. *Ce livre est mal paginé.*

PAGNE [paɲ]. *n. m.* (*Paigne*, fém., 1637 ; esp. *paño*. V. Pan). Vêtement primitif d'étoffe ou de feuilles, qu'on ajuste autour des reins et qui sert de culotte ou de jupe. *Pagne des Tahitiennes.* V. Paréo. « *Le torse nu, un pagne blanc et rouge autour des reins* » (LOTI).

PAGNON [paɲɔ̃]. *n. m.* (1755 ; du nom d'un fabricant de Sedan). Drap noir très fin fabriqué à Sedan.

PAGNOT [paɲo]. *n. m.* (1878 ; de *pagnoter*). *Pop. Lit.* Pageot.

PAGNOTER (SE) [paɲote]. *v. pron.* (1878 ; « manquer de courage », 1859 ; p.-ê. de *soldats de la pagnotte* « mauvais soldats », it. *pagnotta* « pain », ou de *pagnot* « panier »). *Pop.* Se mettre au lit.

PAGODE [pagɔd]. *n. f.* (1553 ; *paxode*, 1545 ; port. *pagoda*, du tamoul *pagavadam* « divinité »). ♦ 1° Temple des pays d'Extrême-Orient (Birmanie, Chine, Inde, Japon). ♦ 2° *Vx.* Figurine chinoise de porcelaine à tête mobile. ♦ 3° Ancienne monnaie d'or de l'Inde. ♦ 4° (*Par anal.* de forme). *Adj. Manche pagode*, qui va en s'évasant du coude jusqu'au poignet.

PAGODON [pagɔdɔ̃]. *n. m.* (av. 1948 ; *pagodin*, 1908 ; de *pagode*). *Arts.* Petite pagode.

PAGRE [pagR(ə)]. *n. m.* (1554 ; gr. *phagros*). Poisson de mer, voisin de la dorade.

PAGURE [pagyR]. *n. m.* (1552 ; gr. *pagouros* « qui a la queue en forme de corne »). *Zool.* Crustacé *(Décapodes)* couramment appelé *Bernard-l'hermite.*

PAGUS [pagys]. *n. m.* (1874 ; mot lat. « pays »). *Antiq. rom.* Circonscription rurale (*Plur.* PAGI [pagi]).

PAIDOLOGIE. *n. f.* V. PÉDOLOGIE.

PAIE. V. PAYE.

PAIEMENT [pɛmɑ̃] ou **PAYEMENT** [pɛjmɑ̃]. *n. m.* (1175,-xvᵉ ; de *payer*). ♦ 1° Action de payer, exécution d'une obligation. *Effectuer, faire un paiement.* « *La banqueroute d'un associé l'a forcé à suspendre ses paiements* » (MUSS.). *Paiement de droits, d'une amende, d'un impôt. Paiement par chèque. Délai de paiement.* V. Terme. *Facilités de paiement :* crédit. *Quittance, reçu attestant le paiement d'une dette. Paiement de l'indu.* ♦ 2° Ce qu'on donne pour exécuter une obligation, et qui éteint cette obligation. *Recevoir un paiement, son paiement.* ♦ 3° Fig. Le fait de s'acquitter (d'une obligation morale) ; ce par quoi on s'acquitte. V. Récompense, salaire. « *Voilà donc le paiement de l'hospitalité!* » (HUGO).

PAÏEN, ÏENNE [pajɛ̃, jɛn]. *adj. et n.* (1080 ; *pagien*, xᵉ ; lat. *paganus* « paysan »). ♦ 1° Relatif à une religion autre que le christianisme, le judaïsme et l'islamisme (surtout religion polythéiste). V. Idolâtre. *La Rome païenne. Les peuples païens. Dieux, rites païens.* ⊘ N. Qui a foi en une religion païenne (V. Paganisme). — *Par ext.* Les hommes de l'antiquité païenne (Grecs, Romains). « *Descartes, ce mortel dont on eût fait un dieu Chez les païens* » (LA FONT.). ♦ 2° Relatif à l'antiquité païenne. « *Si nos peuples nouveaux sont chrétiens à la messe, ils sont païens à l'Opéra* » (VOLT.). ♦ 3° Sans religion. V. Impie. *Mener une vie païenne. Subst. Jurer comme un païen.* ⊘ ANT. Chrétien, pieux, religieux.

PAIERIE [peRi]. *n. f.* (1932 ; de *payer*). Services, bureau d'un trésorier-payeur. *Paierie générale de la Seine.* ⊘ HOM. *Pairie, péri.*

PAILLAGE [pajaʒ]. *n. m.* (1835 ; de *paille*). *Agric.* Action de pailler (le sol, un semis, des arbres).

PAILLARD, ARDE [pajar, aRd(ə)]. *adj. et n.* (1430 ; *paillart* « vagabond qui couche sur la paille », 1200 ; de *paille*). ♦ 1° (Personnes). *Vieilli ou plais.* Qui est débauché avec gaieté ; qui mène une vie dissolue. V. Libertin. « *L'homme, tyran goulu, paillard, dur et cupide* » (BAUDEL.). *Un moine paillard.* ⊘ N. (1530) *Un paillard, une paillarde.* ♦ 2° Qui a un caractère de paillardise, de grivoiserie vulgaire. *Regards, yeux paillards.* V. Polisson. *Histoires, chansons paillardes.* « *Broudier eut un rire gras comme s'il découvrait aux paroles de Bénin quelque sens paillard* » (ROMAINS). ⊘ ANT. Bégueule, chaste.

PAILLARDISE [pajaRdiz]. *n. f.* (1530 ; de *paillard*). ♦ 1° Débauche, grivoiserie. ♦ 2° Action ou parole paillarde. *Débiter des paillardises.*

1. PAILLASSE [pa(ɑ)jas]. *n. f.* (v. 1250 ; de *paille*). ♦ 1° Enveloppe garnie de paille, de feuilles sèches, qui sert de matelas. *Coucher sur une paillasse.* « *Dans ce pays, c'est avec de la paille de maïs que l'on remplit les paillasses des lits* » (STENDHAL). ⊘ Pop. *Crever la paillasse à qqn* : lui ouvrir le ventre, le tuer. ♦ 2° Pop. (*Paillasse de corps de garde*, 1680). Prostituée de bas étage. « *Pas en peine pour trouver des lits chez les autres, ces paillasses-là* » (ARAGON). ♦ 3° *Techn. Cour.* Partie d'un évier à côté de la cuve, où l'on pose la vaisselle. *Massif de maçonnerie à hauteur d'appui. Spécialt. Cour.*

2. PAILLASSE [pajas]. *n. m.* (1782 ; it. *Pagliaccio*, personnage du théâtre italien ; même mot que le précéd.). *Ancienn.* Bateleur d'un théâtre forain. — Clown.

PAILLASSON [pɑ(a)jasɔ̃]. *n. m.* (1652; « petite paillasse », fin XIVe; de *paillasse* 1). ♦ 1° *Agric.* Natte ou claie de paille, destinée à protéger certaines cultures (espaliers, châssis, serres) des intempéries. ♦ 2° (1750). *Cour.* Natte épaisse et rugueuse servant à s'essuyer les pieds. V. **Tapis** (tapis-brosse). — Loc. *Mettre la clé sous le paillasson :* partir. ♦ 3° *Fig.* Personnage plat et rampant. « *Le rôle du paillasson admiratif est à peu près le seul dans lequel on se tolère d'humain à humain avec quelque plaisir* » (CÉLINE). ♦ 4° *(Modes).* Tresse de paille pour faire les chapeaux. Ce genre de chapeaux.

PAILLASSONNAGE [pajasɔnaʒ]. *n. m.* (1845; de *paillasson*). *Agric.* Action, manière de paillassonner; son résultat.

PAILLASSONNER [pajasɔne]. *v. tr.* (1845; de *paillasson*). *Agric.* Garnir, couvrir de paillassons (1°). *Paillassonner un espalier, un châssis.*

PAILLE [pɑj]. *n. f.* (XIIe; lat. *palea* « balle de blé »). **I.** Tige coupée de certaines plantes. ♦ 1° *(Collectif).* Tiges des céréales quand le grain en a été séparé. V. **Chaume.** *Paille fraîche, sèche. Paille servant de nourriture aux bêtes* (V. **Fourrage**), *de litière* (V. aussi **Fumier**). *Botte de paille.* V. **Gerbée.** *Poignée de paille tortillée.* V. **Bouchon.** *Brin de paille.* — *Vin de paille :* vin fait de raisins mûris sur la paille. — Loc. fig. *Feu* de paille. — *Garnir de paille.* V. **Empailler.** *Huttes de paille* (V. **Paillote**). *Emballages de paille* (V. **Paillon**). — Loc. *Coucher, être sur la paille :* dans la misère. *Mettre qqn sur la paille.* V. **Ruiner.** « *Si sa mère paye pour lui, il sera mis sur la paille* » (BALZ.). — Loc. plais. *La paille humide des cachots :* la prison. ♦ 2° Paille filée et tressée, utilisée en vannerie. *Panier de paille. Réparer la paille d'une chaise* (V. **Rempailler**). *Chapeau de paille :* canotier, panama, chapeau de soleil. ♦ 3° *Une paille,* brin de paille (V. **Fétu**). Loc. *Tirer à la courte paille :* tirer au sort au moyen de brins de paille de longueur inégale dont une extrémité reste cachée. ◊ *Tuyau de paille,* etc. V. **Chalumeau.** *Boire avec une paille en papier.* ◊ Fig. *La paille et la poutre*. ◊ *Pop.* (1867) *Une paille :* peu de chose. Iron. *Il en demande dix millions : une paille!* ♦ 4° *Fig.* **HOMME DE PAILLE :** celui qui sert de prête-nom dans une affaire plus ou moins honnête. « *Je ne suis plus que le prête-nom d'un prévaricateur... C'est bien de Castel-Bénac que vous êtes l'homme de paille?* » (PAGNOL). ♦ 5° *Adj. invar.* Couleur jaune pâle de la paille de blé. *Des gants paille, une robe paille.* — *Jaune paille.* ♦ 6° *Par anal.* (1877). PAILLE DE FER : filaments, copeaux de métal réunis en paquet. *Nettoyer un parquet à la paille de fer.*
II. *Par anal.* ♦ 1° (XVIe). *Techn.* Défaut (impureté, fissure, loupe) dans une pièce de métal, de verre. « *Ceux qui ont forgé l'épée de la nouvelle royauté ont introduit dans sa lame une paille qui tôt ou tard la fera éclater* » (CHATEAUB.). — Tache fine et allongée dans un diamant, une pierre précieuse. V. **Crapaud.** ♦ 2° *Mar.* Longue cheville métallique à tête. ♦ 3° (1768). *Paille-en-queue; paille-en-cul :* le phaéton (oiseau).

1. PAILLÉ [pɑje]. *n. m.* (1842; de *paille*). *Agric.* Fumier dont la paille n'est pas encore décomposée.

2. PAILLÉ, ÉE [pɑje]. *adj.* (1611; de *paille*). ♦ 1° Couleur jaune paille. ♦ 2° *Techn.* (XIXe). Qui a des pailles, des défauts. *Acier paillé.* ♦ 3° Garni de paille. *Chaise paillée.* ◊ HOM. *Pailler.*

1. PAILLER [pɑje]. *n. m.* (1240; lat. *palearium*). *Agric.* ♦ 1° Meule de paille en vrac ou en bottes. ♦ 2° Hangar à paille.

2. PAILLER [pɑje]. *v. tr.* (1364; de *paille*). ♦ 1° Garnir de paille tressée. *Pailler des chaises* (V. **Dépailler, rempailler**). ♦ 2° Couvrir ou envelopper de paille ou de paillassons*. *Pailler des arbres fruitiers.* — *Pailler des bouteilles :* les entourer de paillons. ◊ HOM. *Paillé.*

1. PAILLET [pɑjɛ]. *n. m.* (XVIIIe; « balle de blé », XIIe; de *paille*). ♦ 1° *Mar.* Natte de fils de caret, ou torons de cordages pour protéger des frottements. ♦ 2° *Techn.* Lame servant de ressort de targette (On dit aussi *Paillette*).

2. PAILLET [pɑjɛ]. *n. m.* (1552; de *paille*). Vin clairet. Appos. *Vin paillet.*

PAILLETAGE [pɑjtaʒ]. *n. m.* (v. 1949; de *paillette*). Action de pailleter. — Disposition des paillettes.

PAILLETÉ, ÉE [pɑjte]. *adj.* (1382; de *paillette*). Orné de paillettes. *Robe pailletée.* — « *Des sables pailletés de mica* » (FLAUB.).

PAILLETER [pɑjte]. *v. tr.;* conjug. *jeter* (1606; de *pailleté*). Orner, parsemer de paillettes. — Fig. *Les cristaux qui paillettent une roche.*

PAILLETEUR [pɑjtœr]. *n. m.* (1606; de *paillette*). *Techn.* Ouvrier qui recueille les paillettes d'or dans les sables aurifères. V. **Orpailleur.**

PAILLETTE [pɑjɛt]. *n. f.* (1304; dimin. de *paille*). ♦ 1° Lamelle de métal brillant (de nacre, de plastique) que l'on peut coudre à un tissu. « *Un voile d'un bleu pâle semé de paillettes argentées* » (VIGNY). ♦ 2° (1690). Parcelle d'or qui se trouve dans les sables aurifères. *Extraire des paillettes*

d'or (V. **Orpaillage**). — *Paillettes de soudure utilisées par l'orfèvre.* V. **Paillon.** ♦ 3° Lamelle cristalline de mica. — Par anal. *Paillettes de soude. Lessive en paillettes.* ♦ 4° Défaut d'un diamant, d'une pierre. V. **Paille.** ♦ 5° Ressort de targette (V. **Paillet**).

PAILLEUX, EUSE [pɑjø, øz]. *adj.* (1226; de *paille*). ♦ 1° *Agric. Fumier pailleux,* qui contient encore de la paille non décomposée. V. **Paillé** (1). ♦ 2° *Techn.* (1611). *Acier pailleux, glace pailleuse,* qui a une ou plusieurs pailles.

PAILLIS [pɑji]. *n. m. (Pailliz,* 1260; de *paille*). *Agric.* Couche de paille destinée à préserver l'humidité du sol, à protéger certains fruits du contact de la terre.

PAILLON [pɑjɔ̃]. *n. m.* (1534, « petite paillasse »; de *paille*). ♦ 1° Petite lamelle de métal. *Spécialt.* (XVIe) Morceau de soudure à l'usage des orfèvres. V. **Paillette.** ◊ (XVIIIe) Feuille mince de cuivre que l'on place sous une pierre pour en rehausser l'éclat. — Plaque métallique servant de fond à un émail translucide. ◊ *Techn.* Maille d'une chaînette. ♦ 2° Poignée de paille servant de tamis, de filtre. ♦ 3° (XIXe). Enveloppe de paille pour les bouteilles.

PAILLOT [pɑjo]. *n. m.* (1334; de *paille*). *Vieilli.* Petite paillasse qu'on met dans un lit d'enfant pour absorber l'humidité.

PAILLOTE [pɑjɔt]. *n. f.* (1617; port. *palhota*). Cabane, hutte de paille ou d'une matière analogue. V. **Case.**

PAIN [pɛ̃]. *n. m.* (1050; *pan,* 980; lat. *panis*). ♦ 1° Aliment fait de farine, d'eau, de sel et de levain, pétri, fermenté et cuit au four. *Le pain, du pain.* — Masse déterminée de cet aliment ayant une forme donnée : *un pain. Croûte*, mie* de pain. Miettes de pain. Pain de froment, de gruau, de seigle, d'avoine, d'orge. Pain blanc, bis, noir. Pain complet,* où entrent de la farine brute, du petit son. *Pain de ménage* (fait à la maison) *et pain de boulanger*. Pain de campagne* (vendu au poids) *et pain de fantaisie* (vendu à la pièce). *Pain de munition,* pain pour les soldats *(ancienn.). Pain moulé*; pain de mie, pain de régime. Pains longs* (baguette, flûte, parisien, bâtard, ficelle, saucisson); *pains ronds* (boule, miche, couronne). *Pain boulot; pain polka*; pain viennois*. Petits pains au lait* (V. **Muffin,** navette). *Pains frais; pain dur, rassis. Planche* à pain. Corbeille à pain. Manger un morceau, une tranche, un croûton* de pain. Bouchée, quignon de pain. Pain grillé* (V. **Biscotte,** gressin, longuet). *Étaler du beurre sur son pain* (V. **Tartiner**). *Sandwich de pain de mie. Pain sec,* sans aucun accompagnement. « *Jeanne était au pain sec...* » (HUGO), par punition. *Le miracle de la multiplication des pains* (Évang.). — Relig. jud. *Pain azyme,* sans levain. Relig. chrét. *Pain azyme,* servant à la fabrication des hosties*. *Les espèces* du pain et du vin.* ◊ Loc. fig. *Manger son pain blanc le premier :* avoir des débuts heureux. « *Le vol, la combine, je ne mange pas de ce pain-là* » (GIRAUDOUX) : je n'accepte pas ces procédés. *Avoir du pain sur la planche,* avoir beaucoup de travail devant soi. *Pour une bouchée de pain :* pour un prix dérisoire. *Objets qui se vendent comme des petits pains :* très facilement. ♦ 2° *(Dans des loc.).* Symbole de la nourriture, de la subsistance *(le pain). Gagner son pain à la sueur de son front. Ôter, retirer à qqn le pain de la bouche,* le priver de sa subsistance. « *On le traita de séditieux parce qu'il prononça un peu haut,* Donnez-nous aujourd'hui notre pain quotidien » (VOLT.). — *Long comme un jour sans pain :* interminable. *Ôter à qqn le goût du pain.* « *L'homme ne vit pas seulement de pain, mais il vit aussi de pain* » (RENAN). ♦ 3° PAIN AUX RAISINS, petite pâtisserie simple, sucrée, aux raisins secs. — PAIN DE GÊNES : gâteau à pâte légère. — PAIN D'ÉPICE, d'épices, gâteau fait avec de la farine de seigle, du miel, du sucre et des épices (anis). ◊ *Cuis. Pains de viande, de légumes, de poisson :* préparations en forme de pain. — PAIN PERDU : tranches de pain rassis trempées dans le lait et l'œuf, frites à la poêle et sucrée. ♦ 4° Masse (d'une substance) comparée à un pain. *Pain d'olives.* V. **Tourteau.** *Pain de savon, de cire.* Ancienn. PAIN DE SUCRE : casson. *Crâne, montagne en pain de sucre.* V. **Cône.** *Géogr.* Piton de granite. ♦ 5° *Pain à cacheter,* pain azyme utilisé pour cacheter les lettres. ♦ 6° *Arbre à pain,* nom courant de l'*Artocarpus incisa* (V. **Artocarpe**). — *Pain de singe :* pulpe du fruit du baobab. — *Pain d'oiseau.* V. **Brize.** ♦ 7° *Pop.* Coup, gifle. *Il lui a collé un pain.* ◊ HOM. *Pin;* formes du v. *peindre.*

1. PAIR [pɛr]. *n. m. (Peer,* adj., « égal, semblable », Xe; lat. *par). ♦ 1° *Vx.* Ce qui est égal, pareil. V. **Pareil.** *C'est un homme sans pair.* — Mod. *Hors de pair, hors pair, sans égal.* V. **Supérieur.** « *Mais dans son domaine,... Romains est hors de pair* » (MAUROIS). *Aller de pair,* ensemble, sur le même rang. ♦ 2° Personne semblable, quant à la fonction, la situation sociale. « *Un artiste ne peut attendre aucune aide de ses pairs* » (COCTEAU). Littér. *Être avec qqn, traiter qqn de pair à compagnon,* comme si on était son égal. ◊ *Féod.* Se disait de vassaux ayant même rang par rapport au suzerain. *Les douze pairs de France.* ◊ (Dans les Constitutions de 1814 et 1830) Membre de la Haute Assemblée législative ou *Chambre des pairs.* ◊ (Angl. 1700) En Angleterre, Mem-

bre de la *Chambre des pairs* ou Chambre des lords. ♦ 3° *Fin.*
Rapport de valeur (dans un pays donné) de deux monnaies.
Le pair du change. — Égalité entre le capital nominal d'une
valeur et son cours actuel. *Titre, rente au pair.* ♦ 4° Au
PAIR : en échangeant un travail contre le logement et la
nourriture (sans salaire). *Travailler au pair.* « *Répétiteur
au pair, c'est-à-dire sans appointements* » (RENAN). ◇ HOM.
Paire, père, pers; formes du verbe perdre.
2. PAIR, AIRE [pɛʀ]. *adj.* (XIIIe ; lat. *par* « semblable »).
Se dit d'un nombre divisible exactement par deux. *Numéro
pair,* représenté par un nombre pair. *Jours pairs.* Se dit d'une
fonction dont la valeur reste inchangée lorsque les variables
changent de signe. ◇ *Subst.* (Jeu) *Jouer pair. Jeu du pair et de
l'impair.* ◇ ANT. *Impair.*
PAIRE [pɛʀ]. *n. f.* (v. 1150; lat. *par.* V. **Pair** 1 et 2).
Réunion de deux choses, de deux êtres semblables qui vont
ensemble. ♦ 1° Se dit de deux choses identiques ou symétriques destinées à être utilisées ensemble. *Une paire de souliers, de chaussettes, de gants.* — Fig. *C'est une autre paire
de manches*. Une paire de gifles*.* ◇ *Par ext.* Objet unique
composé de deux parties semblables et symétriques. *Une
paire de lunettes, de ciseaux, de tenailles.* — Se dit de deux
animaux de même espèce capturés ensemble ou travaillant
ensemble. ♦ 2° Ensemble de deux choses semblables et
naturellement assemblées. *Une paire d'yeux noirs.* — Anat.
Paire de nerfs, de chromosomes. — Phys. *Paire d'ions,* produite
par une radiation ionisante : l'électron libéré et l'atome
ionisé. ◇ 3° *Plais.* Se dit de deux personnes. V. **Couple.**
Une paire d'amis, de copains de régiment inséparables. Loc.
Les deux font la paire, ils ont les mêmes défauts. ♦ 4° Pop.
(1883). *Se faire la paire,* s'en aller. ◇ HOM. V. **Pair** (1).
PAIRESSE [pɛʀɛs]. *n. f.* (1698); angl. *peeress). Ancienn.*
Femme d'un pair de France. ◇ *En Grande-Bretagne,* Celle
qui possède une pairie. — Épouse d'un membre de la Chambre des pairs.
PAIRIE [peʀi]. *n. f.* (1259; de *pair* 1). Titre et dignité de
pair. *Pairie à vie. Pairie héréditaire.* ◇ En Grande-Bretagne.
Pairie femelle, titre de pair transmissible aux femmes. ◇
HOM. *Pairerie, péri.*
PAIRLE [pɛʀl(ə)]. *n. m.* (1658; o. i.). *Blas.* Pièce honorable
en forme d'Y dont les branches atteignent les angles supérieurs de l'écu. ◇ HOM. *Perle.*
PAISIBLE [pezibl(ə)]. *adj.* (XIIe ; de *paix*). ♦ 1° Qui
demeure en paix, ne trouble pas la paix. V. **Calme, pacifique,
tranquille.** *Un homme simple et paisible. Vivre paisible. Caractère doux et paisible. Rendre paisible.* V. **Apaiser.** ◇ Dr.
Qui a la paix, n'est pas inquiété dans la possession de (un
bien). *Paisible possesseur d'une terre.* ♦ 2° Qui exprime la
paix, le calme. V. **Serein.** « *Une sorte de sourire paisible
s'ordonnait petit à petit sur ce visage torturé* » (DUHAM.).
♦ 3° *(Choses).* Qui ne trouble pas la paix. V. **Pacifique.**
Mœurs paisibles. — Dont rien ne vient troubler la paix, le
calme. *Sommeil, vie paisible. Paisible retraite.* V. **Tranquille.**
« *Un quartier qui me semblait si paisible* » (ROMAINS). ◇ ANT.
Agressif, emporté; inquiet, tourmenté. Agité, bruyant, troublé.
PAISIBLEMENT [pezibləmɑ̃]. *adv.* (XIIe ; de *paisible*).
♦ D'une manière paisible, en paix. « *La Suisse trait sa
vache et rit paisiblement* » (HUGO). ♦ 2° Avec le cœur, l'âme
en paix. « *Je serais mort paisiblement dans le sein des miens* »
(ROUSS.). ♦ 3° Avec calme et tranquillité. V. **Calmement,
tranquillement.** « *Les curieux se retirèrent paisiblement,
sans embarras, sans tumulte* » (GAUTIER).
PAISSANCE [pɛsɑ̃s]. *n. f.* (1877; « pâture », 1226; de
paître). Dr. forest. Action de faire paître les animaux domestiques en forêt. *Bêtes en paissance.*
PAISSEAU [pɛso]. *n. m.* (*Paissel,* XIe; lat. pop. °*paxellus,*
class. *paxillus).* Vx ou dial. Échalas.
PAÎTRE [pɛtʀ(ə)]. *v.; (conjug. connaître* [défectif : pas de
passé simple ni de subj. imparf.; pas de p. p.]. (*Paistre,* XIe;
lat. *pascere).*
I. *V. tr.* ♦ 1° Vx. Nourrir (un animal). Pronom. « *Les
corbeaux se paissent de charogne* » (RÉGNIER). ♦ 2° Par ext.
Vx ou *littér.* Mener (les bêtes) aux champs. « *Pais mes brebis* »
(Évang. St Jean). ♦ 3° Manger sur pied, sur place (l'herbe,
les fruits tombés). V. **Brouter, pâturer.** « *Le cheval paît
l'herbe d'automne* » (VERHAEREN).
II. *V. intr.* (XIIe). Manger l'herbe sur pied, les fruits tombés.
Lieu où l'on fait paître les animaux (V. **Herbage, pacage,
pâturage, pâture).** ◇ Loc. fam. (XVIIe) *Envoyer* paître. Et
*quand Edmond avait remis ça, le docteur Barbentane l'avait
envoyé paître* » (ARAGON). V. **Promener.**
PAIX [pɛ]. *n. f.* (*Pais,* 1080; lat. *pax, pacis).*
I. ♦ 1° Rapports entre personnes qui ne sont pas en
conflit, en querelle. V. **Accord, concorde, entente.** ◇ *En paix.
Vivre en paix avec tout le monde. Il « se remit au travail avec la
sérénité d'un esprit en paix avec les hommes comme avec
sa conscience* » (FROMENTIN). ◇ Dr. civ. *Juge* de paix (qui
sert de conciliateur entre particuliers). *Justice de paix.*

♦ 2° Rapports calmes entre citoyens; absence de troubles,
de violences. *La justice doit faire régner la paix. Les gardiens
de la paix* (V. **Gardien**). — Hist. *Paix romaine* (pax romana),
que faisait régner la civilisation romaine.
II. (*Opposé à* guerre). ♦ 1° Situation d'une nation, d'un
État qui n'est pas en guerre; rapports entre États qui jouissent de cette situation. *En temps de paix. Aimer la paix.*
V. **Pacifique, pacifiste.** Loc. prov. *Si tu veux la paix, prépare
la guerre. Paix or le désarmement. Congrès de la paix. Le
rameau d'olivier, symbole de la paix. La colombe de la paix.
Paix mondiale, universelle. Pays qui reste en paix dans un
conflit.* V. **Neutralité.** *Volonté de paix.* Les bons
offices pour rétablir la paix. *Paix armée ou course aux armements* (Cf. Guerre froide). ♦ 2° *Traité de paix,* et ellipt. *Faire
la paix. Faire des propositions de paix. Pourparlers de paix.*
V. **Armistice, trêve.** — *Traiter, conclure, ratifier, signer la
paix. Paix d'Utrecht, de Westphalie.* — *Paix séparée,* paix
faite par un cobelligérant alors que ses alliés sont encore en
guerre. *Paix honteuse. La paix des braves :* paix honorable
pour ceux qui se sont battus courageusement. *Paix forcée,
imposée* (Cf. Diktat).
III. ♦ 1° État d'une personne que rien ne vient troubler.
V. **Repos, tranquillité.** *Débrancher le téléphone pour avoir la
paix. Laisser la paix à qqn.* « *Comme ça du moins on me laissera tranquille, on me fichera la paix* » (GIDE). Fam. *Foutez-
moi la paix!* ◇ EN PAIX. *Laisser qqn* (et par ext. *qqch.) en
paix.* Loc. prov. *Il faut laisser les morts en paix,* ne pas
parler d'eux. ◇ *Interj.* Vx. *Paix!* pour réclamer le calme.
Mod. *La paix!* (s.-ent. *Fichez-nous la paix*). ♦ 2° État de
l'âme qui n'est troublée par aucun conflit, aucune inquiétude.
V. **Calme, quiétude, tranquillité** (d'âme). *Goûter une paix
profonde. Avoir la conscience en paix.* ◇ (Relig.) *La paix
soit avec vous!* — (En parlant d'un défunt) *Qu'il repose en
paix. Paix à ses cendres!* — *Paix sur la terre aux hommes de
bonne volonté.* ♦ 3° État, caractère d'un lieu, d'un moment
où il n'y a ni agitation ni bruit. V. **Calme, tranquillité.** *La
paix des champs, des bois. La paix du cimetière. La paix d'une
maison.* « *Tout était paix et silence* » (HUGO).
IV. (1380; *Baiser de paix,* signe de fraternité ou de réconciliation). *Relig.* Plaquette représentant un sujet de la passion
et que l'officiant donne à baiser aux fidèles. V. **Patène.**
◇ ANT. *Conflit, dispute, querelle; trouble, violence. Guerre.
Agitation, inquiétude.* — HOM. Pet. Formes des v. *paître, payer.*
PAKISTANAIS, AISE [pakistanɛ, ɛz]. *adj.* et *n.* (1947;
de *Pakistan).* Du Pakistan, État groupant les parties musulmanes de l'ancien Empire des Indes.
PAL [pal]. *n. m.* (1351; *pel,* XIIe; lat. *palus).* ♦ 1° Longue
pièce de bois ou de métal aiguisée par un bout. V. **Pieu.**
Pals qui soutiennent un arbre. — Spécialt. *Le pal,* ancien
instrument de supplice. V. **Empaler.** ♦ 2° Agric. Outil de
fer utilisé comme plantoir par les vignerons. — *Pal injecteur,*
servant à injecter dans le sol des liquides insecticides. ♦
3° *Blas.* Pièce honorable de l'écu, bande large qui la traverse
du haut du chef jusqu'à la pointe. ◇ HOM. *Pale* (1 et 2).
PALABRE [palabʀ(ə)]. *n. f.* ou *m.* (1604; esp. *palabra*
« parole »). ♦ 1° Vx. Présent fait à un roi noir des côtes
d'Afrique pour se concilier ses bonnes grâces. — Par ext.
Pourparlers à l'occasion de la remise de ces présents. ♦
2° Mod. Discussion interminable et oiseuse. *Se perdre en
palabres inutiles.* V. **Discours, parole.** « *Ces palabres me sont
intolérables* » (DUHAM.).
PALABRER [palabʀe]. *v. intr.* (1890; de *palabre).* Discourir, discuter interminablement. *Il fallut « palabrer un grand
moment pour les persuader de nous suivre* » (THARAUD).
PALACE [palas]. *n. m.* (1905; mot angl.). Grand hôtel
de luxe. Fam. *Mener la vie de palace.*
PALADIN [paladɛ̃]. *n. m.* (1552; it. *paladino,* lat. médiév.
palatinus « officier du palais »). Chevalier errant du moyen
âge, en quête de prouesses et d'actions généreuses. — Spécialt.
Seigneur de la suite de Charlemagne.
PALAFITTE [palafit]. *n. m.* (1865; it. *palafitta,* du lat.
palus « pieu », et *fingere* « façonner »). *Archéol.* Construction
lacustre du néolithique récent.
1. PALAIS [palɛ]. *n. m.* (*Paleis,* 1050; lat. *palatium,*
« le [mont] *Palatin* » sur lequel Auguste avait fait édifier sa
demeure). ♦ 1° Vaste et somptueuse résidence d'un chef
d'État, d'un personnage de marque, et *par ext.* d'un riche
particulier. V. **Château.** « *Les lambris dorés des palais des
rois* » (FÉN.). *Un ancien petit palais du XVIIIe s.* V. **Hôtel.**
Palais ducal, épiscopal (évêché). — Absolt. (Ancienn.) *Le
palais du roi de France à Paris ou à Versailles.* — Hist.
Ancienne résidence des rois francs. *Les maires du palais.
Comte, officier du palais.* V. **Palatin** (1). ♦ 2° Ancienne
demeure d'un grand seigneur lieu public. V. **Monument.**
*Le palais du Louvre. L'Assemblée nationale siège au Palais-
Bourbon. Galeries et jardins du Palais-Royal.* ◇ Vaste édifice
public construit à des fins semblables. *Le palais de Chaillot,
le Grand et le Petit Palais à Paris.* ♦ 3° (1135). Salle d'audience d'une demeure royale

ou seigneuriale. — (xvᵉ) *Palais de Justice*, édifice où siègent les cours et tribunaux. Absolt. *Le Palais. Gens du* ou *de Palais*, juges, avocats. ◇ *Par ext.* Ces gens. *Acte, gazette du Palais. Le langage, le style du Palais. En termes de Palais.* ◇ HOM. *Palet.*

2. PALAIS [palɛ]. *n. m.* (1213 ; lat. pop. °*palatium*, class. *palatum*). ♦ 1° *Anat. et cour.* Cloison qui forme la partie supérieure de la cavité buccale et la sépare des fosses nasales ; partie supérieure interne de la bouche. *Voûte du palais* (V. **Palatin**) ou *palais dur ; voile du palais* ou *palais mou*, qui prolonge en arrière le palais dur. *Rôle du palais dans l'articulation.* V. **Palatal.** *Faire claquer sa langue contre son palais.* ♦ 2° *Cour.* (Considéré comme l'organe du goût). *Gourmet, gourmand qui a le palais fin. Mets qui flatte le palais.* ◇ HOM. *Palet.*

PALAN [palɑ̃]. *n. m.* (*Palenc*, 1573 ; it. *palanco ;* lat. pop. °*palanca*, gr. *phalanga*). Appareil de levage à mécanisme démultiplicateur (poulies, moufles), utilisé pour soulever et déplacer des fardeaux ou à bord des navires pour exécuter certaines manœuvres. *Palan électrique, pneumatique.*

PALANCHE [palɑ̃ʃ]. *n. f.* (1723 ; de *palan*). Techn. Tige de bois légèrement incurvée pour porter deux fardeaux, deux seaux, accrochés à chacune des extrémités.

PALANÇON [palɑ̃sɔ̃]. *n. m.* (1755 ; de *palan*). Maçonn. Chacune des pièces de bois qui retiennent un torchis.

PALANGRE [palɑ̃gʀ(ə)]. *n. f.* (1808 ; o. i.). Pêche. Grosse ligne de fond à laquelle pendent, sur toute sa longueur, des cordelettes munies d'hameçons.

PALANQUE [palɑ̃k]. *n. f.* (1694 ; de *palan*). Fortif. Mur de retranchement fait de troncs d'arbres, de gros pieux jointifs plantés verticalement.

PALANQUÉE [palɑ̃ke]. *n. f.* (xxᵉ ; de l'a. forme de *palan*). Mar. Ensemble de marchandises soulevées en une seule fois par un palan.

PALANQUER [palɑ̃ke]. *v.* (xvɪᵉ ; de *palenc*. V. **Palan**) ♦ 1° V. *intr.* Mar. Se servir d'un palan. ♦ 2° V. *tr.* (1836). *Fortif.* Munir de palanques.

PALANQUIN [palɑ̃kɛ̃]. *n. m.* (1611 ; *planchin*, 1571 ; port. *palanquim*, hindou *pâlakî*, sanscrit *paryanka*). Sorte de chaise ou de litière portée à bras d'hommes (parfois à dos de chameau ou d'éléphant) dans les pays orientaux.

PALASTRE [palastʀ(ə)] ou **PALÂTRE** [palɑtʀ(ə)]. *n. m.* (1457-1765 ; du lat. *pala* « pelle »). Techn. Boîtier métallique contenant le mécanisme d'une serrure.

PALATAL, ALE, AUX [palatal, o]. *adj.* (1694 ; du lat. *palatum.* V. **Palais** 2). ♦ 1° Phonét. Se dit des phonèmes dont l'articulation se fait dans la région antérieure du palais (palais dur). *Voyelles palatales* [i, e, ɛ, y, ø, œ, a]. *Consonnes pré-, médio-, post-palatales.* — Subst. *Une palatale.* ♦ 2° Anat. (xxᵉ). [rare]. Relatif au palais. V. **Palatin** (2).

PALATALISATION [palatalizasjɔ̃]. *n. f.* (1890 ; de *palatal*). Phonét. Modification subie par un phonème dont l'articulation est reportée dans la région antérieure du palais. *Palatalisation d'une consonne, de* [k] *suivi de* [j]. V. **Mouillure.**

PALATALISÉ, ÉE [palatalize]. *adj.* (xxᵉ ; V. **Palataliser**). Se dit d'un phonème transformé par palatalisation.

PALATALISER [palatalize]. *v. tr.* (xxᵉ ; de *palatal*). Transformer par palatalisation. V. **Mouiller.**

1. PALATIN, INE [palatɛ̃, in]. *adj.* (1272 ; *palasin*, 1160 ; lat. *palatinus.* V. **Palais** 1). ♦ 1° Hist. Revêtu d'un office, d'une charge, dans le palais d'un souverain. *Seigneur palatin.* — *Comtes palatins* (et subst. *Les palatins*) *d'Allemagne*, institués par les empereurs. *L'électeur palatin*, souverain du Palatinat. Par ext. *La maison, la dynastie palatine.* « *Il y a deux princesses Palatines, la seule qui ait droit au titre s'appelait Anne de Gonzague* » (HENRIOT). — Subst. (Hist.) *Les palatins de Pologne :* gouverneurs de province. *En Hongrie*, vice-roi. — *La Palatine*, Charlotte de Bavière. ♦ 2° Didact. Dépendant d'un palais. *Chapelle palatine.*

2. PALATIN, INE [palatɛ̃, in]. *adj.* (1611 ; du lat. *palatum*). Anat. Relatif au palais. *Voûte, artère palatine.* ◇ *Os palatin*, os lamellaire de la mâchoire supérieure, dont la partie horizontale constitue le palais* dur. — Subst. *Le palatin.*

PALATINAT [palatina]. *n. m.* (1607 ; de *palatin* 1). (Hist.). Dignité de comte palatin (spécialt. allemand ou polonais). ◇ *Par ext.* Pays sous la domination d'un palatin. *Le palatinat de Souabe, de Cracovie.* Absolt. *Le Palatinat* (du Rhin).

PALATINE [palatin]. *n. f.* (1680 ; de *palatin* 1). Vx. Collet de fourrure, mis à la mode par la princesse Palatine.

1. PALE [pal]. *n. f.* (xɪɪɪᵉ, « rame de bateau » ; lat. *pala* « pelle »). ♦ 1° (1702). Extrémité plate d'une rame qui agit sur l'eau. — *Par ext.* (1846) Aube de la roue d'un bateau à vapeur. ◇ (1913 ; *palette*, 1864). Partie d'une hélice* qui est entraînée par le moyeu et agit sur l'air. *Hélice à deux, trois pales.* ♦ 2° (xvɪᵉ). Techn. Vanne d'une écluse, d'un bief.

2. PALE ou **PALLE** [pal]. *n. f.* (1690, 1693 [Cf. *Palla*

« linceul, dais », xvᵉ ; lat. *pallium*] ; lat. *palla* « manteau »). Litur. cathol. Linge sacré, carré et rigide, dont le prêtre recouvre la patène et le calice pendant la messe. ◇ HOM. *Pal.*

PÂLE [pal]. *adj.* (1080 ; lat. *pallidus*). ♦ 1° Blanc, très peu coloré, en parlant du teint, de la peau (*spécialt.* du visage). *Un peu pâle.* V. **Pâlichon, pâlot.** *Très pâle.* V. **Blafard, blême.** *L'Envie « au teint pâle et livide »* (BEAUMARCH.). Loc. (Vx) *Les pâles couleurs.* V. **Chlorose.** — (Personnes) Qui a le teint pâle. *Être pâle comme un linge* (V. **Blanc**), *pâle comme la mort* (Cf. Avoir une mine de déterré). *Pâle de peur, de colère, de dégoût.* « *Elle était pâle de rage, et elle martelait chaque syllabe* » (MART. du G.). *Devenir pâle.* V. **Pâlir.** ◇ Loc. *Les Visages pâles*, nom donné aux Blancs par les Indiens d'Amérique. ♦ 2° Qui a peu d'éclat. *Lumière, lueurs pâles.* V. **Doux, faible.** « *Le ciel sans teinte est constellé D'astres pâles comme du lait* » (APOLLINAIRE). ◇ Peu vif ou mêlé de blanc (en parlant d'un coloris). V. **Clair, décoloré, délavé, déteint.** *Les teintes pâles. Bleu pâle* (*opposé à* vif, foncé). *Yeux pâles.* ♦ 3° Fig. Sans éclat ; sans couleur. V. **Éteint, fade, terne.** *Un style pâle et décoloré. Pâle imitation. Un pâle imitateur.* Fam. *Un pâle crétin.* — Arg. milit. (v. 1900) *Se faire porter pâle*, malade. ◇ ANT. **Coloré, rouge, sanguin. Brillant, éclatant, vif.**

PALÉ, ÉE [pale]. *adj.* (1280 ; de *pal*). Blas. Divisé par des pals en nombre pair (égal aux interstices du champ). *Écu palé.*

PALE-ALE [pɛlɛl]. *n. m.* (1856 ; de l'angl.). Bière anglaise blonde, ale claire.

PALÉE [pale]. *n. f.* (1296 ; de *pal*). Techn. Rang de pieux fichés en terre pour soutenir un ouvrage en terre, en maçonnerie, former une digue, etc.

PALEFRENIER [palfʀənje]. *n. m.* (xɪɪɪᵉ ; a. prov. *palafrenier.* V. **Palefroi**). Valet, ouvrier chargé du soin des chevaux. ◇ *Péj.* Rustre.

PALEFROI [palfʀwa]. *n. m.* (v. 1190 ; *palefreid*, 1080 ; bas lat. *paraveredus*, de *veredus* « cheval », o. celt.). Ancienn. Cheval de marche, de parade, de cérémonie (*opposé à* destrier).

PALÉMON [palemɔ̃]. *n. m.* (1808 ; de *Palæmon*, personnage mythologique changé en dieu marin). Zool. Crevette rose. V. **Bouquet** (2).

PALÉ(O)-. Élément, du gr. *palaios* « ancien ».

PALÉOBOTANIQUE [paleɔbɔtanik]. *n. f.* (xxᵉ ; de *paléo-*, et *botanique*). Sc. Paléontologie* végétale.

PALÉOCHRÉTIEN, IENNE [paleɔkʀetjɛ̃, jɛn]. *adj.* (xxᵉ ; de *paléo-*, et *chrétien*). Didact. Des premiers chrétiens. *Art paléochrétien.*

PALÉOCLIMAT [paleɔklima]. *n. m.* (xxᵉ ; de *paléo-*, et *climat*). Sc. Climat d'une ancienne époque géologique.

PALÉOCLIMATOLOGIE [paleɔklimatɔlɔʒi]. *n. f.* (mil. xxᵉ ; de *paléoclimat*, d'apr. *climatologie*). Didact. Science des paléoclimats.

PALÉOÉCOLOGIE [paleɔekɔlɔʒi]. *n. f.* (mil. xxᵉ ; de *paléo-*, et *écologie*). Didact. Étude des modes de vie des animaux fossiles. V. **Écologie.**

PALÉOGÈNE [paleɔʒɛn]. *n. m.* (xxᵉ ; de *paléo-*, et *-gène*). Sc. Première partie de l'ère tertiaire.

PALÉOGÉOGRAPHIE [paleɔʒeɔgʀafi]. *n. f.* (mil. xxᵉ ; de *paléo-*, et *géographie*). Sc. Partie de la géographie concernant la description du globe aux temps géologiques. *Dér.* **PALÉOGÉOGRAPHIQUE**, *adj.*

PALÉOGRAPHE [paleɔgʀaf]. *n.* (1827 ; *palaiographe*, 1760 ; de *paléographie*). Sc. Personne qui s'occupe de paléographie.

PALÉOGRAPHIE [paleɔgʀafi]. *n. f.* (1708 ; de *paléo-*, et *-graphie*). Sc. Connaissance, science des écritures anciennes. V. **Épigraphie.**

PALÉOGRAPHIQUE [paleɔgʀafik]. *adj.* (1836 ; de *paléographie*). Sc. Relatif à la paléographie.

PALÉOHISTOLOGIE [paleɔistɔlɔʒi]. *n. f.* (mil. xxᵉ ; de *paléo-*, et *histologie*). Didact. Étude des tissus animaux des fossiles, pour la connaissance de l'évolution.

PALÉOLITHIQUE [paleɔlitik]. *adj.* et *n. m.* (1866 ; not angl. de *paléo-*, et gr. *lithos* « pierre »). Relatif à l'âge de la pierre taillée. N. m. *Le paléolithique*, première période de l'ère quaternaire (pléistocène), où apparurent les premières civilisations humaines avec des outils de pierre taillée.

PALÉOMAGNÉTISME [paleɔmaɲetism(ə)]. *n. m.* (mil. xxᵉ ; de *paléo-*, et *magnétisme*). Didact. Magnétisme terrestre aux époques géologiques ; son étude.

PALÉONTOLOGIE [paleɔtɔlɔʒi]. *n. f.* (1834 ; de *paléo-*, et *ontologie*). Science des êtres vivants ayant existé sur la terre avant la période historique, et qui est fondée sur l'étude des fossiles*. *La paléontologie, science auxiliaire de la géologie*. *Paléontologie des invertébrés.*

PALÉONTOLOGIQUE [paleɔ̃tɔlɔʒik]. *adj.* (1836; de *paléontologie*). *Sc.* Relatif à la paléontologie. *Fig.* et *littér.* Très ancien, disparu. V. **Fossile.** « *Une époque révolue et déjà paléontologique* » (DUHAM.).

PALÉONTOLOGISTE [paleɔ̃tɔlɔʒist(ə)] ou **PALÉONTOLOGUE** [paleɔ̃tɔlɔg]. *n.* (1838,-idem; de *paléontologie*). *Sc.* Savant spécialiste de la paléontologie.

PALÉOSOL [paleɔsɔl]. *n. m.* (v. 1960-70; de *paléo-*, et *sol*). *Géol.* Sol résultant d'une évolution ancienne, formé dans des conditions disparues, et pouvant affleurer à la surface ou être recouvert de dépôts plus récents.

PALÉOTHÉRIUM [paleɔteRjɔm]. *n. m.* (1830; de *paléo-*, et gr. *thérion* « bête sauvage »). *Sc.* Mammifère fossile de l'éocène.

PALÉOZOÏQUE [paleɔzɔik]. *adj.* et *n. m.* (1866; de *paléo-*, et -*zoïque*; Cf. Zoo-). *Sc.* Relatif aux fossiles animaux les plus anciens. — N. m. *Le paléozoïque*, ensemble des terrains primaires. V. **Primaire** (n. m.).

PALERON [palRɔ̃]. *n. m.* (1680; « omoplate », v. 1250; de *pale* 1). Partie plate et charnue située près de l'omoplate de certains animaux.

PALESTRE [palɛstR(ə)]. *n. f.* (1160; de *palæstra*, gr. *palaistra*). *Antiq.* Lieu public où l'on s'exerçait à la lutte, à la gymnastique. V. **Gymnase.**

PALET [palɛ]. *n. m.* (1375; de *pale* 1). Pierre plate et ronde, petite plaque de forme arrondie avec laquelle on vise un but (dans un jeu). *Palet de marelle.* ◇ HOM. *Palais.*

PALETOT [palto]. *n. m.* (XVᵉ; *paltoke*, 1370; moy. angl. *paltok* « sorte de jaquette »). Vêtement de dessus, généralement assez court, boutonné par-devant. V. **Manteau, pardessus.** — (1829) Pop. *Tomber sur le paletot de qqn*, tomber sur lui.

PALETTE [palɛt]. *n. f.* (XIIIᵉ; de *pale* 1). ♦ 1° Instrument en bois, de forme plate et allongée. *Palette pour battre le linge.* V. **Battoir.** *Palette d'une baratte.* V. **Batte.** — Petite raquette en bois. ◇ *Milit. Palette de marqueur :* pour indiquer aux tireurs les points d'impact. ◇ *Techn.* Aube d'une roue. — Support plat servant à transporter des marchandises (V. **Palettiser**). *Caisse-palette. Manutention par palettes.* ♦ 2° Morceau de viande de mouton, de porc comprenant l'omoplate et la chair qui l'entoure. ♦ 3° (1615). Plaque mince percée d'un trou pour y passer le pouce et sur laquelle le peintre étend et mélange ses couleurs. « *Que sa palette soit de bois ou de faïence, il (Ziem) sait toujours y étaler la lumière* » (GAUTIER). ◇ *Par méton.* L'ensemble des couleurs dont se sert habituellement un peintre. *La palette de Rubens. Palette riche, pauvre, brillante.*

PALETTISER [paletize]. *v. tr.* (mil. XXᵉ; de *palette*). *Techn., comm.* ♦ 1° Mettre sur palettes (une marchandise). ♦ 2° Organiser par l'emploi de palettes. *Palettiser le magasinage, la manutention d'un produit.* — *Dér.* PALETTISABLE, *adj.*; PALETTISATION, *n. f.*

PALÉTUVIER [paletyvje]. *n. m.* (1722; *appariturier*, 1614; du tupi *apara-hiwa* « arbre [*apara*] courbé »). Nom de divers grands arbres des régions tropicales, à racines aériennes, souvent fixées dans les boues et limons d'une baie (mangrove). — *Spécialt.* Manglier.

PÂLEUR [palœR]. *n. f.* (*Pallur*, 1240; *pallor* « couleur jaune de l'or », 1120; de *pâle*). Couleur, aspect d'une personne qui a le teint pâle. *Pâleur cireuse; mortelle.* « *Quelle étrange pâleur De son teint tout à coup efface la couleur* » (RAC.). — (Choses) *La pâleur du ciel.* ◇ ANT. *Couleur.*

PALI, IE [pali]. *n. m.* et *adj.* (1826; mot hindi). Ancienne langue religieuse de l'Inde méridionale et de Ceylan (V. **Sanscrit**). ◇ HOM. *Palis.*

PALICARE. V. **PALIKARE.**

PÂLICHON, ONNE [paliʃɔ̃, ɔn]. *adj.* (fin XIXᵉ; arg. « double blanc » au jeu de domino, 1867; de *pâle*). *Fam.* Un peu pâle. V. **Pâlot.**

PALIER [palje]. *n. m.* (*Paelier*, 1287; de l'a. fr. *paele* « poêle », par anal. de forme [Cf. Poêle], du lat. *patella*). ♦ 1° *Mécan.* Pièce fixe supportant l'arbre de transmission d'une machine. *Paliers d'un moteur d'auto. Palier de butée*, qui empêche le glissement longitudinal de l'arbre. ♦ 2° (1547). Plate-forme entre deux volées d'un escalier ou en haut d'un perron. *Portes donnant sur le palier.* V. **Palière.** *Des voisins de palier.* ◇ *Par anal.* Partie horizontale, comprise entre deux déclivités. *Train, automobile qui fait cent kilomètres à l'heure en palier.* — *Aviat. Voler en palier.* — Partie horizontale de la courbe d'un graphique. ♦ 3° *Fig.* Phase intermédiaire de stabilité. *Palier dans la hausse des prix.* « *À ses yeux leur amour avait atteint une sorte de palier* » (ROMAINS). ◇ PAR PALIERS : progressivement. *Progresser par paliers.* V. **Degré** (par). ◇ HOM. *Pallier.*

PALIÈRE [paljɛR]. *adj. f.* (1770; de *palier*). *Marche palière*, de plain-pied avec le palier. *Porte palière :* qui s'ouvre sur le palier.

PALIKARE, PALICARE [palikaR]. *n. m.* (1828,-1846; gr. mod. *pallikari* « gaillard, brave »). *Hist.* Soldat qui combattait contre les Turcs pendant la guerre de l'Indépendance grecque.

PALILALIE [palilali]. *n. f.* (XXᵉ; du gr. *palin*, et *lalein* « parler »). *Pathol.* Répétition involontaire d'un ou de plusieurs mots.

PALIMPSESTE [palɛ̃psɛst(ə)]. *n. m.* (1823; *h. 1542;* lat. *palimpsestus*, gr. *palimpsêstos*). *Didact.* Parchemin manuscrit dont on a effacé la première écriture pour pouvoir écrire un nouveau texte. — *Fig.* « *L'immense et compliqué palimpseste de la mémoire* » (BAUDEL.).

PALIN-. Élément, du gr. *palin* « de nouveau ».

PALINDROME [palɛ̃dRom]. *adj.* et *n. m.* (1765; gr. *palindromos*, de *palin* « de nouveau », et *dromos* « course »). *Didact.* Groupe de mots qui peut être lu indifféremment de gauche à droite ou de droite à gauche en conservant le même sens (*ex. :* élu par cette crapule).

PALINGÉNÉSIE [palɛ̃ʒenezi]. *n. f.* (1546; bas lat. *palingenesia*, du gr. *palin* « de nouveau », et *genesis* « naissance »). *Philo.* Chez les stoïciens, Retour périodique éternel des mêmes événements. ◇ *Didact.* Renaissance des êtres ou des sociétés conçue comme source d'évolution et de perfectionnement. V. **Régénération, résurrection.** — *Fig.* et *littér.* « *Ma convalescence merveilleuse fut une palingénésie* » (GIDE).

PALINGÉNÉSIQUE [palɛ̃ʒenezik]. *adj.* (1665; de *palingénésie*). *Philo.* Relatif à la palingénésie; qui la produit, la constitue. *Répétition palingénésique* (Cf. Éternel retour).

PALINODIE [palinɔdi]. *n. f.* (1512; bas lat. *palinodia*, mot gr., de *palin* « de nouveau », et *odê* « chant »). ♦ 1° *Antiq.* Poème dans lequel l'auteur rétractait ce qu'il avait dit dans un poème antérieur. ♦ 2° (1566). Vx. *Chanter la palinodie*, se rétracter. ◇ Au plur. *Mod.* (1847) Changement d'opinion. *Les palinodies d'un homme politique.* V. **Désaveu, revirement, volte-face.** « *Leurs palinodies tiennent moins à un excès d'ambition qu'à un manque de mémoire* » (PROUST).

PALINODIQUE [palinɔdik]. *adj.* (1846; de *palinodie*). *Rare.* Qui a le caractère d'une palinodie.

PÂLIR [paliR]. *v.* (1155; de *pâle*). I. *V. intr.* ♦ 1° (*Personnes*). Devenir pâle. *Pâlir de colère, d'envie, de rage.* V. **Blêmir.** *Pâlir de crainte, d'effroi, d'horreur, de peur.* « *Je le vis, je rougis, je pâlis à sa vue* » (RAC.). *Fig. Pâlir sur les livres, sur un travail :* y consacrer de longues heures. ◇ *Spécialt. Sa promotion a fait pâlir ses confrères* (de dépit). ♦ 2° (*Choses*). Perdre son éclat. *Les couleurs ont pâli.* V. **Passer.** « *Les lampes de la rue se sont alors allumées brusquement et elles ont fait pâlir les premières étoiles qui montaient dans la nuit* » (CAMUS). — *Fig. Les images du passé pâlissent peu à peu.* V. **Affaiblir** (s'), **estomper** (s'). II. *V. tr.* Rendre pâle, plus pâle. « *Le froid qui le pâlissait semblait déposer sur sa figure une langueur plus douce* » (FLAUB.).

◇ ANT. *Brunir, rougir. Briller, luire.*

PALIS [pali]. *n. m.* (*Paliz*, 1155; de *pal*). Petit pieu pointu qu'on enfonce en alignement avec d'autres pour former une clôture. ◇ La clôture ainsi formée. V. **Palissade.** — L'espace ainsi entouré. ◇ HOM. *Pali.*

PALISSADE [palisad]. *n. f.* (XVᵉ; de *palis*). Barrière, clôture faite d'une rangée de pieux, de perches ou de planches. *Palissade d'un jardin. Forte palissade fortifiée.* V. **Palanque.** ◇ *Jardin.* Mur de verdure formé d'une rangée d'arbres ou d'arbustes spécialement taillés (V. **Charmille**). *Taille en palissade.*

PALISSADER [palisade]. *v. tr.* (1585; de *palissade*). *Techn.* Entourer, fermer, protéger au moyen d'une palissade. — Masquer par une palissade d'arbres.

PALISSADIQUE [palisadik]. *adj.* (XXᵉ; de *palissade*). *Bot.* *Parenchyme palissadique :* parenchyme à cellules étroites et serrées de la face supérieure des feuilles.

PALISSAGE [palisaʒ]. *n. m.* (1690; de *palisser*). *Agric.* Opération qui consiste à palisser un arbre ou un arbuste.

PALISSANDRE [palisɑ̃dR(ə)]. *n. m.* (*Palixandre*, 1718; holl. *palissander*, d'un dial. de la Guyane). Bois exotique odorant, d'une couleur violacée, nuancée de noir et de jaune. *Une armoire en palissandre.*

PÂLISSANT, ANTE [palisɑ̃, ɑ̃t]. *adj.* (1512; de *pâlir*). Qui pâlit. « *Pâlissantes, elles tendaient l'oreille* » (ZOLA). *Ciel pâlissant.* ◇ ANT. *Rougissant.*

PALISSER [palise]. *v. tr.* (1680; « fermer avec des pieux », 1417; de *palis*). *Agric.* Étendre et lier les branches de (végétaux : arbre, arbuste) contre un support (V. **Espalier**). *Palisser une vigne.*

PALISSON [palisɔ̃]. *n. m.* (1723; *paleszon* « pieu », XIIIᵉ; de *palis*). *Techn.* Instrument de fer, en forme de demi-cercle, qui sert à lisser, assouplir les peaux (chamoisage).

PALISSONNER [palisɔne]. *v. tr.* (1842; de *palisson*). *Techn.* Lisser (les peaux) au moyen du palisson.

PALISSONNEUR [palisɔnœR]. *n. m.* (1907; de *palisson*). *Techn.* Ouvrier qui traite les peaux au moyen du palisson.

PALIURE [paljyR]. *n. m.* (1615; gr. *paliouros*). Arbrisseau épineux *(Rhamnacées)* qui croît en Europe méridionale, en Asie occidentale et dont on fait des haies. *Le paliure est appelé* Épine du Christ.

1. PALLADIUM [paladjɔm]. *n. m.* (1562; *palladion*, 1160; lat. *palladium*, gr. *palladion*). *Antiq.* Statue de Pallas considérée par les Troyens comme le gage du salut de leur ville. ◇ (1748) *Didact.* Bouclier, garantie, sauvegarde. « *La loi civile, qui est le palladium de la propriété* » (MONTESQ.).

2. PALLADIUM [paladjɔm]. *n. m.* (1803; mot angl. [1803], du nom de la planète *Pallas*). *Chim.* Élément (symb. *Pd*, n° at. 46, p. at. 106,7), métal précieux, blanc, très ductile et très dur.

PALLE. V. **PALE** (2).

PALLÉAL, ALE, AUX [paleal, o]. *adj.* (1838; du lat. *palla* « manteau »). *Zool.* Relatif au manteau des mollusques. *Cavité* ou *chambre palléale*, qui contient les organes respiratoires des mollusques.

PALLIATIF, IVE [paljatif, iv]. *adj. et n. m.* (1314; lat. médiév. *palliativus*). ◆ 1° *Méd.* Qui atténue les symptômes d'une maladie sans agir sur sa cause. *Traitement palliatif d'un cancer. Médication palliative.* ◇ N. m. *Un palliatif.* ◆ 2° *Expédient, mesure qui n'a qu'un effet passager.* « *Des palliatifs insuffisants et qui ne feront qu'ajourner une grande crise morale et politique* » (BALZ.).

PALLIDECTOMIE [palidɛktɔmi]. *n. f.* (mil. XXᵉ). *Chir.* Destruction du pallidum, en vue de supprimer les symptômes de la maladie de Parkinson.

PALLIDUM [pal(l)idɔm]. *n. m.* (mil. XXᵉ; lat. *pallidus* « pâle »). *Anat.* Partie grise interne du noyau lenticulaire du cerveau (on dit aussi GLOBUS PALLIDUS).

PALLIER [palje]. *v. tr.* (v. 1300; bas lat. *palliare* « couvrir d'un manteau »). ◆ 1° *Littér.* Couvrir, dissimuler en présentant sous une apparence spécieuse. V. **Cacher**, **déguiser**. « *Pauline apporte tous ses soins à pallier les insuffisances et les défaillances d'Oscar, à les cacher aux yeux de tous* » (GIDE). ◆ 2° *Mod.* (XXᵉ). PALLIER ou PALLIER À (critiqué) : atténuer faute de remède véritable; n'apporter qu'une solution provisoire. « *On pallie généralement au manque de matériel par des hommes* » (CAMUS). ◈ HOM. *Palier.*

PALLIUM [paljɔm]. *n. m.* (1190; *pallion*, 1047; lat. *pallium* « manteau »). ◆ 1° *Liturg.* Ornement sacerdotal en laine blanche brodée de croix noires, que le pape, les primats et les archevêques portent autour du cou. ◆ 2° (XIXᵉ). *Antiq. rom.* Manteau d'origine grecque.

PALMA-CHRISTI [palmakristi]. *n. m.* (1549; lat. « paume du Christ »). *Vx.* Nom donné au ricin, à cause de la forme de ses feuilles.

PALMAIRE [palmɛʀ]. *adj.* (1560; lat. *palmaris*. V. **Paume**). *Anat.* Relatif à la paume de la main. *Saillie palmaire externe* (V. **Thénar**), *interne* (V. **Hypothénar**). ◈ HOM. *Palmer* (2).

PALMARÈS [palmaʀɛs]. *n. m.* (1868; du lat. *palmaris* « qui mérite la palme »). Liste des lauréats* d'une distribution de prix, liste de récompenses. *Son nom figure au palmarès. Le palmarès d'un concours, d'une compétition sportive.* — Recomm. offic. pour *hit*-parade.

PALMATURE [palmatyʀ]. *n. f.* (1838; lat. mod., de *palmus* « palmé »). *Méd.* Difformité de la main dont les doigts sont réunis par une membrane. V. **Palmure**. ◇ *Vén.* Syn. de *Paumure.*

1. PALME [palm(ə)]. *n. f.* (XIIIᵉ; *paume*, XIIᵉ; lat. *palma* « palmier »). ◆ 1° Feuille de palmier. « *Les palmes... groupées en plumets au bout des tiges trop hautes* » (LOTI). — *Évang. Le dimanche des Palmes*, les Rameaux. ◆ 2° *Vx* (XIIᵉ). Palmier. Loc. mod. *Vin de palme* : suc fermenté de palmiers. *Huile de palme*, tirée de la pulpe des fruits de l'éléis (ou palmiste). ◆ 3° (v. 1380). *La palme*, symbole de victoire (V. Palmarès). *Remporter la palme.* « *Je ne te dispute pas la palme du mal* » (LAUTRÉAMONT). *La palme du martyre.* ◆ 4° *Archit.* Ornement en forme de feuille palmée stylisée. V. **Palmette**. *Frise de palmes.* ◇ (1874) Insigne d'une décoration en forme de palme stylisée. *Palmes académiques*, et absolt. *Les palmes.* ◆ 5° *Cour.* (d'apr. *palmé*). Nageoire de caoutchouc qui se fixe au pied pour la nage sous-marine et qui augmente la vitesse du nageur.

2. PALME [palm(ə)]. *n. m.* (1553; lat. *palmus*). *Antiq.* Mesure d'environ un travers, une paume de main.

PALMÉ, ÉE [palme]. *adj.* (1758; lat. *palmatus*). ◆ 1° *Bot.* Qui ressemble à une main ouverte. *Feuille palmée*, dont les éléments partent d'un même point. ◆ 2° (1783). Dont les doigts sont réunis par une membrane. *Pattes, pieds palmés de certains oiseaux.* V. **Palmipède**. — Par anal. *Doigts palmés.* V. **Palmature**.

1. PALMER [palme]. *v. tr.* (1723; « polir avec la paume », 1611; du lat. *palma*). *Techn.* Aplatir la tête de (une aiguille) pour pouvoir percer le chas.

2. PALMER [palmɛʀ]. *n. m.* (1877; du nom de l'inventeur). Instrument de précision composé d'une pointe fixe et d'une pointe mobile, pour mesurer de faibles épaisseurs. ◈ HOM. *Palmaire.*

PALMERAIE [palmǝʀɛ]. *n. f.* (*Palmeraye*, 1607; var. *palmérier*, jusqu'au XIXᵉ; de *palmier*). Plantation de palmiers. *Les palmeraies de Marrakech.*

PALMETTE [palmɛt]. *n. f.* (1694; de *palme* 1). ◆ 1° *Archit.* Ornement en forme de feuille de palmier. ◆ 2° (1842). *Arbor.* Forme de taille des arbres fruitiers en espalier.

PALMI- Élément, du lat. *palma* « palme ».

PALMIER [palmje]. *n. m.* (1119; de *palme* 1). ◆ 1° Arbre des régions chaudes *(Monocotylédones)* à tige simple, nue et rugueuse (V. **Stipe**), à grandes feuilles palmées ou pennées en éventail, à fleurs en grappes et dont les fruits sont des baies ou des drupes (*ex. :* aréquier, chamérops, cocotier, dattier, latanier, palmiste, raphia, sagoutier). *Palmier à sucre* (borasse), *à huile* (éléis). *Palmiers nains. Plantation de palmiers.* V. **Palmeraie**. *Fécule* (V. **Sagou**), *moelle* (V. **Palmite**) *de palmier. Cœur de palmier* ou *chou palmiste**. *Fibre de palmier.* V. **Raphia**. ◆ 2° (XXᵉ, pour *feuille de palmier*). Gâteau plat, en forme de palmette et à pâte feuilletée.

PALMIFIDE [palmifid] ou **PALMATIFIDE** [palmatifid]. *adj.* (1874; de *palmi*-, et lat. *findere* « fendre »). *Bot.* Se dit d'une feuille à nervures palmées dont les divisions vont jusqu'au milieu du limbe.

PALMILOBÉ, ÉE [palmilɔbe]. *adj.* (1846; de *palmi*-, et *lobé*). *Bot.* Se dit d'une feuille palmée aux divisions arrondies.

PALMIPARTI, IE ou **ITE** [palmiparti; it]. *adj.* (1846; de *palmi*-, et lat. *partitus* « divisé »). *Bot.* Se dit d'une feuille palmée dont les divisions vont presque à la base du limbe.

PALMIPÈDE [palmipɛd]. *adj. et n. m.* (h. 1555; 1760; lat. *palmipes, -pedis*; de *palma*). Dont les pieds sont palmés. *Oiseaux palmipèdes*, et n. m. pl. *Palmipèdes* : oiseaux à pattes palmées (*ex. :* albatros, canard, cormoran, cygne, goéland, manchot, mouette, oie, pélican, pingouin). *Un palmipède.*

PALMISÉQUÉ, ÉE [palmiseke]. *adj.* (1874; de *palmi*-, et lat. *sectus* « coupé »). *Bot.* Se dit d'une feuille palmée dont les divisions vont jusqu'à la base du limbe (*ex. :* feuille de marronnier).

PALMISTE [palmist(ə)]. *n. m.* (1601; du port. *palmito* « petit palmier »). ◆ 1° *Bot.* Palmier du genre *arec* dont le bourgeon terminal *(chou palmiste* ou *cœur de palmier)*, formé des feuilles tendres de la pousse nouvelle, est comestible. ◇ *Par ext.* Palmier à huile *(éléis)*. ◆ 2° *Rat palmiste.* V. **Xérus** *(zool.).*

PALMITE [palmit]. *n. m.* (1590; port. *palmito*). Moelle comestible du palmier.

PALMITINE [palmitin]. *n. f.* (1865; de *palme* 1). *Chim.* Ester du glycérol et de l'acide palmitique, substance solide, grasse, constituant de l'huile de palme.

PALMITIQUE [palmitik]. *adj. m.* (1868; de *palmitine*). *Biochim. Acide palmitique* : acide gras saturé très abondant dans les lipides d'origine animale et les huiles végétales.

PALMURE [palmyʀ]. *n. f.* (1846; de *palme* 1). ◆ 1° *Zool.* Membrane qui joint les doigts des palmipèdes (V. **Palmature**). ◆ 2° *Pathol.* Bride cutanée due à une malformation ou à une brûlure grave. *Palmure interdigitale.*

PALOMBE [palɔ̃b]. *n. f.* (1539; lat. *palumba*). Nom du pigeon ramier, dans le Sud et le Sud-Ouest de la France. *Chasse à la palombe.*

PALONNIER [palɔnje]. *n. m.* (1694; *palonnel*, 1383; *palonneau*, 1611; de l'a. fr. °*palon*, du lat. *palus* « pieu », ou altér. de l'a. fr. *paronne*, germ. *sparro*). ◆ 1° Barre transversale aux extrémités de laquelle on fixe les traits des chevaux. ◆ 2° *Auto.* (Techn.). *Palonnier compensateur de freinage*, dispositif servant à égaliser l'action des freins sur chacun des tambours. ◇ Dispositif de commande du gouvernail de direction d'un avion, constitué par une barre articulée sur un pivot et manœuvrée aux pieds.

PALOT [palo]. *n. m.* (1415, « bêche »; de *pale* 1). *Techn.* Sorte de pelle utilisée par les tourbiers. ◇ Bêche étroite servant à retirer les vers, coquillages, etc., du sable, de la vase.

PÂLOT, OTTE [palo, ɔt]. *adj.* (1775; *pallaud*, XVIᵉ; de *pâle*). Un peu pâle (surtout en parlant des enfants). V. **Pâlichon**.

PALOURDE [paluʀd(ə)]. *n. f.* (1540; *palorde*, XIIIᵉ; lat. pop. °*peloria*, class. *peloris*, du gr.). Mollusque lamellibranche comestible *(spécialt.* clovisse).

PALPABLE [palpabl(ə)]. *adj.* (fin XIVᵉ; lat. *palpabilis*. V. **Palper**). ◆ 1° Qui peut être palpé, touché. V. **Matériel**. — *Par ext.* Dont on peut s'assurer par les sens, et *spécialt.* par le toucher. V. **Concret, sensible, tangible**. « *C'est* (la force) *une qualité palpable, au lieu que la justice est une qualité spirituelle* » (PASC.). ◆ 2° Dont on peut s'assurer, que l'on peut vérifier avec certitude. V. **Clair, évident**. *Preuves solides et palpables*, qui tombent sous le sens. ◈ ANT. **Impalpable**; Immatériel, spirituel. Aléatoire, douteux.

PALPATION [palpasjɔ̃]. *n. f.* (1833; de *palper*). *Méd.* Examen qui consiste à palper les parties extérieures du corps pour apprécier les caractères physiques des tissus, la sensibilité des organes. V. **Palper.**

PALPE [palp(ə)]. *n. m.* (1802; de *palper*). *Zool.* Organe sensoriel des arthropodes qui sert à la préhension et à la gustation.

PALPÉBRAL, ALE, AUX [palpebʀal, o]. *adj.* (1748; lat. *palpebralis*. V. **Paupière**). *Anat.* Relatif aux paupières. *Muscles palpébraux. Réflexe palpébral.*

PALPER [palpe]. *v. tr.* (1488; lat. *palpare*). ♦ 1° Examiner en touchant, en tâtant avec la main, les doigts. *Aveugle qui palpe un objet pour le reconnaître. Médecin qui palpe un patient.* ◇ *Méd.* LE PALPER. *n. m.* V. **Palpation.** ♦ 2° (1765). *Fam.* Toucher, recevoir (de l'argent). Absolt. *Il a déjà assez palpé dans cette affaire.*

PALPEUR [palpœʀ]. *n. m.* (v. 1920; entom., 1827; de *palper*). *Techn.* Se dit des pièces de certains appareils de mesure qui explorent l'objet à calibrer, à mesurer. — *Spécialt.* Dispositif d'une cuisinière électrique qui mesure la température du récipient chauffé et règle le thermostat.

PALPITANT, ANTE [palpitɑ̃, ɑ̃t]. *adj.* (1519; de *palpiter*). ♦ 1° Qui palpite. V. **Pantelant.** *Cadavre encore palpitant.* Subst. m. et pop. (XVIIIe) LE PALPITANT : le cœur. ◇ *Être tout palpitant d'angoisse, d'émotion :* violemment ému. V. **Tremblant.** *Par ext.* Littér. *Œuvre palpitante de passion.* ♦ 2° (1830). *Cour.* Qui excite l'émotion, un vif intérêt. V. **Émouvant, intéressant, saisissant.** *Récit, film palpitant.*

PALPITATION [palpitasjɔ̃]. *n. f.* (1541; lat. *palpitatio*). ♦ 1° Battement de cœur plus sensible et plus rapide que dans l'état naturel, et quelquefois inégal. *Avoir des palpitations.* ♦ 2° Contraction, frémissement convulsif. *Palpitations des paupières, des ailes du nez.* ♦ 3° *Fig.* et littér. Frémissement, mouvement alternatif (oscillation, pulsation). *La palpitation des étoiles.* « *La palpitation de la mer se faisait sentir dans cette cave* » (HUGO).

PALPITER [palpite]. *v. intr.* (1488; lat. *palpitare*, fréquent. de *palpare* « palper »). ♦ 1° Être agité de contractions, de frémissements. *Blessure, animal qui palpite.* « *La beauté de la chair, c'est de n'être point marbre; c'est de palpiter* » (HUGO). V. **Frémir.** ♦ 2° Battre très fort (cœur). « *Mon cœur palpite au seul aspect d'une femme* » (BEAUMARCH.). ◇ *Avoir des palpitations. Palpiter de peur, de convoitise.* V. **Frémir.** ♦ 3° (XIXe). Par anal. *Étoiles, lumières qui palpitent.* V. **Scintiller.**

PALPLANCHE [palplɑ̃ʃ], *n. f.* (1729; de *pal*, et *planche*). ♦ 1° Planche grossièrement équarrie servant au boisage des galeries de mines. ♦ 2° (1750). Poutrelle qui s'emboîte bord à bord avec d'autres pour former une cloison étanche utilisée en terrain aquifère ou immergé. V. **Batardeau.**

PALSAMBLEU! [palsɑ̃blø]. *interj.* (XVIIe; euphém. pour « *Par le sang* [de] *Dieu* »). Ancien juron en usage au XVIIe s. V. **Corbleu, morbleu.**

PALTOQUET [paltɔkɛ]. *n. m.* (1704; *palletoqué* « vêtu d'un justaucorps », 1546; de *paletot*). *Fam.* et vieilli. Individu grossier, rustre. *Mod.* Homme insignifiant et prétentieux, insolent.

PALUCHE [palyʃ]. *n. f.* (1940; de *pale* 1). Pop. Main (Cf. Pince).

PALUD ou **PALUDE** [palyd] ou **PALUS** [paly]. *n. m.* (1564,-fin XIXe,-1802; *palu*, XIIe; lat. *palus*, *paludis*). *Vx.* Marais. Littér. *Paludes* (1895), récit de Gide. ◇ *Dial.* Dans le Bordelais, Terre d'alluvions ou ancien marais littoral desséché, planté de vignobles. *Vin de(s) palus.*

PALUDÉEN, ÉENNE [palydeɛ̃, ɛɛn]. *adj.* (1833; de *palud*). ♦ 1° *Didact.* De la nature du marais. *Terres paludéennes.* — Propre aux marais, aux terrains marécageux. *Flore, faune paludéenne.* ♦ 2° (1896). *Méd.* et cour. Relatif au paludisme. (On dit aussi *paludique*). *Accès paludéen. Cirrhose paludéenne.* — Par ext. Atteint de paludisme. Subst. *Un(e) paludéen(e).*

PALUDIER, IÈRE [palydje, jɛʀ]. *n.* (1731; de *palud*). *Techn.* Personne qui travaille aux marais salants.

PALUDINE [palydin]. *n. f.* (1842; de *palud*). *Zool.* Mollusque *(Gastéropodes)* qui vit dans les étangs, les marais, les cours d'eau.

PALUDISME [palydism(ə)]. *n. m.* (1869; var. *impaludisme*, 1873; du lat. *palus*, *-udis* « marais »). Maladie parasitaire, endémique dans certaines régions chaudes et humides, provoquée par des hématozoaires inoculés dans le sang par la piqûre de moustiques (anophèles), et se manifestant par des accès de fièvre intermittents. *Syn.* MALARIA. *Anémie due au paludisme. Accès de paludisme.* V. **Paludéen.** *La quinine, remède spécifique contre le paludisme.* Abrév. fam. « *Tu ne vois pas qui c'est le palu?* » (CL. COURCHAY).

PALUDOLOGIE [palydɔlɔʒi]. *n. f.* (1959; de *palud[isme]* et *-logie*). *Didact.* Étude du paludisme. (On dit aussi *malariologie*). Dér. PALUDOLOGUE [palydɔlɔg], *n. m.*

PALUSTRE [palystʀ(ə)]. *adj.* (XIVe, rare av. XIXe; lat. *palus*, *-ustris*. V. **Paludéen**). ♦ 1° *Didact.* Qui a trait aux

marais. *Terrains, plantes, coquillages palustres.* ♦ 2° *Méd.* Relatif au paludisme. *Cachexie, fièvre palustre.*

PALYNOLOGIE [palinɔlɔʒi]. *n. f.* (mil. XXe; de l'angl. [1944], du gr. *palunein* « répandre [de la farine] »). *Didact.* Étude des pollens, spécialt., des résidus de pollens contenus dans les sédiments (paléobotanique).

PÂMER (SE) [pame]. *v. pron.* (*Pasmer*, fin XIe; lat. pop. °*pasmare*, class. *spasmare*). ♦ 1° *Vieilli.* Perdre connaissance. V. **Défaillir, évanouir** (s') ; pâmoison. « *Il y avait des moments où un mot de lui vous faisait pâmer de rire* » (RENAN). ♦ 2° Être comme paralysé par une émotion ou une sensation très agréable. *Se pâmer d'amour. Pâmé d'admiration.*

PÂMOISON [pamwazɔ̃]. *n. f.* (*Pasmeisun*, 1080; de *pâmer*). *Vieilli* ou *plais.* Fait de se pâmer; état d'une personne qui se pâme. V. **Défaillance, évanouissement.** *Tomber en pâmoison.*

PAMPA [pɑ̃pa]. *n. f.* (1716; mot d'Amérique lat., empr. à une langue indigène). Vaste plaine d'Amérique du Sud, dont le climat et la végétation sont ceux de la steppe.

PAMPÉRO [pɑ̃peʀo]. *n. m.* (fin XVIIIe; de *pampa*). Vent violent soufflant du sud et de l'ouest, qui amène les pluies d'hiver en Argentine.

PAMPHLET [pɑ̃flɛ]. *n. m.* (XVIIIe; « brochure », 1653; mot angl.; altér. de *Pamphilet*, comédie en vers latins du XIIe s.). Court écrit satirique, qui attaque avec violence le gouvernement, les institutions, la religion, un personnage connu. V. **Diatribe, factum, libelle, satire.** *Lancer un pamphlet. Les pamphlets de Voltaire, de Paul-Louis Courier.*

PAMPHLÉTAIRE [pɑ̃fletɛʀ]. *n.* (1791; de *pamphlet*, d'apr. l'angl. *pamphleteer*). Auteur de pamphlets. V. **Libelliste, polémiste.**

PAMPILLE [pɑ̃pij]. *n. f.* (XIXe; *pampillette*, 1530; de l'a. fr. *pampe*. V. **Pampre**). Chacune des petites pendeloques groupées en franges, servant d'ornement. *Galon, collier à pampilles.*

PAMPLEMOUSSE [pɑ̃pləmus]. *n. m. ou f.* [Acad.] (1685; *pompelmous*, 1666; du néerl. *pompelmoes* « gros citron »). ♦ 1° *Bot., Agric.* Arbre épineux originaire des îles de l'océan Indien, dont le fruit comestible, mais peu juteux, ne se consomme que confit ou sous forme de confiture; ce fruit. ♦ 2° *Cour.* Fruit du poméló (agrumes) de grande taille, jaune, de goût acide. V. **Grape-fruit, poméló.** *Jus de pamplemousse.*

PAMPLEMOUSSIER [pɑ̃pləmusje]. *n. m.* (1946; de *pamplemousse*). Arbre à pamplemousses (poméló).

PAMPRE [pɑ̃pʀ(ə)]. *n. m.* (1542; a. fr. *pampe*, lat. *pampinus*). ♦ 1° Branche de vigne avec ses feuilles et ses grappes. ♦ 2° *Poét.* Le raisin, la vigne. ◇ *Littér.* Tonnelle couverte d'une vigne grimpante. « *Des pêcheurs sont là-bas sous un pampre attablés* » (HUGO). ♦ 3° *Archit.* Ornement représentant un rameau de vigne avec ses feuilles et ses fruits.

PAN [pɑ̃]. *n. m.* (1080; lat. *pannus* « morceau d'étoffe »). ♦ 1° Grand morceau d'étoffe; partie flottante ou tombante d'un vêtement. *Pan d'une chemise, d'un manteau* (V. **Basque**). *Se promener en pan de chemise.* V. **Bannière.** — *S'attacher au pan de l'habit de qqn,* pour le retenir, le supplier. ♦ 2° (XIIIe). *Pan de mur :* partie plus ou moins grande d'un mur. « *Le petit pan de mur si bien peint en jaune* » (PROUST); ossature d'un mur. — *Techn. Pan coupé,* surface élevée à l'angle de deux murs, oblique par rapport à eux, et remplaçant leur réunion à angle droit ou aigu. ◇ *Fig.* « *Un vaste pan du ciel* » (THARAUD). « *De grands pans de passé sortent ainsi du champ de ma conscience* » (GIDE). ♦ 3° (XVIe). Face d'un objet, d'une construction polyédrique. V. **Côté.** *Pans d'un prisme, d'une tour.* — *Techn. Pan de comble :* chacun des côtés de la couverture d'une construction. ◇ HOM. **Paon.**

PAN! [pɑ̃]. *interj.* (déb. XIXe; onomat.). Mot qui exprime un bruit sec, un coup; un éclatement, etc.

PAN-, PANT(O)-. Éléments, du gr. *pan*, *pantos* « tout ».

PANACÉE [panase]. *n. f.* (h. 1213; 1550; lat. *panacea*; gr. *panakeia*, de *pan-*, et *akos* « remède »). Remède universel, agissant sur toutes les maladies. Pléonasme : « *Les savants prétendaient qu'il avait trouvé la panacée universelle* » (BALZ.). ◇ Ce qu'on croit capable de guérir tous les maux ; formule par laquelle on prétend tout résoudre. « *Il n'y a pas de panacée sociale* » (GAMBETTA).

PANACHAGE [panaʃaʒ]. *n. m.* (fin XIXe; de *panacher*). Action de panacher; son résultat. *Un panachage de couleurs.* ◇ (1899) Possibilité dont dispose l'électeur de composer lui-même sa liste en prenant des candidats sur les listes en présence.

PANACHE [panaʃ]. *n. m.* (1522; *pennache*, XVe; it. *pennaccio*). ♦ 1° Faisceau de plumes serrées à la base et flottantes en haut, qui sert à orner une coiffure, un dais. V. **Aigrette, plumet.** *Orner d'un panache.* V. **Empanacher.** « *Ralliez-vous à mon panache blanc!* » (Henri IV). ♦ 2° Par anal. *Panache de plumes de la tête d'un oiseau. Queue en panache d'un écureuil. Panache de fumée.* ♦ 3° *Techn.* Partie supé-

rieure d'une lampe d'église, au-dessus du culot. ◇ *Archit.*
Ornement en forme de plumes qui remplace parfois le feuillage d'un chapiteau. — Surface triangulaire du pendentif
d'une voûte sphérique. ♦ 4° (Fin XIXᵉ; fig. du 1°). *Avoir
du panache* : avoir fière allure. *Spécialt.* « Bravoure spectaculaire et plus ou moins gratuite » (J. DUTOURD).

PANACHÉ, ÉE [panaʃe]. *adj.* (1389; de *panache*). ♦
1° *Rare.* Orné d'un panache. ♦ 2° *Cour.* Qui présente des
couleurs variées. *Œillet panaché.* ♦ 3° Composé d'éléments
différents. V. **Mélangé.** *Glace panachée.* — *Un demi panaché,
un panaché* : mélange de bière et de limonade.

PANACHER [panaʃe]. *v. tr.* (1674; de *panache*). ♦ 1° *Rare.*
Orner d'un panache. V. **Empanacher.** ♦ 2° Bigarrer, orner
de couleurs variées. *Œillet panaché.* ♦ *Par ext.* Composer d'éléments divers. — *Spécialt. Panacher une liste électorale.* V.
Panachage.

PANACHURE [panaʃyʀ]. *n. f.* (1758; de *panache*). Tache,
semis de taches de couleur sur un fond de couleur différente.
Panachures d'une fleur, du plumage d'un oiseau.

PANADE [panad]. *n. f.* (1548; prov. *panado*, de *pan*
« pain »). ♦ 1° Soupe faite de pain, d'eau et de beurre, liée
souvent avec un jaune d'œuf. ♦ 2° (1878). *Pop. Être, tomber
dans la panade* : dans la misère. V. **Purée.**

PANAFRICAIN, AINE [panafʀikɛ̃, ɛn]. *adj.* (mil. XXᵉ);
de *pan-*, et *africain*). *Polit.* Du panafricanisme. — Relatif
à l'unité des peuples d'Afrique.

PANAFRICANISME [panafʀikanism(ə)]. *n. m.* (mil. XXᵉ;
de *panafricain*). *Polit.* Doctrine qui tend à développer l'unité
et la solidarité africaines.

PANAIS [panɛ]. *n. m.* (1562; *pasnaie*, fém., 1180; lat.
pastinaca). Plante bisannuelle à racine comestible *(Ombelliféracées).*

PANAMA [panama]. *n. m.* (1865; nom de pays). Chapeau
d'été, large et souple, tressé avec la feuille d'un latanier
d'Amérique. — *Par ext.* Chapeau de paille de même forme.

PANAMÉRICAIN, AINE [panamerikɛ̃, ɛn]. *adj.* (1902;
de *pan-*, et *américain*). *Polit.* Qui concerne les nations du
continent américain tout entier. *Congrès panaméricain.*

PANAMÉRICANISME [panamerikanism(ə)]. *n. m.*
(1906; de *panaméricain*). *Polit.* Système qui vise à placer
toutes les nations américaines sous l'influence des États-Unis
et à empêcher toute ingérence dans les affaires américaines.

PANARABISME [panaʀabism(ə)]. *n. m.* (v. 1930; de
pan-, et *arabisme*). *Polit.* Système qui tend à unir tous les
peuples de langue ou de civilisation arabe.

1. **PANARD, ARDE** [panaʀ, aʀd(ə)]. *adj.* (1750; prov.
mod. *panard* « boiteux », 1734). *Hippol.* Se dit d'un cheval
dont les pieds de devant sont tournés en dehors. *Jument
panarde.* ◇ ANT. **Cagneux.**

2. **PANARD** [panaʀ]. *n. m.* (v. 1910; du précéd.). *Pop.*
Pied.

PANARIS [panaʀi]. *n. m.* (*Panarice*, 1488; lat. *panari-
cium).* Inflammation aiguë phlegmoneuse d'un doigt ou
d'un orteil. V. **Tourniole.** *Panaris provoqué par une écharde.*

PANATELA ou **PANATELLA** [panatela]. *n. m.* (av.
1867,-1843; esp. *panatela* « sorte de biscuit »). *Vieilli.* Cigare
de La Havane, de forme allongée et mince.

PANATHÉNÉES [panatene]. *n. f. pl.* (1762; gr. *pana-
thênaia*). *Antiq.* Fêtes données à Athènes en l'honneur de la
déesse Athéna.

PANAX [panaks] ou **PANACE** [panas]. *n. m.* (XVIᵉ; lat.
panax. Cf. Opopanax). Plante *(Araliacées)* qui comprend
des arbres ou arbrisseaux exotiques. *La racine de panax est
employée en Chine sous le nom de ginseng.*

PANCA, PANKA [pɑ̃ka] ou **PUNKA** [pɔ̃ka]. *n. m.*
(1890,-v. 1870,-1835; angl. *punkaw*, mot hindi). Sorte d'écran
suspendu au plafond, qui se manœuvre au moyen de cordes
et est utilisé comme ventilateur, dans les pays chauds.

PANCALISME [pɑ̃kalism(ə)]. *n. m.* (1915; de *pan-*, et
gr. *kalos* « beau »). *Philo.* Doctrine philosophique qui fait
dépendre du beau toutes les autres catégories.

PANCARTE [pɑ̃kaʀt(ə)]. *n. f.* (*Pencarte*, « carte marine,
charte », 1440; lat. médiév. *pancharta).* ♦ 1° *Vx.* Charte,
document, vieux papiers. « *Le latin de nos vieilles pancartes* »
(CORN.). — (XVIᵉ) Affiche indiquant le tarif de certains
droits, le prix des marchandises vendues par un commerçant.
♦ 2° (1623). Écriteau qu'on applique contre un mur, un
panneau, etc., pour donner un avis au public. V. **Affiche,
écriteau, enseigne, placard.** *Pancarte à la vitrine d'un magasin.*
— *Porter une pancarte dans un défilé.*

PANCHROMATIQUE [pɑ̃kʀɔmatik]. *adj.* (déb. XXᵉ; de
pan-, et *chromatique*). *Phot.* Sensible à toutes les couleurs du
spectre. *Pellicule, plaque panchromatique.* Abrév. *Panchro.*

PANCLASTITE [pɑ̃klastit]. *n. f.* (1890; de *pan-*, et gr.
klastos « brisé »). *Techn.* Explosif liquide constitué de
peroxyde d'azote et d'une substance combustible.

PANCOSMISME [pɑ̃kɔsmism(ə)]. *n. m.* (1951; angl.
pancosmism, 1865; de *pan-*, et gr. *kosmos*). *Philo.* Doctrine

selon laquelle toute réalité est contenue dans le monde sous
une forme matérielle.

PANCRACE [pɑ̃kʀas]. *n. m.* (*h. 1583;* 1738; lat. *pancra-
tium;* gr. *pankration*). *Ancien.* Exercice gymnique qui combine la lutte et le pugilat.

PANCRÉAS [pɑ̃kʀeas]. *n. m.* (1541; gr. *pankreas*, de
kreas « chair »). Glande annexe du tube digestif, de forme
allongée, située derrière l'estomac, entre la deuxième portion
du duodénum et la rate. *Sécrétion externe du pancréas* : le
suc pancréatique*. *Sécrétion interne (hormonale) du pancréas*
(insuline et glucagon). V. **Îlot.**

PANCRÉATINE [pɑ̃kʀeatin]. *n. f.* (1846; de *pancréas*).
Biochim. Enzyme du suc pancréatique. V. **Amylase, lipase,
trypsine.**

PANCRÉATIQUE [pɑ̃kʀeatik]. *adj.* (1666; de *pancréas*).
Relatif au pancréas. *Canal pancréatique. Calcul pancréatique.
Suc pancréatique* : sécrétion du pancréas, déversée dans le
duodénum, qui joue un rôle important dans la digestion et
contient des enzymes (amylase, lipase, trypsine).

PANCRÉATITE [pɑ̃kʀeatit]. *n. f.* (1810; de *pancréas*).
Méd. Inflammation du pancréas.

PANDA [pɑ̃da]. *n. m.* (1824; probabl. du nom indigène
de l'animal au Népal). Mammifère *(Procyonidés),* voisin
du *kinkajou,* qui vit dans les forêts de l'Himalaya.

PANDANUS [pɑ̃danys]. *n. m.* (*Pandan,* 1827; mot malais).
Arbre ou arbuste des régions chaudes, à port de palmier.
Pandanus odoratissimus ou *palmier odorant.*

PANDECTES [pɑ̃dɛkt(ə)]. *n. f. pl.* (1549; lat. *pandectæ*).
Dr. rom. Recueil de décisions d'anciens jurisconsultes
romains, composé sur l'ordre de l'empereur Justinien. V.
Digeste.

PANDÈMES [pɑ̃dɛm]. *n. f. pl.* (1839; *pandemon,* 1765;
gr. *pandemos* « commun à tout le peuple »). *Antiq.* gr.
Fête au cours de laquelle on servait des repas publics.

PANDÉMIE [pɑ̃demi]. *n. f.* (1740; de *pan-*, et gr. *demos*
« peuple »). *Méd.* Épidémie qui atteint un grand nombre de
personnes, dans une zone géographique très étendue (V.
aussi **Endémie, épidémie**). *Pandémie de choléra, de peste.* —
Adj. PANDÉMIQUE [pɑ̃demik].

PANDÉMONIUM [pɑ̃demɔnjɔm]. *n. m.* (1714; angl.
pandemonium; du gr. *pan* « tout », et *daimôn* « démon »).
Capitale imaginaire de l'enfer. ◇ *Par ext. et littér.* Lieu
où règnent la corruption et le désordre. Lieu bruyant.

PANDICULATION [pɑ̃dikylasjɔ̃]. *n. f.* (1560; du lat.
pandiculari). *Didact.* Mouvement qui consiste à étendre les
bras en haut en renversant la tête et le tronc en arrière tout
en allongeant les jambes et en bâillant.

PANDIT [pɑ̃di(t)]. *n. m.* (1827; *pandet,* 1663; *pandites,*
1614; sanscr. *pandita* « savant »). Titre honorifique donné
dans l'Inde à un fondateur de secte, à un savant et religieux
(brahmane). *Le pandit Nehru.*

1. **PANDORE** [pɑ̃dɔʀ]. *n. f.* (1519; lat. *pandura;* Cf.
Mandore). *Ancien.* Instrument de musique à cordes pincées,
de la famille du luth, en usage aux XVIᵉ et XVIIᵉ s.

2. **PANDORE** [pɑ̃dɔʀ]. *n. m.* (1857; n. propre, dans une
chanson). *Fam. et vx.* Gendarme.

PANÉ, ÉE [pane]. *adj.* (1570, *eau panée* [dans laquelle
on a fait tremper du pain; de *pain*). Cuit, grillé après avoir
été couvert de chapelure. *Côtelettes, escalopes panées;
pieds (de porc) panés.* ◇ HOM. **Panné.**

PANÉGYRIQUE [paneʒiʀik]. *n. m.* (1512; lat. *panegyri-
cus,* du gr., de *panêguris* « assemblée de tout [le peuple] »).
♦ 1° *Didact.* Discours à la louange d'une personne illustre,
d'une nation, d'une cité. « *Il est toujours à craindre que le
panégyrique d'un monarque ne passe pour une flatterie intéressée* » (VOLT.). ◇ *Spécialt.* Sermon qui a pour sujet l'éloge
d'un saint. *Le panégyrique de saint Paul, par Bossuet. Liturg.
gr.* Livre qui contient les éloges des saints pour tous les jours
de l'année. ♦ 2° *Parole,* écrit à la louange de qqn. V. **Apologie.** *Faire le panégyrique de qqn.* V. **Vanter.** — *Péj.* Éloge
outré, emphatique. V. **Dithyrambe.** — *Iron.* Discours malveillant, médisant. *Voilà un beau panégyrique !* ◇ ANT.
Blâme, calomnie.

PANÉGYRISTE [paneʒiʀist(ə)]. *n. m.* (fin XVIᵉ; bas lat.
panegyrista). *Didact.* Auteur d'un panégyrique. ◇ Celui qui
loue, qui vante qqn ou qqch. (souvent *iron.*). V. **Prôneur.**
« *Ne sois ni fade panégyriste, ni censeur amer* » (DIDER.).

PANEL [panɛl]. *n. m.* (v. 1960; mot angl., « panneau »).
Anglicisme. Échantillon* expérimental sur lequel se fait une
enquête d'opinion (psychologie sociale).

PANER [pane]. *v. tr.* (XVIIIᵉ; du lat. *panis.* V. **Pain**).
Couvrir de panure, de chapelure. *Paner légèrement du poisson.* V. **Pané.**

PANERÉE [panʀe]. *n. f.* (1393; de *panier*). *Vieilli.* Contenu
d'un panier. *Une panerée de fruits, d'œufs.* V. **Panier.**

PANETERIE [pantʀi; panɛtʀi]. *n. f.* (v. 1300; du rad. de
pain). Lieu où l'on conserve et distribue le pain, dans les

communautés, les grands établissements. ◇ *Hist.* Office de panetier.

PANETIER [pantje]. *n. m.* (1150; du rad. de *pain*). *Hist.* Officier de bouche chargé du pain. *Le panetier et l'échanson.*

PANETIÈRE [pantjɛʀ]. *n. f.* (XIIe; du rad. de *pain*). ♦ 1° *Vieilli.* Gibecière, sac où l'on met du pain, des aliments. *Panetière de pèlerin.* ♦ 2° (1546). Coffre à pain.

PANETON [pant5]. *n. m.* (1812; de *panier*). *Boulang.* Petit panier garni de toile où l'on met les pâtons, pour donner sa forme au pain. ◇ HOM. Panneton.

PANGERMANISME [pãʒɛʀmanism(ə)]. *n. m.* (1846; de *pan-*, et *germanisme*). *Polit.* Système visant à grouper dans un État unique tous les peuples supposés d'origine germanique.

PANGERMANISTE [pãʒɛʀmanist(ə)]. *adj. et n.* (1907; du précéd.). *Polit.* Relatif au pangermanisme. Partisan du pangermanisme.

PANGOLIN [pãgɔlɛ̃]. *n. m.* (1761; malais *pang-goling*). Mammifère édenté, arboricole ou terrestre, couvert d'écailles et qui se nourrit de fourmis.

PANHELLÉNIQUE [panel)lenik]. *adj.* (1868; de *pan-*, et *hellénique*). *Antiq.* Qui se rapportait, appartenait à l'ensemble des Grecs.

PANHELLÉNISME [pane(ɛl)lenism(ə)]. *n. m.* (1868; de *panhellénique*). Système politique tendant à réunir tous les Grecs en une seule nation *(antiq.* ou *mod.).*

PANIC [panik]. *n. m.* (1403; *penis*, 1282; lat. *panicum*). Plante *(Graminées),* herbacée, annuelle ou vivace, cultivée comme céréale ou plante fourragère. ◇ HOM. Panique.

PANICAUT [paniko]. *n. m.* (fin XIVe; *pain de caulde*, 1517; prov. *panicau*, du lat. *panis*, et *cardus* « chardon »). Plante aux feuilles dures, dentées et épineuses, appelée communément *chardon Roland* (pour « chardon roulant »).

PANICULE [panikyl]. *n. f.* (1545; lat. *panicula*, de *panus* « épi »). *Bot.* Mode d'inflorescence en grappe d'épillets. V. Épi. *Panicules du maïs.* ◇ HOM. Panicule.

PANICULÉ, ÉE [panikyle]. *adj.* (1778; de *panicule*). *Bot.* Qui a des fleurs en panicule.

PANIER [panje]. *n. m.* (1165; lat. *panarium* « corbeille à pain »). ♦ 1° Réceptacle fait, à l'origine, de vannerie, et servant à contenir, à transporter des marchandises, des provisions, des animaux. V. **Bourriche, cabas, corbeille, hotte, paneton, panière.** *Panier à anses. Panier d'osier, de treillis métallique, de matière plastique. Panier à provisions. Panier à ouvrage.* V. **Corbeille.** — *Mettre au panier :* jeter aux ordures. — *Panier à bouteilles :* panier métallique à compartiments. — *Panier à salade :* réceptacle métallique, à ouverture étroite, dans lequel on met la salade pour l'égoutter. *Fig.* et *fam.* (1822) Voiture cellulaire. ◇ *Loc. fig.* Faire *danser l'anse* du panier.* — *Mettre tous ses œufs* dans le même panier.* — *Mettre dans le même panier,* juger de la même façon (Cf. Mettre dans le même sac*). « *Aussi fou qu'elle* […] *À mettre dans le même panier* » (MALLET-JORIS). — *Panier de crabes*.* ◇ PANIER PERCÉ : dépensier incorrigible. Adj. *Un être* « *brave, panier percé, prodigue* » (HUGO). ♦ 2° (1450). Contenu d'un panier. V. **Panerée.** *Acheter un panier de cerises.* Loc. *Panier-repas :* repas froid distribué à des voyageurs. ◇ Loc. *fig. Le dessus* du panier.* V. **Élite, fleur, gratin.** *Le fond du panier.* V. **Rebut.** ◇ Loc. *Le panier de la ménagère,* les produits alimentaires et d'entretien les plus courants, servant au calcul du coût de la vie. ♦ 3° *Pêche.* Nasse pour la pêche aux crustacés. ♦ 4° (1720). Sorte de corps de jupe baleiné servant à faire bouffer les jupes, les robes. *Robe à paniers.* V. **Crinoline.** ♦ 5° (1934). *Sports (basket-ball).* Filet ouvert en bas, fixé à un panneau de bois par une armature. *La balle au panier :* nom français du basket-ball. « *La balle au panier est un sport fin…* » (J. PRÉVOST). — *Par ext.* Point marqué en faisant passer le ballon dans le panier du camp adverse. *Réussir un beau panier.* ♦ 6° Motif décoratif composé d'une corbeille remplie de fleurs, de fruits. *Lambris Louis XVI décoré de paniers.* ♦ 7° *Archit. Arc en anse de panier.* V. **Anse.** ♦ 8° Dispositif contenant des diapositives et facilitant la projection successive des vues.

PANIÈRE [panjɛʀ]. *n. f.* (1373; *pennière*, XIIIe; repris XIXe; de *panier*). Grand panier à anses; son contenu.

PANIFIABLE [panifjabl(ə)]. *adj.* (1823; du lat. *panis*). Qui peut servir de matière première dans la fabrication du pain. *Céréales panifiables.*

PANIFICATION [panifikasj5]. *n. f.* (1781; de *panifier*). Ensemble des opérations qui permettent la fabrication du pain. V. **Boulangerie.**

PANIFIER [panifje]. *v. tr.* (1600, intr.; du lat. *panis*). Transformer en pain. *Panifier de la farine de seigle, de blé.*

PANIQUARD [panikaʀ]. *n. m.* (mil. XXe; de *panique*). *Péj.* Celui qui se laisse lâchement gagner par la panique. « *Les paniquards se ruaient en arrière* » (DORGELÈS).

PANIQUE [panik]. *adj. et n. f.* (*Terreur panice,* 1534; lat. *panicus,* de *Pan,* dieu qui passait pour troubler, effrayer les esprits). ♦ 1° *Adj.* Qui trouble subitement et violemment

l'esprit (en parlant d'un sentiment de peur). *Peur, terreur panique.* — Littér. « *Fièvre panique* » (COLETTE). « *Scrupules paniques* » (ARAGON). ♦ 2° *N. f.* (1835). Terreur extrême et soudaine, généralement irraisonnée, et souvent collective. V. **Effroi, épouvante, affolement.** *Être gagné par la panique, pris de panique. Un vent de panique. Jeter, semer la panique dans les rangs de l'ennemi.* V. **Déroute, désordre; fuite, sauve-qui-peut.** « *Cette panique, qui fait prendre la fuite à des régiments tout entiers* » (BARBEY). ◇ HOM. Panic.

PANIQUER [panike]. *v.* (XXe; de *panique*). ♦ 1° *V. tr.* Frapper de panique; *fam.,* d'angoisse. *Il paniquerait tout le monde si on l'écoutait !* V. **Affoler.** *À l'approche des examens il est complètement paniqué, affolé, angoissé.* ♦ 2° *V. intr.* Être pris de peur; s'affoler*.

PANISLAMISME [panislamism(ə)]. *n. m.* (1906; de *pan-*, et *islamisme*). Système politique tendant à l'union de tous les peuples musulmans. V. **Panarabisme.**

PANKA. V. PANCA.

PANLOGISME [pãlɔʒism(ə)]. *n. m.* (1901; all. *Panlogismus*, 1853; de *pan-*, et rad. de *logique*). *Philo.* Doctrine d'après laquelle tout ce qui est réel est intégralement intelligible.

PANMIXIE [pãmiksi]. *n. f.* (v. 1904; en all.; de *pan-*, et gr. *mixia*, de *mixis* « mélange »). *Didact.* Absence de sélection naturelle.

1. PANNE [pan]. *n. f.* (*Penne* « peau sur un bouclier », 1080; lat. *penna* « plume, aile ». V. **Penne**). **I.** (*Pane*, XIIe). Étoffe (de laine, coton, soie) semblable au velours, mais à poils longs et peu serrés. ◇ *Blas. Pannes :* les fourrures (hermine, vair). **II.** (*Penne d'oint* « fourrure, garniture de graisse », XIIIe). Graisse qui se trouve sous la peau du cochon.

2. PANNE [pan]. *n. f.* (XVIe; « pièce latérale d'une vergue »; *pene* « aile, partie latérale », 1515; lat. *penna*). ♦ 1° *Mar.* (1573, *bouter vent en penne*). *Mettre (un bateau) en panne :* l'arrêter en orientant les vergues (V. **Brasser**), et par ext. en réduisant la voilure (Cf. Mettre à la cape*). ♦ 2° *Par ext.* et *pop.* (1842). *Être dans la panne :* dans la misère. ◇ (1867) Rôle insignifiant dans une pièce. *Ne jouer que des pannes.* ♦ 3° *Cour.* (1879). Arrêt de fonctionnement dans un mécanisme, un moteur; impossibilité accidentelle de fonctionner. *Machine en panne.* V. **Détraqué.** *Panne d'automobile. Tomber, rester en panne. Réparer un moteur en panne.* V. **Dépanner.** *Panne d'essence, panne sèche.* — *Panne d'électricité, de courant.* « *Y a-t-il une panne d'électricité ? Peut-être un plomb de sauté* » (DUHAM.). ◇ *Fig.* et *fam., Être en panne :* dans l'impossibilité momentanée de continuer. *Être en panne de qqch. :* en être dépourvu. ◇ ANT. Fonctionnement, marche.

3. PANNE [pan]. *n. f.* (1170; du lat. *patena*, gr. *phatnê* « crèche »). *Techn.* Pièce de bois horizontale qui sert à soutenir les chevrons d'un comble, dans une charpente*. V. **Chantignole, ferme.**

4. PANNE [pan]. *n. f.* (1680; de *panne*, *pene* « aile », partie latérale 2). V. **Panne 2.** *Techn.* Partie du marteau opposée à la tête. ◇ *Partie plate d'un piolet.*

5. PANNE [pan]. *n. f.* (v. 1905; lat. *pannus*). V. **Pan**). *Rare.* Bande de nuages près de l'horizon. ◇ HOM. (de *Panne* 1 à 5) *Paonne.*

PANNÉ, ÉE [pane]. *adj. et n.* (1828; de *panne* 2, 2°). *Pop. Sans argent.* *Il* « *n'a pas le sou, c'est un panné* » (VALLÈS). ◇ HOM. Pané.

PANNEAU [pano]. *n. m.* (*Panel*, XIIe; lat. pop. *pannellus*, de *pannus*. V. **Pan**). ♦ 1° (1155). *Ancienn.* Coussinet de selle rembourré de crin et placé sous l'arçon. ♦ 2° (*Penel,* XIIIe). *Chasse.* Morceau d'étoffe ou filet utilisé pour prendre le gibier. *Chasse au panneau.* ◇ *Fig.* et *cour.* (XVIIe) *Donner, tomber dans le panneau :* dans le piège. ♦ 3° (Fin XIIIe). Partie d'une construction, constituant une surface délimitée (par une bordure ou par d'autres panneaux). *Panneaux de boiserie, d'aggloméré, de tapisserie, de glace. Panneau mobile, coulissant.* — Mar. *Panneau de cale, d'écoutille.* ◇ *Techn.* Face d'une pierre taillée. Patron pour la taille des pierres. — Élément préfabriqué utilisé dans la construction. *Panneaux agglomérés au ciment.* — Élément plan d'une pièce d'orfèvrerie. ♦ 4° Surface plane (de bois, de métal, de toile tendue) destinée à servir de support à des inscriptions. *Une route bordée* « *de poteaux indicateurs et de panneaux-réclame* » (SARRAUTE). *Panneaux électoraux. Panneaux de signalisation.* ♦ 5° *Arts.* Support de bois pour un tableau. *Peinture sur panneau.* ♦ 6° *Cout.* Pièce d'étoffe, élément d'un vêtement cousu, assemblé. *Sa tunique* « *était composée de deux panneaux* » (APOLLINAIRE). *Panneaux d'une jupe.* V. **Lé.**

PANNEAUTER [panote]. *v. intr.* (1798; de *panneau*, 2°). *Rare.* Chasser avec des panneaux (dér. PANNEAUTAGE [panotaʒ], 1860).

PANNETON [pant5]. *n. m.* (1581; var. de *penneton*, de *pennon*). *Techn.* Partie de la clef qui pénètre dans la serrure et agit sur le pêne. — Partie de l'espagnolette qui s'assujettit au crochet. ◊ HOM. Paneton.

PANNICULE [panikyl]. *n. m.* (XIVe; lat. *panniculus*, de *pannus*). Anat. *Pannicule adipeux*, tissu sous-cutané constitué de petits lobules de graisse. ◊ HOM. Panicule.

PANONCEAU [panɔso]. *n. m.* (*Penoncel*, XIIe; de *pennon* « écusson d'armoiries »). ♦ 1° *Féod.* Écu d'armoiries servant de signe de juridiction. V. Blason, écu. ♦ 2° Écusson, plaque métallique placée à la porte d'un officier ministériel (huissier, commissaire-priseur, notaire). « *Des panonceaux brillent à la porte, c'est la maison du notaire* » (FLAUB.). ♦ 3° *Cour.* Enseigne, panneau.

PANOPHTALMIE [panɔftalmi]. *n. f.* (1932; de *pan*-, et *ophtalmie*). Méd. Inflammation purulente de la totalité du globe oculaire, due à une infection par plaie pénétrante ou généralisée (septicémie).

PANOPLIE [panɔpli]. *n. f.* (1573, « armure »; gr. *panoplia* « armure de l'hoplite »). ♦ 1° (1848). Ensemble d'armes présenté sur un panneau et servant de trophée, d'ornement; *par ext.* Collection d'armes. ◊ Fig. *Une panoplie d'arguments*. V. Arsenal. ♦ 2° (XXe). Jouet d'enfant; déguisement présenté sur un carton. *Panoplie de pompier, d'infirmière*.

PANOPTIQUE [panɔptik]. *adj. et n. m.* (1802; de *pan*-, et *optique*). Techn. Se dit d'une maison pénitentiaire aménagée de telle sorte que le surveillant puisse voir chaque détenu dans sa cellule sans être vu lui-même. *Prison, système panoptique*.

PANORAMA [panɔrama]. *n. m.* (1799; mot angl.; de *pan*-, et *-orama*). ♦ 1° Spectacle constitué par un vaste tableau circulaire peint en trompe-l'œil et destiné à être regardé du centre. ♦ 2° Vaste paysage que l'on peut contempler de tous côtés; vue circulaire. V. **Vue**. « *Le panorama qui se déroule est fort beau; d'un côté les Vosges, de l'autre les montagnes de la forêt Noire* » (NERVAL). ♦ 3° *(Abstrait)*. Étude successive et complète d'une catégorie de questions. *Panorama de la littérature contemporaine*.

PANORAMIQUE [panɔramik]. *adj. et n. m.* (1823; de *panorama*). ♦ 1° Qui offre les caractères d'un panorama, permet d'embrasser l'ensemble d'un paysage. *Vue panoramique. Croquis panoramique*. ◊ Qui permet une grande visibilité. *Carrosserie panoramique*. ◊ Phot. *Vue panoramique*, obtenue à l'aide d'un objectif grand angulaire. — Fig. *Vue panoramique d'une période historique*. ♦ 2° *N. m.* (mil. XXe; « appareil tournant », 1858). Cin. et télév. Mouvement d'appareil, auquel l'opérateur fait effectuer une rotation autour d'un axe. *Panoramique horizontal, vertical*.

PANORAMIQUER [panɔramike]. *v. intr.* (1955; de *panoramique*, 2°). Cin., Télév. Faire un panoramique.

PANORPE [panɔrp(ə)]. *n. f.* (1777; de *pan*-, et gr. *orpêx* « aiguillon »). Zool. Insecte névroptère *(Panorpidés)*, au corps grêle, tacheté de jaune et de noir et à longues pattes.

PANOUFLE [panufl(ə)]. *n. f.* (1821; *panufle* « haillon », XIIIe; du lat. *pannus*). Techn. Morceau de peau de mouton servant à garnir le dessus des sabots.

PANPSYCHISME [pɑ̃psiʃism(ə)]. *n. m.* (1904; de *pan*-, et *psychisme*). Philo. Doctrine d'après laquelle toute matière est vivante *(hylozoïsme)* et possède une nature psychique, une âme.

PANSAGE [pɑ̃saʒ]. *n. m.* (1798; de *panser*). Action de panser (un cheval, une bête de somme).

PANSE [pɑ̃s]. *n. f.* (XVe; *pance*, 1155; du lat. *pantex*, *-icis* « intestins », XVIIIe). ♦ 1° Fam. Gros ventre, bedaine. V. **Ventre**. *Avoir une panse de chanoine. Se garnir, se remplir la panse; s'en mettre plein la panse* (Cf. Plein la lampe). ◊ Zool. (1562, du cheval) Premier compartiment de l'estomac des ruminants, appelé aussi *Rumen*. ♦ 2° (1379). Partie renflée. *Panse d'une cruche, d'une cloche*. — *Panse d'une commode*. V. **Galbe**. ◊ *Par méton.* Ancien voilier à coque ventrue. ♦ 3° Partie ronde d'une lettre. *La panse d'un a*. ◊ HOM. Formes des h.

PANSEMENT [pɑ̃smɑ̃]. *n. m.* (*Pansements* « soins à un malade », 1531; de *panser*). ♦ 1° Action de panser (une plaie; un blessé). *Faire, refaire un pansement*. « *Les médecins procédaient en hâte au pansement des blessés* » (ZOLA). ♦ 2° Ce qui sert à soigner une plaie et à la protéger des agents infectieux. *Spécialt. et cour.* Linges, adhésifs servant à assujettir les produits curatifs, antiseptiques. V. **Bande, charpie, compresse, coton, gaze, linge, ouate**. *Boîte à pansements. Pansement antiseptique, aseptique. Pansement au collodion. Être couvert de pansements. Pansement au doigt.* V. **Poupée**.

PANSER [pɑ̃se]. *v. tr.* (*Penser de* « prendre soin de », 1190; lat. *pensare* « penser ». V. **Penser**). ♦ 1° (XVe). Soigner (un animal domestique, et *spécialt.* un cheval) en lui donnant les soins de propreté. V. **Bouchonner, brosser, étriller; pansage**. ♦ 2° (1314, *penser de* « soigner »; 1680, *panser une plaie*). *Vx.* Soigner, traiter (un malade). « *Je le pansai, Dieu le guérit* » (attribué à Ambroise PARÉ). ◊ *Spécialt. et mod.* Soigner (qqn, une partie du corps) en appliquant un *pansement*. *Panser la main, le pied de qqn*. V. **Bander.**

Panser un malade, un blessé. ◊ Fig. « *La femme est faite pour panser les plaies, non pour les aviver* » (L. DAUD.). V. **Calmer**. ◊ HOM. Penser; pensée.

PANSLAVISME [pɑ̃slavism(ə)]. *n. m.* (1846; de *pan*-, et *slavisme*). Polit. Système politique qui tend à grouper tous les peuples slaves sous l'autorité de la Russie.

PANSPERMIE [pɑ̃spɛrmi]. *n. f.* (1846; de *pan*-, et gr. *sperma* « germe »). Didact. Théorie selon laquelle la vie sur la terre provient de germes venus d'ailleurs.

PANSU, UE [pɑ̃sy]. *adj.* (1360; de *panse*). ♦ 1° Qui a un gros ventre. V. **Gros, ventru.** ♦ 2° *Vase pansu.* V. **Renflé**.

PANTAGRUÉLIQUE [pɑ̃tagryelik]. *adj.* (1552; repris 1829; de *Pantagruel*, personnage de Rabelais). Digne de Pantagruel, qui évoque le personnage de Pantagruel. *Appétit, repas pantagruélique*. V. **Gargantuesque**.

PANTALON [pɑ̃talɔ̃]. *n. m.* (v. 1800; « haut-de-chausses étroit qui tient avec les bas », 1650; du nom d'un personnage de la comédie italienne). ♦ 1° Culotte longue descendant jusqu'aux pieds. V. **Culotte**; *et pop.* **Falzar, fendant, fendard** *(arg.)*, **froc, grimpant; jodhpurs, saroual.** *Mettre, enfiler son pantalon. Soldat au garde-à-vous, le petit doigt sur la couture du pantalon. Bretelles, ceinture de pantalon. — Braguette, entrejambes, poche-revolver d'un pantalon. Pantalon de toile bleue*. V. **Bleu**; **blue-jean, jean(s)**. *Pantalon collant. Pantalon fuseau* (V. **Fuseau**), *pantalon de ski. Pantalon de pyjama. Pantalon de golf*. V. **Knickerbockers**. *Pantalon corsaire*. Elle porte des pantalons.* ♦ 2° (XIXe. Le plus souvent *au plur.*). Culotte en lingerie à jambes que les femmes portaient comme sous-vêtement.

PANTALONNADE [pɑ̃talɔnad]. *n. f.* (1597, « danse burlesque »; de *Pantalon*, personnage de la comédie italienne). ♦ 1° Farce burlesque, d'un goût douteux. ♦ 2° (1751). Manifestation hypocrite de dévouement, de loyauté, de regret.

PANTE [pɑ̃t]. *n. m.* (1862; *pantre* « paysan », 1821; de *pantin*). Arg. *Vx.* Individu considéré comme bon à gruger (Cf. Bourgeois, cave (3, II)). ◊ Pop. Individu quelconque. *Un drôle de pante*. ◊ HOM. Pente.

PANTELANT, ANTE [pɑ̃tlɑ̃, ɑ̃t]. *adj. part.* (1578; adj. part. de *panteler*). ♦ 1° Qui respire avec peine, convulsivement. V. **Haletant**. ♦ 2° (1762). En parlant d'un animal, d'un homme qui vient d'être tué et qui palpite encore. *Chair pantelante*. V. **Palpitant**. — Fig. Suffoqué d'émotion. « *Mon cœur tout pantelant comme cerf aux abois* » (REGNARD).

PANTELER [pɑ̃tle]. *v. intr.*; conjug. *appeler* (XVIe; altér. de l'a. fr. *pantaisier* [1170]. V. **Pantois**). ♦ 1° *Vx.* Haleter, suffoquer. — Fig. *Panteler d'émotion*. ♦ 2° Littér. Palpiter encore (en parlant d'un être en train d'agoniser). V. **Pantelant**.

PANTÈNE ou **PANTENNE** [pɑ̃tɛn]. *n. f.* (1571; anc. prov. *pantena*). ♦ 1° Chasse. Pantière. ♦ 2° Mar. (1687). *En pantenne* : dans une position quelconque, en désordre. *Mettre les vergues en pantenne*.

PANTHÉISME [pɑ̃teism(ə)]. *n. m.* (1712; angl. *pantheism*, du gr. *theos* « dieu »). Doctrine métaphysique selon laquelle Dieu est l'unité du monde, tout est en Dieu. *Panthéisme matérialiste*, selon lequel Dieu est la somme de tout ce qui existe. ◊ *Cour.* Attitude d'esprit qui tend à diviniser la nature.

PANTHÉISTE [pɑ̃teist(ə)]. *adj. et n.* (1712; angl. *pantheist*). Relatif au panthéisme. ◊ Partisan du panthéisme. Subst. *Un panthéiste*.

PANTHÉON [pɑ̃teɔ̃]. *n. m.* (1491; lat. *Pantheon*; gr. *Pantheion*; de *pan*-, et *theos* « dieu »). ♦ 1° *Antiq.* Temple consacré à tous les dieux. ◊ Ensemble des divinités d'une mythologie, d'une religion polythéiste. ♦ 2° Monument consacré à la mémoire des grands hommes d'une nation. ◊ Fig. Ensemble de personnages célèbres. *Le panthéon littéraire*. « *Mon nom restera au panthéon de l'histoire* » (DANTON).

PANTHÈRE [pɑ̃tɛr]. *n. f.* (*Pantere*, 1119; lat. *panthera*, d'o. gr.). ♦ 1° Grand mammifère carnassier *(Félidés)* d'Afrique et d'Asie, au court pelage jaune moucheté de taches noires, marbrées ou ocellées. *Panthère d'Afrique*. V. **Léopard**. *Panthère des neiges*. V. **Once** (2). *Panthère noire de Java. Panthère d'Amérique*. V. **Jaguar**. *Fourrure, peau de panthère*. ◊ Fourrure de cet animal. *Manteau de panthère*. ♦ 2° Fig. *et vx* (XIXe). Femme emportée, violente. ◊ Pop. *Ma panthère*, ma femme.

PANTIÈRE [pɑ̃tjɛr]. *n. f.* (1280; du lat. d'o. gr. *panthera* « large filet »). Chasse. Filet que les chasseurs tendent verticalement pour prendre les oiseaux qui volent par bandes.

PANTIN [pɑ̃tɛ̃]. *n. m.* (1747; p.-ê. de *pantine* [XVIe] « écheveau de soie »). ♦ 1° Jouet d'enfant, figurine burlesque dont on agite les membres au moyen d'un fil. « *Il lui fabriquait des pantins avec du carton* » (FLAUB.). — *Par ext.* Marionnette. — Par compar. *Gesticuler, marcher comme un pantin articulé*. V. **Automate**. ♦ 2° (1793). Personne comique ou ridicule par ses gesticulations excessives. V. **Bouffon,**

guignol. ◊ Personne versatile, inconsistante. V. **Girouette, fantoche, marionnette.** *Elle a fait de lui un pantin.* V. **Esclave.** *La femme et le pantin,* de Pierre Louÿs.

PANTOGRAPHE [pɑ̃tɔgʀaf]. *n. m.* (1743; de *panto-*, et *-graphe*). ♦ 1° Instrument composé de tiges articulées, qui sert à reproduire, réduire ou agrandir mécaniquement un dessin ou une figure. ♦ 2° (*Par anal. de forme*). Appareil installé sur le toit d'une motrice électrique et qui transmet le courant de la caténaire aux organes moteurs.

PANTOIRE [pɑ̃twaʀ]. *n. f.* (1771; *pentoir*, 1415; de *pente*). *Mar.* Fort bout de cordage capelé à un mât, tombant le long de ce mât et terminé par un œillet à boucle.

PANTOIS [pɑ̃twa]. *adj. m.* (*Pantays*, 1534; de l'a. fr. *pantaisier*, lat. pop. °*pantasiare* « avoir des visions », gr. *phantasiare*). ♦ 1° *Vx.* Haletant. ♦ 2° (1658). *Mod.* Dont le souffle est coupé par l'émotion, la surprise. V. **Ahuri, déconcerté, interdit, penaud, stupéfait.** « *La vieille le jeta dehors; les autres demeurèrent tout pantois* » (BALZ.).

PANTOMÈTRE [pɑ̃tɔmɛtʀ(ə)]. *n. m.* (1675; de *panto-*, et *-mètre*). *Ancienn.* Instrument de géométrie, composé de trois règles mobiles, qui servait à mesurer les angles d'un triangle. ◊ *Mod.* et *techn.* (1874) Instrument d'arpenteur servant à la mesure des angles.

PANTOMIME [pɑ̃tɔmim]. *n.* (1560; lat. *pantomimus*, d'o. gr.).
I. Rare. *N. m.* Mime.
II. *N. f.* (1752). ♦ 1° Jeu du mime; art de s'exprimer par la danse, le geste, la mimique, sans recourir au langage. ♦ 2° Pièce mimée. V. **Mimodrame.** *Clowns qui jouent une pantomime.* V. **Sketch.** — Appos. (1749). *Ballet pantomime.* ◊ *Par ext.* Mimique dont on accompagne un texte, des paroles. « *Tandis que je lui tenais ce discours, il en exécutait la pantomime* » (DIDER.). ♦ 3° *Péj.* Attitude affectée, outrée, manège ridicule. *Que signifie cette pantomime?*

PANTOUFLARD, ARDE [pɑ̃tuflaʀ, aʀd(ə)]. *adj.* (1889; de *pantoufle*). *Fam.* Qui aime à rester chez soi, qui tient à ses habitudes, à ses aises. V. **Casanier.** — Subst. *Un pantouflard.* ◊ ANT. **Bohème.**

PANTOUFLE [pɑ̃tufl(ə)]. *n. f.* (1465; o. i.). ♦ 1° Chausson bas, sans tige ni talon. V. **Charentaise, chausson, savate.** *Pantoufle sans quartier.* V. **Babouche, mule.** *Chausser ses pantoufles et endosser sa robe de chambre.* — *Passer sa vie dans ses pantoufles* : mener une existence casanière, retirée. V. **Pantouflard.** — EN PANTOUFLES. *Se mettre, marcher en pantoufles.* — Fig. (*Vieilli*) En prenant ses aises; au naturel, dans l'intimité. ♦ 2° *Arg. Écoles.* Dédit dû par un élève des grandes Écoles qui quitte le service de l'État pour travailler dans le secteur privé. — *Par ext.* Situation que trouve un fonctionnaire dans le secteur privé lorsqu'il quitte le service de l'État.

PANTOUFLER [pɑ̃tufle]. *v. intr.* (XVIIᵉ; de *pantoufle*). ♦ 1° *Vx.* Converser familièrement dans l'intimité. ♦ 2° *Mod.* (1880). Quitter le service de l'État pour entrer dans une entreprise privée en payant au besoin un dédit. V. **Pantoufle** (2°). — *Dér.* PANTOUFLAGE, *n. m.*

PANTOUFLIER, IÈRE [pɑ̃tuflije, ijɛʀ]. *n.* (XIXᵉ; « qui a des pantoufles », 1740; de *pantoufle*). *Rare.* Personne qui fabrique ou vend des pantoufles.

PANTOUM [pɑ̃tum]. *n. m.* (1829; mot malais). Poème d'origine malaise, composé de quatrains à rimes croisées, dans lesquels le deuxième et le quatrième vers sont repris par le premier et le troisième vers de la strophe suivante. « *Harmonie du soir* », de Baudelaire, *est un pantoum.*

PANURE [panyʀ]. *n. f.* (1874; du lat. *panis* « pain »). Mie de pain rassis ou croûte râpée servant à paner. V. **Chapelure.**

PANZER [pɑ̃zɛʀ ou pantzɛʀ]. *n. m.* (v. 1940; mot all. « blindé »). Char de l'armée allemande. — *Panzerdivision,* division blindée de l'armée allemande.

PAON, (*rare*) **PAONNE** [pɑ̃, pan]. *n.* (v. 1220; *poun,* 1125; fém. *paonne,* 1469; lat. *pavo, pavonis*). ♦ 1° Oiseau originaire d'Asie (*Gallinacés, Phasianidés*) de la taille d'un faisan, dont le mâle porte une chatoyante livrée bleue mêlée de vert, une aigrette en couronne, et une longue queue aux plumes ocellées que l'animal peut redresser et déployer en éventail. V. **Roue.** *Le paon, la paonne* (au plumage terne) *et les paonneaux* [pano]. *Paon qui fait la roue.* ◊ Loc. *Pousser des cris de paon* : très aigus. *Être vaniteux comme un paon. Marcher en se rengorgeant comme un paon.* V. **Pavaner** (se). — Loc. prov. *Le geai* paré des plumes du paon. Se parer des plumes du paon* : se prévaloir de mérites qui appartiennent à autrui. ♦ 2° (1734). Nom de certains papillons aux ailes ocellées. *Paon-de-jour.* V. **Vanesse.** *Paon-de-nuit.* V. **Saturnie.** ◊ HOM. (du masc.) *Pan;* formes du v. *pendre;* (du fém.) *Panne.*

◊ **PAPA** [papa]. *n. m.* (1256; du lat. *pappus* « aïeul »). ♦ 1° Terme affectueux par lequel les enfants désignent leur père, et dont se servent familièrement les personnes qui leur parlent de lui; *par ext.* Père. *Enfant qui dit papa et maman. Un papa gâteau* (V. **Gâteau** 2). *Jouer au papa et à la maman.* —

Grand-papa, bon-papa, grand-père. *Fils* à papa.* *Fam.* « *Cet homme que, par antiphrase ou par raillerie, ses victimes appelaient papa Gobseck* » (BALZ.). *Vas-y papa!* ♦ 2° *Loc. fam.* À LA PAPA (1808), sans hâte, sans peine, sans risques. V. **Tranquillement.** ◊ DE PAPA (1959) *Fam.* et *péj.* Désuet, périmé. *L'Algérie de papa. Le cinéma de papa.*

PAPABLE [papabl(ə)]. *adj.* (v. 1590; de *pape,* d'après it. *papabile*). *Fam.* Susceptible d'être élu pape. *Les cardinaux papables.*

PAPAÏNE [papain]. *n. f.* (1880; de *papaye*). *Biochim.* Enzyme extrait du latex du papayer (*carica papaya*), qui active l'hydrolyse des protéines. *La papaïne est un succédané de la pepsine.*

PAPAL, ALE, AUX [papal, o]. *adj.* (1315; lat. *papalis*). Qui appartient au pape. *Tiare, croix papale. Bulle papale.* V. **Pontifical.**

PAPAS [papɑs]. *n. m.* (1743; *palpas,* 1210; gr. *papas* « père, patriarche »). Prêtre, évêque ou patriarche de l'Église grecque. V. **Pope.**

PAPAUTÉ [papote]. *n. f.* (*h. XIVᵉ;* 1596; de *pape,* d'apr. *royauté*). ♦ 1° Dignité, fonction de pape. V. **Pontificat.** *Cardinal qui aspire à la papauté.* ◊ Temps pendant lequel un pape occupe le Saint-Siège. *Pendant la papauté de Jean XXIII.* ♦ 2° Gouvernement ecclésiastique dans lequel l'autorité suprême est exercée par le pape. V. **Saint-Siège** (Cf. Vatican). *Histoire de la papauté.*

PAPAVER [papavɛʀ]. *n. m.* (XIIIᵉ; mot latin). *Bot.* Nom scientifique du pavot.

PAPAVÉRACÉES [papaveʀase]. *n. f. pl.* (1798; de *papaver*). *Bot.* Famille de plantes dicotylédones dialypétales, comprenant des plantes herbacées à suc aqueux ou lactescent (chélidoine, coquelicot, pavot).

PAPAVÉRINE [papaveʀin]. *n. f.* (1842; de *papaver*). *Chim.* Un des alcaloïdes de l'opium, à pouvoir toxique assez faible.

PAPAYE [papaj]. *n. f.* (1579; caraïbe des Antilles *papaya*). Fruit comestible du papayer, baie qui a la forme et la taille d'un melon.

PAPAYER [papaje]. *n. m.* (1654; de *papaye*). Arbre exotique, appelé aussi *arbre à melon,* dont les tiges et les feuilles renferment un latex (V. **Papaïne**) et qui produit les papayes.

PAPE [pap]. *n. m.* (1050; lat. *papa*). Chef suprême de l'Église catholique romaine. V. **Pontife** (souverain). *Notre Saint-Père, Sa Sainteté le pape. Dignité de pape.* V. **Pontificat.** *Élection du pape par les cardinaux* (V. **Conclave**). *Tiare du pape. Chaire du pape ou Saint-Siège. Gouvernement du pape.* V. **Papauté;** *curie, rote. Légat, nonce du pape. Le pape est infaillible lorsqu'il parle ex cathedra*. Bulle, encyclique* du pape. Bénédiction donnée par le pape* (V. **Apostolique**). *Loc. Sérieux comme un pape. Palais des Papes,* à Avignon. ◊ *Par anal.* Chef dont l'autorité est indiscutée. V. **Pontife.** *Le pape d'une école, d'un parti.*

PAPEGAI [papgɛ]. *n. m.* (1155; anc. prov. *papagai*). ♦ 1° *Vieilli.* Perroquet d'Amérique. ♦ 2° *Région.* Oiseau de carton ou de bois placé au bout d'une perche pour servir de but aux tireurs à l'arc, à l'arbalète (dans le Nord de la France).

1. **PAPELARD, ARDE** [paplaʀ, aʀd(ə)]. *n. et adj.* (mil. XIIIᵉ; de l'a. fr. *paper* « manger », et *lard;* ou a. fr. *papeler* « marmonner des prières »). ♦ 1° *N. Vx.* Faux dévot. ♦ 2° *Adj. Littér.* Air papelard. V. **Faux, doucereux, mielleux.** « *Celui-ci était aussi droit, aussi franc, que l'autre était retors et papelard* » (GIDE).

2. **PAPELARD** [paplaʀ]. *n. m.* (1836; de *papier*). *Fam.* Morceau de papier; écrit. « *J'ai aussi dans mes papelards une carte de la région* » (BARBUSSE).

PAPELARDISE [paplaʀdiz]. *n. f.* (XVᵉ; *papelardie,* XIIIᵉ; de *papelard* 1). *Vx.* Fausse dévotion; hypocrisie.

PAPERASSE [papʀas]. *n. f.* (1588; *paperas,* 1553; de *papier*). Papier écrit, considéré comme inutile ou encombrant. *Chercher dans ses paperasses.* « *Les paperasses d'un antique dossier* » (COURTELINE). — Collect. *De la paperasse.*

PAPERASSERIE [papʀasʀi]. *n. f.* (1846; de *paperasse*). Accumulation de paperasses; multiplication abusive des écritures administratives. *La paperasserie d'un service administratif.* « *Le flot de cette paperasserie procédurière et tatillonne* » (DUHAM.).

PAPERASSIER, IÈRE [papʀasje, jɛʀ]. *n. et adj.* (1798; de *paperasse*). Personne qui aime conserver, écrire des paperasses. *Adj. Bureaucrate paperassier. Administration paperassière,* qui multiplie les formalités écrites.

PAPESSE [papɛs]. *n. f.* (v. 1450; lat. médiév. *papissa,* de *papa.* V. **Pape**). Femme pape, selon la légende. *La papesse Jeanne.*

PAPETERIE [papetʀi, papʀi]. *n. f.* (1423; de *papier*). ♦ 1° Fabrication du papier. *Usine de papeterie.* ◊ Lieu où l'on fabrique le papier. ♦ 2° (1890). Magasin où l'on vend du papier, des articles et des fournitures de bureau, d'école.

Librairie-papeterie. Rayon de papeterie dans un grand magasin.
PAPETIER, IÈRE [paptje, jɛʀ]. *n.* (1507; *papeterius*, 1414; de *papier*). Personne qui fabrique, vend du papier; qui a un commerce de papeterie. *Papetier-libraire.* — Par appos. *Ouvrier papetier.*

PAPIER [papje]. *n. m.* (XIIIᵉ; lat. *papyrus*, gr. *papuros* « roseau d'Égypte ». V. **Papyrus**).
I. ♦ 1º Matière fabriquée avec des fibres végétales réduites en pâte, étendue et séchée pour former une feuille mince. *Du papier, une feuille de papier.* — *Pâte à papier :* pâte servant à fabriquer le papier. — *Papier en rouleaux, en feuilles* (V. **Main, rame, ramette**). *Format, grain, filigrane du papier. Papier glacé, moiré, vergé*. Papier uni, rayé, quadrillé.* — *Papiers de luxe*, pour l'impression (V. **Hollande, japon, vélin**). *Papier à dessin. Papier bible*, pelure*. Papier à musique. Papier à cigarettes. Papier de soie :* papier très fin. *Papier cristal :* translucide et assez raide. *Papier bristol, papier couché. Papier buvard*. Papier-filtre*, servant à la filtration des liquides (papier poreux, épais ou plissé). *Papier d'emballage, papier kraft*. — Papier hygiénique,* fam. *papier de cabinets,* vulg. *papier cul.* ◇ *Feuille, morceau, bout de papier. Allumer du feu avec du papier. Corbeille à papier. Serviette, fleurs en papier. Cocotte en papier.* ◇ *Déclaration sur papier timbré :* sur une feuille de papier portant la marque du sceau de l'État et le prix de la feuille en filigrane (*opposé à* papier libre). ◇ *(Le papier servant de support à un produit quelconque) Papier carbone*. Papier collant, gommé.* Phot. *Papier sensible,* au gélatino-bromure d'argent. *Papier au ferroprussiate, pour la reproduction des plans.* — *Papier d'Arménie,* qui brûle lentement en dégageant un parfum caractéristique. — *Papier émeri, papier de verre.* ◇ *Papier* MÂCHÉ : pâte à papier encollée, malléable. *Figurine en papier mâché.* Loc. *Avoir une mine* de papier mâché.* ◇ *Papier*-MONNAIE (1727) *Hist.* ou *didact.* Monnaie de papier inconvertible en or. V. **Billet** (de banque). ◇ *Spécialt.* (papiers à écrire, à imprimer) *Papier écolier, papier de brouillon* (V. **Bloc-notes, cahier, carnet**). *Papier ministre. Papier à lettres,* pour la correspondance. *Papier à en-tête.* — *Papier d'impression.* V. **Feuille, feuillet, page.** Imprim. *Marger, régler, plier le papier. Édition grand papier,* dont les pages ne sont pas rognées. — *Papier journal,* de qualité inférieure et peu encollé. — Dr. *Papier timbré*. ♦ 2º Feuille très mince de métal, servant à envelopper. *Papier d'étain, papier d'argent, papier doré.* ♦ 3º *Spécialt. Le papier,* support de ce qu'on écrit. *Jeter une phrase sur le papier.* V. **Écrire.** *Gratter du papier :* écrire. *Fig.* V. **Gratte-papier.** ◇ (Matérialisant la création littéraire) *Écrivain devant son papier. Noircir du papier.* Péj. *Barbouiller, salir du papier.* « *La clarté déserte de ma lampe Sur le vide papier que la blancheur défend* » (MALLARMÉ). — Loc. *Sur le papier,* théoriquement. *Sur le papier, tout est résolu, mais concrètement il y aura des difficultés.*
II. UN, DES PAPIER(S). ♦ 1º Feuille, morceau de papier (V. *fam.* **Papelard** 2). *Notez plutôt cela dans votre carnet que sur un papier* (Cf. **Feuille*** volante). — *Spécialt.* Bx-arts. *Papiers collés de Picasso, de Braque.* V. **Collage.** ◇ Article destiné à un journal. *Envoyer un papier à son journal.* ♦ 2º Papier écrit de quelque importance. V. **Document, note.** *Serviette pleine de papiers. Classer, ranger des papiers. Vieux papiers.* V. **Paperasse.** *Réunir les papiers nécessaires à un mariage.* V. **Pièce.** *Signer un papier.* — *Papiers d'un navire* ou *papiers de bord. Papiers militaires. Papiers de famille.* ◇ Loc. fig. et fam. *Être dans les petits papiers de qqn,* jouir de sa faveur, de sa considération. — *Rayez cela de vos papiers !* n'y comptez pas. ◇ (1835) *Papiers d'identité,* et absolt. *Papiers,* ensemble des papiers d'identité. *Vos papiers ! Avoir ses papiers en règle. Se faire faire de faux papiers.* — Fin. V. **Effet** (de commerce), titre, valeur. *Papiers de commerce. Papier à vue,* payable à vue. *Bon, mauvais papier,* signé par des gens solvables ou non. *Papier sur Londres, New York.* V. **Devise.**

PAPILIONACÉ, ÉE [papiljɔnase]. *n. et adj.* (v. 1700; du lat. *papilio* « papillon »). Bot. PAPILIONACÉES. *n. f. pl.* Sous-famille des légumineuses à corolles à cinq pétales, et dont les fruits sont des gousses bivalves. — Au sing. *Une papilionacée.* ◇ Adj. (1732) *Corolle, fleur papilionacée,* à cinq pétales inégaux (comparée à un papillon).

PAPILLAIRE [papi(l)lɛʀ]. *adj.* (1665; de *papille*). Anat. Formé de papilles; de la nature d'une papille.

PAPILLE [papij; -il]. *n. f.* (h. 1372; « bout du sein », XVIᵉ; lat. *papilla.* V. aussi **Papule**). ♦ 1º Anat. et cour. Petite éminence à la surface d'une muqueuse. *Papilles linguales, gustatives.* — *Papille dermique,* saillie conique du derme vers l'épiderme, renfermant des terminaisons vasculaires et nerveuses. — *Papille optique,* disque blanchâtre situé au centre de la rétine, correspondant à l'émergence des vaisseaux rétiniens et du nerf optique. ♦ 2º Bot. Émergence formée par une cellule épidermique.

PAPILLEUX, EUSE [papi(l)lø; papijø, øz]. *adj.* (1770; de *papille*). Rare. Parsemé de papilles. V. **Granuleux.**

PAPILLIFÈRE [papi(l)lifɛʀ]. *adj.* (1838; de *papille,* et *-fère*). Didact. Qui porte des papilles.
PAPILLIFORME [papi(l)lifɔʀm(ə)]. *adj.* (1817; de *papille,* et *-forme*). Didact. De la forme d'une papille.
PAPILLOME [papi(l)lom]. *n. m.* (1858, *papilloma;* de *papille,* et *-ome*). Pathol. Tumeur bénigne de la peau ou d'une muqueuse à épithélium pavimenteux, d'un aspect mamelonné, constituée par un épaississement irrégulier de la couche des cellules épithéliales et du tissu conjonctivo-vasculaire sous-jacent. *La verrue, le condylome sont des papillomes.*
PAPILLON [papijɔ̃]. *n. m.* (1275; lat. *papilio.* V. **Parpaillot, pavillon**). ♦ 1º Insecte lépidoptère sous la forme adulte, ailée. *Principaux papillons.* V. **Apollon, argus, bombyx, machaon, paon, phalène, saturnie, sphinx, uranie, vanesse.** *Papillons de jour, diurnes; de nuit, nocturnes; crépusculaires.* — *Antennes, trompe, ailes à fines écailles des papillons. Métamorphoses qui changent la chenille en chrysalide* (V. **Cocon**), *puis en papillon.* « *Elle passait ses journées à faire la chasse aux papillons* » (STENDHAL). *Filet à papillons. Collection de papillons.* — *Étourdi, léger comme un papillon.* — Loc. fam. *Minute papillon !* une minute; attendez ! ◇ Fig. *Un papillon :* un esprit léger, volage. — *Papillons noirs :* idées sombres, mélancolie passagère. ♦ 2º Par anal. *Vx.* Partie d'une coiffe qui s'élargit en ailes. ♦ Mod. *Nœud papillon,* nœud plat servant de cravate, en forme de papillon. ◇ **Brasse*** papillon. ◇ Mar. Petite voile placée au-dessus des cacatois. ♦ 3º (*h.* 1465; XIXᵉ). Feuille de papier jointe à un livre, un texte (V. **Tract**). ◇ Avis de contravention. *Agent qui met un papillon au pare-brise d'une voiture.* ♦ 4º Techn. Écrou à ailettes. *Papillons d'une roue de bicyclette. Bec papillon,* donnant une flamme en forme d'ailes de papillon. ◇ Dispositif de réglage, dans certaines machines. Auto. *Papillon des gaz :* robinet d'admission du mélange gazeux dans les cylindres.
PAPILLONNAGE [papijɔnaʒ] ou **PAPILLONNEMENT** [papijɔnmã]. *n. m.* (1742,-1879; de *papillonner*). Le fait de papillonner (2º).
PAPILLONNANT, ANTE [papijɔnã, ãt]. *adj.* (1874; de *papillonner*). Qui papillonne, aime à papillonner. « *À quarante ans, elle était encore blanche, rose, souple, et papillonnante* » (HENRIOT). *Esprit papillonnant.*
PAPILLONNER [papijɔne]. *v. intr.* (1348; de *papillon*). ♦ 1º (1348, « palpiter »). Battre, s'agiter comme des ailes de papillon. ♦ 2º (1608). Aller d'une personne, d'une chose à une autre sans nécessité. V. **Folâtrer, virevolter, voltiger.** « *Elle allait et revenait, elle papillonnait en chantant* » (BALZ.). ◇ Passer d'un sujet à l'autre, sans rien approfondir. V. **Éparpiller** (s').
PAPILLOTAGE [papijɔtaʒ]. *n. m.* (1611, « éclat des paillettes »; de *papilloter*). ♦ 1º (1684). Effet produit par les yeux par un grand nombre de points lumineux éparpillés qui les obligent à se mouvoir sans cesse. V. **Éblouissement.** ◇ Typogr. Manque de netteté d'un tirage. ♦ 2º (XVIIIᵉ). Battements précipités des paupières, quand les yeux sont éblouis. V. **Papillotement.**
PAPILLOTANT, ANTE [papijɔtã, ãt]. *adj.* (1767; de *papilloter*). ♦ 1º Qui éblouit par un grand nombre de lumières. ♦ 2º Qui papillote (en parlant de l'œil, du regard).
PAPILLOTE [papijɔt]. *n. f.* (1408; de *papilloter*). ♦ 1º Vx. Paillette d'or ou d'argent sur une étoffe. V. **Paillon.** ♦ 2º (1617). Morceau de papier autour duquel on enroule une mèche de cheveux pour la friser. *Les bigoudis ont remplacé les papillotes.* ♦ 3º (1803). Papier servant d'enveloppe à un bonbon. — Cuis. Papier beurré ou huilé enveloppant certains poissons, légumes ou viandes à griller. *Côtelettes, cailles en papillotes.* ♦ 4º Loc. fig. *Tu peux en faire des papillotes* (d'un papier, d'un écrit) : cela ne vaut rien.
PAPILLOTEMENT [papijɔtmã]. *n. m.* (1874; « fait d'être pailleté », 1611; de *papilloter*). Éparpillement de points lumineux qui papillotent; effet produit par cet éparpillement. V. **Papillotage.**
PAPILLOTER [papijɔte]. *v.* (Papeloté, 1400; de l'a. fr. *papillot,* dimin. de *papillon*). I. V. tr. Vx. Garnir de paillettes, de paillons, et *par ext.* (1680) de papillotes. *Papilloter une perruque.* II. V. intr. Mod. (1752). ♦ 1º Se dit des yeux, entraînés dans un mouvement qui les empêche de se fixer sur un objet. *Par ext.* Cligner des paupières. ♦ 2º Scintiller comme des paillettes. « *Le soleil papillote dans les haies* » (SARTRE). ◇ Typogr. Manquer de netteté.
PAPION [papjɔ̃]. *n. m.* (1766; lat. mod. *papio;* altér. de *babouin*). Zool. Nom générique de singes (*Cynocéphales*), dont le babouin est une espèce.
PAPISME [papism(ə)]. *n. m.* (1553; de *papiste*). Soumission à l'autorité du pape; doctrine des partisans de l'autorité absolue du pape. ◇ (*Péj.* et *vieilli*) Catholicisme romain.
PAPISTE [papist(ə)]. *n.* (1526; de *pape*). Péj. Personne qui se soumet à l'autorité du pape. ◇ Catholique romain (*spécialt.* dans le langage des polémistes protestants, du XVIᵉ au XIXᵉ s.).

PAPOTAGE [papɔtaʒ]. *n. m.* (1837; de *papoter*). Action de papoter; propos légers, insignifiants. V. **Bavardage.** « *Des racontars idiots, des cancans... des papotages grossiers* » (SARRAUTE).

PAPOTER [papɔte]. *v. intr.* (1767; *papeter* « bavarder », XIIIe; lat. *pappare*, rad. onomat. *pap-*). Parler beaucoup en disant des choses insignifiantes. V. **Bavarder.** « *Les belles dames de l'Opéra papotaient dans leurs loges* » (DUHAM.).

PAPOUILLE [papuj]. *n. f.* (1923; p.-ê. de *palpouille* [dial.], de *palper*). *Fam.* Chatouillement, caresse indiscrète. *Faire des papouilles* (Cf. *fam.* Peloter).

PAPRIKA [papʀika]. *n. m.* (*Papriko* « soupe au poivre », 1836; mot hongrois). Variété de piment utilisé en poudre.

PAPULE. ♦ 1° *Méd.* Lésion élémentaire de la peau, caractérisée par une petite saillie ferme, de couleur variable, ne laissant pas de cicatrice. V. **Papille.** ♦ 2° *Bot.* Protubérance sur l'épiderme de certaines plantes.

PAPULE [papyl]. *n. f.* (1555; lat. *papula*, var. de *papilla*. V. **Papille.**

PAPULEUX, EUSE [papylø, øz]. *adj.* (1810; de *papule*). *Méd.* Qui porte des papules; qui est formé de papules. *Éruption papuleuse.*

PAPYROLOGIE [papiʀɔlɔʒi]. *n. f.* (1907; de *papyrus*, et *-logie*). *Didact.* Branche de la paléographie, qui étudie les papyrus.

PAPYROLOGUE [papiʀɔlɔg]. *n.* (1907; de *papyrologie*). *Didact.* Spécialiste de la papyrologie.

PAPYRUS [papiʀys]. *n. m.* (1562; lat. *papyrus*, mot gr. V. **Papier**). ♦ 1° Plante des bords du Nil *(Cypéracées)*, dont la tige servait à fabriquer des objets de vannerie et surtout des feuilles pour écrire (on découpait la tige en bandes que l'on collait ensemble). *Manuscrit antique sur papyrus.* ♦ 2° (XIXe). *Un papyrus* : un manuscrit, un livre écrit sur papyrus. « *Le papyrus, gardien secret de la pensée* » (MAUPASS.). ♦ 3° *Arts.* Motif ornemental de l'art égyptien, formé d'un faisceau de hampes de papyrus.

PÂQUE ou **PÂQUES** [pɑk]. *n. f. et pl.* et *n. m. sing.* (*Paschas*, X^e; lat. pop. °*pascua*, gr. *paskha*, hébreu *pesah* « passage »). **I.** LA PÂQUE. *n. f.* ♦ 1° *Relig.* Fête judaïque annuelle qui commémore l'exode d'Égypte. V. **Azyme** (Fête des azymes). — Par ext. *Manger la pâque*, l'agneau pascal. ♦ 2° (v. 1170). *Vx.* Pâques (1°). *La grande pâque russe.*
II. *Cour.* ♦ 1° PÂQUES. *n. f. pl.* Fête chrétienne célébrée le premier dimanche suivant la pleine lune de l'équinoxe de printemps, pour commémorer la résurrection du Christ. *Souhaiter de joyeuses Pâques à qqn.* — Par ext. *Pâques fleuries.* V. **Rameaux.** ◇ *Par ext.* (1606) *Faire ses pâques* (ou *Pâques*) : recevoir la communion prescrite aux fidèles par l'Église, à Pâques. ♦ 2° *N. m. sing.* (1283; ellipse de *jour de Pâques*). *Pâques est célébré entre le 22 mars et le 25 avril. La semaine avant Pâques* (semaine sainte). *La semaine de Pâques* (après Pâques), *le lundi de Pâques. Vacances de Pâques.* — *Loc. Œufs* de Pâques. — À Pâques ou à la Trinité* : très tard, jamais.

PAQUEBOT [pakbo]. *n. m.* (1665; *paquebouc*, 1634; angl. *packet-boat*). ♦ 1° *Vx.* Navire de dimension moyenne, transportant passagers et courrier. ♦ 2° *Mod.* Grand navire de commerce principalement affecté au transport des passagers. *Paquebot-mixte*, transportant aussi des marchandises. *Paquebot transatlantique. Le paquebot « France ».*

PÂQUERETTE [pakʀɛt]. *n. f.* (*Pasquerette*, *pasquette*, 1553; de *Pâques* [époque de la floraison]). Petite marguerite blanche très commune des prairies, des gazons; la fleur de cette plante, blanche ou rosée, à cœur jaune. *Pelouse émaillée de pâquerettes.*

PAQUET [pakɛ]. *n. m.* (1538; *pacquet*, 1368; de l'a. fr. *pacque*, du néerl. *pak*). ♦ 1° Assemblage de plusieurs choses attachées ou enveloppées ensemble, et *par ext.* Objet enveloppé pour être transporté plus commodément ou pour être protégé. *Un paquet de linge, de vêtements.* V. **Ballot.** *Faire un paquet.* V. **Empaqueter.** *Paquet-cadeau. Paquet ficelé. Ouvrir, défaire un paquet* : dépaqueter. *Envoyer, remettre, recevoir un paquet. Expédition d'un paquet par la poste.* V. **Colis.** — *Paquets qu'on emporte avec soi.* V. **Bagage.** *Papier d'emballage, ficelle pour faire des paquets.* ◇ Emballage, objet manufacturé (papier, carton); emballage et contenu. *Paquet de café, de sucre, de lessive, de bonbons.* V. **Sachet.** *Paquet de cigarettes. Par ext.* Contenu d'un paquet. *Il fume plus d'un paquet par jour.* ◇ *Loc. Se laisser porter, secouer comme un paquet (de linge sale). Loc. fig.* Faire *son paquet, ses paquets* : se préparer à partir (Cf. Faire sa valise, sa malle). ♦ 2° PAQUET DE : grande quantité de. *Il a touché un paquet de billets.* V. **Liasse.** « *Vous avez touché un joli paquet, hein?* » (AYMÉ). *Un paquet d'actions.* — *Masse informe. Des paquets de neige. Un paquet d'eau. Paquet de mer* : masse d'eau de mer qui s'abat sur le pont d'un bateau, une jetée. *Fam.* (Personnes) *C'est un paquet de graisse! Un paquet d'os*. — *Un paquet de nerfs*. *Loc. fig.* Mod. *Donner, lâcher son paquet à qqn* : une critique sévère et méritée. « *Qu'elle se tienne tranquille ou je lui lâche son*

paquet » (ZOLA). *Il a eu son paquet.* ◇ *Mettre le paquet* : employer les grands moyens; donner son maximum. ♦ 4° *Imprim.* Lignes de composition liées ensemble pour être remises au metteur en pages. ♦ 5° *Rugby.* L'ensemble des avants. V. **Pack.** « *Le paquet d'avants... ferme la route, s'empare à nouveau du ballon* » (J. PRÉVOST).

PAQUETAGE [paktaʒ]. *n. m.* (1845; « mise en paquet », 1836; de *paquet*). Effets d'un soldat pliés et placés de manière réglementaire. *Faire son paquetage.* V. **Bagage, barda.**

PAQUETEUR, EUSE [paktœʀ, øz]. *n.* (1562; de *paquet*). *Rare.* Personne qui fait des paquets. V. **Emballeur, empaqueteur.**

PAR [paʀ]. *prép.* (X^e; *per*, 842; lat. *per* « à travers, au moyen de »). **I.** (Exprimant une relation de lieu ou de temps). **A** Lieu. ♦ 1° À travers. *Passer par la porte, le couloir. Jeter qqch., regarder par la fenêtre. Pour aller en Italie, il est passé par la Suisse. Voyager par mer, air, terre.* — *Idée qui vous passe par la tête. Passer par de rudes épreuves.* ♦ 2° (En parcourant un lieu). V. **Dans.** *Courir par les rues. Par le monde, de par le monde. Par monts* et par vaux.* « *Les calomnies frivoles qu'elle avait semées par la ville* » (FRANCE). ♦ 3° (Sans mouvement). *Être assis par terre* (V. À). — *Mar.* À la hauteur de. *Se trouver par 30° de latitude Nord et 48° de longitude Ouest. Embarcation par tribord!* ◇ (Avec ou sans mouvement) *Voitures qui se heurtent par l'avant. Par en bas, par le bas; par en haut, par le haut; par-devant; par-derrière; par-dessus; par-dessous; par dedans; par dehors. Par ici, par là.* — *Loc.* PAR-CI, PAR-LÀ : à divers endroits, un peu partout. *Fig.* (exprimant la répétition) « *Depuis ce matin on m'assomme avec Nana; et Nana par-ci, et Nana par-là!* » (ZOLA). **B** Durant, pendant. *Par une belle matinée de printemps. Par les temps qui courent. C'est comme par le passé.* **C** (Emploi distributif). *Plusieurs fois par jour. Gagner 1 000 francs par mois. C'est tant par personne, par tête. Par trois fois. Aller par petits groupes, par deux.* — *Marcher deux par deux. Suivre les événements heure par heure.*
II. ♦ 1° (Introduisant le compl. d'agent). *Grâce à l'action de.* ◇ (Avec un verbe au passif) *Il a été renversé par une voiture.* — (Avec l'inf. passif) *Faire faire qqch. par qqn.* « *On l'accusait d'avoir fait reporter le portefeuille par un complice* » (MAUPASS.). ◇ (Après un verbe actif ou pronom.) *J'ai appris la nouvelle par mes voisins.* « *Toutes les grandes choses se font que le peuple* » (RENAN; un nom) *L'exploitation de l'homme par l'homme.* « *Le portrait d'une bisaïeule à elle, par Titien* » (PROUST). ♦ 2° (Marquant le moyen ou la manière). Au moyen de. V. **Avec.** *Obtenir qqch. par la force, par la douceur. Répondre par oui ou par non, par le silence. Réussir par l'intrigue.* — *Multiplier, diviser une quantité par une autre.* — *Qu'entendez-vous par là? Tenir un couteau par le manche. Envoyer une lettre par la poste. Répondre par retour du courrier. À force d'en parler, ça va finir par arriver!* ♦ 3° (Après un adj.). *Femme remarquable par sa beauté. Fidèle par devoir.* ◇ (Après un nom) *Nettoyage par le vide. Un oncle par alliance. Société par actions.* ◇ *Loc. div. Par cœur*. Par exemple, par extension. Par excellence. Par conséquent. Par suite. Par ailleurs. Par contre. Par bonheur. Par miracle. Par le fait. Par pitié!*
III. (Altér. de *Part**). DE PAR le roi, de par la loi* : de la part, au nom du roi, de la loi.
IV. *Adv.* (de la prép. lat. *per*). PAR TROP : vraiment trop. *Bonaparte « est vraiment par trop charlatan* » (VIGNY).
◇ HOM. *Part*; formes du v. *parer.*

PARA [paʀa]. *n. m.* (v. 1945). Abréviation de *parachutiste. Des paras.*

1. **PARA-.** Élément, du gr. *para* « à côté de ».
2. **PARA-.** Élément, tiré de mots empruntés *(parasol, paravent)* qui exprime l'idée de « protection contre » (Cf. Parer).

PARABASE [paʀabɑz]. *n. f.* (1823; gr. *parabasis* « action de s'avancer »). *Littér. antiq.* Discours du coryphée par lequel l'auteur faisait connaître ses opinions personnelles.

PARABELLUM [paʀabelɔm]. *n. m. invar.* (XXe; de l'all., d'apr. le proverbe lat. *si vis pacem, para bellum* « si tu veux la paix, prépare la guerre ») Pistolet automatique de fort calibre.

PARABIOSE [paʀabjoz]. *n. f.* (v. 1904; de *para-* 1, et suff. tiré du gr. *bios* « vie »). *Biol.* Greffe dite « siamoise », par laquelle on soude deux organismes (embryology).

1. **PARABOLE** [paʀabɔl]. *n. f.* (1265; lat. ecclés. *parabola*, gr. *parabolê* « comparaison »). Récit allégorique des livres saints sous lequel se cache un enseignement. V. **Parabole** de Salomon. Les paraboles de l'Évangile.* ◇ *Par ext.* V. **Allégorie, apologue, fable.** — *Fam. Parler par paraboles* : d'une manière détournée, obscure.
2. **PARABOLE** [paʀabɔl]. *n. f.* (XVIe; gr. *parabolê* au sens géom.). Ligne courbe dont chacun des points est situé à égale distance d'un point fixe *(foyer)* et d'une droite fixe *(directrice)*. *La parabole résulte de la section d'un cône par*

un plan parallèle à l'un des plans tangents à la surface du cône. La parabole, représentation graphique de la fonction du second degré. ◊ Courbe décrite par un projectile. V. **Trajectoire.**
1. **PARABOLIQUE** [paʀabɔlik]. *adj.* (v. 1500; lat. ecclés. *parabolicus*). *Rare.* Relatif à la parabole (1). V. **Allégorique.**
2. **PARABOLIQUE** [paʀabɔlik]. *adj.* et *n. m.* (v. 1505; de *parabole* 2). ♦ 1° Relatif à la parabole (2). ◊ En forme de parabole. *Miroir parabolique.* ♦ 2° (1935). *Radiateur parabolique :* à miroir parabolique. N. m. *Un parabolique.*
PARABOLIQUEMENT [paʀabɔlikmɑ̃]. *adv.* (1732; de *parabole* 2). *Géom.* En décrivant une parabole.
PARABOLOÏDE [paʀabɔlɔid]. *n. m.* (1691; adj. 1660; de *parabole* 2). *Géom.* Quadrique n'ayant pas de centre. *Paraboloïdes elliptique, hyperbolique,* dont certaines sections planes sont des ellipses, des hyperboles. *Paraboloïde de révolution,* surface engendrée par une parabole tournant autour de son axe de symétrie.
PARACENTÈSE [paʀasɛ̃(ã)tɛz]. *n. f.* (XVIᵉ; gr. *parakentêsis* « ponction »). *Méd.* Ponction, au moyen d'une aiguille ou d'un bistouri, de la paroi d'une cavité, afin d'en évacuer le liquide accumulé. *Paracentèse abdominale dans l'ascite. Paracentèse du tympan.*
PARACHÈVEMENT [paʀaʃɛvmɑ̃]. *n. m.* (1355; de *parachever*). *Littér.* Action de parachever; son résultat. V. **Achèvement, perfection.**
PARACHEVER [paʀaʃve]. *v. tr.;* conjug. *achever.* V. **Lever** (1213; de *par,* et *achever*). Conduire au dernier point de perfection. V. **Achever, fignoler** *(fam.),* **parfaire.** *Parachever une œuvre, un poème.* V. **Polir.**
PARACHRONISME [paʀakʀɔnism(ə)]. *n. m.* (fin XVIIᵉ; de *para-* 1, et *anachronisme*). *Didact.* Faute de chronologie (V. **Anachronisme**) qui consiste à placer un événement plus tard qu'il ne faudrait.
PARACHUTAGE [paʀaʃytaʒ]. *n. m.* (1939; de *parachuter*). ♦ 1° Action de parachuter d'un avion (des personnes ou des objets). V. **Droppage, largage.** *Parachutage d'armes, de troupes.* « *Toute opération de parachutage devrait... être immédiatement dénoncée* » (BEAUVOIR). ♦ 2° Action de parachuter (2°) qqn dans un emploi; nomination inattendue.
PARACHUTE [paʀaʃyt]. *n. m.* (1777; de *para-* 2, et *chute*). ♦ 1° *Cour.* Appareil permettant de ralentir la chute d'une personne ou d'un objet qui tombe d'un aérostat ou d'un avion, ou de diminuer la vitesse d'un avion, etc. *Éléments d'un parachute :* coupole ou voilure, composée de fuseaux et reliée au harnais par les suspentes. *Parachute dorsal, ventral. Parachute anti-vrille, pour freiner un avion à l'atterrissage. Saut en parachute* (V. **Parachutage, parachutiste**). ♦ 2° *Techn.* Dispositif de sécurité qui permet d'arrêter la chute accidentelle de la benne dans un puits de mine. — *Horlog.* Pièce qui protège des chocs l'axe du balancier d'une montre.
PARACHUTER [paʀaʃyte]. *v. tr.* (1939; de *parachute*). ♦ 1° Lâcher un avion avec un parachute. *Parachuter des soldats, du ravitaillement.* V. **Droper** (2), **larguer.** ♦ 2° *Fam.* Nommer ou désigner (une personne) à l'improviste, de manière inattendue. P. p. subst. « *Un inconnu, un 'parachuté' [...] a failli lui faire mordre la poussière* [dans une élection] » (*Le Monde,* 10-2-1967).
PARACHUTISME [paʀaʃytism(ə)]. *n. m.* (1920; de *parachute*). Technique, pratique du saut en parachute. *Parachutisme sportif, militaire.*
PARACHUTISTE [paʀaʃytist(ə)]. *n.* et *adj.* (1928; de *parachute*). Sportif, sportive qui pratique le parachutisme. *Brevet de parachutiste.* ◊ Soldat qui fait partie d'unités spéciales dont les éléments sont destinés à combattre après avoir été parachutés. Abrév. *Para. Commando de parachutistes.*
PARADE [paʀad]. *n. f.* (*Faire parade,* 1532; de *parer* 1).
I. ♦ 1° Étalage que l'on fait d'une chose, afin de se faire valoir. V. **Affectation, exhibition, ostentation** (Cf. *pop.* Esbroufe, chiqué *[fam.]*). « *Le désir de parade qui excite devant les femmes tous les buveurs de gloire* » (MAUPASS.). ◊ Loc. FAIRE PARADE DE qqch. V. **Déployer, étaler, exhiber;** étalage (faire), montre (faire). « *Lire pour faire parade de ses lectures* » (ROUSS.). ◊ DE PARADE, destiné à être utilisé comme ornement. *Habit de parade.* « *Une arme de combat et non de parade* » (GAUTIER). — Fig. *Non-conformisme, vertu de parade,* purement extérieurs. ♦ 2° Cérémonie militaire où les troupes en grande tenue défilent. V. **Défilé, revue.** ♦ 3° (1680). Exhibition que font les bateleurs, avant la représentation, pour attirer les spectateurs. V. **Boniment.** *Faire, jouer la parade.* — *Par ext.* Exhibition, spectacle (essentiellement défilés).
II. (1611; de l'esp. *parada,* de *parar* « retenir »). *Équit.* Arrêt d'un cheval qu'on manie. *Cheval sûr à la parade.*
III. (1626; de *parer* 2). ♦ 1° Action, manière de parer un coup, à l'escrime. V. **Contre.** « *Sa parade ne vaut pas son attaque* » (GAUTIER). ♦ 2° Défense, riposte. *Trouver la parade à une arme inconnue, à une attaque, à une manœuvre d'un adversaire.*

PARADER [paʀade]. *v. intr.* (*Se parader,* 1573; de *parade*). ♦ 1° Se montrer en se donnant un air avantageux. V. **Pavaner** (se), **plastronner.** *Les occasions « de parader au milieu de gens fort titrés et de jolies femmes lui procuraient les plus vives jouissances* » (ROMAINS). ♦ 2° *Rare.* Manœuvrer au cours d'une parade. *Le régiment paradait sur l'esplanade.* ♦ 3° *Mar. (Vx).* Aller et venir en se préparant à attaquer. V. **Croiser.**
PARADEUR [paʀadœʀ]. *n. m.* (1911; *h. 1845;* « écuyer », 1879; de *parader*). *Rare.* Personne qui aime à parader, qui aime l'ostentation.
PARADIGMATIQUE [paʀadigmatik]. *n. f.* et *adj.* (v. 1960; de *paradigme*). *Ling.* Étude des rapports (oppositions) entre les termes qui peuvent figurer en un même point de la chaîne parlée et qui font l'objet d'un choix exclusif de la part du locuteur. ◊ *Adj.* Du paradigme (2°), *Axe paradigmatique,* ou *des substitutions.* ◈ ANT. Syntagmatique.
PARADIGME [paʀadigm(ə)]. *n. m.* (1561; lat. *paradigma,* du gr. *paradeigma* « exemple »). ♦ 1° *Gram.* Mot-type qui est donné comme modèle pour une déclinaison, une conjugaison. V. **Exemple, modèle.** ♦ 2° *Ling.* (1943). Ensemble des termes qui peuvent figurer en un point de la chaîne parlée, axe des substitutions. V. **Paradigmatique.**
PARADIS [paʀadi]. *n. m.* (980; lat. ecclés. *paradisus,* gr. *paradeisos,* de l'avestique *paridaiza* « enclos, édifice ». V. *aussi* **Parvis**). ♦ 1° Lieu où les âmes des justes jouissent de la béatitude éternelle. V. **Ciel** (Cf. *Le royaume de Dieu, le royaume éternel,* et *aussi* Olympe, Walhalla). *Le Paradis et l'Enfer. Aller au paradis, en paradis. Les clefs du paradis.* — Loc. *Vous ne l'emporterez* pas en, au paradis. ♦ 2° Fig. État ou lieu de bonheur parfait, séjour enchanteur. V. **Éden.** *C'est le paradis sur la terre.* « *Mais le vert paradis des amours enfantines...* » (BAUDEL.). « *C'est de l'enfer des pauvres qu'est fait le paradis des riches* » (HUGO). — *Les paradis artificiels* (les plaisirs des narcotiques, des stupéfiants, etc.), de Baudelaire. ♦ 3° *Le* PARADIS TERRESTRE : jardin où, dans la Genèse, Dieu place Adam et Ève. V. **Éden.** ♦ 4° *Vx* (XVIᵉ-XVIIᵉ). Bassin aménagé dans un port pour abriter les navires. ♦ 5° (1606). Galerie supérieure d'un théâtre. V. **Poulailler.** ♦ 6° *Bot.* (1542). *Pommier de paradis* ou *paradis :* variété de pommier (*mala paradisiaca*) utilisée comme porte-greffe. — *Graine de paradis.* V. **Amome, maniguette.** — *Arbre de paradis.* ♦ 7° (1585). *Oiseau de paradis.* V. **Paradisier.** ◈ ANT. Enfer.
PARADISIAQUE [paʀadizjak]. *adj.* (*h.* 1553; 1838; lat. ecclés. *paradisiacus*). Qui appartient au paradis. Fig. *Séjour paradisiaque.* V. **Enchanteur.**
PARADISIER [paʀadizje]. *n. m.* (1806; de *paradis*). Oiseau (*Passereaux*) de la Nouvelle-Guinée. *Le paradisier* (ou *oiseau de paradis*) *mâle porte sur le flanc des panaches de plumes aux riches couleurs.*
PARADOS [paʀado]. *n. m.* (1838; de *para-* 2, et *dos*). *Fortif.* Terrassement destiné à parer les coups qui pourraient prendre à revers les servants d'une batterie, les occupants d'une tranchée.
PARADOXAL, ALE, AUX [paʀadɔksal, o]. *adj.* (1584; de *paradoxe*). ♦ 1° Qui tient du paradoxe. *Des raisonnements paradoxaux.* ◊ *Par ext.* Bizarre, inconcevable. « *Un revirement par trop paradoxal* » (ROMAINS). ♦ 2° Qui aime, qui recherche le paradoxe. *Esprit paradoxal.* ◈ ANT. Commun.
PARADOXALEMENT [paʀadɔksalmɑ̃]. *adv.* (*h.* 1589; 1834; de *paradoxal*). D'une manière paradoxale.
PARADOXE [paʀadɔks(ə)]. *n. m.* (*Paradoce,* 1485; gr. *paradoxos* « contraire à l'opinion commune »). ♦ 1° Opinion qui va à l'encontre de l'opinion communément admise. *Avancer, soutenir un paradoxe.* « *Les paradoxes d'aujourd'hui sont les préjugés de demain* » (PROUST). ♦ 2° Être, chose, fait qui heurte le bon sens. V. **Singularité.** *Un paradoxe de la nature.* « *Le despotisme est un paradoxe* » (HUGO) : un contresens, une absurdité. ♦ 3° *Log.* Se dit d'une proposition qui est à la fois vraie et fausse. V. **Antinomie, contradiction, sophisme.** *Le paradoxe du menteur* (« Je mens »).
PARAFE ou **PARAPHE** [paʀaf]. *n. m.* (1820,-XVᵉ; « paragraphe », v. 1460; lat. médiév. *paraphus,* altér. de *paragraphus.* V. **Paragraphe**). ♦ 1° Traits qu'on ajoute au nom pour distinguer la signature. « *Au bas de la page, il improvise une signature. La queue du paraphe s'égare, se perd dans le paraphe lui-même* » (RENARD). ♦ 2° (1611). Signature abrégée (souvent réduite aux initiales). V. **Parapher.** *Dr.* Signature d'un magistrat (pour authentifier).
PARAFER ou **PARAPHER** [paʀafe]. *v. tr.* (XIXᵉ,-1467; de *parafe*). Marquer, signer d'un paraphe. « *Il écrivait les décisions, et le marquis les paraphait* » (STENDHAL). *Parapher les ratures d'un acte, toutes les pages d'un contrat.* — Au p. p. *Renvois paraphés.*
PARAFFINAGE [paʀafinaʒ]. *n. m.* (1875; de *paraffiner*). Opération qui consiste à enduire de paraffine; son résultat.
PARAFFINE [paʀafin]. *n. f.* (1832; *parafine* « poix, résine », 1552; lat. *parum affinis* « qui a peu d'affinité »). ♦ 1° *Chim.* Corps appartenant à une série homologue

d'hydrocarbures saturés de formule générale C_nH_{2n+2}. ◆ 2° *Cour.* Substance solide blanche, constituée d'hydrocarbures de la *série des paraffines*, qui fond entre 50 et 60 °C. (V. **Alcane, graisse** [minérale], **ozocérite**), utilisée dans la fabrication de bougies, et pour imperméabiliser le papier. *Huile de paraffine,* utilisée comme laxatif et comme lubrifiant.

PARAFFINÉ, ÉE [paʀafine]. *adj.* (1867; de *paraffine*). Enduit de paraffine. *Papier paraffiné.*

PARAFFINER [paʀafine]. *v. tr.* (1875; de *paraffine*). Enduire de paraffine.

PARAFISCAL, ALE, AUX [paʀafiskal, o]. *adj.* (mil. XXᵉ; de *para-* 1, et *fiscal*). *Admin.* Qui a rapport à la parafiscalité.

PARAFISCALITÉ [paʀafiskalite]. *n. f.* (1949; de *para-* 1, et *fiscalité*). *Admin.* Ensemble des taxes, cotisations, versements obligatoires, distincts des impôts perçus sous l'autorité légale, quoique non comptabilisés au budget de l'État.

PARAFOUDRE [paʀafudʀ(ə)]. *n. m.* (1845; de *para-* 2, et *foudre*). *Techn.* Paratonnerre.

1. **PARAGE** [paʀaʒ]. *n. m.* (fin XIᵉ; de *pair* 1). Vx. *De haut parage :* de haute naissance.

2. **PARAGES** [paʀaʒ]. *n. m. pl.* (1544; esp. *paraje* « lieu de station », de *parar*, lat. *parare* « s'arrêter »). ◆ 1° *Mar.* Endroit, espace déterminé de la mer; étendue de côtes accessible à la navigation. V. **Approche(s), atterrage.** *Les parages du cap Horn. — Parages des pilotes :* partie de la mer ou d'un fleuve, où l'on a recours à l'assistance d'un pilote. ◆ 2° (1835). *Cour.* V. **Environ(s), voisinage.** *Vous habitez donc dans nos parages?* « *Il crut se retrouver dans les parages qu'il avait quittés* » (ALAIN-FOURNIER).

3. **PARAGE** [paʀaʒ]. *n. m.* (1732; de *parer* 1). *Techn.* ◆ 1° *(Bouch.).* Action de parer les morceaux de viande bruts. ◆ 2° *(Vitic.).* Labour des vignes avant l'hiver.

PARAGRAPHE [paʀagʀaf]. *n. m.* (*Paragrafe,* v. 1220; lat. médiév. *paragraphus,* gr. *paragraphos* « écrit à côté »). ◆ 1° Division d'un écrit en prose, offrant une certaine unité de pensée ou de composition. *Paragraphes d'un chapitre. Les alinéas d'un paragraphe.* ◆ 2° Signe typographique (§) présentant le numéro d'un paragraphe.

PARAGRÊLE [paʀagʀɛl]. *n. m. et adj.* (1810; de *para-* 2, et *grêle*). Appareil destiné à protéger les cultures contre la grêle. — Adj. *Canon, fusée paragrêle.*

PARAÎTRE [paʀɛtʀ(ə)]. *v. intr.;* conjug. *connaître (Pareis-tre,* 980; bas lat. *parescere,* class. *parere*).
I. Devenir visible. ◆ 1° Se présenter à la vue. V. **Apparaître.** « *Lorsque au matin le jour vient à paraître* » (MUSS.). V. **Poindre, pointer.** « *La canne levée retomba... sur le front et les tempes jusqu'à ce que le sang parût* » (GREEN). ◇ *Fig.* **Venir au jour.** *Les premières roches qui ont paru sur la croûte terrestre. Lorsque cette institution parut.* V. **Éclore, naître.** ◇ *(Personnes)* V. **Montrer** (se). « *Lorsque l'enfant paraît...* » (HUGO). « *La porte de la chambre s'ouvrit. Elle parut, et vint à lui* » (MAUPASS.). ◆ 2° (1677). *(Publications)* Être mis en vente, livré au public. *Faire paraître un ouvrage :* éditer, imprimer, publier. *Les « Fleurs du Mal » ont paru en juin 1857. Le nouvel annuaire des postes est paru, vient de paraître. À paraître prochainement.* ◇ *Impers. Il va paraître, il a ou il est paru une nouvelle édition de cet ouvrage.*
II. (XVIᵉ). Être visible, être vu. ◆ 1° *Vieilli* ou *littér.* Se voir. *Une substance à travers laquelle les objets paraissent.* V. **Transparaître.** ◇ *Mod.* (Avec un adv. ou à la forme négative) *Vous aurez beau frotter cette tache, il en paraîtra toujours qqch.* « *Dans quelques jours il n'y paraîtra plus* » (MAUPASS.). — **Faire, Laisser paraître,** rendre visible, laisser voir. V. **Manifester, montrer.** *Laisser paraître ses sentiments.* ◆ 2° Se montrer dans des circonstances où l'on doit remplir quelque obligation. *Il n'a pas paru à son travail depuis deux jours.* « *Bien que sa fortune lui permît de paraître avantageusement à la cour* » (MUSS.). ◇ *Paraître en justice.* V. **Comparaître.** — *Paraître en public, en scène, à l'écran.* V. **Produire** (se). ◆ 3° *Absolt.* Se donner en spectacle. V. **Briller.** « *Elle aimait un peu trop paraître* » (FRANCE).
III. (XVIᵉ). *Verbe* « *d'état* ». Être vu sous un certain aspect. V. **Sembler.** ◆ 1° (Avec un attribut du sujet). Sembler, avoir l'air. *Ses nattes la font paraître plus jeune que son âge.* « *La blessure qui n'avait pas paru grave, mit longtemps à guérir* » (ROMAINS). ◇ *Donner à* (qqn) *l'impression d'être. Je vais vous paraître vieux jeu. Cela me paraît louche.* « *Hermann à mes côtés me paraissait une ombre* » (HUGO). ◆ 2° (Avec un infinitif). *Il me paraît douter de lui-même.* « *Elle les laissait venir, sans qu'elle parût remarquer leur présence* » (R. ROLLAND). ◇ *Paraître* (avoir) *trente ans.* V. **Faire.** *Une femme n'a que l'âge qu'elle paraît.* ◆ 3° *Spécialt. (Opposé à « être effectivement »).* Se faire passer pour. « *Les uns veulent paraître ce qu'ils ne sont pas; les autres sont ce qu'ils paraissent* » (LA ROCHEF.). « *Il s'agit d'être grand, et non de le paraître* » (R. ROLLAND). ◆ 4° *Impers.* V. **Sembler.** *Littér.* « *Il me paraît qu'on devrait admirer l'inconstance des hommes* » (LA BRUY.). — *Il paraît* (avec un adj. attribut). *Il (nous)*

parait certain, évident, que l'homme atteindra la Lune. « *Il me parait superflu que vous me consultiez* » (AUGIER). ◇ *Spécialt.* (1636) IL PARAÎT, IL PARAÎTRAIT QUE (suivi de l'ind.) : est court que. *Il parait qu'on va doubler les impôts.* — Pop. *Parait qu'on va avoir la guerre.* — (En incise) PARAÎT-IL. « *Le charmant roi mage, avec lequel on lui avait trouvé autrefois — paraît-il — une grande ressemblance* » (PROUST).
IV. (1775). *Subst. (Philo.* ou *littér.)* Apparence. *L'être et le paraître.* « *Nous autres, pauvres comédiens, à défaut de l'être nous avons au moins le paraître* » (GAUTIER).
◇ ANT. *Cacher* (se), *disparaître.*

PARALANGAGE [paʀalɑ̃gaʒ]. *n. m.* (v. 1965; de *para-* 1, et *langage*). *Ling.* Moyen de communication naturel non langagier, employé seul ou plus généralement simultanément avec la parole (mimique, gestuelle, sifflements, etc.).

PARALITTÉRAIRE [paʀaliteʀɛʀ]. *adj.* (1937; de *para-* 1, et *littéraire*). *Didact.* ◆ 1° Qui concerne des activités ou des travaux annexes de la littérature. « *Les besognes paralittéraires* » (DUHAM.). ◆ 2° Qui concerne la paralittérature*.

PARALITTÉRATURE [paʀaliteʀatyʀ]. *n. f.* (v. 1960; de *para-* 1, et *littérature*). *Didact.* Ensemble des productions textuelles sans finalité utilitaire et que la société ne considère pas comme de la « littérature » (roman, presse populaires; chanson, scénario et texte des romans-photos, bandes dessinées, etc.). Cf. **Littératures marginales.**

PARALLACTIQUE [paʀa(l)laktik]. *adj.* (1665; lat. sc., du gr. *parallaktos*). *Sc.* Relatif à la parallaxe. *Angle parallactique.*

PARALLAXE [paʀa(l)laks(ə)]. *n. f.* (1557, genre incertain au XVIIᵉ; gr. *parallaxis* « changement »). *Astron.* Déplacement de la position apparente d'un corps, dû à un changement de position de l'observateur; angle formé par deux droites menées du corps observé à deux points d'observation. *Parallaxe équatoriale,* angle sous lequel le rayon équatorial terrestre serait vu d'une planète ou d'un astre. ◇ *Opt.* Angle formé par les axes optiques de deux instruments *(ex. :* une lunette et son viseur) visant le même objet. *Correction de parallaxe.*

PARALLÈLE [paʀa(l)lɛl]. *adj. et n.* (1532; lat. *parallelus,* gr. *parallélos*).
I. ◆ 1° Se dit de lignes, de surfaces qui, en géométrie euclidienne, ne se rencontrent pas. *Droites parallèles,* dont deux points correspondants sont toujours équidistants. *Quadrilatère à côtés parallèles.* V. **Parallélogramme.** *Droite parallèle à un plan.* — Phys. *Faisceau parallèle* (d'ondes). — *Barres* parallèles. ◇ **PARALLÈLE.** n. f. (1680; masc., 1611). *Droite parallèle à une droite de référence. Le postulat des parallèles, fondement de la géométrie d'Euclide.* — Électr. *Montage en parallèle,* de conducteurs, de générateurs dont tous les pôles positifs d'une part, tous les pôles négatifs d'autre part sont reliés entre eux. ◆ 2° (1552). *Cercle parallèle,* et subst. n. **PARALLÈLE** : cercle que détermine la section d'une surface de révolution par un plan perpendiculaire à l'axe. ◇ *Parallèle céleste, terrestre,* petit cercle de la sphère céleste, terrestre, parallèle au plan de l'équateur. V. **Cercle, tropique.** *Méridiens et parallèles tracés sur une carte.* ◆ 3° *Tranchée parallèle* à un côté d'une place de guerre *(ancienn.)* ou à la ligne du front.
II. ◆ 1° (XVIIIᵉ). Qui suit la même direction, se développe dans la même direction. — Ethnol. *Filiation parallèle :* règle de filiation, assignant les hommes à des groupes patrilinéaires* et les femmes à des groupes matrilinéaires*, chaque ligne étant reconnue pour un sexe seulement. ◇ Qui a lieu en même temps, porte sur le même objet. *Marché, cours parallèle* au marché officiel. Cf. Marché noir. *Police parallèle.* ◆ 2° (XVIIᵉ). Qui présente une comparaison suivie entre deux objets. *Les Vies parallèles,* de Plutarque. — Cin. *Montage parallèle,* réunissant en des plans alternés deux événements distincts. ◆ 3° (1559). *N. m.* UN PARALLÈLE : comparaison suivie entre deux ou plusieurs sujets. *Établir, faire un parallèle entre deux questions.* ◇ *Loc. Mettre deux choses en parallèle.* V. **Balance** (mettre en). *Les romans de Richardson ne sauraient « entrer en parallèle avec le mien »* (ROUSS.).
◇ ANT. *Convergent, divergent; confluent.*

PARALLÈLEMENT [paʀa(l)lɛlmɑ̃]. *adv.* (1584; de *parallèle*). D'une manière parallèle. *Rue qui court parallèlement à la Seine.* ◇ *Fig.* En même temps, corrélativement. *Exprimer deux idées parallèles.*

PARALLÉLÉPIPÈDE [paʀa(l)lelepipɛd] ou **PARALLÉLIPIPÈDE** [paʀa(l)lelipipɛd]. *n. m.* (1690,-1570; lat. *parallelepipedus,* du gr. *parallélepipedos,* de *epipedon* « surface »). *Géom.* Hexaèdre dont les faces sont des parallélogrammes, les faces opposées étant parallèles et égales; prisme dont les bases sont des parallélogrammes. *Le cube, le rhomboèdre sont des parallélépipèdes.*

PARALLÉLISME [paʀa(l)lelism(ə)]. *n. m.* (1647; gr. *parallélismos.* V. **Parallèle**). ◆ 1° État de lignes, de plans parallèles. *Parallélisme des roues d'une automobile.* ◆

2° (XVIIIe). Progression semblable ou ressemblance suivie entre choses comparables. V. **Accord**. *Parallélisme d'une théorie et d'une autre, de deux théories.* « *Certains parallélismes entre notre intelligence, nos mœurs et notre caractère* » (HUGO). ◇ *Philo.* (1860) Doctrine selon laquelle à tout phénomène physique correspond un fait psychique et réciproquement. ◈ ANT. *Convergence, divergence, rencontre, section.*

PARALLÉLOGRAMME [paʀa(l)lelɔgʀam]. *n. m.* (1542; lat., du gr. *parallelogrammon*). *Géom.* Quadrilatère dont les côtés opposés sont deux à deux parallèles et égaux. *Parallélogramme à quatre côtés égaux* (V. **Losange**), *à angles droits* (V. **Rectangle**), *à côtés égaux et perpendiculaires* (V. **Carré**).

PARALOGISME [paʀalɔʒism(ə)]. *n. m.* (1380; gr. *paralogismos*). *Didact.* Faux raisonnement fait de bonne foi (*opposé à* sophisme). V. **Erreur**.

PARALYSANT, ANTE [paʀalizɑ̃, ɑ̃t]. *adj.* (1845; de *paralyser*). De nature à paralyser. *Émotion paralysante.*

PARALYSÉ, ÉE [paʀalize]. *adj. et n.* (v. 1560; de *paralysie*). Atteint de paralysie. V. **Paralytique**. *Bras, jambes paralysés.* — N. *Les paralysés.*

PARALYSER [paʀalize]. *v. tr.* (1765; de *paralysie*). ♦ **1°** Frapper de paralysie. *L'attaque qui l'a paralysé.* — *Par ext.* Immobiliser. *Le froid paralyse les membres.* V. **Engourdir**. « *Déjà l'asphyxie les étrangle et les paralyse* » (DAUD.). ♦ **2°** *Fig.* (1789). Frapper d'inertie; rendre incapable d'agir ou de s'exprimer. V. **Complexer, figer, stupéfier**. « *J'étais paralysé par la terreur* » (MAUPASS.). *Examinateur qui paralyse les candidats.* V. **Intimider**. — *Par ext. L'excès de la douleur paralyse les réactions.* V. **Annihiler, neutraliser**. ◇ *Mouvement de grève qui paralyse l'activité économique d'un pays.* ◈ ANT. *Aider, animer, éveiller.*

PARALYSIE [paʀalizi]. *n. f.* (1380; *paralisin*, 1190; lat. *paralysis*, mot gr., de *lusis* « relâchement »). ♦ **1°** Déficience ou perte de la fonction motrice d'une partie du corps, due le plus souvent à des lésions nerveuses centrales ou périphériques. *Paralysie légère.* V. **Parésie**. *Paralysie d'une moitié du corps.* V. **Hémiplégie**. *Paralysie des membres inférieurs.* V. **Paraplégie**. *Paralysie hystérique* (sans lésion nerveuse). *Être atteint de paralysie.* V. **Paralytique**. ♦ **2°** (1822). *Paralysie générale* (*progressive*) : inflammation diffuse du cerveau, d'origine syphilitique. Abrév. P.G. [peʒe]. ♦ **3°** *Fig.* (1701). Impossibilité d'agir, de s'extérioriser, de fonctionner. V. **Asphyxie** (*fig.*)*, assoupissement, impuissance.* « *L'esprit subit une espèce de paralysie momentanée* » (BAUDEL.). ◇ ANT. *Animation, mouvement.*

PARALYTIQUE [paʀalitik]. *adj. et n.* (*Paralitike*, 1256; lat. *paralyticus*. V. **Paralysie**). ♦ **1°** *Cour.* (Personnes) Qui est atteint de paralysie. *Un vieillard paralytique.* V. **Impotent**. *La fable de l'aveugle et du paralytique.* ◇ *Méd. Paralytique général* : malade atteint de paralysie générale. ♦ **2°** *Pathol.* Relatif à la paralysie. *Strabisme paralytique.*

PARAMAGNÉTIQUE [paʀamaɲetik]. *adj.* (1890; de *para-* 1, et *magnétique*). *Électr. Substance paramagnétique* : qui s'aimante comme le fer, mais beaucoup plus faiblement.

PARAMAGNÉTISME [paʀamaɲetism(ə)]. *n. m.* (fin XIXe; de *para-* 1, et *magnétisme*). *Sc.* Propriété des substances paramagnétiques, douées d'une faible susceptibilité magnétique positive.

PARAMÉCIE [paʀamesi]. *n. f.* (1836; lat. *paramecium*, du gr. *paramêkês* « oblong »). *Zool.* Protozoaire de grande taille (*Infusoire*) porteur de cils vibratiles.

PARAMÉDICAL, ALE, AUX [paʀamedikal, o]. *adj.* (mil. XXe; de *para-* 1, et *médical*). Qui se consacre aux soins, au traitement des malades, sans appartenir au corps médical. *Le personnel paramédical.*

PARAMÈTRE [paʀamɛtʀ(ə)]. *n. m.* (1732, « côté droit de la parabole »; de *para-* 1, et gr. *metron* « mesure »). *Math.* Quantité à fixer librement, maintenue constante, dont dépend une fonction de variables indépendants, une équation ou une expression mathématique. *Paramètre d'une parabole*, distance de son foyer à sa directrice. — Variable en fonction de laquelle on exprime chacune des variables d'une équation. — *Fig. et didact.* Élément important dont la connaissance explicite les caractéristiques essentielles d'un ensemble, d'une question. *Paramètres d'une série statistique* : médiane, quartile, moyennes, variance, mode.

PARAMÉTRIQUE [paʀametʀik]. *adj.* (1842; de *paramètre*). *Math.* Relatif à un paramètre; qui contient un paramètre. *Équation, coordonnées paramétriques.*

PARAMIDOPHÉNOL [paʀamidɔfenɔl]. *n. m.* (1891; de *para-* 1, *amidon*, et *phénol*). *Phot.* Dérivé du phénol; révélateur photographique.

PARAMILITAIRE [paʀamilitɛʀ]. *adj.* (v. 1920; de *para-* 1, et *militaire*). Qui est organisé selon la discipline et la structure d'une armée. *Formations paramilitaires.*

PARAMNÉSIE [paʀamnezi]. *n. f.* (1843; de *para-* 1, et gr. *mnêsis* « souvenir »). *Méd.* Perte de la mémoire des mots

---

et de leurs signes. — Illusion du déjà vu. *Paramnésie de localisation* : souvenir faussement localisé (dans l'espace ou dans le temps).

PARAMORPHINE [paʀamɔʀfin]. *n. f.* (v. 1970; de *para-* 1, et *morphine*). *Chim.* Syn. de *thébaïne**.

PARANGON [paʀɑ̃gɔ̃]. *n. m.* (XVIe; *mettre en parragon* « comparer », v. 1270; esp. *parangon*, de l'it. *paragone* « pierre de touche », gr. *parakonê* « pierre à aiguiser »). ♦ **1°** (1504). *Vx* ou *littér.* Modèle. « *Des ministres tarés et d'anciennes filles publiques étaient tenus pour des parangons de vertu* » (PROUST). — *Spécialt.* Perle, diamant sans défaut. ♦ **2°** *Techn.* Ancien nom de caractères d'imprimerie. ♦ **3°** Marbre noir d'Égypte et de Grèce. Appos. *Marbre parangon.*

PARANGONNER [paʀɑ̃gɔne]. *v. tr.* (1542; de *parangon*). ♦ **1°** *Vx.* Comparer; donner comme modèle. ♦ **2°** *Typogr.* (1800).. Aligner correctement (des caractères d'imprimerie de différents corps); opération du **PARANGONNAGE** [paʀɑ̃gɔnaʒ].

PARANOÏA [paʀanɔja]. *n. f.* (*Paranoïe*, 1838; mot all. [1772]; gr. *paranoia* « folie »). *Méd.* ♦ **1°** *Vx.* (jusque vers 1920). Délire systématisé avec conservation de la clarté de la pensée, ou délire d'interprétation. ♦ **2°** *Mod.* Troubles caractériels (orgueil démesuré, méfiance, susceptibilité excessive, fausseté du jugement avec tendance aux interprétations) engendrant un délire et des réactions d'agressivité.

PARANOÏAQUE [paʀanɔjak]. *adj. et n.* (XXe; de *paranoïa*). *Méd.* Relatif à la paranoïa. *Psychose paranoïaque.* Subst. *Les paranoïaques se caractérisent par la surestimation pathologique du moi, la méfiance, la fausseté du jugement et l'inadaptabilité sociale.* — Abrév. fam. PARANO. « *Pour lui un parano n'est pas plus atteint que les autres* » (*Nouv. Obs.*, 28-8-1972). Cf. Schizo. ◇ *Littér.* (1929, Dali) « *Activité paranoïaque-critique* : *méthode spontanée de connaissance irrationnelle basée sur l'association interprétative-critique de phénomènes délirants* » (ÉLUARD).

PARANOÏDE [paʀanɔid]. *adj.* (mil. XXe; de *paranoïa*, et -*oïde*). *Psychiatr.* Se dit d'une psychose, d'un délire mal structurés qui rappellent la paranoïa. *Démence paranoïde*, forme délirante de la démence précoce.

PARANORMAL, ALE, AUX [paʀanɔʀmal, o]. *adj.* (mil. XXe; de *para-* 1, et *normal*). *Didact.* Qui est en marge de la normalité. *Phénomènes paranormaux.* V. **Métapsychique, parapsychique**. *Psychologie paranormale.* V. **Parapsychologie**.

PARAPET [paʀapɛ]. *n. m.* (*Parapete*, 1546; it. *parapetto* « qui protège la poitrine »). ♦ **1°** *Fortif.* Levée de terre, massif de maçonnerie pour protéger les combattants. V. **Banquette, talus**. ♦ **2°** (1611). *Cour.* Mur à hauteur d'appui destiné à servir de garde-fou. *Parapet d'un pont. S'accouder à un parapet, enjamber un parapet.* V. **Garde-fou**.

PARAPHASIE [paʀafazi]. *n. f.* (1886; de *para-* 1, d'apr. *aphasie*). *Didact.* Trouble du langage, dans lequel le malade altère les mots (par substitution de phonèmes ou de syllabes) ou substitue des mots paronymiques.

PARAPHE, PARAPHER. V. PARAFE, PARAFER.

PARAPHERNAL, ALE, AUX [paʀafɛʀnal, o]. *adj.* (1575; *biens parapharnelz*, XVe; bas lat. *parapharnalis*, du gr. *parapherna* « à côté de la dot »). *Dr.* Se dit des biens d'une femme mariée, qui ne font pas partie de la dot. ◇ ANT. *Dotal.*

PARAPHIMOSIS [paʀafimozis]. *n. m.* (1701; de *para-* 1, et gr. *phimos* « lien »). *Méd.* Étranglement du gland par le prépuce, pouvant constituer une complication du phimosis*.

PARAPHRASE [paʀafʀɑz]. *n. f.* (1525; lat. *paraphrasis*, du gr. « phrase à côté »). ♦ **1°** Développement explicatif d'un texte. V. **Commentaire, explication, interprétation**. ♦ **2°** (1676). Développement verbeux et diffus. V. **Amplification**. *Une traduction ne doit pas être une paraphrase. Cette explication de texte n'est qu'une paraphrase.* ◇ *Ling.* Phrase synonyme d'une autre (*par ex.* Jean aime Louise → Louise est aimée de Jean). — Expression de plusieurs mots synonyme d'un mot. V. **Périphrase**. ◇ *Mus.* Fantaisie, écrite généralement sur des airs d'opéra. *Paraphrase de concert*, de Liszt. ◇ ANT. *Résumé.*

PARAPHRASER [paʀafʀɑze]. *v. tr.* (1534; de *paraphrase*). Commenter par une paraphrase. ◈ ANT. *Abréger.*

PARAPHRASEUR, EUSE [paʀafʀɑzœʀ, øz]. *n.* (XVIIIe; h. XVIe; de *paraphraser*). *Littér.* Personne qui fait des paraphrases, des développements verbeux.

PARAPHRASTIQUE [paʀafʀastik]. *adj.* (1542, « auteur de paraphrase »; de *paraphrase*). *Didact.* Qui constitue une paraphrase (1°). *Exégèse paraphrastique.*

PARAPHRÉNIE [paʀafʀeni]. *n. f.* (1909; de *para-* 1, et -*phrénie*, du gr. *phrên* « intelligence »). *Méd.* Délire chronique reposant sur des mécanismes de fabulation (thèmes délirants riches, variés et changeants). « *[...] poussant jusqu'à la paraphrénie sa distorsion de la réalité* » (BEAUVOIR).

PARAPHYSE [paʀafiz]. *n. f.* (1839; de *para-* 1, et gr. *phusa* « vessie »). *Bot.* Cellule allongée et stérile de l'hyménium des champignons ascomycètes et basidiomycètes.

PARAPLÉGIE [paraplezi]. *n. f.* (1560; de *para-* 1, et *plêgê* « coup, choc »). *Méd.* Paralysie des deux membres inférieurs.

PARAPLÉGIQUE [paraplezik]. *adj.* (1836; de *para-plégie*). *Méd.* Atteint de paraplégie. Subst. *La rééducation des paraplégiques.*

PARAPLUIE [paraplɥi]. *n. m.* (1622; de *para-* 2, et *pluie*). Objet portatif constitué par une étoffe tendue sur une armature pliante et par un manche, et qui sert d'abri contre la pluie (Cf. *fam.* et *pop.* Pébroc, pébroque, pépin, riflard). *Baleines de parapluie. Ouvrir son parapluie. Petit parapluie à manche court* (V. **Tom-pouce**). *— Le parapluie, symbole du bourgeois, au XIXᵉ siècle. Camelot qui étale sa marchandise dans un parapluie.*

PARAPSYCHIQUE [parapsiʃik]. *adj.* (1893; de *para-* 1, et *psychique*). *Didact.* Se dit des phénomènes psychiques inexpliqués. V. **Métapsychique, paranormal.**

PARAPSYCHOLOGIE [parapsikɔlɔʒi]. *n. f.* (1956; de *para-* 1, et *psychologie*). *Didact.* Étude des phénomènes parapsychiques, métapsychiques. ·

PARASCÈVE [parasɛv]. *n. f.* (1310, *jour de paraceuve*; gr. *paraskeuê* « préparation »). *Relig. jud.* Veille du sabbat.

PARASEXUALITÉ [parasɛksɥalite]. *n. f.* (de *para-* 1, et *sexualité*). *Didact.* Ensemble des phénomènes psycho-physiologiques conditionnés par la sexualité. *— Biol.* Ensemble des phénomènes de la sexualité primitive (en l'absence de fécondation). *Parasexualité des bactéries.*

PARASITAIRE [paraziter]. *adj.* (1855; de *parasite*). ♦ 1° Relatif aux parasites (II). Causé par les parasites. *Maladie parasitaire.* ♦ 2° *Littér.* Qui vit en parasite; du parasite (I).

PARASITE [parazit]. *n. m.* et *adj.* (v. 1500; lat. *parasitus*, gr. *parasitos*, de *sitos* « nourriture »).

I. *N. m.* ♦ 1° *Antiq.* Commensal attaché à la table d'un riche, et qui devait le divertir. ◇ *Mod.* Personne qui se nourrit sans savoir se faire inviter chez les autres. V. **Pique-assiette.** ♦ 2° (1680). Personne qui vit dans l'oisiveté, aux dépens de la société, alors qu'elle pourrait subvenir à ses besoins. « *Nous sommes tous* (les capitalistes) *des parasites* » (ARAGON).

II. *N. m.* et *adj.* (1721, adj.). *Biol.* Organisme animal ou végétal qui vit aux dépens d'un autre (appelé *hôte*), lui portant préjudice, mais sans le détruire (à la différence d'un *préda-teur*). *Parasite externe* (V. **Ectoparasite**), *interne* (V. **Endopa-rasite**). *Parasites animaux d'espèces animales : vers parasites* (ténia, ascaride, oxyure), pou, puce, punaise, tique. *Animaux parasites d'espèces végétales* : chenille, doryphore, puceron, phylloxéra. *Végétaux d'espèces végétales* : bactéries, champignons parasites. ◇ *Cour.* et *abusiv.* Se dit d'un organisme qui détériore le milieu où il vit. *Fleurs parasites des murs.*

III. *Fig. Adj.* et *n. m.* ♦ 1° Superflu et gênant. V. **Encombrant, importun.** ♦ 2° (1923). *Bruits parasites,* et subst. *Parasites,* perturbations dans la réception des signaux radio-électriques. *Parasites qui empêchent d'écouter une émission* (V. **Brouillage**). *Élimination des parasites.* V. **Antiparasite.**

PARASITER [parazite]. *v. tr.* (1795; de *parasite*). Habiter (un être vivant) en parasite; vivre aux dépens de. *Ver qui parasite un mammifère. Fig. Individus qui parasitent une société.*

PARASITICIDE [parazitisid]. *adj.* et *n.* (1668; de *para-site*). *Didact.* Qui tue les parasites.

PARASITIQUE [parazitik]. *adj.* (1539; de *parasite*). *Biol. (rare).* Propre au parasite (II). *Vie parasitique.*

PARASITISME [parazitism(ə)]. *n. m.* (1832; de *parasite*). ♦ 1° Condition d'un être vivant qui vit sur un autre en para-site (II). ♦ 2° Présence de parasites dans un organisme, dans un organe. *Parasitisme intestinal.* ♦ 3° Mode de vie du para-site (I). « *Avec l'ignoble tendance au parasitisme qu'avaient les gens de sa génération* » (MONTHERLANT).

PARASITOLOGIE [parazitɔlɔʒi]. *n. f.* (1890; de *para-site*). *Didact.* Science qui étudie les parasites.

PARASITOSE [parazitoz]. *n. f.* (1933; de *parasite*, et *-ose*). *Méd.* Affection provoquée par la présence de parasites. *Parasitose du foie, de l'intestin.*

PARASOL [parasɔl]. *n. m.* (1580; it. *parasole*; de *para-* 2, et *sole* [soleil]). ♦ 1° *Vx.* Objet analogue au parapluie, uti-lisé pour se protéger du soleil et de la pluie. V. **Ombrelle, parapluie.** ◇ *Mod.* Objet, destiné à abriter les dignitaires dans certains pays chauds. « *Il était nu-tête, sous un parasol de byssus, que portait un nègre derrière lui* » (FLAUB.). ♦ 2° (xxᵉ). *Mod.* Objet pliant semblable à un vaste parapluie et fixé à un support, que l'on installe en un endroit pour se protéger du soleil. *Parasol d'une table de café. Parasol de plage.* ♦ 3° (1762). *Pin parasol,* dont les branches sont en forme d'ombrelle.

PARASTATAL, ALE, AUX [parastatal, o]. *adj.* (xxᵉ;

de *para-* 1, lat. *status* « État »). [*En Belgique*]. *Admin.* Semi-public. *Les institutions parastatales.* — Subst. *Le parastatal.*

PARASYMPATHIQUE [parasɛ̃patik]. *adj.* et *n. m.* (1905; de *para-* 1, et *sympathique*). *Anat.* Se dit de la partie du système nerveux végétatif (ou neuro-végétatif), qui com-prend deux centres nerveux, aux deux extrémités de l'axe cérébro-spinal (*centre supérieur,* cervico-crânien et *centre inférieur,* pelvien ou sacré). *Système parasympathique.* Subst. *Le parasympathique est antagoniste du sympathique* (V. **Ortho-sympathique**) *et agit par l'intermédiaire de l'acétylcholine.*

PARASYNTHÉTIQUE [parasɛ̃tetik]. *adj.* et *n. m.* (1875; du gr. *parasunthetos*). *Ling.* Composé par l'addition com-binée de plusieurs affixes à une base (*ex.* : Incollable).

PARATAXE [parataks(ə)]. *n. f.* (1907; autre sens, 1838; de *para-* 1, d'apr. syn[*taxe*]). *Ling.* Construction par juxta-position, sans qu'un mot de liaison indique la nature du rapport entre les phrases.

PARATHORMONE [paratɔrmɔn]. *n. f.* (mil. xxᵉ; de *parath*[yroïde], et *hormone*). *Méd.* Hormone sécrétée par la parathyroïde, qui règle le taux de phosphore et de calcium de l'organisme.

PARATHYROÏDES [paratirɔid]. *n. f. pl.* (1896; de *para-* 1, et *thyroïde*). *Anat.* Les quatre petites glandes endo-crines situées dans le voisinage de la thyroïde, qui sécrètent une hormone : la parathormone.

PARATONNERRE [paratɔnɛr]. *n. m.* (1779; de *para-* 2, et *tonnerre*). Appareil inventé par Franklin, destiné à pré-server les bâtiments des effets de la foudre, fait d'une ou plusieurs tiges métalliques fixées aux toits et reliées au sol.

PARÂTRE [parɑtr(ə)]. *n. m.* (*Parastre,* 1080; bas lat. *patraster* « second mari de la mère », de *pater* « père »). ♦ 1° *Vx.* Beau-père. ♦ 2° *Fig.* (*Vx* ou *plaisant.*). Père méchant (Cf. Marâtre).

PARATYPHIQUE [paratifik]. *adj.* et *n.* (*Bacille paraty-phique,* 1897; de *parathyphoïde,* d'apr. *typhique*). *Méd.* ♦ 1° Relatif à la fièvre paratyphoïde et aux bacilles qui en sont la cause. ♦ 2° Qui est atteint de fièvre paratyphoïde. Subst. *Un, une paratyphique.*

PARATYPHOÏDE [paratifɔid]. *adj.* et *n.* (1907; de *para-* 1, et *typhoïde*). *Méd.* Se dit d'une fièvre rappelant la typhoïde, généralement de gravité moindre, et provoquée par des bacilles différents (bacilles paratyphiques*).

PARAVENT [paravɑ̃]. *n. m.* (1599; it. *paravento* « contre le vent »). ♦ 1° Meuble d'appartement fait de panneaux verticaux mobiles qu'on dispose en ligne brisée, destiné à protéger contre les courants d'air, à isoler. *Se déshabiller derrière un paravent.* ♦ 2° Ce qui protège en cachant. V. **Abri, couverture.** « *Sous l'ancienne monarchie, les premiers ministres étaient les paravents du souverain* » (L. BERTRAND).

PARBLEU ! [parblø]. *interj.* (1540; euphém. pour *par-dieu;* Cf. Corbleu, palsambleu). Jurement atténué pour exprimer l'assentiment, l'évidence. V. **Pardi.**

PARC [park]. *n. m.* (1175, « clôture »; bas lat. *parricus,* d'un prélat, *°parra* « perche »).

I. ♦ 1° Clôture légère et transportable dans laquelle on enferme les animaux (moutons) pendant la nuit. V. **Parcage.** ◇ *Pêche.* Ensemble de filets qui servent à retenir le poisson. ◇ (xxᵉ) Petite clôture basse et pliante formant une enceinte dans laquelle les enfants en bas âge apprennent à marcher. ♦ 2° Enclos où est enfermé le bétail. V. **Pâtis.** — Bassin où sont engraissés des coquillages. *Parc à huîtres.* ◇ Enclos servant d'entrepôt. Milit. « *Les parcs d'artillerie et de muni-tions* » (RAC.). ◇ Place réservée dans une ville pour le sta-tionnement des automobiles. *Parc de stationnement payant, gardé.* Mettre, garer sa voiture dans un parc. V. **Parquer;** et *aussi* Garage. — *Parc* est la recomm. offic. pour remplacer l'anglicisme *parking*. ♦ 3° *Techn., Écon.* Ensemble des véhicules dont dispose une armée (1835), un pays, une collec-tivité, une entreprise, etc. *Le parc automobile français, le parc d'une compagnie de louage, de taxis...* — Ensemble des machines, des wagons d'un réseau de chemin de fer. ◇ *Écon.* Ensemble d'appareils, d'installations d'une catégorie donnée, dont dispose une collectivité.

II. (1220, « verger »). ♦ 1° Grande étendue boisée et clôturée où l'on garde le gibier pour la chasse. *Parc national,* protégeant la flore et la faune du lieu. *Parc naturel régional,* comportant un plan de développement touristique et d'amé-nagement des sites tendant à retarder l'industrialisation d'une zone. ♦ 2° (1664). Étendue de terrain boisé entière-ment clos, dépendant d'un château, d'une grande habitation. *Allées, bassin, pelouse d'un parc. Parc à l'anglaise, à la française. Parc public.* V. **Jardin** (public). *Parc Monceau, Montsouris* (à Paris). — *Parc zoologique.* V. **Zoo.**

◇ HOM. Parque.

PARCAGE [parkaʒ]. *n. m.* (*Parquaige* « enceinte », fin xivᵉ; de *parquer*). ♦ 1° *Agric. Parcage des moutons,* fertilisation du sol par les déjections des moutons parqués pendant la nuit. ♦ 2° *Rare* (Néol.). *Parcage d'une voiture.*

V. **Garage, stationnement.** — *Par ext.* Parc de stationnement. V. **Parc, parking.**

PARCELLAIRE [parse(εl)lεr]. *adj.* (1791 ; de *parcelle*). *Didact.*, *Dr.* Fait par parcelles. *Travail, plan parcellaire.* — Qui concerne les parcelles de terre. *Cadastre parcellaire.*

PARCELLE [parsεl]. *n. f.* (1162 ; lat. pop. °*particella*, class. *particula*, de *pars, partis* « part, partie ». V. **Particule**). ♦ 1° Très petit morceau. V. **Fraction, fragment, morceau.** *Parcelles d'or.* ♦ 2° (1838). Portion de terrain de même culture, constituant l'unité cadastrale. ♦ 3° Minuscule partie, considérée abstraitement. V. **Atome, grain, miette.** « *L'éclat d'une parcelle de bonheur...* » (COLETTE). ◇ ANT. *Bloc, masse* (1).

PARCELLISATION [parselizɑsjɔ̃]. *n. f.* (1965 ; de *parcelliser*). Fragmentation, division en parcelles. — Par ext. « *La parcellisation du travail* » (*Le Monde*, 17-6-1965).

PARCELLISER [parselize]. *v.* (1964 ; de *parcelle*). ♦ 1° *Tr.* Diviser en parcelles (et *par ext.*) petites unités. *Parcelliser l'opposition.* ♦ 2° *Pron.* Se fragmenter. — Au p. p. « *Tâches parcellisées* » (*Nouv. Obs.*, 20-11-1972). *Travail parcellisé.*

PARCE QUE [parsk(ə)]. *loc. conj.* (1370 ; *parce ke*, v. 1200 ; de *par, ce*, et *que*). Exprime la cause. V. **Attendu** (que), **car, comme, pour** (pour ce que), **puisque, vu** (que). « *Une pierre tombe parce qu'elle est pesante* » (STENDHAL). « *Parce que vous êtes un grand seigneur, vous vous croyez un grand génie!* » (BEAUMARCH.). « *C'est parce qu'il était un conspirateur qu'elle l'avait d'abord aimé* » (FRANCE). « *M'aimes-tu parce que tu m'aimes, ou parce que je t'aime?* » (R. ROLLAND). ◇ Par ext. *Fam.* Renforce une coordination (Cf. *C'est que*). « *Vous en avez pour longtemps avec lui?* — *Non. — Parce que j'aurais pu vous attendre* » (ROMAINS). ◇ Absolt. Marque le refus ou l'impossibilité d'une explication. « — *Pourquoi? demanda le comte, surpris. — Parce que, répondit-elle lentement* » (ZOLA).

PARCHEMIN [parʃəmɛ̃]. *n. m.* (*Parchamin*, 1050 ; bas lat. *pergamena* [*charta*], gr. *pergamênê* « [peau] de Pergame »). ♦ 1° Peau d'animal (mouton, agneau, chèvre, chevreau) préparée spécialement pour l'écriture, la reliure. *Parchemin gratté.* V. **Palimpseste.** *Malle, sac, valise en parchemin.* — En appos. *Papier-parchemin.* ♦ 2° *Un, des* PARCHEMIN(S) : document, écrit. — *Titres de noblesse.* **Brevet.** — *Fam.* Diplôme universitaire (Cf. Peau d'âne).

PARCHEMINÉ, ÉE [parʃəmine]. *adj.* (1838 ; de *parchemin*). Qui a la consistance ou l'aspect du parchemin. *Cuir, papier parcheminé.* ◇ (En parlant de la peau, du visage) *Le visage parcheminé d'un vieillard.*

PARCHEMINER [parʃəmine]. *v. tr.* et *pron.* (*Se parcheminer*, 1836 ; de *parchemin*). **I.** (1874). *Techn.* Rendre semblable, par la consistance, la couleur, à du parchemin. *Parcheminer du papier.* **II.** SE PARCHEMINER. Devenir semblable à du parchemin. « *Les rides du visage se plissèrent... et la peau se parchemina* » (BALZ.).

PARCHEMINIER, IÈRE [parʃəminje, jεr]. *n. m.* et *f.* (XIIIe ; de *parchemin*). *Techn.* Personne qui prépare, qui vend le parchemin. Appos. *Ouvrier parcheminier.*

PARCIMONIE [parsimɔni]. *n. f.* (1495 ; lat. *parcimonia*). Épargne minutieuse, s'attachant aux petites choses. V. **Économie.** *Distribuer des vivres, de l'argent avec parcimonie* (Cf. Au compte-gouttes*). V. **Mesurer.** *Une maison « construite avec une parcimonie visible, et même avec lésine »* (FRANCE). — Par ext. *Accorder ses éloges avec parcimonie.* ◇ ANT. *Gaspillage, générosité, prodigalité, profusion.*

PARCIMONIEUSEMENT [parsimɔnjøzmɑ̃]. *adv.* (1831 ; de *parcimonie*). Avec parcimonie. **Chichement.** « *Les gâteaux et le thé, si parcimonieusement offerts dans les salons* » (BALZ.). ◇ ANT. *Généreusement, profusément.*

PARCIMONIEUX, EUSE [parsimɔnjø, øz]. *adj.* (1773 ; de *parcimonie*). Qui fait preuve de parcimonie. V. **Chiche, économe.** « *Regardant et parcimonieux... oui, je sais que je le suis* » (GIDE). — Qui dénote de la parcimonie. *Distribution parcimonieuse.* V. **Mesquin.** ◇ ANT. *Généreux.*

PAR-CI, PAR-LÀ. *loc.* V. **Par.**

PARCMÈTRE ou **PARCOMÈTRE** [parkmεtr(ə) ou parkɔmεtr(ə)]. *n. m.* (v. 1960 ; de *parc* [à voitures], et *-mètre*). Compteur de stationnement pour les automobiles.

PARCOURIR [parkurir]. *v. tr.* ; conjug. *courir* (XVe ; lat. *percurrere*). ♦ 1° (*Personnes*). Aller dans toutes les parties de (un lieu, un espace). V. **Traverser ; arpenter, visiter.** « *On n'a point vu Rome quand on n'a point parcouru les rues de ses faubourgs* » (CHATEAUB.). *Parcourir les bois, la campagne.* V. **Battre.** ◇ (*Choses* ; 1675) *Le navire parcourait la mer.* V. **Sillonner.** « *Tout son corps... était parcouru par une vibration* » (MONTHERLANT). ♦ 2° *Parcourir* (un trajet déterminé). *Distance à parcourir entre deux arrêts* (V. **Étape**). *Le son parcourt environ trois cent trente mètres à la seconde.* V. **Faire.** ♦ 3° (XVIe). Examiner, lire rapidement. *Parcourir un journal, un article* (Cf. Lire en diagonale), *un livre* (V. **Feuilleter**). ♦ 4° (1660). Regarder successivement (les éléments ▒▒▒▒▒▒▒▒▒▒▒

d'un ensemble) pour avoir une vue générale. « *D'un regard errant, Pauline parcourut les meubles figés dans la pénombre des persiennes* » (CHARDONNE).

PARCOURS [parkur]. *n. m.* (1286 ; bas lat. *percursus*, francisé d'apr. *cours*). ♦ 1° *Féod.* Convention entre habitants de deux seigneuries leur permettant de résider dans l'une ou l'autre sans perdre leur franchise. ◇ (XVe) Vx. *Droit de parcours*, ou *parcours* : droit qui permettait de faire paître son bétail sur la vaine pâture de la commune voisine. ♦ 2° (1845). Chemin pour aller d'un point à un autre. V. **Chemin, circuit, course, itinéraire, trajet.** *Effectuer un parcours.* — *Le parcours d'un autobus. Cette station est sur le parcours.* Par ext. *Payer le parcours.* ◇ *Loc. Accident*, incident de parcours*, événement fâcheux qui survient dans le cours d'une entreprise, sans toutefois la compromettre. ◇ (*Sports*) Distance déterminée qu'un coureur, qu'un cheval doit couvrir dans une épreuve. *Un parcours difficile* (de golf, de steeple-chase, etc.). *Incident de parcours.* ◇ *Milit. Parcours du combattant.*

PAR-DERRIÈRE, PAR-DESSOUS, PAR-DESSUS. V. **DERRIÈRE, DESSOUS, DESSUS.**

PARDESSUS [pardəsy]. *n. m.* (1810 ; de *par-dessus*). Vêtement chaud masculin qu'on porte par-dessus les autres vêtements pour se garantir des intempéries. V. **Manteau.** *Les passants « la nuque cachée dans le col relevé des pardessus »* (MAUPASS.).

PAR-DEVANT, PAR-DEVERS. V. **DEVANT, DEVERS.**

PARDI! [pardi]. *interj.* (XVIIe ; altér. du suiv.). *Fam.* Exclamation par laquelle on renforce une déclaration. V. **Dame.** *Il a trouvé porte close. Pardi, il s'était trompé d'adresse! Tiens, pardi! ce n'était pas étonnant.*

PARDIEU! [pardjø]. *interj.* (*Par dé*, XIIIe ; de *par*, et *Dieu*). Vx. Exclamation qui renforce. *Pardieu oui!*

PARDON [pardɔ̃]. *n. m.* (v. 1135 ; de *pardonner*). ♦ 1° Action de pardonner. V. **Absolution, amnistie, grâce, indulgence, miséricorde, rédemption, rémission.** *Demander pardon à qqn. Obtenir son pardon. Accorder son pardon à qqn* : pardonner. « *On nous prêche beaucoup le pardon des offenses* » (ROUSS.). *Je vous en demande humblement pardon.* ♦ 2° (1135). Relig. (*au plur.*) Indulgences accordées aux fidèles par l'Église. ◇ (1868) Fête religieuse bretonne. *Le pardon de Notre-Dame d'Auray.* — *Grand pardon ou jour du Pardon* : fête juive de l'expiation (Yom Kippour), célébrée par le jeûne et la prière. ♦ 3° *Je vous demande pardon*, ou ellipt. *Pardon*, ou *Mille pardons* : formule de politesse par laquelle on s'excuse (de déranger qqn, d'avoir à lui demander un service, de lui faire répéter une phrase qu'on a mal comprise [V. **Comment**], de le contredire ou qui sert à introduire une rectification. V. **Excuser** [s']). ♦ 4° *Pop.* Sorte d'exclamation superlative. « *Le père était déjà costaud, mais alors le fils, pardon!* » *« Deux femmes harnachées, pardon, fourrures, bijoux... »* (AYMÉ). ◇ ANT. *Rancune, ressentiment. Condamnation, représailles.*

PARDONNABLE [pardɔnabl(ə)]. *adj.* (*Pardonable*, XIIe ; de *pardonner*). Que l'on peut pardonner. V. **Rémissible.** *Une méprise bien pardonnable.* « *Les écarts pardonnables ou punissables des soldats* » (BALZ.). Qui mérite le pardon. V. **Excusable.** *Cet enfant est pardonnable.* ◇ ANT. *Impardonnable, inexcusable, punissable.*

PARDONNER [pardɔne]. *v. tr.* (*Pardoner* [un péché] « remettre à qqn [la punition d'un péché] », 980 ; de *par*, et *donner*). **I.** ♦ 1° (1485). Tenir (une offense) pour non avenue, renoncer à tirer vengeance de. V. **Oublier.** *Pardonner les péchés.* V. **Remettre.** « *Il n'y a point d'injure qu'on ne pardonne quand on s'est vengé* » (VAUVEN.). PROV. *Faute avouée est à moitié pardonnée.* ◇ PARDONNER QQCH. À QQN : supporter qqch. de qqn. V. **Passer.** « *Je te pardonne tout, je veux tout oublier* » (LEC. DE LISLE). « *Je ne pardonne point aux hommes d'action de ne point réussir* » (FLAUB.). ◇ PARDONNER À QQN (*pardonner qqn*, XVIe) : oublier ses fautes, ses torts. V. **Absoudre.** « *Roxane sans son cœur peut-être vous pardonne* » (RAC.). *Il cherche à se faire pardonner.* Allus. « *Pardonnez-leur, car ils ne savent pas ce qu'ils font.* » *Le roi lui pardonna.* V. **Grâce** (faire), **gracier** (Cf. aussi **Amnistier, réhabiliter**). — *Fam.* et vieilli. *Dieu me pardonne!* pour atténuer une déclaration surprenante. — *Absolt.* PARDONNER. *Il pardonne facilement*, il est indulgent. « *Je tâche de comprendre afin de pardonner* » (HUGO). ♦ 2° (*Sens atténué*) Juger avec indulgence, en minimisant la faute de. V. **Admettre, excuser, supporter, tolérer.** « *Je prie le lecteur de me pardonner cette petite préface* » (RAC.). ◇ *Spécial.* Accepter sans dépit, sans jalousie. « *Régnier a eu certainement beaucoup de peine à se faire pardonner son talent* » (ROMAINS). ♦ 3° (1572). *Au négatif.* Épargner. *C'est une maladie qui ne pardonne pas*, mortelle. — *Fam. Une erreur qui ne pardonne pas* : irréparable. ♦ 4° (XVIe). Dans une formule de politesse. *Pardonnez-moi cette irruption chez vous,* ▒▒▒▒▒ *cette impression* ▒▒▒▒ *Spécialt (pour s'excuser de contredire*

un interlocuteur) *Pardonnez-moi, mais je crois que...* V. **Pardon.**
II. SE PARDONNER (XVIᵉ, « se permettre »). *v. pron.* ♦ 1º Être pardonnable. *Ce genre de faute ne se pardonne pas.* ♦ 2º (Réfl.). *Je ne me le pardonnerai jamais !* ◇ (Récipr.) *Ils se pardonnent tout.*
◈ ANT. Accuser, condamner, frapper, punir.

1. -PARE, -PARITÉ. Éléments, du lat. *-parus*, de *parere* « engendrer » (*ex.* : ovipare, oviparité ; sudoripare).

2. PARE-. Élément, du v. *parer* 2 « éviter, protéger contre » ; Cf. *aussi* Para- 2.

1. PARÉ, ÉE [paʀe]. *adj.* (XIIᵉ ; de *parer* 1). ♦ 1º Qui porte des ornements, une parure. « *Il faut qu'elles soient considérées, maquillées, parées* (les femmes) » (ALAIN). ♦ 2º (1690). Préparé pour être cuit (viande).

2. PARÉ, ÉE [paʀe]. *adj.* (1702 ; de *parer* 2). Muni du nécessaire pour faire face à, se protéger. *Nous sommes parés contre le froid, contre toute éventualité. Vous voilà paré !*

PARÉAGE. V. PARIAGE.
PARE-AVALANCHES [paʀavalɑ̃ʃ]. *n. m.* (1866 ; de *parer*, et *avalanche*). Construction très robuste contre les avalanches. — On écrit aussi PARAVALANCHE.
PARE-BALLES [paʀbal]. *n. m. invar.* (*Paraballes*, 1873 ; de *parer* 2, et *balle*). Plaque de protection contre les balles.
PARE-BOUE [paʀbu]. *n. m.* (1913 ; de *parer* 2, et *boue*). *Vx.* Garde-boue. ◇ *Mod.* Dispositif qui empêche les projections de boue (bande de caoutchouc derrière la roue).
PARE-BRISE [paʀbʀiz]. *n. m. invar.* (1907 ; de *parer* 2, et *brise*). Paroi transparente à l'avant d'un véhicule pour protéger les occupants de l'air, du vent, des poussières. — Vitre d'une automobile.
PARE-CHOCS [paʀʃɔk]. *n. m. invar.* (1925 ; de *parer* 2, et *choc*). Garniture placée à l'avant et à l'arrière d'un véhicule (*spécial.* d'une automobile) et destinée à amortir les chocs. *Pare-chocs chromés, caoutchoutés. Bananes* d'un pare-chocs.*
PARE-ÉCLATS [paʀekla]. *n. m. invar.* (1907 ; de *parer* 2, et *éclat*). *Fortif.* Abri, rempart de terre destiné à protéger des éclats d'obus, de bombe.
PARE-ÉTINCELLES [paʀetɛ̃sɛl]. *n. m. invar.* (1880 ; de *parer* 2, et *étincelle*). Écran que l'on place devant une cheminée pour empêcher les étincelles de s'échapper.
PARE-FEU [paʀfø]. *n. m. invar.* (1873 ; de *parer* 2, et *feu*). Dispositif de protection contre la propagation du feu. ◇ Bande déboisée, en forêt, pour limiter les incendies.
PARE-FUMÉE [paʀfyme]. *n. m. invar.* (1677 ; de *parer* 2, et *fumée*). Dispositif canalisant ou absorbant la fumée. ◈ HOM. Parfumer.
PARÉGORIQUE [paʀeɡɔʀik]. *adj. et n. m.* (1549 ; lat. *paregoricus*, du gr. *parēgorikos*). *Vieilli.* Se disait des médicaments qui calment la douleur. V. **Calmant.** ◇ *Mod.* (1870) *Élixir parégorique* : médicament à base d'opium utilisé comme analgésique contre les coliques.
PAREIL, EILLE [paʀɛj]. *adj. et n.* (1155 ; lat. pop. °*pariculus*, du lat. class. *par.* V. **Pair**).
I. *Adj.* ♦ 1º Semblable par l'aspect, la grandeur, la nature. V. **Identique, même, semblable, similaire.** « *Il n'y a pas, de par le monde entier, deux grains de sable..., deux mains ou deux nez absolument pareils* » (MAUPASS.). *Ils ne sont pas pareils. C'est, ce n'est pas pareil* : la même chose. « *Et votre santé ? — Toujours pareille* », semblable à elle-même, sans changement. *Hier à pareille heure, à la même heure.* ◇ PAREIL À. *L'un est pareil à l'autre. — À nul autre pareil* : sans égal. — (Servant à introduire une comparaison) V. **Comme** (4º). « *L'Océan, pareil au bœuf qui beugle* » (HUGO). ♦ 2º De cette nature, de cette sorte. V. **Tel.** *En pareil cas. À une heure pareille !* si tard. « *Jamais il ne se sera vu un réveillon pareil* » (DAUD.). ♦ 3º PAREIL (pop. ou fam.). *adv.* V. **Même** (de même), **pareillement.** *Deux grandes jeunes filles « habillées pareil »* (ALLAIS).
II. *N.* (1210). ♦ 1º *N. m.* et *f.* Personne ou chose semblable ou équivalente à celle dont il est question. *Cette étoffe est très belle, il faudra trouver la pareille.* — *Spécial.* Personne de même sorte. V. **Congénère, pair, semblable.** « *Si vous aviez épousé une de vos pareilles* » (MOL.). — *Ne pas avoir son pareil, sa pareille* : être extraordinaire, sans équivalent. — SANS PAREIL(LE) : qui n'a pas son égal. « *Ces fables, d'une naïveté sans pareille, vrai trésor de mythologie celtique* » (RENAN). ♦ 2º *N. f.* (1380). RENDRE LA PAREILLE : faire subir à qqn un traitement analogue à celui qu'on a reçu. V. **Payer** (de retour). « *Trompeurs, c'est pour vous que j'écris : Attendez-vous à la pareille* » (LA FONT.). ♦ 3º *N. m.* (Fam.). *C'est du pareil au même* : c'est la même chose. « *Ça m'a l'air aussi moche qu'ailleurs. — C'est du pareil au même* » (BARBUSSE).
◈ ANT. Autre, contraire, différent, dissemblable, inégal, non-pareil.
PAREILLEMENT [paʀɛjmɑ̃]. *adv.* (1422 ; *paraument*, XIIIᵉ ; de *pareil*). ♦ 1º De la même manière. « *Je voudrais*

te contenter *pareillement pour ma part* » (SAND). V. **Également, même** (de). « *Les gamins, vêtus pareillement à leurs papas* » (FLAUB.). V. **Comme, semblablement.** ♦ 2º Aussi. *La santé est bonne et l'appétit pareillement.* V. **Avenant** (à l'avenant). « *Bonne année. — Et à vous pareillement* ».
◈ ANT. Autrement, contraire (au).
PARÉLIE. V. PARHÉLIE.
PAREMENT [paʀmɑ̃]. *n. m.* (1240 ; *parament* « vêtement riche », 880 ; de *parer* 1). ♦ 1º (1318). Liturg. *Parement d'autel* : ornement qu'on change selon la couleur liturgique du jour. ♦ 2º (1408). Face extérieure d'un mur revêtue de pierres de taille. — Côté visible d'une pierre dans un ouvrage de maçonnerie. — *Techn.* Face supérieure d'un pavé. ♦ 3º (1677). Pièce d'étoffe riche qui orne un vêtement. — Revers sur le collet, les manches d'un vêtement. « *Une robe... avec de grands parements de dentelle bise* » (ARAGON).
PAREMENTER [paʀmɑ̃te]. *v. tr.* (1838 ; *paramenté* « pourvu d'ornement », 1557 ; de *parement*). *Techn.* Revêtir (un mur) d'un parement.
PARÉMIOLOGIE [paʀemjɔlɔʒi]. *n. f.* (1842 ; du gr. *paroimia* « proverbe », et *-logie*). *Didact.* Étude des proverbes.
PARENCHYMATEUX, EUSE [paʀɑ̃ʃimatø, øz]. *adj.* (1764 ; de *parenchyme*). *Anat.* Relatif au parenchyme ; constitué par un parenchyme. — *Méd. Néphrite parenchymateuse.*
PARENCHYME [paʀɑ̃ʃim]. *n. m.* (1546 ; gr. *parenkhuma*). ♦ 1º *Anat.* Tissu d'un organe, d'une glande, qui assure son fonctionnement (par opposition au tissu conjonctif de soutien). *Parenchyme hépatique, pulmonaire, rénal.* ♦ 2º *Bot.* (1675). Tissu cellulaire spongieux et mou des feuilles, des jeunes tiges, des fruits, de l'écorce, des racines. *Parenchyme vert* (à fonction chlorophyllienne).
PARENT, PARENTE [paʀɑ̃, paʀɑ̃t]. *n.* (Xᵉ : lat. *parens, -entis*). **Ⓐ** *Plur.* LES PARENTS. ♦ 1º Le père et la mère. V. **Géniteur** (*plaisant.*), **procréateur** (Cf. *pop.* Les vieux). *Un enfant qui obéit à ses parents. Parents du conjoint* (V. **Beaux-parents**), *du père ou de la mère* (V. **Grands-parents**). — *Fam. Les parents*, pour « mes, nos parents ». *Venez ce soir, les parents seront absents.* ◇ *Par anal. Parents adoptifs.* — *Parents spirituels* : le parrain et la marraine. ♦ 2º (XIᵉ). *Littér.* Les ascendants. V. **Ancêtre, aïeul.** *Spécial. Nos premiers parents* (Adam et Ève). **Ⓑ** *Sing.* ou *plur.* ♦ 1º Personne avec laquelle on a un lien de parenté. *Ils sont parents entre eux. C'est mon parent, un de mes proches parents, un parent éloigné. Parents en ligne directe* (V. **Ascendant, descendant**). *Les parents.* V. **Famille, proche** (les proches). *Parents et alliés ; parents par alliance.* V. **Apparenté.** *Parents légitimes et parents naturels.* — *Loc. fig. Traiter qqn en parent pauvre* : moins bien que les autres. ♦ 2º *Biol.* Être vivant par rapport à l'être qu'il a engendré. *Le parent mâle et le descendant.* ♦ *Adj.* (*Fig.*). Analogue, semblable. *Des intelligences parentes.* V. **Apparenté.**
PARENTAL, ALE, AUX [paʀɑ̃tal, o]. *adj.* (1536, repris XXᵉ ; de *parent*). *Didact.* Des parents. *Autorité parentale. Retrait d'autorité parentale*, mesure judiciaire retirant aux parents indignes la garde de leurs enfants.
PARENTALES [paʀɑ̃tal], **PARENTALIES** [paʀɑ̃tali]. *n. f. pl.* (1721 ; lat. *parentalia*). *Antiq. rom.* Fêtes annuelles en l'honneur des morts. ◈ HOM. Parental.
PARENTÉ [paʀɑ̃te]. *n. f.* (1155, n. m. ; *parentet* « famille, lignage », 1050 ; lat. pop. °*parentatus*, de *parens*).
I. ♦ 1º Rapport entre personnes descendant les unes des autres (V. **Ascendance, descendance, filiation, origine**), ou d'un auteur commun (V. **Cousinage, fraternité**). *Liens de parenté.* V. **Famille, sang.** — *Dr. La parenté entre deux personnes se définit au moyen des notions de ligne* (directe ou collatérale) *et de degré. Parenté du côté maternel* (V. **Utérin**), *paternel* (V. **Consanguin**). ♦ 2º *Par ext.* Rapport équivalent établi par la société. *Parenté par alliance.* V. **Alliance** (2º). — *Sociol.* Relation entre les membres d'un groupe familial, d'un clan. ◇ *Parenté adoptive.* V. **Adoption.** ♦ 3º *Fig.* Rapport (entre deux ou plusieurs choses) provenant d'une origine commune. *Parenté entre deux langues.* — *Par ext.* Affinité, analogie. « *L'étroite parenté de la beauté et de la mort* » (SARTRE).
II. (1636). *Collect.* L'ensemble des parents (et *par ext.* des alliés) de qqn, considéré abstraitement.
PARENTÈLE [paʀɑ̃tɛl]. *n. f.* (1380 ; lat. *parentela*). ♦ 1º *Vx.* ou *didact.* (*Ethnol.*) Parenté, consanguinité. ♦ 2º *Vx.* Ensemble des parents. « *Toute sa parentèle était dispersée...* » (DUHAM.).
PARENTÉRAL, ALE, AUX [paʀɑ̃teʀal, o]. *adj.* (1932 ; de *para-* 1, et gr. *enteron* « intestin »). *Méd.* Qui est introduit dans l'organisme par une voie autre que le tube digestif. *Administration parentérale d'un médicament* (par injection).
PARENTHÈSE [paʀɑ̃tɛz]. *n. f.* (1546 ; *parentèze*, 1493 ; lat. *parenthesis*, du gr. *enthesis* « action de mettre »). ♦ 1º Insertion, dans le corps d'une phrase, d'un élément qui, à la différence de l'incise, interrompt la construction syn-

taxique ; cet élément. ◊ *Par ext.* (1687) Phrase ou épisode accessoire dans un discours. V. **Digression.** *Par parenthèse,* en passant (dans le discours). Fig. « *La vie, sorte de parenthèse énigmatique entre la naissance et l'agonie* » (HUGO). ♦ 2° (1620). Chacun des deux signes typographiques entre lesquels on place l'élément qui constitue une parenthèse : ( ) *Mettre entre parenthèses.* — Ensemble de ces deux signes et leur contenu. *Ouvrir, fermer la parenthèse.* ◊ *Alg.* Signe qui isole une expression algébrique et indique qu'une même opération s'applique à l'expression tout entière : (a + b) (c + d) ; (a + b)². ◊ *Loc. adv.* ENTRE PARENTHÈSES, PAR PARENTHÈSE : d'une manière incidente. V. **Incidemment.** *Ces « vers de Corneille ! — qui, entre parenthèses, sont de Racine* » (GIDE). *Mettre entre parenthèses,* mettre de côté, exclure. — Fig. et fam. *Avoir les jambes en parenthèses :* arquées.

PARÉO [paʀeo]. *n. m.* (1895 ; mot tahitien). ♦ 1° Pagne tahitien. ♦ 2° Courte jupe de plage drapée.

1. PARER [paʀe]. *v. tr.* (980 ; lat. *parare* « apprêter, préparer »).

I. ♦ 1° *Littér.* Arranger ou orner dans l'intention de donner belle apparence. V. **Agrémenter, arranger, décorer, embellir, orner.** *Parer sa maison pour une fête. L'église « qui ce jour-là était parée de tous ses rideaux cramoisis* » (STENDHAL). ◊ *Spécialt.* (XVIIᵉ) *Parer une femme de bijoux, de dentelles* (V. **Parure**). ♦ 2° (XIIIᵉ). Vêtir (qqn) avec recherche. V. **Apprêter.** *Parer qqn de ses plus beaux atours.* — Par métaph. « *La vérité, dites-vous, ne veut aucun ornement ; tout ce qui la pare, la cache* » (P.-L. COUR.). ♦ 3° Attribuer (une qualité). *Parer qqn de toutes les qualités, de toutes les vertus.* V. **Auréoler, orner.** ♦ 4° *Spécialt.* (XIIᵉ). Arranger de manière à rendre plus propre à tel usage. V. **Préparer.** *Parer de la viande,* ôter les parties non comestibles, arranger pour la cuisson. — *Techn.* (1250) *Parer une étoffe, du drap ; parer les cuirs, les peaux,* leur faire subir certains apprêts. — *Parer la vigne,* la labourer avant l'hiver. ◊ (1552) *Mar.* Rendre, tenir prêt à servir, mettre en ordre (après une manœuvre). *Parer les amures pour virer de bord.*

II. SE PARER. ♦ 1° (Sens passif). *Vx* ou *littér.* Être orné, agrémenté. *Les bijoux dont se paraient ses bras.* « *Jamais son visage ne s'est paré de plus vives couleurs* » (MOL.). — Fig. (XIVᵉ) « *Le superflu, dont l'orgueil se pare* » (BOURDALOUE). ♦ 2° (XVIIᵉ ; *sens réfl.*). Se vêtir avec recherche. V. **Endimancher** (s'), **pomponner** (se) ; **toilette** (faire). *Elle « voulut s'habiller et se parer comme pour un jour de fête* » (BALZ.). ◊ Fig. et littér. *Se parer de qualités empruntées.* Loc. *Se parer des plumes du paon.*

◊ ANT. **Déparer, enlaidir.**

2. PARER [paʀe]. *v. tr.* (XVᵉ ; it. *parare* « se garer d'un coup » ; lat. *parare*).

I. *Trans. dir.* ♦ 1° *Vx.* Défendre, protéger. Pronom. « *Se parer des coups* » (CORN.). ♦ 2° *Mod.* (1559). *Parer un (le) coup,* l'éviter ou le détourner. V. **Défendre** (se). *Parer une botte.* — Détourner (une attaque). « *Il faut parer le coup... par une bonne petite calomnie* » (GAUTIER). ♦ 3° *Mar.* (1680). *Parer un abordage :* l'éviter. *Parer un cap :* le doubler.

II. *Trans. indir.* PARER À (1625 ; *parer aux coups,* 1549) : se prémunir de. V. **Face** (faire face à). *Fortunio « avait paré à cet inconvénient* » (GAUTIER). *Parer à toute éventualité,* prendre toutes les dispositions nécessaires. *Il faut parer au plus pressé.*

◊ ANT. **Attaquer.**

3. PARER [paʀe]. *v.* (1598 ; esp. *parar,* lat. *parare.* V. **Parade**). *Équit.* — V. tr. Retenir (un cheval). — V. intr. *Cheval qui pare sur les hanches :* qui prend appui sur les hanches (en galopant).

PARÈRE [paʀɛʀ]. *n. m.* (1679 ; it. *parere,* du lat. *parere* « paraître, assister »). *Dr.* Certificat établissant l'existence d'un usage déterminé.

PARÉSIE [paʀezi]. *n. f.* (1741 ; *parésis,* 1694 ; gr. *paresis* « relâchement »). *Méd.* Paralysie partielle ou légère, se manifestant par une diminution de la force musculaire.

PARE-SOLEIL [paʀsɔlɛj]. *n. m. invar.* (1935 ; de *pare-* 2, et *soleil*). Écran protégeant des rayons du soleil, *spécialt.* dans une automobile.

PARESSE [paʀɛs]. *n. f.* (*Perece,* XIIᵉ ; lat. *pigritia,* de *piger* « paresseux »). ♦ 1° Goût pour l'oisiveté ; comportement de celui qui évite l'effort. V. **Fainéantise, indolence, mollesse ;** *fam.* et *pop.* **Cosse, flemme.** « *Paresse :* habitude prise de se reposer avant la fatigue » (RENARD). *Paresse par défaut d'énergie, de volonté.* V. **Apathie, inertie, langueur, négligence, nonchalance.** *S'abandonner à la paresse.* V. **Paresser** (Cf. *fam.* et *pop.* Tirer au cul*, ne pas se fatiguer, se fouler ; ne pas en ficher une rame*, rester les bras croisés*, ne rien se casser ; se tourner les pouces* ; se les rouler*). « *Il était d'une paresse incurable, et plutôt que de faire un effort pour sortir de sa médiocrité, il se fût laissé mourir de faim, sinon*

de soif » (R. ROLLAND). « *Vous connaissez l'homme et sa naturelle paresse à soutenir la conversation* » (MOL.). — Solution de paresse : celle qui exige le moins d'effort. ♦ 2° *Paresse intellectuelle, d'esprit :* absence ou refus de l'effort, goût de la facilité. ♦ 3° *Méd.* Lenteur anormale à fonctionner, à réagir. *Paresse intestinale.* V. **Atonie.** ◊ ANT. *Activité, application, effort, énergie, travail. Rapidité.*

PARESSER [paʀɛse]. *v. intr.* (1606 ; *parecer,* XIIᵉ ; de *paresse*). Se laisser aller à la paresse, à l'oisiveté ; ne rien faire. V. **Fainéanter, flemmarder, lézarder.** « *Six heures et demie. Je pouvais encore paresser un moment. Et je me suis rendormi* » (DORGELÈS).

PARESSEUSEMENT [paʀɛsøzmɑ̃]. *adv.* (XIIᵉ ; de *paresseux*). ♦ 1° Avec paresse ; sans énergie. ♦ 2° Avec lenteur. *Fleuve qui coule paresseusement.* V. **Mollement.**

PARESSEUX, EUSE [paʀɛsø, øz]. *adj. et n.* (*Pereçus,* 1119 ; de *paresse*). ♦ 1° Qui montre habituellement de la paresse ; qui évite l'effort. V. **Apathique, cossard, fainéant, feignant, flemmard, inactif, mou, nonchalant.** *Être paresseux comme une couleuvre, comme un lézard, comme un loir*.* « *Je suis si paresseux, que, s'il me fallait travailler pour vivre, je crois que je me laisserais mourir de faim* » (LESAGE). *Il est paresseux à se lever* (vieilli), *pour se lever.* ◊ (XVIIᵉ) *Esprit paresseux.* V. **Endormi, inactif, inerte, lent.** ◊ Qui fonctionne, réagit avec une lenteur anormale. *Estomac paresseux.* V. **Atone.** ♦ 2° Qui manifeste de la paresse. *Démarche, attitude paresseuse.* V. **Nonchalant.** ♦ 3° *N.* Personne paresseuse. *Un paresseux, une paresseuse.* « *Les paresseux ont toujours envie de faire quelque chose* » (VAUVEN.). V. **Tire-au-flanc** (*pop.* **Tire-au-cul***). *Paresseux qui refuse de travailler à l'école.* V. **Cancre.** ♦ 4° (1640 ; *paresse,* 1603). Mammifère édenté, à mouvements très lents, qui vit dans les arbres. V. **Aï** (ou **bradype**) ; **unau.** ◊ ANT. *Actif, alerte, bûcheur, laborieux, travailleur, vif.*

PARESTHÉSIE [paʀɛstezi]. *n. f.* (1878 ; de *para-* 2, et gr. *aisthêsis* « sensibilité »). *Méd.* Trouble de la sensibilité se traduisant par la perception de sensations anormales (fourmillements, picotements, brûlures). V. **Hyperesthésie.**

PAREUR, EUSE [paʀœʀ, øz]. *n.* (1250 ; de *parer* 1). ♦ 1° Ouvrier, ouvrière qui donne le dernier apprêt à un travail. ♦ 2° *N. f.* PAREUSE (1904) : machine à parer les draps (cotonneuse).

PARFAIRE [paʀfɛʀ]. *v. tr. ;* conjug. *faire ;* inf. et temps comp. seulement (XIIᵉ ; lat. *perficere,* d'apr. *faire*). ♦ 1° *Rare.* Rendre complet, en ajoutant ce qui manque. V. **Compléter.** *Parfaire une somme. Il eût fallu « que la France renonçât à parfaire son territoire* » (BAINVILLE). ♦ 2° Achever, de manière à conduire à la perfection (V. **Parfait**). *Parfaire son ouvrage, son travail.* V. **Ciseler, fignoler** (*fam.*), **parachever, perfectionner, polir.** « *Passant ses journées dans les bibliothèques sans autre but, semblait-il, que de parfaire sa culture politique* » (MART. du G.).

PARFAIT, AITE [paʀfɛ, ɛt]. *adj. et n.* (XIIᵉ ; *perfectus,* Xᵉ ; *parfit,* XIᵉ ; p. p. du v. *parfaire,* d'apr. lat. *perfectus*).

I. Qui est au plus haut, dans l'échelle des valeurs. ♦ 1° Tel qu'on ne puisse rien concevoir de meilleur. V. **Accompli, achevé, admirable, excellent, exemplaire, incomparable.** *Beauté parfaite.* — Aussi bien fait, aussi réussi que possible. V. **Impeccable.** *Parfaite exécution d'une sonate.* « *Réglage parfait* » (ZOLA). *Crime* parfait. Plus, moins parfait.* — *(Personnes)* Sans défaut, sans reproche. *Il est loin d'être parfait* (Cf. Ce n'est pas un saint*). « *Les gens sans fortune doivent être parfaits !* » (VAUVEN.). — *Subst. Les parfaits :* nom que se donnaient les hérétiques cathares. ♦ 2° Dont on n'a qu'à se louer. *Il « a toujours été parfait pour moi* » (STENDHAL). *Une bonne est parfaite* (V. **Irréprochable, perle**). *Vous avez été parfait !* Cf. À la hauteur*). *Absolt. Parfait !* très bien ! ♦ 3° (*Sens absolu*). Qui réunit toutes les qualités concevables. *Dieu est parfait.*

II. ♦ 1° Qui répond exactement, strictement à un concept. V. **Absolu, complet, total.** *Type, exemple parfait.* « *Des seins d'une rondeur parfaite* » (ROMAINS). *En parfait accord. Ressemblance parfaite. Filer le parfait amour.* V. **Idéal.** ◊ Qui correspond exactement à tel ou tel type, à tel ou tel emploi (*personnes*). V. **Accompli, achevé, complet ; modèle.** *Un parfait gentleman.* V. **Consommé.** « *Ses soupirants (de Célimène) se conduisent comme de parfaits goujats* » (LEMAITRE). *Un parfait filou.* V. **Fieffé.** ◊ (1690) *Accord parfait,* formé de la tonique, de la tierce et de la quinte juste. — (XVᵉ) *Nombre parfait :* nombre entier égal à la somme de ses diviseurs (*ex. :* 6 = 3 + 2 + 1). — *Phys., Chim. Gaz parfait :* état théorique vers lequel tend tout gaz considéré à des températures très supérieures à son point critique et à des pressions peu élevées. ♦ 2° (*Sens étym.* V. **Parfaire**). Qui est arrivé au terme de son évolution normale. *La forme parfaite d'un insecte.*

III. *N. m.* ♦ 1° *Littér.* Perfection. « *Le parfait est le centre de gravitation de l'humanité* » (RENAN). ♦ 2° *Ling.* (1596 ; lat. gram. *perfectum*). Ensemble de formes verbales indiquant un état présent résultant d'une action antérieure. *Parfait latin, grec. Les temps du parfait :* formés sur le radical du parfait en latin. ◊ *Abusiv.* Le passé (simple ou composé) opposé à l'imparfait. ♦ 3º (1871). Crème glacée. *Un parfait au café.*

◈ ANT. *Imparfait, laid, mauvais; médiocre, moyen.* Approximatif, partiel, relatif.

PARFAITEMENT [paʀfɛtmã]. *adv.* (*Parfetement,* 1180; *parfitement,* v. 1050; de *parfait*). ♦ 1º D'une manière parfaite. V. **Admirablement, bien, excellemment, merveilleusement, supérieurement.** *Savoir parfaitement une langue, son rôle.* — Très bien. *Je comprends, j'admets parfaitement que vous soyez d'un avis différent.* ♦ 2º (v. 1220). Absolument, complètement, entièrement. *Être parfaitement heureux, à l'aise. C'est parfaitement clair.* V. **Très.** *Il lui est parfaitement égal d'être ici ou là. Il est parfaitement idiot.* ♦ 3º *Absolt.* (XIXᵉ). Oui, certainement, bien sûr. « *Quand un homme me plaît, je couche avec. Parfaitement, c'est comme ça* » (ZOLA). ◈ ANT. *Imparfaitement, mal.*

PARFILAGE [paʀfilaʒ]. *n. m.* (1765; de *parfiler*). Techn. (*Ancienn.*). Action de parfiler; son résultat.

PARFILER [paʀfile]. *v. tr.* (*Porfiler* « border », XIVᵉ; de l'a. v. *pourfiler;* de *filer*). Techn. ♦ 1º *Vx.* Tisser avec des fils de métal précieux. ♦ 2º *Ancienn.* (1750). Effiler (un tissu d'or ou d'argent), en tirant les fils de métal précieux.

PARFOIS [paʀfwa]. *adv.* (1530; de *par fois* « par moments », 1270). À certains moments. V. **Quelquefois, temps** (de temps à autre, de temps en temps). « *Il lui prend parfois des syncopes* » (MOL.). Dans certains cas. « *Des passions violentes et parfois cruelles* » (MICHELET). « *L'homme retouche la création, parfois en bien, parfois en mal* » (HUGO). V. **Tantôt.** ◈ ANT. *Jamais, toujours.*

PARFONDRE [paʀfɔ̃dʀ(ə)]. *v. tr.;* conjug. *fondre.* V. **Rendre** (XIVᵉ; de *par,* et *fondre*). Techn. Faire fondre (l'émail) auquel on a incorporé des oxydes métalliques colorants.

PARFUM [paʀfœ̃]. *n. m.* (1528; it. *perfumo;* Cf. Parfumer). ♦ 1º Odeur agréable et pénétrante. V. **Arôme, fragrance, senteur.** *Le doux parfum de la rose.* V. **Effluve, exhalaison.** *Parfum de tabac anglais. Parfum capiteux, enivrant, suave, subtil, discret.* ◊ Goût de ce qui est aromatisé. « *— Voulez-vous une glace? — Quel parfum? — Chocolat, pistache...?* » ◊ *Par métaph.* « *Un parfum de hautaine vertu émanait de toute sa personne* » (BAUDEL.). ♦ 2º Substance aromatique, solide ou liquide. V. **Essence.** *Parfums d'origine animale* (ambre, civette, musc), *végétale* (benjoin, iris, jasmin, lavande, muguet, myrrhe, œillet, patchouli, rose, violette, etc.). *Parfums synthétiques*.* — *Vaporisateur, atomiseur à parfum. Se mettre du parfum.* « *Le parfum dont se servait Mᵐᵉ Swann* » (PROUST). ♦ 3º (1953). Arg. *Être au parfum (de qqch.)* : être informé.

PARFUMÉ, ÉE [paʀfyme]. *adj.* (*Perfumé,* XVIᵉ; V. **Parfumer**). Qui répand une bonne odeur, qui a un parfum. *Des fraises très parfumées.* ◊ Qui se parfume. *Femme parfumée.* ◊ *Aromatisé. Glace parfumée au café.*

PARFUMER [paʀfyme]. *v. tr.* (fin XIVᵉ; it. anc. *perfumare,* du lat. *fumare.* V. **Fumer**). ♦ 1º Remplir, imprégner d'une odeur agréable. V. **Embaumer.** « *Sachet toujours frais qui parfume L'atmosphère d'un cher réduit* » (BAUDEL.). ◊ *Fig.* V. **Imprégner.** « *La volupté parfumait toutes leurs pensées* » (FRANCE). ♦ 2º Imprégner de parfum (2º). *Parfumer son mouchoir.* ◊ *Pronom.* (sens réfl.) *Femme qui se parfume.* ♦ 3º *Par ext.* Aromatiser. *Parfumer une crème à l'essence de café.* ◈ ANT. *Empuantir.* — HOM. *Pare-fumée.*

PARFUMERIE [paʀfymʀi]. *n. f.* (1802; de *parfum*). ♦ 1º Industrie de la fabrication des parfums et des produits de toilette, de beauté. ◊ Les produits de cette industrie. *Vente de parfumerie en gros.* ♦ 2º Usine, laboratoire où l'on fabrique des produits de parfumerie. — Boutique d'un parfumeur. ♦ 3º Ensemble des parfumeurs. *Syndicat de la parfumerie.*

PARFUMEUR, EUSE [paʀfymœʀ, øz]. *n.* (1528; de *parfum*). ♦ 1º Personne qui crée, fabrique des parfums. ♦ 2º Personne qui a pour métier de vendre des articles de parfumerie. Par appos. *Coiffeur parfumeur.*

PARHÉLIE ou **PARÉLIE** [paʀeli]. *n. m.* (1671-1611; *parahele,* 1547; lat. *parelion;* gr. *parelios,* de *hélios* « soleil »). Didact. Image du soleil (dite aussi faux-soleil) due au phénomène de réfraction qui produit en même temps le halo.

PARI [paʀi]. *n. m.* (1642; de *parier*). ♦ 1º Convention par laquelle deux ou plusieurs parties s'engagent à verser une certaine somme (V. **Enjeu**) au profit de celle qui aura raison. *Engager, faire un pari.* V. **Parier.** *Gagner, perdre son pari. Pari stupide. Tenir un pari* : l'accepter. ♦ 2º Forme de jeu où le gain dépend de l'issue d'une partie à laquelle le parieur ne prend pas part lui-même; action de parier. *Législation des paris.* — Hipp. *Pari individuel ou à la cote,* effectué par l'intermédiaire des bookmakers et interdit par la loi. — (1872) PARI MUTUEL : dans lequel le montant des

enjeux est soumis à un prélèvement fixé par la loi avant d'être réparti entre les gagnants, proportionnellement à leurs mises. *Pari Mutuel Urbain* (P.M.U.). *Pari couplé, tiercé.* V. **Couplé, quarté, tiercé.** ◊ *Fig. Les paris sont ouverts,* se dit d'une affaire dont le dénouement est incertain. ♦ 3º *Philo. Le pari de Pascal,* l'argument du pari : tendant à montrer aux incroyants qu'en pariant pour l'existence de Dieu ils n'ont rien à perdre, mais tout à gagner.

PARIA [paʀja]. *n. m.* (1693; *pareaz,* pl., 1575; mot port.; tamoul *parayan* « joueur de tambour »). Aux Indes, Individu hors caste, au plus bas degré de l'échelle sociale, et dont le contact est considéré comme une souillure. V. **Intouchable.** ◊ *Fig.* (1821) Personne méprisée, écartée du groupe. *On le traite en paria.* « *Le soldat, ce vrai paria de l'ancienne monarchie* » (MICHELET). *Vivre en paria,* repoussé de tous. V. **Misérable.**

PARIADE [paʀjad]. *n. f.* (1611; de *parier,* vx). Saison où les oiseaux se réunissent par paires pour s'accoupler; cet accouplement. ◊ *Par ext.* Couple d'oiseaux.

PARIAGE [paʀjaʒ] ou **PARÉAGE** [paʀeaʒ]. *n. m.* (1290, -1466; du lat. *pariare* « aller de pair ». V. **Parier**). Féod. Seigneurie partagée entre deux ou plusieurs personnes ayant des droits égaux.

PARIAN [paʀjã]. *n. m.* (1869; mot angl. « de *Paros* »). Techn. Porcelaine à grain fin, de teinte jaunâtre, dont l'aspect rappelle le marbre (de Paros).

PARIDÉS [paʀide]. *n. m. pl.* (*Parinés,* 1874; du bas lat. *parus,* class. *parra* « mésange »). Zool. Famille d'oiseaux (*Passereaux*), communément appelés mésanges.

PARIDIGITIDÉ, ÉE [paʀidiʒitide]. *adj.* et *n.* (XXᵉ; du lat. *par* « égal, pareil », et *digitus* « doigt »). Zool. Se dit des mammifères ongulés ayant un nombre pair de doigts à chaque patte. — N. *Le bœuf, le porc sont des paridigitidés.*

PARIER [paʀje]. *v. tr.* (v. 1340, « égaler »; *soi pairier* « s'égaler, se comparer », fin XIIIᵉ; lat. *°pariare,* de *par* « égal »).

I. *Vx* (XVᵉ). Accoupler, apparier. « *Quand il fallut les parier* (une chienne et un chien) » (GIDE).

II. *Mod.* (1549). ♦ 1º Engager (un enjeu) dans un pari. V. **Gager.** *Je parie une bouteille de champagne avec toi qu'il acceptera.* — (L'enjeu n'étant pas précisé) *Tu paries que je me jette à l'eau tout habillé? Chiche!* ♦ 2º (1636). Engager (une certaine somme), avec l'espoir que le joueur, le concurrent qu'on désigne remportera la victoire. « *Ne pas savoir pour quel cheval parier* » (ZOLA). *Il avait parié cent francs sur le favori.* V. **Jouer.** *Absolt. Parier aux courses.* ♦ 3º *Par ext.* Affirmer avec vigueur; être sûr. « *Je parie que c'est du bluff... Je te parie qu'il y aura un démenti* » (SARTRE). *Il y a gros à parier que,* il est à peu près certain que. « *Il y a toujours vingt à parier contre un qu'un gentilhomme descend d'un fripon* » (ROUSS.). *Je l'aurais parié, je m'en doutais. Vous avez soif, je parie?,* je suppose, j'imagine.

PARIÉTAIRE [paʀjetɛʀ]. *n. f.* (1544; *paritaire,* XIIIᵉ; lat. [*herba*] *parietaria,* de *paries* « paroi, mur »). Bot. Plante (*Urticacées*), qui pousse sur les murs, d'où ses noms courants de *casse-pierre, épinard des murailles, perce-muraille.*

PARIÉTAL, ALE, AUX [paʀjetal, o]. *adj.* et *n.* (1541; du lat. *paries, parietis* « paroi »). ♦ 1º Anat. Qui a rapport à la paroi d'une cavité. ◊ *Os pariétal :* chacun des deux plats constituant la partie moyenne et supérieure de la voûte du crâne. — N. *Les pariétaux.* — Par ext. Lobe pariétal droit, gauche du cerveau. ♦ 2º *Bot.* (1800). LES PARIÉTALES. *n. f. pl.* Groupe de plantes dicotylédones où les placentas sont logés tout au long des parois du pistil (*ex.* : orchidacées). ♦ 3º *Arts* (XXᵉ). *Peintures pariétales,* sur des parois rocheuses, dans des grottes. V. **Rupestre.**

PARIEUR [paʀjœʀ]. *n. m.* (1640; de *parier*). Personne qui parie, qui aime à faire des paris. ◊ Personne qui a l'habitude de parier aux courses. V. **Turfiste.** « *Une pouliche dont... pas un parieur ne voulait à cinquante!* » (ZOLA).

PARIGOT, OTE [paʀigo, ɔt]. *n.* et *adj.* (1886; de *Paris*). Fam. Accent parigot. « *Les intonations... encore un peu trop parigotes* » (ROMAINS). *Les Parigots.*

PARIPENNÉ, ÉE [paʀipe(ɛn)ne]. *adj.* (1838; du lat. *par* « pareil », et *penné*). Bot. Se dit des feuilles pennées se terminant par deux folioles opposées (*ex.* : le pois).

PARIS-BREST [paʀibʀɛst]. *n. m.* (XXᵉ; du nom des deux villes). Pâtisserie en pâte à choux, fourrée de crème pralinée et saupoudrée d'amandes. *Des paris-brests.*

PARISETTE [paʀizɛt]. *n. f.* (1778; dimin. de *Paris*). Plante (*Liliacées*) à baies bleuâtres, commune dans les bois et les prairies humides.

PARISIANISME [paʀizjanism(ə)]. *n. m.* (1583, repris 1840 [*parisiénisme*]; de *parisien*). Particularité de langage ou de mœurs propre aux Parisiens.

PARISIEN, IENNE [paʀizjɛ̃, jɛn]. *n.* et *adj.* (*Parisin,* 1312; de *Paris*). ♦ 1º N. (1771). Natif ou habitant de Paris. V. **Parigot.** *Parisiens et provinciaux.* ♦ 2º Adj. De Paris:

relatif à Paris, aux Parisiens. *Bassin parisien, banlieue parisienne. Vie parisienne. La haute société parisienne* (Cf. Le Tout-Paris).

PARISIS [parizi]. *adj. invar. (Paresi,* XIIᵉ ; bas lat. *parisiensis). Ancienn.* Se disait de la monnaie frappée à Paris, valant un quart de plus que celle frappée à Tours. *Denier parisis et denier tournois.*

PARISYLLABE [parisi(l)lab] *(rare)* ou **PARISYLLABIQUE** [parisi(l)labik]. *adj.* (1812,-idem ; de *par* « pareil », et *syllabe). Gram. lat.* Se dit d'une déclinaison, et *par ext.* d'un mot dont le nombre de syllabes est le même au génitif qu'au nominatif singulier (*ex. : pubes, pubis*). ◇ ANT. *Imparisyllabique.*

PARITAIRE [pariter]. *adj.* (1920 ; de *parité*). Qui réunit en nombre égal des personnes différentes. *Comité paritaire.* Spécialt. *Commission paritaire,* où employeurs et salariés ont un nombre égal de représentants élus.

PARITÉ [parite]. *n. f.* (1345 ; du bas lat. *paritas,* de *par* « égal, pareil » ; Cf. Pair). ♦ 1º *Didact., Littér.* Le fait d'être pareil (en parlant de deux choses). V. **Égalité, ressemblance, similitude.** « *Cette absolue parité d'idées* » (MAUPASS.). *La parité entre les salaires masculins et les salaires féminins.* ◇ (1738) *Écon.* Égalité de la valeur d'échange des monnaies de deux pays dans chacun de ces pays (V. **Pair**). *Parité de change.* ♦ 2º *Math.* Caractère pair (d'un nombre). ◇ ANT. *Contraste, différence, disparité. Imparité.*

PARJURE [parʒyr]. *n.* (1130 ; lat. *perjurium,* de *perjurare*).
I. Faux serment, violation de serment.
II. *(Perjure,* 1138 ; lat. *perjurus).* Personne qui commet un parjure. V. **Traître.** Adj. « *Infidèle et parjure Manon !* » (Abbé PRÉVOST).
◇ ANT. *Fidélité. Fidèle.*

PARJURER (SE) [parʒyre]. *v. pron.* (1080 ; lat. *perjurare*). Faire un parjure, violer son serment. « *En manquant de mémoire, on peut se parjurer* » (MOL.).

PARKA [parka]. *n. f.* (v. 1960 ; mot amér.). Manteau de sport, court, en tissu imperméable, comprenant une capuche. « *L'armée française [...] remplace la capote traditionnelle par la 'parka'* » (*Le Monde,* 6-12-1969).

PARKÉRISATION [parkerizasjɔ̃]. *n. f.* (1953 ; du nom de *Parker). Techn.* Protection superficielle de pièces métalliques au moyen de phosphates complexes.

PARKING [parkiŋ]. *n. m.* (1926, répandu v. 1945 ; mot angl. « action de parquer, de garer [une voiture] », de *to park* « parquer »). *Anglicisme.* ♦ 1º Action de parquer (une voiture). V. **Garage, parcage,** ♦ **stationnement.** *Parking autorisé.* ♦ 2º *Par ext.* Parc de stationnement pour les automobiles. V. **Parc.** REM. Au Canada, on dit **stationnement*.** *Parking souterrain. Les terrains vagues* « *servent de parc à autos* » (aux États-Unis) ; *c'est un 'parking' : deux cents mètres carrés de terre nue* » (SARTRE).

PARKINSON [parkinsɔn]. *n. m.* (XXᵉ ; de *maladie de Parkinson,* du nom d'un médecin angl. [1755-1824]). *Méd.* Maladie dégénérative de certains noyaux gris centraux du cerveau, caractérisée par des tremblements lents (surtout des mains) et une raideur musculaire. *Il est atteint d'un parkinson.*

PARKINSONIEN, IENNE [parkinsɔnjɛ̃, jɛn]. *adj. et n.* (1896 ; de [maladie de] *Parkinson). Méd.* De la maladie de Parkinson, relatif à un parkinson*. ◇ Atteint de cette maladie. N. *Un, une parkinsonien(ne).*

PARLANT, ANTE [parlɑ̃, ɑ̃t]. *adj.* (1210 ; de *parler*). ♦ 1º *Vx* ou *didact.* Qui parle, est doué de parole. « *Les arbres et les plantes sont devenus chez moi créatures parlantes* » (LA FONT.). *Le sujet parlant.* V. **Locuteur.** ◇ *Fam. Il n'est pas très parlant.* V. **Bavard, causant.** ♦ 2º (Fin XIXᵉ). Qui reproduit, après enregistrement, la parole humaine. *Horloge parlante.* — (1931) *Cinéma parlant* (opposé à *cinéma muet*). ♦ 3º (1654). Très expressif. V. **Vivant.** *Regards, gestes parlants.* — *Un portrait parlant,* particulièrement ressemblant. — *Fig.* et *littér.* Qui se passe de commentaires. *Des preuves parlantes.* — Blas. *Armes parlantes,* où le nom est représenté par l'objet correspondant.

PARLÉ, ÉE [parle]. *adj.* (1798 ; de *parler*). Qui se réalise par la parole. *Langue parlée* (opposé à *langue écrite*). Ling. *Chaîne parlée,* suite de mots, de phrases du discours. — *Journal parlé,* nouvelles radiophoniques.

PARLEMENT [parləmɑ̃]. *n. m.* (v. 1200 ; « discours », 1080 ; de *parler*). ♦ 1º *Ancienn.* (des Capétiens jusqu'à la Révolution). Cour souveraine de justice formée par un groupe de spécialistes détachés de la Cour du roi. *Les parlements de Paris, Grenoble, Bordeaux. Droit de remontrance du Parlement.* ◇ *Par ext.* Étendue, ressort de la juridiction d'un parlement. — Durée de la session. ♦ 2º *En Angleterre,* depuis le XIIIᵉ s., Nom donné collectivement aux deux assemblées (Chambre des lords, Chambre des communes) qui exercent le pouvoir législatif. *Projet d'acte du Parlement.* V. **Bill.** ♦ 3º Nom donné à l'assemblée ou aux chambres qui détiennent le pouvoir législatif dans les pays à gouvernement représentatif.

V. **Assemblée** (nationale), **Chambre** (des députés), **Sénat.** *Membre du Parlement.* V. **Parlementaire.** *Discussion, vote des lois au Parlement. Convocation, dissolution du Parlement. Les débats du Parlement. Opposé au parlement.* V. **Antiparlementaire.** — *Le Parlement européen.*

1. **PARLEMENTAIRE** [parləmɑ̃ter]. *adj. et n.* (1671 ; subst., 1644 ; de *parlement*). ♦ 1º *Ancienn.* Propre aux parlements (1º). *Remontrances parlementaires.* ◇ Spécialt. *Vx.* Qui prend le parti du Parlement. « *Je ne serai jamais ni jésuite, ni janséniste, ni parlementaire* » (VOLT.). ♦ 2º (XVIIᵉ). Relatif au Parlement d'Angleterre, et surtout *subst.* Partisan du Parlement anglais dans ses luttes contre la monarchie. ♦ 3º *Cour.* (1789). Relatif aux assemblées législatives modernes. *Régime, gouvernement parlementaire.* V. **Constitutionnel, représentatif.** « *Le pouvoir dit parlementaire qu'exercent des assemblées électives* » (BALZ.). — *Mandat, indemnité parlementaires. Débats parlementaires.* ◇ *Vieilli.* Conforme aux usages parlementaires. *Langage, ton peu parlementaire, peu courtois.* ♦ 4º *N.* (1824). Membre du Parlement. V. **Député, sénateur.**

2. **PARLEMENTAIRE** [parləmɑ̃ter]. *adj. et n.* (1789 ; de *parlementer*). ♦ 1º *Vx.* De l'action de parlementer. « *Il allait faire un drapeau parlementaire, un drapeau blanc* » (MAUPASS.). ♦ 2º *N.* (1798). Personne chargée de parlementer avec l'ennemi. V. **Délégué, député, envoyé.**

PARLEMENTAIREMENT [parləmɑ̃termɑ̃]. *adv.* (1785 ; de *parlementaire*). Conformément aux usages parlementaires.

PARLEMENTARISME [parləmɑ̃tarism(ə)]. *n. m.* (1845 ; de *parlementaire* 1). Régime, gouvernement parlementaire. ◇ Abus, mauvais fonctionnement de ce régime.

PARLEMENTER [parləmɑ̃te]. *v. intr.* (v. 1300, « avoir un entretien » ; de *parlement* « discours »). ♦ 1º Entrer en pourparlers avec l'ennemi en vue d'une convention quelconque. V. **Discuter, négocier, traiter.** ◇ *Par ext.* Discuter avec un adversaire quelconque en vue d'un accommodement. « *Saint-Just plia son orgueil à parlementer avec eux* » (JAURÈS). ♦ 2º *Fam.* Discuter, s'entretenir longuement. « *La bonne... parlementa quelque temps avec un homme resté en bas* » (FLAUB.).

1. **PARLER** [parle]. *v. (Parler,* Xᵉ ; lat. ecclés. *parabolare.* V. **Parole**).
I. *V. intr.* Ⓐ ♦ 1º Articuler les sons d'une langue naturelle. *Enfant qui apprend à parler.* « *Tout parle en mon ouvrage* (les Fables) *et même les poissons* » (LA FONT.). V. **Parole.** *Qui ne peut parler* (V. **Muet**). *Parler distinctement, de façon défectueuse* (V. **Bafouiller, balbutier, bégayer, zézayer**); *entre ses dents* (V. **Marmonner**). *Parler bas* (V. **Chuchoter**), *haut* (V. **Crier, gueuler**), *vite, du nez* (V. **Nasiller**), *avec ou sans accent. On dirait qu'il va parler :* réflexion populaire à propos d'un portrait fidèle, d'une peinture réaliste. ♦ 2º S'exprimer en usant de ces sons (V. **Langue, langage**). *Parler en français. Parler pour ne rien dire. S'exprimer en parlant* (V. **Oralement**) ou *par écrit. S'écouter parler. Parler peu* (V. **Laconisme**), *beaucoup* (V. **Bavard, loquace**), *seul* (V. **Monologue, soliloque**). Loc. *C'est une façon, une manière de parler!* il ne faut pas prendre à la lettre, exactement, ce qui vient d'être dit. *Il parle comme un livre*, il parle d'or :* très bien, sagement. *Parler crûment, sans mâcher ses mots. Parler en se répétant* (V. **Radoter**). *Parler à tort et à travers* (V. **Déparler**). « *Je parlerai pour vous,* en votre faveur (V. **Intercéder, plaider**). *Fig.* « *Malheureusement, son habit parlait peu pour lui* » (MICHELET). — « *Je n'avais qu'à parler pour avoir tout ce que je souhaitais de mon père!* » (MOL.) : qu'à demander. ◇ Prendre la parole en public. *Parler à la radio, au nom de son parti* (V. **Porte-parole**). ◇ Avoir une conversation avec qqn (V. **Bavarder, causer**). ◇ Révéler ce qu'on tenait caché (Cf. *pop.* Vider son sac*, se mettre à table*, manger le morceau*). *Faire parler un complice.* ♦ 4º *(Aux cartes).* Annoncer, déclarer son jeu. « *Il n'avait pas un jeu à parler.* ♦ 5º PARLANT, précédé d'un adv. (1644) : en s'exprimant de telle manière. *Humainement, généralement parlant.* Ⓑ *Fig.* ♦ 1º S'exprimer. *Les muets parlent par gestes.* ♦ 2º Être éloquent. *Les faits parlent d'eux-mêmes.*

II. *V. tr. indir.* ♦ 1º (XIᵉ). PARLER DE QQCH. *Parler de la pluie et du beau temps, de choses et d'autres. Toute la ville en parle.* Fam. *De quoi ça parle, ce livre?* Loc. *Sans parler de* (V. **Outre**). Iron. *Parlons-en!* « *Appelez-moi mon gendre, et n'en parlons plus!* » (ARAGON) : que ce soit fini. PROV. *Quand on parle du loup** (on en voit la queue). ◇ *(Avec un nom compl. sans art.)* Employer le mot de. « *On parle sans cesse de bourgeoisie. Mais il est vain d'appeler de ce nom les types sociaux très différents* » (BERNANOS). ♦ 2º (XIᵉ). PARLER DE QQN. « *Les oreilles ont dû vous tinter, Monsieur, on ne parlait que de vous* » (PROUST). *Il fait beaucoup parler de lui,* on en parle beaucoup. « *Nous avons vu des femmes rejetées par leur milieu... uniquement parce qu'on parlait d'elles* » (MAURIAC). ♦ 3º (1549). PARLER DE (suivi d'un inf.) marquer l'intention de. « *Qui parle d'offenser grand-père ni grand'mère?* » (MOL.). *Il parlait d'émigrer aux Antilles.* ♦ 4º (1080). PARLER À QQN : lui adresser la parole (V. **Interlocuteur**). *Répondez quand on vous parle. Parler à un mur :* à qqn qui ne veut rien entendre.

Il lui parle comme à un chien, sans égards. *Trouver à qui parler* : avoir affaire à forte partie. « *Elle est un peu sorcière, et si le diable vient, il trouvera à qui parler* » (GAUTIER). — Spécialt. *Il est amoureux d'elle, mais il n'ose pas lui parler* : se déclarer. ◇ Pronom. (Réfl.) *Il se parle à lui-même.* — (Récipr.) *Donner à deux amoureux l'occasion de se parler. Nous ne nous parlons plus*, nous sommes brouillés. ♦ 5° PARLER DE... à QQN. *Je voulais vous parler de cette affaire. On m'a beaucoup parlé de vous.* — *Par ext.* (Par écrit) *Je vous en ai parlé dans ma dernière lettre.* ◇ (À l'impératif) *Parlez-moi d'un associé comme ça! Qu'on ne m'en parle plus !* ◇ Absolt. *Pop.* (Dubitatif ou méprisant) *Tu parles d'un idiot !* quel idiot ! *Sa reconnaissance, tu parles !*

III. *V. tr. dir.* ♦ 1° Pouvoir s'exprimer au moyen de (telle ou telle langue). *Parler français, italien, russe.* Loc. fam. *Parler français comme une vache* espagnole. Parler patois, argot. Parler le français*, savoir le parler. *Interprète qui parle couramment plusieurs langues* (V. Bilingue; polyglotte). Pronom. *Langue qui se parle dans le monde entier.* — *Langues parlées en Inde.* ◇ *Il parle un langage fleuri.* ♦ 2° (*Avec un compl. sans art.*). Aborder un sujet. *Parler affaires, politique, chiffons. Parler raison* (Cf. Entendre* raison). « *Si vous continuez à parler passion quand je vous parle mariage* » (BALZ.). ♦ 3° Au p. p. (opposé à *Écrit*). *Untel, au parloir ! Élève appelé au parloir.* JOURNAL PARLÉ : bulletin radiophonique des nouvelles du jour.

◇ ANT. Taire (se).

2. PARLER [paʀle]. *n. m.* (1190; de *parler* 1). ♦ 1° Vx. Action, faculté de parler. V. **Parole.** Mod. *Franc-parler*.* ♦ 2° Manière de parler. « *Son parler avait quelque chose de rude* » (RADIGUET). *Les mots du parler de tous les jours.* ♦ 3° (1665). Ling. Ensemble des moyens d'expression employés par un groupe à l'intérieur d'un domaine linguistique. V. Dialecte, idiome, langue, patois. *Les parlers régionaux.*

PARLEUR, EUSE [paʀlœʀ, øz]. *n.* (XIV°; *parlere*, 1170; de *parler*). ♦ 1° Personne qui parle (dans sa manière habituelle de parler). BEAU PARLEUR *(vieilli)* : personne éloquente. *Mod.* (XVIII°) Celui qui aime à faire de belles phrases. V. **Phraseur.** « *Beau parleur, c'est-à-dire faiseur de longues phrases, et content de lui* » (ROUSS.). ♦ 2° Rare. Personne qui parle en public. V. **Orateur.** « *L'écrivain est un parleur* » (SARTRE).

PARLOIR [paʀlwaʀ]. *n. m.* (1295; *parleür*, 1155; de *parler*). Région. Dans une maison particulière, Salon où l'on cause, où l'on reçoit. ◇ Cour. (1835) Local où sont admis les visiteurs qui veulent s'entretenir avec un pensionnaire d'un établissement religieux, scolaire, hospitalier, pénitentiaire, etc. *Élève appelé au parloir. Untel, au parloir !*

PARLOTE ou **PARLOTTE** [paʀlɔt]. *n. f.* (1829; de *parler*). ♦ 1° Fam. Assemblée, réunion de gens qui bavardent ou s'exercent à la parole. V. **Conférence.** — Spécialt. Local où les avocats s'entretiennent au Palais. ♦ 2° Conversation oiseuse, échange de paroles insignifiantes. *Faire la parlotte avec une voisine* (V. Papoter).

PARME [paʀm(ə)]. *adj. invar.* et *n. m.* (déb. XX°; de *Parme*, ville d'Italie). ♦ 1° Adj. Mauve comme la violette* de Parme. *Velours parme.* ♦ 2° N. m. Couleur parme (1°).

PARMÉLIE [paʀmeli]. *n. f.* (1839; du lat. *parma* « petit bouclier rond », par anal. de forme). Bot. Lichen des régions froides.

PARMENTURE [paʀmɑ̃tyʀ]. *n. f.* (*Paramenture*, 1925; de *parement*). Techn. Partie d'un manteau qui forme revers d'encolure.

PARMESAN [paʀməzɑ̃]. *n. m.* (1596; *permigean*, adj., XV°; it. *parmigiano*, de *Parme*). Fromage cuit (lait écrémé et safran) fabriqué dans les environs de Parme. *Pâtes au parmesan.*

PARMI [paʀmi]. *prép.* (fin XI°; de *par*, et *mi* « milieu »). Dedans, au milieu de (plusieurs choses, personnes; qqch.). ♦ 1° (Lieu, milieu). Vieilli ou *poét.* Au milieu de, dans, sur. « *Parmi le thym et la rosée* » (LA FONT.). « *Parmi le vacarme confus des mécontents* » (CYR. de BERGERAC). — *Fig. et vx* (avec un mot abstrait) « *Mais parmi ce plaisir quel chagrin me dévore !* » (RAC.). ◇ Mod. (Suivi d'un nom ou nominal plur. ou collectif, sauf s'il ne s'agit que de deux choses) V. Entre. *Maisons disséminées parmi les arbres.* ◇ (Compl. de personnes) « *Rôdant parmi la foule* » (R. ROLLAND). V. Milieu (au). *Nous souhaitons vous avoir bientôt parmi nous.* V. Avec, près (de). ♦ 2° (Marque l'appartenance à un ensemble). Comprendre, placer, ranger qqn parmi ses ennemis. V. Nombre (au nombre de); partie (faire). *Seuls parmi tous les peintres.* V. De. *Plusieurs parmi lesquels celui-ci.* V. Dont. *C'est une solution Parmi (tant) d'autres.* ♦ 3° (Appartenance d'une chose abstraite à un ensemble d'êtres vivants). V. Chez. *Un caractère fréquent parmi les animaux. L'inégalité parmi les hommes.* « *Le mot fit scandale parmi les lecteurs ordinaires* » (FRANCE).

PARNASSE [paʀna(s)]. *n. m.* (1866; lat. *Parnassus*, du gr. *Parnasos*, montagne de Phocide, à double sommet, consacrée à Apollon et aux Muses). Littér. La poésie. *Les faveurs du Parnasse.* ◇ Spécialt. Mouvement littéraire issu de l'« Art

pour l'Art », tendant à la synthèse de l'esprit positiviste et de l'esprit « artiste ». *Poètes du Parnasse.* V. **Parnassien.**

PARNASSIEN, IENNE [paʀnasjɛ̃, jɛn]. *adj.* et *n. m.* (XVIII°; de *Parnasse*). I. ♦ 1° Vx. Relatif à la poésie. ♦ 2° (1866). Nom des poètes du Parnasse. *Les Parnassiens.* Adj. *L'école parnassienne.*
II. (1808). N. m. Papillon commun dans les montagnes, dit aussi *Apollon.*

PARODIE [paʀɔdi]. *n. f.* (1614; gr. *parôdia*, de *para-* 2, et *odé* « chant »). ♦ 1° Imitation burlesque (d'une œuvre sérieuse). *Le Virgile travesti de Scarron est une parodie de l'Énéide. Les « formes secondaires de la satire, le persiflage ou la parodie* » (GIRAUDOUX). ◇ *Fig.* Contrefaçon grotesque. V. **Caricature, travestissement.** *Une parodie de réconciliation.* ♦ 2° Vx. Couplet, strophe composés pour être chantés sur un air connu.

PARODIER [paʀɔdje]. *v. tr.* (1580; de *parodie*). Imiter (une œuvre) en faisant une parodie. *Parodier une scène d'un auteur.* Par ext. *Parodier un auteur* (V. **Pasticher**). ◇ *Fig.* Imiter (qqn) d'une façon grotesque. V. **Caricaturer, contrefaire, imiter.** *Parodier un professeur pour s'en moquer.* — Par ext. *Parodier un mot célèbre.*

PARODIQUE [paʀɔdik]. *adj.* (1800; de *parodie*). *Littér.* Qui appartient à la parodie. *Style parodique.*

PARODISTE [paʀɔdist(ə)]. *n.* (1723; de *parodie*). *Littér.* Auteur d'une parodie.

PARODONTE [paʀɔdɔ̃t]. *n. m.* (XX°; de *par[a]-* 1, et *odous, odontos* « dent »). Didact. Ensemble des tissus de soutien qui relient la dent au maxillaire.

PAROI [paʀwa]. *n. f.* (1175; *pareit* « mur », 1080; lat. pop. °*pares, -etis*, class. *paries, -ietis*). ♦ 1° Ce qui fait office de mur dans un bâtiment, sans être en maçonnerie. *Parois de bois, de métal, de verre.* ◇ Séparation intérieure d'une maison (V. **Cloison**) ou face intérieure d'un mur. *Appuyer son lit contre la paroi.* ◇ *Par ext.* (Véhicules) *Parois d'un navire, d'un avion, d'un wagon, d'un ascenseur, d'une cabine.* ♦ 2° Partie, surface qui limite une excavation naturelle ou creusée par l'homme. *Suintement des eaux le long des parois d'une caverne. Parois d'une tranchée.* ♦ 3° (1749). Roc, terrain à pic, comparable à une muraille. *Paroi rocheuse.* ♦ 4° Partie solide d'un récipient qui isole l'extérieur de l'intérieur; surface interne d'une cavité destinée à contenir qqch. *Les parois d'un vase, d'un tube. Pression d'un fluide sur les parois d'un récipient.* ♦ 5° Biol., Anat. (1680). Partie qui limite une cavité, qui enveloppe une structure (*paroi cellulaire, paroi de l'orbite);* tissu d'un organe creux. *La paroi abdominale* (V. aussi **Pariétal**).

PAROIR [paʀwaʀ]. *n. m.* (1611; de *parer*). Techn. Instrument, outil qui sert à parer (V. Parer 1, I, 4°). *Paroir de corroyeur.*

PAROISSE [paʀwas]. *n. f.* (*Parosse*, 1090; lat. ecclés. *parochia*, gr. *paroikia* « groupe d'habitations voisines »). ♦ 1° Circonscription ecclésiastique où s'exerce le ministère d'un curé, d'un pasteur. *Les pauvres de la paroisse. Se marier dans sa paroisse.* « *Lorsque le pasteur Théophile Sabatier fut nommé au temple de l'Oratoire, il désira habiter sa nouvelle paroisse* » (CHARDONNE). — Loc. fig. *Il n'est pas de la paroisse,* c'est un étranger. *Querelles de paroisse,* de clocher*. ♦ 2° Hist. Unité administrative rurale de l'Ancien Régime. *La paroisse avait la plupart des fonctions de la commune. Cahiers de paroisse* : cahiers de doléances* des paroisses.

PAROISSIAL, ALE, AUX [paʀwasjal, o]. *adj.* (*Parochial*, fin XII°; lat. ecclés. *parochialis*). De la paroisse, propre à la paroisse. *Église, messe paroissiale.* — *Enclos paroissial,* en Bretagne, ensemble architectural formé par l'église, l'ossuaire, le cimetière, etc.

PAROISSIEN, IENNE [paʀwasjɛ̃, jɛn]. *n.* (1200; lat. ecclés. *parochianus*). ♦ 1° Qui dépend d'une paroisse catholique ou protestante. *Le curé et ses paroissiens.* « *Il écrivait au pasteur dont (elle) était la paroissienne* » (ROUSS.). ◇ *Fig., fam.* et vieilli (XVI°) Type. *Un drôle de paroissien.* « *Je sais ce qu'il fait de ses nuits et de ses journées, ce paroissien-là* » (DAUD.). ♦ 2° (1803). Livre de messe.

PAROLE [paʀɔl]. *n. f.* (1080; lat. pop. °*paraula,* lat. ecclés. *parabola* « comparaison », V. **Parabole** 1). I. UNE, DES PAROLE(s) : élément(s) de langage parlé (V. **Langage**). ♦ 1° Élément simple du langage articulé. V. **Mot; expression.** — Vx. Mot. « *Ce n'est pas une petite parole que « Monseigneur »* » (MOL.). ◇ Mod. (au plur. ou en emplois déterminés) Énoncé. « *On ne pouvait lui arracher une parole* » (FRANCE). *Paroles aimables. Voilà une bonne parole !* V. **Discours, propos.** *Ce sont ses propres paroles. Le sens de ses paroles m'échappe. Mesurer, peser ses paroles. Déluge, flots de paroles.* Loc. *Faire rentrer les paroles dans la gorge*. C'est un moulin* à paroles.* — *Écouter, boire* les paroles de.* — *Les dernières paroles d'un mourant.* ♦ 2° LES PAROLES *(opposé à écrits).* PROV. *Les paroles s'envolent et les écrits restent** (Verba volant, scripta manent). ◇ *(Opposé à actes)* V. **Mot.** Loc. *En paroles :* d'une manière purement verbale.

« *Les effets décident mieux que les paroles* » (MOL.). ♦ 3º *(Plur.)*. Promesses. *De belles paroles. Payer qqn en paroles* (Cf. En monnaie de singe*). ♦ 4º *(Plur.)*. Texte (d'un morceau de musique vocale). *Auteur de paroles.* V. **Parolier.** *L'air et les paroles d'une chanson.* « *J'aime ces chants dont je ne comprends point les paroles* » (SENANCOUR). *Histoire sans paroles,* dessins qui se passent de légende. ♦ 5º Pensée exprimée à haute voix, en quelques mots. V. **Devise, mot, sentence.** *Parole historique, mémorable.* « *Nous savons que les paroles historiques ne furent jamais dites* » (COCTEAU). ♦ 6º *(Sing.)*. Engagement, promesse sur l'honneur. V. **Assurance, engagement, foi, serment.** *Donner sa parole, sa parole d'honneur.* V. **Promettre.** *Dégager qqn de sa parole. Tenir parole, sa parole. Rendre, retirer sa parole.* V. **Dédire** (se), **rétracter** (se). — *N'avoir qu'une parole* : ne rien changer à ce qu'on a promis. *Manquer à sa parole.* — *Sur parole* : sans aucune garantie que la parole donnée. « *La plupart de ses affaires s'étaient conclues sur parole* » (BALZ.). *Croire qqn sur parole.* ◇ Interj. *(Ma) parole d'honneur !* — *Ma parole !, Parole !* je le jure.

II. LA PAROLE (déb. XIIᵉ) : expression verbale de la pensée. ♦ 1º Faculté de communiquer la pensée par un système de sons articulés (V. **Langage**) émis par les organes de la phonation. *L'apprentissage de la parole. Perdre la parole. Trouble de la parole.* V. **Logopathie.** *Recouvrer l'usage de la parole. Les organes de la parole.* — *Loc. Il ne lui manque que la parole* (d'un animal intelligent, d'un portrait ressemblant). ♦ 2º Exercice de cette faculté. V. **Langage** (parlé), **verbe.** *Encourager qqn de la parole et du geste.* — *Avoir la parole facile* : être disert, éloquent. V. **Verve.** PROV. *La parole est d'argent et le silence* est d'or.* — Langage parlé ou écrit. « *La littérature a pour substance et pour agent la parole* » (VALÉRY). ◇ *Ling.* L'usage que fait un individu du langage (*opposé à* langue). V. **Discours.** ♦ 3º Le fait de parler. *Adresser la parole à qqn. Prendre la parole. Couper la parole à qqn.* V. **Interrompre.** ◇ *Spécialt.* Droit de parler dans une assemblée délibérante. *Demander, obtenir la parole. Accorder, passer, refuser la parole à qqn. Vous avez la parole* : vous pouvez parler. *Temps de parole.* ◇ *Jeu. Parole !* je passe. ♦ 4º (Religions révélées). V. **Logos, verbe;** *et aussi* **Écriture.** *La parole de Dieu, la bonne parole.* Plaisant. *Prêcher, porter la bonne parole.* — *Loc. C'est parole d'évangile*.*

◇ ANT. **Action. Écrit. Silence.**

PAROLI [paʀɔli]. *n. m.* (1640; mot it.; Cf. napolit. *Paro* « égal »). *Vx.* Le double de la mise antérieure, lorsqu'on vient de gagner au jeu. *Faire paroli.*

PAROLIER, IÈRE [paʀɔlje, jɛʀ]. *n.* (1843, « librettiste »; 1584, adj., « riche en paroles » [d'une poésie]; de *parole).* Auteur des paroles d'une chanson, d'un livret d'opéra. V. **Librettiste.**

PARONOMASE [paʀɔnɔmaz]. *n. f.* (*Paronomasie,* 1546; lat. *paronomasia,* du gr. *onoma* « nom »). *Rhét.* Figure qui consiste à rapprocher des paronymes* dans une phrase (*ex. :* qui s'excuse s'accuse).

PARONYME [paʀɔnim]. *adj. et n. m.* (1805; gr. *paronumos*). *Didact.* Se dit de mots presque homonymes (*ex. :* conjecture, conjoncture; éminent, imminent).

PARONYMIE [paʀɔnimi]. *n. f.* (1846; de *paronyme*). *Didact.* Caractère des mots paronymes.

PARONYMIQUE [paʀɔnimik]. *adj.* (1836; de *paronyme*). *Didact.* Relatif aux paronymes.

PARONYQUE [paʀɔnik]. *n. f.* (*Paronychia,* 1562; gr. *paronuxis,* de *onux* « ongle »). *Bot.* Plante *(Caryophyllacées)* annuelle ou vivace suivant les variétés, qui passait pour guérir les panaris.

PAROS [paʀos]. *n. m.* (1874; du nom de l'île). Marbre blanc extrait des carrières de l'île de Paros.

PAROTIDE [paʀotid]. *n. f.* (1537; *perotide* « inflammation des glandes », 1490; lat. *parotis, -idis,* gr. *parôtis* « près de l'oreille »). *Anat.* Glande salivaire paire, située au-dessous du conduit auditif externe. — *Appos. La glande parotide.*

PAROTIDIEN, IENNE [paʀotidjɛ̃, jɛn]. *adj.* (1818; de *parotide).* *Anat.* Relatif à la parotide, à sa région.

PAROTIDITE [paʀotidit]. *n. f.* (1846; de *parotide,* et *-ite*). *Méd.* Inflammation de la glande parotide. *Parotidite épidémique.* V. **Oreillons.**

PAROUSIE [paʀuzi]. *n. f.* (v. 1900; gr. *parousia* « présence »). *Relig.* Second avènement attendu du Christ glorieux (V. **Millénium**).

PAROXYSME [paʀɔksism(ə)]. *n. m.* (1552; *peroxisme,* 1314; gr. méd. *paroxusmos,* de *oxunein* « aiguiser, exciter ». V. **Oxy-**). ♦ 1º *Méd.* Période d'une maladie où les symptômes sont les plus aigus. V. **Accès, crise.** « *Rassurez-vous, ... je crois que le paroxysme est passé* » (FLAUB.). ♦ 2º (1831). Le plus haut degré (d'une sensation, d'un sentiment). V. **Exacerbation.** *La douleur atteint son paroxysme. Pousser, porter à son paroxysme.* « *La nuée des spectateurs, au paroxysme de la joie, suivait avec des quolibets* » (HUGO).

PAROXYMIQUE ou **PAROXYSMAL, ALE, AUX**

[paʀɔksismik, paʀɔksismal, o]. *adj.* (1838,-XXᵉ; de *paroxysme*). *Didact.* Relatif au paroxysme, à un paroxysme. *Phase paroxysmale d'une éruption.* V. **Paroxystique.**

PAROXYSTIQUE [paʀɔksistik]. *adj.* (1836; *paroxymique,* 1808; de *paroxysme*). ♦ 1º *Méd.* Qui se présente sous forme de paroxysmes. *Tachycardie paroxystique.* ♦ 2º *Littér.* D'un paroxysme (2º).

PAROXYTON [paʀɔksitɔ̃]. *adj. m.* (1570; gr. *paroxutonos.* V. **Oxyton**). *Ling.* Qui a l'accent aigu (et *par ext.* l'accent d'intensité) sur l'avant-dernière syllabe (Cf. *aussi* Proparoxyton).

PARPAILLOT, OTE [paʀpajo, ɔt]. *n.* (1622; « papillon », XVIᵉ; occitan *parpailhol* « papillon » à cause des vêtements blancs des calvinistes). *Vx* ou *plaisant.* Calviniste, protestant. — Incroyant.

PARPAING [paʀpɛ̃]. *n. m.* (1304; *perpin* « longueur de pierre », 1291; bas lat. *°perpetaneus,* de *perpes, -etis* « ininterrompu, continuel »). *Techn.* Pierre de taille (ou moellon) tenant toute l'épaisseur d'un mur et ayant deux parements (à la différence de la *boutisse*). — *Par ext.* Bloc de plâtre, de ciment) formant l'épaisseur d'une paroi.

PARQUE [paʀk]. *n. f.* (*Parce,* 1529; lat. *Parca* « déesse des Enfers »). *Myth.* Chacune des trois déesses (Clotho, Lachésis, Atropos) qui filent et tranchent le fil des vies humaines; *par métaph.* La vie et la mort, la destinée. **Filandière** (les sœurs filandières). ◇ *Par ext. Littér. La Parque* : la destinée, la mort. « *Sans cesse j'entends la Parque, la vieille, murmurer à mon oreille : tu n'en as plus pour longtemps* » (GIDE). ◇ HOM. **Parc.**

PARQUER [paʀke]. *v.* (1380; de *parc*). I. *V. tr.* ♦ 1º Mettre (des bestiaux, des animaux) dans un parc. — *Milit.* (1500) Placer (des soldats) dans un cantonnement. — (Fin XVIIᵉ) Disposer pour former un parc. *Parquer les vivres, l'artillerie.* ♦ 2º *Fig.* (1829). Placer, enfermer (des personnes) dans un espace étroit et délimité. V. **Entasser.** « *La foule... parquée symétriquement entre les balustrades* » (FLAUB.). ♦ 3º (1930). Arrêter et ranger (une voiture) dans un parc de stationnement. V. **Garer.** Pronom. *Se parquer* : parquer sa voiture. V. **Parking** (anglicisme). **II.** *V. intr.* ♦ 1º (XVIIᵉ). Être dans un parc. *Troupeaux qui parquent dans un enclos.* ♦ 2º *Milit.* Former un parc.

1. PARQUET [paʀkɛ]. *n. m.* (1339, « petit parc »; de *parc*). I. ♦ 1º (1366). *Ancienn.* Partie d'une salle de justice où se tenaient les juges ou les avocats (Cf. *mod.* Barre, barreau). ◇ *Mod.* (1549) Local réservé aux membres du Ministère public en dehors des audiences. *Parquet général,* sous l'autorité d'un procureur général. *Petit parquet,* sous l'autorité d'un substitut. ♦ 2º *Par ext.* Groupe des magistrats exerçant les fonctions du Ministère public. ♦ 3º (1802). Partie de l'enceinte d'une Bourse où se tiennent les agents de change, pendant le marché. V. **Corbeille.** **II.** (sens étymol.) *Agric. Parquet d'élevage,* enclos destiné à l'élevage de volailles.

2. PARQUET [paʀkɛ]. *n. m.* (1664; « panneau de retable », 1385; du précéd.). ♦ 1º Assemblage d'éléments de bois (lames, lattes) qui garnissent le sol d'une pièce (V. **Plancher**). *Parquet de chêne. Parquet ciré. Rainure de parquet. Parquet classique, sur lambourdes; parquet collé.* ♦ 2º *Techn.* Assemblage de bois sur lequel est appliquée une glace. ♦ 3º *Mar.* Assemblage de plaques formant une plate-forme pour la circulation (dans une salle de machines). *Parquet de chauffe.*

PARQUETAGE [paʀkətaʒ]. *n. m.* (1611, « parc pour les moutons »; de *parqueter*). *Techn.* (1621). Action de parqueter; son résultat.

PARQUETER [paʀkəte]. *v. tr.;* conjug. *jeter* (1680; « diviser un parquet », 1382; de *parquet*). Garnir d'un parquet. — *Au p. p. Pièce parquetée.* ◇ *Techn. Parqueter un tableau :* en réparer la boiserie ou consolider la toile avec des planches.

PARQUETERIE [paʀkə(ɛ)tʀi]. *n. f.* (1835; de *parquet*). *Techn.* Fabrication, pose des parquets. V. **Menuiserie.**

PARQUETEUR [paʀkətœʀ]. *n. m.* (1691; de *parquet*). *Techn.* Ouvrier, menuisier qui fabrique ou pose des parquets.

PARQUEUR, EUSE [paʀkœʀ, øz]. *n.* (1868; *parquier* « gardien de bestiaux », XIIIᵉ; « pêcheur », XVIIIᵉ; de *parquer*). ♦ 1º *Techn.* Personne qui s'occupe des huîtres d'un parc. ♦ 2º *Agric.* Personne qui garde, soigne les bestiaux dans un parc. V. **Berger.**

PARRAIN [pa(ɑ)ʀɛ̃]. *n. m.* (*Parrin, parin,* XIIᵉ; *-ain,* d'apr. *marraine;* lat. pop. *patrinus,* de *pater* « père »). ♦ 1º Celui qui tient (ou a tenu) un enfant (V. **Filleul**) sur les fonts du baptême. « *Elle s'était obstinée à avoir les Charles pour parrain et marraine* » (ZOLA). ◇ *Par anal.* Celui qui préside au baptême d'une cloche, au lancement d'un navire. — Celui qui donne un nom à une personne, à une chose, à un ouvrage. ♦ 2º Celui qui présente qqn dans un cercle, un club, pour l'y faire inscrire.

PARRAINAGE [pa(ɑ)ʀɛnaʒ]. *n. m.* (1835; *parrinaiges* « le parrain et la marraine », 1220; de *parrain*). ♦ 1º Fonction, qualité de parrain (1º) ou de marraine. ◇ Soutien d'une personne qui demande à être admise dans un ordre, dans une société. ♦ 2° (1935). Appui moral qu'une personnalité ou un groupe accorde à une œuvre. V. **Patronage.** *Comité de parrainage.*

PARRAINER [pa(ɑ)ʀene]. *v. tr.* (v. 1935; de *parrain*). Soutenir (une entreprise, une œuvre) en accordant son parrainage. ◊ Présenter (qqn) en tant que parrain.

1. **PARRICIDE** [paʀisid]. *n.* (1190; lat. *par[r]icida*; Cf. *suff.* -Cide). Personne qui a commis un parricide (2). ◊ Adj. *Fils parricide. Attentat, complot parricide.*

2. **PARRICIDE** [paʀisid]. *n. m.* (1372; lat. *parricidium*). ♦ 1° Meurtre du père ou de la mère ou *(Dr.)* de tout autre ascendant légitime. ♦ 2° *Vx* (xve). Meurtre commis contre la vie du souverain. V. **Régicide.**

PARSEC [paʀsɛk]. *n. m.* (v. 1937; de *parallaxe*, et *seconde*). Astron. Unité de longueur qui vaut 3,26 années-lumière. *Le parsec correspond à la distance d'une étoile dont la parallaxe est d'une seconde d'arc.*

PARSEMER [paʀsəme]. *v. tr.* (v. 1480; de *par*, et *semer*). ♦ 1° Couvrir par endroits. V. **Disperser, recouvrir, répandre, saupoudrer, semer** (de). *Parsemer de paillettes.* V. **Pailleter.** « *Les retentissantes couleurs Dont tu parsèmes tes toilettes* » (BAUDEL.). *Ciel parsemé d'étoiles.* — Fig. *Parsemer un récit de mots d'esprit.* V. **Émailler.** ♦ 2° (Choses; xviiie). Être répandu çà et là sur (qqch.). « *Déjà plus d'une feuille sèche Parsème les gazons jaunis* » (GAUTIER). ◊ ANT. *Amasser, grouper, rassembler, réunir.*

PARSI, IE [paʀsi]. *n. et adj.* (1740; persan *parsi*). Personne qui, dans l'Inde, suit la religion de Zoroastre et descend des Perses zoroastriens chassés de leur pays par les musulmans. ◊ *Le parsi* : langue indo-européenne du groupe iranien, usitée en Perse à l'époque des derniers rois sassanides, et intermédiaire entre les vieux perse et le persan moderne.

PARSISME [paʀsism(ə)]. *n. m.* (1872; de *parsi*). Didact. Religion des parsis. V. **Mazdéisme, zoroastrisme.**

1. **PART** [paʀ]. *n. f.* (842, *de suo part* « de son côté »; lat. *pars, partis*). I. Ce qui revient à qqn. ♦ 1° (980). Ce qu'une personne possède ou acquiert en propre. *Chacun sur terre a sa part de peines. Avoir la meilleure part.* — AVOIR PART À : participer. *Avoir part aux bénéfices, au gâteau*.* — Par ext. Être pour qqch. dans... *Un acte où la volonté si peu de part.* — PRENDRE PART À : jouer volontairement un rôle dans (une affaire). *Prendre part à un travail, aux frais.* V. **Aider, contribuer.** *Prendre part à une manifestation.* « *Le Premier consul avait pris une part si active aux débats...* » (MADELIN). — Spécialt. S'associer aux sentiments d'une autre personne. V. **Partager.** « *La part que j'ai prise, si naturelle, à votre deuil* » (MART. du G.). ◊ FAIRE PART : partager *(seult. dans l'express. faire part à deux).* Ellipt. *Faire part* partageons entre nous deux.* ◊ FAIRE PART DE QQCH. À QQN : faire connaître. V. **Communiquer, informer.** *Faire part de ses opinions à qqn.* — Spécialt. *Faire part d'une naissance, d'un mariage, d'un décès.* V. **Faire-part.** ◊ POUR MA PART : en ce qui me concerne, quant à moi. ♦ 2° (xiie). Partie attribuée à qqn ou consacrée à tel ou tel emploi. *Part proportionnelle.* V. **Lot, portion.** *Part proportionnelle.* V. **Prorata.** *Diviser en parts* : partager. *Une part de gâteau.* V. **Morceau.** Loc. fig. *Avoir sa part de gâteau. Se tailler la part du lion*.* ◊ Dr. Portion d'un patrimoine attribuée à un copartageant. V. **Partage.** *Assigner à qqn une part dans un legs.* — *Part virile* : portion d'une masse indivise, obtenue en divisant cette masse par le nombre des ayants droit. — *Dr. comm. Part (de fondateur)* : partie du capital d'une société, qui appartient à l'un des associés et qui lui donne des droits et des obligations déterminés (Cf. Apport). — Mar. *Être à la part, naviguer à la part* : se dit de l'équipage dont chaque membre reçoit une part des bénéfices. ◊ *Français À PART ENTIÈRE* : qui jouit de tous les avantages et de tous les droits attachés à la qualité de Français. « *Un emploi qui leur permette d'être classés dans la catégorie des vivants à part entière* » (AYMÉ). ◊ (Ce que chacun doit donner) *Il faut que chacun paye sa part.* V. **Contribution, quote-part.** ♦ 3° FAIRE LA PART : assigner, attribuer en partage. *Faire la part belle à qqn* : lui accorder un gros avantage. *Faire la part du feu*.* « *Le christianisme ne fait pas sa part à la chair; il la supprime* » (MAURIAC). — *Faire la part de,* tenir compte de. *Il faut faire la part de l'exagération dans ce qu'il raconte. Faire la part des choses* : tenir compte des contingences.

II. (XIIIe). Partie (d'un tout, d'un ensemble, d'un groupe). V. **Fraction, partie.** *Il a perdu une grande part de sa fortune.* V. **Beaucoup.** — *Pour une part, une large part, une bonne part* : en partie, dans une large mesure.

III. Partie d'un lieu. ♦ 1° *Vx.* Côté, direction. — Dans des loc., au propre et au figuré. DE LA PART DE : *vx*, Du côté de; *mod.* Indique la personne de qui émane un ordre, une démarche. V. **Nom** (au nom de). *Il n'y a aucune mauvaise foi de sa part.* « *Prévenez-la que je viens de la part de son mari* » (MAUPASS.). — DE TOUTES PARTS OU DE TOUTE PART : de tous les côtés. *Navire qui fait eau de toutes parts.* Littér. « *Le vieux roi se trouva attaqué de toutes parts à la fois* » (MICHELET). —

D'UNE PART... D'AUTRE PART, pour mettre en parallèle, pour opposer deux idées ou deux faits, deux aspects d'un objet. *Procès entre un tel d'une part et un tel d'autre part.* — *D'une part..., de l'autre...* V. **Côté.** — D'AUTRE PART : en début de phrase) V. **Ailleurs** (d'), **outre** (en). — DE PART ET D'AUTRE : d'un côté et de l'autre, des deux côtés. « *On se disait, de part et d'autre, des injures grossières* » (MONTESQ.). — DE PART EN PART : d'un côté à l'autre. V. **Travers** (à). *La pluie a pénétré mon manteau de part en part.* — PRENDRE EN BONNE, EN MAUVAISE PART : interpréter en bien, en mal (Cf. Prendre du bon côté). ♦ 2° PART, accompagné d'un adj. indéf. et formant une loc. adv. de lieu. — NULLE PART : en aucun lieu *(opposé à partout).* « *Je ne suis jamais nulle part* » (BAUDEL.). — AUTRE PART : dans un autre lieu. — QUELQUE PART : en un lieu indéterminé, qu'on ne veut pas ou ne peut pas préciser. « *Elle l'avait déjà vu quelque part* » (ARAGON). — Fam. (par euphém.) *Aller quelque part* : aux cabinets. « *Je vas (vais) vous allonger mon pied quelque part* » (ZOLA) : au derrière. ♦ 3° *Loc. adv.* À PART : à l'écart. *Mettre à part* : écarter, excepter, séparer. *Prendre qqn à part pour lui parler.* V. **Particulier** (en). « *On les enferma à part, d'un côté les serviteurs et de l'autre les enfants* » (MICHELET). V. **Séparément.** « *Je résolus de me retourner seul au jardin* » (GIDE), dans mon for intérieur. *Toute plaisanterie à part* : sans plaisanter. ◊ *Loc. prép.* V. **Excepté.** ◊ ANT. *Il qui nous ne connaissons personne dans ce voisinage* » (MAUROIS). — Fam. *Et à part ça, qu'est-ce que vous devenez?* — Fam. *À part que* : excepté que, sauf que. — À PART (en fonction d'adj.) : qui est séparé d'un ensemble. *Occuper une place à part.* V. **Écart** (à l'). *Tirage* à part.* — *Faire bande* à part. Chambre à part, en parlant des époux.* « *Les intellectuels anglo-saxons qui forment une classe à part* » (SARTRE). V. **Spécial.**

◊ ANT. *Conjointement, ensemble; avec.*

2. **PART** [paʀ]. *n. m.* (1170; lat. *partus* « enfanté »). ♦ 1° *Vx.* V. **Parturition.** ♦ 2° (xvie). *Dr.* (dans quelques express.) Enfant nouveau-né. *Substitution de part. Confusion de part* : confusion de paternité; incertitude sur la paternité d'un enfant. ◊ HOM. *Par;* formes des v. *parer, partir.*

PARTAGE [paʀtaʒ]. *n. m.* (1283; de *partir* « partager »). I. L'action de partager ou de diviser; son résultat. ♦ 1° (1283). Division d'un tout en plusieurs parts pour une distribution. V. **Répartition.** *Partage d'un domaine* (V. **Morcellement**), *d'un pays entre ses envahisseurs* (V. **Démembrement**). ◊ Dr. Opération par laquelle un bien est partagé entre des copropriétaires. *Partage amiable, judiciaire. Partage d'ascendant* (V. **Donation**). *Testament-partage.* ♦ 2° Le fait de partager qqch. (avec qqn). « *Un partage avec Jupiter N'a rien du tout qui déshonore* » (MOL.). — SANS PARTAGE : sans réserve, entièrement. ♦ 3° *Vx.* Division en parties. Mod. *(Math.)* Division d'une grandeur en parties plus petites. ◊ Division en nombre égal des voix, d'un côté et de l'autre, dans une consultation, une délibération. *S'il y a partage, la voix du président est prépondérante.* ♦ 4° Géogr. *Ligne de partage des eaux*, crête qui forme la limite entre deux bassins fluviaux.

II. (1325). La part qui revient à qqn. ♦ 1° *Vx.* Le lot attribué à qqn dans une succession. ♦ 2° *Mod.* LE PARTAGE DE QQN : le lot, le sort de qqn. « *Ce que je fus demeure à jamais mon partage* » (ARAGON). — EN PARTAGE. *Donner, recevoir en partage.* « *Croyez-vous donc avoir tant d'esprit en partage?* » (MOL.).

◊ ANT. *Indivision.*

PARTAGEABLE [paʀtaʒabl(ə)]. *adj.* (1505; de *partager*). Qui peut être l'objet d'un partage. ◊ ANT. *Impartageable.*

PARTAGEANT, ANTE [paʀtaʒɑ̃, ɑ̃t]. *n.* (1612; de *partager*). Dr. Personne qui participe à un partage.

PARTAGER [paʀtaʒe]. *v. tr.;* conjug. *bouger* (1398; de *partage*). I. ♦ 1° Diviser (un ensemble) en éléments qu'on peut distribuer, employer à des usages différents. *Partager un domaine, un pays.* V. **Démembrer, morceler.** *Partager par moitié. La petite fortune de M. Mesurat devait être également partagée entre ses deux filles* » (GREEN). — Fig. « *Le bon sens est la chose du monde le mieux partagée* » (DESCARTES). *Partager son temps entre plusieurs occupations.* ♦ 2° Partager qqch. avec qqn : lui en donner une partie. *Partager les bénéfices avec un associé.* Absolt. *Il faut lui apprendre à partager.* ♦ 3° Avoir part à (qqch.) en même temps que d'autres. *Partager le repas, le lit de qqn.* ◊ Fig. Prendre part à. *Partager les ennuis* (V. **Compatir**), *la joie de qqn.* « *Enfer ou paradis, quel que soit ton sort, je le partagerai!* » (GAUTIER). *Partager la responsabilité d'un acte.* V. **Solidariser** (se). « *André Chénier partageait à beaucoup d'égards les idées de son siècle* » (STE-BEUVE). — Au p. p. *Un amour partagé, mutuel, réciproque.* ♦ 4° *Vx* (il ne littér. *Partager qqn* : lui donner ce qui lui revient. *Le destin l'a bien partagé.* V. **Doter, favoriser.** ◊ *Mod.* (au passif) *Ce pauvre garçon est mal partagé.* ♦ 5° Diviser (un ensemble) de manière à former plusieurs parties distinctes effectivement séparées ou non. V. **Couper, diviser, fractionner, fragmenter.** *Cloison qui partage une pièce en deux.* « *Le nez se dirigeait de droite à gauche, au lieu de partager exactement la figure* » (BALZ.). ♦ 6° *Fig.* (1678). *Au passif.* Être divisé entre plusieurs sentiments contradictoires. V. **Écarteler** *(fig.).* « *Je suis partagé entre des tendances qui se contredisent* » (MART. du G.). « *Il gardait le silence, partagé entre le désir de courir à elle et l'effroi de lui déplaire* » (GREEN). ♦ 7° Diviser (une société, un peuple) en groupes opposés ou même hostiles. « *Deux sonnets partagent la ville, Deux sonnets partagent la cour* » (CORN.). — « *Bien que touchés par un malheur commun, les Français restent, autant que jamais partagés* » (GIDE). LOC. *Les avis sont partagés,* sont très divers.

II. SE PARTAGER. *v. pron.* (XVIe, « se retirer à part »). ♦ 1° Être partagé. *Ce gâteau peut se partager facilement.* ♦ 2° *(Réfl.).* Être divisé. « *Ses cheveux se partageaient en drôles de petites mèches* » (LOTI). ♦ 3° Fig. *Se partager entre diverses tendances.* ♦ 4° *(Récipr.).* Partager (qqch.) entre soi. *Se partager la faveur de la clientèle.* « *Ils se sont partagé l'héritage, les tableaux, les actions* » (CHARDONNE).
◊ ANT. **Accaparer. Réunir.**

PARTAGEUR, EUSE [paʀtaʒœʀ, øz]. *adj.* (XVIe, repris XXe ; de *partager*). Personne qui partage volontiers ce qu'elle possède. *Cette gamine n'est pas partageuse.*

PARTAGEUX, EUSE [paʀtaʒø, øz]. *n.* (1849 ; *partageur* « celui qui partage », 1544 ; « préposé au partage des successions », 1567 ; de *partager*). Vieilli. Personne qui préconise le partage, la communauté ou l'égalité des biens. V. **Communiste, socialiste.**

PARTANCE [paʀtãs]. *n. f.* (XVIe ; *partence*, 1395 ; de *partir*). Vx. Départ, moment du départ. ◊ *Mod.* EN PARTANCE : qui va partir (bateaux, grands véhicules). « *Plusieurs bateaux, les uns en arrivage, les autres en partance* » (HUGO). *Avion, train, convoi en partance. En partance pour,* à destination de.

1. **PARTANT** [paʀtã]. *n. m. et adj.* (1748 ; de *partir* 1). ♦ 1° *N. m.* Celui qui part. *Les arrivants et les partants.* ◊ (1923). *Turf.* Cheval qui se présente effectivement au départ d'une course. *Cheval déclaré non partant à la dernière minute.* ◊ *Coureur qui part. Les partants d'une course cycliste, automobile, d'un cross-country.* ♦ 2° *Adj.* Fam. Être partant pour : être disposé à, avoir envie de. *Il est toujours partant pour un bon gueuleton.*

2. **PARTANT** [paʀtã]. *conj.* (1160 ; de *par,* et *tant* ; Cf. Pourtant). *Vx* ou *Littér.* Conjonction marquant la conséquence. V. **Ainsi, conséquent** (par), **donc.** « *Les tourterelles se fuyaient ; Plus d'amour, partant plus de joie* » (LA FONT.). « *Plus de wagons, plus de voitures, partant, moins à manger* » (AYMÉ).

PARTENAIRE [paʀtənɛʀ]. *n.* (1784 ; *partner,* 1767 ; de l'angl.). ♦ 1° Personne avec qui l'on est allié contre d'autres joueurs. « *Un remaniement des équipes les rassembla dans la même partie, d'abord en adversaires, puis en partenaires* » (MART. du G.). ♦ 2° Personne associée à une autre pour la danse, dans un exercice sportif, professionnel. *Partenaire d'un patineur, d'un prestidigitateur.* ◊ Personne avec qui on tient conversation. *Trouver un partenaire à la hauteur.* ♦ 3° Personne qui a des relations sexuelles avec une autre. « *Sa partenaire n'avait pas dû prendre beaucoup de plaisir* » (ROMAINS). ♦ 4° Pays avec lequel un autre pays a des relations, des échanges. « *Ce qui fait de lui* [le Brésil] *un partenaire commercial de premier ordre* » (Paris-Match, 3-11-1973). *Nos partenaires du Marché commun.* ◊ ANT. **Adversaire, compétiteur, rival.**

PARTERRE [paʀtɛʀ]. *n. m.* (1546 ; de *par* « sur », et *terre* « sol »). ♦ 1° *Vx.* Sol. *Faire un parterre, une chute.* LOC. mod. *Prendre un billet de parterre* (du sens 3°) : tomber. ◊ (Mod.) *Fam.* Carrelage, plancher. *Laver le parterre.* ♦ 2° Partie d'un parc, d'un jardin d'agrément où l'on a aménagé des compartiments de fleurs, de gazon. *Parterre de bégonias.* « *Les quais des gares, en été, ont des parterres de fleurs* » (LARBAUD). ♦ 3° (XVIIe). *Vx.* Rez-de-chaussée d'une salle de théâtre où le public se tenait debout. ◊ *Mod.* Partie du rez-de-chaussée d'une salle de théâtre, derrière les fauteuils d'orchestre. *Places de parterre. — Par ext.* Public du parterre (Cf. La galerie). « *Voici un bon mot de Mme Cornuel, qui a fort réjoui le parterre* » (SÉV.). ◊ HOM. Par terre (loc. adv.).

PARTHÉNOGÉNÈSE [paʀtenoʒenɛz]. *n. f.* (1864 ; gr. *parthenos* « vierge », et *-génèse*). *Biol.* Reproduction sans fécondation (sans mâle), dans une espèce sexuée (*ex.* : chez les abeilles, les pucerons). « *Ce caprice étonnant de la nature qu'on nomme la parthénogénèse* » (MAETERLINCK).

PARTHÉNOGÉNÉTIQUE [paʀtenoʒenetik]. *adj.* (*Parthénogénésique,* 1874 ; de *parthénogénèse*). *Biol.* Relatif à la parthénogénèse. Issu de la parthénogénèse. *Œuf, individu parthénogénétique.*

1. **PARTI** [paʀti]. *n. m.* (1360, « partie, portion » et « situation d'une personne » ; de *partir* [2] « partager »)

I. Ce qu'une personne a pour sa part. ♦ 1° *Vx.* Salaire d'un employé ; bénéfice. ◊ *Mod.* TIRER PARTI DE : exploiter, utiliser. « *On n'imagine pas le parti qu'on peut tirer d'un simple morceau de bois* » (R. ROLLAND). ♦ 2° Situation qui échoit. Vx. *Prendre le parti des armes,* le métier de soldat. Mod. *Faire un mauvais parti à qqn.* V. **Malmener, maltraiter.** ♦ 3° (1538). Personne à marier, considérée du point de vue de sa situation sociale. « *Je songerai à marier ma fille quand il se présentera un parti pour elle* » (MOL.). *Un beau parti.*

II. ♦ 1° (1360). *Littér.* Solution proposée ou choisie pour résoudre une situation. « *Lorsqu'il hésitait entre deux partis... il choisissait en général celui qui exigeait le plus grand somme de volonté* » (MART. du G.). — *Arts.* Conception d'ensemble d'une œuvre architecturale ou picturale. ♦ 2° *Loc. cour.* PRENDRE LE PARTI DE. V. **Décision, résolution.** *Hésiter sur le parti à prendre.* « *Les hommes prennent le parti d'aimer ceux qu'ils craignent, afin d'en être protégés* » (JOUBERT). — PRENDRE PARTI. V. **Choisir, décider, opter ; position** (prendre). *Il ne veut pas prendre parti* (Cf. *fam.* Se mouiller). — PRENDRE SON PARTI, se déterminer. « *Mon sentiment est ferme et mon parti bien pris* » (DUHAM.). *Prendre son parti de qqch.,* en prendre son parti : accepter raisonnablement (ce qu'on ne peut éviter). V. **Accommoder (s'), résigner** (se). ◊ (1798) PARTI PRIS (Parfois *partis-pris*). *Littér.* Décision inflexible. « *Ce qui apparaît le plus nettement dans une œuvre de maître, c'est la « volonté », le parti pris* » (VALÉRY). — *Cour.* (En mauvaise part) Opinion préconçue, choix arbitraire. V. **Préjugé.** « *Balzac est de tous les auteurs contemporains celui auquel Sainte-Beuve témoigna le plus d'antipathie naturelle et de parti-pris* » (BILLY). *Le parti pris :* attitude qui pousse à tel choix. *Être de parti pris :* partial.

III. ♦ 1° *Vx.* Détachement de soldats. ◊ (Déb. XVe) Groupe de personnes défendant la même opinion. V. **Camp, clan.** *Du même parti* (Cf. Du même bord*). *Se mettre, se ranger du parti de qqn* : défendre la même opinion. *Prendre le parti des opprimés contre les oppresseurs* (Cf. Prendre fait et cause* pour). ♦ 2° Association de personnes unies pour des intérêts, des buts communs ; faction, ligue. Ancien. *Le parti janséniste. — Mod.* Organisation dont les membres mènent une action commune à des fins politiques. V. **Formation, mouvement, rassemblement, union.** *Parti monarchique, militaire, républicain, démocrate, ouvrier. Parti fasciste, conservateur, travailliste, radical, socialiste, communiste. Partis de droite, de gauche. Le régime des partis. Alliance de partis* (V. **Front ; cartel**). *Adhérer à un parti. Adhérent, membre, militant, responsable d'un parti. Cellules, sections, fédérations d'un parti. Scission d'un parti. — Absolt. Le parti* (celui dont il est question) ; *spécialt.* le parti communiste. *Il est inscrit au parti.*
◊ HOM. **Partie ;** formes du v. **partir.**

2. **PARTI, IE** [paʀti]. *adj.* (déb. XIIIe, blas. V. Partir 1). ♦ 1° Absent, disparu. ♦ 2° *Fam.* Un peu ivre ; éméché. V. Gai. « *La comtesse, les jambes en l'air sur le dossier d'une chaise, était plus partie encore que son amie* » (MAUPASS.). ♦ 3° *Parti, ie* ou (Vx) *partite* (de *partir* 2). *Blas.* Partagé en deux. « *Une casaque* (de jockey) *partie de blanc et de vert* » (AYMÉ). V. Mi-parti.

PARTIAIRE [paʀsjɛʀ]. *adj.* (1559 ; *parciaire* « copropriétaire », 1200 ; lat. *partiarius,* de *pars* « part »). Dr. *Colon partiaire,* fermier qui partage les récoltes avec le propriétaire.

PARTIAL, ALE, AUX [paʀsjal, o]. *adj.* (1540 ; *parcial* « qui forme une partie », 1370 ; lat. médiév. *partialis,* de *pars* « part »). Qui prend parti pour ou contre qqn ou qqch., sans souci de justice ni de vérité, avec parti pris. « *Le juge partial ne saurait bien juger* » (RONSARD). « *L'histoire est la plus partiale des sciences* » (R. ROLLAND). ◊ ANT. Impartial, objectif ; équitable, juste.

PARTIALEMENT [paʀsjalmã]. *adv.* (1660 ; de *partial*). *Littér.* D'une manière partiale. ◊ ANT. Impartialement.

PARTIALITÉ [paʀsjalite]. *n. f.* (1611 ; « faction, parti », 1360 ; lat. *partialitas,* de *pars* « part »). Attitude partiale ; état d'esprit d'une personne partiale. *Partialité en faveur de qqn* (favoritisme), *contre qqn* (parti pris). « *Le critique ne doit point avoir de partialité* » (STE-BEUVE). *Agir, juger avec partialité* (Cf. Avoir deux poids, deux mesures*). ◊ ANT. Impartialité, objectivité ; équité, justice.

PARTICIPANT, ANTE [paʀtisipã, ãt]. *adj. et n.* (1321 ; de *participer*). Qui participe à qqch. *Les personnes participantes.* ◊ (1802) N. *Liste des participants à une compétition.* V. **Concurrent.** *Association aux nombreux participants.* V. **Adhérent.**

PARTICIPATION [paʀtisipasjõ]. *n. f.* (v. 1170 ; lat. *participatio*). ♦ 1° Action de participer à qqch. ; son résultat. « *La démocratie est la participation à droit égal, à titre égal, à la délibération des lois et au gouvernement de la nation* » (LAMART.). *Acteur qui promet sa participation à un gala.* V. **Collaboration, concours.** « *On sait que Rostopchine a décliné toute participation à l'incendie de Moscou* » (CHATEAUB.). V. **Complicité, connivence.** — *Spécialt. Participation aux* *frais.* V. **Contribution.** — *Absolt.* (1968). Droit de regard, de libre discussion et d'intervention de ceux qui, dans une communauté, devaient en subir la loi, le règlement. V. *aussi* **Contestation.** « *Tous* [les professeurs] *déplorent l'inertie de leur classe, son absence de participation* » (BEAUVOIR). *Participation à la gestion.* ♦ 2° Action de participer à un profit; son résultat. *Participation aux bénéfices.* Écon. *Société à participation ouvrière,* où les salariés sont intéressés aux bénéfices. ◊ ANT. *Abstention.*

PARTICIPE [paʀtisip]. *n. m. (Participle,* 1220; lat. gram. *participium).* Forme modale impersonnelle qui « participe » de l'adjectif (peut s'accorder en genre et en nombre) et du verbe (peut exprimer temps et voix et régir un complément). *Participe présent* (ex. : *respirant,* de *respirer), participe présent à valeur d'adjectif,* ou *adjectif verbal* (ex. : *brûlant, brûlante,* de *brûler). Participe passé,* forme du verbe qui s'emploie avec l'auxiliaire, dans les temps composés *(ex. :* il *a respiré,* elle était *partie* [de *respirer, partir]),* dans la forme passive *(ex. :* nous sommes *pris,* de *prendre) ; participe passé adjectif,* adjectif issu d'un participe passé *(ex. :* un *teint coloré). Règle de l'accord du participe passé :* conjugué avec ÊTRE, il s'accorde en genre et en nombre avec le sujet du verbe; conjugué avec AVOIR, il s'accorde en genre et en nombre avec son complément d'objet direct si celui-ci le précède, sinon il reste invariable. *J'ai reçu les lettres. Les lettres que j'ai reçues.*

PARTICIPER [paʀtisipe]. *v. tr. indir.* (XIVe; lat. *participare,* de *participeps* « qui prend part »).
I. PARTICIPER À. ♦ 1° Prendre part à (qqch.). *Inviter qqn à participer à un jeu.* V. **Joindre** (se), **mêler** (se), **part** (prendre). « *Obliger les hommes valides à participer au sauvetage général* » (CAMUS). V. **Collaborer, coopérer.** *Participer à toutes les réunions.* V. **Assister, être** (de), **figurer.** — *Les malhonnêtetés auxquelles il a participé.* V. **Tremper** (dans). Fig. *Participer au chagrin, à la joie d'un ami,* s'y associer par amitié. V. **Partager.** ♦ 2° Payer sa part, une part de. *Convives qui participent aux frais d'un banquet.* ♦ 3° Avoir part à qqch. *Participer au succès de qqn.* — Spécialt. *Associés qui participent aux bénéfices.*
II. (1544). *Littér.* PARTICIPER DE... : tenir de la nature de. « *Toutes les sensations participent de l'étendue* » (BERGSON).
◊ ANT. *Abstenir* (s').

PARTICIPIAL, IALE, IAUX [paʀtisipjal, jo]. *adj.* (1380; de *participe). Ling.* Qui a rapport au participe. — Spécialt. *Proposition participiale,* et ellipt. *Une participiale,* proposition syntaxiquement indépendante, ayant son sujet propre et son verbe au participe présent ou passé. Ex. : « *Le cauchemar dissipé* [participiale], *de quoi parleront-ils ce soir?* » (MAURIAC).

PARTICULARISATION [paʀtikylaʀizasjɔ̃]. *n. f.* (1575; de *particulariser).* Action de particulariser; son résultat.

PARTICULARISER [paʀtikylaʀize]. *v. tr.* (1412; du rad. lat. de *particulier).* ♦ 1° *Vx.* Exposer (un fait) dans ses moindres détails. « *Les histoires qu'on particularise trop sont ennuyeuses* » (FURET.). ♦ 2° *Mod.* Distinguer, différencier par des traits particuliers. V. **Individualiser.** SE PARTICULARISER. *v. pron.* (1834). Se singulariser. ◊ ANT. *Confondre, généraliser, induire.*

PARTICULARISME [paʀtikylaʀism(ə)]. *n. m.* (1689; du rad. lat. de *particulier).* ♦ 1° *Théol.* Doctrine selon laquelle le Christ n'est mort que pour la rédemption des élus. ♦ 2° *Polit.* et *cour.* (1866). Attitude d'une population, d'une communauté qui veut conserver, à l'intérieur d'un État ou d'une fédération, ses libertés régionales, son autonomie. « *Respecter les particularismes* » (CAMUS).

PARTICULARISTE [paʀtikylaʀist(ə)]. *n.* (1701; de *particularisme). Théol.* Partisan du particularisme. ◊ *Polit.* et *cour.* (1868) Autonomiste. — Adj. *Opinions particularistes.*

PARTICULARITÉ [paʀtikylaʀite]. *n. f.* (v. 1270; lat. *particularitas).* ♦ 1° *Vieilli.* Circonstance particulière. *Elle lui débita* « *toutes les particularités, même les plus secrètes, de sa vie antérieure* » (BALZ.). ♦ 2° *Mod. (Littér.).* Caractère de ce qui est particulier. V. **Caractéristique, modalité.** *La particularité d'un cas.* ◊ *Cour.* Caractère particulier à qqn, qqch. « *Joseph Grand ne trouvait pas ses mots. C'est cette particularité qui peignait le mieux notre concitoyen* » (CAMUS). *Avoir, présenter telle particularité. Le requin offre la particularité d'être vivipare.* ◊ ANT. *Généralité.*

PARTICULE [paʀtikyl]. *n. f.* (1484; lat. *particula,* dimin. de *pars* « part »). ♦ 1° Très petite partie, infime quantité d'un corps. « *Je n'examine point... s'il y a dans une portion finie de matière un nombre infini de particules* » (D'ALEMB.). V. **Atome.** *Fines particules d'une substance pulvérisée* (V. **Poudre, poussière**). *Eau chargée de particules calcaires.* ◊ Spécialt. (XXe) *Phys. atom.* Corpuscule entrant dans la composition de la matière ou de l'énergie. V. *aussi* **Antiparticule.** *Principales particules élémentaires :* boson, électron, fermion, méson, négaton, neutrino, neutron, photon, proton. — *Particule* α, le noyau d'hélium ou « hélion ». *Particule* β,

l'électron émis par des substances radioactives. — *Accélérateur* de particules* (cyclotron, synchrotron). ♦ 2° (1606). Petit mot invariable, élément de composition (V. **Affixe** [1], **préfixe, suffixe**) ou de liaison (V. **Conjonction, préposition**). ♦ 3° (1838). *Particule nobiliaire,* et absolt. *Particule,* préposition précédant un nom patronymique. V. **De.** *Avoir un nom à particule* (*pop.* À rallonge, à tiroir). « *Une des idées fausses de la bourgeoisie de la Restauration... c'est de croire à la particule. La particule, on le sait, n'a aucune signification* » (HUGO).

PARTICULIER, IÈRE [paʀtikylje, jɛʀ]. *adj.* et *n.* (*Particuler,* 1265; lat. *particularis,* de *pars* « partie »).
I. *Adj.* ♦ 1° Qui appartient en propre (à qqn, qqch., ou à une catégorie de personnes, de choses). V. **Personnel, propre.** *Cela lui est particulier.* « *Ce qu'on appelle création dans les grands artistes n'est qu'une manière particulière à chacun... de rendre la nature* » (DELACROIX). ♦ 2° Qui ne concerne qu'un individu (ou un petit groupe) et lui appartient (*opposé à* collectif, commun). V. **Individuel.** « *Il était impossible de prendre en considération les cas particuliers* » (CAMUS). *Jouir de droits particuliers* (V. **Privilège**). *À titre particulier. Secrétaire particulier.* V. **Privé.** *Hôtel* particulier. Cabinet*, salon particulier. Leçons* particulières.* — (*Opposé à* public) *Entretiens particuliers* (V. **Aparté**). *Recevoir qqn en audience particulière.* ◊ *N. m. Vx* ou littér. *Le particulier,* l'intimité. *Mod.* (1538) EN PARTICULIER *loc. adv.* : à part. « *Je voudrais vous parler en particulier* » (BALZ.) : seul à seul. ♦ 3° Qui donne à une chose, à un être son caractère original, distinctif. V. **Caractéristique, distinctif, spécial.** « *Le timbre si particulier de la voix de Jaurès* » (MART. du G.). « *La foi a cela de particulier que, disparue, elle agit encore* » (RENAN). Qui appartient à une seule personne ou se passe entre des individus. V. **Propre** (à). « *La jovialité particulière aux notaires et aux avoués de Paris* » (BALZ.). ◊ Qui présente des caractères hors du commun. *Un être doué de qualités particulières.* V. **Extraordinaire, remarquable.** « *J'ai une estime et une amitié pour vous toute particulière* » (MOL.). — *Péj. C'est un peu particulier.* V. **Spécial.** *Des mœurs particulières :* anormales. — *Par ext.* (Dans des phrases négatives) « *Je n'ai aucune sympathie particulière pour votre mère adoptive, mais...* » (ROMAINS). ◊ *Loc. adv.* EN PARTICULIER : d'une manière particulière. V. **Particulièrement, spécialement, surtout.** *Un élève très doué, en particulier pour les mathématiques.* ♦ 4° Opposé à général (XVe). Qui ne se réfère pas à un ensemble; limité au détail. *Aspects particuliers d'un problème d'ensemble. Sur ce point particulier.* V. **Précis.** — *Subst. Aller du général au particulier.* V. **Particulariser.** ◊ *Loc. adv.* EN PARTICULIER (*opposé à* en général) : d'un point de vue particulier. *Le désespoir « juge et désire tout en général, et rien en particulier* » (CAMUS).
II. *N.* (1460). Personne privée, simple citoyen. « *L'empereur et ses frères veulent être considérés dans leurs amusements, comme de simples particuliers* » (STAËL). ◊ *Fam.* (Souvent péj.) V. **Individu.** *Tu le connais toi, ce particulier? « Un particulier qui n'était pas du tout du pays* » (HUGO). « *C'est une particulière... qui est entrée ici il n'y a pas longtemps* » (ROMAINS).
◊ ANT. *Collectif, commun, général, public, universel. Courant, normal, ordinaire.*

PARTICULIÈREMENT [paʀtikyljɛʀmɑ̃]. *adv.* (XVIe; *ticularment,* 1346; de *particulier*). ♦ 1° D'une manière particulière (3°) par rapport à un ensemble. V. **Notamment, principalement, spécialement, surtout; particulier** (en). *Il aime tous les arts, particulièrement la peinture.* ♦ 2° D'une façon pas commune, qui mérite attention. V. **Spécialement.** *J'attire tout particulièrement votre attention sur ce point. J'y suis particulièrement sensible.* ♦ 3° D'une manière intime, privée. *Je ne le connais pas particulièrement.* ◊ ANT. *Généralement; général* (en).

PARTIE [paʀti]. *n. f.* (1119; de *parti* 2).
I. Élément d'un tout. ♦ 1° (Envisagé dans ses rapports avec la totalité qui le comprend). « *Je tiens impossible de connaître les parties sans connaître le tout, non plus que de connaître le tout sans connaître particulièrement les parties* » (PASC.). V. **Élément, fraction, morceau, parcelle, part, portion.** *Qui a toutes ses parties :* complet, entier. *Rapports des parties :* composition, structure. *Partie centrale* (centre, cœur, milieu), *latérale* (côté), *terminale* (haut, extrémité), *inférieure* (bas, base), *supérieure* (haut). *La deuxième* (moitié), *troisième* (tiers), *quatrième* (quart), *dixième, millième partie d'un tout. Objet qui se casse en plusieurs parties.* V. **Fragment.** — (D'un lieu) *Nous n'habitons pas la même partie de la ville* (V. **Coin, endroit**). *Les cinq parties du monde :* les continents. — (D'un groupe) « *Cette partie de la nation qu'on nomme la bourgeoisie* » (HUGO). ◊ *Décomposer un ensemble en parties.* V. **Peu.** ♦ 2° *Loc. Une petite, une grande partie de :* un peu, beaucoup. *La majeure partie.* V. **Plupart** (la). *Il passe le plus grande partie de son temps à la campagne.* — *Loc.* EN PARTIE. V. **Partiellement.** *En grande, en majeure*

partie. En tout ou en partie. « *La véritable tare de M*ˡˡᵉ *de Bau-ret, qui était en partie la tare de son âge, et en partie celle de son époque* » (MONTHERLANT). — Vx. *Partie... partie :* en partie..., en partie... ◊ FAIRE PARTIE DE : être du nombre de, compter parmi. V. **Appartenir.** « *Tu fais partie de ma famille, après tout* » (GIDE). « *Cela faisait partie de sa vie au même titre que les pierres des maisons qu'elle voyait chaque jour* » (GREEN). ♦ 3° (XIIIᵉ). *Comptabilité en partie double* : enregistrement d'un fait comptable sous deux aspects distincts. ♦ 4° (XIVᵉ). Gram. *Les parties du discours* : les catégories de mots, selon leurs fonctions. V. **Discours.** ♦ 5° Un des éléments successifs d'une œuvre. *Les six parties du « Discours de la méthode ». Les trois parties d'une dissertation, d'une symphonie* (V. **Mouvement**). ♦ 6° (XVIᵉ). Élément constitutif d'un être vivant. *Les parties du corps.* — *Parties génitales,* et absolt. *Les parties* (1512). Vulg. « *Je ne discute même pas, je lui réponds qu'il me casse les parties* » (AYMÉ). ♦ 7° Domaine particulier (d'une science, d'une activité). V. **Branche.** — Spécialt. *Connaître sa partie.* V. **Métier, profession, spécialité.** *Dans sa partie, il est imbattable.* ♦ 8° Mus. Rôle d'une voix, d'un instrument dans une polyphonie. « *Pour former en chantant une harmonie ou une suite d'accords, il faut donc plusieurs voix : le chant qui appartient à chacune de ces voix s'appelle partie* » (ROUSS.). *Jouer sa partie dans un orchestre.*

II. (XIIIᵉ, « celui qui plaide contre qqn ; adversaire »; et *aussi* « procès, cause »). ♦ 1° Dr. civ. Personne physique ou morale qui participe, comme étant personnellement intéressée, à un acte juridique ou une convention, *par opposition au tiers* (V. **Plaideur**). *La partie adverse. La partie plaignante. Les parties d'un contrat.* « *Une sorte de contrat, au sujet duquel l'autre partie n'avait pas été consultée* » (GIDE). — Dr. pén. Personne engagée dans un procès. *Partie civile*. Partie publique :* le ministère public. — *Entendre les parties.* ♦ 2° Loc. cour. (1611). PRENDRE qqn À PARTIE, imputer à (qqn) le mal qui est arrivé. V. **Prendre** (s'en prendre à). *Il « n'attendait plus que l'occasion de prendre à partie le camarade mal inspiré qui l'avait pistonné pour ce poste de choix* » (DORGELÈS). *Être juge et partie.* « *Sans avoir aucun remords d'être à la fois juge et partie, de Marsay condamnait froidement à mort l'homme ou la femme qui l'avait offensé sérieusement* » (BALZ.). ♦ 3° Fig. Adversaire. *Les parties belligérantes.* — Loc. *Avoir affaire à forte partie :* à un adversaire redoutable.

III. (XIVᵉ, « parti, faction ». V. **Parti**). ♦ 1° (XVᵉ). Vx. Projet commun à plusieurs personnes. Mod. « *Vous n'ignorez pas que Quesnel a tout à fait partie liée avec Wisner* » (ARAGON). ♦ 2° (1611). Durée (d'un jeu), à l'issue de laquelle sont désignés gagnants et perdants. *Faire une partie de cartes, d'échecs, de tennis. Divisions d'une partie.* V. **Jeu, manche; set.** *Engager, gagner, perdre la partie. Avoir partie gagnée.* ◊ Par ext. Lutte, combat. *La partie est inégale. J'abandonne la partie.* ♦ 3° (XVIIᵉ). Divertissement concerté à plusieurs. « *Une partie de chasse de temps en temps, pour l'élégance de la chose* » (ROMAINS). *Partie de campagne*. Partie de plaisir.* « *L'imprévu du voyage qui tournait en partie fine* » (ZOLA). Cf. **Partouze.** *Partie carrée,* à deux couples qui s'échangent. — Loc. *Se mettre, être de la partie. Ce n'est que partie remise.*

◊ ANT. *Ensemble, totalité, tout.* — HOM. *Parti;* formes du v. *partir.*

PARTIEL, ELLE [parsjɛl]. adj. (1692; doublet de *partial*,* lat. médiév. *partialis*). ♦ 1° Qui ne constitue, ne concerne qu'une partie d'un tout (V. **Fragmentaire**). *Mouvements d'ensemble et mouvements partiels.* — *Épreuve partielle, examen partiel* (n. m. *Un partiel*). ♦ 2° (1823). Qui n'existe qu'en partie (V. **Incomplet**), ne concerne qu'une partie. *Mobilisation générale ou partielle. Information partielle et partiale. Éclipse partielle.* — *Élection partielle,* qui a lieu en dehors des élections générales et ne porte que sur un ou quelques sièges. — *Dérivée partielle d'une fonction de plusieurs variables,* la dérivée de cette fonction par rapport à une seule de ces variables, les autres étant supposées constantes. ◊ ANT. *Complet, entier, général, global, intégral.*

PARTIELLEMENT [parsjɛlmɑ̃]. adv. (1808; de *partiel*). D'une manière partielle; en partie. V. **Demi** (à). ◊ ANT. *Entièrement.*

PARTINIUM [partinjɔm]. n. m. (v. 1900; du nom de G.-H. *Partin*). Techn. Alliage d'aluminium, de tungstène et de magnésium, qui fut employé dans l'industrie automobile.

1. PARTIR [partir]. v. intr. : *je pars, tu pars, il part, nous partons, vous partez, ils partent; je partais, tu partais; je partis, nous partîmes; pars, partons, partez; que je parte, que nous partions; que je partisse; partant; parti* (XIIᵉ, *se partir, partir* « se séparer » [de qqn, d'un lieu]; lat. pop. °*partire,* class. *partiri* « partager »).

I. ♦ 1° Se mettre en mouvement pour quitter un lieu; s'éloigner. V. **Aller** (s'en), **éloigner** (s'), **retirer** (se). *Partir d'un endroit, de chez soi.* Absolt. *Il est parti. Revenir au point d'où l'on est parti. Partir en hâte, pour fuir.* V. **Décamper,** *déguerpir,* **échapper** (s'), **enfuir** (s'), **filer, sauver** (se). Cf. les fam. et pop. *Barrer* (se), *débiner* (se), *tailler* (se), *tirer* (se); *mettre les bouts; ficher, foutre le camp; mettre les voiles. Partir en douce, furtivement.* V. **Éclipser** (s'); **disparaître.** *Partir sans laisser d'adresse. Il ne voulait pas partir.* V. **Décoller, dévisser.** *Partir à pied, en voiture, par le train, en bateau.* « *Chateaubriand est encore à Paris... Il doit partir; il n'est pas parti, et nous ne savons plus s'il partira, et comment et quand il pourra partir* » (STE-BEUVE). « *Faut-il partir? rester? Si tu peux rester, reste; Pars s'il le faut* » (BAUDEL.). — « *Partir, c'est mourir un peu* » (HARAUCOURT) : les départs sont tristes. — PARTIR POUR. *Partir pour la chasse.* « *Beau chevalier qui partez pour la guerre* » (MUSS.). — PARTIR À (critiqué par quelques puristes). « *En vain la grammaire voudrait nous imposer... le bourbeux Je pars pour Paris, au lieu du direct et prompt Je pars à...* » (CLAUDEL). — PARTIR (suivi d'un inf.). *Il est parti faire un tour.* « *Son mari était parti passer huit jours à Paris* » (MAUPASS.). ◊ (Choses) *Faire partir une lettre, un paquet :* l'expédier. « *Je t'écris à la hâte; ma lettre partira que une occasion que j'ai pour Rouen* » (FLAUB.). ♦ 2° Passer de l'immobilité à un mouvement rapide (par rapport à un point initial). *Partir du pied droit. Partir comme une flèche.* ◊ Spécialt. Prendre le départ (d'une course). V. **Partant** (1). *À vos marques! Prêts? partez! —* Loc. prov. *Rien ne sert de courir, il faut partir à point*.* — (Véhicules) *La voiture ne peut pas partir.* V. **Démarrer.** *Le navire va partir* (V. **Partance**). — Par ext. *Faire partir un moteur :* le mettre en marche. ♦ 3° Fig. « *Il faut donc que je me prépare à partir pour l'autre monde* » (LESAGE) : à mourir. — (D'une évolution intellectuelle, sociale) *Partir à la conquête de la gloire, du monde.* « *Un jeune homme qui part de zéro peut se trouver, au bout de dix ans, au-dessous du point de départ* » (BALZ.). ◊ Se mettre à progresser, à marcher. *L'affaire est bien, mal partie.* V. **Commencer, démarrer.** *C'est assez mal parti. C'est parti, mon kiki ! :* on a commencé. ♦ 4° (Projectiles). Être lancé, commencer sa trajectoire. *Le bouchon part.* V. **Sauter; jaillir.** *Il « pensait à la minute précise où la phrase effroyable partirait raide comme une balle* » (MAC ORLAN). — Spécialt. *Faire partir une mine, un pétard,* les faire exploser. « *Un mouvement maladroit avait fait partir son fusil* » (GIDE). V. **Tirer.** — Allus. hist. « *Si le drapeau blanc était levé contre le drapeau tricolore... les chassepots partiraient d'eux-mêmes* » (MAC-MAHON). ♦ 5° Commencer (à faire qqch.). V. **Mettre** (se). « *Il s'aperçut qu'il était parti pour parler au moins un quart d'heure* » (DUHAM.). « *Ne me regardez pas, je sens que je partirais à rire* » (AYMÉ).

II. PARTIR DE... ♦ 1° Venir, provenir (d'une origine). *Invasions parties du continent.* ◊ Avoir son origine, son principe dans. *Mot qui part du cœur.* « *De quel jour monsieur veut-il que parte son abonnement?* » (BALZ.). V. **Commencer.** ♦ 2° Commencer un raisonnement, une opération. « *Pour traiter l'ensemble du problème, nous devons le plus possible partir de données exactes* » (ROMAINS). *En partant de ce principe.* ♦ 3° (1787). Loc. prép. À PARTIR DE : en prenant pour point de départ. V. **De, depuis, dès** (Cf. À compter de; à dater de). *À partir d'aujourd'hui :* désormais, dorénavant. « *Le moindre geste humain se comprend à partir de l'avenir* » (SARTRE). — (Emploi critiqué) *Produits chimiques obtenus à partir de la houille,* dans la houille.

III. (Choses). Disparaître, ne plus se manifester. *La tache ne part pas.* V. **Effacer** (s'), **enlever** (s'). « *La maladie semblait partir comme elle était venue* » (CAMUS).

◊ ANT. *Arriver; engager, envahir. Attendre, demeurer, établir* (s'), *installer* s'), *rester.*

2. PARTIR [partir]. v. tr. : seult. inf. (980; lat. pop. °*partire,* class. *partiri,* de *pars.* V. **Part, partage, parti** [adj., 3°]). Vx. Partager, séparer en parties. — Loc. mod. *Avoir maille* à partir.*

PARTISAN, ANE [partizɑ̃, an]. n. et adj. (1483, nom fém.; it. *partigiano,* de *parte* « part, parti »). ♦ 1° N. (Rare au fém.). Personne qui est attachée, dévouée à qqn, à une idée. V. **Adepte, allié, ami, disciple, fidèle,** et péj. *Sectateur, suppôt. Gagner, recruter des partisans.* V. **Adhérent, recrue.** ♦ 2° Par ext. (1640). Personne qui prend parti pour une doctrine. V. **Adepte, défenseur.** *Partisans et détracteurs du féminisme.* — Adj. « *La réforme orthographique dont il est fort partisan* » (LÉAUTAUD). *Ils sont partisans d'accepter.* — Rare au fém. « *Les loges grillées, dont la vogue reprenait et dont elle était partisane déclarée* » (HÉRIAT). Fam. *Elle est partisante de...* ♦ 3° N. m. (1560). Vx. Fermier, financier. ◊ (1678) Mod. Soldat de troupes irrégulières faisant une guerre d'avant-postes. V. **Franc-tireur.** *Guerre de partisans.* V. **Guérilla.** *Le Chant des partisans.* ♦ 4° Adj. (av. 1945). Qui témoigne d'un parti pris, d'une opinion préconçue. *Témoigner d'un esprit partisan. Le « merveilleux travail que font les Français dès qu'ils sont affranchis des haines partisanes* » (MAUROIS). ◊ ANT. *Adversaire, antagoniste, contradicteur, détracteur.*

PARTITA [partita]. n. f. (XXᵉ; mot it., Cf. **Partition**).

Mus. Pièce musicale pour le clavier, pour un instrument accompagné ou pour un orchestre de chambre, généralement formée d'une suite de danses ou de variations. *Une partita de Bach. Des partitas* ou (plur. it.) *des partite* [paʀtite].

PARTITEUR [paʀtitœʀ]. *n. m.* (1874; math., 1515; du lat. *partire* « partager ». V. **Partir** 2). *Techn.* Appareil destiné à répartir l'eau d'un canal d'irrigation.

PARTITIF, IVE [paʀtitif, iv]. *adj.* (*Partitis*, 1380; du lat. *partitus,* p. p. de *partire.* V. **Partir** 2). *Ling.* Qui considère une partie par rapport au tout. *Article partitif* : du *pain,* de *l'eau,* des *fleurs.*

1. PARTITION [paʀtisjɔ̃]. *n. f.* (*Particion* « division, partage », 1170; lat. *partitio* « partage », de *partiri.* V. **Partir** 2). **I.** *Vx.* Division. ◇ *Mod. Blas.* Division de l'écu par des lignes droites. — *Math.* Partage d'un ensemble en parties non vides, disjointes deux à deux et dont la réunion reconstitue cet ensemble. **II.** (Repris à l'angl. *partition*). ♦ **1°** Partage (d'un pays, d'un territoire). ♦ **2°** *Math.* Dans un ensemble, formation de sous-ensembles disjoints (deux à deux) et le recouvrant tout entier.

2. PARTITION [paʀtisjɔ̃]. *n. f.* (1690, d'apr. it. *partizione;* Cf. **Partita**). Notation d'une composition musicale, de l'ensemble des parties. « *Il faut que celui qui conduit un concert ait la partition sous les yeux* » (ROUSS.). *Partition d'orchestre, de piano. Jouer sans partition,* de mémoire. ◇ *Par ext.* Composition musicale. *Les principaux thèmes d'une partition.*

PARTOUSE ou **PARTOUZE** [paʀtuz]. *n. f.* (XXᵉ; de *partie,* III, 3°). *Pop.* Partie de débauche.

PARTOUT [paʀtu]. *adv.* (1160; de *par,* et *tout*). En tous lieux; en de nombreux endroits. « *Une sphère infinie dont le centre est partout...* » (PASC.). *On ne peut être partout à la fois* (V. **Ubiquité**). *Mettre son nez partout* : être indiscret. « *Comme on lui donnait partout à boire gratis, Guyame allait boire partout* » (APOLLINAIRE). « *Ce qui a été cru par tous, et toujours et partout, a toutes les chances d'être faux* » (VALÉRY). « *Partout où j'ai voulu dormir...* » (MUSS.). « *Il souffre. De partout : de la bouche, des jambes, du dos* » (MART. du G.). ◇ *Jeu* (dans le décompte des points) Pour chaque adversaire. *Trente, quarante partout* (au tennis). ◊ ANT. *Part* (nulle part).

PARTURIENTE [paʀtyʀjɑ̃t]. *adj.* et *n. f.* (1598; lat. *parturiens, -entis,* de *parturire*). *Méd.* Femme qui accouche.

PARTURITION [paʀtyʀisjɔ̃]. *n. f.* (*Parturation,* 1787; lat. *parturitio,* de *parturire* « accoucher »). *Méd.* Accouchement naturel. V. **Enfantement, gésine.** — Mise bas des animaux. — *Fig.* « *Alors tu crois que la pensée humaine est un produit spontané de l'aveugle parturition divine?* » (MAUPASS.).

PARULIE [paʀyli]. *n. f.* (*Parulis,* 1690; gr. *paroulis,* de *oulon* « gencive »). *Méd.* Abcès qui se forme dans le tissu des gencives. V. **Inflammation.**

PARURE [paʀyʀ]. *n. f.* (XIIᵉ; de *parer* 1). **I.** Ⓐ Ce qui sert à parer. ♦ **1°** L'ensemble des vêtements, des ornements, des bijoux d'une personne en grande toilette. « *Ma toilette était à peine remarquable au milieu des parures merveilleuses de la plupart des femmes* » (BALZ.). — *Fig.* « *Les arbres, les arbrisseaux, les plantes sont la parure et le vêtement de la terre* » (ROUSS.). ♦ **2°** Objets précieux et de petite taille, qui servent à orner le vêtement. ◇ *Spécialt.* Ensemble de bijoux assortis (bracelets, broche, collier, pendants). *Une parure de diamants.* ♦ **3°** Ensemble assorti de pièces de linge (de table ou sous-vêtements). Ⓑ (1611). Action de parer ou de se parer : le fait d'être paré. *Elle passe de parer ou de se parer : le fait d'être paré. Elle passe un temps fou à sa parure.* **II.** *Techn.* (1690). Ce qu'on retranche en parant (I, 4°) avec un outil. V. **Rognure.** *Parure de graisse,* que le boucher retranche de la viande.

PARURERIE [paʀyʀʀi]. *n. f.* (mil. XXᵉ; de *parure*). *Techn., comm.* Fabrication, commerce d'articles de fantaisie servant à orner le vêtement féminin.

PARURIER, IÈRE [paʀyʀje, jɛʀ]. *n.* (mil. XXᵉ; de *parure*). Fabricant, commerçant d'articles de fantaisie, de mode, pour orner le vêtement féminin.

PARUTION [paʀysjɔ̃]. *n. f.* (v. 1920; de *paraître*) Le fait pour un livre, un article, d'être publié, de paraître en librairie; date, moment de la publication. *Dès sa parution, ce roman a eu beaucoup de succès.*

PARVENIR [paʀvəniʀ]. *v. tr. indir.;* conjug. *venir* (*Pervenir,* 980; lat. *pervenire*). PARVENIR À. ♦ **1°** Arriver en un point déterminé, dans un déplacement. V. **Arriver, atteindre.** « *Plus d'une heure durant, nous escaladons des roches et parvenons assez péniblement à un col très étroit* » (GIDE). ♦ **2°** (Choses). Arriver à destination. V. **Arriver.** *Ma lettre vous est-elle parvenue? Faire parvenir un colis* (V. **Acheminer, adresser**), *un ordre* (V. **Transmettre**). ◇ Se propager à travers l'espace jusqu'à un lieu donné. *Le « tapage dont une espèce de houleux écho lui parvenait à peine* » (GREEN). — (Dans le temps) *Son nom est parvenu jusqu'à notre époque.* ♦ **3°** *Fig.*

(1559). Arriver à (tel résultat qu'on se proposait). *Parvenir à ses fins, à la fortune.* V. **Accéder** (à), **élever** (s'), « *J'ai souhaité l'Empire et j'y suis parvenu* » (CORN.). « *Ce n'est que par les beaux sentiments qu'on parvient à la fortune!* » (BAUDEL.). ◇ (1549) PARVENIR À suivi d'un inf. V. **Réussir** (à). « *Nous parvînmes à faire comprendre à l'hôtesse... que nous mourrions de faim* » (GAUTIER). « *Le feu le plus ardent ne parvenait pas à sécher les murs* » (BLOY). ◇ *Absolt.* (*Vieilli*) S'élever à une situation sociale éminente. V. **Arriver, réussir** (Cf. *fam.* Faire son chemin). « *Son esprit d'indépendance et le peu d'espoir qu'il avait de parvenir* » (GAUTIER). ♦ **4°** En venir, par un processus naturel (à un certain stade de développement). V. **Atteindre.** *Parvenir à un âge avancé, au terme de sa vie.* « *Au degré d'exaltation où il était parvenu, l'idée chez lui primait tout le reste* » (RENAN).

♦ **PARVENU, UE** [paʀvəny]. *adj.* et *n.* (1690; V. **Parvenir**). ♦ **1°** Qui a atteint rapidement, et sans en acquérir les manières, une importante situation sociale. « *Les épaves de la noblesse sont toujours recueillies par les bourgeois parvenus* » (MAUPASS.). ♦ **2°** *N.* (1721). Personne qui s'est élevée à une condition supérieure sans en acquérir les manières, le ton, le savoir-vivre. *Une société de parvenus,* de « *nouveaux riches* ». « *Ce dédain... fut pris pour l'insolence d'une parvenue* » (BALZ.). « *Il n'y a que deux espèces de parvenus : ceux qui parlent toujours de leurs origines et ceux qui n'en parlent jamais* » (DUHAM.).

PARVIS [paʀvi]. *n. m.* (v. 1235; *parewis, parevis,* v. 1150; lat. ecclés. *paradisus.* V. **Paradis**). ♦ **1°** *Vx.* Espace situé devant une église et généralement entouré d'une balustrade ou de portiques. ♦ **2°** *Mod.* Place située devant la façade d'une église, d'une cathédrale. *Le parvis de Notre-Dame.*

1. PAS [pɑ]. *n. m.* (1080; *en pas que* « aussitôt que », 980; lat. *passus*). **I.** UN, DES PAS. ♦ **1°** (1080). Action de faire passer l'appui du corps d'un pied à l'autre, dans la marche. *Faire un pas en avant, en arrière* (V. **Recul**), *sur le côté. Avancer d'un pas.* « *Cette chose merveilleuse : les premiers pas d'un petit enfant* » (GIDE). *À pas comptés, mesurés, réguliers, cadencés; à grands pas, à petits pas. À pas de loup,* très souplement et silencieusement. *À chaque pas, à tous les pas* : à chaque instant, très souvent. « *L'incommode jaloux qui... ne fait pas un pas sans la traîner à ses côtés* » (MOL.). — *Pas à pas* [pɑzapɑ] ; lentement, avec précaution. — *Faire les cent pas* : se promener de long en large. *Littér.* « *Vous savez quel sujet conduit ici leurs pas* » (RAC.). — *Salle des pas perdus* (dans une gare, un Palais de justice), où vont et viennent les personnes qui attendent. ◇ FAUX PAS : pas où l'appui du pied manque; fait de trébucher. « *Marie heurta tout à coup une pierre et fit un faux pas* » (BALZ.). « *Un faux pas, une syllabe achoppée révèlent la pensée d'un homme* » (ARAGON). *Fig.* Écart de conduite (V. **Faiblesse, faute**). « *La plus haute vertu peut faire des faux pas* » (CORN.). ◇ *Spécialt.* Bruit de pas. *J'entends des pas.* « *Les ateliers déserts, où les pas sonnaient comme dans une église* » (DAUD.). ♦ **2°** *Fig.* Chaque élément, chaque temps d'une progression, d'une marche. V. **Étape.** « *Chaque instant de la vie est un pas vers la mort* » (CORN.). « *Enfin, ma belle amie, j'ai fait un pas en avant, mais un grand pas* » (LACLOS). *Faire les premiers pas* : prendre l'initiative. V. **Avance(s).** « *Elle attendit une phrase de sa mère, qui ne vint pas... Anne se résigna à faire les premiers pas* » (P. BENOIT). — *Prov. Il n'y a que le premier pas qui coûte.* ◇ *Sc.* (dans quelques expressions). Variation minimale d'une grandeur prenant des valeurs discrètes. *Fonctionnement pas à pas.* V. **Incrément, quantum.** ♦ **3°** Trace laissée par un pied humain. « *Dehors des petits pas s'effaçaient dans la neige* » (HUGO). ◇ *Endroit où l'on est passé. Arriver sur les pas de qqn* : tout de suite après lui. *Retourner, revenir sur ses pas* : en arrière. — *Marcher sur les pas de qqn* : le suivre, et fig. L'imiter. ♦ **4°** Longueur d'un pas. V. **Enjambée.** « *À quatre pas d'ici je te le fais savoir* » (CORN.). — *C'est à deux pas d'ici.* V. **Près.** *Ne pas quitter qqn d'un pas* : rester constamment près de lui (Cf. Ne pas quitter d'une semelle).

II. (XIIᵉ). ♦ **1°** LE PAS. Façon de marcher. V. **Allure, démarche.** « *Vous marchez d'un tel pas qu'on a peine à vous suivre* » (MOL.). *Allonger, presser* (V. **Courir**), *ralentir le pas.* « *Il monte en courant vers la chambre de sa mère. Elle, de son lit ayant bien reconnu le pas du fils, s'est dressée sur son séant* » (LOTI). — Loc. *J'y vais de ce pas* : sans plus attendre. ◇ AU PAS. Aller, avancer au pas (opposé à *en courant*), à l'allure du pas normal. — *Au pas de gymnastique, au pas de course.* ◇ Façon réglementaire de marcher dans l'armée. *Marcher au pas, au pas cadencé. Pas de charge. Pas de l'oie* : pas de parade où les jambes sont levées en extension. *Se mettre au pas.* « *On entendit l'aide de camp changer de pas pour prendre celui de son général* » (MAUROIS). — *Fig.* « *Je suis là pour te mettre au pas, s'il bronchait* » (ROMAINS), pour le faire obéir. ♦ **2°** *Le pas, un pas* : ensemble de pas, de mouvements requis par l'exécution d'une danse. *Esquisser un pas de tango. Pas de deux* : partie dansée par deux danseurs. « *Les pas de trois, les pas de deux, les pas seuls et les*

évolutions du corps de ballet » (GAUTIER). ◆ 3° Allure, marche d'un animal. — *Spécialt.* (opposé à amble, trot, galop) « *Le pas* (du cheval), *qui est la plus lente de toutes les allures, doit cependant être prompt* » (BUFF.).
III. Passage. ◆ 1° *En loc.* Action de passer devant. *Prendre le pas sur qqn*, le précéder. *Céder le pas.* ◆ 2° (1080; *vx*, sauf dans quelques express.). Lieu où l'on passe, que l'on doit passer. Passage. *Franchir le pas.* ◇ *Détroit. Le pas de Calais.* — *Fig.* Difficulté, obstacle. « *Elles furent assez longues à convaincre les filles... Pourtant, le troisième soir, deux des plus audacieuses franchirent le pas* » (P. VIALAR). *Se tirer, sortir d'un mauvais pas*, d'une situation périlleuse, grave. ◆ 3° *Vx.* Marche d'escalier. *Mod.* LE PAS DE LA PORTE : seuil, un espace qui se trouve devant une porte. *Prendre le frais sur le pas de la porte.* *Fig. Pas de porte*, somme payée au bailleur ou au détenteur d'un bail pour avoir accès à un fonds de commerce. ◆ 4° Tours d'une rainure en spirale. *Pas de fusée* (horlogerie). *Pas de vis. Le pas est usé. Techn.* Distance de deux spires consécutives. *Hélice à pas variable.*

2. PAS [pɑ]. *adv.* de *nég.* (1080; spécialisation du subst. [V. Pas 1] avec des v. du type *aller, marcher*; Cf. Mie, goutte, point).
I. PAS, auxiliaire de la négation, en corrélation avec NE. V. **Ne**, et *aussi* **Point**. ◇ (Après le verbe quand celui-ci est à un mode personnel, ou après l'auxiliaire) *Je ne parle pas. Je ne vous ai pas parlé. Je ne veux pas lui parler. Ce n'est pas nouveau. Il n'y a pas que lui.* « *L'homme ne vit pas que de miracles* » (VALÉRY). *Je n'en dis pas plus.* ◇ (Avec l'inf.) « *Il feignait même parfois de ne pas le voir* » (GIDE). « *Écrire est ma raison d'être sur terre. Ne pas écrire me tuerait lentement* » (GREEN). ◇ LOC. *Ce n'est pas que* (pour introduire une restriction). « *Ce n'est pas que la chirurgie lui fît peur* » (FLAUB.). REM. Le changement de place de la négation peut changer complètement le sens de la phrase. *Il ne sait pas parler* (Il est incapable d'user du langage) et *Il sait ne pas parler* (Il est capable de se taire). *Ce n'est pas absolument vrai* et *Ce n'est absolument* pas *vrai.*
II. PAS, employé seul. ◆ 1° *Ellipt.* (réponses, exclamations). *Pas de chance ! Pourquoi pas ? « Pas si loin ! pas si haut ! redescendons* » (HUGO). « — *Vous m'en voyez navré. — Pas moi, repartis-je* » (COLETTE). « *La famille respectait sa solitude ; le démon pas* » (GIDE). V. **Non**. « *Que m'importe qu'ils m'entendent ou pas ?* » (CLAUDEL). — *Pas un* (V. **Aucun**, nul). Par ext. « *Il connaissait comme pas un tous les bruits qui couraient* » (R. ROLLAND). « *J'ai regardé partout : pas le moindre croûton de pain* » (SARRAUTE). *Fam. Pas d'histoires !* ◆ 2° Devant un adj. ou un participe. « *C'était une femme pas sérieuse* » (CÉLINE). *Pas vrai? Fam. Pas possible !* ◆ 3° *Fam.* (*Seult. parlé*). Emploi analogue à 1, sans Ne. « *Moi, dit Gabriel, je fais pas de politique* » (QUENEAU). *Faut pas t'en faire ! Si c'est pas malheureux !* ◆ 4° *Absolt. Fam.* N'est-ce pas? « *Vous m'écrirez ? Pas ?* » (RIMBAUD).

P.A.S. [peɑɛs]. *n. m.* (v. 1950; abrév. de acide Para Amino-Salicylique). *Méd.* Antibiotique actif contre le bacille tuberculeux.

1. PASCAL, ALE, AUX [paskal, o]. *adj.* (1120; lat. *paschalis*). ◆ 1° Relatif à la fête de Pâques des chrétiens. *Cierge pascal. Communion pascale.* ◆ 2° Relatif à la pâque des juifs. *Agneau pascal.*

2. PASCAL, ALS [paskal]. *n. m.* (1946; du nom de B. *Pascal*). *Phys.* Unité de pression équivalant à la pression exercée par une force de 1 Newton sur une surface plane de 1 mètre carré (symb. Pa).

PAS-D'ÂNE [pɑdɑn]. *n. m. invar.* (1497, « mors » ; de *pas* 1, et *âne*). ◆ 1° (1538). Tussilage (plante). ◆ 2° (1769). *Techn.* Instrument servant à maintenir ouverte la bouche d'un cheval quand on l'examine. ◆ 3° *Vx.* Garde volute d'une épée qui protège la main.

PAS-DE-GÉANT [pɑdʒeɑ̃]. *n. m. invar.* (XXᵉ ; de *pas* 1, et *géant*). Appareil de gymnastique formé d'un mât et de cordes auxquelles on s'accroche pour faire de grandes enjambées en tournant.

PASO DOBLE [pasodɔbl(ə)]. *n. m. invar.* (v. 1919; en esp. « pas redoublé »). Danse sur une musique de caractère espagnol à mouvement rapide, à la mode entre les deux guerres.

PASQUIN [paskɛ̃]. *n. m.* (1558; it. *Pasquino*, nom d'une statue antique sur laquelle on affichait des écrits satiriques à Rome). ◆ 1° *Vx.* Écrit satirique. ◆ 2° *Vx.* Bouffon, pitre.

PASQUINADE [paskinad]. *n. f.* (1566; it. *pasquinata*. V. Pasquin). Vieilli et *littér.* Raillerie bouffonne.

PASSABLE [pɑsabl(ə)]. *adj.* (1396; « qui peut se glisser en un endroit », 1270; de *passer*). Qui peut passer, est d'une qualité suffisante sans être très bon, beau. V. **Acceptable, admissible, honnête, moyen, potable** (*fam.*), **supportable.** *Un travail à peine passable* (V. **Médiocre**). *Les Parisiennes « sont tout au plus passables de figure, et s'habillent plutôt mal que bien* » (ROUSS.). — *Spécialt. Avoir la mention « passable »* à un examen. ◇ ANT. **Excellent.**

PASSABLEMENT [pɑsabləmɑ̃]. *adv.* (1531; de *passable*). ◆ 1° D'une manière passable, pas trop mal. *Il joue passablement cette sonate.* ◆ 2° *Par ext.* Plus qu'un peu, assez. *Il a passablement voyagé* (Cf. Il a pas mal voyagé). « *Il faut déjà passablement d'intelligence pour souffrir de n'en avoir pas davantage* » (GIDE). *Elle est passablement bornée.*

PASSACAILLE [pasakaj]. *n. f.* (1718; *pasecalle*, 1640; esp. *pasacalle*). Danse à mouvement très lent, originaire d'Italie ou d'Espagne, en faveur en France au XVIIᵉ s. ◇ *Mus.* Pièce voisine de la chaconne*, dans une suite*.

PASSADE [pɑsad]. *n. f.* (1454, « partie de jeu » ; it. *passata*, de *passare* « passer »). ◆ 1° (1573). *Manège.* Course d'un cheval qu'on fait passer et repasser sur un même parcours. ◆ 2° *Cour.* (fin XVIIᵉ). Liaison amoureuse de courte durée. V. **Aventure.** « *La conquête d'Eulalie aurait été bien rapide et de courte durée. Une passade, tout au plus* » (HENRIOT). ◇ *Par ext.* Attachement, goût passager. V. **Caprice.**

PASSAGE [pɑsaʒ]. *n. m.* (1160; de *passer*).
I. Action, fait de passer. ◆ 1° (En traversant un lieu, en passant par un endroit). *Passage interdit. Lieu de passage.* *Dr. Servitude de passage*, obligeant à laisser passer sur son fonds le propriétaire du fonds voisin. — *Le passage des Alpes, du Rhin, de la Manche. — Le passage de qqn, d'un véhicule* : le fait qu'il passe, le moment où il passe. « *Il y avait une foule formidable qui attendait le passage de Poincaré* » (ARAGON). *Heures de passage des trains.* — AU PASSAGE : au moment où qqn ou qqch. passe à un endroit. *Fig.* « *Jacques saisissait au passage des bribes de conversation* » (MART. du G.). ◇ *Astron.* Moment où un astre passe devant un autre ou traverse un méridien. — DE PASSAGE : qui ne fait que passer, ne reste pas longtemps. « *Bien sûr, je n'ai été pour vous qu'un amant de passage* » (AYMÉ). *Un étranger de passage à Paris.* ◇ *Absolt.* et *fam. Il y a du passage* : beaucoup de passants. ◆ 2° (En se rendant d'un lieu à un autre). *Le passage d'une barque d'une rive à l'autre.* ◇ Traversée sur un navire. V. **Voyage.** *Payer le passage.* ◆ 3° *Fig.* Examen de passage, que subissent les élèves, pour monter d'une classe dans une autre. ◆ 4° Le fait de passer, l'action de faire passer d'un état à un autre (V. **Changement**). *Le passage de l'état liquide à l'état gazeux.* ◆ 5° *Techn.* Action de faire subir un certain traitement. *Passage de peaux, des étoffes*, apprêt, teinture dans certains liquides. ◆ 6° *Fam. Passage à tabac*. ◆ 7° *Loc. Passage à vide*, moment où une activité s'accomplit sans l'application d'un effort spécifique ; cessation momentanée de l'effort, de la volonté au cours d'une action. ◆ 8° *Passage à l'acte*.* ◆ 9° Fait de passer qqch. à qqn. *Les passages* (*de témoin*), *dans une course de relais.*
II. (1080). ◆ 1° Endroit par où l'on passe. V. **Allée, boyau, col, corridor, couloir, galerie ; détroit, ouverture, trouée.** *Garder un passage.* « *Je me rappelle en frissonnant un certain passage, long de trois ou quatre portées de fusil, large de deux pieds* » (GAUTIER). *Obstacle qui encombre le passage.* « *Un homme se frayait un passage parmi les banquettes* » (GONCOURT). *Livrer passage à.* ◇ SUR LE PASSAGE DE : sur le chemin où passe, doit passer qqn. « *Des bandes de forcenés parcourent la ville, en semant la terreur et le meurtre sur leur passage* » (GAUTIER). ◆ 2° Petite rue interdite aux voitures, généralement couverte (souvent traversant un immeuble), qui unit deux artères. ◆ 3° *Loc.* PASSAGE À NIVEAU : croisement d'une voie ferrée et d'une route. — PASSAGE SOUTERRAIN : tunnel sous une voie de communication. PASSAGE PROTÉGÉ : endroit où une voie prioritaire en croise une autre. PASSAGE CLOUTÉ*.
III. (XIIᵉ). Fragment d'une œuvre. V. **Extrait, morceau.** *Les « passages que je désire pouvoir consulter... sans avoir à relire le livre entier* » (MAUROIS). *Un passage du « Scherzo »* de Chopin.

PASSAGER, ÈRE [pɑ(a)saʒe, ɛr]. *n.* et *adj.* (1453, « passeur d'eau » ; *passagier*, 1330; de *passage*).
I. *N. m.* et *f.* (v. 1550). ◆ 1° *Vx.* Voyageur. *Poét.* « *Habitante du ciel, passagère en ces lieux* » (LAMART.). ◆ 2° Personne transportée à bord d'un navire, et *par ext.* d'un avion, d'une voiture, qui ne fait pas partie de l'équipage. *Passager clandestin* : qui se fait transporter secrètement sans payer.
II. *Adj.* (1564). ◆ 1° Qui ne fait que passer en un lieu. *Hôte passager. Oiseau passager* : de passage, migrateur. ◆ 2° Dont la durée est brève. V. **Court, éphémère, momentané, provisoire, temporaire, transitoire.** « *J'avais cru l'averse passagère, mais tandis que je patientais, le ciel acheva de s'assombrir* » (GIDE). *Un bonheur passager.* V. **Fugace.** « *La beauté du visage n'est qu'un frêle ornement, Une fleur passagère, un éclat d'un moment* » (MOL.). ◆ 3° (1835). (D'une rue, d'un lieu où l'on passe). Très fréquenté. V. **Passant.** « *Aricie et Paul se retrouvaient au Jardin public, dans le coin le moins passager* » (HENRIOT).
◇ ANT. **Durable, éternel, permanent.**

PASSAGÈREMENT [pɑ(a)saʒɛrmɑ̃]. *adv.* (1609; de *passager*). Pour peu de temps seulement. « *Il ne consentait à accepter que passagèrement cette épreuve* » (LOTI).

PASSANT, ANTE [pɑsɑ̃, ɑ̃t]. *adj.* et *n.* (XIIe, « qui sert de passage, où l'on a le droit de passer ». V. **Passer**).
I. *Adj.* ♦ 1° (1538). Où il passe beaucoup de gens, de véhicules. V. **Fréquenté, passager.** « *L'endroit est tranquille... Un pays peu passant et de bons voisins* » (BOSCO). « *Le côté passant du boulevard Rochechouart* » (AYMÉ). ♦ 2° *Blas.* Se dit d'un animal représenté dans l'attitude de la marche.
II. ♦ 1° *N. m.* et *f.* (v. 1250). Personne qui passe dans un lieu, dans une rue. V. **Promeneur.** *Croiser, arrêter, interpeller un passant.* « *Les passants sont rares* » (LOTI). *Un passant attardé.* ♦ 2° *N. m.* (1347). Anneau aplati autour d'une courroie, pour recevoir et maintenir celle des extrémités de la courroie qui est passée dans la boucle.

PASSATION [pɑ(a)sɑsjɔ̃]. *n. f.* (*Passassion* « décision », 1428; de *passer*). *Dr.* ♦ 1° (1521). Action de passer (un acte, un contrat, une écriture comptable). *Passation d'un contrat.* ♦ 2° (XXe). *Passation des pouvoirs*, action de passer les pouvoirs à un autre, à d'autres. V. **Transmission.**

PASSAVANT [pɑ(a)savɑ̃]. *n. m.* (*Passe-avant* « bannière », 1203; de *passer*, et *avant*). ♦ 1° (1680). *Dr.*, *Comm.* Document autorisant la circulation en franchise d'une marchandise soumise aux droits (contributions indirectes, droits de douane), sur un parcours et pour un temps déterminés. V. **Laissez-passer.** ♦ 2° *Mar. Ancienn.* Partie du pont supérieur qui servait de passage entre l'avant et l'arrière du navire. ◇ *Mod.* (1773) Passerelle légère, souvent amovible, reliant un rouf à un autre.

1. PASSE [pɑs]. *n. m.* (1894; abrév.). Abrév. de *Passe-partout* (1°). *Ouvrir une porte avec un passe.*

2. PASSE [pɑs]. *n. f.* (1383, « but, au jeu de javelines »; de *passer*).
I. (Action de passer). ♦ 1° (1669). *Escr.* Action d'avancer sur l'adversaire en passant le pied gauche devant le droit. — *Fig.* et *cour.* PASSE D'ARMES : échange d'arguments, de répliques vives (Cf. Joute oratoire). ♦ 2° (XIXe). MOT DE PASSE : formule convenue qui permet de passer librement. « *Fais attention que nous sommes dans un camp. Tu ne sais pas le mot de passe. Si tu t'éloignes tu vas te faire tirer dessus* » (GIDE). ♦ 3° (1829). MAISON DE PASSE, de prostitution. « *Cet hôtel de passe, où on entendait dans le couloir une bande des mirlitons, ivre, qui allait s'empiler dans une chambre voisine* » (ARAGON). ♦ 4° *Passes magnétiques* (1835) : mouvements de la main du magnétiseur qui agit sur qqn. ♦ 5° *Techn.* Chaque passage d'un outil dans une opération cyclique, d'une pièce au laminoir. ◇ *Mar.* Tour d'un cordage sur une poulie. ♦ 6° Action de passer la balle à un partenaire. « *On ne fait pas de passe à un homme 'marqué' par l'adversaire, cette passe aurait trop de chances de ne pas aboutir* » (MONTHERLANT). ♦ 7° *Taurom.* Mouvement par lequel le matador fait passer près de lui le taureau qui suit le leurre. *Passe de cape, passe de muleta.*
II. (XVIIe). Endroit où l'on passe (V. **Passage**). ♦ 1° *Chasse.* Endroit où passent les animaux. ♦ 2° *Géogr.*, *Mar.* Passage étroit ouvert à la navigation. V. **Canal, chenal.** « *La Romania virait pour prendre la passe* » (MART. du G.). ♦ 3° *Vx* (Jeu). *Être* EN PASSE, en bonne position pour gagner. — *Mod. Être en passe de* : en position, sur le point de. « *Hélas! nous ne sommes pas encore connues; mais nous sommes en passe de l'être* » (MOL.). ◇ *Fig. Être dans une bonne, une mauvaise passe :* dans une période faste, dans une période d'ennuis. « *Malgré la mauvaise passe où il se trouvait, l'expression de ses traits était fort douce* » (STENDHAL).
III. (XIXe). Ce qui dépasse. ♦ 1° *Compt. Passe de caisse*, somme destinée à couvrir les erreurs de caisse. ♦ 2° Série de numéros à la roulette (de 19 à 36), à la boule. *Passe et manque*. ♦ 3° *Imprim. Main de passe, passe* : papier fourni en sus pour la mise en train. *Livre, exemplaire de passe*, en sus du chiffre officiel du tirage. ♦ 4° *Techn.* (*Modes*). Bord d'un chapeau de femme.

1. PASSÉ [pɑse]. *n. m.* (1553; de *passé*, p. p. de *passer*).
I. (1553). ♦ 1° Ce qui a été, relativement à un moment présent donné. « *Le romancier du présent; l'historien est le romancier du passé* » (DUHAM.). *Avoir le culte du passé* : être conservateur, traditionaliste, réactionnaire. « *Quant à nous, nous respectons çà et là et nous épargnons partout le passé, pourvu qu'il consente à être mort. S'il veut être vivant, nous l'attaquons, et nous tâchons de le tuer* » (HUGO). « *Le présent est aride et trouble, l'avenir est caché. Toute la richesse, toute la splendeur, toute la grâce du monde est dans le passé* » (FRANCE). — *Acte qui a un effet sur le passé.* V. **Rétroactif.** *Coup d'œil sur le passé.* V. **Rétrospectif.** *Oublions le passé et faisons la paix.* *Fam. Tout ça, c'est du passé* (Cf. C'est de l'histoire ancienne). ♦ 2° *Le passé de qqn* : sa vie passée. « *Mon passé se colle à moi comme l'emplâtre d'une plaie* » (J. VALLÈS). « *Comme si nous n'avions pas assez de notre passé, nous remâchons celui de l'humanité entière* » (FLAUB.). ◇ *Absolt.* Vie passée, considérée comme un ensemble de souvenirs. *Évoquer le passé. Réminiscences du passé.* « *Ce tas de cendre éteint qu'on nomme le passé* » (HUGO).

« *Mme Forestier était myope et vivait dans le passé : deux raisons qui l'empêchaient de se rendre un compte exact des choses présentes* » (COCTEAU).
II. ♦ 1° Partie du temps, cadre où chaque chose passée aurait sa place. *Le passé, le présent et l'avenir. Le passé plus reculé* (Cf. La nuit* des temps). *Situer un événement dans le passé.* V. **Autrefois, hier, jadis, naguère.** *L'héritage du passé.* « *Sentiments déjà connus, mais qu'on croyait enfouis dans la nuit du passé* » (BAUDEL.). *Qui appartient au passé.* V. **Ancien, antique.** — PAR LE PASSÉ : autrefois (Cf. *pop.* Dans le temps). « *Elle m'observa avec plus d'attention que par le passé* » (FRANCE). ♦ 2° *Ling.* (1550). Temps révolu où se situe l'action ou l'état exprimé par le verbe. « *Le verbe français ne compte pas moins de cinq temps principaux du passé, pour l'indicatif seulement : imparfait, passé simple, passé composé, passé antérieur, plus-que-parfait* » (G. et R. LE BIDOIS). *Passés surcomposés de l'indicatif*, formés de l'auxiliaire avoir et du passé composé, du passé antérieur. *Ex. :* « *Quand Dieu m'a eu donné une fille, je l'ai appelée Noémi* » (RENAN). *Passé du subjonctif* (ex. : que j'aie fini).
◇ ANT. *Avenir, futur; actualité, aujourd'hui, présent.*

2. PASSÉ [pɑse]. *prép.* (XIIe, avec l'accord; XVe, invar.; de *passer*). Après, au delà, dans l'espace ou le temps... « *Mais passé la ferme de la Saudraie, l'enfant me fit prendre une route où jusqu'alors je ne m'étais jamais aventuré* » (GIDE). « *M. de Courpière n'admet pas qu'on se fasse de l'esprit passé une heure du matin* » (A. HERMANT). ◇ ANT. *Avant.*

3. PASSÉ, ÉE [pɑse]. *adj.* (v. 1320, « vieux, usé ». V. **Passer**).
I. (1538). Qui n'est plus, est écoulé. *Le temps passé* : le passé. « *Il est midi passé* » (MAUPASS.) : plus de midi. « *Qu'est-ce que l'histoire? La représentation écrite des événements passés* » (FRANCE). ◇ *Participe* passé.
II. ♦ 1° Qui a perdu les qualités de sa maturité (d'un melon). « *Un cantaloup encore vert ou déjà passé* » (FRANCE). ♦ 2° (*Couleurs*). Éteint, fané. *Couleur passée.* Par ext. *Cette tapisserie était usée, élimée, passée de ton* » (GAUTIER). ◇ HOM. (de passé 1, 2, 3) Passée.

PASSE-BANDE [pɑsbɑ̃d]. *adj. invar.* (1948; de *passer*, et *bande* [de fréquence]). *Techn.* Se dit d'un dispositif électrique (filtre) qui ne laisse passer qu'une bande de fréquence. *Filtres passe-bande.*

PASSE-BOULE(S) [pɑsbul]. *n. m.* (v. 1900; de *passer*, et *boule*). Jeu d'adresse fait d'un panneau représentant une tête grotesque à la bouche percée d'un trou destiné à recevoir les boules des joueurs. — Par ext. *Avoir une bouche en passe-boules* : largement ouverte. — *Des passe-boules.*

PASSE-CRASSANE [pɑskrasan]. *n. f.* (1874; de *passer*, et *crassane*). Variété de poire d'hiver. *Des passe-crassanes.*

PASSE-DEBOUT [pɑsdəbu]. *n. m. invar.* (1723; de *passer*, et *debout*). *Ancienn.* Permis de passage pour les produits traversant une localité soumise aux droits d'octroi.

PASSE-DROIT [pɑsdʀwa]. *n. m.* (1546; de *passer*, et *droit*). ♦ 1° Faveur accordée contre le règlement. « *J'ai les passe-droits en horreur et ne veux profiter de rien que ma valeur n'ait mérité* » (GIDE). ♦ 2° *Vieilli.* Injustice subie par qqn malgré ses droits. *Il « vengea les passe-droits faits à cet homme* » (BALZ.).

PASSÉE [pɑse]. *n. f.* (1573; *pessée* « passage », 1290; de *passer*). *Chasse.* ♦ 1° Trace du pied d'un animal. ♦ 2° (1690). Passage des bécasses qui sortent du bois vers la campagne. *L'heure de la passée.* ◇ HOM. Passé.

PASSÉISME [pɑseism(ə)]. *n. m.* (mil. XXe; de *passé*). *Didact.* Péj. Goût exclusif du passé.

PASSÉISTE [pɑseist(ə)]. *adj.* et *n.* (1923; de *passé*). *Didact.* Qui a le goût exclusif de tout ce qui appartient au passé; partisan du passéisme. *Il disait « qu'il était passéiste : il croyait à un âge d'or de la bourgeoisie* » (BEAUVOIR).

PASSE-LACET [pɑslɑsɛ]. *n. m.* (1842; de *passer*, et *lacet*). Grosse aiguille à long chas et pointe obtuse servant à introduire un lacet dans un œillet, une coulisse. *Des passe-lacets.* ◇ *Pop.* (1919) *Être raide comme un passe-lacet* : sans un sou.

PASSEMENT [pɑsmɑ̃]. *n. m.* (1539; « passage », 1250; de *passer*). Tissu de fils mêlés (d'or, d'argent, de soie) servant de garniture. — Par ext. (1680) Galon, ganse qui borde et orne. *Passement bordant un vêtement, un siège* (V. **Passementerie**).

PASSEMENTER [pɑsmɑ̃te]. *v. tr.* (1542; de *passement*). Garnir, orner de passements. — Au p. p. *Vêtements passementés.*

PASSEMENTERIE [pɑsmɑ̃tʀi]. *n. f.* (1539; de *passement*). ♦ 1° Ensemble des ouvrages de fil (passements, franges, galons) destinés à l'ornement des vêtements, des meubles, etc. *Ouvrages de passementerie.* V. **Cordon, dentelle, épaulette, frange, galon, passepoil, ruban, torsade, tresse.** « *L'influence de la passementerie sur l'imagination des jeunes filles* » (HUGO). ♦ 2° Commerce, industrie des ouvrages de passementerie.

PASSEMENTIER, IÈRE [pɑsmɑ̃tje, jɛʀ]. *n. et adj.* (1552; de *passement*). ♦ 1° Personne qui fabrique ou vend de la passementerie. ♦ 2° *Adj.* De la passementerie. *Industrie passementière.*

PASSE-MONTAGNE [pɑsmɔ̃taɲ]. *n. m.* (1868; de *passer*, et *montagne*). Coiffure de tricot qui enveloppe complètement la tête et le cou, ne laissant que le visage découvert. *Des passe-montagnes.*

PASSE-PARTOUT [pɑspaʀtu]. *n. m. invar.* (1567; de *passer*, et *partout*). ♦ 1° Clé servant à ouvrir plusieurs serrures. *Passe-partout de cambrioleur, de serrurier.* V. **Crochet**, **passe** (1). ♦ 2° *Techn.* Grosse scie à lame large et sans monture pour le bois et les pierres tendres. ♦ 3° (1830). Cadre à fond amovible pouvant recevoir des gravures de même format. ♦ 4° *Techn.* Brosse de boulanger pour enlever la farine du pain. ♦ 5° *Fig.* Ce qui convient partout. ◇ *Adj. invar. Une tenue passe-partout. Il débiterait « de ces belles phrases passe-partout »* (ROMAINS).

PASSE-PASSE [pɑspɑs]. *n. m. invar.* (1420; de l'impér. de *passer* redoublé). *Tour de passe-passe :* tour d'adresse des jongleurs *(vx)*, des prestidigitateurs. V. **Escamotage**. ◇ *Fig.* (XVIᵉ) Tromperie, fourberie habile.

PASSE-PIED [pɑspje]. *n. m.* (1532; de *passer*, et *pied*). Ancien. Danse à trois temps d'un mouvement vif, semblable au menuet. « *Les passe-pieds, les sarabandes, se succèdent joyeusement »* (GAUTIER).

PASSE-PIERRE [pɑspjɛʀ]. *n. f.* (1723; de *passer*, et *pierre*). V. **Perce-pierre** (plante).

PASSE-PLAT [pɑspla]. *n. m.* (XXᵉ; de *passer*, et *plat*). Guichet pour passer les plats, les assiettes (entre une cuisine et une salle à manger, une salle de restaurant, etc.). *Des passe-plats.*

PASSEPOIL [pɑspwal]. *n. m.* (1603, « fente du vêtement par où paraissait le poil de la doublure »; de *passer*, et *poil*). Liséré, bordure de tissu formant un dépassant entre deux pièces cousues; *spécialt.* sur les coutures d'un uniforme.

PASSEPOILER [pɑspwale]. *v. tr.* (1907; de *passepoil*). Garnir d'un passepoil. *Passepoiler des boutonnières.* — Au p. p. « *Une culotte noire passepoilée de grenat »* (GIRAUDOUX).

PASSEPORT [pɑspɔʀ]. *n. m.* (1420 [marchandises]; de *passer*, et *port* « issue, passage »). ♦ 1° (1520). Pièce certifiant l'identité, délivrée par la préfecture à un ressortissant pour lui permettre de se rendre à l'étranger. *Passeport valide, périmé. Contrôle des passeports à la douane.* ◇ *Spécialt. Ambassadeur qui demande ses passeports :* qui sollicite son départ du pays où il est accrédité. ♦ 2° Pièces délivrées à un navire étranger contre perception du droit de sortie, dit *droit de passeport.*

PASSER [pɑse]. *v.* (1050; lat. pop. °*passare*, de *passus* « pas »).

I. *V. intr.* (auxil. *avoir* ou *être*; *être* est devenu plus cour.).
Ⓐ Se déplacer d'un mouvement continu (par rapport à un lieu fixe, à un observateur). ♦ 1° Être momentanément (à tel endroit), en mouvement. *Passer quelque part, à un endroit, dans un lieu. Où passe-t-il?* — (Sans compl. de lieu) « *Dans le temps qu'il se baignait, le roi vint à passer »* (PERRAULT). *Passer à pied, dans une voiture.* V. **Circuler**. *Passer sans s'arrêter.* « *Cadieux, qui descendait, passa en coup de vent »* (MART. du G.). — *Ne faire que passer,* rester très peu de temps quelque part. — (Dans une tournée) *Le facteur vient de passer.* « *Le boulanger qui passe pourtant tous les mardis n'est pas venu aujourd'hui »* (ALAIN-FOURNIER). ◇ **EN PASSANT** : alors que l'on passe quelque part, sans s'arrêter ou en s'arrêtant très peu de temps. *Elle « n'était jamais venue voir sa sœur qu'en passant »* (BALZ.). — *Fig. Dire, remarquer qqch. en passant,* au cours d'un récit, sans s'y arrêter (V. **Incidemment**). *Soit dit en passant.* ◇ (Choses) *Le chaland qui passe.* — Se manifester un instant. « *Un souffle d'air froid passa, venu de très loin »* (MAUPASS.). « *Un éclair de malice passa dans les yeux d'Alfreda »* (MART. du G.). ♦ 2° *Trans.* **PASSER SON CHEMIN** : aller, continuer sans s'arrêter. « *Tu passes ton chemin, majestueuse enfant »* (BAUDEL.). — Vx ou littér. *Passez votre chemin :* allez-vous-en. ♦ 3° *Spécialt.* Être projeté sur un écran, en parlant d'un film (dont la pellicule se déroule et *passe* dans le projecteur). *Ce film passe dans les salles d'exclusivité, j'attends qu'il passe dans mon quartier.* ♦ 4° (Construit avec certaines prép.). **PASSER SOUS**, **DESSOUS**. *Passer sous un pont, une porche.* « *Passer sous un arc de triomphe, c'est aussi passer sous le joug »* (VALÉRY). — *Fam. Passer sous une voiture, un train... :* être écrasé. — *Faire passer qqch. sous les yeux de qqn,* faire voir. — *Fig. Passer sous le nez*. ◇ **PASSER SUR**, **DESSUS**. *Passer sur un pont.* « *Sur la maison des morts mon ombre passe »* (VALÉRY). — *Spécialt. Passer sur, dessus,* en foulant, en écrasant. *Le camion lui a passé dessus* (fam.). — *Fig. Passer sur le corps, le ventre de qqn :* lui nuire sans aucun scrupule pour parvenir à ses fins. — *Fig.* Ne pas s'attarder, ne pas s'appesantir (sur un sujet). « *On nous saura gré de passer rapidement sur les détails douloureux »* (HUGO). V. **Clisser** (sur), **négliger**. *Absolt. Passons, passons sur ce détail.*

n'insistons pas. — Ne pas tenir compte de (un inconvénient), prendre son parti de. *Passer sur les défauts de qqch.* — Oublier volontairement (les torts d'autrui). *Passer sur les fautes de qqn.* V. **Oublier**, **pardonner**, **supporter**. « *Et l'amitié passant sur ces petits discords »* (MOL.). — Se dispenser de (une obligation). *Passer sur les formalités.* V. **Éluder**, **éviter**. ◇ **PASSER OUTRE**. V. **Outre** (2). ◇ **PASSER À (AU) TRAVERS** : traverser. *Passer à travers bois.* « *Un trait de lumière qui passe à travers un prisme »* (BUFF.). — *Fig.* Se dispenser, être dispensé, exempté. V. **Éviter**. *Passer au travers d'une corvée, d'une punition.* ◇ **PASSER PRÈS**, **À CÔTÉ**, **LE LONG DE**. *Passer à côté de qqn, près de qqn* (V. **Côtoyer**). « *La route n'est pas très large. Nous passons si près les uns des autres que nous pourrions nous toucher »* (DUHAM.). *Elles passaient le long de la grande cour.* V. **Longer**. ◇ **PASSER ENTRE** deux personnes, deux choses. ◇ **PASSER DEVANT**, **DERRIÈRE** (qqn, qqch.). — *Spécialt. Passer devant qqn dans sa marche. Passer devant qqn pour lui montrer le chemin.* V. **Précéder**. *Passez derrière moi.* V. **Suivre**. ◇ **PASSER AVANT**, **APRÈS** : précéder, suivre (dans le temps). *Passer avant qqn, passer d'abord; après qqn, passer ensuite. Passez donc! Après vous!* — *Fig. Passer avant,* être plus important. *Sa mère passe avant sa femme; sa tranquillité passe avant son devoir.* ♦ 5° *(Sans compl.;* avec l'idée d'une difficulté, d'obstacles à franchir). *Passer dans un endroit étroit, difficile, dangereux, interdit* (Cf. *ci-dessous*, II). *Le col est enneigé, nous ne pourrons pas passer. Défense de passer. Halte! on ne passe pas!* — *Ils ne passeront pas,* formule lancée par Pétain à Verdun. ◇ **LAISSER PASSER** : faire en sorte qu'une personne, une chose passe. *S'effacer pour laisser passer qqn. Écartez-vous, laissez passer!* V. **Place** (faire place). *Fenêtre qui laisse passer le soleil* (V. **Entrer**, **pénétrer**). — *Permettre, donner la permission de passer.* V. **Laissez-passer**. ◇ *Spécialt. (Choses)* Traverser un filtre, un tamis, en parlant d'un liquide (V. **Filtrer**). « *Le café n'était pas prêt. Ce jour-là, il s'entêtait à ne pas vouloir passer »* (ZOLA). ◇ Être digéré, en parlant des aliments. V. **Descendre** *(fam.).* « *César exhalait un soupir de ruminant. — Rien! fit-il. Mon déjeuner ne passe pas »* (DUHAM.). ◇ *Fig. et fam. Le, la sentir passer,* subir qqch. de pénible. *On lui a ouvert son abcès, il l'a senti passer!* — En parlant de gros frais. *Il l'a sentie passer, la note.* ♦ 6° *Fig. (Sans compl.;* Choses abstraites). Être accepté, admis. *La loi a passé. Cette scène ne passe pas,* est mauvaise. « *Les opinions communes passent sans examen »* (FRANCE). *La forme fait passer le fond* (V. **Excuser**). — *Loc. prov. La sauce** fait passer le poisson. — **PASSE**, **PASSE ENCORE** : cela peut passer, peut encore passer. « *Passe encore de bâtir, mais planter à cet âge! »* (LA FONT.). ♦ 7° **PASSER PAR** : traverser. ◇ *a) Passer (un lieu) à un moment de son trajet. Passer par Calais pour se rendre en Angleterre.* « *En passant par la Lorraine, avec mes sabots... »* (Marche lorraine). « *Le pape Léon IX... passa par ce monastère »* (MICHELET). — (Abstrait) *Idée qui passe par la tête,* qui traverse l'esprit. *Dire tout ce qui vous passe par la tête, tout ce qu'on pense à un moment donné.* « *Vous pouvez me raconter, sans m'ennuyer jamais, toutes les choses tristes ou saugrenues, ou même gaies, qui vous passeront par la tête »* (LOTI). ◇ *b)* Faire un stage, une étape *(fig.). Il est passé par l'École polytechnique.* « *Cette ville avait passé, comme tant d'autres, par tous les degrés de la barbarie, de l'ignorance, de la sottise et de la misère »* (VOLT.). — Utiliser (une personne, un bureau, un organisme) comme intermédiaire. ◇ *c) Spécialt.* Subir (qqch.). *Il faut en passer par ses volontés, en passer par là :* accepter, céder. « *Ils passèrent par des alternances d'excitation et de dépression »* (CAMUS). *Je suis passé par là :* j'ai eu les mêmes difficultés. ◇ **Y PASSER** : passer par là, subir nécessairement (une peine, une violence, un sort commun). *Il n'épargne personne dans ses critiques, tout le monde y passe.* — *Fam.* Mourir. *Nous allons tous y passer!* « *J'ai failli y passer; mais maintenant, ça va mieux, et je crois que j'en réchapperai »* (ZOLA). ♦ 8° (Introduisant un attribut). *Passer inaperçu :* rester, être inaperçu. ◇ **Aller**. ♦ 1° **PASSER DE...**, **À**, **DANS**, **EN...** : quitter (un lieu) pour aller dans (un autre). V. **Rendre** (se). *Passer d'une pièce dans une autre, à une autre. Passer d'un pays dans une autre.* « *Il vit le temps de passer de Surinam à Bordeaux, d'aller de Bordeaux à Paris... »* (VOLT.). « *Le vieux cheval gris qui passe tour à tour des ténèbres à la lumière et de la lumière aux ténèbres, en faisant tourner la meule »* (THARAUD). *Passer de main** *en main. Nouvelle qui passe de bouche en bouche.* — *Fig.* (pour exprimer un changement d'état) *Passer de vie à trépas :* mourir, trépasser. « *On passe souvent de l'amour à l'ambition »* (LA ROCHEF.). « *Sa physionomie avait passé de la violence effrénée à la douceur tranquille et rusée »* (HUGO). « *Cette rapidité avec laquelle Jacques passait d'un extrême à l'autre l'effrayait comme un danger »* (MART. du G.). ♦ 2° *(Sans de).* **PASSER À**, **DANS**, **EN**, **CHEZ... PASSER QUELQUE PART** (V. **Aller**). *Passons à table, au salon. Passons à côté. Veuillez passer dans mon cabinet* (V. **Entrer**). *Je passerai chez vous entre six et sept.* « *Je vous quitte et vais passer chez ma fille »* (LACLOS). « *Je t'ai commandé tantôt ton linge de corps et j'ai...*

passé chez le tailleur pour les habits » (MAUPASS.). — Se présenter pour subir. *Passer à la visite médicale, à la radio(graphie). Il est passé au contrôle des douanes.* ◊ PASSER (et *inf.*). Aller (faire qqch.). « *Pourquoi as-tu refusé de passer me prendre ?* » (ZOLA). ◊ (Le passage étant considéré comme définitif) Se rendre en un lieu pour y rester, se joindre à un groupe. *Passer à l'étranger. — Passer dans l'opposition, dans un camp.* V. **Joindre** (se). *Passer à l'ennemi.* « *Arnolph et son frère Pépin... passèrent à Clotaire avant la bataille* » (MICHELET). — Par ext. *Héritage, bien qui passe à qqn. Usage qui passe dans les mœurs. Ce mot est passé dans l'usage.* V. **Entrer.** ◊ Y PASSER : être destiné, consacré à. « *Un rubis d'un prix exorbitant... Toutes ses économies y passèrent* » (BALZ.). ◊ *Fig.* PASSER À : en venir à, aborder (un sujet), entamer (une action). *Passer à l'action, aux aveux,* se décider à agir, à avouer. *Passons à autre chose.* V. **Occuper** (s'occuper de). ◊ PASSER EN (un nouvel état). *Ce mot est passé en proverbe. — Avant le tournant vous passerez en seconde* (vitesse). ♦ 3° (Suivi d'un attribut exprimant une situation, un grade). V. **Devenir.** *Il est passé capitaine.* V. **Nommer** (être nommé). *Il est passé maître dans cet art. Il « avait voulu passer bourgeois, il s'en était vanté* » (BALZ.). **Ⓒ** *(Au sens temporel).* ♦ 1° (XIIᵉ). S'écouler (en parlant du temps). « *— Maître, les jours passaient; et j'avançais en âge* » (LEC. DE LISLE). « *Passent les jours et passent les semaines Ni temps passé Ni les amours reviennent* » (APOLLINAIRE). V. **Passé** (2). — (En parlant du temps psychologique) *Les heures passent vite.* V. **Enfuir** (s'), **envoler** (s'), **filer, fuir.** *Déjà huit heures ! Comme le temps passe !* ♦ *Ses journées passaient comme des heures* » (STENDHAL). ♦ 2° Cesser d'être. « *Mais il ne tient qu'à vous que son chagrin ne passe* » (MOL.). *La douleur va passer.* V. **Cesser.** *Faire passer à qqn le goût, l'envie de qqch. :* lui enlever, lui ôter le goût, l'envie (souvent par la rigueur). — Au p. p. « *Et maintenant que le plus dur est passé...* » (PROUST). ♦ 3° Avoir une durée limitée, une fin ; n'être pas éternel. « *Le temps n'a point de rive ; Il coule et nous passons* » (LAMART.). « *Les dieux passent comme les hommes* » (RENAN). *Nos affections passent et changent.* V. **Disparaître.** « *Un homme passe, mais un peuple se renouvelle* » (VIGNY). « *Ce dieu présidait également à tout ce qui s'écoule et passe, la route, le crépuscule, la jeunesse, la douceur de la chair* » (MONTHERLANT). *Fam. Tout passe, tout lasse, tout casse !* « *Racine passera comme le café* », comme la mode du café (mot attribué faussement à Mᵐᵉ de Sévigné). ♦ 4° Par euphém. *(Région.).* Mourir. « *Le type a passé pendant qu'on l'opérait d'urgence* » (ARAGON). ♦ 5° *Littér.* (des fruits). Perdre ses qualités avec le temps. « *Il en est d'elle comme de ces fruits qui passent vite* » (MARIVAUX). — *Cour.* (des couleurs) Perdre son intensité, son éclat. V. **Pâlir, ternir.** *Le bleu passe au soleil.* V. **Passé** (3). **Ⓓ** (Verbe d'état ; conjugué avec *Avoir*). PASSER POUR... : être considéré, regardé comme, avoir la réputation de. V. **Air** (avoir l'air), **figure** (faire figure de). — (Suivi d'un nom, d'un pronom ou d'un adj.) « *La fille passait pour coquette* » (DAUD.). « *Je passe, à tort ou à raison, pour un esprit fort* » (BERNANOS). (Avec inf.) « *Il passa pour avoir fait une folie* » (BALZ.). — (Choses) Être pris pour. *Cela peut passer pour vrai.* — FAIRE PASSER POUR... *Elle le fait passer pour un idiot.* « *Je laisse à mes amis le soin de faire passer pour du dédain et de la fierté mon apathie* » (GIDE). *Se faire passer pour...,* tromper les autres sur soi (V. **Tromper**). *Elle s'est fait passer pour une étrangère.*

II. *V. tr.* **Ⓐ** Traverser. ♦ 1° Traverser (un lieu, un obstacle). V. **Franchir, traverser.** *Passer une rivière, les mers.* « *L'escorte s'arrêta pour passer un large fossé rempli d'eau* » (STENDHAL). « *Il passa le seuil, et je le suivis* » (SUARÈS). *Passer un mur, un obstacle.* V. **Escalader, sauter.** *Passer la frontière, entrer dans un pays.* ♦ 2° *Fig. Passer un examen :* *vx,* Être reçu ; *mod.* En subir les épreuves (bien ou mal). *Passer le baccalauréat, sa licence ès lettres. Il a passé l'écrit et attend les résultats.* ♦ 3° Employer (un temps), se trouver dans telle situation pendant (une durée). *Passer la soirée chez qqn. Les moments passés auprès d'elle. Passer ses vacances à la mer.* — Loc. *fam. Passer un mauvais quart d'heure :* traverser un moment pénible ; *spécialt.* Subir la colère de qqn. — *C'est pour passer le temps :* pour s'occuper, ne pas s'ennuyer. V. **Passe-temps.** ◊ *Passer le temps, son temps à...* (et *inf.*). V. **Employer, occuper.** *Passer sa vie à manger et à dormir.* « *J'ai passé tout l'été à me promener en canot et à lire du Shakespeare* » (FLAUB.). *Il ne passe pas un jour sans m'écrire.* ♦ 4° Satisfaire (un besoin). V. **Assouvir, satisfaire.** *Passer son envie.* ◊ *Passer sa colère sur qqn :* l'assouvir en s'en prenant à qqn. ♦ 5° Abandonner (un élément d'une suite). V. **Omettre, oublier, sauter.** *Passer un mot, une ligne* en copiant un texte. *Passer son tour.* — T. de Jcu. Absolt. *Je passe.* — *J'en passe* (des choses qu'on pourrait dire). « *Elle est merveilleuse. Elle est simple, elle est intelligente, elle est belle [...] Il en passait* » (M. ARLAND). Loc. *J'en passe et des meilleurs,* se dit d'une énumération incomplète mais probante. ♦ 6° PASSER (QQCH.) À QQN. V. **Concéder, permettre.** *Passer à qqn tous ses caprices. Un enfant gâté à qui ses parents passent*

tout. *Passez-moi le mot, l'expression,* se dit pour s'excuser d'un mot qui pourrait déplaire, choquer. — (En emploi réfl.) *Se passer la fantaisie de...,* se l'accorder. « *Une femme qui s'était imposé de si grands sacrifices pouvait bien se passer des fantaisies* » (FLAUB.). **Ⓑ** Dépasser (ce qu'on a traversé restant derrière soi). ♦ 1° (Dans l'espace). *Passer le cap* (fig. Franchir un âge critique, une difficulté). *Quand vous aurez passé la gare...* Par ext. *Jupon qui passe la jupe,* absolt. *qui passe.* V. **Dépasser.** ◊ Fig. *Passer les limites, les bornes,* aller trop loin. V. **Outrepasser.** — Littér. « *Et les fruits passeront la promesse des fleurs* » (MALHERBE). « *J'ai été pris du désir de te connaître et je vois que la vérité passe la renommée* » (FRANCE). « *Ce qui passe l'entendement...* » (BERNANOS). ◊ (Personnes) *Vx* ou littér. V. **Surpasser.** « *Le prince Jésus... qui passait en beauté les vierges et les anges* » (FRANCE). ♦ 2° (Dans le temps). *Il a passé la limite d'âge pour ce concours.* « *Ai-je passé le temps d'aimer* » (LA FONT.). — Spécialt. *Il ne passera pas la nuit, la semaine... :* il ne vivra pas au-delà (en parlant d'un mourant).

III. *V. tr.* Faire passer (au sens I). ♦ 1° Faire traverser. « *Je me garderai bien de vous passer à Buenos-Ayres, dit le patron* » (VOLT.). *Passer des marchandises en transit* (V. **Transporter**). *Passer un faux billet, une fausse pièce,* les faire recevoir en paiement. ◊ Faire mouvoir, faire aller. *Passer la main dans les cheveux.* « *Il se passait la main sur le front comme un homme harcelé par les mouches* » (FLAUB.). « *Barnave passa la tête à la portière, et les regarda* » (MICHELET). — *Passer un anneau au doigt, la corde* au cou.* — Fig. *Passer l'éponge*.* ♦ 2° Spécialt. *Passer (qqch.) sur* (V. **Étendre, répandre**). *Passer une couche de peinture sur une porte.* — Fig. et fam. *Passer un savon*, une engueulade,* admonester, réprimander. *Qu'est-ce qu'il lui a passé !* ♦ 3° *Passer* (qqn, qqch.) *par,* à..., soumettre à l'action de. *Passer qqn par les armes,* le fusiller. Fam. *Passer à tabac*.* — *Passer un instrument à la flamme, une plaie à l'alcool. Passer qqch. au crible. Passer des parquets à la cire.* ♦ 4° Faire traverser un filtre, un tamis (V. **Cribler, filtrer, tamiser**). *Passer un bouillon, une sauce. Passer le café* (Cf. Le café passe). ♦ 5° Projeter (un film). Cf. Le film passe. *Je vais vous passer le film de nos vacances.* « *Il paraît qu'à sept heures on va passer de vieux films muets* » (BEAUVOIR). ♦ 6° Mettre rapidement ou de façon peu durable. V. **Enfiler, mettre.** *Passer une robe de chambre à la hâte. Passer une veste pour l'essayer.* ♦ 7° Enclencher (les commandes de vitesse d'un véhicule). *Passer ses vitesses. Passer la seconde après avoir démarré en première* (Cf. Passer en seconde). ♦ 8° *Comm.* Faire figurer (une opération sur un livre de commerce). V. **Inscrire.** *Passer un article en compte, sur le compte. Passer à pertes et profits.* ♦ 9° Remettre (qqch.). *Passer une chose à qqn.* V. **Donner, remettre, transmettre.** « *Tiens passe-moi une cigarette, dit Jérôme* » (MART. du G.). *Passez-moi le sel.* Fam. *Passons la monnaie !* Par ext. *Passer les consignes, un message à qqn* (V. **Communiquer**). Récipr. *Se sont passé le mot.* — *Passer la parole à qqn :* la lui donner après qu'on a parlé. Fam. *Passer un coup de fil à qqn :* lui téléphoner. ◊ Mettre en communication téléphonique avec (qqn). « *Ce sont les secrétaires que se parlent :* « *Passez-moi M. de Stumpf-Quichelier... Je vous passe M. Ragondeaux* » (DANINOS). ◊ *Passer une maladie à qqn,* la lui donner par contact, par contagion. ♦ 10° Dresser (un acte). V. **Dresser, faire, libeller ; passation.** Dr. *Acte authentique passé dans la forme administrative.* Cour. *Passer une commande.* — *Passer un accord* (V. **Conclure**).

IV. SE PASSER. *v. pron.* **Ⓐ** ♦ 1° Écouler sa durée. V. **Écouler** (s'). *Moments qui se passent dans l'attente.* V. *Le meilleur de la vie se passe à dire :* « *Il est trop tôt* », puis « *Il est trop tard* » (FLAUB). *L'action se passe en un seul jour.* V. **Dérouler.** — Impers. *Il ne se passe pas d'année que...* ◊ Par ext. Prendre fin (V. **Cesser, finir**). « *En attendant que le mal de gorge de Jacques se passe, laissons parler son maître* » (DIDER.). Cf. *ci-dessus* (I, C). ♦ 2° Être (en parlant d'une action, d'un phénomène, d'un événement, qui a une certaine durée). V. **Advenir, arriver, produire** (se). *L'action, l'histoire se passe au XVIᵉ s.* « *Et ceci se passait dans des temps très anciens* » (HUGO). « *Ils lui racontèrent tout ce qui s'était passé depuis la conclusion de la paix* » (FLAUB). *Ce qui se passe en qqn, dans l'esprit, dans le cœur de qqn. — Comment la chose s'est-elle passée ? Cela s'est bien, mal passé* (Cf. Cela a bien, mal marché). « *Rien ne se passe jamais tout à fait comme on aurait cru. C'est là ce qui me porte à agir... »* (GIDE). *Ça ne se passera pas comme ça,* la chose sera tout autre, ou encore : je ne le tolérerai pas, j'y mettrai bon ordre. — *Tout se passe comme si...,* expression qu'emploient les savants pour décrire un phénomène en l'assimilant à un autre, fictif ou hypothétique. « *Tout se passe comme si la plupart de ce qui n'existait pas »* (VALÉRY). — Impers. *Que se passe-t-il ? Qu'est-ce qu'il se passe ?* qu'est-ce qu'il y a ? « *Je crois qu'il ne se passe rien entre eux »* (DIDER.). **Ⓑ** SE PASSER DE... ♦ 1° *Vx.* Se contenter (d'une chose). « *Un homme sobre se passe de peu* » (TRÉVOUX). ♦ 2° *Mod.* Vivre sans... (en s'accommodant de cette absence, qu'elle soit voulue ou

subie). *Se passer d'argent. Apprendre à se passer de qqch.* Par euphém. *Nous nous voyons dans l'obligation de nous passer de vos services :* de vous renvoyer. « *Ce que les hommes pardonnent le moins, c'est qu'on puisse se passer d'eux* » (R. ROLLAND). — *Nous nous passerons d'aller au théâtre cette semaine.* V. **Abstenir** (s'). ◇ Iron. *Je me passerais bien volontiers de cette corvée.* V. **Dispenser** (se). ♦ 3° *(Choses).* Être sans, ne pas avoir besoin. « *L'admiration se passe de l'amitié. Elle se suffit à elle-même* » (RENARD). *Voilà qui se passe de commentaires !* qui est évident, en parlant plus spécialement de ce qu'on réprouve.
◇ ANT. *Arrêter* (s'), *rester; durer.*

PASSERAGE [pɑsʀaʒ]. *n. f.* (1549; de *passer,* et *rage*). Plante *(Crucifères)* considérée autrefois comme un remède contre la rage. V. **Cresson.**

PASSEREAU [pɑsʀo]. *n. m.* (1532; *passere,* 1120; lat. *passer, -eris* « moineau »). ♦ 1° *Vx.* Moineau. ♦ 2° (1803). *Mod.* PASSEREAUX ou PASSERIFORMES [pɑsʀifɔʀm(ə)]. *n. m. pl.* Ordre d'oiseaux comprenant les percheurs et les chanteurs, généralement de petite taille. *Principaux passereaux* (par appos. *Oiseaux passeriformes, oiseaux passereaux*) : alouette, corbeau, fauvette, grive, hirondelle, merle, moineau, pie, pinson, rossignol, rouge-gorge.

PASSERELLE [pɑsʀɛl]. *n. f.* (1835; de *passer*). ♦ 1° Pont étroit, réservé aux piétons. *Garde-fous, rambardes d'une passerelle.* « *On la traversait* (la Vivonne) *sur une passerelle dite le Pont-Vieux* » (PROUST). ♦ 2° Plan incliné mobile par lequel on peut accéder à un navire, un avion. — *Tout système d'accès à un avion. Passerelle d'embarquement direct. Passerelle télescopique.* — *Mar.* Superstructure la plus élevée d'un navire. *Le commandant est sur la passerelle.*

PASSERIFORMES. V. PASSEREAUX.

PASSERINE [pɑsʀin]. *n. f.* (*Passerin,* adj., 1611, « qui ressemble au moineau »; lat. *passer, -eris* « moineau ». V. **Passereau**).
I. Plante *(Daphnoïdés)* appelée communément *langue de moineau, herbe à l'hirondelle,* et très voisine de la *daphné.*
II. (1775). Oiseau passereau d'Amérique, aux couleurs magnifiques, appelé aussi *Pape.*

PASSERINETTE [pɑsʀinɛt]. *n. f.* (1775; de *passerine*). *Rare.* Fauvette des jardins.

PASSE-ROSE [pɑsʀoz]. *n. f.* (XIIIᵉ; de *passer* « surpasser », et *rose*). *Région.* Rose trémière. *Des passe-roses,* ou *passeroses.* V. **Primerose.**

PASSE-TEMPS [pɑstɑ̃]. *n. m. invar.* (1538; « joie », 1413; de *passer,* et *temps*). Ce qui fait passer agréablement le temps. V. **Amusement, divertissement, jeu.** « *Il préparait son bachot ou sa licence, mais c'était plutôt par passe-temps* » (SARTRE).

PASSE-THÉ [pɑste]. *n. m. invar.* (v. 1900; de *passer,* et *thé*). Petite passoire à thé.

PASSEUR, EUSE [pɑsœʀ, øz]. *n.* (v. 1170; de *passer*). Personne qui conduit un bac, un bateau, une barque pour traverser un cours d'eau. V. **Batelier.** ◇ *Fig.* Personne qui fait traverser une frontière, franchir une zone interdite, etc.

PASSE-VELOURS [pɑsvəluʀ]. *n. m. invar.* (*Passe-veloux,* 1512; de *passer,* et *velours*). *Région.* Amarante.

PASSE-VOLANT [pɑsvɔlɑ̃]. *n. m.* (1526; « petit canon », 1580; de *passer,* et *volant,* p. prés. de *voler*). *Vx.* Figurant, dans une revue militaire, pour grossir l'effectif et permettre au capitaine de toucher sa solde. *Des passe-volants.*

PASSIBLE [pasibl(ə)]. *adj.* (1160; lat. *passibilis,* de *passus,* p. p. de *pati* « souffrir »).
I. *Théol.* et *didact.* Qui peut souffrir, éprouver des sensations.
II. (1552, « coupable »). *Cour. Passible de :* qui doit subir (une peine). *Être passible d'une amende, d'un emprisonnement.* V. **Encourir.**

PASSIF [pasif]. *n. m.* (1789; du suiv.). Ensemble de dettes et charges. « *Le passif de la succession... excédait l'actif* » (FRANCE). — Ensemble des sources de financement dans une entreprise. *Le passif du bilan. Le passif exigible,* ensemble des dettes à court terme. ◇ ANT. *Actif.*

PASSIF, IVE [pasif, iv]. *adj.* et *n. m.* (1220; lat. *passivus,* de *pati* « souffrir, subir »). ♦ 1° Caractérisé par le fait de subir, d'éprouver. « *Dans les espèces inférieures, le toucher est passif et actif tout à la fois* » (BERGSON). ♦ 2° (XVᵉ). *Gram.* Se dit des formes verbales présentant l'action comme subie par le sujet. *Forme passive.* ◇ N. m. *Le passif ou verbe passif avec l'auxiliaire être et le participe passé (ex. : le jardinier arrose les fleurs [actif] et les fleurs sont arrosées par le jardinier [passif]).* ♦ 3° (v. 1480). Qui se contente de subir, ne fait preuve d'aucune activité, d'aucune initiative. V. **Indifférent, inerte.** « *Cette grande enfant passive, d'une affection filiale, où l'amante ne s'éveillait point* » (ZOLA). « *Son air passif le retranchait du monde à mes yeux* » (CAMUS). — Hist. *Citoyens passifs,* non électeurs. ◇ *Résistance passive,* sans action. V. **Non-violence.** ◇ *Vocabulaire passif* (maîtrisé passivement, connu). ♦ 4° *Méd.* Se dit d'un mouvement qui n'est pas accompli volontairement, qui résulte de l'interven-

tion d'autrui (médecin qui évalue la mobilité d'une articulation; kinésithérapeute au cours de la rééducation d'un hémiplégique). ◇ *Congestion passive.* V. **Stase.** ♦ 5° *Défense passive.* V .**Défense.** ◇ ANT. *Actif.*

PASSIFLORE [pasiflɔʀ]. *n. f.* (1808; lat. bot. *passiflora* « fleur de la Passion »). Plante à larges fleurs étoilées, appelée aussi grenadille, présentant des filaments en son centre (comparés à la couronne d'épines), un pistil muni de trois styles (comparés aux clous de la Passion), et à feuilles aiguës (comparées à la lance).

PASSIFLORINE [pasiflɔʀin]. *n. f.* (1838; de *passiflore*). *Chim.* Alcaloïde tiré de la racine de la passiflore.

PASSIM [pasim]. *adv.* (1868; mot lat. « çà et là »). Çà et là (dans tel ouvrage), en différents endroits (d'un livre). *Page neuf et passim.*

PASSING-SHOT [pasiɲʃɔt]. *n. m.* (*Néol.;* mot angl. « coup [*shot*] passant »). Anglicisme. Au tennis, Balle rapide en diagonale ou près d'un couloir, évitant un joueur placé pour faire une volée.

PASSION [pɑ(a)sjɔ̃]. *n. f.* (*Passiun* « passion du Christ », 980; lat. imp. *passio* « souffrance ». V. **Pâtir**). ♦ 1° *Vx.* Souffrance. « *Bernard Palissy souffrait la passion des chercheurs de secrets* » (BALZ.). ◇ *Mod.* Les souffrances et le supplice du Christ. V. **Croix** (chemin de la). *Liturg. Le dimanche, la semaine de la Passion,* qui précède la semaine sainte. — *Mus.* Oratorio ayant pour sujet la Passion. *La Passion selon saint Jean, saint Matthieu,* de Bach. ♦ 2° *Vx.* Tout état ou phénomène affectif. V. **Émotion, sentiment.** « *Traité des passions de l'âme* », de Descartes (1649). « *La nature, qui n'est pas sensible, n'est pas susceptible de passions* » (PASC.). ♦ 3° (1572). *Surtout plur.* États affectifs et intellectuels assez puissants pour dominer la vie de l'esprit, par l'intensité de leurs effets, ou par la permanence de leur action. *Obéir, résister à ses passions. Maîtriser, dompter, vaincre ses passions.* « *On déclame sans fin contre les passions; on leur impute toutes les peines de l'homme, et l'on oublie qu'elles sont aussi la source de tous ses plaisirs* » (DIDER.). « *Il n'y a réellement que les grandes passions qui puissent enfanter les grands hommes* » (HELVÉTIUS). *Cour. Aveuglement de la passion.* « *Je ne sus jamais écrire que par passion* » (ROUSS.). ♦ 4° *Spécialt.* L'amour, quand il apparaît comme une inclination puissante et durable, dégénérant parfois en obsession. V. **Adoration, amour.** *Déclarer, avouer, témoigner sa passion. L'amour-passion. Passion subite.* V. **Emballement** (Cf. Coup de foudre*). « *Une passion exclusive, une de ces passions d'hommes qui n'ont pas eu de jeunesse. Il aimait Nana avec un besoin de la savoir à lui seul* » (ZOLA). ♦ 5° *La passion de...,* vive inclination vers un objet que l'on poursuit, auquel on s'attache de toutes ses forces. *La passion du jeu, des voyages, de l'art, de la liberté, du pouvoir; de savoir.* ◇ *Objet d'une telle inclination.* « *La peinture, au siècle de Jules II et de Léon X, n'était pas un métier comme aujourd'hui; c'était une religion pour les artistes, une passion pour les femmes* » (MUSS.). « *Je t'adore, ô ma frivole, Ma terrible passion* » (BAUDEL.). *C'est sa passion.* V. **Faible.** ♦ 6° *Affectivité violente qui nuit au jugement.* « *Aborder sereinement les grands problèmes moraux et philosophiques de la science, les résoudre sans passion* » (DUHAM.). ◇ *Opinion irraisonnée affective et violente. Céder aux passions politiques, religieuses, nationales.* V. **Fanatisme.** *Les passions et les préjugés. Déchaîner, attiser les passions de la foule.* ♦ 7° *La passion :* ce qui, de la sensibilité, de l'enthousiasme de l'artiste, passe dans l'œuvre. V. **Chaleur, émotion, feu, flamme, lyrisme, pathétique, sensibilité, vie.** *Œuvre, page pleine de passion, palpitante de passion.* ◇ ANT. *Calme, détachement; lucidité. Raison.*

PASSIONNAIRE [pɑsjɔnɛʀ]. *n. m.* (1380; de *passion*). *Liturg.* Livre contenant le récit de la Passion ou des martyres des saints.

PASSIONNANT, ANTE [pɑ(a)sjɔnɑ̃, ɑ̃t]. *adj.* (1867; de *passionner*). Qui passionne, qui est capable de passionner. V. **Émouvant, empoignant, intéressant.** *Lectures, romans, livres passionnants.* « *L'histoire passionnante, mais parfois sévère, de tout ce monde janséniste* » (HENRIOT). *Film, match passionnant.*

PASSIONNÉ, ÉE [pɑ(a)sjɔne]. *adj.* (1224; de *passionner*). ♦ 1° *(Personnes).* Animé, rempli de passion. *Le plus passionné de tous les amants. Partisan passionné.* « *Exigerez-vous que des personnages passionnés soient de sages philosophes, c'est-à-dire n'aient point de passion?* » (STENDHAL). — Par ext. *Un tempérament passionné.* ◇ Subst. *C'est un passionné.* ◇ *Passionné de, pour...,* qui a une vive inclination pour qqch. V. **Avide, fanatique, fervent.** « *Grands sculpteurs du temps, tous passionnés pour l'étude du corps humain* » (TAINE). ♦ 2° *(Choses).* V. **Ardent, brûlant, fervent, violent.** « *Considérons l'amour passionné. Il est à soi-même sa propre illusion, sa propre folie, sa propre substance* » (CHATEAUB.). « *La description passionnée du malheureux dont il faut avoir pitié* » (STENDHAL). *Rendre moins passionné.* V.

Dépassionner. ◇ ANT. *Calme, froid, lucide, raisonnable; détaché, objectif.*

PASSIONNEL, ELLE [pɑ(a)sjɔnɛl]. *adj.* (1285, rare av. 1808; lat. *passionalis*). *Didact.* Relatif aux passions, qui dénote de la passion. *États passionnels.* « *Gérard se taisait. Il connaissait le style passionnel du frère et de la sœur* » (COCTEAU). ◇ *Cour.* Inspiré par la passion amoureuse. *Crime, drame passionnel.*

PASSIONNELLEMENT [pɑ(a)sjɔnɛlmã]. *adv.* (1854; de *passionnel*). D'une manière passionnelle.

PASSIONNÉMENT [pɑ(a)sjɔnemã]. *adv.* (1578; de *passionné*). D'une manière passionnée, avec passion. *Aimer passionnément qqn, qqch.* V. **Beaucoup, follement, folie** (à la). « *Pas de 'vérité' sans passion, sans erreur. Je veux dire: la vérité ne s'obtient que passionnément* » (VALÉRY).

PASSIONNER [pɑ(a)sjɔne]. *v. tr.* (1180, « faire souffrir »; de *passion*).
I. ♦ 1° (XVIe). Éveiller un très vif intérêt. V. **Attacher, intéresser.** *Ce roman, ce film m'a passionné.* « *Les études que j'avais commencées au séminaire m'avaient tellement passionné...* » (RENAN). ♦ 2° Empreindre de passion (6°). « *Il s'appliquait à ne pas passionner le débat* » (MART. du G.).
II. SE PASSIONNER (XVIe; « s'inquiéter », XVe). *Se passionner pour :* prendre un intérêt très vif. V. **Aimer, emballer** (s'), **enticher** (s'), **éprendre** (s'). *Se passionner pour une science, une recherche, une affaire.* Vieilli. « *Des hommes qui crurent à la vérité et se passionnèrent à sa recherche* » (RENAN).
◇ ANT. **Ennuyer; désintéresser** (se).

PASSIONNETTE [pɑ(a)sjɔnɛt]. *n. f.* (1892; de *passion*). Vieilli. **Amourette.**

PASSIONNISTE [pɑ(a)sjɔnist(ə)]. *n. m.* (1838, « sectaire chrétien »; de *passion*). Membre d'une congrégation fondée par saint Paul de la Croix pour conserver le souvenir de la Passion du Christ. On écrit aussi *Passioniste.*

PASSIVATION [pasivasjɔ̃]. *n. f.* (1959; mot angl., de *to passivate* « rendre passif » [*chim.*]). Techn. (*Anglicisme*). Préparation de la surface d'un métal (traitement au phosphate), avant la peinture.

PASSIVEMENT [pasivmã]. *adv.* (1554; de *passif*). D'une manière passive. « *Ce qu'on a commencé activement, on le continue passivement* » (HUGO). ◇ ANT. **Activement.**

PASSIVITÉ [pasivite]. *n. f.* (*Passiveté*, 1697; de *passif*).
♦ 1° *Relig.* État de l'âme demeurant passive pour se soumettre complètement à l'action de Dieu. V. **Quiétisme.**
♦ 2° *Cour.* État ou caractère de celui ou de ce qui est passif. V. **Inertie.** « *Nul homme au monde n'a plus d'aversion pour la passivité que le lutteur inlassable* » (Gandhi) » (R. ROLLAND). ♦ 3° *Chim.* Propriété qu'acquièrent certains métaux soumis à des acides de résister à l'oxydation. ◇ ANT. **Activité, dynamisme, initiative, opposition.**

PASSOIRE [pɑswaʀ]. *n. f.* (1660; *passoere*, h. XIIIe, « crible »; de *passer*). Récipient percé de trous et utilisé pour écraser ou égoutter des aliments, pour filtrer sommairement des liquides. *Petite passoire.* V. **Chinois, passette.**
— Fig. *Sa mémoire est une passoire :* elle ne retient rien.

1. **PASTEL** [pastɛl]. *n. m.* (XIVe; mot prov.; du bas lat. *pasta* « pâte »). Plante (*Crucifères*) dont les feuilles et les tiges contiennent un principe colorant bleu (V. **Guède**) et qui est cultivée comme plante fourragère. ◇ (Av. infl. de *pastel* 2) *Bleu pastel, Pastel :* couleur, teinture bleu clair de pastel.

2. **PASTEL** [pastɛl]. *n. m.* (1675, « crayon »; it. *pastello;* bas lat. *°pastellus;* Cf. Pastille). ♦ 1° Pâte faite de pigments colorés pulvérisés, agglomérés et façonnés en bâtonnets (V. **Crayon**). « *Sur la paroi opposée à la cheminée, deux portraits au pastel* » (BALZ.). ♦ 2° *Teintes, tons de pastel :* doux et clairs comme ceux du pastel. Appos. *Tons pastel.* ♦ 3° Œuvre faite au pastel. *Pastel sur carton. Fixer un pastel. Les pastels de Degas.*

PASTELLISTE [pastelist(ə)]. *n.* (1836; de *pastel* 2). Peintre en pastel. *Les grands pastellistes du XVIIIe s.*

PASTENAGUE [pastnag]. *n. f.* (1562; *pastenade* « carotte », 1372; lat. *pastinaca*). V. **Panais.** Région. Poisson sélacien, raie à longue queue (*Dasyatidés*). V. **Raie.** Par appos. *Raie pastenague.*

PASTÈQUE [pastɛk]. *n. f.* (1619; *patèque*, 1512; port. *pateca,* arabe *al-bâtikkha*). Plante (*Cucurbitacées*) dont le gros fruit lisse, à chair rose, verdâtre ou blanche, est comestible; *plus cour.* ce fruit. V. **Melon** (d'eau). *Tranche de pastèque.*

PASTEUR [pastœʀ]. *n. m.* (1238; *pastur,* 1050; lat. *pastor, -oris,* cas régime de *pastre.* V. **Pâtre**). ♦ 1° *Vx* ou *poét.* Celui qui garde, fait paître le bétail. V. **Berger, pâtre.** *Qui se rapporte à la vie des pasteurs.* V. **Bucolique, pastoral.** ◇ *Didact.* Celui qui vit surtout de l'élevage. *Le nomade est un pasteur.* Appos. *Les peuples pasteurs ne peuvent se séparer de leurs troupeaux, qui sont leur subsistance* » (MONTESQ.). ♦ 2° *Par métaph.* V. **Chef, conducteur.** « *Pasteurs des peuples, conducteurs d'hommes, guides et maîtres, c'est là*

ce qu'étaient mes pères » (HUGO). ◇ (1534) LE BON PASTEUR qui, dans l'Évangile, retrouve et sauve la brebis égarée; le Christ, chef spirituel. ♦ 3° (*Pastur,* XIIe). *Vx.* Prêtre. ◇ *Mod.* (1541) Ministre d'un culte protestant. *Le pasteur est au temple. La femme du pasteur. Un prêtre catholique et un pasteur protestant. Pasteur anglais* (V. **Révérend**).

PASTEURIEN [pastœʀjɛ̃] ou **PASTORIEN, IENNE** [pastɔʀjɛ̃, jɛn]. *adj.* (1888,-1893; du nom de *Pasteur* [1822-1895]). *Méd.* Relatif aux théories de Pasteur et à leurs applications. *Vaccinations pastoriennes.* « *La promulgation des doctrines pastoriennes a été pour l'humanité entière un événement d'une haute importance* » (CARREL).

PASTEURISATION [pastœʀizasjɔ̃]. *n. f.* (1887; du nom de *Pasteur*). Opération qui consiste à chauffer un liquide fermentescible, puis à le refroidir brusquement, de manière à y détruire un grand nombre de germes pathogènes (*distinct de* stérilisation*). *Pasteurisation du lait, des jus de fruits, du vin, de la bière.*

PASTEURISER [pastœʀize]. *v. tr.* (1872; du nom de *Pasteur*). Stériliser par pasteurisation; détruire les germes de fermentation. — P. p. adj. *Lait pasteurisé.* « *Une nourriture de régime, insipide, stérilisée, pasteurisée* » (SARRAUTE). ◇ ANT. (du p. p.) **Fermentescible.**

PASTICHE [pastiʃ]. *n. m.* (1677, peinture; it. *pasticcio* « pâté »; lat. pop. *°pasticium.* V. **Pastis,** pâtisser). ♦ 1° (1799). Œuvre littéraire ou artistique dans laquelle l'auteur a imité la manière, le style d'un maître, soit pour s'approprier des qualités empruntées (V. **Plagiat**), soit par exercice de style ou dans une intention parodique (V. **Imitation; copie**). *Pastiches et Mélanges,* de Proust. ◇ Imitation ou évocation du style, de la manière d'un écrivain, d'un artiste, d'une école. « *Si, pour donner l'idée d'un peintre inconnu à Paris, nous avons été obligé de chercher des analogues, ne croyez pas pour cela au pastiche* » (GAUTIER). ♦ 2° (1798). *Hist. mus.* Opéra formé d'un assemblage d'airs empruntés à d'autres œuvres (V. **Pot-pourri**).

PASTICHER [pastiʃe]. *v. tr.* (1844; de *pastiche*). Imiter la manière, le style de. « *Il avait une aptitude merveilleuse à pasticher Hugo, Balzac, de Musset, et parfois même il continuait un article commencé par nous de façon à nous tromper nous-même* » (GAUTIER).

PASTICHEUR [pastiʃœʀ]. *n. m.* (1760; de *pastiche*). Auteur de pastiches; imitateur.

PASTILLAGE [pastijaʒ]. *n. m.* (1803; de *pastille*). *Techn.* ♦ 1° Fabrication des pastilles, à la main ou à la machine (*pastilleuse*). ♦ 2° (1874). Procédé de décoration par des ornements modelés à part et collés sur la surface à décorer.

PASTILLE [pastij]. *n. f.* (1539; esp. *pastilla,* lat. *pastillum* « petit pain »). ♦ 1° *Vx.* Pâte odorante que l'on brûle pour parfumer l'air. *Pastilles d'encens, de benjoin.* ♦ 2° *Cour.* (1690). Petit morceau d'une pâte pharmaceutique ou d'une préparation de confiserie, généralement en forme de disque. *Pastille de menthe.* V. **Bonbon.** ♦ 3° Dessin en forme de petit disque. V. **Pois.** *Tissu, robe à pastilles.*

PASTILLEUR, EUSE [pastijœʀ, øz]. *n.* (1808, masc.; de *pastille*). Ouvrier, ouvrière qui met une pâte en pastilles.
— *N. m.* Emporte-pièce pour la fabrication des pastilles. — *Par ext.* Ouvrier qui met une pâte en blocs.

PASTIS [pastis]. *n. m.* (attesté XXe; anc. prov.; lat. *°pasticius;* Cf. *Pastiz* [XIVe], « pâté ». V. **Pastiche**).
I. Boisson alcoolisée à l'anis, qui se consomme avec de l'eau.
II. (1915; idée de « mélange »). *Pop.* et *région.* Ennui, désagrément; situation embrouillée.

PASTORAL, ALE, AUX [pastɔʀal, o]. *adj.* et *n. f.* (1247, rare av. XVIe; lat. *pastoralis,* de *pastor;* Cf. **Pâtre,** pasteur). ♦ 1° *Didact.* ou *littér.* Relatif aux pasteurs, aux bergers. *La vie, les mœurs pastorales. Chant pastoral.* ◇ *Vieilli.* Qui a un caractère de simplicité rustique. V. **Bucolique, champêtre.** « *Rien n'était plus pastoral et plus simple...* » (GAUTIER). ♦ 2° Qui dépeint ou évoque les mœurs champêtres, la vie des bergers. V. **Bucolique.** *L'Astrée, roman pastoral. Poète pastoral.* — *La symphonie pastorale* (ellipt. *La pastorale*), la sixième symphonie de Beethoven. ◇ *N. f.* PASTORALE. (XVIe) *Hist. litt.* Ouvrage littéraire dont les personnages sont des bergers, souvent dépeints d'une manière conventionnelle et raffinée. — Peint. *Les pastorales de Boucher.* ♦ 3° (XIIIe). Relatif aux pasteurs spirituels. *Instruction pastorale d'un évêque* (n. f. *une pastorale*). ◇ Relatif à un pasteur protestant.

PASTORALISME [pastɔʀalism(ə)]. *n. m.* (mil. XXe; de *pastoral*). *Didact.* Économie pastorale; mode d'exploitation agricole fondé sur l'élevage extensif.

PASTORAT [pastɔʀa]. *n. m.* (1611; du lat. *pastor*). *Relig.* Dignité, fonction de pasteur spirituel et *spécialt.* de pasteur protestant. *Un intellectuel « venu tard au pastorat* » (MALRAUX).

PASTOUREAU, ELLE [pasturo, ɛl]. *n.* (XVe; *pasturel,* v. 1190; dimin. de l'a. fr. *pastur.* V. **Pasteur**). Vieilli et *littér.* Petit berger, petite bergère.

PASTOURELLE [pastuʀɛl]. *n. f.* (*Pasturele*, XIIᵉ; du précéd.). Mus. *Vx.* Chanson de bergère. Quatrième figure du quadrille; air sur lequel elle se dansait. V. **Contredanse.** ◇ *Littér. médiév.* Chanson à personnages, consistant en un dialogue entre un chevalier et une bergère.

PAT [pat]. *adj. invar.* et *n. m.* (1689; it. *patta* « quitte » [jeu]; lat. *pactum* « accord »). *Échecs.* Se dit du roi qui, sans être mis en échec, ne peut pourtant plus bouger sans être pris. ◇ HOM. *Patte.*

PATACHE [pataʃ]. *n. f.* (1581; mot esp.; probabl. arabe *batâs* « bateau à deux mâts »). ♦ 1º *Hist. mar.* Petit navire de surveillance. ♦ 2º *Ancienn.* (XIXᵉ). Diligence peu confortable où l'on voyageait pour un prix très modique. ◇ *Fam.* et *vx.* Mauvaise voiture. « *C'était une affreuse guimbarde... une vraie patache !* » (HUGO).

PATACHON [pataʃɔ̃]. *n. m.* (1842; « conducteur de patache », 1836; de *patache*). *Mener une vie de patachon*, agitée, toute en parties de plaisir. *Ses sœurs « qui menaient une vie de patachon, un amant aujourd'hui, un autre demain... »* (AYMÉ).

PATAFIOLER [patafjɔle]. *v. tr.* (1808; de l'a. dial. *fioler* « saouler », de *fiole*, et rad. express. *patt-*; Cf. le suiv.). *Loc. fam.* (vx, région.) *Que le diable te patafiole !* te confonde !

PATAPHYSIQUE [patafizik]. *n. f.* et *adj.* (1911, Jarry; comp. plais., de [méta]*physique*, pour *épi-métaphysique*). *Didact.* et *plais.* « *La science des solutions imaginaires, qui accorde symboliquement aux linéaments les propriétés des objets décrits par leur virtualité* » (JARRY). — *Adj.* Qui relève de la pataphysique.

PATAPOUF [patapuf]. *interj.* et *n. m.* (1793; onomat.). ♦ 1º *Interj.* Exprime un bruit de chute. V. **Patatras.** ♦ 2º *N. m. Fam.* Personne, enfant gros et gras. *Regardez-moi ce gros patapouf.*

PATAQUÈS [patakɛs]. *n. m.* (1784; formation imitative iron., d'apr. *ce n'est pas-t-à moi, je ne sais pas-t-à qui est-ce*). Mauvaise liaison. V. **Cuir.** *Faire un pataquès*, en substituant, par exemple, un *s* à un *t* final, ou réciproquement. ◇ Toute faute grossière de langage.

PATARAS [pataʀa]. *n. m.* (1757; mot dial., du rad. *patt-*, de *patte*). *Mar.* Étai arrière supplémentaire (hauban d'étambot).

PATARASSE [pataʀas]. *n. f.* (1687; prov. *patarasso*; germ. °*paita* « morceau d'étoffe »). *Mar.* Coin de calfat servant à enfoncer l'étoupe dans les joints d'un navire.

PATARD [pataʀ]. *n. m.* (*Pastar*, XVᵉ; mot prov.; esp. *pataca* « pièce d'argent »; arabe *bâ-tâqa*). Ancienne monnaie flamande de faible valeur.

PATATE [patat]. *n. f.* (1599; *Batate*, 1519; esp. *batata*, *patata*, de l'arouak d'Haïti). ♦ 1º *Plante (Convolvulacées)* des régions chaudes, cultivée pour ses gros tubercules comestibles à chair douceâtre; le tubercule (On dit plus souv. *Patate douce*, pour distinguer ce sens du 2º). ♦ 2º *Fam.* ou *région.* (notamment au Québec). (1842; d'apr. angl. *potato*). Pomme de terre. *Corvée de patates. Sac à patates.* — (au Québec). *Patates frites.* ♦ 3º *Fam.* Schéma de forme courbe, irrégulière et fermée, symbolisant un ensemble* dans l'apprentissage des mathématiques ensemblistes. ♦ 4º *Fig.* et *pop.* Personne niaise, stupide. *Quelle patate, ce type ! Patate,* pièce de M. Achard. ♦ 5º *Loc. pop. En avoir gros sur la patate,* sur le cœur.

PATATI, PATATA [patati, patata]. *onomat.* (*Patatin, patata,* 1524). *Fam.* Évoque un flot de paroles. « *Comment va-t-il ? Qu'est-ce qu'il fait ? Pourquoi ne vient-il pas ? Est-ce qu'il est content ?... Et patati ! et patata ! Comme cela pendant des heures* » (DAUD.).

PATATRAS ! [patatʀa]. *interj.* (1650; onomat.). Mot exprimant le bruit d'un corps qui tombe avec fracas. *Patatras ! Voilà le vase cassé !*

PATAUD, AUDE [pato, od]. *n.* et *adj.* (*Patault*, 1485; nom pr. d'un chien; de *patte*). I. *N.* ♦ 1º *N. m.* Jeune chien à grosses pattes. ♦ 2º *N. m.* et *f.* (1669). *Fig.* et *vieilli.* Enfant, individu à la démarche pesante et aux manières embarrassées. *Un gros pataud. Une pataude.* II. *Adj.* (1501). *Cour.* Qui est lent et lourd dans ses mouvements. V. **Gauche, maladroit.** « *Mimar avait l'allure pataude d'un paysan* » (E. DABIT).

PATAUGEAGE [patoʒaʒ] ou **PATAUGEMENT** [patoʒmɑ̃]. *n. m.* (1881,-XXᵉ; de *patauger*). *Rare.* Action de patauger.

PATAUGER [patoʒe]. *v. intr.;* conjug. *bouger* (XVIIᵉ; *patoier,* XIIIᵉ; de *patte*). Marcher sur un sol détrempé, dans une eau boueuse. V. **Barboter, patouiller.** *Enfants qui pataugent dans les ruisseaux.* « *Je n'entends plus que la pluie et les pieds de mon cheval, qui pataugeait dans les ornières* » (VIGNY). ◇ *Fig.* et *fam.* « *La détresse morale dans laquelle je patauge* » (DUHAM.) : je me perds. « *Ma nullité avec les gens du monde dépasse toute imagination. Je m'embarque, je m'embrouille, je patauge, je m'égare en un tissu d'inepties* » (RENAN). V. **Empêtrer** (s').

PATAUGEUR, EUSE [patoʒœʀ, øz]. *n.* (1907; de *patauger*). *Rare.* Personne qui patauge.

PATCHOULI [patʃuli]. *n. m.* (1826; angl. *patchleaf* « feuille de *patch* », nom hindou de la plante). Plante (*Labiacées*) des régions tropicales qui fournit une essence très parfumée. ◇ *Parfum* extrait de cette plante (peu apprécié). « *Adrienne, vous sentez le patchouli !* » (COLETTE).

PATCHWORK [patʃwœʀk]. *n. m.* (1964; mot angl., de *work* « ouvrage », et *patch* « morceau »). *Anglicisme.* Tissu fait de morceaux disparates cousus les uns aux autres. *Des couvertures en patchwork.*

PÂTE [pɑt]. *n. f.* (*Paste,* 1226; bas lat. *pasta;* gr. *pastê* « sauce mêlée de farine »). 🅐 ♦ 1º Préparation plus ou moins consistante, à base de farine délayée (additionnée ou non de levain, d'œufs, d'aromates, de beurre) que l'on consomme après cuisson. *Pétrir, travailler une pâte. Laisser reposer la pâte. Pâte qui lève. Pâte à pain. Pâte à beignets, à choux, à nouilles, à tartes. Pâte brisée, feuilletée.* ♦ **PÂTES** (1805), **PÂTES ALIMENTAIRES** : petits morceaux de pâte préparés avec de la semoule de blé dur et vendus prêts pour la cuisine. *Acheter un paquet de pâtes.* V. **Vermicelle, macaroni, nouilles, spaghetti, tagliatelles.** ♦ 3º *Loc. fig.* et *fam. Mettre la main à la pâte,* travailler, et *spécial.* travailler soi-même à qqch. — *Être comme un coq en pâte,* bien chaudement dans son lit ; *par ext.* (1694) Mener une vie très confortable, très heureuse. 🅑 ♦ 1º *(Dans des expressions).* Préparation, mélange plus ou moins mou (V. **Crème**). *La pâte d'un fromage. Pâte d'amandes. Pâte de fruits,* friandise molle, très sucrée, faite de fruits. — *Pâte dentifrice.* — *Pharm.* Préparation pour usage externe, moins grasse que la pommade*, contenant une grande quantité de poudre (talc, oxyde de zinc, kaolin). ◇ *Colle de pâte.* Astiquer une casserole avec une *pâte à polir.* — *Pâte à papier. Carton-pâte.* — *Pâte de porcelaine.* Boîte, bâtons de pâte à modeler. — *Pâte de verre.* — *Typogr. Pâte à polycopier,* à base de gélatine. ♦ 2º *(Employé seul).* Matière molle, collante. V. **Bouillie.** *On nous a servi du riz trop cuit, une vraie pâte.* ◇ *Imprim.* Composition, forme tombée en pâte, de telle sorte que les caractères se mélangent. V. **Pâté.** ♦ 3º *Arts.* En peinture, couleurs mêlées et travaillées sur la palette ; matière formée par les couleurs travaillées, sur le tableau. *Ce peintre a une pâte extraordinaire.* ♦ 4º *Loc. fig.* « *Je n'ai jamais rencontré de sujet plus docile : une très bonne pâte* » (BERNANOS). — *Une pâte molle,* personne sans caractère, soumise à toutes les influences.

PÂTÉ [pate]. *n. m.* (*Pasté,* v. 1165; de *pâte*). I. ♦ 1º *Vx.* Pâtisserie servant d'enveloppe à un hachis de viande, de volaille, de poisson. ♦ 2º *Par ext. Mod.* Pièce de charcuterie, faite d'un hachis de viandes épicées, de poisson, etc., enveloppé dans une croûte. *Petit pâté à la viande* (V. **Friand**). On dit plus souv. PÂTÉ EN CROÛTE (pour distinguer du sens 3º). ♦ 3º (1835). Préparation de charcuterie, hachis de viandes épicées cuit dans une terrine sans enveloppe de pâte et consommé froid. V. **Terrine.** *Pâté de foie*. Pâté de campagne, de lapin. Pâté en boîte.* — *Chair* à pâté.* ♦ 4º *Région.* (Belgique). Petit gâteau à la crème. II. *(Par anal. d'aspect).* ♦ 1º (1606). Grosse tache d'encre. *Faire des pâtés en écrivant.* ♦ 2º *Typogr.* (1690). Composition tombée en pâte. V. **Pâte.** ♦ 3º (1835). *Pâté de maisons* : ensemble de maisons formant bloc. V. **Bloc.** ♦ 4º (Déb. XXᵉ). *Pâté de sable,* et absolt. *Pâté,* sable moulé en forme de pâté à l'aide d'un seau, d'un moule (jeu d'enfant). « *On ne fait pas des pâtés avec du sable sec, dit Odette. Les tout petits enfants savent déjà ça* » (SARTRE). ◇ HOM. *Pâtée.*

PÂTÉE [pate]. *n. f.* (1680; *pastée,* 1332; de *pâte*). ♦ 1º Mélange de farine, de son, d'herbes, de tubercules ou de fruits cuits, délayés avec de l'eau ou du petit-lait, dont on engraisse la volaille, les porcs. ◇ Soupe très épaisse dont on nourrit les chiens, les chats. ◇ Soupe grossière rappelant la *pâtée* des animaux. ♦ 2º *Fig.* et *pop.* Correction. « *Qu'est-ce qu'on m'administrerait comme pâtée* » (QUENEAU). ◇ HOM. *Pâté.*

1. PATELIN, INE [patlɛ̃, in]. *n.* et *adj.* (1538; de *pateliner,* et de *Pathelin,* personnage d'une farce célèbre du XVᵉ). ♦ 1º *N. m.* (*Vx.*) Homme qui s'efforce de dissimuler ses intentions pour duper les gens. ♦ 2º *Mod.* et *littér.* *Adj.* V. **Doucereux, faux, flatteur.** « *Elle était pateline et non pas affectueuse; elle me paraissait jouer un rôle en actrice consommée* » (BALZ.). — *Manières patelines. Ton patelin.* V. **Hypocrite, mielleux.**

2. PATELIN [patlɛ̃]. *n. m.* (1860; *pacquelin,* 1628; de l'a. fr. *pastiz* « pacage »; du p. de *pascere*). *Fam.* Village, localité, pays. *Il est allé passer ses vacances dans un patelin perdu.* « *Moi, je suis de Bar-le-Duc; mes vieux y habitent... J'ai pas du tout envie que mon patelin devienne un territoire allemand* » (MART. du G.).

PATELINAGE [patlinaʒ] *n. m.* ou **PATELINERIE** [patlinʀi]. *n. f.* (XVᵉ-XVIᵉ; de *pateliner*). *Vx.* Manière d'agir pateline. « *Permettez, Monsieur le juge d'instruction, dit*

Gaudissart avec la patelinerie d'un courtisan » (BALZ.).
PATELINER [patline]. *v.* (1470; de *patiner* 1). *Vx.* ♦ 1°
V. intr. Agir comme une personne pateline, avec patelinerie.
♦ 2° *V. tr.* Amadouer (qqn).

PATELLE [patɛl]. *n. f.* (1555; lat. *patella* « petit plat »).
♦ 1° Mollusque *(Hétérocardes)* à coquille conique, sans
opercule, qui vit fixé aux rochers; souvent appelé *bernicle.*
♦ 2° (1829). *Archéol.* Petit vase sacré en forme de plat
utilisé pour offrir les libations.

PATÈNE [patɛn]. *n. f.* (*h. XIII*e; 1380; lat. *patena* « bassin,
plat »). Vase sacré, petite assiette servant à l'oblation de
l'hostie.

PATENÔTRE [patnotʀ(ə)]. *n. f.* (1636; *paternostre*, 1170;
lat. *pater noster.* V. **Pater**.) ♦ 1° *Vx.* Oraison dominicale.
Mod. et *iron.* Prière. « *De vieilles femmes à genoux, qui y
marmottaient leurs patenôtres* » (BARBEY). ♦ 2° (XVIIe).
Vx. Paroles inintelligibles ou vides de sens. « *Il marmotte
toujours certaines patenôtres* » (RAC.).

PATENT, ENTE [patɑ̃, ɑ̃t]. *adj.* (1292, « lettre patente »;
lat. *patens,* p. prés. de *patere* « être ouvert; être évident »).
♦ 1° *Vx.* Ouvert. — *Hist. Lettres patentes :* décision royale,
sous forme de lettre ouverte, accordant ordinairement une
faveur à une personne déterminée. V. **Patente** (1°). ♦
2° (1370). *Mod.* Évident, manifeste. « *Lorsqu'il fut patent...
que 'ça ne tournait pas rond' chez les nouveaux époux, les
détestables racontars familiaux s'éveillèrent* » (COLETTE). ◇
ANT. *Douteux.*

PATENTABLE [patɑ̃tabl(ə)]. *adj.* (1791; de *patente*).
Admin. Qui est assujetti à la patente. *Commerçant patentable.*

PATENTAGE [patɑ̃taʒ]. *n. m.* (mil. XXe; de l'angl. *patent;*
même o. que *patente*). *Techn.* Trempe spéciale des fils d'acier.

PATENTE [patɑ̃t]. *n. f.* (1595, plur.; ellipse de *lettres
patentes*). ♦ 1° *Ancienn.* (sing. ou plur.). Écrit émanant du
roi, d'un corps qui établissait un droit ou un privilège. ♦
2° (1736). *Mar. Patente de santé* ou *Patente :* document
relatif à l'état sanitaire du navire. ♦ 3° (1791). Impôt direct
annuel, auquel est assujettie toute personne exerçant, en
France, une profession non comprise dans les exceptions
légales. V. **Contribution.** *Patente payée par un commerçant.* —
Par ext. Quittance de cet impôt.

PATENTÉ, ÉE [patɑ̃te]. *adj.* (1750; de *patenter*). ♦
1° Soumis à la patente; qui paye patente. ♦ 2° *Fig.* et *fam.*
Attitré. *Les grammairiens patentés.* « *Ce vieux voleur patenté* »
(BALZ.).

PATENTER [patɑ̃te]. *v. tr.* (1791; de *patente*). *Admin.*
Soumettre à la patente. Délivrer une patente à.

1. PATER [patɛʀ]. *n. m. invar.* (1578; premier mot lat.
de la prière). Oraison dominicale, prière qui commence
(en latin) par les mots *Pater noster* (Notre Père). *Dire des
Pater et des Ave.* V. **Chapelet.** ◇ (1660) Chacun des grains
d'un chapelet, plus gros que les autres, sur lesquels on dit le
Pater. ◇ HOM. *Patère.*

2. PATER [patɛʀ]. *n. m.* (1890; apocope de *le paternel*
[1880], « père »). *Fam.* (Enfants). Père. ◇ HOM. *Patère.*

PATÈRE [patɛʀ]. *n. f.* (*Pathere,* v. 1500; rare av. 1762;
lat. *patera* « coupe »). ♦ 1° *Antiq.* Vase sacré utilisé pour
offrir des libations. ♦ 2° Ornement d'architecture en forme
de rosace, qui rappelle l'aspect d'une patère antique. ♦
3° *Cour.* Pièce de bois ou de métal, fixée à un mur par une
base en forme de pied de coupe, qui sert à suspendre les vêtements. *Accrocher son pardessus à une patère.* ◇ HOM. *Pater*
(1 et 2).

PATER FAMILIAS [patɛʀfamiljas]. *n. m. invar.* (XXe;
mots lat. « père de famille »). ♦ 1° *Hist.* Chef de la famille
romaine. ♦ 2° *Littér.* Père de famille très autoritaire; tyran
domestique.

PATERNALISME [patɛʀnalism(ə)]. *n. m.* (XXe; angl.
paternalism [1881]). Conception patriarcale ou paternelle
du rôle de chef d'entreprise. — *Par ext.* (vocab. polit.)
Tendance à imposer un contrôle, une domination, sous couvert de protection. « *Le paternalisme de Salazar* » (BEAUVOIR).

PATERNALISTE [patɛʀnalist(ə)]. *adj.* (XXe; de *paternalisme*). Relatif au paternalisme; qui en a le caractère.

PATERNE [patɛʀn(ə)]. *adj.* (v. 1770; « paternel », 1174;
n. m. « Dieu le père », 1080; lat. *paternus*). Qui montre
ou affecte une bonhomie douceureuse. « *M. de Rénal sortit de
son cabinet; du même air majestueux et paterne qu'il prenait
lorsqu'il se disait ... des mariages à la mairie* » (STENDHAL).

PATERNEL, ELLE [patɛʀnɛl]. *adj.* et *n. m.* (1180; du
lat. *paternus*). ♦ 1° Qui est propre au père (comportement,
sentiments). *Amour, sentiment paternel.* — *Par ext.* Qui
semble d'un père. « *Un petit garçon, bête à ravir, confié
aux soins très paternels... d'un vieil abbé* » (BARBEY). ♦
2° *(Psycho.).* Qui concerne le père. *Image paternelle.* ♦
3° Du père, dans la famille. *Ligne paternelle. Autorité
paternelle.* ♦ 4° *N. m. Pop.* (1880). Père. V. **Pater** (2).

PATERNELLEMENT [patɛʀnɛlmɑ̃]. *adv.* (1492; de
paternel). À la manière d'un père; d'une manière paternelle.

PATERNITÉ [patɛʀnite]. *n. f.* (1380; « qualité de père »

en parlant de Dieu, 1160 [V. **Paterne**]; lat. *paternitas*).
♦ 1° État, qualité de père; sentiment paternel. « *Il sentait
la paternité naître et se développer en lui de plus en plus, il
couvait de l'âme cette enfant* » (HUGO). ◇ Lien juridique qui
unit le père à son enfant. *Paternité légitime. Paternité naturelle.
Paternité civile,* qui résulte de l'adoption. *Confusion de
paternité* ou *de part :* incertitude quant à la personne du
véritable père d'un enfant, dont la mère s'est remariée sans
observer le délai de viduité prévu par la loi. *Action en désaveu de paternité.* ♦ 2° (1874). *Paternité spirituelle* (Cf. Parrainage). ◇ Fait d'être l'auteur (de qqch.). *Reconnaître,
revendiquer, désavouer la paternité d'un ouvrage.*

PÂTEUX, EUSE [pɑtø, øz]. *adj.* (*Pasteux,* XIIIe; de
pâte). ♦ 1° Qui a une consistance semblable à celle de la
pâte (intermédiaire entre solide et liquide). *Matière, métal à
l'état pâteux. Encre pâteuse,* qui manque de fluidité, boueuse.
◇ *Fig. Style pâteux :* lourd et filandreux. ♦ 2° *Loc. Avoir la
bouche,* la *langue pâteuse :* prononcer, articuler avec difficulté (comme si la bouche était empâtée*). *Avoir la bouche
pâteuse après s'être enivré* (Cf. *Avoir la gueule* de bois*).

PATHÉTIQUE [patetik]. *adj.* et *n.* (1580; bas lat.
patheticus; gr. *pathêtikos* « relatif à la passion »).
I. *Adj.* ♦ 1° Qui émeut vivement, excite une émotion
intense, souvent pénible (douleur, pitié, horreur, terreur,
tristesse). V. **Émouvant, touchant.** *Discours pathétique.*
« *J'avais été témoin déjà d'autres agonies, mais qui ne m'avaient
point paru si pathétiques* » (GIDE). *Œuvre pathétique. La
sonate pathétique,* ou ellipt. *La Pathétique,* de Beethoven.
Orateur, actrice pathétique. ♦ 2° *Anat.* (1695). *Nerf pathétique :* nerf moteur du muscle grand oblique de l'œil.
II. *N. m. Littér.* (1666). Caractère pathétique; expression
de ce qui est propre à émouvoir fortement. *Un pathétique
facile, mélodramatique.* V. **Pathos.** « *Pour tempérer les douleurs de l'absence, nous nous écrivons des lettres d'un pathétique à faire fendre les rochers* » (ROUSS.).
◇ ANT. *Comique; froid, impassible.*

PATHÉTIQUEMENT [patetikmɑ̃]. *adv.* (1600; de
pathétique). D'une manière pathétique. « *C'est le pays de
vent, de lande et de morne bruyère qu'Émily a peint, pathétiquement, dans les Hauts de Hurle-Vent* » (HENRIOT).

PATHÉTISME [patetism(ə)]. *n. m.* (1743; de *pathétique*).
Littér. Caractère de ce qui est pathétique.

-PATHIE, -PATHIQUE, -PATHE. Éléments, du gr.
-patheia, -pathês, de *pathos* « ce qu'on éprouve », *paskhein*
(ex. : antipathie, apathique, névropathe).

PATHO-. Élément, du gr. *pathos* « affection, maladie ».

PATHOGÈNE [patoʒɛn]. *adj.* (1885; de *patho-,* et *-gène*).
Méd. Qui peut causer une maladie. *Agent, bactérie, microbe
pathogène.* ◇ *Fig.* Qui est cause d'un trouble mental, d'une
attitude anormale.

PATHOGÉNIE [patoʒeni] ou **PATHOGENÈSE** [pato-
ʒənɛz]. *n. f.* (1836; *pathogénésie,* 1826; de *patho-,* et *-génie,
-genèse, -génésie*). *Didact. (Méd.).* Étude du processus par
lequel une cause pathogène agit sur l'organisme et détermine une maladie; le processus lui-même (*adj.* [1836] PATHO-
GÉNIQUE [patoʒenik]).

PATHOGNOMONIQUE [patɔgnɔmɔnik]. *adj.* (1560; gr.
pathognômonikos « qui connaît la maladie »). *Méd. Signe
pathognomonique :* symptôme qui se rencontre seulement
dans une maladie déterminée et qui suffit à en établir le
diagnostic.

PATHOLOGIE [patɔlɔʒi]. *n. f.* (1550; gr. *pathologia*).
Science qui a pour objet l'étude des maladies, des effets
qu'elles provoquent (lésions, troubles). « *La connaissance des
maladies et des causes qui les déterminent, c'est-à-dire la
pathologie* » (Cl. BERNARD). *Pathologie mentale.* V. **Psychopathologie.** *Pathologie animale. Pathologie végétale.*

PATHOLOGIQUE [patɔlɔʒik]. *adj.* (1552; gr. *patholo-
gikos*). ♦ 1° Relatif à la pathologie. *Anatomie pathologique.*
♦ 2° (XVIIe). Relatif à l'état de maladie; qui dénote un mauvais état de santé; qui s'écarte du type normal d'un organe
ou d'une fonction. V. **Morbide.** « *La connaissance de l'état
pathologique ou anormal ne saurait être obtenue sans la connaissance de l'état normal* » (Cl. BERNARD). ◇ *Par ext. Fam.*
Anormal (du comportement). ◇ ANT. *Normal.*

PATHOLOGIQUEMENT [patɔlɔʒikmɑ̃]. *adv.* (1617; de
pathologique). *Didact.* Du point de vue de la pathologie;
d'une manière anormale, pathologique.

PATHOLOGISTE [patɔlɔʒist(ə)]. *n.* et *adj.* (1765; de
pathologie). *Didact.* Spécialiste en pathologie et particult.
spécialiste en anatomie pathologique *(anatomopathologiste)*.

PATHOS [patos]. *n. m.* (1671; mot gr. « souffrance,
passion »). ♦ 1° *Vx.* Partie de la rhétorique qui traitait des
moyens propres à émouvoir l'auditeur. ♦ 2° (1750). *Mod.*
et *littér.* Pathétique déplacé dans un discours, un écrit, et
par ext. dans le ton, les gestes. « *L'avocat général faisait du
pathos en mauvais français sur la barbarie du crime commis* »
(STENDHAL).

PATIBULAIRE [patibylɛʀ]. *adj.* (1395, *fourches pati-bulaires;* du lat. *patibulum* « gibet »). ♦ 1° *Vx.* Relatif au gibet. *Les fourches* patibulaires.* ♦ 2° (1675). *Mod.* Relatif à un homme qui semble digne de la potence. V. **Inquiétant, sinistre.** *Figure, mine, visage patibulaire.* « *Un grand homme sec, à figure patibulaire, ornée de deux yeux terribles* » (BALZ.).

PATIEMMENT [pasjamɑ̃]. *adv.* (1532; *pacienment,* 1200; de *patient*). Avec patience, d'une manière patiente. *Attendre, souffrir patiemment.* « *Il attendait dans sa force, patiemment* » (MICHELET). ◊ ANT. Brusquement, impatiemment.

1. **PATIENCE** [pasjɑ̃s]. *n. f.* (*Pacience,* 1120; lat. *patientia,* de *pati* « souffrir »).
I. ♦ 1° Vertu qui consiste à supporter les désagréments, les malheurs. V. **Résignation, sang-froid.** *S'armer de patience. Prendre patience. Souffrir avec patience.* V. **Endurer, supporter, tolérer.** « *Ces braves gens souffrent les maux de la guerre avec une patience d'ange* » (BALZ.). « *Les hommes de ma génération n'ont pas votre patience; ils sont plus chatouilleux* » (MART. du G.). *La patience a des limites. Être à bout de patience. Abuser de la patience de qqn.* ♦ 2° Qualité qui fait qu'on persévère dans une activité, un travail de longue haleine, sans se décourager. V. **Constance, courage, persévérance.** « *C'est une grande et rare vertu que la patience, que de savoir attendre et mûrir, que se corriger, se reprendre et... tendre à la perfection* » (GIDE). — Loc. prov. *Le génie est une longue patience* (d'apr. un mot de Buffon). « *Patience et longueur de temps Font plus que force ni que rage* » (LA FONT.). — *Ouvrage de patience,* qui demande de la minutie et de la persévérance plutôt qu'une grande dépense d'énergie. ♦ 3° Qualité, disposition d'esprit de celui qui sait attendre, en gardant son calme. *Après une heure d'attente, il a perdu patience.* « *Il faut nous armer de patience, dit Roubaud. Nous sommes là pour deux bonnes heures* » (ZOLA). ♦ 4° (XVIe). PATIENCE ! interjection pour exhorter à la patience, pour répondre à une objection prématurée. « *Patience ! C'est un mauvais moment à passer* » (DUHAM.). Interjection exprimant la menace. *Patience, je saurai me venger !* ♦ 5° JEU DE PATIENCE : qui consiste à remettre en ordre des pièces irrégulièrement découpées, de manière à reconstituer une carte de géographie, un dessin, etc. (Cf. Casse-tête chinois, puzzle). — *Fig.* Travail extrêmement minutieux.
II. ♦ 1° (1846). Combinaison de cartes à jouer. V. **Réussite.** « *Je fais des patiences, ça distrait... Les cartes se dispo-saient en croix, une au centre, en paquets* » (ARAGON). ♦ 2° *Vx.* Petite planchette, percée d'une rainure, dont les soldats se servaient pour astiquer les boutons d'uniforme sans salir l'étoffe.
◊ ANT. Brusquerie, exaspération, impatience.

2. **PATIENCE** [pasjɑ̃s]. *n. f.* (1564; altér. de *lapacion* [XVIe]; lat. *lapathium, lapathum*). Nom courant du rumex, plante (*Polygonacées*), appelée aussi *oseille épinard, parelle. La racine de patience est antiscorbutique.*

PATIENT, ENTE [pasjɑ̃, ɑ̃t]. *adj. et n.* (1120; lat. *patiens, patientis*).
I. *Adj.* ♦ 1° Qui a de la patience (I), fait preuve de patience. « *Mais le Vieux, qui n'était pas patient, cria : — Enfin, fous-moi donc la paix !* » (Ch.-L. PHILIPPE). — *Subst.* « *Le patient est le fort* » (HUGO). ◊ Par ext. *Caractère patient. Humeur patiente.* V. **Calme.** ♦ 2° Qui ne se lasse pas (dans un travail, etc.). V. **Patience** (I, 2°); inlassable, persévérant. « *Ce n'est jamais qu'aux esprits patients et laborieux qu'appartient le don de l'invention dans les sciences naturelles* » (VOLT.). ◊ Qui manifeste ou exige de la patience. *Un patient labeur.* « *Les plus importantes découvertes scientifiques résultent de la patiente observation de petits faits subsidiaires* » (GIDE). ♦ 3° Qui sait attendre. *Soyez patient, dans cinq minutes il sera ici.* ♦ 4° *Vx.* « *Dans les passions, comme nous les considérons, l'âme est patiente* » (BOSS.). ◊ N. m. *Didact.* Celui qui est passif. *L'agent et le patient.* ◊ ANT. Fougueux, impatient, vif, violent.
II. *N.* (1370). Personne qui subit ou va subir une opération chirurgicale; malade qui est l'objet d'un traitement, d'un examen médical. *Le médecin et ses patients.* V. **Client, malade.** « *J'opérais sur (une table) pendant que sur l'autre, on endor-mait un second patient* » (DUHAM.). ◊ Personne qui subit ou va subir un supplice.

PATIENTER [pasjɑ̃te]. *v. intr.* (1560; de *patient*). Atten-dre une patience. *Faites-le patienter en attendant que je puisse le recevoir.* « *Dix ou quinze loqueteux patientaient sur le trottoir* » (DUHAM.). ◊ ANT. Impatienter (s').

PATIN [patɛ̃]. *n. m.* (XIIIe, « chaussure »; de *patte*). ♦ 1° *Vx.* Semelle supplémentaire, pour assurer l'étanchéité d'une chaussure. ◊ *Mod.* Pièce de tissu sur laquelle on pose le pied pour avancer sans salir le parquet. *Prendre les patins.* ♦ 2° (1660). PATINS (À GLACE) : dispositif formé d'une lame fixée à la chaussure, et destiné à glisser sur la glace. *Aller en patins, sur les patins.* V. **Patiner, patineur.** — *Le patin :* le patinage. *Faire du patin.* ◊ Par ext. *Les patins d'un traîneau, d'une luge.* ◊ Par anal. PATINS À ROULETTES : dispositif

monté sur trois ou quatre roulettes et qui s'adapte au pied. « *Il y avait des gosses qui patinaient à roulettes, avec un seul patin au pied* » (ARAGON). *Faire du patin à roulettes.* ♦ 3° *Techn.* Pièce de bois ou de métal, servant de support. *Chaise montée sur des patins.* — *Massif de plâtre, etc., servant à soutenir un échafaudage.* — Partie inférieure d'un rail, reposant sur les traverses. V. **Semelle.** ◊ *Patin de frein,* organe mobile dont le serrage, contre la jante d'une roue, permet de freiner. ♦ 4° *Pop.* Baiser sur la bouche (de *patte* [dial.] « chiffon »). *Rouler un patin.*

1. **PATINAGE** [patinaʒ]. *n. m.* (1829; de *patin*). ♦ 1° Pratique, technique du patin à glace. *Patinage artistique. Patinage de vitesse. Piste de patinage.* V. **Patinoire.** — *Patinage à roulettes.* ♦ 2° (1875). Action de patiner, de glisser (pour un véhicule).

2. **PATINAGE** [patinaʒ]. *n. m.* (1829; de *patiner*). *Techn.* Opération qui consiste à donner une patine artificielle.

PATINE [patin]. *n. f.* (1765; it. *patina;* o. i.). ♦ 1° Couche d'hydrocarbonate de cuivre qui se forme à la longue sur les objets de cuivre, de bronze exposés à l'air humide. V. **Vert-de-gris.** ♦ 2° Dépôt qui se forme sur certains objets anciens; couleur qu'ils prennent avec le temps. *La patine du marbre, des pierres, d'une statue.* « *La patine est la récompense des chefs-d'œuvre* » (GIDE). *Fig.* « *J'ai pris de la patine; je suis poli aux angles. L'expérience m'a prodigué ses faveurs* » (DUHAM.). ♦ 3° Coloration ou vernis dont on recouvre artificiellement divers objets pour les décorer ou les protéger.

1. **PATINER** [patine]. *v. tr.* (1408; de *patte*). *Vx.* Manipu-ler; caresser (V. **Peloter**).

2. **PATINER** [patine]. *v. intr.* (1732; de *patin*). ♦ 1° Glisser sur la glace avec des patins. *Apprendre à patiner.* — *Par anal.* (Fam.) *Patiner à roulettes.* ◊ *Par ext.* Glisser comme sur des patins. *Patiner sur un parquet ciré, sur un dallage.* ♦ 2° [1868]. (D'une roue de véhicule). Glisser sans tourner; tourner sans avancer. V. **Chasser, déraper.** *Roues de locomotive qui patinent sur les rails.* « *Le premier camion patina, fit un quart de cercle, versa ses hommes comme un panier, s'abattit* » (MALRAUX). — (D'un embrayage). Glisser sans entraîner les roues.

3. **PATINER** [patine]. *v. tr.* (1867; de *patine*). Couvrir de patine, et *spécialt.* d'une patine artificielle. Pronom. *Sculptures qui commencent à se patiner.*

PATINETTE [patinɛt]. *n. f.* (1917; de *patiner* 2). Jouet d'enfant formé d'une plate-forme allongée montée sur roues, sur laquelle on pose un pied, l'autre servant à donner l'impul-sion. V. **Trottinette.**

PATINEUR, EUSE [patinœʀ, øz]. *n.* (1728; de *patiner* 2). Personne qui patine (sur la glace). *Pas des patineurs :* valse ancienne comportant deux temps glissés et une volte.

PATINOIRE [patinwaʀ]. *n. f.* (1921; de *patiner* 2). Piste de patinage. *Patinoire naturelle, artificielle, couverte.* — *Fig. La rue devient une vraie patinoire :* est très glissante.

PATIO [patjo; prononc. francisée pasjo]. *n. m.* (1840; mot esp. [1495], de l'occitan *patu* [1140], du lat. *pactus*). Cour inté-rieure et ouvert d'une maison espagnole ou de style espa-gnol. « *Il descendait dans l'ombre du patio boire un anis* » (BEAUVOIR).

PÂTIR [patiʀ]. *v. intr.* (1536, « supporter »; lat. *pati*). ♦ 1° *Vx.* Souffrir. « *Quand on a un peu pâti, le plaisir en semble meilleur* » (MARIVAUX). ♦ 2° Vieilli ou littér. Être dans la misère. — Languir, stagner. *Les affaires pâtissent.* V. **Péricliter.** ♦ 3° *Mod.* PÂTIR DE : souffrir à cause de; subir les conséquences fâcheuses, pénibles de. « *Hélas ! on voit que de tout temps Les petits ont pâti des sottises des grands* » (LA FONT.). *Pâtir de l'injustice.* V. **Endurer.** *Sa santé pâtira de ses excès.* ♦ 4° *Didact.* Être dans un état passif, de contem-plation, d'inaction. ◊ ANT. Bénéficier, jouir, profiter.

PÂTIS [pati]. *n. m.* (*Pastiz,* 1119; lat. pop. *pasticium,* de *pastus,* p. p. de *pascere* « paître »). V. **Pacage.** Terre inculte (friche, lande) sur laquelle on fait paître le bétail. *Pâtis et pâturages.*

PÂTISSER [pɑ(a)tise]. *v. intr.* (1617; *pasticier,* 1278; lat. pop. *pasticiare,* de *pasta* « pâté »). *Rare.* Travailler la pâte. *Faire de la pâtisserie.*

PÂTISSERIE [pɑ(a)tisʀi]. *n. f.* (1668; *pastiserie,* 1328; de *pâtisser*). ♦ 1° Préparation de la pâte travaillée destinée surtout à la confection des gâteaux. *Four, moule, rouleau, roulette à pâtisserie. Ustensiles de pâtisserie :* fouet, batteur, pâtissoire, saupoudroir, tourtière. ♦ 2° (XVIIe). UNE PÂTIS-SERIE : *vx,* Préparation de pâte sucrée ou salée; *mod.* Prépa-ration sucrée de pâte travaillée, le plus souvent destinée à être consommée fraîche (entremets ou dessert). V. **Gâteau.** *Aimer les pâtisseries.* — Collect. *De la pâtisserie.* « *Toute une vitrine* (de la boulangerie) *était réservée à la pâtisserie; elle revenait dix fois, pour passer devant les gâteaux aux amandes, les saint-honorés, les savarins, les flans, les tartes aux fruits, les assiettes de babas, d'éclairs, de choux à la crème* » (ZOLA). ♦ 3° Commerce, industrie de la pâtisserie; fabrication et vente de gâteaux. *Boulangerie-pâtisserie.* ♦

4° *Par anal.* Moulage en stuc décorant un plafond. *Des demeures « aux pâtisseries 1900 »* (Cl. SIMON.).

PÂTISSIER, IÈRE [pɑ(a)tisje, jɛʀ]. *n.* (1617; *pasticier*, 1278; de l'a. fr. °*pastitz*; lat. pop. °*pasticium* « pâté »; Cf. *Pastiche, pastis*). ♦ 1° Personne qui fait, qui vend de la pâtisserie, des gâteaux. *Boulanger-pâtissier.* ♦ 2° Adj. *Crème pâtissière*, faite de lait parfumé, de jaunes d'œufs, de farine et de sucre, et utilisée pour garnir certaines pâtisseries (choux, éclairs, saint-honorés).

PÂTISSOIRE [pɑ(a)tiswaʀ]. *n. f.* (1798; de *pâtisser*). *Techn.* Tablette à rebords sur laquelle on fait de la pâtisserie.

PÂTISSON [pɑ(a)tis5]. *n. m.* (*Pastisson*, 1775; de *pâté*). V. *Pâté.* Espèce de courge, appelée aussi *artichaut d'Espagne*, *bonnet de prêtre*.

PATOCHE [patɔʃ]. *n. f.* (1856, « coup de férule »; de *patte*). *Fam.* Main, patte.

PATOIS [patwa]. *n. m.* (v. 1285; probabl. du rad. *patt-* [Cf. Patte], exprimant la grossièreté). ♦ 1° Parler, dialecte local employé par une population généralement peu nombreuse, souvent rurale et dont la culture, le niveau de civilisation sont inférieurs à ceux du milieu environnant (qui emploie la langue commune). V. **Parler** (2); **idiome.** *Paysans qui parlent patois.* V. **Patoiser.** — Adj. *Mot patois. Versions, variantes patoises d'un mot.* ♦ 2° *Par ext.* Langue spéciale (considérée comme incorrecte ou incompréhensible). V. **Argot, jargon.** « *Il lui défila de nouveau son jargon romantique; il lui parla... en patois séminariste* » (BAUDEL.).

PATOISANT, ANTE [patwazɑ̃, ɑ̃t]. *adj.* (1864; de *patois*). Qui emploie, parle le patois. — *Subst. Les patoisants.*

PATOISER [patwaze]. *v. intr.* (1834; de *patois*). Parler patois; employer des mots, des tournures propres à un patois. « *Une forte religieuse, de Marines, près Pontoise, patoisant, ... bougonnant* » (HUGO).

PÂTON [pat5]. *n. m.* (1483; de *pâte*). *Techn.* ou *région.* Morceau de pâte (*spécialt.* destinée à former un pain). *Enfourner les pâtons.* ◇ *Agric.* Morceau de pâte, de graisse, servant à l'engraissement des volailles.

PATOUILLARD [patujaʀ]. *n. m.* (v. 1900; de *patouiller*). *Rare.* Mauvais bateau; navire lent et lourd.

PATOUILLER [patuje]. *v.* (*Patoiller*, 1213; du rad. *patt-*. V. **Patauger, patrouiller**). ♦ 1° V. intr. *Fam.* Patauger. *Patouiller dans la boue.* « *L'eau courante où patouillait sa main droite* » (AYMÉ). ♦ 2° V. tr. (1896). Manier, tripoter brutalement ou indiscrètement. V. **Tripatouiller, tripoter.**

PATRAQUE [patʀak]. *n. f.* et *adj.* (1743; prov. *patraco* « monnaie usée, dépréciée »; esp. *pataca*. V. **Patard**). *Fam.* ♦ 1° *Vx.* Machine usée. — Vieille montre détraquée. « *Il dînait à cinq heures juste, encore prétendait-il le plus souvent que la vieille patraque retardait* » (FLAUB.). ♦ 2° *Vieilli.* Personne faible, maladive. ◇ Adj. *Mod.* Un peu malade, en mauvaise forme. V. **Fichu** (mal), **souffrant.** *Il est un peu patraque. Elle m'a avoué « qu'elle se sentait patraque depuis quelques jours »* (MART. du G.).

PÂTRE [pɑtʀ(ə)]. *n. m.* (*Pastre*, XIIᵉ; anc. cas sujet de *pasteur*; lat. *pastor* « berger ». V. **Pasteur, pastoureau**). *Littér.* Celui qui garde, fait paître le bétail. V. **Berger, pasteur.** « *Quelques troupeaux menés... par de petits pâtres en bérets* » (LOTI).

PATRIARCAL, ALE, AUX [patʀijaʀkal, o]. *adj.* (v. 1400, « épiscopal »; lat. ecclés. *patriarchalis*. V. **Patriarche**). ♦ 1° *Relig.* Relatif à la dignité de patriarche. *Siège, trône patriarcal. Croix patriarcale.* ♦ 2° (XVIIIᵉ). Relatif aux patriarches de la Bible. *L'autorité, la famille patriarcale.* — *Par ext.* Qui rappelle la simplicité, les mœurs paisibles des anciennes tribus juives, à l'époque des patriarches. « *La jolie petite île de Bréhat, avec ses mœurs patriarcales* » (RENAN). ♦ 3° (XIXᵉ). *Sociol.* Qui est organisé selon les principes du patriarcat. « *Là, les mœurs sont patriarcales : l'autorité du père est illimitée, sa parole est souveraine* » (BALZ.).

PATRIARCALEMENT [patʀijaʀkalmɑ̃]. *adv.* (1763; de *patriarcal*). *Littér.* D'une manière patriarcale, simple et paisible.

PATRIARCAT [patʀijaʀka]. *n. m.* (XVIᵉ; *patriarchat*, v. 1280; lat. ecclés. *patriarchatus*. V. **Patriarche**). ♦ 1° *Relig.* Dignité de patriarche. *Être élevé au patriarcat.* — *Par ext.* Circonscription d'un patriarche. *Le patriarcat d'Antioche.* ♦ 2° *Sociol.* Forme de famille fondée sur la parenté par les mâles (famille agnatique) et sur la puissance paternelle; structure, organisation sociale fondée sur la famille patriarcale. ◇ ANT. *Matriarcat.*

PATRIARCHE [patʀijaʀʃ(ə)]. *n. m.* (980; lat. chrét. *patriarcha*; gr. ecclés. *patriarkhês* « chef de famille »). ♦ 1° *Hist. ecclés.* Titre accordé, dans l'Église romaine, à certains évêques titulaires de sièges très importants. ◇ *Spécialt.* (XVIᵉ; *patriarque*) Chef d'une Église qui n'observe pas le rite latin. — Chef d'une Église séparée de l'Église romaine (schismatique ou hérétique). ♦ 2° *Relig. jud.* (v. 1250). L'un des chefs de famille dépeints par l'Ancien Testament

comme ayant été d'une longévité et d'une fécondité extraordinaires. *Le temps des patriarches* : depuis Abraham jusqu'à Moïse. « *La barbe de patriarche* (de Tolstoï) *qui rappelle la Moïse de Dijon* » (R. ROLLAND). ♦ 3° Vieillard qui mène une vie simple et paisible, entouré d'une nombreuse famille. V. **Patriarcal.** *Mener une vie de patriarche. Le patriarche de Ferney* : Voltaire âgé.

PATRICE [patʀis]. *n. m.* (1190, repris 1506; lat. *patricius*, de *pater* « chef de famille noble ». V. **Patricien**). *Hist. rom.* Titulaire d'une dignité instituée par Constantin. *Les patrices, nommés à vie, avaient le premier rang dans l'empire après les Césars.*

PATRICIAL, ALE, AUX [patʀisjal, o]. *adj.* (1575; de *patrice*). *Hist. rom.* Relatif à la dignité de patrice. *Les honneurs patriciaux.*

PATRICIAT [patʀisja]. *n. m.* (*Patritiat*, 1565; lat. *patriciatus*). ♦ 1° *Hist. rom.* Dignité de patrice, de patricien. — Ordre des patriciens. *La puissance du patriciat.* ♦ 2° *Littér.* Élite, aristocratie. « *Ces privilégiés qui, n'étant pas loin de se prendre pour un patriciat, en avaient les vues étroites* » (TOULET). ◇ ANT. **Plèbe.**

PATRICIEN, ENNE [patʀisjɛ̃, ɛn]. *adj.* et *n.* (1355; lat. *patricius*. V. **Patrice**). ♦ 1° *Hist. rom.* Personne qui appartenait, de par sa naissance, à la classe supérieure des citoyens romains, et jouissait de nombreuses prérogatives. V. **Noble.** ♦ 2° (XVIIIᵉ). *Littér.* Aristocrate, noble. « *Les plus grands coups portés à l'antique constitution de l'État, le furent par des gentilshommes. Les patriciens commencèrent la Révolution, les plébéiens l'achevèrent* » (CHATEAUB.). ◇ Adj. Aristocratique. « *Ce calme patricien qui respire... l'impossibilité d'aucune vive émotion* » (STENDHAL). ◇ ANT. **Plébéien, populaire, prolétaire, prolétarien.**

PATRICLAN [patʀiklɑ̃]. *n. m.* (XXᵉ; lat. *pater*, et de *clan*). *Ethnol.* Clan dont le recrutement est assuré par la voie patrilinéaire*. (*Opposé à* Matriclan).

PATRIE [patʀi]. *n. f.* (1511; lat. *patria* « pays du père » [*pater*]). ♦ 1° Nation, communauté politique à laquelle on appartient ou à laquelle on a le sentiment d'appartenir; pays habité par cette communauté. V. **Nation, pays.** *Il considère la France comme sa patrie. Aimer sa patrie; amour de la patrie* (V. **Patriote; patriotisme**). *La mère patrie. Fuir sa patrie* : s'expatrier. *Faire revenir dans sa patrie* : rapatrier. *Avoir la même patrie.* V. **Compatriote.** *Mourir pour la patrie. Qui n'a pas de patrie.* V. **Apatride, sans-patrie.** — *La science, l'art n'a pas de patrie* : concerne tous les hommes. « *L'égoïsme et la haine ont seuls une patrie; La fraternité n'en a pas !* » (LAMART.). *C'est ma seconde patrie, le pays qui m'est le plus cher, après le mien.* — Allus. hist. « *Ingrate* patrie, *tu n'auras pas mes os* ». « *On n'emporte pas la patrie à la semelle de ses souliers* » (DANTON). — *Honneur et patrie* : devise de certains régiments. — *Pour la patrie* (Cf. Pro patria). ◇ Lieu (ville) où l'on est né. *Clermont-Ferrand est la patrie de Pascal.* ♦ 2° (1835). *La patrie de la poésie, de l'art* : le pays où fleurissent l'art, la poésie. « *À Venise, patrie des brumes* » (FLAUB.).

PATRILINÉAIRE [patʀilineɛʀ]. *adj.* (XXᵉ; angl. *patrilinear*, de *pater*; d'apr. *linéaire*). *Ethnol.* Se dit d'un type de filiation (puis, par ext., d'un type d'organisation sociale) fondé sur l'ascendance paternelle. (*Opposé à* Matrilinéaire*).

PATRILOCAL, ALE [patʀilɔkal]. *adj.* (XXᵉ; angl. *patrilocal*, de *pater*). *Ethnol.* Se dit d'un type de résidence du couple déterminé par la résidence du père du mari. Par ext. *Organisation, société patrilocale.* (*Opposé à* Matrilocal*).

PATRIMOINE [patʀimwan]. *n. m.* (1160; lat. *patrimonium* « héritage du père » [*pater*]). ♦ 1° Biens de famille, biens que l'on a hérités de ses ascendants. V. **Fortune, héritage, propriété.** *Maintenir, accroître, dilapider, engloutir le patrimoine paternel.* ♦ 2° *Dr.* « L'ensemble des droits et des charges d'une personne, appréciables en argent » (PLANIOL). ◇ *Écon. Patrimoine national* : valeur nette du patrimoine (excédent des actifs sur les engagements) des unités économiques institutionnelles (*Syn.* FORTUNE, RICHESSE NATIONALE). ♦ 3° (1829). Ce qui est considéré comme un bien propre (V. **Apanage**), comme une propriété transmise par les ancêtres. « *Respectez les œuvres ! C'est le patrimoine du genre humain* » (R. ROLLAND). ♦ 4° *Biol. Le patrimoine héréditaire de l'individu*, l'ensemble des caractères hérités. V. **Génotype.**

PATRIMONIAL, ALE, AUX [patʀimɔnjal, o]. *adj.* (1380; lat. *patrimonialis*). *Hist.* ou *Dr.* Qui constitue un patrimoine, fait partie d'un patrimoine. *Seigneurie patrimoniale* : attachée à la possession d'une terre. — *Dr. Droits patrimoniaux, charges patrimoniales* : ayant un caractère pécuniaire.

PATRIMONIALEMENT [patʀimɔnjalmɑ̃]. *adv.* (1788; de *patrimonial*). *Dr.* À titre de patrimoine.

PATRIOTARD, ARDE [patʀijɔtaʀ, aʀd(ə)]. *n.* et *adj.* (1904; de *patriote*). Qui affecte un patriotisme exagéré, exclusif, chauvin.

PATRIOTE [patʀijɔt]. *n.* et *adj.* (1460; bas lat. *patriota*, d'o. gr. V. **Patrie**). ♦ 1° *Vx.* Compatriote ; citoyen. *Bon, mauvais patriote.* ♦ 2° *Mod.* (1647 ; *patriot,* 1561). Personne qui aime sa patrie et la sert avec dévouement. V. **Patriotisme.** « *Tout patriote est dur aux étrangers ; ils ne sont qu'hommes, ils ne sont rien à ses yeux* » (ROUSS.). *Patriote cocardier.* V. **Chauvin.** — Adj. *Être très patriote.* « *Mais si nous ne sommes plus chauvins, nous restons pacifiquement patriotes* » (ARAGON). ◊ *Hist.* Partisan de la Révolution, en 1789-1790. « *Es-tu patriote ?* » demandera *Drouet à l'épicier Saulce, maire de Varennes, et cela signifiera : Es-tu décidé à sauver la Révolution en empêchant la fuite du roi ?* » (BRUNOT). ◊ ANT. Antipatriote, cosmopolite.

PATRIOTIQUE [patrijɔtik]. *adj.* (h. 1532, « paternel » ; 1750 ; de *patriote*). Qui exprime l'amour de la patrie ou est inspiré par lui (V. **Patriotisme**). *Ardeur, élan patriotique. Les nationalistes cherchent* « *toujours à masquer sous des sentiments patriotiques leurs velléités belliqueuses* » (MART. du G.). *Chants, refrains patriotiques.* ◊ ANT. Antipatriotique.

PATRIOTIQUEMENT [patrijɔtikmɑ̃]. *adv.* (1793 ; de *patriotique*). D'une manière patriotique ; en patriote.

PATRIOTISME [patrijɔtism(ə)]. *n. m.* (1750 ; de *patriote*). Amour de la patrie ; désir, volonté de se dévouer, de se sacrifier pour la défendre, en particulier contre les attaques armées. « *Le patriotisme véritable ne peut se trouver que dans les pays où les citoyens libres, et gouvernés par des lois équitables, se trouvent heureux, sont bien unis, cherchent à mériter l'estime et l'affection de leurs concitoyens* » (D'HOLBACH).

PATRISTIQUE [patristik]. *n. f.* et *adj.* (1813 ; gr. *patêr, patros* « père [de l'Église] »). *Didact.* Étude, connaissance de la doctrine, des ouvrages, de la biographie des Pères de l'Église. V. **Patrologie.** ◊ Adj. *Tradition patristique. Ouvrages patristiques.*

PATROLOGIE [patrɔlɔʒi]. *n. f.* (1706 ; du gr. *patêr, patros,* et *-logie*). *Didact.* ♦ 1° Collection complète des ouvrages des Pères de l'Église. *Patrologie grecque, latine.* ♦ 2° (1843). Syn. de *Patristique.*

1. PATRON, ONNE [patrɔ̃, ɔn]. *n.* (1119 ; lat. *patronus* « protecteur », de *pater* « père »).
I. Se dit du saint dont on a reçu le nom au baptême ; qu'un pays, une confrérie, une corporation reconnaît pour protecteur, ou encore (*cour.*) du saint à qui est dédiée une église, une chapelle. *Sainte Geneviève, patronne de Paris. Saint Éloi, patron des orfèvres. Votre saint patron.* « *Nous ne connaissons pas les Saints, nous autres… Lequel d'entre vous serait capable d'écrire vingt lignes sur son Patron ou sa Patronne ?* » (BERNANOS).
II. Personne qui commande à des employés, des serviteurs. ♦ 1° *Mar.* (1357). *Patron de pêche.* V. **Capitaine.** *Patron d'une barque, d'un remorqueur.* ♦ 2° *Maître, maîtresse de maison, par rapport à ses domestiques, La bonne a la confiance de ses patrons.* ♦ 3° (1812). *Artisan, petit entrepreneur qui emploie quelques ouvriers, forme des apprentis. Patron boulanger et ses mitrons.* — (*Opposé à* commis, garçon, serveur, vendeur) *Personne qui dirige une maison de commerce, de petite ou moyenne importance, dont elle est généralement propriétaire. Patron, patronne d'un café, d'un hôtel, d'un restaurant. Absolt. La tournée du patron.* — Pop. (D'un conjoint) « *Alors, Poisson se souleva et dit, son verre à la main : Je bois à la santé de la patronne* » (ZOLA). ♦ 4° (1834). Chef d'une entreprise industrielle ou commerciale privée, considéré par rapport aux salariés qu'il emploie (V. **Directeur,** cf. pop. **Boss** [anglicisme]). — *Cour.* Tout employeur, par rapport à ses subordonnés. *Rapports entre patrons et employés.* « *Il avait pour les patrons, et surtout pour l'état de patron, une estime déjà ancienne* » (ROMAINS). ♦ 5° (1901). *Méd.* Professeur de médecine, chef de clinique ou d'un service hospitalier (au regard de ses élèves, internes ou externes). *Les grands patrons.* ◊ Celui qui dirige des travaux intellectuels, artistiques, qui dispense un enseignement, qui préside à une activité (politique, etc.). *Patron de thèse.*
III. (XVIᵉ). *Hist. rom.* Ancien maître d'un esclave affranchi ; patricien, plus ou moins puissant et riche, protecteur d'hommes libres, mais de condition inférieure, appelés « clients ». ◊ ANT. Bonne, domestique. Garçon. Apprenti, employé, ouvrier, personnel.

2. PATRON [patrɔ̃]. *n. m.* (v. 1260, « étalon, modèle » ; lat. *patronus* « patron », fig.). ♦ 1° (1375). Modèle sur lequel travaillent les artisans pour fabriquer certains objets. V. **Forme.** *Patrons de tapisserie, de vitrail.* V. **Carton, dessin.** ◊ (1690) Modèle de papier ou de toile préparé sur un mannequin ou aux mesures d'une personne. *Acheter le patron d'un manteau. Un patron taille 42.* — Fig. « *Mathilde désespérait de rencontrer un être un peu différent du patron commun* » (STENDHAL). ♦ 2° *Techn.* Carton ajouré pour le coloriage. V. **Pochoir.** *Colorier au patron.* ♦ 3° (Abstrait). Équivalent français proposé pour *Pattern.* V. **Modèle.**

PATRONAGE [patrɔnaʒ]. *n. m.* (1180 ; de *patron* 1). ♦ 1° Appui donné à un personnage puissant ou à un organisme. V. **Protection.** « *Je ne viens vous demander ni patronage,*

ni référence, ni service d'aucune sorte » (DUHAM.). — *Gala de bienfaisance placé sous le patronage du Président de la République.* V. **Parrainage.** *Comité de patronage d'une revue scientifique.* ◊ Protection d'un saint (V. **Patron**). ♦ 2° (1868). Œuvre, société de bienfaisance, créée pour œuvrer au reclassement des délinquants, puis d'assurer une formation morale à des enfants, des adolescents. V. **Foyer.** *Patronage laïque, municipal, paroissial.* « *Il a donné à M. l'abbé Petitjeannin un beau local, bien aéré, pour y établir un patronage, et là, somme toute, la jeunesse ouvrière a son club* » (ARAGON). — Iron. *Roman, film de patronage :* d'un caractère édifiant et de peu de valeur. ◊ Siège d'un patronage. *Le petit va au patronage tous les jeudis.*

PATRONAL, ALE, AUX [patrɔnal, o]. *adj.* (1611 ; de *patron* 1). ♦ 1° *Relig.* Qui a rapport au saint patron d'une paroisse. *Fête patronale.* ♦ 2° *Cour.* (1907). Qui a rapport ou qui appartient aux chefs d'entreprise. *Intérêts patronaux. Cotisation patronale aux Caisses de Sécurité sociale (part patronale).* « *Le chef de cabinet… fit entrer dans le bureau du préfet les délégués de l'association patronale* » (CHARDONNE). ◊ ANT. Ouvrier.

PATRONAT [patrɔna]. *n. m.* (1578, « protection » ; de *patron* 1). ♦ 1° (1832). *Antiq. rom.* Titre de patron. ♦ 2° (XIXᵉ). *Vieilli.* Autorité du patron. ♦ 3° *Mod.* Ensemble des chefs d'entreprise. *Confédération nationale du patronat français* (C.N.P.F.). « *Il y a entre les patrons et les ouvriers, entre le patronat et le prolétariat… une antinomie, un antagonisme* » (PÉGUY).

1. PATRONNER [patrɔne]. *v. tr.* (1501, rare av. 1838 ; de *patron* 1). Couvrir de son crédit, de sa protection. *Être patronné par un personnage influent.* V. **Aider, protéger, recommander.** — Par ext. *Patronner une candidature.* V. **Appuyer.**

2. PATRONNER [patrɔne]. *v. tr.* (1392 ; « reproduire d'après un patron » ; de *patron* 2). ♦ 1° *Cout. Rare* (1784). Découper, tailler sur un patron. *Patronner un corsage.* ♦ 2° *Imprim.* Imprimer, colorier à l'aide d'un patron à jours.

PATRONNESSE [patrɔnɛs]. *adj.* et *n. f.* (1575, fém. de *patron* 1 ; repris 1833, d'apr. l'angl. *patroness*). *Dame patronnesse,* qui se consacre à des œuvres de bienfaisance (souvent iron.).

PATRONYME [patrɔnim]. *n. m.* (v. 1825 ; de *patronymique*). *Littér.* Nom patronymique, nom de famille. *Il appelait* « *ses partenaires, sans précautions oratoires, par leur patronyme, tout sec* » (DUHAM.).

PATRONYMIQUE [patrɔnimik]. *adj. m.* (1611 ; *patronomique* « nom patronymique », 1220 ; *patronomique,* adj., 1461 ; bas lat. *patronymicus*). *Antiq. Nom patronymique,* commun à tous les descendants d'un même ancêtre illustre. *Les descendants d'Hercule portaient le nom patronymique d'* « *Héraclides* ». ◊ *Mod. Nom patronymique,* nom de famille. ◊ *Suffixe patronymique,* indiquant la filiation.

PATROUILLE [patruj]. *n. f.* (1553 ; « action de patauger », 1538 ; de *patrouiller*). Ronde de surveillance faite par un détachement de police militaire ou civile ; ce détachement. V. (*vx*) **Guet.** « *Quelquefois, un battement de pas lourds s'approchait. C'était une patrouille de cent hommes au moins* » (FLAUB.). ◊ (Au combat) Déplacement d'un groupe composé de quelques soldats sous le commandement d'un gradé et chargé de remplir une mission ; ce groupe. *Patrouille de reconnaissance. Patrouille motorisée.* « *Nous étions de patrouille… Il s'agissait de reconnaître un nouveau poste d'écoute allemand signalé par les observateurs d'artillerie* » (BARBUSSE). ◊ *Aviat. Patrouille de chasse.* — *Mar.* Détachement de petits bâtiments rapides.

PATROUILLER [patruje]. *v. intr.* (1553 ; v. tr. « tripatouiller, pétrir », 1450 ; var. de *patouiller**). ♦ 1° Aller en patrouille, faire une patrouille. « *Les hommes travaillent, veillent, patrouillent, sans penser que le danger est tout près* » (DORGELÈS). *Les garde-côtes patrouillent dans les eaux territoriales.* ♦ 2° (1596). *Dial.* ou *vx.* Patauger. V. **Patouiller.** *Patrouiller dans la boue.*

PATROUILLEUR [patrujœr]. *n. m.* (1914 ; « celui qui pétrit le beurre », 1606 ; de *patrouiller*). ♦ 1° Soldat qui fait partie d'une patrouille. ♦ 2° *Aviat.* Avion de chasse qui effectue une patrouille. ◊ *Mar.* Avion, ou navire de guerre de petit tonnage, utilisé pour la surveillance des routes maritimes, l'escorte des convois et la chasse aux sous-marins.

PATTE [pat]. *n. f.* (*Pate,* 1220 ; d'un rad. gallo-romain *patt-,* g. gaul.). ♦ 1° Chez l'animal, Membre ou appendice qui supporte le corps, sert à la marche. (V. **Jambe**). *Extrémité de la patte.* V. **Pied ;** et suff. *-Pode. Chien qui donne, qui lève la patte.* — Loc. fig. *Marcher à quatre pattes* (personnes), en posant les mains et les pieds (ou les genoux) par terre. ♦ 2° *Fam.* **Jambe.** *Être bas, court sur pattes. Avoir* *une patte folle* : boiter légèrement. « *Il traînait la patte, à cause d'une espèce de douleur rhumatismale* » (ROMAINS). ♦ 3° *Fam.* Main. V. **Patoche**. « *La femme est un être si délicat. Il n'y a qu'à regarder les mains à côté d'une grosse patte d'homme* » (ROMAINS). *Bas les pattes !* n'y touchez pas, ne me touchez pas. « *Quand l'un d'eux devenait tendre elle criait... : — Allez, allez, porc, bas les pattes !* » (MAC ORLAN). — *Coup de patte* : coup de main habile. *Ce peintre a le coup de patte, a de la patte* : est habile. ♦ 4° *Loc.* fig. (*fig.* des animaux appliqué aux personnes). *Coup de patte* : trait malveillant qu'on décoche à qqn en passant. V. **Critique**. — *Avoir, traîner un fil* à la patte.* — *Graisser* la patte à qqn.* — *Fig.* et fam. *Retomber sur ses pattes* : se tirer sans dommage d'une affaire fâcheuse. *En avoir plein les pattes*, être fatigué après une longue marche ; en avoir assez (Cf. Plein les bottes). — *Faire patte de velours*.* — *Montrer patte blanche* : montrer un signe de reconnaissance convenu, dire le mot de passe nécessaire pour entrer quelque part. « *Le biquet, soupçonneux, par la fente regarde.* — *Montrez-moi patte blanche, ou je n'ouvrirai point* » (LA FONT.). — *Fam. Se fourrer dans les pattes de qqn.* — *Tenir qqn sous sa patte* : sous sa dépendance. *Sortir, se tirer des pattes de qqn.* — *Tirer dans les pattes de qqn*, lui susciter des difficultés, s'opposer sournoisement. ♦ 5° (*Par anal.* d'aspect ou de forme). PATTE DE (et un nom d'animal). *Pattes de mouche*.* — *Pantalon à pattes d'éléphant* : dont le bas des jambes va en s'évasant. — *Pattes de lapin, de lièvre*, ou absolt. *Pattes.* V. **Favori**. « *Un sous-officier de la légion,... qui portait de chaque côté des joues des 'pattes' comme un ancien torero* » (MAC ORLAN). — *Patte de lièvre* : houppette. — *Patte d'oie.* V. **Patte-d'oie.** ♦ 6° Objet long ou partie allongée (servant à fixer, etc.). *Pattes* (ou bras) *d'une ancre* : chacune des parties de chaque côté de la tige. — *Clou* dont une extrémité est aplatie et qui sert à fixer un cadre, une glace, un objet lourd. — *Crochet de fer* (pour suspendre la viande, déplacer les futailles). V. **Croc**. ◇ *Languette d'étoffe, de cuir*, etc. *Patte d'une poche, d'un corsage.* *Galons fixés sur les pattes d'épaule.* V. **Épaulette.** ◇ HOM. *Pat.*

PATTÉ, ÉE [pate]. *adj.* (1390 ; *paté* « qui a de larges pattes », XIIIe ; de *patte*). *Blas.* Dont les branches s'élargissent en s'incurvant à leurs extrémités. *Croix pattée.*

PATTE(-)D'OIE [patdwa]. *n. f.* (1560, « difformité du nouveau-né » ; de *patte*, et *oie*). ♦ 1° (1624). Carrefour d'où partent plusieurs routes. ♦ 2° (1826). Les petites rides divergentes à l'angle externe de l'œil. ♦ 3° *Mar.* Cordage en patte-d'oie : avec plusieurs cordes attachées en différents endroits d'un objet sur lequel on veut agir. ♦ 4° *Bot. Patte-d'oie rouge* : nom d'une variété de chénopodes*. — Plur. *Des pattes-d'oie.*

PATTEMOUILLE [patmuj]. *n. f.* (1914 ; de *patte*, mot dial. « chiffon » [germ. **paita*], et *mouiller*). Chiffon, linge humecté dont on se sert pour repasser les vêtements, apprêter les étoffes, etc.

PATTERN [patɛrn]. *n. m.* (XXe ; mot angl.). Sc. (*Anglicisme*). Modèle simplifié d'une structure. V. **Modèle, patron** 2, **schéma, structure, type.**

PATTINSONAGE [patɛ̃sɔnaʒ]. *n. m.* (1868 ; de *Pattinson*, chimiste angl.). *Techn.* Mode de traitement des plombs argentifères par cristallisation fractionnée, pour séparer l'argent du plomb.

PATTU, UE [paty]. *adj.* (1492 ; de *patte*). Qui a de grosses pattes. V. **Pataud**. *Chien pattu.* ◇ Se dit d'oiseaux dont la patte porte une touffe de plumes. *Pigeons pattus.*

PÂTURABLE [patyʀablə)]. *adj.* (XVIe ; de *pâturer*). *Agric., Géogr.* Qui peut être employé comme pâture (1°).

PÂTURAGE [patyʀaʒ]. *n. m.* (*Pasturage*, XIIe ; de *pâturer*). ♦ 1° Droit de faire paître du bétail sur une terre. — Action de faire pâturer. — *Allus.* hist. « *Labourage et pâturage sont les deux mamelles de la France* » (d'apr. SULLY). ♦ 2° (1219). Lieu couvert d'une herbe qui doit être consommée sur place par le bétail. V. **Pâtis, prairie ; herbage.** *Amener, mener, mettre les vaches au pâturage.* V. **Champ, pâture, pré.** *Pâturage alpestre.* V. **Alpage.** « *On entendait des sonnailles de troupeaux partant pour les pâturages* » (LOTI).

PÂTURE [patyʀ]. *n. f.* (*Pasture*, 1190 ; bas lat. *pastura*, de *pascere* « paître ». V. *aussi* **Appât**). ♦ 1° Lieu où croît l'herbe et où l'on fait paître le bétail. V. **Pâturage.** *Mener les vaches en pâture.* *Dr. Vaine pâture* ou *droit de vaine pâture* (XIIIe ; *vaine pasture*), qui permet aux habitants d'un village de faire paître leur bétail sur les terrains non clôturées, une fois les récoltes enlevées. — *Par ext.* (v. 1520) *Vaine pâture* : ensemble des terres sur lesquelles s'exerce ce droit. ♦ 2° Tout ce qui sert à la nourriture des animaux. *L'oiseau apporte leur pâture à ses petits.* ♦ 3° *Fig.* Ce qui sert d'aliment à une faculté, à un besoin, à une passion ; ce sur quoi une activité s'exerce. « *Mon ardeur de savoir avait sa pâture* » (RENAN). « *Choiseul avait essayé de gouverner avec les Parlements en leur donnant les jésuites en pâture* » (BAINVILLE).

PÂTURER [patyʀe]. *v. tr.* et intr. (*Pasturer*, 1160 ; de

pâture). *Agric.* Paître. « *Les moutons, çà et là, pâturaient* » (FLAUB.).

PÂTURIN [patyʀɛ̃]. *n. m.* (1775 ; de *pâture*). *Région.* Plante (*Graminées*) qui constitue une grande partie de la végétation des bonnes prairies.

PATURON ou **PÂTURON** [patyʀɔ̃]. *n. m.* (v. 1510 ; de l'a. fr. *pasture* « corde attachant l'animal par la jambe », 1220 ; lat. *pastoria* « corde de pâtre » [*pastor*]). Partie de la jambe du cheval comprise entre le boulet et la couronne, et qui correspond à la première phalange. *Cheval qui a le paturon trop court, trop long.* V. **Jointé** (court-jointé, long-jointé). ◇ (1628) *Pop.* Pied.

PAUCHOUSE ou **POCHOUSE** [poʃuz]. *n. f.* (XXe ; mot dial., var. de *pêcheuse* ; V. **Pêcheur**). *Région.* Matelote de poissons de rivière au vin blanc.

PAUCI-. Élément, du lat. *pauci* « un petit nombre de ».

PAUCIFLORE [posiflɔʀ]. *adj.* (1795 ; de *pauci-*, et *-flore*). *Bot.* Qui ne porte que peu de fleurs.

PAULETTE [polɛt]. *n. f.* (1612 ; de *Paulet*, premier fermier de cet impôt). *Hist.* Impôt annuel que devaient payer les titulaires de charges pour en devenir propriétaires.

PAULIEN, IENNE [poljɛ̃, jɛn]. *adj.* (XVIIIe ; lat. *pauliana*, du nom du préteur *Paulus*). ACTION PAULIENNE. *Dr. rom.* Action en réparation de préjudice que les créanciers pouvaient intenter contre un débiteur frauduleux. *Dr. mod.* Action révocatoire « par laquelle le créancier fait révoquer les actes de son débiteur qui lui portent préjudice et qui ont été accomplis en fraude de ses droits » (CAPITANT).

PAULINIEN, IENNE [polinjɛ̃, jɛn]. *adj.* (1868 ; de l'apôtre *Paul*). *Relig. cathol.* Relatif à saint Paul. *Doctrine, philosophie paulinienne.*

PAULINISME [polinism(ə)]. *n. m.* (1874 ; de l'apôtre *Paul*). *Relig. cathol.* Doctrine de saint Paul.

PAULISTE [polist(ə)]. *adj.* et n. (fin XIXe ; angl. *Paulist*). ♦ 1° Membre d'une congrégation catholique américaine fondée en 1858 à New York et dédiée à saint Paul. ♦ 2° (du port.). Habitant de Sao Paulo.

PAULOWNIA [polɔnja]. *n. m.* (1864 ; de Anna *Paulowna*, fille du tsar Paul Ier, à laquelle cette fleur fut dédiée). Arbre de grande taille (*Scrofulariacées*) dont les fleurs bleues ou mauves, campanulées, se présentent en panicules dressées ; la fleur du paulownia. « *Un énorme paulownia dressait ses girandoles* » (JALOUX).

PAUME [pom]. *n. m.* (XIIe ; *palme*, 1050 ; lat. *palma*. V. **Palme**). I. ♦ 1° Le dedans, l'intérieur de la main. V. **Creux ; palmaire**. « *Sa main dont elle ne voulut jamais me donner que le dessus et jamais la paume* » (BALZ.). « *Ses paumes tournées vers le ciel portaient les ampoules, les callosités des mains d'homme* » (NIZAN). ♦ 2° (*Par compar.* avec deux mains jointes aux paumes appuyées). *Techn.* Assemblage de deux pièces perpendiculaires par une coupe à mi-bois, droite (*paume carrée*) ou oblique (*paume grasse*). II. (1320). Jeu, sport qui consistait à se renvoyer une balle de part et d'autre d'un filet, au moyen de la main à l'origine, puis d'un instrument (V. **Batte, raquette**) et selon certaines règles. *La paume, ancêtre du tennis.* — *Longue paume*, jouée sur terrain ouvert. *Courte paume*, jouée en terrain clos et souvent couvert. — *Jeu de paume* : terrain de jeu de courte paume. « *La maison des bernardines du Petit-Picpus... avait été bâtie précisément sur l'emplacement d'un jeu de paume fameux du quatorzième siècle* » (HUGO). — *Allus.* hist. *Le serment du Jeu de paume* (1789).

PAUMÉ, ÉE [pome]. *adj.* (XXe ; *une paumée* « fille perdue », 1899 ; de *paume*). ♦ 1° *Pop.* Misérable, pauvre. Subst. *Va donc, eh paumé !* ♦ 2° *Fam.* Perdu, égaré. ◇ *Fig. Il est complètement paumé*, il ne sait plus où il en est.

1. **PAUMELLE** [pomɛl]. *n. f.* (1294 ; « paume de la main » ; de *paume*). *Techn.* ♦ 1° (1314). Petite penture articulée sur un gond et fixée au battant d'une porte, d'un volet. ♦ 2° Sorte de gant protégeant la paume des mains de certains ouvriers (cordiers, voiliers, selliers). ♦ 3° Planche cintrée servant à assouplir les peaux.

2. **PAUMELLE** [pomɛl]. *n. f.* (1564 ; prov. *palmola, paumola* ; lat. *palmula* « petite palme »). *Bot.* Variété d'orge commune à deux rangs.

PAUMER [pome]. *v. tr.* (XIIIe, « toucher de la main » ; « prendre », 1460, *arg.* ; de *paume*). ♦ 1° *Pop.* (1664). *Vx.* Donner un coup. *Paumer la gueule à qqn.* — (1837) *Mod. Se faire paumer* : se faire prendre (Cf. *pop.* Se faire coincer, pincer). ♦ 2° *Pop.* (1827). *Pron. J'ai paumé le fric.* — (*Pronom.*) Se perdre. *Il s'est paumé en route.* ♦ 3° *Pop.* Recevoir, attraper (un coup), et *par ext.* se faire punir. « *Vous verrez le trou dans son armure. Il a dû paumer un drôle de coup* » (Michel de ST-PIERRE).

1. **PAUMIER, IÈRE** [pomje, jɛʀ]. *n. m.* (1292 ; de *paume*). *Vx.* Maître de jeu de paume.

2. **PAUMIER** [pomje]. *n. m.* et adj. (*Cerf palmé*, 1754 ; du lat. *palma* « paume »). *Vén.* Daim de cinq ans, dont les

andouillers supérieurs sont aplatis et forment des paumures.

PAUMOYER [pomwaje]. *v. tr.* (XIIᵉ; *palmeier* « tenir à pleines mains », 1080; de *paume*). ♦ 1° Mar. Haler à la main. ◊ (XXᵉ) *Paumoyer la toile* : ramasser les plis d'une voile. ♦ 2° Techn. Assouplir (le cuir) à la paumelle.

PAUMURE [pomyʀ]. *n. f.* (*Paumeure*, 1390; de *paume*). Vén. Syn. *d'empaumure*. — Partie aplatie au sommet des bois du cerf, des andouillers du daim. V. **Paumier** (2).

PAUPÉRISATION [popeʀizɑsjɔ̃]. *n. f.* (XXᵉ; du lat. *pauper* « pauvre »). Didact. Abaissement continu du niveau de vie, diminution absolue du pouvoir d'achat (*paupérisation absolue*) ou appauvrissement relatif d'une classe sociale, par rapport à l'ensemble de la société (*paupérisation relative*).

PAUPÉRISER [popeʀize]. *v. tr.* (XXᵉ; angl. *pauperize*, 1834; Cf. Paupérisme, paupérisation). Didact. Frapper de paupérisation. V. **Appauvrir**. Au p. p. *Un prolétariat paupérisé*.

PAUPÉRISME [popeʀism(ə)]. *n. m.* (1823; angl. *pauperism*, 1815; lat. *pauper* « pauvre »). Didact. État permanent de pauvreté, d'indigence dans une partie de la société. « *Pratiquement, il n'y a pas de misère dans ce pays-là, il n'y a même pas de paupérisme. Je n'ai jamais vu un taudis* » (ROMAINS).

PAUPIÈRE [popjɛʀ]. *n. f.* (XIVᵉ; *palpebre*, 1120; bas lat. *palpetra*, class. *palpebra*). Chacune des parties mobiles (voiles musculo-membraneux) qui recouvrent et protègent la partie antérieure de l'œil. *Muscles des paupières* : orbiculaire, releveur. *La conjonctive tapisse l'intérieur des paupières et les unit au globe oculaire. Les cils soudent les paupières.* « *Nous, nous battions des paupières. Un clin d'œil, ça s'appelait. Un petit éclair noir, un rideau qui tombe et qui se relève* » (SARTRE). *Abaisser, fermer les paupières d'un mourant* : lui fermer les yeux. *Fermer les paupières*, et (littér.) *la paupière* : s'endormir, dormir; mourir. « *Et quand la tombe enfin a fermé leur paupière* » (HUGO). *Ouvrir la paupière* (littér.), *les paupières* : s'éveiller. *Inflammation des paupières* (chalazion, compère-loriot, orgelet), *renversement* (ectropion, éraillement, entropion) *des paupières.* ◊ Zool. *Paupière nictitante des oiseaux de nuit.*

PAUPIETTE [popjɛt]. *n. f.* (1742; *popiette*, 1735; *poupiette*, 1691; de l'a. fr. *poupe* « partie charnue »; lat. *pulpa*). Tranche de viande roulée et farcie. *Paupiettes de veau.*

PAUSE [poz]. *n. f.* (1360; lat. *pausa*). ♦ 1° Interruption momentanée d'une activité, d'un travail. V. **Arrêt, interruption, suspension.** *La pause de midi.* Fam. *La pause café* (pour prendre le café). ◊ Spécialt. Temps de repos interrompant un exercice, une marche (V. **Halte**). *Faire une pause, la pause. Cinq minutes de pause.* « *Le sommeil des amis n'était qu'une pause, comme celles où s'abandonnent les soldats entre deux manœuvres* » (NIZAN). — Sports. Mi-temps. ◊ Fam. *Temps d'arrêt, station prolongée.* « *J'aurai fait ici une petite pause de dix jours* » (SÉV.). V. **Séjour.** ♦ 2° Temps d'arrêt dans les paroles, le discours. V. **Silence.** « *Cette parenthèse, ouverte et fermée par deux pauses* » (BALZ.). ♦ 3° (1460). Mus. Silence correspondant à la durée d'une ronde; figure, signe qui sert à le noter. *Une pause vaut deux demi-pauses, quatre soupirs.* ◊ ANT. Marche, mouvement. — HOM. Pose.

PAUSER [poze]. *v. intr.* (1690; de *pause*, infl. de *poser*; lat. *pausare*). ♦ 1° Vieilli. Appuyer sur une syllabe en chantant. *Par ext.* (1829) Faire une pause (mus.). ♦ 2° Fam. et région. *Faire pauser qqn* : le faire attendre (Cf. Poireauter). ◊ HOM. Poser.

PAUVRE [povʀ(ə)]. *adj. et n.; (fém.)* **PAUVRESSE** [povʀɛs]. (XVIᵉ,-1788; *povre* [adj. et n. m. et f.], 1050; lat. *pauper*).

I. Adj. ♦ 1° (Employé comme attribut, ou épithète après le nom). Qui manque du nécessaire ou n'a que le strict nécessaire; qui n'a pas suffisamment d'argent, de moyens, pour subvenir à ses besoins. V. **Fauché** (fam.), **indigent, nécessiteux.** *Être pauvre* (Cf. Être dans le besoin, n'avoir pas le sou, pas un rond (fam.), être sans un (pop.). *Il est devenu pauvre.* V. **Appauvri, ruiné.** *Très pauvre, pauvre comme Job.* V. **Misérable, miséreux.** *La femme pauvre*, de Léon Bloy. « *Si jadis l'Église fut pauvre, depuis le dernier échelon jusqu'au premier, c'est que la chrétienté était indigente comme elle* » (CHATEAUB.). *Les pays pauvres.* V. **Sous-développé.** ♦ 2° (Choses). Qui a l'apparence de la pauvreté, l'annonce. *Pauvre maison. Un air pauvre et souffreteux.* ♦ 3° PAUVRE DE : qui n'a guère de. V. **Dénué, dépourvu, privé.** Vx. *Pauvre d'argent.* — Mod. Fig. « *Pauvres de talent et de ressources* » (DIDER.). Fam. *Pauvre d'esprit.* ◊ PAUVRE EN. « *La brigade trouvait le village pauvre en estaminets et en belles filles* » (MAUROIS). ♦ 4° Qui est insuffisant, fournit un produit trop peu. *Terre pauvre.* V. **Maigre, stérile.** *Minerai, gisement pauvre.* « *Langue un peu pauvre*, disait cet excellent Heredia je le présentai mon premier livre » (GIDE). V. (v. 1350; en fonction d'épithète, avant le subst.). Qui inspire de la pitié. V. **Malheureux, pitoyable.** *Un pauvre malheureux.* *Ayez pitié d'un pauvre aveugle! La pauvre bête. Un pauvre*

sourire : triste, forcé. *Pauvre France!* — Spécialt. « *Quand nous disons : « Ce pauvre Untel », tout le monde comprend qu'il est passé de vie à trépas* » (A. HERMANT). — (En s'adressant à qqn) « *Pauvres maris! voilà comme on vous traite* » (MOL.). « *Lorsqu'on est très malheureux, on parle aux autres hommes en leur disant « mon pauvre ami », ou « mon pauvre monsieur », comme s'ils étaient eux-mêmes à plaindre* » (DUHAM.). ◊ Loc. « *Pauvre de moi! disait-il. Maintenant, je n'ai plus qu'à mourir* » (DAUD.). — Subst. *Le pauvre, il n'a vraiment pas de chance! Mon pauvre, ma pauvre*, exprime la commisération. ♦ 6° Pitoyable, lamentable. *C'est un pauvre type.* — *De bien pauvres sentiments.* V. **Mesquin.** ♦ 7° Loc. *Pauvre hère*.*

II. N. ♦ 1° UN PAUVRE, UNE PAUVRESSE *(vieilli)* : personne qui vit de la charité publique. V. **Indigent, mendiant.** « *Une pauvresse, ... vieille et ridée, en haillons...* » (BALZ.). « *Le perron de la mairie était plein de pauvres. Une dame secouait son aumônière... « Donnez, messieurs, c'est pour les pauvres* » (Max JACOB). *Secourir les pauvres.* V. **Aumône, charité.** « *Si nous avons été presque toujours pauvres, en ce temps, nous n'avons, heureusement, jamais été des pauvres* » (DUHAM.). ♦ 2° LES PAUVRES (opposé à les riches) : les personnes sans ressources, qui ne possèdent rien. « *Quand les riches se font la guerre, ce sont les pauvres qui meurent* » (SARTRE). ◊ Relig. « *Bienheureux les pauvres en esprit* » (ÉVANG.). V. **Esprit.**

◊ ANT. Aisé, fortuné, riche. Abondant, copieux, luxuriant.

PAUVREMENT [povʀəmɑ̃]. *adv.* (1538; *povrement*, XIIᵉ; de *pauvre*). ♦ 1° D'une manière pauvre, indigente. *Vivre pauvrement.* V. **Misérablement.** — *Être pauvrement vêtu* : d'une manière qui trahit la pauvreté. ♦ 2° Fig. et littér. D'une manière insuffisante, médiocre, malhabile. *Peindre pauvrement.* V. **Mal.** ◊ ANT. Richement; fortement.

PAUVRESSE [povʀɛs]. *n. f.* (1788; de *pauvre*). Femme misérable. V. **Pauvre** (II, 1°).

PAUVRET, ETTE [povʀɛ, ɛt]. *n. et adj.* (*Povret*, XIIIᵉ; de *pauvre*). Pauvre petit, pauvre petite (dimin. de commisération et d'affection).

PAUVRETÉ [povʀəte]. *n. f.* (*Poverte*, XIᵉ; lat. *paupertatis*; de *pauper*. V. **Pauvre**). ♦ 1° État d'une personne qui manque de moyens matériels, d'argent; insuffisance de ressources. V. **Besoin, dénuement, gêne, indigence, nécessité, privation;** fam. et pop. **Débine, dèche, mouise.** « *Blanche fille aux cheveux roux, Dont la robe par ses trous Laisse voir la pauvreté Et la beauté* » (BAUDEL.). *Faire vœu de pauvreté.* « *La pauvreté véritable est involontaire, et son essence est de ne pouvoir jamais être désirée* » (BLOY). Loc. prov. « *Pauvreté n'est pas vice. Parbleu! Un vice est agréable* » (LÉAUTAUD). ◊ Aspect pauvre, misérable. *La pauvreté d'une cabane.* ♦ 2° Insuffisance matérielle ou morale. *Pauvreté du sol, de la terre.* V. **Stérilité.** *Pauvreté intellectuelle.* V. **Faiblesse, médiocrité.** « *Un signe de pauvreté intérieure* » (MAUROIS). ♦ 3° Littér. *Une pauvreté* : action ou parole insignifiante, platement commune. V. **Banalité.** « *Quelles pauvretés on apprend à cet enfant!* » (FRANCE). ◊ ANT. Aisance, bien-être, fortune, richesse. Abondance, fertilité.

PAVAGE [pavaʒ]. *n. m.* (1389; « droit, péage pour l'entretien de la chaussée », 1331; de *paver*). ♦ 1° Travail qui consiste à paver. *Pavage d'une rue, d'une chaussée.* ♦ 2° (1701). Revêtement d'un sol, formé de pavés, de cailloux ou de pierres, de mosaïque, etc., pour le rendre dur et uni. V. **Carrelage, dallage.**

PAVANE [pavan]. *n. f.* (*Pavenne*, 1529; it. *padana* « de Padoue »). Ancienne danse, de caractère lent et solennel, en vogue aux XVIᵉ et XVIIᵉ s.; musique de cette danse. *Pavane pour une infante défunte*, de Ravel.

PAVANER (SE) [pavane]. *v. pron.* (1611; *se paonner*, 1544; crois. entre *se paonner* [de *paon*], et *pavane*). Marcher avec orgueil, avoir un maintien fier et superbe (comme un paon qui fait la roue). V. **Parader, poser.** — Par ext. « *Ta tête se pavane avec d'étranges grâces* » (BAUDEL.).

PAVÉ [pave]. *n. m.* (1312; de *paver*). ♦ 1° Ensemble des blocs (de pierre, bois, etc.) qui forment le revêtement du sol. V. **Pavage, pavement.** « *À Tolède, où le pavé se compose de petits cailloux plats* » (GAUTIER). *Le pavé de marbre, de mosaïque, d'une église.* ♦ 2° Spécialt. La partie d'une voie publique ainsi revêtue. *Pavé humide, glissant. Brûler le pavé* : courir ou rouler très vite. — Fig. (De l'époque où le ruisseau occupait le milieu de la rue) *Tenir le haut du pavé* : occuper le premier rang. ◊ *La rue, la voie publique. Battre* le pavé. Être sur le pavé* : sans domicile, sans emploi. *Mettre, jeter qqn sur le pavé.* ♦ 3° (XVIᵉ). Chacun des blocs de basalte, de granit, de grès ou de bois spécialement taillés et préparés pour revêtir un sol. V. *aussi* **Carreau, dalle.** *Joints entre les pavés. Poser des pavés.* V. **Paver.** ◊ *Le pavé de l'ours*.* — Fam. *C'est le pavé dans la mare* : événement inattendu qui dérange les habitudes, fait scandale. ♦ 4° Fig. Bloc. « *Un carré de filet de bœuf, un véritable pavé de viande* » (ROMAINS). — *Avoir un pavé sur l'estomac*, avoir un poids, mal digérer.

◇ **Fam.** Article de journal imprimé d'une manière massive. *Un pavé publicitaire.* — Article trop long et lourdement rédigé. ◇ HOM. *Pavée, paver.*

PAVÉ, ÉE [pave]. *adj.* (1150; V. *Paver*). Couvert d'un pavage. *Route pavée.* « *Les rues de Paris, à peine pavées et couvertes de fange* » (VOLT.).

PAVÉE [pave]. *n. f.* (1846; mot dial., de *pave*, a. fr. *paveil* « jonc »; lat. *papyrus*). *Région.* Digitale pourprée. ◇ HOM. *Pavé, paver.*

PAVEMENT [pavmã]. *n. m.* (1156; de *paver*, d'apr. lat. *pavimentum*). ♦ 1° Pavage, pavés. *Pavement en grès d'un chemin. Un pavement de mosaïque.* ♦ 2° (1483). *Vieilli.* Travail qui consiste à paver. V. **Pavage.**

PAVER [pave]. *v. tr.* (1393; lat. pop. °*pavare*, class. *pavire* « aplanir, niveler le sol »). Couvrir (un sol) d'un revêtement formé d'éléments, de blocs assemblés (pavés, dalles, briques, cailloux, pierres, mosaïque). V. *aussi* **Carreler, daller.** *Action de paver.* V. **Pavage, pavement.** *Paver un chemin.* — Par ext. *Les larges dalles qui pavaient cette cour.* Loc. *L'enfer est pavé de bonnes intentions*.* ◇ HOM. *Pavé* (n. m.).

PAVEUR [pavœʀ]. *n. m.* (1260; de *paver*). Ouvrier qui fait les travaux de pavage.

PAVIE [pavi]. *n. f.* (1560; de *Pavie*, localité du Gard). Variété de pêche dont la chair est ferme et adhérente au noyau.

PAVILLON [pavijɔ̃]. *n. m.* (*Paveillon* « tente de campement », 1160; lat. *pavilio, -onis* « papillon »).
I. ♦ 1° *Vx.* Tente militaire. « *Va sur les bords du Rhin planter tes pavillons* » (CORN.). ♦ 2° *Liturg.* Étoffe qui recouvre le ciboire, le tabernacle. V. **Custode.** — *Blas.* Ornement extérieur à l'écu, en forme de tente, qui enveloppe les armoiries d'un souverain. ♦ 3° *Cour.* (1508). Construction légère élevée dans un jardin, un parc, etc., et destinée surtout à servir d'abri. V. **Belvédère, kiosque, rotonde.** Par ext. *Pavillon de verdure* (Cf. *Tonnelle*). ◇ (1566) Petit bâtiment isolé; petite maison dans un jardin, un parc. V. **Maisonnette, villa.** *Pavillon de chasse. Pavillons d'un hôpital. Habiter un pavillon en banlieue, à la campagne. Pavillon de banlieue.* — *Archit.* Corps de bâtiment qui se distingue du reste de l'édifice dont il fait partie. *Pavillon central, pavillon d'angle. Le pavillon de Flore, aux Tuileries.* ◇ (XXᵉ) Partie supérieure de la carrosserie d'une voiture. ♦ 4° (1680; de la forme évasée, conique, de la tente militaire). Extrémité évasée (de certains instruments à vent). *Pavillon d'un cor, d'une trompette.* — Par ext. *Pavillon d'un haut-parleur, d'un phonographe.* ◇ (1810) Partie visible de l'oreille externe de l'homme et des mammifères.
II. (1541). Pièce d'étoffe que l'on hisse sur un navire pour indiquer sa nationalité, la compagnie de navigation à laquelle il appartient, ou pour faire des signaux. V. **Drapeau.** *Pavillon de guerre. Pavillon de quarantaine*, qui signale une maladie contagieuse à bord. *Pavillon haut* : hissé le long du mât. *Amener, baisser le pavillon* : le faire descendre le long du mât. Loc. *Baisser pavillon devant qqn* : céder. — *Navire battant* pavillon britannique. *Pavillon de complaisance*, nationalité fictive accordée aux navires de commerce, à des conditions avantageuses (Libéria, Panama). — *Le pavillon noir*, le pavillon à tête de mort, l'emblème des pirates. — Dr. intern. pub. *Le pavillon couvre la marchandise* : principe juridique selon lequel un belligérant ne peut saisir une cargaison ennemie transportée sur un navire neutre. Fig. et fam. « *Le public était content. Le mot de Devoir lui suffisait; il ne tenait pas à la chose : le pavillon couvrait la marchandise* » (R. ROLLAND). ◇ Drapeau. « *La tour était compliquée d'étendards de mer, de banderoles, de bannières, de drapeaux, de pennons, de pavillons, qui montaient de hampe en hampe, d'étage en étage, amalgamant toutes les couleurs* » (HUGO).

PAVILLONNAIRE [pavijɔnɛʀ]. *adj.* (1966; de *pavillon*). Qui rappelle les pavillons de banlieue; qui est formé de pavillons. « *Un univers pavillonnaire* » (*Le Monde*, 11-2-1967).

PAVILLONNERIE [pavijɔnʀi]. *n. f.* (1868; de *pavillon*). *Mar.* Atelier où l'on confectionne toutes les pièces pour les navires; magasin où on les garde.

PAVIMENTEUX, EUSE [pavimãtø, øz]. *adj.* (1838; du lat. *pavimentum* « pavement »). *Didact.* ♦ 1° Employé pour le pavage. *Roche pavimenteuse.* ♦ 2° Histol. (1855). *Épithélium pavimenteux*, à plusieurs couches cellulaires et dont les cellules superficielles sont aplaties.

PAVOIS [pavwa]. *n. m.* (*Pavays*, 1337; it. *pavese* « de *Pavie* », ville d'Italie). ♦ 1° *Archéol.* Grand bouclier long, en usage surtout aux XIVᵉ et XVᵉ s. ◇ *Loc. mod.* (de l'usage des Francs consistant à faire monter le nouveau roi sur un bouclier) *Élever, hisser qqn sur le pavois* : lui donner le pouvoir, le glorifier. « *Le désir qu'elle excitait... la hissait à ses yeux sur un haut pavois* » (PROUST). ♦ 2° *Mar. anc.* (1336). Boucliers dont on garnissait le haut du bordage d'un navire. Mod. (1643, *pavier*) Partie du bordage située au-dessus du pont. — GRAND PAVOIS : ensemble des pavillons hissés sur un navire comme signal de réjouissance. *Hisser le grand pavois.* V. **Pavoiser.** — *Petit pavois*, pavillons arborés par un navire pour se faire reconnaître.

PAVOISEMENT [pavwazmã]. *n. m.* (1846; mar.; de *pavoiser*). *Rare.* Action de pavoiser; son résultat.

PAVOISER [pavwaze]. *v. tr.* (*Paveschier*, 1360; de *pavois*). ♦ 1° *Mar.* (*Ancienn.*). Garnir (le plat-bord d'un navire) d'un pavois (rangée de boucliers). Mod. Hisser le pavois en signe de réjouissance. ♦ 2° (v. 1900). Orner de drapeaux (un édifice public, une maison, une ville, etc.), à l'occasion d'une fête, d'une cérémonie. Absolt. *Pavoiser pour la fête nationale.* — *Par métaph.* Décorer, orner, parer. *Un vieux savant « couvert d'honneurs et pavoisé de rubans »* (DUHAM.). ♦ 3° *Fig. et fam.* Manifester une grande joie. *(Il n') y a pas de quoi pavoiser !* il n'y a pas de quoi se réjouir. « *La bourgeoisie [...] pavoisait* » (Cl. COURCHAY).

PAVOT [pavo]. *n. m.* (1260; *pavo*, 1175; lat. pop. °*papavus*, class. *papaver*). Plante (*Papavéracées*) cultivée pour ses fleurs ornementales, ses graines et ses capsules. *Le pavot somnifère* (*papaver somniferum*) fournit l'opium et l'huile d'œillette. *Petit pavot rouge.* V. **Coquelicot.**

PAYABLE [pɛjabl(ə)]. *adj.* (1481; *paiable* « qui satisfait; de bonne qualité », 1255; de *payer*). Qui doit être payé (dans certaines conditions de temps, de lieu, etc.). *Payable en argent, en nature.* « *Distinguer entre la lettre de change payable à vue — et la lettre payable à échéance* » (CHAMFORT).

PAYANT, ANTE [pɛjã, ãt]. *adj.* et *n.* (1260, « qui doit être payé »; de *payer*). ♦ 1° (1798). Qui paie. *Spectateurs payants* (opposé à *invités*). N. Loc. fam. *Les cochons de payants :* terme de mépris désignant les acheteurs, les spectateurs ordinaires, qui paient plein tarif. ♦ 2° Qu'il faut payer. *Billet payant* (opposé à *gratuit*). ♦ 3° *Fig.* Qui paie, qui profite, rapporte. — (*Choses*) *Le coup n'est pas payant.* ◇ ANT. *Gratuit.*

PAYE [pɛj] ou **PAIE** [pɛ]. *n. f.* (1175; de *payer*). ♦ 1° Action de payer (les militaires, les ouvriers). « *Le samedi, jour de paye* » (L. DAUD.). ◇ *Loc. fig. et fam.* (Temps écoulé entre deux payes) *Il y a une paye qu'on ne l'a pas vu :* il y a longtemps. ♦ 2° Ce qu'on paie aux militaires. (V. **Solde**), aux ouvriers (V. **Salaire**). *Toucher sa paye. Haute paye*, plus élevée que la paye ordinaire. « *Les ouvriers comprenaient souvent mal leur feuille de paye à cause d'un jeu merveilleusement subtil d'amendes, de retenues, de petits vols* » (NIZAN). ◇ HOM. (de *paie*) V. **Paix.** — (de *paye*) V. **Peille.**

PAYEMENT. V. **PAIEMENT.**

PAYER [peje]. *v. tr.; je paye* [pɛj] ou *je paie* [pɛ], *nous payons; je payais, nous payions; je payerai ou je paierai* (*Paier* « se réconcilier avec qqn », fin xᵉ; *soi paier de* « s'acquitter de », v. 1200; lat. *pacare* « pacifier, apaiser »).
I. ♦ 1° (1175). Mettre (qqn) en possession de ce qui lui est dû en exécution d'une obligation, d'un marché. *Payer un créancier.* V. **Rembourser, satisfaire.** *Payer un employé.* V. **Rémunérer; appointement, rétribution, salaire.** *Payer insuffisamment.* V. **Sous-payer.** *Être payé à l'heure, à la semaine, au mois. Payer qqn en espèces, en argent, en nature.* — *Fam. Je suis payé pour savoir que*, j'ai appris à mes dépens que. — (*Plaisant.*) *Je ne suis pas payé pour ça*, je n'ai aucune raison de... — Fig. « *L'ayant embrassée un jour, à la danse, ... (il) avait été payé d'un bon soufflet* » (MUSS.). — *Payer qqn de retour*, reconnaître ses procédés, ses sentiments par des procédés et des sentiments semblables. ◇ *Payer qqn de ses services, de sa peine.* V. **Dédommager, récompenser.** ♦ 2° S'acquitter, par un versement de (ce qu'on doit). *Payer ses dettes.* V. **Liquider, régler, rembourser.** *Payer un impôt, une rente.* V. **Servir.** *Payer sa part. Payer un loyer, une indemnité, des dommages-intérêts, une facture.* « *On reconnaît qu'une classe est politiquement dirigeante quand elle ne paie pas sa part d'impôts* » (SIEGFRIED). Fig. « *Un arriéré de trois mois de tendresse maternelle qu'elle lui payait tout en une fois* » (DAUD.). ♦ 3° Verser de l'argent en contrepartie de (qqch. : objet, travail). *Payer comptant une marchandise.* « *Je me suis vendu aux pétroliers pour payer la prodigalité de ma maîtresse* » (ROMAINS). *Payer d'avance.* V. **Prépayer.** *Loc. fig. Payer les pots* cassés. Qui casse* les verres les paie. — Au p. p. *Travail bien, mal payé.* — *Congés* payés.* — Fam. Offrir. *Viens, je te paie un verre.* ◇ *Fig.* (De ce qui entraîne, en contrepartie, des sacrifices, une punition) V. **Expier, expier.** *Une victoire, un succès, un bien qu'on paie très cher. Il m'a joué un vilain tour, mais il me le paiera.* — (De ce qui mérite salaire) « *À ce que je puis voir, maître Jacques, on paye mal votre franchise* » (MOL.). V. **Récompenser.** *Fam. Ce n'est pas payé !* l'effort est mal récompensé. ♦ 4° *Absolt.* Verser de l'argent. *Payer comptant, rubis* sur l'ongle. Payer pour qqn. Avoir de quoi payer :* être solvable. « *Pourriez-vous disposer d'un lit ? Non. Quoi ! pas même en payant, en payant bien !* » (DIDER.). — PAYER DE : payer avec. *Payer de ses deniers, de sa poche*, avec son propre argent. — Fig. *Payer de sa personne*, faire un effort, se dépenser ou subir qqch. « *L'oncle et le médecin, n'ayant plus à payer de leur poche, payaient de leurs personnes* » (COCTEAU). *Il ne paie pas de mine*.* Il faut

payer d'audace, montrer de l'audace faute d'autre chose. ◇ *Fig.* Subir les conséquences fâcheuses, expier. *Les bons paient pour les méchants. Il a payé pour tout le monde.* ◇ Rapporter, être profitable. *Le crime ne paie pas. Une tactique, un coup qui paie.* V. **Payant.**
II. SE PAYER. ◆ 1° (Réfl. dir.). *Voilà mille francs, payez-vous et rendez-moi la monnaie.* — *Se payer de mots,* se contenter de vaines paroles. ◆ 2° (1867). *(Réfl. indir.)* Fam. V. **Offrir** (s'). « *Comme il avait faim et qu'aujourd'hui on pouvait se payer un extra* » (E. DABIT). ◇ *Se payer le luxe* de faire, de dire qqch. Se payer du bon temps*.* Fam. *Se payer la tête de qqn,* se moquer de lui. « *Il voyait bien à l'œil rusé de l'autre, qu'il se payait doucement sa gueule* » (ARAGON). ◆ 3° (Passif). *Fig. Tout se paie,* tout finit par coûter cher, tout s'expie.
◇ ANT. Devoir. Encaisser, recevoir. Donner, vendre.

PAYEUR, EUSE [pɛjœʀ, øz]. *n.* (1245; de *payer*). ◆ 1° Personne qui paie ce qu'elle doit. *Mauvais payeur.* Loc. prov. *Les conseilleurs* ne sont pas les payeurs.* ◆ 2° *(Dans des expressions).* Personne chargée de payer, pour une administration; comptable public. *Trésorier-payeur général. Payeur aux armées.*

1. PAYS [pei]. *n. m.* (XIVe; *païs*, Xe; bas lat. *page[n]sis* « habitant d'un *pagus*, d'un bourg, d'un canton », et par ext. le *pagus* lui-même). ◆ 1° Territoire habité par une collectivité et constituant une réalité géographique dénommée; nation. *Les divers pays du monde, de l'Europe.* V. **État, nation.** *Grands et petits pays. Pays industriels, agricoles; riches, sous-développés. De quel pays êtes-vous? Les habitants d'un pays. Frontières d'un pays.* « *Prolétaires de tous les pays, unissez-vous !* » (Manifeste communiste). *Pays développés, en voie de développement*. Qui concerne plusieurs pays.* V. **Multinational.** ◇ Province, circonscription quelconque. *Le pays de Gex, d'Auge.* ◇ Absolt. *Le pays* : le pays, la partie de pays dont il est question. *Habitudes, traditions, langage du pays. Il n'est pas du pays. Vins du pays.* V. **Cru, terroir.** *Vin* de pays.* ◆ 2° Les gens, les habitants du pays (nation ou région). V. **Peuple ; région, village.** « *Le pays n'aspirait plus qu'à la paix* » (MADELIN). *Tout le pays en a parlé. Être en pays de connaissance*.* ◆ 3° LE PAYS DE QQN, SON PAYS : patrie à laquelle on appartient par la naissance. *Mourir pour son pays.* « *Et qui sert son pays n'a pas besoin d'aïeux* » (VOLT.). *Fig.* « *Je suis concitoyen de toute âme qui pense : La vérité, c'est mon pays !* » (LAMART.). — Lieu où l'on est né. *La Gascogne, pays de Montesquieu et de Montaigne. Nul n'est prophète* en son pays. Avoir le mal du pays.* ◇ LE PAYS DE QQCH : terre d'élection, milieu particulièrement favorable à, riche en. *Les pays du soleil. La France est le pays du vin. L'Allemagne, pays de la musique.* V. **Patrie.** *Le pays du rêve.* V. **Domaine, royaume.** ◆ 4° Région géographique, plus ou moins nettement limitée, considérée surtout dans son aspect physique. V. **Contrée, endroit, lieu, région.** *Pays chauds, froids, tempérés. Pays plat, de montagnes. Pays de forêts, de vignes, d'élevage. Voir du pays,* voyager. — Loc. *Pays de cocagne,* pays fabuleux où tous les biens sont en abondance. ◆ 5° Petite ville ; village. *Il habite un petit pays, un pays perdu au fin fond de l'Auvergne.* V. **Bled, patelin, trou** (fam.). « *Un petit pays de douze et quinze feux ne peut pas toujours nourrir un magister* » (HUGO).
2. PAYS, PAYSE [pei, peiz]. *n.* (1640; fém., 1765; h. 1512; V. **Pays** 1). Fam. ou région. Personne du même pays. V. **Compatriote.** *Il descendit « dans une auberge que tenait une de ses payses* » (ZOLA).

PAYSAGE [peizaʒ]. *n. m.* (1549, « étendue de pays »; de *pays*). ◆ 1° Partie d'un pays que la nature présente à un observateur. V. **Site, vue.** *Paysage champêtre. Paysage méditerranéen.* « *Un paysage quelconque est un état de l'âme* » (AMIEL). ◆ « *Votre âme est un paysage choisi* » (VERLAINE). ◇ Par ext. *Paysage urbain.* ◆ 2° (1680). *Un paysage* : tableau représentant la nature et où les figures (d'hommes ou d'animaux) et les constructions (« fabriques ») ne sont que des accessoires. *Peintre de paysages.* V. **Paysagiste.** *Un paysage de Corot.* « *On ne fait pas un paysage avec de la géométrie* » (HUGO). ◇ *Le paysage,* la peinture de paysages. ◇ Fig. et fam. *Cela fait bien dans le paysage,* produit un bon effet (Cf. Dans le tableau). « *Un trémolo à l'orchestre eut fait merveille dans le paysage* » (COURTELINE).

PAYSAGER, ÈRE [peizaʒe, ɛʀ]. *adj.* (1846; de *paysage*). Destiné à produire, par une disposition artificielle plus ou moins irrégulière, un effet de paysage naturel. *Jardin paysager.* ◇ Caractérisé pour l'intérêt des paysages. « *Les vocations [...] touristiques et paysagères* » (Science et Vie, « Environnement », n° H.S., 1974).

PAYSAGISTE [peizaʒist(ə)]. *n. m.* (1651; de *paysage*). Peintre de paysage. *Les paysagistes hollandais, anglais, français.* « *De très grands paysagistes paraissent... Ils engagent le corps à corps avec la nature telle quelle* » (VALÉRY). ◇ Par appos. *Jardinier paysagiste,* qui dessine des jardins.

PAYSAN, ANNE [peizã, an]. *n.* et *adj.* (1617; *païsenc*, 1190, de *pays* 1). ◆ 1° N. Homme, femme vivant à la cam-

pagne et s'occupant des travaux des champs. V. **Agriculteur, cultivateur, fermier ;** et les *pop.* (péj.) **Bouseux, cambrousard, croquant, cul-terreux, pécore, péquenaud, plouc.** *Paysan propriétaire, fermier, métayer, salarié* (ouvrier agricole). « *Le paysan travaille seul, au milieu des forces naturelles... Il se tait* » (SARTRE). « *J'aime les paysans; ils ne sont pas assez savants pour raisonner de travers* » (MONTESQ.). *Révolte de paysans :* jacquerie. *Les paysans,* roman de Balzac. — *Loc.* LE PAYSAN DU DANUBE (d'apr. LA FONT.), se dit d'un homme qui scandalise par sa franchise brutale. « *Franklin parlant ainsi devant le Parlement de la vieille Angleterre, était un peu comme le Paysan du Danube* » (STE-BEUVE). ◇ *Péj.* Rustre. *Quel paysan !* ◆ 2° *Adj.* (1636). Propre aux paysans, relatif aux paysans. V. **Rural, rustique, terrien.** *Mœurs, coutumes paysannes. Revendications paysannes.* « *Cette sagesse des nations, n'est-ce pas simplement notre vieille sagesse paysanne ?* » (SIEGFRIED). *Avoir un air paysan.* ◇ ANT. Bourgeois, citadin.

PAYSANNAT [peizana]. *n. m.* (v. 1935; de *paysan*). L'ensemble des paysans, la classe paysanne. V. **Paysannerie.** *Le paysannat français.*

PAYSANNERIE [peizanʀi]. *n. f.* (1668; *paysanterie*, 1547; de *paysan*). ◆ 1° *Vx.* Condition de paysan. ◇ *Mod.* Ensemble des paysans. V. **Paysannat.** « *Devant la noblesse et la paysannerie de leur province* » (ROMAINS). ◆ 2° Œuvre littéraire représentant les paysans. *Les paysanneries de George Sand.*

Pb Symbole chimique du *plomb*.

1. P.C. [pese]. *n. m.* (XXe; abrév.). Parti communiste. *Elle est inscrite au P.C. Être membre du P.C.*
2. P.C. [pese]. *n. m.* (v. 1940; abrév.). *Milit.* Poste* de commandement. *Ordres transmis du P.C. P.C. opérationnel.*
P.c.c. Abréviation de *Pour copie conforme.*

P.C.E.M. [peseɛm]. *n. m.* (1966; abrév.). Premier cycle d'études médicales.

P.C.V. [peseve]. *n. m.* (mil. XXe; abrév. de *paiement contre vérification*). Communication téléphonique payée par le destinataire après l'accord de celui-ci. *Téléphoner, appeler en P.C.V.*

Pd Symbole chimique du *palladium*.

P.D.G. [pedeʒe]. *n. m.* (v. 1960; abrév.). Fam. Président-directeur général. « *Sous la présidence de son actuel P.D.G.* » (L'Express, 20-10-1972). *Des P.D.G.* (aussi écrit *P.d.g.* et *pédégé*).

PÉAGE [peaʒ]. *n. m.* (1162; lat. pop. °*pedaticum* « droit de mettre le pied [*pes, pedis*], de passer »). Droit que l'on paye pour emprunter une voie de communication (d'abord droit féodal). *Autoroute, pont à péage.* — L'endroit où se perçoit le péage.

PÉAGER, ÈRE [peaʒe, ɛʀ]. *n.* (1210; de *péage*). *Vx.* Personne qui percevait le péage.

PÉAGISTE [peaʒist(ə)]. *n.* (1969; de *péage*). Employé(e) percevant le péage sur une autoroute.

PÉAN ou **PÆAN** [peã]. *n. m.* (1765; lat. *pæan*, gr. *paian*). *Didact.* Hymne en l'honneur d'Apollon, dans la littérature antique.

PEAU [po]. *n. f.* (*Pel*, 1080; sing. refait sur le plur. *pels, peals;* lat. *pellis* « peau d'animal »). ◆ 1° Enveloppe extérieure du corps des animaux vertébrés, constituée par une partie profonde (V. **Derme**) et par une couche superficielle (V. **Épiderme**). *Relatif à la peau.* V. **Cutané, épidermique.** *Reptile qui change de peau.* V. **Mue.** *Enlever, détacher la peau d'un animal.* V. **Dépiauter, dépouiller.** ◇ *Cour.* L'épiderme humain. « *Il n'y a pas de plus fin, de plus riche, de plus beau tissu que la peau d'une jolie femme* » (FRANCE). *Couleur de la peau. Peau blanche, noire.* « *Notre peau est jaune, la leur est blanche* (dit un Japonais); *l'or est plus précieux que l'argent* » (FARRÈRE). *Peau bronzée. Une sensibilité à fleur* de peau.* — *Soins de beauté de la peau.* V. **Cosmétique.** *Étude, soins des maladies de la peau* (V. **Dermatologie**). *Affections de la peau* (acné, boutons, cloques, crevasses, eczéma, dermatose, furoncle, gerçures, impétigo, verrues...). *Troubles de la pigmentation de la peau* (albinisme, mélanisme). *Marques laissées sur la peau :* cicatrice, bleu. — Loc. *N'avoir que la peau et les os, sur les os :* être très maigre. — Fam. *Se faire crever la peau :* se faire tuer. *Recevoir douze balles dans la peau,* être fusillé. — Fam. *Attraper qqn par la peau du cou, du dos, par la peau des fesses* (pop.) ; le retenir au dernier moment. — Pop. *Avoir qqn dans la peau,* l'aimer passionnément pour des raisons charnelles. — Pop. *Peau de vache.* V. **Vache.** *Peau de fesse. Peau de toutou.* ◇ *Une peau :* un petit morceau de peau. *Couper les peaux autour des ongles.* V. **Envies.** ◆ 2° *Fig.* (Dans des expressions). Apparence extérieure, personnalité de qqn. *Je ne voudrais pas être dans sa peau :* à sa place. *Entrer, être dans la peau d'un personnage. Être bien* (ou *mal*) *dans sa peau,* se sentir à l'aise (mal à l'aise), pouvoir (ne pas pouvoir) se supporter. « *Il se sentait à présent beaucoup mieux dans sa peau* » (BEAUVOIR). *Faire*

peau neuve, changer complètement. « *Il sortait du saltimbanque et entrait dans le lord. Changements de peau qui sont
parfois des changements d'âme* » (HUGO). ◇ (1850) *Dans
des loc. fam.* La vie, l'existence. *Jouer, risquer, craindre pour,
sauver*, y laisser* sa peau.* « *Il se sentait capable de tout pour
sauver sa peau, de fuir, de demander grâce, de trahir, et pourtant il ne tenait pas tellement à sa peau* » (SARTRE). « *Il brandissait les poings, il gueulait qu'il aurait leur peau à tous* »
(ZOLA). *Vendre cher sa peau,* se défendre vaillamment. *Peau.
On lui fera la peau,* on le tuera. ♦ 3° (1845, « prostituée »).
Pop. Vieille peau : injure adressée à une femme. « *Il culbu-
tait la Bécu dans les coins, tout en la traitant de vieille peau,
sans délicatesse* » (ZOLA). ♦ 4° (XVᵉ). La dépouille de certains animaux destinée à fournir la fourrure, le cuir. *La
peau de l'ours*. Traitement, travail de peaux.* V. **Cuir; tannage.** « *À côté d'elle logeait un artisan tanneur. Il tannait
chez lui de petites peaux d'animaux. Il les pendait pour les
faire sécher aux volets de sa fenêtre* » (GIONO). *Ouvriers des
cuirs et peaux :* corroyeurs, mégissiers, tanneurs, etc. *Peau
de chamois*. Étui en peau de serpent. Les peaux d'un manteau de fourrure.* « *Une collection de valises plates en peau
de porc* » (LARBAUD). *Pelisse en peau de mouton. Absolt.
Cuir fin et simple. Culotte de peau. Gants de peau.* ◇ *Fam.
PEAU D'ÂNE :* diplôme, parchemin. — *Peau de chagrin* (d'apr.
le roman de Balzac), bien matériel ou moral qui s'amenuise.
♦ 5° *Peau de tambour*. ♦ 6° (1538). Enveloppe extérieure
des fruits.* V. **Épicarpe.** *Enlever, ôter la peau d'un fruit.* V.
Peler. *Peau de pêche. Glisser sur une peau de banane.* ◇ *Fig.
Peau d'orange. Méd.* Aspect en peau d'orange de l'épiderme, dans la cellulite. — *Peau du lait,* pellicule qui se
forme sur le lait au repos. ♦ 7° *Pop.* (1872). *Peau de balle,*
et vulg. *Peau de zébi :* rien du tout. « *C'est toute la pièce ou
peau de zébi* » (CÉLINE). *Absolt. La peau !* exclam. de refus,
de mépris. « *Pour ce qui est des bougies ... la peau !* ... *elles
sont sous clé* » (MIRBEAU). ◇ HOM. **Pot.**
PEAUCIER [posje]. *adj. et n. m.* (1560; de *peau*). *Anat.
Muscle peaucier,* et *subst. Un peaucier :* muscle superficiel qui
s'attache à la face profonde du derme. *Peaucier du cou.* ◇
HOM. *Peaussier.*
PEAUFINER [pofine]. *v. tr.* (1883; se *peaufiner,* 1865;
de *peau,* et *fin*). ♦ 1° Nettoyer avec une peau de chamois.
♦ 2° *Fig.* et *fam.* Préparer, orner minutieusement; fignoler
(un travail). — Au p. p. « *Un élégant emmanché, parfumé,
peaufiné* » (J.-R. BLOCH). — *Dér.* **PEAUFINAGE** [pofinaʒ],
n. m.
PEAU-ROUGE [poruʒ]. *n.* (1858; de *peau,* et *rouge*).
Indien d'Amérique. *Les Peaux-Rouges se teignaient le visage
en ocre.*
PEAUSSERIE [posri]. *n. f.* (1723; de *peau*). ♦ 1° Commerce, métier, travail des peaux, des cuirs. ♦ 2° Une, des
peausserie(s), peau travaillée. V. **Cuir, peau.**
PEAUSSIER [posje]. *n. et adj. m.* (1545; *paucier,* 1292;
de *peau*). Artisan, ouvrier qui prépare les peaux pour les
transformer en cuirs. ◇ HOM. *Peaucier.*
PÉBRINE [pebrin]. *n. f.* (1859; prov. mod. *pebrino,* de
pebre « poivre »). *Agric.* Maladie des vers à soie.
PÉBROC ou **PÉBROQUE** [pebrɔk]. *n. m.* (1907; de
pépin 2, et suff. arg.). *Arg.* Parapluie. « *J'ai oublié mon
pébroque au bistrot* » (QUENEAU).
PÉCAÏRE ! [pekaiʀ]. *interj.* (1775; *pechiare,* XIIIᵉ; prov.
pecaire « pécheur », francisé en *peuchère*). *Région.* (Provence).
Exclamation exprimant une commisération affectueuse ou
ironique.
PÉCARI [pekaʀi]. *n. m.* (1699; *pacquire,* 1640; mot
caraïbe). Sorte de sanglier *(Suidés),* cochon sauvage d'Amérique. ◇ *Cuir de cet animal. Des gants de pécari.*
PECCABLE [pekabl(ə)]. *adj.* (1050; lat. ecclés., de *peccare*). *Relig.* Sujet à pécher. « *Si Dieu a créé l'homme peccable,
il ne devait pas le punir* » (FLAUB.). Par ext. *La nature peccable
de l'homme.*
PECCADILLE [pekadij]. *n. f.* (*Peccatile,* 1559; masc.
1660; esp. *pecadillo* « petit péché »). *Littér.* Péché, faute sans
gravité. « *Sa peccadille fut jugée un cas pendable* » (LA FONT.).
« *La peccadille du soldat est un crime chez le général,* et réciproquement » (BALZ.).
PECCANT, ANTE [pekã, ãt]. *adj.* (*Pechantes,* 1314; du
lat. médiév. *peccans,* de *peccare* « pécher »). *Vx. Humeurs
peccantes :* mauvaises.
PECHBLENDE [pɛʃblɛ̃d]. *n. f.* (1790; all. *Pech* « poix »,
et *Blende.* V. **Blende**). *Minér.* Minerai renfermant une forte
proportion d'uranium. V. **Uraninite.** *P. et M. Curie ont
découvert le polonium et le radium en partant de la pechblende.*
1. **PÊCHE** [pɛʃ]. *n. f.* (1671; *pesche,* XIIᵉ; lat. pop. *persica,*
n. f., plur. de *persicum [pomum]* « fruit de Perse »). ♦ 1° Fruit
du pêcher, à noyau très dur et à chair fine. *Pêche à peau
lisse.* V. **Brugnon.** *Pêche-abricot. Pêche de vigne*. — *Pêche
Melba*.* ◇ *Loc. fig.* Peau, teint *de pêche :* rose et velouté.
— *Fam. Rembourré avec des noyaux* de *pêche :* très dur.
◇ *Appos. Couleur pêche,* d'un rose qui rappelle la peau

d'une pêche. ♦ 2° *Pop.* Coup, gifle. *Il va te flanquer une
pêche.* ◇ *Loc. Se fendre la pêche.* Rire. (Cf. Se fendre la
pipe). ◇ HOM. Formes des v. *pêcher* et *pécher.*
2. **PÊCHE** [pɛʃ]. *n. f.* (*Pesche;* 1261, « droit de pêcher » ;
du v. *pêcher*). ♦ 1° Action ou manière de prendre les poissons. V. **Halieutique.** *Ouverture, clôture, fermeture de la
pêche :* de la période où la pêche est autorisée. *Engins de
pêche :* filet, ligne, nasse; trident. *Pêche hauturière. Grande
pêche au large (ex. : morue, flétan). Petite pêche, côtière
(colin, merlan, raie). Pêche à la ligne (et absolt. pêche).
Articles de pêche :* bouchon, épuisette, flotteur, gaule, hameçon, moulinet, plomb. *Pêche au coup, au lancer. Pêche au
chalut* (V. **Chalutage**), *à la seine*. Pêche sous-marine. Pêche
artisanale, industrielle.* — *Loc. La pêche miraculeuse,* que
le Christ fit faire à ses disciples. ♦ 2° Endroit où l'on pêche,
où l'on peut pêcher. *Garde-pêche qui surveille une pêche
réservée.* ♦ 3° (1538). Poissons, produits pêchés. *Rapporter
une belle pêche.* ♦ 4° *Dr.* Droit de pêche. *Riverain qui a la
pêche d'un canal jusqu'au milieu du cours de l'eau.* ◇ HOM.
Pêche (1); formes des v. *pêcher* et *pécher.*
PÉCHÉ [peʃe]. *n. m.* (XIVᵉ; *pechiet,* Xᵉ; lat. *peccatum*
« faute, crime »). Acte conscient par lequel on contrevient
aux lois religieuses, aux volontés divines. *Commettre, faire
un péché.* V. **Pécher.** *Avouer, confesser ses péchés. Expier,
racheter ses péchés :* faire pénitence. *Absolution, rémission
des péchés. A tout péché miséricorde*.* « *Que celui d'entre vous
qui est sans péché lui jette la première pierre** » (ÉVANG.).
« *Vous avez encore une vingtaine d'années de jolis péchés à
faire : n'y manquez pas; ensuite vous vous en repentirez* »
(DIDER.). — *Péché de jeunesse. Péché mignon :* défaut véniel
et agréable; petite faute habituelle. *La gourmandise est son
péché mignon.* V. **Faible.** — *Péché mortel :* qui entraîne la
damnation du pécheur (opposé à *péché véniel). Les sept
péchés capitaux.* V. **Avarice, colère, envie, gourmandise,
luxure, orgueil, paresse.** — *Péché originel :* commis par
Adam et Ève et dont tout être humain est coupable en naissant. ◇ *Absolt.* LE PÉCHÉ : l'état où se trouve celui qui
a commis un péché mortel (opposé à état de grâce). V. **Mal.**
Tomber, vivre dans le péché. V. **Mal.** « *L'absurde... ne mène
pas à Dieu. L'absurde c'est le péché sans Dieu* » (CAMUS).
« *Le péché, qui tue l'âme, répétit le corps à son affreuse ressemblance* » (MAURIAC). ◇ HOM. *Pêcher* (1 et 2).
PÉCHER [peʃe]. *v. intr.;* conjug. *céder* (XIVᵉ; *pechier,*
1120; lat. *peccare*). ♦ 1° Commettre un péché, des péchés.
V. **Faillir.** *Pécher par orgueil, par gourmandise, par ignorance.*
« *C'est nous inspirer presque un désir de pécher, Que montrer
tant de soins de nous en empêcher* » (MOL.). ◇ *Pécher contre
qqch. :* faillir (contre une règle). V. **Contrevenir, manquer** (à).
Pécher contre la bienséance, les bonnes mœurs. ♦ 2° (XIIᵉ).
Commettre une faute, une erreur. *Pécher contre l'esprit.*
« *Toute cette brochure pèche par une grande obscurité et une
grande confusion d'idées* » (STE-BEUVE). ◇ HOM. *Péché;
pêcher* (1 et 2).
1. **PÊCHER** [peʃe]. *n. m.* (1677; *peskier,* 1190; de *pêche*).
Arbre (*Rosacées*) d'origine exotique, acclimaté et cultivé
pour ses fruits, les pêches. *Pêcher en espalier.* « *Les premiers
pêchers, d'un rose un peu fiévreux, fleurissent en houppes* »
(COLETTE). — *Couleur (de) fleur de pêcher,* d'un rose assez
vif. ◇ HOM. *Péché; pêcher, pêcher* (2).
2. **PÊCHER** [peʃe]. *v. tr.* (1680; *pescher,* 1138; lat. pop.
piscare, class. *piscari*). ♦ 1° Prendre ou chercher à prendre
(du poisson). — *Pronom.* (Pass.) *L'anguille se pêche au ver de terre.* V. **Prendre** (se). — *Absolt.
Pêcher à la ligne, au filet. Pêcher à l'asticot, à la mouche.
Pêcher en mer, dans une rivière. Loc. fig. Pêcher en eau trouble :
profiter d'un état de désordre, de confusion.* ◇ (D'autres
animaux que les poissons) « *De l'aube au soir il pêchait des
grenouilles pour les vendre* » (GENEVOIX). ♦ 2° *Fig.* et *fam.
Chercher, prendre, trouver (une chose inattendue) d'une
manière incompréhensible.* « *Où diable avez-vous pêché
des radis?... demanda Godefroid* » (BALZ.). *Où as-tu été
pêcher ce costume? Je me demande où il va pêcher ces histoires.* V. **Imaginer.** ◇ HOM. *Pêcher* (n. m.); *pécher.*
PÉCHÈRE ! [peʃɛʀ]. *interj.* Var. de *Peuchère.* V. **PÉCAÏRE.**
PÉCHERESSE. *n. f.* V. **PÉCHEUR.**
PÊCHERIE [pɛʃʀi]. *n. f.* (1606; *pescherie,* 1155; du v.
pêcher). Lieu aménagé pour une entreprise de pêche. *Les
pêcheries de Terre-Neuve.* « *Nous voici au milieu des pêcheries,
des barques, des filets tendus* » (LOTI).
PÊCHETTE [pɛʃɛt]. *n. f.* (1868; « petit filet », 1773;
de *pêcher* 2). *Région.* Petit filet à écrevisses. V. **Balance.**
PÉCHEUR, PÉCHERESSE [peʃœʀ, peʃʀɛs]. *n.* (XIIᵉ;
pechedor, 980; *fém. pecheris,* n. 1130; lat. ecclés. *peccator,
-oris,* de *peccare* « pécher »). Personne qui est dans l'état
de péché, commet habituellement de graves péchés. *Pécheur
endurci, repenti.* — *Dieu ne veut pas la mort du pécheur :* il
est indulgent.
PÊCHEUR, EUSE [pɛʃœʀ, øz]. *n.* (*Peschëur,* 1138; *fém.*

pescheuse, 1606; lat. *piscator, -oris*. V. **Pêcher** 2). Personne qui s'adonne à la pêche, par métier ou par plaisir. *Pêcheur d'Islande*, roman de Loti. « *Je suis un pêcheur à la ligne. Quelquefois je ferre un brochet, quelquefois une vieille chaussure* » (ANOUILH). — Par anal. *Pêcheurs de corail, de perles.* — Fig. *Pêcheurs d'hommes*, apôtres, missionnaires qui convertissent à la doctrine du Christ. ◊ Adj. ou appos. *Bateau pêcheur, marins pêcheurs.*

PECNOT. V. **PÉQUENOT.**

PÉCOPTÉRIS [pekɔpteʀis]. *n. m.* (1874; du gr. *pekos, pokos* « toison », et *pteris* « fougère »). *Paléont.* Fougère arborescente fossile des terrains carbonifères.

PÉCORE [pekɔʀ]. *n. f.* (1512; it. *pecora*; lat. pop. *pecora*, n. f., pl. neutre de *pecus* « bête, tête de bétail »). ♦ 1° *Vx.* Animal, bête. « *La chétive pécore...* » (LA FONT.). ♦ 2° *Mod.* (1532). Femme sottement prétentieuse et impertinente. V. **Péronnelle, pimbêche.** « *La stupide pécore, impertinente par surcroît* » (R. ROLLAND). ♦ 3° (1928). Pop. *n. m.* ou *f.* Paysan (var. de *Péquenot*).

PECTEN [pɛktɛn]. *n. m.* (1710; mot lat.). *Zool.* Nom d'un mollusque. V. **Peigne** (4°).

PECTINE [pɛktin]. *n. f.* (1827; du gr. *pêktos* « coagulé, figé »). *Biochim.* Substance mucilagineuse contenue dans de nombreux végétaux (mélange d'acides pectiques* et d'autres substances glucidiques), employée comme épaississant et émulsionnant en industrie alimentaire (confiture, mayonnaise) et pharmaceutique.

PECTINÉ, ÉE [pɛktine]. *n. m. et adj.* (v. 1370; lat. *pectinatus*). ♦ 1° *Anat. Le pectiné*, ou adj. *le muscle pectiné* (1793), muscle adducteur, fléchisseur et rotateur externe de la cuisse. ♦ 2° *Didact.* (1803). En forme de peigne. — *Sylvic. Feuille pectinée. Sapin pectiné* (abies pectinata).

PECTIQUE [pɛktik]. *adj.* (1838; de *pectine*). *Biochim. Acides pectiques*, polysaccharides complexes qui entrent dans la composition de la pectine, dont on peut les séparer par hydrolyse.

PECTORAL, ALE, AUX [pɛktɔʀal, o]. *n. m. et adj.* (1355; lat. *pectoralis*, de *pectus* « poitrine »). **I.** *N. m.* ♦ 1° Ornement sur l'aube d'un prêtre. ♦ 2° *Hist.* (1546). Ornement porté sur la poitrine par divers personnages (pharaons, grands prêtres). **II.** *Adj. et n.* ♦ 1° (1478). *Anat.* Relatif à la poitrine, de la poitrine. *La région pectorale. Muscles pectoraux. Cour.* N. m. pl. « *Un développement des pectoraux par une gymnastique mal raisonnée* » (ARAGON). ◊ *Zool.* De la face ventrale. *Nageoires pectorales.* ♦ 2° (XVIᵉ). Qui combat les affections pulmonaires, bronchiques. *Sirop pectoral. Pâtes pectorales* (en boules, pastilles). — N. m. *Vx* (inus. au sing.). « *Au moindre rhume, leur père les bourrait de pectoraux* » (FLAUB.).

PÉCULAT [pekyla]. *n. m.* (1530; lat. *peculatus*, de *peculium*rad. *peculium*). *Admin.* Détournement des deniers publics, concussion.

PÉCULE [pekyl]. *n. m.* (v. 1300; lat. *peculium*). ♦ 1° *Antiq. rom.* Économies qu'un esclave amassait pour acheter sa liberté. ♦ 2° *Cour.* (1611). Somme d'argent économisée peu à peu. « *Si le paysan sait amasser un pécule, il trouve de la terre à vendre, il peut l'acheter, il est son maître!* » (BALZ.). ◊ *Spécialt.* (déb. xxᵉ) Argent qu'on acquiert par son travail, mais dont on ne peut disposer que dans certaines conditions. *Pécule d'un détenu, d'un aliéné interné, d'un militaire.*

PÉCUNIAIRE [pekynjɛʀ]. *adj.* (1308; n. m., xiiiᵉ; lat. *pecuniarius*, de *pecunia* « argent »). ♦ 1° Qui a rapport à l'argent. *Embarras pécuniaires.* V. **Financier.** *Ils* « *supputaient à un sou près... quelle allait être la situation pécuniaire des mariés* » (ZOLA). ♦ 2° Qui consiste en argent. *Aide pécuniaire; peine pécuniaire.* V. **Amende.**

PÉCUNIAIREMENT [pekynjɛʀmɑ̃]. *adv.* (1495; de *pécuniaire*). Relativement à l'argent; au point de vue pécuniaire. *Aider qqn pécuniairement.*

PÉD-. V. **PÉDI-, PÉDO-.**

PÉDAGOGIE [pedagɔʒi]. *n. f.* (1495, répandu xixᵉ; gr. *paidagôgia*. V. **Pédo-**). ♦ 1° Science de l'éducation des enfants. *La pédagogie moderne utilise les données de la psychologie et de la physiologie enfantines.* ◊ *Spécialt.* Méthode d'enseignement. ♦ 2° (xxᵉ). Qualité du bon pédagogue*; sens pédagogique.

PÉDAGOGIQUE [pedagɔʒik]. *adj.* (1702; gr. *paidagôgikos*). Qui a rapport à la pédagogie. *Certificat d'aptitude pédagogique. Formules, méthodes pédagogiques nouvelles.* « *Inspectrice de l'enseignement, et pleine de vues pédagogiques fort sensées* » (HENRIOT). *Théories pédagogiques de Rabelais, Montaigne, Rousseau, Pestalozzi.* ◊ *Spécialt.* Conforme aux règles de la pédagogie, qui est d'un bon pédagogue. *Instituteur qui manque de sens pédagogique.*

PÉDAGOGIQUEMENT [pedagɔʒikmɑ̃]. *adv.* (1838; de *pédagogique*). Sur le plan de la pédagogie.

PÉDAGOGUE [pedagɔg]. *n. et adj.* (*Pedagoge*, 1370;

lat. *pædagogus*, gr. *paidagôgos* « qui conduit les enfants »). ♦ 1° *N. m.* Maître, précepteur. *Péj.* et *vx* (xviᵉ) Maître pédant, autoritaire et étroit d'esprit. « *Philistins! magisters! je vous hais, pédagogues!* » (HUGO). ♦ 2° (xixᵉ). Personne qui s'occupe de pédagogie. *Les grands pédagogues allemands du XIXᵉ s.* ◊ Personne qui a le sens de l'enseignement. *Bon, mauvais pédagogue.* — Adj. *Professeur très savant, mais peu pédagogue.* ◊ ANT. *Disciple.*

PÉDALE [pedal]. *n. f.* (1560, « *pédale d'orgue* »; it. *pedale*, lat. pop. *pedale*, de *pes, pedis* « pied »). Organe de commande ou de transmission qui s'actionne avec le pied. ♦ 1° Touche d'un instrument de musique actionnée au pied. *Clavier à pédales de l'orgue.* V. **Pédalier.** *Les sept pédales de la harpe.* — *Pédales de piano. Note de pédale*, et ellipt. *Pédale*, son tenu et prolongé dans une partie de basse. ♦ 2° Organe commandé au pied. — (Transformant un mouvement alternatif en mouvement circulaire) *Pédale d'une machine à coudre, d'une meule de rémouleur, d'un tour.* — (Transmettant un mouvement déjà circulaire) *Les deux pédales d'une bicyclette.* V. **Pédalier.** *Appuyer sur les pédales* (V. **Pédaler**). « *La côte était ardue. Chaque pédale, tour à tour, semblait aussi résistante qu'une marche d'escalier* » (ROMAINS). *Lâcher les pédales.* — *Loc. fig. et pop.* (1944) *Perdre les pédales*, perdre ses moyens, patauger dans une explication. ♦ Pièce d'un mécanisme commandant le déclenchement de certains effets mécaniques. *Poubelle à pédale.* — *Pédale d'accélérateur, d'embrayage, de frein.* ♦ 3° *Pop.* (1935). *Une pédale :* un pédéraste. — *Loc. Être de la pédale*, être pédéraste.

PÉDALER [pedale]. *v. intr.* (1896; de *pédale*). ♦ 1° Actionner une pédale. — *Spécialt.* Actionner les pédales d'une bicyclette; rouler à bicyclette. *Pédaler debout, en danseuse*. *Sans pédaler*, en roue libre. ♦ 2° *Fig. et pop.* Marcher très vite, courir. « *Pour signifier qu'il avait marché vite, il disait :* « *Vous pensez si on a pédalé* » (PROUST).

PÉDALEUR, EUSE [pedalœʀ, øz]. *n.* (1907; de *pédaler*). Cycliste considéré dans sa manière de pédaler. *Un pédaleur infatigable.* V. **Rouleur.**

PÉDALIER [pedalje]. *n. m.* (1868; de *pédale*). ♦ 1° Clavier inférieur de l'orgue, qui comprend deux octaves et quatre notes, de *do* à *fa*, est actionné par le talon ou la pointe du pied de l'organiste. — *Pédales du piano.* ♦ 2° (1892). Plus cour. *Pédalier d'une bicyclette*, l'ensemble formé par les pédales, le grand pignon et la roue dentée.

PÉDALO [pedalo]. *n. m.* (1936; marque déposée, tiré de *pédale*, et suff. *-o;* Cf. *Mécano*). Petite embarcation à flotteurs mue par une roue à pales qu'on actionne au moyen de pédales. (Ce terme est réservé juridiquement aux « appareils et engins de navigation » de la marque *Pédalo*). *Faire du pédalo, aller en pédalo sur un lac.*

PÉDANT, ANTE [pedã, ɑ̃t]. *n. et adj.* (*Pedante*, 1560; mot it. *pedante*, du gr. *paideuin* « éduquer, enseigner »). ♦ 1° *N. m.* (*Vx* et souvent *péj.*). Celui qui enseigne aux enfants. « *M. Joubert, morne pédant montagnard... qui me montrait le latin* » (STENDHAL). V. **Pédagogue.** ♦ 2° *Mod.* *N.* Personne qui fait étalage d'une érudition affectée et purement livresque. V. **Cuistre.** « *Un pédant hérissé de grec* » (FÉN.). *Quelle pédante!* V. **Bas-bleu.** « *Un pédant est un homme qui digère mal intellectuellement* » (RENARD). ◊ Personne qui se mêle de faire la leçon à tout le monde. ♦ 3° *Adj.* Qui manifeste prétentieusement une affectation de savoir, d'érudition. *Il est un peu pédant.* — (Choses) *L'École normale* « *a engendré un type d'humour, un peu pédant mais très divertissant : le canular* » (MAUROIS).

PÉDANTERIE [pedɑ̃tʀi]. *n. f.* (1560; de *pédant*). *Littér.* Manière d'agir du pédant; affectation prétentieuse de savoir. V. **Pédantisme.** ◊ *Une pédanterie :* parole ou acte pédant.

PÉDANTESQUE [pedɑ̃tɛsk(ə)]. *adj.* (1558; « magistral »; it. *pedantesco*, de *pedante*. V. **Pédant**). *Littér.* Propre au pédant. V. **Doctoral, emphatique.** « *La voix mystérieuse des livres ne nous parlait qu'un langage froid et pédantesque* » (VIGNY).

PÉDANTISME [pedɑ̃tism(ə)]. *n. m.* (1580, « état de professeur »; de *pédant*). *Mod.* (déb. xviiᵉ). Affectation propre au pédant; caractère de ce qui est pédant. « *Un livre plein d'un pédantisme dégoûtant* » (VOLT.). V. **Pédanterie.**

-PÈDE. Élément, du lat. *pes, pedis* « pied ».

PÉDÉRASTE [pederast(ə)]. *n. m.* (1584; gr. *paiderastês*). Celui qui s'adonne à la pédérastie. *Pop. Pédé* [pede]. V. **Homosexuel, inverti, sodomite** (*pop.* et *vulg.* Lope, lopette, pédale, tante, tantouse, tapette).

PÉDÉRASTIE [pederasti]. *n. f.* (1580; gr. *paiderasteia*, de *erân* « aimer », et *paidos* « enfant »). Commerce charnel de l'homme avec le jeune garçon, et par ext. Toute pratique homosexuelle masculine. V. **Homosexualité, sodomie.**

PÉDÉRASTIQUE [pederastik]. *adj.* (1881; de *pédéraste*). Qui a rapport à la pédérastie. *Mœurs, pratiques pédérastiques.* V. **Homosexuel** (adj.).

PÉDESTRE [pedɛstʀ(ə)]. *adj.* (1529; « soldat à pied »,

n. m., 1470 ; lat. *pedestris*). ♦ 1° Rare. *Statue pédestre (opposé à équestre), qui représente un homme à pied.* ♦ 2° Qui se fait à pied. *Randonnée pédestre.*

PÉDESTREMENT [pedɛstʀəmã]. *adv.* (1762 ; de *pédestre*). À pied. « *Il regagna pédestrement, à travers la cour des Tuileries, le fiacre* » (BALZ.).

PÉD(I)-, -PÉDIE. Éléments, du lat. *pes, pedis* « pied ».

PÉDIATRE [pedjatʀ(ə)]. *n.* (1907 ; de *péd*[o]-, et *-iatre*). Médecin qui soigne les enfants. — Spécialiste des maladies infantiles.

PÉDIATRIE [pedjatʀi]. *n. f.* (1872 ; de *péd*[o]-, et *-iatrie*). *Didact.* Branche de la médecine qui traite des maladies des enfants.

PEDIBUS (CUM JAMBIS) [pedibys]. *loc. adv.* (v. 1904 ; du lat. *pedibus* « à pied », et du lat. macaronique *cum jambis* « avec les jambes »). *Plais.* À pied. *On ira pedibus.*

PÉDICELLAIRE [pediselɛʀ]. *n. m.* (1839 ; de *pédicelle*). *Zool.* Pince minuscule des oursins.

PÉDICELLE [pedisɛl]. *n. m.* (1789 ; lat. *pedicellus*, dimin. de *pes, pedis*). ♦ 1° *Bot.* Ramification du pédoncule se terminant par une fleur. ♦ 2° *Zool.* Deuxième article de l'antenne, chez les insectes.

PÉDICELLÉ, ÉE [pedisele]. *adj.* (1812 ; de *pédicelle*). *Bot.* Qui est porté par un pédicelle ; muni d'un pédicelle.

PÉDICULAIRE [pedikylɛʀ]. *n. f.* et *adj.* (xve ; lat. *pedicularius*, de *pediculus* « pou »). ♦ 1° *N. f.* Plante *(Scrofulariacées)* dont une variété, la *pédiculaire des marais* (ou *herbe aux poux*), passe pour donner des poux aux bestiaux. ♦ 2° *Adj.* (1519). *Méd.* Relatif aux poux, aux lésions cutanées qu'ils provoquent. V. **Phtiriasis**. *Mélanodermie pédiculaire.*

PÉDICULE [pedikyl]. *n. m.* (1534 ; lat. *pediculus* « petit pied »). *Didact.* ♦ 1° *Bot.* Support allongé et grêle. V. **Queue**, **tige**. *Pédicule d'un champignon.* V. **Pied**, **stipe**. — (1749) *Zool.* Pièce allongée supportant un organe. V. **Pédoncule**, **pétiole**. ◇ *Anat.* Ensemble formé par des vaisseaux et des nerfs qui relient un organe à d'autres structures de l'organisme et assurent son fonctionnement. V. **Pédoncule**. *Pédicule hépatique, rénal. Pédicules pulmonaires.* — *Par ext. Pathol. Pédicule d'une tumeur.* ♦ 2° *Archit.* (1874). Petit pilier court supportant les fonts baptismaux, un bénitier.

PÉDICULÉ, ÉE [pedikyle]. *adj.* (1763 ; de *pédicule*). *Sc. nat.* Pourvu d'un pédicule.

PÉDICULOSE [pedikyloz]. *n. f.* (1915 ; du lat. *pediculus* « pou »). *Méd.* Lésion de la peau due aux poux. V. **Mélanodermie**, **phtiriasis**, **plique**.

PÉDICURE [pedikyʀ]. *n.* (1781 ; de *pédi-*, et lat. *curare* « soigner »). Personne qui soigne les affections épidermiques et unguéales du pied. *Pédicure chinois.*

PÉDICURIE [pedikyʀi]. *n. f.* (mil. xxe ; de *pédicure*). *Techn.* Technique, soins du pédicure.

1. **-PÉDIE**. V. **PÉD(I)**- 1.

2. **-PÉDIE**. V. **PÉD(O)**- 1.

PÉDIEUX, EUSE [pedjø, øz]. *adj.* (xvie ; du lat. *pes, pedis*). *Didact.* Qui a rapport ou appartient au pied. *Artère pédieuse.*

PEDIGREE [pedigʀe]. *n. m.* (1828 ; mot angl., de l'a. fr. *pié de grue* « marque formée de trois traits »). Extrait du livre généalogique d'un animal de race pure. *Établir le pedigree d'un chien de luxe.* — *Fig.* et plaisant. *Un comte très fier de sa particule et de son pedigree.*

PÉDIMANE [pediman]. *n. m.* (1797 ; de *pédi-*, et *-mane* 1). *Zool.* Dont le gros doigt des pattes postérieures est opposable comme le pouce d'une main.

PÉDIMENT [pedimã]. *n. m.* (mil. xxe ; angl. *pediment* « fronton »). *Géol.* Formation rocheuse couverte d'une couche mince d'alluvions, fréquente dans les régions arides ou semi-arides (V. **Pédiplaine**).

PÉDIPLAINE [pediplɛn]. *n. f.* (v. 1955 ; de l'angl. *pediplain*, de *pediment*, et *plain*). *Géol.* Surface d'aplanissement du sol des régions arides, due à la coalescence de pédiments*.

1. **PÉD(O)-, -PÉDIE**. Éléments, du gr. *pais, paidos* « enfant, jeune garçon » ou de *paideuein* « élever, instruire ».

2. **PÉD(O)-**. Élément, du gr. *pedon* « sol », servant à former des termes didactiques (géologie). V. **Pédiment**, **pédiplaine**, **pédogenèse**, **pédologie**.

PÉDOGE(É)NÈSE [pedoʒə(e)nɛz]. *n. f.* (xxe ; de *pédo-* [2], et *-genèse*). *Géol.* Étude des processus de formation et d'évolution des sols.

1. **PÉDOLOGIE** [pedɔlɔʒi] ou **PAIDOLOGIE** [pɛdɔlɔʒi]. *n. f.* (v. 1900 ; de *pédo-* 1, et *-logie*). *Didact.* Étude physiologique et psychologique de l'enfant. *Pédologie* de *l'enfant*.

2. **PÉDOLOGIE** [pedɔlɔʒi]. *n. f.* (fin xixe ; de *pédo-* 2, et *-logie*). *Sc.* (plus cour. que *pédologie* 1). Branche de la géologie appliquée qui étudie les caractères chimiques, physiques et biologiques, l'évolution (V. **Pédogenèse**) et la

répartition des sols. — *Adj.* PÉDOLOGIQUE [pedɔlɔʒik]. *Étude pédologique d'une région.*

PÉDOLOGUE [pedɔlɔg]. *n. m.* (xxe ; de *pédologie* 2). *Sc.* Spécialiste de l'étude des sols.

PÉDOMÈTRE [pedɔmɛtʀ(ə)] ou **PODOMÈTRE** [pɔdɔmɛtʀ(ə)]. *n. m.* (1762,-1690 ; lat. *pes, pedis* « pied » ; gr. *pous, podos* « pied », et *-mètre*). *Didact.* (*Vieilli*). Appareil de mesure qui sert à compter les pas et à évaluer ainsi la distance qu'on parcourt à pied, la vitesse de la marche. Syn. *Odomètre.*

PÉDONCULAIRE [pedɔkylɛʀ]. *adj.* (1800 ; de *pédoncule*). *Didact.* Qui concerne un pédoncule.

PÉDONCULE [pedɔkyl]. *n. m.* (1748 ; lat. *pedunculus*, dimin. de *pes, pedis*). ♦ 1° *Anat.* Structure allongée et étroite reliant deux organes ou deux parties d'un organe. V. **Pédicule**. *Pédoncules cérébraux.* ♦ 2° *Bot.* ou *littér.* (1778). Queue d'une fleur ; axe supportant les pédicelles*. *Des pavots « pendant au bout d'un pédoncule incliné, d'un vert pâle »* (CHATEAUB.). V. **Queue**, **tige**. ◇ *Queue d'un fruit.* ♦ 3° *Zool.* V. **Pédicule**.

PÉDONCULÉ, ÉE [pedɔkyle]. *adj.* (*Pédunculé*, 1778 ; de *pédoncule*). *Didact.* Qui est pourvu d'un pédoncule ou porté par un pédoncule.

PÉDOPHILIE [pedɔfili]. *n. f.* (1969 ; de *pédo-*, et *-philie*). *Didact.* Attraction sexuelle pour les enfants. V. **Pédérastie**. *Dér.* PÉDOPHILE [pedɔfil], *n. m.*

PÉDUM [pedɔm]. *n. m.* (1839 ; mot lat.). ♦ 1° *Antiq. rom.* Bâton en forme de crosse, attribut de plusieurs divinités champêtres. ♦ 2° *Zool.* Variété de mollusques lamellibranches des mers chaudes, appelée aussi houlette.

PEDZOUILLE [pedzuj]. *n.* (1886 ; *pézouille* « rustre », 1800 ; o. i.). *Pop.* et *péj.* V. **Paysan**. — *Par ext.* Personne naïve et ignorante des usages de la ville (var. *Pédezouille* [COLETTE]).

PEELING [piliŋ]. *n. m.* (v. 1960 ; mot angl., de *to peel* « peler »). *Anglicisme. Techn.* Opération esthétique qui consiste à faire desquamer l'épiderme du visage pour en atténuer les défauts. (On a proposé la francisation en *Exfoliation*).

PÉGASE [pegaz]. *n. m.* (1564, n. pr. ; lat. *Pégasus*). ♦ 1° (1690). *Myth.* Cheval ailé qui fit jaillir une fontaine où l'on puisait l'inspiration poétique (symbole de l'inspiration poétique). ◇ *Vx. Un pégase, un cheval ailé.* ♦ 2° *Zool.* (1788). Poisson marin à nageoires pectorales très développées en forme d'ailes (poisson volant).

PEGMATITE [pɛgmatit]. *n. f.* (1842 ; du gr. *pêgma* « conglomération »). *Minér.* Roche cristalline, granite à grands éléments de quartz, de feldspath et de mica blanc.

PÈGRE [pɛgʀ(ə)]. *n. f.* (1836 ; *paigre* [n. m.]. « voleur », 1797 ; p.-ê. arg. marseillais *pego* « voleur des quais »). Voleurs, escrocs considérés comme formant une sorte de classe sociale. V. **Canaille**. *La pègre d'un port. La pègre et le milieu.*

PEHLVI [pɛlvi]. *n. m.* (1827 ; de *pahlavik* « des Parthes », mot de cette langue). *Ling.* Langue parlée en Perse sous les Sassanides, moyen iranien occidental dont le *parsi* et le *parthe* sont deux branches.

PEIGNAGE [pɛɲaʒ]. *n. m.* (1803 ; de *peigner*). Action de peigner (des fibres textiles). *Techn.* Opération par laquelle les fibres textiles sont épurées et triées avant la filature. ◇ Atelier où se fait le peignage. *Elle travaille au peignage.*

PEIGNE [pɛɲ]. *n. m.* (xiie ; réfection d'apr. *peigner*, de l'a. fr. *pigne*, lat. *pecten*, *-inis*). ♦ 1° Instrument à dents fines et serrées qui sert à démêler et à lisser la chevelure. *Peigne de corne, d'ébonite, d'écaille. Peigne à manche. Peigne fin, gros peigne.* V. **Démêloir**. « *Elle peignait avec un vieux peigne cassé ses beaux cheveux* » (HUGO). *Se donner un coup de peigne.* — *Coup de peigne*, dernière opération de coiffure après la mise en plis. — *Loc. fig. Passer au peigne fin :* examiner qqch. sans en omettre un détail. — *Sale comme un peigne*, très sale. ♦ 2° Instrument analogue servant à retenir les cheveux des femmes. *Coiffure maintenue par des peignes et des barrettes.* ♦ 3° *Techn.* Instrument pour peigner les fibres textiles (lin, chanvre, laine) dans le filage à la main. ◇ Râteau horizontal qui passent les fils de chaîne d'un métier. ♦ 4° *Zool.* Poils à l'extrémité des pattes d'arthropodes. ♦ 5° (1507). Mollusque lamellibranche *(Anisomyaires)* scientifiquement nommé *Pecten*, dont certaines variétés, comme la coquille Saint-Jacques, sont comestibles. ◇ *Peigne de Vénus*, ombellifère du genre *scandix*.

PEIGNÉ, ÉE [peɲe]. *adj.* et *n.* (V. *Peigner*). I. ♦ 1° *Adj.* En parlant de la laine, Dont les fibres allongées et parallèles donnent au fil un aspect lisse. *Laine peignée et laine cardée.* ♦ 2° *N. m.* (1842, « laine peignée »). *Du peigné*, tissu de laine peignée. II. *Fig.* Trop soigné. « *Un tableau achevé auquel il trouvait l'air trop peigné* » (BALZ.).

PEIGNÉE [peɲe]. *n. f.* (*Pégnée*, 1808 ; de *peigner*). ♦ 1° *Fam.* Coups. V. **Raclée**. *Recevoir une bonne peignée.*

« *J'étais calme, plutôt trop doux, et je détestais les peignées* » (GIDE). ♦ 2° (1846). *Techn.* Quantité de laine que l'ouvrier met sur son peigne (au peignage).

PEIGNE-CUL [pɛɲky]. *n. m.* (fin XVIII°; de *peigne*, et *cul*). *Pop.* et *péj.* Homme mesquin, ennuyeux; ou grossier, inculte.

PEIGNER [peɲe]. *v. tr.* (*Peignier*, 1165; lat. *pectinare*, de *pecten* « peigne »).

I. ♦ 1° Démêler, lisser (les cheveux) avec un peigne. V. aussi **Coiffer**. *Peigner sa perruque.* — *Peigner qqn.* « *Cela ne peut pas fatiguer Madame Amédée, que je la peigne* » (PROUST). *Par anal. Peigner un chien, la crinière d'un cheval.* — *Fig.* et *fam. Faire ça ou peigner la girafe* * ! ♦ 2° Démêler (des fibres textiles). *Peigner la laine, le chanvre.* V. **Peigné.** ♦ 3° *Fig.* (*Vx* sauf au passif et au p. p. V. **Peigné,** II). Soigner à l'excès. V. **Fignoler.** « *Ce normalien dont la barbe était peignée, soignée comme le style* » (MAURIAC).

II. SE PEIGNER. *v. pron.* (*Réfl.*). « *La pucelle doucement se peigne au soleil* » (VALÉRY). ◇ (*Récipr.*) *Fig.* (1640). Se battre. V. **Peignée.**

◊ ANT. **Déranger, ébouriffer, écheveler.** — HOM. Formes du v. *peindre; peignier.*

PEIGNEUR, EUSE [pɛɲœʀ, øz]. *n.* (1410; *pinerece*, fém., 1243; de *peigner*). *Techn.* ♦ 1° Personne qui peigne des fibres textiles, travaille sur une peigneuse. ♦ 2° *N. f.* (1800). Machine employée au peignage.

PEIGNIER [peɲe]. *n. m.* (*Pignier*, 1260; du lat. *pectinarius*, d'apr. *peigner*). *Techn.* Ouvrier, artisan qui façonne à la main des peignes de corne ou d'écaille. ◇ HOM. **Peigner.**

PEIGNOIR [pɛɲwaʀ]. *n. m.* (1534; *peignouer* « trousse à peignes », 1416; de *peigner*). ♦ 1° *Vx.* Vêtement dont on s'enveloppe pour se peigner. ◇ *Mod.* Ample vêtement de protection, à manches, en usage chez les coiffeurs et dans les instituts de beauté. ♦ 2° (1814). *Mod.* Vêtement en tissu éponge, long, à manches, que l'on met en sortant du bain. V. **Sortie** (de bain). *Se sécher dans son peignoir.* — *Par anal. Boxeurs qui ôtent leur peignoir avant le match.* ♦ 3° (1846). Vêtement léger d'intérieur que les femmes portent lorsqu'elles ne sont pas habillées. V. **Déshabillé, saut-de-lit.** *Peignoir japonais.* V. **Kimono.** « *Elle était à demi vêtue, dans un peignoir qu'elle serrait autour de sa taille, les bras nus dans les larges manches* » (R. ROLLAND).

PEIGNURES [peɲyʀ]. *n. f. pl.* (1664; de *peigner*). *Rare.* Cheveux qui tombent de la tête quand on se peigne. V. **Démêlure.**

PEILLE [pɛj]. *n. f.* (1170; prov. *pelha,* lat. *pilleus, -a* « feutre »). *Techn.* (surtout *plur.*). Chiffon utilisé dans la fabrication du papier. ◇ HOM. **Paye,** formes du v. *payer.*

PEINARD, ARDE [penaʀ, aʀd(ə)] ou **PÉNARD, ARDE** [penaʀ, aʀd(ə)]. *n.* et *adj.* (1881; *vieux penard* « vieillard cassé par la débauche », 1578; de *peine*). *Pop.* Paisible, qui se tient à l'écart des ennuis. « *Je me tiens peinard, imite-moi* » (MAC ORLAN). — (1907) *Père peinard :* homme tranquille.

PEINARDEMENT [penaʀdəmã] ou **PÉNARDEMENT** [penaʀdəmã]. *adv.* (XVI°; de *peinard*). *Pop.* Tranquillement.

PEINDRE [pɛ̃dʀ(ə)]. *v. tr. : je peins, il peint, nous peignons; je peignais, nous peignions; je peignis, nous peignîmes; je peindrai; je peindrais; que je peigne; que je peignisse* [inus]; *peignant; peint, peinte* (1080; lat. *pingere*).

I. ♦ 1° Couvrir, colorer avec de la peinture. *Peindre un mur au badigeon* (V. **Badigeonner**), *au ripolin* (V. **Ripoliner**), *à la laque* (V. **Laquer**). *Peindre en noir, en bleu. Peindre de plusieurs couleurs.* V. **Barioler, peinturlurer.** *Peindre une façade à neuf.* V. **Repeindre.** « *Il essaya de peindre le grenier avec un reste de couleur que les peintres avaient laissé* » (FLAUB.). ◇ Décorer par une peinture. « *Pourquoi s'irriter de penser que les artistes peignaient des coffres de mariage?* » (MALRAUX). — *La grille était peinte en vert.* ♦ 2° *Vieilli* ou *péj.* Farder, maquiller. « *Cet éclat emprunté Dont elle eut soin de peindre et d'orner son visage* » (RAC.).

II. ♦ 1° Figurer au moyen de peinture, de couleurs. *Peindre un numéro, une flèche sur une plaque.* — *Absolt. Peindre sur porcelaine, sur étoffe.* ♦ 2° Représenter, reproduire par l'art de la peinture. *Peindre des paysages.* « *Comme ces femmes qui veulent, en se faisant peindre, des portraits qui ne sont point elles* » (MOL.). ◇ *Absolt.* Faire de la peinture. *Peindre au pinceau, à la brosse* (V. **Brosser**). « *L'art de peindre n'est que l'art d'exprimer l'invisible par le visible* » (FROMENTIN). « *Il possédait des talents, il peignait à l'aquarelle* » (FLAUB.).

III. *Fig.* (1500). ♦ 1° Représenter par le discours, en s'adressant spécialement à l'imagination. V. **Dépeindre, montrer, représenter.** « *Corneille peint les hommes comme ils devraient être* » (LA BRUY.). « *Je les peignis puissants, riches, séditieux* » (RAC.). « *Les malheurs que les romans se gardent bien de peindre, et d'ailleurs ils ne peuvent pas peindre* » (STENDHAL). « *Tu peindras le vin, l'amour, les femmes... à* » — *Conlidilian, mon bonhomme, que tu ne seras ni ivrogne, ni*

amant, ni mari... » (FLAUB.). Pronom. (Réfl.) « *Le sot projet qu'il* (Montaigne) *a de se peindre !* » (PASC.). ♦ 2° Pronom. Revêtir une forme sensible; se manifester à la vue. V. **Apparaître.** « *La pauvreté de cette petite maison... se peignait à elle sous des couleurs ravissantes* » (STENDHAL). « *La consternation se peint sur les figures* » (LOTI).

◊ HOM. Formes du v. *peigner.*

PEINE [pɛn]. *n. f.* (1080; *penas* « tourments du martyre », 980; lat. *pœna*).

I. (XIII°). Punition. ♦ 1° Sanction appliquée à titre de punition ou de réparation pour une action jugée répréhensible. V. **Châtiment, condamnation, pénalité.** *Peine sévère, juste. La peine du talion*.* « *Où est la balance humaine qui pèserait comme il faut les récompenses et les peines* » (BERGSON). ♦ 2° *Spécialt. Dr. pén.* Sanction édictée par le législateur et appliquée par les juridictions répressives, criminelles, correctionnelles, et de police, à la fois dans un but d'exemplarité et de réadaptation du délinquant à la vie sociale. V. **Pénal** (droit). *Peine principale, peine complémentaire, peine accessoire, de police, correctionnelle, criminelle. Peine afflictive, peine infamante. Peine politique. Peines disciplinaires*.* V. **Blâme, réprimande.** *Peines pécuniaires.* V. **Amende, confiscation.** *Peine capitale, peine de mort.* (V. **Exécution.**) *Être passible d'une peine. Prononcer, infliger une peine.* V. **Condamner, pénaliser.** *Juge de l'application des peines,* magistrat chargé de suivre l'application des sanctions pénales et d'en aménager le régime. *Purger sa peine en prison.* « *La peine n'est pas toujours proportionnée au délit* » (P.-L. COUR.). ♦ 3° *Loc.* SOUS PEINE DE. *Défense d'afficher sous peine d'amende. Sous peine de mort.* — *Fig.* « *La marche devient impossible sous peine de s'égarer* » (DAUD.). « *Il fallait la résoudre* (cette question), *sous peine d'être un indifférent ou un hypocrite* » (R. ROLLAND). ♦ 4° *Théol. Peines éternelles, peines de l'enfer.* V. **Damnation.**

II. (XII°). ♦ 1° Souffrance morale. V. **Chagrin, douleur, mal, malheur, souci, souffrance, tourment, tracas.** « *Les peines doivent produire sur l'âme de l'homme les mêmes ravages que l'extrême douleur cause dans son corps* » (BALZ.). — *Peine de cœur :* chagrin d'amour. ♦ 2° LA PEINE, état psychologique fait d'un « sentiment de tristesse et de dépression » (LALANDE). V. **Abattement, détresse, douleur, misère, tristesse.** *Avoir de la peine. Consoler un ami dans la peine. Je partage votre peine.* — *Faire de la peine à qqn.* V. **Affliger, attrister, peiner, vexer.** « *Il y a une chose qu'il faut n'aimer ni à faire ni à donner, c'est de la peine* » (HUGO). ♦ 3° EN PEINE (vieilli) : dans l'inquiétude, le souci. *Être en peine de.* — V. **Inquiet.** ◇ (Du sens I, 4°) *Loc. Être comme une âme en peine :* très triste, inconsolable. *Fam. Il errait comme une âme en peine :* seul et tristement.

III. (XI°). ♦ 1° Activité qui coûte, qui fatigue. V. **Effort.** *Travail qui demande de la peine. Loc. prov. À chaque jour suffit sa peine. Toute peine mérite salaire* (récompense). — « *Travaillez, prenez de la peine* » (LA FONT.) : fatiguez-vous. *Se donner beaucoup de peine.* V. **Décarcasser** (se), **démener** (se). « *Vous vous êtes donné la peine de naître, et rien de plus* » (BEAUMARCH.). — (Formule de politesse) *Donnez-vous, veuillez vous donner la peine d'entrer.* — *Loc. N'être pas au bout de ses peines :* avoir encore des difficultés à surmonter, du travail pénible. — *Pour votre peine, pour la peine :* en compensation, en dédommagement. — *Homme de peine :* qui effectue des travaux de force. — *Valoir la peine.* V. **Valoir.** — *C'était bien la peine de tant travailler :* le résultat (mauvais, nul) ne valait pas tant de travail. — *Perdre sa peine à :* échouer en dépit de ses efforts. *C'est peine perdue.* V. **Inutile, vain.** — *En être pour sa peine :* avoir perdu sa peine (Cf. *En être pour ses frais*.) ♦ 2° Difficulté qui gêne pour faire qqch. V. **Embarras, mal.** *Avoir de la peine à parler, à marcher. J'ai de la peine à le croire.* « *J'avais le cœur serré et toutes les peines du monde à retenir mes larmes* » (DAUD.). ♦ 3° *Loc. Avec peine. À grand-peine.* V. **Difficilement, laborieusement, péniblement.** — *Sans peine.* V. **Aisément, facilement.** *Je le crois sans peine :* j'en suis persuadé. — *Il n'est pas en peine pour :* il n'est pas gêné pour. ♦ 4° À PEINE (loc. adv.). *Vx.* Péniblement. ◇ *Mod.* Presque pas, très peu. *Sentier à peine tracé. Il y avait à peine de quoi manger* (Cf. *Tout juste*). « *À peine ont-elles pu se résoudre à nous faire donner des sièges* » (MOL.). « *C'est à peine si un membre du monde authentique comptait auprès d'un général* » (PROUST). — (Avec un numéral) *Tout au plus. Il y a à peine huit jours.* ◇ *Sens temporel.* Depuis très peu de temps. V. **Juste.** *J'ai à peine commencé, je commence à peine. Dans une propos.* subordonnée, coordonnée ou juxtaposée. « *Elle était à peine remise de la frayeur que Swann lui avait causée quand un obstacle fit faire un écart au cheval* » (PROUST). — (En tête de phrase, avec inversion du sujet) « *À peine suis-je dans la rue, voilà un violent orage qui éclate* » (DAUD.). — (Avec une propos. participiale) *À peine endormi, il se mit à ronfler. À peine endormi, on le réveille.* « *A peine la marquise sortie, Clélia appela* » (STENDHAL). Avec ellipse du verbe. « *À* *peine dans la voiture, notre héros s'endormit profondément* » (STENDHAL).

◈ ANT. *Compensation, consolation, récompense. Amusement, béatitude, bonheur, calme, félicité, joie, plaisir.* — HOM. *Pêne, penne.*

PEINER [pene]. *v.* (1611; *pener* « se donner de la peine, se fatiguer », Xᵉ; de *peine*).

I. *V. intr.* Se donner de la peine, du mal. V. **Appliquer** (s'), **efforcer** (s'), **évertuer** (s'), **fatiguer** (se). « *J'avais peiné comme Sisyphe Et comme Hercule travaillé* » (VERLAINE). *Il peinait pour s'exprimer.* — *La voiture peine dans les montées.*

II. *V. tr.* ♦ 1° (1671; *pener*, 1268). *Donner de la peine à* (qqn). V. **Affliger, attrister, chagriner, déplaire, désobliger, fâcher.** *Cette nouvelle m'a beaucoup peiné.* « *La crainte de peiner est une des formes de la lâcheté* » (GIDE). — Au p. p. « *J'ai été vraiment peinée de la douleur de ma respectable amie* » (LACLOS). ♦ 2° Vx. Fatiguer, coûter de la peine à (qqn).

◈ ANT. *Consoler. Reposer* (se). — HOM. *Penné.*

PEINT, PEINTE [pɛ̃, pɛ̃t]. *adj.* (V. **Peindre**). ♦ 1° Couvert, orné de peinture. *Bois sculpté et peint.* « *Presque toutes les statues de l'Orient étaient peintes* » (MALRAUX). — *Papier peint.* ♦ 2° Très, trop fardé. « *Il avait attendu une très jeune femme, très peinte* » (ARAGON). ◇ HOM. *Pain, pin.* — (du fém.) *Pinte.*

PEINTRE [pɛ̃tʀ(ə)]. *n. m.* (*Paintre*, 1260; lat. pop. °*pinctor*, class. *pictor*, d'apr. *pingere*). ♦ 1° Ouvrier ou artisan qui applique de la peinture (III) sur une surface, un objet. *Peintre en bâtiment(s)*, qui fait les peintures d'une maison, colle les papiers. *Outils de peintre :* brosse, pinceau, pistolet, rouleau. *Peintre décorateur ornemaniste.* ♦ 2° Personne, artiste qui fait de la peinture. V. **Animalier, coloriste, paysagiste, portraitiste; rapin.** *Atelier, matériel, brosse, couteau, palette, pinceau, spatule, chevalet de peintre. Les tableaux, les toiles d'un peintre. Technique, métier d'un peintre. Le peintre et son modèle. Mauvais peintre.* V. **Barbouilleur.** *Peintre du dimanche. Peintre figuratif; peintre abstrait. Peintre académique.* — *Peintres primitifs, modernes.* « *Un peintre n'est pas d'abord un homme qui aime les figures et les paysages : c'est d'abord un homme qui aime les tableaux* » (MALRAUX). ♦ 3° (XVIᵉ). Littér. Écrivain, orateur qui peint (III) par le discours. *Peintre du cœur humain, d'une époque.* « *Même lorsqu'il eut quitté la peinture,... il resta peintre avec sa plume* » (STE-BEUVE).

PEINTURE [pɛ̃tyʀ]. *n. f.* (*Pointure*, 1120; lat. pop. *pinctura*, class. *pictura*).

I. Action, art de peindre. ♦ 1° Opération qui consiste à couvrir de couleur une surface. *Peinture en bâtiment. Peinture au pistolet, au rouleau, à la brosse, au pinceau, au pochoir. Peinture sur bois, sur métal, sur porcelaine.* ♦ 2° Vx. Faire la peinture de qqn : le peindre. ◇ Mod. EN PEINTURE : en portrait peint, en effigie (XVᵉ). « *Il n'a rien pour lui. Je ne le voudrais pas dans ma chambre en peinture* » (ZOLA). — Fig. (1868) *Je ne peux pas le voir en peinture :* je ne peux absolument pas le supporter. ♦ 3° Fig. (XVIᵉ). Description qui parle à l'imagination. V. **Portrait.** *La peinture de la société, des passions. Peinture sur le vif.* « *Je ne retiens que ce qui est peinture du cœur humain* » (STENDHAL).

II. ❷ (v. 1150). LA PEINTURE : représentation, suggestion du monde visible ou imaginaire sur une surface plane au moyen de couleurs; organisation d'une surface par la couleur. *Ensemble des œuvres qui en résultent. La peinture, art de la surface et de la couleur.* « *Quelle vanité que la peinture* » (PASC.). « *La peinture, disait Léonard de Vinci, est chose mentale* » (BERGSON). « *La peinture tend bien moins à voir le monde qu'à en créer un autre* » (MALRAUX). *La photographie et la peinture. Qui est propre à la peinture.* V. **Pictural.** *Peinture à l'huile* (de lin, de noix, d'œillette), *à l'essence* (minérale, de térébenthine), *à l'eau* (V. **Aquarelle, détrempe, fresque, gouache, lavis**), *peinture à l'œuf.* — *Technique de la peinture, termes de peinture :* coloris, contraste, demi-teinte, dessin, dessous, ensemble, fond, frottis, glacis, masse, matière, modelé, ombre, pâte, perspective, plan, profondeur, relief, teinte, touche, trait, trompe-l'œil, volume. *De la mauvaise peinture.* V. **Barbouillage, gribouillage.** *Projet de peinture.* V. **Ébauche, esquisse, étude, maquette, pochade.** *Peinture figurative* (V. **Modèle, motif, représentation, sujet**); *peinture non-figurative, abstraite. Peinture anecdotique, de genre, de paysage, de portraits, etc. Sujets de peinture.* V. **Académie, allégorie, caricature, intérieur, marine, nature** (morte), *nu, panorama, paysage, portrait, sous-bois, vue; iconographie. Écoles de peinture, styles de peinture* (au XIXᵉ et au XXᵉ s.). V. **Cubisme, dadaïsme, divisionnisme, expressionnisme, fauvisme, futurisme, impressionnisme, modern style, naturalisme, pointillisme, préraphaélisme, réalisme, surréalisme, tachisme.** — *Peinture antique. — Peinture de la Renaissance, classique, baroque, romantique, moderne. Peinture flamande, française, italienne. Exposition, galerie de peinture* (V. **Salon, vernissage; cimaise**). *Musée de peinture* (V. **Pinacothèque**). *Vendre sa peinture.* — Vx. *Morceau de pein-*

ture : tableau. « *Tout morceau de sculpture ou de peinture doit être l'expression d'une grande maxime, une leçon pour le spectateur; sans quoi il est muet* » (DIDER.). — Fig. et fam. *Avoir du goût pour la peinture :* avoir mauvais goût. ❸ UNE PEINTURE. ♦ 1° Surface peinte. *Refaire les peintures d'un appartement.* ♦ 2° Ouvrage de peinture. V. **Tableau, toile.** *Peintures pariétales, rupestres. Peintures murales.* V. *aussi* **Fresque, plafond.** *Peinture d'autel.* V. **Retable.** *Peinture à volets.* V. **Diptyque, triptyque.** *Peinture anonyme. Mauvaise peinture.* V. **Croûte.** *Sujet d'une peinture. Encadrer une peinture. Maroufler, rentoiler, restaurer une peinture. Les peintures d'une collection. Les tableaux* « *qui m'entouraient n'étaient pas ce que j'aurais le plus aimé voir de lui, les peintures appartenant à ses première et deuxième manières* » (PROUST).

III. (XIVᵉ). ♦ 1° Couche de couleur dont une chose est peinte. *Peinture d'une carrosserie d'automobile. Faire un raccord de peinture. Peinture qui cloque, s'écaille.* ♦ 2° Couleur préparée avec un véhicule liquide pour pouvoir être étendue. *Acheter un pot de peinture. Peinture cellulosique. Peinture métallisée. Peinture mate, brillante. Peinture laquée.* V. **Laque.** *Peinture contre la rouille.* V. **Minium.** *Peinture lavable. Appliquer la peinture, plusieurs couches de peinture.* V. **Peindre.** *Peinture fraîche :* qui vient d'être posée. *Attention à la peinture !* — *Tube de peinture. Délayer la peinture avec de l'eau, de l'essence, de l'huile.* — Fig. et fam. *Un vrai pot de peinture,* se dit d'une femme trop fardée.

PEINTURER [pɛ̃tyʀe]. *v. tr.* (1150, « décorer de peintures »; p. p., déb. XIIᵉ; de *peinture*). ♦ 1° Vx. Couvrir de couleur. ♦ 2° Peindre d'une façon grossière et maladroite. — Au p. p. « *Saint Mathurin et... saint Yves, complètement neufs et peinturés des couleurs les plus éclatantes* » (NERVAL) : peinturlurés.

PEINTURLURER [pɛ̃tyʀlyʀe]. *v. tr.* (1743; p. p., 1628; de *peinturer*). Fam. Peindre avec des couleurs criardes, peu harmonieuses. V. **Barbouiller.** « *Tout est peinturluré, doré, candélabré* (sic). *C'est pompeux et mastoc* » (FLAUB.). — Pronom. *Se peinturlurer* (le visage) : se maquiller à l'excès et mal.

PÉJORATIF, IVE [peʒɔʀatif, iv]. *adj.* (1838; n. m., 1784; du bas lat. *pejorare* « rendre pire »). Se dit d'un mot, d'une expression, d'un élément, d'une acception qui comporte une idée de mal, déprécie la chose ou la personne désignée. V. **Défavorable.** *Adjectif, mot péjoratif. Épithète péjorative. Suffixes péjoratifs, terminaisons péjoratives :* -ache (*bravache*), -aille, ailler, -ard, -asse, -asser (*révasser*), -âtre, -aud (*courtaud*), -esque (*livresque*), -is (*ramassis*), -on (*souillon*). « *Les mots d'idéologue et d'idéologie ont pris, de nos jours, un sens nettement péjoratif* » (DUHAM.). Subst. *Les péjoratifs.*

◈ ANT. *Mélioratif.*

PÉJORATION [peʒɔʀasjɔ̃]. *n. f.* (1838; de *péjoratif*). Didact. Action d'ajouter une valeur péjorative à un mot.

PÉJORATIVEMENT [peʒɔʀativmɑ̃]. *adv.* (XXᵉ; de *péjoratif*). D'une manière péjorative, dans un sens péjoratif. *Employer un mot péjorativement.*

PÉKAN [pekɑ̃]. *n. m.* (1765; mot algonquin). Nom d'une martre du Canada (*mustela pennanti*), dont la fourrure est très recherchée; cette fourrure.

1. **PÉKIN** [pekɛ̃]. *n. m.* (1759; du nom de la ville de Pékin). Ancien. Étoffe de soie ornée de fleurs ou présentant des bandes alternativement mates et brillantes. V. **Pékiné.** « *Un habit de pékin bleu de France* » (NERVAL).

2. **PÉKIN** ou **PÉQUIN** [pekɛ̃]. *n. m.* (1797,-1776; d'un rad. *pekk-* « petit »; Cf. prov. *Pequin* « malingre », it. *piccolo*, esp. *pequeño*). Arg. milit. (*Péj.*). Le civil. *Se mettre, s'habiller en pékin* (vx, en bourgeois). *Deux militaires et un pékin.* ANT. *Militaire.*

PÉKINÉ, ÉE [pekine]. *adj.* et *n. m.* (1907; de *pékin* 1). *Tissu pékiné, du pékiné :* tissu présentant des rayures brillantes et mates. V. **Pékin** 1.

PÉKINOIS, OISE [pekinwa, waz]. *adj.* et *n. m.* (av. 1874; lat. mod. *pekinensis*, de *Pékin*, ville de Chine). ♦ 1° De Pékin. N. m. Dialecte parlé dans le nord de la Chine et choisi pour devenir la langue nationale du pays. ♦ 2° N. m. (1923). Petit chien de luxe à tête ronde, face camuse, oreilles pendantes, poil long.

PÉKINOLOGUE [pekinɔlɔg]. *n.* (1972; de *Pékin*, et *-logue*). Polit. Spécialiste de la politique chinoise. « *Les 'pékinologues' se demandent s'ils ne se sont pas trop hâtés dans leurs jugements* » (*Nouv. Obs.* 20-8-1972).

PELADE [pəlad]. *n. f.* (1545; de *peler*). Chute des cheveux laissant des plaques arrondies de cuir chevelu blanc, lisse, sans pellicules ni inflammation, entourées de zones de cheveux intacts. V. **Alopécie, teigne.** *On remarque* « *cette vilaine place nette et livide de mon cuir chevelu, et j'ai l'air d'avoir la pelade* » (APOLLINAIRE).

1. **PELAGE** [pəlaʒ]. *n. m.* (1469; de *pel.* V. **Poil**). Ensemble des poils d'un mammifère, considéré du point de vue de son aspect extérieur (couleur, finesse, douceur au toucher, épais-

seur, etc.). V. **Fourrure, livrée, manteau, poil, robe, toison.**
Pelage de la chèvre, du léopard. « *Un loup colossal au pelage gris, presque blanc* » (MAUPASS.). *Le pelage des mammifères et le plumage des oiseaux.*
2. **PELAGE** [pəlaʒ]. *n. m.* (1846; « droit perçu sur les peaux », 1732; de *peler*). Techn. Opération qui consiste à peler les peaux.

PÉLAGIANISME [pelaʒjanism(ə)]. *n. m.* (XVIIᵉ; de *pélagien* 1). Relig. Doctrine du moine Pélage et de ses sectateurs, relative à la grâce et au péché originel.

1. **PÉLAGIEN, IENNE** [pelaʒjɛ̃, jɛn]. *adj. et n.* (XVIIᵉ; de *Pélage*, moine breton du Vᵉ s.). Relig. Relatif à la doctrine de Pélage, au pélagianisme. *L'hérésie pélagienne.* N. *Les Pélagiens.* ◇ HOM. *Pélasgien.*
2. **PÉLAGIEN, IENNE** [pelaʒjɛ̃, jɛn]. *adj.* (XVIIIᵉ; du gr. *pelagios* « pleine mer »). Vx. V. **Pélagique.**

PÉLAGIQUE [pelaʒik]. *adj.* (1839; du gr. *pelagos*). Didact. Relatif à la haute mer; qui vit dans les parties de la mer les plus profondes (V. **Abyssal**). *Courants, terrains pélagiques.* Faune, vie pélagique. — Géol. *Terrains pélagiques :* dépôts des fonds marins.

PÉLAGOS [pelagɔs]. *n. m.* (v. 1965; mot gr. « haute mer »). Didact. Ensemble des organismes marins (faune pélagique*) vivant en pleine eau loin du fond (par opposition au *benthos**) et n'en dépendant pas pour leur subsistance. V. **Plancton.**

PÉLAMIDE ou **PÉLAMYDE** [pelamid]. *n. f. (Palamide,* 1611; lat. *pelamis, -idis,* gr. *pêlamus).* Zool. ♦ 1° Poisson marin voisin du thon, couramment appelé *bonite.* ♦ 2° Reptile ophidien *(Protéroglyphes),* aquatique et venimeux.

PELARD [pəlar]. *adj. et n. m.* (1611; de *peler*). Techn. *Bois pelard :* bois qu'on a dépouillé de son écorce afin d'en extraire du tan. — N. m. *Du pelard.*

PÉLARGONIUM [pelargɔnjɔm]. *n. m.* (1866; *pélargons,* masc. plur., 1808; du gr. *pelargos* « cigogne », à cause de la forme du fruit, allongé en bec de cigogne). ♦ 1° Bot. Plante *(Géraniacées)* d'origine exotique, acclimatée et cultivée en Europe à cause de la beauté de ses fleurs, et appelée couramment *géranium. Pélargonium peltatum :* géranium lierre. ♦ 2° Cour. Une des espèces de *pélargonium,* ornementale (qui n'est pas appelée *géranium*).

PÉLASGIEN, IENNE [pela(s)ʒjɛ̃, jɛn] ou **PÉLASGIQUE** [pela(s)ʒik]. *adj.* (1732; du gr. *Pelasgoi,* nom d'un peuple de l'antiquité préhellénique). Archéol. *Monuments, murs pélasgiques :* attribués aux Pélasges. V. **Cyclopéen.** ◇ HOM. *Pélagien, pélagique.*

PELÉ, ÉE [pəle]. *adj. et n.* (1080, « dépouillé de sa peau »; V. **Peler**).
I. ♦ 1° Qui a perdu ses poils, ses cheveux. — N. « *Ce pelé, ce galeux, d'où venait tout le mal* » (LA FONT.). *Loc. fam.* (1798) *Il n'y a que quatre pelés et un tondu :* un très petit nombre de personnes. Par ext. *Un vêtement pelé.* ♦ 2° *La montagne Pelée,* volcan de la Martinique (V. **Péléen**).
II. N. m. *Région.* (Belgique). Partie du gîte à la noix, parfois appelée *la pelée* gousse *d'ail.*

PÉLÉCYPODES [pelesipɔd]. *n. m. pl.* (1846; du gr. *pelekus* « hache », et *-pode*). Zool. Vx. Lamellibranches.

PÉLÉEN, ENNE [peleɛ̃, ɛn]. *adj.* (1906; de la *montagne Pelée*). Géogr. Se dit des volcans du même type que la montagne Pelée (émission de lave qui se solidifie en constituant une aiguille rocheuse).

PÊLE-MÊLE [pɛlmɛl]. *adv. et n. m. invar. (Pesle-mesle,* 1175; a. fr. *mesle-mesle,* forme redoublée de l'impér. de *mêler.* V. aussi **Méli-mélo**). ♦ 1° *Adv.* Dans une grande confusion, dans un désordre complet. *Jeter des objets pêle-mêle.* V. **Çà** (çà et là). *Marchandise présentée pêle-mêle.* V. **Vrac** (en vrac). « *Tout ce monde couchait dans la bergerie..., pêle-mêle sur la paille* » (ZOLA). ♦ 2° *N. m. invar.* Objets en désordre. V. **Capharnaüm, fatras, fouillis.** « *Un pêle-mêle sans nom d'assiettes, de coupes en carton doré, de vieux parapluies rouges, de cruches italiennes, de pendules de tous les styles* » (ZOLA). ◇ Cadre où l'on peut disposer plusieurs photographies.

PELER [pəle]. *v.; conjug. geler* (1080; lat. *pilare,* avec infl. de l'a. fr. *pel* « peau »). ♦ 1° V. tr. *Vx* ou *Techn.* Dépouiller (une peau) de son poil (un arbre, une branche) de son écorce. *Cour.* Dépouiller (un fruit) de sa peau. *Peler un fruit, des oignons.* V. **Éplucher.** Pronom. *La pêche se pèle facilement.* ♦ 2° V. intr. (1260). Perdre son épiderme par parcelles. *Cet enfant a pris un coup de soleil, il pèle.* « *La langue me fait mal à force d'avoir parlé; elle me brûle et me pèle à force d'avoir fumé* » (J. VALLÈS).

PÈLERIN, INE [pɛlRɛ̃, in]. *n.* (1080,-1416; « étranger », 1050; lat. ecclés. *pelegrinus* « étranger, voyageur »). ♦ 1° Personne qui fait un pèlerinage (le fém. PÈLERINE est inusité, à cause de l'homonyme). *Le bâton, le bourdon, les coquilles, la gourde des pèlerins d'autrefois. Les pèlerins de Lourdes; train de pèlerins — Les pèlerins d'Emmaüs,* qui partagèrent leur repas avec le Christ après sa résurrection. ♦ 2° N. m. Vx. Voyageur. ♦ 3° N. m. Faucon commun *(falco peregrinus).* Appos. *Faucon pèlerin.* ◇ Poisson sélacien, scientifiquement appelé *cetorhinus. Le pèlerin est le plus grand des requins.* Appos. *Des requins pèlerins.*

PÈLERINAGE [pɛlRinaʒ]. *n. m.* (1131; de *pèlerin*). ♦ 1° Voyage, individuel ou collectif, qu'on fait à un lieu saint pour des motifs religieux et dans un esprit de dévotion. *Aller en pèlerinage. Faire un pèlerinage. Le pèlerinage des chrétiens à Rome, à Lourdes; des musulmans à La Mecque.* ♦ 2° (1718). Le lieu qui est le but de ce voyage. *Saint-Jacques-de-Compostelle, pèlerinage très fréquenté au moyen âge.* ♦ 3° *Par anal.* (1835). Voyage fait avec l'intention de rendre hommage à un lieu, à un grand homme qu'on vénère. « *Cet homme rare avait fait un pèlerinage à Ferney pour voir Voltaire et en avait été reçu avec distinction* » (STENDHAL).

PÈLERINE [pɛlRin]. *n. f.* (1806; « sorte de fichu », 1765; de *pèlerin*). ♦ 1° Vêtement de femme en forme de grand collet rabattu sur les épaules et la poitrine. ♦ 2° Manteau sans manches, ample, souvent muni d'un capuchon. V. **Cape.** *Pèlerine portée par les enfants, par les gardiens de la paix.* « *Une courte pèlerine de laine noire protégeait ses épaules du froid et lui donnait un faux air d'ecclésiastique en camail* » (GREEN).

PÉLIADE [peljad]. *n. f.* (1868; du gr. *pelios* « noirâtre »). Vipère à museau arrondi.

PÉLICAN [pelikɑ̃]. *n. m.* (1210; lat. *pelicanus, pecanus,* gr. *pelekan*). Oiseau palmipède *(Pélécanidés),* au bec très long et crochu, muni à la mandibule inférieure d'une poche membraneuse dilatable, où il emmagasine la nourriture de ses petits. — *Le pélican, symbole de l'amour paternel.* « *Lorsque le pélican, lassé d'un long voyage...* » (MUSS.).

PELISSE [pəlis]. *n. f. (Pelice,* v. 1170; bas lat. *pellicia,* class. *pellicius,* de *pellis* « peau »). Vêtement orné ou doublé d'une peau garnie de ses poils. « *Une pelisse, ou plus exactement un long pardessus de drap noir à col de loutre, car il ne semblait pas que tout le dedans en fût doublé de fourrure* » (ROMAINS).

PELLAGRE [pe(ɛl)lagR(ə)]. *n. f.* (1810; du lat. *pellis* « peau », et gr. *agra* « prise », d'apr. *podagre*). Maladie due à une déficience alimentaire en vitamine PP (avitaminose* PP), caractérisée par des lésions eczémateuses de la peau des parties découvertes (mains, face), l'inflammation des muqueuses de la bouche, des troubles digestifs et nerveux. *La pellagre atteint surtout les populations qui ne se nourrissent que de maïs.*

PELLAGREUX, EUSE [pe(ɛl)lagRø, øz]. *adj. et n.* (1832; de *pellagre*). Méd. Relatif à la pellagre. *Symptômes pellagreux.* — N. *Un pellagreux, une pellagreuse.*

PELLE [pɛl]. *n. f.* (XIIIᵉ; *pele,* XIᵉ; lat. *pala.* V. aussi **Pale** 1). ♦ 1° Outil composé d'une plaque mince de métal ou de bois ajustée à un manche. « *Fauchelevent, qui ne quittait pas des yeux le fossoyeur, le vit se pencher et empoigner sa pelle, qui était enfoncée droit dans le tas de terre* » (HUGO). *Contenu d'une pelle :* pelletée. *Chargement, déchargement à la pelle.* *Pelle de jardinier* (V. aussi **Bêche**). *Pelle de boulanger, pour mettre les pains dans le four. Pelle et seau d'enfant pour jouer dans le sable. Pelle à ordures.* — V. aussi **Pelle-pioche.** — *Pelle à tarte.* ◇ *Pelle mécanique :* machine qui sert à exécuter les gros travaux de terrassement. V. **Excavateur,** pelleteuse. ♦ 2° *Mar.* Extrémité large et plate d'un aviron. V. **Pale.** ♦ 3° *Loc. fig.* À LA PELLE. *Remuer l'argent à la pelle* (1697) : être très riche. *On en ramasse à la pelle* (1879) : on en trouve en abondance. ♦ 4° *Fam. Ramasser une pelle :* tomber; *fig.* Échouer.

PELLE-PIOCHE [pɛlpjɔʃ]. *n. f.* (XXᵉ; de *pelle,* et *pioche*). Techn. Outil muni d'un fer en forme de pioche d'un côté et de houe de l'autre. *Des pelles-pioches.*

PELLET [pɛlɛ]. *n. m.* (1952; mot angl. « pilule »). Anglicisme. ♦ 1° *Méd.* Comprimé médicamenteux (surtout d'hormone) destiné à être introduit sous la peau et dont la résorption lente assure un effet prolongé. V. **Implant.** ♦ 2° *Métall.* Petite boule de minerai de fer destinée à améliorer la teneur en fer du minerai et à faciliter sa réduction en haut fourneau. (PELLETISATION [pɛltisasjɔ̃]. *n. f.,* préparation du fer en pellets).

PELLETAGE [pɛltaʒ]. *n. m.* (1874; *pillage,* 1868; de *pelleter*). Opération qui consiste à déplacer, à remuer avec la pelle. *Pelletage du blé.*

PELLETÉE [pɛlte]. *n. f.* (1680; *pellée,* XIᵉ; de *pelle*). La quantité de matière qu'on peut prendre d'un seul coup de pelle. *Une pelletée de sable, de charbon. La première pelletée de terre tomba sur le cercueil à l'instant où sonnaient deux heures* » (COURTELINE). ◇ Fig. et fam. *Recevoir des pelletées d'injures :* être copieusement injurié. ◇ HOM. *Pelté.*

PELLETER [pɛlte]. *v. tr.; conj. jeter* (1846; *peltrer,* 1788; de *pelle*). Déplacer, remuer avec la pelle. *Pelleter le blé, le grain pour l'aérer* (V. **Pelletage**).

PELLETERIE [pɛltRi; pɛlɛtRi]. *n. f.* (1202; de *pelletier*).

♦ 1° *Une, des pelleterie(s)*, peau dont on fait les fourrures (*spécialt.* peau apprêtée, fournie par le trappeur). ◊ Fourrure préparée par le pelletier (V. **Fourrure**). ♦ 2° (1611). *La pelleterie* : action de préparer les peaux munies de leurs poils pour en faire des fourrures (V. **Fourreur, pelletier**). ◊ Commerce des fourrures (V. **Fourreur, pelletier**).

PELLETEUR [pɛltœʀ]. *n. m.* (1868; de *pelle*). ♦ 1° Ouvrier qui travaille avec la pelle. ♦ 2° Machine qui effectue le travail d'une pelle. *Pelleteur mécanique*.

PELLETEUSE [pɛltøz]. *n. f.* (1936; de *pelle*). Pelle mécanique pour charger, déplacer des matériaux.

PELLETIER, IÈRE [pɛltje, jɛʀ]. *n.* (1170; de l'a. fr. *pel* « peau », lat. *pellis*). *Vx* ou *Techn.* Personne qui achète des peaux (V. **Pelleterie**) et qui les prépare, qui fait le commerce des fourrures. V. **Fourreur.** *Ancienn. La corporation des pelletiers-fourreurs.*

PELLETIÉRINE [pɛltjeʀin]. *n. f.* (1879; de *Pelletier*, nom d'un chimiste français). *Chim.* Alcaloïde (C₈H₁₈NO) extrait de l'écorce de la racine du grenadier.

PELLICULAGE [pe(ɛl)likylaʒ]. *n. m.* (1904; de *pellicule*). *Techn.* (*Phot.*). Opération par laquelle on sépare la couche sensible, l'émulsion, de son support.

PELLICULAIRE [pe(ɛl)likylɛʀ]. *adj.* (1842; de *pellicule*). *Sc.* Qui forme une pellicule, une fine membrane ou lamelle.

PELLICULE [pe(ɛl)likyl]. *n. f.* (1503 [fruits]; lat. *pellicula*, dimin. de *pellis* « peau »). ♦ 1° Petite peau; fine membrane organique. *Pellicule extérieure d'une feuille* (cuticule). — *Spécialt.* Enveloppe du grain de raisin. ♦ 2° *Cour.* Petite écaille qui se détache du cuir chevelu. « *Deux ou trois vieillards, chevelus, barbus, les épaules saupoudrées de pellicules* » (ROMAINS). V. **Pelliculeux.** ♦ 3° (1835). Couche fine à la surface d'un liquide, sur un solide. V. **Film** (*anglicisme*). *Pellicule qui recouvre l'étain en fusion. Mince pellicule de boue séchée.* ♦ 4° (1891). Feuille mince formant un support souple à la couche sensible (en photo et cinéma). *Pellicule photographique, cinématographique.* V. **Film; bande.** *Impressionner, gâcher de la pellicule. Acheter un rouleau de pellicule.*

PELLICULEUX, EUSE [pe(ɛl)likylø, øz]. *adj.* (1611; de *pellicule*). Qui a des pellicules (qui se détachent du cuir chevelu).

PELLUCIDE [pe(ɛl)lysid]. *adj.* (XVIᵉ; lat. *pellucidus*. V. **Lucide**). *Didact.* Translucide. *Membrane* (ou *zone*) *pellucide*, qui entoure l'ovocyte en voie de maturation. — *Littér.* « *Un brouillard léger, vivant, pellucide* » (DUHAM.).

PÉLOBATE [pelɔbat]. *n. m.* (1874; du gr. *pêlos* « boue, glaise », et -*bate*). *Zool.* Batracien anoure, du groupe des crapauds.

PÉLODYTE [pelɔdit]. *n. m.* (1874; du gr. *pêlos*, et *dutes* « plongeur »). *Zool.* Batracien anoure, du groupe des crapauds, qui creuse des galeries dans le sol.

PELOTAGE [p(ə)lɔtaʒ]. *n. m.* (déb. XVIIIᵉ, « amusement »; de *peloter*). ♦ 1° (1868). *Rare.* Action de mettre en pelote. *Le pelotage d'un écheveau.* ♦ 2° (1866). *Fam.* Caresses indiscrètes.

PELOTARI [p(ə)lɔtaʀi]. *n. m.* (1904; mot basque, du rad. de *peloter*). Joueur de pelote basque. « *Ils entrent dans l'arène, les pelotaris, les six champions* » (LOTI).

PELOTE [p(ə)lɔt]. *n. f.* (1150, « boule de métal »; lat. pop. *°pilotta*, dimin. de *pila* « balle »). ♦ 1° (1260). Boule formée de fils, ficelles, cordes roulés sur eux-mêmes. *Le chat joue avec une pelote de laine. Petite pelote.* V. **Peloton.** *Laine en pelote, en écheveau.* — *Loc. fig. Avoir les nerfs en pelote* : être très énervé. ♦ 2° *Masse ronde d'une substance quelconque.* V. **Boule, sphère.** *Pelote de neige* (*vx*; on dit « boule de neige »). ◊ *Fig. et mod. Faire sa pelote* : amasser patiemment des profits de manière plus ou moins honnête. « *Avec cinq cents francs par mois à Eugénie, qui arrondit joliment sa pelote, vous saurez tout ce que fera madame* » (BALZ.). ♦ 3° (1588). Coussinet sur lequel on peut planter des épingles, des aiguilles. *Fig. C'est une vraie pelote d'épingles*, une personne désagréable (Cf. **Hérisson**). ◊ *Chir.* Coussinet de charpie destiné à faire pression (dans un pansement). *Pelote herniaire.* ♦ 4° *Ancienn.* Balle du jeu de paume. *Mod.* Balle au jeu de pelote basque. « *Le bruit sec de cette pelote qui... frappait les contrevents* » (TOULET). — PELOTE ou PELOTE BASQUE : jeu, sport basque où les joueurs (V. **Pelotari**) divisés en deux équipes, envoient alternativement la balle rebondir contre un mur (fronton), à main nue ou à l'aide de la chistera*. ♦ 5° *Arg. milit.* (de *peloton*). *Faire la pelote* : être dans un peloton de punition.

PELOTER [p(ə)lɔte]. *v.* (*Peluter* « rouler en pelote », 1280; de *pelote*). ♦ 1° *V. tr. Vx.* Mettre, rouler en pelote, en boule. *Peloter du fil.* ♦ 2° (1489). *V. intr. Vx.* Jouer à la paume, et *spécialt.* Se renvoyer la balle sans engager une partie. *La maison du chat qui pelote*, de Balzac. ♦ 3° *V. tr. Fam.* ou *pop.* (1780). Caresser, palper, toucher indiscrètement et sensuellement (le corps de qqn; qqn). V. **Caresser, lutiner.** ◊ *Fig.* Flatter. « *Les ministres qui vous pelotent pour que le « journal de doctrine » ne les abîme pas trop* » (ROMAINS). **PELOTEUR, EUSE** [p(ə)lɔtœʀ, øz]. *n. et adj.* (1803; de

peloter). ♦ 1° *Vx.* Joueur de pelote. ♦ 2° *Techn.* Personne qui met les fils en pelote. ◊ *N. f.* PELOTEUSE (1800) : machine à mettre les fils en pelote. ♦ 3° (1874). *Fam.* Personne qui aime caresser, peloter. — *Adj. Les jeunes femmes « qu'il traitait avec une insolence caressante et qu'il enveloppait... de gestes délicatement peloteurs* » (DUHAM.). ◊ *Fig.* Flatteur insinuant.

PELOTON [p(ə)lɔtɔ̃]. *n. m.* (1435; de *pelote*). I. ♦ 1° Petite pelote de fils roulés. *Dévider un peloton de laine, de ficelle. Vx.* Petite pelote à épingles. ♦ 2° *Sc. nat.* Amas plus ou moins sphérique. *Peloton d'abeilles, de chenilles. Anat. Pelotons adipeux.*
II. (1578). Groupe de personnes. ♦ 1° *Ancienn.* Groupe de soldats en armes, troupe en opérations. — *Mod. Pelotons de sapeurs-pompiers. Peloton de punition, de discipline.* V. **Pelote** (5°). *Peloton d'instruction. Suivre les pelotons* (formation des gradés). *Feu de peloton* : tir en groupe. — *Peloton d'exécution*, groupe chargé de fusiller un condamné. ◊ Subdivision de la compagnie, dans la gendarmerie; de l'escadron, dans la cavalerie; les blindés. ♦ 2° (1872). Groupe formé par le gros des chevaux, dans une course. ◊ *Par anal.* (Cyclisme, moto) Groupe compact de coureurs. *Peloton de tête. Le gros du peloton.* « *Les deux hommes se détachaient... du peloton* » (J. PRÉVOST). — *Fig. Être dans le peloton de tête*, dans les premiers (dans une compétition, un concours). « *Les dirigeants* [d'une entreprise] *dans le peloton de tête des techniques modernes* » (L'*Express*, 19-5-1969).

PELOTONNEMENT [p(ə)lɔtɔnmɑ̃]. *n. m.* (1845; de *pelotonner*). Action de se pelotonner; son résultat.

PELOTONNER [p(ə)lɔtɔne]. *v. tr.* (1617; de *peloton*). I. *V. tr.* Mettre en peloton. *Pelotonner du fil, de la ficelle.* II. *Cour.* (1784). SE PELOTONNER. *v. pron.* (*Réfl.*). « *Il se pelotonnait contre elle, dans le noir. Et elle l'avait pris dans ses bras, serré contre elle, comme un enfant* » (MART. du G.). — *Au p. p.* « *Pelotonnée espièglement en boule sur mon lit...* » (PROUST). ◊ (Choses) « *Quelques pauvres toits de hameau se pelotonnant au loin dans les mamelons de cette grande dune* » (HUGO).
◊ ANT. Étirer (s'); étendre (s').

PELOUSE [p(ə)luz]. *n. f.* (1660; « monticule », 1611; de l'adj. *pelous* « poilu » [XIIIᵉ]; lat. *pilosus* « couvert de poils »). Terrain couvert d'une herbe courte et serrée. « *Une pelouse de gazon entourée de grands arbres* » (VIGNY). V. **Gazon.** *Les pelouses d'un jardin, d'un parc. Tondre une pelouse.* — *Spécialt.* Partie d'un champ de courses, généralement gazonnée, ouverte au public. *La pelouse et le pesage.*

PELTA [pɛlta], **PELTE** [pɛlt(ə)]. *n. m.* ou *f.* (1732; mot lat., du gr. *peltê*). *Archéol.* Petit bouclier en forme de croissant, dans l'antiquité grecque.

PELTASTE [pɛltast(ə)]. *n. m.* (1808; de *pelta*). *Hist.* (*Antiq. gr.*). Soldat armé du pelta.

PELTÉ, ÉE [pɛlte]. *adj.* (1839; de *pelta*). *Bot.* Se dit d'une feuille dont le pétiole est fixé au milieu du limbe. *La capucine a des feuilles peltées.* ◊ HOM. *Pelletée.*

PELUCHE [p(ə)lyʃ]. *n. f.* (1591; de l'a. fr. *peluchier* [V. **Éplucher**], bas lat. *pilucare*, de *pilare* « peler »). ♦ 1° Tissu à armure façonnée, à poils moins serrés et plus longs que ceux du velours. *Peluche de laine, de coton, de soie. Chapeau de peluche.* — *Animaux en peluche* (jouets d'enfants). *Ours en peluche.* ♦ 2° *Par ext. ou région.* PLUCHE : flocon de poussière; poil détaché d'une étoffe, épluchure (V. **Pluches**).

PELUCHÉ, ÉE [p(ə)lyʃe] ou **PLUCHÉ, ÉE** [plyʃe]. *adj.* (1667 [bot.],-XVIIIᵉ; de *peluche*). Qui a de longs poils, ressemble à de la peluche. *Étoffe peluchée.*

PELUCHER [p(ə)lyʃe] ou **PLUCHER** [plyʃe]. *v. intr.* (1798,-XIXᵉ; de *peluche*). Devenir poilu comme la peluche (Se dit d'une étoffe dont l'usure relève les poils).

PELUCHEUX [p(ə)lyʃø] ou **PLUCHEUX, EUSE** [plyʃø, øz]. *adj.* (1822,-XIXᵉ; de *peluche*). Qui donne au toucher la sensation de la peluche; qui peluche. *Étoffe pelucheuse.*

PELURE [p(ə)lyʀ]. *n. f.* (*Peleure* « dépouille, butin », 1156; de *peler*). ♦ 1° (1260). Peau d'un fruit, d'un légume qu'on a pelé. V. **Épluchure.** « *Ah! cette peau qu'ils ont!* »... « *Fine comme une pelure de fruit* » (MART. du G.). *Spécialt. Pelure d'oignon*. ♦ 2° *Fig. et fam.* (1725). Habit, vêtement. « *Dites-moi* [...] *quelle pelure dois-je mettre?* » (QUENEAU) et *spécialt.* Manteau. *Je vais enlever ma pelure.* ♦ 3° (XIXᵉ). Par appos. *Papier pelure*, très fin et légèrement translucide. *Une Bible sur papier pelure.* — N. f. *Deux doubles dactylographiés sur pelure.*

PELVIEN, ENNE [pɛlvjɛ̃, ɛn]. *adj.* (1812; de *pelvis*). *Anat.* Relatif au pelvis, au bassin. *Cavité pelvienne. Ceinture pelvienne* : formée par les deux os iliaques* qui attachent les membres inférieurs au tronc par l'intermédiaire du sacrum. *Plancher pelvien.* V. **Périnée.** — *Zool. Nageoires pelviennes*, nageoires paires, ventrales, des poissons (en arrière des pectorales*).

PELVIGRAPHIE [pɛlvigʀafi]. *n. f.* (1959; de *pelvis*, et

-graphie). *Méd.* Radiographie du petit bassin après injection d'une substance de contraste permettant de préciser les contours des ovaires.

PELVIPÉRITONITE [pɛlvipeʁitɔnit]. *n. f.* (1903; de *pelvis*, et *péritonite*). *Méd.* Inflammation du péritoine du bassin, généralement liée à une infection des ovaires ou des trompes.

PELVIS [pɛlvis]. *n. m.* (1666; mot lat. « bassin »). *Anat.* Bassin.

PEMMICAN [pe(ɛm)mikã]. *n. m.* (1836; mot angl., de l'algonquin *pimekan*, rac. *pime* « graisse »). Préparation de viande concentrée et séchée.

PÉNAL, ALE, AUX [penal, o]. *adj.* (XVIe; *poinal liu* « lieu pénal, purgatoire », 1190; lat. *pœnalis*, de *pœna*. V. Peine). Relatif aux peines, aux infractions qui entraînent des peines. *Droit* pénal et droit criminel. Le Code pénal (anciem. Code d'instruction criminelle), ensemble des textes qui prévoient les infractions (crimes, délits, contraventions) et qui déterminent les sanctions applicables. « *Les lois pénales ont été faites par des gens qui n'ont pas connu le malheur* » (BALZ.). — *Par ext.* (Dr. civ.) Clause *pénale* : qui fixe le montant des dommages-intérêts à payer en cas d'inexécution d'un contrat.

PÉNALEMENT [penalmã]. *adv. (Penallement*, 1570; de *pénal). Dr.* En matière pénale, en droit pénal.

PÉNALISATION [penalizasjɔ̃]. *n. f.* (1907; de l'angl. *penalization*). Dans un match, Désavantage infligé à un concurrent qui a contrevenu à une règle. *En football, le coup franc, le penalty sont des pénalisations.*

PÉNALISER [penalize]. *v. tr.* (XXe; angl. [*to*] *penalize*, de même o. que *pénal*). *Sports.* Infliger une pénalisation à. ◊ Infliger une peine, une punition à. — *Être pénalisé* : souffrir un désavantage imposé. *Spécialt.* Être frappé d'une pénalité (fiscale).

PÉNALITÉ [penalite]. *n. f.* (1803; « souffrance », 1319; de *pénal*). ◊ 1° *Dr.* Caractère de ce qui est pénal; application d'une peine. ◊ 2° *Littér.* Ensemble des peines établies par la loi. « *La loi ignore presque le droit. Il y a d'un côté la pénalité, de l'autre l'humanité* » (HUGO). ◊ 3° *Cour.* Peine; *spécial.* Sanctions applicables à un délit fiscal. ◊ (Sports) *Pénalités appliquées par l'arbitre.* V. **Pénalisation.** *Coup de pied de pénalité* (au rugby).

PENALTY [penalti]. *n. m.* (XXe; mot angl. « pénalisation », même rac. que *pénal*). *Sport (Football).* Faute grave commise par un joueur dans la « surface de réparation » de son camp, et qui est sanctionnée par un coup de pied *(penalty)* tiré de l'intérieur de cette surface directement au but, en face du seul gardien (Cf. *aussi* Coup franc*). *L'arbitre a sifflé le penalty. Tirer un penalty. Des penalties.*

PÉNARD. V. **PEINARD.** — **PÉNARDEMENT.** V. **PEINARDEMENT.**

PÉNATES [penat]. *n. m. pl.* (1488; lat. *penates*, de *penus* « intérieur de la maison »). ◊ 1° *Dieux domestiques protecteurs de la cité et du foyer, chez les anciens Romains. Les dieux, qui personnifiaient le foyer, étaient associés aux lares.* — *Statuettes des pénates.* ◊ *Par métaph.* « *Des objets, meubles, photos... Ce sont leurs pénates. Ils* (les Américains) *les traînent partout, comme Énée* » (SARTRE). *Porter, emporter ses pénates dans tel endroit* : s'y installer. ◊ 2° (1678). *Fig.* Demeure. V. Foyer, habitation, maison. *Regagner ses pénates.*

PENAUD, AUDE [pəno, od]. *adj.* (1544, « qui est en peine »; de *peine*). Honteux à la suite d'une maladresse; interdit à la suite d'une déception. « *Il écoutait tout air... penaud les remontrances de sa mère* » (BALZ.). V. **Confus,** contrit, déconfit, embarrassé, humilié. ◊ ANT. *Fier.*

PENCE. *plur.* de PENNY.

PENCHANT [pɑ̃ʃɑ̃]. *n. m.* (1538; « mur qui penche », 1532; de *pencher*). ◊ 1° *Vx* ou *littér.* Versant, pente. « *La ville, bâtie sur le penchant d'une montagne* » (NERVAL). ◊ 2° (1642). *Mod.* et *cour.* Inclination naturelle vers un objet ou une fin. V. **Faible, goût, inclination, propension, tendance.** *Mauvais penchants* (V. **Défaut,** vice). *Avoir un penchant à la paresse, pour la paresse* : y être enclin, porté. « *Vous aviez un fâcheux penchant à vous jeter étourdiment dans les entretiens sérieux comme un chien dans un jeu de quilles* » (FRANCE). ◊ 3° *Littér.* Mouvement qui porte à aimer une personne, à prendre parti pour elle. V. **Sympathie.** « *Ils suivaient sans remords leur penchant amoureux* » (RAC.). V. **Affection,** passion. ◊ ANT. *Antipathie, aversion, répugnance.*

PENCHÉ, ÉE [pɑ̃ʃe]. *adj.* (XVIIe; V. **Pencher).** Qui se penche ou a été penché. V. **Pencher.** ◊ 1° (Personnes). « *Ce petit garçon que j'étais, penché sur ses dictionnaires* » (MAURIAC). ◊ *Loc. Avoir, prendre des airs penchés* : avoir la tête penchée, l'air pensif, rêveur (souvent *iron.*). ◊ 2° (Choses). *Une écriture penchée. La Tour penchée de Pise.*

PENCHER [pɑ̃ʃe]. *v.* (1283; *pengier* « être hors de son aplomb », 1256; lat. pop. °*pendicare*, class. *pendere* « pendre »)

I. *V. intr.* ◊ 1° Être ou devenir oblique, cesser d'être vertical en prenant un équilibre instable ou une position anormale. *Mur qui penche.* « *Dans sa lassitude elle penchait de tout son poids, tantôt sur un côté du corps, tantôt sur l'autre* » (SUARÈS). V. **Chanceler.** ◊ 2° Être, devenir oblique par rapport à l'horizontale, aller en s'abaissant. « *Le toit penche, le mur s'effrite* » (GAUTIER). *Pencher vers le sol.* — *Loc. Faire pencher la balance* (en appuyant sur un plateau, en le chargeant); *fig.* Emporter la décision. ◊ *Fig.* et *vx.* « *Cependant Claudius penchait vers son déclin* » (RAC.). ◊ 3° *Abstrait* (1283). *Pencher vers* (vieilli), *pour* : être porté, avoir une tendance à choisir, à préférer qqch., qqn (Cf. **Inclination, penchant).** « *La raison ne peut pencher plutôt vers l'une que vers l'autre* (religion) » (PASC.). « *Osmin a vu l'armée; elle penche pour vous* » (RAC.). « *Il penche pour la deuxième hypothèse* » (ROMAINS). V. **Préférer.**

II. *V. tr.* (1530). Rendre oblique (par rapport à la verticale ou à l'horizontale); faire aller vers le bas. V. **Abaisser,** baisser, coucher, incliner, renverser. *Pencher une carafe pour verser de l'eau.* — *Pencher la tête.* V. **Courber.**

III. SE PENCHER. *v. pron.* ◊ 1° S'incliner. *Défense de se pencher par la portière.* « *Ils se penchent en avant jusqu'à toucher le sol avec le front* » (MAUPASS.). *Se pencher sur un livre.* « *Il monta dans la voiture qui peu a un peu et reprit son aplomb pendant qu'il s'installait à côté de Pauline* » (CHARDONNE). ◊ 2° *Fig.* SE PENCHER SUR... : s'occuper de qqn avec sollicitude; s'intéresser à (qqn ou à qqch.) avec curiosité. *Se pencher sur la misère. Se pencher sur un problème, sur une question.* V. **Étudier, examiner.** « *Nous a-t-on assez dit qu'il* (le réaliste) « *se penchait* » *sur les milieux qu'il voulait décrire. Il se penchait! Où était-il donc? En l'air?* » (SARTRE).

PENDABLE [pɑ̃dabl(ə)]. *adj.* (1283, « qui mérite d'être pendu »; de *pendre*). ◊ 1° *Vx* (en parlant d'un crime). Dont l'auteur est passible de la pendaison. « *Sa peccadille fut jugée un cas pendable* » (LA FONT.). ◊ 2° *Mod. C'est un cas pendable :* une action coupable. *Jouer un tour pendable à qqn* : un méchant tour.

PENDAGE [pɑ̃daʒ]. *n. m.* (1776; de *pendre*). *Techn.* Inclinaison d'un filon dans une mine, d'une couche sédimentaire.

PENDAISON [pɑ̃dɛzɔ̃]. *n. f.* (1644; *pendezon*, XIVe; de *pendre*). ◊ 1° Action de pendre qqn. *Le supplice de la pendaison était en usage en Grande-Bretagne* (jusqu'en 1965). V. **Corde, gibet, potence.** ◊ Action de se pendre (suicide). « *Il termina sa vie par l'ignoble pendaison volontaire* » (BLOY). ◊ 2° Action de pendre (qqch.). *Pendaison de crémaillère.*

1. PENDANT, ANTE [pɑ̃dɑ̃, ɑ̃t]. *adj.* (1138; V. **Pendre).** ◊ 1° Qui pend. *Les bras pendants. Les chiens haletaient, la langue pendante.* — *Archit. Clef pendante,* clef* de voûte ornée. ◊ 2° *Dr. Fruits pendants,* non récoltés. ◊ 2° (1265). *Dr.* En instance, qui n'est pas encore jugé. « *Un procès était pendant contre les meurtriers... Il avançait lentement, ce procès* » (MICHELET). — *Cour. Affaire, question pendante,* qui n'a pas reçu de solution.

2. PENDANT [pɑ̃dɑ̃]. *n. m.* (*Pendanz* « cordons qui servent à attacher », 1105; de *pendre*). ◊ 1° *Archéol.* Pièce du baudrier, du ceinturon qui pend au côté et sert à soutenir l'épée. ◊ 2° *Cour.* (XIVe). *Pendants d'oreilles* : paire de bijoux suspendus à l'oreille par une boucle. « *Elle dansait, non pas avec des boucles, mais avec des pendants d'oreilles, j'oserais presque dire des lustres* » (BAUDEL.). ◊ 3° LE PENDANT DE..., DES PENDANTS : chacun des deux objets d'art formant la paire et destinés à être disposés symétriquement. *Cette estampe est le pendant de l'autre.* ◊ Chose qui est comparable, égale à une autre ou symétrique. V. **Contrepartie,** semblable. « *On a souvent comparé Eugène Delacroix à Victor Hugo. Cette nécessité de trouver à tout prix des pendants et des analogues dans les différents arts amène souvent d'étranges bévues* » (BAUDEL.). ◊ FAIRE PENDANT À, se faire pendant : être symétrique. « *Deux dressoirs ou crédences qui faisaient pendants d'un côté de la salle à l'autre* » (GAUTIER). « *Ces deux déclarations se font pendant* » (GIDE).

3. PENDANT [pɑ̃dɑ̃]. *prép.* (XIVe; de l'emploi en participe absolu de *pendant* 1 sur le modèle du lat. jur. *pendens* : *le siège pendant, le temps pendant*). ◊ 1° Exprime la simultanéité (avec un terme qui désigne l'espace de temps où l'action, le fait a lieu). *Pendant l'hiver.* V. **Cours** (au cours de), durant, en, milieu (au milieu de). *Il n'a rien fait pendant toute la journée.* V. **De.** *Pendant ce temps.* V. **Cependant** (1°). *Pendant quelques mois, plusieurs jours, deux nuits.* « *Et pendant un moment, tous deux avaient aimé* » (MUSS.). *Pendant longtemps.* « *Pendant les quatre mois qu'ils furent enfermés ensemble, elle ne cessa de quereller son compagnon* » (FRANCE). ◊ (Avec un nom exprimant un état ou un fait) *Pendant le voyage.* « *Pendant sa convalescence, elle s'occupa beaucoup à chercher un nom pour sa fille* » (FLAUB.). — *Ellipt.* (valeur adverbiale) *Avant la guerre et pendant.* ◊ 2° *Loc. conj.* PENDANT QUE : dans le même temps que; dans tout le temps que. V. **Cependant** (que), **lorsque**. — (Simultanéité) « *Pendant qu'il sommeillait, Ruth, une Moabite, S'était couchée aux pieds de Booz* » (HUGO). « *Amusons-nous pendant que nous sommes jeunes, n'est-ce pas, Caoudal?* » (DAUD.). — (Valeur proche de puisque) *Pendant que j'y pense.* Iron. *C'est ça, pendant que vous y êtes, prenez aussi mon portefeuille!* ◇ (Idée d'opposition ajoutée à la simultanéité) V. **Alors** (que), **tandis** (que). — « *Faut-il demander pourquoi des joueurs très habiles se ruinent au jeu, pendant que d'autres hommes y font leur fortune?* » (VAUVEN.).

PENDARD, ARDE [pɑ̃daʀ, aʀd(ə)]. *n.* (1549; adj. 1513; *pendart* « bourreau », 1380; de *pendre*). Vx. Coquin, fripon, vaurien. « *Parle bas, pendarde* » (MOL.).

PENDELOQUE [pɑ̃dlɔk]. *n. f.* (1640; altér. d'apr. *breloque*, de *pendeloche* [XIIIe], de l'a. v. *pendeler* « pendiller »; de *pendre*). ♦ 1° Bijou suspendu à une boucle d'oreille. V. **Dormeuse, girandole, pendant** (2), **pendentif**. « *Les oreilles étaient ornées de pendeloques en or travaillé* » (BALZ.). ♦ 2° Ornement suspendu à un lustre. *Pendeloques de cristal.*

PENDENTIF [pɑ̃dɑ̃tif]. *n. m.* (1561; du lat. *pendens, -entis*, de *pendere* « pendre »). ♦ 1° Archit. Triangle sphérique entre les grands arcs qui supportent une coupole. *Les pendentifs permettent de passer du plan carré au plan circulaire. Coupole à pendentifs ou à trompes.* ♦ 2° Cour. Bijou qu'on porte suspendu au cou par une chaînette, un collier. V. **Sautoir.** ◇ *Pendants d'oreilles.* V. **Girandole, pendeloque.**

PENDERIE [pɑ̃dʀi]. *n. f.* (fin XIXe; « hangar où on sèche les peaux », 1802; « pendaison », 1525; de *pendre*). Petite pièce, placard où l'on suspend des vêtements. V. **Garde-robe.**

PENDILLER [pɑ̃dije]. *v. intr.* (1265; de *pendre*). Être suspendu (V. **Pendre,** I) en se balançant, en s'agitant en l'air. *Linge qui pendille sur une corde.*

PENDILLON [pɑ̃dijɔ̃]. *n. m.* (XVIIe; de *pendiller*). Techn. Tige qui transmet le mouvement au pendule d'une horloge.

PENDOIR [pɑ̃dwaʀ]. *n. m. (Pandouer,* XIIIe; de *pendre).* Corde ou crochet pour suspendre la viande dans une boucherie.

PENDOUILLER [pɑ̃duje]. *v. intr.* (XXe; Cf. a. fr. *Pendoillier,* 1250; de *pendre*). Fam. Pendre d'une manière ridicule, mollement. *Avoir une mèche qui pendouille devant les yeux.* V. **Pendiller.**

PENDRE [pɑ̃dʀ]. *v.; conjug. comme* (980, « être suspendu »; lat. pop. °*pendere* [e bref], class. *pendere* [e long]).
I. *V. intr. (Choses).* ♦ 1° Être fixé par le haut, la partie inférieure restant libre. *Morceau de viande qui pend à un crochet. Volant qui pend à un rideau,* ou fam. *après un rideau.* V. **Retomber, tomber.** « *De pâles boucles à l'anglaise pendaient le long de ses joues* » (FRANCE). — *Laisser pendre ses bras, ses jambes.* ♦ 2° Descendre plus bas qu'il ne faudrait (V. **Pendouiller,** fam.), s'affaisser. *Jupe qui pend par derrière. Son manteau pend jusqu'à terre.* V. **Traîner.** — *Joues qui pendent.* ♦ 3° Vx. Surplomber (avec une idée d'instabilité, de menace). « *D'immenses rochers pendaient en ruines au-dessus de ma tête* » (ROUSS.). ◇ *Fig. et mod.* (XVIe) *Cela lui pend sur la tête* : cela risque de lui arriver d'un instant à l'autre (Cf. *C'est une épée* de Damoclès). — *Fam. Ça lui pend au nez,* se dit d'un désagrément, d'un malheur dont qqn est menacé (par sa faute).
II. *V. tr.* ♦ 1° (980). Fixer (qqch.) par le haut de manière que la partie inférieure reste libre. V. **Suspendre.** *Pendre un jambon au plafond, du linge aux fenêtres. Pendre la crémaillère*.* ♦ 2° (XIIe). Mettre à mort (qqn) en suspendant par le cou au moyen d'une corde. V. **Pendaison.** *Pendre un condamné à un gibet, à une potence. Pendre qqn haut et court. Pendre qqn en effigie.* — Loc. *Il ne vaut pas la corde pour le pendre* : rien ne pourra l'améliorer, le racheter. — *Dire pis que pendre de qqn* : plus qu'il n'en faudrait pour le faire pendre. V. **Médire.** *Fam. Qu'il aille se faire pendre ailleurs* : se dit de qqn dont on a à se plaindre, mais qu'on ne veut pas punir soi-même. — « *Que voulez-vous dire, mon oncle, je veux être pendu si je comprends un seul mot* » (BALZ.) : se dit pour appuyer énergiquement une déclaration.
III. SE PENDRE. *v. pron.* (1690, fig.; *se pendre à* « pencher », être favorable », 1260). ♦ 1° Se tenir en laissant pendre (I) ses jambes. *Se pendre par les mains à une barre fixe, à la branche d'un arbre.* V. **Suspendre** (se). ◇ Fam. et par exagér. *Se pendre au cou* de qqn.* « *Rose, terrifiée, craignant une bataille entre le père et le fils, se pendit à une épaule de ce dernier* » (ZOLA). *Il se pend à notre sonnette : il sonne sans arrêt, toute la journée.* ◇ *Au p. p.* ÊTRE PENDU À : ne pas quitter, ne pas laisser. *Il est pendu à ses basques. Il est tout le temps pendu au téléphone.* — *Être pendu aux lèvres* de qqn.* ♦ 2° Absolt. Se suicider par pendaison. *Il s'est pendu par désespoir.* « *Je veux faire pendre tout le monde; et si je ne retrouve pas mon argent, je me pendrai moi-même après* » (MOL.).

PENDU, UE [pɑ̃dy]. *p. p., adj. et n.* (XIIIe; V. **Pendre**).
♦ 1° Au p. p. *(Choses).* Accroché, suspendu. « *Un gros*

chaudron pendu à la crémaillère » (GIONO). Adj. *Des rangées de saucissons pendus.* — Loc. fam. *Avoir la langue bien pendue* : être très bavard. ◇ *(Personnes)* Qui se pend (II) à qqn, qqch. *Il « pleure... pendu au bras droit de son grand frère* » (DIDER.). ♦ 2° *(Personnes).* Mort par pendaison. *Il est mort pendu.* ◇ N. UN, UNE PENDU(E). *La Ballade des pendus,* de Villon.

PENDULAIRE [pɑ̃dylɛʀ]. *adj.* (1867; de *pendule*). Relatif au pendule. *Mouvement pendulaire* : mouvement d'un point qui oscille sur une droite de part et d'autre d'un point d'équilibre.

1. PENDULE [pɑ̃dyl]. *n. m.* (1658, Huyghens; Cf. *Fune-pendule,* 1646; lat. *pendulus,* de *pendere*). ♦ 1° Sc. Système oscillant de fréquence constante. *Pendule simple* ou *Pendule* : masse ponctuelle suspendue à un point fixe par un fil tendu, de masse négligeable, et soumise à l'action de la pesanteur. *Pendule composé* : solide mobile autour d'un axe horizontal (ses oscillations peuvent se ramener à celles d'un pendule). — *Pendule circulaire, conique, cycloïdal.* — *Pendule balistique, compensateur. Oscillations, fréquence, période d'un pendule. Pendule battant la seconde,* faisant une demi-oscillation par seconde. *Applications du pendule* : mesure de l'accélération de la pesanteur, démonstration de la rotation de la terre *(pendule de Foucault).* ◇ *Pendule d'une horloge* ou balancier. ◇ *Mouvement pendulaire* (volontaire ou involontaire) d'un alpiniste. *Faire un pendule.* ♦ 2° *Pendule de sourcier, de radiesthésiste,* servant, comme la baguette du sourcier, à déceler les « ondes ».

2. PENDULE [pɑ̃dyl]. *n. f.* (1664; du précéd., à cause du *pendule* qui sert de régulateur du mouvement de cet appareil). Cour. Petite horloge, souvent munie d'une sonnerie, qu'on pose ou qu'on applique. V. **Pendulette.** *Aiguilles, balancier, cadran, rouages, roues, timbre d'une pendule. Tic-tac, carillon d'une pendule. Consulter, regarder la pendule.* — *Pendule électrique.* ◇ *Pendule astronomique* : qui sert à établir les étalons de temps, à effectuer des mesures astronomiques.

PENDULER [pɑ̃dyle]. *v. intr.* (XXe; de *pendule* 1°). *Sports.* En alpinisme, basculer ou osciller comme un pendule; faire un pendule*. « *Son corps pendule et vient se plaquer sur un rocher* » (FRISON-ROCHE).

PENDULETTE [pɑ̃dylɛt]. *n. f.* (fin XIXe; de *pendule*). Petite pendule portative. *Pendulette de bureau, de voyage.*

PÊNE [pɛn]. *n. m.* (1680; *pesne,* 1611; altér. de *pêle, pesle* [XIIe]; lat. *pessulus* « verrou », d'o. gr.). Pièce mobile d'une serrure, qui s'engage dans la gâche et tient fermé l'élément (porte, fenêtre) auquel la serrure est adaptée. *C'est le clé qui fait agir le pêne. Il « referma sa porte si doucement, qu'on n'entendit pas le pêne glisser dans la gâche* » (ZOLA). ◇ HOM. Peine, penne.

PÉNÉPLAINE [peneplɛn]. *n. f.* (v. 1900; angl. *peneplain* [1889]; du lat. *pæne* « presque », et *plaine*). Géogr. Surface faiblement onduleuse portant des sols résiduels. *La pénéplaine est l'avant-dernier stade de l'érosion.*

PÉNÉTRABILITÉ [penetʀabilite]. *n. f.* (1510; de *pénétrable*). Littér. Caractère de ce qui est pénétrable. ◇ ANT. Impénétrabilité.

PÉNÉTRABLE [penetʀabl(ə)]. *adj.* (1370; lat. *penetrabilis,* de *penetrare*). ♦ 1° Où il est possible de pénétrer. *Pénétrable à l'eau, à la lumière.* V. **Perméable.** ♦ 2° (1690). Qu'on peut comprendre. *Mystère, secret difficilement pénétrable.* ◇ ANT. Impénétrable; insondable.

PÉNÉTRANT, ANTE [penetʀɑ̃, ɑ̃t]. *adj.* (1314; *plaie pénétrante.* V. **Pénétrer**). ♦ 1° (XVe). Qui pénètre. *Rayonnement pénétrant* (dans la matière). — Spécialt. et cour. Qui transperce les vêtements, contre quoi on ne peut se protéger. « *Un air vif, pénétrant, glacé, mais sain* » (GAUTIER). *Pluie pénétrante et fine.* ♦ 2° Méd. *Plaie pénétrante,* qui va jusqu'à une cavité viscérale. ♦ 3° Fig. (XVIe). Qui procure une sensation, une impression puissante. V. **Fort.** *Odeur pénétrante.* « *Donner un charme pénétrant à cette phrase banale* » (BALZ.). *Œil, regard pénétrant.* V. **Perçant.** ♦ 4° (XVIIe). Qui pénètre dans la compréhension des choses. V. **Aigu, clair, clairvoyant, perspicace, profond.** *Vue pénétrante, regard pénétrant. Esprit pénétrant.* — (Personnes) « *Un homme moins pénétrant que lui ne s'en fût peut-être pas aperçu* » (Mme de LA FAYETTE). Borné, obtus.

PÉNÉTRANTE [penetʀɑ̃t]. *n. f.* (1959; de *pénétrer*). Grande voie de circulation (autoroute) allant de la périphérie au cœur d'un important centre urbain.

PÉNÉTRATION [penetʀasjɔ̃]. *n. f.* (1370; lat. *penetratio,* de *penetrare*). ♦ 1° Mouvement par lequel un corps matériel pénètre dans un autre. *Pénétration par osmose. Pénétration dans le corps d'un germe infectieux.* — *Force de pénétration d'un projectile.* ◇ Absolt. Introduction du pénis dans le vagin. ◇ Littér. *(Choses abstraites) Pénétration d'une idée dans l'esprit, d'un sentiment dans le cœur.* ♦ 2° (1650). Qualité de l'esprit, facilité à comprendre, à connaître. V. **Acuité, clairvoyance, intelligence, perspicacité,**

sagacité. « *J'employai toute ma pénétration à démêler l'effet que mon rapport produisait en lui* » (LESAGE). « *Marcel Proust, c'est le Diable* » avait dit un jour *Alphonse Daudet, à cause de sa pénétration inquiétante et surhumaine des mobiles des autres* » (MAUROIS).

PÉNÉTRÉ, ÉE [penetʀe]. *adj.* (1674 ; V. **Pénétrer**). ♦ 1º Imprégné. ♦ 2º (*Abstrait*). Rempli, imprégné profondément (d'un sentiment, d'une conviction). V. **Imbu, plein**. *Une mère pénétrée de ses devoirs.* ◇ (1798) Souv. iron. *Air, ton pénétré.* V. **Convaincu.** ◇ (*Personnes*) *Pénétré de son importance.* « *Lisez dans ses yeux combien il est content et pénétré de soi-même* » (LA BRUY.). V. **Orgueilleux, vaniteux**.

PÉNÉTRER [penetʀe]. *v.* ; conjug. *céder* (1314 ; lat. *penetrare*). **I.** (1314). *V. intr.* ♦ 1º (*Choses*). Entrer profondément en passant à travers ce qui fait obstacle. V. **Enfoncer** (s'), **entrer, insinuer** (s'). *Pénétrer dans, à l'intérieur de...* **Faire pénétrer** : enfoncer, introduire. *Liquide qui pénètre à travers une membrane.* V. **Filtrer**. *Faire pénétrer de l'air, un liquide, dans une cavité* : injecter, insuffler. « *Le soleil se promène tout autour de ma cellule sans y pénétrer jamais* » (FROMENTIN). ♦ 2º (*Êtres vivants*). Entrer. *Pénétrer dans une maison, une pièce.* V. **Engager** (s'), **entrer**. « *Je l'attendrai, et elle pourra pénétrer ici sans être vue de personne* » (MUSS.). *Pénétrer chez qqn à l'improviste, de force. Envahisseurs qui pénètrent dans un pays.* « *Le train ralentit pour pénétrer dans la gare de Vallorbe* » (MART. du G.). ♦ 3º (*Abstrait* ; XVIIᵉ). *Faire pénétrer dans les mœurs.* — (De sentiments, d'opinions, etc.). *Conviction, sentiment qui pénètre dans l'âme, le cœur.* V. **Entrer**. *Faire pénétrer un sentiment, une opinion* : inculquer. « *La nature pénétrait en moi par tous mes sens* » (FRANCE). ♦ 4º (*Personnes*). *Pénétrer dans* : entrer dans la connaissance, la compréhension (de qqch.). *Pénétrer dans les détails, dans la structure intime des choses.* V. **Approfondir**.

II. *V. tr.* (1530). ♦ 1º Passer à travers, entrer profondément dans. V. **Transpercer, traverser**. *Liquide qui pénètre une substance.* V. **Imbiber, imprégner**. « *L'eau verte pénétra ma coque de sapin* » (RIMBAUD). ♦ « *La lune versait une molle clarté... Elle pénétrait les feuillages* » (MAUPASS.). V. **Baigner**. ♦ 2º Procurer une sensation forte, intense (froid, humidité, etc.). V. **Transpercer**. « *Le ciel versait avec la neige fondue une froide humeur dont on était pénétré jusqu'aux os* » (FRANCE). ◇ (*Abstrait*) *Pénétrer l'âme, le cœur.* V. **Imprégner, toucher**. « *Quelle est cette langueur qui pénètre mon cœur ?* » (VERLAINE). « *Une certitude têtue, qui pénétrait chaque auditeur jusqu'aux moelles, émanait de ces paroles* » (MART. du G.). « *Votre bonté me pénètre d'admiration, de respect et de reconnaissance* » (MUSS.). V. **Remplir**. ♦ 3º Influencer, modifier. « *Le machinisme, pénétrant partout, pénétrait tout* » (SIEGFRIED). ♦ 4º Parvenir à connaître, à comprendre d'une manière poussée. V. **Approfondir, percevoir, saisir**. « *Pénétrer vivement et profondément les conséquences des principes* » (PASC.). *Pénétrer un mystère, un secret.* V. **Découvrir**. « *Tu as tes procédés d'information que je ne pénètre point* » (MAUPASS.). *Pénétrer les intentions, les arrière-pensées de qqn.* V. **Sonder**.

III. SE PÉNÉTRER. *v. pron.* ♦ 1º (Pass.). *La terre se pénètre d'eau.* ♦ 2º (Réfl.). *Vx.* Se connaître. ◇ *Mod.* (1843) *Se pénétrer de, s'imprégner* (d'une idée). V. **Pénétré** (2º). ♦ 3º (*Récipr.*). Se combiner, se mêler. « *La perception et le souvenir se pénètrent toujours* » (BERGSON).

◇ ANT. **Affleurer, effleurer. Partir ; retirer** (se), **sortir.**

PÉNÉTROMÈTRE [penetʀɔmɛtʀ(ə)]. *n. m.* (mil. XXᵉ ; de *pénétrer*, et *-mètre*). Techn. Instrument qui mesure, par pénétration, la dureté d'un corps. *Pénétromètre à bitume.*

PÉNIBILITÉ [penibilite]. *n. f.* (1952 ; de *pénible*). Écon. Caractère pénible de qqch (plus ou moins) pénible ; quantité d'effort pénible à fournir. *La pénibilité d'un travail. Le coefficient de pénibilité d'un processus de transport.*

PÉNIBLE [penibl(ə)]. *adj.* (1580, « qui affecte l'âme » ; *pénible* « qui donne de la peine, fatigue », 1112 ; de *peine*). ♦ 1º Qui se fait avec peine, fatigue. V. **Ardu, astreignant, contraignant, difficile, éreintant, fatigant, laborieux, tuant**. *Ouvrage, travail pénible.* ◇ Par ext. Qui se fait avec difficulté. *Respiration pénible.* ♦ 2º (1170, *penible*). Qui cause de la peine, de la douleur, ou de l'ennui ; qui est difficile, moralement. V. **Déplaisant, désagréable, douloureux, affligeant, angoissant, attristant, cruel, déplorable, dur, ennuyeux, navrant, poignant, triste**. *Vie pénible* (Cf. Vie de chien*, de galérien*). *Événement pénible* : calamité, malheur, misère. *Vivre des moments, des heures pénibles.* « *Votre père vous a été enlevé dans des circonstances particulièrement pénibles* » (GREEN). « *À l'air de souffrance qui avait envahi son visage, j'avais compris qu'il y avait là un sujet pénible dont il ne fallait plus parler* » (MAUROIS). *Pénible à qqn.* Il m'est pénible de vous voir dans cet état. ◇ (*Personnes*) Fam. Difficile à supporter. *Il a un caractère pénible, il est pénible.* ◇ ANT. **Agréable, aisé, doux, facile, joyeux.**

PÉNIBLEMENT [peniblemɑ̃]. *adv.* (1511 ; de *pénible*)

♦ 1º Avec peine, fatigue ou difficulté. *Il y est arrivé péniblement. Il était presque illettré, il lisait péniblement.* V. **Mal**. « *Il s'était avancé péniblement, les jambes molles* » (ZOLA). ◇ Avec douleur, souffrance. *Il en a été péniblement affecté.* V. **Cruellement**. ♦ 2º À peine, tout juste. « *Un pauvre journal d'opinion, qui tire péniblement à trente, trente-cinq mille* » (ROMAINS). ◇ ANT. **Aisément, facilement.**

PÉNICHE [penif]. *n. f.* (1804 ; de l'angl. *pinnace* [empr. fr. *pinasse*]). ♦ 1º *Vx.* Canot léger ; petite chaloupe pontée. ♦ 2º *Mod.* Bateau fluvial, à fond plat. V. **Chaland**. *Train de péniches remorquées. Péniche automotrice.* ◇ Bâtiment militaire à fond plat. *Péniches de débarquement.*

PÉNICILLE [penisil] (*vx*) ou **PENICILLIUM** [penisi(l)ljɔm]. *n. m.* (1836, « partie disposée en manière de pinceau » ; *pénicillion*, 1817 ; lat. *penicillum* « pinceau »). Bot. (1860). Champignon (*Périsporiacées*) qui forme une moisissure verdâtre sur certaines matières exposées à l'humidité. *Les moisissures du camembert, du roquefort sont des pénicilliums.*

PÉNICILLÉ, ÉE [penisi(l)le]. *adj.* (1798 ; du lat. *penicillum*). Sc. nat. Qui est en forme de pinceau.

PÉNICILLINE [penisilin]. *n. f.* (1948 ; angl. *penicillin*, 1929). Antibiotique produit par une moisissure du genre pénicille (*penicillium notatum*), et doué d'une grande activité antibactérienne, découvert par Sir Alexander Fleming en 1928 et introduit en thérapeutique en 1941. *Pénicilline synthétique*, fabriquée par des procédés chimiques. *Germe résistant à la pénicilline.* V. **Pénicillo-résistant.**

PÉNICILLO-RÉSISTANT, ANTE [penisilɔʀezistɑ̃, ɑ̃t]. *adj.* (1952 ; de *pénicilline*, et *résistant*). Méd. Se dit d'un germe pathogène qui n'est pas détruit par la pénicilline, qui a acquis une résistance envers cet antibiotique.

PÉNIEN, IENNE [penjɛ̃, jɛn]. *adj.* (1836 ; de *pénis*). Méd. Du pénis. *Artère pénienne.* ◇ Ethnol. *Étui pénien*, gaine (protection, parure) entourant le pénis chez certains peuples d'Afrique et d'Amérique du Sud.

PÉNIL [penil]. *n. m.* (1201 ; du lat. pop. *pectiniculum*, de *pecten* « peigne »). Anat. Saillie médiane inférieure du pubis (appelée aussi *Mont de Vénus*).

PÉNINSULAIRE [penɛ̃sylɛʀ]. *adj.* (1556, rare av. 1836 ; de *péninsule*). Relatif à une péninsule, à ses habitants.

PÉNINSULE [penɛ̃syl]. *n. f.* (1518 ; lat. *pæninsula* « presqu'île », de *pæne* « presque », et *insula* « île »). Grande presqu'île ; région ou pays qu'entoure la mer de tous côtés sauf un. « *La péninsule armoricaine* » (RENAN). *La péninsule ibérique* ; absolt. *la Péninsule* : l'Espagne et le Portugal.

PÉNIS [penis]. *n. m.* (1618 ; lat. *penis*, d'abord « queue des quadrupèdes »). Anat. Organe de la copulation, chez l'homme. V. **Phallus, verge ; biroute, bitte.**

PÉNITENCE [penitɑ̃s]. *n. f.* (1050 ; lat. *pænitentia*, de *pænitere* « se repentir »). ♦ 1º Profond regret, remords d'avoir offensé Dieu, accompagné de l'intention de réparer ses fautes et de ne plus y retomber. V. **Contrition**. *La pénitence. Esprit de pénitence. Faire pénitence ; se repentir.* « *J'ai péché, je n'ai pas d'excuse, je fais pénitence de ma faute sans espérer de pardon* » (ZOLA). ◇ Rite sacramentel, par lequel le pénitent obtient l'absolution. V. **Confession**. « *Le vieux clerc se défiait un peu de ces âmes tourmentées, scrupuleuses, qui ont de la pénitence un besoin maladif* » (DUHAM.). ♦ 2º Relig. *Une pénitence* : peine que le confesseur impose au pénitent. ◇ Pratique pénible que l'on s'impose pour expier ses péchés. *Les ascètes « se défendaient... au moyen du jeûne, de la pénitence et des macérations »* (FRANCE). ♦ 3º Par ext. (v. 1220). *Une pénitence* : châtiment, punition. *Infliger une pénitence.* « *J'avais jugé qu'une pénitence et une semonce lui étaient nécessaires* » (LOTI). — Spécialt. Aux jeux de société, Sanction légère dont on frappe les joueurs qui ont perdu ou qui ont contrevenu à la règle du jeu. ◇ Loc. *Par pénitence* : pour se punir. *Pour ta pénitence, tu copieras cent lignes. Mettre un enfant en pénitence.* ◇ ANT. **Endurcissement, impénitence.**

PÉNITENCERIE [penitɑ̃sʀi]. *n. f.* (1578 ; « maison de pénitence », XVᵉ ; de *pénitence* 1). Relig. cathol. Tribunal ecclésiastique qui siège à Rome pour donner l'absolution en cas de péchés que le pape seul a le pouvoir d'absoudre. ◇ Dignité, charge de pénitencier.

1. PÉNITENCIER [penitɑ̃sje]. *n. m.* (1530 ; « prêtre autorisé à confesser », XIIIᵉ ; lat. *pænitentiarius*). Relig. cathol. Prêtre qui tient dans un évêché le pouvoir d'absoudre certains cas réservés. — *Grand pénitencier*, cardinal qui préside la Pénitencerie apostolique.

2. PÉNITENCIER [penitɑ̃sje]. *n. m.* (1842 ; *maison pénitencière* « où l'on fait pénitence », XVᵉ ; de *pénitence*). Établissement où se subit une peine de travaux forcés. V. **Bagne, centrale, maison** (d'arrêt), **prison**. — Par ext. Maison de correction, colonie pénitentiaire. « *Le Pénitencier* », une des parties des « Thibault », de Martin du Gard.

PÉNITENT, ENTE [penitã, ãt]. *adj. et n.* (1370, adj.; lat. *pænitens*, p. prés. de *pænitere*).
I. Adj. *Relig.* De pénitence; qui manifeste le regret des péchés. V. **Repentant.** « *Vie pénitente* » (Boss.). ◇ ANT. *Impénitent.*
II. *N.* (XVe; repris 1606). ♦ 1º *Hist. relig.* Personne momentanément exclue de la société des fidèles à cause de ses péchés. ♦ 2º Membre d'une confrérie s'imposant volontairement des pratiques de pénitence et des œuvres de charité. V. **Ascète.** *Les Pénitents blancs.* ♦ 3º (1636). Personne qui confesse ses péchés.

PÉNITENTIAIRE [penitãsjɛʀ]. *adj.* (1835; « bagne », n. m., 1806; de *pénitence*). Qui a rapport aux détenus. *Régime, système pénitentiaire* (V. **Carcéral, prison**). *Colonie, établissement pénitentiaire.* V. **Pénitencier** (2). *Administration pénitentiaire. Régime pénitentiaire.*

PÉNITENTIAL, ALE, AUX [penitãsjal, o]. *adj.* (*Pénitencial,* 1374; lat. ecclés. *pænitentialis*). *Relig.* (vx *au sing.*). Pénitentiel. ◇ (1535) *Psaumes pénitentiaux,* les sept psaumes de la pénitence.

PÉNITENTIEL, ELLE [penitãsjɛl]. *adj. et n. m.* (1580; lat. ecclés. *pænitentialis*). ♦ 1º *Adj.* Relatif à la pénitence. *Expiation pénitentielle. Œuvres pénitentielles.* ♦ 2º *N. m.* (1690). Rituel de la pénitence, à l'usage des confesseurs.

PENNAGE [pɛn(n)aʒ]. *n. m.* (1525; de *penne*). *Fauconn.* Plumage des oiseaux de proie, qui se renouvelle par des mues régulières. *Faucon de second pennage.*

PENNE [pɛn]. *n. f.* (1120, « aile, plume »; lat. *penna.* V. **Panne** 1).
I. *Zool.* Grandes plumes des ailes (V. **Rémige**) et de la queue (plumes rectrices) des oiseaux.
II. *Fig.* ♦ 1º *Mar.* (1685). Extrémité supérieure d'une antenne. ♦ 2º (1573). *Archéol.* Empennage, aileron d'une flèche.
◇ HOM. Peine, pêne.

PENNÉ, ÉE [pe(n)ne]. *adj.* (1814; *pinné,* 1774; lat. *pennatus*). *Bot.* Feuille pennée, dont les nervures (feuille simple) ou les folioles (feuille composée) sont disposées comme les barbes d'une plume. *Feuille pennée du dattier.* V. **Palme** (1).
◇ HOM. Peiner.

PENNIFORME [pe(ɛn)nifɔʀm(ə)]. *adj.* (1770; de *penne,* et *forme*). *Bot.* Feuille penniforme : au limbe en forme de plume.

PENNON [pe(ɛn)nɔ̃]. *n. m.* (*Penun,* 1138; de *penne*). *Hist., Archéol.* Drapeau triangulaire à longue pointe, que les chevaliers du moyen âge portaient au bout de leur lance. ◇ *Blas. Pennon* (ou *penon*) *généalogique,* écu dont les différents quartiers indiquent les alliances ou les degrés généalogiques.

PENNY [peni]. *n. m.* (1765; mot angl.). Monnaie anglaise, autrefois le douzième du shilling; depuis l'adoption du système décimal, le dizième du shilling. Plur. *Des pence* [pɛns(ə)]. « *Gigotant d'un mauvais pied pour un penny, pour deux pence!* » (Céline). ◇ Pièce de bronze de cette valeur. Plur. *Des pennies* [peni].

PÉNOMBRE [penɔ̃bʀ(ə)]. *n. f.* (1666; n. m., 1651; du lat. *pæne* « presque », et *umbra* « ombre »). ♦ 1º *Cour.* Lumière faible, tamisée. V. **Demi-jour; clair-obscur.** « *La belle chambre, où régnait une pénombre recueillie derrière les persiennes entre-closes* » (Genevoix). — *Fig. Il est resté dans la pénombre :* dans une situation obscure, sans gloire. ♦ 2º *Spécialt. Sc.* Zone d'ombre partielle créée par un corps opaque qui intercepte une partie des rayons d'une source lumineuse étendue.

PENON [penɔ̃]. *n. m.* (1773; de *penne*). *Mar.* Petite girouette ou banderole en étamine pour indiquer la direction du vent. ◇ *Blas.* V. **Pennon.**

PENSABLE [pãsabl(ə)]. *adj.* (1612; répandu mil. XXe; de *penser,* d'apr. *impensable*). Qu'on peut admettre, imaginer. V. **Concevable, imaginable, possible** (surtout en emploi négatif). *Ce n'est pas pensable, c'est à peine pensable.* V. **Croyable.**

PENSANT, ANTE [pãsã, ãt]. *adj.* (XVIIe; « pensif », XIIIe; V. **Penser**). ♦ 1º Qui a la faculté de penser. V. **Intelligent.** *Un être pensant.* « *L'homme... est un roseau pensant* » (Pasc.). ♦ 2º Qui exerce, en fait, sa faculté de penser. « *Son salon était le centre naturel de l'Europe pensante* » (Michelet). ♦ 3º (1614). *Vx.* Bien, mal pensant : qui a de bons, de mauvais sentiments. ◇ *Mod.* Qui pense d'une certaine façon. — (1798) BIEN PENSANT : qui pense conformément à l'ordre établi; MAL PENSANT (moins *cour.*) : qui a des idées subversives. « *Le dégoût qu'inspira à Tolstoï la vue des gens riches et bien pensants* » (R. Rolland). — Par ext. *Un journal, une revue bien pensants.* ◇ Subst. « *La grande peur des bien-pensants* » de Bernanos. « *Ceux qui se prétendent amoureux de l'ordre, respectueux des choses établies, ceux que Tirésias appelle les bien-pensants* » (Gide).

PENSE-BÊTE [pãsbɛt]. *n. m.* (XXe; de *penser,* et *bête*).

Chose, marque destinée à rappeler ce que l'on a projeté de faire. *Des pense-bêtes.* V. **Mémento.**

1. **PENSÉE** [pãse]. *n. f.* (1150, « ce qu'on pense »; de *penser*).
I. **Ⓐ** Tout ce qui affecte la conscience. ♦ 1º *Philo. Vx.* Tout phénomène psychique conscient. « *J'appelle pensée tout ce que l'âme éprouve, soit par des impressions étrangères, soit par l'usage qu'elle fait de la réflexion* » (Condillac). ♦ 2º *Mod. La pensée de qqn :* ce qu'il pense, sent, veut. *Deviner la pensée de qqn.* ◇ L'esprit, qui pense, désire, etc. « *Un autre objet a chassé Elvire de ma pensée* » (Mol.) : de mon cœur. *Dans la pensée de... :* dans l'intention, le dessein de. « *Dans la seule pensée De vous laisser au trône où je serais placée* » (Rac.). **Ⓑ** Activité psychique, faculté ayant pour objet la connaissance. ♦ 1º LA PENSÉE. « *Toute la dignité de l'homme est en la pensée* » (Pasc.). V. **Esprit, intelligence, raison; entendement.** « *L'apparition de la pensée a marqué un nouveau et prodigieux progrès de la vie. Ses formes élevées qui tendent par l'abstraction et la généralisation à s'affranchir des données toujours limitées et particulières de la perception, dépassent infiniment la simple conscience* » (L. de Broglie). *Objet de la pensée abstraite* : concept, notion. *De l'acte à la pensée,* de H. Wallon. *Théories matérialistes, spiritualistes de la pensée. Expression de la pensée :* langage, parole. *Démarches, opérations de la pensée.* V. **Raisonnement.** ♦ 2º LA PENSÉE DE QQN : sa réflexion, sa façon de penser; sa capacité intellectuelle. ◇ Façon de penser, juger. *Je partage votre pensée là-dessus.* V. **Point de vue.** « *Voilà, je vous ai dit à peu près ma pensée* » (Hugo). *Les mots ont trahi sa pensée. Aller jusqu'au bout de sa pensée :* ne pas craindre de penser (de dire) tout ce qu'implique une idée, un jugement. — *Spécialt.* Position intellectuelle d'un penseur. V. **Philosophie.** *La pensée de Gandhi, de Sartre.* ◇ *Dans la pensée de qqn :* dans son esprit (spécialt. opposé à la réalité). « *L'avenir est ce qui n'existe que dans notre pensée* » (Proust). ♦ 3º *En pensée, par la pensée :* en esprit (et non réellement). *Se transporter quelque part par la pensée :* par l'imagination. ♦ 4º (Qualifié). ♦ 1º Manière de penser. *Pensée claire, obscure, banale.* « *Plus la pensée est profonde, plus l'expression est vivante* » (Hugo). *Pensée généreuse, engagée. La libre* pensée.* ♦ 2º Ensemble d'idées, de doctrines communes à plusieurs. *La pensée marxiste. Les grands courants de la pensée contemporaine. La pensée politique.*
II. UNE, DES PENSÉE(S). ♦ 1º (Sens large). Tout ensemble de représentations, d'images, dans la conscience. V. **Idée, image, sentiment.** « *Les soucis financiers qui devaient... hanter toutes nos pensées* » (Duham.). « *C'est dans de telles minutes que l'on découvre le fond de ses pensées* » (Bourget). — (Affectif) *Avoir une pensée émue pour qqn. Recevez nos plus affectueuses pensées.* ♦ 2º *Spécialt.* Phénomène psychique à caractère représentatif et objectif. V. **Idée.** « *L'esprit peut être considéré comme la faculté productrice de nos pensées* » (Helvétius). « *Conduire par ordre mes pensées* » (Descartes). — *Perdre le fil de ses pensées. Pensées banales* (Cf. Lieu* commun), *profondes, vagues.* « *Il est absorbé dans ses pensées comme un somnambule* » (Lautréamont). V. **Méditation, réflexion, rêverie.** « *Le gouffre de tes yeux, plein d'horribles pensées* » (Baudel.). *Mauvaises pensées.* « *Il n'y a pas de belles pensées sans belles formes, et réciproquement* » (Flaub.). ♦ 3º *Par ext.* Expression brève d'une idée. V. **Aphorisme, maxime, sentence; adage, dicton, proverbe.** *Les Pensées de Pascal.*
III. LA PENSÉE DE (qqn, qqch.) : action de penser à (qqn, qqch.). V. **Penser** (II). « *La pensée constante d'Odette donnait aux moments où il était loin d'elle le même charme particulier qu'à ceux où elle était là* » (Proust). « *À la seule pensée de monter avec lui sur la charrette des criminels, je sens un frisson de mort dans mes veines* » (Balz.). — LA PENSÉE QUE : le fait de penser, de savoir que. « *La pensée que cette maison était pleine de livres* » (Mauriac).
◇ HOM. Panser, penser.

2. **PENSÉE** [pãse]. *n. f.* (1512; de *pensée* 1, la fleur étant considérée comme l'emblème du souvenir). Plante (*Violacées*) cultivée dans les jardins pour ses grandes fleurs veloutées. *Bordure de pensées violettes, jaunes. Pensée sauvage.* ◇ Couleur violet sombre. ◇ HOM. V. **Pensée** (1).

1. **PENSER** [pãse]. *v.* (980, intr.; bas lat. *pensare,* class. *pendere* « peser », au fig. « réfléchir ». V. **Peser;** et *aussi* **Panser!**).
I. *V. intr.* ♦ 1º (980). Appliquer l'activité de son esprit aux éléments fournis par la connaissance; former, combiner des idées et des jugements. V. **Juger, raisonner, réfléchir, spéculer.** *La faculté de penser.* « *Penser, c'est juger* » (trad. Kant), « *c'est oser* » (Alain). « *Avant donc que d'écrire apprenez à penser* » (Boil.). *Un maître* à penser.* « *L'homme ne commence pas aisément à penser, mais sitôt qu'il commence, il ne cesse plus* » (Rouss.). ◇ Exercer effectivement son intelligence. « *Quand je ne parle pas, je ne pense pas* » disait-il très naïvement (Daud.). « *Par cela seul qu'il pensait, il était un être étrange, inquiétant, suspect à tous* » (France). —

Une chose qui donne, qui laisse à penser, qui fait réfléchir. — *Penser sur un sujet*. V. **Méditer, réfléchir.** ◇ (*Caractères de la pensée*) *Penser juste*. « *L'homme est visiblement fait pour penser; c'est toute sa dignité; et tout son devoir est de penser comme il faut* » (PASC.). « *Enfin je tâche de bien penser pour bien écrire* » (FLAUB.). « *Il pense faux, même quand il dit des choses qui paraissent justes* » (MART. du G.). *Façon de penser* : pensée. *Je leur montrerai ma façon de penser!* V. **Voir. Bien penser** (Cf. Bien pensant*). « *Ils appelaient traîtres, ceux qui ne pensaient pas comme eux* » (R. ROLLAND). ♦ 2° Exercer son esprit, son activité consciente (d'une manière globale : sentir, vouloir, réfléchir). « *Je pense, donc je suis* » : Cogito, ergo sum (DESCARTES). *Penser tout haut*, dire ce qu'on a en tête. *Penser dans une langue* : avec les structures de cette langue. ◇ Avoir un esprit. V. **Pensant** (adj.). *Les animaux pensent-ils?*

II. PENSER **à** (1250) : appliquer son esprit à (un objet concret ou abstrait, actuel ou non). V. **Songer** (à). ♦ 1° Appliquer sa réflexion, son attention à. V. **Réfléchir.** *Penser vaguement à qqch.* V. **Rêver.** *À quoi pensez-vous? N'y pensons plus*, oublions cela. *Faire une chose sans y penser*, machinalement. « *Je pense comme je respire, sans y penser* » (AYMÉ). *Pensez à ce que vous dites.* ♦ 2° Évoquer par la mémoire ou l'imagination. V. **Imaginer, rappeler, souvenir** (se). *Je « m'efforçais de ne plus penser à Marthe, et par cela même, ne pensais qu'à elle* » (RADIGUET). — (*Choses*) FAIRE PENSER À. V. **Évoquer, suggérer.** « *Sa voix doucement musicale faisait penser à la plainte poétique d'une fée* » (PROUST). ♦ 3° S'intéresser à. V. **Occuper** (s'occuper de). *Penser aux autres au lieu de ne penser qu'à soi-même. Penser à l'avenir. Elle ne pense qu'à s'amuser.* ♦ 4° Avoir dans l'esprit, en tête. — « *Vous êtes content?* » *demanda la vieille. Il dit que oui, mais il pensait à autre chose* » (CAMUS). — *Sans penser à mal* : innocemment. — *Spécialt.* Garder en mémoire. *J'essaierai d'y penser. Mais j'y pense, c'est aujourd'hui son anniversaire!* V. **Souvenir** (se). ◇ Considérer (qqch.) en prévision d'une action. *J'ai pensé à tout.* V. **Prévoir.** *Je n'avais pas pensé à cela.* V. **Attention** (faire), **garde** (prendre). « *On ne saurait penser à tout* » (MUSS.). *C'est simple, mais il fallait y penser.* « *Pendant que j'y pense, je veux vous faire compliment de votre ami Dechartre* » (FRANCE). — *Pensez à fermer les fenêtres en partant. Faire penser à qqch. par une allusion.* V. **Rappeler.** *Faites-moi penser à poster ma lettre.*

III. *V. tr.* (XII°). **Ⓐ** Avoir pour idée, pour pensée (I, B). ♦ 1° Avoir pour opinion, pour conviction. V. **Estimer.** « *Je ne pus m'empêcher de lui dire tout ce que je pensais* » (LESAGE). « *Penser une chose, en écrire une autre, cela arrive tous les jours* » (GAUTIER). « *Il ne pense rien... ça lui évite de penser faux* » (ST-EXUP.). *Laisser, donner à penser qqch. Cela laisse à penser ce qu'il est capable de faire.* V. **Imaginer, juger.** ◇ *Penser du bien, du mal de qqn, de qqch. Honni* soit *qui mal y pense. Qu'en pensez-vous?* (Cf. Qu'en dites-vous?). *Que faut-il en penser? Il ne dit rien mais il n'en pense pas moins* : il tait ce qu'il sait. « *Tout homme est stupéfait par ce que les autres pensent de lui* » (MAUROIS). « *Personne n'avait besoin de savoir ce qu'ils pensaient là-dessus* » (ZOLA). *Fam. Je ne peux lui dire tout ce qu'on pense sur lui.* ♦ 2° (Dans un sens affaibli et moins affirmatif). Avoir l'idée de. V. **Admettre, croire, imaginer, présumer, supposer, soupçonner.** *Contrairement à ce que j'avais pensé. Jamais je n'aurais pu penser cela!* m'en douter. *Il n'est pas si désintéressé qu'on le pense.* « *Le plus bête des trois n'est pas celui qu'on pense* » (LA FONT.). *Qu'est-ce qui vous fait penser cela?* ◇ *Exclam.* (*Fam.*) *Tu penses!* (Cf. Tu parles!). « *Vous pensez si j'étais rouge et si j'avais peur!* » (DAUD.). *Penses-tu! penser-vous!* mais non, pas du tout. « *Ils ne vont pas se battre ici, au moins!* — *Pensez-vous, maman : ils sont pas fous* » (SARTRE). ◇ (Vieilli) « *Je pense mes raisons meilleures que les vôtres* » (MOL.). V. **Croire, juger.** — En incise. *Il aurait, pensait-il, l'appui de sa famille, mais il n'en fut rien. Ce ne sera pas, je pense, la première fois.* ♦ 3° PENSER QUE : croire*, avoir l'idée, la conviction que. *Vous pensez bien que je n'aurais jamais accepté! « Pensez-vous qu'Hermione, à Sparte inexorable, Vous prépare en Épire un sort plus favorable? »* (RAC.). *Pensez-vous qu'il puisse le faire? Je ne pense pas qu'il le puisse; je pense qu'il peut. « J'ai pensé que tu avais peut-être besoin de compagnie »* (SARTRE). ◇ (Suivi de l'inf.) *Nous pensons avoir résolu ces problèmes.* V. **Espérer.** « *Je ne pensais pas vous revoir, dit-il dignement* » (SARTRE). — Par ext. Vieilli ou littér. V. **Faillir, manquer.** « *Daniel pensa se trouver mal* » (MART. du G.). **Ⓑ** ♦ 1° Avoir dans l'esprit (comme idée, pensée, image, sentiment, volonté, etc.). *Penser ce que l'on pense, ce qui passe* par la tête. « *Car s'il se disait que la noblesse était peu de chose, qu'il considérait ses collègues comme ses égaux, il n'en pensait pas un mot* » (PROUST). — Par euphém. *Il a flanqué un coup de pied où vous pensez* : dans la crotte. *Il lui a flanqué un coup de pied où vous pensez* (Cf. Quelque part*). — (Employé et construit comme *dire*) « *Vous dites 'vérité' et vous pensez 'authenticité'* » (MART. du G.). ◇ (En incise) « *Il est dur, pensait-il, d'être...*

un juge » (ST-EXUP.). « *Je me demande — pensa tout haut M. Teste — en quoi sa 'destinée'... de l'homme m'intéresse?* » (VALÉRY). ◇ PENSER QUE : imaginer. « *Je n'ai jamais vu un enfant sans penser qu'il deviendrait vieillard* » (FLAUB.). *Pensez qu'elle n'a que vingt ans!* (Cf. Rendez-vous compte). ♦ 2° PENSER (suivi de l'inf.) : avoir l'intention, avoir en vue. V. **Compter, projeter.** *Que pensez-vous faire à présent?* « *Il avait pensé passer la nuit sur un fauteuil, chez son frère, pour ménager son pécule* » (ARAGON). **Ⓒ** *Philo.* ou *littér.* Considérer clairement, embrasser par la pensée. V. **Concevoir.** « *Penser l'histoire en fonction de la dialectique maîtrise et servitude* » (CAMUS). « *Ma vraie devise d'homme : me penser moi-même le moins possible, et penser toutes choses* » (ALAIN). ◇ Concevoir la réalisation matérielle (d'objets concrets). « *Les murs ayant été pensés par un maître maçon, cloue la charpente par un maître charpentier* » (AYMÉ). ◇ Au p. p. *Voilà qui est pensé!* V. **Senti.** *Un roman bien pensé. Un équipement (bien) pensé*, intelligemment conçu, pratique.

⊗ ANT. **Oublier; désintéresser** (se). — HOM. **Panser, pensée.**

2. PENSER [pɑ̃se]. *n. m.* (1155; inf. substantivé. V. **Penser** [1]). ♦ 1° *Vx.* Faculté de penser; esprit, imagination. ♦ 2° *Vx.* Façon de penser. « *Ce penser mâle des âmes fortes* » (ROUSS.). ♦ 3° *Littér.* « *Sur des pensers nouveaux faisons des vers antiques* » (CHÉNIER). « *Et la Lorraine, au seul penser de cette injure...* » (VERLAINE). ◇ HOM. V. **Penser** (1).

PENSEUR [pɑ̃sœr]. *n. m.* (1180, adj., « qui réfléchit »; de *penser*). ♦ 1° (XIII°, répandu XVIII°). Celui qui s'occupe, s'applique à penser. *Le Penseur, de Rodin* (statue). — *Adj. et vx.* **Méditatif, pensif.** « *Car la jeune femme demeura les yeux penseurs, mais vagues, sans rien dire jusqu'à l'hôtel* » (BALZ.). ♦ 2° (1762). Celui qui a des pensées neuves et personnelles sur les problèmes généraux. V. **Philosophe.** « *C'est Voltaire, c'est Rousseau, c'est Montesquieu, c'est toute une grande école de penseurs qui s'empare puissamment du siècle, la façonne et crée l'avenir* » (RENAN). ♦ 3° (1763). **LIBRE PENSEUR**, ou *vx.* **Franc penseur** (*opposé à* croyant). V. **Libre.**

PENSIF, IVE [pɑ̃sif, iv]. *adj.* (1050; de *penser*). Qui est absorbé dans ses pensées. V. **Songeur.** « *L'homme pensif est souvent plus passif que l'homme passif* » (HUGO). — Par ext. (v. 1300) *Air pensif.* V. **Absent, méditatif, préoccupé, rêveur, soucieux.** « *Petit-Pierre s'était soulevé et regardait autour de lui d'un air tout pensif* » (SAND).

PENSION [pɑ̃sjɔ̃]. *n. f.* (*Pensiun* « paiement, récompense », 1225; lat. *pensio* « pesée, paiement », de *pendere* « peser, payer »). ♦ 1° Allocation périodique versée à une personne. V. **Allocation, dotation.** *Pension de retraite.* V. **Retraite.** *Bénéficiaire d'une pension.* V. **Pensionné.** *Pension réversible, de réversion*, versée à la veuve d'une personne qui aurait bénéficié d'une pension. *Pension viagère. Pension de guerre. Pension d'invalidité. Avoir droit à une pension. Séc. soc.* Retraite garantie en fonction d'un pourcentage retenu sur les salaires. *Pension de réversion*, versée au conjoint survivant d'une personne décédée ayant droit à une retraite. — *Dr. civ. Pension alimentaire*, versée par un conjoint en cas de divorce. ♦ 2° *Dans des express.* (1535). Le fait d'être nourri et logé, ou nourri seulement, chez qqn. *Prendre pension chez un particulier, dans un hôtel.* V. **Pensionnaire.** *Prendre qqn chez soi en pension.* — *Spécialt. Mettre un enfant en pension dans un collège, une école.* V. **Pensionnaire.** ◇ (Dans un hôtel) *Prendre une chambre sans pension* (sans repas), *avec demi-pension* (un seul repas), *avec pension complète* (petit déjeuner, déjeuner, dîner). ♦ 3° (1607). Somme qu'on paye pour être logé et nourri. *Payer sa pension, la pension d'un élève.* ♦ 4° UNE PENSION : établissement où l'on prend pension. *Pension pour dames seules.* ◇ *Spécialt.* V. **École, institution, internat, pensionnat.** « *Mademoiselle Lefort, qui tenait dans le faubourg Saint-Germain une pension pour des enfants en bas âge* » (FRANCE). — Ensemble des élèves d'une pension. V. **Pensionnat.** *Toute la pension était en promenade.* ◇ PENSION DE FAMILLE : établissement hôtelier où les conditions d'hébergement, de nourriture, ont un aspect familial. « *Derrière une façade à portiques... une pension de famille correcte et même luxueuse l'attendait* » (ROMAINS).

PENSIONNAIRE [pɑ̃sjɔnɛr]. *n.* (1323; de *pension*). ♦ 1° *Vx.* Personne qui reçoit une pension. V. **Pensionné.** *Mod.* (1835) *Les pensionnaires et les sociétaires de la Comédie-Française.* ◇ Étudiant ou jeune artiste qui bénéficie d'un séjour dans une fondation, une école. *Les pensionnaires de la Villa Médicis.* ♦ 2° (1596). Personne qui prend pension chez un particulier, dans un hôtel. « *Une compatriote, Mme Kergaran, qui prenait des pensionnaires* » (MAUPASS.). — *Fam. Les pensionnaires d'une prison, d'un hospice.* ♦ 3° (1680). Élève logé et nourri dans l'établissement scolaire qu'il fréquente. V. **Interne.** *Les pensionnaires, les demi-pensionnaires* et *les externes.* ◇ *N. f.* (En parlant d'une jeune fille naïve) « *Elle s'extasiait, comme une pensionnaire, sur la veste blanche du barman* » (RADIGUET).

PENSIONNAT [pɑ̃sjɔna]. *n. m.* (1788; de *pension*). École, maison d'éducation privée où les élèves sont logés et nourris. V. **Internat, pension.** *Élèves d'un pensionnat. Dortoir, réfectoire d'un pensionnat.* ◇ Les élèves de cet établissement. *Tout le pensionnat est à la promenade.*

PENSIONNÉ, ÉE [pɑ̃sjɔne]. *n. et adj.* (1842 [on disait *pensionnaire*] ; de *pensionner*). Qui bénéficie d'une pension. *Retraité. Les pensionnés titulaires de la carte de combattant.*

PENSIONNER [pɑ̃sjɔne]. *v. tr.* (1340, rare av. XVIIIe ; de *pension*). Pourvoir (qqn) d'une pension. « *On pensionnera des artistes, des savants et des gens de lettres* » (L. BERTRAND).

PENSIVEMENT [pɑ̃sivmɑ̃]. *adv.* (XIVe ; de *pensif*). D'une manière pensive, d'un air pensif. *Elle « dit pensivement : ... nous avons fait une folie* » (ALAIN-FOURNIER).

PENSUM [pɛ̃sɔm]. *n. m.* (1740 ; mot lat. « tâche, travail », dans la langue des collèges). *Vieilli.* Travail supplémentaire imposé à un élève par punition. « *Le pensum, punition dont le genre varie selon les coutumes de chaque collège, consistait à Vendôme en un certain nombre de lignes copiées pendant les heures de récréation* » (BALZ.). — *Mod.* « *Je travaille, mais sans enthousiasme et comme on fait un pensum* » (FLAUB.). *Quel pensum!*

PENT(A)-. Élément, du gr. *pente* « cinq ».

PENTACLE [pɛ̃takl(ə)]. *n. m.* (1765 ; lat. médiév. *pentaculum ; Cf. Penta-*). *Didact.* Étoile à cinq branches (en occultisme).

PENTACORDE [pɛ̃takɔʀd(ə)]. *n. m.* (*Pentachorde*, 1721 ; lat. *pentachordus*, du gr., *khordê* « corde »). *Didact.* Lyre à cinq cordes dans la Grèce ancienne. ◇ Système de cinq sons dans la musique grecque.

PENTACRINE [pɛ̃takʀin]. *n. m.* (1842 ; *pentacrinite*, 1839 ; *pentacrinos* « sorte de pierre », 1765 ; lat. sav., du gr. *penta-*, et *krinon* « lis »). *Zool.* Genre d'échinodermes crinoïdes des profondeurs abyssales.

PENTADACTYLE [pɛ̃tadaktil]. *adj.* (1803 ; de *penta-*, et *-dactyle*). *Didact.* Qui a cinq doigts.

PENTADÉCAGONE [pɛ̃tedekagɔn] ou **PENTÉDÉCAGONE** [pɛ̃tedekagɔn]. *n. m. et adj.* (1765,-1846 ; de *penta-*, *deca-* « dix », et *-gone*). *Géom.* Polygone qui a quinze angles et quinze côtés.

PENTAÈDRE [pɛ̃taɛdʀ(ə)]. *n. m. et adj.* (1803 ; de *penta-*, et *-èdre*). *Géom.* Polyèdre à cinq faces.

PENTAGONAL, ALE, AUX [pɛ̃tagɔnal, o]. *adj.* (*Penthagonal*, 1520 ; de *pentagone*). *Géom.* En forme de pentagone ; relatif au pentagone.

PENTAGONE [pɛ̃tagɔn]. *n. m. et adj.* (XIIIe ; adj., 1520 ; lat. *pentagonum*). *Géom.* Polygone qui a cinq angles et cinq côtés. ◇ (*Empr. angl.*) *Le Pentagone* : l'état-major des armées des États-Unis, dont le siège est un bâtiment pentagonal.

PENTAMÈRE [pɛ̃tamɛʀ]. *adj. et n. m.* (1819, n. m. pl. ; de *penta-*, et *-mère*). *Zool.* Qui a cinq articles à tous les tarses (insectes). N. *Les pentamères* (ancien sous-ordre de coléoptères). *Un pentamère.*

PENTAMÈTRE [pɛ̃tamɛtʀ(ə)]. *adj. et n. m.* (*Penthamètre*, 1491 ; lat. *pentameter*, du gr.). *Didact.* *Vers pentamètre* : en métrique grecque et latine, Composé de cinq pieds qui, joint à un hexamètre, forme un distique élégiaque. ◇ N. *m.* (1611) *Un pentamètre.*

PENTANE [pɛ̃tan]. *n. m.* (1874 ; de *penta-*). *Chim.* Hydrocarbure, cinquième terme de la série des paraffines (C_5H_{12}).

PENTAPÉTALE [pɛ̃tapetal]. *adj.* (1797 ; de *penta-*, et *pétale*). *Bot.* Composé de cinq pétales. *Corolle pentapétale.*

PENTAPOLE [pɛ̃tapɔl]. *n. f.* (*Pentapole*, 1732 ; gr. *pentapolis*). *Antiq.* Groupe de cinq cités, de cinq villes.

PENTARCHIE [pɛ̃taʀʃi]. *n. f.* (1839 ; mot gr., de *penta-*, et *-archie*). *Hist. antiq.* Gouvernement de cinq chefs. *Certaines cités grecques étaient gouvernées par des pentarchies.*

PENTATEUQUE [pɛ̃tatøk]. *n. m.* (1690 ; *penthateucon*, XVe ; gr. *pentateukhos*, de *penta-*, et *teukhos* « livre »). *Relig.* Ensemble des cinq premiers livres de la Bible (Genèse, Exode, Lévitique, Nombres, Deutéronome).

PENTATHLON [pɛ̃tatlɔ̃]. *n. m.* (*Pentathle*, 1581 ; lat. *pentathlum*, du gr. *pentathlon*, de *penta-*, et *athlos* « combat »). *Antiq.* Sport pratiqué par les athlètes grecs et romains et qui comprenait cinq exercices. ◇ *Mod.* (v. 1938) *Pentathlon classique* (courses de deux cents et de quinze cents mètres, saut en longueur, lancement du disque et du javelot). *Pentathlon moderne* (tir au revolver ou au pistolet, natation, escrime à l'épée, cross-country hippique, cross-country pédestre). *Spécialiste du pentathlon* (pentathlonien).

PENTATOME [pɛ̃tatɔm]. *n. m. ou f.* (1839 ; lat. sc., du gr. ; de *penta-*, et *-tome*). *Zool.* Insecte à odeur forte et désagréable, appelé couramment *punaise des bois.*

PENTATONIQUE [pɛ̃tatɔnik]. *adj.* (XXe ; *pentatonon*, n. m., 1732 ; du gr. *penta-*, et *tonos* « ton »). *Mus.* Qui est formé de cinq tons. *Échelle, gamme pentatonique.*

PENTE [pɑ̃t]. *n. f.* (1358 ; lat. pop. °*pendita*, de *pendere*). V. **Pendre.**
♦ **I.** Ⓐ Disposition oblique, penchée. ♦ 1° Inclinaison (d'un terrain, d'une surface) par rapport au plan de l'horizon. V. **Déclivité.** *Pente faible, douce, forte, raide, rapide d'un chemin, d'un terrain. La pente d'un chemin, d'une route.* V. **Côte, descente, montée.** *Pente transversale d'une route :* pour l'écoulement des eaux. ◇ (1868) Sc. *Pente de comble :* inclinaison de chacun des longs plans d'un toit. ◇ (1868) Sc. *Pente d'une droite :* angle qu'elle fait avec sa projection orthogonale*. *Échelle de pente d'une droite,* sa projection orthogonale cotée*. *Pente de quatre pour mille, de deux pour cent. Pente de la courbe d'un graphique. Rupture* de pente.* ♦ 2° Direction de l'inclinaison selon laquelle une chose est entraînée. *La pente du terrain. Fig.* « *En quelques minutes, pareil à un fleuve de lave qui a trouvé sa pente, la foule emplit le large tranchée des boulevards* » (MART. du G.). ♦ 3° *Fig.* Vx ou littér. *Avoir une pente à, pour, vers qqch., qqn :* pencher vers. V. **Inclination, propension.** « *Peut-être y a-t-il en Don Alvaro une certaine pente à contredire* » (MONTHERLANT). — *Mod. Suivre sa pente,* son penchant* dominant, son goût. ◇ Ce qui incline de façon irrésistible la vie, les mœurs dans le sens de la facilité, du mal. ♦ 4° EN PENTE : qui n'est pas horizontal. *Terrain en pente.* « *Deux étendues plantées de petits oliviers qui descendent en pente douce* » (BOSCO). *Chemin en pente raide* (V. **Raidillon**). ◇ Pop. et fig. *Avoir la dalle* en pente.* Ⓑ UNE PENTE : surface oblique. ♦ 1° Surface inclinée, plan oblique par rapport à l'horizontale. *Descendre, monter une pente. L'auto-mitrailleuse semblait « un gros coléoptère agile qui grimpait allégrement les pentes* » (MAC ORLAN). *En haut, au bas de la pente. — Les pentes d'une colline.* V. **Côte, penchant, versant.** *Le sommet et la pente Nord.* ◇ Techn. *Pente d'eau,* partie d'un canal légèrement en pente, pourvue de portes et destinée à faire franchir aux bateaux une dénivellation (différent de l'écluse). ♦ 2° *Fig. Littér.* Ce qui incline la vie vers la facilité, le mal. « *Une pente inévitable nous entraîne et nous perd* » (ROUSS.). *Loc. cour. Être sur une mauvaise pente. Une pente savonneuse, très glissante. Elle « déclara que nous nous engagions sur une pente dangereuse* » (BEAUVOIR). *Remonter la pente :* cesser de s'abandonner à une facilité.
II. *Anciennt. Pente de lit, de fenêtre :* bande d'étoffe autour d'un ciel de lit, au-dessus des rideaux. *Un lit « garni de rideaux ... et de pentes à grandes dents ourlées de galons* » (GAUTIER). ◇ HOM. **Pante.**

PENTECÔTE [pɑ̃tkot]. *n. f.* (1671 ; *pentecostem*, 980 ; lat. ecclés. *pentecoste*, du gr. *pentêkostê* « cinquantième »). ♦ 1° Fête chrétienne célébrée le septième dimanche après Pâques pour commémorer la descente du Saint-Esprit sur les apôtres. *Le dimanche de la Pentecôte.* ◇ *De Pentecôte. Lundi de Pentecôte. Congé de Pentecôte.* ♦ 2° (1534). Fête juive célébrée sept semaines après le second jour de la pâque.

PENTÉDÉCAGONE. V. PENTADÉCAGONE.

PENTHIOBARBITAL [pɛ̃tjɔbaʀbital]. *n. m.* (mil. XXe ; de *pent-, thio-* [gr. *theion* « soufre »], et *barbital*. V. **Barbiturique**). *Sc.* Barbiturique qui, administré par voie intraveineuse, a la propriété de plonger le sujet dans un état de narcose « liminaire » (au seuil de la conscience) et est utilisé en psycho-analyse (Cf. *Penthotal*, sérum* de vérité).

PENTHODE ou **PENTODE** [pɛ̃tɔd]. *n. f.* (1949 ; en angl., 1919 ; Cf. *Pent-*, et suff. *-ode*). *Phys., Techn.* Tube à vide comprenant cinq électrodes, utilisé en radio et en électronique.

PENTHOTAL [pɛ̃tɔtal]. *n. m.* (1948 ; nom d'une spécialité). Syn. plus courant de *Penthiobarbital,* communément appelé *sérum de vérité.* On écrit aussi abusivement *Pentothal.*

PENTOSE [pɛ̃toz]. *n. m.* (1903 ; de *pent*[a]-, et suff. *-ose* 1). *Biochim.* Glucide non hydrolysable (*ose*) dont la molécule renferme cinq atomes de carbone. *Certains pentoses sont des constituants importants de la matière vivante.* V. **Ribose.**

PENTU, UE [pɑ̃ty]. *adj.* (attesté XXe ; mot dial., de *pente*). En pente, incliné. « *Il évite tout ce qui est pentu, vertical...* » (FRISON-ROCHE).

PENTURE [pɑ̃tyʀ]. *n. f.* (1294 ; lat. pop. °*penditura*. V. **Pente**). ♦ 1° Bande de fer (souvent décorative) fixée à plat sur le battant d'une porte ou d'un volet de manière à le soutenir sur le gond. V. **Ferrure, paumelle.** « *Des bahuts à pentures de métal* » (HUYSMANS). ♦ 2° *Mar.* (1721). Ferrures d'un gouvernail, d'un mantelet de sabord.

PÉNULTIÈME [penyltjɛm]. *adj. et n. f.* (*Penultime*, 1268 ; lat. *pænultimus* [*pæne* « presque », et *ultimus* « dernier »]). *Didact.* Avant-dernier. ◇ N. *f. Ling.* Avant-dernière syllabe. *Mot grec qui porte l'accent aigu sur la pénultième :* paroxyton. *Syllabe avant la pénultième :* antépénultième.

PÉNURIE [penyʀi]. *n. f.* (1468, « embarras d'argent » ; rare av. XVIIIe ; lat. *penuria*). Manque de ce qui est nécessaire. *Pénurie de blé, de charbon, de pétrole.* V. **Carence, défaut, manque ; disette, épuisement, rareté.** *S'il s'agissait « de prophétiser l'abondance ou la pénurie des récoltes...* » (BALZ.). ◇ Par ext. *Pénurie de main-d'œuvre.* V. **Crise.** *Pénurie de devises.* ◇ ANT. **Abondance, surabondance.**

PÉON [peɔ̃]. *n. m.* (av. 1880; esp. *peón*, lat. *pedo, -nis;* Cf. a. fr. *Peon* « fantassin », 1180). Paysan pauvre (qui n'a pas de cheval), journalier, manœuvre agricole, pâtre en Amérique du Sud. « *Des harnachements décorés... à l'usage des planteurs et des péons de la brousse* » (LÉVI-STRAUSS). — *Spécialt.* (XXᵉ) *Taurom.* L'un des aides du matador.

PÉOTTE [peɔt]. *n. f.* (1687; it. *peotta, peota*). *Ancienn.* Grande gondole de l'Adriatique.

PEP [pɛp]. *n. m.* (v. 1966; mot amér.). Dynamisme, allant. *Elle a du pep.* V. **Punch.**

PÉPÉ [pepe]. *n. m.* (attesté XXᵉ; redoublement de la première syllabe de *père*). Grand-père, dans le lang. enfantin. *Oui, pépé.* — *Pop.* (rural) *Le pépé et la mémé.* ◊ HOM. **Pépée.**

PÉPÉE [pepe]. *n. f.* (1877; de *poupée*). ♦ 1º Poupée, dans le lang. enfantin. ♦ 2º *Pop.* (1879). Femme, jeune fille. V. **Nana.** *Une chouette, une jolie pépée.* ◊ HOM. **Pépé.**

PÉPÈRE [pepɛʀ]. *n. m. et adj.* (1833; redoublement de *père*). ♦ 1º (Attesté XXᵉ). Terme enfantin pour « grand-père ». V. **Pépé.** ♦ 2º *Fig. et fam.* Gros homme, gros enfant paisible, tranquille. *Un gros pépère.* ♦ 3º (1910). Adj. (*Pop.*) Gros, agréable, tranquille. *Une situation pépère. Un petit coin pépère* (Cf. Peinard). — *Exempt de difficultés. Vie, travail pépère.*

PÉPERIN [pepʀɛ̃]. *n. m.* (1694; it. *peperino*, bas lat. *piperinus*, de *piper* « poivre »). *Géol.* Tuf volcanique employé comme pierre à bâtir, commun dans la région romaine.

PÉPÈTES [pepɛt]. *n. f. pl.* (1867, « pièce de monnaie »; p.-ê. de *pépites*). *Pop. Les pépètes, des pépètes :* argent. « *Il n'est pas autrement pressé de leur fournir des pépètes* » (TOULET).

PÉPIE [pepi]. *n. f.* (1393; lat. pop. *°pippita*, de *°pittita*, lat. class. *pituita*. V. **Pituite**). ♦ 1º *Zool.* Induration de la muqueuse de la langue chez certains oiseaux. ♦ 2º *Fig. et cour.* (XVIᵉ). *Avoir la pépie :* avoir très soif. « *On veut nous faire tous crever de la pépie* » (ZOLA).

PÉPIEMENT [pepimɑ̃]. *n. m.* (1611; de *pépier*). Action de pépier; petit cri des jeunes oiseaux. V. **Cui-cui.** ◊ *Spécialt.* Cri du moineau, du poussin.

PÉPIER [pepje]. *v. intr.* (1550; *pipier*, XIVᵉ; onomat. sur le rad. *pepp-*, altér. de *°pipp-;* lat. *pippare*). Pousser de petits cris (en parlant des jeunes oiseaux). V. **Crier.** *Le pinson et le canari* « *Pépiaient gaiement* » (VERLAINE).

1. PÉPIN [pepɛ̃]. *n. m.* (1160; d'un rad. expressif *pep-* « petit »). ♦ 1º *Bot.* Graine de certains fruits (lorsqu'il y en a plusieurs [la graine unique de la datte est appelée noyau*]). *Botaniquement, les grains de café, de poivre sont des pépins.* ◊ *Cour.* Ces graines multiples et petites, dans les raisins, baies, agrumes, etc.; les graines des pommes, des poires, etc., et toutes les petites graines relativement molles. *Fruits à pépins et à noyaux. Ôter les pépins.* V. **Épépiner.** *Baies, fruits sans pépins :* à graines avortées. ♦ 2º *Fig. et vieilli* (1889). *Avoir un pépin pour qqn.* V. **Béguin, caprice.** ◊ *Mod.* Ennui, complication, difficulté. « *Supposez qu'on ait un pépin. Monsieur Alessandrovici nous couvre tous* » (AYMÉ).

2. PÉPIN [pepɛ̃]. *n. m.* (1862; du nom d'un personnage de vaudeville [1807]). *Fam.* Parapluie.

PÉPINIÈRE [pepinjɛʀ]. *n. f.* (1333; de *pépin*). ♦ 1º Terrain où l'on fait pousser de jeunes végétaux destinés à être repiqués ou à servir de porte-greffes; ensemble des plantes qui poussent sur un tel terrain. ♦ 2º (XVIᵉ-XVIIᵉ). *Fig.* Établissement, pays qui fournit un grand nombre de personnes propres à une profession, un état. « *Le petit séminaire de Paris n'avait été jusque-là, aux termes du Concordat, que la pépinière des prêtres de Paris* » (RENAN). « *La province est une pépinière d'ambitieux* » (MAURIAC).

PÉPINIÉRISTE [pepinjeʀist(ə)]. *n. et adj.* (1690; de *pépinière*). Jardinier qui cultive une pépinière, s'occupe de plants en pépinière. V. **Arboriculteur.**

PÉPITE [pepit]. *n. f.* (1714; *pepitas*, 1648; esp. *pepita* « pépin »). Morceau d'or natif sans gangue. *Pépites et paillettes.* « *Les plus riches mines du monde. Les plus grosses pépites. C'est le filon* » (CENDRARS). *Pépites d'or.* — *Par ext. Pépites de cuivre, de platine. Pépite alluvionnaire.*

PÉPLUM [peplɔm]. *n. m.* (1606; *peple*, 1551; lat. *peplum*, gr. *peplon* « tunique »). *Antiq. gr.* Vêtement de femme, sans manches, qui s'agrafait sur l'épaule. ◊ *Cin.* Film historique ayant pour sujet un épisode de l'Antiquité. « *Les trois salles locales ne passaient que de vieux westerns ou des péplums* » (Cl. COURCHAY).

PÉPON [pepɔ̃]. *n. m.* ou **PÉPONIDE** [pepɔnid]. *n. f.* (1490, « melon »; 1791, « courge »; lat. *pepo, -onis* « courge »). *Bot.* Fruit des Cucurbitacées (courge, melon, etc.).

PEPPERMINT [pepəʀmint ou pepɛʀmɛ̃t]. *n. m.* (1907; mot angl., de *pepper* « poivre », et *mint* « menthe »). *Anglicisme.* Liqueur de menthe poivrée.

-PEPSIE. Élément, du gr. *pepsis* « digestion » (*ex. :* dyspepsie).

PEPSINE [pepsin]. *n. f.* (1855; du gr. *pepsis* « digestion »). *Biochim.* Enzyme du suc gastrique qui décompose les protéides en peptides.

PEPTIDE [peptid]. *n. m.* (1907; de *pep*[sine], et [pro]*tide*). *Chim.* Substance protéique formée d'un nombre restreint (par opposition aux *polypeptides**) d'acides aminés. — Adj. **PEPTIDIQUE** [peptidik].

PEPTIQUE [peptik]. *adj.* (1694, « propre à opérer la coction des humeurs »; de *pepsine*). *Didact.* (*Biochim., méd.*). Relatif à la pepsine. *Digestion peptique,* qui se fait dans l'estomac sous l'effet de la pepsine. *Par ext.* Qui a trait à la digestion, qui en résulte. *Troubles peptiques.*

PEPTONE [peptɔn]. *n. f.* (1857; de *pepsine*). *Biochim.* Produit obtenu artificiellement par la dégradation des viandes sous l'effet d'enzymes (pepsine, pancréatine, papaïne). — Adj. **PEPTONISATION** [peptɔnizasjɔ̃]. *Milieu de culture au peptone. Administration thérapeutique de peptone* (comme superaliment).

PEPTONISATION [peptɔnizasjɔ̃]. *n. f.* (1882; de *peptone, -iser,* et *-ation*). *Biochim.* Dégradation des viandes produisant la peptone*.

PÉQUENAUD, AUDE [pɛkno, od]. *n.;* **PÉQUENOT** [pɛkno]. *n. m.* (*Péquenot*, 1905; d'un rad. *pekk* « petit, chétif ». V. aussi **Pékin**). *Pop. et péj.* Paysan*. « *Un tas de péquenots qui me paient d'une volaille ou d'un panier de pommes* » (BERNANOS). Var. orthogr. : « *La naïveté rustique symbolisée* (par)... *le pecquenaud* » (LÉVI-STRAUSS). « *C'est la première fois qu'il court ailleurs qu'autour de son village... Un petit pecnot* » (R. VAILLAND). Adj. *Ce qu'il est péquenaud !*

PÉQUISTE [pekist(ə)]. *n. et adj.* (1968; de *P*[arti] *q*[uébécois]). [Au Québec]. Se dit des membres de la politique du Parti québécois*.

PER-. Dans la nomenclature des composés chimiques, préfixe exprimant un excès de la quantité normale d'un élément. *Ex. : Peracide* (acide dont le nom commence par *per-* « acide *permanganique,* etc.), *peroxyde, persulfate,* etc.

PÉRAMÈLE [peʀamɛl]. *n. m.* (1839; lat. *perameles*). *Zool.* Mammifère de l'ordre des *Marsupiaux,* à museau allongé, de la taille d'un lapin.

PERBORATE [pɛʀbɔʀat]. *n. m.* (XXᵉ; de *per-,* et *borate*). *Cour.* Sel de bore, oxydant, utilisé comme désinfectant et produit de blanchiment.

PERÇAGE [pɛʀsaʒ]. *n. m.* (1828; de *percer*). *Techn. et cour.* Opération par laquelle on perce une matière. *Perçage du bois, des métaux.* V. aussi **Perceuse.**

PERCALE [pɛʀkal]. *n. f.* (1701; *percalen,* XVIIᵉ; du turco-persan *pärgälä*). Tissu de coton, fin et serré. *Percale pour doublures.* « *Des cols et des manchettes de percale* » (ZOLA).

PERCALINE [pɛʀkalin]. *n. f.* (1829; de *percale*). Toile de coton lustrée, souvent utilisée en doublures. « *Pauline était là, modestement vêtue d'une robe de percaline* » (BALZ.).

PERÇANT, ANTE [pɛʀsɑ̃, ɑ̃t]. *adj.* (1544 [vue]; de *cer*). ♦ 1º Qui voit au loin. *Vue perçante; regard perçant* (Cf. Vue, regard d'aigle). — *Yeux perçants :* vifs, brillants. « *Elle a les yeux les plus perçants du monde* » (MOL.). 2º Aigu et fort (son). *Des cris perçants.* V. **Déchirant, strident.** *Voix perçante.* V. **Criard, éclatant.** *Le paon « se mettait à crier de sa voix perçante, enrouée* » (FROMENTIN). ♦ 3º (1670; *abstrait*). *Vieilli.* Qui discerne avec rapidité et précision. V. **Perspicace.** *Esprit perçant.* ◊ ANT. Doux (voix). — HOM. **Persan.**

PERCE [pɛʀs(ə)]. *n. f.* (1493, *mettre à perce;* de *percer*). ♦ 1º *Loc. Mettre en perce :* faire une ouverture à un tonneau pour en tirer le vin. « *On buvait aussi Et de temps à autre une cloche Annonçait qu'un nouveau tonneau Allait être mis en perce* » (APOLLINAIRE). — *Par méton. Mettre du vin en perce.* ♦ 2º *Techn.* (1494). Outil pour percer (Cf. Perceuse, perceuse). ♦ 3º *Mus.* (1812). Trou d'un instrument à vent. *Les perces d'une clarinette.* ◊ HOM. **Perse.**

PERCÉE [pɛʀse]. *n. f.* (1750, techn.; de *percer*). ♦ 1º (1798). Ouverture qui ménage un passage ou donne un point de vue. *Ouvrir une percée dans une forêt.* V. **Chemin, trouée.** *Faire une percée dans un mur, dans un toit.* ♦ 2º (1798, « passage à travers des obstacles ». *Milit.* (1845) Action de percer, de rompre les défenses de l'ennemi. *Tenter, faire une percée.* « *Tentatives de percée* » disait-on pendant la guerre » (MONTHERLANT). — *Sports.* Action de percer à travers la défense de l'équipe adverse. — (Dans d'autres domaines). Développement, réussite spectaculaire malgré un obstacle. *Percée technologique, sociale, politique.* ◊ ANT. Clôture, fermeture; recul.

PERCEMENT [pɛʀsəmɑ̃]. *n. m.* (1500; de *percer*). Action de percer, de pratiquer (une ouverture, un passage). *Percement de l'isthme de Panama. Percement d'un tunnel, d'une rue.*

PERCE-MURAILLE [pɛʀs(ə)myʀaj]. *n. f.* (1769; de *percer,* et *muraille*). Pariétaire (plante).

PERCE-NEIGE [pɛʀsənɛʒ]. *n. m.* ou *f.* (1660; de *percer,* et *neige*). Plante (*Amaryllidacées*) à fleurs blanches qui s'épanouissent en hiver. *Des perce-neige.*

PERCE-OREILLE [pɛʀsɔʀɛj]. *n. m.* (*Persoreille*, 1530; de *percer*, et *oreille*). Insecte dont l'abdomen porte une sorte de pince. V. **Forficule.** *Byron répondit « qu'il n'éprouvait aucun plaisir à torturer des perce-oreilles, bien qu'il les détestât »* (MAUROIS).

PERCE-PIERRE [pɛʀspjɛʀ]. *n. f.* (1545; de *percer*, et *pierre*). Nom de plusieurs plantes vivant sur les rochers ou les murs (Cf. Passe-pierre). V. **Crithme.** *Des perce-pierres.*

PERCEPT [pɛʀsɛpt]. *n. m.* (XXᵉ; de *perception*, d'apr. *concept*). Philo. Objet de la perception, sans référence à une chose en soi (*opposé à* concept).

PERCEPTEUR [pɛʀsɛptœʀ]. *n. m. et adj.* (1432, rare av. 1789; du lat. *perceptus*, de *percipere* « recueillir »).
I. *N. m.* Fonctionnaire chargé de la perception, du recouvrement des contributions directes (V. **Impôt**), et des amendes et condamnations pécuniaires. V. **Collecteur** (d'impôts). *Recevoir un avertissement de son percepteur.*
II. Adj. Didact. Qui perçoit. *Les facultés perceptrices* [pɛʀsɛptʀis].

PERCEPTIBILITÉ [pɛʀsɛptibilite]. *n. f.* (1760; de *perceptible*). Didact. Caractère de ce qui peut être perçu. ◇ ANT. *Imperceptibilité.*

PERCEPTIBLE [pɛʀsɛptibl(ə)]. *adj.* (1372, [philo]; lat. *perceptibilis*, de *percipere*).
I. ♦ 1° Qui peut être perçu par les organes des sens; qui peut déterminer une perception. V. **Visible; audible; appréciable, sensible.** *Perceptible à l'œil, à l'oreille. « Le son trop aigu n'est plus perceptible à l'oreille; l'émotion trop aiguë n'est plus perceptible à l'intelligence »* (HUGO). *Différences peu perceptibles.* ♦ 2° (Abstrait). Qui peut être compris, saisi par l'esprit. « *Bien entendu, ces roublardises n'étaient perceptibles que pour un confrère. Le public ne s'apercevait de rien »* (ROMAINS).
II. (1611). Qui peut être perçu, en parlant d'un impôt. V. **Percevable, recouvrable.**
◇ ANT. (du I) *Imperceptible, insensible.* — (du II) *Irrécouvrable.*

PERCEPTIBLEMENT [pɛʀsɛptibləmɑ̃]. *adv.* (1484; de *perceptible*). Rare. D'une manière perceptible. ◇ ANT. *Imperceptiblement.*

PERCEPTIF, IVE [pɛʀsɛptif, iv]. *adj.* (1754; « qui perçoit », 1370; du lat. *perceptum*). Psycho. Relatif à la perception. *Interprétation perceptive de la sensation. Structures perceptives.*

PERCEPTION [pɛʀsɛpsjɔ̃]. *n. f.* (h. XIIᵉ-XIIIᵉ, « action de recevoir [le Saint-Esprit; l'Eucharistie] »; lat. *perceptio*).
I. (1370). ♦ 1° Opération par laquelle l'Administration recouvre les impôts directs. V. **Recouvrement; collecte, levée, rentrée.** ◇ *Par ext.* Impôt, taxe, redevance. ♦ 2° (XIXᵉ). Emploi, bureau du percepteur. « *La vacance probable d'une des vingt-quatre perceptions de Paris cause une émeute d'ambitions à la Chambre des députés ! »* (BALZ.).
II. (1611). Didact. ou littér. ♦ 1° Vieilli. Acte, opération de l'intelligence, représentation intellectuelle. V. **Idée, image.** « *Une perception claire et distincte »* (DESCARTES). « *Nos sensations sont purement passives, au lieu que toutes nos perceptions ou idées naissent d'un principe actif qui juge »* (ROUSS.). ◇ Le fait de subir une action, d'y réagir. V. **Affection.** *Perceptions et aperceptions chez Leibniz.* ♦ 2° Mod. Psycho. Fonction par laquelle l'esprit se représente les objets; acte par lequel s'exerce cette fonction. *Perception et sensation.* V. **Sens, sensation.** *Localisation des perceptions. Théories sensualistes, associationnistes, génétiques de la perception. Phénoménologie de la perception, de M. Merleau-Ponty. Perception et imagination. J'appelle « perception, l'impression qui se produit en nous à la présence des objets »* (CONDILLAC). « *Quand je dis 'l'objet que je perçois est un cube', je fais une hypothèse que le cours ultérieur de mes perceptions peut m'obliger d'abandonner. Dans la perception, un savoir se forme lentement »* (SARTRE). — Gram. *Verbes de perception* (regarder, écouter, voir, entendre, sentir). ♦ 3° Littér. *Perception de qqch.* Prise de connaissance, sensation, intuition. V. **Impression.** *Perception du bien et du mal : le sens moral.* « *Pendant qu'il marchait ainsi, les yeux hagards, avait-il une perception distincte de ce qui pourrait résulter pour lui d'une aventure à Digne? »* (HUGO).

PERCEPTIONNISME [pɛʀsɛpsjɔnism]. *n. m.* (1882; de l'angl.) Hist. philo. Doctrine d'après laquelle l'esprit, dans la perception, a une conscience immédiate de la réalité extérieure.

PERCER [pɛʀse]. *v.; conjug.* placer (*Percier*, 1080; lat. pop. *pertusiare*, de *pertusus*, p. p. de *pertundere* « trouer »). V. *aussi* **Pertuis.**
I. *V. tr.* **Ⓐ** (Creuser, traverser). ♦ 1° Faire un trou dans (un objet). V. **Perforer, trouer.** *Percer une planche, une paroi, un mur à l'aide d'un outil.* V. **Forer, poinçonner.** *Instruments pour percer :* drille, foret, mèche, perceuse, perforatrice, perforeuse, vilebrequin, vrille. *Percer un pneu.* V. **Crever.** *Percer*

un tonneau (V. **Perce**). *Percer de part en part.* V. **Transpercer.** *Les javelots et les lances ne peuvent percer la peau du rhinocéros.* — Au p. p. *Souliers percés. Poche percée. Chaise* percée. ◇ *Spécialt.* Traverser, trouer (une partie du corps). *Percer les oreilles, les narines pour y mettre des anneaux. Percer un abcès.* V. **Ouvrir.** « *De même qu'on se fait percer les veines quand le sang afflue au cœur ou monte à la tête »* (CHATEAUB.). — Fig. *Les os lui percent la peau :* il est très maigre. ♦ 2° *Spécialt.* et *vieilli.* Blesser (qqn) à l'aide d'une arme pointue. V. **Blesser, tuer.** *Percer de coups.* V. **Cribler, larder.** *Percer qqn de part en part, d'outre en outre* (avec une épée, une fourche). V. **Embrocher, enferrer, enfourcher.** *Percer le flanc, le sein.* — *Cœur percé d'une flèche :* symbole de l'amour. — Mod. (Abstrait) « *Chaque mot était une épigramme condensée qui portait coup et perçait son homme »* (STE-BEUVE). Par métaph. *Percer le cœur :* affliger, faire souffrir. « *Le Malheur a percé mon vieux cœur de sa lance »* (VERLAINE). ♦ 3° Pratiquer dans (qqch.) une ouverture pouvant servir de passage. *Percer un rocher pour pratiquer un tunnel. Percer un coffre-fort.* « *Des petites fenêtres, dont les maisons sont percées, sortaient les têtes de quelques habitants »* (STAËL). ♦ 4° Traverser (une protection, un milieu intermédiaire). *Averse qui perce les vêtements. Le soleil perce les nuages.* ◇ *Son qui perce l'air, le silence.* V. **Déchirer.** *Hurlements qui percent les oreilles* (V. **Perçant**). ◇ Se frayer un passage dans. *Percer le front des armées ennemies. Percer la foule.* ♦ 5° Vieilli. *Ses yeux percent l'obscurité.* — Spécialt. *Percer qqn de son regard.* V. **Transpercer** (et *aussi* **Perçant**). « *Ce n'est pas la peine d'écrire des romans psychologiques, si je ne sais pas le percer en ce moment-ci »* (MONTHERLANT). ◇ Fig. et littér. Parvenir à découvrir (un secret, un mystère). V. **Déceler, pénétrer.** *Percer un complot. Percer l'avenir.* V. **Prévoir.** — Loc. *Percer à jour :* parvenir à connaître (ce qui était tenu caché, secret). V. **Découvrir. Ⓑ** Pratiquer, faire (un trou, une ouverture). *Percer un trou. Percer un tunnel, un chemin. Percer une rue, une avenue. Percer une porte, une fenêtre.* — Au p. p. « *Les cinq croisées percées à chaque étage ont de petits carreaux »* (BALZ.).
II. *V. intr.* (XVIᵉ). ♦ 1° Se frayer un passage en faisant une ouverture, un trou. ◇ (Choses) « *Quatre grosses dents qui percent à la fois »* (BALZ.). *Abcès qui perce.* V. **Crever.** *Le soleil commence à percer* (à travers les nuages). ◇ (Personnes) *Les ennemis n'ont pas pu percer.* V. **Percée.** — Sports. *L'avant-centre perce.* ♦ 2° Fig. (1751). Se déceler, se manifester, se montrer. *Rien n'a percé de leur entretien.* V. **Transpirer.** « *Une âme énergique, qui ne laisse percer à l'extérieur aucun des sentiments qu'elle renferme »* (MÉRIMÉE). — Allus. littér. « *Déjà Napoléon perçait sous Bonaparte »* (HUGO) : se montrait, apparaissait. ♦ 3° (1756). Acquérir la notoriété. V. **Réussir.** « *Vous avez l'étoffe de trois poètes; mais, avant d'avoir percé, vous avez six fois le temps de mourir de faim »* (BALZ.).
◇ ANT. *Boucher, clore, fermer, obstruer.*

PERCERETTE [pɛʀsəʀɛt]. *n. f.* (1671; de *percer*). Petit foret, petite vrille. (On dit *aussi* PERCETTE [pɛʀsɛt]).

PERCEUR, EUSE [pɛʀsœʀ, øz]. *n.* (XVIᵉ; de *percer*). ♦ 1° Personne qui perce. *Perceur de murailles. Perceur de coffre-fort. Aléseur-perceur, perceur-taraudeur* (noms de métiers). ♦ 2° (1904). *N. f.* PERCEUSE : machine-outil utilisée pour percer des pièces métalliques, pour la finition de pièces. V. **Foreuse.**

PERCEVABLE [pɛʀsəvabl(ə)]. *adj.* (1671; de *percevoir*). ♦ 1° Qui peut être perçu (II). *Taxe, impôt percevable.* ♦ 2° (v. 1800). Rare. V. **Perceptible** (I).

PERCEVOIR [pɛʀsəvwaʀ]. *v. tr.; conjug.* recevoir (1200, « comprendre, saisir par l'esprit »; *parceivre* « apercevoir », 1120; lat. *percipere* « saisir par les sens »).
I. Saisir par la perception. ♦ 1° Comprendre, parvenir à connaître. V. **Apercevoir, discerner, distinguer, saisir, sentir.** *Percevoir une intention, une nuance.* « *La trace d'une émotion dont il perçut confusément le caractère intime, amoureux »* (MART. du G.). ◇ *Spécialt.* Avoir conscience d'une sensation. V. **Éprouver.** *Percevoir une lueur indécise.* V. **Apercevoir.** *Malade qui perçoit les battements de son cœur.* V. **Écouter, entendre.** « *Elle perçut le frémissement de la rampe sous sa main »* (GREEN). ♦ 2° Philo., Psycho. (1798). Constituer et reconnaître comme objet par l'acte de la perception. *Percevoir l'étendue.* « *Percevoir finit par n'être plus qu'une occasion de se souvenir »* (BERGSON). — Allus. philo. *Pour Berkeley, l'existence des « choses » consiste à être perçues* (esse est percipi), *celle des esprits à percevoir* (esse est percipere).
II. (1377; *apercevoir*, dans ce sens, au moyen âge). Recevoir (une somme d'argent, un produit, un revenu). V. **Empocher** (fam.). *Percevoir des intérêts, un loyer.* V. **Toucher.** « *Quant au casuel épiscopal... l'évêque le percevait sur les riches »* (HUGO). ◇ *Spécialt.* Recueillir (le montant d'un impôt, d'une taxe). V. **Lever.** *Percevoir les droits de douane. Fonctionnaire qui perçoit les impôts.* V. **Percepteur.**
◇ ANT. (du II) *Payer, verser.*

1. PERCHE [pɛʀʃ(ə)]. *n. f.* (XIIᵉ; lat. *perca*). Genre de poissons *(Percidés)* d'eau douce, dont certaines espèces sont très estimées pour leur chair. *Elle apercevait « le dos vert sombre d'une perche, rayé de noir »* (P. BENOIT). *Perche goujonnière.* V. **Grémille.** *Perche arc-en-ciel.* ◊ Par anal. *Perche de mer.* V. **Serran.**

2. PERCHE [pɛʀʃ(ə)]. *n. f.* (XIIᵉ; lat. *pertica*).

I. ♦ 1° Pièce de bois, de métal longue et mince, de section circulaire. *« Il tenait à la main une longue perche garnie de lanternes »* (ALAIN-FOURNIER). *Perche utilisée comme tuteur.* V. **Rame.** *Perche à houblon.* — Cin., Radio, Télév. *Perche à son* : qui supporte le micro. V. **Girafe.** ◊ Sports. *Saut à la perche* : saut en hauteur en prenant appui sur une longue perche (V. **Perchiste**). ◊ Techn. Tige métallique adaptée au toit d'un véhicule (locomotive, trolleybus, tramway) et destinée à capter le courant. V. **Trolley, caténaire.** ♦ 2° Fig. (1874). *Tendre la perche à qqn* : lui fournir une occasion de se tirer d'embarras. V. **Aider.** *Saisir la perche que l'on vous tend.* *« Qui vingt fois a jeté la perche à un fou qui veut se noyer, peut être forcé un jour ou l'autre de l'abandonner ou de périr avec lui »* (MUSS.). ♦ 3° (1640). Fam. *Personne grande et maigre.* V. **Échalas.** *Quelle grande perche!* ♦ 4° (Vén.). Bois du cerf, du daim et du chevreuil, auxquels les andouillers sont attachés.

II. (1294, *pergue*). Ancienne mesure de longueur. ◊ Ancienne mesure agraire qui valait la centième partie de l'arpent. *Une perche de vigne.*

PERCHÉ, ÉE [pɛʀʃe]. *adj. et n. m.* (XVIᵉ; de *percher*). Placé sur un endroit élevé (V. **Percher**). *Spécialt.* Loc. *Chat perché.* V. **Chat.** Géol. *Bloc perché* ou *roche perchée* : surélevé(e) par rapport au niveau du sol après avoir protégé de l'érosion la partie du sol où il (elle) repose. ◊ N. m. *Tirer les faisans au perché* : au moment où ils sont perchés.

PERCHÉE [pɛʀʃe]. *n. f.* (1836; de *perche* 2). Petite tranchée entre deux billons où l'on plante les ceps de vigne. ◊ HOM. Perché, percher.

PERCHER [pɛʀʃe]. *v.* (1314, « se dresser debout »; de *perche* 2).

I. *V. intr.* ♦ 1° (En parlant d'un oiseau). Se mettre, se tenir sur une branche, un perchoir. V. *aussi* **Percheur.** ♦ 2° Fam. (Personnes). Loger à un étage élevé. — *Par ext.* V. **Demeurer, loger, nicher** *(fam.).* *« Clémentine dit au comte : Où perche donc le capitaine? »* (BALZ.).

II. *V. tr.* Fam. (1831). Placer à un endroit élevé. *Quelle idée d'avoir été percher ce vase sur l'armoire!*

III. *V. pron.* SE PERCHER : se mettre, se tenir sur un endroit élevé. V. **Jucher.** *Les oiseaux se perchaient sur les fils télégraphiques.* — Fam. (Personnes) *« Tarrou s'était levé pour se percher sur le parapet de la terrasse »* (CAMUS). V. **Grimper, monter.** ◊ PERCHÉ, ÉE. *« Les cigognes, lugubrement perchées au bord des vastes nids »* (FROMENTIN). *« Il y a partout des veilleurs perchés sur des tréteaux »* (LOTI). — V. *aussi* **Perché.** ◊ HOM. Perchée.

PERCHERON, ONNE [pɛʀʃəʀɔ̃, ɔn]. *adj. et n.* (1836; de *Perche*, région de France). Du Perche. ◊ *Spécialt.* Grand et fort cheval de trait, de labour. *Une jument percheronne, un percheron. « Un landau, attelé de deux percherons superbes »* (ZOLA).

PERCHEUR, EUSE [pɛʀʃœʀ, øz]. *adj.* (1836; de *percher*). Zool. *Oiseau percheur* : qui a l'habitude de se percher. *L'alouette n'est pas percheuse.*

PERCHIS [pɛʀʃi]. *n. m.* (1701; de *perche* 2). Techn. ♦ 1° Clôture faite de perches. *« La carcasse de soutien (des murs), faite d'une sorte de perchis noir »* (AYMÉ). ♦ 2° (1838). Bois de dix à vingt ans, de taille convenable pour faire des perches.

PERCHISTE [pɛʀʃist(ə)]. *n.* (mil. XXᵉ; de *perche*). ♦ 1° (mil. XXᵉ). Sports. Athlète spécialiste du saut à la perche (sauteur à la perche). ♦ 2° Cin., radio., télév. (1973; recomm. offic.). Personne qui tient la perche à son au-dessus de celui qui parle.

PERCHLORATE [pɛʀklɔʀat]. *n. m.* (1846; de *per-*, et *chlorate*). Chim. Sel de l'acide perchlorique.

PERCHLORIQUE [pɛʀklɔʀik]. *adj.* (1846; de *per-*, et *chlorique*). Chim. Se dit d'un anhydride (Cl₂O₇), d'un acide (HClO₄) du chlore, dans lesquels le chlore a son degré d'oxydation le plus élevé.

PERCHLORURE [pɛʀklɔʀyʀ]. *n. m.* (1846; de *per-*, et *chlorure*). Chim. Vieilli. Chlorure renfermant une plus grande proportion de chlore que les chlorures normaux.

PERCHOIR [pɛʀʃwaʀ]. *n. m.* (1584; *percheur* « étagère », 1401; de *percher*). Endroit où viennent se percher les oiseaux domestiques, les volailles; bâton qui leur sert d'appui. V. **Juchoir.** *Perchoir de perroquet.* — Fam. Siège élevé; endroit où l'on est perché, juché. *Descends de ton perchoir!*

PERCLUS, USE [pɛʀkly, yz]. *adj.* (1420; lat. *perclusus* « obstrué »). ♦ 1° Privé, complètement ou partiellement, de la faculté de se mouvoir; qui a de la peine à se mouvoir. V. **Impotent.** *« Une tante à demi percluse, qui ne bougeait* jamais »* (BALZ.). *Être perclus de rhumatismes (par des rhumatismes). Être perclus de tous ses membres. — Bras perclus.* V. **Inerte.** — Par ext. *Être perclus, perclus de douleurs* : ankylosé, gêné par des douleurs. ♦ 2° Fig. (XVIᵉ). *Être perclus de crainte, de peur, de gêne* : paralysé. *Un « grand jeune homme noir et myope, perclus de timidité »* (MAURIAC).

PERCNOPTÈRE [pɛʀknɔptɛʀ]. *n. m.* (1803; du gr. *perknopteros*, de *perknos* « noirâtre », et *pteron* « aile »). Zool. Sorte de vautour *(Ægypiidés)*, de taille moyenne, qui vit dans les régions méditerranéennes.

PERÇOIR [pɛʀswaʀ]. *n. m.* (1200; de *percer*). Techn. Outil pour percer.

PERCOLATEUR [pɛʀkɔlatœʀ]. *n. m.* (1856; du lat. *percolare* « filtrer »). Appareil qui sert à faire du café en grande quantité par « percolation » (ou lixiviation*). V. *aussi* **Cafetière, filtre.** *Installer un percolateur dans un café. « Il contempla fixement les surfaces de matière plastique jaune et les chromes du percolateur »* (LE CLÉZIO). — Abrév. fam. PERCO [pɛʀko].

PERÇU, UE [pɛʀsy]. *adj. et n. m.* (h. XIIIᵉ, « découvert »; V. *Percevoir*). ♦ 1° Saisi, appréhendé par la perception. *Mouvement à peine perçu.* ◊ N. m. Philo. LE PERÇU : le réel en tant qu'il est perçu par un sujet. ♦ 2° Recueilli (somme d'argent). *Droits perçus.* — V. **Trop-perçu.**

PERCUSSION [pɛʀkysjɔ̃]. *n. f.* (XIIIᵉ, « tribulation, malheur »; *percution*, XIIᵉ; lat. *percussio*. V. *Percuter*). ♦ 1° Techn. ou *littér.* (1374). Action de frapper; choc d'un corps contre un autre. V. **Choc** (Cf. Coup). *Perforeuse à percussion.* — Sc. Force appliquée sur un corps pendant un temps très court. *Lois de la percussion des corps.* — *Arme à percussion* : dans laquelle la mise à feu s'effectue par le choc d'une pièce métallique contre une capsule détonante. V. **Percuteur.** ♦ 2° Mus. (XVIIᵉ). *Instrument à percussion* ou *de percussion* : dont on joue en le frappant (avec la main, une baguette, etc.) et dont le rôle est surtout rythmique (*ex.* : caisse, castagnettes, cymbales, glockenspiel, gong, grosse caisse, tambour, tambourin, timbale, triangle, xylophone). *Concerto pour deux pianos et percussion, de Bartok. Dans un orchestre de jazz, la percussion est un élément de la section rythmique.* ♦ 3° Méd. (1770). Mode d'exploration clinique qui permet de connaître l'état de certains organes selon le bruit obtenu en frappant avec les doigts les téguments de la région correspondant en profondeur à l'organe exploré. V. **Auscultation.** — *Marteau à percussion,* destiné à provoquer les réflexes ostéo-tendineux.

PERCUSSIONNISTE [pɛʀkysjɔ̃nist(ə)]. *n.* (mil. XXᵉ; de *percussion*, 2°). Mus. Musicien qui joue d'un ou plusieurs instruments de percussion (batteur, drummer, en jazz).

PERCUTANT, ANTE [pɛʀkytɑ̃, ɑ̃t]. *adj.* (1872; de *percuter*). ♦ 1° Didact. Qui donne un choc. — Artill. *Un obus, un projectile percutant,* ou *subst. Un percutant* : qui éclate par la percussion contre le but ou contre le sol. *Le bombardement avait « commencé par des percutants et des fusants »* (ROMAINS). ♦ 2° Fig. Fam. Qui frappe par sa netteté brutale, qui produit un choc psychologique. *Un article, un discours percutant. Une formule percutante. « Ce polémiste inspiré et percutant »* (Le Monde, 30-10-1954).

PERCUTER [pɛʀkyte]. *v.* (1610, rare av. 1825; « transpercer », v. 980; lat. *percutere* « frapper violemment »).

I. *V. tr.* ♦ 1° Méd. Explorer (une partie du corps) par le procédé de la percussion (3°). ♦ 2° (1838). Frapper, heurter (qqch.). Mécan. *Mobile qui percute un autre corps.* — Spécialt. *Pièce du fusil qui percute l'amorce.* V. **Percuteur.** — Cour. *Voiture qui percute un arbre.*

II. *V. intr.* Heurter en explosant. *Obus qui vient percuter contre le sol, contre un mur.* ◊ Par ext. Heurter violemment un obstacle, un véhicule. *La voiture est allée percuter contre un camion* (Cf. fam. *Entrer dedans*).

PERCUTEUR [pɛʀkytœʀ]. *n. m.* (1868; de *percuter*). Pièce métallique qui, dans une arme à feu, est destinée à frapper l'amorce et à la faire détoner. *« Les amorces portaient la trace du percuteur, mais les balles n'étaient pas parties »* (MALRAUX).

PERCUTI-RÉACTION [pɛʀkytiʀeaksjɔ̃]. *n. f.* (1908; du rad. de *percuter*, et *réaction*; Cf. Cuti-réaction). Méd. Réaction cutanée qui se produit à l'endroit où l'on a fait pénétrer par frottement une pommade contenant de la tuberculine concentrée, indiquant que le sujet a déjà été exposé à l'infection tuberculeuse et y est devenu résistant. V. **Cuti-réaction.**

PERDABLE [pɛʀdabl(ə)]. *adj.* (XIIIᵉ; de *perdre*). Rare. Qui peut être perdu.

PERDANT, ANTE [pɛʀdɑ̃, ɑ̃t]. *n. et adj.* (1288; de *perdre*). ♦ 1° Personne qui perd au jeu, dans une affaire, une compétition. V. **Battu.** *Match nul, où il n'y a ni gagnant ni gagnant. Il a été le gros perdant dans cette affaire.* ♦ 2° Qui perd. *Les numéros perdants.* ♦ 3° N. m. Mar. Marée descendante. V. **Jusant.** ◊ ANT. **Gagnant.**

PERDITION [pɛʁdisjɔ̃]. *n. f.* (*Perditiun*, 1080 ; lat. ecclés. *perditio*). ♦ 1° Théol. Éloignement de l'Église et des voies du salut ; ruine de l'âme par le péché. *État de perdition.* — Cour. *Lieu de perdition*, de débauche. « *Ce théâtre, un abîme de perdition* » (ARAGON). ♦ 2° (XIIIᵉ). *Vx.* État de ce qui se perd, se dissipe. V. **Dissipation, perte.** — *Mod.* (1787) *Navire en perdition*, en danger de faire naufrage. V. **Danger, détresse.** ◊ ANT. *Salut.*

PERDRE [pɛʁdʁ(ə)]. *v. tr.* ; conjug. *rendre* (Xᵉ ; lat. *perdere*). I. Ⓐ Être privé, provisoirement ou définitivement, de la possession ou de la disposition de (qqch.). ♦ 1° Ne plus avoir (un bien). *Perdre une somme d'argent. Perdre ses biens* (détruits, pris ou acquis par d'autres ; Cf. *aussi* 4°, « égarer »). Absolt. « *On hasarde de perdre en voulant trop gagner* » (LA FONT.). *Perdre au jeu. Perdre sur une marchandise.* ◊ (Abstrait) *Perdre sa place, sa situation, un avantage.* « *On perdait sa situation, on perdait de l'argent à la Bourse, on perdait le goût du travail* » (AYMÉ). ◊ *Loc. N'avoir rien à perdre mais tout à gagner. Vous ne perdez rien pour attendre :* vous finirez par obtenir ce que vous méritez (formule de menace). *Perdre au change*. — Fam. *Tu ne le connais pas ? Tu n'y perds rien !* il ne mérite pas d'être connu. « *Si vous ne voulez pas perdre mon estime après avoir perdu mon amitié* » (BALZ.). *Perdre son prestige, ses droits.* ♦ 2° Être séparé de (qqn) par la mort. V. **Deuil** (être en deuil de). « *Jadis, à l'âge de vingt-cinq ans, elle avait perdu, en un seul mois, son père, son mari et son enfant nouveau-né* » (MAUPASS.). *L'ennemi avait perdu beaucoup de monde dans la bataille.* ◊ Ne plus avoir (un compagnon, un ami, etc.). « *Je ne sais pas lequel est le plus cruel, de perdre tout à coup la femme qu'on aime, par son inconstance ou par sa mort* » (MUSS.). « *J'ai entendu dire qu'on perd une femme pour la trop aimer* » (MONTHERLANT). ♦ 3° Cesser d'avoir (une partie de soi, un caractère inhérent). *Perdre un bras, un œil, ses dents, ses cheveux.* — *Perdre du poids :* maigrir. *Perdre la parole :* devenir muet, le souffle :* être essoufflé. *Perdre haleine*. *Perdre l'appétit, ses forces :* s'affaiblir. *Perdre la vue. Perdre la vie :* mourir. *Faire perdre à qqn ses moyens.* V. **Ôter.** ◊ *Perdre l'esprit, la raison, la tête, la boule* (fam.) : devenir fou. *Perdre la mémoire. Perdre connaissance :* s'évanouir. *Perdre courage :* se décourager. *Perdre son sang-froid.* « *Comment puis-je, à ces moments-là, perdre aussi complètement tout contrôle sur moi-même ? se demanda-t-il* » (MART. du G.). *Perdre le goût de qqch.* « *Lentement, je perds l'habitude de l'effort* » (GIDE). *Perdre patience. Perdre confiance. Perdre la foi.* ◊ (Choses) *Mot qui perd son sens. Perdre de la vitesse :* se ralentir. *Perdre une partie de sa valeur.* ◊ SE PERDRE : être perdu ; cesser d'être (voir *ci-dessous*, III, 1°). ♦ 4° Ne plus avoir en sa possession (ce qui n'est ni détruit ni pris). V. **Égarer.** *Perdre des billets ; une bague. Il est terrible, il perd tout ! Le berger a perdu un de ses moutons.* « *Parmi tant de gens dont j'avais perdu les noms, les coutumes, les adresses* » (CÉLINE). ♦ 5° Laisser s'échapper. *Il perd son pantalon.* — Absolt. *Tonneau qui perd.* V. **Fuir.** ♦ 6° (En parlant de ce qui échappe à la portée de nos sens). « *Malgré son embarras, Jeanne écoutait, sans perdre une syllabe, ni une inflexion* » (ROMAINS). *Il ne veut pas en perdre une miette* (fig.). — Spéciált. *Perdre* (qqn, qqch.) *de vue :* ne plus voir, oublier. *Ne plus fréquenter qqn, ne plus s'intéresser à lui.* « *Il congédia d'une tape amicale sur la joue en lui promettant de ne pas le perdre de vue* » (DAUD.). Pronom. *Nous nous sommes perdus de vue depuis un certain temps.* ◊ Mar. *Perdre terre :* ne plus la voir. ♦ 7° Ne plus pouvoir suivre, contrôler. *Perdre son chemin, sa route.* « *Je tremble à cette idée horrible que je pourrais en effet perdre sa trace* » (LOTI). *Perdre le fil*. *Perdre son latin*. *Perdre pied ; fig.* Être dans l'embarras (Cf. **Nager**). *Perdre l'équilibre. Perdre le nord. Perdre les pédales*. ♦ 8° Employer ou profiter de (qqch.) sans en tirer ce qu'on attendait. V. **Dissiper, gâcher, gaspiller.** *Perdre sa peine*. *Ne perdre aucune occasion de... Ne pas laisser perdre qqch.* (Cf. *ci-dessous* SE PERDRE). — Spéciált. *Vx. Perdre temps, le temps. Mod.* « *Edmond a l'impression de piétiner, de perdre son temps, de ne pas avancer* » (MAUROIS). — *Perdre du temps*, laisser passer un temps qu'on devrait pleinement utiliser. *Perdre une minute. Vous n'avez pas un instant à perdre. Cet élève a vraiment perdu son année.* « *Oisive jeunesse À tout asservie, Par délicatesse J'ai perdu ma vie* » (RIMBAUD). ♦ 9° Ne pas obtenir ou ne pas garder (un avantage). *Perdre l'avantage.* ◊ Ne pas obtenir l'avantage dans. *Perdre la bataille. Perdre la partie.* « *Une guerre absurde, injustifiée, Jacques dit qu'elle est perdue d'avance* » (SARTRE). *Perdre un procès, un pari.* — Absolt. *À la perdu :* il s'est fait battre*. *Jouer à qui perd gagne.* ◊ *Perdre du terrain*, aller moins vite que son adversaire. — Fig. *L'analphabétisme perdait du terrain.* V. **Reculer.** Ⓑ Intrans. *La marée perd :* faiblit. *Le bateau perd :* cale, n'avance plus.

II. Priver de la possession ou de la disposition de biens, d'avantages. ♦ 1° *Vieilli.* Faire mourir ; causer la mort de

(qqn). « *Va, perds ces malheureux ; leur dépouille est à toi* » (RAC.). ♦ 2° Ruiner totalement. Vieilli. *Attirer des gens dans un guet-apens pour les perdre.* « *Il n'y a personne qu'on ne puisse perdre en interprétant ses paroles* » (VOLT.). V. **Déconsidérer, déshonorer.** ◊ *Mod.* (*Sujet de chose*) Priver de sa réputation, de son crédit (auprès de qqn) ; priver de sa situation. « *Ces propos de tout le monde me perdront dans l'âme d'Alfred* » (STENDHAL). « *Ce qui perdit Fouquet... ce fut ce qui perdit tant d'autres hommes spirituels et habiles, je veux dire l'excès de la présomption et la vanité* » (STE-BEUVE). ♦ 3° *Vx ou littér.* Corrompre ; rendre mauvais. « *Ce sont le fer et le blé qui ont civilisé les hommes et perdu le genre humain* » (ROUSS.). — *Relig.* Damner. V. **Perdition.** ♦ 4° Mettre hors du bon chemin. V. **Désorienter, égarer.** *J'ai l'impression que notre guide nous a perdus.*

III. (XVIᵉ). SE PERDRE. *v. pron.* ♦ 1° Être réduit à rien ; cesser d'être. *Rien ne se perd, rien ne se crée.* ◊ Être perdu ; cesser de se manifester, d'exister. *Les traditions se perdent peu à peu. Son autorité se perd. Le sens de ce mot s'est perdu.* « *La noblesse se conquiert par l'épée et se perd par le travail* » (HUGO). ♦ 2° Être mal utilisé, ne servir à rien. « *Il est absurde que cette énorme somme d'énergie s'évapore ainsi, se perde dans l'espace* » (DUHAM.). Loc. fam. *Il y a des coups de pied au derrière, des fessées qui se perdent :* se dit lorsque qqn aurait mérité un coup de pied, une fessée. ♦ 3° Cesser d'être perceptible. V. **Disparaître.** « *Elle gémit en vain ; sa plainte au vent se perd* » (LA FONT.). — Au p. p. « *La plaine, en bas, se prolongeait, perdue dans les vapeurs de la nuit* » (FLAUB.). — Par métaph. *Les origines de la France se perdent dans la nuit des temps. Rivière qui va se perdre sous terre.* V. **Enfoncer** (s'), **engloutir** (s'), **engouffrer** (s'). « *Les vertus se perdent dans l'intérêt comme les fleuves se perdent dans la mer* » (LA ROCHEF.). ♦ 4° (*Personnes*). S'égarer ; ne plus retrouver son chemin. V. **Fourvoyer** (se). *Se perdre dans un labyrinthe. Un enfant qui s'est perdu.* « *Nulle part, dans la plaine où le regard se perd* » (HUGO). ◊ Fig. *Se perdre en conjectures.* V. **Embrouiller** (s'), **noyer** (se). ◊ Être incapable de débrouiller, d'expliquer, ne voir plus clair dans. « *Plus je sonde l'abîme, hélas ! plus je m'y perds* » (LAMART.). ♦ 5° SE PERDRE DANS, EN : appliquer entièrement son esprit au point de n'avoir conscience de rien d'autre. V. **Absorber** (s'), **plonger** (se). *Se perdre dans la contemplation de qqch. Se perdre dans une rêverie.* V. **Abîmer** (s'). — Au p. p. « *Elle regardait sans voir et semblait perdue dans un rêve* » (FRANCE). V. **Perdu** (III). ♦ 6° Causer sa ruine. « *Tu te perdras pour le bonheur comme d'autres se perdent pour le malheur* » (BALZ.). — Spéciált. Devenir mauvais, corrompu. « *Il se perdait avec une femme mariée* » (FLAUB.).

◊ ANT. *Acquérir, avoir, conquérir, conserver, détenir, emparer* (s'), *gagner, garder, obtenir, posséder, récupérer, regagner, retrouver, sauver, trouver ; suivre, voir ; bénéficier, profiter, utiliser.*

PERDREAU [pɛʁdʁo]. *n. m.* (XVIᵉ ; *perdriau*, XIVᵉ [*perdizel*, 1121] ; prov. *perdigal*, lat. pop. *perdicalis*. V. **Perdrix**). Jeune perdrix de l'année. *Une compagnie de perdreaux.*

PERDRIGON [pɛʁdʁigɔ̃]. *n. m.* (XVIᵉ ; du prov. *perdigon* « perdreau »). Variété de prune, dont la couleur rappelle celle de la gorge des perdrix rouges.

PERDRIX [pɛʁdʁi]. *n. f.* (1380 ; *perdix*, 1121 ; lat. *perdrix, -icis*). Oiseau (*Gallinacés ; Phasianidés*) de taille moyenne, au plumage roux cendré (*perdrix rouge*), ou gris cendré (*perdrix commune, grise*) qui est très apprécié comme gibier. *Cri de la perdrix.* V. **Cacaber.** *Jeune perdrix.* V. **Perdreau.** ◊ *Par ext.* (d'autres oiseaux) *Perdrix des neiges :* lagopède. *Perdrix de mer :* glaréole. ◊ Loc. *Vin œil de perdrix :* vin paillet brillant. V. *aussi* **Œil-de-perdrix.**

PERDU, UE [pɛʁdy]. *adj.* (XIVᵉ ; « damné » ; V. **Perdre**). I. Qui a été perdu (V. **Perdre**, I). ♦ 1° Dont on n'a plus la possession, la disposition, la jouissance. *Argent perdu au jeu. Le Paradis perdu*, poème de Milton. — *Tout est perdu*, il n'y a plus d'espoir, plus de remède. *Tout est perdu, fors* l'honneur. Il n'y a rien de perdu*, la situation peut encore être rétablie. — *Le temps perdu*, le temps passé, dont nous ne disposons plus. « *Seul il avait le pouvoir de me faire retrouver les jours anciens, le Temps Perdu, devant quoi les efforts de ma mémoire et de mon intelligence échouaient toujours* » (PROUST). — Loc. prov. *Pour un perdu, deux (de) retrouvés*, se dit de personnes ou de choses dont on pense que la perte sera facilement réparable. ♦ 2° Égaré. *Objets perdus. Chien perdu.* V. **Errant.** *Enfant perdu* (spéciált. *Sentinelle perdue*). ◊ (D'un lieu) Qui a l'air de ne plus pouvoir être retrouvé. V. **Écarté ; éloigné, isolé.** *Pays perdu. Un coin perdu.* « *Dans le centre de l'Afrique, en chemin dans quelque endroit perdu et sauvage* » (ARAGON). ♦ 3° Mal contrôlé, abandonné au hasard. *Coups perdus*, tirés au hasard. *Balle perdue :* qui a manqué son but et n'a pu atteindre un autre but au hasard. — Techn. *Ouvrage à pierre(s) perdue(s)*, construction qu'on établit dans l'eau en y jetant de gros quartiers de roc. Loc. cour. *À corps* perdu. ♦ 4° Qui a été mal utilisé ou ne peut plus

être utilisé. *Mouler à cire perdue* : en jetant la cire dans un moule (la cire moulée et solidifiée doit ensuite être cassée et jetée). *Pain* perdu. Emballage, verre perdu* (opposé à *consigné*). *Peine* perdue. Salle des pas* perdus. Occasion perdue.* V. **Manqué.** *Perdu pour qqn*, dont cette personne ne tire pas profit. *Ce n'est pas perdu pour tout le monde*, il y a des gens qui en ont profité. « *De l'argent mis en miettes, perdu pour tout le monde* » (ZOLA). ◇ *Temps perdu*, inutilement employé. « *La plus perdue de toutes les journées est celle où l'on n'a pas ri* » (CHAMFORT). *Une soirée perdue*, poème de Musset. — *Heures perdues, moments perdus*, heures, moments de loisir d'une personne ordinairement très occupée. *À temps perdu*, dans les moments de loisir où l'on a du temps à perdre. ♦ 5° Où on a eu le dessous. *Bataille perdue. Il est l'homme des causes perdues.*
　II. Qui a été perdu (II), atteint sans remède (par le fait d'une personne ou d'une chose). ♦ 1° *(Personnes).* Atteint dans sa santé. *Le malade est perdu* : il ne se rétablira pas, sa mort est certaine. V. **Condamné, désespéré, incurable;** et les pop. **Fichu, flambé, foutu.** *Il « avait reçu deux ou trois coups de poignard dans le ventre et semblait perdu* » (DUHAM.). — Atteint dans sa fortune, sa situation, son avenir... *Il est perdu, c'est un homme perdu.* V. **Cuit, fini, flambé.** « *Avant que de combattre, ils s'estiment perdus* » (CORN.) : battus. — *Perdu de réputation.* ◇ Sans moralité. V. **Corrompu, débauché.** *Fille perdue* (spécialt. prostituée). ♦ 2° *(Choses).* Abîmé, endommagé. « *Les robes de ces dames se trouvaient perdues, éclaboussées du haut en bas* » (ZOLA).
　III. Qui se perd, qui s'est perdu. (V. **Perdre,** III). ♦ 1° Qui est devenu invisible, qui disparaît. *Ciel « perdu... dans une grisaille brumeuse* » (COURTELINE). « *Perdu dans la nuit qui le voile* » (HUGO). « *Perdu parmi la foule, Salavin suivait le procès avec une sombre ferveur* » (DUHAM.). ♦ 2° Qui s'est égaré. *J'étais perdu. Se sentir perdu.* Par ext. « *Elle ne répondit point, les regards en l'air, perdus dans le ciel* » (ZOLA). ◇ Fig. *Je suis perdu, je ne m'y retrouve plus. Ma tête est perdue, je perds la tête.* — Subst. *Un perdu,* un homme dont la tête est perdue, un fou. *Crier, courir, rire comme un perdu.* ♦ 3° Absorbé. *Perdu dans ses pensées, ses rêveries, dans sa douleur* : plongé. *Elle « semblait perdue dans un rêve* » (FRANCE). « *Elle ne le voyait point, perdue dans sa méditation* » (MAUPASS.).
　PERDURABLE [pɛʀdyʀabl(ə)]. adj. (1220; lat. *perdurabilis.* V. **Durable**). Didact. et vx. Éternel.
　PERDURER [pɛʀdyʀe]. v. intr. (1613; du lat. *perdurare*). ♦ 1° *Vx.* Durer toujours (jusqu'à la fin). ♦ 2° *Région.* (Belgique). Continuer.
　PÈRE [pɛʀ]. n. m. (XIIᵉ; *pedre,* fin XIᵉ; lat. *pater, -tris*). ♦ 1° Homme qui a engendré, qui a donné naissance à un ou plusieurs enfants. *Devenir, être père. Être le père de deux enfants.* « *Allons donc, et que les Cieux prospères Nous donnent des enfants dont nous soyons les pères* » (MOL.). — *Le père de qqn* (pop. Dab, paternel, vieux). *Le père et la mère* (les parents) *et leurs enfants.* V. **Famille.** « *Mon père, ce héros au sourire si doux* » (HUGO). *Autorité du père* (V. **Paternel**). *Traiter qqn comme un père.* V. **Paternellement.** *Mauvais père. — Parâtre. Meurtre du père.* V. **Parricide.** Psycho. *Image du père* (imago). Loc. prov. *Tel père, tel fils.* — *Tradition transmise de père en fils. Magistrats de père en fils. Alexandre Dumas père.* — Appellatif. V. **Papa.** « *Dis donc, père* (elle appelait son mari « père » dans la maison) » (MAUPASS.). ◇ Dr. *Le père,* ascendant mâle au premier degré. *Père naturel et père légal. L'enfant conçu pendant le mariage a pour père le mari* (CODE CIV.). ♦ 2° PÈRE DE FAMILLE : qui a un ou plusieurs enfants qu'il élève. V. **Chef** (de famille), **pater familias.** *Les responsabilités du père de famille.* — Dr. *En bon père de famille* : sagement. « *Ils arrangèrent les lieux en bons pères de famille, selon la lettre et l'esprit de leurs baux* » (AYMÉ). — Fig. *Placements, valeurs de père de famille* : qui garantissent un profit régulier. ♦ 3° *Biol.* Le parent mâle (de tout être vivant sexué). *Le père de ce poulain était un pur-sang.* ♦ 4° Plur. Littér. V. **Ancêtre, ascendant.** *Nos pères.* V. **Aïeul.** *L'héritage de nos pères.* « *Nos pères sur ce point étaient gens bien sensés* » (MOL.). ♦ 5° La première personne de la Sainte Trinité. *Dieu le Père.* V. **Dieu.** *Au nom du Père, du Fils et du Saint-Esprit* : formule qui accompagne le signe de la croix. *La Maison du Père* : le paradis. *Notre Père qui êtes aux cieux.* V. **Pater.** ♦ 6° Fig. *Le père de qqch.* V. **Créateur, fondateur, inventeur.** *Eschyle, père de la tragédie. Cicéron fut appelé Père de la patrie.* « *Le travail est souvent le père du plaisir* » (VOLT.). *Le « Journal des savants » est le père de tous les ouvrages de ce genre.* ♦ 7° Par anal. Celui qui se comporte comme un père, est considéré comme un père. *Père légal, adoptif* (V. **Adoption**). *Père nourricier**. « *Je serai votre père, jusqu'à ce que vous ayez retrouvé celui qui vous a donné la vie* » (FÉN.). ◇ Relig. *Père spirituel.* V. **Directeur** (de conscience). ♦ 8° *Père noble* : personnage âgé et solennel, au théâtre. *Jouer les pères nobles,* les rôles vieillards *(iron.).* ♦ 9° Antiq. rom. *Les pères conscrits**. ♦ 10° (Titre de respect). Relig. *Père abbé* : religieux assurant

la direction d'un couvent, d'une communauté. Cour. *Les pères de l'Oratoire. Les Pères Blancs. Le père Bourdaloue.* « *Quelle idée aussi de mener cet enfant chez les pères* » (DAUD.). — *Le Saint-Père, notre Saint-Père le pape.* V. **Pape.** *Les Pères de l'Église* : les docteurs de l'Église (du Iᵉʳ au VIᵉ siècle). V. aussi **Patrologie.** — *Les Pères du concile* : les évêques qui y sont présents. ◇ *Mon père,* se dit en s'adressant à certains religieux. ♦ 11° (XVIIᵉ; avant le nom de famille). Désignant un homme mûr et de condition modeste, ou avec condescendance. *Le père Goriot,* personnage de Balzac. *Le père Ubu,* personnage de Jarry. Loc. *Le coup du père François* : un coup sur la nuque. *Le père Hugo.* — *Le père Fouettard**. *Le père Noël*.* ◇ Loc. *Un gros père* : placide, bonhomme. V. **Pépère.** — Fam. *Alors, mon petit père, comment ça va ?*
◇ ANT. **Fils, fille;** enfant. — HOM. **Pair, pers;** formes du v. perdre.
　PÉRÉGRINATION [peʀegʀinasjɔ̃]. n. f. (1120, « pèlerinage »; lat. *peregrinatio;* Cf. a. fr. *Pérégrin* « pèlerin »). ♦ 1° *Vx.* Voyage en pays lointain. ♦ 2° *Mod.* Plur. *Pérégrinations* : déplacements incessants en de nombreux endroits. « *J'ignore si tu prendras grand intérêt aux pérégrinations d'un touriste parti de Paris en plein novembre* » (NERVAL).
　PÉREMPTION [peʀɑ̃psjɔ̃]. n. f. (1546; lat. jur. *peremptio,* de *perimere.* V. **Périmer**). *Dr.* Anéantissement des actes de procédure antérieurement accomplis lorsqu'un certain délai s'est écoulé sans qu'aucun acte ait été fait. *La péremption peut être invoquée au bout de trois ans.*
　PÉREMPTOIRE [peʀɑ̃ptwaʀ]. adj. (1279, « exception perhemptoire »; lat. *peremptorius*). ♦ 1° *Dr.* Relatif à la péremption. *Exception péremptoire.* ♦ 2° (1477; perentoire, 1375). Cour. Qui détruit d'avance toute objection; contre quoi on ne peut rien répliquer. V. **Décisif, tranchant.** *Argument péremptoire.* « *Il s'appuie sur des raisons si péremptoires qu'il n'y a pas moyen d'aller contre* » (BALZ.). *Ton péremptoire.* — *Il a été péremptoire.* ◇ ANT. Hésitant, incertain; discutable.
　PÉREMPTOIREMENT [peʀɑ̃ptwaʀmɑ̃]. adv. (*Peremptorement,* 1317; de *péremptoire*). *Littér.* D'une manière péremptoire, décisive.
　PÉRENNE [peʀɛn]. adj. (XVIᵉ; lat. *perennis* « qui dure un an », *annus* »). *Didact.* et vx. Qui dure longtemps, depuis longtemps. V. **Durée.** ◇ Géogr. *Rivière, source pérenne* : qui dure toute l'année.
　PÉRENNISER [peʀenize]. v. tr. (1572; de *pérenne*). *Didact.* Rendre durable, éternel. *Pérenniser une institution.* (On dit aussi PÉRENNISATION [peʀenizasjɔ̃], n. f.).
　PÉRENNITÉ [peʀe(ɑ̃)nite]. n. f. (repris 1784; perhennité, 1160; lat. *perennitas*). État, caractère de ce qui dure toujours (V. **Continuité,** éternité, immortalité, perpétuité) ou très longtemps (V. **Durable,** durée). « *La pérennité des... traditions* » (BALZ.). « *Et elle, qui avait cru à la solidité, à la pérennité des choses, quel espoir mettre à présent dans la vie ?* » (GREEN). ◇ ANT. Brièveté.
　PÉRÉQUATION [peʀekwasjɔ̃]. n. f. (1611; *perequacion* « répartition équitable de l'impôt », 1442; lat. jur. *peræquatio,* de *peræquare* « égaliser »). *Dr.,* Admin. Rajustement des traitements, pensions, impôts, destiné à les adapter au coût de la vie ou à établir entre eux certaines proportions déterminées. V. **Répartitiou.** — Égalité dans la répartition. ◇ Écon. *Péréquation des prix, des charges,* destinée à diminuer les inégalités entre les entreprises.
　PERFECTIBILITÉ [pɛʀfɛktibilite]. n. f. (1750; de *perfectible*). *Littér.* Caractère de ce qui est perfectible. « *Mon Dieu ! que c'est une sotte chose que cette prétendue perfectibilité du genre humain dont on nous rebat les oreilles !* » (GAUTIER).
　PERFECTIBLE [pɛʀfɛktibl(ə)]. adj. (1765; du lat. *perfectus* « parfait »). Qui est susceptible d'être amélioré. « *La science est perfectible, l'art, non* » (HUGO). « *L'optimisme serait une erreur, si l'homme n'était point perfectible* » (RENAN). ◇ ANT. Imperfectible.
　PERFECTIF, IVE [pɛʀfɛktif, iv]. adj. (1909, ling.; v. 1840, philo.; « parfait », 1485; du lat. *perfectus*). Ling. « *Aspect d'une action envisagée comme aboutissant à un terme* » (MAROUZEAU). *Aspect perfectif d'un verbe.* ◇ ANT. Imperfectif.
　PERFECTION [pɛʀfɛksjɔ̃]. n. f. (v. 1150, relig.; lat. *perfectio*).
　I. Degré le plus haut dans une échelle de valeurs. ♦ 1° État, qualité de ce qui est parfait, spécialt. dans le domaine moral (bien) et esthétique (beau). *Atteindre, s'élever, parvenir à la perfection. La perfection dans le style.* « *C'est à la perfection de sa forme que Baudelaire doit sa survie* » (GIDE). « *Sous prétexte que la perfection n'est pas de ce monde, ne gardez pas, soigneusement, tous vos défauts* » (RENARD). ♦ 2° Absolt. (*Relig.* et *Philo.*). Réunion de toutes les qualités portées à leur degré le plus haut. V. **Absolu,** idéal. « *Là où il n'y a point de bornes, c'est à dire en Dieu, la perfection est*

absolument infinie » (LEIBNIZ). ♦ 3° Excellence, grande qualité. *Le sommet de la perfection. Un modèle de perfection. Degré de perfection.* ◇ Loc. adv. EN PERFECTION (*vx*), DANS LA PERFECTION (*vieilli*), À LA PERFECTION (*mod*). : d'une manière parfaite, excellente. V. **Parfaitement.** « *Tu joues du violon en perfection* » (MAUPASS.). « *Leur orgueil de posséder le leur* (métier) *à la perfection* » (BOSCO). ♦ 4° UNE PERFECTION : une qualité remarquable. « *La nature a des perfections pour montrer qu'elle est l'image de Dieu, et ses défauts, pour montrer qu'elle n'en est que l'image* » (PASC.). « *Il savait que les amoureux découvrent de singulières perfections chez la personne qu'ils aiment* » (STENDHAL). ◇ *Cette jeune fille est une perfection* (Cf. Ange). « *C'est une perfection de femme de chambre* » (BARBEY), *une perfection.* V. **Perle.**

II. (XIVᵉ). *Vx* ou *littér.* État de ce qui est poussé à son terme, de ce qui correspond pleinement à un concept, à un type (bon ou mauvais). V. **Achèvement.** « *Le triomphe de la modestie est la dernière perfection de l'honnêteté...* » (BOSS.). V. **Comble.** « *Ils semblaient entièrement terrifiés par la soudaineté et la perfection de leur déconfiture* » (BAUDEL.).
◇ ANT. Imperfection. Défaut, faute; défectuosité, difformité; médiocrité. Approximation.

PERFECTIONNÉ, ÉE [pɛʀfɛksjɔne]. *adj.* (XVIIIᵉ; V. Perfectionner). Qui a reçu des perfectionnements; muni de perfectionnements. « *Les mœurs sont l'hypocrisie des nations; l'hypocrisie est plus ou moins perfectionnée* » (BALZ.). — *Machine très perfectionnée, ultra-perfectionnée.*

PERFECTIONNEMENT [pɛʀfɛksjɔnmɑ̃]. *n. m.* (1725; de *perfectionner*). Action de perfectionner, de rendre meilleur; amélioration qui en résulte. V. **Amélioration, avancement, progrès.** « *Le perfectionnement... des moyens de production* » (CAMUS). *Brevet de perfectionnement.* ◇ Un, *des perfectionnement(s).* *Une voiture* « *à laquelle il avait appliqué de si nombreux perfectionnements qu'elle ne marchait plus du tout* » (MAUROIS). « *La poursuite des perfectionnements exclut la recherche de la perfection* » (VALÉRY). ◇ ANT. Corruption, détérioration. Ébauche.

PERFECTIONNER [pɛʀfɛksjɔne]. *v. tr.* (1450; de *perfection*).
I. Rendre meilleur, plus proche de la perfection. V. **Améliorer, parfaire.** « *L'homme n'est ni bon ni méchant,... la Société, loin de le dépraver, comme l'a prétendu Rousseau, le perfectionne, le rend meilleur* » (BALZ.). — *Perfectionner le goût.* V. **Affiner.** *Perfectionner un ouvrage, son style.* V. **Châtier, épurer, polir.** « *Revoir,... perfectionner, polir le travail nocturne* » (GAUTIER). *Perfectionner un procédé, une machine.* « *S'agit-il de perfectionner les choses, ou de perfectionner les gens?* » (MUSS.).
II. (Mil. XVIIᵉ). SE PERFECTIONNER. *v. pron.* Acquérir plus de qualités, de valeur. *Les techniques se perfectionnent.* « *Ma connaissance s'augmente et se perfectionne peu à peu* » (DESCARTES). « *La beauté de toute chose ici-bas, c'est de pouvoir se perfectionner* » (HUGO). ◇ (Personnes) *Se perfectionner en anglais* : faire des progrès. « *Une seule chose compte en ce monde : c'est de se perfectionner* » (MAURIAC). ◇ ANT. Abîmer, avilir, corrompre, détériorer.

PERFECTIONNISME [pɛʀfɛksjɔnism(ə)]. *n. m.* (XXᵉ; de *perfectionniste*). Tendance excessive à rechercher la perfection.

PERFECTIONNISTE [pɛʀfɛksjɔnist(ə)]. *n. et adj.* (1846; de *perfection*). ♦ 1° *Didact.* Personne qui cherche le progrès illimité, la perfection. Adj. *Secte chrétienne perfectionniste des États-Unis.* ♦ 2° *Cour.* Personne qui recherche la perfection dans ce qu'elle fait, fignole (à l'excès) son travail.

PERFIDE [pɛʀfid]. *adj. et n.* (Xᵉ, n. m.; rare jusqu'en 1606, adj.; lat. *perfidus* « qui viole sa foi »). ♦ 1° *Littér.* Qui manque à sa parole, trahit celui qui lui faisait confiance. V. **Déloyal.** *Femme perfide* : infidèle. — Loc. « *En fait, l'opinion se montrait très irritée de la mauvaise foi de l'Angleterre; celle-ci redevenait* « *la perfide Albion* » (MADELIN). ◇ N. *Vx. Un, une perfide.* V. **Fourbe, scélérat, traître.** *Spécialt.* (dans les relations amoureuses) « *Ah! que vous savez bien ici, contre moi-même Perfide, vous servir de ma faiblesse extrême* » (MOL.). ♦ 2° (Choses). *Littér.* Dangereux, nuisible sans qu'il y paraisse. *Un fleuve perfide. Perfide comme l'onde.* « *On fabriquait secrètement une arme perfide et terrible, des fourches dont le dos était une scie* » (MICHELET). — *De perfides promesses.* V. **Fallacieux.** *Propos, trait, insinuation perfide.* **Empoisonné, fielleux, méchant, sournois, venimeux.** « *La manœuvre était subtile et perfide* » (MART. du G.). ◇ ANT. Loyal.

PERFIDEMENT [pɛʀfidmɑ̃]. *adv.* (1642; de *perfide*). *Littér.* D'une manière perfide, avec perfidie. V. **Déloyalement.** « *Jusqu'ici, lorsqu'on avait voulu déprécier un ouvrage quelconque,... on avait fait des citations fausses ou isolées* » (GAUTIER).

PERFIDIE [pɛʀfidi]. *n. f.* (v. 1510; de *perfide*). *Littér.* ♦ 1° Action, parole perfide. « *Et souvent la perfidie Retourne sur son auteur* » (LA FONT.). « *Mais trahir l'hospitalité,*

demander une grâce pour tromper son bienfaiteur, ce seraient d'horribles perfidies » (STE-BEUVE). V. **Trahison.** ♦ 2° (1596). Caractère perfide, défaut des êtres perfides. V. **Déloyauté, fourberie, machiavélisme, malignité** (Cf. Mauvaise foi*). « *La perfidie, si j'ose le dire, est un mensonge de toute la personne; c'est dans une femme l'art de placer un mot ou une action qui donne le change* » (LA BRUY.). « *Cette perfection de perfidie qui distingue les animaux faibles* » (BALZ.). ◇ ANT. Fidélité, loyauté.

PERFOLIÉ, ÉE [pɛʀfɔlje]. *adj.* (1771; du lat. *per*, et *folium* « feuille »). Bot. *Feuille perfoliée*, qui semble traversée par le rameau qui la porte, tant elle l'enveloppe.

PERFORAGE [pɛʀfɔʀaʒ]. *n. m.* (1876; de *perforer*). *Techn.* Action de perforer.

PERFORANT, ANTE [pɛʀfɔʀɑ̃, ɑ̃t]. *adj.* (1765; de *perforer*). ♦ 1° *Anat. Artères perforantes* : qui traversent des espaces interosseux, des muscles. ♦ 2° *Techn. Instrument perforant.* V. **Perforateur.** *Balle, obus perforant*, pour percer les blindages.

PERFORATEUR, TRICE [pɛʀfɔʀatœʀ, tʀis]. *adj. et n.* (1813; lat. *perforator*). ♦ 1° *Adj.* Qui perfore. *Marteau perforateur.* ♦ 2° *N. m.* (1843, chir.). Instrument servant à perforer un os. Ouvrier qui perfore. ♦ 3° *N. f.* PERFORA-TRICE (1862) : machine-outil destinée à percer profondément les roches, le sol (pour le percement de tunnels, de trous de mines). *Perforatrice à air comprimé.* ◇ *Mécanogr.* Machine destinée à établir des cartes, des bandes perforées. V. **Perforeuse.** (*Pince*) *perforatrice*, pour perforer les titres de transport. V. **Poinçonneuse.**

PERFORATION [pɛʀfɔʀasjɔ]. *n. f.* (1398, chir.; lat. *perforatio*). ♦ 1° (*Chir.*; *vx.* en emploi cour.) Action de perforer, d'ouvrir un organe. ♦ 2° État de ce qui est perforé. — *Méd.* Ouverture accidentelle ou pathologique dans un organe. *Perforation intestinale.* ♦ 3° Chacun des petits trous d'une carte, d'une bande perforée*.

PERFORÉ, ÉE [pɛʀfɔʀe]. *adj.* (1130; V. Perforer). ♦ 1° Percé. *Intestin perforé.* ♦ 2° *Techn.* Qui présente des petits trous distribués de façon convenue, pour transmettre une information. *Cartes, bandes perforées*, munies de trous correspondant à des chiffres, des lettres, et au moyen desquelles les machines peuvent faire automatiquement des calculs, des classements, selon un programme. V. **Mécano-graphie.**

PERFORER [pɛʀfɔʀe]. *v. tr.* (1130; lat. méd. *perforare*. V. Forer). ♦ 1° Traverser en faisant un ou plusieurs petits trous. V. **Percer, trouer.** *La balle lui a perforé l'intestin. Perforer un billet de métro.* ♦ 2° Techn. Perforer des cartons, des cartes, des bandes (V. **Perforé**). *Machine à perforer* : compositeur, poinçonneuse. V. **Perforé.**

PERFOREUSE [pɛʀfɔʀøz]. *n. f.* (XXᵉ; de *perforer*). *Mécanogr.* Machine à perforer. V. **Perforatrice.** — (v. 1960). Personne faisant fonctionner une perforatrice. (Abrév. PERFO [pɛʀfo]).

PERFORMANCE [pɛʀfɔʀmɑ̃s]. *n. f.* (1839; mot angl., de l'a. fr. *parformance* [XVIᵉ], de *parformer* « accomplir, exécuter »). ♦ 1° Résultat chiffré obtenu par un cheval de course, un athlète, à chacune de ses exhibitions en public. *Les performances d'un champion. Performance homologuée. C'est une médiocre performance pour un cycliste de sa classe.* — *Voiture classée première à l'indice de performance*, sous sa cylindrée. ◇ *Psycho. Test de performance*, test non verbal d'appréciation des facultés intellectuelles. — *Ling.* (v. 1967). Réalisation d'un acte de langage par une personne (encodage ou décodage), *par opposition à la compétence*. ◇ *Techn.* Résultat optimal qu'une machine peut obtenir. *Les performances d'un ordinateur.* ♦ 2° *Fig.* Exploit, succès. *Le travail a été exécuté en moins de temps qu'il n'était prévu, c'est une belle performance!* « *Le capitaine-adjoint ne fut pourtant pas ébloui par cette performance* » (DORGELÈS).

PERFORMANT, ANTE [pɛʀfɔʀmɑ̃, ɑ̃t]. *adj.* (v. 1968; de *performance*). *Techn.* Se dit de systèmes électroniques dont les résultats sont élevés. — *Par ext.* Capable de hautes performances. *Un appareil, un dispositif technique performant.* — *Spécialt.* (écon.). *Des résultats performants, une entreprise performante.* V. **Compétitif.**

PERFORMATIF [pɛʀfɔʀmatif]. *n. m.* (1962, Austin; de l'angl. *performative*). *Ling.* Énoncé qui constitue simultanément l'acte auquel il se réfère (ex. *Je vous autorise à partir*, qui est une autorisation).

PERFUSION [pɛʀfyzjɔ]. *n. f.* (1923; « action de répandre, d'asperger », 1374; de *per*, d'apr. *transfusion*). *Méd.* Injection lente et continue de sérum. — *Perfusion sanguine* : transfusion continue. V. **Goutte à goutte.**

PERGÉLISOL [pɛʀʒelisɔl]. *n. m.* (1946, K. Bryan; répandu mil. XXᵉ; de *per*[manent], *géli*-, et *sol*). *Géol.* Sol gelé en permanence et absolument imperméable des régions arctiques. V. **Permafrost.**

PERGOLA [pɛʀgɔla]. *n. f.* (*Pergole*, 1907; mot it.; lat. *pergula*). Petite construction de jardin faite de poutres horizontales en forme de toiture, soutenues par des colonnes, qui sert de support à des plantes grimpantes. « *La pergola italienne... brandit sur ses poutrelles équarries le rosier grimpant, la passiflore...* » (COLETTE).

PERHYDROL [pɛʀidʀɔl]. *n. m.* (mil. XXᵉ; de *per-*, *hydr-*, et suff. *-ol*). *Chim.*, *Pharm.* Eau oxygénée très concentrée.

1. **PÉRI** [peʀi]. *n. m.* et *f.* (1697; persan *peri* « ailé »). Génie ou fée, dans la mythologie arabo-persane.

2. **PÉRI, IE** [peʀi]. *adj.* (1581; V. Périr). *Blas.* Se dit d'un meuble très réduit de dimensions et placé au centre de l'écu.

3. **PÉRI-.** Élément, du gr. *peri* « autour ».

PÉRIANTHE [peʀjãt]. *n. m.* (1797; *perianthum*, 1765; lat. bot. *perianthum*). *Bot.* Ensemble des enveloppes protégeant les organes reproducteurs de la fleur. V. **Calice, corolle.**

PÉRIARTHRITE [peʀiaʀtʀit]. *n. f.* (1871; *périartérite*, 1878; de *péri-*, et *arthrite*). *Méd.* Altération des tissus qui entourent une articulation (bourses* séreuses, tendons, ligaments) accompagnée de douleurs et d'une limitation des mouvements. *Périarthrite scapulo-humérale,* qui atteint l'articulation de l'épaule.

PÉRIBOLE [peʀibɔl]. *n. m.* (1752; « parapet », 1690; lat. *peribolus;* gr. *peribolos*). *Archéol.* Espace clos généralement orné d'arbres, de monuments votifs, autour des temples grecs.

PÉRICARDE [peʀikaʀd(ə)]. *n. m.* (1560; *pericade,* v. 1370; du gr. *perikardion* « autour du cœur »). *Anat.* Membrane formée d'un feuillet fibreux et d'un feuillet séreux, qui enveloppe le cœur et l'origine des gros vaisseaux.

PÉRICARDIQUE [peʀikaʀdik]. *adj.* (1869; de *péricarde*). *Anat.*, *Méd.* Qui appartient au péricarde ou s'y rapporte. *Veines péricardiques. Souffle péricardique.*

PÉRICARDITE [peʀikaʀdit]. *n. f.* (1806; lat. méd. *pericarditis;* de *péricarde*). *Méd.* Inflammation du péricarde. — *Adj.* PÉRICARDITIQUE [peʀikaʀditik].

PÉRICARPE [peʀikaʀp(ə)]. *n. m.* (1556; du gr. *perikarpion*). *Didact.* Partie du fruit qui enveloppe la graine (ou les graines). V. **Endocarpe, épicarpe, mésocarpe.** *Péricarpe mou* (pulpe, chair), *à endocarpe lignifié* (noyau), *dur* (akène, capsule).

PÉRICHONDRE [peʀikɔ̃dʀ(ə)]. *n. m.* (1765; gr. *perikhondrion*). *Anat.* Membrane de tissu conjonctif qui enveloppe un cartilage non articulaire.

PÉRICLITER [peʀiklite]. *v. intr.* (1694; « périr, faire naufrage », 1320; lat. *periclitari,* rac. *periculum.* V. Péril). Aller à sa ruine, à sa fin. *Une affaire, un commerce qui périclite.* V. **Décliner, dépérir.** « *Rien ne leur y avait réussi, tout périclitait entre leurs mains... et ils désespéraient d'avoir jamais deux sous à eux* » (ZOLA). ◇ ANT. Prospérer, réussir.

PÉRICYCLE [peʀisikl(ə)]. *n. m.* (1882, Van Tieghem; de *péri-*, et *-cycle*). *Bot.* Assise de cellules de la tige et des racines située entre l'endoderme, d'une part, le bois et le liber d'autre part.

PÉRIDOT [peʀido]. *n. m.* (*Péritot,* 1220; o. i.). *Minér.* Pierre semi-précieuse de couleur vert clair, silicate de magnésium et de fer (V. **Olivine**).

PÉRIGÉE [peʀiʒe]. *n. m.* (1557; gr. *perigeios*). *Astron.* Apside inférieure d'une planète par rapport à la Terre; point de l'orbite d'un astre (ou d'un satellite artificiel) où il se trouve à la distance la plus courte de la Terre. *Le périgée d'un satellite. La Lune est dans son périgée.* ◇ ANT. Apogée.

PÉRIGLACIAIRE [peʀiglasjɛʀ]. *adj.* (XXᵉ; de *péri-*, et *glaciaire*). *Géogr. Zone périglaciaire :* proche des régions de glaciers et caractérisée par l'importance du gel dans l'évolution du relief. *Terrasses périglaciaires.*

PÉRIGUEUX [peʀigø]. *n. m.* (1701; *Pierigot,* 1590; de *Périgueux,* ville). *Techn.* Pierre noire très dure servant à polir, employée par les émailleurs et les verriers.

PÉRIHÉLIE [peʀieli]. *n. m.* (1690; de *péri-*, et *hélie*). *Astron.* Apside inférieure d'une planète, d'une comète, par rapport au Soleil; point de son orbite où la distance au Soleil est la plus courte. ◇ ANT. Aphélie.

PÉRIL [peʀil]. *n. m.* (980; lat. *periculum* « épreuve, danger »). ♦ 1º *Littér.* État, situation où l'on court de grands risques; ce qui menace la sûreté, l'existence. V. **Danger.** « *Que serait le courage loin du péril et s'il n'y avait du danger ?* » (FRANCE). *En cas de péril. Au milieu des périls. — Il y a péril à...* suivi d'un inf. « *De grosses vérités qu'il y a péril à méconnaître* » (GIDE). — Loc. *Péril. Il y a péril, il n'y a pas péril en la demeure*. — « *À vaincre sans péril, on triomphe sans gloire* » (CORN.). — *Courir un péril, des périls. S'exposer au péril. Affronter, braver les périls avec audace. Mettre en péril. Être hors de péril.* ♦ 2º Risque qu'une chose fait courir. « *Vx. Périls de mer :* naufrages, etc. ◇ *Le péril rouge; le péril jaune :* le danger (d'invasion, de domination politique, etc.) que les communistes,

les peuples jaunes pourraient faire courir aux peuples occidentaux. ♦ 3º Loc. *Au péril de sa vie, de ses jours :* en risquant sa vie. Cour. *Faire qqch. à ses risques et périls :* en acceptant de subir toutes les conséquences qui en découleront. ◇ ANT. Sûreté.

PÉRILLEUSEMENT [peʀijøzmã]. *adv.* (*Périlleusement,* 1200; de *périlleux*). *Littér.* D'une manière périlleuse, avec danger.

PÉRILLEUX, EUSE [peʀijø, øz]. *adj.* (XVIᵉ; *perillus,* XIIᵉ; lat. *periculosus*). Où il y a des risques, du danger. V. **Dangereux, difficile, hasardeux.** « *Un voyage en Espagne est encore une entreprise périlleuse* » (GAUTIER). « *La Révolution... dans sa périlleuse route* » (MICHELET). *Vous abordez là un sujet périlleux.* V. **Brûlant, délicat, scabreux.** ◇ Cour. *Saut périlleux,* où le corps fait un tour complet sur lui-même, dans un plan vertical. ◇ ANT. Sûr.

PÉRIMÉ, ÉE [peʀime]. *adj.* (v. 1850; V. Périmer [se]). ♦ 1º Qui n'a plus cours. V. **Ancien, caduc, démodé, désuet** (Cf. Qui a fait son temps*). « *Ce sont des économies de bouts de chandelle, et ça répond à des conceptions périmées* » (ROMAINS). *Une idéologie périmée.* ♦ 2º *Spécialt.* Dont le délai de validité est expiré. *Passeport, billet périmé.* ◇ ANT. Actuel, valide.

PÉRIMER (SE) [peʀime]. *v. pron.* (1493; *perimir,* 1464; lat. jur. *perimere,* proprem. « détruire ». V. Péremption). *Dr.* Se dit d'une instance qui s'annule, faute d'avoir été poursuivie avant l'expiration du délai fixé. — (Avec ellipse de *se*) *Laisser périmer une instance.* — Par ext. Cour. *Laisser périmer un billet de chemin de fer* (V. Périmé). ◇ (*Pass.*) ÊTRE PÉRIMÉ. V. Périmé.

PÉRIMÈTRE [peʀimɛtʀ(ə)]. *n. m.* (1538; gr. *perimetros*). ♦ 1º *Géom.* Ligne qui délimite le contour d'une figure plane. *La circonférence, périmètre du cercle.* ◇ Longueur de cette ligne. *Périmètre d'un polygone,* la somme des longueurs des côtés de ce polygone. ♦ 2º (1847). Zone, surface quelconque. *Mise en valeur des périmètres irrigués.*

PÉRINATAL, ALE, AUX [peʀinatal, o]. *adj.* (v. 1970; de *péri-* 3, et *natal*). *Méd.* Qui précède et suit immédiatement la naissance. *Période périnatale* (ou *périnatalité*), du vingt-huitième jour de la gestation au septième de la naissance. *Médecine périnatale.* V. **Périnatalogie.** *Accidents périnataux.*

PÉRINATALOGIE [peʀinatalɔʒi]. *n. f.* (1969; de *périnatal*). *Méd.* Médecine périnatale. « *Un important congrès portant sur la ' périnatalogie '* » (La Croix, 2-5-1969).

PÉRINÉAL, ALE, AUX [peʀineal, o]. *adj.* (1812; de *périnée*). *Didact.* Relatif au périnée. *Hernie périnéale.*

PÉRINÉE [peʀine]. *n. m.* (1546; gr. *perineos*). *Anat.* Partie inférieure, plancher du petit bassin, qui s'étend entre l'anus et les parties génitales.

PÉRIODE [peʀjɔd]. *n. f.* et *m.* (1422; *peryode,* 1369; lat. *periodus,* gr. *periodos* « circuit »).
I. *N. f.* ♦ 1º Cour. Espace de temps plus ou moins long. V. **Durée.** *La période des vacances.* « *Une longue période de sécheresse et de chaleur* » (MAUROIS). — *Spécialt.* Division du temps marquée par des événements importants. V. **Époque, ère.** *La période mérovingienne, révolutionnaire, de l'entredeux-guerres. La période classique, romantique. La plus belle période de l'art égyptien. — Arts.* Caractérisation de la manière d'un peintre à un certain moment. *La période bleue de Picasso. La période bretonne de Gauguin.* ♦ 2º *Didact.* Espace de temps, généralement de durée bien déterminée, caractérisé par un certain phénomène. V. **Fenêtre, phase, stade.** — (Physiol.) *La période de l'ovulation. Période menstruelle :* menstrues. *Période d'incubation d'une maladie.* — (Géol.) Division d'une ère, correspondant à un *système* (de terrains). *Période houillère de l'ère primaire.* ♦ 3º *Dr.* Durée pendant laquelle on peut ou on doit accomplir des actes juridiques. *Période suspecte,* qui précède le jugement déclaratif de faillite, et pendant laquelle les actes du failli sont nuls ou annulables. — *Période électorale,* qui précède le jour du scrutin. ◇ Cour. *Période d'instruction* ou *Période,* pendant laquelle les réservistes sont remis à la disposition de l'autorité militaire pour compléter leur instruction militaire. *Faire une période.* ♦ 4º *Chim. Période de radioactivité d'un radioélément :* temps nécessaire pour que sa masse diminue de moitié. ♦ 5º *Phys.* Grandeur inverse de la fréquence, temps écoulé entre deux passages successifs d'un système oscillant dans une même position et avec la même vitesse. *Période d'un pendule. Période d'une onde :* intervalle entre deux maxima successifs en un point donné. *Période d'un courant alternatif. Un courant de cinquante périodes par seconde.* ♦ 6º *Astron.* Temps de révolution d'une planète, d'un satellite. V. **Cycle.** *Période undécennale* (onze ans) *des taches solaires. Période de Neptune autour du Soleil.* ♦ 7º *Math.* Quantité fixe la plus petite possible qui peut s'ajouter à la variable sans changer la valeur de la fonction. ◇ *Période d'une fraction*.
II. *N. f.* (1596). Phrase dont l'assemblage des éléments, si variés qu'ils soient, est harmonieux. *Période oratoire,*

Une période de Cicéron. — Mus. *Période musicale* ou *Période.* « *La période est une portion de mélodie formant un tout* » (CŒUROY).

III. *N. m.* (XVIᵉ). Vx ou littér. *Au plus haut, au dernier période,* au plus haut degré. V. **Maximum, paroxysme.** « *Ce jeune garçon qui était vigoureux et sain lors de son arrestation, est aujourd'hui au dernier période de la phtisie* » (FRANCE).

PÉRIODICITÉ [peʀjɔdisite]. *n. f.* (1665 ; de *périodique*). Caractère de ce qui est périodique, retour d'un fait à des intervalles plus ou moins réguliers.

PÉRIODIQUE [peʀjɔdik]. *adj.* (1398, méd. ; lat. *periodicus,* du gr.). ♦ 1° *Cour.* (XVIIIᵉ). Qui se reproduit à des époques déterminées, à des intervalles réguliers. *Phases périodiques de prospérité et de marasme.* V. **Alternatif.** « *Les fêtes et les cérémonies périodiques sont un élément primordial de la vie sociale* » (BOUTHOUL). *Retour périodique des temps forts et des temps faibles dans un vers :* rythme. — *Garnitures, serviettes, tampons* périodiques.* V. **Hygiénique.** — Psychiatr. *Psychose périodique,* psychose maniaque dépressive (V. **Maniaque**). ◇ (1721) *Cour. Un écrit, un journal, une publication périodique. Presse périodique.* — Subst. (1874). UN PÉRIO-DIQUE. V. **Journal, magazine, publication, revue.** « *Ils faisaient de la lecture... et manipulaient des périodiques* » (QUENEAU). ♦ 2° *Math. Fonction périodique,* qui reprend la même valeur lorsqu'on ajoute à la variable une quantité fixe, dite *période* (I, 8°), par exemple les fonctions trigonométriques. — *Fraction périodique.* V. **Fraction.** ◇ *Phys. Phénomène périodique,* qui peut être représenté par une fonction périodique (Cf. Oscillatoire). *Mouvement périodique d'un pendule.* V. **Ondulatoire, pendulaire.** ♦ 3° *Chim., Phys. Classification périodique* (ou *naturelle*) *des éléments* (Tableau de Mendéléev, 1867) d'après leurs numéros atomiques et leurs propriétés. ♦ 4° (1671). *Didact.* et vx. *Phrase, style périodique :* qui a les caractères d'une période* (II).

PÉRIODIQUEMENT [peʀjɔdikmɑ̃]. *adv.* (1611 ; de *périodique*). D'une manière périodique. *Phénomène qui se reproduit périodiquement.*

PÉRIOSTE [peʀjɔst(ə)]. *n. m.* (1560 ; *perioston,* 1538 ; du gr. *periosteon*). *Anat.* Membrane conjonctive et fibreuse qui constitue l'enveloppe des os. *Le périoste joue un rôle déterminant dans la formation du tissu osseux, la réparation des fractures.*

PÉRIOSTITE [peʀjɔstit]. *n. f.* (1836 ; de *périoste*). *Méd.* Inflammation aiguë ou chronique du périoste.

PÉRIPATÉTICIEN, IENNE [peʀipatetisjɛ̃, jɛn]. *n.* et *adj.* (*Perypatheticien,* 1370 ; de *péripatétique*). ♦ 1° (XVIIᵉ). *Philo.* Partisan de la doctrine d'Aristote. V. **Aristotélicien.** ♦ 2° PÉRIPATÉTICIENNE. *n. f.* (1894 ; par allus. plais. au sens du gr. *peripatein* « se promener »). *Fam.* Prostituée, femme qui « fait le trottoir ».

PÉRIPATÉTIQUE [peʀipatetik]. *adj.* (1495 ; *perhipa-tétique,* 1372 ; lat. *peripateticus,* d'o. gr., de *peripatein* « se promener », à cause de l'habitude qu'avait Aristote d'ensei-gner en se promenant avec ses disciples). *Philo.* (Vx). Aristo-télicien. V. **Péripatéticien.**

PÉRIPATÉTISME [peʀipatetism(ə)]. *n. m.* (1660 ; de *péripatétique*). *Philo. Vx.* Aristotélisme.

PÉRIPÉTIE [peʀipesi]. *n. f.* (1605 ; gr. *peripeteia* « évé-nement imprévu »). ♦ 1° *Didact.* Changement subit de situation dans une action dramatique, un récit. — *Spécialt.* L'événement qui amène la crise d'où sort le dénouement. V. **Nœud.** « *De pareils événements sont toujours froids... parce qu'ils n'ont point ce qu'on appelle la péripétie* » (VOLT.). ♦ 2° *Cour.* (1762). Événement imprévu (Cf. Coup de théâtre*). V. **Événement, épisode, incident.** « *Toutes les péripéties de cette agonie* » (MART. du G.).

PÉRIPHÉRIE [peʀifeʀi]. *n. f.* (1544 ; *peryfere,* 1369 ; bas lat. *peripheria,* mot gr. « circonférence »). ♦ 1° Ligne qui délimite une figure curviligne, une surface. V. **Bord, contour, pourtour.** *Périphérie d'un cercle.* ◇ Surface extérieure d'un volume. ♦ 2° (XXᵉ). Les quartiers éloignés du centre d'une ville. « *Il est de règle, aux États-Unis, que les beaux quartiers glissent du centre à la périphérie* » (SARTRE). V. *aussi* **Banlieue, faubourg.** ◈ ANT. **Centre.**

PÉRIPHÉRIQUE [peʀifeʀik]. *adj.* et n. m. (1838 ; de *périphérie*). ♦ 1° *Adj.* Qui est situé à la périphérie. *Quartiers périphériques. Le boulevard périphérique,* à Paris. N. m. *Prenez le périphérique.* ◇ *Radio. Poste, station* (de radiodiffusion) *périphérique,* dont les émetteurs sont situés hors de France, dans des pays limitrophes. *Europe 1, R.T.L., grandes stations périphériques.* ◇ *Anat., Physiol.* Qui est situé dans les régions externes du corps ou d'un organe. *Système nerveux périphé-rique.* ♦ 2° *N. m.* (apr. 1960). *Inform.* Tout élément de maté-riel (le stockage d'entrée-sortie ou ordinateur satellite) distinct de l'unité centrale d'un ordinateur. ◈ ANT. **Axial, central.**

PÉRIPHLÉBITE [peʀiflebit]. *n. f.* (déb. XXᵉ ; de *péri-,*

et phlébite). *Méd.* Inflammation du tissu conjonctif qui entoure une veine.

PÉRIPHRASE [peʀifʀaz]. *n. f.* (1529 ; lat. *periphrosis,* mot gr., de *periphrazein* « parler par circonlocutions »). Figure qui consiste à exprimer une notion, qu'un seul mot pourrait désigner, par un groupe de plusieurs mots. V. **Cir-conlocution, détour.** « *Le prince des critiques* » *était en ce temps, et l'est encore, une périphrase courante comprise de tout le monde pour désigner Jules Janin* » (GAUTIER). *User de péri-phrases pour toucher à un sujet délicat.* V. **Euphémisme.** ◇ *Ling.* Groupe de mots synonyme d'un seul mot (*ex.* : femelle du cheval → jument). *La définition est une périphrase.* V. **Paraphrase.**

PÉRIPHRASER [peʀifʀaze]. *v. intr.* (1587 ; de *périphrase*). *Vx.* S'exprimer, parler par périphrases.

PÉRIPHRASTIQUE [peʀifʀastik]. *adj.* (1838 ; *periphras-tic,* 1555 ; de *périphrase*). *Didact.* Qui abonde en périphrases. *Style périphrastique.* ◇ Qui constitue une périphrase. *Expres-sion, tournure périphrastique.*

PÉRIPLE [peʀipl(ə)]. *n. m.* (mil. XVIIᵉ ; lat. *periplus,* gr. *periplous,* de *pleên* « naviguer »). ♦ 1° *Didact.* Voyage d'explo-ration maritime autour d'une mer, d'un continent. V. **Cir-cumnavigation.** Grand voyage par mer. ◇ *Par ext. Le périple de Magellan autour du monde.* ♦ 2° (XXᵉ). *Cour.* (sens criti-qué). Voyage, randonnée par voie de terre, circulaire ou non. V. **Tour, tournée, voyage.** « *Les deux autos effectuant encore une fois le même périple* » (CÉLINE).

PÉRIPTÈRE [peʀiptɛʀ]. *adj.* et n. m. (1547 ; gr. *peripteros*). *Archit.* Se dit d'un temple grec, d'un édifice entouré d'un rang de colonnes isolées du mur. *Un édifice périptère.* N. m. *La Madeleine, à Paris, est un périptère.*

PÉRIR [peʀiʀ]. *v. intr.* (1050 ; lat. *perire* « aller [*ire*] à travers »). *Littér.* ♦ 1° Mourir. *Périr sur l'échafaud. Périr à la guerre.* V. **Tomber.** « *Chilpéric périt bientôt, assassiné...* » (MICHELET). *Faire périr :* tuer. *Périr noyé.* ◇ *Par ext.* (plus cour.) *Périr d'ennui. S'ennuyer à périr.* ♦ 2° (*Choses*). Disparaître. V. **Anéantir** (s'), **crouler, écrouler** (s'), **finir.** « *Ta mémoire, ton nom, ta gloire vont périr* » (MUSS.). *Navire qui périt,* sombre corps et biens : qui fait naufrage. « *Depuis quarante ans, tous les gouvernements n'ont péri en France que par leur faute* » (CHATEAUB.). — *Allus. hist.* « *Périssent les colonies plutôt qu'un principe* » (ROBESPIERRE, à propos de l'émancipation des esclaves).

PÉRISCOLAIRE [peʀiskɔlɛʀ]. *adj.* (1959 ; de *péri-* 3, et *scolaire*). Complémentaire de l'enseignement scolaire. *Activités périscolaires.*

PÉRISCOPE [peʀiskɔp]. *n. m.* (1904 ; zool., 1874 ; gr. *periskopein* « regarder autour »). Instrument d'optique formé de lentilles et de prismes permettant à un observateur de voir un objet dont il est séparé par un obstacle. *Périscopes des sous-marins.* « *Des officiers circulent, munis de périscopes et de longues-vues* » (BARBUSSE).

PÉRISCOPIQUE [peʀiskɔpik]. *adj.* (1814 ; du gr. *perisko-pein;* Cf. Périscope). *Didact.* (Opt.). *Verres périscopiques :* verres d'optique à grand champ visuel. — Relatif au péris-cope. *Tube périscopique d'un sous-marin.*

PÉRISPERME [peʀispɛʀm(ə)]. *n. m.* (1789 ; de *péri-,* et -*sperme*). *Bot.* Tégument extérieur qui constitue un tissu de réserve dans certaines graines (nénuphar, poivre). *Le périsperme et l'endosperme.*

PÉRISPLÉNITE [peʀisplenit]. *n. f.* (1877 ; du gr. *peri-,* et *splên, splênos* « rate »). *Méd.* Inflammation du péritoine qui entoure la rate. V. **Péritonite.**

PÉRISSABLE [peʀisabl(ə)]. *adj.* (1416 ; « qui fait périr », v. 1380 ; de *périr*). ♦ 1° *Littér.* Qui est sujet à périr ; qui n'est pas durable. V. **Court, éphémère, fragile, fugace.** *Un monde* « *Où tout est fugitif, périssable, incertain* » (LAMART.). — Subst. « *Cette folie qui nous porte à sacrifier l'éternel au périssable* » (MAURIAC). ♦ 2° *Cour. Les fruits, le poisson, la viande sont des denrées périssables :* qui se conservent difficilement. ◈ ANT. **Durable, éternel, immortel, impérissable, incorruptible.**

PÉRISSODACTYLES [peʀisɔdaktil]. *n. m. pl.* (1874 ; du gr. *perissos* « surnuméraire, impair », et *daktulos* « doigt »). *Zool.* Sous-ordre de mammifères placentaires ongulés qui comprend des animaux reposant sur le sol par un nombre impair de doigts (*Imparidigités*) dont le médian est le plus développé. *Le rhinocéros, le tapir sont des périssodactyles.* — Sing. *Un périssodactyle.*

PÉRISSOIRE [peʀiswaʀ]. *n. f.* (1867 ; de *périr :* « embar-cation *qui périt,* chavire facilement »). Embarcation longue et étroite qui se manœuvre à la pagaie ou à l'aviron. V. **Canot.** « *Des canotiers passaient en périssoires* » (FRANCE).

PÉRISSOLOGIE [peʀisɔlɔʒi]. *n. f.* (1765 ; de *perissologia,* de *perissos* « superflu »). *Didact.* Pléonasme fautif (*ex.* : descendre en bas). *Rhét.* Procédé d'insistance par répétition.

PÉRISTALTIQUE [peʀistaltik]. *adj.* (1618 ; gr. *peristal-*

tikos, de *peristellein* « envelopper, comprimer »). *Physiol.* Relatif au péristaltisme. *Onde péristaltique.*

PÉRISTALTISME [peristaltism(ə)]. *n. m.* (1879 ; de *péristaltique*). *Physiol.* Ondes de contractions musculaires d'un organe tubulaire, en particulier de l'intestin, se propageant de proche en proche et faisant avancer le contenu de l'organe.

PÉRISTOME [peristɔm]. *n. m.* (1839 ; de *péri-*, et *stoma* « bouche »). *Bot.* Couronne dentelée selon laquelle l'opercule se détache de l'urne (chez les mousses). ◇ *Zool.* Région qui entoure la bouche de certains animaux inférieurs. — *Spécialt.* Sillon garni de cils vibratiles dans lequel s'ouvre l'orifice buccal des protozoaires.

PÉRISTYLE [peristil]. *n. m.* (1546 ; lat. *peristylum ;* gr. *peristylon*). Colonnade entourant la cour intérieure d'un édifice ou disposée autour d'un édifice. *Péristyle du Parthénon.* ◇ *Par ext.* Colonnade qui décore la façade d'un édifice. *Péristyle du Panthéon.*

PÉRITHÈCE [peritɛs]. *n. m.* (*Perithécion*, 1846 ; gr. *peri-* et *thêkê* « boîte, étui »). *Bot.* Organes de fructification, producteurs des asques (champignons).

PÉRITOINE [peritwan]. *n. m.* (1541 ; *peritoneum*, v. 1370 ; lat. *peritonæum*, gr. méd. *peritonaion* « ce qui est tendu autour »). *Anat.* Membrane séreuse qui tapisse les parois intérieures de la cavité abdominale et pelvienne (*péritoine pariétal*) et qui recouvre les organes contenus dans ces cavités (*péritoine viscéral*), à l'exception de l'ovaire. *Replis du péritoine viscéral* (ligaments, mésentère). *Inflammation du péritoine.* V. **Péritonite.**

PÉRITONÉAL, ALE, AUX [peritɔneal, o]. *adj.* (1814 ; de *péritoine*). *Anat.* Relatif au péritoine. *Ligaments péritonéaux.*

PÉRITONITE [peritɔnit]. *n. f.* (1802 ; lat. méd. *peritonitis* [1795, en franç.]). *Cour.* Inflammation du péritoine. V. **Périsplénite, pérityphlite.** *La péritonite peut compliquer une appendicite.*

PÉRITYPHLITE [peritiflit]. *n. f.* (1867 ; gr. *peri-*, et *tuphlos* « cæcum »). *Méd.* Inflammation du péritoine qui entoure le cæcum. V. **Péritonite.**

PÉRIURBAIN, AINE [periyrbɛ̃, ɛn]. *adj.* (1966 ; de *péri-* 3, et *urbain*). Situé aux abords immédiats d'une ville. V. **Périphérique.** *Zones urbaines et périurbaines.*

PERLE [pɛrl(ə)]. *n. f.* (1140 ; it. *perla*, altér. lat. *perna*). ♦ 1° Concrétion dure et brillante, précieuse, le plus souvent sphérique, formée de couches concentriques de nacre sécrétées par l'épithélium du manteau chez certains mollusques (huître, etc.) pour enrober et isoler un corps étranger. *Perle de belle eau*. « *Un petit écrin contenant trois perles, trois perles du plus bel orient — un parangon et deux princesses* » (CENDRARS). *Pêcheurs de perles,* d'huîtres *perlières*. *Collier de perles. Perles naturelles ; perles de culture,* obtenues par l'introduction d'un grain de nacre dans une coquille d'huître d'élevage. *Perles artificielles, d'imitation.* — *Loc.* (d'o. bibl.) *Jeter des perles aux pourceaux, aux cochons :* accorder à qqn une chose dont il est incapable d'apprécier la valeur. ♦ 2° *Par ext.* Petite boule percée d'un trou. *Perle d'ambre, de buis d'un chapelet.* V. **Grain.** *Perle de verre, de métal.* ♦ 3° *Par anal.* du 1°. *Les perles de rosée.* V. **Goutte.** « *Le sang apparut en petites perles* » (MAC ORLAN). ◇ *Archit.* Ornement en forme de grain, taillé dans les moulures dites baguettes. ◇ *Poét.* *(Vx)* Dent. *Le rire « Qui montre en même temps des âmes et des perles* » (HUGO). ♦ 4° (1598). Personne de grand mérite. *Leur bonne est une perle.* « *Mademoiselle Godeau, la perle du Havre, riche héritière fort courtisée* » (MUSS.). ◇ Chose de grande valeur. *Cet ouvrage est la perle de sa collection.* « *Cette île, perle de la Méditerranée* » (MAUPASS.). ♦ 5° *Par antiphr.* (1935). Erreur grossière et ridicule. *Perles relevées dans des copies d'élèves,* recueillies dans un *sottisier.* ⊗ HOM. **Pairle.**

PERLÉ, ÉE [pɛrle]. *adj.* (1360 ; de *perle*). ♦ 1° Orné de perles. *Broderie perlée.* — *Blas.* *Croix perlée.* ♦ 2° En forme de perle. *Gouttelettes perlées.* — *Techn.* *Orge, riz perlé. Sucre perlé,* qui atteint le degré de cuisson où se forment à sa surface de petites perles rondes. — *Méd.* *Crachats perlés,* par lesquels se termine une crise d'asthme. ♦ 3° *Mus.* (1694). Exécuté avec soin ou en détachant. « *La grâce minaudière de ce si bémol ainsi parlé* » (GIDE). ◇ *Par anal.* *Rire perlé.* ♦ 4° *Fig.* (1868). Fait à la perfection. *Ouvrage perlé.* « *Vous travaillez dans la perfection... Voilà un bonnet qui est perlé* » (ZOLA). ♦ 5° *Grève perlée* (1911) : qui interrompt l'activité d'une entreprise par des arrêts ou des ralentissements de travail à une phase, à un stade de la production.

PERLÈCHE [pɛrlɛʃ] ou **POURLÈCHE** [purlɛʃ]. *n. f.* (1886,-v. 1900 ; de *pourlécher,* var. dial. *perlécher*). *Méd.* Infection de la commissure des lèvres par des streptocoques, avec formation de fissures et de croûtes humides.

PERLER [pɛrle]. *v.* (1610, « orner de perles » ; de *perle*). I. *V. tr.* Exécuter avec un soin minutieux. « *En faisant cela avec subtilité, en perlant le detail* » (STE-BEUVE). ◇ *Mus.*

Exécuter (un morceau, un passage) en détachant très nettement chaque note. V. **Perlé.** II. *V. intr.* (1844). Se présenter sous forme de petites gouttes arrondies (liquide). V. **Suinter.** « *Quelques gouttes de sueur perlaient sur son front, mais il ne les essuyait pas* » (CAMUS).

PERLIER, IÈRE [pɛrlje, jɛr]. *adj.* (*Barque perlière*, 1686 ; de *perle*). Qui a rapport aux perles. *Industrie perlière.* — (1771) *Huître perlière :* des espèces qui peuvent sécréter des perles (méléagrine, pintadine).

PERLIMPINPIN [pɛrlɛ̃pɛ̃pɛ̃]. V. **POUDRE** *(de perlimpinpin).*

PERLON [pɛrlɔ̃]. *n. m.* (v. 1940 ; nom déposé, d'apr. [ny]*lon*). Nom allemand des fibres obtenues par polycondensation. V. **Polyamide.**

1. **PERLOT** [pɛrlo]. *n. m.* (1866 ; de *semperlot*, p.-ê. de *semper virens* « chèvrefeuille »). *Pop.* Tabac.

2. **PERLOT** [pɛrlo]. *n. m.* (1877 ; de *perle*). Petite huître pêchée sur les côtes de la Manche.

PERLOUSE ou **PERLOUZE** [pɛrluz]. *n. f.* (1920 ; de *perle,* et suff. arg. *-ouse*). *Arg.* Perle. « *Trois kilogs de diam's, de la perlouz' et puis du jonc* » (VIAN).

PERMAFROST [pɛrmafrɔst]. *n. m.* (1946, W. S. Muller ; mot amér., de *perma*[nent], et *frost* « gelé » répandu en fr. v. 1955). *Géogr.* Sol perpétuellement gelé des régions arctiques. « *Les Esquimaux creusaient un trou dans le 'permafrost' et gardaient la viande dans ces réfrigérateurs naturels* » (*Paris-Match,* 8-9-1973). V. **Pergélisol.**

PERMALLOY [pɛrmɛlɔ]. *n. m.* (1923 ; mot angl. composé de *per*[meable] « perméable », et *alloy* « alliage »). *Techn.* Alliage de fer et de nickel (à 78 % de nickel) d'une très grande perméabilité magnétique.

PERMANENCE [pɛrmanɑ̃s]. *n. f.* (1370 ; lat. médiév. *permanentia*). ♦ 1° Caractère de ce qui est durable ; longue durée de qqch. V. **Continuité, stabilité.** « *Le sentiment écrasant de la permanence de la nature* » (BALZ.). *La permanence du moi.* V. **Constance, identité.** ♦ 2° (1789). Service chargé d'assurer le fonctionnement ininterrompu d'un organisme. *Les bureaux sont fermés le samedi mais il y a une permanence. Assurer, tenir une permanence. Être de permanence.* — *Par méton.* Local où fonctionne ce service. *Permanence d'un commissariat de police. Permanence électorale. Permanence médico-chirurgicale,* qui assure les soins de première urgence. ◇ *Absolt.* Salle d'études où est constamment assurée la surveillance d'élèves qui, pour quelque raison, ne sont pas en classe. « *Le jeudi et le dimanche, pour éviter la promenade, je me glissais à la Permanence* » (GIRAUDOUX). ♦ 3° *Loc. adv.* EN PERMANENCE : sans interruption. V. **Constamment, toujours.** *Assemblée qui siège en permanence.* « *La révolution en permanence ou la guerre en permanence* » (CAMUS). *Il s'est installé en permanence à la campagne.* V. **Demeure** (à). ⊗ ANT. Altération, conversion, évolution, interruption, modification. Devenir. Fuite, instabilité. Intermittence.

PERMANENT, ENTE [pɛrmanɑ̃, ɑ̃t]. *adj. et n.* (1370 ; *permegnant* « stable », 1120 ; lat. *permanens,* p. prés. de *permanere* « demeurer jusqu'au bout »). ♦ 1° Qui dure, demeure sans discontinuer ni changer. V. **Constant, stable.** *L'essence permanente des choses.* *Phys. Gaz permanent :* que l'on croyait impossible à liquéfier. — *Spécialt.* (XXᵉ) *Spectacle permanent. Cinéma permanent de 14 h à 24 h,* où le même film est projeté plusieurs fois de suite. ♦ 2° (*Opposé à provisoire*). Qui ne cesse pas, qui ne se relâche pas. V. **Continu.** *Établir une liaison permanente entre les services.* « *Il faut distinguer les erreurs transitoires et passagères des erreurs permanentes* » (D'ALEMB.). — (*Phys.*) *Aimantation permanente.* V. **Rémanence.** ♦ 3° (1949). *Ondulation permanente.* N. f. UNE PERMANENTE. V. **Indéfrisable.** « *Mes tristes cheveux alternativement trop raides ou trop frisés par de mauvaises permanentes* » (ANOUILH). ♦ 4° Qui exerce une activité permanente. « *Un comité permanent est nommé pour veiller, nuit et jour, à l'ordre public* » (MICHELET). — (*Opposé à* « *spécial, extraordinaire* »). *Le représentant permanent de la France à l'O.N.U.* — N. *Les permanents d'un syndicat, d'un parti :* membres rémunérés pour se consacrer à l'administration de cette organisation. ⊗ ANT. Éphémère, fugace, fugitif, passager, transitoire. Intermittent.

PERMANENTER [pɛrmanɑ̃te]. *v.* (mil. XXᵉ ; de *permanente*). Faire une permanente à (qqn) ; friser à la permanente. *Se faire permanenter :* se faire faire une permanente. — Au p. p. *Cheveux permanentés.*

PERMANGANATE [pɛrmɑ̃ganat]. *n. m.* (1874 ; de *permanganique*). *Chim.* Sel de l'acide permanganique, inconnu à l'état libre. *Permanganate de potassium,* KMnO₄. *Les permanganates de potassium et de calcium ont des propriétés antiseptiques.* — *Cour.* Permanganate de potassium, utilisé pour désinfecter l'eau.

PERMANGANIQUE [pɛrmɑ̃ganik]. *adj.* (1874 ; de *per-,* et *manganique*). *Chim.* *Acide permanganique :* acide non isolé (HMnO₄) qui correspond à l'*anhydride permanganique* (Mn₂O₇).

PERME [pɛʀm(ə)]. *n. f.* V. **Permission** (2°).

PERMÉABILISER [pɛʀmeabilize]. *v. tr.* (XXᵉ ; de *perméable*). *Rare.* Rendre perméable. — Au p. p. *Être perméabilisé à une influence.*

PERMÉABILITÉ [pɛʀmeabilite]. *n. f.* (1743 ; « qualité de ce qui coule facilement », 1625 ; de *perméable*). ♦ 1° Propriété des corps perméables. *La perméabilité du sol.* — *Perméabilité sélective des cellules vivantes* : grâce à laquelle se font les échanges (3°). *Perméabilité d'un canal, d'un conduit organique.* ◇ *Perméabilité magnétique,* propriété d'un corps de se laisser traverser par un flux magnétique. Constante caractéristique d'un milieu mesurant, par rapport au vide, l'accroissement de l'induction magnétique. ♦ 2° *Fig. Perméabilité aux influences.* ◇ ANT. *Imperméabilité.*

PERMÉABLE [pɛʀmeabl(ə)]. *adj.* (1743 ; « où le liquide peut pénétrer », 1556 ; bas lat. *permeabilis,* de *permeare* « passer à travers »). ♦ 1° Qui se laisse traverser ou pénétrer par un fluide, et *spécial.* par l'eau. V. **Pénétrable.** *Roches, terrains perméables* : que les eaux d'infiltration traversent. ♦ 2° Par anal. *Perméable à qqch. Corps perméable à la lumière.* ♦ 3° Fig. *Un homme perméable à toutes les influences.* ◇ ANT. *Étanche, imperméable.*

PERMETTRE [pɛʀmɛtʀ(ə)]. *v. tr. ;* conjug. *mettre (Permetre,* 980 ; rare av. 1410 ; lat. *permittere,* sous l'infl. de *mettre).*

I. ♦ 1° Laisser faire (qqch.), ne pas empêcher. V. **Autoriser, tolérer.** « *La liberté est le droit de faire tout ce que les lois permettent* » (MONTESQ.). — PERMETTRE QUE suivi du subj. V. **Admettre, approuver, consentir ; vouloir** (bien). « *Maman, d'ordinaire intraitable sur les questions d'heure, permettait que je prolongeasse la veillée* » (GIDE). « *Mais je ne permets pas qu'un autre me les serve* (ces plaisanteries) » (Ed. ROSTAND). — PERMETTRE QQCH. à QQN. V. **Accorder, autoriser.** « *La trahirez-vous, cette confiance que vous-même avez semblé me permettre ?* » (LACLOS). *Son médecin lui interdit l'alcool, mais lui permet le tabac.* — (Pass.) *C'est un insolent qui croit que tout lui est permis, qui se croit tout permis.* — PERMETTRE DE (suivi de l'inf.) : donner le droit, le pouvoir de. V. **Laisser.** « *Elle me permit plusieurs fois de lui donner un baiser* » (ROUSS.). *Son patron lui a permis de ne pas venir travailler ce matin.* V. **Dispenser.** Il *vous est permis de penser tout autrement.* V. **Loisible.** « *Il ne m'est pas permis, à ces conditions, de vous rien refuser : je ferai ce que vous voudrez* » (MOL.). ♦ 2° (Sujet de chose). Rendre (qqch.) possible, faire que (qqch.) soit possible. *Attitude qui permet tous les soupçons.* V. **Autoriser.** *Sa santé ne lui permet aucun excès.* « *Il se hâtait aussi vite que sa jambe torse le lui permettait* » (HUGO). — PERMETTRE DE (suivi de l'inf.) : donner le moyen, l'occasion, la possibilité de. « *La nuit ne permit pas De voir de quel côté se dirigeaient ses pas* » (MUSS.). « *Mes moyens ne me permettaient pas de prendre un cabriolet et mes goûts un omnibus* » (FLAUB.). — Impers. *Autant qu'il est permis d'en juger.* V. **Possible.** Il *n'est pas permis à tout le monde d'avoir des dons pour la musique* (Cf. Il *n'est pas donné*...). ♦ 3° (Dans des formules de politesse). *Permettez ! vous permettez ?* formules pour contredire (qqn), protester ou imposer sa volonté avec une apparence de courtoisie. *Permettez ! Je ne suis pas de votre avis. Je passe devant vous, vous permettez ? — Permettez-moi de vous présenter M. X,* acceptez* *que je vous le présente.*

II. SE PERMETTRE. *v. pron.* (1559). ♦ 1° S'accorder (qqch.). *Se permettre quelques petites douceurs.* — SE PERMETTRE DE (et inf.). « *Je ne me permettrai point de scruter les motifs de l'action de Monsieur de Valmont* » (LACLOS). ♦ 2° Prendre la liberté de. V. **Aviser** (s'), **oser.** « *Ce jour-là il s'était permis de répliquer* » (ROMAINS). — (Par politesse) *Puis-je me permettre de vous offrir une cigarette ? Je me permettrai de venir vous voir demain à 5 heures* » (MONTHERLANT). ◇ ANT. *Défendre, empêcher, interdire, prohiber. Consigner. Brider, contraindre, forcer.*

PERMIEN, IENNE [pɛʀmjɛ̃, ɛn]. *adj. et n. m.* (1842 ; de *Perm,* ville russe). *Géol.* De la dernière période de l'ère primaire, faisant suite au carbonifère. *Terrain permien, formation permienne.* — *Le permien.*

PERMIS [pɛʀmi]. *n. m.* (1721 ; de *permettre*). Autorisation officielle écrite. *Permis de bâtir, de construire. Permis de chasse, de pêche.* V. **Licence.** *Permis d'inhumer. Permis de séjour pour les étrangers. Permis de transport.* V. **Passavant.** — *Permis de circulation délivré par la S.N.C.F. à ses agents et leur donnant droit à des voyages gratuits.* ◇ *Spécialt.* PERMIS DE CONDUIRE : certificat de capacité, pour la conduite des automobiles, motocyclettes. Ellipt. *Permis* « *tourisme, poids lourds, transports en commun* ». — *Par ext.* Épreuve qui donne le permis. *Passer son permis (de conduire). Avoir son permis ; être reçu au permis.*

PERMISSIF, IVE [pɛʀmisif, iv]. *adj.* (v. 1970 ; de l'angl. *permissive* « qui permet »). *Didact.* Caractérisé par l'absence d'interdiction, de sanctions. *Attitude, société permissives.*

PERMISSION [pɛʀmisjɔ̃]. *n. f.* (1404 ; *par la Dieu permis-*

sion « par la volonté de Dieu », 1180 ; lat. *permissio*). ♦ 1° Action de permettre ; son résultat. V. **Autorisation.** *Demander, obtenir la permission de faire qqch.* V. **Acquiescement, consentement.** *Agir avec, sans la permission de qqn.* V. **Approbation.** — *Avec votre permission* (formule de politesse) : si vous le permettez (Cf. Sauf* votre respect). Dr. *Permission de voirie, de stationnement.* V. **Permis.** ♦ 2° (1836). Congé accordé à un militaire (abrév. fam. PERME). *Soldat en permission.* V. **Permissionnaire.** « *Le restaurant où j'avais dîné avec Saint-Loup, un soir de perme* » (PROUST). ◇ *Par ext.* Temps de ce congé. *Se marier pendant sa permission.* ◇ Titre de permission. *Le sous-officier* « *remplit... une permission restée en blanc* » (COURTELINE). ◇ ANT. *Défense, empêchement, interdiction.*

PERMISSIONNAIRE [pɛʀmisjɔnɛʀ]. *n. m.* (1836 ; autre sens [relig.], 1680 ; de *permission*). ♦ 1° Soldat en permission. « *Ces permissionnaires qui nous arrivaient chargés de musettes* » (BERNANOS). *Train de permissionnaires.* Adj. *Officier permissionnaire.* ♦ 2° *Admin.* Personne bénéficiaire d'un permis (de construire, de chasse, etc.).

PERMITTIVITÉ [pɛʀmitivite]. *n. f.* (XXᵉ ; angl. *permittivity,* de *to permit ;* Cf. Permettre). *Sc.* Propriété d'un diélectrique* d'affaiblir les forces électrostatiques, par référence à ces mêmes forces s'exerçant dans le vide. Constante caractéristique de ce diélectrique mesurant cet affaiblissement. *La permittivité de l'eau est de 80.*

PERMUTABILITÉ [pɛʀmytabilite]. *n. f.* (1834 ; de *mutable*). *Didact.* Caractère de ce qui est permutable.

PERMUTABLE [pɛʀmytabl(ə)]. *adj. (Parmutable,* 1506 ; de *permuter).* Qui peut être déplacé par rapport à une autre personne ou chose par une permutation*.

PERMUTANT, ANTE [pɛʀmytɑ̃, ɑ̃t]. *n.* (1516 ; de *permuter*). *Admin.* Personne qui change d'emploi avec une autre. « *Qu'est-ce que c'est, un permutant ? — Quelqu'un qui change sa place pour la mienne* » (PAGNOL).

PERMUTATION [pɛʀmytasjɔ̃]. *n. f.* (1261, « échange, troc » ; *permutacion* « changement de résidence », v. 1180 ; lat. *permutatio*). ♦ 1° (1474). Échange d'un emploi, d'un poste contre un autre. *Permutation de deux officiers, de deux fonctionnaires* (V. **Permutant**). — *Par ext.* Changement réciproque de deux choses (ou de plusieurs choses deux à deux). *La contrepèterie consiste en permutations de lettres ou de syllabes. Permutation* (changement de place réciproque dans la phrase) *et commutation**. ♦ 2° (1613). *Math., Log.* Chacun des arrangements que peut prendre un nombre défini d'objets différents. *Le nombre des permutations de n objets est égal à n !* (Factorielle* n). — L'opération permettant de passer d'une permutation à une autre.

PERMUTER [pɛʀmyte]. *v. (Permuer,* « changer, échanger », 1337 ; lat. *permutare* « changer », de *mutare.* V. **Muer, muter).** I. *V. tr.* ♦ 1° (XVIᵉ). *Vieilli.* Changer, échanger (un emploi, une charge). ♦ 2° Mettre une chose à la place d'une autre (et réciproquement). *Permuter deux mots dans la phrase.* V. **Intervertir.** ♦ 3° *Sc.* Effectuer les différentes permutations d'une série. *12 objets se permutent de 479 001 600 manières.* II. *V. intr.* Changer de place réciproquement. ◇ (1835) Faire une permutation avec qqn. *Ces deux officiers veulent permuter.*

PERNICIEUSEMENT [pɛʀnisjøzmɑ̃]. *adv.* (1538 ; de *pernicieux*). *Littér.* D'une manière pernicieuse, malfaisante, néfaste. V. **Dangereusement.**

PERNICIEUX, EUSE [pɛʀnisjø, øz]. *adj.* (1314, méd. ; lat. *perniciosus,* de *pernicies* « ruine », de *nex, necis* « mort violente »). ♦ 1° *Vx.* Qui cause du mal (*êtres vivants*). V. **Dangereux, malfaisant, nocif, nuisible.** « *Jetez cet animal traître et pernicieux. Ce serpent* » (LA FONT.). ♦ 2° *Méd.* Se dit d'une affection dont l'évolution est très grave. *Anémie pernicieuse. Accès pernicieux de paludisme.* ♦ 3° (Abstrait). *Littér.* Nuisible moralement. V. **Mauvais, nocif.** *Erreur pernicieuse. Doctrines, théories très pernicieuses.* V. **Diabolique.** « *Ces chants moqueurs, aussi pernicieux pour leurs enfants qu'insultants...* » (BARRÈS). *Vx.* « *Des relations pernicieuses au salut de son âme* » (VIGNY). — (Personnes) « *La vague créature pernicieuse, la sirène* » (FLAUB.). ◇ ANT. *Avantageux, bienfaisant, bon, salutaire.*

PERNICIOSITÉ [pɛʀnisjozite]. *n. f.* (1544 ; de *pernicieux*). *Didact. (Méd.).* Caractère des maladies pernicieuses.

PÉRONÉ [peʀɔne]. *n. m.* (1541 ; gr. *peronê* « cheville »). *Anat.* Os long et grêle, situé en dehors du tibia avec lequel il forme l'ossature de la jambe. *Tête, col du péroné. Fracture du péroné.*

PÉRONIER, IÈRE [peʀɔnje, jɛʀ]. *n. m. et adj.* (1687, subst. ; de *péroné*). *Anat. Le péronier antérieur,* muscle qui fléchit le pied et le porte en abduction et en rotation en dehors. ◇ *Adj.* (1749). Relatif au péroné. *Artère péronière.*

PÉRONNELLE [peʀɔnɛl]. *n. f.* (1658 ; nom propre [héroïne d'une chanson du XVᵉ] ; du rad. *Petrus* « pierre »;

forme pop. de *Pétronille*). *Fam.* Jeune femme, jeune fille sotte et bavarde. « *Taisez-vous, péronnelle* » (MOL.).

PÉRONOSPORACÉES [peʀɔnɔspɔʀase]. *n. f. pl.* (1924; *péronosporées*, 1890; rac. gr. *peronê* « agrafe », et *spora*). *Bot.* Groupe de champignons siphomycètes parasites de plantes phanérogames (betterave, luzerne, pomme de terre, vigne) et dont les principaux types sont le *plasmopara*, le *phytophtora*, le *péronospora* (mildiou des betteraves).

PÉRORAISON [peʀɔʀɛzɔ̃]. *n. f.* (1671; *peroration*, 1512; lat. *peroratio*, d'apr. *oraison*). ♦ 1° *Didact.* Conclusion d'un discours. ♦ 2° Dernière partie. « *Mais la péroraison de l'hymne éclata. Et il y eut soudain un silence stupide* » (ROMAINS). ◇ ANT. Exorde; commencement.

PÉRORER [peʀɔʀe]. *v. intr.* (1380; lat. *perorare* « plaider, exposer jusqu'au bout », de *orare*; Cf. Oraison). Discourir, parler d'une manière prétentieuse, avec emphase. « *En se voyant écoutée avec plaisir, elle s'habitua par degrés à s'écouter aussi, prit plaisir à pérorer* » (BALZ.).

PÉROREUR, EUSE [peʀɔʀœʀ, øz]. *n. et adj.* (1775; de *pérorer*). *Rare.* Personne qui pérore. *Un « inutile péroreur* » (GIDE).

PÉROT [peʀo]. *n. m.* (1465; de *père*). *Sylvic.* Arbre, baliveau qui a deux fois l'âge de la coupe.

PEROXYDASE [peʀɔksidaz]. *n. f.* (déb. XXᵉ; de *peroxyde*, et suff. *-ase*). *Chim.* Enzyme qui catalyse les réactions d'oxydation.

PEROXYDE [peʀɔksid]. *n. m.* (1827; de *per-*, et *oxyde*). *Chim.* Combinaison renfermant le plus grand nombre d'atomes d'oxygène. V. Oxyde. *Peroxyde d'azote*, entrant dans la composition de certains explosifs. *Peroxyde d'hydrogène* (H_2O_2) : eau oxygénée.

PEROXYDER [peʀɔkside]. *v. tr.* (1872; *peroxydé*, 1834; de *per-*, et *oxyder*). *Chim.* Oxyder au plus haut degré possible. — *N. f.* PEROXYDATION [peʀɔksidasjɔ̃].

PERPENDICULAIRE [peʀpɑ̃dikylɛʀ]. *adj.* (1520; *perpendiculer*, 1380; lat. *perpendicularis*, de *perpendiculum* « fil à plomb »). ♦ 1° *Vx.* Vertical, d'aplomb. *Spécialt. Écriture perpendiculaire*, à caractères verticaux. ◇ *Par ext.* Qui se trouve à la verticale, au zénith. « *Le soleil était déjà presque perpendiculaire* » (FROMENTIN). ♦ 2° (1637). *Perpendiculaire à* : qui fait un angle droit avec (une droite ou un plan). V. Orthogonal. *Droites, plans perpendiculaires* (entre eux). — *Subst. Tirer une perpendiculaire. Perpendiculaire abaissée du sommet d'un triangle au côté opposé*. V. Hauteur, pied, podaire. *Perpendiculaire menée du milieu du côté d'un triangle*. V. Médiatrice. ♦ 3° (Archit.). *Style perpendiculaire* : style gothique qui apparaît en Angleterre au XIVᵉ s., et caractérisé par l'abondance des lignes horizontales et verticales (remplaçant les remplages du style flamboyant).

PERPENDICULAIREMENT [peʀpɑ̃dikylɛʀmɑ̃]. *adv.* (1512; de *perpendiculaire*). D'une manière perpendiculaire. ♦ 1° *Vx.* Verticalement. « *Un grand rideau de poudre* (poussière) *grise perpendiculairement étalé* » (FLAUB.). ♦ 2° À angle droit. V. Orthogonalement. « *Le passage qui s'allongeait... perpendiculairement à la rue* » (ROMAINS).

PERPÈTE, PERPETTE (À) [apeʀpɛt]. *loc. adv.* (1859; *n. f.*, « travaux forcés à perpétuité », 1837; de *perpétuité*). *Pop.* À perpétuité, pour toujours. *Je ne vais pas l'attendre jusqu'à perpète* : très longtemps.

PERPÉTRATION [peʀpetʀasjɔ̃]. *n. f.* (1532, repris XIXᵉ; lat. chrét. *perpetratio*). *Dr.* ou *littér.* Accomplissement (d'un crime, d'un forfait).

PERPÉTRER [peʀpetʀe]. *v. tr.*; conjug. *céder* (1360; *parpreter*, 1232; lat. *perpetrare* « accomplir »). *Dr.* ou *littér.* Faire, exécuter (un acte criminel). V. Commettre, consommer. « *Les détails du crime qu'il ne vais vous parler n'ont pas été connus au delà du Département où il fut perpétré* » (BALZ.). *Pronom.* « *Des murs... indifférents à ce qui pouvait bien se perpétrer à leur base* » (GIDE).

PERPÉTUATION [peʀpetɥasjɔ̃]. *n. f.* (1422; de *perpétuer*). *Littér.* Action de perpétuer; son résultat. V. Continuité, durée. *La perpétuation de l'espèce par la reproduction des individus.*

PERPÉTUEL, ELLE [peʀpetɥɛl]. *adj.* (*Perpetual*, 1160; lat. *perpetualis*, de *perpetuus*). ♦ 1° Qui dure toujours, infiniment ou indéfiniment; qui ne comporte pas d'interruption. V. Continu, continuel, éternel, incessant, indéfini, infini. « *La guerre, disait-il, n'échappe pas aux lois de notre vieil Hegel. Elle est en état de perpétuel devenir* » (PROUST). — *Principes perpétuels.* V. Impérissable, inaltérable. « *La révolte est un confrontement perpétuel de l'homme et de sa propre obscurité* » (CAMUS). ◇ *Spécialt. Mouvement perpétuel* qui, une fois déclenché, continuerait éternellement. Fig. *Chercher le mouvement perpétuel* : une chose impossible (Cf. La quadrature* du cercle). — *Mus. Mouvement perpétuel* : pièce instrumentale où un dessin mélodique rapide se poursuit du début à la fin. ◇ *Calendrier* perpétuel. ◇ *Dr. Rente* perpétuelle.* ♦ 2° Qui dure, doit durer toute la vie. « *Une*

certaine tension de l'esprit entretient une perpétuelle jeunesse » (CHARDONNE). V. Éternel. ◇ *Dignité, fonction perpétuelle* : à vie. — « *Sommes-nous assez heureux pour que M. d'Alembert soit notre secrétaire perpétuel?* » (VOLT). ♦ 3° Qui ne s'arrête, ne s'interrompt pas. V. Continuel, incessant. « *Cette pensée ne le quittait pas. C'était une obsession, une angoisse perpétuelle* » (DAUD). « *La constance en amour est une inconstance perpétuelle* » (LA ROCHEF.). « *L'action s'y déroule à travers un perpétuel changement de décors* » (GAUTIER). « *Dans la cour, un va-et-vient perpétuel* » (ROMAINS). — « *Cette perpétuelle mourante... a le pessimisme sans merci des esprits lucides* » (HENRIOT). ♦ 4° *Par ext.* (*au plur.*). Qui se renouvellent souvent. V. Continuel, fréquent, habituel. *Jérémiades perpétuelles.* « *Ce sont les perpétuelles réformes qui font que l'on a besoin de réforme* » (MONTESQ.). ◇ ANT. Court, éphémère, momentané, passager, temporaire. Changeant, discontinu, sporadique.

PERPÉTUELLEMENT [peʀpetɥɛlmɑ̃]. *adv.* (XIIIᵉ; *perpetualment*, XIIᵉ; de *perpétuel*). D'une manière perpétuelle. ♦ 1° Toujours, éternellement. « *Toutes les choses de la vie sont perpétuellement en fuite devant nous* » (HUGO). ♦ 2° Sans cesse. ♦ 3° (1665). Fréquemment, souvent. *Il arrive perpétuellement en retard.* V. Éternellement (*péj.*). ◇ ANT. Momentanément.

PERPÉTUER [peʀpetɥe]. *v. tr.* (1374; lat. *perpetuare*, de *perpetuus*). I. Faire durer constamment, toujours ou très longtemps. V. Continuer, éterniser. *Monument qui perpétue le souvenir d'un grand homme.* V. Immortaliser. « *Bâtissons des choses éternelles, perpétuons notre mémoire* » (BALZ.). *Perpétuer une tradition, un abus.* V. Maintenir. « *La force a fait les premiers esclaves, leur lâcheté les a perpétués* » (ROUSS.). « *J'ai donc un fils, enfin quelque chose qui porte mon nom et qui peut le perpétuer* » (BALZ.). V. Transmettre. II. SE PERPÉTUER. *v. pron.* (1549). Se continuer. V. Durer. *Les espèces se perpétuent.* Se reproduire. V. Survivre (se). « *Le malheur qui se perpétue produit sur l'âme l'effet que la vieillesse sur le corps* » (CHATEAUB.). ◇ ANT. Changer; cesser, finir.

PERPÉTUITÉ [peʀpetɥite]. *n. f.* (1236; lat. *perpetuitas*, de *perpetuus*). ♦ 1° *Littér.* Durée infinie ou indéfinie, et par ext. très longue. V. Pérennité, perpétuel. *Contribuer à la perpétuité de la race humaine.* V. Perpétuation. « *Le mariage du fils intéresse la perpétuité de la famille* » (FUSTEL). ♦ 2° *Cour.* À PERPÉTUITÉ (*loc. adv.*) : pour toujours. *Concession, fondation à perpétuité*, accordée pour une durée illimitée. ◇ *Spécialt. Cette affaire « le ferait passible des travaux forcés à perpétuité* » (HUGO). *Être condamné à perpétuité*, ou pop. *à perpète**. ◇ ANT. Instant. Brièveté.

PERPLEXE [peʀplɛks(ə)]. *adj.* (1355; var. *perplex*, jusqu'au XVIIᵉ; lat. *perplexus* « embrouillé », de *plectere* « tisser »). Qui ne sait que penser, que faire dans une situation confuse, embarrassante. V. Inquiet, embarrassé, hésitant, indécis. *Cette demande me rend perplexe, m'a laissé perplexe.* « *Les tendances les plus opposées n'ont jamais réussi à faire de moi un être perplexe; mais perplexe* » (GIDE). — *Un air perplexe.* ◇ ANT. Assuré, convaincu, décidé, résolu.

PERPLEXITÉ [peʀplɛksite]. *n. f.* (1370; « ambiguïté de la pensée », XIIIᵉ; bas lat. *perplexitas*). État d'une personne perplexe. V. Doute, embarras, incertitude, indécision, irrésolution. « *Mais, depuis trois ou quatre ans, il avait, lui aussi, connu avec angoisse, la perplexité de l'homme devant l'Univers* » (MART. du G.). *Être dans la plus complète perplexité.* ◇ ANT. Assurance, certitude, décision, résolution.

PERQUISITEUR [peʀkizitœʀ]. *n. m.* (1829; « celui qui fait des recherches », 1370; de *perquisition*). *Rare.* Celui qui fait des perquisitions.

PERQUISITION [peʀkizisjɔ̃]. *n. f.* (1473; « action de rechercher », XVᵉ; bas lat. *perquisitio* « recherche »). ♦ 1° (XVIIᵉ). Recherche opérée par la justice généralement au domicile d'un inculpé lors d'une instruction judiciaire (Cf. Visite domiciliaire*). *Faire une perquisition, des perquisitions.* V. Perquisitionner. *La perquisition doit être, en principe, faite de jour en présence du prévenu. Mandat de perquisition.* « *Au matin, ils sont venus à quatre. Ils ont fait ouvrir la porte, au nom de la loi. D'ailleurs, ils m'avaient pris les clefs. Ce qu'on appelle une perquisition* » (DUHAM.). ◇ *Toute recherche de caractère policier au domicile de qqn.* ♦ 2° *Fig.* et *littér.* Inquisition, investigation. « *Ces perquisitions morales, outrageantes et minutieuses* » (DAUD.).

PERQUISITIONNER [peʀkizisjɔne]. *v. intr.* (1836; de *perquisition*). Faire une perquisition. *La police a perquisitionné chez lui, à son domicile.* V. Fouiller. « *Ils ont été non fouiné partout, perquisitionnés comme ils disent* » (GENEVOIX). *Abusiv.* (trans.) *Perquisitionner un local.*

PERRÉ [pe(ɛʀ)ʀe]. *n. m.* (1767; adj. « de pierre », 1180; « gué pavé, empierré », 1553; de *pierre*). *Techn.* Mur de soutènement, revêtement en pierre sèche sur un talus pour maintenir la terre.

PERRIÈRE [pɛʀjɛʀ]. *n. f. (Perere*, 1130; de *pierre).* Archéol. Machine de guerre à bascule et à contrepoids lançant des projectiles.

PERRON [pɛʀɔ̃]. *n. m.* (1200; *perrun* « bloc de pierre », 1080; de *pierre*). Petit escalier extérieur se terminant par une plate-forme de plain-pied avec l'entrée principale d'une habitation, d'un monument. « *Ce genre de maison de banlieue avec son perron à encorbellement et sa marquise en forme de coquille...* » (GREEN). *Il nous a accueillis sur le perron.*

PERROQUET [pɛʀɔkɛ]. *n. m.* (1537; *paroquet*, 1395; p.-ê. dimin. du lat. *Petrus* [Cf. Pierrot]).
I. ♦ 1° Oiseau grimpeur *(Psittacidés)* au plumage vivement coloré, à gros bec très recourbé, capable d'imiter la parole humaine. *Perroquet d'Afrique* (V. **Jacquot**), *d'Amérique* (V. **Papegai**). « *Il n'y a d'exotique, dans leur entourage, qu'un beau perroquet royal du Brésil, un « loro » rouge feu, à qui elles apprennent à parler* » (LARBAUD). — *Bâton de perroquet*, perchoir traversé d'échelons, fixé à un plateau de bois. ◇ *Par compar. Vert perroquet.* — *Répéter comme un perroquet* : sans comprendre. — « *Qu'a-t-il à répéter toujours ces deux vers, comme un perroquet* » (GIRAUDOUX). Fig. « *On avait réussi, vers quatorze ou quinze ans, à faire assez bien de moi un bon perroquet cornélien* » (R. ROLLAND). ♦ 2° *Par anal. Perroquet de mer* : le macareux. — *Poisson perroquet.* V. **Scare.** ♦ 3° *Fam.* (1867; par anal. de couleur). Verre d'absinthe. Mélange de pernod et de menthe.
II. *Mar.* (1525; par anal. de forme avec le *bâton de perroquet*). Mât gréé sur une hune. Voile carrée supérieure au hunier. *Grand, petit perroquet.* — *Par ext.* L'ensemble de la voile, du mât et du gréement.

PERRUCHE [pe(ɛ)ʀyʃ]. *n. f.* (1732; V. **Perroquet**). ♦ 1° Oiseau grimpeur *(Platycercidés),* de petite taille, au plumage vivement coloré, à longue queue, qui a les mœurs du perroquet mais ne parle pas. *Couple de perruches en cage.* « *Des perruches, vertes comme des émeraudes* » (BERNARD. de ST-P.). ◇ *Fig.* Femme bavarde qui fatigue par des propos sans intérêt. *Faites taire ces deux perruches!* ♦ 2° Perroquet femelle. ♦ 3° *Mar.* (d'apr. *perroquet*, II). Voile placée sur le mât d'artimon au-dessus du perroquet de fougue.

PERRUQUE [pe(ɛ)ʀyk]. *n. f.* (XVIᵉ; « chevelure », XVᵉ; it. *perruca*). ♦ 1° Coiffure de faux cheveux, chevelure postiche. (Ancienn.) *Perruque à boudins, à catogan**, *poudrée. Porter une perruque. Porter perruque* (habituellement). *Ménalque « passe sous un buste où sa perruque s'accroche »* (LA BRUY.). « *Elle cachait ses cheveux gris sous une perruque frisée dite à l'enfant* » (HUGO). « *La perruque noire était tombée. Un crâne poli comme une tête de mort rendit à cet homme sa vraie physionomie* » (BALZ.). V. **Moumoute.** ♦ 2° *Peruque.* Enchevêtrement d'une ligne. ◇ *Bijouterie.* Outil de bijoutier, masse de fil de fer sur laquelle on soude les métaux. ♦ 3° *Fig.* et *vx.* Personne âgée attachée à des goûts démodés, des opinions, des préjugés ridicules. « *M. Marc Ribert m'enseignait que Racine était une perruque et une vieille savate* » (FRANCE).

PERRUQUIER [pe(ɛ)ʀykje]. *n. m.* (1564; de *perruque*). ♦ 1° *Ancienn.* Artisan qui confectionne des perruques, coiffe et fait la barbe. V. **Coiffeur.** « *Une devanture de perruquier de petite ville... toute pleine de flacons* » (ZOLA). ♦ 2° *Mod.* Fabricant de perruques et de postiches.

PERS [pɛʀ]. *adj. m.* (1080, « livide »; bas lat. *persus*, class. *persicus* « persan »). *Littér.* Se dit de diverses couleurs où le bleu domine (surtout en parlant des yeux). *La déesse aux yeux pers*, Minerve. ◇ HOM. *Pair, père*; formes du v. *perdre.*

PERSAN, ANE [pɛʀsɑ̃, an]. *adj.* et *n.* (1512; de *Perse**; Cf. a. fr. *Persien* (XIVᵉ). ♦ 1° *(Personnes).* De Perse (depuis la conquête arabe jusqu'au XXᵉ s.). V. **Iranien, perse.** *Roi persan.* V. **Shah.** « *Ah! ah! Monsieur est Persan! C'est une chose bien extraordinaire! Comment peut-on être Persan?* » (MONTESQ.). N. *Un Persan, une Persane.* ♦ 2° (1843). *Ling. Le persan*, langue iranienne principale, notée en caractères arabes, et très proche du parsi* tardif. ♦ 3° *Venant de* Perse ou concernant la Perse. V. **Iranien.** *Chat persan* (race de chats à longs poils soyeux). *Cheval persan. Art persan. Miniatures persanes.* — *Les Lettres persanes*, de Montesquieu (1721). ◇ HOM. *Perçant.*

PERSE [pɛʀs(ə)]. *n.* et *adj.* (av. XVIᵉ; *pers*, 1080; bas lat. *persus*). *Hist.* De l'ancienne Perse (antérieurement à la conquête arabe, VIIᵉ s.). *Les Mèdes et les Perses. Gouvernement perse, des satrapes.* Zoroastre (Zarathoustra), fondateur de la religion perse (Manichéisme, mazdéisme. V. **Parsisme**). *Écriture perse cunéiforme.* — *Archit. Chapiteau perse, à deux têtes de taureaux opposées.* — (1874) *Ling. Langues perses.* V. **Iranien, parsi, perse.**

PERSE [pɛʀs(ə)]. *n. f.* (1730; du précéd.). Tissu d'ameublement, toile peinte de l'Inde (que l'on croyait être de Perse). — *Mod.* Cretonne imprimée. ◇ HOM. *Perce.*

PERSÉCUTÉ, ÉE [pɛʀsekyte]. *adj.* et *n.* (1694; V. **Persécuter**). ♦ 1° *Adj.* En butte à une persécution. *Le peuple juif longtemps persécuté.* « *Jean-Jacques, persécuté ou croyant l'être, entouré d'imaginaires ennemis, d'autres réels* » (HENRIOT). ♦ 2° *N.* Victime d'une persécution. ◇ *Psycho.* Personne atteinte d'un délire de persécution*.

PERSÉCUTER [pɛʀsekyte]. *v. tr.* (fin Xᵉ, relig.; du lat. *persequi*, d'apr. les dér. *persecuteur, persecution*). ♦ 1° Tourmenter sans relâche par des traitements injustes et cruels. V. **Martyriser, opprimer, tourmenter.** « *Cet édit qui ordonnait de persécuter les chrétiens plus violemment que jamais* » (BOSS.). « *En France, on laisse en repos ceux qui mettent le feu, et on persécute ceux qui sonnent le tocsin* » (CHAMFORT). ◇ *Par ext.* Attaquer (une œuvre). « *Voici une comédie qui a été longtemps persécutée* » (MOL.). ♦ 2° (1611). Poursuivre en importunant. V. **Harceler, importuner, molester, presser, tyranniser.** *Ses créanciers le persécutent. Journalistes qui persécutent une vedette.* « *Vous, à qui je n'ai jamais rien fait, voilà maintenant que vous venez me persécuter avec M. Letondu!* » (COURTELINE). ◇ ANT. *Favoriser, protéger.*

PERSÉCUTEUR, TRICE [pɛʀsekytœʀ, tʀis]. *n.* et *adj.* (XIVᵉ, relig.; *persecutur*, 1190; lat. ecclés. *persecutor* « persécuteur des chrétiens », de *persequi*). ♦ 1° Personne qui persécute. *Un persécuteur cruel. Il s'est vengé de ses persécuteurs.* ◇ *Adj.* (XVIIᵉ) « *Arrivés au pouvoir en 1820, ils se retournèrent contre la liberté de la presse : de persécutés, ils devinrent persécuteurs* » (CHATEAUB.). ♦ 2° *Psychopathol. Persécuté persécuteur*, persécuté qui cherche à se faire justice en persécutant ses ennemis (réels ou imaginaires).

PERSÉCUTION [pɛʀsekysjɔ̃]. *n. f.* (1155; lat. ecclés. *persecutio*, appliqué aux chrétiens). ♦ 1° *Une, des persécutions.* Traitement injuste et cruel infligé avec acharnement. *Chrétiens victimes des persécutions* : martyrs. *Persécutions subies par les Juifs.* ◇ (1680) *Mauvais traitement dont on est la victime. Il se plaint, il se croit victime de persécutions.* ♦ 2° *Loc.* (1852). *Manie, folie de persécution, délire de persécution*, délire systématisé de celui qui se croit persécuté. « *Rousseau se crut visé, prit feu et flamme, alluma là son délire de la persécution* » (THIBAUDET). ◇ ANT. *Protection.*

PERSÉIDES [pɛʀseid]. *n. f. pl.* (1875; de *Persée*, nom d'une constellation, et *-ide). Astron.* Étoiles filantes qui semblent venir de la constellation de Persée.

PERSEL [pɛʀsɛl]. *n. m.* (1922; de *per-*, et *sel). Chim.* Sel dérivant d'un peracide. *Les percarbonates, les perphosphates sont des persels.*

PERSÉVÉRANCE [pɛʀseveʀɑ̃s]. *n. f.* (1160, « continuité d'un état de choses »; lat. *perseverantia). Mod. (Personnes).* Action de persévérer, qualité, conduite de celui qui persévère. V. **Continuité, courage, énergie, entêtement, fermeté, insistance, obstination, opiniâtreté, patience, ténacité, volonté.** *Il faut de la persévérance pour réussir. Travailler avec persévérance. Persévérance dans la lutte.* « *Il en conçut le légitime orgueil d'un monsieur qui a su, par sa persévérance, atteindre le but qu'il a laborieusement visé* » (COURTELINE). ◇ *Catéchisme de persévérance*, dont les enfants catholiques suivent l'enseignement, après leur communion solennelle. ◇ ANT. *Abandon, abjuration, caprice, changement, désistement, inconstance, versatilité.*

PERSÉVÉRANT, ANTE [pɛʀseveʀɑ̃, ɑ̃t]. *adj. (Parsevrant* « qui persiste, dure », 1180; de *persévérer).* Qui persévère; qui a de la persévérance. *Un homme persévérant.* V. **Constant, entêté, fidèle, obstiné, opiniâtre, patient.** « *L'art infatigable du plus habile et du plus persévérant ouvrier* » (FAGUET). *Soyez persévérant, vos efforts seront récompensés.* ◇ ANT. *Capricieux, changeant, inconstant, versatile.*

PERSÉVÉRATION [pɛʀseveʀasjɔ̃]. *n. f.* (1932; de *persévérer). Méd.* Persistance d'un trouble entretenu consciemment ou inconsciemment par un malade, alors qu'il n'est pas motivé par une cause physiologique ou mécanique.

PERSÉVÉRER [pɛʀseveʀe]. *v. intr.;* conjug. *céder* (1265; tr., *perseverer*, 1120; lat. *perseverare*, rac. *severus* « sévère »). ♦ 1° *(Personnes).* Continuer de faire, d'être ce qu'on a résolu, par un acte de volonté renouvelé. V. **Insister, obstiner (s'), opiniâtrer (s'), persister, poursuivre.** *Persévérer dans l'effort.* V. **Acharner (s').** « *Il avait glissé, roulé, grimpé, cherché, marché, persévéré, voilà tout. Tout de tous les triomphes* » (HUGO). *Littér. Persévérer à* (et inf.). *Je persévère à croire que...* ♦ 2° *(Choses). Vx.* Continuer, durer. V. **Persister** (Cf. *Persévérance*, étym.). « *Prenez garde qu'au moins cette noble colère Dans la même fierté jusqu'au bout persévère* » (MOL.). ◇ ANT. *Abandonner, abjurer, cesser, changer, désespérer (se), désister (se), détromper (se), lasser, renoncer.*

PERSICAIRE [pɛʀsikɛʀ]. *n. f.* (XIIIᵉ; lat. médiév. *persicaria*, de *persicus* « pêcher »). Espèce de renouée dont certaines variétés, à fleurs roses, rouges ou blanches, sont cultivées comme plantes d'ornement.

PERSICOT [pɛʀsiko]. *n. m.* (*Persico*, 1692; du lat. *persicus*

« pêcher »). *Vx.* Liqueur faite avec de l'alcool, du sucre et des noyaux de pêches écrasés.

PERSIENNE [pɛʀsjɛn]. *n. f.* (1732; fém. de l'anc. adj. *persien* [XIVᵉ], de *Perse*, nom de pays). Châssis extérieur et mobile, muni d'un panneau à claire-voie, qui sert à protéger une fenêtre du soleil et de la pluie tout en permettant à l'air de passer. V. **Contrevent, jalousie, volet.** « *Sans ouvrir les persiennes, j'ai regardé de les fentes* » (CÉLINE). *Persiennes de fer,* composées de panneaux articulés.

PERSIFLAGE [pɛʀsiflaʒ]. *n. m.* (1735; de *persifler*). Action de persifler; propos ironique d'une personne qui persifle. V. **Ironie, moquerie, raillerie.** « *Le dédain ne s'exprime encore que par un spirituel persiflage* » (R. ROLLAND). *Des persiflages insolents.*

PERSIFLER [pɛʀsifle]. *v. tr.* (av. 1735; de *per-,* et *siffler*). Littér. Tourner (qqn) en ridicule en employant un ton de plaisanterie ironique. V. **Moquer (se), railler.** « *C'est de l'usage de tout dire sur le même ton qu'est venu celui de persifler les gens sans qu'ils le sentent* » (ROUSS.).

PERSIFLEUR, EUSE [pɛʀsiflœʀ, øz]. *n. et adj.* (1755; de *persifler*). Personne qui aime à persifler, qui a l'habitude de persifler. — *Adj.* (plus cour.) *Il est très persifleur.* V. **Moqueur.** « *Ce ton moitié persifleur dont ils s'étaient servis pour masquer...* (leur) *embarras* » (LOTI).

PERSIL [pɛʀsi]. *n. m.* (XIIIᵉ; *perresil,* XIIᵉ; lat. pop. °*petrosilium,* class. *petroselinum*). Plante potagère (*Ombelliféracées*) très aromatique, utilisée comme assaisonnement. *Bouquet de persil. Elle « hachait avec un couteau du persil... Elle m'apprit que le persil... servait d'assaisonnement aux viandes grillées* » (FRANCE).

PERSILLADE [pɛʀsijad]. *n. f.* (1690; de *persil*). Cuis. Sauce ou assaisonnement à base de persil haché, de fines herbes, d'ail, d'huile, de vinaigre. ◇ *Tranches de bœuf froid servies avec cet assaisonnement.*

PERSILLÉ, ÉE [pɛʀsije]. *adj.* (1694; de *persil*). ♦ 1º Fromage persillé, dont la pâte est parsemée de petits points verdâtres. ◇ *Viande persillée,* parsemée d'infiltrations de graisse. *Une entrecôte persillée.* ♦ 2º (XXᵉ). Accompagné de persil haché. « *Persillées, salées, poivrées, les plus délicieuses carottes râpées* » (SARRAUTE).

PERSILLÈRE [pɛʀsijɛʀ]. *n. f.* (1868; de *persil*). Récipient, pot percé de trous, dans lequel on fait pousser du persil en toutes saisons.

PERSISTANCE [pɛʀsistɑ̃s]. *n. f.* (1495; *persistence,* 1460; de *persister*). ♦ 1º Action de persister. *La persistance des images rétiniennes.* V. **Constance, fermeté.** *Affirmer qqch. avec persistance.* V. **Entêtement, obstination, opiniâtreté.** *Persistance dans l'erreur, dans une attitude. Persistance à qqch., à faire qqch.* ♦ 2º Caractère de ce qui est durable, de ce qui persiste; le fait de persister. V. **Continuité, durée.** *La persistance du mauvais temps. Persistance d'un courant de pensée à travers les âges.* ⊗ ANT. *Abandon, cessation, changement.*

PERSISTANT, ANTE [pɛʀsistɑ̃, ɑ̃t]. *adj.* (1321; de *persister*). Qui persiste, qui se maintient sans faiblir ou qui dure malgré les obstacles. V. **Constant, continu, durable, fixe.** *Fièvre, fatigue persistante. Une odeur persistante.* V. **Tenace.** — *Neige persistante :* qui ne fond jamais. V. **Éternel.** — *Spécialt. Feuilles persistantes* (*opposé à* caduques). « *Des arbres à feuillages persistants, cèdres, pins, mélèzes, thuyas, buis, houx, chênes verts...* » (GAUTIER).

PERSISTER [pɛʀsiste]. *v. intr.* (1321; lat. *persistere*). ♦ 1º Demeurer inébranlable dans ses résolutions, ses sentiments, ses opinions. V. **Obstiner (s'), persévérer.** *Je persiste dans mon opinion.* « *Si vous persistez dans votre refus,... je vais vous faire voir jusques où peut aller la résolution d'une personne qu'on met au désespoir* » (MOL.). *Persister à... « Je persiste à croire que la présence de quelques troupes françaises en Italie produisait un grand effet sur l'opinion* » (CHATEAUB.). ◇ Absolt. « *Tout le monde me condamna, et je persistai* » (VOLT.). ♦ 2º *Choses* (1829; *parsister,* v. 1500). Durer, rester malgré tout. V. **Continuer, subsister.** *Sa douleur persiste malgré tous les soins.* « *Les instincts nationaux persistent sous l'empire de la mode étrangère* » (TAINE). ◇ Impers. « *Il persiste chez lui un restant de professeur faisant sa classe* » (GONCOURT). V. **Rester.** ⊗ ANT. *Faiblir, flancher, renoncer. Cesser, évanouir (s').*

PERSONA GRATA [pɛʀsɔnagʀata]. (1890; mots lat. « personne bienvenue »). *Diplom.* Qualité du représentant d'un État lorsqu'il est agréé par un autre État. — Par anal. « *Williams était persona* (sic) *grata à Washington. Les pétroliers de là-bas avaient grande confiance en lui* » (ARAGON). ◇ On emploie, dans le sens opposé, PERSONA NON GRATA [pɛʀsɔnanɔ̃gʀata]. *Ce diplomate a été déclaré persona non grata.*

PERSONNAGE [pɛʀsɔnaʒ]. *n. m.* (1250, « dignitaire ecclésiastique »; de *personne*). ♦ 1º (v. 1470). Personne qui joue un rôle social important et en vue. V. **Dignitaire, notable, notabilité, personnalité;** fam. **Bonnet (gros), bonze, huile, légume, manitou, ponte.** *Personnage haut placé, influent.*

« *Avant la Révolution, quand un grand personnage traversait une ville de Bourgogne ou de Champagne, le corps de ville venait le haranguer* » (HUGO). *Personnage connu.* V. **Célébrité, figure.** *Personnage historique.* — « *Se croire un personnage est fort commun en France* » (LA FONT.). Cf. *Se croire qqn.* ♦ 2º (1403). Chacune des personnes qui figure dans une œuvre théâtrale et qui doit être incarné par un acteur, une actrice. V. **Rôle.** *Personnage principal.* V. **Héros, protagoniste.** *L'arlequin, le paillasse, personnages de la comédie italienne. Les personnages de Molière.* — Fam. *Se mettre, entrer dans la peau de son personnage :* l'incarner avec conviction, vérité. *Le personnage d'Hamlet. Six personnages en quête d'auteur,* pièce de Pirandello. ◇ Par anal. *Personnages d'un poème, d'un roman, de roman.* « *Voulez-vous que vos personnages vivent? Faites qu'ils soient libres* » (SARTRE). — *Personnage historique, réel, de légende.* ♦ 3º Personne, considérée quant à son comportement. « *Le Personnage est l'homme que les autres imaginent que nous sommes, ou avons été. Il peut être multiple* » (MAUROIS). *Inquiétant personnage.* V. **Individu.** *Un drôle de personnage.* ♦ 4º Rôle que l'on joue dans la vie. *Soutenir son personnage difficile.* « *Il était alors de ces gens qui semblent moins vivre leur vie que jouer leur propre personnage* » (DUHAM.). ♦ 5º (1422). Être humain représenté dans une œuvre d'art. *Principal personnage d'un tableau. Personnage allégorique :* allégorie. *Fresque, tapisserie à personnages.*

PERSONNALISATION [pɛʀsɔnalizasjɔ̃]. *n. f.* (1845; de *personnaliser*). Didact. ou Comm. Action de personnaliser (2º). ◇ Philo. *Personnalisation des valeurs.* ⊗ ANT. *Dépersonnalisation.*

PERSONNALISER [pɛʀsɔnalize]. *v. tr.* (1704; du lat. *personalis*). ♦ 1º *Vx.* Personnifier (une abstraction). ♦ 2º (XXᵉ). Rendre personnel. *Personnaliser l'impôt.* Comm. (mil. XXᵉ). *Personnaliser une voiture, un appartement,* donner une note personnelle (à un objet de série). « *La grande idée d'Hubert, c'est l'assurance personnalisée* » (DANINOS). ♦ 3º Dr. Donner la qualité de personne morale à. *Association personnalisée.*

PERSONNALISME [pɛʀsɔnalism(ə)]. *n. m.* (1903; en angl., 1865; « égoïsme », 1737; de *personne*). Philo. Systèmes pour lesquels la personne est la valeur suprême. *Le personnalisme de Renouvier, d'E. Mounier* (*opposé à* individualisme).

PERSONNALISTE [pɛʀsɔnalist(ə)]. *adj. et n.* (XXᵉ, « relatif à la doctrine de ceux qui admettent un Dieu personnel », 1887). Relatif au personnalisme. « *Révolution personnaliste et communautaire* », d'E. Mounier. — Subst. *Les personnalistes chrétiens.*

PERSONNALITÉ [pɛʀsɔnalite]. *n. f.* (*Personalité,* 1495; lat. *personalitas,* de *personalis* « personnel »).

I. ♦ 1º Ce qui fait l'individualité d'une personne morale. V. **Être, moi.** — *Psycho.* Fonction par laquelle un individu conscient se saisit comme un *moi,* comme un sujet unique et permanent. « *Notre mémoire, en retenant le fil de notre personnalité identique...* » (PROUST). *Maladies, troubles de la personnalité, dédoublement de la personnalité. Test de personnalité* (ou *projectif*). ◇ Sociol. *Personnalité de base :* « configuration psychologique propre aux membres d'une société donnée qui se manifeste par un certain style de vie » (M. DUFRENNE). ♦ 2º Apparence d'une personne (V. **Personnage**); aspect sous lequel une personne se considère. « *Notre personnalité sociale est une création de la pensée des autres* » (PROUST). — Ce qui différencie une personne de toutes les autres. *Affirmer, développer sa personnalité. Avoir une puissante personnalité* (Cf. *ci-dessous,* II, 2º : *être une personnalité*). ◇ *Culte de la personnalité* (adaptation du russe), système de politique privilégiant l'image du chef. ◇ Absolt. V. **Caractère, originalité.** *Un être banal, sans personnalité.* « *Le peuple arabe a gardé sa personnalité qui n'est pas réductible à la nôtre* » (CAMUS). ♦ 3º Dr. *Personnalité juridique :* aptitude à être sujet de droit. V. **Personne.** *Personnalité civile, morale, juridique d'un groupement, d'un établissement, d'une association* (qui constitue une personne morale). ♦ 4º (1697). Vieilli. Allusion blessante contre qqn. « *Ma franchise n'est point satirique; toutes personnalités odieuses sont bannies de ma bouche et de mes écrits* » (ROUSS.). ♦ 5º Caractère de ce qui s'applique aux personnes, de ce qui est personnel. *Personnalité de l'impôt.* ⊗ ANT. *Impersonnalité.*

II. (1867). ♦ 1º Rare. Personne morale considérée comme réalisant plus ou moins les qualités supérieures par lesquelles la personne se distingue du simple individu biologique » (LALANDE). *Une remarquable personnalité.* V. **Caractère, individualité, nature.** ♦ 2º Cour. (XXᵉ). Personne en vue, remarquable par sa situation sociale, son activité. V. **Notabilité, personnage.** *La foule se presse sur le passage des personnalités.* « *Joseph parle comme les journaux. Il appelle les personnes des personnalités* » (DUHAM.).

1. PERSONNE [pɛʀsɔn]. *n. f.* (1180; lat. *persona* « personnage, personne », mot d'o. étrusque « masque de théâtre »). ♦ 1º Individu de l'espèce humaine. V. **Être, homme, individu, mortel** (*opposé à* chose). *Relatif à une* *personne.* V. **Individuel, personnel.** *Le gouvernement des personnes et l'administration des choses. Une personne.* V. **Quelqu'un; on.** *Des personnes.* V. **Gens.** *Distribuer une part, une portion par personne.* V. **Tête.** *Passer par une tierce personne, par une personne interposée*. Sans acception* de personne.* — Être humain (lorsqu'on ne peut ou ne veut préciser l'âge, le sexe — V. **Homme, femme** —, l'apparence — V. **Monsieur, dame** —, etc.). *Une personne de connaissance.* V. **Visage.** *Une personne très convenable. Une brave personne. Une personne âgée.* « *C'était une personne — nous n'osons dire une femme — calme, austère* » (HUGO). « *Ce n'était pas une personne à demeurer en repos* » (JALOUX). ◇ *Spécialt.* GRANDE PERSONNE : adulte. « *Toutes les grandes personnes ont d'abord été des enfants* » (ST-EXUP.). ◇ *Spécialt.* (XVIIe) *Femme ou jeune fille.* « *Une de ces jolies personnes qui vont trottant menu,... et tortillant un peu des hanches* » (BEAUMARCH.). ♦ 2° *La personne de qqn* : la personnalité, le moi. *Faire grand cas de sa personne, de sa petite personne. Payer* de sa personne.* — *La personne et l'œuvre* (d'un écrivain, d'un artiste). ◇ (XIIe) *Le corps, l'apparence extérieure.* « *Ne trouves-tu pas qu'il est bien fait de sa personne?* » (MOL.); plus cour. *Il est bien de sa personne.* « *Comment ne savez-vous donc plus que je me suis si bien incarné à votre cœur que mon âme est ici quand ma personne est à Paris?* » (BALZ.). — *Exposer sa personne,* sa vie. *La personne d'un souverain.* ◇ (1464) EN PERSONNE : soi-même, lui-même (Cf. En chair* et en os). — *Fig.* Incarné. « *Il est impassible, il se moque de tout, c'est vraiment le calme en personne* » (HENRIOT). ♦ 3° *Philo., Psycho.* Individu. V. **Âme, moi, sujet;** et *aussi* **Personnalité.** « *Dans le langage psychologique, on entend généralement par personne l'individu qui a une conscience claire de lui-même et agit en conséquence* » (RIBOT). *Le respect dû à la personne humaine.* ◇ *Théol. chrét. Les trois personnes de la Trinité.* V. **Hypostase.** *Personne divine.* ♦ 4° *Dr.* « *Être auquel est reconnue la capacité d'être sujet de droit* » (CAPITANT). « *L'esclave... n'est pas une personne dans l'État; aucun bien, aucun droit ne peut s'attacher à lui* » (BOSS.). — (Au point de vue physique) *Identité, signalement d'une personne.* — *Personnes à la charge,* à charge, dont la subsistance et l'entretien sont assurés par qqn. *Personne interposée. Erreur sur la personne. La personne, sujet de droits civiques, politiques.* V. **Citoyen.** ◇ PERSONNE MORALE : groupement ou établissement titulaire d'un patrimoine collectif et d'une certaine capacité juridique, mais n'ayant pas d'existence corporelle (*opposé à* personne physique : individu). *Personnes morales de droit public* ou *privé.* ♦ 5° *Gram.* (h. XIIIe; *persone,* XVe). « *Indication du rôle que tient celui qui est en cause dans l'énoncé, suivant qu'il parle en son nom* (première personne), *qu'on s'adresse à lui* (deuxième personne) *ou qu'on parle de lui* (troisième personne) » (MAROUZEAU). *Première* (V. **Je, nous**), *deuxième* (V. **Tu, vous**), *troisième* (V. **Il, elle**) *personne d'un verbe. Roman écrit à la première, à la troisième personne.* — Par anal. *Psychologie à la première personne* (subjective), *à la troisième personne* (objective). « *Toute métaphysique est à la première personne du singulier. Toute poésie aussi* » (ARAGON).

2. PERSONNE [pɛʀsɔn]. *pron.* (nominal) *indéf.* (*Persone,* 1226; du précéd.). ♦ 1° Quelqu'un, un être humain (dans une subordonnée). « *Ne vous figurez pas que vous choquerez personne* » (ROMAINS). « *Mourir? Il n'est pas question que personne meure* » (J.-R. BLOCH). *Il sortit sans que personne s'en aperçût.* — (En phrase comparative) *Vous le savez mieux que personne.* V. **Quiconque.** *Comme personne* : aussi bien que n'importe qui. ♦ 2° (v. 1288). Avec *Ne.* Aucun être humain. Personne ne le sait. V. **Aucun, nul.** « *D'où vient que personne en la vie N'est satisfait de son état?* » (LA FONT.). *Rien ni personne ne m'en empêchera.* — *Il n'y avait personne* (Cf. Pas un chat), *presque personne* (Cf. Trois pelés* et un tondu). « *Jacques, ne craignez personne, puisque vous n'êtes comparable à personne* » (FRANCE). — Fam. *Toujours prêt à s'amuser; mais quand il s'agit de travailler, il n'y a plus personne !* — (Sans *ne*) *Avoir de l'esprit comme personne.* « *— Qui vient? qui m'appelle? — Personne* » (MUSS.). ◇ *Personne* (suivi d'un adj. ou participe au masc.). « *Personne d'autre que Frantz n'avait vu la jeune fille* » (ALAIN-FOURNIER). « *Vous n'avez personne de sérieux à me recommander?* » (ROMAINS). *Littér.* (Sans *de*) « *Personne autre que moi-même...* » (P. LOUŸS). V. **Nul.** ◇ ANT. *Quelqu'un; monde* (tout le).

PERSONNEL, ELLE [pɛʀsɔnɛl]. *adj.* et *n. m.* (*Personel,* 1190, gram.; XIIIe, dr.; bas lat. *personalis*).
I. *Adj.* ♦ 1° (1455). Qui concerne une personne, lui appartient en propre. V. **Individuel, particulier.** « *Refuser de servir, ... c'est faire passer son intérêt personnel avant l'intérêt général* » (MART. du G.). *Fortune personnelle. Objets personnels. Souvenirs personnels.* V. **Intime.** « *C'est une affaire strictement personnelle* » (SARTRE). *Avoir des idées personnelles* : bien à soi. *Se faire une opinion personnelle.* « *La littérature, où rien ne vaut que ce qui est personnel* » (GIDE). ◇ Qui s'adresse personnellement à qqn. *Lettre personnelle.*

Allusion, attaque personnelle (V. **Personnalité,** I, 4°). ♦ 2° (XVIIIe). *Vx.* Qui s'occupe de sa propre personne. V. **Égoïste.** ◇ *Mod. Joueur trop personnel* : qui manque d'esprit d'équipe. ♦ 3° Qui concerne les personnes, la personne en général. *La pensée est personnelle. Morale personnelle et universelle.* — *Libertés personnelles* (ou individuelles). *Dr. Droit personnel* (opposé à *réel*). *Impôt personnel,* qui tient compte de l'ensemble des ressources et des charges du contribuable (*opposé à* impôt réel). *Taxe, contribution personnelle.* ♦ 4° *Relig.* Qui constitue une personne. *Dieu personnel. Union personnelle.* V. **Hypostatique.** ♦ 5° *Gram.* Se dit des formes du verbe, lorsqu'elles caractérisent une personne réelle (*opposé à* impersonnel). *Il chante est personnel* et *il neige, impersonnel.* ◇ Qui prend l'indication de la personne grammaticale. *Modes personnels* (indicatif, subjonctif) *et impersonnels* (infinitif). ◇ Qui désigne un être en marquant la personne grammaticale. *Pronom personnel,* et subst. *Un personnel.*
II. *N. m.* (1834, *le personnel et le matériel d'une armée;* Cf. Matériel, II, 2°). Ensemble des personnes employées dans une maison, une entreprise, un service, et *par ext.* une catégorie d'activités. *Personnel d'un hôtel.* V. **Domesticité.** *Personnel d'un atelier, d'une usine.* V. **Main-d'œuvre.** *Réduction du personnel* (V. **Licencier**). *Délégués du personnel. Bureau du personnel.* ◇ *Par ext.* L'ensemble des personnes qui exercent la même profession. « *Le personnel littéraire se recrute en gros dans le même milieu que le personnel politique* » (SARTRE).
◇ ANT. (du I) *Impersonnel. Collectif, commun, général.* — (du II) *Matériel.*

PERSONNELLEMENT [pɛʀsɔnɛlmɑ̃]. *adv.* (1333; *personnament,* 1250; de *personnel*). ♦ 1° En personne, soi-même. *Je vais m'en occuper personnellement.* ♦ 2° D'une manière personnelle, en tant que personne. *Le seigneur et le vassal étaient liés personnellement.* ♦ 3° Pour sa part (à soi), quant à soi. « *Personnellement, je me serais abstenu de vous proposer une corvée...* » (DUHAM.).

PERSONNIFICATION [pɛʀsɔnifikasjɔ̃]. *n. f.* (XVIIIe; de *personnifier*). ♦ 1° Action de personnifier, de représenter, sous les traits d'une personne. *La personnification des péchés capitaux dans la sculpture romane.* ♦ 2° Une personnification : le personnage qui personnifie, évoque une chose abstraite ou inanimée. « *La Maharanie en son costume national, semble une attachante personnification de l'Inde* » (LOTI). V. **Allégorie, incarnation.** ♦ 3° (Personne réelle). *Néron fut la personnification de la cruauté.* V. **Incarnation, type.**

PERSONNIFIÉ, ÉE [pɛʀsɔnifje]. *adj.* (XVIIIe; V. **Personnifier**). ♦ 1° Représenté sous la forme d'un être humain. *Les vices et les vertus personnifiés.* ♦ 2° *C'est l'honnêteté personnifiée* : il personnifie (2°) l'honnêteté (Cf. En personne).

PERSONNIFIER [pɛʀsɔnifje]. *v. tr.* (1674; de *personne*). ♦ 1° Évoquer, représenter (une chose abstraite ou inanimée) sous les traits d'une personne. « *Dans son besoin de personnifier ses craintes, l'imagination populaire a pu créer le monstre initial et tout-puissant auquel elle a dressé des temples* » (HENRIOT). *Harpagon personnifie l'avarice.* ♦ 2° (1851). Réaliser dans sa personne (un caractère), d'une manière exemplaire. *Il personnifie l'honnêteté.* — Par ext. Personnifier un pays, une époque, une chose. V. **Incarner.** « *Dernier survivant de la grande Renaissance, il* (Michel-Ange) *la personnifiait, il était à lui seul un siècle de gloire* » (R. ROLLAND).

PERSPECTIF, IVE [pɛʀspɛktif, iv]. *adj.* (1545, peinture; « qui se propose qqch. », 1480; bas lat. *perspectivus*). *Didact.* Qui représente un objet ou un groupe d'objets en perspective. *Dessin, plan perspectif.*

PERSPECTIVE [pɛʀspɛktiv]. *n. f.* (1547; « réfraction », 1369; bas lat. *perspectiva* (*ars*), *perspectiva,* p. p. de *perspicere* « apercevoir »; Cf. it. *Prospettiva*). **Ⓐ** *Concret.* ♦ 1° Art de représenter les objets sur une surface plane, de telle sorte que leur représentation coïncide avec la perception visuelle qu'on peut en avoir, compte tenu de leur position dans l'espace par rapport à l'œil de l'observateur. — *Perspective cavalière* : perspective de convention (l'œil de l'observateur étant supposé situé à l'infini) permettant de montrer l'agencement des diverses parties de l'objet. — *Perspective aérienne* (peinture) : qui indique les éloignements au moyen de valeurs, de la dégradation des couleurs. ♦ 2° Aspect (surtout esthétique) que présente un ensemble architectural, un paysage vu d'une certaine distance. « *L'une des plus tristes perspectives qu'on puisse avoir devant les yeux : l'étroite cour d'une longue maison* » (MUSS.). — *Spécialt.* (du russe *prospekt*) *La Perspective Nevski à Léningrad* : nom d'une grande avenue. **Ⓑ** *Abstrait* (XVIIe). ♦ 1° Événement ou succession d'événements qui se présente comme probable ou possible. V. **Expectative; éventualité.** « *Rien que la perspective d'y passer une nuit me serre le cœur* » (LOTI). *À la perspective de...* ◇ Domaine qui s'ouvre à la pensée, à l'activité de qqn. V. **Horizon.** *Des perspectives d'avenir.* « *Vous avez ouvert dans ma vie des perspectives toutes nou-*

velles. Je vous dois de connaître l'amour » (GAUTIER). ◇ EN
PERSPECTIVE : dans l'avenir ; en projet, en vue. *Il a un bel
avenir en perspective.* ♦ 2° Aspect sous lequel une chose se
présente ; manière de considérer qqch. V. **Optique, point de
vue.** *Cette femme* « connue sous des perspectives différentes,
à la fois odieuse, innocente, fautive et noble » (CHARDONNE).
Dans une perspective marxiste.

PERSPECTIVISME [pɛʀspɛktivism(ə)]. *n. m.* (XXᵉ ;
all. *Perspektivismus*, Nietzsche ; Cf. le précéd.). *Philo.* Le fait
que toute connaissance est relative aux besoins vitaux de
l'être qui connaît, est « perspective ».

PERSPICACE [pɛʀspikas]. *adj.* (1495, rare av. 1788 ; lat.
perspicax). Doué d'un esprit pénétrant, subtil ; capable
d'apercevoir ce qui échappe à la plupart des gens. V. **Intelligent, sagace.** *C'est un observateur lucide et perspicace.* « *Il
est des rapports subtils et délicats qui ne peuvent être sentis,
saisis et dévoilés que par des esprits plus perspicaces* » (Cl. BER-
NARD). V. **Clairvoyant, lucide, pénétrant.**

PERSPICACITÉ [pɛʀspikasite]. *n. f.* (1444 ; bas lat.
perspicacitas). Qualité de celui qui est perspicace. V. **Finesse,
intelligence, lucidité, sagacité.** *Faire preuve de perspicacité*
(Cf. Avoir le nez fin*, voir loin*). *Manquer de perspicacité.*
◈ ANT. **Aveuglement.**

PERSPIRATION [pɛʀspiʀasjɔ̃]. *n. f.* (1539 ; lat. *perspi-
ratio*). *Physiol.* Ensemble des échanges respiratoires qui
se font par la peau. *La perspiration est importante chez certains animaux* (batraciens). *Perspiration insensible*, élimination de vapeur d'eau par l'expiration ou par évaporation
cutanée (sans sudation apparente). *Perspiration sensible*,
évaporation de la sueur éliminée par la peau. V. **Transpiration.** *Adj.* PERSPIRATOIRE [pɛʀspiʀatwaʀ].

PERSUADER [pɛʀsɥade]. *v. tr.* (1370 ; lat. *persuadere*).
I. ♦ 1° *Persuader qqn de qqch.* : amener (qqn) à croire,
à penser, à vouloir, à faire qqch., par une adhésion complète
(sentimentale autant qu'intellectuelle). V. **Convaincre.** « *On
peut convaincre les autres par ses propres raisons ; mais on
ne les persuade que par les leurs* » (JOUBERT). *Il m'a persuadé de la sincérité de ses intentions.* « *Il fallut palabrer un
grand moment pour les persuader de nous suivre* » (THARAUD).
V. **Décider, déterminer, entraîner.** « *Il a fini par persuader
beaucoup de gens qu'il était un homme impassible* » (HENRIOT).
— *Au p. p. J'en suis persuadé* (Cf. J'en mettrais ma main au
feu*. V. **Convaincu**). ◇ *Absolt.* « *Il parle avec un air de
vérité qui persuade* » (STENDHAL). ♦ 2° Vx ou littér. *Persuader qqch. à qqn* : faire admettre (qqch.) à qqn par la
persuasion. « *Toutes les sottises qu'un parleur insinuant
pourrait persuader au peuple de Paris* » (ROUSS.). V. **Insinuer,
suggérer.** — *Mod. Persuader à qqn de* (et inf.). « *Aucun argument ne pouvait lui persuader de manquer à cet engagement* »
(R. ROLLAND).
II. SE PERSUADER. *v. pron.* ♦ 1° *Réfl.* Se rendre
certain de. Littér. *Se persuader d'une chose.* — *Cour. Se
persuader que...* « *Le marquis d'Aiglemont finit par se persuader à lui-même qu'il était un des hommes les plus remarquables de la cour* » (BALZ.). REM. L'accord du participe est
facultatif : « *Elle s'est persuadé que la gloire de la femme
est de s'élever au-dessus des sens* » (FAGUET). « *Jacques était
en retard ; elle s'était persuadé qu'il lui était arrivé quelque
chose* » (MART. du G.). ♦ 2° *Vx* « *La religion se
persuade et ne se commande pas* » (FLÉCH.). ♦ 3° *(Récipr.)
Ils se sont persuadés l'un l'autre.*
◇ ANT. **Dissuader.**

PERSUASIF, IVE [pɛʀsɥazif, iv]. *adj.* (1376 ; lat. scolast.
persuasivus). Qui a le pouvoir de persuader. *Ton persuasif.*
V. **Éloquent.** « *Une éloquence douce et persuasive* » (STE-
BEUVE). ◇ (XVIIᵉ) « *Vous êtes si persuasif que vous me faites
trembler pour le newtonisme, si vous le combattez* » (VOLT.).
V. **Convaincant.** *Adv.* PERSUASIVEMENT [pɛʀsɥazivmã]. ◈
ANT. **Dissuasif.**

PERSUASION [pɛʀsɥazjɔ̃]. *n. f.* (1315 ; lat. *persuasio*).
♦ 1° Action de persuader. *Il vaut mieux agir par la persuasion
que par la force.* *Cet orateur a un grand pouvoir de persuasion.*
— (Sujet de chose) *Dans un livre, la beauté* « *agit par persuasion, comme le charme d'une voix..., elle ne contraint pas,
elle incline sans qu'on s'en doute* » (SARTRE). ♦ 2° (1549).
Le fait d'être persuadé. V. **Assurance, conviction, croyance.**
« *La persuasion où j'étais que le gouvernement de France se
ferait un honneur, sinon de me protéger, au moins de me laisser
tranquille* » (ROUSS.). ◇ ANT. **Dissuasion. Doute. Force.**

PERSULFATE [pɛʀsylfat]. *n. m.* (1920 ; de *per-*, et *sulfate*).
Chim. Persel obtenu par électrolyse d'un sulfate.

PERSULFURE [pɛʀsylfyʀ]. *n. m.* (1846 ; de *per-*, et *sulfure*). *Chim.* Sulfure renfermant une plus grande proportion
de soufre que les sulfures normaux (syn. *Polysulfure*).

PERSULFURÉ, ÉE [pɛʀsylfyʀe]. *adj.* (1846 ; de *persulfure*). *Chim.* À l'état persulfuré.

PERTE [pɛʀt(ə)]. *n. f.* (1050 ; lat. pop. *°perdita*, fém. du
p. p. de *perdere* « perdre »).
I. Ⓐ Le fait de perdre, de cesser d'avoir. ♦ 1° Le fait

de perdre une personne, d'en être séparé par l'éloignement
ou par la mort ; la privation, le vide qui en résulte. « *La
plus violente douleur... est la perte d'un enfant pour une mère,
et la perte de la mère pour un homme* » (MAUPASS.). « *Richardson n'est plus. Quelle perte pour les lettres et pour l'humanité !* » (DIDER.). — (Dans un faire-part) *La famille X a la
douleur de vous faire part de la perte cruelle qu'elle vient
d'éprouver.* V. **Malheur.** — *Plur.* Personnes tuées au cours
d'une opération ou d'une guerre. *Infliger des pertes sévères à
l'ennemi. Ce pays a éprouvé des pertes civiles et militaires très
élevées pendant la guerre* (V. **Hémorragie**, *fig.*). « *Nos militaires confondent sous le même vocable de 'pertes', à la fois
les morts et les blessés* » (LÉVI-STRAUSS). ◇ *Fam. Être mis
à la porte avec perte et fracas*. ♦ 2° Le fait d'être privé
d'une chose dont on avait la propriété ou la jouissance ;
le fait de subir un dommage. V. **Privation.** *Faire subir une
perte à qqn.* V. **Préjudice.** *La perte d'un bien, d'un avantage.
Perte de connaissance.* V. **Évanouissement, syncope.** *Perte d'un
droit.* V. **Déchéance** *(dr).* ◇ *Spécialt.* Le fait de perdre de
l'argent ; la somme perdue. *Essuyer une perte considérable*
(Cf. *Boire un bouillon** ; laisser des plumes*). *Des pertes
appréciables en argent.* V. **Dégât, dommage.** — *Comm.* Excédent des dépenses sur les recettes. V. **Déficit.** *Compte de
profits et pertes* (ou *de pertes et profits*), tableau donnant le
résultat d'une entreprise en fin d'exercice à partir du résultat
d'exploitation, des pertes et des profits hors exploitation.
Loc. cour. Passer une chose aux profits et pertes, la considérer comme perdue, en faire son deuil. — *Perte sèche*,
qui n'est compensée par aucun bénéfice. — *Vendre à perte*,
à un prix inférieur au prix d'achat ou de revient. ♦ 3° Le
fait d'égarer, de perdre qqch. *La perte d'un parapluie.* ♦
4° (1606). À PERTE DE VUE : si loin que la vue ne peut plus
distinguer les objets. « *Des allées de colonnes qui se croisent
et s'allongent à perte de vue* » (GAUTIER). — *Discourir, raisonner à perte de vue*, interminablement. ♦ 5° Le fait de
laisser échapper ce qu'on pourrait saisir ; ce qui est ainsi
perdu, gaspillé. V. **Gâchage, gaspillage.** « *Mauvaise journée
après une mauvaise nuit. Énervement, dépossession de moi-
même. Perte de forces et de temps* » (GIDE). — EN PURE
PERTE : inutilement, sans aucun profit. « *Le mot manqua
son effet. Dea et Gwynplaine n'écoutaient pas. Ursus était
profond en pure perte* » (HUGO). ♦ 6° Quantité (d'énergie,
chaleur) qui se dissipe inutilement. *Perte de lumière, de
chaleur.* V. **Déperdition.** *Perte de charge*, diminution de la
pression d'un fluide qui s'écoule. *Perte à la terre*, fuite à la
terre de courant électrique. *Perte de vitesse**. ♦ 7° *Plur.* (1669).
Pertes de sang ou *Pertes*, écoulement menstruel exagéré.
— *Pertes blanches* : leucorrhée. — *Pertes séminales*, émission
involontaire de sperme. V. **Pollution. Ⓑ** Le fait de perdre
(I, 9°), d'être vaincu. *La perte d'une bataille, d'un procès.*
« *Cette femme, ruinée par la perte de son procès* » (DIDER.).
II. Le fait de périr, de se perdre. *Dommage grave, ruine.
Courir à sa perte. Décider, jurer la perte de qqn.* — *Relig. La
perte de l'âme.* V. **Damnation.** *L'anarchie cause la perte des
États.* V. **Anéantissement, dépérissement, extinction, ruine.**
Des causes qui... mènent « *le genre humain à deux doigts de sa
perte* » (MONTESQ.). V. **Fin.**
III. *Géol. Perte d'un cours d'eau*, lieu où disparaît un
cours d'eau, qui réapparaît plus loin. *La perte du Rhône*,
près de Bellegarde.
◈ ANT. *Accroissement, avantage, bénéfice, conquête, conservation, excédent, gain, profit.*

PERTINEMMENT [pɛʀtinamã]. *adv.* (1499 ; *pertinement*,
1366 ; de *pertinent*). Littér. D'une manière pertinente ; raisonnablement, avec compétence. « *Il parle, ce me semble,
assez pertinemment* » (RAC.). — *Loc. cour. Savoir pertinemment qqch.*, en être informé exactement. *Je sais pertinemment
qu'il a menti.*

PERTINENCE [pɛʀtinãs]. *n. f.* (XVIᵉ ; « présomption »,
1320 ; de *pertinent*). ♦ 1° *Dr.* Caractère de ce qui est pertinent. ◇ *Littér.* Qualité de ce qui convient à l'objet dont
il s'agit, de ce qui est conforme à la raison, au bon sens. V.
À-propos, bien-fondé, convenance. « *La plus française des
vertus, la Pertinence* » (SARTRE). ♦ 2° *Didact.* Caractère
d'un élément pertinent.

PERTINENT, ENTE [pɛʀtinã, ãt]. *adj.* (1300, « qui a
rapport à » ; lat. *pertinens*, p. prés. de *pertinere* « concerner » ;
Cf. *Impertinent*). ♦ 1° *Dr.* Qui a rapport à la question, qui
se rapporte au fond même de la cause. ♦ 2° *Cour.* Qui
convient exactement à l'objet dont il s'agit (V. **Approprié**).
Une réflexion, une remarque pertinente. — *Par ext.* Qui
dénote du bon sens, de la compétence. V. **Judicieux.** *Une
analyse, une étude pertinente.* ♦ 3° *Didact. (Ling.).* Qui est
propre à rendre compte de la structure d'un élément, ou de
l'ensemble comprenant cet élément, selon sa fonction. *Oppositions pertinentes* (permettant de dégager des éléments
fonctionnels). — *Élément pertinent. Trait* (II, 3°) *pertinent.*

PERTUIS [pɛʀtɥi]. *n. m.* (1150 ; de l'a. v. *pertuiser*, autre
forme de *percer*). ♦ 1° *Vx ou dial.* V. **Ouverture, trou.** ♦

2º Mod. *Techn.* Ouverture qui permet de retenir l'eau d'une écluse ou de la laisser passer. ◊ *Géogr.* Étranglement d'un fleuve. *Les pertuis de la Seine.* — Détroit entre deux îles, entre une île et la terre. *Le pertuis d'Antioche, entre l'île de Ré et l'île d'Oléron.*

PERTUISANE [pɛʀtɥizan]. *n. f.* (1564; *partisane*, XVᵉ; de l'it. *partigiana*, d'apr. *pertuis*). *Archéol.* Ancienne arme (XVᵉ-XVIIᵉ s.) munie d'un long fer triangulaire, souvent garni à sa base de deux orillons symétriques. V. **Hallebarde, lance.**

PERTUISANIER [pɛʀtɥizanje]. *n. m.* (1680; de *pertuisane*). *Hist.* Soldat armé de la pertuisane. « *Des pertuisaniers d'Angleterre et des hallebardiers d'Écosse* » (HUGO).

PERTURBATEUR, TRICE [pɛʀtyʀbatœʀ, tʀis]. *n.* et *adj.* (1418 [fém. 1618]; *perturbeor*, 1283; bas lat. *perturbator, -trix*). Qui trouble, met en désordre. *Les perturbateurs de la société.* — Spécialt. *Faire expulser les perturbateurs au cours d'une réunion publique.* ◊ Adj. *Éléments perturbateurs. Causes perturbatrices.*

PERTURBATION [pɛʀtyʀbasjɔ̃]. *n. f.* (1295, « trouble, angoisse »; lat. *perturbatio*). ♦ 1º Irrégularité dans le fonctionnement d'un système. V. **Dérangement, dérèglement, déséquilibre, trouble.** ◊ *Astron. Perturbations* d'une planète, déviations par rapport à l'orbite qu'elle suivrait si elle était soumise à la seule action du Soleil. — *Météo.* (1860) *Perturbation atmosphérique,* mouvement violent de l'atmosphère (Cf. **Cyclone**). Absolt. *Une perturbation venant du sud-ouest.* ◊ *Phys.* Bruit*, parasite* affectant aléatoirement la régularité d'un signal. ♦ 2º Bouleversement (dans la vie sociale). *Perturbations politiques, sociales.* V. **Bouleversement, crise.** *Apporter, mettre de la perturbation dans un service, dans une réunion.* « *Le 2 décembre fut… la plus grande perturbation peut-être qu'il y eut dans l'histoire du dix-neuvième siècle français* » (PÉGUY). ◊ (Dans la vie individuelle) « *Les perturbations et les soucis qu'entraîne l'amour* » (MONTHERLANT). ◊ ANT. **Calme.**

PERTURBER [pɛʀtyʀbe]. *v. tr.* (1130; rare av. XIXᵉ, sauf au p. p.; lat. *perturbare*). Empêcher de fonctionner normalement. V. **Déranger.** *Planète qui perturbe le mouvement d'une autre planète. Grève qui perturbe les services publics, les transports.* — Au p. p. « *Tous ces services, perturbés pendant l'épidémie* » (CAMUS). — « *Laissez-le! laissez-le! vous lui perturbez le moral avec votre mysticisme!* » (FLAUB.). — Au p. p. Fam. *Il avait l'air tout perturbé :* troublé.

PÉRUVIEN, IENNE [peʀyvjɛ̃, jɛn]. *adj.* et *n.* (1776; de *Pérou,* nom de pays). Du Pérou. *Les anciens Péruviens* (Cf. *Inca*).

PERVENCHE [pɛʀvɑ̃ʃ]. *n. f.* (XIIIᵉ; lat. *pervinca*). 1º Plante *(Apocynacées)* à fleurs d'un bleu mauve, qui croît dans les lieux ombragés, les sous-bois. « *Les pervenches si chères à Rousseau, ouvrant leurs corolles bleues* » (NERVAL). ♦ 2º Couleur d'un bleu clair tirant sur le mauve. *Des yeux de pervenche.* ◊ Adj. *Des yeux pervenche.* « *Elle portait une robe bleue, bleu pervenche* » (DORGELÈS).

PERVERS, ERSE [pɛʀvɛʀ, ɛʀs(ə)]. *adj.* et *n.* (*Purvers,* 1120; lat. *perversus,* p. p. de *pervertere.* V. **Pervertir**). ♦ 1º Littér. Qui est enclin au mal, se plaît à faire le mal ou à l'encourager. V. **Corrompu, dépravé, méchant, vicieux.** *Âme perverse.* « *Un petit nombre d'hommes, qu'une nature perverse que rien ne peut corriger entraîne au vice* » (DIDER.). ◊ Par ext. Dit ou fait par perversité*. *Une machination perverse.* V. **Diabolique.** *Conseils pervers.* ♦ 2º (XXᵉ). Qui témoigne de perversité ou de perversion. *Goûts pervers, tendances perverses.* — *Il est un peu pervers.* ♦ 3º N. Pathol. Sujet caractérisé par une perversion des instincts élémentaires, et qui accomplit systématiquement des actes immoraux, antisociaux. ◊ ANT. *Bon, vertueux. Normal.*

PERVERSEMENT [pɛʀvɛʀsəmɑ̃]. *adv.* (fin XIIIᵉ; « à contresens », 1200; de *pervers*). Littér. Avec perversité.

PERVERSION [pɛʀvɛʀsjɔ̃]. *n. f.* (1444; lat. *perversio*). ♦ 1º Littér. Action de pervertir; changement en mal. V. **Dépravation.** *Perversion des mœurs, des coutumes.* V. **Corruption, dérèglement.** ♦ 2º Psycho., Méd. Déviation des tendances, des instincts, due à des troubles psychiques. *Perversions du goût* (V. *Pica*). ◊ Spécialt. et cour. *Perversions sexuelles,* bestialité, exhibitionnisme, fétichisme, masochisme, nécrophilie, sadisme, etc. ◊ ANT. *Amélioration, correction.*

PERVERSITÉ [pɛʀvɛʀsite]. *n. f.* (1190; lat. *perversitas*). ♦ 1º Goût pour le mal, recherche du mal. V. **Malignité, méchanceté.** *Perversité des mœurs.* V. **Corruption, dépravation.** « *La perversité naturelle, qui fait que l'homme est sans cesse et à la fois homicide et suicide, assassin et bourreau* » (BAUDEL.). — Spécialt. Caractère d'une personne qui cherche à nuire. « *Perversité de femme! pensa Julien. Quel plaisir, quel instinct les porte à nous tromper* » (STENDHAL). V. **Perfidie.** ♦ 2º Psycho. Tendance pathologique à accomplir des actes immoraux, agressifs; malveillance systématique. *Abusiv.* Perversion (2º). ◊ ANT. *Bonté, vertu. Bienveillance.*

PERVERTIR [pɛʀvɛʀtiʀ]. *v. tr.* (*Purvertir,* 1115; lat. *per-*

vertere « renverser, retourner », de *per,* et *vertere* « tourner »). ♦ 1º Faire changer en mal, rendre mauvais. V. **Corrompre.** *Pervertir qqn.* V. **Débaucher, dépraver, dévoyer.** *Livre, théorie qui pervertit la jeunesse.* V. **Empoisonner.** — Au p. p. « *Le paysan perverti* », de Restif. — Subst. *Un perverti.* ♦ 2º Modifier en dérangeant ou en détournant (de sa fin, de son sens). V. **Altérer, dénaturer.** « *Le sentiment religieux chez les peuples jeunes est souvent perverti par des superstitions ridicules ou barbares* » (MÉRIMÉE). — Pronom. SE PERVERTIR. V. **Dégénérer.** ◊ ANT. *Améliorer, amender, convertir, corriger, édifier, élever, épurer.*

PERVERTISSEMENT [pɛʀvɛʀtismɑ̃]. *n. m.* (1453; de *pervertir*). Littér. Perversion. *Le pervertissement de la jeunesse au lendemain d'une guerre.* ◊ ANT. *Amélioration, correction.*

PERVERTISSEUR, EUSE [pɛʀvɛʀtisœʀ, øz]. *n.* et *adj.* (1534; de *pervertir*). Rare. Personne qui pervertit (1º).

PERVIBRAGE [pɛʀvibʀaʒ]. *n. m.* (1922; de *per-,* et *vibrage*). *Tr. pub.* Action de vibrer le béton en pleine masse. V. **Vibrage.**

PERVIBRER [pɛʀvibʀe]. *v. tr.* (XXᵉ; de *per-,* et *vibrer*). *Tr. pub.* Vibrer le béton en pleine masse. V. **Vibrer** 3º.

PESADE [pəzad]. *n. f.* (1611; *posade,* 1579; it. *posata* « action de se poser »). *Équit.* Parade du cheval qui se dresse sur les pieds de derrière.

PESAGE [pəzaʒ]. *n. m.* (1236, « droit payé par les marchandises pesées »; de *peser*). ♦ 1º Détermination, mesure des poids. V. **Pesée.** *Appareils de pesage.* V. **Bascule; balance.** ♦ 2º (1854). *Turf.* Action de peser les jockeys avant une course. ◊ Par ext. Endroit où s'effectue le pesage. Enceinte autour de cet endroit. « *Quand il sera riche, il fréquentera peut-être le pesage* » (ROMAINS).

PESAMMENT [pəzamɑ̃]. *adv.* (XIIIᵉ; de *pesant*). ♦ 1º Avec un grand poids. V. **Lourdement.** *Être pesamment chargé. Tomber, retomber pesamment. Il* « *fit un effort pour se dresser debout et, pesamment, retomba* » (BERNANOS). ♦ 2º D'une manière lourde, lente, pénible. *Marcher pesamment. Danser pesamment,* sans grâce. « *On se remet en marche… très pesamment, très lentement* » (BARBUSSE). ◊ ANT. *Légèrement. Agilement, vivement.*

PESANT, ANTE [pəzɑ̃, ɑ̃t]. *adj.* (1080; V. **Peser**). ♦ 1º Qui pèse lourd. *Un fardeau pesant.* « *Un paysan registre est ouvert sur ses genoux* » (DUHAM.). ◊ Sc. Qui est soumis à la pesanteur. *Les corps pesants.* ◊ Substant. Loc. *Valoir son pesant d'or** [par plaisant., *son pesant de cacahuètes, de moutarde…*] (V. **Poids**). ♦ 2º Fig. (1080). Pénible à supporter. V. **Lourd** *(fig.).* « *La garde de deux filles est une charge un peu trop pesante pour un homme de mon âge* » (MOL.). « *Que le temps me semble pesant depuis que vous êtes partie !* » (STENDHAL). ◊ Spécialt. Qui procure une gêne par une impression de poids. *Se sentir la tête pesante.* « *Il se mit au lit accablé de fatigue et de chagrin, et il dormit d'un pesant sommeil* » (MAUPASS.). ♦ 3º Qui donne une impression de lourdeur. *Architecture pesante et massive. Allure, marche pesante.* « *Ils entendaient dans l'escalier le pas pesant du vicaire* » (BERNANOS). ♦ 4º Qui manque de vivacité. *Esprit pesant.* « *Le ton de la conversation y est coulant et naturel; il n'est ni pesant ni frivole* » (ROUSS.). ◊ ANT. *Léger. Agréable, gracieux. Agile, dispos, éveillé, prompt, vif.*

PESANTEUR [pəzɑ̃tœʀ]. *n. f.* (1538; *pesantur,* 1170; de *pesant*). ♦ 1º Caractère de ce qui pèse lourd, de ce qui a un grand poids. *La pesanteur d'une charge, d'un fardeau.* ◊ *Phys.* Caractère d'un corps qui a un poids; application de la force d'attraction de la Terre à un corps. *Pesanteur de l'air.* — Absolt. LA PESANTEUR : force qui entraîne les corps vers le centre de la Terre. V. **Attraction, gravitation, gravité.** *Un corps qui tombe dans le vide et n'est soumis qu'à l'action de la pesanteur a un mouvement uniformément accéléré* (loi de la chute des corps). *Les lois de la pesanteur. Absence de pesanteur.* V. **Apesanteur.** ♦ 2º Caractère de ce qui paraît lourd, pesant (3º, 4º). *Il a la pesanteur d'un bœuf.* « *Elle n'avait pas dans ses mouvements la pesanteur des femmes trop grasses* » (MARIVAUX). ◊ Manque de vivacité. « *Cette lenteur à comprendre, cette pesanteur d'imagination* » (MOL.). ♦ 3º Une pesanteur : sensation pénible de poids. *Des pesanteurs d'estomac.* V. **Lourdeur.** ◊ ANT. *Légèreté. Esprit; rapidité, vivacité.*

PÈSE-ACIDE [pɛzasid]. *n. m.* (1838; de *peser,* et *acide*). *Techn.* Aéromètre pour mesurer la densité d'une solution acide. V. **Acidimètre.** *Des pèse-acides.*

PÈSE-ALCOOL [pɛzalkɔl]. *n. m.* (1878; de *peser,* et *alcool*). *Techn.* Alcoomètre. *Des pèse-alcools.*

PÈSE-BÉBÉ [pɛzbebe]. *n. m.* (1884; de *peser,* et *hébé*). Balance dont l'un des plateaux est disposé de manière qu'on puisse y placer un nourrisson. *Des pèse-bébés.*

PESÉE [pəze]. *n. f.* (1331; de *peser*). ♦ 1º Quantité pesée en une fois. ♦ 2º (1586). Opération par laquelle on détermine le poids de qqch. *Effectuer une pesée à l'aide d'une balance, d'une bascule. Procédé de la double pesée.* ◊ Loc. fig. *La pesée des âmes* (symbole du jugement dernier). —

La pesée des motifs, des termes d'une déclaration. V. **Examen.**
♦ 3° (1721). Pression exercée sur un objet pour le déplacer.
« *Quelquefois le vitrage semblait près de ployer et de s'ouvrir,
comme si l'on eût fait une pesée à l'extérieur* » (GAUTIER).

PÈSE-ESPRIT [pɛzɛspʀi]. *n. m.* (1838; de *peser,* et *esprit*).
Vieilli. Aréomètre (Cf. Pèse-alcool) pour mesurer la densité
des spiritueux. *Des pèse-esprits.*

PÈSE-LAIT [pɛzlɛ]. *n. m.* (1838; de *peser,* et *lait*). Aréomètre pour déterminer la densité du lait. *Des pèse-laits.*

PÈSE-LETTRE [pɛzlɛtʀ(ə)]. *n. m.* (1874; de *peser,* et
lettre). Balance ou peson* pour déterminer le poids d'une
lettre et le montant de l'affranchissement. *Des pèse-lettres.*

PÈSE-LIQUEUR [pɛzlikœʀ]. *n. m.* (1674; de *peser,* et
liqueur). *Vx.* Alcoomètre (pèse-alcool, pèse-esprit). *Des
pèse-liqueurs.*

PÈSE-MOÛT [pɛzmu]. *n. m.* (1838; de *peser,* et *moût*).
Techn. Glucomètre. *Des pèse-moûts.*

PÈSE-PERSONNE [pɛzpɛʀsɔn]. *n. m.* (1969; de *peser,*
et *personne* 1). Balance plate à cadran gradué. « *Montons
sur le pèse-personne, à cadran-loupe* » (BAZIN). Pl. *Des pèse-
personne(s).*

PESER [pəze]. *v.; conjug. lever* (1050, fig., « être pénible
à »; lat. pop. °*pesare,* class. *pensare* (V. **Penser**), de *pendere*
« peser »).
I. *V. tr.* (v. 1165). ♦ 1° Déterminer le poids de (qqch.),
en le comparant à un poids connu. *Peser un objet avec une
balance, une bascule. Peser dans sa main.* V. **Soupeser.** *Qui
peut, ne peut pas être pesé* (V. **Pondérable; impondérable**).
Pronom. « *Il monta sur la balance automatique et se pesa pour
voir s'il n'avait pas engraissé* » (SARTRE). ♦ 2° (v. 1190).
Apprécier, examiner avec attention. V. **Considérer, estimer,
juger.** « *Je me suis amusé... à peser chaque chose à la balance
de la raison* » (ROUSS.). *Peser le pour et le contre.* V. **Balance**
(mettre en), **comparer.** « *Lecteur unsené, pesez, décidez; pour
moi, je me tais* » (ROUSS.). « *Écrivains et gens du monde
s'appliquent à peser chaque mot et chaque locution pour en
fixer le sens, pour en mesurer la force et la portée* » (TAINE).
— Au p. p. *Tout bien pesé :* après mûre réflexion.
II. *V. intr.* **Ⓐ** *Concret* (v. 1165). Avoir tel ou tel poids.
V. **Faire.** « *Il pesait cent deux kilos, et ça paraissait à peine* »
(ARAGON). *Qui pèse peu* (V. **Léger**), *beaucoup* (V. **Lourd,
pesant**). *Elle ne pèse rien, pas plus qu'une plume*. *Il pèse très
lourd.* — *Fig.* « *Je suis sûre qu'il me préfère à toute autre;
mais absente, je ne pèse pas lourd* » (MAURIAC). ◇ *Absolt.*
Avoir un poids, subir les effets de la pesanteur. ♦ PESER
SUR, CONTRE. V. **Appuyer, pousser, presser.** *Peser sur un levier*
(V. **Pesée**). *Peser contre une porte pour l'ouvrir. Fardeau,
charge qui pèse sur les épaules.* — *Par ext. Aliment indigeste,
qui pèse sur l'estomac.* « *Le ciel lourd d'un soir d'été pesait
sur la ville et sur la grande avenue* » (MAUPASS.). *Absolt.*
« *L'homme est fragile et le génie pèse* » (CHATEAUB.). **Ⓑ**
Abstrait. ♦ 1° (1050). PESER À : être pénible, difficile à supporter. V. **Coûter, ennuyer, fatiguer, importuner.** « *Que ces
vains ornements, que ces voiles me pèsent !* » (RAC.). « *L'argent
qu'il avait reçu lui pesait si fort qu'il le jeta* » (R. ROLLAND).
♦ 2° PESER SUR : constituer une charge pénible. V. **Accabler,
opprimer.** *Remords qui pèse sur la conscience. Menace qui pèse
sur qqn.* — *Une responsabilité écrasante pèse sur vous.* V.
Incomber, retomber. « *Cinquante francs, pour des gens comme
nous, ça commence à peser* » (SAND). ♦ 3° Exercer une pression morale. « *J'ai horreur de peser sur la décision d'autrui* »
(ROMAINS). V. **Influencer, intimider.** *Élément qui pèse le plus
dans une décision.* V. **Prépondérant.**

PÈSE-SEL [pɛzsɛl]. *n. m.* (1838; de *peser,* et *sel*). *Techn.*
Aréomètre pour déterminer la densité et la concentration des
solutions salines. *Des pèse-sels.*

PÈSE-SIROP [pɛzsiʀo]. *n. m.* (1868; de *peser,* et *sirop*).
Techn. Aréomètre pour mesurer la densité et la concentration
des solutions de sucre. *Des pèse-sirops.*

PESETA [pez(s)eta]. *n. f.* (1899; mot esp. [1868]). Unité
monétaire espagnole. *Des pesetas* [pez(s)eta(s)].

PESETTE [pɑzɛt]. *n. f.* (1569; de *peser*). Petite balance de
précision pour les monnaies.

PESEUR, EUSE [pəzœʀ, øz]. *n.* (Peseor, 1252; de *peser*).
Rare. Personne chargée de vérifier des pesées. *Peseur juré,
exerçant sur les marchés.* ◇ *Fig.* et *littér.* (1649) Personne
qui examine avec minutie. *Le peseur d'âmes,* nouvelle d'A.
Maurois.

PÈSE-VIN [pɛzvɛ̃]. *n. m.* (1838; de *peser,* et *vin*). *Techn.*
Œnomètre. *Des pèse-vins.*

PESO [pez(s)o]. *n. m.* (attesté 1839; mot esp. [XVIe]
« poids » [d'or]). Unité monétaire de plusieurs pays d'Amérique latine.

PESON [pəzɔ̃]. *n. m.* (1676; « poids qui fait tourner le
fuseau », 1243; de *peser*). Balance à levier coudé, dont les
indications sont données par un index se déplaçant devant
un cadran ou une fiche graduée. ◇ *Spécialt.* Appareil indiquant le poids au crochet d'un appareil de forage.

PESSAIRE [pesɛʀ]. *n. m.* (XIIIe, « médicament pour la

matrice »; bas lat. *pessarium,* de *pessum,* gr. *pessos* « tampon
de charpie »). ♦ 1° *Méd.* (1765). Dispositif introduit dans le
vagin, destiné à remédier aux déviations de l'utérus. ♦
2° *Cour.* Préservatif anticonceptionnel pour la femme.
V. **Diaphragme** (6°).

PESSE [pes]. *n. f.* (XVIe; lat. *picea* « arbre à résine »,
de *pix* « poix »). ♦ 1° *Vx.* Épicéa. ♦ 2° (1784). *Pesse d'eau*
ou *pesse,* herbe aquatique *(Hippuridées)* des régions tempérées, à tige grêle et à feuilles verticillées, parfois appelée
pessereau [pesʀo].

PESSIMISME [pesimism(ə)]. *n. m.* (1759; du lat. *pessi-
mus,* superl. de *malus* « mauvais »). ♦ 1° Disposition d'esprit
qui porte à prendre les choses du mauvais côté, à être persuadé qu'elles tourneront mal. « *Un pessimisme amer poussa
les écrivains à représenter de préférence les côtés pénibles ou
laids de la vie humaine* » (SEIGNOBOS). « *Cette dualité essentielle* (des tempéraments) : *optimisme, pessimisme* » (R. ROL-
LAND). « *La Bourse suivit le mouvement général de pessimisme.
Les fonds d'État tombèrent* » (MADELIN). ♦ 2° *Philo.* (1819,
en all., Schopenhauer). Doctrine d'après laquelle le mal
l'emporte sur le bien dans un monde qui est l'œuvre d'une
volonté indifférente au bien et au mal. ◇ ANT. **Optimisme.**

PESSIMISTE [pesimist(ə)]. *adj.* et *n.* (1789; du lat. *pessi-
mus*). ♦ 1° Qui est porté à être mécontent du présent et
inquiet pour l'avenir. V. **Bilieux, maussade, mélancolique.**
Ses malheurs l'ont rendue pessimiste. — *Par ext.* Qui pense
que les choses vont mal tourner. V. **Alarmiste, défaitiste.**
*Les diplomates sont assez pessimistes sur l'évolution de la
situation internationale. N. m.* « *C'est la grande erreur des
pessimistes de n'être jamais certains de leur pire, et de toujours
mettre le meilleur en doute* » (HENRIOT). — Qui traduit le
pessimisme. V. **Sombre.** « *Certains lui reprochaient cette vue
pessimiste du monde* » (MAUROIS). ♦ 2° *Philo.* (1834). Qui
a rapport au pessimisme ou à ses partisans. *Doctrine, philosophie pessimiste.* ◇ ANT. **Optimiste.**

PESTE [pɛst(ə)]. *n. f.* (1475; lat. *pestis* « épidémie, fléau »).
♦ 1° *Ancient.* Toute épidémie caractérisée par une très forte
mortalité. « *Un mal qui répand la terreur... La peste* (puisqu'il
faut l'appeler par son nom) » (LA FONT.). ◇ *Mod.* Très grave
maladie infectieuse, contagieuse et épidémique, due au
bacille de Yersin. *Peste bubonique, pneumonique, septicémique. Peste noire* (V. **Pétéchie**). *Atteint de la peste.* V. **Pestiféré.**
— *Une peste :* épidémie de cette maladie. *La peste de Londres,*
en 1655. ◇ *Loc. fam. Fuir, craindre qqch. ou qqn comme la
peste. Se garder, se méfier de qqch., qqn comme de la peste.*
♦ *Peste bovine, porcine,* « *aviaire* », maladies infectieuses et
contagieuses des ruminants, des porcs, des poules. ♦ 2° *Fig.*
(Imprécation). *Vx. La peste t'étouffe !* « *La peste soit de
l'avarice et des avaricieux !* » (MOL.). V. **Pester.** ◇ *Mod.*
Interjection marquant l'étonnement. « *On te rappellera bientôt. Peste ! un homme comme toi ne se remplace pas aisément* »
(DIDER.). ♦ 3° *Fig.* (XVe). Personne ou chose nuisible, funeste,
pernicieuse. *Néron,* « *cette peste de cour* » (RAC.). — *Spécialt.*
Femme, fillette insupportable, méchante. V. **Choléra, gale.**
Quelle petite peste !

PESTER [pɛste]. *v. intr.* (1639; *pester qqn* « le traiter de
peste », 1617; de *peste*). Manifester son mécontentement,
sa colère, par des paroles. V. **Fulminer, grogner, jurer, maugréer.** *Pester contre les mauvais temps.* « *Mme Barbentane pestait contre Marthe, la cuisinière, qui avait laissé tourner le
lait* » (ARAGON). — *Absolt. Il pestait, grommelait.* V. **Râler,
rouspéter** (fam.).

PESTEUX, EUSE [pɛstø, øz]. *adj.* (XVIe; de *peste*).
♦ 1° *Didact.* Caractéristique de la peste. *Bubon, charbon
pesteux.* ♦ 2° *Cour.* Qui est atteint de la peste. *Rat pesteux.*
◇ *Subst. Les pesteux.* V. **Pestiféré.**

PESTICIDE [pɛstisid]. *n. m.* et *adj.* (v. 1960; mot angl.,
de *pest* « insecte ou plante nuisible », et suff. *-cide*). Anglicisme. *Agric.* Substance utilisée contre les parasites animaux
et végétaux des cultures. V. **Débroussaillant, fongicide, herbicide, insecticide, raticide.** — *Adj. Produits, plaquettes pesti-
cides.*

PESTIFÉRÉ, ÉE [pɛstifeʀe]. *adj.* et *n.* (1503; *pestifère,*
1350; lat. *pestifer* « qui porte [Cf. -Fère] la peste »). Infecté
ou atteint de la peste. *Navire pestiféré.* ◇ *N. Les pestiférés.*
« *La monstrueuse mésalliance qui... l'isola comme un pestiféré* »
(BARBEY). *Fuir qqn comme un pestiféré,* l'éviter à tout prix.

PESTILENCE [pɛstilɑ̃s]. *n. f.* (1120, « tentation, occasion
de pécher »; lat. *pestilentia,* de *pestis*). ♦ 1° *Vx* (1170).
Maladie épidémique caractérisée par une forte mortalité, et
spécial. La peste. ♦ 2° (1256). Odeur infecte, miasme putride.
V. **Infection.** *Pestilence qui se dégage d'un tas d'ordures.* « *En
nettoyant cette sentine... sous peine de pestilence* » (BALZ.).

PESTILENTIEL, ELLE [pɛstilɑ̃sjɛl]. *adj.* (1534; *pesti-
lenciel,* 1390; de *pestilence*). ♦ 1° *Didact.* Qui tient de la
peste, ou de toute autre maladie particulièrement meurtrière.
— *Vx. Maladies pestilentielles,* maladies quarantenaires*.
♦ 2° Qui répand une odeur infecte. V. **Puant.** *Les rues* « *soulèvent... le cœur par leurs pestilentielles émanations* » (MAU-
PASS.).

PET [pɛ]. *n. m.* (v. 1260; lat. *peditum*). ♦ 1° *Vulg.* Gaz intestinal qui s'échappe de l'anus avec bruit. V. **Vent**. *Lâcher un pet*. V. **Péter**. ◊ *Fam. Ça ne vaut pas un pet, un pet de lapin, cela n'a aucune valeur.* « *Pour ce qui est des choses de la maison... elle ne vaut pas un pet de lapin* » (GIONO). ♦ 2° *Arg.* (1837). *Il va y avoir du pet*, du scandale, du bruit. — Spécialt. *Porter le pet*, porter plainte. — (Interj.) *Pet !* attention ! ◈ HOM. *Paie, paix;* formes du v. *paître*.

PÉTALE [petal]. *n. m.* (1718; lat. bot. *petalum*, gr. *petalon* « feuille »). Chacun des organes foliacés qui composent la corolle d'une fleur. *Limbe, onglet d'un pétale. Rose qui perd ses pétales :* qui s'effeuille.

-PÉTALE. Élément de mots bot. (du précéd.), désignant les plantes d'après la disposition de leurs pétales (*ex. :* apétale, dialypétale, gamopétale).

PÉTALISME [petalism(ə)]. *n. m.* (1611; gr. *petalismos;* Cf. Pétale). *Antiq. gr.* Mode d'ostracisme en usage à Syracuse (ainsi nommée parce que les suffrages étaient inscrits sur une feuille d'olivier ou de figuier).

PÉTALOÏDE [petalɔid]. *adj.* (v. 1770; de *pétale*, et *-oïde*). *Bot.* Qui ressemble à un pétale.

PÉTANQUE [petɑ̃k]. *n. f.* (v. 1930; prov. *pèd tanco* « pied fixé » [au sol], d'où *jouer à pétanque*, puis *jouer à la pétanque*). Variante provençale du jeu de boules. *Pointeurs et tireurs à la pétanque.*

PÉTANT, ANTE [petɑ̃, ɑ̃t]. *adj.* (xxᵉ; de *péter*). *Pop.* (après *heure*). Exact. « *Tous les soirs... à neuf heures pétantes, elle va s'asseoir à côté de la caissière* » (QUENEAU). V. **Sonnant**.

PÉTARADANT, ANTE [petaradɑ̃, ɑ̃t]. *adj.* (xxᵉ; de *pétarader*). Qui pétarade. *Des motos pétaradantes.*

PÉTARADE [petarad]. *n. f.* (1649; *petarrade*, xvᵉ; prov. *petarrada;* de *pet*). ♦ 1° Série de pets que laissent échapper certains animaux (chevaux, ânes) en ruant. ♦ 2° (1649). Suite de détonations. *Pétarades d'un feu d'artifice, d'une motocyclette. Un pin « s'écroule dans une pétarade d'étincelles* » (GIONO).

PÉTARADER [petarade]. *v. intr.* (*Petarrader*, 1560; repris déb. xxᵉ; de *pétarade*). Faire entendre une pétarade. « *Le lourd camion à gazogène s'ébranlait en pétaradant* » (CARCO).

PÉTARD [petar]. *n. m.* (1584; *petart*, 1495; de *pet*). ♦ 1° Charge d'explosif placée dans une enveloppe, qu'on utilise pour détruire des obstacles, comme dispositif de signalisation acoustique ou en pyrotechnie. *Les pétards du 14-Juillet. Enfants qui font claquer des pétards.* « *Tout est pavoisé et on tire des pétards en l'honneur de la France* » (LOTI). ◊ *Fig. et fam.* (1884) *Lancer un pétard :* une nouvelle sensationnelle dont on espère un grand retentissement. V. **Bombe**. « *Après avoir lancé aussi quelques pétards dans sa jeunesse, il en est venu à une sérénité olympienne* » (ROMAINS). ♦ 2° *Fam.* (1869). Bruit, tapage. *Qu'est-ce qu'ils font comme pétard ! Il va y avoir du pétard* (Cf. Ça va barder !). ◊ *Être en pétard,* en colère. « *Il se balance. Il est en pétard en lui-même* » (CÉLINE). ♦ 3° (Par méton.) *Pop.* (1859) Revolver. « *Il a reçu un coup de pétard dans le buffet* » (QUENEAU). ♦ 4° (1859). *Pop.* Derrière. V. **Cul**. « *Ces femmes moutonnantes, avec leurs pétards planureux* » (MONTHERLANT).

PÉTASE [petaz]. *n. m.* (xviᵉ; lat. *petasus;* gr. *petasos*). *Antiq. gr.* Chapeau à larges bords pour s'abriter de la pluie et du soleil. *Le pétase ailé d'Hermès.*

PÉTAUDIÈRE [petodjɛr]. *n. f.* (1694; de *Pétaud*, personnage légendaire du xviᵉ s., probabl. dér. de *pet*). Assemblée où, faute de discipline, règnent la confusion et le désordre. « *Une ingouvernable pétaudière de cinq ou six cents États* » (BLOY).

PÉTAURISTE [petɔrist(ə)]. *n. m.* (1624; gr. *petauristein* « danser sur la corde »). ♦ 1° *Antiq. gr.* Danseur, sauteur de corde. ♦ 2° *Zool.* (1827). Écureuil volant d'Australie.

PET-DE-LOUP [pedlu]. *n. m.* (1888; nom d'un personnage, 1849; de *pet*, et *loup*). *Vx.* Vieux professeur ridicule. *Des pets-de-loup.*

PET-DE-NONNE [pɛdnɔn]. *n. m.* (1795; *pet d'Espagne*, 1393; de *pet*, et *nonne*). Beignet soufflé fait avec de la pâte à choux.

PÉTÉCHIAL, ALE, AUX [peteʃjal, o]. *adj.* (1732; de *pétéchie*). *Méd.* Accompagné de pétéchies, qui se manifeste par des pétéchies. *Typhus pétéchial* (ou exanthématique).

PÉTÉCHIE [peteʃi]. *n. f.* (*Pétèche*, 1564; it. *petecchia;* o. i.). *Méd.* Petite tache cutanée rouge due à une hémorragie cutanée. V. **Purpura**. *Pétéchies de la peste noire, du typhus exanthématique. Des pestiférés* « *sans bubons... sans délire et sans pétéchies* » (ARTAUD).

PET-EN-L'AIR [petalɛr]. *n. m. invar.* (1726; de *pet*, et *air*). *Vx.* Court veston d'intérieur qui s'arrête au bas des reins (Cf. Rase-pet). *La flanelle* « *d'un pet-en-l'air matinal* » (BLOY).

PÉTER [pete]. *v. intr.;* conjug. *céder* (1380; *pet;* a

remplacé l'a. fr. *poire* [xiiiᵉ]; lat. *pedere*). ♦ 1° *Vulg.* Faire un pet, lâcher des vents. « *Le marquis de Lescous, à la fin des repas, rote et pète comme un sapeur-pompier* » (ROMAINS). — *Loc. fig. Il m'embêtait, je l'ai envoyé péter* (Cf. Envoyer* paître, promener). *Péter plus haut que le cul, plus haut que son derrière :* être prétentieux; prétendre faire ce qui est au-dessus de ses moyens. « *Il ne voulait pas péter plus haut qu'il n'avait le derrière* » (QUENEAU). — *Péter dans la soie,* avoir des vêtements luxueux. ◊ *Trans.* (par anal. avec *cracher, jeter*) *Fam.* (mais sans vulgarité) *Péter du feu, des flammes :* déborder d'entrain, de vitalité. « *Il pète du feu, mais il se calmera* » (MORAND). *Ça va péter des flammes* (Cf. Ça va chauffer*). ♦ 2° (1819). Éclater avec bruit. V. **Exploser**. « *Au tir, cela pétait ferme* » (ARAGON). ◊ *Trans.* Se rompre brusquement, se casser. « *La capote trop étroite fait des plis circulaires, tous les boutons prêts à péter* » (DORGELÈS). V. **Sauter**. — Fig. et fam. « *Il faut que ça pète, répéta énergiquement madame Rasseneur* » (ZOLA). *Il faut que ça pète ou que ça dise pourquoi :* ça doit se faire, quelles que soient les conséquences. — *Si vous hésitez plus longtemps, l'affaire va vous péter dans la main.* V. **Échouer, rater**. ♦ 3° *Trans.* Briser, casser (qqch.). « *Vous n'auriez pas un lacet de soulier par hasard, je viens de péter le mien* » (QUENEAU).

PÈTESEC ou **PÈTE-SEC** [pɛtsɛk]. *n. et adj. invar.* (1866; de *pète*, et *sec*). *Fam.* Personne autoritaire au ton hargneux et cassant. *Quel pètesec ! Une gouvernante tyrannique et pète-sec.*

PÉTEUR, EUSE [petœr, øz]. *n.* (1380; de *péter*). *Rare.* Personne qui a l'habitude de laisser échapper des vents.

PÉTEUX, EUSE [petø, øz]. *n.* (xiiiᵉ; forme pop. de *péteur;* Cf. Avoir la colique; foireux). *Fam.* (1803). Personne peureuse, poltronne. *Il est parti, il a fichu le camp comme un péteux.*

PÉTILLANT, ANTE [petijɑ̃, ɑ̃t]. *adj.* (1480 [en parlant des yeux]; de *pétiller*). ♦ 1° Qui pétille. « *L'eau... est plus pétillante que ça quand elle sort de la source* » (ROMAINS). ♦ 2° Qui brille d'un vif éclat. *Avoir l'œil, le regard pétillant de malice.* ♦ 3° *Fig.* (V. Pétiller, 3°). « *Il fut pétillant de saillies, et sut mettre en train tous les convives* » (BALZ.).

PÉTILLEMENT [petijmɑ̃]. *n. m.* (1636; « chatouillement », xvᵉ; de *pétiller*). ♦ 1° Le fait de pétiller (1°), bruit de ce qui pétille. « *Un feu de sarments tout en pétillements et en clarté* » (DAUD.). *Le pétillement du champagne.* ♦ 2° Effet de ce qui jette de vifs éclats. *Un pétillement de lumière.* V. **Scintillement**. — Par ext. *Pétillement malicieux du regard.* ♦ 3° *Fig.* (V. Pétiller, 3°). « *Elle me servait avec quel pétillement de joie dans ses mouvements* » (BALZ.).

PÉTILLER [petije]. *v. intr.* (1453; de *pet*). ♦ 1° Éclater avec de petits bruits secs et répétés. V. **Crépiter**. « *Quand déjà pétillait et flambait le bûcher* » (VERLAINE). Par ext. de nombreuses bulles en bruissant (liquide). « *La mousse de vin de champagne qui pétille et s'évapore* » (GAUTIER). ♦ 2° *Littér.* Briller d'un éclat très vif. V. **Chatoyer, scintiller**. « *Des plaques de métal qui pétillaient au soleil et faisaient à son front une couronne d'étoiles* » (HUGO). ◊ (xviᵉ) *La joie pétille dans ses yeux.* V. **Éclater**. « *Les yeux de Philip pétillèrent d'une sorte de malice, presque cruelle* » (MART. du G.). ♦ 3° *Fig. Vx. Pétiller de :* être bouillant de. « *Il pétille d'impatience* » (FURET.). ◊ *Mod.* « *Vous l'allez voir tout à l'heure... pétiller d'esprit, de verve et de grâce* » (GAUTIER) : manifester un esprit, une verve... pleins de vivacité et d'agrément.

PÉTIOLE [pesjɔl]. *n. m.* (1749; lat. *petiolus*). *Bot.* Partie rétrécie de certaines feuilles, unissant le limbe à la tige. V. **Queue**. *Feuille sans pétiole :* acaule, sessile. *Pétiole commun des feuilles composées.*

PÉTIOLÉ, ÉE [pesjɔle]. *adj.* (1766; de *pétiole*). *Bot.* Feuille pourvu d'un pétiole. *Feuille pétiolée* (*opposé à* sessile).

PETIOT, OTE [pətjo, ɔt]. *adj. et n.* (1379; de *petit*). *Fam.* Petit, tout petit. « *J'étais petiote à son départ, mais je me remets bien* » (BAZIN). ◊ *N.* (1850) Petit enfant.

PETIT, ITE [p(ə)ti, it]. *adj., n. et adv.* (980, « jeune »; lat. pop. *pittittus,* d'un rad. express. *pitt-* [Cf. bas lat. *Pitinnus* « petit garçon »]).

I. *Dans l'ordre physique* (quantité mesurable). *Adj.* ♦ 1° (*Êtres vivants*). Dont la hauteur, la taille est inférieure à la moyenne. *Un homme petit, très petit, tout petit.* V. **Lilliputien, minuscule, nain** (Cf. Haut* comme trois pommes). *Un petit vieux. Rendre plus petit.* V. **Rapetisser**. *Le Petit Caporal* (surnom de Napoléon). « *Il est un peu petit, et c'est pour excuser sa taille qu'il rappelle à tout propos son grade de lieutenant dans la cavalerie de réserve* » (LARDAUD). — *Se faire tout petit,* s'efforcer de réduire sa taille en se ratatinant. *Fig. Éviter de se faire remarquer.* — *Ce cheval est petit pour sa race, pour son âge. Cette plante est assez petite.* ♦ 2° *Spécialt.* Qui n'a pas encore atteint toute sa taille ; jeune. *Tu es encore trop petit pour sortir seul. Quand vous étiez petit. Petit frère, petite sœur,* frère, sœur, plus jeune. *Un petit nègre; les petits Chinois.* — *Loc. Il parle petit nègre*. — « *Petit pois-*

son deviendra grand » (LA FONT.). ◇ *Petite fille.* V. **Fille**. *Petit garçon.* V. **Garçon**. *Un petit bonhomme de 10 ans. C'est un petit polisson, un petit diable; un petit ange.* ◇ Subst. *Un petit, les petits.* V. *ci-dessous*, B. ♦ 3° *Par ext.* (« qui évoque l'enfance »). *Petit* qualifie ce qu'on trouve aimable, charmant, attendrissant. — (Hypocoristique) « *Découvre-moi ton petit cœur... dis tes petites pensées à ton petit papa mignon* » (MOL.). — Fam. *Comment va cette petite santé? Un petit coup de rouge.* « *Leur rêve est de se retirer, après une bonne petite vie, dans un petit coin tranquille... avec une petite femme qui... leur mitonnera de bons petits plats et saura à l'occasion recevoir gentiment les amis pour faire une petite belote* » (DANINOS). — (Dans des titres de journaux) *Le Petit Parisien.* ◇ Condescendant ou méprisant (avec un nom de personne) « *Mais, mon petit monsieur, prenez-le un peu moins haut* » (MOL.). *Petit misérable. Quelle petite ordure!* ◇ Affectueux (après un possessif) « *Ma petite Lisbeth... — Je ne suis ni Lisbeth, ni votre petite, je vous prie d'être convenable* » (COCTEAU). ◇ Par euphém. *Petit(e) ami(e).* V. **Ami** (bon). ♦ 4° Dont les dimensions (longueur, surface) sont inférieures à la moyenne. « *Il avait de petites mains, de petits pieds, des jambes courtes — le front bien fait. Près de lui... on prenait honte d'être trop grand* » (GIDE). *Marcher à petits pas. Petite promenade, petit tour. Petit appartement.* — Spécialt. (par euphém.) *Le petit endroit**, *le petit coin**. ◇ Loc. *Le monde est petit* (quand on rencontre qqn inopinément). ◇ Se dit d'une lettre minuscule (dans une énumération ou une notation algébrique). *Petit a, petit b* (a, b). ♦ 5° Dont le volume, l'ensemble des dimensions est inférieur à la moyenne. *Une petite maison. Une petite colline. Extrêmement petit.* V. **Imperceptible, invisible, microscopique, minuscule**. — Subst. *L'infiniment petit.* V. aussi **Micro-**. « *Il lui a offert un bouquet bien petit.* V. **Rikiki**. *En petits morceaux.* ◇ (Désignant, avant le nom, une catégorie particulière de la chose) *Le petit doigt**. *Loc. fig. Au petit pied**. — *Petit salé**. *Petits fours**. *Petits pois. Petits-suisses.* ♦ 6° (Mesures et évaluations). *Petit volume. Petite quantité.* V. **Faible, infime**. — *La plus petite quantité.* V. **Minimum**. *Petite vitesse. Aller son petit bonhomme** *de chemin. Je vous demande une petite minute.* — *À la petite semaine**. ♦ 7° Dont l'abondance, l'importance, l'intensité est faible. *Petites sommes.* V. **Maigre**. *Petite troupe. En petit comité**. *Les petites et moyennes entreprises.* — *Petite lumière.* V. **Faible**. *Au petit jour. À petit feu**. *Petits cris. Au petit trot. Un petit verre.* « *Desglands donna sa parole d'honneur qu'il ne jouerait plus. — Ni gros ni petit jeu? — Ni gros ni petit jeu* » (DIDER.). ℗ N. (Des sens A, 2° et 3°). ♦ 1° Enfant ou être humain jeune. *Le petit, ce petit. Les tout-petits.* V. **Bébé**. — Spécialt. Le plus jeune de plusieurs, dans une famille. « *Dans la famille, on appelait toujours Jean 'le petit', bien qu'il fût beaucoup plus grand que Pierre* » (MAUPASS.). « *La petite, ce soir, remettait tout en question... La petite qui n'était plus la petite* » (MAURIAC). ◇ Rég. *Petite* : jeune fille. *Une jolie petite.* ♦ 2° Élève jeune. *La cour des petits et celle des grands.* ♦ 3° Jeune animal. « *Quand la perdrix Voit ses petits En danger* » (LA FONT.) : sa progéniture. *La chatte a fait ses petits, a fait quatre petits.* ◇ Fig. *L'argent a fait des petits* : a produit, s'est multiplié. ♦ 4° Enfant (d'une personne). « *Quand j'ai vu vos petites... j'ai dit : voilà une bonne mère* » (HUGO). *Les petites Durand* : les filles Durand. ♦ 5° (Appellatif). *Comment vas-tu, mon petit? Hep! petit, va porter ça à ta mère.* ◇ Répété, pour appeler les jeunes animaux, des oiseaux, volailles, etc. « *Venez donc voir s'il n'est pas par là. Petit petit petit* » (QUE-NEAU).

II. *Dans l'ordre qualitatif* (non mesurable). ♦ 1° (1361). *(Au sens le plus général)* De peu d'importance. V. **Mince, minime**. *Ce n'est pas une petite affaire. C'est une bien petite chose* (Cf. **Bagatelle, broutille, plaisanterie, rigolade**). *Petits détails; petits inconvénients. Encore un petit effort! Les petits métiers. Tenir un petit commerce.* — *Le petit nom.* V. **Prénom**. — *Petite vérole**. « *Cet immense événement fut à peine remarqué; après la Révolution française, tout était petit* » (CHATEAUB.). ◇ En raccourci, en miniature. *Faire son petit Robespierre. Jouer au petit soldat**, *à la petite guerre**. ♦ 2° (980). Qui a une condition, une situation peu importante *(personnes). Petit dignitaire. Petit personnage.* V. **Insignifiant**. *Petit rentier. Petit artisan. Petit-bourgeois. Les petites gens.* — Spécialt. *Petites sœurs·des pauvres.* ◇ Subst. « *Et nous, les petits, les obscurs, les sans-grades* » (Ed. ROSTAND). *C'est toujours le petit qui trinque.* V. **Lampiste**. ♦ 3° (XVIᵉ). Qui a peu de valeur (quant au mérite, aux qualités intellectuelles ou morales). « *Il n'y a que les petits hommes qui redoutent les petits écrits* » (BEAUMARCH.). *Petit poète, peintre.* V. **Mineur**. ◇ Par ext. (Choses) V. **Bas, étroit, étriqué, mesquin, piètre, vil**. « *Que ce milieu du dix-huitième siècle est sot et petit!* » (VOLT.). — « *Il est petit de passer sa vie à dire comment les autres ont été grands* » (STENDHAL). « *Mais laissons ce petit homme à ses petites craintes* » (STENDHAL). ♦ 4° Qui a un caractère de minutie, de recherche attentive du détail (avec une valeur majorative. Cf. I, A, 3°). *Du petites attentions.*

Être aux petits soins pour qqn : lui témoigner une attention particulière.

III. *Adv.* ♦ 1° *Vx* (1080). *Peu* (Cf. **Gagne-petit** et *Un petit peu**). « *Qu'avez-vous? Vous grondez, ce me semble, un petit?* » (MOL.). ◇ Mod. (v. 1170) PETIT À PETIT [ptitapti] : peu à peu. V. **Graduellement, progressivement**. *Petit à petit l'oiseau fait son nid**. ♦ 2° (1654). EN PETIT : d'une manière analogue mais sans grandeur (Cf. En grand).

◇ ANT. **Grand. Colossal, géant, gigantesque, immense; âgé, adulte; ample, étendu, large, long; gros; abondant, copieux, nombreux; considérable, important; grandiose, magnifique**.

PETIT-BEURRE [p(ə)tibœr]. *n. m.* (XXᵉ; de *petit*, et *beurre*). Gâteau sec de forme rectangulaire fait au beurre. *Un paquet de petits-beurre.*

PETIT-BOIS [p(ə)tibwa]. *n. m.* (1899; de *petit*, et *bois*). Techn. Montant et traverse d'une fenêtre maintenant les vitres. *Des petits-bois.*

PETIT-BOURGEOIS, PETITE-BOURGEOISE [p(ə)tiburʒwa, p(ə)tiburʒwaz]. *n. et adj.* (1844,-XXᵉ; de *petit*, et *bourgeois*). ♦ 1° N. Personne qui appartient à la partie la moins aisée de la bourgeoisie *(petite bourgeoisie)* et qui en possède les défauts traditionnels. ♦ 2° Adj. *(Péj.)*. Propre à un petit-bourgeois. *Attitude, réaction petite-bourgeoise.*

PETITE-FILLE. *n. f.* V. **PETIT-FILS**.

PETITEMENT [pətitmã]. *adv.* (1270; de *petit*). ♦ 1° *Être logé petitement*, à l'étroit. ♦ 2° *Fig.* V. **Chichement, mesquinement**. « *Il vivait petitement et fort serré de son salaire de député* » (MICHELET). *Se venger petitement*, avec bassesse.

PETITESSE. *n. f.* (*Petitece*, 1170; de *petit*). ♦ 1° Caractère de ce qui est de petite dimension. « *De noires fourmis laborieuses... s'acharnant sur une besogne démesurée, géante à côté de leur petitesse* » (ZOLA). « *La finesse des attaches, la petitesse des mains et des pieds* » (GAUTIER). *La petitesse de ses revenus, d'un don.* V. **Modicité**. ♦ 2° Caractère mesquin, sans grandeur. « *J'eus honte pour lui de sa petitesse au milieu de tant de grandeur* » (BALZ.). « *Rome, née dans la petitesse pour arriver à la grandeur* » (MONTESQ.). *La petitesse d'une existence bourgeoise.* V. **Médiocrité**. — *Petitesse d'un homme.* V. **Bassesse, faiblesse**. *Petitesse d'esprit, de cœur.* V. **Étroitesse, mesquinerie**. *La petitesse des procédés.* ♦ 3° *Une petitesse* : trait, action dénotant un esprit petit, étroit ou sans noblesse. V. **Défaut, faiblesse**. « *Les petitesses d'un grand homme paraissent plus petites par leur disproportion avec le reste* » (HUGO). ◇ ANT. **Grandeur, hauteur. Ampleur, immensité. Générosité**.

PETIT-FILS [p(ə)tifis], **PETITE-FILLE** [p(ə)titfij]. *n.* (XIIIᵉ; de *petit*, et *fils*). Fils, fille d'un fils ou d'une fille par rapport à un grand-père ou à une grand-mère. *Louis XVI était le petit-fils de Louis XV.*

PETIT-GRIS [p(ə)tigri]. *n. m.* (1621; de *petit*, et *gris*). ♦ 1° Variété d'écureuil de Russie, de Sibérie; fourrure que fournit cet animal, d'un gris ardoisé (*vair* en T. de blason). « *Ces petits-gris sont ce que nous appelons écureuils en France* » (REGNARD). ♦ 2° Variété d'escargot à coquille brunâtre et chagrinée. *Des petits-gris.*

PÉTITION [petisjɔ̃]. *n. f.* (XIIIᵉ; *peticiun* « demande, requête », au sens général, 1120; lat. *petitio*, du v. *petere* « chercher à atteindre »). ♦ 1° *Dr.* Requête, réclamation faite en justice. ♦ 2° (1704; angl. *petition*). Écrit adressé aux pouvoirs publics, par lequel toute personne (seule ou avec d'autres) exprime son opinion sur ce qui la concerne ou sur une question d'intérêt général. *Faire signer une pétition pour la paix. Recueillir des signatures pour une pétition.* — Par ext. *Pétition de locataires à leur propriétaire, d'employés à leur chef.* ♦ 3° (1661). PÉTITION DE PRINCIPE : faute logique par laquelle on tient pour admise, sous une forme un peu différente, la proposition même qu'il s'agit de démontrer.

PÉTITIONNAIRE [petisjɔnɛr]. *n.* (1603; de *pétition*). *Dr.* Personne qui fait, signe une pétition.

PÉTITIONNER [petisjɔne]. *v. intr.* (1697, repris v. 1784; de *pétition*). *Rare.* Faire une pétition; demander, protester par une pétition.

PETIT-LAIT [p(ə)tilɛ]. *n. m.* (XIIᵉ; de *petit*, et *lait*). Liquide séreux qui reste après la coagulation du lait, contenant du lactose et des sels minéraux (appelé aussi *lactosérum*). V. **Babeurre**.

PETIT-MAÎTRE [p(ə)timɛtr(ə)], **PETITE-MAÎTRESSE** [p(ə)titmɛtrɛs]. *n.* (1617; fém., 1747; de *petit*, et *maître, maîtresse*). *Vx.* Jeune élégant ou élégante à l'allure maniérée et prétentieuse. V. **Dandy, muscadin**.

PETIT-NÈGRE. *n. m.* V. **Nègre**.

PETIT-NEVEU [p(ə)tinvø], **PETITE-NIÈCE** [p(ə)titnjɛs]. *n.* (1598,-1606; de *petit*, et *neveu, nièce*). Fils, fille d'un neveu ou d'une nièce par rapport à un grand-oncle ou à une grand-tante.

PÉTITOIRE [petitwar]. *n. m. et adj.* (XIVᵉ; lat. *petitorius*, de *petere* « demander »). *Dr.* Action qui a pour objet la reconnaissance, la protection et le libre exercice d'un droit réel immobilier. *Le cumul du pétitoire et du possessoire n'est pas autorisé.* — Adj. *Action pétitoire.*

PETITS-ENFANTS [p(ə)tizɑ̃fɑ̃]. *n. m. pl.* (v. 1555; de *petit*, et *enfant*). Les enfants d'un fils ou d'une fille. *Les grands-parents et leurs petits-enfants.*

PETITS-POIS. *n. m. pl.* V. POIS, 2°.

PETIT-SUISSE [p(ə)tisɥis]. *n. m.* (1872; de *petit*, et *suisse*). Fromage frais triple crème, en forme de petit cylindre, qui se mange généralement avec du sucre. *Des petits-suisses.*

PÉTOCHE [petɔʃ]. *n. f.* (XXᵉ; de *pet*). Pop. Peur. *Avoir la pétoche.*

PÉTOIRE [petwaʀ]. *n. f.* (*Canne-pétoire*, 1743; de *péter*). ♦ 1° Branche de sureau vidée de sa moelle et servant de sarbacane. ♦ 2° Mauvais fusil. « *Nul coup de feu ne partait jamais de leurs pétoires antiques!* » (HENRIOT).

PETON [pətɔ̃]. *n. m.* (1532; de *pied*). Fam. Petit pied. *Nana « trotta..., ses petons nus effleurant à peine le carreau* » (ZOLA).

PÉTONCLE [petɔ̃kl(ə)]. *n. m.* (1552; lat. *pectunculus*, de *pecten* « peigne »). Mollusque lamellibranche *(Aniso-myaires)*, coquillage comestible à coquille presque circulaire, brune et striée.

PÉTRARQUISER [petʀaʀkize]. *v. intr.* (1550; de *Pétrarque*, poète it. du XIVᵉ). ♦ 1° Vx. Aimer platoniquement (comme Pétrarque aimait Laure). ♦ 2° Hist. litt. Imiter Pétrarque (comme le faisaient les poètes de la Pléiade). « *J'ai oublié l'art de Pétrarquiser. Je veux d'Amour franchement deviser* » (DU BELLAY). — Au p. prés. adj. *Les poètes pétrarquisants.* V. **Pétrarquiste.**

PÉTRARQUISME [petʀaʀkism(ə)]. *n. m.* (XVIᵉ; V. Pétrar-quiser). Hist. litt. Imitation de Pétrarque en poésie.

PÉTRARQUISTE [petʀaʀkist(ə)]. *n. et adj.* (XVIᵉ; V. Pétrarquiser). Hist. litt. Imitateur de Pétrarque. « *Ronsard a été pétrarquiste dans... toutes ses œuvres élégiaques* » (FAGUET).

PÉTRÉ, ÉE [petʀe]. *adj.* (XVIIIᵉ; « qui naît sur les pierres », 1545; lat. *petreus*, de *petra* « pierre »). Rare. Couvert à la pierre. — Couvert de pierres. V. **Pierreux.** « *Des promontoires pétrés* » (DUHAM.). Cour. *L'Arabie pétrée.*

PÉTREL [petʀɛl]. *n. m.* (1699; de l'angl. *pitteral* [1676]). Oiseau palmipède *(Procellariidés)*, très vorace, qui vit en haute mer. « *Le grand pétrel est aussi gros que l'albatros commun* » (BAUDEL.).

PÉTREUX, EUSE [petʀø, øz]. *adj.* (1314; « os petreus »; lat. *petrosus*, de *petra* « pierre »). Anat. Qui a rapport au rocher* de l'os temporal. *Nerf pétreux.*

PÉTRI, IE. *adj.* V. PÉTRIR (3°).

PÉTRIFIANT, ANTE [petʀifjɑ̃, ɑ̃t]. *adj.* (1580; V. Pétri-fier). Qui a la faculté de pétrifier (en parlant des eaux). — « *Le sommeil est une fontaine Pétrifiante* » (COCTEAU).

PÉTRIFICATION [petʀifikasjɔ̃]. *n. f.* (1503; de *pétrifier*). Didact. ou littér. ♦ 1° Transformation de structures organiques par imprégnation de composés minéraux (silice, carbonate de calcium). *La pétrification de certains organismes permet leur fossilisation.* ♦ 2° Formation d'une couche pierreuse par incrustation de carbonate de calcium sur des corps séjournant dans l'eau calcaire. ◊ *Une pétrification :* corps, objet entouré d'une couche pierreuse. ♦ 3° Fig. Durcissement et immobilisation. « *La pétrification du cœur, propre au bourreau, et la pétrification de l'esprit, propre au mandarin* » (HUGO).

PÉTRIFIÉ, ÉE [petʀifje]. *adj.* (*Pétrifié*, XVIIᵉ; V. Pétrifier). ♦ 1° Changé en pierre. — Devenu minéral. *Fossile pétrifié.* — Par compar. « *Fouan avait repris connaissance... mais il ne remua pas la tête, il semblait pétrifié* » (ZOLA). ♦ 2° Fig. Immobilisé par une émotion violente. V. **Immobile** (Cf. aussi *Cloué* sur place; paralysé). « *À l'immobilité d'Isabelle, pétrifiée et médusée de terreur, l'enfant l'avait crue endormie* » (GAUTIER). « *Elle resta sans faire un mouvement, pétrifiée dans son désespoir* » (FLAUB.). ◊ Figé, immobile. « *Les religions sont pétrifiées et les mœurs se modifient sans cesse* » (RENAN).

PÉTRIFIER [petʀifje]. *v. tr.* (1515; du lat. *petra* « pierre », et suff. -*fier*). ♦ 1° Changer en pierre. ◊ Spécialt. Rendre minérale (une structure organique). *La silice pétrifie le bois.* V. **Fossiliser.** ♦ 2° Recouvrir d'une couche de pierre. *Les eaux calcaires pétrifient les corps.* V. **Incruster.** ♦ 3° Fig. (1747). Immobiliser (qqn) par une émotion violente. V. **Glacer, méduser.** « *Ce refus... pétrifia cette vieille mère qui tomba sur un fauteuil* » (BALZ.). ◊ Immobiliser, figer (une chose en mouvement). ♦ 4° SE PÉTRIFIER. *v. pron.* Devenir minéral. ◊ Fig. S'immobiliser définitivement. « *Leurs idées... se flétrissaient et se pétrifiaient* » (STAËL). — Être paralysé.

PÉTRIN [petʀɛ̃]. *n. m.* (1688; *pestrin*, 1170; lat. *pistrinum* « moulin à blé, boulangerie »). ♦ 1° Coffre dans lequel on pétrit le pain. V. **Huche.** *Pétrin mécanique.* ♦ 2° Fig. (1798). Situation embarrassante d'où il semble impossible de sortir.

Se fourrer dans le pétrin. « *Tu verras qu'il ne me laissera pas dans le pétrin* » (SARTRE). *Quel pétrin!*

PÉTRIR [petʀiʀ]. *v. tr.* (*Pestrir*, XIIᵉ; var. *paitrir*; bas lat. *pistrire*, de *pistrix*, de *pistor* « boulanger »; Cf. Pétrin). ♦ 1° Presser, remuer fortement et en tous sens (une pâte consistante). Cf. Travailler (la pâte). « *Ses bras emmanchés de toile blanche disaient qu'elle venait de pétrir la pâte à galette* » (COLETTE). ◊ Par ext. *Pétrir la pâte à papier.* V. **Brasser, malaxer.** — *Pétrir de l'argile, de la cire.* V. **Façonner, manier, manipuler, modeler.** ♦ 2° Palper fortement en tous sens. « *Il pétrissait entre ses doigts la main de la jeune fille* » (MART. du G.). ♦ 3° Fig. (1226). Donner une forme à, façonner. « *Nous avons tous été pétris et repétris par ceux qui nous ont aimés* » (MAURIAC). ◊ Littér. (surtout au passif et p. p.) PÉTRIR DE : former, faire avec. « *L'homme est pétri du limon de la terre* » (DANIEL-ROPS). « *Elle avait un teint pétri de lait et de lumière* » (BARBEY). — Fig. *Être pétri d'orgueil*, très orgueilleux. V. **Plein.** « *Il pardonnait beaucoup aux paysans, même en les trouvant pétris d'ignorance et de défauts* » (FROMENTIN).

PÉTRISSABLE [petʀisabl(ə)]. *adj.* (1749; de *pétrir*). Rare. Qui peut être pétri.

PÉTRISSAGE [petʀisaʒ]. *n. m.* (1764; *pétrissement*, XVᵉ; de *pétrir*). Action de pétrir. *Pétrissage à main, mécanique* (en boulangerie). ◊ Spécialt. Mode de massage qui consiste à presser, comprimer profondément les tissus.

PÉTRISSEUR, EUSE [petʀisœʀ, øz]. *n.* (1538; *pestrisseur*, 1260; de *pétrir*). ♦ 1° Ouvrier boulanger qui pétrit la pâte, à la main ou mécaniquement. Fig. « *Machiavel a eu de nombreux disciples, non pas seulement parmi les pétrisseurs de pâte politique* » (SIEGFRIED). ♦ 2° N. m. (1868). Pétrin mécanique. ◊ Appareil de massage utilisé pour le pétrissage des tissus. ♦ 3° N. f. (1907). Machine à pétrir.

PÉTRO-. Élément, du gr. *petros* « pierre ».

PÉTROCHIMIE [petʀoʃimi] (forme critiquée, mais plus cour.) ou **PÉTROLOCHIMIE** [petʀɔlɔʃimi] (Recomm. offic.). *n. f.* (mil. XXᵉ, -v. 1965; de *pétro*, et *chimie*). Techn. Branche de la chimie industrielle qui étudie les dérivés du pétrole.

PÉTROCHIMIQUE [petʀoʃimik] ou **PÉTROLOCHIMI-QUE** [petʀɔlɔʃimik]. *adj.* (XXᵉ; de *pétrochimie, pétrolochimie*). Techn. Relatif à la pétrochimie. *L'industrie pétrochimique. Un complexe pétrolochimique.*

PÉTROCHIMISTE [petʀoʃimist(ə)] ou **PÉTROLO-CHIMISTE** [petʀɔlɔʃimist(ə)]. *n.* (mil. XXᵉ). Techn. Spécialiste de la pétro(lo)chimie.

PÉTRODOLLAR [petʀodɔlaʀ]. *n. m.* (1974; de *pétro*[le], et *dollar*). Fin. Unité monétaire provenant de la vente du pétrole par les pays producteurs. « *Les pétrodollars constitueront une épargne mondiale, d'un volume sans précédent [...]* » (L'Express, 3-2-1975).

PÉTROGALE [petʀogal]. *n. m.* (1837; de *pétro*, et *galê* « belette »). Zool. Petit mammifère *(Marsupiaux macropodidés)* qui vit en Australie.

PÉTROGRAPHIE [petʀɔgʀafi]. *n. f.* (1842; de *pétro*, et -*graphie*). Didact. Science qui décrit les roches et étudie leur structure et leur composition. V. **Minéralogie.**

PÉTROGRAPHIQUE [petʀɔgʀafik]. *adj.* (1842; de *pétrographie*). Didact. Relatif à la pétrographie.

PÉTROLE [petʀɔl]. *n. m.* (h. XIIIᵉ; 1611; lat. médiév. *petroleum*, de *petra* « pierre », et *oleum* « huile » : « huile de pierre »). ♦ 1° Huile minérale naturelle (bitume liquide) accumulée en gisements et utilisée comme source d'énergie (Cf. Or noir). *Le pétrole, mélange d'hydrocarbures, provient de vases organiques transformées par l'action de fermentations anaérobies. Gisements de pétrole du Texas, du Venezuela, du Moyen-Orient. Les pétroles roumains, sahariens.* Prospection et exploitation du pétrole : forages (derrick, trépan); transport (pipe-line, pétrolier, tanker, wagon-citerne). *Puits de pétrole. Pétrole naturel ou brut.* V. **Naphte.** *Raffinage, distillation du pétrole. Produits dérivés du pétrole :* gazoline, ligroïne; *pétrole lampant* (kérosène); gas-oil, huiles légères, lourdes, de graissage, paraffine; résidus (fuel, mazout; vaseline; bitume; brai). V. *aussi* Essence, white-spirit. *Chimie du pétrole.* V. **Pétrolochimie.** ♦ 2° Une des fractions de la distillation du pétrole. *Lampe à pétrole. Poêle, réchaud à pétrole.* ♦ 3° Appos. *Bleu, vert pétrole*, nuance où entrent du bleu, du gris et du vert. *Un costume bleu pétrole.*

PÉTROLETTE [petʀolɛt]. *n. f.* (1899; de *pétrole*). Fam. Petite automobile *(vx).* « *Le commandant nous invite dans sa pétrolette* » (GIDE). ◊ (1949) Mod. Petite moto, vélomoteur.

PÉTROLEUSE [petʀɔløz]. *n. f.* (1871; de *pétrole*). Nom donné aux femmes qui, pendant la Commune, allumaient des incendies. « *Ses mèches grises, échevelées, lui donnaient dans les meetings une allure de pétroleuse* » (MART. du G.). Par anal. Femme qui agit, manifeste plus ou moins violemment.

PÉTROLIER, IÈRE [petʀɔlje, jɛʀ]. *n. m.* et *adj.* (1889, « bateau » ; de *pétrole*). ◆ 1° Navire citerne conçu pour le transport en vrac du pétrole (On dit aussi *Tanker*). *Les pétroliers de la Marine marchande. Adj. Navire pétrolier.* ◆ 2° *Adj.* (XXe). Relatif au pétrole. *Industrie et commerce pétroliers. Société pétrolière. Produits pétroliers. Pays pétroliers.* ◇ *(Personnes)* Spécialisé dans la prospection pétrolière. *Géologue pétrolier.* ◆ 3° *N. m.* Financier, industriel qui a de gros capitaux dans les sociétés pétrolières.

PÉTROLIFÈRE [petʀɔlifɛʀ]. *adj.* (1867 ; de *pétrole*, et *-fère*). Qui contient, fournit du pétrole. *Gisement pétrolifère.*

PÉTROLOCHIMIE, -CHIMIE. Recomm. offic. pour Pétrochimie*, -chimie*.

PÉTULANCE [petylɑ̃s]. *n. f.* (1694 ; « insolence », 1529 ; h. 1372 ; lat. *petulantia*). Ardeur exubérante, brusque et désordonnée. V. **Fougue, turbulence, vitalité, vivacité.** *La pétulance des jeunes gens. « J'eusse craint ta pétulance et ton esprit dans une conversation, tandis que je sais que tu réfléchiras à ton avenir en me lisant »* (BALZ.). — *« Il jette çà et là des coups de brosse d'une pétulance et d'une brutalité incroyables »* (GAUTIER). ◈ ANT. *Mollesse, nonchalance, réserve.*

PÉTULANT, ANTE [petylɑ̃, ɑ̃t]. *adj.* (1330 ; lat. *petulans*, de *petere* « se jeter sur »). Qui manifeste une ardeur exubérante. V. **Fougueux, impétueux, turbulent, vif.** *« Des airs de maîtrise de maison animée, presque pétulante »* (ROMAINS). — *Par ext. « Leur joie pétulante, leurs cris, leurs éclats de rire m'excitèrent bientôt »* (BALZ.). ◈ ANT. *Mou, nonchalant, réservé.*

PÉTUN [petœ̃]. *n. m.* (1555 ; du port. *petum*, d'o. brésilienne). *Vx.* Tabac.

PÉTUNER [petyne]. *v. intr.* (1612 ; de *pétun*). *Vx.* Fumer, priser du tabac.

PÉTUNIA [petynja]. *n. m.* (*Pétunie*, 1828 ; de *pétun* « tabac »). *Cour.* Plante dicotylédone *(Solanacées)* herbacée, très appréciée comme plante ornementale pour ses fleurs violettes, roses, blanches. *Pots de pétunias sur un balcon.*

PEU [pø]. *adv.* (*Pou, poi*, XIe [adv.] ; lat. pop. *paucum*, neutre adv., class. *pauci* « en petit nombre »).

I. (*Po*, XIIe). En fonction de nom ou de nominal. Faible quantité considérée soit comme simplement « petite », soit comme « insuffisante ». ◆ 1° Précédé d'un déterminatif. *Le peu que, de... « Le peu de cas que l'on faisait de ma personne »* (MÉRIMÉE). *« Je ne puis m'empêcher de rire, malgré le peu d'envie que j'en ai »* (MUSS.). *« Le peu que nous croyons tient au peu que nous sommes »* (HUGO). *« Le peu de jour qui restât faiblissait »* (PROUST). — (Accord du verbe) *« Fais connaître le peu de talents que la nature et le travail t'ont donnés »* (LAMART.). *« Le peu de cheveux qui me reste grisonne allégrement »* (DUHAM.). *Ce peu d'argent. Son peu de fortune.* ◆ 2° UN PEU DE. V. **Brin, grain, miette.** *Un peu de sel. Un peu de patience.* — *Fam. Un petit peu, un tout petit peu de cognac.* V. **Goutte, larme.** *Un peu de lait dans le thé.* V. **Nuage, soupçon.** — *Loc. adv.* (XXe) POUR UN PEU (avec un verbe au condit.) : *il aurait suffi de peu de chose pour que. « Pour un peu il y eût dit à cette dame trop fardée des choses désagréables »* (ROMAINS). *Cf. Un peu plus, et...* ◆ 3° (Employé seul, sans complément). *Exiger beaucoup pour obtenir peu. Ce n'est pas peu dire :* c'est dire beaucoup, sans exagération. — *Se contenter de peu. Il est content de peu. Vivre de peu. Il est de peu mon aîné. Éviter de peu.* V. **Justesse** (à). *Il s'en faut de peu.* — *À peu près.* V. **Près.** *« Moi, pour vouloir si peu je ne suis pas si fou ! »* (HUGO). — *Fam. Très peu pour moi :* formule de refus. — *Peu s'en faut, il s'en faut de peu.* V. **Falloir.** ◇ *PEU :* en fonction d'attribut. — (Vx) *« Suis-je trop peu pour vous ? »* (CORN.). — (Vieilli) *Homme de peu, de basse condition.* — *Mod. C'est peu, ce n'est pas grand-chose. Nous avons deux jours pour terminer, c'est peu. « Il serait que notre esprit fût naturellement confus et bizarre »* (PAULHAN). *« C'était donc peu de dire que le feu tue »* (VALÉRY). ◇ PEU À PEU : *en progressant par petites quantités, par petites étapes.* V. **Doucement, graduellement, insensiblement, progressivement.** *« Peu à peu, avec une lenteur désespérante, je m'échappe du ciel »* (BARBUSSE). ◆ 4° PEU DE... (suivi d'un complément). *En peu de temps. Cela a peu d'importance. Homme de peu de foi. « Faire bonne chère avec peu d'argent »* (MOL.). *« Peu de sang versé, peu d'honneur conquis... telle fut cette guerre »* (HUGO). — PEU DE CHOSE : *une petite chose, qqch. d'insignifiant. « Qu'il fallait un peu de chose à ma rêverie ! »* (CHATEAUB.). *Compter pour peu de chose. À peu de chose près. « Le chef-d'œuvre du style, c'est d'exprimer... une grande chose avec peu de chose »* (LÉAUTAUD). ◇ (Compl. au plur.) *Peu de jours. Il dit beaucoup en peu de mots.* V. **Brièvement, succinctement.** *« Très peu de jours après »* (FROMENTIN). *À peu de frais*. « Peu de gens savent être vieux »* (LA ROCHEF.). ◆ 5° *Ellipt.* Peu de temps. *Dans peu, sous peu, avant peu :* dans un temps court, dans un proche avenir. V. **Bientôt.** *Depuis peu. Il y a peu. D'ici peu.* ◇ *Un petit nombre (des choses ou des gens dont il est question). « Beaucoup sont*

appelés, mais peu sont élus »* (BIBLE). *« Bien peu suivaient Christophe dans l'audace de ses dernières compositions »* (R. ROLLAND). *« Il en est peu qui aient le bonheur de s'endormir aussitôt la tête sur l'oreiller »* (ROMAINS). *Je ne vais pas me décourager pour si peu !*

II. *Adv.* ◆ 1° *(Avec un verbe).* En petite quantité, dans une faible mesure seulement. V. **Médiocrement, modérément, peine** (à). *Aimer peu les enfants :* ne les aimer guère*. *Lampe qui éclaire peu.* V. **Faiblement, mal.** *Peu importe. Peu me chaut.* V. **Chaloir.** *Travailler très peu, assez peu. « Nous en voyons trop ou trop peu »* (MUSS.). *Nous sortons peu le soir.* V. **Rarement.** — *Peu ou prou*. « Parlons peu, mais parlons bien, lui dit-il. Tu es une vieille crapule »* (FRANCE). *« Il faut me connaître bien pour pouvoir accepter... »* (GIDE). ◇ *(Avec un adj.)* Pas très. *C'est peu intéressant. Fort peu recommandable. Peu nombreux. Il n'était pas peu fier :* il était très fier. *« Il était trop peu délicat sur le choix des moyens en les trouvant tous bons »* (BALZ.). ◇ *(Avec un adv.)* Peu souvent. ◇ SI PEU *(ou de soit)*, en quelque petite quantité que ce soit, en si faible mesure que ce soit. *« Si peu que j'aie causé avec lui, il a trouvé le temps de me dire... »* (GIDE). — TANT SOIT PEU. *Subst. « Tu me parais un tant soit peu misanthrope »* (MUSS.). ◇ *Loc. conj.* POUR PEU QUE (avec le subj.) : *si peu que ce soit, pourvu que. « Pour peu qu'on encourage une amante passionnée, elle est intrépide »* (VOLT.). ◆ 2° UN PEU : *dans une mesure faible mais non négligeable (s'oppose à la fois à beaucoup et à pas du tout). Elle zézayait un peu. Il ne s'amuse pas qu'un peu :* il s'amuse beaucoup. *Il est un peu artiste. « Un peu... Beaucoup... Passionnément... » comme si elle effeuillait la marguerite »* (DORGELÈS). — *Un peu partout. Un peu plus ou un peu moins. Un peu mieux.* V. **Légèrement.** *« Il faut être un peu bon pour l'être assez »* (MARIVAUX). — UN PETIT PEU : *un peu. Il va un petit peu mieux.* — QUELQUE PEU *(littér.) :* assez. *« Il se sentait quelque peu étourdi, comme un homme qui descend d'un vaisseau »* (FLAUB.). ◇ *(Emplois stylistiques)* Pour atténuer un ordre ou souligner une remarque. *« Va-t'en un peu ce qu'elle fait »* (MOL.). *Je vous demande un peu ! « Je me demande un peu lequel de nous deux s'amuse à rêver ! »* (DUHAM.). *« Lâche ! Feignant ! sors donc un peu, que je te démolisse ! »* (ZOLA). — *(Poli ou iron.)* Bien trop. *C'est un peu court, un peu jeune ! C'est un peu fort ! C'est un peu tiré par les cheveux*. Il charrie un peu, le gars !* Iron. *Un peu beaucoup :* vraiment beaucoup ; trop. *« Mais, mon oncle, il me semble que vous vous jouez un peu beaucoup de mon père »* (MOL.). ◇ *(Pour accentuer une affirmation)* « Tu ferais ça ? — Un peu ! » (Cf. Et comment ! ; je veux !). Pop. *Un peu, mon neveu ! « Mais j'suis là... — j'suis même un peu là, comme on dit »* (BARBUSSE). *« On vous a oubliés, pauvres vieux ! — Un peu ! s'écrie Fouillade, qu'on nous a oubliés ! »* (BARBUSSE).

◈ ANT. *Beaucoup, fort ; amplement, bien, grandement, très.* — HOM. *Peuh ;* formes du v. *pouvoir.*

PEUCÉDAN [pøsedɑ̃]. *n. m.* (1795 ; *peucedane*, 1549 ; *phecédan*, 1213 ; lat. *peucedanum* ; gr. *peukedanon*, rac. *peuké* « pin, résine »). Plante dicotylédone, herbacée, vivace *(Ombellifères)*, qui pousse dans les prés. *Peucédan officinal, peucédan palustre, utilisés autrefois comme diurétiques.*

PEUCHÈRE! [pøʃɛʀ]. *interj.* (*Pechère*, 1880). Forme francisée de *Pécaïre*. Var. PÉCHÈRE [peʃɛʀ].

PEUH! [pø]. *interj.* (attesté 1831 ; onomat.). Interjection exprimant le mépris, le dédain ou l'indifférence. *— Sire, peut-on pendre aussi celui-là ? — Peuh ! répondit négligemment le roi. Je n'y vois pas d'inconvénients »* (HUGO). ◈ HOM. *Peu ;* formes du v. *pouvoir.*

PEUL ou **PEUHL, E** [pøl]. *adj.* et *n.* (1872 ; mot afr. *pullo*, pl. *Ful'be*). Relatif aux Peuls (peuple d'Afrique occidentale). *« Souplesse de la hanche, feu du regard : les femmes peules »* (B. DIOP). — *N. m. Le peul*, langue du groupe sénégalo-guinéen parlée par les Peuls (au Sénégal, en Haute-Volta, au Cameroun).

PEULVEN [pølvɛn]. *n. m.* (1833 ; mot breton). *Rare.* Synonyme de menhir. *« Un bloc de granite isolé s'appelle un peulven »* (STENDHAL).

PEU OU PROU. V. PROU.

PEUPLADE [pœplad]. *n. f.* (1564 ; de *peupler*, d'apr. esp. *poblado*). ◆ 1° *Vx.* Groupe de personnes allant peupler un territoire ou s'y installant. ◇ *Vx* (1636) Action de peupler. V. **Peuplement.** ◆ 2° (1613). *Mod.* Groupement humain de faible ou de moyenne importance, dans une société primitive. V. **Horde, tribu.** *« Ces peuplades (les Samnites)... n'avaient guère de villes »* (MICHELET).

PEUPLE [pœpl(ə)]. *n. m.* (v. 1430 ; *poblo*, 842 ; *pueble, pople*, XIe ; lat. *populus*). I. ◆ 1° Ensemble d'hommes vivant en société, habitant un territoire défini et ayant en commun un certain nombre de coutumes, d'institutions. V. **Nation, pays, population, société.** *Le droit des peuples à disposer d'eux-mêmes. — Les coutumes, mœurs d'un peuple. Peuple primitif, civilisé. La langue, la littérature, l'art d'un peuple. Le peuple français, américain, espagnol. — Relations entre les peuples. « Un homme passe,* mais un peuple se renouvelle » (VIGNY). « Les plus machiavéliques desseins se briseront vite contre la volonté pacifique des peuples » (MART. du G.). ◇ Communauté. Le peuple élu : le peuple juif. Le peuple chrétien : la chrétienté. ♦ 2° Vx. Population. Le peuple d'un bourg, d'un village. « On peut mesurer un corps politique... par le nombre du peuple » (ROUSS.).

II. ♦ 1° LE PEUPLE, UN PEUPLE, considéré comme le corps de la nation, l'ensemble des personnes soumises aux mêmes lois. Relatif au peuple. V. Populaire. « Le mot peuple... désigne tantôt la totalité indistincte et jamais présente nulle part ; tantôt le plus grand nombre, opposé au nombre restreint des individus plus fortunés ou plus cultivés » (VALÉRY). ◇ Le peuple, sujet de droits politiques. Souveraineté du peuple. Gouvernement du peuple. V. Démocratie. « Allez dire à votre maître que nous sommes ici par la puissance du peuple et qu'on ne nous en arrachera que par la puissance des baïonnettes » (MIRABEAU). « Jamais on ne corrompt le peuple, mais souvent on le trompe » (ROUSS.). « Les peuples, c'est rien et ça devrait être tout » (BARBUSSE). « Son principe (de la République française) est : gouvernement du peuple, par le peuple et pour le peuple » (CONSTITUTION de 1958). V. Démocratie. — Les députés, les élus du peuple. Spécialt. (Ancienn.) Commissaire du peuple, ministre, en Union soviétique. ◇ L'ensemble des personnes, des citoyens qui constituent une communauté. Gagner la faveur du peuple. V. Popularité. « La religion est l'opium du peuple » (trad. MARX). Flatter le peuple (V. Démagogie). Affamer, exploiter le peuple. Le peuple (la nation) en armes. « Ce sont les peuples qui font les rois, et les rois sont faits pour les peuples, et les peuples ne sont pas faits pour les rois » (LAMENNAIS). « Le peuple donne son sang et son argent, moyennant quoi on le mène » (HUGO). ◇ Spécialt. Le prince, le roi et son peuple : ses sujets. ♦ 2° (Pople, XIII°). LE PEUPLE : le plus grand nombre (opposé aux classes supérieures, dirigeantes [sur le plan social] ou aux éléments les plus cultivés de la société). V. Foule, masse, multitude ; péj. Canaille, plèbe, populace, populo. « J'entends par peuple, la populace, qui n'a que ses bras pour vivre » (VOLT.). « Le peuple et la bourgeoisie. V. Prolétariat. Le peuple des villes et le peuple des campagnes. V. Ouvrier, paysan. — Être, sortir du peuple. Fils du peuple. Homme, femme, gens du peuple, de basse condition. Écrire pour le peuple. V. Public (grand). Mettre à la portée du peuple. V. Populariser. Qui plaît (V. Populaire), déplaît (V. Impopulaire) au peuple. Le langage du peuple. ◇ Péj. Ceux qui, à quelque classe qu'ils appartiennent, ont des goûts vulgaires. « J'appelle peuple, ajoute-t-elle, tout ce qui pense bassement et communément : la Cour en est remplie » (STE-BEUVE). ◇ Loc. Le petit, le menu peuple : les couches les plus modestes de la société. Le bas peuple. — « Nos prêtres ne sont pas ce qu'un vain peuple pense » (VOLT.). Loc. fam. Ce qu'un vain peuple pense : l'opinion courante et fausse. ♦ 3° (XVII°). Adj. invar. Populaire. « Saint Pierre, le plus rude, le plus peuple et aussi le plus fin des apôtres » (BALZ.). « Tout était peuple en elle » (RENAN).

III. ♦ 1° (Pueple, XII°). Vieilli. Foule, multitude de personnes assemblées. V. Assemblage, concours. Place encombrée de peuple. « À la nuit, tout un peuple se massait devant la pagode » (CÉLINE). ◇ Fam. Il y a du peuple, du monde. ♦ 2° Vx. Le public. « Il s'endort à un spectacle, et il ne se réveille que longtemps après qu'il est fini et que le peuple s'est retiré » (LA BRUY.). ♦ 3° Fig. et pop. Se moquer, se ficher, se foutre du peuple : du monde, des gens. « J'aurais parié vingt sous... Est-ce que tu te fous du peuple ? Nous t'attendons » (ZOLA). ♦ 4° Littér. (XVII°). Un peuple de... : un grand nombre de... « Madame de Guiche,... suivie d'un peuple d'adorateurs » (CHATEAUB.). — Fig. Un peuple d'oiseaux. « Tout le peuple gothique des sommets d'églises que dominait la flèche aiguë de la cathédrale » (MAUPASS.).

PEUPLÉ, ÉE [pœple]. adj. (v. 1380; pueplé, 1188; V. Peupler). Où il y a une population, des habitants. V. Habité; populeux, surpeuplé. Ville, contrée plus ou moins peuplée. « Paris est une solitude peuplée » (MAURIAC). ◇ ANT. Dépeuplé, désert.

PEUPLEMENT [pœpləmã]. n. m. (1260; de peupler). ♦ 1° Processus démographique par lequel un territoire reçoit sa population. Le peuplement des terres vierges. — Colonie de peuplement, destinée à recevoir une population d'immigrants. ♦ 2° Action de peupler d'animaux. Peuplement d'une basse-cour, d'un étang. — Peuplement d'une forêt. V. Plantation. ♦ 3° État d'un territoire peuplé. Évolution du peuplement. ♦ 4° Écol. Ensemble des organismes animaux et végétaux vivant dans un même milieu biogéographique. V. Biocénose, biote, faune, flore. ◇ ANT. Dépeuplement.

PEUPLER [pœple]. v. tr. (1546; puepler, 1155; de peuple). I. ♦ 1° Pourvoir (un pays, une contrée) d'une population. Peupler une région, une île déserte en y envoyant des colons. — Peupler un pays de gibier. Peupler un étang. ◇ Peupler un bois, une forêt, une vigne, y mettre du nouveau plant. V. Planter. ♦ 2° Littér. Emplir, remplir. « Le Salomon des Francs, comme celui des Juifs, peuple ses palais de belles

femmes » (MICHELET). ◇ (Abstrait) « Je peuplais les coteaux et les nuages de figures divines » (NERVAL). « Qui ne sait pas peupler sa solitude, ne sait pas non plus être seul dans une foule affairée » (BAUDEL.).

II. ♦ 1° (XVI°). Habiter, occuper (une contrée, un pays). Les hommes qui peuplent la terre. — (Animaux) Alevins destinés à peupler un étang. ♦ 2° Habiter ou occuper (un lieu). « Les étudiants qui peuplent cette maison de famille étaient partis en vacances » (MAURIAC). — (Abstrait) Littér. V. Hanter. « Ces incohérentes visions qui peuplaient son délire » (MART. du G.). ♦ 3° SE PEUPLER. v. pron. Se remplir d'habitants. Lyon « ouvrit son sein à une foule de fugitifs, et se peupla de la dépopulation générale » (MICHELET). Fig. « La rade se peuple de navires de plaisance » (HUGO).

◇ ANT. Dépeupler, vider. — Déserter.

PEUPLERAIE [pøpləʀɛ]. n. f. (v. 1600; de peuplier). Plantation de peupliers.

PEUPLIER [pøplije]. n. m. (XIV°; pouplier, 1165; de l'a. fr. peuple « peuplier »; du lat. populus). Arbre élancé, des régions tempérées (Salicacées), à petites feuilles. Peupliers blancs. V. aussi Grisard, ypréau (peuplier de Hollande). Peuplier tremble. V. Tremble. Peupliers noirs (pyramidal, d'Italie, de Virginie). — Cour. Le peuplier blanc à feuilles argentées (populus alba ou ypréau). Route bordée de peupliers. Plantation de peupliers. V. Peupleraie. — Droit, grand, mince, élancé comme un peuplier. « Cette brune jeune fille, à la taille de peuplier » (BALZ.). ◇ Bois de peuplier (bois blanc).

PEUR [pœʀ]. n. f. (1290; pavor, X°; lat. pavor, -oris). ♦ 1° LA PEUR (Sens fort). Phénomène psychologique à caractère affectif marqué, qui accompagne la prise de conscience d'un danger réel ou imaginé, d'une menace. V. Affolement, alarme, alerte, angoisse, appréhension, crainte, effroi, épouvante, frayeur, inquiétude, terreur. Avoir les traits bouleversés par la peur. Être en proie à la peur. V. Apeuré. Être inaccessible à la peur. V. Impavide. Inspirer de la peur. « La peur qui serra, saisit et glaça les forts le cœur d'un gentilhomme, qu'il en tomba raide mort... Tantôt elle (la peur) nous donne des ailes aux talons... tantôt elle nous cloue les pieds et les entrave » (MONTAIGNE). « La peur... c'est quelque chose d'effroyable, une sensation atroce, comme une décomposition de l'âme, un spasme affreux de la pensée et du cœur, dont le souvenir seul donne des frissons d'angoisse » (MAUPASS.). « Chez beaucoup de gens l'absence de peur n'est qu'une absence d'imagination » (RIBOT). — Être blanc, blême, pâle, transi, vert de peur : par la peur, à cause de la peur. Claquer des dents, trembler de peur. Être mort de peur (Cf. Être plus mort* que vif). — Loc. Bayard, le chevalier sans peur et sans reproche. Avoir plus de peur que de mal. En être quitte* pour la peur. ◇ LA PEUR DE... a) Suivi du nom de la personne ou de l'animal qui éprouve la peur. « La peur l'avait saisi... Cette peur du gibier devant le chasseur, de la souris devant le chat » (MAUPASS.). La peur de qqn, sa peur. Il cherche à cacher sa peur. — b) Suivi du nom de l'être ou de l'objet qui inspire la peur, ou d'un verbe. « Plus je m'approche de la mort et plus la peur de la mort s'atténue » (GIDE). V. Hantise. — Peur morbide de certains objets, de certains animaux. V. Aversion, phobie, répulsion. La peur de mourir. ♦ 2° UNE PEUR (ou la peur et adj.) : l'émotion de peur particulière qui saisit qqn dans une occasion précise. Une peur bleue, intense. Avoir, éprouver une peur irraisonnée, panique. « Il n'avait qu'une peur, c'était qu'il ne rêvât » (FRANCE). Fam. J'ai eu; il m'a fait une de ces peurs ! (j'ai eu peur de lui ou pour lui). — Hist. La grande peur (qui précéda la nuit du 4 août 1789). ♦ 3° (Sens faible). LA, UNE PEUR DE (suivi d'un nom, d'un inf.) : appréhension; souci, désir d'éviter une chose considérée comme désagréable. « Ils avaient une peur maladive de gêner leurs voisins » (R. ROLLAND). « Notre faiblesse principale à nous Français : la peur de s'emballer, la peur d'être dupe, la peur de prendre les choses au sérieux, la peur du ridicule » (ROMAINS). « Une peur lui venait de se conduire comme un enfant » (ZOLA). ◇ La peur que. « À me voir si sage (ou si léger) la peur la prenait que je ne l'aimasse moins » (RADIGUET). ♦ 4° Loc. (Sans article). Prendre peur. V. Épouvanter (s'). « Le cheval... prit peur, se cabra » (DUHAM.). ◇ Avoir PEUR. V. Craindre (Cf. fam., pop. Avoir la colique, les chocottes, les foies, la frousse, les jetons, la pétasse, la pétoche, le trac, la tremblote, la trouille ; les avoir à zéro ; faire dans son froc ; serrer les fesses ; se dégonfler ; paniquer). N'ayez pas peur, n'aie pas peur : formule pour rassurer (Cf. fam. Ne vous frappez pas). « Il fallait qu'il eût bien peur pour avoir tant de courage » (HUGO). « Tous les hommes ont peur. Tous. Celui qui n'a pas peur n'est pas normal ; ça n'a rien à voir avec le courage » (SARTRE). — Avoir peur pour qqn : craindre, trembler pour lui. — Avoir peur de. V. Redouter. « Il est évident... que l'homme qui a peur a peur de quelque chose » (SARTRE). « Je ne l'ai pas dénoncé parce que j'avais peur de sa vengeance » (GREEN). N'avoir peur de rien. N'avoir pas de mots, appeler* les choses par leur nom. — (Renforcé) Avoir grand'peur (vx), grand-peur. « J'avais grand'peur d'être

grondé » (DAUD.). Abusiv. *Avoir très peur.* — (Sens atténué)
N'ayez pas peur d'insister sur ce point. « *J'ai bien peur que tu
sois un enfant toute ta vie* » (DAUD.). ◊ FAIRE PEUR : donner
de la peur. — Par hyperb. *Être (laid) à faire peur.*
« *Madame de Beauséant... se disait en arrangeant sa coiffure :*
— *Je ne veux cependant pas être à faire peur* » (BALZ.). *Faire
plus de peur que de mal :* être effrayant mais inoffensif. —
Faire peur à qqn. V. **Effrayer, épeurer, épouvanter, intimider,
menacer.** « *Ah! vous me faites peur et tout mon sang se fige* »
(MOL.). « *Un songe, un rien, tout lui fait peur* » (LA FONT.).
— (Sens atténué) *Les longs ouvrages me font peur.* « *Quand
il en rencontrait une (femme), il lui faisait peur, et il en avait
peur* » (HUGO). ◊ PAR PEUR de, DE PEUR de, ou (vx) *peur de.*
« *Aucun général n'osera s'en servir (du char), de peur du
ridicule* » (VOLT.). « *Je me presse de rire de tout, de peur
d'être obligé d'en pleurer* » (BEAUMARCH.). — *De, par peur
que...* « *Elle me renvoyait par peur que je la fatigue* » (PROUST).
« *Il était comme un homme qui retient son souffle et craint
de respirer, de peur que l'illusion ne cesse* » (R. ROLLAND).
◊ ANT. **Audace, bravoure, courage, intrépidité.**

PEUREUSEMENT [pœʀøzmã]. *adv.* (*Paureusement*,
XIIᵉ ; de *peureux*). D'une manière qui dénote de la peur. V.
Craintivement. *Se blottir, se cacher peureusement.* ◊ ANT.
Bravement, courageusement.

PEUREUX, EUSE [pœʀø, øz]. *adj.* (1370 ; *peoros*, 1160 ;
de *peur*). Sujet, enclin à la peur. V. **Couard, craintif, lâche,
poltron, pusillanime;** Cf. *pop.* ou *arg.* **Capon, dégonflé,
foireux, froussard, péteux, trouillard.** *Un enfant peureux.*
« *Peureux comme un lièvre, il court moins que toi* » (JOUHAN-
DEAU). — *Subst. C'est un peureux.* ◊ Qui est sous l'empire
de la peur. *Il alla se cacher dans un coin, tout peureux.* « *Je
dus avoir une expression bien bestiale, car je la vis peureuse,
cherchant des yeux le signal d'alarme* » (RADIGUET). — Par
ext. *Regards peureux. Il est d'un naturel peureux.* ◊ ANT.
Audacieux, brave, courageux, déterminé.

PEUT-ÊTRE [pøtɛtʀ(ə)]. *adv.* (1680 ; *puet estre*, XIIIᵉ ;
ellipse de *puet cel estre* « cela peut être », 1120). ♦ 1º Adverbe
de modalité marquant le doute, indiquant que l'idée exprimée
par la proposition ou une partie de la proposition est une
simple possibilité. *Ils ne viendront peut-être pas.* « *Il y a
peut-être dans mon cas un peu de lâcheté? C'est possible* »
(ROMAINS). — *Peut-être bien,* marquant une probabilité,
une vraisemblance. « *Il venait le diable sait d'où; peut-être
bien de Hongrie* » (DUHAM.). ◊ Ellipt. (dans un dialogue
ou après une interrogation) « *Il a dit ça ?* — *Peut-être pas,
mais c'est ce qu'il voulait dire* ». « — *Ho ! Monsieur, j'entrerai.*
— *Peut-être.* — *J'en suis sûre* » (RAC.). — *Peut-être..., mais...*
V. **Doute** (sans). « *Ne pas monter bien haut, peut-être, mais
tout seul* » (Ed. ROSTAND). « *Pensa-t-elle qu'Olivier l'avait
réellement trompée? Peut-être. Mais qu'importe?* » (R. ROL-
LAND). ◊ *Peut-être,* en tête d'une proposition, avec le plus
souvent inversion du sujet. « *Peut-être il obtiendra la guérison
commune* » (LA FONT.). « *Qui sait? Peut-être avons-nous
encore des sensations après notre mort* » (STENDHAL). ◊
Peut-être, en fin de phrase, exprimant le défi, l'ironie. « *Vous
n'êtes pas exempt de politesse, peut-être?* » (BEAUMARCH.).
« *Et nous ne l'étions pas, peut-être, fatigués?* » (Ed. ROSTAND).
♦ 2º (1640 ; *peut estre que*, v. 1450). PEUT-ÊTRE QUE. *Peut-être
bien que oui, peut-être bien que non,* réponse de Normand*.
— (Paysan ou plaisant). *P'têt ben qu'oui, p'têt' ben qu'non*
[ptɛtbɛkwi, ptɛtbɛkn5]. « *Peut-être bien aussi que je m'étais
mis dans la tête de ne pas céder?* » (GIDE). « *Peut-être que
les petites filles sont toutes comme cela?* » (GIRAUDOUX).
♦ 3º (1643). Littér. Subst. « *Ainsi, dans trois jours, à cette
même heure, je saurai à quoi m'en tenir sur le grand peut-
être* » (STENDHAL). « *Qui connaît le destin? qui sonda le
peut-être?* » (HUGO). ◊ ANT. **Assurément, forcément.**

PEYOTL [pɛjɔtl]. *n. m.* (v. 1930; mot indien du Mexique
[*Nahuatl*], par l'angl.). Plante du Mexique (*Cactées*) scientifiquement appelée *echinocactus Williamsii.* Le peyotl contient
un alcaloïde, la mescaline, qui a la propriété de provoquer des
hallucinations. « *Le peyotl qui nous fait passer outre notre code
des perspectives et des couleurs* » (COCTEAU).

PÈZE [pɛz]. *n. m.* (1813 ; p.-ê. de *peser*). *Arg.* Argent.
« — *T'as bouffé...? — Non, j'ai pas d'pèze* » (CARCO). *Faire
du pèze :* gagner de l'argent. « *Un vieux tout à fait au pèze* »
(ROMAINS) : très riche.

PÉZIZE [peziz]. *n. f.* (1811 ; gr. *pezis*). Genre de champignons discomycètes, comestibles. *Pézize oreille d'âne.*

PFENNIG [pfenig]. *n. m.* (*Pfenning*, 1359 ; mot all.).
Monnaie divisionnaire allemande qui vaut la centième
partie du mark. *Des pfennigs.*

PFF(T) [pf(t)], **PFUT...** [pfyt] (onomat.). Interjection
exprimant l'indifférence, le mépris. *Pfft...! il en est bien
incapable.*

P.G.C.D. [peʒesede]. (XXᵉ; abrév.). *Arithm.* Abrév. de
Plus grand commun diviseur.

ph *Phys.* Symbole du *phot**.

pH [peaʃ]. n. m. (1909; abrév. de *potentiel d'Hydrogène*).

Indice exprimant l'activité (ou la concentration) de l'ion
hydrogène dans une solution, à l'aide d'une échelle logarithmique. *Si le pH est inférieur à 7, la solution est acide; s'il
est supérieur, elle est alcaline. Calculer le pH sanguin, urinaire.*
V. **Acidité.**

PHACOCHÈRE [fakɔʃɛʀ]. *n. m.* (1822; du gr. *phakos*
« lentille », et *khoiros* « petit cochon »). Mammifère ongulé
(*Suidés*) d'Afrique, voisin du sanglier.

PHACOMÈTRE [fakɔmɛtʀ(ə)]. *n. m.* (XXᵉ; du gr. *phakos*
« lentille », et *-mètre*). *Opt.* Instrument permettant de connaître par lecture directe le nombre des dioptries d'un verre
optique.

PHAÉTON [faetɔ̃]. *n. m.* (1688; du nom de *Phaéton*,
fils du Soleil). ♦ 1º *Vx* et *plais.* Charretier, cocher. « *Le
Phaéton d'une voiture à foin Vit son char embourbé* » (LA
FONT.). ♦ 2º (XVIIIᵉ). Petite voiture à quatre places, légère
et découverte, très haute sur roues. ◊ (Déb. XXᵉ) Ancien
modèle de voiture automobile découverte à deux ou quatre
places. « *Il s'était contenté d'une quarante-chevaux Bertrand,
carrossée en phaéton* » (ROMAINS). ♦ 3º (1780). Oiseau
(*Phaétonidés*) de grande taille, à bec pointu, à longue queue
prolongée par deux plumes médianes minces, presque sans
barbes, qui ont fait donner à cet oiseau des tropiques le
nom courant de *paille-en-cul, paille-en-queue.*

-PHAGE, -PHAGIE, -PHAGIQUE. Éléments, du gr.
-phagos et *-phagia,* de *phagein* « manger » (V. **-Vore**). *Ex. :*
aérophagie; anthropophagie, hippophagie; nécrophage.

PHAGE [faʒ]. *n. m.* (Aphérèse de *bactériophage*). Bacté-
riophage*.

PHAGÉDÉNIQUE [faʒedenik]. *adj.* (1545 ; lat. *phage-
dænicus;* gr. *phagêdainikos,* de *phagêdaina* « ulcère rongeur »).
Méd. Qui a tendance à s'étendre en rongeant les tissus.
Chancre, ulcère phagédénique.

PHAGÉDÉNISME [faʒedenism(ə)]. *n. m.* (1858 ; de *phagédénique*). *Méd.* Extension continue d'une ulcération, d'un
chancre, d'un ulcère. *Phagédénisme mutilant des lésions de la
syphilis tertiaire.*

PHAG(O)-. Élément, du gr. *phagein* « manger ».

PHAGOCYTAIRE [fagɔsitɛʀ]. *adj.* (v. 1885 ; de *phagocyte*). *Biol.* Relatif ou propre aux phagocytes, à la phagocytose. *Fonction phagocytaire des leucocytes.*

PHAGOCYTE [fagɔsit]. *n. m.* (v. 1885 ; du gr. *phagein*
« manger », et *kutos* « cellule ». V. **-Cyte**). *Physiol.* Cellule
possédant la propriété d'englober et de détruire, en les digé-
rant, diverses particules étrangères, en particulier des micro-
organismes étrangers. V. **Macrophage.**

PHAGOCYTER [fagɔsite]. *v. tr.* (1899 ; de *phagocyte*).
Biol. Détruire par phagocytose. ◊ *Fig.* Absorber et détruire
(comme par phagocytose).

PHAGOCYTOSE [fagɔsitoz]. *n. f.* (v. 1885 ; de *phagocyte*).
Biol. et *physiol.* Mécanisme par lequel certaines cellules animales vivantes (surtout les leucocytes), ou certains organismes
unicellulaires (amibes) englobent et digèrent des particules
étrangères (débris de cellules nécrosées, micro-organismes,
particules nutritives). *La phagocytose, moyen de défense de
l'organisme.* ◊ *Fig.* Processus de destruction. V. **Phagocyter.**

PHALANGE [falɑ̃ʒ]. *n. f.* (1213 ; lat. *phalanx, phalangis,*
mot gr. [aux sens I et II]).

I. ♦ 1º *Hist.* Formation de combat dans l'armée grecque.
« *Au milieu se hérissait la phalange... cette horrible masse
quadrangulaire remuait d'une seule pièce, semblait vivre comme
une bête et fonctionner comme une machine* » (FLAUB.). ◊
Littér. (1635) Armée, corps de troupes. « *De nos honteux
soldats les phalanges errantes* » (VOLT.). *Les phalanges célestes,*
les anges. ◊ *Mod.* Organisation politique espagnole inspirée
du fascisme italien. V. **Phalangiste.** ♦ 2º *Fig.* et *littér.* Groupe
dont les membres sont étroitement unis. — *Spécialt.* V.
Phalanstère.

II. (1690). *Anat.* Chacun des os qui forment le squelette d'un
doigt ou d'un orteil (deux phalanges pour le pouce et le gros
orteil, trois phalanges pour les autres doigts). *Première
phalange,* à la racine du doigt. *Deuxième phalange.* V. **Phalangine.** *Troisième phalange.* V. **Phalangette.** *Articulations
entre les phalanges* (interphalangiennes). ◊ *Cour.* Chacun des
segments (os et parties molles qui l'entourent) que forment un
doigt ou un orteil. « *De longues mains dont la peau tachetée
de brun se ridait sur les phalanges* » (GREEN).

PHALANGER [falɑ̃ʒe]. *n. m.* (1776; de *phalange*). Mammifère océanien (*Marsupiaux*) dont la taille varie de celle
d'un gros chat à celle d'une marmotte. *Le phalanger renard
fournit la fourrure dite « Opossum d'Australie ». « Nous
l'appelons phalanger, parce qu'il a les phalanges singulièrement conformées* » (BUFF.).

PHALANGETTE [falɑ̃ʒɛt]. *n. f.* (1810 ; de *phalange*).
Anat. Dernière phalange des doigts et des orteils. *Les phalan-
gettes portent les ongles.*

PHALANGIEN, IENNE [falɑ̃ʒjɛ̃, jɛn]. *adj.* (1827; de
phalange). *Anat.* Propre aux phalanges.

PHALANGINE [falɑ̃ʒin]. *n. f.* (1810 ; de *phalange*). *Anat.*

Seconde phalange des doigts autres que le pouce et le gros orteil.

PHALANGISTE [falɑ̃ʒist(ə)]. *n.* (v. 1930; « soldat de la phalange grecque », 1752; de *phalange*). Membre de la phalange espagnole. Adj. *Parti phalangiste.*

PHALANSTÈRE [falɑ̃stɛʀ]. *n. m.* (1816; de *phalange* « groupement », et la finale de *monastère*). *Didact.* Dans le système de Fourier, Communauté, association de travailleurs; domaine où vit et travaille cette communauté (appelée aussi *phalange*). ◇ *Fig.* Groupe qui vit en communauté; endroit où il vit.

PHALANSTÉRIEN, IENNE [falɑ̃stɛʀjɛ̃, jɛn]. *n.* et *adj.* (1834; de *phalanstère*). *Didact.* ♦ 1° *N.* Adepte du système de Fourier. ♦ 2° *Adj.* (1842). Qui a rapport ou appartient au fouriérisme. *Système phalanstérien.* V. *Fouriériste.*

PHALÈNE [falɛn]. *n. f.* ou *m.* (1568; gr. *phalaina*). Grand papillon nocturne ou crépusculaire (*Géométrides*), aux ailes délicates, à l'abdomen mince. *Chenilles des phalènes* (V. *Arpenteuse, géomètre*). « *Le phalène doré, dans sa course légère, Traverse les prés embaumés* » (MUSS.).

PHALÈRE [falɛʀ]. *n. f.* (1874; gr. *phaleros* « tacheté de blanc »). *Zool.* Gros papillon (*Nodontidés*) des régions tempérées, appelé aussi « bucéphale », « lunule ».

PHALLINE [fa(l)lin]. *n. f.* (1937; du rad. de *phalloïde*). *Biochim.* L'un des principes très toxiques de certains champignons vénéneux (amanites phalloïdes et printanières, volvaires).

PHALLIQUE [fa(l)lik]. *adj.* (1520, repris 1823; lat. *phallicus*). ♦ 1° *Didact.* (*Antiq.*). Qui a rapport au phallus, au culte du phallus. *Symboles, chants, danses phalliques.* Subst. (1721) *Les phalliques,* fêtes religieuses en l'honneur de Dionysos, Bacchus. V. **Bacchanale.** ♦ 2° *Psychan.* Qui se rapporte au phallus en tant que symbole. *Stade phallique* du développement de la sexualité infantile, qui succède au stade oral, et pendant lequel l'intérêt de l'enfant mâle se porte sur sa verge.

PHALLOCENTRIQUE [fa(l)lɔsɑ̃tʀik]. *adj.* (mil. xxᵉ; de *phallus,* et *centre,* d'apr. *égocentrique,* etc.). Qui rapporte tout au phallus, considère le symbolique du phallus comme caractéristique de toute l'espèce humaine; qui privilégie l'homme par opposition à la femme. *L'attitude phallocentrique des freudiens stricts.* Cf. *aussi* Phallocrate.

PHALLOCRATE [fa(l)lɔkʀat]. *n.* (mil. xxᵉ; de *phallus,* et -*crate*). Partisan de la phallocratie*.

PHALLOCRATIE [fa(l)lɔkʀasi]. *n. f.* (mil. xxᵉ; de *phallus,* et -*cratie*). Domination des hommes (et de la symbolique du phallus) sur les femmes. « [...] *Un autre volet de la phallocratie : le paternalisme* » (*Nouv. Obs.*, déc.-janv. 1972-73). *La phallocratie des machos*.* V. **Phallocentrisme, sexisme.**

PHALLOÏDE [fa(l)lɔid]. *adj.* (1823; de *phallus*). *Didact.* Qui a la forme d'un phallus. *Bot. Amanite phalloïde,* le plus vénéneux de tous les champignons.

PHALLUS [fa(l)lys]. *n. m.* (1615; *fallot,* 1570; mot lat.). ♦ 1° Membre viril en érection (V. **Hyphalle**), emblème mythologique de la fécondité et de la puissance reproductrice de la Nature. ◇ *Physiol.* Verge en érection. *Phallus artificiel.* V. **Godemiché.** *Du phallus.* V. **Ithyphallique, phallique.** ♦ 2° *Bot.* (1791; *par anal.* de forme). Variété de champignons (*Basidiomycètes*). *Phallus impudique* (ou « satyre puant »). *Phallus de chien.*

-PHANE, -PHANIE. Éléments, du gr. -*phanes,* et -*phaneia,* de *phainein* « paraître ». *Ex. :* cellophane, lithophanie; diaphane, épiphanie.

PHANÈRE [fanɛʀ]. *n. m.* (1823; gr. *phaneros* « apparent »). *Didact.* Toute production épidermique apparente (poils, plumes, écailles, griffes, ongles, dents).

PHANÉROGAME [fanɛʀɔgam]. *adj.* et *n.* (1791; du gr. *phaneros* « apparent », et -*game*). *Bot.* Se dit des plantes qui ont les organes de fructification apparents. ◇ *N. f. pl.* (1813; *opposé à* cryptogames) LES PHANÉROGAMES, correspondant à la division actuelle des spermaphytes, embranchement qui comprend les plantes qui portent des fleurs à un moment donné de leur développement, et se reproduisent par graine (*sous-embranchements* : V. **Angiosperme, gymnosperme;** *classes* : V. **Dicotylédone, monocotylédone**).

PHANIE [fani]. *n. f.* (1951; mot angl.; rad. du gr. *phanos* « lumineux »). *Didact.* Intensité lumineuse perçue, étudiée par rapport à l'intensité objective. *Les variations individuelles de la phanie sont très importantes.*

PHANTASME. V. FANTASME.

PHARAMINEUX. V. FARAMINEUX.

PHARAON [faʀaɔ̃]. *n. m.* (1597; *pharao,* 1190; lat. *pharao, -onis,* gr. *pharaô,* de l'égyptien).
I. Ancien souverain égyptien. *Momies, tombeaux des pharaons.*
II. (1691; du nom du roi de cœur dans certains jeux). Jeu de cartes de hasard et d'argent. « *Il faut bien vous avouer que j'ai perdu près de cent louis au pharaon* » (VOLT.).

PHARAONIEN, IENNE [faʀaɔnjɛ̃, jɛn] ou **PHARAONIQUE** [faʀaɔnik]. *adj.* (1874,-1840; de *pharaon*). Relatif aux pharaons, à leur époque. « *L'Égypte pharaonique était un État supérieurement bureaucratique* » (DANIEL-ROPS).

PHARE [faʀ]. *n. m.* (1546; lat. *pharus,* gr. *Pharos,* île voisine d'Alexandrie, où fut édifié, au IIIᵉ s. av. J.-C., *un phare* classé parmi les sept merveilles du monde). ♦ 1° Haute tour élevée sur une côte ou un îlot, munie à son sommet d'un fanal qui guide la marche des navires pendant la nuit. *Phare qui signale des parages dangereux, l'entrée d'une rade. Phare à feu fixe, tournant. Gardien de phare.* — Par anal. *Phare d'un aéroport.* ◇ *Fig.* Ce qui peut guider, éclairer (V. **Flambeau**). — *Les Phares,* poème de Baudelaire. ♦ 2° (1906; 1858, *phares ambulants*). Projecteur placé à l'avant d'un véhicule, d'une voiture automobile. *Automobiliste qui allume, règle, éteint ses phares. Appels de phares,* pour signaler. *Mettre ses phares en veilleuse.* V. **Lanterne.** *Phares code*. « *Les phares d'une voiture, dans la plus proche avenue, percèrent les feuillages de deux blancs rais tournants* » (COLETTE). ◇ *Spécialt.* Position où le phare éclaire le plus (*opposé à* code). ♦ 3° *Mar.* (1842). *Phare de l'avant :* le mât de misaine, avec ses vergues, ses voiles, son gréement. — *Phare de l'arrière,* le grand mât. ◇ HOM. *Far, fard.*

PHARILLON [faʀijɔ̃]. *n. m.* (*Farillon,* 1755; de *phare*). *Pêch.* Petit réchaud suspendu à l'avant d'un bateau de pêche et dans lequel les pêcheurs allument un feu vif pour attirer le poisson. *Pêche au pharillon* (dite aussi « pêche au feu »). V. **Lamparo.**

PHARISAÏQUE [faʀizaik]. *adj.* (1541; lat. ecclés. *pharisaicus*). *Hist. relig.* Qui appartient aux mœurs, au caractère des pharisiens* tels que les Évangiles les dépeignent. *Orgueil, affectation pharisaïque.* ◇ *Fig.* et *littér.* V. **Hypocrite.**

PHARISAÏSME [faʀizaism(ə)]. *n. m.* (1541; de *pharisaïque*). Mœurs, caractère des pharisiens. ◇ *Fig.* Ostentation de la dévotion, de la piété, de la vertu. Comportement de pharisien. V. **Hypocrisie.**

PHARISIEN, IENNE [faʀizjɛ̃, jɛn]. *n.* (*Phariseu,* 1190; lat. ecclés. *pharisæus,* gr. *pharisaios,* de l'hébreu *paruchim* « les séparés, ceux qui sont à part »). ♦ 1° *Antiq. Les pharisiens,* juifs qui vivaient dans la stricte observance de la Loi écrite (Thora) et de la tradition orale, et que les Évangiles accusent de formalisme et d'hypocrisie. ♦ 2° *Vieilli* (XVIIᵉ). Personne qui n'a que l'ostentation de la piété, de la vertu; faux dévot. Adj. *Piété pharisienne.* ♦ 3° *Mod.* Personne qui croit incarner la perfection et la vérité, du moment qu'elle observe strictement un dogme, des rites, et qui juge sévèrement autrui, condamne sa conduite sous couleur de lui rendre service. « *Le Pharisien est un homme qui croit en Dieu, et qui croit que Dieu est content de lui...* (il) *fait voir cette union incroyable de la religion ingénue et de l'admiration de soi* » (ALAIN). *La Pharisienne,* roman de Mauriac.

PHARMACEUTIQUE [faʀmasøtik]. *n. f.* et *adj.* (1547; *n.*; lat. *pharmaceuticus,* gr. *pharmakeutikos*). ♦ 1° *N. f. Vx.* Science de la composition et de l'emploi des médicaments. V. **Pharmacologie.** ♦ 2° *Adj. Mod.* Relatif à la pharmacie. *Préparation, produit, spécialité pharmaceutique. Recueil de formules pharmaceutiques.* V. **Codex.**

PHARMACIE [faʀmasi]. *n. f.* (XVIᵉ; *farmacie* « remède purgatif », 1314; lat. méd. *pharmacia,* gr. *pharmakeia,* rac. *pharmakon* « poison, remède »). ♦ 1° Science des remèdes et des médicaments, art de les préparer et de les contrôler. *Pharmacie chimique* (étudiant les poisons définis); *pharmacie galénique* (étudiant le mode de préparation et les formes sous lesquelles sont préparés les médicaments). *Pharmacie et pharmacologie. Étudiant en pharmacie. Préparateur en pharmacie. Docteur en pharmacie. Substances officinales, médicaments utilisés en pharmacie :* drogues, élixirs, onguents, etc. *Laboratoire de pharmacie,* où les médicaments sont préparés industriellement pour être distribués dans le commerce. ♦ 2° (1732). Local où l'on vend les médicaments (spécialités ou préparations), de substances à usage thérapeutique, des produits, objets et instruments destinés aux soins du corps (hygiène, toilette), éventuellement de l'herboristerie et de la parfumerie. *Laboratoire* (V. **Officine**) *et boutique d'une pharmacie. Médicament vendu en pharmacie sur ordonnance, ou en vente libre. Pharmacie allopathique, homéopathique. Pharmacie de garde,* ouverte la nuit, les jours fériés. ◇ *Par ext.* Local où sont préparés, rangés les médicaments dans un hôpital, un hospice. ◇ (Au Canada : déb. xxᵉ). Établissement commercial comprenant une pharmacie, un débit de tabac, et parfois un comptoir où l'on sert des rafraîchissements, des repas légers, et où l'on vend des produits de beauté et de menus articles. V. **Drug(-)store** (1°) [anglicisme]. ♦ 3° *Par ext.* (1781). Assortiment de produits pharmaceutiques usuels que l'on garde chez soi, qu'on emporte avec soi. *Pharmacie portative.* « *Ce sont des cachets, des sirops, des gouttes, des pilules, toute une pharmacie qu'il faut... mettre sur la table* » (MIRBEAU). ◇ (*Collectif*) *Produits pharmaceutiques. Acheter de la pharmacie. Armoire* *à pharmacie, de pharmacie.* — *Par ext.* L'armoire elle-même. *Rangez le coton dans la pharmacie.*

PHARMACIEN, ENNE [faʀmasjɛ̃, ɛn]. *n.* (1620; fém., 1834; de *pharmacie*). Titulaire d'un diplôme en pharmacie (1°), qui lui donne le droit d'exercer sa profession dans une pharmacie (2°). V. **Apothicaire** (vx). *Diplôme de pharmacien. Ordre des pharmaciens. Aide du pharmacien.* V. **Préparateur.** *Pharmacien qui exécute une ordonnance.*

PHARMACO-. Élément, du gr. *pharmakon* « remède ».

PHARMACODYNAMIE [faʀmakɔdinami]. *n. f.* (1860; *pharmacodynamique*, 1907; de *pharmaco-*, et *-dynamie*). *Didact.* Partie de la pharmacologie qui a pour objet l'étude de l'action exercée par les médicaments sur l'organisme sain.

PHARMACODYNAMIQUE [faʀmakɔdinamik]. *adj.* (1855; de *pharmaco-*, et *dynamique*). *Didact.* Relatif à l'action des médicaments.

PHARMACOGÉNÉTIQUE [faʀmakɔʒenetik]. *n. f.* (1972; de *pharmaco-*, et *génétique*). *Didact.* Étude du rôle des facteurs génétiques dans la réaction de l'organisme aux médicaments.

PHARMACOGNOSIE [faʀmakɔɡnozi]. *n. f.* (1903; de *pharmaco-*, et *-gnosie*). *Didact.* Études des médicaments d'origine animale et végétale.

PHARMACOLOGIE [faʀmakɔlɔʒi]. *n. f.* (1738; on disait *la pharmaceutique*; de *pharmaco-*, et *-logie*). *Didact.* Étude des médicaments, de leur action (propriétés thérapeutiques, etc.) et de leur emploi. V. **Pharmacie, pharmacodynamie, pharmacothérapie; psychopharmacologie.**

PHARMACOLOGIQUE [faʀmakɔlɔʒik]. *adj.* (1808; de *pharmacologie*). *Didact.* Qui a rapport à la pharmacologie.

PHARMACOMANIE [faʀmakɔmani]. *n. f.* (mil. XXᵉ; de *pharmaco-*, et *manie*). *Méd.* Toxicomanie qui s'applique aux médicaments. — *Par ext.* Habitude excessive des médicaments.

PHARMACOPÉE [faʀmakɔpe]. *n. f.* (1571; gr. *pharmakopoiia* « confection de remèdes »). ♦ 1° *Didact.* Recueil officiel national des médicaments, donnant leur constitution, leur activité et leur mode de préparation. *Pharmacopée internationale*, élaborée par l'Organisation mondiale de la Santé et proposée comme référence et moyen de contrôle de la qualité des produits pharmaceutiques. ♦ 2° *Cour.* Liste des médicaments. V. **Codex.** ◊ Ensemble de médicaments.

PHARMACOTHÉRAPIE [faʀmakɔteʀapi]. *n. f.* (1904; de *pharmaco-*, et *-thérapie*). *Didact.* Emploi thérapeutique des médicaments. Étude de l'action des médicaments sur l'organisme malade (partie de la pharmacologie).

PHARMACOVIGILANCE [faʀmakɔviʒilɑ̃s]. *n. f.* (1975; de *pharmaco-*, et *vigilance*). *Didact.* Notification, enregistrement et évaluation des effets adverses des médicaments, rapportés par les médecins, ou recueillis dans des services hospitaliers.

PHARYNGAL, ALE, AUX [faʀɛ̃ɡal, o]. *adj.* et *n. f.* (XXᵉ; de *pharynx*). Didact. (*Phonét.*) ♦ 1° *Adj.* Se dit d'une consonne articulée avec la racine de la langue fortement repoussée vers l'arrière et se rapprochant de la paroi postérieure du pharynx. Par ext. *Une articulation pharyngale.* ♦ 2° *N. f. Une pharyngale,* une consonne pharyngale.

PHARYNGÉ, ÉE [faʀɛ̃ʒe]. *adj.* (1765; du rad. gr. de *pharynx*). *Didact.* (Surtout en *méd.*). Relatif au pharynx, qui appartient au pharynx. V. **Pharyngien.** *Toux pharyngée, réflexe pharyngé. Artère pharyngée.*

PHARYNGIEN, IENNE [faʀɛ̃ʒjɛ̃, jɛn]. *adj.* (1745; du rad. gr. de *pharynx*). *Didact.* (Surtout en *anat.*). Qui appartient au pharynx, qui s'y rapporte. V. **Pharyngé.** *Amygdale pharyngienne, plexus pharyngien.*

PHARYNGITE [faʀɛ̃ʒit]. *n. f.* (1836; du rad. gr. de *pharynx*). *Méd.* Inflammation du pharynx, angine pharyngienne.

PHARYNGO-. Élément, du rad. gr. de *pharynx.*

PHARYNGO-LARYNGITE [faʀɛ̃ɡɔlaʀɛ̃ʒit]. *n. f.* (1868; de *pharyngo-*, et *laryngite*). *Méd.* Inflammation simultanée du pharynx et du larynx.

PHARYNX [faʀɛ̃ks]. *n. m.* (1541; *faringa*, fin XVᵉ; gr. *pharugx, pharuggos* « gorge »). Conduit musculo-membraneux qui constitue un carrefour des voies digestives et respiratoires, entre la bouche et l'œsophage d'une part, les fosses nasales et le larynx d'autre part. *Partie supérieure, nasale, du pharynx :* rhinopharynx. *Partie moyenne, buccale, du pharynx :* oropharynx. *Muscles constricteurs et élévateurs du pharynx. Inflammation du pharynx.* V. **Angine, pharyngite.** « *Le pharynx... livre passage à la fois, mais jamais simultanément, au bol alimentaire et à l'air de la respiration* » (TESTUT). *Examen du pharynx au pharyngoscope* (PHARYNGOSCOPIE [faʀɛ̃ɡɔskɔpi], *n. f.*).

PHASCOLOME [faskɔlɔm]. *n. m.* (1808; du gr. *phaskôlos* « poche », et *mus* « rat »). *Zool.* Petit mammifère australien

(*Marsupiaux*) appelé aussi *Wombat*, à membres courts, aux pattes fouisseuses.

PHASE [faz]. *n. f.* (*h. 1544*, fig.; 1661, astron.; répandu XIXᵉ, gr. *phasis* « lever d'une étoile »). ♦ 1° *Astron.* Chacun des aspects que présentent la Lune et les planètes à un observateur terrestre, selon leur éclairement par le Soleil. V. **Apparence.** *Les phases de la Lune, de Vénus, de Mars.* ♦ 2° *Phys.* (1907). Constante angulaire caractéristique d'un mouvement périodique. *Le déphasage, différence de phase entre deux mouvements de même période. Mouvements de même période en phase* (débutant en même temps, leurs fonctions ayant leurs maximums et leurs minimums pour des valeurs identiques de leurs variables), *en opposition de phase* (avec un *angle de phase* de 180°), *en quadrature retard ou avance*, déphasés d'un quart de période. *Différence de phase entre plusieurs courants alternatifs simultanés.* V. **Polyphasé, triphasé.** ♦ 3° *Chim.* Dans un système chimique, chacune des différentes parties homogènes, mais physiquement distinctes, qui ont leur situation propre dans l'espace et sont limitées par des surfaces de séparation. *La glace, l'eau liquide et la vapeur d'eau sont trois phases distinctes d'un même composé chimique, l'eau. Lois des phases*, liant le nombre de phases (d'un constituant) à la pression et à la température. ♦ 4° (1810). *Cour.* Chacun des états successifs d'une chose en évolution. V. **Période.** *Les phases d'une maladie.* V. **Épisode, stade.** *Phase critique* (d'une maladie). V. **Crise.** *Les trois phases du cycle ovarien.* « *Nous sommes dans la phase de la passion contenue* » (FRANCE). « *Tout le possible a été tenté* », *se dit-il, en se remémorant les diverses phases de l'opération* » (MART. du G.). « *Il commente, pour la foule, toutes les phases du match* » (DUHAM.).

PHASEMÈTRE [fazmɛtʀ(ə)]. *n. m.* (XXᵉ; de *phase*, et *mètre*). *Phys.* Dispositif permettant de mesurer la différence de phase entre deux grandeurs électriques alternatives de même fréquence.

PHASIANIDÉS [fazjanide]. *n. m. pl.* (1842; du lat. *phasianus* « faisan »). *Zool.* Famille d'oiseaux galliformes (*Gallinacés*). V. **Argus, caille, coq, faisan, paon, perdrix, pintade, poule.** — Au sing. *Un phasianidé.*

PHASME [fasm(ə)]. *n. m.* (1803; gr. *phasma* « fantôme »). *Zool.* Insecte (*Phasmidés*) au corps allongé et frêle imitant la forme des tiges sur lesquelles il séjourne.

PHASMIDÉS [fasmide]. *n. m. pl.* (1904; *phasmiens*, 1845; de *phasme*). *Zool.* Famille d'insectes orthoptères marcheurs, des régions tropicales, présentant des cas de mimétisme.

PHELLODERME [fe(ɛl)lɔdɛʀm(ə)]. *n. m.* (1890; du gr. *phellos* « liège », et *derme*). *Bot.* Écorce secondaire qui se forme sur la face interne d'une tige, d'une racine, à partir de l'assise phellogène.

PHELLOGÈNE [fe(ɛl)lɔʒɛn]. *adj.* (1890; du gr. *phellos* « liège », et *-gène*). *Bot.* Qui produit le liège, en parlant d'un tissu végétal. *Assise phellogène d'un tronc d'arbre.*

PHÉNAKISTISCOPE [fenakistiskɔp] ou **PHÉNAKISTICOPE** [fenakistikɔp]. *n. m.* (1842; du gr. *phenakizein* « tromper », et *-scope*). *Didact.* Appareil formé de deux disques, qui donne l'illusion du mouvement par la persistance des images rétiniennes. V. **Praxinoscope.** *Le phénakistiscope, ancêtre du cinéma.*

PHÉNANTHRÈNE [fenɑ̃tʀɛn]. *n. m.* (1890; de *phénol*, et gr. *anthrax* « charbon »). *Chim.* Carbure cyclique ($C_{14}H_{10}$) isomère de l'anthracène, produit de la distillation du goudron de houille, utilisé pour fabriquer le noir de fumée et des matières colorantes.

PHÉNATE [fenat]. *n. m.* (1869; de *phénol*). Syn. de *Phénolate.*

PHÉNICIEN, ENNE [fenisjɛ̃, jɛn]. *adj.* et *n.* (1740; de *Phénicie*, pays côtier d'Asie Mineure, dans l'antiquité). De la Phénicie. *Colonies phéniciennes d'Afrique.* V. **Punique.** — *Les Phéniciens furent des navigateurs et des commerçants.* ◊ *N. m.* Ling. *Le phénicien,* langue sémitique ancienne qui forme, avec l'hébreu et le moabite, le groupe cananéen et dont l'alphabet a été emprunté et transformé par les Grecs.

PHÉNICOPTÈRE [fenikɔptɛʀ]. *n. m.* (1520; gr. *phoinikopteros*, de *phoinix* « pourpre », et *pteron* « aile »). *Didact.* (Zool.). V. **Flamant.**

PHÉNIQUE [fenik]. *adj.* (1841; de *phénol*). *Acide phénique*, ancien nom du phénol*.

PHÉNIQUÉ, ÉE [fenike]. *adj.* (1874; de *phénique*). Qui contient de l'acide phénique ou phénol. *Eau phéniquée.*

PHÉNIX [feniks]. *n. m.* (*Fénix*, 1121; lat. *phœnix*, gr. *phoinix*). ♦ 1° *Myth.* Animal fabuleux, oiseau unique de son espèce, qui vivait plusieurs siècles et, brûlé, renaissait de ses cendres. ♦ 2° (1544). Personne unique en son genre, supérieure par ses dons, ses brillantes qualités (Cf. Oiseau* rare). « *Vous êtes le phénix des hôtes de ces bois* » (LA FONT.). « *Comment trouver un gendre qui convint également au père* *et à la fille? Un pareil homme était le phénix des gendres* » (BALZ.). ◆ 3° (1907). *Coq phénix*, variété de coq domestique du Japon, remarquable par la longueur des plumes de sa queue. ◊ (1874) *Bot.* Arbre *(Palmiers)* ornemental qui peut être cultivé dans le midi de la France. ◊ HOM. *Phœnix.*

PHÉNOBARBITAL [fenɔbaʀbital]. *n. m.* (mil. XXᵉ; de *phén*[o]-, *barbit*[urique], et *-al*). *Pharm.* Médicament barbiturique (phényl-éthyl-malonylurée). V. **Gardénal.**

PHÉNOL [fenɔl]. *n. m.* (1843; du gr. *phainein* « briller », et suff. *-ol*). Corps composé (C_6H_5OH), solide cristallisé blanc, soluble dans l'eau, corrosif et toxique, à odeur caractéristique, qu'on obtient par distillation du goudron de houille ou par synthèse à partir du benzène, et qui est le premier terme et le plus simple de la série des *Phénols. Le phénol est un antiseptique employé en pharmacie* (Cf. Eau phéniquée), *dans la fabrication de matières plastiques et de colorants.* V. **Indophénol.** ◊ *Chim. Phénols*, série de composés organiques analogues au phénol et dérivant des hydrocarbures benzéniques. — *Au sing.* Tout corps de la série des phénols. V. **Naphtol, picrique** (acide), **pyrogallol, résorcine, thymol.**

PHÉNOLATE [fenɔlat]. *n. m.* (1904; de *phénol*, et *-ate* désignant un sel). *Chim.* Sel de l'acide phénique ou phénol (Syn. *Phénate*). *Phénolate de sodium, de calcium.*

PHÉNOLOGIE [fenɔlɔʒi]. *n. f.* (1907; formation savante, p.-ê. d'apr. l'angl. *phenology* [1875], du gr. *pheno*[*menon*], et *-logy*). *Didact.* Étude des variations, en fonction du climat, des phénomènes périodiques de la vie végétale et animale. V. **Bioclimatologie.**

PHÉNOMÉNAL, ALE, AUX [fenɔmenal, o]. *adj.* (1803; de *phénomène*). ◆ 1° *Didact.* De la nature du phénomène, du fait sensible. — (Chez Kant) *Monde phénoménal et monde nouménal.* ◆ 2° (1827). Qui sort de l'ordinaire. V. **Étonnant, extraordinaire, monstrueux, surprenant.** « *Un prodigieux, un phénoménal, un hyperbolique... chapeau* » (GAUTIER). *Un acrobate phénoménal.*

PHÉNOMÉNALEMENT [fenɔmenalmɑ̃]. *adv.* (1845; de *phénoménal*). ◆ 1° *Didact.* Relativement au phénomène. ◆ 2° *Cour.* Prodigieusement, étonnamment.

PHÉNOMÉNALISME [fenɔmenalism(ə)]. *n. m.* (1836; de *phénoménal*). *Philo.* Doctrine selon laquelle l'homme ne peut connaître que les phénomènes et non les choses en soi (sans nier qu'elles existent). *Le positivisme de Comte est un phénoménalisme.*

PHÉNOMÉNALITÉ [fenɔmenalite]. *n. f.* (1850; de *phénoménal*). *Philo.* Caractère, nature du phénomène.

PHÉNOMÈNE [fenɔmɛn]. *n. m.* (1554; astron.; gr. *phainomena* « phénomènes célestes », de *phainesthai* « apparaître »). ◆ 1° (XVIIᵉ). Tout ce qui se manifeste à la conscience, que ce soit par l'intermédiaire des sens *(phénomènes extérieurs, physiques, sensibles)* ou non *(phénomènes psychologiques, affectifs).* V. **Fait.** *Phénomènes et essence des choses.* V. **Apparence.** *Relations entre les phénomènes : lois du déterminisme. Phénomène* (cause) *qui en produit un autre* (effet). « *Bouvard doutait des causes. — De ce qu'un phénomène succède à un phénomène, on conclut qu'il en dérive. Prouvez-le* » (FLAUB.). *Phénomène accessoire.* V. **Épiphénomène.** *Phénomènes électriques, magnétiques, physiologiques, psychiques.* V. aussi **Expérience, observation.** *Phénomènes économiques, sociaux, moraux.* — *Philo.* Chez Kant, Tout ce qui est objet d'expérience possible, qui apparaît dans l'espace et dans le temps (opposé à *noumène*). ◆ 2° (XVIIIᵉ). Fait, événement anormal ou suprenant; chose ou personne rare, extraordinaire. V. **Merveille.** *Berlioz, le phénomène le plus prodigieux de la musique du XIXᵉ s.* « *Toutes les femmes regardaient Lucien comme un phénomène* » (BALZ.). ◊ *Individu anormal. Phénomène qu'on montre dans les foires.* V. **Monstre.** — *Fam.* Individu, personne bizarre. V. **Excentrique, original.** « *Non, c'est impayable, il n'y a que toi, tu es un phénomène !* » (ZOLA).

PHÉNOMÉNISME [fenɔmenism(ə)]. *n. m.* (1844; de *phénomène*). *Philo.* Doctrine d'après laquelle il n'existe que des phénomènes (au sens kantien).

PHÉNOMÉNOLOGIE [fenɔmenɔlɔʒi]. *n. f.* (1836; répandu XXᵉ; de *phénomène*, et *-logie*). ◆ 1° *Vx.* Description des phénomènes. ◆ 2° *Philo. La phénoménologie de l'esprit,* de Hegel (1807). — *Mod.* Chez Husserl, Méthode philosophique qui se propose, par la description des choses elles-mêmes, en dehors de toute construction conceptuelle, de découvrir les structures transcendantes de la conscience (idéalisme transcendantal) et les essences. *Par ext.* Philosophie qui s'inspire de cette méthode.

PHÉNOMÉNOLOGIQUE [fenɔmenɔlɔʒik]. *adj.* (1836; de *phénoménologie*). Relatif à la phénoménologie. *L'Être et le Néant,* de Sartre, « *essai d'ontologie phénoménologique* ».

PHÉNOMÉNOLOGUE [fenɔmenɔlɔg]. *n.* (1859; de *phénoménologie*). *Philo.* Philosophe qui emploie la méthode phénoménologique.

PHÉNOPLASTE [fenɔplast(ə)]. *n. m.* (mil. XXᵉ; de *phénol,* et *plastique*). *Techn.* Matière plastique à base de phénol. *La bakélite est un phénoplaste.*

PHÉNOTYPE [fenɔtip]. *n. m.* (1937; du gr. *phainein* « paraître », et *-type*). *Biol.* Ensemble des caractères individuels correspondant à une réalisation du génotype, déterminée par l'action de facteurs de milieu au cours du développement de l'organisme. V. **Hérédité.**

PHÉNOTYPIQUE [fenɔtipik]. *adj.* (1937; de *phénotype*). *Biol.* Relatif au phénotype.

PHÉNYL-. Élément de composition de mots chimiques, indiquant la présence du radical PHÉNYLE [fenil], *n. m.* (C_6H_5) dans un composé *(ex. : acide phénylacétique; phénylamine* (aniline); *éthers phényliques* [fenilik], divers composés du benzène).

PHÉNYLCÉTONURIE [fenilsetɔnyʀi]. *n. f.* (1969; de *phényl-, cétone,* et *-urie*). *Méd.* Trouble héréditaire qui se manifeste par l'élimination urinaire de produits toxiques (acide phénylacétique, acide phénylpyruvique) et leur accumulation dans le cerveau pouvant entraîner une arriération mentale (V. **Oligophrénie**).

PHÉOPHYCÉES [feɔfise]. *n. f. pl.* (v. 1905; du gr. *phaios* « brun », et *phukos* « algue »). *Bot.* Ordre d'algues, chez lesquelles la chlorophylle est recouverte d'un pigment jaune. *Les phéophycées sont appelées* algues brunes.

PHÉRO-HORMONE [feʀɔɔʀmɔn], **PHÉRORMONE** [feʀɔʀmɔn] ou **PHÉROMONE** [feʀɔmɔn]. *n. f.* (mil. XXᵉ; du gr. *pherô* « je porte », et *hormone*). *Biol.* Sécrétion glandulaire comparable aux hormones, mais qui est rejetée hors de l'organisme. *Les phérormones jouent un rôle important dans la transmission des messages chimiques, chez les insectes.*

PHI [fi]. *n. m.* Vingt et unième lettre de l'alphabet grec (Φ, φ), correspondant à un *p* aspiré en grec ancien, à un *f* en grec moderne. ◊ φ, *symbole de la philosophie.* ◊ HOM. **Fi.**

PHIL-, PHILO-. Éléments, du gr. *philos* « ami », ou *philein* « aimer ». V. aussi **-Phile.**

PHILANTE [filɑ̃t]. *n. m.* (1839; de *phil*[o]-, et *-anthe*). *Zool.* Insecte hyménoptère à abdomen noir et jaune.

PHILANTHROPE [filɑ̃tʀɔp]. *n.* (h. 1370; rare av. XVIIᵉ; gr. *philanthrôpos*, de *anthrôpos* « homme »). ◆ 1° Personne qui est portée à aimer tous les hommes. ◆ 2° (1834). Personne qui s'emploie à améliorer le sort matériel et moral des hommes. V. **Humanitariste.** ◊ Personne qui a une conduite désintéressée, ne cherche aucun profit. *Je suis un commerçant, je ne suis pas un philanthrope !* ◊ ANT. (du 1°) Misanthrope. — (du 2°) Égoïste.

PHILANTHROPIE [filɑ̃tʀɔpi]. *n. f.* (1551, rare av. XVIIᵉ; gr. *philanthrôpia*). ◆ 1° Amour de l'humanité; caractère, vertu du philanthrope. V. **Charité.** « *L'humanitarisme, fils aîné de défunte Philanthropie* » (BALZ.). ◆ 2° *Par ext.* Désintéressement. ◊ ANT. Misanthropie. Égoïsme.

PHILANTHROPIQUE [filɑ̃tʀɔpik]. *adj.* (1780; gr. *philanthrôpikos*). Relatif à la philanthropie; inspiré par la philanthropie. « *Comme il se méfiait de toute charité officielle, et qu'il ne savait que penser des associations philanthropiques, il faisait la charité seul* » (R. ROLLAND).

PHILATÉLIE [filateli]. *n. f.* (1864; de *phil-,* et gr. *ateleia* « exemption d'impôts », pour « affranchissement », de *telos* « charge, impôt »). Connaissance des timbres-poste; art de les collectionner.

PHILATÉLIQUE [filatelik]. *adj.* (XXᵉ; de *philatélie*). Relatif à la philatélie. *Journal, rubrique philatélique.*

PHILATÉLISTE [filatelist(ə)]. *n.* (1864; de *philatélie*). Collectionneur de timbres-poste.

-PHILE, -PHILIE. Éléments, du gr. *philos* « ami ». *Ex. :* anglophile, xénophile; bibliophile; hémophile, hémophilie, hydrophile...

PHILHARMONIE [filaʀmɔni]. *n. f.* (1845; de *philharmonique*). *Vx.* Amour de la musique. ◊ *Mod.* Société philharmonique locale. *La philharmonie donne un concert public.*

PHILHARMONIQUE [filaʀmɔnik]. *adj.* (1739; de *phil*[o]-, et *harmonia,* d'apr. l'it. *filarmonica*). ◆ 1° *Vx.* Qui aime la musique. ◆ 2° (1805). *Mod.* Se dit d'une société d'amateurs de musique, de certaines formations musicales locales (V. **Philharmonie**) et de certains grands orchestres de musique classique. *Société, orchestre, chœur philharmonique.*

PHILHELLÈNE [file(ɛl)lɛn]. *n.* (1825; gr. *philhellên,* de *hellên* « grec »). *Hist.* Partisan de l'indépendance grecque. — *Adj. Mouvements, sociétés philhellènes* (ou philhelléniques [file(ɛl)lenik]). ◊ Ami de la Grèce. *Les Français sont traditionnellement philhellènes.*

PHILHELLÉNISME [file(ɛl)lenism(ə)]. *n. m.* (1838; de *philhellène*). *Hist.* Intérêt porté à la cause des Grecs (dans leur lutte pour l'indépendance).

PHILIBEG ou **FILIBEG** [filibɛg]. *n. m.* (1839; angl. *filibeg, philebeg,* du gaélique *feileadh-beag* « petit kilt »).

Rare. Sorte de jupon court des montagnards écossais ou highlanders. V. **Kilt.**

PHILIPPINE [filipin]. *n. f.* (1869; altér. sous l'infl. de *Philippe*, de l'all. *Vielliebchen* [filipʃen] « bien-aimé »). Jeu où deux personnes, après s'être partagé deux amandes jumelles, conviennent que la première qui dira à l'autre : *Bonjour Philippine*, après un délai convenu, sera la gagnante. ◇ Adj. *Amandes philippines* : jumelles.

PHILIPPIQUE [filipik]. *n. f.* (1624; « discours de Démosthène », puis « satire politique », XVIᵉ; gr. *philippikos* [*logos*] : discours [de Démosthène] contre *Philippe*, roi de Macédoine). *Littér.* Discours violent contre une personne. ◇ ANT. *Apologie.*

PHILISTIN [filistɛ̃]. *n.* et *adj. m.* (1832; de l'all. *philister* « celui qui n'a pas fréquenté les universités », dans l'arg. des étudiants, du nom du peuple combattu par Samson, dans la Bible). Personne de goût vulgaire, fermée aux arts et aux lettres, aux nouveautés. V. **Béotien.** « *Une Vierge d'André del Sarto, d'une beauté à donner des frissons au bourgeois le moins connaisseur, au philistin le plus cuirassé de prosaïsme* » (GAUTIER). — Adj. m. *Il est un peu philistin.*

PHILISTINISME [filistinism]. *n. m.* (mil. XIXᵉ; de *philistin*). *Littér.* Caractère du philistin; manque de goût, incompréhension. *Le « philistinisme en face des mathématiques supérieures : on ne comprend pas, alors on accuse* » (ARAGON).

PHILO [filo]. *n. f.* (XXᵉ; abrév. de *philosophie*). *Fam.* Philosophie. *Élève, classe, prof de philo. Faire sa philo.*

PHILODENDRON [filɔdɛ̃drɔ̃]. *n. m.* (1874; du gr. *philos* « ami », et *dendron* « arbre »). Arbuste des pays tropicaux d'Amérique, de la famille des aracées, à rhizome rampant, à feuilles coriaces, à fleurs en spadice, souvent très odorantes, dont certaines variétés sont cultivées comme ornementales; cette fleur.

PHILOLOGIE [filɔlɔʒi]. *n. f.* (XIVᵉ; « amour des lettres, érudition »; lat. *philologia*, mot gr.). ◆ 1º (1690). Connaissances des belles-lettres; étude des textes. ◆ 2º (1818). Étude d'une langue par l'analyse critique des textes. *Philologie romane, germanique. Certificats de grammaire et philologie.* V. *aussi* **Linguistique.** ◇ *Spécialt.* Étude formelle des textes dans les différents manuscrits qui nous ont été transmis (Cf. Épigraphie, paléographie).

PHILOLOGIQUE [filɔlɔʒik]. *adj.* (1836; « relatif aux belles-lettres », 1666; de *philologie*). Relatif à la philologie, à l'étude des textes. *Étude philologique* (grammaticale et linguistique) *et étude littéraire d'un texte.* ◇ *Spécialt. Étude philologique d'un texte ancien ou médiéval* : étude de ses différents manuscrits, de leur transmission, des variantes.

PHILOLOGIQUEMENT [filɔlɔʒikmã]. *adv.* (1842; de *philologique*). Du point de vue de la philologie.

PHILOLOGUE [filɔlɔg]. *n.* (*Philologe* « érudit en matière d'antiquité, humaniste », 1534; de *philologie*). ◆ 1º (1576). Spécialiste de l'étude grammaticale, linguistique des textes. V. **Grammairien, linguiste.** ◆ 2º Spécialiste de l'étude des textes et de leur transmission.

PHILOSOPHALE [filɔzɔfal]. *adj. f.* (*Corps philosophal*, XIVᵉ; de *philosophe*). *Pierre philosophale* (XVᵉ) : substance longtemps recherchée par les alchimistes, et qui devait posséder des propriétés merveilleuses, notamment celle de transmuer les métaux en or. « *J'avais résolu, dit-il, de chercher l'art comme au moyen âge les roses-croix cherchèrent la pierre philosophale, l'art, cette pierre philosophale du XIXᵉ siècle!* » (A. BERTRAND).

PHILOSOPHE [filɔzɔf]. *n.* et *adj.* (1160; lat. *philosophus*, gr. *philosophos* « ami de la sagesse »).
I. *N.* ◆ 1º *Ancienn.* Personne qui s'adonne à l'étude rationnelle de la nature et de la morale. « *Le philosophe est l'amateur de la sagesse et de la vérité* » (VOLT.). — *Spécialt.* V. **Alchimiste.** *La pierre des philosophes* : philosophale*. ◆ 2º *Hist.* Personne qui s'appuie sur la raison, et récuse la révélation, la foi. « *Tout philosophe est cousin d'un athée* » (MUSS.). ◇ (XVIIIᵉ) Personne qui, par le culte de la raison appliquée aux sciences de la nature et de l'homme, par l'honnêteté morale mise au service de l'humanité, cherchait à répandre le libre examen et les lumières. V. *aussi* **Encyclopédiste.** « *La raison est à l'égard du philosophe ce que la grâce est à l'égard du chrétien. La grâce détermine le chrétien à agir; la raison détermine le philosophe* » (DIDER.). ◆ 3º *Mod.* Personne qui élabore une doctrine ou des éléments de doctrine philosophique. V. **Penseur.** *Philosophe idéaliste, matérialiste.* ◆ 4º *Cour.* (v. 1660). Celui qui pratique la sagesse, conforme sa vie à ses principes. V. **Sage.** *Je « ne trouvais rien de si doux que de vivre à Paris,... au moyen des cent cinquante francs par mois que mon père me donnait* » (STENDHAL). ◇ *Spécialt.* Sage de l'antiquité. « *La nécessité de mourir faisait toute la constance des philosophes* » (LA ROCHEF.).
II. *Adj.* ◆ 1º *Vieilli* (1534). Relatif à la philosophie, aux philosophes. V. **Philosophique.** *Un ton philosophe.* ◆ 2º *Mod.* (XVIIᵉ). Qui montre de la sagesse, de la fermeté d'âme, de la résignation. « *Que c'est donc bête, vieux, de vous*

tourmenter comme ça!... mais vous n'êtes guère philosophe, ah! non! » (ZOLA).

PHILOSOPHER [filɔzɔfe]. *v. intr.* (1380; lat. *philosophari*). ◆ 1º Penser, raisonner sur des questions, des problèmes philosophiques. « *Cicéron dit que philosopher n'est autre chose que s'apprêter à la mort* » (MONTAIGNE). « *Se moquer de la philosophie, c'est vraiment philosopher* » (PASC.). « *On dit : vivre d'abord, ensuite philosopher; c'est le peuple qui parle ainsi; mais le sage dit : philosopher d'abord, et vivre ensuite si l'on peut* » (DIDER.). ◆ 2º (XVIIᵉ). Raisonner, discuter sur quelque sujet que ce soit (*spécialt.* d'une manière savante, compliquée, oiseuse).

PHILOSOPHIE [filɔzɔfi]. *n. f.* (1160; lat. *philosophia*, mot gr.). ◆ 1º *Ancienn.* Toute connaissance par la raison (*opposé* à histoire *et à* poésie). V. **Science.** *La philosophie comprenait l'étude rationnelle de la nature* (Sciences de la nature) *et la théorie de l'action humaine* (Sciences humaines). *Philosophie et foi, au XVIᵉ s.* (V. **Humanisme**). « *La philosophie n'est autre chose que l'application de la raison aux différents objets sur lesquels elle peut s'exercer* » (D'ALEMB.). « *La philosophie expérimentale* » (DIDER.). ◆ 2º *Hist.* (XVIIIᵉ). Attitude rationnelle et libérale des philosophes (2º). « *La superstition met le monde en flammes; la philosophie les éteint* » (VOLT.). ◆ 3º *Mod.* Ensemble des études, des recherches visant à saisir les causes premières, la réalité absolue ainsi que les fondements des valeurs humaines, et envisageant les problèmes à leur plus haut degré de généralité. *Divisions traditionnelles de la philosophie.* V. **Esthétique, éthique, logique, métaphysique, morale, ontologie, téléologie.** *Philosophie et psychologie.* « *La philosophie est cette tête commune, cette région centrale du grand faisceau de la connaissance humaine, où tous les rayons se touchent dans une lumière identique* » (RENAN). « *Il n'y aurait pas place pour deux manières de connaître, philosophie et science, si l'expérience ne se présentait à nous sous deux aspects différents* » (BERGSON). ◆ 4º (XVIIIᵉ). Ensemble de considérations tendant à ramener une branche de connaissances ou d'activité humaine à un petit nombre de principes généraux. *Philosophie de l'histoire, du droit, des beaux-arts, des sciences* (V. **Épistémologie, méthodologie**). *Principe général sur lequel se fondent la réalisation, le fonctionnement d'un système, d'un mécanisme.* ◆ 5º *Enseignement dispensé dans les classes terminales des lycées et collèges et dans les facultés* (logique, morale, métaphysique et psychologie). *Licence, agrégation, doctorat de philosophie.* ◇ *Classe où l'on prépare les élèves au baccalauréat de philosophie* (abrév. *philo*). « *En France, la philosophie est à la fois une matière d'enseignement et un objet de méditation pour l'honnête homme* » (LAVELLE). ◆ 6º UNE PHILOSOPHIE, *se dit d'un ensemble de conceptions* (ou d'attitudes) *philosophiques.* V. **Doctrine, système, théorie.** *Philosophies occidentales modernes* : cartésianisme, hégélianisme, kantisme, marxisme. — (Doctrines caractérisées par leurs éléments remarquables) : déterminisme, empirisme, existentialisme, humanisme, idéalisme, matérialisme, nihilisme, panthéisme, phénoménologie, positivisme, pragmatisme, réalisme, spiritualisme. « *À mon avis, toute Philosophie est une affaire de forme. Elle est la forme la plus compréhensive qu'un certain individu puisse donner à l'ensemble de ses expériences internes ou autres* » (VALÉRY). — *Par ext.* Ensemble des conceptions philosophiques communes à un groupe social. *La philosophie grecque, allemande. Philosophie occidentale et philosophie orientale.* V. **Pensée.** « *En fait il y a des philosophies ou plutôt... en certaines circonstances bien définies une philosophie se constitue pour donner son expression au mouvement général de la société* » (SARTRE). ◆ 7º *Par ext.* Conception générale, vision plus ou moins méthodique du monde et des problèmes de la vie. « *Une de ces philosophies personnelles* » (HUGO). — *Spécialt.* (d'un écrivain) *La philosophie de Vigny, de Hugo.* V. **Idée(s).** ◆ 8º *Absolt. Cour.* Élévation d'esprit, fermeté d'âme. V. **Calme, équanimité, raison, sagesse.** *Supporter les revers de fortune avec philosophie.* V. **Résignation.** « *C'est un caractère enjoué, qui me paraît plein... de philosophie, et au-dessus de certains préjugés* » (FROMENTIN).

PHILOSOPHIQUE [filɔzɔfik]. *adj.* (1380; lat. *philosophicus*, gr. *philosophikos*). ◆ 1º Relatif à la philosophie. *Spéculation philosophique.* « *École, mouvement philosophique.* « *La faculté maîtresse de M. Taine... est assurément l'esprit philosophique* » (BOURGET). ◇ *Par ext.* Qui touche la philosophie. V. **Philosophe.** ◇ *Par ext.* Qui dénote de la sagesse, de la résignation. *Un mépris philosophique de l'argent.*

PHILOSOPHIQUEMENT [filɔzɔfikmã]. *adv.* (1529; *philosophiement*, 1380; de *philosophique*). ◆ 1º D'une manière philosophique, en philosophe. ◆ 2º (XVIIᵉ). Avec sagesse, résignation, calme. *Accepter philosophiquement son sort.*

PHILOSOPHISME [filɔzɔfism(ə)]. *n. m.* (1377; repris

1777, « fausse sagesse » ; de *philosophie*). *Péj.* et *vx* (1845). Manie, abus de la philosophie. « *Mes idées qui, pendant un temps, avaient été fort tournées au philosophisme... du XVIIIe siècle, se sont beaucoup modifiées* » (STE-BEUVE).

PHILOTECHNIQUE [filɔtɛknik]. *adj.* (1803 ; de *philo-*, et gr. *tekhnê* « art »). Vx. *Société philotechnique*, destinée à encourager les arts et les sciences.

PHILTRE [filtʀ(ə)]. *n. m.* (*Filtre*, 1381 ; lat. *philtrum*, gr. *philtron*). Breuvage magique destiné à inspirer l'amour. *Le philtre de Tristan et Iseut.* V. **Charme.** — Fig. « *Tes baisers sont un philtre* » (BAUDEL.). ◇ HOM. **Filtre.**

PHIMOSIS [fimozis]. *n. m.* (1560 ; gr. *phimôsis* « resserrement »). *Méd.* Étroitesse anormale de l'anneau du prépuce.

PHLÉBITE [flebit]. *n. f.* (1818 ; du gr. *phlebs, phlebos* « veine », et *-ite*). *Cour.* Inflammation d'une veine.

PHLÉB(O)-. Élément, du gr. *phlebs, phlebos* « veine ».

PHLÉBOGRAPHIE [flebɔgrafi]. *n. f.* (1953 ; « description des veines », 1808 ; de *phlébo-*, et *-graphie*). *Méd.* Radiographie des veines après injection d'un produit opaque aux rayons X.

PHLÉBOLOGIE [flebɔlɔʒi]. *n. f.* (déb. xxe ; du gr. *phebs, phlebos* « veine », et *-logie*). *Didact.* (*Méd.*). Étude des veines et de leurs maladies.

PHLÉBORRAGIE [flebɔʀaʒi]. *n. f.* (1827 ; de *phlébo-*, et *-rragie*). *Méd.* Hémorragie veineuse.

PHLÉBOTOME [flebɔtɔm]. *n. m.* (1533 ; lat. *phlebotomus*, gr. *phlebotomos*. V. **Flamme** 2). ♦ 1° *Méd.* Lancette utilisée pour les phlébotomies. ♦ 2° (xxe). *Zool.* Genre d'insectes diptères dont quelques-uns peuvent transmettre des maladies infectieuses (dengue, etc.).

PHLÉBOTOMIE [flebɔtɔmi]. *n. f.* (xiiie ; lat. *phlebotomia*, mot gr.). *Méd.* Incision d'une veine pour provoquer la saignée.

PHLEGMASIE [flɛgmazi]. *n. f.* (xive ; gr. *phlegmasia*, de *phlegmainein* « être enflammé »). *Anc. méd.* Inflammation.

PHLEGMON [flɛgmɔ̃]. *n. m.* (1314 ; lat. méd. *phlegmon*[e], du gr. *phlegein* « brûler »). Inflammation purulente du tissu sous-cutané ou du tissu conjonctif de soutien d'un organe. V. **Abcès, anthrax, furoncle.** *Phlegmon circonscrit, diffus. Phlegmon des doigts.* V. **Panaris, tourniole.**

PHLEGMONEUX, EUSE [flɛgmɔnø, øz]. *adj.* (1538 ; de *phlegmon*). *Méd.* De la nature du phlegmon, propre au phlegmon. *Érysipèle phlegmoneux.*

PHLÉOLE. V. **FLÉOLE.**

PHLOGISTIQUE [flɔʒistik]. *n. m.* (1747 ; lat. mod. *phlogisticum*, du gr. *phlogistos* « inflammable » ; Cf. Antiphlogistique). *Hist. sc* Feu, considéré comme un des matériaux ou principes de la composition des corps (doctrine ruinée par Lavoisier, à la fin du xviiie s.).

PHLOX [flɔks]. *n. m. invar.* (1812 ; mot gr. « flamme »). Plante herbacée (*Polémoniacées*), cultivée pour ses fleurs de couleurs vives. « *L'odeur sucrée des phlox* » (BEAUVOIR).

PHLYCTÈNE [fliktɛn]. *n. f.* (1586 ; gr. *phluktaina*, de *phluzein* « couler en abondance »). *Méd.* Bulle cutanée remplie de sérosité transparente (Syn. cour. : *ampoule*).

-PHOBE, -PHOBIE. Éléments, des comp. grecs en *-phobos* (adj.), et *-phobie* (n.), du rad. *phobos* « crainte ». *Ex.* : anglophobe, xénophobe, xénophobie.

PHOBIE [fɔbi]. *n. f.* (1880 ; isolé des comp. sav. en *-phobie*). ♦ 1° *Psycho.* Crainte excessive, maladive de certains objets, actes, situations ou idées. V. **Agoraphobie, claustrophobie, éreuthophobie, photophobie, zoophobie.** *Obsessions et phobies. Les phobies, manifestations des névroses.* ♦ 2° *Cour.* Peur ou aversion instinctive. V. **Haine, horreur.** *Flaubert et « sa phobie des pronoms relatifs* » (THIBAUDET).

PHOBIQUE [fɔbik]. *adj.* et *n.* (1910 ; de *phobie*). *Psycho.* Relatif à la phobie. Atteint de phobie. — N. *Les phobiques et les obsédés.*

PHOCÉEN, ENNE [fɔseɛ̃, ɛn]. *adj.* (1732 ; lat. *Phocæus*, gr. *Phôkeus*, nom de peuple). *Hist. anc.* Originaire de Phocée ou de la Phocide (*Phocidien* [fɔsidjɛ̃]), ville et région de la Grèce. *Marseille fut fondée par une colonie phocéenne.* Subst. *Les Phocéens.* ◇ Par ext. V. **Marseillais, massaliote.** *La vieille cité phocéenne,* Marseille.

PHOCOMÈLE [fɔkɔmɛl]. *adj.* et *n.* (v. 1840 ; du gr. *phôkê* « phoque », et *mêlos* « membre »). *Méd.* Dont les membres sont réduits à leur seule extrémité (pieds et mains reliés au tronc). *Monstre phocomèle.* — *Un phocomèle.*

PHŒNIX [feniks]. *n. m.* (1694 ; *phoiniks* « palmier »). *Bot.* Variété de palmier. *Phœnix des Canaries, palmier ornemental* (V. **Phénix,** 3°). ◇ HOM. **Phénix.**

PHOLADE [fɔlad]. *n. f.* (1555 ; gr. *phôlas, phôlades* « qui vit dans des trous »). *Zool.* Mollusque lamellibranche comestible.

PHOLIOTE [fɔljɔt]. *n. f.* (v. 1905 ; lat. bot. *pholiota*, du gr. *pholis*, et suff. *-ote* ; Cf. Psalliote). Champignon croissant par touffes à la base des arbres (*Agaricacées*).

PHON-, PHONO-, -PHONE, -PHONIE. Éléments, du gr. *phônê* « voix, son », ou des composés grecs en *-phonos*, et *-aphônia* (*ex.* : aphone, cacophonie, radiophonie, saxophone).

PHONATEUR, TRICE [fɔnatœr, tris]. *adj.* (1836 ; du rad. de *phonation*). *Didact.* Qui concourt à la phonation. *L'appareil phonateur,* dont l'organe essentiel est le larynx avec ses cordes vocales et la glotte. V. **Phonatoire.**

PHONATION [fɔnasjɔ̃]. *n. f.* (1834 ; de *phon-*, et *-ation*). *Didact.* Ensemble des phénomènes qui concourent à la production de la voix et du langage articulé. V. **Articulation** (II), **parole.** *Troubles de la phonation.* V. **Dysphonie.**

PHONATOIRE [fɔnatwar]. *adj.* (xxe ; du rad. de *phonation*). *Didact.* Relatif à la phonation. V. **Phonateur.** *Fonction phonatoire des cordes vocales. Spasme phonatoire.*

PHONE [fɔn]. *n. m.* (1949 ; de *phon-*). *Phys.* Unité de puissance sonore (correspond à l'intensité en décibels d'un son de fréquence 1000).

PHONÉMATIQUE [fɔnematik]. *adj.* et *n. f.* (xxe ; de l'angl., dér. de *phoneme*). *Ling.* Relatif au plan du phonème, en tant qu'unité distinctive. V. **Phonologique.** — *N. f.* (Rare). *La phonématique.* V. **Phonologie.**

PHONÈME [fɔnɛm]. *n. m.* (1873 ; gr. *phônêma* « son de voix »). ♦ 1° *Phonét.* Élément sonore du langage articulé, considéré du point de vue physiologique (formation par les organes vocaux) et acoustique (caractères objectifs ou subjectifs à l'audition). V. **Son.** *La phonétique traditionnelle classe les phonèmes en voyelles, consonnes et semi-voyelles* (ou *semi-consonnes*). ◇ *En phonologie,* ce même élément, considéré comme une unité distinctive de l'expression phonique. ♦ 2° *Pathol.* Hallucination auditive dans laquelle le sujet entend des voix.

PHONÉMIQUE [fɔnemik]. *adj.* (mil. xxe ; de *phonème*). *Ling.* Relatif au phonème.

PHONÉTICIEN, IENNE [fɔnetisjɛ̃, jɛn]. *n.* (déb. xxe ; de *phonétique*). Linguiste spécialisé dans la phonétique.

PHONÉTIQUE [fɔnetik]. *adj.* et *n. f.* (1827 ; adj. ; gr. *phônêtikos*). ♦ 1° *Adj.* Qui a rapport aux sons du langage. *Aspects phonétiques et graphiques du mot. Évolution phonétique. Alphabet phonétique international. Transcription phonétique. Orthographe phonétique.* ♦ 2° *N. f.* (1869). Branche de la linguistique qui étudie les phonèmes (V. **Grammaire, linguistique**). *Phonétique générale (acoustique et physiologique),* qui étudie le fonctionnement de l'appareil phonateur de l'homme et analyse ses capacités articulatoires et les particularités des sons émis, au moyen d'appareils acoustiques. *Phonétique descriptive,* étude des particularités phonétiques d'une langue. *Phonétique évolutive ou historique,* étude des changements phonétiques d'une langue. *Phonétique normative* (ou *orthoépie*), dont l'objet est d'établir les règles de la bonne prononciation d'une langue. — *Phonétique expérimentale. Phonétique fonctionnelle.* V. **Phonologie.**

PHONÉTIQUEMENT [fɔnetikmɑ̃]. *adv.* (1822 ; de *phonétique*). Au point de vue phonétique, d'une manière phonétique. *Texte transcrit phonétiquement.*

PHONIATRIE [fɔnjatri]. *n. f.* (v. 1945 ; de *phon-*, et *-iatrie*). *Didact.* Branche de la médecine qui s'occupe de tous les phénomènes pathologiques de la phonation, des troubles de la parole (exercée par les *phoniatres*).

PHONIE [fɔni]. *n. f.* (1949 ; de [*télé*]*phonie*). *Radio.* Transmission de messages parlés dans la téléphonie sans fil. *Envoyer un message en phonie.*

PHONIQUE [fɔnik]. *adj.* (1751 ; de *phon-*). *Didact.* Qui a rapport aux sons ou à la voix en général.

PHONO [fɔno]. *n. m.* (xxe ; de *phonographe*). *Fam.* Phonographe ; par ext. Électrophone. *Il nous a passé des disques sur son phono. Des phonos.*

PHONOGÉNIE [fɔnɔʒeni]. *n. f.* (1935 ; de *phono-*, et *-génie*, d'apr. *photogénie*). *Didact.* Aptitude d'une voix ou d'un instrument à être l'objet d'un enregistrement et d'une reproduction de qualité.

PHONOGÉNIQUE [fɔnɔʒenik]. *adj.* (xxe ; de *phonogénie*, d'apr. *photogénique*). *Didact.* Doué de phonogénie. *Voix peu phonogénique.*

PHONOGRAMME [fɔnɔgram]. *n. m.* (1932 ; de *phono-*, et *-gramme*). *Didact.* Tracé enregistrant les vibrations produites par la voix, dans la parole.

PHONOGRAPHE [fɔnɔgraf]. *n. m.* (1877 ; de *phono-*, et *-graphe*). ♦ 1° *Ancien.* Appareil constitué d'un récepteur, d'un enregistreur et d'un reproducteur des sons ou de la voix. *Phonographes à cylindre, à pavillon.* ♦ 2° (xxe). *Mod. Phonographe à disques ou gramophone* (seulement reproducteur). « *Parmi les phonographes, il y en a qui reproduisent en grinçant et en nasillant, d'autres qui, au contraire, imitent merveilleusement les voix* » (ALAIN). *Phonographes et électrophones.* V. **Phono.**

PHONOGRAPHIQUE [fɔnɔgrafik]. *adj.* (1862 ; de *phonographe*). *Didact.,* Dr. Propre au phonographe, destiné ou enregistré au phonographe (et *par ext.* enregistré sur disque). *Œuvres phonographiques.*

PHONOLIT(H)E [fɔnɔlit]. *n. m.* ou *f.* (1812; de *phono-*, et *-lithe* « pierre qui résonne »). *Minér.* Trachyte feldspathique qui se présente sous forme de laves compactes, sonores sous le choc.

PHONOLIT(H)IQUE [fɔnɔlitik]. *adj.* (1842; de *phonolithe*). *Minér.* Des phonolithes.

PHONOLOGIE [fɔnɔlɔʒi]. *n. f.* (1846, « traité des sons »; de *phono-*, et *-logie*). *Ling. Mod.* (v. 1925). Science qui étudie les phonèmes non en eux-mêmes, mais quant à leur fonction dans la langue. *La phonologie, phonétique fonctionnelle* (ou Phonématique [fɔnematik]).

PHONOLOGIQUE [fɔnɔlɔʒik]. *adj.* (v. 1925; «des sons», 1846; de *phonologie*). *Ling.* Propre ou relatif à la phonologie.

PHONOLOGUE [fɔnɔlɔg]. *n.* (xxᵉ; de *phonologie*). *Ling.* Spécialiste de la phonologie.

PHONOMÉTRIE [fɔnɔmetri]. *n. f.* (1842; de *phono-*, et *-métrie*). *Phys.* Mesure de l'intensité des sons (dér. Phonométrique [fɔnɔmetrik]).

PHONOTHÈQUE [fɔnɔtɛk]. *n. f.* (1938; de *phono-*, et *-thèque*). Établissement destiné à réunir et conserver les documents enregistrés constituant les « archives de la parole » (*discothèque**, plus cour., se dit surtout des disques de musique). V. Sonothèque.

PHOQUE [fɔk]. *n. m.* (1532; lat. *phoca*, gr. *phôkê*). Mammifère pinnipède, amphibie, aux membres antérieurs courts et palmés, au cou très court, aux oreilles dépourvues de pavillon, et au pelage ras. *Phoque chien de mer* ou *veau marin. Phoque à capuchon*, qui vit en haute mer dans les parages de Terre-Neuve. *Phoque macrorhine* ou *éléphant* de mer*, pourvu d'une sorte de petite trompe et vivant dans les mers australes. *Phoque à ventre blanc* (moine). *Huile de phoque.* — Fourrure de phoque ou d'otarie. *Manteau de phoque.* ◇ *Loc. Souffler comme un phoque*, respirer avec effort, avec bruit. « *Cet affreux administrateur qui souffle comme un phoque, qui a des nageoires dans les narines* » (BALZ.). ◇ HOM. Foc.

-PHORE. Élément, du gr. *pherein* « porter » (comp. gr. en *-phoros*). *Ex.* : doryphore, métaphore, phosphore, sémaphore.

PHORMION [fɔrmjɔ̃] ou **PHORMIUM** [fɔrmjɔm]. *n. m.* (1804; lat. *phormium* « natte », gr. *phormion*). *Bot.* Plante (*Liliacées*) vivace, à rhizome épais, appelée *chanvre* ou *lin de la Nouvelle-Zélande.* V. Crin (végétal).

PHOSGÈNE [fɔsʒɛn]. *n. m.* (1836; du gr. *phôs* «lumière », et *-gène*). *Chim.* Gaz incolore, très toxique, obtenu par la combinaison du chlore et de l'oxyde de carbone (COCl₂).

PHOSPHATAGE [fɔsfataʒ]. *n. m.* (fin xixᵉ; de *phosphate*). *Agric.* Opération qui consiste à répandre des phosphates de calcium sur une terre pour la fertiliser.

PHOSPHATE [fɔsfat]. *n. m.* (1782; de *phosph*[*ore*], et *-ate*). Sel résultant de l'action d'un des acides phosphoriques avec une base (*orthophosphates, pyrophosphates* et *métaphosphates*). *Phosphates naturels* : apatite, phosphorite, uranite. ◇ *Cour.* Phosphate de calcium (engrais). V. **Superphosphate.**

PHOSPHATÉ, ÉE [fɔsfate]. *adj.* (1803; de *phosphate*). Qui contient du phosphate de calcium; qui est à l'état de phosphate. *Composé, engrais phosphaté.* — *Aliments phosphatés.*

PHOSPHATER [fɔsfate]. *v. tr.* (1936; de *phosphate*). *Agric.* Fertiliser en répandant du phosphate de calcium comme engrais. *Phosphater un champ, une terre.*

PHOSPHATURIE [fɔsfatyri]. *n. f.* (1877; de *phosphate*, et *-urie*). *Méd.* Élimination des phosphates (de calcium, magnésium, ammonium) par les urines.

PHOSPHÈNE [fɔsfɛn]. *n. m.* (1838; du gr. *phôs* «lumière », et *phainein* « briller »). *Méd.* Sensation lumineuse qui résulte de l'excitation des récepteurs rétiniens par un agent autre que la lumière (choc, compression externe ou interne du globe oculaire, excitation électrique).

PHOSPHINES [fɔsfin]. *n. f. pl.* (1874; de *phosphore*). *Chim.* Classe de composés organiques qui dérivent de l'hydrogène phosphoré gazeux (PH₃) par substitution de radicaux alcooliques à un ou plusieurs atomes d'hydrogène. ◇ *Au sing.* (1959) Hydrogène phosphoré liquide (phosphure d'hydrogène).

PHOSPHITE [fɔsfit]. *n. m.* (1787; de *phosphore*). *Chim.* Sel formé par la combinaison de l'acide phosphoreux avec une base.

PHOSPHOLIPIDE [fɔsfɔlipid]. *n. m.* (1963; de *phospho*[*re*], et *lipide*). *Biochim.* Lipide combiné au phosphore. *Les phospholipides sont des constituants importants des cellules vivantes animales et végétales. La lécithine est un phospholipide.*

PHOSPHOPROTÉIDE [fɔsfɔprɔteid]. *n. m.* ou **PHOSPHOPROTÉINE** [fɔsfɔprɔtein]. *n. f.* (1963; de *phospho*[*re*], et *protéide-protéine*). *Biochim.* Protéine renfermant de l'acide phosphorique. *Les phosphoprotéides, constituants normaux*

de la cellule animale, entrent dans la composition de nombreux enzymes.

PHOSPHORE [fɔsfɔr]. *n. m.* (1677; gr. *phôsphoros* « lumineux », de *phôs* « lumière »). ♦ 1° *Vx.* Toute substance capable de devenir lumineuse dans l'obscurité. ♦ 2° *Mod.* (dès 1677). Élément (symb. P, nᵒ at. 15, p. at. 30,97), dont on connaît six isotopes radioactifs et qui existe sous plusieurs formes allotropiques. *Phosphore blanc*, solide fusible à 44 ᵒC, très facilement inflammable, lumineux dans l'obscurité (V. **Phosphorescence**) et très toxique (V. **Phosphorisme**). *Phosphore rouge*, ne s'enflammant qu'au-dessus de 250 ᵒC et non toxique. — *Anciennes allumettes au phosphore.* — *Le phosphore sert à la préparation de l'acide phosphorique, de dérivés halogénés* (pour la fabrication d'insecticides, d'anticryptogamiques). *Bombes au phosphore.* ♦ 3° *Par métaph.* (En parlant de choses qui brillent, de lueurs). *Des yeux de phosphore.* « *De grands éclairs bleuâtres, incessants, semblaient courir au ras du sol, en larges sillons de phosphore* » (ZOLA).

PHOSPHORÉ, ÉE [fɔsfɔre]. *adj.* (1808; de *phosphore*). Qui contient du phosphore, qui est enduit de phosphore. *Pâte phosphorée*, employée comme toxique pour la destruction des animaux nuisibles. — *Hydrogène phosphoré* ou *phosphure d'hydrogène.*

PHOSPHORER [fɔsfɔre]. *v. intr.* (xxᵉ; de *phosphore*). *Fam.* Travailler intellectuellement. « *Il travaille. Mieux! il phosphore, il rupine à bloc* » (QUENEAU).

PHOSPHORESCENCE [fɔsfɔresɑ̃s]. *n. f.* (1784; de *phosphore*). ♦ 1° *Cour.* Luminescence du phosphore (dans la terminologie scient., c'est une chimiluminescence). ♦ 2° *Phys.* (1861). Propriété qu'ont certains corps d'émettre, sous l'excitation de radiations (visibles ou non) et sans dégagement sensible de chaleur, des radiations de plus grande longueur d'onde (photoluminescence), même après suppression de l'excitation (Cf. Fluorescence). ◇ *Biol. et cour.* Particularité de certains organismes animaux ou végétaux d'émettre de la lumière dans l'obscurité.

PHOSPHORESCENT, ENTE [fɔsfɔresɑ̃, ɑ̃t]. *adj.* (1789; de *phosphorescence*). ♦ 1° Doué de phosphorescence (au sens courant). V. Fluorescent, luminescent, photogène (*vx*). *Corps phosphorescent. Animal phosphorescent* (V. Luisant, 1°). *Mer phosphorescente.* « *L'azur phosphorescent de la mer des tropiques* » (HEREDIA). ♦ 2° Qui a rapport ou ressemble à la lumière émise par un corps doué de phosphorescence. *Lueur phosphorescente.* ♦ 3° *Phys.* De la phosphorescence (2°).

PHOSPHOREUX, EUSE [fɔsfɔrø, øz]. *adj.* (1787; de *phosphore*). Qui contient du phosphore. *Alliage, bronze phosphoreux.* — *Chim. Acides phosphoreux* (H₃PO₃) et les *acides hypophosphoreux*, H₃PO₂; *pyrophosphoreux*, H₄P₂O₅; *métaphosphoreux*, HPO₂). — *Anhydride phosphoreux* P₂O₃).

PHOSPHORIQUE [fɔsfɔrik]. *adj.* (1753; de *phosphore*). Qui brille à la manière du phosphore. — Qui contient du phosphore. *Allumettes phosphoriques.* ◇ *Chim.* (1782) *Acides phosphoriques* : orthophosphorique (HPO₄), pyrophosphorique (H₄P₂O₇), métaphosphorique (HPO₃)n. *Spécialt.* L'acide orthophosphorique. — *Anhydride phosphorique* (P₂O₅), formé par combustion vive du phosphore.

PHOSPHORISATION [fɔsfɔrizasjɔ̃]. *n. f.* (1842; de *phosphore*). *Physiol.* Action ou formation du phosphate de calcium dans l'organisme animal.

PHOSPHORISME [fɔsfɔrism(ə)]. *n. m.* (1869; « phosphorescence », 1788; de *phosphore*). *Méd.* Intoxication par le phosphore blanc. *Phosphorisme aigu, chronique.*

PHOSPHORITE [fɔsfɔrit]. *n. f.* (1842; de *phosphore*). *Chim.* Phosphate naturel de calcium (V. Apatite).

PHOSPHORYLE [fɔsfɔril]. *n. m.* (1949; de *phosphore*, et *-yle*). *Chim.* Radical trivalent PO.

PHOSPHURE [fɔsfyr]. *n. m.* (1787; de *phosphore*). *Chim.* Combinaison du phosphore et de certains corps simples. *Phosphures d'hydrogène* (ou *hydrogènes phosphorés*). V. **Phosphines.**

PHOT [fɔt]. *n. m.* (v. 1905; gr. *phôs, phôtos* « lumière »). *Phys.* Unité d'éclairement d'une surface en un point donné, dans le système C.G.S. (flux de 1 lumen par cm²) : dix mille lux. — Symb. ph.

-PHOTE, PHOTO-. Éléments, du gr. *phôs, phôtos* « lumière »; ou (*photo-*) de *photographie*.

PHOTO. *n. f.* V. Photographie.

PHOTOBIOLOGIE [fɔtɔbjɔlɔʒi] ou **PHOTOLOGIE** [fɔtɔlɔʒi]. *n. f.* (av. 1969; de *photo-*, et *biologie*). *Didact.* Étude de l'action de la lumière sur les êtres vivants, et notamment sur les végétaux.

PHOTOCALQUE [fɔtɔkalk(ə)]. *n. m.* (fin xixᵉ; de *photo-*, et *calque*). *Techn.* Image obtenue par contact sur une surface sensible d'un dessin transparent. V. Photocopie.

PHOTOCELLULE. V. Photo-électrique (cellule).

PHOTOCHIMIE [fɔtɔʃimi]. *n. f.* (1865; de *photo-*, et *chimie*). *Sc.* Étude des réactions chimiques en relation avec l'énergie rayonnante (et *spécialt.* des transformations de la matière sous l'influence du spectre compris entre l'ultraviolet extrême et le début de l'infrarouge).

PHOTOCHIMIQUE [fɔtɔʃimik]. *adj.* (1865; du précéd.). *Sc.* De la photochimie. *Réactions photochimiques. Gravure* photochimique* (photogravure).

PHOTOCOMPOSEUSE [fɔtɔkɔ̃pozøz]. *n. f.* (av. 1966; de *photocomposition, composer,* et suff. *-euse*). *Techn.* Machine pour la photocomposition. *Photocomposeuse à composition classique* (le métal coulé étant remplacé par des caractères transparents photographiés). *Photocomposeuse électronique.*

PHOTOCOMPOSITION [fɔtɔkɔ̃pozisjɔ̃]. *n. f.* (av. 1967; de *photo-,* et *composition*). *Techn.* (*Imprim.*). Composition photographique; ensemble des méthodes de composition par photographie, donnant, par contact ou projection, des textes sur film.

PHOTOCONDUCTEUR, TRICE [fɔtɔkɔ̃dyktœR, tRis]. *adj.* (mil. XXᵉ; de *photo-,* et *conducteur*). *Phys. Effet photoconducteur* : variation de la conductibilité électrique de certaines substances sous l'effet de radiations. — Par ext. *Cellule photoconductrice.*

PHOTOCOPIE [fɔtɔkɔpi]. *n. f.* (fin XIXᵉ, « épreuve positive »; de *photo-,* et *copie*). *Cour.* Reproduction photographique d'un document. V. Copie (1º), microfilm.

PHOTOCOPIER [fɔtɔkɔpje]. *v. tr.* (1907; de *photocopie*). Reproduire (un document) par la photographie. *Faire photocopier un contrat, un diplôme.*

PHOTOCOPIEUR ou **PHOTOCOPIEUSE** [fɔtɔkɔpjœR, øz]. *n.* (1966, *-copieur;* de *photocopier*). *Didact.* Machine à photocopier.

PHOTODIODE [fɔtɔdjɔd]. *n. f.* (mil. XXᵉ; de *photo-,* et *diode*). *(Électr.).* Diode à semi-conducteurs, sensible aux rayonnements infrarouges et visibles, ainsi qu'à l'ultraviolet proche.

PHOTODISSOCIATION [fɔtɔdisɔsjasjɔ̃]. *n. f.* (v. 1960; de *photon,* et *dissociation*). *Chim.* Dissociation (d'une molécule) sous l'effet d'un rayonnement de photons.

PHOTO-ÉLASTICIMÉTRIE [fɔtɔelastisimetri]. *n. f.* (1949; de *photo-, élasticité,* et *-métrie*). *Techn.* Étude optique des contraintes dans la masse d'une pièce métallique.

PHOTO-ÉLECTRICITÉ [fɔtɔelɛktRisite]. *n. f.* (mil. XXᵉ; de *photo-,* et *électricité*). *Phys.* Émission d'électrons *(photoélectrons)* par un métal soumis à des radiations de fréquence supérieure à un seuil (seuil photo-électrique).

PHOTO-ÉLECTRIQUE [fɔtɔelɛktRik]. *adj.* (1846; de *photo-,* et *électrique*). *Sc. Effet photo-électrique* : phénomène d'émission d'électrons sous l'influence de la lumière visible, des rayons X ou des rayons γ. — *Cour. Cellule photo-électrique* : instrument utilisant l'effet photo-électrique pour mesurer, sous forme de courant, l'intensité lumineuse qu'il reçoit. (On dit aussi PHOTOCELLULE). V. Œil (photo-électronique), photopile. (Photo-électronique, *peu us.,* serait plus correct).

PHOTO-FINISH [fɔtɔfiniʃ]. *n. f.* (mil. XXᵉ; de *photo*[graphie], et angl. *finish*). Anglicisme. Enregistrement photographique de l'arrivée d'une course; appareil qui l'effectue.

PHOTOGÈNE [fɔtɔʒɛn]. *adj.* (1836, n. m., « huile d'éclairage »; adj., 1906; de *photo-,* et *-gène*). *Vx.* Luminescent.

PHOTOGÉNIE [fɔtɔʒeni]. *n. f.* (1851; de *photo-,* et *-génie*). ◆ 1º *Didact.* Production de lumière. ◆ 2º (1920). Qualité de ce qui est photogénique. « *La photogénie, c'est l'accord du cinéma et de la photographie* » (DELLUC).

PHOTOGÉNIQUE [fɔtɔʒenik]. *adj.* (1839, « qui produit de la lumière »; de *photo-,* et *-génique*). ◆ 1º (1858). Qui donne une image nette, bien contrastée, en photographie. « *La clarté photogénique qu'a seule la peau anglaise* » (GONCOURT). ◆ 2º (XXᵉ). *Cour.* Qui produit, au cinéma, en photographie, un effet supérieur à l'effet produit au naturel. *Un visage, un acteur photogénique* : qui est plus beau, plus expressif en photo, au cinéma qu'au naturel.

PHOTOGRAMME [fɔtɔgram]. *n. m.* (1866; de *photo-* et *-gramme*). ◆ 1º *Vx.* Épreuve photographique positive. ◆ 2º *Mod. Techn.* Chaque image photographique d'un film.

PHOTOGRAMMÉTRIE [fɔtɔgrammetri]. *n. f.* (1876; de *photo-,* gr. *gramma* « dessin », et *-métrie*). *Sc., Techn.* Détermination de la dimension des objets, au moyen de mesures faites sur des perspectives de ces objets, en général des photographies.

PHOTOGRAPHE [fɔtɔgraf]. *n.* (1842; de *photographie*). ◆ 1º Personne qui prend des photographies. V. Opérateur. *Photographe amateur, professionnel. Reporter photographe d'un journal.* — *Photographe d'art* (se chargeant souvent du développement des clichés). *Atelier, studio de photographe.* ◆ 2º Professionnel, commerçant qui se charge du développement, du tirage des clichés (et généralement de la vente d'appareils, d'accessoires).

PHOTOGRAPHIE [fɔtɔgrafi]. (1836; sens mod. 1839, d'apr. angl. *photograph;* de *photo-,* et *-graphie*) ou *cour.* **PHOTO** [fɔto] (1878). *n. f.* ◆ 1º Procédé, technique per-

mettant d'obtenir l'image durable des objets, par l'action de la lumière sur une surface sensible. *Invention, débuts de la photographie.* V. **Daguerréotypie.** *Photographie en couleurs.* ◇ *Sc.* Obtention d'image par l'action de toutes radiations (infrarouges, ultraviolettes, etc.). *Photographie scientifique; applications de la photographie aux mesures physiques* (photogrammétrie), *à l'étude des mouvements* (chronophotographie), *à la cartographie* (photographie aérienne). ◇ *Par ext.* (surtout PHOTO). La technique, l'art de prendre des images photographiques (V. **Photographe**). *Aimer la photo, faire de la photo. Photographie automatique.* V. **Photomaton.** — DE PHOTO ou appos. PHOTO : photographique. *Appareil photo.* ◆ 2º (1858). *Une photographie* (vx), UNE PHOTO : image obtenue par le procédé de la photographie (*spécialt.* Le cliché positif). V. **Image; cliché, épreuve; diapositive.** *Prendre une photo. Développement, tirage d'une photo. Transmission des photos par bélinographe.* — *Portrait photographique. Photo d'identité.* ◇ EN PHOTO. *Prendre en photo* : photographier. *Il est mieux en photo qu'au naturel* (V. **Photogénique**). ◇ Image, reproduction photographique. V. **Gravure, illustration.** *Découper une photo dans un journal.* — *Roman*-photo.* ◆ 3º *Photographie de... :* reproduction exacte, fidèle. « *La photographie banale de la vie* » (MAUPASS.).

PHOTOGRAPHIER [fɔtɔgrafje]. *v. tr.* (1860, p. p.; de *photographie*). ◆ 1º Obtenir l'image de (qqn, qqch.) par les procédés de la photographie (Cf. Prendre en photo). « *On ne regarde pas le monument, on le photographie* » (E. MORIN). ◆ 2º *Fig.* Imprimer dans sa mémoire (l'image d'une personne ou d'une chose). ◇ Représenter, décrire, peindre avec une exactitude minutieuse.

PHOTOGRAPHIQUE [fɔtɔgrafik]. *adj.* (1842; de *photographie*). ◆ 1º Relatif à la photographie; qui sert à faire de la photographie; obtenu par la photographie. *Art, technique photographique. Papier, plaque, pellicule photographique. Épreuve, image, impression photographique.* ◆ 2º Qui est aussi fidèle, aussi exact que la photographie. « *Le réalisme de Ver Meer est si poussé qu'on pourrait croire d'abord qu'il est photographique* » (SARTRE).

PHOTOGRAPHIQUEMENT [fɔtɔgrafikmã]. *adv.* (1869; de *photographie*). À l'aide de la technique photographique. Avec une exactitude photographique.

PHOTOGRAVEUR [fɔtɔgravœR]. *n. m.* (XXᵉ; de *photo-* [gravure], et *graveur*). Ouvrier spécialiste de la photogravure.

PHOTOGRAVURE [fɔtɔgravyR]. *n. f.* (1867; de *photo-,* et *gravure*). ◆ 1º Procédé de gravure photochimique en relief (procédés typographiques ou phototypographie), utilisant des clichés métalliques (zinc, cuivre). *Photogravure au trait, sur zinc,* où la morsure est précédée d'un encrage. *Photogravure en demi-teintes.* V. **Similigravure.** ◆ 2º La planche gravée, le cliché métallique. *Tirage des photogravures.* — *Par ext.* La gravure, après tirage.

PHOTO-INTERPRÉTATION [fɔtɔɛ̃tɛRpRetasjɔ̃]. *n. f.* (av. 1966; de *photo-,* et *interprétation*). *Techn.* Analyse des photographies aériennes servant à établir les éléments de base d'une carte.

PHOTOLECTURE [fɔtɔlɛktyR]. *n. f.* (mil. XXᵉ s.; de *photo-,* et *lecture*). *Techn.* Technique de lecture automatique par des moyens optiques.

PHOTOLITHOGRAPHIE [fɔtɔlitɔgrafi]. *n. f.* (1867; de *photo-,* et *lithographie*). *Techn.* Procédé de gravure photochimique à plat (« planographique ») dans lequel l'épreuve photographique était reportée sur une pierre lithographique.

PHOTOLUMINESCENCE [fɔtɔlyminesɑ̃s]. *n. f.* (mil. XXᵉ; de *photo-,* et *luminescence*). *Sc.* Ensemble des phénomènes d'émission, dans toutes les directions, de radiations visibles ou invisibles dont la longueur d'onde est plus grande que celle des radiations excitatrices. V. **Fluorescence; phosphorescence.**

PHOTOLYSE [fɔtɔliz]. *n. f.* (mil. XXᵉ; de *photo-,* et gr. *lusis* « dissolution »). *Sc., techn.* Décomposition chimique par la lumière.

PHOTOMACROGRAPHIE. V. MACROPHOTOGRAPHIE.

PHOTOMAGNÉTIQUE [fɔtɔmaɲetik]. *adj.* (1842; de *photo-,* et *magnétique*). *Sc.* Qui concerne l'action de la lumière sur la susceptibilité magnétique, la conductibilité.

PHOTOMATON [fɔtɔmatɔ̃]. *n. m.* (v. 1930; marque déposée, de *photo*[graphie], [au]*toma*[tique], et suff. pseudo-scientifique *-on*). Appareil qui prend, développe et tire automatiquement des photographies; lieu où fonctionne un tel appareil. *Se faire faire des photos d'identité dans un photomaton.* — *Par ext.* (*N. m.* ou *f.*). La photo provenant du photomaton.

PHOTOMÉCANIQUE [fɔtɔmekanik]. *adj.* (1897; de *photo-,* et *mécanique*). *Techn.* Se dit de tous les procédés de reproduction utilisant des clichés (matrices, planches) photographiques.

PHOTOMÈTRE [fɔtɔmɛtR(ə)]. *n. m.* (1792; de *photo-,* et *-mètre*). *Sc.* Appareil servant à mesurer les intensités lumineuses. — *Méd. Photomètre visuel,* servant à la mesure de l'acuité visuelle par détermination de la plus faible intensité de lumière à laquelle un objet devient visible.

PHOTOMÉTRIE [fɔtɔmetʀi]. *n. f.* (1812; de *photo-*, et *-métrie*). *Sc.* Mesure de l'intensité des rayonnements visibles ou proches du visible.

PHOTOMÉTRIQUE [fɔtɔmetʀik]. *adj.* (1825; du précéd.). *Sc.* De la photométrie.

PHOTOMICROGRAPHIE. V. MICROPHOTOGRAPHIE.

PHOTOMONTAGE [fɔtɔmɔ̃taʒ]. *n. m.* (1935; de *photo-* [graphie], et *montage*). Montage de photographies.

PHOTOMULTIPLICATEUR [fɔtɔmyltiplikatœʀ]. *n. m.* (1957; de *photo-*, et *multiplicateur*). Dispositif amplificateur de brillance par effet photo-électrique, utilisé dans les lunettes, les télescopes, en radioscopie.

PHOTON [fɔtɔ̃]. *n. m.* (v. 1923; de *phot-*, et suff. *-on*). *Phys.* Corpuscule, quantum d'énergie dont le flux constitue le rayonnement électromagnétique. *Énergie, longueur d'onde d'un photon.*

PHOTONIQUE [fɔtɔnik]. *adj.* (mil. XXᵉ; de *photon*). *Phys.* Relatif aux photons, au rayonnement lumineux. *Rayonnement photonique.*

PHOTOPÉRIODE [fɔtɔperjɔd]. *n. f.* (mil. XXᵉ; Cf. Photopériodisme, 1952; de *photo-*, et *période*). *Didact.* Durée du jour, considérée dans ses effets biologiques. V. **Photopériodique.**

PHOTOPÉRIODIQUE [fɔtɔperjɔdik]. *adj.* (mil. XXᵉ; de *photo-*, et *périodique*). *Bot.* Relatif à la succession de lumière et d'obscurité dans la vie des plantes.

PHOTOPÉRIODISME [fɔtɔperjɔdism(ə)]. *n. m.* (1952; de *photopériodique*). *Bot.* Ensemble des phénomènes photopériodiques.

PHOTOPHOBIE [fɔtɔfɔbi]. *n. f.* (1812; de *photo-*, et *-phobie*). *Méd.* Crainte morbide de la lumière. Sensibilité excessive des yeux dans certaines maladies oculaires.

PHOTOPHORE [fɔtɔfɔʀ]. *n. m.* (1803; de *photo-*, et *-phore*). *Techn.* Lampe munie d'un réflecteur. *Mineur portant un photophore à son casque.*

PHOTOPILE [fɔtɔpil]. *n. f.* (mil. XXᵉ; de *photo-*, et *pile*). *Techn.* Appareil transformant la lumière en courant électrique, utilisé en photographie (cellule photo-électrique*) et dans les voyages spatiaux (batterie solaire).

PHOTO-ROBOT [fɔtɔʀɔbo]. *n. f.* (v. 1954; de *photo* [graphie], et *robot*). Portrait élaboré d'après des témoignages, et destiné à remplacer la photo d'une personne recherchée par la police. *Syn.* PORTRAIT-ROBOT.

PHOTOROMAN [fɔtɔʀɔmã]. *n. m.* (1949; de *photo-*, et *roman*). Roman populaire dont le récit est constitué par des photos légendées. (On dit aussi *roman-photo*). « *Un héros pour midinettes, un séducteur de photo-romans* » (MALLET-JORIS).

PHOTOSENSIBLE [fɔtɔsãsibl(ə)]. *adj.* (v. 1930; d'apr. *photosensibilité*; de *photo-*, et *sensible*). *Sc.* Sensible à la lumière. *Surface photosensible.*

PHOTOSPHÈRE [fɔtɔsfɛʀ]. *n. f.* (1842; de *photo-*, et *sphère*). *Astron.* Ensemble des couches du Soleil qui émettent un rayonnement reçu par la Terre.

PHOTOSTAT [fɔtɔsta]. *n. m.* (mil. XXᵉ; n. déposé, de *photo-*, et suff. *-stat*). *Sc.* Synonyme de *Photocopie*.

PHOTOSTOPPEUR, EUSE [fɔtɔstɔpœʀ, øz]. *n. m.* (v. 1960; de *photo* [graphie]), d'apr. *auto-stoppeur*). *Comm.* Personne qui photographie les passants et leur propose de leur vendre la photo.

PHOTOSYNTHÈSE [fɔtɔsɛ̃tɛz]. *n. f.* (1907; de *photo-*, et *synthèse*). *Biol.* Production de glucide par les plantes à partir du gaz carbonique de l'air qu'elles peuvent fixer grâce à la chlorophylle, en employant comme source d'énergie la lumière solaire (déf. PHOTOSYNTHÉTIQUE [fɔtɔsɛ̃tetik]).

PHOTOTAXIE [fɔtɔtaksi]. *n. f.* (1907; de *photo-*, et *-taxie*; Cf. *Tactisme*). *Biol.* Mouvement d'un organisme, déclenché par la lumière, vers la source lumineuse (*phototaxie positive*) ou dans la direction opposée (*phototaxie négative*). V. *Tropisme.* *Phototaxie des cellules mobiles, isolées :* PHOTOTACTISME [fɔtɔtaktism(ə)].

PHOTOTHÈQUE [fɔtɔtɛk]. *n. f.* (mil. XXᵉ; de *photo-*, et *-thèque*). *Didact.* Collection d'archives photographiques.

PHOTOTHÉRAPIE [fɔtɔteʀapi]. *n. f.* (déb. XXᵉ; de *photo-*, et *-thérapie*). *Méd.* Traitement de la lumière ou par une radiation du spectre solaire (y compris les rayons ultra-violets).

PHOTOTROPISME [fɔtɔtʀɔpism(ə)]. *n. m.* (fin XIXᵉ; Cf. *Phototropique* [1884]; de *photo-*, et *tropisme*). *Sc. nat.* Tropisme déterminé par l'action de la lumière. V. *Héliotropisme.* *Phototropisme positif.*

PHOTOTYPE [fɔtɔtip]. *n. m.* (1896; de *photo-*, et gr. *tupos* « caractère »). *Rare.* Image photographique directe. V. **Cliché, négatif.**

PHOTOTYPIE [fɔtɔtipi]. *n. f.* (1877; de *photo-*, et *-typie*). *Techn.* Procédé de reproduction, de gravure photochimique

à plat (« planographique ») dans lequel les négatifs sont reportés sur verre. *La phototypie, technique d'imprimerie lithographique voisine de la photolithographie, de l'offset.*

PHRAGMITE [fʀagmit]. *n. m.* (1847; gr. *phragmitês* « qui sert à faire une haie »). ◊ 1º Plante herbacée (*Graminées*) qui croît dans les marais, les fossés, et dont le type le plus connu est le roseau. ◊ 2º (Fin XIXᵉ). Fauvette (des marais).

PHRASE [fʀaz]. *n. f.* (1546; lat. *phrasis*, mot gr. « élocution »). ◊ 1º *Vx.* Tour ou construction. « *Les synonymes sont plusieurs dictions (façons de dire) ou plusieurs phrases différentes qui signifient une même chose* » (LA BRUY.). ◊ 2º *Plur. Mod.* Faire des phrases, avoir recours à des façons de parler recherchées ou prétentieuses (V. **Phraseur**). « *Je ne sais pas faire de phrases, moi, je dis ce que je pense* » (ARLAND). — *Sans phrases,* sans commentaire, sans détour. « *La mort, sans phrases* » (attribué à SIEYÈS, pour condamner Louis XVI). ◊ 3º (XVIIIᵉ). Tout assemblage d'éléments linguistiques capable de représenter pour l'auditeur l'énoncé complet d'une idée conçue par le sujet parlant. *La phrase peut consister en un terme unique ou prédicat* (ex. : *viens!*), *mais contient habituellement un second terme qui est le sujet de l'énoncé* (ex. : *tu viens). Phrase complexe, composée d'autant de propositions qu'elle contient de prédicats. Phrase nominale* et *phrase verbale*. *Structure de la phrase.* V. **Syntaxe.** *Phrase incorrecte, mal formée, agrammaticale, asémantique. Accent de phrase. Constituants*, *coupe, membres d'une phrase.* — « *J'aime par-dessus tout la phrase nerveuse, substantielle, claire* » (FLAUB.). *Les phrases courtes, coupées du dialogue. Phrases longues.* Collect. *Mouvement, rythme de la phrase. La phrase de Saint-Simon, de Proust.* V. **Style.** — *Dire, prononcer une phrase. Échanger quelques phrases.* V. **Propos.** ◊ 4º (1742). *Mus.* Succession ordonnée de périodes aboutissant à une cadence (mus. class.) ou constituant un tout complet. *Phrase mélodique, harmonique.* « *Le pianiste jouait, pour eux deux, la petite phrase de Vinteuil qui était comme l'air national de leur amour* » (PROUST).

PHRASÉ [fʀaze]. *n. m.* (XVIIIᵉ; de *phraser*). Manière, art de phraser, en musique. *Le phrasé d'un chanteur, d'un pianiste.*

PHRASÉOLOGIE [fʀazeɔlɔʒi]. *n. f.* (1778; du gr. *phrasis*, *-eôs*, et *-logie*). ◊ 1º *Didact.* Système d'expressions (terminologie et particularités syntactiques) propre à un usage, un milieu, une époque. V. **Style.** *La phraséologie judiciaire, administrative.* ◊ 2º *Littér.* Emploi de phrases, de grands mots vides de sens. V. **Bavardage, verbiage.** « *Rien de senti. Une phraséologie apprise par cœur, une rhétorique d'écolier* » (R. ROLLAND).

PHRASÉOLOGIQUE [fʀazeɔlɔʒik]. *adj.* (1845; de *phraséologie*). *Littér.* Empreint de phraséologie (2º). *Ling.* Qui concerne les locutions. *Dictionnaire phraséologique.*

PHRASER [fʀaze]. *v. tr.* (1755; de *phrase*). ◊ 1º *Mus.* Délimiter par le mode d'exécution ou ponctuer par des respirations (musique vocale) les périodes successives du discours musical. *Pianiste, chanteur qui phrase bien un air, un passage.* — Intrans. « *Ô jeune fille à la voix perlée! — tu ne sais pas phraser comme au Conservatoire* » (NERVAL). ◊ 2º *Vx.* Articuler en détachant les phrases, les membres de phrase; débiter à la façon d'un acteur. « *Au moment où il allait phraser un compliment* » (BALZ.).

PHRASEUR, EUSE [fʀazœʀ, øz]. *n.* (1788; *phrasier*, 1736; de *phraser*). Faiseur de phrases, de vains discours. V. **Bavard, déclamateur.** « *Le phraseur qui fait les beaux discours destinés à abuser les niais* » (LÉAUTAUD). ◊ Adj. *Il est un peu phraseur.*

PHRASTIQUE [fʀastik]. *adj.* (v. 1960; de *phrase* d'apr. le grec *phrasticos,* adj.). *Ling.* De la phrase, relatif à la phrase.

PHRATRIE [fʀatʀi]. *n. f.* (1842; *phratriarque* « chef d'une phratrie », XVIIIᵉ; gr. *phratria*). ◊ 1º *Antiq.* gr. Division de la tribu chez les Athéniens. ◊ 2º *Sociol.* Groupe de clans, dans une tribu ou un groupe de tribus. V. **Fratrie.** *Les phratries sont généralement fondées sur l'exogamie.*

PHRÉATIQUE [fʀeatik]. *adj.* (1887; du gr. *phreas, -atos* « puits »). *Didact.* *Nappe phréatique :* nappe d'eau souterraine qui alimente des sources.

PHRÉNIQUE [fʀenik]. *adj.* (1654; du gr. *phrên, phrenos* « diaphragme »). *Anat.* Relatif au diaphragme. *Nerf phrénique,* provenant du plexus nerveux cervical et qui fournit l'innervation motrice du diaphragme. Subst. *Le phrénique.*

PHRÉNOLOGIE [fʀenɔlɔʒi]. *n. f.* (1810; du gr. *phrên* « intelligence » et *-logie*). *Ancienn.* Étude du caractère, des « facultés » dominantes, d'après la forme du crâne.

PHRÉNOLOGIQUE [fʀenɔlɔʒik]. *adj.* (1828; de *phrénologie*). *Ancienn.* Relatif à la phrénologie. « *Lui tâter la tête, pour en examiner les bosses phrénologiques* » (NERVAL).

PHRYGANE [fʀigan]. *n. f.* (1654; lat. *phryganius,* gr. *phruganon* « petit bois sec »). Insecte névroptère, dont les larves aquatiques au corps mou sont enfermées dans des fourreaux. *La phrygane adulte a l'aspect de certains papillons de nuit.*

PHRYGIEN, ENNE [fʀiʒjɛ̃, ɛn]. *adj. et n.* (1562; lat. *Phrygius*, gr. *Phrugios*, de *Phrugia* « Phrygie »). *Antiq. gr.* Qui appartient à la Phrygie. Mus. *Mode phrygien.* ◊ Cour. *Bonnet phrygien* (semblable à celui que portaient les anciens Phrygiens) porté par les révolutionnaires de 1789. *Buste de femme au bonnet phrygien, emblème de la République française.*

PHTALÉINE [ftalein]. *n. f.* (1874; de *phtal-*, dans *naphtalène*, et *-éine*). *Chim.* Composé obtenu par l'union de l'anhydride phtalique et d'un phénol et qui, en se dissolvant dans les solutions alcalines, prend des colorations vives. — Absolt. *La phtaléine du phénol* (ordinaire), utilisée en analyse comme indicateur coloré.

PHTALIQUE [ftalik]. *adj.* (1869; de *phtal-*, dans *naphtalène*, et *-ique*). *Chim.* Se dit de certains dérivés du naphtalène. *Acides phtaliques*, biacides isomères (formule CO_6H — C_6H_4 — CO_2H) dont le plus important est l'*acide phtalique ordinaire*, ou *orthophtalique*. *Anhydrides phtaliques ou* diméthylbenzènes.

PHTIRIASIS [ftiʀjazis] *n. m.* ou **PHTIRIASE** [ftiʀjaz]. *n. f.* (XVIᵉ,-1611; lat. *phtiriasis*, d'o. gr., de *phteir* « pou »). *Méd.* Dermatose provoquée par les poux du pubis. V. **Pédiculose.**

PHTISIE [ftizi]. *n. f.* (1545; *ptisie, tisie*, en a. fr.; lat. *phtisis*, mot gr. « consomption »). ♦ 1° *Vx.* Toute forme de consomption. V. **Étisie.** ♦ 2° (XVIIᵉ). *Vx.* Tuberculose pulmonaire. « *Deux frères, emportés au moment de l'adolescence par une phtisie* » (MAURIAC). *Phtisie galopante,* tuberculose pulmonaire à évolution très rapide.

PHTISIOLOGIE [ftizjɔlɔʒi]. *n. f.* (1715; de *phtisie*, et *-logie*). *Sc.* Partie de la médecine qui étudie la tuberculose.

PHTISIOLOGUE [ftizjɔlɔg]. *n. m.* (XXᵉ; de *phtisiologie*). Médecin spécialiste en phtisiologie, dans le traitement de la tuberculose pulmonaire.

PHTISIQUE [ftizik]. *adj.* (1478; *ptisique*, v. 1370; lat. *phtisicus*, gr. *phtisikos*). *Vieilli.* Atteint de phtisie. V. **Tuberculeux.** — Subst. *Un, une phtisique.*

PHYCO-. Élément, du gr. *phukos* « algue ».

PHYCOMYCÈTES [fikɔmisɛt]. *n. m. pl.* (*Phycomyce*, 1846; de *phyco-*, et *mycète*). *Bot.* Siphomycètes (champignons).

PHYLACTÈRE [filaktɛʀ]. *n. m.* (1553; *filatiere, philatere*, XIIIᵉ; *filatire*, XIIᵉ; lat. ecclés. *phylacterium*, gr. *phulaktêrion*, trad. hébreu *tephilīn*). ♦ 1° *Vx.* Amulette, talisman. — *(Relig.).* Petite boîte carrée, renfermant des bandes de parchemin ou de vélin sur lesquelles sont inscrits des versets de la Bible, que les Juifs orthodoxes portent au bras et au front pendant la prière du matin. ♦ 2° *Archéol.* Banderole à extrémités enroulées portant des légendes (moyen âge, Renaissance). ◊ *Didact.* Ballon* ou bulle* des bandes dessinées.

PHYLARQUE [filaʀk(ə)]. *n. m.* (1732; lat. *phylarchus*, mot gr.). *Antiq. gr.* Président d'une tribu, à Athènes; commandant d'un corps de cavalerie fourni par une tribu.

PHYLÉTIQUE [filetik]. *adj.* (1874; de l'all. V. **Phylum**). *Biol.* Relatif au mode de formation des espèces.

PHYLL-, PHYLLO-, -PHYLLE. Éléments, du gr. *phullon* « feuille » (*ex. :* chlorophylle).

PHYLLADE [fil(l)ad]. *n. m.* (1839; gr. *phullas, phullados* « feuillage, lit de feuilles »). *Pétrogr.* Schiste dur et luisant, d'aspect soyeux. *Certaines ardoises sont des variétés de phyllades.*

-PHYLLE. V. **Phyll-.**

PHYLLIE [fil(l)i]. *n. f.* (1812; de *phyll-*). *Zool.* Insecte orthoptère marcheur, au corps aplati, aux larges élytres semblables à des feuilles.

PHYLLO-. V. **Phyll-.**

PHYLLOPODES [fi(l)lɔpɔd]. *n. m. pl.* (1823; de *phyllo-*, et *-pode*). *Zool.* Ordre de crustacés branchiopodes*. — Sing. *Un phyllopode.*

PHYLLOXÉRA [filɔkseʀa] ou **PHYLLOXERA.** *n. m.* (1870; de *phyllo-*, et gr. *xeros* « sec »). Insecte hémiptère, puceron parasite dont les piqûres sur les racines de la vigne font naître des nodosités qui, en quelques années, provoquent la mort du cep. ◊ Maladie de la vigne due à cet insecte. *Le phylloxéra détruisit les vignes françaises.*

PHYLLOXÉRÉ, ÉE [filɔkseʀe]. *adj.* (1873; de *phylloxéra*). Atteint par le phylloxéra. *Vignes phylloxérées traitées par le sulfure de carbone.* V. **Sulfatage.**

PHYLLOXÉRIEN, IENNE [filɔkseʀjɛ̃, jɛn] ou **PHYLLOXÉRIQUE** [filɔkseʀik]. *adj.* (1871,-1875; de *phylloxéra*). *Didact.* Propre ou dû au phylloxéra.

PHYLOGENÈSE [filɔʒənɛz] ou **PHYLOGÉNIE** [filɔʒeni]. *n. f.* (1874; d'apr. l'all. créé par Hæckel, du gr. *phulon* « race », et *-genèse, -génie*). *Biol.* Mode de formation des espèces, développement des espèces au cours de l'évolution.

V. **Ontogenèse.** Partie de la biologie qui traite de cette évolution.

PHYLOGÉNIQUE [filɔʒenik] ou **PHYLOGÉNÉTIQUE** [filɔʒenetik]. *adj.* (1874; de *phylogénèse*). *Biol.* Relatif à la phylogenèse. ◊ *Phylogénétique, n. f.* Branche de la génétique traitant des modifications d'ordre génétique qui se produisent au sein d'une espèce animale ou végétale.

PHYLUM [filɔm]. *n. m.* (1874, var. *phyle;* d'apr. l'all.; gr. *phulon* « race, tribu »). *Biol.* Souche primitive d'où est issue une série généalogique; suite des formes revêtues par les ascendants d'une espèce. *Relatif au phylum.* V. **Phylétique.** — *Zool.* Syn. mod. d'*embranchement.*

PHYSALIE [fizali]. *n. f.* (1839; gr. *phusaleos* « gonflé »). *Zool.* Animal cœlentéré de la classe des méduses (*Siphonophores*), formé d'un flotteur en dessus et continué par un stolon allongé portant des polypes.

PHYSALIS [fizalis]. *n. m.* (*Physalide,* 1839; gr. *phusalis, de phusan* « gonfler »). *Bot.* Alkékenge (appelé couramment *amour en cage*).

-PHYSE. Élément, du gr. *phusis* « croissance, production » (*ex. :* apophyse, diaphyse, hypophyse).

PHYSICALISME [fizikalism(ə)]. *n. m.* (1934; all. *Physikalismus,* 1931; dér. sav. du lat. *physicalis,* de *physica*). *Philo.* Théorie épistémologique empiriste, selon laquelle les sciences humaines doivent s'exprimer dans le vocabulaire des sciences physiques et s'inspirer de leur méthodologie.

PHYSICIEN, IENNE [fizisjɛ̃, jɛn]. *n.* (*Fisicien* « naturel », adj., 1380; de *physique*). ♦ 1° *Vx.* N. m. (1611). Celui « qui connaît et qui étudie la Nature, qui rend raison de ses effets » (DIDER.). : savant, médecin, etc. ♦ 2° Mod. *N. m. et f.* Savant qui s'occupe de physique (astrophysicien, électricien, électronicien, hydraulicien, mécanicien, opticien, etc.). *Les physiciens et les chimistes. Physiciens de l'atome.* V. **Atomiste** (II). *Le physicien et le technicien.*

PHYSICO-. Élément, tiré de *physique.*

PHYSICO-CHIMIE [fizikɔʃimi]. *n. f.* (1845; de *physico-,* et *chimie*). *Sc.* Domaine de la science à la limite de la physique et de la chimie.

PHYSICO-CHIMIQUE [fizikɔʃimik]. *adj.* (1855; du précéd.). *Sc.* Qui participe à la fois de la physique et de la chimie. *Les phénomènes biologiques et leurs conditions physico-chimiques.* « *Les manifestations physico-chimiques* » (Cl. BERNARD).

PHYSICO-MATHÉMATIQUE [fizikɔmatematik]. *n. f.* (1630, *adj.;* 1749, n.; de *physico-,* et *mathématique*). *Hist. sc.* « Partie de la physique où l'on réunit l'observation et l'expérience au calcul mathématique » (DIDER.). — Adj. *Sciences physico-mathématiques.* — *Mod.* Mathématiques appliquées à la physique (on dit plutôt : *physique mathématique*).

PHYSICO-THÉOLOGIQUE [fizikɔteɔlɔʒik]. *adj.* (1917; de *physico-,* et *théologique*). *Théol. Preuve physico-théologique de l'existence de Dieu,* par laquelle on montre l'ordre, l'unité, la finalité du monde en refusant de l'attribuer au hasard.

PHYSIO-. Élément, du gr. *physis* « nature ».

PHYSIOCRATE [fizjɔkʀat]. *n. m.* (1758; de *physio-,* et *-crate*). *Hist.* Se dit des divers économistes du XVIIIᵉ s., spécialt. des disciples de Quesnay (V. **Physiocratie**). *Le libéralisme des physiocrates.*

PHYSIOCRATIE [fizjɔkʀasi]. *n. f.* (1758; de *physio-,* et *-cratie*). *Hist., Écon.* Doctrine de certains économistes du XVIIIᵉ s. (physiocrates) fondée sur la connaissance et le respect des « lois naturelles » et donnant la prépondérance à l'agriculture (*opposé à* mercantilisme).

PHYSIOGNOMONIE [fizjɔgnɔmɔni]. *n. f.* (1562; lat. sc. *physiognomonia,* mot gr.). *Vieilli.* Science qui a pour objet la connaissance du caractère d'une personne d'après la physionomie. ◊ Ouvrage qui traite de cette science. *La physiognomonie de Lavater.*

PHYSIOGNOMONIQUE [fizjɔgnɔmɔnik]. *adj.* (1721; du précéd.). *Vieilli.* Relatif à la physiognomonie. « *Les signes physiognomoniques* » (BAUDEL.).

PHYSIOGNOMONISTE [fizjɔgnɔmɔnist(ə)]. *n.* (1803; de *physiognomonie*). *Didact.* Personne qui connaît, qui pratique la physiognomonie.

PHYSIOLOGIE [fizjɔlɔʒi]. *n. f.* (1611; « étude de la nature », 1547; lat. *physiologia,* mot gr.). ♦ 1° Science qui étudie les fonctions normales des organes et des tissus des êtres vivants. « *Nous définirons... la physiologie : la science qui a pour objet d'étudier les phénomènes des êtres vivants et de déterminer les conditions matérielles de leur manifestation* » (Cl. BERNARD). *Physiologie générale,* étude des phénomènes généraux de la vie. *Physiologie végétale, animale. Physiologie humaine,* qui étudie les fonctions (généralement les fonctions normales) de l'organisme humain (nutrition, motricité, sensibilité, régulations, etc.). *La physiologie fait partie des études de médecine. Physiologie pathologique* ou *Physiopathologie. Physiologie psychique* ou *Psychophysiologie.* ◊ Par ext. *Physiologie d'un organe.* V. **Fonctionnement.** *Physiologie du cœur, du foie. Physiologie de la cellule.* ♦ 2° *Hist. litt.* Ouvrage décrivant une réalité humaine d'une manière objective (à la mode au début du XIXᵉ s.). *La physiologie du mariage*, œuvre de Balzac.

PHYSIOLOGIQUE [fizjɔlɔʒik]. *adj.* (1547; lat. *physiologicus*, gr. *phusiologikos*). Relatif à la physiologie ; qui concerne le fonctionnement d'un organisme vivant, d'un organe, d'une cellule. *Aspect physico-chimique des faits physiologiques.* ◇ *Spécialt.* Qui concerne les activités de l'organisme humain se traduisant par des modifications physico-chimiques (par opposition à *psychique*). V. **Physique, somatique.** — *Par ext.* Relatif aux troubles fonctionnels qui ne sont pas d'ordre pathologique*. *Albuminurie physiologique*, qui se produit après un effort physique. *Astigmatisme physiologique*, astigmatisme des sujets jeunes, qui disparaît ensuite. *Tremblement physiologique*, déclenché par le froid, l'émotion.

PHYSIOLOGIQUEMENT [fizjɔlɔʒikmã]. *adv.* (1845; de *physiologique*). D'une manière, d'un point de vue physiologique.

PHYSIOLOGISTE [fizjɔlɔʒist(ə)]. *n.* (1669; de *physiologie*). Spécialiste en physiologie. Adj. *L'expérimentateur physiologiste.*

PHYSIONOMIE [fizjɔnɔmi]. *n. f.* (*Phisanomie*, XIIIᵉ; lat. *physiognomia*, altér. de *physiognomonia*). ◆ 1° L'ensemble des traits, l'aspect du visage (surtout d'après leur expression). V. **Face, faciès, physique ; visage, air, expression, mine.** « *La physionomie est l'expression du caractère et celle du tempérament... Mais il ne faut jamais juger sur la physionomie* » (VAUVEN.). *Sa physionomie se rembrunit, s'anima, s'illumina. Jeux de physionomie* : mimique. « *Cette physionomie si douce, si prévenante, qui disparaît un quart d'heure après, pour faire place à un visage sombre, brutal, farouche* » (MARIVAUX). ◇ *Spécialt.* (*Vieilli*) Caractère original et expressif d'un visage, indépendamment de la beauté. « *Les beautés qui sont plus dans la physionomie que dans les traits* » (ROUSS.). ◆ 2° Aspect particulier propre à une chose, à un objet. V. **Apparence, aspect, face.** « *On procéda à de nombreux échanges de territoires. La physionomie de l'Europe en fut transformée* » (BAINVILLE).

PHYSIONOMIQUE [fizjɔnɔmik]. *adj.* (1549; de *physionomie*). *Vieilli.* Relatif à la physionomie.

PHYSIONOMISTE [fizjɔnɔmist(ə)]. *n. et adj.* (1555; de *physionomie*). ◆ 1° Personne qui sait juger du caractère de qqn d'après sa physionomie. ◆ 2° Mod. Adj. Qui est capable de reconnaître au premier coup d'œil une personne déjà rencontrée. *Vous ne le reconnaissez pas? Vous n'êtes pas physionomiste.*

PHYSIOPATHOLOGIE [fizjɔpatɔlɔʒi]. *n. f.* (1900; de *physio-*, et *pathologie*). *Didact.* Étude des troubles qui surviennent dans le fonctionnement des organes au cours d'une maladie. On dit aussi *physiologie pathologique.*

PHYSIOTHÉRAPIE [fizjɔterapi]. *n. f.* (fin XIXᵉ; de *physio-*, et *-thérapie*). *Méd.* Thérapeutique qui utilise les agents naturels : air, eau, lumière, etc.

1. **PHYSIQUE** [fizik]. *adj. et n. m.* (1487, « naturel » ; lat. *physicus* ; gr. *phusikos*).

I. *Adj.* ◆ 1° Qui se rapporte à la nature (II). V. **Matériel.** *Le monde physique. Géographie physique. Mesure des grandeurs physiques. Unités physiques. Certitude physique.* V. **Réel.** ◆ 2° Qui concerne le corps humain (*opposé à moral, mental, psychologique, psychique*). V. **Corporel, matériel.** *L'anthropologie classe les hommes d'après leurs caractères physiques. Force, vigueur physique. Éducation, culture physique* : gymnastique, sport. *État physique* : de santé. ◇ **Organique, physiologique, somatique.** « *J'ai le spleen, tristesse physique, véritable maladie* » (CHATEAUB.). « *Il n'y a pas qu'un plaisir spirituel à écrire. Également un plaisir physique* » (LÉAUTAUD). *Douleur, souffrance physique.* — Spécialt. *Dégoût, peur, horreur physique*, que la volonté ne contrôle pas, qui est de l'ordre du réflexe. ◇ *Dr. Personne* physique (*opposé à personne morale*). ◆ 3° Qui concerne le corps (en parlant des relations amoureuses). V. **Charnel, sexuel.** *Amour physique.* ◆ 4° Qui se rapporte à la nature, à l'exclusion des êtres vivants. *Sciences physiques*, la physique et la chimie. ◆ 5° Qui concerne la physique (2) au sens restreint (*distingué de* chimique). *Phénomènes physiques. Propriétés physiques et chimiques d'un corps.*

II. *N. m.* ◆ 1° L'aspect extérieur, l'ensemble des caractères morphologiques d'un individu. « *L'amour, c'est le physique, c'est l'attrait charnel* » (LÉAUTAUD). — AU PHYSIQUE : en ce qui concerne le physique, le corps. V. **Physiquement.** *Trois choses m'importent, « tant au moral qu'au physique, au sens figuré comme au sens propre : le bruit, le vent et la fumée* » (CHAMFORT). ◆ 2° Aspect général (de qqn). V. **Physionomie.** *Avoir un physique de jeune premier. Avoir le physique de l'emploi, un physique convenable au rôle interprété*, et *par ext.* un physique évocateur du métier, de la situation.
◇ ANT. *Mental, moral.*

2. **PHYSIQUE** [fizik]. *n. f.* (XIIᵉ, « médecine ; science de la nature » ; lat. *physica*, gr. *phusikê*). ◆ 1° *Vx.* (1487). Science

des causes naturelles. ◆ 2° (1708). Science qui étudie les propriétés générales de la matière et établit des lois qui rendent compte des phénomènes matériels (*distingué de la* physiologie, *des* sciences naturelles). *Physique et chimie* (V. **Physico-chimie**). *Physique expérimentale et physique mathématique* (V. **Physico-mathématique**). *Physique classique*, qui n'étudie pas les phénomènes à l'échelle des atomes et des noyaux. *Physique atomique, nucléaire* : science qui étudie la constitution intime de la matière, l'atome, le noyau. *Physique quantique. Physique microscopique.* V. **Microphysique.** *Physique relativiste.* V. **Relativité.** *Expérience de physique. Parties de la physique* : acoustique, aérologie, astrophysique, biophysique, calorimétrie, cryoscopie, dioptrique, électricité, électronique, hydraulique, magnétique, mécanique (cinématique, dynamique, statique, mécanique ondulatoire), optique, optométrie, thermodynamique... *Applications de la physique.* V. **Technique, technologie.** — *Étudier la physique. Cours, travaux pratiques de physique. Avoir de bonnes notes en physique et en chimie.* ◇ *Livre de physique.* ◇ *Étude physique d'un problème. Physique du globe* : géophysique. *Physique des basses températures, des états condensés.*

PHYSIQUEMENT [fizikmã]. *adv.* (1488; de *physique* 1). D'une manière physique, d'un point de vue physique. ◆ 1° *Au sens général.* V. **Matériellement.** *Chose physiquement impossible. Il est très diminué physiquement. Une souffrance physiquement supportable.* ◆ 2° Au physique, en ce qui concerne l'aspect physique d'une personne. « *Physiquement, il est très mal, disait-elle. Moralement, il est parfait* » (GIRAUDOUX). ◇ ANT. *Moralement.*

PHYSISORPTION [fizisɔRpsjɔ̃]. *n. f.* (1968; de *physi*[que], et [ad]*sorption*). *Chim.* « Adsorption de caractère purement physique, c'est-à-dire sans formation de liaison chimique » (C.I.L.F.).

PHYSOSTIGMA [fizɔstigma]. *n. m.* (1873; du gr. *phuso* « vésicule », et *stigma* « stigmate »). *Bot.* Plante (*Légumineuses-papilionacées*) exotique, herbacée, communément appelée *fève de calabar*, dont les graines renferment un alcaloïde vénéneux, la PHYSOSTIGMINE [fizɔstigmin], *n. f.* (1873).

PHYSOSTOMES [fizɔstɔm]. *n. m. pl.* (1890; du gr. *phuso* « vessie », et *stoma* « bouche »). *Zool.* Ordre de poissons téléostéens (osseux) à rayons de nageoires mous, qui possèdent une vessie natatoire en communication avec l'œsophage. Au sing. *Un physostome.*

-PHYTE, PHYTO-. Éléments, du gr. *phuton* « plante » (ex. : *thallophytes, zoophytes*).

PHYTÉLÉPHAS [fitelefas]. *n. m.* (1846; de *phyto-*, et gr. *elephas* « ivoire »). *Bot.* Palmier dont le fruit est une agglomération de drupes, et dont la graine fournit l'ivoire végétal (*corozo*).

PHYTHORMONE [fitɔRmɔn] ou **PHYTOHORMONE** [fitɔɔRmɔn]. *n. f.* (av. 1949; de *phyt*[o]-, et *hormone*). *Biol.* Hormone végétale. V. **Auxine.**

PHYTOBIOLOGIE [fitɔbjɔlɔʒi]. *n. f.* (1846; de *phyto-*, et *biologie*). *Bot.* Biologie végétale.

PHYTOGÉOGRAPHIE [fitɔʒeɔgrafi]. *n. f.* (1842; de *phyto-*, et *géographie*). *Bot.* Partie de la botanique qui étudie la distribution des plantes sur le globe terrestre. (On dit aussi *géographie botanique*) (dér. *Phytogéographe, phytogéographique* [1858]).

PHYTOPATHOLOGIE [fitɔpatɔlɔʒi]. *n. f.* (1858; de *phyto-*, et *pathologie*). *Bot.* Pathologie végétale.

PHYTOPHAGE [fitɔfaʒ]. *adj.* et *n.* (1808; de *phyto-*, et *-phage*). *Didact.* (*Zool.*) Qui se nourrit de matières végétales (plus général que *herbivore*).

PHYTOPHARMACIE [fitɔfarmasi]. *n. f.* (1949; de *phyto-*, et *pharmacie*). *Sc., Techn.* Étude et fabrication des produits qui combattent les maladies des plantes (antiparasitaires, etc.).

PHYTOPHTHORA [fitɔftɔra]. *n. m.* (déb. XXᵉ; de *phyto-*, et gr. *phtorios* « destructeur »). *Bot.* Champignon parasite des végétaux. V. **Mildiou.**

PHYTOPLANCTON [fitɔplãktɔ̃]. *n. m.* (1907; de *phyto-*, et *plancton*). *Sc.* Plancton végétal.

PHYTOSANITAIRE [fitɔsanitɛr]. *adj.* (mil. XXᵉ; de *phyto-*, et *sanitaire*). Relatif aux soins à donner aux végétaux. *Produits phytosanitaires.*

PHYTOSOCIOLOGIE [fitɔsɔsjɔlɔʒi]. *n. f.* (1936; *phytosociologue*, 1920; de *phyto-*, et *sociologie*). *Bot.* Étude des associations végétales.

PHYTOTRON [fitɔtrɔ̃]. *n. m.* (v. 1960; mot angl. [aux États-Unis, 1949]; de *phyto-*, et d'apr. *cyclotron*). *Bot.* Laboratoire permettant de réaliser toutes les conditions expérimentales de croissance des végétaux (sols, nutrition, températures, éclairements, etc.).

PHYTOZOAIRE [fitɔzɔɛR]. *n. m.* (1847; de *phyto-*, et gr. *zôon* « animal »). *Zool.* Animal métazoaire à symétrie rayonnée, lui donnant une apparence de plante (méduse, polype, échinoderme). V. **Zoophyte.**

PI [pi]. *n. m.* (transcrit XIXᵉ; mot gr.). Seizième lettre de

l'alphabet grec (π), correspondant au *p* français. ◇ *Géom.*
Abrév. du gr. *periphereia,* symb. du nombre qui représente
le rapport constant de la circonférence d'un cercle à son diamètre. π, *nombre transcendant** (3,1415926...). ◇ HOM. *Pis.
Pie.*

PIACULAIRE [pjakylɛʀ]. *adj.* (1752; lat. *piacularis*).
Didact. Relatif à une expiation. V. **Expiatoire.** « *La souf-
france piaculaire,* ... *la douleur réparatrice* » (HUYSMANS).
   PIAF [pjaf]. *n. m.* (1896; o. i., p.-ê. var. de *piaffe;* Cf.
Piaffer). *Pop.* Moineau. « *Les piafs qui se disputaient s'envo-
lèrent en bande* » (QUENEAU).
   PIAFFANT, ANTE [pjafɑ̃, ɑ̃t]. *adj.* (xxᵉ; de *piaffer*).
Qui piaffe. *Piaffant d'impatience.*
   PIAFFEMENT [pjafmɑ̃]. *n. m.* (1842; de *piaffer*). Mouve-
ment du cheval qui piaffe; bruit qu'il fait en piaffant.
   PIAFFER [pjafe]. *v. intr.* (1586, « faire de l'embarras »;
o. i., p.-ê. onomat.). ◆ 1° (1677). Se dit d'un cheval qui,
sans avancer, frappe la terre en levant et en abaissant alternativement chacun des pieds de devant. ◆ 2° (XIXᵉ; *personnes*). Frapper du pied, piétiner. *Piaffer d'impatience.* V.
Trépigner. « *Il vit la fillette en chapeau rond, mâchonnant son
ombrelle et piaffant avec une impatience de jeune cheval* »
(FRANCE).
   PIAFFEUR, EUSE [pjafœʀ, øz]. *adj.* (1678; *piaffeuse*
« coquette », 1584; Cf. Piaffer, étym.). Qui a l'habitude de
piaffer. *Cheval piaffeur. Jument piaffeuse.*
   PIAILLARD, ARDE [pjajaʀ, aʀd(ə)]. *adj.* (1746; de *piailler*). *Fam.* Qui piaille, crie. « *Le peuple piaillard des oiseaux
d'eau* » (MAUPASS.). Subst. *Des piaillards.*
   PIAILLEMENT [pjajmɑ̃]. *n. m.* (1782; de *piailler*).
Action, fait de piailler. V. **Piaillerie, piaulement.** *Le piaille-
ment des oiseaux.* ◇ Cri poussé en piaillant. *Des oies qui
« poussaient des piaillements rauques* » (GAUTIER). ◇ *Fig.
Les piaillements d'une bande d'enfants.*
   PIAILLER [pjaje]. *v. intr.* (1607; probabl. onomat.;
Cf. Piauler). ◆ 1° *Fam.* (*Oiseaux*). Pousser de petits cris
aigus. ◆ 2° (*Personnes*). *Fam.* Enfant, marmot qui piaille.
V. **Crier.** *Fig.* Criailler, protester. « *Les paysans piaillent,
voilà tout. Mais quant à passer de la criaillerie au fait...* »
(BALZ.).
   PIAILLERIE [pjajʀi]. *n. f.* (1642; de *piailler*). *Fam.*
L'action, le fait de piailler. V. **Piaillement.** *Piaillerie des
oiseaux.* ◇ *Piailleries des enfants. Cessez vos piailleries!*
   PIAILLEUR, EUSE [pjajœʀ, øz]. *n.* et *adj.* (1611; de
piailler). *Fam.* Personne qui a l'habitude de piailler. V.
Piaillard. — Adj. *Un oiseau piailleur.* « *Trois mioches piail-
leurs, sales, dans un logement mesquin* » (ARAGON).
   PIAN [pjɑ̃]. *n. m.* (*Pians,* 1578; d'une langue du Brésil).
Méd. Maladie infectieuse chronique non vénérienne des
pays tropicaux, provoquée par un tréponème. *L'évolution
du pian se fait en trois stades comme dans la syphilis, mais
sans atteinte des organes profonds.*
   PIANE-PIANE [pjanpjan]. *adv.* (1565; it. *piano,* avec
conservation de l'accent tonique sur la première syllabe).
Pop. V. **Piano.** « *Il salue Marcel... et piane-
piane, arrive rue Bichat* » (DABIT).
   PIANISSIMO [pjanisimo]. *adv.* (1775; superlatif it.
V. Piano 2). ◆ 1° *Mus.* Tout doucement (Abrév. *PP* ou *pp.*).
— Subst. *Passage qui s'achève par un pianissimo. (Des pia-
nissimi, des pianissimos).* ◆ 2° *Fam.* Très doucement, très
lentement. V. **Piane-piane.**
   PIANISTE [pjanist(ə)]. *n.* (1807; de *piano* 1). Personne
dont la profession est de jouer du piano (V. Musicien);
personne qui joue du piano en amateur, mais avec talent.
Un, une pianiste. Elle est très bonne pianiste. ◇ *Loc. fam.*
« *Ne tirez pas sur le pianiste* » (par allus. à certains établissements du Far West américain au XIXᵉ s.), se dit quelquefois
par plaisanterie pour réclamer l'indulgence à l'égard d'une
personne pleine de bonne volonté.
   PIANISTIQUE [pjanistik]. *adj.* (1919; de *pianiste*). *Mus.*
Relatif au piano; fait pour le piano (*spécialt.* en parlant
d'œuvres susceptibles de mettre en valeur les qualités de
l'instrument).
   1. PIANO [pjano]. *n. m.* (1798; de *piano-forte* [1774],
piano et forte [1766], cet instrument, à la différence du clavecin, permettant de jouer à volonté « doucement » ou « fort »
[Cf. Forte-piano]). Instrument de musique à clavier, dont les
cordes sont frappées par des marteaux (et non pas pincées
comme dans le clavecin). *Des pianos. Touches, pédales d'un
piano. Tabouret de piano. — Piano droit,* à table d'harmonie
verticale. *Piano à queue,* à table d'harmonie horizontale
(plus grand). *Piano demi-queue, quart de queue* piano « crapaud », de format plus réduit. *Piano de concert. Érard, Gaveau,
Pleyel,* célèbres facteurs de pianos. *Accorder un piano. Mauvais
piano.* V. **Casserole.** *Se mettre, être au piano. Jouer du piano.
Tapoter, toucher du piano.* V. **Pianoter.** *Musique, sonate pour
piano et violon. — Piano préparé.* « *John Cage* [...] *s'intéressant surtout au piano comme instrument de percussion, introduisait entre les cordes des objets divers : tournevis, clés, bouteilles de coca-cola. Cette technique a depuis pris le nom de*

'piano préparé' » (PLEYNET, *Réalités,* juill. 1966). — *Piano
massacre,* piano désaccordé pour l'interprétation de morceaux de ragtime, etc. ◇ *Piano mécanique,* dont les marteaux
sont actionnés par un mécanisme (bande perforée, etc.).
Ex. : PIANOLA [pjanɔla], *n. m.* (Nom de marque).
   2. PIANO [pjano]. *adv.* (1752; mot it. « doucement ».
V. Piano 1). ◆ 1° *Mus.* Doucement (Abrév. *P.* ou *p.*). *Ce
passage doit être joué piano, puis* forte. V. **Forte-piano.** Subst.
Un piano suivi d'un forte. ◆ 2° *Fam.* Doucement. *Allez-y
piano!* V. **Piane-piane.** ◇ ANT. **Forte.**
   PIANO-FORTE [pjanɔfɔʀte]. *n. m.* (1774; *piano et forte,*
1766; V. Piano 1). *Hist. mus.* Piano de la fin du XVIIIᵉ s. et
du début du XIXᵉ s. « *Un piano-forte, qui est un instrument
de chaudronnier, à côté du clavecin* » (VOLT.).
   PIANOTAGE [pjanɔtaʒ]. *n. m.* (1866; de *pianoter*).
Action de pianoter. « *Elle prit sa machine* (à écrire) *et commença son pianotage* » (MART. du G.).
   PIANOTER [pjanɔte]. *v. intr.* (1841; *pianotiser,* 1837;
dimin. de *piano* 1). ◆ 1° Jouer du piano maladroitement,
sans talent, comme un débutant. ◆ 2° Tapoter sur qqch.
avec les doigts en imitant le geste du pianiste sur le clavier.
Pianoter sur une table, une vitre.
   PIASSAVA [pjasava]. *n. m.* (1869; port. *piassaba,* d'une
langue indienne du Brésil). Palmier de l'Amérique du Sud
dont on extrait une fibre textile. ◇ Cette fibre. *Brosse, câble,
paillasson en piassava.*
   PIASTRE [pjastʀ(ə)]. *n. f.* (1595; it. *piastra*). Monnaie
(actuelle ou ancienne) de divers pays. *La piastre indochinoise.
Le scandale des Piastres* (affaire du trafic des piastres). ◇
[Au Canada; de la piastre espagnole). *Pop.* Dollar. « *Deux
piastres et demie de profit en trois semaines. C'est dégoûtant!* »
(R. LEMELIN). — Billet de un dollar. « *Elle a pris ma piastre
comme une avance* » (R. DUCHARME). — *Fig.* Symbole de
l'argent. « *Non, il ne serait pas un vil amoureux de la
'piastre'* » (M.-C. BLAIS). — *Loc.* (N. m.) BAISE-LA-PIASTRE.
Avare. « *Un gaga, un gâteux, un baise-la-piastre* » (V. L.
BEAULIEU).
   PIAULE [pjol]. *n. f.* (1844; *piolle,* 1836; *piolle* « cabaret »,
1628; p.-ê. de l'a. fr. *pier* « engloutir, boire »). *Pop.* Chambre,
logement. *Rentrer dans sa piaule.*
   PIAULEMENT [pjolmɑ̃]. *n. m.* (*Piolement,* 1570; de
pioler, piauler). Cri des petits poulets et de certains oiseaux.
V. **Piaillement.** ◇ Par anal. *Des piaulements d'enfant.*
   PIAULER [pjole]. *v. intr.* (*Pioler,* 1540; onomat. V.
Piailler). ◆ 1° Crier (petits oiseaux). ◆ 2° *Fam.* Enfant
qui piaule. ◇ Produire un grincement aigu. « *Les poulies
grinçaient, piaulaient, sifflaient* » (GAUTIER).
   PIBALE [pibal]. *n. f.* (xxᵉ; Cf. *Pibole* « chalumeau,
pipeau », mot poitevin). *Région.* (Ouest). Jeune anguille (On
dit aussi *Civelle*).
   PIBLE (À) [apibl(ə)]. *loc. adv.* (1842; de l'a. fr. *pible*
« peuplier », du lat. *populus*). *Mar. Mât à pible :* formé d'une
seule pièce, ou assemblé de manière à former un tout continu
de la base au sommet.
   PIBROCK [pibʀɔk]. *n. m.* (*Pibroch,* 1842; mot gaélique).
Cornemuse écossaise.
   1. PIC [pik]. *n. m.* (1546; a. prov. *pic,* XIIᵉ; lat. pop.
°*piccus,* class. *picus*). Oiseau grimpeur de la taille du pigeon,
nichant dans des trous d'arbres et se nourrissant surtout de
vers, de larves qu'il fait sortir des écorces en y frappant à
coups répétés de son bec conique. *Pic vert.* V. **Pivert.** *Pic
épeiche, pic rouge. Pic noir* ou *pic de montagne.*
   2. PIC [pik]. *n. m.* (XIIᵉ; probabl. fig. de *pic* 1, d'apr.
piquer). Instrument composé d'un fer pointu et d'un manche
pour creuser le roc, casser des cailloux, détacher des blocs
d'ardoise, de houille (V. **Pioche**). *Pic de mineur à deux têtes*
(V. **Rivelaine**). *Attaquer une veine de charbon au pic.*
   3. PIC [pik]. *n. m.* (XVIIᵉ; fig. de l'a. fr. *pic* « coup de
pointe », 1397; de *piquer*). *Vieilli.* Se dit au jeu du piquet,
quand le premier à jouer, totalisant 30 points à son compte
avant que le second joueur en ait marqué un seul, gagne alors
le droit de doubler son avantage et d'annoncer 60 points.
Faire pic, repic et capot.
   4. PIC [pik]. *n. m.* (1350; d'un préroman °*pikk,* de formation analogue à celle des dér. de °*pikkare.* V. **Piquer**).
Montagne dont le sommet dessine une pointe aiguë. *Le pic du
Midi de Bigorre. Le pic de Ténériffe.* — *Spécialt.* La cime
elle-même. *Les pics enneigés des Alpes.* ◇ Par métaph.
(*Didact.*). Partie aiguë d'une courbe enregistrée. (*Syn.*
CLOCHER). ◇ HOM. *Pic* (1, 2, 3); *pique.*
   5. PIC (À) [apik]. *loc. adv.* (1611; de *piquer,* comme
pic 3; rattaché à *pic* 4 « montagne »). Verticalement. *Rochers
qui s'élèvent à pic au-dessus de la mer.* « *Autour des bords à
pic d'un gouffre circulaire* » (FARGUE). V. **À-pic.** *Route qui
dévale à pic.* — Adj. *Montagne à pic.* V. **Escarpé.** — *Bateau,
noyé qui coule* à pic,* droit au fond de l'eau. ◇ *Fig. et fam.*
À point nommé, à propos. *Vous arrivez à pic* (Cf. *fam.* Pile).
« *Il faut, dit-il, reconnaître que ça tombe à pic* » (DUHAM.).
   PICA [pika]. *n. m.* (XVIᵉ; mot lat. « pie »; par allus. à

la voracité de cet oiseau). *Méd.* Goût morbide pour des substances non comestibles.

PICADOR [pikadɔʀ]. *n. m.* (1788 ; mot esp., du rad. de *piquer*). Cavalier qui, dans les courses de taureaux, fatigue l'animal avec une pique. *Des picadors.*

PICAGE [pikaʒ]. *n. m.* (1910 ; du lat. *pica*). *Vétér.* Maladie propre aux gallinacés captifs sous-alimentés, qui les porte à s'arracher les plumes entre eux. ◇ HOM. *Piquage.*

PICAILLONS [pikajɔ̃]. *n. m. pl.* (1750 ; antérieurement, dans le dial. savoyard « petite pièce de monnaie en cuivre » ; de l'a. fr. *piquar* « sonner, tinter » ; rad. lat. *°pikkare*). *Pop.* Argent (4°). *Aboulez les picaillons.* « *Le besoin de picaillons se fait beaucoup sentir!* » (NERVAL).

PICARD, ARDE [pikaʀ, aʀd(ə)]. *adj. et n. m.* (1295 ; de *Picardie*). De Picardie, région française (Somme, Aisne et une partie de l'Oise et du Pas-de-Calais). *Les plaines picardes.* Subst. *Les Picards, les Picardes.* — N. m. *Le picard :* dialecte de langue d'oïl de la Picardie.

PICARDAN(T) [pikaʀdɑ̃]. *n. m.* (1544 ; de *piquer* [au goût], et *ardant* « ardent »). Cépage du Bas-Languedoc fournissant une variété de vin muscat ; ce vin.

PICAREL [pikaʀɛl]. *n. m.* (1558 ; de *piquer*, probabl. parce que ce poisson est embroché pour le faire sécher). Poisson de la Méditerranée, à chair médiocre, voisin de la *mendole*.

PICARESQUE [pikaʀɛsk(ə)]. *adj.* (1835 ; esp. *picaresco*, de *picaro* « aventurier »). *Hist. litt.* Relatif ou propre aux *picaros*, aventuriers espagnols, type littéraire (du XVIᵉ au XVIIIᵉ s.). *Aventures, mœurs picaresques.* ◇ Qui met en scène des « picaros ». *Littérature picaresque. Roman picaresque.*

PICCOLO ou **PICOLO** [pikɔlo]. *n. m.* (1828 ; mot it. « petit »).
I. *Mus.* Petite flûte en ré qui donne l'octave aiguë de la grande flûte.
II. *Pop.* et *vieilli* (1876). Petit vin de pays, léger et clairet. — Tout vin rouge ordinaire.

PICHENETTE [piʃnɛt]. *n. f.* (1820 ; p.-ê. altér. du prov. *pichouneto* « petite »). Chiquenaude. « *Il lui appliquait des pichenettes sur le nez, pour le garantir des mouches, disait-il* » (ZOLA).

PICHET [piʃɛ]. *n. m.* (XIIIᵉ ; a. fr. *pichier*, altér. des anc. dial. *bichier, bichié* ; bas lat. *becarius*, du gr. *bikos* « amphore pour le vin »). Petit broc à grosse panse, rétréci au collet, servant de récipient pour la boisson. *Pichet en faïence, en grès. Pichet d'étain.* Par méton. *Boire un pichet de vin.*

PICHOLINE [pikɔlin]. *n. f.* (1723 ; prov. *pichoulino ;* de *pichon, pitchoun* « petit »). *Agric.* Variété de petite olive, à bout pointu, qui se consomme marinée, confite. — Adj. (1835) *Des olives picholines.*

PICKLES [pikœls]. *n. m. pl.* (1823 ; mot angl.). Ensemble de tout petits légumes, fruits et graines aromatiques macérés dans du vinaigre, servi comme condiment. *Bocal de pickles.*

PICKPOCKET [pikpɔkɛt]. *n. m.* (1792 ; mot angl., de *to pick* « enlever, cueillir » [Cf. pop. Piquer], et *pocket* « poche »). Voleur à la tire. « *Elle lui avait subtilisé, avec une prestesse de pickpocket, la lettre qu'il tenait entre ses doigts* » (MART. du G.).

PICK-UP [pikœp]. *n. m. invar.* (déb. XXᵉ ; mot angl. [1867], de *to pick up* « ramasser, recueillir »). ♦ 1° *Techn.* Dispositif servant à recueillir et transformer en courant variable des vibrations sonores enregistrées sur disques. V. Lecteur. *Pick-up électromagnétique, à cristal, piézo-électrique.* Cour. *Bras de pick-up.* ♦ 2° *Cour.* Tout phonographe électrique (ou électrophone). V. Tourne-disque. *Mettre un disque sur le pick-up, sur le tourne-disque. Récepteur de radio muni d'une prise de pick-up* (abrév. P.U.). Var. plais. PIQUEUPE [pikœp] (Aymé, Queneau). ♦ 3° Petite camionnette à plateau découvert. ♦ 4° *Techn.* Dispositif de ramassage du fourrage, etc.

PICO-. *Phys.* Élément (symb. P) qui, placé devant le nom d'une unité, désigne l'unité un million de millions de fois plus petite (Cf. Nano-).

PICOLER [pikɔle]. *v. intr.* (1901 ; de *picolo ;* de l'a. fr. *pier* « boire »). *Pop.* Boire (du vin, de l'alcool). *Il picole dans tous les bistrots.* — *Dér.* PICOLEUR, EUSE [pikɔlœʀ, øz]).

PICOLO. V. PICCOLO.

PICORER [pikɔʀe]. *v.* (XVIᵉ, « marauder », « butiner » [abeilles] ; de *piquer* « voler au passage »). ♦ 1° *V. intr.* Chercher sa nourriture (oiseaux). *Dindons, poules qui picorent sur le fumier.* ♦ 2° *V. tr.* Piquer, prendre de-ci de-là avec le bec. V. Becqueter. « *Des poussins, qui viennent picorer, sur le seuil, des miettes de pain bis* » (FLAUB).

PICOSECONDE [pikos(ə)gɔ̃d]. *n. f.* (mil. XXᵉ ; de *pico-*, et *seconde*). *Phys.* Unité de temps égale à un millième de milliardième de seconde.

PICOT [piko]. *n. m.* (1330, « pointe ferrée » ; XIVᵉ, « pointe », du rad. de *piquer*). ♦ 1° *Techn.* Petite pointe en saillie sur du bois qui n'a pas été coupé net. ♦ 2° Petite dent aiguë au bord d'une dentelle, d'un passement. *Les brides avec picots d'un point de Venise.* ♦ 3° *Techn.* Marteau pointu

du carrier. — Pic utilisé pour dégrader les joints de maçonnerie. ♦ 4° *Pêch.* (par allus. à la coutume qu'ont les pêcheurs de « piquer » ou d'agiter le fond aux environs de ces filets). Filet en usage sur les côtes normandes pour la capture des poissons plats. ♦ 5° Variété de paille fine employée dans la confection des chapeaux.

PICOTAGE [pikɔtaʒ]. *n. m.* (1842 ; « maraude », XVIᵉ ; de *picoter*). Action de picoter.

PICOTE [pikɔt]. *n. f.* (1552 ; de *picoter*). ♦ 1° *Vx.* Variole. ♦ 2° (1732). *Ancienn.* Tissu de laine grossière.

PICOTÉ, ÉE [pikɔte]. *adj.* (XVIᵉ ; V. Picoter). Marqué de petites taches, de petits points. *Visage picoté de petite vérole.*

PICOTEMENT [pikɔtmɑ̃]. *n. m.* (1552 ; de *picoter*). Sensation de légères piqûres répétées (sur la peau, les muqueuses). *Avoir, éprouver des picotements dans la gorge* (V. Chatouillement), *dans les jambes* (V. Fourmi, fourmillement).

PICOTER [pikɔte]. *v. tr.* (XVIᵉ ; *picquoter* « harceler », 1500 ; var. de *piquoter*, de *piquer*). ♦ 1° Piquer légèrement et à petits coups répétés. *Picoter une feuille de papier avec une aiguille.* — *Spécial.* (Oiseaux) V. Becqueter. « *Une poule sur un mur Qui picote du pain dur...* » (ronde enfantine). V. Picorer. ♦ 2° Irriter comme par de légères piqûres répétées ; faire éprouver des picotements. *Fumée de bois vert qui picote les yeux.* « *J'irai dans les sentiers, Picoté par les blés, fouler l'herbe menue* » (RIMBAUD).

PICOTIN [pikɔtɛ̃]. *n. m.* (XIIIᵉ ; o. i. ; p.-ê. de *picoter* « butiner, becqueter »). ♦ 1° Mesure de capacité pour la ration d'avoine d'un cheval *(quart du boisseau)*. ♦ 2° Ration d'avoine. *Musette contenant le picotin d'un âne.* ◇ Portion de (nourriture) donnée à une bête de somme, à un cheval « *La soupe à mes chiens, un picotin d'avoine à mon cheval* » (GAUTIER).

PICPOUILLE, PIQUEPOUILLE [pikpuj] ou **PICPOULE** [pikpul]. *n. m.* (1874,-1863 [*pique-poule*, 1611], -1863 ; o. i. ; p.-ê. de *piquer ;* Cf. Picardant). Cépage du Languedoc et de Provence. Vin obtenu avec ce raisin.

PICR(O)-. Élément, du gr. *pikros* « amer ».

PICRATE [pikʀat]. *n. m.* (1836 ; de *picr-*, et *-ate*). ♦ 1° *Chim.* Sel de l'acide picrique. *Le picrate de potassium est un explosif.* ♦ 2° *Pop.* (1916 ; nom d'un Café, 1882). Vin rouge de mauvaise qualité. *Il « s'envoyait viande et légume avec ses deux litres de picrate* » (AYMÉ).

PICRIDIUM [pikʀidjɔm]. *n. m.* (Picridion, 1839 ; lat. mod., de *picr-*, et *-idium*). *Bot.* Plante (*Composacées*) à suc amer.

PICRIQUE [pikʀik]. *adj. m.* (1836 ; de *picr-*, et *-ique*). *Acide picrique* (ou trinitrophénol), dérivé nitré du phénol, solide cristallisé d'un jaune brillant, toxique, fusible à 122 °C et détonant quand il est chauffé brusquement.

PICRIS [pikʀis]. *n. m.* (1842 ; gr. *pikris*). *Bot.* Plante dicotylédone *(Composacées),* dont une espèce à fleurs jaunes est couramment appelée « fausse épervière ».

PICTOGRAPHIQUE [piktɔgʀafik]. *adj.* (fin XIXᵉ ; du lat. *pictus* « peint », et *-graphique*). *Didact.* Se dit d'une écriture qui traduit les idées par des scènes figurées et symboliques. V. Idéographique.

PICTURAL, ALE, AUX [piktyʀal, o]. *adj.* (v. 1840 ; du lat. *pictura* « peinture »). Qui a rapport ou appartient à la peinture. *Art pictural. Œuvre picturale.* — *Spécial. J'essaierai de distinguer « ce qui est proprement 'plastique' (domaine de la forme), de ce qui est 'pictural' (domaine des effets appartenant exclusivement à la matière)* » (HUYGHE).

PIDGIN [pidʒin]. *n. m.* (*Pidgin-english*, déb. XXᵉ ; *pudgin*, 1902 ; mot angl. [1851], altér. du mot *business* prononcé par les Chinois). *Ling.* Système linguistique composite (plus complet qu'un sabir*) fait d'anglais modifié et d'éléments autochtones, servant de langue d'appoint (*opposé à créole**, langue maternelle de certaines communautés) en Extrême-Orient. Le *pidgin-english* ou *pidgin*, composé d'un vocabulaire anglais et d'une base grammaticale chinoise, se distingue du *pidgin mélanésien* [bichlamar] qui comporte un vocabulaire mixte : anglais et malais.

1. PIE [pi]. *n. f. et adj. invar.* (XIIᵉ ; lat. *pica*, fém. de *picus* « pic »).
I. *N. f.* ♦ 1° Oiseau *(Corvidés)* à plumage noir et blanc, ou bleu et blanc, à longue queue. *La pie jacasse, jase. La pie vole les objets brillants qu'elle emporte dans son nid.* ◇ Loc. fam. *Femme bavarde comme une pie, comme une pie borgne.* Fig. *C'est une vraie pie.* — Fig. *Trouver la pie au nid,* faire une découverte d'importance, une trouvaille. ♦ 2° (1680). *Fromage à la pie* (noir et blanc) : fromage blanc mélangé de fines herbes. ♦ 3° *Mar.* (1868). *Nid-de-pie,* sac en filet où les ouvriers qui travaillaient au gréement ou le long de la coque rangeaient leurs outils *(vx).* Mod. V. Nid.
II. *Adj. invar.* (1549 ; *par anal.* avec le plumage noir et blanc de l'oiseau). *Cheval, jument pie,* à robe noire et blanche, ou fauve et blanche. *Troupeau de vaches pie. Bétail rouge-pie* ou *pie-rouge* (selon que la couleur domine ou non par rapport

au blanc). ◇ *Voitures pie de la police*, à carrosserie blanche et noire.

2. PIE [pi]. *adj. f.* (XIIe, « pieux »; lat. *pius* « pieux »). *Loc.* (1544). *Œuvre pie.* V. **Pieux.** « *Un pauvre prêtre viendra vous demander quarante mille francs pour une œuvre pie* » (BALZ.). ◇ HOM. *Pi. Pie* (1 et 2).

PIÈCE [pjɛs]. *n. f.* (1080; lat. pop. d'o. gaul. *°pettia*). **I.** (Dans : *en pièces*). Partie séparée (brisée, déchirée) d'un tout. V. **Fragment, morceau.** « *Un cristal, jeté violemment sur le sol, et qui y volait en mille pièces* » (BARBEY). *Mettre en pièces* : casser; déchirer « *On la lia à la queue d'un cheval indompté qui la mit en pièces* » (MICHELET). — *L'ennemi fut taillé en pièces*, entièrement détruit.

II. (XIIIe). **Ⓐ** (*Sens général*). « *Chaque objet, chaque élément ou unité d'un ensemble. Marchandises vendues en gros ou à la pièce.* « *Trois mille feuilles... qui lui rapportèrent, à raison de deux sous pièce, trois cents francs* » (BALZ.). *Travail aux pièces*, rémunéré selon le nombre des pièces exécutées par l'ouvrier. *Fam. On n'est pas aux pièces !* : le travail n'est pas pressé. — *Les pièces d'un jeu d'échecs, d'une collection. C'est une pièce de musée*, un objet de valeur digne de figurer dans un musée. *Blas. Les pièces et les meubles de l'écu.* PIÈCE HONORABLE : figure qui charge le blason, couvrant une partie importante de l'écu (*ex. : chef, champagne, chevron, flanc, pal, fasce, croix, bande, barre, sautoir, etc.*). *Modifications des pièces honorables. Pièces et meubles.* « *Il brossait à part les pièces d'honneur l'autre les pièces de son uniforme* » (ROMAINS). *Un costume trois-pièces* (veston, pantalon, gilet). V. *aussi* **Deux-pièces.** ◇ *Quantité déterminée d'une substance formant un tout. Une pièce de viande. Une pièce de drap, de soie. Pièce de bois*, planche, poutre servant de matière première pour un travail de menuiserie. ◇ (Devant un sing. collectif désignant des animaux) *Individu* (de telle espèce). *Une pièce de bétail.* V. **Tête.** *Pièces de gibier.* « *Vous avez plusieurs belles pièces de poisson méditerranéen* » (COLETTE). *Absolt.* « *Poser des lignes de fond et prendre de grosses pièces* » (DUHAM.). **Ⓑ** (*Emplois spéciaux*). ♦ 1° (XIIIe). PIÈCE DE TERRE : espace de terre cultivable. V. **Champ.** « *En hypothéquant sa dernière pièce de terre* » (ZOLA). — *Une pièce de blé*, de terre plantée en blé. ◇ PIÈCE D'EAU, grand bassin ou petit étang dans un jardin, un parc. ♦ 2° (XIVe). *Pièce de vin*, quantité déterminée de vin en fût; le fût lui-même. V. **Barrique, tonneau.** — *Spécialt.* Mesure de capacité valant environ deux cent vingt litres. *Pièce de pâtisserie*, ouvrage de pâtisserie (1807). PIÈCE MONTÉE, grand ouvrage de pâtisserie et de confiserie, aux formes architecturales et très décoratif. ♦ 3° (XVIe). PIÈCE DE MONNAIE, et absolt. PIÈCE : morceau de métal, plat et généralement circulaire, revêtu d'une empreinte distinctive et servant de valeur d'échange. *Pièces d'or, d'argent, de nickel.* V. **Espèce(s).** *Pièce fausse.* — *Fam. Donner la pièce à qqn*, lui donner un pourboire. *Rendre à qqn la monnaie* de sa pièce.* ♦ 4° (XVIe). PIÈCE (D'ARTILLERIE) : bouche à feu avec son affût. « *Sur quinze servants d'une pièce d'artillerie, dix tombent* » (GIDE). V. **Canon.** — *Pièces de campagne, de D.C.A.* — Unité élémentaire d'une batterie d'artillerie (ou subdivision de la section d'infanterie, *pièce de F. M.*). *Chef de pièce.* ♦ 5° Tout écrit servant à établir un droit, à faire la preuve d'un fait. V. **Acte, certificat, diplôme, document, titre.** *Pièces justificatives. Pièces d'identité.* V. **Papier(s).** ◇ *Pièces à conviction* : tout objet permettant d'établir une preuve. — *Loc. Juger, décider sur pièces, avec pièces à l'appui.* ♦ 6° (1580). Ouvrage littéraire ou musical. *Une pièce de vers*, un petit poème. — *Mus.* Morceau. *Pièce vocale, instrumentale.* « *Je commence à revoir les pièces d'Albeniz* » (GIDE). ◇ PIÈCE DE THÉÂTRE, et absolt. PIÈCE : ouvrage dramatique. V. **Comédie, drame, tragédie.** « *L'art de plaire, au théâtre, c'est l'art d'écrire des pièces... de les monter et de les jouer* » (JOUVET). — *Fig. Vx. Jouer une pièce à qqn*, un mauvais tour. *Mod.* FAIRE PIÈCE À : s'opposer, faire échec à. « *Comme pour faire pièce à la logique* » (STENDHAL). ♦ 7° (1694). Dans un appartement, une maison, Chaque partie isolée, entourée de cloisons, ou nettement séparée (à l'exclusion des entrées, couloirs, galeries, parties communes et parfois des cuisines et salles de bain). V. **Chambre, salle-à-manger, salon, séjour.** *Appartement, logement de deux, quatre pièces. Ellipt. Un deux-pièces cuisine.* « *De ces pièces d'immeuble moderne, où chaque couloir, chaque panneau... semble gémir sur le prix du terrain* » (ROMAINS).

III. ♦ 1° Chacun des éléments dont l'agencement, l'assemblage forme un tout organisé. *Pièces d'un mécanisme, d'une machine. Pièces de charpente. Pièces jumelles*. Décoration de pièces rapportées.* V. **Marqueterie, mosaïque.** *Il manque une pièce. Pièces de rechange.* — *Pièces détachées** (d'une machine, d'un moteur). *Pièces accessoires. Pièces d'assemblage* : boulons, écrous, vis, chevilles. *La fabrication, l'usinage, la finition d'une pièce.* — *Cout. Pièce rapportée** (découpe, empiècement). ◇ *Anat. Les pièces osseuses du squelette. Les pièces buccales.* ♦ 2° (XVIe, pièce de rajout). Élément

destiné à réparer une déchirure, une coupure. *Mettre une pièce à un vêtement, à un pneu.* V. **Rapiécer.** ♦ 3° *Loc. Être fait d'une seule pièce, tout d'une pièce* : être d'un seul tenant, d'un seul bloc. *Ne se mouvoir que tout d'une pièce* : avec raideur. — *Fig. Être tout d'une pièce*, franc et direct, ou sans finesse, sans souplesse. *Ces personnages sont sans vie, tout d'une pièce.* — *Fait de pièces et de morceaux* : se dit de tout ce qui manque d'unité, d'homogénéité. V. **Disparate.** « *Le manteau d'Arlequin était fait de pièces et de morceaux* » (DUHAM.). — *Créer, forger, inventer de toutes pièces*, entièrement, sans rien emprunter à la réalité. ◇ *Pièce à pièce* : progressivement, morceau par morceau. « *Il voyait s'écrouler pièce à pièce tout son échafaudage de gloire* » (HUGO). ◇ ANT. *Ensemble, tout.*

PIÉCETTE [pjesɛt]. *n. f.* (1812; « petit morceau », XIIe; de *pièce*). Petite pièce de monnaie. ◇ *Archit.* (*Au plur.*) Ornement formé d'un chapelet de petits disques.

PIED [pje]. *n. m.* (Xe; lat. *pes, pedis*). **I.** **Ⓐ** (*Chez l'homme*). ♦ 1° Partie inférieure articulée à l'extrémité de la jambe, pouvant reposer à plat sur le sol et permettant la station verticale et la marche. V. **Pédi-, et pop. Arpion, nougat, panard, pinceau, ripaton.** *Parties du pied. Cou-de-pied, plante, talon. Doigts de pied.* V. **Orteil.** « *Elle avait le pied gros et court* » (BALZ.). « *Les deux plus adorables pieds du monde, des pieds trop petits pour une femme* » (GAUTIER). V. **Peton.** *Étude du pied.* V. **Podologie.** — *Pied bot, pied plat* (malformations). *Loc. pop. Avoir les pieds nickelés*. Avoir mal aux pieds, des cors aux pieds. Se faire soigner les pieds chez un pédicure. Se fouler, se tordre le pied.* V. **Entorse.** *Boiter du pied droit, gauche. Avoir chaud, froid aux pieds.* — *Prendre un bain de pieds.* — *Passer une rivière à pied sec*, sans se mouiller les pieds. *Être pieds nus, nu-pieds. Pieds chaussés de souliers, de pantoufles.* — *Fig. Trouver chaussure* à son pied. Un infirme qu'il faut habiller des pieds à la tête* [depjeza latɛt] : complètement. *De pied en cap** [dəpjetãkap]. ◇ COUP DE PIED : coup donné avec le pied. *Recevoir un coup de pied quelque part, au derrière.* — *Sports.* Coup frappé dans le ballon avec le pied. V. **Shoot.** *Coup de pied touché, de pénalité.* ◇ *Loc. fam. Il est bête comme ses pieds*, très bête. *J'ai joué comme un pied*, très mal. — *Marcher sur les pieds de qqn* : lui manquer d'égards, chercher à l'évincer. *Il me casse* les pieds.* « *Ça vous fera les pieds* » (ARAGON) : ce sera pour vous une bonne leçon, ça vous apprendra à vivre. — *Avoir un pied dans la fosse, dans la tombe* : être très vieux ou moribond. *Mettre les pieds dans le plat* : aborder une question délicate avec une franchise brutale (ou, parfois, commettre une gaffe). — *Faire du pied à qqn*, poser le pied sur le sien (pour l'avertir, marquer un intérêt galant, etc.). — *Ne pas se moucher* du pied, du coude.* — *Mettre pied à terre*, descendre d'une monture, d'un véhicule. *Avoir le pied à l'étrier*.* — *Je n'y ai jamais mis les pieds, je n'y suis jamais allé. Je ne remettrai jamais les pieds chez lui. Mettre le pied dehors*, sortir. *Il ne peut plus mettre un pied devant l'autre*, il ne peut plus marcher. *Il s'est levé du pied gauche*, il est de mauvaise humeur. — *Pieds et poings liés* : réduit à l'impuissance, à l'inaction totale. *Ne pouvoir remuer ni pied ni patte*, être complètement immobilisé. — *Fouler* aux pieds. Couper l'herbe* sous les pieds de qqn.* « *On disait qu'ils ne sortirait plus de sa chambre que les pieds en avant* » (ZOLA), *que les pieds devant* : que morte. — *Faire des pieds et des mains*, se démener, employer tous les moyens. *Il a fait des pieds et des mains pour me voir.* — *Attendre qqn de pied ferme*, avec détermination. — *Lever le pied*, se dit d'un dépositaire de fonds qui s'enfuit en emportant l'argent dont il avait la garde. *Au pied levé*, sans préparation. ◇ *Loc.* (avec *sur, à, en*). SUR LES PIEDS, SUR UN PIED. V. **Debout.** *Tomber sur ses pieds*, sans se faire de mal. *Fig. Retomber sur ses pieds*, se tirer à son avantage d'une situation difficile, par adresse ou par chance. *Ne pas savoir sur quel pied danser*, être dans l'indécision, ne savoir quelle contenance prendre. — SUR PIED. *Dès cinq heures il est sur pied*, debout, levé. *Le malade sera sur pied dans quelques jours*, rétabli. *Que la population « fût tenue toujours sur pied* » (MICHELET), en éveil, prête à parer à toute éventualité. — *Mettre sur pied une affaire, une entreprise, la monter, la mettre en état de commencer son activité.* V. **Constituer, organiser.** — À PIED en marchant. V. **Pédestrement** (Cf. À pinces). « *Faire route à pied* » (ROUSS.). *Allons-y à pied. Il était à pied*, n'avait ni cheval, ni voiture pour se déplacer. *Une auberge où on logeait à pied et à cheval*, les voyageurs à pied et à cheval. *Loc. pop. Je t'emmerde, à pied, à cheval et en voiture* : de toutes les façons. — *Sports. Course à pied* (opposé à course cycliste, automobile). — *Il a été mis à pied*, suspendu dans ses fonctions. — À PIEDS JOINTS : en gardant les pieds rapprochés (pour sauter). — DE PIED. *Vx. Les gens de pied*, les fantassins. *Valet* de pied.* — EN PIED : représenté, debout, des pieds à la tête. « *Un portrait en pied, grandeur nature* » (MART. du G.). — *Vieilli.* « *Je suis l'amant en pied de la dame rose* » (GAUTIER). — AUX PIEDS DE QQN : devant lui (en étant baissé, prosterné). *Se jeter, tomber aux pieds de qqn*, pour le supplier. « *Le chien s'étendait sur un pouf aux pieds de sa maîtresse* »

(GREEN). *Hercule aux pieds d'Omphale.* ♦ 2° Après un verbe, et sans article, désignant le contact avec le sol, l'assise. *Avoir pied :* pouvoir, en touchant du pied le fond, avoir la tête hors de l'eau. *Perdre pied,* n'avoir plus pied ; *fig.* Se troubler, être emporté par qqch. qu'on ne contrôle plus. — *Prendre pied,* se trouver sur le sol ferme ; *fig.* S'établir solidement sur un territoire. — *Lâcher pied,* ne plus tenir de pied ferme contre l'adversaire ; céder, reculer ; *fig.* Flancher. ♦ 3° Désignant la manière de se tenir, de marcher. *Achille au pied léger. Avoir le pied marin*. Avoir bon pied bon œil :* être encore ferme, agile et avoir bonne vue (d'un homme âgé, convalescent...). ◇ *Pas. S'en aller du même pied. Pied à pied,* pas à pas. « *Il avait battu en retraite pied à pied* » (FROMENTIN). ♦ 4° Par anal. PIED DE FER, *de fonte,* enclume en forme de pied où le cordonnier pose les chaussures qu'il répare. ◇ PIED DE BAS : partie du bas qui recouvre le pied. *Marcher à pieds de bas,* ou (pop.) *en pieds de chaussettes,* sans chaussures. ♦ 5° Emplacement des pieds. *Pied et tête d'un lit.* Ⓑ *(Chez l'animal).* ♦ 1° Extrémité inférieure de la jambe (des équidés), de la patte (de quelques mammifères et oiseaux) ou organe permettant à certains mollusques de se déplacer. V. **Patte,** et suff. **-Pède, -pode.** « *Les bœufs creusaient la terre de leurs larges pieds fourchus* » (SAND). « *Le grand héron... levant les pieds sur les cailloux du fond* » (GENEVOIX). *Fig. Faire le pied de grue*.* — *Pieds de veau, de mouton, de porc* (vendus en boucherie). ◇ *Specialt.* (Cheval) *Cheval qui galope sur le pied droit* (quand le pied antérieur droit se pose en avant de l'antérieur gauche, le postérieur droit en avant du postérieur gauche), *sur le pied gauche. Le cheval est parti du bon pied* (*ex. :* sur le pied droit s'il doit aller à droite). *Cheval qui change de pied,* qui passe du galop à droite au galop à gauche, ou inversement, sans temps d'arrêt. ♦ 2° *Vén.* Trace de pas (d'un cerf, etc.).

II. ♦ 1° Partie par laquelle un objet repose sur le sol, touche le sol. V. **Bas, base.** « *Au pied d'une haute falaise* » (BOSCO). *Caler le pied d'une échelle. Le pied d'un escalier, d'un mur. Mettre qqn au pied du mur*. Amener les matériaux à pied d'œuvre* (au pied de la construction). — *Pied d'une perpendiculaire*,* point d'intersection de celle-ci avec la surface ou la ligne sur laquelle elle est abaissée. V. **Podaire.** — *Pied de col* (d'une chemise). ◇ (Végétaux) « *Il coupe une branche, et non le pied de l'arbre* » (VOLT.). V. **Collet.** *Le pied et le chapeau d'un champignon. Arbre franc* de pied.* — *Sur pied.* « *Laisser les arbres sécher sur pied* » (BUFF.). *Fig. Sécher* sur pied. Fruits vendus sur pied,* avant la récolte. — *Par ext.* Chaque individu, chaque plant (de certains végétaux cultivés). *Pied de vigne.* V. **Cep.** *Pied de salade.* ♦ 2° Partie d'un objet servant de support. *Casser le pied d'un verre. Un verre à pied. Les pieds d'un meuble.* « *Une desserte haute sur pied* » (COLETTE). « *Un petit lit avec des pieds à roulettes* » (GIONO). *Le pied d'un appareil de photo. Pied de table.*

III. ♦ 1° (1080). Ancienne unité de mesure de longueur (0,324 m). V. **Pouce, toise.** « *La mère avait ses cinq pieds cinq pouces, c'était la plus belle femme du pays* » (MUSS.). *Loc. fig. Il aurait voulu être (à) cent pieds sous terre,* il avait envie de se cacher (par honte). — « *Le pied de rouge qu'elles avaient sur les joues* » (HERMANT), la couche de rouge, de fard. ◇ Mesure de longueur anglo-saxonne (304,8 mm), utilisée en France par les aviateurs. « *L'altimètre était difficile à lire. Quinze cents pieds* » (J. ROY). Au Canada [apr. 1760] Mesure valant 12 pouces*, soit 30,48 cm (abrév. : pi). *Mesurer cinq pieds, sept pouces,* ou *1,70 m.* « *Son apothéose* [un tableau] *: cent pieds carrés de flaques bleues dégoulinant de tous côtés vers un point jaune* » (R. DUCHARME). ♦ 2° *Fig. Vx.* Base de mesure. « *Est-ce au pied du savoir qu'on mesure les hommes ?* » (BOIL.). ◇ *Arg. anc.* Part de butin. *Prendre son pied,* sa part. *En avoir son pied* (1881), en avoir assez. — *Mod. et fam.* (1899, arg. ; répandu v. 1968). Plaisir sexuel. PRENDRE SON PIED. V. **Jouir.** *Fig.* Plaisir quelconque. *Les vacances en moto, c'est le pied ! Un emploi obscène de pied,* I). AU PETIT PIED, en petit, en raccourci. « *Cette espèce de famille royale au petit pied* » (BALZ.). — AU PIED DE LA LETTRE*. — SUR (UN) PIED. *Être traité, reçu sur le pied de...,* comme..., au rang de... *Sur un pied d'égalité,* comme égal. *Mettre sur le même pied,* sur le même plan. — *Vivre sur le pied de vingt mille francs par an,* sur la base de, avec un train de vie de vingt mille. *Vivre sur un grand pied,* en dépensant beaucoup. — *Armée sur le pied de guerre, de paix,* équipée et préparée pour la guerre, la paix. ♦ 3° PIED À COULISSE : instrument pour mesurer les épaisseurs et les diamètres.

IV. (1580). Unité rythmique constituée par un groupement de syllabes d'une valeur déterminée (quantité, accentuation). *Les pieds employés dans la métrique ancienne.* V. **Anapeste, dactyle, iambe, spondée, tribraque, trochée** 1 (En français on ne doit pas parler des *pieds,* mais des *syllabes* d'un vers).

◇ ANT. **Chevet, sommet, tête.**

PIED-À-TERRE [pjetatɛʀ]. *n. m. invar.* (1732 ; « sonnerie de trompette », 1636 ; de *pied, à,* et *terre*). Logement qu'on

occupe en passant, occasionnellement. *Avoir un pied-à-terre à Paris* (V. **Garçonnière**).

PIED-BOT. V. **Bot.**

PIED-D'ALOUETTE [pjedalwɛt]. *n. m.* (1550 ; de *pied d'alouette*). Nom usuel de la dauphinelle (plante). V. **Delphinium.** *Un bouquet de pieds-d'alouette.*

PIED-DE-BICHE [pjedbiʃ]. *n. m.* (1720 ; de *pied de biche*). ♦ 1° Pied de meuble (autrefois terminé en sabot de biche), caractéristique du style Louis XV. « *Une vieille table à pieds-de-biche* » (BALZ.). ◇ (1837) Poignée de heurtoir, de sonnette figurant un pied de biche (parfois véritable pied de biche). ♦ 2° (1798). *Techn.* Nom de divers leviers à tête fendue servant par ex. à extraire les dents, à arracher des clous. ◇ Dans une machine à coudre, Pièce qui maintient l'étoffe et entre les branches de laquelle passe l'aiguille.

PIED-DE-CHEVAL [pjedʃval]. *n. m.* (1824 ; de *pied de cheval*). Grande huître commune (gryphée). *Une douzaine de pieds-de-cheval.*

PIED-DE-CHÈVRE [pjedʃɛvʀ(ə)]. *n. m.* (1691 ; « pince à bec courbé », 1368 ; de *pied de chèvre*). *Techn.* Semelle supportant l'engin de levage dit *chèvre.* ◇ Pied-de-biche. *Des pieds-de-chèvre.*

PIED-DE-LOUP [pjedlu]. *n. m.* (1611 ; de *pied de loup*). Nom usuel du lycopode (plante). *Des pieds-de-loup.*

PIED-DE-POULE [pjedpul]. *n. m.* (mil. XXᵉ ; de *pied de poule*). Tissu d'armure croisée formant une sorte de damier empiétant. *Des pieds-de-poule soit à la mode.* — *Adj.* « *Un petit manteau... en lainage pied-de-poule moutarde* » (TROYAT).

PIED-DE-ROI [pjedʀwa]. *n. m.* (1894 ; « mesure de 12 pouces », XVᵉ-1878 ; de *pied*). [Au Canada]. Règle pliante graduée en pieds*, en pouces* et en lignes*, mesurant habituellement deux pieds*. Cf. **Mètre pliant.** *Des pieds-de-roi.*

PIED-DE-VEAU [pjedvo]. *n. m.* (1550 ; de *pied de veau*). Nom usuel de l'arum (plante). *Les fleurs en épis des pieds-de-veau.*

PIED-D'OISEAU [pjedwazo]. *n. m.* (1615 ; de *pied d'oiseau*). Plante fourragère de la famille des papilionacées. *Des pieds-d'oiseau.*

PIED-DROIT ou **PIÉDROIT** [pjedʀwa]. *n. m.* (1615 ; de *pied,* et *droit*). *Archit.* Montant vertical qui fait retomber les voussures d'une arcade, d'une voûte. *L'arc et les pieds-droits d'une voûte. Des piédroits.*

PIÉDESTAL, AUX [pjedɛstal, o]. *n. m.* (fin XVIᵉ ; *pied d'estrail,* XVᵉ ; it. *piedestallo,* de *piede* « pied », et *stallo* « support »). Support assez élevé sur lequel se dresse une colonne, une statue ou un élément décoratif (vase, candélabre, etc.). V. **Piédouche, socle.** *Base, dé, corniche d'un piédestal.* « *Douze piédestaux de cuivre portaient chacun une grosse boule de verre* » (FLAUB.). ◇ *(Dans des express. fig.)* Ce qui élève, présente à l'admiration des hommes. « *Le magnifique piédestal que le Théâtre fait à une femme* » (FLAUB.). *Mettre qqn sur un piédestal,* lui vouer une grande admiration. *Tomber, dégringoler de son piédestal,* perdre tout son prestige.

PIED-FORT ou **PIÉFORT** [pjefɔʀ]. *n. m.* (1690 ; de *pied,* et *fort*). *Techn.* Pièce de monnaie épaisse frappée pour servir de modèle. *Des pieds-forts, des piéforts.*

PIED-NOIR [pjenwaʀ]. *n. m.* (1955 ; « chauffeur de bateau indigène », 1901 ; « Arabe d'Algérie », 1917 ; de *pied,* et *noir*). *Fam.* Français d'Algérie. *Les pieds-noirs rapatriés.*

PIÉDOUCHE [pjeduʃ]. *n. m.* (1678 ; it. *pieduccio,* dimin. de *piede* « pied »). Petit piédestal, à base circulaire ou carrée. « *Sur des piédouches, des vases de bronze contenaient des touffes de fleurs* » (FLAUB.).

PIED-PLAT [pjepla]. *n. m.* (XVIIᵉ ; de *pied,* et *plat,* à cause des paysans qui portaient des souliers sans hauts talons). *Vieilli.* Personne grossière, inculte, ou servile. « *Mais je hais les pieds-plats, je hais la convoitise* » (MUSS.).

PIÈGE [pjɛʒ]. *n. m.* (1155 ; lat. *pedica,* de *pes, pedis* « pied »). ♦ 1° Dispositif, engin destiné à prendre les animaux terrestres ou les oiseaux, ou à les saisir à proximité du chasseur. V. **Appeau, chausse-trape, collet, filet, gluau, lacet, lacs, miroir** (à alouettes), **masangette, panneau, ratière, souricière, trappe, traquenard, trébuchet.** *Dresser, tendre un piège. Prendre au piège.* V. **Piéger.** « *C'est un piège à panthères... Un déclic doit se produire si l'animal touche à la proie proposée* » (GIDE). ♦ 2° *Fig.* Artifice qu'on emploie pour mettre qqn dans une situation périlleuse ou désavantageuse ; danger caché où l'on risque de tomber par ignorance ou par imprudence. V. **Embûche, embuscade, feinte, guet-apens, leurre, ruse, souricière, traquenard.** *C'était un piège.* « *Avec une perfide et admirable adresse il avait conduit son adversaire dans le piège qu'il lui avait tendu* » (CHÊNEDOLLÉ). *Donner, tomber dans un piège.* V. **Hameçon** (mordre à l'). *Il a été pris à son propre piège.* V. **Enferrer** (s'). *Piège grossier.* V. **Attrape-nigaud.** ◇ Difficulté qui a qqch. d'insidieux. « *Les pièges et les énigmes systématiques de l'algèbre* » (VALÉRY). *Une dictée pleine de pièges.* V. **Complication.**

PIÉGEAGE [pjeʒaʒ]. *n. m.* (1907 ; de *piéger*). Chasse au moyen de pièges. ◇ Action de piéger une mine, un engin.

PIÉGER [pjeʒe]. *v. tr.;* conjug. *bouger* (1220; repris 1878; de *piège*). ♦ 1° Chasser, prendre au moyen de pièges. — *Fig.* (1964). Prendre qqn au piège, le mettre dans une situation sans issue. « *Brecht cherche à piéger le public bourgeois* » (*Le Monde*, 19-9-1964). ♦ 2° (Mil. xxᵉ). Munir (une mine, un engin) d'un dispositif spécial qui déclenche l'explosion au premier contact. — Au p. p. *Engins piégés.*

PIÉGEUR [pjeʒœr]. *n. m.* (1948; de *piéger*). Celui qui chasse les animaux (surtout nuisibles), au moyen de pièges.

PIE-GRIÈCHE [pigrijɛʃ]. *n. f.* (1553; de *pie*, et fém. a. fr. *griois* « grec »). ♦ 1° Petit passereau (*Laniidés*) des bois et des haies. ♦ 2° Femme acariâtre et querelleuse. *Ce sont des pies-grièches, des harpies.*

PIE-MÈRE [pimɛr]. *n. f.* (xiiiᵉ; lat. médiév. *pia mater*, proprem. « pieuse mère », *car elle enveloppe débonnairement le cerveau* [Mondeville]. La plus profonde des méninges, mince et transparente, qui enveloppe directement le cerveau et la moelle épinière. *Des pies-mères.*

PIÉMONT [pjemɔ̃]. *n. m.* (1927, glacier du pied des monts; angl. *piedmont-glacier*, 1893; de *pied*, et *mont*). *Géogr.* ♦ 1° *Glacier de piémont*, formé par la réunion de plusieurs glaciers débouchant dans une plaine, où ils présentent une surface presque horizontale. La forme anglaise PIEDMONT est employée par les géographes. ♦ 2° *Plaine alluviale de piémont*, ou ellipt. *piémont*, glacis alluvial incliné assez uniformément et situé au pied d'un ensemble montagneux.

PIÉMONTAIS, AISE [pjemɔ̃tɛ, ɛz]. *adj.* et *n. m.* (fin xviiᵉ; de *Piémont*, it. *Piemonte*, de *pie*[*de*] « pied », et *monte* « mont »). Du Piémont, région de l'Italie du Nord. *Population piémontaise.* — *Subst. Les Piémontais.* — *N. m.* Dialecte italien parlé au Piémont.

PIÉRIDE [pjerid]. *n. f.* (1839; de *Piérides*, nom donné aux Muses). Nom de divers papillons blancs ou jaunâtres dont les chenilles dévorent les feuilles des crucifères. *La piéride du chou.*

PIERRAILLE [pjɛraj]. *n. f.* (xivᵉ; de *pierre*). Petites pierres; éclats de pierre. « *La pierraille du chemin* » (Bosco). — Étendue de pierres. V. Caillasse.

PIERRE [pjɛr]. *n. f.* (1080; lat. *petra*). ♦ 1° Matière minérale solide, dure, qui se rencontre à l'intérieur ou à la surface de l'écorce terrestre en masses compactes. V. Lith(o)-, -lithe; et Lapidification, pétrification. *Bloc, quartier de pierre. Éclat, morceau de pierre. Dur comme la pierre.* ◇ *Spécialt.* Cette matière servant à la construction, la maçonnerie. *Pierre à bâtir. Pierre de taille*, apte à être taillée. « *Une mairie de pierre... dont on était fier* » (Ch.-L. Philippe). « *La cheminée en pierre* » (Balz.). « *Ses traits s'étaient faits de pierre* » (Montherlant), s'étaient pétrifiés, immobilisés. *Un cœur de pierre*, dur et impitoyable. ◇ *Âge de (la) pierre*, période de la préhistoire caractérisée par la fabrication et l'utilisation d'outils de pierre. *Âge de la pierre taillée* (paléolithique), *polie* (néolithique). ♦ 2° *Cour.* Variété particulière de cette matière. V. Roche (T. de Sc.). — *Pierre calcaire, meulière, ollaire. Pierre ponce*. Vieilli. *Pierre d'aigle* (aétite), *de lard* (stéatite), *de liais*. *Pierre à plâtre.* V. Gypse. ♦ 3° *Une pierre* : bloc rocheux. V. Boulder, roc, rocher. *Pierre branlante*, rocher isolé qui repose sur le sol par une très petite surface. ◇ Fragment de cette matière qu'on peut déplacer ou jeter. V. Caillou, galet. « *Les pierres... deviennent plus grosses et montrent l'ambition d'être des rochers* » (Gautier). *Amas, tas de pierres. Pierres servant au revêtement des routes.* V. Empierrement. *Casseur de pierres. Malheureux comme les pierres (du chemin)* : très malheureux et seul. *Pierre d'achoppement*. — *Lancer des pierres. À un jet* de pierre. « *Cassant les vitres à coups de pierres* » (Maurois). *Fig. Faire d'une pierre deux coups* : obtenir deux résultats par la même action. *Poursuivre, tuer à coups de pierres.* V. Lapider. « *Que celui d'entre vous qui est sans péché, lui jette la première pierre* » : paroles adressées par Jésus à ceux qui s'apprêtaient à lapider la femme adultère. Fig. *Jeter la pierre à qqn*, l'accuser, le blâmer. *C'est une pierre dans mon jardin*. Prov. *Pierre qui roule n'amasse pas mousse*. ♦ 4° Fragment d'une variété de cette matière servant à un usage particulier. *Une pierre à aiguiser. Une pierre à feu, à fusil*, un silex donnant des étincelles. « *Des pierres lithographiques d'un grain aussi doux* » (Gautier). — Pierre de touche : fragment de jaspe utilisé pour essayer l'or et l'argent. V. Touchau. *Fig.* Ce qui sert à reconnaître la valeur d'une personne ou d'une chose. V. Critérium, épreuve, test. ◇ Bloc de roche pour la construction, la maçonnerie. *Une carrière de pierres. Décaper, appareiller, tailler les pierres. Tailleur de pierres.* « *Le poids d'une pierre de taille lentement hissée* » (Gautier), d'une pierre taillée de façon à entrer dans une construction. V. Boutisse, claveau, clé (de voûte), corbeau, parpaing. *Poser, déliter, enduire les pierres.* « *Il avait dû construire en pierres sèches* » (Zola), en pierres de structure irrégulière, non liées par le ciment ou le mortier. « *Tous ces bâtiments... seront tellement détruits, qu'il n'y demeurera pas pierre sur pierre* » (Bible). — *Pierre à pierre*, une pierre après l'autre, et *fig.* Progressivement. *La première*

pierre *d'un édifice*, qui porte des inscriptions commémoratives et qui est posée solennellement. *Pierre d'autel*, pierre consacrée, contenant les reliques, enchâssée dans l'autel (2°). Fig. *Il a posé la première pierre*, il a été le fondateur, l'initiateur. *Apporter sa pierre à l'édifice*, contribuer à une œuvre. *La pierre angulaire*. ◇ *Bloc constituant un monument.* V. Mégalithe, monolithe, stèle. *Pierres druidiques, levées.* V. Cromlech, dolmen, menhir. *C'est « à une religion qu'il faut attribuer toutes ces pierres levées... »* (Stendhal). *Inscription gravée sur une pierre.* « *Les pierres tombales, en Turquie, sont des espèces de bornes, coiffées de turbans ou de fleurs* » (Loti). ♦ 5° PIERRE PRÉCIEUSE, ou ellipt. PIERRE : minéral auquel sa rareté, son éclat confèrent une grande valeur; fragment de ce minéral (brut ou travaillé). V. Gemme, pierreries. *Principales pierres précieuses.* V. Aigue-marine, alabandine, améthyste, béryl, calcédoine, chrysolithe, chrysoprase, corindon, diamant, émeraude, escarboucle, girasol, grenat, hématite, hyacinthe, jargon, lapis-lazuli, opale, outremer, péridot, rubis, sanguine, saphir, spinelle, topaze, tourmaline, turquoise, zircon. — *Défaut dans une pierre précieuse :* crapaud, glace, givrure, jardinage, loupe. *Tailler, monter une pierre précieuse.* ◇ (En joaillerie) *Pierres précieuses*, diamant, rubis, saphir et émeraude. *Pierres fines*, toutes les autres gemmes naturelles (Cf. *ci-dessus*), ainsi que certaines pierres dont on fait des objets d'art (dites *pierres dures* : agate, cristal de roche, cornaline, jade, jaspe, labrador, malachite, onyx, sardoine, etc.). — *Pierre fausse*, artificielle. — *Pierre gravée.* V. Camaïeu, camée, intaille. *Art de graver les pierres dures.* V. Glyptique. ♦ 6° *Par ext.* Se dit de nombreuses substances naturelles ou fabriquées, employées à divers usages. *Pierre bleue*, servant à passer le linge au bleu. *Pierre à briquet* (ferrocérium). *Pierre infernale* (nitrate d'argent). *Pierre philosophale*. ♦ 7° *Vieilli.* Calcul (2). *Qui produit des pierres.* V. Lithogène. — *Vx.* Lithiase. ◇ Concrétion dure qui se forme dans certains fruits. *Cette poire est pleine de pierres.* V. Graveleux, pierreux.

PIERRÉE [pjɛre]. *n. f.* (1694; de *pierre*). Techn. Conduit de pierres sèches qui sert à l'écoulement des eaux.

PIERRERIES [pjɛrri]. *n. f. pl.* (1380; de *pierre*). Pierres précieuses travaillées, employées comme ornement. V. Joyau. « *Les superbes étoffes chamarrées d'or et de pierreries* » (Taine).

PIERREUX, EUSE [pjɛrø, øz]. *adj.* et *n. f.* (1190; de *pierre*). ♦ 1° Couvert de pierres. V. Rocailleux. « *Le ruisseau avait un lit pierreux* » (P. Benoit). ◇ Graveleux. *Une poire pierreuse.* ♦ 2° Qui est de la nature de la pierre, ressemble à de la pierre. *Concrétion pierreuse. La portion pierreuse du temporal.* ♦ 3° *N. f.* (1808; *des pierres* des chantiers de construction). *Vx.* Prostituée traînant sur les chantiers, racolant dans la rue. « *Elle marchait avec un léger déhanchement de pierreuse* » (Aymé).

PIERRIER [pjɛrje]. *n. m.* (xviᵉ; *peirier*, xiiiᵉ; de *pierre*). Anciennt. Machine de guerre, bouche à feu qui lançait des pierres, des boulets. — Ancien mortier de marine. « *Aucun canot ne pouvait en approcher... sans s'exposer au feu de nos pierriers* » (Baudel.).

PIERROT [pjɛro]. *n. m.* (1678; dimin. de *Pierre*, prénom). ♦ 1° Moineau franc. V. Piaf. « *Il vient d'arriver un tas de pierrots dans le jardin. Des oiseaux, pas des masques* » (Hugo). ♦ 2° (1845; nom du personnage, 1721). Homme travesti en Pierrot, personnage de la pantomime, popularisé par Deburau, vêtu de blanc et le visage enfariné. « *Un grand pierrot blafard, aux manches trop longues* » (Alain-Fournier). ♦ 3° (1865). Arg. milit. Vieilli. Bleu, ou soldat de seconde année.

PIETÀ [pjeta]. *n. f. invar.* (xviiᵉ, plus souvent *Notre-Dame de pitié*; répandu mil. xixᵉ; mot it. « pitié »). Statue ou tableau représentant la Vierge tenant sur ses genoux le corps du Christ détaché de la Croix. V. Mater dolorosa. « *Allez voir... cette pietà, où la majestueuse reine des douleurs tient sur ses genoux le corps de son enfant mort* » (Baudel.).

PIÉTAILLE [pjetaj]. *n. f.* (xiiiᵉ; lat. pop. °*peditalia*, de *pedes, peditis* « fantassin »). *Plaisant.* L'infanterie; les petits, les subalternes. — Les piétons.

PIÉTÉ [pjete]. *n. f.* (1160; souvent confondu avec *pitié*, en a. fr.; lat. *pietas*). ♦ 1° Fervent attachement au service de Dieu, aux devoirs et aux pratiques de la religion. V. Dévotion, ferveur. « *Racine persévéra dans la piété... Rien ne compte que le salut* » (Mauriac). *Livres, images de piété.* V. Bondieuserie (péj.). ♦ 2° *Littér.* Attachement fait de tendresse et de respect. V. Affection, amour, culte. *Piété filiale. Ils « pensent avec piété au relèvement de leur patrie »* (Duham.). « *La piété de l'ouvrage bien fait* » (Tharaud). ◇ ANT. Impiété. — HOM. Piéter.

PIÈTEMENT [pjɛtmã]. *n. m.* (1904; de *pied*). Ensemble des pieds et traverses d'un meuble.

PIÉTER [pjete]. *v. intr.;* conjug. *céder* (déb. xiiiᵉ; bas lat. *peditare* « aller à pied »). ♦ 1° *Vx.* Marcher. — *Mod. Chasse* (Gibier à plumes) Avancer en courant au lieu de voler. « *Des compagnies de* (perdrix) *rouges qui piétaient par une raie, dans un chaume* » (GENEVOIX). ♦ 2° *V.* pron. (fin XVIIIᵉ). *Littér.* Se planter, se raidir sur ses pieds. *Le cheval* « *s'était piété dur de ses sabots de derrière* » (GIONO). ◇ *Fig.* Se raidir en résistant. *Il* « *se piétait contre la douleur dans une solitude sévère* » (DUHAM.). ◇ HOM. Piété.

PIÉTIN [pjetɛ̃]. *n. m.* (1770; de *pied*). ♦ 1° Maladie du pied du mouton. ♦ 2° (1868). Maladie cryptogamique des céréales, entraînant notamment la verse.

PIÉTINANT, ANTE [pjetinɑ̃, ɑ̃t]. *adj.* (XXᵉ; de *piétiner*). Qui piétine. *Foule piétinante.* — *Fig.* Qui n'avance pas, reste sur place. *Enquête piétinante.*

PIÉTINEMENT [pjetinmɑ̃]. *n. m.* (1772; de *piétiner*). Action de piétiner. « *Le piétinement auquel nous oblige une foule* » (BALZ.). Bruit d'une multitude qui piétine. « *Le piétinement sourd des légions en marche* » (HEREDIA). ◇ *Fig.* Absence de progrès notable, stagnation.

PIÉTINER [pjetine]. *v.* (1621; de *piéter* « marcher »). I. *V. intr.* ♦ 1° S'agiter sur place en frappant vivement du pied contre le sol. *Enfant qui piétine de colère.* V. Trépigner. « *Quatre messieurs qui piétinaient pour s'échauffer les pieds* » (MAUPASS.). ◇ Remuer les pieds sans avancer ou en avançant péniblement (Cf. Marquer* le pas). « *Piétiner derrière un corbillard* » (COURTELINE). ◇ *Fig.* Avancer bien peu, ne faire aucun progrès. « *Edmond a l'impression de piétiner, de perdre son temps, de ne pas avancer* » (MAUROIS). *L'affaire, la négociation piétine.* ♦ 2° (Foule, troupeau). Marcher ou courir en martelant le sol avec un bruit sourd. II. *V. tr.* (XVIIIᵉ). ♦ 1° Frapper avec les pieds de façon répétée, fouler aux pieds. *Ils* « *piétinent le sol en cadence* » (THARAUD). « *Le taureau fit voler en l'air... l'étoffe qu'il piétina avec rage* » (GAUTIER). — Par métaph. *Piétiner un cadavre*, s'acharner sur qqn après sa mort, insulter à sa mémoire. ♦ 2° *Fig.* Ne pas respecter, malmener. « *En piétinant leurs convictions religieuses* » (ROMAINS). ◇ ANT. Avancer, progresser.

PIÉTISME [pjetism(ə)]. *n. m.* (1743; de *piétiste*). *Hist. relig.* Doctrine, mouvement piétiste.

PIÉTISTE [pjetist(ə)]. *n.* (1699; all. *Pietist*, du lat. *pietas* « piété »). *Hist. relig.* Membre d'une secte luthérienne qui insistait sur la nécessité de la piété personnelle et du sentiment religieux plus que sur la stricte orthodoxie doctrinale. — Adj. *L'influence piétiste sur la pensée protestante.* « *La ville piétiste, cette Bâle rigoriste...* » (J.-R. BLOCH).

PIÉTON, ONNE [pjetɔ̃, ɔn]. *n.* (déb. XIVᵉ; de *pied*). ♦ 1° *Vx.* Fantassin. ♦ 2° (1538). *Mod.* Personne qui circule à pied. « *Deux ruisseaux de piétons longent peureusement les trottoirs* » (DUHAM.). ♦ 3° *Adj.* (*Piéton, piétonne* [pjetɔ̃]). *Sentier piéton, porte piétonne*, à l'usage exclusif des piétons. « *Un portail à trois portes,... la porte cochère, très grande, au milieu;... à gauche, la porte piétonne, petite* » (HUGO).

PIÉTONNIER, IÈRE [pjetɔnje, jɛʀ]. *adj.* (1967; de *piéton*). Réservé à l'usage des piétons. *Des rues piétonnières. La circulation piétonnière.*

PIÈTRE [pjɛtʀ(ə)]. *adj.* (XVᵉ; *peestre*, XIIIᵉ; lat. *pedester* « qui va à pied », souvent péj., avec infl. de *pire*, de nos jours). *Littér.* (Toujours devant le nom). Très médiocre. V. Dérisoire, minable, miteux, triste. « *Ce petit homme maigre, ...de piètre allure* » (BALZ.). « *Une rencontre où il ferait piètre figure* » (MONTHERLANT). « *Je suis un piètre convive* » (MART. du G.).

PIÈTREMENT [pjɛtʀəmɑ̃]. *adv.* (1566; *peestrement*, XIIIᵉ; de *piètre*). *Rare.* Médiocrement.

1. **PIEU** [pjø]. *n. m.* (1287; forme picarde du plur. *peus*, de l'a. fr. *pel*, lat. *palus*. V. Pal). Pièce de bois droite et rigide, dont l'un des bouts est pointu et destiné à être fiché en terre. V. Échalas, épieu, pal, palis, pilot (1), piquet, rame. « *Huit rangs de petits fossés dont le fond était hérissé de pieux* » (MICHELET). « *Chaque brebis du troupeau, attachée à un pieu* » (RENAN). ◇ *Pieu de fondation*, longue pièce de métal ou de béton armé, que l'on enfonce ou moule dans le sol où l'on veut bâtir. ◇ HOM. Pieux.

2. **PIEU** [pjø]. *n. m.* (fin XVIIIᵉ; forme picarde de *peau* sur laquelle on dormait). *Pop.* Lit. « *Au pieu! Il n'y a pas grand temps pour dormir* » (ARAGON). ◇ HOM. Pieux.

PIEUSEMENT [pjøzmɑ̃]. *adv.* (fin XVIᵉ; *piament*, Xᵉ; de *pieux*). ♦ 1° Avec piété. V. Dévotement. « *Joseph Dézaimeries mourut pieusement* » (MAURIAC). ♦ 2° Avec un pieux respect. « *Elle serra pieusement dans la commode sa belle toilette* » (FLAUB.).

PIEUTER (SE) [pjøte]. *v. pron.* (1888; de *pieu*). *Pop.* Se coucher.

PIEUVRE [pjœvʀ(ə)]. *n. f.* (1866; mot norm.; lat. *polypus*). Poulpe commun, de grande taille. *Ce monstre* « *que les marins appellent poulpe,... Dans les îles de la Manche on le nomme la pieuvre* » (HUGO). ◇ *Fig.* Personne insatiable dans ses exigences, qui ne lâche jamais sa proie.

PIEUX, PIEUSE [pjø, pjøz]. *adj.* (XIVᵉ; réfect. de l'a. fr.

piu, pieu, lat. *pius*). ♦ 1° Qui est animé ou inspiré par des sentiments de piété. V. Dévot, édifiant, religieux. « *Vous l'avez vue fort pieuse;... sa vie n'est qu'une prière continuelle* » (STENDHAL). « *De pieuses images bordées de dentelles de papier* » (R. ROLLAND). *Croyance pieuse*, que la piété recommande, mais qui n'est pas article de foi. — *Un pieux mensonge*. ♦ 2° *Littér.* Plein d'une respectueuse affection. « *Quelque parent pieux et dévoué* » (STE-BEUVE). *Des soins pieux.* ◇ ANT. Impie — HOM. Pieu.

PIÈZE [pjɛz]. *n. f.* (1920; du gr. *piezein* « presser »). *Phys.* Unité de pression (abrév. *pz*), correspondant à une force de 1 sthène par mètre carré (V. Hectopièze, et aussi Bar, barye).

PIÉZO-. Élément, du gr. *piezein* « presser ».

PIÉZO-ÉLECTRICITÉ [pjezɔelɛktʀisite]. *n. f.* (1890; de *piézo-*, et *électricité*). *Phys.* Ensemble des phénomènes électriques produits par des pressions ou déformations exercées sur certains corps; propriété qu'ont les corps où se développent ces phénomènes. *La piézo-électricité du quartz.*

PIÉZO-ÉLECTRIQUE ou **PIÉZOÉLECTRIQUE** [pjezɔelɛktʀik]. *adj.* (1890; de *piézo-*, et *électrique*). Propre à la piézo-électricité, doué de piézo-électricité. *Effet piézo-électrique. Quartz piézo-électrique. Lecteur piézo-électrique d'un pick-up.*

PIÉZOGRAPHE [pjezɔgʀaf]. *n. m.* (1948; de *piézo-*, et *-graphe*). *Phys.* Appareil destiné à mesurer de très faibles pressions à l'aide du quartz piézo-électrique (technique appelée PIÉZOGRAPHIE [pjezɔgʀafi], *n. f.*).

PIÉZOMÈTRE [pjezɔmɛtʀ(ə)]. *n. m.* (1845; de *piézo-*, et *-mètre*). *Phys.* Instrument servant à mesurer la compressibilité des liquides.

1. **PIF!** [pif]. *interj.* (1718; onomat.). Onomatopée, presque toujours redoublée ou suivie de *paf*, exprimant un bruit sec (détonation, explosion, etc.). « *Quand j'ai entendu d'abord pif! pif! je me suis dit : Sacrebleu! Ils escofient mon lieutenant* » (MÉRIMÉE).

2. **PIF** [pif]. *n. m.* (1821; rad. pop. *piff-*; Cf. Empiffrer). *Pop.* Gros nez, et par ext. Toute sorte de nez.

PIFER ou **PIFFER** [pife]. *v. tr.* (1846; de *pif* 2). *Pop.* (Négatif). Sentir. *Je ne peux pas le pifer, ce type-là!*

PIFOMÈTRE [pifɔmɛtʀ(ə)]. *n. m.* (1928; formation plaisante, de *pif* 2, et *-mètre*). *Fam.* Simple flair (sans calcul). *Au pifomètre*, à vue de nez*.

1. **PIGE** [piʒ]. *n. f.* (déb. XIXᵉ; de *piger* 1). ♦ 1° *Techn.* Longueur conventionnelle prise pour étalon; mesure. ♦ 2° (1836, arg.). *Pop.* Année. « *À quarante-cinq piges, bon pied bon œil!* » (ARAGON). ♦ 3° (1866). *Arg. de métier.* Quantité de travail qu'un typographe doit exécuter dans un temps donné, et qui sert de base à sa paye. ◇ Mode de rémunération d'un journaliste rétribué à la ligne. *Travailler, être payé à la pige.* V. Pigiste.

2. **PIGE** [piʒ]. *n. f.* (1808; de *piger* 2). *Pop. Faire la pige à qqn*, faire mieux que lui, le dépasser, le surpasser. « *J'ai vu bien des loqueteux ici, mais comme celui-là, pas deux. Pour le haillon et la crasse, il leur faisait la pige à tous* » (BOURGET).

3. **PIGE** [piʒ]. *n. f.* (1836; de *piger* au sens de « mesurer »; V. Pige 1). *Arg.* (après un nom de nombre). Année. *Il a cinquante-deux piges.* V. Pige.

PIGEON [piʒɔ̃]. *n. m.* (XIIIᵉ; bas lat. *pipio, -onis* « pigeonneau »). ♦ 1° Oiseau au bec grêle, aux ailes courtes, au plumage très varié, selon les espèces, dont trois sont représentées en France (le *biset*, le « *colombin* » [V. Colombe] et le *ramier* ou *palombe*); spécialt. le mâle adulte (V. Pigeonne, pigeonneau). « *Les pigeons roucoulaient sur le mur* » (LAMART.). « *Les reflets qui bougent sur la gorge des pigeons* » (COLETTE). V. Gorge-de-pigeon. *Pigeon voyageur*, dressé pour porter des messages entre deux lieux éloignés. *Élevage des pigeons voyageurs.* V. Colombophilie. — *Manger des pigeons rôtis, aux petits pois.* ◇ Par compar. *Ailes de pigeon*, saut en hauteur où les jambes imitent un battement d'ailes (T. de Danse). — *Cœur de pigeon*, variété de cerise. — *Jouer à pigeon vole*, jeu d'enfants, dans lequel un joueur lance rapidement le mot *vole* précédé d'un nom d'objet susceptible ou non de voler, les autres joueurs ne devant, sous peine de gages, lever le doigt que si la chose en question peut en effet voler. ◇ *Mon pigeon, mon petit pigeon*, terme d'affection. ♦ 2° *Fig.* (1490; Cf. Dupe). *Fam.* Homme qu'on attire dans quelque affaire pour le dépouiller, le rouler (7°). V. Dupe, gogo. *Il a été le pigeon dans l'affaire.* ♦ 3° *Techn.* (1694). Poignée de plâtre pétri. — Morceau de pierre dans la chaux. — Petit morceau de bois qu'on place dans l'onglet d'un cadre.

PIGEONNANT, ANTE [piʒɔnɑ̃, ɑ̃t]. *adj.* (v. 1950; de *pigeon*, par métaph.). *Fam.* Se dit d'une poitrine haute et ronde, et du soutien-gorge qui donne aux seins cet aspect.

PIGEONNE [piʒɔn]. *n. f.* (XVIᵉ; de *pigeon*). *Rare.* Femelle du pigeon.

PIGEONNEAU [piʒɔno]. *n. m.* (XVIᵉ; de *pigeon*) ♦

1º Jeune pigeon. *Pigeonneaux rôtis.* ♦ 2º *Méd.* (par compar. avec les pattes de l'oiseau). Ulcération cutanée douloureuse des doigts (notamment chez les chromeurs et les teinturiers en peau). *Syn.* ROSSIGNOL DES TANNEURS.

PIGEONNER [piʒɔne]. *v. tr.* (1585; de *pigeon*). ♦ 1º *Fam.* Duper, rouler. ♦ 2º *Techn.* (1680). Plâtrer, construire par pigeons (3º).

PIGEONNIER [piʒɔnje]. *n. m.* (1549; de *pigeon*). Petit bâtiment où l'on élève des pigeons domestiques. V. **Colombier.** ◊ *Fig.* Petit logement situé aux étages supérieurs. *Venez me voir dans mon pigeonnier.*

1. **PIGER** [piʒe]. *v. tr.*; conjug. *bouger* (1807; « fouler, piétiner », 1555; lat. pop. °*pinsiare*, class. *pinsare*). *Dial.* Mesurer avec une pige (1º).

2. **PIGER** [piʒe]. *v. tr.*; conjug. *bouger* (1807; lat. pop. °*pedicus* « du pied », *pedica* « piège »). *Pop.* ♦ 1º *Vx.* Prendre, attraper (On disait : *j'en pige* « je l'emporte, je gagne »). « *Vous ne voulez donc pas nous dire où vous pigez tant de monnaie?* » (BALZ.). ♦ 2º *Mod.* (1835). Saisir, comprendre. « *Ils ont tout tenté pour comprendre... et ils n'y ont rien pigé* » (CARCO). Absolt. *Tu piges?*

PIGISTE [piʒist(ə)]. *n. m.* (XXᵉ; de *pige* 1). *Arg. de métier.* Compositeur, journaliste payé à la pige.

PIGMENT [pigmã]. *n. m.* (1813; « épice », 1130; Cf. *Piment*; lat. *pigmentum*). ♦ 1º *Biochim.* Matière colorée, végétale ou animale, de structure variée, présente dans divers tissus et organes. *Pigments végétaux.* V. **Carotène, chlorophylle, xanthophylle.** *Pigments animaux.* V. **Bilirubine, hématine, hémoglobine, mélanine, urobiline.** *Pigments respiratoires,* jouant un rôle important dans les processus d'oxydoréduction de l'organisme (*ex. :* l'hémoglobine). — *Cour.* La substance qui donne à la peau sa coloration particulière (V. **Mélanine, pigmentation**). ♦ 2º (1932). Substance colorée (d'origine minérale, organique ou métallique), généralement insoluble, qui colore la surface sur laquelle on l'applique, sans pénétrer dans les fibres (au contraire des teintures). *Utilisation des pigments dans la préparation des peintures et des enduits.*

PIGMENTAIRE [pigmãtɛʀ]. *adj.* (1842; lat. *pigmentarius*). *Biochim.* Relatif aux pigments. *Cellules pigmentaires,* contenant du pigment. *Troubles pigmentaires.* V. **Mélanisme, mélanose, vitiligo.** *Tumeurs pigmentaires.* V. **Mélanique.**

PIGMENTATION [pigmãtasjɔ̃]. *n. f.* (1868; du bas lat. *pigmentatus*). ♦ 1º *Biochim.* Formation et accumulation, normale ou pathologique, de pigments en certains points de l'organisme. — *Cour.* Coloration de la peau par la mélanine. ♦ 2º *Techn.* Coloration par des pigments.

PIGMENTÉ, ÉE [pigmãte]. *adj.* (1877; bas lat. *pigmentatus*). Coloré par un pigment, par des pigments. *Peau foncée, fortement pigmentée.*

PIGMENTER [pigmãte]. *v. tr.* (XXᵉ; de *pigment*). *Techn.* Colorer avec un pigment.

PIGNADE [piɲad] ou **PIGNADA** [piɲada]. *n. f.* (1869; *pinada,* forme gasc. de *pinède,* 1679). *Région.* Pinède.

PIGNATELLE [piɲatɛl]. *n. f.* (XXᵉ; it. *pignatella,* proprem. « petit pot »; a. fr. *p[e]ignate* « marmite », même rad. que *pigne*). *Région.* Petit beignet soufflé au fromage.

PIGNE [piɲ]. *n. f.* (XVᵉ; prov. *pinha,* lat. [*nux*] *pinea* « [pomme] de pin »). *Région.* Pomme de pin. « *Un grand feu de pignes brûlait* » (P. BENOÎT). ◊ Petite graine de la pomme de pin (employée en pâtisserie et en cuisine).

PIGNOCHER [piɲɔʃe]. *v. intr.* (1630; altér. de *épinocher,* fin XVIᵉ de *e[s]pinoche* « petit morceau, bagatelle », XVᵉ; du lat. *spina* « épine »). ♦ 1º Manger sans appétit, du bout des dents, en ne prenant que de petits morceaux. « *Madame pignoche dans les plats avec... des moues dédaigneuses* » (MIRBEAU). ♦ 2º (1874). Peindre à petits coups de pinceaux, en employant une facture minutieuse et soignée. Trans. *Pignocher un tableau* (Cf. Lécher). « *Quand vous aurez encore pignoché cela quinze jours, vous viendrez me le remonter* » (GIDE).

1. **PIGNON** [piɲɔ̃]. *n. m.* (XIIᵉ; lat. pop. °*pinnio, -onis,* class. *pinna* « créneau »). Couronnement triangulaire d'un mur dont le sommet porte le bout du faîtage d'un comble. V. **Fronton.** *Anciennes maisons à pignons.* « *Cette place... a conservé ses pignons ouvragés, découpés* » (NERVAL). ◊ *Avoir pignon sur rue,* ancienn., être propriétaire d'une maison de ville dont la façade à pignon donnait sur la rue; *mod.* Se dit d'un marchand à la fortune bien assise, installé dans un magasin avantageusement connu et bien situé. *Acquérir pignon sur rue.*

2. **PIGNON** [piɲɔ̃]. *n. m.* (XVIᵉ; *peignon,* XIVᵉ; de *peigne*). Roue dentée, la plus petite des deux roues d'un engrenage. V. **Tympan.** — Toute roue d'engrenage. *Pignons d'un changement de vitesse* (bicyclette, auto). *Pignon de renvoi,* transmettant le mouvement à une partie relativement éloignée du mécanisme.

3. **PIGNON** [piɲɔ̃]. *n. m.* (XVᵉ; « cône de pin », XIVᵉ; a. prov. *pinhon,* de *pinha.* V. **Pigne**). *Région.* ♦ 1º Graine de la pomme de pin. V. **Pigne.** ♦ 2º (1839). *Pin pignon,* ou ellipt.

Pignon, espèce de pin à graine comestible. V. **Parasol** (pin).

PIGNORATIF, IVE [piɲɔʀatif, iv]. *adj. m.* (1567; du lat. *pignorare* « engager », de *pignus* « gage »). *Dr.* Qui a trait au contrat de gage. *Contrat pignoratif,* prêt fait sous la forme d'une vente à réméré.

PIGNOUF [piɲuf]. *n. m.* (1858; du dial. *pigner* « crier, geindre », XVᵉ). *Pop.* Individu mal élevé, sans aucune délicatesse. V. **Goujat, rustre.** « *...pour qu'un pignouf vienne démolir mon rêve* » (FLAUB.).

PILAF [pilaf]. *n. m.* (1834; *pilau,* 1654; mot turc, du persan *pilaou*). Riz au gras, servi fortement épicé, avec des morceaux de mouton, de volaille, de poisson, ou des coquillages. Par appos. *Riz pilaf.*

PILAGE [pilaʒ]. *n. m.* (1755; de *piler*). Action de piler. *Le pilage du mil.*

PILAIRE [pilɛʀ]. *adj.* (1836; du lat. *pilus* « poil »). Relatif aux cheveux ou aux poils V. **Pileux.** *Acné pilaire. Atrophie pilaire.*

PILASTRE [pilastʀ(ə)]. *n. m.* (1545; « pilier », XIIIᵉ; it. *pilastro,* du lat. *pila.* V. **Pile** 1). ♦ 1º Pilier engagé, colonne plate engagée dans un mur ou un support et formant une légère saillie. V. **Ante.** « *Les nervures de la voûte... qui retombent trois à trois sur les pilastres des murailles latérales* » (BERNANOS). ◊ Ornement de boiseries, de mobilier, figurant un pilastre architectural. ♦ 2º (1694). Montant à jour, placé de distance en distance dans les travées d'une grille, d'un balcon. ◊ Premier barreau, généralement ouvragé, d'une rampe d'escalier. ♦ 3º (1752). Montant d'un lambris.

PILCHARD [pilʃaʀ, pilʃard]. *n. m.* (1803; mot angl. d'orig. obscure). Un des noms de la sardine. « *On pêche encore, dans de certains creux, des plies et des pilchards* » (HUGO).

1. **PILE** [pil]. *n. f.* (XIIIᵉ; lat. *pila,* avec *i* long). ♦ 1º Pilier de maçonnerie soutenant les arches. « *Des lourdes piles du pont Marie aux arches légères du nouveau pont* » (ZOLA). ♦ 2º Tas plus haut que large d'objets mis les uns sur les autres. « *Des dossiers dont il se hâta de caler... la pile énorme et vacillante* » (COURTELINE). *Une pile d'assiettes, de bois.* V. **Amoncellement, entassement, tas.** « *Vérifier les piles de linge* » (MAUPASS.). ♦ 3º (1811; it. *pila,* l'appareil créé par Volta étant fait de disques de métal empilés). Appareil transformant l'énergie chimique (réaction chimique) en énergie électrique. V. **Générateur.** *Pile à combustible,* dont les électrodes sont à gaz (oxygène, et combustible tel que l'hydrogène). — *Pile sèche,* petite pile à électrolyte pâteux. — *Absolt.* et *cour.* Pile sèche. *La pile d'une lampe de poche. Poste de radio portatif à piles.* ◊ *Par ext.* Générateur n'utilisant pas l'électrolyse. *Piles thermo-électriques, photo-électriques.* — *Pile atomique,* réacteur* nucléaire.

2. **PILE** [pil]. *n. f.* (1821; *mettre à la pile* « maltraiter », fin XIVᵉ; de *piler*). *Fam.* Volée de coups. V. **Frottée, rossée.** *Bouilhet a* « *foutu ce qui s'appelle* une pile *à un porteur d'eau* » (FLAUB.). ◊ Défaite écrasante. « *Quand leur invincible armée reçoit une pile...* » (SARTRE).

3. **PILE** [pil]. *n. f.* (mil. XIIIᵉ; *pille,* 1155; désigne aussi en a. fr. le coin inférieur du marteau qui frappe la monnaie; o. i.). ♦ 1º Dans l'expression PILE OU FACE : revers de la monnaie qu'on jette en l'air, pour un pari, ou pour prendre une décision au gré du hasard. *Pile :* le coup où la pièce tombe en montrant son revers (*opposé à* face). « *Il décida de jouer son départ à pile ou face, il prit la pièce de quarante sous, pile je pars* » (SARTRE). ◊ *Adv.* (1866) *Vx. Tomber pile,* sur le dos. — *Mod.* (1906) « *Ce geste l'arrêta pile* » (ARAGON), net, brusquement. *Ça tombe pile,* à point nommé, juste comme il faut. « *Ramené pile pour le train d'onze heures* » (QUENEAU), juste, exactement. ♦ 2º *Blas.* (1690). Pièce honorable de l'écu, en forme de coin dont la pointe est tournée vers le bas. ◊ ANT. *Face.*

4. **PILE** [pil]. *n. f.* (1723; « mortier à piler » XIIIᵉ, sens du lat. *pila,* de *pinsere* « broyer »). *Techn.* Bac où est traitée la pâte à papier pendant le raffinage.

PILER [pile]. *v. tr.* (1165; bas lat. *pilare*). ♦ 1º Réduire en menus fragments, en poudre, en pâte, par des coups répétés. V. **Broyer, écraser, triturer.** « *Elle pilait du henné dans un petit mortier de cuivre* » (MAC ORLAN). ♦ 2º *Fig. Fam.* Flanquer une pile à (qqn). V. **Battre.** « *Tu crois que je ne t'ai pas vu... pile à coups de talon celui-là?* » (R. ROLLAND). *Notre équipe s'est fait piler,* écraser.

PILET [pilɛ]. *n. m.* (1752; par anal., de *pilet* « petit pilon », XIIIᵉ). Variété de canard sauvage.

PILEUR, EUSE [pilœʀ, øz]. *n.* (1313; de *piler*). *Techn.* Ouvrier, ouvrière chargé(e) de piler (les épices, le tan, etc.).

PILEUX, EUSE [pilø, øz]. *adj.* (1836; « poilu », XVᵉ; lat. *pilosus*). *Anat.* Qui a rapport aux poils, qui contient des poils, qui en est couvert. V. **Pilaire.** *Les follicules pileux. Le système pileux,* l'ensemble des poils couvrant le corps.

PILIER [pilje]. *n. m.* (1155; *piler,* XIIᵉ; lat. pop. °*pilare,* de *pila.* V. **Pile** 1). ♦ 1º Massif de maçonnerie, formant un support vertical isolé dans une construction. V. **Colonne, pied-droit, pilastre.** « *Quatre-vingt-huit piliers gros comme* *des tours... soutiennent la masse énorme de l'édifice* » (GAU-TIER). ◇ Poteau de bois, pylône métallique servant de support. « *Le métro aérien de Chicago... soutenu par de gros piliers de fer* » (SARTRE). ♦ **2°** *Par anal.* Dans une mine, Masse de pierre ou de minerai laissée de place en place pour soutenir le plafond pendant l'extraction. ◇ *Anat.* Nom de divers faisceaux ou replis en forme de pilier. *Les piliers de la voûte du palais.* — *Pilier interne, externe du canal inguinal. Piliers du diaphragme. Piliers postérieurs du trigone cérébral.* ◇ *Fam.* Jambe massive, épaisse. V. **Poteau.** ♦ **3°** *Fig.* (XVᵉ). Ce qui assure la solidité, la stabilité. *Faire* « *de leur mono-pole un pilier intangible de la patrie* » (ROMAINS). ♦ **4°** *(Per-sonnes).* Défenseur, soutien. « *Le sénateur Perchot, un des piliers du radicalisme* » (ARAGON). ◇ *Péj.* (1558) Habitué qui fréquente assidûment un lieu. *Un pilier de cabaret, de bistrot.* ◇ *Rugby.* Chacun des deux avants de première ligne qui encadrent et soutiennent le talonneur.

PILIFÈRE [pilifɛʀ]. *adj.* (1834; du lat. *pilus* « poil », et *-fère*). *Bot.* Qui porte des poils.

PILLAGE [pijaʒ]. *n. m.* (déb. XIVᵉ; de *piller*). Action de piller; vols et dégâts commis par ceux qui pillent. V. **Dépré-dation, sac.** « *Jaffa fut livré au pillage et à toutes les horreurs de la guerre* » (CHATEAUB.). « *Turenne était adoré de ses soldats parce qu'il tolérait le pillage* » (HUGO). ◇ *Par exagér. Les finances publiques étaient mises au pillage,* soumises à divers détournements et concussions. *Une maison où tout est au pillage,* où l'on vole, gaspille, etc. ◇ *Spécial. Pillage d'une ruche,* son invasion par des abeilles étrangères qui s'emparent du miel.

PILLARD, ARDE [pijaʀ, aʀd(ə)]. *n. et adj.* (1360; de *piller*). ♦ **1°** *N.* Personne qui pille. V. **Brigand, écumeur, maraudeur, pirate, voleur.** « *Cette bande de pillards qui couraient la France, sans travail ... mendiants devenus voleurs* » (MICHELET). ◇ *Fig. (Vieilli)* Plagiaire. ♦ **2°** *Adj.* Qui pille, a l'habitude de piller. *Des nomades pillards.* — *Les abeilles pillardes,* qui se livrent au pillage d'une ruche. « *Ces petites épaves, brillantes... qu'on trouve dans les nids des oiseaux pillards* » (COLETTE).

PILLER [pije]. *v. tr.* (déb. XIVᵉ; *pillier,* 1280; de l'a. fr. *p[e]ille* « chiffon », lat. *pilleum* « bonnet »). ♦ **1°** Dépouiller (une ville, une maison) des biens qu'on trouve, d'une façon violente, désordonnée et destructive. V. **Dévaster, ravager, saccager.** « *Empêcher ses soldats de piller les biens de la ville* » (BALZ.). — Au p. p. *Des magasins pillés au cours d'une émeute.* Absolt. « *Quatre soldats rôdant pour piller* » (STENDHAL). — Par anal. « *Les singes ont envahi Agra... pillent les jardins* » (LOTI). ◇ *Par exagér. Sa boutique a été pillée,* vidée à la suite d'achats massifs. ◇ Voler (un bien) dans un pillage. « *Les Allemands s'étaient servis de draps, de cotonnades pillés dans quelque magasin* » (BARBUSSE). ♦ **2°** Dépouiller par toute sorte de concussions, vols et détournements. V. **Voler.** « *Serviteurs qui pillez la maison* » (HUGO). ♦ **3°** *Fig.* Plagier sans aucun respect de la propriété littéraire. « *Lorsque les historiens sont contemporains, il est difficile... de savoir qui est celui qui a pillé l'autre* » (VOLT.). ◇ Emprunter à un auteur qu'on plagie. *Les passages qu'il a pillés chez un auteur étranger.*

PILLEUR, EUSE [pijœʀ, øz]. *n.* (1345; de *piller*). Per-sonne qui pille. « *Le pilleur d'épaves* » (MAURIAC). ◇ *Fig.* et *vieilli.* Plagiaire.

PILOCARPE [pilɔkaʀp(ə)]. *n. m.* (1823; lat. *bot. pilo-carpus,* gr. *pilos* « feutre », et *karpos* « fruit »). *Bot.* Jaborandi.

PILOCARPINE [pilɔkaʀpin]. *n. f.* (1875; de *pilocarpe*). *Chim.* Alcaloïde extrait des feuilles de jaborandi, utilisé en médecine. « *De faibles doses de pilocarpine provoquaient... un ralentissement du cœur* » (ROMAINS).

PILON [pilɔ̃]. *n. m.* (XIIᵉ; de *piler*). ♦ **1°** Instrument de forme cylindrique, arrondi sur une face, servant à piler. « *Le bruit régulier et lent d'un pilon dans un mortier* » (ZOLA). ◇ Nom de divers instruments utilisés pour écraser ou tasser. V. **Bourroir, broyeur, dame.** « *Des pilons naguère utilisés pour broyer le chanvre* » (HUYSMANS). — *Mettre un livre au pilon,* en détruire l'édition (en mettant les exemplaires dans la cuve où le pilon broie la pâte à papier). ♦ **2°** (1857). Extrémité d'une jambe de bois; la jambe de bois elle-même. ◇ Partie inférieure d'une cuisse de poulet.

PILONNAGE [pilɔnaʒ]. *n. m.* (1803; de *pilonner*). Action de pilonner; son résultat. « *C'était un pilonnage régulier, inexorable, où les obus se suivaient sans répit* » (DORGELÈS).

PILONNER [pilɔne]. *v. tr.* (1700; de *pilon*). ♦ **1°** Écraser, tasser avec un pilon. ♦ **2°** (v. 1914). Écraser sous les obus, les bombes. « *Une batterie lourde anglaise se mit à pilonner la ligne allemande* » (MAUROIS).

PILORI [piloʀi]. *n. m.* (*Pellori,* 1165; lat. médiév. *pilorium,* probabl. de *pila* « pilier »). ♦ **1°** Poteau ou pilier à plate-forme portant une roue sur laquelle on attachait le condamné à l'exposition publique. *Mettre au pilori.* « *Ficelé à cordes et à courroies sur la roue du pilori* » (HUGO). ◇ La peine ainsi infligée. « *La roue, le gibet ou le pilori* » (HUGO). ♦ **2°** *Fig.*

Mettre, clouer qqn au pilori, le signaler à l'indignation, au mépris publics.

PILO-SÉBACÉ, ÉE [pilɔsebase]. *adj.* (Néol.; du lat. *pilum* « poil », et *sébacé*). *Anat.* Relatif au poil et à sa glande sébacée. *L'appareil pilo-sébacé.*

PILOSELLE [pilɔsɛl]. *n. f.* (1300; du lat. *pilosus* « poilu »). Autre nom de l'épervière (plante).

PILOSISME [pilozism(ə)]. *n. m.* (1855; du lat. *pilosus* « poilu »). *Méd.* Développement exagéré et localisé des poils, ou apparition de poils en un endroit où il n'en existe pas normalement. V. **Hirsutisme.**

PILOSITÉ [pilozite]. *n. f.* (1845; du lat. *pilosus* « poilu »). *Anat.* Ensemble des poils, leur distribution sur la peau. *Pilosité normale, excessive.*

1. PILOT [pilo]. *n. m.* (XIVᵉ; de *pile* 1). *Techn.* Gros pieu pointu, ferré et cerclé, employé à faire un pilotis.

2. PILOT [pilo]. *n. m.* (XIIIᵉ; de l'a. fr. *p[e]ille.* V. **Piller.** *Techn.* Chiffons utilisés dans la fabrication du papier.

1. PILOTAGE [pilɔtaʒ]. *n. m.* (1491; de *piloter* 1). *Rare.* Construction, ouvrage de pilotis.

2. PILOTAGE [pilɔtaʒ]. *n. m.* (1483; de *piloter* 2). ♦ **1°** *Vx.* Art de diriger un navire en mer. ◇ *Mod.* Manœuvre, art du pilote (dans un port, un canal). V. **Lamanage.** *Le pilotage des navires dans le canal de Suez. Droits de pilotage,* sommes dues aux pilotes par les capitaines de navire. ♦ **2°** Action, art de diriger un aéronef (avion, hélicoptère, engin). « *Il se hisse... jusqu'au poste de pilotage* » (ST-EXUP.). *Pilotage sans visibilité, automatique, téléguidé.*

PILOTE [pilɔt]. *n. m.* (1482; *pilot,* 1369; it. *piloto, pedoto,* gr. byzant. *opêdotês,* de *pêdon* « gouvernail »). **I.** ♦ **1°** *Vx.* Celui qui dirige un navire. ◇ *Mod.* Marin autorisé à assister les capitaines dans la manœuvre et la conduite des navires, à l'intérieur des ports ou dans les parages difficiles. « *On débarque le pilote... il salue de la main le navire affranchi* » (CLAUDEL). V. **Lamaneur.** — (En appos.) *Bateau-pilote,* qui amène le pilote jusqu'au navire qu'il doit piloter. — Par anal. ♦ **2°** (1911). Personne qui conduit un avion, un aéronef. *Pilote de ligne,* sur les lignes commerciales. *Pilote de chasse,* d'un avion de chasse. *Pilote d'essai,* spécialiste de l'essai en vol des nouveaux appareils. *Brevet de pilote.* — *Pilote automatique,* dispositif assurant le pilotage sans inter-vention de l'équipage. — Par anal. *Le pilote d'un char, d'une voiture de course,* le conducteur. — Par ext. Organe compor-tant les circuits de commande, dans un système automatique. ♦ **3°** (1671). Poisson osseux des mers chaudes et tempérées, qui accompagne les navires et les requins (qu'il semble guider). V. **Rémora.** **II.** (d'apr. *bateau-pilote*). Deuxième élément de noms composés, signifiant « qui peut servir d'exemple », qui utilise de nouvelles méthodes et constitue un champ d'expéri-mentation. *Classe-pilote, industrie-pilote. Ferme-pilote.* — En fonction d'adj. *Jouer un rôle pilote.* « *Quelques équipe-ments culturels pilotes...* » (*Le Monde,* 7-11-1964).

1. PILOTER [pilɔte]. *v. tr.* (1321; de *pilot* 1). *Rare.* Garnir de pilots (un terrain).

2. PILOTER [pilɔte]. *v. tr.* (1484; de *pilote*). ♦ **1°** Conduire en qualité de pilote (un navire, un avion). « *J'ai piloté... un avion de chasse depuis son départ de l'armée italienne* » (MALRAUX). Agir sur les circuits de commande (en parlant d'un système automatique, d'un dispositif d'asservissement). ◇ Conduire (une voiture de compétition, et *par ext.* toute automobile). ♦ **2°** *Fig.* Servir de guide à (qqn). « *J'ai jadis piloté à Londres... un chef arabe* » (MAUROIS).

PILOTIN [pilɔtɛ̃]. *n. m.* (1771; de *pilote*). *Vx.* Élève timonier. ◇ *Mod.* Jeune homme se préparant, à bord d'un navire, aux fonctions d'élève officier dans la marine mar-chande.

PILOTIS [piloti]. *n. m.* (1499; picard *pilotich,* 1365; de *pilot* 1). Ensemble de pieux (pilots) enfoncés en terre pour asseoir les fondations d'une construction sur l'eau ou en terrain meuble; chacun de ces pilots. « *Les maisons sont en bois... bâties sur pilotis pour éviter l'humidité* » (SARTRE). « *Les pilotis qui la soutenaient sur le devant baignaient déjà dans l'eau* » (CAMUS).

PILOU [pilu]. *n. m.* (1894; a. fr. et dial. *peloux* « poilu », lat. *pilosus*). Tissu de coton pelucheux. *Un* « *jupon de pilou gris* » (GREEN).

PILULAIRE [pilylɛʀ]. *adj. et n. m.* (1803; de *pilule*). ♦ **1°** *Adj. Pharm.* Propre aux pilules. — Relatif à la pilule anticonceptionnelle. *Masse pilulaire,* pâte préparée pour être roulée en pilules. *La loi pilulaire du 28 décembre 1967.* ♦ **2°** *N. m.* (1868). *Vétér.* Instrument servant à administrer des pilules aux animaux.

PILULE [pilyl]. *n. f.* (1314; lat. *pilula,* dimin. de *pila* « boule »). ♦ **1°** Médicament façonné en petite boule et destiné à être avalé. V. **Globule, grain, granule.** *Un tube de pilules homéopathiques.* — Spécial. *Pilule anticonceptionnelle* (ou *antifécondante*). *Fam.* (1966). *La pilule :* tout médicament anticonceptionnel* sous forme de pilule. *La pilule et la limi-*

tation des naissances. Elle prend la pilule. « *Sous le règne de la pilule* [...], *de la libération sexuelle* » (MALLET-JORIS). ◊ Fig. *Dorer*, avaler* la pilule. Quelle pilule ! : quelle chose déplaisante, difficile à supporter !* (Cf. *C'est dur à avaler !*). ♦ 2° (Par calembour ; de *pile*). Pop. *Il a pris la pilule,* une bonne pile (2).

PILULIER [pilylje]. *n. m.* (1694 ; de *pilule*). Pharm. Instrument servant à faire les pilules.

PILUM [pilɔm]. *n. m.* (1763 ; *pile,* 1580 ; mot lat.). Archéol. Lourd javelot utilisé par les légionnaires romains comme arme de jet.

PIMBÊCHE [pɛbɛʃ]. *n. f.* (mil. XVIᵉ ; o. i.). Femme déplaisante, sèche, qui prend de grands airs. V. **Chipie, mijaurée, pécore.** *C'est une petite pimbêche.* — Adj. *Elle est un peu pimbêche.*

PIMBINA ou **PEMBINA** [pɛbina]. *n. m.* (av. 1760 ; de l'algonquin [crée *ou* cri] *nipimina* « graines ou fruits amers »). Au Canada, Nom courant du fruit de l'obier. « *Elle réclame* [...] *du pimbina et de la gelée d'atoca* » (A. HÉBERT). — Viorne. « *C'était surtout des* ' *pembinas* ' *aux larges feuilles* » (GENEVOIX).

PIMENT [pimɑ̃]. *n. m.* (1664 ; « baume, épice », Xᵉ ; lat. *pigmentum* « drogue, suc », en bas lat.). ♦ 1° Plante potagère herbacée *(Solanacées),* originaire des régions chaudes, cultivée pour ses fruits qui servent de condiment ; fruit de cette plante. *Piment rouge,* à saveur très forte, qui brûle la bouche. *Piment doux ou poivron.* — *Beurre de piment,* auquel on a incorporé du piment rouge en poudre. ♦ 2° Fig. Ce qui relève, donne du piquant. V. **Assaisonnement, sel.** « *Pour assaisonner l'aventure d'un piment d'indépendance et d'exotisme* » (MART. du G.). « *On raconte qu'elle a du piment, qu'elle a du chien* » (COLETTE). V. **Piquant.**

PIMENTER [pimɑ̃te]. *v. tr.* (1845 ; de *piment*). Assaisonner de piment, épicer fortement. *Pimenter un plat.* — Au p. p. *Une cuisine très pimentée.* ◊ Fig. Relever, rendre piquant. « *L'ironie pimente agréablement la tisane morale* » (GOURMONT).

PIMPANT, ANTE [pɛpɑ̃, ɑ̃t]. *adj.* (déb. XVIᵉ ; rad. *pimp-,* a. prov. *pimpar* « parer », XIIIᵉ). Qui a un air de fraîcheur et d'élégance. V. **Élégant, fringant, gracieux.** « *À son réveil, le maître me trouve pimpante comme une matinée de printemps* » (BALZ.). ◊ Coquet, élégant. *Une pimpante petite ville.*

PIMPRENELLE [pɛprənɛl]. *n. f.* (XVᵉ ; *piprenelle,* XIIᵉ ; lat. médiév. *pipinella,* p.-ê. de *piper* « poivre »). Plante herbacée *(Rosacées),* à fleurs généralement rouges, dont les jeunes feuilles servent parfois à l'assaisonnement des salades. V. **Sanguisorbe.**

PIN [pɛ]. *n. m.* (1080 ; lat. *pinus*). Arbre résineux *(Conifères)* à feuilles persistantes (aiguilles), dont les espèces les plus connues sont le *pin sylvestre,* le *pin maritime* et le *pin pignon* (*ou parasol*). « *Le pin d'Italie à écorce rouge avec son majestueux parasol* » (BALZ.). *Pommes* de pin,* nom courant des organes reproducteurs. *Gemmage des pins. Poteau en bois de pin.* V. aussi **Pitchpin.** ◊ HOM. **Pain, peint.**

PINACLE [pinakl(ə)]. *n. m.* (1261 ; lat. ecclés. *pinnaculum,* de *pinna.* V. **Pignon** 1). ♦ 1° Faîte d'un édifice *(spécialt.* du Temple de Jérusalem). ◊ Dans l'architecture gothique, Petite pyramide ajourée ornée de fleurons servant de couronnement à un contrefort. V. **Amortissement.** ♦ 2° Fig. (XVIIᵉ). Situation élevée, haut degré d'honneurs, de faveurs. « *Il se croit sur le pinacle* » (BALZ.). Cour. *Au pinacle.* « *Suivant la chance, au pinacle ou dans les bas-fonds* » (CHARDONNE). *Porter qqn au pinacle,* le porter aux nues. V. **Louer.**

PINACOTHÈQUE [pinakɔtɛk]. *n. f.* (1839 ; lat. d'o. gr. *pinacotheca*). Nom de certains musées de peinture (en Italie, en Allemagne). *La pinacothèque de Munich.*

PINAILLAGE [pinajaʒ]. *n. m.* (mil. XXᵉ ; de *pinailler*). Fam. Le fait d'ergoter sur des détails infimes.

PINAILLER [pinaje]. *v. intr.* (1959 ; o. i. ; probabl. obscène). Pop. Ergoter sur des vétilles, se perdre dans les subtilités.

PINAILLEUR, EUSE [pinajœr, øz]. *n.* (mil. XXᵉ ; de *pinailler*). Personne qui a l'habitude de pinailler. — Adj. *Un garçon pinailleur.*

PINARD [pinar]. *n. m.* (1616 ; popularisé fin XIXᵉ, arg. milit. ; var. pop. de *pineau*). Pop. Vin ordinaire, *et par ext.* Toute espèce de vin. « *Il avait demandé du pinard, on lui avait servi du vin blanc* » (SARTRE).

PINARDIER [pinardje]. *n. m.* (1953 ; de *pinard*). Pop. Navire-citerne à vin. ◊ Marchand de vin en gros.

PINASSE [pinas]. *n. f.* (*Pinace,* 1461 ; esp. *pinaza,* de prem. « bateau en bois de pin », *pino*). Ancienn. Petit vaisseau long et léger, propre à la course. ◊ Mod. Embarcation à fond plat, utilisée notamment pour la pêche sur le littoral de la Gironde. V. **Barque.**

PINASTRE [pinastr(ə)]. *n. m.* (1562 ; lat. *pinaster*). Région. Pin maritime.

PINÇAGE [pɛsaʒ]. *n. m.* (1845 ; de *pincer*). Agric. Pincement (des rameaux, bourgeons).

PINÇARD, ARDE [pɛsar, ard(ə)]. *adj.* (1772 ; de *pince*). Hippol. *Cheval pinçard,* qui s'appuie sur la pince en marchant.

PINCE [pɛs]. *n. f.* (1375 ; de *pincer*). ♦ 1° (Souvent *au plur.,* s'il s'agit d'un outil de grandes dimensions). Outil, instrument généralement composé de deux leviers articulés, servant à saisir et à serrer. V. **Pincette, tenaille.** *Branches, mâchoires, coulant d'une pince. Pinces de forgeron.* « *Quand la barre fut blanche, il la saisit avec les pinces* » (ZOLA). *Pinces de chirurgien (pince à dissection, hémostatique, etc.). Pince à épiler. Pince à sucre.* — *Pinces de cycliste,* pour tenir les bas de pantalons. — *Pince à linge.* ◊ Nom de divers leviers permettant de soulever, de déplacer. *Pince de carrier, de paveur. Pince-monseigneur.* V. **Monseigneur** (2°). ♦ 2° Extrémité antérieure du pied des mammifères onglés. *Les cerfs* « *se cabraient contre le tronc... Leurs pinces glissaient en éraflant l'écorce* » (GENEVOIX). — Spécialt. Partie antérieure du sabot du cheval ; partie du fer qui y correspond. ◊ Incisive des herbivores *(spécialt.* du cheval). ◊ *Plus cour.* Partie antérieure des grosses pattes de certains crustacés, qui leur permet de prendre, de pincer. *Pinces d'un homard, d'un crabe.* « *Une écrevisse, qui lui avait pris le petit doigt entre ses pinces* » (ZOLA). ◊ Pop. *La pince,* la main. *Serrer la pince à qqn.* V. **Cuiller.** — *Les pinces,* les jambes. *Aller à pinces,* à pied. ♦ 3° Pli cousu sur l'envers de l'étoffe, destiné à diminuer l'ampleur. *Faire des pinces à une veste de tailleur.*

PINCÉ, ÉE [pɛse]. *adj.* (fin XVIIᵉ ; de *pincer*). ♦ 1° Qui a qqch. de contraint, de prétentieux ou du mécontent. « *Pincé dans la conversation, ricaneur* » (VOLT.). « *Elles avaient la dignité pincée, aigre-douce* » (BALZ.). « *Des sourires pincés* » (LARBAUD). ♦ 2° (Concret). Mince, serré. « *Son nez est pincé des narines* » (BALZ.).

PINCEAU [pɛso]. *n. m.* (XVᵉ ; *pincel,* XIIᵉ ; lat. pop. °*penicellus,* class. *penicillus,* de *penis* « queue »). ♦ 1° Objet composé d'un faisceau de poils (blaireau, putois), ou de fibres, fixé à l'extrémité d'un manche, dont on se sert pour appliquer des couleurs, du vernis, de la colle, etc. V. **Blaireau, brosse, queue-de-morue.** *Pinceau de peintre en bâtiment. Pinceaux et brosses d'un artiste peintre.* « *L'étrange vieillard touchait à toutes les parties du tableau : ici deux coups de pinceau, là un seul* » (BALZ.). ◊ *Le pinceau,* la peinture. « *Par le pinceau ou le ciseau* » (BAUDEL.). « *Le pinceau d'un artiste,* sa technique. « *D'une mollesse de pinceau qui fait pitié* » (DIDER.). ♦ 2° Par compar. Touffes (de poils). « *Autour de la bouche, des pinceaux de poils blancs* » (HUGO). ♦ 3° Par anal. (1691). Faisceau lumineux de rayons émis par une source ponctuelle et passant par une ouverture étroite. ♦ 4° Pop. (1859 ; dér. plaisant de *pince*). Pied. « *Les soldats disent quelquefois, lors des marches forcées : « J'ai les pinceaux en fleurs* » (J. GENET).

PINCÉE [pɛse]. *n. f.* (1642 ; de *pincer*). Quantité (d'une substance en poudre, en grains) que l'on peut prendre entre les doigts. « *Mettre à la dérobée une pincée de poivre sur la part de tarte* » (FRANCE).

PINCE-FESSE(S) [pɛsfɛs]. *n. m. invar.* (1948 ; de *pincer,* et *fesse ; var. pince-cul,* vulg., 1867). Fam. Bal, surprise-partie, réception où les invités se tiennent mal.

PINCELIER [pɛsəlje]. *n. m.* (1621 ; de *pincel, pinceau*). Techn. Petit récipient à deux godets dont l'un contient l'huile pour mêler les couleurs, et l'autre l'essence pour nettoyer les pinceaux.

PINCE-MAILLE [pɛsmaj]. *n. m.* (1482 ; de *pincer,* et *maille*). Vx. Personne d'une avarice extrême. V. **Avare.**

PINCEMENT [pɛsmɑ̃]. *n. m.* (1554 ; de *pincer*). ♦ 1° Vx. Morsure (de l'envie, de la critique). ◊ Mod. *Pincement au cœur,* sensation brève de douleur et d'angoisse. ♦ 2° Action de pincer (les cordes d'un instrument). ◊ Arbor. Opération qui consiste à couper l'extrémité d'un jeune rameau, afin de faire refluer la sève dans les parties que l'on veut développer. Syn. *Pinçage.* — *Pratiquer le pincement sur la vigne, les arbres fruitiers.*

PINCE-MONSEIGNEUR [pɛsmɔ̃sɛɲœr]. *n. f.* V. **Monseigneur** (2°).

PINCE-NEZ [pɛsne]. *n. m. invar.* (1856 ; de *pince,* et *nez*). Lorgnon qu'un ressort pince sur le nez. « *Les yeux fixes derrière un pince-nez* » (SARTRE).

PINCER [pɛse]. *v. tr.* ; conjug. *placer* (Pincier, 1160 ; o. i. ; p.-ê. d'un rad. expressif *pints-*). ♦ 1° Serrer (surtout une partie de la peau, du corps), entre les extrémités des doigts, entre les branches d'une pince ou d'un objet analogue. « *Ils pouvaient la pincer partout sans jamais rencontrer un os* » (ZOLA). « *Il choisissait un poil de sa barbe, le pinçait entre deux ongles, l'arrachait brusquement* » (ROMAINS). Pronom. *Il s'est pincé en fermant la porte.* — *Pincer les cordes d'un instrument,* les faire vibrer en les pinçant, en les grattant. « *Les cordes d'une guitare qu'on vient de pincer* » (GAUTIER). *Instruments à cordes* pincées.* — *Par ext.* Littér. Ils « *pinçaient sur leurs lyres des accords presque étouffés* » (FLAUB.). ◊ Affecter désagréablement, en produisant une sorte de pincement. V. **Mordre, piquer.** *Le froid nous pinçait au visage.*

Absolt. (Fam.) *Ça pince dur, ce matin! Ça pince.* ♦ 2° Serrer fortement de manière à rapprocher, à rendre plus étroit, plus mince. *Pincer la bouche, le bec*, par affectation, pruderie, dépit, etc. *Se pincer le nez*, pour ne rien sentir. — Au p. p. « *Les lèvres pincées dans un sourire discret* » (ZOLA). — « *Une redingote de voyage... lui pinçait la taille* » (BALZ.). ◇ Cout. *Il faudra pincer un peu plus cette veste :* en faisant des pinces. Techn. *Le relieur a pincé les nerfs du volume*, les a serrés en les faisant saillir. ♦ 3° *Arbor.* Arracher ou couper en pinçant (un bourgeon, un rameau). V. **Pincement.** ♦ 4° *Vx.* Prendre une pincée de (quelque substance). *Il en a pincé, il y a goûté.* ◇ *Mod.* EN PINCER POUR QQN : être amoureux. « *Mais c'est pour Lilith que j'en pince* » (TOULET). ♦ 5° *Fam.* Arrêter, prendre (un malfaiteur). « *Je le ferais pincer par les gendarmes si je ne craignais d'être emballée avec lui !* » (ZOLA). ◇ Prendre en faute, sur le fait. V. **Surprendre.** « *L'illustre poète se fera pincer en flagrant délit* (d'adultère) » (HENRIOT). — *Être pincé, se faire pincer*, être attrapé, se laisser attraper (par qqn, par une maladie, par l'amour). *Il commençait* « *à sentir en lui cette présence constante de l'absente... Et il se disait* « *Je crois bien que je suis pincé* » (MAUPASS.).

PINCE-SANS-RIRE [pɛ̃ssɑ̃rir]. *n. invar.* (1798; du jeu de *je te pince sans rire* [XVIᵉ], où l'on devait sans rire pincer qqn avec des doigts barbouillés). Personne qui pratique l'humour, l'ironie à froid. *Il a l'air sinistre, mais c'est un pince-sans-rire.* « *Ces pointes où excellait le pince-sans-rire supérieur* » (MADELIN). — Adj. *Un air, un ton pince-sans-rire.*

PINCETTE *n. f.* ou **PINCETTES** [pɛ̃sɛt]. *n. f. pl.* (1321; de *pince*). ♦ 1° Petite pince. *Pincette d'horloger.* ♦ 2° (1560). *Plur.* Longue pince à deux branches pour attiser le feu, déplacer les bûches, les braises. « *La pelle et les pincettes sont délicatement travaillées* » (BALZ.). ◇ Fig. *Il n'est pas à prendre, à toucher avec des pincettes :* il est très sale, *et fig.* ignoble. « *Des cocos... qui ne sont pas à prendre avec des pincettes* » (ROMAINS). — Se dit aussi de qqn qui est de très mauvaise humeur et inabordable.

PINCEUR, EUSE [pɛ̃sœr, øz]. *adj. et n.* (1839; de *pincer*). *Rare.* Qui pince.

PINCHARD, ARDE [pɛ̃ʃar, ard(ə)]. *adj.* (1870; var. dial. du norm. *pêchard*, proprem. « de la couleur de la fleur du pêcher », de *pêche*). Région. *Cheval pinchard :* aubère.

PINÇON [pɛ̃sɔ̃]. *n. m.* (1640; « onglée », fin XVᵉ; de *pincer*). Marque qui apparaît sur la peau qui a été pincée. « *Deux ongles cassés et un pinçon au petit doigt* » (ROMAINS). ◇ HOM. Pinson.

PINÇURE [pɛ̃syr]. *n. f.* (1530; de *pincer*). *Rare.* Sensation, douleur de qqn qui est pincé.

PINDARIQUE [pɛ̃darik]. *adj.* (mil. XVIᵉ; lat. *pindaricus*, du gr. *Pindaros* « Pindare »). Hist. litt. Qui est dans la manière du lyrisme de Pindare. *L'ode pindarique.*

PINDARISER [pɛ̃darize]. *v. intr.* (déb. XVIᵉ; du rad. de *pindarique*). *Vx* et *littér.* Imiter le style pindarique; pratiquer un lyrisme prétentieux.

PINDARISME [pɛ̃darism(ə)]. *n. m.* (1578; de *pindarique*). *Vx* et *littér.* Style pindarique; lyrisme obscur et ampoulé.

PINÉAL, ALE, AUX [pineal, o]. *adj.* (1503; du lat. *pinea* « pomme de pin »). Anat. (Vx) *Glande pinéale, corps pinéal*, anciens noms de l'épiphyse. ◇ *Mod. Zool.* (chez les reptiles) *La glande pinéale se trouve au-dessus du diencéphale.*

PINEAU [pino]. *n. m.* (1829; « vin du cépage dit *pinot* », fin XVᵉ; de *pinot*). Vin de liqueur charentais, préparé avec du cognac et du moût de raisin frais. *Boire du pineau, du pineau des Charentes.* ◇ HOM. Pinot.

PINÈDE [pinɛd]. *n. f.* (1838; prov. *pinedo*, lat. *pinetum*). Bois, plantation de pins. V. **Pineraie, pinière; pignade.** « *Dans la chaude paix de la pinède, les genêts... mêlent à l'odeur des sèves résineuses leur arôme* » (GENEVOIX).

PINERAIE [pinrɛ]. *n. f.* (1873; de *pin*). *Rare.* Pinède (seule forme provençale et courante).

PINGOUIN [pɛ̃gwɛ̃]. *n. m.* (*Pinguyn*, 1598; mot néerl.). Oiseau marin palmipède *(Alcidés)*, à plumage blanc et noir, piscivore, habitant les régions arctiques. ◇ *Cour.* Tout oiseau de la famille des Alcidés : pingouins proprement dits, macareux, guillemots, et *abusiv.* manchots*.

PING-PONG [piŋpɔ̃g]. *n. m.* (1904; en angl. 1900; nom déposé, onomat.). Tennis de table. *Joueur de ping-pong ou pongiste.* — Table, raquette de ping-pong. — Table, matériel utilisé à ce jeu. *Acheter un ping-pong.*

PINGRE [pɛ̃gr(ə)]. *n. et adj.* (mil. XVIIIᵉ; o. i.). Avare particulièrement mesquin. *C'est un vieux pingre.* — Adj. *Elle est très pingre.*

PINGRERIE [pɛ̃grəri]. *n. f.* (1873; de *pingre*). Avarice mesquine. « *D'une pingrerie révoltante envers les femmes* » (MAC ORLAN).

PINIÈRE [pinjɛr]. *n. f.* (1569; de *pin*). *Rare.* Pinède.

PINNE [pin]. *n. f.* (1688; lat. *pin[n]a*, mot gr.). *Pinne marine :* grand mollusque lamellibranche, à coquille triangulaire, appelé communément *jambonneau*, dont le byssus soyeux peut être tissé.

PINNIPÈDES [pi(n)niped]. *n. m. pl.* (1829; du lat. *pinna* « nageoire », et *pède*). Zool. Ordre de mammifères adaptés à la vie aquatique, à corps pisciforme couvert d'une fourrure. V. **Morse, otarie, phoque.**

PINNOTHÈRE [pin(n)ɔtɛr]. *n. m.* (1611; lat. *pinoteres*, gr. *pinnotêrês*, proprem. « qui garde *la pinne marine* »). Zool. Petit crabe commensal de certains mollusques (moules) et ascidies.

PINNULE [pinyl]. *n. f.* (1528; lat. *pinnula* « petite aile »). Chacune des plaques dressées perpendiculairement aux extrémités d'une alidade et percées de trous servant aux visées topographiques. « *Visant par les deux pinnules* » (HUGO).

PINOT [pino]. *n. m.* (1398; de *pin*, par anal. de forme entre la grappe et la pomme de pin). Cépage français réputé, cultivé notamment en Bourgogne. *Pinot noir, blanc.* ◇ HOM. Pineau.

PIN-PON [pɛ̃pɔ̃]. *interj.* (XXᵉ; onomat., avec infl. de *pompier*). Souvent répété, exprime le bruit des avertisseurs à deux tons des voitures de pompiers.

PINSON [pɛ̃sɔ̃]. *n. m.* (*Pinçun*, fin XIIᵉ; lat. pop. °*pincio*, *-onis*, probabl. d'o. onomat.). Petit oiseau passereau *(Fringillidés)*, à plumage bleu verdâtre coupé de noir et de roux, à bec conique, bon chanteur. « *Sa démarche aussi, un peu gauche et balancée, car le pinson ne sautille pas* » (ALAIN). *Le pinson chante, ramage.* — Loc. *Gai comme un pinson.* ◇ HOM. Pinçon.

PINTADE [pɛ̃tad]. *n. f.* (1643; *pintarde*, 1637; port. *pintada* « tachetée », de *pintar* « peindre »). Oiseau gallinacé *(Phasianidés)*, originaire d'Afrique, de la taille de la poule, au plumage sombre semé de taches claires. *La pintade criaille.* Servir des pintades en salmis.

PINTADEAU [pɛ̃tado]. *n. m.* (1771; de *pintade*). Petit de la pintade; jeune pintade.

PINTADINE [pɛ̃tadin]. *n. f.* (1842; *pintade*, 1776; V. **Pintade**). Huître perlière. V. **Méléagrine.**

PINTE [pɛ̃t]. *n. f.* (1265; lat. pop. °*pincta* « [mesure] peinte », c.-à-d. « marquée »; class. *picta*, de *pingere*. V. **Peindre**). ♦ 1° Ancienne mesure de capacité pour les liquides (0,93 l). V. **Quarte, setier.** ♦ 2° *Par ext.* Récipient contenant une pinte; son contenu. « *On irait boire une pinte de vin au prochain cabaret* » (SAND). — Loc. fig. *Se payer une pinte de bon sang*, bien s'amuser. ♦ 3° Mesure de capacité anglo-saxonne, utilisée au Canada [apr. 1760], valant 2 chopines* ou un quart de gallon*, soit 1,136 litre (abrév. : pte). *Une pinte de lait.* ◇ HOM. Peinte (fém. de *peint*).

PINTER [pɛ̃te]. *v. intr.* (1270; de *pinte*). Pop. Boire beaucoup. *Il pinte sec.* — Trans. *Pinter du gros rouge.* — Au p. p. *Il est pinté.* V. **Plein.**

PIN UP [pinœp]. *n. f. invar.* (1951; anglo-amér. [to] *pin up* « épingler en haut »). Photo de jolie fille peu vêtue que l'on épingle au mur. « *Ne confondons pas les pin up avec les nus de la Grèce* » (MALRAUX). — Jolie fille qui a du « sex-appeal ».

PIOCHAGE [pjɔʃaʒ]. *n. m.* (1752; de *piocher*). Travail à la pioche. ◇ *Fig.* Travail acharné (En ce sens, également *pioche*, n. f.).

PIOCHE [pjɔʃ]. *n. f.* (*Pioiche*, 1363; de *pic*, prononcé *pi*). ♦ 1° Outil de terrassier ou de cultivateur, composé d'un fer à pointe (ou deux pointes) et à house, assemblé à un manche par son milieu. V. **Houe, pic** (2). « *Une pioche à la main, elle creusait une rigole* » (BOSCO). — Fam. *Une tête de pioche*, une personne entêtée, qui a la tête dure. ♦ 2° (1881). Jeu. Tas de dominos où l'on pioche. V. **Piocher** (3°).

PIOCHER [pjɔʃe]. *v. tr.* (1360; de *pioche*). ♦ 1° Creuser, remuer avec une pioche. « *Il piocha la terre, la pelleta,... l'égalisa* » (MAC ORLAN). ♦ 2° (1788). Fig. et fam. Étudier avec ardeur. *J'ai Bücher.* « *Je me mettais à piocher ma géométrie* » (MART. du G.). ◇ *Absolt.* Travailler avec ardeur. « *Darcet pioche comme un enragé* » (FLAUB.). ♦ 3° (1867). *Intrans.* Prendre un domino dans le tas de ceux qui restent sur la table (jusqu'à ce qu'on trouve celui qui convient). ◇ Fouiller (dans un tas) pour saisir qqch. « *Piochant dans le tas, pêchant de-ci de-là un fascicule* » (MART. du G.).

PIOCHEUR, EUSE [pjɔʃœr, øz]. *n.* (1534; de *piocher*). ♦ 1° Terrassier. ◇ N. f. *Agric.* (1860) Scarificateur. ♦ 2° *Fig.* et *fam.* (1838). Travailleur assidu, étudiant qui a l'habitude de piocher. — Adj. *Un élève piocheur.* V. **Bûcheur.**

PIOLET [pjɔlɛ]. *n. m.* (1868; mot du Val d'Aoste, du piémontais *piola* « petite hache »). Bâton d'alpiniste, ferré à l'une de ses extrémités et garni à l'autre d'un petit fer de pioche. « *Le piolet, l'alpenstock, un sac sur le dos, un paquet de cordes en sautoir* » (DAUD.).

1. **PION** [pjɔ̃]. *n. m.* (1470; *peon*, fin XIIᵉ; bas lat. *pedo, pedonis*). ♦ 1° *Vx.* Fantassin. ◇ (XVᵉ) Pauvre hère. ◇ *Mod.* (1835) *Péj.* Surveillant, maître d'internat (V. **Pionne**). « *Je pris possession de l'étude des moyens* (les élèves moyens)... *J'étais pour eux l'ennemi, le pion* » (DAUD.). — Fig. Homme de lettres, intellectuel pédant et autoritaire. « *Il est le Pion,.. le moniteur et le répétiteur de la conquérante médiocrité* »

(BLOY). ♦ 2° (Déb. XIIIᵉ). Aux Échecs, Chacun des huit éléments que chaque joueur place au début en première ligne, devant les figures. *Le pion du roi, de la reine.* ◇ Chacune des pièces au jeu de dames, et à divers autres jeux. *Pion qui va à dame.* — *Fig. Damer* le pion à qqn. N'être qu'un pion sur l'échiquier :* être manœuvré.

2. PION [pjɔ̃]. *n. m.* (1957; de *pi* [π], et *ion*). *Phys.* Méson* π (pi) ionisé.

PIONCER [pjɔ̃se]. *v. intr.; conjug. placer* (1827; p.-ê. nasalisation de *piausser*, d'un dial. *piau*. V. Pieu 2). *Pop.* Dormir. « *En argot, on ne dort pas, on pionce* » (BALZ.).

PIONNE [pjɔn]. *n. f.* (1878; de *pion*). *Arg. scol.* Surveillante dans un établissement de jeunes filles.

PIONNIER [pjɔnje]. *n. m.* (1382; « fantassin », déb. XIIᵉ; de *pion*). ♦ 1° Soldat employé aux travaux de terrassement. V. **Sapeur.** — Soldat du génie, ou d'une unité auxiliaire du génie. ♦ 2° (1828, d'apr. angl. *pioneer*, d'o. fr.). Colon qui s'installe sur des terres inhabitées pour les défricher. V. **Défricheur.** ◇ *Fig.* Homme qui est le premier à se lancer dans une entreprise, qui fraye le chemin. V. **Bâtisseur, créateur, promoteur.** *Les pionniers de l'aviation.*

PIOUPIOU [pjupju]. *n. m.* (1838; d'une onomat. enfant. désignant les poussins). *Fam.* et *vieilli.* Jeune fantassin; soldat. *Les pioupious* « *Caressent les bébés pour enjôler les bonnes* » (RIMBAUD).

PIPA [pipa]. *n. m.* (1716; mot indigène de la Guyane hollandaise). Gros crapaud de l'Amérique tropicale.

PIPE [pip]. *n. f.* (déb. XIIIᵉ; de *piper*). ♦ 1° *Vx.* Pipeau. — Chalumeau, tuyau. ♦ 2° Ancienne mesure de capacité. ◇ *Région.* Grande futaille, de capacité variable. ♦ 3° (XVᵉ; par anal. *pop.*). *Vx.* Gosier. — *Mod.* (1855; « crever de rage », 1649) CASSER SA PIPE : mourir. *Se fendre la pipe* (« bouche, gueule »), rire. ♦ 4° (1620). Tuyau terminé par un petit fourneau qu'on bourre de tabac (ou d'une autre substance fumable). V. **Bouffarde, brûle-gueule, calumet, chibouque, houka, narguilé.** *Pipe en terre, en porcelaine, en racine de bruyère.* « *Tous les instruments qu'il faut pour bourrer, débourrer, ramoner, écurer les pipes* » (DUHAM.). « *Une superbe pipe en écume admirablement culottée* » (MAUPASS.). — *Fumer la pipe.* — *Pop. Par tête de pipe,* par personne. « *Ça fait onze par tête de pipe* » (SARTRE). — *Fam. Nom d'une pipe!* juron familier. ◇ *Contenu d'une pipe.* V. **Pipée** (2). « *Je lui hachais du tabac pour fumer cinq ou six pipes* » (LESAGE). ♦ 5° *Pop.* (1900). Cigarette. ♦ 6° (XXᵉ; angl. *pipe,* du fr.). *Pipe d'alimentation, d'aération :* tube ou tuyau d'adduction d'un combustible, de l'air. V. **Pipe-line.**

PIPEAU [pipo]. *n. m.* (1563; de *pipe*). ♦ 1° Flûte champêtre (symbole de la poésie pastorale). V. **Chalumeau.** ♦ 2° Appeau (1°). *Attirer les oiseaux avec un pipeau.* V. **Pipée** (1). ♦ *(Au plur.)* Gluaux. « *Elle s'affolait, comme un oiseau pris aux pipeaux* » (MART. du G.). ◇ HOM. *Pipo.*

1. PIPÉE [pipe]. *n. f.* (1280; de *piper*). Genre de chasse dans laquelle on prend les oiseaux aux pipeaux après les avoir attirés en imitant le cri de la chouette et d'autres oiseaux. « *Le plus fameux chasseur à la pipée que j'aie connu* » (MISTRAL).

2. PIPÉE [pipe]. *n. f.* (1909; de *piper*). *Rare.* Quantité de tabac, d'opium, etc., qu'on peut mettre dans le fourneau d'une pipe. V. **Pipe.** « *Donne-moi donc une pipée de tabac* » (CONSTANTIN-WEYER).

PIPELET, ETTE [piplɛ, ɛt]. *n.* (1870; de *Pipelet,* nom d'un ménage de portiers dans les *Mystères de Paris,* d'E. Sue). *Pop.* Concierge. « *Mon pipelet... surmené par les sursauts nocturnes* » (VILLIERS). *Il est bavard comme une pipelette.*

PIPELINE ou **PIPE-LINE** [piplin]. *n. m.* (1884; mots angl., de *pipe* « tuyau », et *line* « ligne »). Tuyau d'assez grand diamètre, servant au transport à grande distance de certains fluides (carburants liquides, gaz naturel, air comprimé, etc.) ainsi que de certaines substances pulvérisées. *Transport du pétrole, du gaz par des pipelines.* V. **Oléoduc, gazoduc.**

PIPER [pipe]. *v.* (fin XIIᵉ; lat. pop. **pippare,* class. *pipare* « glousser »). ♦ 1° V. intr. *Vx.* Frouer; chasser à la pipée. ◇ *Mod. Ne pas piper,* ne pas souffler mot. « *Le curé tiquait bien un peu sur ces plaisanteries ...mais il ne pipait pas* » (CÉLINE). ♦ 2° V. tr. Attirer, prendre à la pipée (les oiseaux). « *Leur cabane de ramée, d'où ils pipaient les grives* » (A. BERTRAND). ◇ *Fig. (Vieilli)* Attraper, tromper. « *Un minois à piper les plus fins* » (LESAGE). ♦ 3° *Mod. Piper des dés, des cartes,* les truquer. — *Fig. Les dés sont pipés :* la partie est faussée.

PIPÉRACÉES [piperase]. *n. f. pl.* (1817; du lat. *piper* « poivre »). *Bot.* Famille de plantes dicotylédones apétales des régions tropicales (*ex. :* cubèbe, poivrier).

PIPÉRADE [piperad]. *n. f.* (*Néol.;* mais anc. mot dial., de *piper* « poivron », en béarnais, lat. *piper* « poivre »). Plat de cuisine basque, œufs battus assaisonnés de tomates et de poivrons.

PIPER-CUB [pipərkœb]. *n. m.* (v. 1945; mots anglo-amér., du nom de la *Piper* [pajpə] *Aircraft Corporation,*

et *cub* « petit d'un animal »). Nom d'un petit avion d'observation. *Des piper-cubs.*

PIPERIE [pipri]. *n. f.* (1573; de *piper*). *Vx.* Tricherie. ◇ *Mod.* (*Littér.*) Tromperie, leurre. « *Une amoureuse cède aux plus grossières piperies* » (MAURIAC).

PIPÉRIN [piperɛ̃] *n. m.* ou **PIPÉRINE** [piperin]. *n. f.* (1836; du lat. *piper* « poivre »). *Chim.* Alcaloïde contenu dans le poivre noir.

PIPÉRONAL [piperɔnal]. *n. m.* (1874; mot all., contraction de *aldéhyde pipéronylique,* du rad. de *pipérine*). *Chim.* Héliotropine.

PIPETTE [pipɛt]. *n. f.* (1688; « petit tuyau », XIIIᵉ; de *pipe*). ♦ 1° *Rare.* Petite pipe. « *Il fumait une pipette de genièvre* » (GIDE). ♦ 2° (1836). *Cour.* Petit tube généralement gradué, dont on se sert en laboratoire pour prélever une petite quantité de liquide. « *Pasteur se penchait, pour aspirer, dans sa pipette, quelques gouttes de la bave virulente* » (MONDOR).

PIPEUR, EUSE [pipœr, øz] ou *(rare)* **PIPERESSE** [pipres]. *n.* (XVᵉ; de *piper*). *Vx.* Tricheur, trompeur.

1. PIPI [pipi]. *n. m.* (1692; réduplication enfant. de la première syllabe de *pisser*). *Fam. ou lang. enfantin.* ♦ 1° FAIRE PIPI, uriner. « *J'aurais pu dire uriner, parce que c'est plus scientifique, ou même faire pipi, comme les gens bien élevés* » (DUHAM.). « *On riait... c'en était à faire pipi* » (ARAGON). ♦ 2° Urine. *Il y a du pipi de chien sur le mur.* ◇ *Fig. Du pipi de chat,* du mauvais vin, une boisson fade.

2. PIPI [pipi], **PIPIT** [pipit] ou **PITPIT** [pitpit]. *n. m.* (1683; onomat. d'apr. le cri de cet oiseau). Petit passereau (*Motacillidés*) à plumage brun. V. **Farlouse.**

PIPIER, IÈRE [pipje, jɛr]. *n. et adj.* (1703; de *pipe*). *Techn. N.* Ouvrier, ouvrière procédant au tournage et au façonnage des pipes. ◇ *Adj.* Qui appartient à la fabrication des pipes. *L'industrie pipière.*

PIPISTRELLE [pipistrɛl]. *n. f.* (1758; it. *pipistrello,* altér. de *vipistrello,* lat. *vespertilio*). Petite chauve-souris à oreilles pointues.

PIPO [pipo]. *n. m.* (1860; o. i., p.-ê. de *Polyt*[echnique]; Cf. *Pipo* pour *Hippolyte,* en Suisse). *Arg. scol.* ♦ 1° *(Vx)* L'École polytechnique (Cf. L'X, carva). *Faire pipo.* ♦ 2° (1875). Polytechnicien; candidat à Polytechnique. ◇ HOM. *Pipeau.*

PIQUAGE [pikaʒ]. *n. m.* (1803; de *piquer*). *Techn.* Nom de diverses opérations consistant à piquer, à percer. *Piquage des cartes pour le tissage. Exercices de piquage,* tracés de dessin exécutés par les enfants en perçant un papier de petits trous. — *Piquage à la machine* (de tissus, tiges de chaussures, etc.). ◇ HOM. *Picage.*

1. PIQUANT, ANTE [pikɑ̃, ɑ̃t]. *adj.* (1546; de *piquer*). ♦ 1° Qui présente une ou plusieurs pointes acérées capables de piquer, de percer. V. **Pointu.** « *L'eau est froide, les cailloux piquants* » (DUHAM.). ♦ 2° Qui donne une sensation de piqûre. « *Le moment où une barbe piquante me hérisserait le menton* » (FRANCE). « *Le bon air vif et piquant des beaux jours d'hiver* » (LOTI). — (Au goût) *D'une saveur un peu piquante* » (ROMAINS). *Moutarde piquante,* extra-forte*. *Sauce piquante,* sauce cuite à la moutarde, au vinaigre et aux cornichons. *Côtes de porc à la sauce piquante.* — *Fam. Eau piquante,* gazeuse. ♦ 3° Qui blesse, pique au vif. *Des mots, des traits piquants.* V. **Aigre, caustique, mordant, satirique.** — (Personnes) « *Le comte avait été,... plus piquant, plus acerbe,... qu'à l'ordinaire* » (BALZ.). ♦ 4° *Littér.* Qui stimule agréablement l'intérêt, l'attention. « *Quelle grâce piquante dans la toilette et le sourire!* » (VILLIERS). « *Une petite brune vive et piquante* » (ROUSS.). « *La plupart des maximes semblent piquantes et ingénieuses* » (J. LEMAITRE). « *C'est dans cet entonnage... qu'il est piquant de connaître un auteur* » (STE-BEUVE). V. **Amusant, intéressant.** ◇ ANT. **Fade.**

2. PIQUANT [pikɑ̃]. *n. m.* (déb. XVᵉ; de *piquer*). ♦ 1° Chacune des excroissances dures et acérées que présentent certains végétaux et animaux. V. **Aiguillon, épine.** *Les piquants des chardons, des oursins.* ♦ 2° *Fig.* et *littér.* Aspect, caractère piquant. V. **Agrément, sel.** *Le piquant de la situation, de l'aventure.* « *Plus de piquant dans les manières* » (BEAUMARCH.). ◇ ANT. **Fadeur.**

1. PIQUE [pik]. *n.* (1376; néerl. *pike*). ♦ 1° N. f. Arme formée d'une hampe garnie d'un fer plat et pointu. V. **Hallebarde, lance.** *Des bandes armées de piques poussent des cris de mort* » (FRANCE). — *Taurom. Taureau qui reçoit, prend la pique du picador.* « *Le taureau prenait une pique* » (MONTHERLANT), un coup de pique. ♦ 2° N. m. (1552). Aux cartes, Une des couleurs représentée par un fer de pique noir stylisé. *La Dame de Pique,* de Pouchkine. *As* de pique. J'ai encore du pique.* ◇ *Carte de cette couleur. J'ai défaussé deux piques.* « *Tu renverras petit pique* » (COURTELINE). — *Au bridge,* Nombre déterminé de levées à piques. *Quatre piques contrés.*

2. PIQUE [pik]. *n. f.* (XVᵉ; de *piquer*). ♦ 1° *Vieilli.* Brouille légère due à l'amour-propre blessé. « *C'est notre pique* *avec son père qui trouble tant ta femme* » (MAUROIS). ♦ 2º (XXᵉ). Parole ou allusion blessante. *Envoyer, lancer des piques à qqn.* V. **Méchanceté.** ◇ HOM. *Pic.*

1. PIQUÉ, ÉE [pike]. *adj.* (XVIᵉ ; de *piquer*). ♦ 1º Cousu par un point de piqûre. — *Spécialt.* Traversé et maintenu par des piqûres formant des dessins réguliers. « *Ces grands... couvre-pieds en indienne ouatée et piquée* » (SAND). ♦ 2º Marqué de petites taches sombres, de moisissures. *Cet exemplaire est très piqué.* *Glace ancienne piquée.* ◇ Altéré et rendu acide par la présence d'un mycoderme. *Ce vin blanc est piqué.* ♦ 3º Mus. *Note piquée* (indiquée par un point au-dessus), qui se joue en frappant la touche et en la lâchant aussitôt (*opposé à* note tenue). V. **Détaché.** — *Un passage joué piqué.* V. **Staccato.** ♦ 4º Fig. (1899). *Fam.* Un peu fou. V. **Cinglé, timbré, toqué.** « *Je me demande si cette enfant n'est pas un peu piquée !* » (COLETTE). *Il est complètement piqué !* — Subst. *Une vieille piquée.*

2. PIQUÉ [pike]. *n. m.* (1806 ; de *piquer*). ♦ 1º Tissu façonné de coton, soie, nylon, etc.), dont le tissage forme des côtes ou des dessins géométriques. « *Un gilet de piqué* » (NERVAL). ♦ 2º (1919). *Danse.* Suite de pas caractérisée par des alternances d'équilibre sur demi-pointes et d'élévations de jambes accompagnant la station d'un pied plat. ♦ 3º (XXᵉ). Mouvement par lequel on se laisse tomber presque à la verticale et se redresse brusquement à l'approche du sol. *Bombardement, attaque en piqué.*

PIQUE-ASSIETTE [pikasjɛt]. *n. invar.* (1807 ; de *piquer*, et *assiette*). Personne qui se fait partout inviter à dîner. « *D'invité perpétuel, Pons passa à l'état de pique-assiette* » (BALZ.). V. **Écornifleur, parasite.**

PIQUE-BŒUF [pikbœf]. *n. m.* (1775 ; « piqueur de bœufs », XVIᵉ ; de *piquer*, et *bœuf*). Nom usuel de divers oiseaux (*spécialt.* un petit échassier blanc) qui se perchent sur les bœufs pour y chercher les parasites. *Des pique-bœufs* [pikbø].

PIQUE-FEU [pikfø]. *n. m. invar.* (1877 ; de *piquer*, et *feu*). Tisonnier. « *Racler avec le pique-feu la grille du poêle* » (BOSCO).

PIQUE-NIQUE [piknik]. *n. m.* (1740 ; *repas à pique-nique*, 1694 ; de *piquer*, et *nique* au sens anc. de « petite chose sans valeur »). *Vx.* Repas où chacun apporte son plat, paie son écot. ◇ *Mod.* Repas en plein air au cours d'une promenade à la campagne, en forêt. « *Quelques amis auxquels on peut organiser un pique-nique* » (Max JACOB). *Des pique-niques sur l'herbe.*

PIQUE-NIQUER [piknike]. *v. intr.* (1874 ; de *pique-nique*). Faire un pique-nique.

PIQUE-NIQUEUR, EUSE [piknikœr, øz]. *n.* (1874 ; de *pique-niquer*). Personne qui prend part à un pique-nique.

PIQUE-NOTES [piknɔt]. *n. m. invar.* (1870 ; de *piquer*, et *note*). Objet de bureau, petit crochet où l'on enfile des notes, des feuilles volantes.

PIQUEPOUILLE . V. PICPOUILLE.

PIQUER [pike]. *v.* (1130 ; lat. pop. *°pikkare* « piquer, frapper », d'o. préromane et expressive).

I. *V. tr.* Ⓐ ♦ 1º Entamer légèrement ou percer avec une pointe. « *Un bouvier..., armé d'un aiguillon, pique ses deux bœufs bossus...* » (DE CROISSET). V. **Aiguillonner.** « *Il piqua son cheval et s'élança* » (MAUPASS.). V. **Éperonner.** *Absolt. Piquer des deux* (éperons) : éperonner vivement son cheval ; partir au galop. ◇ Faire une piqûre à (qqn). « *J'ai saigné le bras gauche, piquons le droit* » (MART. du G.). *Fam. On l'a piqué contre la variole*, on l'a vacciné. *Il a dû faire piquer son vieux chien*, lui faire faire une piqûre entraînant la mort rapide et douce. ◇ (Insectes, serpents, etc.) Percer en enfonçant un dard, un stylet, un crochet à venin. « *Elle a été piquée au doigt par un scorpion* » (DE CROISSET). *Fig. Quelle mouche* le pique ? ♦ 2º (*Compl. de chose*). Percer pour prendre, pour attraper. « *Pierre mangeait des flageolets et les piquait un à un avec une pointe de sa fourchette* » (MAUPASS.). *Par ext.* (Vx) *Piquer l'assiette.* V. **pique-assiette.** ◇ *Cuis.* Percer de trous pour garnir, pour larder, ailler. *Un rôti piqué d'ail.* ◇ Fixer en traversant avec une pointe, une aiguille. *Piquer une photo au mur.* ◇ *Spécialt.* Coudre à la machine. *Bâtir une robe avant de la piquer. Piquer des chaussons.* ◇ *Techn.* Percer de petits trous selon un dessin. *Piquer des cartes pour métiers à tisser.* Par ext. *Piquer un dessin*, le marquer par de petits trous. ♦ 3º Parsemer de petits trous. V. **Trouer.** *Les vers, les insectes ont piqué ce meuble.* — Au p. p. *Meuble ancien piqué des vers.* V. **Vermoulu.** — Fig. et fam. « *Un petit froid qui n'est pas piqué des hannetons* » (ARAGON), ou *des vers* : très fort, remarquable en son genre. ◇ Semer de points, de petites taches. « *Les mains toutes piquées de taches de rousseur* » (HUGO). *Fam. Se piquer le nez*, s'enivrer. ♦ 4º Frapper vivement. « *Le mulet, piquant le sable de durs coups de sabot* » (GENEVOIX). — Au billard. *Piquer la bille*, la frapper en tenant la queue presque verticalement. — Mus. *Piquer une note*, la marquer en la détachant. Mar. *Piquer la*

cloche, frapper la cloche d'un seul côté (*opposé à* sonner à toute volée) pour sonner l'heure (ou *piquer l'heure*). « *La cloche du vaisseau-amiral piqua deux coups doubles* » (FARRÈRE). ♦ 5º Donner la sensation d'entamer avec une pointe. V. **Brûler, cuire, picoter.** « *Une ortie qui lui piquait les jambes* » (HUGO). « *La fumée piqua les yeux encore pendant longtemps* » (CÉLINE). *Fam. Ça me pique*, ça me gratte, me démange. *Absolt. Une barbe qui pique*, dure au contact. *Fam.* (Enfants) *De l'eau qui pique*, gazeuse. ♦ 6º Fig. (XVᵉ). *Vieilli.* Blesser, irriter vivement. V. **Agacer, froisser, vexer.** « *Je fus piqué de la froideur avec laquelle il m'en parlait* » (MOL.). — *Mod.* PIQUER AU VIF : irriter l'amour-propre de. « *Cette impassibilité m'aurait... piqué au vif* » (BARBEY). ◇ Faire une vive impression sur. V. **Exciter.** « *Rastignac voulait piquer ma curiosité* » (BALZ.). *Ils « n'ont pas besoin d'effets violents et imprévus qui piquent leur attention* » (TAINE). ♦ 7º (XIVᵉ). *Pop.* Prendre, chiper, voler. « *Je les ai déjà vus qui piquaient des alliances en douce aux macabs* (aux cadavres) » (R. MERLE). ◇ Arrêter, pincer (qqn). *La police l'a piqué à la sortie du métro.* ♦ 8º (1840). *Fam.* Prendre, faire, avoir brusquement. *Piquer un galop*, un cent mètres. « *Comme on pique un plongeon* » (Ch.-L. PHILIPPE). *Il « manifeste l'intention de piquer un roupillon* » (BARBUSSE). « *Vers le soir Marc piqua une rage de dents* » (GIDE). *Piquer une crise.* « *Le duc piqua ce qu'on appelle un soleil* » (PROUST), ou *un fard*, rougit brusquement. Ⓑ *Par ext.* Enfoncer (qqch.) par la pointe. « *Mᵐᵉ Vonlauth piqua son aiguille dans son ouvrage* » (MART. du G.). « *Il a piqué la médaille sur la chemise de Léglise* » (DUHAM.). ◇ *Piquer une tête*, se jeter la tête la première en avant. « *Une embardée lui fit piquer une tête contre la porte* » (BAUDEL.). « *Piquer une bonne tête dans la rivière* » (SAND) : plonger.

II. *V. intr.* (1528 ; de *piquer des deux*). ♦ 1º S'élancer à cheval. — S'élancer rapidement, directement. « *Nos deux ivrognes piquèrent tête baissée dans la porte, l'enfoncèrent* » (BAUDEL.). ♦ 2º Tomber, descendre brusquement. « *Ses yeux suivaient le vol des mouettes... L'une d'elles piquait dans l'eau comme une pierre* » (ALAIN). *Un avion qui pique*, qui descend en piqué. — « *Il piqua du nez et s'abattit sur les marches* » (SARTRE), il tomba le nez en avant. *Le navire piquait de l'avant.*

III. *V. pron.* ♦ 1º Être légèrement blessé, entamé par une pointe, une piqûre. *Elle s'est piquée en poussant son aiguille.* PROV. *Qui s'y frotte s'y pique* : qui se risque à attaquer, à se mesurer à (qqn) en subit les conséquences. ◇ Se faire une piqûre, et *spécialt.* S'injecter un stupéfiant. V. **Shooter (se)** [anglicisme]. « *Celle-ci, morphinomane, lui conseilla de se piquer* » (GIDE). ♦ 2º Se couvrir de petites taches, de moisissures. *Les livres exposés à l'humidité se piquent. Vin qui se pique*, s'aigrit. ♦ 3º Fig. (début XVᵉ). se froisser, se vexer. V. **Formaliser (se).** ◇ *Se piquer au jeu** (II, 2º). ◇ Prétendre avoir et mettre son point d'honneur à posséder (une qualité, un avantage). « *Il se pique de philosophie* » (ROUSS.). « *Elle se piquait de littérature* » (ZOLA), elle avait la prétention d'aimer, de connaître la littérature. V. **Profession (faire).** — (Avec un inf.) « *Quiconque se pique d'être bien élevé* » (GAUTIER), a la prétention d'être bien élevé.

1. PIQUET [pikɛ]. *n. m.* (XVIᵉ ; *pichet*, 1380 ; de *piquer*). ♦ 1º Petit pieu destiné à être fiché en terre. *Piquets de tente. Chevaux qu'on attache*, met au piquet. — *Droit, raide, planté comme un piquet* : immobile. ♦ 2º *Vx.* Groupe de cavaliers prêts à partir au premier signal (leurs bêtes étant simplement attachées au piquet). — Détachement de soldats qui doivent se tenir prêts. — *Mod. Piquet d'incendie*, soldats désignés pour le service de protection contre les incendies. — *Piquet de grève*, grévistes veillant sur place à l'exécution des ordres de grève. ♦ 3º (1842). Punition infligée à un élève, consistant à le mettre au coin, debout et immobile face au mur. « *Il m'est arrivé de passer ici quelques heures, le nez au mur et les bras croisés... Le Piquet de jadis avait... ses vertus* » (VALÉRY).

2. PIQUET [pikɛ]. *n. m.* (1622 ; o. i. ; probabl. du rad. de *piquer*). Jeu de cartes où le joueur doit réunir le plus de cartes de même couleur, ainsi que certaines figures ou séquences. *Jouer au piquet. Faire une partie de piquet, un piquet.*

PIQUETAGE [piktaʒ]. *n. m.* (1869 ; de *piqueter*). *Techn.* Disposition de points de repère pour marquer un alignement.

PIQUETER [pikte]. *v. tr.* : conjug. *jeter* (XVIᵉ ; de *piquet* 1). ♦ 1º Tracer à l'aide de piquets, de bâtons d'alignement. *Piqueter une allée.* V. **Jalonner.** ♦ 2º (1780 ; de *piquer*). Parsemer de points, de petites taches. « *Le ciel est piqueté d'avions* » (SARTRE).

1. PIQUETTE [pikɛt]. *n. f.* (1583 ; de *piquer*). Boisson obtenue par la fermentation de marcs de raisin frais (ou autres fruits) avec de l'eau sans addition de sucre. « *Il buvait de bon cœur la piquette dans un cabaret de campagne* » (MUSS.). ◇ (1660) Vin acide, médiocre. — Fig. « *Ça n'était pas de la piquette* » (CÉLINE), ce n'était pas une bagatelle (Cf. Ça n'était pas de la petite bière*).

2. PIQUETTE [pikɛt]. *n. f.* (1894 ; probabl. du dial.

pique « correction », de l'express. *passer les piques* [XVIe], punition consistant à passer entre deux rangs de soldats qui frappaient le coupable du bois de leurs piques). Pop. Raclée, défaite écrasante. V. Pile. « *C'est lui qui vous a fait prendre la piquette* » (MAC ORLAN).

1. PIQUEUR, EUSE [pikœʀ, øz]. *n.* (1559 ; de *piquer*). ◆ 1° (De *piquer* « éperonner, aiguillonner »). *Vx.* Écuyer de manège. — *Mod.* Employé chargé de la surveillance des écuries dans un élevage. ◇ (1572) Valet de chiens qui poursuit la bête à cheval. « *Ce premier piqueur accompagné de deux grands chiens courants de race* » (BALZ.). — En T. de Chasse, on dit PIQUEUX. ◆ 2° (1842). *Techn.* Ouvrier, ouvrière qui pique à la machine (les tissus, les cuirs), ou qui perce les cartes pour métiers, ou qui agrafe les cartonnages, etc. ◆ 3° (De *piquer* « marquer, pointer » les ouvriers, *vx*, XVIe). *Techn.* Agent technique assistant le conducteur de travaux publics ; agent des chemins de fer surveillant les travaux sur la voie. ◆ 4° Adj. *Insectes piqueurs*, qui piquent pour se défendre.

2. PIQUEUR [pikœʀ]. *n. m.* (1360 ; de *piquer* « creuser à coups de pique », inus., XIIIe ; de *pic*). Mineur travaillant au pic. — Ouvrier utilisant un marteau pneumatique. *Piqueur de chaudières*, chargé de détacher au marteau les incrustations des chaudières.

PIQUEUX [pikø]. *n. m.* (1763 ; var. de *piqueur*). T. de *Chasse*. Piqueur.

PIQUIER [pikje]. *n. m.* (XIIIe ; de *pique*). *Anciennt.* Soldat armé d'une pique.

PIQUOIR [pikwaʀ]. *n. m.* (1842 ; *piquois*[e], 1765 ; de *piquer*). *Techn.* Aiguille emmanchée servant à piquer un dessin.

PIQÛRE [pikyʀ]. *n. f.* (1380 ; de *piquer*). ◆ 1° Petite blessure faite par ce qui pique. « *Ma mère... se pâme pour une piqûre d'épingle qu'elle se fait* » (JOUHANDEAU). « *Des nuages de moustiques... dont les piqûres ne s'arrêtaient ni jour ni nuit* » (FLAUB.). ◇ Sensation produite par qqch. d'urticant. *Piqûre d'ortie*. — Fig. « *Des piqûres d'amour-propre* » (TAINE). ◆ 2° (1586). *Piqûre* ou *point de piqûre*, point avant combiné avec un point arrière (de façon que le fil forme une ligne continue à l'endroit comme à l'envers), servant de couture ou d'ornement. *Piqûres à la main, à la machine.* « *Un chapeau mou... avec deux rangs de piqûres sur le bord* » (ROMAINS). ◆ 3° (1690). Petit trou. *Piqûre de ver, de taret.* V. Vermoulure. — *Souliers à piqûres*, à bout perforé. ◇ Petite tache. *Piqûres de mouches*, chiures de mouches. — *Spécialt.* Tache roussâtre sur une gravure, un livre, due à l'humidité. V. Rousseur. ◆ 4° (1909). Introduction d'une aiguille creuse dans une partie du corps pour en retirer un liquide organique (ponction, prise de sang) ou pour y injecter un liquide médicamenteux (injection). « *Le Dr Elie Faure, ... hasarde encore... une piqûre de spartéine ou d'huile camphrée* » (GIDE). « *Je venais de lui faire sa piqûre* » (MART. du G.).

PIRANHA [piʀana] ou **PIRAYA** [piʀaja]. *n. m.* (1795 ; mot port., d'o. tupi). Petit poisson carnassier des fleuves de l'Amérique du Sud, réputé pour son extrême voracité.

PIRATE [piʀat]. *n. m.* (1213 ; lat. *pirata*, gr. *peiratês*). ◆ 1° Aventurier qui courait les mers pour piller les navires de commerce. V. **Boucanier, corsaire, écumeur, flibustier, forban.** « *La tête de mort est l'emblème bien connu des pirates* » (BAUDEL.). ◇ *Bateau pirate*, ou *pirate*, navire monté par des pirates. Par ext. *Des pirates de l'air.* ◆ 2° Fig. Individu sans scrupules, qui s'enrichit aux dépens d'autrui, dans la spéculation. V. **Bandit, escroc, filou, requin, voleur.** ◆ 3° (v. 1966) ; adj. ou second élément de substantifs composés). Clandestin, illicite. *Émetteur pirate, Station(-)pirate, édition(-)pirate.*

PIRATER [piʀate]. *v. intr.* (fin XVIe ; de *pirate*). Se livrer à la piraterie.

PIRATERIE [piʀatʀi]. *n. f.* (1505 ; de *pirate*). ◆ 1° Acte de pirate, attentat contre un autre navire. ◇ Activité des pirates. V. **Flibuste.** ◆ 2° Fig. Escroquerie, spéculation honteuse. « *De quelle spoliation, de quelle piraterie... provenait une fortune estimée à plusieurs millions* » (BALZ.).

PIRE [piʀ]. *adj.* (XIIe ; lat. *pejor*, comparatif de *malus* « mauvais »).

I. (Comparatif synthétique pouvant remplacer *plus mauvais*, quand cet adjectif n'est pas employé au sens de « défectueux »). Plus mauvais, plus nuisible, plus pénible. « *Les femmes... sont meilleures ou pires que les hommes* » (LA BRUY.). *Le remède est pire que le mal.* — (Épithète) *Je ne connais pas de pire désagrément.* Littér. (Après le nom) « *Partout ailleurs, il traînerait une détresse pire* » (MART. du G.). — PROV. *Il n'est pire eau que l'eau qui dort** (4°). ◇ Pis. « *Rien ne peut arriver de pire que cette indifférence* » (MAURIAC). « *Il y a quelque chose de pire* » (TAINE).

II. (Superlatif). LE PIRE, LA PIRE, LES PIRES. ◆ 1° Adj. Le plus mauvais. « *Les pires gredins* » (GIDE). « *C'est la pire espèce de mensonge* » (ROUSS.). « *Il commettait alors les pires imprudences* » (MAURIAC). « *Le travail est la meilleure et la*

pire des choses » (ALAIN). « *La pire de toutes les duperies* » (STENDHAL). ◆ 2° Subst. Ce qu'il y a de plus mauvais (en qqch.). V. Pis. « *Le pire de tout est d'adorer l'opportunisme* » (ALAIN). — *Absolt.* Les choses les plus mauvaises, les plus dangereuses. *Époux unis pour le meilleur et pour le pire.* Craindre, envisager le pire. « *Le pire n'est pas arrivé* » (ROMAINS). « *Je m'attends à tout, et au pire* » (GIDE). *La politique du pire* : celle qui consiste à escompter, et même à rechercher le pire pour en tirer parti.
◇ ANT. Meilleur, mieux.

PIRIFORME [piʀifɔʀm(ə)]. *adj.* (1698 ; lat. *pirum* « poire », et -*forme*). En forme de poire. « *Elle avait une tête piriforme* » (HUYSMANS). « *Son ventre piriforme et proéminent* » (BALZ.).

PIROGUE [piʀɔg]. *n. f.* (1638 ; esp. *piragua*, mot caraïbe). Longue barque étroite et plate, mue à la pagaie ou à la voile, utilisée en Afrique et en Océanie. « *La pirogue circule... à travers les nymphéas blancs, puis s'enfonce sous les branches* » (GIDE).

PIROGUIER [piʀɔgje]. *n. m.* (1874 ; de *pirogue*). Conducteur d'une pirogue.

PIROJKI [piʀɔjki]. *n. m. pl.* (mil. XXe ; mot russe plur. [sing. *pirojok*]). *Cuis.* Plat russe, petits pâtés chauds farcis de viande, de poisson, de légumes, etc. servis en hors-d'œuvre ou en entrée.

PIROLE [piʀɔl]. *n. f.* (1567 ; lat. *pirola*, de *pirus* « poirier »). Petite plante herbacée (famille proche de celle des *Éricacées*), à feuilles vertes ressemblant à celle du poirier, et qui pousse dans les lieux humides.

PIROUETTE [piʀwɛt]. *n. f.* (1510 ; *pirouelle*, 1364 ; rad. *pir-* « cheville » [Cf. it. *Pirolo*], d'o. gr. *p*[*e*]*irô* « je transperce »). ◆ 1° Vx. Toupie. ◆ 2° (1611). Tour ou demi-tour qu'on fait sur soi-même, sans changer de place, en se tenant sur la pointe ou le talon d'un seul pied. « *Il fit une pirouette et disparut* » (BALZ.). *Pirouettes de clown.* — Loc. fam. *Répondre par des pirouettes*, éluder une question sérieuse par des plaisanteries. V. **Dérobade.** ◇ Spécialt. Tour ou suite de tours qu'un danseur exécute sur la pointe des pieds. — *Volte* qu'un cheval exécute sur place en pivotant sur l'un de ses pieds postérieurs. ◆ 3° Fig. Brusque revirement. V. **Volte-face.**

PIROUETTEMENT [piʀwɛtmɑ̃]. *n. m.* (1585 ; de *pirouetter*). Rare. Suite de pirouettes.

PIROUETTER [piʀwete]. *v. intr.* (1546 ; de *pirouette*). ◆ 1° Faire une, plusieurs pirouettes. *Il s'oublia* « *au point de pirouetter trois fois sur son talon* » (BAUDEL.). V. **Pivoter.** ◆ 2° (Choses). Tourner rapidement. « *Le vaste lit des eaux... bouillonnant, pirouettait en gigantesques tourbillons* » (BAUDEL.).

1. PIS [pi]. *n. m.* (1564 ; *p*[*e*]*iz* « poitrine », Xe ; lat. *pectus*). Mamelle d'une femelle en lactation, et *spécialt.* d'une bête laitière. « *L'examinait de près la vache,... s'assura de la longueur des pis et de l'élasticité des trayons* » (ZOLA). ◇ HOM. Pi, pie, pis (2).

2. PIS [pi]. *adv.* (XIIe ; *peis*, fin Xe ; lat. *pejus*, neutre de *pejor*. V. Pire).

I. (Comparatif synthétique pouvant en certains cas remplacer *plus mal* ou *plus mauvais*). ◆ 1° Adv. Vx ou littér. Plus mal. *Cela ne va ni mieux ni pis qu'avant.* — Cour. *Tant** *pis. Les choses vont de pis en pis, de mal en pis*, empirent. ◆ 2° Adj. neutre. Littér. (Cf. Pire, cour.). Plus mauvais, plus fâcheux. « *On dit que c'est bien pis en Italie* » (VOLT.). « *C'est pis que si j'étais au couvent* » (LACLOS). — *Qui pis est* [kipize]. « *Je ne sens plus en elle qu'incompréhension ou, qui pis est, indifférence* » (GIDE), ce qui est plus grave. ◆ 3° (Nominal). Une chose pire. « *Il y a là pis que les écueils, pis que la tempête* » (MICHELET). Cour. *Dire pis que pendre de qqn* : répandre sur lui les pires médisances ou calomnies. ◇ (En appos.) *Je suis* « *sans honneur, sans courage, sans ami, et, pis que cela! sous le coup de lettres de change* » (BALZ.).

II. (Superlatif). Littér. LE PIS, la pire chose, ce qu'il y a de plus mauvais. « *Le pis, pour les jeunes filles, c'est de pleurer sans savoir pourquoi* » (MICHELET). « *Le pis qui puisse vous arriver* » (BERNANOS). — Mettre les choses au pis, les envisager sous l'aspect le plus fâcheux, dans l'hypothèse la plus défavorable. ◇ Loc. adv. (XIVe) AU PIS ALLER [opizale] : en supposant que les choses aillent le plus mal possible, en prenant l'hypothèse la plus défavorable. V. **Pis-aller.**
◇ ANT. Meilleur, mieux. — HOM. Pi, pie, pis (1).

PIS-ALLER [pizale]. *n. m. invar.* (1643 ; de la loc. *au pis** *aller*). Personne, solution, moyen à quoi on a recours faute de mieux. « *En s'offrant si légèrement à moi, comme une remplaçante, comme un pis-aller* » (LARBAUD). *Des pis-aller.*

PISCI-. Élément, du lat. *piscis* « poisson ».

PISCICOLE [pisikɔl]. *adj.* (1876 ; de *pisci-*, et -*cole*). Qui appartient à la pisciculture. *Établissement piscicole.*

PISCICULTEUR [pisikyltœʀ]. *n. m.* (1874 ; d'apr. *pisciculture*). Personne qui s'occupe de pisciculture, élève des poissons.

PISCICULTURE [pisikyltyʀ]. *n. f.* (1850 ; de *pisci-*, et *culture*). Ensemble des techniques de production et d'élevage des poissons. V. **Alevinage, aquiculture.**

PISCIFORME [pisifɔrm(ə)]. *adj.* (1776; de *pisci-*, et *-forme*). *Didact.* Qui a la forme d'un poisson. V. **Ichtyoïde.** *Les cétacés sont des mammifères pisciformes.*

PISCINE [pisin]. *n. f.* (1190; lat. *piscina*, de *piscis* « poisson »). ◆ 1° *Didact.* (*Hist., Relig.*). Bassin pour rites purificatoires. *La piscine probatique de Jérusalem.* « *Bethsaïda, la piscine des cinq galeries* » (RIMBAUD). « *Les saintes piscines où,... les brahmes,... font leurs ablutions et leurs prières* » (LOTI). « *Scène du miraculé jailli, régénéré, de la piscine* » (HUYSMANS). ◇ *Liturg.* Petite cuve destinée à recevoir l'eau qui a servi aux baptêmes, à la purification des objets sacrés. ◆ 2° (1751; en parlant des piscines romaines; repris fin XIXᵉ). *Cour.* Grand bassin de natation, et ensemble des installations qui l'entourent. *Piscine publique, privée. Piscine en plein air, couverte. Piscine olympique,* de dimensions conformes aux règlements des épreuves olympiques. *Aller à la piscine. Nager en piscine.*

PISCIVORE [pisivɔr]. *adj.* (1772; de *pisci-*, et *-vore*). *Didact.* Qui se nourrit ordinairement de poissons. V. **Ichtyophage.** — *Subst. Un piscivore* (animal).

PISÉ [pize]. *n. m.* (1562; du mot lyonnais *piser* « broyer », XVIᵉ; lat. *pi[n]sare*). Maçonnerie faite de terre argileuse, délayée avec des cailloux, de la paille, et comprimée. « *Des villages terreux, bâtis en pisé, la plupart en ruines* » (GAUTIER). *Moule à pisé* : banche.

PISIFORME [pizifɔrm(ə)]. *adj. m.* (1765; du lat. *pisum* « pois », et *-forme*). *Anat.* Os pisiforme, os de la rangée supérieure du carpe, du côté cubital du poignet. *Subst. Le pisiforme.*

PISOLITHE [pizɔlit]. *n. f.* (1765; du gr. *pisos* « pois », et *-lithe*). *Géol.* Corps analogue aux oolithes, mais de plus grande dimension et de forme irrégulière.

PISOLITHIQUE [pizɔlitik]. *adj.* (1812; de *pisolithe*). *Géol.* Formé de pisolithes. *Bauxites pisolithiques.*

PISSALADIÈRE [pisaladjɛr]. *n. f.* (répandu mil. XXᵉ; prov. *pissaladiera* [Nice], de *pissala* « poisson salé » [1559]; du lat. *piscis* « poisson », et *sal* « sel »). Mets provençal, fait de pâte salée sur laquelle on place les tomates, les anchois, etc. (comparable à la *pizza*).

PISSAT [pisa]. *n. m.* (1314; de *pisser*). Urine de certains animaux. *Du pissat d'âne, de cheval.*

PISSE [pis]. *n. f.* (1611; de *pisser*). *Vulg.* Urine.

PISSE-FROID [pisfrwa]. *n. m. invar.* (1718; de *pisser*, et *froid*). *Fam.* Homme froid et morose, ennuyeux.

PISSEMENT [pismã]. *n. m.* (1565; de *pisser*). *Rare.* Action de pisser. — *Pissement de sang,* hématurie.

PISSENLIT [pisãli]. *n. m.* (1536; de *pisser*, *en*, et *lit*, par allus. aux vertus diurétiques de la plante). Plante herbacée, vivace (*Composacées*), à feuilles longues et dentées, à fleurs jaunes, à akènes pourvus d'une aigrette. V. **Dent-de-lion.** *Salade de pissenlit.* ◇ *Loc. fig. et fam.* « *Être mort, cela s'appelle manger les pissenlits par la racine* » (HUGO).

PISSER [pise]. *v.* (fin XIIᵉ; v. de formation expressive, lat. pop. °*pissiare*). ◆ 1° *V. intr. Vulg.* Uriner. V. **Pipi** (faire). — *Loc. pop. Il pleut comme vache qui pisse,* à verse. *C'est comme si on pissait dans un violon,* se dit d'une action, d'une démarche absolument inutile. *Laisser pisser le mérinos**. — *Il y a de quoi pisser* (de rire). — *Pisser sur qqn.* V. **Compisser.** ◆ 2° *V. tr.* (XIIIᵉ). *Pop.* Évacuer avec l'urine. *Pisser du sang.* ◇ *Laisser s'écouler* (un liquide). *Son nez pisse le sang. Absolt. Ce réservoir pisse l'eau de tous les côtés, fuit.* ◇ *Fig. Pisser de la copie,* en pisser un pisseur de copie. « *Des cuistres, ivres de l'antique,... qui... pissent du Plutarque jour et nuit* » (BERNANOS).

PISSETTE [piset]. *n. f.* (1838; de *pisser*). Appareil de laboratoire produisant un petit jet liquide.

PISSEUR, EUSE [pisœr, øz]. *n.* (1464; de *pisser*). *Vulg.* ◆ 1° Personne qui pisse souvent. ◇ *Fig. Pisseur de copie,* mauvais auteur, mauvais journaliste qui écrit beaucoup et mal. ◆ 2° *N. f.* (XVIᵉ). Petite fille.

PISSEUX, EUSE [pisø, øz]. *adj.* (XVIᵉ; de *pisser*). ◆ 1° *Fam.* Qui est imprégné d'urine, sent l'urine. « *Des maisons où sèche un linge pisseux et pauvre* » (ARAGON). ◆ 2° D'une couleur passée, jaunie. « *Recouvertes de velours... que les années et l'usage rendaient d'un roux pisseux* » (GAUTIER).

PISSEUSE. V. **Pisseur.**

PISSE-VINAIGRE [pisvinegr(ə)]. *n. m. invar.* (1628; de *pisser*, et *vinaigre*). *Fam.* Avare. — Pisse-froid.

PISSOIR [piswar]. *n. m.* (1489; de *pisser*). *Fam.* ou *région.* (Nord). Urinoir.

PISSOTIÈRE [pisɔtjɛr]. *n. f.* (1611, aussi « trou d'un cuvier à lessive »; « vessie », 1564; de *pisser*). *Fam.* Urinoir public. V. **Vespasienne.**

PISTACHE [pistaʃ]. *n. f.* (1552; it. *pistaccio, pistace,* XIIIᵉ; lat. d'o. gr. *pistacium*). *Rare.* Fruit du pistachier. ◇ *Cour.* Graine de ce fruit, amande verdâtre qu'on utilise

en cuisine et en confiserie. *Nougat aux amandes et aux pistaches. Glace à la pistache,* parfumée avec une essence extraite de la pistache. ◇ *Adj.* (invar.) *Couleur pistache, vert pistache.* « *De tendres plafonds pistache relevés de stuc blanc* » (MORAND).

PISTACHIER [pistaʃje]. *n. m.* (*Pistacier,* 1557; de *pistache*). Arbre résineux des régions chaudes (*Anacardiacées*), au feuillage luisant, à petites fleurs en grappes et dont le fruit contient la pistache. V. **Lentisque, térébinthe.**

PISTAGE [pistaʒ]. *n. m.* (1907; de *pister*). Action de pister.

PISTARD [pistar]. *n. m.* (1913; de *piste*). *Sport.* Cycliste spécialisé dans les épreuves sur piste. *Routiers et pistards.*

PISTE [pist(ə)]. *n. f.* (1562; a. it. *pista,* var. de *pesta,* de *pestare* « broyer », bas lat. *pistare,* class. *pinsare*). ◆ 1° Trace que laisse un animal sur le sol où il a marché. V. **Foulée, voie.** « *Après avoir,... dévoyé de sa piste le flair des plus redoutables limiers* » (PERGAUD). V. **Dépister.** *Piste de troupeaux.* V. **Draille** (2). ◇ *Fig.* Chemin qui conduit à qqn ou à qqch.; ce qui guide dans une recherche. *Brouiller les pistes :* rendre les recherches difficiles, faire perdre sa trace. — *Il* « *prit d'abord une fausse piste, suivit trois dames qu'il ne fallait pas* » (LOTI). *Sur la piste. La police est sur sa piste. Cela m'a mis sur la* (bonne) *piste,* m'a aidé à le trouver. ◆ 2° (XVIᵉ). Traces des chevaux dans un manège; partie du manège où ils marchent. ◇ (Mil. XIXᵉ) Terrain tracé et aménagé pour les chevaux de course ou de concours. *Piste intérieure, extérieure : petite, grande piste d'un hippodrome.* ◇ Grand ovale ou anneau de cendrée, de bois, de ciment, etc., où se disputent des courses. *Piste cendrée. Piste d'un vélodrome, d'un stade.* ◆ 3° Emplacement souvent circulaire, disposé pour certaines activités (spectacles, sports). « *Le clown qui du milieu de la piste envoie des serpentins* » (ROMAINS). *Piste de danse, de patinage.* ◆ 4° (1874). Chemin non revêtu (en pays peu développé). « *La route... devait remplacer l'ancienne piste... entre Xauen et Taza* » (MAC ORLAN). ◇ *Piste pour cavaliers,* en forêt. — *Piste pour skieurs,* tracée sur la neige. ◇ Partie d'un terrain d'aviation aménagée pour que les avions y roulent. *Piste d'envol, d'atterrissage.* ◆ 5° *Techn.* Ligne circulaire d'un support magnétique (disque, bande, tambour) sur laquelle sont enregistrées des informations. *Une cartouche huit pistes.* — *Piste sonore,* piste synchronisée avec un film de cinéma.

PISTER [piste]. *v. tr.* (1859; de *piste*). Suivre la piste; épier. *Attention, on nous piste !* V. **Filer.**

PISTEUR [pistœr]. *n. m.* (1969; de *piste*). Personne chargée d'entretenir et de surveiller les pistes de ski.

PISTIL [pistil]. *n. m.* (1690; *pistille,* 1685; lat. *pistillus* « pilon »). Organe femelle des plantes à fleurs. V. **Gynécée;** et *aussi* **Carpelle, ovaire, stigmate, style.**

PISTOLE [pistɔl]. *n. f.* (fin XVIᵉ; emploi plaisant de *pistole* « petite arquebuse », 1544; all. *pistole,* tchèque *pichtal* « arme à feu ». V. **Pistolet.** ◆ 1° Ancienne monnaie d'or battue en Espagne, en Italie, ayant même poids que le louis. — Monnaie de compte qui valait dix livres. ◆ 2° *Vx.* Régime de faveur dans une prison (qui, à l'origine, s'obtenait moyennant une pistole par mois); quartier de la prison où l'on en bénéficiait.

PISTOLET [pistɔlɛ]. *n. m.* (1546; de *pistole*). ◆ 1° Arme à feu courte et portative. « *Il entra chez l'armurier... il voulait une paire de pistolets* » (STENDHAL). *Pistolet d'arçon,* que le cavalier plaçait à l'arçon de la selle. *Pistolets automatiques à chargeur.* V. *aussi* **Revolver; browning, parabellum.** ◇ Instrument ou jouet analogue. *Pistolet à bouchon, à air comprimé. Pistolet de starter.* ◇ Pulvérisateur de peinture, de vernis. *Vernissage, peinture au pistolet.* ◆ 2° (1838). *Par anal. de forme.* Petit pain au lait de forme variable selon les régions. — *En Belgique,* Petit pain rond. ◇ Mince planchette servant à tracer diverses courbes. ◇ *Mar.* Bossoir courbe servant à hisser ou à amener les embarcations. ◇ Urinal. ◆ 3° *Fig.* Individu bizarre. « *Quant aux rédacteurs, c'est de singuliers pistolets* » (BALZ.). *Un drôle de pistolet.*

PISTOLET-MITRAILLEUR [pistɔlɛmitrajœr]. *n. m.* (1938; *pistolet,* et *mitrailleur*). Arme individuelle pour le combat rapproché des fantassins et parachutistes. V. **Mitraillette.** *Abrév.* P.-M. [peɛm].

PISTOLEUR [pistɔlœr]. *n. m.* (1969; de *pistolet*). *Techn.* Peintre travaillant au pistolet.

PISTON [pist5]. *n. m.* (1648; « pilon », 1534; it. *pistone,* de *pestare*. V. **Piste.** ◆ 1° Pièce cylindrique qui se meut dans un tube (corps de pompe, cylindre de machine, de moteur), où elle reçoit et transmet une pression exercée par un fluide. *Course, mouvement rectiligne alternatif du piston. Piston de pompe. Corps, tige, garnitures du piston.* ◆ 2° (1845). Pièce mobile réglant le passage de l'air (et par conséquent la hauteur du son), dans certains instruments à vent (cuivres). *Cornet, trombone à pistons.* — *Par abrév. Jouer du piston,* du cornet à pistons. ◆ 3° (1857). *Fig.* (Comme le piston pousse la bielle) Appui, protection, recommandation qui décide d'une nomination, d'un avancement. « *On ne connaît* *pas de capitaine d'équipe qui le soit par piston* » (MONTHER-LANT). ♦ 4° (1874; de l'insigne du calot). *Arg. scol.* Élève préparant l'École centrale, élève de l'École centrale; cette école.

PISTONNER [pistɔne]. *v. tr.* (1857; de *piston*, 3°). Appuyer, protéger (un candidat à une place). « *Le camarade qui l'avait pistonné pour ce poste de choix* » (DORGELÈS).

PISTOU [pistu]. *n. m.* (attesté XXᵉ; mot prov. [Marseille, Nice], de *pestar, pistar* « broyer, piler »; lat. *pestare.* V. Piste, piston). Région. *Soupe de (au) pistou :* au basilic broyé. — *Un pistou :* plat de légumes bouillis.

PITANCE [pitãs]. *n. f.* (1265; « pitié », 1120; var. de *pitié*). ♦ 1° *Vx.* Ration, nourriture servie dans un couvent. « *Rancé... se contentait de la pitance commune* » (CHATEAUB.). ♦ 2° (XVIIᵉ). *Péj.* et *vieilli.* Nourriture. « *Ma pitance était servie à Calèse* » (MAURIAC). « *Ce roquet... ne jappait d'ailleurs que pour réclamer sa pitance* » (MAUPASS.). V. Pâtée.

PITCHPIN [pitʃpɛ̃]. *n. m.* (1875; angl. *pitchpine* « pin à résine »). Bois de plusieurs espèces de pins d'Amérique du Nord, de couleur rouge-brun, utilisé en menuiserie. *Armoire en pitchpin.*

PITE [pit]. *n. f.* (1599; esp. *pita*, mot péruvien). Agave d'Amérique; matière textile tirée des fibres de cette plante.

PITEUSEMENT [pitøzmã]. *adv.* (XIIᵉ; de *piteux*). D'une manière piteuse; d'un air piteux. « *Marie joignait les mains... piteusement* » (ROMAINS).

PITEUX, EUSE [pitø, øz]. *adj.* (XIIᵉ; lat. médiév. *pietosus*, de *pietas.* V. Pitié). ♦ 1° *Vx.* Miséricordieux. ◇ *Vieilli.* Digne de pitié, malheureux. ♦ 2° *Iron.* (XVIIᵉ). *Mod.* Qui excite une pitié mêlée de mépris par son caractère misérable, dérisoire. V. Pitoyable; minable, miteux. *Les résultats sont piteux.* — *En piteux état :* en mauvais état. — Triste, confus. « *L'homme gardait une mine piteuse et contrite* » (ROMAINS). ◇ ANT. Heureux, Triomphant.

PITHÉCANTHROPE [pitekãtʀɔp]. *n. m.* (1895; lat. sc. *pithecanthropus [erectus]*; Cf. Anthropopithèque). *Anthrop.* Genre fossile des Hominidés. *Les pithécanthropes ont vécu il y a environ 500 000 ans.*

PITHÉC(O)-, -PITHÈQUE. Éléments, du gr. *pithêkos* « singe ».

PITHIATIQUE [pitjatik]. *adj.* (1901; du rad. gr. *pith-* [de *peithein* « persuader »], et *iatikos* « guérissable »). *Psychiatr.* Se dit d'un trouble non organique qui peut être guéri ou reproduit par la suggestion (employé parfois comme syn. d'*hystérique*).

PITHIATISME [pitjatism(ə)]. *n. m.* (1901; de *pithiatique*). *Psychiatr.* Ensemble des désordres à caractère pithiatique, considérés comme partie intégrante de l'hystérie*.

PITHIVIERS [pitivje]. *n. m.* (fin XIXᵉ; nom d'une petite ville du Loiret). Petit pâté d'alouettes. ◇ Gâteau fourré aux amandes pilées.

PITIÉ [pitje]. *n. f.* (1080; lat. *pietas, -atis.* V. Piété). ♦ 1° Sympathie qui naît au spectacle des souffrances d'autrui et fait souhaiter qu'elles soient soulagées. V. Attendrissement, commisération, compassion, miséricorde. « *La sainte pitié, qui fait la beauté des âmes* » (FRANCE). — *Inspirer, exciter la pitié.* — *Faire pitié*, inspirer, être propre à inspirer la pitié. *Ces malheureux qui « n'ont presque plus figure humaine,... font peur plus que pitié* » (MICHELET). — *Avoir pitié de qqn*, ressentir de la pitié envers lui. V. Compatir, plaindre. « *Les gens ont pitié des autres dans la mesure où ils auraient pitié d'eux-mêmes* » (GIRAUDOUX). *Éprouver de la pitié.* « *Cet ennemi des siens, je veux que vous le preniez en pitié* » (MAURIAC), que vous ayez pitié de lui. « *On n'a pas d'amitié, on a de la pitié pour un pauvre* » (GIDE). — « *Par pitié, laissez-moi tranquille* » (GIDE), je vous en prie, faites-le par pitié. *Pitié! grâce! Sans pitié.* V. Impitoyable. « *Les hommes ont été de tout temps... violents, avares et sans pitié* » (FRANCE). ◇ *C'est pitié :* c'est une chose pitoyable, triste. « *Si chétive et fluette que c'était pitié de voir la vie s'en aller de notre maison* » (DAUD.). ♦ 2° Sentiment de commisération accompagné d'appréciation défavorable ou de mépris. « *Quelle pitié notre provincial ne va-t-il pas inspirer aux jeunes lycéens de Paris?* » (STENDHAL). *Un sourire de pitié*, condescendant. ◇ *Quelle pitié!* quelle chose pitoyable, dérisoire! ◇ ANT. Cruauté. Inhumanité.

PITON [pitɔ̃]. *n. m.* (1382; d'un rad. roman *pitt-* « pointe », à rapprocher de *pikk[are].* V. Piquer). ♦ 1° Clou, vis dont la tête forme un anneau ou un crochet. *Cadenas passant dans deux pitons.* — *Pitons d'alpiniste*, enfoncés à coups de marteau dans les fissures des rochers, pour servir de points d'appui. ♦ 2° (1640). Éminence isolée en forme de pointe. V. Pic. « *Plus loin, un autre piton se détachait dans le ciel* » (MAC ORLAN). *Piton volcanique.* ◇ HOM. Python.

PITONNAGE [pitɔnaʒ]. *n. m.* (mil. XXᵉ; de *pitonner*). *Alpin.* Action de pitonner, d'enfoncer des pitons dans le rocher.

PITONNER [pitɔne]. *v. intr.* (mil. XXᵉ; de *piton*). *Alpin.*

Enfoncer des pitons dans le rocher. *On ne peut pas franchir ce passage sans pitonner.*

PITOYABLE [pitwajabl(ə)]. *adj.* (fin XVᵉ; *piteable*, 1240; de *pitié*). ♦ 1° *Vieilli.* Qui est enclin, accessible à la pitié. V. Humain. « *Plus pitoyable que les hommes, n'ayant point encore le cœur et la peau durcis* » (ZOLA). ♦ 2° *Mod.* Digne de pitié. V. Déplorable, malheureux, misérable, navrant. « *Il semble que son état, déjà si pitoyable, ne puisse qu'empirer* » (GIDE). ♦ 3° Qui inspire, mérite une pitié méprisante. V. Piteux; lamentable, médiocre, minable. *Sa réponse aux interpellations a été pitoyable.* ◇ ANT. Cruel, impitoyable. Enviable. Excellent.

PITOYABLEMENT [pitwajabləmã]. *adv.* (XVᵉ; de *pitoyable*). D'une manière pitoyable, bien mauvaise. *C'est pitoyablement rédigé.*

PITPIT. V. PIPI (2).

PITRE [pitʀ(ə)]. *n. m.* (1828; *bon pitre* « brave homme », 1661; mot franc-comtois, var. dial. de *piètre*). Bouffon chargé d'attirer le public à un spectacle de foire ou de cirque. « *Il avait été pitre chez Bobèche et paillasse chez Bobino* » (HUGO). *Fig.* et *cour.* « *Il le trouva en train de faire le pitre* » (MAC ORLAN), de faire des facéties. V. Clown, zouave. *Quel pitre!*

PITRERIE [pitʀəʀi]. *n. f.* (1876; de *pitre*). Plaisanterie, facétie de pitre. V. Clownerie. *Faire des pitreries. Cela n'empêchait de réussir... ses pitreries les plus divertissantes* » (MAC ORLAN).

PITTORESQUE [pitɔʀɛsk(ə)]. *adj.* (1708; it. *pittoresco*, de *pittore* « peintre »). ♦ 1° Qui est digne d'être peint, attire l'attention, charme ou amuse par un aspect original. « *Quel quartier pittoresque!* » (DUHAM.). « *D'une laideur pittoresque* » (FRANCE). « *Clemenceau? un personnage pittoresque* » (ROMAINS). ♦ 2° Qui dépeint bien, exprime les choses d'une manière colorée, imagée, piquante. « *La tragédie demande... moins d'expressions pittoresques que l'ode* » (VOLT.). « *Sa langue, vigoureuse et pittoresque* » (BAUDEL.). *Des détails pittoresques et savoureux.* ♦ 3° *Subst.* « *Une énergie singulière, un pittoresque effrayant* » (HUGO). ◇ ANT. Banal, incolore, plat.

PITTORESQUEMENT [pitɔʀɛskəmã]. *adv.* (1732; de *pittoresque*). *Littér.* D'une manière pittoresque, originale.

PITTOSPORUM [pitɔspɔʀɔm]. *n. m.* (*Pittospore*, 1808; lat. bot. *pittosporum*, du gr. *pitta* « poix », et *spora.* V. Spore). *Bot.* Arbuste des régions tropicales, à feuilles odorantes.

PITUITAIRE [pitɥiteʀ]. *adj.* (1560; de *pituite*). *Vx.* Relatif à la pituite. (*Mod.*) *Anat.* *La membrane, la muqueuse pituitaire*, qui tapisse les fosses nasales et les sinus de la face. V. Hypophysaire.

PITUITE [pitɥit]. *n. f.* (1541; lat. *pituita*). ♦ 1° *Anc. méd.* Flegme. ♦ 2° *Mod.* (*Méd.*). Liquide glaireux que certains malades (alcooliques) rejettent le matin à jeun; vomissement habituel de ce liquide.

PITYRIASIS [pitiʀjazis]. *n. m.* (fin XVIIIᵉ; gr. *pituriasis*, de *pituron* « son » [de blé]). *Méd.* Nom générique de diverses dermatoses caractérisées par une fine desquamation. V. Dartre.

PIÙ [pju]. *adv.* (1846; mot it.). *Mus.* (devant une indication de mouvement). Plus. *Più lento.*

PIVERT [piveʀ]. *n. m.* (1488; de *pic* 1, et *vert*). Grand pic à plumage jaune et vert (On dit aussi PIC-VERT [pikvɛʀ]).

PIVOINE [pivwan]. *n. f.* (1547; *peone*, 1180; lat. *pæonia*, gr. *paiônia*). Plante bulbeuse vivace (*Renonculacées*), cultivée pour ses larges fleurs de couleurs variées; fleur de cette plante. *Pivoine rouge, jaune.* — LOC. « *Jeanne parut, essoufflée, rouge comme une pivoine* » (FRANCE) : très rouge.

PIVOT [pivo]. *n. m.* (XIIᵉ; o. i.). ♦ 1° Extrémité amincie (ou pièce rapportée à l'extrémité) d'un arbre tournant vertical. V. Axe, crapaudine, palier, tourillon. *Le pivot sur lequel repose l'aiguille de la boussole.* — *Fig.* Ce sur quoi repose et tourne tout le reste. V. Base, centre. « *L'entrepreneur est le pivot de tout le mécanisme économique* » (Ch. GIDE). ♦ 2° *Bot.* Racine principale qui apparaît la première et s'enfonce verticalement dans le sol. ♦ 3° Support d'une dent artificielle, enfoncé dans la racine. *Dent sur pivot.* ♦ 4° *Milit.* Point autour duquel une troupe exécute un changement de direction; hommes situés à ce point. ◇ *Sport* (*Basket-ball*) Joueur placé à proximité du panier et pivotant sur un pied pour passer ou tirer.

PIVOTANT, ANTE [pivotã, ãt]. *adj.* (1550; de *pivoter*). ♦ 1° Qui pivote. *Fauteuil pivotant.* ♦ 2° *Bot.* Racine pivotante, dont le pivot est gros et long (opposé à racine fasciculée). *Arbre pivotant*, à racine pivotante.

PIVOTER [pivote]. *v. intr.* (1823; « se trémousser », 1508; de *pivot*). Tourner sur un pivot, comme autour d'un pivot. « *Il fit pivoter son fauteuil* » (ARAGON). *Lucas « fit un salut réglementaire et pivota sur ses talons* » (MAC ORLAN). V. Pirouetter. — *Milit.* Opérer un mouvement de conversion. « *Sur ce solide 4ᵉ Corps, l'armée « pivoterait* » (MADELIN).

◇ *(En parlant des racines)* S'enfoncer verticalement en terre.

PIZZA [pidza]. *n. f.* (XXᵉ ; mot it.). Tarte italienne de pâte à pain garnie de tomates, anchois, olives, etc. *Des pizzas.*

PIZZERIA [pidzerja]. *n. f.* (mil. XXᵉ ; it. *pizzeria*, de *pizza*). Restaurant italien qui sert des pizzas. *Des pizzerias.*

PIZZICATO [pidzikato]. *n. m.* (1767 ; mot it. « pincé »). *Mus.* Manière de jouer en pinçant les cordes, sans les faire vibrer avec l'archet. *Des pizzicati* ou *pizzicatos.*

P. J. [peʒi]. *n. f.* (XXᵉ ; sigle). *Fam.* Police judiciaire. *Aller à la P. J.*

Pl Symbole du poiseuille*.

PLACAGE [plakaʒ]. *n. m.* (1676 ; « plâtrage de torchis », 1317 ; de *plaquer*). ♦ 1° (1676). Application sur une matière d'une plaque de matière plus précieuse ; cette plaque. *Placage de marbre sur un mur de brique.* V. **Revêtement.** *Placage de bois précieux.* ♦ 2° (1751). Morceau d'une œuvre qui semble ajouté après coup, qui ne fait pas corps avec le reste de l'ouvrage. ♦ 3° *Rugby.* V. **Plaquage.**

PLACARD [plakar]. *n. m.* (1444 ; *plackart* « enduit », 1410 ; de *plaquer*).
I. ♦ 1° Écrit qu'on affiche sur un mur, un panneau, pour donner un avis au public. V. **Affiche, écriteau, pancarte.** « *De grands placards couvrent les murs de Tunis. On y fait savoir à la population que...* » (GIDE). ◇ *Spécialt.* et *vx.* Écrit injurieux ou séditieux qu'on affichait dans les rues ou qu'on faisait circuler dans le public. — *Hist.* « *L'affaire des Placards* » (18 octobre 1534). ♦ 2° *Imprim.* (1828). Épreuves en placard, tirées sur le recto seulement, sans pagination et avec de grandes marges (pour les corrections). *Par ext. Corriger les placards.* ♦ 3° *Fam.* Plaque, couche épaisse. — *Méd. Placard d'eczéma. Lésions cutanées en placards.* ♦ 4° *Mar.* Pièce de toile de renfort cousue à l'endroit où une voile est usée. — *Poulie plate.*
II. ♦ 1° (1572). *Techn.* Revêtement, pièces de bois qui garnissent et ornent le panneau d'une porte. *Porte à placard double.* ♦ 2° (1792). *Cour.* Enfoncement, recoin de mur, de cloison, fermé par une porte et constituant une armoire fixe. *Par ext.* Assemblage de menuiserie fixé à un mur et destiné au même usage. V. **Armoire** (*vx*). *Mettre des vêtements dans un placard. Placard-penderie. Placard de cuisine.*

PLACARDER [plakarde]. *v. tr.* (1611 ; « publier dans un libelle », 1586 ; de *placard*, I). ♦ 1° Afficher. *Placarder un avis, une affiche.* — *Typogr.* (1845) Imprimer (un texte) en placard. ♦ 2° Couvrir d'affiches, de placards. « *Ce mur est tout placardé* » (ACAD.).

PLACE [plas]. *n. f.* (1080, « endroit » ; lat. pop. °plattea, class. platea).
I. Espace plus ou moins étendu, où s'exercent certaines activités ou qui sert à un usage déterminé. ♦ 1° (h. XIIᵉ ; 1370). Lieu public, espace découvert, généralement entouré de constructions. V. **Esplanade, rond-point.** *Petite place.* V. **Placette.** *Place d'une ville grecque* (V. **Agora**), *romaine* (V. **Forum**). « *Une place méridionale avec des platanes tout autour* » (ARAGON). — *La place publique.* Fig. et littér. (symbolisant le peuple) *Les agitations de la place publique.* « *Il n'y a pas à espérer de faire adorer l'art en place publique* » (STE-BEUVE). ♦ 2° (1417). PLACE FORTE, place de guerre, ou ellipt. PLACE. *La place de Verdun.* V. **Forteresse.** *Camp retranché entouré de places fortes. Commandant d'armes d'une place.* — *Locaux où sont installés les services du commandement d'une place. Aller faire viser sa permission à la place.* ◇ (XVIIᵉ) PLACE D'ARMES : partie élargie du chemin couvert (fortification bastionnée) ; tranchée, ouvrage où l'on rassemble les troupes avant une attaque. ◇ Fig. *Avoir des intelligences, des complicités dans la place, dans un groupe plus ou moins adverse.* — *Être maître de la place :* agir en maître, faire ce qu'on veut. « *Je suis seul à lui tenir tête... En l'absence des parents, Victor se sait maître de la place* » (GIDE). ♦ 3° *Comm., Fin.* (1606, « place du change »). Ville où se font des opérations de banque, de commerce ; ensemble des banquiers, des commerçants, des négociants qui exercent leur activité dans une ville. *Avoir du crédit sur la place, dans la ville où l'on exerce son activité. Le Brésil « jette sur les places des diamants moins blancs que ceux de l'Inde »* (BALZ.). « *C'était le modeleur le plus réputé sur la place de Paris* » (QUENEAU). — *Faire la place :* aller chez les divers commerçants d'une ville pour leur proposer des marchandises. ♦ 4° *Vieilli* (1835). *Place de voiture :* lieu où stationnent les voitures de louage. — *Loc. mod. Voiture de place.* V. **Taxi.** ♦ 5° *Région.* (Nord, Belgique). Pièce (II, 7°). *Logement de quatre places.*
II. ♦ 1° (h. XIIIᵉ ; XVᵉ). Partie d'un espace ou d'un lieu (surtout dans des constructions avec une prép. de lieu). V. **Emplacement, endroit, lieu.** *À la même place.* — *De place en place, par places.* ◇ *Spécialt.* Endroit où l'on se trouve. *Rester, demeurer à la même place.* — EN PLACE. *Rester en place ; ne pas rester, ne pas tenir en place :* être toujours en mouvement, bouger sans cesse. — SUR PLACE. *Rester sur place :* immobile. *Être cloué de surprise sur place.* — *Subst.* (Sport) *Faire du sur place :* rester immobile, en équilibre, sur sa bicyclette.* — *Fam. Voiture qui fait du sur place dans une rue encombrée :* qui n'avance pas. — *Sur place :* à l'endroit où un événement a eu lieu. V. **Lieu** (sur les lieux). *Faire une enquête sur place.* ♦ 2° Portion d'espace, endroit, position qu'une personne occupe, qu'elle peut ou doit occuper. *Tenir beaucoup de place sur un banc. Serrez-vous un peu pour me faire une petite place près de vous. La place d'un élève dans une salle de classe.* — (À table) *La place d'honneur, à droite de la maîtresse de maison.* — *Aller s'asseoir à sa place. Gagner, reprendre sa place. Prendre la place de qqn. Abandonner, quitter sa place.* — *À vos places ! en place !* allez, retournez chacun à la place que vous devez occuper. ◇ *Loc.* (sans article) *Prendre place :* se placer. *Faire place à qqn :* se ranger pour permettre à qqn de passer. — *Vieilli. Place, place ! :* faites place ! ♦ 3° *Spécialt.* (1530) Siège ou partie d'un siège qu'occupe ou que peut occuper une personne dans une salle de spectacle, un véhicule, etc. *Place vide, libre, occupée. Louer, retenir, réserver sa place.* « *Je la conduisis à la gare, lui fis donner une bonne place dans le train de Paris* » (DUHAM.). *Place de parterre, à l'orchestre.* V. **Fauteuil.** *Conduire les spectateurs à leurs places.* V. **Placer ; ouvreuse.** *Voiture à deux* (V. **Biplace**), *à quatre places.* Ellipt. *Une quatre places. Places avant, arrière. Place du mort* (réputée dangereuse), *à côté du conducteur. Avion à une place* (V. **Monoplace**), *à plusieurs places* (V. **Multiplace**). — *Espace d'un lieu public que peut occuper une personne. Place assise, où l'on peut s'asseoir, où l'on est assis. Ce modèle d'autobus comprend quarante places assises et douze places debout.* ◇ *Par ext.* Droit d'occuper une place, prix qu'on paye pour pouvoir occuper une place dans une salle de spectacle, un véhicule, etc. *Offrir une place à qqn pour la première d'une pièce.* — *Payer demi-place, place entière.* ♦ 4° Espace libre où l'on peut mettre qqch. *(de la place) ; portion d'espace qu'une chose occupe (une place, la place de...).* V. **Espace.** *Faire, gagner de la place en se débarrassant des objets inutiles. Économie, gain de place.* « *Notre article est déjà bien long, et pourtant, pour le finir, il nous faudrait encore bien de la place* » (GAUTIER). — *Une place vide.* — *Objet qui tient, qui occupe beaucoup de place, une grande place.* — (Suivi d'un inf.) *Il y a de la place de mettre une table. Avoir de la place pour se retourner.* ♦ 5° Endroit, position qu'une chose occupe, peut ou doit occuper dans un lieu, un ensemble. V. **Emplacement, position.** « *Chaque chose à sa place, l'étroit espace si bien utilisé* » (TAINE). *Changer la place des meubles. Objet qui change de place. Mettre* (V. **Placer**), *remettre un objet à sa place* (V. **Replacer**). — *La place des mots dans la phrase.* V. **Disposition, ordre.** — EN PLACE, à sa place. *S'assurer si tout est en ordre, en place. Laisser, mettre, remettre en place.* — MISE EN PLACE : arrangement, installation. — *Arts.* Opération qui consiste à tracer les grandes lignes, à répartir les masses, les volumes d'une composition picturale ou architecturale.
III. *(Abstrait).* ♦ 1° (1538). Le fait d'être admis dans un groupe, un ensemble, d'être classé dans une catégorie ; condition, situation dans laquelle on se trouve. V. **Situation.** *Cet homme d'État aura, prendra, trouvera place dans l'histoire. Avoir sa place au soleil :* profiter des mêmes avantages que les autres. *Place à...! Place aux jeunes!* — *Tenir sa place :* figurer honorablement, bien tenir son rang. *Il ne donnerait pas sa place pour un empire, pour un boulet de canon :* il ne la céderait pour rien au monde. — *À la place de qqn, dans sa situation. Se mettre à la place de qqn :* imaginer, supposer qu'on est soi-même dans la situation où l'on est. « *Celui qui ne s'est jamais mis, fût-ce une fois dans sa vie, à la place d'autrui ; qui ignore cet effort pour sortir de soi-même* » (MAURIAC). *Enfin, mettez-vous à ma place! Je voudrais bien vous voir à ma place!* (Cf. fam. *Vous y voir*). *À votre place, je refuserais :* si j'étais vous. — *Avoir, prendre, trouver place, sa place.* V. aussi **Lieu** (avoir lieu). « *Il n'y a pas de place pour la passion dans un tel univers* » (CAMUS). « *Une amitié qui tenait... presque autant de place que son amour* » (GIDE). ♦ 2° Position, rang dans une hiérarchie. *Avoir, tenir, occuper la place d'honneur, la première place.* « *Si les lois donnent la première place à l'homme, l'honneur donne le premier rang à la femme* » (HUGO). ◇ (1680) Rang qu'obtient un élève à une composition, un candidat à un concours. V. **Classement.** *Avoir une bonne place en histoire. Être reçu à un concours dans les premières places.* ◇ Rang d'un sportif dans une équipe, dans une course, une compétition. — Classement du cheval qui arrive parmi les *placés.* ◇ (1611) *Vx.* Situation sociale importante. — *Mod.* Emploi (généralement modeste). *Une place d'employé de bureau. Perdre sa place, chercher une bonne place. Domestique qui a fait plusieurs places.* « *Noblesse, fortune, un rang, des places, tout cela rend si fier!* » (BEAUMARCH.). V. **Charge, dignité, fonction, poste.** — *Être en place :* jouir d'un emploi,

d'une charge qui confère à son titulaire de l'autorité, de la considération. *Les gens en place.* ◆ 3° (Aux sens II, 1° ou 2°, et dans des express., pour exprimer l'idée de *remplacement*). *S'installer, se mettre à la place, prendre la place de qqn. Occuper, tenir la place de qqn.* V. **Remplacer, substituer** (se). *Laisser la place à qqn.* — *Faire place à* : être remplacé. « *Le ciel toujours redevient pur Toute nuit fait place au matin* » (ARAGON). — Loc. À LA PLACE DE : au lieu de. V. **Pour.** *Employer un mot à la place d'un autre.* « *Je voyais... une mosquée à la place d'une usine* » (RIMBAUD). — Absolt. *À la place.* « *Mettez une pierre à la place. Elle vous vaudra tout autant* » (LA FONT.). ◆ 4° Spécialt. *La place de qqn* : celle qui lui convient. *Sa place est à l'atelier, au bureau, au foyer. Être à sa place* : être fait pour la fonction qu'on occupe ; être adapté à son milieu, aux circonstances. *Se tenir, rester à sa place* : se conduire comme l'exige sa condition, son état, avec modestie. — *Remettre qqn à sa place* : le rappeler à l'ordre, aux convenances. V. **Reprendre, réprimander.** « *Il se promettait bien de le remettre à sa place, et de lui donner une leçon un jour ou l'autre* » (MAUPASS.).

PLACÉ, ÉE [plase]. *adj.* (XVIIᵉ ; V. **Placer**). ◆ 1° Mis à telle ou telle place. *Bien, mal placé.* ◆ 2° Qui est dans telle situation. *Personnage haut placé.* ◇ *Être bien placé pour, être en situation de, en bonne position* pour. Je suis bien placé pour le savoir, pour en parler.* — *C'est de la fierté mal placée* : hors de propos. ◆ 3° (1854). *Cheval placé,* qui se classe dans les deux premiers, s'il y a de quatre à sept partants, et dans les trois premiers, s'il y a plus de sept partants. *Jouer un cheval gagnant et placé.* — Ellipt. *Jouer placé.* — Subst. Somme que rapporte un cheval placé. *Toucher un placé.*

PLACEBO [plasebo]. *n. m.* (apr. 1945 ; mot lat. « je plairai », par l'angl.). *Pharm.* Substance neutre que l'on substitue à un médicament pour contrôler ou susciter les effets psychologiques accompagnant la médication. *Méthode du placebo.* V. **Double-aveugle.**

PLACEMENT [plasmã]. *n. m.* (1578 ; de *placer*). ◆ 1° Rare ou *région.* (Belgique). Action de placer. *Le placement des convives autour d'une table. Le placement des choses.* V. **Installation, rangement.** ◆ 2° (1788). L'action, le fait de placer de l'argent. V. **Investissement.** *Vous avez fait un bon placement. Placement de père de famille* : bon et sûr. ◇ *L'argent ainsi placé, le capital investi. Revenus d'un placement.* ◆ 3° (1834). Action de procurer un emploi, une place à qqn. *Agence, bureau de placement,* qui se charge de répartir les offres et les demandes d'emploi (des domestiques, notamment). *École professionnelle qui assure le placement de ses élèves.* — Méd. *Placement d'enfants dans un établissement sanitaire ou social. Placement d'un malade mental dans un service psychiatrique.* V. **Internement.**

PLACENTA [plasɛ̃ta]. *n. m.* (1654 ; *placente* « gâteau, galette », 1540 ; lat. *placenta*). ◆ 1° Masse charnue et spongieuse richement vascularisée, qui adhère à l'utérus par un grand nombre de prolongements et communique avec le fœtus par le cordon ombilical. *Chez les mammifères placentaires, le placenta représente l'annexe fœtale par laquelle se font les échanges entre le corps du fœtus et le sang maternel. Expulsion du placenta.* V. **Délivrance.** ◆ 2° Bot. (1694). Partie d'un carpelle où sont insérés les ovules. *La graine est attachée au placenta par le funicule.*

PLACENTAIRE [plasɛ̃tɛʀ]. *adj. et n.* (1817 ; de *placenta*). Relatif au placenta. *Membranes, vaisseaux placentaires.* ◇ *N. m. pl.* Mammifères dont le fœtus se développe entièrement dans l'utérus par l'intermédiaire d'un placenta (tous les mammifères, sauf les marsupiaux et les monotrèmes). — Au sing. *Un placentaire.*

PLACENTATION [plasɛ̃tasjɔ̃]. *n. f.* (1817 en bot. ; de *placenta*). ◆ 1° Embryol. Formation du placenta. ◆ 2° Bot. Manière dont les graines sont disposées sur le carpelle. *Placentation axile, centrale, pariétale.*

1. PLACER [plase]. *v. tr.* : prend un ç devant *a* et *o* : il *plaçait, plaçons* (1564 ; de *place*).
I. Ⓐ (*Concret*). ◆ 1° Mettre (qqn) à une certaine place, en un certain lieu ; conduire à sa place. V. **Caser** (*fam.*), **installer.** *Placer qqn à table. Personne qui place les spectateurs dans une salle de cinéma, un théâtre.* V. **Ouvreuse, placeur** (2°). « *Il avait suffi de placer les sentinelles aux quatre portes d'entrée* » (CAMUS). V. **Poster.** ◆ 2° Mettre (qqch.) à une certaine place, en un certain lieu ; disposer d'une certaine façon. *Placer une pendule sur une cheminée.* V. **Déposer, mettre, poser.** *Placer son bureau à l'entresol* (V. **Établir**). *Placer une chose contre une autre* (V. **Adosser, appliquer, coller**), *au-dessus d'une autre* (V. **Couvrir**). *Placer plus bas* (V. **Baisser**), *plus haut* (V. **Élever, monter**), *verticalement* (V. **Dresser, ériger, planter**), *plus près* (V. **Approcher, rapprocher**), *plus loin* (V. **Éloigner, séparer**), *à plat* (V. **Coucher, étendre**), *entre* (V. **Interposer**), *ensemble* (V. **Joindre**), *en face* (V. **Opposer**). *Placer les choses bien en ordre.* V. **Arranger, classer, disposer, ordonner ; ranger.** — Fig. *Placer*

sa voix. — *Jeu et sport. Placer la balle* : la lancer de manière qu'elle touche un point déterminé. *Boxe. Placer un direct, son gauche.* Ⓑ (*Abstrait*). ◆ 1° (1665). Mettre (qqn) dans une situation déterminée. *Placer qqn trop haut. Placer un employé sous l'autorité d'un chef de bureau.* — Au p. p. « *Toute l'équipe placée sous ses ordres* » (MAC ORLAN). ◇ Spécialt. (1690) *Placer qqn* : lui procurer une place, un emploi. *Placer un apprenti chez un boucher.* ◆ 2° Mettre (qqch.) dans une situation, à une place ; faire consister en. « *Je place le tact au premier rang des qualités humaines* » (DUHAM.). V. **Mettre.** *Placer le bonheur dans la sagesse. Placer ses espérances en qqn.* V. **Fonder.** ◆ 3° Faire se passer (en un lieu) un récit. V. **Localiser, situer.** *« Rousseau avait placé la Nouvelle Héloïse »* ◇ Situer un événement en un point du temps. *Placer une anecdote, une histoire. Mᵐᵉ de Genlis « ne perdra aucune occasion de placer un précepte, une recette, soit de morale, soit de médecine »* (STE-BEUVE). *Il n'a pas pu placer un seul mot* : il n'a pu rien dire, on l'a empêché de parler. ◆ 5° S'occuper de vendre. *Démarcheur qui place les valeurs financières. Placer des marchandises.* ◆ 6° Employer (un capital) afin d'en tirer un revenu ou d'en conserver la valeur. V. **Investir.** *Placer son argent en fonds d'État. Elle avait « placé tout son petit avoir en viager »* (DUHAM.).

II. SE PLACER. *v. pron.* ◆ 1° Se mettre à une place. — (*Personnes*) V. **Installer** (s'). « *Les autres convives se placèrent à leur goût* » (ZOLA). — (*Choses*) Être placé. *Le fauteuil se place devant la cheminée.* ◆ 2° (Abstrait). *Se placer sous la protection de qqn. Se placer dans la situation la plus favorable. Se placer à un certain point de vue.* — (*Choses*) Être placé. ◆ 3° Prendre une place, un emploi (apprenti, domestique). *Domestique qui se place.*
◇ ANT. **Déplacer, déranger.**

2. PLACER [plasɛʀ]. *n. m.* (1851 ; mot esp.). Gisement d'or. *Les placers de Californie, d'Australie.*

PLACET [plasɛ]. *n. m.* (1479 ; mettre de *placet* « assignation à comparaître », 1365 ; mot lat. signifiant « il plaît, il est jugé bon »). ◆ 1° Vx. Écrit adressé à un roi, à un ministre pour demander justice, se faire accorder une grâce, une faveur. V. **Demande, pétition, requête.** *Placet au roi, à la reine.* ◆ 2° Mod. *Dr.* Copie sur papier libre de l'acte introductif d'instance qui est remise au greffier pour l'enrôlement de la cause. *Réquisition sur placet* (On dit aussi *réquisition d'audience*).

PLACETTE [plasɛt]. *n. f.* (1356, repris XXᵉ ; de *place*). Petite place. « *La placette de l'église...* » (GIONO).

PLACEUR, EUSE [plasœʀ, øz]. *n.* (1765 ; de *placer* 1). ◆ 1° Techn. Ouvrier qui met en place, qui pose (une pièce, un objet déterminé). *Placeur de portes, de poulies* (dans une mine). ◆ 2° Cour. (1845). Personne qui, dans une salle de spectacle, conduit chaque spectateur à sa place ou qui, dans une cérémonie, une réception, indique à chacun la place qu'il doit occuper. REM. *Au fém.,* on emploie plutôt *ouvreuse*.* ◆ 3° Personne qui tient un bureau de placement, qui procure des places aux personnes sans emploi, notamment aux gens de maison. ◆ 4° Rare. Personne qui place des marchandises, des billets de loterie. V. **Placier.**

PLACIDE [plasid]. *adj.* (1495 ; lat. *placidus,* de *placere* « plaire », avec infl. de *pax* « paix »). Qui est doux et calme. V. **Paisible.** *Il restait placide, sous les injures.* V. **Flegmatique, imperturbable.** — *Un sourire placide.* V. **Serein.**
◇ ANT. **Anxieux, emporté, nerveux.**

PLACIDEMENT [plasidmã]. *adv.* (1611 ; de *placide*). D'une manière placide. « *Quelque chose de correct, de sérieux, de placidement grave dans la contenance* » (GONCOURT).

PLACIDITÉ [plasidite]. *n. f.* (1444, repris XIXᵉ ; lat. *placiditas*). Caractère placide. V. **Calme, douceur, flegme, sérénité, tranquillité.** *Sa placidité naturelle calmait les plus excités. Répondre avec placidité à une accusation. « La placidité de la croyance absolue, la paix de l'âme conservée dans le cloître »* (TAINE). ◇ ANT. **Angoisse, émoi, énervement.**

PLACIER, IÈRE [plasje, jɛʀ]. *n.* (1690 ; de *place*). 1° Comm. Personne qui prend à ferme les places d'un marché public pour les sous-louer aux marchands. ◆ 2° (1845). Agent qui fait la place (I, 3°), vend qqch. pour une maison de commerce. V. **Courtier, représentant.** *Placier en librairie.* « *Un petit employé..., livreur clandestin ou placier en quatrième main* » (AYMÉ).

PLAFOND [plafɔ̃]. *n. m.* (*Platfond,* 1559 ; de *plat,* et *fond*).
I. ◆ 1° Surface horizontale qui limite une salle dans sa partie supérieure. *Les plafonds ont remplacé les voûtes. Plafond bas. Chambre basse de plafond. Faux plafond,* cloison au-dessous du vrai plafond servant à diminuer la hauteur de la pièce. *Plafond ancien, rustique, à solives apparentes. Plafond à compartiments, à caissons.* V. **Soffite.** *Plafond de plâtre, orné de moulures.* ◇ Loc. fig. *Avoir une araignée au plafond* : être fou. — *Sauter* au plafond.* ◆ 2° Paroi supérieure. *Plafond d'un wagon, d'une automobile.*

— Paroi rocheuse supérieure lorsqu'elle est horizontale. *Plafond d'une galerie, d'une carrière* (V. **Ciel**), *d'une caverne.* ◇ *Météo.* (XXᵉ) Couche de nuages la plus basse, limite supérieure de visibilité lorsqu'on est au sol. « *Je navigue à sept cent cinquante mètres d'altitude sous le plafond de lourds nuages* » (ST-EXUP.). ♦ 3º (1916). Limite supérieure d'altitude à laquelle peut voler un avion. ♦ 4º *Fig.* Maximum qu'on ne peut dépasser. *Ce chiffre est un plafond.* — *Écon.* Limite d'émission des billets d'une banque. *Plafond de réescompte auprès de la Banque de France. Crever le plafond,* dépasser la limite maximum. ◇ (1922) Par appos. *Bridge-plafond,* ou ellipt. *Plafond,* variété du jeu de bridge (*opposé à* bridge-contrat). — *Prix plafond* : à ne pas dépasser (*opposé à* prix plancher).
II. (Par un retour à l'étym.). Fond plat, surface plane et horizontale. — *Archit.* Dessous d'un membre d'architecture, en plate-bande. *Plafond de corniche, de larmier.* — Géogr. *Plafond d'une vallée, d'un fleuve.*

PLAFONNAGE [plafɔnaʒ]. *n. m.* (1835 ; de *plafonner*). *Techn.* Action de plafonner (I) ; son résultat. *Plafonnage d'une chambre.*

PLAFONNEMENT [plafɔnmã]. *n. m.* (1922 ; bx-arts, 1874 ; de *plafonner*). Action de plafonner (II, 2º). *Le plafonnement des bénéfices.*

PLAFONNER [plafɔne]. *v.* (1690 ; de *plafond*).
I. *V. tr.* Garnir (une pièce) d'un plafond en plâtre. *Faire plafonner un grenier.* — Au p. p. « *Aucune des deux pièces n'est plafonnée* » (BALZ.).
II. *V. intr.* ♦ 1º (1755). Peint. *(Vx)* Être peint en trompe-l'œil sur un plafond. ♦ 2º *Mod.* (1922). Atteindre son altitude maximum, en parlant d'un avion (V. **Culminer**). ♦ 3º *Fig.* Atteindre un plafond (I, 4º). *Production industrielle qui plafonne. Salaires qui plafonnent à tel échelon.* ◇ Au p. p. *Salaire plafonné,* fraction maximum d'un salaire soumise aux cotisations de la Sécurité sociale.

PLAFONNEUR [plafɔnœr]. *n. m.* (1800 ; de *plafonner*). *Techn.* Ouvrier qui fait les plafonds de plâtre.

PLAFONNIER [plafɔnje]. *n. m.* (1911 ; « ce qui protège le plafond de la fumée », 1907 ; de *plafond*). Appareil d'éclairage fixé au plafond sans être suspendu (à la différence du lustre). *Plafonnier d'un vestibule.* ◇ Lampe d'éclairage intérieur au plafond d'une automobile.

PLAGAL, ALE, AUX [plagal, o]. *adj.* (1578 ; lat. ecclés. *plaga,* du gr. *plagios* « oblique »). *Mus.* Se dit d'un mode du plain-chant où la quinte est à l'aigu et la quarte au grave (*opposé à* « mode authentique »). *Mode plagal.* Par ext. *Cadence plagale.*

1. PLAGE [plaʒ]. *n. f.* (1290 ; var. *plaie* ; lat. *plaga*). *Littér.* et *vx.* Étendue de terre. « *Figurez-vous, seigneurs, des plages sablonneuses, labourées par les pluies de l'hiver, brûlées par les feux de l'été* » (CHATEAUB.). — Par ext. *Plage de mer,* étendue de mer.

2. PLAGE [plaʒ]. *n. f.* (1456 ; *plaje,* 1298 ; it. *piaggia* « pente douce », du gr. *plagios* « oblique » ; Cf. Plagiaire).
♦ 1º Vx. *(Mar.)* Rivage en pente douce dont les navires peuvent aisément approcher. ♦ 2º *Mod.* (Répandu déb. XIXᵉ ; on disait « marine »). Endroit plat et bas d'un rivage où les vagues déferlent, et qui est constitué de débris minéraux plus ou moins fins (limon, sable, galets). V. **Grève.** *Plages d'une côte plate. Plage de sable, de galets. Plage de station balnéaire. Aller à la plage et se baigner. Sac, robe de plage.* — Par ext. Lieu, ville où une plage est fréquentée par les baigneurs. *Maisons de jeu, casinos des plages à la mode.* ◇ Par ext. Rive sableuse d'un lac, d'une rivière, où l'on peut se baigner. *Les plages de la Seine, de la Loire.* ♦ Appos. Désigne une ville, un quartier où se trouve une plage. *Berck-Plage. Albert-Plage.* « *Balbec-le-Vieux, Balbec-en-Terre,... n'était ni une plage ni un port... Cette mer... était à plus de cinq lieues de distance, à Balbec-Plage...* » (PROUST). ♦ 3º *Mar.* Pont uni horizontal à l'avant ou à l'arrière de certains navires de guerre. Par ext. Plate-forme, derrière la tourelle d'un char d'assaut. ◇ *Plage arrière d'une automobile* (derrière les sièges arrière). ♦ 4º *Sc.* Plage d'équilibre, surface représentant les positions d'équilibre dans les cas de frottement. — Opt. *Plage lumineuse,* surface éclairée de brillance égale. ♦ 5º *Techn.* Chacun des espaces gravés d'un disque phonographique séparés par un intervalle. ♦ 6º Laps de temps, durée limitée (spécial. en radiodiffusion). « *Diffuser des plages musicales d'un quart d'heure* » (*Le Monde*, 6-3-1970). ◇ Écart entre deux mesures ou possibilités. *Plage des prix, des choix.*

PLAGIAIRE [plaʒjɛr]. *n.* (*Plagiere,* 1584 ; lat. *plagiarius,* « Celui qui vole les esclaves d'autrui » ; rac. gr. *plagios* « oblique, fourbe »). Personne qui pille ou démarque les ouvrages des auteurs. V. **Contrefacteur,** copiste, imitateur. « *Des compilateurs à foison, des ressasseurs, des plagiaires de plagiats et des critiques de critiques* » (BAUDEL.). *Un(e) plagiaire.*

PLAGIAT [plaʒja]. *n. m.* (1697 ; du rad. de *plagiaire*). Action du plagiaire, vol littéraire. V. **Copie, emprunt,** imi-

tation. *Ce chapitre est un plagiat.* « *Le plagiat est la base de toutes les littératures, excepté de la première, qui d'ailleurs est inconnue* » (GIRAUDOUX). ◇ ANT. *Création.*

PLAGIER [plaʒje]. *v. tr.* (1801 ; de *plagiat*). ♦ 1º Copier (un auteur) en s'attribuant indûment des passages de son œuvre. V. **Imiter,** piller. Par ext. *Plagier une œuvre.* V. **Calquer,** démarquer. — Au p. p. *Cette histoire est plagiée :* c'est un plagiat. ♦ 2º *Fig.* et *littér.* Imiter. *L'amour « avait commencé par plagier la mystique* » (BERGSON).

PLAGIOCLASES [plaʒjɔklaz]. *n. m. pl.* (1899 ; du gr. *plagios* « oblique », et *clasis* « cassure »). *Minér.* Feldspaths contenant du calcium et du sodium, mais pas de potassium.

PLAGISTE [plaʒist(ə)]. *n.* (1964 ; de *plage* 2, 2º). Personne qui exploite une plage payante (en louant des emplacements, des cabines, etc.).

1. PLAID [plɛ]. *n. m.* (842, « convention, accord » ; lat. *placitum,* p. p. de *placere* « plaire »). *Vx.* ♦ 1º Assemblée judiciaire, audience. ♦ 2º Querelle, discussion. — Procès. ◇ HOM. *Plaie;* formes du v. *plaire.*

2. PLAID [plɛd]. *n. m.* (1708 ; angl. *plaid,* de l'écoss. *plaide,* mot gaélique « couverture »). ♦ 1º Ancienn. Vêtement des montagnards écossais, couverture de laine à carreaux drapée pour servir de manteau (V. *aussi* **Tartan**). « *Les Écossais aux genoux nus et aux plaids quadrillés* » (HUGO). ♦ 2º (1827). *Vx.* Ample manteau de voyage d'homme ou de femme. ♦ 3º *Mod.* (Sens étym.). Couverture de voyage en lainage écossais aux couleurs vives. *S'envelopper les jambes dans un plaid.*

PLAIDABLE [plɛdabl(ə)]. *adj.* (1294 ; de *plaider*). *Dr.* Qui peut être plaidé. *Sa cause n'est pas plaidable.*

PLAIDANT, ANTE [plɛdã, ãt]. *adj.* (1278 ; de *plaider*). *Dr.* Qui plaide. *Les parties plaidantes. Avocat plaidant (opposé à* consultant, conseil).

PLAIDER [plede]. *v.* (1226 ; *plaidier,* 1080 ; de *plaid* 1).
I. *V. intr.* ♦ 1º Développer oralement une affaire devant un tribunal. *Personne qui plaide.* V. **Plaideur.** *Plaider contre qqn :* lui intenter un procès. ♦ 2º Défendre une cause devant les juges. *Droit de plaider et consulter des avocats. Avocat qui plaide pour son client, contre la partie adverse.* V. **Plaidoirie.** ◇ *Fig.* PLAIDER POUR, EN FAVEUR DE : défendre par des arguments justificatifs ou par des excuses. *Il a plaidé en sa faveur auprès de ses parents. Parlementaire qui plaide pour son programme.* « *Tout révolté... plaide donc pour la vie, s'engage à lutter contre la servitude* » (CAMUS). — *Ses mérites passés, sa sincérité plaident pour lui, plaident en sa faveur :* jouent en sa faveur.
II. *V. tr.* ♦ 1º Défendre (une cause) en justice. *Avocat qui plaide la cause d'un accusé. Cause mal plaidée.* — Fig. (1690) *Plaider la cause de qqn,* parler pour lui, en sa faveur. *Plaider sa propre cause :* se défendre. Fig. « *On y apprend à plaider avec art la cause du mensonge* » (Rouss.). *Plaider une cause perdue.* ♦ 2º Soutenir, faire valoir dans une plaidoirie. *Avocat qui plaide l'irresponsabilité de son client, la légitime défense.* — Ellipt. *Plaider coupable, non coupable*.* Par ext. En parlant de l'accusé lui-même. *Accusé, plaidez-vous coupable ou non coupable?* ♦ Loc. fig. *Plaider le faux pour savoir le vrai :* déguiser sa pensée pour amener qqn à dire la vérité, à se découvrir.

PLAIDEUR, EUSE [plɛdœr, øz]. *n.* (1538, « avocat » ; *plaideor,* 1210 ; de *plaider*). Personne qui plaide en justice. V. **Plaidant;** partie. *Plaideurs d'un procès.* V. **Défenseur,** demandeur. « *Un juge siège comme arbitre dans un procès au civil. Il ne veut pas savoir si l'un des plaideurs est riche et l'autre pauvre* » (ALAIN). ◇ *Spécialt.* et *vx* (1230, *pledeor,* 1680, *plaideuse*) Personne qui a la manie de plaider, qui est toujours en procès. V. **Chicaneur.** « *Les Plaideurs* », comédie de Racine.

PLAIDOIRIE [plɛdwaRi]. *n. f.* (*Plaidoierie,* 1318 ; de l'a. v. *plaidoyer.* V. **Plaidoyer**). ♦ 1º *Dr.* Action de plaider, exposition orale des faits d'un procès et des prétentions du plaideur, faite par lui-même ou plus généralement par son avocat. V. **Défense,** plaidoyer. *Plaidoiries des avocats. Une belle plaidoirie.* — *Fig.* Défense orale ou écrite rappelant celle de la plaidoirie en justice. ♦ 2º *Rare.* Art de plaider, profession d'avocat. « *Cet avocat est meilleur pour la consultation que pour la plaidoirie* » (ACAD.). ◇ ANT. *Accusation,* réquisitoire.

PLAIDOYER [plɛdwaje]. *n. m.* (1519 ; *plédoié,* 1283 ; non verbal de l'a. v. *plaidoyer* « plaider » ; de *plaid* 1). ♦ 1º Discours prononcé à l'audience pour défendre le droit d'une partie. V. **Plaidoirie.** *Avocat qui prononce, fait un plaidoyer passionné.* « *Le plaidoyer que j'avais préparé en faveur de l'accusé* » (VIGNY). ♦ 2º (XVIᵉ). Défense passionnée d'une ou plusieurs personnes, d'une idée, d'une grave affaire publique. *Les plaidoyers des Girondins à l'Assemblée.* « *Les Misérables* (de Hugo) *sont... un plaidoyer pour les misérables* » (BAUDEL.). — (Dans un sens plus large) V. **Apologie,** défense, éloge, justification. *Un plaidoyer en faveur du mariage. Plaidoyer pro* domo.* ◇ ANT. *Accusation,* réquisitoire.

PLAIE [plɛ]. *n. f.* (1080 ; lat. *plaga* « blessure, plaie »).

♦ 1° Ouverture dans les chairs, les tissus, due à une cause externe (traumatisme, intervention chirurgicale) et présentant une solution de continuité des téguments, parfois une perte de substance (V. **Blessure, lésion**). *Plaie profonde, large, béante. Plaie superficielle. Nature d'une plaie.* V. **Brûlure, coupure, déchirure, écorchure, entaille, incision, morsure.** *Les lèvres de la plaie.* « *Ginevra frissonna en voyant la longue et large plaie faite par la lame d'un sabre sur l'avant-bras du jeune homme* » (BALZ.). *Laver, nettoyer, désinfecter une plaie. Bander, panser une plaie. Plaie qui se cicatrise, se ferme.* — *Loc. fig.* (1598) *Ne demander, ne rêver que plaies et bosses :* chercher toutes les occasions de se battre, d'affronter des dangers physiques. ◇ *Littér.* Entaille, déchirure. *Le gemmage* « *les balafre* (les arbres) *de longues plaies* » (GENEVOIX). ♦ 2° *Par métaph.* et *fig.* (1226, « *ce qui porte préjudice* »). Blessure, déchirement. *Les plaies de l'âme, du cœur.* « *Il est peu de plaies morales que la solitude ne guérisse* » (BALZ.). *Rouvrir une plaie. Loc. Retourner, remuer le couteau, le poignard, le fer dans la plaie :* faire souffrir en attisant une cause de douleur morale. — *Mettre le doigt sur la plaie,* trouver la cause du mal. — « *Sonder les plaies de la société* » (SAND). ◇ *Loc. prov. Plaie d'argent* n'est pas mortelle.* ♦ 3° *Vx.* Fléau. *Loc. Les sept plaies d'Égypte.* — *Mod.* Chose très pénible. « *Cette malheureuse guerre d'Espagne a été une véritable plaie, la cause première des malheurs de la France* » (CHATEAUB.). *Fam. C'est une vraie plaie, quelle plaie! :* c'est une chose, une personne insupportable. ◇ HOM. *Plaid* (1); formes du v. *plaire.*

PLAIGNANT, ANTE [plɛɲɑ̃, ɑ̃t]. *adj.* et *n.* (v. 1225; de *plaindre*). ♦ 1° *Dr.* Qui dépose une plainte en justice. *La partie plaignante, dans un procès.* — N. *Le plaignant, la plaignante :* la personne qui dépose une plainte. ♦ 2° *Cour.* N. Personne qui se plaint, réclame justice (En *dr.* on dit **Demandeur**).

1. **PLAIN, PLAINE** [plɛ̃, plɛn]. *adj.* (1155; lat. *planus.* V. **Plan**). ♦ 1° *Vx.* Plat, uni, égal. « *Des lieux plains et sablonneux* » (ROUSS.). — *En Belgique] Tapis plain :* uni. ♦ 2° *Subst.* et *vx. Le plain de l'eau :* la haute mer. — *Mod.* (*Mar.*) Niveau le plus haut de la marée. *Aller au plain :* s'échouer à marée haute (d'un navire). ♦ 3° *Cour.* (1611; var. *à plain pied.* *Loc.* DE PLAIN-PIED : au même niveau. *Pièces de plain-pied, ouvertes de plain-pied sur une terrasse.* « *Les dalles de la terrasse, de pluin-pied avec la chambre où je couche* » (GIDE). ◇ *Fig. De plain-pied :* sans difficulté d'accès. « *Il passa de plain-pied, avec une parfaite aisance, de ses mysticités aux préoccupations les plus plates* » (BARRÈS). *Être de plain-pied avec qqn :* être sur le même plan, en relations aisées et naturelles avec lui. « *Les paysans nous aiment, ils se sentent de plain-pied avec nous* » (MAURIAC). ◇ ANT. **Accidenté, inégal.** — HOM. *Plain* (2), *plein*; et formes du v. *plaindre.* — (du fém.) **Plaine.**

2. **PLAIN** [plɛ̃]. *n. m.* (1585; contraction de *pelain* [XIIe-XIIIe]; de *peler*). *Techn.* Cuve contenant un lait de chaux, dans lequel on fait tremper les peaux à dépiler. ◇ HOM. *Plain* (1), *plein*; et formes du v. *plaindre.*

PLAIN-CHANT [plɛ̃ʃɑ̃]. *n. m.* (XIIe; de *plain*, et *chant*). Musique vocale rituelle, monodique, de la liturgie catholique romaine. *Le plain-chant date des premiers temps de l'Église; son répertoire* (hymnes, psaumes, motets,...) *fut codifié à l'époque de saint Ambroise* (chant ambrosien, IVe s.) *puis de saint Grégoire le Grand* (chant romain appelé au IXe s. grégorien*).

PLAINDRE [plɛ̃dʀ(ə)]. *v. tr.* et *pron.*; conjug. *craindre* (1050; lat. *plangere*).

I. *V. tr.* ♦ 1° Considérer (qqn) avec un sentiment de pitié, de compassion; témoigner de la compassion à. V. **Apitoyer** (s'), **compatir.** « *Plains-moi!... sinon, je te maudis!* » (BAUDEL.). « *Ne rien haïr, mon enfant, tout aimer, Ou tout plaindre!* » (HUGO). *Plaindre qqn sans l'excuser. Je ne le plains pas :* il a bien mérité ce qui lui arrive. « *Je te plains de tomber dans ses mains redoutables* » (RAC.). — *Se faire plaindre. Il aime à être plaint.* — *Être à plaindre :* mériter d'être plaint. *Il est plus à plaindre qu'à blâmer.* ◇ *Par ext.* (Avec un nom de chose pour complément) *Vieilli.* Témoigner sa pitié, sa compassion pour... *Plaindre le sort de qqn.* « *Pour plaindre le mal d'autrui, sans doute il faut le connaître, mais il ne faut pas le sentir* » (ROUSS.). ♦ 2° *Vx.* Déplorer (un événement, une chose pénible ou odieuse). « *Je révoque des lois dont j'ai plaint la rigueur* » (RAC.). ♦ 3° *Région.* (XIIIe). Employer, donner, dépenser à regret, avec répugnance. *Plaindre l'argent qu'on dépense.* — À la forme négative. « *Une bonne femme, vous pouvez dire, qui ne plaignait pas les perdreaux, ni les faisans...* » (PROUST). ◇ *Fig.* et *vx. Plaindre son temps, sa peine.* *Mod.* et *cour. Il ne plaint pas sa peine :* il travaille avec zèle, sans se ménager.

II. SE PLAINDRE. *v. pron.* (1080, au sens 2°). ♦ 1° Exprimer sa peine ou sa souffrance par des manifestations extérieures (pleurs, gémissements, paroles). V. **Crier, geindre, gémir, lamenter** (se), **pleurer.** *Souffrir sans se plaindre. Il ne*

se plaignait jamais quoiqu'il eût de perpétuels sujets de plaintes » (FRANCE). — *Se plaindre de douleurs, de maux de tête.* ♦ 2° Exprimer son mécontentement (au sujet de qqn, qqch.). V. **Grommeler, maugréer, protester.** *Se plaindre de qqn :* lui reprocher son attitude. « *Quand j'ai à me plaindre de quelqu'un, je me venge* » (LACLOS). *Se plaindre de son sort, de sa vie, de sa situation.* « *De quoi vous plaignez-vous, Madame? On vous révère* » (RAC.). — *Absolt. Il se plaint sans cesse.* V. **Crailler, râler, rouspéter** (*fam.*). *Il n'a pas à se plaindre.* — *Se plaindre à qqn :* protester, récriminer auprès de lui, au sujet d'une personne ou d'une chose. *J'irai me plaindre de cet employé au chef de service. Se plaindre à qui de droit*.* V. **Réclamer.** ◇ *Se plaindre de...* (suivi de l'inf.). « *Voit-on celui qui se sauve du naufrage se plaindre de n'avoir pas eu le choix des moyens?* » (LACLOS). — *Se plaindre que...* (suivi du subj.). *Il se plaint qu'on l'ait calomnié* (on ne sait si sa plainte était ou non justifiée). — *Suivi de l'ind.,* et soulignant la réalité de la plainte. « *Mes maîtres se plaignaient que j'oubliais tout mon latin...* » (STENDHAL). « *Élodie se plaignit que la gorge lui grattait...* » (FRANCE). — *Se plaindre de ce que...* (construit avec l'ind. ou le subj.). « *La femme de ménage se plaint doucement de ce qu'elle ait à nettoyer cette ordure* » (GIDE). ◇ ANT. **Envier.** Contenter (se), féliciter (se), satisfaire (se).

PLAINE [plɛn]. *n. f.* (XIIe; *pleine*, 1080; lat. pop. °*planea*, de *planus.* V. **Plain, plan**). ♦ 1° Étendue de pays plat ou faiblement ondulé, généralement assez vaste, et moins élevée que les pays environnants. *La plaine de la Beauce. Pays de plaines. Plaine entourée de montagnes formant dépression.* V. **Bassin.** *Plaine alluviale; plaine d'érosion.* V. *aussi* **Pénéplaine.** *Plaine steppique* (V. **Steppe**; **pampa**), *glacée* (V. **Toundra**). « *C'est la plaine, la plaine blême, Interminablement, toujours la même* » (VERHAEREN). « *Waterloo! Waterloo! Waterloo! morne plaine!* » (HUGO). — *Collect. La plaine et la montagne.* ♦ 2° *Fig. Hist.* (1792). Le centre de l'assemblée conventionnelle, où siégeaient les modérés (Girondins), *opposé* à la Montagne (On disait aussi le *Marais*). ♦ 3° *Blas.* Moitié de la champagne, sixième inférieur de l'écu. ◇ HOM. *Pleine; plaine* (fém. de *plain*).

PLAINTE [plɛ̃t]. *n. f.* (v. 1100, *Dr.*; de *plaindre*). ♦ 1° (*Plaint,* v. 1160). Expression vocale de la douleur (par des paroles ou des cris, des gémissements). V. **Gémissement, hurlement, lamentation, pleur, soupir.** *Exhaler, pousser des plaintes déchirantes. Souffrir sans une plainte.* « *Quelques plaintes mêlées de beaucoup de sanglots* » (MOL.). ◇ *Fig.* Chant, cri ou son qui évoque la plainte ou que l'on compare à une plainte. *La plainte du vent, d'une source.* ♦ 2° (1538). Expression du mécontentement que l'on éprouve. V. **Blâme, doléance, grief, murmure.** « *De justes plaintes et des revendications trop bien fondées* » (FRANCE). *Adresser une plainte collective. Sujet de plainte.* ♦ 3° (v. 1100). *Dr.* Dénonciation en justice d'une infraction par la personne qui affirme en être la victime. *Plainte en faux. Porter plainte; déposer une plainte contre qqn.* V. **Accuser, dénoncer; plaignant.** ◇ HOM. **Plinthe.**

PLAINTIF, IVE [plɛ̃tif, iv]. *adj.* (1130; de *plaindre*). ♦ 1° Qui a l'accent, la sonorité d'une plainte (généralement douce, faible). V. **Dolent, gémissant.** *Cris, gémissements plaintifs. Ton plaintif, voix plaintive.* V. **Gémissant, pleurard.** *Fig.* Qui évoque une plainte. « *Une tourterelle éleva sa voix plaintive* » (FRANCE). ♦ 2° (1606). *Vx.* Qui se plaint. « *La plaintive élégie en longs habits de deuil* » (BOIL.). ◇ *Fig.* et *littér.* (En parlant de choses) *Une source plaintive.* « *Ces girouettes encore plaintives contre le ciel de la vieille rue* » (FARGUE).

PLAINTIVEMENT [plɛ̃tivmɑ̃]. *adv.* (1588; de *plaintif*). D'une manière plaintive; avec un ton plaintif. « *Je voudrais boire un peu de vin. Elle réclama plaintivement* » (DURAS).

PLAIRE [plɛʀ]. *v. :* je plais, il plaît, nous plaisons, ils plaisent; je plaisais; je plus; je plairai; je plairais; plais; que je plaise; que je plusse; plaisant, plu : p. p. invar. (1050; l'inf. *plaire* a remplacé *plaisir*, d'apr. *faire*, ou d'apr. le futur je plairai).

I. *V. tr. indir.* Être une source de plaisir pour, être au goût de. **A** (*Personnes*). ♦ 1° PLAIRE À : être d'une fréquentation agréable à (qqn), lui procurer une satisfaction psychologique. V. **Agréer, captiver, charmer, fasciner, séduire; contenter, satisfaire.** « *Un désir de plaire à qui lui plaisait* » (SUARÈS). *Chercher à plaire à un supérieur, à un personnage important.* V. **Cultiver, flatter.** *Cet individu ne me plaît pas du tout.* V. **Revenir.** « *Un homme à qui personne ne plaît est bien plus malheureux que celui qui ne plaît à personne* » (LA ROCHEF.). « *J'ai beaucoup trop cherché à plaire aux autres* » (GIDE). ♦ 2° *Spécial.* Éveiller l'amour, le désir de qqn (Cf. *pop.* Taper* dans l'œil, tourner* la tête). *Femme qui plaît à un homme.* « *Que tu me plais dans cette robe!* » (GAUTIER). ♦ 3° *Absolt.* (Sans objet précisé). Plaire aux autres, aux gens à qui on a affaire. *Il plaît :* il est aimable, charmant, gentil, prévenant. « *Le plaisir de plaire est légitime* » (JOUBERT). « *Ne jamais parler de soi aux autres et leur parler toujours d'eux-mêmes, c'est tout l'art de plaire* » (GONCOURT).

◊ *Spécialt.* (En amour) Être aimé (Cf. *ci-dessus*, 2°). *Désir de plaire* : coquetterie. « *Il n'y a point de jolie femme qui n'ait un peu trop envie de plaire* » (MARIVAUX). Ⓑ *(Choses).* ♦ 1° Être agréable à. V. **Convenir.** *Cette situation lui plaît, il s'en trouve bien. Ce spectacle m'a beaucoup plu.* V. **Enchanter, ravir, réjouir.** — *Cela vous plaît?* V. **Aller, botter** *(fam.). Il ne travaille que quand ça lui plaît* (V. **Chanter**). *Il ne fait que ce qui lui plaît. Cela vous plaît à dire* (mais je n'en crois rien). ⒸⒷ *(Impersonnel).* ♦ 1° **IL... PLAÎT.** « *Il me plaît d'être battue* » (MOL.). V. **Aimer, vouloir.** « *Il m'a toujours plu d'obéir, de me plier aux règles* » (GIDE). ◊ (Sans inf. compl.) *Tant qu'il vous plaira* : tant que vous voudrez. *Quand il vous plaira.* « *Comme il vous plaira* » (titre d'une comédie de Shakespeare). *Faites ce qu'il vous plaira.* REM. Distinguer : *Ce qu'il vous plaît* (ce que vous voudrez) et *ce qui vous plaît* (ce que vous aimez). ♦ 2° **S'IL VOUS PLAÎT** (XII°-XIII°) : formule de politesse, dans une demande, un conseil, un ordre (Cf. Je vous prie). *Comment dites-vous cela, s'il vous plaît?* — *Région.* [Belgique]. (Pour offrir qqch.). *S'il vous plaît!* : Voici! ◊ (Pour souligner un avertissement) « *C'est à vous, s'il vous plaît, que ce discours s'adresse* » (MOL.). ◊ (Pour attirer l'attention sur ce qu'on vient de dire, ou de nommer) « *Un brevet d'héroïsme, signé par l'un de nos grands généraux, s'il vous plaît* » (CÉLINE). ♦ 3° (1690). **PLAÎT-IL** ? formule parfois employée pour faire répéter ce qu'on a mal entendu ou compris (ou qu'on feint d'avoir mal entendu). V. **Comment, pardon** (Cf. Vous dites?). ♦ 4° *(Au subj.).* **PLAISE... PLÛT...** (placés en tête de phrase). *Plaise, plût à Dieu, aux dieux, au ciel que...*, pour marquer qu'on souhaite qqch. « *Plût à Dieu que ma petite Gisèle trouvât celui qui la sauverait* » (MAURIAC). — *À Dieu ne plaise que...*, se dit pour marquer qu'on repousse telle ou telle supposition ou éventualité qu'on ne veut pas envisager. « *À Dieu ne plaise que je vous déplaise, monsieur le baron* » (MUSS.). — (Dr.) *Plaise...*, formule employée devant les tribunaux pour la rédaction des conclusions. *Plaise à la Cour déclarer...*

II. **SE PLAIRE.** *v. pron.* ♦ 1° *Réfl.* (1538). Plaire à soi-même, être content de soi. « *Chercher si fort à se plaire à soi-même* » (LA ROCHEF.). *Je me plais avec les cheveux longs.* ♦ 2° *(Récipr.).* Se plaire l'un à l'autre. « *Les hommes, nés pour vivre ensemble, sont nés aussi pour se plaire* » (MONTESQ.). *Spécialt. Ils se plaisent* (d'un homme et une femme). ♦ 3° **SE PLAIRE À** (1560) : prendre plaisir à. V. **Aimer, intéresser** (s'). « *Un homme d'action se plaît rarement aux œuvres d'art violentes* » (R. ROLLAND). — (Avec l'inf.) *Se plaire à faire, à dire, à penser.* « *Il se plaisait quelquefois à n'être servi que par un seul domestique* » (VIGNY). ♦ 4° (1680). Trouver du plaisir, de l'agrément à être dans (un lieu, une compagnie, un milieu). « *Pour qu'on se plaise quelque part, il faut qu'on y vive depuis longtemps* » (FLAUB.). *Il se plaît beaucoup à la campagne* : il s'y trouve bien. « *Elle s'était tant du plaisir à la solitude* » (BARRÈS). *Se plaire avec qqn. Se plaire dans les formalités et les cérémonies.* V. **Complaire** (se). ◊ *Par ext.* (Animaux, plantes) Se trouver de préférence; prospérer. *Plante qui se plaît dans les lieux humides.*

◊ ANT. **Déplaire.** Blaser, dégoûter, désobliger, ennuyer, fâcher, mécontenter, offusquer — HOM. Formes du v. pleuvoir (plut).

PLAISAMMENT [plɛzamã]. *adv.* (XIII° ; de *plaisant*). ♦ 1° D'une manière agréable. *Causer plaisamment et agréablement. Appartement plaisamment meublé.* ♦ 2° D'une manière comique. *Une colère plaisamment simulée.* V. **Drôlement.** ♦ 3° Ridiculement. *Être plaisamment accoutré, équipé.* ◊ ANT. Sérieusement; gravement.

PLAISANCE [plɛzãs]. *n. f.* (1265; de *plaisant*). ♦ 1° *Vx.* Plaisir, agrément; caractère plaisant. « *Il était occupé de faire prévaloir son opinion ou sa plaisance sur la vôtre* » (GIDE). ♦ 2° (XV°). DE PLAISANCE (loc. adj.), qui ne sert qu'au plaisir, à l'agrément. *Une exploitation « tenant de la ferme et de la maison de plaisance* » (GAUTIER). *Embarcation, navire de plaisance. Navigation de plaisance*, pratiquée pour l'agrément (yachts, canots automobiles, canoës, etc.). Ellipt. *La plaisance.*

PLAISANCIER [plɛzãsje]. *n. m.* (mil. XX°; de « navigation de *plaisance* »). Personne qui pratique la navigation de plaisance sportive.

PLAISANT, ANTE [plɛzã, ãt]. *adj.* et *n. m.* (1164; de *plaire*).

I. *Adj.* ♦ 1° Qui plaît, procure du plaisir. V. **Agréable, attrayant.** *Maison plaisante.* V. **Aimable, gai.** « *Ces maroquins sont plaisants à l'œil* » (FRANCE). *Décor, mobilier, séjour, site plaisant. Ce n'est guère plaisant.* V. **Engageant, excitant.** « *Il voulait que la circonstance fût agréable, fournit la matière d'un plaisant souvenir* » (ROMAINS). — *(Personnes)* Agréable, charmant. « *Des hommes... que toute femme plaisante, aisément désarme* » (SUARÈS). ♦ 2° (1538). Qui plaît en amusant, en faisant rire. V. **Amusant, comique, divertissant, drôle, rigolo** *(fam.). Une histoire, une anecdote assez plaisante.* ♦ 3° *Iron.* et vieilli (en épithète devant le nom ou en attribut).

Qui fait rire à ses dépens. V. **Bizarre, comique, ridicule, risible.** « *Plaisante justice qu'une rivière borne!* » (PASC.). « *Voilà un plaisant animal que votre Brama* » (VOLT.). — Mod. *C'est assez plaisant!*

II. *N. m.* ♦ 1° *Littér.* Le plaisant, ce qui plaît, ce qui amuse. *Un sujet « Où je puisse mêler le plaisant à l'utile* » (LA FONT.). — *Le plaisant de la chose*, le côté plaisant. ♦ 2° *Vx.* Celui qui cherche à divertir, à faire rire. V. **Bouffon, farceur, loustic.** « *Il était la victime d'un plaisant de Paris* » (BALZ.). ◊ *Mod.* **MAUVAIS PLAISANT** (1680) : personne qui fait des plaisanteries de mauvais goût. V. **Impertinent, plaisantin.** « *C'est un mauvais plaisant, satirique, moqueur, cherchant qu'à embarrasser les gens* » (STENDHAL).

◊ ANT. Antipathique, déplaisant, désagréable, fastidieux; grave, sévère

PLAISANTER [plɛzãte]. *v.* (1531; de *plaisant*).

I. *V. intr.* ♦ 1° Faire ou (le plus souvent) dire des choses plaisantes destinées à faire rire ou à amuser. V. **Amuser** (s'), **badiner, blaguer; plaisanterie.** *Aimer à plaisanter. N'être pas d'humeur à plaisanter. Plaisanter sur, à propos de qqn, de qqch.* « *Il y a des choses dont il ne faut pourtant point plaisanter* » (SAND). « *Il est allé vers les journalistes, a serré des mains. Ils ont plaisanté, ri et avaient l'air tout à fait à leur aise* » (CAMUS). ♦ 2° (1690). Dire ou faire qqch. par manière de jeu, sans penser être pris au sérieux. V. **Charrier** *(pop.),* **galéjer, gausser** (se), **rire.** *Vous plaisantez, j'espère?* vous ne parlez pas sérieusement? — *C'est un homme qui ne plaisante pas*, qui prend tout au sérieux. *Il ne plaisante pas là-dessus*, c'est un point sur lequel il est intransigeant, intraitable. *On ne plaisante pas avec ces choses-là*, ce sont des choses qu'il ne faut pas prendre à la légère. V. **Jouer.**

II. (1718). *V. tr.* (Avec un compl. de personne) Railler légèrement, sans méchanceté. V. **Blaguer, taquiner.** « *L'on plaisante les poètes qui tiennent que la forme et le fond, c'est tout un* » (PAULHAN). *Antoine « plaisantait Rachel sur ses colis qui encombraient le filet* » (MART. du G.).

PLAISANTERIE [plɛzãtʀi]. *n. f.* (1538; h. 1279, *plesanterie* ; de *plaisant*). ♦ 1° Propos destinés à faire rire, à s'amuser. V. **Blague, boutade, calembredaine, facétie, galéjade.** *Plaisanterie fine, piquante, spirituelle.* V. **Badinage.** *Plaisanterie lourde. Plaisanterie de mauvais goût. Des plaisanteries grossières, de corps de garde*.* « *Des plaisanteries fines, aiguës et, sous une apparence paradoxale, d'une justesse et d'une vigueur extrêmes* » (GAUTIER). *Il « se donna l'air de l'homme qui comprend, avec une seconde de retard, une plaisanterie spirituelle* » (ROMAINS). — *Savoir manier la plaisanterie* (V. **Gaieté, humour**). ♦ 2° Propos ou actes visant à railler, à se moquer (V. **Plaisanter,** II). *Plaisanteries à l'adresse de qqn.* V. **Lazzi, moquerie, quolibet, raillerie, satire, taquinerie.** *Être l'objet des plaisanteries, en butte aux plaisanteries* : être le souffre*-douleur, la tête* de Turc. « *Ils sortirent ainsi tous les trois, au milieu des plaisanteries et des huées de la salle* » (ZOLA). — *Être victime d'une plaisanterie.* V. **Attrape, avril** (poisson d'), **blague, canular, farce, mystification.** *Plaisanterie qui tourne mal.* V. **Par ext.** *Plaisanterie cruelle, macabre.* ◊ *La plaisanterie*, la raillerie. *Il prend bien la plaisanterie. Il n'entend, ne comprend pas la plaisanterie.* ♦ 3° Action de plaisanter (I, 2°); chose dite ou faite en plaisantant. *Dire une chose par plaisanterie, par manière de plaisanterie, sans parler sérieusement.* — *Ça a l'air d'une plaisanterie*, ça n'a pas l'air d'une chose sérieuse. ♦ 4° *Par ext.* Chose si peu sérieuse qu'elle en est dérisoire. V. **Bêtise.** « *Voir renaître sur la grande route les traditions chevaleresques? La bonne plaisanterie* » (DUHAM.). ◊ Chose très facile. V. **Bagatelle.** *Ce sera pour lui une plaisanterie de battre ce record.*

PLAISANTIN [plɛzãtɛ̃]. *n.* et *adj. m.* (1530, repris mil. XIX°; de *plaisant*). ♦ 1° Personne qui fait des plaisanteries d'un goût douteux. V. **Blagueur, farceur.** *C'est un plaisantin, mais il n'est pas méchant.* ◊ *Adj. Il « affecte avec moi un ton plaisantin et même égrillard* » (GIDE). ♦ 2° Personne qui ne prend rien au sérieux. V. **Fumiste.** *Vous êtes un petit plaisantin!*

1. **PLAISIR** [plɛziʀ]. *n. m.* (1080; anc. inf. du v. *plaire*; du lat. *placere*).

I. *Vx* (Sauf dans des express.). Ce qu'il plaît à qqn de faire, d'ordonner; ce qu'il juge bon, ce qu'il veut. *Si c'est votre plaisir, si c'est votre bon plaisir. Car tel est notre (bon) plaisir*, formule des anciens édits, qui marquait la volonté du roi. « *Il y avait le droit écrit, et, par-dessus tout il y avait le bon plaisir, la raison du plus fort* » (BALZ.). — À son plaisir (vx), comme il lui plaît. ◊ *Mod.* (v. 1190) À PLAISIR, comme il plaît, autant qu'on veut. « *Les désordres... ont été grossis à plaisir, complaisamment exagérés* » (MICHELET). — *À son plaisir* (vx), comme il lui plaît. ◊ *Mod.* « *un vieux mensonge à plaisir inventé...* » (MUSS.). — (1835) À plaisir, en obéissant à un caprice, sans justification raisonnable, comme si on s'y prenait plaisir. V. **Raison** (sans). Cf. *Pour rien.* « *Vous confondez à plaisir cause et effet* » (GIDE).

II. *Mod.* et *cour.* État affectif fondamental (affect), un des deux pôles de la vie affective; sensation ou émotion agréable, liée à la satisfaction d'une tendance, d'un besoin, à l'exercice harmonieux des activités vitales. ♦ 1º LE PLAISIR. *Le plaisir et la douleur. États empreints de plaisir.* V. **Bien-être, contentement, délectation, euphorie, satisfaction.** *Le plaisir et le bonheur, et la joie. Le plaisir physique, des sens; le plaisir des yeux; le plaisir esthétique, intellectuel, moral.* « *Le plaisir est l'objet, le devoir et le but De tous les êtres raisonnables* » (VOLT.). *La recherche du plaisir.* V. **Désir; libido.** *Morales du plaisir* : épicurisme, hédonisme. — *Éprouver, avoir du plaisir. Faire durer le plaisir. Causer, donner du plaisir* : charmer, plaire, ravir, réjouir. *Cela me fait un grand plaisir, ne me fait aucun plaisir.* — *Je vous souhaite bien du plaisir,* formule de politesse ironique. ◇ FAIRE... PLAISIR (XVe) : être agréable (à qqn) en rendant service, etc. *Je ne demande pas mieux que de vous faire plaisir. Il, elle ne cherche qu'à faire plaisir.* V. **Obliger.** *Vous me ferez plaisir de,* vous m'obligerez... *Voulez-vous me faire le plaisir de dîner avec moi?* — (Par menace) « *Tais-toi donc! murmura-t-il. Hein? fais-moi le plaisir de te taire !* » (ZOLA). ◇ *Le plaisir de qqn* : le plaisir qu'il éprouve. *Chacun prend son plaisir où il le trouve.* Loc. fam. *C'est le plaisir des dieux* : un plaisir raffiné. ♦ 5º *Spécialt.* et absolt. *Le plaisir* : le plaisir des sens, de la chair. V. **Volupté.** *Prendre du, son plaisir. Avoir du plaisir.* (Cf. S'envoyer* en l'air, prendre son pied*, jouir). *Donner du plaisir.* ♦ 3º UN PLAISIR, LES PLAISIRS : émotion, sentiment agréable (état de conscience défini, correspondant à des circonstances particulières). *Éprouver, goûter un plaisir, des plaisirs. Plaisirs innocents; plaisirs défendus. Les plaisirs des sens, de l'esprit.* « *Il n'y a point de plaisir qui ne perde à être connu* » (MARIVAUX). — *Procurer un petit plaisir à un enfant.* ♦ 4º (La cause, la source du plaisir étant désignée). *Le plaisir de qqch* : le plaisir causé par (une chose, un objet, ou une espèce d'objets). « *Plaisir d'amour ne dure qu'un moment* » (FLORIAN). *Le plaisir du devoir accompli.* — *Le plaisir d'avoir, de commander.* « *Qui n'a pas vécu dans les années voisines de 1789 ne sait pas ce que c'est que le plaisir de vivre* » (TALLEY-RAND). ♦ 5º Loc. ◇ (Avec des v. tels qu'*avoir, prendre, trouver*). *Avoir du plaisir, beaucoup de plaisir à* (suivi de l'inf.) : être charmé, ravi de. *Prendre plaisir à une chose, à faire qqch.* « *Si Peau-d'Âne m'était conté, J'y prendrais un plaisir extrême* » (LA FONT.). — (Au sens affaibli d'agrément) *J'espère que nous aurons bientôt le plaisir de vous voir...* V. **Avantage.** *M. et Mme X ont le plaisir de vous faire part de...* ◇ Loc. prov. *Où il y a de la gêne, il n'y a pas de plaisir.* ◇ *C'est, ce sera un plaisir de les voir, que de les voir. Sa propriété* « *où il se ferait un plaisir de me recevoir et de mettre à ma disposition ses papiers, sa bibliothèque* » (GIDE). V. **Complaire** (se), **plaire** (se). *Se faire, prendre un malin plaisir à. Au plaisir de vous revoir,* formule aimable d'adieu. Ellipt. (Pop.) *Au plaisir !* ◇ POUR LE PLAISIR, POUR SON PLAISIR, PAR PLAISIR : sans autre raison que le plaisir qu'on y trouve. *Il ment pour le plaisir, par plaisir.* « *Ne faisant plus la médecine que pour son plaisir personnel, qui, d'ailleurs, était grand* » (BARBEY). ◇ AVEC... PLAISIR, en y trouvant du plaisir. *Accepter, accorder, donner avec plaisir, de bon cœur, bien volontiers. Avec plaisir,* formule aimable pour acquiescer à une demande. « *Pouvez-vous nous accompagner? — Avec grand plaisir* ».

III. *Par ext.* (Surtout au plur.) ♦ 1º (1549). Se dit de tout ce qui peut donner à l'homme une émotion ou une sensation agréable, de tout ce qui en est la source ou l'occasion (objets ou actions). V. **Agrément, amusement, délice(s), distraction, divertissement, réjouissance.** « *Chaque âge a ses plaisirs, son esprit et ses mœurs* » (BOIL.). *Courir après les plaisirs. Les plaisirs de la vie. Le tourbillon des plaisirs.* — Ancienn. (1669) *Les Menus Plaisirs,* les divertissements royaux (fêtes, spectacles, cérémonies de la cour). — Mod. *Réserver une part de son budget pour ses menus plaisirs,* pour payer les divers amusements et distractions qu'on peut se permettre. — (Au sing.) *Le ski nautique est un plaisir coûteux.* ♦ 2º *Spécialt.* Les plaisirs sensuels, les distractions et amusements qui en procurent. *Mener une vie de plaisirs :* de débauche. ◇ (Sing. collectif) *Homme de plaisir,* qui se livre aux plaisirs. « *Lieux de plaisir, cabarets artistiques, restaurants de nuit où l'on compose de la joie avec du champagne* » (MAURIAC). *Partie de plaisir.*

◇ ANT. *Affliction, chagrin, déplaisir, douleur, peine, tristesse; désagrément, ennui.*

2. PLAISIR [plezir]. *n. m.* (1832; du précéd.). *Vx.* Oublie. *Voilà le plaisir !* cri des marchands d'oublies.

1. PLAN, PLANE [plɑ̃, plan]. *adj.* (1520; lat. *planus*). ♦ 1º Sans aspérité ni inégalité, qui ne présente de courbure en aucun de ses points (d'une surface). V. **Plat, uni; plan** (2). *Rendre plan :* aplanir, niveler. *Miroir plan.* « *On définit... la surface plane, celle à laquelle une ligne droite se peut appliquer en tout sens* » (D'ALEMB.). Math. *Courbe plane,* tracée dans un plan. ♦ 2º *Géométrie plane* : qui étudie les figures planes (*opposé à* dans l'espace). ◇ ANT. *Courbe, gauche.*

2. PLAN [plɑ̃]. *n. m.* (1553; subst. de *plan* 1; Cf. *Plain,* n. m., « plaine, terrain plat », 1138). ♦ 1º Surface plane

(ne se dit plus au sens concret que dans quelques emplois). PLAN INCLINÉ. *Toit en plan incliné.* Mécan. *Plan incliné :* machine simple servant d'appareil de levage. — PLAN D'EAU : surface d'eau calme et unie, dans une rivière. — Aviat. *Plan de sustentation d'un avion* : aile(s), voilure (V. **Biplan, monoplan**). « *Les vastes plans noirs des ailes* » (MART. du G.). ♦ 2º *Géom.* (XVIIe). Surface contenant entièrement toute droite joignant deux de ses points. *Plans sécants, tangents*. Plans parallèles; perpendiculaires. Plan de symétrie.* Dans la géométrie descriptive, la position d'un point est déterminée par sa projection orthogonale sur un plan de référence horizontal et sur un plan perpendiculaire au premier (*plan vertical, frontal, de front*). *Plan méridien*,* passant par l'axe de révolution d'une surface de révolution. *Plan tangent* en un point à une surface,* l'ensemble des tangentes à cette surface, formant un plan. ◇ Sc., Techn. *Plan de l'équateur,* qui passe par l'équateur. — *Plan de tir,* plan vertical passant par la ligne de tir. ♦ 3º *Cour.* Chacune des surfaces planes, perpendiculaires à la direction du regard (généralement verticales), représentant les profondeurs, les éloignements dans une scène réelle ou figurée en perspective (dessin, peinture, photo). *Premiers plans* (situés près de l'observateur). *Au premier plan* : à peu de distance. *Seconds plans, plans éloignés* (V. **Arrière-plan, lointain**). ◇ Théâtre (1874) Plans verticaux matérialisés par le rideau, les décors, la toile de fond. ◇ *Plan de travail,* dans une cuisine, surface plane utilisable pour diverses opérations. *Plan de cuisson,* plaque encastrée dans un élément de cuisine, supportant des brûleurs à gaz ou des résistances électriques. — Fig. *Mettre* (*qqch*.) *au premier plan* : lui accorder une importance primordiale, essentielle. *Mettre au second plan. Mettre sur le même plan :* sur la même ligne, au même niveau. — *De premier, de second plan.* V. **Importance, ordre.** « *Pour devenir un homme de premier plan, il faut d'abord posséder une mémoire puissante* » (DUHAM.). — Loc. *Sur le plan de...* (suivi d'un subst.), *sur le plan* (suivi d'un adj. abstrait) : au point de vue (de). *Sur le plan logique, moral.* « *Faire son salut, sur le plan spirituel si l'on croit à une vie future; sur le plan sentimental, si l'on tient à une vie terrestre* » (MAUROIS). ♦ 4º *Spécialt.* (1918). *Cour.* (dans des express.). Image (photo), succession d'images (cinéma) définie par l'éloignement de l'objectif et de la scène à photographier, et par le contenu de cette image (dimension des objets). *Photo d'un objet en gros plan. Gros plan de visage, dans un film.* — Techn. *Plan rapproché, plan serré* (personnages cadrés à la hauteur des épaules). *Plan américain* (personnages coupés à mi-corps); *plan moyen* (personnages en pied); *plan général, d'ensemble,* etc. *Tourner une scène en plan fixe,* sans déplacer l'objectif. — *Plan d'archives,* images provenant de documents d'archives. ◇ Techn. Prise de vue effectuée sans interruption; les images qui en résultent et ce qui en reste après les coupures techniques). *Longueur d'un plan. Montage en plans alternés. Plan-séquence :* plan très long, constituant à lui seul une séquence.

3. PLAN [plɑ̃]. *n. m.* (XIVe, « pépinière »; var. de *plant*; sens étendu au XVIe, « assiette d'un édifice », avec infl. de *plain, plan* [1], puis « dessin directeur »).

I. ♦ 1º (1560). Représentation (d'une construction ou d'un ensemble de constructions, d'un terrain, d'un jardin, etc.) en projection horizontale. *Plan d'un bâtiment. Lever, dresser, tracer un plan* (V. **Levé**). *Échelle d'un plan. Plan et élévation.* — *Plan de masse,* donnant la position de bâtiments et de volumes construits. — Forme particulière d'un édifice (visible sur le plan). *Plan central, basilical. Abbaye de plan cistercien.* ◇ Milit. *Plan directeur* : carte très détaillée utilisée notamment par l'artillerie. — Cour. Carte à grande échelle d'une ville, d'un réseau de communications. *Plan de Paris, du Métro.* ♦ 2º *Par ext.* Reproduction à une certaine échelle, généralement en projection orthogonale (d'une machine). V. **Diagramme, épure, schéma.** *Plans et maquettes d'un prototype d'avion.*

II. *Fig.* (v. 1600). ♦ 1º Tout projet élaboré, comportant une suite ordonnée d'opérations (V. **Moyen**), destinée à atteindre un but. V. **Combinaison, dessein, projet.** *Élaboration d'un plan. Plan d'action. Avoir son plan. Exécuter un plan.* « *On leur attribuait une préméditation, un plan, un calcul, qui leur étaient étrangers* » (MICHELET). « *D'ailleurs, à quoi bon m'encombrer d'un plan? Mieux valait me fier à l'inspiration* » (MAURIAC). — Loc. *Tirer des plans sur la comète*.* — [Belgique]. *Tirer son plan. Se débrouiller.* ◇ *Spécialt. Plans de bataille, de campagne. Plan stratégique. Plan de vol,* document établi par un pilote avant le vol et où figurent divers renseignements sur celui-ci (durée, itinéraire, etc.). ♦ 2º (XVIIe). *Plan d'une œuvre, d'un ouvrage* : disposition, organisation de ses parties, considérée après coup (abrégé, résumé) ou élaborée avant la composition. V. **Cadre, charpente, canevas, ébauche.** *Plan d'une comédie, d'un roman. Plan de devoir donné comme modèle.* V. **Corrigé.** « *On ne peut travailler à un ouvrage qu'après en avoir fait le plan, et*

un plan ne peut être bien fait qu'après que toutes les parties de l'ouvrage sont achevées » (B. Constant). *Plan comptable**. ♦ 3° *Écon.* Ensemble des dispositions arrêtées en vue de l'exécution d'un projet. V. **Planification.** *Plan économique, financier; plan de trois, cinq ans* (V. **Quinquennal**). *Plans de stabilisation, de redressement, d'austérité. Commissariat général du Plan. Plan d'urbanisme* (1966). *Plan-calcul,* concernant le développement de l'informatique. ◇ *Psycho. Plan d'échantillonnage,* sélection et estimation des échantillons. *Plan de travail, dans une entreprise :* organisation du travail. V. **Planning.** *Plan des supports,* programme de publicité selon les supports (trad. de l'angl. *media planning*). ♦ 4° *Fam.* En PLAN (1821; *laissier en un plain,* XIVe, av. infl. de *plant, plan*). Sur place, sans s'en occuper. *Laisser qqn en plan.* V. **Abandonner, planter** (là). *Tous les projets sont restés en plan.* V. **Suspens** (en). « *Pour venir, j'ai laissé en plan des examens que je faisais passer »* (Romains).
◇ HOM. *Plant.*

PLANAGE [planaʒ]. *n. m.* (1847; de *planer* 1). *Techn.* Opération qui consiste à planer (1), aplanir. — (1932) Action de rendre plane une tôle déformée.

PLANAIRE [planɛʀ]. *n. f.* (1803; lat. mod. *planarius,* de *planus.* V. **Plan** 1). *Zool.* Ver plat *(Turbellariés)* qui vit en eau douce.

PLANANT, ANTE [planã, ãt]. *adj.* (v. 1970; de *planer* 6°). *Fam.* Qui fait planer « *La* [...] *mariejeanne, le mysticisme oriental, le Jésus superpied, les extases planantes...* » (A. Rey, *Tel Quel,* été 1976).

PLANCHE [plãʃ]. *n. f.* (v. 1190; bas lat. *planca,* fém. de *plancus* « aux pieds plats », rad. *phalanx*).
I. ♦ 1° Pièce de bois plane, plus longue que large et généralement peu épaisse. V. **Ais, chanlatte, latte, planchette, palplanche.** *Scier des planches dans un tronc d'arbre. Planche couverte d'écorce (dosse),* non *équarrie. Aplanir, raboter une planche. Planches utilisées pour la couverture, le cloisonnage.* V. **Bardeau, volige.** *Planche à tonneau.* V. **Douve.** *Planches assemblées, clouées; jointives. Caisse; barrière en planches. Maisonnette en planches. Sol en planches.* V. **Plancher.** *Planche d'un plongeoir.* « *Il y avait des planches fort longues et fort élastiques qui servaient de ponts sur les plus larges de ces fossés »* (Stendhal). « *Des planches, en guise de table, ont été posées sur des tréteaux »* (Alain-Fournier). *Planches d'une armoire, d'un placard* (V. **Rayon**). ◇ *Mar.* Pièce de bois servant à monter à bord, au chargement et au déchargement des marchandises. *Retirer la planche. Jours de planche :* de chargement et de déchargement. ◇ *Loc. Planche à dessin :* panneau de bois parfaitement plan sur lequel on fixe une feuille de papier à dessin (*spécialt.* en dessin industriel et d'architecture). — *Planche à laver,* sur laquelle on foule, on brosse le linge. — *Planche à repasser,* pour repasser le linge, et recouverte de molleton. *Planche à pâtisserie :* sur laquelle on pétrit la pâte. — *Planche à pain,* sur laquelle on pose le pain pour le couper; fig. *Avoir du pain, du travail sur la planche.* V. **Pain.** ◇ *Loc. fig. Elle est maigre, plate comme une planche (à pain) :* très maigre. — *Être cloué entre quatre planches :* mort et enfermé dans le cercueil. — *Loc. fig.* (1594) *Planche de salut,* suprême appui, et *par ext.* ultime ressource, dernier moyen. ◇ (1808) *Faire la planche :* flotter sur le dos. « *Au large, nous avons fait la planche »* (Camus). ♦ 2° (1780) Les planches : le plancher de la scène, au théâtre. V. **Scène, théâtre** (Cf. les tréteaux). *Monter sur les planches :* en scène; faire du théâtre. *Brûler les planches :* jouer avec une fougue communicative. ◇ Le théâtre. « *J'ai eu dans mon enfance et ma jeunesse un amour effréné des planches. J'aurais été peut-être un grand acteur »* (Flaub.). ♦ 3° Pièce de bois plate et mince; plaque, feuille de métal poli, destinée à la gravure et à la reproduction par une impression. *Les caractères mobiles ont remplacé les planches d'imprimerie.* — *(Abusiv.)* Composition d'imprimerie. ◇ *Spécialt. Planche à billets,* servant au tirage des billets de banque. *Faire fonctionner la planche à billets :* émettre du papier-monnaie. ♦ 4° *Par ext.* Estampe tirée sur une planche gravée. V. **Gravure; estampe.** « *Cet œuvre de* (Gavarni), *éparpillé en livres, en albums, en séries et en planches détachées »* (Gautier). *Planches en hors-texte.* ◇ Feuille entière d'une gravure. *Les planches en couleurs d'un livre.* ♦ 5° *Techn.* Lingot de laiton. ◇ Bloc d'ardoise brut. ◇ *Cuis.* Grand et long morceau de lard. ♦ 6° *Aviat. Planche de bord,* panneau où se trouvent les instruments de bord. V. **Tableau.** ♦ 7° *Planche d'appel**. — *Fam.* Ski. *Farter ses planches* (ou *ses* « *bois* »). ♦ 8° *Arg. scol.* (1878). Tableau noir, interrogation au tableau. *Il a fait une bonne planche.* V. **Plancher** (v.).
II. ♦ (Fin XIIIe). Espace de terre cultivée, plus long que large, dans un jardin. *Les planches d'un carré de légumes. Planches d'un potager.* V. **Couche** (II). « *Elles l'approchaient des planches* (la lanterne), *elles pénétraient confusément... les haricots et les pois »* (Zola). — *Labour par planches :* par bandes larges et planes.

PLANCHÉIAGE [plãʃejaʒ]. *n. m.* (1846; de *planchéier*). Pose d'un plancher, d'une garniture de planches; cette garniture.

PLANCHÉIER [plãʃeje]. *v. tr.* (*Planchoier,* 1335; de *planché* « plancher »; de *planche*). Garnir (le sol, et *par ext.* les parois intérieures d'une construction), d'un assemblage de planches (V. **Plancher**). — Au p. p. « *Une chambre haute toute planchéiée intérieurement »* (Gautier).

PLANCHER [plãʃe]. *n. m.* (*Planchier,* 1165; de *planche*). ♦ 1° Ouvrage qui, dans une construction, constitue une plate-forme horizontale au rez-de-chaussée, ou une séparation entre deux étages. *Plancher de charpente,* formé de grosses poutres sur lesquelles se fixent les lambourdes supportant un assemblage de planches. *Plancher à coffrage; en béton armé; mixte* (béton et métal). ♦ 2° *Vx.* La partie inférieure du plancher, appelée de nos jours *plafond. Sauter au plancher.* « *Sous les solives d'un plancher »* (Rouss.). ♦ 3° Partie supérieure d'un plancher (1°), sol de la pièce constitué d'un assemblage de bois assez rudimentaire (à la différence du *parquet*). *Lattes, lames d'un plancher. Plancher de chêne, de sapin.* « *Un linoléum qui recouvrait le plancher de chêne fait de douves de futailles »* (Chardonne). ◇ Sol, paroi inférieure d'un véhicule. *Plancher d'un ascenseur, d'un wagon.* — *Fam.* (Auto.). *Plancher métallique,* à solives et entretoises métalliques. ◇ *Loc. fig.* (1843). *Débarrasser le plancher,* sortir, être chassé. « *Débarrassez-moi le plancher »* (Sartre). — *Fig.* et *fam.* (1552) *Le plancher des vaches :* la terre ferme (lang. des marins et des aviateurs). ♦ 4° *Sc.* (1812). Paroi inférieure. *Anat. Plancher buccal :* les parties molles de la bouche situées entre le maxillaire inférieur et l'os hyoïde. ◇ *Géogr. Plancher d'une caverne, d'une grotte.* — Sol dur sur lequel repose une dune. ♦ 5° Niveau minimal, seuil inférieur. *Le plancher des cotisations.* Appos. *Prix plancher,* minimal (*opposé à* plafond).

PLANCHER [plãʃe]. *v. intr.* (1905; de la *planche* du tableau). *Arg. scol.* Subir une interrogation, faire un travail, une démonstration au tableau. « *En attendant l'heure de plancher, d'entrer en cage »* (P. Morand).

PLANCHETTE [plãʃɛt]. *n. f.* (*Plancheté,* XIIIe; de *planche*). Petite planche (surtout servant de support). V. **Tablette.** « *Sur des planchettes s'allongeait la file des reliures »* (Bourget). ◇ *Spécialt.* (1762) Petite plane montée sur un pied, munie d'une alidade ou d'une lunette, qui sert à lever des plans.

PLANÇON [plãsɔ̃] ou **PLANTARD** [plãtaʀ]. *n. m.* (déb. XIIe,-1547, fig.; lat. pop. °*plantio, -onis;* de *planta* « plant »). ♦ 1° *Agric.* Branche utilisée comme bouture (surtout branche d'osier, de saule). ♦ 2° *Techn.* (1771). Tronc d'arbre refendu. V. **Madrier.**

PLAN-CONCAVE [plãkɔkav]. *adj. m.* et *f.* (1765; de *plan* 1, et *concave*). *Opt.* Qui présente une face plane et une face concave. *Lentilles plan-concaves.*

PLAN-CONVEXE [plãkɔvɛks(ə)]. *adj. m.* et *f.* (1691; de *plan* 1, et *convexe*). Qui présente une face plane et une face convexe. *Lentilles plan-convexes.*

PLANCTON [plãktɔ̃]. *n. m.* (1893; all. *Plankton* [1887], du gr. *plagkton,* neutre de *plagktos* « errant »). Ensemble des organismes (en général de très petite taille) qui vivent en suspension dans l'eau de mer (*opposé à* benthos »), organismes fixés au fond, et aux animaux qui se meuvent librement). *Plancton végétal* (phytoplancton* : algues,...), *animal* (zooplancton : protozoaires, cœlentérés, crustacés, souvent à l'état de larves). — Adj. PLANCTONIQUE [plãktɔnik].

PLANE [plan]. *n. f.* (XIVe; *plaine,* XIIe; réfect., d'apr. le v. *planer,* de l'a. fr. *plaine,* bas lat. *plana*). *Techn.* Outil formé d'une lame tranchante et de deux poignées, appelé aussi *couteau à deux manches,* qui sert à aplanir, à dégrossir une surface de bois. ◇ HOM. Fém. de *Plan* (1).

PLANÉ, ÉE [plane]. *adj.* (XIIe; V. **Planer**). *Loc. mod.* (1877). VOL PLANÉ, d'un oiseau qui plane; et (1907) d'un avion dont les moteurs sont arrêtés. ◇ *Fig.* et *fam. Faire un vol plané :* une chute.

PLANÉITÉ [planeite]. *n. f.* (XXe; de *plan* 1). *Didact.* Caractère de ce qui est plan. *Planéité du champ d'un objectif anastigmat.*

1. **PLANER** [plane]. *v. tr.* (1165; bas lat. *planare,* de *planus.* V. **Plan** 1, plain 1). *Techn.* Rendre plan, aplanir, en enlevant les aspérités. V. **Dresser, polir.** *Planer une douve, une planche. Machine à planer les tôles.*

2. **PLANER** [plane]. *v. intr.* (v. 1200; du lat. *planus*). ♦ 1° Se soutenir en l'air sans remuer ou sans paraître remuer les ailes (en parlant des oiseaux). V. **Voler.** « *Des buses, ou peut-être des faucons, volaient, puis planaient, suspendus par les vents et les battements d'aile impalpables »* (Nizan). Voler, le moteur coupé ou à puissance réduite, comme un planeur* (en parlant d'un avion). ♦ 2° Vieilli ou littér. (1798). Considérer de haut, dominer du regard. *L'œil plane sur la ville entière.* « *Une terrasse d'où la vue planait sur le pays »*

(BALZ.). ♦ 3° (XVII°). Dominer par la pensée. *Planer au-dessus des querelles, des dissensions :* les dominer. V. **Survoler**. « *Il avait l'impression de se détacher de soi, de planer comme un juge abstrait au-dessus d'un grouillement impur* » (SARTRE). — Rêver, être perdu dans l'abstraction. « *Quand on opère sur les choses réelles, on n'est pas tenté de planer dans le monde imaginaire* » (TAINE). ♦ 4° *(Choses).* Flotter en l'air. *Une vapeur épaisse planait.* ♦ 5° *Fig.* (fin XVIII°, « menacer, comme l'oiseau sa proie »). Constituer une présence menaçante. *Laisser planer un mystère.* « *La douleur et le deuil qui planaient sur cette maison* » (BALZ.). ♦ 6° *Fam.* Être dans un état de bien-être et d'indifférence au réel, après absorption de drogue (s'oppose à *flipper*). — *Par ext.* Éprouver un vif plaisir.

PLANÉTAIRE [planetɛʀ]. *adj.* (1553; de *planète*). ♦ 1° Relatif aux planètes. *Système planétaire. Orbite, mouvement planétaire.* ♦ 2° *Sc.,* Techn. *Électrons planétaires,* qui entourent le noyau de l'atome. — *Mouvement planétaire dans un mécanisme.* ◇ *N. m.* (fin XIX°) UN PLANÉTAIRE : engrenage conique solidaire de l'arbre des roues, dans un différentiel d'automobile. *Les satellites transmettent le mouvement d'un planétaire à l'autre.* ♦ 3° (1914, repris mil. XX°; dans le style journalistique). Relatif à toute la planète Terre, mondial. *Expansion planétaire de l'impérialisme.*

PLANÉTAIREMENT [planetɛʀmɑ̃]. *adv.* (v. 1965; de *planétaire*). A l'échelle de la planète. « *Avec la presse, les voyages, la télévision, bientôt la mondiovision, on vit planétairement* » (BEAUVOIR).

PLANÉTARIUM [planetaʀjɔm]. *n. m.* (fin XIX°; *planétaire,* 1740; de *planète*). Représentation de la voûte céleste, des astres... sur une voûte.

PLANÈTE [planɛt]. *n. f.* (1119; bas lat. *planeta,* gr. *planêtês* « errant »). ♦ 1° *Vx.* Astre errant, étoile errante (opposé à *étoile fixe*). *On comptait sept planètes :* le Soleil, la Lune, Mercure, Vénus, Mars, Jupiter, Saturne. ◇ *Mod.* Astrol. *Les planètes, considérées par l'astrologie comme ayant une influence sur la destinée humaine. Place d'une planète dans le ciel.* V. **Maison, Zodiaque.** *Être né sous une bonne, une heureuse planète.* ♦ 2° (1686). *Mod. (Astron. et cour.).* Corps céleste du système solaire, sans lumière propre, décrivant autour du Soleil une orbite elliptique peu allongée dans un plan voisin de l'écliptique. *Planètes et comètes. Orbite, trajectoire d'une planète. Temps de révolution, période d'une planète.* — *Principales planètes : planètes inférieures* (Mercure, Vénus); *Terre; planètes supérieures* (Mars, Jupiter, Saturne, Uranus, Neptune et Pluton). *Petites planètes, planètes télescopiques, situées entre Mars et Jupiter.* V. **Astéroïde** (*ex.* : Vesta, Junon, Cérès, Pallas). *Espace entre les planètes.* V. **Interplanétaire.** — *La planète Terre. Notre planète.* « *Il pourra, sans danger de dépaysement, voyager par toute la planète* » (MAUROIS). ◇ *Par anal.* Corps célestes que l'on suppose devoir graviter autour de certaines étoiles.

PLANÉTISATION [planetizasjɔ̃] ou **PLANÉTARISA-TION** [planetaʀizasjɔ̃]. *n. f.* (mil. XX°-1969; de *planète,* et *planétaire*). *Rare.* Extension d'un phénomène (économique, social, politique) à l'échelle mondiale. V. **Universalisation.** « *Planétarisation de l'art* » (UNESCO, 1973).

PLANÉTOÏDE [planetɔid]. *n. m.* (1877; de *planète,* et suff. *-oïde*). *Astron.* Petite planète. V. **Astéroïde.** — *Satellite** artificiel.

1. PLANEUR, EUSE [planœʀ, øz]. *n.* (1680; de *planer* 1). *Techn. N. m.* Ouvrier qui plane, dresse les métaux (On dit aussi *Dresseur*). ◇ PLANEUSE. *n. f.* (1904) Machine à planer.

2. PLANEUR [planœʀ]. *n. m.* (1866, « oiseau qui plane »; *adj.,* 1863 [*ailes planeuses*]; de *planer* 2). *Cour.* (1875; répandu v. 1920). Appareil semblable à l'avion mais ne comportant pas de moteur, et destiné à planer. *Lancement d'un planeur au treuil, au sandow, par remorquage. Pilotage des planeurs :* vol* à voile.

PLANÈZE [planɛz]. *n. f.* (1839; mot dial., du rad. lat. *planus*). *Géogr.* Plateau de basalte volcanique limité par des vallées convergentes.

PLANI-. Élément, du lat. *planus* « plan ».

PLANIFICATEUR, TRICE [planifikatœʀ, tʀis]. *n.* (v. 1943; de *planifier*). Personne qui organise selon un plan (3). — Spécialiste de la planification. V. **Planiste.** — *Adj. Mesures planificatrices.*

PLANIFICATION [planifikasjɔ̃]. *n. f.* (répandu v. 1947; de *planifier*). *Écon.* Organisation selon un plan. *La planification consiste à déterminer des objectifs précis et à mettre en œuvre les moyens propres à les atteindre dans les délais prévus* (par une organisation administrative, technique, etc.). *Planification en régime capitaliste* (V. **Dirigisme**), *en régime socialiste.*

PLANIFIER [planifje]. *v. tr.* (répandu v. 1949; de *plan* 3, d'apr. les v. en *-fier*). Organiser suivant un plan. *Planifier l'économie d'une région, d'un pays; la recherche scientifique.* — *Au p. p. Économie planifiée et économie de marché.*

PLANIMÈTRE [planimɛtʀ(ə)]. *n. m.* (1812; de *plani-,* et

-mètre). Instrument servant à mesurer les aires planes (en suivant les contours de la surface considérée).

PLANIMÉTRIE [planimetʀi]. *n. f.* (1520; de *plani-,* et *-métrie*). *Sc.* Partie de la géométrie appliquée qui concerne la mesure des aires planes. — Détermination des projections orthogonales des points matériels sur une surface de référence (pratiquement, un plan; théoriquement, un ellipsoïde; mesure des distances de ces projections. *La planimétrie et le nivellement permettent d'établir la représentation complète du terrain* (levé d'un plan).

PLANIMÉTRIQUE [planimetʀik]. *adj.* (1842; du précéd.). *Sc.* Relatif à la planimétrie.

PLANISME [planism(ə)]. *n. m.* (mil. XX°; de *plan*). *Écon.* Théorie des partisans de la planification. ◇ *Planisme familial* (recomm. offic. pour *planning*).

PLANISPHÈRE [planisfɛʀ]. *n. m.* (1555; de *plani-,* et *sphère*). *Géogr.* Carte où l'ensemble du globe terrestre est représenté en projection plane. V. **Mappemonde.** Par ext. *Planisphère céleste.*

PLANISTE [planist(ə)]. *n.* (1949; de *plan*). *Écon.* Partisan ou spécialiste de la planification.

PLANNING [planiŋ]. *n. m.* (1947; empr. angl., de *to plan* « prévoir »). *Anglicisme.* Plan de travail détaillé, programme chiffré concernant les opérations que comporte un ouvrage déterminé, ou celles qui se succéderont à un point donné. *Planning industriel. Tableau de planning.* V. **Calendrier** (2°). ◇ Programme détaillé et chiffré portant sur un élément quelconque de l'activité d'une entreprise. ◇ (v. 1960). *Planning familial,* contrôle des naissances dans un foyer (recomm. offic. *Planisme familial*).

PLANOIR [planwaʀ]. *n. m.* (1765; de *planer*). *Techn.* Ciseau à bout aplati.

PLANORBE [planɔʀb(ə)]. *n. f.* (*Plan-orbis,* 1765; du lat. *planus,* et *orbis* « boule »). *Zool.* Mollusque gastéropode pulmoné, à coquille en spirale, et qui vit dans les étangs, les marais.

PLAN-PLAN [plɑ̃plɑ̃]. *adv.* (1560, en Dauphiné; redoubl. de l'a. prov. *plan* [XIII°-XIV°]; du lat. *planus;* Cf. Piane-piane). *Région. et fam.* Tout doucement, tranquillement, sans se presser. *Il est arrivé tout plan-plan.*

PLANQUE [plɑ̃k]. *n. f.* (1837; de *planquer*). ♦ 1° *Pop.* Lieu où l'on cache qqch. ou qqn. V. **Cachette.** ♦ 2° *Fig.* (1918). Place abritée, peu exposée; place où le travail est facile. V. **Combine, filon.** *Il a trouvé une planque. C'est la bonne planque!*

PLANQUER [plɑ̃ke]. *v. tr.* (1790, « jeter »; var. de *planter, qqf. planquer*). *Pop.* (1821). Cacher, mettre à l'abri. *Il a planqué le fric.* ◇ SE PLANQUER. *v. pron.* (1843) Se cacher. Se mettre à l'abri du danger. V. **Embusquer** (s'). « *À sa première attaque il s'était 'planqué' dans un trou d'obus* » (MAURIAC). — *Au p. p. Planqué, ée. Substant.* « *Il avait honteusement tremblé à songer qu'il pouvait mourir à l'arrière, au milieu des planqués qu'il méprise* » (MONTHERLANT).

PLANSICHTER [plɑ̃siʃtɛʀ]. *n. m.* (1907; all. *Plan* « plan », et *Sichter* « blutoir »). *Techn.* Blutoir mécanique, formé de plusieurs tamis animés de mouvements oscillatoires et circulaires.

PLANT [plɑ̃]. *n. m.* (XIV°, « action de planter »; de *planter*). ♦ 1° Ensemble de végétaux de même espèce plantés dans un même terrain; le terrain ainsi planté. V. **Pépinière, plantation.** *Un plant d'arbres, de rosiers.* ♦ 2° Végétal au début de sa croissance, destiné à être repiqué ou qui vient de l'être. *Plant issu de graine* (V. **Semis**), *de bouture* (V. **Plançon**). *Plant de vigne* (V. **Cépage**), *de pétunia...* (V. **Pied**). ◇ *Collect.* « *Il faillit repiquer avec du plant américain* » (ARAGON). ◇ HOM. *Plan* (1, 2 et 3).

PLANTAGE [plɑ̃taʒ]. *n. m.* (1427; de *planter*). ♦ 1° *Vx.* Plantation. ♦ 2° *Mar.* (1845). Charpente munie de manivelles pour tordre les cordages, dans une corderie.

PLANTAIN [plɑ̃tɛ̃]. *n. m.* (XIII°; lat. *plantago*). Plante herbacée *(Dicotylédone gamopétale)* très commune, dont la semence sert à nourrir les oiseaux captifs. *Grand plantain; plantain d'eau.*

PLANTAIRE [plɑ̃tɛʀ]. *adj.* (fin XVI°, n.; lat. *plantaris,* de *planta* « plante des pieds »). *Anat.* Qui appartient à la plante du pied. *Artères, veines, nerfs plantaires. Douleurs plantaires.*

PLANTARD. V. **Plançon** (1°).

PLANTATION [plɑ̃tasjɔ̃]. *n. f.* (XIV°; *planteson,* 1190; rare av. XVI°; lat. *plantatio*).
I. ♦ 1° Action, manière de planter. *La plantation d'un végétal. Plantation à la bêche, au plantoir. La saison des plantations. Faire des plantations dans un jardin. Plantation en ligne, en carré, en quinconce (d'arbres).* ♦ 2° *Théâtre. Plantation de décors,* installation des décors sur une scène. ♦ 3° *Plantation de cheveux,* manière dont les cheveux sont plantés; ligne qui délimite la chevelure. *Une belle plantation de cheveux.*
II. Ce qui est planté. ♦ 1° (1798). Ensemble de végétaux

plantés (généralement au plur.). *Couvrir un domaine de plantations. Orage qui saccage des plantations.* V. **Culture.** ♦ 2° *Cour.* Terrain, champ planté. V. **Champ, exploitation** (agricole). *Plantation de légumes* (potager), *d'arbres fruitiers* (verger). « *Cette plantation merveilleuse où tous les arbres du monde se trouvaient réunis* » (DAUD.). *Plantations d'espèces particulières :* amandaie, bananeraie, boulaie, caféière, cerisaie, charmille, châtaigneraie, chênaie, coudraie, frênaie, hêtraie, noiseraie, olivaie ou oliveraie, orangerie (ou orangeraie), ormaie, oseraie, palmeraie, peupleraie, pinède, poivrière, roseraie, sapinière, tremblaie, vigne, vignoble, etc. ♦ 3° (1664 ; angl. de l'île de la Barbade). Exploitation agricole de produits tropicaux. V. **Planteur.** *Plantation où l'on cultive le café, le coton, la canne à sucre.*

1. PLANTE [plɑ̃t]. *n. f.* (1170 ; lat. *planta*). Face inférieure (du pied). « *J'ai usé mes plantes pendant trois heures sur la route* » (ZOLA). — (Plus cour., à cause de *plante* 2) *La plante du pied, des pieds.*

2. PLANTE [plɑ̃t]. *n. f.* (1542 ; lat. *planta* « plant », p.-ê. de *plantare* [V. **Planter**]). ♦ 1° *Bot.* et *cour.* Nom donné à tous les végétaux. V. **Végétal** *(n. m.). Les plantes, le règne végétal. Les animaux et les plantes.* « *Comme on veut absolument que tout être vivant soit un animal ou une plante, on croirait n'avoir pas bien connu un être organisé, si on ne le rapportait à l'un ou l'autre de ces noms généraux* » (BUFF.). *Étude des plantes.* V. **Botanique.** *Plantes d'un lieu, d'un pays.* V. **Flore, végétation.** *Les plantes dans la nature.* V. **Verdure.** *Parties d'une plante.* V. **Feuille, fleur, fruit, graine, racine, tige.** *Plantes chlorophylliennes, plantes sans chlorophylle ; plantes à vaisseaux conducteurs* (vasculaires), *sans vaisseaux* (cellulaires), *plantes à fleurs* (phanérogames), *ligneuses* (arbres) *ou herbacées* (herbes) ; *plantes sans fleurs* (cryptogames), *à fruits* (angiospermes), *sans fruits* (gymnospermes). *Réaction d'orientation des plantes.* V. **Tropisme.** *Génération des plantes ; reproduction asexuée* (multiplication végétative), *sexuée, par graines, spores. Forme, port, ramification d'une plante. Plante arborescente, grimpante, herbacée, naine, rampante. Plantes grasses.* V. **Cactées.** *Plante annuelle, bisannuelle, vivace. Plante épiphyte, parasite. Plante sauvage, cultivée.* V. **Culture.** *Jardin des plantes. Collection de plantes.* V. **Herbier.** « *J'ai beaucoup botanisé... J'aime les plantes ; les plus humbles me sont chères* » (BOSCO). *Plante qui sort de terre, lève, grandit, croît, pousse, vient bien. Croissance de la plante :* bourgeonnement, croissance, floraison, fructification, germination, pousse, venue. *Plante qui dépérit, se fane. Déraciner, repiquer, arroser, tailler une plante. Plantes ornementales,* cultivées pour la beauté de leurs fleurs, de leurs feuilles, de leurs fruits. V. **Fleur.** *Plantes d'appartement, plantes vertes,* plantes décoratives sans fleurs, à feuilles toujours vertes, qui peuvent croître dans une maison. *Plantes alimentaires, potagères* (légumes), *fourragères ; plantes à grains* (céréales), *plantes sucrières, oléagineuses. Plantes officinales, médicinales.* V. **Simple.** ◇ *Plus cour.* Végétal complexe (à racine, tige et feuilles) de petite taille (*opposé à* arbre ; mousse...). « *En s'accrochant aux branches, aux plantes même* » (VIGNY). « *Un bocage... mêlée d'arbustes et de plantes* » (LOTI). ♦ 2° *Par métaph.* Chose vivante, être qui se développe (comparé à une plante). « *La fantaisie comique, plante singulière qui a poussé vigoureusement sur les parties rocailleuses du sol social* » (BERGSON). *Une plante de serre,* une personne délicate, que l'on entoure de beaucoup de soins. « *Tant est vivace la plante militaire française !* » (DE GAULLE).

PLANTÉ, ÉE [plɑ̃te]. *adj.* (1665, « fiché en terre ». V. **Planter**). En parlant des personnes. ♦ 1° (Fin XVII°) *Bien planté,* droit et ferme sur ses jambes, bien bâti, vigoureux. *Un garçon bien planté. Bien planté sur ses jambes.* V. **Campé.** ♦ 2° *Planté quelque part :* debout et immobile. *Ne restez pas planté là à me regarder.* « *Il faut que je reste là cloué sur une chaise ou debout, planté comme un piquet, sans remuer ni pied ni patte* » (ROUSS.). « *La famille demeura un moment plantée au milieu de la rue* » (ZOLA).

PLANTER [plɑ̃te]. *v. tr.* (1140 ; lat. *plantare :* enfoncer avec la *plante* [du pied], et *spécial.* enfoncer un végétal).
I. ♦ 1° Mettre, fixer (un plant) en terre. *Planter des arbres en quinconce.* « *Plantez un saule au cimetière* » (MUSS.). *Planter des salades.* V. **Repiquer.** *Fig. Planter ses choux*.* — Absolt. *Outil à planter.* V. **Plantoir.** ◇ *Par ext.* (1570) Mettre en terre (des graines, bulbes, tubercules). V. **Semer.** *Planter des haricots, des pommes de terre, des capucines.* ♦ 2° Garnir de végétaux qu'on plante par plants ou semences. *Planter un lieu d'arbres.* V. **Boiser, peupler, reboiser.** *Planter un pays en vignes, des terrains en gazon.* V. **Ensemencer.** — Au p. p. *Avenue plantée d'arbres.* ♦ 3° (1432). Enfoncer, faire entrer en terre, etc. V. **Enfoncer, ficher.** *Planter un pieu, un piquet, des jalons. Planter les clous. Planter un bâtiment,* planter les piquets pour en fixer le tracé. ◇ Au p. p. *Être planté* (en parlant des cheveux, des poils de barbe, des dents) : se dit de la manière dont ils poussent. V. **Plantation.** « *Il est impossible de voir une barbe mieux plantée* » (FROMENTIN). « *Une*

bouche épaisse toujours ouverte sur des dents mal plantées » (MAURIAC). ♦ 4° (1552). Mettre, placer debout, droit. V. **Dresser.** *Planter un drapeau, une enseigne sur les tours d'un bâtiment. Planter une échelle.* V. **Poser.** *Planter sa tente. Planter les décors :* les disposer sur scène. « *Deux femmes en cheveux ont planté leurs chaises au milieu de la chaussée* » (COLETTE). ◇ *Fig. Planter un personnage.* V. **Camper.** *Romancier, dramaturge qui sait planter ses personnages.* ♦ 5° (1250). Appliquer directement et brusquement. « *Il plante son regard dans le regard troublé de l'enfant* » (MART. du G.). « *Il lui planta un rude baiser sur la nuque* » (ZOLA). ♦ 6° (XV°). PLANTER LÀ : abandonner brusquement (une personne, une chose en un endroit). Cf. *Laisser en plan*. Il l'a planté là et s'est enfui en courant.* « *Elle est décidée à tout planter là, à sortir de ce paradis pour aller vivre dans votre mansarde* » (BALZ.).
II. SE PLANTER. *v. pron.* ♦ 1° (Sens passif). *Arbuste qui se plante en automne, en pleine terre.* — *Flèche qui vient se planter dans une cible.* ◇ *Techn.* Sortir de la route, en parlant d'une automobile (Cf. Aller dans le décor). ♦ 2° (1512) *Personnes.* Se tenir debout et immobile (par rapport à qqch.). V. **Arrêter** (s'), **poster** (se). *Venir se planter devant qqn, en face de qqn.* « *Les trois filles s'étaient plantées à l'écart* » (GIONO).
◇ ANT. **Arracher, déraciner. Coucher.**

PLANTEUR, EUSE [plɑ̃tœr, øz]. *n.* (1427 ; *plantierres* « celui qui fonde qqch. », v. 1280 ; de *planter*).
I. *Rare.* Personne qui plante.
II. (1723 ; angl. *planter ;* h. 1667 ; holland. *planter*). Agriculteur, arboriculteur qui possède et exploite une plantation (II, 3°) dans les pays tropicaux. *Les premiers planteurs étaient tous des colons. Riche planteur. Les grands planteurs des Antilles.*

PLANTEUSE [plɑ̃tøz]. *n. f.* (1907 ; de *planter*). *Techn.* Machine agricole servant à planter les pommes de terre.

PLANTIGRADE [plɑ̃tigrad]. *adj.* et *n.* (*Les plantigrades,* 1795 ; de *plante* 1, et suff. *-grade*). *Zool.* Qui marche sur la plante de pieds (*opposé à* digitigrade). *L'ours est un animal plantigrade.* — *N. m. pl.* Ancienne division des mammifères carnassiers.

PLANTOIR [plɑ̃twar]. *n. m.* (1640 ; de *planter*). Outil agricole, sorte de piquet à pointe métallique servant à piquer des trous dans la terre pour y mettre des plants, parfois des graines. *Enfoncer le plantoir.*

PLANTON [plɑ̃tɔ̃]. *n. m.* (1790 ; « jeune plant », 1584 ; de *planter*). ♦ 1° Soldat de service auprès d'un officier supérieur, pour porter ses ordres ; sentinelle fixe, sans armes (ainsi nommée parce qu'il reste plantée en un lieu). *Le planton du colonel.* « *Mon colonel, le planton est parti réveiller l'officier de semaine* » (ROMAINS). ♦ 2° *Par ext.* Service du planton. *Être de planton. Mettre un soldat de planton.* ◇ *Fig.* et *fam.* Situation d'une personne qui attend debout. *Faire le planton.* V. **Poireau** (3°), **poireauter.** *Rester de planton une heure pour voir qqn.*

PLANTULE [plɑ̃tyl]. *n. f.* (1700 ; bas lat. *plantula* « petite plante »). *Bot.* Jeune plante phanérogame, au début de la germination jusqu'au moment où elle peut vivre par ses propres moyens. *La plantule se nourrit de l'albumen de la graine* (V. **Cotylédon**).

PLANTUREUSEMENT [plɑ̃tyrøzmɑ̃]. *adv.* (*Plantureusement,* XIII° ; de *plantureux*). *Vx.* D'une manière plantureuse. V. **Abondamment, beaucoup, copieusement.** *Boire, manger plantureusement,* en abondance.

PLANTUREUX, EUSE [plɑ̃tyrø, øz]. *adj.* (XIII° ; *planteuros,* 1165 ; de l'a. fr. *plenteïveus* [*planteureus*] d'apr. *heureux*], de l'a. fr. *planté* [écrit *planté*], du lat. *plenitas, -atis* « abondance », de *plenus* « plein »). ♦ 1° Très abondant (en parlant de la nourriture). *Repas plantureux et bien arrosé.* V. **Abondant, copieux.** ◇ *Spécialt. Femme plantureuse,* femme grande et bien en chair. *Une poitrine plantureuse, grosse.* ♦ 2° (*Rare* ; p.-ê. attract. de *plante*). Qui produit des fruits abondants. V. **Fécond, fertile, riche.** « *Cent arpents de vignes, qui, dans les années plantureuses, lui donnaient sept à huit cents poinçons de vin* » (BALZ.). ◇ ANT. **Frugal, maigre.**

PLAQUAGE [plakaʒ]. *n. m.* (*Néol.* ; de *plaquer*). ♦ 1° *Sports.* Action de plaquer un adversaire, au rugby. ♦ 2° *Pop.* Abandon (V. **Plaquer,** I, 5°). ◇ HOM. **Placage.**

PLAQUE [plak]. *n. f.* (1562 ; « monnaie », XV° ; de *plaquer*).
I. ♦ 1° Feuille d'une matière rigide, plate et peu épaisse. *Petite plaque.* V. **Plaquette.** *Plaque d'ardoise, de verre. Plaques de revêtement, de protection* (V. **Crapaudine**). *Plaque d'égout. Plaque de propreté,* appliquée autour des poignées de portes. — *Plaque de cheminée* (V. **Contrecœur**). *Plaque de four. Plaques* (chauffantes) *d'une cuisinière. Plaque* (ou *plan*) de cuisson.* ◇ *Milit. Plaque de base,* support de l'arrière d'une bouche à feu (mortier, etc.). ◇ Électrode d'un accumulateur, d'un tube électrique autre que la cathode. *Le courant plaque,* formé par le recueil des électrons sur cette électrode.* ◇ *Plaque de chocolat.* ♦ 2° Plaque portant une inscription. *Plaque commémorative.* — *Plaque d'identité, de*

police. Plaque d'immatriculation ou *plaque minéralogique d'une automobile*, portant le nº du véhicule. ◊ Insigne de certains dignitaires (V. **Décoration**). *Plaque de grand officier de la Légion d'honneur.* ◊ Insigne de garde champêtre, etc. ◊ *(Jeux)* Grand jeton rectangulaire. ♦ 3º (1857). PLAQUE TOURNANTE : plate-forme tournante, servant à déplacer le matériel roulant. *Fig.* Carrefour, centre, lieu d'échanges. « *La capitale était la plaque tournante de la France* » (SARTRE). *(Personnes).* Intermédiaire. « *Chefs d'entreprises, votre secrétaire est la plaque tournante de vos communications* » (*Le Monde*, 24-4-1970). ♦ 4º *Plaque sensible (photographique)* : support rigide recouvert d'une émulsion sensible. *Appareil à plaques.* ♦ 5º Par ext. Embryol. *Plaque neurale,* épaississement de l'ectoblaste qui se développe pour donner la corde dorsale. — Anat. *Plaque neuro-musculaire,* lieu de jonction entre les fibres musculaires et les terminaisons nerveuses. ◊ *Pathol.* Lésion à surface bien délimitée. *Plaques muqueuses,* lésions de la muqueuse génitale ou buccale, caractéristiques de la syphilis. *Sclérose* en plaques.* — *Plaque dentaire.* V. **Film** (dentaire). ♦ 6º Loc. fam. *(Être) à côté de la plaque,* se tromper, (être) à côté de la question. *Mettre à côté de la plaque,* manquer le but.
II. *Fig.* Tache. *Avoir des plaques rouges sur le visage.*

PLAQUÉ [plake]. *n. m.* (1798 ; de *plaquer*). ♦ 1º Métal recouvert d'un autre plus précieux. V. **Doublé**. *Plaqué or, argent.* — Absolt. « *Un surtout en plaqué* » (ZOLA). ♦ 2º Bois recouvert d'une feuille de métal ou de bois.

PLAQUEMINE [plakmin]. *n. f.* (1874 ; de *plaqueminier*). Fruit du plaqueminier. V. **Kaki** (1).

PLAQUEMINIER [plakminje]. *n. m.* (1720 ; mot créole). Arbre *(Ébénacées)* à bois très dur. *Plaqueminier de l'Inde,* fournissant l'ébène. V. **Ébénier**. *Plaqueminier du Japon* cultivé pour ses fruits. V. **Kaki** (1).

PLAQUER [plake]. *v. tr.* (*Plaquier* « appliquer qqch. sur », XIIIᵉ ; moy. néerl. *placken* « rapiécer »).
I. ♦ 1º Appliquer (une plaque) sur qqch. *Plaquer une feuille de métal sur du bois.* V. **Coller; contre-plaqué**. Faire un placage* de bois précieux sur du bois ordinaire. — Au p. p. *Fig.* Surajouté de façon peu naturelle. « *La partie historique est plaquée et superficielle* » (STE-BEUVE). ♦ 2º Mettre (qqch.) à plat. *Plaquer ses cheveux sur les tempes, se plaquer les cheveux.* V. **Aplatir** (s'). — Intrans. *(Rare)* Être plaqué. V. **Coller**. « *La chemise plaquant sur les seins* » (ZOLA). ♦ 3º *Plaquer un accord* : en maintenir les notes ensemble avec force. — Au p. p. *Accord plaqué* (opposé à arpégé). Subst. *Un plaqué.* ♦ 4º *Plaquer qqn contre, sur qqch.* : l'y appuyer avec force. Pronom. *Se plaquer au sol, contre un mur.* ◊ Faire tomber (le porteur du ballon) en le saisissant par les jambes. V. **Plaquage**. ♦ 5º Pop. (XVIᵉ). Abandonner (qqn, qqch.). V. **Planter** (Cf. Laisser choir*, laisser tomber*). *Elle a plaqué son mari. Il a tout plaqué pour elle.* V. **Lâcher**.
II. Couvrir (qqch.) d'une couche plate (de métal). *Plaquer des bijoux d'or, d'argent.* — *Bijoux plaqués.* V. **Plaqué** (opposé à massif).

PLAQUETTE [plakɛt]. *n. f.* (1521 ; de *plaque*). ♦ 1º Petite plaque. *Plaquette de marbre.* — Spécialt. Petit bas-relief frappé en souvenir de qqch. ♦ 2º (1835). Cour. Petit livre très mince. *Plaquette de vers.* ♦ 3º Méd. Cellule sanguine sans noyau qui joue un rôle dans la coagulation. Syn. *Thrombocyte* ou (vieilli) *globulin.* Adj. PLAQUETTAIRE [plakɛtɛr].

PLAQUEUR, EUSE [plakœr, øz]. *n.* (1803 ; « maçon », 1239 ; de *plaquer*). Techn. *Plaqueur sur métaux,* qui lamine à chaud les feuilles de métal pour obtenir le plaqué (bijouterie). — *Plaqueur en ébénisterie.*

-PLASIE. Élément, du gr. *plasis.* V. **Plast-, -plastie**.

PLASMA [plasma]. *n. m.* (1846 ; *plasme* « émeraude brute broyée », 1752 ; gr. *plasma* « chose façonnée »). ♦ 1º (1855). *Plasma sanguin* : partie liquide du sang*. V. **Sérum**. ♦ 2º (Mil. XXᵉ). Gaz, porté à haute température, riche en ions et en électrons libres. V. **Magnétohydrodynamique**. *La matière des étoiles est à l'état de plasma.*

PLASMAGÈNE [plasmaʒɛn]. *n. et adj.* (mil. XXᵉ ; de *plasma,* et *-gène*). ♦ 1º N. m. *(Biol.)* Particule cytoplasmique déterminant certains caractères héréditaires. ♦ 2º Adj. *(Phys.).* Qui engendre un plasma* (2º).

PLASMATIQUE [plasmatik]. *adj.* (1858 ; de *plasma*). *Physiol.* Relatif au plasma sanguin. *Protéines plasmatiques.*

-PLASME, PLASMO-. Éléments, du gr. *plasma* « chose façonnée » (*ex.* : cataplasme) ou de *plasma,* 1º.

PLASMIFIER [plasmifje]. *v. tr.* (v. 1968 ; de *plasma* [2º]). *Phys.* Transformer un gaz en plasma*.

PLASMOCYTE [plasmɔsit]. *n. m.* (1897 ; de *plasmo-,* et *-cyte*). *Biol.* Cellule conjonctive pathologique, basophile, à noyau excentrique.

PLASMODE [plasmɔd]. *n. m.* (1903 ; de *plasm*[o]-, et gr. *eidos* ; Cf. *-Oïde* « aspect »). *Biol.* Cellule à plusieurs noyaux formée par la division du noyau, sans division du cytoplasme.

Certains organismes unicellulaires se présentent sous forme de plasmodes. Adj. PLASMODIAL, ALE, AUX [plasmɔdjal, o].

PLASMODIUM [plasmɔdjɔm]. *n. m.* (1922 ; lat. sav.). *Biol.* Hématozoaire* du paludisme.

PLASMOLYSE [plasmɔliz]. *n. f.* (1899 ; de *plasmo-,* et *-lyse*). *Physiol.* Réaction par laquelle une cellule se contracte et perd son eau par osmose, lorsqu'elle est plongée dans une solution de concentration moléculaire plus élevée.

PLAS-, -PLASTE, -PLASTIE. Éléments, du gr. *plassein* « modeler » (*ex.* : galvanoplastie, rhinoplastie).

PLASTE [plast(ə)]. *n. m.* (1948 ; du gr. *plassein*). Bot. Particule différenciée du cytoplasme des cellules végétales (centriole, mitochondries).

PLASTIC [plastik]. *n. m.* (1943 ; mot angl.). Masse d'explosif ayant la consistance du mastic. *Attentat au plastic.* V. **Plasticage**. ◊ HOM. *Plastique.*

PLASTICAGE ou **PLASTIQUAGE** [plastikaʒ]. *n. m.* (v. 1960 ; de *plastiquer*). Attentat au plastic.

PLASTICIEN [plastisjɛ̃]. *n. m.* (1860, Goncourt ; répandu mil. XXᵉ, de *plastique*). ♦ 1º Artiste spécialisé dans les recherches plastiques. ♦ 2º Technicien ou ouvrier spécialiste des matières plastiques* (II, 2º). ♦ 3º Chir. Spécialiste de la chirurgie plastique (I, 1º).

PLASTICITÉ [plastisite]. *n. f.* (1785 ; de *plastique*). Qualité de ce qui est plastique (II). *Plasticité de la cire.* ◊ *Fig.* Souplesse. *La plasticité du caractère de l'enfant.* — *Physiol.* Propriété des tissus de se reformer après avoir été lésés. — Psycho. *Plasticité de l'humeur,* instabilité affective et émotionnelle.

PLASTIE [plasti]. *n. f.* (1963 ; du gr. *plassein* « façonner »). *Chir.* Intervention chirurgicale réparatrice. V. **Greffe**. *Plastie cutanée.*

PLASTIFIANT [plastifjɑ̃]. *adj. et n. m.* (v. 1930 ; de *plastifier*). *Chim., Techn.* Se dit d'un composé (polyester) capable de rendre souple une matière plastique. *Émulsion de résine dans un plastifiant.* V. **Plastisol**.

PLASTIFIER [plastifje]. *v. tr.* (v. 1930 ; de *plastique*). Traiter avec un plastifiant. — *Par ext.* Transformer en matière plastique. — *Au p. p.* (Cour.) *Fils plastifiés.*

PLASTIGEL [plastiʒɛl]. *n. m.* (v. 1968 ; de *plasti*[que], et *gel*). *Chim.* Matière plastique résultant de la dispersion d'un solide dans un plastifiant gélifié.

PLASTIQUE [plastik]. *adj. et n.* (1553 ; lat. *plasticus,* gr. *plastikos* « relatif au modelage »).
I. ♦ 1º Didact. Qui a le pouvoir de donner la forme. — Chir. *Opération plastique. Chirurgie plastique,* chirurgie qui modifie les formes extérieures. V. **Esthétique** (chirurgie) ; *-plastie,* plasticien 3º. ♦ 2º Relatif à l'art de donner une forme à des substances solides. *Le génie plastique des Grecs.* ♦ 3º Relatif aux arts dont le but est l'élaboration de formes. *Arts plastiques* : sculpture, architecture, dessin, peinture ; et *aussi* Arts décoratifs, chorégraphie. *Qualité, beauté plastique d'une œuvre.* ◊ N. f. (1765 ; lat. *plastica,* n. f.) « *Les règles de la plastique* » (HUYGHE). ♦ 4º Beau de forme. « *De beaux gestes plastiques* » (LOTI). ◊ N. f. Beauté des formes du corps. *Avoir une belle plastique.*
II. (1842). ♦ 1º Flexible, malléable, mou. *L'argile, le mastic sont plastiques.* ♦ 2º (1913). MATIÈRE PLASTIQUE, et subst. UN PLASTIQUE (*n. m.*) : matière constituée de macromolécules obtenues par polymérisation* ou polycondensation* et qui a pu être moulée. V. **Bakélite, cellulose, galalithe, nylon, polyester, polyéthylène, résine, silicone, téflon** ; **thermodurcissable, thermoplastique**. *Objet, bouteille en plastique,* en *matière plastique. Le plastique n'est pas biodégradable.* ◊ Chimie des plastiques (V. **Plastifiant, plastifier, plastigel, plastisol**).
◊ ANT. (du II, 1º) *Rigide.* — HOM. *Plastic.*

PLASTIQUEMENT [plastikmɑ̃]. *adv.* (1876 ; de *plastique*). Quant à la plastique, aux formes, à leur beauté. « *Plastiquement, elle était merveilleuse* » (GIDE).

PLASTIQUER [plastike]. *v. tr.* (mil. XXᵉ ; de *plastic*). Faire exploser au plastic. *Terroristes qui plastiquent une maison.* (*Dér.* PLASTIQUEUR [plastikœr]).

PLASTISOL [plastisɔl]. *n. m.* (mil. XXᵉ ; de *plasti*[que], et sol 3º). Chim. Émulsion de résine (chlorure de polyvinyle) dans un plastifiant liquide.

PLASTRON [plastrɔ̃]. *n. m.* (XVIᵉ ; « armure », 1492 ; it. *piastrone* « haubert », 1º). ♦ 1º Pièce d'armure protégeant la poitrine. *Plastron d'une cuirasse.* — (XVIIᵉ) Pièce de cuir rembourrée que les escrimeurs portent sur la poitrine. ◊ Zool. Partie ventrale du bouclier tégumentaire des tortues. ♦ 2º Partie de certains vêtements (fixe ou amovible) qui recouvre la poitrine. *Plastron de chemise.* ♦ 3º Milit. Petit groupe d'hommes qui représentent symboliquement l'ennemi, dans une manœuvre.

PLASTRONNER [plastrɔne]. *v.* (1611 ; de *plastron*). ♦ 1º V. tr. Protéger par un plastron. *Fig.* Protéger. ♦ 2º V. intr. Bomber le torse. *Fig.* V. **Parader, poser**. « *Il plastronne pour la galerie* » (MART. du G.).

1. PLAT, PLATE [pla, plat]. *adj. et n. m.* (1080; lat. pop. °*plattus*, gr. *platus* « large, étendu »).

I. *Adj.* **Ⓐ** *Concret.* ♦ 1º Qui présente une surface plane, et *spécialt.* horizontale. *Les anciens croyaient que la terre était plate. Toit plat, wagon plat. Bateau à fond plat. Terrain plat. Pays plat :* plaine, plateau. ◇ Géom. *Angle plat,* de 180º. — *Calme* plat :* total (quand la mer est « plate »). *Fig. C'est le calme plat dans les affaires.* — *Nœud plat,* réunissant deux bouts de filin. — Cout. *Pli plat. Couture plate. Fig. Battre* qqn à plate couture.* ♦ 2º Dont le fond est plat ou peu profond. *Bateau plat. Casquette plate.* « *Il m'a laissé son hideux chapeau plat* » (GIDE). *Assiette plate.* ♦ 3º Non saillant. *Avoir le ventre plat. Poitrine plate.* Par ext. (d'une femme) *Elle est plate comme une limande*, comme une planche* à pain* (fam.). — *Coiffure plate :* non bouffante, non gonflante. « *Ô Corse à cheveux plats...* » (BARBIER). — *Talons plats :* peu élevés (*opposé* à haut). V. *aussi* **Pied-plat.** Par ext. « *Cotillon simple et souliers plats* » (LA FONT.). ♦ 4º *Loc. adv.* À PLAT VENTRE : étendu, couché sur le ventre, la face contre terre. *Se coucher, se mettre à plat ventre :* sur le ventre. « *Quelques-uns rampaient à plat ventre* » (HUGO). — *Fig.* Se montrer servile. « *Ils se mirent à plat ventre, rampèrent devant l'Assemblée* » (MICHELET). ♦ 5º De peu d'épaisseur. V. **Mince.** *Produits plats,* en sidérurgie (Cf. ci-dessous II, 4º). *Verre plat. Poissons plats* (sole, limande, etc.). *Avoir la bourse plate :* vide. ♦ 6º *Loc. adv.* À PLAT : horizontalement, sur la surface plate. *Poser à plat.* V. **Plaquer.** ◇ *Spécialt. Pneu à plat.* V. **Dégonflé.** « *C'est à vous la bécane? — Oui, mais je suis à plat* » (QUENEAU). — *Batterie d'accumulateurs à plat :* déchargée. — (*Personnes*) *Fig. et fam. Être à plat :* déprimé, épuisé. *Sa maladie l'a mis à plat.* — *Tomber à plat :* être un échec complet (d'un spectacle, etc.). ♦ 7º *Fig. Teinte plate :* uniforme (qui donne l'impression d'une surface plane). ♦ 5º *Rimes plates,* des vers où alternent deux vers à rime masculine et deux vers à rime féminine (disposition la plus simple). **Ⓑ** *Abstrait.* ♦ 1º Sans caractère saillant ni qualité frappante. *Style plat.* V. **Académique, fade, médiocre.** — *Littér.* (au moral) *Préoccupations plates et mesquines.* Vieilli. *C'est un plat personnage,* sans personnalité ou méprisable. — *Cour.* V. **Obséquieux.** *Il est toujours très plat devant ses supérieurs.* — Par ext. « *On lui fit de plates excuses* » (DAUD). ♦ 3º (1640, d'une boisson). Dépourvu de force. V. **Fade.** *Vin plat.* — (v. 1960) Non gazeux. *De l'eau plate.*

◇ ANT. (de I) *Accidenté, montagneux; bombé, gonflé, saillant. Creux, profond. Remarquable.*

2. PLAT [pla]. *n. m.* (1328; de *plat,* adj.). Récipient à fond plat. ♦ 1º PLAT À BARBE : bassin ovale, échancré. ♦ 2º *Vieilli.* Plateau. *Présenter une lettre sur un plat.* — Fig. et mod. *Apporter qqch. à qqn sur un plat :* lui donner ce qu'il désire, immédiatement. *Les gens « seraient enchantés si les circonstances leur apportaient l'Alsace-Lorraine sur un plat* » (ROMAINS). ♦ 3º *Cour.* Pièce de vaisselle plus grande que l'assiette, dans laquelle on sert les mets. *Plats à œufs, à poissons, à légumes* (V. **Légumier**). *Plat creux, long, rond. Plat de porcelaine, d'argent, d'étain. Accessoires d'un plat.* V. **Chauffe-plat, dessous-de-plat.** *Manger à même le plat.* ◇ *Œufs au plat, sur le plat,* qu'on fait cuire sur un plat sans les brouiller. ◇ *Loc. fig.* (1808) *Mettre les pieds dans le plat :* intervenir maladroitement. *Mettre les petits plats dans les grands :* se mettre en frais en l'honneur de qqn. ♦ 4º Le plat et son contenu. V. **Platée.** « *Ésaü vendit son droit d'aînesse pour un plat de lentilles* » (BIBLE). ♦ 5º (1530). Mets d'un repas. *Plat de viande, de légumes, de poisson. Plats régionaux.* V. **Spécialité.** *Plat cuisiné.* — *Plat garni,* composé de viande ou de poisson et de légumes. *Plat du jour :* au restaurant, plat qui varie selon les jours. *Plat de résistance :* plat principal. *Faire honneur* à un plat.* « *De bons petits plats* » (BALZ.). *Loc. fig.* « *Oui, je vais te servir d'un plat de ma façon* » (MOL.). — Fam. (1628, « médire de qqn ») *Faire tout un plat de qqch. :* en faire toute une affaire. ◇ HOM. *Plat* (1).

PLATANE [platan]. *n. m.* (1535; lat. *platanus,* gr. *platanos*). ♦ 1º Arbre élevé au feuillage épais (*Platanacées*), à écorce lisse se détachant par plaques irrégulières. « *Un cours planté de platanes* » (GREEN). *Rangée, avenue de pla-*

tanes. — *Fam. Rentrer dans un platane,* heurter un arbre (en voiture). ♦ 2º FAUX PLATANE : érable sycomore.

PLAT-BORD [plabɔʀ]. *n. m.* (1573; de *plat,* et *bord*). Mar. Ceinture en bois entourant les ponts et limitant le bordage en haut. *Des plats-bords.*

PLATE [plat]. *n. f.* (1170; de *plat*). ♦ 1º Archéol. Plaque de métal appliquée sur le haubert; chacune des plaques qui constituent une armure rigide. *Armures de plates :* d'écailles d'acier. ♦ 2º (1694). Mar. Embarcation à fond plat servant aux travaux de calfatage et de nettoyage d'un navire.

PLATEAU [plato]. *n. m.* (XIIIᵉ, « grand plat »; *platel* « écuelle », fin XIIᵉ; de *plat*). ♦ 1º Support plat servant à poser et à transporter divers objets. *Plateau de bois, d'argent. Plateau de garçon de café, de serveur. Servir le déjeuner sur un plateau. Fig. Il voudrait qu'on lui apporte tout sur un plateau* (ou sur un plat). — *Plateau à fromages.* Par ext. *Un plateau de fromages :* un assortiment présenté sur un plateau. — *Les plateaux d'une table roulante. — Plateau-repas,* servi pendant un voyage dans les avions ou les trains. — *Plateaux de chirurgien, de dentiste* (pour poser les instruments). — Spécialt. *Plateau d'une balance.* Par métaph. *Dans le plateau, dans les plateaux de la balance :* dans la balance. ◇ Plate-forme servant de support. *Plateau de chargement :* plancher mobile pour rassembler des marchandises. Auto. *Plateau d'embrayage,* servant d'appui au disque d'embrayage. — *Wagon plat à marchandises.* V. **Plate-forme.** ◇ *Plateau d'un tourne-disque,* plateau tournant où l'on pose les disques. V. **Platine.** « *Il choisit un disque, le mit sur le plateau de l'appareil* » (MAC ORLAN). ◇ *Négresse à plateau,* portant à la lèvre inférieure un morceau de bois plat sur lequel elle est tendue. ♦ 2º (1694). Étendue de pays assez plate et dominant les environs. *Plateau calcaire.* V. **Causse.** *Hauts plateaux,* « *Waterloo, ce plateau funèbre et solitaire* » (HUGO). — *Plateau sous-marin.* V. **Haut-fond.** *Plateau continental :* partie relativement plate et surélevée des fonds marins. ◇ Fig. *Plateau d'un graphique :* sa partie la plus élevée. — Méd. *Fièvre en plateau,* dont la température s'est maintenu pendant toute la durée de la maladie. ♦ 3º (1907). Plate-forme où est présenté un spectacle, etc. *Plateau d'un théâtre :* les planches, la scène. « *Deux escaliers s'élevaient du plateau pour gagner les régions supérieures du théâtre* » (DUHAM.). — *Plateau du studio de cinéma, de télévision,* où sont plantés les décors et où jouent les comédiens. — Ensemble des installations, du personnel nécessaires à la prise de vue en studio. *Frais de plateau.* ♦ 4º Biol. Bordure de cellules épithéliales.

PLATE-BANDE [platbɑ̃d]. *n. f.* (XIIIᵉ; de *plat,* et *bande*). ♦ 1º Archit. Moulure plate, unie et peu saillante. — Linteau ou architrave formant une bande horizontale sans ornements. ♦ 2º (1680). *Cour.* Bande de terre cultivée, dans un jardin. « *Des fleurs de toute sorte garnissaient les plates-bandes* » (GAUTIER). — *Fam. Marcher sur les plates-bandes de qqn :* empiéter sur son domaine. « *Si je vous retrouve dans mes plates-bandes...* » (AYMÉ).

1. PLATÉE [plate]. *n. f.* (1798; de *plat*). Contenu d'un plat. *Une platée de purée.*

2. PLATÉE [plate]. *n. f.* (1694; lat. *platea,* gr. *plateia*). Techn. Massif de fondation d'un édifice. ◇ Maçonnerie recouvrant les fondations.

PLATE-FORME [platfɔʀm(ə)]. *n. f.* (XVᵉ; de *plat,* et *forme*). **I.** ♦ 1º Terre-plein, surface plane, horizontale, plus ou moins surélevée (Cf. Balcon, belvédère, étage, palier,...). *Toit en plate-forme.* V. **Terrasse, terrassement.** *Plate-forme de quai. Plate-forme nº 4. Plate-forme de maçonnerie.* ♦ 2º Milit. Ouvrage plat supportant du matériel ou des hommes. *Plate-forme de tir.* V. **Banquette.** *Plate-forme d'artillerie,* supportant une pièce. ♦ 3º Partie ouverte d'un véhicule public. *Plate-forme d'un autobus. L'intérieur est plein, restez en plate-forme.* V. **Plateau.** ♦ 4º Wagon (à marchandises) plat, ouvert. V. **Plateau.** ♦ 5º Techn. La partie de la voie préparée pour recevoir le ballast et les rails. ♦ 6º Géogr., Géol. *Plate-forme continentale.* V. **Plateau.** *Plate-forme d'abrasion, d'érosion, littorale. Plate-forme structurale,* la surface d'une couche dure décapée. ♦ 7º *Plate-forme de forage,* servant à exploiter les gisements pétrolifères sous-marins.

II. (1855; angl. *platform,* du français). Ensemble d'idées, sur lesquelles on s'appuie pour définir une politique commune. V. **Base.** *La plate-forme électorale d'un parti.* « *Toute plate-forme plus vaste ne nous offrirait... qu'un champ de discorde* » (CAMUS).

PLATELAGE [platlaʒ]. *n. m.* (1846; de *platel* « plateau »). Techn. Plancher en charpente. *Platelage formant le tablier d'un pont en bois.* ◇ Tôles soutenant les blindages.

PLATE-LONGE [platlɔ̃ʒ]. *n. f.* (1690; de *plat,* et *longe*). Longe servant à maintenir les chevaux que l'on ferre. — Pièce du harnais des chevaux attelés, qui les empêche de ruer. *Des plates-longes.*

PLATEMENT [platmã]. *adv.* (XVIIIᵉ; « sans détour », 1485; de *plat*). D'une manière plate, banalement. « *Ils écrivent platement et sans plaisir* » (ALAIN). ◇ ANT. Spirituellement.

PLATERESQUE [platʀɛsk(ə)]. *adj.* (1877; esp. *plateresco*, de *plata* « argent »). Style d'architecture et de décoration de la Renaissance espagnole caractérisé par des ornements baroques (comme le manuélin* portugais).

PLATHELMINTHES [platɛlmɛ̃t]. *n. m. pl.* (1886; du gr. *platus* « large », et *helmins* « ver »). Zool. Embranchement de vers plats dont le corps, segmenté ou non, ne présente pas de cavité générale. *Classe de plathelminthes* : planaires, trématodes (douves), cestodes (ténias). — Sing. *Un ver plathelminthe; un plathelminthe.*

PLATIÈRE [platjɛʀ]. *n. f.* (1782; de *plat*). Région. ◆ 1° Ruisseau qui traverse une chaussée. ◆ 2° (1836; Cf. *Platier* « terrain plat », 1470). Terrain, champ plat au bas d'une colline.

PLATINAGE [platinaʒ]. *n. m.* (1838; de *platine* 2). Techn. Opération par laquelle on recouvre une surface d'une couche de platine; cette couche elle-même.

1. PLATINE [platin]. *n. f.* (1220, « plat »; de *plat*). ◆ 1° Techn. Se dit de pièces, de supports plats. ◇ (XVIIᵉ) Pièce soutenant les éléments d'un mouvement d'horlogerie. *La platine d'une montre, d'une pendule.* ◇ Pièce des anciennes armes à feu portatives sur laquelle l'amorce était mise à feu. *Platine à silex* (V. **Fusil**, II). ◇ Imprim. Partie de la presse à bras qui s'abaisse sur le tympan. ◇ Plaque métallique protégeant le mécanisme d'une serrure. ◇ Pièce de la machine à coudre qui laisse passer l'aiguille. Plateau d'une machine pneumatique. ◇ Mince lame ou feuille utilisée comme support dans divers appareils scientifiques. *Platine de microscope.* V. **Porte-objet**. ◇ (v. 1969). *Platine d'un tourne-disque* (ou [techn.] *platine tourne-disque*). V. **Plateau**. ◆ 2° *Vieilli* (du *plat* de la langue). *Avoir une bonne, une fameuse platine.* V. **Langue** (I, 2°). — Par ext. V. **Baratin**. « *Il avait gardé la platine de son ancien métier* » (BALZ.).

2. PLATINE [platin]. *n. m.* (1752; esp. *platina*, de *plata* « argent »). ◆ 1° Élément (nº at. 78; symb. Pt; at. 195,23), métal précieux, blanc grisâtre, et densité 21,37, fusible à 1773 °C. *Mine de platine* : alliage naturel de platine et des métaux voisins. *Platine iridié, rhodié* (alliages). *Éponge, mousse* de platine.* ◇ *Le platine, métal précieux utilisé en bijouterie, en joaillerie.* ◆ 2° Adj. invar. De la couleur du platine. *Des cheveux platine.* V. **Platiné**.

PLATINÉ, ÉE [platine]. *adj.* (1900; V. **Platiner**). ◆ 1° Vis PLATINÉES : dans un moteur d'automobile, Pièces de contact du rupteur d'allumage (de nos jours, elles ne comportent plus de platine). ◆ 2° Teint en couleur platine (blond presque blanc). *Cheveux platinés, blond platiné.* Par ext. *Une blonde platinée.* ◇ HOM. Platiner.

PLATINER [platine] ou **PLATINISER** [platinize]. *v. tr.* (1845,-1871; de *platine* 2). Techn. Recouvrir (un métal, du verre) d'une mince couche de platine. *Platiner du cuivre.* ◇ HOM. Platiné.

PLATINIFÈRE [platinifɛʀ]. *adj.* (1828; de *platine* 2, et -*fère*). Didact. Qui contient du platine. *Minerais platinifères.*

PLATINITE [platinit]. *n. f.* (1920; de *platine* 2). Techn. Alliage de fer et de nickel ayant même coefficient de dilatation que le platine et pouvant se souder au verre.

PLATINOTYPIE [platinotipi]. *n. f.* (1890; de *platine* 2, et -*typie*). Techn. Procédé de photographie utilisant les sels de platine (chlorure platineux).

PLATITUDE [platityd]. *n. f.* (1694; de *plat*). ◆ 1° Caractère de ce qui est plat (I, B), sans originalité. V. **Médiocrité**. « *Le monde est voué sans appel à la platitude, à la médiocrité* » (RENAN). — UNE PLATITUDE. V. **Banalité**, **fadaise**. *Débiter des platitudes.* « *Une espèce de salon de province...; ses platitudes suivaient le torrent du siècle* » (BALZ.). « *Emma retrouvait dans l'adultère toutes les platitudes du mariage* » (FLAUB.). ◆ 2° *Vieilli*. Caractère de celui qui est sans élévation morale, qui s'abaisse avec servilité. V. **Avilissement**, **bassesse**, **obséquiosité**. — Acte qui témoigne de servilité. « *Si vous croyez que je vais revenir en vous faire des platitudes, vous vous trompez* » (HUGO). ◆ 3° (XIXᵉ). Qui manque de saveur, en parlant du vin. ◆ 4° (XXᵉ). Rare. État de ce qui est plat, plan. « *La platitude... du sol* » (ROMAINS). ◇ ANT. Esprit, saveur. Dignité, fierté, noblesse.

PLATONICIEN, IENNE [platonisjɛ̃, jɛn]. *adj.* (1370; de *Platon*). Qui s'inspire de la philosophie de Platon. *Philosophes platoniciens,* et subst. *Les platoniciens.* ◇ Relatif au platonisme. « *Mysticisme platonicien* » (B. CONSTANT). V. **Platonique**.

PLATONIQUE [platonik]. *adj.* (XIVᵉ; de *Platon*). ◆ 1° Vx. Relatif à la philosophie de Platon. V. **Platonicien**. « *Notions hermétiques et platoniques* » (DIDER.). ◆ 2° (XVIIIᵉ). Mod. Qui a un caractère purement idéal. *Amour, sentiment platonique* : chaste. V. **Éthéré**, **pur**. « *La tendresse de ces parfaits amants est toute platonique* » (GAUTIER). « *Amants plato-*

niques » (HENRIOT). ◆ 3° Qui a un caractère théorique, sans effet concret. « *Leur lutte contre le militarisme restait assez platonique* » (MART. du G.). ◇ ANT. Charnel, matériel.

PLATONIQUEMENT [platonikmã]. *adv.* (XIXᵉ; de *platonique*). D'une manière platonique. *Aimer platoniquement.*

PLATONISME [platonism(ə)]. *n. m.* (1672; de *Platon*). ◆ 1° Philosophie de Platon et de ses disciples. *Le platonisme est un idéalisme* (V. **Idée**, I), *un essentialisme, une conception métaphysique de la beauté et de l'amour.* ◆ 2° Rare. Caractère de l'amour platonique, chaste, idéal.

PLÂTRAGE [platʀaʒ]. *n. m.* (1718; de *plâtrer*). ◆ 1° Action de plâtrer. *Le plâtrage d'un mur.* ◇ Amendement des prairies artificielles au moyen de plâtre. — *Plâtrage des moûts, du vin,* pour activer la fermentation. ◆ 2° Rare. Ouvrage de plâtre. ◆ 3° Méd. *Plâtrage gastrique* (traitement de l'acidité gastrique).

PLÂTRAS [platʀa]. *n. m.* (1371; de *plâtre*). ◆ 1° Débris de plâtrage; morceau d'un ouvrage en plâtre détaché. V. **Débris**, **gravats**. *De gros plâtras se détachaient.* ◆ 2° Mauvais matériaux de construction. « *Le plâtras qui avait dû boucher ce vide était absent* » (HUGO). ◆ 3° Chose informe et lourde. *Avoir un plâtras sur l'estomac* : l'estomac chargé.

PLÂTRE [platʀ(ə)]. *n. m.* (*Plastre*, 1268; de *emplastre*). ◆ 1° Gypse. *Carrière de plâtre. Utilisation du plâtre pour l'amendement des prairies.* V. **Plâtrer**. ◆ 2° Semi-hydrate du sulfate de calcium (2 $CaSO_4$, 1/2 H_2O) réduit en poudre. *Pierre à plâtre* : gypse. *Le plâtre est obtenu en chauffant du gypse dans un four à plâtre et en le pulvérisant. Fleur de plâtre, plâtre très fin. Sac de plâtre.* « *Gâcheur de plâtre* » (HUYSMANS). V. **Plâtrier**. *Le plâtre et le mortier sont des liants. Enduit au plâtre* : crépi. « *J'étendais le plâtre sur les murs blancs* » (GIONO). — Fig. *Battre qqn comme plâtre* : avec violence (comme le plâtre qu'on pulvérise). — *Plâtre à mouler. Buste en plâtre.* « *L'art de mouler, de ciseler le plâtre* » (GAUTIER). ◇ *Mettre une jambe, un bras cassé dans le plâtre* : dans un plâtre (*ci-dessous,* 4°). V. **Plâtrer**. ◆ 3° *Les plâtres* : les revêtements, les ouvrages de plâtre. *Refaire les plâtres. Essuyer* les plâtres.* ◆ 4° *Un plâtre* : objet moulé en plâtre. *Un plâtre antique. Salle décorée de plâtres* : de statues, de moulages. ◇ Méd. Appareil de contention, formé de pièces de tarlatane imprégnées de plâtre. ◆ 5° Fam. et vieilli. Blanc de fard. *Avoir deux doigts de plâtre sur le visage.* ◆ 6° Fam. *Ce camembert n'est pas fait; c'est du plâtre !*

PLÂTRER [platʀe]. *v. tr.* (1160; de *plâtre*). ◆ 1° Couvrir de plâtre; sceller avec du plâtre. « *La muraille tournée vers la route était plâtrée d'un crépi à la chaux* » (GAUTIER). ◆ 2° Agric. Amender (une prairie) en y répandant du plâtre. — (1860). *Plâtrer du vin, des moûts pour en activer la fermentation.* ◆ 3° Mettre (un membre fracturé) dans un plâtre. — Au p. p. *Jambe plâtrée.* Par ext. « *Plâtré du genou à la hanche* » (BOSCO). ◆ 4° Fig. et fam. *Plâtrer son visage,* se plâtrer : se farder de blanc, exagérément et mal. « *Des joues plâtrées de fard* » (HUYSMANS).

PLÂTRERIE [platʀəʀi]. *n. f.* (XIVᵉ, « ouvrage en plâtre »). ◆ 1° Entreprise, usine où l'on fabrique le plâtre. V. **Plâtrière**. ◆ 2° Travail du plâtre. V. **Bâtiment**, maçonnerie.

PLÂTREUX, EUSE [platʀø, øz]. *adj.* (1564; de *plâtre*). ◆ 1° Vx. Qui contient du gypse. « *Carrières plâtreuses* » (BUFF.). ◆ 2° Mod. Couvert de plâtre. « *Fresque plâtreuse* » (MART. du G.). « *Vieilles demeures plâtreuses* » (MAUPASS.) : d'une blancheur de plâtre. ◇ Qui a la consistance du plâtre, insuffisamment fait (fromage).

PLÂTRIER [platʀije]. *n. m.* (1268; de *plâtre*). ◆ 1° Vieilli. Ouvrier qui prépare le plâtre (gâcheur). ◇ Celui qui fait le commerce des plâtres. ◆ 2° Mod. Ouvrier qui utilise le plâtre gâché pour le revêtement et divers ouvrages de plâtre (V. **Maçon**). *Plâtrier peintre.*

PLÂTRIÈRE [platʀijɛʀ]. *n. f.* (1460; de *plâtre*). ◆ 1° Carrière de gypse, de plâtre. ◆ 2° Four à plâtre. — Plâtrerie.

PLATY-. Élément, du gr. *platus* « large ».

PLATYRRHINIENS ou **PLATYRHINIENS** [platiʀinjɛ̃]. *n. m. pl.* (1827; du gr. *platurrhin*, de *rhin, rhinos* « nez »). Zool. Groupe de singes (Simiens) du Nouveau Monde à narines écartées, ouvertes sur le côté, à 36 dents et à queue préhensile.

PLAUSIBILITÉ [plozibilite]. *n. f.* (1690; de *plausible*). Didact. Caractère de ce qui est plausible, de ce qui peut être admis sans risque d'erreur (T. d'informatique). *Plausibilité d'une nouvelle. Contrôle de plausibilité.*

PLAUSIBLE [plozibl(ə)]. *adj.* (1552; lat. *plausibilis* « digne d'être applaudi »). Qui semble devoir être admis. V. **Admissible**, **vraisemblable**. *Caractère plausible d'un événement. Cause, raison très plausible.* « *Ce motif n'était pas le véritable, quoiqu'il pût sembler plausible* » (GAUTIER). ◇ ANT. Invraisemblable.

PLAUSIBLEMENT [plozibləmã]. *adv.* (1558; de *plausible*). Didact. D'une manière plausible.

PLAY-BACK [plɛbak]. *n. m.* (1944; mot angl., « jeu en

retour »). Anglicisme. *Télév., cin.* Interprétation ou diffusion mimée (par un acteur ou un chanteur) d'un enregistrement sonore antérieur. « *Les chanteurs de variétés chantent désormais en direct, le 'play-back' étant proscrit* » (*Le Monde*, 10-10-1969). — Recomm. offic. Présonorisation.

PLAY-BOY [plɛbɔj]. *n. m.* (v. 1960; mot amér.). *Américanisme.* Jeune homme élégant et riche, menant une vie oisive et facile de séducteur. V. **Viveur** (vieilli). *Un physique avantageux de play-boy. Des play-boys.*

PLAYON ou **PLEYON** [plɛjɔ̃]. *n. m.* (1414, « pièce de la charrue »; *ploion* « osier, branche flexible », 1120; de *plier*). *Agric.* (1755). Armature légère que l'on adapte au manche de la faux pour la coupe des céréales.

PLÉBAN [plebã] ou **PLÉBAIN** [plebɛ̃]. *n. m.* (1347; du lat. *plebs*). *Relig. cathol.* Chef d'un clergé paroissial vivant en commun et suivant une même règle.

PLÈBE [plɛb]. *n. f.* (1255; lat. *plebs*). ♦ 1° *Antiq.* Second ordre du peuple romain (*opposé à* patriciat). V. **Plébéien.** ♦ 2° (Fin XVIIIᵉ). *Péj.* et *vx.* Le bas peuple. V. **Populace, racaille.**

PLÉBÉIEN, IENNE [plebejɛ̃, jɛn]. *n. et adj.* (1355; du lat. *plebeius*). ♦ 1° *Antiq.* Romain(e) de la plèbe. « *L'histoire de Rome est pleine de la lutte entre les patriciens et les plébéiens* » (FUSTEL). ◊ Adj. *Famille plébéienne.* ♦ 2° *Mod.* et *littér.* Homme, femme du peuple. « *Un homme bien né, qui tient son rang comme moi, est haï de tous les plébéiens* » (STENDHAL). ◊ Adj. *Du peuple* (quant à l'origine, à l'aspect, aux mœurs, aux manières). *Des goûts plébéiens.* V. **Populaire.** ◊ ANT. Patricien. Aristocrate, aristocratique.

PLÉBISCITAIRE [plebistɛʀ]. *adj.* (1870; de *plébiscite*). Qui a rapport au plébiscite. *Consulter les électeurs par voie plébiscitaire.*

PLÉBISCITE [plebisit]. *n. m.* (1355; lat. *plebiscitum*, proprem. « décision du peuple »). ♦ 1° *Antiq.* Décision, loi votée par l'assemblée de la plèbe. ♦ 2° (1792). *Vieilli.* Vote direct du corps électoral par oui ou par non, sur une question qu'on lui soumet. V. **Référendum.** *Recourir au plébiscite* (à la consultation* populaire). *Élection par plébiscite.* ◊ *Mod.* Vote direct du corps électoral par *oui* ou *non* sur la confiance qu'il accorde à celui qui a pris le pouvoir. Fig. « *L'existence d'une nation est un plébiscite de tous les jours* » (RENAN). ♦ 3° « *Vote d'une population sur la question de son statut international* » (CAPITANT).

PLÉBISCITER [plebisite]. *v. tr.* (1907; de *plébiscite*). ♦ 1° Voter (qqch.), désigner (qqn) par plébiscite. *Les Français plébiscitèrent Louis-Napoléon Bonaparte.* ♦ 2° Élire (qqn) ou approuver (qqch.) à une majorité écrasante.

PLECTOGNATHES [plɛktɔɡnat]. *n. m. pl.* (1827; du gr. *plektos* « soudé », et *gnathos* « mâchoire »). *Zool.* Ordre de poissons téléostéens caractérisés par des mâchoires soudées au crâne, des plaques osseuses sur le corps et l'absence de nageoires abdominales (*ex.* : môle 2). Au sing. *Un plectognathe.*

PLECTRE [plɛktʀ(ə)]. *n. m.* (XIVᵉ; lat. *plectrum*, gr. *plektron*, rac. *plêssein* « frapper »). *Mus. Antiq.* Petite baguette de bois, d'ivoire, servant à gratter, à pincer les cordes de la lyre, de la cithare. — *Mod.* Médiator.

-PLÉGIE. Élément, du gr. *plessein* « frapper » (*ex.* : hémiplégie).

PLÉIADE [plejad]. *n. f.* (*Pliades*, plur., 1230; gr. *pleias, -ados* « constellation de sept étoiles »). ♦ 1° *Astron.* (avec la majuscule). Chacune des six étoiles (les Anciens en comptaient sept) qui forment dans la constellation du Taureau. ◊ *La Pléiade,* groupe des Pléiades. ♦ 2° *Hist. litt.* (1556). Nom donné à sept poètes anciens d'Alexandrie, qui vivaient au IIIᵉ s. av. J.-C. ◊ Groupe de sept grands poètes français de la Renaissance. *Les poètes de la Pléiade.* ♦ 3° (1867). Groupe de personnes (généralement remarquables). « *Une pléiade de compositeurs* » (GAUTIER). « *Toute une pléiade de jeunes hommes* » (BENDA).

PLEIN, PLEINE [plɛ̃, plɛn]. *adj. et n. m.* (1080; lat. *plenus*).

I. (*Sens fort*). Ⓐ Qui contient toute la quantité possible. ♦ 1° (Choses). *Une boîte pleine.* V. **Rempli.** *Verre plein jusqu'aux bords, à ras bords. Valise trop pleine, pleine à craquer; à moitié pleine.* « *Une source qui permettait de tenir la citerne toujours pleine* » (MAC ORLAN). V. **Emplir, remplir** (Cf. Faire le plein). *Plein comme un œuf*. — Loc. fam. *N'en jetez plus, la cour est pleine !* en voilà assez sur ce sujet. — *Avoir les mains pleines. Avoir le nez plein,* bouché. *Parler la bouche pleine. Avoir le ventre plein.* « *L'estomac plein ressemble à une conscience satisfaite* » (HUGO). ♦ 2° (Personnes) « *On convie pleine comme une barrique* » (MAUPASS.), *comme une bourrique, un âne.* — Absolt. (Fam.) *Il est plein* : ivre (Cf. fam. Bourré). ◊ Fig. et fam. *Un gros plein de soupe,* un homme gros, vulgaire et riche. V. **Gros.** *Juments pleines.* ♦ 4° (Avant le nom). *Un plein panier de légumes* : le contenu d'un panier. « *Une pleine valise de livres* » (MART. du G.). ◊ (Précédé

de À) *À pleine main,* avec la main pleine. *Saisir à pleins bras. Aspirer à pleins poumons. Chose qui sent, qui pue à plein nez.* — *Crier, chanter à plein gosier.* « *Très pressant désir de crier, à pleine gorge* » (DUHAM.). « *Il arrachait la pompe de l'arrosoir et versait à plein goulot* » (FLAUB.). — Fig. et fam. *À pleins tubes*.* ♦ 5° Qui contient autant de personnes qu'il est possible. *Les cafés étaient pleins.* V. **Bondé.** *Les autobus sont pleins aux heures de pointe.* V. **Complet.** ♦ 6° (Temps). *Une journée pleine,* bien occupée. « *Telle était leur vie, vie uniforme, mais pleine* » (BALZ.). ♦ 7° (*Abstrait*). Qui éprouve entièrement (un sentiment), est rempli (de connaissances, d'idées). *Avoir le cœur plein* (V. **Gros**), avoir du chagrin. « *Mieux vaut une tête bien faite que bien pleine* » (MONTAIGNE). ◊ (Personnes) PLEIN DE... V. **Pénétré** (de). *Être plein de son sujet.* — *Être plein de qqn,* en être exclusivement occupé. « *Plein de Machiavel, entêté de Boccace* » (LA FONT.). « *J'ouvre comme un trésor mon cœur tout plein de vous* » (MUSS.). — PLEIN DE SOI, occupé et content de soi-même. V. **Infatué.** « *Si enivré de son œuvre et si plein de lui-même* » (STE-BEUVE). V. **Imbu.** ♦ 8° *Fam.* PLEIN AUX AS : très riche.

Ⓑ ♦ 1° Dont la matière occupe tout le volume (*opposé à* creux). *Une sphère pleine.* V. **Massif.** « *Une grande porte pleine* » (HUGO). *Roue pleine et roue à rayons.* ♦ 2° (Formes humaines). Rond. V. **Dodu, potelé, rebondi.** *Des joues pleines. Visage plein.* « *Elle avait des formes pleines* » (BALZ.). ♦ 3° *Un son plein,* riche et harmonieux. « *Elle se mit à rire du bon rire plein de sa jeunesse* » (BALZ.). Ⓒ ♦ 1° Qui est entier, à son maximum. *La pleine lune. La mer est pleine,* la marée est haute. *Arc en plein cintre*. *Reliure pleine peau,* entièrement en peau. ◊ *Un jour plein,* de 24 heures. *Travailler à plein temps, à temps plein.* — Par ext. V. **Plein-emploi.** *Moteur qui tourne à plein régime.* « *Les Douglas, pleins gaz, filèrent* » (MALRAUX). ♦ 2° Qui a sa plus grande force. V. **Total.** *Plein succès. Donner pleine satisfaction.* V. **Tout.** « *Clairvoyant et dans la pleine possession de son génie* » (SUARÈS). *De leur plein gré*. *Pleins pouvoirs* (V. **Plénipotentiaire**). *En confiance pleine et entière*, totale, absolue. — *De plein droit*. *Être en pleine forme*. ◊ *Sens plein d'un mot,* le sens le plus fort. ♦ 3° *Loc. adv.* À PLEIN, EN PLEIN. V. **Pleinement, totalement.** *Argument qui porte à plein.* « *J'use en plein de mon franc-parler* » (DIDER.). ♦ 4° EN PLEIN(E), suivi d'un subst. : au milieu de (espace). *Vivre en plein air* [plɛnɛʀ]. V. **Dehors.** *En plein vent.* « *Le logis est entouré... de grenadiers en pleine terre* » (BALZ.). — *En pleine mer,* au large. *En pleine rue. En pleine nature. En plein soleil, en plein jour.* — Par ext. Exactement (dans, sur). *Visez en plein milieu.* V. **Beau** (au beau milieu). *Chambre en plein nord.* « *Il se leva brusquement et le frappa en pleine poitrine* » (SARTRE). — (Temps) *En plein jour. Se réveiller en pleine nuit.* — (En parlant d'un état ou d'une action qui a une certaine durée) *En pleine croissance.* « *L'oiseau foudroyé en plein vol sembla se précipiter* » (FROMENTIN). *Être en plein travail. Arriver en plein drame.* ◊ *Loc. adv.* EN PLEIN SUR, EN PLEIN DANS (*fam.*) : juste, exactement. *La bombe est tombée en plein sur la gare. Il a visé en plein dans le mille.* ♦ 5° Par ext. *La pleine mer* : le large. *Le plein air,* l'extérieur. *Jeux de plein air. Peinture de plein air,* opposée à *peinture d'atelier.* « *Les lauriers-roses de pleine terre* » (LOTI). *Le plein jour.*

II. (*Sens faible*). PLEIN DE : qui contient, qui a beaucoup de. *Être plein de...* V. **Abonder, regorger.** *Pré plein de fleurs. Des yeux pleins de larmes. Les mains pleines d'encre* : couvertes d'encre. « *La Californie est un pays plein d'or, de perles et de diamants* » (CENDRARS). *Rues pleines de monde.* — « *La mer pleine de bruit* » (HUGO). ◊ (Abstrait) *Pages pleines, imprégnées de sensibilité.* « *Plus on voit ce monde, et plus on le voit plein de contradictions* » (VOLT.). ◊ (Personnes) *Être plein de santé, de vie.* V. **Débordant.** « *Ce garçon si plein de bonne volonté* » (LESAGE). *Plein d'admiration, de reconnaissance.* V. **Pénétré, pétri.** *Être plein d'égards pour qqn.* — *Fam.* TOUT PLEIN DE... *Expression toute pleine de candeur.*

III. (Confondu avec *plain*). *Vx* ou *loc.* Plat. V. **Plain.** Blas. *Écu plein,* dont l'émail est uni. — *Terre-plein* (V. ce mot). — *Tir de plein fouet,* horizontal. ◊ Fig. *Se heurter de plein fouet,* se heurter en ligne droite l'un contre l'autre.

IV. *Invar.* ♦ 1° (En prép.). *Des champignons plein un panier* (Cf. Un plein panier de champignons). *Avoir de l'argent plein les poches* : beaucoup. Pop. *S'en mettre plein la lampe*. Loc. fig. *En avoir plein la bouche* (de qqn, qqch.), en parler fréquemment. *En avoir plein les bottes* (fam.), être fatigué d'avoir marché. *En avoir plein le dos* (fam.), en avoir assez. *En mettre plein la vue*. (fam.). ◊ *Fam.* Partout sur. « *Il avait du poil plein les joues* » (ARAGON). ♦ 2° *Adv.* Sonner plein, avec un son plein (*opposé à* sonner creux). ◊ *Fam.* TOUT PLEIN. V. **Très.** « *C'est mignon tout plein, mes enfants* » (SARRAUTE). — (*Fam.*) PLEIN DE. *loc. prép.* V. **Beaucoup.** *Avoir plein d'argent. Il y avait plein de monde dans la rue.*

V. *N. m.* Ⓐ LE PLEIN (DE). ♦ 1° État de ce qui est plein. *Le plein de la Lune,* la phase où elle apparaît éclairée tout entière. « *La Lune était en son plein* » (CYR. de BERGERAC).

— Le plein de l'eau, de la mer (h. XVIIe ; 1849), la marée haute. V. **Gros** (de l'eau). ♦ 2° BATTRE SON PLEIN (1849), se dit de la mer étale à marée haute, qui bat le rivage. « *La mer battant son plein, il se remit à grimper* » (FLAUB.). — *Fig.* Être à son point culminant. *La fête bat son plein* : est à son comble. « *Les causeries battaient leur plein* » (GIDE). ♦ 3° *Fig.* La plénitude, le maximum. *Donner son plein*, donner toute sa mesure. « *C'était le plein de la bousculade et du vacarme* » (ZOLA). ♦ 4° (1876). *Faire le plein de* : emplir totalement un réservoir. *Faire le plein d'eau, d'essence.* « *On faisait le plein des soutes à vin* » (LOTI). — Absolt. *Faire le plein* (de carburant). — *Fig.* Atteindre le maximum, totaliser. « *Faire le plein des voix de gauche* » (L'*Express*, 16-1-1967). ♦ 5° *Fin.* « *Somme maxima que la société d'assurances peut, aux termes de ses statuts, assurer sur un seul risque, sans réassurance* » (CAPITANT). ⓑ UN PLEIN. ◇ Endroit plein (d'une chose). *Les pleins et les vides.* ◇ Partie massive d'une construction. ♦ 2° Trait épais, dans l'écriture calligraphiée. *Pleins et déliés d'une lettre, d'un chiffre.* « *Les pleins dodus et les maigres déliés* » (COURTELINE).
◇ ANT. Vide, désert, inoccupé, libre. — Ajouré, creux. Incomplet. Exempt, sans. Vide (n. m.).

PLEINEMENT [plɛnmã]. *adv.* (XIIe ; de *plein*). D'une manière pleine, totale. V. **Entièrement, totalement.** *User pleinement de qqch.* « *Jouir pleinement d'un bien* » (DUHAM.). *Être pleinement content.* « *Nul n'est pleinement homme* » (ALAIN). *Pleinement responsable.* V. **Parfaitement.** « *Il n'y a que l'atome qui existe pleinement* » (RENAN). ◇ ANT. Insuffisamment, partiellement.

PLEIN-EMPLOI ou **PLEIN EMPLOI** [plɛnãplwa]. *n. m.* (mil. XXe ; d'apr. angl. *full employment* ; de *plein*, et *emploi*). *Écon.* Emploi de la totalité des travailleurs. *Politique de plein-emploi.* ◇ ANT. Chômage.

PLEIN-VENT [plɛvã]. *n. m.* (1872 ; de *plein*, et *vent*). *Arbor.* Arbre en plein vent, qui n'est pas abrité. *Des pleins-vents.*

PLÉISTOCÈNE [pleistɔsɛn]. *n. m.* (1906 ; du gr. *pleistos* « beaucoup », et *kainos* « nouveau »). *Géol.* Se dit du début de l'ère quaternaire, période correspondant au paléolithique. — Subst. *Le pléistocène, époque glaciaire.*

PLÉNIER, IÈRE [plenje, jɛr]. *adj.* (1080 ; bas lat. *plenarius*, de *plenus* « plein »). ♦ 1° *Vx.* Plein (I, C). V. **Entier, complet, total.** — Mod. *Assemblée, réunion plénière*, où siègent tous les membres d'un corps. V. **Plenum.** ♦ 2° *Théol.* *Indulgence plénière*, rémission pleine et entière de toutes les peines dues aux péchés.

PLÉNIPOTENTIAIRE [plenipɔtãsjɛr]. *n. m.* (1620 ; du lat. *plenus*, et *potentia*). Agent diplomatique qui a pleins pouvoirs pour l'accomplissement d'une mission particulière. V. **Ambassadeur, envoyé.** « *Les plénipotentiaires des Turcs et des trois puissances alliées négocièrent* » (CHATEAUB.). ◇ Adj. *Ministre plénipotentiaire*, titre immédiatement inférieur à celui d'ambassadeur.

PLÉNITUDE [plenityd]. *n. f.* (1300 ; lat. *plenitudo*, de *plenus* « plein »). ♦ 1° *Vx* ou *Méd.* État de ce qui est plein, qui donne une sensation de pesanteur, de lourdeur. *Plénitude gastrique.* ♦ 2° *Littér.* Ampleur, épanouissement. *La plénitude des formes.* ◇ Par anal. *Plénitude d'un son.* « *La plénitude presque chaude de ses intonations* » (BARBEY). ♦ 3° (Abstrait). *Vieilli.* Abondance, profusion. « *Cette plénitude de vie* » (ROUSS.). « *Une plénitude de recueillement* » (HUYSMANS). ♦ 4° Mod. (*Littér.*). État de ce qui est complet, dans toute sa force. « *La plénitude de l'être* » (BOSS.). « *Un être jeune, dans toute la plénitude de sa beauté et de son intelligence* » (FLAUB.). — *La plénitude d'un droit.* V. **Intégrité, totalité.** « *Il jouissait dans leur plénitude de tous les pouvoirs* » (BAINVILLE). ◇ ANT. Vide.

PLENUM [plenɔm]. *n. m.* (mil. XXe ; mot lat. repris de l'angl. « assemblée plénière »). *Polit.* Réunion plénière d'une assemblée, ou d'un organisme (notamment le Comité central du parti communiste des pays socialistes). « *Désigné comme rapporteur au plenum tenu à Budapest sur les questions internationales* » (*Le Monde*, 26-3-1966).

PLÉONASME [pleɔnasm(ə)]. *n. m.* (1610 ; « mot augmenté d'une lettre ou d'une syllabe », 1571 ; gr. *pleonasmos*). *Didact.* Terme ou expression qui ne fait qu'ajouter une répétition à ce qui vient d'être énoncé. V. **Redondance, tautologie.** *Pléonasme fautif* (ex. : *prévoir à l'avance* ; *monter en haut* ; *le jour d'aujourd'hui*). « *Une maisonnée de fous ou de poètes (ce qui est presque un pléonasme)* » (GAUTIER).

PLÉONASTIQUE [pleɔnastik]. *adj.* (1842 ; gr. *pleonastikos*). *Gram.* Qui est relatif au pléonasme, forme un pléonasme. *Tour pléonastique. Emploi pléonastique des pronoms en, y* (ex. : « Oui, de ta suite, ô roi ! de ta suite ! J'en suis ! » (HUGO).

PLÉSIOSAURE [plezjɔzɔr]. *n. m.* (*Plésiosaurus*, 1825 ; gr. *plêsios* « voisin », et -*saure*). *Paléont.* Grand reptile saurien fossile de l'ère secondaire.

PLÉTHORE [pletɔr]. *n. f.* (1537 ; gr. *plêthôré* « pléni-

tude »). ♦ 1° *Méd. anc.* Surabondance des humeurs dans l'organisme. « *Pléthore obturante* » (MOL.). — *Méd. mod.* Surabondance, excès de sang (surtout de globules rouges). V. **Pléthorique.** ♦ 2° *Mod.* (1791). Abondance, excès. *La pléthore d'un produit sur le marché engendre la mévente.* ◇ ANT. Pénurie

PLÉTHORIQUE [pletɔrik]. *adj.* (*Plectorique*, 1314 ; gr. *plêthôrikos*). ♦ 1° *Méd. anc.* Qui est caractérisé par la pléthore (1°). *Tempérament pléthorique.* *Méd. mod.* Relatif à un excès de sang, de globules rouges du sang. *Par ext.* Individu obèse. *Un, une pléthorique.* ♦ 2° *Mod.* Abondant, surchargé. *Les classes pléthoriques* : trop pleines. *Une documentation pléthorique.*

PLEUR [plœr]. *n. m.* (*Pleurs*, XVIe ; *plors*, 1160 ; de *pleurer*). ♦ 1° Plur. (*Vieilli* ou *littér.*). Le fait de pleurer (V. **Larme**[s]) ; cris, plaintes dus à une vive douleur (V. **Gémissement, lamentation**). *Répandre, verser des pleurs.* V. **Pleurer.** *Fondre en pleurs* (en larmes) : se mettre soudain à pleurer très fort. « *Pour arracher des pleurs, il faut pleurer* » (HUGO). « *Ses yeux étaient noyés de pleurs* » (MUSS.). *Pleurs convulsifs* : V. **Sanglot.** « *Ses pleurs virent apaisés* » (HUGO). — *Pleurs d'attendrissement.* « *Joie, joie, joie, pleurs de joie* » (PASC.). « *Il y aura des pleurs et des grincements de dents* » (ÉVANG.). ◇ EN PLEURS. *Elle était tout en pleurs.* ♦ 2° *Sing.* Vx. « *Ce pleur éternel* » (BOSS.). — Iron. et mod. « *La mère Sturel a versé un pleur en pensant à son cher fils* » (SARTRE). ♦ 3° *Fig.* Écoulement de sève qui apparaît au printemps sur certaines plantes.

PLEURAGE [plœraʒ]. *n. m.* (mil. XXe ; de *pleurer*). *Techn.* Déformation du son produit par un appareil électro-acoustique (baisse de hauteur), due à une variation ou à une diminution de la vitesse de défilement du support.

PLEURAL, ALE, AUX [plœral, o]. *adj.* (1845 ; du gr. *pleura.* V. **Plèvre**). *Anat.* Qui concerne la plèvre. *Épanchement pleural.*

PLEURANT, ANTE [plœrã, ãt]. *adj. et n. m.* (1538 ; de *pleurer*). ♦ 1° Adj. *Vx.* Qui pleure. « *Que la veuve d'Hector pleurante à vos genoux...* » (RAC.). ♦ 2° N. m. *Mod.* (Arts). Statue représentant un personnage en costume de deuil en train de pleurer, et qui fait partie d'un tombeau monumental.

PLEURARD, ARDE [plœrar, ard(ə)]. *adj. et n.* (1552 ; de *pleurer*). ♦ 1° *Fam.* Qui pleure à tout propos. *Gamin pleurard.* V. **Chialeur, pleurnicheur.** ◇ N. « *Je hais les pleurards* » (MUSS.). ♦ 2° *Air, ton pleurard.* V. **Plaintif.**

PLEURE-MISÈRE [plœrmizɛr]. *n. invar.* (1798 ; de *pleurer*, et *misère*). *Vieilli.* Avare, personne qui se plaint sans cesse d'être dans le besoin.

PLEURER [plœre]. *v.* (*Plorer*, 980 ; lat. *plorare* « crier, se lamenter, pleurer »).
I. *V. intr.* ⓐ (*Sens concret*). ♦ 1° Répandre des larmes, sous l'effet d'une émotion. V. **Chialer** (pop.), **pleurnicher, sangloter.** *Avoir envie de pleurer. Se retenir de pleurer* (Cf. Étouffer* ses larmes). *Être sur le point de pleurer* (Cf. Être au bord* des larmes). « *Me voilà pleurant à chaudes larmes* » (DAUD.). « *Je pleurais comme un enfant* » (ROUSS.). *Pleurer comme une madeleine*, comme une vache, comme un veau* (fam.). *Il pleure facilement.* V. **Pleurard.** « *Je cherche le silence et la nuit pour pleurer* » (CORN.). « *Gémir, pleurer, prier est également lâche* » (VIGNY). « *Vive le mélodrame où Margot a pleuré!* » (MUSS.). — *Pleurer d'attendrissement, de joie.* « *Elle pleurait de rage* » (SAND). ◇ Se dit d'un jeune enfant qui crie. V. **Brailler** (fam.). *Bébé qui pleure parce qu'il a faim.* ♦ 2° *Loc. fig.* *C'est Jean qui pleure et Jean qui rit*, il passe facilement de la tristesse à la gaieté. — « *Il pleure d'un œil et rit de l'autre* » (LA BRUY.). — *N'avoir plus que les yeux pour pleurer* : avoir tout perdu. *Ne pas avoir assez de ses yeux pour pleurer* : éprouver un chagrin inexprimable. — PROV. « *Tel qui rit vendredi, dimanche pleurera* » (RAC.) : les circonstances changent vite. ♦ 3° À PLEURER, à faire pleurer, au point de pleurer, de faire pleurer. « *Les à pleurer du matin au soir* » (MAUPASS.). *Une chanson triste à faire pleurer. C'est bête, c'est triste à pleurer* : extrêmement. ♦ 4° *Littér.* Produire un son plaintif. « *Les sombres adagios pleurent au milieu des symphonies* » (VERLAINE). « *Une sirène pleurait* » (MAURIAC). ♦ 5° (En parlant d'un écoulement de larmes physiologiques). *La fumée, l'oignon font pleurer. Avoir les yeux qui pleurent.* — *Animal qui pleure.* ♦ 6° Laisser couler de la sève. ⓑ (Abstrait). *La vigne pleure au printemps.* ♦ 1° Être dans un état d'affliction. *Consoler ceux qui pleurent* : les affligés. ◇ PLEURER SUR : s'affliger à propos de (qqn, qqch.). ◇ *Je pleurais sur la misère qui se révélait à moi* » (LACRETELLE). *Pleurer sur son sort.* V. **Gémir, lamenter** (se). « *Il est doux de pleurer un peu sur soi* » (SARTRE). V. **Apitoyer** (s'). ◇ *Vx.* PLEURER DE... *Pleurer de la mort de ses parents.* — Mod. « *Je me presse de rire de tout, de peur d'être obligé d'en pleurer* » (BEAUMARCH.). — *Pleurer de rire* : à force de rire. ♦ 2° Présenter une demande d'une manière plaintive et pressante. *Aller pleurer auprès de qqn pour obtenir qqch.* V. **Implorer.** — Fam. *Aller pleurer dans*

le gilet de qqn. Pop. *Pleurer après qqch.* : réclamer avec insistance.
II. *V. tr.* ♦ 1° Regretter en pleurant, se lamenter sur. « *Il faut pleurer les hommes à leur naissance et non à leur mort* » (MONTESQ.). « *Je pleure la mort de mon père* » (MOL.). — *Pleurer sa jeunesse enfuie* : la regretter. — Fam. *Pleurer misère* : se plaindre. « *Le boucher vaquait à ses occupations tout en pleurant misère* » (MAC ORLAN). ♦ 2° (XIIIᵉ). *Fam. et région.* Accorder, dépenser à regret (V. *fam.* Plaindre). *Il ne pleure pas sa peine. Pleurer le pain qu'on mange* : être avare. ♦ 3° Laisser couler (des larmes, des pleurs). « *Elle pleura des larmes de sang* » (BALZ.). V. Répandre, verser. « *Vous avez pleuré des larmes de joie* » (MUSS.). — Par anal. « *Leur tige* (des figuiers) *pleure du lait* » (GIDE).
◇ ANT. Rire ; réjouir (se).

PLEURÉSIE [plœrezi]. *n. f.* (*Pleurisie,* XIIIᵉ ; lat. médiév. *pleuresis,* gr. *pleuritis*). Inflammation aiguë ou chronique de la plèvre avec ou sans épanchement. *Pleurésie purulente. Pleurésie sèche.* V. Pleurite.

PLEURÉTIQUE [plœretik]. *adj.* (1240 ; lat. médiév. *pleurecticus*). ♦ 1° *Méd.* Relatif à la pleurésie. *Point (de côté) pleurétique,* douleur vive déclenchée par la respiration, à l'endroit d'une pleurésie. — *Souffle pleurétique,* qui révèle un épanchement pleural. ♦ 2° Qui souffre de pleurésie. *Enfant pleurétique.* — Subst. *Un pleurétique.*

PLEUREUR, EUSE [plœrœr, øz]. *n. et adj.* (*Ploureur,* 1475 ; *plurus,* adj., fin XIᵉ ; de *pleurer*). ♦ 1° Vieilli. Personne qui pleure facilement. « *Je suis une pleureuse* » (SÉV.). — Adj. *Enfant pleureur.* — Par ext. *Air, ton pleureur.* V. Pleurard, pleurnicheur. ♦ 2° (1771). *Arbre pleureur,* dont les branches s'inclinent. *Frêne pleureur.* Cour. *Saule pleureur.*

PLEUREUSE [plœrøz]. *n. f.* (1575 ; *ploreresse,* XIIIᵉ ; de *pleureur*). Femme payée pour pleurer aux funérailles. *Chant funèbre des pleureuses corses.* V. Vocero.

PLEURITE [plœrit]. *n. f. et m.* (1836 ; lat. méd. *pleuritis.* V. Pleurésie). ♦ 1° *Méd.* Pleurésie* localisée et sans épanchement. ♦ 2° *Zool. n. m.* Partie latérale membraneuse d'un insecte.

PLEURNICHER [plœrniʃe]. *v. intr.* (1739 ; de *pleurer*). *Fam.* Pleurer sans raison, d'une manière affectée ; se plaindre sur un ton geignard. V. Geindre, larmoyer. « *Elle se met à pleurnicher* » (ROMAINS).

PLEURNICHEMENT [plœrniʃmã] *n. m.* ou **PLEURNICHERIE** [plœrniʃri]. *n. f.* (1863,-1845 ; de *pleurnicher*). *Fam.* L'action, le fait de pleurnicher. V. Larmoiement. « *Des pleurnichements féminins* » (GAUTIER).

PLEURNICHEUR, EUSE [plœrniʃœr, øz]. *n. et adj.* (1774 ; de *pleurnicher*). *Fam.* Personne qui pleurniche, geint à tout propos. — Adj. *Gamin pleurnicheur.* V. Criard, grognon. — Par ext. *Air, ton pleurnicheur.* V. Geignard, larmoyant, pleurard. — On dit *aussi* PLEURNICHARD, ARDE [plœrniʃar, ard(ə)].

PLEURO-. Élément, du gr. *pleuron* « côté ». V. Plèvre.

PLEUROBRANCHE [plœrɔbrãʃ]. *n. m.* (1827 ; de *pleuro-,* et *branches* « branchies »). *Zool.* Genre de mollusques gastéropodes.

PLEURODYNIE [plœrɔdini]. *n. f.* (1819 ; de *pleuro-,* et *odunê* « douleur »). *Méd.* Point de côté lié à une inflammation des muscles intercostaux (rhumatisme, infection virale).

PLEURONECTES [plœrɔnɛkt(ə)] ou **PLEURONECTIDÉS** [plœrɔnɛktide]. *n. m. pl.* (1798,-1847 ; de *pleuro-,* et gr. *nêktos* « nageant »). *Zool.* Famille de poissons téléostéens au corps aplati, appelés « poissons plats » (*ex. :* flétan, limande, sole, turbot). Sing. *Un pleuronecte.*

PLEUROPNEUMONIE [plœrɔpnømɔni]. *n. f.* (XVIᵉ ; de *pleuro-,* et *pneumonie*). *Méd.* Inflammation simultanée de la plèvre (pleurésie) et des poumons (pneumonie).

PLEUROTE [plœrɔt]. *n. m.* (1873 ; de *pleuro-,* et gr. *ous, otos* « oreille »). Champignon (*Agaricacées*), à pied inséré sur le côté qui vit ordinairement sur le bois. *Pleurote du chêne, de l'orme.*

PLEUROTOMIE [plœrɔtɔmi]. *n. f.* (1900 ; de *pleuro-,* et *-tomie*). *Méd.* Ouverture chirurgicale de la plèvre.

PLEUTRE [pløtr(ə)]. *n. m. et adj.* (1750 ; flam. *pleute* « chiffon », et fig.). Homme sans courage. V. Lâche, poltron. « *L'œuvre qui représente un héros veut mieux que celle qui représente un pleutre* » (TAINE). — Adj. *Il est très pleutre.* « *L'optimisme pleutre* (des journaux) » (GIDE). ◇ ANT. Courageux.

PLEUTRERIE [pløtrəri]. *n. f.* (1879 ; de *pleutre*). *Littér.* Caractère de pleutre. V. Lâcheté. *Une pleutrerie :* une lâcheté.

PLEUVASSER [pløvase], **PLEUVOTER** [pløvɔte]. *v. impers.* (attestés XXᵉ ; formes dial. de *pleuv[oir]*). Pleuvoir légèrement, par petites averses. V. Crachiner.

PLEUVINER [pløvine] ou **PLUVINER** [plyvine]. *v. intr.* (1874,-XIIᵉ [*pluviner*] ; de *pleuv[oir]*). Bruiner, faire du crachin. « *Il pleuvine, il neigeotte* » (VERLAINE).

PLEUVOIR [pløvwar]. *v. impers., tr. indir. et intr.* : *il pleut ; il pleuvait ; il plut ; il pleuvra ; qu'il pleuve ; qu'il plût ; pleuvant ; plu (Pleuvir,* 1160 ; bas lat. *plovere,* class. *pluere*).
I. *V. impers.* ♦ 1° Tomber, en parlant de l'eau de pluie. V. Flotter *(pop.). Pleuvoir légèrement, à peine.* V. Bruiner, pleuviner. « *Il pleut, il pleut, bergère* » (FABRE d'ÉGLANTINE, Chanson). *Il pleuvait à verse, à flots, à seaux, à torrents.* Pop. *Pleuvoir comme vache qui pisse. Ça pleut* (pop.) : il pleut. « *Ça pleut pourtant fort* » (PROUST). — *Il sort par tous les temps, qu'il pleuve, qu'il vente.* « *Il pleure dans mon cœur comme il pleut sur la ville* » (VERLAINE). ♦ 2° Tomber. *Il pleut de grosses gouttes.* « *Je ne sais pas ce qu'il va pleuvoir* » (ZOLA). ◇ Loc. fam. *Il ramasse de l'argent comme s'il en pleuvait.* V. Beaucoup.
II. *V. personnel (Intr.).* ❹ Tomber. ♦ 1° S'abattre, en parlant de ce que l'on compare à l'eau de pluie. « *Le sang continuait à pleuvoir goutte à goutte* » (HUGO). V. Couler. « *Les boulets pleuvaient* » (HUGO). V. Tomber. ◇ Par métaph. *Faire pleuvoir les coups.* « *La raillerie pleut, drue comme mitraille* » (BAUDEL.). ♦ 2° Affluer, arriver en abondance. « *Ici, pleuvent les nouvelles vraies ou fausses* » (MICHELET). ❺ *Littér.* Faire pleuvoir, faire tomber la pluie. « *Le ciel pleuvait* » (MAURIAC). « *Un gros nuage pleuvait sur le Rhin* » (HUGO).
◇ HOM. Formes du v. *plaire.*

PLEUVOTER. V. PLEUVASSER.

PLÈVRE [plɛvr(ə)]. *n. f.* (1552 ; gr. *pleura* « côté ». V. Pleuro-). *Anat.* Membrane séreuse située à l'intérieur de la cavité thoracique, constituée d'un feuillet pariétal qui tapisse les parois internes de la cavité thoracique, et d'un feuillet viscéral appliqué sur la surface des poumons. *Inflammation de la plèvre.* V. Empyème, pleurésie, pleuro-pneumonie. *Insufflation d'air dans les plèvres* (V. Pneumothorax).

PLEXIGLAS ou **PLEXIGLASS** [plɛksiglas]. *n. m.* (1948 : nom déposé). Verre de sécurité, matière plastique transparente (polyméthacrylate). « *Les portes géantes en plexiglas des Galeries Modernes* » (Cl. SIMON). V. *aussi* Altuglas.

PLEXUS [plɛksys]. *n. m.* (1541 ; bas lat. « entrelacement » ; de *plectere* « tresser »). *Anat.* Réseau de nerfs ou de vaisseaux, constitué par de nombreuses anastomoses. *Plexus cervical, lombaire, sacré ; plexus et ganglions du sympathique. Névralgie du plexus brachial.* Cour. *Plexus solaire,* au creux de l'estomac.

PLEYON. V. PLAYON.

1. PLI [pli]. *n. m.* (1265 ; *ploi,* 1190 ; de *plier*). ♦ 1° Partie d'une matière souple rabattue sur elle-même et formant une double épaisseur. *Plis d'une feuille de papier, d'une étoffe. Jupe à plis.* V. Plissé. *Marquer des plis en repassant.* V. Presse. *Enlever les plis.* V. Déplisser. — *Plis d'un dépliant :* chaque volet. *Plis d'un éventail, d'un soufflet d'accordéon.* V. Accordéon (en). ◇ Cout. *Pli couché,* couché d'un seul côté de la pliure. *Pli creux,* formé de deux plis couchés affrontés de chaque côté de la pliure formant entre eux un creux (considéré dans l'autre sens, il forme un *pli plat*). *Pli rond,* semblable au pli plat mais non repassé. ♦ 2° Ondulation que fait un tissu flottant. *Plis d'un drapé. Plis des rideaux.* « *Les plis orageux des drapeaux* » (HUGO). ◇ Mouvement (de terrain) qui forme une ondulation. « *Un clocher au loin émergeait d'un pli de terrain* » (ZOLA). — Géol. Chaque élément d'un plissement, formé de deux flancs et d'une charnière. *Pli convexe* (V. Anticlinal), *concave* (V. Synclinal). *Système de plis.* V. Plissement. ♦ 3° Marque qui reste ce qui a été plié. V. Pliure. *Faire le pli d'un pantalon :* le repasser. *Linge dans son pli, dans ses plis :* linge neuf, qui n'a pas été lavé. « *Une carte... élimée et transparente aux plis* » (BARBUSSE). ♦ 4° Faux pli, ou Pli, endroit froissé ou mal ajusté ; pliure qui ne devrait pas exister. *Faux pli d'un col de chemise. Cette veste fait un pli dans le dos.* Fig. et fam. *Cela ne fait (ne fera) pas un pli :* c'est une affaire faite. « *Ça ne fit quand même pas un pli.* Trois mois plus tard ils étaient mariés » (QUENEAU). ♦ 5° MISE EN PLIS : opération qui consiste à donner aux cheveux mouillés la forme, la frisure qu'ils garderont une fois secs. *Se faire une mise en plis. Shampooing-mise en plis* (chez le coiffeur). ♦ 6° LE PLI : la forme que prend naturellement une chose souple. *Le pli d'un vêtement,* la manière dont il tombe, forme des plis. *Le pli des cheveux.* ◇ Fig. *Prendre un pli,* acquérir une habitude. « *Le pli était pris* » (BALZ.). *Elle a pris un mauvais pli.* ♦ 7° Papier replié formant enveloppe. *Message, lettre envoyés sous pli cacheté.* — Par ext. Le message, la lettre. « *Le pli qui l'en prévenait lui fut remis par la bonne* » (MAUPASS.). ♦ 8° Endroit de la peau qui forme une sorte de repli ou qui marque une marque semblable ; cette marque. « *Sous son menton penché regorgeait en boudins trois plis* » (GAUTIER). *Pli du cou* (V. Fanon). *Pli de l'aine. Plis du front d'une personne qui fronce les sourcils. Plis et rides du visage.* ♦ 9° *(Cartes).* Levée (4°). « *Le typo fit un pli* » (SARTRE). ♦ 10° *[Belgique]* Raie* formée par les cheveux. ◇ HOM. Plie.

2. PLI [pli]. *n. m.* (1950 ; angl. *ply* « couche »). *Techn.* Couche très mince de bois dont l'assemblage et le collage avec plusieurs autres (V. **Contre-placage**) forme le contre-plaqué.

PLIABLE [plijabl(ə)]. *adj.* (1559; de *plier*). Qui peut être plié aisément. V. **Flexible, souple.** *Un carton pliable.*

PLIAGE [plijaʒ]. *n. m.* (1611; de *plier*). Action de plier; manière dont une chose est pliée. *Pliage et rangement du linge repassé. Le pliage d'un parachute.* ◇ *Imprim.* Opération par laquelle on plie la feuille pour obtenir le format voulu. ◇ ANT. *Dépliage.*

PLIANT, ANTE [plijɑ̃, ɑ̃t]. *adj. et n. m.* (1220; *chaise pliante*, 1507; de *plier*). ♦ 1º *Mod.* Articulé de manière à pouvoir se plier. *Mètre pliant. Table pliante; lit pliant. Vélo pliant.* « *Ils prirent place sur des chaises pliantes de jardin* » (CAMUS). ♦ 2º *N. m.* Siège de toile sans dossier ni bras, à pieds articulés en X. « *Il lui fallut prendre un pliant* » (BALZ.).

PLIE [pli]. *n. f.* (1530; *plaïs*, XIIᵉ; bas lat. *platessa*). Poisson plat comestible *(Pleuronectidés)* dont les yeux sont placés à droite (sur sa face supérieure). *Plie franche.* V. **Carrelet.** ◇ HOM. *Pli.*

PLIÉ [plije]. *n. m.* (déb. XIXᵉ; de *plier*). *Danse.* Mouvement qui consiste à plier les genoux.

PLIEMENT [plimɑ̃]. *n. m.* (1538; de *plier*). *Rare.* Action de plier (V. **Pliage**, de se plier ou de plier *(intr.)*.

PLIER [plije]. *v.* (1530; *pleier*, Xᵉ; lat. *plicare*).
I. *V. tr.* ♦ 1º Rabattre (une chose souple) sur elle-même, mettre en double une ou plusieurs fois (V. **Replier**). *Plier sa serviette. Plier un journal.* « *Elle entendait son père plier et déplier les grandes feuilles épaisses du Temps* » (GREEN). — *Plier le coin d'une feuille.* V. **Corner.** — *Chose pliée en deux, en trois.* « *Vu d'en haut, ce chemin ressemble à un ruban plié et replié* » (CHATEAUB.). — *Plier la tente* (après l'avoir démontée). *Fam. Plier ses affaires, ses livres* : les ranger. Pronom. *Siège qui se plie.* V. **Pliant.** — Fig. *Plier bagage* : faire ses bagages, s'apprêter à partir, à fuir. « *Il sait qu'il n'a qu'à marcher droit, ou qu'à plier bagage* » (ROMAINS). ♦ 2º Courber une chose flexible. V. **Ployer, recourber.** *Plier une tige en arc* (V. **Arquer**), *en coude* (V. **Couder**). ◇ Par ext. *Être plié en deux par l'âge, la maladie.* V. **Cassé, courbé.** *Plier le cou, la nuque.* V. **Incliner.** ♦ 3º Rabattre l'une sur l'autre (les parties d'un ensemble articulé); fermer (cet ensemble). V. **Replier.** *Plier les volets d'un triptyque. Plier une chaise longue. — Plier le bras, la jambe. Plier le genou, les genoux.* ♦ 4º *(Abstrait).* Forcer à s'adapter. *Plier qqn à une discipline, à une habitude, à un exercice* (V. **Accoutumer, exercer**). « *Un vil séducteur peut plier ses projets aux circonstances* » (LACLOS). V. **Assujettir.** « *C'est la coutume qui plie la machine* » (PASC.). ♦ 5º SE PLIER. *v. pron.* Suivre, s'adapter par force. V. **Céder, soumettre (se).** *Se plier aux volontés de qqn.* V. **Obéir.** « *Augustine s'efforça de se plier aux caprices, aux fantaisies de son mari* » (BALZ.). *Se plier à une discipline, aux circonstances.*
II. *V. intr.* ♦ 1º Se courber, fléchir. V. **Céder.** *Branche qui plie.* « *Je plie, et ne romps pas* » (LA FONT.). — *L'arbre plie sous le poids des fruits.* V. **Affaisser (s').** Fig. « *Il plie sous le poids de son bonheur* » (LA BRUY.). ♦ 2º *(Personnes).* Céder, faiblir. *Rien ne le fit plier.* V. **Mollir.** « *Le génie d'un peuple a beau plier sous une influence étrangère, il se redresse* » (TAINE). ◇ ANT. *Déplier, déployer, étaler, étendre, ouvrir. Résister.*

PLIEUR, EUSE [plijœr, øz]. *n.* (XVIᵉ; de *plier*). ♦ 1º Ouvrier, ouvrière qui plie une matière souple. *Plieur à la main, à la machine. Plieuse de parachutes.* ♦ 2º *N. f.* Machine à plier (le papier).

PLINTHE [plɛ̃t]. *n. f.* (1544; *plinte*, av. 1537; lat. *plinthus*, gr. *plinthos* « brique »). ♦ 1º *Archit.* Membre d'architecture plat et rectangulaire; moulure plate qui se place sous une colonne, une statue, ou au-dessus d'un chapiteau. « *Le bas-relief était surmonté d'une plinthe saillante* » (BALZ.). ♦ 2º Bande, saillie plate (V. **Plate-bande**) au bas d'un mur. *Saillie d'une plinthe.* ◇ *Cour.* (XVIIᵉ). Bande plate de menuiserie au bas d'une cloison, d'un lambris. V. **Antibois.** « *La salle à manger avec sa haute plinthe en chêne relevé d'or* » (FLAUB.). ◇ HOM. *Plainte.*

PLIOCÈNE [plijɔsɛn]. *adj.* (1848; angl. *pliocene*; gr. *pleion* « plus », et *kainos* « récent »). *Géol.* Se dit de l'étage supérieur (partie la plus récente) du tertiaire, qui succède au miocène. *Terrain; époque pliocène.* — *Subst. Le pliocène. Les grands mammifères se répandirent au pliocène.*

PLIOIR [plijwar]. *n. m.* (1660; *pleyoir*, 1630; de *plier*). ♦ 1º Instrument servant à plier. — *Spécialt.* Petite lame servant à plier une feuille de papier suivant une ligne droite et à la couper. V. **Coupe-papier.** ♦ 2º Petite planchette sur laquelle on enroule une ligne de pêche.

PLIQUE [plik]. *n. f.* (1682; lat. méd. *plica*, de *plicare* « plier, enchevêtrer »). *Méd.* Enchevêtrement des cheveux, formant un véritable casque, dû à la crasse, aux poux et aux croûtes de sécrétions sébacées agglutinées (on dit aussi *trichoma*).

PLISSAGE [plisaʒ]. *n. m.* (1836; de *plisser*). ♦ 1º Action

de plisser, de marquer les plis d'un plissé au repassage. *Plissage d'une jupe.* ♦ 2º *Imprim.* Formation de petits plis pendant l'impression.

PLISSÉ, ÉE [plise]. *adj. et n. m.* (1636; V. **Plisser**). ♦ 1º Où l'on a fait des plis; à plis. *Jupe plissée.* ♦ 2º Qui forme des plis, des ondulations. *Peau plissée.* ◇ *Géol. Relief plissé, chaine plissée.* V. **Plissement.** ♦ 3º *N. m.* Ensemble, aspect des plis de ce qu'on a plissé. *Le plissé d'une jupe. Plissé soleil*, dont les plis vont s'élargissant (image des rayons du soleil). *Plissé lampion*, comparable aux plis d'une lanterne vénitienne.

PLISSEMENT [plismɑ̃]. *n. m.* (1636; de *plisser*). ♦ 1º Action de plisser (la peau de). V. **Froncement.** « *Le plissement douloureux de son front* » (GIDE). *Plissement d'yeux.* ♦ 2º (1907). Déformation des couches géologiques par pression latérale produisant un ensemble de plis; cet ensemble. *Plissement libre, entravé. Montagnes formées par plissement. Le plissement hercynien, alpin.*

PLISSER [plise]. *v.* (1538; de *pli*).
I. *V. tr.* Couvrir de plis. ♦ 1º Modifier (une surface souple) en y faisant un arrangement de plis. *Plisser du papier en accordéon*, en le pliant plusieurs fois d'un côté, puis de l'autre. *Plisser une jupe.* ◇ Déformer par des faux plis. *Plisser ses vêtements en dormant tout habillé.* V. **Froisser; chiffonner.** — Pronom. « *Le tissu de soie mal appliqué se plissait en quelques endroits* » (BALZ.). ♦ 2º Former des ondulations. *Les forces qui plissent l'écorce terrestre.* V. **Pli, plissement.** ♦ 3º Contracter les muscles de... en formant un pli. V. **Froncer.** « *Elle avait plissé le front* » (PROUST). *Plisser les yeux* : fermer à demi les yeux en plissant le tour. — Pronom. « *Sa bouche se plissait* » (GAUTIER).
II. *V. intr.* *(Rare).* Faire des faux plis.

PLISSEUR, EUSE [plisœr, øz]. *n.* (1625; de *plisser*). ♦ 1º Personne qui effectue le plissage. *Plisseur d'étoffes* (calandreur). ♦ 2º (XIXᵉ). *N. f.* Machine à plisser les étoffes.

PLISSURE [plisyr]. *n. f.* (1600, « ride »; de *plisser*). *Rare.* Ensemble, arrangement de plis. V. **Plissé.** « *Des plissures de soie* » (LOTI).

PLIURE [plijyr]. *n. f.* (XVIᵉ; *pleure* « jointure », 1314; de *plier*). ♦ 1º Action de plier les feuilles de papier (en imprimerie, brochage, reliure). V. **Pliage.** ♦ 2º Endroit où se forme un pli, où une partie se replie sur elle-même. — Marque formée par un pli. *La pliure d'un ourlet. À la pliure du bras, du genou* (V. **Creux**).

PLOC! [plɔk]. (onomat.) Onomatopée employée pour évoquer un bruit de chute, de heurt dans l'eau. V. **Floc.**

PLOIEMENT [plwamɑ̃]. *n. m.* (*Ployement*, XVᵉ; de *ployer*). ♦ 1º L'action de ployer, de plier qqch.; le fait de se ployer, d'être ployé. « *Le ploiement des jambes* » (GONCOURT). ♦ 2º *Milit.* Évolution d'une troupe qui passe de l'ordre de bataille à l'ordre de route. ◇ ANT. *Déploiement.*

PLOMB [plɔ̃]. *n. m.* (XVᵉ; *plum*, 1119; lat. *plumbum*).
I. (DU PLOMB). ♦ 1º Métal très dense d'un gris bleuâtre (symb. Pb; nº at. 82; p. at. entre 206 et 208; dens. 11,3), mou, facilement fusible (327,4 ºC), se laissant bien travailler et laminer. *Gisement de plomb.* V. **Plombifère.** *Plomb argentifère, natif. Principaux minerais de plomb* : anglésite, cérusite, galène. *Protoxyde de plomb. Bioxyde de plomb. Sels de plomb* (V. **Minium; céruse**). *Méd. Coliques de plomb*, dues aux sels de plomb. V. **Saturnisme.** — *Chambres de plomb*, pour la fabrication de l'acide sulfurique. *Écran de plomb* (protection contre divers rayonnements). *Mine de plomb.* V. **Mine** (2). *Gouttière, tuyau de plomb* (V. **Plomberie, plombier**). SOLDATS DE PLOMB : figurines représentant des soldats (à l'origine, en plomb). — Loc. fig. *Avoir du plomb dans l'estomac*, un poids sur l'estomac. *N'avoir pas de plomb dans la tête*, être léger, étourdi. « *Six ans de service militaire lui mettront du plomb dans la tête* » (SARTRE), le rendront plus réfléchi. ♦ 2º Fig. DE PLOMB, EN PLOMB : exprimant l'idée de poids, au pr. et au fig. *Avoir, se sentir des jambes de plomb*, en plomb. *Sommeil de plomb*, très profond. « *Une terre écrasée sous un ciel de plomb* » (FROMENTIN). « *Un soleil de plomb* » (GAUTIER). ♦ 3º DU PLOMB (collectif) : des plombs de chasse (Cf. ci-dessous, II, 2º). *Gros plomb* (V. **Chevrotine**), *du petit plomb* (V. **Cendrée, dragée, grenaille**). — Fig. *Avoir du plomb dans l'aile*.* ♦ 4º *Imprim.* Ensemble des caractères d'imprimerie. *Lire sur le plomb*, sur la composition même.
II. (UN PLOMB, les plombs). Objet en plomb (ou à base de plomb). ♦ 1º Plomb de sonde, ou ellipt. *plomb* : masse de plomb attachée à l'extrémité d'une corde de manière à constituer une sonde. « *On sondait avec un plomb la hauteur des eaux* » (LOTI). *Fil* à plomb.* ◇ Loc. adv. À PLOMB. V. aussi **Aplomb** (d'*aplomb*). *Mettre à plomb un mur* : le disposer verticalement. « *Le soleil tombe à plomb sur la terre* » (STAËL). — Fig. et vieilli. À propos (Cf. À pic). « *L'observation sur les villageois tombe à plomb* » (BALZ.). ♦ 2º Chacun des plombs sphériques dont garnissent une cartouche de chasse. *Des plombs de chasse.* ♦ 3º Chacun des grains de plomb qui lestent un bas de ligne, un filet; l'ensemble de ces grains. V. **Plombée.** « *Je pêchais sans flotteur et sans plomb* » (GIDE).

♦ 4° Petit disque de plomb portant une marque, qui sert à sceller un colis, à garantir la fermeture d'une porte, etc. V. **Sceau.** *Mettre un plomb à la porte d'un wagon.* V. **Plomber.** *Le plomb d'un compteur d'électricité.* ♦ 5° Baguette de plomb qui maintient les verres d'un vitrail. ♦ 6° Chacune des petites rondelles de plomb qu'on fixe au bas d'un vêtement, d'un rideau pour le faire tomber droit. *Mettre des plombs à un corsage.* ♦ 7° Ancienn. *Les plombs* : cuvette qui servait à l'évacuation des eaux sales. « *Un escalier suffocant où plombs et latrines répandaient leurs épouvantables exhalaisons* » (BLOY). ♦ 8° *Plomb fusible,* ou ellipt. *Plomb* : fusible. « *Mon réchaud électrique fait sauter les plombs* » (SARTRE). — *Par ext.* Ensemble du dispositif qui contient les fusibles. V. **Coupe-circuit.**

PLOMBAGE [plɔ̃baʒ]. *n. m.* (*Plommage,* 1427; de *plomber*). ♦ 1° Opération qui consiste à garnir de plomb. ♦ 2° Action de sceller avec un sceau de plomb. *Plombage d'un colis.* ♦ 3° Action de plomber (une dent). V. **Obturation.** — *Fam.* Amalgame qui bouche le trou d'une dent. *Mon plombage est parti.*

PLOMBAGINACÉES [plɔ̃baʒinase] ou **PLOMBAGINÉES** [plɔ̃baʒine]. *n. f. pl.* (1905,-1812; de *plombagine*). *Bot.* Famille de plantes gamopétales (phanérogames angiospermes) comprenant des herbes qui croissent sur le littoral méditerranéen (*ex.* : le plumbago [ou dentelaire], le statice).

PLOMBAGINE [plɔ̃baʒin]. *n. f.* (1559; *plombage,* 1556; lat. *plumbago, plumbaginis,* de *plumbum*). Graphite. V. **Mine** (mine de plomb).

PLOMBE [plɔ̃b]. *n. f.* (1811; de l'arg. *plomber,* « sonner »). *Arg.* Heure. « *Vers deux ou trois plombes du mat'* [matin] » (SARRAZIN).

PLOMBÉ, ÉE [plɔ̃be]. *adj.* (XIVᵉ, *plomé,* XIIIᵉ; V. **Plomber**). ♦ 1° Garni de plomb. *Canne plombée.* ◊ Obturé. *Dent plombée.* « *Une molaire déjà plombée* » (HUYSMANS). ♦ 2° Scellé avec des plombs. *Colis plombé. Wagon plombé.* ♦ 3° D'une teinte grisâtre, bleuâtre. V. **Livide.** « *Cette couleur plombée peut s'appliquer… à l'eau d'un bleu épais, sombre* » (FLAUB.). *Un teint plombé.*

PLOMBÉE [plɔ̃be]. *n. f.* (1445; « massue de plomb »; de *plommée* [1155], refait sur *plomb*). ♦ 1° *Archéol.* Arme du moyen âge, masse garnie de plomb. ◊ Dard lesté de plomb. V. **Plommée.** ♦ 2° *Pêche.* Ensemble des plombs qui lestent un bas de ligne, un filet.

PLOMBER [plɔ̃be]. *v. tr.* (1490; *plomer,* 1105; de *plomb*). ♦ 1° Garnir de plomb. *Plomber une canne, une ligne.* ♦ 2° Donner une teinte qui rappelle celle du plomb. « *C'est la ville que le jour plombe* » (VERHAEREN). — *Pronom.* « *Sa peau se plombait* » (HUGO). ♦ 3° *Techn.* Vernir avec de la mine de plomb. *Plomber une poterie.* ♦ 4° Sceller avec un sceau de plomb. *Plomber un colis, un wagon. Faire plomber des marchandises à la douane.* ♦ 5° *Techn.* Vérifier avec un fil à plomb si un ouvrage est vertical. *Plomber un mur.* ♦ 6° *Agric.* Tasser la couche superficielle d'un terrain pour le rendre plus ferme. ♦ 7° Obturer (une dent) avec un alliage ou un amalgame.

PLOMBERIE [plɔ̃bʀi]. *n. f.* (v. 1400; *plommerie,* 1304; de *plomb*). ♦ 1° Industrie de la fabrication des objets de plomb. ♦ 2° Travail du plombier, pose des couvertures en plomb, en zinc, des conduites et des appareils de distribution d'eau, de gaz d'un édifice. *Entrepreneur de plomberie.* ♦ 3° Installations, canalisations. *La plomberie est en mauvais état.* ♦ 4° Atelier où l'on travaille le plomb.

PLOMBEUR [plɔ̃bœʀ]. *n. m.* (1721; « ouvrier qui travaille le plomb », 1458; de *plomber*). ♦ 1° Celui qui appose un sceau de plomb sur les marchandises. ♦ 2° Rouleau lourd qui sert à plomber la terre. Adj. (1860) *Rouleau plombeur.*

PLOMBIER [plɔ̃bje]. *n. m.* (1508; *plunmier,* 1266; de *plomb*). Ouvrier, entrepreneur qui exécute les travaux de plomberie. *Plombier-couvreur. Plombier-zingueur.*

PLOMBIÈRES [plɔ̃bjɛʀ]. *n. f.* (1818; nom de la ville). Glace garnie de fruits confits. V. **Cassate.** « *On servit des glaces, dites plombières* » (BALZ.).

PLOMBIFÈRE [plɔ̃bifɛʀ]. *adj.* (1842; de *plomb,* et *-fère*). *Didact.* Qui renferme du plomb, ou des composés du plomb. *Gisement plombifère. Vapeurs plombifères.* ◊ Se dit d'un émail translucide qui contient du plomb.

PLOMBOIR [plɔ̃bwaʀ]. *n. m.* (1829; de *plomber*). Instrument de dentiste qui sert au plombage des dents. V. **Fouloir.**

PLOMBURE [plɔ̃byʀ]. *n. f.* (déb. XXᵉ; *plommeure,* 1409; *plombeure* « ouvrage en plomb »; de *plomb*). *Techn.* Armature de plomb d'un vitrail.

PLOMMÉE [plɔme]. *n. f.* (*Plomée,* 1155; de *plomber.* V. **Plombée**). *Archéol.* Arme employée au moyen âge, sorte de maillet de plomb, généralement garni de pointes de fer. — Sorte de fléau d'armes (*plommée à chaîne*). ◊ Ancienne épée à lame courte et très lourde.

PLONGE [plɔ̃ʒ]. *n. f.* (fin XIXᵉ; *plunge* « plongée » fin XIIᵉ;

de *plonger*). Travail des plongeurs dans un restaurant, etc. *Faire la plonge.* V. **Vaisselle.**

PLONGEANT, ANTE [plɔ̃ʒɑ̃, ɑ̃t]. *adj.* (1798; de *plonger*). Qui est dirigé vers le bas (dans quelques express.). *Vue plongeante. Tir plongeant* : faisant un angle assez ouvert avec le plan de l'objectif. — *Décolleté plongeant,* très profond.

PLONGÉE [plɔ̃ʒe]. *n. f.* (1493, à grandes plongées, en parlant des vagues; de *plonger*). I. ♦ 1° Action de plonger et de séjourner sous l'eau. *La plongée d'un pêcheur d'éponges.* ◊ Manœuvre par laquelle un submersible s'enfonce sous l'eau; navigation sous-marine. *Sous-marin en plongée.* ♦ 2° Vue plongeante. *Spécialt.* Prise de vue effectuée de haut en bas (*opposé à* contre-plongée). II. ♦ 1° *Fortif.* Talus supérieur d'un parapet. ♦ 2° *Hydrogr.* Dans le relief sous-marin, Brusque abaissement du fond de la mer.

PLONGEMENT [plɔ̃ʒmɑ̃]. *n. m.* (1606; *plingement,* XIVᵉ; de *plonger*). Action de plonger une chose dans un liquide.

PLONGEOIR [plɔ̃ʒwaʀ]. *n. m.* (XXᵉ; « châssis à aiguille », 1867; de *plonger*). Tremplin ou ensemble de tremplins au-dessus de l'eau, permettant de plonger. *Il a sauté du deuxième plongeoir.*

1. PLONGEON [plɔ̃ʒɔ̃]. *n. m.* (XIIᵉ; bas lat. *plumbio, -onis* [vᵉ s.], de *plumbum*). Oiseau palmipède *(Colymbidés),* de la taille du canard, nichant près de la mer.

2. PLONGEON [plɔ̃ʒɔ̃]. *n. m.* (*Plongeur,* 1466; à plongeons « en plongeant, 1573; de *plonger*). ♦ 1° Action de plonger (II, 2°). *Faire un plongeon* (Cf. *fam.* Piquer* une tête). *Plongeon de départ d'une course de natation. Plongeon acrobatique,* où l'on effectue divers mouvements. *Plongeon de haut vol; plongeon en avant, en arrière.* ◊ Action de se jeter ou de tomber dans l'eau. Fig. « *J'ai envie de faire un plongeon dans la misère* » (HUGO). *Fam. Faire le plongeon,* perdre beaucoup d'argent et être en difficulté (Cf. Boire un bouillon*). ♦ 2° *Fam.* Salut plongeant, révérence. ♦ 3° *Football.* Détente, saut (horizontal ou plongeant) du gardien de but pour saisir ou détourner le ballon.

PLONGER [plɔ̃ʒe]. *v.; conjug.* bouger (1120; lat. pop. *plumbicare,* de *plumbum* « plomb »). I. *V. tr.* ♦ 1° Faire entrer dans un liquide, entièrement (V. **Immerger, noyer**) ou en partie (V. **Baigner, tremper**). *Plonger les mains dans l'eau.* « *Il versa de l'eau et plongea sa tête dans la cuvette* » (ARAGON). *Plonger un poisson dans la friture.* — *Pronom. Se plonger dans l'eau,* dans la mer, y entrer tout entier. ♦ 2° *Par ext.* Enfoncer (une arme). *Plonger un poignard dans le cœur de qqn.* ◊ *Par anal. Plante qui plonge ses racines dans le sol.* ♦ 3° Mettre, enfoncer une partie du corps (dans une chose creuse ou molle). V. **Enfouir.** *Plonger la main dans une boîte.* « *Fabien plongeait sa tête dans la carlingue* » (ST-EXUP.). « *Elle plongea sa main dans ses cheveux* » (HUGO). — *Nous avons été brusquement plongés dans l'obscurité.* « *La grande banlieue encore plongée dans les ténèbres* » (MART. du G.). ♦ 4° *Spécialt.* *Plonger ses yeux, son regard dans,* regarder au fond de. « *Il plongea son regard clair dans les yeux de sa femme* » (BALZ.). ♦ 5° Mettre qqn d'une manière brusque et complète (dans une situation). V. **Précipiter.** *Vous me plongez dans l'embarras !* « *La fatigue les plongea dans un découragement plus lourd* » (FLAUB.). ◊ *Pronom. Se plonger dans une lecture.* V. **Abîmer** (s'), **absorber** (s'). « *Plongez-vous dans de longues études* » (FLAUB.). — *Par ext. Se plonger dans un livre, un auteur.* « *Nous nous plongions dans les trios, les quatuors et les symphonies de Mozart* » (GIDE). ◊ *Au p. p.* Abîmé dans, absorbé par. *Plongé dans sa douleur.* V. **Submergé.** « *Chacun semblant se recueillir et plonger dans la recherche d'un problème* » (FLAUB.).

II. *V. intr.* (XIIIᵉ). ♦ 1° S'enfoncer tout entier dans l'eau, descendre au fond de l'eau. V. **Plongeur.** *Pêcheur de perles, scaphandrier qui plonge.* — *Par anal. Oiseaux qui plongent.* ◊ S'immerger pour naviguer en plongée, en parlant d'un sous-marin. ◊ *Mar.* Tanguer avec violence. ♦ 2° *Spécialt.* Se jeter dans l'eau la tête et les bras en avant; faire un plongeon (Cf. Piquer* une tête). « *Il aimait à nager et à plonger* » (MAUROIS). *Plonger du bord de la piscine, du plongeoir.* ♦ 3° S'enfoncer ou se jeter (dans, sur). « *Comme un vautour qui plonge sur sa proie* » (LAMART.). « *Un remous fit plonger l'avion* » (ST-EXUP.). V. **Piquer.** ♦ 4° *Sports* (1927) Sauter en avant ou de côté, pour saisir le ballon, au football. V. **Plongeon.** *Le gardien de but plonge.* ♦ 5° (Abstrait). *Plonger, s'enfoncer dans ses pensées.* « *Je plonge dans un sommeil profond. Je dors* » (GIDE). ♦ 5° (En parlant du regard). S'enfoncer au loin, vers le bas. « *Dans l'abîme sans fond mon regard a plongé* » (LAMART.). « *L'œil plongeait sur Rognes entier* » (ZOLA). — *Point de vue d'où le regard plonge.* V. **Plongeant.** *Fam.* Voir aisément d'un lieu plus élevé. *De cette fenêtre, on plonge chez les voisins.* ♦ 6° (Choses). S'enfoncer; pendre. « *On ne voyait que son menton qui plongeait dans sa cravate* » (HUGO). *Jupe qui plonge par derrière.*

PLONGEUR, EUSE [plɔ̃ʒœʀ, øz]. *n. et adj.* (1606;

plongeour, 1300; de *plonger*). ♦ 1° Personne qui plonge (1°) sous l'eau. *Plongeur qui pêche des perles* (V. *Pêcheur*), *qui sonde. Cloche à plongeur.* — *Spécialt.* Scaphandrier. ◇ (1861) Personne qui plonge, se jette dans l'eau la tête la première. ♦ 2° *N. m.* Se dit des oiseaux aquatiques qui plongent bien (Colymbidés ou Plongeons). ♦ 3° *Techn.* Ouvrier, ouvrière qui plonge les pièces cuites dans la bouillie d'émail (Cf. *aussi* Trempeur). — Ouvrier papetier qui plonge les formes dans la cuve. ◇ (1867) *Cour.* Personne chargée de laver la vaisselle (dans un restaurant). V. **Plonge.**

PLOT [plo]. *n. m.* (1290, « billot »; techn., 1765; crois. lat. *plautus* « plat » avec germ. *blok*). (1890). Pièce métallique permettant d'établir un contact, une connexion électrique. *Les plots d'un commutateur sont généralement des pastilles de laiton, fixées sur une platine isolante. Les plots d'un appareil à billes.*

PLOUC ou **PLOUK** [pluk]. *adj. et n.* (1936, 1880 en Bretagne; apocope des noms de communes bretonnes en *plouc* et *ploug*). *Pop.* et *péj.* Paysan. V. **Pedzouille, péquenaud.** « *Me mouiller pour des ploucs semblables* » (CÉLINE). — Adj. *Elle est vraiment plouc !*

PLOUF! [pluf]. *interj.* (attesté XXᵉ). Onomatopée évoquant le bruit d'une chute dans l'eau.

PLOUTO-. Élément, du gr. *ploutos* « richesse ».

PLOUTOCRATE [plutɔkʀat]. *n. m.* (1865; de *plouto-,* et *-crate*). *Didact.* Personnage très riche qui exerce par son argent une influence politique.

PLOUTOCRATIE [plutɔkʀasi]. *n. f.* (1843; de *plouto-,* et *-cratie*). *Didact.* Gouvernement par les plus fortunés. « *J'appelle ploutocratie un état de société où la richesse est le nerf principal des choses* » (RENAN). ◇ *Pays, régime ploutocratique.*

PLOUTOCRATIQUE [plutɔkʀatik]. *adj.* (1874; de *plouto-,* et *-cratique*). *Didact.* Relatif à la ploutocratie.

PLOYABLE [plwajabl(ə)]. *adj.* (XIVᵉ; de *ployer*). *Rare.* Qui peut être ployé.

PLOYER [plwaje]. *v.;* conjug. *noyer* (Xᵉ, *pleier,* var. de *plier;* lat. *plicare*).
I. *V. tr.* ♦ 1° *Vx.* Plier (I, 1°). « *Ces nues ployant et déployant leurs voiles* » (CHATEAUB.). ♦ 2° *Littér.* Plier (I, 2°), tordre en abaissant. V. **Plier; courber.** *Le vent ploie comme un jonc ce mât de quatre cents pieds de haut* » (HUGO). — *Ployer les genoux,* les plier, étant debout. V. **Fléchir.** *Fig.* et *littér.* Céder, s'humilier.
II. *V. intr.* ♦ 1° Se courber, se déformer sous une force. V. **Céder, fléchir.** *Poutre surchargée, plancher qui ploie. Faire ployer :* courber, tordre; affaisser. *Ployer sous la charge. « Ses jambes ployèrent sous lui* » (GAUTIER). V. **Faiblir.** ♦ 2° *Fig.* et *littér.* Céder à une force. V. **Fléchir.** *Ployer sous le joug.*
◇ ANT. Déployer, étendre; résister.

PLUCHES [plyʃ]. *n. f. pl.* (1908; de *éplucher*). *Aux armées,* ou *fam.* Épluchage des légumes. *Corvée de pluches. Aux pluches!* ◇ HOM. Peluche.

PLUCHER, PLUCHEUX. V. PELUCHER, PELUCHEUX.

PLUIE [plɥi]. *n. f.* (1080; lat. pop. °*ploia,* class. *pluvia,* d'apr. *plovere.* V. **Pleuvoir**). ♦ 1° Eau qui tombe en gouttes des nuages sur la terre. V. **Flotte** *(fam.). La pluie tombe, tombe à seaux, à torrents, à verse.* V. **Pleuvoir.** *Gouttes de pluie. Pluie fine.* V. **Bruine, crachin.** « *Une de ces pluies humides qui déposent d'imperceptibles gouttelettes* » (MAUPASS.). — *Grosse pluie, à grosses gouttes. Pluie diluvienne.* V. **Cataracte.** *Pluie battante*.* « *Ô bruit doux de la pluie Par terre et sur les toits* » (VERLAINE). *Recevoir la pluie,* en être mouillé (Cf. *fam.* Se faire asperger, doucher, saucer). *S'abriter, se protéger de la pluie avec un parapluie, un imperméable.* ◇ Phénomène météorologique, action de pleuvoir. *Le temps est à la pluie, il va pleuvoir. Jour de pluie.* V. **Pluvieux.** *L'eau de pluie.* ◇ Loc. métaph. *Ennuyeux comme la pluie :* très ennuyeux. *Après la pluie, le beau temps :* après la tristesse, vient la joie. — *Faire la pluie et le beau temps :* être très influent. — *Parler de la pluie et du beau temps :* dire des banalités. ♦ 2° UNE PLUIE : chute d'eau sous forme de pluie. V. **Averse, déluge, ondée, saucée** *(fam.);* **giboulée, grain.** *Une pluie d'abat*. Une pluie courte, brève. « Les lourdes pluies d'orage* » (LOTI). *La saison des pluies. Régime des pluies.* V. **Pluvial, pluviomètre, pluviosité.** *Pluies de mousson.* ♦ 3° EN PLUIE : en gouttes dispersées. *Liquide qui retombe en pluie.* « *Le sang s'éparpillait en pluie* » (FLAUB.). ♦ 4° Ce qui tombe d'un haut, comme une pluie. *Une pluie de cendres, de lapilli. S'enfuir sous une pluie de pierres, de projectiles. Pluie d'étoiles.* — *Fig.* Ce qui est dispensé en grande quantité. V. **Abondance, avalanche, déluge.** *Une pluie de baisers, de coups.* « *Une pluie de faveurs* » (BALZ.).

PLUMAGE [plymaʒ]. *n. m.* (1265; de *plume*). ♦ 1° L'ensemble des plumes recouvrant le corps d'un oiseau, souvent considéré quant à sa couleur, son agrément. V. **Livrée, manteau.** *Le plumage noir du corbeau. Plumage éclatant. Oiseaux de tous plumages. Changer de plumage.* V. **Muer.** — Par anal. « *Les acacias balançaient leur opulent*

plumage doré » (DUHAM.). ♦ 2° (1611). Action de plumer (un oiseau). V. **Plumaison, plumée.**

PLUMAISON [plymɛzɔ̃]. *n. f.* (1847; de *plumer*). *Rare.* Action de plumer (un oiseau).

PLUMARD [plymaʀ]. *n. m.* (1881; « plumet », 1480; « plumeau », 1636; de *plume*). *Pop. Lit. Aller au plumard.* « *Il dégringola de son plumard* » (COURTELINE). On dit aussi *Plum, plume* [plym], *n. m. Au plume !* au lit ! ◇ HOM. **Plume.**

PLUMASSERIE [plymasʀi]. *n. f.* (1617; « ornement de plumes », 1505; de *plumassier*). Métier, commerce du plumassier.

PLUMASSIER, IÈRE [plymasje, jɛʀ]. *n. et adj.* (1480; de *plumas,* a. dér. de *plume*). ♦ 1° Personne qui fabrique, prépare les garnitures de plumes. ◇ Commerçant qui vend des ouvrages de plumes. ♦ 2° *Adj. Industrie plumassière.*

PLUM-CAKE [plu(œ)mkɛk]. *n. m.* (1854; *plumb cake,* 1824; mot angl. de *plum* « raisin sec », et *cake*). *Vieilli.* V. **Cake.** Plur. *Des plum-cakes.*

PLUME [plym]. *n. f.* (1175; lat. *pluma* « duvet »). ♦ 1° Chacun des appendices tégumentaires (V. **Phanère**) qui recouvrent la peau des oiseaux, formé d'un axe (tuyau) et de barbes latérales, accrochées entre elles par des barbules. *Gibier à plumes et gibier à poil. Grandes plumes* (V. **Penne**) *des ailes* (V. **Rémige; cerceau**) *et de la queue. Plumes du dos. Petites plumes du duvet.* V. **Plumule.** *Aigrette, huppe, panache de plumes. Plumes tachetées* (V. **Ocelle**). *L'oiseau lisse ses plumes, les hérisse. Oiseau qui perd ses plumes, se recouvre de plumes.* V. **Déplumer (se), remplumer (se);** *Arracher les plumes* (V. **Plumer;** *plumage, plumaison, plumée*). *Fig.* et *pop. Voler dans les plumes :* se jeter sur qqn, l'attaquer. — *Fam. Y laisser, perdre des plumes,* essuyer une perte (concret : perdre ses cheveux. V. **Déplumer** [se]. — (Idée de légèreté, opposé à plomb) *Léger comme une plume. Se sentir léger comme une plume :* allègre. « *Une femme souvent N'est qu'une plume au vent !* » (HUGO), est volage. — *Soulever qqn, qqch. comme une plume :* facilement. « *Elle l'enleva comme une plume* » (BALZ.). — *Poids** PLUME : se dit d'une catégorie de boxeurs légers. ♦ 2° Cette production, utilisée pour divers usages. *Ornements, parures de plumes.* V. **Aigrette, panache, plumet.** *Plumes d'autruche, de marabout. Chapeau à plumes.* « *Un magnifique chapeau à trois cornes, garni d'une plume noire* » (STENDHAL). V. **Couteau.** — *Lit, matelas, oreiller de plumes,* et collect. *de plume.* *Pop.* (de plume : plumard*) *Se mettre dans les plumes :* dans son lit. ♦ 3° (1487). Instrument pour écrire. *Ancien.* Grande plume de certains oiseaux, dont le tuyau taillé en pointe servait à écrire. *Plume d'oie. Tremper sa plume dans l'encrier.* « *Ses plumes me paraissent bien taillées, il ne demande qu'à les exercer* » (SÉV.). ◇ *Mod.* (déb. XVIIIᵉ) Petite lame de métal, terminée en pointe, adaptée à un porte-plume, un stylo, et qui, enduite d'encre, sert à écrire. *Stylo à plume* et *stylo à bille. Plume qui crache, qui accroche, gratte.* « *Une bonne plume est pour moitié dans le plaisir que je prends à écrire* » (GIDE). ◇ *Plume de dessinateur* (plume d'oie, métallique, roseau). *Dessin à la plume. Trait* de plume.* ◇ *Didact. Plume inscriptrice* d'un appareil pour enregistrement graphique (électrocardiographe, électroencéphalographe). ♦ 4° Instrument de celui qui s'exprime par écrit, de l'écrivain. « *Je ne peux penser le style que la plume à la main* » (FLAUB.) : qu'en écrivant. *Idées qui se pressent sous la plume.* « *Il faut écrire au courant de la plume; sans chercher les mots* » (SARTRE). *Tremper sa plume dans le fiel, le poison :* écrire avec haine, amertume, contre qqn. — *Vivre de sa plume :* faire métier d'écrire. « *Vivre de sa plume, n'est-ce pas écrire ?* » (BALZ.). — *Homme de plume* (vx), écrivain. ◇ *Fig.* et *littér.* Le fait d'écrire. « *Je n'ai pas la plume facile* » (DE GAULLE). *La plume est serve mais la parole est libre* (principe du droit pénal français). ♦ 5° *Zool.* Pièce chitineuse formant la coquille interne des calmars. ♦ 6° *Plume à vaccin,* instrument pointu servant à vacciner (vaccinostyle). ◇ HOM. *Plum(e)* « plumard ».

PLUME. *n. m.* V. **PLUMARD.**

PLUMEAU [plymo]. *n. m.* (1640; de *plume*). ♦ 1° Ustensile de ménage formé d'un manche court auquel sont fixées des plumes, et qui sert à épousseter. V. **Houssoir; balai.** *Donner un coup de plumeau.* ♦ 2° Touffe de plumes, de poils. V. **Plumet.** « *Le plumeau blanc de sa queue* (d'un épagneul) *avait cessé de frétiller* » (P. BENOIT).

PLUMÉE [plyme]. *n. f.* (1845; de *plumer*). Action de plumer (un oiseau). V. **Plumaison.** Ce qu'un oiseau plumé fournit de plumes. ◇ HOM. *Plumer.*

PLUMER [plyme]. *v. tr.* (1150, « arracher la barbe, les poils »; de *plume*). ♦ 1° (1180). Dépouiller (un oiseau) de ses plumes en les arrachant; *spécialt.* quand il est tué, pour le faire cuire. « *Le cuisinier plume les oies* » (APOLLINAIRE). — *Volaille plumée.* ♦ 2° (XIIIᵉ). *Fig.* Dépouiller, voler (généralt. en trompant). « *Il s'est laissé plumer comme un oison* » (GIDE). ♦ 3° Par anal. *(Région.).* Éplucher. « *J'ai encore à plumer mes asperges* » (PROUST). ♦ 4° V. pron. *Pop.* (1883). *Se plumer,* se mettre au plumard. V. **Coucher** (se). « *Tu vas* *te plumer ?* » (SARTRE). ♦ 5° V. intr. *Mar.* Friser l'eau en ramenant l'aviron en arrière. ◇ HOM. *Plumée.*

PLUMET [plymɛ]. *n. m.* (1622; de *plume*). Grande plume ou touffe de plumes garnissant une coiffure, et *spécialt.* une coiffure militaire. V. **Aigrette, casoar, panache.** *Plumet au cimier d'un casque.* ◇ Bouquet de plumes servant d'ornement. « *La mule en enjolivée de plumets, de pompons, de houppes* » (GAUTIER).

PLUMETÉ, ÉE [plymte]. *adj.* (1364; de *plumet*). *Ancienn.* Qui imite la plume (en parlant d'un ornement). — *Blas.* Parsemé de mouchetures rappelant des barbes de plumes.

PLUMETIS [plymti]. *n. m.* (1495, « broderie à la main »; de *plumet*). ♦ 1° Point de broderie en relief qui se fait sur un bourrage. *Broderie au plumetis. Plumetis de coton, de soie.* ♦ 2° Étoffe de coton brodée au plumetis.

PLUMEUR, EUSE [plymœr, øz]. *n.* (1611; de *plumer*). *Ancienn.* Personne qui plumait des volailles au marché.

PLUMEUX, EUSE [plymø, øz]. *adj.* (XVIII°; « couvert de plumes », 1190; de *plume*). Qui ressemble aux plumes, aux barbes de plume. « *Le feuillage plumeux* » (MART. du G.). — *Zool. Antennes plumeuses.*

PLUMIER [plymje]. *n. m.* (1872; de *plume*). Boîte oblongue dans laquelle on met plumes, porte-plume, crayons, gommes. *Plumier d'écolier.*

PLUMITIF [plymitif]. *n. m.* (*Plumetif*, XVI°; altér. de *plumetis*, de *plumeter* « écrire, noter », d'apr. *primitif* « texte original »). ♦ 1° *Rare.* Registre sur lequel le greffier d'audience mentionne les principaux faits de l'audience. *Par ext.* Bureaucrate. V. **Gratte-papier.** ◇ Mauvais auteur, mauvais écrivain.

PLUM-PUDDING [plu(œ)mpudiŋ]. *n. m.* (mil. XVIII°; de l'angl. *plum* « raisin sec », et *pudding*). Pudding*. *Des plum-puddings.* Abrév. fam. PLUM.

PLUMULE [plymyl]. *n. f.* (1778; de *plume*). ♦ 1° *Bot.* Partie de l'embryon végétal qui constitue le rudiment des parties aériennes de la plante. V. **Gemmule.** ♦ 2° Petite plume du duvet.

PLUPART (LA) [laplypaʀ]. *n. f.* (XV°; de *plus*, et *part* 1). ♦ 1° LA PLUPART DE (suivi d'un sing.). *Vx.* La plus grande part de. « *Tout se passe comme si la plupart de ce qui est n'existait pas* » (VALÉRY). *Mod. La plupart du temps.* V. **Ordinairement.** « *En fait, j'étais rarement à ma place. Je passais la plupart de mon temps chez les (étudiants) Russes* » (DUHAM.). — *La plupart de* (suivi d'un pluriel), le plus grand nombre de. V. **Généralité, majorité.** *La plupart des hommes, des femmes. La plupart d'entre nous.* « *La plupart des paysans s'y rendaient en skis* » (MAUROIS). — *Dans la plupart des cas,* presque toujours. ◇ *Pour la plupart,* loc. adv., et ellipt. *La plupart* : quant à la majorité (de ce dont on parle). *Les convives étaient, pour la plupart, des marchands.* « *Les hommes la plupart sont étrangement faits !* » (MOL.). ♦ 2° Pron. indéf. LA PLUPART : le plus grand nombre (*génuralt.* suivi du plur.). *La plupart s'en vont,* (littér.) *s'en va. Le nécessaire manquait à la plupart.* ◇ ANT. **Aucun; peu.**

PLURAL, ALE, AUX [plyʀal, o]. *adj.* (1874; lat. *pluralis*). *Didact.* Qui contient plusieurs unités, plusieurs éléments. *Vote plural* : système de vote où certains votants ont plusieurs voix.

PLURALISME [plyʀalism(ə)]. *n. m.* (1909; du lat. *pluralis*). ♦ 1° Philosophie, doctrine suivant laquelle les êtres sont multiples, individuels et ne dépendent pas (en tant que modes ou phénomènes) d'une réalité absolue. ♦ 2° Système politique qui repose sur plusieurs organes de direction. *Le pluralisme syndical.* ◇ ANT. (du 1°) **Dualisme, monisme.**

PLURALISTE [plyʀalist(ə)]. *adj.* (1909; de *pluralisme*). Relatif au pluralisme.

PLURALITÉ [plyʀalite]. *n. f.* (1328, « pluriel »; lat. *pluralitas*, de *pluralis*). ♦ 1° *Didact.* Le fait d'exister en grand nombre, de n'être pas unique. V. **Multiplicité.** « *La pluralité des philosophes qui coexistent dans la même tête* » (VALÉRY). *Entretiens sur la pluralité des mondes habités,* de Fontenelle. — *La pluralité est marquée dans la langue par le pluriel.* ♦ 2° (1559). *Vx.* Le plus grand nombre. V. **Majorité.** « *Tout s'y décide à la pluralité des voix* » (RESTIF). ◇ ANT. **Singularité, unicité, unité; minorité.**

PLURI-. Élément, du lat. *plures* « plusieurs ». V. aussi **Multi-, pol —.** ◇ ANT. **Uni-.**

PLURIANNUEL, ELLE [plyʀianɥel]. *adj.* (1933; de *pluri-,* et *annuel*). ♦ 1° *Bot.* Qui ne fleurit qu'après plusieurs années de vie (opposé à *annuel, bisannuel*). *Plantes pluri-annuelles.* (V. **Vivace**). ♦ 2° (1963). Qui s'étend, dure sur plusieurs années. *Contrat, plan pluriannuel.*

PLURICELLULAIRE [plyʀise(ɛl)lylɛʀ]. *adj.* (1890; de *pluri-,* et *cellulaire*). *Biol.* Qui comporte plusieurs cellules. *Organisme, animal, plante pluricellulaire.* Syn. **Multicellulaire.** ◇ ANT. **Unicellulaire.**

PLURIDISCIPLINAIRE [plyʀidisiplinɛʀ]. *adj.* (1966; de *pluri-,* et *disciplinaire*). Qui concerne plusieurs disciplines

ou domaines de recherche. V. **Multidisciplinaire.** *Enseignement pluridisciplinaire.* — Cf. **Interdisciplinaire.**

PLURIDISCIPLINARITÉ [plyʀidisiplinaʀite]. *n. f.* (1969; de *pluridisciplinaire*). *Didact.* Caractère pluridisciplinaire (d'un enseignement, de recherches). « *L'Université doit être placée sous le signe de la pluridisciplinarité* » (*Le Monde*, 26-2-1969). V. aussi **Interdisciplinarité.**

PLURIEL, ELLE, ELS [plyʀjɛl]. *n. m.* et *adj.* (1440; de l'a. fr. *plurier*, de *plurel* [1190]; lat. *pluralis*). ♦ 1° Catégorie grammaticale (V. **Nombre**) comprenant les mots (noms, pronoms) qui désignent une collection d'objets, lorsqu'ils peuvent être envisagés un à un, et les mots qui s'accordent avec eux. — Catégorie comprenant tous les mots affectés de la marque morphologique du pluriel. *Mot au pluriel. Pluriel de majesté, de modestie* : *nous* employé pour *je*. *Emplois stylistiques du singulier pour le pluriel, du pluriel pour le singulier.* REM. *Formes du pluriel en français.* 1. NOMS (et *Adj.*). La marque normale du pluriel est l's. Les noms en *s, x, z* sont invariables. Les noms en *-al* font généralement *-aux;* les noms en *au, eau, eu* prennent un *x;* les noms en *-ail* font le plus souvent *-ails;* les noms en *-ou* prennent un *s* ou un *x.* 2. NOMS PROPRES. Ils ne prennent la marque du pluriel que lorsqu'il s'agit des familles royales, princières (les Bourbons), quand ils désignent des types (des Harpagons), des provinces portant le même nom (les Flandres), et parfois, des œuvres d'art (des Corot, des Corots). NOMS À DOUBLE PLURIEL (*Ex.* : aïeul, ail, ciel, œil, travail). ♦ 2° Adj. *Rare* (1607). Qui indique le pluriel. *La première personne plurielle de l'indicatif présent de avoir est : nous avons* ♦ 3° (1966). *Littér.* Dont le contenu est formé d'éléments multiples non perçus immédiatement. *Lecture plurielle.* « *Texte pluriel* » (*Nouv. Obs.,* avr. 1972). ◇ ANT. **Singulier.**

PLURILATÉRAL, ALE, AUX [plyʀilateʀal, o]. *adj.* (1933; de *pluri-,* et *latéral*). *Dr.* Qui engage plusieurs parties. V. **Multilatéral.** *Accords, traités plurilatéraux.* ◇ ANT. **Unilatéral.**

PLURINATIONAL, ALE, AUX [plyʀinasjɔnal, o]. *adj.* (1965; de *pluri-,* et *national*). *Polit.* Qui concerne plusieurs nations ou pays. V. **Multinational.** « *Grandes entreprises internationales, appelées plurinationales* » (*Le Monde,* 25-7-1965). [On dit plutôt : Multinationales.].

PLURIPARTISME [plyʀipaʀtism(ə)]. *n. m.* (1962; de *pluri-,* et *partisme*). *Polit.* Coexistence de plusieurs partis.

PLURIVALENT, ENTE [plyʀivalɑ̃, ɑ̃t]. *adj.* (1920; de *pluri-,* d'apr. *polyvalent*). ♦ 1° *Chim.* Qui a plusieurs valences. V. **Polyvalent.** ♦ 2° *Philo.* Qui peut prendre plusieurs formes, produire plusieurs effets. ♦ 3° *Logique plurivalente,* qui admet plus de deux valeurs de vérité (opposée à *bivalente*). ◇ ANT. **Monovalent.**

PLURIVOQUE [plyʀivɔk]. *adj.* (1950; de *pluri-,* et [*uni*]*voque*). *Log., math., ling.* Qui a plusieurs valeurs (opposé à *univoque, biunivoque*), plusieurs sens. *Relation plurivoque. Mot à contenu plurivoque.* V. **Polysémique.** Dér. PLURIVOCITÉ, *n. f.*

PLUS [plys]. *adv.* (980; lat. *plus,* « une grande quantité »). Mot servant de comparatif à *beaucoup* et entrant dans la formation des comparatifs de supériorité et dans celle du superlatif relatif de supériorité.

I. (*Comparatif;* Cf. aussi III.) **A** (*Adverbial*). ♦ 1° *Absolt.* PLUS ([ply] devant consonne, [plyz] devant voyelle, [plys] à la finale), modifiant un verbe, un adjectif, un adverbe. « *Tu me haïssais plus, je ne t'aimais pas moins* » (RAC.). V. **Davantage.** *Plus grand, plus beau.* « *Il est impossible d'imaginer quelque chose de plus noir, de plus enfumé* » (GAUTIER). *Plus souvent. Y voir plus clair. De plus près.* ◇ EN PLUS (suivi d'un adj.). « *Cette pièce ressemble, en plus luxueux et en plus triste à ma chambre* » (SARTRE). ♦ 2° PLUS... QUE. *Plus royaliste que le roi. Il est plus bête que méchant.* V. **Plutôt.** *Aimer qqch. plus que tout.* V. **Principalement, surtout.** *Plus* [ply(s)] *que* jamais. *Plus que de coutume. Plus souvent qu'à son tour.* ◇ (Avec une proposition comparative) « *Sa malice fut plus piquante qu'elle n'avait jamais été* » (MARMONTEL). « *L'exemple touche plus que ne fait la menace* » (CORN.). « *Il ne faudrait.* V. **Trop.** — *Plus que,* modifiant un adj., p. p. ou adv. Résultat plus qu'honorable. « *Un ancien avoué, homme plus qu'habile* » (BALZ.). ◇ PLUS, précédé d'un adv. ou d'un numér. *Beaucoup plus, bien plus, autrement plus. Encore plus.* *Tellement plus. Un peu plus. Deux, trois fois plus grand.* — (Modifié par un numér. marquant une différence) *Une heure, deux ans plus tôt, plus tard.* « *Je voudrais être plus vieux d'un an* » (DUHAM.). ♦ 3° (En corrélation avec *plus* ou *moins*). « *Plus on est de fous, plus on rit* » (DANCOURT). « *Plus on juge, moins on aime* » (BALZ.). « *Plus il grondait..., plus, de mon côté, je m'entêtais à crier* » (DUHAM.). *Cet article est d'autant plus cher qu'on en produit moins.* V. **Autant.** ♦ 4° Loc. PLUS OU MOINS. « *Selon que notre idée est plus ou moins obscure* » (BOIL.). *Réussir plus ou moins bien, bien ou médiocrement, avec des résultats incertains.* — NI PLUS NI MOINS : exactement tel. *C'est du vol, ni plus ni moins.*

« *L'admission d'un fait sans cause n'est ni plus ni moins que la négation de la science* » (Cl. BERNARD). — (En comparaison) De même que. V. **Comme**. « *Nous sommes traités ni plus ni moins que des chiens* » (BALZ.). — DE PLUS EN PLUS (v. 1250) : toujours plus, toujours davantage. *Il penche de plus en plus.* V. **Graduellement, progressivement**. *Aller de plus en plus vite.* — ON NE PEUT PLUS : au plus haut point (devant l'adj. ou l'adv.). V. **Extrêmement**. « *Je suis on ne peut plus heureux de vous rencontrer* » (DUMAS fils). ❸ *(Nominal)* [ply devant consonne, plyz devant voyelle, plys à la finale]. *Une chose plus grande plus importante.* V. **Davantage**. ♦ 1° Absolt. *Demander plus. Faire plus.* « *Et je vous ai plus dit que je ne voulais dire* » (MOL.). *Plus de la moitié. Il était plus de minuit.* V. **Passé**. *Enfants de plus de dix ans.* V. **Au-dessus**. — (Ellipt.) *Cent mille francs et plus.* V. **Delà** (au delà). *Plus d'une fois.* V. **Plusieurs**. *Pour plus d'une raison.* V. **Beaucoup, bien**. « *Plus d'une parmi elles sont sorties du monastère* » (MUSS.), *est sortie du monastère.* ♦ 2° PLUS DE, avec un complément partitif. « *J'ai plus de souvenirs que si j'avais mille ans* » (BAUDEL.). « *Elle avait plus d'aigreur que de hauteur* » (RETZ). ♦ 3° DE PLUS : marquant un excédent par rapport à l'autre terme de comparaison. « *Alissa a deux ans de plus* » (GIDE). *Une fois de plus.* V. **Encore**. *Rien de plus.* V. **Autre**. « *Où trois lignes suffisent, je n'en mettrai pas une de plus* » (GIDE). *Que vous faut-il de plus? Raison de plus.* « *Une minute de plus, l'homme épuisé se laissait tomber dans l'abîme* » (HUGO). — Absolt. DE PLUS, QUI PLUS EST : en outre. ♦ 4° EN PLUS. V. **Avec, aussi, également** (Cf. Par-dessus le marché). « *Avec l'odeur de la machine en plus* » (CÉLINE). — *En plus de, loc. prép.* V. **Outre, sus** (en sus de). *En plus de son travail, il fait des recherches personnelles.* ◇ SANS PLUS : sans rien de plus. « *Il la trouvait gentille, mais sans plus* » (QUENEAU). ❺ (Subst.). *Qui peut le plus peut le moins.* « *Qui a le plus a, dit-on, le moins* » (VAUVEN.). ❼ *(Conj.).* En ajoutant. V. **Et**. *Deux plus trois font cinq* (2 + 3 = 5). — A quoi s'ajoute. *Adjugé mille francs, plus les frais.* « *Tous les fruits, plus une baie acidulée* » (GIRAUDOUX). ❺ S'emploie pour désigner une quantité positive, ou certaines grandeurs au-dessus du point zéro. *Plus cinq* (+ 5). *Le signe plus* (+), le signe de l'addition et des nombres positifs.

II. (Superlatif). LE, LA, LES PLUS [phonét : Cf. I, B]. ♦ 1° Adverbial. *Ce qui frappe le plus.* « *La cathédrale est l'endroit le plus orné, le plus riche* » (GAUTIER). *La plus grande partie.* V. **Majeur**. *Le plus grand nombre.* V. **Majorité**. *C'est le plus important. Venez au plus tôt, au plus vite. Il se dépêche le plus qu'il peut, le plus possible.* — (Avec possessif) *C'est son plus grand mérite.* — CE QUE... DE PLUS. « *Un tiroir où je renferme ce que j'ai de plus précieux au monde* » (DAUD.). — Fam. *C'est tout ce qu'il y a de plus comique!* ◇ DES PLUS : parmi les plus. « *La situation était des plus embarrassantes* » (DUHAM.). ♦ 2° (Nominal). LE PLUS DE : la plus grande quantité. « *Ce ne sont pas du tout les «méchants» qui font le plus de mal en ce monde* » (VALÉRY). *Les gens qui ont rendu le plus de services.* — AU PLUS, TOUT AU PLUS. V. **Maximum** (au). *Dix francs au plus.* « *Voilà seulement huit jours, tout au plus, que je commence à être tranquille* » (FLAUB.).

III. PAS, NON, NE ... PLUS (sens négatif). — REM. *Plus* est ici comparatif. ♦ 1° (Précédé d'une négation) [toujours : ply]. PAS PLUS QUE. *Pas plus haut qu'une botte.* « *L'on n'est pas plus maître de toujours aimer qu'on ne l'a été de ne pas aimer* » (LA BRUY.). *Pas plus qu'on ne doit faire cela, on ne doit faire ceci.* V. **Même** (de même que... de même). ◇ NON PLUS : pas plus que telle autre personne ou chose dont il est question (remplace *aussi*, en propos. négative). *Tu n'attends pas? Moi non plus.* ♦ 2° NE... PLUS (*plus* ayant ici un sens négatif) : désormais ... ne pas. *On ne comprend plus.* « *Je baissai la tête pour ne plus la voir* » (FRANCE). *Ne plus dire un mot. Ne l'est plus très jeune*, ellipt. *Une femme plus très jeune. Ne plus être, n'avoir plus cours* : être fini, cesser. *Depuis qu'elle n'est plus.* V. **Disparaître, mourir**. *On n'y voit presque plus. Médecin qui n'exerce plus guère, plus du tout.* — *Il n'y a plus personne. Il n'y a plus que lui*, il est désormais le seul. *Je ne sens plus rien, plus aucune douleur. Je ne le ferai jamais plus, plus jamais.* ◇ SANS PLUS. *Sans plus se soucier de rien.* ◇ NON PLUS. *Compter non plus par syllabes, mais par mots.* ◇ PLUS DE : il n'y a (avait) plus de. « *Paris était mort, plus d'autos, plus de passants* » (SARTRE). — Spécialt. (Souhait) *Qu'il n'y ait plus de.* « *Plus de guerres, plus de sang!* » (BAUDEL.).

◈ ANT. *Moins.*

PLUSIEURS [plyzjœʀ]. *adj. et nominal indéf. plur.* (1325; *plusurs*, 1080; lat. pop. °*plusiores*, de *pluriores*; class. *plures* « plus nombreux »). ♦ 1° *Adj.* Plus d'un, un certain nombre. V. **Quelque(s)**. *Une ou plusieurs personnes. Plusieurs fois. À plusieurs reprises.* V. **Maint**. *En plusieurs endroits.* V. **Différent, divers**. ♦ 2° *Nominal* (Avec un complément partitif). *Plusieurs d'entre eux.* « *Le jargon ridicule dont plusieurs de nos pièces modernes sont si cruellement infectées* » (D'ALEMB.). *Nous en avons plusieurs.* — (Désignant les choses dont on parle, sans répéter le subst.) « *Ces accidents se* manifestent non pas sur un point de l'organisme, mais sur plusieurs* » (BOURGET). ◇ *(Indéterminé)* Plusieurs personnes. V. **Aucun** (d'aucuns), **certains, quelque** (quelques-uns). « *D'autres dormaient dans des coins; plusieurs mangeaient* » (FLAUB.). « *L'on n'a guère vu jusqu'à présent un chef-d'œuvre d'esprit qui soit l'ouvrage de plusieurs* » (LA BRUY.). *Ils s'y sont mis à plusieurs.* ◈ ANT. *Un.*

PLUS-QUE-PARFAIT [plyskəpaʀfɛ]. *n. m.* (1550; *temps passé plus que parfait*, 1521; lat. gram. *plus quam perfectum*). Gram. *Plus-que-parfait de l'indicatif*, temps corrélatif de l'imparfait (auxiliaire à l'imparfait et participe passé) exprimant généralement une action accomplie et antérieure à une autre action passée (*ex. : quand il avait dîné*, il nous quittait; *si j'avais eu, je vous aurais aidé*). — *Plus-que-parfait surcomposé* (*ex. :* « *Les pêcheurs avaient eu vite épuisé toute la surprise de l'aventure* » (VERCEL). ◇ *Plus-que-parfait du subjonctif*, temps employé surtout dans la langue littéraire (auxiliaire à l'imparfait du subj. et participe passé), exprimant, en subordonnée, l'antériorité par rapport à un fait passé ou une corrélation avec le conditionnel (*ex. :* Il fallait, il faudrait qu'il *eût accepté*, que nous *eussions accepté*; nous ne le laissâmes pas partir avant qu'il *eût avoué*). — Employé pour le conditionnel passé (*ex. :* « *Rodrigue, qui l'eût cru?* » — Chimène, qui l'eût dit? » (CORN.).

PLUS-VALUE [plyvaly]. *n. f.* (1457; de *plus*, et a. fr. *value*, de *valoir*). Écon. Augmentation de la valeur d'une chose (revenu ou revenu), qui n'a subi aucune transformation matérielle. *La plus-value des terrains*, acquise par les terrains. ◇ Fin. Excédent de recettes par rapport aux prévisions budgétaires. — Augmentation de prix accordée pour certains travaux en raison de difficultés imprévues. ◇ *(Marxisme)* Différence entre la valeur des biens produits et le prix des salaires donnés aux travailleurs, dont bénéficient les capitalistes. ◈ ANT. *Diminution, moins-value.*

PLUTON [plytɔ̃]. *n. m.* (mil. XXe; V. **Plutonien**). Géol. Masse de magma profond consolidé en roche plutonique. *Pluton granitique.*

PLUTONIEN, IENNE [plytɔnjɛ̃, jɛn]. *adj.* (1816; de *Pluton*, dieu des Enfers). ♦ 1° Relatif à Pluton. ♦ 2° Géol. Vx. V. **Plutonique**. ◇ *Subst.* Partisan du plutonisme (ANT. Neptunien).

PLUTONIGÈNE [plytɔniʒɛn]. *adj.* (v. 1960; de *plutonium*, et *-gène*). Phys. Qui produit du plutonium. *Réacteur plutonigène.*

PLUTONIQUE [plytɔnik]. *adj.* (1550, « de l'enfer »; de *Pluton*). Géol. (1836). Se dit des roches formées à de grandes profondeurs, dans le magma. *Roches plutoniques, roches volcaniques et roches sédimentaires.*

PLUTONISME [plytɔnism(ə)]. *n. m.* (1842; de *Pluton*). Géol. ♦ 1° Théorie du XVIIIe s. qui explique principalement la formation de la croûte terrestre par l'action du « feu intérieur » et s'oppose au neptunisme de Werner. ♦ 2° Mod. Formation de roches plutoniques.

PLUTONIUM [plytɔnjɔm]. *n. m.* (1940; « baryum », 1842; de *Pluton*). Chim. Élément transuranien, de numéro atom. 94, de symbole Pu. *Fabrication de l'isotope fissile 239 du plutonium dans les réacteurs nucléaires, à partir de l'uranium 238. Bombes (atomiques) au plutonium.*

PLUTÔT [plyto]. *adv.* (XVIIe; *plus tost*, XIIIe; de *plus*, et *tôt*).

I. *Vx.* Plus tôt. « *Édouard n'eut pas plutôt proféré ces paroles qu'il en sentit l'inconvenance* » (GIDE).

II. De préférence. ♦ 1° (Appliqué à une action). *Les grandes misères frappent plutôt les faibles.* « *Pourquoi celle-là plutôt qu'une autre?* » (MUSS.). « *Tout plutôt que l'abdication de la raison* » (MART. du G.). ◇ Littér. (Introduisant une proposition avec un verbe au subj.) « *J'aime mieux tous les malheurs, plutôt que vous souffriez par ma faute* » (R. ROLLAND). *N.B.* Avec un verbe de la principale suivi de *que*, contradiction des deux *que : Je préfère qu'il accepte plutôt qu'il refuse. Ou mieux : plutôt que de le voir refuser, plutôt que s'il refusait.* ◇ (Avec un verbe à l'inf.) « *Plutôt que de me mépriser, ils feraient mieux de se regarder en face* » (DUHAM.). « *Il se ferait plutôt hacher que de céder* » (ZOLA). Emphat. *Plutôt mourir!* ♦ 2° (Appliqué à une appréciation plus juste). V. **Plus**. *Plutôt moins que trop. Pas méchant, plutôt grincheux* (ou *grincheux, plutôt*). — (Suivi du *ne* explétif) « *Je remplissais un devoir plutôt que je ne jouissais d'un plaisir* » (CHATEAUB.). ◇ OU PLUTÔT : pour être plus précis. « *C'était se livrer à leurs juges, ou plutôt à leurs bourreaux* » (MICHELET). ◇ MAIS PLUTÔT. « *Il ne dormait pas, mais plutôt sommeillait. Ce n'est pas lui, mais bien plutôt elle qui en porte la responsabilité* » (ROMAINS). ◇ (Par euphém.) Fam. Très. *Il est plutôt barbant, celui-là!* « — *Ça la fout mal, hein?* — *Oui, plutôt* » (MART. du G.).

◈ HOM. *Plus tôt.*

PLUVIAL, ALE, AUX [plyvjal, o]. *adj.* (1530; n. m.,

« manteau liturgique », v. 1170; lat. *pluvialis*). *Géogr.* Qui a rapport à la pluie. *Eau pluviale*, eau de pluie. « *Le réservoir pluvial de quelque couvent byzantin disparu* » (HUGO). *Ruissellement, écoulement pluvial. Régime pluvial* (d'un fleuve), dépendant des pluies (et non de la fonte des neiges, etc.).

PLUVIAN [plyvjɑ̃]. *n. m.* (1781; d'apr. *pluvier*). Oiseau échassier *(Glaréolidés)*, vivant en Afrique, très farouche, appelé aussi *pluvier d'Égypte*.

PLUVIER [plyvje]. *n. m.* (XVIe; *plovier*, 1165; refait sur *pluvia;* lat. pop. °*plovarius*, de *plovere* « pleuvoir »). Oiseau échassier *(Charadriidés)*, vivant au bord de l'eau et hivernant dans les régions chaudes, à chair comestible. *Pluvier doré. Pluvier guignard* ou *pluvier des Alpes. Pluvier gris.* ◇ Nom donné à tous les charadriidés. *Pluvier d'Égypte* ou *pluvier trochile.* V. **Pluvian.**

PLUVIEUX, EUSE [plyvjø, øz]. *adj.* (1213; *pluius*, 1155; lat. *pluviosus*, de *pluvia* « pluie »). Caractérisé par la pluie. *Temps, climat pluvieux.* « *L'automne est pluvieux et triste* » (MAUPASS.). « *Ainsi durant les jours pluvieux de novembre* » (BAUDEL.). ◇ *Par ext.* (Emploi critiqué) Où il pleut beaucoup. *Pays pluvieux.* ◈ ANT. *Sec.*

PLUVINER. V. PLEUVINER.

PLUVIO-. Élément, du lat. *pluvia,* « pluie », servant à former des termes de météorologie, de climatologie, etc.

PLUVIOMÈTRE [plyvjɔmɛtr(ə)]. *n. m.* (1788; de *pluvio-* et -*mètre*). Instrument qui sert à mesurer la quantité de pluie tombée dans un lieu, en un temps donné. *Pluviomètre enregistreur*

PLUVIOMÉTRIE [plyvjɔmetri]. *n. f.* (1877; de *pluviomètre*). Mesure de la quantité de pluie tombée; étude de la répartition des pluies à la surface du globe.

PLUVIOMÉTRIQUE [plyvjɔmetrik]. *adj.* (1871; de *pluviomètre*). Relatif à la mesure des pluies. *Courbe pluviométrique.*

PLUVIO-NIVAL, ALE, AUX [plyvjonival, o]. *adj.* (mil. XXe; de *pluvio-,* et *nival*). *Géogr. Régime pluvio-nival,* d'un cours d'eau alimenté par les précipitations, pluie et neige (oppos. à *nivo-glaciaire*).

PLUVIÔSE [plyvjoz]. *n. m.* (1792; lat. *pluviosus* « pluvieux »). *Hist.* Cinquième mois du calendrier républicain (du 20 ou 21 janvier au 18 ou 19 février). « *Pluviôse, irrité contre la ville entière. De son urne à grands flots verse un froid ténébreux* » (BAUDEL.).

PLUVIOSITÉ [plyvjozite]. *n. f.* (1923; de *pluvieux*). Caractère pluvieux. *Régime pluvial, coefficient pluviométrique.*

Pm Symbole chimique du *prométhium.*

P. M. [peɛm]. ◆ 1° Abrév. de la locution latine *post meridiem* « après-midi », opposé à A. M. : *ante meridiem* (employé dans les pays où les heures sont comptées jusqu'à douze). *À neuf heures P. M.* (ou *p. m.*). ◆ 2° Abrév. de *Pistolet-mitrailleur** et *Préparation militaire.*

P.M.U. [peɛmy]. *n. m.* Abrév. de *Pari** Mutuel Urbain.* « *Très bas, à gauche de l'entrée, un mot brillant également immobile : P.M.U.* » (LE CLÉZIO).

P.N.B. [peɛnbe]. *n. m.* Abrév. de *Produit national brut.* « *Ce mystérieux instrument de mesure de la croissance qu'on appelle P.N.B.* » (A. SAUVY).

PNEU [pnø]. *n. m.* (1891; abrév. de *pneumatique*). ◆ 1° Bandage en creux formé d'une carcasse de fils de coton, d'acier, enduite de caoutchouc, dans laquelle est introduite une chambre à air. *Adapter un pneu à la jante d'une roue. Pneus d'une automobile, d'une bicyclette. Train de pneus :* ensemble des pneus indispensables à un véhicule. *Pneus avant, pneus arrière. Fart et bande d'un pneu* (V. **Chape**). *Gonfler un pneu. Pneu ballon,* pneu de bicyclette très gros et très confortable. *Adhérence des pneus. Pneu antidérapant, chaîné, increvable. Pneu dégonflé, crevé. Pneu à plat*. *Pneus lisses.* V. **Savonnette** *(fam.).* Abus. *Pneus pleins,* qui ne se gonflent pas. *Bicyclette, tricycle à pneus pleins.* ◆ 2° (1923). Pneumatique (II, 2°). *Écrire, envoyer un pneu.* « *Cet appel pressant par pneu* » (ARAGON).

PNEUMATIQUE [pnømatik]. *adj. et n.* (1520, « subtil »; 1547, phys.; lat. *pneumaticus,* gr. *pneumatikos,* rac. *pneuma* « souffle »).
I. *Vx. N. f.* Pneumatologie.
II. ◆ 1° *Phys.* Relatif à l'air, et aux autres gaz. *Machine pneumatique :* machine à double corps de pompe, munie de deux pistons, qui sert à faire le vide dans une cloche, utilisée dans les démonstrations de laboratoire. — Ancienn. *Chimie pneumatique,* subst. fém. *La pneumatique,* science des propriétés physiques de l'air, des gaz. ◇ Qui fonctionne à l'air comprimé. *Marteau pneumatique. Tube pneumatique,* tube contenant une missive, expédiée par canalisation souterraine de bureau à bureau, au moyen d'air comprimé. ◇ Qui se gonfle à l'air comprimé. *Canot pneumatique. Bandage pneumatique,* et subst. *Un pneumatique* (1891). V. **Pneu** (1°). ◆ 2° *N. m.* (1907). Missive qui est roulée dans le tube pneumatique. *Envoyer un pneumatique.* V. **Pneu** (2°). « *Vous aurez*

ma réponse dès lundi matin, au besoin par pneumatique » (ROMAINS).

PNEUMAT(O)-. Élément de mots savants, du gr. *pneuma, pneumatos* « souffle ».

PNEUMATOLOGIE [pnømatɔlɔʒi]. *n. f.* (1751; de *pneumato-,* et -*logie*). *Hist. philo.* Science des choses de l'esprit; psychologie. V. **Pneumatique** (I). ◇ Spiritisme.

PNEUMATOPHORE [pnømatɔfɔr]. *n. m.* (1846; de *pneumato-,* et -*phore*). Sc. nat. ◇ *Bot.* Excroissance des racines de quelques arbres qui croissent dans l'eau (palétuvier, etc.) permettant la respiration des racines. ◇ *Zool.* Appareil flotteur des siphonophores.

PNEUMATOTHÉRAPIE [pnømatɔterapi]. *n. f.* (XXe; de *pneumato-,* et -*thérapie*). *Didact.* Cure d'air.

PNEUMO-. Élément, du gr. *pneumôn* « poumon » (Certains mots sont formés avec *pneumo* abusiv., au sens de *pneumato*-).

PNEUMO. V. PNEUMOTHORAX.

PNEUMECTOMIE [pnømɛktɔmi] ou **PNEUMONECTOMIE** [pnømɔnɛktɔmi]. *n. f.* (1890,-XXe; de *pneumo-,* et -*ectomie*). *Chir.* Excision d'un poumon (surtout en cas de cancer).

PNEUMOCONIOSE [pnømɔkɔnjoz]. *n. f.* (1874; de *pneumo-, konis* « poussière », et -*ose* 2). *Méd.* Maladie pulmonaire le plus souvent professionnelle, causée par l'inhalation prolongée de poussières (minérales, métalliques ou végétales). V. **Asbestose, sidérose, silicose.**

PNEUMOCOQUE [pnømɔkɔk]. *n. m.* (1890; de *pneumo-,* et -*coque*). *Méd.* Bactérie (diplocoque*) responsable d'infections, notamment d'infections pulmonaires (surtout pneumonie).

PNEUMOGASTRIQUE [pnømɔgastrik]. *adj. et n.* (1827; de *pneumo-,* et -*gastrique*). *Anat.* Se dit des deux nerfs crâniens sensitivo-moteurs (dixième paire), provenant du bulbe, qui appartiennent essentiellement au système para-sympathique et innervent des organes du cou, du médiastin*, du thorax et de la partie supérieure de l'abdomen. — N. m. *Le pneumogastrique est aussi appelé nerf vague.*

PNEUMOGRAPHIE [pnømɔgrafi]. *n. f.* (1803; de *pneumo-,* et -*graphie*). *Méd.* ◆ 1° Radiographie d'un organe après injection d'air destinée à rendre visibles ses contours, ses cavités. ◆ 2° *Rare.* Enregistrement des mouvements thoraciques au cours de la respiration.

PNEUMOLOGIE [pnømɔlɔʒi]. *n. f.* (1803; de *pneumo-,* et -*logie*). *Méd.* Étude du poumon et de ses maladies.

PNEUMOLOGUE [pnømɔlɔg]. *n.* (av. 1959; de *pneumo-,* et -*logue*). *Didact.* Médecin spécialiste des poumons (V. aussi **Phtisiologue**).

PNEUMONIE [pnømɔni]. *n. f.* (1707; *péripneumonie,* 1549; gr. *pneumonia*). Inflammation aiguë du poumon, maladie infectieuse due au pneumocoque. V. **Fluxion** (de poitrine). *Pneumonie double, compliquée* (V. **Broncho-pneumonie, pleuro-pneumonie**).

PNEUMONIQUE [pnømɔnik]. *adj. et n.* (1694; gr. *pneumonikos*). ◆ 1° *Vx.* Se disait des remèdes propres aux maladies des poumons. ◆ 2° (1812). Mod. *(Méd.).* Relatif à la pneumonie. *Crachat pneumonique.* Qui est atteint de pneumonie. — Subst. *Un, une pneumonique.*

PNEUMOPÉRITOINE [pnømɔperitwan]. *n. m.* (XXe; de *pneumo-* pour *pneumato-,* et *péritoine*). *Méd.* Épanchement gazeux dans la cavité péritonéale. — Introduction de gaz dans cette cavité pour l'examen radiologique des viscères, ou dans un but thérapeutique.

PNEUMOTHORAX [pnømɔtɔraks]. *n. m.* (1803; de *pneumo-,* et *thorax*). ◆ 1° *Méd.* Épanchement de gaz dans la cavité pleurale, généralement par perforation de la plèvre en communication avec le poumon. ◆ 2° (1911). *Méd.* (plus cour.), surtout sous la forme abrégée PNEUMO [pnømo]. Insufflation d'air dans la cavité pleurale d'un tuberculeux, destinée à provoquer mécaniquement l'affaissement du poumon, afin de permettre la cicatrisation des cavernes. *On lui a fait un pneumo. Des pneumos.*

Po Symbole de la poise*. ◇ Symbole chimique du polonium*.

POCHADE [pɔʃad]. *n. f.* (1828; de *pocher*). Sorte de croquis en couleur exécuté en quelques coups de pinceau. *À la différence de l'esquisse, la pochade constitue par elle-même un tableau.* ◇ Œuvre littéraire écrite rapidement (souvent sur un ton burlesque).

POCHARD, ARDE [pɔʃar, ard(ə)]. *n. et adj.* (1732; de *poche;* Cf. Sac à vin). *Fam.* Ivrogne misérable, sans tenue. « *L'administration devrait au moins ne pas envoyer des pochards* » (ZOLA).

POCHARDER (SE) [pɔʃarde]. *v. pron.* (1850; de *pochard*). *Pop.* et *vieilli.* S'enivrer. « *Je veux me pocharder ce soir* » (MAUPASS.).

POCHARDISE [pɔʃardiz]. *n. f.* (1874; de *pochard*). *Vieilli.* Ivrognerie.

POCHE [pɔʃ]. *n. f.* (XIVe; *puche* « petit sac », XIIe; frq.

pokka). ♦ 1° *Vx.* Sac. — *Fig. Acheter, vendre chat* en poche.* ◇ *Mod.* Grand sac de toile pour le blé, l'avoine. **V. Emballage.** — Petit sac en papier, en matière plastique. V. **Pochette.** ♦ 2° Chaque partie, compartiment (d'une besace, d'un cartable, d'un portefeuille). ♦ 3° Filet de chasse utilisé pour capturer les lapins. ◇ Partie d'un filet traînant où les poissons viennent s'accumuler. *Poche d'un chalut.* ♦ 4° Petite cavité de l'organisme, naturelle ou pathologique, en forme de sac. *Poches musculo-membraneuses. Poche des eaux :* saillie formée, dans le vagin, par les membranes du fœtus, distendues au moment de l'accouchement. ♦ 5° (1573). *Cour.* Chacune des parties d'un vêtement où l'on met les objets qu'on porte sur soi, constituée par une sorte de petit sac placé sur le côté non apparent de l'étoffe *(poche coupée)* ou par une pièce rapportée, cousue sur la face apparente de l'étoffe *(poche appliquée* ou *plaquée).* Cf. *pop.* Fouille, profonde. *Les poches d'un veston.* « *Quant aux poches, normalement, avec mon pardessus, j'en ai vingt-trois* » (DUHAM.). *Petite poche de gilet.* V. **Gousset.** *Poche-revolver d'un pantalon,* placée derrière, sous la ceinture. *Mettre qqch. dans ses poches.* V. **Empocher.** *Avoir cent francs en poche. Retourner, vider ses poches.* Fam. *Faire les poches à qqn :* lui prendre ce qu'il a dans ses poches, ou en faire l'inventaire. — « *Rien dans les mains, rien dans les poches* » : formule du prestidigitateur. — Fig. *Les mains dans les poches :* sans rien faire (ou sans effort). « *Monsieur le philosophe se promenait les mains dans les poches* » (DAUD.). ◇ DE POCHE : se dit d'objets de dimensions restreintes, pouvant tenir dans une poche. *Carnet, couteau, lampe de poche. Livre de poche.* — Subst. (fam.). *Un poche* (parfois invar.) « *Il avait lu tous les Poche* » (Cl. COURCHAY). — *Par ext.,* en parlant d'un objet plus petit que ceux de la même catégorie. *Théâtre de poche.* « *Calculateur de poche* » (*Le Monde,* 25-5-1965). — *Argent de poche :* destiné aux dépenses personnelles. « *Une dizaine de francs d'argent de poche* » (MAUPASS.). ◇ *Loc. fig. Se remplir les poches :* s'enrichir malhonnêtement. — *Payer de sa poche :* avec son argent. — Fam. *En être de sa poche :* essuyer une perte. — *Connaître comme sa poche,* à fond. — Fam. *N'avoir pas la langue dans sa poche :* parler avec facilité. — *N'avoir pas les yeux dans sa poche :* regarder avec curiosité. — *Mettre sa fierté, son amour-propre dans sa poche :* y renoncer. — *Mettre qqn dans sa poche :* lui être très supérieur (par la force physique, la ruse). « *Et moi je mets le fossoyeur dans ma poche* » (HUGO). Pop. *C'est dans la poche :* c'est une affaire faite, c'est facile. ♦ 6° Déformation de ce qui est détendu, mal tendu. *Ce pantalon fait des poches aux genoux.* — *Poches sous les yeux,* formées par la peau distendue (vieillesse, fatigue). « *Il y avait des poches sous ses yeux de faïence* » (SARTRE). ♦ 7° Repli abdominal des femelles des marsupiaux où leurs petits achèvent leur développement embryonnaire. *Poche ventrale des marsupiaux* ou *poche marsupiale.* ◇ Jabot des oiseaux. ♦ 8° Amas d'une substance logé dans une cavité; cette cavité. *Poche d'eau, de gaz naturel, de pétrole, de calcaire* (dans le sol). *Poche de pus* (dans l'organisme). ♦ 9° Enfoncement dans une ligne de défense. « *Les lignes furent... enfoncées, on parla de 'poche' qu'on allait vivement colmater* » (BEAUVOIR). ♦ 10° *Abstrait* (v. 1967). Secteur, domaine limité de l'économie ou de la politique. « *Poches de chômage* » (*L'Express,* 24-4-1967). « *Poches de rébellion* » (*L'Express,* 20-3-1967).

POCHÉ, ÉE [pɔʃe]. *adj.* (1223, *œuf pochié.* V. *Pocher*). ♦ 1° *Œil poché,* ecchymose et enflure des chairs autour de l'œil, après un coup (Cf. Œil au beurre* noir). ◇ *Yeux pochés,* d'une personne qui a des poches* sous les yeux. ♦ 2° Qu'on a cuit en pochant. *Des œufs pochés.*

POCHÉE [pɔʃe]. *n. f.* (1611; *pouchiée* « contenu d'un sac », 1379; de *poche*). *Vx.* Contenu d'une poche (de vêtement).

POCHER [pɔʃe]. *v.* (XIIᵉ; de *poche*). **I.** *V. tr.* ♦ 1° *Pocher un œil à qqn :* meurtrir par un coup violent. « *Le malandrin me pocha les deux yeux* » (BAUDEL.). ♦ 2° *Pocher des œufs :* les faire cuire sans leur coquille en les plongeant dans un liquide bouillant. ◇ Plonger dans un liquide très chaud. *Pocher un poisson dans un court-bouillon.* ♦ 3° *Peint.* (1587). Exécuter rapidement, à la manière d'une pochade*. V. **Esquisser.** **II.** *V. intr.* Se dit d'un tissu, d'un vêtement qui se déforme, fait des poches (V. **Poche,** 6°). *Pantalon qui poche aux genoux.*

POCHETÉE [pɔʃte]. *n. f.* (1888, fig.; de *poche*). ♦ 1° *Vx.* Pochée. ♦ 1° *Mod.* et *pop.* Imbécile, maladroit. « *Ah! pochetée, dit le petit gars avec pitié* » (SARTRE).

POCHETTE [pɔʃɛt]. *n. f.* (*Puchette* « bourse », XIIᵉ; de *poche*). ♦ 1° Petite enveloppe, d'étoffe ou de papier. *Pochette d'allumettes. Pochette à serviette de table. Pochette de disque.* — *Pochette-surprise,* qu'on achète ou qu'on gagne sans en connaître le contenu. ♦ 2° Trousse d'écolier, plate. ♦ 3° *Vx.* Petite poche d'un vêtement. ♦ 4° Petit mouchoir fin qu'on peut mettre dans la poche de poitrine pour l'orner. *Il portait une veste grise égayée d'une pochette rouge.* ♦ 5° *Vx.* Petit violon.

POCHEUSE [pɔʃøz]. *n. f.* (1874; de *pochette*). Ustensile de cuisine qui sert à préparer les œufs pochés.

POCHOIR [pɔʃwaʀ]. *n. m.* (1874; de *pocher*). Plaque de carton, de métal découpée sur laquelle on passe une brosse ou un pinceau pour peindre des dessins, des inscriptions. *Dessin au pochoir.*

POCHOUSE. V. PAUCHOUSE.

POCHON [pɔʃɔ̃]. *n. m.* (*Pochonne,* 1371; de *poche* « louche »; bas lat. *popia*). *Techn.* ou *région.* Grande louche. « *Ils les achetèrent* (les mandarines) *par pleins pochons* » (J.-R. BLOCH).

POCO [pɔko]. *adv.* (1846; mot it. « peu »). *Mus.* Un peu. *Poco allegro.* ◇ *Poco à poco,* peu à peu.

1. **PODAGRE** [pɔdagʀ(ə)]. *n. f.* (1215; lat. *podagra,* mot gr.). *Vx.* Goutte qui attaque les pieds. V. **Goutte** (2).

2. **PODAGRE** [pɔdagʀ(ə)]. *adj.* (*Potagre,* 1350; lat. *podager,* du gr. *podagros*). *Vx.* Qui est atteint de la goutte aux pieds ou aux mains. V. **Impotent.** « *M. de Gauffecourt, âgé de plus de soixante ans, podagre, impotent* » (ROUSS.). Subst. *Un, une podagre.*

PODAIRE [pɔdɛʀ]. *n. f.* (1875; dér. sav. gr. *pous, podos* « pied »). *Math.* Courbe, lieu des pieds des perpendiculaires menées d'un point fixe sur les tangentes à une courbe donnée.

-PODE. Élément, du gr. *pous, podos* « pied », employé au sens général d'organe de locomotion (pied, patte, membre, etc.). Ex. : apode, myriapode, pseudopode. V. **-Pède.**

PODESTAT [pɔdesta]. *n. m.* (*Potestat,* 1240; it. *podestà,* du lat. *potestas, atis*). *Hist.* Titre qu'on donnait parfois au moyen âge au premier magistrat de certaines villes d'Italie et du Midi de la France. « *La moindre ville de France ou d'Italie, soumise au pire podestat* » (SUARÈS).

PODIUM [pɔdjɔm]. *n. m.* (1765; mot lat., du gr.). ♦ 1° Dans un amphithéâtre, un cirque antique, Gros mur qui entourait l'arène et dont le sommet, formant plate-forme, supportait les places d'honneur. — *Archit. anc.* Petit soubassement à l'intérieur d'un édifice, sur lequel on pouvait placer des objets. ♦ 2° *Mod.* (v. 1910). Plate-forme, estrade sur laquelle on fait monter le vainqueur après une épreuve sportive. *Monter sur le podium :* devenir champion.

PODOLOGIE [pɔdɔlɔʒi]. *n. f.* (1836; du gr. *pous, podos* « pied », et *-logie*). *Méd.* Etude du pied et de ses affections. (*Dér.* PODOLOGIQUE [pɔdɔlɔʒik], *adj.;* PODOLOGUE [pɔdɔlɔg] *n.)*

PODOSCAPHE [pɔdɔskaf]. *n. m.* (1875; de *podo-* et *-scaphe*). *Vx.* Canot de plaisance qui se manœuvre avec une pagaie. « *Des flottes de yoles, de skifs, de périssoires, de podoscaphes...* » (MAUPASS.).

PODZOL [pɔdzɔl]. *n. m.* (1902; mot russe « cendreux »). *Géogr.* Sol cendreux, très délavé, des climats humides et froids. *Le podzol, riche en fer, se trouve dans les zones forestières à conifères. Les podzols.*

PODZOLIQUE [pɔdzɔlik]. *adj.* (XXᵉ; de *podzol*). *Géol.* Relatif au podzol. *Dégradation podzolique.*

PODZOLISER [pɔdzɔlize]. *v. tr.* (mil. XXᵉ; de *podzol*). *Géol.* Transformer (un sol) en podzol* par un processus d'acidification et de lessivage *(podzolisation).*

PŒCILE [pesil]. *n. m.* (1765; gr. *poikilê* « peint de couleurs variées » [d'un portique]). *Archéol.* Portique grec orné de peintures. *Le pœcile de l'Agora, à Athènes.*

PŒCILOTHERME. V. POÏKILOTHERME.

1. **POÊLE** [pwal]. *n. m.* (XVIᵉ; *paile, poile,* XIIIᵉ; lat. *pallium*). ♦ 1° Drap recouvrant le cercueil, pendant les funérailles. Usité seulement dans : *Les cordons du poêle* (qui pendent aux quatre coins). « *Quatre personnages en toge rouge tenaient gravement les cordons du poêle* » (HENRIOT). ♦ 2° (v. 1250). *Vx.* Voile tenu au-dessus de la tête des mariés, dans la liturgie catholique. « *Après avoir été à genoux sous le poêle à coude sous le poêle de moire blanche* » (HUGO).

2. **POÊLE** ou **POÉLE** [pwal]. *n. m.* (1545; *poille,* 1351; lat. *p[e]nsilis* « suspendu », de *pendere*). ♦ 1° *Vx.* Chambre chauffée. « *Cette chambre chauffée qu'on appelait le poêle* » (DUHAM.). ♦ 2° *Mod.* Appareil de chauffage clos, où brûle un combustible. V. **Fourneau, salamandre.** *Poêle à charbon, à bois, à mazout. Poêle en fonte.* « *De grands poêles aux proportions monumentales, en belle faïence blanche ou peinte* » (GAUTIER). *Tuyau* de poêle.* *Figer, grille du poêle.* « *Le poêle donne son ronflement par sa petite porte ouverte comme une bouche rouge* » (RENARD).

3. **POÊLE** [pwal]. *n. f.* (1636; *paele* « chaudron » 1170; lat. *patella.* V. **Patelle**). Ustensile de cuisine en métal, plat, généralement rond, à bords bas, et muni d'une longue queue (V. *aussi* **Poêlon**). *Poêle à frire. Passer, faire revenir, sauter des légumes à la poêle.* — *Poêle à marrons, à fond percé de trous.* ◇ Fig. *Tenir la queue de la poêle,* avoir la direction d'une affaire.

POÊLÉE [pwale]. *n. f.* (*Paelée,* 1260; de *poêle*). Contenu d'une poêle. « *Une poêlée d'alouettes sautées au beurre* » (ZOLA).

POÊLER [pwale]. *v. tr.* (1874, au p. p.; de *poêle* 3). *Rare.* Cuire; passer à la poêle. Au p. p. *Œufs poêlés.* ◇ *Par ext.*

Cuire dans une casserole fermée, avec un corps gras. *Poêler une pièce de viande.* ◇ Fig. et fam. *Se poêler.* V. **Poiler (se).**

POÊLIER [pwalje]. *n. m.* (*Paelier*, 1412; de *poêle* 2). Rare. Celui qui fabrique ou vend, installe des poêles et appareils de chauffage. *Poêlier fumiste.*

POÊLON [pwalɔ̃]. *n. m.* (*Paalon*, 1329; de *poêle* 3). Casserole de métal ou de terre à manche creux, dans laquelle on fait revenir et mijoter. « *Les hauts de côtelettes revenaient dans un poêlon* » (ZOLA).

POÈME [pɔɛm]. *n. m.* (1213; lat. *poema*, du gr. *poiema*). ♦ 1° Ouvrage de poésie en vers. *Faire, composer un poème. Poème à forme* fixe, libre.* V. **Poésie**; ballade, élégie, épigramme, épopée, fable; hymne, lai, madrigal, ode, sonnet, stance. *Strophes, stances, distiques, quatrains d'un poème. Recueil de poèmes.* « *Les poètes sont ainsi. Leur plus beau poème est celui qu'ils n'ont pas écrit* » (GAUTIER). ♦ 2° *Poème en prose,* poème ne revêtant pas la forme versifiée. ♦ 3° Fig. et littér. Se dit d'une œuvre ou d'une réalité poétique. « *Les œuvres de Delacroix sont de grands poèmes* » (BAUDEL.). « *Que ta vie soit un poème aussi beau que ceux qu'a rêvés ton intelligence* » (SAND). ♦ 4° Loc. fam. *C'est tout un poème,* se dit de qqn, qqch. qui semble extraordinaire. « *Ce vieux-là, mon cher, est tout un poème* » (BALZ.). ♦ 5° *Poème symphonique,* œuvre musicale à programme, sans forme fixe.

POÉSIE [pɔezi]. *n. f.* (1511; « art de la fiction littéraire », 1350; lat. *poesis,* du gr. *poïésis* « création »). ♦ 1° Art du langage, visant à susciter par la suggestion qqch. par le rythme (surtout le vers), l'harmonie et l'image. « *Poésie... c'est un art particulier fondé sur le langage* » (VALÉRY). « *Victor Hugo a su exprimer par la poésie le mystère de la vie* » (BAUDEL.). *La poésie doit être « réfléchir par les couleurs, les sons et les rythmes, toutes les beautés de l'univers* » (STAËL). *Le vers, la rime* (V. **Mètre, pied, prosodie, versification**), *le rythme en poésie* (V. **Enjambement, hiatus, rejet**). *Faire de la poésie. Poésie lyrique, épique, didactique, satirique.* ◇ En Belgique, Seconde année du secondaire supérieur (*opposé à* syntaxe et à rhétorique) des humanités* (4°) classiques. ♦ 2° Manière propre à un poète, une école, de pratiquer cet art; l'ensemble des œuvres où se reconnaît cette manière. *Poésie classique, romantique, symboliste, surréaliste. La poésie de Lamartine.* ♦ 3° (Déb. XVᵉ). Poème. *Les poésies de Musset. Dire une poésie. Choix de poésies.* V. **Anthologie.** ♦ 4° Propriétés essentielles à cet art, qui peuvent se manifester dans toute œuvre d'art. V. **Poétique.** *Poésie du style; d'un roman. Tableau, andante plein de poésie.* ♦ 5° Propriété que l'homme attribue à certaines choses ou certains êtres d'éveiller en lui l'état poétique. V. **Beauté.** *La poésie des ruines.* « *Je sais qu'il y a de la poésie dans ce gratte-ciel. Tout le monde admire l'arrivée à New York* » (VALÉRY). ♦ 6° Aptitude d'une personne à éprouver l'état poétique. « *Il y a pourtant de la poésie dans tous les êtres capables d'affections vives et profondes* » (STAËL). ◇ ANT. Prose; prosaïsme.

POÈTE [pɔɛt]. *n. m.* (XIIᵉ; lat. *poeta,* du gr. *poiêtés*). ♦ 1° Écrivain qui fait de la poésie. « *Un poète est un monde enfermé dans un homme* » (HUGO). *Poètes chanteurs de l'antiquité, du moyen âge.* V. **Aède, ménestrel, troubadour, trouvère.** — *Inspiration, mission, métier du poète.* « *Le poète se consacre et se consume donc à définir et à construire un langage dans le langage* » (VALÉRY). *Les grands poètes. Poète de l'amour.* V. **Chantre.** *Poète lyrique. Poètes romantiques. Poète officiel. Poètes lauréats.* « *Les Poètes maudits* » (VERLAINE). ◇ (En parlant d'une femme) *Mᵐᵉ de Noailles était donc un grand poète* » (COLETTE). V. **Poétesse.** ♦ 2° Adj. « *J'aurais été soldat, si je n'étais poète* » (HUGO). « *L'art ne fait que des vers, le cœur seul est poète* » (CHÉNIER). « *La femme sera poète, elle aussi* » (RIMBAUD). ♦ 3° Auteur dont l'œuvre est pénétrée de poésie. « *M. Michelet est un poète, un poète de la grande espèce* » (TAINE). ♦ 4° Homme doué de poésie (6°). « *L'homme d'action est avant tout un poète* » (MAUROIS). V. **Rêveur.** ◇ ANT. Prosateur.

POÉTEREAU [pɔetro]. *n. m.* (1639; de *poète*). Mauvais poète, poète mineur.

POÉTESSE [pɔetɛs]. *n. f.* (1570; *poétisse,* XVᵉ; de *poète*). Femme poète. « *Ces lettres de Proust à Mᵐᵉ de Noailles discréditent le jugement de Proust bien plus qu'elles ne servent à la gloire de la poétesse* » (GIDE). — REM. *Poétesse* tend à devenir péjoratif. On dira : *Cette femme est un grand poète*.*

1. POÉTIQUE [pɔetik]. *adj.* (1402; « propre aux fonctions des poètes », 1375; lat. *poeticus*; gr. *poïêtikos*). ♦ 1° Relatif, propre à la poésie. *Style, expression, image poétique.* « *Je me flattai d'inventer un verbe poétique accessible, un jour ou l'autre, à tous les sens* » (RIMBAUD). *Inspiration poétique. Licence poétique. Art poétique.* V. **Poétique** (2). ♦ 2° Empreint de poésie. V. **Lyrique.** « *Une prose poétique, musicale, sans rythme et sans rime, assez souple et assez heurtée pour s'adapter aux mouvements lyriques de l'âme* » (BAUDEL.). ♦ 3° Qui présente un caractère de poésie (5°), qui émeut par la beauté, le charme, la délicatesse. « *Nous disons d'un paysage qu'il est poétique; nous le disons d'une circonstance de la vie; nous*

le disons parfois d'une personne » (VALÉRY). ◇ ANT. Prosaïque. Antipoétique.

2. POÉTIQUE [pɔetik]. *n. f.* (1637; de *poétique* 1, lat. *poetica,* gr. *poïêtikê* [*tekhnê*]). ♦ 1° Traité de poésie. *La poétique de Boileau.* « *Il y a cent poétiques contre un poème* » (VOLT.). — Par ext. Théorie générale de la nature et du destin de la poésie. *La poétique de Mallarmé.* ♦ 2° (Vieilli). *La poétique des beaux-arts,* l'esthétique des différents arts.

POÉTIQUEMENT [pɔetikmɑ̃]. *adv.* (v. 1450; de *poétique* 1). Au point de vue de la poésie. « *Cet ouvrage n'a poétiquement aucun sens* » (VALÉRY).

POÉTISATION [pɔetizasjɔ̃]. *n. f.* (XXᵉ; de *poétiser*). Action de poétiser (qqch.); son résultat. *La poétisation de la réalité.*

POÉTISER [pɔetize]. *v. tr.* (1803; aussi « faire de la poésie » intr., « faire des vers », 1361; de *poète*). Rendre poétique, embellir, idéaliser. « *Cet homme poétise, élève, agrandit la foi qu'il professe* » (BALZ.). Au p. p. *Des souvenirs poétisés.* ◇ ANT. Dépoétiser.

POGNE [pɔɲ]. *n. f.* (déb. XIXᵉ; de *poigne*). Pop. Main. *Viens me serrer la pogne.*

POGNON [pɔɲɔ̃]. *n. m.* (1840, var. *poignon;* du v. pop. *poigner* « empoigner »). Pop. Argent. « *Avoir du pognon plein les poches* » (CÉLINE).

POGROM ou **POGROME** [pɔgrɔm]. *n. m.* (1907; mot russe, de *po-* « entièrement », et *gromit* « détruire »). Soulèvement violent, souvent meurtrier, organisé contre une communauté juive. « *Ils attaquent les communistes et les juifs. Il n'y a jamais eu de mouvements des Blancs sans accompagnement de pogroms* » (ROMAINS).

POIDS [pwa(ɑ)]. *n. m.* (1564, *poids* par fausse étym. du lat. *pondus; peis, pois,* XIIᵉ; lat. *pensum* « ce qui est pesé »). **I.** Force due à l'application de la pesanteur sur les corps matériels; mesure de cette force. ♦ 1° Cour. Masse; Sc. Force exercée par un corps matériel, proportionnelle à sa masse et à l'intensité de la pesanteur au point où se trouve le corps. *Le poids d'un même objet diminue légèrement du pôle à l'équateur.* — *Déterminer le poids.* V. **Peser; balance.** *D'un poids faible* (V. **Léger**), *un grand poids* (V. **Lourd, pesant**). *Poids de l'atmosphère.* V. **Pression.** *Unités de poids : gramme* (et *comp.*), *dyne, sthène, tonne; newton.* « *Les poids sont proportionnels aux masses...* » (LAPLACE). — *Poids spécifique : poids volumique*.* V. **Densité.** *Poids atomique*; poids moléculaire*.* ♦ 2° Caractère, effet de ce qui pèse. Cour. V. **Lourdeur, pesanteur.** *Le poids d'un fardeau. Sentir le poids d'un objet dans sa main.* V. **Soupeser.** *Le poids du seau tendait et roidissait ses bras maigres* » (HUGO). « *L'énorme colonne trapue supportant tout le poids de l'immense muraille de marbre* » (GAUTIER). *Peser de tout son poids sur, en pesant le plus possible. Être courbé, plier sous le poids d'un sac.* ♦ 3° Mesure du poids (de la masse). *Denrée qui se vend au poids ou à la pièce. Deux kilos, bon poids, plus de deux kilos.* « *Ses toiles sont payées au poids de l'or* » (BALZ.), très cher. — *Poids brut,* poids total, emballage et déchets compris, opposé à *poids net,* de la marchandise seule. — *Poids utile,* que peut transporter un véhicule. — POIDS MORT : poids d'une machine, etc., qui diminue son rendement théorique. ◇ (D'une personne) *Surveiller son poids. Prendre, perdre du poids :* grossir, maigrir. ♦ 4° Catégorie d'athlètes (haltérophiles), de boxeurs professionnels d'après leur poids. *Poids mouche, poids coq, poids plume, poids légers, mi-moyens, poids moyens, mi-lourds, lourds.* ◇ Par ext. *Un poids plume,* un boxeur de cette catégorie. « *Il portait ces coups durs, appuyés, très lents, des poids lourds* » (P. MORAND). Fig. *Un poids lourd, un poids plume :* un homme gros et grand; mince et léger. ◇ FAIRE LE POIDS. « *Perrier ne fait pas le poids* » (MONTHERLANT), ne pèse pas le poids requis par sa catégorie. Fig. *Il ne fait pas le poids,* il n'a pas les capacités requises (contre un adversaire, dans un rôle).

II. ♦ 1° Corps matériel pesant. V. **Masse; charge, fardeau.** « *Il soulevait et soutenait parfois d'énormes poids sur son dos* » (HUGO). *Un poids de tant, de X kilos.* — *Les poids d'une horloge; horloge à poids.* ♦ 2° Objet de masse déterminée servant à peser (1°). *Poids en fonte; poids en laiton; poids en platine. Étalonner, vérifier un poids.* ◇ *Poids et mesures :* administration chargée du contrôle et de la vérification des poids; bureau de cette administration. *Vérificateur des poids et mesures.* ♦ 3° Masse de métal d'un poids déterminé, utilisée dans certains sports. *Poids et haltères.* « *Au café tout se ranima : alors on entama des chansons, on portait des poids...* » (FLAUB.). Spécialt. *Lancement du poids. Lancer le poids.* ♦ 4° POIDS LOURD (1897) : véhicule automobile de fort tonnage, destiné au transport des marchandises ou des personnes. V. **Camion.** ♦ 5° POIDS MORT (*fig.*) : personne ou chose qui n'est qu'un fardeau, un frein, dans un fonctionnement. ♦ 6° Sensation d'un corps pesant. *Avoir un poids sur l'estomac.*

III. Fig. ♦ 1° Charge pénible. « *Courbé comme un vieillard sous le poids des années* » (HUGO). *Le poids de l'impôt.* ◇ Par ext. Souci, remords. « *Je marchais légèrement, allégé*

de ce poids » (ROUSS.). *Cela m'ôte un poids de la conscience.*
♦ 2° Force, influence qu'une chose exerce. V. **Importance, influence.** *Le poids d'un argument. Donner du poids à une démarche, à une grève.* « *Ce sont des réputations faites, des hommes de poids* » (VIGNY). ♦ 3° *Math.* Coefficient pondérateur*. *Affecter un poids à une variable.* V. **Pondération** (4°).
◇ ANT. Futilité, légèreté — HOM. Pois, poix, pouah.

POIDS LOURD, POIDS MORT. V. **Poids.**

POIGNANT, ANTE [pwaɲɑ̃, ɑ̃t]. *adj.* (XIIIe; « piquant », 1119; de *poindre* « piquer »). Qui cause une impression très vive et pénible; qui serre, déchire le cœur. V. **Déchirant** (l'idée de « serrer » vient de l'infl. de *empoigner, poigne*). « *Le captif qui regarde soudain avec une émotion poignante les murs de sa cellule* » (DUHAM.). « *Le souvenir poignant et vague de nos rêves* » (PROUST). « *C'est une lecture poignante et exaltante* » (DUHAM.).

POIGNARD [pwaɲaR]. *n. m.* (*Pougnart*, 1512; a. fr. *poignal*, lat. *pugnalis*, de *pugnus* « poing »). Arme blanche à lame courte et assez large, pointue du bout. V. **Couteau, criss, kandjar.** *Frapper qqn d'un coup de poignard, à coups de poignard. Plonger, planter un poignard dans le cœur de qqn.*

POIGNARDER [pwaɲaRde]. *v. tr.* (1556; de *poignard*). ♦ 1° Frapper, blesser ou tuer avec un poignard, avec un couteau. *César, Henri IV, sont morts poignardés.* ♦ 2° *Fig.* Causer une douleur très vive à. « *La jalousie le poignardait* » (ST-SIM.). ◇ *Poignarder qqn dans le dos* : lui nuire traîtreusement.

POIGNE [pwaɲ]. *n. f.* (1176; de *poing*). ♦ 1° La force du poing, de la main, pour empoigner, tenir. *Avoir de la poigne.* « *Il fallait la poigne d'un homme* » (ZOLA). ◇ *Par ext.* La main, le poing. « *Il lui prit la main, la serra dans sa poigne de fer* » (ZOLA). ♦ 2° *Fig.* Énergie, fermeté (pour commander, punir) : surtout dans *la poigne, à poigne. Un homme, un gouvernement à poigne.* V. **Autoritaire.** *Avoir de la poigne* (Cf. Une main de fer*).

POIGNÉE [pwaɲe]. *n. f.* (1327; *puignie*, 1190; de *puing* « poing »). ♦ 1° Quantité (d'une chose) que peut contenir une main fermée. *Une poignée de sel.* « *Nous leur jetions des poignées de dragées* » (LOTI). *Arracher une poignée de cheveux.* ◇ *A poignées, par poignées* : à pleines mains*. V. **Abondance** (en). « *Il jette l'or à poignées comme un semeur le grain* » (GAUTIER). ♦ 2° *Fig.* Petit nombre de personnes. « *Le maréchal, qui n'avait qu'une poignée d'hommes* » (CHATEAUB.). *Une poignée de mécontents.* — Absolt. *Nous n'étions qu'une poignée.* ♦ 3° (XVIe; *puignie*, XIVe). Partie d'un objet (arme, ustensile) spécialement disposée pour être tenue avec la main serrée. *Poignée d'épée, de sabre,* munie d'une garde, d'un pommeau. *Poignée de couvercle, de tiroir, de valise. Poignée de porte, de fenêtre.* V. **Crémone, espagnolette.** *Tourner la poignée.* ◇ Pièce de protection pour saisir un objet chaud. *Poignée pour fer à repasser.* ♦ 4° POIGNÉE DE MAIN : geste par lequel on serre la main de qqn, pour saluer amicalement. *Donner une poignée de main. Poignées de mains chaleureuses, cordiales.* « *Une poignée de mains pleine d'intentions, qui n'a rien de commun avec les poignées de mains banales* » (MONTHERLANT).

POIGNET [pwaɲɛ]. *n. m.* (1488; « pièce d'étoffe », 1315; *pugnet* « mesure de grain », 1209; de *puing* « poing »). ♦ 1° Articulation qui réunit l'avant-bras à la main. *Poignets et chevilles.* V. **Attache.** *Porter un bracelet-montre au poignet. Tâter le pouls au poignet. Le coup de poignet du pêcheur,* mouvement vif de la main fermée (pour ferrer le poisson). ◇ Loc. *A la force du poignet, des poignets* : en se hissant à la force des bras. — *Fig.* Par ses seuls moyens, et en faisant de grands efforts. *Fortune acquise à la force du poignet.* ♦ 2° (1315). Partie d'un vêtement qui recouvre le poignet; extrémité de la manche. *Poignets rapportés.* V. **Manchette.** *Poignets de chemise : poignets simples, droits; poignets mousquetaire.* « *Elle choisit une blouse plissée, empesée au col et aux poignets* » (GREEN).

POÏKILOTHERME [pɔikilɔtɛRm(ə)] ou **PŒCILOTHERME** [pesilɔtɛRm(ə)]. *adj.* (1905,-XXe; gr. *poikilos* « variable », et -*therme*). Se dit des animaux à sang froid dont la température est variable (reptiles, poissons, etc.). — POÏKILOTHERMIE [pɔikilɔtɛRmi], *n. f.* État des animaux poïkilothermes.

POIL [pwal]. *n. m.* (*Peil*, 1080; lat. *pilus*). ♦ 1° Chacune des productions filiformes qui naissent du tégument de certains animaux et surtout de la peau des mammifères. *Tige, racine du poil* (V. **Bulbe**). *Touffe de poils. Animal qui perd ses poils* (V. **Pelé**). « *Un vieux chat galeux, presque sans poils* » (LOTI). *Poils tactiles*.* ◇ Ces productions utilisées dans la confection d'objets. *Les poils d'une brosse, d'un pinceau, d'un blaireau, etc.* ♦ 2° LE POIL : l'ensemble des poils. V. **Pelage; fourrure.** *Gibier à poil. Poil ras, court, long. Poil lisse, frisé, laineux. Poil soyeux et fin, luisant, lustré. Un beau poil. Dans le sens du poil,* celui dans lequel il est couché (*opposé à contre-poil, rebrousse-poil*). *Couper le poil.* V. **Tondre.** — (Vx) *Monter un cheval à poil, sans selle.* ◇ *Par ext.*

Peau d'animal garnie de ses poils et ne méritant pas le nom de fourrure, utilisée dans l'habillement, etc. *Bonnet en poil de lapin.* « *Ils y plantent leurs tentes, qui sont faites de poil de chèvre* » (BUFF.). *Bonnet à poil,* garni de poil. — *Manteau en poil de chameau*.* ♦ 3° Cette production chez l'homme, spécial. lorsqu'elle n'est ni un cheveu*, ni un cil*. *Les poils du visage* (V. **Barbe, moustache, sourcil**), *des aisselles, du pubis.* « *Ses bras, couverts de poils aussi bien que sa poitrine,... annonçaient une force extraordinaire* » (BALZ.). *Poils follets.* V. **Duvet.** — *Fam. Ne pas avoir un poil sur le caillou,* être chauve. — *Fam. Ne pas avoir un poil de sec,* transpirer abondamment (de chaleur, de peur). — *Brave à trois poils,* fanfaron, matamore. ◇ LE POIL, DU POIL : l'ensemble des poils. V. **Pilosité.** *Avoir du poil sur tout le corps* (V. **Poilu, velu**). *Avoir du poil au menton.* ♦ 4° *Loc. fig. Fam. Avoir un poil dans la main,* être très paresseux. « *En voilà trois qui ont un fameux poil dans la main!* » (ZOLA). ◇ *Pop. Tomber sur le poil* (1896), se jeter brutalement sur qqn pour l'attaquer ou l'importuner. *Il m'est tombé sur le poil comme je sortais de chez moi.* ◇ *Reprendre du poil de la bête* : se ressaisir (Cf. Reprendre le dessus*). ◇ *De tout poil* (ou *de tous poils* [XVIIe] : de toute espèce, en parlant des gens. *Ils reçoivent des gens de tout poil.* « *Des socialistes de tous poils* » (MART. du G.). ◇ *Ça a changé de poil,* ça a pris meilleure apparence. ◇ *À POIL (très fam.),* tout nu. *Se mettre à poil* (se déshabiller) *et se jeter dans l'eau.* « *Dévêtez-vous! Et en vitesse! À poil! À poil!* » (QUENEAU). *À poil!* conspuez-le. ◇ *À un poil près,* à très peu de chose près. V. **Cheveu.** *Il s'en est fallu d'un poil, de très peu.* — *Pas un poil, pas le sou. « Je ne suis pas superstitieux un poil* » (CÉLINE). ◇ *Adv.* (*Fam.*) AU POIL (1907), exactement. « *Je l'ai eu, mon train de sept heures quinze, quand même, mais au poil* » (CÉLINE). — *Au petit poil, au quart de poil* : tout juste. — *Adj. Fam. Être au poil* (1915) : très bien, très satisfaisant. *Son nouvel appartement est au poil.* — *Exclam. Au poil!* parfait! « *C'est au poil!* murmura l'un des jumeaux » (Michel de ST-PIERRE). ◇ *Fam. Être de bon, de mauvais poil,* être de bonne, de mauvaise humeur. « *Je suis de mauvais poil, dit Mathieu* » (SARTRE). ♦ 5° Chacun des filaments très fins qui apparaissent sur les organes de certaines plantes. *Plante couverte de poils* (V. **Velu**). *Poils du fond d'artichaut.* V. **Foin.** *Poils de graines utilisés comme fibres végétales.* V. **Coton, kapock.** *Bot. Poils absorbants,* poils fins de la racine par lesquels la plante se nourrit. — POIL À GRATTER : bourre piquante des fruits du rosier (V. **Grattecul**) *qu'on vend chez les marchands de farces et attrapes.* « *Je crus d'abord qu'un mauvais farceur avait couvert mes draps de poil à gratter* » (GIDE). ♦ 6° Partie velue d'un tissu. « *Un invraisemblable chapeau gris à grands bords et à grands poils* » (MAUPASS.). *Les poils d'un tapis.* ♦ 7° *Techn.* Se dit de différentes qualités d'ardoises. *Poil noir, poil roux.*

POILANT, ANTE [pwalɑ̃, ɑ̃t]. *adj.* (1901; de *se poiler*). *Pop.* Très drôle. V. **Bidonnant.** « *C'était poilant, surtout* » (DORGELÈS).

POILER (SE) [pwale]. *v. tr.* (1893; de *éboeler* [région.], « éventrer », d'après *poil*). *Pop.* Rire aux éclats (Cf. Se bidonner, se marrer).

POILU [pwaly]. *n. m.* (1910 « soldat », de *poilu* « brave », 1899, les poils étant le signe de la virilité). Soldat combattant de la guerre de 1914-1918, dans le langage des civils. « *On dirait bientôt : les soldats de 38 — comme on disait : les soldats de l'an II, les poilus de 14* » (SARTRE).

POILU, UE [pwaly]. *adj.* (1530; *pelu*, XIIe; de *poil*). ♦ 1° Qui a des poils. ♦ 2° Qui a des poils très apparents. V. **Hirsute, velu.** *Jambes, mains poilues; bras poilus. Un homme si torse poilu. Femme trop poilue. Fam. Il est poilu comme un singe.* ◇ ANT. Glabre, lisse (1).

POINÇON [pwɛ̃sɔ̃]. *n. m.* (*Poinsson,* fin XIVe; *poinchon* 1220; lat. *punctio, -onis* « piqûre »).
I. ♦ 1° Instrument métallique terminé en pointe, qui sert à percer, à entamer les matières dures. V. **Pointeau** (1). *Poinçon de cordonnier, de sellier.* V. **Alène.** *Poinçon de brodeuse. Poinçon de forge* (V. **Mandrin**), *de menuisier* (V. **Ciseau**), *de sculpteur.* — *Poinçon d'une machine-outil.* V. **Poinçonneuse.** ♦ 2° (1569). Sorte de tige d'acier trempé terminée par une face gravée, pour marquer certains objets soumis à un contrôle. ♦ 3° La marque gravée par cet outil. V. **Estampille.** — Marque apposée aux pièces d'orfèvrerie pour en contrôler le titre, comme signature du maître ou comme garantie. *Poinçon de titre et de garantie. Poinçon d'un bijou contrôlé. Poinçon à tête de Minerve, au coq.* ♦ 4° *Original d'une médaille, d'une monnaie, qui sert à fabriquer le moule.* V. **Coin, matrice.** ◇ (1547) Original d'un caractère d'imprimerie avec lequel on frappe les matrices destinées à en fondre d'autres.
II. *Charpent.* (v. 1300). Pièce verticale d'un comble, ferme* (3) reliant l'entrait au faîtage et contre laquelle s'appuient les arbalétriers.

POINÇONNAGE [pwɛ̃sɔnaʒ] ou **POINÇONNEMENT** [pwɛ̃sɔnmɑ̃]. *n. m.* (1868 [*poinchenage,* 1402],-1842 [1596, fig.] ; de *poinçonner*). ♦ 1º Action de poinçonner (1º). *Poinçonnage d'une marchandise. Poinçonnage de l'argent.* ♦ 2º Opération par laquelle on perfore un dessin de broderie sur carton ; par laquelle on forme une suite de petits trous dans les papiers à détacher (timbres, mandats, etc.). *Découpage de tôles à la poinçonneuse.* ♦ 3º Action de poinçonner un billet.

POINÇNER [pwɛ̃sɔne]. *v. tr.* (1380 ; *penchonner* « dessiner au poinçon », 1324 ; de *poinçon*). ♦ 1º Marquer d'un poinçon (une marchandise, un poids, une pièce d'orfèvrerie). ♦ 2º Découper (une tôle) avec une poinçonneuse. ♦ 3º (XXᵉ). Perforer avec une pince (un billet de chemin de fer, de métro). *Employé du métro qui poinçonne les billets au portillon. Billet poinçonné.*

POINÇONNEUR, EUSE [pwɛ̃sɔnœR, øz]. *n.* (1919 ; de *poinçonner*). ♦ 1º *Techn.* Ouvrier qui travaille sur une poinçonneuse. *Poinçonneur de tôles.* ♦ 2º *Cour.* Employé(e) qui poinçonne les billets de chemin de fer, de métro, à l'accès des quais.

POINÇONNEUSE [pwɛ̃sɔnøz]. *n. f.* (1878 ; de *poinçonner*). Machine-outil pour perforer ou découper, munie d'un poinçon.

POINDRE [pwɛdR(ə)]. *v.* ; conjug. *joindre* ; ne s'emploie guère qu'à l'inf., aux troisièmes pers. du prés. et de l'imparf. et au p. prés. (XIᵉ, « piquer », lat. *pungere*).
I. *V. tr.* ♦ 1º *Vx.* Piquer. ♦ 2º *Fig.* et *littér.* (XIIᵉ). Blesser *(fig.)*, faire souffrir. « *Une grande tristesse le poignait* » (ZOLA). — (Infl. d'*empoigner*). *L'amour* « *l'étreignit, le poignit et le pénétra* » (AYMÉ). V. **Poignant.**
II. *V. intr.* (XIIIᵉ). Apparaître. V. **Pointer** (2, II, 2º). *Vous verrez poindre les jacinthes.* V. **Sortir.** « *La verdure ne fait que de poindre* » (ROUSS.). ◊ Commencer à paraître (d'une chose très petite, ou éloignée). V. **Apparaître.** « *L'aube commencera à poindre* » (GAUTIER). — Fig. « *Quand ils virent poindre ce beau jour de la liberté* » (MICHELET).
◇ ANT. (de l') *Disparaître.*

POING [pwɛ̃]. *n. m.* (1174 ; *puing*, XIᵉ ; lat. *pugnus*). ♦ 1º Main fermée. *Les poings sur les hanches* (attitude de bravade). *Revolver au poing* : dans la main serrée. *Serrer le poing.* — Fig. *Il faut serrer les poings*, rassembler son énergie ou supporter en silence. *Dormir à poings fermés*, très profondément. ◊ (1690) *Avoir pieds et poings liés**. ◇ *Donner, assener un coup de poing.* « *Il se battit contre les quatre gendarmes, à coups de poing* » (MADELIN). *Lutte à coups de poing.* V. **Pugilat ; boxe.** — Fam. *Faire le coup de poing*, se battre avec les poings dans une rixe. *Envoyer son poing dans la figure de qqn. Taper du poing sur la table.* « *Le blessé tapait des poings sur la vitre à demi-brisée* » (MALRAUX). ◊ (1680) *Montrer le poing*, le tendre en signe de menace. *Salut à poing levé*, signe de fraternité dans une lutte. « *Il lève le poing pour le salut du Front populaire* » (MALRAUX). ♦ 2º *Coup de* POING, *coup de poing américain* : arme contondante qu'on s'ajuste au poing. V. **Casse-tête.** « *Des matraques à ressort et à boule de plomb, un coup de poing nickelé* » (NIZAN).
◇ HOM. **Point.** Formes du v. *poindre.*

1. POINT [pwɛ̃]. *n. m.* (1175, « endroit, moment » ; lat. *punctum* « piqûre » ; de *pungere.* V. **Poindre**).
I. ❶ Portion de l'espace déterminée avec précision. ♦ 1º Endroit, lieu. *En divers, en plusieurs points.* « *Il relevait la tête et fixait son regard sur un point quelconque de la muraille* » (HUGO). *Viser un point précis.* — POINT DE MIRE*. — POINT DE REPÈRE*. — *De tous les points de l'horizon* : de tous côtés. — *Aller d'un point à un autre. Point de départ**, *d'arrivée.* — POINT D'ATTACHE *d'un bateau.* Fig. *C'est son point d'attache* : l'endroit où il demeure. — *Point stratégique.* POINT D'APPUI, se dit d'un emplacement organisé pour la défense. — *Point d'amure**. — POINT D'EAU : endroit où l'on trouve de l'eau, source, puits. — *Point culminant* : crête, sommet. — *Chercher le point faible, sensible, vulnérable. C'est son point faible* : sa faiblesse. — POINT DE CÔTÉ : douleur vive dans une partie du thorax. V. **Pleurodynie.** — POINT CHAUD (*Milit.* trad. de l'angl.). Zone dangereuse où ont lieu des combats. « *Les points chauds du globe* » (Entreprise, 25-1-1969). Par ext. Lieu propice à l'éclatement ou à l'aggravation d'un conflit (social, politique). « *Des points chauds, des zones particulièrement menacées* » (A. SAUVY). Lieu où il se passe qqch., centre d'intérêt. *Points chauds de l'actualité.* ♦ 2º *Didact.* Portion de l'espace dont toutes les dimensions linéaires sont nulles. ◊ *Astron. Point gamma**. *Point équinoxial. Point culminant d'un astre. Points caractéristiques d'une orbite* : apogée, apside, nœud, périgée ; aphélie, périhélie. ◊ *Géod. Point astronomique fondamental*, où sont déterminés la latitude, la longitude et un azimut de départ. ◊ *Cour.* LES POINTS CARDINAUX*. ◊ POINT GÉOMÉTRIQUE : concept théorique fondamental de la géométrie désignant la plus petite portion concevable d'espace. *Les points sont généralement représentés par des lettres* (le point A, le point M'). *Point qui décrit une ligne. Points limites* (extrémités) *d'un segment. Point d'intersection. Point de tangence**, *point de contact**. ◊ *Mécan. Point matériel* : point possédant une

masse finie ; corps matériel considéré comme un point. ◇ *Math.* (Théorie des ensembles) *Point d'un espace* : chaque élément de cet ensemble. ◇ *Phys. Localisation d'un corpuscule en un point. Point-source, point-image*, en optique. ♦ 3º *Mar. Le point*, la position d'un navire en mer. « *On a fait le point* : *il y a tant de lieues gagnées en bonne route* » (CHATEAUB.). *Porter le point sur la carte.* — Aviat. *Donner, recevoir le point par radio.* — Fig. et *cour.* FAIRE LE POINT : préciser la situation où l'on se trouve. « *Pour la première fois, je fais le point* » (BAZIN). — *Spécialt.* (Journalisme). *Le point sur la crise de l'énergie*, l'analyse de la situation. ♦ 4º POINT MORT (1867) : position des éléments d'une machine où les forces se font équilibre. ◊ Position du levier de changement de vitesse, de l'embrayage, où l'effort du moteur n'est plus transmis aux organes de propulsion. Fig. *L'affaire est au point mort* : elle n'évolue plus. ♦ 5º (De *point*, employé en optique). AU POINT, de façon que l'image se forme à l'endroit convenable. *Mettre au point, metteur** *au point, mise au point. Mettre une lunette, un appareil de photo au point.* ◇ METTRE AU POINT : régler un mécanisme. *Mettre un moteur au point.* MISE AU POINT. — Fig. *Ce projet demande une mise au point : des remaniements.* « *Je m'occupe à revoir et mettre au point le brouillon de mes Mémoires* » (GIDE). — *Mettre qqch. au point pour qqn, avec qqn* : lui donner tous les éclaircissements nécessaires. *Nous avons eu une mise au point, une explication.* ◇ *Être au point*, en état de fonctionner. ❸ (1190). Partie précise et définie d'une durée. V. **Instant, moment.** ◇ À POINT, À POINT NOMMÉ : au moment opportun. V. **Propos** (à). *Venir, arriver à point.* — PROV. *Tout vient à point qui sait attendre**. « *Rien ne sert de courir, il faut partir à point* » (LA FONT.). ◇ SUR LE POINT DE : au moment de. *Être sur le point de.* V. **Faillir, manquer, penser ; prêt** (être prêt à). *Le gouvernement est sur le point de prendre telle décision* (Cf. À la veille).
II. (XIIᵉ). Degré, état d'une chose qui change. ♦ 1º À POINT, AU POINT : dans tel état, situation. *Se trouver au même point que la veille. Au point où nous en sommes.* — Loc. adv. À POINT : dans l'état convenable. « *Tirez de la broche cet oison, il est à point !* » (GAUTIER). — Ellipt. *Un steak à point* : cuit à point, juste assez (entre *saignant* et *bien cuit*). ◇ EN POINT. *Vx. Bien en point ; bon point* (V. **Embonpoint**). Mod. *Mal en point* : en mauvais état, malade. « *Voilà mon loup par terre Mal en point, sanglant et gâté* » (LA FONT.). ♦ 2º Degré* particulier d'une échelle (qualitativement). *Le plus haut point, le point culminant.* V. **Apogée, comble, sommet, summum.** — *Après* À, AU. *Au plus haut point.* V. **Éminemment, extrêmement.** *Au dernier point.* « *Si l'homme savait poursuivre l'obstination à son point extrême...* » (GIRAUDOUX). « *À ce point de haine, quelle paix sera possible ici ?* » (MALRAUX). — *À ce point* : aussi, tellement. — *Se sentir à ce point dépourvu de tout moyen d'action* » (MART. du G.). — *À quel point*, combien. « *Vous voyez à quel point sa haine m'est cruelle* » (CORN.). — *À tel point : tellement, aussi.* — *À un certain point, jusqu'à un certain point* : dans une certaine mesure. ◇ *Au point de.* « *L'absence relâche certains liens très solides, elle éprouve au point de les briser* » (FROMENTIN). ◇ *À ce point, à tel point que* : si bien que, tellement que. « *Les larmes le gagnaient à un tel point, qu'il ne pouvait plus prononcer d'une manière intelligible* » (STENDHAL). ◇ *Ils sont à ce point installés dans la guerre qu'ils ne sauraient plus comment en sortir* » (ROMAINS). ♦ 3º (XIXᵉ). *Phys., Chim.* Valeur(s) d'une ou plusieurs variables définissant les conditions auxquelles un phénomène se produit. *Point critique**, *point de rosée**, de saturation. Point de congélation**, d'ébullition**, de fusion**, d'eutexie**. Point triple*, condition où les trois états (solide, liquide, gazeux) d'un corps pur coexistent en équilibre.
III. (Action de poindre ; état de ce qui point, pique). ♦ 1º (1185). Le POINT DU JOUR : le moment où le jour point. V. **Aube.** « *Elle est morte au point du jour* » (HUGO). ♦ 2º (1352, « manière de broder »). Chaque longueur de fil entre deux piqûres de l'aiguille. *Bâtir à grands points. Points d'un tricot* (V. **Maille** 1), *d'une tapisserie.* « *Elle avait pris un ouvrage et comptait sur de grosses aiguilles les points de son tricot* » (CHARDONNE). — Collect. *Faire un point à un vêtement* : le réparer sommairement. ◇ *Par ext.* Manière d'exécuter une suite de points. *Point de couture* (ex. : *point de devant, point arrière, point de feston, d'ourlet). Point de tricot* (ex. : *point mousse, point de jersey*). « *Une lourde portière, en tapisserie au petit point* » (BALZ.). *Point de Venise, point d'Alençon* (V. **Dentelle**).
IV. Marque, signe, objet visible extrêmement petit. ♦ 1º Objet visible aux contours imperceptibles. *Un point à l'horizon, dans le lointain. Point brillant, lumineux.* — Spécialt. *Point noir* (sur la peau) : comédon. *Dent qui a un point de carie.* ♦ 2º (XIIIᵉ). L'un des signes d'un dé à jouer. *Amener deux, cinq points.* ◇ Chaque unité attribuée à un joueur (aux jeux, en sports). — Fig. *Compter les points* (aux cartes, au billard, au tennis). Fig. *Juger qui est vainqueur dans une*

lutte. — *Annoncer les points.* « *Deux parties de billard étaient en train. Les garçons criaient les points* » (STENDHAL). — *Marquer les points* : les noter. *Marquer un point, des points,* se dit du joueur qui prend l'avantage. *Fig.* Prendre un avantage. ◆ — *Rendre des points à son adversaire* : lui concéder un avantage. *Fig.* « *Je leur rendrai des points là-dessus* » (GIDE) : je me considère comme plus fort. — Boxe. *Battre son adversaire aux points, victoire aux points, vainqueur aux points,* après décompte des points attribués à chaque adversaire. ◆ 3° *Chaque unité d'une note attribuée à un élève, Échouer à un examen à un point. Enlever un point par faute. dans une dictée.* — *Bon point, mauvais point* : marque (favorable ou défavorable) donnée à un écolier. — *Bon point* : image ou petit carton correspondant à un « bon point ». ◆ 4° *Chaque unité d'une échelle de grandeurs ou d'un indice** (3°). *Indice qui gagne deux points. La règle dont le cordonnier, le chapelier se servaient pour prendre leurs mesures était divisée en points.* ◇ *Typogr.* (1737) Unité de dimension des caractères d'imprimerie*. ◆ 5° (XVIe). Signe ponctuel ou comportant un point. — Signe (.) servant à marquer la séparation des phrases. V. **Ponctuation.** *Les points et les virgules. Point, à la ligne.* Par métaph. *Mettre le point final à qqch.* « *Ce sera tout à fait bien. Un point, c'est tout* » (DUHAM.). — *Points de suspension* [...] (V. **Suspension,** I, 3°). — *Les deux-points* (:) pour annoncer un discours. *Deux-points, ouvrez les guillemets.* — *Point-virgule* (;) *Des points-virgules.* ◇ *Les trois points,* symbole de la franc-maçonnerie (∴). *Les frères trois-points* : les francs-maçons. ◇ *Par ext.* Signe comportant un point. *Point d'exclamation* (!); *point d'interrogation* (?). *Fig.* et *par métaph.* *Interrogation. Qui sera élu? c'est le point d'interrogation.* ◇ *Point,* se dit aussi du petit signe qui surmonte les lettres i et j minuscules. *Loc. Mettre les points sur les i* : insister. — *Points-voyelles,* signes diacritiques représentant les voyelles, dans certaines écritures sémitiques. ◇ *Mus.* Signe placé après une note ou un silence, pour en augmenter la valeur temporelle de la moitié (V. **Pointé**). *Points de reprise,* deux-points (:) signalant un *Da capo.* — *Point d'orgue**. ◇ *Points et traits du morse.* ◆ 6° *Blas.* Chacun des petits carrés, des petites divisions de l'écu échiqueté, composé. — Position dans l'écu. **V.** (XIVe). *Fig.* Un des éléments d'un ensemble, mis en valeur. ◆ 1° *Chaque partie d'un discours. Les différents points d'une dissertation, d'une loi.* V. **Article.** « *Les points d'un discours ont du bon* » (GIDE). ◆ 2° *Par ext.* Question. « *Bien des points de science et d'application seraient demeurés obscurs* » (PASTEUR). *Point capital, essentiel, litigieux. Point de désaccord. Traiter un point. C'est un point acquis. Il y a un point noir dans cette affaire* : une question dangereuse, obscure, une source de difficultés. *Un point noir pour la circulation automobile.* — *C'est un point commun entre eux* : un caractère commun. — *Point d'honneur**. ◇ *Dr. Point de droit* : « partie des qualités d'un jugement où sont énoncées les raisons invoquées par chacune des parties ». *Point de fait* : « où sont énoncés les noms et domiciles des parties et les faits de la cause » (CAPITANT). — Cour. *Point de fait,* question concrète. « *Toutes les puissances du monde ne peuvent par autorité persuader un point de fait, non plus que le changer* » (PASC.). ◇ *Sur un point.* « *Sur ce point, je ne partage pas votre opinion* » (AYMÉ). — *En tous points* : absolument. — *De point en point* : à la lettre. *Exécuter des ordres de point en point.* V. **Entièrement, exactement.** — *Point par point.*

◇ **HOM.** Point (2), poing. Formes du v. poindre.

2. **POINT** [pwɛ̃]. *adv.* (mil. XIe; de *point* 1 « petite parcelle de »). ◆ 1° Deuxième élément de la négation, employé normalement avec *ne* (archaïque, littér. ou région.). V. **Pas.** « *Va, je ne te hais point* » (CORN.). « *Ce qui est histoire et ce qui ne l'est point* » (VALÉRY). « *Ne forçons point notre talent* » (LA FONT.). ◆ 2° (*Employé seul*). Littér. ou région. *Point du tout.* V. **Nullement.** « *L'amour peut être aveugle; l'amitié point* » (GIDE). « *L'hiver, point de chaleur, point de lumière, point de midi, le soir touche au matin* » (HUGO). « *Peu ou point de piano* » (GIDE). « *Julien était silencieux et point trop troublé* » (STENDHAL). *Des gestes « non point doux, mais assurés* » (COLETTE). ◇ Région. et rural. *Elle est point bête!* ◇ **HOM.** Point (1), poing. Formes du v. poindre.

POINTAGE [pwɛ̃taʒ]. *n. m.* (1643; de *pointer* 1). ◆ 1° Action de pointer, de marquer d'un point. *Mar. Pointage de la carte.* ◆ 2° Opération qui consiste à faire une marque, sur une liste, en vue d'un contrôle. *Pointage du personnel à l'entrée d'une usine.* « *Sous un auvent les cadrans du pointage s'alignaient* » (NIZAN). ◆ 3° Le fait de pointer, de diriger. *Pointage direct, indirect.* V. **Tir.** *Appareils de pointage d'un canon. Pointage par télécommande ou télépointage.* — Manière dont une arme est pointée. *Pointage défectueux. Pointage d'une lunette, d'un télescope.*

POINTAL, AUX [pwɛ̃tal, o]. *n. m. (h. XIIIe;* 1676, « pointe de lance »; de *pointe*). *Techn.* Pièce de charpente posée verticalement pour servir d'étai.

POINT DE VUE [pwɛ̃dvy]. *n. m.* (1651; de *point,* et *vue*). ◆ 1° Endroit où l'on doit se placer pour voir un objet

le mieux possible. *Dessinateur qui choisit un point de vue pour mettre une scène en perspective.* — Endroit d'où l'on jouit d'une vue pittoresque. *Un beau point de vue.* ◆ 2° (1670; *abstrait*). Manière particulière dont une question peut être considérée. V. **Aspect, optique, perspective.** *Adopter, choisir un point de vue.* « *La critique doit être partiale, passionnée, politique, c'est-à-dire faite à un point de vue exclusif* » (BAUDEL.). *Envisager qqch. d'un certain point de vue.* ◆ 3° Opinion particulière. *Je partage votre point de vue* : je suis d'accord. « *Les milieux militaires continuèrent à maintenir leur point de vue* » (CAMUS). ◇ *Du (d'un) point de vue, de ce point de vue.* « *Du point de vue de la politique* » (MAURIAC). — Suivi d'un adj. « *Un pays jusqu'ici très peu fréquenté du point de vue thermal* » (ROMAINS). ◇ « *Au point de vue de la théorie* » (LAMENNAIS). « *Au point de vue social* » (BRUNEAU). — Abusiv. (Suivi d'un nom, sans *de*). *Au point de vue santé, confort.* ◇ **V.** Vx. « *Examinée sous ce point de vue, la question se rétrécissait* » (MUSS.). ◆ 4° *Vx.* Endroit où une chose, un objet doit être placé pour être bien vu; ensemble d'objets, spectacle sur lequel la vue s'arrête. *Contempler un point de vue. Mod. C'est un beau point de vue* : un beau paysage. V. **Vue.**

POINTE [pwɛ̃t]. *n. f.* (1150; bas lat. *puncta;* de *pungere* « poindre »).

I. Extrémité pointue. **Ⓐ** *Concret.* ◆ 1° Extrémité allongée d'un objet qui se termine par un angle très aigu servant à piquer, percer. *Pointe d'une aiguille, d'un clou, d'un crayon, d'une épingle. Compas à pointes sèches,* dont les deux branches se terminent par une extrémité très fine. *Pointe bic**. *Aiguiser la pointe d'un outil.* V. **Appointer, pointer.** — Escr. *Frapper, parer de la pointe.* — *Donner un coup de pointe.* V. **Botte.** — Fig. *À la pointe de l'épée, des baïonnettes* : par la force. *Cet État, « ils n'ont plus maintenant qu'à le défendre à la pointe de leurs baïonnettes* » (MART. du G.). ◆ 2° (1465). Extrémité aiguë ou plus fine (V. *aussi* **Aiguille, bec, flèche**). *Pointe d'un paratonnerre. Pointe de diamant**. *Barbe à deux pointes. Les pointes d'un col, d'un fichu. Depuis la pointe des cheveux jusqu'à la plante des pieds. Son menton qui était devenu « en pointe de sabot* » (LOTI). — Anat. *Pointe du cœur,* partie inférieure, conique du cœur. — Extrémité, sommet d'une branche, d'un arbre (V. **Cime**), d'une herbe. *Pointe d'asperge**. ◆ 3° (1400). Partie extrême qui s'avance. Bande de terre, partie d'un territoire qui s'avance dans la mer. V. **Cap.** « *La pointe de Saint-Mathieu* » (MICHELET). — *La pointe d'une armée,* son extrémité. — Fig. *Être à la pointe du combat, du progrès.* V. **Avant-garde.** — DE POINTE. *Industries, recherches de pointe.* — Blas. (1581). La partie inférieure de l'écu. — Triangle isocèle allongé dont l'angle aigu est placé en chef. ◆ 5° (1669). LA POINTE DES PIEDS : l'extrémité des pieds. *Se dresser, se hausser sur la pointe des pieds. Marcher sur la pointe des pieds.* « *Un jeune enfant qui s'élève sur la pointe des pieds pour voir ce qui se passe* » (DIDER.). — *Danse* (1900) *Faire des pointes* : se tenir sur la pointe du pied, les orteils bien tendus verticalement. *Chaussons à pointes,* ellipt. *pointes,* à bout dur, pour faire les pointes. — *Demi-pointes,* le talon soulevé et les phalanges à plat. ◆ 6° EN POINTE. *Aiguiser, tailler en pointe.* « *Avec ma barbe en pointe et mes cheveux en brosse* » (VERLAINE). **Ⓑ** *Abstrait.* Ce qui pique, atteint. « *Le sentiment national eût émoussé la pointe amère de son esprit* » (HUGO).

II. Objet pointu. ◆ 1° Objet en forme d'aiguille, de lame. *Aiguillon muni d'une pointe de fer. Casque à pointe. Pointes de fer d'une grille.* « *Écailles soulevées et hérissées de pointes* » (MAUPASS.). ◇ POINTE : clou à tige de grosseur constante. « *Le bonhomme enfonçait des pointes* » (DUHAM.). ◇ *Sports.* Pointes d'une chaussure. « *Trente mètres avant le poteau, mes pointes ont arraché la cendre* » (J. PRÉVOST). ◆ 2° (1538). Outil servant à gratter, percer, tracer, etc. V. **Poinçon, pointeau.** *Pointe à sertir* (bijouterie), *de sculpteur.* ◇ Outil de graveur qui sert à tracer les traits sur le vernis dans l'eau-forte. V. **Échoppe** (2). — (1765) POINTE SÈCHE ou POINTE : outil qui sert à graver les traits fins sur le cuivre nu. V. **Burin, ciseau.** *Gravure à la pointe sèche.* — Par ext. Ce procédé de gravure. — *Pointe sèche* : estampe, gravure obtenue au moyen de cet outil. *Livre illustré de pointes sèches.* ◆ 3° POINTES DE FEU (1812) : petites brûlures faites avec un cautère; traitement qui utilise ces cautérisations. *On lui a fait des pointes de feu.* ◆ 4° (1530). Pièce d'étoffe en forme de triangle. — Petite écharpe triangulaire. V. **Châle, fichu.** — Linge en forme de triangle dont on enveloppe les enfants en bas âge. V. **Couche.** ◆ 5° *Mar.* Chacune des trente-deux divisions du compas (indiquée par une pointe aiguë dessinée sur le cadran). V. *aussi* **Rhumb.**

III. *Fig.* Action d'aller en avant; le fait de poindre ou de piquer. ◆ 1° (« charge, attaque », 1155; *mod.* après les v. **Faire, pousser,** etc.). Opération qui consiste à avancer en territoire ennemi, loin de sa base d'opération ou du gros de l'armée. *Détachement de blindés qui pousse une pointe en direction d'une ville. Faire, pousser une pointe jusqu'à,* prolonger son chemin jusqu'à. ◆ 2° Littér. (1496). *La pointe*

du jour. V. **Point** (III, 1°). « *La maison muette, éclairée à peine par la pointe de l'aube* » (ZOLA). ♦ 3° (1798). Allusion ironique, parole blessante. V. **Moquerie, raillerie.** *Lancer, décocher des pointes à qqn.* « *Les discours ne furent pas sans pointes, allusions et remontrances* » (VALÉRY).
IV. ♦ 1° Petite quantité d'une chose piquante ou forte. V. **Soupçon** (*fig.*). « *C'est la pointe d'ail qui relève la saveur* » (ROMAINS). ◇ *Fig.* (1645) *Une pointe d'ironie, de jalousie, de malice, de moquerie.* « *Bénin ajouta, avec une pointe d'accent brésilien...* » (ROMAINS). ♦ 2° Moment où une activité, un phénomène atteint un maximum d'intensité. *Coureur cycliste qui pousse une pointe de vitesse. Vitesse de pointe d'une automobile.* ◇ (1911). Période de consommation maxima de gaz, d'électricité, etc.; période où le nombre des voyageurs utilisant un moyen de transport est le plus élevé. *Heures de pointe.*

POINTÉ, ÉE [pwɛte]. *adj.* (*Pointié,* 1414; V. **Pointer**). ♦ 1° Marqué d'un point. ♦ 2° *Note pointée,* dont la valeur est augmentée de moitié. ♦ 3° *Zéro pointé :* éliminatoire.

1. **POINTEAU** [pwɛto]. *n. m.* (1765; *poinceau* « construction de pieux », en moy. fr.; de *pointe*). ♦ 1° *Techn.* Outil servant à tracer, à percer. V. **Poinçon.** *Pointeau d'horloger. Pointeau à contremarque des couteliers.* ♦ 2° Tige à extrémité conique, servant à régler le débit d'un fluide. *Pointeau d'un carburateur. Robinet à pointeau.*

2. **POINTEAU** [pwɛto]. *n. m.* (1888; de *pointer* 1). *Techn.* Employé chargé d'enregistrer les temps de travail du personnel dans une usine. V. **Pointeur.** « *Les pointeaux ajustaient leurs additions pendant que les ouvriers s'agaçaient dans l'attente* » (P. HAMP).

1. **POINTER** [pwɛte]. *v. tr.* (XIIIᵉ; de *point*).
I. Marquer d'un point. ♦ 1° Marquer d'un point (qqch.) pour faire un contrôle. V. **Pointage** (2°). « *Son secrétaire lui présentait une liste de noms, qu'il examinait et pointait au crayon rouge* » (MART. du G.). ◇ *Spécialt.* Contrôler les entrées et les sorties des employés d'un bureau, d'une usine. — *Machine à pointer.* V. **Pointeuse.** ◇ *Pronom. Ouvrier qui se pointe à l'entrée de l'usine.* — (1898, arg. milit., « se poster ») SE POINTER. *Pop.* Arriver. *Il s'est pointé à trois heures.* ♦ 2° *Mus.* Augmenter (une note) de la moitié de sa durée. *Pointer une noire.* V. **Pointé.** ♦ 3° *Mar. Pointer la carte :* matérialiser par un point sur la carte la position du navire. ♦ 4° *Techn.* Rapporter sur un panneau (les cotes qu'on a préalablement relevées sur une épure). ♦ 5° *Imprim. Pointer les feuilles :* disposer les feuilles déjà imprimées d'un côté. ♦ 6° *Cout.* Faire quelques points d'aiguille à (une étoffe) afin de maintenir les plis en place. ♦ 7° *Techn.* Marquer (un emplacement) d'un trou au moyen d'un pointeau. *Machine à pointer.* V. **Aléseuse, perceuse.**
II. ♦ 1° Diriger. *Il pointait son index vers moi.* ♦ 2° *Spécialt.* Diriger, pour que le projectile atteigne un objectif. V. **Braquer, viser.** « *Le chef de pièce... se mit à pointer le canon* » (HUGO). — Diriger. « *Pointant aussi juste que possible par approximation, ma longue-vue* » (BAUDEL.).

2. **POINTER** [pwɛte]. *v.* (1380; de *pointe*).
I. *V. tr.* ♦ 1° *Vx* (1464). Frapper de la pointe d'une arme. ◇ *Bouch. Pointer un bœuf :* le tuer en l'égorgeant. ♦ 2° Piquer avec (une arme). « *Il lui pointa sa lance sous les fanons* » (FLAUB.). ♦ 3° *Techn.* Aiguiser, façonner en pointe. *Pointer des aiguilles.* ♦ 4° Dresser en pointe. *Cheval qui pointe les oreilles.*
II. *V. intr.* ♦ 1° (1658). Pousser une pointe. « *Les alouettes pointaient en ligne droite et volaient haut* » (FROMENTIN). ♦ 2° (Par substitution de *poindre*). Commencer d'apparaître. « *Une perle claire, parfois pointait aux cils de Thérèse* » (DUHAM.). ♦ 3° S'élever en formant une pointe. *Des cyprès qui pointent vers le ciel.* — Faire saillie. « *Sous sa robe ses os pointaient* » (Ch.-L. PHILIPPE).

3. **POINTER** ou **POINTEUR** [pwɛtœʀ]. *n. m.* (1834; *spanish pointer* ; mot angl.). Race de chien d'arrêt d'origine anglaise. ◇ HOM. **Pointeur** (1 et 2).

1. **POINTEUR, EUSE** [pwɛtœʀ, øz]. *n.* (*Poincteur,* 1499; de *pointer* 1). ♦ 1° Personne qui fait une opération de pointage. *Pointeur qui enregistre les temps de travail du personnel.* V. **Pointeau** (2). ◇ *Sports.* Celui qui enregistre les résultats obtenus au cours d'une épreuve sportive. ◇ *Pointeuse. Machine à pointer les employés d'une usine, d'un bureau.* ♦ 2° Celui qui procède au pointage d'une bouche à feu. V. **Artilleur.** ♦ 3° Joueur chargé de pointer, aux boules, à la pétanque.

2. **POINTEUR, EUSE** [pwɛtœʀ, øz]. *n.* (1874; de *pointer* 2). *Techn.* Ouvrier, ouvrière qui façonne un objet en pointe (V. **Pointer**); qui confectionne les pointes de certains objets. *Pointeuse en faux-cols.* ◇ HOM. **Pointer** (3).

POINTILLAGE [pwɛtijaʒ]. *n. m.* (1694; de *pointiller* 1). ♦ 1° *Arts.* Opération qui consiste à pointiller. — Le résultat de cette opération. V. **Pointillé.** ♦ 2° *Méd.* Mode de massage par tapotements légers exercés avec le bout des doigts.

POINTILLÉ [pwɛtije]. *n. m.* (1765; de *pointiller* 1).

♦ 1° Procédé qui consiste à dessiner, à graver au moyen de points (V. **Pointiller**). *Dessin, gravure au pointillé.* — Gravure obtenue par ce procédé. ♦ 2° *Cour.* Groupe de petits points. V. **Pointillage.** *Dans les dessins d'armoiries, l'or est figuré par un pointillé.* ◇ Trait discontinu formé d'une succession de points. « *Pas de frontière non plus : elle avait horreur des pointillés* » (SARTRE). — Trait formé de petites perforations qui permet de détacher une feuille de papier. *Détachez suivant le pointillé.*

1. **POINTILLER** [pwɛtije]. *v.* (1608; *pointillé,* adj., 1414; de *point*).
I. *V. tr.* ♦ 1° Rare. Tracer au moyen de points alignés. *Pointiller une ligne.* ♦ 2° Parsemer de points d'une couleur différente de celle du fond.
II. *V. intr.* Dessiner, graver, peindre en utilisant des points. V. **Pointillage, pointillé; pointillisme.**

2. **POINTILLER** [pwɛtije]. *v. intr.* (1575; de *pointille* « contestation »). *Vx.* Élever une contestation sur un sujet insignifiant, mesquin. V. **Chicaner; pointilleux.**

POINTILLEUX, EUSE [pwɛtijø, øz]. *adj.* (1587; it. *puntiglioso*). Qui est d'une minutie excessive, dans ses exigences. V. **Minutieux.** *Il est très pointilleux sur le protocole.* V. **Formaliste.** « *L'une d'elles, pointilleuse en diable... niait, protestait, objectait, dépréciait* » (BOSCO).

POINTILLISME [pwɛtijism(ə)]. *n. m.* (1867; de *pointiller* 1). *Hist. art.* Procédé de peinture qui consiste à peindre par petites touches, par points de ton pur juxtaposés. *Le pointillisme, aboutissement du divisionnisme, est caractéristique du néo-impressionnisme.*

POINTILLISTE [pwɛtijist(ə)]. *n. et adj.* (1867; de *pointiller* 1). *Hist. art.* Se dit des peintres néo-impressionnistes adeptes du pointillisme. — *Adj. Procédé, technique pointilliste.*

POINTU, UE [pwɛty]. *adj.* (1361; de *pointe*). ♦ 1° Qui se termine en une ou plusieurs pointes. V. **Aigu.** *Clocher, clou, talon pointu. Chapeau pointu. Toit pointu d'une tour.* — « *La dame au nez pointu* » (LA FONT.). *Menton pointu.* « *Des dents magnifiques mais courtes et pointues* » (HUYSMANS). ◇ Qui présente des pointes. *Écriture pointue.* ♦ 2° *Fig. Air, caractère, esprit pointu.* V. **Pointilleux, susceptible.** « *Ne prenez pas cet air pointu* » (TOULET) : désagréable et sec. ♦ 3° (D'un son, d'une voix). Qui a un timbre aigu, désagréable. *Parler sur un ton pointu.* « *Un petit homme au nez et à la voix pointus* » (J. VALLÈS). — *Accent pointu :* se dit dans le Midi de l'accent parisien. Adv. « *Elle avait bien assez de peine à dissimuler son accent en parlant pointu* » (ARAGON). ◇ ANT. **Arrondi.**

POINTURE [pwɛtyʀ]. *n. f.* (1190, « piqûre »; lat. *punctura*). ♦ 1° *Imprim.* Petite pointe en saillie, qui sert à fixer les feuilles. V. **Pointer** (I, 5°). — Trou de la feuille où entre cette pointe. ♦ 2° (1842). *Cour.* Nombre qui indique la dimension des chaussures, des coiffures, des gants, des vêtements. V. aussi **Taille.** *Quelle est votre pointure de gants ? Quelle pointure chaussez-vous ? La pointure 42,* ellipt. : *du 42.*

POIRE [pwaʀ]. *n. f.* (XIIᵉ; lat. pop. *pira,* n. f.; lat. class. *pirum*). ♦ 1° Fruit du poirier, charnu, à pépins, de forme oblongue. *Poires à couteau. Poires cuites. Poire à cidre* (V. **Poiré**). *Poire fondante, pierreuse, farineuse. Poire sucrée. Poire mûre, blette; poire tapée. Variétés de poires.* V. **Beurré, duchesse, louise-bonne, passe-crassane.** *Compote de poires. Tarte aux poires.* — Loc. *Entre la poire et le fromage*. — Loc. fig. *Garder une poire pour la soif* : économiser pour les besoins à venir; *par ext.* Se réserver un moyen d'action. « *Il avait une question qu'il se réservait comme une poire pour la soif* » (BALZ.). — Vieilli. *La poire est mûre* : l'occasion est bonne. « *Le moment n'est pas encore venu : la poire n'est pas mûre* » (MADELIN). ♦ 2° Objet de forme analogue. — (1393) POIRE D'ANGOISSE. « *La poire d'angoisse était un bâillon perfectionné* » (DUMAS). ◇ *Poire en caoutchouc, à injections, à lavement.* — (1660) POIRE À POUDRE : petite gourde oblongue où l'on mettait la poudre (pour une arme à feu). ◇ *Poire électrique* : commutateur de forme oblongue et renflée, muni d'un bouton. — *Perle en poire ou Poire.* ♦ 3° (1872). *Pop.* Face, figure. « *Il a pris un obus en pleine poire* » (CÉLINE). *Se sucer la poire* : s'embrasser. ♦ 4° *Fam.* (1896). Personne qui se laisse tromper facilement. V. **Naïf.** *Quelle poire, ce type !* V. **Imbécile, sot.** — Adj. « *Tiens, tu me ressembles, tu es aussi poire que moi* » (SARTRE).

POIRÉ [pwaʀe]. *n. m.* (1529; *peré,* 1220; de *poire*). Boisson fermentée faite avec du jus de poire (Cf. **Cidre**). *Un verre de poiré.* ◇ HOM. **Poirée.**

POIREAU [pwaʀo]. *n. m.* (1268; altér. de *porreau,* d'apr. *poire;* lat. *porrum*). ♦ 1° Plante (*Liliacées*), variété d'ail bisannuelle, à bulbe peu développé, cultivée pour son pied; ce pied comestible. *Poireau gros, court. Tige de poireaux. Blanc* (le pied), *vert de poireau. Soupe aux poireaux.* « *Les poireaux sont les asperges du pauvre* » (FRANCE). ♦ 2° *Fam. et vieilli.* Verrue. ♦ 3° *Loc. fam. Rester planté comme un poireau, faire le poireau* (1877) : attendre. V.

Poireauter. — *Par ext. Un poireau, une personne qui attend.*
POIREAUTER [pwaʀote] ou **POIROTER** [pwaʀɔte].
v. intr. (1880,-XXᵉ; de *poireau*). *Fam.* Attendre. « *Jusserand,
que le marquis a commencé par faire poireauter* » (DUHAM.).

POIRÉE [pwaʀe]. *n. f.* (1529; *porée* « potage », 1195;
de *poir[eau]*). Plante potagère, variété de bette, dont on
consomme les côtes (V. **Carde** 2). ◇ HOM. Poiré.

POIRIER [pwaʀje]. *n. m.* (*Perier*, 1268; de *poire*). ♦
1º Plante (*Rosacées*), arbre de taille moyenne, cultivé pour
ses fruits : les poires. *Poirier commun, poirier sauger* (produisant des poires à cidre). *Poirier sauvage, cultivé.* « *Les poiriers
rompent de fruits cette année* » (LA BRUY.). ♦ 2º Bois de
poirier, rougeâtre, utilisé en ébénisterie. *Meubles en poirier.*
♦ 3º Fig. *Faire le poirier* (ou *l'arbre fourchu*) : se tenir en
équilibre la tête au sol. *Figure du poirier*, en yoga.

POIS [pwa(ɑ)]. *n. m.* (*Peis, pois,* XIIᵉ; lat. *pisum*). ♦
1º Plante (*Légumineuses, Papilionacées*) dont certaines
variétés potagères sont cultivées pour leurs graines. *Pois
cultivé, pois des champs. Les pois sont des herbes à feuilles
pennées, à fleurs solitaires ou en grappes, à gousses. Pois grimpants* (à rames), *nains. Ramer les pois.* ◇ *Par ext.* (1791) POIS
DE SENTEUR (cultivé pour ses fleurs) : nom courant de la gesse
odorante. ♦ 2º Le fruit (gousse, cosse) des plantes appelées
pois (1º); chacune des graines rondes, farineuses, enfermées
dans cette gousse. *Écosser des pois.* ◇ *Pois verts, pois à
écosser,* ou *plus cour.* PETITS POIS (XVIᵉ). *Petits pois frais, de
conserve (moyens, fins, très fins).* ◇ *Pois cassés* : pois secs
divisés en deux, qui se mangent en purée. — *Pois goulus,
gourmands, pois mange-tout*.* Fig. *La fleur* des pois.* ♦
3º (*Pois cice,* 1542). POIS CHICHE. a) Plante (*Légumineuses*)
à fleurs blanches, à gousses contenant chacune deux graines.
◇ b) Graine jaunâtre de cette plante. — *Fig.* Verrue. « *Son
nez grenu, et dessus ce pois chiche* » (GENEVOIX). ♦ 4º Petit
cercle, pastille (sur une étoffe). *Robe, jupe, cravate à pois.*
« *Mon père apparut dans sa somptueuse robe de chambre à
pois* » (SAGAN). ◇ HOM. Poids, poix, pouah.

POISCAILLE [pwaskɑj]. *n. f.* (1935; de l'a. fr. *pescaille*,
XIIIᵉ, « poisson pêché »). *Pop.* Poisson; (collectif) poissons.

POISE [pwaz]. *n. f.* (XXᵉ; de *Poiseuille*, n. pr. [1799-
1869]). *Sc.* Unité de viscosité dans le système C. G. S. (symb.
Po). *Poise cinématique*, unité C. G. S. : le *stokes*.

POISEUILLE [pwazœj]. *n. m.* (XXᵉ; de *Poiseuille*, n. pr.
[1799-1869]). *Sc.* Unité de viscosité dynamique dans le système M.K.S.A. (symb. *Pl*), valant dix *poises**.

POISON [pwazɔ̃]. *n. m.* (XVIIᵉ; n. m.; 1155, n. f.; lat.
potio, -onis [V. **Potion**]). ♦ 1º *Cour.* Toute substance capable
de troubler gravement ou d'interrompre les fonctions vitales
d'un organisme (V. **Toxique, vireux**). *Poisons minéraux* (ex. :
arsenic, acide sulfurique). *Poisons végétaux* (ex. : belladone,
ciguë, nicotine, opium). *Poisons organiques* (ex. : venins de
serpents, de scorpions, d'abeilles). *Poisons microbiens.* V.
Toxine. *Effets des poisons.* V. **Empoisonnement, intoxication,
virulence.** *Neutralisation des poisons.* V. **Antidote.** *Immunité
à l'égard des poisons* (V. *aussi* **Mithridatisation**). *Poisons qui
créent une accoutumance.* V. **Stupéfiant.** *Poison mêlé aux aliments, à un breuvage.* V. **Bouillon** (d'onze heures). *Poison
mortel, violent, foudroyant. Fiole de poison. Boîte du poison.
Tuer qqn, l'assassiner par le poison.* V. **Empoisonnement,
empoisonner.** « *Dans tous les temps les soupçons de poison
sont plus communs que le poison même* » (VOLT.). *Le poison
des Borgia, de la Toffana. L'affaire des Poisons.* « *Sous l'empire
du poison, mon homme se fait bientôt centre de l'univers* »
(BAUDEL.). — *Par métaph.* Aliment, boisson nuisible.
« *Qu'on aime ou qu'on déteste le poison qu'on boit, rien n'en
change l'effet* » (FLAUB.). ◇ Chim. *Poison d'un catalyseur* :
substance qui abaisse l'action d'un catalyseur. *L'arsenic,
poison du platine.* ♦ 2º *Fig. et littér.* Ce qui est pernicieux,
dangereux. « *Je sentis le poison qui corrompt mes sens et ma
raison* » (ROUSS.). « *Quand on sait se préserver du poison
mortel de l'ennui* » (VOLT.). « *Qui dit pamphlet, dit un écrit
tout plein de poison* » (P.-L. COUR.). *Le poison de la calomnie.*
V. **Venin.** ♦ 3º *Fig. et fam.* (1830). *Un poison, une poison,*
personne acariâtre ou insupportable. *Cet enfant est un poison,
un petit poison.* ◇ Chose très ennuyeuse. *Quel poison de
retourner là bas !*

POISSARD, ARDE [pwasaʀ, aʀd(ə)]. *n. et adj.* (1531,
« voleur »; de *poix*; *poissarde* « femme de la halle », 1640).
♦ 1º POISSARDE, n. f. *Vieilli* et *péj.* Femme de la halle; femme
du bas peuple, au langage grossier. « *Cette belle poissarde,
avec son gros embonpoint* » (DIDER.). ◇ *Spécialt.* (par attract.
de *poisson*) Marchande des halles. « *Un groupe
de poissardes et d'écaillères qui se disputaient et jetaient de
grands cris* » (VIGNY). ♦ 2º *Adj.* (1743). *Hist. litt.* Qui emploie
ou imite le langage du bas peuple (*spécialt.* au XVIIIᵉ s.).
Genre, style poissard. Un argot poissard. V. **Grossier, populacier.** — *Subst.* Le genre poissard. « *J'ai parlé du poissard
au XVIIIᵉ siècle. C'était une forme affectée à un grand
nombre de « genres »* » (BRUNOT).

POISSE [pwas]. *n. f.* (1878, le « milieu »; de *poisser*).

♦ 1º *Vieilli.* Gêne, misère. « *Maintenant c'est la grande
faim, c'est la grande poisse, la grande mouise* » (DUHAM.).
♦ 2º *Mod.* (1909). V. **Ennui, guigne** (2), **malchance.** *Quelle
poisse !* *Encore une panne, c'est la poisse ! Porter la poisse,*
porter malheur.

POISSER [pwase]. *v. tr.* (1538; de *poix*). ♦ 1º Enduire,
de poix ou d'une matière analogue (V. **Engluer**). *Poisser du
fil.* — Mêler de poix, de résine. *Vin poissé.* V. **Résiné.** ♦
2º *Cour.* Salir avec une matière gluante. *Se poisser les mains.*
« *Une mèche de ses cheveux, une grosse mèche toute poissée de
gomina* » (DUHAM.). — Intrans. *Ça poisse.* ♦ 3º *Fig. et pop.*
(1872; « voler », 1800). Arrêter, attraper, prendre. « *Des
endroits où on risque encore de se faire poisser* » (ROMAINS).

POISSEUX, EUSE [pwasø, øz]. *adj.* (1575; de *poix*).
Gluant, collant (comme de la poix). *Des papiers de bonbons
poisseux.* — Sali par une matière gluante. *Mains poisseuses.*

POISSON [pwasɔ̃]. *n. m.* (XIIᵉ; *pescion, peisson,* 980;
lat. *piscis*). ♦ 1º Animal vertébré inférieur, vivant dans
l'eau et muni de nageoires. *Le squelette des poissons est
cartilagineux ou ossifié. Tête, museau; barbes, barbillons de
certains poissons. Appareil digestif, vessie natatoire; appareil
respiratoire des poissons* (branchie, opercule, ouïe). *Les
poissons sont des animaux à température variable* (dits « à
sang froid »). — *Classification des poissons* : *Agnathes*
(vertébrés sans mâchoires; *ex.* : cyclostome); *Poissons à
mâchoires* (ou *Gnathostomes*) : a) *Poissons cartilagineux*
(Chondrichthyens). V. **Sélaciens**; b) *Poissons osseux* (Ostéich-
thyens). V. **Acanthoptérygiens, lophobranches, physostomes,
plectognathes.** ◇ (Dans des noms d'espèces ou de groupes
particuliers) POISSON CHAT ou *Poisson-chat*, poisson à longs
barbillons. « *Un poisson-chat lisse et noir dressant, de chaque
côté de sa tête moustachue, deux petits glaives translucides* »
(GENEVOIX). V. **Silure.** — *Poisson lune* (ou *poisson coffre,
poisson globe*). V. **Môle** (2). — *Poisson perroquet, poisson-
perroquet* : le scare. — *Poisson pilote*. — Poisson scie*. Pois-
son-épée.* V. **Espadon.** — POISSON VOLANT, *poisson-volant,* se
dit de certains poissons, capables de bondir hors de l'eau. —
POISSON ROUGE : le carassin ou cyprin doré. — POISSONS
PLATS : à corps aplati et dont les deux yeux sont situés sur la
face supérieure. V. **Pleuronectes.** « *Les poissons plats... comme
les turbots, les carrelets, les plies, les limandes, les soles, etc.* »
(BERNARD. de ST-P.). ◇ *Poissons d'eau douce, de rivière; de
mer. Gros poissons. Petits poissons pour la friture* (V. **Fretin**).
Jeunes poissons. V. **Alevin.** *Loc. prov.* « *Petit poisson deviendra
grand* » (LA FONT.) : cette personne, cette chose se développera. *Élevage des poissons.* V. **Pisciculture.** *Prendre,
attraper des poissons.* V. **Pêche, pêcher.** *Ouvrir, vider, faire
cuire un poisson. Rivière riche en poissons* : poissonneuse.
Vente des poissons à la criée. ◇ DU, LE POISSON. *Collect.
Pêcher, prendre du poisson. Arrivée du poisson aux halles.*
V. **Marée**; et pop. Poiscaille. « *Le panier où le poisson
capturé par les trois hommes palpitait vaguement encore* »
(MAUPASS.). *Marchand de poisson.* V. **Mareyeur, poissonnier; poissonnerie.** *Conserve de poisson. Poisson salé, séché,
fumé. Soupe de, au poisson. Friture de poisson. Manger du
poisson. Couvert; fourchette, couteau à poisson.* ♦ 2º *Loc. fig.
Être heureux comme un poisson dans l'eau, être comme un
poisson dans l'eau* : se trouver dans son élément. — *Fam.
Engueuler qqn comme du poisson pourri* : l'invectiver. ◇ *Finir
en queue de poisson* : se dit d'une chose qui se termine sans
conclusion satisfaisante. « *Une guerre qui finit en queue de
poisson* » (SARTRE). — (1962). *Automobiliste qui fait une
queue de poisson en doublant un véhicule, qui se rabat brusquement devant lui.* ◇ *N'être ni chair*, ni poisson.* ♦ 3º (Ce
qui représente, imite un poisson). *Poissons en chocolat. —
Poisson artificiel servant d'appât.* V. **Devon.** ◇ Astron. *Les
Poissons,* constellation de l'hémisphère boréal, le douzième
signe du zodiaque. — *Poisson austral, poisson volant* : constellations de l'hémisphère austral. ♦ ◇ Loc. POISSON D'AVRIL*.

POISSONNERIE [pwasɔnʀi]. *n. f.* (1285; de *poisson*).
♦ 1º Marché, halle au poisson (d'une ville, d'un port). ♦
2º Commerce du poisson et des produits animaux de la
mer et des rivières. *Les poissonneries d'un marché.*

POISSONNEUX, EUSE [pwasɔnø, øz]. *adj.* (1550; de
poisson). Qui contient de nombreux poissons. *Étang, lac
poissonneux. Rivière poissonneuse.*

POISSONNIER, IÈRE [pwasɔnje, jɛʀ]. *n.* (v. 1210; de
poisson). ♦ 1º Personne qui fait le commerce de détail des
poissons, des fruits de mer. *Poissonniers d'un marché, des
halles.* ♦ 2º *Mar.* N. m. Chasse-marée qui achète le poisson
aux bateaux de pêche.

POISSONNIÈRE [pwasɔnjɛʀ]. *n. f.* (1600; de *poisson*).
Ustensile de cuisine, de forme allongée, servant à faire cuire
le poisson au four ou au court-bouillon.

POITEVIN, INE [pwatvɛ̃, in]. *n. et adj.* (XIIᵉ; de *Poitou*,
n. pr.). Du Poitou ou de Poitiers. *Les Poitevins. — Le marais
poitevin. L'art roman poitevin.* ◇ N. m. *Le poitevin,* ancien
dialecte de langue d'oc.

POITRAIL [pwatʀaj]. *n. m.* (XVIᵉ; *peitral* « harnais »,

1160; *peitrail*, 1210, par changem. de suff.; lat. *pectorale* « cuirassé »). ♦ 1° *Ancienn.* Partie du harnais, couvrant la poitrine du cheval. *Barde de poitrail.* ♦ 2° *Mod.* Devant du corps du cheval et de quelques animaux domestiques, entre l'encolure et les membres antérieurs. « *Des chevaux... au poitrail large et musculeux* » (BILLY). *Poitrails d'âne, de vache, d'éléphant.* ◇ *Par plaisant.* Poitrine humaine. « *Le poitrail avantageux de Léa* » (COLETTE). ♦ 3° *Techn.* Grosse poutre de bois, de métal, servant de linteau à une grande baie.

POITRINAIRE [pwatRinɛR]. *adj.* (1743; de *poitrine*). *Vx* (ou *par euphém.*). Atteint de tuberculose pulmonaire. « *Elle ne vivra pas longtemps, elle est poitrinaire* » (BALZ.). — *Subst.* *Un, une poitrinaire.* V. **Phtisique, tuberculeux.**

POITRINE [pwatRin]. *n. f.* (*Peitrine* « cuirasse, harnais », XIᵉ; lat. pop. °*pectorina*, de *pectus, pectoris.* V. **Pis** 1). ♦ 1° Partie du corps humain qui s'étend des épaules à l'abdomen et qui contient le cœur et les poumons. V. **Thorax; buste, torse.** *Tour de poitrine*, mesure de la poitrine à l'endroit le plus large. — *Respirer à pleine poitrine*, inspirer fortement. « *Il gonflait sa poitrine pour dissimuler son estomac* » (MAUPASS.). *Un cri jaillit de sa poitrine.* — *Voix de poitrine*, se dit d'un registre de voix à son plein (*opposé à* voix de tête). ◇ *Vx. Maladie de poitrine. Partir, s'en aller de la poitrine.* V. **Caisse** (*fam.*). « *Elle est morte de la poitrine* » (NERVAL). *Mod. Fluxion de poitrine.* V. **Fluxion, pneumonie.** *Angine* * *de poitrine.* ♦ 2° Partie antérieure du thorax. *La poitrine, les côtés et le dos. Large poitrine.* V. **Poitrail** (*fam.*). *Bomber la poitrine. Poche de poitrine. Châle épinglé, croisé sur la poitrine. Tenir, étreindre, serrer, presser, bercer contre sa poitrine.* V. **Cœur.** *Se frapper la poitrine*, battre sa coulpe. ◇ *Région antérieure du corps de certains animaux, entre le cou et le ventre. Poitrine de cheval.* V. **Poitrail.** *Lévriers· larges de poitrine.* ◇ (1412) *Partie inférieure des parois thoraciques du bœuf, du veau, du mouton, du porc, correspondant à peu près au devant des sept premières côtes. La poitrine de bœuf sert à faire le pot-au-feu.* ♦ 3° (1835). Seins de femme. *Sein(s); gorge. Une forte poitrine. Belle poitrine. Poitrine plate.* ◇ *Poitrine développée. Elle a beaucoup de poitrine.* « *Cette fille n'avait pas de poitrine* » (FRANCE).

POITRINIÈRE [pwatRinjɛR]. *n. f.* (1413; de *poitrine*) *Techn.* ♦ 1° Pièce de harnais, courroie qui passe sur le poitrail du cheval. ♦ 2° Pièce protégeant la poitrine de certains artisans. ♦ 3° Pièce du métier à tisser, barre transversale sur laquelle passe le tissu.

POIVRADE [pwavRad]. *n. f.* (1505; de *poivre*). ♦ 1° *À la poivrade*, avec du sel et du poivre. *Des artichauts à la poivrade; en appos. des artichauts poivrade* (artichauts nouveaux mangés crus). ♦ 2° Sauce vinaigrette au poivre.

POIVRE [pwavR]. *n. m.* (*Peivre*, XIIᵉ; lat. *piper*). ♦ 1° Épice à saveur très forte, piquante, faite des fruits du poivrier séchés. *Poivre en grains; poivre concassé.* V. **Mignonnette.** *Poivre moulu, en poudre. Poivre gris*, dont les grains ont encore leur enveloppe. *Poivre blanc*, à grains décortiqués, moins piquant. *Moulin à poivre. Mettre le poivre* (V. **Poivrier**) *et le sel sur la table. Steack au poivre*, couvert de poivre concassé. ♦ 2° *Loc. fig.* POIVRE ET SEL : se dit de cheveux bruns mêlés de blancs. V. **Gris, grisonnant.** « *La brosse hirsute des cheveux poivre et sel* » (MART. du G.). ♦ 3° Nom de certaines plantes utilisées comme épices. *Poivre de Guinée, de Cayenne, poivre long.* V. **Piment.** *Petit poivre, poivre sauvage.* — *Arbre au poivre* : autre nom de l'*agnus-castus*.

POIVRÉ, ÉE [pwavRe]. *adj.* (Pepré, 1611; V. Poivrer). ♦ 1° Assaisonné de poivre. *Un mets très poivré qui brûle la langue. Par ext.* (1791) « *L'odeur poivrée des œillets* » (HUGO). ♦ 2° *Fig.* (1761). Grossier ou licencieux (Cf. Salé). *Plaisanterie poivrée.* ◇ ANT. **Fade.**

POIVRER [pwavRe]. *v. tr.* (Pevrer, XIIIᵉ; de *poivre*). ♦ 1° Assaisonner de poivre. *Saler et poivrer une sauce vinaigrette.* ♦ 2° *Pronom.* (1895). *Fam.* SE POIVRER : s'enivrer (V. **Poivrot**).

POIVRIER [pwavRije]. *n. m.* (1562; de *poivre*). ♦ 1° Arbrisseau grimpant (*Pipéracées*), à fleurs en chatons et à petites baies rouges, qui pousse dans les régions tropicales. *Poivrier noir*, dont les baies sont consommées comme épice (V. **Poivre**). *Poivrier chavica; poivrier cubèbe; poivrier bétel.* — *Par ext. Faux poivrier ou arbre au poivre.* V. **Agnus-castus.** ♦ 2° Boîte à poivre (*rare*). ◇ Petit ustensile de table, muni d'un bouchon perforé dans lequel on met le poivre moulu. *Le poivrier* (ou *poivrière*) *et la salière.*

POIVRIÈRE [pwavRijɛR]. *n. f.* (1718; de *poivre*). ♦ 1° *Ancienn.* Boîte à épices. *Spécialt.* Boîte à poivre cylindrique à couvercle conique percé d'un trou. V. **Poivrier.** ♦ 2° Guérite de maçonnerie à toit conique placée en encorbellement à l'angle d'un bastion. *En poivrière*, de forme conique, ou surmonté d'un toit conique. « *Le château m'apparut... avec ses tours en poivrière* » (FRANCE). ♦ 3° Plantation de poivriers.

POIVRON [pwavRɔ̃]. *n. m.* (1785; de *poivre*). ♦ 1° Fruit du piment. *Spécialt.* Fruit du piment doux. *Poivron vert, rouge. Les poivrons se mangent crus ou cuits.* ♦ 2° Plant de piment doux. *Faire pousser des poivrons.*

POIVROT, OTE [pwavRo, ɔt]. *n.* (1867; Cf. Poivrier [vx]; de *poivre* « eau-de-vie »; Cf. Se poivrer, 2°). *Pop.* Ivrogne. « *L'innocent poivrot qui vient de boire sa paie de la semaine* » (BERNANOS). *Une vieille poivrote.*

POIX [pwa(ɑ)]. *n. f.* (*Peiz*, 1080; lat. *pix, picis*). Matière visqueuse à base de résine ou de goudron de bois. *Poix blanche. Poix-résine* ou *résine jaune*, utilisée dans l'encollage des papiers. « *L'assiégé, hélas, fait arme de tout... La poix bouillante n'a pas déshonoré Bayard* » (HUGO). ◇ HOM. **Poids, pois, pouah.**

POKER [pɔkɛR]. *n. m.* (1855; mot amér., p.-ê. du flam. *pokken*; Cf. *Poquer* « frapper »).

♦ I. ♦ Jeu de cartes dans lequel chaque joueur, disposant de cinq cartes, peut gagner s'il possède la combinaison de cartes la plus forte ou s'il parvient à le faire croire à ses adversaires. *Jouer au poker.* « *Les séances de poker et de baccarat durent de deux à six heures du soir* » (GIDE). — *Partie de poker. Faire un poker.* ♦ 2° *À ce jeu*, Carré, ou quatre cartes de même valeur. *Poker de dames, poker d'as.* V. *aussi* **Full.** ♦ 3° *Fig. Partie de poker*, se dit d'une partie très serrée entre adversaires, hommes d'affaires. V. **Bluff.**

♦ II. POKER D'AS [pɔkɛRdɑs] (corruption de l'angl. *poker dice*, plur. de *die* « dé à jouer »). Jeu de dés rappelant le jeu de poker. *Le poker d'as se joue avec cinq dés.*

POLACRE [pɔlakR(ə)]. *n. f.* (XVIIᵉ; it. ou esp. *polacra*). *Mar. anc.* Navire de commerce, voilier de la Méditerranée à voiles carrées.

POLAIRE [pɔlɛR]. *adj.* et *n. f.* (1555; bas lat. *polaris.* V. **Pôle**). ♦ 1° Relatif aux pôles célestes, terrestres; situé près d'un pôle. *L'étoile Polaire*, et subst. fém. *La Polaire.* — *Régions, zones polaires*, situées près du pôle (arctique ou antarctique). *Cercle polaire* : petit cercle de la sphère terrestre (parallèle) à distance angulaire des pôles égale à l'obliquité de l'écliptique (23° 27′). ◇ *Cour.* Propre aux régions polaires, froides et désertes. *Climat polaire. Les glaces polaires. Nuit polaire.* — *Par ext. Expédition polaire* : au pôle. « *Le magasinier des baraquements polaires* » (SAINT-JOHN PERSE). — *Par ext. Un froid polaire* : intense. ♦ 2° (1874). *Math.* Relatif à un pôle*, à une représentation par rayons vecteurs et par angles. *Coordonnées polaires.* ◇ *Adj.* et *n. f. Polaire, droite* (ou *plan*) *polaire d'un point par rapport à une conique* (ou *une quadrique*), *droite* (ou *plan*), *lieu des points conjugués du point par rapport à cette conique* (ou *quadrique*). ♦ 3° (1868). Relatif aux pôles magnétiques, électriques. — *Molécule polaire* : molécule qui possède un moment électrique. 4° *Anat.* et *méd.* Qui se rapporte au pôle d'une cellule, d'une structure anatomique, d'un organe. *Artères polaires du rein. Globule polaire*, résultant de la première division de l'œuf. *Cataracte polaire.*

POLAQUE [pɔlak]. *n. m.* (XVIIᵉ; *pollac*, 1573; V. **Polonais**). ♦ 1° *Hist.* Cavalier polonais, mercenaire des armées françaises. ♦ 2° *Pop.* et *péj.* Polonais (var. POLACK ou POLAK).

POLAR [pɔlaR]. *n. m.* (v. 1970; de [*roman*] *policier*, et suff. arg.). *Arg.* Roman policier. *Lire un bon polar.*

POLARI-. Élément, du gr. *polein* « tourner ».

POLARIMÈTRE [pɔlaRimɛtR(ə)]. *n. m.* (av. 1857; de *polariser*, et -*mètre*). *Phys.* Instrument destiné à observer et à mesurer l'action d'un rayon actif sur un rayon polarisé.

POLARISABLE [pɔlaRizabl(ə)]. *adj.* (XXᵉ; de *polariser*). *Phys.* Qui peut être polarisé. *Lumière polarisable.*

POLARISANT, ANTE [pɔlaRizɑ̃, ɑ̃t]. *adj.* (1803; de *polariser*). *Phys.* Qui polarise la lumière. *Microscope polarisant.*

POLARISATION [pɔlaRizasjɔ̃]. *n. f.* (1810; de *polariser*). ♦ 1° *Phys.* Phénomène qui se traduit par l'introduction d'une dissymétrie par rapport à la direction de propagation des radiations. *Polarisation linéaire, circulaire. Plan de polarisation*, perpendiculaire à la vibration lumineuse, et contenant le rayon polarisé. ♦ 2° *Électr.* Séparation des charges électriques, positive et négative, dans un corps, sous l'influence d'un champ électrique. Différence de potentiel qui en résulte. *Charge, tension, énergie de polarisation. Polarisation d'un diélectrique* *. *Polarisation induite, magnétique.* — Dans l'électrolyse, formation, dans le voisinage des électrodes, de produits qui modifient l'intensité du courant. ♦ 3° *Physiol.* Mécanisme par lequel sont créés deux pôles fonctionnellement différents dans une structure vivante. *Polarisation d'une cellule nerveuse.* ♦ 4° *Fig.* Action de concentrer en un point (des forces, des influences). V. **Polariser** (2°). « *L'espèce de polarisation qui est la loi de l'amour et qui nous fait rechercher nos contraires* » (RENAN). ◇ ANT. **Dépolarisation.**

POLARISCOPE [pɔlaRiskɔp]. *n. m.* (1846; de *polariser*, et -*scope*). *Phys.* Appareil d'optique permettant de distinguer les rayons lumineux polarisés. *Le polariscope d'Arago.*

POLARISER [pɔlaRize]. *v. tr.* (1810; du gr. *polein* « tourner », d'apr. *polaire*). ♦ 1° *Phys.* Soumettre au phénomène de la polarisation. *Rayon lumineux polarisé.* — Au p. p. *Lumière polarisée.* ◇ *Électr. Polariser les électrodes d'un voltamètre, une pile.* ♦ 2° *Fig.* (d'apr. *Pôle*). Attirer, réunir en un point. « *Présence indiscutable, qui polarisait toutes les forces de son être* » (MART. du G.). — SE POLARISER. *Fam.* Se cantonner, se spécialiser dans certains pôles d'intérêts.

POLARISEUR [pɔlaʀizœʀ]. *adj. et n. m.* (1867 ; de *polariser*). *Phys.* Qui polarise (la lumière). *Prisme polariseur.* ◇ *Spécialt.* N. m. *Polariseur* : miroir, cristal biréfringent capable de polariser la lumière.

POLARITÉ [pɔlaʀite]. *n. f.* (1765, « propriété qu'a l'aimant et se diriger vers les pôles » ; de *polaire*). *Sc.* ♦ 1° *Math., Phys.* État d'un système dont deux points quelconques présentent des caractéristiques différentes (opposées ou distinctes). ♦ 2° *Biol.* Particularité d'une cellule, d'une structure vivante, de posséder deux pôles qui diffèrent du point de vue de leurs potentialités ou de leurs fonctions. *Polarité des cellules nerveuses, de l'œuf fécondé, de l'embryon.*

POLAROÏD [pɔlaʀɔid]. *adj. et n. m.* (1954 ; nom déposé en anglo-américain, de *to polarize*, « polariser » et suff. *-oïd* ; Cf. *-Oïde*). *Opt.* Feuille transparente de résine synthétique capable de polariser la lumière. ◇ (1963). Appareil photographique (de la marque ainsi appelée) utilisant le procédé et permettant d'obtenir très vite une épreuve positive, dans l'appareil même.

POLATOUCHE [pɔlatuʃ]. *n. m.* (1761 ; russe *polatouka*). Mammifère rongeur auquel une membrane tendue entre les pattes permet de planer (Syn. *Écureuil volant*). *Polatouche de Sibérie, de Malaisie.*

POLDER [pɔldɛʀ]. *n. m.* (1835 ; *polre*, XIII° ; *poldre*, 1805 ; mot néerl.). Marais littoral endigué et asséché (d'abord en parlant des Pays-Bas). *Drainage d'un polder. Polders du Zuyderzee, de la baie du Mont-Saint-Michel.*

-POLE, -POLITE Éléments, du gr. *polis* « ville » (*ex.* : métropole, nécropole).

PÔLE [pol]. *n. m.* (1230 ; lat. *polus*, gr. *polos*, de *polein* « tourner »). ♦ 1° *Sc.* (*Astron.*). Chacun des deux points de la sphère céleste formant les extrémités de l'axe autour duquel elle semble tourner. « *Le ciel paraît tourner sur deux points fixes, nommés par cette raison pôles du monde* » (LAPLACE). — *Mouvement des pôles célestes sur la sphère céleste*, correspondant aux variations de l'axe de rotation de la Terre. « *Pour la commodité du langage, on appelle pôle moyen un pôle fictif animé de la précession seule* » (DANJON). ♦ 2° (Fin XV°). *Cour. Pôles (terrestres)* : les deux points de la surface terrestre formant les extrémités de l'axe de rotation de la Terre. *Pôle arctique, boréal* (plus cour. *Pôle Nord*) ; *antarctique, austral* (plus cour. *Pôle Sud*). ◇ *Par ext.* Région géographique située près d'un pôle, entre le cercle polaire et le pôle. *Aplatissement de la Terre aux pôles. Exploration vers le pôle antarctique, arctique.* V. **Antarctique, arctique** *(n.).* ♦ 3° (XVII°, « ce qui guide comme l'étoile Polaire »). Se dit de deux points principaux et opposés. « *Est-ce que l'homme a, comme le globe, deux pôles ?* » (HUGO). « *Pelléas et Mélisande est à l'un des pôles de notre art, Carmen, à l'autre pôle* » (R. ROLLAND). ♦ 4° *Géom.* (1647). Extrémités de l'axe d'un solide de révolution. — *Pôle d'une droite* (ou *d'un plan*) *par rapport à une conique* (ou *une quadrique*), point ayant pour *polaire** (2°) cette droite (ou ce plan). — Point fixe jouant un rôle particulier dans une transformation. *Pôle d'inversion.* — *Coordonnées d'un point par rapport à un, à deux pôles.* V. **Polaire ; bipolaire.** ◇ *Math.* Singularité d'une fonction analytique, *zéro* de la fonction inverse. ♦ 5° (1647). *Phys.* Chacun des « deux points de l'aimant qui correspondent aux pôles du monde, dont l'un regarde le nord et l'autre le sud » (DIDER.). *Pôles de l'aiguille aimantée* (boussole). *Pôles d'un aimant.* ◇ *Géogr. Pôles magnétiques, pôles d'inclinaison* : régions du globe où l'inclinaison magnétique est maximum (90°). « *Les pôles magnétiques tournent autour des pôles géographiques* » (HUGO). ♦ 6° *Électr.* Chacune des deux extrémités d'un circuit électrique. (V. **Électrode**), chargée l'une d'électricité positive (*pôle positif, pôle +.* V. **Anode**), l'autre d'électricité négative (*pôle négatif, pôle —.* V. **Cathode**). *Pôles d'un générateur d'électricité, d'une pile. Qui comporte deux* (V. **Bipolaire**), *plusieurs pôles* (V. **Multipolaire**). ♦ 7° *Anat., embryol.* Partie la plus saillante, aux deux côtés opposés d'une structure anatomique. *Pôles antérieur et postérieur du cristallin. Pôles (animal et végétatif) de l'œuf fécondé*, dont proviennent respectivement l'embryon et le vitellus. ◇ *Biol.* (1899). *Pôles du fuseau*, constitué lors de la division cellulaire. ♦ 8° *Centre d'attraction, d'intérêt.* « *Un pôle économique de dimensions européennes* » (*Le Monde*, 30-9-1969).

POLÉMARQUE [pɔlemaʀk(ə)]. *n. m.* (1765 ; gr. *polemarkhos*, de *polemos* « guerre », et *arkhein* « commander »). *Hist.* Dans la Grèce antique, Officier, magistrat chargé de l'administration de la guerre. — *Adj. L'archonte polémarque.*

POLÉMIQUE [pɔlemik]. *adj. et n. f.* (1584 ; *chanson polé-*

mique « chanson guerrière », 1578 ; gr. *polemikos* « relatif à la guerre »). ♦ 1° *Adj.* Qui suppose une attitude critique ; qui vise à une discussion vive ou agressive. *Critique, style polémique. Attitude polémique.* « *Quelques écrits polémiques faits de temps à autre pour ma défense* » (ROUSS.). ♦ 2° *N. f.* Débat par écrit, vif ou agressif. V. **Controverse, débat, discussion.** *Engager, entretenir une polémique avec qqn.* « *Une grande polémique s'engage à ce sujet dans la presse* » (MICHELET).

POLÉMIQUER [pɔlemike]. *v. intr.* (fin XIX° ; *polémiser*, 1845 ; de *polémique*). Faire de la polémique. *Polémiquer contre qqn.*

POLÉMISTE [pɔlemist(ə)]. *n.* (1845 ; de *polémique*). Personne qui pratique, aime la polémique. V. **Pamphlétaire.** *Cette journaliste est une redoutable polémiste.*

POLÉMOLOGIE [pɔlemɔlɔʒi]. *n. f.* (1949 ; du gr. *polemos* « guerre », et *-logie*). *Didact.* Étude scientifique, sociologique de la guerre. « *Les Guerres, éléments de polémologie* », de G. Bouthoul. — *Dér.* POLÉMOLOGIQUE [pɔlemɔlɔʒik], *adj. ;* POLÉMOLOGUE [pɔlemɔlɔg], *n.*

POLENTA [pɔlɛnta]. *n. f.* (1557 ; mot it. ; lat. *polenta* « farine d'orge »). *En Italie*, Galette préparée avec de la bouillie de farine de maïs. — *En Corse*, Mets fait avec de la farine de châtaignes.

1. POLI, IE [pɔli]. *adj.* (1580, « cultivé » ; fin XII°, « élégant » ; de *polir*, fig., avec l'infl. du lat. class. *politus*). ♦ 1° *Vx.* Cultivé et mondain. ◇ (XVII°) Policé, civilisé. ♦ 2° (XVII°) *Mod.* Dont le comportement, le langage sont conformes aux règles de la politesse. V. **Civil, courtois.** *Enfant poli, bien élevé.* « *Les Anglais sont occupés ; ils n'ont pas le temps d'être polis* » (MONTESQ.). *Il a été tout juste poli avec moi* (V. **Correct**). *Dites donc, soyez poli !* — Loc. prov. *Il est trop poli pour être honnête* : ses manières trop affables font supposer des intentions malhonnêtes. ◇ (Choses) « *Ces petites façons de grand seigneur, si polies, mais si impertinentes pour qui les comprend* » (STENDHAL). *Refus poli*, qui s'accompagne des formes de la politesse. — « *Les visites traditionnelles qu'il est poli et bien naturel de rendre* » (LECOMTE). V. **Bienséant.** *Il est plus poli que vous lui écriviez.* ◇ ANT. **Grossier, impertinent, impoli, incivil, incorrect, insolent, malappris, malotru.**

2. POLI, IE [pɔli]. *adj.* (XII° ; V. **Polir**). Lisse et brillant. *Caillou poli.* « *Ce bras dur et poli et doré comme une belle chose d'ivoire...* » (MONTHERLANT). ◇ ANT. **Mat, rugueux.**

3. POLI [pɔli]. *n. m.* (1612 ; de *polir*). Aspect d'une chose lisse et brillante. *Donner le poli à une surface.* V. **Polir.** *Poli d'un objet d'or ou d'argent.* V. **Brunissure.** *Le poli d'une casserole.* V. **Éclat, lustre.** ◇ ANT. **Matité.**

1. POLICE [pɔlis]. *n. f.* (1606 ; *pollice*, 1250 ; *policie*, 1361 ; lat. *politia*, gr. *politeia*, de *polis* « cité »). ♦ 1° *Vx.* Gouvernement, organisation. « *Tout cela n'était qu'une maxime de police sociale* » (ROUSS.). ♦ 2° (Déb. XVII°). *Dr.* (*Cour.* dans quelques express.) Organisation rationnelle de l'ordre public, dans un groupe social. *Les pouvoirs de police appartiennent à la force publique. Police administrative et police judiciaire. Exercer, faire la police.* — *Police municipale, rurale. Police des réunions, des spectacles. Police du roulage, de la circulation. Numéro, plaque de police d'un véhicule. Loi ; ordonnance, règlement de police.* — *Forces de police des Nations Unies.* ◇ (En parlant de la police judiciaire) *Peines de police, de simple police* : correspondant aux contraventions. *Peines de police correctionnelle* : correspondant aux délits. *Tribunal de simple police, de police. Passer en simple police.* « *Je n'ai pas envie de risquer la police correctionnelle ou le revolver* » (HUYSMANS). ◇ *Salle de police*, où l'on fait subir de courtes détentions aux soldats. *Bonnet de police.* **Calot.** ♦ 3° (1684). *Cour.* Ensemble d'organes et d'institutions assurant le maintien de l'ordre public (*police administrative*) et permettant de réprimer les infractions (*police judiciaire*). *Police judiciaire* (d'État ou municipale). V. **P. J.** *Police secrète* (Cf. *fam.* La secrète) : policiers en civils dépendant de la Sûreté nationale (brigade des mœurs, des jeux, brigade financière, etc.). *Polices parallèles* : services secrets plus ou moins occultes. V. **Barbouze.** — *Police mondaine*, police des mœurs*. Police urbaine.* — *Personnel de la police* (V. **Policier**) : commissaires, inspecteurs de police ; agents de police. — *Agents de la police judiciaire* : gendarmes, inspecteurs. V. **Agent, gardien** (de la paix), **sergent** (de ville). Cf. *pop.* et *arg.* **Cogne, flic.** *Les forces de police. Être de la police, dans la police.* — *Police secours*, organisation de police chargée de porter secours dans les cas d'urgence. — *Préfecture, commissariat de police. Poste de police. Car, voiture de police.* — *Contrôle de police* : contrôle d'identité (papiers, passeports) effectué par la police. *Avertir la police. Dénoncer qqn à la police. Être recherché, poursuivi par toutes les polices d'Europe. Se faire arrêter, enlever par la police. Intervention de la police.* ◇ *Par ext.* Organisation privée spécialisée dans les enquêtes, les recherches criminelles. *Policier d'une police privée.* ♦ 4° (Du sens 2°). *Police intérieure d'une assemblée, d'un* *groupe, d'un lycée.* V. **Discipline.** « *Ce troupeau était arrivé à faire lui-même sa police* » (LARBAUD).

2. POLICE [pɔlis]. *n. f.* (1371, « certificat »; XVIᵉ, « contrat »; it. *polizza;* gr. byzantin *apodeixis* « preuve ». V. **Apodictique**). *Dr.* (1673). Écrit rédigé pour prouver la conclusion et les conditions d'un contrat d'assurance. *Cour. Souscrire à une police d'assurance :* à une assurance.

POLICÉ, ÉE [pɔlise]. *p. p. adj.* (XIXᵉ; V. **Policer**). Dont les mœurs sont adoucies par la civilisation. V. **Civilisé, raffiné.** « *La persistance de l'animal humain, dans les sociétés les plus policées, en apparence* » (JALOUX). ◇ ANT. *Primitif, sauvage.*

POLICEMAN [pɔlisman]. *n. m.* (1853; mot angl., de *police,* et *man* « homme »). Agent de police, en Grande-Bretagne et dans les pays britanniques. *Des policemen* [pɔlismɛn].

POLICER [pɔlise]. *v. tr.;* conjug. *placer* (1461; de *police*). ♦ 1º *Vx.* Gouverner. ♦ 2º *Vieilli* ou *littér.* (fin XVIIIᵉ). Civiliser, adoucir les mœurs par des institutions, par la culture. « *Les maîtres, au lieu de nous policer, nous ont rendus barbares* » (BABEUF).

POLICHINELLE [pɔliʃinɛl]. *n. m.* (*Polichinel,* 1649; napol. *Pulecenella,* personnage des farces napolitaines, it. *Pulcinella*). ♦ 1º Personnage bossu de la commedia dell'arte et des marionnettes. V. **Fantoche.** — *Secret de Polichinelle :* faux secret bien vite connu de tous (*iron.* bruit public). ◇ Jouet, pantin en forme de polichinelle. « *Le polichinelle plat, mû par un seul fil* » (BAUDEL.). ◇ *Loc.* fam. et vulg. *Avoir un polichinelle dans le tiroir,* être enceinte. ♦ 2º *Fig.* Personnage ridicule, laid ou difforme. « *Qui est-ce qui m'a bâti un polichinelle pareil!* » (COURTELINE). — *Faire le polichinelle,* s'agiter d'une manière ridicule (Cf. Faire le clown, le pitre). « *Son mari, depuis trois jours, menait une vie de polichinelle* » (ZOLA) : une vie déréglée. ◇ Personne irréfléchie. V. **Guignol.** « *Est-ce qu'on me prend pour un polichinelle, à dire blanc et à dire noir!* » (ZOLA).

POLICIER, IÈRE [pɔlisje, jɛʀ]. *adj.* et *n.* (1611; de *police*). I. *Adj.* ♦ 1º Relatif à la police (2º); concernant la police ou appartenant à la police (3º). *Mesures policières. Enquête policière.* « *Une ample campagne policière* » (DUHAM.). *Chien policier,* utilisé par la police (pour les recherches). *Régime policier,* où la police a une grande importance. ♦ 2º Se dit des formes de littérature, de spectacle qui concernent des activités criminelles plus ou moins mystérieuses, et leur découverte. *Scénario, film policier. Pièce policière.* « *Le roman policier est un récit où le raisonnement crée l'effroi qu'il est chargé d'apaiser* » (NARCEJAC). II. *N. m.* (v. 1790). Personne qui appartient à un service de police (agent de police, inspecteur, détective privé, etc.). *Avoir un flair de policier.* « *On peut avouer qu'on aime les gardes, on avoue moins légèrement qu'on aime les policiers* » (NIZAN). *Policier en civil.* ◇ *Fam.* Roman policier. V. **Polar.** « *Simenon c'est du policier, c'est de la psychologie* », profère-t-il avec dédain » (C. ROCHEFORT).

POLICLINIQUE [pɔliklinik]. *n. f.* (1855; du gr. *polis* « ville », et *clinique*). Établissement, parfois annexé à un hôpital, où l'on donne des soins à des malades qui ne sont pas hospitalisés, et où se tiennent également des cours d'enseignement médical ayant trait aux malades qui viennent en consultation. — REM. Le mot est souvent confondu avec son homonyme *Polyclinique.*

POLIMENT [pɔlimɑ̃]. *adv.* (1690; *poliement* « d'une façon élégante », v. 1390; de *poli*). D'une manière polie, avec courtoisie. V. **Civilement.** « *Lucas salua poliment et sans familiarité* » (MAC ORLAN). *Refuser poliment.* ◇ ANT. *Impoliment.*

POLIO [pɔljo]. *n.* (XXᵉ; abrév. des suiv.). ♦ 1º *N. f.* Poliomyélite. *Il a eu la polio.* ♦ 2º *N.* Poliomyélitique. *Les petits polios.*

POLIOMYÉLITE [pɔljɔmjelit]. *n. f.* (1892; gr. *polio* « gris », et *muelos* « moelle »). *Méd.* Inflammation ou atteinte dégénérative de la substance grise de la moelle épinière. — *Spécialt.* (Cour.). Maladie infectieuse et contagieuse d'origine virale qui atteint les cornes antérieures de la moelle épinière et se manifeste essentiellement par des paralysies progressives pouvant atteindre les centres respiratoires du bulbe. *Séquelles d'une poliomyélite. Vaccin contre la poliomyélite.* V. **Antipoliomyélitique.**

POLIOMYÉLITIQUE [pɔljɔmjelitik]. *adj.* et *n.* (XXᵉ; de *poliomyélite*). Qui est relatif à la poliomyélite. Qui est atteint de poliomyélite. — N. *Un(e) poliomyélitique* (ou *polio*).

POLIORCÉTIQUE [pɔljɔʀsetik]. *adj.* et *n. f.* (1842; gr. *poliorkêtikos*). *Antiq.* Relatif à l'art d'assiéger les villes. ◇ N. f. *La poliorcétique :* technique du siège des villes. « *Jamais les Romains n'avaient montré une poliorcétique aussi savante* » (RENAN).

POLIR [pɔliʀ]. *v. tr.* (v. 1180; lat. *polire*). ♦ 1º Rendre lisse et luisant (une substance dure) par frottement. V. **Adoucir, brunir** (II), **limer, poncer.** *Substances utilisées pour polir : papier-émeri et papier de verre, pierre ponce.* V.

Abrasif. « *Chacun se mettait à la petite poulie, au petit objet... et le polissait avec sollicitude* » (LOTI). V. **Astiquer, fourbir.** *Se polir les ongles.* ◇ Pronom. *Un corps qui se polit par le frottement.* — *Fig.* S'affiner. « *Cette première rudesse... se polira vite dans le monde et à la cour* » (STE-BEUVE). ♦ 2º (XVIᵉ). *Vieilli* ou *littér.* Initier aux usages du monde (V. **Poli** 1). « *Elle se l'attacha en s'attachant à lui, en polissant elle-même ce caractère à demi-sauvage* » (BALZ.). ♦ 3º (XVIIᵉ). Parachever (un ouvrage) avec soin. V. **Parfaire, perfectionner.** *Polir son style.* V. **Lécher.** « *Il avait médité sa phrase, il l'avait arrondie, polie, rythmée* » (FLAUB.). ◇ ANT. *Dépolir, ternir.*

POLISSABLE [pɔlisabl(ə)]. *adj.* (XVᵉ-XVIᵉ; de *polir*). Qui est susceptible d'être poli. *Métal, matière polissable.*

POLISSAGE [pɔlisaʒ]. *n. m.* (1749; de *polir*). Opération qui consiste à donner une apparence lisse et luisante à une surface. *Polissage à la meule* (éclaircissage, grésage), *à la lime. Polissage de l'argent, de l'or en bijouterie et en orfèvrerie.* V. **Brunissage.** *Polissage du bois.* V. **Ponçage.** *Polissage des cuivres au tripoli, de la vaisselle. Polissage des ongles.*

POLISSEUR, EUSE [pɔlisœʀ, øz]. *n.* (1389; de *polir*). *Techn.* Ouvrier, ouvrière qui polit une substance, un objet. *Polisseur en bijouterie* (brunisseur-polisseur). *Polisseur sur métaux.* « *Ces infatigables polisseurs dont la lime lèche les porphyres les plus durs* » (BALZ.).

POLISSOIR [pɔliswaʀ]. *n. m.* (1560; de *polir*). *Techn.* Outil ou machine qui sert à polir. *Polissoir à deux meules. Polissoir de bijoutier, de coutelier.* V. **Polissoire.** — *Polissoir à ongles.* ◇ Fragment de roche qui, à l'âge de pierre, servait à polir les instruments de silex. ◇ HOM. *Polissoire.*

POLISSOIRE [pɔliswaʀ]. *n. f.* (1611; *polissouere* « brosse de jonc pour polir », 1411; de *polir*). *Techn.* ♦ 1º Meule de bois qui sert à polir les couteaux. V. **Polissoir.** ◇ Variété de brosse à chaussures. ♦ 2º Atelier où s'effectue le polissage des épingles. ◇ HOM. *Polissoir.*

POLISSON, ONNE [pɔlisɔ̃, ɔn]. *n.* et *adj.* (1616, « gueux, vagabonds » [qui revendent les vêtements qu'ils ont mendiés] de l'a. arg. *polir* « vendre »). ♦ 1º Vieilli. Enfant mal élevé qui traîne dans les rues. V. **Galopin, gamin.** « *Les polissons de la ville étaient devenus mes plus chers amis* » (CHATEAUB.). ♦ 2º *Mod.* Enfant espiègle, désobéissant. *Cet écolier est un polisson.* — *Adj. Elle est polissonne, cette mioche!* ♦ 3º *Rare.* Personne portée à la licence dans ses manières, ses propos. ◇ *Cour. Adj.* (*Choses*) Un peu grivois, licencieux. V. **Canaille, égrillard.** *Allusion, chanson polissonne. Conte polisson.* — *Des yeux, des regards polissons.* V. **Fripon.**

POLISSONNER [pɔlisɔne]. *v. intr.* (1718; de *polisson*). ♦ 1º *Vx.* Badiner. *Vieilli.* Se livrer à des actes, à des propos plus ou moins licencieux. ♦ 2º *Mod.* Être polisson (enfant).

POLISSONNERIE [pɔlisɔnʀi]. *n. f.* (1695; de *polisson*). ♦ 1º *Cour.* Action d'un enfant espiègle, turbulent. ♦ 2º *Vx.* Badinage. ◇ *Mod.* Acte ou propos plus ou moins licencieux. « *Ce fut une pluie de polissonneries à double sens* » (MAUPASS.).

POLISTE [pɔlist(ə)]. *n. f.* ou *m.* (1839; gr. *polistês* « bâtisseur de ville »). Guêpe qui vit dans un nid de plein air formé d'un seul rayon de cellules fixé à une branche ou sous une pierre.

POLITESSE [pɔlitɛs]. *n. f.* (1659; « propreté », 1578; a. it. *politezza,* de *polito.* V. **Poli** [1]). ♦ 1º (XVIIᵉ). *Vx.* Délicatesse, bon goût. « *La politesse de l'esprit consiste à penser des choses honnêtes et délicates* » (LA ROCHEF.). ♦ 2º (1655). Ensemble de règles qui régissent le comportement, le langage considérés comme les meilleurs dans une société (V. **Bienséance**); le fait et la manière d'observer ces usages (V. **Civilité, courtoisie, éducation, savoir-vivre, usage, urbanité**). *La politesse chinoise, orientale. Devoir de politesse. Faire une visite de politesse à qqn. Politesse exquise, raffinée.* « *La politesse, cher enfant, consiste à paraître s'oublier pour les autres* » (BALZ.). « *La politesse n'exprime plus un état de l'âme, une conception de la vie. Elle tend à devenir un ensemble de rites, dont le sens originel échappe* » (BERNANOS). — *La politesse du cœur :* l'affabilité qui paraît inspirée par un sentiment sincère. — *Formules de politesse,* employées dans la conversation, dans une lettre (ex. : S'il vous plaît. Veuillez agréer mes salutations distinguées, etc.). — *Gram. Pluriel de politesse* (emploi de *vous* au lieu de *tu*). *Conditionnel, futur, imparfait de politesse* (ex. : je voudrais). — *Dire, faire qqch. par politesse.* « *J'avais l'air de ne détromper que par politesse* » (RADIGUET). ◇ *Loc. fig. Brûler la politesse :* partir brusquement, sans prendre congé (Cf. Fausser* compagnie). — *Allus. hist.* « *L'exactitude est la politesse des rois* » : phrase favorite de Louis XVIII. ♦ 3º (1737). UNE POLITESSE : action, parole exigée par les usages. *Échange de politesses. Devoir, faire, rendre une politesse à qqn.* « *L'urgence de leur besogne leur interdisait de vaines politesses* » (ROMAINS). ◇ ANT. *Grossièreté, impertinence, impolitesse, incorrection.*

POLITICAILLERIE [pɔlitikajʀi]. *n. f.* (1907, *politicaillerie,* 1877; de *politique* et suff. péj. *-aillerie*). *Fam.* Basse politique (Cf. Politicard).

POLITICARD [pɔlitikaʀ]. *n. m.* (1881; de *politic[ien]*, et suff. péj. *-ard*). Politicien arriviste, sans scrupule (Cf. *fam.* Politicailleur).

POLITICIEN, IENNE [pɔlitisjɛ̃, jɛn]. *n.* et *adj.* (1779, repris 1865; angl. *politician*, de *politics*, du fr. *politique*). ♦ 1° *N.* Personne qui exerce une action politique dans le gouvernement ou dans l'opposition. V. **État** (homme d'État), **politique** (1, II). « *Elle excelle à... débrouiller en politicienne accomplie le dessous compliqué des affaires* » (HENRIOT). — (Souv. péj.) « *Tous les politiciens retors qui se partagent le pouvoir en Europe* » (MART. du G.). *Politicien véreux.* ♦ 2° *Adj.* (*Péj.*). Digne d'un politicien. « *La Kabylie réclame le contraire d'une politique politicienne, c'est-à-dire une politique clairvoyante et généreuse* » (CAMUS).

POLITICO-. Élément, du gr. *politikos* « politique », formant des adj. (*politico-économique, -social,* etc.).

1. POLITIQUE [pɔlitik]. *adj.* et *n. m.* (1361; lat. *politicus,* adj., du gr. *politikos* « de la cité »).
  I. *Adj.* Ⓐ Relatif à la cité, au gouvernement de l'État. ♦ 1° *Vx.* Relatif à la société organisée. V. **Civil** (*opposé à* naturel), **public** (*opposé à* privé). *En Angleterre,* « *les intérêts politiques sont le principal objet des méditations* » (STAËL). — Mod. *Économie politique.* V. **Économie.** ♦ 2° *Mod.* Relatif à l'organisation et à l'exercice du pouvoir dans une société organisée, au gouvernement* d'un État. *Pouvoir politique,* pouvoir de gouverner. « *Le principe de la vie politique est dans l'autorité souveraine* » (ROUSS.). *Rapports entre la structure économique, sociale et le régime politique* (capitalisme, socialisme, libéralisme). V. **Aristocratie** (1°), **démocratie, dictature, monarchie, république.** *Institutions politiques d'une civilisation, d'un État.* V. **Constitution** (II). *Réformes politiques et réformes sociales.* — (En ce qui concerne la souveraineté par le peuple) *Droits civils et droits politiques des personnes. Consultation politique :* élections, plébiscite, référendum. — (En parlant de ceux qui détiennent le pouvoir) *Les assemblées politiques,* le gouvernement. *Les milieux politiques.* « *Un homme politique, c'est un homme qui est persuadé qu'il va réussir où d'autres ont échoué* » (COLETTE). V. **Politicien;** état (homme d'État), **député, ministre.** — Par ext. *La vie politique de Chateaubriand. La carrière politique.* ♦ 3° Relatif à la théorie du gouvernement. *La pensée politique de Rousseau. Histoire des idées politiques. Grandes doctrines politiques.* V. **Absolutisme, communisme, fascisme, libéralisme, marxisme, monarchisme, royalisme, socialisme.** — *Essai, étude politique.* ◇ Relatif à la connaissance scientifique des faits politiques. *Institut d'Études politiques* (ancienn. *École des Sciences politiques :* « Sciences-po »). *Académie des sciences morales et politiques.* ♦ 4° Relatif aux rapports du gouvernement et de son opposition; au pouvoir et à la lutte autour du pouvoir. *La vie politique française. Nouvelles politiques.* — *La journée, la semaine politique.* — *Situation politique dans une province. Crise politique. Revendications politiques et professionnelles des syndicats.* Dr. pén. *Délits, crimes politiques. Procès politiques.* Par ext. *Détenu, prisonnier politique.* Subst. « *Les trains de déportés... étaient remplis de « politiques » et de juifs* » (BEAUVOIR). — *Les forces politiques. Parti* *politique. Rôle politique de l'armée, des syndicats ouvriers. Facteurs politiques et économiques.* « *L'opinion publique est souvent une force politique* » (A. SAUVY). ◇ (En parlant des opinions sur le pouvoir) *Opinions politiques. Tendances, attitudes, positions politiques.* V. **Conservateur, droite, extrémisme, extrémiste, gauche, gouvernemental, opportunisme, opposition, progressisme, progressiste, radical, radicalisme, réaction, réactionnaire.** *Sympathies politiques. Journal politique.* ♦ 5° Relatif à un État, aux États et à leurs rapports. *Unité politique. Communauté politique.* V. **Nation** (3°). *Frontières politiques et frontières naturelles. Histoire politique de l'Orient. Géographie politique,* partie de la géographie humaine. « *L'univers politique a bien changé* » (VALÉRY). Ⓑ *Vx* ou *littér.* (1636). Habile. *Ce n'est pas très politique.* V. **Diplomatique.** « *Il jugeait politique de manifester son admiration pour l'antiquité grecque* » (A. HERMANT). — (Personnes) « *Des hommes actifs, ardents, politiques* » (MICHELET).
  II. *N. m.* (1568). ♦ 1° *Littér.* Homme de gouvernement. « *Le vrai politique est celui qui joue bien et qui gagne à la longue* » (VOLT.). *Un fin politique. Les grands politiques.* « *Juste... était, à vingt-cinq ans, un profond politique* » (BALZ.). — *Fig.* Personne qui sait gouverner autrui. « *Il était trop franc et trop mauvais politique pour déguiser ce qu'il pensait* » (R. ROLLAND). ♦ 2° (XXᵉ). *Didact.* Ce qui est politique (aux sens I, 2°, 4°). *Le politique et le social.* « *L'âge actuel est proprement l'âge du politique* » (BENDA).

2. POLITIQUE [pɔlitik]. *n. f.* (1265, rare av. XVIIᵉ; même étym. que le précéd.). ♦ 1° Art et pratique du gouvernement des sociétés humaines (État, nation). « *La politique, art de tromper les hommes* » (D'ALEMB.). « *Quant à la politique?...* — *Ah! c'est l'art de créer des faits, de dominer, en jouant, les événements et les hommes* » (BEAUMARCH.). « *La politique*

consiste dans la volonté de conquête et de conservation du pouvoir* » (VALÉRY). ◇ Spécialt. *Rare.* Les sciences politiques; l'ensemble des phénomènes concernant l'État, le pouvoir, le gouvernement. *Système de politique positive,* de Comte. « *Ceux qui voudront traiter séparément la politique et la morale n'entendront jamais rien à aucune des deux* » (ROUSS.). ♦ 2° Sorte de gouvernement, manière de gouverner un État (*politique intérieure*) ou de mener les relations avec les autres États (*politique extérieure*). *Politique conservatrice, libérale, de droite, de gauche. Politique de coexistence pacifique.* V. **Pacifisme.** *Politique de neutralité, de non-intervention* (V. **Neutralisme**), *d'intervention* (V. **Interventionnisme**), *d'agression. Politique expansionniste* (V. **Expansionnisme**), *colonialiste* (V. **Colonialisme**). *Politique fondée sur la primauté de la nation* (V. **Nationalisme**). *Politique de grandeur. Politique d'austérité. Politique d'abandon.* — *Politique d'un président, d'un ministre.* « *Tout parti vit de sa mystique et meurt de sa politique* » (PÉGUY). *Politique européenne,* des États d'Europe. — *Politique sociale,* concernant les problèmes sociaux. *Politique économique, financière, fiscale.* ♦ 3° (1652). Ensemble des affaires publiques. « *La tolérance est aussi nécessaire en politique qu'en religion* » (VOLT.). *S'occuper, se mêler de politique. Faire de la politique.* « *Vous êtes encore innocents de vous attraper pour la politique! En voilà une blague, la politique!* » (ZOLA). ◇ *La carrière politique. Se destiner à la politique.* ♦ 4° (XVIIᵉ). Manière concertée de conduire une affaire. *Une bonne, une mauvaise politique.* V. **Tactique.** *Pratiquer la politique de l'autruche*, du moindre effort. Absolt. *Ce n'est pas une politique,* une bonne politique. ◇ *Vieilli.* Calcul intéressé. « *Sans nulle politique à l'égard de son mari, elle laissait échapper les plus belles occasions* » (STENDHAL).

POLITIQUEMENT [pɔlitikmɑ̃]. *adv.* (XVᵉ; de *politique* 1). ♦ 1° En ce qui concerne le pouvoir politique. *Pays unifié politiquement.* ◇ D'un point de vue politique. « *Des milliers d'hommes commençaient à penser politiquement* » (NIZAN). ♦ 2° *Littér.* Avec habileté. *Agir politiquement.*

POLITIQUER [pɔlitike]. *v. intr.* (XVIIᵉ; de *politique* 2). *Vx* et *fam.* Parler politique. « *Les uns se mirent à causer,... plusieurs à politiquer et à boire* » (DIDER.).

POLITISATION [pɔlitizasjɔ̃]. *n. f.* (1949; de *politiser*). Action de politiser; résultat de cette action. *Politisation des syndicats ouvriers, des grèves.* ◇ ANT. Dépolitisation.

POLITISER [pɔlitize]. *v. tr.* (1948; de *politique* 1, I). Donner un caractère, un rôle politique à. *Politiser les élections syndicales.* — Au p. p. *Littérature engagée et politisée.* ◇ ANT. Dépolitiser.

POLITOLOGIE [pɔlitɔlɔʒi] ou **POLITICOLOGIE** [pɔlitikɔlɔʒi]. *n. f.* (v. 1957 [mot all.], 1952];-v. 1950 [mot all., 1934]; du gr. *polis, -itis,* et *-logie*). Science politique. « *Nous parlerons ici de politologie chaque fois que nous viserons la connaissance systématique et ordonnée des phénomènes touchant l'État* » (PRÉLOT). Spécialiste de politologie (*politologue* ou *politicologue* [pɔlitikɔlɔg]).

POLJÉ [pɔlje]. *n. m.* (XXᵉ; mot slave « plaine »). Géogr. Dépression entourée de rebords rocheux, à fond plat, et alluvial. *Des poljé(s).*

POLKA [pɔlka]. *n. f.* (1842; mot polonais). ♦ 1° Danse, d'origine polonaise ou tchèque, à l'allure vive et très rythmée. « *Une polka emportait des couples* » (ZOLA). — Air sur lequel on exécute cette danse. *Jouer une polka.* — POLKA PIQUÉE : jouée en notes piquées et dansée d'une façon sautillante. ♦ 2° Par appos. *Pain polka :* pain marqué de bandes qui se recoupent en formant des carrés ou des losanges. « *Des pains polkas pareils à des écus ronds* » (APOLLINAIRE).

POLLAKIURIE [pɔl(l)akiyʀi]. *n. f.* (1890; gr. *pollakis* « souvent », et *ourein* « uriner »). Méd. Fréquence anormalement élevée de mictions peu abondantes.

POLLEN [pɔl(l)ɛn]. *n. m.* (1766; lat. bot. *pollen* « farine, poussière fine »). Poussière très fine constituée de grains microscopiques produits dans l'anthère. *Le grain de pollen,* agent mâle de la fécondation (plantes phanérogames). *Transport du pollen par les insectes, le vent.* V. **Pollinisation.** *Étude des pollens.* V. **Palynologie.** *La poussière de pollen provoque certaines maladies allergiques* (rhume, des foins, asthme pollinique).

POLLICITATION [pɔl(l)isitasjɔ̃]. *n. f.* (1731; « promesse », 1480; lat. jur. *pollicitatio;* de *polliceri* « offrir, promettre »). Dr. Offre exprimée, mais non encore acceptée.

POLLINIE [pɔl(l)ini]. *n. f.* (1836; de *pollen*). Bot. Masse de grains de pollen, chez certaines plantes (*Asclépiadacées* et *Orchidacées*).

POLLINIQUE [pɔl(l)inik]. *adj.* (1836; de *pollen*). Bot. Relatif au pollen. *Chambre* ou *sac pollinique :* partie de l'anthère où se forme le grain de pollen. *Tube pollinique.* *Asthme pollinique :* causé par le pollen.

POLLINISATION [pɔl(l)inizasjɔ̃]. *n. f.* (1875; *pollination,* 1812; de *pollen*). Sc. nat. Processus par lequel le pollen est transporté des anthères jusqu'aux stigmates. *Pollinisation* *directe, indirecte* ou *croisée. Pollinisation par le vent* (plantes anémophiles*), *par les insectes.*

POLLUANT, ANTE [pɔlɥɑ̃, ɑ̃t]. *adj. et n. m.* (v. 1970; de *polluer*). Qui pollue (2°). *Produits polluants.* « *Construire une usine non polluante et mieux placée...* » (A. SAUVY). ◇ *Subst.* Agent (physique, chimique ou biologique) provoquant une dégradation dans un milieu donné. *Polluants atmosphériques.*

POLLUER [pɔl(l)ɥe]. *v. tr.* (1440; lat. *polluere* « souiller »). ♦ 1° *Vx* ou *littér.* Salir, souiller; *fig.* profaner. ♦ 2° *Mod.* Salir en rendant malsain, dangereux. *Gaz qui polluent l'atmosphère des villes.* V. Infecter, infester. — Au p. p. *Rivière polluée par les déchets industriels. Eaux polluées* (V. Pollution). — *Air pollué :* vicié. ◇ *Par ext.* Dégrader l'environnement, de quelque manière que ce soit. « *Un nouveau slogan 'Qui pollue paie'. Cette parafiscalité a été créée pour les riverains des aérodromes d'Orly et de Roissy* » (*Science et Vie*, « Environnement » [n° H.S.], 1974). ◇ ANT. Décontaminer, dépolluer, épurer.

POLLUEUR, EUSE [pɔlɥœʀ, øz]. *n. et adj.* (v. 1970; de *polluer*). Ce qui pollue (2°). « *S'il n'y avait aucun pollueur, il n'y aurait aucune dégradation* » (A. SAUVY). « *Les usines de pâte à papier, grandes pollueuses* » (A. SAUVY). — Adj. *Agents pollueurs.*

POLLUTION [pɔl(l)ysjɔ̃]. *n. f.* (XIIᵉ; lat. ecclés. *pollutio*). ♦ 1° *Vieilli.* Action de polluer, le fait d'être pollué. V. Souillure. ♦ 2° *Mod.* Dégradation d'un milieu par l'introduction d'un polluant*. *Pollution des eaux d'une rivière. Pollution atmosphérique. Lutte contre la pollution.* V. Antipollution, dépollution; dépolluer. *Étude de l'environnement* et *des facteurs de pollution. Science des pollutions.* V. Molysmologie; et *aussi* écologie. — *Par ext.* Dégradation des conditions de vie, nuisance* quelconque (bruit, etc.). ♦ 3° *Méd. Pollutions nocturnes :* éjaculations involontaires, pendant le sommeil. ◇ ANT. Épuration.

POLO [pɔlo]. *n. m.* (1882; mot angl., du tibétain). ♦ 1° *Sport* dans lequel les cavaliers, divisés en deux équipes, essaient de pousser une boule de bois dans le camp adverse avec un maillet à long manche. ♦ 2° (Déb. XXᵉ; « coiffure des joueurs de polo »). *Vx.* Coiffure de femme, sans bords. « *Une fille aux yeux brillants sous un 'polo' noir, enfoncé sur sa tête* » (PROUST). ♦ 3° *Mod.* (1913). Chemise de sport en tricot, à col ouvert.

POLOCHON [pɔlɔʃɔ̃]. *n. m.* (1849; p.-ê. de l'a. fr. *pouloucel* « petit oiseau »; Cf. Duvet). *Pop.* Traversin. *Les enfants se battaient à coups de polochons.*

POLONAIS, AISE [pɔlɔnɛ, ɛz]. *adj. et n.* (1588; *pollac*, 1573; *polonais poljane*, du rad. de *pole* « champ »). De Pologne. *La cracovienne, la mazurka, la polka, danses polonaises.* — Subst. *Le polonais, langue du groupe slave.* ◇ N. *Un (une) Polonais(e).* — Fam. *Être soûl comme un Polonais :* au dernier point. « *Il était sous la porte, gris comme un Polonais* » (ZOLA).

POLONAISE [pɔlɔnɛz]. *n. f.* (1839; « vêtement », 1808; du précéd.). ♦ 1° Danse nationale des Polonais. — Musique sur laquelle on exécutait cette danse. *Les polonaises de Chopin.* « *En Russie, les bals de la cour s'ouvrent par ce qu'on appelle une polonaise* » (GAUTIER). ♦ 2° Gâteau meringué, dont l'intérieur, fait de pâte briochée imbibée de kirsch, contient des fruits confits.

POLONIUM [pɔlɔnjɔm]. *n. m.* (1898; de *Pologne*, pays d'origine de Marie Curie). Élément radioactif (symb. *Po*; p. at. 210; n° at. 84). *Dans la série du polonium est identique au radium F de période de 140 jours; par expulsion d'un hélion, il donne le radium G ou plomb stable.*

POLTRON, ONNE [pɔltʀɔ̃, ɔn]. *adj. et n.* (1509; it. *poltrone*). Qui manque de courage physique. V. Couard, lâche, peureux, pusillanime; *fam.* froussard, trouillard. ◇ N. *Un poltron, une poltronne.* V. Pleutre. « *Il n'y a guère de poltrons qui connaissent toujours toute leur peur* » (LA ROCHEF.). ◇ ANT. Brave, courageux.

POLTRONNERIE [pɔltʀɔnʀi]. *n. f.* (1574; *poltronie*, 1566; de *poltron*). Vice du poltron. V. Couardise, lâcheté. « *La parfaite valeur et la poltronnerie complète sont deux extrémités où l'on arrive rarement* » (LA ROCHEF.). ◇ ANT. Bravoure, courage.

POLY-. Préfixe, du gr. *polus* « nombreux; abondant » (V. Multi-, pluri-). ◇ ANT. Mono-, uni-.

POLYACIDE [pɔliasid]. *adj. et n. m.* (1869; de *poly-*, et *acide*). *Chim.* Se dit des corps possédant plusieurs fonctions acides.

POLYAKÈNE [pɔliaken]. *adj. et n. m.* (déb. XXᵉ; de *poly-*, et *akène*). *Bot.* Composé de plusieurs akènes. ◇ N. m. Fruit de plusieurs akènes.

POLYALCOOL [pɔlialkɔl] ou **POLYOL** [pɔljɔl]. *n. m.* (1946,-mil XXᵉ; de *poly-*, et *alcool*). *Chim.* Corps possédant plusieurs fonctions alcool.

POLYAMIDE [pɔliamid]. *n. m.* (mil. XXᵉ; de *poly-*, et *amide*). *Chim.* Corps résultant de la réaction d'un polyacide

sur une polyamine. *De nombreuses matières plastiques sont des polyamides* (*ex. :* nylon, perlon, rilsan).

POLYAMINE [pɔliamin]. *n. f.* (mil. XXᵉ; de *poly-*, et *amine*). *Chim.* Substance organique possédant plusieurs fois la fonction amine.

POLYANDRE [pɔljɑ̃dʀ(ə); pɔli]. *adj.* (1842; de *poly-*, et suff. *andre*). *Didact.* ♦ 1° Qui a plusieurs maris. *Femme polyandre.* ♦ 2° *Bot.* Qui a plusieurs étamines. *Plante polyandre.* ◇ ANT. (du 1°) Monogame.

POLYANDRIE [pɔliɑ̃dʀi]. *n. f.* (1765; de *poly-*, et *andrie*). *Didact.* ♦ 1° État d'une femme qui a plusieurs maris. V. Bigamie, polygamie. ♦ 2° *Bot.* (1787). Caractère d'une plante polyandre (Chez LINNÉ, classe de plantes). ◇ ANT. (du 1°) Monogamie.

POLYARTHRITE [pɔliaʀtʀit]. *n. f.* (1878; de *poly-*, et *arthrite*). *Méd.* Inflammation simultanée de plusieurs articulations.

POLYBASIQUE [pɔlibazik]. *adj.* (1865; de *poly-*, et *basique*). *Chim.* (Rare). *Acide polybasique.* V. Polyacide.

POLYCENTRIQUE [pɔlisɑ̃tʀik]. *adj.* (1965; de *poly-*, et *centre*). ♦ 1° *Archit.* Se dit du plan d'un bâtiment qui a plusieurs centres. ♦ 2° *Polit.* Qui a plusieurs centres de direction. *Parti polycentrique.*

POLYCENTRISME [pɔlisɑ̃tʀism(ə)]. *n. m.* (v. 1960; de *poly-*, et *centre*). *Polit.* Doctrine visant à donner à un parti plusieurs centres de direction. « *Les nouveaux principes du 'polycentrisme' s'affirment de plus en plus dans le monde communiste* » (*Nouv. Obs.*, 30-4-1968).

POLYCÉPHALE [pɔlisefal]. *adj.* (1808, n. m., « ver »; gr. *polukephalos*). *Didact.* Qui a plusieurs têtes. *Monstre polycéphale.* ◇ Fig. *Gouvernement polycéphale.*

POLYCHÈTES [pɔliket]. *n. m.* ou *f. pl.* (1842; de *poly-*, et gr. *khaitê* « soie »). *Zool.* Classe d'annélides comprenant des vers marins.

POLYCHROÏSME [pɔlikʀɔism(ə)]. *n. m.* (1842; de *poly-*, et gr. *khroa* « teinte »). *Opt.* Phénomène dû à la polarisation des radiations, qui permet d'observer sur une substance des colorations variées selon l'angle sous lequel on la regarde, l'absorption des radiations étant différente suivant leur incidence.

POLYCHROME [pɔlikʀom]. *adj.* (fin XVIIIᵉ; gr. *polukhrômos*; Cf. -Chrome). Qui est de plusieurs couleurs; décoré de plusieurs couleurs. *Statue polychrome.* « *Nous nous étonnons aujourd'hui de l'architecture polychrome des Grecs* » (GIDE). ◇ ANT. Monochrome.

POLYCHROMIE [pɔlikʀɔmi]. *n. f.* (1842; de *polychrome*). État de ce qui a diverses couleurs. — *Spécialt.* Application de la couleur à la statuaire, à l'architecture. ◇ ANT. Monochromie.

POLYCLINIQUE [pɔliklinik]. *n. f.* (1864; de *poly-*, et *clinique*). Établissement hospitalier comprenant plusieurs services spécialisés pour le traitement de maladies diverses. ◇ HOM. Policlinique.

POLYCONDENSAT [pɔlikɔ̃dãsa]. *n. m.* (mil. XXᵉ; de *poly-*, et *condensation*). *Chim.* Résultat d'une polycondensation.

POLYCONDENSATION [pɔlikɔ̃dãsasjɔ̃]. *n. f.* (mil. XXᵉ; de *poly-*, et *condensation*). *Chim. Réactions de polycondensation :* entre les molécules identiques ou différentes avec élimination des résidus de la réaction (*ex. :* préparation des matières plastiques).

POLYCOPIE [pɔlikɔpi]. *n. f.* (1890; de *poly-*, et *copie*). *Techn.* Procédé de reproduction graphique par report (décalque) sur une pâte, un mastic à la gélatine (formant cliché), encrage et tirage. *Bulletin tiré à la polycopie.*

POLYCOPIÉ, ÉE [pɔlikɔpje]. *adj. et n. m.* (XXᵉ; de *Polycopier*). *Cour.* Reproduit en polycopie. *Cours polycopiés.* — N. m. *Un polycopié :* texte, et spécial. Cours universitaire polycopié.

POLYCOPIER [pɔlikɔpje]. *v. tr.* (XXᵉ; de *poly-*, et *copier*). Reproduire en polycopie. *Pâte, encre à polycopier.*

POLYCULTURE [pɔlikyltyʀ]. *n. f.* (1908; de *poly-*, et *culture*). Culture simultanée de différents produits sur un même domaine, dans une même région. ◇ ANT. Monoculture.

POLYCYCLIQUE [pɔlisiklik]. *adj.* (1906; de *poly-*, et *cyclique*). *Électr.* Qui touche plusieurs phénomènes périodiques de fréquence différente.

POLYDACTYLE [pɔlidaktil]. *adj. et n.* (1827; de *poly-*, et gr. *daktulos*). *Pathol.* Qui présente une polydactilie.

POLYDACTYLIE [pɔlidaktili]. *n. f.* (1842; de *poly-*, et gr. *daktulos* « doigt »). *Pathol.* Malformation caractérisée par la présence de plusieurs doigts ou d'orteils surnuméraires.

POLYÈDRE [pɔljɛdʀ(ə); pɔli-]. *n. m.* (1690; gr. *poluedros*). *Géom.* Solide limité de toutes parts par des polygones plans. *Polyèdre convexe. Polyèdre régulier. Polyèdre* (concave) à *faces étoilées.* — Adj. *Angle polyèdre.*

POLYÉDRIQUE [pɔliedʀik]. *adj.* (1869; de *polyèdre*).

Géom. Relatif à un polyèdre, qui constitue un polyèdre ou en fait partie.

POLYEMBRYONIE [pɔliãbrijɔni]. *n. f.* (v. 1870, Duchartre; de *poly-*, et *embryon*). *Biol.* Formation d'un grand nombre d'embryons à partir d'un seul œuf fécondé. *La polyembryonie de certains hyménoptères parasites.*

POLYESTER [pɔliɛstɛʀ]. *n. m.* (mil. XXᵉ; de *poly-*, et *ester*). *Chim.* Ester à poids moléculaire élevé, résultant de l'enchaînement de nombreuses molécules d'esters. *Certains polyesters sont les constituants de matières plastiques.* V. **Dacron, tergal.**

POLYÉTHYLÈNE [pɔlietilɛn] ou **POLYTHÈNE** [pɔlitɛn]. *n. m.* (mil. XXᵉ; de *poly-*, et *éthylène*). Matière plastique obtenue par polymérisation de l'éthylène, solide translucide, thermoplastique. *Propriétés isolantes du polythène.*

POLYGALA [pɔligala], **POLYGALE** [pɔligal]. *n. m.* (1562,-1669; lat. mod., de *poly-*, et gr. *gala* « lait »). Plante *(Polygalacées)* herbacée, vivace, dont une variété est appelée « laitier, herbe au lait ».

POLYGAME [pɔligam]. *n. et adj.* (1580; gr. *polugamos*). *Didact.* ♦ 1º *N.* Homme uni à plusieurs femmes, femme unie à plusieurs hommes (V. **Polyandre**) à la fois, en vertu de liens légitimes. Cet. — Adj. *Musulman, mormon polygame. Tibétaine polygame* (polyandre). ♦ 2º *Bot.* Qui porte des fleurs mâles et femelles. (On dit aussi *monoïque*). ◇ ANT. (du 1º) *Monogame.*

POLYGAMIE [pɔligami]. *n. f.* (1558; lat. *polygamia*, mot. gr.). ♦ 1º Situation d'une personne polygame (V. *aussi* **Bigamie, polyandrie**); organisation sociale reconnaissant les unions légitimes multiples et simultanées. *En France, la polygamie est punie par le Code pénal.* ♦ 2º *Bot.* Caractère d'une plante polygame. ◇ ANT. *Monogamie.*

POLYGÉNISME [pɔliʒenism(ə)]. *n. m.* (1865; de *poly-*, et *-génie*). *Didact.* Doctrine suivant laquelle l'espèce humaine est apparue en même temps en plusieurs points du globe.

POLYGÉNISTE [pɔliʒenist(ə)]. *n. et adj.* (1865; de *polygénisme*). Partisan du polygénisme.

POLYGLOBULIE [pɔliglɔbyli]. *n. f.* (1932; de *poly-*, et *globule*, suff. *-ie*). *Méd.* V. **Érythrémie.**

POLYGLOTTE [pɔliglɔt]. *adj. et n.* (1639, n.; gr. *poluglôttos*, de *glôtta* « langue »). ♦ 1º (1690). Écrit, rédigé en plusieurs langues. *Dictionnaire polyglotte.* ♦ 2º *Cour.* Qui parle plusieurs langues. *Interprète polyglotte.* « *Un écrivain polyglotte aura toujours un immense avantage sur un écrivain unilingue* » (LARBAUD). N. *Un(e) polyglotte.*

POLYGONACÉES [pɔligɔnase]. *n. f. pl.* (1847; du gr. *polugonaton*, de *gonu* « genou »). *Bot.* Classe de plantes phanérogames *(Dicotylédones apétales)* comprenant l'oseille, la persicaire, la renouée, la rhubarbe, le sarrasin.

POLYGONAL, ALE, AUX [pɔligɔnal, o]. *adj.* (1560; de *polygone*). Qui a plusieurs angles et plusieurs côtés. *Champ, terrain polygonal, de forme polygonale.* ◇ Dont la base est un polygone. *Pyramide polygonale.*

POLYGONATION [pɔligɔnasjɔ̃]. *n. f.* (mil. XXᵉ; de *polygone;* Cf. Triangulation). *Techn.* Méthode topographique par une suite de mesures angulaires. V. **Cheminement** (3º).

POLYGONE [pɔligɔn]. *n. m.* (1567; lat. *polygonus*, gr. *polugónos*). ♦ 1º Figure fermée par des segments de droite. *Côtés, sommets, diagonales d'un polygone. Polygone convexe, concave,* situé ou non tout entier du même côté de la droite dont fait partie un de ses côtés. *Polygone régulier,* à côtés et angles égaux. *Centre, rayon, apothème d'un polygone régulier.* ◇ *Mécan. Polygone de forces,* formé de vecteurs représentant les forces d'un système en équilibre. — *Polygone de sustentation**. ♦ 2º (1640). Polygone formant le tracé d'une place de guerre, d'une fortification. — *Polygone de tir* : champ de tir pour l'artillerie. « *Des soldats qui faisaient du tir réduit dans le polygone* » (ALAIN).

POLYGRAPHE [pɔligʀaf]. *n.* (1536; gr. *polugraphos*). *Didact.* Auteur qui écrit sur des matières variées. *Diderot se fit polygraphe pour rédiger son Encyclopédie.*

POLYMÈRE [pɔlimɛʀ]. *adj. et n. m.* (1842; de *poly-*, et *-mère*). *Chim.* Se dit d'une molécule dont la masse moléculaire est multiple de celle d'une autre, dite « monomère ». ◇ N. m. *Un polymère. Le benzène* (C_6H_6) *et le styrène* (C_8H_8) *sont des polymères de l'acétylène* (C_2H_2).

POLYMÉRIE [pɔlimeri]. *n. f.* (1827; de *polymère*). ♦ 1º *Chim.* Cas particulier d'isomérie où l'un des composés (polymère) a une masse moléculaire multiple de l'autre. ♦ 2º *Biol.* Hérédité où chaque caractère est déterminé par l'action de plusieurs gènes.

POLYMÉRISABLE [pɔlimerizabl(ə)]. *adj.* (XXᵉ; de *polymère*). *Chim.* Qui peut être polymérisé.

POLYMÉRISATION [pɔlimerizasjɔ̃]. *n. f.* (1878; de *polymériser*). *Chim.* Union de plusieurs molécules d'un composé pour former une grosse molécule. *Résines de polymérisation.* V. **Macromolécule, plastique.**

POLYMÉRISER [pɔlimerize]. *v. tr.* (XXᵉ; de *polymère*, et *-iser*). *Chim.* Transformer en polymère.

POLYMORPHE [pɔlimɔʀf(ə)]. *adj.* (1827; de *poly-*, *-morphe*). *Didact.* ou *littér.* Qui peut se présenter sous des formes différentes. ◇ *Chim.* Se dit d'un corps qui peut se présenter sous plusieurs formes cristallines.

POLYMORPHIE [pɔlimɔʀfi] *n. f.* ou **POLYMORPHISME** [pɔlimɔʀfism(ə)]. *n. m.* (1872,-1842; de *poly-*, et *-morphe*). Caractère de ce qui est polymorphe. *Polymorphisme des fourmis d'une fourmilière. Polymorphisme d'une maladie.*

POLYNÉSIEN, ENNE [pɔlinezjɛ̃, ɛn]. *adj. et n.* (1846; de *Polynésie*). De Polynésie (ensemble d'archipels océaniens). *Langues polynésiennes, malayo-polynésiennes** *(ex.* : maori). — N. *Les Polynésiens.*

POLYNÉVRITE [pɔlinevʀit]. *n. f.* (déb. XXᵉ; de *poly-*, et *névrite*). Névrite périphérique infectieuse ou toxique, qui atteint plusieurs nerfs.

POLYNÔME [pɔlinom]. *n. m.* (1691; de *poly-*, et *-nôme*). Expression algébrique constituée par une somme algébrique de monômes (séparés par les signes + et —). V. **Binôme, trinôme.**

POLYNUCLÉAIRE [pɔlinykleɛʀ]. *adj.* (1899; de *poly-*, et *nucléaire*). *Biol.* Se dit d'une cellule possédant plusieurs noyaux. *Leucocytes polynucléaires,* et subst. *Un polynucléaire* : globule blanc à noyau segmenté ou irrégulier, paraissant multiple.

POLYOSIDE [pɔliozid]. *n. m.* (1963; de *poly-*, et *oside*). *Biochim.* Polysaccharide*.

POLYPE [pɔlip]. *n. m.* (Polipe, 1265; lat. *polypus,* gr. *polupous,* de *pous* « pied »). ♦ 1º *Zool.* (1550). Une des formes sous lesquelles se présentent les Cœlentérés (tube fixé à l'une des extrémités de l'animal, l'autre portant une bouche entourée de tentacules). L'animal lui-même (hydres, méduses). ♦ 2º *Méd.* et *cour.* (v. 1370). Tumeur, excroissance fibreuse ou muqueuse, implantée par un pédicule. *Polype du gros intestin. Polype du col utérin.*

POLYPEPTIDE [pɔlipɛptid]. *n. m.* (1931; de *poly-*, peptique, et *-ide*). *Biochim.* Substance constituée par la combinaison de plusieurs acides aminés (en nombre supérieur à quatre). *Polypeptides naturels, synthétiques. Polypeptides résultant de la digestion des protéines.* — Adj. POLYPEPTIDIQUE [pɔlipɛptidik].

POLYPÉTALE [pɔlipetal]. *adj.* (1732; de *poly-*, et *pétale*). *Bot.* Qui a plusieurs pétales libres.

POLYPEUX, EUSE [pɔlipø, øz]. *adj.* (1552; de *polype*). *Pathol.* Qui constitue un polype (2º), qui est caractérisé par la présence de polypes. *Colite polypeuse.*

POLYPHASÉ, ÉE [pɔlifaze]. *adj.* (1891; de *poly-*, et *phase*). Qui a plusieurs phases. *Courants polyphasés,* se dit de courants alternatifs à plusieurs phases. ◇ Alimenté en courants polyphasés. *Alternateur polyphasé.*

POLYPHONIE [pɔlifɔni]. *n. f.* (1875; en ling., 1869; gr. *poluphônia*). Combinaison de plusieurs voix, de plusieurs parties dans une composition. V. **Contrepoint.** — Chant à plusieurs voix. *Les polyphonies du XVIᵉ s.* ◇ ANT. Homophonie.

POLYPHONIQUE [pɔlifɔnik]. *adj.* (1876; de *polyphonie*). *Mus.* Qui constitue une polyphonie; qui est à plusieurs voix. *Pièce polyphonique vocale.*

POLYPIER [pɔlipje]. *n. m.* (1752; de *polype*). Squelette calcaire des cœlentérés *(Coralliaires)* vivant en colonies de polypes; groupe d'animaux présentant cette formation calcaire. V. **Corail, gorgone** (2º), **millépore.** — Fig. « *Ce polypier humain que l'on appelle une ville* » (GAUTIER).

POLYPLOÏDE [pɔliplɔid]. *adj.* (1931; de *poly-*, d'apr. *diploïde*). *Biol.* Se dit du noyau d'une cellule, ou d'un organisme, qui possède plusieurs lots de chromosomes alors que normalement il n'en existe qu'un seul. — Subst. *Un polyploïde.* V. **Diploïde, haploïde.**

POLYPLOÏDIE [pɔliplɔidi]. *n. f.* (1848; de *polyploïde*). *Biol.* État d'un noyau (d'une cellule), d'un organisme polyploïde.

POLYPODE [pɔlipɔd]. *n. m.* (Polipode, XIIIᵉ; lat. *polypodium,* gr. *polupodion*). *Bot.* Plante cryptogame *(Fougères; Polypodiacées)* à rhizome rampant, à feuilles lobées, croissant en milieu humide.

POLYPORE [pɔlipɔʀ]. *n. m.* (1827; de *poly-*, et *pore*). *Bot.* Champignon basidiomycète *(Polyporées)* charnu. *Les polypores se développent sur divers arbres* (frêne, chêne, saule, peuplier).

POLYPORÉES [pɔlipɔʀe]. *n. f. pl.* (1846; de *polypore*). *Bot.* Famille de champignons dont l'hyménium forme des tubes (ou pores) : bolet, fistuline, polypore.

POLYPTÈRE [pɔliptɛʀ]. *n. m.* (1827; gr. *polupteros*). *Zool.* Poisson ganoïde des fleuves d'Afrique, allongé, cylindrique, à longue nageoire dorsale profondément découpée.

POLYPTYQUE [pɔliptik]. *n. m.* (1721, adj.; lat. *polyptychon,* mot gr., de *ptux, ptukhos* « pli »). *Arts.* Tableau d'autel, peinture à plusieurs volets. V. **Diptyque, triptyque.**

POLYSACCHARIDE [pɔlisakaʀid]. *n. m.* (*Néol.; de poly-*, et *saccharide*). *Biochim.* Glucide naturel, végétal ou animal, formé par la condensation de plusieurs sucres simples (oses). Syn. mod. : *polyoside*. (*Ex. :* amidon, cellulose).

POLYSÉMIE [pɔlisemi]. *n. f.* (fin XIXᵉ, Bréal ; de *poly-*, et gr. *semaïnen*. V. **Sémantique**). *Ling.* Caractère d'un signe qui possède plusieurs contenus, plusieurs valeurs. « *Il y a polysémie lorsque, dans la mémoire, un signifiant a plusieurs significations... ou qu'une idée est rendue par plusieurs signifiants* » (Ch. BAILLY). *Polysémie* (ex. : *pompe* « appareil » et *pompe* « chaussure » [*pop.*]) *et homonymie* (ex. : *pompe 2* « appareil » et *pompe 1* « faste, éclat »).

POLYSÉMIQUE [pɔlisemik]. *adj.* (1932 ; du précéd.). *Ling.* Qui présente plusieurs sens (d'un signe) ; relatif à la polysémie.

POLYSOC [pɔlisɔk]. *adj. et n. m.* (1846 ; de *poly-*, et *soc*). *Techn. Charrue polysoc*, formée de plusieurs corps (soc, coutre) montés sur un même bâti.

POLYSTYLE [pɔlistil]. *adj.* (1823 ; gr. *polustulos*). *Archit.* Qui a de nombreuses colonnes. *Temple, salle polystyle.*

POLYSTYRÈNE [pɔlistiʀɛn]. *n. m.* (mil. XXᵉ ; de *poly-*, et *styrène*). *Chim.* Matière plastique obtenue par polymérisation du styrène. *Panneau en polystyrène expansé.*

POLYSULFURE [pɔlisylfyʀ]. *n. m.* (1842 ; de *poly-*, et *sulfure*). *Chim.* Composé contenant plus de soufre qu'un sulfure normal.

POLYSYLLABE [pɔlisi(l)lab] ou **POLYSYLLABIQUE** [pɔlisi(l)labik]. *adj.* (1530,-1765 ; gr. *polusullabos*). *Ling.* Qui est composé de plusieurs syllabes. — Subst. *Un polysyllabe.* ◈ ANT. *Monosyllabe.*

POLYSYNTHÉTIQUE [pɔlisɛ̃tetik]. *adj.* (1846 ; de *poly-*, et *synthétique*). *Ling.* Se dit des langues agglutinantes où les éléments d'une phrase sont assemblés de sorte qu'on ne distingue plus le mot de la phrase.

POLYTECHNICIEN, IENNE [pɔlitɛknisjɛ̃, jɛn]. *n. m.* (1842 ; de *polytechnique*). Élève, ancien élève de Polytechnique (Cf. *Un carva*, un X [iks]).

POLYTECHNIQUE [pɔlitɛknik]. *adj. et n. f.* (1795 ; de *poly-*, et *technique*). ♦ 1º *Vx.* Qui embrasse plusieurs sciences. ♦ 2º Mod. *École polytechnique*, ou (n. f.) *Polytechnique* (arg. L'X ; carva, pipo). *Ancien élève de Polytechnique.* « *Le renom de l'École polytechnique* » (BALZ.).

POLYTHÉISME [pɔliteism(ə)]. *n. m.* (XVIᵉ ; gr. *polutheos*, de *theos* « Dieu »). Doctrine qui admet l'existence de plusieurs dieux. *Le polythéisme égyptien, grec.* « *Au fond du polythéisme est le sentiment de la nature vivante, immortelle, créatrice* » (TAINE). ◈ ANT. *Monothéisme.*

POLYTHÉISTE [pɔliteist(ə)]. *n. et adj.* (1762 ; de *polythéisme*). Qui croit en plusieurs dieux ; relatif au polythéisme. *Religion polythéiste.*

POLYTONAL, ALE, ALS [pɔlitɔnal]. *adj.* (XXᵉ ; de *poly-*, et *tonal*). *Mus.* Qui admet ou comporte l'existence simultanée de plusieurs tons (I, B, 3º). V. **Tonal**. *Des accords polytonals.* On emploie aussi POLYTONALITÉ [pɔlitɔnalite], *n. f.*

POLYTRAUMATISÉ, ÉE [pɔlitʀomatize]. *adj. et n.* (1965 ; de *poly-*, et *traumatisé*). *Méd.* Qui a subi plusieurs lésions graves au cours d'un même accident. *Blessés polytraumatisés.* — N. *Les polytraumatisés de la route.*

POLYTRIC [pɔlitʀik]. *n. m.* (*Politric*, XVᵉ ; lat. bot. *polytrichum*, du gr. *trix, trikhos* « cheveu »). *Bot.* Plante cryptogame cellulaire, mousse à tige dressée.

POLYURIE [pɔliyʀi]. *n. f.* (1836 ; de *poly-*, et *ouron* « urine »). *Méd.* Sécrétion excessive d'urine. *La polyurie accompagne souvent le diabète.* — Adj. POLYURIQUE [pɔliyʀik]. ◈ ANT. *Anurie.*

POLYVALENCE [pɔlivalɑ̃s]. *n. f.* (mil. XXᵉ ; de *polyvalent*, d'apr. *valence 2*). *Didact.* Caractère de ce qui est polyvalent. « *La polyvalence des savoirs* » (*Le Monde*, 27-4-1966).

POLYVALENT, ENTE [pɔlivalɑ̃, ɑ̃t]. *adj. et n.* (fin XIXᵉ ; de *poly-*, et lat. *valens*). ♦ 1º *Méd.* Se dit d'un sérum ou d'un vaccin qui protège contre plusieurs micro-organismes pathogènes. ♦ 2º *Chim.* Corps simple ou radical possédant plusieurs valences (phénomène de la *polyvalence* [pɔlivalɑ̃s]). ♦ 3º Qui a plusieurs fonctions, plusieurs activités différentes. *Inspecteur polyvalent des contributions.* N. m. *Les polyvalents.* ♦ 4º (Au Québec : 1965]. *École* (secondaire) *polyvalente* : école dispensant une formation générale commune et offrant un éventail de cours assez complet pour permettre aux élèves de se composer un programme individuel d'après leurs options. N. f. *Une polyvalente.*.

POLYVINYLIQUE [pɔlivinilik]. *adj.* (1948 ; de *poly-*, et *vinyle*). Se dit des polymères de composés vinyliques (polyéthylène, chlorure de polyvinyle, polystyrène).

POMÉLO [pɔmelo]. *n. m.* (déb. XXᵉ ; amér. *pomelo*, de *pomum melo* « pomme melon »). ♦ 1º Nom du *citrus naradisi* dont les fruits viennent en grappes (grape-fruit).

Les pomélos et les pamplemoussiers. ♦ 2º Fruit de cet arbre (V. **Grape-fruit**), appelé couramment *pamplemousse.*

POMI-. V. POMO-.

POMICULTEUR [pɔmikyltœʀ]. *n. m.* (1868 ; de *pomi-*, et *-culteur*). *Didact.* Celui qui cultive les arbres à fruits à pépins. V. **Pomoculture**.

POMMADE [pɔmad]. *n. f.* (1598 ; it. *pomata* « onguent aux pommes », de *pomo* « fruit »). ♦ 1º *Vx.* Composition molle, grasse et parfumée. V. **Cosmétique, crème, onguent**. *Pommade rosat* pour les lèvres.* ◇ Fig. et mod. *Passer de la pommade à qqn*, le flatter grossièrement. ♦ 2º *Mod.* Médicament à usage externe, formé de corps gras et d'une ou de plusieurs substances actives. *Pommade à l'oxyde de zinc; au soufre; à la pénicilline. Pot, tube de pommade.*

POMMADER [pɔmade]. *v. tr.* (XVIᵉ ; de *pommade*). *Plais. et péj.* Enduire de pommade. *Pommader ses cheveux. Cheveux pommadés.* — Pronom. *Se pommader.* — Au p. p. *Un gandin pommadé.*

POMMARD [pɔmaʀ]. *n. m.* (*Pomard*, 1834 ; de *Pommard*, n. pr.). Grand vin de Bourgogne, rouge.

1. **POMME** [pɔm]. *n. f.* (*Pome*, 1155 ; *pume*, 1080 ; lat. *poma*, de *pomum* « fruit »).
I. ♦ 1º Fruit du pommier, rond, à pulpe ferme et juteuse. *La pomme est une drupe à cinq loges cartilagineuses contenant les pépins. Quartier de pomme. Pomme rouge, jaune, verte, jaune. Pomme à couteau*, bonnes à être consommées crues. *Pomme d'api* : petite pomme rouge et blanche, ferme et sucrée. *Pomme de reinette. Pomme du Canada* (absolt. une canada), *pomme golden* (une golden). *Pommes à cuire. Pommes à cidre.* — *Croquer une pomme. Trognon de pomme.* — *Jus de pommes naturel; fermenté.* V. **Cidre, halbi**. *Eau-de-vie de pommes.* V. **Calvados**. — *Pommes cuites. Compote, marmelade, gelée de pommes. Chausson, tarte aux pommes.* — *La pomme*, le fruit défendu du paradis terrestre. — Myth. *Pomme attribuée par le berger Pâris à la plus belle des 3 déesses.* Fig. *Pomme de discorde*.* ◇ Loc. *Rond comme une pomme.* « *Un joli enfant bien portant qui a des joues comme une pomme* » (HUGO). *Grand, haut* comme trois pommes.* ♦ 2º *Appos.* VERT POMME. ♦ 3º *Loc. fam.* (1827). *Aux pommes*, très bien, très beau. — *Tomber dans les pommes* (1889), s'évanouir. « *Le typo est tombé dans les pommes* » (SARTRE). ◇ *Pop.* (1890) *Ma, sa pomme :* moi, lui. *Il* (Des Cigales) « *achète des sucettes, trois dont une pour sa pomme* » (QUENEAU). ♦ 4º POMME D'ADAM (1640) : saillie plus ou moins apparente à la partie antérieure du cou des hommes, formée par le cartilage thyroïde* du larynx. « *Un grand cou de poule tout déformé par une formidable pomme d'Adam qui montait et descendait dans son cou* » (GIONO). ♦ 5º Nom de fruits plus ou moins ronds. *Pomme d'amour.* V. **Tomate**. *Pomme cannelle.* V. **Anone**. *Pomme de merveille.* V. **Momordique**. *Pomme épineuse.* V. **Stramonium**. ◇ POMME DE PIN : organe reproducteur du pin (V. **Cône**, pigne) formé d'écailles ligneuses qui protègent les graines. *Graines de la pomme de pin.* V. **Pignon**. ◇ POMME DE TERRE : Voir à la nomenclature.
II. ♦ 1º Cœur de chou, de laitue (V. **Pommé**). ♦ 2º *Pomme d'arrosoir*, partie arrondie percée de petits trous qui s'ajoute au bec et permet de verser l'eau en pluie. ♦ 3º Boule décorative de bois, de métal. *Pommes de lit.*

2. **POMME** [pɔm]. *n. f.* (XXᵉ ; ellipt. de *pomme de terre*). Pomme de terre (T. de restaurant et de gastronomie). *Un bifteck aux pommes, un steak pommes frites* (V. **Frite**). *Pommes vapeur. Pommes mousseline* (purée). *Pommes boulangères*. Pommes dauphine* (soufflées). *Pommes à l'huile*, cuites à l'eau, puis servies tièdes ou froides avec une vinaigrette.

POMMÉ, ÉE [pɔme]. *adj.* (1393 ; de *pomme*). ♦ 1º Qui a une forme arrondie (plantes). *Chou pommé, laitue pommée.* ♦ 2º *Fam.* Achevé, complet. « *Je fais parfois des bêtises, mais pas de si pommées* » (FLAUB.).

POMMEAU [pɔmo]. *n. m.* (*Pomel*, 1160 ; de l'a. fr. *pom*, masc. de *pomme*). ♦ 1º Tête arrondie de la poignée d'un sabre, d'une épée. — Boule à l'extrémité d'une canne, d'un parapluie. « *Le pommeau de plomb de son énorme canne* » (HUGO). — Extrémité renflée des pistolets anciens. ♦ 2º Partie arrondie, arcade antérieure de l'arçon d'une selle.

POMME DE TERRE. *n. f.* (1716 ; « *fruit de terre* », trad. de *malum terræ*, XVᵉ ; « topinambour », 1655 ; de *pomme*, et *terre*). ♦ 1º Tubercule comestible d'une solanée. V. **Patate** (*pop*), pomme (2). *La pomme de terre fut répandue en France au XVIIIᵉ s. par Parmentier. Pommes de terre jaunes, rouges.* V. **Hollande, vitelotte**. *Éplucher des pommes de terre. Sac de pommes de terre.* — *Pommes de terre à l'eau, en robe des champs, bouillies, au four; sautées. Purée, gratin de pommes de terre. Pommes de terre frites.* V. **Frite**. ◇ *Plaisant. Nez en pomme de terre*, rond. *C'est un sac de pommes de terre* : une femme grosse et mal faite. ♦ 2º Plante, morelle tubéreuse, cultivée pour ses tubercules, les *pommes de terre. Champ, plant de pommes de terre.*

POMMELÉ, ÉE [pɔmle]. *adj.* (1160 ; de *pomme*). ♦ 1º Couvert ou formé de petits nuages ronds. *De* « *petites nues*

pommelées d'un rose sombre » (COLETTE). Ciel pommelé.
♦ 2° Couvert de taches rondes grises ou blanches (robe de
cheval). Cheval pommelé, gris pommelé.

POMMELER (SE) [pɔmle]. v. pron.: conjug. appeler
(1611; de pomme, et -eler). ♦ 1° Se couvrir de petits nuages
ronds. V. Moutonner. ♦ 2° Prendre une forme ronde (fruits,
choux, etc. V. Pomme). « Un carré où se pommelaient quelques choux » (GAUTIER). V. Pommer.

POMMELLE [pɔmɛl]. n. f. (1560; de pomme, II). Techn.
Plaque métallique percée de trous, qu'on met à l'ouverture
d'un tuyau pour empêcher que les détritus ne l'obstruent.

POMMER [pɔme]. v. intr. (1545; de pomme). Se dit de
certaines plantes dont les feuilles poussent serrées en forme
de boule. Choux qui commencent à pommer.

POMMERAIE [pɔmʀɛ]. n. f. (Pomeroie, XIIIe; de pommier).
Rare. Plantation, champ de pommiers.

POMMETÉ, ÉE [pɔmte] ou **POMMETTÉ, ÉE** [pɔmete].
adj. (1856; de pommette). Blas. Orné de pommettes. Croix
pommetée.

POMMETTE [pɔmɛt]. n. f. (1138, « petite pomme »; de
pomme). ♦ 1° Blas. Ornement en petite pomme. Croix à
pommettes. V. Pommeté. ♦ 2° Partie arrondie de la crosse
d'un pistolet. V. Pommeau. ♦ 3° (XVe). Cour. Partie plus
ou moins saillante de la joue, au-dessous de l'angle extérieur
de l'œil. Pommettes saillantes. « M. Birnenschatz sentit le
rouge de la confusion lui monter aux pommettes » (SARTRE).

POMMIER [pɔmje]. n. m. (Pumier, 1080; de pomme).
♦ 1° Arbre de taille moyenne (Rosacées) dont le fruit est
la pomme. Pommier commun; pommier à cidre. Pommier
porte-greffe. V. Doucin, paradis. Les pommiers en fleurs. —
Pommiers du Japon, de Chine, variété exotique cultivée pour
ses fleurs roses. ♦ 2° Pommier de cythère, le spondias. Pommier d'amour, la morelle faux piment.

POMO-, POMI-. Éléments, du lat. pomum « fruit ».

POMOCULTURE [pɔmɔkyltyʀ]. n. f. (1949; de pomo-, et
culture). Didact. Culture des arbres donnant des fruits à
pépins (V. Pomiculteur).

POMŒRIUM ou **POMERIUM** [pɔmeʀjɔm]. n. m. (1765;
mot lat., de post « après », et murus « mur »). Antiq. rom.
Espace libre réservé au culte, ménagé autour des villes latines,
sur lequel il était interdit de bâtir.

POMOLOGIE [pɔmɔlɔʒi]. n. f. (1828; de pomo-, et
-logie). Didact. Partie de l'arboriculture, science des fruits
comestibles (adj. POMOLOGIQUE [pɔmɔlɔʒik], 1842).

POMOLOGUE [pɔmɔlɔg] ou **POMOLOGISTE** [pɔmɔlɔ
ʒist(ə)]. n. (1842,-1907; de pomo-, et -logue, -logiste). Didact.
Personne qui s'occupe de pomologie.

POMPADOUR [pɔ̃paduʀ]. adj. invar. (XVIIIe, « étoffe »;
n. pr.). ♦ 1° Vieilli. Se dit du style rococo du règne de
Louis XV, dans les objets de ce style. — Subst. Le Pompadour.
« Voyez! c'est de ce Pompadour qui ressemble au gothique
fleuri » (BALZ.). ♦ 2° Vx (1839). Suranné, vieillot.

POMPAGE [pɔ̃paʒ]. n. m. (1920; de pomper). Action de
pomper; aspiration d'un liquide ou d'un gaz. Stations de
pompage d'un pipe-line. ◇ Techn. Action d'obtenir, volontairement ou non, un phénomène entretenu. Pompage
optique, technique pour obtenir l'émission stimulée de lumière
(effet laser*).

1. **POMPE** [pɔ̃p]. n. f. (XIIIe, « gloire, luxe, éclat »; lat.
pompa, gr. pompê). ♦ 1° Vieilli ou littér. Déploiement
de faste dans un cérémonial. V. Appareil, cérémonie; apparat, magnificence, splendeur. « La pompe des solennités »
(CHATEAUB.). « Un thé d'adieu pour lequel nous déploierons
le plus de pompe possible » (LOTI). ◇ Loc. cour. En grande
pompe. ◇ Plur. littér. « Les pompes et solennités touchantes
dont la ville de Pontarlier fut le théâtre » (STE-BEUVE). ◇
Cour. (1552) Pompes funèbres, assurant le transport des
corps et l'apprêt de la mort. V. Funérailles. Ordonnateur*
des pompes funèbres. ♦ 2° (XVIIe). Vx. Noblesse du style. —
Péj. (fin XVIIIe) Emphase. V. Pompeux. « Je m'ébahis à la
pompe du style » (CHATEAUB.). ♦ 3° Relig. Les vanités du
monde. Loc. Renoncer à Satan, à ses pompes et à ses œuvres.
♦ 4° (1867). Techn. Travail de retouche, chez un tailleur.
V. Pompier (3).

2. **POMPE** [pɔ̃p]. n. f. (1440, mar.; o. i., p.-ê. rad. lat.
pupp- [« sucer, téter »]; Cf. Poupée « pompe », 1380).
♦ 1° Appareil destiné à déplacer un liquide. Mécanisme,
tuyaux, réservoir d'une pompe. Corps de pompe : le cylindre.
Pompes à piston. Pompe centrifuge. Pompe aspirante; foulante.
Amorçage d'une pompe. — Aller chercher de l'eau à la pompe.
« Le grincement de la pompe qu'une main rageuse faisait
marcher » (R. ROLLAND). Plaisant. Château-la-Pompe :
l'eau du robinet. ◇ Pompe à incendie (V. Pompier).
Bateau-pompe : muni de lances à incendie. ♦ 2° Pompe (à
essence), pour amener l'essence d'une cuve-réservoir aux
véhicules; par ext. Distributeur d'essence. Les pompes d'une
« station-service », d'un garage. V. Poste (d'essence). ♦ 3° Cet
appareil, pièce d'une machine, d'un moteur. Pompes d'extraction et de circulation d'un condenseur. Pompes à huile, à
eau d'un moteur à explosion. La pompe à essence du carbu-

rateur. ♦ 4° Didact. Tout appareil déplaçant les fluides
(pompe [1°], aspirateur, compresseur, soufflerie, etc.). Pompe
à gaz. ◇ Cour. Appareil refoulant l'air pour gonfler. Pompe
de bicyclette. ◇ Phys. Pompe à vide, pour abaisser la pression. Pompes moléculaires; pompes à diffusion (d'huile).
♦ 5° Par ext. Serrure à pompe, dans laquelle la clé doit
pousser un ressort avant d'agir sur le pêne. ♦ 6° Pop.
(pompe aspirante, 1849). Chaussure. « Vise la belle paire de
pompes! » (DORGELÈS). ♦ 7° Pop. (1922). Avoir le, un coup
de pompe, se sentir brusquement épuisé. V. Pomper. ♦ 8° Fam.
À TOUTE POMPE : à toute vitesse. « On filait à toute pompe »
(QUENEAU). ♦ 9° (v. 1950, jeu de mots sur « deuxième
vitesse »). Arg. milit. Soldat de DEUXIÈME POMPE; ellipt. Un
deuxième pompe : un simple soldat, un deuxième classe.

POMPÉ, ÉE. V. POMPER.

POMPÉIEN, ENNE [pɔ̃pejɛ̃, ɛn]. adj. et n. (1846; de
Pompéi). ♦ 1° Arts. Relatif aux fresques de Pompéi.
◇ Relatif à Pompéi. — N. Habitant de Pompéi. ♦ 2° Hist.
rom. Relatif à Pompée. Le parti pompéien. Subst. Les Pom-
péiens.

POMPER [pɔ̃pe]. v. tr. (1558; de pompe 2). ♦ 1° (1674).
Déplacer (un fluide) à l'aide d'une pompe. Pomper de l'eau à
une machine pneumatique, pour faire le vide. Pomper de l'eau :
en tirer à la pompe. V. aussi Puiser. ◇ Absolt. Manœuvrer
une pompe. Pomper pour tirer de l'eau. ♦ 2° Aspirer (un
liquide). Moustiques qui pompent le sang. ♦ 3° Pop. (fin
XVIIIe). « On lui fait pomper quelques bouteilles du plus
chenu bordeaux » (HÉBERT). ♦ 4° Absorber (un liquide).
« Ils se mettaient à pomper la sauce à pleine mie » (GIONO).
♦ 5° Fig. Attirer à soi, soutirer (qqch. de qqn). « La presse,
cette machine géante, qui pompe sans relâche toute la sève
intellectuelle de la société » (HUGO). ♦ 6° Pop. Épuiser.
Cet effort l'a pompé. — Au p. p. POMPÉ, ÉE [pɔ̃pe] (1913) :
épuisé, « claqué ». — Loc. fam. Tu me pompes l'air, tu me
fatigues, tu m'ennuies. ♦ 7° Arg. Copier. Pomper sur son
voisin. Il a tout pompé.

POMPETTE [pɔ̃pɛt]. adj. (1808; de pompette « pompon,
ornement » [XVe], et de pomper « boire »). Fam. Un peu
ivre, éméché. « Jusque-là, il était rentré pompette, rien de
plus » (ZOLA).

POMPEUR, EUSE [pɔ̃pœʀ, øz]. n. (1962; de pomper).
Techn. Ouvrier chargé de la vidange des puisards, du pompage de l'huile brute.

POMPEUSEMENT [pɔ̃pøzmɑ̃]. adv. (1380; de pompeux).
♦ 1° Vx. D'une manière pompeuse. ♦ 2° Mod. Avec emphase.
« La clinique municipale qu'on appelait pompeusement l'hôpital » (ARAGON). ◇ ANT. Simplement.

POMPEUX, EUSE [pɔ̃pø, øz]. adj. (1350; lat. pomposus,
de pompa. V. Pompe 1). ♦ 1° Vx. Magnifique, somptueux.
V. Imposant, majestueux. « Calchas, dit-on, prépare un
pompeux sacrifice » (RAC.). V. Solennel. ♦ 2° (XVIe). Vieilli.
Qui est exprimé avec solennité. Style pompeux, soutenu.
« Tout cela méritait un éloge pompeux » (LA FONT.). ◇ Mod.
(Péj.) Ampoulé, emphatique. ♦ 3° Cour. Qui affecte une
solennité plus ou moins ridicule. « Ce ton pompeux faisait
mal à Thérèse » (MAURIAC). V. Déclamatoire, sentencieux.
◇ ANT. Simple.

1. **POMPIER** [pɔ̃pje]. n. m. (1517; de pompe 2). ♦
1° (1750). Cour. Homme appartenant au corps des sapeurs-
pompiers, chargé de combattre incendies et sinistres. « Les
escouades de pompiers, roulant et poussant leurs appareils,
accoururent de tous côtés » (VILLIERS). Casque, uniforme de
pompier. Trompes des voitures de pompiers. V. Pin-pon.
Échelle de pompiers. — Le pompier de service, dans une salle
de spectacle. ♦ 2° (1967). Techn. Ouvrier qui assure le
fonctionnement des pompes d'évacuation, des pompes à
vide.

2. **POMPIER, IÈRE** [pɔ̃pje, jɛʀ]. adj. (1888; de pompe 1).
Emphatique et prétentieux. Peintre, écrivain pompier. —
N. m. Un pompier. Spécialt. Se dit des peintres ayant traité
de manière conventionnelle des sujets artificiels et emphatiques (notamment au XIXe siècle). — Les pompiers reviennent
à la mode. — « J'ai l'impression que ça doit faire terriblement pompier » (MAUROIS).

3. **POMPIER, IÈRE** [pɔ̃pje, jɛʀ]. n. (1856; de pompe 1,
4°). Techn. Chez un tailleur, Personne chargée des retouches.

POMPIÉRISME [pɔ̃pjeʀism(ə)]. n. m. (1888; de pompier 2). Manière des écrivains, des artistes pompiers; emphase
ridicule.

POMPILE [pɔ̃pil]. n. m. (1832; nom de poisson, 1562;
lat. pompilus). Insecte hyménoptère (Pompilidés [pɔ̃pilide]),
porteur d'aiguillon, et qui fait son nid dans le bois pourri,
le sol.

POMPISTE [pɔ̃pist(ə)]. n. (1933; de pompe 2). ♦ 1° Cour.
Personne préposée à la distribution de l'essence. ♦ 2° Techn.
(Industr. pétrol.). Ouvrier qui assure l'entretien, le fonction-
nement des pompes (pompiste mécanicien).

POMPON [pɔ̃pɔ̃]. n. m. (1556; de pompe, v. 1480; d'un rad.
expressif pomp-, ou du rad. lat. puppa « sein »; Cf. Poupée,

poupon). ♦ 1° Touffe de laine, de soie, servant d'ornement.
V. **Houppe**. *Bonnet à pompon rouge des marins.* « *C'était une
belle mule... portant fièrement sa petite tête sèche toute harna-
chée de pompons, de nœuds, de grelots d'argent* » (DAUD.).
« *Les clairons et leurs instruments ornés de pompons rouges* »
(MAC ORLAN). — *Frange à pompons, dans l'ameublement.* ◇
Rose pompon, variété de petite rose, à fleur sphérique.
♦ 2° *Avoir le pompon,* l'emporter (souvent iron.). « *Je voulais
savoir quel était de nous deux le plus ignoble personnage !
mais à toi le pompon* » (FLAUB.). ♦ 3° (1888). Vieilli. *Avoir
son pompon,* être un peu ivre.

POMPONNER [pɔ̃pɔne]. *v. tr.* (1757, p. p.; de *pompon*).
Parer avec soin. V. **Bichonner**. « *La plus jolie créature que
jamais une mère ait lavée, brossée, peignée, pomponnée* »
(BALZ.). — Au p. p. « *Elle était parée cette fois comme une
châsse, pomponnée, attifée* » (MÉRIMÉE). ◇ *Pronom.* (1798)
« *La petite jeune fille qui s'est bien pomponnée pour son
premier bal* » (ROMAINS).

PONANT [pɔnɑ̃]. *n. m.* (*Ponent,* 1240; a. prov. *ponen,*
lat. pop. [*sol*] *ponens* « soleil couchant »). *Vx* ou *littér.*
Couchant (n. m.) opposé à levant. V. **Occident, ouest.** « *Ces
terrains brûlés qui s'enfuient vers le ponant* » (DUHAM.).

PONANTAIS, AISE [pɔnɑ̃tɛ, ɛz]. *n.* et *adj.* (1662; de
ponant). *Vx.* Du ponant. V. **Occidental.**

PONÇAGE [pɔsaʒ]. *n. m.* (1812; de *poncer*). Techn.
Opération qui consiste à poncer (1°) une surface; son résultat;
la manière de l'exécuter. V. **Polissage.** *Ponçage du bois, de la
pierre, du plâtre. Ponçage au papier de verre.*

PONCE [pɔs]. *n. f.* (1248; bas lat. *pomex, -icis;* class.
pumex). ♦ 1° Variété de roche volcanique dite aussi PIERRE
PONCE (plus cour.). ♦ 2° (1621). Techn. Sachet d'étoffe peu
serrée contenant une poudre colorante (*poudre à poncer*);
morceau de feutre imprégné de cette poudre qu'on passe
sur un poncif (1°) pour reproduire un dessin. ♦ 3° (1723).
Techn. Encre grasse utilisée pour poncer (3°).

PONCÉ, ÉE. adj. V. PONCER.

1. **PONCEAU** [pɔso]. *n. m.* et *adj.* (1409; *poncel,* XIIᵉ;
de *paon*). ♦ 1° Pavot sauvage, nommé communément
coquelicot. ♦ 2° *Adj. invar.* De la couleur (rouge vif foncé)
d'un coquelicot. « *Une trousse bouffante de soie ponceau* »
(GAUTIER). ◇ *Subst.* Colorant qui sert à teindre en rouge vif.

2. **PONCEAU** [pɔso]. *n. m.* (1549; *poncel* « petit pont-
levis », 1190; lat. pop. *ponticellus*). Petit pont d'une seule
travée. « *Un ponceau de planches enjambant le fossé* » (GENE-
VOIX).

PONCELET [pɔslɛ]. *n. m.* (1889; de *Poncelet,* n. pr.).
Phys. Unité de puissance du système métrique, qui vaut
cent kilogrammètres par seconde.

PONCER [pɔse]. *v. tr.; conjug. placer* (XIVᵉ; fig., « rendre
plus pur », v. 1280; de *ponce*). ♦ 1° Décaper, polir au
moyen d'une substance abrasive (pierre ponce, poudre de
ponce). V. **Décaper, frotter, polir.** ♦ 2° (1622). Reproduire
(un dessin) au moyen d'un poncif (1°). — *Dessin poncé*
(n. m. *Un poncé*), obtenu par ce moyen de reproduction.
♦ 3° (1723). Techn. Marquer (une pièce de toile) avec une
encre spéciale.

PONCEUR, EUSE [pɔsœr, øz]. *n.* (1842; de *poncer*).
♦ 1° *N. m.* Ouvrier chargé d'un ponçage. *Ponceur de parquets.* ♦ 2° *N. f.* Machine servant à poncer, à polir les surfaces planes. *Ponceuse lustreuse, ponceuse surfaceuse.*

PONCEUX, EUSE [pɔsø, øz]. *adj.* (1839; de *ponce*).
Minér. Qui est de la nature, qui a la structure de la pierre
ponce. *Roche ponceuse.*

PONCHO [pɔtʃo]. *n. m.* (1772, pour désigner une étoffe;
mot esp. d'Amérique du Sud). Manteau d'homme en usage
dans les classes populaires de certains pays d'Amérique du
Sud. *Des ponchos.* « *Un puncho* (sic), *c'est-à-dire une longue
couverture rectangulaire, en poil de vigogne, percée d'une
fente au centre, pour laisser passer la tête* » (DUHAM.).

PONCIF [pɔsif]. *n. m.* (*Ponsif,* 1551; de *ponce*).
1° Techn. Feuille de papier à dessin piqué qu'on applique sur
une surface et en y passant une ponce (2°) pour reproduire le
contour du dessin. *Reproduire un dessin avec un poncif.*
V. **Poncer** (2°). ♦ 2° (1832, adj.; de « dessin fait selon des
procédés conventionnels »). *Fig.* et *cour.* Thème, expression
littéraire ou artistique dénués d'originalité. V. **Banalité,
cliché, lieu** (commun). *Les poncifs académiques, romantiques.* ◇ ANT. *Original, personnel.*

PONCTION [pɔksjɔ̃]. *n. f.* (h. XIIIᵉ, « action de piquer »;
poncion, 1444; lat. *punctio*). ♦ 1° Opération chirurgicale
qui consiste à introduire un instrument pointu (habituellement une aiguille) dans une cavité normale ou pathologique, à travers les tissus qui la recouvrent, pour en retirer
du liquide ou y introduire un médicament. V. **Paracentèse.**
Ponction lombaire ou « *rachicentèse* » : prélèvement de
liquide céphalo-rachidien pour analyse, ou injection d'un
médicament ou d'un anesthésique. V. **Rachianesthésie.**
Ponction-biopsie : prélèvement par ponction d'un fragment
de tissu, en vue d'un examen au microscope. « *Je fais des

ponctions dans des ventres pleins d'eau* » (ARAGON). ♦ 2° Prélèvement (d'argent, etc.).

PONCTIONNER [pɔksjɔne]. *v. tr.* (1862; de *ponction*).
Méd. Traiter, vider par une ponction. *Ponctionner un épanchement pleural.*

PONCTUALITÉ [pɔktɥalite]. *n. f.* (1627; de *ponctuel*).
Soin, exactitude dans l'accomplissement de ses devoirs.
Ponctualité d'un employé, d'un étudiant. V. **Assiduité.** ◇
Cour. Qualité de celui qui est toujours à l'heure. V. **Exacti-
tude.** « *Il accourait, à l'heure accoutumée, avec une ponctualité
d'amoureux* » (BALZ.). ◇ ANT. *Inexactitude, négligence.*

PONCTUATION [pɔktɥasjɔ̃]. *n. f.* (*Punctuation,* 1552;
de *ponctuer*). ♦ 1° Système de signes servant à indiquer
les divisions d'un texte, à noter certains rapports syntaxiques
ou certaines nuances affectives. — *Signes de ponctuation :*
crochet, point d'exclamation, guillemet, point d'interrogation, parenthèse, point, deux-points, point-virgule, points
de suspension, tiret, virgule. ◇ Le fait, la manière d'utiliser
ces signes. *Mettre, oublier la ponctuation.* « *Il y a une ponctuation littéraire à côté de la ponctuation courante* » (LARBAUD).
◇ *Imprim.* Caractère typographique correspondant à un
signe de ponctuation. ♦ 2° Le fait, la manière de ponctuer
un morceau de musique. ♦ 3° *Bot.* Petites dépressions sur
la membrane de certaines cellules végétales, sur la surface
de certains vaisseaux.

PONCTUEL, ELLE [pɔktɥɛl]. *adj.* (*Punctuel,* v. 1390;
rare av. XVIIᵉ; lat. médiév. *punctualis,* de *punctum* « point »).
♦ 1° *Cour.* Qui dénote de la ponctualité. — (Personnes)
Employé ponctuel. V. **Assidu, régulier.** « *Sacha, toujours
ponctuel dans le service, rangea ce qu'il avait dérangé* » (A.
HERMANT). ♦ 2° *Sc.* Qui peut être assimilé à un point.
Source lumineuse ponctuelle. ◇ Télév., Cin. *Projecteur pone-
tuel,* à lumière dirigée. ♦ 3° (mil. XXᵉ). *Fig.* Qui ne concerne
qu'un point, qu'un élément d'un ensemble. *Action, intervention, opération ponctuelle.* ◇ ANT. (du 1°) *Inexact, négligent.*

PONCTUELLEMENT [pɔktɥɛlmɑ̃]. *adv.* (*Ponctuale-
ment,* 1520; de *ponctuel*). D'une manière ponctuelle (1°). *Il assiste
ponctuellement à tous les cours.* V. **Assidûment.** « *Je me lève
tous les matins à sept heures et demie, ponctuellement* »
(DUHAM.). *Payer ponctuellement.* V. **Recta** (fam.).

PONCTUER [pɔktɥe]. *v. tr.* (*Punctuer,* 1550; *poncter*
« accentuer en lisant », XVᵉ; lat. médiév. *punctuare,* de *punctum* « point »). ♦ 1° Diviser (un texte) au moyen de la ponctuation (1°). *Ponctuer une lettre.* — Au p. p. *Texte mal
ponctué.* ♦ 2° *Mus.* Indiquer les repos, les divisions en périodes
ou phrases musicales dans (un morceau). ♦ 3° *Ponctuer...*
DE : marquer (ses phrases) d'une exclamation, d'un geste.
Ponctuer ses phrases de soupirs. « *Ce seul mot, éloquemment
ponctué d'un de ces hochements de tête...* » (COURTELINE).

PONDAISON [pɔ̃dɛzɔ̃]. *n. f.* (1842; de *pondre*). *Rare.*
Saison de la ponte des oiseaux.

PONDÉRABLE [pɔ̃derabl(ə)]. *adj.* (1798; « accablant »,
1452; lat. *ponderabilis,* de *ponderare*). *Sc.* Qui peut être pesé;
qui a un poids mesurable. ◇ ANT. **Impondérable.**

PONDÉRAL, ALE, AUX [pɔ̃deral, o]. *adj.* (1842; lat.
ponderalis). *Didact.* Relatif aux poids. *Analyse pondérale.*

PONDÉRATEUR, TRICE [pɔ̃deratœr, tris]. *adj.* (1845;
« procurateur », n. m. 1522; lat. *ponderator*). *Math.* Qui a
un effet de poids* (III). ◇ *Fig.* Qui a un effet modérateur,
qui maintient l'équilibre. *Influence pondératrice.*

PONDÉRATION [pɔ̃derasjɔ̃]. *n. f.* (1440, « examen
approfondi »; lat. *ponderatio*). ♦ 1° *Didact.* Équilibre entre
les masses, les groupes, dans une œuvre plastique, en architecture. V. **Balancement, symétrie.** — *Pondération des masses
sonores à l'orchestre.* ♦ 2° *Didact.* Équilibre des forces
sociales et politiques. *Pondération des pouvoirs.* V. **Balance**
(II, 2°). ♦ 3° (1868). *Cour.* Calme, équilibre et mesure dans
les jugements. *Faire preuve de pondération.* V. **Modération.**
♦ 4° (v. 1960). *Écon.* Attribution d'une valeur particulière
aux divers éléments d'un indice qui leur redonne une place
proportionnelle à leur importance réelle. ♦ 5° *Math.* Affectation d'un poids* à une variable, en vue de modifier son
influence sur un résultat. *Coefficient de pondération.*

PONDÉRÉ, ÉE [pɔ̃dere]. *adj.* (1770; de *pondérer*). ♦
1° Calme, équilibré. *Un esprit pondéré.* ♦ 2° *Indice pondéré.*
V. **Pondération** (4°). ◇ ANT. (du 1°) *Bouillant, déraisonnable,
excité.*

PONDÉRER [pɔ̃dere]. *v. tr.; conjug. céder* (XVIIIᵉ;
« peser », 1361; lat. *ponderare*). ♦ 1° Équilibrer, balancer.
◇ Équilibrer (les pouvoirs politiques). « *La solidité de cette
monarchie anglaise pondérée par le balancement égal de la
liberté et du pouvoir* » (CHATEAUB.). ♦ 2° (v. 1960). *Pondérer
un indice, une variable.* V. **Pondération** (4° et 5°).

PONDÉREUX, EUSE [pɔ̃derø, øz]. *adj.* et *n. m.* (*Pon-
deros* « pesant », 1350; lat. *ponderosus*). *Sc.* et *Techn.* Qui
pèse beaucoup. *Marchandises pondéreuses.* — *N. m. pl. Les
pondéreux.*

PONDEUR, EUSE [pɔ̃dœr, øz]. *n.* (1678; de *pondre*).

♦ 1° N. f. Femelle d'oiseau qui pond beaucoup. *Cette poule est une bonne pondeuse.* Adj. *Poule pondeuse.* ◊ Fig. et fam. *Une pondeuse d'enfants :* une femme prolifique. ♦ 2° Fig. et péj. *Un pondeur de romans* (V. Pondre, 3°).

PONDOIR [pɔ̃dwar]. *n. m.* (1806; de *pondre*). Appareil disposé pour que les poules viennent y pondre.

PONDRE [pɔ̃dʀ(ə)]. *v. tr.*; conjug. *rendre* (XIe; lat. *ponere* « poser, déposer »). ♦ 1° Déposer, faire (ses œufs), en parlant d'une femelle d'ovipare. *Les oiseaux, les reptiles, les batraciens, les poissons, les insectes pondent des œufs;* absolt. *époque où les oiseaux pondent.* V. **Pondaison, ponte.** — Au p. p. *Un œuf frais pondu.* ♦ 2° (1698). *Péj.* et *pop.* Accoucher de, avoir (un enfant) « *Elle pondait un enfant tous les ans* » (BARBUSSE). ♦ 3° Fig. et fam. (v. 1845; souvent *péj.*). Écrire, produire (une œuvre). « *Jamais je n'aurais cru Gisèle capable de pondre un devoir pareil* » (PROUST).

PONEY [pɔnɛ]. *n. m.* (1828; *pooni*, 1801; de l'a. fr. *poulenet* « petit poulain »). Cheval de quelques races, de petite taille. *Poney des îles Shetland.* « *De fringants poneys enrubannés* » (ALAIN-FOURNIER).

PONGÉ ou **PONGÉE** [pɔ̃ʒe]. *n. m.* (1890; *ponghée;* angl. *pongee,* p.-ê. du chinois *pun-ki, pun-gi* « métier à tisser »). Taffetas léger de soie ou de schappe (déchets de soie). « *Les femmes vêtues de mousseline, de pongés clairs* » (MORAND).

PONGIDÉS [pɔ̃ʒide]. *n. m. pl.* (1963; de *pongo* nom d'un grand singe, et suff. zool. *-idés*). *Zool.* Famille de singes de grande taille, à pelage très fourni, arboricoles, à laquelle appartiennent l'orang-outan*, le chimpanzé* et le gorille* (et pour certains zoologistes, le gibbon et le siamang).

PONGISTE [pɔ̃ʒist(ə)]. *n.* (mil. XXe; de *ping-pong*). *Sport.* Joueur de ping-pong.

PONT [pɔ̃]. *n. m. (Punt,* 1080; lat. *pons, pontis).*
I. ♦ 1° Construction, ouvrage reliant deux points séparés par une dépression ou par un obstacle. *Pont franchissant une voie d'eau, un canal, une route, une voie ferrée. Le pont du Gard.* « *Fifres et tambourins se postaient sur le pont d'Avignon* » (DAUD.). « *Sous le pont Mirabeau coule la Seine* » (APOLLINAIRE). *Sous les ponts :* abrité par le tablier du pont. *Les clochards qui couchent sous les ponts. Le pont des Soupirs, à Venise.* ◊ *Pont portant une route, une voie ferrée, un canal* (pont-canal), *une conduite d'eau.* V. **Aqueduc.** *Pont suspendu*. *Pont en arc. Pont courbe, en dos d'âne.* — *Parties d'un pont.* V. **Butée, culée; pile, radier; poutre; tablier.** *Pont pour les voitures, les piétons.* V. aussi **Passerelle.** *Garde-corps, garde-fou, parapet d'un pont. Franchir, passer, traverser un pont. Pont à péage. Pont fixe. Pont dormant,* petit pont fixe (sur un fossé). V. **Ponceau** (2°). — *Ponts mobiles :* basculant, élévateur, roulant, tournant, transbordeur. V. **Pont-levis.** ◊ *Pont de graissage,* sur lequel on soulève les automobiles pour les graisser. ◊ TÊTE DE PONT : point où une armée prend possession du territoire ennemi. ◊ Loc. fig. *Il est solide comme le Pont-Neuf :* très vigoureux. — *Il coulera (passera) de l'eau sous les ponts :* il se passera un long temps. « *Il coulera de l'eau sous le pont avant que je n'aie amassé une dot* » (FRANCE). — *Couper, brûler les ponts,* s'interdire tout retour en arrière. « *J'ai brûlé tous les ponts derrière moi : il faut que je marche en avant* » (VIGNY). ♦ 2° PONTS ET CHAUSSÉES [pɔ̃tʃose] : service public chargé principalement de la construction et de l'entretien des voies publiques. *Inspecteur général, ingénieur des ponts et chaussées,* ou (abrév.) *ingénieur des ponts. École des Ponts et Chaussées.* ♦ 3° Fig. PONT AUX ÂNES [pɔ̃tozan] : la démonstration du théorème du carré de l'hypoténuse. — *Par ext.* Banalité connue de tous. « *Ce n'est donc pas à ce pont aux ânes qu'elle m'attendait* » (ROMAINS). ◊ *Faire un* PONT D'OR *à qqn :* lui offrir une forte somme, pour le décider à occuper un poste. ♦ 4° Fig. Ce qui sert de lien entre deux choses. V. **Intermédiaire.** « *Dans la peinture, il s'établit comme un pont mystérieux entre l'âme des personnages et celle du spectateur* » (DELACROIX). ♦ 5° *Par anal.* Dans une automobile, Ensemble des organes qui transmettent le mouvement moteur aux roues. *Pont arrière; avant.* ♦ 6° (1834). Pièce d'étoffe qui se rabat (dans : *à pont*). *Culotte à pont. Casquette à pont.* ♦ 7° Courbure légère donnée à une carte à jouer pour amener l'adversaire à couper à un endroit déterminé. ♦ 8° (1867). FAIRE LE PONT : chômer entre deux jours fériés. — *Par ext. Le pont :* les jours ainsi chômés. « *Les ponts se multiplient, non sur nos rivières, mais sur les jours ouvrables* » (DUHAM.). ♦ 9° (*Néol.*). PONT AÉRIEN : liaison aérienne quasi ininterrompue (par-dessus une zone interdite, dangereuse, etc.).
II. (XVIIe). Ensemble des bordages recouvrant entièrement une rangée de barrots, sur un navire. *Pont principal. Pont supérieur. Navire à un, deux, trois ponts.* Ellipt. *Un trois-ponts.* — *Faux pont* ou *faux-pont,* plancher inférieur de l'entrepont. — *Pont promenade d'un paquebot, pont dégagé réservé aux passagers.* — *Pont d'envol,* sur un porte-avions. ◊ *Absolt. Pont supérieur. Tout le monde sur le pont!* (appel). *Cabine de pont.*

PONTAGE [pɔ̃taʒ]. *n. m.* (1269, « péage »; de *ponter* 1). *Techn.* ♦ 1° Opération par laquelle on jette un pont provisoire. ♦ 2° Construction d'un pont de navire; manière dont un navire est ponté. ♦ 3° *Chir.* Union de deux veines (ou artères) distantes l'une de l'autre, par greffage sur un troisième segment, en aval de la lésion. (Recomm. offic. pour *Bypass*).

1. **PONTE** [pɔ̃t]. *n. f.* (1570; de *pondre*). ♦ 1° Action (pour une femelle ovipare) de déposer ses œufs. V. **Pondre.** *La ponte des poules, des tortues. Saison de la ponte.* V. **Pondaison.** ◊ *Les œufs pondus en une fois.* « *Chez de nombreux aquatiques, la femelle porte elle-même sa ponte jusqu'à l'éclosion des larves* » (CAULLERY). ♦ 2° *Physiol. Ponte ovarienne, ovarique, ovulaire :* ovulation.

2. **PONTE** [pɔ̃t]. *n. m.* (1703; de *ponter* 2, ou de *pont,* a. p. p. de *pondre* « poser », lat. *ponere*). ♦ 1° Au baccara, à la roulette, etc., Chacun des joueurs qui jouent contre le banquier. « *Les grosses parties, ponctuées par le « banco » sonore ou enroué d'un ponte* » (CARCO). ♦ 2° *Fam.* (1883). *Un gros ponte, un ponte,* un personnage important. V. **Pontife** (3°); **manitou, caïd.**

PONTÉ, ÉE [pɔ̃te]. *adj.* (1740; de *ponter* 1). Qui a un ou plusieurs ponts. « *Les barques pontées sur lesquelles les Bretons de l'île de Groix vont à la grande pêche sont des mécaniques merveilleuses* » (ALAIN).

PONTÉE [pɔ̃te]. *n. f.* (1836; de *pont*). *Mar.* Ensemble des marchandises arrimées sur le pont. *Pontée d'un cargo.*

1. **PONTER** [pɔ̃te]. *v. tr.* (1510; de *pont*). ♦ 1° *Rare.* Franchir par la construction d'un pont. *Ponter un fossé.* ♦ 2° (1558). Munir d'un pont (un navire en construction). *Ponter une barque, une embarcation.*

2. **PONTER** [pɔ̃te]. *v.* (1718; de *pont, ponte,* p. p. de *pondre* « poser », lat. *ponere* « mettre en jeu »). V. **Ponte** [2]). *Techn.* (Jeu.) ♦ 1° *V. intr.* Jouer contre celui qui tient la banque; *ponter,* au baccara, à la roulette. ♦ 2° *V. tr.* Miser. *Ponter une somme.* « *Madame Grandet gagnait un lot de seize sous, le plus considérable qui eût jamais été ponté dans cette salle* » (BALZ.).

PONTET [pɔ̃tɛ]. *n. m.* (1803, « petit pont »; de *pont*). *Techn.* Partie de la sous-garde des armes à feu portatives, qui entoure la détente. *Pontet d'un fusil, d'une carabine.*

PONTIER [pɔ̃tje]. *n. m.* (1875, « garde écluse »; de *pont*). *Techn.* Celui qui est chargé de la manœuvre d'un pont mobile. ◊ Celui qui conduit un pont roulant.

PONTIFE [pɔ̃tif]. *n. m.* (1538; lat. *pontifex* « faiseur de ponts »). ♦ 1° Ministre du culte, de l'antiquité romaine. *Le grand pontife présidait le collège des pontifes.* ♦ 2° Se dit des hauts dignitaires catholiques, évêques ou prélats. *Le pontife romain, le souverain pontife,* le pape. « *Pie VII, pâle, triste et religieux, était le vrai pontife des tribulations* » (CHATEAUB.). ♦ 3° (1611, « *richard* »). *Fam.* (souvent *iron.*). Personnage qui fait autorité et qui est gonflé de son importance. *Les grands pontifes de la Faculté, de la critique, de la politique.* « *Le langage familier nomme encore aujourd'hui pontifes ceux qui ont plutôt égard à l'opinion des hommes qu'à la vérité de la chose* » (ALAIN). V. **Pontifier.**

PONTIFIANT, ANTE [pɔ̃tifjɑ̃, ɑ̃t]. *n. et adj.* (1876; de *pontifier*). Qui pontifie. *Un « idéologue »... rogue, pontifiant, orgueilleux à l'excès* » (MADELIN). Par ext. *Air, ton pontifiant.* V. **Doctoral.**

PONTIFICAL, ALE, AUX [pɔ̃tifikal, o]. *adj.* (1269; lat. *pontificalis*). ♦ 1° Relatif aux pontifes romains. ♦ 2° Relatif au souverain pontife, au pape. V. **Papal.** *Le trône pontifical. Messe pontificale. Gardes, zouaves pontificaux. États pontificaux,* ancienn. États de l'Église. ♦ *Subst.* (Relig.) *Le pontifical,* rituel de l'ordination et du ministère des évêques.

PONTIFICAT [pɔ̃tifika]. *n. m.* (1368; lat. *pontificatus*). ♦ 1° Dignité de grand pontife, dans la Rome antique. ♦ 2° Dignité de souverain pontife, dans l'Église catholique. *Cardinal élevé au pontificat.* V. **Papauté.** ◊ Durée de l'exercice de cette dignité. « *P. de Laer, qui vivait à Rome sous le pontificat d'Urbain VIII* » (BRUNOT).

PONTIFIER [pɔ̃tifje]. *v. intr.* (XIVe-XVe, « élever à la dignité de pape »; bas lat. *pontificare*). ♦ 1° (1859). *Rare.* Officier en pontife (2°). ♦ 2° (1801). Fig. et cour. Faire le pontife, dispenser sa science, ses conseils avec prétention et emphase. « *Il voyait avec plaisir ses disciples se presser autour de lui, et il pontifiait quelque peu* » (P. PIA).

PONTIL [pɔ̃til]. *n. m.* (1765, « pièce de fer en T »; de *pont*). *Techn.* Petite glace arrondie avec laquelle on étend l'émeri sur les glaces pour les polir. ◊ Masse de verre à l'état de demi-fusion utilisée pour fixer deux éléments en verre.

PONT-L'ÉVÊQUE [pɔ̃levɛk]. *n. m. invar.* (XIXe; nom de ville). Fromage fermenté à pâte molle, fabriqué dans la région de Pont-l'Évêque (Calvados). « *Les neufchâtel,... les pont-l'évêque carrés* » (ZOLA).

PONT-LEVIS [pɔ̃lvi]. *n. m.* (*Pont leveïz,* 1200; de *pont,* et *levis* « qui se lève »). ♦ 1° Pont mobile qui se lève ou s'abaisse à volonté au-dessus du fossé d'un bâtiment fortifié. « *Un large perron remplaçait sur les fossés comblés l'ancien pont-levis* » (CHATEAUB.). ♦ 2° Fig. (*T. de Manège*). Action du cheval qui se cabre très haut à plusieurs reprises.

PONTON [pɔ̃tɔ̃]. *n. m.* (XVIe; « *bac* », 1245; lat. *ponto, -onis*, de *pons*. V. Pont). ♦ 1° Construction flottante formant plate-forme. *Pontons d'un pont flottant. Ponton d'accostage.* « *Ces débarcadères, tous du même modèle, consistaient en un ponton carré supportant deux chambres de bois* » (GAUTIER). ◇ Chaland ponté servant aux gros travaux des ports. *Ponton d'abattage. Ponton-grue.* — Vieux navire désarmé et à l'ancre, servant de dépôt de matériel, de caserne, de prison. « *Cette Circé, qu'on avait désarmée là pour servir de ponton dans le fleuve* » (LOTI). ♦ 2° Techn. Instrument métallique en forme de trapèze articulé, servant à cuber les tas de pierres.

PONTONNIER [pɔ̃tɔnje]. *n. m.* (1280, « *batelier passeur* »; de *ponton*). ♦ 1° (XVIe). Soldat du génie chargé de la pose, du démontage, de l'entretien, etc., des ponts militaires. *L'héroïsme des pontonniers de la Grande Armée permit le passage de la Bérézina.* ♦ 2° Techn. (XXe). Pontier. *Pontonnier de laminoir.*

PONTUSEAU [pɔ̃tyzo]. *n. m.* (1776; o. i.). Techn. Tige de métal traversant les vergeures dans les formes à papier et laissant une trace sur le papier. — *Par ext.* Cette trace. *Papier vergé dont on aperçoit les pontuseaux par transparence.*

POOL [pul]. *n. m.* (1907; mot angl. V. Poule [II]). Anglicisme. Groupement de producteurs exploitant en commun l'ensemble des moyens matériels des associés et versant dans une caisse commune les bénéfices de cette exploitation. *Le pool du charbon et de l'acier* (marché commun du charbon et de l'acier). *Pool bancaire.* V. Groupe. ◇ Ensemble de personnes effectuant la même travail dans une entreprise. « *Pool de dactylos* » (*L'Express*, 21-5-1973). [V. Équipe]. ◇ HOM. *Poule, pull.*

POP [pɔp]. *adj. invar.* (v. 1955; mot anglo-amér.; de *popular* « populaire »; V. Pop'art). *Américanisme.* Se dit d'une forme de musique populaire issue de divers genres en honneur dans les pays anglo-saxons (formes de jazz, folksong, rock and roll). *Festival de musique pop* (on emploie aussi l'anglicisme *pop music*). — *Chanteur, groupe pop.* — Subst. *Une idole du pop.*

POP'ART [pɔpaʀt ou pɔpaʀ]. *n. m.* (v. 1955, mot angl., de *popular art*). *Anglicisme.* Forme de création plastique qui consiste notamment à réunir ou à assembler des objets ou débris d'objets quotidiens.

POP-CORN [pɔpkɔʀn]. *n. m.* (1954; mot amér., de *pop* « éclaté », et *corn* « maïs »). *Anglicisme.* Grains de maïs soufflés, sucrés ou salés. « *Une machine automatique fabriquait du pop-corn. Ces grains de maïs éclatés bombardaient la vitre* » (TROYAT).

POPE [pɔp]. *n. m.* (1656; *popi*, 1606; gr. ecclés. *pappos* « grand-père », et russe *pop*). Prêtre de l'Église orthodoxe slave (V. Papas). « *Un pope ou moine d'aspect sénonial chanta avec un acolyte une de ces belles mélodies du rite grec* » (GAUTIER).

POPELINE [pɔplin]. *n. f.* (1735; angl. *poplin*, du fr. *papeline*, 1667 [p.-ê. it. *papalina*, de *papalino*, adj., « *papal* »]). Tissu à chaîne de soie, armure taffetas, dont la trame est en laine. « *De la popeline? C'est une étoffe soie et laine, sèche* » (COLETTE). — *Par ext.* Tissu de coton à armure taffetas. *Chemise d'homme en popeline.*

POPLITÉ, ÉE [pɔplite]. *adj.* (1560; lat. *poples, poplitis* « jarret »). Anat. Qui a rapport, appartient à la partie postérieure du genou. *Muscle poplité*, subst. *Le poplité*, muscle assurant la flexion et la rotation externe de la jambe.

POPOTE [pɔpɔt]. *n. f.* (1857; arg. milit.; onomat. « *soupe* », ou mot vosgien « *bouillie* »). ♦ 1° Table commune d'officiers. V. Mess; cantine. ♦ 2° Fam. Soupe, cuisine. *Faire la popote.* « *La popote, la famille, un bon chez-soi, nous étions heureux* » (APOLLINAIRE). ♦ 3° Adj. (invar.). [1877] Fam. Qui est trop exclusivement occupé par les travaux, les devoirs du foyer. V. Pot-au-feu. « *Tu es encore plus popote que mon mari, ça n'était pas la peine de changer* » (MAUPASS.).

POPOTIN [pɔpɔtɛ̃]. *n. m.* (1917; redoubl. de *pot*). Pop. Le derrière. Loc. fam. *Se manier le popotin :* se dépêcher. « *Grouille-toi,... magne-toi le pot, le popotin* » (QUENEAU).

POPULACE [pɔpylas]. *n. f.* (1572; masc., 1555; it. *populaccio*, péj. de *populo*). Péj. Bas peuple. V. Masse, plèbe, populo. « *Par derrière se pressait une populace en haillons* » (FLAUB.). ◇ ANT. Élite, gratin.

POPULACIER, IÈRE [pɔpylasje, jɛʀ]. *adj.* (1571; de *populace*). Propre à la populace. V. Commun, vulgaire. *Langage populacier.* V. Poissard. *Allure, air populaciers.* V. Canaille. « *Un torrent d'injures populacières* » (FLAUB.).

POPULAGE [pɔpylaʒ]. *n. m.* (1755; *populago*, 1752 [du lat. bot.], de *populus* « peuplier »). Bot. Plante dicotylédone à fleurs jaunes (*Renonculacées*), qui croît dans les endroits marécageux (communément appelée *souci d'eau*).

POPULAIRE [pɔpylɛʀ]. *adj.* (*Populeir*, XIIe; lat. *popularis*). ♦ 1° Qui appartient au peuple, émane du peuple. *Gouvernement populaire.* « *Les politiques grecs qui vivaient dans le gouvernement populaire* » (MONTESQ.). V. Démocratique. *Démocraties populaires. Insurrection, manifestation populaire. Front populaire :* union des forces de gauche (communistes, socialistes, etc.). *Les masses populaires.* ♦ 2° Propre au peuple. *Croyance, traditions populaires. Le bon sens populaire.* — Ling. Qui est créé, employé par le peuple et n'est guère en usage dans la bourgeoisie et parmi les gens cultivés. *Mot, expression populaire. Latin populaire. Expression, locution, tour populaire.* ◇ À l'usage du peuple (et qui en émane ou non). *Roman, spectacle populaire. Chansons populaires. Art populaire* (V. Folklore). — (*Personnes*) Qui s'adresse au peuple. « *Vous ne devez pas avoir de succès comme orateur populaire* » (MAUROIS). ◇ Qui se recrute dans le peuple, que fréquente le peuple. *Milieux, classes populaires.* « *Ils ont trouvé une nouvelle formule : travailler pour une clientèle franchement populaire* » (ROMAINS). *Origines populaires.* V. Plébéien. *Bals populaires. Soupes* populaires.* ♦ 3° (1559). Qui plaît au peuple, au plus grand nombre. *Henri IV était un roi populaire. Mesure populaire.* « *Hoffmann est populaire en France, plus populaire qu'en Allemagne* » (GAUTIER). ♦ 4° Subst. (Vx). *Le populaire*, le peuple. ◇ ANT. (du 3°) *Impopulaire.*

POPULAIREMENT [pɔpylɛʀmã]. *adv.* (1508; de *populaire*). D'une manière populaire, dans le langage populaire. *Parler, s'exprimer populairement.*

POPULARISER [pɔpylaʀize]. *v. tr.* (1622; de *populaire*). ♦ 1° Faire connaître parmi le peuple, le grand nombre. *Les mots enliser, pieuvre ont été popularisés par V. Hugo.* V. Répandre. « *L'Oncle Sam lui-même, popularisé par la caricature* » (SIEGFRIED). ◇ *Vieilli.* Mettre à la portée du peuple. *Populariser la science.* V. Vulgariser. ♦ 2° Rare. Faire acquérir à (qqn) la popularité. « *La guerre se faisaient la Mairie et le Presbytère, popularisa le magistrat* » (BALZ.).

POPULARITÉ [pɔpylaʀite]. *n. f.* (1787; « *peuple, population* », XVe; lat. *popularitas*). Le fait d'être connu et aimé du peuple, du plus grand nombre. *La popularité d'un chef d'État.* V. Célébrité, gloire, renommée. *Acquérir une grande popularité, perdre de sa popularité.* ◇ Faveur. « *Brandelore, mon voisin d'hôpital, le sergent, jouissait... d'une persistante popularité parmi les infirmières* » (CÉLINE). ◇ ANT. *Impopularité.*

POPULATION [pɔpylasjɔ̃]. *n. f.* (*Population*, mil. XVIIIe; repris de l'angl.; 1335, « *peuplement* », rare; bas lat. *populatio*, de *populus* « peuple »). ♦ 1° Ensemble des personnes qui habitent un espace, une terre. *La population du globe. Population de la France. Population d'une ville.* — *Dénombrement, recensement de la population. Région à population dense, faible.* ◇ *Par ext.* Ensemble des personnes d'une catégorie particulière. *Population active, agricole, ouvrière. La population civile* (opposé à *mobilisés*). *Population active, des travailleurs. La population scolaire*, les élèves, les étudiants. — *Plur.* *Les populations laborieuses, rurales.* ♦ 2° *Par anal.* *La population d'une ruche.* « *Ce réseau de caves a bien toujours son immémoriale population de rongeurs* » (HUGO). ♦ 3° Sc. (XXe). Ensemble limité d'individus, d'unités de même espèce trouvés ensemble, sur lequel on fait des statistiques.

POPULATIONNISTE [pɔpylasjɔnist(ə)]. *adj.* (1959; de *population*). Didact. Favorable à un accroissement important de la population. ◇ ANT. *Malthusianiste.*

POPULÉUM [pɔpyleɔm]. *n. m.* (XIIIe; lat. méd. *populeum [unguentum]* « onguent de peuplier »). Pharm. Onguent, pommade calmante à base de bourgeons de peupliers et de plantes narcotiques.

POPULEUX, EUSE [pɔpylø, øz]. *adj.* (mil. XVIe; *populos*, 1500; bas lat. *populosus*). Très peuplé. *Cité, villes populeuses.* « *Le flot du peuple dévalait des rues populeuses vers le travail lointain* » (R. ROLLAND). ◇ ANT. *Désert.*

POPULISME [pɔpylism(ə)]. *n. m.* (1929; du lat. *populus* « peuple »). École littéraire qui cherche, dans les romans, à dépeindre avec réalisme la vie des petites gens.

POPULISTE [pɔpylist(ə)]. *n. et adj.* (1929; de *populisme*). Partisan du populisme; inspiré par le populisme. *École populiste. Le Prix populiste.*

POPULO [pɔpylo]. *n. m.* (1867; de *populaire*, d'apr. *proprio*; un autre *populo*, vx [1490, « *petit enfant* »; 1690, « *marmaille* »] vient de *puppa* « *poupée* »). Fam. Peuple, populace. *C'est encore le populo qui trinque.* ◇ Grand nombre de gens. V. Foule. *C'est plein de populo !* « *J'ai vu des flics, des cipaux, un peu de populo désœuvré* » (ROMAINS).

POQUER [pɔke]. *v. intr.* (1731; *pocquer* « *frapper* », 1544; flam. *pokken*). *Au jeu de Boules :* jeter sa boule en l'air de manière qu'une fois retombée elle reste immobile.

POQUET [pɔkɛ]. *n. m.* (1868; de *poquer* ou de *poque*. V. Poche). Petit trou dans lequel on sème plusieurs graines. *Le semis en poquet est utilisé surtout pour les grosses graines*

PORC [pɔʀ]. *n. m.* (1080; lat. *porcus*). ♦ 1° Mammifère ongulé omnivore *(Suidés)*, animal au corps épais, dont la tête est terminée par un groin, qui est domestiqué et élevé pour sa chair, *spécialt.* le mâle adulte. V. **Cochon**. « *Je peindrai ici l'image du Porc. C'est une bête solide et tout d'une pièce; sans jointure et sans cou* » (CLAUDEL). *Porc femelle* (V. **Truie**), *mâle* (V. **Verrat**). *Jeune porc.* V. **Cochonnet, goret, porcelet.** *Engraisser un porc avec des pommes de terre. Porc utilisé pour la recherche des truffes. Les poils du porc.* V. **Soie.** ◇ *Par ext. Porc sauvage.* V. **Sanglier.** ♦ 2° *Par compar.* ou *fig.* (1226, « homme sale »). V. **Cochon** (*fig.* et *fam.*). *Il est gras, sale comme un porc. Manger comme un porc.* ◇ *Homme débauché, grossier.* ♦ 3° Viande de cet animal. *Les juifs, les musulmans ne mangent pas de porc. Porc frais, salé, fumé* (V. aussi **Charcuterie**). *Côtelette, rôti de porc. Graisse de porc.* V. **Lard, saindoux.** ♦ 4° Peau tannée de cet animal. *Sac, valise en porc* (ou *en peau de porc*). ◇ HOM. *Pore, port.*

PORCELAINE [pɔʀsəlɛn]. *n. f.* (1298; it. *porcellana*, de *porcella* « truie »). ♦ 1° (D'abord *pourcelaine*). Mollusque gastéropode *(Cypréidés)*, coquillage univalve luisant et poli, aux couleurs vives, qui présente une ouverture en forme de fente étroite. ♦ 2° (1298, par anal. d'aspect). Substance translucide, imperméable, qu'on utilise en céramique fine. *Porcelaine tendre* ou *à pâte tendre. Porcelaine dure* ou *à pâte dure. Porcelaine à décor bleu. Porcelaine caraque, craquelée* (V. **Truité**), *réticulée. Porcelaine présentant des dessins par transparence* (V. **Lithophanie**). *Porcelaine de Chine, de Hollande, du Japon, de Limoges, de Saxe, de Sèvres* (V. **Sèvres**), *etc.* « *Des pots de porcelaine, de faïence, ou de terre vernie* » (GAUTIER). *Vaisselle, pipe en porcelaine, de porcelaine.* — *Fam. Conduire un éléphant* dans un magasin de porcelaine. ♦ 3° Objet en porcelaine. *Casser une porcelaine.* « *On payera à Paris les porcelaines de Frankenthal, que je collectionne depuis vingt ans, deux fois plus cher que la pâte tendre de Sèvres* » (BALZ.).

PORCELAINIER, -LAINIÈRE [pɔʀsəlenje, lɛnjɛʀ]. *n. m.* et *adj.* (1836; de *porcelaine*). ♦ 1° Marchand de porcelaine; industriel, ouvrier qui fabrique de la porcelaine. ♦ 2° *Adj.* Qui est relatif à la porcelaine. *L'industrie porcelainière de Limoges.*

PORCELET [pɔʀsəlɛ]. *n. m.* (XIIIᵉ; de *porcel*, anc. forme de *pourceau*). *Jeune porc.* V. **Cochonnet, goret.** *Manger du porcelet rôti* : du cochon de lait.

PORC-ÉPIC [pɔʀkepik]. *n. m.* (*Porc espic*, 1508; d'apr. *piquer*, de *porc espi* [XIIIᵉ], a. *provo. porc espin*, it. *porcospino* « porc-épine »). Petit mammifère rongeur *(Hystricidés)*, au corps recouvert de longs piquants, qui vit dans les contrées chaudes. *Dans le danger, le porc-épic se hérisse. Des porcs-épics.* ◇ (D'une personne irritable) *Un véritable porc-épic.* « *Christophe se hérissait en boule, comme un porc-épic* » (R. ROLLAND).

PORCHAISON [pɔʀʃɛzɔ̃]. *n. f.* (1389, « chasse au sanglier »; de *porc*). *Chasse.* Saison pendant laquelle le sanglier est le plus gras. — État du sanglier pendant cette époque. *Un sanglier en porchaison.*

PORCHE [pɔʀʃ(ə)]. *n. m.* (XIIᵉ; lat. *porticus*). ♦ 1° Construction en saillie qui abrite la porte d'entrée d'un édifice. « *Ces maisons qui avaient déjà plusieurs siècles possédaient encore un porches, des bornes de pierre* » (NIZAN). — *Spécialt. Porches d'une cathédrale. Portail abrité sous un porche.* ♦ 2° Vestibule, hall. « *Il lui arrivait de l'attendre des heures, sous le porche glacial de l'immeuble* » (COURTELINE). « *J'aime les porches bien chauffés et garnis de riches tapis* » (BALZ.).

PORCHER, ÈRE [pɔʀʃe, ɛʀ]. *n.* (1530; *porker*, v. 1138; bas lat. *porcarius*). Gardien, gardienne de porcs; ouvrier agricole qui s'occupe des porcs.

PORCHERIE [pɔʀʃəʀi]. *n. f.* (1302; *porkerie* « troupeau de porcs », v. 1170; du précéd.). ♦ 1° Bâtiment où l'on élève, où l'on engraisse les porcs. *Cour, loges d'une porcherie.* ♦ 2° *Fig.* Local très sale.

PORCIN, INE [pɔʀsɛ̃, in]. *adj.* et *n.* (1393; XIIIᵉ, fig., « grossier »; rare av. 1792; lat. *porcinus*). ♦ 1° Qui est relatif au porc. *Race porcine.* — *N. Un porcin, les porcins* (V. **Bétail**). ♦ 2° *Par ext.* Dont l'aspect rappelle celui du porc. *Yeux porcins.* « *Les quatre visages n'avaient qu'un même sourire à offrir, qui était porcin* » (BOSCO).

PORE [pɔʀ]. *n. m.* (1530; *porre*, 1314; lat. *porus*, gr. *poros* « passage »). ♦ 1° Chacun des minuscules orifices de la peau où aboutissent les sécrétions des glandes sudoripares. — *Cour.* Orifice cutané d'une glande sudoripare ou de la glande sébacée d'un poil. *Pores dilatés; bouchés, obstrués* (V. **Acné**). « *Une sueur froide sortit soudain de tous les pores de cette femme* » (BALZ.). — *Fig. Par tous les pores, de tout sa personne.* « *On percevait par tous les pores l'harmonie qui se dégage de la douceur colossale des choses* » (HUGO). ♦ 2° *Bot.* (1765). V. **Stomate.** ♦ 3° *Phys. anc.* (1444). Interstice, espace vide dans une substance. ◇ *Mod. Géol.* Interstice d'une matière poreuse*. ◇ HOM. *Porc, port.*

POREUX, EUSE [pɔʀø, øz]. *adj.* (*Porreux*, 1314; de *pore*). Qui présente une multitude de petits trous (roche, matière minérale, terre cuite, etc.). *Pierre poreuse. Un vase en terre poreux.* « *Il y avait ce sol poreux qui sonne comme un plafond de cave* » (GIONO). V. **Perméable.**

PORION [pɔʀjɔ̃]. *n. m.* (1838; mot picard, o. i.). Agent de maîtrise, contremaître dans les mines de charbon. V. **Mineur** (2). *Porion d'abattage, de roulage. Chef porion.* « *Quand il ne redoutait pas la rencontre d'un porion, il montait sur la dernière berline* » (ZOLA). ◇ Contremaître dans les mines de pétrole. *Porion d'huile*, qui organise le pompage.

PORNOGRAPHE [pɔʀnɔgʀaf]. *n. m.* (1769; du gr. *porné* « prostituée », et *-graphe*). ♦ 1° *Vx.* Auteur d'un traité sur la prostitution. ♦ 2° Auteur spécialiste d'écrits obscènes. — *Par ext.* (d'un écrivain) *C'est un vulgaire pornographe. Adj. Éditeur pornographe.*

PORNOGRAPHIE [pɔʀnɔgʀafi]. *n. f.* (1842; « traité de la prostitution », 1803; de *pornographe*). Représentation (par écrits, dessins, peintures, photos) de choses obscènes destinées à être communiquées au public. ◇ *Par ext.* Obscénité en littérature, dans les spectacles.

PORNOGRAPHIQUE [pɔʀnɔgʀafik]. *adj.* (1842; de *pornographe*). Relatif à la pornographie. *Romans, films pornographiques. Abrév. fam. Livre, film porno* [pɔʀno]. V. **Cochon.** *Boutique porno.* V. **Sex-shop.**

POROSITÉ [pɔʀozite]. *n. f.* (1314; de *poreux*). *Didact.* État de ce qui est poreux. *Porosité de la pierre ponce, du sable. Porosité ouverte d'une roche.* V. **Perméabilité.**

PORPHYRE [pɔʀfiʀ]. *n. m.* (XVIᵉ; *porfire*, XIIᵉ; it. *porfiro*, lat. *porphyrites*, gr. *porphurités* [*lithos*] « pierre pourpre »). Variété d'andésite, roche volcanique rouge foncé, compacte, mêlée de cristaux blancs. *Porphyre poli. Colonnes de porphyre.* « *Des fleurs en mosaïque d'agate et de porphyre* » (LOTI). ◇ *Par ext.* Molette en porphyre, servant à broyer les couleurs.

PORPHYRIQUE [pɔʀfiʀik]. *adj.* (1846; de *porphyre*). Relatif au porphyre; qui en contient. *Texture porphyrique. Roche porphyrique.*

PORPHYROGÉNÈTE [pɔʀfiʀɔʒenɛt]. *adj.* (1690; gr. *porphurogenêtos* « né dans la pourpre »). *Antiq.* Se disait des enfants des empereurs d'Orient nés pendant le règne de leur père. *Constantin VII porphyrogénète.*

PORPHYROÏDE [pɔʀfiʀɔid]. *adj.* (1803; de *porphyre*, et *-oïde*). *Didact.* Qui a l'apparence du porphyre. *Roche porphyroïde.*

PORQUE [pɔʀk(ə)]. *n. f.* (1382; « femme malpropre », aussi XVIIᵉ; it. *porca* « truie », lat. *porcus* « porc »). *Mar.* Forte pièce courbe de construction, pour renforcer les parties de la carène.

PORREAU. V. **Poireau.**

PORRECTION [pɔʀ(ʀ)ɛksjɔ̃]. *n. f.* (1836; lat. *porrectio*, de *porrigere* « tendre »). *Liturg. cathol.* Acte par lequel l'évêque présente un objet liturgique pour le faire toucher.

PORRIDGE [pɔʀidʒ(ə)]. *n. m.* (1901; mot angl., corrupt. du fr. *potage*). Bouillie ou soupe épaisse de flocons d'avoine. « *Ses joues rondes... avaient l'air faites du porridge qu'on lui donnait le matin* » (ARAGON).

1. PORT [pɔʀ]. *n. m.* (1050; lat. *portus*).

I. ♦ 1° Abri naturel ou artificiel aménagé pour recevoir les navires, pour l'embarquement et le débarquement de leur chargement. « *La vue du port donne un vigueur nouvelle aux matelots lassés d'une longue navigation* » (LESAGE). *Port maritime, fluvial. Le vieux port de Marseille. Port de commerce, port de transit, port pétrolier; port de pêche; port militaire, de guerre. Digue, jetée, phare, débarcadère, embarcadère, quai, bassin d'un port.* — *Navire qui arrive au port, entre dans le port. Stationner, relâcher dans un port.* V. **Escale.** *Paquebot qui sort du port.* V. **Appareiller.** — *Port d'attache d'un bateau. Port où il est immatriculé. — Port franc*, non soumis au service des douanes. — *Déchargeur, docker qui travaillent dans un port.* « *Je me suis promené dans le port. J'ai causé avec un douanier qui surveillait le déchargement d'un navire* » (HUGO). ◇ *Loc. fig. Arriver à bon port* : arriver au but d'un voyage sans accident; en parlant des choses, Arriver à destination en bon état. ♦ 2° *Fig.* Lieu de repos; abri. V. **Havre, refuge.** *Chercher un port dans la tempête.* « *Un couvent était le port où venaient aborder les naufragés du monde* » (GAUTIER). ♦ 3° Ville qui possède un port. *Marseille, port de la Méditerranée. Habiter un port.* ♦ 4° *Port artificiel*, ensemble d'éléments préfabriqués amenés par mer sur une côte pour permettre le débarquement des troupes et le déchargement du matériel.

II. (1080; anc. prov.). Col dans les Pyrénées. *Saint-Jean-Pied-de-Port.* « *Le port* (sic) *de Gavarnie, que vous voyez si haut, ce passage tempétueux* » (MICHELET). V. aussi **Passeport.**

◇ HOM. *Porc, pore.*

2. PORT [pɔʀ]. *n. m.* (1265, « faveur, aide »; de *porter*). **I.** Action de porter. ♦ 1° Le fait de porter sur soi. *Le*

port du costume militaire. « *Comment lui faire admettre que le port de l'étoile (juive) n'était rien* » (Carco). *Port illégal de décorations.* ◇ (1636) *Port d'armes,* le fait de porter sur soi une arme, des armes. — *Port d'armes prohibées.* « *Cette république d'Italie* (Venise), *où le port des armes à feu est puni comme un crime capital* » (Montesq.). ◇ *Dr.* Le fait de porter un nom, un titre. *Le port d'un nom patronyme.* ♦ 2° (1468). Action de porter (une charge). *Mar. Port en lourd,* charge totale que peut prendre un navire. ♦ 3° Port d'armes : le fait pour un soldat de présenter son arme ; la position ainsi prise. *Soldat qui se met au port d'armes.* ♦ 4° Port de voix : passage effectué insensiblement d'un son à un autre. *Chanteuse qui fait des ports de voix.*
II. *Par ext.* Prix du transport d'une lettre, d'un colis. « *La mère Rollet réclama le port d'une vingtaine de lettres* » (Flaub.). *Franc de port, franco de port. Port dû, payé.*
III. (xive). Manière naturelle de se tenir. ♦ 1° Allure, maintien. *Un port de déesse, de reine.* « *Son port décidé la faisait paraître plus grande que môl* » (P. Benoit). — *Un gracieux port de tête.* ♦ 2° *Bot.* (1721). Forme générale naturelle à une plante. *Le port de l'avoine, du lierre. Port d'un arbre, du peuplier.*
◇ Hom. V. Port (1).

PORTABLE [pɔʀtabl(ə)]. *adj.* (1265 ; de *porter*). ♦ 1° *Vx.* Facile à porter. — Mod. *(Anglicisme)* Portatif. « *Il les recopiait* (ses articles) *sur sa Remington portable* » (Romains). ♦ 2° *Dr.* (*Opposé à* quérable). *Dette, redevance, rente portable,* qui doit être payée à un lieu fixé par la convention ou au domicile du créancier. ♦ 3° *(D'un vêtement).* Qu'on peut porter. V. **Mettable**. *Ce manteau est encore portable.*

PORTAGE [pɔʀtaʒ]. *n. m.* (1260 ; de *porter*). ♦ 1° *Vx.* Action de transporter. ♦ 2° *Mod.* Transport à dos d'homme. « *Crise du portage. Nos porteurs veulent tous repartir* » (Gide). *Spécialt.* (Cour. au Canada). Action de porter une embarcation d'un cours d'eau à l'autre. « *Les portages dans l'eau jusqu'à la ceinture* » (P. Villeneuve). « *La sente d'un 'portage'* » (Genevoix)— *Faire du portage* ou **portager** [pɔʀtaʒe], v. intr. « *Lorsque nous portagions dans les immenses forêts du Québec, ce n'était pas la saison des amours* » (Genevoix). ◇ *Partie d'un fleuve où l'on ne peut plus naviguer* (qui oblige à porter les embarcations). ♦ 3° *Mar.* Endroit où une pièce frotte sur une autre.

PORTAIL [pɔʀtaj]. *n. m.* (xiiie ; *portal* « grand panneau de bois qui sert de porte », v. 1200 ; de *porte*). Grande porte, parfois de caractère monumental. *Portail du parc d'un château, d'une cour de ferme. Pylônes d'un portail.* « *Elle les avait accompagnés jusqu'au portail en fonte d'art* » (Toulet). ◇ *Portail d'une cathédrale, d'une église,* comprenant la porte, son ébrasement, son appareil architectural. *Le portail royal de Chartres. Les portails nord et sud.* « *Le portail méridional a des chapiteaux étranges et une grosse nervure-archivolte profondément fouillée* » (Hugo).

PORTANCE [pɔʀtɑ̃s]. *n. f.* (1940 ; « action de porter », fin xive ; de *porter*). *Techn. (Aviat.).* Composante verticale des forces aérodynamiques qui s'exercent sur l'aile d'un avion. V. **Sustentation**.

PORTANT, ANTE [pɔʀtɑ̃, ɑ̃t]. *adj.* et *n.* (*Vent portant* « qui pousse le navire dans la bonne direction », xiie ; de *porter).*
I. *Adj.* ♦ 1° (1389, « qui porte »). Dont la fonction est de porter, de soutenir. *Parties portantes d'un édifice. Murs portants. Roues portantes d'une locomotive* (*opposé à* roues motrices). ♦ 2° *À bout* portant.* ♦ 3° (1761 ; d'abord « de belle stature, qui a un beau *port* »). Être bien, mal portant, en bonne, en mauvaise santé. V. **Porter** (se). « *Les gens bien portants sont des malades qui s'ignorent* » (Romains). « *Celui que l'on cite comme type de l'homme bien portant : Gœthe* » (Gide). — *Subst. Les bien portants.*
II. *N. m.* ♦ 1° (1400). Anse d'un coffre, d'une malle, etc. ♦ 2° *Techn.* Pièce de fer qu'on place sous l'armure d'un aimant et à laquelle on suspend la charge à soulever. ♦ 3° (Mil. xixe). Montant qui soutient un élément de décor, un appareil d'éclairage, au théâtre. — Cette partie du décor. « *Songez maintenant à nos décorations arriérées, à nos portants de coulisses, à nos files de quinquets* » (Nerval). ♦ 4° Montant (d'une ouverture). « *Les croisées de la façade ont pour portants des muses arrangées en cariatides* » (Gautier). ♦ 5° *Mar.* (xxe). Monture métallique qui déborde à l'extérieur d'une embarcation et qui sert d'appui aux avirons. ♦ 6° Présentoir où sont accrochés les vêtements, dans un magasin.

PORTATIF, IVE [pɔʀtatif, iv]. *adj.* (1328 ; de *porter*). Qui peut être utilisé n'importe où, transporté facilement. V. **Portable, transportable**. *Poste de radio portatif à transistors. Machine à écrire portative.* ◇ *Glace portative,* à emporter.

1. PORTE [pɔʀt(ə)]. *n. f.* (1080 ; *porta,* 980 ; lat. *porta).*
I. (*D'une ville*). ♦ 1° Ouverture spécialement aménagée dans l'enceinte d'une ville pour permettre le passage. « *Les portes de la ville sont monumentales et surmontées de trophées*

dans le goût du dix-septième siècle » (Nerval). — *Par ext. Porte d'un château, d'une forteresse.* — *Ouvrir, fermer les portes d'une ville, d'une place, à l'ennemi.* Fig. *Ouvrir les portes à l'ennemi :* capituler. ◇ *Fig. L'ennemi est à nos portes,* à nos frontières, tout près. ♦ 2° Se dit à Paris de deux monuments en forme d'arc de triomphe : *la porte Saint-Denis* et *la porte Saint-Martin.* ♦ 3° Lieu où se trouvait autrefois une porte de l'enceinte d'une ville. *Le métro dessert les portes de Paris.* — *Par ext.* Le quartier de cette porte. *Habiter à la Porte de Saint-Cloud.*
II. (1080). ♦ 1° Ouverture spécialement aménagée dans un mur, une clôture, etc., pour permettre le passage ; l'encadrement de cette ouverture. *Porte d'une maison, d'un jardin* (V. **Portail**). *Porte cochère*, porte basse. Porte-fenêtre. Porte d'entrée ; de sortie. Porte de service, de secours.* « *De l'autre côté du mur que troue, au fond du potager, une petite porte à secret* » (Gide). *Condamner une porte. Chambranle, embrasure, encadrement, linteau, montant, seuil d'une porte.* « *Une porte extrêmement petite, mais dont le chambranle gothique était doré avec magnificence* » (Stendhal). *Porte qui s'ouvre sur une porte.* — *Aimable comme une porte de prison*.* — *Entrer, passer, sortir par la porte. Franchir, passer la porte.* « *Pour lui couper la route, je me mis en travers de la porte* » (Loti). *Dans l'embrasure, l'encoignure d'une porte. Sonner à la porte. Prendre le frais devant sa porte, sur le pas de sa porte.* — *Payer un pas* de porte.* ◇ *Loc. De porte en porte, de maison en maison, d'appartement en appartement.* — *Faire du porte à porte,* se dit d'un agent commercial, d'un quêteur, etc., qui passe de logement en logement. V. **Démarchage.** — *Ils habitent porte à porte,* dans des immeubles, des appartements contigus. « *Un monsieur avec lequel je suis porte à porte dans la même pension* » (Balz.). — *Cela s'est passé à ma porte,* tout près de chez moi. *Il a une station de métro à sa porte.* — *Fig. Parler à qqn, recevoir qqn entre deux portes,* lui parler rapidement en le faisant entrer. « *J'ai été reçu entre deux portes après bien des difficultés* » (Nerval). — *Mettre,* ou pop. *fiche, flanquer, foutre qqn à la porte.* V. **Chasser, congédier, renvoyer ;** pop. **lourder, virer.** « *J'ai fait mettre à la porte un valet, j'ai fait chasser une servante* » (Didier). — Ellipt. « *On cria 'À la porte !'. Il se leva, et partit* » (R. Rolland). — *Être à la porte,* ne pas pouvoir entrer. *Gagner, prendre la porte.* V. **Partir, sortir.** *Défendre, garder, interdire, refuser sa porte,* l'entrée chez soi. — Fig. *Entrer, passer par la grande porte,* accéder directement à un haut poste. *Entrer par la petite porte,* commencer sa carrière par un petit emploi et suivre la filière. — *Se ménager, se réserver une porte de sortie.* V. **Échappatoire, issue.** ◇ (*D'un lieu par lequel on accède à un pays*) « *Alger est la porte de cet étrange continent* » (Maupass.). ◇ *Loc. À la* PORTE [Belgique ; emploi critiqué]. *Dehors,* à l'extérieur. *Quelle température fait-il à la porte ? Manger à la porte :* dans le jardin, sur le balcon. ♦ 2° Pièce, panneau mobile permettant d'obturer la baie d'une porte. *Porte à claire-voie, blindée, pleine, vitrée. Porte à deux battants.* « *C'était l'ouverture de la porte de clôture, effroyable planche de fer hérissée de verrous* » (Hugo). *Gonds d'une porte. Bouton, poignée de porte.* — *Porte à tambour. Porte coulissante. Porte roulante, pliante d'un garage.* — *Porte fermée, ouverte, grande ouverte, entrebâillée. Fermez la porte !* ou ellipt. *La porte ! Claquer la porte. Fermer une porte à clef, à double tour. Trouver porte close. Enfoncer, forcer une porte.* — *Frapper à la porte.* V. **Cogner.** *Écouter aux portes :* derrière les portes. ◇ *Loc. fig. Mettre la clef* sous la porte.* — *Enfoncer* une porte ouverte.* — *Frapper à la bonne, mauvaise porte :* s'adresser au bon, au mauvais endroit, à la bonne, à la mauvaise personne. *Ouvrir, fermer sa porte à qqn,* accepter, refuser de l'admettre chez soi. — *Toutes les portes lui sont ouvertes :* il a de la considération partout. — (Écon.) *Régime de la porte ouverte,* qui supprime les barrières douanières. Cour. *C'est la porte ouverte à tous les abus. Laisser la porte ouverte à des négociations.* ♦ 3° (*D'un véhicule*). *Portes d'un wagon, d'un automobile* (V. **Portière**), *d'un avion,* etc. — (*D'un meuble*) *Porte d'une armoire, d'un placard.* — (*D'un appareil*) *Porte de four, de frigidaire.* ♦ 4° (1538). Vx. ou hist. *La Porte, la Sublime-Porte, la Porte ottomane,* la cour, le gouvernement des anciens sultans turcs (V. **Divan**) ; la Turquie elle-même. « *Les bureaux de la Porte* » (Gobineau).
III. *Par anal.* ♦ 1° Passage étroit dans une région montagneuse. V. **Défilé, gorge.** *Les Portes de Fer,* sur le Danube. ♦ 2° *Techn.* Anneau dans lequel on fait passer le crochet d'une agrafe. ♦ 3° *Ski.* Espace compris entre deux piquets où le skieur doit passer, dans une figure de slalom.

2. PORTE [pɔʀt(ə)]. *adj. f.* (1314 ; du précéd. « veine qui joue le rôle de porte, d'orifice »). Anat. *Veine porte,* qui ramène au foie le sang des organes digestifs abdominaux.

PORTE-. Élément, de *porter* « qui porte ». V. *aussi* **-Fère, -phore.**

PORTE-AÉRONEFS [pɔʀtaeʀɔnɛf]. *n. m. invar.* (v. 1960 ; de *porte-*, et *aéronef,* d'apr. *porte-avions*). *Milit.* Bâtiment de guerre aménagé pour recevoir des aéronefs (avions [V. Porte-avions]; hélicoptères [V. Porte-hélicoptères]).

PORTE-À-FAUX [pɔʀtafo]. *n. m. invar.* (1836; de *porte-*, et *faux*). ♦ 1° Disposition d'une chose (construction, assemblage) hors d'aplomb. *Mur en porte à faux, en porte-à-faux.* — *Fig. En porte à faux :* dans une situation instable. « *J'étais en porte-à-faux, je me suis redressé* » (HUGO). ♦ 2° Construction, objet en porte à faux. *Des porte-à-faux.* ◊ ANT. *Aplomb, équilibre, stabilité.*

PORTE-AFFICHE ou **PORTE-AFFICHES** [pɔʀtafiʃ]. *n. m.* (1842; de *porte-*, et *affiche*). *Rare.* Cadre dans lequel on appose des affiches. *Porte-affiches grillagés.*

PORTE-AIGUILLE [pɔʀteɡɥij]. *n. m.* (1741; de *porte-*, et *aiguille*). *Chir.* Sorte de pince permettant de tenir une aiguille à suture. ◊ Pince de tabletier. — *Des porte-aiguille(s).*

PORTE-AIGUILLES [pɔʀteɡɥij]. *n. m. invar.* (1827; de *porte-*, et *aiguille*). Étui, feuillets de tissu où l'on range les aiguilles à coudre. V. Aiguillier.

PORTE-ALLUMETTES [pɔʀtalymɛt]. *n. m. invar.* (1845; de *porte-*, et *allumette*). Boîte à allumettes, munie d'un frottoir.

PORTE-AMARRE [pɔʀtamaʀ]. *n. m.* (1856, *fusée porte-amarre;* de *porte-*, et *amarre*). *Mar.* Appareil servant à lancer une amarre (à terre ou sur un bâtiment). Appos. *Canon, fusil porte-amarre. Des porte-amarre(s).*

PORTE À PORTE [pɔʀtapɔʀt]. *n. m.* V. PORTE.

PORTE-AVIONS [pɔʀtavjɔ̃]. *n. m. invar.* (XXᵉ; de *porte-*, et *avion*). Bâtiment de guerre dont le pont supérieur constitue une plate-forme d'envol et d'atterrissage pour les avions.

PORTE-BAGAGES [pɔʀtbaɡaʒ]. *n. m. invar.* (1892; de *porte-*, et *bagage*). Dispositif accessoire d'un véhicule, destiné à recevoir des bagages. *Porte-bagages d'une bicyclette.* « *Le porte-bagages de la moto...* » (CARCO). ◊ Filet, galerie métallique où l'on place les bagages dans un train, un car.

PORTE-BAÏONNETTE [pɔʀtbajɔnɛt]. *n. m.* (1842; de *porte-*, et *baïonnette*). Pièce de cuir fixée au ceinturon et destinée à supporter le fourreau de la baïonnette. *Des porte-baïonnette(s).*

PORTE-BALAIS [pɔʀtbalɛ]. *n. m. invar.* (1906; de *porte-*, et *balai*). *Techn.* Gaine maintenant en position les balais d'une machine électrique.

PORTE-BANNIÈRE [pɔʀtbanjɛʀ]. *n.* (1875; de *porte-*, et *bannière*). Personne qui porte la bannière. *Des porte-bannière(s).*

PORTE-BILLETS [pɔʀtbijɛ]. *n. m. invar.* (1828; de *porte-*, et *billet*). Petit portefeuille où l'on range uniquement les billets de banque.

PORTE-BONHEUR [pɔʀtbɔnœʀ]. *n. m. invar.* (1876, « bracelet »; de *porte-*, et *bonheur*). *Mod.* Objet que l'on considère comme porteur de chance. V. Amulette, fétiche. *Le trèfle à quatre feuilles, le fer à cheval, sont des porte-bonheur.* Appos. *Breloque porte-bonheur.*

PORTE-BOUQUET [pɔʀtbukɛ]. *n. m.* (1869; « plateau », 1680; de *porte-*, et *bouquet*). Très petit vase à fleurs qu'on accroche. *Des porte-bouquet(s).* « *Le luxe de l'auto consistait en un tas de petits porte-bouquets où ils mirent des roses* » (ARAGON).

PORTE-BOUTEILLES [pɔʀtbutɛj]. *n. m. invar.* (1874; « rond de feutre », 1790; de *porte-*, et *bouteille*). ♦ 1° Casier à rayons superposés dans lequel les bouteilles sont rangées couchées. ♦ 2° Égouttoir à bouteilles. V. Hérisson.

PORTE-BRANCARD [pɔʀt(ə)bʀɑ̃kaʀ]. *n. m.* (1907; *porter*, et *brancard*). *Techn.* Harnais, sangle servant à porter, soutenir un brancard.

PORTE-CARNIER [pɔʀtkaʀnje]. *n. m.* (v. 1900; de *porte-*, et *carnier*). *Rare.* Celui qui porte le carnier d'un chasseur.

PORTE-CARTES ou **PORTE-CARTE** [pɔʀtəkaʀt(ə)]. *n. m. invar.* (1874; de *porte-*, et *carte*). Petit portefeuille à loges transparentes où l'on range cartes d'identité, d'abonnement, photographies. « *Il y a dans mon porte-cartes plusieurs photos de mon amour* » (APOLLINAIRE). ◊ (1914) Étui, support pour les cartes géographiques. *Porte-cartes d'un officier, d'un' automobiliste.*

PORTE-CHAPEAUX [pɔʀtʃapo]. *n. m. invar.* (1776, « paliure épineux »; de *porte-*, et *chapeau*). Patère ou tablette pour accrocher, poser les chapeaux.

PORTE-CIGARES [pɔʀtsiɡaʀ]. *n. m. invar.* (1841; de *porte-*, et *cigare*). Étui à cigares. « *Un porte-cigares tout brodé de soie verte et blasonné à son milieu* » (FLAUB.).

PORTE-CIGARETTES [pɔʀtsiɡaʀɛt]. *n. m. invar.* (1887, antér. « fume-cigarette »; de *porte-*, et *cigarette*). Étui à cigarettes. *Porte-cigarettes en argent, en cuir.*

PORTE-CLEFS ou **PORTE-CLÉS** [pɔʀtəkle]. *n. m. invar.* (1581; de *porte-*, et *clef*). ♦ 1° *Vieilli.* Gardien de prison qui porte les clés. V. Geôlier. ♦ 2° (1835). Anneau ou étui pour porter des clés. *Spécialt.* Anneau pour clés, orné d'une breloque. *Collectionner les porte-clés.*

PORTE-CONTENEURS [pɔʀtkɔ̃tnœʀ]. *n. m. invar.*

(1972; de *porte-*, et *conteneur*). *Techn.* Navire destiné à transporter des conteneurs. « *Six porte-conteneurs de 60 000 tonnes chacun* » (*Science et Vie*, « Environnement », nº H.S., 1974).

PORTE-COPIE [pɔʀtkɔpi]. *n. m.* (*Néol.;* de *porte-*, et *copie*). Support pour un texte à copier, à taper à la machine. *Des porte-copie(s).*

PORTE-COUTEAU [pɔʀtkuto]. *n. m.* (1869; autre sens 1803; de *porte-*, et *couteau*). Ustensile de table sur lequel on pose l'extrémité du couteau. *Porte-couteau en verre, en argent. Des porte-couteau(x).*

PORTE-CRAYON [pɔʀtkʀɛjɔ̃]. *n. m.* (1609; de *porte-*, et *crayon*). Petit tube de métal dans lequel on enchâsse un crayon, un fusain. *Porte-crayon d'ardoise. Des porte-crayon(s).*

PORTE-CROIX [pɔʀtəkʀwa]. *n. m. invar.* (1578; de *porte-*, et *croix*). *Relig.* Personne qui porte la croix (devant le pape, un archevêque, dans une procession). V. Staurophore.

PORTE-CROSSE [pɔʀtəkʀɔs]. *n. m.* (1680; de *porte-*, et *crosse*). *Rare.* ♦ 1° Celui qui porte la crosse d'un évêque. ♦ 2° Fourreau supportant la crosse d'une arme à feu (d'un cavalier). *Des porte-crosse(s).*

PORTE-DOCUMENTS [pɔʀtdɔkymɑ̃]. *n. m. invar.* (1954; de *porte-*, et *document*). Serviette très plate, sans soufflet. V. *aussi* Attaché-case. *Porte-documents à fermeture éclair.*

PORTE-DRAPEAU [pɔʀtdʀapo]. *n. m.* (1578; de *porte-*, et *drapeau*). ♦ 1° Celui qui porte le drapeau d'un régiment. Appos. *Officier porte-drapeau. Des porte-drapeau(x).* « *Le drapeau n'était plus qu'une guenille aux mains du sergent Hornus, le vingt-troisième porte-drapeau de la journée* » (DAUD.). ♦ 2° *Fig.* Chef reconnu et actif. « *Elle était comme le porte-drapeau de l'insurrection féminine* » (LOTI).

PORTÉE [pɔʀte]. *n. f.* (XIIᵉ; « mesure pour les vins »; « enfant », XIIIᵉ; de *porter*). **I.** (De *porter* une charge). ♦ 1° (XVᵉ). Ensemble des petits qu'une femelle de mammifère porte et met bas en une fois. *La portée d'une chienne. Une portée de chatons. Lapins d'une même portée.* « *Les chattes faisaient leur portée dans des trous de paille inconnus* » (ZOLA). ♦ 2° (XVIIᵉ-XVIIIᵉ). Charge d'un navire. V. Port. *Portée en lourd, capacité de charge.* ◊ (1636) Charge que supporte un membre d'architecture (poussée). — *Par ext.* Partie d'un membre d'architecture qui porte sur un appui, un support. ◊ Appui, butée d'une pièce mécanique. ♦ 3° Distance entre les points d'appui qui n'est soutenue que par quelques-unes de ses parties (et supporte une charge, une poussée). *La portée de l'arche d'un pont.* ♦ 4° Les cinq lignes horizontales, parallèles et équidistantes qui portent la notation musicale. *Portées d'un cahier de musique, d'une partition musicale.*

II. (XVIᵉ). Distance à laquelle porte une chose. ♦ 1° Distance à laquelle peut être lancé un projectile; amplitude du jet. *Portée d'un javelot, d'un fusil. Canon à longue portée.* (Pour définir une distance) « *L'Othello, qui se trouvait alors à dix portées de fusil* » (BALZ.). *La portée d'un radar,* la distance maximale à laquelle il peut détecter une cible. — *Par anal.* (XVIIᵉ). *La portée d'une voix, d'un cri, du regard.* ◊ *Loc.* À (LA) PORTÉE (DE) : à la distance convenable pour que ce dont il est question puisse porter. « *On était à portée de javelot, face à face* » (FLAUB.). *À portée de sa vue,* visible pour lui. — *À portée de la main,* accessible sans se déplacer. *Il garde son arme à portée de la main.* — *À portée de qqn,* se dit d'une chose accessible. *Mettre un verre à la portée d'un malade, à son chevet.* — « *Quand il fut à portée des personnages dont nous avions parlé, il fit son chapeau* » (VIGNY). — HORS DE (LA) PORTÉE. *Être hors de portée de fusil, de voix.* V. Atteinte. ♦ 2° *Fig.* À (LA) PORTÉE, HORS DE (LA) PORTÉE DE, se dit de ce qui est ou n'est pas accessible. *Ce bonheur a été mis hors de ma portée. Il* « *se met en quête d'un cabaret à portée de son escarcelle* » (DAUD.). — *Spectacle à portée de toutes les bourses :* bon marché. — *Absolt. Une chose à portée,* que l'on peut obtenir aisément. « *Où trouver une source de rire plus abondante, plus à portée...* » (RENAN). ♦ 3° (XVIᵉ). *Fig.* Aptitude (d'un esprit) à atteindre et comprendre des objets plus ou moins nombreux, complexes; capacités intellectuelles. *Domaine d'exercice de l'intelligence. Ce qui passe la portée d'un esprit.* V. Étendue, force. — À LA PORTÉE. *Question, science à la portée des enfants, à la portée de tous.* V. Niveau. « *Le tact qu'exige la société de se mettre à la portée des différents esprits* » (STAËL). ♦ 4° (1660). Aptitude à avoir des effets en atteignant (en parlant d'une idée, de la pensée). *Portée d'un argument, d'une critique. Portée d'un livre, d'un article.* — *La portée d'un mot.* V. Force. « *Bien que la portée des injures échangées lui échappât* » (MAURIAC). — (D'une action, d'un événement) *Acte, mesure d'une portée incalculable, d'une portée limitée, sans portée pratique.* V. Effet. « *Croyez que je sens la portée de ma faute* » (BALZ.). V. Importance.

PORTE-ENSEIGNE [pɔʀtɑ̃sɛɲ]. *n. m. invar.* (1564; de *porte-*, et *enseigne*). *Vx.* Porte-drapeau.

PORTE-ÉPÉE [pɔʀtepe]. *n. m. invar.* (1581 ; de *porte-*, et *épée*). *Ancienn.* Morceau de cuir ou d'étoffe fixé au ceinturon pour porter l'épée.

PORTE-ÉTENDARD [pɔʀtetādaʀ]. *n. m. invar.* (1680 ; de *porte-*, et *étendard*). *Ancienn.* Celui qui porte l'étendard. ◇ Pièce de cuir attachée à la selle du cavalier pour soutenir la hampe de l'étendard.

PORTE-ÉTRIERS [pɔʀtetʀije]. *n. m. invar.* (*Portes-trieux*, 1611 ; de *porte-*, et *étrier*). Courroie, sangle attachée à l'arrière de la selle pour relever l'étrier quand le cheval n'est pas monté.

PORTE-ÉTRIVIÈRE [pɔʀtetʀivjɛʀ]. *n. m. invar.* (1756 ; de *porte-*, et *étrivière*). Chacun des deux anneaux de fer placés aux côtés de la selle.

PORTE-FAIX *(vx)* ou **PORTEFAIX** [pɔʀtəfɛ]. *n. m. invar.* (*Portefays*, 1270 ; de *porte-*, et *faix*.) *Ancienn.* Celui qui faisait métier de porter des fardeaux. V. **Porteur.** « *On se trouve là au quartier général de plusieurs centaines de portefaix* » (STENDHAL).

PORTE-FANION [pɔʀtfanjɔ̃]. *n. m. invar.* (1907 ; de *porte-*, et *fanion*). Gradé qui porte le fanion d'un officier général.

PORTE-FENÊTRE [pɔʀtfənɛtʀ(ə)]. *n. f.* (1676 ; de *porte*, n. f. [II], et *fenêtre*). Fenêtre qui descend jusqu'au niveau du sol, faisant ainsi office de porte. *Des portes-fenêtres.* « *Elle ouvrit largement les deux battants vitrés de la porte-fenêtre* » (COLETTE).

PORTEFEUILLE [pɔʀtəfœj]. *n. m.* (1544 ; de *porte-*, et *feuille* [de papier]). ♦ 1° *Vx.* Carton double pliant et servant à renfermer des papiers. ◇ *Vx.* Cartable, serviette. *Portefeuille de ministre.* ♦ 2° *Par ext.* (1749). Mod. Titre, fonctions de ministre. « *Il espérait bien réussir à décrocher le portefeuille des Affaires étrangères* » (MAUPASS.). *Ministre* sans portefeuille.* ♦ 3° (v. 1700). Ensemble des effets de commerce, des valeurs mobilières détenus par une personne ou une entreprise. *Portefeuille d'une banque. Valeur, titre en portefeuille, d'un portefeuille.* « *Il n'hésita pas à féliciter mon père de la « composition » de son portefeuille* » (PROUST). ♦ 4° (XIXᵉ). *Cour.* Objet qu'on porte sur soi, qui se plie et qui est muni de poches où l'on range billets de banque, papiers, etc. *Portefeuille de cuir.* « *Son portefeuille gonflé, boudiné dans sa poche intérieure* » (SARTRE). *Avoir un portefeuille bien garni,* être riche. V. **Porte-monnaie.** ♦ 5° *Faire un lit en portefeuille,* avec un seul drap plié d'un côté du lit, au lieu de deux. ◇ *Jupe portefeuille.*

PORTE-FORT [pɔʀtəfɔʀ]. *n. m. invar.* (1866 ; de *se porter fort*). *Dr.* Engagement par lequel une personne promet qu'un tiers accomplira tel acte juridique. *Promesse de porte-fort.*

PORTE-GLAIVE [pɔʀtəglɛv]. *n. m. invar.* (1740 ; de *porte-*, et *glaive*). ♦ 1° *Rare.* Celui qui porte un glaive. — *Spécialt. Chevaliers porte-glaive,* ordre militaire de chevaliers fondé en 1204. ♦ 2° Nom du xiphophore, poisson d'ornement.

PORTE-GREFFE ou **PORTE-GREFFES** [pɔʀtəgʀɛf]. *n. m.* (1877 ; de *porte-*, et *greffe*). *Arbor.* Sujet sur lequel on fixe le greffon. *Le doucin, variété de pommier utilisé comme porte-greffe. Des porte-greffe(s).*

PORTE-HAUBAN ou **PORTE-HAUBANS** [pɔʀtəobā]. *n. m.* (1690 ; de *porte-*, et *hauban*). *Mar.* Pièce en saillie sur la muraille d'un bâtiment, destinée à donner aux haubans l'écartement suffisant. « *Un violent coup d'équinoxe était survenu, qui avait endommagé le porte-haubans de misaine* » (HUGO). *Des porte-haubans.*

PORTE-HÉLICOPTÈRES [pɔʀtəlikɔptɛʀ]. *n. m. invar.* (v. 1960 ; de *porte-*, et *hélicoptère*, d'apr. *porte-avions*). Navire de guerre à pont d'envol pour hélicoptères. V. **Porte-aéronefs.**

PORTE-JARRETELLES [pɔʀtʒaʀtɛl]. *n. m. invar.* (1935 ; de *porte-*, et *jarretelle*). Petit sous-vêtement féminin qui s'ajuste autour des hanches et qui est muni de quatre jarretelles pour attacher les bas.

PORTE-JUPE [pɔʀtəʒyp]. *n. m.* (*Néol.;* adj. *animal porte-jupes* « la femme », 1696 ; de *porte-*, et *jupe*). Pince pour suspendre les jupes dans une armoire. *Des porte-jupe(s).*

PORTE-LAMES [pɔʀtəlam]. *n. m. invar.* (1765 ; de *porte-*, et *lame*). *Techn.* Support fixe de la lame d'une faucheuse, d'une moissonneuse. — Support de lame (outils à lames interchangeables).

PORTE-MALHEUR [pɔʀtmalœʀ]. *n. m. invar.* (1604 ; de *porte-*, et *malheur*). *Rare.* Chose ou personne sur l'on considère comme portant malheur. ◇ *ANT.* Porte-bonheur (cour.).

PORTEMANTEAU [pɔʀtmāto]. *n. m.* (1547 ; de *porte-*, et *manteau*). ♦ 1° *Vx* (1558). Officier qui portait le manteau d'un grand personnage. ♦ 2° *Vx.* Malle penderie. — Enveloppe qui contenait le paquetage du cavalier. « *On vit descendre les porte-manteaux et les sacoches qui contenaient l'argent* » (BALZ.). ♦ 3° *Mod.* Dispositif pour suspendre les vêtements. *Accrocher, mettre, suspendre son pardessus, son chapeau au portemanteau.* « *Le porte-manteau (sic) était chargé de pèlerines et de chapeaux de soleil* » (MAURIAC).

— *Fam. Épaules en portemanteau,* très carrées. ♦ 4° *Mar.* Arc-boutant servant à hisser les embarcations le long du bordage d'un navire (aussi *Porte-manteau*).

PORTEMENT [pɔʀtəmā]. *n. m.* (XIIIᵉ, « manière d'être » ; « état de santé », XIVᵉ jusq. 1663 ; de *porter*). *Portement de croix,* scène de la Passion où le Christ est représenté portant sa croix. « *Portement de croix » que tant d'artistes ont essayé de représenter par la pierre ou par l'huile* » (DANIEL-ROPS).

PORTE-MENU [pɔʀtməny]. *n. m. invar.* (1874 ; de *porte-*, et *menu*). Cadre muni d'un manche ou d'un support dans lequel on met un menu.

PORTE-MINE ou **PORTEMINE** [pɔʀtəmin]. *n. m.* (v. 1900 ; de *porte-*, et *mine*). Instrument servant à écrire, à dessiner, dans lequel on place des mines de crayon très fines. *Porte-mine en métal. Des porte-mine(s) ; des portemines.* « *Une femme faisait des comptes en suçant son portemine* » (DUHAM.).

PORTE-MONNAIE [pɔʀtmɔnɛ]. *n. m. invar.* (1856 ; de *porte-*, et *monnaie*). Petit sac rigide à fermoir, de forme variable, où l'on met l'argent de poche (V. aussi **Bourse**). « *Salavin tira son porte-monnaie, en vida, dans sa main, le contenu* » (DUHAM.). *Porte-monnaie de cuir, d'étoffe. Par ext. Faire appel au porte-monnaie de qqn,* à sa générosité. *Avoir le porte-monnaie bien garni,* être riche. V. **Portefeuille.**

PORTE-MONTRE [pɔʀtəmɔ̃tʀ(ə)]. *n. m.* (1752 ; de *porte-*, et *montre*). *Rare.* ♦ 1° Support où l'on peut accrocher une montre. *Des porte-montre(s).* ♦ 2° *Comm.* Petit meuble où les horlogers exposent les montres.

PORTE-MORS [pɔʀtəmɔʀ]. *n. m. invar.* (1530 ; de *porte-*, et *mors*). *Techn.* Partie latérale de la bride qui va de la têtière au mors.

PORTE-MUSIQUE [pɔʀtmyzik]. *n. m. invar.* (1914 ; de *porte-*, et *musique*). Serviette à soufflets échancrés permettant un repliage, pour transporter des partitions musicales.

PORTE-OBJET [pɔʀtɔbʒɛ]. *n. m.* (1812 ; de *porte-*, et *objet*). *Sc.* Lame sur laquelle on place un objet à examiner au microscope. — *Par ext.* La platine du microscope. *Des porte-objet(s).*

PORTE-OUTIL [pɔʀtuti]. *n. m.* (1763 ; de *porte-*, et *outil*). *Techn.* Pièce ou dispositif d'une machine-outil qui soutient l'outil. *Des porte-outil(s).*

PORTE-PARAPLUIES [pɔʀtpaʀaplɥi]. *n. m. invar.* (1856 ; de *porte-*, et *parapluie*). Ustensile disposé pour recevoir les parapluies, les cannes. *Porte-parapluies dans une antichambre.*

PORTE-PAROLE [pɔʀtpaʀɔl]. *n. m. invar.* (1552, « messager » ; de *porte-*, et *parole*). Personne qui prend la parole au nom de qqn d'autre, d'une assemblée, d'un groupe. *Le porte-parole du ministre.* — *Par ext.* (Choses) « *Le journal de Merle et d'Almereyda ! devenu, du jour au lendemain, le porte-parole du gouvernement Poincaré !* » (MART. du G.). V. **Interprète.**

PORTE-PLUME [pɔʀtəplym]. *n. m. invar.* (1725 ; de *porte-*, et *plume* [à écrire]). Tige au bout de laquelle on engage une plume à écrire. *Des porte-plume en bois, en métal. Encrier et porte-plume.* — *Vx. Porte-plume réservoir.* V. **Stylo.**

PORTE-QUEUE [pɔʀtəkø]. *n. m. invar.* (1776 ; « caudataire », 1564 ; de *porte-*, et *queue*). Autre nom du machaon (papillon).

1. PORTER [pɔʀte]. *v. tr.* (XIᵉ ; « être enceinte », 980 ; lat. *portare*).

I. *V. tr. dir.* **Ⓐ** (Supporter le poids de). ♦ 1° Soutenir, tenir (ce qui pèse). *Mère qui porte son enfant dans ses bras. Porter une valise à la main. Porter un sac en bandoulière.* « *Un jeune gars breton qui portait un bissac sur l'épaule* » (LOTI). *Paniers, cabas pour porter les provisions. Porter le vainqueur en triomphe.* — *Fig. Porter sa croix*.* — *Milit. Portez... arme !* commandement d'avoir à soulever son arme dans le mouvement réglementaire. ♦ 2° (*Abstrait*). Supporter. *Porter tout le poids d'une affaire, la responsabilité de ses fautes, la peine d'une faute.* — *Il porte bien son âge, il manifeste son âge par son apparence* (V. **Faire**). *Il porte bien son âge, il paraît plus jeune.* ♦ 3° (*Sujet de chose*). Soutenir. « *Mes jambes ne me portaient plus* » (RADIGUET). *Absolt.* « *La glace portait comme de la roche* » (GIONO). ♦ 4° Produire en soi. — (D'une mère) « *Ce fils qu'une Amazone a porté dans son flanc* » (RAC.). — *Absolt. Les juments portent onze mois.* — *Fig.* « *L'œuvre qu'on portait en soi paraît toujours plus belle que celle qu'on a faite* » (DAUD.). ◇ (Plantes) V. **Produire.** *L'arbre qui porte les plus beaux fruits.* — *Fig. Porter des fruits*.* ♦ 5° Avoir en soi, dans l'esprit, le cœur. « *Il portait en lui un trésor infini d'amour* » (RENAN). *Je ne le porte pas dans mon cœur, je ne l'aime pas, je lui en veux.* ◇ *Par ext.* (Choses) « *Il n'est pas une action humaine qui ne porte en soi un germe de rédemption* » (FRANCE). V. **Contenir, receler.** ♦ 6° Avoir sur soi. *Le chameau porte deux bosses, le dromadaire une.* V. **Avoir.** *Porter des cornes*. Porter la barbe.* « *Ses cheveux qu'il portait longs* » (COURTELINE). — *Porter des lunettes.* ◇ *Porter un costume bleu. Porter la culotte*.* « *Des mannequins portant bien la toilette* » (FRANCE). — *Porter une bague, un* *insigne.* ◇ Blas. (par ellipse) Avoir dans ses armes. *Il porte d'azur au lion de sable.* ◇ Fig. *Porter les armes, la couronne, la robe, la livrée, la soutane, le froc,* être soldat, monarque, magistrat, domestique, prêtre, moine. Arg. *Porter le chapeau*.* — *Le nom que l'on porte.* « *Vous daignez tempérer la fierté des grands titres que vous portez* » (MOL.). ◆ 7° Être revêtu d'une inscription, d'une marque. *Ce livre porte un beau titre. Médaillon portant des initiales. La lettre porte la date du 20 mai. Arrêt portant renvoi à la cour d'assises.* — *Porter la marque, les marques d'un coup.* **B** (XIᵉ; mettre, amener). ◆ 1° Prendre pour emporter, déposer. *Porter ses bagages à la consigne. Porter un mort en terre. Ils le portèrent sur le lit.* V. **Mettre, transporter.** « *Tiens, porte ça au clou* » (ZOLA). *Va lui porter ce paquet.* V. **Apporter.** *Facteurs, messagers qui portent les lettres.* ◇ Par ext. Littér. Conduire, transporter. « *Un vaisseau le portait aux bords de Camarine* » (CHÉNIER). « *L'adieu du chasseur... Et que le vent du nord porte de feuille en feuille* » (VIGNY). ◆ 2° *(Gestes, attitudes).* Orienter, diriger, porter le buste, le corps en avant. — (Vieilli) *Ne savoir où porter ses pas,* où aller. — *Porter la main à son chapeau, à son épée. Porter une cuillère à sa bouche.* — *Porter la main sur qqn* : le toucher ou le frapper. V. **Lever.** ◆ 3° Par ext. *Porter un coup à qqn.* V. **Donner.** *Porter un toast*.* — Fig. *Porter atteinte à l'honneur, à la réputation de qqn.* « *Le reproche qu'on m'adresse de porter atteinte à la religion* » (RENAN). V. **Attenter** (à). *Les « accusations énormes portées contre lui »* (ST-SIM.). V. **Imputer.** *Porter témoignage de ce que l'on a vu. Porter plainte contre qqn.* ◆ 4° (1679). Mettre par écrit. V. **Inscrire.** *Porter une somme sur un registre, de l'argent au crédit d'un compte.* V. **Créditer, débiter.** — *Se faire porter malade. Porter qqn sur son testament.* V. **Coucher.** ◆ 5° PORTER À : amener, faire arriver (à un état élevé, extrême). *Porter un homme au pouvoir. Porter qqn aux nues,* le louer beaucoup. « *Le français que Voiture et Balzac ont porté à sa perfection* » (FRANCE). *Porter un caractère à l'outrance.* — Faire passer. *Porter un récit à l'écran.* V. **Adapter.** ◆ 6° Donner, apporter (un sentiment, une aide, etc., à qqn). *Porter amitié, intérêt à qqn.* « *L'amitié qu'il vous porte* » (MOL.). *Porter assistance, secours à qqn. Porter ombrage, envie. Porter chance, bonheur à.* PROV. *La nuit porte conseil.* ◇ *Porter un jugement sur* (qqn, qqch.), le formuler, l'émettre. ◆ 7° (XIVᵉ). PORTER À (qqch.) : pousser, inciter qqn à. « *L'amour de soi-même qui porte tout animal à veiller à sa propre conservation* » (ROUSS.). *Tout porte à croire que c'est faux.* — ÊTRE PORTÉ À (et inf.) : être naturellement poussé à. *Il est porté à faire des comparaisons. Nous sommes portés à croire qu'il a raison.* — ÊTRE PORTÉ SUR (qqch.) : avoir un goût marqué, un faible pour. V. **Aimer.** *Être porté sur la boisson.* Fam. *Être porté sur la chose,* aimer les plaisirs de l'amour. « *Je parie qu'il est porté sur la chose... J'ai vu cela à son nez mobile, flaireur, sensuel* » (MIRBEAU).

II. *V. tr. indir.* ◆ 1° (1636). PORTER SUR : peser, appuyer sur (qqch.). *Tout l'édifice porte sur ces colonnes. Porter à faux*.* — Fig. *L'accent porte sur la dernière syllabe.* Fam. *Cela me porte sur les nerfs,* m'agace. ◇ Par ext. Frapper, heurter. « *Il tomba, sa tête porta sur un tabouret* » (BALZ.). ◇ Fig. Avoir pour objet. « *Ces appréciations portent beaucoup plus sur la forme que sur le fond* » (GAUTIER). ◆ 2° Absolt. Avoir une portée (tir). *Un canon qui porte loin.* ◇ Toucher le but. *Le coup a porté juste. Une voix qui porte,* qui s'entend loin. « *Comme la voix porte bien* » (MAUPASS.). ◇ Fig. (1640) Avoir de l'effet. *Mots qui portent. Vos observations ont porté,* on en a tenu compte.

III. SE PORTER. *v. pron.* ◆ 1° (XIVᵉ). *Se porter (bien, mal),* être en bonne, en mauvaise santé. V. **Aller.** « *Et Madame Jourdain, comment se porte-t-elle?* » (MOL.). *Je me porte mal, bien, beaucoup mieux, à merveille, comme un charme, comme le Pont-Neuf.* ◆ 2° Être, devoir être porté, soutenu. *Arme qui se porte ordinairement sur l'épaule.* ◆ 3° *(D'un vêtement, d'une parure).* Être porté par qqn. *Les jupes se porteront plus courtes cette année.* — Cela se porte encore; ne se porte plus c'est encore, ce n'est plus à la mode. — Fig. *Il n'est pas bien porté de,* il n'est pas de bon ton de. ◆ 4° Littér. Se diriger (vers). *Se porter en avant, à la rencontre de qqn.* V. **Aller, courir, élancer** (s'). — Fig. « *Ces regards inquiets et curieux qui se portaient sur nous* » (ROUSS.). ◆ 5° SE PORTER À : se laisser aller à. *Empêchez-le de se porter à cette extrémité. Se porter aux excès.* V. **Livrer** (se). ◆ 6° *Se* présenter (à, comme). « *Il a fini par se porter à la députation comme candidat bonapartiste* » (DUHAM.). *Se porter partie civile. Se porter fort, se porter garant* (V. **Répondre**).

◇ ANT. Déposer, poser. Enlever, remporter, retirer.

2. PORTER [pɔrtɛr]. *n. m.* (1726; mot angl. *porter's ale* « bière de portefaix », de « *porteur* »). Bière brune, assez amère. « *Du madère, du porter et de l'ale* » (NERVAL).

PORTERIE [pɔrtəri]. *n. f.* (1661; de *portier*). Loge du portier, dans une communauté religieuse. — Loge de concierge à la porte d'une vaste propriété.

PORTE-SAVON [pɔrtsavɔ̃]. *n. m.* (1900; de *porte-*, et *savon*). Support ou emplacement destiné à recevoir le savon, sur une baignoire, un évier, un lavabo. *Des porte-savon(s).*

PORTE-SERVIETTES [pɔrtsɛrvjɛt]. *n. m. invar.* (1890; de *porte-*, et *serviette*). Support pour les serviettes de toilette.

PORTEUR, EUSE [pɔrtœr, øz]. *n. et adj.* (XIIIᵉ; *porteour,* v. 1120; de *porter*). ◆ 1° Personne chargée de remettre des lettres, des messages, des colis à leurs destinataires. V. **Facteur, messager.** « *Il trouva un mot de Courson, qu'un porteur avait déposé* » (ROMAINS). *Porteur de dépêches, de télégrammes, de journaux.* — Par ext. Personne qui apporte (des nouvelles). V. **Messager.** « *J'arrivais porteur d'heureuses nouvelles* » (GIDE). ◆ 2° *(Porteur d'eau,* 1393). Personne dont le métier est de transporter (des fardeaux). « *On le fit porteur de charbon dans le laboratoire* » (DIDER.). — *Porteur d'eau,* qui transporte de l'eau potable. *La porteuse de pain.* — *Chaise à porteurs.* V. **Chaise** (2°). — Absolt. PORTEUR : homme d'équipe chargé de porter les bagages des voyageurs, dans une gare, etc. *Appeler un porteur sur le quai d'une gare. Homme qui porte les bagages, les équipements dans une expédition. Guides et porteurs, en montagne.* « *Le porteur noir qui remonte le Niger sur mille kilomètres* » (SARTRE). ◆ 3° Personne qui porte effectivement (un objet). *Le porteur du ballon.* ◆ 4° Personne qui détient (certains papiers, titres). V. **Détenteur.** « *Il prétendait être déserteur et porteur de faux papiers* » (SARTRE). ◇ (1679) *Dr. comm.* Personne au profit de laquelle un effet de commerce a été souscrit ou endossé. *Porteur d'un titre de créance, d'un chèque, d'une lettre de change, d'une action, d'une obligation.* — Spécialt. *(Cour.)* Celui qui détient un titre n'indiquant pas le titulaire du droit. *Billet, chèque au porteur, payable au porteur.* ◆ 5° (Choses). *Mar.* (XIXᵉ) Allège pour transporter les matières draguées. — *Porteurs sur rail* (wagonnets, etc.). ◆ 6° Personne ou chose qui apporte, transmet. *Porteur de microbes, de germes,* sujet cliniquement sain dont l'organisme contient des germes pathogènes dangereux. *Le porteur d'une maladie contagieuse.* « *Des nuages ballonnés, porteurs de bénigne humidité* » (COLETTE). ◆ 7° (Néol.). Adj. Qui porte. *Fusée porteuse* (d'un appareil). *Avion gros porteur;* subst. *Gros porteur.* V. [anglicisme] *Liner* (Cf. Jumbo-jet). ◇ Électr. *Courant porteur, onde porteuse,* courant (alternatif), onde électromagnétique que l'on module, en radiotélégraphie.

PORTE-VENT [pɔrtavɑ̃]. *n. m. invar.* (1588; de *porte-,* et *vent*). Tuyau qui amène l'air soufflé jusqu'au sommier d'un orgue, jusqu'à un foyer. — Appos. *Tuyau porte-vent.*

PORTE-VOIX [pɔrtavwa]. *n. m. invar.* (1680; de *porte-,* et *voix*). Tube ou cornet à pavillon évasé, destiné à amplifier la voix. *Crier, hurler dans un porte-voix.* — Par ext. *Mettre ses mains en porte-voix,* en cornet autour de sa bouche. « *Bossuet improvisa avec ses deux mains un porte-voix autour de sa bouche* » (HUGO). ◆ Fig. « *La discussion publique... porte-voix de la calomnie* » (BALZ.).

PORTIER, IÈRE [pɔrtje, jɛr]. *n.* (*Porter,* 1100; bas lat. *portarius,* de *porta* « porte »). ◆ 1° Littér. Personne qui garde une porte. V. **Huissier.** *Saint Pierre, portier du paradis.* ◆ 2° Vx. Concierge d'une maison particulière. V. **Concierge, gardien.** *La loge du portier.* « *Le piéton causeur que se plaint et converse avec la portière* » (BALZ.). ◆ 3° N. m. *(Mod.).* Concierge qui surveille les entrées et les sorties à la porte principale d'un établissement public. *Portier d'hôtel.* « *Je sus trouver du premier coup, pour m'adresser au portier, un ton indifférent* » (MAURIAC). ◆ 4° Dans une communauté religieuse, Personne qui a la garde de la porte du couvent. — Appos. *Sœur portière.* ◆ 5° Fig. N. m. Clerc qui a reçu le premier des quatre ordres mineurs.

1. PORTIÈRE [pɔrtjɛr]. *n. f.* (1539; de *porte*). ◆ 1° Tenture qui ferme l'ouverture d'une porte, ou en couvre le panneau. « *Les portières pendent à plis lourds sur le tapis* » (FRANCE). *Portière de perles, de lanières, d'un magasin.* ◆ 2° Chacune des portes d'une voiture, d'un train. *Abaisser, baisser la vitre d'une portière. Passer la tête à la portière. Défense de se pencher à la portière des trains en marche.* « *On fermait les portières, on sifflait, nous avons eu bien juste le temps de regagner notre voiture* » (ZOLA). « *Ils entrèrent dans l'auto, il ferma à clé la portière de droite et poussa le taquet de celle de gauche* » (SARTRE). *Automobile à deux, quatre portières; portières avant, arrière.*

2. PORTIÈRE [pɔrtjɛr]. *adj.* et *n. f.* (1350; de *porter*). ◆ 1° Adj. (D'une femelle). *Agric.* Qui porte ou est en âge de porter des petits. *Brebis portière.* ◆ 2° N. f. *Techn.* Assemblage de plusieurs bateaux formant une des travées d'un pont de bateaux. *Portière de pont.*

PORTILLON [pɔrtijɔ̃]. *n. m.* (1556, « petite porte »; de *porte*). Porte à battant plus ou moins bas. *Portillon de passage à niveau.* « *Il traversa la voie en passant par le portillon, car la barrière était déjà fermée* » (ZOLA). *Portillon automatique du métro.* — Fig. et fam. *Ça se bouscule au portillon,* il parle trop vite et s'embrouille, ne peut s'exprimer.

PORTION [pɔʀsjɔ̃]. *n. f.* (1160; lat. *portio*). ♦ 1° Part qui revient à qqn. ◇ *Spécialt.* Partie d'un mets destinée à une personne. V. **Ration.** « *Une tranche de pain et une 'portion', dans une gamelle* » (DUHAM.). *Portion de gâteau.* V. **Tranche.** *Demi-portion pour un enfant.* — *Fig. et fam.* V. **Demi-portion.** ◇ Part d'argent, de biens, attribuée à qqn. *Portion congrue** (2°). Part d'héritage. « *Sa portion de l'héritage paternel* » (GREEN). ♦ 2° Partie d'un tout homogène qui n'est pas nombrable. *La portion éclairée de la lune.* V. **Quartier.** « *Même en choisissant une petite portion du ciel, elle ne parvenait pas à en dénombrer les astres* » (GREEN). *Portion de terrain cultivé.* V. **Parcelle.** *Portion de route.* V. **Tronçon.** *La portion fixe de l'intestin grêle.* V. **Segment.** — *Une portion de l'humanité.* « *L'histoire n'embrasse qu'une portion de la durée* » (DIDER.).

PORTIONNAIRE [pɔʀsjɔnɛʀ]. *n.* (1829; adj., « qui reçoit une portion », 1442; de *portion*). *Dr.* Personne qui a droit à une portion d'héritage.

PORTIQUE [pɔʀtik]. *n. m.* (1547; lat. *porticus*; de *porche*). ♦ 1° Galerie ouverte soutenue par deux rangées de colonnes, ou par un mur et une rangée de colonnes. *Le portique et le péristyle du Parthénon.* « *J'ai longtemps habité sous de vastes portiques* » (BAUDEL.). *Portique d'église.* V. **Narthex.** ◇ *Hist. philo. La doctrine du Portique,* ou *Le Portique,* la philosophie des stoïciens (enseignée sous un portique d'Athènes). ♦ 2° (1869). Poutre horizontale soutenue à ses extrémités par deux poteaux verticaux, et à laquelle on accroche les agrès. *Portique de balançoire.* ♦ 3° *Techn.* Appareil de levage en forme de pont, se déplaçant au sol sur des rails. — *Grue à portique. Portique automoteur.* ◇ *Portique à signaux,* support de signaux enjambant les voies ferrées. ◇ *Portique de lavage,* dispositif de lavage automatique pour les automobiles.

PORTLAND [pɔʀtlɑ̃d]. *n. m.* (*Pierre de Portland,* 1850; « ciment », 1922; n. pr. angl.). *Techn.* Ciment artificiel très résistant, obtenu par cuisson de calcaire et d'argile dont les produits sont finement pulvérisés. *Appos. Du ciment Portland.*

PORTLANDIEN [pɔʀtlɑ̃djɛ̃]. *n. m.* (v. 1904; angl. *portlandian,* 1885; de *Portland,* ville du Dorsetshire). *Géol.* Étage terminal du jurassique.

PORTO [pɔʀto]. *n. m.* (1806; *vin de Porto,* XVIII°; de *Porto,* ville). Vin de liqueur portugais très estimé. *Porto rouge, blanc.* « *Les gens debout, leur verre de porto à la main* » (ROMAINS). — *Verre à porto,* de capacité inférieure à celle du verre à vin.

PORTOR [pɔʀtɔʀ]. *n. m.* (1676; it. *portoro,* de *porta oro* « porte or »). *Techn.* Marbre noir veiné de jaune d'or. *Appos. Du marbre portor.*

PORTRAIT [pɔʀtʀɛ]. *n. m.* (*Portret, pourtrait,* 1175; p. p. de *portraire* « dessiner »). I. ♦ 1° Représentation d'une personne réelle, *spécialt.* de son visage, par le dessin, la peinture, la gravure. *Faire le portrait de qqn. Portrait en pied. Portrait de face, de profil, de trois-quarts. Portrait grandeur nature, en miniature. Portrait au crayon, au fusain, au pastel, à l'huile. Portrait d'un peintre par lui-même.* V. **Autoportrait.** *Portrait fidèle, ressemblant, chargé, caricatural, flatté.* « *Un portrait est un modèle compliqué d'un artiste* » (BAUDEL.). ◇ *Par ext. Le portrait,* le genre du portrait. ♦ 2° Photographie d'une personne. « *C'était un très grand portrait photographique, rehaussé de couleurs d'aquarelle* » (COLETTE). *Fam. et vieilli. Se faire tirer* le portrait.* ♦ 3° *Fig.* Image, réplique (d'une personne), dans l'expression : *Virginie* « *était tout le portrait de sa mère* » (BALZ.). *C'est tout son portrait* (Cf. *C'est lui tout craché*). ♦ 4° *Pop. Figure. Se faire abîmer le portrait,* se faire défigurer. II. *Fig.* Description orale, écrite d'une personne. V. **Peinture.** *Portrait physique, moral d'une personne. Faire, tracer le portrait de qqn.* « *Nous ne prétendons pas que le portrait que nous faisons ici soit vraisemblable* » (HUGO). *Le portrait du vaniteux, du bourgeois, du Français.* « *Portraits de femmes* », de Sainte-Beuve. ◇ *Le portrait,* genre littéraire du XVII° s. — *Jeu du portrait,* où un joueur doit deviner le nom d'une personne (ou d'une chose) en posant des questions auxquelles on ne répond que par oui ou non. — *Rare.* Description d'une chose. V. **Peinture, tableau.** « *Il fit de la capitale un portrait si extravagant...* » (MUSS.).

PORTRAITISTE [pɔʀtʀetist(ə)]. *n.* (1699; de *portrait*). Peintre, dessinateur de portraits. *Les grands portraitistes flamands.*

PORTRAIT-ROBOT. *n. m.* V. **ROBOT.**

PORTRAITURER [pɔʀtʀetyʀe]. *v. tr.* (1861; on disait *portraire,* XII°; de *portraiture* « portrait »). *Rare.* Faire le portrait de. — *Fig.* Décrire (qqn). « *J'ai commencé par devenir celui-là même que je voulais portraiturer* » (GIDE).

PORT-SALUT [pɔʀsaly]. *n. m. invar.* (XIX°; n. déposé, de *Port-du-Salut,* nom de l'abbaye d'Entrammes [Mayenne] où le fromage fut d'abord fabriqué). Fromage affiné de lait de vache à pâte ferme et de saveur douce. « *Des port-salut, semblables à des disques antiques* » (ZOLA).

PORTUAIRE [pɔʀtɥɛʀ]. *adj.* (déb. XX°; de *port,* d'apr. lat. *portus,* et *-aire*). Qui appartient à un port. *Installation, équipement portuaire.*

PORTUGAIS, AISE [pɔʀtygɛ, ɛz]. *adj. et n.* (XVI°; *portingallais,* moy. fr.). ♦ 1° Du Portugal. *Un Portugais, une Portugaise.* — *Les grands navigateurs portugais. Le porto, vin portugais.* — *Par ext. L'Amérique portugaise,* le Brésil. ◇ *Le portugais,* langue romane parlée au Portugal, au Brésil. ♦ 2° *N. f.* Variété d'huître commune (*Gryphées*), qui vit du Portugal à la Loire. *Des portugaises et des belons.* ◇ *Pop.* Oreille.

PORTULAN [pɔʀtylɑ̃]. *n. m.* (*Portulant,* 1578; it. *portolano* « pilote », de *porto* « port »). *Anciennt.* Carte marine des premiers navigateurs (XIII°-XVI° s.). Livre contenant la description des ports et des côtes. « *Les systèmes d'étoiles vertes ou rouges enseignés par la carte et le portulan* » (CLAUDEL).

PORTUNE [pɔʀtyn]. *n. m.* (1808; lat. zool. *portunus,* class. *Portunus* « dieu des ports »). Crabe aplati et comestible des mers froides et tempérées (V. **Étrille**).

POSADA [pozada, pɔsada]. *n. f.* (1826; mot esp.). *Vx.* Auberge espagnole. « *Au premier étage d'une petite posada, nous nous faisons servir* » (GIDE).

POSE [poz]. *n. f.* (1694; de *poser*). ♦ 1° Action de poser, mise en place. *La pose des rideaux, de la serrure. Cérémonie de la pose de la première pierre* (d'un bâtiment). *Pose d'un rail, d'une voie ferrée* (pose *fixe* ou *volante*). — *Jeu. À vous la pose,* le droit de poser le premier domino. ♦ 2° (1792). Attitude que prend le modèle qui pose. *Garder la pose.* — Attitude fixée par le peintre. « *Vercingétorix avait une pose simple, mais belle* » (ROMAINS). *Pose académique. Photographie qui prend plusieurs poses.* ◇ Attitude du corps. *Pose nonchalante. La pose classique du joueur de golf.* V. **Position.** « *Des poses variées pleines de grâce et d'élégance* » (BALZ.). *Prendre une pose, essayer des poses.* ♦ 3° *Fig.* (1835). Affectation dans le maintien, le comportement. V. **Prétention, recherche, snobisme.** « *Elle reste au contraire parfaitement naturelle, dénuée de la moindre pose* » (MONTHERLANT). — *Loc. fam. Le faire à la pose,* à l'esbroufe. ♦ 4° (1874). Exposition de la surface sensible à l'action des rayons, en photographie. *Temps de pose,* durée nécessaire à la formation d'une image correcte. *Déterminer le temps de pose à l'aide d'une cellule photo-électrique.* V. **Posemètre.** ◇ (*Opposé à instantané*) *Appareil faisant la pose et l'instantané.* ◇ ANT. *Dépose. Simplicité. Instantané.* ◇ HOM. *Pause.*

POSÉ, ÉE [poze]. *adj.* (XVI°; de *poser*). ♦ 1° Calme, pondéré. *Un homme posé.* V. **Réfléchi.** « *Ces dames avaient l'air très posé, très comme il faut* » (LOTI). ♦ 2° *Bien posé, mal posé* (d'une voix), capable ou non d'émettre des sons fermes dans toute son étendue. ◇ ANT. *Brusque, étourdi, fougueux.*

POSÉMENT [pozemɑ̃]. *adv.* (XV°; de *posé*). V. **Poser**). Calmement. *Parler, lire posément.* V. **Doucement, lentement.** « *Il devint calme, expliqua tout fort posément* » (BALZ.). ◇ ANT. *Brusquement, étourdiment, précipitamment.*

POSEMÈTRE [pozmɛtʀ(ə)]. *n. m.* (*Néol.*; de *pose,* et *mètre*). Appareil servant à mesurer le temps de pose optimum pour une photographie. *Posemètre optique, à cellule.* V. **Photomètre.** *Posemètre chimique.*

POSER [poze]. *v.* (XI°; « ensevelir », X°; lat. pop. °*pausare*). I. *V. tr.* ♦ 1° Mettre (une chose) en un endroit qui peut naturellement le recevoir et le porter. *Poser un objet sur une table. Posez cela à terre, par terre, sur le sol, aux pieds de qqn. Poser la main, le pied, le pied sur qqch. Poser la tête sur l'oreiller.* — *Poser un objet droit, de travers, à plat.* « *Une petite toque cavalièrement posée* » (LOTI). ◇ *Par ext.* « *Elle posa sur moi son regard éteint* » (MAURIAC). « *L'Islam a posé son empreinte ici sur les choses* » (LOTI). ♦ 2° Mettre en place à l'endroit approprié. V. **Installer; pose.** *Poser des rideaux, des tapis. Faire poser une sonnette. Poser un décor.* V. **Planter.** *Poser des tableaux.* — *Poser la première pierre, la pierre angulaire. Poser la base, les fondements.* V. **Jeter** (et *fig.*). — *Poser une voie ferrée. Poser des jalons. Poser des ventouses.* « *Il était continuellement à lui tâter le pouls, à lui poser des sinapismes* » (FLAUB.). — *Poser des mines.* ◇ Écrire (un chiffre dans une opération). *Quatorze, je pose quatre et je retiens un.* ♦ 3° *Fig.* (XIV°). Établir. *Poser un principe,* en faire le fondement de qqch. « *Il pose des définitions exactes* » (FONTENELLE). V. **Énoncer.** *Dire cela, c'est poser que...* V. **Affirmer.** *Ceci posé, ceci étant admis.* « *Ceci posé, ils se considèrent comme libres* » (ARAGON). — *Par ext.* *Philo. La conscience pose qqch. comme objet, en tant qu'objet.* ♦ 4° Formuler (une question, un problème, une devinette). « *Cette question ne paraît difficile à résoudre que parce qu'elle est mal posée* » (ROUSS.). *Poser un problème; poser une équation.* ◇ Soulever. *Cela pose un problème, un grave problème.* ◇ POSER UNE QUESTION À QQN : l'interroger, le questionner. « *Pas de risque qu'on lui posât des colles sur la géographie* » (ARAGON). — *Se poser une question.* V. **Interroger** (s'). « *Là où le devoir est net, se poser des questions c'est déjà la défaite* » (HUGO). ♦ 5° *Poser sa candidature,* se déclarer officiellement candidat. ◆ 6° *(Sujet de chose).* Mettre en crédit, en vue ; donner de l'importance à (qqn). « *Il n'y a rien qui pose un critique comme de parler d'un auteur étranger inconnu* » (BALZ.). Absolt. et fam. *Une maison comme ça, ça pose !* ◆ 7° (XVIe). Abandonner, déposer. *Poser les armes.* V. **Capituler, rendre** (se). *Poser le masque*.* « *Faire poser le masque à cette âme hypocrite* » (MOL.). — Pop. *Poser culotte,* aller à la selle. ◆ 8° Loc. fig. et fam. *Poser un lapin*.* ◆ 9° *Région.* (Belgique, Canada). *Poser un acte* : le commettre, l'accomplir.

II. *V. intr.* (1260, « reposer »). ◆ 1° Être posé (sur qqch.). V. **Porter, reposer.** *Poutre qui pose sur une traverse.* — Fig. et littér. « *Notre crainte ne pouvant poser sur rien de certain* » (MASSILLON). ◆ 2° *(D'un modèle).* Rester dans l'attitude voulue par le peintre. « *Poser pour ce portrait... était pour elle une corvée épouvantable* » (STENDHAL) (1835). *Poser pour la galerie,* et absolt. *Poser* : prendre des attitudes étudiées pour se faire remarquer. « *Un de ces êtres insupportables qui posent pour la galerie* » (ROMAINS). ◇ Fam. *POSER à...* : tenter de se faire passer pour. *Poser au justicier.*

III. SE POSER. ◆ 1° *(Réfl.).* Se mettre doucement (quelque part). *Oiseau qui se pose sur une branche.* « *Elle se posa sur le marchepied avec une légèreté d'oiseau* » (BALZ.). — Absolt. *Avion qui se pose.* V. **Atterrir.** — Par ext. S'arrêter. « *C'est long ces journées dans Paris : on ne sait où se poser* » (MAURIAC). *Se donner* (pour tel). *Se poser comme, en tant que... L'artiste dont le propre est « de se poser comme un être d'exception* » (BENDA). *Se poser en...,* prétendre jouer le rôle de. V. **Ériger** (s'). « *Un homme qui se posait à la fois en médecin, en confesseur et en confident* » (BALZ.). — Absolt. *Philo.* S'affirmer. « *Le moi se pose en s'opposant* » (BOURGET). ◆ 3° *(Pass.).* Être, devoir être posé. « *La mantille espagnole se pose à l'arrière de la tête* » (GAUTIER). ◆ 4° Exister (question, problème). « *Le problème se posera dans tous les cas* » (ROMAINS). *La question qui se pose, la seule question qui se pose,* qui mérite d'être posée.

◇ ANT. **Déposer, enlever, lever.** — **Envoler** (s').

POSEUR, EUSE [pozœʀ, øz]. *n.* (1641 ; de *poser*). ◆ 1° Toute personne chargée de la pose (de certains objets). *Poseur de pavés, de rails, de parquets, de carrelages.* — Absolt. *Techn.* Maçon chargé de la mise en place des pierres de taille. ◆ 2° (1842). Personne qui prend une attitude affectée pour se faire valoir. V. **Fat, pédant.** « *On s'accordait à me trouver poseur, voire insolent ?* » (CÉLINE). — Adj. *Elle est un peu poseuse.* V. **Affecté, maniéré, prétentieux.** ◇ ANT. **Naturel, simple.**

POSITIF, IVE [pozitif, iv]. *adj.* et *n. m.* (1265, « certain, réel » ; lat. *positivus*).

I. ◆ 1° (1361). *Didact.* Qui a été établi par institution divine ou humaine (*opposé* à *naturel*). *Droit positif,* ensemble des règles de droit en vigueur dans un pays à un moment donné (*opposé* à *droit naturel*). ◆ 2° (XVIIIe). *Philo.* Qui est imposé à l'esprit par l'expérience. *Connaissance positive.* — Fondé sur la connaissance positive. *Sciences positives.* — Spécialt. (École saint-simonienne et A. Comte). V. **Positivisme.** *État positif ou scientifique* : l'un des trois états (*opposé* à *théologique* et *métaphysique*). « *L'étude de la philosophie positive... nous fournit le seul vrai moyen rationnel de mettre en évidence les lois logiques de l'esprit humain* » (A. COMTE).

II. *Cour.* (XVIIe). ◆ 1° Qui a un caractère de certitude. V. **Certain, évident, sûr.** « *On m'a dit et fait voir des choses si positives* » (MOL.). *Fait positif,* attesté. V. **Authentique.** ◇ *Assuré* (*opposé* à vague, imprécis). *On en a parlé, mais il n'y a rien de positif.* ◆ 2° Qui a un caractère d'utilité pratique. V. **Utilitaire.** *Avantages positifs.* V. **Concret, effectif.** « *Les Anglais n'estiment que la politique positive, celle des intérêts* » (CHATEAUB.). ◆ 3° *(Personnes).* Qui ne tient compte que de la réalité objective. *Esprit positif.* « *Ces belles périodes de tranquillité pendant lesquelles nous avons le temps, nous autres gens positifs, d'amasser des fortunes* » (STENDHAL). ◆ 4° *N. m.* LE POSITIF : ce qui est rationnel (*opposé* à *surnaturel, imaginaire, affectif*). *Il lui faut du positif, du solide, du concret.*

III. ◆ 1° (XVIIe). Qui affirme qqch. (*opposé* à *négatif*). V. **Affirmatif.** *Réponse positive.* Log. *Proposition positive.* ◇ *Par ext.* (Emploi critiqué) Qui affirme du bien de qqn, qqch. *La critique de ce film a été positive.* — *Esprit positif,* constructif (*opposé* à critique, négateur). ◆ 2° *Gram.* Qui pose une qualité sans comparer. *Adjectif, adverbe positif* (*opposé* à *comparatif* et *superlatif*). ◆ 3° Qui a un contenu réel, construit ou organisé. « *Idée positive de Dieu et idée négative du néant* » (DESCARTES). *Action positive, constructive.* « *Il y a dans la douleur quelque chose de positif et d'actif* » (BERGSON). ◇ *Méd. Réaction positive* : effective, qui se produit. *Contre-réaction positive. Examen bactériologique positif,* qui révèle la présence effective des bactéries. — *Par méton.* Se dit d'une personne présentant une réaction positive. ◆ 4° *Nombres positifs,* plus grands que zéro. *Le signe +* (plus), *symbole des nombres positifs. Grandeur, quantité positive* (*opposé* à *négatif*). ◆ 5° *Électricité positive,* nom donné au XVIIIe s. à l'électricité vitrée ou vitreuse (on croyait

que l'électricité était en excès dans le verre). *L'électricité positive provient du noyau de l'atome* (protons). — Par ext. *Charge positive. Ion positif* (cation). *Pôle positif.* ◆ 6° *Épreuve positive,* image photographique dont les parties lumineuses et sombres correspondent aux parties éclairées et sombres du sujet. *Image positive. Épreuve positive.*

IV. (1680). *N. m. Ancienn.* Petit orgue qui devait être posé à terre (*positif à pied*) ou sur un support (*positif de table*). *Mod.* Clavier secondaire du grand orgue.

◇ ANT. (du I) **Naturel ; intuitif, mystique.** — (du II) **Chimérique, douteux, équivoque, évasif. Abstrait, idéal. Critique** (esprit). **Négatif.**

POSITION [pozisjɔ̃]. *n. f.* (1265 ; lat. *positio,* de *ponere* « poser »).

I. ◆ 1° Manière dont une chose, une personne est posée, placée, située ; lieu où elle est placée. V. **Disposition, emplacement.** *Position horizontale, verticale* (V. **Horizontale, verticale**), *inclinée* (V. **Inclinaison**). *Position stable, instable. Changement de position* : mouvement. — *Position d'une personne.* V. **Place.** *Positions des joueurs sur un terrain de football. Coureur en première, en seconde position.* ◇ *Astronomie de position,* géométrique, d'observation. ◇ *Géod., Géogr. Position d'un objet sur la surface terrestre, déterminée par les coordonnées terrestres.* V. **Point.** *Position d'un navire.* — FEU DE POSITION : signalant la position d'un navire, d'un avion. Par ext. *Les feux de position d'une automobile* : les feux de stationnement. ◇ *Phys. Position des atomes dans la molécule. Position et mouvement* (des particules, à l'échelle atomique). V. **Incertitude.** ◇ *Math. Géométrie de position* (de situation). V. **Topologie.** ◇ *Ling.* Place relative d'une syllabe, d'un phonème, d'un mot, dans un énoncé. *Voyelle en position forte, faible.* — *Mus.* Place relative des sons qui forment un accord. ◆ 2° (1798). Emplacement de troupes, d'installations ou de constructions militaires. *Position stratégique. Position clé. Positions de défense. Attaquer, prendre une position.* — Loc. *Guerre de positions* (opposé à *de mouvement*). Fig. « *En quelque point de l'espace que l'on considère le mobile, on n'obtiendra qu'une position* » (BERGSON). ◇ *Loc.* « *Les jeunes se haïssaient et faisaient une guerre de positions* » (MORAND). ◆ 3° (XVIIe, peint., chorégr.). Maintien du corps ou d'une partie du corps. V. **Attitude, pose, posture, station.** *La position assise, couchée.* V. **Décubitus.** *Position du fœtus dans l'utérus.* V. **Présentation.** *Rester dans une position inconfortable. Fausse position. Positions successives d'un sportif, d'un escrimeur. La position des jambes du cycliste, des mains d'un pianiste.* ◇ Attitude réglementaire. Milit. « *On me fit apprendre la position du soldat sans armes* » (VIGNY). *Position du tireur debout, couché.* ◇ (Danse) *Les cinq positions classiques des jambes et les positions intermédiaires.* — EN POSITION : dans telle ou telle position. « *Des insectes en position de combat* » (DUHAM.). — Absolt. *En position !* ◆ 4° Fig. (1755). Ensemble des circonstances diverses où l'on se trouve. *Position critique, délicate, difficile, fausse.* « *La position de Robespierre... n'en était pas moins devenue moralement assez mauvaise* » (MICHELET). — (Vx, plais., ou région. [Belgique]) *Être dans une position intéressante,* être enceinte. — Loc. *Être en position de* (et inf.) : pouvoir. ◆ 5° Situation dans la société. V. **Condition.** *Position sociale. Améliorer sa position.* « *Elle rêvait de hautes positions* » (FLAUB.). ◇ Absolt. *Haute position sociale.* « *Il n'avait jamais cherché ni faveur ni place, ce qu'on appelle position* » (STE-BEUVE). *Un homme dans sa position ne peut se compromettre.* ◇ *Dr. Les positions de l'officier d'active* (activité, disponibilité, réforme, retraite) ; *du fonctionnaire public* (activité, congé, détachement, disponibilité). ◆ 6° *(Abstrait).* Ensemble des idées qu'une personne soutient et qui la situe par rapport à d'autres personnes. *Quelle est sa position philosophique, politique? Prise de position.* « *Il avait trop pris position politiquement pour rentrer dans l'administration* » (ARAGON). *Exposer sa position. Rester sur ses positions* : refuser toute concession. ◆ 7° Situation d'un compte (en banque), telle qu'elle est déterminée par son solde. *Demander sa position. Feuille de position.* ◆ 8° *(Douanes).* Chaque rubrique d'un tarif douanier.

II. (1285). Le fait de poser comme une chose admise ou à débattre. *La position de la question, d'une thèse. Positions et propositions,* œuvre de Claudel. — Par ext. *La position d'un problème.*

POSITIONNEMENT [pozisjɔnmã]. *n. m.* (1968 ; de *positionner*). *Techn.* Opération par laquelle on place automatiquement dans une position requise. — *Banque.* Action de positionner (un compte). *Public.* Action de positionner (un produit).

POSITIONNER [pozisjɔne]. *v. tr.* (v. 1968 ; de *position*). ◆ 1° *Techn.* Mettre (une pièce) dans une position déterminée. ◆ 2° *Banque.* Calculer la position* (d'un compte en banque). ◆ 3° *Public.* Définir (un produit) quant à son marché, au type de clientèle qu'il intéresse.

POSITIVEMENT [pozitivmã]. *adv.* (1441 ; de *positif*). D'une manière positive. ◆ 1° D'une manière certaine, sûre.

Je ne le sais pas positivement. — (XVIᵉ) Exactement. « *La lettre que je t'écrirai à la fin de la semaine prochaine te dira positivement le jour de notre rendez-vous* » (FLAUB.). — Réellement. « *Il nous fut positivement impossible de supporter plus longuement un pareil spectacle* » (BAUDEL.). ♦ 2° (XIXᵉ). Avec de l'électricité positive. *Particules chargées positivement.*

POSITIVISME [pozitivism(ə)]. *n. m.* (1830, « caractère de rigueur scientifique » ; de *positif*). Philo. Ensemble des doctrines positives (I, 2°) d'Auguste Comte. ◊ *Par ext.* Toute doctrine qui se réclame de la seule connaissance des faits, de l'expérience scientifique. V. **Agnosticisme, relativisme.** *Le positivisme de Stuart Mill, de Spencer, de Renan. Le Positivisme anglais, œuvre de Taine. Positivisme logique.* V. **Logico-positivisme.**

POSITIVISTE [pozitivist(ə)]. *adj. et n.* (1834 ; de *positivisme*). Philo. ♦ 1° Relatif au positivisme. *Le catéchisme positiviste d'Auguste Comte. L'ère positiviste.* ♦ 2° Partisan du positivisme. *Littré était positiviste, était un positiviste.*

POSITIVITÉ [pozitivite]. *n. f.* (1845 ; de *positif*). ♦ 1° Philo. Caractère de ce qui est positif (I, 2°), sens donné à ce mot par Comte. ♦ 2° Sc. Caractère d'une grandeur positive, de l'électricité positive.

POSITON [pozitɔ̃]. *n. m.* (v. 1932 ; de *positif*, d'apr. *électron*). Phys. Particule élémentaire à charge positive, de même masse que l'électron négatif (ou *négaton*).

POSITONIUM [pozitɔnjɔm]. *n. m. (Néol. ; de positon).* Phys. Combinaison, de très courte durée, d'un électron (négatif) et d'un positon.

POSOLOGIE [pozolɔʒi]. *n. f.* (1836 ; gr. *poson* « combien », et *-logie*). Didact. *(Méd.).* Quantité totale d'un médicament à administrer à un malade, en une ou plusieurs fois, estimée selon son âge et son poids. *Indications et posologie d'un médicament.*

POSSÉDANT, ANTE [posedã, ãt]. *adj. et n.* (mil. XXᵉ ; *possident* « possesseur », 1310 ; de *posséder*). Qui possède des biens, des richesses, des capitaux. V. **Capitaliste.** *Classe possédante.* — N. *Les possédants* : ceux qui possèdent des capitaux, des richesses. « *Ils n'étaient pas tous des possédants assoiffés de sang* » (CAMUS).

POSSÉDÉ, ÉE [posede]. *adj. et n.* (XVᵉ ; de *posséder*). ♦ 1° Se dit d'une personne dominée par une puissance occulte. *Femmes possédées du démon, du diable.* « *Cependant, Jacques, vous n'êtes étiez possédé... — Quel remède y aurait-il à cela?* » (DIDER.). ♦ 2° N. (XVIIᵉ). *Un (une) possédé(e).* V. **Démoniaque.** *Exorciser un possédé.* « *Les Possédés* », roman de Dostoïevsky. *Se démener, jurer comme un possédé.* — Fig. « *Pourquoi dit-on un amoureux? On devrait dire un possédé. Être possédé du diable, c'est l'exception ; être possédé de la femme, c'est la règle* » (HUGO).

POSSÉDER [posede]. *v. tr.* ; conjug. *céder* (XIVᵉ ; *pursedeir*, v. 1120 ; *possider*, XIIIᵉ ; lat. *possidere*). ♦ 1° Avoir (qqch.) à sa disposition de façon effective et généralement exclusive (qu'on en soit ou non propriétaire). V. **Avoir, détenir.** *Posséder un capital, une fortune, une maison. Posséder un bien à titre précaire, posséder pour autrui* (dr.). « *L'un ne possédait rien qui n'appartînt à l'autre* » (LA FONT.). « *Celui-ci, sans mot dire, vend tout ce qu'il possède, linge, habits, machines, meubles, livres* » (DIDER.). — Absolt. « *Si posséder est un plaisir, donner est une joie* » (DUHAM.). ◊ *Par ext. Posséder le pouvoir.* « *Qui possédait la meilleure épée, possédait le droit* » (FUSTEL). ◊ *Par anal. Pays qui possède de grandes richesses naturelles.* « *Un pays qui possède un territoire, un empire colonial* » (MART. du G.). ♦ 2° Fig. Avoir en propre (une chose abstraite). « *Il ne suffit pas de posséder une vérité, il faut que la vérité nous possède* » (MAETERLINCK). V. **Détenir.** ◊ *Par ext.* Avoir (une qualité). « *Cet homme possédait en plus les plus beaux yeux du monde* » (CÉLINE). « *Pour avoir du talent, il faut être convaincu qu'on en possède* » (FLAUB.). *Posséder une mémoire excellente.* ♦ 3° Avoir une connaissance sûre de (qqch.). V. **Connaître.** *Posséder un art, un métier.* « *Ceux qui possèdent Aristote et Horace* » (MOL.). « *Je doute que l'on trouve beaucoup d'exemples de grands écrivains qui ne possèdent admirablement leur langue* » (GIDE). ♦ 4° Obtenir les faveurs de (qqn). « *Autrefois on rêvait de posséder le cœur de la femme dont on était amoureux* » (PROUST). ◊ (1655) *Posséder une femme*, accomplir avec elle l'acte sexuel. V. **Connaître, prendre ; baiser, enfiler, tringler.** « *En possédant cette femme, Eugène s'aperçut que jusqu'alors il ne l'avait que désirée* » (BALZ.). ♦ 5° (1910). Pop. Tromper, duper. *Il nous a fait posséder* ! V. **Avoir, feinter, rouler.** *Se faire posséder.* ♦ 6° (XVIᵉ). Dominer moralement. *La jalousie le possède, le tient, le subjugue.* ♦ 7° Vx ou littér. Maîtriser (ses états). « *Il semblait bien plus posséder son exaltation qu'être possédé par elle* » (MALRAUX). — Pronom. *Se posséder.* V. **Contenir (se), dominer (se), maîtriser (se).** « *Elle s'entêta, ne se possédant plus, inconsciente* » (ZOLA). *Il ne se possède plus de joie* : il ne peut contenir sa joie. ♦ 8° (XVIIᵉ). *S'emparer du corps et de l'esprit de qqn (force occulte),*

« *Un démon m'habitait. Il ne me posséda jamais plus impérieusement* » (GIDE). V. **Possédé.**

POSSESSEUR [posesœr]. *n. m.* (1355 ; *possessor*, 1284 ; lat. *possessor*, de *possidere*. V. **Posséder**). ♦ 1° Personne qui possède (un bien). *Le possesseur d'un bien peut en être propriétaire ou seulement détenteur. Possesseur d'une créance, d'un titre.* — Rare. *Elle est possesseur d'une immense fortune.* ◊ Dr. *Possesseur de bonne foi*. *Possesseur à titre précaire* (V. **Détenteur**). *Le simple possesseur et le propriétaire.* V. **Usufruitier.** ♦ 2° Personne qui peut jouir (de qqch.). *Nous pourrions nous rendre « comme maîtres et possesseurs de la nature* » (DESCARTES). *Les possesseurs d'un secret, de la vérité.* V. **Dépositaire.**

POSSESSIF, IVE [posesif, iv]. *adj. et n. m.* (1380 ; lat. *possessivus*, de *possidere*. V. **Posséder**). ♦ I. Gram. ♦ 1° Adj. Qui marque une relation d'appartenance, un rapport (de possession, de dépendance, etc.). *Adjectifs possessifs* (forme atone, faible). V. **Mon** (ma, mes), **ton** (ta, tes), **son** (sa, scs), **notre** (nos), **votre** (vos), **leur.** *Adjectifs possessifs purs* ou *pronoms possessifs* (forme tonique, forte). V. **Mien, tien, sien, nôtre, vôtre, leur.** ♦ 2° N. m. *Un possessif.* « *Quand on dit* mes *élèves,* leurs *progrès,* nos *soucis, il est certain que le « possessif » ne marque là qu'une simple relation de chose à personne* » (G. et R. LE BIDOIS). ♦ II. Psychol. Qui s'exerce, agit dans un sens appropriatif. V. **Captatif** (opposé à *oblatif*). *Sentiment possessif.* V. **Exclusif.** — (Personne). Qui a des sentiments de possession, d'autorité absolue à l'égard d'autrui (dans le domaine affectif). *Mère possessive* (V. **Abusif**). *Il est trop possessif avec ses amis, avec sa femme.*

POSSESSION [posesjɔ̃]. *n. f.* (1120 ; lat. *possessio*, de *possidere*. V. **Posséder**). ♦ I. (1190). Le fait, l'action de posséder, d'être possédé. ♦ 1° Faculté d'user d'un bien dont on dispose. « *L'usage seulement fait la possession* » (LA FONT.). *Possession d'une fortune, d'immeubles, de terres. S'assurer la possession de* : se procurer. — EN (LA, SA...) POSSESSION (sens actif). *Être, entrer en possession de.* V. **Avoir, détenir, posséder.** *Avoir en sa possession quantité de biens. Gardez-le en votre possession.* — (Sens pass.) *Être en la possession de qqn.* V. **Appartenir, être (à).** *Il ne faut pas que ce papier tombe en sa possession. Mettre qqn en possession de sa charge.* ◊ Dr. *Maîtrise de fait exercée sur une chose corporelle et correspondant, dans l'esprit du possesseur, à l'exercice d'un droit réel.* V. **Jouissance.** *Possession et usufruit. Vices de la possession* : discontinuité ; violence, clandestinité. *Présomption de propriété fondée sur la possession.* « *En fait de meubles, la possession vaut titre* » (CODE CIV.). *Possession véritable et possession à titre précaire* (ou détention). *Délai de possession fondant la propriété.* V. **Prescription** (acquisitive), **usucapion.** — *Envoi en possession* : droit à entrer en possession d'un héritage. *Possession d'état*, exercice des prérogatives attachées à un état donné. ◊ PRENDRE POSSESSION DE (un lieu) : s'installer comme chez soi dans. *Prendre possession d'une chambre.* — Fig. « *Le silence reprit possession de son empire* » (DUHAM.). ♦ 2° Fig. *La possession des biens véritables, du beau, de la vérité.* « *La possession de l'autre monde est faite du renoncement à celui-ci* » (GIDE). ♦ 3° (XVIIᵉ). Absolt. Jouissance d'un bien, d'un plaisir (opposé à *désir, espérance*). « *La possession flétrit toutes choses* » (PROUST). ♦ 4° (XVIᵉ). Le fait de posséder l'amour, l'affection (de qqn). « *La possession du mon cœur une chose qui vous est toute acquise* » (MOL.). ◊ Le fait de posséder une femme. « *L'amour sensuel ne peut se passer de la possession, et s'éteint par elle* » (ROUSS.). ♦ 5° État d'une personne qui maîtrise ses facultés. « *Les couleurs naturelles lui revinrent, il avait complètement repris possession de lui-même* » (GAUTIER). *Être en possession de toutes ses facultés*, dans son état normal, ni fou, ni gâteux. *Être en pleine possession de ses moyens*, dans sa meilleure forme. ♦ 6° (1694). Relig. Phénomène par lequel un être humain est habité par un être surnaturel et maléfique. « *Je subis le phénomène que les thaumaturges appelaient la possession* » (SAND). — Mod. Psychiatr. Forme de délire dans lequel le malade se croit habité par un démon, avec sentiment de dédoublement et hallucinations. ♦ 7° (1732). Gram. Mode de relation exprimé par les possessifs (mon livre, sa mère), les prépositions *à* et *de* (le bureau de mon père). V. **Appartenance.**

♦ II. (1120). ♦ 1° Chose possédée par qqn. V. **Avoir, bien.** *Une possession, des possessions.* — Spécialt. *Les terres.* V. **Domaine.** ♦ 2° Dépendance coloniale d'un État.
◊ ANT. **Dépossession, privation.**

POSSESSIONNEL, ELLE [posesjɔnɛl]. *adj.* (1836 ; de *possession*). Dr. Qui marque la possession. *Acte possessionnel.*

POSSESSIVITÉ [posesivite]. *n. f.* (1948 ; de *possessif*). Psycho. Fait d'être, de se montrer possessif. V. **Captativité.**

POSSESSOIRE [poseswar]. *adj.* (1399 ; lat. *possessorius*, de *possidere*. V. **Posséder**). Dr. Relatif à la protection judiciaire de la possession (immobilière). *Actions possessoires.*

— Subst. *Il est interdit aux parties de cumuler le pétitoire et le possessoire.*

POSSIBILITÉ [pɔsibilite]. *n. f.* (1265; lat. imp. *possibilitas*). ♦ 1° Caractère de ce qui peut se réaliser. *La possibilité d'une guerre.* V. **Éventualité.** « *Entre ce père et ce fils, aucun langage pour communiquer, aucune possibilité d'échanges* » (MAUROIS). ◇ *Log.* Un des modes de la logique modale. ♦ 2° Chose possible. *Envisager toutes les possibilités.* V. **Cas.** *Il n'y a que deux possibilités* (V. **Alternative**). ♦ 3° Capacité (de faire). V. **Faculté, moyen, occasion.** *Si j'ai la possibilité de vous rejoindre, si j'en ai la possibilité. Donner à qqn la possibilité de refuser.* ♦ 4° *Plur.* Moyens dont on peut disposer; ce qu'on peut tirer d'une personne ou d'une chose. *Connaître ses possibilités.* V. **Limite.** *Chacun doit payer selon ses possibilités* (Cf. Selon ses moyens). « *L'accumulation des victimes surpassa de beaucoup les possibilités que pouvait offrir notre cimetière* » (CAMUS). ◈ ANT. *Impossibilité, nécessité.*

POSSIBLE [pɔsibl(ə)]. *adj. et n. m.* (1265; lat. imp. *possibilis*). **I.** *Adj.* ♦ 1° *(Activités, réalités humaines).* Qui peut exister, qu'on peut faire. V. **Faisable, permis, réalisable.** *Nous avons fait tout ce qui est humainement possible pour le sauver. Croire une chose possible. — C'est possible, très possible.* V. **Facile, faisable.** « *Ce n'est pas possible, m'écrivez-vous; cela n'est pas français* » (NAPOLÉON). *Ce n'est pas possible autrement* : il n'y a pas d'autre moyen. — *Venez donner si c'est possible,* ellipt. *si possible.* « *Je ne fréquente personne. Moins encore qu'avant si c'est possible* » (ROMAINS). *Il est possible d'y parvenir. Il lui est possible de venir.* « *Il n'est possible d'être bon en ce monde qu'au prix des plus affreuses souffrances* » (FRANCE). ◇ (Pour marquer l'étonnement) *Est-ce possible? Ce n'est pas possible!* Ellipt. et fam. « *Ce cochon-là s'est établi marchand de chapelets! — Pas possible!* » (FLAUB.). — Pop. (rural) *C'est-il (c'est-y) Dieu possible? C'est pas Dieu possible!* ♦ 2° Qui constitue une limite, un maximum ou un minimum. *Il a fait toutes les sottises possibles et imaginables.* « *Ils ont vu, senti, éprouvé, entendu tout ce qu'il est possible de voir, de sentir, d'éprouver et d'entendre* » (GAUTIER). « *Oui, je suis heureux autant qu'il est possible à un homme de l'être* » (COURTELINE). — Ellipt. « *Je ne parle que des choses que je connais, autant que possible* » (P. BENOIT). *Il a arrangé cela aussi bien que possible.* ◇ (Avec *le plus, le moins*) — (Avec un verbe, un adverbe) « *Un roi doit écrire le moins possible* » (L. BERTRAND). *Le plus vite, le plus tôt, le plus souvent, le moins mal possible.* « *Vous dites le moins souvent possible* » (ROMAINS). — (Avec un nom) *Le plus, le moins de... possible* (avec ou sans accord). « *Pour courir le moins de risques possible* » (STENDHAL). « *Lier avec ces gens le plus de liens possibles* » (ROMAINS). — (Avec *des*, toujours accordé) « *Le meilleur des mondes possibles* » (VOLT.). ♦ 3° Qui peut se réaliser, être vrai; qui peut être ou ne pas être (V. **Contingent, éventuel**). *Une aggravation possible de la maladie.* — Mod. (dans une réponse) *Irez-vous à la mer cet été? Possible. C'est très possible, bien possible.* V. **Probable.** — *Il est possible que* (et subj.) : il se peut que. « *Il est possible qu'il fasse froid cette nuit.* « *Si l'affaire ne réussit pas, il est possible que je me pende* » (SUARÈS). — Ellipt. (Fam.) *Possible que* : peut-être que. — « *Possible qu'entre la boutique verte et la boutique bleue, la foi me soit donnée tout à coup* » (DUHAM.). ♦ 4° Qui est peut-être ou peut devenir (tel). V. **Virtuel.** *C'est un concurrent possible.* V. **Éventuel.** ♦ 5° (1859). Fam. (Chose ou personne) Acceptable, convenable, supportable. « *L'atmosphère de la maison n'était vraiment pas possible* » (ARAGON). « *Un garçon très possible* » (ROMAINS).

II. *N. m.* ♦ 1° (Dans quelques emplois). Ce qui est possible; ce qu'une personne peut. *Dans la mesure du possible* : autant qu'on le peut. *Faire tout son possible pour réussir.* « *Je ferai tout mon possible pour que vous vous voyiez* » (FLAUB.). ◇ *Loc. adv.* (1559) *AU POSSIBLE* : autant qu'il est possible. V. **Beaucoup, extrêmement.** *Il est gentil au possible* (Cf. Tout ce qu'il y a de plus gentil). ♦ 2° Ce qui est réalisable; ce qui est conçu comme non contradictoire avec le réel. *L'idée du possible et celle du nécessaire.* « *Le possible est donc le mirage du présent dans le passé* » (BERGSON). ♦ 3° (*Plur.*). Les choses qu'on peut faire, qui peuvent arriver. « *Ô possibles qui sont pour nous les impossibles!* » (HUGO). *Le* « *jeu des possibles* » (ALAIN). ◈ ANT. *Impossible, infaisable. Effectif. Invraisemblable.*

POST-. Élément, du lat. *post* « après », dans le temps (ex. : *postdater*) et dans l'espace (ex. : *postposer*).

POSTAGE [pɔstaʒ]. *n. m.* (1874; de *poster* 2). Action de poster (le courrier). — *Expédition du courrier par paquebot.*

POSTAL, ALE, AUX [pɔstal, o]. *adj.* (1836; de *poste* 1). Qui concerne la poste, l'administration des postes. *Service postal. Aviation postale. Franchise, taxe postale. Carte* postale. V. **Carte** (III, 4°). *Chèque*, *colis postal. Convention postale*, relative aux liaisons postales internationales. *Régime postal* (intérieur, international).

POSTCLASSIQUE [pɔstklasik]. *adj.* (XXᵉ; de *post-*, et *classique*). *Didact.* Qui succède à la période classique (*opposé* à préclassique). *Littérature postclassique.*

POSTCOMBUSTION [pɔstkɔ̃bystjɔ̃]. *n. f.* (1955; de *post-*, et *combustion*). *Techn.* Dans les turboréacteurs, combustion de carburant par l'oxygène contenu dans les gaz brûlés au cours de la combustion normale, et qui augmente le rendement.

POSTCOMMUNION [pɔstkɔmynjɔ̃]. *n. f.* (1287; de *post-*, et *communion*). *Liturg. cathol.* Oraison dite par le prêtre après la prière appelée *communion.*

POSTCURE [pɔstkyr]. *n. f.* (1948; de *post-*, et *cure*). Surveillance médicale après un traitement (notamment, antituberculeux).

POSTDATE [pɔstdat]. *n. f.* (1740; *postidate*, 1549; de *post-*, et *date*). *Admin.* Date portée sur un document et qui est postérieure à la date réelle. ◈ ANT. *Antidate.*

POSTDATER [pɔstdate]. *v. tr.* (1752; *postidater*, 1549; de *post-*, et *dater*). Dater par une date postérieure à la date réelle. *Postdater une lettre.* — Au p. p. *Chèque postdaté.* ◈ ANT. *Antidater.*

1. POSTE [pɔst(ə)]. *n. f.* (1480; « courrier du roi » et « relais de chevaux »; it. *posta*, de *porre* « poser »; lat. *ponere*). ♦ 1° *Ancienn.* Relais de chevaux, placé de distance en distance, afin d'assurer le transport des voyageurs et du courrier. *Chevaux de poste. Postillons d'une chaise* (2°) *de poste.* « *Le maître de poste vint lui dire qu'il n'y avait pas de chevaux* » (STENDHAL). ◇ *Par ext.* Distance d'un relais à l'autre. Étape. « *Je dois faire aujourd'hui vingt postes sans manquer* » (LA FONT.). — Vx ou littér. *Courir la poste,* aller très rapidement. « *L'un va en tortue, et l'autre court la poste* » (MOL.). ♦ 2° (XVIIᵉ, *poste aux lettres*). Service d'acheminement et de distribution du courrier (d'abord par malles puis par chemin de fer). « *J'ai appris que la poste de Senlis avait mis dix-sept heures pour nous transmettre une lettre* » (NERVAL). *Passer comme une lettre* à la poste. ◇ (Depuis la IIIᵉ République) Administration publique (P. et T. : *Postes et Télécommunications;* a remplacé P.T.T. : *Postes, Télégraphes, Téléphones*) ayant le monopole du service de la correspondance, accessoirement des transports (valeurs déclarées, colis postaux, etc.) et qui se charge aussi d'opérations bancaires. *Levée, tri, expédition, distribution des lettres par la poste. Bureau de poste. Receveur des postes. Agent, employé des postes.* V. **Postier.** *Poste aérienne. Poste aux armées* (V. **Vaguemestre.** *Envoyer, expédier par la poste. Calendrier des postes* : distribué chaque année par l'administration des postes. ♦ 3° Bureau de poste. *La poste ouvre à 8 heures. Les guichets de la poste. La grande poste, le bureau central. Mettre une lettre à la poste,* dans la boîte du bureau, ou dans une boîte à lettres publique. ◇ POSTE RESTANTE : suscription indiquant que la correspondance est adressée à la poste même, au guichet où le destinataire doit venir la chercher. « *Demain j'irai à ma poste restante habituelle chercher ta missive probable* » (RIMBAUD).

2. POSTE [pɔst(ə)]. *n. m.* (1500; it. *posto*, de *posta.* V. Poste 1). **I.** ♦ 1° Lieu où un soldat, un corps de troupes se trouve placé par ordre supérieur, en vue d'une opération militaire. *Occuper, garder, défendre, quitter, abandonner son poste. Être à son poste. Poste avancé, dangereux.* V. **Avant-poste.** *Poste fortifié.* V. **Préside.** *Poste de combat. Poste de commandement* (P.C.) où se tient un chef pendant le combat. *Poste d'observation.* V. **Observatoire** (2°). ◇ Fig. *Être, rester à son poste,* là où le devoir l'exige, *par ext.* là où l'on est. « *Le chat restait immobile à son poste, comme une sentinelle...* » (GAUTIER). — Fam. *Être solide au poste.* ♦ 2° *Par ext.* Groupe de soldats, corps de troupes placé en ce lieu. « *La légion rentrait après avoir installé quelques petits postes le long de l'oued* » (MAC ORLAN). *Doubler, relever un poste.* — Spécialt. *Poste de police, de garde,* corps de garde à l'entrée d'une caserne, d'un camp. *Par anal.* Se dit de tout corps de garde. *Poste de gardiens de la paix, de douaniers, de pompiers.* ♦ 3° Spécialt. (dans une ville). POSTE DE POLICE ou POSTE : corps de garde d'un commissariat de police; local où il est installé. *Conduire un manifestant au poste.* « *Nous réussissions à ne pas coucher au poste* » (LOTI).

II. ♦ 1° Emploi auquel on est nommé dans une hiérarchie; lieu où l'on exerce. V. **Charge, fonction.** « *Chaque fois qu'un des postes importants du ministère venait à être confié à un jurisconsulte de talent* » (GIRAUDOUX). — *Être nommé à un poste. Rejoindre, quitter son poste. Professeur titulaire d'un poste. Poste vacant. Poste clef*. *Occuper un poste clé.* ♦ 2° *Techn.* Durée de travail à une presse. « *Trois ouvriers y travaillent* (à une presse)... *à raison de trois postes de huit heures par jour* » (R. VAILLAND).

III. ♦ 1° Emplacement affecté à un usage particulier. *Poste de secours*. *Poste de contrôle* (douane). — Mar. *Poste de pêche.* ♦ 2° *Poste de travail.* Emplacement aménagé pour recevoir des appareils, des dispositifs destinés à un usage particulier. *Poste d'aiguillage, de pilotage.* Mar. *Poste de tir, de commande.* « *Une route sillonnée d'autos, bordée de postes d'essence* » (SARRAUTE). V. **Distributeur, pompe.** *Poste d'incendie. Poste d'eau.* ◇ Ensemble de ces appareils. *Réparer un poste d'incendie.* ♦ 3° Spécialt. *Poste émetteur** (radio). ◇ *Cour.* Appareil récepteur (de radio, de télévision). V. **Radio, télévision.** *Poste de radio à modulation de fréquence. Poste de télévision à grand écran.* Absolt. *Ouvrir, fermer le poste. Acheter un nouveau poste.*

IV. (xxᵉ). ♦ 1° Chacune des opérations inscrites dans un livre de comptabilité. ♦ 2° *(Admin. fin.).* Grande division du budget.

1. POSTER [pɔste]. *v. tr.* (déb. xviᵉ ; de *poste* 2). ♦ 1° Placer (des soldats) à un poste déterminé. V. **Établir.** *Poster des sentinelles. — Par ext.* Mettre qqn à la place déterminée qui lui permet de faire une action. ♦ 2° SE POSTER. *v. pron.* Se placer (quelque part) pour une action déterminée, spécialt. pour observer, guetter. « *Gilberte va se poster dans l'embrasure de la fenêtre* » (GIRAUDOUX). *Il était posté à l'entrée du village.*

2. POSTER [pɔste]. *v. tr.* (fin xixᵉ ; de *poste* 1, 2°, 3°). Remettre à la poste. « *Il avait posté à la gare les deux lettres* » (MONTHERLANT). Cf. Mettre à la boîte, à la poste.

3. POSTER [pɔstɛʀ]. *n. m.* (1967 ; mot angl. « affiche »). *Anglicisme.* Affiche destinée à la décoration. « *Des posters [...] signés par de grands peintres contemporains [...]* » (*L'Express*, 14-8-1972).

POSTÉRIEUR, EURE [pɔsteʀjœʀ]. *adj.* et *n. m.* (1480 ; lat. *posterior*, compar. de *posterus* « qui vient après »). ♦ 1° *Adjectif comparatif.* Qui vient après un autre dans le temps. « *Les poètes français postérieurs à Hugues Capet* » (RENAN). *— Le document est très postérieur, de beaucoup postérieur à l'année 1800. Nous verrons cela à une date postérieure.* V. **Futur, ultérieur.** ♦ 2° *Didact.* Qui est derrière, dans l'espace. *Partie postérieure et partie antérieure. Axe, coupe antéro-postérieure, d'avant en arrière. — Phonét.* Prononcé en arrière de la bouche. *A postérieur* [ɑ]. ♦ 3° *Fig.* et fam. *N. m.* (1566). Derrière d'une personne. V. **Arrière-train,** cul. *Tomber sur son postérieur.* ◈ ANT. *Antérieur.*

POSTÉRIEUREMENT [pɔsteʀjœʀmɑ̃]. *adv.* (1660 ; de *postérieur*). À une date postérieure. V. **Après.** *Acte établi postérieurement à un autre.* ◈ ANT. *Antérieurement, avant, précédemment.*

POSTERIORI (A). V. A POSTERIORI.

POSTÉRIORITÉ [pɔsteʀjɔʀite]. *n. f.* (xvᵉ ; de *postérieur*). *Didact.* Caractère de ce qui est postérieur à qqch. ◈ ANT. *Antériorité.*

POSTÉRITÉ [pɔsteʀite]. *n. f.* (déb. xivᵉ ; lat. *posteritas*). ♦ 1° *Littér.* Suite de personnes de même descendance. V. **Descendant,** enfant, fils, lignée. *La postérité d'Abraham. Mourir sans postérité. Postérité d'une famille.* ◇ *Fig.* et *cour. La postérité d'un écrivain, d'un artiste, d'une œuvre,* ceux qui sont dans leur lignée. ♦ 2° Suite des générations à venir. *Travailler pour la postérité.* V. **Avenir, futur** (siècles futurs). « *Ce nom, brillant jouet de la postérité* » (LAMART.). *Œuvre qui passe à la postérité,* qui vit dans la mémoire des hommes. V. **Immortalité.** *Entrer dans la postérité.* ◈ ANT. *Ancêtre(s).*

POSTFACE [pɔstfas]. *n. f.* (1736 ; de *post-*, d'apr. *préface*). Commentaire placé à la fin d'un livre.

POSTGLACIAIRE [pɔstglasjɛʀ]. *adj.* (1873 ; de *post-*, et *glaciaire*). *Géol.* Qui fait suite à une période glaciaire ; et spécialt. à la dernière glaciation en un lieu.

POSTHITE [pɔstit]. *n. f.* (1836 ; gr. *posthê* « prépuce », et *-ite*). *Méd.* Inflammation du prépuce.

POSTHUME [pɔstym]. *adj.* (*Postume,* 1491 ; bas lat. *posthumus,* class. *postumus* « dernier », superl. de *posterus*). ♦ 1° Qui est né après la mort de son père. *Enfant posthume.* ♦ 2° (1680). Qui a vu le jour après la mort de son auteur. *Œuvres posthumes,* publiées après la mort de l'écrivain, du musicien. *Les Mémoires d'Outre-Tombe, œuvre posthume de Chateaubriand.* ◇ Qui a lieu après la mort de qqn. *Décoration posthume :* donnée à un mort. « *Ce travail lent de jalousie posthume grandissant à chaque seconde par tout ce qui rappelait l'autre* » (MAUPASS.).

POSTHYPOPHYSE [pɔstipɔfiz]. *n. f.* (1936 ; de *post-*, et *hypophyse*). *Anat.* Lobe postérieur, de structure nerveuse, de l'hypophyse, qui sécrète deux hormones : l'ocytocine et la vasopressine.

POSTICHE [pɔstiʃ]. *adj.* et *n.* (1690 ; *postice,* 1606 ; it. *posticcio* ou *appoticio,* rac. *apponere* « apposer »). ♦ 1° Fait et ajouté après coup. V. **Rapporté.** « *Sa tête,... semblait une tête postiche qu'on aurait plantée sur un moignon* » (ROUSS.). *Épisode postiche d'une œuvre littéraire.* — Qu'on a mis à une place qui n'est pas la sienne pour faire croire qu'elle l'est. « *Candidat postiche* » (BALZ.). ♦ 2° Se dit d'un objet que l'on porte pour remplacer artificiellement qqch. de naturel (Ne se dit pas des appareils de prothèse). V. **Factice,** faux. *Cheveux postiches. Chignon, natte postiche.* « *Il a déjà*

ôté son œil et sa moustache postiches* » (LESAGE). *Cils postiches.* ♦ 3° (1585). *N. m.* Mèche de cheveux naturels ou imités que l'on adapte à volonté à sa coiffure. V. **Moumoute.** « *On lit sur sa devanture : Postiches en tous genres* » (BALZ.). ♦ 4° *Fig.* Faux, inventé. *Talents postiches.* « *L'élégance postiche m'est à charge* » (GIDE). ♦ 5° *N. f.* (1847). *Vieilli.* Boniment de camelot. *Faire la postiche* (dér. POSTICHEUR [pɔstiʃœʀ]).

POSTIER, IÈRE [pɔstje, jɛʀ]. *n.* (1841 ; de *poste* 1, 2°). Employé (ée) du service des postes. « *Il demanda : C'est la postière, ta petite?* » (SARTRE).

POSTILLON [pɔstijɔ̃]. *n. m.* (1540 ; it. *postiglione,* de *posta* « poste »). ♦ 1° *Ancien.* Conducteur d'une voiture de postes (V. **Cocher**). *Postillon des messageries, de diligence. Chapeau à ruban, fouet du postillon.* « *L'attelage que conduisaient au trot deux petits postillons en culotte blanche* » (FLAUB.). — Second cheval d'un carrosse qui mène les chevaux de devant. *Le conducteur et le postillon.* ♦ 2° (1867). Gouttelette de salive projetée en parlant. *Envoyer des postillons.* V. **Postillonner.** « *Postillons : intempéries du langage* » (RENARD).

POSTILLONNER [pɔstijɔne]. *v. intr.* (1867 ; « courir la poste », 1611 ; de *postillon*). Envoyer des postillons (2°). Cf. Crachoter. « *Il me postillonnait dans la figure* » (MART. du G.).

POST(-)INDUSTRIEL, ELLE [pɔstɛ̃dystʀijɛl]. *adj.* (1967 ; de *post-*, et *industriel*). *Didact.* Qui succède à la phase industrielle. *Société postindustrielle.*

POST-NATAL, ALE, ALS [pɔstnatal]. *adj.* (xxᵉ ; de *post-*, et *natal*). *Didact.* Relatif à la période qui suit immédiatement la naissance. *Examen médical post-natal. Mortalité post-natale.*

POSTOPÉRATOIRE [pɔstɔpeʀatwaʀ]. *adj.* (1892 ; de *post-*, et *opératoire*). *Méd.* Qui se produit ou se fait après une opération. *Transfusion, traitement postopératoire.*

POSTPOSER [pɔstpoze]. *v. tr.* (1466, « placer après » ; de *post-*, et *poser*). ♦ 1° *Gram.* (xxᵉ). Placer après un autre mot. — Au p. p. *Sujet postposé* (après le verbe). ♦ 2° *Région.* (Belgique). Remettre une chose à plus tard. V. **Ajourner,** différer, reporter.

POSTPOSITION [pɔstpozisjɔ̃]. *n. f.* (1784 ; de *post-*, et *position*). ♦ 1° *Gram.* Place plus ou moins anormale d'un mot après un autre (V. **Inversion**). ♦ 2° (D'apr. *préposition*) Nom donné à la préposition qui est après le mot qu'elle régit.

POSTROMANTIQUE [pɔstʀɔmɑ̃tik]. *adj.* (xxᵉ ; de *post-*, et *romantique*). *Didact.* Qui succède à la période romantique. *Littérature postromantique* (opposé à *préromantique*).

POSTSCOLAIRE [pɔstskɔlɛʀ]. *adj.* (1906 ; de *post-*, et *scolaire*). Relatif à la période qui suit celle de la scolarité. *Enseignement postscolaire.*

POST-SCRIPTUM [pɔstskʀiptɔm]. *n. m. invar.* (1701 ; *postscripte,* v. 1512 ; loc. lat. « écrit après »). Complément ajouté au bas d'une lettre, après la signature (abrév. P.-S.). « *Dans les lettres que je reçois d'elle, ce qui me touche le plus... c'est le post-scriptum* » (BRETON).

POSTSONORISATION [pɔstsɔnɔʀizasjɔ̃]. *n. f.* (v. 1970 ; de *post-*, et *sonorisation*). *Techn.* Sonorisation postérieure à l'enregistrement de l'image qu'elle accompagne. (V. l'anglicisme Play-back).

POSTSYNCHRONISATION [pɔstsɛ̃kʀɔnizasjɔ̃]. *n. f.* (v. 1940 ; de *post-*, et *synchronisation*). *Techn.* Addition du son et de la parole après le tournage d'un film, notamment pour le doublage.

POSTSYNCHRONISER [pɔstsɛ̃kʀɔnize]. *v. tr.* (v. 1940 ; de *post-*, et *synchroniser*). *Techn.* Faire la postsynchronisation de... — Au p. p. *Film postsynchronisé :* doublé *(cour.).*

POSTULANT, ANTE [pɔstylɑ̃, ɑ̃t]. *n.* (1495 ; de *postuler*). ♦ 1° Personne qui postule une place, un emploi. V. **Candidat,** prétendant. *Il y a plus de postulants que d'emplois.* ♦ 2° Personne qui demande à entrer en religion. *Postulant, postulante qui devient novice.* « *La mère Angélique entra... avec trois de ses Religieuses et quatre postulantes* » (RAC.).

POSTULAT [pɔstyla]. *n. m.* (1752 ; lat. *postulatum* « demande »). *Géom.* Principe d'un système déductif qu'on ne peut prendre pour fondement d'une démonstration sans l'assentiment de l'auditeur. *Postulat* (ou *postulatum*) *d'Euclide.* « *Au point de vue formel, une définition, une hypothèse, un postulat jouent le même rôle* » (LALANDE). ◇ *Log.* et *sc.* Principe indémontrable qui paraît légitime, incontestable. V. **Axiome, hypothèse.** « *Ce passage du brut au vital qui reste l'un des postulats quasi nécessaires de la biologie* » (J. ROSTAND).

POSTULATION [pɔstylasjɔ̃]. *n. f.* (1260 ; de *postuler*). ♦ 1° *Vx.* Supplication. ♦ 2° *Dr.* (1499). Action de postuler. *Postulation illicite.*

POSTULER [pɔstyle]. *v.* (xiiiᵉ ; lat. *postulare* « demander »). **I.** V. intr. *Dr.* Représenter en justice et faire les actes de la procédure. *Les avoués postulent et concluent. Postuler pour un client.* V. **Occuper** (I, 6°).

II. *V. tr.* ♦ 1º (XIVᵉ). Demander, solliciter (un emploi). *Postuler un emploi.* — Absolt. « *M. Ballanche postule à l'Académie ; mais Scribe lui sera préféré* » (STE-BEUVE). ♦ 2º (Fin XIXᵉ). *Log.* Poser (une proposition) comme postulat.

POSTURAL, ALE, AUX [pɔstyʀal, o]. *adj.* (mil. XXᵉ ; de *posture*). *Didact.* Relatif à l'attitude. *Physiol.* Sensibilité *posturale* ou *sens des attitudes* (statesthésie). *Méd.* *Drainage postural*, évacuation d'un liquide (des bronches, des sinus) facilité par une position déclive permettant l'écoulement du liquide par l'orifice de drainage.

POSTURE [pɔstyʀ]. *n. f.* (1588 ; it. *postura*). ♦ 1º *Didact.* Attitude particulière du corps. V. **Position.** — *Cour.* Attitude peu naturelle ou peu convenable. *Dans une posture comique, obscène.* « *Quand il était las de cette posture, il se levait* » (DIDER.). ♦ 2º *Fig. (Vieilli* ou *littér.).* Situation d'une personne. V. **Condition, position, situation.** — *Mod. Être, se trouver en bonne, en mauvaise posture* : dans une situation favorable ou défavorable. *La chute du gouvernement l'a mis en mauvaise posture.* « *Un duel met les gens en mauvaise posture* » (MOL.).

POT [po]. *n. m.* (1155 ; lat. pop. °*pottus, potus,* o. préceltique). ♦ 1º Récipient de ménage, destiné surtout à contenir liquides et aliments. *Pot de cuivre, d'étain ; de faïence, de grès, de porcelaine, de terre.* « *Un de ces charmants pots d'argile poreuse qui font l'eau si fraîche* » (GAUTIER) : un alcarazas. *Anse, couvercle d'un pot.* — POT À... : destiné à contenir telle ou telle chose. *Pot à beurre, à confitures, à moutarde.* — *Pot à eau* [pɔtao] servant à la toilette. *Des pots à eau* [pɔtao]. *Cuvette et pot à eau.* — *Pot à lait* [pɔtalɛ], bidon de métal dans lequel on transporte le lait ; récipient dans lequel on le sert à table. *Pot à bière* : verre épais ou pot en terre avec une anse, dans lequel on boit la bière. *Pot à' tabac* [pɔataba] : où le fumeur garde son tabac. *Fig. Un petit pot à tabac* : un homme petit et gros. — POT DE... : contenant ou destiné à contenir telle ou telle chose. *Pot de confiture. Pot d'eau chaude. Pot de colle. Pot de yaourt.* ◊ (XVIIᵉ) POT DE FLEURS, et absolt. *Pot* : récipient de terre dans lequel on fait pousser des plantes ornementales. *Fleurs en pots.* ◊ *Loc. fig. C'est le pot de terre contre le pot de fer,* une lutte inégale. — *Découvrir le* POT AUX ROSES [pɔtoʀoz] (XIIIᵉ, o. i.) : découvrir le secret d'une affaire. « *Au cas où le pot aux roses serait découvert* » (MAURIAC). — POT AU NOIR [pɔtonwaʀ] : région de brumes opaques redoutée des navigateurs, des aviateurs. — *Payer les pots cassés* : réparer les dommages qui ont été faits. *Je ne veux pas payer les pots cassés,* faire les frais d'une situation compromise. — *C'est dans les vieux pots qu'on fait les bonnes soupes* : les gens âgés, les vieilles choses ont des qualités précieuses. — *Être sourd comme un pot,* très sourd. ♦ 2º (XIIIᵉ, *en pot* « bouilli » ; *opposé* à « rôti »). *Vx.* Marmite servant à faire cuire les aliments. *Mettre le pot au feu.* V. **Pot-au-feu.** — *Vx.* Aliments préparés dans le « pot ». « *On ne sait comme va mon pot, dont j'ai besoin* » (MOL.). — *Mod. Poule au pot, poule bouillie.* **Cuiller à pot.** V. **Louche, pochon.** ◊ *Loc. fam. En deux coups de cuiller à pot* : en un tour de main. « *Il vole au secours des petits camarades et les remet d'aplomb, « en trois coups de cuiller à pot* » (DUHAM.). — *À la fortune** du pot.* — *Tourner autour du pot* : chercher quelque avantage d'une manière détournée. — *Par ext.* Parler avec des circonlocutions, ne pas se décider à dire ce que l'on veut dire. ♦ 3º POT DE CHAMBRE (XVIᵉ) : vase* de nuit. « *Ayant demandé à une servante un pot de chambre, elle mit un réchaud sous mon lit* » (RAC.). — Ellipt. *Mettre un enfant sur le pot.* ♦ 4º Contenu d'un pot. *Manger tout un pot de miel.* ◊ *Absolt. et fam.* (1909) *Boire, prendre un pot* : une consommation. V. **Drink, verre ; glass, godet.** « *On va prendre un pot tous ensemble dans une petite boîte, au Quartier latin* » (TROYAT). ♦ 5º POT D'ÉCHAPPEMENT (1894) : tuyau muni de chicanes qui à l'arrière d'une voiture, d'une moto, laisse échapper les gaz brûlés après leur détente en amortissant le bruit. V. **Silencieux.** ♦ 6º L'enjeu, dans certains jeux d'argent (poker). *Ramasser le pot.* ♦ 7º *Pop.* et *vulg.* (1896 ; V. **Popotin**). Postérieur, derrière. *Se manier le pot* : se dépêcher. ◊ *Fam.* (1925) Chance, veine. *Avoir du pot.* V. **Bol** (1, 3º). *Un coup de pot. Manque de pot !* pas de chance. « *Dis donc, j'ai eu du pot : du premier coup j'ai trouvé une chambre* » (SARTRE). ◊ ANT. *Guigne ; déveine.* — HOM. *Peau.*

POTABLE [pɔtabl(ə)]. *adj.* (1639 ; terme d'alchimie av. XVIIᵉ ; lat. *potabilis,* de *potare* « boire »). ♦ 1º Qui peut être bu sans danger pour la santé. *Eau non potable.* ♦ 2º (1701). *Vieilli.* Qui, sans être excellent, peut se boire. *Ce vin est potable.* — *Fam.* (XIXᵉ) Qui passe à la rigueur, assez bon. V. **Acceptable, passable.** *Il est incapable de faire un travail potable. C'est tout juste potable.*

POTACHE [pɔtaʃ]. *n. m.* (1858, « interne » ; de *pot-à-chien* « chapeau de soie porté dans les collèges », puis « cancre, élève »). *Fam.* Collégien, lycéen. « *Cet infantilisme d'esprit lui donnait la sorte de sottise qu'a un potache de seize ans* » (MONTHERLANT).

POTAGE [pɔtaʒ]. *n. m.* (XIIIᵉ, « aliments cuits au pot » ;

de *pot*). ♦ 1º (XVIᵉ). Bouillon dans lequel on a fait cuire des aliments solides, le plus souvent coupés menu ou passés. V. **Soupe.** *Prendre du potage, un potage au restaurant. Potage au tapioca.* « *Son grand régal était un certain potage, du vermicelle cuit à l'eau, très épais, où il versait la moitié d'une bouteille d'huile* » (ZOLA). — *Potage aux légumes* (V. **Julienne**), *aux écrevisses.* V. **Bisque.** *Potage froid.* V. **Gaspacho.** *Assiettée de potage.* — *Par ext.* Le début du repas (où l'on mange le potage). *Dès le potage.* ♦ 2º (Fin XIIIᵉ, « pitance »). Vx ou littér. *Pour tout potage* : pour toute nourriture. *Fig.* En tout et pour tout. « *Des femmes dont les maris ont six mille francs d'appointements pour tout potage* » (BALZ.).

1. POTAGER, ÈRE [pɔtaʒe, ɛʀ]. *adj.* (1562 ; de *potage* « légumes pour le pot », fin XIVᵉ). ♦ 1º Se dit des plantes herbacées dont certaines parties peuvent être utilisées dans l'alimentation humaine, à l'exclusion des céréales. V. **Légume.** *Plantes, racines potagères. Betterave potagère* (opposé à *fourragère*). ♦ 2º Où l'on cultive des plantes potagères pour la consommation. *Jardin potager et jardin d'agrément.* — Relatif aux légumes. *Culture potagère.*

2. POTAGER [pɔtaʒe]. *n. m.* (1570 ; « cuisinier », 1373 ; du précéd.). Jardin destiné à la culture des légumes (et de certains fruits) pour la consommation. *Planches ; allées d'un potager.* « *Elle passait souvent ses matinées dans le potager ; elle savait manier la serpe, le râteau, l'arrosoir* » (MUSS.).

POTAMO-, -POTAME. Éléments, du gr. *potamos* « fleuve », utilisés en zoologie et en botanique (*ex. :* hippopotame).

POTAMOCHÈRE [pɔtamoʃɛʀ]. *n. m.* (1906 ; de *potamo-,* et *khoiros* « petit cochon »). *Zool.* Mammifère ongulé (*Suidés*), voisin du sanglier, qui vit dans les marécages, en Afrique.

POTAMOT [pɔtamo] ou **POTAMOGÉTON** [pɔtamoʒetɔ̃]. *n. m.* (1793,-1701 ; de *potamo-,* et gr. *getōn* « voisin »). *Bot.* Plante monocotylédone, herbacée, vivace, aquatique, à feuilles en partie flottantes, en partie submergées (appelée *Épi d'eau*).

POTARD [pɔtaʀ]. *n. m.* (1867 ; de *pot*). *Fam.* et *vieilli.* Pharmacien ; préparateur, étudiant en pharmacie.

POTASSE [pɔtas]. *n. f.* (1690 ; *pottas,* n. m., 1577 [Liège], néerl. *potasch,* all. *Potasche* « cendre du pot »). ♦ 1º *Potasse caustique,* ou *Potasse* : hydroxyde de potassium (KOH), solide blanc, fondant à 380 ºC environ, de densité 2,044, déliquescent, soluble dans l'eau (97 g dans 100 g d'eau à 0 ºC), susceptible de former des hydrates. *On emploie la potasse comme base ; elle sert à la fabrication des sels de potassium, de certains savons, de détergents,* etc. — *Solution aqueuse de potasse* (hydroxyde de potassium), *lessive de potasse.* ♦ 2º Carbonate de potassium impur.

POTASSER [pɔtase]. *v. tr.* (arg. de St-Cyr, av. 1838 ; aussi « s'impatienter, bouillir », p.-ê. de *potasse,* ou de *pot,* et suff. *-asser ;* Cf. *Potasser* « cuisiner », dial.). *Fam.* Étudier avec acharnement. *Potasser ses bouquins, un examen.* « *Quand je compare mon discours, improvisé, à celui de Rouanet, qui avait potassé son interpellation !* » (ROMAINS). V. **Travailler** (trans.).

POTASSEUR [pɔtasœʀ]. *n. m.* (1838 ; de *potasser*). *Vieilli.* Celui qui potasse, travaille dur. « *Le type le plus étonnant qu'j'aie rencontré de ce que nous appelions... un potasseur* » (BOURGET). V. **Bûcheur.**

POTASSIQUE [pɔtasik]. *adj.* (1831 ; de *potasse*). *Chim.* Se dit des composés du potassium. *Sels potassiques. Engrais potassiques.*

POTASSIUM [pɔtasjɔm]. *n. m.* (1808 ; lat. mod. *potassium,* de l'angl. *potass* ou *potash,* du néerl.). Métal alcalin (symb. K, nº at. 19 ; poids at. 39,096 ; dens. 0,859 ; température de fusion 63,65 ºC), mou, blanc d'argent, très réactif et oxydable. V. **Kalium** (vx). *Les sels de potassium constituent un élément essentiel à la vie des plantes. Bromure de potassium,* sel cristallisé, utilisé dans les émulsions photographiques, en lithographie. *Chlorure de potassium,* utilisé comme engrais. *Cyanure de potassium,* poison violent.

POT-AU-FEU [pɔtofø]. *n. m. invar.* (1673 ; de *avoir,* mettre le *pot-au-feu*). ♦ 1º *Mod.* Mets composé de viande de bœuf bouillie avec des carottes, des poireaux, des navets, des oignons, du céleri. « *Le pot-au-feu gardait son ronflement de chantre endormi* » (ZOLA). *La marmite où cuit le pot-au-feu. Le bouillon du pot-au-feu.* — *Manger du pot-au-feu.* V. **Bouilli** (n. m.). *Des pot-au-feu.* ◊ *Par ext.* Le morceau de bœuf (macreuse, côte, gîte) qui sert à faire le pot-au-feu. ♦ 2º *Adj. fam. Une personne pot-au-feu,* qui aime avant tout le calme et le confort du foyer. V. **Popote.**

POT-BOUILLE [pobuj]. *n. f.* (1838 ; de *pot,* et *bouille*). *Vx.* Popote, ordinaire du ménage. « *Tu ferais pot-bouille avec une actrice qui te rendrait heureux* » (BALZ.).

POT-DE-VIN [podvɛ̃]. *n. m.* (1501 ; de *pot,* et *vin*). Somme d'argent qui se donne en dehors du prix convenu, dans un marché, ou pour obtenir qqch. (d'une façon souvent illégale). Cf. **Dessous*** de table. V. **Arrosage.** « *Je la connais votre affaire. Elle s'appelle : combines, trucs, pots-de-vin* » (COLETTE).

POTE [pɔt]. *n. m.* (1898; de *poteau* [II] « ami », 1400). *Pop.* Ami, copain fidèle. *C'est un bon pote.* « *T'es mon pote, pas vrai Starace, c'est mon petit pote, on s'aime, nous deux* » (SARTRE).

POTEAU [pɔto]. *n. m.* (1538; *postel,* XIIᵉ-XIIIᵉ; a. fr. *post,* lat. *postis* « jambage, poteau »).
I. ♦ 1° Toute pièce de charpente dressée verticalement pour servir de support. *Poteau de bois; de béton, de pierre, de métal. — Poteau cornier; poteau de refend. Sabot de métal d'un poteau* (de bois). « *Les Halles, c'est-à-dire un toit de tuiles supporté par une vingtaine de poteaux* » (FLAUB.). V. **Pilier.** ◇ Pièce verticale d'une potence. ♦ 2° Pièce de bois, de métal..., haute, dressée verticalement. *Poteau portant un écriteau, un panneau. Poteau indicateur,* portant la direction des routes. *Poteau-frontière,* marquant l'emplacement d'une frontière. — (1849) *Poteau télégraphique,* portant les fils et leurs isolateurs. « *Sur le flanc du remblai se dressaient les poteaux télégraphiques* » (BOSCO). — *Poteau servant à attacher une barque, un animal. — Poteau de but, au rugby. Poteau de basket-ball.* ◇ Dans une course, *poteau de départ, d'arrivée,* marquant les termes de la distance à courir. Absolt. *Rester au poteau* : refuser de prendre le départ (d'un cheval). ◇ *Poteau servant à attacher un supplicié. —* Spécialt. *Poteau d'exécution,* et absolt. Où l'on attache ceux que l'on va fusiller. *Mettre, envoyer au poteau* : condamner à la fusillade. « *Les types comme lui on les foutrait au poteau en cas de guerre* » (DUHAM.). Par ext. *Au poteau !* à mort ! ♦ 3° Loc. *Avoir des jambes comme des poteaux* : grosses et informes. — *Fig.* (1842) *De gros poteaux* : de grosses jambes.
II. *Pop.* (1400). Ami fidèle. V. **Pote.** « *De vrais camarades ceux-là, des solides, des sûrs, des poteaux* » (GENEVOIX).

POTÉE [pɔte]. *n. f.* (XIIᵉ; de *pot*).
I. ♦ 1° Rare. Contenu d'un pot. « *La crème des potées de lait destinées à faire le beurre* » (BALZ.). ♦ 2° Fig. et fam. (*Vieilli*). Grande quantité. « *Des potées de malédictions* » (BLOY). Loc. fam. *Éveillé comme une potée de souris* : très remuant (se dit d'un enfant). ♦ 3° Plat composé de viande de porc ou de bœuf bouillie et de légumes variés. *Potée champenoise, lorraine.* « *Ces potées où se mêlent toutes les viandes de la ferme, tous les légumes du jardins* » (DUHAM.).
II. (1562). *Techn.* POTÉE DE... : se dit de diverses préparations (poudres, mélanges) utilisées dans les industries. *Potée d'étain,* qui sert à polir le verre, les métaux, les pierres précieuses, à la préparation des émaux. *Potée d'émeri.* Absolt. Mélange à base de terre dont on fait les moules de fonderie.

POTELÉ, ÉE [pɔtle]. *adj.* (XIIIᵉ; de l'a. fr. *pote* « gros », probabl. lat. pop. °*pauta*). Qui a des formes rondes et pleines. V. **Dodu, grassouillet, rebondi.** *Enfant, bébé potelé.* « *La beauté d'un bras est d'être rond et potelé* » (FURET.).

POTENCE [pɔtɑ̃s]. *n. f.* (« Béquille », 1170; « puissance », 1120; lat. *potentia* « puissance », lat. médiév. « béquille, appui »). ♦ 1° (XIVᵉ). Pièce d'appui constituée par un montant vertical et une traverse placée en équerre. *Potence de bois,* dans une charpente. — *Lanterne en potence* : soutenue par une potence. « *Cette enseigne, projetée hors de la façade, par une sorte de potence en serrurerie* » (GAUTIER). ◇ Par ext. Sorte de toise pour mesurer les chevaux. ♦ 2° *En potence* : en équerre, en T. *Table en potence.* ♦ 3° (XVᵉ). Instrument de supplice (pour l'estrapade, la pendaison), formé d'une potence soutenant une corde. V. **Gibet.** « *Les chouettes sinistres volaient en rond autour des potences de pierre* » (NERVAL). *Dresser une potence, la potence. Gibier* de potence.* ◇ Le supplice lui-même. *Mériter la potence.* V. **Corde.**

POTENCÉ, ÉE [pɔtɑ̃se]. *adj.* (1459; de *potence*). *Blas.* Terminé en potence, dont chaque branche a la forme d'un T. *Croix potencée.*

POTENTAT [pɔtɑ̃ta]. *n. m.* (1554; « souveraineté », 1370; bas lat. *potentatus* « pouvoir souverain »; de *potens* « puissant »). ♦ 1° Celui qui a la souveraineté absolue dans un grand État. V. **Monarque, souverain, tyran.** « *La même ambition allume une guerre entre deux Potentats* » (CYR. de BERGERAC). ♦ 2° Homme qui possède un pouvoir excessif, absolu. « *Les patrons qui faisaient encore figure de potentats* » (DUHAM.). « *Ces petits potentats de province dont la cupidité, l'inconscience et l'avarice décimaient les générations de femmes et d'enfants* » (BERNANOS).

POTENTIALITÉ [pɔtɑ̃sjalite]. *n. f.* (1869; de *potentiel*). Didact. ♦ 1° Caractère de ce qui est potentiel. *Le subjonctif peut exprimer la potentialité.* ♦ 2° Une, des potentialité(s). Qualité, chose potentielle. V. **Possibilité, virtualité.** *Potentialités héréditaires.*

POTENTIEL, ELLE [pɔtɑ̃sjɛl]. *adj. et n. m.* (XVᵉ-XVIᵉ; *cautère potentiel* « qui agit après coup », XIVᵉ; lat. scolast. *potentialis,* de *potens* « puissant »).
I. *Adj.* ♦ 1° *Philo.* ou *didact.* Qui existe en puissance (*opposé à* actuel). V. **Virtuel.** ♦ 2° *Gram.* Qui exprime une possibilité. « *Le sens de ces adjectifs* (en able, ible, uble) *est le plus souvent potentiel* » (BRUNOT). ♦ 3° *Mécan. Énergie potentielle,* celle d'un corps capable de fournir un

travail. — *Math. Fonction potentielle.* V. *ci-dessous,* II, 1°.
II. POTENTIEL. *n. m.* (1869). ♦ 1° *Math.* Fonction des coordonnées d'un point dont les dérivées partielles sont, au signe près, les composantes d'un champ. *Le champ est le gradient du potentiel changé de signe. Différence de potentiel entre deux points,* différence des valeurs prises par cette fonction en ces deux points. — *Mécan. Potentiel de gravitation,* l'altitude. ◇ *Potentiel électrique en un point,* énergie fournie par une charge électrique unitaire se déplaçant de ce point jusqu'à l'infini (où le potentiel est nul). *Unité de potentiel.* V. **Volt.** *Différence de potentiel entre les bornes, les pôles d'un générateur.* V. **Charge, tension, voltage.** *Chute de potentiel.* Barrière de potentiel, effet de répulsion de charges électriques dû aux champs électrostatiques qu'elles créent. ◇ *Potentiel nucléaire :* énergie potentielle d'une particule, fonction de sa position dans le champ du noyau. ◇ *Potentiel chimique :* dérivée partielle de l'énergie interne d'un système chimique par rapport à sa masse. ♦ 2° (XXᵉ). Capacité d'action, de production. V. **Puissance.** « *Les nations sont séparées, aujourd'hui, par des différences de potentiel économique et militaire* » (SARTRE). *Potentiel de guerre. Potentiel industriel.*

POTENTIELLEMENT [pɔtɑ̃sjɛlmɑ̃]. *adv.* (*Potencielle-ment,* 1448; de *potentiel*). Didact. D'une manière potentielle, en puissance.

POTENTILLE [pɔtɑ̃tij]. *n. f.* (1605; lat. bot. *potentilla,* « petite vertu », de *potentia*). Plante (*Rosacées*) des terrains incultes. *Potentille rampante.* V. **Quintefeuille.**

POTENTIOMÈTRE [pɔtɑ̃sjɔmɛtr(ə)]. *n. m.* (1890; de *potentiel,* et -*mètre*). *Électr.* Résistance variable, à l'aide d'un curseur ou d'un bouton, en vue d'obtenir une tension à un niveau donné. V. **Rhéostat.**

POTERIE [pɔtri]. *n. f.* (1260; de *pot*). ♦ 1° Fabrication des récipients de ménage, en pâte argileuse traitée et cuite. ◇ (XIVᵉ) *Une poterie :* objet ainsi fabriqué. *Poteries à vitrification partielle* ou *poteries à pâte compacte* (biscuits, porcelaines); *poteries émaillées mais non vitrifiées* (faïences, majoliques, terres cuites vernies), *poteries non émaillées* (*poteries brutes*). ♦ 2° *Plus cour.* Fabrication des objets en céramique non vitrifiée, faits d'une pâte rougeâtre vernissée ou non. — Objet ainsi fabriqué; matière dont ils sont faits. V. **Terre** (cuite). *Façonner une poterie au tour. Poteries étrusques, grecques. Poteries de Vallauris.* ♦ 3° *Techn.* (1765). *Poterie de... :* ensemble des récipients de ménage faits d'une seule pièce en métal; leur fabrication. *Poterie d'étain, de fer blanc, de cuivre.*

POTERNE [pɔtɛrn(ə)]. *n. f.* (*Posterne,* v. 1130; altér. de *posterle,* bas lat. *posterula* « [porte] de derrière »; de *posterus*). Porte dérobée dans la muraille d'enceinte d'un château, de fortifications. « *En cherchant de tous les côtés, on découvre une poterne qui donnait sur la Moskowa* » (CHATEAUB.).

POTESTATIF, IVE [pɔtɛstatif, iv]. *adj.* (1802; « capable de », XVIᵉ; lat. *potestativus,* de *potestas* « puissance »). *Dr.* Qui dépend de la volonté des parties contractantes. *Condition potestative.*

POTICHE [pɔtiʃ]. *n. f.* (v. 1830; « pot à saindoux », 1740; de *pot*). ♦ 1° Grand vase de porcelaine d'Extrême-Orient. « *Son atelier orné... de potiches chinoises, de plats japonais* » (GAUTIER). ♦ 2° *Fig.* Personnage à qui l'on donne une place honorifique, sans aucun rôle actif. *Jouer les poti-ches.*

POTIER [pɔtje]. *n. m.* (1120; de *pot*). ♦ 1° Celui qui fabrique et vend des objets en céramique, des poteries (1°). V. **Céramiste, faïencier, porcelainier.** ♦ 2° *Spécialt.* Celui qui fabrique et vend des poteries (2°). *Tour, four de potier.* « *Des caveaux dans lesquels on entendait remuer une équipe de potiers* » (DUHAM.).

POTIN [pɔtɛ̃]. *n. m.* (1655; dial. « chaufferette [autour de laquelle on bavarde] »; « alliage », XIIIᵉ; de *pot*). ♦ 1° *Sur-tout au plur.* Bavardage, commérage. V. **Cancan.** *Faire des potins sur qqn* : de petites médisances. V. **Potiner.** « *Le potin est un signe de race des petites gens et des petits esprits* » (MAUPASS.). ♦ 2° (1875). Bruit, tapage, vacarme. V. **Pétard.** *Faire du potin, un potin du diable.*

POTINER [pɔtine]. *v. intr.* (1867; de *potin*). Faire des potins, des commérages. V. **Médire.** « *Tâchez de trouver le temps de potiner avec votre... qui vous embrasse* » (FLAUB.).

POTINIER, IÈRE [pɔtinje, jɛʀ]. *adj. et n.* (1871; de *potin*). Vieilli. Qui aime les commérages, les cancans.

POTINIÈRE [pɔtinjɛʀ]. *n. f.* (1890; de *potinier*). Vx. Endroit où l'on potine. « *Les meilleures potinières du dernier siècle* » (MAUPASS.). — Mod. *Le théâtre de la Potinière, à Paris.*

POTION [posjɔ̃]. *n. f.* (XVIᵉ; « boisson », XIIᵉ; lat. *potio* [V. Poison]). Médicament liquide, le plus souvent préparé sur ordonnance, et destiné à être bu. *Potion calmante, purga-tive.* « *Une cuillerée à café de potion* » (BOSCO). *Cette potion a un goût infect. —* Fig. *Quelle potion !* V. **Drogue, purge.**

POTIQUET [pɔtikɛ]. *n. m.* (d. i. ; mot flamand, du rad. de *pot*). [En Belgique]. Petit pot, récipient.

POTIRON [pɔtiʀɔ̃]. *n. m.* (XVIIᵉ ; « gros champignon », v. 1500 ; p.-ê. du syriaque *pâtûntâ* « morille »). Grosse courge (variété plus grosse que la citrouille). *Potiron rouge, jaune. Soupe au potiron.*

POTLATCH [pɔtlatʃ]. *n. m.* (XXᵉ ; mot angl. [1883], d'une langue indienne d'Amérique). *Ethnol., sociol.* Don ou destruction à caractère sacré, constituant un défi de faire un don équivalent, pour le donataire.

POTOMANIE [pɔtɔmani]. *n. f.* (1953 ; du gr. *potos* « boisson », et *-manie*). *Pathol.* Habitude de boire souvent de grandes quantités de liquide (V. **Dipsomanie**).

POTOMÈTRE [pɔtɔmɛtʀ(ə)]. *n. m.* (mil. XXᵉ ; du gr. *potos* « boisson », et *-mètre*). *Sc.* Appareil servant à mesurer la quantité d'eau qu'absorbe une plante.

POTOROU [pɔtɔʀu]. *n. m.* (1827 ; mot de Nouvelle-Galles du Sud [Australie]). *Zool.* Mammifère *(Marsupiaux)* de petite taille, communément appelé *Kangourou-rat.*

POT-POURRI [popuʀi]. *n. m.* (1564 ; de *pot*, et *pourri;* Cf. Olla-podrida). ♦ 1º *Vx.* Ragoût comprenant plusieurs sortes de viandes et de légumes. ♦ 2º *Fig.* et *vx* (1587). Mélange hétéroclite (de choses concrètes, de textes littéraires). ♦ 3º *Mod.* (1803). Pièce de musique légère faite de thèmes empruntés à diverses sources. « *Un pot-pourri de bribes de chorales, de lieder sentimentaux, de marches belliqueuses et de chansons à boire* » (R. ROLLAND).

POTRON-JAQUET [pɔtʀɔ̃ʒakɛ] (*vx*) ou **POTRON-MINET** [pɔtʀɔ̃minɛ]. *n. m.* (1835 ; poitron-jaquet, 1640 ; de *poitron, poistron* « derrière, cul » (XIIIᵉ-XIVᵉ) [lat. *posterio*], et *jaquet* « écureuil », *minet* « chat »). *Fam.* Le point du jour, l'aube (surtout dans : Dès potron-minet). « *Dès le potron-minet, j'étais assis, seul et libre, sur le talus, au bord de l'étang* » (DUHAM.). On dit aussi *Patron-jaquet (-jacquet, -jacquette), patron-minet (minette).*

POTTO [pɔto]. *n. m.* (1766, poto [Buffon], désignant le kinkajou à la Jamaïque ; sens actuel v. 1900 ; empr. angl. potto [1705], d'une langue africaine de Guinée). Lémurien d'Afrique, voisin du loris *(perodicticus potto)*, arboricole et nocturne.

POU [pu]. *n. m.* (XVIᵉ ; *peoil, pouil,* XIIIᵉ ; du plur. *pous, pouz;* lat. pop. **peduculus,* class. *pediculus*). ♦ 1º Insecte *(Pédiculidés)* qui vit en parasite sur l'homme (V. pop. **Toto**). Le typhus exanthématique est transmis par les poux. Être couvert de poux. V. **Pédiculose, phtiriasis; pouilleux.** Chercher, tuer les poux. V. **Épouiller.** *Les chercheuses de poux,* de Rimbaud. *Pou du pubis.* V. **Morpion.** ◇ *Herbe aux poux.* V. **Pédiculaire, staphisaigre.** ◇ *Loc. fam. Être laid comme un pou,* très laid. — *Chercher des poux dans la tête de qqn, à qqn :* le chicaner, lui chercher querelle à tout propos. ◇ (P.-ê. de *pouil* « jeune coq », bas lat. *pullius*). *Être fier, orgueilleux comme un pou,* très orgueilleux. ♦ 2º Se dit de divers parasites des animaux, de divers insectes. *Pou de mouton, de chien,* etc. — *Pou des écorces* (« lécanie »). *Pou de San José :* insecte, originaire d'Amérique, qui attaque les arbres fruitiers. ♦ 3º (1933). *Vieilli.* POU-DU-CIEL : petit avion qui fut en faveur avant la Seconde Guerre mondiale. ⊗ HOM. **Pouls.**

POUACRE [pwakʀ(ə)]. *adj.* (1445, « rogneux » ; *poacre* « goutteux », 1160 ; lat. *podager.* V. **Podagre** 2). — Vx et fam. *(Personnes)* Très laid, très sale ; avare. — Subst. *Un vieux pouacre.*

POUAH! [pwa]. *interj.* (*Pouac,* XVIᵉ ; onomat.). *Fam.* Interjection qui exprime le dégoût, le mépris. — Subst. « *Il l'entendit pousser l'un sur l'autre plusieurs « Pouah! » significatifs* » (COURTELINE). ⊗ HOM. **Poids, poix.**

POUBELLE [pubɛl]. *n. f.* (1890; de *Poubelle,* n. du Préfet de la Seine, qui l'imposa en 1884). Récipient destiné aux ordures ménagères (d'un immeuble, d'un appartement). *Chaque matin, les poubelles sont tirées sur le trottoir pour être vidées par les éboueurs. Mettre qqch. à la poubelle.* ◇ Fig. et fam. *Jeter à la poubelle :* rejeter avec mépris.

POUCE [pus]. *n. m.* (v. 1150, mesure de longueur ; lat. *pollex, -icis*). ♦ 1º (XIIIᵉ). Le premier doigt de la main de l'homme, le plus gros, formé de deux phalanges, opposable aux autres doigts. *Pouce plat, carré, épais.* « *François Durtain suçait son pouce avec beaucoup d'assiduité* » (DUHAM.). *Entre le pouce et l'index.* ◇ *Loc. Mettre les pouces* (1829) : cesser de résister. V. **Céder** (Cf. *ci-dessous l'interj. pouce!*). — *Fam. Manger un morceau sur le pouce,* sans assiette et debout (Cf. Casser la croûte, casse-croûte). « *Dans ces cas-là, Gambaroux mange sans assiette, sur le pouce* » (ROMAINS). — *Fam. Tourner ses pouces, se tourner les pouces :* rester sans rien faire. « *Tu ne me feras pas croire qu'on vous paie uniquement pour que vous vous tourniez les pouces?* » (COURTELINE). — *Donner le coup de pouce :* la dernière main à un ouvrage. « *Un jour viendra où il n'y aura plus qu'un coup de pouce à donner* » (ARAGON). *Fig. Il a donné un coup de pouce à l'histoire :* il a déformé légèrement la réalité. *Donner un coup de pouce à qqn :* favoriser son avancement (Cf. Pistonner). ◇ *Pouce!* inter-

jection (employée par les enfants) servant à se mettre momentanément hors du jeu. « *Quand elle disait « pouce » le jeu s'arrêtait aussitôt* » (AYMÉ). Fig. « *Je voudrais pouvoir crier « pouce ! » à la vie* » (GIDE). — *Pouce cassé !* le jeu reprend. ♦ 2º Le gros orteil. « *L'un de ses bas était troué et l'on voyait son pouce qui se recroquevillait* » (MAC ORLAN). ♦ 3º (v. 1150). Ancienne mesure de longueur. *Le pouce, qui valait la douzième partie du pied, était lui-même subdivisé en douze lignes.* — *Mod.* [Au Canada ; apr. 1760]. Douzième partie du pied*, subdivisée en huit lignes*, soit 2,54 cm (abrév. po). *Mesurer cinq pieds six pouces.* « *Il [...] fit voir une éraflure de quatre ou cinq pouces* » (P. VILLENEUVE). ◇ *Loc. mod. Ne pas perdre un pouce de sa taille :* se tenir très droit. *Ne pas reculer, bouger, avancer d'un pouce :* rester immobile. « *Nous ne céderons ni un pouce de notre territoire, ni une pierre de nos forteresses* » (J. FAVRE). ♦ 4º (1873). Pop. *Et le pouce :* encore plus, avec qqch. en plus. *Ça coûte au moins cinq cents francs.* — *Oui, et le pouce !* ⊗ HOM. **Pousse** (n. f.); formes du v. **pousser.**

POUCE-PIED ou **POUSSE-PIED** [puspje]. *n. m. invar.* (1558 ; altér. de *pousse-,* et *pied,* d'apr. *pouce). Région.* ♦ 1º Crustacé appelé scientifiquement *pollicipes cornucopia.* ♦ 2º *Mar.* (Mieux POUSSE-PIED). Petit bateau très léger, à fond plat, qu'on fait glisser sur la vase en le poussant avec le pied.

POUCETTES [pusɛt]. *n. f. pl.* (1823 ; de *pouce*). ♦ 1º *Anciennt.* Anneau double, chaînette à cadenas qui servait à attacher ensemble les pouces d'un prisonnier (Cf. Menottes). « *Brigadier, mettez les poucettes à ce petit gars, dit Corentin au gendarme* » (BALZ.). ♦ 2º *Techn.* Ciseau qui sert à travailler l'ardoise. ⊗ HOM. **Poucet.**

POUCIER [pusje]. *n. m.* (1530 ; de *pouce*). *Techn.* ♦ 1º Doigtier pour se protéger le pouce. ♦ 2º Pièce du loquet d'une porte qui sert à soulever la clenchette. ⊗ HOM. **Poussier.**

POU-DE-SOIE, POU(L)T-DE-SOIE [pudswa]. *n. m.* (v. 1389,-1394 ; de *pou[lt],* o. i., et *soie*). Étoffe de soie, sans lustre et unie ; vêtement fait de cette étoffe. *Des poux-de-soie, des poults-de-soie* ou *des pouts-de-soie.* « *Son ample robe de pou de soie à fleurs* » (MUSS.).

POUDING. V. **PUDDING.**

POUDINGUE [pudɛ̃g]. *n. m.* (1753 ; francisation de l'angl. *pudding-stone* « pierre pudding »). *Géol.* Roche constituée par des cailloux roulés, liés entre eux par un ciment naturel. V. **Conglomérat.**

POUDRAGE [pudʀaʒ]. *n. m.* (1932 ; « péage pour l'entretien des routes », 1250 ; de *poudrer*). *Techn., Agric.* Action de poudrer. *Traitement chimique par poudrage ou pulvérisation.*

POUDRE [pudʀ(ə)]. *n. f.* (*Puldre,* 1080 ; lat. *pulvis, pulveris* « poussière »). ♦ 1º *Vx* (ou *fig.* du sens 2º). Terre desséchée et pulvérisée. V. **Poussière.** « *Le convoi de camions... soulève à mesure, en passant, l'épais tapis de poudre blanche qui ouate le sol* » (BARBUSSE). ◇ *Loc. Jeter de la poudre aux yeux :* chercher à éblouir. « *Ils préfèrent jeter de la poudre aux yeux (en dépensant) plutôt que de mettre de côté* » (MAURIAC). ♦ 2º Substance solide divisée en très petites particules homogènes (surtout de façon mécanique). *Poudre fine. Réduire en poudre :* broyer, moudre, pulvériser. *En poudre :* pulvérisé (V. **Pulvérulent**). *Café, chocolat, sucre en poudre. Lait, œufs en poudre. Poudres de parfumerie, de toilette. Poudre dentifrice. Poudre à éternuer. Poudre purgative. Poudre empoisonnée, toxique. Poudre de cocaïne, d'héroïne. — Poudre insecticide.* — *Poudre de savon. Lessive en poudre. Poudre d'émeri, de ponce.* — *Ancien.* « *Entre la boîte de poudre à sécher et une pile de brochures* » (ROMAINS) : la poudre servant à sécher l'encre fraîche. — *Techn. Poudre de diamant* (V. **Égrisé**), *de bronze. Poudre à mouler :* matière plastique pulvérisée. — *Poudre d'or :* or natif en grains très fins. *Paillettes et poudre d'or.* ◇ *Loc. Poudre de perlimpinpin :* que les charlatans vendaient en la donnant pour une panacée. ♦ 3º (XIᵉ). Poudre pulvérulente utilisée sur la peau comme fard (et autrefois sur les cheveux). *Poudre de riz (Vieilli :* on dit *poudre,* absolt.). « *J'avais mes onze poudres de riz* » (GIRAUDOUX). *Boîte* (V. **Poudrier**), *houppe à poudre. Se mettre de la poudre* (V. **Poudrer** [se]). *La poudre et le rouge.* ♦ 4º (1417). Mélange explosif pulvérulent. V. **Explosif.** « *Depuis l'invention de la poudre il n'y a plus de places imprenables* » (MONTESQ.). *Poudre noire,* utilisée autrefois dans les armes à feu. *Poudre à canon :* poudre noire pour l'artillerie. *Poudre de chasse,* plus fine. *Poudre à tirer des artificiers.* — *Poudres chloratées (poudre blanche,* pour la chasse, etc.). *Poudre à la nitroglycérine* (V. *aussi* **Dynamite**), *à la nitrocellulose (poudre sans fumée). Fabrique de poudre* (V. **Poudrerie**). *Tonneau de poudre. Poire* à poudre.* — *Faire détoner, exploser de la poudre.* « *Ami, dit l'enfant grec... Je veux de la poudre et des balles* » (HUGO). — *Hist. La conspiration des poudres,* tramée par des catholiques contre le roi et le parlement d'Angleterre en 1603. ◇ *Loc. Mettre le feu aux poudres :* déclencher une catastrophe, des sentiments violents. — *Se répandre comme* une traînée* de poudre. — Être vif comme la poudre : très vif. — La poudre, dans les combats, à la guerre. « Il adorait la poudre, les coups de fusil lui semblaient drôles » (ZOLA). L'odeur de la poudre. Vieilli. Faire parler la poudre : se battre avec des armes à feu. — Fig. Cela sent la poudre : il y a des menaces de conflit. — Loc. fig. Il n'a pas inventé la poudre, la poudre à canon : il n'est pas très intelligent. « Je ne suis qu'un ferblantier, c'est entendu, je n'ai pas inventé la poudre » (ANOUILH). ◇ Service des Poudres, organisme chargé de la fabrication des poudres et explosifs.

1. **POUDRER** [pudʀe]. v. tr. (1210, intr., « poudroyer »; tr., XIVᵉ, « pulvériser »; de poudre). ♦ 1° (1398). Couvrir légèrement de poudre. V. **Saupoudrer**. « Elle avait enfoncé ses bras nus dans le blé;... poudrant sa peau d'une poudre fine et douce » (ZOLA). — Par anal. « La route est sans ombre, et tout ce qui l'avoisine est poudré à blanc » (FROMENTIN). ♦ 2° (1636). Couvrir (ses cheveux, sa peau) d'une fine couche de poudre. Ancienn. Poudrer sa perruque. — Pronom. Se poudrer. ◇ Au p. p. POUDRÉ, ÉE. Cheveux poudrés, perruques poudrées du XVIIIᵉ s. — (Personnes) Vx. Aux cheveux poudrés. « Le père Goriot parut la première fois sans être poudré » (BALZ.). — Mod. Au visage poudré. « Cette femme qui se montrait partout fardée, poudrée » (GREEN).

2. **POUDRER** [pudʀe]. v. intr. (Canada, 1894; a. fr. « dégager de la poussière [en parlant des chemins, etc.] »; de poudre, d'apr. neiger, venter. Cf. Crachiner). Canada. Être chassée par le vent (souvent en rafales), en parlant de la neige (V. **Poudrerie**, 1). Cf. Poudroyer. « On va avoir une tempête peut-être. Il va neiger, venter, poudrer, ce serait le temps d'aller me perdre » (J.-J. RICHARD).

1. **POUDRERIE** [pudʀəʀi]. n. f. (Canada, 1695; a. fr. pouldrerie; de poudre). Canada. Neige chassée par le vent (souvent en rafales. Cf. Blizzard). « Luttant ferme contre la 'poudrerie' qui lui cinglait la figure » (L. FRÉCHETTE). « La poudrerie [...] une matière déliée, ténue, en proie au délire du tourbillon et de la spirale » (SAVARD). « Je regardais courir la poudrerie sur la croûte de neige » (F. LECLERC).

2. **POUDRERIE** [pudʀəʀi]. n. f. (1732; « marchandise en poudre », XVᵉ; de poudre). Fabrique de poudre (V. **Poudrière**).

POUDRETTE [pudʀɛt]. n. f. (1660; de poudre). Agric. Engrais provenant du traitement des vidanges; déchets de caoutchouc broyés en vue de la régénération. « Des usines de poudrettes, de produits chimiques et de parfums » (ROMAINS).

POUDREUSE [pudʀøz]. n. f. (1923; de poudre). ♦ 1° Rare. Meuble servant à la toilette féminine. V. **Coiffeuse**. ♦ 2° Sucrier à couvercle perforé, pour le sucre en poudre. ♦ 3° Agric. Instrument servant à répandre sur les plantes une substance pulvérulente (poudrage). Poudreuse à dos, portée à dos d'homme. — Soufreuse à vigne.

POUDREUX, EUSE [pudʀø, øz]. adj. (XIIIᵉ; puldrus, 1080; de poudre). ♦ 1° Vx. Couvert de poussière. V. **Poussiéreux**. « Un Dieu qui d'aiguillons pressait leurs flancs poudreux [des chevaux] » (RAC.). — (De la poussière des chemins ou d'une maison) « Dans une grande plaine poudreuse, sans chemins, sans gazon » (BAUDEL.). « Ces diligences poudreuses arrêtées devant les cafés » (HENRIOT). « Quelques livres poudreux y gisaient épars sur des planches poudreuses » (BALZ.). ♦ 2° Mod. (XXᵉ). Qui a la consistance d'une poudre. Neige poudreuse, et subst. De la poudreuse, neige fraîche, bonne pour le ski.

POUDRIER [pudʀije]. n. m. (1570, « boîte pour la poudre à sécher l'encre »; « tourbillon de poussière », XIIᵉ; de poudre). ♦ 1° Boîte à poudre; petit récipient plat contenant de la poudre pour maquiller, une houppe, un miroir. « Mathieu lui tendit le sac; elle en tira un poudrier où elle mira son visage avec dégoût » (SARTRE). ♦ 2° Personne travaillant à la fabrication des poudres et explosifs. V. **Poudrerie**.

POUDRIÈRE [pudʀijɛʀ]. n. f. (XVIᵉ; rare jusqu'au XIXᵉ; de poudre). Magasin à poudre, à explosifs. Poudrière qui explose, saute. « La petite tour de la poudrière était éventrée et, par ses flancs ouverts, on voyait une lente fumée s'élever en tournant » (VIGNY). — Fig. Région où la guerre, un mouvement violent, des troubles sont menaçants.

POUDRIN [pudʀɛ̃]. n. m. (1665; de poudre). Mar. Embruns marins. — Pluie fine et glacée, à Terre-Neuve.

POUDROIEMENT [pudʀwamɑ̃]. n. m. (v. 1860; « action de couvrir de poussière », 1606; de poudroyer). Effet produit par la poussière soulevée et éclairée ou par la lumière éclairant les grains d'une poudre. « D'un fin poudroiement d'or ses cheveux l'ont nimbé » (SAMAIN).

POUDROYER [pudʀwaje]. v. intr.; conjug. noyer (1550; pouldroyer « couvrir de poussière, saupoudrer », 1377; de poudre). ♦ 1° Produire de la poussière; s'élever en poussière. Route, chemin qui poudroie au passage d'une voiture. La neige poudroie. ♦ 2° Avoir une apparence de poudre brillante, sous l'effet d'un éclairage vif. « Le bois verdoie ou roussit, poudroie ou s'assombrit, suivant l'heure et la saison » (BAUDEL.). ♦ 3° Faire briller les grains de poussière en suspension

(se dit du soleil, de la lumière). « Le soleil qui poudroie, et l'herbe qui verdoie » (PERRAULT).

1. **POUF** [puf]. interj. et n. m. (1458; onomat. évoquant la chute).
I. Interj. Exclamation exprimant un bruit sourd de chute. Et pouf! le voilà qui s'étale par terre. — Subst. (lang. enfantin) Faire pouf : tomber.
II. N. m. ♦ 1° (1829). Siège bas, gros coussin capitonné, généralement cylindrique, posé à même le sol. « Les uns assis sur des poufs, feuilletaient des albums » (ALAIN-FOURNIER). ♦ 2° (1872). Sorte de tournure qui faisait bouffer la jupe ou la robe par-derrière. « Le petit corsage et la tunique... relevés derrière les reins en un pouf énorme » (ZOLA).

2. **POUF** [puf]. n. m. (d. i.; mot d'o. flamande). En Belgique.
I. N. m. Dette. Payer ses poufs.
II. Loc. À POUF. ♦ 1° À crédit. Acheter à pouf. ♦ 2° Au hasard, au petit bonheur. Taper à pouf : deviner.

POUFFER [pufe]. v. intr. (1733; « souffler [du vent] », 1530; de pouf). Pouffer de rire, pouffer : éclater de rire malgré soi. V. **Esclaffer** (s'), rire. « Un ton qui m'eût fait pouffer de rire dans des circonstances moins lugubres » (VOLT.). Elle s'est mise à pouffer.

POUFFIASSE ou **POUFIASSE** [pufjas]. n. f. (1874; de pouf). Vulg. Prostituée. ◇ Par ext. Femme, fille épaisse, vulgaire. Une grosse pouffiasse.

POUILLARD [pujaʀ]. n. m. (1875; de l'a. fr. pouil « coq », bas lat. pullius). Région. Jeune perdreau ou jeune faisan.

POUILLÉ [puje]. n. m. (Poalier, 1636; de l'a. fr. pouille, pueille « rente; registre de compte », du plur. lat. polyptycha. V. **Polyptyque**. Hist. Sous l'Ancien Régime, Registre des biens et des bénéfices ecclésiastiques dans une région. Le pouillé d'un diocèse.

POUILLERIE [pujʀi]. n. f. (1606; poueillerie « gens pleins de poux », 1375; de pouil. V. **Pou**). Pauvreté sordide; lieu, chose misérable. « Il me fallait, au gré du tramway brimbaleur, traverser toute cette pouillerie » (DUHAM.).

POUILLES [puj]. n. f. pl. (1574; de pouiller « injurier » [1636], d'abord « s'épouiller », de pouil « pou »). Vx. Injures, reproches. ◇ Mod. et littér. CHANTER POUILLES à qqn : l'accabler d'injures, de reproches. « Je me fis chanter pouilles par les deux autres » (GIDE).

POUILLEUX, EUSE [pujø, øz]. adj. et n. (XIIᵉ; de pouil, forme anc. de pou). ♦ 1° Couvert de poux, de vermine. Un vieux mendiant pouilleux. — N. Un pouilleux. ♦ 2° Qui est dans une extrême misère. — N. Un pouilleux, une pouilleuse. V. **Gueux, misérable, pauvre**. « Ce coin de la maison était le coin des pouilleux » (ZOLA). ♦ 3° (Choses). Misérable, sordide. Quartier pouilleux. « Les vapeurs nocturnes des bars enfumés et des dancings pouilleux » (MAC ORLAN). ♦ 4° Géogr. La Champagne pouilleuse : stérile (opposé à la Champagne humide). « À cet endroit où les terres moins fertiles lui font donner le nom de Beauce pouilleuse » (ZOLA).

POUILLOT [pujo]. n. m. (1778; poillot « petit d'un oiseau », v. 1190; de l'a. fr. pouil « coq », bas lat. pullius). Oiseau (Passereaux) assez semblable à la fauvette. « Le pouillot... n'a d'autres couleurs que deux teintes faibles de gris verdâtre et de blanc jaunâtre » (BUFF.). Pouillot commun ou rossignol bâtard.

POUJADISME [puʒadism(ə)]. n. m. (1956; de Pierre Poujade, fondateur de l'Union de défense des commerçants et artisans de France). Mouvement et parti politique populaire de droite, à la fin de la IVᵉ République, soutenu surtout par les petits commerçants. — Attitude petite-bourgeoise de refus contre l'évolution socio-économique.

POUJADISTE [puʒadist(ə)]. n. et adj. (1956; de Pierre Poujade, chef de parti). Partisan du poujadisme; relatif au poujadisme.

POULAILLER [pulaje]. n. m. (1261; de poulaille, de poule). ♦ 1° (1389). Abri où on loge, élève des poules (ou d'autres volailles). Poulailler d'engraissement, de ponte. ◇ Ensemble des poules qui logent dans un poulailler. ♦ 2° (1833). Fam. Galerie supérieure d'un théâtre. V. **Paradis**. « Les habitués de l'amphithéâtre suprême, vulgairement dit poulailler » (NERVAL). Prendre une place au poulailler.

POULAIN [pulɛ̃]. n. m. (Pulain, 1125; bas lat. pullamen, de pullus). ♦ 1° Petit du cheval, mâle ou femelle (jusqu'à trente mois). Les juments « restaient paisibles... tandis que leurs poulains se reposaient à leur ombre » (FLAUB.). ♦ 2° (XXᵉ). Sportif, étudiant, écrivain débutant (par rapport à son entraîneur, son professeur, son éditeur). ♦ 3° Techn. Poulain de chargement ou poulain : assemblage en forme d'échelle, formé de madriers réunis par des barres de fer cintrées, qui sert à décharger des tonneaux d'un camion, etc. — Mar. Poulain de charge : assemblage de madriers ou de planches servant à protéger les flancs d'un navire.

POULAINE [pulɛn]. n. f. (XIVᵉ, souliers à la poulaine; fém. de l'a. adj. poulain « polonais »). ♦ 1° Souliers à la poulaine : chaussures à l'extrémité allongée en pointe, généralement relevée (fin du moyen âge). ♦ 2° (XVIIe). *Mar. anc.* Construction triangulaire en saillie, à l'avant du navire.

POULARDE [pulaʀd(ə)]. *n. f. (Pollarde, 1562; de poule).* Jeune poule qui a subi un engraissement intensif. *Poularde de Bresse, du Mans.*

POULBOT [pulbo]. *n. m.* (v. 1930; nom du dessinateur qui créa ce type). Enfant pauvre de Montmartre (type comparable au gavroche*). *Les petits poulbots.*

1. POULE [pul]. *n. f. (h. XIIIe; v. 1340, lat. pulla, fém. de pullus « petit d'un animal »; Cf. a. fr. poul, n. m. « coq »).* **I.** ♦ 1° La femelle du coq, oiseau de basse-cour *(Gallinacés)*, à ailes courtes et arrondies, à queue courte, à crête dentelée et petite. V. **Poularde, poulet, poulette; cocotte.** *Poule de Bresse, de Houdan. Poule qui picore. Cri, chant de la poule.* V. **Caquet, gloussement.** *Poule pondeuse. Œuf de poule. Les poules couvent. « Une grosse poule gloussante promenait un bataillon de poussins »* (MAUPASS.). — *« Honteux comme un renard qu'une poule aurait pris »* (LA FONT.). — *Bouillon de poule.* V. **Poularde.** *« Je veux qu'il n'y ait si pauvre paysan en mon royaume qu'il n'ait tous les dimanches sa poule au pot »,* phrase attribuée à Henri IV. ♦ 2° *Loc. div. Quand les poules auront des dents* : jamais. *Tuer la poule aux œufs d'or, tuer la poule pour avoir l'œuf* : détruire par avidité ou impatience la source d'un profit important. — *Être comme une poule qui a trouvé un couteau* : très embarrassé, très étonné. — *Se coucher, se lever comme (avec) les poules,* très tôt. — *« Le noble débris des vieilles phalanges napoléoniennes se couchait et se levait avec les poules »* (BALZ.). ◇ **Mère poule** : mère affairée et timorée; mère qui aime à être entourée de ses enfants. — **Poule mouillée** : personne poltronne, timorée. *Adj. Il est un peu trop poule mouillée.* ◇ *Cage* à poules. — *Chair* de poule. — *Bouche en cul-de-poule.* V. **Cul-de-poule.** *Lait* (II, 2°) *de poule.* ♦ 3° (1555). Femelle de certains gallinacés. *Poule faisane.* ◇ *Mâle ou femelle de diverses espèces d'oiseaux. Poule des bois, des coudriers* : gélinotte. — *Poule d'Afrique, de Barbarie, de Guinée, de Numidie, de Pharaon* : pintade. — **Poule d'eau** : oiseau *(Échassiers)* de la taille d'un pigeon, appelé aussi *gallinule. « Les poules d'eau, craintives, bruissaient dans les roseaux »* (MAC ORLAN). — *Poule sultane,* appelée aussi *porphyrion.*

II. ♦ 1° *Fam. Poule,* terme d'affection. *Viens, ma poule.* V. **Cocotte, poulet, poulette** (Cf. pop. Poupoule). ♦ 2° *Fam.* (1890). Fille de mœurs légères. V. **Cocotte.** *« Elle lui parut appartenir à cette catégorie des « poules de luxe »* (CARCO). — Maîtresse d'un homme. *« Cet homme grave, ce prétendant qui entretient une poule »* (ARAGON). *Fam.* Femme, jeune fille. *Une jolie petite poule.*

2. POULE [pul]. *n. f.* (1665, aux cartes, puis au billard, etc.; arg. des joueurs, p.-ê. du précéd.; l'angl. *pool* semble empr. au fr.). ♦ 1° Enjeu déposé au début de la partie; somme constituée par le total des mises qui revient au gagnant. *Mettre à la poule. Gagner la poule. « C'est la poule au billard, il en gagne trois ou quatre tous les jours »* (BALZ.). ♦ 2° (repris à l'angl. *pool*). *(Turf). Poule d'essai* : épreuve où les jeunes chevaux de trois ans courent pour la première fois de l'année sur une distance de 1600 m. — *(Sports)* Compétition où chaque concurrent est successivement opposé à chacun de ses adversaires. *Poule à l'épée, au pistolet.* — *(Rugby)* Groupe d'équipes destinées à se rencontrer, dans la première phase du championnat. *Poule A, poule B.*

POULET [pulɛ]. *n. m.* (1280; de *poule).* ♦ **(A)** 1° Petit de la poule (de trois à dix mois). *Une poule et ses poulets.* — Jeune poule (V. **Poulette**), jeune coq (V. **Coquelet**). ♦ 2° Jeune coq, coq jeune et destiné à l'alimentation. V. **Chapon, poularde.** *Poulet de grain; poulet fermier* (élevé dans une ferme). *Fam. Poulet aux hormones* (produits d'élevage forcé, accéléré). — *« Il y avait encore... des poulets somnolents ou pleins d'émois attachés par les pattes »* (CHARDONNE). *Couper le cou à un poulet. Égorger, vider, trousser un poulet. Poulet rôti, sauté. Bouillon de poulet. Découper un poulet. Abattis, aile, blanc, cuisse, croupion de poulet. Carcasse, os de poulet. « Un rôtisseur qui débite par jour cinq cents poulets en doit conserver les abatis (sic), les cœurs et les foies »* (NERVAL). — *Du poulet* : de la viande de poulet. *Manger du poulet.* ♦ 3° *Mon poulet, mon petit poulet,* terme d'affection. V. **Poule, poulette, poulot.** ♦ **(B)** *Fig.* ♦ 1° (XVIe). *Fam.* Billet doux. *« Il porte les poulets, il abouche les jeunes cœurs »* (GAUTIER). *Fam.* Lettre. *« Philippe m'écrivait des poulets de cette espèce trois ou quatre fois par semaine »* (SARTRE). ♦ 2° *Fam.* (1911; de *poule* [fin XIXe], arg. it.). Policier. *« Jamais je ne donnerai un homme aux poulets »* (SARTRE). Cf. arg. La poulague, la maison Poulaga (v. 1950).

POULETTE [pulɛt]. *n. f. (Polete, 1240; de poule).* ♦ 1° *Vieilli.* Jeune poule; poulet. ♦ 2° *Fam.* (1679). Jeune fille ou jeune femme. *« On t'en donnera, des poulettes, pour ton sale cuir! »* (ZOLA). — Terme d'affection. V. **Poulet.** *Oui, ma poulette.* ♦ 3° *Sauce à la poulette, sauce poulette,* qui contient du beurre, du jaune d'œuf et un peu de vinaigre.

POULICHE [puliʃ]. *n. f.* (1555; mot normanno-picard; du lat. *pullinum,* de *pullus).* Jument qui n'est pas encore adulte (mais qui n'est plus un poulain). *« Une ancienne pouliche, encore fort belle, un peu couronnée seulement »* (FLAUB.).

POULIE [puli]. *n. f.* (1150; gr. tardif °*polidion,* de *polos* « pivot »). Petite roue qui porte sur sa jante une corde, une courroie et sert à soulever des fardeaux, à transmettre un mouvement. *Croc, gorge, mâchoire, réa, rouet d'une poulie. Caisse* ou *chape de poulie* : assemblage formé de deux plaques (ou *joues*) qui enveloppe le réa et porte son axe. *Poulie fixe,* solidaire de son axe. *Poulie folle,* qui tourne librement sur son axe. *Poulie simple,* à un seul réa; *poulie double, triple. « Quand je tire sur la corde d'une poulie simple pour faire monter un sac de blé jusqu'au grenier... »* (ALAIN). *Poulie qui grince.*

POULINER [puline]. *v. intr.* (1340; lat. *pullinare,* de *pullus). Agric., Vétér.* Mettre bas (Se dit d'une jument).

POULINIÈRE [pulinjɛʀ]. *adj. f.* (1661; du lat. *pullinum,* de *pullus). Jument* poulinière, destinée à la reproduction. — *Subst. Une poulinière.*

1. POULIOT [puljo]. *n. m.* (1538; de l'a. fr. *poliol, puliol, puliel;* lat. *puleium).* Variété de menthe *(herbe de Saint-Laurent)* utilisée comme antispasmodique et stimulant.

2. POULIOT [puljo]. *n. m.* (« Petite poulie », 1723; « rouet d'une poulie », 1382; de *poulie). Agric.* (1907). Petit treuil fixé à l'arrière d'une charrette, sur lequel on enroule la corde qui maintient le chargement.

POULOT, OTTE [pulo ɔt]. *n.* (1719; de *poule). Fam.* Terme d'affection à l'égard d'un enfant. *Mon petit poulot. Ma grosse poulotte.* V. **Poule, poulet.**

POULPE [pulp(ə)]. *n. m.* (1554; *poupe* « polype du nez », 1538; du lat. *polypus;* Cf. Pieuvre, polype). Mollusque *(Céphalopodes)* appelé aussi *pieuvre,* à longs bras armés de ventouses. *Tentacules du poulpe.*

POULS [pu]. *n. m.* (1549; *pulz,* 1155; *pous,* XIIIe; lat. *pulsus* [*venarum*] « battement [des artères] »). Battement d'un vaisseau sanguin (surtout d'une artère), produit par l'augmentation périodique de la pression sanguine en rapport avec chaque contraction cardiaque, perceptible au toucher, *spécialt.* sur la face interne du poignet (*pouls radial,* méd.). *Pouls rapide, lent; pouls fort, faible, imperceptible, filiforme; pouls inégal, irrégulier, dicrote. « Le pouls n'est pas mauvais, il n'y a presque plus de fièvre »* (DIDER.). Accélération, élévation du pouls. *Le pouls normal à environ 72 pulsations par minute. Prendre le pouls,* en compter les pulsations. ◇ *Par ext.* L'endroit où l'on sent le pouls. *Chercher, toucher, tâter le pouls.* — *Fig. Tâter le pouls de qqn, de qqch.* : juger de son état. ◇ **HOM. Pou.**

POULT-DE-SOIE. V. **POU-DE-SOIE.**

POUMON [pum5]. *n. m.* (XIVe; *pulmun,* 1080; lat. *pulmo, -onis).* ♦ 1° *Vx.* Viscère formé par les deux poumons ou « lobes ». *« C'est du poumon que vous êtes malade »* (MOL.). ♦ 2° *Mod.* Chacun des deux viscères logés symétriquement dans la cage thoracique, organes de la respiration où se font les échanges gazeux (V. **Expiration, inspiration pneumo-, pulmonaire**). *Poumon droit, gauche. Sommet, base d'un poumon. Ramification des bronches dans les poumons* : arbre bronchique. *Structure du poumon* (V. **Alvéole, lobe, lobule**). *Enveloppe des poumons.* V. **Plèvre.** — *Maladies du poumon.* V. **Pneumonie, pneumoconiose, tuberculose.** *Lésion au poumon, cavernes du poumon.* — *Fam. Cracher ses poumons,* se dit des tuberculeux pulmonaires qui expectorent abondamment. — *Auscultation, radiographie, radioscopie, tomographie des poumons. Chirurgie du poumon* : pneumonectomie, thoracoplastie. ◇ *Remplir ses poumons d'air, dilater ses poumons. Aspirer à pleins poumons,* profondément. *Chanter, crier à pleins poumons.* V. **Époumoner** (s'). *Avoir de bons poumons,* et absolt. *des poumons* : une voix puissante; du souffle. *Ce coureur a des poumons.* ♦ 3° **Poumon d'acier** (v. 1935) : appareil qui permet d'entretenir artificiellement la ventilation pulmonaire d'un malade atteint de paralysie des muscles respiratoires. *Mettre un malade dans le poumon d'acier. Poumon électronique.*

POUPARD [pupaʀ]. *n. m.* et *adj.* (1220; du lat. pop. °*puppa,* de *pupa.* V. **Poupée**). ♦ 1° Bébé gros et joufflu. V. **Poupon.** *« Une face de poupard, aux paupières bouffies »* (BARBUSSE). — *Adj.* (Rare) *Physionomie pouparde.* V. **Poupin.** ♦ 2° *Vieilli.* Poupée de son, de celluloïd, etc., représentant un bébé. V. **Baigneur.** ◇ **HOM. Poupart.**

POUPART [pupaʀ]. *n. m.* (1752; o. i.). *Région.* Nom du crabe, le tourteau. ◇ **HOM. Poupard.**

POUPE [pup]. *n. f. (Pope, 1246; prov. poppa, du lat. puppis).* Arrière du navire. V. **Poupe** et la *proue. Navires qui ont le vent en poupe.* — *Fig. Avoir le vent en poupe* : être poussé vers le succès. *« L'assurance d'un homme qui a le vent en poupe »* (MART. du G.).

POUPÉE [pupe]. *n. f.* (1265; lat. pop. °*puppa,* de *pupa,* probabl. « mamelle, sein » d'où « tétine » et « poupée de chiffon »; Cf. *Pouper* « téter », et aussi *pompe*). ♦ 1° Figurine humaine servant de jouet d'enfant. *Poupée de bois, de carton, de celluloïd, de chiffon, de cire, de matière plastique, de porcelaine.* « *La poupée est un des plus impérieux besoins et en même temps un des plus charmants instincts de l'enfance féminine* » (HUGO). « *On a trouvé dans des tombeaux égyptiens... des poupées en terre cuite, en os, en ivoire, avec des articulations mobiles* » (GAUTIER). *Jouer à la poupée; donner à manger à sa poupée. Vêtements, voiture de poupée.* — *Avoir un visage de poupée* (V. **Poupin**). ◊ *Par ext.* Figurine humaine servant d'ornement. *Collection de poupées en costume régional. De poupée,* se dit de ce qui est très petit. *Jardin de poupée.* « *Maison de poupée* », pièce d'Ibsen. ♦ 2° *Fig.* Se dit d'une femme jolie et futile. « *Je suis une faible femme, mais du moins je n'ai pas été égarée comme une poupée par les avantages extérieurs* » (STENDHAL). — *Pop.* (1833) Jeune femme, jeune fille. V. **Pépée**. *Une belle, une chouette poupée.* ♦ 3° Figurine servant de but au tir. « *Il n'avait pas encore abattu vingt poupées sur vingt-deux dans un tir* » (BALZ.). ♦ 4° Doigt malade, entouré d'un pansement; le pansement. ◊ *Techn.* Dispositif pour maintenir la ou les pièces à travailler. *Poupée fixe, mobile d'une machine-outil.*

POUPIN, INE [pupε̃, in]. *adj.* (1530; du lat. pop. **puppa,* de *pupa* « poupée »). Qui a les traits d'une poupée. *Figure poupine.* « *Il tâchait de donner un air mâle à son visage débonnaire et poupin* » (GIDE). V. **Poupard**.

POUPON [pupɔ̃]. *n. m.* (1534; du lat. pop. **puppa,* de *pupa* « poupée »). Bébé, très jeune enfant. V. **Poupard**. *Un joli poupon rose.*

POUPONNER [pupɔne]. *v. intr.* (1906; de *poupon*). Dorloter maternellement des bébés. « *Louise s'était penchée sur l'enfant et pouponnait déjà comme une grand-mère* » (DABIT).

POUPONNIÈRE [pupɔnjεʀ]. *n. f.* (1872; de *poupon*). Établissement où l'on garde les bébés jusqu'à trois ans. V. **Crèche**. « *La pouponnière tenue ici par les religieuses de Sainte-Opportune* » (MONTHERLANT).

POUR [puʀ]. *prép.* et *n. m.* (*Pro,* 842; *por,* xe; lat. class. *pro* « devant », lat. pop. *por*).

I. (Marquant l'idée d'échange, d'équivalence, de correspondance, de réciprocité). ♦ 1° En échange de; à la place de. *Acheter, acquérir, vendre qqch. pour telle somme.* V. **Contre, moyennant.** *Je l'ai eu pour une bouchée de pain, pour rien. Un prêté* rendu. Pas pour un empire! Pour tout l'or* du monde.* — *En avoir, en vouloir pour son argent*.* Iron. *Il en a été pour son argent, pour ses frais :* il n'a rien eu en échange. — *Tant pour cent. Cinq, dix... pour cent* (%), *pour mille* (°/₀₀). ◊ *Prendre, dire un mot pour un autre :* au lieu de. — (Avec le même subst. avant et après) *Œil* pour œil, dent pour dent.* — *Il y a tout juste un an, jour pour jour. Trait pour trait.* « *Je ne vit là qu'un jeu, et rempli projectile pour projectile* » (COLETTE). ♦ 2° Avec un terme redoublé marquant la possibilité d'un choix entre deux choses. « *J'ignorais que servitude pour servitude, il vaut mieux être asservi par son cœur que l'esclave de ses sens* » (RADIGUET). ♦ 3° (Exprimant un rapport d'équivalence entre deux termes). V. **Comme.** « *L'amour pour principe, l'ordre pour base et le progrès pour but* » (A. COMTE). *Avoir pour effet, pour conséquence.* — *Pour tout..., pour tous avantages :* en fait d'avantages, en guise d'avantages. — *Avoir pour maître, pour élève.* — *Prendre pour femme.* — *Laisser pour mort. Laissé pour compte.* — *Compter pour rien, pour du beurre* (fam.). — *Pour le moins :* au moins, au minimum. — *Passer pour.* V. **Passer.** ◊ *Loc. fam. Pour de bon :* d'une façon authentique. — *Pop. Pour de vrai :* vraiment. « *Mais c'était pour de vrai, pour de bon, cette fois* » (ARAGON). — *Pour sûr* :* sûrement. ♦ 4° En prenant la place de. *Payer, agir pour qqn.* — *Pour le directeur, pour le chef de service :* mention précédée de la signature du subordonné qui remplace ces personnes. ♦ 5° En ce qui concerne. « *On est pour les livres à peu près comme pour les hommes* » (STAËL). *En tout et pour tout :* seulement, uniquement. — *Par rapport à. Il fait froid pour la saison.* ◊ Servant à mettre en valeur sujet, attribut ou objet. *Pour moi, je pense que...* V. **Quant (à).** *Pour ma part.* « *Quel beau temps, pour un 3 novembre* » (P. BENOIT). — (Littér.) « *Pour jolie, elle l'avait toujours été comme personne* » (LOTI). — *Cour.* « *Pour un orateur, c'est un orateur* » (ROMAINS). — *Pour ce qui est de :* en ce qui concerne. — *Fam.* « *On a bonne mine, les gars. Pour ça, on a bonne mine* » (SARTRE). — « *Pour me soigner, elle m'a soigné* » (VIALAR) : pour ce qui est de me soigner. ♦ 6° En ce qui concerne une personne en tant que sujet, dans sa conscience. « *Entre ce que j'étais pour moi, et ce que j'étais pour les autres, il n'y avait aucun rapport* » (BEAUVOIR). *Ce n'est un mystère, un secret pour personne.* — *Philo. Le pour-soi.* V. **Soi.**

II. (Direction, destination, résultat, intention). ♦ 1° Marquant la direction, le but dans l'espace. *Partir pour une destination, une ville, un pays. Les voyageurs pour Lyon, en voiture! Je ne songe plus qu'au départ, mais pour où?* » (GIDE). ♦ 2° Marquant le terme dans la durée, dans le temps. *« — Vous partez? — Oui ! c'est pour ce soir* » (APOLLINAIRE).

— *Par ext. Pour six mois, pour deux ans :* pendant six mois, deux ans à partir de maintenant. « *Elle se trouvait donc libre pour la semaine entière* » (MAUPASS.). *Pour le moment :* momentanément. *Pour l'heure** (6°). — *Pour longtemps, pour toujours.* — *Pour quand? — Pour dans 8 jours; pour après.* « *Ce qu'il désirait pour après sa mort* » (PROUST). — *Pour une fois, pour cette fois. Pour le coup :* cette fois-ci. ♦ 3° (Marquant la destination figurée, le but...). *Destiné à* (qqn, qqch.). *C'est pour vous. Il n'y en aura pas pour tout le monde.* — *Tailleur pour hommes. Film pour adultes. Journaux pour enfants.* — « *Les aurores étaient faites pour rendre joyeux les réveils, les jours pour mûrir les moissons* » (MAUPASS.). Ellipt. et *pop. C'est fait, c'est prévu pour :* exprès. ◊ *Destiné à* combattre. V. **Contre.** *Remède, médicament pour telle maladie.* ◊ *En vue de. Pour son plaisir, pour le plaisir. Pour leur intérêt.* V. **Dans.** *C'est pour son bien.* — *Pour le meilleur* et pour le pire. Pour le cas où :* dans le, au cas où. — *Loc. Faire qqch. pour la forme* (II, 3°). *Parler, poser pour la galerie. Pour la gloire, pour l'honneur.* — *L'art* pour l'art.* « *Je n'ai jamais dit : l'art pour l'art. J'ai toujours dit : l'art pour le progrès* » (HUGO). ◊ *À l'égard de.* V. **Envers.** *Passion pour, haine pour...* « *Mon cousin... pour qui je ressentais déjà une sympathie des plus vives* » (GIDE). *Par égard pour lui.* — *Tant mieux, tant pis pour lui. C'est bien fait pour elle!* ◊ *En faveur de, pour l'intérêt, le bien de... Former des vœux, prier pour qqn. Quêter pour les pauvres.* V. **Profit** (au). — *Loc. prov. Chacun pour soi et Dieu pour tous.* — *Parier, opter pour... Voter pour qqn. Prendre parti pour qqn.* — *Loc. fam.* (en parlant aux enfants) « *Une cuiller pour maman, une pour bonne-maman* » (BEAUVOIR) : à l'intention de. — *Être pour... :* être partisan de. « *Quiconque n'est pas pour lui est contre lui* » (MAURIAC). — Ellipt. *Je suis pour.* ♦ 4° POUR (suivi de l'inf.) : afin de pouvoir (Cf. En vue de). « *Pour réparer des un l'irréparable outrage* » (RAC.). *Il faut manger pour vivre. Faire l'impossible, tout tenter pour réussir. Travailler pour vivre. Voilà cent francs pour boire.* V. **Pourboire.** — *Pour quoi faire?* — « *Nous sommes revenus par le chemin de Saint-Malo, pour ne pas le rencontrer* » (MAUPASS.). *Pour ne pas avoir à...* ◊ (Avec une valeur logique très atténuée) *On s'accorde, ils s'accordent pour dire :* ils sont d'accord en disant. — *Pour ainsi dire** (III, 2°), *pour mieux dire, pour tout dire. Ce n'est pas, c'est pas pour dire, mais il a du culot :* il a vraiment du culot. — *Je l'ai dit pour rire, pour plaisanter. C'est pour rire* (Cf. Histoire de rire). ◊ (Les faits étant considérés comme voulus par la nature, le hasard, la providence) « *Une mouche éphémère naît à neuf heures du matin... pour mourir à cinq heures du soir* » (STENDHAL). ◊ ÊTRE POUR (et l'inf.) : être sur le point de. « *Quand il fut pour la quitter devant la porte de sa maison* » (MONTHERLANT). ♦ 5° POUR QUE : afin que. « *Pour que Dieu nous réponde, adressons-nous à lui* » (MUSS.). — Iron. *C'est que pour hommes. Ce n'est porte-monnaie sur la table, pour qu'on te le vole!* — POUR QUE... NE PAS : « *Des persiennes toujours tirées, pour que la clarté trop vive ne mangeât pas le bleu tendre du reps* » (ZOLA). — Fam. « *Je l'ai pris pour ne pas qu'Armand le voie* » (GIDE). — *Pop.* (Sans *ne*) « *C'était pour pas qu'on insiste* » (CÉLINE).

III. (Conséquence). ♦ 1° En ayant pour résultat (qqch.). *Pour son malheur.* « *N'ai-je donc tant vécu que pour cette infamie?* » (CORN.). « *Chaque fois que j'ai repris Vauvenargues, ç'a été pour ma déception* » (GIDE). — (Suivi de l'inf.) Afin de. « *Les moissons pour mûrir ont besoin de rosée* » (MUSS.). « *Il n'y a que les imbéciles et les ambitieux pour faire des révolutions* » (FRANCE). ◊ (Forme négative) « *Voilà une réputation qui n'est pas pour m'effrayer* » (PROUST). — *Assez, pas assez pour... Trop poli pour être honnête. C'est trop beau pour être vrai :* c'est impossible. ♦ 2° POUR QUE (avec une subordonnée de conséquence). « *Je suis bien jeune... pour qu'on veuille m'écouter* » (STENDHAL). *Assez, pas assez, trop... pour que... Il faut, il suffit... pour que... —* « *Qu'aviez-vous donc contre elle pour la maltraiter ainsi?* » (GREEN).

IV. (Cause). ♦ 1° À cause de. V. **Par.** « *Elle voulait être épousée pour sa fausse laideur et ses prétendus défauts* » (BALZ.). — *Pour rien; pour un oui, pour un non :* à toute occasion. *Pour sa peine :* en considération de. — *Merci pour votre cadeau. Remercier pour qqch.* (ou *de* qqch.). *Pour quoi? pour quelle raison?* V. **Pourquoi.** — Littér. *Pour ce que* (Cf. Parce que). « *Il me plaisanta pour ce que je n'avais pas su poser mon dernier mot* » (GIDE). — *Pour le motif, la raison que... — Le magasin est fermé pour cause de maladie, de décès.* — Absolt. *Et pour cause! pour une raison trop évidente.* — *Pour un peu.* V. **Peu** (I, 2°). ♦ 2° *Vx* (Suivi de l'inf.). V. **Parce que.** « *Pour être plus qu'un roi, tu te crois quelque chose!* » (CORN.). — Mod. (Suivi d'un inf. passé ou passif) « *Pour avoir oublié ces choses, l'apprenti sorcier a perdu la tête* » (MAUROIS).

V. (Valeur d'opposition ou de concession). ♦ 1° Littér. POUR... QUE (avec ind. ou subj.). V. **Aussi, si.** *Pour invisible qu'il fût.* V. **Quelque.** « *Pour grands que soient les rois, ils sont ce que nous sommes* » (CORN.). ◊ Cour. *Pour peu que.* V. **Peu** (II, 1°). — *Pour autant que :* dans la mesure où. « *Pour* *autant que je le sache, ils étaient d'une très honnête... piété* » (DUHAM.). — *Pour autant :* même pour cela. V. **Pourtant.** — *Pour si peu. Ne t'en fais pas pour si peu!* — Fam. « *Pour ce qu'on en profite!* » (ROMAINS). ♦ 2° Suivi de l'inf. prés., avec une principale négative ou interrogative contenant un comparatif. « *Ah! pour être dévot, je n'en suis pas moins homme* » (MOL.). « *Es-tu moins esclave, pour être aimé et flatté de ton maître?* » (PASC.). ♦ 3° Littér. POUR SI... QUE, introduisant une proposition concessive. « *Pour si précieux qu'il le tînt, Bonaparte entendait ne pas le mettre au pinacle* » (MADELIN). ◇ POUR PLUS (MOINS)... QUE. « *Les hommes, pour plus généreux qu'ils soient, doivent être fortement individuels* » (PROUST).

VI. LE POUR. *n. m.* Le bon côté (*rare*, sauf dans : *Le pour et le contre**).

POUR-. Élément, du lat. *pro* (*ex. : poursuivre, pourvoir,* etc.).

POURBOIRE [puʀbwaʀ]. *n. m.* (1740; *avoir pourboire,* loc. verb., 1683; de *pour,* et *boire*). Somme d'argent remise, à titre de gratification, de récompense, par le client à un travailleur salarié. « *On n'évite jamais le pourboire des cochers, des garçons de café, de restaurant* » (BALZ.). *Donner un petit pourboire* (Cf. Donner la pièce). *Douze francs, pourboire compris* (V. Service).

POURCEAU [puʀso]. *n. m.* (xv°; *purcel,* v. 1200; lat. *porcellus,* de *porcus.* V. **Porc, porcelet**). ♦ 1° Vx ou littér. V. **Cochon, porc.** *Le grognement des pourceaux.* « *On apercevait... quelque pourceau sur un fumier* » (FLAUB.). — Allus. bibl. *Jeter des perles* aux pourceaux.* ◇ Loc. *Être sale comme un pourceau; bâfrer comme un pourceau.* V. **Porc.** ♦ 2° Fig. et littér. *Un pourceau :* un homme qui s'adonne aux plaisirs des sens. *Pourceau d'Épicure.* V. **Épicurien, jouisseur.** « *Saluez-moi, pourceaux qui vous vautrez sur ces tapis comme sur du fumier!* » (BALZ.).

POURCENTAGE [puʀsɑ̃taʒ]. *n. m.* (1874, « fixation du pour-cent »; de *pour-cent* [1845], de *pour,* et *cent*). Taux d'un intérêt, d'une commission, calculé sur un capital de cent unités. *Pourcentage de bénéfices.* « *Associés, intéressés aux affaires, touchant un pourcentage sur la recette* » (ARAGON). ◇ Proportion pour cent. « *On ne compte qu'un pourcentage infime d'Allemands parmi les victimes* » (GIDE). *Variation de pourcentage.* V. **Point** (IV, 4°).

POURCHASSER [puʀʃase]. *v. tr.* (*Porchacier,* 1080; de *por* « pour », et *chacier* « chasser »). Poursuivre, rechercher (qqn) avec obstination. V. **Chasser, poursuivre.** *Pourchasser un criminel. Être pourchassé par des créanciers, des importuns.* — Pronom. *Les « partis Bleus ou Chouans qui se pourchassaient les uns les autres »* (BALZ.). — Au p. p. « *Pourchassé de rue en rue par des policiers imaginaires* » (GREEN). ◇ Poursuivre (qqch.). « *L'argent... qu'on pourchasse est celui de la servitude* » (ROUSS.). — (Abstrait) « *D'ordinaire, il pourchassait, ensemble, trois ou quatre idées* » (DUHAM.).

POUR-COMPTE ou **POURCOMPTE** [puʀkɔ̃t]. *n. m. invar.* (1878; de *pour,* et *compte;* Cf. Laissé pour compte). Comm. Acte par lequel on prévient l'expéditeur d'une marchandise qu'on la vendra pour son compte.

POURFENDEUR [puʀfɑ̃dœʀ]. *n. m.* (1798, « fanfaron »; de *pourfendre*). Vx ou plais. Celui qui pourfend, tue ou met à mal. « *Si j'étais un pourfendeur d'enfants* » (VILLIERS).

POURFENDRE [puʀfɑ̃dʀ(ə)]. *v. tr.;* conjug. *fendre.* V. **Rendre** (xII°; de *pour-,* et *fendre*). ♦ 1° Vx. Fendre complètement, couper. ♦ 2° Fig. (*littér.* ou *plais.*). Mettre à mal. « *Je courais à l'armée des Princes, je revenais en courant pourfendre la Révolution* » (CHATEAUB.).

POURLÈCHE. V. **PERLÈCHE.**

POURLÉCHER [puʀleʃe]. *v. tr.;* conjug. *lécher.* V. **Céder** (1767; *se pourlecquer,* xv°; de *pour-,* et *lécher*). ♦ 1° Vx. Lécher tout autour. *Se pourlécher les babines.* ◇ Fig. et vieilli. V. **Lécher, parfaire.** « *Bixiou eut la patience de pourlécher un chef-d'œuvre* » (BALZ.). ♦ 2° Mod. SE POURLÉCHER : se passer la langue sur les lèvres (en signe de contentement avant ou après un bon repas). *On s'en pourlèche.*

POURPARLER [puʀpaʀle]. *n. m.* (1465; du v. *pourparler* « tramer, comploter, discuter »; de *pour-,* et *parler*). Conversation entre plusieurs parties pour arriver à un accord. V. **Tractation.** — (*Rare au sing.*) *De longs pourparlers. Entrer en pourparlers.* « *Je suis en pourparlers avec* (le journal) « *Le Matin* » (ROMAINS). V. **Traiter.**

POURPIER [puʀpje]. *n. m.* (*Porpié,* xIII°; altér. de *poulpié;* lat. pop. *pulli pes* « pied de poulet »). Plante (*Portulacées*) à petites feuilles charnues (comestibles dans une espèce), à fleurs multicolores. — Par ext. *Pourpier sauvage. Pourpier des mers,* nom donné à une arroche.

POURPOINT [puʀpwɛ̃]. *n. m.* (xIII°; de l'a. fr. *pourpoindre;* de *pour-,* et *poindre* « piquer »). Ancien. Partie du vêtement d'homme qui couvrait le torse jusqu'au-dessous de la ceinture. V. **Justaucorps.** *Collet, devant, basque d'un pourpoint.* « *Un beau pourpoint bien long et bien fermé comme il faut* » (MOL.). « *Un pourpoint de drap de Hollande, couvert*

de larges dentelles d'or et portant des manches bouffantes et brodées le couvrait du cou à la ceinture » (VIGNY).

POURPRE [puʀpʀ(ə)]. *n.* (*Porpre,* n. f., xII°; *purpure* « vêtement », x°; *purpre,* adj., 1170; lat. *purpura,* gr. *porphura.* V. **Porphyre**).

I. N. f. ♦ 1° (xVI°). Matière colorante d'un rouge vif, extraite d'un mollusque (V. **Murex**) et utilisée par les Phéniciens, les Grecs et les Romains. ♦ 2° (xV°). Didact. (Hist.) ou *littér.* Étoffe teinte de pourpre (chez les Anciens), d'un rouge vif, symbole de richesse ou d'une haute dignité sociale. « *La pourpre tyrienne deux fois teinte, d'un éclat merveilleux* » (FÉN.). *Manteau de pourpre.* « *Le linceul de pourpre où dorment les dieux morts* » (RENAN). *La tunique romaine à bande de pourpre :* laticlave. ◇ Dignité de consul, à Rome. « *Sans doute, Clovis reçut la pourpre consulaire : en fut-il moins roi des Francs?* » (LARBAUD). — Dignité souveraine. *La pourpre royale. Être né dans la pourpre. La pourpre romaine, cardinalice, la pourpre :* la dignité de cardinal. « *Nous concevons les répugnances de Sa Sainteté à couvrir ce mendiant de la pourpre romaine* » (VIGNY). ♦ 3° (xVIII°). Littér. Couleur rouge vif. *La pourpre de ses lèvres.* « *I, pourpres, sang craché, rire des lèvres belles* » (RIMBAUD). « *Une pourpre de honte, un éclair de colère enflammait ses yeux ou ses joues* » (HUGO) : un rougissement.

II. N. m. ♦ 1° (xIV°). Cour. Couleur rouge foncé, tirant sur le violet (V. *aussi* **Amarante**). « *Par endroits, on distingue des foyers plus intenses, des gerbes d'un pourpre vif* » (ZOLA). ◇ Anat. *Pourpre rétinien,* pigment photosensible porté par les bâtonnets de la rétine, association d'une protéine (*opsine*) et d'un pigment rouge (*rétinène*). Syn. *Rhodopsine. Décomposé par la lumière, le pourpre rétinien est régénéré à l'obscurité.* ◇ Blas. Couleur rouge, représentée en héraldique par des traits en diagonale, montant de gauche à droite. ♦ 2° Mollusque gastéropode prosobranche (*Monotocardes*), dont la coquille ovoïde porte un siphon très court. *Le pourpre sécrète un liquide violacé qui devient rouge foncé* (pourpre) *à l'air.*

III. Adj. (*Cour.*). D'une couleur rouge foncé. *Velours pourpre.* « *Édouard était pourpre; on eût dit que la joie lui sortait par tous les pores du visage* » (DUHAM.). — *Hêtre pourpre,* à feuillage rougeâtre.

POURPRÉ, ÉE [puʀpʀe]. *adj.* (1550; de *pourpre*). ♦ 1° Littér. Coloré de pourpre. V. **Purpurin.** « *Les plis de sa robe pourprée* [de la rose] » (RONSARD). « *Sa coupe d'or ruisselante d'un vin pourpré* » (NERVAL). « *Certains buissons pourprés rutilaient à travers l'averse* » (GIDE). ♦ 2° Vx. *Fièvre pourprée.* V. **Urticaire.**

POURPRIN, INE [puʀpʀɛ̃, in]. *adj. et n. m.* (*Porprin,* xII°; de *pourpre*). *Vx.* Pourpré, purpurin. ◇ N. m. *Le pourprin d'une fleur :* couleur pourpre.

POURQUOI [puʀkwa]. *adv., conj. et n. m.* (*Pourquei,* xI°; de *pour,* et *quoi*).

I. Adv. et conj. ♦ 1° (*Interrog. dir.*). Pour quelle raison, dans quelle intention ? « *Pourquoi existons-nous? pourquoi y a-t-il quelque chose?* » (VOLT.). « *Pourquoi? Il faut que vous me le disiez. Pourquoi?* » (CAMUS). *Pourquoi faut-il que...? Pourquoi veux-tu donc que...?* — Fam. « *Pourquoi est-ce que vous saluez cette Cambremer?* » (PROUST) : pourquoi saluez-vous...? ◇ (*Suivi de l'inf.*) À quoi bon? « *Mais pourquoi m'entraîner vers ces scènes passées?* » (LAMART.). « *Pourquoi les avoir abandonnés, la paix conclue?* » (FLAUB.). ◇ (Le verbe « interrogatif » ayant été exprimé dans le contexte précédent) « *Pourquoi j'en parlais? Pour éclairer cette idée de témoignage* » (ROMAINS). — (Verbe sous-entendu) « *Ô Dieu juste, pourquoi la mort?* » (MUSS.). « *Pourquoi ces choses et non pas d'autres?* » (BEAUMARCH.). ◇ Absolt. *Pourquoi?* « *Et pourquoi donc? dit Salavin* » (DUHAM.). *Mais pourquoi?* « *Moi, dit-il, pourquoi non?* » (LA FONT.). *Pourquoi pas?* ♦ 2° (*Interrog. indir.*). Pour quelle cause, dans quelle intention. *Je ne comprenais pas pourquoi je devais me taire ; en vertu de quoi ; à cause de quoi.* « *Je voudrais bien savoir... pourquoi il ne fait point jour la nuit* » (MOL.). *Je vous demande pourquoi vous riez.* — (En fin de phrase) « *Elle pleurait sans pouvoir s'arrêter, en ne sachant même pas pourquoi* » (ZOLA). *Dire, demander, expliquer pourquoi.* — Loc. fam. *Vous ferez cela si vous voulez pourquoi,* formule de commandement, de menace. — Pop. *Il faut que ça marche, que ça pète ou que ça dise pourquoi :* il faut absolument que... « *Quant aux chevaux,... il faut qu'ils crèvent ou qu'ils disent pourquoi* » (GAUTIER). ♦ 3° Vieilli. Pour lequel, pour laquelle. « *Une des raisons pourquoi j'ai eu quelquefois du plaisir à la guerre* » (MONTHERLANT). — Mod. *Voilà, voici pourquoi telle chose a eu lieu.* — C'est pourquoi... : c'est pour cela que.

II. N. m. invar. ♦ 1° Cause, motif, raison. « *Il demandait le pourquoi de toute chose* » (BALZ.). *Le pourquoi et le comment*.* ♦ 2° Question pour laquelle on demande la raison d'une chose. *Les pourquoi des enfants. Le « pourquoi? » et le « comment? »* « *La science s'élève, par une suite de pourquoi sans cesse résolus et sans cesse renaissants* » (BERTHELOT).

POURRI, IE [puʀi]. *adj. et n. m.* (xII°; de *pourrir*). ♦

1° Corrompu ou altéré par la décomposition. *Arbre, bois, tronc pourri. Planche pourrie.* — *Feuilles à moitié pourries. Fruits pourris.* — *(Aliments) Avarié. Pâtés, œufs pourris; viandes pourries.* V. **Corrompu.** Loc. pop. *Engueuler qqn comme du poisson* pourri.* — *Décomposé. Cadavres pourris.* ♦ 2° (1864). Désagrégé. *Roche, pierre pourrie* (humide et effritée). — *Glace, neige pourrie,* à demi-fondue. — *Ce câble est complètement pourri.* ♦ 3° Humide et mou. *Temps pourri. Climat pourri.* V. **Malsain.** *Un été pourri,* très pluvieux. « *Un hiver pourri, ... humide et tiède* » (MAUPASS.). ♦ 4° Fig. *(Personnes).* Moralement corrompu. « *Il a voulu se voir comme un produit typique d'une société tout entière pourrie* » (SARTRE). — Allus. littér. « *Il y a quelque chose de pourri dans le royaume de Danemark* » (trad. Shakespeare) : se dit pour dénoncer les scandales, les abus. ◇ *Subst.* et *pop.* Terme d'injure. *Bande de pourris !* « *Tous dans le même sac, je vous dis... Des pourris* » (ARAGON). ♦ 5° *Fam.* **POURRI DE** : rempli de, qui a beaucoup de. *Être pourri de fric.* « *Ce génie était pourri de talent(s)* » (PÉGUY). ♦ 6° *N. m.* Ce qui est pourri. *Sentir le pourri. Une odeur de pourri* (V. **Putride**).

POURRIDIÉ [puridje]. *n. m.* (1874 ; de *pourrir*). *Agric.* Maladie cryptogamique de la vigne et de certains arbres fruitiers ; champignon qui en est la cause.

POURRIR [puRiR]. *v.* (1382 ; *purir,* XIᵉ ; lat. pop. °*putrire,* class. *putrescere*).
I. *V. intr.* ♦ 1° Se décomposer, en parlant d'une matière organique. V. **Corrompre** (se), **détériorer** (se), **putréfier** (se) ; **pourriture, putréfaction.** « *Quelques fruits étaient tombés sous les arbres et pourrissaient sans qu'on les récoltât* » (BALZ.). *Pourrir dans l'eau, à l'humidité.* — *Spécialt.* (d'un cadavre) « *Pourrir sous le marbre, pourrir sous de la terre, c'est toujours pourrir* » (DIDER.). ♦ 2° *Fig.* Rester dans une situation où l'on se dégrade. *Pourrir dans l'ignorance* (V. **Croupir**), *dans la misère.* — Spécialt. *Pourrir en prison.* ◇ *(D'une œuvre, d'un livre)* Rester inconnu. V. **Moisir.** « *Je crains fort que nos écrits... ne pourrissent avant d'avoir été lus* » (RENAN).
II. *V. tr.* (XIIᵉ). ♦ 1° Attaquer, corrompre en faisant pourrir. V. **Gâter.** *L'humidité, l'eau, la pluie pourrit les végétaux, le bois.* « *Le fruit pourri ne pourrit pas l'arbre. Il tombe* » (R. ROLLAND). — Pronom. *Se pourrir* : devenir pourri. *Pommes qui se pourrissent à l'humidité.* ♦ 2° *Fig.* Rendre malsain. « *Le temps barbouillé pourrissait les rues basses de Montmartre* » (AYMÉ). — V. **Infecter, ronger.** *La gangrène a pourri son pied.* ◇ Contaminer (maladies vénériennes). « *Qui sait combien elle en avait pourri, des jeunes gens ?* » (ARAGON). ◇ *(Choses abstraites)* Corrompre, gâter. « *C'est injuste qu'une minute suffise à pourrir toute une vie* » (SARTRE). — (Néol.) *Se pourrir* : se dégrader. *La situation se pourrit et l'on ne voit aucune issue.* V. **Pourrissement.** *Les patrons sont décidés à laisser pourrir la grève.* ♦ 3° Gâter extrêmement (un enfant). *Sa mère finira par le pourrir.* — Corrompre (qqn) par de mauvaises influences. « *Tu veux le pourrir ?* » (ROMAINS).

POURRISSAGE [puRisaʒ]. *n. m.* (1680 ; de *pourrir*). *Techn.* ♦ 1° Opération qui consistait à faire macérer les chiffons dans l'eau pour en faire de la pâte à papier. ♦ 2° Traitement de l'argile à céramique par exposition à l'humidité.

POURRISSANT, ANTE [puRisɑ̃, ɑ̃t]. *adj.* (XIIᵉ ; de *pourrir*). Qui est en train de pourrir. « *Les carcasses Pourrissantes, de vieux navires* » (VERHAEREN). « *L'enchanteur pourrissant,* » d'Apollinaire.

POURRISSEMENT [puRismɑ̃]. *n. m.* (1459 ; repris XXᵉ [1953] ; de *pourrir*). Dégradation progressive d'une situation. V. **Pourrir** (II, 2°).

POURRISSOIR [puRiswaR]. *n. m.* (XVIIᵉ ; de *pourrir*). *Techn.* Local où se faisait le pourrissage des chiffons. ◇ *Littér.* Lieu où qqch. pourrit. « *Des marais, des pourrissoirs grouillant de... vermines* » (AYMÉ).

POURRITURE [puRityR]. *n. f.* (*Purreture,* XIIᵉ ; de *pourrir*). ♦ 1° Altération profonde, décomposition des tissus organiques (V. **Putréfaction**) ; état de ce qui est pourri. « *On voyait de grandes taches indiquant la pourriture avancée du bois* » (ZOLA). *Odeur de pourriture* : de matières organiques en décomposition. « *La corruption et les vers, la cendre et la pourriture* » (BOSS.). ♦ 2° Ce qui est complètement pourri. « *Dans tous les coins saignants de cette pourriture* » (BAUDEL.). ♦ 3° *Par ext.* (De quelques maladies qui détruisent les tissus). *Vx. Pourriture d'hôpital* : maladie infectieuse. ◇ *Agric.* (Se dit de maladies cryptogamiques ou bactériennes) *Pourriture molle de la carotte. Pourriture grise de la vigne.* « *Les vignerons du Bordelais parlent, pour le raisin, de la pourriture noble* » (DUHAM.). ♦ 4° *(Abstrait).* État de grande corruption morale. « *La joie même qu'il y avait à voir la société ennemie s'enfoncer ainsi dans sa pourriture* » (PÉGUY). ♦ 5° Personne corrompue, ignoble (T. d'injure violente). V. **Pourri** (4°). « *Cette aimable petite pourriture* » (BARBEY).

POUR-SOI. *n. m.* V. **Soi.**

POURSUITE [puRsчit]. *n. f.* (1259 ; dr. ; *poursieute,* 1247 ; de *poursuivre,* d'apr. *suite*).

I. *Action de poursuivre.* ♦ 1° (XIVᵉ). Action de suivre (qqn, un animal) pour le rattraper, l'atteindre, s'en saisir. « *Les soldats commencèrent... la poursuite des fuyards* » (HUGO). *Scènes de poursuite d'un film d'aventures. Être, se mettre, se lancer, se jeter à la poursuite de qqn.* « *La lenteur de ses jambes ne lui eût pas permis une poursuite dans l'escalier* » (GREEN). *Jeux de poursuite,* jeux d'enfants qui courent les uns après les autres. — Sports. *Course poursuite* ou *poursuite* : épreuve de cyclisme sur piste. *Championnat de poursuite* (V. **Poursuiteur**). ♦ 2° (Plur.). *Vx.* Démarches pressantes auprès de qqn. *Spécialt.* Assiduités amoureuses. « *Il faut... cesser toutes vos poursuites auprès d'une personne que je prétends pour moi* » (MOL.). ♦ 3° *Fig.* Effort pour atteindre (une chose qui semble inaccessible). V. **Recherche.** *La poursuite de l'argent, de l'idéal, de la vérité.* « *Le but d'une vie noble doit être une poursuite idéale et désintéressée* » (RENAN). ♦ 4° Acte juridique dirigé contre qqn qui a enfreint une loi, n'a pas respecté une obligation. *Poursuite judiciaire. Poursuites contre qqn.* V. **Accusation.** *Engager des poursuites. Cessation des poursuites.* « *Le gouvernement exercera des poursuites contre ce canard* (ce journal) *effronté* » (MART. du G.). ♦ 5° *Arg. du théâtre, du cirque.* Projecteur qui suit un protagoniste dans ses évolutions.

II. *La poursuite de* (qqch.). Action de continuer sans relâche. V. **Continuation.** *La poursuite d'un travail, des efforts, des négociations.* — (ANT. *Arrêt, cessation*).

POURSUITEUR [puRsчitœR]. *n. m.* (mil. XXᵉ ; de *poursuite*). *Sports.* Cycliste spécialiste de la poursuite.

POURSUIVANT, ANTE [puRsчivɑ̃, ɑ̃t]. *n.* ♦ 1° Ancienn. (1424 ; *poursivant,* adj., 1266 ; p. prés. de *poursuivre*). *Poursuivant d'armes,* gentilhomme qui était le second du héraut d'armes. ♦ 2° *Dr.* (1457). Personne qui exerce des poursuites judiciaires. V. **Demandeur.** — *Adj. La partie poursuivante.* ♦ 3° Personne qui poursuit qqn. *Le malfaiteur a échappé à ses poursuivants.* « *Leurs poursuivants perdaient du terrain* » (GENEVOIX).

POURSUIVEUR [puRsчivœR]. *n. m.* (1787 ; Cf. *Porsevor,* 1190 ; de *poursuivre*). *Rare.* Qui poursuit. V. **Poursuivant.**

POURSUIVRE [puRsчivR(ə)]. *v. tr.* ; conjug. *suivre* (XVIᵉ ; *pursivre,* XIIᵉ ; *porsuivre,* XIIIᵉ ; lat. *prosequi,* d'apr. *por, pour,* et *suivre* ; Cf. a. fr. *Persuir,* du lat. *persequi*).

I. *Suivre pour atteindre.* ♦ 1° Suivre de près pour atteindre (ce qui fuit). *Poursuivre qqn.* V. **Courir** (après), **pourchasser.** *Poursuivre une personne de très près.* V. **Serrer** (de près), **talonner.** *Poursuivre les fugitifs, les fuyards, les ennemis, des malfaiteurs.* V. **Traquer.** *Motards qui poursuivent une voiture.* — *Enfant poursuivi par un chien.* ◇ Pronom. *(Récipr.)* *Se suivre l'un l'autre pour s'atteindre. Jouer à se poursuivre.* ♦ 2° Tenter de rejoindre (qqn qui se dérobe). V. **Presser, relancer.** *Être poursuivi par ses créanciers.* « *Étonné de sa propre ardeur à poursuivre des acheteurs qui se dérobaient* » (MAUROIS). ♦ 3° (XIIIᵉ). Tenter d'obtenir les faveurs amoureuses de (qqn). V. **Courir** (courir après, *fam.*). « *Je ne la suis plus, cette Rosine, que vous avez tant poursuivie* » (BEAUMARCH.). « *Pendant l'hiver à Paris, il l'avait ardemment poursuivie* » (MAUPASS.). Loc. *Poursuivre de ses assiduités.* ♦ 4° *Fig. Poursuivre qqn de...* : s'acharner contre lui par... V. **Harceler.** *Elle le poursuivait de sa colère, de ses malédictions.* « *Elle a poursuivi de sa haine toutes les maîtresses de Jupiter* » (HENRIOT). — Vieilli. *Poursuivre l'innocence.* V. **Persécuter** (S'attacher à). — *(Choses)* Hanter, obséder. *Ces images lugubres me poursuivirent longtemps.* « *Jusque dans son sommeil cette idée le poursuivait* » (DAUD.). ♦ 5° (1255). Agir, ester en justice contre (qqn). V. **Accuser** (Cf. Engager des poursuites contre). *Poursuivre qqn au civil*, civilement ; au pénal.* « *Et je ne nous poursuit, nous saurons nous défendre* » (RAC.). « *Je vous poursuivrai en justice pour des dommages-intérêts* » (ZOLA). ♦ 6° (XIVᵉ). Chercher à obtenir (qqch.). *Poursuivre la fortune, la gloire.* V. **Briguer, rechercher.** *Poursuivre son intérêt. Nous poursuivons l'idéal sans jamais l'atteindre au but*.* « *Poursuivre le réel, c'est chercher l'introuvable* » (HUGO).

II. (v. 1250). Continuer sans relâche. *Poursuivre sa marche, son voyage, son chemin. Le somnambule poursuivait sa promenade* (ROMAINS). « *Chacun de nos concitoyens avait poursuivi ses occupations* » (CAMUS). *Poursuivre un travail, ses études.* — *Absolt. Il faut poursuivre.* V. **Persévérer.** ◇ *Spécialt. Poursuivre un récit.* « *Elle sentait bien qu'il eût aimé de poursuivre ce sujet* » (MONTHERLANT). *Absolt. Poursuivez, cela m'intéresse !* V. **Continuer.** ◇ Pronom. *(Réfl.)* *Se continuer.* « *Un drame incompréhensible pour lui se poursuivait entre ces deux personnages* » (DUHAM.).

◇ ANT. *Fuir, éviter. Commencer, inaugurer. Abandonner, arrêter, cesser.*

POURTANT [puRtɑ̃]. *adv.* (fin XVIᵉ ; *portant* « pour cela », 1160 ; de *pour,* et *tant*). Adverbe marquant l'opposition entre deux choses liées, deux aspects contradictoires d'une même chose. V. **Cependant, mais, néanmoins, toutefois.** « *Oh !*

argent que j'ai tant méprisé... tu as pourtant ton mérite » (CHATEAUB.). *Il faut pourtant avancer. C'est pourtant bien simple.* « *Quoique... les fiefs fussent amovibles, ils se donnaient pourtant ni ne s'ôtaient d'une manière capricieuse* » (MONTESQ.). — (Après le mot qu'il met en relief) « *Triste, découragé, souriante pourtant* » (PROUST). ◇ *Et pourtant,* unissant deux mots, deux propositions tout en les opposant. « *C'est une note grave, douce et pourtant pénétrante* » (GAUTIER). « *Et pourtant elle tourne* (la Terre) », mot prêté à Galilée après sa rétractation. — *Mais pourtant,* introduisant une opposition atténuée. « *Caractère efféminé, mais pourtant indomptable* » (ROUSS.).

POURTOUR [puʀtuʀ]. *n. m.* (1676, maçonn.; de *pour-,* et *tour*). ♦ 1° Ligne formant le tour d'un objet, d'une surface. *Tant de mètres de pourtour.* V. Circonférence, circuit, périphérie. ♦ 2° Partie qui fait le tour (d'un lieu), qui forme les bords (d'une chose). « *Une petite place dont le pourtour seul était pavé* » (ROMAINS). ◇ ANT. Centre.

POURVOI [puʀvwa]. *n. m.* (1804; « prévoyance », XIVe; de *pourvoir*). Dr. Action par laquelle on attaque devant une juridiction supérieure la décision d'un tribunal inférieur. V. Appel. *Pourvoi devant la Cour de cassation, le Conseil d'État. Pourvoi en cassation. Pourvoi en révision. Pourvoi en grâce.* V. Recours. « *L'exécution du criminel, dont le pourvoi fut, deux mois après, rejeté par la Cour suprême* » (BALZ.). — *Dr. fisc.* V. Requête. *Examiner la recevabilité d'un pourvoi. Pourvoi rejeté.*

POURVOIR [puʀvwaʀ]. *v. tr.;* conjug. *voir,* sauf futur : *je pourvoirai;* condit. : *je pourvoirais;* passé simple : *je pourvus;* subj. imparf. : *que je pourvusse* (XIVe; *soi porveoir* de, 1120, « examiner », puis « prévoir »; lat. *providere,* d'apr. *pour-,* et *voir*).

I. *V. tr. indir.* POURVOIR À (XVe). Faire ou fournir le nécessaire pour. *Pourvoir à l'entretien de la famille.* V. Assurer. *Pourvoir aux besoins de qqn* (V. Subvenir), *aux besoins du ménage.* « *J'allais donc pourvoir moi-même aux besoins de la maison* » (DUHAM.). *Il fallait pourvoir au nettoiement des rues.* « *Bougainville à renvoyé Aotourou, après avoir pourvu aux frais et à la sûreté de son retour* » (DIDER.). *Pourvoir à un emploi* : y mettre qqn.

II. *V. tr. dir.* ♦ 1° (1380). Mettre (qqn) en possession (de ce qui est nécessaire). V. Donner (à), munir, nantir. *Pourvoir qqn d'une recommandation, d'un titre* (V. Gratifier), *d'un emploi. Son père « se fit pourvoir d'une charge de conseiller au Parlement de Bretagne* » (VALÉRY). — *Vx.* Établir par un mariage, un emploi. *Pourvoir un jeune homme.* ◇ Pronom. (XVIe) SE POURVOIR DE : faire en sorte de posséder, d'avoir (une chose nécessaire). *Se pourvoir d'aliments, de provisions. Se pourvoir de linge.* « *Si vous voulez des chevaux de labour... il faudra se pourvoir ailleurs* » (BALZ.). ♦ 2° Munir (une chose). *Pourvoir une place de munitions.* V. Alimenter, approvisionner, fournir. *Pourvoir une voiture de dispositifs, une maison du confort moderne.* V. Équiper. ♦ 3° (Sujet de chose). *La nature l'a pourvu de grandes qualités.* V. Doter, douer. ♦ 4° *(Pass. et p. p.).* ÊTRE POURVU, UE : avoir, posséder. *Il est pourvu de vêtements chauds.* « *De grâces et d'attraits je vois qu'elle est pourvue* » (MOL.). — *Animal pourvu d'écailles* : muni d'écailles, qui a des écailles. ◇ Spécialt. *Bien pourvu, pourvu,* riche. Substant. *Les pourvus, les nantis.* ♦ 5° *Dr.* (1680) SE POURVOIR. *v. pron.* Recourir à une juridiction supérieure; former un pourvoi. *Les parties intéressées pourront se pourvoir devant le tribunal de première instance.*

◇ ANT. Démunir, déposséder. — (du p. p.) Dénué, dépourvu, pauvre.

POURVOYEUR, EUSE [puʀvwajœʀ, øz]. *n.* (1380; *porveour,* 1248; de *pourvoir*). ♦ 1° *Pourvoyeur de... :* personne qui fournit (qqch.). « *Un déjeuner dont j'étais le pourvoyeur* » (ROUSS.). « *Non! je ne me ferai jamais le pourvoyeur de l'échafaud* » (BALZ.). ◇ Qui fournit qqch. (V. Créateur). « *La convention est la grande pourvoyeuse de mensonges* » (GIDE). ♦ 2° (1869). Soldat, artilleur chargé de l'approvisionnement d'une pièce. V. Servant. *Tireur, chargeur et pourvoyeurs* (d'une mitrailleuse, d'un mortier).

POURVU, UE. V. POURVOIR (II, 4°).

POURVU QUE [puʀvyk(ə)]. *loc. conj.* avec le subj. (1396; p. p. de *pourvoir* « étant donné, assuré que »). ♦ 1° (Servant à exprimer une condition comme étant à la fois nécessaire et suffisante). À condition de, si (Cf. Il suffit que). « *Petit poisson deviendra grand Pourvu que Dieu lui prête vie* » (LA FONT.). « *Je permets à chacun de penser à sa manière, pourvu qu'on me laisse penser à la mienne* » (DIDER.). — *Moi, pourvu que je mange à ma faim...* (sous-entendu : cela me suffit). « *Pourvu qu'en somme je vive* » (LA FONT.). ♦ 2° (Exprimant le souhait qu'une chose arrive ou non, lorsqu'on redoute la possibilité contraire). Espérons que... « *Notre paquet est parti il n'y a pas quinze jours... Pourvu qu'on ne l'ait pas saisi!* » (FLAUB.). « *Oh! pourvu que je tienne jusqu'à l'aube* » (DAUD.).

POUSSAGE [pusaʒ]. *n. m.* (1957; de *pousser*). Techn. Procédé de navigation fluviale par convois de barges métalliques rectangulaires amarrées de façon rigide et poussées (V. Pousseur). ◇ ANT. Remorquage, touage.

POUSSAH ou **POUSSA** [pusa]. *n. m.* (*Pussa,* 1670; *poussa,* 1782; chinois *pou-sa* « idole bouddhique assise les jambes croisées »). ♦ 1° Buste de magot porté par une demi-sphère lestée qui le ramène à la position verticale lorsqu'on le pousse. ♦ 2° (Avec infl. prob. de *poussif*). Gros homme mal bâti. « *Des poussahs quadragénaires* » (MAURIAC).

POUSSE [pus]. *n. f.* (XVe; de *pousser*). ♦ 1° Action de pousser; développement de ce qui pousse. *La pousse des feuilles.* V. Poussée (4°). *Pousse de printemps.* « *Cette nature à sa seconde pousse* » (LOTI). *La pousse des dents. Lotion pour la pousse des cheveux.* ♦ 2° Ce qui pousse à un certain stade de la végétation; spécialt. Bourgeon naissant, jet (III) de l'arbre, germe de la graine. « *Les pousses vertes, sous la clarté horizontale, blondoyaient à l'infini* » (GENEVOIX). *Pousses de bambou.* V. Turion. ♦ 3° *Vétér.* Maladie du cheval due à l'emphysème pulmonaire ou à la rigidité de la cage thoracique. *Ce cheval a la pousse.* V. Poussif. ♦ 4° Techn. Maladie du vin, caractérisée par une fermentation et un dégagement de gaz carbonique. ◇ Gonflement de la pâte lors de la fermentation. — HOM. Pouce.

POUSSE-CAFÉ [puskafe]. *n. m. invar.* (1842; de *pousser,* et *café*). Petit verre d'alcool que l'on prend après le café. *Café, pousse-café et cigare.*

POUSSE-CAILLOUX [puskaju]. *n. m. invar.* (1829; arg. milit., 1806; de *pousser,* et *caillou*). Fam. et *vx.* Fantassin.

POUSSÉE [puse]. *n. f.* (1611; *par poulcées,* 1530; de *pousser*). ♦ 1° Action d'une force qui pousse. V. Pression. *La poussée de la foule. Résister aux poussées de l'ennemi.* V. Attaque. — *Une poussée :* action de pousser qqn (pour l'écarter, le faire reculer). « *Bien que le vent continuât de nous envoyer sa poussée furieuse* » (LOTI). — Déformation de couches géologiques par suite de poussées d'inégale intensité. Métaph. et fig. *La poussée de l'instinct, de l'élan vital.* V. Impulsion, pulsion. ◇ *Archit.* Effort de pesanteur exercé par un élément pesant (arc, voûte, etc.) sur ses supports, et qui tend à les renverser. V. Charge, pesée, poids. *Les arcs-boutants sont destinés à contrebuter une poussée.* ◇ *Phys.* Pression exercée par un corps pesant sur un autre et tendant à le déplacer. *Poussée horizontale, verticale.* — Résultante des forces de pression exercée par un fluide. *Centre de poussée,* point d'application de cette résultante sur une paroi, un objet immergé. — Force propulsive d'un moteur à réaction, d'une fusée. ♦ 2° (1829, *poussée de travail*). Manifestation subite d'une force. « *La poussée révolutionnaire du dix-septième siècle* » (BAINVILLE). ♦ 3° Spécialt. (1852). Brusque éruption cutanée. *Poussée de furonculose.* — Manifestation subite d'un mal. *Poussée de fièvre.* V. Accès, crise, paroxysme. ♦ 4° Rare. Pousse. V. Croissance. « *J'en venais à croire que la plante donnait d'un coup toute sa poussée dans la nuit* » (GIDE). ◇ HOM. Pousse.

POUSSE-PIED. V. POUCE-PIED.

POUSSE-POUSSE [puspus] ou **POUSSE** [pus]. *n. m. invar.* (1889; de *pousser*). Voiture légère à deux roues, à une place, tirée par un homme et en usage en Extrême-Orient. « *Dans cette Indochine où jadis le 'pousse' n'étaient concurrencés, strictement, que par les palanquins* » (FARRÈRE).

POUSSER [puse]. *v.* (1160, v. intr.; 1360, v. tr.; lat. *pulsare*).

I. *V. tr.* ♦ 1° Soumettre (qqch., qqn) à une force agissant par pression ou par choc et permettant de mettre en mouvement, et de déplacer dans une direction. ◇ (Personnes) *Pousser qqn dehors, par les épaules.* « *Il pousse sa compagne, lui fait perdre l'équilibre et la jette à terre* » (DIDER.). — Spécialt. *Pousser qqn du coude, du genou,* pour le mettre en garde. *Il va comme on le pousse,* sans choisir sa direction. *Loc. adv. fam. Va comme je te pousse, à la va comme je te pousse* : n'importe comment. *Ce travail a été fait à la va comme je te pousse.* — (Choses) *Pousser du pied un objet.* « *Nous n'avons plus qu'à nous barricader en poussant nos lits contre cette porte* » (DIDER.). *Pousser une porte,* pour l'ouvrir ou la fermer. *Pousser un loquet.* « *Le gros loquet poussé sur la petite porte à claire-voie* » (DAUD.). ♦ 2° Faire aller (un être vivant) devant soi, dans une direction déterminée, par une action continue. « *Le vieux meunier poussant devant lui son âne* » (DAUD.). « *L'horrible essaim poussé par l'aquilon* » (HUGO). ◇ Entraîner (se dit d'une force) « *Ainsi, toujours poussés vers de nouveaux rivages* » (LAMART.). « *Mais je me sens poussé D'un souffle impétueux* » (HUGO). « *Je ne sais quelle force encore m'a poussé vers vous!* » (FLAUB.). ◇ Spécialt. (1538) *Pousser des troupes* : les faire avancer. ♦ 3° *Fig.* (1538). POUSSER (QQN), POUSSER (QQN) À : inciter. V. Conduire, engager, entraîner, inciter, inviter, porter, solliciter, stimuler. *Pousser qqn à faire qqch. Pousser à la consommation.* « *Des grands chefs que l'ambition pousse et que la gloire attire* » (ALAIN). « *Quelque diable aussi me poussant* » (LA FONT.). V. Agir (faire), décider. *Se sentir poussé vers.* V. Attirer, incliner. ◇ (1661) Aider à atteindre une position meilleure; faciliter la réussite de (qqn). V. **Favoriser**. « *Cette passion de protéger, de guider, de pousser, propre à tant de femmes du monde* » (MADELIN). *Pousser un élève* : le faire travailler. ◊ *Loc. fig. Pousser en avant*, faire occuper à qqn une position en vue, mais périlleuse (Cf. Mettre en avant). « *Tous ces lâches qui nous poussaient en avant sont bien tranquilles* » (DAUD.). — (1656) POUSSER À BOUT : acculer, exaspérer (qqn). « *Un esprit que la contrariété poussait à bout* » (CHATEAUB.). ♦ 4° (Fin XVIᵉ). Faire avancer (qqch.). *Pousser une brouette, une voiture d'enfant, une charrue, un chariot. Pousser son aiguille, un rabot.* — *Pousser l'aiguille* : coudre. — « *Le nuage qui change de forme et de route, selon le vent qui le pousse* » (HUGO). *Le vent, la tempête pousse les flocons, les étincelles.* V. **Chasser, souffler**. ♦ 5° Fig. (*Pousser à, jusqu'à, vers, loin*, etc.). Faire aller jusqu'à un certain point, un certain degré, une limite (une activité, un travail, etc.). *Pousser jusqu'au bout une action, une aventure, une œuvre.* V. **Terminer**. — *Pousser à la perfection, à l'extrême. Pousser loin, trop loin la logique, la plaisanterie.* V. **Exagérer**. « *Au lieu de pousser plus loin l'étude de cette langue japonaise, je l'ai négligée* » (LOTI). « *Cette fin de scène peut et doit être poussée jusqu'aux limites de la décence* » (GIDE). *Pousser les choses au noir, pousser au noir*.* Spécialt. *Pousser les enchères (plus haut).* — Par ext. « *Suzanne... fit pousser sa tabatière jusqu'au prix excessif de mille francs* » (BALZ.). ◊ *Pousser jusqu'à* (avec un inf. marquant le point extrême). *Pousser le dévouement, la délicatesse jusqu'à faire telle ou telle chose.* — (Avec un subst. marquant qu'à ce point extrême la chose devient autre) « *J'ai poussé la vertu jusques à la rudesse* » (RAC.). *Amour maternel poussé jusqu'à la passion.* ♦ 6° (*Sans compl. indir.*). Faire parvenir à un degré supérieur de développement, d'intensité. *Pousser son travail, les travaux.* V. **Avancer** (faire). — (1656) *Pousser une affaire* : la mener activement. « *Jean avait eu l'idée de pousser ses affaires, auprès de Lise, en se déclarant* » (ZOLA). *Pousser ses études, une discussion, une enquête.* V. **Poursuivre, prolonger**. — « *Il poussait la voix sur la fin des phrases* » (DUHAM.). V. **Forcer**. *Pousser le feu*, en activer la combustion. V. **Attiser**. — Mar. *Pousser les feux*.* — *Pousser un moteur, une voiture, une machine* à lui faire rendre le maximum. ♦ 7° Rare (XVIᵉ; Cf. ci-dessous, II, C). Faire naître, croître. V. **Produire; pousse**. « *Les platanes de la Halle aux vins poussaient leur jeune feuillage* » (DUHAM.). — Par anal. *Enfant qui pousse ses premières dents.* ♦ 8° (1ᵉ moitié XVIIᵉ). Produire avec force ou laisser échapper avec effort par la bouche (un son). *Pousser des cris.* V. **Crier**. *Pousser un hurlement, un gémissement, des plaintes, des exclamations. Pousser un soupir, des soupirs.* V. **Exhaler**. *Pousser de grands éclats de rire.* « *On le mènerait à la boucherie et il ne pousserait pas le moindre bêlement* » (MAURIAC). Fam. « *Un lieutenant de gendarmerie, ténor amateur, poussa la chansonnette* » (BILLY). V. **Chanter**. *En pousser une* (chanson). *Pousser la romance.*

II. *V. intr.* (1160). **A** ♦ 1° Faire effort en poussant qqch. ou qqn, en exerçant une poussée, une pesée, une pression. *Voyons, ne poussez pas!* « *Je veux pousser aussi, dit Pablo. Sarah s'arc-bouta contre la voiture et poussa de toutes ses forces* » (SARTRE). Fig. et fam. *Faut pas pousser!* exagérer. V. **Charrier**. — *Loc.* (1556) POUSSER À LA ROUE* (au *fig.* : aider). ♦ 2° Faire un effort pour expulser de son organisme (Se dit des efforts de la femme qui accouche pour expulser le fœtus) : « *Elle poussait de toutes ses forces en silence, sans respirer* » (GIONO). ♦ 3° Fig. POUSSER À : inciter à. « *L'industrie, qui pousse à la baisse, pour diminuer les salaires* » (ZOLA). **B** *Pousser plus loin, jusqu'à...* : aller (plus loin). V. **Avancer**. « *À moins qu'il ne soit descendu à Rolleboise, ou qu'il n'ait poussé jusqu'à Pacy* » (HUGO). **C** (1660; de *pousser*, I, 7°). ♦ 1° (*Végétation*). Croître, se développer, grandir. *Plantes, arbres qui poussent. Leurs premiers bourgeons poussent.* V. **Pointer, sortir**. *Un bon champ où tout pousse.* V. **Venir**. *Un désert où il ne pousse rien. Faire pousser.* V. **Cultiver**. « *Il faut que l'herbe pousse et que les enfants meurent* » (HUGO). ◊ Par anal. *Barbe, cheveux qui poussent. Ses premières dents ont toutes poussé.* « *Boche disait que les enfants poussaient sur la misère comme des champignons sur le fumier* » (ZOLA). ◊ Fig. S'accroître, se développer (en parlant de villes, de constructions). *Pousser comme des champignons, du chiendent.* V. **Pulluler**. ◊ Au *p. p. Cassis sauvage poussé entre les pierres.* « *Elle restait raide, immobile, avec son cou maigre de fille poussée trop vite* » (ZOLA). ♦ 2° Agric. *Le vin pousse* : fermente.

III. SE POUSSER. *v. pron.* ♦ 1° (*Réfl.*). Avancer en poussant les autres. ◊ Fig. (XVIᵉ) Conquérir une position meilleure; se mettre en vue. « *Il est fort désireux de se pousser dans le monde* » (MAURIAC). — Fam. « *Elle s'en croit. Il va se mère aussi, qui pousse du col* » (SARTRE) : qui se rengorge, prend de grands airs*. ◊ Se retirer pour laisser la place. *Pousse-toi, laisse-moi passer.* ♦ 2° (*Récipr.*). « *Ils se pressent, s'entrechoquent, se poussent en silence* » (MART. du G.). ♦ 3° (Rare). *Passif.* Être poussé (à un certain point). *La discussion « se poussa fort loin* » (SÉV.).

IV. POUSSÉ, ÉE. *p. p. adj.* Qui est porté très loin ou est fait avec un grand soin du détail. *Travail trop poussé. La plaisanterie est un peu poussée.* V. **Fort**. — *Voix poussée, forcée.* — *Moteur poussé*, dont les performances sont améliorées (par un compresseur, etc.).

◊ ANT. *Haler, immobiliser, tirer; détourner, dissuader, empêcher.*

POUSSETTE [pusɛt]. *n. f.* (1827, « jeu d'enfants »; de *pousser*). ♦ 1° Jeu (1873). Tricherie consistant à pousser une mise sur le tableau ou le numéro que l'on voit gagner. ♦ 2° *Sports et fam.* (1925). Action d'aider un coureur cycliste en le poussant dans une côte. — Action de pousser en course une autre voiture. ♦ 3° *Fam.* Allure très lente des véhicules sur une route encombrée. ♦ 4° (XXᵉ). Petite voiture d'enfant très basse, généralement pliante. ◊ Châssis métallique léger, monté sur roues et muni d'un manche ou guidon, pour transporter un sac à provisions, de petits fardeaux. ◊ HOM. *Poucettes.*

POUSSEUR [pusœʀ]. *n. m.* (1680, « celui qui pousse » [dans un sens techn.]; de *pousser*). Techn. (mil. XXᵉ). Bateau à moteur qui assure le poussage*. (Cf. Remorqueur.) ◊ ANT. *Remorqueur, toueur.*

POUSSIER [pusje]. *n. m.* (*Pulsier* « poussière », XIVᵉ; forme masc. de *poussière*). Poussière de charbon (utilisée notamment pour faire des agglomérés). « *Son familier lui apporta un peu de poussier, afin qu'elle renouvelât les cendres de sa chaufferette* » (BALZ.). — *Coup de poussier*, déflagration brusque des poussières de charbon, dans une mine, un dépôt de charbon. ◊ Débris pulvérulents. *Poussier de paille, de foin.* ◊ HOM. *Poucier.*

POUSSIÈRE [pusjɛʀ]. *n. f.* (1549; *poussière*, 1190; de l'a. fr. *pous*, du lat. pop. *pulvus, class. *pulvis*). ♦ 1° Terre desséchée réduite en particules très fines, très légères; mélange pulvérulent de corpuscules assez ténus pour pouvoir se maintenir en suspension dans l'air (Cf. Poudre). *Poussière fine. La poussière des routes, des chemins. Il fait voler la poussière; il jure, sacre et massacre* » (GIDE). *Faire de la poussière.* « *On soulève, en marchant, une épaisse poussière blanchâtre qui prend à la gorge* » (GIDE). *Flot, nuage, tourbillon de poussière.* « *Je l'ai vu, tout couvert de sang et de poussière... * » (CORN.). *Avaler de la poussière. Grain de poussière.* — *Poussière d'un appartement, sur les meubles, le plancher, les livres. Ôter, enlever la poussière* : balayer, épousseter, essuyer. (V. **Dépoussiéreur**). *Pelle, aspirateur à poussière.* ◊ *Loc. Réduire en poussière* : pulvériser; *fig.* Anéantir, détruire. *Tomber en poussière* : se désagréger. — *Mordre* la poussière. Loc. bibl. Secouer la poussière de ses pieds, de ses sandales* : s'éloigner à jamais. — *La poussière*, signe de l'état d'abandon d'une chose. *La poussière des bibliothèques; du passé.* ◊ Par ext. (*Littér.*) Les restes matériels de l'homme, après sa mort. V. **Cendre(s), débris, dépouille, reste(s)**. « *Dormez votre sommeil et demeurez dans votre poussière* » (BOSS.). « *Ont-ils rendu l'esprit, ce n'est plus que poussière* » (MALHERBE). ◊ Fig. *Une poussière, un rien. Fam. Cela m'a coûté deux cents francs et des poussières, et un peu plus.* ◊ *Une poussière de* : un grand nombre, une multiplicité de. *La voie lactée est une poussière d'étoiles.* ♦ 2° Matière réduite en fines particules. V. **Poudre**. *La fine poussière de froment.* « *La poussière rose couvrait ses mains et, volant quelquefois jusqu'à son visage, saupoudrait ses joues et ses lèvres* » (LAMART.). *Poussière de charbon.* V. **Poussier**. *Poussières volcaniques.* — *Poussières organiques, inorganiques, chimiques. Les poussières qui polluent l'atmosphère des villes. Poussières radioactives.* ◊ Sc. nat. *Poussière fécondante.* V. **Pollen**. — *Poudre fine recouvrant l'aile des papillons.* ◊ Astron. *Poussière cosmique* (matière très diluée qu'on trouve dans l'espace galactique), *interplanétaire, interstellaire*.

POUSSIÉREUX, EUSE [pusjeʀø, øz]. *adj.* (1786, repris 1801; de *poussière*). ♦ 1° Couvert, rempli de poussière. V. **Poudreux**. *Route poussiéreuse. Chambre, fenêtres poussiéreuses.* ♦ 2° Qui semble couvert, gris de poussière. *Chair, teint poussiéreux.* « *Vers midi, dans la plaine où l'air poussiéreux brûle* » (LEC. de LISLE). — Fig. Vieux, à l'abandon. « *Tout ce monde poussiéreux, rance, moisi, fétide,... de l'astrologie judiciaire* » (GAUTIER).

POUSSIF, IVE [pusif, iv]. *adj.* (XIIᵉ; de *pousser*). ♦ 1° *Vétér.* Se dit du cheval qui a la pousse* (3°). ♦ 2° Cour. (*Personnes*). Qui respire difficilement, manque de souffle. « *Un homme gros, vieilli, déjà poussif* » (ARAGON). Subst. *Un gros poussif.* ◊ HOM. *Qui manque d'instruction.*

POUSSIN [pusɛ̃]. *n. m.* (1389, *poucin*, XIIᵉ; *pulcin* « petit d'un oiseau », v. 1120; lat. pop. *pullicinus, bas. lat. *pullicenus*, de *pullus*. V. **Poule**). Jeune poulet, nouvellement sorti de l'œuf, encore couvert de duvet. « *Une grosse poule gloussante promenait un bataillon de poussins, vêtus de duvet jaune, léger comme de la ouate* » (MAUPASS.). *Poussins qui piaillent.* ◊ Fam. Terme d'affection. *Mon poussin.* ◊ Arg. Élève de première année dans certaines écoles (Air, Aéronautique).

POUSSINIÈRE [pusinjɛʀ]. *n. f.* (1741; [*geline*] *pocinière*

« qui a des poussins », 1196 ; de *poussin*). *Agric.* Cage dans laquelle on enferme les poussins. ◇ Couveuse, éleveuse artificielle.

POUSSIVEMENT [pusivmɑ̃]. *adv.* (XXᵉ ; de *poussif*). D'une manière poussive, en s'essoufflant ou avec difficulté. *Il montait poussivement la côte.*

POUSSOIR [puswaʀ]. *n. m.* (1249 ; de *pousser*). Pièce destinée à transmettre une poussée, une pression. *Spécialt.* Bouton sur lequel on appuie pour déclencher un mécanisme, etc. *Poussoir d'une sonnette, d'un timbre, d'une montre à répétition.* ◇ *Chir.* Instrument servant à chasser de l'œsophage un corps étranger.

POUTARGUE [putaʀg(ə)] ou **BOUTARGUE** [butaʀg(ə)]. *n. f.* (1751,-1534 ; prov. *boutargo*, arabe *boutharka*). Sorte de caviar fait avec les œufs du muge, pressés, séchés, salés et épicés.

POUT-DE-SOIE, POULT-DE-SOIE. V. POU-DE-SOIE.

POUTRAGE [putʀaʒ]. *n. m.* (1863 ; de *poutre*). *Techn.* Assemblage de poutres. V. **Charpente.**

POUTRE [putʀ(ə)]. *n. f.* (1318, métaph. de l'a. fr. *poutre* « pouliche » ; Cf. *Poutrel* « jeune cheval », XIIᵉ [comme dans *chevalet*] ; lat. pop. °*pullitra* d'apr. *pulletrus*, class. *pullus* « petit d'un animal »). ◆ 1° Grosse pièce de bois équarrie servant de support (dans une construction, une charpente). V. **Madrier.** *Poutres d'une charpente*, *d'un chevalement*, *d'un comble.* « *C'était une assez longue poutre, en cœur de chêne, saine et robuste, pouvant servir d'engin d'attaque et de point d'appui* » (HUGO). *Poutres armées. Poutres soutenant les solives d'un plancher. Portée d'une poutre.* V. **Travée.** *Plafond aux poutres apparentes. Maîtresse poutre*, la poutre principale. — *Loc. prov.* (d'apr. l'évang.) *Il voit la paille dans l'œil du voisin et ne voit pas la poutre dans le sien* : il voit et critique les moindres défauts d'autrui et ne se rend pas compte qu'il en a de plus graves. *C'est la paille et la poutre* : se dit d'une personne qui critique chez une autre un défaut qu'elle a encore plus. ◆ 2° Élément de construction allongé (en fer, en ciment armé, etc.). *Poutres métalliques d'un pont.* V. **Longeron.** *Poutres pleines ou à treillis.*

POUTRELLE [putʀɛl]. *n. f.* (1676 ; de *poutre*). Petite poutre. ◆ Barre d'acier allongée entrant dans la construction d'un charpente métallique.

POUTURE [putyʀ]. *n. f.* (XIIIᵉ, « légume » ; du lat. *puls*, *pultis* « bouillie de céréales » ; Cf. a. fr. *Pou* « bouillie »). *Agric.* (1782). Engraissement du bétail à l'étable, principalement au moyen de farineux.

1. POUVOIR [puvwaʀ]. *v. auxil.* et *tr.* : *je peux* ou *je puis* [mais toujours *puis-je* interrog.], *tu peux*, *il peut*, *nous pouvons*, *vous pouvez*, *ils peuvent* ; *je pouvais* ; *je pus*, *nous pûmes*, *vous pûtes* [inus.], *ils purent* ; *je pourrai* ; *je pourrais* ; pas d'impér. ; *que je puisse*, *que nous puissions* ; *que tu pusses*, *qu'il pût*, *que nous pussions* ; *pouvant*, *pu* [invar.] (1440 ; *poeir*, *pooir*, *povoir*, en a. fr. ; *pod[e]ir*, 842 ; lat. pop. °*potere*, réfect. de *posse*, d'apr. *pot*-). **I.** (*Régissant un inf.*). « Auxiliaire d'aspect », servant à exprimer la modalité du possible, l'hypothèse, le souhait, etc. ◆ 1° Avoir la possibilité de (faire qqch.). Cf. **Être capable**, susceptible de, en état, à même, en mesure de. ◇ (Personnes) *Pouvoir porter, lancer qqch. Pouvoir deviner des secrets, prédire l'avenir* (Cf. Avoir l'art de). *Ne pas pouvoir*, ou (littér.) *Ne pouvoir se tenir, parler. Pouvoir parfaitement faire qqch. Savoir qu'on peut savoir ? « La plus belle femme du monde ne peut donner que ce qu'elle a »* (CHAMFORT) [plus cour. : *la plus belle fille*...]. « *Je ne puis méditer qu'en marchant* » (ROUSS.). « *Peux-tu voir tant de pleurs d'un œil si détaché ?* » (CORN.) : avoir l'insensibilité. *Dire qu'il a pu faire une chose pareille ! — Comme, quand... on peut* (faire). *Faire qqch. comme on peut, si l'on peut, quand on peut.* « *Il faut, autant qu'on peut, obliger tout le monde* » (LA FONT.). *Si vous pouvez ; dès que vous pourrez. Comme ils peuvent.* « *Devine, si tu peux, et choisis, si tu l'oses* » (CORN.). *Sauve-qui-peut**. *Loc. adv.* et *adj. On ne peut mieux* : le mieux possible. *On ne peut plus* : le plus possible. *Il est on ne peut plus serviable. On ne peut moins.* — *N'y pouvoir rien.* [Belgique]. *N'en pouvoir rien* (Cf. Il n'est pour mais). — (Choses) *Force qui peut lever un poids.* « *Notre condition faible et mortelle, et si misérable, que rien ne peut nous consoler* » (PASC.). *Qu'est-ce que ça pourrait nous faire ?* ◆ 2° Avoir le droit, la permission de (faire qqch.). « *La liberté consiste à pouvoir faire tout ce qui ne nuit pas à autrui* » (DÉCLAR. DR. HOM.). « *Une femme d'honneur ne peut avouer sans honte* » (CORN.). « *On ne peut quand même pas l'abandonner dans cette situation tragique* » (DUHAM.) : on n'en a pas le droit moral. — [Belgique ; emploi critiqué]. *Je ne peux pas de ma mère* : à cause de, du fait de ma mère : elle ne m'en donne pas la permission. ◇ Avoir raisonnablement la possibilité de. « *On ne peut affirmer, on ne peut tout supposer* » (ROMAINS). *On peut, on ne peut pas dire.* — *Si l'on peut dire.* « *Comment peut-on être Persan ?* » (MONTESQ.). — Avoir l'autorisation de. *Les élèves internes pourront sortir jusqu'à telle heure.* ◇ *Spécialt. Il peut bien venir me voir, je ne lui parlerai pas :* ... même s'il

vient. ◆ 3° (De ce qui est hypothétique, incertain). *Je puis avoir des illusions* : il est possible que j'aie... « *Je puis échouer, les armes sont journalières, mais je puis réussir aussi* » (BONAPARTE). *Les malheurs qui peuvent nous arriver.* « *J'ignore jusqu'aux lieux qui les peuvent cacher* » (RAC.). ◆ 4° (Subj. optatif : exprime un souhait). « *Puissions-nous chanter sous les ombrages Des arbres !* » (LA FONT.). « *Puisse le juste ciel dignement te payer !* » (RAC.). « *Ah ! puisse mon esprit laisser tomber ses idées mortes !* » (GIDE). ◆ 5° IL PEUT, POURRA, impersonnel. V. **Peut-être.** *Il peut y avoir..., il ne peut pas y avoir...* « *Ce sont vingt mille francs qu'il m'en pourra coûter* » (MOL.). *Il peut arriver que. Il peut se faire...* (littér.), il se pouvait faire que. — *Autant que faire se peut, se pourrait, autant que cela est, serait possible. Il se peut faire, il se peut, il est possible.* ◇ *Il se peut que* (et subj.). « *Se peut-il que j'aie enfin un ami ?* » (R. ROLLAND). — *Cela ne se peut pas : c'est impossible. Vx. Cela ne se peut. Fam. Ça se peut ; je ne dis pas le contraire.* « *C'est possible, en y pensant, ça se pourrait* » (GIONO). *Ça se pourrait bien. Loc. Advienne** *que pourra.*

II. *V. tr.* ◆ 1° (Le pronom neutre *le* remplaçant l'inf. complément). *Résistez, si vous le pouvez, si vous pouvez résister. Dès qu'il le put.* ◆ 2° Être capable, être en mesure de faire (qqch.). *Je fais ce que je peux, j'ai fait ce que j'ai pu. Tu peux ce que tu veux. Qu'y puis-je ? On n'y peut rien. Qu'est-ce que je peux faire pour vous ? — Vous pouvez beaucoup.* « *Que ne peut l'amitié conduite par l'amour ?* » (RAC.). « *L'homme avec l'or fait de tout : fais donc avec le vent fait ce qu'il veut* » (HUGO). *Prov. Qui peut le plus peut le moins* : la réussite d'une chose difficile implique celle de ce qui est plus facile. ◇ *Pouvoir (qqch.) sur...*, avoir de l'autorité sur. « *Tout ce que peut l'amour sur le cœur d'Alexandre* » (RAC.). ◇ *Absolt. Savoir, vouloir et pouvoir.* « *C'est être malheureux que de vouloir et ne pouvoir* » (PASC.). ◆ 3° *Loc.* (XIIIᵉ). *N'en pouvoir mais** ; et (XIVᵉ) *N'en pouvoir plus* : être dans un état d'extrême fatigue, de souffrance ou de nervosité. « *Je n'en peux plus de fatigue, adieu* » (FLAUB.).

◇ HOM. Peu. Puis, puits. Pus.

2. POUVOIR [puvwaʀ]. *n. m.* (XVᵉ ; *podir*, 842 ; *poeir*, fin XIᵉ ; de *pouvoir* 1). ◆ 1° Le fait de pouvoir (I, 1° et 2°), de disposer de moyens naturels ou occasionnels qui permettent une action. V. **Faculté, possibilité.** *Le pouvoir de parler, de saisir la réalité. Le pouvoir de connaître l'avenir.* V. **Don.** « *Et c'était elle,... qui avait gardé le pouvoir de jeter un enchantement sur ce pays* » (LOTI). *Si j'en avais le pouvoir. À cause, en vertu du pouvoir de... Pouvoir de (qqch.).* « *La France possède un grand pouvoir d'assimilation* » (DUHAM.). « *Il y a dans toute musique un pouvoir d'ivresse* » (R. ROLLAND). — *Pouvoir d'achat* : ce qu'il est possible de se procurer (biens, services) avec une quantité déterminée de l'unité monétaire. — *Cela n'est pas en mon pouvoir* : parmi ce que je peux faire. « *Il n'est pas en pouvoir de me faire du mal* » (MOL.). *Cela dépasse son pouvoir, ses possibilités.* — (Plur.) *Des pouvoirs surnaturels, extraordinaires.* ◆ 2° (XIIIᵉ). Capacité légale (de faire une chose). V. **Droit.** *Avoir pouvoir de* (dr.). *Un interdit n'a pas pouvoir de tester* (cour. pas le droit* de). *Pouvoir d'un tuteur, d'un mandataire. Il m'a donné pouvoir de...* V. **Commission, délégation, mandat, mission.** *Avoir plein(s) pouvoir(s).* V. **Carte** (blanche). — *Fondé de pouvoir* (d'une société). V. **Fondé de pouvoir.** — *Bon pour pouvoir*, formule par laquelle on donne pouvoir à qqn. ◇ *Procuration. Avoir un pouvoir par-devant notaire. Pouvoir en bonne forme. Vérification des pouvoirs.* « *C'est tout juste s'ils se donnent la peine de signer les pouvoirs qu'on leur envoie* » (ROMAINS). ◇ *Dr. can. Les pouvoirs*, tout ce que confère l'évêque au prêtre. ◆ 3° (Avec un adj.). Propriété physique d'une substance placée dans des conditions déterminées. *Pouvoir calorifique*, quantité de chaleur produite par la combustion complète de l'unité de masse d'une substance. *Pouvoir absorbant**. *Pouvoir émissif**. *Pouvoir réflecteur*, rapport de l'énergie rayonnante réfléchie sous une incidence normale à l'énergie rayonnante incidente. — *Pouvoir séparateur d'un système optique* (objectif, microscope, spectrographe) : capacité de produire les images distinctes discernables d'objets rapprochés ; mesure de cette capacité. — Physiol. *Pouvoir accommodatif des yeux.* V. **Accommodation.** — Chim. *Pouvoir ferment*, proportion de sucre transformée, relativement à la levure produite pendant cette transformation. — Techn. *Pouvoir couvrant d'une couleur, d'un vernis*, surface qui peut être couverte utilement avec un kilo de couleur. ◆ 4° Possibilité d'agir sur qqn, qqch. V. **Autorité, empire, puissance.** « *Son pouvoir n'est fondé que sur votre faiblesse* » (MOL.). « *Il fallait employer le pouvoir que cette princesse avait sur lui* » (Mᵐᵉ DE LA FAYETTE). V. **Ascendant.** *Un pouvoir diabolique, magique, irrésistible.* — *Vous êtes en notre pouvoir*, à notre discrétion. « *Il n'y a rien qui soit entièrement en notre pouvoir que nos pensées* » (DESCARTES). — *Tomber au pouvoir de qqn*, sous sa domination. V. **Dépendance.** — *Le pouvoir des sens, de l'esprit. Malherbe* « *D'un mot mis en sa place enseigna le pouvoir* » (BOIL.). V. **Efficacité.**

Le mystérieux pouvoir des nombres. « Le pouvoir de la poésie est grand sur le peuple » (HUGO). ◆ 5° *Spécialt.* Situation de celui, de ceux qui dirigent; puissance politique à laquelle est soumis le citoyen. *Le pouvoir du roi, de César. Pouvoir suprême, souverain.* V. **Souveraineté.** *Pouvoir supérieur.* V. **Hégémonie; prépotence** *(vx). Pouvoir absolu.* V. **Omnipotence, toute-puissance.** *Pouvoir autocratique, oppresseur, tyrannique. Pouvoir faible, chancelant. Les bornes, les limites du pouvoir. « Le pouvoir arrête le pouvoir »* (MONTESQ.). *Prendre, saisir le pouvoir. Parvenir, être, se maintenir au pouvoir. Vacance* du pouvoir. Les attraits, les prérogatives, les privilèges du pouvoir. « Le pouvoir nous laisse tels que nous sommes et ne grandit que les grands »* (BALZ.). *« Le pouvoir et l'argent ont le prestige de l'infini »* (VALÉRY). ◇ *Vieilli.* V. **Gouvernement, régime.** *« C'est dans des mers de sang qu'on a noyé l'idole du pouvoir despotique »* (VOLT.). *Pouvoir monarchique, aristocratique, oligarchique, démocratique.* ◆ 6° (Le pouvoir considéré dans ses fonctions, ses manifestations). Droit et possibilité d'action codifiée, dans un domaine précis. *Organe, organisme exerçant un pouvoir, des pouvoirs* (institutions politiques). *Pouvoir constituant. Pouvoir législatif,* chargé d'élaborer la constitution, la loi. *Pouvoir exécutif,* chargé du gouvernement et de l'administration. *« On ne saurait avoir une meilleure constitution que celle où le pouvoir exécutif est joint au législatif »* (ROUSS.). *Pouvoir judiciaire,* chargé de la fonction de juger. V. **Justice.** *Confusion des pouvoirs :* régime où les trois pouvoirs (exécutif, législatif, judiciaire) sont entre les mêmes mains. *Division, séparation des pouvoirs* (régime parlementaire, présidentiel). — *Pouvoir temporel et pouvoir spirituel.* — Dr. *Pouvoir disciplinaire,* du supérieur hiérarchique, d'un conseil. V. **Discipline.** — *Pouvoir discrétionnaire* (dr. pub.), permettant d'agir librement. *Pouvoir réglementaire. Les pouvoirs d'un préfet.* V. **Attribution.** — *Abus* de pouvoir. Recours pour excès* de pouvoir.* ◇ *Organes,* hommes dans lesquels s'incarne le pouvoir. *Le pouvoir central. Pouvoir municipal. Les pouvoirs publics,* ensemble des autorités pouvant imposer des règles aux citoyens. — *Les pouvoirs, les pouvoirs constitués.* — *L'opinion et le pouvoir. « Si le pouvoir n'est pas résolu à forcer l'obéissance, il n'y a plus de pouvoir »* (ALAIN). ◇ ANT. **Impossibilité, impuissance.**

POUZZOLANE [puzɔlan]. *n. f.* (1670; it. *pozzolana,* de *Pozzuoli,* ville près de Naples). Variété de terre d'origine volcanique, formée de scories restées à l'état meuble et qui, mélangée à la chaux, entre dans la composition de certains ciments.

P.P.C.M. [pepeseɛm]. *Math.* Abrév. de *plus petit commun multiple.*

P.Q. [peky]. *n. m.* (1968; sigle). Au Québec, Parti québécois*. V. **Péquiste.** *Les options politiques du P.Q.* — REM. P.Q. est aussi l'abréviation de *Province de Québec.*

Pr Symbole chimique du *praséodyme.*

PRÆSIDIUM [prezidjɔm]. *n. m.* (XXᵉ; mot russe; du lat.). Organisme directeur du Conseil suprême des Soviets (ou Soviet Suprême). *Le Præsidium du Soviet Suprême. Membre du præsidium.*

PRAGMATIQUE [pragmatik]. *adj.* (*Pragmatique sanction,* 1438; lat. jur. *pragmatica sanctio,* gr. *pragmatikos* « relatif à l'action », de *pragma* « action »). ◆ 1° *Hist. Pragmatique sanction :* édit promulgué autrefois par les souverains territoriaux en vue de régler définitivement une affaire importante. — *Subst.* (1461) *La Pragmatique de Bourges.* ◆ 2° (1842; déb. XVIIᵉ, en math.). *Didact.* Qui est adapté à l'action ou au réel, qui est susceptible d'applications pratiques, qui concerne la vie courante. *Activité pragmatique.* — Qui accorde la première place à l'action, à la pratique. *« La vérité pragmatique a remplacé la vérité révélée »* (SARTRE). ◆ (1851) *Philo.* Qui s'inspire des principes ou de l'esprit du pragmatisme, qui est relatif au pragmatisme. ◆ 3° N. f. *Sémiol.* Étude des signes en situation. *Syntaxe, sémantique et pragmatique.* V. **Pragmatisme.**

PRAGMATISME [pragmatism(ə)]. *n. m.* (1878; angl. *pragmatism,* d'apr. all. *Pragmatismus,* du gr. *pragmatikos*). *Philo.* ◆ 1° Doctrine qui donne la valeur pratique comme critère de la vérité (d'une idée). ◆ 2° Doctrine selon laquelle l'idée que nous avons d'un phénomène, d'un objet n'est que la somme des idées que nous pouvons avoir au sujet des conséquences pratiques de ce phénomène, des actions possibles sur cet objet. *Le pragmatisme de W. James.*

PRAGMATISTE [pragmatist(ə)]. *adj. et n.* (1909; de *pragmatisme*). *Philo.* Relatif au pragmatisme. *Philosophie pragmatiste.* — Partisan du pragmatisme. *« Notre temps eût dit que, par là, il était pragmatiste »* (MADELIN). — N. *Un pragmatiste.*

PRAIRE [prɛr]. *n. f.* (1873; mot prov. « prêtre »). Mollusque comestible *(Venus verrucosa),* coquillage fréquent sur les côtes françaises de la Méditerranée (voisin des palourdes, des clams). *Praires d'un plateau de fruits de mer.*

PRAIRIAL [prɛrjal]. *n. m.* (1792; de *prairie*). *Hist.* Neuvième mois du calendrier républicain (du 20 mai au 18 juin).

Le coup d'État du 30 prairial (an VII). « Par une douce nuit de prairial » (FRANCE).

PRAIRIE [prɛri]. *n. f.* (v. 1180; *proiere,* 1200; de *pré*). Surface couverte de plantes herbacées qui fournit du fourrage au bétail. *Prairie artificielle,* qui entre dans la succession de l'assolement. *Prairie naturelle* ou *permanente.* V. **Pré; herbage, noue** (1), **pâturage.** *Création, drainage, irrigation, exploitation, fauchage, fauchaison d'une prairie. Prairie d'élevage. « Une prairie à l'herbe à la fois rase et drue dévalait à nos pieds »* (GIDE). ◇ *Les Prairies, la Grande Prairie,* vastes steppes de l'Amérique du Nord (Far West). Au Canada, *les Provinces des Prairies.*

PRÂKRIT ou **PRÂCRIT** [prakri]. *n. m.* (1846; sanscrit *prâkr[i]ta* « dénué d'apprêt, vulgaire »). *Ling.* Nom des langues et dialectes de l'Inde issus du sanscrit ou développés parallèlement à lui.

PRALIN [pralɛ̃]. *n. m.* (1869; de *praliner*). *Techn.* ◆ 1° Mélange utilisé pour le pralinage des racines, des graines. ◆ 2° Préparation à base de pralines, d'amandes et de sucre, utilisée en pâtisserie, en confiserie. V. **Praliné.**

PRALINAGE [pralinaʒ]. *n. m.* (1869; de *praliner*). *Techn.* ◆ 1° Enrobage de racines, de graines dans l'engrais ou une substance protectrice. ◆ 2° (1875). Fabrication des pralines.

PRALINE [pralin]. *n. f.* (1680, aussi *amande à la praline;* du nom du duc de Choiseul de *Plessis-Praslin*). Bonbon fait d'une amande rissolée dans du sucre bouillant. *(En Belgique).* Bonbon au chocolat. ◇ *Loc. fam. Cucul la praline :* désuet et ridicule. Ellipt. *« Ça paraît un peu la praline »* (AYMÉ).

PRALINÉ, ÉE [praline]. *adj.* (1808; de *praliner*). Rissolé dans du sucre. *Amandes pralinées. Feuilleté praliné.* ◇ Mélangé de pralines. *Chocolat praliné,* ou subst. *du praliné.* — *Crème, glace pralinée.*

PRALINER [praline]. *v. tr.* (1748; de *praline*). ◆ 1° Préparer à la manière des pralines. ◆ 2° *Agric.* (par compar. des grumeaux de terre à des *pralines*). Enrober (une racine, des graines) dans une préparation protectrice, une pâte d'engrais, d'antiparasites, etc. *Praliner des racines.*

PRAME [pram]. *n. f.* (1702; néerl. *praam*). *Mar. anc.* Navire à fond plat, à voiles ou à rames, pouvant porter une artillerie puissante et qui était utilisé pour la défense des côtes.

PRASÉODYME [prazeɔdim]. *n. m.* (v. 1900; *praseodynium,* 1890, mot allem. [1886], du gr. *prasinos* « d'un vert de poireau » et *didumos* « double »). *Chim.* Élément dont les oxydes sont parmi les constituants des terres rares (symb. Pr; nᵒ at. 59; masse at. 140,92 g); métal jaune clair, trivalent, donnant des sels d'un beau vert.

PRATICABILITÉ [pratikabilite]. *n. f.* (1845; de *praticable*). Rare. État, caractère de ce qui est praticable. *Praticabilité d'un sentier.* ◇ ANT. **Impraticabilité.**

PRATICABLE [pratikabl(ə)]. *adj. et n. m.* (1555; de *pratiquer*). ◆ 1° Qu'on peut mettre à exécution. V. **Possible.** *Projet praticable :* réalisable. *« Il ne trouvait plus... ses projets aussi praticables ou plutôt agréables à pratiquer que cela lui avait semblé »* (GOBINEAU). ◆ 2° (1694). Où l'on peut passer sans danger, sans difficulté. *Chemin praticable pour les voitures.* V. **Carrossable.** *« Les sentiers possibles, praticables même pour un renard, sont en fort petit nombre dans ce précipice »* (STENDHAL). ◆ 3° *Archit. Arcade praticable :* réelle. — *Théât. Porte, fenêtre praticable,* par laquelle on peut passer. *Décors praticables et décors figurés.* — N. m. (1835) UN PRATICABLE : décor où l'on peut se mouvoir. — Élément supportant des projecteurs, des caméras et le personnel qui s'en occupe (cinéma, télévision). *« Nous construirons, en face, un échafaud de praticables où jucher l'appareil, l'opérateur et ses aides »* (COCTEAU). ◇ ANT. **Impraticable.** — (du 2°) *En trompe-l'œil.*

PRATICIEN, IENNE [pratisjɛ̃, jɛn]. *n.* (1314, au sens 2°; *praticienne,* XIXᵉ; de *pratique*). ◆ 1° Personne qui connaît la pratique d'un art, d'une technique. *Les théoriciens et les praticiens.* ◇ *Arts.* Celui qui exécute un travail sur les indications de l'artiste. — *En sculpture,* Ouvrier qui dégrossit le marbre. ◆ 2° Médecin qui exerce, soigne les malades *(opposé à* chercheur, théoricien). V. **Clinicien; chirurgien.** *« Le vieux Haudry était un médecin de l'école de Molière, grand praticien et ami des anciennes formules de l'apothicairerie »* (BALZ.). *La sage-femme est une praticienne.*

PRATIQUANT, ANTE [pratikɑ̃, ɑ̃t]. *adj. et n.* (1868; « utilisateur », n. m., 1360; de *pratiquer*). Qui observe exactement les pratiques (d'une religion). *Chrétiens zélés et catholiques pratiquants. Elle est pratiquante et un peu dévote. Il est croyant mais peu pratiquant.* — *Un pratiquant.*

1. PRATIQUE [pratik]. *n. f.* (1256; lat. *practice,* gr. *praktikos*). ◆ 1° Activités volontaires visant des résultats concrets *(opposé à* théorie). *Connaissance obtenue par la pratique.* V. **Empirique, expérimental, pragmatique.** *« La pratique nous a prémunis contre les chimères des théoriciens »* (TAINE). — *Dans la pratique, dans la pratique de chaque jour : dans la vie. En théorie et en pratique.* ◆ 2° *(Qualifié).*

Manière concrète d'exercer une activité (*opposé à règle, principe*). *La pratique d'un art, d'une science, d'une technique.* « *Nous n'avons ni la pratique militaire ni la compétence stratégique* » (HUGO). *La pratique de la navigation, des sports. Je n'en ai pas la pratique.* V. **Expérience.** — *En pratique* : dans l'exécution. « *Des dispositions belles en théorie, mais peu exécutables en pratique* » (CHATEAUB.). ♦ 3° *Dr.* (XIVᵉ). Procédure. *Termes, style de pratique.* ♦ 4° *Littér.* Le fait de suivre telle ou telle règle d'action (sur le plan moral ou social). *Pratique de la dévotion, des commandements. La pratique du bien.* — Spécialt. *La pratique religieuse.* V. **Pratiquer.** « *Oh! de la pratique, rien au fond!* » (ZOLA). ♦ 5° (XVIIᵉ). *Les pratiques* : les exercices extérieurs de la piété. V. **Observance; culte.** *Pratiques et croyances.* « *Une religion chargée de beaucoup de pratiques attache plus à elle qu'une autre qui l'est moins* » (MONTESQ.). ♦ 6° *Une pratique, des pratiques* : manière habituelle d'agir (propre à une personne, un groupe). V. **Agissements, conduite.** *Une pratique courante, générale, répandue, universelle.* V. **Coutume, mode, usage.** « *Tout argument tiré d'une pratique ancienne et commune est faible* » (ALAIN). *Des pratiques odieuses.* ♦ 7° *Vx. La pratique de (qqn)* : la fréquentation habituelle. « *Évite avec grand soin la pratique des femmes* » (CORN.). *La pratique du monde.* ♦ 8° (XVIIᵉ). *Vieilli.* Le fait de se fournir chez un marchand, de recourir aux services de qqn. *Donner sa pratique à un marchand.* ◇ *Vieilli.* Clientèle. « *La blanchisseuse soignait d'une façon particulière sa pratique de la rue des Portes-Blanches* » (ZOLA). — UNE PRATIQUE (*n. f.*) : un client. *Les pratiques d'une boutique, d'un magasin.* ♦ 9° *Vx. Libre pratique* : liberté de communiquer avec un port, pour les gens de mer qui ont fait une quarantaine. ♦ 10° (1731). *Vx.* Petit instrument utilisé par les montreurs de marionnettes pour changer leur voix. « *Un gazouillement joyeux produit à l'aide d'une* pratique *cachée dans sa bouche* » (NERVAL). ◇ ANT. *Spéculation, théorie.*

2. PRATIQUE [pratik]. *adj.* (1361; bas lat. *practicus*). ♦ 1° Qui concerne l'action, la transformation de la réalité extérieure par la volonté humaine. « *Au lieu de cette philosophie spéculative qu'on enseigne dans les écoles, on en peut trouver une pratique* » (DESCARTES). V. **Pragmatique.** « *Prendre pour mes jugements pratiques le contre-pied exact de mes jugements théoriques* » (RENAN). ◇ *Exercices, travaux pratiques* (abrév. T. P. [tepe]) : les exercices d'applications dans l'enseignement d'une matière. ◇ *Phys. Unités pratiques* (en électricité : joule, watt, ampère, ohm, coulomb; volt, farad). ♦ 2° Utilitaire. *Considérations pratiques.* « *La poursuite des biens proprement spirituels, des valeurs non pratiques ou désintéressées* » (BENDA). ♦ 3° *Philo.* Qui détermine la conduite ; normatif. *La critique de la Raison pratique,* de Kant. ♦ 4° Qui concerne le sens des réalités, l'aptitude à s'adapter aux situations concrètes et à défendre ses intérêts matériels. *Intelligence, sens pratique.* ◇ *Personnes* (XIXᵉ) Qui a le sens des intérêts pratiques. *Un homme, une femme pratique.* V. **Positif.** ♦ 5° (Déb. XXᵉ). *Plus cour.* Ingénieux et efficace, bien adapté à son but. *Instrument, outil pratique. C'est pratique, très pratique.* « *Cette revue... est rédigée d'une façon vraiment* pratique » (MONTHERLANT). ◇ ANT. *Théorique; abstrait, spéculatif. Idéaliste, sentimental. Incommode, malcommode.*

PRATIQUEMENT [pratikmã]. *adv.* (1610; de *pratique* 2). ♦ 1° Dans la pratique, d'une manière pratique. *Pratiquement et théoriquement.* ♦ 2° En fait. « *Pratiquement, je connais les hommes et les reconnais à leur conduite* » (CAMUS). — (*Néol.*) Virtuellement, presque (emploi critiqué). *Il est pratiquement incapable de se déplacer.*

PRATIQUER [pratike]. *v. tr.* (XVIᵉ; « appliquer un précepte », 1361; v. intr., « exercer la médecine », 1530; de *pratique* 1). ♦ 1° Mettre en application (une prescription, une règle). V. **Observer.** *Pratiquer le bien, la charité. Pratiquer sa foi, un culte, une religion.* ◇ Absolt. Observer les pratiques religieuses. « *Il ne pratiquait plus que par secousses, aux heures où la terreur de l'enfer le reprenait* » (ZOLA). ♦ 2° Mettre en action (une théorie). V. **Appliquer.** *Adopter et pratiquer une méthode, une philosophie* ◇ (1534) Cour. *Pratiquer un métier, une profession, un travail.* V. **Exercer.** *Connaître et pratiquer une technique, un art. Pratiquer le football.* V. **Jouer** (à). ♦ 3° Employer (un moyen, un procédé), avoir (une activité) d'une manière habituelle. *Pratiquer le chantage, le bluff. Pratiquer un genre de vie.* « *Avec Malherbe, la littérature française pratique la recherche du bien-dire* » (BENDA). — Pronom. Être pratiqué. « *Si le garçon distribuait les additions à la fin des repas, comme cela se pratique en général* » (GREEN). ♦ 4° Exécuter (une opération manuelle) selon les règles prescrites. V. **Opérer.** *Pratiquer une intervention, une opération chirurgicale.* ♦ 5° (XVIᵉ). Ménager (une ouverture, un abri, etc.). « *Au-dessous étaient pratiquées les écuries* » (GAUTIER). — Frayer. « *Napoléon y avait fait pratiquer trois cents lieues de routes...* » (STENDHAL). ♦ 6° *Vx* (Fin XVᵉ). Fréquenter (qqn). « *Pour connaître les*

hommes, il faut les pratiquer » (STENDHAL). Mod. *Pratiquer un auteur, un livre.* — Rare. Aller régulièrement dans (un lieu) « *Depuis quelque cinquante ans qu'il pratiquait la montagne* » (BOSCO). ◇ ANT. *Abstenir (s'); ignorer.*

PRAXIE [praksi]. *n. f.* (1959; du gr. *praxis* « mouvement »). *Méd.* Bonne coordination des mouvements (par oppos. à apraxie*).

PRAXINOSCOPE [praksinɔskɔp]. *n. m.* (1877; du gr. *praxis* « mouvement », et *-scope*). *Didact.* Phénakistiscope perfectionné, où les images sont reflétées sur de petits miroirs disposés en prisme.

PRAXIS [praksis]. *n. f.* (XXᵉ; all. *Praxis,* la forme existe dès le XVIᵉ en angl., du lat. mod. *praxis* [XIIIᵉ]; gr. *praxis* « action »). *Didact.* Activité en vue d'un résultat (*opposée à* la connaissance *d'une part,* à l'être *d'autre part*).

PRAXITHÉRAPIE [praksiterapi]. *n. f.* (XXᵉ; du gr. *praxis* « mouvement », et *-thérapie*). *Méd.* Thérapie « occupationnelle » qui fait appel à diverses activités comme moyen de réadaptation d'un malade. V. **Ergothérapie.**

1. PRÉ-. Élément (du lat. *præ* « devant, en avant ») marquant l'antériorité (*ex.* : préavis, préconçu, préhistoire, prédire). ◇ ANT. *Post-.*

2. PRÉ [pre]. *n. m.* (*Pred,* 1080; lat. *pratum*). ♦ 1° Terrain produisant de l'herbe qui sert à la nourriture du bétail. V. **Prairie.** *Mener les vaches au pré.* V. **Pâturage.** *Mettre un cheval au pré* : au vert. « *Il l'attacha à un pieu, au plus bel endroit du pré* » (DAUD.). ◇ Étendue d'herbe à la campagne (Cf. les noms pr. : Pré-Catelan, Pré-Saint-Gervais, Saint-Germain-des-Prés). *Le gazon des prés.* « *Le pré semblait s'être fleuri soudain de nappes neigeuses de pâquerettes* » (ZOLA). ♦ 2° (XVIᵉ). *Sur le pré* : sur le terrain (du duel). *Coucher son adversaire mort sur le pré. Aller sur le pré,* se battre en duel.

PRÉADAMISME [preadamism(ə)]. *n. m.* (1846; de *préadamite*). *Didact.* Doctrine des préadamites, selon laquelle Adam n'aurait pas été le premier homme de la création, mais seulement l'ancêtre du peuple juif.

PRÉADAMITE [preadamit]. *n. et adj.* (1690; de *pré-,* et *Adam*). *Didact.* ♦ 1° Nom donné aux races humaines qui, d'après une doctrine du XVIIᵉ s. (*préadamisme*) auraient été créées par Dieu antérieurement à Adam. ◇ *Adj.* Antérieur à Adam. ♦ 2° Sectateur du préadamisme. ◇ *Adj.* Hérésie *préadamite.*

PRÉALABLE [prealabl(ə)]. *adj. et n. m.* (XIVᵉ; de *pré-,* et *allable,* a. adj. de *aller*). ♦ 1° Qui a lieu, se fait ou se dit avant autre chose, dans une suite de faits liés entre eux. *Sans avis préalable.* V. **Préavis.** « *L'amour exige certaines préparations..., une rêverie préalable* » (CHARDONNE). — *Préalable à...* *Argument préalable à l'expérience* (Cf. A priori). ♦ 2° Qui doit précéder (qqch.). *Question préalable.* ♦ 3° N. m. *Vieilli.* Préparation. « *Il me demanda ensuite, sans aucun préalable, si...* » (RETZ). Mod. Condition ou ensemble de conditions *sine qua non* auxquelles est subordonnée l'ouverture de négociations « *Le préalable de l'indépendance n'est rien d'autre que le refus de toute négociation* » (CAMUS). ◇ (XVIIᵉ) AU PRÉALABLE. *loc. adv.* V. **Abord** (d'), **auparavant, avant,** précédemment. « *Fallait-il au préalable faire place nette?* » (TAINE). ◇ ANT. *Successif; postérieur.*

PRÉALABLEMENT [prealabləmã]. *adv.* (XVᵉ-XVIᵉ; de *préalable*). De manière préalable; au préalable. V. **Auparavant.** *Vous ne ferez rien sans m'avoir préalablement averti. Préalablement à qqch.*

PRÉALPIN, INE [prealpɛ̃, in]. *adj.* (mil. XXᵉ; de *Préalpes,* n. pr. d'un massif montagneux). *Géogr.* De la zone des Alpes qui forme transition entre les massifs montagneux et les plaines de pourtour. *Relief préalpin. Cimes, vallées préalpines.*

PRÉAMBULE [preãbyl]. *n. m.* (1314; lat. *præambulus;* de *præambulare* « marcher devant »). ♦ 1° Ce dont on fait précéder un texte de loi pour en exposer les motifs, les buts. « *Les préambules des édits de Louis XIV furent plus insupportables aux peuples que les édits mêmes* » (MONTESQ.). ◇ Exposé d'intentions préalable au discours, à un écrit. « *Au lieu d'en venir au fait, il errait, s'embarrassait dans un interminable préambule* » (MICHELET). ♦ 2° (av. 1430). Paroles, démarches qui ne sont qu'une entrée en matière. Ce n'est qu'un préambule. « *Il me demanda avec brusquerie, sans préambule, comme le fruit d'un problème longtemps médité en silence...* » (ST-EXUP.). ◇ *Fig.* Ce qui fait présager qqch. V. **Prélude.** ◇ ANT. *Conclusion, péroraison.*

PRÉAMPLIFICATEUR [preãplifikatœr]. *n. m.* (1948; de *pré-,* et *amplificateur*). Amplificateur de tension placé entre la source (détecteur, micro, tête de lecture) et l'amplificateur de puissance. Abrév. cour. PRÉAMPLI [preãpli], *n. m.*

PRÉAU [preo]. *n. m.* (1549; *prael,* XIIᵉ; « petit pré », XIᵉ; de *pré*). Cour intérieure (d'un monastère, d'une prison, d'un hôpital). « *Ce parloir tire son jour du préau, le lieu de promenade intérieur où les accusés respirent au grand air* » (BALZ.). ◇ (1845). Partie couverte d'une cour d'école. « *Au fond de la* *cour se trouvait un préau couvert, pour les jours de pluie* » (DUHAM.).

PRÉAVIS [pʀeavi]. *n. m.* (fin XIVᵉ; de *pré-*, et *avis*). Avertissement préalable. ◇ *Spécialt.* (XXᵉ) *Préavis de congé, de licenciement*, et absolt. *Préavis* : avertissement qu'aux termes de la loi du 19 juillet 1928, la partie qui prend l'initiative d'une rupture du contrat de travail est tenue de donner à l'autre partie, dans un délai et des conditions déterminées.

PRÉAVISER [pʀeavize]. *v. tr.* (1870; « avertir d'avance », XVIᵉ; de *préavis*). *Dr.* Donner préavis à (qqn).

PRÉBENDE [pʀebãd]. *n. f.* (1398; *prevende*, XIIIᵉ; lat. ecclés. *præbenda* « ce qui doit être fourni », de *præbere* « fournir »). Revenu fixe accordé à un ecclésiastique (dignitaire d'une cathédrale, chanoine). « *Un de ces hommes dorés, armoriés, rentés, qui ont de grosses prébendes* » (HUGO). ◇ Le titre qui donne droit à la prébende. *Recevoir une prébende.* ◇ *Fig.* et *littér.* Profit tiré d'une charge. *Accepter une prébende, une sinécure.*

PRÉBENDÉ, ÉE [pʀebãde]. *adj.* (1320, n. m., « dignitaire jouissant d'une prébende »; 1380, adj.; de *prébende*). *Relig.* Qui possède, reçoit une prébende. V. **Prébendier.**

PRÉBENDIER [pʀebãdje]. *n. m.* (1468; de *prébende*). ♦ 1º *Relig.* Titulaire d'une prébende. ♦ (1694) Ecclésiastique servant au chœur au-dessous des chanoines. ♦ 2º *Littér.* Personne qui profite d'une charge. V. **Profiteur.** « *Tous les régimes ont leurs sinécures et leurs prébendiers* » (DUHAM.).

PRÉCAIRE [pʀekɛʀ]. *adj.* (*Precoire*, 1336; lat. jur. *precarius* « obtenu par prière »). ♦ 1º *Dr.* Qui ne s'exerce que grâce à une autorisation révocable. *Possession précaire, à titre précaire* (V. **Détention**). — *Par ext. Détenteur précaire.* ♦ 2º (Déb. XVIIᵉ). *Cour.* Dont l'avenir, la durée, ne sont pas assurés. V. **Incertain, instable.** *Bonheur, tranquillité précaire.* V. **Court, éphémère, passager.** *Sa santé est précaire.* V. **Fragile.** *Être dans une position, une situation précaire.* ◇ *Subst.* Ce qui est précaire. « *C'est le pays de l'écroulement, de l'inconsistant, du précaire* » (THARAUD). ◇ (Choses matérielles) « *Quatre, cinq huttes précaires, quelques engins de pêche* » (CLAUDEL). ◈ ANT. Assuré, durable, solide, stable.

PRÉCAIREMENT [pʀekɛʀmã]. *adv.* (1611; de *précaire*). *Dr.* ou *littér.* D'une manière précaire, à titre précaire.

PRÉCAMBRIEN, IENNE [pʀekãbʀijɛ̃, ijɛn]. *adj.* et *n. m.* (déb. XXᵉ; de *pré-*, et *cambrien*). *Géol.* Se dit des terrains antérieurs au cambrien (d'où les fossiles sont absents), de la période qui y correspond. ◇ N. m. *Le précambrien.*

PRÉCARITÉ [pʀekaʀite]. *n. f.* (1823; de *précaire*). *Littér.* Caractère ou état de ce qui est précaire. V. **Fragilité, instabilité.** « *Une trêve dont j'avais d'abord craint la précarité, mais qui s'attestait durable* » (M. PRÉVOST). ◇ *Dr.* Caractère de la possession précaire; le fait de détenir à titre précaire.

PRÉCAUTION [pʀekosjɔ̃]. *n. f.* (mil. XVIᵉ; de *præcavere* « prendre garde »). ♦ 1º Disposition prise pour éviter un mal ou en atténuer l'effet. V. **Garantie, mesure.** *S'entourer de précautions. Prendre des précautions, ses précautions.* V. **Précautionner (se).** « *Pour qu'un scandale n'éclatât pas, il nous fallait prendre des précautions de voleurs* » (RADIGUET). *Avec de grandes précautions.* — PAR PRÉCAUTION. *Par précaution contre un accident possible* (Cf. En prévision de). ◇ *Fam.* (Euphém.) *Prendre ses précautions :* aller aux cabinets en prévision de situations qui ne le permettront pas. ♦ 2º Manière d'agir prudente, circonspecte. V. **Attention, circonspection, prévoyance.** — (Surtout dans : *avec, sans précaution*) *Parler avec précaution.* V. **Diplomatie, ménagement.** « *Vers le petit jour, il vint frapper avec précaution à la porte de sa chambre* » (ROMAINS). ♦ 3º (1798). *Précautions oratoires.* V. **Oratoire.**

PRÉCAUTIONNER [pʀekosjɔne]. *v. tr.* et *pron.* (1671; p. p. 1640; de *précaution*). *Vx.* Mettre en garde (qqn) contre qqch. ◇ (Vieilli ou littér.) V. *pron.* (1671) *Se précautionner contre :* prendre ses précautions. V. **Assurer (s'), prémunir (se).** — *Se précautionner de :* se munir de. « *Il avait dû se précautionner d'une équipe de moissonneurs* » (ZOLA). ◇ *Au p. p.* Qui prend des précautions. « *Il y en avait de dociles et de précautionnés* » (P. HAMP).

PRÉCAUTIONNEUSEMENT [pʀekosjɔnøzmã]. *adv.* (1835; de *précautionneux*). Avec précaution. *Agir précautionneusement.* « *Tout sujet qui me tenait à cœur devait être précautionneusement évité* » (GIDE). ◈ ANT. **Imprudemment.**

PRÉCAUTIONNEUX, EUSE [pʀekosjɔnø, øz]. *adj.* (1788; de *précaution*). Qui a l'habitude de prendre des précautions. V. **Prudent.** « *Dans la vie dite réelle, je reste le plus souvent prudent et précautionneux* » (GIDE). — *Caractère précautionneux. Manière d'agir précautionneuse.* ◈ ANT. **Imprudent.**

PRÉCÉDEMMENT [pʀesedamã]. *adv.* (1555; *precedentement*, 1439; de *précédent*). Antérieurement, auparavant. *Comme nous l'avons dit précédemment.* ◈ ANT. **Après, postérieurement.**

PRÉCÉDENT, ENTE [pʀesedã, ãt]. *adj.* et *n. m.* (XIIIᵉ; lat. *præcedens, -entis*). **I.** *Adj.* Qui précède, s'est produit antérieurement, vient avant. V. **Antécédent.** *Dans un précédent ouvrage.* V. **Antérieur.** *Le jour précédent :* la veille. « *Quand il songeait à ses précédentes opinions...* » (HUGO). « *Ce testament annule le précédent* » (CHARDONNE). **II.** *N. m.* (1828). ♦ 1º *Un, des précédents :* fait antérieur qui permet de comprendre un fait analogue; décision, manière d'agir qui peut servir d'exemple dans un cas semblable. « *Mais cela créait un précédent dont il s'autorisa pour s'introduire* » (GIDE). ♦ 2º SANS PRÉCÉDENT : inouï, jamais vu. *Prospérité sans précédent.* « *Une aventure absolument exceptionnelle, sans précédent* » (MART. du G.). ◈ ANT. **Subséquent, suivant.**

PRÉCÉDER [pʀesede]. *v. tr.;* conjug. *céder* (1353; lat. *præcedere* « marcher devant »). **I.** *(Choses).* ♦ 1º Exister, se produire avant dans le temps. *La cause précède l'effet. Qui précède :* préalable, précédent, préliminaire. « *Les sourds mugissements qui précèdent l'orage* » (ROUSS.). : avant-coureurs, précurseurs. « *L'existence précède l'essence* » (SARTRE). *Ceux qui nous ont précédés.* V. **Prédécesseur.** ♦ 2º Être avant, selon l'ordre logique, la place occupée. « *Cette sorte d'atrium de branches qui précède toutes les maisons de ce pays* » (LOTI) : qui est devant. « *Descartes fait précéder ses trois Essais d'une Préface...* » (BRUNSCHVICG). ♦ 3º *Fig.* Être perçu avant l'arrivée de. *Sa mauvaise réputation avait précédé son arrivée.* — *La voiture arrivait, précédée d'un bruit de ferraille.* **II.** *(Personnes).* 🅐 ♦ 1º (1534). Être, marcher devant (qqn, qqch.). *L'avant-garde précède le gros des troupes.* « *Je vais vous précéder pour vous montrer le chemin, dit l'hôtelier* » (GAUTIER). V. **Passer** (devant). Absolt. « *Dans les choses d'apparat, le respect est de précéder* » (HUGO). ♦ 2º Arriver à un endroit avant (qqn, qqch.). *Il ne m'a précédé que de cinq minutes.* 🅑 *Abstrait* (1485). Devancer (qqn). *Précéder qqn dans la carrière, dans la voie du succès.* ◈ ANT. **Suivre.**

PRÉCEINTE [pʀesɛ̃t]. *n. f.* (1638; de *pré-*, et a. fr. *pourceinte* [1317], « enceinte », *porchainte*, XIIIᵉ). *Mar.* Ensemble de bordages plus épais que les autres qui forment une ceinture autour du navire de manière à renforcer la muraille.

PRÉCELLENCE [pʀeselãs]. *n. f.* (1420; lat. *præcellere* « exceller »). *Vx* ou *littér.* Excellence au-dessus de toute comparaison. V. **Prééxcellence.** « *La précellence de la belle prose* » (GIDE). — *De la précellence du langage français*, ouvrage d'H. Estienne (1579).

PRÉCEPTE [pʀesɛpt(ə)]. *n. m.* (*Precept* « commandement, ordre », 1119; lat. *præceptum*). Formule qui exprime un enseignement, une règle, une recette (art, science, morale, etc.). V. **Leçon, maxime, prescription, principe.** « *Les vieillards aiment à donner de bons préceptes* » (LA ROCHEF.). « *Il y a des moralistes dont la tâche est de rappeler certains préceptes imprescriptibles de la morale* » (SIEGFRIED). *Suivre, observer un précepte.* ◇ Commandement religieux. *Les préceptes du Décalogue, de l'Évangile.*

PRÉCEPTEUR, TRICE [pʀesɛptœʀ, tʀis]. *n.* (XVᵉ; lat. *præceptor* « maître qui enseigne »). ♦ 1º Personne chargée de l'éducation, de l'instruction d'un enfant (de famille noble, riche...) qui ne fréquente pas une école ou un collège. V. **Éducateur, pédagogue.** *Le gouverneur des enfants de France choisissait leur précepteur. Bossuet fut précepteur du Dauphin.* « *Madame Graslin jugea nécessaire de donner un précepteur à son fils, qui avait onze ans* » (BALZ.). ♦ 2º *Vx* (XVIᵉ). Professeur. « *Mon précepteur en langue arabique* » (RABELAIS). — *Fig.* « *Il a consenti à être mon précepteur en politique* » (BALZ.).

PRÉCEPTORAT [pʀesɛptɔʀa]. *n. m.* (1688; de *précepteur*). Emploi de précepteur; temps pendant lequel on l'exerce. « *Les économies réalisées dans ce préceptorat me permettraient... de préparer mon agrégation à Paris* » (BOURGET).

PRÉCESSION [pʀesesjɔ̃]. *n. f.* (1690; lat. tardif *præcessio*). Mouvement de rotation autour d'un axe fixe, de l'axe d'un gyroscope. ◇ Mouvement analogue de l'axe de rotation terrestre autour d'une position moyenne de cet axe. *Vitesse de précession*, vitesse angulaire de ce mouvement de rotation. *Les trois angles de précession, de nutation* et de rotation propre sont les repères de la position d'un solide mobile autour d'un point fixe.* ◇ *Astron. Précession des équinoxes :* mouvement rétrograde des points équinoxiaux.

PRÉCHAMBRE [pʀeʃãbʀ(ə)]. *n. f.* (mil. XXᵉ; de *pré-*, et *chambre*). *Techn.* Cavité supérieure des cylindres de certains moteurs Diesel, où se pulvérise le combustible.

PRÉCHAUFFAGE [pʀeʃofaʒ]. *n. m.* (mil. XXᵉ; de *pré-*, et *chauffage*). *Techn.* Chauffage préliminaire destiné à ramollir certains corps avant usage. *Préchauffage des goudrons.*

PRÊCHE [pʀɛʃ]. *n. m.* (1547; de *prêcher*). ♦ 1º Discours religieux prononcé par un ministre protestant. « *Pour celui qui dit que je vais me prêche des Calvinistes, c'est bien une* *calomnie...* » (DESCARTES). ◇ Sermon prononcé par un prêtre catholique. ♦ 2° *Fam.* Discours moralisateur et ennuyeux (Cf. Sermon).

PRÊCHER [pʀeʃe]. *v.* (v. 1220 ; *prediat* [xᵉ], « il prêche » ; lat. ecclés. *prædicare* « annoncer, publier »).
I. *V. tr.* ♦ 1° Enseigner (la révélation religieuse). *Prêcher l'Évangile.* — Par ext. « *C'est ainsi que Jésus veut être prêché* » (BOSS.). ♦ 2° *Prêcher l'avent, le carême, une retraite :* prononcer une série de sermons à leur occasion. ♦ 3° Conseiller, vanter (qqch.) par des paroles, des écrits. V. **Exhorter** (à). *Prêcher une croisade.* « *L'instituteur divin du christianisme... prêcha le pardon des outrages* » (VOLT.). ◇ *Par ext.* V. **Conseiller, préconiser, prôner.** *Prêcher la haine, l'indulgence.* « *Elle trouva son salon rempli de dames libérales qui prêchaient l'union des partis* » (STENDHAL).
II. *V. intr.* (1560). ♦ 1° Prononcer un sermon ou une série de sermons. *Prêcher à une cérémonie.* « *Quand le Père Bourdaloue prêchait à Rouen, il y causait bien du désordre* » (CHAMFORT). *Il prêche très mal.* ♦ 2° Faire des discours solennels et ennuyeux (V. **Moraliser**). *Tout Américain « est un évangéliste, qui ne peut laisser les gens tranquilles, et qui... se sent le devoir de prêcher* » (SIEGFRIED). ♦ 3° *Loc. div. Prêcher dans le désert*. — *Prêcher pour son saint*.* — *Prêcher d'exemple, par l'exemple :* encourager par son exemple qqn à faire qqch.
III. *V. tr.* PRÊCHER QQN : lui enseigner la parole de Dieu. V. **Évangéliser.** *Prêcher les infidèles.* ◇ *Fam.* Essayer de convaincre, faire la morale à (qqn). V. **Sermonner.** *Prêcher un converti*.*

PRÊCHEUR, EUSE [pʀeʃœʀ, øz]. *n.* et adj. (*Prescheur*, xvᵉ ; *preecheor*, 1175 ; de *prêcher*). ♦ 1° *Vx.* Prédicateur. ◇ *Mod.* (Adj.) *Les frères prêcheurs :* les Dominicains. ♦ 2° *Fig.* Qui aime à faire la morale aux autres. « *Moi, je ne suis qu'une vieille prêcheuse* » (SAND). Adj. *Il est trop prêcheur.*

PRÊCHI, PRÊCHA ou **PRÊCHI-PRÊCHA** [pʀeʃipʀeʃa]. *n. m. invar.* (1808 ; redoublement plaisant de *prêcher*). *Fam.* Radotage d'un sermonneur. V. **Rabâchage.** *Il nous ennuie avec son prêchi-prêcha!*

PRÉCIEUSEMENT [pʀesjøzmã]. *adv.* (1488 ; de *précieux*). ♦ 1° (1636). Comme il convient pour une chose précieuse ; avec grand soin. *Conserver précieusement des lettres.* V. **Soigneusement.** ♦ 2° Avec préciosité. *S'exprimer précieusement.* ◇ ANT. Simplement.

PRÉCIEUX, EUSE [pʀesjø, øz]. *adj.* et *n. f.* (v. 1261 ; *precios*, xiiᵉ ; lat. *pretiosus*, de *pretium* « prix »).
I. ♦ 1° *Adj.* De grand prix, d'une grande valeur. *Étoffes, tissus précieux. Bijou, joyaux précieux. Objets précieux.* — (Express.) *Pierres* précieuses. Métaux précieux. Bois précieux.* ♦ 2° Auquel on attache une grande valeur (pour des raisons sentimentales, intellectuelles, morales). *Les droits les plus précieux de l'homme. Dans la vie, une seule chose est précieuse : une seule chose compte.* « *Le repos, trésor si précieux* » (LA FONT.). *Temps, moments, instants précieux. Qualités, vertus précieuses. Les idées les plus précieuses.* « *Chacun est plus précieux que tous* » (GIDE). ◇ (Relig. cathol.) *Le précieux sang, le précieux corps de Notre-Seigneur*, reçus dans le sacrement de l'Eucharistie. ◇ *Spécialt.* Particulièrement cher (à qqn). « *Il me faut encore cette confirmation de votre chère et précieuse santé* » (SÉV.). « *Je pleure tout ce que dans la vie je pouvais perdre de plus cher et de plus précieux* » (MOL.). — Particulièrement utile. *Un précieux collaborateur.* V. **Estimable.** *C'est un homme précieux pour ce travail.*
II. ♦ 1° (1654). PRÉCIEUSE. *n. f.* S'est dit au xviiᵉ s. des femmes qui adoptèrent une attitude nouvelle et raffinée envers les sentiments et un langage recherché. *Les Précieuses ridicules*, de Molière. « *Les véritables précieuses auraient tort de se piquer lorsqu'on joue les ridicules qui les imitent mal* » (MOL.). ◇ Adj. *(Hist. litt.)* Relatif, propre aux précieuses du xviiᵉ s. *Salons, cercles précieux. L'esprit précieux. Littérature précieuse. Écrivains précieux. Le mouvement précieux.* ♦ 2° *Littér.* Propre à la préciosité (sens large). *En France, le courant précieux apparaît déjà dans la littérature courtoise du moyen âge. Style précieux* (V. **Affecté, recherché**) ; mais *précieux* n'est pas en soi péj.). *Marivaux, Giraudoux, écrivains précieux.*
◇ ANT. Commun ; naturel, simple.

PRÉCIOSITÉ [pʀesjozite]. *n. f.* (1664 ; « grande valeur », v. 1300 ; de *précieux*). ♦ 1° *Hist. litt.* Ensemble des traits qui caractérisent les précieuses et l'esprit précieux du xviiᵉ s. « *La préciosité la plus exquise pousse à droite et à gauche ses vrilles capricieuses* » (GAUTIER). — *Le mouvement précieux. Histoire de la Préciosité.* ◇ Caractères esthétiques, moraux, analogues. V. **Cultisme, euphuisme, gongorisme, marinisme.** *Préciosité de la littérature courtoise, de Pétrarque.* ♦ 2° *Cour.* Caractère affecté, recherché du langage, du style. V. **Affectation, maniérisme, recherche.** « *Ce souci d'élégance et de préciosité, qui fit son art s'écarter délibérément de la vie* » (GIDE). ◇ *Rare.* Expression précieuse. « *Ses archaïsmes prétentieux et ses préciosités* » (MAUPASS.). ♦ 3° *Rare.*

Raffinement. « *Une incroyable préciosité dans les détails infiniment petits* » (LOTI). ◇ ANT. Simplicité.

PRÉCIPICE [pʀesipis]. *n. m.* (1559 ; lat. *præcipitium.* V. Précipiter). ♦ 1° Vallée ou anfractuosité du sol très profonde, aux flancs abrupts. V. **Abîme, gouffre.** *Précipices dans les montagnes. Route en corniche au bord d'un précipice.* ♦ 2° *Par métaph.* Danger dans lequel on risque de tomber (V. **Abîme**) ; désastre, malheur. « *Vois-je l'État penchant au bord du précipice?* » (RAC.). « *Ah! qu'on a bien raison de dire qu'une première faute mène à un précipice!* » (MUSS.).

PRÉCIPITAMMENT [pʀesipitamɑ̃]. *adv.* (1508 ; de *précipitant*, p. prés. de *précipiter*). En grande hâte ; avec précipitation. *S'enfuir, déloger précipitamment.* V. **Brusquement, dare-dare** *(fam.).* « *L'homme, précipitamment, met l'arme sur l'épaule, et court frapper à un petit vasistas* » (ROMAINS). ◇ ANT. Doucement, lentement, posément.

PRÉCIPITATION [pʀesipitasjɔ̃]. *n. f.* (1471 ; *precipitacion* « renversement », terme de méd., 1429 ; lat. *præcipitatio.* V. Précipiter).
I. ♦ 1° Grande hâte. V. **Empressement.** *Avec précipitation. Il « prit le soir même la diligence de Bruxelles avec la précipitation d'un banqueroutier las du commerce des hommes* » (GAUTIER). ♦ 2° Hâte excessive apportée à une action. V. **Irréflexion ; impatience.** *Désordre et précipitation.* V. **Pagaïe.** *Ne confondez pas vitesse et précipitation.* « *Évitez soigneusement la précipitation et la prévention* » (DESCARTES). ◇ *Caractère hâtif et improvisé. La précipitation d'un départ imprévu.*
II. ♦ 1° *Chim.* (1672). Phénomène physique ou chimique à la suite duquel un corps solide insoluble, dit *précipité* (2), prend naissance dans une phase liquide. V. **Floculation.** ♦ 2° *Météo.* (v. 1875). *Précipitations atmosphériques*, ou *précipitations :* chute d'eau provenant de l'atmosphère sous forme de *précipitations liquides* (pluie, brouillard), *solides* (neige, grêle). ♦ 3° *Méd.* V. **Défenestration.**
◇ ANT. (de I) Lenteur ; (de II) Dissolution.

1. PRÉCIPITÉ, ÉE [pʀesipite]. *adj.* (V. Précipiter). ♦ 1° Très rapide dans son allure, son rythme. « *La vie si précipitée dans sa course* » (BOSS.). *Respiration précipitée.* V. **Haletant.** *Pas précipités.* ♦ 2° (1549). Qui a un caractère de précipitation (2°). *Démarche précipitée. Départ précipité. Tout cela est bien précipité.* V. **Hâtif.** « *Jamais entreprise au théâtre ne fut si précipitée que celle-ci* » (MOL.). ◇ (Personnes) *Il est trop précipité dans ses décisions.* ◇ ANT. Lent, posé.

2. PRÉCIPITÉ [pʀesipite]. *n. m.* (1553 ; de *précipiter*). *Chim.* Dépôt obtenu quand se produit la précipitation. *Précipité blanc, jaune.*

PRÉCIPITER [pʀesipite]. *v. tr.* (1442 ; lat. *præcipitare*, de *præceps, præcipitis* « qui tombe la tête [*caput*] en avant [*præ*] »).
I. ♦ 1° Jeter ou faire tomber d'un lieu élevé dans un lieu bas ou profond. *Les anciens Romains précipitaient certains criminels du haut de la roche Tarpéienne.* ◇ *Fig.* Faire tomber d'une situation élevée ou avantageuse dans une situation inférieure et mauvaise. « *La crise imprévue et terrible des malheurs où elle m'a précipité* » (ROUSS.). — Entraîner la décadence de. V. **Anéantir, ruiner.** *Les causes générales « qui agissent dans chaque monarchie, l'élèvent, la maintiennent ou la précipitent* » (MONTESQ.). ♦ 2° (1636). *Chim.* (De l'agent de la précipitation.) Faire tomber, faire déposer (le corps en solution dans un liquide) par précipitation. ♦ 3° Pousser, entraîner avec violence. *Ils ont été précipités contre, vers...* « *Aucune lecture n'est plus propre à me précipiter dans l'opposition* » (GIDE). ♦ 4° Par ext. Faire aller plus vite. V. **Accélérer, hâter.** *Précipiter ses pas, sa marche.* V. **Presser.** *Précipiter son départ.* V. **Avancer, brusquer.** « *Il était descendu au plus tôt qu'il avait pu, précipitant sa toilette* » (GIDE). *Précipiter le mouvement. Il ne faut rien précipiter*, il faut avoir de la patience. « *Je me dis qu'il ne fallait rien précipiter* » (B. CONSTANT).
II. SE PRÉCIPITER (1556). *v. pron.* ♦ 1° (Personnes ou Choses). Se jeter de haut dans un lieu bas et profond. V. **Tomber.** *Ruisseau, source qui se précipite du haut d'un rocher en cascade.* « *Puis soudain dans le Tibre, il s'est précipité* » (CORN.). V. **Jeter** (se). *Se précipiter aux pieds de qqn.* ♦ 2° *Chim.* Se déposer par précipitation. ♦ 3° (Personnes ; 1653). S'élancer brusquement, impétueusement. V. **Foncer, fondre, lancer, ruer** (se). *Se précipiter sur l'ennemi.* V. **Assaillir.** *Se précipiter vers, contre un obstacle.* « *Elle se leva, courut à la fenêtre, l'ouvrit, et se précipita sur le balcon* » (HUGO). *Se précipiter au-devant de qqn.* V. **Accourir, courir.** ◇ *Absolt.* V. **Agiter** (s'), **dépêcher** (se), **hâter** (se). *Inutile de tant se précipiter !* ◇ *Fig. Cette jeunesse « qui se précipite... dans les directions de l'art* » (HUGO). — Vieilli. *Se précipiter de :* être très pressé de. « *Vous vous êtes précipitée... d'aller à Grignan sans votre mari* » (SÉV.). ♦ 4° (Choses). Prendre un rythme accéléré. *Les battements du cœur se précipitaient.* « *L'action semble se précipiter* » (MART. du G.).
◇ ANT. Différer, ralentir, retarder. — Attendre.

PRÉCIPUT [pʀesipy(t)]. *n. m.* (1481 ; lat. jur. *præcipuum*, de *præcipuus* « pris en premier » ; attract. de *caput* « capital »). *Dr.* Droit reconnu à une personne (notamment aux époux en cas de décès d'un conjoint) de prélever, avant tout partage, une somme d'argent sur certains biens de la masse à partager.

PRÉCIPUTAIRE [pʀesipytɛʀ]. *adj.* (1836 ; de *préciput*). *Dr.* Relatif au préciput. *Avantage préciputaire.*

1. **PRÉCIS, ISE** [pʀesi, iz]. *adj.* (1361 ; lat. *præcisus*, p. p. de *præcidere* « couper ras, retrancher »). ♦ 1° Qui ne laisse place à aucune indécision dans l'esprit. V. **Clair, défini.** *Sens précis, signification précise. Idées, notions précises.* V. **Distinct.** *Règles, données, indications, signalements, témoignages précis.* V. **Détailler** (détaillé), **explicite, formel.** *Définir, renseigner de façon précise. Sans raison précise.* V. **Particulier.** *Ne penser à rien de précis. Des faits précis.* « *Elle ne saurait rien alléguer de précis* » (MART. du G.). — *Mots, termes, vocabulaire précis.* « *La langue claire, précise, pragmatique du XVIIIe siècle, celle de Montesquieu et de Voltaire* » (THIBAUDET). *Style précis.* V. **Concis.** Par ext. *Écrivain précis.* « *Il est habituellement bref, précis et clair* » (BAUDEL.). ♦ 2° Perçu nettement. « *Ce bruit, d'abord faible, puis précis, puis lourd et sonore, s'approchait lentement* » (HUGO). *Contours précis.* ◇ Déterminé avec exactitude. *Point précis.* « *Une douleur exaspérée qui n'a plus de siège précis* » (DUHAM.). ♦ 3° Qui est exécuté ou qui opère d'une façon sûre. *Un dessin, un trait précis. Geste précis. Vengeance précise et infaillible.* « *Cet esprit clair, net, précis, soigneux* » (GAUTIER). *Un homme précis* : qui agit avec précision. ♦ 4° (*Grandeurs, mesures*). Qui, à la limite, est exact ; qui est exactement calculé. V. **Exact.** « *Est précise la mesure approchée qui diffère peu de la mesure exacte* » (LALANDE). *Le moment, l'instant précis, la minute précise.* « *N'oubliez pas d'être à ma porte à quatre heures et demie du matin très précises* » (HUGO). V. **Juste, pile, sonnant, tapant ;** *fam.* **pétant.** ◇ ANT. Ambigu, imprécis, incertain, indécis, indéterminé, vague ; abstrait, diffus, flou, fumeux, obscur ; approchant, approximatif.

2. **PRÉCIS** [pʀesi]. *n. m.* (1671 ; de *précis* 1). Exposé précis et succinct. V. **Abrégé.** *Composer un précis des événements, un bref historique.* « *Ce précis rapide, qui, développé savamment, aurait fourni tout un tableau de mœurs* » (BALZ.). ◇ *Petit manuel. Précis de géographie physique.*

PRÉCISÉMENT [pʀesizemɑ̃]. *adv.* (1314 ; de *précis* 1). ⓐ ♦ 1° D'une façon précise, avec précision. *Répondre précisément.* « *M. Vincent d'Indy... a très précisément décrit le canon, cette pièce polyphonique* » (HERRIOT). ◇ À proprement parler. *Les blessés, les malades plus précisément* : plus exactement, plutôt. ♦ 2° *Ellipt.* (Dans une réponse). Oui, c'est cela même. *C'est lui qui vous en a parlé ? — Précisément.* ♦ 3° (Dans des express. négatives). « *Je ne pris pas précisément la résolution de me faire catholique* » (ROUSS.). — *Par euphém.* Pas du tout. « *Ma vie... n'est pas précisément folichonne* » (FLAUB.). ⓑ (*Sens affaibli* ; XVIIIe). S'emploie pour souligner une concordance entre deux séries de faits ou d'idées distinctes. V. **Justement.** *On y jouait précisément la « Symphonie pastorale ».* V. **Spécialt.** (pour introduire une réplique, une nouvelle proposition qui tire argument de ce qui vient d'être invoqué) « *Elle avait demandé avant mon arrivée une potion que je venais précisément de lui conseiller* » (BARBEY). *C'est précisément pour cela que je viens vous voir.* « *Mais précisément à cause de cela, ça ne marche pas* » (FLAUB.). ◇ ANT. Ambigument, confusément, vaguement ; approximativement, environ.

PRÉCISER [pʀesize]. *v. tr.* (XIVe, rare av. 1788 ; de *précis* 1). ♦ 1° Exprimer, présenter de façon précise, plus précise. *Préciser une intention, ses idées. Préciser certaines données.* V. **Déterminer, établir.** « *On se bornait à me faire préciser certains points de mes déclarations précédentes* » (CAMUS). ◇ Dire de façon plus précise pour clarifier. V. **Souligner, spécifier.** *Le ministre de l'Information a précisé qu'il n'était pas question de...* ♦ 2° Rendre plus net, plus sûr (sans exprimer). *Préciser un sentiment vague.* V. **Pronom.** (*Pass.*) Devenir plus précis, plus net. V. **Dessiner** (se). *Le danger se précise.* « *Les faits pourtant se précisaient* » (ZOLA). ♦ 3° *Absolt.* Apporter des précisions, éviter le vague, l'allusion. « *Précisez, monsieur, j'exige que vous précisiez !* » (BECQUE). ◇ ANT. Estomper.

PRÉCISION [pʀesizjɔ̃]. *n. f.* (1520 ; « action de rogner », v. 1380 ; lat. *præcisio.* V. **Précis** 1). I. ♦ 1° Caractère de ce qui est précis (1°). V. **Clarté.** *La précision de certains récits.* « *Concision dans le style, précision dans la pensée, décision dans l'action* » (HUGO). *Indiquer avec précision.* « *La précision des détails... n'est qu'une apparence d'exactitude* » (SEIGNOBOS). ♦ 2° Netteté de ce qui est précis (2°). « *Ses descriptions, aidées par l'œil exercé de l'artiste, ont une précision caractéristique des plus rares* » (GAUTIER). « *Il se représenta, avec une précision cruelle, tout ce qu'il savait possible en pareil cas* » (MART. du G.). ♦ 3° Façon pré-

cise (3°) d'agir, d'opérer. *Précision de gestes chez le chirurgien.* V. **Sûreté.** « *La manière de tuer de Montès* (un matador) *est remarquable par la précision, la sûreté et l'aisance de ses coups* » (GAUTIER). *Une précision mathématique. Précision d'un tir.* V. **Justesse.** ♦ 4° Qualité de ce qui est calculé d'une manière précise (4°). V. **Exactitude.** *Précision d'un calcul, d'une mesure. Déterminer avec précision un point, un moment. Balance, chronomètre de précision.* II. *Plur.* (fin XVIIe). Détails, faits précis, explications précises permettant une information sûre. V. **Développement.** « *Ce tome II, qui porte sur les années 1836-1838, donne les précisions les plus intéressantes* » (HENRIOT). *Demander des précisions sur tel ou tel point.* ◇ ANT. Ambiguïté, confusion, imprécision, incertitude, indécision, vague ; approximation ; généralité.

PRÉCITÉ, ÉE [pʀesite]. *adj.* (1829 ; de *pré-*, et *citer*). *Didact.* Qui a déjà été cité ; dont on a parlé précédemment. « *Pour lui toutes les maladies précitées proviennent d'un encrassement des organes* » (ROMAINS).

PRÉCLASSIQUE [pʀeklasik]. *adj.* (v. 1870 ; de *pré-*, et *classique*). *Hist.* (*Littér., Arts*). Qui précède la période classique. *Littérature préclassique* (opposé à postclassique).

PRÉCLINIQUE [pʀeklinik]. *adj.* (XXe ; de *pré-*, et *clinique*). *Didact.* Se dit de l'enseignement médical qui précède l'enseignement clinique.

PRÉCOCE [pʀekɔs]. *adj.* (1672, n. m., « fruit précoce » ; 1680, adj. ; lat. *præcox*). ♦ 1° Qui est mûr avant le temps normal (végétaux). *Fruits précoces. Variétés précoces, tardives d'une même espèce.* « *L'année dernière, à cette époque, la véronique précoce n'avait pas tant d'éclat* » (CHARDONNE). — Qui produit, porte (des fruits, des fleurs) avant la pleine saison. *Pêcher, rosier précoce.* ◇ (Animaux) Dont la croissance est très rapide. *Races précoces.* ♦ 2° Qui survient, se développe plus tôt que d'habitude. *Automne précoce. La cuisine « se trouvait déjà glacée par les gelées précoces de novembre* » (ZOLA). V. **Prématuré.** *Sénilité précoce* : gérontisme. *Méd. Démence* (3°) précoce.* ♦ 3° Qui se produit, se fait plus tôt qu'il n'est d'usage ou que n'exigerait la raison, la prudence. *Mariage précoce.* ◇ (Vie psychique) « *Ce petit bonhomme m'étonna quelquefois par des crises singulières de tristesse précoce* » (BAUDEL.). « *Des yeux rieurs, où flambaient les vices précoces* » (ZOLA). ♦ 4° (*Personnes* ; v. 1750). Dont le développement est très rapide. *Enfant précoce.* V. **Avancé ; prodige.** « *Le petit Ludovic, était un enfant précoce* » (GAUTIER). ◇ Chez qui l'instinct sexuel s'est éveillé très tôt. « *Son enfant me paraissait très avancée, très précoce* » (BERNANOS). ◇ ANT. Tardif. — Arriéré, attardé, retardé.

PRÉCOCEMENT [pʀekɔsmɑ̃]. *adv.* (1866 ; de *précoce*). *Littér.* D'une manière précoce, de bonne heure. *Fleur précocement éclose.* « *Il fut presque offensé de n'avoir pas été sinon pressenti, du moins précocement avisé* » (DUHAM.). ◇ ANT. Tardivement.

PRÉCOCITÉ [pʀekɔsite]. *n. f.* (1697 ; de *précoce*). Caractère de ce qui est précoce. *Précocité d'une variété de fruits.* ◇ *Enfant d'une étonnante précocité d'esprit. — Précocité sexuelle.* « *Il l'encourageait plutôt, ravi que ma précocité s'affirmât d'une façon ou d'une autre* » (RADIGUET).

PRÉCOLOMBIEN, IENNE [pʀekɔlɔ̃bjɛ̃, jɛn]. *adj.* (1876 ; de *pré-*, et *Colomb*). Relatif à l'Amérique, à son histoire, à ses civilisations avant la venue de Christophe Colomb. *Arts, vestiges précolombiens* (surtout Amérique centrale et du Sud). — *L'Amérique précolombienne.*

PRÉCOMBUSTION [pʀekɔ̃bystjɔ̃]. *n. f.* (mil. XXe ; de *pré-*, et *combustion*). *Techn.* Phase du cycle d'un moteur Diesel précédant immédiatement l'entrée en combustion du combustible.

PRÉCOMPTE [pʀekɔ̃t]. *n. m.* (1499 ; de *précompter*). *Comm.* Estimation préalable de sommes à porter en déduction. ◇ Retenue opérée sur une rémunération.

PRÉCOMPTER [pʀekɔ̃te]. *v. tr.* (1437 ; de *pré-*, et *compter*). *Comm.* Estimer, calculer par avance (les sommes à déduire d'un règlement entre créancier et débiteur). ◇ *Néol.* Déduire d'une rémunération, à titre de retenue préalable. V. **Retenir.** *Le montant de la cotisation ouvrière à la Sécurité sociale est précompté par l'employeur sur le salaire de l'employé.*

PRÉCONCEPTION [pʀekɔ̃sɛpsjɔ̃]. *n. f.* (1829 ; de *pré-*, et *conception*). *Didact.* Idée qu'on se fait par avance (de qqch.). V. **Préjugé** (*cour.*).

PRÉCONÇU, UE [pʀekɔ̃sy]. *adj.* (1640 ; de *préconcevoir* ; de *pré-*, et *concevoir*). ♦ 1° Imaginé par avance. *Plan préconçu.* V. **Préétablir** (préétabli). « *Commencer sans plan préconçu. Sans trop savoir d'avance ce que je veux dire* » (GIDE). ♦ 2° *Péj.* (plus cour.). Idée, opinion préconçue, élaborée sans jugement critique ni expérience. « *L'homme le plus dénué de toute idée préconçue* » (STE-BEUVE).

PRÉCONISATION [pʀekɔnizasjɔ̃]. *n. f.* (1321 ; de *pré-*

coniser). *Relig.* Acte solennel par lequel le pape ou un cardinal préconise (1°) en consistoire un ecclésiastique appelé aux fonctions épiscopales par un chef d'État.

PRÉCONISER [pʀekɔnize]. *v. tr.* (*Préconiser* « proclamer », 1321 ; bas lat. *præconizare* « publier », de *præco, -onis* « crieur public »). ♦ 1° *Relig. cathol.* Proclamer (un ecclésiastique) apte à remplir les fonctions épiscopales. V. Préconisation. *Préconiser un évêque.* ♦ 2° (1660). *Vx.* Louer, vanter (qqn, qqch.). *Un coiffeur « le préconisait comme l'arbitre souverain en fait de modes et d'élégance »* (BALZ.). ♦ 3° *Mod.* Recommander. V. Prôner. *L'Église préconise la pauvreté. Les arguments « les moins faits pour attirer et affectionner les esprits à la cause qu'il préconisait »* (STE-BEUVE). — *Préconiser un remède :* en recommander vivement l'emploi. ◊ ANT. Blâmer, critiquer, dénigrer, dénoncer.

PRÉCONISEUR [pʀekɔnizœʀ] ou **PRÉCONISATEUR** [pʀekɔnizatœʀ]. *n. m.* (1680 ; « crieur public », 1467 ; de *préconiser*). ♦ 1° *Relig.* Celui qui préconise un évêque (pape ou cardinal). ♦ 2° *Rare.* Celui qui loue, vante chaudement (qqn, qqch.).

PRÉCONTRAINT, AINTE [pʀekɔ̃tʀɛ̃, ɛ̃t]. *adj. et n. m.* (1928 ; de *pré-*, et *contrainte*). *Techn.* Qui a subi une précontrainte. *Béton armé précontraint.* N. m. *Pont en précontraint.*

PRÉCONTRAINTE [pʀekɔ̃tʀɛ̃t]. *n. f.* (1928 ; de *pré-*, et *contrainte*, phys.). *Techn.* Méthode de mise en œuvre du béton par une compression préalable afin d'en augmenter la résistance.

PRÉCORDIAL, ALE, AUX [pʀekɔʀdjal, o]. *adj.* (av. 1478 ; lat. *præcordia* « diaphragme »). *Méd.* Qui a rapport à la région thoracique située au-devant du cœur, qui a son siège dans cette région. *Région précordiale. Les douleurs précordiales ne sont pas en rapport avec l'angine de poitrine, comme on le croit couramment.*

PRÉCURSEUR [pʀekyʀsœʀ]. *n. m. et adj. m.* (1415 ; lat. *præcursor* « éclaireur », de *præcurrere* « courir en avant »). ♦ 1° *N. m.* Celui qui annonce, prépare la venue d'un autre. *Saint Jean-Baptiste, précurseur du Christ.* ◊ Personne dont la doctrine, les œuvres ont frayé la voie à un grand homme, à un mouvement... *« Le poète d'Eloa et le romancier de Cinq-Mars pouvait à bon droit se considérer comme le précurseur et l'initiateur »* (HENRIOT). *« Le glorieux précurseur de Buffon, de Cuvier »* (BALZ.). *Être salué comme un précurseur.* ♦ 2° *Adj.* (v. 1750). V. Annonciateur, avant-coureur. *Signes précurseurs de l'orage. « Après un éclair précurseur, un coup de tonnerre a retenti »* (BAUDEL.). ◊ *Milit. Détachement précurseur,* qui précède une unité pour préparer son cantonnement. ♦ *Méd.* V. Prodromique.

PRÉDATEUR [pʀedatœʀ]. *n. m.* (1547 ; lat. *prædator*, de *præda* « proie »). ♦ 1° *Vx.* Pillard, homme qui vit de rapines, de butin. ♦ 2° (1913). Mod. *Zool.* Se dit d'animaux qui se nourrissent de proies, et *par ext.* des végétaux qui croissent aux dépens d'autres végétaux. *Les parasites et les prédateurs.* — Adj. *Insectes prédateurs.*

PRÉDATION [pʀedasjɔ̃]. *n. f.* (mil. XXᵉ ; lat. *prædatio*, et de *prédateur*). *Didact.* Activité des animaux (et en général des organismes) prédateurs*.

PRÉDÉCESSEUR [pʀedesesœʀ]. *n. m.* (1283 ; bas lat. *prædecessor*). ♦ 1° Personne qui a précédé qqn dans une fonction, une charge. *« Presque tous les princes savent bien l'histoire de leurs prédécesseurs »* (MÉRIMÉE). ♦ 2° *Plur.* Ceux qui ont précédé qqn (ancêtres, précurseurs). *« Il tire avantage non seulement de sa propre expérience, mais encore de celle de ses prédécesseurs »* (PASC.). ◊ ANT. Successeur.

PRÉDELLE [pʀedɛl]. *n. f.* (1873 ; it. *predella*). *Arts.* Partie inférieure d'un tableau d'autel, généralement divisée en petits panneaux représentant une série de sujets. *La prédelle d'un retable.*

PRÉDESTINATION [pʀedɛstinasjɔ̃]. *n. f.* (1190 ; lat. *prædestinatio*). ♦ 1° *Didact.* (*Relig.*). Intention qui aurait animé Dieu quand il a, de toute éternité, déterminé le destin de l'humanité et l'avenir du monde (Cf. Prédétermination). *Le dogme de la prédestination absolue et de la fatalité, qui semble aujourd'hui caractériser le mahométisme »* (VOLT.). ◊ Doctrine du calvinisme, du jansénisme, selon laquelle Dieu aurait, par avance, élu certaines de ses créatures pour les conduire au salut par la seule force de sa grâce et vouer les autres à la damnation éternelle, sans considération de leur foi ni de leurs œuvres. ♦ 2° *Littér.* (XVIᵉ). Détermination préalable d'événements ayant un caractère de fatalité. *« Une sorte de prédestination domine toutes les circonstances d'une vie »* (MAETERLINCK). — Destinée. *« En voyant de telles prédestinations, il est impossible de ne pas croire à une autre vie »* (BALZ.).

PRÉDESTINÉ, ÉE [pʀedɛstine]. *adj.* (v. 1190 ; V. Prédestiner). ♦ 1° Que Dieu a élu pour être sauvé. Subst. *Selon les Jansénistes, le Christ n'est mort que pour les Prédestinés.*

♦ 2° (XVIᵉ). *Prédestiné à... :* voué à (un destin particulier). *« Je la croyais prédestinée à un certain homme »* (MAUROIS). Absolt. *« L'homme prédestiné »* (MADELIN), voué à un destin exceptionnel. *« Je suis prédestiné ! j'ai une mission »* (HUGO). Subst. *Les grands prédestinés.* ◊ Fixé d'avance. *Sort prédestiné.*

PRÉDESTINER [pʀedɛstine]. *v. tr.* (1190 ; lat. ecclés. *prædestinare*). ♦ 1° *Relig.* Destiner, de toute éternité et de manière inéluctable, à la damnation ou au salut. ♦ 2° *Par ext.* Vouer d'avance à l'accomplissement de grandes choses, à un destin particulier (surtout au passif). *« Elle avait toujours été prédestinée à la mansuétude »* (HUGO). *« Je vais faire de l'argent. Avec le nom que je porte* (Silbermann), *j'y étais prédestiné, hein? »* (LACRETELLE).

PRÉDÉTERMINATION [pʀedetɛʀminasjɔ̃]. *n. f.* (1636 ; de *prédéterminer*). ♦ 1° *Philo.* Détermination d'un fait, d'un acte par des causes antérieures au moment qui le précède immédiatement. ♦ 2° *Relig.* Acte par lequel Dieu prédétermine la volonté humaine (Cf. Prédestination).

PRÉDÉTERMINER [pʀedetɛʀmine]. *v. tr.* (1530 ; lat. ecclés. *prædeterminare*). ♦ 1° *Philo., Psycho.* Déterminer d'avance par des causes ou des raisons immédiatement antérieures à la décision, à l'acte. ♦ 2° *Relig.* (XVIIᵉ). *Dieu prédétermine la volonté humaine :* intervient de manière que l'homme se détermine de tel ou tel côté sans rien perdre de sa liberté de décision.

PRÉDÉTERMINISME [pʀedetɛʀminism(ə)]. *n. m.* (déb. XXᵉ ; all. *Prædeterminism* [Kant] ; du rad. de *prédéterminer*). *Hist. philo.* Système où les événements sont considérés comme prévus par Dieu.

PRÉDICABLE [pʀedikabl(ə)]. *adj. et n.* (1503 ; lat. *prædicabilis*, de *prædicare* « proclamer, déclarer »). *Didact.* Applicable (à un sujet). — N. *Les prédicables :* les classes de prédicats* des scolastiques (genre, espèce, différence, propre et accident).

PRÉDICANT [pʀedikɑ̃]. *n. m.* (1523 ; lat. *prædicans*, de *prædicare* « prêcher »). ♦ 1° *Vx.* Celui qui fait des sermons. ◊ *Mod.* Ministre du culte protestant dont la fonction essentielle est la prédication. ♦ 2° *Adj. Littér.* Moralisateur. *« L'âge l'a rendu un peu grognon, un peu prédicant »* (HENRIOT).

PRÉDICAT [pʀedika]. *n. m.* (1361 ; lat. *prædicatum*). ♦ 1° *Log.* Second terme d'une énonciation où il est possible de distinguer ce dont on parle et ce qu'on en affirme ou nie ; attribut (du sujet). ♦ 2° *Ling.* Ce qui, dans un énoncé, est affirmé à propos d'un autre terme (sujet). *Ex. :* Le cheval *(sujet)* galope *(prédicat).* Spécialt. Le verbe et l'attribut qui dépendent du nom.

PRÉDICATEUR [pʀedikatœʀ]. *n. m.* (1239 ; lat. ecclés. *prædicator*, de *prædicare* « prêcher »). ♦ 1° Celui qui prêche (V. Prêcheur). *Prédicateur qui monte en chaire. « Le Royaume des Cieux, commença le prédicateur... »* (ST-EXUP.). ◊ Ecclésiastique qui a pour fonction habituelle de prononcer des sermons. V. Orateur. *Les grands prédicateurs du XVIIᵉ s.* ♦ 2° *Rare.* Celui qui prêche, tente de propager une religion, une doctrine. *« Les prédicateurs du réalisme politique »* (BENDA).

PRÉDICATIF, IVE [pʀedikatif, iv]. *adj.* (1842 ; 1466, « qui affirme » ; de *prédicat*). *Didact.* ♦ 1° Qui affirme un prédicat d'un sujet. *Proposition prédicative.* V. Attributif. — Du prédicat. *Fonction prédicative.* ♦ 2° Qui affirme d'une façon absolue et définitive. V. Apodictique, catégorique. *Connaissance prédicative.*

PRÉDICATION [pʀedikasjɔ̃]. *n. f.* (1119 ; lat. ecclés. *prædicatio*, de *prædicare* « prêcher »). ♦ 1° Action de prêcher. *La prédication des apôtres :* faite par eux. *La prédication de l'Évangile :* le fait de prêcher l'Évangile. *« Il faut méditer sur la prodigieuse ambition du marxisme, évaluer sa prédication démesurée »* (CAMUS). ♦ 2° *Littér.* Sermon. *Les prédications des Pères de la Mission pour la propagation de la foi.*

PRÉDICTION [pʀediksjɔ̃]. *n. f.* (1549 ; lat. *prædictio.* V. Prédire). Action de prédire ; paroles par lesquelles on prédit. *Faire des prédictions. Prédictions de la sibylle* (V. Divination, vaticination), *des prophètes* (V. Prophétie). *« Ce jour était favorable pour des prédictions sur notre destinée »* (LOTI). ◊ Ce qui est prédit. *Voir s'accomplir, se réaliser une prédiction. « Vous riez d'une prédiction sinistre et invraisemblable ; vous rirez moins si cette prédiction s'accomplit en partie »* (ALAIN).

PRÉDIGÉRÉ, ÉE [pʀediʒeʀe]. *adj.* (v. 1950 ; de *pré-*, et *digérer*). *Techn., Comm.* Qui a été soumis à une digestion chimique préalable. *Lait prédigéré pour nourrissons prématurés.*

PRÉDILECTION [pʀedilɛksjɔ̃]. *n. f.* (XVᵉ ; de *pré-*, et *dilection*). Préférence marquée (pour qqn, qqch.). *Prédilection d'une mère pour un de ses enfants. Par prédilection, de* préférence. « *Il me témoignait une sorte de prédilection* » (GIDE). — DE PRÉDILECTION. V. **Favori, préféré.** *Ce lieu* « *avait encore pour moi un attrait de prédilection* » (ROUSS.). ◇ ANT. *Antipathie, aversion.*

PRÉDIQUER [pʀedike]. *v. tr.* (XXᵉ; de *prédicat*). *Ling.* Dire (qqch. d'un sujet) au moyen d'un prédicat (*prédication*, n. f.).

PRÉDIRE [pʀediʀ]. *v. tr.;* conjug. *dire*, sauf *vous prédisez* [2ᵉ pers. plur. prés. ind.]; et [impér.] *prédisez* (XIIIᵉ; de *dire*, d'apr. lat. *prædicere*). ♦ 1° Annoncer comme devant être ou se produire (un événement qui n'a pas une forte probabilité). V. **Prédiction.** *Les prophètes prédirent la venue du Messie.* « *Il a prédit tout exactement le jour et l'heure de sa mort* » (BALZ.). *Il avait* « *le talent de prédire l'avenir par la cartomancie, la chiromancie, et les nombres pythagoriques* » (NERVAL). — *Ils me prédirent que je mourrais à trente-deux ans.* ♦ 2° (1529). Annoncer (une chose probable) comme devant se produire, par conjecture, raisonnement, intuition, etc. *On lui prédisait le plus brillant avenir.* « *Pour prédire la guerre, ou la révolution, les prophètes de malheur n'ont jamais manqué* » (MART. du G.). — *Je vous prédis qu'il va réussir.*

PRÉDISPOSER [pʀedispoze]. *v. tr.* (XVᵉ; de *pré-*, et *disposer*). ♦ 1° Disposer d'avance (qqn à qqch.), mettre dans une disposition favorable. V. **Incliner, préparer.** « *Ce que j'avais entendu n'était pas de nature à me prédisposer à la tendresse* » (GAUTIER). *Prédisposer qqn à agir.* — Au p. p. « *Je crois que l'on naît prédisposé à la foi ou au doute* » (MART. du G.). *Prédisposé à.* V. **Enclin.** ♦ 2° *Absolt.* Mettre d'avance dans certaines dispositions, influencer. « *Le jugement d'autrui nous prédispose* » (GIDE).

PRÉDISPOSITION [pʀedispozisjɔ̃]. *n. f.* (1798; de *prédisposer*). Tendance, état d'une personne prédisposée (à qqch.). V. **Aptitude, penchant.** « *Tu avais hérité de ta mère une prédisposition à être malade comme elle* » (MART. du G.). — *Méd.* Prédisposition morbide, à certaines maladies (épilepsie, rhumatisme, troubles mentaux). V. *aussi* **Arthritisme, diathèse.**

PRÉDOMINANCE [pʀedominɑ̃s]. *n. f.* (XVIᵉ; de *prédominer*). Caractère prédominant. *Prédominance d'un pays, d'un groupe social.* V. **Prépondérance, supériorité.** « *Race évidemment mélangée, avec prédominance d'éléments méridionaux* » (ROMAINS).

PRÉDOMINANT, ANTE [pʀedominɑ̃, ɑ̃t]. *adj.* (v. 1370; de *prédominer*). Qui prédomine. V. **Principal.** « *La peinture offre aussi, suivant l'époque, et la race et le peintre, des tendances prédominantes* » (É. FAURE).

PRÉDOMINER [pʀedomine]. *v. intr.* (XIVᵉ, « exercer une forte influence »; de *pré-*, et *dominer*). (*Choses*) Être le plus important, avoir l'avantage. V. **Emporter (l'), prévaloir.** « *Ce qui prédomine dans son œuvre, c'est l'humanisme.* » « *Cette discipline qu'on exerce sur soi-même et qui fait prédominer la volonté sur les autres facultés* » (FUSTEL).

PRÉ-ÉLECTORAL, ALE, AUX [pʀeelɛktɔʀal, o]. *adj.* (de *pré-*, et *électoral*). Qui précède des élections. *Les promesses pré-électorales sont rarement tenues.*

PRÉÉMINENCE [pʀeeminɑ̃s]. *n. f.* (1373; lat. *præeminentia*. V. **Éminence**). ♦ 1° *Vx.* Dignité, privilège du rang. ♦ 2° Supériorité absolue de ce qui est au premier rang, au premier plan. « *Il en concluait à la prééminence poétique du christianisme* » (STE-BEUVE). V. **Primauté ; suprématie.** *Donner la prééminence à qqch. :* placer au-dessus. ◇ ANT. *Infériorité.*

PRÉÉMINENT, ENTE [pʀeeminɑ̃, ɑ̃t]. *adj.* (v. 1540; lat. *præeminens*). *Littér.* Qui a la prééminence. V. **Supérieur.** *Rang prééminent. Vertu prééminente.* ◇ ANT. *Inférieur.*

PRÉEMPTION [pʀeɑ̃psjɔ̃]. *n. f.* (XVIᵉ; repris 1765; de *pré-*, et lat. *emptio* « achat »). *Dr.* Action d'acheter avant un autre. *Droit de préemption :* priorité dont jouit un acheteur, soit par la loi, soit par convention des parties. « *Il a, sur cette terre, un droit de préemption, s'il arrive qu'elle soit mise en vente* » (DE GAULLE). *Droit de préemption des musées nationaux* (dans les ventes aux enchères), *des sociétés agricoles.* ◇ *Dr. fisc.* Droit reconnu à la douane d'acheter au prix déclaré une marchandise sous-évaluée.

PRÉÉTABLIR [pʀeetabliʀ]. *v. tr.* (1609; de *pré-*, et *établir*). *Rare.* Établir d'avance (une chose abstraite). ◇ PRÉÉTABLI, IE [pʀeetabli]. *p. p. et adj.* Établi à l'avance, une fois pour toutes. *Réaliser un plan préétabli.* — *Philo. L'harmonie préétablie de Leibniz.*

PRÉEXCELLENCE [pʀeɛkselɑ̃s]. *n. f.* (1839; de *pré-*, et *excellence*). *Rare.* Primauté de ce qui est excellent. V. **Préexcellence.**

PRÉEXISTANT, ANTE [pʀeɛgzistɑ̃, ɑ̃t]. *adj.* (XVᵉ; de *préexister*). *Littér.* Qui existe avant, qui existait déjà. V. **Antécédent.** « *Les institutions préexistantes.* »

PRÉEXISTENCE [pʀeɛgzistɑ̃s]. *n. f.* (1551; de *pré-*, et *existence*). *Littér.* Existence (d'une chose) antérieure à celle d'une autre chose. V. **Antériorité.** « *L'expérience... implique la préexistence de la raison* » (BENDA). ◇ ANT. *Postériorité.*

PRÉEXISTER [pʀeɛgziste]. *v. intr.* (1482; lat. scolast. *præexistere*. V. **Exister**). Exister antérieurement (à qqch.). « *L'homme que j'étais, l'homme qui préexistait au médecin* » (MART. du G.).

PRÉFABRICATION [pʀefabʀikasjɔ̃]. *n. f.* (v. 1950; de *pré-*, et *fabrication*). *Techn.* Fabrication d'éléments de construction (maison, navires) assemblés ultérieurement sur place.

PRÉFABRIQUÉ, ÉE [pʀefabʀike]. *adj.* (1932; de *pré-*, et *fabriqué*). *Cour.* Se dit d'une maison montée avec des éléments faits au préalable. *Élément préfabriqué :* chacun des panneaux dont l'assemblage forme un mur, une construction. — *Subst.* *Le préfabriqué*, les éléments de construction préfabriqués. *C'est du préfabriqué.* ◇ *Fig.* « *Ce petit sourire préfabriqué que sa mère* [...] *pose sur son visage et retire aussitôt* » (SARRAUTE).

PRÉFACE [pʀefas]. *n. f.* (XVᵉ; « préambule », XIVᵉ; lat. *præfatio*, de *præfari* « dire d'avance »). ♦ 1° Texte placé en tête d'un livre et qui sert à le présenter au lecteur. V. **Avant-propos, avertissement, avis, introduction, notice, préambule, prolégomènes.** *La préface de Mademoiselle de Maupin*, de Gautier. *La préface de Cromwell*, de Hugo. « *Une mauvaise préface allonge considérablement un mauvais livre* » (VAUVEN.). « *Depuis bien longtemps l'on se récrie sur l'inutilité des préfaces — et pourtant l'on fait toujours des préfaces* » (GAUTIER). *Demander une préface à qqn. Préface et postface.* ♦ 2° *Liturg. cathol.* Prologue solennel d'action de grâces qui précède le canon. ◇ ANT. *Conclusion.*

PRÉFACER [pʀefase]. *v. tr.;* conjug. *placer* (1907; « préluder à un discours », 1784; de *préface*). Présenter par une préface. *Écrivain qui préface le roman d'un jeune auteur.*

PRÉFACIER [pʀefasje]. *n. m.* (1833; de *préface*). Auteur d'une préface, *spécial.* lorsqu'il n'est pas l'auteur du livre.

PRÉFECTORAL, ALE, AUX [pʀefɛktɔʀal, o]. *adj.* (1836; de *préfet*, d'apr. lat. *præfectus*). Relatif au préfet, à l'administration par les préfets. *Administration, institution préfectorale. Le corps préfectoral.* — *Arrêté préfectoral. Par mesure préfectorale.*

PRÉFECTURE [pʀefɛktyʀ]. *n. f.* (XIVᵉ; lat. *præfectura*). ♦ 1° *Hist. rom.* Charge de préfet, dans l'empire romain. ◇ Territoire administré par l'un des préfets du prétoire. ♦ 2° (1800). Charge de préfet. *Son père* « *avait occupé jusqu'à sa mort une préfecture* » (ZOLA). ◇ Durée des fonctions d'un préfet. ◇ Ensemble des services de l'administration préfectorale. *La préfecture, le conseil général et la commission départementale administrent le département. Les bureaux de la préfecture.* ◇ Ville où siège la préfecture (V. **Chef-lieu**). — Circonscription administrée par la préfecture (V. **Département**). ◇ Local où sont installés les services de la préfecture. « *La préfecture ressemblait à un château dans la campagne* » (NIZAN). ♦ 3° *Préfecture maritime :* port de guerre, chef-lieu d'une région maritime. ♦ 4° *Préfecture de police :* à Paris, services de direction de la police municipale, judiciaire, économique ; locaux où sont installés ces services. *Absolt. Faites viser votre passeport à la préfecture.*

PRÉFÉRABLE [pʀefeʀabl(ə)]. *adj.* (1587; de *préférer*). Qui mérite d'être préféré, choisi. *Être, paraître préférable à qqch.* « *Le solide bonheur est préférable aux vains plaisirs qui le détruisent* » (ROUSS.). *Bien préférable.* « *Ailleurs semble toujours préférable à Ici* » (HUGO). *Il est préférable que,... de... :* il vaut mieux. *Il est préférable de faire ceci, plutôt que faire cela.*

PRÉFÉRABLEMENT [pʀefeʀabləmɑ̃]. *adv.* (1654; de *préférable*). *Littér.* De préférence. *Préférablement à autre chose.* V. **Plutôt** (que).

PRÉFÉRÉ, ÉE [pʀefeʀe]. *adj. et n.* (1360, n.; V. **Préférer**). ♦ 1° Jugé meilleur. *C'est son disque préféré.* « *Mozart est le compagnon préféré des cœurs qui ont aimé* » (R. ROLLAND). ♦ 2° N. Personne qui est préférée, mieux aimée. « *Je m'étais cru le préféré* » (BALZ.). V. **Favori.**

PRÉFÉRENCE [pʀefeʀɑ̃s]. *n. f.* (1361; de *préférer*). ♦ 1° Jugement ou sentiment par lequel on place une personne, une chose au-dessus des autres; jugement plus favorable. « *Sur quelque préférence une estime se fonde* » (MOL.). *Vieilli. La préférence d'une chose à une autre.* « *La noblesse est la préférence de l'honneur à l'intérêt* » (VAUVEN.). — *Avoir une préférence marquée pour.* V. **Faiblesse, prédilection ; préférer.** *Témoigner une préférence aveugle, injuste à, pour qqn.* « *Un père... ne doit point avoir de préférence dans la famille que Dieu lui donne* » (ROUSS.). — *Je n'ai pas de préférence :* cela m'est égal. — *Accorder, donner la préférence à :* donner l'avantage dans une comparaison, un choix. V. **Préférer.** *Donner la préférence à un fournisseur*, lui accorder sa clientèle. ◇ *Loc. adv.* DE PRÉFÉRENCE. V. **Plutôt.** *Choisir de préférence.* « *Je fréquentais soit les petites rues de la Montagne Sainte-Geneviève, soit les allées du Luxembourg, le matin de préférence* » (DUHAM.). — *Par ordre de préférence :* en classant chaque chose selon ses

préférences. — Loc. prép. *De préférence, par préférence à.*
V. **Avant, plutôt** (que). ♦ 2° Le fait d'être préféré. *Avoir, obtenir la préférence sur qqn :* passer avant lui. ♦ 3° Avantage consenti à une personne plutôt qu'aux autres. V. **Privilège.** « *Rancé ne s'accorda aucune des préférences de ses devanciers* » (CHATEAUB.). ◇ Dr. *Droit de préférence,* qui permet à un créancier d'être payé par préférence aux créanciers chirographaires.

PRÉFÉRENTIEL, IELLE [pʁefeʁɑ̃sjɛl]. adj. (1915; de *préférence*). Qui établit une préférence. *Tarif préférentiel. Traitement préférentiel.* ◇ Dr. pub. *Vote préférentiel,* dans lequel un signe distinctif marquant certains candidats détermine le classement des membres de la liste.

PRÉFÉRENTIELLEMENT [pʁefeʁɑ̃sjɛlmɑ̃]. adv. (mil. XXᵉ; de *préférentiel*). Didact. Admin. D'une manière préférentielle. V. **Préférence** (de).

PRÉFÉRER [pʁefeʁe]. v. tr.; conjug. *céder* (1355; lat. *præferre* « porter [*ferre*] en avant [*præ*]»). Considérer comme meilleure, supérieure, plus importante (une chose, une personne parmi plusieurs) par un jugement, un goût; se déterminer en sa faveur. V. **Aimer** (mieux), **incliner, pencher** (pour); **adopter, choisir, élire.** « *On n'aime qu'après avoir jugé, on ne préfère qu'après avoir comparé* » (ROUSS.). *Préférer une chose, une personne à une autre.* « *Toute femme préfère à rien un bonheur dont elle sait la brièveté* » (MONTHERLANT). *Il préfère beaucoup, de beaucoup telle chose à telle autre. Préférer à tout :* aimer par-dessus tout. *Si tu préfères, si vous préférez,* si vous aimez mieux. ◇ *Préférer* (et inf.) *Préférer faire qqch. :* aimer mieux. « *Plutôt que de recourir à ce que vous appelez la violence, je préfère mourir* » (DUHAM.). — Absolt. *Faites comme vous préférez :* comme vous voudrez, comme vous l'entendez*. — Littér. « *Nous... avons préféré d'attendre et de vous faire attendre plutôt que de risquer inconsidérément la vie de nos soldats* » (GIDE). — Cour. « *Elle préférait souffrir que d'être dupe* » (RADIGUET). Littér. « *Il préférait souffrir à ne pas aimer* » (TRIOLET). — Fig. (Choses) *Plante qui préfère les terrains sablonneux.* ◇ SE PRÉFÉRER. v. pron. (Réfl.) « *Il n'y a si vil praticien qui... ne se préfère au laboureur* » (LA BRUY.). ◇ ANT. **Haïr, rejeter.**

PRÉFET [pʁefɛ]. n. m. (v. 1170; lat. *præfectus* « préposé », de *præ-*, et *facere* « faire »). ♦ 1° *Hist. rom.* L'un des hauts magistrats chargés de l'administration de Rome. ◇ Par ext. L'un des préfets du prétoire qui étaient à la tête d'un département de l'Empire (préfecture). *Le préfet des Gaules.* ♦ 2° (XVIIᵉ). Relig. *Préfet des brefs :* le chef de la section des brefs de la secrétairerie du pape. ◇ Prêtre chargé de la discipline dans certains collèges religieux. *Préfet des études.* Appos. *Le père préfet d'un collège.* ♦ 3° (1800). Cour. Fonctionnaire placé à la tête d'un département ou d'une région, représentant du pouvoir central et du département. *Cabinet du préfet* (V. **Préfecture**). *Le bureau du préfet. Arrêté du préfet.* V. **Préfectoral; igame, super-préfet.** ◇ *Préfet de police,* placé à la tête de la Préfecture de police (à Paris). ♦ 4° *Préfet maritime :* l'officier général placé à la tête d'un arrondissement maritime. ♦ 5° [*Belgique*]. Directeur d'athénée* (2), de lycée.

PRÉFÈTE [pʁefɛt]. n. f. (1834; de *préfet*). ♦ 1° Femme d'un préfet. *Madame la préfète.* ♦ 2° [*En Belgique*]. Directrice de lycée.

PRÉFIGURATION [pʁefigyʁasjɔ̃]. n. f. (1633; lat. *præfiguratio*). Littér. Ce qui présente tous les caractères d'un être, d'une chose à venir. « *N'était-ce pas déjà, dans sa vie — comme une préfiguration de ce qui devait arriver après sa mort — ...* » (PROUST).

PRÉFIGURER [pʁefigyʁe]. v. tr. (1220; lat. *præfigurare*). Avoir tous les caractères de (une chose à venir). « *Et ce cimetière de vivants préfigurait celui où ils finiraient par se rejoindre tous* » (MAURIAC).

PRÉFINANCEMENT [pʁefinɑ̃smɑ̃]. n. m. (1965; de *pré-*, et *financement*). Aide financière accordée en vue de la réalisation d'un projet, ou de la poursuite d'investissements. « *Un matériel [...] dont le préfinancement était assuré par un crédit spécial* » (*Le Monde,* 10-7-1965).

PRÉFIX, IXE [pʁefiks, iks(ə)]. adj. (XIVᵉ; lat. *præfixus* « fixé »). Vx. (Dr.). Déterminé, fixé d'avance. *Au jour et au lieu préfix, au terme préfix* (V. **Préfixion**).

PRÉFIXAL, ALE, AUX [pʁefiksal, o]. adj. (Néol.; de *préfixe*). Ling. Relatif aux préfixes.

PRÉFIXATION [pʁefiksasjɔ̃]. n. f. (1870; de *préfixer*). Ling. Formation de composés par adjonction de préfixes; emploi d'un élément comme préfixe.

PRÉFIXE [pʁefiks(ə)]. n. m. (1751; lat. *præ-*, et *fixus* « fixé »). Élément de formation de mots; morphème qui précède le radical (*opposé* à suffixe). *Préfixes séparables,* constituant des mots indépendants (avant-, contre-, entre-; plus-, sous-, sur-). *Préfixes empruntés au latin ou au grec.*

PRÉFIXER [pʁefikse]. v. tr. (1869; préfichier, XVᵉ; de

préfixe). Ling. Joindre (un élément) comme préfixe; composer avec un préfixe. — Au p. p. *Élément préfixé.*

PRÉFIXION [pʁefiksjɔ̃]. n. f. (1372, « détermination [d'un temps, etc.] »; de *préfixer*). Dr. Fixation d'un délai; délai fixé.

PRÉFLORAISON [pʁeflɔʁɛzɔ̃]. n. f. (1869; *préfleuraison,* 1839; de *pré-*, et *floraison*). Bot. Disposition des pièces du périanthe, dans le bouton floral. Syn. *Estivation.*

PRÉFOLIATION [pʁefɔljasjɔ̃]. n. f. (1869; de *pré-*, et *foliation*). Bot. Disposition des feuilles dans le bourgeon. Syn. *Vernation.*

PRÉFORMATION [pʁefɔʁmasjɔ̃]. n. f. (v. 1765, « formation préalable »; de *pré-*, et *formation*). Hist. sc. L'une des deux théories biologiques en lutte aux XVIIᵉ et XVIIIᵉ s., selon laquelle l'organisme vivant est complètement constitué dans le germe. « *La préformation entraînait logiquement une conséquence plus que paradoxale, à savoir que toutes les générations devaient être réalisées d'avance* » (CAULLERY). — REM. On emploie aussi PRÉFORMATIONNISME, n. m.; et PRÉFORMISME, n. m.

PRÉFORMER [pʁefɔʁme]. v. tr. (v. 1770; de *pré-*, et *former*). Didact. Former d'avance. — Au p. p. *Animal, homme préformé dans le germe* (V. **Préformation**).

PRÉGLACIAIRE [pʁeglasjɛʁ]. adj. (1877; de *pré-*, et *glaciaire*). Géogr. Qui précède une période glaciaire, ou l'action des glaciers (en un lieu).

PRÉGNANCE [pʁegnɑ̃s]. n. f. (XXᵉ; de *prégnant*). Psycho. « Force, et par suite stabilité et fréquence d'une organisation psychologique privilégiée, parmi toutes celles qui sont possibles » (GUILLAUME).

PRÉGNANT, ANTE [pʁegnɑ̃, ɑ̃t]. adj. (XIVᵉ; lat. *prægnans*). Didact. Plein de sens implicite; gros de raison, de conséquence, etc. ◇ Psycho. Qui s'impose à l'esprit. *Structure prégnante.* ◇ Ling. (1845) *Valeur prégnante :* terme, construction dont le sens n'est pas entièrement énoncé.

PRÉHELLÉNIQUE [pʁeelenik]. adj. (1914; de *pré-*, et *hellénique*). Hist. Relatif aux époques précédant l'invasion dorienne (XIIᵉ s. av. J.-C.), en Grèce et dans les régions avoisinantes.

PRÉHENSEUR [pʁeɑ̃sœʁ]. adj. m. (1842; de *préhension*). Didact. Qui sert à prendre, à saisir. *Organe préhenseur.* V. **Préhensile.**

PRÉHENSILE [pʁeɑ̃sil]. adj. (XVIIIᵉ; de *préhension*). Didact. Qui peut prendre, saisir (d'un organe qui ne sert pas uniquement à la préhension). *Queue, pince préhensile.* V. **Préhenseur.**

PRÉHENSION [pʁeɑ̃sjɔ̃]. n. f. (XVIᵉ, repris 1793; *prehencion* « compréhension », XVᵉ; lat. *prehensio,* de *prehendere* « saisir »). ♦ 1° Didact. Action de saisir, de prendre. ◇ Faculté de saisir avec un organe approprié. *Les mains « étaient moyennement courtes, faites pour la préhension »* (MICHELET). ♦ 2° (1510, « arrestation »). Anc. Dr. *Droit de préhension :* de réquisition.

PRÉHISTOIRE [pʁeistwaʁ]. n. f. (1872; de *pré-*, et *histoire*). Ensemble des événements concernant l'humanité avant l'apparition de l'écriture, de la première métallurgie; étude de ces événements. *Divisions de la préhistoire d'après le climat, la géologie, la paléontologie humaine, l'anthropologie. Préhistoire et protohistoire*.*

PRÉHISTORIEN, IENNE [pʁeistɔʁjɛ̃, jɛn]. n. (1874; de *préhistoire*). Didact. Spécialiste de la préhistoire. V. **Historien.**

PRÉHISTORIQUE [pʁeistɔʁik]. adj. (1865; de *pré-*, et *historique*). ♦ 1° Antérieur à l'apparition des témoignages écrits ou à l'usage des métaux (V. **Préhistoire**). *Les âges, les temps préhistoriques.* ◇ Relatif à la préhistoire. *L'homme préhistorique. Site, grotte, monument préhistorique; ossements, outils préhistoriques. Animaux préhistoriques.* ♦ 2° Très ancien, suranné, démodé (V. **Antédiluvien**). « *Et Brichot lui-même..., quand il faisait allusion à l'affaire Dreyfus, disait : « Dans ces temps préhistoriques »* » (PROUST). *Une machine, une voiture préhistorique. Un « vieil individu... que coiffait un phylactère gibus »* (ALLAIS).

PRÉHOMINIENS [pʁeɔminjɛ̃]. n. m. pl. (Néol.; de *pré-*, et *hominien*). Sc. Groupe d'hominiens les plus proches des hominidés et qui comprend le pithécanthrope et le sinanthrope.

PRÉJUDICE [pʁeʒydis]. n. m. (1265; lat. *præjudicium* « jugement anticipé », de *præjudicare* « préjuger »). ♦ 1° Perte d'un bien, d'un avantage par le fait d'autrui; acte ou événement nuisible aux intérêts de qqn et le plus souvent contraire au droit, à la justice. *Causer un préjudice à qqn. Porter préjudice :* causer du tort. *Subir un préjudice.* V. **Dommage.** *Préjudice matériel, moral, esthétique, d'agrément, de jouissance.* ◇ (Fin XIVᵉ) AU PRÉJUDICE *de qqn.* V. **Dam, désavantage, détriment.** « *Une injustice vient d'être commise à son profit, à mon préjudice* » (DUHAM.). ♦ 2° Ce qui est nuisible pour, ce qui va contre (qqch.). *Causer un grave préjudice à une cause, à la justice. Au préjudice de l'honneur, de la vérité.* V. **Contre, malgré.** Littér. *Sans préjudice de :* sans porter atteinte. *Sans préjudice des questions qui pourront être soulevées plus tard :* sans parler de. V. **Sauf.** ◊ ANT. *Avantage, bénéfice, bien ; aide, assistance, bienfait.*

PRÉJUDICIABLE [pʀeʒydisjabl(ə)]. *adj.* (1266 ; du lat. *præjudicium*). Qui porte, peut porter préjudice (à qqn, à qqch.). V. **Attentatoire, dommageable, nocif, nuisible.** « *Ce régime d'immobilité, à l'âge que j'avais, était préjudiciable à ma santé* » (RENAN). ◊ ANT. *Salutaire.*

PRÉJUDICIAUX [pʀeʒydisjo]. *adj. m. pl.* (XVIᵉ ; *préjudicial* « préjudiciable », 1299 ; lat. *præjudicialis*). Dr. *Frais préjudiciaux,* qu'on doit acquitter avant de pouvoir faire appel.

PRÉJUDICIEL, ELLE, ELS [pʀeʒydisjɛl]. *adj.* (1752 ; « préjudiciable », XIIIᵉ ; lat. *præjudicialis,* de *præjudicium*). Dr. Qui doit précéder le jugement. *Action, question préjudicielle,* « qui doit être tranchée par une juridiction autre que celle saisie de l'action principale et préalablement à celle-ci » (CAPITANT).

PRÉJUDICIER [pʀeʒydisje]. *v. intr.* (1344 ; du lat. *præjudicium.* V. **Préjudice**). *Vx.* ou *littér.* Porter préjudice, faire tort à. V. **Blesser, nuire.** *Préjudicier à qqn.* — (Choses) « *Leur doctrine ne préjudicie pas au salut* » (BOSS.) : ne lui est pas préjudiciable. ◊ ANT. *Aider, assister, avantager.*

PRÉJUGÉ [pʀeʒyʒe]. *n. m.* (1584, « opinion qu'on se forme au sujet d'un événement futur » ; de *préjuger*). ♦ 1° Didact. Indice qui permet de se faire une opinion provisoire. *C'est un préjugé en sa faveur.* ♦ 2° (Déb. XVIIᵉ). Cour. Croyance, opinion préconçue souvent imposée par le milieu, l'époque, l'éducation ; parti pris. *Préjugé de race, de secte. Préjugés bourgeois, aristocratiques. Préjugé indéracinable, tenace.* « *Ses préjugés d'enfance s'opposèrent à la complète émancipation de son intelligence* » (BALZ.). *Être sans préjugés. Passer par-dessus les préjugés.* — *Être victime des préjugés de son époque.*

PRÉJUGER [pʀeʒyʒe]. *v. tr.* ; conjug. *bouger* (XVᵉ, « juger qqn par conjecture » ; lat. *præjudicare*). I. *V. tr. dir.* ♦ 1° *Vx* ou *littér.* Porter un jugement prématuré sur (qqch.). *Je ne veux point préjuger la question.* — Prévoir au moyen des indices dont on dispose. *Autant qu'on peut le préjuger ; à ce qu'on en peut préjuger.* ♦ 2° Dr. Prendre une décision provisoire sur (qqch.), en laissant prévoir le jugement définitif. II. *V. tr. indir.* (plus cour.). PRÉJUGER DE : porter un jugement prématuré sur (qqch.) ; considérer comme résolue une question qui ne l'est pas. « *Je n'ai nullement entendu préjuger de votre décision* » (P. BENOIT).

PRÉLART [pʀelaʀ]. *n. m.* (1691 ; o. i.). Mar., Techn. Grosse toile imperméabilisée servant à protéger marchandises, chargement d'une voiture, embarcations d'un navire. V. **Bâche.** *Ils* « *se pelotonnèrent... sous les prélarts* » (HUGO).

PRÉLASSER (SE) [pʀela(a)se]. *v. pron.* (1532 ; de *prélat* ; p.-ê. d'apr. *lasser*). ♦ 1° *Vx.* Prendre un air important, une attitude, une démarche nonchalante et satisfaite. « *L'âne, se prélassant, marche seul devant eux* » (LA FONT.). ♦ 2° Mod. S'abandonner nonchalamment. *Se prélasser dans un hamac, dans un fauteuil.*

PRÉLAT [pʀela]. *n. m.* (1155 ; lat. médiév. *prælatus* « porté en avant, préféré » etc.). Haut dignitaire ecclésiastique (cardinal, archevêque, etc.) ayant reçu la prélature à titre personnel. *Prélats domestiques,* certains clercs de la maison du pape. *Caudataire, coadjuteur d'un prélat.* « *C'est l'auditeur de Sa Sainteté... un des prélats palatins* » (ROMAINS).

PRÉLATIN, INE [pʀelatɛ̃, in]. *n. m. et adj.* (XXᵉ ; de *pré-,* et *latin*). Didact. Antérieur à la civilisation latine, au latin (langue), dans son domaine. *Mot d'origine prélatine* (étrusque, etc.).

PRÉLATURE [pʀelatyʀ]. *n. f.* (v. 1380 ; de *prélat*). Didact. ou *littér.* Dignité d'un prélat. « *Il n'aspirait à la prélature que pour se hisser plus haut* » (MADELIN). ◊ Corps des prélats de la cour de Rome.

PRÉLAVAGE [pʀelavaʒ]. *n. m.* (v. 1960 ; de *pré-,* et *lavage*). Lavage préalable.

PRÊLE, PRÈLE ou **PRESLE** [pʀɛl]. *n. f.* (1539 ; altér. d'*asprele* [XIIIᵉ] ; lat. pop. *asperella,* de *asper* « âpre »). Plante cryptogame vasculaire (*Équisétinées*), à tige creuse et à épis terminaux ; elle croît dans des endroits humides. *La prêle est aussi appelée* queue-de-cheval, queue-de-rat. « *Les joncs, les prêles, depuis deux jours inclinés par sa force* (du ruisseau) *se redressaient* » (GENEVOIX).

PRÉLEGS [pʀelɛ(g)]. *n. m.* (1690 ; de *pré-,* et *legs*). Dr. Legs particulier qui doit être pris sur la masse de l'héritage, avant le partage.

PRÉLÈVEMENT [pʀelɛvmɑ̃]. *n. m.* (1767 ; de *prélever*). ♦ 1° L'action de prélever ; la quantité qu'on prélève. *Prélè-*

vement d'un échantillon d'une marchandise. Prélèvement de sang. Absolt. *Faire un prélèvement* (d'organe, de tissu, etc.). — (Abstrait) « *Un effroyable prélèvement d'intérêts* » (BALZ.). ♦ 2° Dr. Bien qu'une personne, copropriétaire de certaines possessions, prend avant le partage. *Prélèvement mobilier, immobilier.* V. **Distraction** (1°).

PRÉLEVER [pʀelve]. *v. tr.* ; conjug. *lever* (1629, « lever un impôt » ; bas lat. *prælevare*). ♦ 1° Prendre une partie d'un ensemble, d'un total). V. **Enlever, extraire, ôter, retenir, retrancher.** *Prélever un échantillon.* ♦ 2° Dr. Prendre (une part d'un total, d'une masse) avant un partage. V. **Prélèvement.** « *Si, sur vos grands biens, vous prélevez pour la doter ces trois millions d'or du Mexique...* » (BEAUMARCH.). ♦ 3° Rare. *Prélever un impôt, un tribut sur qqn.* V. **Lever.**

PRÉLIMINAIRE [pʀeliminɛʀ]. *n. m. et adj.* (apr. 1648 [Traité de Westphalie] ; lat. *præliminaris*). I. *N. m.* ♦ 1° *Plur.* Ensemble des négociations qui précèdent et préparent un armistice, un traité de paix. « *Les préliminaires de la paix entre la France et l'Angleterre* » (CHATEAUB.). — Cour. Ce qui prépare un acte, un événement plus important. V. **Commencement, prélude.** « *Les préliminaires terminés,... (il) se trouva face à face avec la difficulté suprême* » (HUGO). *Abréger les préliminaires.* ♦ 2° *Sing.* Dr. *Préliminaire de conciliation.* II. *Adj.* (1671). Qui précède, prépare une autre chose considérée comme plus importante. *Discours préliminaire :* introduction, préambule. ◊ ANT. *Conclusion.*

PRÉLIMINAIREMENT [pʀeliminɛʀmɑ̃]. *adv.* (1757 ; de *préliminaire*). Rare. Préalablement.

PRÉLOGIQUE [pʀelɔʒik]. *adj.* (1910 ; de *pré-,* et *logique,* adj.). Sociol. *Mentalité prélogique,* propre aux sociétés « primitives », caractérisée par le fait qu'elle ne répugne pas à la contradiction (On dit plutôt aujourd'hui *alogique, paralogique*). ◊ Psycho. *Stade prélogique,* pendant lequel l'esprit de l'enfant ne respecte pas encore les règles de la logique.

PRÉLUDE [pʀelyd]. *n. m.* (1530 ; du lat. *præludere.* V. **Préluder**). ♦ 1° Suite de notes qu'on chante ou qu'on joue pour se mettre dans le ton. ♦ 2° Pièce instrumentale ou orchestrale de forme libre qui sert à introduire une autre pièce ou qui constitue un tout par elle-même. *Préludes et fugues de J.-S. Bach. Préludes de Chopin.* — Introduction symphonique d'un opéra. *Le prélude à l'après-midi d'un faune,* poème symphonique de Debussy. ♦ 3° (1532). Fig. Ce qui précède, annonce (qqch.) ; ce qui constitue le début (d'une œuvre, du déroulement d'événements, d'un fait). V. **Annonce, commencement, préliminaire, prologue.** « *Le prélude des hostilités* » (MART. du G.). *Prélude à Verdun,* de J. Romains.

PRÉLUDER [pʀelyde]. *v.* (1660 ; lat. *præludere* « se préparer à jouer »). ♦ 1° *V. intr.* Essayer sa voix ou son instrument par un prélude. « *Avant que de chanter, il faut que je prélude un peu* » (MOL.). — *Préluder par :* chanter, jouer (tel morceau) pour commencer. V. **Préludait doucement par de vagues mélodies** (MUSS.). ♦ 2° *V. tr. indir.* PRÉLUDER À (1690). Littér. (Personnes) S'exercer préalablement, s'essayer à faire qqch. « *Il essayait leur valeur* (des soldats) *et préludait à ses victoires* » (FONTENELLE). ◊ (Choses) Se produire dans l'attente d'autre chose. V. **Annoncer.** « *Il s'interrompit. Un temps interminable préluda à ce qui allait suivre* » (COURTELINE). ◊ ANT. *Conclure.*

PRÉMATURÉ, ÉE [pʀematyʀe]. *adj.* (1632 ; lat. *præmaturus* « mûr avant »). ♦ 1° Qu'il n'est pas encore temps d'entreprendre. *Je crains que ce ne soit une démarche prématurée.* Il est prématuré de... (Cf. Il est trop tôt pour). ◊ Qui a été fait trop tôt. « *Tu fis sagement..., bien que ta retraite ait été prématurée* » (GAUTIER). — *Une nouvelle prématurée :* annoncée avant sa réalisation. ♦ 2° Qui arrive avant le temps normal. V. **Précoce.** *Une vieillesse prématurée.* « *Une mort prématurée est irréparable* » (CAMUS). — Méd. *Accouchement prématuré :* avant terme. ♦ 3° Par ext. *Un enfant prématuré,* né avant terme mais viable. V. **Prématurité.** ◊ Subst. (1901). *Un prématuré. Des prématurés en couveuse.* ◊ ANT. *Tardif.*

PRÉMATURÉMENT [pʀematyʀemɑ̃]. *adv.* (*Prematurement,* 1576 ; de *prématuré*). Avant le temps habituel ou convenable. *Mourir prématurément. La faim avait* « *vieilli prématurément son visage* » (BAUDEL.). ◊ ANT. *Tard.*

PRÉMATURITÉ [pʀematyʀite]. *n. f.* (1953 ; « caractère de ce qui est prématuré », 1762 ; de *pré-,* et *maturité*). Didact. État d'un enfant prématuré (défini conventionnellement par un poids de naissance inférieur à 2 500 grammes et né après une gestation de moins de 37 semaines).

PRÉMÉDICATION [pʀemedikasjɔ̃]. *n. f.* (1959 ; de *pré-,* et *médication*). Méd. Traitement médicamenteux administré avant une anesthésie. *La prémédication est destinée à détendre le malade et à renforcer les effets de l'anesthésie.*

PRÉMÉDITATION [pʀemeditasjɔ̃]. *n. f.* (1361 ; lat. *præmeditatio*). Dessein réfléchi d'accomplir une action (sur-

tout une action mauvaise, un délit ou un crime). *La préméditation, circonstance aggravante en matière d'homicide.*
« *Aussi, dit-elle... serait-ce une chose digne de vous, que de
faire écarter la préméditation, vous sauveriez la vie à ce malheureux* » (BALZ.). *Meurtre avec préméditation.*

PRÉMÉDITÉ, ÉE [pʀemedite]. *adj.* (1491; V. Préméditer). Qui est réalisé avec préméditation, qui a été l'objet
d'une réflexion préalable. V. **Intentionnel.** *Réponse, réaction
préméditée.* V. **Concerté.** « *Mon crime est atroce, et il fut
prémédité* » (STENDHAL).

PRÉMÉDITER [pʀemedite]. *v. tr.* (1474; *se préméditer*
« se concerter », 1395; lat. *præmeditari*). Décider, préparer
avec calcul. V. **Calculer.** « *Le pharmacien avait patiemment
prémédité la rupture de son ménage* » (ROMAINS). — Trans.
indir. *Préméditer de* (et inf.). V. **Projeter.** *Il avait prémédité
de s'enfuir.*

PRÉMENSTRUEL, ELLE [pʀemãstʀyɛl]. *adj.* (1943, de
pré-, et *menstruel*). *Méd.* Qui précède l'époque des règles.
Syndrome prémenstruel.

PRÉMICES [pʀemis]. *n. f. pl.* (*Primices*, 1120; lat. *pri-
mitiæ*). ♦ 1° *Hist.* (Chez les Grecs, les Romains, les Hébreux,
etc.). Premiers fruits de la terre, premiers animaux nés du
troupeau, qu'on offrait à la divinité. ♦ 2° *Vx* ou *littér.* Commencement, début. *Les prémices de la vie. Les prémices de
l'hiver.* « *Toujours la tyrannie a d'heureuses prémices* » (RAC.).
◇ HOM. **Prémisse.**

PREMIER, IÈRE [pʀəmje, jɛʀ]. *adj., n.* et *adv.* (1104;
primer, 980; lat. *primarius*, de *primus*).
I. *Adj.* Qui vient avant les autres, dans un ordre (le plus
souvent avant le nom, en épithète). ♦ 1° Qui est le plus
ancien ou parmi les plus anciens dans le temps; qui s'est
produit, apparaît, doit apparaître avant. V. **Initial.** *Le premier
jour du mois.* — Subst. *Le premier avril. Le premier de l'an.
Le Premier Mai. Les premiers du mois* : chaque premier
jour. — Loc. *À la première heure** (4°) : tôt. *Le premier âge,
la première enfance, la première jeunesse.* V. **Prime.** « *C'est
là que je suis venu au monde et que j'ai passé les premières,
les seules bonnes années de ma vie* » (DAUD.). *Les premiers
pas. Premier amour.* « *C'était le jour béni de ton premier
baiser* » (MALLARMÉ). *Premier rendez-vous. Premier bal.* —
Faire sa première communion. Ce sont ses premières armes (V.
Apprentissage). *Premier mariage. Enfants du premier lit.*
— *La première cigarette, la première pipe d'un collégien. Il
s'en soucie* (fam. *Il s'en fiche*) *comme de sa première chemise**.
— *Les premiers temps. Les premiers hommes. Le Premier
Empire. La Première Guerre mondiale.* — *La première fois.
Au premier, du premier coup,* à la première tentative, au premier essai. *Faire les premiers pas**. Loc. prov. *Il n'y a que le
premier pas* (la première décision, le début de l'action) *qui
coûte**. — *Au premier abord**, à première vue* : tout d'abord.
« *Ma première impression, à son aspect, ne fut ni la surprise,
ni l'étonnement* » (BALZ.). « *On ne peut plus donc rire, chez
vous? Première nouvelle !* » (DUHAM.) : je ne le savais pas !
— Loc. *Du premier jet** (I, 4°). « *La première pierre fut scellée
par la reine* » (ALAIN). *Première épreuve* (typogr.); subst.
Lire, corriger en première. — *Première édition* (V. **Original[e],
princeps).** — *Le premier quartier de la lune. Les premiers
bourgeons, les premières feuilles.* — *Premier service. Premier
round. Première manche. Première année de droit. Enseignement du premier degré* : enseignement primaire. *Premier
cycle.* ◇ (Attribut) *Arriver premier* : avant les autres. V.
Tête (en). *Ils sont bons premiers, bien avant les autres.* —
Subst. *Parler le premier.* « *Il faut que je sois la première couchée et la première levée* » (DIDER.). *J'aurais ri tout le premier,
si... Il est parmi les premiers, un tout premiers.* — Allus.
hist. *Messieurs les Anglais, tirez** les premiers.* ♦ 2° Le
premier à venir (dans le futur). V. **Prochain.** *À la première
occasion.* — Subst. *Le premier venu* : n'importe qui. « *Ce
n'est pas comme si tu me trompais avec la première venue* »
(ZOLA). ♦ 3° Qui se présente avant (dans une série, un
ordre conventionnel). *Le premier numéro, le premier nom
d'une liste. En premier lieu** (III, 2°). *Le premier point.* ◇
*La première personne du singulier, du pluriel. Verbes du premier
groupe* (en -*er*). — *Première partie.* V. **Commencement,
début.** *Le premier chapitre ligne à la dernière. Le premier et le
dernier mot.* ♦ 4° (1559). Qui est dans l'état de son origine,
de son début (généralement après le nom). V. **Original,
originel, primitif.** « *Il ne devait plus jamais ressentir la ferveur
première* » (FRANCE). *Matières** premières.* ♦ 5° Qui se
présente d'abord (dans l'espace) par rapport à un observateur, un point de repère. *Arrière-plan et premiers plans**
(3°). *La première porte après l'escalier. La première* (*rue*) *à
droite.* — *Au premier rang, à la première place.* — *Le premier
étage. Les premières loges.* ◇ Subst. *Marcher, passer, sortir
le premier* : devant les autres. — En avant. « *Il tomba la
tête la première* » (BALZ.). ♦ 6° Qui vient en tête pour l'importance, la valeur, est plus remarquable que les autres. V.
Dominant, meilleur. *Première place, premier rang.* — Loc.
Soldat de première classe (ellipt. *Un première classe*). —

*Première qualité. De premier ordre. Premier choix. Morceau
de premier choix* : de choix*. — Spécialt. *Côte, côtelette
première* (boucherie) : une des quatre côtelettes le plus près
de la selle. ◇ Qui doit être considéré, satisfait d'abord. V.
Primordial, principal. « *Penser est de première nécessité* »
(HUGO). *Satisfaire aux premiers besoins* (V. **Indispensable,
nécessaire).** *L'objectif premier.* V. **Capital.** — *Jouer le premier
rôle.* — Par ext. *Le grand premier rôle* : l'acteur qui le joue.
— (Cf. *ci-dessous*, II, 4°). — *Premier prix, premier accessit.
Première classe, dans un moyen de transport.* V. **Première** (5°).
◇ (Personnes) *Le premier personnage de l'État, d'un parti.*
« *C'était le premier escrimeur, le premier tireur, le premier
sauteur de son temps* » (STENDHAL). — Subst. « *Les premiers
seront les derniers* » (BIBLE). — (Dignités, titres) *Premier
président. Premier consul. Premier ministre.* — (Fonctions)
*Premier secrétaire. Premier clerc. Premier violon. Premier
main** (I, 9°). ◇ *Spécialt.* (attribut) Qui vient avant les autres,
dans un classement sériel. *Être premier dans sa classe. Sortir premier d'une école.* « *Pourquoi ces mouvements? — C'est
qu'il n'y a pas de pre-
mière, Monsieur l'inspecteur, ni de seconde, ni de troisième* »
(GIRAUDOUX). *Premier de la promotion.* V. **Major.** *Premier au
concours de Normale.* V. **Cacique.** ♦ 7° Didact. (*Après le
nom*). Qui n'est pas déduit, qui n'est pas défini au moyen
d'autre chose (terme ou proposition). *Terme premier, proposition première d'un système logique, déductif.* — Cour. Qui
s'impose à l'esprit. *Principe premier, vérité* première.* ◇
Psycho. Ce qui est au départ de la formation d'un jugement,
etc. *Les formes considérées comme des données premières.*
◇ *Math.* (1390) *Nombre premier.* « *On dit qu'un nombre
est premier lorsqu'il n'admet pas d'autre diviseur que lui-
même et l'unité* » (BOREL). — Par ext. *Facteurs, diviseurs
premiers.* ♦ 8° Philo. (*Après le nom*). Qui contient en soi
la raison d'être des autres réalités. *Cause première.*
II. *N.* ♦ 1° (Personnes). *Arriver le premier, la première*
(Cf. *ci-dessus*, I, 1° et 5°). *Le premier venu* (Cf. *ci-dessus,*
I, 2°). ◇ *Le premier de cordée**. ♦ 2° *N. m.* (1842). Premier
terme d'une charade. *Mon premier...* ♦ 3° *N. m.* (1762).
Premier étage. J'habite au premier au-dessus de l'entresol.
♦ 4° (1820). JEUNE PREMIER (fém. *Jeune première*, rare) :
comédien (ienne) qui joue les premiers rôles d'amoureux.
Un physique de jeune premier : de séducteur. ♦ 5° *N. m.*
(mil. XXᵉ; angl. *Premier*). Premier ministre de Grande-
Bretagne (*abusiv.* pour d'autres pays [*anglicisme*]). ♦ 6° *Le
premier de la classe* (Cf. *ci-dessus*, I, 6°).
III. EN PREMIER (*loc. adv.*) : d'abord. *Arriver en premier* :
au premier rang, en avant. — (1820) En tête pour l'importance, etc. *Capitaine en premier, en second.*
◇ ANT. (du I) *Dernier, extrême, suprême, ultime; inférieur.*
— (du II) *Après, dernier.*

PREMIÈRE [pʀəmjɛʀ]. *n. f.* (1200; de *premier*). **Ⓐ**
♦ 1° Première représentation d'une pièce ou projection d'un
film. *La générale, la couturière et la première. « Madame de la
Baudroye est ficelée comme pour une première* » (BALZ.). ◇
Première course d'une série. Jouer placé dans la première.
◇ *Premier parcours d'un itinéraire, en alpinisme.* ♦ 2° Mince
semelle de cuir à l'intérieur de la chaussure (la première à
être placée). ♦ 3° Loc. fam. *De première !* : de première
qualité; remarquable, exceptionnel. ♦ 4° (1631). Classe qui
précède les classes terminales des études secondaires. V.
Rhétorique. *Entrer en première.* ♦ 5° (1867). Première classe
dans un moyen de transport. « *Prends des premières, prends
des cabines de luxe* » (SARTRE). *Ne voyage qu'en première.*
♦ 6° Première vitesse d'une automobile. *Monter un raidillon
en première.* **Ⓑ** (Personnes; « directrice de rayon », 1874).
Couturière qui assure la direction d'un atelier dans une maison de couture; par ext. Couturière spécialisée.

PREMIÈREMENT [pʀəmjɛʀmã]. *adv.* (XIᵉ; de *premier*).
D'abord, en premier lieu. « *Je vous ai dit premièrement : or,
dire un premièrement, c'est annoncer au moins un secondement* » (DIDER.). ◇ ANT. *Ensuite.*

PREMIER-MAÎTRE [pʀəmjemɛtʀ(ə)]. *n. m.* (XXᵉ; de
premier, et *maître*). Officier marinier dont le grade est supérieur à celui de « maître », le « second-maître ».

PREMIER-NÉ [pʀəmjene], **PREMIÈRE-NÉE** [pʀə-
mjɛʀne]. *adj.* et *n.* (1690,-1538; de *premier*, et *né*). Le premier
enfant. V. **Aîné** (opposé à *dernier-né*). *Les premiers-nés.*
« *Il n'y a peut-être pas de joie comparable à celle de la mère
qui voit son premier-né* » (FRANCE).

PREMIER-PARIS [pʀəmjepaʀi]. *n. m.* (1847; de *premier,*
et *Paris*). *Vx.* Article de tête dans un grand journal parisien.
V. **Éditorial.** « *Ce premier article* (dit premier-paris dans
ces temps lointains...) » (PROUST).

PRÉMILITAIRE [pʀemilitɛʀ]. *adj.* (1935; de *pré-*, et
militaire; Cf. Paramilitaire). Qui précède le service militaire
légal. *Formation, instruction prémilitaire.*

PRÉMISSE [pʀemis]. *n. f.* (XIVᵉ; lat. *præmissa* [*sententia*]
« [proposition] mise en avant »). ♦ 1° *Log.* Chacune des
deux propositions placées normalement au début d'un rai-

sonnement et dont on tire la conclusion. *Axiome constituant l'une des prémisses d'un raisonnement.* ♦ 2° *Cour.* Fait d'où découle une conséquence, affirmation dont on tire une conclusion ; commencement d'un exposé, d'une démonstration. « *Ces deux faits, ... devaient être les prémisses de l'attentat actuel* » (BALZ.). ◊ ANT. *Conclusion, conséquence.* — HOM. *Prémices.*

PRÉMOLAIRE [premɔlɛʀ]. *n. f.* (1869 ; de *pré-*, et *molaire*). Chacune des dents situées entre la canine et les molaires. *L'homme a huit prémolaires.*

PRÉMONITION [premɔnisjɔ̃]. *n. f.* (1842, repris XXᵉ ; *premonicion*, XIIIᵉ ; de *pré-*, et lat. *monere* « avertir »). Avertissement inexplicable qui s'impose à la conscience et fait connaître un événement à l'avance ou à distance. V. *Pressentiment.* « *Je ne suis pas grand amateur de prémonitions ; je résiste à croire à ces attractions mystérieuses* » (VALÉRY).

PRÉMONITOIRE [premɔnitwaʀ]. *adj.* (1853 ; de *pré-*, et lat. *monere* « avertir »). ♦ 1° *Méd.* Se dit de symptômes qui précèdent la phase aiguë d'une maladie infectieuse et permettent de l'identifier précocement. *Cour. Signe prémonitoire, avant-coureur.* ♦ 2° Qui a rapport à la prémonition, constitue une prémonition. « *Je n'attachais pas alors une valeur prémonitoire aux rêves* » (BOSCO).

PRÉMONTRÉ, ÉE [premɔ̃tʀe]. *n. m.* (*Prémonstré*, 1611 ; nom de lieu). Religieux de l'ordre de chanoines réguliers fondé au XIIᵉ s. par saint Norbert. *Un couvent de prémontrés.*

PRÉMUNIR [premyniʀ]. *v. tr.* (1376 ; lat. *præmunire* « protéger »). *Littér.* Protéger (qqn), mettre en garde contre qqch. « *Je ne suis pas fâché, mon fils, de me trouver seul avec vous, pour vous prémunir... contre un grand danger* » (FRANCE). ◊ Pronom. (1671) SE PRÉMUNIR. V. *Armer* (s'), *assurer* (s'), *garantir* (se). « *Je dois pourtant me prémunir contre la curiosité naturelle à leur sexe* » (DUHAM.). — Au p. p. « *Sans être prémunis contre la contagion* » (CARREL).

PRÉMUNITION [premynisjɔ̃]. *n. f.* (1920 ; de *prémunir*). *Méd.* État de résistance à toute surinfection d'un organisme déjà infecté. *La prémunition est à distinguer de l'immunité vraie, où la résistance persiste après la disparition de l'agent infectieux.*

PRENABLE [pʀənabl(ə)]. *adj.* (1155 ; de *prendre*). *Rare.* Qui peut être pris. *Cette forteresse est prenable.* ◊ ANT. *Imprenable, inexpugnable.*

PRENANT, ANTE [pʀənɑ̃, ɑ̃t]. *adj.* (1160 ; de *prendre*). Qui prend. ♦ 1° *Dr.* Qui reçoit de l'argent. *Partie prenante.* — *Fig.* Qui est intéressé par une offre. ♦ 2° *Préhensible.* *Queue prenante des singes.* « *Un long bras avide aux doigts prenants* » (SARRAUTE). ♦ 3° *Vx.* Qui commence. *Carême-prenant.* ♦ 4° Qui captive en émouvant, en intéressant profondément. « *Mais la sorte de réveil qui suit une lecture prenante m'est assez désagréable* » (VALÉRY).

PRÉNATAL, ALE, ALS [pʀenatal]. *adj.* (1901 ; de *pré-*, et *natal*). Qui précède la naissance. *Allocations prénatales,* perçues pendant la grossesse.

PRENDRE [pʀɑ̃dʀ(ə)]. *v.* : *je prends, tu prends, il prend, nous prenons, vous prenez, ils prennent ; je prenais ; je pris, nous prîmes, ils prirent ; je prendrai ; je prendrais ; que je prenne, que nous prenions ; que je prisse ; prends, prenons ; prenant ; pris, prise* (980 ; lat. *prehendere*).

I. *V. tr.* 🅐 Mettre avec soi ou faire sien. ♦ 1° Mettre en sa main (pour l'avoir avec soi, pour faire passer d'un lieu dans un autre, pour être en état d'utiliser, pour tenir). *Prendre un objet à pleine main, entre ses doigts, du bout des doigts. Prendre une poignée, une pincée de poudre.* « *Il y a des meubles, derrière la caserne... il n'y a qu'à se baisser pour les prendre* » (SARTRE) : on peut les prendre facilement. *Prendre au passage.* V. *Intercepter. Je te défends de prendre ce livre.* V. *Toucher* (à). — *Prendre qqch. des mains de qqn.* V. *Arracher, enlever. Prendre son stylo dans son sac.* V. *Sortir, tirer.* — Loc. fig. *Prendre une affaire en main. Prendre son courage à deux mains.* — *Prendre la main, le bras, la taille de qqn.* « *À tout instant, il prenait Suzanne par le bras ou par la taille* » (DUHAM.). *Prendre qqn à la gorge*, *au collet* : le serrer. — Loc. fig. *Prendre l'occasion aux cheveux. Prendre le taureau par les cornes*. ◊ Par ext. *Prendre qqch. avec la bouche, les dents.* — (Animaux) *Prendre avec les pinces, la gueule, le bec.* — *Prendre de la terre avec une pelle.* Loc. fig. *N'être pas à prendre avec des pincettes.* ♦ 2° Mettre avec soi, amener à soi. *Prendre un parapluie pour sortir.* V. *Emporter.* « *Prenez ce qu'il vous faut pour un voyage de quinze jours, et suivez-moi* » (DUMAS). V. *Pourvoir* (se). *Prendre de l'essence.* V. *Faire. N'oublie pas de prendre le pain!* V. *Acheter. Prendre de l'argent à la banque.* V. *Retirer. Prendre ses cliques* et ses claques.* ◊ (Compl. de personne) *Prendre qqn sur ses genoux.* « *Nous allons le ramener, le prendre avec nous* » (HUGO). V. *Accueillir, recueillir. Maison qui prend des pensionnaires. Prendre un élève dans une classe.* — *Prendre en croupe, sur son cheval. Taxi qui prend un client.* V. *Emmener.* « *Il fut convenu que ses témoins le prendraient chez lui en landau, le lendemain* » (MAUPASS.). ♦ 3° *Fig.* (XIIᵉ). PRENDRE QQCH.

SUR SOI : en porter volontairement la responsabilité. V. *Assumer.* « *Nous prenons volontiers sur nous certaines fautes* » (DUHAM.). V. *Couvrir. Prendre sur son compte :* garder toute la responsabilité de qqch. — PRENDRE SUR SOI DE. V. *Efforcer* (s'). « *Il prit sur lui de ne pas lui parler* » (STENDHAL). — Absolt. *Il faut prendre sur soi.* V. *Supporter.* ♦ 4° *Fig.* Aborder, se mettre à considérer (qqch., qqn) de telle façon. *Prendre une chose de front :* en l'attaquant directement. *Prendre à l'endroit, à l'envers, à contre-poil.* « *Prenez-moi votre sujet tantôt à travers, tantôt par la queue* » (BALZ.). *Prendre la vie du bon côté,* par ce qu'elle a d'agréable. *On ne sait par où le prendre,* il est hargneux, susceptible. — *Prendre une expression à la lettre, au pied de la lettre* (II, 3°). ◊ (Sans compl. de manière). V. *Considérer. Prenons cet exemple.* « *Si l'on prend deux œuvres qui sont au début ou à la fin de sa carrière* » (CAMUS). — À TOUT PRENDRE, somme toute. « *À tout prendre, il vaut mieux, pour son bonheur dans ce monde, être un honnête homme* » (DIDER.). ◊ PRENDRE BIEN OU MAL ce qui vous arrive, l'accepter ou en souffrir. *Le prendre bien,* ne pas être susceptible. — *Prendre la chose avec philosophie. Prendre les choses comme elles viennent. Prendre qqch. au sérieux, à cœur, au tragique ; à la légère, en riant.* « *On le prenait à la blague, on se gaussait* » (GIDE). *Prendre en bonne, en mauvaise part. Le prendre de haut. Si vous le prenez ainsi : si vous vous fâchez.* « *Il se convenait et prenait bien la plaisanterie* » (CHATEAUB.). ◊ (1220) PRENDRE EN... : avoir en. *Prendre qqn en amitié, en pitié, en haine, en grippe**. « *J'avais pris en aversion les études, les écoles* » (MART. du G.). *Prendre en considération*.* ♦ 5° Faire sien (une chose abstraite) ; connaître (qqch.). *Il a pris un surnom. J'ai pris mes renseignements. Prenez son avis, prenez conseil auprès de lui : consultez-le. Prendre des ordres. Prendre (un) rendez-vous.* — *Prendre une idée, une habitude, un vice.* « *Où cette femme si timide prend-elle tant de courage?* » (STENDHAL). ♦ 6° Évaluer, définir (pour connaître). *Prendre les dimensions, les mesures.* V. *Mesurer. Prenez votre température.* « *Comme Pierre se penchait pour prendre son pouls* » (MAUPASS.). ♦ 7° Inscrire ou reproduire. *Prendre des notes, une photo.* ♦ 8° (1132, s'épouser). S'adjoindre (une personne). *Prendre une femme.* V. *Épouser.* « *Quand les Orientaux prennent femme, ils ne voient qu'après la noce le visage de leur fiancée* » (Muss.). *Prendre un amant, une maîtresse. Prendre qqn à son service, prendre à gages.* V. *Employer, engager. On ne prend plus personne à l'usine.* V. *Embaucher.* ◊ *Prendre pour, comme, à, en :* s'adjoindre, se servir de (qqn) en tant que... *Consentez-vous à prendre Monsieur X pour époux? Prendre pour associé. Il l'a prise comme secrétaire. Prendre à témoin*, à partie*.* « *Je ne crains pas de vous prendre pour juge ; qu'ai-je donc fait?* » (LACLOS). ♦ 9° PRENDRE POUR : croire qu'une personne, une chose est (autre ou autrement). *Prendre une personne pour une autre.* « *Que de fois il nous est arrivé de prendre Jules (de Goncourt) pour Edmond* » (GAUTIER). V. *Confondre. On le prenait pour un savant.* V. *Regarder* (comme) ; Cf. *Il passait pour. Pour qui me prenez-vous?* « *Toi! que j'ai vu grandir comme ça,... me prends-tu pour un nigaud?* » (BALZ.). « *Elle commença par dire qu'on la prenait pour ce qu'elle n'était pas* » (NIZAN). Loc. prov. *Prendre des vessies pour des lanternes. Prendre ses désirs pour des réalités* (Cf. *fam.* Croire que c'est arrivé. *Prendre une chose pour argent* comptant.* — *Prendre le Pirée pour un homme :* se tromper grossièrement. ♦ 10° Absorber, mettre en soi. *Prendre de la nourriture, un repas. Prendre un verre, un pot.* V. *Consommer.* « *Entrez donc... Vous prendrez bien quelque chose* » (ARAGON). *Prendre un remède, un cachet.* V. *Absorber, avaler.* — *Fig. Prendre la poudre d'escampette :* s'enfuir. *Faire prendre.* V. *Administrer. Prendre l'air** (1, 1° et 4°), *le frais.* « *Un grand chat maigre qui prenait le soleil au bord de la fenêtre* » (DAUD.). — Par ext. *Prendre un bain.*

🅑 Agir de façon à avoir, à posséder (qqch., qqn). ♦ 1° Se mettre en possession de ; se rendre maître de (en prenant matériellement [Cf. *ci-dessus*, A, 2°], ou non). V. *Approprier* (s'). *C'est à prendre ou à laisser** (II, 1°). — *Prendre qqch. par force, par ruse.* Absolt. « *Prends! Et ne t'avise pas de refuser* » (COLETTE). ♦ 2° Demander, exiger. « *Combien me prendriez-vous pour mon logement, ma nourriture et vos soins?* » (DIDER.). *Combien prend-il?* quel est son prix? — *Fam. Médecin qui prend cher,* dont les prix sont élevés. ◊ *Exiger, employer* (du temps). *Ce travail me prend tout mon temps.* V. *Absorber, dévorer.* « *Ta « conversation » prendra beaucoup de temps?* » (ROMAINS). ♦ 3° *Fam.* Recevoir, supporter. *Prendre des coups, une raclée. Qu'est-ce qu'il a pris! Il a pris le ballon en pleine figure. En prendre pour son grade*.* ♦ 4° (1080). Se rendre maître par force ; conquérir. *Prendre d'assaut :* en attaquant de vive force. V. *Enlever, forcer. Prendre une forteresse, une place fortifiée, une ville. Prendre le pouvoir.* — Fig. et fam. « *L'autre le regarda, et pensa que c'était toujours ça de pris sur l'ennemi* » (ARAGON) : c'était toujours ça de gagné, de fait. *C'est autant de pris :* se dit d'un petit avantage dont on est assuré. ◊ Posséder (une femme). *Prendre une femme de force.* V. **Violer.** ♦ 5° PRENDRE QQCH. À QQN : s'emparer de (ce qui appartient à qqn). V. **Dérober, ravir, voler;** et *fam.* **Chiper, faucher, piquer, rafler.** « *C'est mon trésor que l'on m'a pris* » (LA FONT.). *Il lui a pris sa femme. Prendre une idée, une phrase à un auteur.* V. **Plagier.** *Prendre la place de qqn.* V. **Chasser, supplanter.** — Par ext. *Prendre un baiser :* embrasser qqn sans sa permission. ♦ 6° Se saisir de (ce qui fuit, se dérobe : animal, personne). « *Pourquoi, après avoir échappé à la glu de la mare,... s'être fait prendre et finir ainsi!* » (PERGAUD). *Prendre au piège. Prenez-le vivant!* V. **Attraper, capturer.** *Prendre au lasso. Ça ne mord plus, je n'ai rien pris.* — LOC. *fig. Prendre la mouche**. PROV. *On ne prend pas les mouches avec du vinaigre :* il faut agir avec diplomatie pour arriver à ses fins. ◊ Se saisir de (qqn qu'on poursuit, qu'on recherche). *Se laisser, se faire prendre.* « *Ils nous tueraient, les nazis, s'ils nous prenaient?* » (SARTRE). *La police l'a pris.* V. **Arrêter; appréhender, avoir;** et *fam.* **Choper, coincer, cueillir, pincer, piquer.** ◊ (Passif) *Être pris.* V. **Fait.** — *Fig.* Être attrapé dans. « *Brunet est pris dans un remous énorme* » (SARTRE). LOC. *Être pris dans l'engrenage.* — *Se prendre* (une partie du corps) *dans qqch. Il s'est pris le doigt dans la porte.* ♦ 7° Amener (qqn) à ses vues, à faire ce qu'on veut par la persuasion. *Prendre qqn par la douceur,* l'amener à ses vues en le traitant doucement. *On ne m'y prendra plus!* je ne serai plus dupe. — *Prendre qqn par son point faible,* lui faire faire ce qu'on veut en flattant ses faiblesses. *Prendre qqn par les bons sentiments. Être pris, se laisser prendre.* — Absolt. *Savoir prendre qqn,* agir envers lui avec diplomatie pour en obtenir ce qu'on veut. « *Que tel est pris, qui croyait prendre* » (LA FONT.). ♦ 8° PRENDRE QQN... (de telle ou telle manière). V. **Surprendre.** *Prendre qqn en faute, sur le fait** (I, 1°), en flagrant délit, la main dans le sac**.* — *Prendre au dépourvu, de court**. *Prendre qqn au mot**. « *Je vous y prends à conspirer!* » s'écriait-il en riant » (MADELIN). ♦ 9° Saisir (qqn), faire sentir à (qqn) : sensations, sentiments. *La fatigue, la fièvre me prend.* « *L'épouvante le prit* » (MART. du G.). *Les douleurs la prirent l'après-midi. Ça l'a pris brusquement, à l'improviste.* — Vulg. *Ça l'a pris comme une envie de pisser.* — *Fam. Qu'est-ce qui vous prend? Ça vous prend souvent?* se dit à une personne dont l'attitude est inattendue ou déplacée. « *Voyons, qu'est-ce qui vous prend depuis dix minutes, avez-vous perdu la tête?* » (MAUPASS.). ◊ (Pass.) *Être pris de vertige.* ◊ (Impers.) *Il me prend l'envie de le voir.* ♦ 10° BIEN, MAL (lui, vous, etc.) PREND DE : cela a de bonnes, de fâcheuses conséquences. « *Bien nous prit de n'avoir rencontré sur notre route personne de contrariant* » (BARBEY). *Mal lui en a pris.* **Ⓖ** Commencer à mettre sur soi, à utiliser. V. **Employer, mettre, utiliser.** *Fig. Prendre des gants :* agir avec délicatesse pour ne pas froisser (qqn). *Prendre le voile, l'habit :* entrer au couvent. — Par ext. *Prendre le deuil :* mettre des vêtements de deuil. — *Prendre la plume :* écrire. — *Prendre un siège, prendre place. Prendre le lit :* s'aliter. — *Prendre les armes.* « *Je suis tout prêt...; à prendre un flingot et à défendre le pays* » (MART. du G.). — *Prendre la clef** *des champs. Prendre les rênes.* — Mar. *Prendre le vent :* présenter les voiles au vent de manière à en utiliser la force. ◊ Faire usage de (un véhicule). *Prendre sa voiture, un taxi. Prendre l'avion.* ◊ S'engager dans. *Prendre un chemin, le chemin de.* V. **Emprunter.** « *Dès le boulevard traversé, il avait pris la rue Championnet* » (ROMAINS). *Prendre un virage. Il a mal pris son tournant. Prendre la porte :* sortir. *Prendre la direction de.* — *Prendre la mer.* V. **Embarquer** (s'). *Prendre le large.* ◊ User à son gré de. *Prendre le temps de, prendre son temps. Prendre du bon temps.* V. **Amuser** (s'). *Prendre congé. Prendre le droit de.* « *Il y avait un flatteur qui prit la liberté de lui parler à l'oreille* » (FÉN.). V. **Permettre** (se). — *En prendre à son aise**. ♦ 2° Se mettre à avoir, se donner. *Prendre un air, une voix, un ton. Prendre une attitude, une pose.* « *La grande brune prenait des allures cavalières* » (ZOLA). *Prendre le contre-pied** (et fig.). *Prendre appui. Prendre son élan, son essor, son vol. Prendre la fuite. Prendre du repos. — Prendre la parole,* commencer son discours. — *Prendre ses distances**, *prendre du recul.* « *J'ai pris les devants pour vous avertir* » (LESAGE). *Prendre le dessus, l'avantage. Prendre une profession.* V. **Embrasser.** *Prendre sa retraite.* « *Je voudrais pourtant bien par moments,... prendre quelque semaine de congé* » (STE-BEUVE). *Prendre la garde, la relève, la succession,* commencer à l'assurer. *Prendre possession. Prendre position :* choisir. *Prendre parti**, le parti de. *Prendre la défense de. Prendre part. Prendre des risques :* se mettre dans une situation qui peut devenir dangereuse. *Prendre l'engagement, l'initiative, une décision.* « *Ma résolution était prise et rien ne pouvait plus m'en faire changer* » (FRANCE). *Prendre des dispositions, des mesures, des précautions.* ◊ *Prendre du plaisir. Prendre patience. Prendre soin, du soin à.* V. **Apporter.** *Prendre garde. Prenez la peine d'entrer :* veuillez entrer. « *Prenez la peine de vous asseoir, madame* » (SARTRE). ♦ 3° Commencer à avoir (un mode d'être). *Prendre forme. Prendre une bonne ou*

mauvaise *tournure.* « *L'affaire prend un tour romanesque* » (AYMÉ). *Prendre une couleur. Prendre un mauvais goût.* ◊ (*Personnes*, désignant une action involontaire) *Prendre du poids; du ventre. Prendre de l'âge :* vieillir. *Prendre du retard, de l'avance. Prendre de l'assurance. Prendre goût, y prendre goût. Prendre peur.* « *Julien prenait de l'humeur* » (STENDHAL). ◊ *Prendre son origine, sa source; prendre naissance :* commencer, naître. ♦ 4° Subir l'effet de. *Prendre feu :* s'enflammer. *Prendre mal, froid; prendre du mal.* ◊ *Prendre l'eau :* l'absorber.

II. *V. intr.* ♦ 1° Durcir, épaissir (en parlant de certaines substances). *Mayonnaise, crème, gelée qui prend.* ◊ *Spécial.* V. **Geler.** « *La Tamise prit, ce qui n'arrive pas une fois par siècle* » (HUGO). ♦ 2° Attacher, coller (en parlant d'une substance). *Aliment qui prend au fond de la casserole.* ♦ 3° (*Végétaux*). Pousser les racines, continuer sa croissance après transplantation. *Bouture qui prend.* ♦ 4° (*Du feu*). Se mettre à consumer une substance. *Le feu s'éteint, ne prend pas.* « *Le feu prit à la petite cagna dans laquelle vivaient nos officiers d'administration* » (DUHAM.). ♦ 5° *Fig.* Produire son effet, l'effet recherché. V. **Réussir.** *Vaccin qui prend.* *La teinture de ce tissu a bien pris. C'est une mode qui ne prendra pas.* ◊ *Spécial.* Être cru, accepté. « *J'avais beau répéter :* « *C'est une racine* » — *Ça ne prenait plus* » (SARTRE). *À d'autres, ça ne prend pas!* ♦ 6° Se mettre à suivre une direction, un chemin (Cf. ci-dessus, I, C, 1° *prendre une route*). *Prendre à gauche, sur la gauche.* « *Je pris par les petites rues derrière Chiaia* » (NERVAL). ♦ 7° Commencer (en parlant de ce qui suit une direction). « *L'escalier prenait à gauche* » (ROMAINS).

III. SE PRENDRE. *v. pron.* **Ⓐ** (*Sens pass.*). Être mis en main. *Cela se prend par le milieu.* ◊ Être absorbé. *Médicament qui se prend avant les repas.* ◊ Être attrapé. *Poisson qui se prend au filet.* « *Il y a des folies qui se prennent comme les maladies contagieuses* » (LA ROCHEF.). ◊ Être considéré ou employé. *Mot qui se prend dans tel ou tel sens.* **Ⓑ** (*Sens réfl.*). ♦ 1° *Fig.* et *fam.* *Se prendre par la main :* s'entraîner soi-même à faire qqch. « *Chaque jour je me prends par les épaules et me force à une promenade* » (GIDE). ♦ 2° Se laisser attraper. *Moucheron qui se prend dans une toile d'araignée.* — *Fig.* « *Il se prenait lui-même à son jeu* » (MART. du G.). ♦ 3° *Fig.* et *littér.* S'intéresser vivement à. « *Je ne pouvais me prendre à rien* » (BALZ.). ♦ 4° S'EN PRENDRE À : s'attaquer à, en rendant responsable. V. **Incriminer.** (Cf. *Prendre à partie*). *Il s'en est pris à moi qui n'y étais pour rien.* « *Il ne pourra s'en prendre qu'à lui-même* » (ARAGON) : il est responsable de ses propres malheurs. ♦ 5° SE PRENDRE DE : se mettre à avoir. *Se prendre d'amitié pour qqn.* V. **Concevoir, éprouver.** « *Félicité se prit d'affection pour eux* » (FLAUB.). ♦ 6° SE PRENDRE À. *Littér.* Se mettre à (généralement de façon inopinée). « *Elle se prit à tousser, puis elle bâilla* » (DUHAM.). « *Il se prit à penser que sa piété allait bien à sa paresse* » (ARAGON). ♦ 7° S'Y PRENDRE : agir d'une certaine manière en vue d'obtenir un résultat. « *D'abord il s'y prit mal, puis un peu mieux, puis bien* » (LA FONT.). V. **Procéder.** *S'y prendre de deux, à plusieurs fois, tâtonner. Savoir s'y prendre.* « *Jouons à l'attaque de la diligence. Je vais vous montrer comment on s'y prend* » (FRANCE). ◊ (Avec une précision de temps) Se mettre à s'occuper de. *Il faudra s'y prendre à l'avance.* « *Il allait s'y prendre à temps pour l'éviter ou pour le gagner* (la guerre) » (SARTRE). ♦ 8° Se considérer. *Se prendre au sérieux.* — SE PRENDRE POUR : estimer qu'on est... V. **Croire** (se). *Se prendre pour un héros, un génie. Se prendre pour qqn.* — Péj. *Pour qui se prend-il?* « *La vérité, c'est que vous vous prenez pour des caïds* » (SARTRE). — Pop. *Il ne se prend pas pour une merde :* il a une très haute opinion de lui-même. ♦ 9° Devenir dur (substance). « *Semblable à ces roches granitiques qui se sont prises* » (RENAN). — *Spécialt.* Geler. *La mer de Norvège se prit.* **Ⓒ** (*Sens récipr.*). ♦ 1° Se tenir l'un l'autre. *Se prendre par la main, le bras, le cou.* — Spécialt. *Se prendre aux cheveux,* se quereller. ♦ 2° S'ôter l'un à l'autre. *Joueurs qui cherchent à se prendre le ballon.* ♦ 3° S'unir sexuellement.

◊ ANT. **Lâcher; jeter. Abandonner, écarter, laisser, quitter, rejeter, renvoyer. Donner, offrir. Perdre.**

PRENEUR, EUSE [prənœr, øz]. *n.* (XII°; de *prendre*). ♦ 1° *Rare.* Personne, chose qui prend (dans des expressions). « *Quelques preneurs de notes envoyés par les grands journaux* » (BLOY). ◊ Adj. *Benne preneuse.* ♦ 2° *Dr. comm.* Personne qui prend à bail, à ferme, à loyer. *Le bailleur et le preneur.* V. **Locataire.** — Personne qui prend un effet de commerce. *L'émetteur et le preneur.* ♦ 3° *Cour.* Personne qui achète qqch. V. **Acheteur, acquéreur.** *Je suis preneur à tel prix.*

PRÉNOM [prenõ]. *n. m.* (1556; lat. *prænomen*). Nom particulier joint au nom patronymique et servant à distinguer les différentes personnes d'une même famille. V. **Nom** (petit nom, nom de baptême). *Le prénom usuel,* donné à une personne dans la vie courante. *Appeler qqn par son prénom. La plupart des prénoms français sont des noms de saints du calendrier chrétien.*

PRÉNOMMÉ, ÉE [pʀenɔme]. *n.* (1570; de *pré-*, et *nommer*). *Dr.* Personne qui a été précédemment nommée dans un acte, un document. V. **Susnommé.**

PRÉNOMMER [pʀenɔme]. *v. tr.* (1846; de *prénom*). Appeler d'un prénom. *On a prénommé l'enfant comme son grand-père.* Pronom. *Il se prénomme Jean.* ◇ Au p. p. *Le prénommé Jules :* le nommé, le dénommé Jules.

PRÉNOTION [pʀenosjɔ̃]. *n. f.* (1585; lat. *prænotio*). *Philo.* ♦ 1° (Épicuriens et stoïciens). Notion naturelle et pragmatique du général. V. **Anticipation, prolepse.** ♦ 2° (1893). Idée conçue antérieurement à l'étude scientifique des faits.

PRÉNUPTIAL, ALE, AUX [pʀenypsjal, o]. *adj.* (1932; de *pré-*, et *nuptial*). Qui précède le mariage. *Certificat prénuptial. Examen prénuptial :* visite médicale à laquelle les futurs époux doivent se soumettre.

PRÉOCCUPANT, ANTE [pʀeɔkypɑ̃, ɑ̃t]. *adj.* (XXᵉ; de *préoccuper*). Qui préoccupe, inquiète. *La situation est très préoccupante.*

PRÉOCCUPATION [pʀeɔkypasjɔ̃]. *n. f.* (1486; lat. *præoccupatio*. V. **Préoccuper**). ♦ 1° Souci, inquiétude qui occupe l'esprit. V. **Souci, tourment, occupation, soin.** *Leur préoccupation majeure.* « *La comtesse de Champcenais avait des préoccupations de maîtresse de maison* » (ROMAINS). ♦ 2° (XVIIᵉ). Considération d'un objet à l'exclusion de tout autre. — *Spécialt.* Idée fixe. V. **Obsession.** « *La préoccupation d'éviter de ressembler au Titien... lui troubla la cervelle et le jeta dans les extravagances* » (GAUTIER).

PRÉOCCUPÉ, ÉE [pʀeɔkype]. *adj.* (XIXᵉ; V. **Préoccuper**). Qui est sous l'empire d'une préoccupation. V. **Absorbé, anxieux, inquiet.** *Préoccupé, tendu et irritable.* — *Préoccupé de qqch., de faire qqch.* V. **Attentif** (à), soucieux. « *Il arrivait, l'esprit plein de petits soucis nouveaux, préoccupé de la coupe d'une jaquette, de la forme d'un chapeau* » (MAUPASS.). ◇ ANT. Indifférent, insouciant.

PRÉOCCUPER [pʀeɔkype]. *v. tr.* (1352; lat. *præoccupare* « occuper avant un autre »). ♦ 1° Inquiéter fortement. V. **Tourmenter, tracasser, travailler.** *Préoccuper qqn.* « *Il faut croire que ces questions me préoccupent depuis longtemps* » (MART. du G.). ♦ 2° (XVIIᵉ). Occuper exclusivement (l'esprit, l'attention). V. **Absorber, obséder.** *Cette idée le préoccupe.* « *D'où vient que les noms de certaines villes nous préoccupent invinciblement l'imagination?* » (GAUTIER). ♦ 3° *V. pron.* SE PRÉOCCUPER : s'occuper (de qqch.) en y attachant un vif intérêt mêlé d'inquiétude. V. **Inquiéter** (s'), **intéresser** (s'), **penser** (à). *Il ne s'en préoccupait guère.* V. **Embarrasser** (s'). « *Les amis véritables... flairent les chagrins de leurs amis, ils se mettent dans les causes, ils s'en préoccupent* » (BALZ.). « *M. de Lommérie est un catholique sincère, qui se préoccupe de la condition du peuple* » (ROMAINS). ◇ ANT. **Désintéresser** (se), **moquer** (se).

PRÉOPÉRATOIRE [pʀeɔpeʀatwaʀ]. *adj.* (1892; de *pré-*, et *opératoire*). *Méd.* Qui précède une intervention chirurgicale. *Analyses, examens préopératoires. Anesthésie préopératoire.*

PRÉORAL, ALE, AUX [pʀeɔʀal, o]. *adj.* (1897; de *pré-*, et *oral*). *Zool.* Situé en avant de la bouche.

PRÉPARATEUR, TRICE [pʀepaʀatœʀ, tʀis]. *n.* (1503; de *préparer*). ♦ 1° *Vx.* Personne qui prépare qqch. ♦ 2° *Mod.* (1834). Assistant d'un chercheur (physicien, chimiste, biologiste, etc.), d'un professeur de sciences. « *Monsieur Postel, ceint d'un tablier de préparateur, une cornue à la main, examinait un produit chimique* » (BALZ.). ◇ *Préparateur en pharmacie,* employé d'un pharmacien chargé de certaines préparations et de travaux de laboratoire.

PRÉPARATIF [pʀepaʀatif]. *n. m.* (1361; de *préparer*). *Généralement au plur.* Dispositions prises en vue de préparer qqch. V. **Apprêt, arrangement, disposition.** *Préparatifs de guerre.* « *Les préparatifs étaient déjà fort avancés* » (LESAGE). « *Je suis sûr maintenant qu'on fait là-bas les préparatifs du départ de Meaulnes* » (ALAIN-FOURNIER).

PRÉPARATION [pʀepaʀasjɔ̃]. *n. f.* (1314; lat. *præparatio*). I. ♦ 1° Action de préparer (qqch.). *Préparation des mets.* V. **Apprêt.** *Préparation des peaux, des laines.* ◇ (1765) Chose préparée. V. **Composition.** « *Elle réserve pour le dimanche les préparations de longue haleine, celles qui exigent des cuissons lentes à feux doux* » (ROMAINS). *Préparations culinaires; pharmaceutiques. Préparation chimique,* mélange de diverses substances préparées en laboratoire en vue d'une expérience. *Préparation sur lamelle, pour le microscope.* ♦ 2° *Arrangement, organisation ayant pour effet de préparer. Préparation d'une attaque. Préparation d'artillerie,* tir d'artillerie préparant une attaque de l'infanterie. — *Préparation d'un voyage, d'une fête. Roman en préparation.* ◇ *Techn. Préparation du travail,* organisation méthodique d'un travail industriel. *Temps de préparation,* temps de mise en œuvre (d'un outil, d'une machine) avant le fonctionnement. ◇ *Spécialt. Préparation latine, française,* travail préparatoire à l'explication d'un texte qui sera étudié en classe. ◇ *Peint.* Ébauche d'un

pastel. *Les préparations de La Tour.* ♦ 3° Manière de préparer* (I, 4°) en rendant naturel. *Savante préparation d'un dénouement.* « *En fait d'art dramatique, tout est dans la préparation* » (DUMAS). — *Mus. Préparation d'une dissonance.* II. Action de préparer (qqn) ou de se préparer. *Préparation des élèves au baccalauréat. Période de préparation.* V. **Formation, stage.** — *Préparation militaire* (P.M.), enseignement militaire destiné, au service, aux jeunes gens destinés à être sous-officiers ou officiers de réserve. — *Préparation à la messe, à la sainte communion,* se dit de certaines prières par lesquelles le catholique se prépare à la messe. ◇ *Spécialt.* (À une chose fâcheuse) *On lui a annoncé cet accident tragique sans préparation.*
◇ ANT. **Accomplissement.**

PRÉPARATOIRE [pʀepaʀatwaʀ]. *adj.* (1322; de *préparer*, d'apr. lat. *præparatorius*). Qui prépare (qqch. ou qqn). *Travail préparatoire. Dr. Jugement préparatoire,* qui, sans préjuger le fond du débat, ordonne des mesures d'instruction. *Instruction préparatoire.* ◇ *Cours préparatoire :* premier cours de l'enseignement primaire élémentaire. — *École préparatoire de médecine et pharmacie.*

PRÉPARER [pʀepaʀe]. *v. tr.* (v. 1380; « panser », 1314; lat. *præparare*). I. ♦ 1° Mettre, par un travail préalable, en état d'être utilisé, de remplir sa destination *(préparer pour).* V. **Apprêter, arranger, disposer.** *Préparer un emplacement, un local, une chambre pour qqn.* « *Le milieu du cirque était une arène préparée pour les combattants* » (FÉN.). *Préparer la table* (V. **Dresser, mettre**). — Au p. p. *Tout préparé.* V. **Prêt.** — *Préparer la route, la voie.* V. **Frayer, ouvrir.** *Préparer le terrain.* ◇ *Préparer la viande, le poisson, le gibier.* V. **Cuire.** *Préparer des mets, le thé, le café.* « *Il demanda... qu'on lui préparât de la tisane* » (DIDER.). *Préparer le repas. Le dîner est préparé.* — *Préparer les médicaments, des cataplasmes, un philtre, des potions* (V. **Préparation**). « *Antoine, le dos tourné,... préparait son dosage* » (MART. du G.). ◇ *Agric. Préparer la terre,* pour semer, planter. ♦ 2° Faire tout ce qu'il faut en vue d'une opération à réaliser, d'une œuvre à accomplir, etc. V. **Organiser, prévoir.** *Préparer un plan, un projet.* V. **Combiner, ébaucher, échafauder, élaborer, étudier, former, mûrir.** *Préparer soigneusement un voyage. Préparer une révolution.* « *Il crut apercevoir... l'indice d'une embuscade habilement préparée* » (BALZ.). *Un coup préparé de longue main.* V. **Machiner, monter.** ◇ *Travailler* (à). « *Il préparait, disait-il, des discours importants sur les questions agricoles* » (ZOLA). ◇ *Professeur qui prépare une leçon, un cours. Préparer un roman, un drame, une thèse. Préparer une édition.* — Par ext. *Préparer un examen, une licence, son bachot.* — *Préparer une grande École,* le concours d'entrée à cette École. ♦ 3° Rendre possible, par son action. *Préparer l'avenir.* « *La gloire de l'auteur d'une découverte éclipse celle des savants qui l'ont préparée* » (CONDORCET). ◇ *Préparer qqch. à qqn,* faire que la chose lui arrive. V. **Réserver.** *On lui a préparé une surprise. Le sort qu'on vous prépare. Vous vous préparez bien des déceptions, bien des ennuis.* ◇ *(Sujet de chose)* Rendre possible ou probable. V. **Produire, provoquer.** « *Une haine patiente... a préparé cette ruine et l'a consommée* » (SUARÈS). V. **Annoncer.** — « *Nous ne savons pas ce que le retour de ton frère nous prépare* » (MAETERLINCK). ♦ 4° (Dans une œuvre, etc.). Rendre possible ou naturel en enlevant le caractère arbitraire. V. **Amener, ménager.** *Préparer ses effets. Le dénouement a été mal préparé.* II. ♦ 1° (1564). Rendre (qqn) capable de, prêt à, par une action préalable et concertée. *Préparer un élève à l'examen. Préparer le pays à soutenir une guerre.* — Absolt. *L'État doit préparer plus d'ingénieurs et de savants.* V. **Former, instruire.** ◇ Mettre dans les dispositions d'esprit requises. *Il était déjà préparé à accepter cette fin.* — Absolt. *Préparer l'auditoire.* — « *Quelque chose de nouveau, à quoi rien ou à peu près rien, dans le passé, ne nous préparait* » (SIEGFRIED). *Préparer qqn à une nouvelle,* lui annoncer la chose avec ménagement et progressivement. V. **Annoncer.** ♦ 2° Rendre apte à. « *On prépare la France... à toutes les fureurs de l'anarchie* » (CAMBON).

III. SE PRÉPARER (1538). *v. pron.* (Réfl.). ♦ 1° Se mettre en état, en mesure de faire. — *Se préparer au combat, à la guerre. Se préparer à la mort.* « *L'homme isolé... se prépare à affronter, au temps du retour, le jugement de la honte* » (MAUROIS). — *Se préparer pour un voyage, pour le bal.* ◇ *(Sens faible)* Se mettre en devoir de se tenir sur le point de. V. **Apprêter** (s'), **disposer** (se). *On se prépare encore à perdre du temps.* ♦ 2° (Pass.). Être préparé. « *La chaumine où se prépare la cuisine* » (BAUDEL.). ◇ Être en voie de se produire. *Je crois qu'un orage se prépare.* V. **Imminent.** « *Il y a peut-être une tragédie qui se prépare, toute une vie gâchée* » (BERGSON). (Impers.) *Il se prépare qqch.*
◇ ANT. **Accomplir, réaliser. Improviser.**

PRÉPAYER [pʀepeje]. *v. tr.* (av. 1973; de *pré-*, et *payer*). Payer d'avance (surtout au p. p.). *Billet d'avion prépayé.*

PRÉPONDÉRANCE [pʀepɔ̃deʀɑ̃s]. *n. f.* (1752; de *prépondérant*). Qualité de ce qui est prépondérant. V. **Supériorité**. *Prépondérance d'une nation.* V. **Hégémonie**. « *Nouvel, excellent (et déplorable) exemple de la funeste prépondérance actuelle du journal* » (GIDE).

PRÉPONDÉRANT, ANTE [pʀepɔ̃deʀɑ̃, ɑ̃t]. *adj.* (1723; lat. *præponderans*, de *præponderare* « peser plus, l'emporter »). Qui a plus de poids, qui l'emporte en autorité, en influence. V. **Dominant, supérieur.** *Rôle prépondérant.* « *La place prépondérante qu'une victoire pourrait leur assurer* » (MART. du G.). *La voix du président est prépondérante,* décisive en cas de partage des voix.

PRÉPOSÉ, ÉE [pʀepoze]. *n.* (1619; p. p. substantivé de *préposer*). ♦ 1° Personne qui accomplit un acte ou une fonction déterminée sous la direction ou le contrôle d'une autre. ◊ *Spécialt.* Agent d'exécution subalterne. V. **Agent, commis, employé.** *Les préposés de l'octroi, des douanes.* « *Il remettait chapeau, canne et gants, à la préposée au vestiaire* » (MART. du G.). ♦ 2° *Admin.* Désignation officielle du facteur des postes (*cour.* facteur).

PRÉPOSER [pʀepoze]. *v. tr.* (XIVe; adapt., d'apr. *poser*, du lat. *præponere*). Charger (qqn) d'assurer un service, une fonction. V. **Charger, employer.** « *Je vous prépose, Jeanne, à la confection du dessert* » (FRANCE). — (Pass.) « *Les charpentiers, les armuriers,... furent préposés aux machines* » (FLAUB.).

PRÉPOSITIF, IVE [pʀepozitif, iv]. *adj.* (1607; « qui est devant », 1531; bas lat. *præpositivus*. V. **Préposition**). *Ling.* Qui est de la nature de la préposition. *Locution prépositive,* groupe de mots faisant office de préposition : à cause de, à côté de, à force de, *sont des locutions prépositives.*

PRÉPOSITION [pʀepozisjɔ̃]. *n. f.* (1380; lat. gram. *præpositio*). Mot grammatical, invariable, introduisant un complément en marquant le rapport qui unit ce complément au mot complété. « *La préposition est un instrument de détermination et de liaison* » (DAUZAT). *Principales prépositions :* à, après, avant, avec, chez, contre, dans, de, depuis, derrière, dès, devant, en, entre, envers, hors, jusque, malgré, outre, par, parmi, passé, pour, proche, sans, sauf, selon, sous, sur, vers... *Anciens participes devenus prépositions :* attendu, durant, excepté, hormis, moyennant, nonobstant, pendant, suivant, touchant, vu.

PRÉPOSITIVEMENT [pʀepozitivmɑ̃]. *adv.* (1846; de *prépositif*). *Ling.* En fonction de préposition. *Adverbe employé prépositivement.*

PRÉPOTENCE [pʀepotɑ̃s]. *n. f.* (1450; lat. *præpotentia*). *Vx.* Toute-puissance, pouvoir absolu. V. **Autorité, domination, pouvoir, puissance.**

PRÉPSYCHOTIQUE [pʀepsikɔtik]. *adj. et n.* (v. 1968; de *pré*-, et *psychotique*). *Didact.* ♦ 1° Qui précède, annonce une psychose. *Des troubles prépsychotiques.* ♦ 2° Dont l'état annonce une psychose. *Un prépsychotique.*

PRÉPUCE [pʀepys]. *n. m.* (fin XIIIe; lat. *præputium*). Repli tégumentaire qui entoure le gland de la verge. *Excision du prépuce :* circoncision. *Étroitesse du prépuce :* phimosis.

PRÉRAPHAÉLISME [pʀeʀafaelism(ə)]. *n. m.* (1858; de *préraphaélite*). *Art.* Doctrine esthétique des préraphaélites.

PRÉRAPHAÉLITE [pʀeʀafaelit]. *n. m. et adj.* (1858; angl. *pre-raphaelite*; de *pré*-, et *Raphaël*, n. pr.). *Art.* Se dit des peintres anglais (Rossetti, Burne-Jones, etc.) qui voulurent renouveler la peinture par l'imitation des peintres italiens antérieurs à Raphaël. ◊ *Adj. Les sujets préraphaélites.*

PRÉRETRAITE [pʀeʀətʀɛt]. *n. f.* (1966; de *pré*-, et *retraite*). Retraite anticipée; allocation versée avant l'âge normal de la retraite.

PRÉROGATIVE [pʀeʀɔgativ]. *n. f.* (v. 1235; lat. jur. *prærogativa* « [centurie] qui vote la première »). Avantage dû à une fonction, un état. V. **Privilège, honneur, pouvoir.** « *L'antique prérogative féodale qui autorisait le seigneur à chasser partout* » (ZOLA). ◊ Avantage, don, faculté dont jouissent exclusivement les êtres d'une certaine espèce. V. **Attribut.** « *Cette prérogative que les Poètes font valoir de notre stature droite* » (MONTAIGNE).

PRÉROMANTIQUE [pʀeʀɔmɑ̃tik]. *adj.* (XXe; de *pré*-, et *romantique*). *Hist. litt.* Qui précède la période romantique. *Les écrivains préromantiques français* (*opposé à* postromantique).

PRÉROMANTISME [pʀeʀɔmɑ̃tism(ə)]. *n. m.* (1923; de *préromantique*). *Hist. litt.* Période littéraire antérieure au romantisme.

PRÈS [pʀɛ]. *adv.* (1080; bas lat. *presse* « en serrant », ou *pressus*, p. p. de *premere* « presser, serrer »). Adverbe marquant la proximité, indiquant une petite distance. **Ⓐ** ♦ 1° À une distance (d'un observateur ou d'un point d'origine) considérée comme petite. *Il habite tout près* (Cf. À deux pas, à proximité). « *Le coup passa si près que le chapeau tomba* » (HUGO). — *Fam. Ce n'est pas (tout) près :* c'est loin. ♦

2° DE PRÈS (v. 1250). *Loc. adv.* (Dans l'espace) *Considérer, voir, regarder de près, de trop près, de tout près.* — *Se raser de près :* au ras des poils. « *Edmond ne se trouva pas rasé d'assez près* » (ARAGON). ◊ *Fig. Coudoyer la mort de près. Connaître qqn de près :* très bien. « *Il existe une autre personne qui les a connus d'aussi près que moi, peut-être de plus près* » (ROMAINS). *Examiner, lire, regarder, voir qqch. de près :* attentivement. — *Ne pas y regarder de si près, de trop près :* se contenter de ce qu'on a. ◊ (Dans le temps) « *Mes lettres n'avaient pas accoutumé de se suivre de si près* » (PASC.). ♦ 3° (Fin XIe). PRÈS DE. *loc. prép.* ◊ a) (Dans l'espace) À petite distance de (V. **Proche, voisin**). *Sa maison est située tout près de la mienne.* V. **Contre.** *Près d'ici, tout près d'ici* (Cf. Non loin). *Tour près de Paris :* aux abords de, à la porte de. *S'asseoir près de qqn :* auprès de, aux côtés de. « *Pour me sentir plus près d'elle, je me blottissais sous cape* » (RADIGUET). « *Elles s'assirent près l'une de l'autre* » (MAUPASS.). « *Ils étaient l'un près de l'autre, debout, dans l'embrasure de la croisée* » (FLAUB.). *Tout près l'un de l'autre.* — Dans l'entourage. *Vivre près de qqn.* — *Loc. fam. Avoir la tête près du bonnet*.* ◊ *Mar. Naviguer près du vent, au plus près du vent,* ellipt. *Au plus près,* dans la direction la plus rapprochée de celle du vent. — *Gouverner près et plein :* aller près du vent en gardant les voiles gonflées. ◊ *Vieilli ou littér. Auprès de. Frédéric* « *s'enquit près du cocher s'il n'y avait point quelque part... un certain café Alexandre* » (FLAUB.). — En comparaison de, à côté de. « *Mais combien les phrases, hélas ! devenaient pâles près des actes !* » (GIDE). ◊ *Loc. fam. Être près de son argent, de ses sous, de ses intérêts :* être intéressé. « *On est un peu près de ses sous, peut-être, mais il faut ça pour vivre* » (ARAGON). — (Pour indiquer une mesure approximative) *Un peu moins de. Près de la moitié.* ◊ b) (Dans le temps) *Être près de la retraite.* « *Heure indue ? Monsieur voit qu'il est aussi près du matin que du soir* » (BEAUMARCH.). — (Avec l'inf.) *Quand le jour est près de paraître.* V. **Imminent, prochain.** « *Les démarches étaient près d'aboutir* » (FRANCE). ♦ 4° *Vieilli.* PRÈS, suivi d'un nom. « *Sœur Perpétue était une forte religieuse, de Marines, près Pontoise* » (HUGO). — *Notre ambassadeur près le roi de..., délégué auprès de.* « *Le rond-point, près l'escalier du potager* » (GIDE). **Ⓑ** (Exprimant l'idée d'une différence, dans des loc.) ♦ 1° À PEU PRÈS : indiquant l'approximation. « *Heureusement, l'hôtel était à peu près vide ce moment de l'année* » (MAURIAC). *À peu près comme.* — *À très peu près.* ◊ *Approximativement. À peu près six mille hommes. Il y a à peu près vingt minutes qu'il est sorti.* ◊ *Subst.* (XVIIe) *Un à peu près* (ou *à-peu-près*) : un calcul, un résultat approché. — *Péj.* Ce qui est imparfait, sommaire. « *Les bonnes définitions, sans lesquelles il n'y a que des à peu près* » (STENDHAL). « *Il savait d'ailleurs fort bien que toute sa vie est faite d'à peu près* » (MAUPASS.). — *Spécialt.* Calembour fondé sur la ressemblance de deux mots. « *L'Allemagne aime beaucoup les calembours par à peu près* » (NERVAL). ♦ 2° À PEU DE CHOSE(S) PRÈS. V. **Presque.** « *Le fils du Grand Turc ressemble à ce Cléonte, à peu de chose près* » (MOL.). *Il y a en mille, à peu de choses près.* ♦ 3° À BEAUCOUP PRÈS : avec de grandes différences (Cf. Il s'en faut de beaucoup). « *Tu ne parais pas ton âge, même à beaucoup près* » (DUHAM.). ♦ 4° À CELA PRÈS : cela étant mis à part. V. **Excepté, sauf.** « *Reçu dans le meilleur monde, où il se tenait bien, à cela près qu'il faisait des jeux de mots* » (FRANCE). ♦ 5° À (*qqch.*) PRÈS, indiquant le degré de précision d'une évaluation, l'écart, la différence qui sépare le résultat d'une mesure de la valeur réelle de la grandeur mesurée. « *Sa femme et lui se rappelaient, à un liard près, le prix d'achat, enchéri chaque année des intérêts* » (BALZ.). — (Avec l'idée que la différence en plus ou en moins est sans conséquence) *Il n'en est pas à cent francs près.* « *Moi, Legrain, je n'en suis pas à une femme près* » (DUHAM.). ◊ ANT. **Loin.** — HOM. **Prêt** (1 et 2).

PRÉSAGE [pʀezaʒ]. *n. m.* (*Presaige,* 1390; lat. *præsagium*). ♦ 1° Signe d'après lequel on croit prévoir l'avenir. V. **Augure, auspice.** *Croire aux présages.* « *Il jeta par trois fois, dans l'air, des pièces de monnaie. Toutes les fois, le présage fut heureux* » (FLAUB.). *Oiseaux de mauvais présage.* V. **Porte-malheur.** ◊ Ce qui est annoncé, prédit d'après ce signe. *Présages tirés du vol des oiseaux* (V. **Augure 1, auspice** 1), *de l'examen des entrailles des bêtes sacrifiées* (V. **Aruspice**). ♦ 2° Ce qui annonce (un, des événements à venir). « *Les tristes présages que me donnait votre lettre... ne se sont que trop vérifiés* » (P.-L. COUR.). *Présages d'une catastrophe, d'une crise.* « *Une brume légère flottait, présage de chaleur* » (MAUPASS.).

PRÉSAGER [pʀezaʒe]. *v. tr.; conjug. bouger* (*Presagier,* 1539; de *présage*). ♦ 1° *Littér.* Indiquer (une chose à venir); être le présage de. V. **Annoncer.** « *Que présages, Mathan, ce prodige incroyable ?* » (RAC.). ◊ *Cour.* Faire présumer, supposer. *Cela ne présage rien de bon* (Cf. Cela ne me dit rien de bon, rien qui vaille). ♦ 2° (*Sujet de personne*). V. **Prévoir.** « *Jamais on n'aurait pu présager qu'il se laisserait brûler si* *fort à la chandelle* » (SAND). *Maladie qui laisse présager une issue fatale.*

PRÉSALAIRE [presalɛʀ]. *n. m.* (v. 1950; de *pré-*, et *salaire*). Allocations devant être perçues par les étudiants au cours de leurs études.

PRÉ-SALÉ [presale]. *n. m.* (1732; de *pré* 2, et *salé*). Mouton engraissé dans des pâturages côtiers périodiquement inondés par la mer. *La viande des prés-salés est très recherchée.* ◊ Cette viande. *Gigot de pré-salé.*

PRÉSANCTIFIÉ, ÉE [presɑ̃ktifje]. *adj.* et *n.* (1700; de *pré-*, et *sanctifier*). *Liturg.* Qui a été consacré d'avance. *Espèces présanctifiées.* N. m. *Messe des présanctifiés,* office du vendredi saint (dans l'Église romaine) où le célébrant communie sous des espèces consacrées la veille, dites *pains présanctifiés.*

PRESBYTE [pʀɛsbit]. *n.* et *adj.* (1690; gr. *presbutês* « vieillard »). Personne atteinte de presbytie, qui distingue mal les objets rapprochés. V. **Hypermétrope.** — Adj. « *Il était presbyte, et ne lisait qu'avec des grimaces* » (GREEN). ◊ ANT. *Myope.*

PRESBYTÉRAL, ALE, AUX [pʀɛsbiteʀal, o]. *adj.* (XIVᵉ; lat. ecclés. *presbyteralis*). *Didact.* Qui a rapport aux prêtres. *Bénéfices presbytéraux.* ◊ Spécialt. *Conseil presbytéral, consistoire assistant le pasteur, dans la secte presbytérienne de l'Église réformée.*

PRESBYTÈRE [pʀɛsbitɛʀ]. *n. m.* (*Presbitaire,* 1460; *presbiterie,* 1170; lat. ecclés. *presbyterium,* rad. *presbyter* « prêtre »). Habitation du curé dans une paroisse. V. **Cure.** *Église flanquée de son presbytère.* « *Il est établi dans son presbytère, comme une garde avancée aux frontières de la vie* » (CHATEAUB.).

PRESBYTÉRIANISME [pʀɛsbiteʀjanism(ə)]. *n. m.* (1669; angl. *presbyterianism,* de *presbyterian;* du lat. V. **Presbytre**). Secte de l'Église réformée, directement issue de la doctrine calviniste. *Le presbytérianisme, religion dominante en Écosse.*

PRESBYTÉRIEN, IENNE [pʀɛsbiteʀjɛ̃, jɛn]. *n.* (1684; empr. angl. *presbyterian;* « chapelain », XIVᵉ; de *presbytère*). Protestant adepte du presbytérianisme. — Adj. Qui a rapport ou appartient au presbytérianisme. « *La constitution ecclésiastique de Genève est purement presbytérienne* » (D'ALEMB.).

PRESBYTIE [pʀɛsbisi]. *n. f.* (1829; *presbyopie,* 1793; de *presbyte*). Anomalie de la vision, défaut d'un œil qui distingue mal les objets rapprochés, par suite d'une diminution de l'élasticité du cristallin et de son pouvoir d'accommodation, ou du relâchement du muscle ciliaire qui assure les modifications de courbure du cristallin. V. **Hypermétropie.**

PRESCIENCE [pʀesjɑ̃s]. *n. f.* (XIIᵉ; lat. ecclés. *præscientia*). ♦ 1º *Théol.* Connaissance infaillible que Dieu a de l'avenir de l'humanité dans son ensemble et ses moindres détails. ♦ 2º *Cour.* Faculté ou action de prévoir des événements à venir. V. **Prévision.** « *Il en est, parmi nous, qui sont doués d'une sorte de prescience* » (MART. du G.). *Une prescience.* V. **Pressentiment.** « *Nous pensons pouvoir déduire de la connaissance du passé quelque prescience du futur* » (VALÉRY).

PRESCIENT, ENTE [pʀesjɑ̃, ɑ̃t]. *adj.* (1260; de *prescience*). *Rare.* Doué de prescience.

PRÉSCOLAIRE [pʀeskɔlɛʀ]. *adj.* (mil. XXᵉ; de *pré-*, et *scolaire*). Relatif à la période qui précède celle de la scolarité obligatoire (6 à 16 ans).

PRESCRIPTIBLE [pʀeskʀiptibl(ə)]. *adj.* (1374; de *prescrire*). *Dr.* Qui peut être prescrit; qui peut faire l'objet d'une prescription. *Biens, droits prescriptibles.* ◊ ANT. *Imprescriptible.*

PRESCRIPTION [pʀeskʀipsjɔ̃]. *n. f.* (1260; lat. *præscriptio,* de *præscribere* « écrire en tête »). ♦ 1º *Dr.* « Moyen d'acquérir ou de se libérer par un certain laps de temps, et sous les conditions déterminées par la loi » (CODE CIV.). *Opposer la prescription.* ◊ *Dr. civ. Prescription acquisitive* (V. **Usucapion**), mode d'acquisition de la propriété et des autres droits réels, par une possession non interrompue (30 ans). *Prescription extinctive,* mode de libération des obligations. ◊ *Dr. pén. et cour. Prescription pénale,* mode de prescription extinctive applicable à la répression d'une infraction. *Il y a prescription.* ♦ 2º (XVIᵉ). *Cour.* Ordre expressément formulé, avec toutes les précisions utiles. *Conformément aux prescriptions de ses chefs.* V. **Instruction.** « *Vint le début du ramadan, et Moktar observa les prescriptions* » (DUHAM.). ◊ (1829) *Prescriptions d'un médecin :* recommandations faites au malade, verbalement ou par écrit (sous forme d'ordonnance). « *L'incohérence des prescriptions officielles pour les injections de vaccin antityphique est incroyable !* » (MART. du G.). ◊ ANT. *Interdiction.*

PRESCRIRE [pʀeskʀiʀ]. *v. tr.;* conjug. *écrire* (XIIᵉ, « condamner »; lat. *præscribere*). ♦ 1º (1355). *Dr.* Soumettre à la prescription. ◊ Acquérir par la prescription. *Prescrire la propriété d'un immeuble.* ◊ Faire ou laisser éteindre par la prescription. *Condamné dont la peine est prescrite.* ◊ Pronom. (1549) Être abrogé par la prescription. *Les arrérages de rentes se prescrivent par cinq ans.* ♦ 2º (1544). *Cour.* Ordonner ou recommander expressément; indiquer avec

précision (ce qu'on exige, ce qu'on impose). « *Il prescrivit que les passagers... fussent rangés sur le pont-promenade* » (DUHAM.). V. **Vouloir.** *Prescrire de faire qqch.* V. **Recommander.** « *Il en coûte peu de prescrire l'impossible quand on se dispense de pratiquer* » (ROUSS.). *Selon les formes que la loi a prescrites.* V. **Fixer.** — *Fig. Ce que l'honneur prescrit.* V. **Demander.** ◊ *Spécialt.* (XVIIIᵉ) Recommander, conseiller formellement. *Médecin qui prescrit des remèdes, un traitement.* « *Le médecin... prescrivait une infusion de quinquina pur* » (HUGO). — Pronom. (Pass.) *Le régime lacté se prescrit dans certaines affections.* ♦ 3º (*Choses*). Rendre indispensable. *Ce que les circonstances prescrivent.* V. **Réclamer.** ◊ ANT. *Interdire. Observer, subir.*

PRESCRIT, ITE [pʀeskʀi, it]. *adj.* (1486; V. **Prescrire**). Qui est imposé, fixé. « *Je fus le seul qui fut prêt au terme prescrit* » (ROUSS.). *Au jour prescrit.* — *Ne pas dépasser la dose prescrite.*

PRÉSÉANCE [pʀeseɑ̃s]. *n. f.* (1580; de *pré-*, et *séance*). Droit de précéder (qqn) dans une hiérarchie protocolaire. *Ordre des préséances dans une assemblée, un cortège.* « *Il y a souvent des disputes entre les duchesses et les princesses étrangères pour la préséance* » (ST-SIM.). ◊ Prérogative du rang. « *Thérèse s'étonnait qu'ils crussent encore aux préséances* » (MAURIAC).

PRÉSÉLECTEUR [pʀeselɛktœʀ]. *n. m.* (1948; de *pré[sélection],* et *sélecteur*). *Techn.* Dispositif de présélection.

PRÉSÉLECTION [pʀeselɛksjɔ̃]. *n. f.* (1948; de *pré-*, et *sélection*). Premier tri dans un choix. *Candidats admis en présélection.* ◊ *Techn.* Sélection opérée préalablement. *Boîte de vitesses à présélection. Poste de radio muni d'un bouton de présélection.*

PRÉSENCE [pʀezɑ̃s]. *n. f.* (1172; lat. *præsentia*). **Ⓐ** (*Personnes*). ♦ 1º Le fait d'être dans le lieu dont on parle. *La présence de qqn, dans, à, chez...* — *Faire acte de présence :* n'être présent qu'un instant. *Fuir, éviter la présence de qqn :* le fuir. « *Tant de plaisir dans la présence, et dans l'absence tant d'espoir* » (B. CONSTANT). « *Elle viendrait apporter le rayonnement de sa présence dans ce vieux logis aimé* » (LOTI). *Une présence importune. Sentir une présence, une présence amie.* — (Formule d'invitation) *Vous êtes prié d'honorer de votre présence...* ◊ *Présence assidue au bureau, au lieu de travail.* V. **Assiduité.** *Faire acte de présence, faire de la présence :* être présent, sans plus. *Signer la feuille de présence :* la feuille qui atteste la présence effective (à une réunion, etc.). — *Droit de présence :* somme allouée à chacun des membres d'une association, en rémunération de sa présence à l'assemblée. — *Jeton* de présence.* ◊ *Techn.* Existence d'une personne au lieu de son domicile légal. ♦ 2º *Relig.* (XIIᵉ). *Présence mystique, spirituelle.* « *La présence d'un Dieu qui se cache* » (PASC.). *La présence divine dans l'Eucharistie.* — *La présence réelle :* le fait que le Christ soit réellement présent dans l'Eucharistie, sous les espèces du pain et du vin. — *Le dogme qui affirme cette présence.* ♦ 3º *Philo. Présence au monde, dans le monde :* fait d'être dans le monde, d'y agir. ♦ 4º (*Valeur abstraite*). Le fait d'être mêlé, de participer à. *Présence dans la politique d'une couche sociale nouvelle.* ◊ (XXᵉ) Le fait, pour un pays, de jouer un rôle (politique, économique, intellectuel) sur un territoire. *La présence de la France, la présence française en Afrique.* ◊ Caractère encore vivant, efficacité et prestige. *Présence de Shakespeare, de l'art roman, de la Grèce antique.* ♦ 5º (D'un acteur). Qualité qui consiste à manifester avec force sa personnalité. *Cette comédienne a de la présence, manque de présence.* ◊ *Par ext.* (D'un écrivain, etc.) « *Dans la Fuite, c'est lui que j'entends, ... avec son amusant français parlé de 1760..., sa présence verbale* » (HENRIOT). **Ⓑ** (*Choses*). Le fait qu'une chose soit dans le lieu où l'on est ou dont on parle, qu'elle existe à l'intérieur de l'ensemble plus vaste (matériel ou non) dont il s'agit. « *Quelle fable il inventerait pour expliquer la présence de la malle dans son arrière-boutique* » (ROMAINS). *Didact. Présence de la vapeur d'eau dans l'atmosphère de Mars. Présence de charbon, de pétrole dans un lieu.* ◊ (Abstrait) « *Il ne se révélait dans ce logis la présence d'aucun travail* » (HUGO). ◊ (1660) *Présence d'esprit,* le fait d'avoir l'esprit « présent », de répondre, de réagir avec à-propos. **Ⓒ** EN... PRÉSENCE. ♦ 1º *Vx* (fin XIIᵉ). « *L'on détourne son visage pour rire comme pour pleurer en la présence des grands* » (LA BRUY.). ♦ 2º *Mod.* (1549). EN PRÉSENCE DE : *Dresser un acte en présence de témoins.* « *Son père lui fit une admonestation en présence de son nouveau maître* » (SAND). *En ma (ta, sa...) présence. Être, mettre qqn en présence de (qqn, qqch.).* « *Je suis tombé de surprise quand je me suis trouvé en présence de cette langue si simple* » (RENAN). ♦ 3º (XIIIᵉ, repris 1665). *En présence :* dans le même lieu, face à face, en opposition l'un vis-à-vis de l'autre. *Les deux armées en présence.* — *Fig. Les parties en présence.* *Mettre, laisser deux personnes en présence.* ◊ ANT. *Absence. Carence, faute, manque.*

1. PRÉSENT, ENTE [pʀezɑ̃, ɑ̃t]. *adj.* et *n. m.* (fin XIᵉ, aux sens A et B; lat. *præsens, præsentis,* p. prés. de *præesse* « être en avant »).

I. *Adj.* **Ⓐ** (*Opposé à* absent). ♦ 1º Qui est dans le lieu, le groupe où se trouve la personne qui parle ou de laquelle on parle. « *Présente, ou vous fuis; absente, je vous trouve* » (RAC.). *Être présent dans, à un endroit, chez qqn. Ici présente. Elle était présente quand l'accident s'est produit.* V. **Témoin.** — *Être présent à qqch.* V. **Assister.** *Untel étant présent,* ou ellipt. *Untel présent* (Cf. En présence de). ◇ *Spécialt.* (Dans un groupe organisé, où la présence est soumise à un contrôle) *Élève présent au cours. Soldat présent au rapport, à l'appel. Monsieur X... Présent ! Les personnes présentes,* ou subst. *Les présents.* — Par ext. *Être présent en pensée, par le cœur.* ◇ *Relig.* (D'une présence mystique ou spirituelle) *Dieu est présent partout.* V. **Omniprésent.** *Le Christ présent dans l'Eucharistie.* V. **Présence** (réelle). ♦ 2º (Choses). *L'argon est présent dans l'air en proportion infinitésimale.* V. **Trouver** (se). — (Abstrait) « *Il est vrai qu'une image peut être sans être perçue : elle peut être présente sans être représentée* » (BERGSON). ♦ 3º Dont on est conscient, auquel on pense à un moment donné (*présent à*). « *Ces moments me seront toujours présents quand je vivrais cent mille ans* » (ROUSS.). « *J'ai présent à la mémoire, comme si je le voyais encore, le spectacle dont je fus témoin* » (CHATEAUB.). ♦ 4º Qui est disponible pour une activité. *Être présent à la conversation :* la suivre attentivement. **Ⓑ** (*Opposé à* futur *ou à* passé). ♦ 1º Qui existe, se produit au moment, à l'époque où l'on parle ou dont on parle. *Les circonstances présentes.* « *Passionnés enfin pour la sensation présente* » (GOBINEAU). *L'usage, l'état présent de la langue.* V. **Actuel.** ◇ (Avec un nom désignant une division du temps) *Le temps, le moment, l'âge, le siècle présent.* « *Elle vivait surtout dans l'instant présent* » (MAUROIS). *L'heure, la minute, l'époque présente.* ♦ 2º Dont il est actuellement question, qu'on fait en ce moment même. — (Devant le subst.) *Au moment où s'ouvre le présent récit.* — (D'un texte juridique, commercial) Celui-ci même qu'on rédige. *La présente loi. La présente lettre.* Subst. (1335) *Par les présentes, par la présente* (comm.) : par cette lettre, ce texte. — « *Votre père naturel... décédé en cette commune le 10 du présent mois* » (FLAUB.), du mois où l'on est. ♦ 3º (1550). Qui exprime le temps présent. *Participe, infinitif présent* (Cf. ci-dessous, II, 2º).

II. *N. m.* (Fin XIVᵉ). ♦ 1º Partie du temps, durée distincte opposable au passé et au futur (instant fictif ou partie du temps dont on parle, où l'on se place par l'imagination [opposable à un passé, un avenir relatif]). *Dans le présent. Vivre dans le présent, sans se préoccuper du passé ni de l'avenir.* « *Sans doute il y a un présent idéal, purement conçu, limite indivisible qui séparerait le passé de l'avenir. Mais le présent réel, concret, vécu... occupe nécessairement une durée* » (BERGSON). — Ce qui existe dans cette partie du temps. *Jouir, s'enivrer du présent :* des avantages, des plaisirs, etc., que donne le temps présent. « *Comme tous les enfants, il ne vivait que du présent* » (MART. du G.). ♦ 2º Cette partie de la durée, en tant qu'on y situe une action ou un état exprimé par un verbe; le verbe, considéré comme indiquant cette durée, indépendamment de la forme qu'il peut avoir (passé, « présent », futur); ensemble de formes verbales, du temps du verbe qui sert essentiellement à exprimer cette durée. *Conjuguer, mettre un verbe au présent. Présent de l'indicatif, du conditionnel, du subjonctif, de l'impératif.* « *Le passé peut aussi s'exprimer par le présent. Dans les récits, c'est un usage fréquent qu'on désigne du nom de présent historique* » (VENDRYES).

III. ♦ 1º *Loc. adv.* À PRÉSENT (XIIᵉ) : au moment où l'on parle; au moment dont on parle. V. **Maintenant, aujourd'hui.** « *Ses cheveux encore gris le mois dernier, devenaient tout blancs à présent* » (MAUPASS.). — *Jusqu'à présent. Dès à présent.* ♦ 2º *Loc. conj.* À PRÉSENT QUE : maintenant que. « *À présent que ses yeux étaient clos, plus rien ne restait, dans l'expression de ses traits* » (GIDE). ♦ 3º *Loc. adj.* D'À PRÉSENT : actuel. « *Les femmes d'à présent sont bien loin de ces mœurs* » (MOL.). « *Sa solitude d'à présent s'augmentait de ce secret horrible* » (MAUPASS.).

◈ ANT. Absent. Abstrait. Ancien. — (du nom) Avenir, futur; passé.

2. PRÉSENT [pʀezɑ̃]. *n. m.* (v. 1158; de *présenter*). Littér. Action de donner qqch. à qqn; ce qui est donné. V. **Cadeau, offrande.** *Faire un présent à qqn.* « *Les présents du ciel* » (LA FONT.). V. **Bienfait.** — *Faire présent de qqch. à qqn.* — Dr. *Présents d'usage :* se dit des présents qui sont offerts à certaines fêtes (jour de l'an, anniversaire...) et qui sont dispensés du rapport successoral.

PRÉSENTABLE [pʀezɑ̃tabl(ə)]. *adj.* (XVIᵉ; « présent », v. 1190; de *présenter*). ♦ 1º (Choses). Qui est digne d'être présenté, montré. *Ce plat n'est pas présentable.* ♦ 2º (Personnes). Qui peut paraître en public. *Si elle s'était « habituée à porter chaque nouvelle mode, elle eût été présentable et acceptable* » (BALZ.). V. **Sortable.**

PRÉSENTATEUR, TRICE [pʀezɑ̃tatœʀ, tʀis]. *n.* (1483; de *présenter*). ♦ 1º *Hist.* Personne qui représentait qqn à un bénéfice ecclésiastique. ♦ 2º *Rare.* Personne qui présente qqn en société. ♦ 3º *Comm.* Personne qui présente un effet de commerce. ♦ 4º *Cour.* Personne qui présente qqch. au public, pour la vente. ◇ Personne qui présente une émission, un spectacle (radio, télévision).

PRÉSENTATION [pʀezɑ̃tasjɔ̃]. *n. f.* (1263; de *présenter*). ♦ 1º Action de présenter qqn à un emploi. *Liste de présentation.* — *Droit de présentation :* droit que possèdent certains officiers ministériels de présenter leur successeur à l'agrément des pouvoirs publics. ♦ 2º (XVIᵉ). Action de présenter une personne à une autre, de l'introduire dans une famille, un cercle, etc. *Faire les présentations. Elle fit « les solennelles présentations du vicomte au chevalier, du chevalier au vicomte* » (BALZ.). ♦ 3º *Relig. jud.* Consécration à Dieu d'un premier-né, au temple de Jérusalem. — Liturg. cathol. *Fête de la Présentation de la Vierge* (21 novembre), *de la Présentation de l'Enfant Jésus* (2 février). ♦ 4º *Fam.* Apparence d'une personne. *Avoir une bonne, une mauvaise présentation* (V. **Présentable**, 2º). ♦ 5º Action de présenter (qqch.) à qqn. *Présentation d'une pièce d'identité, d'un billet de chemin de fer* (à un agent, au contrôleur), *etc.* — Dr. comm. *Effet payable à présentation,* à vue. ♦ 6º Manifestation au cours de laquelle on présente qqch. au public. V. **Exhibition.** *Présentation de modèles.* — *Présentation d'un nouveau roman.* ♦ 7º Manière dont une chose est présentée, aspect qu'on donne à ce qu'on fait. *Présentation originale des tableaux dans un musée, des marchandises dans un magasin.* ♦ 8º Manière de présenter une thèse, ses idées, etc. V. **Présenter.** *La présentation des arguments de sa thèse est confuse.* ♦ 9º *Méd.* Manière particulière dont le fœtus se présente au niveau du détroit supérieur du bassin. *Présentation normale par la tête, l'occiput* (présentation du sommet). *Présentation par la face, par le siège.* « *Je ne peux rien dire tant que je n'aurai pas déterminé la présentation* » (ZOLA).

PRÉSENTE [pʀezɑ̃t]. *n. f.* V. **Présent** (I, B, 2º).

PRÉSENTEMENT [pʀezɑ̃tmɑ̃]. *adv.* (v. 1250; « en la présence de », 1212; de *présent*). *Vx* ou région. Au moment, à l'époque où l'on est, au moment où l'on parle. V. **Actuellement.** « *Il faut, lui dit-elle, que tu ailles tout présentement chez le père Landriani* » (STENDHAL).

PRÉSENTER [pʀezɑ̃te]. *v.* (v. 880; lat. imp. *præsentare*). **I.** *V. tr.* ♦ 1º *Présenter une personne à une autre :* l'amener en sa présence pour la faire connaître. « *Des mères présentaient à Paphnuce leurs jeunes garçons* » (FRANCE). — Spécialt. Faire connaître (une personne) à une autre en énonçant son nom, ses titres, etc., selon les usages de la politesse. V. **Présentation.** *J'ai l'honneur, le plaisir, permettez-moi de vous présenter M. X. Cette personne ne m'a pas été présentée.* — *Être présenté au chef de l'État.* — *Être présenté dans un cercle :* y être introduit. ◇ Faire connaître (une personne, un groupe) au public. *Présenter un conférencier, un écrivain, un musicien,* etc. « *Seize soldats étaient rangés et présentés par deux sergents* » (CHARDONNE). ♦ 2º *Présenter qqn pour un emploi :* le proposer. ◇ Faire inscrire (à un examen, à un concours, à une élection). *Présenter des candidats au concours général.* ♦ 3º (XIIᵉ). Mettre (qqch.) à la portée, sous les yeux de qqn. *Présenter un fauteuil, un plat à qqn. Présenter son billet au contrôleur.* V. **Montrer.** ◇ *Fig.* (Sujet de chose) *La baie de Naples présente un spectacle splendide. La vie « s'amuse à nous présenter le bonheur et à nous le retirer aussitôt* » (LÉAUTAUD). ◇ *Présenter les armes :* rendre les honneurs en restant au garde-à-vous et en tenant les armes d'une certaine manière; exécuter le mouvement par lequel on se met dans cette position. *Présentez armes !* commandement militaire. — Par ext. V. **Diriger, tourner** (vers). *Navire qui présente le travers au vent.* ♦ 4º Faire connaître au public par une manifestation spécialement organisée. *Le musée du Louvre présente ses dernières acquisitions.* V. **Exposer.** *Présenter un nouveau film. Présenter une émission radiophonique, un spectacle télévisé :* prononcer quelques mots pour annoncer aux auditeurs, aux spectateurs le titre, le nom des acteurs, etc. V. **Présentateur.** ♦ 5º Disposer (ce qu'on expose à la vue du public). *Présenter un étalage, une vitrine.* ♦ 6º Remettre (qqch.) à qqn en vue d'un examen, d'une vérification, d'un jugement, etc. *Présenter la note, les quittances. Présenter un devis, un projet. Présenter une requête* ou *présenter requête à qqn.* — *Présenter sa candidature à un poste.* ◇ Choisir (une matière) dans un examen. *Présenter le premier chant de l'Énéide comme texte latin.* ♦ 7º Exprimer, faire l'exposé de... « *Le Promoteur, les assesseurs,... l'invitent à présenter sa défense* » (HUYSMANS). *Présenter une idée, une théorie, une doctrine.* V. **Développer.** *Savoir présenter ses idées.* — Spécialt. *Présenter ses condoléances, ses félicitations, ses hommages, ses remerciements, ses respects à qqn.* « *Je regrette mon geste et présente à mon collègue mes excuses les plus sincères* » (DUHAM.). ♦ 8º Montrer, rendre présent à l'esprit. « *Il ne faut présenter au monde que ce* *qui est beau* » (CHATEAUB.). ◇ Montrer, décrire, définir, comme étant tel ou tel. « *Notre tort est de présenter les choses telles qu'elles sont* » (PROUST). ♦ 9° Avoir telle apparence, tel caractère (par rapport à un observateur, un utilisateur actuel ou éventuel). *Le chemin présentait de nombreux détours.* V. **Dessiner, former.** *Présenter une propriété particulière. Présenter des différences, des analogies avec qqch. Présenter des avantages, un danger, des inconvénients.* — « *La jeune fille... présentait tous les symptômes de la peste pulmonaire* » (CAMUS).

II. *V. intr.* (*fam.* ou *lang. comm* : emploi critiqué). *Présenter bien (mal)* : faire bonne (mauvaise) impression par son physique, son allure, sa tenue.

III. SE PRÉSENTER. *v. pron.* ♦ 1° Arriver en un lieu, paraître (devant qqn). *Il pensa « qu'il était encore trop matin pour se présenter chez sa protectrice* » (MUSS.). — Faire une première visite. *Fonctionnaire qui se présente à son supérieur. Se présenter les mains vides.* Absolt. *Quand il se présenta, on lui fit de plates excuses.* — (Dans une annonce) *Ne pas écrire, se présenter* : venir. Impers. *Il ne s'est présenté personne.* — *Se présenter à l'audience, devant la justice.* V. **Comparaître.** ♦ 2° Se faire connaître à qqn, en énonçant son nom selon les usages de la politesse. *Un gaillard « poussa le cri que deux ou trois millions d'Allemands rugissent en se présentant... — Meyer !* » (GIRAUDOUX). ♦ 3° Venir se proposer au choix, à l'appréciation de qqn. *Un candidat s'était présenté.* « *Des partis s'étaient présentés* » (GREEN). Spécialt. *Se présenter pour un emploi, un poste.* V. **Proposer** (se). — Subir les épreuves (d'un examen, d'un concours). V. **Passer.** *Il est allé au chef-lieu se présenter au bachot.* — Être candidat. « *Il s'était présenté au concours d'agrégation* » (FLAUB.). — Être candidat à une élection. V. **Porter** (se). « *Sans savoir encore s'il se présenterait comme républicain de gauche ou comme radical* » (ROMAINS). ♦ 4° (*Sujet de chose*). Apparaître, venir. *Deux noms se présentent aussitôt à l'esprit. Ce fut le seul doute qui se présenta à elle.* V. **Traverser** (l'esprit). ◇ Absolt. *Profiter des occasions qui se présentent.* V. **Offrir** (s'), **survenir.** *Il mange, il lit tout ce qui se présente.* ♦ 5° Apparaître sous un certain aspect ; être disposé d'une certaine manière. *Se présenter sous (la) forme de.* « *L'activité humaine se présente quelquefois sous des formes anormales* » (JANET). *Se présenter comme... Se présenter bien (mal)* : faire bonne (mauvaise) impression dès l'abord. *Cette affaire se présente plutôt mal.*
◇ ANT. **Conclure.**

PRÉSENTOIR [pRezɑ̃twaR]. *n. m.* (mil. XXe ; « pelle à gâteau, à poisson », 1898 ; de *présenter*). Dispositif pour présenter des marchandises. Les « *mouches collées sur des présentoirs à gâteaux* » (LÉVI-STRAUSS).

PRÉSÉRIE [pReseRi]. *n. f.* (v. 1960 ; de *pré-*, et *série*). Techn., comm. Série de contrôle, produite avant la série destinée à la vente. *Après le prototype, la firme a fabriqué une présérie de cette voiture.*

PRÉSERVATEUR, TRICE [pRezeRvatœR, tRis]. *adj.* (1514 ; de *préserver*). Vx. Qui préserve, sert à préserver d'une maladie, d'un danger. « *Une potion cordiale et préservatrice* » (MOL.). ◇ Mod. (Didact.). *N. m.* Agent chimique ajouté à un produit (médicament, produit alimentaire) pour en empêcher l'altération.

PRÉSERVATIF, IVE [pRezeRvatif, iv]. *adj. et n. m.* (1314, adj. ; XVIe, n. ; du lat. *præservatum.* V. **Préserver**). ♦ 1° Vx. Qui préserve des maladies. — Fig. « *La liberté est le seul préservatif contre la disette* » (TURGOT). ♦ 2° Mod. *N. m.* Capuchon en caoutchouc très souple qui s'adapte à la verge, employé comme moyen de protection contre les maladies vénériennes ou comme contraceptif. V. **Condom.** — Par ext. Tout moyen anticonceptionnel mécanique. *Préservatif féminin* : diaphragme*.

PRÉSERVATION [pRezeRvasjɔ̃], *n. f.* (1314 ; de *préserver*). Action, moyen de préserver, de se garantir. « *Pendant les grandes pestes du Midi, les médecins revêtaient des étoffes huilées, pour leur propre préservation* » (CAMUS).

PRÉSERVER [pRezeRve]. *v. tr.* (fin XVe ; « réserver », 1398 ; lat. *præservare*). Garantir, mettre à l'abri ou sauver (d'un danger, d'un mal). *Préserver qqn des dangers, des ennuis, du malheur, d'une maladie* : les lui épargner. « *Ce moyen ne réussit qu'à les préserver d'une chute de cheval* » (SAND). *Préserver d'une attaque.* « *Une sorte de coupé garni d'un mantelet... préservant les voyageurs du vent et de la pluie* » (GAUTIER). V. **Abriter.** — *Dieu, le ciel me préserve, nous préserve de...; le ciel m'en préserve !* V. **Garder.** — Par ext. *Préserver les livres de l'humidité.* ◇ Spécialt. Garantir de la destruction, de l'oubli. V. **Conserver, garder.** ◇ V. pron. *Se garder.* « *Quand on sait se préserver du poison mortel de l'ennui* » (VOLT.). ◇ ANT. **Contaminer, gâter.**

PRÉSIDE [pRezid]. *n. m.* (1556 ; esp. *presidio*). Hist. Poste fortifié espagnol, place forte servant de bagne. *Les présides d'Afrique, des Indes.*

PRÉSIDENCE [pRezidɑ̃s]. *n. f.* (1372 ; de *président*).

♦ 1° Fonction, titre de président. *Présidence d'une assemblée, d'un congrès, d'une chambre, d'un tribunal.* — Action de présider. *La présidence de la séance.* ◇ *La présidence de la République* : la fonction de président. ♦ 2° (XVIIIe). Durée des fonctions d'un président. « *L'aube d'une nouvelle présidence* » (ARAGON). ♦ 3° (1875). Résidence, bureau(x) d'un président. *Aller à la présidence.*

PRÉSIDENT [pRezidɑ̃]. *n. m.* (1296 ; lat. *præsidens*). ♦ 1° Celui qui préside (une assemblée, une réunion ou tout groupement organisé en vue d'une action collective), pour (en) diriger les travaux. *Président d'une société scientifique. Président d'un jury d'examen, de concours.* — *Président d'un conseil d'administration. Président-directeur général d'une société.* V. **P.D.G.** ◇ Magistrat qui préside un tribunal, une cour. *Premier président de la cour d'appel. Président de la Haute Cour. Président du jury.* « *Ce pauvre président des assises... avait la larme à l'œil en me condamnant* » (STENDHAL). ♦ 2° (Chef politique). Le chef de l'État dans une république. *Le président de la République française. Sous la Ve République, le président de la République nomme le Premier ministre, préside le Conseil des ministres, promulgue les lois, etc.* — *Président des États-Unis.* — Hist. *Le prince-président* : Louis-Napoléon Bonaparte, le futur Napoléon III. « *On accusait le prince-président de vouloir se faire nommer empereur* » (ZOLA). ◇ PRÉSIDENT DU CONSEIL : sous la IIIe et la IVe Républiques, le chef du gouvernement. — *Président de l'Assemblée nationale, du Sénat.* — *Président d'un organisme international.*

PRÉSIDENTE [pRezidɑ̃t]. *n. f.* (fin XVe ; du précéd.). ♦ 1° (1617). Vx. Femme d'un président. « *Vous connaissez la Présidente Tourvel* » (LACLOS). ♦ 2° Femme qui préside. *Présidente d'une assemblée.*

PRÉSIDENTIALISME [pRezidɑ̃sjalism(ə)]. *n. m.* (1945 ; de *président*). Système présidentiel*.

PRÉSIDENTIEL, ELLE, ELS [pRezidɑ̃sjɛl]. *adj.* (1791 ; de *président*). Relatif au président, à la présidence. *Élection présidentielle.* ◇ *Régime, système présidentiel*, dans lequel le pouvoir exécutif est entre les mains du président de la République.

PRÉSIDER [pRezide]. *v. tr.* (1388 ; lat. *præsidere*, de *præ* « avant, devant », et *sedere* « s'asseoir »). **I.** *V. tr. indir.* PRÉSIDER À. ♦ 1° (1559). Vieilli. Occuper le premier rang dans une assemblée, une société, en vue d'y maintenir l'ordre, de diriger les débats, proclamer les décisions. *Le magistrat qui préside à une cérémonie.* ♦ 2° Avoir la direction, le soin, la surveillance de qqch. ; y veiller. « *Le Fils de l'homme, assis à la droite de Dieu, présidera à cet état définitif du monde* » (RENAN). — *Règles qui président à qqch.* V. **Diriger, régler.** **II.** *V. tr. dir.* (1671). ♦ 1° Diriger les débats de ; être le président de. *Présider une assemblée, un débat, un tribunal.* « *L'intérêt qu'il prenait aux élections le ramena présider le conseil* » (ZOLA). *Présider un conseil d'administration.* — Absolt. Siéger au fauteuil présidentiel. ♦ 2° Occuper la place d'honneur dans (une manifestation). *Présider un dîner.*

PRÉSIDIAL, ALE, AUX [pRezidjal, o]. *n. m. et adj.* (1435, adj. ; 1611. n. ; lat. *præsidialis*, de *præses, præsidis* « gouverneur de province »). Hist. Tribunal d'appel des bailliages ordinaires, érigés en 1552 dans les bailliages les plus importants, et s'occupant des affaires de modeste importance. ◇ Adj. *Cas présidiaux*, relevant des présidiaux. *Sentences présidiales.*

PRÉSIDIALITÉ [pRezidjalite]. *n. f.* (1560 ; de *présidial*). Hist. Juridiction, ressort d'un présidial.

PRÉSIDIUM. V. **PRÆSIDIUM.**

PRÉSOMPTIF, IVE [pRezɔ̃ptif, iv]. *adj.* (*Presumptif*, 1375 ; lat. *præsumptivus*, de *præsumere* « présumer »). *Héritier présomptif, héritière présomptive* : personne qui, du vivant de qqn, a vocation de lui succéder. « *Voici mon fils Étienne, mon premier-né, mon héritier présomptif* » (BALZ.). — *L'héritier présomptif de la couronne, du trône* : le Prince héritier.

PRÉSOMPTION [pRezɔ̃psjɔ̃]. *n. f.* (*Presumpsion* « conjecture », 1180 ; lat. *præsumptio*, de *præsumere*). ♦ 1° Opinion fondée seulement sur des apparences. V. **Conjecture, supposition.** *Présomptions faibles, gratuites. N'avoir que des présomptions.* ◇ Dr. Induction par laquelle on remonte d'un fait connu à un fait contesté. *Présomption de fait*, que le juge induit d'un fait sans y être obligé. *Présomption légale*, établie par la loi et constituant une dispense de preuve. *Présomption de paternité, de culpabilité.* « *Les présomptions les plus graves pèsent sur vous* » (HUGO). *Être condamné sur de simples présomptions.* ♦ 2° (XIIIe). Opinion trop avantageuse que l'on a de soi-même. V. **Prétention, suffisance ; présomptueux.** « *Intelligence claire et vive, sûre d'elle-même jusqu'à la présomption* » (MADELIN). « *La belle présomption de l'adolescence* » (R. ROLLAND). ◇ ANT. **Modestie.**

PRÉSOMPTUEUSEMENT [pRezɔ̃ptyøzmɑ̃]. *adv.* (XIVe ;

presumpcieusement, h. XIIIᵉ; de *présomptueux*). Littér. Avec présomption.

PRÉSOMPTUEUX, EUSE [pʀezɔ̃ptɥø, øz]. *adj. (Presuntueux*, XIIᵉ; lat. *præsumptuosus*). Qui présume trop de soi, fait preuve de présomption. V. **Audacieux, prétentieux, vain.** « *Nous sommes si présomptueux que nous voudrions être connus de toute la terre* » (PASC.). — Subst. « *Jeune présomptueux!* » (CORN.). ◊ *Par ext.* Qui dénote de la présomption. *Air présomptueux. Attitude présomptueuse.* ◇ ANT. Modeste, prudent.

PRÉSONORISATION [pʀesɔnɔʀizasjɔ̃]. *n. f.* (1975; de *pré-*, et *sonorisation*). Techn. Syn. de *play*-back*.

PRESQUE [pʀɛsk(ə)]. *adv.* (1360; *à près que*, 1190; de *près*, et *que*). ♦ 1° À peu près. V. **Quasi** (Cf. Peu s'en faut). *Elle est très petite, presque naine. C'est presque sûr. Elle pleurait presque, elle a presque pleuré.* Rare. (Après le verbe à un temps comp.) « *Nous l'avons créé presque* » (PROUST). — *Cela fait presque dix kilomètres :* un peu moins de. « *On pourrait presque dire que toute mode est risible* » (BERGSON). *Presque toujours, presque jamais, presque autant, presque aussitôt.* « *Nous savons presque toujours que nous ne sommes pas aimés* » (MAURIAC). — *Presque tous; presque tout, presque tout le monde. Presque personne. Presque rien. Presque pas, plus :* très peu, à peine. — Ellipt. « *Certains écrivains ignorés ou presque* » (LÉAUTAUD). ◊ *Littér.* (Placé après l'adj. qu'il modifie) « *Lamartine marchait tranquille, indifférent presque* » (GAUTIER). « *Une passion sentimentale, intellectuelle presque* » (ZOLA). ◊ (Avec un complément introduit par une prép.) « *Rachel jouait un rôle presque de simple figurante* » (PROUST). « *L'espèce de gêne, et presque d'effroi* » (ROMAINS). « *Madame de Winphen fit presque à elle seule les frais d'une conversation* » (BALZ.). — (Avec un terme de quantité : tout, chaque, aucun) *À presque toutes... Presque à chaque pas.* « *C'était le gagne-pain de presque tous ces hommes* » (ALAIN-FOURNIER). ♦ 2° Littér. Presque modifiant un substantif abstrait. V. **Quasi.** « *J'ai la presque certitude de ce que je vous ai dit* » (BALZ.). « *Ce n'était qu'une lueur dans la presque obscurité* » (PROUST). « *La presque totalité des affaires humaines* » (CAILLOIS). ◇ ANT. Absolument, complètement, tout (à fait).

PRESQU'ÎLE [pʀɛskil]. *n. f.* (1554; de *presque*, et *île*). Partie saillante d'une côte, rattachée à la terre par un isthme, une langue de terre. *La presqu'île de Quiberon.*

PRESSAGE [pʀesaʒ]. *n. m.* (1803; de *presser*). Opération par laquelle on comprime ou l'on marque d'une empreinte, avec une presse. *Pressage à la vapeur.* ◊ Équivalent français de *pressing.*

PRESSANT, ANTE [pʀesɑ̃, ɑ̃t]. *adj.* (1538; de *presser*). ♦ 1° Qui sollicite avec insistance. *Insister d'une manière pressante. Ordres pressants.* V. **Impératif.** *Demandes, prières, sollicitations pressantes.* « *Je viens de recevoir une invitation fort pressante de la comtesse de B**** » (LACLOS). ◊ (Personnes) *Il a beaucoup insisté : il a été pressant.* ♦ 2° Qui contraint, oblige ou incite à agir sans délais. « *Un besoin pressant de pardonner!* » (BEAUMARCH.). *Pressant désir.* V. **Ardent.** *Les plus pressants inquiétudes.* ◊ Urgent. « *Le péril est pressant plus que vous ne pensez* » (RAC.). « *Devant une situation aussi pressante, il s'agit de faire vite* » (CAMUS).

PRESSE [pʀes]. *n. f.* (1050; de *presser*). I. (1050). *Vx* ou *littér.* Multitude de personnes assemblées dans un petit espace. V. **Foule.** « *Elle trouva un courage surnaturel pour fendre la presse* » (BALZ.). II. (Déb. XIIᵉ). ♦ 1° Dispositif, mécanisme destiné à exercer une pression sur un solide pour le comprimer ou y laisser une impression. *Presses à levier, à coin, à vis. Presse à bras, à moteur. Presse hydraulique,* dispositif par lequel une force appliquée par un piston sur une petite surface est transmise par un liquide à un autre piston de grande surface, et ainsi multipliée. — *Presse à comprimer, à écraser, à fouler. Châssis*-presse de photographe. Presse à coller, à découper, à emboutir, à perforer les métaux. Presse à balle,* destinée à la mise en balles de déchets industriels. — *Presse monétaire,* destinée à la frappe des médailles et des monnaies. — « *Dans le placard, j'avais remarqué une presse à viande* » (BOSCO). *Mettre sous la presse :* presser. ◊ (Tennis) Presse-raquette. ♦ 2° Spécialt. Machine destinée à l'impression typographique. *Presse à bras,* anciennement en bois et à vis. *Presse mécanique à cylindre.* « *Le père... se précipita sur la première de ses presses sournoisement huilées et nettoyées* » (BALZ.). — *Loc.* Vieilli. *Faire gémir la presse :* imprimer sans arrêt. — *Mod. Mettre sous presse :* donner, commencer à imprimer. *Ouvrage sous presse :* ouvrage à l'impression. ♦ 3° (1808). Ce que la presse typographique imprime, impression de textes. *Liberté de la presse :* liberté d'imprimer et de diffuser. « *Y a-t-il rien de plus tyrannique par exemple, que d'ôter la liberté de la presse?* » (VOLT.). *Lois sur la presse. Délits de presse :* fausses nouvelles, diffamation, etc. ◊ PRESSE PÉRIODIQUE, absolt. PRESSE : l'ensemble des publications périodiques et des organismes qui s'y rattachent. « *La polémique fait la puissance de la presse et détermine son utilité* » (NERVAL). *Agence de presse,* chargée de fournir des informations aux journaux. *L'agence France-Presse. Attaché de presse. Service de presse. — Presse d'information, d'opinion; presse politique. La grande presse :* la presse à grand tirage (les grands quotidiens d'information). *La presse du cœur :* les magazines sentimentaux. *La presse féminine. — Dans la presse ou sur les ondes. Campagne* de presse.* ◊ *Loc. Avoir bonne, mauvaise presse :* avoir des commentaires flatteurs ou défavorables dans la presse; *fig.* Avoir bonne, mauvaise réputation. III. (XVIᵉ, « action de se presser »). Se dit, dans le commerce et l'industrie, des activités plus intenses dans certaines périodes. « *Dans les moments de presse, aux grandes foires,* Mᵐᵉ *Charlet va donner là-bas un coup de main à sa fille* » (ZOLA). Cf. Coup de feu* (I, 3°).

PRESSE-. Élément, du v. *presser.*

PRESSÉ, ÉE [pʀese]. *adj.* (XVIᵉ, « qui serre fortement ». V. Presser). ♦ 1° Qui a été pressé (V. Presser, I, 1°). *Citron pressé, orange pressée* (Se dit *par ext.* du jus de ces fruits). — *Fromage à pâte pressée.* ♦ 2° Qui a de la hâte. *Il est bien pressé.* « *Nous sommes des gens pressés. Nous avons l'air de nous connaître* » (SARTRE). — *Avoir un air pressé.* ♦ 3° Urgent, pressant. *Besogne pressée. Une lettre pressée.* « *Est-ce que c'était pressé d'annoncer au monde qu'il y avait un mort dans le logement?* » (ZOLA). ◊ *Subst. Aller au plus pressé :* à ce qui est le plus urgent, le plus important. « *Il faut aviser au plus pressé* » (PROUST). ◇ HOM. Pressée, presser.

PRESSE-BOUTON [pʀesbutɔ̃]. *adj. invar.* V. BOUTON (4°).

PRESSE-CITRON [pʀesitʀɔ̃]. *n. m. invar.* (1877; de *presse-*, et *citron*). Ustensile servant à presser les citrons, les oranges pour en extraire le jus. Fig. et fam. *On lui a fait le coup du presse-citron :* on s'est servi de lui au maximum, puis on l'a rejeté (Cf. Presser* l'orange).

PRESSÉE [pʀese]. *n. f.* (1793; de *presser*). Agric. Masse (de fruits...) soumise en une fois à l'action du pressoir. ◇ HOM. Pressé, presser.

PRESSE-ÉTOUPE [pʀesetup]. *n. m. invar.* (1865; de *presse-*, et *étoupe*). Techn. Dispositif empêchant la vapeur de s'échapper par l'entrée de la tige du piston, dans une machine à vapeur.

PRESSE-FRUITS [pʀesfʀɥi]. *n. m. invar.* (1935; de *presse-*, et *fruit*). Rare. Ustensile pour extraire le jus des fruits.

PRESSENTIMENT [pʀesɑ̃timɑ̃]. *n. m.* (1559; de *pressentir*). Phénomène subjectif interprété comme la connaissance intuitive et vague d'un événement qui ne peut être connu par un moyen naturel. « *Les femmes ont des pressentiments dont la justesse tient du prodige* » (BALZ.). « *Les vrais pressentiments se forment à des profondeurs que notre esprit ne visite pas* » (RADIGUET). V. **Intuition, prémonition.** *Avoir le pressentiment de qqch..., que qqch. va se produire. J'ai le pressentiment qu'il ne viendra pas, qu'il lui est arrivé malheur.*

PRESSENTIR [pʀesɑ̃tiʀ]. *v. tr.;* conjug. *partir* (1552; lat. *præsentire,* de *sentire* « sentir », et *præ* « avant »). ♦ 1° Prévoir vaguement. V. **Deviner, prévoir, sentir.** *Laisser pressentir.* « *Qu'on dise après cela qu'on ne pressent point les malheurs qui nous menacent!* » (LESAGE). — *Par ext.* Avoir conscience de (un objet de connaissance présent). V. **Entrevoir; deviner.** « *Le curé lui-même parut pressentir un instant les secrets abimes de cette âme* » (TOULET). ♦ 2° Pressentir (qqn) sur ses intentions, d'une manière détournée. « *Il fut presque offensé de n'avoir pas été sinon pressenti, du moins précocement avisé* » (DUHAM.). *Pressentir qqn sur qqch.* — (Pass.) *Il a plusieurs fois été pressenti pour être ministre.* Au p. p. *Les personnalités pressenties.*

PRESSE-PAPIERS [pʀespapje]. *n. m. invar.* (1851; de *presse-*, et *papier*). Objet lourd qu'on pose sur les papiers pour les maintenir. « *Je n'oublie pas les presse-papiers massifs, en verre de couleur* » (COLETTE).

PRESSE-PURÉE [pʀespyʀe]. *n. m. invar.* (1855; de *presse-*, et *purée*). Ustensile de cuisine pour réduire les légumes en purée.

PRESSER [pʀese]. *v.* (1150, « tourmenter »; sens concret, 1256; lat. *pressare,* de *pressum,* supin de *premere*). I. *V. tr.* 🄰 (*Concret*). ♦ 1° Serrer de manière à extraire un liquide. V. **Exprimer.** *Presser un fruit. Loc. fig. On presse l'orange et on jette l'écorce :* on rejette (qqn) après s'en être servi au maximum (Cf. Faire le coup du presse-citron*). — *Presser une éponge. Presser les pis d'une vache.* ♦ 2° Serrer de manière à comprimer, à déformer, à marquer d'une empreinte. V. **Serrer, tasser.** *Presser dans un étau.* — *Les bras qui la pressaient.* V. **Embrasser, étreindre.** « *Il m'entrainait en me pressant le bras* » (DUHAM.). — *Presser (qqn) entre, dans ses bras.* V. **Serrer.** ♦ 3° Appliquer avec force contre, sur qqch. — *Presser un disque,* fabriquer une série de disques. V. **Appuyer.** *Presser un cachet, une marque sur la cire.* V. **Imprimer.** *Presser qqn sur son cœur.* — Au p. p. « *Tous... pressés les uns contre les autres afin de se tenir chaud* » (BALZ.). ♦ 4° Exercer une pression, une poussée

sur. V. **Appuyer**. *Presser un bouton*. V. **Presse-bouton**.
Ⓑ *(Abstrait)*. ♦ 1° (1150). Tourmenter, accabler. *Ardeur, désirs qui pressent qqn*. « *La révolution est une forme de phénomène immanent qui nous presse de toutes parts* » (HUGO). V. **Contraindre**. ♦ 2° *Vx*. Attaquer avec vigueur. « *Nous les pressons sur l'eau, nous les pressons sur terre* » (CORN.). ◇ *Mod*. V. **Assaillir, harceler, persécuter**. *Presser ses débiteurs. Presser qqn de questions*. ♦ 3° PRESSER QQN DE : pousser vivement (qqn) à faire qqch. V. **Engager, insister** (auprès). « *Je savais que... Robert me presserait enfin d'exécuter mes projets* » (MAURIAC). ♦ 4° (1552). Inciter, obliger (qqn) à se hâter. V. **Bousculer, brusquer**. « *Rien ne me pressait plus maintenant* » (MAURIAC). ◇ *Presser une affaire, les événements*. V. **Accélérer, activer**. « *Presser la marche du temps* » (CAMUS). — *Presser le pas* : marcher plus vite. *Presser l'allure, la cadence*.
II. SE PRESSER. *v. pron*. (Réfl. ou récipr.). ♦ 1° *Se presser contre qqn, contre sa poitrine*. V. **Blottir** (se). — Fig. et vx. « *Vos larmes vont couler, et votre cœur se presse* » (CORN.) : est serré. ◇ Être en foule compacte. V. **Entasser** (s'). *Se presser à l'entrée d'un spectacle. Se presser autour* : approcher en foule. ♦ 2° (1640). Se hâter. V. **Courir, dépêcher** (se). « *Ma femme, je te prie de te presser un peu* » (DIDER.). *Sans se presser* : en prenant son temps. — *Se presser de faire qqch*. « *Je me presse de rire de tout,... de peur d'être obligé d'en pleurer* » (BEAUMARCH.). — *Fam*. (ellipse de *se*). *Allons, pressons !*
III. *V. intr*. Être urgent ; ne laisser aucun délai. *La chose presse beaucoup*. « *Le temps presse, le péril grandit* » (FRANCE). *Rien ne presse*.
◇ ANT. *Écarter ; effleurer. Attendre ; atermoyer*.

PRESSE-RAQUETTE [presRakɛt]. *n. m. invar*. (mil. XXᵉ ; de *presse*-, et *raquette*). Appareil servant à maintenir les raquettes en forme (On dit aussi PRESSE, n. f.).

PRESSEUR, EUSE [presœr, øz]. *n. et adj*. (1384, repris 1699 ; de *presser*). *Techn*. ♦ 1° N. Ouvrier, ouvrière qui travaille à une presse. *Presseur de fourrage, d'étoffes, de vêtements* (calandreur). *Presseur de forge. Presseur de pâte* (céramique ; à papier). ♦ 2° *Adj*. (1858). Qui exerce une pression. *Cylindre presseur*.

PRESSIER [presje]. *n. m*. (1625 ; de *presse*). *Techn*. Ouvrier imprimeur qui travaille à une presse à bras. « *Séchard était un ancien compagnon pressier* » (BALZ.).

PRESSING [presiŋ]. *n. m*. (v. 1950 ; mot angl., de *to press* « presser »). *Anglicisme*. Repassage à la vapeur ; établissement où l'on repasse les vêtements à la vapeur (français *pressage*).

PRESSION [presjɔ̃]. *n. f*. (1638 ; « épreintes » « empreinte », 1256 ; lat. *pressio*, de *premere*. V. **Presser**). **I.** *(Concret)*. ♦ 1° *Sc*. et *cour*. (XVIᵉ). Force qui agit sur une surface donnée ; mesure de la force qui agit par unité de surface. *Unités de pression* : barye, pièze, atmosphère, millimètre de hauteur d'une colonne de mercure, pascal. *Pression exercée par un solide sur un autre. Pression et frottement*. — *Pression des fluides contenus dans un récipient*, s'exerçant perpendiculairement aux surfaces des parois. *Pression des gaz. Pression osmotique*. ◇ *Spécialt*. *Pression de vapeur* (dans une machine, etc.). *Manomètre indiquant la pression. Diminuer la pression*. « *La vraie qualité d'un mécanicien,... consistait à marcher d'une façon régulière, sans secousse, à la plus haute pression possible* » (ZOLA). *Machine à haute, à basse pression*. — SOUS PRESSION. *Chaudière, locomotive sous pression*, où la vapeur, à une pression supérieure à la pression atmosphérique, est capable d'assurer le fonctionnement. — Fig. « *Il sentait palpiter une sensibilité sous pression* » (MART. DU G.). ◇ *Spécialt*. *Pression atmosphérique*, exercée par l'atmosphère terrestre en un point. — *Absolt*. *Hautes, basses pressions*. — *Régler la pression d'une cabine d'avion, d'un véhicule spatial*. V. **Pressuriser**. *Cabine sous pression* (pressurisée). ◇ *Phys*. *Pression de radiation*, exercée par un rayonnement électromagnétique. ♦ 2° *Cour*. Action de presser ; force (de ce qui presse). *Pression de la main*. « *La pression plus ou moins vive de ses doigts* » (BALZ.). *Faire pression sur*. V. **Peser, presser**. *Massage par pression*. ♦ 3° *Bouton-pression, bouton à pression* ; ellipt. UNE PRESSION ou UN (*bouton*) PRESSION : bouton en deux parties qui s'engagent l'une dans l'autre. « *Gants de coton noir, soigneusement fermés au bouton-pression* » (ARAGON). ♦ 4° *Bière à la pression* ; *cour*. (appos.) *Bière pression*, mise sous pression en récipients et tirée directement dans les verres, au café. *Un demi pression*. ♦ 5° *Pression artérielle*, pression du sang sur la paroi des artères. **II.** *(Abstrait)*. ♦ 1° (1840). Influence, action insistante qui tend à contraindre. *La pression des événements. Pression sociale. Pression fiscale. Exercer une pression sur qqn*. « *Chacune de ces habitudes d'obéir exerce une pression sur notre volonté* » (BERGSON). — *Faire pression sur qqn* : chercher à le convaincre. V. **Forcer**. ♦ 2° (Trad. angl.). *Groupe de pression* : équivalent francisé de l'anglicisme *lobby**.

PRESSOIR [preswar]. *n. m*. (1190 ; bas lat. *pressorium*,

de *premere* « presser »). ♦ 1° Machine servant à extraire le liquide de certains fruits ou graines, par pression. V. **Presser** (I, 1°). *Pressoir à cidre, à pommes. Pressoir à huile, à olives*. — *Spécialt. Pressoir à vin. Pressoir à vis, à main*. « *Urgence de mener au pressoir, en un seul jour, raisin mûr et verjus ensemble* » (COLETTE). ♦ 2° (XVIᵉ). Bâtiment, emplacement où est le pressoir. « *Les pressoirs seuls restaient ouverts pour donner de l'air au plancher des treuils* » (FROMENTIN).

PRESSURAGE [presyRaʒ]. *n. m*. (XIVᵉ ; « droit féodal », 1296 ; de *pressurer*). *Techn*. Opération par laquelle on presse (une substance) au moyen du pressoir. *Vin de pressurage. Pressurage de certains fromages*.

PRESSURER [presyRe]. *v. tr*. (XIVᵉ ; *pressoirer*, 1283 ; de *pressoir*). ♦ 1° Presser (des fruits, des graines pour en extraire un liquide, des fromages). ♦ 2° (XVᵉ). *Fig*. Tirer de (qqn, qqch.) tout ce qu'on peut tirer. *Pressurer le peuple*. V. **Exploiter**. « *Un homme qui pressurait le monde par des moyens violents* » (BALZ.). ◇ Extorquer l'argent, les biens de (qqn). *Pressurer les contribuables*. — *Fam*. *Se pressurer le cerveau* : se torturer (Cf. *fam*. Se casser la tête).

PRESSUREUR, EUSE [presyRœr, øz]. *n*. (1314 ; de *pressurer*). ♦ 1° *Techn*. Ouvrier, ouvrière qui assure le fonctionnement d'un pressoir. ♦ 2° *Fig*. Personne qui pressure (2°).

PRESSURISATION [presyRizasjɔ̃]. *n. f*. (v. 1954 ; mot angl., de *pressure* « pression »). *Anglicisme*. Mise en pression, sous pression normale.

PRESSURISER [presyRize]. *v. tr*. (v. 1960 ; angl. *to pressurize*, de *pressure* « pression »). *Anglicisme*. Maintenir à une pression normale (un avion, un véhicule spatial). — Au p. p. *Cabine pressurisée*.

PRESTANCE [prestɑ̃s]. *n. f*. (1540 ; « excellence », XVᵉ ; lat. *præstantia* « supériorité »). Aspect imposant (d'une personne). *Avoir de la prestance. Belle mine, noble prestance. De belle prestance*. « *Le bel uniforme rehaussait encore sa prestance* » (BALZ.).

PRESTANT [prestɑ̃]. *n. m*. (1636 ; it. *prestante* « excellent »). *Mus*. Jeu de montre de l'orgue, principal (II, 4°) sur lequel on accorde les autres jeux.

PRESTATAIRE [prestatɛr]. *n. m*. (1846 ; de *prestation*). *Dr*. Contribuable assujetti à la prestation en nature. ◇ Personne qui bénéficie d'une prestation.

PRESTATION [prestasjɔ̃]. *n. f*. (1270 ; lat. jur. *præstatio*, de *prestare* « fournir »). **I.** Action de fournir. ♦ 1° *Dr*. Objet de l'obligation, ce qui doit être fourni ou accompli par le débiteur. — *Prestations locatives* : dépenses incombant au locataire. ♦ 2° *Dr*. *féod*. Redevance due au seigneur par son sujet. V. **Aide**. ◇ *Dr*. *fisc*. (1836) *Prestation en nature*, impôt consistant en un travail de quelques jours fourni par les habitants des communes pour l'entretien des chemins vicinaux. « *Les uns, ignorant les lois, se refusaient à la prestation en nature* » (BALZ.). ♦ 3° Allocation donnée aux militaires. *Prestation en espèces ; en nature*. — Tribut en nature qu'un pays vaincu doit au pays vainqueur. ♦ 4° (v. 1930). Allocation en espèces que l'État verse aux assurés dans certaines circonstances. *Prestations de la Sécurité sociale en cas de maladie, d'accouchement, d'accident. Prestations d'invalidité, de vieillesse. Prestations familiales* : allocation* de maternité, de salaire unique, de logement, allocations prénatales. *Taux des prestations. Prestation compensatoire*, en cas de divorce. ♦ 5° *Sports, spectacles*. (1959 ; emploi critiqué) Ce qu'un athlète ou un spectacle offre au public en se produisant. *Bonne prestation d'ensemble des joueurs français*. « *La 'prestation télévisée' d'un homme politique* » (*L'Express*, 15-7-1974). **II.** (1480). *Hist*. ou *Dr*. Action de prêter (serment). *Prestation de foi et hommage du vassal. Prestation de serment d'un avocat*. « *L'arrêté qui les réintégrait dans tous leurs droits après leur prestation de serment* » (BALZ.).

PRESTE [prest(ə)]. *adj*. (attesté 1460 [antérieur, Cf. *Prestement*] ; it. *presto* « prompt »). Prompt et agile. *Avoir la main preste*, adroite. *Mouvements prestes*. « *Des écuyers prestes tournèrent sur la piste* » (MAURIAC). ◇ ANT. **Lent, maladroit**.

PRESTEMENT [prestəmɑ̃]. *adv*. (1538 ; de *preste*). D'une manière preste ; vivement. « *La Marocaine les fit prestement disparaître* » (MAC ORLAN). ◇ ANT. **Lentement**.

PRESTESSE [prestɛs]. *n. f*. (*Prestezze* « rapidité », fin XVIᵉ ; it. *prestezza*. V. **Preste**). *Littér*. Promptitude et agilité. *Sauter avec prestesse*. ◇ ANT. **Lenteur, maladresse**.

PRESTIDIGITATEUR, TRICE [prestidiʒitatœr, tris]. *n*. (1823 ; de *preste*, lat. *digitus* « doigt », et *-ateur*). Artiste qui, par l'adresse de ses mains, produit des illusions en faisant disparaître, apparaître, changer de place ou d'aspect des objets. V. **Escamoteur, illusionniste**. *Tour de prestidigitateur*. « *Au-dessus de la tête du prestidigitateur, ces choses commençaient à voltiger, se suivant, s'alternant, se croisant sans se rencontrer* » (GONCOURT). ◇ *Fig*. Celui qui fait les tours d'adresse. « *Un intellectuel habile est un prestidigitateur de la pensée* » (R. ROLLAND).

PRESTIDIGITATION [pʀɛstidiʒitasjɔ̃]. *n. f.* (1823; de *prestidigitateur*). Technique, art du prestidigitateur. *Tours, trucs de prestidigitation.* V. **Escamotage, illusion, passe-passe.** *Numéro de prestidigitation.* ◇ Fig. *C'est de la prestidigitation!:* se dit d'une illusion, d'une apparence incompréhensible.

PRESTIGE [pʀɛstiʒ]. *n. m.* (1518; lat. *præstigium* « artifice, illusion »). ♦ 1° *Vx* ou *littér.* Illusion dont les causes sont surnaturelles, magiques. « *Fascinez-le par de doux prestiges* » (NERVAL). ♦ 2° *Vieilli* ou *littér.* Artifice séducteur. « *Tous les prestiges que nécessite une mise en scène compliquée* » (GAUTIER). V. **Magie.** ♦ 3° (v. 1750). *Mod.* Le fait de frapper l'imagination, d'imposer le respect, l'admiration. « *du fabuleux, du libéral et inépuisable Lauzun* » (STE-BEUVE). *Avoir du prestige. Jouir d'un grand prestige. Garder, sauvegarder son prestige. Perdre de son prestige. Le prestige de l'uniforme. Prestige de la beauté, de la jeunesse.* V. **Attrait.** « *Le prestige qu'ont gardé... à mes yeux les traditions de la famille Fondandège* » (MAURIAC). — *Loc. Politique de prestige,* par laquelle on tire un bénéfice moral de brillantes réalisations (Cf. De grandeur).

PRESTIGIEUX, EUSE [pʀɛstiʒjø, øz]. *adj.* (1550; lat. *præstigiosus*). ♦ 1° *Littér.* Qui tient du prestige (1°). V. **Étonnant, prodigieux.** « *Ils évoquaient ces mets prestigieux des voyageurs* » (DUHAM.). — *Par ext.* Magnifique. « *Les rives prestigieuses de la Loire* » (BALZ.). ♦ 2° *Cour.* (très employé dans la langue publicitaire). Qui a du prestige (3°). *Des vins prestigieux.*

PRESTISSIMO [pʀɛstisimo]. *adv.* (1762; mot. it., superl. de *presto*). *Mus.* Très vite.

PRESTO [pʀɛsto]. *adv.* (1762; fam., « vite », 1683; mot it.). *Mus.* Vite (indication de mouvement). ◇ *Fam.* Rapidement, vite. « *De façon à le payer presto* » (MONTHERLANT). On dit aussi *Illico presto, subito presto.*

PRÉSUMABLE [pʀezymabl(ə)]. *adj.* (1599; de *présumer*). *Rare.* Qui peut être présumé.

PRÉSUMÉ, ÉE [pʀezyme]. *adj.* (V. **Présumer**). Que l'on croit tel par hypothèse. V. **Supposé.** *Ses intentions présumées. Présumé innocent. Innocent ou présumé tel.*

PRÉSUMER [pʀezyme]. *v. tr.* (1190; lat. *præsumere* « prendre d'avance », *fig.* « conjecturer »). ♦ 1° *V. dr. dir.* Donner comme probable. V. **Supposer.** *Présumer une issue heureuse.* — (Pass.) *Tout homme est présumé innocent s'il n'a pas été déclaré coupable.* V. **Censé, supposé.** « *Les décisions des assemblées... sont présumées être l'expression de la volonté générale* » (JAURÈS). ◇ PRÉSUMER QUE. V. **Penser.** « *Je présume que c'est un bon médecin* » (MONTHERLANT). « *Il présumait bien qu'il fallait faire part de son chagrin à la Fadette* » (SAND). ♦ 2° *V. tr. indir.* Avoir trop bonne opinion de, compter trop sur (qqn). « *Il n'est jamais trop tard pour apprendre... à moins de présumer de soi* » (ROUSS.). — *Vous présumez trop de votre ami, de votre fils.*

PRÉSUPPOSÉ, ÉE [pʀesypoze]. *adj. et n. m.* (V. **Présupposer**). *Littér.* Supposé d'avance. — *N. m. Les présupposés d'une doctrine.* V. **Présupposition.**

PRÉSUPPOSER [pʀesypoze]. *v. tr.* (1361, de *pré-*, et *supposer*). *Littér.* Supposer préalablement. « *Les passions présupposent une âme capable de les ressentir* » (PASC.). *Présupposer que...*

PRÉSUPPOSITION [pʀesypozisjɔ̃]. *n. f.* (1306; de *présupposer*). *Littér.* Supposition préalable. « *Le contexte ou ensemble des présuppositions communes aux lecteurs et à l'auteur* » (SARTRE).

PRÉSURE [pʀezyʀ]. *n. f.* (*Prisure*, 1190; lat. pop. °*pre[n]sura*, de *prendere* « prendre »). Substance extraite de la caillette des jeunes ruminants, contenant un enzyme qui fait cailler le lait. *Utilisation de la présure dans la fabrication des fromages.*

PRÉSURER [pʀezyʀe]. *v. tr.* (1600; de *présure*). *Techn.* Cailler avec de la présure. *Présurer du lait* (V. **Emprésurer**).

1. PRÊT, PRÊTE [pʀɛ, pʀɛt]. *adj.* (*Prest*, 1050; lat. pop. *præstus*, class. *præsto* « à portée de main », adv.). ♦ 1° Qui est en état, est rendu capable, grâce à une préparation matérielle ou morale. ◇ PRÊT À : préparé pour. *Prêt à partir.* — Disposé à, susceptible de. « *Je suis prête à le suivre et lasse de l'attendre* » (CORN.). *Prêt à tout :* disposé à n'importe quel acte pour arriver à ses fins, ou décidé à tout supporter. ◇ PRÊT POUR. *Prêt pour l'action, pour faire qqch.* ◇ *Absolt. Il est prêt, fin* (I, 2°) *prêt.* « *À vos marques. Prêts? Partez!* » (formule de départ des courses à pied). *Candidat prêt.* « *Je fus le seul qui fut prêt au terme prescrit* » (ROUSS.). « *Les troupes de couverture sont tenues prêtes* » (MART. du G.). ◇ *Spécialt.* Habillé, paré (pour sortir, paraître en société). « *Anne, toujours prêt le premier, recevait une visite* » (RADIGUET). ♦ 2° (Choses). *Canons prêts à tirer.* — *Tout est prêt pour...* — *Absolt. La cérémonie est prête.* « *Vous n'avez qu'à parler : c'est une affaire prête* » (RAC.). ◇ *Spécialt. Le café, le déjeuner, le dîner est prêt.* *Prêt-à-* et infinitif, sur le modèle de *Prêt-à-porter**, sert à former des adj. et n.

« *Prêt-à-finir* » (*L'Express*, 19-5-1959), « *prêt-à-penser* » (*Lui*, 1973), etc. ♦ 3° *Vieilli* ou *littér.* Qui est sur le point de. V. **Près.** « *Regarde quel orage est tout prêt à tomber* » (RAC.). « *Ainsi, prêt à quitter l'horizon de la vie* » (LAMART.). — Vx. « *Je suis prêt de mourir* » (MAUPASS.).

2. PRÊT [pʀɛ]. *n. m.* (*Prest*, 1175; de *prêter*). ♦ 1° Action de prêter qqch. « *Le studieux vieillard... vivait des petits profits que lui rapportait le prêt de ses volumes* » (RENAN). — *Dr. et cour.* Contrat par lequel une chose est livrée à charge de restitution (V. **Commodat**). *Prêt de consommation :* prêt d'une chose consomptible. *Prêt à intérêt. Prêt à court, à long terme. Prêt usuraire. Prêt sur gage, sur garantie.* « *Cette usure de ruisseau nommée le prêt à la petite semaine* » (BALZ.). ◇ *Prêt consenti par un État. Prêts à la construction.* ♦ 2° (1330). Somme allouée par l'État pour la subsistance et l'entretien d'un soldat, d'un sous-officier. *Toucher le prêt. Prêt franc,* versé dans son intégralité. — *Avance sur un salaire.* ◇ HOM. *Près.*

PRÊT-À-PORTER [pʀɛtapɔʀte]. *n. m.* (xx°; de *prêt à porter*). *Collectif.* Vêtements de confection (*opposé à* sur mesure). *Magasin de prêt-à-porter.* V. **Boutique.**

PRÊTÉ, ÉE [pʀɛte]. *adj. et n. m.* (V. **Prêter**). Qui a été prêté. *Argent prêté.* — *N. m.* (1690; *un prêté rendu*) *C'est un prêté pour un rendu :* le procédé, l'injustice est, sera payé(e) de retour.

PRÉTENDANT, ANTE [pʀetɑ̃dɑ̃, ɑ̃t]. *n.* (1529; de *prétendre*). ♦ 1° *Rare.* Personne qui prétend à qqch. *Prétendant à un poste.* ♦ 2° Personne qui prétend au pouvoir souverain (V. **Candidat**), *spécialt.* à un trône occupé par un autre. — *Prince prétendant.* ♦ 3° *N. m.* Celui qui aspire à la main d'une femme. « *Je dois t'avouer que les prétendants ne font pas foule autour de toi* » (GIRAUDOUX). *Ulysse et les prétendants* (de Pénélope).

PRÉTENDRE [pʀetɑ̃dʀ(ə)]. *v. tr.; conjug. rendre* (1320; lat. *prætendere* « tendre en avant, présenter »). ♦ 1° *V. tr. dir.* (Vx ou littér.). V. **Demander, revendiquer.** « *Sans vous demander rien, sans oser rien prétendre* » (RAC.). ♦ 2° (Déb. xv°). *Vx.* Poursuivre (ce que l'on réclame comme un droit). *Mod. et littér.* PRÉTENDRE À : aspirer ouvertement à (ce que l'on considère comme un droit, un dû) « *Personne ne peut mieux prétendre aux grandes places que ceux qui ont les talents* » (VAUVEN.). *Prétendre à un titre, à une responsabilité :* les revendiquer. — « *Sans prétendre à vous obtenir, je m'occupai de vous mériter* » (LACLOS). ♦ 3° *Cour.* Avoir la ferme intention de (avec la conscience d'en avoir le droit, le pouvoir). — (Avec l'inf.) V. **Vouloir.** *Je prétends être obéi. Que prétendez-vous faire?* « *Je prétendais courir une aventure qu'aucun autre encore n'eût courue* » (GIDE). — *Je prétends ne pas obéir :* je refuse d'obéir. *Je ne prétends pas :* je n'ai pas la prétention de. « *Je ne prétends point me défendre* » (MOL.). — *Prétendre que.* « *Tu prétends... que j'endure éternellement tes insolences?* » (MOL.). ♦ 4° (1380). Affirmer; oser donner pour certain (sans nécessairement convaincre autrui). V. **Déclarer, soutenir.** « *Tu prétends être fort habile* » (LA FONT.). *Prétendre que.* « *Vous venez prétendre ensuite que vous ne m'avez pas questionné!* » (COURTELINE). *En prétendant que* (Cf. Sous prétexte que). — *Est-ce vrai, ce qu'on prétend? À ce qu'il prétend..., à ce qu'il dit* (mais je n'en crois rien). — (Suivi du subj. avec négation ou interrog.) *Je ne prétends pas qu'il l'ait dit.* « *Sera-t-on fondé à prétendre que Racine n'ait su se caractériser les hommes?* » (VAUVEN.). ♦ 5° *Pronom.* SE PRÉTENDRE : affirmer que l'on est. « *Elle se prétendait volée* » (ZOLA).

PRÉTENDU, UE [pʀetɑ̃dy]. *adj. et n.* (1598; de *prétendre*). ♦ 1° *Adj.* Que l'on prétend à tort être tel; qui passe pour ce qu'il n'est pas. V. **Supposé.** « *L'injustice de la Fronde, qui élève sa prétendue justice contre la force* » (PASC.). « *Il se trouva aux Invalides six cents prétendus soldats qui n'étaient point blessés* » (CHAMFORT). ♦ 2° *N.* Région. Le prétendu, la prétendue de qqn. V. **Fiancé(e), promis(e).** « *Faire la cour à sa prétendue* » (BALZ.). ◇ ANT. Authentique, vrai.

PRÉTENDUMENT [pʀetɑ̃dymɑ̃]. *adv.* (1769; de *prétendre*). Faussement, d'une manière prétendue. V. **Soi-disant.** ◇ ANT. Vraiment.

PRÊTE-NOM [pʀɛtnɔ̃]. *n. m.* (1718; de *prêter*, et *nom*). Personne qui assume personnellement les charges, les responsabilités d'une affaire, d'un contrat, à la place du principal intéressé. V. **Mandataire** (Cf. *péj.* Homme de paille). « *Tu seras mon prête-nom* » (BALZ.). *Des prête-noms.*

PRÉTENTAINE [pʀetɑ̃tɛn] ou **PRETANTAINE** [pʀətɑ̃tɛn]. *n. f.* (1645,-xx°; p.-ê. norm. *pertintaille* « ornement de robe », et *-taine;* Cf. les refrains *Tontaine, dondaine*). *Loc. Courir la pretantaine, la prétentaine :* faire sans cesse des escapades. « *Il chérit Poil de Carotte, mais ne s'en occupe jamais, toujours courant la pretantaine* » (RENARD). *Spécialt.* Avoir de nombreuses aventures galantes.

PRÉTENTIARD, ARDE [pʀetɑ̃sjaʀ, aʀd(ə)]. *adj. et n.* (1944; de *prétentieux*). *Fam. et péj.* Prétentieux. « *C'est* *moins l'idée* [...] *qui me chiffonne, que le débagoulage prétentiard* [...] *qu'il a répandu autour* » (ROMAINS).

PRÉTENTIEUSEMENT [pretɑ̃sjøzmɑ̃]. *adv.* (1834; de *prétentieux*). D'une manière prétentieuse. « *Sa toque de velours marron, prétentieusement posée sur le côté droit* » (FLAUB.).

PRÉTENTIEUX, EUSE [pretɑ̃sjø, øz]. *adj.* (1789; de *prétention*). Qui affiche des prétentions excessives; est trop satisfait de ses mérites. V. **Présomptueux, vaniteux; chochotte.** « *Un de ces prétentieux gaillards qui se croient des merveilles d'intelligence* » (DUHAM.). — Subst. *C'est un petit prétentieux et un insolent.* ◊ Qui dénote de la prétention. *Air, ton prétentieux.* V. **Affecté, maniéré; effet** (à). « *Écoutez avec quelle solennité prétentieuse... Roland introduit son mémoire* » (JAURÈS). — *Maison, villa prétentieuse.* ◈ ANT. Modeste.

PRÉTENTION [pretɑ̃sjɔ̃]. *n. f.* (1489; du lat. *prætentus*, p. p. de *prætendre*). ♦ 1° Le fait de revendiquer qqch. en vertu d'un droit que l'on affirme, d'un privilège que l'on réclame. V. **Exigence, revendication.** « *Toute guerre naît d'une prétention commune à la même propriété* » (DIDER.). *Prétention légitime. Démordre, rabattre de ses prétentions.* — *Spécialt.* Exigence dans un contrat, un marché. V. **Condition.** *Les prétentions du vendeur.* ♦ 2° Le fait de revendiquer pour soi une qualité, un avantage, ou de se flatter d'obtenir un résultat. V. **Ambition, visée.** « *Les hommes ont de grandes prétentions et de petits projets* » (VAUVEN.). *Prétention à l'élégance, au dandysme.* — *Avoir la prétention de.* V. **Prétendre.** *Afficher des prétentions excessives, ridicules.* — *Sans prétention(s), sans aucune prétention.* — *(Choses) Une maison coquette, mais sans prétention.* V. **Simple.** ♦ 3° Estime trop grande de soi-même qui pousse à des ambitions, des visées excessives. V. **Fatuité, présomption, vanité.** *S'exprimer, parler, écrire avec prétention* : prétentieusement. « *Il ajoutait sa prétention à la sottise* » (HENRIOT). ◈ ANT. Modestie, simplicité.

PRÊTER [prete]. *v.* (*Prester*, 1138; lat. *præstare* « mettre à la disposition », bas lat. « fournir sous forme de prêt »). **I.** *V. tr. dir.* ♦ 1° Mettre (qqch.) à la disposition de qqn pour un temps déterminé. V. **Donner, fournir.** « *Pourvu que Dieu lui prête vie* » (LA FONT.). « *Dieu nous prête un moment les prés et les fontaines* » (HUGO). *Prêter son aide, son appui, son assistance, son concours.* — (Compl. abstrait, sans article) *Prêter assistance, main-forte, secours. Prêter asile. Prêter attention* : porter son attention à. *Prêter serment.* — *Prêter la main, les mains à qqch., qqn* : aider. *Prêter sa voix à* : parler pour. *Prêter l'oreille* : essayer d'entendre, écouter. V. **Dresser, tendre.** ◊ *Pronom.* SE PRÊTER À : consentir à, supporter. « *Jacques s'était prêté à cette espièglerie* » (DIDER.). *Se prêter avec complaisance à une intrigue.* — *Fig.* Pouvoir s'adapter à. « *La véritable grâce est élastique. Elle se prête à toutes les circonstances* » (BALZ.). ♦ 2° (1250). Fournir (une chose) à la condition qu'elle sera rendue. *Prêter des livres. Prêter de l'argent.* « *Le bon enfant est un homme qui a de la largeur, qui prête quelques écus par-ci, par-là sans les redemander* » (BALZ.). V. **Avancer.** *Fig.* « *Je rends au public ce qu'il m'a prêté* » (LA BRUY.). — Absolt. « *On leur prête, parce qu'ils les rendent, et passent pour exacts* » (P.-L. COUR.). *Prêter sur gage. Prêter à la petite semaine.* V. **Prêt.** ♦ 3° (XVIe). Attribuer ou proposer d'attribuer (un caractère, un acte) à qqn. V. **Donner, supposer.** « *Je lui prêtais, à la fois, cette simplicité et cette force d'attachement qui ne sont pas rares dans le peuple* » (MAURIAC). *On me prête des propos que je n'ai jamais tenus.* — *Prêter de l'importance à qqch.* PROV. *On ne prête qu'aux riches* : les caractères, les actions que l'on attribue à qqn sont fondés sur sa réputation. ♦ 4° V. *tr. indir.* PRÊTER À : donner matière à. *Prêter aux commentaires, à la critique.* — *Prêter à équivoque. Prêter à rire.* « *Une simplicité qui prête parfois à sourire* » (FRANCE). **II.** *V. intr.* (1611). Pouvoir s'étirer, s'étendre (se dit d'un tissu, d'une peau non élastique). *Étoffe, tissu qui prête à l'usage.* V. **Donner** (II, 5°). *Cuir, fourrure qui prête.* ◈ ANT. Emprunter. Rendre, restituer.

PRÉTÉRIT [preterit]. *n. m.* (déb. XIIIe; lat. *præteritum*, de *præterire* « laisser en arrière, passer »). *Ling.* Forme temporelle du passé. *Spécialt.* Passé simple. — *Le prétérit anglais*, correspondant à l'imparfait et au passé simple français.

PRÉTÉRITION [preterisjɔ̃]. *n. f.* (1314, dr.; lat. *præteritio* « omission », de *præterire*). *Rhét.* (1609). Figure par laquelle on attire l'attention sur une chose en déclarant n'en pas parler (Je ne dirai rien de son dévouement, qui...; pour ne pas parler de...; Dupont, pour ne pas le nommer). *Parler d'une chose par prétérition.*

PRÉTEUR [pretœʀ]. *n. m.* (*Pretor*, 1213; lat. *prætor*). *Hist. rom.* Magistrat judiciaire qui avait pouvoir de faire exécuter et d'interpréter la loi. V. **Prétorien, préture.** — *Le préteur était spécialisé dans l'administration de la justice.* — *Sous l'Empire,* Gouverneur de province, choisi parmi les anciens préteurs (propréteur).

PRÊTEUR, EUSE [pretœʀ, øz]. *n. et adj.* (*Presteour*, 1265;

de *prêter*). Personne qui prête de l'argent, consent un prêt. — *Spécialt.* Personne qui fait métier de prêter à intérêt. « *Le préteur sur gages à qui Mathieu avait confié les deux boîtes fit assigner Mathieu* » (DIDER.). ◊ Adj. « *La fourmi n'est pas prêteuse* » (LA FONT.). ◈ ANT. Emprunteur.

1. PRÉTEXTE [pretɛkst(ə)]. *n. f. et adj.* (1355; lat. *prætexta* [*toga*] « [toge] bordée [de pourpre] », de *prætexere* « border »). *Antiq. rom.* Toge blanche bordée d'une bande de pourpre que portaient les jeunes patriciens et certains hauts magistrats. — Adj. *Robe, toge prétexte.*

2. PRÉTEXTE [pretɛkst(ə)]. *n. m.* (1530; lat. *prætextus*). ♦ 1° Raison alléguée pour dissimuler le véritable motif d'une action. *Mauvais prétexte.* « *Trouver quelque prétexte plausible* » (BALZ.). *Il « donnait pour prétexte ses études* » (HUGO). *Ce n'est qu'un prétexte. Saisir un prétexte. Donner, fournir des prétextes (à qqn). Servir de prétexte à qqch. Chercher, prendre, trouver un prétexte.* ◊ SOUS... PRÉTEXTE. *Sous un prétexte quelconque. Ne sortez sous aucun prétexte* : en aucun cas. « *Sous le prétexte de quelque affaire de famille à régler* » (BOURGET). « *Sous prétexte d'aider son frère, Alissa avait appris avec moi le latin* » (GIDE). — *Sous prétexte, sous le prétexte que.* « *Sous prétexte que vous puissiez bavarder... un peu plus librement* » (ROMAINS). ♦ 2° Ce qui permet de faire qqch.; occasion. « *La Nature ne lui fournit* (à l'artiste) *qu'un prétexte et un départ* » (HUYGHE).

PRÉTEXTER [pretɛkste]. *v. tr.* (1566; de *prétexte*). Alléguer, prendre pour prétexte. V. **Objecter.** « *Allory, prétextant sa maladie, puis sa convalescence, avait refusé toutes les invitations* » (ROMAINS). — *Prétexter que. Il a prétexté qu'il n'était pas assez riche.*

PRETINTAILLE [pʀətɛ̃taj]. *n. f.* (1708; norm. *pertintaille* « collier de cheval, muni de grelots »). V. **Prétentaine.** *Vx.* Découpures qui servaient d'ornements sur les vêtements féminins, au XVIIIe s. ◊ *Fig.* et *vx.* Futilité. « *Les Neuchâtelois, qui n'aiment que la pretintaille et le clinquant* » (ROUSS.).

PRETIUM DOLORIS [pʀesjɔmdɔlɔʀis] (loc. lat. « prix de la douleur »). *Dr.* Dommages et intérêts accordés par un tribunal à la victime d'un fait dommageable, en compensation des souffrances endurées par elle.

PRÉTOIRE [pʀetwaʀ]. *n. m.* (XIIe; lat. *prætorium*). **I.** *Antiq. rom.* ♦ 1° Tente du général dans un camp. — Habitation, palais du préteur. Tribunal où le préteur rendait la justice. ♦ 2° Caserne des prétoriens; la garde prétorienne elle-même. *Préfet du prétoire.* **II.** (1523). *Mod* et *littér.* Salle d'audience d'un tribunal. « *Le Rebendart ministre venait lui-même au prétoire* » (GIRAUDOUX).

PRÉTORIAL, ALE, AUX [pʀetɔʀjal, o]. *adj.* (1356; du lat. *prætorium*). *Didact.* Du prétoire. *Droit prétorial. Palais prétorial.* V. **Prétorien.**

PRÉTORIEN, IENNE [pʀetɔʀjɛ̃, jɛn]. *adj. et n. m.* (1213; lat. *prætorianus*). **I.** *Antiq. rom.* ♦ 1° Relatif au préteur. *La dignité prétorienne.* ♦ 2° Relatif au général, au commandant en chef. *Cohorte prétorienne.* ◊ *Garde prétorienne* : garde personnelle d'un empereur romain. *Les soldats prétoriens,* ou subst. *Les prétoriens.* **II.** *Fig.* (1791). Se dit des éléments militaires qui soutiennent un dictateur, un tyran. — N. m. « *Des occasions saisies par de riches familles pour y produire leurs héritières aux yeux des prétoriens de Napoléon* » (BALZ.).

PRÊTRAILLE [pʀɛtʀaj]. *n. f.* (1498; de *prêtre*). *Vieilli.* Terme injurieux pour désigner le clergé.

PRÊTRE [pʀɛtʀ(ə)]. *n. m.* (*Prestre*, 1138; lat. chrét. *presbyter*, gr. *presbuteros* « ancien »; Cf. Presbytère). ♦ 1° Celui qui a reçu le troisième ordre majeur de la religion catholique. V. **Archiprêtre, aumônier, chanoine, chapelain, coadjuteur, curé, doyen.** *Consacrer un prêtre. Clerc, diacre qui est ordonné prêtre. Le prêtre porte la tonsure. Prêtre qui donne la bénédiction, célèbre la messe.* « *Le prêtre, ayant salué le saint sacrement d'une génuflexion sur le pavé, montait à l'autel* » (ZOLA). *Prêtre célébrant, consacrant, servi par un acolyte, un assistant. Prêtre qui lit son bréviaire. Prêtre porte le viatique aux malades, qui assiste un mourant. Appeler un prêtre pour faire administrer les derniers sacrements à un malade. Prêtre interdit*. Prêtre indépendant, libre, ne dépendant pas d'une circonscription ecclésiastique déterminée. Prêtre missionnaire. Prêtre au travail* (cour. : *prêtre-ouvrier*), qui partage la vie des travailleurs afin d'évangéliser les milieux ouvriers déchristianisés. « *Imaginez qu'il a été prêtre-ouvrier pendant trois ans* » (DUHAM.). — *Hist.* Sous la Révolution française, *Prêtre assermenté*, réfractaire*.* ◊ *Cour.* Membre du clergé (*opposé à* laïc). V. **Ecclésiastique;** *fam.* **Curé.** *Se faire prêtre. Célibat des prêtres.* « *Il y a un mystère du prêtre aux yeux de l'indifférent en matière de religion* » (VALÉRY). — Adj. « *Ces messieurs reprochaient unanimement à Julien d'avoir un air prêtre* » (STENDHAL). — *Hist. Le parti prêtre* : le parti des partisans zélés de l'Église catholique, sous la Restauration. ♦ 2° Dans *les églises chrétiennes d'Orient*, Papas, pope. *Prêtre armé-nien.* ♦ 3° (1213). Ministre de la religion antique (grecque, latine, etc.). *Prêtres grecs. Prêtre d'Orphée, d'Apollon, etc. Prêtre de Cybèle. Prêtres romains.* V. **Aruspice, augure.** *Collège de prêtres. Prêtres d'Égypte, d'Assyrie, de Perse.* V. **Mage.** « *Il avait à l'épaule le manteau des prêtres de Moloch* » (FLAUB.). — (Dans le judaïsme ancien) *Les prêtres et les lévites. Le parvis des prêtres* (dans le temple de Jérusalem). — *Spécialt.* (1553) *Le grand prêtre* ou *le grand-prêtre* : chez les Hébreux, Chef de la caste sacerdotale. ♦ 4° *Rare.* Ministre du culte ; homme exerçant des fonctions religieuses, dans une société quelconque (Ne se dit pas quand il existe un mot spécial : *ministres, pasteurs* protestants, *rabbins* juifs, *bonzes, lamas,* etc.).

PRÊTRESSE [pretrɛs]. *n. f.* (*Prestresse,* 1190 ; de *prêtre*). Dans les religions païennes, Femme ou jeune fille attachée au culte d'une divinité. *Prêtresses grecques, romaines.* V. **Bac-chante, pythie, vestale.** *Prêtresse de Diane.* — Fig. « *Quelque prêtresse de Vénus en quête d'aventure* » (GAUTIER).

PRÊTRISE [pretriz]. *n. f.* (1495 ; de *prêtre*). La fonction, la dignité de prêtre catholique ; le troisième ordre majeur ; le sacrement qui fait accéder à cet ordre. *Recevoir la prêtrise. Renoncer à la prêtrise.* « *Il s'était, de toujours, fait à l'idée de la prêtrise* » (ARAGON).

PRÊTURE [pretyr]. *n. f.* (v. 1500 ; lat. *prætura*). Hist. Dignité, magistrature du préteur. — Durée de cette fonction.

PREUVE [prœv]. *n. f.* (v. 1200, « témoin » ; *prueve,* 1175 ; de *prouver*). ♦ 1° (XIIIᵉ). Ce qui sert à établir qu'une chose est vraie. *Preuve d'une vérité* (V. **Démonstration**). « *Les preuves ne convainquent que l'esprit* » (PASC.). *Donner comme preuve :* alléguer. *Avoir, apporter, fournir des preuves. Démontrer preuve en main,* par une preuve matérielle. *Manquer de preuves. Croire une chose jusqu'à preuve (du) contraire :* jusqu'à ce qu'on ait la preuve qu'il faut croire le contraire. « *Charles de Valois... de qui la postérité mâle s'est éteinte, jusqu'à preuve contraire* » (BALZ.). *Preuve matérielle, tangible, formelle. Preuve par l'absurde :* qui résulte d'une démonstration par l'absurde*. *Preuves de l'existence de Dieu ; preuve ontologique*, physico-théologique.* — *Preuve de ce qu'on avance.* V. **Justification.** ◇ Acte qui atteste un sentiment, une intention. « *Recevoir de vous cette preuve d'amour !* » (MOL.). V. **Marque, signe.** — Fam. À PREUVE. « *L'histoire démontre que l'amateur tombe souvent le professionnel. À preuve Pasteur* » (DUHAM.). ◇ *Avoir, faire la preuve que.* « *Quoique ce soit une immense preuve d'infériorité chez un homme que de ne pas savoir faire de sa femme sa maîtresse* » (BALZ.). *C'est une preuve que :* j'en infère que. — *La preuve en est que.* — *À preuve que* (Cf. À telle enseigne que...). « *Mais je me cache pas !... à preuve que je viens de frapper chez elle* » (ESTAUNIÉ). ◇ (1094) FAIRE PREUVE DE. V. **Montrer.** *Faire preuve de tolérance.* « *Le désintéressement dont il avait fait preuve* » (COURTELINE). — *Faire ses preuves,* montrer sa valeur, ses capacités. « *À cette heure où chacun d'entre nous doit tendre l'arc pour refaire ses preuves* » (CAMUS). ♦ 2° (Choses, personne) qui sert de preuve, d'illustration d'une thèse. « *Vous êtes la preuve vivante qu'il n'est pas vrai qu'il faille plier ou briser* » (MIRABEAU). ♦ 3° *Dr. féod.* Épreuve judiciaire. *Preuve par jugement de Dieu* (V. **Ordalie**), *par le combat singulier.* ♦ 4° ◇ Démonstration de l'existence d'un fait matériel ou d'un acte juridique dans les formes admises par la loi » (CAPITANT). *Faire la preuve de la fausseté d'un acte par l'inscription de faux. Sur la seule preuve de son identité. Preuve par témoins ; par présomption. Preuve matérielle. Moyen employé pour faire la preuve. Preuve matérielle.* « *Des preuves maté-rielles qui démentent les dénégations de l'accusé* » (HUGO). *Preuve écrite. Preuve par tous moyens. Le flagrant délit, preuve admise contre le prévenu.* « *Quelle preuve a-t-on ? Pas un témoin, pas une pièce à conviction* » (BERNANOS). ♦ 5° *Preuve d'une opération,* opération dans laquelle on procède selon les mêmes données, et qui en vérifie le résultat. — PREUVE PAR NEUF : la somme des chiffres du produit des deux nombres obtenus en ôtant 9 au plus ou ses multiples — chaque fois que cela est possi-ble — de la somme des chiffres du multiplicateur et de celle du multiplicande, doit être égale à la somme des chiffres du produit moins neuf (ou ses multiples) si la soustraction est possible. ♦ 6° *Rhét.* Partie du discours dite aussi « confir-mation » ou « réfutation ». *Preuves oratoires.* ♦ 7° *Techn.* Essai par lequel on vérifie la richesse d'un liquide en alcool.

PREUX [prø]. *adj. et n. m.* (*Prod,* 1080 ; *preu,* XIIᵉ ; bas lat. *prode,* de *prodesse* « être utile »). Vx (*Dans la langue de la chevalerie*). Brave, vaillant. « *Roland est preux et Olivier sage* » (BÉDIER). *trad. Chans. de Roland*). *Un preux chevalier.* — N. m. *Charlemagne et ses preux.* ◇ ANT. **Lâche.**

PRÉVALENCE [prevalãs]. *n. f.* (1966 ; angl. *prevalence*). Méd. Nombre de cas de maladies, ou de tout autre événement médical, enregistré dans une population déterminée, et englobant aussi bien les cas nouveaux que les cas anciens. V. **Incidence.**

PRÉVALOIR [prevalwar]. *v. intr.* ; conjug. *valoir,* sauf

---

subj. prés. : *que je prévale, que tu prévales, qu'ils prévalent* (1420 ; lat. *prævalere*). ♦ 1° Vx (*Personnes*). Avoir le dessus, prendre l'avantage, se montrer supérieur. « *Octave ne pré-valut contre lui qu'en se déclarant l'homme de la patrie* » (MICHELET). ♦ 2° Mod. et littér. (*Choses*). L'emporter. « *L'Église doit tout surmonter et... rien ne prévaudra contre elle* » (BLOY). « *La meilleure éducation du monde ne prévalait pas contre les mauvais instincts* » (GIDE). — Absolt. « *Il n'eût pas admis qu'une autre volonté que la sienne prévalût dans la conclusion du traité* » (MADELIN). *Les vieux préjugés préva-laient encore.* V. **Prédominer.** ♦ 3° SE PRÉVALOIR DE... *v. pron.* (1564). Tirer avantage ou parti (de qqch.), faire valoir (qqch.). « *Les observations fines sont la science des femmes ; l'habileté de s'en prévaloir est leur talent* » (ROUSS.). ◇ Tirer vanité, faire grand cas (de qqch.). V. **Enorgueillir (s'), flatter** (se). *C'est un homme modeste, qui ne se prévaut jamais de ses titres.*

PRÉVARICATEUR, TRICE [prevarikatœr, tris]. *adj.* (1361,-XVIIIᵉ ; lat. *prævaricator*). Littér. Qui se rend coupable de prévarication. *Fonctionnaire, magistrats prévaricateurs.* ◇ Subst. (1380) « *Un prévaricateur, moi ! un ministre qui se serait vendu...!* » (ZOLA). ◇ ANT. **Fidèle, intègre**

PRÉVARICATION [prevarikasjɔ̃]. *n. f.* (1380 ; « abandon de la loi divine », 1120 ; lat. *prævaricatio*). Littér. Acte de mauvaise foi commis dans une gestion. — Spécialt. Grave manquement d'un fonctionnaire aux devoirs de sa charge. « *Les deux ministres accusés si bruyamment de prévarication* » (ZOLA). ◇ ANT. **Fidélité.**

PRÉVARIQUER [prevarike]. *v. intr.* (*Prévaricant,* 1398 ; *prévarier* « transgresser la loi divine », 1120 ; lat. jur. *præva-ricari* « entrer en collusion avec la partie adverse »). Dr. Se rendre coupable de prévarication, trahir les devoirs de sa charge, de son mandat.

PRÉVENANCE [prevnãs]. *n. f.* (1732 ; de *prévenant*). ♦ 1° Disposition à se montrer prévenant (2°) ; attitude d'une personne qui va au-devant des désirs d'autrui. *Manquer de prévenance.* « *Les gens de lettres... ont été de tout temps sensibles à certains procédés, à certains actes de prévenance* » (STE-BEUVE). ♦ 2° *Une prévenance :* action, parole par les-quelles on cherche à prévenir les désirs de qqn. *Entourer qqn de prévenances.* V. **Attention, délicatesse.** « *Elle avait des prévenances inimaginables, des attentions délicieuses, des gentillesses infinies* » (MAUPASS.).

PRÉVENANT, ANTE [prevnã, ãt]. *adj.* (1514 ; p. prés. de *prévenir*). ♦ 1° *Théol.* Qui prévient (I, 2°), agit par avance. *Grâce prévenante,* qui devance la volonté et l'aide à se déter-miner au bien. ♦ 2° (1718). Cour. (*Personnes*) Qui va au-devant des désirs d'autrui. V. **Attentionné.** « *Elle conti-nuait à se montrer prévenante, en faisant un visible effort pour corriger sa rudesse ordinaire* » (ZOLA). ♦ 3° (*Choses*). Qui plaît. *Air prévenant.* V. **Agréable, avenant.** « *Des manières naturelles et pourtant prévenantes* » (ROUSS.). ◇ ANT. **Désa-gréable, hostile, indifférent.**

PRÉVENIR [prevnir]. *v. tr.* ; conjug. *venir,* avec auxil. *avoir* (1467, « citer en justice » ; lat. *prævenire* « venir devant, en avant »).

I. Précéder, devancer. ♦ 1° *Vieilli* ou *littér.* Devancer (qqn) dans l'accomplissement d'une chose, agir avant (un autre). « *Celui-ci l'avait prévenu en se réfugiant de lui-même au monastère de Cluny* » (MICHELET). ♦ 2° (1561). Aller au-devant de (qqch.), pour hâter l'accomplissement. *Prévenir les besoins de qqn* ; pourvoir à l'avance. « *Prévenir toujours les désirs n'est pas l'art de les contenter, mais de les éteindre* » (ROUSS.). ♦ 3° (1608). Aller au-devant pour faire obstacle ; empêcher par ses précautions. « *De nouveaux produits infailli-bles pour prévenir la peste* » (CAMUS). Absolt. Mieux vaut *prévenir que guérir.* — « *Persuadé que tous les penchants naturels sont bons..., il ne s'agit que d'en prévenir l'abus* » (ROUSS.). ◇ Éviter (une chose considérée comme gênante) en prenant les devants. *Prévenir des questions, des curiosités indiscrètes,* y répondre par avance. *Elle* « *prévenait les ques-tions sur sa santé par de pudiques mensonges* » (BALZ.). *Pré-venir une objection,* la réfuter avant qu'elle ait été formulée.

II. ♦ 1° (XVIIᵉ). *Prévenir contre, en faveur de :* mettre par avance (qqn) dans une disposition d'esprit favorable ou non à l'égard de qqn, de qqch. V. **Influencer.** *Des mauvaises langues vous ont prévenus contre lui* (Cf. Monter contre). — (Choses) « *Mon air triste et languissant qui le prévenait en faveur de ma fidélité* » (LESAGE). ♦ 2° Cour. (1709). Mettre (qqn) au courant (d'une chose), d'un fait à venir. V. **Avertir.** *Prévenez-le que nous arriverons demain. Ne fais rien sans me prévenir.* V. **Aviser.** — Absolt. *Partir sans prévenir.* « *Ordi-nairement les bourgeois préviennent quand ils dînent en ville* » (BALZ.). — (Pass.) *Te voilà prévenu, à toi de faire attention. Ils* « *étaient prévenus qu'on ne les payerait pas, ils lui ser-vaient des consommations à crédit* » (ZOLA). ◇ Mettre (qqn) au courant d'une chose présente ou passée. V. **Apprendre, instruire.** « *Prévenez-moi si vous avez d'autres cas, dit Rieux* » (CAMUS). — *Spécialt.* Informer (qqn) d'une chose fâcheuse ou illégale pour qu'il y remédie ou essaie d'y mettre fin. *Prévenez vite le médecin !* « *Les gendarmes sont prévenus. Ils vont vous arrêter* » (GREEN).

◇ ANT. *Tarder. Exciter, provoquer. Taire (se).*

PRÉVENTIF, IVE [pʀevãtif, iv]. *adj.* (1819; du lat. *præventus*, de *prævenire*). ♦ 1° Qui tend à empêcher (une chose fâcheuse) de se produire. « *Le préfet prenait quelques mesures préventives* » (CAMUS). — *Médecine préventive*, moyens mis en œuvre pour prévenir le développement des maladies, la propagation des épidémies. V. **Prophylactique.** ♦ 2° *Dr.* (1872). Qui a rapport, qui est appliqué aux prévenus. « *On le renvoya après quatorze mois de détention préventive* » (FRANCE).

PRÉVENTION [pʀevãsjɔ̃]. *n. f.* (1374, « action de devancer » ; lat. *præventio*). ♦ 1° (1637). Opinion, sentiment irraisonné d'attirance ou de répulsion antérieur à tout examen (V. **Parti** (pris), **préjugé**). *Examiner les choses sans prévention ni précipitation.* « *Un juge doit écarter toute prévention* » (D'ALEMB.). *Avoir des préventions contre qqn.* « *Je suis arrivé au milieu de toutes les préventions suscitées contre moi, et j'ai tout vaincu* » (CHATEAUB.). ◇ *Spécialt.* Disposition d'esprit hostile. « *Constantinople justifie toutes mes préventions* » (GIDE). ♦ 2° (1792). *Dr.* Situation d'une personne prévenue d'une infraction. *Mise en prévention. Temps de prévention*, et ellipt. *Prévention :* emprisonnement; temps passé en prison entre l'arrestation et le jugement (prison préventive). *Faire six mois de prévention.* ♦ 3° *Littér.* Accusation. « *Une vivacité d'innocent qui se débat contre une prévention honteuse* » (MAUPASS.). ♦ 4° (Mil. XXᵉ). *Cour.* Ensemble de mesures préventives contre certains risques ; organisation chargée de les appliquer. *Prévention des accidents du travail. Prévention routière. Prévention médicale, des maladies.* V. **Prophylaxie.**

PRÉVENTIVEMENT [pʀevãtivmã]. *adv.* (1836; de *préventif*). ♦ 1° D'une manière préventive. *Se soigner préventivement.* ♦ 2° *Dr.* En qualité de prévenu.

PRÉVENTORIUM [pʀevãtɔʀjɔm]. *n. m.* (1907; du lat. *præventus*, d'apr. *sanatorium*). Établissement de cure, où sont admis des sujets menacés de tuberculose. Plur. *Des préventoriums.*

PRÉVENU, UE [pʀevny]. *adj.* et *n.* (1611; p. p. de *prévenir*). ♦ 1° Qui a de la prévention, des préventions (pour ou contre qqn, qqch.). « *Tout prévenu que j'étais en sa faveur* » (LESAGE). « *On ne pouvait guère choisir de gens plus prévenus contre les jansénistes* » (RAC.). ♦ 2° *Dr.* Qui est considéré comme coupable. *Être prévenu d'un délit.* ♦ 3° *N.* (1604). Inculpé. *Citer un prévenu devant le tribunal.* « *Les auteurs présumés d'un crime... restent purement et simplement prévenus tant que l'instruction se poursuit* » (BALZ.).

PRÉVERBE [pʀevɛʀb(ə)]. *n. m.* (mil. XXᵉ; de *pré-*, et *verbe*). *Ling.* Préfixe apposé à une forme verbale (*ex. : dé-*, dans « défaire »).

PRÉVISIBILITÉ [pʀevizibilite]. *n. f.* (XXᵉ; de *prévisible*). Caractère de ce qui est prévisible. ◇ ANT. *Imprévisibilité.*

PRÉVISIBLE [pʀevizibl(ə)]. *adj.* (1848; de *prévoir*, d'apr. *visible*). Qui peut être prévu. *La chose était prévisible, difficilement prévisible.* ◇ ANT. *Imprévisible.*

PRÉVISION [pʀevizjɔ̃]. *n. f.* (1270; bas lat. *prævisio*. V. **Prévoir**). ♦ 1° Action de prévoir, connaissance de l'avenir. « *En général, les découvertes sont faites sans aucune prévision de leurs conséquences* » (CARREL). *Prévision des recettes et des dépenses dans l'établissement d'un budget.* — Sc. *Théorie générale des prévisions* (V. **Prospective**). — *Écon.* Ensemble d'études mettant en œuvre les données de la statistique, les théories économiques, les conditions non économiques, etc. *Prévision à court, à moyen, à long terme. Prévision boursière.* ◇ *Loc. prép.* EN PRÉVISION DE : en pensant que telle chose sera, arrivera. « *Un jour, qu'en prévision de son départ, elle faisait des rangements...* » (FLAUB.). ♦ 2° Opinion formée par le raisonnement sur les choses futures (*rare* au sing.). *Se tromper dans ses prévisions.* « *La chute de la royauté confirmait trop ses prévisions pour qu'il ne fût pas content* » (FLAUB.). « *Tu sais qu'il réussit au delà de toute prévision !* » (MART. du G.). — *Prévisions météorologiques*, indications données sur l'état probable de l'atmosphère du jour, de la semaine, etc., à venir. ♦ 3° *Admin.* Cas prévu par un texte. *Les prévisions des règlements.* ◇ ANT. *Imprévision.*

PRÉVISIONNEL, ELLE [pʀevizjɔnɛl]. *adj.* (1845; de *prévision*). *Admin.* Qui est en prévision de qqch. ◇ *Didact.* Qui fait l'objet d'une étude ou qui constitue une étude destinée à prévoir qqch.

PRÉVOIR [pʀevwaʀ]. *v. tr.*; conjug. *voir*, sauf futur *je prévoirai*, et condit. *je prévoirais* (XIIIᵉ; lat. *prævidere*, d'apr. *voir*). ♦ 1° Considérer comme probable; imaginer (un événement futur). V. **Anticiper, pressentir.** « *Il prévoyait l'avenir par la profonde sagesse qui lui faisait connaître les hommes* » (FÉN.). *Prévoir le pire. On ne saurait tout prévoir.* — *Absolt.* Connaître l'avenir. « *Prévoir est à la fois l'origine et le moyen de toutes les entreprises, grandes ou petites* » (VALÉRY). ◇ PRÉVOIR QUE. « *Il était facile à prévoir que ces prélats... répondraient en gentilshommes* » (MICHELET). ♦ 2° Envisager (des possibilités). *Prévoir toutes les réponses.* — *Les crimes prévus par un article de loi.* ♦ 3° Organiser d'avance, décider pour l'avenir. *L'État a prévu la construction de 100 000 logements.* — (Pass.). « *Tout est prévu dans ta vie : tu n'as ni à espérer, ni à craindre, ni à souffrir* » (BALZ.). — Ellipt. (Fam.) *Comme prévu.* — *Être prévu pour*, être fait pour, destiné à. « *Un beau paquebot... prévu à la fois pour l'émigration et pour une clientèle de luxe* » (ROMAINS).

PRÉVÔT [pʀevo]. *n. m.* (*Prévost*, XIIᵉ; *prévôt des marchands*, XIVᵉ; lat. *præpositus* « préposé »). ♦ 1° *Hist.* Nom donné à divers officiers et magistrats, d'ordre civil ou judiciaire, royaux ou seigneuriaux. *Grand prévôt de France. Prévôt des marchands*, à la tête de l'administration municipale de Paris. ♦ 2° *Mod.* Officier de gendarmerie dont la juridiction s'exerce lorsqu'une armée est en territoire étranger. *Prévôts d'armée.* ◇ *Prévôt d'armes*, second d'un maître d'armes. *Prévôt d'escrime*, sous-officier enseignant l'escrime. ♦ 3° *Relig.* Nom donné au supérieur de certains ordres religieux. *Le Père prévôt.* ♦ 4° (1828). Surveillant (de prison) choisi parmi les détenus; détenu chef de chambrée.

PRÉVÔTAL, ALE, AUX [pʀevotal, o]. *adj.* (1514; de *prévôt*). *Didact.* Relatif au prévôt, de sa compétence. *Cour prévôtale. Sentence prévôtale. Cas prévôtaux.*

PRÉVÔTÉ [pʀevote]. *n. f.* (XIIᵉ; de *prévôt*). *Ancienn.* Fonction, juridiction du prévôt; circonscription où elle s'exerçait, siège de cette juridiction. ◇ *Mod.* (Admin.) Juridiction des prévôts, service de gendarmerie aux armées (Cf. *Police militaire*).

PRÉVOYANCE [pʀevwajãs]. *n. f.* (1410; de l'a. fr. *pourvoyance*, d'apr. *prévoir*). ♦ 1° *Vieilli.* Faculté ou action de prévoir. V. **Prévision.** « *La prévoyance a toujours gâté chez moi la jouissance* » (ROUSS.). ♦ 2° Attitude de celui qui prend les dispositions nécessaires pour faire face à une situation prévue. « *Des qualités qu'il avait perdues, la prévoyance lui restait seule* » (MUSS.). *Manquer de prévoyance* (Cf. *Ne pas voir plus loin que le bout de son nez*). — *Société de prévoyance*, société privée de secours mutuel. *Caisse de prévoyance.* ◇ ANT. *Insouciance; imprévoyance.*

PRÉVOYANT, ANTE [pʀevwajã, ãt]. *adj.* (XVIᵉ; de *prévoir*). ♦ 1° Qui prévoit avec perspicacité. « *Le rôle de l'homme prévoyant est triste : il afflige ses amis, en leur annonçant les malheurs auxquels les expose leur imprudence* » (CHAMFORT). ♦ 2° Qui prend des dispositions en vue de ce qui doit ou peut arriver. V. **Diligent, prudent.** « *Tout père prévoyant ménage à ses cadets un évêché, une abbaye* » (MICHELET.). ◇ ANT. *Imprévoyant; insouciant.*

PRÉVU, UE [pʀevy]. *adj.* et *n.* (V. **Prévoir**). Imaginé, envisagé ou organisé pour l'avenir. *Dans les conditions prévues.* — *Comme prévu.* V. **Prévoir.** — *N.* *Le prévu et l'imprévu.* ◇ ANT. *Imprévu.*

PRIAPÉE [pʀijape]. *n. f.* (XVIᵉ; lat. *priapeium* [metrum]; gr. *priapeion* [metron]; de *Priape* « dieu des jardins »). ♦ 1° *Antiq.* Chant, fête en l'honneur de Priape. ♦ 2° *Littér.* Poème, peinture, scène ou spectacle obscène. « *Le latin seul peut exposer des priapées ou des bacchanales* » (TAINE).

PRIAPISME [pʀijapism(ə)]. *n. m.* (1495; lat. méd. *priapismus*; gr. *priapismos*). *Méd.* Érection persistante, apparaissant sans excitation sexuelle.

PRIE-DIEU [pʀidjø]. *n. m. invar.* (1603; de *prier*, et *Dieu*). Siège bas, au dossier terminé en accoudoir, sur lequel on s'agenouille pour prier. « *Il s'échappait se prosterner sur les prie-Dieu de paille* » (ARAGON).

PRIER [pʀije]. *v.* (*Preier*, 880; puis *priier*, *prier*, d'apr. formes toniques *il prie*, etc.; bas lat. *precare*, class. *precari*). **I.** S'adresser à Dieu, à un être surnaturel. ♦ 1° *V. intr.* Élever son âme à Dieu par la prière*. « *Veillez et priez, afin que vous n'entriez point en tentation* » (BIBLE). « *Il faut premièrement faire ce qu'on doit, et puis prier quand on le peut* » (ROUSS.). *Prier avec ferveur, la tête dans ses mains, à haute voix, à voix basse. Prier sur la tombe de qqn. Prier en commun.* « *Gémir, pleurer, prier est également lâche* » (VIGNY). ◇ *Prier pour qqn.* « *C'est un commencement de conversion que de prier pour l'Église* » (BOSS.). *Prier pour les morts. Prier pour nous*, réponse des fidèles dans une litanie. ♦ 2° *V. tr.* S'adresser à (Dieu, un être surnaturel) par une prière instante. « *Mais priez Dieu que tous nous veuille absoudre* » (VILLON). *Prier le ciel qu'il nous aide.* « *Mon Dieu, je vous prie de me pardonner mes péchés* » (BOSS.). *Prier la Vierge, les saints d'intercéder pour nous.* V. **Invoquer.**

II. *V. tr.* ♦ 1° Demander par grâce, avec humilité ou déférence. V. **Implorer, solliciter, supplier.** « *Le Père Nicolle reçut une lettre du curé Puyoo qui le priait, en termes pressants, de passer chez lui* » (TOULET). « *Je te prie seulement qu'on fasse une liasse de toutes nos requêtes* » (VOLT.). ◇ *Se faire prier*, n'accorder qqch. qu'après avoir opposé résistance aux prières. « *Emma accepta mon invitation après s'être fait un peu prier* » (MAUPASS.). *Elle ne se fait pas prier* : elle le fait volontiers (Cf. Elle ne se le fait pas dire deux fois). *Sans se faire prier*, sans difficulté, de plein gré. ♦ 2° *(Sens faible; T. de politesse)*. Demander. « *Vous le destituerez en priant ses protecteurs de l'employer chez eux* » (BALZ.). ◇ (En s'adressant à qqn) *Je vous prie de me pardonner si... Je te prie, je vous prie, je vous en prie*, formules de politesse. « *Je vous prie, ajouta-t-il, faites-moi parler à votre maître* » (VOLT.). — *Ellipt.* (après une interrogation) *Je te prie, je vous prie* (de me dire, de faire...). *Croyez-vous, je vous prie, que je puisse... Mais je vous en prie, c'est peu de chose.* « *Je peux entrer? — Je vous en prie* » (Cf. Faites donc). ◇ *(Euphémisme)* Demander avec fermeté, exiger. « *Elle me pria de lui épargner de pareils affronts à l'avenir* » (MUSS.). — Iron. *Ah non, je t'en prie, ça suffit!* ♦ 3° *Littér.* Inviter. « *Il fut prié pour une partie de chasse chez madame Duval* » (MUSS.). *Prier à déjeuner.* — (Dans une formule de politesse) *Monsieur et Madame X... prient Monsieur Y... de leur faire l'honneur de... Vous êtes prié d'assister à ses obsèques.*

PRIÈRE [prijɛr]. *n. f.* (XIIᵉ; lat. médiév. *precaria*, fém. de *precarius*, lat. class. plur. *preces*). ♦ 1° Mouvement de l'âme tendant à une communication spirituelle avec Dieu, par l'élévation vers lui des sentiments (amour, reconnaissance), des méditations. *Prière mentale, vocale* (T. de relig.). *Prière d'adoration, d'action de grâces, de demande. Être en prière.* « *La prière est la forme oratoire de l'âme* » (GIDE). « *Je sais parfaitement que le désir de la prière est déjà une prière* » (BERNANOS). — *La prière sur l'Acropole*, de Renan. *La Prière d'un païen*, poème de Baudelaire. ♦ 2° Suite de formules exprimant ce mouvement de l'âme et consacrées par le culte et la liturgie. *Faire, réciter, marmonner, lire sa prière, des prières. Prières chrétiennes* (Ave, confiteor, credo, pater, etc.). — *Prière à la messe*. Prière des morts. Livres de prières.* — « *Le muezzin est monté chanter l'appel à la prière* » (GIDE). *Moulin* à prières.* ◇ Office ou suite d'offices où l'on récite les prières. *Aller, se rendre à la prière.* ♦ 3° Action de prier (II) qqn; demande instante. *Entendre, écouter la prière, céder à la prière de qqn.* « *Il demeura sourd à mes prières* » (CHATEAUB.). *C'est une prière que j'ai à vous faire.* ◇ À LA PRIÈRE : demande, invitation. « *On l'avait gratifié, à la prière du docteur, de deux béquilles neuves* » (DUHAM.). — *Ellipt.* PRIÈRE DE : vous êtes prié de. *Prière de répondre par retour du courrier.* — *Prière de ne pas se pencher à la portière. Prière d'insérer** (3°).

PRIEUR, EURE [prijœr]. *n.* (XIIᵉ; fém., 1390; lat. *prior* « premier de deux, supérieur », spécialisé en lat. ecclés.). Supérieur, supérieure de certains couvents. *Prieur, Père prieur. Prieure, Mère prieure.* « *La prieure est réglée pour trois ans par les mères, qu'on appelle mères vocales* » (HUGO). — *Sous-prieur*, religieux immédiatement au-dessous du prieur.

PRIEURÉ [prijœre]. *n. m.* (Prioret, 1190; de *prieur*). ♦ 1° Couvent dirigé par un(e) prieur(e). « *Ce prieuré était desservi par sept ou huit religieux* » (CHATEAUB.). ◇ Église de ce couvent; maison du prieur. ♦ 2° *Rare.* Dignité de prieur(e).

PRIMA DONNA [primadɔn(n)a]. *n. f.* (1830; mots it. « première dame »). Première et principale chanteuse d'un opéra. « *Des applaudissements à faire crouler la salle accueillirent l'entrée en scène de la prima donna* » (BALZ.). Plur. it. *Des prime donne* [primedɔn(n)e]; ou plur. invar. *Des prima donna.*

PRIMAGE [prima3]. *n. m.* (1907; mot angl., de *to prime* « projeter »). *Techn.* Entraînement de gouttelettes d'eau par la vapeur, dans un bouilleur, un appareil de distillation.

PRIMAIRE [primɛr]. *adj.* (1789, assemblée primaire; lat. *primarius*). ♦ 1° Qui est du premier degré, en commençant. *Élections primaires* (au suffrage indirect). ◇ (1791) *Enseignement primaire*, et subst. *Le primaire* : enseignement du premier degré, des petites classes à la 6ᵉ. — *Inspecteur primaire**. — *Péj.* Scolaire, simpliste, peu ouvert. *Il est primaire.* Subst. *C'est un primaire.* ♦ 2° Qui est, qui vient en premier dans l'ordre temporel ou sériel *(dans des emplois spéciaux, scientifiques)*. — *Ère primaire*, subst. *Le primaire* : ère géologique (environ 300 millions d'années) qui succède au précambrien : cambrien, silurien, dévonien, carbonifère, permien. V. **Paléozoïque**. — Qui appartient à cette époque. *Grès primaires.* ◇ *Électr.* Se dit du circuit d'entrée, dans une bobine d'induction, un transformateur. *Enroulement primaire.* Subst. *Le primaire.* ◇ *Méd. Accidents* (ou *lésions*) *primaires*, qui apparaissent en premier lieu dans certaines maladies. *Accident primaire de la syphilis.* V. **Chancre**. ◇ *Psycho. État primaire* : la sensation. — *Caractérol.* Se dit du premier retentissement des représentations. *Fonction primaire de la représentation.* — *Par ext.* Se dit des personnes chez qui la fonction primaire est dominante. Subst. *Le nerveux est un primaire.* ◇ *Écon. Secteur primaire* : domaine des activités productrices de matières non transformées : agriculture, pêche, etc. ◈ ANT. *Secondaire.*

PRIMARITÉ [primarite]. *n. f.* (mil. XXᵉ; de *primaire*). *Caractérol.* Caractère de la fonction primaire, de ceux chez qui elle domine.

1. PRIMAT [prima]. *n. m.* (1155; lat. ecclés. *primas, -atis* « qui est au premier rang », de *primus* « premier »). Prélat ayant la prééminence sur plusieurs archevêchés et évêchés. *L'archevêque de Lyon est primat des Gaules lyonnaises.*

2. PRIMAT [prima]. *n. m.* (XXᵉ; mot all.). Didact. *(Philo.).* Primauté. « *Descartes retrouve dans la métaphysique... le primat d'une intuition qui n'a rien de mystique* » (BRUNSCHVICG).

PRIMATE [primat]. *n. m.* (1838; lat. *primas, -atis* « qui est au premier rang »). ♦ 1° *Zool.* Animal de l'ordre des mammifères placentaires, à dentition complète et à main préhensile. *L'ordre des Primates* (lémuriens, tarsiens, simiens; hominiens). ♦ 2° *Fam.* Homme grossier, inintelligent (comparé à un singe).

PRIMATIAL, ALE, AUX [primasjal, o]. *adj.* et *n. f.* (1445; de *primat* 1). Qui appartient ou a rapport à un primat. *Sièges primatiaux. Église primatiale.* — N. f. PRIMATIALE. *La primatiale Saint-Jean de Lyon.*

PRIMATIE [primasi]. *n. f.* (Primacie, XIVᵉ; de *primat* 1). *Relig.* Dignité de primat. *La primatie d'Aquitaine.* — Étendue et siège d'un primat.

PRIMAUTÉ [primote]. *n. f.* (1564; relig., XIIIᵉ; lat. *primus* « premier », d'apr. *royauté*). ♦ 1° Caractère, situation de ce qui est premier. V. **Prédominance, prééminence, prépondérance, supériorité, suprématie.** *Donner la primauté à une idée* (V. **Primat** 2). ◇ *Spécialt.* Autorité suprême, en matière religieuse, spirituelle. *Primauté du pape.* ♦ 2° Supériorité de fait. « *Des gouvernements, convaincus de la primauté de la force sur le droit* » (MART. du G.). ◈ ANT. *Infériorité.*

1. PRIME [prim]. *adj.* et *n. f.* (Prime lune, 1119; de *primus* « premier »). **I.** *Adj.* ♦ 1° (*Vx* ou *littér.*). Premier. « *Tu mérites la prime place en ce mien livre* » (VERLAINE). — *Loc. mod. Prime jeunesse**. ◇ *De prime abord*.* ♦ 2° *Math.* (XIXᵉ). Se dit d'un symbole (lettre) qui est affecté d'un seul signe (en forme d'accent). *A, A prime (A').* **II.** *N. f.* (XIIᵉ). ♦ 1° Première heure (3°) canoniale (6 heures du matin). *Chanter, dire prime.* ♦ 2° *Escr.* Première position de l'épée et de l'escrimeur. *Garde de prime, ligne d'engagement de prime.*

2. PRIME [prim]. *n. f.* (1669, « police d'assurance »; angl. *premium*; lat. *præmium* « prix, récompense »). ♦ 1° Somme que l'assuré doit payer à l'assureur. *Il « s'épuisait à payer les primes* » (DUHAM.). ♦ 2° Somme d'argent allouée à titre d'encouragement, d'aide ou de récompense. *Donner, octroyer une prime à qqn.* — Sommes allouées par l'État, les collectivités publiques (pour encourager une activité). *Prime à l'exportation, à la construction.* ◇ Forme de rémunération destinée à couvrir des frais (*prime de transport*, etc.) ou à récompenser le personnel (*prime d'entreprise*, etc.). « *Ses deux mille huit cents francs de chauffeur, tant pour les primes que pour le fixe* » (ZOLA). ♦ 3° Objet remis à titre gratuit ou remise faite à un acheteur. *On donne une prime à tout acheteur.* « *C'était un « agrandissement » qu'elle avait eu en prime avec du café* » (CÉLINE). ♦ 4° *Fig.* Ce qui est donné en plus. « *Des primes d'encouragement à l'intolérance religieuse et à la fainéantise* » (BALZ.). *En prime* : en plus. ♦ 5° *Bourse.* Somme payée par une partie en cas de résiliation d'un marché. *Marché* à prime, à option*.* ◇ Somme à payer en plus du capital nominal d'une action que l'on souscrit. *Prime d'émission. Prime de remboursement* : somme payée en plus du capital fourni (différence entre la valeur nominale et le prix d'émission). ◇ *Fig. Faire prime* : apporter un avantage. « *C'est toujours le faux qui fait prime et prend le pas sur la vérité* » (GIDE).

3. PRIME [prim]. *n. f.* (Presme, XIVᵉ; var. de *prisme*). *Minér.* Cristal de roche coloré qui ressemble à une pierre précieuse. *Prime d'émeraude* (vert), *de topaze* (jaune), *de rubis* (rouge).

PRIMÉ, ÉE. *adj.* V. PRIMER (2).

1. PRIMER [prime]. *v.* (h. XIIᵉ; « goûter le premier à », XVIᵉ; de *prime* 1). ♦ 1° *Vieilli.* Occuper la première place, le premier rang; avoir l'avantage sur les autres. V. **Dominer.** « *Quiconque prime en quelque chose est toujours sûr d'être recherché* » (ROUSS.). — Trans. « *La France est primée en industrie, en commerce... par l'Angleterre* » (BALZ.). ♦ 2° *Mod.* (*Abstrait*). L'emporter. « *En eux l'intelligence prime plutôt que l'action* » (SIEGFRIED). — Trans. « *La forme voulant primer le fond* » (BERGSON).

2. PRIMER [prime]. *v. tr.* (1869; de l'a. fr. *premier* « récompenser »; de *prime* 2). Gratifier d'une prime; récompenser par une prime. — *Plus cour.* Au p. p. PRIMÉ, ÉE. *Animaux primés à un concours agricole. Construction primée* : bénéficiant de primes.

PRIMEROSE [pʀimʀoz]. *n. f.* (XIIe; de *prime* [fém. de *prin*], et *rose*). Rose trémière. V. **Passe-rose**.

PRIMESAUTIER, IÈRE [pʀimsotje, jɛʀ]. *adj.* (1756); réfect. de *prinsaltier*, *prinsautier* [1160]; de *primesaut* « action spontanée »). Qui se détermine, agit, parle spontanément. V. **Spontané**. « *Son petit cœur primesautier, inégal, oublieux par instant* » (LOTI). — Subst. *Un primesautier*. — Par ext. *Mouvement primesautier*.

PRIMEUR [pʀimœʀ]. *n. f.* (*Primor* « commencement », 1200; *en, dans la primeur, sa primeur*, 1670; de *prime* 1). ♦ 1° *Vx* ou littér. Caractère de ce qui est tout nouveau. *Vin dans sa primeur* : tout jeune. *Des légumes, des fruits dans la primeur, dans leur primeur* : tout au début de leur récolte normale. — *Fruits et légumes de primeur*. — Par anal. « *Elle prenait ainsi pour elle seule la primeur des conversations* » (STE-BEUVE). ♦ 2° (1749). Fruit, légume qui est à maturité avant ceux de son espèce. V. **Précoce**. *Une primeur*. ◊ *Cour. Plur.* Fruits, légumes consommables avant la saison normale. « *Aquilina le régalait de primeurs, de raretés gastronomiques* » (BALZ.). ♦ 3° *Fig.* et littér. Chose nouvelle. « *La culture générale refuse les primeurs et les nouveautés* » (ALAIN).

PRIMEURISTE [pʀimœʀist(ə)]. *n.* (1872; de *primeur*). *Agric., Comm.* Cultivateur de primeurs. V. **Horticulteur**. — Personne qui fait le commerce des primeurs.

PRIMEVÈRE [pʀimvɛʀ]. *n. f.* (XVIe; *primevoire*, XIIe; fig. du n. m. *primevoire* [-*vère*] « printemps »; lat. pop. *prima vera* « premier printemps », class. *primum ver*). Plante herbacée (*Primulacées*) à fleurs de teintes variées (surtout jaune, violet, blanc) qui fleurissent au printemps. « *Ses primevères aux hampes droites et cassantes, d'un vert d'amande exquisement décoloré* » (GENEVOIX). — *Primevère officinale*, communément appelée « coucou ».

PRIMIDI [pʀimidi]. *n. m.* (1793; du lat. *primus* « premier », et *dies* « jour »). *Hist.* Le premier jour de la décade, dans le calendrier républicain.

PRIMIPARE [pʀimipaʀ]. *adj.* et *n. f.* (1819; lat. *primipara*, de *parere* « enfanter »). *Didact.* Qui accouche pour la première fois (d'une femelle de mammifère). *Brebis, génisse, jument primipare. Une primipare*. — *Spécialt. Femme primipare* (*opposé à nullipare et à multipare*).

PRIMIPILAIRE [pʀimipilɛʀ] ou **PRIMIPILE** [pʀimipil]. *n. m.* (h. *XVIe*, repris 1721,-XIVe; mot lat., de *primus* « premier », et *pilum* « javelot »). *Hist. rom.* Centurion commandant la première centurie d'une cohorte.

PRIMITIF, IVE [pʀimitif, iv]. *adj.* et *n.* (1310, *primitive yglise* [église]; lat. *primitivus* « qui naît le premier », de *primus*).

I. *Adj.* ♦ 1° (v. 1330). Qui est à son origine ou près de son origine. *L'Église primitive, la primitive église. Le monde primitif* : tel qu'il était à l'origine. *L'homme primitif* : tel qu'il était à l'apparition de l'espèce. *Art primitif* (Cf. ci-dessous, II, 2°). ♦ 2° Qui est le premier, le plus ancien. *Forme primitive, état primitif d'une chose*. V. **Initial, originaire, originel, premier**. *Étoffe qui a perdu sa couleur primitive. Texte primitif d'une loi.* ◊ *Géol.* Terrains primitifs : les plus anciens que l'on connaisse. ◊ (Phénomènes psychiques) « *L'amour de soi : passion première, innée, antérieure à toute autre* » (ROUSS.). ♦ 3° Qui est la source, l'origine (d'une autre chose de même nature) [*dans des emplois scientifiques*]. ◊ *Log.* Proposition primitive : posée et non déduite (V. **Principe**). *Concept primitif. N. m.* Concept indéfinissable. ◊ *Math. Fonction primitive et fonction dérivée.* N. f. *Les primitives d'une fonction sont les fonctions qui admettent celle-ci pour dérivée* (V. **Intégration**). ◊ *Ling. Sens primitif d'un mot* (*opposé à* extension, à sens figuré). — *Temps primitifs d'un verbe*, à partir desquels sont formés les autres. — *Langue primitive*, dont d'autres langues sont dérivées (langue mère). ◊ *Couleurs primitives* : les sept couleurs du spectre, dont les autres sont formées. ◊ *Méd.* Se dit d'une lésion, d'un trouble qui peut provoquer d'autres manifestations qui lui succèdent; qui existe en soi, de cause inconnue. V. **Essentiel**. *Myopathie primitive.* ♦ 4° (v. 1800). Se dit des groupes humains qui ignorent l'écriture, les formes sociales et les techniques des sociétés dites « évoluées ». *Société primitive.* « *Un peuple primitif n'est pas un peuple arriéré ou attardé. Un peuple primitif n'est pas davantage un peuple sans histoire* » (LÉVI-STRAUSS). — Relatif à ces peuples. *La Mentalité primitive*, ouvrage de Lévy-Bruhl. ♦ 5° *Cour.* Qui a les caractères de simplicité ou de grossièreté qu'on attribue aux hommes, aux sociétés peu évolués, etc. V. **Fruste, grossier, inculte**. « *Dans sa tête primitive et simple, les choses avaient du mal à se former* » (ARAGON). « *La lenteur et la fatigue de ce battage primitif* » (ZOLA). V. **Rudimentaire**.

II. *N.* (1907). ♦ 1° Homme appartenant à un groupe social « primitif » (I, 4°). *Les primitifs d'Australie.* ♦ 2° Artiste d'une période antérieure à celle où l'art qu'il cultive atteint sa maturité. *Les primitifs de la sculpture grecque.* — *Spécialt.*

Artiste (surtout peintre) antérieur à la Renaissance, en Europe occidentale; son œuvre. *Primitifs flamands, italiens.*
◊ ANT. *Moderne, récent; civilisé, évolué.*

PRIMITIVEMENT [pʀimitivmɑ̃]. *adv.* (XVe; de *primitif*). À l'origine, initialement. V. **Originairement, originellement**.
◊ ANT. *Finalement.*

PRIMITIVISME [pʀimitivism(ə)]. *n. m.* (1907; de *primitif*). *Didact.* Caractère, état des sociétés primitives. « *Le problème du primitivisme d'une société est généralement posé par le contraste qu'elle offre avec ses voisins* » (LÉVI-STRAUSS).

PRIMO [pʀimo]. *adv.* (1322; mot lat.). D'abord, en premier lieu. V. **Premièrement**. *Ils veulent persuader* « *primo qu'ils ont beaucoup d'argent, secundo qu'ils jouissent de la plus haute considération* » (STENDHAL).

PRIMOGÉNITURE [pʀimoʒenityʀ]. *n. f.* (fin XVe; du lat. *primogenitus* « premier-né, aîné »). *Dr., Didact.* Antériorité, priorité de naissance entraînant certains droits. — *Succession par ordre de primogéniture.*

PRIMO-INFECTION [pʀimoɛ̃fɛksjɔ̃]. *n. f.* (mil. XXe; du lat. *primo*, et *infection*). Infection qui se produit pour la première fois (*spécialt.* pour la tuberculose). *La primo-infection se traduit par une cuti-réaction positive.*

PRIMORDIAL, ALE, AUX [pʀimɔʀdjal, o]. *adj.* (1480; lat. *primordialis*, de *primordium* « commencement »). ♦ 1° Qui est le plus ancien et sert d'origine. V. **Premier**. « *Oui, l'homme a le droit primordial d'aller et de venir, de travailler, de penser, de vivre* » (JAURÈS). ♦ 2° Qui est de première importance. V. **Capital, essentiel, principal**. *C'est d'une importance primordiale.*

PRIMULACÉES [pʀimylase]. *n. f. pl.* (1809; du lat. mod. *primula* « primevère », de *primulus* « qui commence »). *Bot.* Famille de plantes (*Dicotylédones gamopétales*) comprenant des herbes annuelles ou vivaces des régions tempérées (*ex.* : cyclamen, mouron, primevère).

PRINCE [pʀɛ̃s]. *n. m.* (1120; lat. *princeps* « premier », et « chef, empereur »).

I. ♦ 1° *Didact.* ou *littér.* Celui qui possède une souveraineté (à titre personnel et héréditaire); celui qui règne. V. **Monarque, roi, souverain**. *Prince de droit divin. La cour, les courtisans d'un prince.* — *Hist. Princes feudataires*, vassaux d'un roi, d'un empereur et souverains sur leur fief. ◊ *Par ext.* Le souverain, celui qui exerce le pouvoir réel. *Le Prince*, ouvrage de Machiavel (1513). — *Loc. Le fait du prince* : acte de gouvernement, du pouvoir qui contraint à l'obéissance (surtout mesures arbitraires). *Par ext. Ce sont là jeux* (I, 1°) *de prince.* ♦ 2° Celui qui appartient à une famille souveraine, sans régner lui-même; titre porté par les membres de la famille royale, en France. *Princes du sang*, les proches parents du souverain. *Monsieur le Prince.* V. **Monsieur** (1°, *spécialt.*). — *Prince prétendant*. *Prince consort*. — *Prince héritier de France* (V. **Dauphin** 2°), *d'Espagne* (V. **Infant**), etc. — *Le prince de Galles*, fils aîné du souverain d'Angleterre. ♦ 3° Celui qui possède un titre, attaché ou non à la possession d'une terre, conféré par un souverain. *Princes d'Empire* (créés par Napoléon Ier). « *Le fils de ma belle-sœur porte le titre de prince d'Agrigente* » (PROUST). — *Mod.* (en France) Titulaire du plus haut titre de noblesse. « *Bien qu'il eût le choix entre quatre ou cinq titres de prince, il a gardé celui de baron de Charlus, par protestation* » (PROUST). — (À l'étranger) *En Italie, les neveux des papes portaient le titre de prince. Prince russe* (titre moins élevé qu'en France). ♦ 4° *Hist. litt.* Personnage princier, grand seigneur. « *Les contes où le prince épouse la bergère* » (MALRAUX). *Le Prince Charmant.* — *Le Petit Prince*, récit de Saint-Exupéry. ♦ 5° Souverain régnant sur un État portant le nom de principauté. ♦ 6° *Loc.* (XVIIe). *Être habillé, vêtu comme un prince* : richement, élégamment. ◊ (XIXe) ÊTRE BON PRINCE : faire preuve de générosité, de bienveillance, de tolérance. « *Le gouvernement, bon prince, laisse courir les suspects* » (MART. du G.).

II. ♦ 1° *Prince de...* : principal personnage (d'un groupe). *Le prince des apôtres* : saint Pierre. *Les princes de l'Église* : les cardinaux, archevêques et évêques. — *Le prince des démons, des ténèbres* : Satan. ◊ *Hist.* Premier personnage d'une confrérie de « fous », de « sots », au moyen âge. *Prince des sots.* — *Le prince des poètes.* ♦ 2° *Les princes de la terre*, les grands de ce monde. « *Le prince du bric-à-brac* » (BALZ.). V. **Roi**.

PRINCE DE GALLES [pʀɛ̃sdəgal]. *adj.* et *n. m. invar.* (XXe; de *prince de Galles*, N. pr.). Tissu de laine, à lignes fines croisées, de teinte uniforme sur fond clair. « *Un tailleur en prince de galles* » (SARTRE).

PRINCEPS [pʀɛ̃sɛps]. *adj.* (1811; mot lat.). *Didact. Édition princeps* : première édition (d'un ouvrage ancien et rare). ◊ *Original.* « *Les investigateurs patients rencontrent parmi beaucoup de fatras un incunable, une édition princeps* » (GAUTIER).

PRINCESSE [pʀɛ̃sɛs]. *n. f.* (1320; de *prince*). ♦ 1° Fille ou femme d'un prince (I, 2° et 3°), fille d'un souverain (*prince*, I, 1°). *La princesse Palatine. La princesse de Clèves*, œuvre de Mme de La Fayette. *La princesse d'Élide*, comédie-ballet de Molière. ◇ *Rare.* Souveraine régnante, reine. ♦ 2° *Loc. fam.* (XVIIIe). *Faire sa princesse, prendre des airs de princesse* : être affectée, prétentieuse. « *Aussi la régisseuse... se donnait-elle des airs de princesse* » (BALZ.). « *Désormais, Madame se leva à neuf heures comme une princesse* » (ARA-GON). ◇ *Robe princesse* : robe ajustée à la taille et large du bas. ◇ *Loc.* (1877) *Aux frais de la princesse* : de l'État, d'une collectivité. « *Il aura fait un voyage en Allemagne aux frais de la princesse* » (DUTOURD). ♦ 3° Adj. *Haricots prin-cesses*, à cosse allongée. *Amandes princesses*, à bois tendre.

PRINCIER, IÈRE [pʀɛ̃sje, jɛʀ]. *adj.* (1714 ; [denier] *prin-cier*, fin XVIe ; de *prince*). ♦ 1° *Littér.* De prince (I, 2° et 3°), de princesse. *Titre princier.* ◇ Qui est prince. « *Fille du prince de Parme, elle avait épousé un cousin également prin-cier* » (PROUST). ♦ 2° De grand seigneur. « *Le grand-duc, avec un sans-façon princier* » (R. ROLLAND). ♦ 3° (1842). *Cour.* Digne d'un prince. V. **Luxueux, somptueux.** « *Tout ce luxe, dit princier par des gens qui ne savent plus ce qu'est un vrai prince* » (BALZ.).

PRINCIÈREMENT [pʀɛ̃sjɛʀmɑ̃]. *adv.* (1875 ; de *princier*). D'une façon princière, en grand seigneur. *Il nous a reçus princièrement.*

PRINCIPAL, ALE, AUX [pʀɛ̃sipal, o]. *adj.* et *n.* (1119 ; « princier », 1080 ; lat. *principalis* « principal, du prince », de *princeps*).
I. *Adj.* ♦ 1° Qui est le plus important, le premier parmi plusieurs. V. **Capital, essentiel, fondamental, primordial.** « *Un jour on apprit... diverses choses dont la principale était qu'il était trépassé* » (HUGO). « *La principale règle est de plaire et de toucher* » (RAC.). *Les principales puissances du monde.* V. **Premier.** *Bâtiment principal. Rôle principal.* ◇ *Dr. Résidence principale* (opposé à *secondaire*). *Demande* principale ou *originaire.* — *La principale de deux questions.* ♦ 2° *Proposition principale*, et subst. *La principale* : la propo-sition, dans une phrase dont les autres (les *subordonnées* qui précisent et complètent son sens) dépendent. — *Terme, verbe principal.* ♦ 3° (Personnes). « *Ce témoignage de la princi-pale intéressée servira très utilement* » (HENRIOT). « *Voltaire en est le personnage principal et en quelque sorte typique* » (HUGO). — *Dr. Demandeur principal. Locataire principal.* ◇ *Clerc principal*, et subst. *Le principal* : premier clerc de notaire.
II. *N. m.* ♦ 1° (1283). *Dr.* Ce qui fait l'objet essentiel d'une action, son fond. *L'accessoire suit le principal.* — Somme constituant une dette. V. **Capital.** « *Je vous paierai, lui dit-elle... Intérêt et principal* » (LA FONT.). ◇ *Dr. fisc.* Montant originaire de l'impôt (sans les décimes ou centimes additionnels). ♦ 2° (XVe). *Cour.* Ce qu'il y a de plus impor-tant, de plus grave, de plus considérable. V. **Essentiel.** *Le principal est de... Le principal est fait.* ♦ 3° (1549). *Vieilli.* Celui qui dirige un collège. V. **Directeur.** *Monsieur le Princi-pal.* « *Ce fut d'abord pour prier le principal du collège de lui indiquer les meilleurs maîtres de latin* » (BALZ.). ♦ 4° *Mus.* Jeu d'orgue, formant la base des jeux de fonds, constitué par de gros tuyaux de métal, de 2 à 16 pieds. V. **Prestant.**
◇ ANT. *Accessoire, secondaire.*

PRINCIPALAT [pʀɛ̃sipala]. *n. m.* (1587 ; de *principal*, n. m.). *Rare* et *vx.* Fonction de principal (II, 3°) dans un collège.

PRINCIPALEMENT [pʀɛ̃sipalmɑ̃]. *adv.* (1190 ; de *prin-cipal*). Avant les autres choses, par-dessus tout. V. **Surtout.** *Il faut remarquer principalement...* « *Fâchée contre le monde entier, elle en voulait principalement à son mari* » (MAUPASS.).

PRINCIPAT [pʀɛ̃sipa]. *n. m.* (1300 ; « terre » ; lat. *prin-cipatus*, de *princeps*). *Hist.* Dignité de prince. V. **Principauté.** ◇ *Hist. rom.* Dignité impériale. *Le principat d'Auguste.* — Règne d'un empereur romain. *Sous le principat de Trajan.*

PRINCIPAUTÉ [pʀɛ̃sipote]. *n. f.* (*Principalté*, 1362 ; du lat. *princeps*, *-ipis*, d'apr. *royauté*). ♦ 1° Terre à laquelle est attaché le titre de prince. ♦ Petit État indépendant dont le souverain porte le titre de prince. *La principauté de Monaco, du Liechtenstein.* ♦ 2° (XVIe). Dignité de prince. ♦ 3° *Plur.* *Relig.* Les *Principautés* : le troisième chœur des anges.

PRINCIPE [pʀɛ̃sip]. *n. m.* (1265, « origine » ; lat. *princi-pium* « commencement, origine »).
I. Cause, origine ou élément constituant. ♦ 1° Cause première active, primitive et originelle. « *Il faut commencer par la recherche des premières causes, c'est-à-dire des principes* » (DESCARTES). *La nature, principe universel.* — *Dieu, principe de la nature, de l'univers, principe et fin de soi-même.* V. **Auteur.** *Le principe des choses, du monde, de la vie ; le principe unique, suprême. Le principe du Mal et le principe du Bien, dans le manichéisme.* ♦ 2° *Didact.* Cause agissante d'une chose (surtout en parlant des causes natu-relles). V. **Agent, fondement, origine, source.** *Principe et effet, et conséquence.* « *Le principe corporel des mouvements* » (DESCARTES). « *Le principe de toute action est dans la volonté*

d'un être libre » (ROUSS.). « *Le fruit, dès ses premiers jours, porte en lui le principe de sa pourriture* » (RENAN). — *Au principe de... :* à l'origine, à la source. *Remonter jusqu'au principe.* — « *Le courage civil et le courage militaire procèdent du même principe* » (BALZ.). ♦ 3° (1631). Élément matériel qui entre dans la composition, la constitution ou l'élaboration de qqch., de par son action propre. *Principes constituants. Principes nécessaires à la nutrition.*
II. (1361). ♦ 1° Proposition première, posée et non déduite (dans un système déductif donné). V. **Hypothèse, postulat, prémisse.** *Principe posé a priori. Pétition* de principe.* « *Les principes se sentent, les propositions se concluent* » (PASC.). *Déduction, démonstration qui repose sur tel principe.* « *Quand une loi a reçu une confirmation suffisante de l'expérience... on peut l'ériger en principe* » (POINCARÉ). ♦ 2° Proposition, notion importante à laquelle est subordonné le développe-ment d'un ordre de connaissance. V. **Science.** « *J'ai posé les principes, et j'ai vu les cas particuliers s'y plier* » (MON-TESQ.). *Découler d'un principe.* — *Phys.* Énoncé d'une loi générale non démontrée, mais vérifiée dans ses conséquences. *Principe de l'équivalence en thermodynamique.* — *Philo. Principes rationnels*, les vérités fondamentales sur lesquelles s'appuie tout raisonnement. — *Les principes de la physique, de la mécanique.* ♦ 3° (*Plur.*). Connaissances élémentaires. V. **Rudiment.** « *N'avez-vous point quelques principes, quelques commencements des sciences?* » (MOL.).
III. (1351). ♦ 1° Règle d'action s'appuyant sur un juge-ment de valeur et constituant un modèle, une règle ou un but. V. **Loi, norme.** « *Selon les principes de la raison, la conduite des hommes est tout à fait déraisonnable* » (PASC.). — *Ériger, poser en principe que... Partir d'un principe.* « *J'ai toujours eu pour principe de ne faire jamais par autrui ce que je pouvais faire par moi-même* » (MONTESQ.). — *Loc. Faire une chose, demander qqch. pour le principe* : pour une raison absolue et théorique (et non par intérêt, etc.). — *Spécialt. Principes (politiques). Les principes républicains. Déclaration de prin-cipes.* « *Il y a des chefs de parti qui sont prêts à sacrifier le pays à une doctrine ou à des principes* » (MAUROIS). ♦ 2° (*Plur.*). Les règles morales (corps de doctrine ou règles vagues) auxquelles une personne, un groupe est attaché. V. **Morale.** *Manquer à ses principes.* « *On leur avait inculqué de bons principes* » (VILLIERS). « *Vous savez qu'il n'est pas dans mes principes de faire languir* » (LACLOS). — *Absolt. Avoir des principes. Une personne sans principes.* — *Loc. Être à cheval* sur les principes.*
IV. *Loc.* PAR PRINCIPE : par une décision, une détermina-tion a priori. « *Ne me jugez surtout pas hostile par principe* » (MAURIAC). ◇ DE PRINCIPE : a priori. *Hostilité de principe. Accord de principe.* ◇ EN PRINCIPE : théoriquement, d'après les principes. *Il avait raison en principe.* — Par ext. « *En principe* » Victor ne fume pas encore. *Toutefois quelques ciga-rettes...* » (GIDE).
◇ ANT. *Conséquence, fin.* — *Exception.*

PRINTANIER, IÈRE [pʀɛ̃tanje, jɛʀ]. *adj.* (1503 ; de *prin-temps*). Du printemps. « *On a dans la tête toutes sortes de floraisons printanières* » (FLAUB.). *Temps printanier.* — *Étoffe, tenue printanière*, légère, claire, fleurie. *Fam. Vous êtes bien printanière, avec cette robe!*

PRINTANISATION [pʀɛ̃tanizasjɔ̃]. *n. f.* (1937 ; de *prin-temps*). *Agric. Rare.* Vernalisation.

PRINTEMPS [pʀɛ̃tɑ̃]. *n. m.* (*Prinstans*, XIIe ; lat. *primus tempus* « premier temps »). ♦ 1° La première des quatre saisons qui va du 21 mars au 21 juin dans l'hémisphère nord. *Équinoxe de printemps.* — Saison qui succède à l'hiver, dans les climats tempérés, où la température s'adoucit, la végétation renaît. « *L'exubérant, l'éphémère, l'irrésistible printemps du Midi, gras, frais, jailli en verdures profondes, en herbe haute...* » (COLETTE). *Printemps précoce, tardif. Bourgeons, boutons qui éclosent au printemps. Retour des hirondelles au printemps.* — PROV. *Une hirondelle* ne fait pas le printemps.* ◇ Température et végétation printanières. « *Un printemps de septembre refleurit la capucine grimpante, la rose* » (COLETTE). ♦ 2° *Fig. Littér.* Jeune âge, temps du jeune âge. — *Sur le printemps de ma jeunesse folle* » (MAROT). « *Que gagnerais-je à lésiner sur mon printemps, pour garot les joies de la vie?* » (CHATEAUB.). ◇ Période d'épanouisse-ment (politique, sentimental). *Un « printemps démocratique* » (*Nouv. Obs.*, 8-5-1968). ♦ 3° *Vieilli.* Année (d'une personne jeune). *Elle avait quinze printemps.* Par plaisant. *Ses quatre-vingts printemps.* ◇ ANT. *Automne ; arrière-saison.*

PRIODONTE [pʀijɔdɔ̃t]. *n. m.* (1868 ; de *priein* « scier », et *odous* « dent »). *Zool.* Mammifère édenté, tatou géant.

PRIORAT [pʀijɔʀa]. *n. m.* (1688 ; de *prieur*). *Didact.* (*Relig.*). Fonction de prieur ; sa durée.

PRIORI. V. A PRIORI.

PRIORITAIRE [pʀijɔʀitɛʀ]. *adj.* (v. 1930 ; de *priorité*). Qui a la priorité. *Personne prioritaire. Le véhicule venant de la droite est prioritaire.* *Subst.* *Les prioritaires.*

PRIORITÉ [pʀijɔʀite]. *n. f.* (1361 ; lat. scolast. *prioritas*).

♦ 1° Qualité de ce qui vient, passe en premier, dans le temps. *Venir en priorité* : précéder. *Nous discuterons ce point en priorité*, en premier lieu. — Fin. *Actions de priorité*, qui donnent certains avantages à leurs titulaires. ◊ Droit de passer le premier. *Orateur qui demande la priorité.* — Spécialt. Cour. *Véhicule qui a priorité sur un autre à un croisement. Priorité à droite. Signal de priorité. Laisser la priorité à une voiture.* « *Priorité, bon Dieu!* — *Et la droite, qu'est-ce que c'est?* » (COLETTE). — *Carte de priorité*, accordée à certaines personnes, dans les files d'attente. — Fam. Titulaire de cette carte. *Laissez passer les priorités!* ♦ 2° Fig. *(Rare).* Primauté. « *Cent habitudes de langage qui consacrent la priorité du blanc sur le noir* » (SARTRE).

PRIS, PRISE [pri, priz]. *adj.* (v. 1150, « solidifié »; p. p. de *prendre*). ♦ 1° Occupé. — *Cette place est-elle prise?* — *Non, elle est libre. Tout est pris. Avoir les mains prises.* « *Il avait sa journée prise, des tas de rendez-vous importants* » (SARTRE). — *(Personnes)* Qui a des occupations. « *Pas possible ce soir, mon chéri, je suis prise* » (ZOLA). ♦ 2° Subitement affecté. *Pris de fièvre, de peur.* « *Il était presque toujours pris de vin* » (ROUSS.) : ivre. ♦ 3° Atteint d'une affection. *Avoir le nez pris; la gorge prise*, le nez, la gorge enflammés. — « *Le père a été pris par les jambes, une paralysie assez fréquente* » (ZOLA). ♦ 4° BIEN PRIS : bien fait, mince. « *Il est de taille bien prise et de démarche très assurée* » (GIDE). ♦ 5° Durci, coagulé. *Crème bien prise.* V. **Dur.** Spécialt. Gelé. « *Les flaques d'eau étaient prises* » (GAUTIER). ◊ ANT. Libre. — HOM. *Prix*; formes du v. **prier.**

PRISE [priz]. *n. f.* (1170; p. p. fém. de *prendre*).

I. Ⓐ ♦ 1° Littér. Action, manière de prendre qqch. pour tenir. V. **Préhension.** *L'énergie de sa prise.* — Spécialt. et cour. Manière de saisir et d'immobiliser l'adversaire. « *Il était comme un lutteur devant l'adversaire, hésitant quelle prise tenter sur lui* » (MONTHERLANT). ◊ Loc. *fig.* PRISE DE BEC : altercation, dispute. « *Il avait mauvais caractère... De temps en temps on avait des prises de bec* » (CAMUS). ◊ (XVIᵉ) ÊTRE AUX PRISES : se battre avec. *Être aux prises avec qqn.* — Fig. Être en lutte contre. *Se trouver aux prises avec des difficultés.* — *Mettre aux prises* : faire s'affronter. « *Il était très saisi de se sentir aux prises avec cette chose mystérieuse qui est le souvenir* » (LOTI). ◊ LÂCHER PRISE : cesser de tenir, de serrer. « *Serrez bien, dirent-ils; gardez de lâcher prise* » (LA FONT.). — Fig. Abandonner. ♦ 2° Endroit, moyen par lequel une chose, une personne peut être prise. — *(Concret)* *Je n'ai pas de prise pour attraper, tenir cet outil.* — *(Abstrait)* « *Qu'importe de paraître avoir moins de faiblesses qu'un autre, et donner aux hommes moins de prises sur vous?* » (CHAMFORT). ◊ Spécialt. Endroit d'un rocher, d'une paroi où l'on peut se tenir, prendre un point d'appui. *Chercher une prise. Bonne prise.* ◊ Loc. (1625) DONNER PRISE. « *Ces bâtisses excessives donnaient de toute part prise à la bourrasque* » (HUGO). — Fig. « *Je donne assez de prise à la malignité des hommes par mes récits* » (ROUSS.) ◊ AVOIR PRISE SUR : avoir un moyen d'agir sur. « *Les gens qui n'eurent point de faiblesses sont terribles : on n'a point de prise sur eux* » (FRANCE). « *Jamais la foi n'avait eu de prise sur cette femme* » (GREEN). — Absolt. *Un âge où les chagrins ont peu de prise.* Ⓑ (V. **Prendre,** I, B). ♦ 1° (XIIIᵉ). Action de s'emparer. *La prise de la Bastille. La prise de la ville. Droit de prise. La prise d'une pièce, d'un pion aux échecs, au jeu de dames.* ◊ Dr. mar. *Prise de navire, de cargaison*, saisie d'un navire ou d'une cargaison appartenant à l'ennemi, parfois à des neutres. V. **Capture.** ◊ Dr. *Prise de corps*, le fait pour la justice de s'assurer de la personne d'un inculpé. « *Son tailleur, son boulanger... avaient obtenu et mis à exécution contre lui une prise de corps* » (DIDER.). ♦ 2° Ce qui est pris. V. **Butin.** *Une belle prise. Venez voir ma prise!*

II. (Dans des express. PRISE DE...). Ⓐ Action d'utiliser, de prendre (I, C). ♦ 1° PRISE D'ARMES : parade militaire en présence de soldats en armes pour une revue, une cérémonie. ♦ 2° PRISE DE VOILE, D'HABIT : cérémonie par laquelle un (une) novice prend l'habit, le voile. « *Les dames causaient d'une prise de voile, une cérémonie très touchante* » (ZOLA). 3° (1903). PRISE DE VUE(S) : tournage d'un plan, entre le déclenchement de la caméra et son arrêt. *Opérateur de prises de vue(s).* ◊ PRISE DE SON : opération par laquelle on règle la modulation microphonique, la qualité du son pour la transmettre ou l'enregistrer. *Prise de son d'un film pendant le tournage.* ♦ 4° PRISE DE SANG : prélèvement de sang pour l'analyse, la transfusion. ♦ 5° PRISE DIRECTE : position du changement de vitesse dans laquelle la transmission du mouvement moteur est directe. *Monter une côte en prise.* Fig. *Être en prise (directe) sur la réalité, sur son temps* : en contact direct et actif. *L'art « est désormais un contact en prise directe... »* (AYMÉ). Ⓑ (Dispositif qui « prend », XVIᵉ). ♦ 1° PRISE D'EAU : robinet, tuyau, vanne où l'on peut prendre de l'eau. « *Près d'elle, une prise d'eau, mal fermée, ruisselait et entretenait une mare* » (ZOLA). *Barrage* de prise.* ◊ *Prise d'air.* ♦ 2° (XXᵉ). PRISE DE COURANT; absolt. PRISE *(électrique) : contacteur électrique;* chacune des deux parties

du dispositif : bouton isolant portant deux fiches ou *prise mâle;* socle isolant muni de deux douilles ou *prise femelle. Brancher une lampe sur la prise. Prise d'antenne, de terre. Prise pick-up, magnétophone. Prise multiple*, prise femelle à plusieurs douilles. Ⓒ (1567; ce qui est pris). Dose, pincée (de tabac) que l'on aspire par le nez (V. **Priser**). « *Parfois, maman aspirait une petite prise de tabac* » (DUHAM.).

III. *Fig.* Action de se mettre à avoir (Cf. Prendre, I, C). ♦ 1° PRISE DE. *Prise de conscience. Prise de possession. Prise de position sur une question. Prise de contact avec qqn.* ♦ 2° PRISE EN CHARGE *d'un passager par un taxi* : moment où il commence à recevoir le service du transport. *Taxe de prise en charge.* ♦ 3° Dr. PRISE À PARTIE : poursuite contre un juge, voie de recours extraordinaire portée devant une cour d'appel ou la Cour de cassation.

PRISÉE [prize]. *n. f. (Prisie,* XIIIᵉ; de *priser* 1). Vx ou Dr. Action de priser (1). V. **Évaluation.** ◊ Estimation d'objets mobiliers par un commissaire-priseur ou un greffier de justice de paix. *Prisée d'un inventaire de succession. Prisée de vente aux enchères.*

1. PRISER [prize]. *v. tr. (Preiser,* 1080; bas lat. *pretiare* « apprécier »; de *pretium* « prix »). ♦ 1° Vx. Mettre un prix à. V. **Estimer, évaluer.** ♦ 2° Fig. et littér. Donner du prix à. V. **Estimer.** *Priser un ouvrage.* « *Cette douceur d'amitié que je prisais plus que tout* » (DUHAM.). — Au p. p. adj. *Une qualité fort prisée.* ◊ Pronom. SE PRISER : s'estimer. ◊ ANT. Discréditer, mépriser.

2. PRISER [prize]. *v. tr.* (1807; de *prise,* II, C). Prendre, aspirer (du tabac) par le nez. *Tabac à priser.* Absolt. « *Elles ne fument pas encore comme aujourd'hui mais elles prisent* » (STE-BEUVE). — Par ext. *Priser de l'héroïne.*

1. PRISEUR. V. **COMMISSAIRE-PRISEUR.**

2. PRISEUR, EUSE [prizœr, øz]. *n.* (1807; de *priser*). Personne qui prise (du tabac). *Les priseurs et les fumeurs.*

PRISMATIQUE [prismatik]. *adj.* (1647; de *prisme*). ♦ 1° Du prisme. *Surface prismatique.* — Qui a la forme d'un prisme. *Cristal prismatique.* ♦ 2° Qui est muni d'un prisme optique. *Jumelles prismatiques.* ♦ 3° Se dit des couleurs aperçues à travers le prisme optique. *Couleurs prismatiques.* V. **Spectral.** « *Des teintes prismatiques étranges* » (GAUTIER)

PRISME [prism(ə)]. *n. m.* (1613; gr. *prisma, prismatos,* de *prizein* « scier »). ♦ 1° Géom. Polyèdre ayant deux bases égales et parallèles et dont les faces latérales sont des parallélogrammes. *Prisme triangulaire. Prisme régulier,* qui a pour bases des polygones réguliers. *Prisme droit, oblique,* dont les bases sont perpendiculaires ou non aux autres faces. *Le volume du prisme est égal au produit de la surface de base par la hauteur.* ♦ 2° Forme d'un cristal qui a plusieurs faces parallèles à une même droite. « *Les prismes irisés de la neige* » (NERVAL). ♦ 3° (1637). Cour. Prisme à section triangulaire, quadrangulaire, etc., en matière transparente, qui a la propriété de dévier et de décomposer les radiations (V. Spectre). *Prisme à réflexion totale. Prisme de Nicol.* V. **Nicol.** *Jumelles à prisme* ou *prismatiques.* « *Les nuances du prisme, du mauve bleu de l'ombre au rose soufre du soleil* » (GENEVOIX). Fig. *Voir à travers un prisme,* voir la réalité déformée. « *Elle voyait les objets extérieurs à travers le prisme de la passion* » (GAUTIER).

PRISON [priz5]. *n. f.* (XIIᵉ; *prisun, prisum* « prise, capture », 1080; lat. pop. °*prensio, -onis,* class. *prehensio, -onis,* de *prehendere*).

I. Lieu de détention. ♦ 1° Établissement clos aménagé pour recevoir des délinquants condamnés à une peine privative de liberté ou des prévenus en instance de jugement. *Prison d'État* (opposé à prison départementale), où sont subies les peines de longue durée. V. **Pénitencier; maison** (centrale, d'arrêt, de correction). *Prison cellulaire. Prison centrale*.* La Bastille, le Châtelet, la Conciergerie, prisons de l'Ancien Régime. *Barreaux, murs d'une prison.* « *Il passa devant la prison... Il sonna. Un guichet s'ouvrit* » (HUGO). *Gardien de prison.* V. **Geôlier.** *De la prison.* V. **Carcéral.** — Loc. fig. et fam. *Aimable, gracieux comme une porte de prison,* très désagréable. *Triste comme une porte de prison.* — *En prison. Être en prison.* V. *(fam. et pop.)* **Bloc** (au), **tôle** (en); **cabane** (en). « *Un séjour en prison de près de quatre mois vous fait oublier un peu les usages* » (AYMÉ). *Mettre, faire mettre, fourrer qqn en prison.* V. **Emprisonner, incarcérer.** — *Extraire, tirer qqn de prison. Sortie de prison.* V. **Quille.** « *Mon cousin ne sort pas de prison, sa peine finie, comme un vulgaire malfaiteur* » (DUHAM.). ◊ Par ext. *(Cour.)* Tout local clos où l'on garde des individus enfermés. V. **Dépôt; violon** (pop.). Cf. Salle de police. — Local disciplinaire où sont détenus des soldats coupables de fautes graves contre la discipline. ♦ 2° Lieu où qqn est séquestré. « *Mᵐᵉ de La Rochefoucauld qui, comme on lui demandait si elle n'était pas contente d'être dans une aussi belle demeure que Liancourt, répondit qu'il n'est pas de belle prison* » (PROUST). ♦ 3° Bâtiment, local, dont l'aspect sinistre évoque une prison (Cf. Caserne). ♦ 4° Fig. Ce qui tient enfermé étroitement. « *L'inclination nous enchaîne et*

nous jette dans une prison » (Boss.). « *La prison des soucis et des tâches médiocres* » (R. Rolland).
II. Peine privative de liberté subie dans une prison. V. **Emprisonnement, réclusion.** *Risquer la prison. Peine de prison. Faire de la prison.* « *Vous avez été condamné à cinq ans de prison pour avoir tué un homme, dans une querelle* » (Zola). *Prison préventive.* V. **Prévention.** *Prison pour dettes* (ancienn.). ◇ *Soldat puni de prison.* « *Je vous fais attraper au rapport une augmentation de quinze jours de prison* » (Courteline). ◈ Ant. **Liberté.**

PRISONNIER, IÈRE [pʀizɔnje, jɛʀ]. *n. et adj.* (1190; de *prison*). ♦ 1° Personne privée de sa liberté. *Prisonnier de guerre,* personne tombée aux mains de l'ennemi et gardée captive par lui. *Prisonniers gardés comme otages. Rançon d'un prisonnier. Échange de prisonniers. Camp de prisonniers en Allemagne* (V. **Oflag, stalag**). *Prisonnier de retour de captivité.* ◇ Adj. « *On lui apprit que les officiers supérieurs prisonniers se plaignaient d'être laissés sans abri; même sans nourriture* » (Dorgelès). ♦ 2° Personne qui est détenue dans une prison. V. **Détenu; taulard.** *Mettre un prisonnier au secret. Délivrer, libérer, relâcher un prisonnier. Prisonnier évadé.* ◇ *Soldat puni de prison. Corvées des prisonniers.* ♦ 3° Personne qui est prise, qui se fait prendre par la police. *Faire prisonnier.* V. **Arrêter.** *Se constituer prisonnier.* V. **Livrer** (se). ♦ 4° Adj. Enfermé ou maintenu dans un endroit, une position où l'on perd toute liberté d'action, de mouvement. « *Il entendit la porte se refermer derrière lui, la clef tourna. Il était prisonnier* » (Apollinaire). — N. *La Prisonnière,* roman de Marcel Proust. ♦ 5° Fig. **Prisonnier de...** : esclave. « *Louis XVI commençait à être prisonnier de ses principes* » (Bainville). *Ne pas se sentir prisonnier de ses propres théories.* ◈ Ant. **Libre; évadé.**

PRISUNIC [pʀizynik]. *n. m.* (v. 1931; nom déposé, de *pri[x] unique*). Magasin à succursales multiples (Cf. **Mono-prix, Uniprix**) originairement à prix unique pour un groupe déterminé de marchandises. V. **Centrale** (d'achat). « *Un économique paquet* [d'enveloppes] *acheté au Prisunic de Segré* » (Bazin). Abrév. fam. **Prisu** [pʀizy].

PRIVAT-DOCENT [pʀivadɔsɛnt] ou **PRIVAT-DOZENT** [pʀivadɔtsɛnt]. *n. m.* (1867; mot all. calqué sur l'it. *libero docente* « enseignant libre »). Professeur qui ouvre un cours libre dans une université allemande, autrichienne ou suisse.

PRIVATIF, IVE [pʀivatif, iv]. adj. (1514; lat. *privativus,* de *privare*). ♦ 1° Dr. (1544). Qui est exclusif. *Disposition privative. Droit privatif.* — Cour. Dont on a la jouissance exclusive, sans en avoir la propriété. *Jardin privatif.* ♦ 2° Gram. (1570). Qui marque la privation, l'absence d'un caractère donné. *Particules privatives, préfixes privatifs* (V. **A-; dé-; in-** [I, 1°] *et aussi* **Non, sans**). *Subst.* (1794) *Les privatifs, préfixes marquant la négation.* ♦ 3° Qui entraîne la privation de. *Peine privative de liberté.*

PRIVATION [pʀivasjɔ̃]. *n. f.* (1290; lat. *privatio,* de *privare*). ♦ 1° Absence ou suppression (de qqch.). « *L'ignorance consiste proprement dans la privation de l'idée d'une chose* » (Dider.). ♦ 2° Action de priver (d'une chose dont l'absence entraîne un dommage); le fait d'être privé ou de se priver. V. **Défaut, manque.** « *C'est un grand sacrifice pour moi que la privation de ce voyage et de ce séjour* » (Ste-Beuve). « *Les seuls biens dont la privation coûte sont ceux auxquels on croit avoir droit* » (Rouss.). *Endurer une privation.* ◇ Dr. *Privation des droits civils, civiques.* ♦ 3° (Souvent *plur.*). Le fait d'être privé de choses nécessaires par les circonstances ou volontairement; ensemble des choses dont on est ainsi privé. *Souffrir de privations. Privations prescrites par l'Église en carême* (V. **Abstinence, jeûne**). *S'imposer des privations.* « *Antoinette continua la même vie de privations, mais pour Olivier, maintenant* » (R. Rolland). ◈ Ant. **Jouissance.**

PRIVATISATION [pʀivatizasjɔ̃]. *n. f.* (v. 1965; de *privatiser*). Action de privatiser, son résultat. « *La privatisation de l'information* » (*Nouv. Obs.,* 18-9-1972). ◈ Ant. **Étatisation, nationalisation.**

PRIVATISER [pʀivatize]. *v. tr.* (v. 1960; de *privé,* d'apr. *étatiser;* Recomm. offic. *privétiser*). Confier au secteur privé une activité relevant jusqu'alors du secteur public. *Privatiser une entreprise.* ◈ Ant. **Étatiser, nationaliser.**

PRIVAUTÉ [pʀivote]. *n. f.* (*Privité, priveté,* 1170; de *privé,* d'apr. *royauté*). Surtout *plur.* Familiarité, liberté. *Prendre des privautés.* « *Ces privautés de langage la déconcertèrent* » (Green). ◇ Spécialt. *Avoir des privautés avec une femme.*

PRIVÉ, ÉE [pʀive]. adj. (1138; lat. *privatus*). ♦ 1° Où le public n'a pas accès, n'est pas admis. *Voie privée. Chemin, passage privé. Appartements privés d'un souverain. Propriété privée, entrée interdite. Séance privée.* — Communion privée, à laquelle n'assistent que les intimes (*opposé à* solennelle). ◇ Qui se tient, se déroule à part. *Entretiens privés. Audience privée.* ◇ **En privé** (*loc. adv.*) : seul à seul. *Puis-je vous parler en privé?* ♦ 2° Individuel, particulier (*opposé à* collec-

tif, commun, public). *Intérêts privés. La propriété privée. Domaine privé.* « *Celui qui, de son autorité privée, enfreint une mauvaise loi, autorise tout autre à enfreindre les bonnes* » (Dider.). ♦ 3° Personnel. V. **Intime.** « *Il n'est point de roi qui se soit montré aussi simple que lui dans sa vie privée* » (Staël). *Correspondance de caractère privé.* V. **Particulier.** ◇ Subst. et absolt. *Dans le privé.* V. **Intimité.** ♦ 4° Qui n'a aucune part aux affaires publiques. *En tant que personne privée,* que simple citoyen. V. **Particulier.** — (*Opposé à* officiel) *Souverain qui séjourne à titre privé dans un pays étranger. De source privée, on apprend que...* V. **Officieux.** — (*Opposé à* public, politique, social) « *Les circonstances générales sont assez inquiétantes pour affecter sensiblement les vies privées* » (Valéry). *Condition privée et fonction publique.* — *Droit privé. Acte sous seing* privé.* ♦ 5° (*Opposé à* public, national). Qui n'est pas d'État, ne dépend pas de l'État. *École privée, enseignement privé.* V. **Libre.** *Le secteur privé. Industrie privée. Investissements privés.* « *Tous les journaux vont être obligés tôt ou tard d'accepter des subsides privés* » (Beauvoir). *Clientèle privée* (d'un médecin qui exerce également dans un service hospitalier public). *Lits privés d'un hôpital* (réservés aux *malades privés* d'un médecin). *Clinique privée.* ◇ Fam. *Dans le privé,* dans le secteur privé. *Prendre un emploi dans le privé.* ◈ Ant. **Public. Authentique.** — Hom. *Priver.*

PRIVER [pʀive]. *v. tr.* (1307; lat. *privare*). ♦ 1° Empêcher (qqn) de jouir d'un bien, d'un avantage présent ou futur, lui ôter ce qu'il a, lui refuser ce qu'il espère. V. **Frustrer.** *On l'a privé de ses droits. Être privé de sommeil.* « *Je suis très fâchée, ma belle, et d'être privée du plaisir de vous voir, et de la cause de cette privation* » (Laclos). — *La peur la prive de tous ses moyens.* V. **Enlever.** « *L'amour est privé de son plus grand charme quand l'honnêteté l'abandonne* » (Rouss.). ◇ *Priver qqn de qqch.,* en manière de châtiment. « *Je continue à ne pas voir pourquoi on priverait un être humain de liberté* » (Breton). *Tu seras privé de dessert.* ◇ Enlever à. « *Le duel est affreux, surtout lorsqu'il... prive la société d'un de ces hommes rares* » (Chateaub.). ♦ 2° **Se priver,** v. réfl. Renoncer à qqch. volontairement. V. **Refuser** (se). *Il se prive de tout.* — *Elle ne se prive pas de vous dénigrer* : elle vous dénigre souvent. — Absolt. S'imposer des privations. *Il n'aime pas se priver.* « *Ils essayaient de se priver; mais ils ne savaient pas* » (R. Rolland). ◈ Ant. **Donner, fournir, gratifier, nantir.** — Hom. *Privé.*

PRIVILÈGE [pʀivilɛʒ]. *n. m.* (1190; var. *privilegie, privilège;* lat. jur. *privilegium* « loi concernant un particulier »). ♦ 1° Droit, avantage particulier accordé à un seul individu ou à une catégorie, en dehors de la loi commune. *Concéder, donner, retirer un privilège. Avoir, obtenir un privilège. Les privilèges dont les uns jouissent au préjudice des autres.* V. **Passe-droit.** — *S'attribuer un privilège.* — Hist. *Les privilèges :* droits et avantages que possédaient certaines personnes en raison de leur naissance (nobles), de leurs fonctions (clercs, magistrats), etc. V. **Prérogative.** *Privilèges des nobles et du clergé sous l'Ancien Régime. Abolition des privilèges et des droits seigneuriaux dans la nuit du 4 août 1789.* « *Je trouve impertinents les privilèges de la noblesse, je quitte une patrie où ces privilèges m'offensent* » (Stendhal). ◇ Dr. civ. *Privilège de juridiction.* — *Privilège d'une créance* « *Droit que la qualité d'une créance donne à son bénéficiaire d'être préféré aux autres créanciers même hypothécaires* » (Capitant). *Privilège des salariés.* — *Privilège d'émission de la Banque de France.* ◇ (Ancienn.) *Privilège du Roi,* ou ellipt. *Privilège,* autorisation accordée d'imprimer un ouvrage après examen de la censure. ♦ 2° Dr., Hist. Acte authentifiant la concession d'un privilège. *Dresser, enregistrer, sceller un privilège.* ♦ 3° Avantage, faveur que concède qqch. *Les privilèges de la naissance, de la fortune.* « *Les privilèges de la beauté sont immenses* » (Cocteau). ♦ 4° Apanage exclusif de (un être, une chose). *La pensée est le privilège de l'espèce humaine.* « *Elle avait néanmoins ce privilège d'être pour chacun une source de courage, d'amitié, de bonheur* » (Mart. du G.). — *Le privilège de l'immortalité.* V. **Don.** — Péj. ou iron. « *Rire des gens d'esprit, c'est le privilège des sots* » (La Bruy.). *Le privilège* « *Qu'ont les pédants de gâter la raison* » (La Font.).

PRIVILÉGIÉ, ÉE [pʀivileʒje]. adj. et n. (1265; p. p. de *privilégier* « gratifier, doter d'un privilège »). ♦ 1° Qui bénéficie d'un privilège, qui a des privilèges. *Les deux ordres privilégiés de l'Ancien Régime.* — N. « *Le roi n'est lui-même que le plus privilégié des privilégiés* » (Taine). ◇ Dr. *Créance privilégiée* (V. **Privilège**). *Créancier privilégié* (opposé à *chirographaire*). — Fin. *Actions privilégiées.* V. **Priorité** (de). ♦ 2° Cour. Qui jouit d'avantages matériels considérables. *Les classes privilégiées.* — N. « *Les privilégiés n'ont pas d'oreille du côté des déshérités* » (Hugo). ◇ Qui a de la chance. *Nous avons été privilégiés, nous avons joui d'un temps splendide* (et subst. *Nous sommes des privilégiés*). ♦ 3° Littér. Qui a des dons exceptionnels, une nature d'élite. *Un être* absolument privilégié. ◇ (Choses) Qui convient mieux que tout autre à telle personne, à telle chose. « *Pour les âmes d'élite, il y a des situations privilégiées* » (GIDE). *Lieu privilégié. Le génie, dont « le chef-d'œuvre (est) l'expression privilégiée* » (MALRAUX). ◇ ANT. *Défavorisé* (V. **Défavoriser**), *deshérité, malheureux.*

PRIVILÉGIER [pʀivileʒje]. *v. tr.* (XIIIᵉ; sens religieux, v. 1260; *se privilégier*, XVIᵉ; repris XXᵉ; de *privilège*). *Didact.* Doter d'un privilège; accorder une situation privilégiée à (qqn ou qqch.). V. **Avantager.** *Privilégier les facteurs économiques en histoire.*

PRIX [pʀi]. *n. m. (Pris,* 1050; lat. *pretium).*
I. ♦ 1° Rapport de valeur d'un bien à un autre bien; rapport d'échange entre un bien et la monnaie. V. **Coût, valeur.** « *L'argent est le prix des marchandises ou denrées. Mais comment se fixera ce prix?* » (MONTESQ.). *Prix d'un objet, d'une marchandise. Prix à l'unité; prix au kilo. Le prix de la journée :* le salaire. *Prix de location. Prix de transport* (V. **Factage, fret, port** 2). *Prix de pension. Prix des marchandises, des valeurs... en Bourse.* V. **Change, cote, cours.** — *À quel prix est ce manteau?* : combien coûte-t-il, vaut-il? *Atteindre un certain prix. Convenir d'un prix. Débattre un prix.* V. **Marchander.** *Fixer le prix. S'entendre sur le prix. Acheter, vendre à tel prix. Payer le prix de qqch. La principale obligation de l'acheteur est de payer le prix* (CODE CIV.). *Y mettre le prix. Quel est votre prix?* — *Augmentation de prix :* plus-value; majoration. *Bloquer* les prix. Baisser un prix, les prix. Rabattre d'un prix* (V. **Rabais, réduction, remise**). *Vendre à bas, à vil prix. Casser* les prix.* V. **Brader.** — *Dernier prix,* celui qui n'est plus modifié, dans un marchandage. « *Alors, il lâchait brusquement le ' dernier prix ' qu'il tenait en réserve depuis le matin* » (MAUROIS). *C'est mon dernier prix* (Cf. *Mon dernier mot).* — *Éventail des prix. Prix normal. Prix élevé, excessif, exorbitant. Au prix fort :* très cher. *Coûter* un prix fou :* excessif (Cf. Les yeux de la tête). *Gonfler les prix. Flambée des prix.* — *Prix modéré, modique. Prix abordable, raisonnable, avantageux. Prix d'ami :* consenti par faveur (plus bas). *Prix défiant toute concurrence. Prix dérisoire. À moitié prix.* ◇ (Écon.) *Théorie des prix; formation des prix; prix de concurrence, de marché; prix de monopole. Comité, service des prix. Prix commerciaux. Prix de gros** (III), *de détail. Prix coûtant*, prix de fabrique*.* — *Prix courant,* normal, moyen. — *Prix fixe :* fixé d'avance par le vendeur ou par voie autoritaire, et qui ne donne lieu à aucun marchandage. *Prix marqués :* fixes et affichés. — *Prix libre :* fixé librement par le producteur ou débattu librement. *Prix imposé. Prix indicatif,* souhaité par les autorités. *Prix garanti,* prix minimum garanti au producteur par les pouvoirs publics. — *Prix de revient,* comprenant tout ce qui constitue la valeur du bien produit (achats, transport, etc.). « *Si on me procure... le moyen de baisser mes prix de revient, c'est-à-dire de diminuer mes charges fiscales et de réduire les salaires* » (NIZAN). *Prix net,* coût de production du bien en question. — *Équilibre, stabilité des prix. Hausse, baisse des prix.* — *Blocage des prix.* ◇ Loc. *De prix,* se dit de ce qui coûte cher. — *Hors de prix :* extrêmement coûteux. « *On ne peut payer une chose inestimable que par une offrande qui soit aussi hors de prix* » (BALZ.). — *N'avoir pas de prix,* être sans prix : être de très grande valeur. « *Ce portrait est un chef-d'œuvre qui, un jour à venir, n'aura point de prix* » (DIDER.). ◇ *À... PRIX. Mettre à prix :* proposer en vente. Spécialt. *Mise à prix,* prix initial dans une vente aux enchères. Fig. *Mettre à prix la tête de qqn :* promettre une récompense en argent à qui le capturera, le tuera. — *À prix d'argent :* pour de l'argent. *À prix d'or :* contre une forte somme. — *À aucun prix.* « *Les paysans, qui se cèdent leurs lopins de terre entre eux, ne s'en dessaisiraient à aucun prix... pour le bourgeois* » (BALZ.). ♦ 2° (XIIᵉ). Valeur relative, ce qu'il en coûte pour obtenir qqch. *Le prix de la gloire.* « *La souveraine habileté consiste à bien connaître le prix des choses* » (LA ROCHEF.). — *Attacher, donner plus ou moins de prix à.* V. **Importance.** *Apprécier, estimer à son prix, à son juste prix.* « *Ce bien sans prix :* une santé robuste » (SUARÈS). *Mettre une chose à son vrai prix.* — *Donner du prix à :* de la valeur; faire estimer. « *La rareté du fait donnait prix à la chose* » (LA FONT.). — *Acheter, obtenir; mettre à tel prix, à ce prix :* accepter tel sacrifice, pour avoir. « *L'ingrate, qui mettait son cœur à si haut prix* » (RAC.). — *À aucun prix :* quelles que puissent être les compensations. — *À tout prix :* quoi qu'il puisse en coûter (Cf. Coûte que coûte; à toute force). « *L'homme est enclin, pour sortir à tout prix de la confusion, à accepter une doctrine toute faite* » (MART. du G.). — *Au prix de,* en échange de (tel ou tel sacrifice). « *Je voulais votre fille, et ne pars qu'à ce prix* » (RAC.).

II. (XIIᵉ). ♦ 1° Vieilli (1467). Récompense. « *Pour prix de ses soins, il recevait moins de remerciements que de rebuffades* » (GIDE). ♦ 2° Mod. Récompense destinée à honorer la personne qui l'emporte dans une compétition. *Concours doté de prix. Prix d'athlétisme, de gymnastique.* — *Prix académique.*

Prix littéraires. Le prix Goncourt. — *Prix scientifique. Le prix Nobel de physique.* — *Le premier grand prix de Rome. Les prix du Conservatoire de musique, d'art dramatique.* — *Avoir, emporter, remporter le premier prix. Décerner un prix.* ◇ Récompenses décernées aux premiers, dans chaque discipline, dans une école, un lycée. « *Philibert avait remporté tous les prix au collège* » (STENDHAL). *Prix et accessits. Prix d'excellence. Distribution des prix. Livre de prix :* donné en prix. ◇ Par ext. La récompense (objet matériel ou somme d'argent). ◇ *Le lauréat d'un prix.* « *Je suis un premier prix du Conservatoire de 19* » (COLETTE). — *L'œuvre qui a reçu un prix. Avez-vous lu le prix Goncourt?* ♦ 3° (1694). Épreuve à l'issue de laquelle est décerné un prix. *Cheval qui court le Grand Prix. Grand prix automobile.*
◇ HOM. *Pris;* formes du v. *prier.*

PRO-. Élément, du gr. ou du lat. *pro* « en avant; en faveur de ». Ex. : *progrès, proconsul,* et les adj. ayant le sens de « partisan de » : *profrançais, procommuniste,* etc.

PRO. *n.* V. **PROFESSIONNEL.**

PROBABILISME [pʀɔbabilism(ə)]. *n. m.* (1697; du lat. *probabilis). Didact.* ♦ 1° Doctrine selon laquelle on peut, en morale, suivre l'opinion la moins sûre, si elle est probable. ♦ 2° Doctrine selon laquelle l'esprit humain ne peut parvenir qu'à des propositions probables, non à la certitude.

PROBABILISTE [pʀɔbabilist(ə)]. *n.* et *adj.* (1704; de *probabilisme). Didact.* ♦ 1° Partisan du probabilisme (1° et 2°). — Adj. Qui est relatif au probabilisme. *Doctrine probabiliste.* ♦ 2° (XXᵉ). Mathématicien spécialiste du calcul des probabilités. ◇ Adj. Qui utilise la théorie des probabilités. *Calcul, statistique probabiliste.*

PROBABILITÉ [pʀɔbabilite]. *n. f.* (1361; lat. *probabilitas).* ♦ 1° Caractère de ce qui est probable. *Probabilité d'une hypothèse.* V. **Vraisemblance.** — *Selon toute probabilité :* vraisemblablement. ♦ 2° Grandeur par laquelle on mesure le caractère aléatoire (possible et non certain) d'un événement, d'un phénomène par l'évaluation du nombre de chances d'en obtenir la réalisation. « *La probabilité d'un événement est le rapport du nombre de cas favorables à cet événement au nombre total des possibilités* » (POINCARÉ). *Probabilité forte, faible, nulle* (impossibilité). — *Calcul, théorie des probabilités,* ou ellipt. *Les probabilités* (appliqué à la physique, l'économie, etc.). *Importance de la loi des grands nombres dans le calcul des probabilités.* « *Seules les probabilités des divers phénomènes possibles sont accessibles à nos calculs* » (L. de BROGLIE). V. **Fréquence.** ♦ 3° Apparence, indice qui laisse à penser qu'une chose est probable. *Opinion fondée sur de simples probabilités.* V. **Conjecture.** « *Il massa les preuves, les semi-preuves, les probabilités avec un talent que stimulait la récompense certaine de son zèle* » (BALZ.). ◇ ANT. *Certitude, impossibilité, improbabilité.*

PROBABLE [pʀɔbabl(ə)]. *adj.* (1380; *prouable* « qu'on peut prouver », 1285; lat. *probabilis* de *probare).*
I. ♦ 1° Vx. *Opinion probable,* qui, sans exclure la possibilité d'une autre opinion, ne présente cependant rien de contraire à la raison. — Relig. *Opinion probable :* opinion fondée sur des raisons sérieuses quoique non décisives. V. **Probabilisme** (1°). ♦ 2° Mod. Qui, sans être absolument certain, peut ou doit être tenu pour vrai plutôt que pour faux. « *Une autre condition essentielle de l'hypothèse c'est qu'elle soit aussi probable que possible* » (Cl. BERNARD).
II. (En parlant des événements, des choses). ♦ 1° (1812). Qu'il est raisonnable de conjecturer, de présumer, de prévoir. *Son échec n'est pas certain mais il est probable.* V. **Vraisemblable.** ◇ Fam. Adv. Probablement. « *Elles sont donc à Paris? — Probable* » (DAUD.). V. **Possible.** ◇ « *Il est probable qu'au fond de ces tracasseries il y avait quelque cupidité de domination* » (CHATEAUB.). — Ellipt. « *Probable... que c'est la première fois que ça t'arrive* » (ARAGON). — *Il n'est pas probable, il est peu probable que cela se passe ainsi.* ◇ Subst. *Le probable,* ce qui est probable. ♦ 2° Dont la réalisation, l'existence peut être affirmée plus (ou moins) facilement que celle d'autre chose. *Dans cette situation, un échec est plus probable qu'un succès.*
◇ ANT. *Improbable.*

PROBABLEMENT [pʀɔbabləmã]. *adv.* (1370; de *probable*). Vraisemblablement. « *Cette position qui va probablement devenir très difficile* » (DUHAM.). ◇ « *Viendra-t-il? — Probablement.* » « *Probablement qu'il y a dans toi quelque chose du sauvage* » (ARAGON). V. **Probable** (II, 1°).

PROBANT, ANTE [pʀɔbã, ãt]. *adj.* (1566; lat. *probans,* p. prés. de *probare* « prouver »). ♦ 1° Dr. *En forme probante :* en forme authentique. *Pièce probante,* qui constitue une preuve. ♦ 2° Cour. (1787). Qui prouve sérieusement. *Argument probant.* V. **Concluant, convaincant, décisif.** *Raison probante. C'est tout à fait probant.*

PROBATION [pʀɔbasjɔ̃]. *n. f.* (1549; « épreuve », 1350; lat. *probatio,* de *probare* « prouver »). ♦ 1° Relig. Temps du noviciat religieux. *Année de probation.* — Temps d'épreuve qui précède le noviciat. ♦ 2° Dr. pén. Méthode permettant le traitement des délinquants en vue de leur reclassement. V. **Sursis.**

PROBATIQUE [pʀɔbatik]. *adj. f.* (XIIIᵉ; lat. *probaticus*, du gr. *probatikos* « relatif au bétail »). Antiq. judaïque. *Piscine probatique :* bassin établi près du Temple de Jérusalem et dans lequel on purifiait les victimes destinées aux sacrifices.

PROBATOIRE [pʀɔbatwaʀ]. *adj.* (1707; [forme] *probatoire* « authentique », 1603; lat. *probatorius,* de *probare* « prouver »). *Examen probatoire :* examen qu'on fait passer à un élève pour s'assurer de son niveau. *Épreuve probatoire.* — *Stage probatoire.* ◇ Dr. pén. *Délai probatoire.* V. **Probation.**

PROBE [pʀɔb]. *adj.* (XVIᵉ, repris 1788; *prob,* h. *1464;* lat. *probus*). *Littér.* Qui fait preuve de probité dans sa conduite. V. **Honnête, intègre.** « *Tel était le dédale effroyable où les passions engageaient un des hommes les plus probes jusqu'alors* » (BALZ.). *Employé, serviteur probe.* V. **Fidèle** (1°). ◇ Qui est le fait d'un homme probe. « *Cette conscience droite, claire, sincère, probe* » (HUGO). ◇ ANT. **Improbe.** *Dépravé, malhonnête.*

PROBITÉ [pʀɔbite]. *n. f.* (1420; lat. *probitas*). *Plus cour.* que *probe.* Vertu qui consiste à observer scrupuleusement les règles de la morale sociale, les devoirs imposés par l'honnêteté et la justice. V. **Honnêteté, intégrité.** *Probité professionnelle. Doutez-vous de ma probité?* « *Vêtu de probité candide et de lin blanc* » (HUGO). ◇ Par ext. « *Tout..., la probité de langage, la probité de pensée, la justice et l'harmonie... recule de jour en jour* » (PÉGUY). ◇ ANT. *Déloyauté, fourberie, malhonnêteté.*

PROBLÉMATIQUE [pʀɔblematik]. *adj. et n. f. (Probleumaticque,* 1450; bas lat. *problematicus*). ♦ 1° Dont l'existence, la vérité, la réussite est douteuse. « *Si la gloire de César... n'était fondée que sur la guerre des Gaules, elle serait problématique* » (STENDHAL). — Philo. *Jugement problématique :* chez Kant, proposition qui exprime une simple possibilité. ♦ 2° N. f. *La problématique :* art, science de poser les problèmes. V. **Questionnement.** — Ensemble de problèmes dont les éléments sont liés. — (Adv. *Problématiquement* [1548]).

PROBLÈME [pʀɔblɛm]. *n. m.* (1382; lat. *problema,* du gr. *problêma*). ♦ 1° Question à résoudre qui prête à discussion, dans une science. *Problèmes philosophiques, moraux, métaphysiques. Le problème du mal. Soulever un problème. C'est la clef du problème. Le problème est mal posé. Faux problème. Problème insoluble. Aborder, traiter, résoudre un problème.* « *Nous espérions y trouver quelques données pour la solution de ce problème historique* » (BALZ.). ◇ Question à résoudre, portant soit sur un résultat inconnu à trouver à partir de certaines données, soit sur la détermination de la méthode à suivre pour obtenir un résultat supposé connu. *Problèmes de géométrie, d'algèbre. Résoudre un problème. Problème qui comporte deux, trois solutions.* — *Données, énoncé d'un problème. Questions de cours et problèmes. Faire un problème.* « *Quelques problèmes dont la solution... résultait toujours d'une astuce tapie sournoisement dans l'énoncé* » (BOSCO). ♦ 2° (1753). Difficulté qu'il faut résoudre pour obtenir un certain résultat; situation instable ou dangereuse exigeant une décision. *Problèmes techniques. Les problèmes de la circulation, du stationnement. Il était débordé par les problèmes pratiques.* ◇ *Faire problème,* présenter des difficultés. — *Poser des problèmes,* susciter des difficultés qu'il faudra résoudre. *Cet enfant me pose des problèmes. Ça pose des problèmes.* — Fam. *Il n'y a pas de problème* (pop. *y a pas de problème*), c'est une chose simple, évidente (en réponse : certainement, c'est évident). — (Anglicisme). *C'est son problème,* cela le concerne particulièrement. ◇ *Problèmes politiques, économiques, financiers.* — *Problème social.* « *Un important facteur du problème de l'alcoolisme* » (GIDE). *Le problème du logement.* ◇ *Problèmes psychologiques,* ou absolt. *Problèmes :* conflit affectif, difficulté à trouver un bon équilibre psychologique. *Avoir des problèmes. Il est à l'âge où l'on a des problèmes.*

PROBOSCIDIENS [pʀɔbɔsidjɛ̃]. *n. m. pl.* (1822; de *proboscide* « trompe [d'éléphant] », 1544; lat. *proboscis, -idis,* gr. *proboskis*). Zool. Sous-ordre de mammifères ongulés de très grande taille, qui possèdent une trompe utilisée pour la préhension. *Les proboscidiens sont représentés aujourd'hui par les éléphants.* — Sing. *Le dinothérium, proboscidien fossile.*

PROCÉDÉ [pʀɔsede]. *n. m.* (1540; p. p. de *procéder*). ♦ 1° Façon d'agir à l'égard d'autrui. V. **Comportement, conduite.** « *Je lui dis qu'il me rappelait à la vie par son procédé généreux* » (LESAGE). *Procédés corrects, blessants, indélicats.* — Loc. cour. *Échange de bons procédés :* services rendus réciproquement. « *Une haine acide se manifestait par un constant échange de mauvais procédés* » (MADELIN). ♦ 2° (1627). Méthode employée pour parvenir à un certain résultat. *Procédé technique. Procédé de fabrication.* « *Procédé primitif de mise en bouteilles* » (ROMAINS). — (Abstrait) *Procédés syntaxiques. Procédé oratoire.* — (Péj.) *Recette stéréotypée, qui sent l'artifice. Cela sent le procédé.* ♦ 3° Didact. *Forme particulière que revêt le déroulement d'un processus.*

« *Ce procédé de bipartition cellulaire* » (J. ROSTAND). ♦ 4° *Billard* (1842). Rondelle de cuir appliquée au petit bout d'une queue de billard. *Queue à procédé.*

PROCÉDER [pʀɔsede]. *v.; conjug. céder* (v. 1300; lat. *procedere* « aller en avant »). I. *V. intr.* ♦ 1° Théol. Se dit en parlant du lien par lequel le Saint-Esprit est uni aux deux autres personnes de la Trinité. *Le Saint-Esprit procède du Père et du Fils.* ♦ 2° Cour. PROCÉDER DE : tenir de. « *Le mal... procède du bien et participe des mérites attachés au bien* » (FRANCE). ◇ Tirer son origine de. V. **Découler, dépendre, émaner.** « *Les passions qui procèdent du cerveau survivront... toujours aux passions émanées du cœur* » (BALZ.). ♦ 3° (1300). Agir (de telle manière, selon telle méthode, dans tel but). *Voyez si je ne procède pas de bonne foi avec vous.* « *Nous ne pouvons qu'errer, indécis, et procéder par tâtonnement* » (COLETTE). *Procéder par élimination, par ordre.* II. *V. tr. indir.* PROCÉDER À. ♦ 1° Dr. Exécuter (tel acte juridique). *Procéder à l'exécution d'un débiteur.* — Passif impers. *Il sera procédé à une enquête.* ♦ 2° Cour. Faire, exécuter (un travail complexe, une opération). *Faire procéder à une étude géologique.* « *Procéder au lavage à grande eau de la cour et de l'escalier* » (R. ROLLAND).

PROCÉDURE [pʀɔsedyʀ]. *n. f.* (1344; de *procéder*). ♦ 1° Ensemble des règles d'organisation d'ordre administratif pour parvenir à un certain résultat. ♦ 2° Manière de procéder juridiquement; série de formalités qui doivent être remplies. *Quelle est la procédure à suivre?* ◇ Ensemble des règles, des formalités, qui doivent être observées, des actes qui doivent être accomplis pour parvenir à une solution juridictionnelle (V. **Action, instance, instruction, poursuite, procès; tribunal**). *Procédure de divorce. Engager, intenter, introduire* (3°) *une procédure. Actes, pièces, dossier de procédure. Procédure dilatoire. Procédure inquisitoire. Procédure expéditive. Incident de procédure.* V. **Incident** (4°). *Vice de procédure.* ♦ 3° Branche du droit qui détermine ou étudie les règles d'organisation judiciaire, de compétence, d'instruction des procès, d'exécution des décisions de justice. V. **Pratique** (1). *Code de procédure civile. Code de procédure pénale* (ancienn. *Code d'instruction criminelle). Procédure contentieuse.* ♦ 4° (d'apr. l'angl. *procedure* « procès, processus »). Anglicisme. Psychol., méd. Méthode selon laquelle une expérience est conduite. Inform. Méthode de résolution ordonnée.

PROCÉDURIER, IÈRE [pʀɔsedyʀje, jɛʀ]. *adj. et n.* (1819; de *procédure*). Qui est enclin à la procédure, à la chicane. V. **Chicaner, processif.** *Humeur procédurière.* — Qui multiplie les formalités. ◇ N. Personne qui aime la chicane, recourt volontiers à la procédure. V. **Plaideur.**

PROCÈS [pʀɔsɛ]. *n. m.* (1178, « titre, contrat »; 1250, « marche, développement »; lat. *processus,* de *procedere* « aller en avant, s'avancer »). I. ♦ 1° Vx ou littér. Développement, marche. ♦ 2° Anat. *Procès* (replis) *ciliaires*.* V. **Processus** (1°). II. (1341, être en procès). Mod. ♦ 1° Litige soumis par les parties, à une juridiction. V. **Instance, procédure.** *Procès civil. Procès criminel. Soutenir un procès.* V. **Ester** (en justice), **plaider.** *Avoir un procès, des procès. Entreprendre, engager un procès, ouvrir un procès contre qqn.* V. **Attaquer, poursuivre.** *Faire, intenter un procès à qqn. Être en procès avec qqn.* V. **Adversaire; défendeur, demandeur.** *Procès en cours. Le fond du procès. Les pièces, le dossier d'un procès.* « *Ce procès traînait dans les délais, dans le lacis inextricable de la procédure* » (BALZ.). *Gagner, perdre un procès. Réviser un procès.* « *Un procès monstre, dont l'instruction demanda dix-huit mois* » (ZOLA). ♦ 2° Fig. *Faire le procès de qqn, de qqch. :* faire la critique d'une personne, d'une chose. V. **Accuser, attaquer, condamner.** ♦ 3° Loc. *Sans forme, sans autre forme de procès,* s'est dit d'une condamnation sans jugement, sans observation des formes légales; mod. Sans formalité, sans plus de façon. *On lui a retiré son emploi sans autre forme de procès.*

1. PROCESSIF, IVE [pʀɔsesif, iv]. *adj.* (1511, « relatif aux procès »; de *procès*). ♦ 1° Vx. Qui aime à intenter, à prolonger des procès. V. **Chicaner, procédurier.** « *Il était difficultueux et processif en affaires* » (BALZ.). ♦ 2° Psychiatr. Qui présente une constitution paranoïaque marquée par la tendance à se lancer continuellement dans les revendications, des réclamations (On dit aussi *quérulent*). — Subst. *Un processif.*

2. PROCESSIF, IVE [pʀɔsesif, iv]. *adj.* (mil. XXᵉ; angl. *processive,* de *process*). Anglicisme. Écon. Facteur de progrès social. ◇ ANT. *Récessif.*

PROCESSION [pʀɔsesjɔ̃]. *n. f.* (1150; lat. *processio* « action de s'avancer », de *procedere* « s'avancer »). I. ♦ 1° Défilé religieux plus ou moins solennel qui s'effectue en chantant et en priant. — (Relig. cathol.) *Une procession se compose du clergé régulier, du clergé séculier, des prélats, de l'officiant, et est suivie ou non de fidèles. Cierges, bannières; croix, dais d'une procession. Procession des*

Rameaux, de la Fête-Dieu. « *Des processions composées de tous nos infirmes... passent en chantant sous les arbres, avec le Saint-Sacrement, la croix et la bannière* » (CHATEAUB.). ◇ *Par ext.* Le fait de défiler, de se dérouler, en parlant d'une procession. *Pendant la procession les cloches sonnaient.* ♦ 2° Tout cortège religieux. *La procession des Panathénées.* ♦ 3° Longue suite de personnes qui marchent à la file ou en colonne (V. **File, queue**). « *La procession se déroulait dans le chemin creux... Les jeunes mariés venaient d'abord, puis les parents, puis les invités, puis les pauvres du pays* » (MAUPASS.). ◇ *Fig.* Suite de personnes qui se succèdent à brefs intervalles. « *Il dépeignait l'ininterrompu défilé des lésés et des mécontents... Une procession, je vous dis ! Une véritable procession !* » (COURTELINE).
II. *Théol.* (1690 ; d'apr. *procéder,* 1°). *Procession du Saint-Esprit* : le fait de procéder (I, 1°) du Père et du Fils.

PROCESSIONNAIRE [pʀɔsesjɔnɛʀ]. *n. f.* et *adj.* (1734 ; de *procession*). Se dit de chenilles très nuisibles qui se déplacent en file indienne. *Processionnaires du chêne, du pin.* — Adj. *Chenilles processionnaires.*

PROCESSIONNAL, AUX [pʀɔsesjɔnal, o]. *n. m.* (1563 ; de *procession*). *Relig.* Livre d'église où sont notées les prières chantées aux processions.

PROCESSIONNEL, ELLE [pʀɔsesjɔnɛl]. *adj.* (1542 ; *processionnal,* XIVᵉ ; de *procession*). *Littér.* Relatif aux processions. *Cortège, défilé processionnel. Croix processionnelle.*

PROCESSIONNELLEMENT [pʀɔsesjɔnɛlmɑ̃]. *adv.* (1502 ; de *processionnel*). *Littér.* En procession, en cortège. « *De longues files de femmes et d'hommes se sont rendues processionnellement à la mosquée* » (FROMENTIN).

PROCESSUS [pʀɔsesys]. *n. m.* (1541 ; lat. *processus* « progrès »). ♦ 1° *Anat.* Se dit de prolongements, saillies, diverticules. V. **Procès** (I). *Processus ethmoïdal du sphénoïde.* ♦ 2° (1865). *Sc.* Ensemble de phénomènes, conçu comme actif et organisé dans le temps. V. **Évolution.** *Processus biologique, physiologique, pathologique* (ou *morbide*). ♦ 3° *Cour. Processus de croissance, de développement, d'extension.* V. **Développement, marche, mécanisme** *(fig.). Processus social, politique, économique.* — *Processus physique, géologique.*

PROCÈS-VERBAL, AUX [pʀɔsɛvɛʀbal, o]. *n. m.* (1367 ; de *procès,* et *verbal*). ♦ 1° Acte dressé par une autorité compétente, et qui constate un fait entraînant des conséquences juridiques. *Procès-verbal du juge, du notaire, de l'huissier* (V. **Constat**). *Procès-verbal de carence, d'interrogatoire, de perquisition.* « *L'huissier, avec deux témoins, se présenta chez elle pour faire le procès-verbal de la saisie* » (FLAUB.). ◇ *Spécialt.* et cour. *Procès-verbal de contravention. Avoir un procès-verbal pour excès de vitesse* (Cf. *fam.* Un *P.-V.* [peve]). V. **Contravention.** *Dresser procès-verbal* : verbaliser. ♦ 2° Relation officielle écrite de ce qui a été dit ou fait dans une réunion, une assemblée, etc. *Procès-verbal de séance. Lire, approuver le procès-verbal.*

PROCHAIN, AINE [pʀɔʃɛ̃, ɛn]. *adj.* et *n.* (1175 ; *prucein,* 1120 ; lat. pop. °*propeanus,* du lat. class. *prope* « près de »). I. *Adj.* Très rapproché, le plus rapproché. V. **Proche.** ♦ 1° (Dans l'espace). *Vx* ou *littér.* V. **Voisin.** « *On porta le vieillard au prochain cimetière* » (HUGO). « *Que ce soit aux rives prochaines* » (LA FONT.). ♦ 2° *Cour.* Qui est près de se produire. « *Je n'augure pas bien de l'avenir prochain* » (RENAN). *La mort, la fin prochaine. Un jour prochain* : bientôt. *J'irai à la prochaine occasion.* — *Gram. Futur prochain.* ◇ *Spécialt.* (d'une date) Qui suit immédiatement. *La semaine prochaine, le mois prochain, l'été prochain. Lundi, mardi... prochain. La prochaine fois,* la première fois que la chose se reproduira. « *Mais la prochaine fois, tu sauras qu'un agent n'est pas un guignol* » (CAMUS). *À la prochaine fois,* ellipt. et fam. *À la prochaine !* formule de départ, de séparation (Cf. *Au revoir*). ♦ 3° *Didact.* (Log., Théol.). *Genre prochain* : « le plus faible, en extension, de ceux qui comprennent une espèce donnée » (LALANDE). *Définition par genre prochain et différence* spécifique. Cause prochaine,* celle qui précède immédiatement l'effet. V. **Direct, immédiat.** *Pouvoir prochain.*
II. *N. m.* (XIIIᵉ ; *prucein,* XIᵉ). Personne, être humain considéré comme un semblable. « *Tu aimeras ton prochain comme toi-même* » (ST MATTH.). *L'amour du prochain. Dire du mal, du bien de son prochain.* « *Il faut aimer la vérité plus que soi-même, mais son prochain plus que la vérité* » (R. ROLLAND). « *Qui est le prochain ? N'importe qui : cet homme qui passe et dont la figure ne me plaît guère, cet inconnu ou celui-là que je connais trop* » (DANIEL-ROPS).
◇ ANT. *Lointain ; dernier, passé.*

PROCHAINEMENT [pʀɔʃɛnmɑ̃]. *adv.* (1155 ; de *prochain*). Dans un proche avenir, dans peu de temps. V. **Bientôt.** *Je reviendrai prochainement, très prochainement.*

PROCHE [pʀɔʃ]. *adv.* et *adj.* (1259, rare avant XVIᵉ ; dér. régressif de *prochain*).
I. ♦ 1° *Adv. Vx.* Près. « *Il demeure ici proche* » (ACAD.). ◇ *Mod.* DE PROCHE EN PROCHE : en avançant par degrés,

peu à peu. « *Des épidémies d'esprit qui gagnaient les hommes de proche en proche comme une espèce de contagion* » (ROUSS.). ♦ 2° *Prép. Vx* ou *région.* Près de. Le « *Collège, qui se trouvait alors proche le Palais* » (DUHAM.).
II. *Adj.* (1587). Qui est à peu de distance. ♦ 1° *(Dans l'espace).* Voisin, contigu. *Lieu proche, tout proche.* « *Les cimes espagnoles ou les cimes françaises étaient là, toutes également proches* » (LOTI). *Le Proche-Orient.* — (Personnes) *Les plus proches voisins.* ◇ *Proche de, tout proche de.* « *Trois étoiles que séparent des abîmes paraissent proches les unes des autres* » (MAURIAC). ♦ 2° (Dans le temps). *Littér.* (1636). Qui va bientôt arriver, qui est arrivé il y a peu de temps. *L'heure est proche.* Ces années me paraissent toutes proches. « *La nuit est déjà proche à qui passe midi* » (MALHERBE). — *Des événements tout proches de nous.* ♦ 3° *Fig.* Qui est peu différent. V. **Approchant.** « *La poésie nouvelle basée sur un débit plus proche de la modulation orale que de la déclamation* » (TZARA). ♦ 4° (1549). Dont les liens de parenté sont étroits. *Proche parent. Un cousin très proche. Mammifères proches des singes.* ◇ *Subst. (Plur.).* Parents. « *Peu s'en fallut que ses proches ne le fissent interdire comme dissipateur* » (DIDER.).
◇ ANT. *Lointain ; éloigné ; différent.*

PROCHINOIS, OISE [pʀɔʃinwa, waz]. *adj.* et *n.* (v. 1960 ; de *pro-,* et *chinois*). *Polit.* Partisan des méthodes politiques employées en Chine populaire, et notamment de celles de Mao Tsé-Toung (V. **Maoïste**) ; partisan de la Chine populaire.

PROCHORDÉS. V. PROCORDÉS.

PROCLAMATEUR, TRICE [pʀɔklamatœʀ, tʀis]. *n.* (XVIᵉ ; de *proclamer*). Rare. Personne qui proclame. « *Ceux qui se disent les proclamateurs d'un monde inconnu* » (CHATEAUB.).

PROCLAMATION [pʀɔklamasjɔ̃]. *n. f.* (1320 ; lat. *proclamatio*). ♦ 1° Action de proclamer. V. **Déclaration, publication.** — *Vx. Proclamation d'un roi, d'un empereur.* — *Mod.* (Choses) *La proclamation de la république. Proclamation du résultat d'un examen.* ♦ 2° Discours ou écrit public contenant ce qu'on proclame. *Rédiger, lire, afficher une proclamation. Proclamations violentes, incendiaires.*

PROCLAMER [pʀɔklame]. *v. tr.* (XIVᵉ ; lat. *proclamare*). ♦ 1° Publier ou reconnaître solennellement, par un acte officiel. *Proclamer la république, la dictature, un roi. Proclamer l'état de siège. Proclamer le résultat d'un scrutin, d'un concours.* « *Le décret de l'Assemblée, imprimé et affiché, sera, de plus, à tous les carrefours, proclamé à son de trompe* » (MICHELET). — *Le Sénat proclama Napoléon, Empereur des Français.* ♦ 2° Annoncer ou déclarer hautement auprès d'un vaste public. V. **Clamer, crier.** *Proclamer son innocence, sa conviction.* « *Un principe antiphilosophique et antiscientifique quoiqu'il ait été proclamé par une école philosophique* » (Cl. BERNARD). — « *Blazius... proclama le vin bon* » (GAUTIER). — *Proclamer que...* V. **Affirmer.** « *Kant proclame que le devoir suprême de l'homme envers l'homme, c'est de le traiter comme une fin* » (JAURÈS). « *Le chef de bataillon proclama d'une voix résolue : — Il fallait tout oser, pour empêcher la guerre, tout !* » (DORGELÈS). ◇ *(Sujet de chose)* Manifester ou exprimer de la manière la plus nette. « *Cet intérieur à la fois comique et sinistre, où tout proclamait la petitesse d'une existence bourgeoise* » (GREEN). ◇ ANT. *Celer, taire.*

PROCLITIQUE [pʀɔklitik]. *adj.* (1812 ; de *enclitique,* d'apr. le gr. *proklinein* « incliner en avant »). *Ling.* Se dit d'un mot qui, s'appuyant sur le mot suivant avec lequel il fait corps, est dépourvu d'accent. *Mots proclitiques.* — Subst. *On peut considérer en français comme proclitiques les articles, les pronoms personnels relatifs, les prépositions monosyllabiques.*

PROCONSUL [pʀɔkɔ̃syl]. *n. m.* (1140 ; lat. *proconsul*). *Hist. rom.* Nom donné, après Sylla, aux anciens consuls qui recevaient le gouvernement d'une province et possédaient les pouvoirs militaire, civil et judiciaire. V. **Gouverneur, magistrat.** ◇ *Par ext. (Mod.)* Personnage qui exerce, dans une province ou une colonie, un pouvoir absolu et sans contrôle. V. **Despote.** « *Être journaliste, c'est passer proconsul dans la république des lettres* » (BALZ.).

PROCONSULAIRE [pʀɔkɔ̃sylɛʀ]. *adj.* (1512 ; lat. *proconsularis*). ♦ 1° *Hist. rom.* Qui appartient, qui est propre au proconsul. *Le pouvoir proconsulaire. Province proconsulaire,* gouvernée par un proconsul. ♦ 2° *Méd.* (allus. au cou épais du buste du proconsul Vitellius). *Cou proconsulaire,* tuméfaction qui efface la délimitation du cou et de la mâchoire.

PROCONSULAT [pʀɔkɔ̃syla]. *n. m.* (1552 ; lat. *proconsulatus*). *Hist. rom.* Dignité, fonctions de proconsul ; temps d'exercice de ces fonctions.

PROCORDÉS, PROCHORDÉS [pʀɔkɔʀde] ou **PRO-TOC(H)ORDÉS** [pʀɔtɔkɔʀde]. *n. m. pl.* (XXᵉ, -1898 [*ch-*] ; de *pro-, proto-,* et *corde*). *Zool.* Embranchement d'animaux métazoaires marins, à cavité générale (*cœlomates*) et symétrie bilatérale, qui possèdent une corde dorsale, un système nerveux dorsal, mais ni colonne vertébrale ni crâne. *L'amphioxus, les tuniciers (ascidies) sont des procordés.* — Sing. *Un procordé.*

PROCRASTINATION [prɔkrastinɑsjɔ̃]. *n. f.* (XVIe; du lat. *procrastinatis*, de *pro-*, et *crastinus* « du lendemain »). *Littér.* Tendance à tout remettre au lendemain. « *Mon indécision, ma 'procrastination', comme disait Saint-Loup* » (PROUST).

PROCRÉATEUR, TRICE [prɔkreatœr, tris]. *adj.* (1540; de *procréer*, par le lat. *procreator*). *Littér.* Qui procrée. *Pouvoir procréateur.* — *Subst.* (Vx ou plaisant.) *Les procréateurs.* V. **Parent(s); géniteur(s).**

PROCRÉATION [prɔkreɑsjɔ̃]. *n. f.* (1213; lat. *procreatio*). V. **Procréer.** *Littér.* Action de procréer. V. **Génération.**

PROCRÉER [prɔkree]. *v. tr.* (v. 1300; lat. *procreare*, de *creare*). *Littér.* Engendrer (en parlant de l'espèce humaine). V. **Enfanter.** « *Procréer des enfants bien conditionnés et de corps et d'esprit* » (MOL.).

PROCT-, PROCTO-. Éléments, tirés du gr. *prôktos* « anus », employés en méd. au sens de « relatif à l'anus, au rectum ».

PROCTALGIE [prɔktalʒi]. *n. f.* (1795; de *proct-*, et *-algie*). *Méd.* Douleur vive à l'anus et à la partie inférieure du rectum.

PROCTITE [prɔktit]. *n. f.* (1827; de *proct-*, et *-ite*). *Méd.* V. **Rectite.**

PROCTOLOGIE [prɔktɔlɔʒi]. *n. f.* (mil. XXe; de *procto-* et *-logie*). *Méd.* Partie de la médecine traitant des maladies de l'anus et du rectum.

PROCTOLOGUE [prɔktɔlɔg]. *n.* (Néol.; de *proctologie*). *Méd.* Spécialiste en proctologie.

PROCTORRHÉE [prɔktɔre]. *n. f.* (1836; de *procto-*, et *-rrhée*). *Méd.* Écoulement muqueux par l'anus.

PROCURATEUR [prɔkyratœr]. *n. m.* (XVIIe; *procuratour* « qui agit par procuration », XIIe; lat. *procurator*). *Hist. rom.* Sous l'Empire, Intendant des domaines impériaux dans les provinces, parfois investi de pouvoirs politiques. V. **Gouverneur.** *Ponce Pilate était procurateur de Judée.* ◇ *Hist. mod.* Dans certaines républiques italiennes (Venise, Gênes), Titre d'un des principaux magistrats.

PROCURATIE [prɔkyrasi]. *n. f.* (1687; de *procurateur*). *Hist.* À Venise, Palais des procurateurs. « *Capraja se montrait sous les procuraties vers dix heures du matin* » (BALZ.). *Par ext.* (1802) Dignité, fonctions de procurateur.

PROCURATION [prɔkyrɑsjɔ̃]. *n. f.* (1219; lat. *procuratio*). ♦ 1o *Dr.* Mandat. V. **Pouvoir.** *Procuration générale, spéciale. Donner procuration, sa procuration. Chargé, fondé de procuration. Agir en vertu d'une procuration, par procuration.* ♦ 2o *Cour.* Écrit constatant un mandat et en déterminant l'étendue. *Rédiger, dresser, signer une procuration.* « *Avez-vous eu sa procuration? Vous pourriez avoir acheté, vendu des immeubles, placé des fonds?* » (BALZ.). ♦ 3o *Fig. Par procuration* : en remettant à un autre le soin d'agir, de parler... à sa place. « *Je ne vis que par autrui : par procuration, pourrais-je dire* » (GIDE).

PROCURATRICE [prɔkyratris]. *n. f.* (1529; de *procurat[ion]*). *Dr.* Femme qui a pouvoir d'agir pour qqn en vertu d'une procuration (V. **Procureur,** 1o).

PROCURE [prɔkyr]. *n. f.* (1743; « procuration », 1265; de *procurer*). *Relig.* Office de procureur dans certaines maisons et communautés religieuses. *Adjoint à procure.* ◇ Bureaux, logement du procureur d'un couvent.

PROCURER [prɔkyre]. *v. tr.* (XIIe, « prendre soin »; lat. *procurare*, rad. *cura* « soin »). ♦ 1o *Vx.* Obtenir (un résultat) par ses soins. — *Mod.* et *didact. Procurer une édition,* apporter tous ses soins à la préparation et à la publication d'une édition. ♦ 2o (XVe). *Cour.* Faire obtenir à qqn (qqch. d'utile ou d'agréable) par ses soins. V. **Donner, fournir, pourvoir.** *Procurer à qqn un avantage.* « *Dumouchel leur procura des billets pour une séance de l'Académie* » (FLAUB.). *Procurer un emploi, un gagne-pain, une place à qqn.* V. **Trouver.** — « *Une excellente cuisinière que me procura mon oncle* » (BALZ.). ◇ Pronom. *Se procurer.* Faire en sorte d'avoir en sa possession, à sa disposition. V. **Acquérir.** *Se procurer de l'argent. Se procurer de quoi vivre. — Se procurer un plaisir.* « *Les efforts de l'homme pour se procurer de la joie sont parfois dignes de l'attention du philosophe* » (HUGO). ♦ 2o *(Sujet de chose).* Être la cause ou l'occasion de (pour qqn qui en retire l'avantage ou en subit la conséquence). V. **Causer, occasionner.** « *L'espèce de plaisir que me procurait alors toute chose excessive* » (FRANCE). « *Le plus difficile, dit-il, sera de conserver dans la victoire les vertus qui nous l'ont procurée* » (MAUROIS).

PROCUREUR [prɔkyrœr]. *n. m.* (1213, « intercesseur »; de *procurer*). ♦ 1o *Dr.* « Celui qui a le pouvoir de gérer les affaires d'une autre personne ou de la représenter en justice » (CAPITANT). *Agir par procureur.* V. **Procuration.** « *Si quelque affaire t'importe, Ne la fais point par procureur* » (LA FONT.).

◇ *Hist.* (Sous l'Anc. Régime) « Officier établi pour agir en justice au nom de ceux qui plaident en quelque juridiction » (ACAD., 1762). « *Je lui avais dit dans nos démêlés qu'il ne lui fallait pas un secrétaire, mais un clerc de procureur* » (ROUSS.). ♦ 2o *Hist.* PROCUREUR DU ROI, *procureur général,* officier chargé des intérêts du roi et du public dans le ressort d'un parlement. — *Procureur impérial.* ◇ *Mod.* (depuis 1875) *Procéd. pén.* PROCUREUR DE LA RÉPUBLIQUE : magistrat représentant du ministère public en chef du parquet près du tribunal de première instance. *Procureur général,* représentant du ministère public et chef du parquet près la Cour de cassation, la Cour des comptes et les cours d'appel. *Substitut du procureur général,* qui le représente à l'instance. ♦ 3o Religieux chargé des intérêts de tout l'ordre. *Le procureur général des Bénédictins.* ◇ Religieux chargé des intérêts temporels d'une maison religieuse. V. **Procure.** *Le père procureur.*

PRODIGALITÉ [prɔdigalite]. *n. f.* (1265; bas lat. *prodigalitas*). ♦ 1o Caractère d'une personne prodigue. « *La prodigalité des millionnaires ne peut se comparer qu'à leur avidité pour le gain* » (BALZ.). ♦ 2o *(Souvent au plur.).* Dépense excessive. *Il s'est ruiné par ses prodigalités.* ♦ 3o *Fig.* et *littér.* V. **Excès, profusion, surabondance.** « *Il y a* PRODIGALITÉ DE FORMES *dans la Nature, comme prodigalité de semences* » (GIDE). ◇ ANT. Avarice, économie; rareté.

PRODIGE [prɔdiʒ]. *n. m.* (1355; lat. *prodigium*). ♦ 1o Événement extraordinaire, de caractère magique ou surnaturel. « *Ces trente mille ans étaient remplis d'autant de prodiges que la chronologie égyptienne* » (VOLT.). ◇ Signe divin annonçant un événement important, une catastrophe. « *Le monde redoutable des prodiges qui ont toujours tenu une place importante dans la vie religieuse du Romain* » (R. BLOCH). ◇ *Loc. fig. Tenir du prodige,* se dit d'une chose extraordinaire dans son genre, inexplicable. V. **Prodigieux.** « *Une vigueur et une souplesse qui tenaient du prodige* » (BARBEY). ♦ 2o *Un, des prodiges de :* action extraordinaire en ce qui concerne (qqch.). V. **Merveille.** *De « longues histoires... où l'on voit de jeunes princesses, persécutées par les génies, accomplir des prodiges de fidélité et de courage* » (LOTI). ♦ 3o Personne extraordinaire par ses talents, ses vertus, ses vices. « *Supposons ce prodige (un bon gouverneur) trouvé...* » (ROUSS.). *C'est un petit prodige.* Par appos. *Enfant prodige,* exceptionnellement précoce. ◇ Être dont l'existence, la nature est une énigme. « *Quelle chimère est-ce donc que l'homme?... Quel chaos, quel prodige* ! » (PASC.).

PRODIGIEUSEMENT [prɔdiʒjøzmɑ̃]. *adv.* (1549; de *prodigieux*). D'une manière surprenante, prodigieuse. « *Un spectacle prodigieusement captivant* » (VALÉRY).

PRODIGIEUX, EUSE [prɔdiʒjø, øz]. *adj.* (XIVe; lat. *prodigiosus*). ♦ 1o *Rare.* Qui a le caractère fabuleux du prodige. « *Les choses prodigieuses et improbables* » (VOLT.). ♦ 2o *Cour.* Extraordinaire. V. **Étonnant, extraordinaire, surprenant.** *Quantité, multitude prodigieuse.* V. **Monstre** (II). « *Sa force était prodigieuse. On dit que d'un coup d'épée, il fendait un cavalier de la tête à la selle* » (MICHELET). *Inconscience, bêtise prodigieuse.* V. **Faramineux** (*fam.*), **monumental, phénoménal.** *Ce prodigieux génie, un artiste prodigieux.* ◇ *Subst.* Caractère extraordinaire. *Le prodigieux et le sublime.*

PRODIGUE [prɔdig]. *adj.* et *n.* (1265; lat. *prodigus*). ♦ 1o Qui fait des dépenses excessives; qui dilapide son bien. *Être, se montrer prodigue.* « *L'héritier prodigue paye de superbes funérailles, et dévore le reste* » (LA BRUY.). *Il se montre prodigue avec ses amis dans le besoin.* V. **Désintéressé, généreux, libéral.** — *Allus. bibl. L'enfant**, *le fils prodigue.* ◇ *N.* Dilapidateur, dissipateur (Cf. *fam.* Panier percé). *Pourvoir un prodigue d'un conseil judiciaire. Les prodigues et les faibles d'esprit.* ♦ 2o *Fig. Prodigue de :* qui distribue, donne abondamment (qqch.). *Être prodigue de paroles, de compliments.* V. **Prodiguer.** « *Mais ces mêmes héros, prodigues de leur vie...* » (RAC.). ◇ ANT. Avare, avide, économe; parcimonieux; chiche.

PRODIGUER [prɔdige]. *v. tr.* (1552; de *prodigue*). ♦ 1o Dépenser avec prodigalité (ses biens ou ceux d'autrui). V. **Dilapider, dissiper.** ◇ *(Abstrait)* Accorder trop facilement. *Prodiguer son estime.* « *La providence est si ménagère de ses grands hommes. Elle ne les prodigue pas* » (HUGO). ♦ 2o Accorder, distribuer généreusement, employer sans parcimonie. *Prodiguer les millions.* — *Prodiguer son énergie, son talent* (V. **Dépenser, déployer**). « *Vous qui vous m'avez prodigués avec tant d'amitié* » (RENAN). ♦ 3o SE PRODIGUER. *v. pron.* Se dépenser sans compter. « *S'il faut agir, prodigue-toi; s'il faut parler, ménage-toi* » (JOUBERT). — *Spécialt.* Se montrer, chercher à paraître. « *La considération de l'homme le plus célèbre tient au soin qu'il a de ne pas se prodiguer* » (CHAMFORT). ◇ ANT. Accumuler, économiser, ménager, mesurer.

PRO DOMO [prodomo]. *loc. adv.* et *adj. invar.* (XIXe; mots lat. « pour [sa] maison », d'apr. un discours de Cicéron). *Didact. Plaider pro domo,* pour sa propre cause. *Avocat pro* *domo,* qui défend sa propre cause. — Cour. *Plaidoyer pro domo.*

PRODROME [pʀɔdʀom]. *n. m.* (xvᵉ, « précurseur »; lat. *prodromus,* du gr. *prodromos* « avant-coureur »). *Littér.* Ce qui annonce un événement. V. **Avant-courrier, préambule.** « *Il voyait venir la rupture avec la Russie, prodrome de la grande crise qu'il attendait* » (MADELIN). ◇ *Méd.* Symptôme avant-coureur d'une maladie.

PRODROMIQUE [pʀɔdʀɔmik]. *adj.* (1855; de *prodrome*). *Didact.* Relatif à un prodrome *(méd.).* V. **Avant-coureur, précurseur.** *Signes prodromiques.*

PRODUCTEUR, TRICE [pʀɔdyktœʀ, tʀis]. *adj. et n.* (1442, rare av. xvɪɪɪᵉ; du lat. *productus.* V. **Produire**). **1°** *Adj.* Qui produit, provoque un événement, un phénomène, qui crée qqch. *L'esprit, faculté productrice de nos pensées.* ♦ **2°** N. *(Opposé à* consommateur). Personne ou entreprise qui produit des biens ou assure des services. *Directement du producteur au consommateur :* sans intermédiaire. *Groupement de producteurs.* V. **Cartel, pool, trust.** *Producteurs grossistes, détaillants.* — *Producteur de...* La maison X est le *producteur exclusif de ce nouveau produit.* V. **Créateur.** ◇ *Adj. Les pays producteurs. Pays producteur de blé.* ♦ **3°** (1935; d'apr. l'angl. *producer*). Personne ou société qui assure le financement d'un film. V. **Production.** *Producteur de cinéma.* — *Adj. Société productrice* (de films). ◇ *ANT.* **Destructeur.** *Consommateur, intermédiaire.*

PRODUCTIBLE [pʀɔdyktibl(ə)]. *adj.* (1771; du rad. lat. de *production*). Qui peut être produit, obtenu. *Marchandise productible à peu de frais.*

PRODUCTIF, IVE [pʀɔdyktif, iv]., *adj.* (1470; du lat. *productus*). Qui produit, crée; qui est d'un bon rapport. *Activité productive, plus ou moins productive* (V. **Productivité**). *Sol productif.* V. **Bon, fertile.** ◇ *Compt.* Qui est directement lié à l'activité productrice. *Investissements productifs. Personnel productif (opposé à* personnel d'encadrement). *Capital productif d'intérêts.* ◇ *Dr.* Qui produit tel effet juridique. *Le contrat est productif d'obligations.* ◇ *Philo. Cause productive* (d'effet). ◇ *Pathol.* Se dit d'une lésion caractérisée par une prolifération de tissus. *Ostéite productive. Toux productive,* qui s'accompagne de crachats abondants. ◇ *ANT.* **Aride, improductif.**

PRODUCTION [pʀɔdyksjɔ̃]. *n. f.* (*Producion,* 1283; du lat. *productus*). **I.** *Dr., Admin.* ♦ **1°** Document, pièce qu'on présente. ♦ **2°** Le fait, l'action de présenter un document, une pièce, etc. (V. **Présentation**). *Production d'une carte d'identité.* **II.** *Cour.* ♦ **1°** Action de provoquer, de produire (un phénomène); le fait ou la manière de se produire. *Étude de la production du son.* ♦ **2°** (1546). Ouvrage (de l'art ou de l'esprit). V. **Œuvre, ouvrage.** *Les productions de l'esprit.* « *Un cercle choisi s'entretenait avec intérêt de chaque production nouvelle des arts* » (STAËL). ◇ Ensemble des œuvres (d'un auteur, d'un artiste, d'une genre ou d'une époque). *La production dramatique du XVIIᵉ siècle.* ◇ Le fait de créer une œuvre; manière dont un auteur ou un artiste crée. « *L'infaillibilité dans la production poétique* » (BAUDEL.). ♦ **3°** Le fait ou la manière de se former; le fait de produire (qqch.). V. **Formation.** *Production de gaz carbonique au cours d'une réaction.* ◇ La chose qui se forme naturellement. *Production pathologique* (tumeur, pus, épanchement). ♦ **4°** (1695). Le fait de produire plus ou moins (en parlant d'une terre, d'une entreprise); les biens créés par l'agriculture ou l'industrie. V. **Produit (II).** *Production intérieure brute d'un pays* (P.I.B.) : l'ensemble des produits et services créé sur son territoire pendant un an et calculé avant déduction des amortissements économiques. *Les productions du sol et de l'industrie. Production élevée, médiocre d'une terre.* V. **Rendement.** *Ralentissement, diminution de la production.* ◇ Le fait de produire (un bien matériel), pour l'agriculture et l'industrie. V. **Fabrication.** *Production d'un nouveau modèle.* V. **Création.** — *Absolt. (Opposé à* la consommation) Le fait de produire des biens matériels et d'assurer des « services »; l'ensemble des activités, des moyens qui permettent de créer des biens matériels ou d'assurer des services. *Biens de production. Moyens, instruments de production :* terre, instruments, machines. « *Le perfectionnement plus ou moins rapide des moyens de production* » (CAMUS). *Entreprise, moyen de production. Coopérative de production. Coût de production d'une entreprise (opposé à* frais généraux). ♦ **5°** (D'apr. l'angl.). Le fait de produire (un film). *La société X a assuré la production de ce film.* V. **Producteur (3°).** — *Directeur de production,* choisi par le producteur pour coordonner l'ensemble des opérations nécessaires à la réalisation d'un film. *Assistant de production.* ◇ *Par ext.* Le film lui-même. *Production coûteuse, à grand spectacle* (Superproduction). — *Par ext.* Émission radiophonique, spectacle télévisé. ◇ *ANT.* **Destruction.** *Consommation, distribution.*

PRODUCTIVITÉ [pʀɔdyktivite]. *n. f.* (1766; de *productif*). ♦ **1°** Caractère productif (d'une chose, d'une activité).

Productivité d'une terre. ♦ **2°** Rapport du produit aux facteurs de production (quantité d'énergie, temps de travail, etc.). *Normes de productivité. Productivité globale,* calculée par rapport à la totalité des facteurs. *Productivité du travail;* absolt. *Augmentation, accroissement de la productivité.* V. **Rendement.** ◇ *Absolt.* Ce rapport considéré comme élevé ou devant être accru. *Recherche systématique de la productivité.*

PRODUIRE [pʀɔdɥiʀ]. *v. tr.;* conjug. *conduire* (1349; adapt., d'apr. *conduire,* du lat. *producere* « mener en avant », faire avancer »). **I.** Faire apparaître, faire connaître (ce qui existe déjà). ♦ **1°** *Dr., Admin.* Présenter (une pièce, un document, etc.). *Produire un certificat.* V. **Déposer, fournir.** *Produire une pièce d'identité.* V. **Présenter.** — *Absolt.* Sommation de produire. ◇ *Produire des témoins :* les faire témoigner en justice. ♦ **2°** *Vx.* Faire connaître (qqn ou qqch.) à une personne, au public. **II.** (1361). *Cour.* Faire exister (ce qui n'existe pas encore). V. **Créer.** ♦ **1°** Causer, provoquer (un phénomène, un événement), avoir pour conséquence, pour résultat, être la source de. *Force qui produit un mouvement. Effet produit par une cause.* « *Tout changement matériel produit un changement moral puisque les mœurs dépendent du milieu* » (FRANCE). V. **Créer, engendrer, provoquer.** *Produire sur qqn une vive impression.* V. **Faire.** « *La présence de quelques troupes françaises en Italie produirait un grand effet sur l'opinion* » (CHATEAUB.). ♦ **2°** Composer (une œuvre). *Produire une tragédie, une comédie.* V. **Écrire.** « *Accordez-moi la grâce de produire quelques beaux vers* » (BAUDEL.). — *Absolt.* « *Goya a beaucoup produit; il a fait des sujets de sainteté, des fresques, des portraits, des scènes de mœurs* » (GAUTIER). ♦ **3°** Former naturellement. *Cet arbre produit de beaux fruits dès qu'il est en espalier.* V. **Donner, porter.** « *Ces contrées sablonneuses, où la terre ne produit que des sapins et des bruyères* » (STAËL). — *Absolt. Mettre une terre en état de produire.* ◇ (Animaux) Donner naissance à (un être vivant). V. **Procréer.** « *Un cheval naturellement hargneux, ombrageux, rétif... produit des poulains qui ont le même naturel* » (BUFF.). ◇ Être le lieu, le temps de naissance de. *La Grèce a produit beaucoup de grands hommes.* « *Deux années (1768-1769) avaient produit tout à la fois Bonaparte, Hoche, Marceau et Joubert* » (MICHELET). ♦ **4°** Faire exister, par une activité économique. *Produire des richesses, des marchandises.* Cultivateur qui produit du blé dans son champ. V. **Faire.** *Pays qui produit dix millions de tonnes d'acier par an.* — *Absolt.* « *L'agriculture remplaça la guerre; le travail qui produit remplaça le travail qui détruit* » (FUSTEL). ♦ **5°** Procurer (un profit). V. **Rapporter.** *Cette métairie ne produit guère.* V. **Rendre.** *Faire produire son argent.* V. **Travailler.** ♦ **6°** Assurer la réalisation matérielle de (un film, une émission), par le financement et l'organisation (V. **Producteur [3°]**, production [II, 5°]). **III.** SE PRODUIRE. *v. pron.* ♦ **1°** (Personnes). *Vx.* Se montrer, apparaître. « *Quoi! vous osez, dit-elle, à mes yeux vous produire* » (LA FONT.). — Se mettre en valeur, se donner en spectacle. *Se produire dans le monde.* ◇ *Spécialt. Mod.* (D'un acteur) Jouer, paraître en public au cours d'une représentation. *Se produire sur la scène de tel théâtre.* ♦ **2°** (Choses). *Cour.* Advenir, arriver, survenir. *Cela peut se produire. Un grand changement s'est produit.* V. **Opérer (s').** — *Impers.* « *Il se produisit un incident minime* » (DUHAM.). ◇ *ANT.* **Cacher.** *Détruire; consommer.*

PRODUIT [pʀɔdɥi]. *n. m.* (1554; p. p. subst. de *produire*). **I.** LE PRODUIT (DE). ♦ **1°** Nombre qui est le résultat d'une multiplication. *Produit de plusieurs facteurs. Produit d'un nombre multiplié par lui-même.* V. **Carré.** ◇ Résultat de diverses opérations mathématiques. *Produit scalaire*; vectoriel* (résultat d'opérations sur les vecteurs). *Produit de deux ensembles,* ensemble des couples associant un élément du premier à un du second. *Produit logique,* opération d'intersection*, de conjonction* (de symbole ∧), cumulant les propriétés des facteurs. V. **Et** (1°). ♦ **2°** *Dr. Acte de produit :* acte qu'on fait signifier pour déclarer qu'on a déposé sa production (I, 1°) au greffe. ♦ **3°** *Cour.* (1690). Ce que rapporte une charge, une propriété foncière; profit, bénéfice qu'on retire d'une activité. V. **Gain; profit, rapport.** *Produits d'une métairie. Vivre du produit de sa terre, de son travail.* — *Le produit de l'impôt. Produits divers :* recettes publiques obtenues par un procédé autre que l'impôt. — *Produit brut :* avant déduction des taxes, frais. *Produit net,* ce que rapporte un bien, une activité, une opération, déduction faite des charges et des frais. — *Produit national brut* (P.N.B.), ensemble des produits finaux de l'économie d'une nation, tels que biens de consommation et investissement brut, la dépréciation du capital n'étant pas prise en considération. **II.** ♦ **1°** (1772). UN, LES PRODUIT(S) (DE) : substance, fait ou être qui résulte d'un processus naturel, d'une action humaine. *Produits de la terre, du sol.* V. **Fruit, récolte.** *Les produits et les sous-produits de la distillation du pétrole.*

— Chim. *Produit de substitution :* composé qui est obtenu si on remplace, dans une molécule, un atome ou un groupe d'atomes par un autre atome ou un autre groupe. ◇ *Fig.* « *Le vice et la vertu sont des produits comme le vitriol et le sucre* » (TAINE). ♦ 2° (v. 1760). Animal considéré du point de vue de l'hérédité. ♦ 3° Substance, mélange chimique. « *Ce produit est mou, d'une couleur verte foncée* » (BAUDEL.). ◇ Biochim. *Produit organique,* fabriqué par un tissu ou organe, mais qui ne fait pas partie intégrante et permanente de l'organisme, étant éliminé ou transformé en d'autres substances. *Les hormones, les enzymes, l'urine, sont des produits organiques.* ♦ 4° (Opposé à *service*). Production de l'agriculture ou de l'industrie. « *Nous avons des produits, nous n'avons plus d'œuvres* » (BALZ.). *Produits fabriqués, manufacturés* (opposé à matières premières). *Produits bruts, finis; semi-finis. Produits de luxe, de grande consommation. Produits alimentaires, d'alimentation. Produits pharmaceutiques. Produits de beauté. Produit solaire. Produits chimiques :* de l'industrie chimique (Cf. *ci-dessus,* II, 1°). *Produits d'entretien :* nécessaires à l'entretien des objets ménagers (métaux, cuirs, bois, verre). ◇ ANT. *Facteur. Auteur, cause.*

PROÉMINENCE [pʀɔeminɑ̃s]. *n. f.* (1560; de *proéminent*). *Littér.* ♦ 1° État de ce qui est proéminent. *Proéminence du nez.* ♦ 2° Partie proéminente. *Une proéminence.* V. **Protubérance, saillie.**

PROÉMINENT, ENTE [pʀɔeminɑ̃, ɑ̃t]. *adj.* (1556; bas lat. *præminens,* p. p. de *præminere,* lat. class. *prominere*). Qui dépasse en relief ce qui l'entoure, forme une avancée. V. **Saillant.** *Nez proéminent et busqué.* « *Son front arrondi, proéminent comme celui de la Joconde, paraissait plein d'idées* » BALZ.). V. **Bombé.** — Anat. *Vertèbre proéminente,* septième vertèbre cervicale à apophyse saillante. ◇ ANT. *Creux, rentrant.*

PROF [pʀɔf]. *n.* (1890; abrév. de *professeur*). *Fam.* Professeur. *Le, la prof de maths. C'est un bon prof. Profs de fac*(ulté).

PROFANATEUR, TRICE [pʀɔfanatœʀ, tʀis]. *n.* et *adj.* (1566, m.; 1829, f.; lat. ecclés. *profanator*). *Littér.* Personne qui profane. *Profanateur d'un objet sacré; d'une sépulture* (V. **Violateur**). Adj. *Une main profanatrice et impie.*

PROFANATION [pʀɔfanasjɔ̃]. *n. f.* (*Prophanation,* 1460; lat. *profanatio*). ♦ 1° Action de profaner (les choses sacrées, les lieux saints). *Profanation des choses saintes.* — *Profanation de l'hostie. Profanation des églises* (V. **Violation**). *Profanation de sépulture.* ♦ 2° *Fig.* Mauvais usage ou irrespect des choses précieuses, irremplaçables. V. **Avilissement, dégradation.** « *Ce village d'Etchézar... à l'abri des curiosités, des profanations étrangères* » (LOTI). ◇ ANT. *Respect.*

PROFANE [pʀɔfan]. *adj.* et *n.* (*Prophane,* 1228; lat. *profanus* « hors du temple »). I. ♦ 1° Adj. *Didact.* ou *littér.* Qui est étranger à la religion (opposé à *religieux, sacré*). *Le monde profane.* « *Des thés et autres divertissements profanes* » (TOULET). *Annibal, César, prénoms profanes. Fête profane. Littératures profanes et religieuses, cléricales. Art profane.* — Par ext. *Auteur profane, dont les œuvres sont profanes.* ♦ 2° *N. m.* Ce qui est étranger à la religion. « *Quoique j'aie évité soigneusement de mêler le profane avec le sacré...* » (RAC.). ♦ 3° *N. m.* et *f.* Personne qui n'est pas initiée à une religion. « *Le concierge* (de la synagogue) *louait des chapeaux à l'usage des profanes non avertis* » (GIDE). II. *Cour.* (1690). ♦ 1° Adj. Qui n'est pas initié à un art, une science, etc. V. **Ignorant.** *Expliquez-moi, je suis profane en la matière.* ♦ 2° *N.* Un, une profane en peinture. « *Le léger agacement du technicien devant le profane* » (MAUROIS). *Les médecins et les profanes.* — *Le profane,* les gens profanes. *Aux yeux du profane.* ◇ ANT. *Sacré; connaisseur, initié.*

PROFANER [pʀɔfane]. *v. tr.* (*Prophaner,* 1328; lat. *profanare*). ♦ 1° Traiter sans respect, avec mépris (une chose sacrée, un objet, un lieu du culte), en violant le caractère sacré. *Profaner un temple, un autel.* « *Jérusalem pleura de se voir profanée* » (RAC.). ♦ 2° *Fig.* Faire un usage indigne, mauvais de (qqch.), en violant le respect qui est dû. V. **Avilir, dégrader, violer.** *Profaner un grand sentiment. Profaner un nom.* « *Il est cependant des paroles qu'on ne devraient servir qu'une fois; on les profane en les répétant* » (CHATEAUB.). ◇ ANT. *Consacrer, respecter.*

PROFECTIF, IVE [pʀɔfɛktif, iv]. *adj.* (1567; du lat. *profectus* « qui vient de »). *Dr.* Qui vient des ascendants. *Biens profectifs d'un héritage.*

PROFÉRER [pʀɔfeʀe]. *v. tr.;* conjug. *céder* (1265; lat. *proferre* « porter en avant »). Articuler à voix haute. V. **Prononcer.** « *Il ne pouvait proférer une parole* » (BERNARD. de ST-P.). — *Proférer des injures.* « *D'autres proféraient on ne sait quoi, des choses qui ressemblaient à des menaces* » (COURTELINE).

PROFÈS, ESSE [pʀɔfɛ, ɛs]. *adj.* (XIIᵉ; lat. ecclés. *pro-*

fessus « qui déclare »). *Relig.* Qui a prononcé ses vœux dans un ordre religieux. *Religieuses professes.* Subst. *Un profès, une professe.*

PROFESSER [pʀɔfese]. *v. tr.* (1584; de *profession,* I). ♦ 1° Déclarer hautement avoir (un sentiment, une croyance). *Professer une opinion, une théorie.* « *Le marquis professait une haine vigoureuse pour les lumières* » (STENDHAL). « *Quoiqu'il professât pour la mémoire de son père une vénération toute filiale* » (GAUTIER). — *Professer que.* V. **Proclamer.** « *Nous continuons à professer, en dépit des Allemands, que l'érudition n'a pas de patrie* » (FUSTEL). ♦ 2° (1738; d'apr. *professeur*). Enseigner en qualité de professeur. *Professer les mathématiques.* « *Le pensionnat où sa femme professait la musique* » (BALZ.). V. **Enseigner.** — Absolt. « *Il venait de professer trois ans à l'École de guerre* » (ROMAINS).

PROFESSEUR [pʀɔfesœʀ]. *n. m.* (1337; en parlant d'une femme, 1846; lat. *professor,* de *profiteri* « enseigner en public »). Personne qui enseigne une discipline, un art, une technique ou des connaissances, d'une manière habituelle et le plus souvent organisée. « *On n'apprend pas à dessiner en regardant un professeur qui dessine très bien* » (ALAIN). V. **Instructeur, maître.** *Professeur de mathématiques, d'anglais, d'histoire, de philosophie, de droit, de théologie, de dessin, de musique.* V. **Prof** *(fam.). Professeur dans une école.* V. **Enseignant.** *Professeur libre. Professeur fonctionnaire dans l'enseignement secondaire ou supérieur. Professeur de lycée, de collège. Professeur de seconde. Professeur de faculté, de l'Université.* Au Canada, *Professeur titulaire* (opposé à *professeur agrégé,* rattaché au personnel permanent de l'Université). Absolt. *Une chaire de professeur. Professeurs et assistants.* — *Professeur agrégé. Professeur certifié,* licencié ayant satisfait aux épreuves du C.A.P.E.S. *Professeur adjoint, chargé* de cours. Professeur suppléant. Avoir qqn comme professeur. Avoir de bons professeurs.* « *Poirier était... le plus* « *chahuté* » *de tous les professeurs* » (DUHAM.). *Note, appréciation d'un professeur. Elle est professeur d'anglais.* « *Le professeur Paulette Gauthier-Villars* » (COLETTE). ◇ REM. *Le professeur, M. le Professeur X...* ne se dit (exceptionnellement) que des professeurs de facultés et (plus couramment) des professeurs de l'Académie de médecine.

PROFESSION [pʀɔfesjɔ̃]. *n. f.* (1155; lat. *professio*). I. ♦ 1° (Dans l'express. *faire profession de*). Déclaration ouverte, publique d'une croyance, d'une opinion, d'un comportement. *Faire profession d'une opinion politique, d'une religion.* — PROFESSION DE FOI (II, 3°) : manifeste. ♦ 2° *Relig.* Acte par lequel un religieux, une religieuse prononce ses vœux. *Novice qui vient de faire sa profession* (V. **Profès**).

II. (XVᵉ). ♦ 1° Occupation déterminée dont on peut tirer ses moyens d'existence (V. **Métier; fonction; état**). *Quelle est votre profession ?* « *Sans prétendre rabaisser ici l'illustre profession de savetier* » (GAUTIER). *Femme mariée sans profession.* — *Fig.* « *La profession d'hypocrite a de merveilleux avantages* » (MOL.). ♦ 2° *Cour.* Métier qui a un certain prestige par son caractère intellectuel ou artistique, par la position sociale de ceux qui l'exercent. *La profession d'avocat, de médecin, de professeur. Professions libérales.* « *La profession épineuse de journaliste* » (D'ALEMB.). V. **Carrière.** *Profession militaire. Embrasser, exercer, pratiquer une profession. Choix, exercice, pratique d'une profession.* « *Votre profession* (de chirurgien) *est l'une des plus enviées qui soient* » (VALÉRY). ♦ 3° *Faire profession de* (fig.), avoir comme occupation habituelle. « *Ceux qui faisaient profession de vivre noblement, c'est-à-dire de ne rien faire* » (MICHELET). ♦ 4° DE PROFESSION : professionnel. « *Une ballerine de profession n'eût pu mieux faire* » (GAUTIER). ◇ Par comportement habituel. « *Un chicaneur de profession, un effronté* » (LA BRUY.).

PROFESSIONNALISME [pʀɔfesjɔnalism(ə)]. *n. m.* (1934; de *professionnel*). Caractère professionnel d'une activité. *Le professionnalisme dans les sports* (opposé à amateurisme).

PROFESSIONNEL, ELLE [pʀɔfesjɔnɛl]. *adj.* et *n.* (1842; de *profession*). ♦ 1° Relatif à la profession, au métier. *Activités professionnelles. Orientation, formation professionnelle. Enseignement professionnel.* V. **Technique.** *École professionnelle,* qui prépare à un métier. *Certificat d'aptitude professionnelle* (C.A.P.). *Déformation* professionnelle. Conscience*, honnêteté professionnelle. Secret professionnel. Faute professionnelle.* — *Groupement, association professionnels :* corporation, syndicat. ♦ 2° Qui est tel par profession, de profession. *Écrivain professionnel. Sportif professionnel,* régulièrement salarié pour des activités sportives (opposé à amateur). — *Arg. sportif.* PRO [pʀo] (1912). *Il est passé pro.* — *Fig.* Des instituteurs « *libres penseurs professionnels* » (PÉGUY). ♦ 3° *N.* Personne de métier (opposé à amateur). « *Il y a toujours, dans la composition d'un roman par un professionnel expérimenté, une part de métier* » (MAUROIS). ◇ *Spécialt.* Ouvrier qualifié (appelé cour. P1, P2, P3). *Fig.* « *Ces professionnels de la haine* » (DUHAM.) : ceux qui font profession* (II, 3°) de haïr. ◇ N. f. *Fam.* Prostituée. ◈ ANT. *Privé; amateur, dilettante.*

PROFESSIONNELLEMENT [prɔfɛsjɔnɛlmã]. *adv.* (1845; de *professionnel*). De façon professionnelle; du point de vue de la profession.

PROFESSORAL, ALE, AUX [prɔfɛsɔral, o]. *adj.* (1686; lat. *professor*). Qui appartient aux professeurs. *Le corps professoral.* « *Il pouvait exercer encore son éloquence professorale* » (ARAGON). ◇ Péj. *Un ton professoral*, doctoral, pédant.

PROFESSORAT [prɔfɛsɔra]. *n. m.* (1686; du lat. *professor*). État de professeur. « *L'immobilité de fonctions du professorat* » (JOUBERT). *Choisir le professorat.* V. **Enseignement.**

PROFIL [prɔfil]. *n. m.* (1636; it. *profilo; porfil* « bordure », XIIᵉ; de l'a. fr. *porfiler* « border »). ♦ 1° Aspect d'un visage vu par un de ses côtés. V. **Contour.** *Dessiner le profil de qqn.* « *Sa figure semblait tout en profil, à cause du nez qui descendait très bas* » (FLAUB.). *Profil antique, grec, romain* : conforme aux canons de la plastique antique. *Profil de médaille*. *Profil fuyant.* — *Profil perdu* : aspect, représentation d'un visage vu de côté et aux trois quarts caché par l'arrière de la tête. « *Cet espèce de profil, appelé profil perdu, que les grands maîtres, et surtout Raphaël, affectionnent particulièrement* » (GAUTIER). ♦ 2° DE PROFIL : en étant vu par le côté (en parlant d'un visage, d'un corps). *Regarder, voir, dessiner, peindre qqn de profil. De face, de profil, de dos.* ♦ 3° Représentation, vue latérale, ou aspect d'une chose dont les traits, le contour se détachent. V. **Silhouette.** « *Les profils des dômes, les flèches des minarets... découpaient vigoureusement leurs dentelures... sur le bleu intense du ciel* » (LAUTRÉAMONT). ◇ *Spécialt.* Coupe perpendiculaire (d'un bâtiment). Section ou coupe (d'un membre d'architecture). *Profil d'une corniche, d'une moulure.* ◇ Coupe géologique. *Profil d'un lit de rivière, d'un sol. Profil longitudinal* (d'un cours d'eau). *Profil transversal* (d'une vallée). *Profil d'équilibre*, stable par équilibre entre érosion et dépôts. ◇ *Profils d'une route, d'une voie de chemin de fer*, montrant les rampes (pentes), les paliers. ♦ Géom. descript. *Plan de profil*, perpendiculaire à la fois au plan frontal et au plan horizontal. *Droite de profil*, située dans le plan de profil. ♦ 4° Fig. *Profil psychologique*, courbe dont les éléments proviennent des résultats de tests, et donnent la « physionomie mentale » d'une personne. *Profil médical* : ensemble des caractéristiques psychiques, anatomiques et physiologiques établies sur la base de tests et de mensurations, en vue de déterminer l'aptitude d'un individu au service militaire. ◇ *Par ext.* (1967). *Profil*, esquisse psychologique d'un individu, notamment quant aux aptitudes professionnelles. *Un profil de gestionnaire.*

PROFILAGE [prɔfilaʒ]. *n. m.* (XXᵉ; de *profiler*). Techn. Opération qui confère un profil déterminé à une pièce. (V. **Profilé.**)

PROFILÉ, ÉE [prɔfile]. *adj. et n. m.* (XXᵉ; V. **Profiler**). Auquel on a donné un profil précis. *Aile profilée. Acier profilé* : laminé suivant un profil déterminé. ◇ *N. m.* Pièce fabriquée suivant un profil déterminé. *Profilés métalliques.*

PROFILER [prɔfile]. *v. tr.* (1615, « dessiner les contours »; de *profil*).
I. ♦ 1° Techn. Représenter en profil. *Profiler un édifice.* ♦ 2° Cour. (*Choses*). Présenter (ses contours) avec netteté. « *Trois temples superbes profilent, vus d'en bas, leurs grandes silhouettes de pierre sur le ciel bleu* » (MAUPASS.). ♦ 3° Techn. Tracer et exécuter le profil de (un ouvrage de menuiserie); établir en projet ou en exécution le profil de. *Profiler une carlingue, une aile* (V. **Profilé**).
II. SE PROFILER. *v. pron.* ♦ 1° Techn. Avoir un profil déterminé. *Ornements d'architecture qui se profilent en saillie.* ♦ 2° (1780). Cour. Se présenter de profil, se montrer en silhouette, avec des contours précis. V. **Découper** (se), **dessiner** (se), **détacher** l (se). « *Les tours de Notre-Dame se profilaient en noir sur le ciel bleu* » (FLAUB.). « *L'ombre d'un homme et d'un cheval au galop se profile sur le mur* » (APOLLINAIRE).

PROFIT [prɔfi]. *n. m.* (1120, var. a. fr. *proufit, pourfit*; lat. *profectus*, de *proficere* « progresser »). ♦ 1° Augmentation des biens que l'on possède ou amélioration d'état, de situation qui résulte d'une activité. V. **Avantage, bénéfice.** *Profit matériel; intellectuel, moral.* V. **Enrichissement.** *Profit inattendu, inespéré.* V. **Aubaine, chance.** *Il ne cherche que son profit. Source de profit.* « *Il ne veut y avoir que profit dans une entente, que préjudice dans un conflit* » (GIDE). ◇ *Loc. Il y a du profit, il y a profit à* (telle chose, faire telle chose). — *Avoir le profit de* (qqch.) : en profiter. — *Faire son profit de* qqch. : utiliser, employer à son avantage. « *Cette fois, il fit son profit de ce qu'il entendait* » (SAND). — *Tirer profit de* qqch., en faire résulter qqch. de bon pour soi. V. **Exploiter, profiter, utiliser.** *Tirer profit de sa beauté.* « *Le bon maître tire profit des leçons qu'il lui donne* » (DUHAM.). — *Mettre à profit* : utiliser de manière à en tirer tous les avantages possibles. « *Mets à profit ta jeunesse pour apprendre...* » (STENDHAL). « *J'entends tourner tout à profit* » (GIDE). ◇ AU PROFIT DE

qqn, qqch. : de sorte que la chose en question profite à. *Fête donnée au profit d'œuvres.* V. **Bénéfice** (au), **intention** (à l'). En agissant pour le bien, l'intérêt de qqn. *Trahir qqn au profit d'un ami.* — Fig. « *Partout on a vu des divers incidents de la vie des peuples tourner au profit de la démocratie* » (TOCQUEVILLE). ◇ *Fam. Faire du profit, beaucoup de profit* : être d'un usage économique. V. **Durer, servir**; *profitant.* ♦ 2° *Un, les profits* : gain, avantage pécuniaire que l'on retire d'une chose ou d'une activité. V. **Gain; bénéfice.** *Profits illicites. Faire de petits profits.* — *Profits tirés d'un capital, d'une terre.* V. **Intérêt.** *Profits usuraires.* ◇ *Compt.* Excédent des recettes sur les frais. *Profits et pertes*. *Profit d'exploitation, profit brut, net.* V. **Bénéfice.** — *Être à profit* : laisser un profit. ♦ 3° Écon. *Le profit* : ce qui rapporte une activité économique, en plus du salaire du travail (rémunération du risque, revenu de l'exploitation [Marx], etc.). *Profits individuels, d'une entreprise, d'une société. Profit global, social* (en économie collectiviste). *Niveler les profits.* « *Le profit* (selon Marx), *c'est une certaine quantité de travail non payé* » (Ch. GIDE). ◈ ANT. *Désavantage, dommage, perte, préjudice.*

PROFITABLE [prɔfitabl(ə)]. *adj.* (1155; de *profiter*). Qui apporte, donne un avantage. V. **Avantageux, salutaire, utile.** « *Il ne s'agit jamais pour eux de savoir si une action est légale ou immorale, mais si elle est profitable* » (BALZ.). — *Profitable à qqn. Cette leçon lui sera peut-être profitable.* ◈ ANT. *Dommageable, néfaste.*

PROFITABLEMENT [prɔfitabləmɑ̃]. *adv.* (1280; *profetablement*, 1266; de *profitable*). D'une manière profitable. V. **Fructueusement.**

PROFITANT, ANTE [prɔfitɑ̃, ɑ̃t]. *adj.* (1226; de *profiter*). Fam. Qui est d'un usage économique, qui « fait du profit ».

PROFITER [prɔfite]. *v. tr. indir.* (1307; *prufiter* « réussir », 1120; de *profit*). ♦ 1° PROFITER DE : tirer avantage de. V. **Bénéficier.** *Profiter d'une largesse, d'une libéralité* : la recevoir. *Profiter d'un avantage, d'une chose, d'un privilège* : être en mesure d'en tirer parti. « *La sagesse de Rome a consisté... à profiter des circonstances favorables qu'elle ren-contrait* » (FUSTEL). *Profiter d'une occasion, de l'occasion.* V. **Attraper, saisir** (l'occasion). — *Profiter d'une lecture, d'un livre. Il faut savoir en profiter.* « *Tu as vingt ans, lui dis-je, et tu n'en profites pas* » (JOUHANDEAU). ◇ PROFITER DE (*qqch.*) POUR... : prendre prétexte de, saisir l'occasion pour. *Il en a profité pour se saurer.* ◇ *Profiter de ce que.* « *Pourquoi ne pas profiter de ce que vous êtes riches?* » (HUGO). Pop. (Faute). « *Elle profita que nous demeurions loin... »* (CÉLINE). ♦ 2° PROFITER DANS, EN, à... (*qqch.*) : avoir un enrichissement (surtout moral), une amélioration; gagner à. « *Il y a plus à profiter dans douze vers d'Homère...* » (VOLT.). — Absolt. *Étudier et profiter.* ♦ 3° (1532). Fam. ou région. Se développer, se fortifier. *Cet enfant profite bien, a bien profité.* V. **Grandir, grossir.** « *Il ne faut pas qu'elle s'en aille de la maison sans avoir un peu profité* » (FRANCE). ♦ 4° (*Choses*). PROFITER À (qqn, qqch.) : apporter du profit, être utile, profitable à qqn. *Cette entreprise lui a beaucoup profité.* « *L'association de cet homme et de ce loup profitait aux foires, aux fêtes de paroisse* » (HUGO). ◇ (D'un aliment) *Profiter à qqn* : être assimilable. « *Ils ne sauraient manger morceau qui leur profite* » (LA FONT.). ◇ *Par ext.* Être utile (à). V. **Servir.** « *Vous nous donnez une version à votre manière, c'est-à-dire bonne pour ce qui vous profite, et louche sur ce qui l'intéresse* » (BEAUMARCH.). ♦ 5° Absolt. Loc. prov. *Bien mal acquis ne profite jamais* : ne donne pas un vrai profit. ♦ 6° Fam. ou région. Être d'un usage avantageux, économique (V. **Profitant**). ◈ ANT. *Gâcher, négliger, perdre.*

PROFITEROLE [prɔfitrɔl]. *n. f.* (XVIᵉ, « petit profit », puis « pâte cuite sous la cendre »; dimin. de *profit*). Pâtiss. Sorte de petit chou rempli d'une préparation sucrée (crème, glace, etc.) ou salée (purée, fromage). *Profiteroles au chocolat*, fourrées de glace à la vanille et nappées d'une sauce au chocolat chaude.

PROFITEUR, EUSE [prɔfitœr, øz]. *n.* (1636; de *profiter*). Péj. Personne qui tire des profits malhonnêtes ou immoraux de qqch. *Profiteurs de guerre.* « *Le plus gros profiteur du béton armé* » (AYMÉ).

PROFOND, ONDE [prɔfɔ̃, ɔ̃d]. *adj. et n.* (1175, fém.); *parfunt*, 1080; lat. *profundus*, de *fundus* « fond »).
I. ⓐ (*Concret*). ♦ 1° Dont le fond est très bas par rapport à l'orifice, aux bords. *Un trou profond. Bassin, puits profond.* « *Au tournant d'une gorge profonde* » (LOTI). *Un sac profond.* — *Profond de...* : qui a une profondeur de (tant). « *C'était une étroite cuve naturelle... profonde d'environ deux pieds* » (HUGO). ◇ Dont le fond est très loin de la surface (en parlant des eaux naturelles). *Flots profonds, eaux profondes. Plonger en un endroit profond*, où il y a du fond. — *Racines profondes*, qui descendent bas dans le sol. ♦ 2° (1549). Qui est loin au-dessous de la surface du sol ou de l'eau. V. **Bas, inférieur.** *Les couches profondes du sol. Galerie, cave profonde.* « *Nous arrivâmes à une crypte profonde* » (BAUDEL.). — *À l'endroit*

le plus profond de, et ellipt. *Au plus profond de*, tout au fond de. ♦ 3° Dont le fond est loin de l'orifice, des bords, dans quelque direction que ce soit. *Grottes profondes :* grandes, longues. *Alcôve profonde. Four, placard profond. Plaie, blessure profonde.* — Dont la dimension perpendiculaire à la façade est grande. *Maison profonde. Pièces larges, profondes et hautes. Forêt profonde*, dont le cœur est très éloigné de l'orée. *Baie, rade profonde, estuaire profond*, où la mer pénètre beaucoup dans les terres. ◇ *(Sièges)* Dont le bord du siège est éloigné du dossier. « *Josette se laissa tomber à côté de lui dans un profond fauteuil* » (BEAUVOIR). ♦ 4° Très marqué (en parlant d'une trace, empreinte, etc.). *Ride profonde.* « *Il avait sur le front... une petite cicatrice assez profonde* » (VIGNY). ⑬ *Par anal.* Qui évoque la profondeur. *Des yeux, un regard profond.* « *Quant au noir artificiel qui cerne l'œil... ce cadre noir rend le regard plus profond* » (BAUDEL.). — *Nuit profonde.* V. **Épais**, obscur. « *C'était pendant l'horreur d'une profonde nuit* » (RAC.). — *Noir, brun, bleu, vert profond*, foncé*, intense. — *Tomber dans un profond sommeil* (Cf. S'enfoncer dans le sommeil). ⑭ *Par ext.* ♦ 1° Qui descend très bas ou pénètre très avant (mouvement, opération). *Forage, sondage profond. Pénétration, percée profonde.* ◇ *Profonde révérence, profond salut*, où l'on s'incline très bas. ♦ 2° Qui va au fond ou vient du fond des poumons. *Aspiration profonde. Soupir profond.* V. **Gros**. *Voix profonde.* V. **Grave**. « *Cette voix grave et sereine, douce et profonde* » (PÉGUY).

II. (*Abstrait ;* XIIIe, repris 1553). ♦ 1° Qui va au fond des choses (en parlant de l'esprit, de ses activités). *Un esprit profond.* V. **Pénétrant**. *Méditation profonde. Le fruit de profondes réflexions.* « *La clarté orne les pensées profondes* » (VAUVEN.). ◇ *(Personnes)* Qui a des pensées, des vues profondes. *Écrivain profond.* « *Paraître profond quand on n'est, comme on dit, que vide et creux* » (BEAUMARCH.). ♦ 2° Intérieur, difficile à atteindre. V. **Impénétrable**. « *L'ordre profond du grand désordre naturel* » (HUGO). *L'être profond. Éléments profonds de l'homme. La signification profonde d'une institution, d'une mode, d'une époque.* « *L'âme est d'une part ce qu'il y a de meilleur et de plus profond en nous-mêmes...* » (DURKHEIM). ◇ *Psycho.* Inconscient ou caractériel. *Nos tendances profondes.* V. **Ling**. Qui correspond aux hypothèses d'une théorie quant à la genèse syntaxique et (ou) sémantique des formes superficielles du discours. *Structure profonde.* ◇ *(Sentiments) Cour.* Intense et durable. *Affections vives et profondes.* « *Personne ne pourra vous apporter un sentiment pareil au mien, aussi profond* » (MART. DU G.). *Foi profonde.* V. **Ardent**. ♦ 3° Très grand, extrême en son genre. V. **Grand**, intense. *Calme profond, silence profond. Transformation, modification, influence profonde. Différence profonde. Profonde ignorance. Profonde erreur. Un profond mépris. Un profond respect.* « *La marquise était douée d'une profonde indifférence pour tout ce qui n'était pas elle* » (BALZ.). *Profond ennui. Joie profonde.* « *Il est neuf, dit Camille avec un accent de tristesse profonde* » (COLETTE). ◇ *Psycho.* Débile, arriéré profond, dont le quotient intellectuel (Q.I.) est inférieur à 20.

III. (*Abstrait*). ♦ 1° N. m. *Fig.* Profondeur. « *Du profond de son être* » (MAURIAC). ◇ Ce qui est profond (II, 1°). *Le clair n'exclut pas le profond.* ♦ 2° **PROFONDE**. *n. f.* (1790). *Pop.* et vieilli. Poche. « *Combien le pantre avait-il dans ses profondes ?* » (HUGO).

IV. *Adv.* (1260). Profondément ; bas. *Creuser très profond, loin de la surface.* « *Il a cloué comme ça l'araire bien profond dans la terre* » (GIONO).

◈ ANT. Petit, plat, superficiel. Faible, léger, médiocre. — (du III) Surface. (du IV) Superficiellement.

PROFONDÉMENT [pʀɔfɔ̃demɑ̃]. *adv.* (déb. XIIIe ; de *profond*). D'une manière profonde. ♦ 1° (*Concret*). Loin de la surface. *Creuser profond la terre. Pénétrer profondément.* — *Par métaph.* *Idée profondément ancrée, enracinée.* ♦ 2° *Dormir profondément :* intensément (Cf. À poings* fermés). ◇ *Saluer profondément*, en s'inclinant. ◇ *Jusqu'au fond (des poumons). Aspirer, respirer profondément.* ♦ 3° (*Abstrait*). En allant au fond des choses. *Réfléchir profondément.* ♦ 4° D'une manière intérieure. *Profondément convaincu.* V. **Intimement**. — De façon intense et durable. *Aimer profondément.* « *Obscur se fait nécessairement celui qui ressent très profondément les choses* » (VALÉRY). V. **Vivement**. ♦ 5° Extrêmement. *Profondément différent.* V. **Bien**, foncièrement. *Être profondément vexé, ému, touché.* ◈ ANT. Peine (à), superficiellement. Légèrement, peu.

PROFONDEUR [pʀɔfɔ̃dœʀ]. *n. f.* (1361 ; *parfondor*, v. 1180 ; de *profond*).

I. ⒶⒷ ♦ 1° Qualité, caractère de ce qui est profond (I, A). *Profondeur d'un trou, d'un gouffre.* « *La profondeur du fossé qui s'est trouvé fort à propos sous les pas de l'ennemi...* » (JARRY). *Boîte, récipient qui manque de profondeur.* — *Profondeur d'une mer, d'un océan.* ◇ (1553 ; *au plur.*) Endroit profond, très au-dessous de la surface de la terre, de l'eau. *Les profondeurs d'une mine. Les profondeurs du métro.* « *Simon*

laissa le tenancier disparaître dans les profondeurs de sa cave... » (CARCO). *Les grandes profondeurs océaniques.* V. **Abysse**, **fond**, **fosse**. — *Par métaph.* « *Des profondeurs de la vie, je ne sais quelle chaleur monte* » (MICHELET). *Le cri des profondeurs*, roman de Duhamel. ♦ 2° Caractère de ce qui a le fond éloigné des bords, de l'orifice, de la surface. *La profondeur d'un bois, d'une forêt.* V. **Épaisseur**. *Grotte sans profondeur. Profondeur d'une plaie.* ◇ *(Au plur.)* Endroit situé loin des bords, de l'orifice, de la surface. *Les profondeurs d'une forêt.* « *Les lourdes draperies qu'une main invisible attire des profondeurs de l'Orient...* » (BAUDEL.). ♦ 3° Dimension verticale d'un corps, d'un espace à trois dimensions, mesurée de haut en bas (V. **Hauteur**). *Longueur, largeur et profondeur de l'espace. Profondeur d'une boîte.* ◇ *Distance au-dessous de la surface (du sol, de l'eau). Creuser en profondeur. À deux, à mille mètres de profondeur.* — *Gouvernail** de profondeur.* — *Épaisseur verticale.* « *Une terre noire et grasse d'une profondeur de cinquante pieds* » (BALZ.). ♦ 4° (1718). Dimension (horizontale) perpendiculaire à la face qui se présente de front, au plan de l'orifice. *Base, hauteur et profondeur d'un cube. Profondeur d'un placard, d'une armoire, d'un tiroir.* « *Un fauteuil dont la mollesse et la profondeur invitaient au repos* » (MARIVAUX). — *Profondeur du champ d'un instrument d'optique.* — PROFONDEUR DE CHAMP *d'un objectif photographique, d'une caméra de cinéma* (dans les limites duquel les images sont nettes). V. **Champ** (III, 1°). ⑬ *Par anal.* (V. Profond, I, B). Suggestion d'un espace à trois dimensions sur un support qui n'en a que deux. *Profondeur rendue par la perspective, le trompe-l'œil, par la couleur.* V. **Perspective**. *Profondeur d'un paysage.* ◇ *Profondeur des yeux, du regard.* — *Profondeur d'une nuance, d'une couleur.* ⑭ (V. Profond, I, C). Caractère de ce qui s'enfonce. *Profondeur d'un forage, d'un labour.*

II. (*Abstrait ;* 1553). ♦ 1° Qualité de ce qui va au fond des choses, au delà des apparences. *Esprit vif mais sans profondeur. Profondeur des pensées.* « *La profondeur est le terme de la réflexion* » (VAUVEN.). ◇ *(Personnes)* Qualité de qui a un esprit profond. « *La profondeur, chez les Italiens, n'est pas du tout ennemie de la vivacité ni de la verve* » (VALÉRY). — *Profondeur d'une œuvre.* ♦ 2° Caractère de ce qui est durable, fort (de la vie intérieure). *La profondeur d'un sentiment.* ♦ 3° EN PROFONDEUR : se dit de ce qui affecte la réalité d'une chose par-delà les apparences superficielles. *Agir en profondeur.* « *Je conçois que l'œuvre d'art doive exprimer en profondeur le monde à une époque donnée...* » (MAURIAC). ♦ 4° Partie la plus intérieure et la plus difficile à pénétrer. *Les profondeurs intimes, secrètes de la personne, de l'être.* « *Les profondeurs inouïes de l'abstraction et de la spéculation pure* » (HUGO). — *La psychologie des profondeurs, de l'inconscient*, la psychanalyse. « *Je renfonçais ce souci dans les obscures profondeurs de mon âme* » (FRANCE). ♦ 5° *Vx.* Caractère extrême, intense. « *La volupté même est douloureuse en sa profondeur...* » (MONTAIGNE).

◈ ANT. Superficie, surface ; facilité, légèreté.

PRO FORMA [pʀofɔʀma]. *loc. adj. invar.* (1771 ; mots lat. « pour la forme »). *Compt. Facture pro forma :* facture anticipée établie suivant les règles, et n'entraînant aucune conséquence juridique pour le client. *Des factures pro forma.*

PROFUS, USE, [pʀɔfy, yz]. *adj.* (1478 ; lat. *profusus*, de *fundere* « répandre »). *Littér.* Qui se répand en abondance. V. **Abondant**. *Transpiration profuse* (sudation). « *Lumière profuse ; splendeur. L'été profus et contraint toute âme au bonheur* » (GIDE). — Fig. « *Salavin fit, de Lanoue, des louanges profuses* » (DUHAM.).

PROFUSÉMENT [pʀɔfyzemɑ̃]. *adv.* (XVIe ; lat. *profusus*). *Littér.* Avec profusion, en abondance. V. **Abondamment**. « *Cette espèce de galerie était profusément éclairée par d'immenses châssis vitrés* » (BALZ.).

PROFUSION [pʀɔfyzjɔ̃]. *n. f.* (1495 ; lat. *profusio*, de *profundere* « répandre »). ♦ 1° *Cour.* Grande abondance de choses répandues, distribuées. *Une profusion de cadeaux.* ◇ Abondance, souvent excessive (d'ornements). V. **Étalage**, excès, surabondance. « *Une profusion de pendants d'oreilles, d'anneaux de jambes, de bracelets* » (FROMENTIN). *Profusion de couleurs, de lumières.* V. **Débauche**, orgie *(fig.)*. « *Le ciel bleu disparaissait sous la profusion des astres* » (FLAUB.). — Fig. « *Une profusion de détails surprenants* » (MAUPASS.). ◇ *Loc. adv.* À PROFUSION : en abondance. V. **Beaucoup**. « *Tous les fruits de la saison à profusion...* » (BALZ.). *Avoir tout à profusion. Donner à profusion, sans compter.* ♦ 2° *Littér.* Action ou habitude de dépenser avec excès. V. **Prodigalité**. *Donner avec profusion.* ◈ ANT. Dénuement, rareté. Avarice, économie, parcimonie.

PROGÉNITURE [pʀɔʒenityʀ]. *n. f.* (1481 ; du lat. *genitura* [V. **Géniture**], d'apr. lat. *progenies* « race, lignée », de *gignere* « engendrer »). *Littér.* Les êtres engendrés par un homme, un animal. V. **Enfant**, petit. « *Elle contemple Monique... comme sa progéniture, le fruit de sa chair, son enfant* » (DUHAM.). — *La progéniture d'une chatte, d'une chienne.* ◇ *Fam.* et plaisant. *Promener sa progéniture :* sa famille, ses enfants.

PROGESTATIF, IVE [prɔʒestatif, iv]. *adj.* (mil. XXᵉ; comp. sav. de *pro-*, et lat. *gestare*). ♦ 1° *Anat. Corps progestatif*, synonyme de *corps jaune**. ♦ 2° *Biol.* Se dit des substances qui favorisent les processus de la grossesse. ◇ N. m. *Un progestatif*.

PROGESTÉRONE [prɔʒesterɔn]. *n. f.* (XXᵉ; de *pro-*, lat. *gestare*, et suff. d'*hormone*). *Biochim.* Hormone sécrétée par le corps jaune (constitué au cours de chaque cycle ovarien ou pendant la grossesse), ainsi que par le placenta. *Syn.* (vx) : *lutéine. La progestérone prépare la muqueuse utérine à l'implantation de l'œuf et assure le maintien de la grossesse.*

PROGLOTTIS [prɔglɔtis]. *n. m.* (1843; lat. sav., du gr. *pro-*, et *glottis* « langue », à cause de sa forme). *Zool.* Anneau d'un ver cestode (ténia, etc.).

PROGNATHE [prɔgnat]. *adj.* (1869; entom. 1855; de *pro-*, et *-gnathe*). *Didact.* Qui a les maxillaires proéminents (en parlant de l'homme). « *La lune éclairait son visage légèrement prognathe* » (MAURIAC).

PROGNATHISME [prɔgnatism(ə)]. *n. m.* (1849; de *prognathe*). *Didact.* Saillie en avant de la partie inférieure de la face (mâchoire inférieure ou les deux mâchoires). On dit aussi PROGNATHIE [prɔgnati], *n. f.* (XXᵉ).

PROGRAMMATEUR, TRICE [prɔgramatœr, tris]. *n.* et *adj.* (v. 1960; de *programmer*). ♦ 1° Personne chargée de la programmation (1°). ♦ 2° Appareil dont les signaux de sortie commandent l'exécution d'un programme (4°). *Le programmateur d'un ordinateur.* — *Adj.* Qui élabore un programme (4°). ♦ 3° Système mécanique qui commande le déroulement d'une série d'opérations simples (machine à laver, cuisinière électrique).

PROGRAMMATION [prɔgramasjɔ̃]. *n. f.* (1930; h. 1845; de *programme*). ♦ 1° Établissement, organisation des programmes (de cinéma, radio, télévision). ♦ 2° Élaboration et codification de la suite d'opérations formant un programme (4°). *Programmation de calculs. Programmation d'une machine électronique, d'une calculatrice* (V. Programmeur). — *Langage de programmation* (V. Algol).

PROGRAMME [prɔgram]. *n. m.* (1677, rare av. XIXᵉ; gr. *programma* « ce qui est écrit à l'avance »). ♦ 1° Écrit annonçant et décrivant les diverses parties d'une cérémonie, d'un spectacle, etc. *Programme d'une cérémonie officielle, d'un spectacle théâtral. Morceau, pièce du programme, hors programme. Programme radiophonique, de télévision.* — Fig. et fam. *Le programme des réjouissances :* le détail de ce qui est organisé, prévu. ◇ Ce qui est annoncé, décrit par un programme. *Un beau programme, un programme intéressant. Changement de programme.* ♦ 2° Annonce des matières d'un cours, du sujet d'un concours, d'un prix; ces matières. « *Un professeur a pour devoir évident de ne pas sortir de son programme* » (RENAN). ◇ (XIXᵉ) Ensemble des connaissances, des matières qui sont enseignées dans un cycle d'études ou qui forment les sujets d'un examen, d'un concours. *Programmes scolaires. Le programme de sixième; du baccalauréat, d'une licence. Œuvres inscrites au programme.* « *Le programme des cours, qu'il lut sur l'affiche, lui fit un effet d'étourdissement* » (FLAUB.). ♦ 3° Suite d'actions que l'on se propose d'accomplir pour arriver à un résultat. V. Dessein, projet. *Réaliser un programme. C'est tout un programme :* se dit d'une annonce qui suffit à faire prévoir la suite. « *Une pièce à thèse, et le titre en était tout un programme* » (ARAGON). ◇ (1789) Exposé général des intentions, des projets d'une personne, d'un groupe (parti, etc.). *Programme de réformes. Programme à court, à long terme**. — *Écon. Programme et plan**. ◇ Ensemble de conditions à remplir dans l'exécution d'un travail. *Programme architectural*, proposé à l'architecte. V. Parti. *Mus. Musique à programme :* qui se propose d'illustrer un thème précis. ♦ 4° *Didact., Techn.* Ensemble ordonné (et formalisé) des opérations nécessaires et suffisantes pour obtenir un résultat; dispositif permettant à un mécanisme d'effectuer ces opérations. *Programme sur bande perforée, magnétique. Programme d'un calculateur, d'un ordinateur :* algorithme, ensemble séquentiel d'instructions, rédigées pour qu'un ordinateur puisse, à l'aide de ses informations mémorisées, résoudre un problème donné. (V. Programmer, programmeur).

PROGRAMMER [prɔgrame]. *v.* (v. 1960; h. 1845; de *programme*). ♦ 1° *V. tr.* Inclure dans un programme de cinéma, de radio. *Cette émission a été programmée à une heure trop tardive.* ♦ 2° *V. intr.* Élaborer un programme. — PROGRAMMÉ, ÉE. p. p. et adj. *Enseignement* programmé.*

PROGRAMMEUR, EUSE [prɔgramœr, øz]. *n.* (v. 1960; de *programme*). Spécialiste qui établit le programme (4°) d'un calculateur électronique, d'un ordinateur. *Analyste-programmeur.*

PROGRÈS [prɔgrɛ]. *n. m.* (1532, « développement »; lat. *progressus* « action d'avancer » [*progredi*]). ♦ 1° *Vx* (1611). Mouvement en avant; action d'avancer. ◇ *Mod.* Avance d'une troupe, d'une armée. « *Il marque avec de petits dra-*

peaux, *les admirables progrès des Russes* » (GIDE). ◇ Le fait de se répandre, de s'étendre dans l'espace, de gagner du terrain. V. Propagation. *Les progrès de l'incendie, de l'inondation, d'une épidémie.* ♦ 2° *Fig.* Développement, progression dans le temps. V. Évolution. « *La vie est le progrès continu d'un être qui vieillit sans cesse* » (BERGSON). Vieilli. « *Dans le progrès de son éducation* » (ROUSS.). ♦ 3° *Cour.* Changement d'état qui consiste en un passage à un degré supérieur. V. Augmentation, développement. « *La marquise lui faisait remarquer le progrès de ses sentiments* » (DIDER.). *Faire des progrès :* progresser. *Le progrès du mal, les progrès de la maladie.* V. Aggravation. « *Il n'y a point de vrai progrès de raison dans l'espèce humaine parce que tout ce qu'on gagne d'un côté on le perd de l'autre* » (ROUSS.). *Les progrès de l'espèce humaine.* V. Ascension. « *Je crois aux progrès de l'homme sur lui-même* » (BALZ.). ♦ 4° *Spécialt.* Développement en bien. V. Amélioration. *Progrès résultant d'une évolution, de réformes, d'une révolution. Faire des progrès :* avancer, progresser. *Cet élève ne fait aucun progrès.* — *Progrès social. Progrès technique.* ◇ Changement en mieux par lequel on approche d'un but, d'un résultat. *Un grand progrès, un progrès sensible vers... —* Fam. *Il y a du progrès :* cela va mieux. *Être en progrès.* ♦ 5° (1757; parfois avec un *P* majuscule). Absolt. *Le progrès :* l'évolution de l'humanité, de la civilisation (vers un terme idéal). « *La notion classique de progrès... suppose une ascension qui rapproche indéfiniment d'un terme idéal* » (SARTRE). « *L'ordre pour base et le progrès pour but* » (A. COMTE). — *Croire au progrès, nier le progrès.* « *Le pas collectif du genre humain s'appelle le Progrès. Le progrès marche* » (HUGO). — (En polit.) *Parti du progrès.* V. Progressiste.
⊗ ANT. Arrêt, immobilité. Recul; régression; décadence.

PROGRESSER [prɔgrese]. *v. intr.* (1834; de *progrès*). *Faire des progrès*, être en progrès. ♦ 1° Se développer, s'étendre sur un progrès. *Idée qui progresse.* « *Le siècle progresse! Quel joli mot qui rime avec graisse! ...* » (STENDHAL). *Le mal progresse.* V. Aggraver (s'); empirer. *Progresser vite, à grands pas.* ◇ (*Personnes*) Faire des progrès (4°), être dans un état meilleur, plus avancé. « *Quand tous les individus s'appliqueront à progresser, alors... l'humanité sera en progrès* » (BAUDEL.). ♦ 2° (1914). Avancer, gagner du terrain. V. Progrès (1°). *L'ennemi progresse.* ◇ Avancer, avec difficulté ou régularité. « *Le visiteur risqua deux ou trois pas. Il progressait un peu de biais* » (DUHAM.). ◇ ANT. Arrêter (s'), décliner, décroître, reculer, rétrograder.

PROGRESSIF, IVE [prɔgresif, iv]. *adj.* (1372; lat. *progressus*). ♦ 1° *Vx.* Qui porte à avancer, à mouvoir. *Faculté progressive.* ♦ 2° *Mod. et littér.* Qui s'accroît, se développe, progresse. « *Il est impossible d'admettre un Dieu progressif* » (BALZ.). ♦ 3° *Vx.* Qui participe du progrès (4°). « *Notre époque essentiellement progressive...* » (BALZ.). V. Progressiste. ♦ 4° Qui suit une progression, un mouvement par degrés. *Impôt progressif.* ♦ 5° *Cour.* Qui s'effectue d'une manière régulière et continue. V. Graduel. *Développement progressif. Problèmes de difficulté progressive.* V. Gradué. — *Paralysie* générale progressive.* « *Les amnésies progressives sont celles qui... conduisent à l'abolition complète de la mémoire* » (RIBOT). ◇ *Ling.* Qui exprime une progression, une évolution graduelle et constante. *Forme progressive* (ex. : *-ing* dans l'angl. *I am coming*). ◇ ANT. Dégressif, rétrograde. Stationnaire. Brusque.

PROGRESSION [prɔgresjɔ̃]. *n. f.* (XIIIᵉ, math.; lat. *progressio*). ♦ 1° Suite de nombres dans laquelle chaque terme est déduit du précédent par une loi constante. *Progression arithmétique; progression géométrique*, où chaque terme se déduit du terme précédent en l'additionnant avec, en le multipliant par un terme constant (V. Raison). ♦ *Mus.* Succession de sons suivant une loi déterminée. *Progression mélodique, harmonique :* marche* d'harmonie. ♦ 2° (XIVᵉ). Suite ininterrompue, graduelle. V. Progressif) correspondant à un développement. « *Une progression d'effets à l'infini* » (CONDILLAC). V. Gradation. ♦ 3° (XVIIᵉ). Mouvement dans une direction déterminée, mouvement en avant. *Progression lente, insensible.* « *Un tramway... qui tirait l'énergie nécessaire à sa progression de bornes métalliques ou plots* » (DUHAM.). *La progression des glaces, des glaciers.* ◇ Suite d'opérations de guerre par lesquelles une armée avance, progresse. *Progression d'une armée.* V. Avance, marche. ♦ 4° Développement par degrés, régulier et continu. V. Acheminement, marche. V. Progressif. V. Aggravation. « *L'Histoire, qui ne nous retrace qu'une suite de catastrophes et de progressions toujours suivies de régressions* » (FRANCE). ⊗ ANT. Rétrogradation, recul. Interruption.

PROGRESSISME [prɔgresism(ə)]. *n. m.* (1845; de *progressiste*). Doctrine politique progressiste.

PROGRESSISTE [prɔgresist(ə)]. *adj.* et *n.* (1841; de *progrès*). Qui est partisan du progrès politique, social, économique; qui tend à la modification de la société vers un idéal, par des réformes ou des moyens violents. *Parti progressiste. Idées progressistes.* ◇ *Spécialt. Vx.* (fin XIXᵉ)

Républicain modéré, réformiste. — *Mod.* Qui est partisan d'une politique d'extrême-gauche. *Chrétiens progressistes.* — *Un progressiste.* ◇ ANT. *Conservateur, réactionnaire.*

PROGRESSIVEMENT [prɔgresivmɑ̃]. *adj.* (v. 1760, *se mouvoir progressivement;* de *progressif*). D'une manière progressive, par degrés; petit à petit. V. **Graduellement.** *Augmenter, diminuer progressivement.* « *Rien ne dure que ce qui vient progressivement* » (STAËL). ◇ ANT. *Brusquement.*

PROGRESSIVITÉ [prɔgresivite]. *n. f.* (1833, *progressivité du génie humain;* de *progressif*). Caractère de ce qui est progressif. ◇ *Progressivité de l'impôt,* dont le montant s'élève en même temps que celui de la matière imposable.

PROHIBÉ, ÉE [prɔibe]. *adj.* (1622; V. **Prohiber**). Défendu par la loi. V. **Illégal, illicite.** *Activités prohibées. Mariage à un degré prohibé.* ◇ *Marchandises prohibées. Armes prohibées* (dont l'usage, le port sont interdits). ◇ ANT. *Autorisé; permis.*

PROHIBER [prɔibe]. *v. tr.* (1377; lat. *prohibere* « tenir à distance »). Défendre, interdire par une mesure légale. V. **Condamner, défendre, empêcher, interdire.** « *L'ukase qui prohibe, dehors, la pipe et le cigare* » (GAUTIER). — Absolt. « *Ils ont fait de la Justice une chose négative qui défend, prohibe, exclut* » (MICHELET). ◇ ANT. *Autoriser, permettre.*

PROHIBITIF, IVE [prɔibitif, iv]. *adj.* (1503; de *prohiber*). ♦ 1° *Dr.* Qui défend, interdit légalement. « *Les lois restrictives et prohibitives, la censure* » (BALZ.). ◇ Relatif à la prohibition. *Régime, système prohibitif.* ♦ 2° Spécialt. *Droits, tarifs douaniers prohibitifs :* si élevés qu'ils équivalent à la prohibition d'une marchandise. ♦ 3° (XXᵉ). Se dit d'un prix trop élevé, excessif. « *Un prix exorbitant, parfaitement prohibitif* » (AYMÉ).

PROHIBITION [prɔibisjɔ̃]. *n. f.* (1237; lat. *prohibitio*). ♦ 1° Défense, interdiction légale. V. **Condamnation, défense, interdiction.** *Prohibition du port d'armes.* ♦ 2° Interdiction d'importer, de fabriquer, de vendre certaines marchandises, certaines denrées (pour des raisons de salubrité, de sécurité, de protection douanière). « *Un droit de prohibition sur les blés étrangers* » (ZOLA). — Absolt. LA PROHIBITION : celle de l'alcool, aux États-Unis. « *La prohibition appartient à la même série législative que la défense d'enseigner l'évolution* » (SIEGFRIED). ◇ ANT. *Autorisation, permission.*

PROHIBITIONNISME [prɔibisjɔnism(ə)]. *n. m.* (1907; de *prohibition*). *Admin.* Système de protection douanière par prohibition. ◇ Système de partisans de la prohibition de l'alcool, aux États-Unis.

PROHIBITIONNISTE [prɔibisjɔnist(ə)]. *adj. et n.* (1833; de *prohibition*). Partisan de la prohibition de la vente de certains produits (spécialt. de l'alcool, aux États-Unis).

PROIE [prwa(ɔ)]. *n. f.* (*Preie,* 1120; lat. *præda*). ♦ 1° Être vivant dont un animal s'empare pour le dévorer. *Les mammifères carnivores vivent de proies. Attendre, épier la proie, être à l'affût d'une proie. Chasser, poursuivre sa proie.* « *Alors soudain la bête a bondi sur sa proie* » (SAMAIN). *Manger, dévorer, déchirer une proie.* — DE PROIE : qui se nourrit surtout de proies vivantes. V. **Prédateur.** *Oiseau de proie :* rapace. *L'aigle, l'épervier, le vautour sont des oiseaux de proie.* « *Il y a des insectes de proie, des reptiles de proie, des oiseaux de proie et des quadrupèdes de proie* » (J. de MAISTRE). ◇ *Laisser, lâcher la proie pour l'ombre*.* ♦ 2° (1380). Tout ce dont on s'empare par force, avec violence et avidité. *Sa fortune fut la proie des créanciers, des voleurs.* ◇ *(Personnes)* Celui (celle) dont on s'est emparé, que l'on persécute, que l'on vole. V. **Victime.** *Ce fut une proie facile pour ces escrocs.* ◇ Par métaph. « *C'est Vénus tout entière à sa proie attachée* » (RAC.). « *C'est le destin. Il faut une proie au trépas* » (HUGO). ♦ 3° ÊTRE LA PROIE... — *(Personnes)* Être la victime de. « *Ils furent la proie des hommes de loi et des hommes d'affaires* » (FRANCE). — *Fig.* Être absorbé, pris par (un sentiment, une force hostile). *Être la proie de l'adversité, du malheur.* « *Elle était la proie de n'importe quelles pensées! de n'importe quels rêves* » (GREEN). ◇ *(Choses)* Être livré, exposé à, détruit par. *La forêt fut en un instant la proie des flammes.* ♦ 4° EN PROIE (À)... — Vx. Être en proie aux bêtes, livré en proie : comme une proie. V. **Pâture.** — *Fig.* Tourmenté par (un mal, un sentiment, une pensée). *Être en proie à la maladie; aux inquiétudes, à une obsession.* « *En proie à ses idées fixes, Rousseau, à cette date, ne s'appartenait plus* » (STE-BEUVE). *Être en proie au désespoir.* « *Madame de Rênal était en proie à toutes les horreurs de la jalousie* » (STENDHAL). — *(Choses) Maison en proie aux flammes.*

PROJECTEUR [prɔʒɛktœr]. *n. m.* (1890; du lat. *projectus,* de *projicere* « jeter en avant »). ♦ 1° Appareil d'optique dans lequel les rayons d'une source lumineuse intense sont réfléchis et projetés en un faisceau parallèle. *Source lumineuse, réflecteur, glace diffusante ou système optique d'un projecteur.* — *Cour.* Un tel appareil, orientable et autonome (excluant les *phares*). V. **Spot.** « *La lumière des projecteurs tombait sur la piste, comme un monstrueux clair de lune* » (SARTRE).

♦ 2° Appareil de projection pour projeter des images sur un écran. *Projecteur de cinéma. Projecteur sonore.*

PROJECTIF, IVE [prɔʒɛktif, iv]. *adj.* (1752; du lat. *projectus*). ♦ 1° *Géom.* Relatif à la projection (2°); qui concerne une projection, résulte d'une projection. *Propriétés projectives d'une figure,* que toute projection plane de cette figure conserve. *Espace projectif,* comprenant des éléments à l'infini, dont les éléments sont définis par des coordonnées homogènes. ♦ 2° *Psychotechn., psychan.* (1939, de l'amér.; V. **Projection,** 4°). Qui projette des états intérieurs, suscite cette projection. *Test projectif,* test qui amène le sujet à manifester son caractère, extérioriser ses tendances (interprétation de dessins, construction de villages, etc.). *Psychologie projective.* ◇ ANT. *Affin, -ine* (1°).

PROJECTILE [prɔʒɛktil]. *n. m.* (1750; du lat. *projectus*). ♦ 1° *Mécan.* Corps lancé ou projeté (V. **Balistique**). *Vitesse initiale d'un projectile.* ♦ 2° *Cour.* Corps lancé par une arme ou à la main contre qqn, qqch. *Lancer, jeter, envoyer des projectiles. Projectiles d'armes à feu, d'artillerie.* V. **Balle, bombe, obus.** *Projectile plein, creux. Projectile percutant. Grêle, pluie de projectiles.* « *L'obus fend l'air... on sent un projectile plus bedonnant, plus énorme que les autres* » (BARBUSSE). — « *Les traversins de crin, durs comme des bûches, servaient de projectiles* » (NERVAL).

PROJECTION [prɔʒɛksjɔ̃]. *n. f.* (1314; lat. *projectio,* de *projectus,* p. p. de *projicere*). ♦ 1° Action de jeter, de lancer en avant (V. **Jet; projeter,** I). *Projection de liquide, de vapeur.* — *Lancement, jet* (de projectiles). *Projection de pierres, d'obus. Angle de projection,* de tir. — *Géol. Projection de cendres par un volcan.* ◇ *Matières projetées* (surtout *au plur.*). ♦ 2° *Géom.* (XVIIᵉ). Opération par laquelle on fait correspondre à un point ou à un ensemble de points de l'espace, un point ou un ensemble de points d'une droite (axe), d'une surface (*projection plane,* si cette surface est un plan), suivant un procédé géométrique défini; le point ou l'ensemble de points ainsi définis. *La projection d'un point sur un plan est le point d'intersection de ce plan et d'une droite menée par le point. Projection orthogonale, oblique.* ◇ *Cartogr.* Méthode de représentation de la surface terrestre sur une surface (plan, sphère); image obtenue par une telle méthode. ♦ 3° *Opt.* (fin XIXᵉ). Action de projeter des radiations, des rayons lumineux (en parlant d'un foyer); ces rayons. *Projection d'une ombre.* — *Méd.* Plan de prise d'une radiographie. — *Par ext.* Ombre portée. ◇ Spécialt. *Cour.* Action de projeter une image sur un écran. *Appareil de projection* (V. **Projecteur**). *Conférence avec projections.* — *Projection d'un film. Salle, cabine de projection* (cinéma). ♦ 4° *Fig.* et *didact.* Image projetée. « *L'art ne vaut à mes yeux que s'il est la projection d'une morale* » (COCTEAU). ◇ *Psycho.* Localisation externe d'impressions ressenties. ◇ *Psychan.* Mécanisme de défense par lequel le sujet voit chez autrui des idées, des affects (désagréables ou méconnus) qui lui sont propres. — Mécanisme par lequel un sujet perçoit comme étant dans le monde extérieur, dans autrui, des états affectifs qui lui sont propres (*opposé à* introjection). *Projection et identification*. Projections démographiques :* prévisions pour l'évolution future, hypothétique, d'une population, sur la base de calculs statistiques.

PROJECTIONNISTE [prɔʒɛksjɔnist(ə)]. *n.* (1907; de *projection*). Technicien chargé de la projection des films.

PROJECTURE [prɔʒɛktyr]. *n. f.* (1596; lat. *projectura*). *Archit.* Saillie.

PROJET [prɔʒɛ]. *n. m.* (1549; *pourget,* XVᵉ; de *projeter*). ♦ 1° Image d'une situation, d'un état que l'on pense atteindre. V. **Dessein, intention, plan, résolution, vue.** *Faire des projets au lieu d'agir.* « *Et le chemin est long du projet à la chose* » (MOL.). *Ébaucher, faire, former un projet.* V. **Projeter.** *Caresser, mûrir un projet. Dévoiler ses projets. Projet chimérique, irréalisable. Projets criminels.* — *Projet de livre, de travail, de voyage. Projet de mariage.* — *Donner suite à un projet.* « *L'être dit libre est celui qui peut réaliser ses projets* » (SARTRE). — Spécialt. *Ce que l'on se propose de faire, à un moment donné. Quels sont vos projets pour cet été?* ◇ *Projets de grands travaux. Projets administratifs, économiques, politiques.* V. **Plan, programme.** ◇ *Philo.* Tout ce par quoi l'homme tend à modifier le monde ou lui-même, dans un sens donné. « *L'homme est un projet qui décide de lui-même* » (SARTRE). ♦ 2° *Travail, rédaction préparatoire; premier état. Ébaucher, élaborer un projet. Laisser à l'état de projet.* ◇ *Rédiger un projet de roman, de thèse.* V. **Canevas, ébauche, esquisse.** — *Projet de loi*. Voter, accepter, rejeter un projet de loi.* ◇ Dessin d'un édifice à construire. *Dresser un projet sommaire de constructions...* ◇ Description, dessin, modèle antérieur à la réalisation. *Étude d'un projet.* ◇ ANT. *Exécution, réalisation.*

PROJETER [prɔʒte]. *v. tr.;* conjug. jeter (1452; *porjeter* « jeter dehors, à terre », XIIᵉ; de *por,* et *jeter;* Cf. le bas lat. *Projectare*).

I. (V. **Projection**). ♦ 1° Jeter en avant et avec force. V. **Jeter, lancer.** « *Un groupe d'immenses cheminées d'usines...*

projettent dans le ciel, par leurs bouches géantes, des vomissements tortueux de fumée » (MAUPASS.). — *Fig.* Pousser violemment. « *Un subit élan de foi... Un fougueux besoin de convaincre et d'entraîner, le projetaient à la tribune d'un meeting* » (MART. du G.). ◊ *Par ext.* Avoir comme prolongement, dans une direction. « *Cet arbre aimé du soleil projette au-dessus du mur ses branches...* » (NERVAL). ♦ 2° *Géom.* Figurer, tracer en projection ; déterminer la projection de. *Projeter une surface courbe sur un plan.* ♦ 3° Envoyer sur une surface (des rayons lumineux, une image). *Projeter une lueur, un reflet.* — *Projeter une ombre.* ◊ *Projeter des photos. Projeter un film.* ◊ *Pronom.* Se profiler. « *L'ombre du palais, avec ses terrasses superposées, se projetait sur les jardins* » (FLAUB.). ♦ 4° *Psycho. Projeter un état, une perception, un sentiment hors de soi.* V. **Projection** (4°). — *Projeter un sentiment sur qqn* : lui attribuer un sentiment, un état affectif qu'on a soi-même. « *En étant amoureux d'une femme nous projetons simplement en elle un état de notre âme* » (PROUST). « *C'est un trop peu qu'il projette* » (SARRAUTE).
II. (XIVe, *pourjeter une embusche* « préparer une embuscade »). Former l'idée de (ce que l'on veut faire et des moyens pour y parvenir). V. **Projet.** *Projeter un voyage, une entreprise. Projeter d'aller, de faire.* V. **Préméditer, proposer** (se). « *Nous n'avons ni la force ni les occasions d'exécuter tout le bien et tout le mal que nous projetons* » (VAUVEN.). — *Absolt.* « *On travaille, on projette, on arrange d'un côté ; la fortune accomplit de l'autre* » (BEAUMARCH.).

PROJETEUR [pʀɔʒtœʀ]. *n. m.* (1975 ; de *projeter*). *Techn.* Technicien qui établit les projets. V. **Concepteur-projeteur.**

PROLACTINE [pʀɔlaktin]. *n. f.* (1933 ; de *pro-*, et lat. *lactus* « lait »). *Physiol.* Hormone sécrétée par l'hypophyse et qui déclenche la lactation (On dit aussi *hormone lutéotrope*).

PROLAMINE [pʀɔlamin]. *n. f.* (1953 ; de *pro[téine]*, *l*, et *amine*). *Biochim.* Protéine végétale simple (holoprotéine) extraite de diverses graines (maïs, froment, seigle, orge, riz).

PROLAN [pʀɔlɑ̃]. *n. m.* (1928 ; du gr. *proles* « lignée » [Cf. Prolifique], et -*an*). *Biochim.* (Vieilli). V. **Gonadotrophine.**

PROLAPSUS [pʀɔlapsys]. *n. m.* (1827 ; lat. mod., de *pro-*, et *labi* « tomber »). *Pathol.* Glissement vers le bas, descente (d'un organe ou d'une partie d'organe). V. **Hernie, ptose.** *Prolapsus de l'utérus, du rectum.*

PROLÉGOMÈNES [pʀɔlegɔmɛn]. *n. m. pl.* (1578 ; gr. *prolegomena*). Ample préface contenant les notions préliminaires nécessaires à l'intelligence d'un livre. V. **Introduction, préface.** « *Voilà les prolégomènes qui me semblaient nécessaires à l'intelligence du Mémoire qui suit* » (CHATEAUB.). ◊ Notions, principes préliminaires à l'étude d'une question. « *Prolégomènes à toute métaphysique future* », de Kant.

PROLEPSE [pʀɔlɛps(ə)]. *n. f.* (1701 ; *prolepsie*, XVIe ; lat. *prolepsis*, d'o. gr. « anticipation »). *Didact.* Figure de rhétorique par laquelle on prévient une objection, en la réfutant d'avance.

PROLÉTAIRE [pʀɔleteʀ]. *n. m.* (1748 ; *prolectaire*, 1486 ; lat. *proletarius*, de *proles* « lignée »). ♦ 1° *Antiq.* Citoyen de la dernière classe du peuple, exempt d'impôt, et ne pouvant être utile à l'État que par sa descendance *(proles).* ♦ 2° *Mod.* (déb. XIXe). Personne qui ne possède pour vivre que les revenus de son travail (salaire), qui exerce un métier manuel ou mécanique et a un niveau de vie relativement bas dans l'ensemble du groupe social (*opposé à* capitaliste, bourgeois). *Prolétaires des villes et des campagnes.* V. **Ouvrier, paysan** (non propriétaire) ; **prolo** ; **prolétariat.** « *Prolétaires de tous les pays, unissez-vous* » (« Manifeste communiste », 1847). « *Les prolétaires* (dit le médecin Benassis) *me semblent les mineurs d'une nation et doivent toujours rester en tutelle* » (BALZ.). *Adj. Les classes prolétaires.* V. **Prolétarien.** *Faire cesser d'être prolétaire.* V. **Déprolétariser.** ◈ ANT. *Riche. Bourgeois, capitaliste, patron; aristocrate, gentilhomme, noble.*

PROLÉTARIAT [pʀɔletaʀja]. *n. m.* (v. 1830 ; de *prolétaire*). ♦ 1° *Vieilli.* Condition du prolétaire. « *La dégradation de l'homme par le prolétariat* » (HUGO). ♦ 2° *Mod.* Classe sociale des prolétaires. V. **Peuple.** *Le prolétariat moderne s'est développé avec la grande industrie du XIXe siècle. Le prolétariat urbain, ouvrier; rural. La fraction la plus défavorisée du prolétariat (sous-prolétariat).* — *Dictature du prolétariat.* « *C'est en poussant à bout le mouvement économique que le prolétariat s'affranchira et deviendra l'humanité* » (JAURÈS). ◈ ANT. *Aristocratie, bourgeoisie, capital.*

PROLÉTARIEN, IENNE [pʀɔletaʀjɛ̃, jɛn]. *adj.* (1872 ; de *prolétaire*). Relatif au prolétariat moderne ; formé par le prolétariat. *Classe prolétarienne. Parti socialiste et prolétarien. Révolution prolétarienne.*

PROLÉTARISATION [pʀɔletaʀizasjɔ̃]. *n. f.* (1907 ; de *prolétariser*). Le fait d'être prolétarisé.

PROLÉTARISER [pʀɔletaʀize]. *v. tr.* (1907 ; de *prolétaire*). Réduire à la condition de prolétaire. — Au p. p. *Petits propriétaires ruraux prolétarisés.*

PROLIFÉRATION [pʀɔlifeʀasjɔ̃]. *n. f.* (1842 ; de *proli-*

fère). ♦ 1° *Bot.* Apparition d'une production surnuméraire sur un organe prolifère. ◊ *Biol.* (1869) Multiplication des cellules vivantes. *Prolifération d'organismes unicellulaires. Prolifération microbienne. Prolifération pathologique de cellules, de tissus.* V. **Cancer, néoplasme, tumeur.** ♦ 2° *Cour.* Multiplication rapide. *Prolifération de plantes, d'animaux.* ◊ *Fig. La prolifération des doctrines, des théories, des écoles.*

PROLIFÈRE [pʀɔlifɛʀ]. *adj.* (1766 ; du lat. *proles* « descendance », et -*fère*). *Bot.* Qui produit un organe (feuille, fleur) surnuméraire. *Fleur, fruit prolifère.*

PROLIFÉRER [pʀɔlifeʀe]. *v. intr.* ; conjug. *céder* (1859 ; de *prolifère*). ♦ 1° Se multiplier, se reproduire (cellules vivantes) ; engendrer, produire un organe, un tissu par des divisions cellulaires. ♦ 2° Se multiplier en abondance, rapidement. *Plantes, animaux qui prolifèrent.* ◊ *Fig.* Foisonner. « *Le crime prolifère comme la raison elle-même, il prend toutes les figures du syllogisme* » (CAMUS).

PROLIFICITÉ [pʀɔlifisite]. *n. f.* (XXe ; de *prolifique*). *Littér.* ou *Sc.* Fécondité (plus ou moins grande) d'un être vivant, d'une espèce. « *Malgré sa faible prolificité, l'espèce humaine ne laisse pas d'être passablement envahissante* » (J. ROSTAND).

PROLIFIQUE [pʀɔlifik]. *adj.* (1503 ; du lat. *proles*, d'apr. les adj. en -*fique*). ♦ 1° *Vx.* Qui a, donne la faculté d'engendrer. ♦ 2° *Mod.* Qui se multiplie rapidement. *Espèces plus, moins prolifiques.* « *La race italienne est meilleure, plus robuste, plus prolifique, plus active et plus douce que la nôtre* » (MAETERLINCK). *Les lapins sont prolifiques.* V. **Fécond.** ◈ ANT. *Stérile.*

PROLIGÈRE [pʀɔliʒɛʀ]. *adj.* (1845 ; du lat. *proles* « descendance », et *gerere* « porter »). *Sc. nat.* Qui porte un germe.

PROLIXE [pʀɔliks(ə)]. *adj.* (1440 ; *prolipse*, 1223 ; lat. *prolixus* « allongé »). Qui est trop long, qui a tendance à délayer dans ses écrits ou ses discours. V. **Bavard, diffus, verbeux.** *Orateur, écrivain prolixe.* « *Les plus prolixes sont ceux qui ont le moins à dire* » (GIDE). ◊ *Abondant, copieux. Discours, style prolixe.* ◈ ANT. *Concis, court, sobre.*

PROLIXEMENT [pʀɔliksəmɑ̃]. *adv.* (v. 1225 ; de *prolixe*). *Littér.* D'une manière prolixe. *Écrire prolixement.* ◈ ANT. *Laconiquement.*

PROLIXITÉ [pʀɔliksite]. *n. f.* (XIIe ; bas lat. *prolixitas*). Défaut de celui qui est prolixe, de ce qui est prolixe. « *La prolixité de nos grands prosateurs ne sera que de l'ennui pour 1880* » (STENDHAL). ◈ ANT. *Brièveté, sobriété.*

PROLO. V. **Prolétaire.**

PROLOGUE [pʀɔlɔg]. *n. m.* (XIIIe ; *prologe*, XIIe ; lat. *prologus*, gr. *prologos*). ♦ 1° *Hist. litt.* (Théâtre antiq.). Partie de la pièce qui précède l'entrée du chœur. *Les prologues de la tragédie grecque.* — (À l'époque moderne) *Prologues d'Esther* (Racine), *d'Amphitryon, du Malade imaginaire* (Molière). ◊ *Mus.* Partie préliminaire de certains opéras anciens. ♦ 2° Texte introductif. V. **Introduction, préface.** *Les prologues de Gargantua et du Tiers livre, de Rabelais. Prologue en vers.* — ◊ *Fig.* Préliminaire, prélude. « *Une sorte de prologue à la sanglante comédie de la Fronde* » (VIGNY). ♦ 3° (1828). Première partie d'un roman, d'une pièce, d'un film présentant des événements antérieurs à l'action proprement dite. ◈ ANT. *Épilogue.*

PROLONGATEUR [pʀɔlɔ̃gatœʀ]. *n. m.* (mil. XXe ; du rad. de *prolongation*). *Électr.* Ensemble (fil et prises) destiné à relier électriquement deux câbles souples l'un à l'autre. *Prolongateur d'appareil électrique, de télévision.* — Adj. *Cordon, fil prolongateur.*

PROLONGATION [pʀɔlɔ̃gasjɔ̃]. *n. f.* (1265 ; de *prolonger*). ♦ 1° Action de prolonger dans le temps ; résultat de cette action. V. **Allongement, augmentation.** *Prolongation d'une trêve, d'un congé.* « *Je crains que la prolongation des fatigues de la route ne soit une épreuve un peu dure pour elle* » (GOBINEAU). ◊ *Mus. Prolongation d'une note* : action de la tenir plus longtemps en la prolongeant sur les accords suivants. ♦ 2° *Absolt.* Temps accordé en plus. V. **Délai.** *(Football)* Chacune des deux périodes supplémentaires qui prolongent le match en vue de départager deux équipes à égalité. *Jouer les prolongations.* ◈ ANT. *Cessation. Raccourcissement.*

PROLONGE [pʀɔlɔ̃ʒ]. *n. f.* (1752 ; *prolongue*, XIVe ; de *prolonger*). *Techn., Artill.* Voiture servant au transport des munitions, du matériel militaire. *Prolonge d'artillerie.* ◊ *Ch. de fer.* Long cordage (pour assujettir les bâches, manœuvrer les freins, etc.).

PROLONGÉ, ÉE [pʀɔlɔ̃ʒe]. *adj.* (V. Prolonger). ♦ 1° *(Dans le temps).* Qu'on prolonge, qui se prolonge. « *Ces hurlements prolongés de l'habitant des campagnes regarde comme un présage sinistre* » (BALZ.). *Rire, cri prolongés.* — *Fam. Une jeune fille prolongée,* non mariée à un âge où elle devrait l'être. ♦ 2° *(Dans l'espace). Rue prolongée.*

PROLONGEMENT [pʀɔlɔ̃ʒmɑ̃]. *n. m.* (XIIe ; de *prolonger*). ♦ 1° Action de prolonger dans l'espace ; augmentation de longueur. V. **Allongement, extension.** *Décider le prolongement* *d'une autoroute.* ♦ 2° Ce par quoi on prolonge (ou se prolonge) une chose ; ce qui prolonge la partie principale d'une chose, d'un corps. « *L'inculte prolongement des jardins de l'hôtel* » (GIDE). ◇ Appendice. *La cellule nerveuse et ses prolongements* (axone, dentrite). ◇ Fig. « *Les lois sont le prolongement des mœurs* » (HUGO). ♦ 3° *Dans le prolongement de ; en prolongement :* dans la direction qui prolonge qqch. ♦ 4° *(Dans le temps).* Ce par quoi un événement, une activité, une situation se prolonge. V. **Continuation.** « *Ce prolongement déguisé du collège !...* » (MART. du G.). *Les prolongements d'une affaire.* V. **Développement, suite.** ◇ ANT. *Contraction, raccourcissement.*

PROLONGER [prɔlɔ̃ʒe]. *v. tr.; conjug. bouger* (XIIIᵉ ; *prolonger,* d'apr. *allonger ; prolonguer,* 1213 ; bas lat. *prolongare*). Faire aller au delà d'une limite antérieurement fixée. ♦ 1° *(Dans le temps).* Faire durer plus longtemps ; accroître, augmenter la durée de (V. **Prolongation**). *Prolonger la vie de qqn. Prolonger une séance, un débat. Nous ne pouvons prolonger notre séjour.* « *Un froid noir prolongeait le dur hiver, sans pitié des misérables* » (ZOLA). ◇ *Pronom.* Durer plus longtemps que prévu. *La voix, l'écho se prolonge. La leçon se prolongea jusqu'à neuf heures.* « *Ils y font tous les jours des repas qui se prolongent durant des heures* » (MAETERLINCK). ♦ 2° *(Dans l'espace).* Faire aller plus loin dans le sens de la longueur. V. **Allonger.** *Prolonger une rue, une voie ferrée.* ◇ *Pronom.* Aller plus loin. V. **Continuer, étendre** (s'). *Le chemin se prolonge dans un vieux bois.* — *« Ce désir de se prolonger dans autrui qu'est l'amour »* (MAURIAC). ♦ 3° *(Choses).* Être le prolongement de. *Les bâtiments qui prolongent les ailes du château.* ◇ ANT. *Abréger, diminuer, raccourcir.*

PROMENADE [prɔmnad]. *n. f.* (1557 ; de *promener*). ♦ 1° Action de se promener ; trajet que l'on fait en se promenant. V. **Excursion, tour** ; et pop. **Balade, vadrouille** (2), **virée.** *Faire une promenade. Promenade à la campagne, en montagne. Promenade à pied, à cheval. Promenade en voiture. Aller en promenade. Longue promenade. Promenade solitaire. Promenade à deux, en groupe.* « *Absorbé dans ma douce rêverie je prolongeai fort avant dans la nuit ma promenade, sans m'apercevoir que j'étais las* » (ROUSS.). ◇ Fig. « *La charmante promenade qu'il m'a été donné d'accomplir à travers la réalité* » (RENAN). ♦ 2° (1680). Lieu aménagé dans une ville pour les promeneurs. V. **Avenue, boulevard, cours, parc.** *La promenade des Anglais,* à Nice. « *Je redescendais en courant pour aller passer une demi-heure à la promenade du Jardin de Ville* » (STENDHAL).

PROMENER [prɔmne]. *v.; conjug. lever* (XVIᵉ ; *pourmener,* XIIIᵉ ; de *mener*).

I. *V. tr.* ♦ 1° Faire aller dans plusieurs endroits, pour le plaisir. *Promener un ami étranger à travers Paris.* « *Il nous promena pendant près d'une heure* » (LARBAUD). *Promener son chien.* — Fam. *Cela vous promènera, cela vous fera faire une promenade.* ◇ (Compl. de chose) *Promener dans les rues une pancarte, une statue.* ♦ 2° Déplacer, faire aller et venir (qqch.). *Promener un archet sur les cordes. Promener ses doigts, sa main sur qqch.* V. **Caresser, passer.** — « *Je promène au hasard mes regards sur la plaine* » (LAMART.). ♦ 3° Faire aller avec soi. « *J'y promenais, il est vrai, des redingotes assez bien faites...* » (GIDE). « *Le jour de la prise de Loos, il promena ses vieux rhumatismes sur le champ de bataille détrempé...* » (MAUROIS). ◇ *Promener partout son ennui, sa tristesse.* « *De fleurs en fleurs, de plaisirs en plaisirs, promenons nos désirs* » (RAC.).

II. (XVIᵉ). SE PROMENER. *v. pron.* ♦ 1° Aller d'un lieu à un autre pour se détendre, prendre l'air, etc. V. **Balader** (se), **voyager.** *Se promener à pied. Se promener en voiture, en bateau. Se promener dans sa chambre, de long en large.* V. **Marcher.** *Je vais me promener.* V. **Sortir.** « *Au troisième rendez-vous, ils se promenèrent bras dessus bras dessous* » (Ch.-L. PHILIPPE). *Viens te promener avec papa* (Cf. lang. enfantin : *mener-mener*). ◇ *Allez vous promener, va te promener !* **allez-vous-en !** « *Allez vous promener.* — *Va-t'en te faire pendre* » (MOL.). Cf. *Va te faire fiche, foutre.* — (Avec ellipse du réfléchi *se*) « *Quelquefois il la menait promener* » (FRANCE). *Mener promener son chien.* ♦ 2° Fam. *Envoyer promener qqch., qqn,* repousser sans ménagement (Cf. *Envoyer dinguer, paître, péter* [vulg.], *valser*). « *Comme je me suis retenu pour ne pas t'envoyer promener de la façon la plus brutale !* » (FLAUB.). Fig. *Envoyer tout promener.* V. **Renoncer.** ♦ 3° *(Choses).* Se déplacer. Par ext. « *Le soleil se promène tout autour de ma cellule sans y pénétrer jamais* » (FROMENTIN).

III. Vx ou région. V. *intr.* Se promener. « *J'étais allé promener dans le parc* » (DORGELÈS).

PROMENEUR, EUSE [prɔmnœr, øz]. *n.* (1584 ; de *promener*). ♦ 1° Personne qui se promène (en particulier à pied, dans les rues et les promenades publiques). V. **Flâneur, passant.** *Promeneurs attardés.* « *La population pacifique des promeneurs du dimanche, rassemblée par groupes, en familles* » (MICHELET). *Rêveries du promeneur solitaire,* de J.-J. Rous-

seau. ♦ 2° PROMENEUSE. *n. f.* Personne chargée de promener (qqn). *Promeneuse d'enfants.*

PROMENOIR [prɔm(ə)nwar]. *n. m.* (1559 ; de *promener*). ♦ 1° Lieu destiné à la promenade dans l'enceinte d'un édifice clos (couvent, collège, hôpital, prison, etc.). « *Ces larges cours carrées dont les arcades font un promenoir semblable à celui des couvents italiens* » (TAINE). ♦ 2° Partie d'un théâtre, de certaines salles de spectacle où les spectateurs, à l'origine, se tenaient debout et pouvaient circuler. « *Un homme assis... sur une banquette du promenoir* » (VALÉRY).

PROMESSE [prɔmɛs]. *n. f.* (1155 ; lat. *promissa,* p. p. de *promittere.* V. **Promettre**). ♦ 1° Action de promettre ; ce que l'on s'engage à faire. V. **Parole** (d'honneur), **serment.** *Faire des promesses, de grandes promesses. Tenir sa promesse, être fidèle à sa promesse. Manquer à sa promesse.* « *Dès qu'un intérêt fait promettre, un intérêt plus grand peut faire violer la promesse* » (ROUSS.). *Dégager, délier qqn de sa promesse :* rendre sa parole à qqn. *J'ai votre promesse, je compte sur votre promesse. Tromper par des promesses. Arracher une promesse à qqn. Promesse solennelle, sincère. Promesse de parole* (anglicisme : Gentleman's agreement). *Promesse de Gascon* * ; *promesses en l'air.* « *Ah ! certes, on n'est pas avare de promesses, chacun les prodigue* » (ZOLA). — *Des promesses de soutien électoral. La promesse de* (et inf.), *la promesse que* (et futur, condit.). « *La promesse que Mᵐᵉ Grosgeorge lui avait faite de réfléchir à son cas* » (GREEN). « *Rapporter la promesse que l'Allemagne soutiendrait... son alliée* » (MART. du G.). ◇ *Dr.* « *Engagement de contracter une obligation ou d'accomplir un acte* » (CAPITANT). V. **Contrat, convention, engagement.** *Exécuter une promesse. Promesse d'achat, de bail, de vente :* engagement d'acheter, de louer, de vendre à des conditions déterminées, par contrat (V. **Acompte, arrhes, dédit**). *Promesse de mariage,* engagement pris envers une personne de contracter mariage avec elle. *Promesse d'action* ou *promesse,* valeur mobilière ne donnant pas encore les mêmes droits qu'une action. ◇ Relig. cathol. Promesse faite par Dieu. *Les enfants de la promesse :* les élus. — *Le peuple de la Promesse,* les Hébreux. ♦ 2° Littér. (XVIIᵉ). Espérance donnée par un événement, une chose. « *Et les fruits passeront la promesse des fleurs* » (MALHERBE). « *Les jeunes gens ne sont-ils pas tous disposés à se fier aux promesses d'un joli visage...?* » (BALZ.). « *Un beau ciel propre et pâle plein de promesses de chaleur et de lumière* » (MAUPASS.). — « *Non que le livre ne contienne des promesses...* » (MAUROIS) : des signes de talent.

PROMÉTHÉEN, ENNE [prɔmeteɛ̃, ɛn]. *adj.* (1846 ; de *Prométhée*). Didact. Relatif à Prométhée. *Le mythe prométhéen.* ◇ Littér. Caractérisé par le goût de l'action, la foi en l'homme. « *L'esprit prométhéen, plus encore... que l'apollinien, était privilège de l'Europe* » (ROMAINS).

PROMÉTHIUM [prɔmetjɔm]. *n. m.* (XXᵉ ; de *Prométhée*). Chim. Élément du groupe des terres rares (symb. Pm ; n° at. 61 ; masse at. 145 g).

PROMETTEUR, EUSE [prɔmetœr, øz]. *n. et adj.* (XIIIᵉ ; de *promettre*). ♦ 1° N. *(Rare).* Personne qui promet facilement sans tenir toujours. « *Les agents théâtraux, ces prometteurs d'engagements* » (CÉLINE). ♦ 2° Adj. (XIXᵉ). Plein de promesses (2°). *Regard, sourire prometteur. Des « réclames prometteuses et pustulentes »* (CÉLINE). *Faire des débuts prometteurs.*

PROMETTRE [prɔmɛtr(ə)]. *v. tr.; conjug. mettre* (fin Xᵉ ; lat. *promittere,* d'apr. *mettre*).

I. ♦ 1° S'engager envers qqn à faire (qqch.). *Il lui a promis son aide.* « *Je n'ose rien projeter ni promettre* » (GIDE). — *Promettre* (à qqn) *de* (et l'inf.). « *Ce que je peux te promettre, c'est d'être discret* » (DUHAM.). — *Promettre que.* « *Si je vous promets... que dans quelques jours Meaulnes sera en campagne pour vous, rien que pour vous ?...* » (ALAIN-FOURNIER). Absolt. *Promettre et tenir font deux* (sont deux choses bien différentes). ◇ Par ext. Affirmer, assurer. *Tu ne riras pas toujours, je te le promets ! « Je te promets que cette partie de mon roman n'engendre pas la mélancolie* » (DUHAM.). ♦ 2° S'engager envers qqn à donner (qqch.). *Promettre une récompense, un poste à qqn. Promettre son cœur, son amour.* « *Il est plus facile de promettre un grand bonheur que de le donner* » (FRANCE). Loc. *Promettre la lune, monts et merveilles :* des choses impossibles. ♦ 3° Annoncer, prédire. *Je vous promets du beau temps pour demain.* ♦ 4° (XIIIᵉ). Faire espérer (un développement, des événements). *La soirée promettait une belle nuit. « Il était impossible de rencontrer un lieu qui promît au voyageur une halte plus agréable* » (MÉRIMÉE). *Cela ne nous promet rien de bon.* « *Elle* (une petite fille) *promettait d'être bien faite* » (BALZ.). ◇ *Promettre beaucoup,* ou absolt. *Promettre,* donner de grandes espérances. *C'est un enfant qui promet.* — Fam. *De la neige en septembre, ça promet pour cet hiver !* ça va être encore pire.

II. SE PROMETTRE. *v. pron.* ♦ 1° Réfl. dir. Promettre sa propre personne. « *Les unes se vendaient... celles-là se promettaient seulement* » (MAUPASS.). ♦ 2° (1538). Réfl. indir.

Espérer, compter sur. *Les joies qu'il s'était promises. Se promettre du plaisir.* « *Je me promettais beaucoup de joie d'un peu de temps passé seul avec elle* » (GIDE). — *Se promettre de* (et inf.) : faire le projet de. « *Il se promit de tirer parti de cette visite in extremis* » (BALZ.). ♦ 3° *Récipr.* Se promettre (qqch.) l'un à l'autre. *Elles se sont promis de garder le secret.*

PROMIS, ISE [prɔmi, iz]. *adj. et n.* (XVᵉ; V. **Promettre**). ♦ 1° Qui a été promis. *Loc. prov.* (1694) *Chose promise, chose due*, on doit faire, donner ce qu'on a promis. ◊ (XVᵉ) *La* TERRE PROMISE : la terre de Chanaan que Dieu avait promise au peuple hébreu (V. **Promission**). — *Fig. Terre promise :* pays riche et fertile; milieu dont on rêve. « *La terre promise: vous entoure : vous ne le savez pas* » (MONTHERLANT). ♦ 2° *Fig.* PROMIS À : destiné à, voué à. *Jeune homme promis à un brillant avenir.* ♦ 3° N. *Vx* ou *région.* (1538). PROMIS, PROMISE : fiancé, ée. « *Une promise ayant dansé avec un cavalier autre que son promis, celui-ci en prit occasion de rompre le mariage* » (STENDHAL).

PROMISCUITÉ [prɔmiskɥite]. *n. f.* (1752; du lat. *promiscuus* « mêlé »). ♦ 1° Assemblage d'individus très différents, dont la réunion a un caractère disparate ou contraire aux bienséances (V. **Mélange**). *La promiscuité des taudis.* ♦ 2° Situation d'une personne soumise à des voisinages nombreux et désagréables; ces voisinages (*une, des promiscuités*). « *Depuis que sa nature s'affinait, il se trouvait blessé davantage par les promiscuités du coron* » (ZOLA). *Les promiscuités de l'hôpital, du métro.*

PROMISSION [prɔmisjɔ̃]. *n. f.* (1190; lat. *promissio* « promesse »). *Relig. jud.* Terre *de promission* (Cf. Terre promise).

PROMO. V. PROMOTION.

PROMONTOIRE [prɔmɔ̃twar]. *n. m.* (1213; lat. *promontorium*). ♦ 1° Pointe de relief élevé s'avançant en saillie au-dessus de la mer (*opposé à* baie). « *Le haut promontoire qui dresse au-dessus de Rabat une puissante masse en trois couleurs...* » (THARAUD). « *La plupart des promontoires du Pélopon(n)èse, de l'Attique... étaient marqués par des temples* » (CHATEAUB.). V. **Cap.** ♦ 2° *Anat.* Petite saillie osseuse de la paroi interne de la caisse du tympan.

PROMOTEUR, TRICE [prɔmɔtœr, tris]. *n.* (1350; fin XVIᵉ; bas lat. *promotor*). ♦ 1° *Littér.* Personne qui donne la première impulsion (à qqch.), qui en provoque la création, la réalisation. V. **Animateur, créateur.** *Les promoteurs du monde moderne. Il a été le promoteur de ce complot* (V. **Auteur**), *de ce mouvement* (V. **Instigateur**). ◊ *Par ext.* Cause. « *Toute imbécillité (faiblesse), selon Aristote, est promotrice de l'avarice* » (MONTAIGNE). ♦ 2° *Chim.* Substance qui, ajoutée en faible quantité à un catalyseur, en augmente beaucoup l'activité. ♦ 3° *Dr. canon.* Procureur d'office, tenant le rôle du ministère public auprès des juridictions ecclésiastiques. ♦ 4° *Dr. et cour.* Promoteur de construction, homme d'affaires qui assure et finance la construction d'immeubles. *Le promoteur et les architectes, les entrepreneurs qu'il emploie.* ◈ ANT. (du 1°) *Continuateur.*

PROMOTION [prɔmɔsjɔ̃]. *n. f.* (1350; bas lat. *promotio*, de *promovere*). ♦ 1° Accession, nomination (d'une ou plusieurs personnes) à un grade, une dignité, un rang supérieur. V. **Avancement.** *Arroser, fêter sa promotion.* « *Cette promotion rêvée, désirée à tout moment, devait apporter six mille francs d'appointements* » (BALZ.). ◊ (Néol.) *Promotion ouvrière, sociale*, émancipation des classes défavorisées, par leur accession à un niveau de vie supérieur; ensemble des moyens mis en œuvre à cette fin. ♦ 2° (XVIIᵉ). *Rare.* Élévation simultanée (de plusieurs personnes) à un même grade, une même dignité, un même poste. *Promotion de généraux.* Ensemble des bénéficiaires de cette promotion. *Officiers de la même promotion.* ◊ *Cour.* Ensemble des candidats admis la même année à certaines grandes écoles (*fam.* PROMO [prɔmo], 1850). *Camarades de promotion, de promo.* « *Il passait capitaine, le troisième de sa promotion* » (MAUROIS). ♦ 3° (Trad. angl. *Sales promotion*; emploi critiqué). *Promotion des ventes :* développement des ventes, par la publicité, les efforts de vente exceptionnels (expositions, démonstrations, baisse de prix); ensemble des techniques, des services chargés de ce développement. *Contrat de promotion immobilière* pour les constructions d'immeubles. (*adj.* PROMOTIONNEL, ELLE, ELS [prɔmosjɔnɛl] : *vente promotionnelle*).

PROMOUVOIR [prɔmuvwar]. *v. tr.; conjug. mouvoir;* rare, sauf inf. et p. p. (1130; du lat. *promovere* « pousser en avant, faire avancer », *d'apr. mouvoir*). ♦ 1° Élever à une dignité, un grade, un rang supérieur. *Il vient d'être promu officier de la Légion d'honneur.* « *Wazemmes... qu'il était peut-être bien imprudent de promouvoir à une responsabilité aussi haute* » (ROMAINS). ♦ 2° (XVᵉ). Encourager (qqch.), provoquer la création, l'essor, le succès de. V. **Animer.** *Promouvoir une politique, la recherche scientifique.*

PROMPT, PROMPTE [prɔ̃, prɔ̃t]. *adj.* (XVIᵉ; « prêt, disposé à », 1205; lat. *promptus*). ♦ I. Qui agit ou se produit tôt. ♦ 1° Qui agit, fait (qqch.) sans tarder. — PROMPT À [prɔ̃ta]. « *Il était violent, généreux,*

prompt à l'injure, prompt aux excuses » (DUHAM.). — *Fig.* « *Toutes les passions les plus dangereuses, les plus promptes à fermenter* » (ROUSS.). — Absolt. *Avoir la main prompte*, être toujours prêt à frapper. V. **Leste.** *Avoir le geste prompt :* être rapide à agir (donner de l'argent, etc.). ♦ 2° (*Choses*). Qui ne tarde pas à se produire, qui survient rapidement. *Je vous souhaite un prompt rétablissement. De prompts secours.* V. **Immédiat.** *Avoir la repartie prompte.* « *Ils sont à l'âge des conclusions promptes* » (GIDE). V. **Hâtif.** — *Un changement si prompt.* V. **Brusque, instantané, soudain.**
♦ II. *Littér.* Qui agit ou se produit en peu de temps. ♦ 1° (*Personnes*). Qui met peu de temps à ce qu'il fait. V. **Rapide.** *Serviteur prompt et zélé.* V. **Diligent, empressé.** « *Un coup d'œil prompt qui saisit les choses* » (DIDER.). ♦ 2° Qui est exécuté, s'accomplit en peu de temps; qui demande peu de temps. « *C'est un mets sain, savoureux, appétissant, de prompte confection* » (BRILLAT-SAV.). ♦ 3° Qui se meut avec rapidité. *Prompt comme l'éclair, comme la foudre :* très rapide, instantané. ◊ *Loc.* « *L'esprit est prompt, et la chair infirme* » (PASC.) : l'esprit est ardent au bien, mais la chair est sans force pour en suivre les aspirations. ♦ 4° *Vx.* Qui passe ou se passe très vite. « *Nous rappelons le passé pour l'arrêter comme trop prompt* » (PASC.). *Sa joie fut prompte*, de courte durée. ◈ ANT. *Appesanti, lent, pesant. Patient.*

PROMPTEMENT [prɔ̃tmɑ̃]. *adv.* (v. 1300; de *prompt*). *Littér.* D'une manière prompte, en peu de temps. V. **Rapidement, vite.** *Le désir d'arriver plus promptement à la célébrité.* V. **Tôt.** *Expédier promptement son travail.* V. **Rondement.** « *Éloignons-nous promptement, il y a du péril à passer par ici* » (LESAGE). ◈ ANT. *Doucement.*

PROMPTITUDE [prɔ̃tityd]. *n. f.* (1470, « facilité à comprendre »; bas lat. *promptitudo*, de *promptus*). *Littér.* ♦ 1° (1510). Caractère de ce qui est prompt (I); manière d'agir, réaction d'une personne qui n'attend pas. V. **Rapidité.** — *Promptitude à...* « *La promptitude à croire le mal...* » (LA ROCHEF.). « *J'admirais avec quelle promptitude son esprit saisissait l'aliment intellectuel que j'approchais d'elle* » (GIDE). ◊ (*Choses*) Caractère de ce qui survient vite. V. **Vivacité.** *La promptitude de ses réactions, de sa guérison.* « *La sagacité extraordinaire de la justice..., la promptitude de son coup d'œil* » (RENAN). ♦ 2° Caractère de ce qui est prompt (II), se fait en peu de temps. « *La promptitude du rêve est telle...* » (COCTEAU). ◈ ANT. *Retard. Lenteur.*

PROMU, UE [prɔmy]. *adj. et n.* (XIXᵉ; V. **Promouvoir**). Qui vient d'avoir une promotion. *Les élèves promus.* — N. *Les nouveaux promus.*

PROMULGATION [prɔmylgasjɔ̃]. *n. f.* (v. 1300, rare av. XVIIIᵉ; lat. *promulgatio*). ♦ 1° Action de promulguer; décret par lequel le chef de l'exécutif atteste officiellement l'existence d'une nouvelle loi votée par le corps législatif et en ordonne l'exécution. ♦ 2° Publication. « *La promulgation des doctrines pastoriennes de Pasteur)* » (CARREL). ◈ ANT. *Abrogation.*

PROMULGUER [prɔmylge]. *v. tr.* (Promulger, v. 1350; lat. *promulgare*). ♦ 1° Rendre (une loi) exécutoire en attestant officiellement et formellement son existence. *Promulguer des édits, des textes de loi, des décrets, des ordonnances.* V. **Édicter, publier.** ◊ *Par anal.* « *L'utile reconnaissance... du dogme promulgué en cour de Rome, trois années plus tôt* » (ZOLA). ♦ 2° *Fig.* et *littér.* Publier. « *Une impatience... louable entraîne les gens de bien à promulguer les vérités qui les frappent* » (MIRABEAU). ◈ ANT. *Abroger.*

PRONAOS [prɔnaos]. *n. m.* (1701; mot gr.). *Archit.* Portique qui précédait le sanctuaire dans les temples grecs de l'antiquité. « *Le temple de Minerve... était un simple parallélogramme allongé, orné d'un péristyle, d'un pronaos ou portique* » (CHATEAUB.).

PRONATEUR, TRICE [prɔnatœr, tris]. *adj. et n.* (1560; bas lat. *pronator*, de *pronus* « penché en avant »). *Anat.* Se dit d'un muscle qui détermine la pronation*. *Muscle rond pronateur, muscle carré pronateur*, situés à la partie antérieure de l'avant-bras. — Subst. *Les pronateurs de l'avant-bras.*

PRONATION [prɔnasjɔ̃]. *n. f.* (1654; bas lat. *pronatio*). *Physiol.* Mouvement de rotation que la main et l'avant-bras exécutent de dehors en dedans sous l'action des muscles pronateurs; position de l'avant-bras et de la main, quand celle-ci se présente avec la paume en dessous et le pouce à l'intérieur. *Par ext. Pronation du pied*, mouvement par lequel le pied se tourne, la plante étant dirigée vers le côté externe. *La pronation s'oppose à la supination.*

PRÔNE [pron]. *n. m.* (1420; *prosne* « grille séparant le chœur de la nef », 1175; lat. pop. °*protinum*, du lat. *protirum*; gr. *prothura* « couloir allant de la porte d'entrée à la porte intérieure »). *Relig.* Discours de piété qu'un curé ou un vicaire fait à la messe du dimanche. V. **Prêche, sermon** (*cour.*). « *Au prône du dimanche suivant, le vieux curé publiait les bans...* » (MAUPASS.). — *Recommander qqn au prône*, le recommander aux prières ou à la charité des fidèles. « *Quand on pense à sa chère église, il ne vous oublie pas dans son prône* » (BALZ.).

PRÔNER [pʀone]. *v. tr.* (1578; de *prône*). Louer sans réserve et avec insistance. V. **Vanter**. *Prôner l'esprit, la grâce d'une femme*. « *Platon et Jean-Jacques Rousseau qui prônèrent le bon vin sans en boire* » (DIDER.). — *Prôner une méthode*. V. **Préconiser**. « *Des idées, qu'il trouvait maintenant prônées par ces Parisiens* » (R. ROLLAND). ◊ ANT. **Décrier, dénigrer, déprécier**.

PRÔNEUR, EUSE [pʀonœʀ, øz]. *n.* (XVIIᵉ; de *prôner*). *Vx* ou *littér.* Personne qui se répand en éloges (souvent *iron.*). « *Comme on l'a rendu bête! Quels piètres explicateurs et prôneurs il a eus!* » (FLAUB.). ◊ ANT. **Détracteur**.

PRONOM [pʀɔnɔ̃]. *n. m.* (1482; lat. *pronomen*, de *pro* « à la place de », et *nomen* « nom »). Mot qui sert à représenter un mot de sens précis déjà employé à un autre endroit du contexte ou qui joue le rôle d'un nom absent, généralement avec une nuance d'indétermination. *Pronom qui remplace un nom. Pronoms démonstratifs, indéfinis, interrogatifs, personnels, possessifs, relatifs. Pronoms personnels réfléchis. Les pronoms (démonstratifs, possessifs...) se distinguent des adjectifs correspondants en ce qu'ils n'accompagnent pas un substantif.*

PRONOMINAL, ALE, AUX [pʀɔnɔminal, o]. *adj.* (1714; bas lat. *pronominalis*). *Gram.* Qui est relatif au pronom, qui est de la nature du pronom. *Adjectifs pronominaux*, les adjectifs démonstratifs, indéfinis, interrogatifs, possessifs. « *En* » *et* « *y* » *sont appelés quelquefois adverbes pronominaux.* ◊ Cour. *Un verbe pronominal*, ou subst. *Un pronominal* : verbe qui se conjugue avec les pronoms personnels réfléchis (ex. : *je me promène, tu te promènes*, etc.) [Abrév. *V. pron.*, dans ce dictionnaire]. *Verbes essentiellement pronominaux*, qui ne s'emploient jamais à la forme simple (se repentir). *Verbe pronominal réfléchi* (je me baigne), *réciproque* (elles se sont fâchées), *à sens passif* (ce plat se mange froid). — *Mettre un verbe à la forme* (ou voix) *pronominale*.

PRONOMINALEMENT [pʀɔnɔminalmã]. *adv.* (1829; de *pronominal*). En fonction de pronom ou comme verbe pronominal. *Mot, verbe employé pronominalement* (abrév. *pronom.*).

PRONONÇABLE [pʀɔnɔ̃sabl(ə)]. *adj.* (1611; *pronuncicible*, v. 1501; de *prononcer*). Qu'on peut prononcer. *Ce mot n'est pas prononçable.* ◊ ANT. **Imprononçable**.

PRONONCÉ, ÉE [pʀɔnɔ̃se]. *adj.* et *n. m.* (1312; V. **Prononcer**). ◆ 1º *Déclaré, dit. Le jugement prononcé* : rendu. — *N. m. Dr. Le prononcé de l'arrêt, de la sentence* : le texte de la décision tel qu'il est lu par le juge à la fin de l'audience. V. **Minute**. « *Ce prononcé... publié à l'occasion d'une querelle* » (DIDER.). ◆ 2º (1667). Dont les contours sont marqués, dessinés avec fermeté. *Ombre peu prononcée.* ◊ Cour. Très marqué, très visible. *Avoir les traits du visage très prononcés.* ◆ 3º Très perceptible. V. **Fort, marqué**. *Ce gâteau a un parfum de vanille prononcé.* « *Ceux qui sans aucune éducation, manifestent un talent prononcé pour la musique, la peinture, etc.* » (COMTE). ◊ ANT. **Imperceptible, insensible; faible**.

PRONONCER [pʀɔnɔ̃se]. *v.*; conjug. *placer* (1120, « déclarer, proclamer »; lat. *pronuntiare*).
I. *V. tr.* ◆ 1º Rendre ou lire (un jugement), prendre ou faire connaître (une décision), en vertu d'un pouvoir. *Prononcer un arrêt, une sentence*. V. **Rendre**. *Prononcer la clôture des débats. Prononcer le huis-clos de l'audience. Prononcer une condamnation*, une peine contre qqn.* V. **Infliger**. *Prononcer un anathème, une excommunication.* — *Contenir* (une décision). « *Un jugement qui annulera son acte de décès et prononcera la dissolution de son mariage* » (BALZ.). ◆ 2º Dire (un mot, une phrase). « *Elle pleurait, elle ne pouvait prononcer un mot* » (ZOLA). V. **Articuler, proférer**. *C'est un mot, un mot qu'on ne peut prononcer sans émotion. Prononcer un souhait, un vœu.* V. **Émettre, énoncer, exprimer, formuler**. — *Prononcer ses vœux*.* — Au p. p. *Des mots prononcés tout bas* : chuchotés, murmurés. « *Un* « *mon petit papa mignon* » *prononcé tendrement sera assez pour vous toucher* » (MOL.). ◊ Pronom. (Sens pass.) « *Le mot d'impérialisme ne prononçait beaucoup* » (ROMAINS). ◊ Impers. « *Si tu ne veux pas qu'il se prononce entre nous des paroles irréparables* » (BOURGET). ◆ 3º Articuler d'une certaine manière (les sons du langage). V. **Prononciation**. *Il prononce les* « *o* » *très ouverts. Prononcer les mots en faisant les liaisons, en détachant les syllabes. Prononcer correctement, exactement un mot. Prononcer mal une langue étrangère.* « *Ils prononçaient tous deux* « *commen allez-vous* », *sans faire la liaison du* t, *...* » (PROUST). — *Pronom.* (Sens pass.) « *Le nom s'écrit et se prononce à l'anglaise... Comme ceci, Djack...* » (DAUD.). ◊ Articuler, émettre (tel son, etc.) *Les enfants ont du mal à prononcer le* r. *C'est un mot impossible à prononcer* : imprononçable. — Absolt. *Il prononce bien* : il a une bonne prononciation, il parle bien. *Prononcer de manière indistincte, en avalant ses mots* : bafouiller, bégayer, zézayer. ◊ Émettre (le son qui correspond à un signe, à une lettre). *On prononce* l *final dans* profil, *mais non dans* fusil. — *Pronom. Dans* sompteux, *le* p *intérieur se prononce,*

mais il doit rester muet dans dompteur. ◆ 4º Faire entendre, dire ou lire publiquement (un texte). V. **Débiter**. *Prononcer un plaidoyer, une harangue, une allocution, un discours, un sermon, etc.* Au p. p. « *Quel avantage n'a pas un discours prononcé sur un ouvrage qui est écrit* » (LA BRUY.). ◆ 5º (1667). *Vx.* Marquer, dessiner avec fermeté (des contours). Pronom. *Sous l'effet de l'âge, les rides se prononcent* (Cf. S'accentuer, s'accuser). V. **Prononcé** (2º).
II. *V. intr.* ◆ 1º *Dr.* Rendre un arrêt, un jugement. *Ces juges ne peuvent prononcer qu'en première instance.* V. **Juger**. *Le même jugement prononcera sur la disjonction.* — Absolt. *Le tribunal n'a pas encore prononcé.* V. **Juger**. ◆ 2º *Vx* ou *littér.* Prendre une décision, formuler son opinion de manière autoritaire. *Prononcer en faveur de, pour, contre qqn.* « *Qui de nous pourrait prononcer entre Clarisse et Lovelace, entre Hector et Achille?* » (BALZ.). V. **Choisir**. — Absolt. « *La philosophie rationnelle pèse les possibilités, prononce et s'arrête tout court* » (DIDER.). ◊ Pronom. Se décider, se déterminer. « *Les écrivains sont invités à se prononcer sur des problèmes ou des conjonctures dont ils ne savent presque rien* » (DUHAM.). *Se prononcer en faveur de qqn, pour qqch.* — Absolt. « *La crise de juin 91 devait décider Condorcet, elle l'appelait à se prononcer* » (MICHELET).

PRONONCIATION [pʀɔnɔ̃sjasjɔ̃]. *n. f.* (1281; lat. *pronuntiatio* « déclaration »). ◆ 1º *Dr. Vx.* Jugement, arrêt. ◊ *Mod.* Action de lire le prononcé du jugement. *Assister à la prononciation de l'arrêt.* ◆ 2º (v. 1380). *Cour.* La manière dont les phonèmes sont articulés, dont un mot est prononcé (V. **Articulation**); les sons qui correspondent dans le langage parlé à tel signe écrit, lettre ou groupe de lettres. *Les faits de prononciation relèvent de la phonétique. Prononciation des voyelles* : toniques ou atones, brèves ou longues, ouvertes ou fermées, etc. *Prononciation des syllabes. Mots qui ont la même prononciation* : homonymes, homophones. *Prononciation correcte, usuelle d'un mot.* ◊ Manière d'articuler, de prononcer (propre à une personne, un milieu, une région, une époque). *Avoir une bonne prononciation.* V. **Orthophonie**. *Avoir une mauvaise prononciation, une prononciation défectueuse. Vices de prononciation* : bégaiement, nasillement, zézaiement. V. **Deltacisme; dystomie**. *La prononciation populaire, faubourienne. La prononciation du XVIᵉ siècle.* « *La vieille prononciation si légère et si coulante et qui de nos jours s'alourdit* » (FRANCE). ◊ L'art, la manière de prononcer les mots d'une langue conformément aux règles, à l'usage. V. **Phonétique** (normative). *Manuel, traité de prononciation. Les règles de la prononciation française.* ◊ Le fait d'être effectivement prononcé (d'une lettre qui peut ou non être muette). *La prononciation de* r *final dans* tiroir, courir, *a été rétablie au XVIIIᵉ s.*

PRONOSTIC [pʀɔnɔstik]. *n. m.* (1314; *pronostique*, 1260; bas lat. *prognosticus*, gr. *prognôstika*, de *progignôskein* « connaître à l'avance »). ◆ 1º *Didact.* (*Méd.*). Jugement que porte un médecin, après le diagnostic, sur la durée, le déroulement et l'issue d'une maladie. « *Nonobstant pronostics et diagnostics, la nature s'était amusée à sauver le malade à la barbe du médecin* » (HUGO). — *Manière de porter ce jugement. Il avait un pronostic infaillible.* ◆ 2º (1671). *Cour.* (Souvent *plur.*) Conjecture sur ce qui doit arriver, sur l'issue d'une affaire, etc. *Se tromper dans ses pronostics. Faire des pronostics.* V. **Pronostiquer**. — *Pronostics des courses. Pronostic qui donne un cheval gagnant.*

PRONOSTIQUE [pʀɔnɔstik]. *adj.* (XVIᵉ; *signes pronostiques;* V. **Pronostic**). *Didact.* (*Méd.*). Relatif au pronostic.

PRONOSTIQUER [pʀɔnɔstike]. *v. tr.* (*Pronostiquier*, 1314; de *pronostic*). ◆ 1º *Didact.* Émettre un pronostic (1º) au sujet de l'évolution d'une maladie, de sa gravité. « *Les médecins lui pronostiquèrent une meilleure santé* » (BALZ.). ◊ *Cour.* Émettre un pronostic (2º) sur (ce qui doit arriver). V. **Annoncer, prévoir**. « *Il est vrai que je... pronostiquais l'avenir d'après ses paroles... je ne doutais pas qu'elle restât toujours auprès de moi* » (PROUST). *Pronostiquer la victoire d'un boxeur.* — *Pronostiquer qqch. à qqn.* ◆ 2º (Sujet de chose). Constituer le signe avant-coureur d'un événement, d'un phénomène. *Les gros nuages noirs pronostiquent la pluie.* « *Ce nom lui pronostiquait des vengeances* » (BALZ.).

PRONOSTIQUEUR, EUSE [pʀɔnɔstikœʀ, øz]. *n.* (1ʳᵉ moitié du XIVᵉ, « devin »; de *pronostiquer*). Personne qui fait des pronostics (2º), qui se prétend bien informée de ce qui va se passer. ◊ Celui qui établit les pronostics sportifs.

PRONUNCIAMIENTO [pʀɔnunsjamjento; pʀɔnɔ̃sja mjeto]. *n. m.* (1869; *pronunciamento*, 1838; mot esp. « déclaration »). Dans les pays hispaniques, Acte par lequel un chef militaire ou un groupe d'officiers déclare son refus d'obéir au gouvernement; manifeste rédigé à cette occasion. *Des pronunciamientos.* ◊ Tout coup d'État organisé ou favorisé par l'armée. V. **Putsch**. « *Le besoin ne se fait pas sentir d'un général de pronunciamiento* » (PROUST).

PROPAGANDE [pʀɔpagãd]. *n. f.* (1792; *congrégation de la propagande*, 1689; trad. lat. *congregatio de propaganda* *fide* « pour propager la foi »). ♦ 1° *Relig.* Institution pour la propagation de la foi chrétienne. *Propagandes catholiques, évangéliques. Propagande qui envoie des missionnaires.* ♦ 2° (1790). *Cour.* Action exercée sur l'opinion pour l'amener à avoir certaines idées politiques et sociales, à soutenir une politique, un gouvernement, un représentant. *Propagande d'un parti politique. Propagande et publicité*. Propagande électorale. Propagande gouvernementale, nationale; communiste, anticommuniste. Instruments, moyens de propagande* (discours, journaux, cinéma, télévision). « *La propagande assenée par les journaux et les ondes* » (COLETTE). *Thème de propagande. — C'est de la propagande!* des nouvelles fausses, faites pour influencer l'opinion. — *Film, revue de propagande.* ◊ *Par ext.* Action de vanter les mérites d'une théorie, d'une idée, d'un homme..., pour recueillir une adhésion, un soutien. *Il fait de la propagande pour le nouveau roman.*

PROPAGANDISTE [pʀɔpagɑ̃dist(ə)]. *n. et adj.* (1792; de *propagande*). Personne, partisan qui fait de la propagande. « *La Révolution... dès la première heure, s'était faite, on le sait, propagandiste à outrance* » (MADELIN). — Adj. *Militant propagandiste.*

PROPAGATEUR, TRICE [pʀɔpagatœʀ, tʀis]. *n.* (1495; lat. *propagator, -trix*). Personne qui propage (une religion; une opinion, une coutume). *Les missionnaires, propagateurs de la foi.* — « *Les Phéniciens... ont été les propagateurs de cette méthode nouvelle* » (DANIEL-ROPS). V. **Diffuseur.**

PROPAGATION [pʀɔpagasjɔ̃]. *n. f.* (h. *XIIIᵉ*, « descendant »; lat. *propagatio*, de *propagare*). ♦ 1° (1380). Multiplication par voie de génération. *La propagation de l'espèce.* V. **Reproduction.** ♦ 2° *Relig.* (1688). Le fait de propager (une croyance, une doctrine). *Association pour la propagation de la foi.* V. **Apostolat; propagande.** ♦ 3° *Cour.* (1690). Progression par expansion, communication dans un milieu. ◊ *(Concret)* Le fait de s'étendre. *La propagation de l'incendie, de l'épidémie. Propagation d'un processus morbide dans l'organisme.* V. **Dissémination.** — *Phys.* (1690) Mouvement par lequel un agent, un phénomène physique s'éloigne de son origine. *Propagation d'une onde. Propagation du son; de la lumière* (V. **Rayonnement**). *Vitesse de propagation d'une onde. Propagation de la chaleur.* ◊ *(Abstrait)* Lutter contre la propagation des fausses nouvelles.

PROPAGER [pʀɔpage]. *v. tr.*; conjug. *bouger* (1480, *estre propagié* de « dériver de »; lat. *propagare* « reproduire par provignement »). ♦ 1° (1762). Multiplier par reproduction. *Propager des espèces.* — Pronom. « *Une très mauvaise plante qui germe, résiste et se propage malgré les privations d'eau...* » (LOTI). ♦ 2° (1780). Répandre, faire accepter, faire connaître à de nombreuses personnes, en de nombreux endroits. *Propager la foi.* V. **Propagande, propagateur.** — *Propager une nouvelle, un bruit.* V. **Colporter, courir** (faire). *Propager une idée, une science.* V. **Diffuser, enseigner.** ◊ *(Choses) Le livre qui a propagé cette théorie. C'est la presse féminine qui a propagé cette mode.* ♦ 3° *V. pron.* (v. 1760). Se répandre. « *Les maladies seules sont contagieuses, et rien d'exquis ne se propage par contact* » (GIDE). *Le désordre, l'incendie se propage.* V. **Augmenter, étendre** (s'), **gagner.** « *La rapidité plus que télégraphique avec laquelle les nouvelles se propagent dans les campagnes...* » (BALZ.). *Idées, théories qui se propagent.* V. **Développer** (se). ◊ *Phys.* (En parlant d'un phénomène vibratoire) *Lumière qui se propage par ondes, par émissions de corpuscules. Vitesse à laquelle le son se propage.* ◊ ANT. Borner, limiter, restreindre; détrôner.

PROPAGULE [pʀɔpagyl]. *n. f.* (1839; lat. mod. *propagulum*, de *propago* « bouture », de *propagare* « propager »). *Bot.* Cellules groupées qui assurent la multiplication végétative des mousses.

PROPANE [pʀɔpan]. *n. m.* (1785; de [acide] *propionique* [1847], du gr. *pro, proto*, et *pion* « gras » [« premier acide gras »], et suff. *-ane*). Hydrocarbure saturé (C₃H₈), gaz inflammable, l'un des constituants du gaz naturel dont il est extrait.

PROPANIER [pʀɔpanje]. *n. m.* (mil. XXᵉ; de *propane*, sur le modèle des noms de navires en *-ier*). *Techn.* Navire spécialisé dans le transport du propane (V. **Pétrolier**).

PROPAROXYTON [pʀɔpaʀɔksitɔ̃]. *adj. et n. m.* (1870; de *pro-*, et *paroxyton*). *Ling.* Se dit d'un mot qui a l'accent sur l'antépénultième syllabe.

PROPÉDEUTE [pʀɔpedøt]. *n. et adj.* (Néol.; du suiv.). Élève de propédeutique.

PROPÉDEUTIQUE [pʀɔpedøtik]. *n. f.* (1876; all. *Propädeutik*, du gr. *paideuein* « enseigner »). ♦ 1° *Didact.* Enseignement préparatoire en vue d'études plus approfondies. ♦ 2° *Cour.* (1950). Cours préparatoire obligatoire qui prépare les bacheliers à l'enseignement supérieur dans certaines facultés et grandes écoles. *Abrév. fam.* PROPÉ [pʀɔpe]. *Être en propédeutique. Faire (sa) propédeutique, suivre ce cours.*

PROPÈNE [pʀɔpɛn]. *n. m.* (XXᵉ; angl. *propene* [1866]; du rad. *prop-*, et suff. *-ène*, des carbures non saturés [« alca-

lènes »]). *Chim.* Hydrocarbure gazeux de la série des hydrocarbures éthyléniques (« oléfines »), C₃H₆, correspondant au propane dans la série des paraffines. *Le propène* (anciens. *Propylène*) *est utilisé dans un grand nombre de synthèses industrielles* (glycérine, détergents, essences, fibres et caoutchoucs de synthèse).

PROPENSION [pʀɔpɑ̃sjɔ̃]. *n. f.* (1528; lat. *propensio*, de *propendere* « pencher »). Tendance naturelle. V. **Disposition, inclination, penchant, tendance.** *Propension à un sentiment, à la bienveillance, à critiquer autrui.* « *La Raison s'achoppe dans sa route, par sa propension malheureuse à chercher la vérité dans le détail* » (BAUDEL.). « *Je ne suis pas crédule, j'ai au contraire une propension merveilleuse au doute* » (FRANCE). — *Propension à consommer, à épargner* (écon.).

PROPERGOL [pʀɔpɛʀgɔl]. *n. m.* (1946; mot all., a remplacé *énergol*, nom déposé; de *prop*[ulsion], et *-ergol;* Cf. *-Ergie*). *Chim.* Substance, ou ensemble de substances, dont la décomposition ou la réaction chimique est génératrice de l'énergie utilisée pour l'autopropulsion des fusées. *Fusées à propergol solide; fusées à propergol liquide.*

PROPHARMACIEN, IENNE [pʀɔfaʀmasjɛ̃, jɛn]. *n.* (1902; de *pro-*, et *pharmacien*). Médecin autorisé à délivrer des médicaments dans les localités où il n'y a pas de pharmacien. *Appos. Médecin propharmacien.*

PROPHASE [pʀɔfaz]. *n. f.* (1899; de *pro-*, et *phase*). *Biol.* Première phase de la division cellulaire (méiose ou mitose) où les chromosomes s'individualisent en filaments fissurés longitudinalement, et se disposent par paires de chromosomes homologues.

PROPHÈTE, PROPHÉTESSE [pʀɔfɛt; pʀɔfetɛs]. *n.* (980,XIᵉ; lat. eccl. *propheta*, gr. *prophétēs* « interprète d'un dieu »). ♦ 1° Personne qui prédit l'avenir (V. **Prophétiser**), prétend révéler des vérités cachées au nom d'un dieu dont il se dit inspiré. *Les prophètes juifs de l'Ancien Testament. Les premiers prophètes hébreux :* les patriarches (Abraham, Moïse), Samuel. *Les quatre grands prophètes bibliques* (Daniel, Ézéchiel, Isaïe, Jérémie) *et les douze petits prophètes.* « *Dieu envoie la loi et les miracles de Moïse, les prophètes qui prophétisent des choses particulières* » (PASC.). *David, le roi-prophète. Les prophétesses de Delphes, d'Apollon* (V. **Pythie**). *Mahomet, le grand prophète de la religion musulmane. Absolt. Le tombeau du Prophète, à La Mecque.* — *Loc. Faux prophètes :* imposteurs. — *La loi** (I, 6°) *et les prophètes.* ◊ *Loc. fig. Nul n'est prophète dans, en son pays :* il est plus difficile d'acquérir de la considération parmi ses proches qu'auprès des étrangers. ♦ 2° Augure, devin. « *Il peut arriver aussi que deux prophètes, sans se connaître, vous annoncent la même chose* » (ALAIN). — *Prophète de malheur*, celui qui annonce, prédit des événements fâcheux.

PROPHÉTIE [pʀɔfesi]. *n. f.* (1119; lat. eccl. *prophetia*). ♦ 1° Action de prophétiser; ce qui est prédit par un prophète inspiré. V. **Prédiction.** *Don de prophétie.* « *Les prophéties ont un sens caché, le spirituel... sous le charnel* » (PASC.). *Les prophéties de la pythie, de la sibylle.* V. **Oracle.** ♦ 2° Ce qui est annoncé par des personnes qui prétendent lire l'avenir, qui pratiquent la divination. *Prophéties d'une cartomancienne.* « *Ce qui d'ailleurs restait commun à toutes les prophéties est qu'elles étaient finalement rassurantes* » (CAMUS). ♦ 3° Expression d'une conjecture sur des événements à venir. « *Tu avais raison, ma chère Sophie; tes prophéties réussissent mieux que tes conseils* » (LACLOS).

PROPHÉTIQUE [pʀɔfetik]. *adj.* (1450; lat. *propheticus*, de *propheta*. V. **Prophète**). ♦ 1° Qui a rapport ou qui appartient au prophète, à la prophétie. *Inspiration, don prophétiques.* « *Une espèce de sens prophétique qui rend par moments le Sémite merveilleusement apte à voir les grandes lignes de l'avenir* » (RENAN). ♦ 2° Qui a le caractère de la prophétie, qui annonce, prédit. « *Si jamais rêve d'un homme éveillé eût l'air d'une vision prophétique, ce fut assurément celui-là* » (ROUSS.). « *Et je croyais outr de ces bruits prophétiques Qui précédaient la mort des paladins antiques* » (VIGNY).

PROPHÉTIQUEMENT [pʀɔfetikmɑ̃]. *adv.* (XVᵉ; de *prophétique*). *Littér.* En prophète, de manière prophétique.

PROPHÉTISER [pʀɔfetize]. *v. tr.* (1155; lat. eccl. *prophetizare*, de *propheta.* V. **Prophète**). ♦ 1° Prédire, en se proclamant inspiré de Dieu. *Prophétiser la venue du Messie.* ♦ 2° Prédire par divination. *Prophétiser l'avenir.* ♦ 3° Deviner par pressentiment ou par conjecture et annoncer (ce qui va arriver). « *Prophétiser l'abondance ou la pénurie des récoltes* » (BALZ.). — Absolt. « *Il est facile de prophétiser après l'événement; mais je peux vous jurer que je m'y attendais* » (LACLOS).

PROPHYLACTIQUE [pʀɔfilaktik]. *adj.* (1537; gr. méd. *prophulaktikos*, de *prophulaktein* « veiller sur »). Qui prévient une maladie. *Mesures prophylactiques. Traitement prophylactique.* V. **Préventif.** « *Une méthode pour prévenir cette odieuse maladie, une méthode prophylactique* » (DUHAM.).

PROPHYLAXIE [pʀɔfilaksi]. *n. f.* (1793; gr. *prophulaxis*). Méthode visant à protéger contre une maladie, à prévenir une maladie. V. **Prévention; préventif.** *Prophylaxie des infections* (V. **Antisepsie, asepsie**), *des épidémies* (V. **Vaccination**). *Prophylaxie antituberculeuse, antivénérienne. « Pour arrêter cette maladie... il fallait appliquer les graves mesures de prophylaxie prévues par la loi »* (CAMUS).

PROPICE [pʀɔpis]. *adj.* (1190; lat. *propitius*). ◆ 1° (En parlant de puissances surnaturelles, le plus souvent). *Propice à qqn* : bien disposé à son égard, prêt à assurer son succès. V. **Favorable.** *Dieu nous soit propice !* — Vx ou plais. *Prêtez-nous une oreille propice.* ◆ 2° (Choses). *Propice à qqn, qqch.* : qui se prête tout particulièrement à. V. **Bon.** *« Rien n'est propice à la rêverie comme... »* (BALZ.). *« Les grasses campagnes du Bessin et l'existence pâle de la province parurent donc propices à son rétablissement »* (BALZ.). — (Sans compl. indir.) *« Et vous, heures propices, Suspendez votre cours ! »* (LAMART.). V. **Ami** (II). *L'occasion était propice. Choisir le moment propice.* V. **Opportun.** ◇ ANT. **Adverse, contraire,** défavorable, néfaste; désastreux, fâcheux.

PROPITIATION [pʀɔpisjasjɔ̃]. *n. f.* (XVIᵉ; « faveur accordée par Dieu; pardon », fin XIIᵉ; lat. ecclés. *propitiatio,* de *propitius*). Relig. *Sacrifice, victime de propitiation,* qu'on offre à Dieu pour se le rendre propice, obtenir son pardon (V. **Propitiatoire**). *Acte de propitiation.*

PROPITIATOIRE [pʀɔpisjatwaʀ]. *n. m.* et *adj.* (1170, *propiciatorie;* lat. *propitiatorium*). ◆ 1° N. m. *Hist. relig.* Table d'or posée au-dessus de l'arche d'alliance. ◆ 2° Adj. Littér. (XVIᵉ; lat. *propitiatorius*). Qui a pour but de rendre (Dieu) propice. *Offrande, victime propitiatoire. « Cette coutume barbare passait pour le plus efficace des rites propitiatoires »* (DANIEL-ROPS).

PROPOLIS [pʀɔpɔlis]. *n. f.* (1555; mot lat.; gr. *propolis* « entrée d'une ville »). Didact., Techn. *(Apiculture).* Gomme rougeâtre que les abeilles recueillent sur les écailles des bourgeons de marronniers, de saules et utilisent pour obturer les fentes des ruches, fixer les gâteaux de cire.

PROPORTION [pʀɔpɔʀsjɔ̃]. *n. f.* (*Porproscion,* 1230; lat. *proportio*). ◆ 1° Rapport de grandeur entre les parties d'une chose, entre une des parties et le tout, défini par référence à un idéal esthétique; *plur.* Combinaison des différents rapports; dimensions relatives des parties et du tout. *« Juger de la beauté, c'est juger de l'ordre, de la proportion et de la justesse »* (BOSS.). *Échelle de proportion. Proportions harmoniques. Proportion de la hauteur et de la largeur (ou) de la hauteur à la largeur (ou) entre la hauteur et la largeur d'une façade. Juste, exacte proportion, proportion idéale, dans un style.* V. **Équilibre, harmonie.** *Canon de proportions* (nombre d'or). — *Proportions du corps, des parties du corps, des traits du visage. « Telle proportion entre la grandeur de la tête et la grandeur de l'ensemble fait le corps florentin ou romain »* (TAINE). *Élégance des proportions.* ◇ Spécialt. *Proportion harmonieuse, correcte. La proportion des parties.* ◇ Absolt. et vieilli. Beauté, harmonie des proportions, des dimensions relatives des parties et du tout. *« La proportion produit l'idée de force et de solidité »* (DIDER.). ◆ 2° Sc. Rapport ou ensemble de rapports de grandeurs. *Les proportions des nombres.* ◇ Math. (XIVᵉ) Égalité de deux rapports. *Termes d'une proportion. Une proportion s'écrit* $\frac{a}{b} = \frac{c}{d}$ *ou* $a : b :: c : d$ (*a est à b comme c est à d*). *Les termes a et b sont les extrêmes,* b *et* c *les moyens,* a *et* d *les antécédents,* b *et* d *les conséquents de la proportion.* — Géom. *Compas* de proportion.* ◆ 3° Rapport quantitatif (entre deux ou plusieurs choses). *Une proportion égale de réussites et d'échecs. Proportion de décès normale, élevée, faible* (par rapport à la population). V. **Pourcentage.** *Dans, selon une proportion, la proportion de 10 %, de cent contre un. Dans la même proportion (que...). Dans la proportion, l'exacte proportion où...* V. **Mesure.** *Accorder qqch. selon une proportion équitable, une juste proportion* (V. **Proportionnellement**). ◆ 4° Fig. et vieilli. Relation que l'on établit entre deux choses que l'on compare. V. **Analogie, correspondance.** *« Quelle proportion, à la vérité, de ce qui se mesure, quelque grand qu'il puisse être, avec ce qui ne se mesure pas ? »* (LA BRUY.). *« Il faut quelque proportion dans une alliance »* (BALZ.). *Établir une proportion.* ◆ 5° Loc. ◇ À PROPORTION DE... : suivant l'importance, la grandeur relative de. V. **Proportionnellement.** *Chose qui augmente à proportion de,* en raison directe de. — À PROPORTION QUE... : à mesure que (et dans la mesure où). — À PROPORTION (*loc. adv.*) : suivant la même proportion. *« Nous ne souffrons qu'à proportion que le vice, qui nous est naturel, résiste à la grâce surnaturelle »* (PASC.). — EN PROPORTION DE. V. **Raison** (en), selon, suivant. *« Les héroïnes raciniennes prennent corps, prennent vie en proportion de l'obstacle contre lequel leur passion se précipite »* (MAURIAC). *Le travail était payé en proportion des risques. C'est peu de chose, en proportion du service qu'il vous avait rendu.* V. **Comparaison** (en), relativement. — EN PROPORTION AVEC... — EN PROPORTION (*loc. adv.*) : suivant la même proportion. *« Il était fabuleusement gros, et grand en proportion »* (R. ROLLAND).

◇ HORS DE PROPORTION, *hors de toute proportion* : sans commune mesure avec (généralement : beaucoup trop grand). V. **Disproportionné.** *« C'est une récompense hors de toute proportion »* (GIRAUDOUX). *Toute(s) proportion(s) gardée(s).* V. **Gardé.** ◆ 6° LES PROPORTIONS : dimensions (par référence implicite à une échelle, une mesure). *« De grands poêles aux proportions monumentales »* (GAUTIER). *Ramener une nouvelle à ses proportions véritables. « Ces deux phases, Waterloo et Sainte-Hélène, réduites aux proportions bourgeoises, tout homme ruiné les traverse »* (HUGO). ◇ ANT. Discordance, disproportion.

PROPORTIONNALITÉ [pʀɔpɔʀsjɔnalite]. *n. f.* (v. 1380; lat. *proportionalitas*). Didact. ◆ 1° Caractère des grandeurs qui sont ou restent proportionnelles entre elles. *La proportionnalité de la masse et du poids. Coefficient de proportionnalité.* ◆ 2° Le fait de répartir (qqch.) selon une juste proportion. *Proportionnalité de l'impôt. « La règle de proportionnalité serait strictement respectée pour l'élection »* (CAMUS).

PROPORTIONNÉ, ÉE [pʀɔpɔʀsjɔne]. *adj.* (1314, *proportionné à* « adapté à »; p. p. de *proportionner*). ◆ 1° *Proportionné à* : qui est dans une proportion normale avec (qqch.); qui forme avec (qqch.) une proportion. *« Ces villes devaient être proportionnés à la fortune de chacun »* (STAËL). ◆ 2° Qui a telles proportions. *Corps bien proportionné, femme bien proportionnée.* V. **Beau, harmonieux** (Cf. *fam.* et *pop.* Bien fait, bien fichu, bien roulé, bien tourné). — Absolt. Bien proportionné. *« L'architecture grecque est bien plus simple... On n'y voit rien que de grand, de proportionné... »* (FÉN.).

PROPORTIONNEL, ELLE, ELS [pʀɔpɔʀsjɔnɛl]. *adj.* (1487; *proporcional,* XIVᵉ; lat. *proportionalis*). ◆ 1° Sc. Se dit de grandeurs mesurables qui sont ou dont les mesures sont et restent dans des rapports égaux (formant une *proportion,* 2°). *Grandeurs proportionnelles* (ou *directement proportionnelles*). *La densité de l'air est proportionnelle au poids qui le comprime. Le frottement est proportionnel au poids. Partages proportionnels* : partage d'un nombre proportionnellement à plusieurs nombres donnés. — *Grandeurs variables inversement proportionnelles,* telles que le rapport de deux valeurs de la première soit égal au rapport inverse des deux valeurs correspondantes de la deuxième. — *Moyenne* proportionnelle* (ou géométrique). *Quatrième proportionnelle à trois grandeurs* : le quatrième terme de la proportion. ◆ 2° Qui est, reste en rapport avec, varie dans le même sens que (qqch.). *Traitement proportionnel à l'ancienneté.* V. **Prorata** (au). — Absolt. Déterminé par une proportion. *Retraite proportionnelle. Impôt proportionnel,* à taux invariable (*opposé à* progressif). ◇ Spécialt. (XXᵉ) *Scrutin proportionnel, représentation proportionnelle* (ou la R. P. [ɛʀpe]). — Subst. *La proportionnelle* : système électoral où les élus de chaque parti sont en nombre proportionnel à celui des voix obtenues par leur parti. *« Les élections à l'intérieur du village se feront au scrutin proportionnel »* (CAMUS). ◇ ANT. Absolu; indépendant. Progressif. Majoritaire.

PROPORTIONNELLEMENT [pʀɔpɔʀsjɔnɛlmɑ̃]. *adv.* (*Proporcionalment,* XIVᵉ; de *proportionnel*). Suivant une proportion; en formant, en conservant des rapports égaux. *Réduire, agrandir proportionnellement un dessin. Varier, augmenter, diminuer proportionnellement à qqch.,* d'une manière directement proportionnelle. — *Par ext.* (dans une comparaison, les deux termes étant rendus comparables par la réduction de leur différence) V. **Comparativement, relativement.** *« Un petit État est proportionnellement plus fort qu'un grand »* (ROUSS.).

PROPORTIONNÉMENT [pʀɔpɔʀsjɔnemɑ̃]. *adv.* (*Proporcionneement,* 1414; de *proportionner*). Rare. D'une manière proportionnée.

PROPORTIONNER [pʀɔpɔʀsjɔne]. *v. tr.* (1483, « préparer, mettre en état, etc. »; lat. *proportionare,* de *proportio*). Rendre (une chose) proportionnelle (à une autre); établir une égalité de rapports, un rapport convenable, normal entre (plusieurs choses). *Proportionner l'effort, le travail au but visé, aux résultats cherchés. Proportionner les récompenses aux services; proportionner les récompenses et les services.* ◇ SE PROPORTIONNER. *v. pron. Vx.* Prendre une importance, une action proportionnelle à (une circonstance, etc.). *« L'âme se proportionne insensiblement aux objets qui l'occupent »* (ROUSS.).

PROPOS [pʀɔpo]. *n. m.* (1265; *purpos,* 1180; de *proposer,* d'apr. lat. *propositum*).
I. ◆ 1° Littér. Ce qu'on se propose; ce qu'on se fixe pour but. V. **Dessein, intention, résolution.** *« Je formais le propos de ne jamais chicaner »* (DUHAM.). Littér. *Être dans le propos de* : dans l'intention. — Relig. *Ferme propos* : résolution ferme (de ne plus commettre le péché). — *De propos délibéré*.* ◆ 2° Cour. À PROPOS DE : au sujet de. *« Le programme ébauché il y a deux ans, à propos de la guerre balkanique... »* (MART. du G.). V. **Concernant, relatif** (à). *À ce propos. À propos de quoi ? À quel propos ? « Comment*

deux hommes... pouvaient-ils s'attraper sans cesse à propos de la politique? » (ZOLA). — *À propos d'un rien, de rien, de tout. À propos de tout et de rien, sans motif.* — *À tout propos* (Cf. À tout bout* de champ; à tout moment). « *Une irritation incessante qui se manifestait à tout propos* » (MAUPASS.). — *À propos, à ce propos,* sert à introduire dans la suite du discours une idée qui surgit brusquement à l'esprit (souvent formule de transition pour introduire une question). *Ah! à propos, je voulais vous demander...* « *À propos, camarade, ma femme va être forcée d'aller passer un jour à Paris...* » (ZOLA). — *Mal à propos* : sans raison sérieuse, de manière intempestive, inopportune. ◊ *À propos* : de la manière, au moment, à l'endroit convenable; avec discernement. « *Pour un solliciteur, il n'y a pas de plus grande éloquence que de savoir se taire à propos* » (MUSS.). « *L'on peut dire que tu viens à propos* » (FRANCE). *Voilà qui arrive, qui tombe à propos* (Cf. Pile). — *Il est à propos de* (et inf.). V. **Bon, convenable, opportun.** « *La geôle étant en mauvais état, M. le juge d'instruction trouve à propos de faire transférer Champmathieu* » (HUGO). ◊ *Hors de propos.* V. **Contretemps** (à). « *Don Jaime lui trouva l'air poli d'un vieux soldat qui veut faire le bon et sourit à tout propos et hors de propos* » (STENDHAL). *Il serait hors de propos de...* V. **Inopportun.**
  II. UN, DES PROPOS : paroles dites (*par ext.* phrases écrites) au sujet de qqn, qqch., mots échangés, prononcés au cours d'une conversation. V. **Discours, parole.** *Vivacité dans les propos.* « *Des propos en l'air, des on-dit, des ouï-dire* » (HUGO). « *Toutes sortes de propos s'ensuivirent : calembours, anecdotes, vantardises, gageures, mensonges..., assertions improbables, un tumulte de paroles* » (FLAUB.). *Propos spirituels.* « *Ces dames faisaient les frais de la conversation et égayaient la compagnie de propos plus ou moins piquants* » (MUSS.). *Propos blessants, injurieux. Propos gais, joyeux, badins, frivoles* (balivernes, boniments). *Propos cyniques, déplacés, grossiers, malséants. Propos licencieux* (gauloiserie, grivoiserie). — *Les Propos,* d'Alain.
  PROPOSABLE [pʀɔpozabl(ə)]. *adj.* (1747; de *proposer*). *Rare.* Qu'on peut proposer.
  PROPOSER [pʀɔpoze]. *v.* (v. 1120; lat. *proponere* « poser devant » d'apr. *poser*).
  I. *V. tr.* ♦ 1° Littér. *Proposer (qqch.) à* : mettre devant (le regard, la perception). V. **Montrer.** « *Une sorte de lorgnette qui... propose au regard une toujours changeante rosace* » (GIDE). — *Proposer qqch. à l'admiration, au respect des hommes.* ♦ 2° Cour. Faire connaître à qqn, soumettre à son choix. *Proposer sa marchandise. On lui a proposé cent mille francs de sa villa.* V. **Offrir.** ◊ (*Abstrait*) Faire connaître, soumettre à l'adhésion de qqn. « *Trouver à chaque projet qu'on propose des objections qui le rendent impraticable* » (STENDHAL). V. **Présenter, soumettre.** *Proposer un nom* (pour désigner une chose nouvelle), *une définition* (pour un mot), *une interprétation* (pour un texte). *Proposer des lois* : faire une proposition* de loi. « *Les graves sénateurs de Rome proposèrent un décret* » (VOLT.). — *Il proposa que la motion fût mise aux voix immédiatement.* « *Il proposa d'organiser une vaste taxe des pauvres, des bureaux de secours et de travail* » (MICHELET). ♦ 3° Soumettre (un projet, une entreprise) en demandant d'y prendre part. *Proposer un arrangement, un accommodement, une bonne affaire à qqn.* — « *Monsieur l'Évêque... me proposa d'entrer dans l'état ecclésiastique* » (Abbé PRÉVOST). — (Dans une incise) *Mettons-nous là, proposa-t-il.* ♦ 4° Demander à qqn d'accepter (ce qu'on veut lui donner, ce qu'on veut faire pour lui). *Il m'a proposé de l'argent, son aide.* V. **Offrir.** — « *Je t'ai maintes fois proposé... d'aller au marché ou de faire le ménage à ta place* » (GIDE). ♦ 5° Donner (un sujet, un thème) à un écrivain, à un artiste, à un chercheur, aux candidats à un examen. « *Frappé de cette grande question, je fus surpris que cette Académie eût osé la proposer* » (ROUSS.). — Au p. p. *Quel a été le sujet proposé cette année?* ♦ 6° Faire connaître, promettre de donner (ce qui sera le prix, la récompense du vainqueur). *Proposer un prix, une récompense.* ♦ 7° Désigner (qqn) comme candidat pour un emploi, une fonction, etc.; désigner, soumettre au choix d'autrui. V. **Présenter.** *Proposer un candidat. Être proposé pour tel poste, pour tel grade.* « *Souffrez qu'on vous propose Un époux beau, bien fait* » (LA FONT.).
  II. *V. intr.* (*Vx*). Former un dessein, un projet. — *Loc. mod. L'homme propose et Dieu dispose.*
  III. SE PROPOSER. *v. pron.* ♦ 1° Se fixer comme but, avoir pour objet; avoir en considération, en vue. « *Quand on se propose un but, le temps, au lieu d'augmenter, diminue* » (RIVAROL). — *Se proposer de...* : avoir l'intention, former le projet. « *Se proposer de faire telle chose, l'annoncer bien haut; puis ne point la faire* » (GIDE). ♦ 2° Poser sa candidature à un emploi, à une fonction, etc.; se mettre sur les rangs pour une compétition. « *Il s'était proposé à l'abbé Petitjeannin comme moniteur pour le patronage* » (ARAGON). « *Monsieur de Granville... se proposa* » (BALZ.).

PROPOSITION [pʀɔpozisjɔ̃]. *n. f.* (v. 1120, *propositiun* « action de faire connaître ses intentions »; lat. *propositio*). ♦ 1° L'action, le fait d'offrir, de suggérer qqch. à qqn; ce qui est proposé. V. **Offre.** *Proposition de paix. Faire des propositions avantageuses.* « *Sa proposition avait été rejetée avec une violence qu'elle considérait comme regrettable* » (CAMUS). Spécialt. *Faire des propositions déshonnêtes, faire des propositions à une femme.* ◊ *Proposition votée au cours d'un congrès, dans une assemblée.* V. **Motion.** — Dr. *Proposition de loi* : texte qu'un ou plusieurs parlementaires déposent sur le bureau de leur Assemblée pour qu'il soit transformé en loi après un vote du Parlement. *Repousser une proposition.* ◊ SUR (LA) PROPOSITION DE. V. **Conseil, initiative.** « *L'assemblée déclara ensuite, sur la proposition de Mirabeau, que ses membres étaient inviolables* » (MICHELET). *Être nommé à un poste sur la proposition de ses supérieurs.* ♦ 2° Didact. Expression d'un jugement de réalité ou de valeur, formule qui résume une opinion. V **Précepte.** *Argument qui vient appuyer une proposition.* ◊ Log. Énoncé qui exprime une relation entre deux ou plusieurs termes. *Sujet, copule, attribut d'une proposition. Proposition catégorique*, complexe. Propositions contradictoires, contraires. Proposition évidente par soi, claire et intelligible par elle-même* (V. **Axiome**), *posée comme principe* (V. **Postulat, principe**). *Démontrer une proposition.* ◊ Math. Le fait de poser une égalité, un théorème, etc.; l'énoncé. *Les propositions d'Euclide.* ♦ 3° (XVIIe). Unité psychologique et syntaxique (réduite parfois à un seul mot) qui constitue à elle seule une phrase simple ou qui entre comme élément dans la formation d'une phrase complexe. *Sujet, verbe, attribut, complément d'une proposition. Découpage d'un énoncé en propositions ou analyse logique. Proposition principale, subordonnée, indépendante. Propositions coordonnées*, juxtaposées. Proposition affirmative, négative, interrogative, exclamative, impérative. Proposition relative. Proposition introduite par une conjonction ou conjonctive. Propositions circonstancielles, finales, causales, comparatives, concessives, etc. « *L'immense armée des Propositions, les Principales, les Subordonnées, les capricieuses Complétives, les Circonstancielles et les autres (s'il en est...)* » (VALÉRY).

PROPOSITIONNEL, ELLE [pʀɔpozisjɔnɛl]. *adj.* (XXe); de *proposition*). Log. Qui est relatif aux propositions. *Logique propositionnelle et logique fonctionnelle.*

PROPRE [pʀɔpʀ(ə)]. *adj. et n. m.* (1090; lat. *proprius*).
  I. Adj. **A** (Idée d'appartenance. V. **Propriété**). ♦ 1° (*Après le nom*). Qui appartient d'une manière exclusive ou particulière à une personne, une chose, un groupe. V. **Distinctif, exclusif, personnel.** *Avoir des qualités propres. Remettre des papiers en mains propres à leur destinataire.* ◊ Astron. *Mouvement propre d'un astre, d'une étoile,* son déplacement angulaire indépendamment des mouvements de la Terre et de l'aberration astronomique. ◊ *Nom propre* (opposé à *nom commun* [I, 3°]) : nom qui s'applique à une ou plusieurs personnes qu'il désigne (alors que le nom commun correspond à une espèce, une idée générale, à un sens). *Jean, Napoléon, Paris sont des noms propres. Les noms propres prennent une majuscule.* « *Et Dieu sait que je n'ai pas, autant que mon mari, la mémoire des noms propres* » (DUHAM.). ◊ *Sens propre,* sens d'un mot considéré comme antérieur aux autres (logiquement ou historiquement). V. **Littéral.** *Mot employé au sens propre.* ◊ Dr. Qui est possédé en toute propriété (opposé à *commun*). *Biens propres,* dans le régime de la communauté. ♦ 2° (1562). PROPRE À : particulier. *Attribut, caractère propre à une chose, une personne, un ensemble. Traits propres à certains individus.* « *L'enfance a des manières de voir, de penser, de sentir qui lui sont propres* » (ROUSS.). ♦ 3° (Sens affaibli, employé avec un possessif, avant le nom). « *Voici ce que j'ai entendu de mes propres oreilles et vu de mes propres yeux* » (FRANCE). *De ses propres deniers. Par ses propres moyens. Dans leur propre intérêt. De leur propre autorité. De sa propre initiative, sa propre chef* (I, 3°). *De son propre cru* (I, 2°). *Par sa propre faute.* ◊ (Exprimant l'appartenance et placé devant le nom présenté comme étant l'être, la chose en question) V. **Même.** *Ce sont ses propres mots.* « *C'était le propre maison de Pierre Ronsard...* » (GAUTIER). V. **Véritable.** ♦ 4° *Vx.* L'AMOUR PROPRE : qu'on a pour soi. V. **Amour-propre.** ♦ 5° (1538). *Après le nom.* Qui convient particulièrement. — (*Choses*) V. **Approprié, convenable.** *Le mot propre.* V. **Exact, juste.** « *Les œufs gluants de grenouilles qui me faisaient horreur : horreur est le mot propre* » (STENDHAL). ◊ PROPRE À... (avec un nom). V. **Fait** (pour). *Une obscurité propre au recueillement. L'objet est peu propre à cet usage.* « *Un lieu propre à la rêverie et aux rendez-vous...* » (HENRIOT). *Rendre propre à qqch.,* faire servir à un but. — (Avec l'inf.) *Une discipline propre à former des hommes* (Cf. De nature à). « *Rien... n'était plus propre à me toucher que cette émotion contenue* » (GIDE). ♦ 6° (*Personnes*). PROPRE À : apte, capable par sa personnalité, ses capacités, ses connaissances (*vieilli*).

« *On pense à moi pour une place, mais par malheur, j'y étais propre* » (BEAUMARCH.). « *Propre à tout pour les autres, bon à rien pour moi : me voilà* » (CHATEAUB.). Mod. *Être propre à remplir un emploi.* ◇ Subst. PROPRE A RIEN : personne qui ne sait rien faire ou ne veut rien faire, qui ne peut se rendre utile. V. **Incapable.** « *Elle le traitait de propre à rien, parce qu'il gagnait de l'argent sans rien faire* » (MAUPASS.). *Des propres à rien.* Ⓑ V. **Propreté.** *(En attribut ou après le nom).* ♦ 1º (v. 1280). Qui a l'aspect convenable, net. V. **Net.** *Porter les cheveux très courts, c'est très propre. Une copie propre.* — Subst. *Mettre, recopier au propre, au net* (opposé à : au brouillon). ◇ *Par ext.* Fait convenablement. *Voilà du travail propre.* V. **Correct.** *Pianiste qui a un jeu propre.* ♦ 2º (1640). *Plus cour.* Qui n'a aucune trace d'ordure, de crasse, de poussière, de souillure. *Maison, appartement propre. Hôtel modeste mais propre. Tout était propre et net. Vaisselle, verres propres. Draps bien propres.* V. **Blanc, immaculé.** « *Pourquoi sous cet habit, qui est très propre, une chemise sale?* » (DIDER.). *Avoir les mains propres.* — Subst. Fam. *Ça sent le propre.* ◇ *Par ext.* (D'une action, d'une occupation) « *Elle aime ce métier* (la menuiserie) *parce qu'il est propre* » (ROUSS.). *Ne mange pas avec tes doigts, ce n'est pas propre.* ◇ *(Personnes)* Qui se lave souvent; dont le corps et les vêtements sont débarrassés de toute impureté. *Être propre sur soi. Propre comme un sou neuf.* « *Je ne l'ai jamais vu si bien mis que ce jour-là. Il était propre comme un sou* » (HUGO). — Loc. fam. (Iron.) *Un petit vieux bien propre.* — *Une ménagère, une bonne très propre, soigneuse, qui tient bien sa maison.* ◇ *Fig. et par antiphr.* Dans une mauvaise situation. *Nous sommes propres, nous voilà propres!* V. **Frais** (Cf. Dans de beaux draps). « *Ah! bon sang! nous serions propres!* » (ZOLA). ◇ (XXᵉ) Qui a le contrôle de ses fonctions naturelles. *Cet enfant a été propre vers un an.* « *Une chienne... Treize mois, la maladie faite..., propre à l'appartement* » (COLETTE). ♦ 3º *Fig.* (av. 1875). Qui ne manque pas à l'honneur pour des raisons d'intérêt, dont la réputation est sans tache. *C'est un homme propre en qui l'on peut avoir confiance.* Pop. *Qui est-ce? Rien de propre, pas grand-chose de propre.* ◇ Qui est honnête, moral; honnêtement gagné. « *Ce n'était pas de l'argent assez propre pour qu'un honnête homme y touchât* » (ZOLA). « *Ce qui reste d'un peu propre en nous-mêmes* » (MAC ORLAN). *Une affaire pas très propre. C'est du propre!* se dit par antiphrase d'une chose sale, et *(fig.)* d'un comportement indécent, immoral. « *Eh ben vrai, alors c'est du propre!* déclara Lahrier, qui fit halte sur place* » (COURTELINE).
II. *N. m.* ♦ 1º (XIIIᵉ). EN PROPRE : possédé à l'exclusion de tout autre. *Avoir un bien en propre, à soi.* V. **Propriété.** « *Tant de particularités que la Bretagne possède en propre* » (RENAN). « *Les universités possédaient des biens en propre, comme le clergé* » (STAËL). ♦ 2º *Dr.* Biens de la femme ou du mari qui restent la propriété de chacun, dans le régime matrimonial de la communauté. « *Pierquin calcula que les propres de madame Claës... devaient montrer une somme d'environ quinze cent mille francs...* » (BALZ.). ♦ 3º (1718). *Liturg.* Tout élément de célébration qui est propre à un saint, un temps, un lieu, et ne fait partie ni de l'ordinaire (II, 3º), ni du commun. *Propre du temps. Propre des Saints.* ♦ 4º *Cour.* LE PROPRE DE : qualité distinctive qui appartient à une chose, une personne. V. **Apanage, particularité.** « *Pour ce que rire est le propre de l'homme* » (RABELAIS). « *Le propre de chaque chose doit être cherché. Le propre de la puissance est de protéger* » (PASC.). « *Cette sagesse qu'elle proclamait le propre de l'homme* » (FRANCE). ♦ 5º AU PROPRE : au sens propre, littéral. *Se dit au propre et au figuré.*
◇ ANT. *Collectif, commun; impropre, incapable. Malpropre; crasseux, négligé, sale, sali, souillé, taché; malhonnête; immoral, indécent.*

PROPREMENT [prɔprəmɑ̃]. *adv.* (1190; de *propre*).
♦ 1º D'une manière spéciale à qqn ou à qqch.; en propre. « *Il n'y a pas de comique en dehors de ce qui est proprement humain* » (BERGSON). ♦ 2º Au sens propre du mot, à la lettre. V. **Exactement, précisément, véritablement.** « *L'état relatif des puissances de l'Europe est proprement un état de guerre* » (ROUSS.). « *Ce n'étaient point proprement des lettres d'amour* » (GIDE). À PROPREMENT PARLER : en nommant les choses exactement, par le mot propre. « *La lettre de Broudier, qui à proprement parler était une épître, conçue dans le goût classique* » (ROMAINS). PROPREMENT DIT : au sens exact et restreint, au sens propre. « *Quand on y arrive enfin, on a devant soi le temple proprement dit...* » (LOTI). ♦ 3º *Vx* (1538). De la manière qui convient, comme il faut. V. **Bien.** « *Ils parlent proprement et ennuyeusement* » (LA BRUY.). — Mod. et iron. (avant le verbe) *Il lui a proprement rivé son clou. On l'a proprement ficelé et bâillonné.* ◇ Comme il faut, sans plus. V. **Convenablement, correctement.** *Travail proprement exécuté.* ♦ 4º Avec soin. V. **Soigneusement.** *Chambres proprement rangées. Deux filles jolies, proprement mises.* ◇ (XVIᵉ) Avec propreté. « *Il offrit une poignée de*

blé à l'âne qui la mangea proprement dans sa main* » (BOSCO). *Proprement vêtu.* ♦ 5º *Fig.* et *fam.* Moralement, avec honnêteté, décence. *Se conduire proprement.* « *Si je meurs proprement, j'aurai prouvé que je ne suis pas un lâche* » (SARTRE).
◇ ANT. *Mal. Malproprement, salement.*

PROPRET, ETTE [prɔprɛ, ɛt]. *adj.* (v. 1500, « vêtu avec soin »; de *propre*). Bien propre (de ce qui est simple et gentil). *Une servante proprette.* « *Il y avait des ruelles proprettes, entre de petites maisons* » (GIDE).

PROPRETÉ [prɔprəte]. *n. f.* (1538; de *propre* I, B). ♦ 1º *Vx.* Manière convenable de s'habiller, de se meubler. « *J'aime le luxe, la propreté...* » (VOLT.). V. **Soin.** ◇ Mod. Façon correcte et précise d'exécuter qqch. (dans le domaine artistique). *Propreté d'exécution d'un morceau de musique, d'une peinture.* V. **Netteté.** ♦ 2º (1671). *Cour.* État, qualité de ce qui est propre (B, 2º). *La propreté d'un logis, d'une ville.* « *Quant à la propreté, le poli de ses casseroles faisait le désespoir des autres servantes* » (FLAUB.). *Propreté et blancheur du linge. Un air de propreté.* « *Depuis le plancher soigneusement ciré, jusqu'aux rideaux de toile à carreaux verts, tout brillait d'une propreté monastique* » (BALZ.). — *Plaque* de propreté.* ◇ Qualité d'une personne qui est propre sur elle, qui veille à ce que son intérieur, les objets dont elle se sert soient propres. *Propreté minutieuse d'une ménagère. La propreté suisse, flamande. Manger avec propreté.* « *Selon elle, toutes les devoirs de la femme, un des premiers est la propreté* » (ROUSS.). ♦ 3º *Techn.* Les finitions, en couture.
◇ ANT. *Crasse, saleté. Malpropreté.*

PROPRÉTEUR [prɔpretœr]. *n. m.* (1542; lat. *proprætor*. V. **Préteur.** *Hist. rom.* Magistrat, ancien préteur auquel on confiait souvent le gouvernement d'une province.

PROPRÉTURE [prɔpretyr]. *n. f.* (1845; de *propréteur*). *Hist. rom.* Dignité, fonction de propréteur.

PROPRIÉTAIRE [prɔprijetɛr]. *n.* (1263; lat. *proprietarius*, de *proprietas* (« propriété »)). ♦ 1º *Le propriétaire de qqch.* : personne qui possède en propriété, exerce à son profit exclusif le droit de propriété. *Le possesseur d'un bien en est souvent le propriétaire. Le propriétaire d'une auto, d'un chien. Remettre une chose à son propriétaire.* « *La villa de Maisons dont elle était seule propriétaire* » (MART. du G.). *Propriétaire de domaines, de forêts. Faire le tour du propriétaire, visiter sa maison, son domaine.* « *Je te ferai faire le tour du propriétaire. Tu verras toute notre nouvelle installation...* » (MART. du G.). ♦ 2º *Un propriétaire*, personne qui possède en propriété des biens immeubles. *Propriétaire foncier*. Propriétaire terrien. Les grands, les petits propriétaires.* « *Ils étaient devenus propriétaires, un arpent, deux peut-être, achetés au seigneur dans l'embarras* » (ZOLA). « *Un pays où le plus pauvre est propriétaire, n'aspire qu'à l'être davantage* » (MAURIAC). ♦ 3º *Spécialt.* Personne qui possède une maison et la loue. V. **Proprio** (pop.). *Propriétaire et locataire*. Loyer dû au propriétaire. Réparation à la charge du propriétaire. Propriétaire avide* (Cf. fam. Vautour). « *Elle la rencontra devant sa maison, jetée elle aussi sur le pavé par son propriétaire* » (ZOLA).

PROPRIÉTÉ [prɔprijete]. *n. f.* (1174; lat. jur. *proprietas*). I. Ⓐ Droit d'user, de jouir et de disposer d'une chose d'une manière exclusive et absolue sous les restrictions établies par la loi. — Dr. *La propriété est un droit réel et perpétuel sur les biens corporels tangibles. Détention, possession et propriété. Acquisition de la propriété* (appropriation). *Transfert de propriété. Titre de propriété. Propriété immobilière, foncière, d'un bien-fonds. Propriété mobilière.* V. **Possession.** *Propriété commerciale, industrielle* (V. **Brevet, marque**). — Cour. *Le goût, l'amour de la propriété :* de la possession. « *Il y a dans le sentiment qui attache l'homme à la propriété autre chose que le plaisir d'avoir, c'est le plaisir de faire* » (ALAIN). « *La propriété c'est le vol* » (PROUDHON). — *Propriété de l'État. Propriété collective. Propriété capitaliste et propriété sociale. Propriété collective des moyens de production* (collectivisme, communisme, socialisme). *En toute propriété*; par oppos. à *copropriété. Avoir la propriété sans l'usufruit.* V. **Nue-propriété, usufruit.** ◇ Par ext. Monopole temporaire d'exploitation d'une œuvre, d'une invention par son auteur. *Propriété littéraire; propriété artistique* (Cf. Droits d'auteur). — *Propriété industrielle* : droit exclusif de l'usage d'un nom commercial, d'une marque, d'un brevet, d'un dessin ou modèle de fabrique. Ⓑ ♦ 1º *De propriété*. *C'est ma propriété, c'est à moi, cela m'appartient. Ce domaine est la propriété de la famille X. Aliénation d'une propriété.* ◇ Se dit des personnes considérées comme des biens dont on dispose. « *Le véritable Figaro qui, tout en défendant Suzanne, déroute les projets de son maître...* » (BEAUMARCH.). « *C'est mon bien, c'est ma propriété, c'est ma chose...* » (GAUTIER). ♦ 2º *Bien-fonds* (terre, construction) possédé en propriété. V. **Domaine, fonds, immeuble.** *Propriété d'agrément, de rapport. Revenu d'une propriété. Acquérir, vendre une propriété.* « *Il possédait par*

là une propriété qui appartenait à sa famille, depuis plusieurs générations » (JALOUX). *Propriété indivise. Limite, bornage de propriétés.* ◇ *Spécial.* Terres et exploitations agricoles. *Propriété cadastrée. Donner une propriété à ferme. Petites et grandes propriétés. Propriété morcelée. Regroupement de petites propriétés :* remembrement. ◇ Collect. *« La lutte... entre la grande propriété et la petite »* (ZOLA). — *Par ext.* Les propriétaires de cette sorte de biens. *Loi qui mécontente la grande propriété.* ♦ 3° *Cour.* Riche maison d'habitation avec un jardin, un parc. *« À la sortie du village s'étendaient des propriétés : derrière les grilles... il y avait des perspectives de pelouses... »* (NIZAN).
II. (XIIᵉ). *Abstrait.* ♦ 1° Qualité propre, caractère (surtout caractère de fonction) qui appartient à tous les individus d'une espèce sans toujours leur appartenir exclusivement. V. **Propre** (*n. m.*). *« La vie, dont la mort est une des propriétés caractéristiques »* (VALÉRY). *Les propriétés de la matière. Définir un corps, un phénomène par ses propriétés. Propriétés constitutives.* ◇ *Chim.* Ensemble de constantes, de caractères, de réactions d'une substance ; manière dont elle se comporte suivant les conditions dans lesquelles elle est placée. *Propriétés physiques, chimiques et physiologiques.* ◇ Biol. *Propriétés vitales. L'excitabilité et la conductibilité, propriétés des nerfs.* — Math. *Propriétés des opérations naturelles.* — *Propriétés d'un ensemble.* ♦ 2° Qualité du mot propre (I, A, 5°). *La propriété d'un mot. « Mon cher lecteur, pardonnez-moi la propriété de cette expression »* (DIDER.). *Propriété des termes.* — (ANT. **Impropriété**).
PROPRIO [pʀɔpʀi(j)o]. *n. m.* (1878 ; de propri[étaire], et suff. pop. *-o*). Pop. Propriétaire (3°). *« L'argent manquant pour... le pain et le proprio »* (AYMÉ).
PROPRIOCEPTIF, IVE [pʀɔpʀijɔsɛptif, iv]. *adj.* (av. 1951 ; de *propre*, et l'élément de *réceptif, perceptif*). Didact. (*Physiol.*). *Sensibilité proprioceptive*, propre aux muscles, ligaments, os, par opposition à la sensibilité tactile (dite *extéroceptive*) et à la sensibilité viscérale (*intéroceptive*).
PROPULSER [pʀɔpylse]. *v. tr.* (1863 ; de *propuls[ion]*). Rare. Faire avancer au moyen d'un propulseur. Cour. (Au p. p.) *Missile propulsé par une fusée à combustible liquide. Engin propulsé par ses propres moyens.* V. **Autopropulsé.** ◇ *Par ext.* Projeter au loin, avec violence. — Pop. *Se propulser dans la nature,* se promener.
PROPULSEUR [pʀɔpylsœʀ]. *adj. et n. m.* (1846 ; de *propuls[ion]*). ♦ 1° *Adj.* Qui transmet le mouvement de propulsion. *Organe, mécanisme propulseur. « La force motrice, ou principe propulseur... »* (BAUDEL.). ♦ 2° *N. m.* (1858). Engin de propulsion assurant le déplacement d'un bateau, d'un avion. *Propulseur de fusée.* V. (anglicisme) **Booster.** *Propulseur à hélice. Propulseur à gaz* (V. **Turbopropulseur**), à réaction (V. **Statoréacteur, turboréacteur**). ♦ 3° *Ethnol., Préhist.* Baguette, planchette attachée à une lance, un harpon, pour augmenter la force et la précision du lancer.
PROPULSIF, IVE [pʀɔpylsif, iv]. *adj.* (1846 ; de *propulsion*). Didact. Qui produit un effet de propulsion. *Hélice, roue propulsive.*
PROPULSION [pʀɔpylsjɔ̃]. *n. f.* (1640, rare av. 1836 ; du lat. *propulsus*, p. p. de *propellere* « pousser devant soi »). ♦ 1° Action de pousser en avant, de mettre en mouvement, en circulation. *Le cœur, organe de propulsion, qui projette le sang dans le système artériel.* ♦ 2° *Cour.* Production d'une force qui assure le déplacement d'un mobile. *Force de propulsion. Propulsion des bateaux par hélices* (V. **Propulseur**). *Propulsion électrique. Propulsion par jet de gaz, par réaction,* s'effectuant par projection de masses pesantes vers l'arrière. *Propulsion mécanique* (par turbopropulseurs, turboréacteurs), *thermique* (par statoréacteurs). — *Propulsion des fusées* (autopropulsion). *Propulsion atomique, nucléaire.*
PROPYLÉE [pʀɔpile]. *n. m.* (1752 ; gr. *propulaion* « ce qui est devant la porte »). *Hist. gr.* Vestibule d'un temple. — *Plur.* Portique à colonnes qui formait l'entrée, la porte monumentale (d'un sanctuaire, d'une citadelle). Spécial. *Les Propylées* (de l'Acropole d'Athènes).
PROPYLÈNE [pʀɔpilɛn]. *n. m.* (1869 ; de *propane*, d'apr. *éthyle* et suff. *-ène*, indicatif des carbures d'hydrogène). Chim., techn. Deuxième membre de la série des *hydrocarbures éthyléniques* (formule $CH_3CH = CH_2$).
PRORATA [pʀɔʀata]. *n. m. invar.* (1600 ; *pro rata*, adv., « proportionnellement » [1360] ; lat. *pro rata* [*parte*] « selon la part calculée »). ♦ 1° *Vx* (1684). Quote-part. *Toucher, verser son prorata.* ♦ 2° (v. 1600). AU PRORATA DE (*loc. prép.*) : en proportion de, proportionnellement à. *La participation aux bénéfices est généralement fixée au prorata des salaires. « Les produits de cette coopération sociale sont distribués à chacun, au prorata de son effort »* (ZOLA).
PROROGATIF, IVE [pʀɔʀɔgatif, iv]. *adj.* (1800 ; lat. *prorogativus*). Didact. Qui a pour effet de proroger.
PROROGATION [pʀɔʀɔgasjɔ̃]. *n. f.* (1313 ; lat. *prorogatio*). ♦ 1° Action de proroger ; fixation d'un terme à une date postérieure à celle qui avait été primitivement fixée.

Prorogation de délai, de terme. V. **Renouvellement.** *« Sa grande affaire du moment était d'obtenir de Malin une prorogation du bail de sa ferme »* (BALZ.). ♦ 2° *Polit.* (1694 ; angl. *prorogation*). Acte du pouvoir exécutif suspendant les séances d'une assemblée et en reportant la suite à une date ultérieure. ◇ ANT. **Dissolution.**
PROROGER [pʀɔʀɔʒe]. *v. tr.* ; conjug. *bouger* (*Proroguer,* 1330 ; lat. *prorogare*). ♦ 1° Renvoyer à une date ultérieure, accorder un délai à. *Proroger une échéance.* ◇ Faire durer au delà de la date d'expiration fixée. V. **Prolonger.** *Le délai a été prorogé.* ♦ 2° *Polit.* (1690 ; angl. *to prorogue*). *Proroger une assemblée,* en décréter la prorogation. ◇ Pronom. (Réfl.) *Le parlement s'est prorogé jusqu'en octobre.*
PROSAÏQUE [pʀozaik]. *adj.* (déb. XVᵉ ; bas lat. *prosaicus,* de *prosa*). ♦ 1° *Vx.* Qui tient trop de la prose, qui manque d'élévation. *« La composition est languissante..., le vers lâche et prosaïque »* (CHATEAUB.). ♦ 2° *Fig. et mod.* (mil. XVIᵉ). Qui manque d'élégance, de distinction, de noblesse. V. **Commun, plat, vulgaire.** *Vie prosaïque. Travaux prosaïques. « Un esprit ravalé et bourgeoisement prosaïque... »* (GAUTIER), sans poésie. ◇ (Personnes) *« Tous les hommes me semblaient prosaïques et plats »* (STENDHAL). *« Il est d'ailleurs bien trop pot-au-feu, trop prosaïque pour avoir le sens du beau »* (BALZ.). ◇ ANT. **Lyrique, poétique. Idéal, noble.**
PROSAÏQUEMENT [pʀozaikmɑ̃]. *adv.* (1833 ; « en prose », 1539 ; de *prosaïque*). ♦ 1° *Vx.* D'une manière, dans un style qui rappelle trop la prose. ♦ 2° *Mod.* (1842). D'une manière prosaïque (2°). V. **Banalement, platement.** *« La Gilardière n'était pas La Gilardière, mais prosaïquement un sieur Manchon »* (ESTAUNIÉ).
PROSAÏSME [pʀozaism(ə)]. *n. m.* (1785 ; de *prosaïque*). ♦ 1° *Vx.* Caractère de ce qui est prosaïque (1°). *Le prosaïsme de ces vers.* ♦ 2° *Mod.* Caractère de ce qui est plat, sans noblesse. *« Au souffle glacial du prosaïsme, j'ai perdu une à une toutes mes illusions... »* (GAUTIER).
PROSATEUR [pʀozatœʀ]. *n. m.* (1666, rare av. XVIIIᵉ ; it. *prosatore,* lat. *prosa*). Auteur qui écrit en prose. *« Je vous ai dit que Théophile de Viau était un grand poète ;... c'était un non moins grand prosateur »* (GAUTIER).
PROSCENIUM [pʀosenjɔm]. *n. m.* (1765 ; mot lat., gr. *proskênion*). Antiq. Corniche qui coupait le mur de fond et surplombait la scène d'un théâtre. — Avant-scène.
PROSCRIPTEUR [pʀoskʀiptœʀ]. *n. m.* (1542, rare av. 1721 ; lat. *proscriptor*). Didact. Celui qui proscrit, pratique la proscription.
PROSCRIPTION [pʀoskʀipsjɔ̃]. *n. f.* (1486 ; lat. *proscriptio* « affichage pour une vente », par ext. « proscription » ; de *proscribere*). ♦ 1° *Hist. rom.* Mise hors la loi, condamnation prononcée sans jugement contre des adversaires politiques. *Les sanglantes proscriptions de Sylla.* ◇ *Cour.* (1525) Mesure de bannissements prise à l'encontre de certaines personnes, en période d'agitation civile ou de dictature (V. **Exil ; ostracisme**). *Proscriptions politiques, religieuses. « Il avait vécu plus d'un an dans les derniers échelons de la misère de la proscription »* (HUGO). ♦ 2° *Fig.* (2ᵉ moitié XVIIᵉ). Action de proscrire qqch. ; son résultat. *La proscription de certains mots.* V. **Condamnation.**
PROSCRIRE [pʀoskʀiʀ]. *v. tr.* ; conjug. *écrire* (1175 ; francis., d'apr. *écrire,* du lat. *proscribere* « porter sur une liste de proscription »). ♦ 1° *Hist. rom.* Frapper de proscription. *« La malheureuse coutume de proscrire, introduite par Sylla, continua sous les empereurs »* (MONTESQ.). — *Cour.* V. **Bannir, exiler.** *« J'ai été chassé, traqué, poursuivi..., maudit, proscrit »* (HUGO). ◇ (1718) *Littér.* PROSCRIRE (qqn, qqch.) DE : chasser, éloigner. *Proscrire un homme de la société.* V. **Rejeter.** *« Leur tort n'a donc pas été de l'écarter de la société... mais de me proscrire »* (ROUSS.). *Proscrire de son style les mots superflus.* V. **Éliminer.** ♦ 2° *Littér.* (XVIIᵉ). Interdire formellement (une chose que l'on condamne). V. **Condamner, interdire.** *Louis XIV avait proscrit le calvinisme. « Madame?... lui dit-elle involontairement et avec respect en oubliant que ce titre était proscrit »* (BALZ.). *« On ne dansait plus. Les bals étaient proscrits comme une perdition »* (BARBEY). ◇ Interdire l'usage de. *« Je sais que les hommes de ce pays... ont proscrit l'opium par des lois sévères »* (FARRÈRE). ◇ ANT. **Autoriser.**
PROSCRIT, ITE [pʀoskʀi, it]. *adj. et n.* (1552, n. ; 1694, adj. ; de *proscrire*). Adj. Qui est frappé de proscription. V. **Banni, exilé.** *« Tous les propos de Buzot proscrit exhalent la violence douloureuse des haines... »* (JAURÈS). V. **Persécuté, proscrit, chassé de son asile »* (FLORIAN). ◇ *N. Les proscrits* (roman de Balzac).
PROSE [pʀoz]. *n. f.* (1265 ; lat. *prosa,* de *prosa oratio* « discours qui va en droite ligne »).
I. ♦ 1° Forme du discours oral ou écrit, manière de s'exprimer qui n'est soumise à aucune des règles de la versification. *« Tout ce qui n'est point prose est vers ; et tout ce qui n'est point vers est prose »* (MOL.). *« Tout ce qu'il y a en français d'invention, de force, de passion, d'éloquence, de rêve, de*

verve... chez nous ne se trouve pas dans la poésie, mais dans la prose » (CLAUDEL). — *Le langage parlé est de la prose. Style, vocabulaire de la prose.* — *Prose cadencée, mesurée, rythmée* (ou rythmique); *prose lyrique, poétique.* « *Il y a une prose qui peut se rapprocher des vers* » (JOUBERT). — *Écrire en prose.* « *Il se tue à rimer; que n'écrit-il en prose?* » (BOIL.). *Comédie, tragédie en prose. Poème en prose.* ◊ *Loc.* (d'apr. une scène du Bourgeois Gentilhomme, de Molière). *Faire de la prose sans le savoir :* avoir fait ou réussi qqch. presque inconsciemment. « *M. Jourdain faisait de la prose pour demander ses pantoufles et Hitler pour déclarer la guerre à la Pologne* » (SARTRE). ♦ 2° Manière propre à un auteur, une école, une époque, un pays... dans cette forme du discours; l'ensemble des textes que caractérise cette manière. « *Buffon et Jean-Jacques ont une prose noble, juste, vigoureuse, souple et brillante...* » (STE-BEUVE). *La prose française.* ◊ *Par ext.* et *fam.* (souvent *iron.*) Manière propre à une personne ou à certains milieux d'utiliser le langage écrit : texte, lettre où se reconnaît cette manière. « *La belle prose administrative* » (COURTELINE). *Je reconnais sa prose.* V. **Style.** *J'ai lu votre prose :* votre lettre.
II. *Relig.* (1340). Hymne latine qui se chante aux messes solennelles, après le graduel. V. **Séquence.** *Les cinq proses du Missel romain :* Dies iræ, lauda Sion, Sancte spiritus, stabat Mater, victimæ pascali.
◊ ANT. *Poésie, vers.*

PROSECTEUR [pʀɔsɛktœʀ]. *n. m.* (1803; du lat. *prosectus,* p. p. de *prosecare* « découper »). *Didact.* Préparateur à la faculté de médecine, spécialisé dans les travaux pratiques d'anatomie, particulièrement dans les dissections.

PROSECTORAT [pʀɔsɛktɔʀa]. *n. m.* (1907; de *prosecteur*). *Didact.* Fonction, charge de prosecteur.

PROSÉLYTE [pʀɔzelit]. *n.* (XIIIᵉ; lat. ecclés. *proselytus,* gr. *prosêlutos* « nouveau venu dans un pays »). ♦ 1° *Hist. hébr.* Païen converti au judaïsme. « *Ces convertis (prosélytes) étaient peu considérés et traités avec dédain* » (RENAN). ♦ 2° *Cour.* (1611). Tout nouveau converti à une religion quelconque. « *Le martyre dans tous les temps a fait des prosélytes* » (VOLT.). ◊ *Fig.* (1746) Toute personne récemment gagnée à une doctrine, un parti, une nouveauté. V. **Adepte, partisan.** « *Enfin convaincu, cet homme devint mon prosélyte* » (BALZ.). *Faire de nombreux prosélytes* (V. **Prosélytisme**).

PROSÉLYTISME [pʀɔzelitism(ə)]. *n. m.* (1721; de *prosélyte*). Zèle déployé pour répandre la foi, et *par ext.* pour faire des prosélytes, recruter des adeptes (V. **Apostolat**). « *Je trouve indigne de vouloir que les autres soient de notre avis. Le prosélytisme m'étonne* » (VALÉRY).

PROSIMIENS [pʀɔsimjɛ̃]. *n. m. pl.* (1839; de *pro-* « avant », et *simien*). *Zool.* V. **Lémuriens.**

PROSOBRANCHES [pʀɔzɔbʀɑ̃ʃ]. *n. m. pl.* (1907; gr. *proso-* « en avant », et *branches* « branchies »). *Zool.* Ordre de mollusques gastéropodes dont les branchies sont à l'avant du corps.

PROSODIE [pʀɔzɔdi]. *n. f.* (1573; « bonne prononciation », 1562; gr. *prosôdia* « accent, quantité, dans la prononciation »). Caractères quantitatifs (durée) et mélodiques des sons en tant qu'ils interviennent dans la poésie (V. **Métrique, versification;** mètre (I), pied); règles concernant ces caractères. « *En apprenant la prosodie d'une langue, on entre plus intimement dans l'esprit de la nation qui la parle* » (STAËL). ◊ Règles concernant les rapports de quantité, d'intensité, entre les temps de la mesure et les syllabes des paroles, dans la musique vocale.

PROSODIQUE [pʀɔzɔdik]. *adj.* (1736; de *prosodie*). Relatif à la prosodie, aux caractères quantitatifs des syllabes. *Vers prosodique et vers syllabique.* ◊ *Phonét. Caractéristiques prosodiques d'une langue :* « *Les éléments phoniques (dynamique, mélodique, quantitatif, etc.) qui caractérisent telle ou telle tranche de la chaîne parlée, par ex. dans le mot, la syllabe* » (MAROUZEAU).

PROSOPOPÉE [pʀɔzɔpɔpe]. *n. f.* (fin XVᵉ; lat. *prosopopeia,* mot gr., de *prosôpon* « personne »). *Rhét.* Figure par laquelle on fait parler et agir une personne que l'on évoque, un absent, un mort, un animal, une chose personnifiée. V. **Évocation.** ◊ *Fig.* et *rare.* Discours d'une véhémence emphatique. « *Orateur qui porte sur les lèvres le salut de tout un peuple, noyant les adversaires sous ses prosopopées* » (FLAUB.).

PROSPECT [pʀɔspɛ]. *n. m.* (1968; mot angl. « perspective »). Anglicisme. *(Public.).* Client potentiel d'une entreprise.

PROSPECTER [pʀɔspɛkte]. *v. tr.* (1864; angl. *to prospect,* lat. *prospectus*). ♦ 1° Examiner, étudier (un terrain) pour rechercher les richesses naturelles. *Prospecter une région saharienne pour y chercher du pétrole.* ♦ 2° Parcourir (une région, un lieu) pour y découvrir une source de profit. *Nos agents commerciaux ont prospecté cette région.* ◊ *Fig.* « *Leur regard, prospectant discrètement...* » (SARRAUTE).

PROSPECTEUR, TRICE [pʀɔspɛktœʀ, tʀis]. *n.* (1866; angl. *prospector,* de *to prospect*). ♦ 1° Personne qui pros-

pecte un terrain, une région. *Le coup de pioche du prospecteur.* ♦ 2° *Fig.* Personne qui explore, cherche à découvrir. « *Dostoïevsky n'est nullement un théoricien, c'est un prospecteur...* » (GIDE).

PROSPECTIF, IVE [pʀɔspɛktif, iv]. *adj. (Science prospective* « optique », 1444; de *prospect,* lat. *prospectus). Didact.* Qui concerne l'avenir. *Philo.* Qui concerne l'intelligence en tant qu'orientée vers l'avenir. « *L'on a donc inventé la critique d'avenir, la critique prospective* » (GAUTIER). ◊ ANT. *Rétrospectif.*

PROSPECTION [pʀɔspɛksjɔ̃]. *n. f.* (1861; angl. *prospection*). ♦ 1° Recherche des gîtes minéraux. *Prospection par étude topographique, géologique, par sondages...* ♦ 2° Le fait de rechercher les clients éventuels, de visiter la clientèle. ◊ *Fig.* Exploration.

PROSPECTIVE [pʀɔspɛktiv]. *n. f.* (XVIᵉ, « optique »; repris XXᵉ; du précéd.). Ensemble de recherches concernant l'évolution future de l'humanité et permettant de dégager des éléments de prévision. V. **Futurologie.**

PROSPECTUS [pʀɔspɛktys]. *n. m.* (1723, « programme de librairie »; mot lat. « vue, aspect », de *prospicere* « regarder devant »). ♦ 1° Annonce imprimée, brochure exposant le plan d'un ouvrage à paraître, d'une collection, d'une série d'ouvrages. *Prospectus d'un nouveau journal.* ♦ 2° *Cour.* (Fin XVIIIᵉ). Annonce publicitaire, le plus souvent imprimée, brochure ou simple feuille, dépliant, destinée à vanter auprès de la clientèle un établissement public, un commerce, une affaire... V. **Réclame.** *Prospectus d'un hôtel, d'une station thermale...* « *Elle distribua des prospectus en tête desquels se lisait :* MAISON VAUQUER » (BALZ.).

PROSPÈRE [pʀɔspɛʀ]. *adj.* (1355; *prospre,* 1120; lat. *prosperus* « favorable »). Qui est dans un état heureux de réussite, de succès, souvent avec une idée de belle apparence. V. **Florissant, heureux.** *Santé prospère.* « *Une des plus importantes usines de Rouen, dont le commerce était encore prospère* » (GIDE). — *Années, périodes prospères.* ◊ ANT. *Malheureux, misérable, pauvre.*

PROSPÉRER [pʀɔspeʀe]. *v. intr.;* conjug. *céder* (v. 1355); lat. *prosperare,* de *prosperus.* V. **Prospère).** ♦ 1° Être favorisé par la fortune, le sort, quant à la santé, la situation matérielle ou morale; devenir prospère. « *Au milieu de ce démolissement général, Coupeau prospérait. Ce sacré soiffard se portait comme un charme* » (ZOLA). ◊ *Par anal.* Croître en abondance, se développer, se multiplier (êtres vivants). *Les animaux, les plantes qui prospèrent dans ce climat* (V. **Croître**). ♦ 2° Réussir, progresser dans la voie du succès, en parlant d'une entreprise, etc. V. **Développer (se), étendre (s'), marcher, réussir.** *Entreprise, fonds de commerce qui prospère.* « *La ville a prospéré, comme l'indiquent les guides et les manuels de géographie* » (DUHAM.). *Industrie, science, technique qui prospère :* progresse et s'étend. ◊ ANT. *Dépérir, échouer, péricliter.*

PROSPÉRITÉ [pʀɔspeʀite]. *n. f.* (1120; lat. *prosperitas,* de *prosperus*). ♦ 1° État heureux, situation favorable d'une personne quant au physique (V. **Bien-être, santé**), à la fortune (V. **Fortune, richesse, succès**) et aux agréments qui en découlent (V. **Bonheur, félicité**). « *Édouard connut les effets d'une grande prospérité matérielle et morale* » (DUHAM.). *Jaloux de la prospérité d'autrui.* ◊ *Plur. Vx* ou *littér.* Moments, états de prospérité, jours heureux, fortunés. « *Les états médiocres sont aussi éloignés des grandes prospérités que des grandes infortunes* » (RIVAROL). ♦ 2° État d'abondance, augmentation des richesses d'une collectivité, d'une entreprise, et *spécial.* Progrès dans le domaine économique. *Prospérité nationale. Époque de prospérité et de culture.* — *Affaires, économie, industrie en pleine prospérité.* V. **Activité, développement, essor.** « *Pendant les périodes de prospérité les grandes entreprises écrasent les petites* » (CHARDONNE). ◊ ANT. *Infortune, malheur; pauvreté. Crise, dépression, marasme, ruine.*

PROSTAGLANDINE [pʀɔstaglɑ̃din]. *n. f.* (1934; de *prosta[te], gland[e],* et suff. *-ine*). *Méd.* Substance hormonale dérivée d'acides gras non saturés, présente dans la plupart des tissus animaux (prostate, poumon, cerveau, muscles, etc.), exerçant des effets biologiques multiples.

PROSTATE [pʀɔstat]. *n. f.* (1555, *les prostates* « lobes de la prostate »; gr. *prostatês* « qui se tient en avant »). *Anat.* Glande à sécrétion externe et interne de l'appareil génital masculin, située autour de la partie initiale de l'urètre et en dessous de la vessie, et dont la sécrétion contribue à la formation du sperme. « *Hypertrophie* » (en réalité *adénome) de la prostate,* fréquente chez les hommes âgés. *Cour. On l'a opéré de la prostate :* on lui a fait une prostatectomie.

PROSTATECTOMIE [pʀɔstatɛktɔmi]. *n. f.* (1890; de *prostate,* et *-ectomie). Méd.* Ablation, extirpation de la prostate ou, plus souvent, des adénomes prostatiques.

PROSTATIQUE [pʀɔstatik]. *adj.* et *n. m.* (1765; de *prostate). Anat.* et *méd.* Relatif à la prostate. *Loge, urètre prostatique. Calcul prostatique.* ◊ *N. m.* Malade atteint d' « hypertrophie » prostatique, dont les manifestations caractéristiques sont : le besoin impérieux et fréquent d'uriner, la diminution du jet urinaire et des douleurs à la miction (*prostatisme*, n. m.).

PROSTATITE [pʀɔstatit]. *n. f.* (1836 ; de *prostate*). *Méd.* Inflammation de la prostate.

PROSTERNATION [pʀɔstɛʀnɑsjɔ̃]. *n. f.* (1568 ; de *prosterner*). *Littér.* ♦ 1° Action de se prosterner ; suite de gestes, de mouvements de celui qui se prosterne. V. **Prostration** (1°). « *Les bras collés au corps de la prosternation orientale* » (MALRAUX). ♦ 2° *Fig.* Abaissement, acte de servilité.

PROSTERNEMENT [pʀɔstɛʀnəmɑ̃]. *n. m.* (1580 ; de *prosterner*). ♦ 1° Attitude de celui qui est prosterné ; action de se prosterner. V. **Prosternation.** « *Un prosternement complet à deux genoux, la tête à toucher terre* » (LOTI). ♦ 2° *Fig.* et *littér.* Humiliation.

PROSTERNER [pʀɔstɛʀne]. *v. tr.* (1329, « abattre » ; lat. *prosternere* « étendre à terre ; jeter à terre »). ♦ 1° *Vx* et *littér.* Courber. « *Le vent océanique les étête, les secoue, les prosterne* (ces arbres) » (CHATEAUB.). ♦ 2° *Littér.* (fin XVᵉ). Placer ou étendre à terre (devant qqn, à ses pieds) en signe d'hommage. « *Et le pauvre vieux bonhomme, comme s'écroulant, sous le désespoir, prosterna sa tête chauve* » (HUGO). ♦ 3° (1478). *Cour.* SE PROSTERNER. S'abaisser, s'incliner en avant et très bas dans une attitude d'adoration, de supplication, d'extrême respect. *Se prosterner à plat ventre. Se prosterner devant qqn, aux pieds de qqn.* V. **Jeter** (se). « *Quelques-uns même se prosternèrent, les coudes serrés au long du corps, le front dans la poudre* » (GAUTIER). — Au p. p. *Prosterné devant qqn, devant Dieu.* ◇ *Fig. Se prosterner devant qqn* : faire preuve d'une grande humilité, de servilité envers lui. V. **Humilier** (s'). « *L'univers ne se prosterne que devant les statues* » (VILLIERS).

PROSTHÈSE [pʀɔstɛz] ou **PROTHÈSE** [pʀɔtɛz]. *n. f.* (*Prothèse*, 1704, *pros-*, 1755 ; lat. *prosthesis*, mot gr.). *Ling.* Adjonction, à l'initiale d'un mot, d'un élément (lettre, syllabe) non étymologique, sans modification sémantique ; l'élément ainsi ajouté (ex. : le l du lendemain, le g de grenouille). ◇ ANT. Aphérèse. — HOM. Prothèse.

PROSTHÉTIQUE [pʀɔstetik] ou **PROTHÉTIQUE** [pʀɔtetik]. *adj.* (fin XIXᵉ ; de *prosthèse* ou *prothèse*). ♦ 1° *Ling.* Qui constitue une prosthèse. *Le l de prothèse est prosthétique.* ♦ 2° (*Néol.*) *Biochim. Groupement prosthétique* : partie de la molécule d'une protéine conjuguée (hétéroprotéine) constituée par des éléments non protidiques et qui leur confère des propriétés particulières.

PROSTITUÉE [pʀɔstitɥe]. *n. f.* (1596 ; de *prostituer*). Femme qui se livre à la prostitution, en se donnant à quiconque la paie. V. **Catin; putain; cocotte, gagneuse, poule** (Cf. Femme de mauvaise vie, fille de joie, fille publique, professionnelle, « respectueuse »). « *La prostituée est un bouc émissaire ; l'homme se délivre sur elle de sa turpitude et il la renie* » (BEAUVOIR). « *Vous remarquerez qu'il y a toujours deux prostituées en attente au coin de la rue des Dames* » (CÉLINE). *Prostituée en carte*.* — *Au masc.* (v. 1970). PROSTITUÉ : homme se prostituant, le plus souvent à d'autres hommes. « *La vie d'un prostitué new-yorkais* » (*L'Express*, 29-1-1973).

PROSTITUER [pʀɔstitɥe]. *v. tr.* (1361, « avilir » ; lat. *prostituere* « exposer en public », de *pro-* « en avant », et *statuere* « placer »). ♦ 1° *Littér.* Déshonorer ; avilir. V. **Dégrader.** *Prostituer son talent, sa plume* : l'abaisser à des besognes indignes, déshonorantes. — *Il prostitue son amitié au premier venu.* ◇ SE PROSTITUER. *v. pron.* (XVIIᵉ) S'abaisser, s'avilir, se dégrader. « *La gloire, c'est rester un, et se prostituer d'une manière particulière* » (BAUDEL.). ♦ 2° (1530). Livrer (une personne) ou inciter à se livrer aux désirs charnels de qqn, pour un motif d'intérêt. *Prostituer une jeune fille à un riche vieillard.* ◇ *Faire d'une femme une prostituée.* V. **Maquereauter.** « *Avant le jour où Mᵐᵉ Londe avait commencé à prostituer Angèle, le restaurant Londe végétait sans espoir* » (GREEN). ◇ SE PROSTITUER. *v. pron.* (1512) Se livrer par intérêt aux désirs sensuels d'une ou de plusieurs personnes ; devenir prostituée.

PROSTITUTION [pʀɔstitysjɔ̃]. *n. f.* (XIIIᵉ, « impudicité, débauche » ; lat. *prostitutio*). ♦ 1° (XVIIᵉ, aussi *prostitution publique*). Le fait de « livrer son corps aux plaisirs sexuels d'autrui, pour de l'argent » (DALLOZ) et d'en faire métier ; l'exercice de ce « métier » ; le phénomène social qu'il représente. *Réglementation administrative, police de la prostitution. Établissement, maison de prostitution* (maison de passe, de tolérance). *Personnes qui vivent de la prostitution.* V. **Prostituée; entremetteur, proxénète, souteneur.** *Se livrer à la prostitution.* « *Il y a une prostitution analogue au petit commerce des rues* » (VALÉRY). ♦ 2° *Fig.* et *littér.* (XVIᵉ). Action de prostituer (1°), d'avilir ; son résultat. V. **Dégradation.** « *De là est venue cette immense prostitution du monde moderne* » (PÉGUY).

PROSTRATION [pʀɔstʀasjɔ̃]. *n. f.* (1300, « prosternation » ; *méd.*, 1743 ; lat. *prostratio*, de *prostratus*, p. p. de *prosternere*). ♦ 1° *Relig.* Attitude liturgique qui consiste à

s'étendre entièrement sur le sol, face contre terre, après s'être agenouillé. V. **Prosternation.** ♦ 2° *Méd.* Abattement extrême, observé dans certaines maladies aiguës. V. **Adynamie, apathie.** ◇ *Cour.* État d'abattement de faiblesse et d'inactivité. V. **Abattement, accablement.** « *La marquise y gagna une prostration maladive* » (RADIGUET). ◇ ANT. Surexcitation.

PROSTRÉ, ÉE [pʀɔstʀe]. *adj.* (XIIIᵉ, « prosterné » ; 1850, méd. et fig. ; lat. *prostatus*). *Méd.* Qui est dans un état de prostration. ◇ *Cour.* Très abattu, accablé. V. **Effondré.** *Fig.* « *Qu'elle* (la France) *demeure prostrée jusqu'à la fin, c'en est fait... de son indépendance* » (DE GAULLE).

PROSTYLE [pʀɔstil]. *adj.* et *n. m.* (1691 ; lat. *prostylos*, mot gr., de *pro-* « devant », et *stulos* « colonne »). *Archit.* Qui n'a de colonnes qu'à sa façade antérieure. *Temple, vestibule prostyle.* ◇ *N. m.* Colonnes formant portique, vestibule (devant un temple prostyle).

PROTACTINIUM [pʀɔtaktinjɔm]. *n. m.* (v. 1918 ; de *prot*[o]-, et *actinium*). *Chim.* Élément radioactif (symb. Pa ; nᵒ at. 91 ; masse at. 231 ; période 34 000 ans), qui appartient à la famille de l'actinium (provenant de l'uranium 235).

PROTAGONISTE [pʀɔtagɔnist(ə)]. *n. m.* (1826 ; gr. *prôtagônistês*, de *prôtos* « premier », et *agônizesthai* « combattre, concourir »). ♦ 1° *Hist. litt.* Acteur qui jouait le rôle principal dans une tragédie grecque. *Le protagoniste, le « deutéragoniste » et le « tritagoniste »* (2ᵉ et 3ᵉ rôles). ♦ 2° (Fin XIXᵉ). *Cour.* Personne qui joue le premier rôle dans une affaire. V. **Acteur** (2°), **héros.** — *Fig.* « *Cette brillante civilisation dont l'Amérique est, aujourd'hui, le protagoniste* » (DUHAM.).

PROTAMINE [pʀɔtamin]. *n. f.* (1890 ; découverte en 1874 ; de *prot*[éine], et *amine*). *Biochim.* Nom d'ensemble des polypeptides basiques, de structure relativement simple, qui entrent dans la composition des nucléoprotéides cellulaires. *Les laitances de poissons sont riches en protamine.*

PROTASE [pʀɔtaz]. *n. f.* (1660 ; lat. *protasis*, du gr.). *Didact.* et *vieilli.* Partie d'une pièce de théâtre dans laquelle le sujet est exposé. V. **Exposition.** « *La protase où se doit faire la proposition et l'ouverture du sujet* » (CORN.).

PROTE [pʀɔt]. *n. m.* (1710 ; gr. *prôtos* « premier »). Contremaître dans un atelier d'imprimerie. *Le prote dirige les correcteurs d'épreuves.* « *Un autre maître Jacques qui pût être compositeur, correcteur et prote* » (BALZ.).

PROTÉASE [pʀɔteaz]. *n. f.* (*Néol.* ; de *proté*[ine], et -*ase*). *Biochim.* Enzyme hydrolysant les protéines et les polypeptides (On dit aussi *protéinase, enzyme protéolytique*). *Protéinases digestives* : pepsine, trypsine.

PROTECTEUR, TRICE [pʀɔtɛktœʀ, tʀis]. *n.* et *adj.* (1234 ; lat. tardif *protector*).
I. *N.* ♦ 1° Personne qui protège (1°), qui défend (les faibles, les pauvres, etc.). *Il voulut être le protecteur de la veuve et de l'orphelin.* V. **Défenseur.** ◇ (Choses) « *Les lois qui sont les protectrices des intérêts, les gardiennes de la sécurité de chacun* » (FUSTEL). ◇ *Hist. Lord-protecteur de la république d'Angleterre, d'Écosse et d'Irlande*, absolt. *Le Protecteur*, titre sous lequel Cromwell exerça le pouvoir. « *Dans les traités, le protecteur d'Angleterre signait au-dessus du roi de France* » (HUGO). ♦ 2° Personne qui protège (4°), qui patronne qqn. « *Chercher un protecteur puissant, prendre un patron* » (ROSTAND). « *Je ne veux point vous sortir de votre état. C'est toujours une faute et un malheur pour le protecteur comme pour le protégé* » (STENDHAL). ♦ 3° Personne qui favorise la naissance ou le développement (de qqch.). « *M. Turgot est le protecteur de tous les arts, et il l'est en connaissance de cause* » (VOLT.). ♦ 4° *Le protecteur d'une femme*, l'amant qui l'entretient. ♦ 5° *Au Québec, le Protecteur du citoyen* [1968] : Fondé de pouvoir de l'Assemblée nationale, nommé pour un mandat de cinq ans, ayant pour fonction de défendre les droits du citoyen face à l'administration gouvernementale. V. **Ombudsman.**
II. *Adj.* ♦ 1° (1797). Qui remplit son rôle de protection à l'égard de qqn, qqch. « *La Restauration... réclama des frontières protectrices* » (CHATEAUB.). *Société protectrice des animaux.* ◇ *Chim. Action protectrice*, qui retarde ou supprime l'agrégation (floculation) des particules colloïdales. ◇ *Écon.* Qui vise à protéger (6°) les produits nationaux contre la concurrence des produits étrangers. *Régime, système protecteur.* V. **Protectionnisme.** *Droits protecteurs.* ♦ 2° (1770). Qui exprime une intention bienveillante et condescendante. V. **Condescendant, dédaigneux.** *Air, ton protecteur.* « *Maurice de Thianges avait un ton de voix protecteur* » (MAUROIS). ◇ ANT. Agresseur, oppresseur, persécuteur, tyran. — Protégé.

PROTECTION [pʀɔtɛksjɔ̃]. *n. f.* (v. 1200 ; lat. tardif *protectio*). ♦ 1° L'action, le fait de protéger (1°), de défendre qqn ou qqch. (contre un agresseur, un danger, etc.) ; le fait de se protéger ou d'être protégé. V. **Aide, défense, secours.** *La protection du ciel, divine.* « *... l'orgueil de la protection exercée à tout moment en faveur d'un être faible?* » (BALZ.). *Accorder sa protection à... — Mesures de protection en faveur des minorités ethniques.* V. **Garantie.** *Protection diplomatique.*

Protection de l'enfance. — *Protection de l'environnement*.* *Protection des sites.* ◇ *Sous la protection de.* « *La cité antique se plaçait sous la protection divine* » (BENDA). *Prendre qqn sous sa protection* (Cf. Sous son aile). ◇ *Protection contre.* *Protection contre les maladies* (V. **Prévention, prophylaxie**), *contre les accidents du travail, contre l'incendie,* etc. ◇ *De protection* : servant à protéger. *Écran, enveloppe, fourreau, gaine, rideau de protection.* ♦ 2° Personne ou chose qui protège. « *Le Seigneur est notre protection et notre aide* » (CALVIN). — *Protection d'un navire de guerre, d'un char d'assaut.* V. **Blindage.** *Protection d'une machine.* V. **Blindage, habillage.** ♦ 3° L'action de protéger (4°), de patronner qqn. *Le ministre qui le prit sous sa protection.* « *La protection du préfet s'était retirée du député sortant, pour se porter sur M. Rochefontaine* » (ZOLA). ♦ 4° Action de favoriser la naissance ou le développement de qqch. « *Une époque où les progrès des lettres sont encouragés par la protection des chefs de l'État* » (STAËL). V. **Encouragement.** ♦ 5° (1664). *Écon.* Politique qui tend à protéger les produits nationaux contre la concurrence étrangère ; l'ensemble des mesures prises pour les protéger (V. **Protectionnisme**). « *Moi, je suis pour la protection, il faut qu'on nous défende contre l'étranger* » (ZOLA). ♦ 6° Comportement protecteur (2°). *Des amitiés* « *accompagnées de condescendance et de protection* » (GIDE). *Un air, un ton, un sourire de protection.* ◇ ANT. *Agression, attaque, hostilité, oppression, tyrannie.*

PROTECTIONNISME [prɔtɛksjɔnism(ə)]. *n. m.* (1845 ; de *protection*). Politique douanière qui vise à protéger (6°) l'économie nationale contre la concurrence étrangère (Cf. Système protecteur, droits protecteurs). « *Le protectionnisme, c'est le socialisme des riches* » (JAURÈS). *Protectionnisme et prohibition.* ◇ ANT. *Libre-échange.*

PROTECTIONNISTE [prɔtɛksjɔnist(ə)]. *adj.* et *n.* (1845 ; de *protectionnisme*). ♦ 1° Relatif au protectionnisme (*opposé à* antiprotectionniste, *à* libre-échangiste). *Système protectionniste.* ♦ 2° N. Partisan du protectionnisme.

PROTECTORAT [prɔtɛktɔra]. *n. m.* (1751 ; du lat. *protector*). ♦ 1° *Hist.* Dignité de Protecteur d'Angleterre. *Le protectorat de Cromwell.* ♦ 2° *Cour. Ancienn.* (1809). Régime juridique établi par un traité international et selon lequel un État protecteur exerce un contrôle sur un autre (État protégé), spécialement en ce qui concerne ses relations extérieures et sa sécurité. ◇ *Le pays ainsi soumis au contrôle d'un autre. Le Maroc, la Tunisie étaient des protectorats français.*

PROTÉE [prɔte]. *n. m.* (1608 ; lat. *Proteus,* gr. *Prôteus,* nom d'une divinité de la mer). ♦ 1° Homme qui change sans cesse d'opinions, joue toutes sortes de personnages. « *Ce personnage changeant, ce Protée politique* » (MADELIN). ♦ 2° *Zool.* Animal (Batraciens, Urodèles), à branchies persistantes, qui vit dans les eaux souterraines (en Yougoslavie, etc.). *Blanc dans l'obscurité, le corps du protée se couvre à la lumière de taches brunes ou noires.*

PROTÉGÉ, ÉE [prɔteʒe]. *adj.* et *n.* (mil. XVIIIe, n. V. Protéger). ♦ 1° *Adj.* Qui est protégé, mis à l'abri, préservé. « *Nous connaissons assez bien l'illusion pour nous trouver protégés contre elle* » (PAULHAN). *Passage* protégé.* ◇ Dr. *État protégé.* V. **Protectorat.** ♦ 2° N. La personne ou l'animal qu'on prend sous sa protection. *C'est mon petit protégé.* « *Mes canaris firent souche et... si grande que fût ma cage, mes protégés s'y bousculaient* » (GIDE).

PROTÈGE-CAHIER [prɔteʒkaje]. *n. m.* (XXe ; de *protéger,* et *cahier*). Couverture en matière souple qui sert à protéger un cahier d'écolier. *Des protège-cahiers.*

PROTÈGE-DENTS [prɔteʒdɑ̃]. *n. m. invar.* (1924 ; de *protéger,* et *dent*). Appareil de protection pour les dents, que les boxeurs se mettent dans la bouche. « *Il n'est pas jusqu'à son protège-dents de caoutchouc qui, lui sortant à demi de la bouche, ne rappelle la langue pendante du taureau* » (MONTHERLANT).

PROTÈGE-PARAPLUIE [prɔteʒparaplɥi]. *n. m.* (XXe ; de *protéger,* et *parapluie*). Gaine d'étoffe qui sert à envelopper un parapluie fermé et roulé. *Des protège-parapluies.*

PROTÉGER [prɔteʒe]. *v. tr.* ; conjug. céder et bouger (1395 ; lat. *protegere* « couvrir en avant »). ♦ 1° Aider (une personne) de manière à la mettre à l'abri d'une attaque, des mauvais traitements, du danger (physique ou moral). V. **Aider, défendre, secourir.** *Que Dieu vous protège!* formule de souhait (*vieilli*). V. **Assister.** — *Absolt.* « *La joie de protéger, cette joie qui, de toutes, est la plus noble* » (DUHAM.). ◇ *Pronom.* « *Le désir de me protéger contre moi-même* » (GIDE). ♦ 2° Rendre inefficaces les efforts pour compromettre, faire disparaître (qqch.). *Protéger les intérêts de la femme mariée.* « *L'État doit protéger la liberté d'opinion.* ♦ 3° Couvrir de manière à intercepter ce qui peut nuire, à mettre à l'abri des chocs, des agents atmosphériques, du regard d'autrui. V. **Abriter, défendre, garantir, préserver.** *Gants de caoutchouc pour protéger les mains.* Pronom. *Se protéger du*

soleil. Jardin qu'un rideau d'arbres protège contre les regards indiscrets, des regards indiscrets. « *Cette scène, peinte sur la paroi extérieure de l'église, est protégée par une sorte d'auvent* » (GAUTIER). *Objets, dispositifs,* etc., *qui servent à protéger :* écran, enveloppe, fourreau, gaine, rideau. — *Techn. Protéger un train par un signal, des pétards,* de manière à interdire la voie à un autre train. « *Le conducteur d'arrière court poser les pétards qui devaient protéger le train, en queue* » (ZOLA). ♦ 4° (1676). Aider (une personne) ; faciliter la carrière, la réussite de (qqn) par des recommandations, un appui matériel ou moral. V. **Patronner, pistonner** (*fam.*), **recommander.** *Les personnalités qui le protègent :* ses protecteurs. ♦ 5° Favoriser la naissance ou le développement de (une activité). V. **Encourager, favoriser.** « *Soyez mon Mécène ! Protégez les arts !* » (FLAUB.). ♦ 6° (1788). Favoriser la production, la vente de (produits) en diminuant ou en supprimant la concurrence des produits étrangers par l'interdiction ou la limitation des importations, par l'établissement de droits de douane compensateurs, etc. V. **Protectionnisme.** « *Les États-Unis protègent tout ce qu'ils fabriquent dès maintenant* » (DUHAM.). ◇ ANT. *Assaillir, attaquer, menacer, persécuter, tyranniser. Découvrir. Disgracier.*

PROTÈGE-TIBIA [prɔteʒtibja]. *n. m.* (XXe ; de *protéger,* et *tibia*). Appareil de protection du dessus de la jambe, porté par les joueurs de football, de rugby, etc. *Des protège-tibias.*

PROTÉIDE [prɔteid]. *n. m.* (1922-1923 ; angl. *proteid,* 1871 ; formé sur *protéine* par substit. de suff.). *Biochim.* Protéine* au sens large (ensemble des holoprotéines et des hétéroprotéines). REM. Ce terme tend à remplacer *protéine* dans l'usage scientifique. — *Spécialt. Protéine* conjuguée* (hétéroprotéine). *Protéide ferrique :* hémoglobine.

PROTÉIFORME [prɔteifɔrm(ə)]. *adj.* (1761 ; de *Protée,* et *-forme*). *Littér.* Qui peut prendre toutes les formes, se présente sous les aspects les plus divers.

PROTÉINE [prɔtein]. *n. f.* (1838 ; gr. *prôtos* « premier », et *-éine*). *Biochim.* et *cour.* Nom d'ensemble des matières azotées naturelles de poids moléculaire élevé, qui donnent par hydrolyse des acides aminés (amino-acides) et entrent pour une forte proportion dans la constitution des êtres vivants (V. **Protéide**). *Protéines exerçant le rôle de catalyseur spécifique des réactions biochimiques.* V. **Enzyme.** — *Protéines proprement dites* (holoprotéines ou holoprotéides) : albumines, globulines, prolamines, protamines, scléroprotéines... *Protéines conjuguées* (hétéroprotéines ou hétéroprotéides) : molécules dans la constitution desquelles entre un groupement prosthétique* (*ex.* : métalloprotéines [métal] ; phosphoprotéines [phosphore], nucléoprotéines*). *Protéines plasmatiques,* contenues dans le plasma sanguin. *Protéine spécifique,* capable de provoquer une réaction allergique bien déterminée (V. **Allergie**).

PROTÉINURIE [prɔteinyri]. *n. f.* (mil. XXe ; de *protéine,* et *-urie*). *Pathol.* Présence de protéines dans l'urine. (*Syn.* ALBUMINURIE).

PROTÉIQUE [prɔteik]. *adj.* (1841, *substance protéique* ; de *protéine*). *Biochim.* De la nature des protéides (ou protéines) ; qui se rapporte aux protéines. ◇ *Par ext.,* relatif aux protides, en général (V. **Protidique**). *Facteur protéique. Substance protéique.*

PROTÈLE [prɔtɛl]. *n. m.* (1842 ; gr. *pro* « avant, devant », et *teléeis* « accompli, parfait »). *Zool.* Mammifère carnassier d'Afrique (*Hyénidés*), semblable à la hyène, appelé aussi *loup fouisseur.*

PROTÉOLYSE [prɔteɔliz]. *n. f.* (1904 ; de *protéi*[*ide*], et *-lyse*). *Biochim.* Décomposition des protéines au cours des processus métaboliques sous l'effet d'enzymes (V. **Protéase**).

PROTÉOLYTIQUE [prɔteɔlitik]. *adj.* (1923 ; de *protéolyse,* de *proté*[*ide*], et *-lyse*). *Chim.* Qui hydrolyse les protéines.

PROTÉRANDRIE [prɔterɑ̃dri]. *n. f.* (1907 ; du gr. *proteros* « le premier », et *-andrie*). *Biol.* Forme d'hermaphrodisme où les gamètes mâles sont mûrs avant les gamètes femelles. *Protérandrie animale* (chez les ténias, les huîtres). *Protérandrie végétale,* des fleurs dont l'étamine est mûre avant le pistil (On dit aussi PROTANDRIE [prɔtɑ̃dri], *n. f.* [1892]). ◇ ANT. *Protogynie.*

PROTESTABLE [prɔtɛstabl(ə)]. *adj.* (1876 ; de *protester*). *Dr.* Que l'on peut protester (4°). *Effet protestable* (par prétêt*). *Facture* protestable.*

PROTESTANT, ANTE [prɔtɛstɑ̃, ɑ̃t]. *n.* et *adj.* (1546, adj. ; 1585, subst. ; de *protester*). Chrétien appartenant à l'un des groupements (Églises, sectes) issus, directement ou non, de la Réforme et qui rejettent l'autorité du pape (V. **Anglican, baptiste, calviniste, évangélique, évangéliste, luthérien, mennonite, méthodiste, piétiste, presbytérien, puritain, quaker**... et *aussi* [Hist.] **Huguenot**). *Pour Rome, les protestants sont des hérétiques. Les protestants appelaient les catholiques* « *papistes* ». « *L'Assemblée a traité les nobles* *comme Louis XIV a traité les protestants. Dans les deux cas, les opprimés étaient une élite* » (TAINE). ◇ Adj. *Religion protestante. Culte, temple protestant. Le pasteur, ministre du culte protestant. Églises protestantes d'organisation épiscopale* (anglicans, méthodistes), *synodale* (V. **Synode**; et *aussi* **Consistoire**), *congrégationalistes* (V. **Congrégation**). *Missions protestantes. L'Armée du Salut, organisation protestante.* — *Fédération protestante de France.*

PROTESTANTISME [pʀɔtɛstɑ̃tism(ə)]. *n. m.* (1623; de *protestant*). ♦ 1° La religion réformée, ses croyances (*spécialt.* en ce qu'elles diffèrent des dogmes de l'Église catholique et romaine); l'ensemble des Églises protestantes (V. **Anglicanisme, calvinisme, méthodisme**, etc.). *Le protestantisme reconnaît une autorité souveraine à l'Écriture sainte.* ♦ 2° Les protestants (d'une région, d'un pays). *Le protestantisme français.*

PROTESTATAIRE [pʀɔtɛstatɛʀ]. *adj.* (1842; de *protester*). ♦ 1° *Littér.* Qui proteste. ◇ Subst. « *Les grands Protestataires — objecteurs et ligueurs, dissidents et rebelles...* » (ST-JOHN PERSE). ♦ 2° *Hist.* S'est dit de ceux qui protestaient contre l'annexion de l'Alsace-Lorraine par l'Allemagne, en 1870. *Députés protestataires.*

PROTESTATION [pʀɔtɛstasjɔ̃]. *n. f.* (1270; lat. *protestatio*, de *protestare*). ♦ 1° Déclaration par laquelle on atteste ses bons sentiments, sa bonne volonté envers qqn. V. **Démonstration.** *Protestations d'amitié. Faire mille protestations à qqn.* « *Après tant d'amour... de protestations ardentes et de serments...* » (MOL.). ♦ 2° (1283). Déclaration formelle par laquelle on s'élève contre ce qu'on déclare illégitime, injuste. *Protestation écrite, verbale. Rédiger, signer une protestation.* ♦ 3° (1304). Témoignage de désapprobation, d'opposition, de refus. *Protestation violente, bruyante.* « *Il se contenta d'ébaucher un geste énergique de protestation* » (MART. du G.). *Protestation indignée, véhémente.* « *Il remuait lentement la tête de droite à gauche et de gauche à droite, sorte de protestation triste et muette dont il se contentait* » (HUGO). — *Protestation collective de la foule.* ♦ 4° *Dr.* Le fait de dresser un protêt. V. **Protester** (4°). ◇ ANT. (des 2° et 3°) *Résignation; acceptation, acquiescement, approbation, assentiment.*

PROTESTER [pʀɔtɛste]. *v.* (1343; lat. *protestari*). ♦ 1° V. tr. *Vx.* Attester formellement et avec une certaine solennité. V. **Affirmer, assurer.** « *Cet intérêt... que les hommes protestent aux femmes* » (DIDER.). « *Elle protesta avec plus de sincérité, que de la vie elle n'avait eu tant de peur* » (LACLOS). ◇ Tr. indir. (1645) Mod. et littér. *Protester de son innocence, de sa loyauté, de ses sentiments.* « *Je protestais de ma foi en l'innocence de votre mère* » (MAURIAC). *Protester de son innocence à qqn* (VX), *auprès de qqn.* ♦ 2° *Vx* ou *Dr.* (fin XVᵉ). PROTESTER DE... : déclarer publiquement que l'on est victime de... *(protester de violence, de trahison)* ou qu'on ne récuse à cause de... *(protester d'incompétence).* ♦ 3° V. intr. *Cour.* (1650). Déclarer formellement son opposition, son hostilité, son refus. V. **Élever** (s'... contre), **opposer** (s'). « *Ils protestent contre cette mesure de salut public* » (ARAGON). ◇ Par ext. Exprimer, par des paroles, des écrits, des actes, son opposition à qqch. V. **Indigner** (s'), **murmurer, plaindre** (se), **récrier** (se); *fam.* et *pop.* **Moufter, râler, rouspéter.** *Protester contre une injustice. Protester avec force, indignation contre qqch.* « *Il ne sut comment protester, comment crier très haut qu'il ne revendiquait pas l'amitié de cette énorme femme...* » (COLETTE). *Vous avez beau protester.* V. **Dire.** « *Nous savons que vous avez fait... une belle action. Ne protestez pas !* » (DUHAM.). — (En incise) « *Mais non, protesta M. de Guermantes...* » (PROUST). ♦ 4° V. tr. *Dr.* (1611). Faire un protêt contre... *Protester un billet*.* — Par ext. « *Jamais le comte n'aurait laissé protester sa signature* » (ZOLA). ◇ ANT. (du 3°) *Accepter, acquiescer, admettre, approuver, consentir, croire, reconnaître, soutenir.*

PROTÊT [pʀɔtɛ]. *n. m.* (1675; *protest*, 1630; *protest* « protestation », 1451; de *protester*). *Dr. comm.* Acte authentique par lequel le porteur d'un effet de commerce (lettre de change, billet à ordre) fait constater que cet effet n'a pas été accepté par son tireur *(protêt faute d'acceptation)* ou qu'il n'a pas été payé à l'échéance *(protêt faute de paiement). Délais de protêt. Protêt dressé par un huissier, un notaire. Frais de protêt.*

PROTHALLE [pʀɔtal]. *n. m.* (1846; de *pro*-, et *thalle*). *Bot.* Chez les Fougères, Petite lame verte, produit de la germination de la spore, à la face inférieure de laquelle se développe la plante. *Prothalle mâle, porteur des anthéridies; prothalle femelle, porteur des archégones.*

PROTHÈSE [pʀɔtɛz]. *n. f.* (1695; gr. *prosthêsis*). ♦ 1° Appareil, dispositif servant à remplacer un membre, une partie de membre amputé, ou un organe gravement atteint ou détruit. *Prothèse oculaire* (œil artificiel). *Prothèse dentaire fixe* (bridge), *mobile, totale* (dentier). — *Par ext.* Partie de la dentisterie qui concerne la confection des appareils dentaires, le remplacement de dents manquantes. V. **Orthopédie.** ♦ 2° (1704). *Vx.* Prothèse*.

PROTHÉTIQUE [pʀɔtetik]. *adj.* (1869; de *prothèse*). *Rare.* Relatif à la prothèse.

PROTHORAX [pʀɔtɔʀaks]. *n. m.* (1846; de *pro*-, et *thorax*). *Zool.* Segment antérieur du thorax des insectes. *Prothorax des coléoptères, des hémiptères.* V. **Corselet.**

PROTHROMBINE [pʀɔtʀɔ̃bin]. *n. f.* (mil. XXᵉ; de *pro*-, et *thrombine*). *Biochim.* Substance contenue dans le sang, qui participe à sa coagulation.

PROTIDE [pʀɔtid]. *n. m.* (1855; de *protéine*, avec changement de suff.). *Biochim.* Terme général désignant les substances azotées qui contiennent des acides aminés (les acides aminés eux-mêmes, les peptides* et les protéines* ou protéides*). — *Spécialt.* Protéine.

PROTIDIQUE [pʀɔtidik]. *adj.* (mil. XXᵉ; de *protide*). *Biochim.* Relatif aux protides, qui en contient (V. **Protéique**). *Métabolisme protidique. Constituants protidiques.*

PROTISTES [pʀɔtist(ə)]. *n. m. pl.* (1876; mot all., du gr. *prôtos.* V. **Proto**-). *Zool.* Organismes vivants unicellulaires (pour éviter les distinctions arbitraires entre végétaux *[Protophytes]* et animaux *[Protozoaires]*). — Au sing. *Un protiste.*

PROT(O)-. Élément, du gr. *prôtos* « premier, primitif, rudimentaire » (*ex. :* protagoniste, protéide, protozoaire).

PROTOC(H)ORDÉS. V. **Procordés.**

PROTOCOCCUS [pʀɔtɔkɔkys]. *n. m.* (av. 1899; *protocoque*, 1872; de *proto*-, et lat. *coccus*). *Bot.* Algue microscopique *(Chlorophycées)* qui pousse sur le tronc des arbres.

PROTOCOLAIRE [pʀɔtɔkɔlɛʀ]. *adj.* (fin XIXᵉ; de *protocole*). ♦ 1° Relatif au protocole (3°), à l'étiquette. *Les questions protocolaires.* ♦ 2° Conforme au protocole. « *Ce ne serait pas protocolaire, ajouta-t-elle en usant d'un adjectif qu'elle aimait beaucoup* » (PROUST).

PROTOCOLE [pʀɔtɔkɔl]. *n. m.* (*Prothecolle* « minute d'un acte », 1330; lat. *protocollum*, du gr. *kollaó* « coller »). ♦ 1° *Hist.* Recueil des formules en usage pour les actes publics, la correspondance officielle. V. **Formulaire.** ♦ 2° (1834). Actes, registre portant les résolutions d'une assemblée, d'une conférence internationale; document diplomatique constituant le procès-verbal d'une réunion, le texte d'un engagement. *Par ext.* Le contenu du protocole (résolutions, accord). ◇ *Protocole opératoire*, compte rendu écrit d'une opération. ♦ 3° (1829). Recueil de règles à observer en matière d'étiquette, de préséances, dans les cérémonies et les relations officielles. V. **Cérémonial, étiquette.** ◇ Service chargé des questions d'étiquette. *Chef du protocole.* — *Fig.* Formes, respect des formes, dans la vie en société. V. **Bienséance.** « *Rien n'égale en énigmes le protocole des petites gens* » (RADIGUET). ♦ 4° *Typogr.* Modèle de signes; liste de conventions (utilisée pour la correction, comme mode d'emploi).

PROTOGINE [pʀɔtɔʒin]. *n. m. ou f.* (1806; gr. *prôtos* « premier », et *gi[g]nesthai* « naître »; souvent écrit par erreur *protogyne* au XIXᵉ). *Didact.* (ou *Région.*). Granite contenant du chlorite, qu'on rencontre dans le massif du Mont-Blanc.

PROTOGYNIE [pʀɔtɔʒini]. *n. f.* (1931; de *protogyne*). *Biol.* Forme d'hermaphrodisme animal ou végétal où les gamètes femelles sont mûrs avant les gamètes mâles. *La protogynie, moins fréquente que la protérandrie*, se rencontre chez les limaces, des échinodermes, des tuniciers, certaines plantes.* — On dit aussi PROTÉROGYNIE [pʀɔteʀɔʒini], *n. f.* — *Adj.* PROTOGYNE [pʀɔtɔʒin] ou PROTÉROGYNE [pʀɔteʀɔʒin]. ◇ ANT. Protérandrie.

PROTOHISTOIRE [pʀɔtɔistwaʀ]. *n. f.* (1922; de *proto*-, et *histoire*). *Didact.* Événements concernant l'humanité, immédiatement antérieurs à l'apparition de l'écriture et contemporains de la première métallurgie (du 3ᵉ au 1ᵉʳ millénaire avant J.-C.). V. *aussi* **Préhistoire.** *Civilisations mégalithiques de la protohistoire.*

PROTOHISTORIQUE [pʀɔtɔistɔʀik]. *adj.* (1877; de *protohistoire*). *Didact.* De la protohistoire.

PROTON [pʀɔtɔ̃]. *n. m.* (apr. 1920; mot angl. [1919-1920]; du gr. *prôton*, de *prôtos*). Particule constitutive du noyau atomique, de charge électrique positive, égale numériquement à celle de l'électron, mais de masse 1840 fois plus grande (voisine de celle du neutron). Noyau de l'atome d'hydrogène. *Le nombre de protons d'un noyau atomique (numéro atomique) est caractéristique de l'élément considéré* (le nombre de neutrons pouvant être variable). V. **Isotope.**

PROTONÉMA [pʀɔtɔnema]. *n. m.* (*Protonème*, 1846; de *proto*-, et gr. *nêma* « fil, filament »). *Bot.* Chez les Bryophytes (Mousses), filament issu de la spore et qui donne naissance à de nouvelles tiges.

PROTONIQUE [pʀɔtɔnik]. *adj.* (XXᵉ; de *proton*). *Phys.* Relatif aux protons. *Masse protonique.*

PROTONOTAIRE [pʀɔtɔnotɛʀ]. *n. m.* (1390; lat. ecclés. *protonotarius*, de *proto*-, et *notarius*. V. **Notaire**). ♦ 1° *Relig.* Prélat de la cour romaine, du rang le plus élevé parmi ceux qui n'ont pas le caractère épiscopal. *Protonotaires apostoliques.* ♦ 2° [Canada]. Fonctionnaire chargé de l'enregistrement des actes dans un bureau régional.

PROTOPHYTE [prɔtɔfit]. *n. m.* ou *f.* (1839; de *proto-*, et *phyte*). *Bot.* Organisme végétal unicellulaire ou à cellules peu différenciées (schizophytes, bacillariophytes, phycomycètes, etc.).

PROTOPLASMA [prɔtɔplasma] ou **PROTOPLASME** [prɔtɔplasm(ə)]. *n. m.* (1855,-1890; mot all. [1843]; de *proto-*, et gr. *plasma* « chose façonnée »). *Biol.* Substance organisée, composé chimique complexe et variable qui constitue la cellule vivante. *Protoplasme du cytoplasme, du noyau, de la membrane cellulaire.* « *Qu'il s'agisse du cytoplasme ou du noyau, la substance essentielle des cellules vivantes est le* protoplasme, *gelée visqueuse et transparente, très riche en eau* » (J. ROSTAND).

PROTOPLASMIQUE [prɔtɔplasmik]. *adj.* (1869; de *protoplasme*). *Biol.* Relatif au protoplasme. *Prolongement protoplasmique.* V. **Dendrite, pseudopode.**

PROTOPTÈRE [prɔtɔptɛr]. *n. m.* (v. 1905; de *proto-*, et -*ptère*, à cause de ses nageoires en « ailes rudimentaires »). *Zool.* Poisson des marais africains (*Dipneustes*), à branchies et poumons, et passant la saison sèche dans la vase.

PROTOTYPE [prɔtɔtip]. *n. m.* (1552; lat. *prototypus*; du gr. *protos*, et *tupos*). ♦ 1º *Didact.* Type, modèle premier (originel ou principal). V. **Archétype, modèle, type.** *Prototype d'une œuvre d'art.* V. **Original.** « *Ne croirait-on pas... qu'il n'y a jamais eu qu'un premier animal, prototype de tous les animaux* » (DIDER.). ♦ 2º *Cour.* (1907, adj.). Premier exemplaire d'un modèle (de mécanisme, de véhicule) construit avant la fabrication en série. *Prototype d'avion, de voiture de course.*

PROTOXYDE [prɔtɔksid]. *n. m.* (1813; *protoxide*; de *prot*[o]-, et *oxyde*). *Chim.* Oxyde d'un élément le moins riche en oxygène. *Protoxyde de baryum* (baryte), *protoxyde de calcium* (chaux). ◊ Cour. *Protoxyde d'azote* (N_2O) : gaz incolore utilisé comme anesthésique (syn. *oxyde azoteux,* en *chim.*).

PROTOZOAIRE [prɔtɔzɔɛr]. *n. m.* (1839; de *proto-*, et -*zoaire*). Être vivant unicellulaire, classé traditionnellement dans le règne animal. V. **Protiste.** *Les protozoaires sont considérés comme un embranchement* (ou *un sous-règne, opposé à* métazoaires) *du règne animal* (ex. : amibe, amibiens; foraminifères; radiolaires; sporozoaires; infusoires; ciliés).

PROTRACTILE [prɔtraktil]. *adj.* (XXᵉ; de *pro-*, et lat. *tractus*, de *trahere*; Cf. *Protraction*, 2ᵉ moitié XIXᵉ). *Didact.* (*Sc. nat.*). Qui peut être étiré, distendu vers l'avant. *Langue protractile du fourmilier.*

PROTUBÉRANCE [prɔtyberãs]. *n. f.* (1687; de *protubérant*). ♦ 1º *Anat.* et *cour.* Saillie à la surface d'un os (V. **Apophyse, éminence, tubérosité**), ou d'une autre structure anatomique. « *Les protubérances frontales fortement accusées* » (GAUTIER). ◊ *Anat.* *Protubérance annulaire :* segment intermédiaire du tronc cérébral, situé entre le bulbe rachidien et les pédoncules cérébraux. ♦ 2º *Cour.* Saillie. « *Les montagnes sont des protubérances de pierres calcaires* » (CHATEAUB.). « *La pèlerine qui lui tombait à mi-jambe paraissait cacher une bosse, une protubérance, quelque extraordinaire déformation* » (COCTEAU). ♦ 3º *Astron.* (1859). *Protubérances* (*solaires*), immenses jets de gaz enflammés (plus de 100 000 km), qui s'élèvent de la chromosphère. ◊ ANT. *Cavité.*

PROTUBÉRANT, ANTE [prɔtyberã, ãt]. *adj.* (1560; bas lat. *protuberans*, p. prés. de *protuberare*, de *tuber* « excroissance, tumeur »). Qui forme saillie. *Une pomme d'Adam protubérant.* V. **Proéminent, saillant.**

PROTUTEUR, TRICE [prɔtytœr, tris]. *n.* (1667; lat. *protutor*, -*trix*). *Dr.* Personne qui, sans avoir le titre de tuteur ou tutrice, est fondée à administrer les biens d'un mineur (*spécialt.* quand ces biens sont hors du pays où il est domicilié).

PROU (PEU OU) [pøupru]. *loc. adv.* (v. 1600; de *peu*, et a. fr. *proud* [980] « beaucoup », de *prou*, *preu* « profit » ; lat. pop. *prode*, du class. *prodesse* « être utile »). *Littér.* Plus ou moins. « *Ça sent toujours le voleur peu ou prou, comme on dit...* » (BOYLESVE).

PROUDHONIEN, IENNE [prudɔnjɛ̃, jɛn]. *adj.* et *n.* (1872; de *Proudhon*, philosophe et théoricien socialiste). Qui a rapport à Proudhon, à ses théories. « *Le socialisme proudhonien, libertaire, opposé à la fois au capitalisme et au marxisme.* » ◊ N. Partisan du système de Proudhon.

PROUE [pru]. *n. f.* (*Proe*, 1246; it. dial. *proa, prua,* du lat. *prora*). Avant d'un navire (*opposé à* poupe). *Vagues fouettant la proue d'un paquebot. Figure* de proue.* « *Nous nous tenions debout; le visage tourné vers la proue du vaisseau* » (CHATEAUB.). — « *Les maisons s'avancent comme des proues de galères* » (L.-P. FARGUE). *S'avancer en proue :* faire saillie. ◊ ANT. *Arrière, poupe.*

PROUESSE [prues]. *n. f.* (*Proëce*, 1080; de *preux*). ♦ 1º *Littér.* Acte de courage, d'héroïsme. *Les prouesses d'un brave, d'un chevalier, d'un preux.* « *Leurs prouesses et glorieux faits d'armes* » (RABELAIS). ◊ *Par ext.* Action d'éclat. V. **Exploit.** *Les prouesses des pionniers de l'aviation.* ♦ 2º *Cour.* (*Iron.*). Action remarquable. « *Certains se sont levés avant l'aube... en guise de prouesse* » (ROMAINS). ◊ ANT. *Crime, faute.*

PROUVABLE [pruvabl(ə)]. *adj.* (*Provable*, 1263; de *prouver*). *Rare.* Qu'il est possible de prouver. ◊ ANT. *Improuvable.*

PROUVER [pruve]. *v. tr.* (v. 1260; *prover* « établir la vérité de », XIᵉ; lat. *probare* « éprouver »). ♦ 1º Faire apparaître ou reconnaître (qqch.) comme vrai, réel, certain, au moyen de preuves. V. **Démontrer, établir.** *Prouver une proposition par un raisonnement, des arguments pertinents,* (fam.) *par A* + B.* « *Je n'avance rien que je ne prouve* » (PASC.). *Cela n'est pas prouvé, cela reste à prouver.* « *Et qui nous prouvera que, cette fois-ci, vous voyez ce que vous dites?* » (SAND). — *Absolt.* *Le désir de prouver.* — *Impers.* « *Il est prouvé que les attaques frontales ne donnent pas de résultats* » (MAUROIS). ◊ *Prouver en justice.* *L'infanticide a été prouvé.* « *J'ai dit et prouvé, que monsieur Goëzman était l'auteur des déclarations de le-Jay...* » (BEAUMARCH.). ♦ 2º (*Sens affaibli*). Exprimer (une chose) par une attitude, des gestes, des paroles. V. **Montrer.** *Comment vous prouver ma reconnaissance?* « *Je vous prouverai, mille fois et de mille manières, que vous êtes, que vous serez toujours la véritable souveraine de mon cœur...* » (LACLOS). *Je suis bon Français, je l'ai prouvé et je le prouverai encore. Cet enfant prouve qu'il a le sens de l'humour.* ♦ 3º (*Sujet de chose*). Servir de preuve, être (le) signe de. V. **Annoncer, indiquer, marquer, révéler, témoigner.** « *L'infécondité de huit reines, la mort prématurée de six rois, prouvent assez la dégénération de cette race* » (MICHELET). « *Son expérience personnelle lui prouvait que seul l'amour d'une femme peut inspirer un grand courage* » (MAUROIS). *Cela ne prouve rien. Qu'est-ce que cela prouve?* ♦ 4º SE PROUVER. *v. pron.* (*Pass.*). Être prouvé. « *Les choses de fait ne se prouvent que par les sens* » (PASC.). ◊ (*Réfl.*) Prouver, montrer à soi-même. « *L'humaniste... tâche de se prouver à lui-même qu'il reste le maître de ses abandons* » (MAURIAC). — (Au sens 2º) *Il a voulu se prouver* (à soi-même) *son courage, qu'il était courageux.* ◊ (*Récipr.*) « *Quand nous nous serons prouvés l'un à l'autre que je suis une coquette et vous un libertin...* » (MUSS.).

PROVÉDITEUR [prɔveditœr]. *n. m.* (1669; it. *provveditore,* lat. *providere* « pourvoir »). *Hist.* Officier public de l'ancienne république de Venise, chargé d'inspections ou du commandement d'une flotte, d'une place forte, d'une province. *Provéditeur de la mer, de la santé.*

PROVENANCE [prɔvnãs]. *n. f.* (*Provenanche,* 1294; repris 1823; de *provenant,* p. prés. de *provenir*). Endroit d'où vient ou provient une chose. *J'ignore la provenance de cette lettre. En provenance.* *Avion, train en provenance de Paris* (*opposé à* en partance pour, à destination de). ◊ *Origine. Des éléments de toutes provenances.* — *Comm.* « *Le moindre morceau de bois vermoulu qu'il achetait... avait toujours une provenance illustre* » (GAUTIER). « *Cette liqueur qu'il croit de bonne provenance* » (CHARDONNE). *Pays de provenance,* celui d'où une marchandise est importée et qui peut être distinct du pays d'origine.* — (T. de douanes) *Plur.* (1801) *Les provenances,* les marchandises et produits importés.

PROVENÇAL, ALE, AUX [prɔvãsal, o]. *adj.* et *n. m.* (*Provenciaux,* 1274; *prouvencelle,* XIIIᵉ; de *Provence;* lat. *provincia* [*romana*] « province romaine »). ♦ 1º Qui appartient ou qui a rapport à la Provence et à ses environs immédiats (Côte d'Azur). *Mas provençaux. Cuisine provençale à l'huile d'olive et à l'ail. Style roman provençal, en architecture.* ♦ 2º *Subst. Les Provençaux,* habitants ou natifs de la Provence. *Une Provençale.* ◊ N. m. *Le provençal,* groupe de dialectes de la langue d'oc (rhodanien, dialecte de Mistral et des félibres; dialecte maritime, niçois, « gavot », et *provençal alpin*). « *Le provençal donnait joyeusement aux conversations leur allure chantante* » (ARAGON). ◊ La langue d'oc tout entière. V. **Occitan.** ♦ 3º *Loc. adv.* À LA PROVENÇALE : à la mode, à la manière de Provence (avec beaucoup d'ail et de persil). *Tomates à la provençale.* — *Plus cour.* (*Appos.*) *Tomates provençales.*

PROVENDE [prɔvãd]. *n. f.* (XIIᵉ; lat. *præbenda,* adapté d'apr. les mots en *pro-*). ♦ 1º *Vieilli.* Provisions de bouche, vivres. « *Le souci de sa provende relâchait sa terrible étreinte* » (GENEVOIX). ♦ 2º *Agric.* (XIIᵉ; « avoine »; repris 1606). Préparation de fourrage pour les moutons; nourriture donnée aux bestiaux, chevaux ou animaux de basse-cour.

PROVENIR [prɔvnir]. *v. intr.; conjug. venir* (1210; lat. *provenire* « naître »). ♦ 1º (*Choses*). Venir (de). *D'où provient ce colis?* « *Une collection de tableaux provenant des monastères abolis ou ruinés* » (GAUTIER). *Au p. p.* (*Rare*) « *On buvait là des vins provenus des meilleurs coteaux du duché de Bourgogne* » (VILLIERS). REM. On dit plutôt *provenant de...* ♦ 2º (*Choses*). Avoir son origine dans; tirer son origine de. *Personne ne savait d'où provenait sa fortune. Huiles provenant de la distillation des goudrons.* V. **Dériver.** ◊ (*Sentiments, idées*) Découler, émaner. « *Un cauchemar persistant... provient le plus souvent d'idées écartées par l'esprit* » (MAUROIS). « *Cela provenait des lois particulières*

qui régissent l'optique des esprits orientaux » (GOBINEAU).
PROVERBE [pʀɔvɛʀb(ə)]. *n. m.* (XIIᵉ; lat. *proverbium*).
Vérité d'expérience, ou conseil de sagesse pratique et populaire commun à tout un groupe social, exprimé en une formule elliptique généralement imagée et figurée (V. **Adage,**
aphorisme, dicton). Abrév. dans ce dictionnaire : PROV. — *Le
proverbe est populaire, il appartient à la « sagesse des nations ».*
*« Comme dit le proverbe : Ce qui tombe dans le fossé est
pour le soldat »* (VIGNY). *Passer en proverbe,* se dit de l'expression d'une vérité qui entre dans l'usage commun. *Parler
par proverbes.* « *J'aime peu les proverbes en général, parce
que ce sont des selles à tous chevaux; il n'en est pas un qui
n'ait son contraire »* (MUSS.). ◇ *Le Livre des Proverbes,*
livre de l'Ancien Testament qui est un recueil de proverbes
et d'exhortations, attribué en partie au roi Salomon. ◇ *Par
ext.* Petite comédie illustrant un proverbe. *Comédies et
Proverbes,* de Musset. *Jouer un proverbe.*
PROVERBIAL, IALE, IAUX [pʀɔvɛʀbjal, o]. *adj.* (1487;
de *proverbe*). ♦ 1º Qui est de la nature du proverbe. *Phrase
proverbiale.* — Qui tient du proverbe par la forme, l'emploi.
Expression, locution proverbiale (abrév. *Loc. prov.*). ♦
2º (XIXᵉ). Qui est aussi généralement connu et aussi frappant
qu'un proverbe; qui est cité comme type. *Sa bonté est proverbiale,* est citée comme modèle. « *La pauvreté proverbiale
des Hidalgos »* (BALZ.).
PROVERBIALEMENT [pʀɔvɛʀbjalmã]. *adv.* (1650; de
proverbial). D'une manière proverbiale (1º). *On dit proverbialement...* « *Le renard sait beaucoup de choses, le hérisson
n'en sait qu'une grande, disaient proverbialement les anciens »*
(BUFF.).
PROVIDENCE [pʀɔvidɑ̃s]. *n. f.* (1170, « prévoyance »;
1223, relig.; lat. *providentia,* de *providere* « pourvoir »). Sage
gouvernement de Dieu sur la création, et *par ext.* (avec la
majuscule) Dieu gouvernant la création. *La divine providence,
la providence de Dieu. Les décrets, les desseins impénétrables,
les conseils de la Providence.* V. aussi **Destin.** « *Mais que la
Providence ou bien que le destin Règle les affaires du monde... »*
(LA FONT.). ◇ Fig. *Être la providence de qqn,* être la cause de
son bonheur, combler ses désirs. *Il s'est fait la providence des
malheureux.* V. **Protecteur, secours.** *Vous êtes ma providence!*
« *L'une des providences parisiennes des fabriques de Lyon »*
(BALZ.).
PROVIDENTIALISME [pʀɔvidɑ̃sjalism(ə)]. *n. m.* (av.
1865; de *providence*). *Philo.* Finalisme de ceux qui croient
à la providence.
PROVIDENTIEL, ELLE [pʀɔvidɑ̃sjɛl]. *adj.* (v. 1792;
lat. *providentia*). ♦ 1º Qui se rapporte à la providence, est
un effet heureux de la providence. « *Le développement graduel
de l'égalité des conditions est... un fait providentiel »* (TOCQUE-
VILLE). « *Que ce soit fatal ou providentiel, Gutenberg est le
précurseur de Luther »* (HUGO). ♦ 2º (1840). *Cour.* Qui arrive
opportunément, par un heureux hasard. *Une rencontre,
une nouvelle providentielle.* « *Un ami providentiel et propre à
le tirer d'affaire »* (HENRIOT). ◇ ANT. *Malencontreux.*
PROVIDENTIELLEMENT [pʀɔvidɑ̃sjɛlmã]. *adv.* (1840;
de *providentiel*). ♦ 1º *Relig.* D'une manière providentielle
(1º). *Une âme providentiellement secourue.* ♦ 2º *Cour.* Par
bonheur, par une chance inespérée. *Il put providentiellement
s'échapper.* « *Ce fortin, situé providentiellement comme
diraient les bons écrivains de 1836 »* (STENDHAL).
PROVIGNAGE [pʀɔviɲaʒ] ou **PROVIGNEMENT**
[pʀɔviɲmã]. *n. m.* (1611,-1538; de *provigner*). *Agric.* Marcottage* de la vigne.
PROVIGNER [pʀɔviɲe]. *v.* (1538; *provainier,* déb. XIIᵉ;
de *provin*). *Agric.* ♦ 1º *V. tr.* Marcotter (la vigne). *Provigner
un cep pour obtenir un plant.* ♦ 2º *V. intr.* (1690). Se multiplier
par provins, par marcottes.
PROVIN [pʀɔvɛ̃]. *n. m.* (XVIᵉ; *provain,* XIIIᵉ; lat. *propago,*
-inis, de *propagare* « propager »). *Vitic.* Marcotte de vigne.
Provin qui prend racine. *Il « le promena de provin en provin,
de cep en cep, dans ses vignes »* (BALZ.).
PROVINCE [pʀɔvɛ̃s]. *n. f.* (1170, « province ecclésiastique, métropole »; lat. *provincia,* de *vincere* « vaincre »).
♦ 1º *Hist. rom.* (1213). Territoire conquis hors de l'Italie,
assujetti aux lois romaines et administré par un gouverneur
(V. **Proconsul, propréteur**). *César porta les provinces au
nombre de dix-huit. La Gaule cisalpine, province romaine.*
♦ 2º *Vx.* Pays, État. « *Je t'ai cherché moi-même au fond de
tes provinces »* (RAC.). ♦ 3º *Mod.* (Canada, 1867 [Acte de
l'Amérique du Nord britannique]). État fédéré doté d'un
gouvernement propre, souverain dans le domaine de ses
compétences. *Les dix provinces canadiennes. La Belle Province :* le Québec. ♦ 4º (*Mil.* XIIIᵉ). Division d'un royaume,
d'un État. — (Belgique, 1899). Unité territoriale dirigée par
un gouverneur nommé par le roi, assisté d'un conseil provincial élu au suffrage universel direct, et jouissant de la
représentation proportionnelle à la Chambre des représentants. *Les neuf provinces de la Belgique.* ◇ *Hist.* En France,
sous l'Ancien Régime, Circonscription (division militaire et
fiscale). ◇ *Cour.* Toute région, avec ses traditions et ses cou-

tumes particulières. V. **Région.** *La Bretagne, la Normandie,
la Picardie, le Poitou, la Provence... provinces françaises.*
« *Depuis cette merveilleuse nuit, plus de classes des Français;
plus de provinces, une France ! »* (MICHELET). « *Utrecht envoya
ses clefs, et capitula avec toute la province qui porte son nom »*
(VOLT.). *Les Provinces-Unies, ancien nom de la Hollande.* ♦
5º (XVIIᵉ). Partie d'un pays ayant un caractère propre, à
l'exclusion de la capitale. *Une province, les provinces (opposé à
la capitale). Il arrive de sa province, du fond de sa province*
(V. **Provincial**). « *Tout va lentement, tout se fait peu à peu dans
les provinces, il y a plus de naturel »* (STENDHAL). ♦ 6º LA
PROVINCE. En France, L'ensemble du pays (*spécialt.* les villes,
les bourgs) à l'exclusion de la capitale. « *La France au dix-
neuvième siècle est partagée en deux grandes zones : Paris
et la province; la province jalouse de Paris »* (BALZ.). *La
province et la campagne. Villes, petites villes de province.
S'installer, vivre en province.* « *Scènes de la vie de province »,*
suite de romans de Balzac. « *C'est un nigaud qui est frais
émoulu de la province »* (DANCOURT). ◇ (Dans d'autres pays
d'Europe) *La province anglaise.* ◇ *Fam. (Adj.)* Provincial.
Cela fait province. « *Ainsi rassemblés... ils redeviennent tous
assez Province, et très sud-ouest »* (ROMAINS). ◇ ANT. *Capitale.*
PROVINCIAL, ALE, AUX [pʀɔvɛ̃sjal, o]. *adj. et n.* (XIIIᵉ;
lat. *provincialis*). ♦ 1º *Hist. relig.* Qui appartient aux maisons
du même ordre dans une province. *Pères provinciaux et
général des Jésuites.* — Subst. m. *Un provincial,* père provincial. ♦ 2º *Cour.* Qui appartient, est relatif à la province
(5º) dans ce qu'on lui trouve de typique (*régional** a un autre
sens). *La vie provinciale.* « *Ce n'était plus cette fille simple
dont une éducation provinciale avait rétréci les idées »* (VOLT.).
— Péj. *Avoir des manières provinciales :* un peu gauches, qui
ne sont pas à la mode de Paris. *Un air provincial.* ◇ Subst.
« *Les Provinciales »,* désignation traditionnelle des « Lettres
écrites à un Provincial par un de ses amis », œuvre polémique
de Pascal. ♦ 3º *N.* Personne qui vit en province. *Les provinciaux et les Parisiens.* « *Que peut comprendre de tout cela un
jeune provincial frais débarqué...? »* (ARAGON). « *Des provinciaux dont la principale occupation est de démontrer aux
Parisiens l'existence, l'esprit et la sagesse de la province »*
(BALZ.). ♦ 4º (Canada, 1867). Qui concerne le gouvernement d'une province (3º) [*opposé à* fédéral*]. Subst. *Le
provincial.*
PROVINCIALAT [pʀɔvɛ̃sjala]. *n. m.* (1694; de *provincial*).
Relig. Fonctions de provincial. Durée de ces fonctions.
PROVINCIALISME [pʀɔvɛ̃sjalism(ə)]. *n. m.* (1779; de
provincial). Prononciation, usage d'un mot, d'une locution
particulière à une province, qui ne sont pas reçus à Paris. *Les
provincialismes d'un écrivain.* ◇ Caractère de ce qui est
provincial (au sens *péj.*).
PROVISEUR [pʀɔvizœʀ]. *n. m.* (1812; « administrateur
d'un collège » [Sorbonne, 1688], « pourvoyeur » en a. fr.
[1250]; lat. *provisor* « celui qui pourvoit »). Fonctionnaire
de l'université qui dirige un lycée de garçons. V. **Directeur.**
Fonctions administratives du proviseur. — Arg. scol. *Proto*
[pʀɔto] (1905), *protal* [pʀɔtal] (1920).
PROVISION [pʀɔvizjɔ̃]. *n. f.* (1316, sens 1º, et « prévoyance, précaution »; lat. *provisio,* de *providere.* V. **Pourvoir**).
I. *Cour.* ♦ 1º Réunion de choses utiles ou nécessaires à
la subsistance, à l'entretien ou à la défense. V. **Approvisionnement, réserve, stock.** *Provision de bois, d'eau, de vin. Provisions de guerre et de bouche. Soute à provisions.* — *Provision
de papier, de plumes et d'encre.* « *Nous sommes trop loin des
pharmaciens de Londres pour renouveler fréquemment notre
provision »* (BAUDEL.). — *Faire provision de qqch. :* s'en
pourvoir en abondance. ◇ *Spécialt.* V. **Ravitaillement,
victuailles, vivres.** *Avoir des provisions. Faire des provisions
pour l'hiver.* « *On étala les provisions sur la terre maudite :
langues fumées, jambons, tripes... rien n'y manquait »* (NER-
VAL). *Placard, armoire à provisions.* ♦ 2º (1675; *plur.*). Achat
de choses nécessaires à la vie (nourriture, produits* d'entretien); les choses que l'on achète. *Ménagère qui fait des provisions.* V. **Commission(s), course(s).** « *Nombre d'entre eux
portaient déjà des provisions du marché »* (CÉLINE). *Filet,
panier à provisions.*
II. (1466). *Dr.* ♦ 1º *Vx* (1549). PAR PROVISION : se disait
d'un jugement préalable à la sentence définitive. Fig. *Par
provision,* provisoire ou provisoirement. ♦ 2º *Mod.* (XIVᵉ).
Somme allouée par le juge à un créancier, en attendant le
jugement (allocation). *Provision ad litem,* allouée à un
plaideur pour lui permettre de faire face aux frais du procès.
◇ *Par ext.* Somme versée à titre d'acompte (à un avocat,
un avoué...). V. **Acompte, avance.** « *Mᵉ Mollard ne travaillait
pas gracieusement et demanda tout de suite une petite provision »* (DUHAM.). ♦ 3º *Dr. comm.* Somme déposée chez un
banquier par l'émetteur d'un titre, et destinée à assurer le
payement de ce titre. Cour. *Chèque sans provision :* tiré sur
un compte insuffisamment alimenté.
PROVISIONNEL, ELLE [pʀɔvizjɔnɛl]. *adj.* (1578; *pro-*

visional, 1484; de *provision*). *Dr.* (1611). Qui se fait « par provision », en attendant un jugement, un règlement définitif. *Partage provisionnel*. ◇ *Dr. fisc.* (et cour.) *Acompte provisionnel*, défini par rapport aux impôts de l'année précédente, et payé d'avance. *Tiers provisionnel*.

PROVISOIRE [pʀɔvizwaʀ]. *adj.* (1499; du lat. *provisus*, p. p. de *providere* « pourvoir »). ♦ 1° *Dr.* Qui est rendu, prononcé ou auquel on procède avant un jugement définitif (V. **Provision**, II, 1°). *Arrêt, jugement, sentence provisoire.* — *Subst.* Jugement provisoire. *Il a gagné le provisoire.* ◇ Cour. *Mise en liberté provisoire.* ♦ 2° (1829). Qui existe, qui se fait en attendant autre chose, mais est destiné à être remplacé (*opposé à* définitif). V. **Éphémère, passager, transitoire.** *Accord, solution provisoire. Un bonheur provisoire.* « *Dis-toi bien que Dieu seul n'est pas provisoire* » (GIDE). *À titre provisoire :* provisoirement. ◇ *(Personnes)* Qui exerce une fonction pour un temps (par intérim, etc.). « *Gardant les anciens patrons comme gérants provisoires* » (ROMAINS). — *Spécialt. Gouvernement provisoire*, destiné à gouverner pendant un intervalle, avant la constitution d'un régime stable. ◇ *(Choses matérielles) Construction, installation provisoire.* V. **Fortune** (de). ♦ 3° Subst. *Rester, s'installer dans le provisoire.* « *Langlumé fut donc un adjoint provisoire; mais en France, le provisoire est éternel...* » (BALZ.). ◇ ANT. *Définitif.*

PROVISOIREMENT [pʀɔvizwaʀmɑ̃]. *adv.* (1694; de *provisoire*). D'une manière provisoire, en attendant. V. **Momentanément.** « *Ce fut d'abord comme provisoirement qu'ils s'installèrent* » (LOTI).

PROVISORAT [pʀɔvizɔʀa]. *n. m.* (1835; lat. *provisor* « proviseur »). *Admin.* Qualité, fonctions de proviseur; durée des fonctions d'un proviseur.

PROVITAMINE [pʀɔvitamin]. *n. f.* (*Néol.;* de *pro-*, et *vitamine*). *Chim., Biol.* Substance inactive qui se trouve dans les aliments et qui est rendue active par l'organisme.

PROVO [pʀɔvo]. *n. m.* (v. 1965; mot holl. du rad. de *provoquer, provocation*). Jeune révolté qui conteste la société établie par des attitudes provocatrices (v. 1965-70). — Adj. *Le mouvement provo.*

PROVOCANT, ANTE [pʀɔvɔkɑ̃, ɑ̃t]. *adj.* (1461, n. m.; *provoquant*, adj., 1775; de *provoquer*). ♦ 1° Qui cherche ou tend à provoquer qqn à des sentiments ou à des actions violentes. *Attitude provocante, airs provocants.* V. **Agressif.** « *Ils agissaient de la manière la plus provocante* » (MICHELET). ♦ 2° Qui incite au désir, au trouble des sens. V. **Excitant.** « *Elle était, par insolence de haute naissance, provocante et inabordable* » (HUGO). « *Les jambes croisées, dans une pose abandonnée, un peu provocante* » (MART. du G.). *Des airs provocants.* V. **Aguichant.** *Regard provocant.* ◇ ANT. *Apaisant, calmant, froid, réservé.*

PROVOCATEUR, TRICE [pʀɔvɔkatœʀ, tʀis]. *n. et adj.* (1501; lat. *provocator*). ♦ 1° N. (*Rare au fém.*). Personne qui provoque, incite à la violence, à la dispute, à l'émeute, aux troubles. V. **Agresseur, meneur.** — *Spécialt.* Personne qui incite une personne ou un groupe à la violence ou à une action illégale dans l'intérêt du parti opposé, de la police, etc. *Indicateurs et provocateurs.* « *Ils ne demanderaient que ça, que nous répondions par des morts et ils chercheront les occasions. Ça va être le temps des provocateurs* » (NIZAN). ♦ 2° Adj. (1812). *Agent provocateur* (même sens que *un provocateur*). *Geste provocateur.*

PROVOCATION [pʀɔvɔkasjɔ̃]. *n. f.* (1190, « appel »; lat. *provocatio*). ♦ 1° Action de provoquer. V. **Appel.** *Provocation à la désobéissance, au meurtre.* V. **Excitation, incitation.** *Provocation à se battre, au combat. Provocation en duel.* V. **Cartel, défi.** — *Dr. pén.* Le fait d'inciter qqn à commettre une infraction. *Complicité par provocation.* — *Absolt.* *Défi.* « *Il faut dire qu'elle y mettait de la provocation, en face de la maison même* » (ZOLA). ♦ 2° Le fait d'être provoqué. « *L'agression est une attaque sans provocation.* » ♦ 3° Ce qui provoque (I); parole qui provoque. *Répondre à une provocation.* — *Rare.* Ce qui excite le désir. « *Mais la décence des figures tempérait les provocations du costume* » (FLAUB.). ◇ ANT. *Apaisement, défense.*

PROVOQUER [pʀɔvɔke]. *v. tr.* (1120; lat. *provocare* « appeler [*vocare*] dehors »).

I. PROVOQUER (QQN) À... ♦ 1° Inciter, pousser (qqn) par une sorte de défi ou d'appel. V. **Amener, entraîner, inciter, pousser.** *Provoquer qqn à faire qqch.* « *Ce qui peut provoquer une femme à la hardiesse, c'est votre froideur* » (ROMAINS). ♦ 2° Inciter à (une violence) par une attitude agressive. *Provoquer qqn à la violence, au meurtre.* — *Provoquer en duel.* — *Absolt. Provoquer qqn :* l'inciter à la violence. V. **Attaquer, défier.** « *Un Médicis ne se laisse point provoquer ainsi* » (MUSS.). *Pays qui en provoque un autre :* qui cherche à l'amener à un conflit. ♦ 3° *Absolt.* Exciter le désir de (qqn) par son attitude. *Femme qui provoque les hommes.* V. **Exciter; allumer.** ♦ 4° Pronom. *Se provoquer* (mutuellement). « *Ils s'insultent copieusement d'un camp à l'autre, s'accusent et se provoquent* » (DUHAM.).

II. PROVOQUER (QQCH.). ♦ 1° Être volontairement ou non la cause de (qqch.). V. **Amener, causer, occasionner, produire.** *Provoquer des aveux.* « *J'aime cette explication; je la voulais et je l'ai provoquée* » (VIGNY). *Provoquer la colère, la rage* (V. **Attirer, déchaîner**), *l'indignation* (V. **Soulever**), *le ressentiment de qqn. Provoquer des troubles.* « *Bonaparte se plaisait à réunir les savants, et provoquait leurs disputes* » (CHATEAUB.). ◇ *Provoquer une action :* en prendre l'initiative. « *Puis-je, à ce titre, provoquer son internement dans une maison de santé?* » (COURTELINE). ♦ 2° *(Choses).* Être la cause de. « *Il y avait des cas où l'excès de malheur provoquait des réactions inattendues* » (SARTRE). *Les bouleversements que provoque une invention.* V. **Apporter.** « *Il avait une terreur manifeste de tout désordre qui pût provoquer une intervention de la police* » (MART. du G.).

◇ ANT. *Amortir, apaiser. Prévenir. Essuyer, subir.*

PROXÈNE [pʀɔksɛn]. *n. m.* (1765; gr. *proxenos*, de *xenos* « étranger »). *Hist. gr.* Celui qui, dans une cité grecque, devait aide et protection aux membres d'une cité étrangère, aux hôtes publics.

PROXÉNÈTE [pʀɔksɛnɛt]. *n.* (1521, « courtier »; lat. *proxeneta* « courtier », gr. *proxenêtês* « médiateur », de *xenos* « hôte, étranger »). ♦ 1° Personne qui s'entremet dans des intrigues galantes pour de l'argent (V. **Entremetteur**, 2°). « *J'acceptais qu'il se fît proxénète; mais qu'il fût malhonnête, non* » (GIDE). ♦ 2° N. m. Celui qui tire des revenus de la prostitution d'autrui. V. **Maquereau, souteneur.**

PROXÉNÉTISME [pʀɔksenetism(ə)]. *n. m.* (1842; de *proxénète*). Le fait de tirer des revenus de la prostitution d'autrui (délit).

PROXIMAL, ALE, AUX [pʀɔksimal, o]. *adj.* (1887; du lat. *proximus* « très près »). *Méd.* Qui est le plus près du centre du corps, ou du point d'attache d'un membre. *Segment proximal d'un membre.* ◇ ANT. *Distal.*

PROXIMITÉ [pʀɔksimite]. *n. f.* (XIVe, « parenté »; lat. *proximitas*, de *proximus* « très près »). ♦ 1° (XVIe). *Littér.* Situation d'une chose qui est à peu de distance d'une autre, de plusieurs choses qui sont très proches. V. **Contiguïté, voisinage; près.** « *Trop de distance et trop de proximité empêche la vue* » (PASC.). *La proximité de la ville. Fusée de proximité*, fusée qui se déclenche à proximité de son objectif. ◇ Cour. (1835) À PROXIMITÉ (*loc. adv.*), *à proximité de...* (loc. prép.) : à faible distance de. V. **Auprès, environs** (aux), *près.* « *L'abbé Vécard habitait rue de Grenelle, à proximité des bureaux de l'archevêché* » (MART. du G.). ♦ 2° *Fig.* et *vieilli.* Caractère de ce qui est proche (des liens de parenté). *La proximité de parenté* (V. **Degré**). ♦ 3° Caractère de ce qui est rapproché dans le temps passé ou futur (V. **Imminence**). « *La proximité possible de la tempête* » (LAUTRÉAMONT). V. **Approche.** ◇ ANT. *Distance, éloignement.*

PROYER [pʀwaje]. *n. m.* (1555; var. *pruyer, preyer*, réfect. a. fr. *praiere* « [oiseau] des prés », 1180). *Zool.* Variété de bruant (oiseau : *passereaux*).

PRUCHE [pʀyʃ]. *n. f.* (1534; mot canadien, probabl. de *prusse* et *péruse* « épicéa »). *Tsuga** du Canada. « *Des chaises de cèdre aux sièges tressés d'écorce de pruche* » (J.-J. RICHARD).

PRUDE [pʀyd]. *adj. et n.* (1648; *prode femme*, XIIe, fém. de *prodom*. V. **Prud'homme;** de *preux*). ♦ 1° *Vieilli.* Vertueux et austère; qui déteste, réprouve le relâchement des mœurs. V. **Pudibond, puritain.** « *Ce jeune garçon est extrêmement prude pour son âge* » (ACAD. 1694). — N. *Un prude* (vx), *une prude.* « *N'en espérez aucun plaisir. En est-il avec les prudes? j'entends celles de bonne foi* » (LACLOS). ♦ 2° Adj. et *n. f.* (XVIIe). Qui fait profession de vertu, de pudeur affectée et outrée. V. **Bégueule.** « *Je ne suis pas sottement prude, je puis tout écouter...* » (BALZ.). ◇ N. f. *Faire la prude.* V. **Sainte-nitouche.** ◇ ANT. *Dévergondé, léger. Grivois, obscène.*

PRUDEMMENT [pʀydamɑ̃]. *adv.* (1538; *prudentement*, 1370; de *prudent*). Avec prudence, de manière prudente. *Il faut agir prudemment.*

PRUDENCE [pʀydɑ̃s]. *n. f.* (1200; lat. *prudentia*). ♦ 1° *Vx.* Sagesse; conduite raisonnable (vertu cardinale). V. **Sagesse.** « *Il est vrai que du ciel la prudence infinie...* » (CORN.). ♦ 2° (XVIe). *Mod.* Attitude d'esprit de celui qui, réfléchissant à la portée et aux conséquences de ses actes, prend ses dispositions pour éviter des erreurs, des malheurs possibles, s'abstient de tout ce qu'il croit pouvoir être source de dommage. « *Art, c'est Prudence. Quand on n'a rien à dire, ni à cacher, il n'y a pas lieu d'être prudent* » (GIDE). *Avoir de la prudence. Annoncez-lui la vérité avec beaucoup de prudence.* V. **Ménagement, précaution.** « *La jeunesse en face de la maturité; l'audace, en face de la raison; en face de la prudence* » (MART. du G.). — *Conseils de prudence aux automobilistes. Se faire vacciner contre une maladie par prudence, par mesure de prudence.* PROV. *Prudence est mère de sûreté.* ◇ Loc. *Avoir la prudence du serpent*, allus. à la ruse du démon qui prit la précaution de se déguiser en serpent pour tenter Ève. « *Quand il s'agit de défendre sa bourse contre les artistes, il est d'une prudence de serpent* » (R. ROLLAND). ♦ 3° (Surtout plur.).

Littér. Acte, manifestation de prudence. V. **Précaution.** « *Le tout avec des prudences pour n'être pas vue, parce qu'on est en grand deuil...* » (MONTHERLANT). ◇ ANT. Bêtise, égarement, imprévoyance, imprudence, insouciance, légèreté. Témérité.

PRUDENT, ENTE [pʀydã, ãt]. *adj.* (1090, « sage, plein d'expérience »; lat. *prudens*). ♦ 1° (1573). Qui a de la prudence (2°), montre de la prudence. V. **Circonspect, prévoyant, réfléchi.** *Il était trop prudent pour brusquer les choses.* V. **Averti, avisé.** « *Il tâchait à prévenir le mal; il était prudent avec le plus grand mépris pour la prudence* » (DIDER.). « *Prudent jusqu'à la lâcheté...* » (RADIGUET). — *Spécialt.* (Envers des dangers, des risques physiques) *Soyez prudents, ne roulez pas trop vite.* ◇ *Subst.* Personne prudente. « *Ceux qui se défient, les prudents, les avertis* » (R. ROLLAND). ♦ 2° *(Choses).* Inspiré par la prudence, empreint de prudence. *Il se risqua hors de la maison à pas prudents. Prenez une assurance tous risques, c'est plus prudent.* ◇ Impers. « *Je sais à présent qu'il n'est pas prudent de vouloir travailler quand même* » (GIDE). — Ellipt. « *Le corbeau jugea prudent de se retirer* » (GAUTIER) : il jugea qu'il était prudent de... ◇ ANT. Aventureux, étourdi, imprévoyant, imprudent, insouciant.

PRUDERIE [pʀydʀi]. *n. f.* (1666; de *prude*). ♦ 1° *Littér.* Affectation de réserve hautaine et outrée dans tout ce qui touche à la pudeur, à la décence. V. **Pudibonderie.** « *Il y a... une fausse sagesse qui est pruderie* » (LA BRUY.). ♦ 2° *Littér.* et rare. *Une pruderie, des pruderies* : attitude, acte qui a un caractère de pruderie. « *Après quelques hésitations et quelques pruderies* » (BAUDEL.).

PRUD'HOMAL, ALE, AUX [pʀydɔmal, o]. *adj.* (1907; de *prud'homme*). *Dr.* Qui a rapport ou appartient aux prud'hommes, à leur juridiction. *Compétence prud'homale.*

PRUD'HOMIE [pʀydɔmi]. *n. f.* (*Prodhommie* « loyauté », 1398; de *prud'homme*). *Dr.* (1876). Juridiction des prud'hommes.

PRUD'HOMME [pʀydɔm]. *n. m.* (1806; « homme expert », 1260; *prozdom* « homme de valeur », 1080; var. *prodome, preudomme; de preux, et homme*). *Dr.* Magistrat de l'ordre juridictionnel, membre élu d'un tribunal d'exception dit « Conseil de prud'hommes », et chargé essentiellement de juger les différends d'ordre professionnel entre employeurs et employés. — Par appos. *Conseillers prud'hommes.*

PRUDHOMMERIE [pʀydɔmʀi]. *n. f.* (1877; de Joseph Prudhomme, personnage créé par l'écrivain H. Monnier). *Littér.* Caractère, attitude, manière de s'exprimer d'un individu médiocre et infatué de lui-même, qui débite des banalités et des niaiseries sur un ton sentencieux.

PRUDHOMMESQUE [pʀydɔmɛsk(ə)]. *adj.* (1853; de Joseph Prudhomme, n. pr.). Qui a un caractère de banalité emphatique et ridicule. *Propos prudhommesques et insipides.*

PRUINE [pʀɥin]. *n. f.* (1842; « gelée blanche », 1120; lat. *pruina*). Fine pellicule cireuse à la surface de certains fruits (prune, raisin), des feuilles de choux, du chapeau de divers champignons. V. **Efflorescence.**

PRUNE [pʀyn]. *n. f. et adj.* (1265; lat. *pruna*, de *prunum*). ♦ 1° Fruit du prunier, de forme ronde ou allongée, à peau fine, de couleur variable, à chair juteuse, sucrée, agréable au goût. *La prune est une drupe à noyau. Variétés de prunes.* V. **Mirabelle, quetsche, reine-claude.** *Prune d'Agen, prune de Monsieur, prune précoce de Tours. Tarte aux prunes. Confiture de prunes. Prunes à l'eau-de-vie.* — *Eau-de-vie de prunes,* et ellipt. *De la prune. Un petit verre de prune.* ◇ Loc. pop. *Pour des prunes,* pour rien. « *Mais ce le, où elle s'arrête, n'est pas mis pour des prunes!* » (MOL.). — *Des prunes!* réponse ironique, négative à une demande jugée déplacée (Cf. *pop.* Des clous, des nèfles, la peau...). ♦ 2° *Adj. invar.* (v. 1780). D'une couleur violet foncé rappelant celle de certaines prunes. « *Une robe prune si foncée qu'elle paraissait noire* » (HUYSMANS).

PRUNEAU [pʀyno]. *n. m.* (1564; plur. *proniaulx*, 1507; de *prune*). ♦ 1° Prune séchée (obtenue soit par passage à l'étuve ou à l'évaporateur, soit par dessiccation à l'air pendant quelques semaines). *Pruneaux d'Agen, de Brignoles. Pruneaux crus, cuits.* « *Les pruneaux séchés au four sur des claies après la cuisson du pain...* » (PERGAUD). ♦ 2° *Fam.* et *vieilli.* (XVIIᵉ). Fille ou femme dont le teint très brun rappelle la couleur noirâtre du pruneau. *C'est un vrai pruneau* (Mod. *Elle est noire comme un pruneau*). ♦ 3° *Pop.* (1867; *prune,* 1650). Projectile, balle de fusil. « *Je me charge d'ajuster le Tapissier, moi!... Qué* (sic) *plaisir de loger un pruneau dans son bocal* » (BALZ.).

PRUNELAIE [pʀynlɛ]. *n. f.* (1690; *pruneraie,* 1636; de *prunier*). *Agric.* Terrain planté de pruniers.

PRUNELÉE [pʀynle]. *n. f.* (1803; de *prune*). *Région.* Confiture de prunes.

1. **PRUNELLE** [pʀynɛl]. *n. f.* (1175; de *prune*). Fruit du prunellier, petite prune globuleuse bleu ardoise, de saveur âcre. « *Il allait à la saison cueillir les prunelles sur les haies* » (BARRÈS). ◇ *Eau-de-vie, liqueur de prunelle.* Ellipt. *Un carafon de prunelle.*

2. **PRUNELLE** [pʀynɛl]. *n. f.* (XIIᵉ; du précéd.). ♦ 1° *Cour.* La pupille de l'œil, considérée surtout quant à son aspect. « *Une même stupeur, une même angoisse dilataient leurs prunelles* » (MART. du G.). « *Des yeux très bleus, très vagues, où la prunelle est un point tout petit, mais infiniment tendre* » (R. ROLLAND). ◇ *Loc. fig.* (1535) *Comme (à) la prunelle de ses yeux,* se dit d'une personne ou d'une chose à laquelle on tient par-dessus tout. « *Je crois que nous aurons le malheur de le perdre, quoique nous le soignions comme la prunelle de nos yeux* » (BALZ.). ♦ 2° L'œil considéré quant à sa mobilité, son aspect, son expression, la couleur de l'iris. « *Elle fixa lentement sur Olivier l'émail bleu-noir de ses prunelles sans flamme* » (FROMENTIN). « *Dans le plein jour, vos prunelles ont vraiment l'éclat de deux petites pierres bleues, deux saphirs clairs...* » (MART. du G.). V. **Œil.** ◇ *Loc. fam. Jouer* de la prunelle.*

PRUNELLIER [pʀynelje]. *n. m.* (1220; de *prunelle* 1). Arbrisseau épineux des haies *(Rosacées),* qui porte les prunelles. *Fleurs blanches des prunelliers.*

PRUNIER [pʀynje]. *n. m.* (*Pruner,* 1220; de *prune*). Arbre à floraisons hâtives *(Rosacées),* cultivé pour ses fruits comestibles, les prunes. « *Un prunier... dont les prunes mûres avaient une délicate odeur de musc...* (il) *imagina de secouer l'arbre violemment. Une pluie, une grêle de prunes tomba* » (ZOLA). *Plantation de pruniers.* V. **Prunelaie.** ◇ *Prunier à feuillage pourpre du Japon* (V. **Prunus**), *cultivé comme arbre ou arbuste d'ornement.* ◇ *Loc. fam. Secouer qqn comme un prunier,* très vigoureusement; *au fig.* Le tancer vertement. « *Je le secoue, et je le secoue comme un vieux prunier* » (MICHAUX).

PRUNUS [pʀynys]. *n. m.* (XXᵉ; lat. bot. *prunus* « prunier »). *Cour.* Prunier ornemental à feuilles pourpres.

PRURIGINEUX, EUSE [pʀyʀiʒinø, øz]. *adj.* (av. 1478; du lat. *prurigo*). *Méd.* Qui cause de la démangeaison. *Boutons prurigineux, dermatose prurigineuse.*

PRURIGO [pʀyʀigo]. *n. m.* (1825; lat. *prurigo* « démangeaison »). *Méd.* Affection de la peau, caractérisée par des papules et des démangeaisons très violentes.

PRURIT [pʀyʀit]. *n. m.* (1271; lat. *pruritus,* n. m., de *prurire* « démanger »). ♦ 1° Démangeaisons de la peau, en rapport avec une affection cutanée (eczéma, urticaire, prurigo, piqûres de parasites) ou une affection générale (jaunisse, urémie) ou sans cause physiologique décelable *(prurits psychosomatiques).* « *Sa nervosité, née de son anémie, lui donnait un prurit aux poignets, aux gras des pouces* » (MONTHERLANT). ♦ 2° *Fig.* et *littér. Un prurit de... :* désir irrépressible. V. **Démangeaison** *(fig.).* « *Un prurit de désirs à détruire par l'assouvissement* » (BOURGET).

PRUSSIATE [pʀysjat]. *n. m.* (1787; de *Prussia* « Prusse », pour « bleu de Prusse »). *Chim.* Cyanure, sel de l'acide cyanhydrique.

PRUSSIEN, IENNE [pʀysjɛ̃, jɛn]. *adj.* (1732; de *Prusse*). De la Prusse, et *par ext.* Allemand (en 1870 et immédiatement après). *L'armée prussienne. Le caporalisme prussien. Cheminée* prussienne.* ◇ *Loc. À la prussienne* : à la manière rigide, strictement disciplinée des soldats prussiens. ◇ *Subst. Les Prussiens* (spécialt. les soldats de la confédération allemande sous l'égide de la Prusse. Cf. *pop.* et *vieilli.* Prussco (1895).

PRUSSIQUE [pʀysik]. *adj. m.* (1787; de *Prusse*). *Acide prussique* (vx, en chim.) : cyanhydrique. « *Il a avalé un flacon contenant une once d'acide prussique* » (STENDHAL).

PRYTANE [pʀitan]. *n. m.* (1732; gr. *prutanis* « chef, maître »). *Hist. gr.* L'un des premiers magistrats de certaines cités grecques. — À Athènes, L'un des cinquante sénateurs appartenant aux dix tribus et qui avaient successivement le droit de présidence au sénat.

PRYTANÉE [pʀitane]. *n. m.* (1579; gr. *prutaneion*). ♦ 1° *Hist. gr.* Édifice où s'assemblaient les prytanes, et qui servait à dresser les usages politiques et religieux. *Le prytanée d'Athènes.* ♦ 2° (v. 1800). *Mod.* Établissement d'éducation gratuite pour les fils des militaires. *Le prytanée militaire de La Flèche.*

P.-S. [pees]. Abrév. de *Post-scriptum.*

PSALLETTE [psalɛt]. *n. f.* (1643; gr. *psallein.* V. **Psaume**). *Relig., Mus.* École de musique faisant partie d'une église, et où sont instruits les enfants de chœur; l'ensemble des chanteurs d'une psallette. V. **Maîtrise, manécanterie.**

PSALLIOTE [psaljɔt]. *n. f.* (1846; du gr. *psalis* « voûte, cintre », et suff. *-ote*). *Bot.* Champignon comestible basidiomycète *(Agaricinées).* Le (ou la) psalliote champêtre *est le champignon de couche,* appelé couramment champignon de Paris.

PSALMISTE [psalmist(ə)]. *n. m.* (v. 1190; *psalmistre,* v. 1175; lat. chrét. *psalmista,* gr. *psalmistēs.* V. **Psaume**). *Didact.* ♦ 1° Auteur de psaumes. Absolt. *Le Psalmiste* : le roi David. ♦ 2° (XVIᵉ). Chantre de psaumes. « *Les litanies et les hymnes étaient entonnées et chantées... par un psalmiste* » (NERVAL).

PSALMODIE [psalmɔdi]. *n. f.* (1120; lat. chrét. *psalmodia,* gr. *psalmôdia*, de *psalmos*, et *ôdê* « chant »). ♦ 1° *Relig.* Art, manière de chanter, de dire les psaumes. « *Les béné-dictines-bernardines... chantent les offices sur une psalmodie grave, plain-chant pur, et toujours à pleine voix toute la durée de l'office* » (HUGO). ♦ 2° *Littér.* (1803). Manière monotone de déclamer, de chanter.

PSALMODIER [psalmɔdje]. *v.* (1406; de *psalmodie*). ♦ 1° V. intr. *Relig., Mus.* Dire ou chanter les psaumes. *Psalmodier avec une antienne.* — Dire les psaumes sur une seule note (recto tono), sans chanter, mais selon des règles musicales traditionnelles. ◇ V. tr. *Psalmodier les offices.* ♦ 2° V. intr. Réciter ou chanter d'une manière rituelle et monotone (des textes religieux). ◇ V. tr. *Psalmo-dier une phrase du Coran.* « *Les religieux psalmodiant les prières des morts* » (CHATEAUB.). ♦ 3° V. tr. et intr. *Cour.* (1674). Parler, dire, réciter d'une façon monotone. V. **Débiter**. « *Une voix métallique, impersonnelle... psalmodia : « Il n'y a plus d'abonné au numéro que vous demandez* » (DUHAM.).

PSALTÉRION [psaltɛrjɔ̃]. *n. m.* (1240; *psalterium*, XIIᵉ; lat. *psalterium*, gr. *psaltêrion*). *Hist. mus.* Instrument de musique à cordes pincées ou grattées, à caisse de résonance plate, de forme triangulaire ou trapézoïdale. *Le psaltérion était en usage chez les Hébreux, en Grèce, dans l'Europe médiévale.*

PSAUME [psom]. *n. m.* (*Psalme*, 1120; lat. ecclés. *psal-mum*, gr. *psalmos* « air joué sur un instrument à corde », de *psallein*). L'un des poèmes religieux hébraïques qui consti-tuent un livre de la Bible et qui servent de prières et de chants religieux dans la liturgie juive et chrétienne. *Les cent cinquante psaumes sont des hymnes, des supplications (ou lamentations) ou des actions de grâce. Versets d'un psaume. Psaumes péni-tentiaux, de la pénitence : sept psaumes (dont le De Profundis) choisis par l'Église comme prières de pénitence, de contri-tion.* — *Chanter, réciter des psaumes. Les psaumes de Complies, de Matines, des Laudes, des Vêpres.* ◇ *Hist. litt.* Poème tra-duisant ou paraphrasant un psaume. *Les psaumes de Marot, de Desportes.* ◇ *Mus.* Composition musicale (vocale), sur le texte d'un psaume. *Les psaumes de Lalande.*

PSAUTIER [psotje]. *n. m.* (1215; *psaltier*, v. 1175; lat. *psalterium*, gr. *psalterion*, francisé en *saltier, sautier*, 1119). *Relig., Didact.* Le livre des psaumes. *Recueil des psaumes;* livre qui les contient. *Le psautier d'un bréviaire.* « *C'est une grande joie pour moi que de réciter le magnifique psautier Bénédictin* » (HUYSMANS).

PSCHENT [pskɛnt]. *n. m.* (v. 1830; égyptien démotique *Skhent*, précédé de l'article : *P*). *Hist. égypt.* Coiffure des pharaons, double couronne symbolisant la souveraineté sur la Basse et la Haute-Égypte. « *Une figure de couleur rougeâtre, à tête d'épervier et coiffée du pschent* » (GAUTIER).

PSEUD(O)-. Élément, du gr. *pseudés* « menteur » (V. **Faux**, 1, I, 3°).

PSEUDARTHROSE [psødartroz]. *n. f.* (1843; de *pseud[o]-*, et *arthrose*). *Méd.* Fausse articulation formée au niveau d'une fracture mal consolidée.

PSEUDO-BULBAIRE [psødobylbɛr]. *adj.* (1931; de *pseudo-*, et *bulbaire*). *Méd.* « *La paralysie bilatérale des mou-vements volontaires de la face qu'on désigne sous le nom de paralysie pseudo-bulbaire* » (J. DELAY).

PSEUDO-FÉCONDATION [psødofekɔ̃dasjɔ̃]. *n. f.* (*Néol.;* de *pseudo-*, et *fécondation*). *Bot.* Reproduction par-thénogénétique où le pollen ne joue qu'un rôle stimulant.

PSEUDO-MEMBRANE [psødomãbran]. *n. f.* (1846; de *pseudo-*, et *membrane*). *Méd.* Production pathologique inflam-matoire à la surface d'une muqueuse, ressemblant à une membrane et formée par une accumulation de fibrine. *Adj.* (1875) PSEUDO-MEMBRANEUX, EUSE [psødomãbranø, øz]. *Angine pseudo-membraneuse* (dans la diphtérie). V. **Couen-neux**.

PSEUDONÉVROPTÈRES ou **PSEUDO-NÉVROPTÈ-RES** [psødonevroptɛr]. *n. m. pl.* (1923; de *pseudo-*, et *névroptère*). *Zool.* Ancien nom des *archiptères** (insectes).

PSEUDONYME [psødɔnim]. *adj.* et *n. m.* (1690; gr. *pseudônumos*). ♦ 1° *Vx.* Qui écrit sous un faux nom. *Écrivain pseudonyme.* ♦ 2° *Mod.* (1846). *N. m.* Dénomination choisie par une personne pour masquer son identité. *Molière, Voltaire sont des pseudonymes* (Cf. *Nom de guerre**). *Le pseudonyme et le surnom.* « *Il était de ceux qui continuaient à désigner Jacques par son ancien pseudonyme littéraire* » (MART. DU G.).

PSEUDOPODE [psødɔpɔd]. *n. m.* (1878; « crustacé », 1827; de *pseudo-*, et gr. *pous, podos* « pied »). Prolongement protoplasmique rétractile que peuvent émettre certaines cellules, certains micro-organismes et qui leur permettent de se déplacer, de capturer d'autres organismes microsco-piques. *Pseudopodes des amibes, des leucocytes, des proto-zoaires, des radiolaires.* — Fig. *La ville pousse, étend des pseudopodes dans toutes les directions : les prolongements.*

PSI [psi]. *n. m.* Vingt-troisième lettre de l'alphabet grec (ψ), qui sert à noter le son [ps].

PSITT ! [psit] ou **PST !** [pst]. *interj. Fam.* Sorte de bref

sifflement qui sert à appeler, à attirer l'attention, etc. *Psitt ! psitt ! venez donc un peu par ici.* « *Il ne fait... kss aux chiens ni psst aux taxis* » (QUENEAU).

PSITTACIDÉS [psitaside]. *n. m. pl.* (*Psittacins*, 1827; du lat. *psittacus*, gr. *psittakos* « perroquet »). *Zool.* Famille d'oiseaux grimpeurs exotiques, au plumage vivement coloré, au bec court, très courbé, à langue épaisse et très mobile. — Sing. *Un psittacidé.* V. **Perroquet** (*cour.*).

PSITTACISME [psitasism(ə)]. *n. m.* (v. 1704; du lat. *psittacus*, gr. *psittakos* « perroquet »). *Didact. (Psycho.).* Répétition mécanique de mots, de phrases entendues, sans que le sujet les comprenne (phénomène normal chez les enfants, fréquent chez les débiles mentaux).

PSITTACOSE [psitakoz]. *n. f.* (fin XIXᵉ; du lat. *psittacus;* gr. *psittakos, -ose). Méd.* Maladie contagieuse des perro-quets et des perruches, transmissible à l'homme.

PSOAS [psɔas]. *n. m. invar.* (1732; gr. *psoa* « lombes »). *Anat.* Nom de deux muscles pairs appliqués sur la partie antérieure latérale de la douzième vertèbre dorsale et des quatre premières vertèbres lombaires. *Muscle psoas-iliaque,* comprenant le muscle *psoas* (ou *grand psoas*) et le muscle iliaque.

PSOQUE [psɔk]. *n. m.* (1827; du gr. *psôkhein* « gratter, broyer »). *Zool.* Insecte *(Archiptères)* qui vit en sociétés nombreuses dans les bois, caché sous les feuilles, et qui se nourrit de moisissures.

PSORIASIS [psɔrjazis]. *n. m.* (1846; *psoriase*, 1836; gr. méd. *psôriasis). Méd.* Maladie de la peau de cause inconnue, à évolution chronique, caractérisée par des taches rouges recouvertes de squames abondantes, blanchâtres, sèches et friables, localisées surtout aux coudes, aux genoux, au cuir chevelu.

PSYCH-, PSYCHO-. Éléments, gr. *psukh-, psukho-,* de *psukhê* « l'âme sensitive ».

PSYCHANALYSE [psikanaliz]. *n. f.* (1914; all. *Psycho-analyse.* V. *Psycho-*, et **analyse**). ♦ 1° Méthode de psycho-logie clinique, investigation des processus psychiques pro-fonds; ensemble des théories de Freud et de ses disciples concernant la vie psychique consciente et inconsciente. ♦ 2° Traitement de troubles mentaux (surtout névrosés) et psychosomatiques par cette méthode. V. **Analyse, psycho-thérapie**. *Subir une psychanalyse.* ♦ 3° Étude psychanalytique (d'une œuvre d'art, de thèmes...). *La psychanalyse du feu,* de Bachelard. *Psychanalyse des textes littéraires* (ou psycho-critique [psikɔkritik]).

PSYCHANALYSER [psikanalize]. *v. tr.* (1935; de *psy-chanalyse*). Traiter par la psychanalyse. *Se faire psychanalyser* (ou *analyser*). ◇ Étudier, interpréter par la psychanalyse. « *Cette mission nouvelle pour l'historien : psychanalyser les textes* » (SARTRE).

PSYCHANALYSTE [psikanalist(ə)]. *n.* (1933; de *psycha-nalyse*). Spécialiste de la psychanalyse. *Spécialt.* Personne qui exerce la thérapeutique par la psychanalyse (On dit *aussi* ANALYSTE).

PSYCHANALYTIQUE [psikanalitik]. *adj.* (1933; de *psychanalyse*). *Didact.* Propre ou relatif à la psychanalyse. *Théories, méthodes psychanalytiques. Cure psychanalytique.*

PSYCHASTHÉNIE [psikasteni]. *n. f.* (1903; de *psych-*, et *asthénie*). *Didact.* Névrose dont les principaux éléments sont l'angoisse, l'obsession, le doute, un certain nombre d'inhibitions et de phobies. V. **Neurasthénie**.

PSYCHASTHÉNIQUE [psikastenik]. *adj.* et *n.* (1900; de *psychasthénie*). *Didact.* Qui concerne ou qui constitue une psychasthénie. ◇ Qui souffre de psychasthénie. — N. *Un psychasthénique.*

1. PSYCHÉ [psiʃe]. *n. f.* (1812; de *Psyché*, nom myth.). Grande glace mobile montée sur un châssis à pivots grâce auxquels on peut l'incliner à volonté et se regarder en pied. V. **Glace, miroir**. « *Une grande psyché faisait face à une toi-lette de marbre blanc* » (ZOLA).

2. PSYCHÉ ou **PSYCHÈ** [psiʃe(ɛ)]. *n. f.* (1842; mot gr. « âme »). *Philo.* L'ensemble des phénomènes psychiques, considérés comme formant l'unité personnelle.

PSYCHÉDÉLIQUE [psikedelik]. *adj.* (1967; angl. *psychedelic;* du gr. *psukhê* [Cf. Psyché 2], et *dêlos* « visible, manifeste », proprem. « qui manifeste la psyché »). ♦ 1° *Psy-chiatr.* Se dit de l'état psychique résultant de l'absorption de drogues hallucinogènes. — Qui provoque cet état. *Drogues psychédéliques.* ♦ 2° *Cour.* (repris à l'amér.). Qui évoque les visions de l'état psychédélique. *Dessins, éclairage, spec-tacle psychédéliques.*

PSYCHÉDÉLISME [psikedelism(ə)]. *n. m.* (1967; du pré-céd.). *Psychiatr.* État provoqué par les drogues hallucino-gènes.

PSYCHIATRE [psikjatr(ə)]. *n.* (1802; de *psych-*, et *-iatre*). Médecin spécialiste des maladies mentales. V. **Alié-niste**. *Psychiatre expert près les tribunaux.*

PSYCHIATRIE [psikjatri]. *n. f.* (1842; de *psych-*, et *-iatrie*). Partie de la médecine qui étudie et traite les maladies mentales, les troubles pathologiques de la vie psychique. V. Neurologie (et neuropsychiatrie), **psychopathologie, psychothérapie; antipsychiatrie.**

PSYCHIATRIQUE [psikjatʀik]. *adj.* (1842; de *psychiatrie*). Relatif à la psychiatrie. *Hôpital psychiatrique* (ancienn. appelé *asile*).

PSYCHIQUE [psiʃik]. *adj.* (1808; gr. *psukhikos*). *Didact.* ♦ 1° Qui concerne l'esprit, la pensée, en tant que principe auquel on rattache une catégorie de faits d'expérience. V. **Mental, psychologique** (plus cour.) *Phénomènes, faits psychiques.* « *Des maladies qui sont plus psychiques que physiques* » (MAUROIS). ♦ 2° *Abusiv.* Métapsychique. ◇ ANT. *Physique, somatique.*

PSYCHISME [psiʃism(ə)]. *n. m.* (1873; « métapsychique, spiritualisme », 1829; de *psychique*). *Didact.* La vie psychique. V. **Psyché** (2). — Ensemble particulier de faits psychiques. *Le psychisme animal, morbide.*

PSYCHO-. V. PSYCH-.

PSYCHO(-)ANALEPTIQUE [psikɔanalɛptik]. *adj.* et *n. m.* (mil. XXᵉ; de *psycho-*, et *analeptique*). *Pharm.* Qui stimule l'activité mentale. V. **Psychotonique.** ◇ ANT. *Psycholeptique.*

PSYCHOBIOLOGIE [psikɔbjɔlɔʒi]. *n. f.* (mil. XXᵉ; de *psycho* [logie], et *biologie*). *Didact.* Science et méthode biologiques appliquées à l'étude de faits psychiques. *Psychobiologie et psychosociologie.* — *Adj.* (1901). PSYCHOBIOLOGIQUE.

PSYCHOCHIRURGIE [psikɔʃiʀyʀʒi]. *n. f.* (1936; de *psycho-*, et *chirurgie*). *Didact.* Thérapeutique des troubles mentaux recourant à des interventions chirurgicales sur le cerveau. V. **Lobotomie.**

PSYCHOCRITIQUE [psikɔkritik]. *n.* et *adj.* (v. 1950, Ch. Mauron; de *psycho-*, et *critique*). *Didact.* ♦ 1° *N. f.* Méthode d'étude des textes littéraires par la mise en évidence des symptômes de l'inconscient de l'auteur (Cf. Psychanalyse). ♦ 2° *N. m.* Un psychocritique : critique littéraire utilisant cette méthode. ♦ 3° *Adj.* Relatif à la psychocritique.

PSYCHODRAMATIQUE [psikɔdramatik]. *adj.* (1951; de *psychodrame*). *Didact.* Qui concerne le psychodrame, la thérapie au moyen du psychodrame.

PSYCHODRAME [psikɔdram]. *n. m.* (1951; empr. angl.; de *psycho-*, et *drame*). *Didact.* Psychothérapie de groupe consistant à faire participer les sujets à des représentations où ils jouent des rôles comportant des situations conflictuelles proches de leurs conflits. V. **Sociodrame.** « *Nous nous livrâmes à de sommaires psychodrames chaque fois que nous avions à affronter des situations désagréables* » (BEAUVOIR).

PSYCHODYSLEPTIQUE ou **PSYCHO-DYSLEPTIQUE** [psikɔdislɛptik]. *adj.* et *n. m.* (av. 1966; de *psycho-*, et *dysleptique*). *Pharm.* Qui modifie l'activité mentale normale. *La cocaïne est à la fois psychoanaleptique et psychodysleptique.* — *N. m. Effets hallucinogènes des psychodysleptiques.*

PSYCHOGÉNIE [psikɔʒeni]. *n. f.* (mil. XXᵉ; de *psycho-*, et *gén*[ie]). *Didact.* *(Méd.).* Mécanisme causal purement psychique (des troubles du comportement, affections morbides, modifications organiques). — *Adj.* (mil. XXᵉ). PSYCHOGÉNIQUE. (ANT. *Somatique*).

PSYCHOLEPTIQUE [psikɔlɛptik]. *adj.* et *n. m.* (mil. XXᵉ; de *psycho-*, et gr. *leptos* « faible » [au sens propre « mince »]). *Pharm.* Syn. de *Neuroleptique**, l'accent étant mis sur les effets psychiques. *Médicament psycholeptique. Un psycholeptique.* V. **Psychotrope, tranquillisant.** ◇ ANT. *Psychoanaleptique.*

PSYCHOLINGUISTIQUE [psikɔlɛ̃gistik]. *n. f.* et *adj.* (mil. XXᵉ; de *psycho-*, et *linguistique*). *Didact.* Étude psychologique du langage. *Adj. Travaux psycholinguistiques.*

PSYCHOLOGIE [psikɔlɔʒi]. *n. f.* (1690; « science de l'apparition des esprits », 1588; lat. sav. *psychologica* [XVIᵉ]; Cf. *Psycho-*, et -*logie*). **I.** *Didact.* et *cour.* ♦ 1° *Vx.* Connaissance de l'âme humaine, considérée comme une partie de la Métaphysique. ♦ 2° (1754). *Mod.* Étude scientifique des phénomènes de l'esprit, de la pensée, caractéristiques de certains êtres vivants (animaux supérieurs, homme) chez qui existe une connaissance de leur propre existence. *Psychologie subjective, introspective. Psychologies objectives, de réaction, du comportement*. Psychologie expérimentale, quantitative (psychométrie, psychotechnique.* V. **Test.** *Psychologie pathologique. Psychologie comparée. Psychologie des profondeurs : psychanalyse freudienne et post-freudienne, psychologie analytique, de Jung; psychologie individuelle, d'Adler. — La psychologie comme matière d'enseignement. Licence de psychologie.* Abrév. fam. PSYCHO [psiko]. *Il fait de la psycho.* ◇ *Par ext.* Ouvrage de psychologie.

II. *Cour.* ♦ 1° Connaissance empirique, spontanée des sentiments d'autrui; aptitude à comprendre, à prévoir les comportements. V. **Intuition.** « *Gaffe évidente. Manque de psychologie* » (ROMAINS). ◇ Analyse des états de conscience,

des sentiments, dans une œuvre. « *Aussi toute la psychologie de J. Renard sera-t-elle de notations* » (SARTRE). ♦ 2° Ensemble d'idées, d'états d'esprit. « *En considérant la psychologie du Français* » (SIEGFRIED). *Fam.* Mentalité (d'une personne). « *La première chose à faire... c'est de changer ta psychologie* » (AYMÉ).

PSYCHOLOGIQUE [psikɔlɔʒik]. *adj.* (1751; de *psychologie*). ♦ 1° Qui appartient à la psychologie. *Méthodes, théories psychologiques. — L'analyse psychologique. Le roman psychologique, d'analyse. — Moment** (II, 2°) *psychologique.* ♦ 2° Étudié par la psychologie; *par ext.* Qui concerne les faits psychiques, la pensée. V. **Mental, psychique** *(didact.). Faits, états psychologiques.* ◇ ANT. *Physique, somatique.*

PSYCHOLOGIQUEMENT [psikɔlɔʒikmɑ̃]. *adv.* (mil. XIXᵉ; de *psychologique*). ♦ 1° Du point de vue de la psychologie. « *Hugo — a contre lui tous ses grotesques* (ses personnages)... *psychologiquement inexistants* » (HENRIOT). ♦ 2° (*Opposé à physiquement*). Mentalement, moralement.

PSYCHOLOGISME [psikɔlɔʒism(ə)]. *n. m.* (1891; de *psychologique*). *Didact.* Tendance à faire prévaloir le point de vue de la psychologie sur celui d'une autre science, dans un domaine commun (*opposé à* sociologisme, etc.).

PSYCHOLOGUE [psikɔlɔg]. *n.* (1760; de *psychologie*). ♦ 1° Personne qui est spécialiste de la psychologie, fait des travaux dans ce domaine. — *Spécialt.* (mil. XXᵉ) Personne qui exerce un des métiers de la psychologie appliquée (V. **Psychopédagogue, psychotechnicien, psychothérapeute,** etc.). — *Psychologue scolaire,* psychologue attaché à un établissement d'enseignement. ♦ 2° Personne qui a une connaissance (empirique, littéraire) de l'âme humaine. « *Un psychologue à la Stendhal* » (VALÉRY). *Adj. Il n'est pas très psychologue. Vous n'êtes pas psychologue !* vous n'avez rien compris à son comportement.

PSYCHOMÉTRICIEN, IENNE [psikɔmetrisjɛ̃, jɛn]. *n.* (av. 1967; de *psychométrie, -ique*). *Didact.* Spécialiste de psychométrie; psychologue qui effectue des mesures spécifiques (tests, etc.).

PSYCHOMÉTRIE [psikɔmetri]. *n. f.* (1842, repris XXᵉ; de *psycho-*, et -*métrie*). *Sc.* Procédés de mesure des phénomènes psychiques (intensité, durée, fréquence).

PSYCHOMÉTRIQUE [psikɔmetrik]. *adj.* (fin XIXᵉ; de *psychométrie*). *Sc.* Relatif à la psychométrie. *Méthodes psychométriques.*

PSYCHOMOTEUR, TRICE [psikɔmɔtœʀ, tʀis]. *adj.* (1877; de *psycho-*, et -*moteur*). *Physiol.* Qui concerne à la fois les fonctions motrices et psychiques. *Centres psychomoteurs. Troubles psychomoteurs.*

PSYCHONÉVROSE [psikɔnevʀoz]. *n. f.* (1932; de *psycho-*, et *névrose*). *Méd., psychol.* ♦ 1° *Vieilli.* Névrose caractérisée par des troubles psychiques (par opposition à *physionévrose,* à manifestations d'ordre physiologique). ♦ 2° *Mod.* Maladie mentale intermédiaire entre la névrose et la psychose. *La psychonévrose est caractérisée par le fait que le sens autocritique du malade est perturbé sans être aboli, ou par l'intensité des troubles qui peuvent prendre la forme d'une vraie psychose.*

PSYCHOPATHE [psikɔpat]. *n.* (fin XIXᵉ; de *psycho-*, et -*pathe*). *Vieilli.* Malade mental. ◇ *Mod.* Individu présentant une personnalité psychopathique (V. **Psychopathie.**)

PSYCHOPATHIE [psikɔpati]. *n. f.* (1878; de *psycho-*, et -*pathie*). *Vieilli.* Maladie mentale. — *Mod.* Déficience mentale constitutionnelle caractérisée essentiellement par l'impulsivité, l'instabilité, l'incapacité d'adaptation au milieu menant à des conduites antisociales *(personnalité dite psychopathique).*

PSYCHOPATHOLOGIE [psikɔpatɔlɔʒi]. *n. f.* (fin XIXᵉ; de *psycho-*, et *pathologie*). *Sc.* Étude des troubles mentaux, science de base de la psychiatrie*.

PSYCHOPÉDAGOGIE [psikɔpedagɔʒi]. *n. f.* (1956; de *psycho-*, et *pédagogie*). *Sc.* Application de la psychologie expérimentale à la pédagogie. — *Adj.* (av. 1968). PSYCHOPÉDAGOGIQUE. — N. PSYCHOPÉDAGOGUE.

PSYCHOPHARMACOLOGIE [psikɔfaʀmakɔlɔʒi]. *n. f.* (1956; de *psycho-*, et *pharmacologie*). *Didact.* Étude des effets exercés par des substances chimiques sur le psychisme humain (adj. PSYCHOPHARMACOLOGIQUE [psikɔfaʀmakɔlɔʒik]).

PSYCHOPHYSIOLOGIE [psikɔfizjɔlɔʒi]. *n. f.* (1879; de *psycho-*, et *physiologie*). *Didact.* Étude scientifique des rapports entre l'activité physiologique et le psychisme (V. **Psychophysiologique**).

PSYCHOPHYSIOLOGIQUE [psikɔfizjɔlɔʒik]. *adj.* (1881; de *psychophysiologie*). *Didact.* Qui concerne les rapports entre activité physiologique et psychisme.

PSYCHOPHYSIQUE [psikɔfizik]. *adj.* et *n. f.* (1754; de *psycho-*, et *physique*). ♦ 1° *Vx. N. f. Adj.* Psychophysiologique. — *N. f.* Psychophysiologie. ♦ 2° *Mod.* (1864; en all. 1860). *N. f.* Étude scientifique des rapports entre les faits physiques et les sensations qui en résultent. *Adj. Méthodes psychophysiques.* V. **Sensorimétrie.**

PSYCHOPOMPE [psikɔpɔ̃p]. *adj.* (1842; gr. *psukhopompos*). *Myth.* Conducteur des âmes des morts, épithète appliquée à Apollon, Hermès, Orphée, etc.

PSYCHOSE [psikoz]. *n. f.* (1869; de *psych*[o]-, d'apr. *névrose*). ♦ 1° *Méd.* Maladie mentale dont le malade ne reconnaît pas le caractère morbide (à la différence des *névroses*). V. **Démence, manie, mélancolie, paranoïa, schizophrénie.** « *Dans la psychose, qui est plus grave* (que la névrose), *le malade sort du monde réel* » (MAUROIS). ♦ 2° *Cour.* Obsession, idée fixe. *Psychose collective.* « *On a, sciemment, créé dans le pays... la psychose de la guerre* » (MART. du G.).

PSYCHOSENSORIEL, ELLE [psikɔsɑ̃sɔʀjɛl]. *adj.* (av. 1951; de *psycho-*, et *sensoriel*). *Psycho.* Se dit de troubles psychiques d'apparence sensorielle (*ex. :* hallucination).

PSYCHO-SENSORI-MOTEUR [psikɔsɑ̃sɔʀimɔtœʀ]. *adj.* (v. 1970; de *psycho-*, rad. de *sensoriel*, et *moteur*). *Didact.* Se dit d'un trouble portant à la fois sur les facultés psychiques, les organes sensoriels et la motricité.

PSYCHOSOCIAL [psikɔsɔsjal]. *adj.* (1946; de *psycho-*, et *social*). *Didact.* Qui se rapporte à la psychologie humaine dans la vie sociale. « *L'équilibre psychosocial* » (MOUNIER). *Organisation psychosociale d'un groupe de malades* (thérapeutique de groupe). V. **Sociodrame.**

PSYCHOSOCIOLOGIE [psikɔsɔjɔlɔʒi]. *n. f.* (mil. XXᵉ; de *psycho-*, et *sociologie*). *Didact.* Étude psychologique des faits sociaux. — *Adj.* (1945; *psycho-sociologique*). **PSYCHO-SOCIOLOGIQUE.**

PSYCHOSOCIOLOGUE [psikɔsɔsjɔlɔg]. *n.* (1966; du précéd.). *Didact.* Spécialiste de psychosociologie.

PSYCHOSOMATIQUE [psikɔsɔmatik]. *adj. et n. f.* (av. 1946; de *psycho-*, et *somatique*). *Didact.* Qui se rapporte aux troubles organiques ou fonctionnels occasionnés, favorisés ou aggravés par des facteurs psychiques (émotionnels et affectifs). *Affections, troubles psychosomatiques. Médecine psychosomatique*, qui étudie et soigne les affections psychosomatiques. — *Subst. La psychosomatique* (dér. PSYCHOSOMATICIEN, IENNE [psikɔsɔmatisjɛ̃, jɛn], *n.*, « médecin »).

PSYCHOTECHNICIEN, IENNE [psikɔtɛknisjɛ̃, jɛn]. *n.* (av. 1946; de *psychotechnique*). *Didact.* Spécialiste de la psychotechnique.

PSYCHOTECHNIQUE [psikɔtɛknik]. *n. f.* (1928; de *psycho-*, et *technique*). Discipline qui régit l'application aux problèmes humains (orientation professionnelle, organisation du travail, etc.) des données de la psychophysiologie et de la psychologie expérimentale. *Adj. Examens, méthodes psychotechniques.* V. **Test.**

PSYCHOTHÉRAPEUTE [psikɔteʀapøt]. *n.* (av. 1961; de *psycho-*, et *-thérapeute*). *Didact.* Personne qui pratique la psychothérapie. V. **Thérapeute**; Cf. Psychanalyste, psychiatre.

PSYCHOTHÉRAPIE [psikɔteʀapi]. *n. f.* (1891; de *psycho-*, et *-thérapie*). *Didact.* Toute thérapeutique par des procédés psychiques. *Utilisation de la psychothérapie en psychiatrie, en médecine psychosomatique. Psychothérapie analytique.* V. **Psychanalyse.**

PSYCHOTHÉRAPIQUE [psikɔteʀapik]. *adj.* (1894; du précéd.). *Didact.* De la psychothérapie.

PSYCHOTIQUE [psikɔtik]. *adj. et n.* (1898; de *psychose*). ♦ 1° *Didact.* Relatif aux psychoses. *Troubles psychotiques.* ♦ 2° *Méd.* Atteint d'une psychose. N. *Un psychotique.*

PSYCHOTONIQUE [psikɔtɔnik]. *adj.* (1953; de *psycho-*, et *tonique*). *Méd.* Se dit d'une substance qui stimule l'activité cérébrale, combat la fatigue, le plus souvent par un effet euphorisant (On emploie aussi *psychostimulant*). — *Subst. L'amphétamine est un psychotonique.* V. **Énergisant.**

PSYCHOTROPE [psikɔtʀɔp]. *adj. et n. m.* (mil. XXᵉ [av. 1971]; de *psycho-*, et *-trope*). *Didact.* (*Psychol., méd.*). Se dit des médicaments qui agissent sur le psychisme, soit comme stimulant (psychoanaleptique*, psychotonique*), soit comme calmant (psycholeptique*, tranquillisant*), soit comme générateur de troubles (psychodysleptique*). V. **Énergisant.** *Médicament, substance psychotrope.* — N. m. *Un psychotrope.*

PSYCHROMÈTRE [psikʀɔmɛtʀ(ə)]. *n. m.* (1732; gr. *psukhros* « froid », et *-mètre*). *Sc., Techn.* Instrument formé de deux thermomètres, l'un à réservoir sec, l'autre à réservoir humide, qui sert à mesurer l'humidité de l'air. V. **Hygromètre.**

PSYLLE [psil]. *n. m.* (1765; lat. *Psylli*, gr. *Psulloi*, peuple de la Cyrénaïque). *Didact.* Charmeur de serpents en Inde, en Orient.

PSYLLIUM [psiljɔm]. *n. m.* (1765; mot lat. d'o. gr., proprem. « herbe aux puces », gr. *psulla*). *Pharm.* Graines mucilagineuses d'une plante du Sud de l'Europe et d'Afrique du Nord (*Plantago psyllium*).

Pt Symbole chimique du *platine*.

PTÉR(O)- Élément, du gr. *ptero-*, de *pteron*. V. **-Ptère.**

PTÉRANODON [pteʀanɔdɔ̃]. *n. m.* (fin XIXᵉ; de *pter*[o]-, et gr. *anodous*, *-ontos* « édenté »). *Paléont.* Reptile volant et édenté, fossile du secondaire.

-PTÈRE. Élément final, du gr. *-pteros*, de *pteron* « plume d'aile, ailé », et « aile, colonnade » (*archit.*).

PTÉRIDOPHYTES [pteʀidɔfit]. *n. f. pl.* (1898; gr. *pteris* « fougère », et *-phyte*). *Bot.* Embranchement du règne végétal comprenant les fougères et plantes voisines, appelées aussi *cryptogames vasculaires.*

PTÉRIDOSPERMALES [pteʀidɔspɛʀmal], **PTÉRIDOSPERMÉES** [pteʀidɔspɛʀme]. *n. f. pl.* (mil. XXᵉ; de l'élément initial de *ptéridophytes* et *spermatophytes*). *Bot.* Plantes fossiles à feuilles de fougère, les plus primitives des gymnospermes, constituant une transition entre les ptéridophytes et les spermatophytes.

PTÉRODACTYLE [pteʀɔdaktil]. *adj. et n. m.* (1809; de *ptéro-*, et *-dactyle*). *Zool.* Qui a les doigts reliés par une membrane. — N. m. *Paléont.* Genre de ptérosauriens du jurassique supérieur.

PTÉROPODES [pteʀɔpɔd]. *n. m. pl.* (1827; de *ptéro-*, et *-pode*). *Zool.* Mollusques gastéropodes munis de deux organes locomoteurs en forme de nageoires.

PTÉROSAURIENS [pteʀɔsɔʀjɛ̃]. *n. m. pl.* (fin XIXᵉ; de *ptéro-*, et *saurien*). *Paléont.* Reptiles fossiles du secondaire, qui étaient adaptés au vol grâce à des ailes membraneuses soutenues par un doigt (V. **Ptérodactyle**).

-PTÉRYGIEN. Élément, du gr. *pterugion* « nageoire » (*ex. :* acanthoptérygien).

PTÉRYGOÏDE [pteʀigɔid]. *adj.* (1690; gr. *pterugoeidês* « en forme d'aile »; Cf. -Ptère). *Anat. Apophyse ptérygoïde*, « en forme d'aile », apophyse osseuse de la face inférieure du sphénoïde, formée de deux racines se prolongeant par l'aile interne et l'aile externe de l'apophyse.

PTÉRYGOÏDIEN [pteʀigɔidjɛ̃]. *adj. et n. m.* (1690, Dionis; de *ptérygoïde*). *Anat.* Relatif à l'apophyse ptérygoïde*. *Artères ptérygoïdiennes. Muscles ptérygoïdiens* (interne et externe), muscles masticateurs assurant les mouvements de la mandibule, et qui partent de l'apophyse ptérygoïde.

PTÉRYGOTES [pteʀigɔt]. *n. m. pl.* (XXᵉ; du gr. *pterugos*, de *pteros* « aile »). *Zool.* Sous-classe d'insectes comprenant tous les insectes ailés (*opposé à* aptérygotes).

PTOLÉMAÏQUE [ptɔlemaik]. *adj.* (1875; bas lat. *ptolemaïcus*, de *Ptolemaeus*, gr. *Ptolemaios* « Ptolémée »). *Didact.* Relatif à Ptolémée Sôter et à sa dynastie (Lagides), ainsi qu'à la civilisation hellénistique de cette période, en Égypte. *Temple ptolémaïque*, construit à l'*époque ptolémaïque.*

PTOMAÏNE [ptɔmain]. *n. f.* (1879; it. *ptomaina*, 1875; du gr. *ptôma* « cadavre »). *Biochim.* Substance aminée toxique se formant au cours de la putréfaction des protéines animales sous l'effet de bactéries. *Les ptomaïnes sont la cause des intoxications alimentaires graves par consommation de conserves avariées.*

PTOSE ou **PTÔSE** [ptoz]. *n. f.* (1895; bot., 1808; gr. *ptôsis* « chute »). *Méd.* Descente d'un viscère par relâchement de ses moyens de soutien. V. **Prolapsus.** *Ptose gastrique, rénale.*

PTOSIS [ptozis]. *n. m.* (1932; du gr. *ptôsis* « chute ». V. Ptose). *Méd.* Abaissement permanent de la paupière supérieure. *Ptosis congénital. Ptosis paralytique*, par paralysie du muscle releveur de la paupière.

PTYALINE [ptjalin]. *n. f.* (1842; du gr. *ptualon* « salive »). *Biochim.* Enzyme contenu dans la salive, intervenant dans la digestion de l'amidon (On dit aussi *amylase salivaire*).

PTYALISME [ptjalism(ə)]. *n. m.* (1723; gr. *ptualismos*). *Méd.* Salivation exagérée, qui s'observe dans diverses affections (On dit aussi *sialorrhée*).

Pu Symbole du plutonium*.

PUANT, ANTE [pɥɑ̃, ɑ̃t]. *adj.* (1191; *pudent*, 980; de *puer*). ♦ 1° Qui pue, dégage une odeur forte et déplaisante. V. **Fétide, infect, nauséabond, pestilentiel.** « *Des fossés croupissants, puants, pleins de sales herbes* » (GIDE). — Vén. *Bêtes puantes* : blaireaux, fouines, putois, etc., qui dégagent une odeur forte et désagréable. ♦ 2° *Fig.* (1660). Qui est odieux de prétention, de vanité. « *Un vulgaire esbroufeur que le marquis eût... sans doute trouvé puant* » (PROUST). ◈ ANT. (du 1°) Odoriférant, parfumé.

PUANTEUR [pɥɑ̃tœʀ]. *n. f.* (XIVᵉ; *puanteur*, 1260; de *puant*). Odeur infecte. V. **Fétidité, infection.** « *Juillet faisait fermenter, dans ce taudis surpeuplé, une puanteur de poubelle et de suint* » (MART. du G.). ◈ ANT. Arôme.

PUB [pœb]. *n. m.* (1933; mot angl., 1865 abrév. de *public house* « auberge »). En Angleterre et dans certains pays anglo-saxons, Établissement public où l'on sert des boissons alcoolisées. — *Par ext.* En France, Bar, brasserie, café, dont le cadre, le décor évoque l'Angleterre. *Nous avons mangé dans un pub des Champs-Élysées.*

PUBÈRE [pybɛʀ]. *adj.* (1392; lat. *puber*). *Littér.* Qui a atteint l'âge de la puberté. « *Lorsque les garçons sont pubères et les filles nubiles* » (DIDER.). ◇ ANT. *Impubère.*

PUBERTAIRE [pybɛʀtɛʀ]. *adj.* (mil. XXᵉ; de *puberté*). *Didact.* De la puberté. *Âge pubertaire.*

PUBERTÉ [pybɛʀte]. *n. f.* (XIVᵉ; lat. *pubertas*). Passage de l'enfance à l'adolescence; ensemble des modifications physiologiques et psychologiques qui se produisent à cette époque (apparition des caractères sexuels secondaires, des règles, capacité de procréer). V. **Nubilité.**

PUBESCENCE [pybesɑ̃s]. *n. f.* (1803; de *pubescent*). *Bot.* Caractère, état d'un organe pubescent.

PUBESCENT, ENTE [pybesɑ̃, ɑ̃t]. *adj.* (1516; lat. *pubescens*, de *pubescere* « se couvrir de poils »). *Biol.* Couvert de poils fins et courts, de duvet. *Feuille, tige pubescente.* — *Didact.* Se dit parfois d'un adolescent chez qui la pilosité commence à ressembler à celle de l'adulte; *par ext.* Qui est en période de puberté.

PUBIEN, IENNE [pybjɛ̃, jɛn]. *adj.* (1796; de *pubis*). *Anat.* Qui appartient au pubis. *Symphise pubienne.*

PUBIS [pybis]. *n. m.* (1478; mot lat., var. de *pubes*). ♦ 1º *Anat. Pubis* ou *Os pubis* : partie antérieure de l'os iliaque. ♦ 2º *(Plus cour.).* Région triangulaire, médiane, du bas-ventre, dont la partie saillante est le mont de Vénus (ou pénil*), et qui est limitée latéralement par les plis de l'aine. *Les poils du pubis.*

PUBLI-. Élément tiré de *publicité. Publi-informations, publi-reportage.*

PUBLIABLE [pyblijabl(ə)]. *adj.* (1639; de *publier*). Qui mérite, est en état d'être publié. *Ses mémoires seront publiables vingt ans après sa mort. Ce texte est à peine publiable.* ◇ ANT. *Impubliable.*

PUBLIC, IQUE [pyblik]. *adj. et n. m.* (1239; lat. *publicus*). I. *Adj.* ♦ 1º Qui concerne le peuple pris dans son ensemble; qui appartient à la collectivité sociale, politique et en émane; qui appartient à l'État ou à une personne administrative. *La vie, les affaires publiques.* V. **Politique.** *L'intérêt, le bien, le salut* public.* V. **Commun, général.** *Un ennemi public* (se dit d'un dangereux bandit). « *L'abaissement de la moralité publique* » (DUHAM.). *L'opinion* (II) *publique.* De notoriété *publique.* ◇ Relatif aux collectivités sociales juridiquement définies, et *spécialt.* à l'État*. *Le droit public. Les pouvoirs publics.* — *Action publique, ministère public.* — *Administration, fonction* publique.* — *Acte public,* dressé par une autorité selon les formes légales. V. **Authentique.** *Le Trésor public. La dette* (2º) *publique. Les charges* publiques. Le domaine* public. Monument public,* qui fait partie du domaine public. *Établissement public. Instruction, assistance, santé publiques. Travaux* publics. Le secteur public.* — *Services publics* : entreprises d'intérêt général gérées selon des règles exorbitantes du droit commun. *Services publics gérés par l'Administration* (armée, justice, police, administration préfectorale, etc.). ♦ 2º Accessible, ouvert à tous. *La voie publique. Jardin public. Vente publique. Réunion publique.* ◇ *(Personnes)* Dont l'activité s'exerce au profit de la collectivité. *Crieur, écrivain public. Officier public.* ♦ 3º Qui a lieu en présence de témoins, n'est pas secret. *Scrutin public.* « *Les députés des Communes avaient soumis leurs pouvoirs à une vérification publique* » (MICHELET). ♦ 4º Qui concerne la fonction, plus ou moins officielle, qu'on remplit dans la société. *La vie publique et la vie privée.* — *Un homme public,* qui est investi d'une fonction officielle, joue un rôle important dans la vie de son pays. ♦ 5º Connu de tous. V. **Notoire, officiel.** « *Son existence deviendra en fait publique, notoire* » (BALZ.). *Rendre public.* V. **Publier.**

II. *N. m.* ♦ 1º *Vx.* L'État, la collectivité. ♦ 2º *Mod.* Les gens, la masse de la population. *Le public est avisé, informé des décisions du gouvernement.* « *Les éditions spéciales... entretiennent la fièvre du public* » (GIDE). ◇ *Le public et le personnel d'une entreprise, et les membres d'une association. Interdit au public.* — *Service chargé des rapports avec le public* (dit « *relations* publiques* », adapt. angl. *public relations*) ♦ 3º L'ensemble des gens qui lisent, voient, entendent les œuvres (littéraires, artistiques, musicales), les spectacles. *Livrer son ouvrage au public. Conquérir un vaste public, le grand public.* « *Combien faut-il de sots pour faire un public?* » (CHAMFORT). « *Comment en faire un public, c'est-à-dire une unité organique de lecteurs, d'auditeurs et de spectateurs?* » (SARTRE). — *Le public de qqn* : celui qu'il touche ou veut toucher. *Il a son public.* ◇ Ensemble de personnes qui assistent effectivement à un spectacle, à une réunion, à une manifestation. V. **Assistance, auditoire.** « *Au delà des bruits confus de l'orchestre... on sentait le public sans le voir* » (ZOLA). — *Par anal.* Les personnes devant lesquelles on parle ou on se donne en spectacle. V. **Galerie.** « *Les personnes qui parlent bien veulent un public* » (BALZ.). ♦ 4º *Loc. adv.* EN PUBLIC : à la vue, en présence d'un certain nombre de personnes. V. **Publiquement.** *Parler en public.* « *Il ne pouvait supporter de s'exhiber en public* » (R. ROLLAND).

◇ ANT. *Privé; individuel, particulier. Clandestin, secret. Domestique, intime.*

♦ **PUBLICAIN** [pyblikɛ̃]. *n. m.* (1190; lat. *publicanus*). ♦ 1º *Antiq.* Chacun des riches chevaliers romains qui prenaient à ferme le recouvrement des impôts. — Employé subalterne de ces chevaliers. *Le pharisien et le publicain de l'Évangile.* ♦ 2º *Vx.* Fermier général.

PUBLICATION [pyblikasjɔ̃]. *n. f.* (fin XIVᵉ; de *publier*, d'apr. lat. *publicatio*). ♦ 1º *Dr.* Action de publier; procédure ayant pour objet de porter (un acte juridique) à la connaissance de tous. V. **Promulgation.** *La publication d'une loi. Publications de mariage,* qui doivent être faites dix jours au moins avant la célébration. ♦ 2º *Cour.* Action, manière de publier (un ouvrage, un écrit). *La publication de documents, de textes. Dès la publication de son dernier roman.* V. **Apparition, parution.** *Souscrire à un ouvrage en cours de publication.* ◇ Écrit publié (brochures, périodiques). « *Une foule de publications éphémères* » (VALÉRY). « *Des exemplaires des publications socialistes et républicaines* » (HUGO).

PUBLICISTE [pyblisist(ə)]. *n.* (1748; de *public*). ♦ 1º *Vx.* Écrivain politique. ♦ 2º (1789). *Vieilli.* Journaliste. ♦ 3º *Abusiv.* Agent de publicité. V. **Publicitaire.**

PUBLICITAIRE [pyblisitɛʀ]. *adj. et n.* (1932; de *publicité*). ♦ 1º Qui sert à la publicité, présente un caractère de publicité. *Film, émission, voiture publicitaire. Vente publicitaire. Un grand battage publicitaire.* ♦ 2º Qui s'occupe de publicité. *Agence publicitaire. Rédacteur, dessinateur publicitaire.* — N. *Un publicitaire.*

PUBLICITÉ [pyblisite]. *n. f.* (1694; de *public*). ♦ 1º Caractère de ce qui est public, n'est pas tenu secret. *Publicité des débats en justice.* « *Cette belle machine législative... fonctionne à huis clos : Nulle publicité des séances* » (MICHELET). ◇ Caractère de ce qui est public, connu. *Donner une regrettable publicité à une affaire privée.* ♦ 2º (1829). *Plus cour.* Le fait, l'art d'exercer une action psychologique sur le public à des fins commerciales. V. **Réclame.** *Agence, entreprise, service de publicité.* V. **Publicitaire.** *Agent, courtier, entrepreneur de publicité.* V. **Annonceur, publicitaire** (*n.*). *Campagne de publicité.* « *La publicité la plus efficace est l'américaine, qui joue sur les réflexes conditionnés* » (MALRAUX). *Publicité et propagande*.* ◇ *Publicité de marque,* destinée à faire connaître une marque. Cf. *Image de marque.* ◇ *Affiche, texte, etc., à caractère publicitaire. Il y a deux pages entières de publicité dans ce journal.* « *Des palais italiens chargés de publicité* » (ROMAINS). « Abrév. *Fam.* (1969). PUB [pyb]. « *La pub à la télévision* » (*Nouv. Obs.*, 5-11-1973). *Ça lui a fait de la pub.*

PUBLIC-RELATIONS [pœblikʀilɛʃɑ̃s]. *n. f. pl.* (1951; mots angl.). *Anglicisme.* V. **Relation** I, B, 4º (relations publiques).

PUBLIER [pyblije]. *v. tr.* (1175; lat. *publicare*). ♦ 1º *Vieilli.* Faire connaître au public, par la parole, par des écrits; annoncer publiquement. V. **Déclarer, divulguer, proclamer.** « *Trahir la confiance de l'amitié, ... publier les secrets versés dans notre sein* » (ROUSS.). — Mod. *Publier un texte officiel, juridique.* « *Les journaux publièrent des décrets* » (CAMUS). « *Tant de jours pour publier les bans à l'église* » (LOTI). ♦ 2º *Cour.* Faire paraître en librairie, donner au public (un texte). « *Les deux livres terminés... je les publierai* » (FROMENTIN). Absol. « *Qui publie s'expose à la critique* » (LANSON). V. **Écrire.** ◇ Éditer. « *En publiant le premier roman d'un auteur, un éditeur doit risquer seize cents francs* » (BALZ.).

PUBLIPOSTAGE [pyblipɔstaʒ]. *n. m.* (1973; de *publi*[cité] et *postage*). Prospection publicitaire ou vente par voie postale (recomm. offic. pour remplacer l'anglicisme *Mailing*).

PUBLIQUEMENT [pyblikmɑ̃]. *adv.* (1302; de *public*). En public, au grand jour. « *Ils témoignaient publiquement à Monsieur Grandet un si grand respect...* » (BALZ.). ◇ ANT. *Secrètement.*

PUCCINIA [pyksinja]. *n. m.* ou **PUCCINIE** [pyksini]. *n. f.* (fin XIXᵉ, -1808 *[puccinies]* ; du nom de T. Puccini, savant it.). *Bot.* Champignon basidiomycète *(Urédinales)*, parasite de divers végétaux. *Une puccinie est l'agent de la rouille du blé.*

PUCE [pys]. *n. f.* (*Pulce,* 1170; lat. *pulex, pulicis*). ♦ 1º Insecte sauteur *(Pulicidés)*, de couleur brune, parasite de l'homme et de quelques animaux. *Être piqué, mordu par une puce.* « *À Toulon, ce furent les puces... Toute la nuit, il se gratta* » (GIDE). *Puces savantes d'un dresseur de puces.* — Fam. *Sac à puces* : lit (V. **Pucier**). ◇ *Loc. fig. Mettre la puce à l'oreille* : intriguer. « *Tu m'as mis la puce à l'oreille en m'écrivant que Du Camp s'était montré grossier* » (FLAUB.), tu as éveillé mes soupçons. — *Secouer ses, les puces.* « *On secouait ses puces dès trois heures du matin* » (ZOLA), on se levait en s'ébrouant. « *Si l'infirmière m'aperçoit, elle me secouera les puces* » (DUHAM.), elle me réprimandera, m'attrapera. — *Le marché aux puces,* et ellipt. *Les puces* : marché où l'on vend toutes sortes d'objets d'occasion (*spécialt.* à Paris, porte de Saint-Ouen). « *Une cloche, pas sortable,* *habillé aux puces* » (AYMÉ). ◇ *Fam.* Personne de très petite taille. ◇ *Jeu de puce,* jeu d'enfant consistant à faire sauter dans une sébile des jetons en appuyant sur le bord. ♦ 2° (*En appos.* ou *n. m.*). Brun rouge assez foncé (rappelant la couleur de la puce). « *Un petit vieillard sec et propre, en habit et culotte puce et bas de laine gris* » (FRANCE). « *Vêtue d'une robe sombre... entre le puce et le caca d'oie* » (ZOLA). ♦ 3° Par anal. (petits animaux). *Puce d'eau,* daphnie. *Puce de mer,* talitre.

PUCEAU [pyso]. *n.* et *adj. m.* (1530; *pucel,* XIIIᵉ; de *pucelle*). *Fam.* Garçon, homme vierge. — Adj. « *Je jurerais qu'il est puceau* » (GIDE).

PUCELAGE [pyslaʒ]. *n. m.* (fin XIIᵉ; de *pucelle*). *Fam.* Virginité.

PUCELLE [pysɛl]. *n.* et *adj. f.* (XIIᵉ; *pulcella,* Xᵉ; lat. pop. *°pullicella,* dimin. de *pullus* « petit d'un animal »). ♦ 1° *Vx* ou *plais.* Jeune fille. — *Loc. La pucelle d'Orléans* : Jeanne d'Arc. ◇ Adj. *Elle n'est plus pucelle.* ♦ 2° *Fam.* Femme vierge. « *Certaines pucelles sexagénaires dont le cœur inoccupé s'est donné aux bêtes* » (BAUDEL.).

PUCERON [pysʀɔ̃]. *n. m.* (1636; de *puce*). Petit insecte *(Aphidiens),* parasite des plantes. *Puceron du rosier, de la vigne. Les pucerons se reproduisent par parthénogénèse; ils sont vivipares; on en distingue de nombreuses espèces.* ◇ *Fam.* Enfant très petit.

PUCHE [pyʃ]. *n. f.* (1907; de *pucher,* var. dial. de *puiser*). *Région.* Filet à crevettes, épuisette.

PUCHEUX [pyʃø]. *n. m.* (1803; *pucheur,* 1765; de *pucher.* V. **Puche**). *Techn.* et *région.* Grande cuiller à puiser le sirop, utilisée dans les opérations de raffinage du sucre.

PUCIER [pysje]. *n. m.* (1611; de *puce*). *Pop.* Lit. « *Il lui faut ses dix heures de pucier* » (BARBUSSE) : de sommeil.

PUDDING [pudiŋ]. *n. m.* (1678; mot angl. de même orig. que *boudin*). Gâteau à base de farine, d'œufs, de graisse de bœuf et de raisins secs, souvent parfumé avec une eau-de-vie. *Le pudding, gâteau traditionnel de Noël, en Angleterre. Des puddings.* Variante plus rare : *plum-pudding* [plumpudiŋ]. On écrit aussi *Pouding.*

PUDDLAGE [pydlaʒ]. *n. m.* (1842; de *puddler*). *Techn.* Ancien procédé métallurgique, décarburation de la fonte liquide par brassage sous l'influence de scories ou d'oxydes.

PUDDLER [pydle]. *v. tr.* (1834; angl. *to puddle* « brasser »). *Techn.* Affiner (la fonte) par puddlage. « *Devant le four à puddler... avec l'haleine affreuse du charbon et du feu sur sa figure* » (ARAGON).

PUDDLEUR [pydlœʀ]. *n. m.* (1869; de *puddler*). *Techn.* Ouvrier qui travaille au puddlage.

PUDEUR [pydœʀ]. *n. f.* (1542; lat. *pudor*). ♦ 1° Sentiment de honte, de gêne qu'une personne éprouve à faire, à envisager des choses de nature sexuelle; disposition permanente à éprouver un tel sentiment. V. **Chasteté, décence, honnêteté, modestie, pudicité.** « *J'ai naturellement beaucoup de pudeur* » (ROMAINS). *Spectacle qui blesse, offense la pudeur.* *Dr. Attentat, outrage public à la pudeur* (puni par la loi). ◇ *Une, des pudeurs,* réaction inspirée par ce sentiment. « *Ces réserves, ces pudeurs qui s'interposent dans les relations* » (LAMART.). ♦ 2° Gêne qu'éprouve une personne délicate devant ce que sa dignité semble lui interdire. V. **Délicatesse, discrétion, réserve, retenue.** « *Cette pudeur d'honnête homme qui a horreur de parler de soi* » (STENDHAL). « *Cette pudeur hautaine de l'émotion* » (R. ROLLAND). « *De flatteurs et de sots qui le louent sans pudeur* » (CHAMFORT). V. **Impudemment.** ◇ *Littér.* Réaction inspirée par ce sentiment. « *Une pudeur l'empêcha de faire un seul geste* » (FLAUB.). ◇ ANT. *Impudeur, indécence; cynisme.*

PUDIBOND, ONDE [pydibɔ̃, 5d]. *adj.* (1542; « honteux », XIVᵉ; lat. *pudibundus*). Qui a une pudeur exagérée jusqu'au ridicule. V. **Prude, pudique.** « *Les femmes vraiment honnêtes n'ont pas à se montrer trop pudibondes* » (GIDE). ◇ ANT. *Impudique.*

PUDIBONDERIE [pydibɔ̃dʀi]. *n. f.* (1842; de *pudibond*). Caractère pudibond, affectation de pudeur*. Il est d'une pudibonderie ridicule.*

PUDICITÉ [pydisite]. *n. f.* (1417; de *pudique,* d'apr. lat. *pudicitia*). *Littér.* Pudeur, caractère pudique. ◇ ANT. *Impudicité.*

PUDIQUE [pydik]. *adj.* (XIVᵉ; lat. *pudicus*). ♦ 1° Qui a de la pudeur. V. **Chaste, honnête, modeste, sage.** « *Les hommes les moins pudiques aiment la pudeur dans l'objet aimé* » (BAUDEL.). « *Un art presque immatériel à force de grâce pudique* » (GAUTIER). ♦ 2° Plein de discrétion, de réserve. *Un lyrisme pudique. Expression pudique,* qui ne dit pas les choses brutalement. *Il a fait une allusion pudique à leurs différends.* ◇ ANT. *Impudique, indécent; cru, cynique.*

PUDIQUEMENT [pydikmɑ̃]. *adv.* (1380; de *pudique*). D'une manière pudique, en termes pudiques. « *La misère de ces personnages que l'on dit, pudiquement, déplacées* » (DUHAM.) : par euphémisme. ◇ ANT. *Crûment.*

PUER [pɥe]. *v.* (*Puir,* XIIᵉ, jusqu'au XVIIᵉ; lat. pop. *°putire,* class. *putere*). ♦ 1° *V. intr.* Sentir très mauvais. exhaler

une odeur infecte. V. **Empester;** Cf. *pop.* ou *arg.* Chlinguer, cocoter, cogner, fouetter. « *Il n'y a pas à discuter pourquoi le fumier pue... Je me bouche le nez et je m'en vais* » (R. ROLLAND). ♦ 2° *V. tr.* Répandre une très mauvaise odeur de... V. **Empoisonner.** « *La route pue le crottin* » (MART. du G.). ◇ Fig. « *Ce lieu sue la bêtise, pue la canaillerie* » (MAUPASS.). ◇ ANT. *Embaumer.*

PUÉRICULTRICE [pɥeʀikyltʀis]. *n. f.* (1932; de *puériculture*). Infirmière diplômée s'occupant des nouveau-nés et des enfants jusqu'à trois ans.

PUÉRICULTURE [pɥeʀikyltyʀ]. *n. f.* (1865; du lat. *puer* « enfant », et *-culture*). Ensemble des méthodes propres à assurer la croissance et le plein épanouissement organique et psychique de l'enfant (de la conception à la seconde enfance, vers 3 ou 4 ans). *Puériculture et pédiatrie.*

PUÉRIL, ILE [pɥeʀil]. *adj.* (fin XVᵉ; lat. *puerilis*). ♦ 1° *Vx.* Relatif à l'enfant, à l'enfance. « *La civilité puérile et honnête* », ancien manuel de politesse à l'usage des enfants. ◇ *Mod.* Qui évoque l'enfant, l'enfance. V. **Infantile.** « *Ce je ne sais quoi de puéril qui contraste avec sa maturité de femme* » (MART. du G.). ♦ 2° *Cour.* (XVIᵉ). Qui ne convient qu'à un enfant, n'est pas digne d'un adulte, manque de sérieux. V. **Enfantin; frivole, futile.** « *Reléguons cette idée puérile avec les contes de bonne femme* » (LACLOS). « *Les tics d'orgueil puéril* » (MONTHERLANT). ◇ ANT. *Sérieux.*

PUÉRILEMENT [pɥeʀilmɑ̃]. *adv.* (1510; de *puéril*). D'une manière puérile. ◇ ANT. *Sérieusement.*

PUÉRILISME [pɥeʀilism(ə)]. *n. m.* (1901; de *puéril*). *Méd.* Régression de la mentalité au stade de l'enfance, qui se traduit par des attitudes, un langage, des occupations infantiles. V. **Infantilisme.**

PUÉRILITÉ [pɥeʀilite]. *n. f.* (1394; lat. *puerilitas*). ♦ 1° Caractère puéril, peu sérieux. V. **Frivolité, futilité.** « *Apercevoir la puérilité de la plupart des dissentiments* » (MAUROIS). « *Regarder la vie en face, sans puérilité* » (SIEGFRIED). ♦ 2° *Littér.* Une puérilité : action, parole, idée puérile. V. **Enfantillage.** « *Les puérilités qui traversent la cervelle du plus grand génie* » (CHATEAUB.). ◇ ANT. *Sérieux.*

PUERPÉRAL, ALE, AUX [pɥɛʀpeʀal, o]. *adj.* (1782; du lat. *puerpera* « accouchée », de *puer* « enfant », et *parere* « enfanter »). *Méd.* Relatif aux suites de couches, à la période qui suit l'accouchement. *Accidents puerpéraux. Fièvre puerpérale,* due à une infection utérine.

PUFFIN [pyfɛ̃]. *n. m.* (1765; mot angl.; o. i.). Oiseau de mer *(Procellariidés)* voisin du pétrel.

PUGILAT [pyʒila]. *n. m.* (1570; lat *pugilatus*). ♦ 1° *Didact.* (*Antiq.*). Combat entre boxeurs aux poings gantés de cestes. V. **Pancrace.** ♦ 2° *Cour.* Bagarre à coups de poing. V. **Rixe.** « *Ce petit jardin fut le théâtre d'un pugilat* » (GIDE). *Un pugilat en règle.*

PUGILISTE [pyʒilist(ə)]. *n. m.* (1789; *pugile,* 1765; lat. *pugil,* du rad. *pugnus* « poing »). ♦ 1° *Antiq.* Athlète spécialisé dans le pugilat. ◇ *Mod.* (*Littér.*). Boxeur. « *Le pugiliste... attaque à nouveau..., ses gants semblent de plomb* » (J. PRÉVOST).

PUGILISTIQUE [pyʒilistik]. *adj.* (1875; de *pugiliste*). *Littér.* Relatif au pugilat, à la boxe. « *Le public de Whitechapel fait fi de la science pugilistique et de l'adresse* » (HÉMON).

PUGNACE [pygnas]. *adj.* (1842; lat. *pugnax, -acis*). *Littér.* Qui aime le combat, la polémique. V. **Combatif.** « *La nature pugnace d'Arnauld* » (STE-BEUVE). ◇ ANT. *Pacifique.*

PUGNACITÉ [pygnasite]. *n. f.* (1820; lat. *pugnacitas*). *Littér.* Caractère pugnace, esprit combatif. « *Cette pugnacité... tirait prétexte de tout* » (GIDE).

PUÎNÉ, ÉE [pɥine]. *adj.* et *n.* (mil. XIIᵉ; de *puis,* et *né*). *Vieilli.* Cadet. « *Tu sais bien que, puîné, je n'ai point part à l'héritage* » (GIDE). ◇ ANT. *Aîné.*

PUIS [pɥi]. *adv.* (1080; lat. pop. *°postius,* class. *post* ou *postea*). ♦ 1° (Succession dans le temps). Après cela, dans le temps qui suit. V. **Ensuite.** — (Actions successives) « *Des gens entraient, puis ressortaient* » (GREEN). — (Sujets ou compl. successifs) « *La Fayette parla froidement, puis Lally-Tollendal avec ses larmes faciles* » (MICHELET). « *Barca vit avancer un des miliciens, puis une dizaine, puis une longue file* » (MALRAUX). « *Il chantonne tout bas, puis moins bas, puis tout haut* » (R. ROLLAND). ♦ 2° (Succession aux yeux d'un observateur). Plus loin. V. **Après.** « *À gauche, la halle aux blés, puis le marché à la volaille* » (NERVAL). ♦ 3° (Introduisant le second, le troisième... terme d'une énumération). V. **Et, plus.** « *Tout homme a deux yeux, le sien et puis la France !* » (BORNIER). — « *Il est brave, et puis c'est tout* » (STENDHAL), et rien de plus. ♦ 4° ET PUIS, servant à introduire une nouvelle raison. V. **Ailleurs** (d'), **outre** (en). « *Il avait peut-être une raison pour vous dire non... et puis ça peut n'être qu'une parole en l'air* » (GREEN). *Et puis?* s'emploie pour demander quelle suite, quelle importance peut bien avoir la chose en question. *Fam.* (Dans le même sens) *Et puis quoi? Et puis après?* ◇ HOM. *Puits, puy.*

PUISAGE [pҷizaʒ]. *n. m.* (1657; de *puiser*). *Rare* ou *Techn.* Action de puiser. — Dr. *Servitude de puisage,* donnant le droit de puiser de l'eau sur le fonds du voisin.

PUISARD [pҷizaʁ]. *n. m.* (1690; de *puits*). ◆ 1° Sorte de puits construit en pierres sèches, destiné à recevoir et absorber les eaux-vannes et résidus liquides. V. **Égout.** — *Puisard d'aqueduc,* trou pratiqué dans la voûte d'un aqueduc (pour pouvoir le nettoyer, le réparer). ◆ 2° *Mar.* Espace compris entre deux varangues et formant une caisse étanche où viennent se rassembler les eaux de cale avant d'être aspirées par les pompes d'assèchement.

PUISATIER [pҷizatje]. *n. m.* (1845; a remplacé *puissier* [déb. XIVᵉ]; de *puits*). Ouvrier qui creuse des puits. « *Avant les compagnies de forage... les Arabes avaient des puisatiers* » (GIDE).

PUISER [pҷize]. *v. tr.* (*Puisier,* XIIᵉ; de *puits*). ◆ 1° Prendre dans une masse liquide (une portion de liquide) à l'aide d'un récipient qu'on y plonge. « *Pour puiser de l'eau à une source voisine* » (LAMART.). « *Il est interdit de puiser dans la mer un verre d'eau* » (VALÉRY). ◇ Par anal. « *Elle puisait dans un des sacs* (de confetti) *ce qu'elle jetait aux passants* » (ARAGON). *Puiser dans son porte-monnaie* (de l'argent). ◆ 2° *Fig.* Emprunter, prendre. « *La documentation était nouvelle, puisée aux Archives* » (HENRIOT). *C'est « dans les propres souvenirs de ma vie,... que je puise toutes mes richesses* » (FRANCE). *Puiser aux sources*,* se référer aux textes originaux. — (Sans compl. dir.) « *Le grand poète est celui qui peut puiser à pleines mains dans son réservoir d'images* » (DUHAM.).

PUISETTE [pҷizɛt]. *n. f.* (1328; de *puiser;* Cf. Épuisette). *Vx.* Petit récipient de cuisine pour puiser de l'eau.

PUISQUE [pҷisk(ə)]. *conj.* (1160; de *puis,* et *que*). Conjonction de subordination à valeur causale. ◆ 1° (Introduisant une cause, en faisant reconnaître comme logique et incontestable le rapport de cause à effet). Cf. *Dès l'instant où, du moment que...* « *Au lieu de conclure qu'il n'y a point de vrais miracles parce qu'il y en a tant de faux, il faut dire au contraire qu'il y a certainement de vrais miracles puisqu'il y en a tant de faux* » (PASC.). ◆ 2° (Servant à justifier une assertion). « *Les mondes meurent, puisqu'ils naissent* » (FRANCE). ◇ (Introduisant la justification d'un terme employé dans la principale) « *Attendez-vous à une amputation douloureuse, puisque vous parlez chirurgie* » (DUHAM.). ◇ (Exclam.) *Puisque je vous le dis! Mais puisque c'est trop tard!* ◆ 3° (Introduisant la cause qui explique non pas le fait énoncé dans la principale, mais son énonciation). « *Puisque vous désirez vous entretenir avec moi, nous serons mieux dans mon cabinet de travail* » (ROMAINS).

PUISSAMMENT [pҷisamɑ̃]. *adv.* (XIIᵉ; de *puissant*). ◆ 1° Avec des moyens puissants, avec une action efficace. « *La chevalerie a puissamment contribué à sauver l'Europe* » (CHATEAUB.). ◆ 2° Avec force, intensité. « *Ses hanches puissamment développées* » (GAUTIER). Iron. *C'est puissamment raisonné* : fortement, intelligemment. — *Fam.* Extrêmement. « *David serait puissamment riche* » (BALZ.). ◇ ANT. *Faiblement.*

PUISSANCE [pҷisɑ̃s]. *n. f.* (1150; de *puissant*). **I.** *(Sens faible).* ◆ 1° *Vx. Puissance de... :* moyen ou droit grâce auquel on peut faire (qqch.). V. **Capacité.** « *La puissance de bien juger... est égale en tous les hommes* » (DESCARTES). *Il n'est pas en notre puissance de décider,* ce n'est pas en notre pouvoir, dans nos possibilités. ◆ 2° *Mod. Philo.* Virtualité, possibilité. *La puissance et l'acte.* ◇ *Loc. adj.* EN PUISSANCE : qui existe sans se manifester, qui est sans effet actuel. V. **Potentiel, virtuel.** « *Déceler l'embryon de désir, l'impureté en puissance* » (MAURIAC). **II.** *Mod. (Sens fort).* ◆ 1° État de celui qui peut beaucoup, qui a une grande action sur les personnes, les choses; domination qui en résulte. « *La puissance de Dieu est infinie* » (BALZ.). V. **Toute-puissance.** *Puissance spirituelle, temporelle.* — *Dr. Puissance paternelle, maritale.* « *Sa tante, qui exerçait sur elle sa puissance maternelle* » (LARBAUD). ◇ *Loc. Volonté de puissance* (trad. Nietzsche) : volonté d'agir sur le monde, d'être plus fort que l'homme moyen, au mépris de la morale. *Cour.* Besoin de dominer les gens et les choses. ◇ Grand pouvoir de fait, qu'une personne, un groupe exerce dans la vie politique d'une collectivité. V. **Autorité, souveraineté.** « *Lorsque le peuple en corps a la souveraine puissance* » (MONTESQ.). « *La classe dirigeante... pour asseoir sa puissance* » (SARTRE). — Pouvoir d'un pays fort (Cf. *ci-dessous,* III, 4° : *une puissance*). « *L'amoindrissement de territoire et de puissance que nous devons à Bonaparte* » (CHATEAUB.). ◆ 2° Caractère de ce qui peut beaucoup, de ce qui produit de grands effets. V. **Efficacité, force.** « *On a dit de la puissance de la parole qu'elle transporte* » (STE-BEUVE). « *La puissance de séduction qu'exercent sur nous les actions héroïques* » (BALZ.). ◇ *Phys.* Quantité de travail fourni par une unité de temps. V. **Énergie** (II). *Unités de puissance.* V. **Erg, watt; cheval-vapeur.** *Cour. Puissance effective* ou *puissance au frein d'un moteur* : sa *puissance utile mesurée à l'aide du frein. Puis-*

sance administrative (ou *fiscale*) *d'un moteur d'automobile,* évaluée en chevaux* fiscaux d'après la cylindrée. — *Électr.* Produit en watts, de l'intensité du courant (ampères) par la force électro-motrice (volts). ◇ *Sc.* Pouvoir d'action (d'un appareil); intensité (d'un phénomène). *Puissance dispersive d'un prisme. Puissance d'un système optique,* exprimée en dioptries. — *Cour. Puissance d'une source lumineuse. Puissance du son d'un poste de radio,* réglable par un bouton. *Augmenter, diminuer la puissance de son poste.* ◆ 3° *Math. Puissance d'un nombre,* produit de plusieurs facteurs égaux à ce nombre, le nombre de facteurs étant indiqué par l'exposant. *Élever un nombre à la puissance deux* (V. **Carré**), *trois* (V. **Cube**). *Fam. À la nᵉᵐᵉ puissance,* au plus haut degré. V. **Fonction puissance,** celle dont l'exposant peut être non entier. V. **Exponentiel.** — Caractère lié au nombre d'éléments d'un ensemble (fini ou infini), ou à la densité d'un espace. *L'ensemble des nombres rationnels a la puissance du dénombrable, celui des nombres réels la puissance du continu.* ◇ *Géom. Puissance d'un point P par rapport à un cercle, à une sphère :* produit constant de deux segments formés par une droite quelconque sécante du cercle ou de la sphère et partant de P. ◆ 4° *Géol.* Épaisseur d'une couche géologique.

III. *Une, des puissance(s).* ◆ 1° *Vieilli.* Personne qui a un pouvoir social, politique. « *Pas une puissance qui n'ait son entourage; pas une fortune qui n'ait sa cour* » (HUGO). ◇ *Littér.* Personnification d'un pouvoir occulte, religieux. « *Le domaine des puissances du hasard, des dieux et du destin* » (VALÉRY). — *Relig. Les Puissances,* anges du 2ᵉ chœur de la 2ᵉ hiérarchie. ◆ 2° *Littér.* Chose abstraite ou indéterminée qui a un grand pouvoir, produit de grands effets. « *Les puissances obscures qui agissent en nous* » (TAINE). « *Trois puissances gouvernent les hommes : le fer, l'or, l'opinion* » (CHAMFORT). ◆ 3° Catégorie, groupement de personnes qui ont un grand pouvoir de fait dans la société. « *Si les puissances féodales avaient été abaissées, les puissances d'argent avaient grandi* » (BAINVILLE). « *Toutes ces grandes puissances obscures qui mènent le monde, la Franc-maçonnerie, les Jésuites, les deux cents familles* » (SARTRE). ◆ 4° État souverain (surtout quand il est puissant). V. **Nation, pays.** « *Une véritable société internationale, où les grandes puissances n'auront pas de droits supérieurs aux petites et aux moyennes nations* » (CAMUS). *Les Hautes Puissances* (ou *Parties*) *contractantes.*

◇ ANT. *Impuissance. Faiblesse.*

PUISSANT, ANTE [pҷisɑ̃, ɑ̃t]. *adj.* et *n. m.* (1080; anc. p. prés. de *pouvoir,* d'apr. les formes en *pois-, puis-* du v.; Cf. *Qu'il puisse*). ◆ 1° Qui a un grand pouvoir de fait, de la puissance. « *Les Capétiens purent citer... des princes plus puissants qu'eux* » (BAINVILLE). *Un personnage puissant.* V. **Considérable, influent** « *L'homme riche a des commensaux..., l'homme puissant des courtisans* » (MAUROIS). — V. *aussi* **Tout-puissant.** ◇ N. m. V. **Fort, grand.** *Les puissants de ce monde, du moment.* « *Les regards des puissants passent par-dessus les petits sans les voir* » (GIDE). ◇ *Spécialt.* Qui a de grands moyens militaires. « *La Turquie entretient une puissante armée* » (DUHAM.). *Pays menacé par un puissant voisin.* ◆ 2° Qui est très actif, produit de grands effets. V. **Efficace, énergique.** — (Choses) « *Administrer quelque puissant antidote* » (FLAUB.). « *L'intuition est un moyen de connaissance puissant, mais dangereux* » (CARREL). « *Poussée par un sentiment si puissant* » (BALZ.). V. **Profond, violent.** ◇ (Personnes) Qui s'impose par sa force, son action. « *Moïse, cette personnalité puissante* » (DANIEL-ROPS). « *Dans l'ouverture de Tannhäuser... il ne s'est pas montré moins subtil ni moins puissant* » (BAUDEL.). ◆ 3° Qui a de la force physique (quand cette force semble permanente, potentielle). V. **Fort.** « *Son dos arrondi faisait penser à celui d'une bête puissante* » (GREEN). ◇ *Au-dessus des muscles puissants du cou* » (LOTI). « *Son bras musculeux, dont il suivait l'effort tranquille et puissant* » (MAUPASS.). ◆ 4° (Moteur, machine). Qui a de la puissance, de l'énergie. V. **Surpuissant.** « *Quand Joseph doublait une voiture puissante...* » (DUHAM.). *Attention, freins puissants!* (inscription à l'arrière de camions). ◆ 5° Qui a une grande intensité. V. **Fort.** « *Leur arôme puissant et fin* » (GENEVOIX). « *La dame parlait d'une voix puissante* » (DUHAM.). V. **Haut.** ◇ ANT. *Faible, petit.*

PUITS [pҷi]. *n. m.* (fin XIIᵉ; *puz,* 1120; lat. *puteus*). ◆ 1° Cavité circulaire, profonde et étroite, à parois maçonnées, pratiquée dans le sol pour atteindre une nappe d'eau souterraine. *Bord, margelle d'un puits. Puiser, tirer de l'eau au puits. Puits artésien*.* — *Puits perdu,* dont le fond perméable ne retient pas l'eau. V. **Puisard.** — *Loc. prov. La vérité est au fond d'un puits,* elle est bien cachée, difficile à découvrir. ◇ *Fig.* « *Vous qui êtes ce qu'on appelle un puits d'érudition* » (LESAGE), qqn d'inépuisable en fait d'érudition. *Cour. Un puits de science :* une personne très savante. ◆ 2° (1254). Excavation pratiquée dans le sol ou le sous-sol pour l'exploitation d'un gisement. *Puits de mine* (*d'extraction, de descente, d'aérage*). « *On ne s'était pas contenté d'élargir le puits... et de le creuser jusqu'à sept cent huit mètres* » (ZOLA). — *Forage* *d'un puits de pétrole* (V. **Derrick**). ♦ 3° Géogr. *Puits naturel,* gouffre, aven. ♦ 4° Techn. Excavation ou passage vertical. *Puits de fondation,* excavation étroite et profonde dont les terres sont remontées au treuil. — « *Le building monte ! Vingt puits d'ascenseur le perforent* » (DUHAM.), vingt cages. ♦ 5° *Mar.* Nom de divers compartiments ou chambres. *Puits aux chaînes, des pompes, de tonnage.* ♦ 6° (1735). *Puits d'amour,* gâteau de pâte feuilletée, creusé et garni en son centre de crème pâtissière. ◇ HOM. *Puis, puy.*

PULICAIRE [pylikɛʀ]. *n. f.* (1784 ; lat. *pulicaria* [*herba*], proprem. « herbe aux puces »). Plante herbacée *(Composa-cées)* à fleurs jaunes, qui pousse dans les lieux humides.

PULL. *n. m.* V. PULL-OVER.

PULLMAN [pulman]. *n. m.* (1888 ; *pullman-car,* 1873 ; mot anglo-amér., du nom de l'inventeur). Wagon de luxe aménagé de manière particulièrement confortable. *Une « couchette de luxe dans le pullman »* (GIDE).

PULLOROSE [py(l)lɔʀoz]. *n. f.* (1948 ; du lat. sc. [*bacte-rium*] *pullorum* « [bactérie] des poulets », et suff. *-ose*). Vétér. Grave maladie contagieuse et infectieuse des volailles, atteignant surtout les poussins.

PULL-OVER [pulɔvœʀ ; pylɔvɛʀ]. *n. m.* (v. 1925 ; mot angl., proprem. « tirer par-dessus »). Tricot de laine ou de coton avec ou sans manches, qu'on met en le faisant passer par-dessus la tête. V. **Sweat-shirt.** « *Ma seule élégance, c'était mes pull-overs, que ma mère me tricotait* » (BEAUVOIR). Abrév. fam. PULL [pul ; pyl]. *Acheter un pull.*

PULLULATION [pylylasjɔ̃] (vx), *n. f.* ou **PULLULE-MENT** [pylylmɑ̃]. *n. m.* (1555,-1877 ; bas lat. *pullulatio,* de *pulluler*). ♦ 1° Fait de pulluler, de se multiplier. « *Aucun pays d'Europe ne présente ce pullulement* » (CAMUS). ♦ 2° Pro-fusion, grouillement. « *Un pullulement extraordinaire de mioches* » (ZOLA).

PULLULER [pylyle]. *v. intr.* (1320 ; lat. *pullulare*). ♦ 1° Se multiplier ; se reproduire, croître en grand nombre et très vite. « *Dans l'étang splendide où pullule Tout un monde mysté-rieux* » (HUGO). ♦ 2° Se manifester en très grand nombre (se dit d'êtres vivants). V. **Fourmiller, grouiller.** « *Des cen-taines de lapins pullulaient* » (GENEVOIX). « *Ruelles étroites où circule, s'agite, pullule la population la plus colorée* » (MAUPASS.). ◇ *(Choses)* Abonder, foisonner. « *Les œuvres de charité y pullulaient* » (ZOLA).

1. PULMONAIRE [pylmɔnɛʀ]. — *n. f.* (xvᵉ ; bas lat. *pul-monaria* [*radicula*], proprem. « racine bonne pour le pou-mon »). Plante herbacée *(Borraginacées)* à fleurs bleues. « *Des pulmonaires haussant leurs corolles bleu pourpré sur leurs feuilles aux taches livides* » (GENEVOIX).

2. PULMONAIRE [pylmɔnɛʀ]. *adj.* (1572 ; lat. *pulmo-narius*). Qui affecte, atteint le poumon. *Congestion pulmo-naire. Tuberculose pulmonaire.* « *Les lésions pulmonaires paraissaient alors en voie de cicatrisation* » (MART. du G.). ◇ (1675) Qui appartient au poumon. *Artère pulmonaire. Alvéole pulmonaire.*

PULMONÉS [pylmɔne]. *n. m. plur.* (1839 ; lat. zool. *pulmonata,* de *pulmo* « poumon »). Zool. Sous-classe de mollusques gastéropodes, chez qui la cavité palléale* fonc-tionne comme un poumon.

PULPAIRE [pylpɛʀ]. *adj.* (xxᵉ ; de *pulpe*). Didact. Qui appartient, a rapport à la pulpe dentaire. *La cavité pulpaire.*

PULPE [pylp(ə)]. *n. f.* (1611 ; *polpe,* 1105 ; lat. *pulpa*). ♦ 1° *Vx.* Partie charnue, molle du corps. — *Mod.* (1834) *Pulpe des doigts,* extrémité charnue de leur face interne. *Pulpe des dents,* tissu conjonctif qui remplit la cavité dentaire. ♦ 2° (1534). Tissu parenchymateux riche en sucs, qui consti-tue la plus grande partie des fruits charnus. V. **Chair.** *Ôter la pulpe.* V. **Dépulper.** « *La pastèque... cette pulpe rose dans cette écorce verte* » (GAUTIER). — Partie charnue et comestible de certains légumes. *La peau et la pulpe.* ♦ 3° (1842). Résidu pâteux du traitement de certains végétaux dans les sucreries et distilleries. V. **Tourteau.** *Pulpes fraîches ou séchées de betteraves.*

PULPEUX, EUSE [pylpø, øz]. *adj. (Poulpeux,* 1539 ; de *pulpe). Littér.* Fait de pulpe ; qui a le moelleux, l'aspect de la pulpe. « *Sa peau, mate et pulpeuse comme une feuille de camélia* » (GAUTIER).

PULQUE [pulke]. *n. m.* (1765 ; mot mexicain). Boisson fermentée fabriquée au Mexique avec le suc de certains agaves.

PULSATION [pylsasjɔ̃]. *n. f.* (xivᵉ ; lat. *pulsatio*). ♦ 1° Battement (du cœur, des artères). « *Il perçoit... la pulsation rapide et bien rythmée de son cœur* » (MART. du G.). *Absolt.* Pouls. *Ralentissement, accélération des pulsations.* ♦ 2° *Phys.* (1765). *Pulsation d'un mouvement vibratoire, sinusoïdal,* forme d'onde de courte période (relativement à l'échelle de temps adoptée) et dont les valeurs initiales et finales sont les mêmes. — *Pulsation d'un courant alternatif,* sa fréquence angulaire.

PULSATIVE [pylsativ]. *adj. f.* (xivᵉ ; du rad. de *pulsation*). Méd. *Douleur pulsative,* battements douloureux perçus dans

les parties enflammées (en rapport avec les pulsations arté-rielles).

PULSÉ [pylse]. *adj. m.* (v. 1960 ; de l'angl. *to pulse,* du lat. *pulsare* « pousser » ; Cf. Pulsation). *Anglicisme.* Techn. *Air pulsé,* soufflé. *Massages à l'air pulsé. Chauffage par air pulsé,* chauffage dispensé à l'intérieur d'un édifice au moyen d'une soufflerie. V. **Bouche** (de chaleur).

PULSION [pylsjɔ̃]. *n. f.* (1910 ; « poussée », 1625 ; de *impulsion,* pour traduire l'all. *Trieb*). *Psychan.* Tendance permanente et habituellement inconsciente, qui dirige l'activité d'un individu. *Pulsion conflictuelle. Pulsions sexuel-les.* V. **Libido.** *Ensemble des pulsions.* V. **Ça.** *Refoulement, sublimation des pulsions. Libération des pulsions* (V. **Catharsis**).

PULSIONNEL, ELLE, ELS [pylsjɔnɛl]. *adj.* (mil. xxᵉ ; de *pulsion*). *Psychan.* Des pulsions. V. **Instinctuel.**

PULSOMÈTRE [pylsɔmɛtʀ(ə)]. *n. m.* (1875 ; anglo-amér. *pulsometer,* 1872 ; du rad. *puls*[o]-, du lat. *pellere* « pousser », et -*meter,* fr. -*mètre*). Techn. Pompe élévatoire fonctionnant par la seule pression de la vapeur d'eau.

PULSORÉACTEUR [pylsɔʀeaktœʀ]. *n. m.* (v. 1945 ; du rad. *puls*[o]-, du lat. *pellere* « pousser », et *réacteur*). Techn. *(Aviat.).* Type de réacteur fonctionnant par combustion discontinue. On écrit aussi *pulso-réacteur.*

PULTACÉ, ÉE [pyltase]. *adj.* (1790 ; du lat. *puls, pultis* « bouillie »). *Méd.* Qui a la consistance d'une bouillie. *Exsu-dat pultacé de certaines angines (angines pultacées).*

PULVÉRIN [pylveʀɛ̃]. *n. m.* (1540 ; it. *polverino,* de *pol-vere* « poudre », lat. *pulvis*). Techn. Poudre très fine, dont on se servait pour l'amorçage des armes à feu, utilisée aujour-d'hui pour les pièces d'artifice.

PULVÉRISABLE [pylveʀizabl(ə)]. *adj.* (1390 ; de *pulvé-riser*). Qui peut être réduit en poudre ou en fines goutte-lettes. *Liquide, mélange pulvérisable.*

PULVÉRISATEUR [pylveʀizatœʀ]. *n. m.* (1869 ; du rad. de *pulvérisation*). Appareil servant à projeter une poudre, un liquide pulvérisé. V. **Atomiseur, poudreuse, vaporisateur.**

PULVÉRISATION [pylveʀizasjɔ̃]. *n. f.* (1390 ; du bas lat. *pulverizare.* V. **Pulvériser**). ♦ 1° Techn. Action de réduire en poudre. *Pulvérisation par broyage, trituration.* ♦ 2° Cour. (1861). Projection d'une poudre (V. **Poudrage**) ou d'un liquide pulvérisé (V. **Vaporisation**). *Il « s'est pratiqué dans le nez et la gorge une pulvérisation soigneuse »* (DUHAM.).

PULVÉRISER [pylveʀize]. *v. tr.* (fin xivᵉ ; bas lat. *pul-verizare,* de *pulvis, pulveris* « poudre »). ♦ 1° Réduire (un solide) en poudre, en très petites parcelles ou miettes. V. **Broyer, égruger, piler.** *Pulvériser de la craie.* — Au p. p. « *Tout était en ordre, sauf de petits objets pulvérisés sur place par les balles »* (MALRAUX). ◇ (1867) Projeter (un liquide) en fines gouttelettes. V. **Vaporiser.** *Pulvériser du parfum, un liquide insecticide* (V. **Pulvérisateur**). ♦ 2° *Fig.* (1701). Détruire complètement, réduire à néant. V. **Anéantir, écraser.** « *Enfoncer les carrés, pulvériser les régiments* » (HUGO). — *Il a pulvérisé vos arguments, vos objections.* ◇ Fam. *Le record a été pulvérisé,* battu de beaucoup. ◇ ANT. **Agglomérer.**

PULVÉRISEUR [pylveʀizœʀ]. *n. m.* (1906 ; de *pulvériser*). Techn. Machine agricole servant aux façons superficielles, à la réduction des mottes de terre en fines parcelles.

PULVÉRULENCE [pylveʀylɑ̃s]. *n. f.* (1823 ; de *pulvé-rulent*). *Didact.* État de ce qui est pulvérulent.

PULVÉRULENT, ENTE [pylveʀylɑ̃, ɑ̃t]. *adj.* (1773 ; lat. *pulverulentus*). ♦ 1° *Didact.* Qui est à l'état de poudre ou se réduit facilement en poudre. ♦ 2° *Sc. nat.* Couvert de pruine. ◇ Méd. *Narines pulvérulentes,* dont les poils sont chargés de poussière.

PUMA [pyma]. *n. m.* (1633 ; mot esp. empr. au quichua). Mammifère carnassier d'Amérique *(Félidés),* à pelage fauve et sans crinière. V. **Couguar.**

PUNA [pyna]. *n. f.* (1732 ; mot esp. empr. au quichua). Mal des montagnes (dans les Andes). ◇ *Géogr.* Haut pla-teau froid, au Pérou et en Bolivie.

PUNAIS, AISE [pynɛ, ɛz]. *adj. (Pudneis,* 1180 ; lat. pop. *°putinasius* « qui pue du nez »). *Vx.* Qui sent très mauvais. (Personnes) *Adj.* et *n.* Atteint d'ozène. ◇ *Dial. Des œufs punais,* pourris.

PUNAISE [pynez]. *n. f.* (xiiiᵉ ; de *punais*). ♦ 1° Petit insecte hétéroptère à corps aplati et d'odeur infecte. *Punaise des lits,* parasite de l'homme. « *Les punaises empêchaient tout le monde de dormir* » (CÉLINE). *Punaise des bois :* penta-tome. *Punaise rouge* ou *pyrrhocoris.* — Par anal. *Punaise d'eau.* V. **Nèpe.** — Loc. *Plat comme une punaise.* — *Punaise de sacristie*. ◇ *Exclam.* (Pop. et région.) *Punaise !* excla-mation de surprise, de dépit. « *Les Marseillais qui s'excla-ment : ...Funérailles, ou sur le même ton :* Punaise » (GENET). ♦ 2° (1846). Petit clou à tête plate et ronde, à pointe courte, servant à fixer des feuilles de papier sur une surface. « *Des punaises fixaient partout des pages de magazines* » (COCTEAU).

PUNAISER [pyneze]. *v. tr.* (1891 ; de *punaise*). *Fam.*

Fixer avec des punaises. « *Des cartes postales punaisées aux murs* » (SAN ANTONIO).

1. PUNCH [pɔ̃ʃ]. *n. m.* (1673 ; *bolle-ponche*, 1653 ; mot angl., du hindi *panch* « cinq », à cause des cinq composants de la boisson). Boisson alcoolisée à base de rhum parfumé de citron et de cannelle. *Punch chaud, glacé. Punch flambé,* où l'on fait brûler l'eau-de-vie. « *Un bol de punch... fut déposé sur la table... sa flamme montait* » (GAUTIER).

2. PUNCH [pœnʃ]. *n. m.* (1925 ; mot angl. « coup »). Aptitude d'un boxeur à porter des coups secs et décisifs. « *Ils ont le punch : l'utilisation correcte des muscles frappeurs, et la détente* » (HÉMON). ◇ Fig. *Fam.* Efficacité, dynamisme. V. **Pep.** *Il manque de punch.*

PUNCHEUR [pœnʃœʀ]. *n. m.* (1943 ; de *punch*). *Sports.* Boxeur qui a le punch.

PUNCHING-BALL [pœnʃiŋbol]. *n. m.* (1911 ; mot angl., de *punching* « en frappant », et *ball* « ballon »). Ballon fixé par des attaches élastiques, servant à l'entraînement des boxeurs.

PUNIQUE [pynik]. *adj.* (XIVᵉ ; lat. *punicus*, de *Pœni* « les Carthaginois »). ◆ 1° *Hist.* Relatif, propre aux colonies phéniciennes d'Afrique, et *spécialt.* à Carthage : carthaginois. *La langue punique,* le phénicien occidental. *Les guerres puniques,* menées par Rome contre Carthage. ◆ 2° Fig. et rare (*Littér.*). Qui évoque la ruse, la perfidie que les Romains prêtaient aux Carthaginois. « *Ce travail punique... autorisé par la guerre qui admet le piège* » (HUGO).

PUNIR [pyniʀ]. *v. tr.* (1250 ; lat. *punire*). ◆ 1° Frapper (qqn) d'une peine pour avoir commis un délit ou un crime. V. **Châtier, condamner.** « *Il y a des criminels que le magistrat punit, d'autres qu'il corrige* » (MONTESQ.). — Au p. p. *Être puni de mort, de réclusion.* ◇ Frapper d'une sanction pour un acte répréhensible. *Punir un enfant, un élève.* — Au p. p. *Les soldats punis.* Subst. *Les punis.* ◇ *Absolt.* Sévir. « *La Loi... doit être la même pour tous, soit qu'elle protège, soit qu'elle punisse* » (DÉCLAR. DR. HOM.). ◆ 2° Sanctionner (une faute) par une peine, une punition. « *Les grandes rébellions qu'on punit par la mort* » (LOTI). « *Celui des péchés capitaux que Dieu doit punir le moins sévèrement* » (BALZ.). « *La société... ne doit pas « punir pour se venger* » (HUGO). ◆ 3° (Sujet de chose). *Punir qqn de :* atteindre d'un mal constituant une sanction. *Cet échec le punira de son orgueil.* — *Plus cour.* (au passif, au p. p.) « *Je suis insociable, et m'en voilà cruellement puni* » (STENDHAL). *Être puni par où l'on a péché,* trouver sa punition dans la faute ou l'erreur même qu'on a commise. ◇ Mal récompenser. « *De vos propres bontés, il vous aurait punie* » (RAC.). « *Dans un temps... où la générosité est punie, — où la charité est punie* » (MONTHERLANT). ◈ ANT. Épargner, récompenser.

PUNISSABLE [pynisabl(ə)]. *adj.* (1477 ; de *punir*). Qui entraîne ou peut entraîner une peine, une punition. « *Les écarts pardonnables ou punissables des soldats* » (BALZ.).

PUNISSEUR, EUSE [pynisœʀ, øz]. *adj.* et *n.* (XIVᵉ ; de *punir*). *Rare.* Qui punit, aime à punir. V. **Sévère.**

PUNITIF, IVE [pynitif, iv]. *adj.* (1370 ; du rad. de *punition*). Propre ou destiné à punir (*Rare,* sauf *expédition punitive*). *Faire une expédition punitive contre les rebelles.*

PUNITION [pynisjɔ̃]. *n. f.* (1250 ; lat. *punitio*). ◆ 1° Action de punir. « *Les crimes dont la punition pouvait être prononcée par l'Église* » (HUYSMANS). *En punition de ses péchés.* ◆ 2° (1356). Ce que l'on fait subir à l'auteur d'une simple faute (non d'un crime ou délit grave). V. **Châtiment, peine, pénalité, sanction.** « *Aussi, le système des punitions corporelles,... est-il nécessaire en certains cas pour les enfants* » (BALZ.). *Punitions scolaires. Punitions pour faute contre la discipline militaire.* « *Une punition équivalente, huit jours d'arrêts forcés* » (LOTI). ◆ 3° Conséquence pénible (d'une faute, d'un défaut dont on semble puni). « *C'est bien fait ! Sa pénurie est la punition de sa prodigalité* » (BAUDEL.). *Les choses s'arrangeront sans vous, pour votre punition.* ◈ ANT. Récompense.

PUNKA. V. **PANCA.**

PUNTARELLE [pɔ̃taʀɛl]. *n. f.* (1864 ; dimin. d'o. gasc., du lat. *puncta* « pointe »). *Techn.* Petit morceau de corail utilisé pour la confection de bracelets, colliers.

PUNTILLERO [puntijeʀo]. *n. m.* (1906 ; mot esp., de *puntilla* « poignard »). *Taurom.* Celui qui est chargé d'achever le taureau, si l'estocade n'a pas tué la bête.

PUPAZZO, *plur.* **PUPAZZI** [pupadzo, pupadzi]. *n. m.* (1852 ; mot it. ; Cf. *Poupée*). *Didact.* Marionnette italienne à tête et bras de bois, montée sur une gaine où le montreur enfile sa main. V. **Guignol.** *Spectacle de pupazzi.*

PUPE [pyp]. *n. f.* (1842 ; lat. zool. *pupa*, class. « poupée »). *Zool.* Stade intermédiaire entre la larve et l'imago (nymphe). — Enveloppe chitineuse de la nymphe des diptères. V. **Chrysalide.**

1. PUPILLAIRE [pypi(l)lɛʀ]. *adj.* (1409 ; lat. *pupillaris*). *Dr.* Propre ou relatif au pupille (1, 1°). *La gestion du patrimoine pupillaire.*

2. PUPILLAIRE [pypi(l)lɛʀ]. *adj.* (1727 ; de *pupille* 2).

Physiol., Méd. Qui appartient, a rapport à la pupille (2). *Réflexes pupillaires.*

PUPILLARITÉ [pypi(l)laʀite]. *n. f.* (1398 ; du rad. de *pupillaire* 1). *Dr.* État du pupille (1, 1°).

1. PUPILLE [pypil, *cour.* pypij]. *n.* (1334 ; lat. *pupillus*). ◆ 1° Orphelin(e) mineur(e) en tutelle. *Patrimoine du pupille.* V. **Pupillaire** (1). ◆ 2° Enfant privé de son soutien naturel et pris en charge par une collectivité. *Pupilles de l'État* (ancienn. *de l'Assistance publique*), les enfants assistés. *Pupilles de la Nation,* enfants et victimes de la guerre. *Pupilles de la Marine, de l'Air.* ◈ ANT. Tuteur. — HOM. Pupille (2).

2. PUPILLE [pypil ; *cour.* pypij]. *n. f.* (1314 ; lat. *pupilla*). Orifice central de l'iris, par où passent les rayons lumineux. V. **Prunelle.** « *Ces deux trous noirs que font, en se rétractant, les pupilles, dans le gris bleu... de l'iris?* » (MART. du G.). ◈ HOM. Pupille (1).

PUPINISATION [pypinizasjɔ̃]. *n. f.* (1922 ; du nom du physicien *Pupin*). *Sc., Techn.* Introduction de bobines d'inductance, régulièrement espacées, dans les conducteurs d'une ligne de télécommunication.

PUPIPARES [pypipaʀ]. *n. m. pl.* (1839 ; de *pupe,* et *-pare*). *Zool.* Groupe d'insectes diptères, dont les larves éclosent prêtes à se transformer en pupes.

PUPITRE [pypitʀ]. *n. m.* (1467 ; *pepistre,* 1357 ; lat. *pulpitum* « estrade »). ◆ 1° Petit meuble en forme de plan incliné, monté ou non sur un pied, sur lequel on pose, à hauteur de vue, un livre, du papier. *Pupitre de chœur.* V. **Lutrin.** *Pupitre à musique.* « *Il tira un cahier de musique, le mit sur le pupitre du piano* » (R. ROLLAND). — *Chef de pupitre :* celui qui dirige un groupe d'instruments (Cf. Premier violon). — *Pupitre de graveur,* sur lequel le graveur pose sa planche. ◆ 2° Petite table à couvercle incliné, servant à écrire. *Pupitres d'écoliers.* « *Au commencement de la classe, il se faisait un grand tapage... les pupitres ouverts, fermés* » (DAUD.). ◆ 3° *Techn.* Emplacement où sont disposées les commandes et les appareils de contrôle d'un système électronique complexe, notamment d'un ordinateur. *Pupitre de visualisation,* réunissant des informations télévisées. *Technicien au pupitre d'un ordinateur.* V. **Pupitreur.**

PUPITREUR, EUSE [pypitʀœʀ, øz]. *n.* (1966 ; de *pupitre*). *Techn.* Technicien chargé de suivre au pupitre* le fonctionnement d'un ordinateur.

PUR, PURE [pyʀ]. *adj.* (980 ; lat. *purus*). **I.** (*Abstrait*). ◆ 1° Sans mélange. V. **Absolu, parfait.** « *Il n'y a que le mal qui soit pur... Le bien est toujours mêlé de mal* » (VIGNY). « *Il n'y a pas de race pure* » (RENAN). ◇ *Philo.* Qui ne doit rien aux sens ou à l'expérience (*opposé à* pratique). *La Critique de la raison pure,* de Kant. *Science pure* (*opposé à* appliquée). V. **Théorique.** *Recherche pure,* fondamentale. ◇ Qui s'interdit toute préoccupation étrangère à sa nature spécifique. *Art pur. Musique pure* (*opposé à* musique descriptive, lyrique, etc.). *Poésie pure.* ◇ (*Devant le nom*) Qui est seulement et complètement tel. V. **Simple.** « *Aux ouvrages de pure imagination* » (BAUDEL.). « *C'est un pur hasard* » (RENAN). « *Les purs dessinateurs* » (BAUDEL.). *En pure perte*.* — (Dans le même sens, mais après le nom) *Tout pur. Pur et simple,* sans restriction. *Je vous demande une acceptation pure et simple.* ◇ *Subst.* Personne rigoureusement fidèle à un parti, à une orthodoxie, sans mélange ni concession. « *Les purs de leur parti* » (BALZ.). ◆ 2° Sans défaut d'ordre moral, sans corruption, sans tache. V. **Innocent.** « *Les hommes irréprochables, ceux qui se sentent purs* » (MICHELET). « *Faire de ma vie quelque chose de pur, de propre* » (DUHAM.). *Ses intentions étaient pures,* bonnes et désintéressées. ◇ *Très chaste.* « *Vous... si pure ! — Si pure ! vous trouvez que je n'ai pas de sex-appeal* » (AYMÉ). ◆ 3° Sans défaut d'ordre esthétique. V. **Parfait, impeccable.** « *Son visage brun était d'une ovale ferme et pur* » (FRANCE). « *Le bâtiment est du goût le plus pur* » (GAUTIER). ◇ D'une correction élégante. V. **Châtié.** « *Un style plus pur, plus littéraire* » (GAUTIER).

II. (*Concret*). ◆ 1° (XIIᵉ). Qui n'est pas mêlé avec autre chose, qui ne contient en soi aucun élément étranger. *Du vin pur,* sans eau. *Tissu pure laine. Métal pur,* sans alliage. — *Chim. Substance à l'état pur,* proche de l'état (théorique) de pureté absolue. *Couleur pure,* franche. *Son pur,* simple. — *Cheval de pur sang.* V. **Pur-sang.** « *M. Martini, un méridional pur sang* » (MAUPASS.), méridional par toute son ascendance. ◆ 2° Qui ne renferme aucun élément mauvais ou défectueux. *Eau pure,* claire, bonne à boire. « *Des perles d'un orient plus pur* » (GAUTIER). *Air pur,* qui n'est pas pollué ; salubre. *Ciel pur,* sans nuages ni fumées. V. **Limpide.** « *Le jour n'est pas plus pur que le fond de mon cœur* » (RAC.). « *Un matin glacial et pur* » (PROUST). ◈ ANT. Impur. Altéré, composite, corrompu, mauvais.

PUREAU [pyʀo]. *n. m.* (1676 ; de l'a. fr. *purer.* V. **Purée**). *Techn.* Partie non recouverte d'une ardoise, d'une tuile. ◈ HOM. Purot.

PURÉE [pyʀe]. *n. f.* (XIIIᵉ ; de l'a. fr. *purer* « purifier, cribler, passer » ; bas lat. *purare*). ♦ 1° Mets faits de légumes cuits et écrasés. *Purée de pommes de terre, de pois cassés. Purée de marrons. — Absolt.* Purée de pommes de terre. *Une assiette de purée.* Par appos. *Pommes purée.* V. **Mousseline.** ◇ *Fig.* (adapt. angl. *peasoup*) *Purée de pois*, brouillard très épais. ♦ 2° *Fam.* (1878). *Être dans la purée*, dans la gêne, la misère. V. **Mouise, panade.** « *C'est bien triste, de voir un homme de cette valeur-là dans cette purée* » (ALLAIS). ◇ Pauvre, miséreux. V. **Purotin.** « *Elle eût, avec sa robe de laine noire..., fait sourire quelque noceur qui eût... murmuré 'quelle purée !'* » (PROUST). ◇ *Exclam.* (Pop.) *Purée !* misère ! ◇ Adj. *Pop.* (1895) Misérable, minable.

PUREMENT [pyʀmã]. *adv.* (XIᵉ ; de *pur*). ♦ 1° *Rare.* Avec pureté, honnêteté. ♦ 2° *Cour.* Intégralement et exclusivement. « *Une trouvaille purement et spécifiquement bourgeoise* » (MONTHERLANT). — Simplement, uniquement. « *Une bonne partie de leur amour était purement livresque* » (R. ROLLAND). — Loc. « *Eugénie pourra renoncer purement et simplement à la succession* » (BALZ.), sans condition ni réserve. ♦ 3° (XVIIᵉ). *Vieilli.* Avec une correction élégante. « *Il parlait purement et correctement* » (BALZ.). ◈ ANT. *Imparfaitement. Incorrectement.*

PURETÉ [pyʀte]. *n. f.* (1324 ; réfect. de *purté*, XIIᵉ ; lat. *puritas*). **I.** *(Abstrait)*. ♦ 1° État de ce qui est pur, sans souillure morale. V. **Candeur, honnêteté, innocence.** « *Aucune hypocrisie ne venait altérer la pureté de cette âme naïve* » (STENDHAL). ◇ État de chasteté parfaite. « *Une mère de famille qui veille sur la pureté de ses filles* » (ALAIN). ♦ 2° État de ce qui est sans mélange. « *Il avait gardé son ancien jargon briard dans toute sa pureté native* » (GAUTIER). ♦ 3° (XVIIᵉ). État de ce qui se conforme avec élégance à des règles, à un type de perfection. V. **Correction.** « *Un écrivain qui se recommande par la pureté et l'exactitude de son style* » (AYMÉ). « *La pureté du dessin, la finesse du modelé* » (GAUTIER). **II.** *(Concret).* ♦ 1° État d'une substance ne contenant, en principe, aucune trace d'une autre substance (en pratique, aucune impureté décelable) ; homogénéité parfaite. *Pureté chimique.* ♦ 2° État de ce qui est sans défaut, sans altération. V. **Limpidité, netteté.** « *Un diamant d'une extraordinaire pureté* » (MAUROIS). *La pureté de l'air des montagnes.* « *La pureté cristalline de son timbre* » (BOSCO). ◈ ANT. *Impureté. Corruption ; immoralité. Mélange. Incorrection ; imperfection.*

PURGATIF, IVE [pyʀgatif, iv]. *adj.* et *n. m.* (déb. XIVᵉ ; bas lat. *purgativus*). Qui a la propriété de purger, de stimuler les évacuations intestinales. V. **Drastique, évacuant, laxatif.** *Huiles purgatives. Sels purgatifs.* ◇ (XVIIᵉ) *N. m.* Médicament purgatif.

PURGATION [pyʀgasjɔ̃]. *n. f.* (h. XIIᵉ ; lat. *purgatio*). ♦ 1° *Relig.* (Vx.) Purification (du pécheur). V. **Purgatoire.** ◇ *Hist. litt.* (1370 ; trad. gr. *katharsis*) Purgation des passions, action de les apaiser ou de les éliminer en les représentant sur le théâtre. ♦ 2° (XIIIᵉ). *Vieilli.* Action de purger, remède purgatif. V. **Purge.** ◇ *Mod.* Évacuation de selles sous l'effet d'un purgatif.

PURGATOIRE [pyʀgatwaʀ]. *n. m.* (fin XIIᵉ ; lat. médiév. *purgatorium*, bas lat. *purgatorius* « qui purifie »). *D'après la théologie catholique*, Lieu où les âmes des justes expient leurs péchés avant d'accéder à la félicité éternelle. *Les âmes de purgatoire*, ou « Église souffrante ». ◇ *Fig.* Lieu ou temps d'épreuve, d'expiation. *Faire son purgatoire sur terre.*

PURGE [pyʀʒ(ə)]. *n. f.* (1538 ; « justification », XIVᵉ ; de *purger*). ♦ 1° Action de purger ; remède purgatif. V. **Purgation.** *Prendre une purge.* ♦ 2° (1752). *Vx.* Désinfection. ◇ *Mod.* et *Techn.* (1860). Nettoyage des fils textiles (qu'on débarrasse des duvets et parties défectueuses). — Évacuation d'un liquide, dont la présence dans une conduite nuit au bon fonctionnement d'un appareil. V. **Vidange.** *Robinet de purge.* V. **Purgeur.** ♦ 3° *Dr.* (1842). Opération destinée à libérer un bien des charges qui le grèvent (hypothèques, privilèges). ♦ 4° (1793 ; repris XXᵉ). Élimination autoritaire d'éléments politiquement indésirables. V. **Épuration.**

PURGEOIR [pyʀʒwaʀ]. *n. m.* (1752 ; de *purger*). *Techn.* Bassin, réservoir où l'on filtre l'eau.

PURGER [pyʀʒe]. *v. tr.* ; conjug. *bouger* (déb. XIIᵉ ; lat. *purgare*). ♦ 1° Débarrasser de ce qui altère, purifier. *Techn. Purger le métal, les fils de soie.* — *Cour. Purger un radiateur, une conduite.* Vidanger* complètement. ♦ 2° *Vx.* Purifier (son âme) ; expier (ses péchés). ♦ 3° *Littér.* Débarrasser (d'une chose mauvaise, néfaste). « *Le rire... me purge de mes dégoûts* » (COCTEAU). ◇ Débarrasser (d'êtres néfastes, dangereux). « *Purgez la terre des vaniteux, des niais* » (VALÉRY). ♦ 4° (XIVᵉ). *Anc. méd.* Débarrasser (un organe, une humeur) d'impuretés dangereuses. ◇ *Mod.* Administrer un purgatif à (qqn). Pronom. *Se purger* : prendre un purgatif. ♦ 5° (XIVᵉ). *Dr.* Faire disparaître en subissant (une condamnation, une peine). « *Je veux purger ma peine, je n'ai pas besoin de votre pro-*

tection » (SARTRE). ◇ (XVIᵉ) *Dr.* Débarrasser de certaines charges, d'une hypothèque (V. **Déshypotéquer**).

PURGEUR [pyʀʒœʀ]. *n. m.* (1869 ; de *purger*, 1°). Robinet ou dispositif automatique de purge (d'une tuyauterie, d'une machine). « *Les purgeurs furent ouverts, la vapeur siffla au ras du sol* » (ZOLA).

PURIFIANT, ANTE [pyʀifjã, ãt]. *adj.* (1470 ; de *purifier*). *Littér.* Qui purifie, est propre à purifier. « *Les souffles purifiants de la jeunesse* » (PROUST).

PURIFICATEUR, TRICE [pyʀifikatœʀ, tʀis]. *n.* et *adj.* (1547 ; du rad. de *purification*). ♦ 1° N. *(Rare).* Personne chargée d'une purification. ♦ 2° *N. m.* Appareil destiné à purifier un milieu physique. *Purificateur d'atmosphère.* ♦ 3° *Adj.* Purificatoire.

PURIFICATION [pyʀifikasjɔ̃]. *n. f.* (XIIᵉ ; lat. *purificatio*). ♦ 1° Cérémonie, rite par lequel on se purifie. V. **Ablution.** *Les purifications prescrites par la loi mosaïque, islamique.* — Fête de la Purification de la Vierge, fête catholique commémorant la venue de Marie au Temple (pour se purifier selon la loi juive). ♦ *Liturg.* Action de nettoyer (les linges sacrés), d'essuyer (le calice, les doigts du prêtre). ♦ 2° *Vx.* Opération par laquelle on sépare une substance de ses impuretés. V. **Clarification, épuration.** ◇ *Mod.* V. **Ascénisation.**

PURIFICATOIRE [pyʀifikatwaʀ]. *n. m.* et *adj.* (1610 ; lat. ecclés. *purificatorius*). ♦ 1° N. *m. Liturg.* Linge sacré destiné à la purification du calice, des doigts du prêtre. — Vase d'ablution où le prêtre lave ses doigts. ♦ 2° *Adj.* (fin XVIIIᵉ). *Littér.* Destiné à purifier, propre à la purification. V. **Lustral, purificateur.** *Cérémonie purificatoire.*

PURIFIER [pyʀifje]. *v. tr.* (1190 ; lat. *purificare*). ♦ 1° *Littér.* Rendre pur, débarrasser de la corruption, de la souillure morale. « *La honte coule sur leur crime comme un baume, la souffrance le purifie* » (FRANCE). — Pronom. « *Peut-être s'était-il purifié par un remords ?* » (BALZ.). ◇ Laver, débarrasser de ce qui souille, en se conformant à certains rites religieux. « *Il faudra purifier l'église devant avec du feu !* » (VILLIERS). ♦ 2° *Vieilli* (XIIIᵉ). Débarrasser (une substance matérielle, *spécialt.* un liquide) de ses impuretés. V. **Clarifier, filtrer, rectifier.** ♦ 3° Rendre plus pur, plus correct. « *Des hommes de goût... ont travaillé à purifier la langue* » (DUHAM.). ◈ ANT. *Corrompre, souiller.*

PURIN [pyʀɛ̃]. *n. m.* (1842 ; mot dial., de l'a. fr. *purer* « passer, égoutter ». V. **Purée.** Partie liquide du fumier, constituée par les urines et la décomposition des parties solides. *Fosse à purin.* « *On arrosait la fumière avec la pompe à purin* » (ZOLA).

PURINE [pyʀin]. *n. f.* (1904 ; all. *Purin*, dér. sav. du rad. du lat. *purus* « pur », et de *urique*, suff. chimique *-ine*). *Biochim.* Substance azotée basique dont la structure comporte deux chaînes fermées (l'une à 5, l'autre à 6 atomes). — *Par ext.* Substance basique (dite *base purique*) à structure bicyclique, constituant important des nucléotides de la cellule vivante.

PURISME [pyʀism(ə)]. *n. m.* (1704 ; de *puriste*). Souci excessif de la pureté du langage, de la correction grammaticale, par rapport à un modèle intangible et idéal. « *Si l'enseignement scolaire s'est attaché du purisme, le public cultivé reste imprégné d'esprit puriste* » (GOUGENHEIM). ◇ Souci de pureté, de conformité totale à un type idéal (art, idées, etc.). ◈ ANT. *Laxisme.*

PURISTE [pyʀist(ə)]. *n.* et *adj.* (1625 ; « puritain », 1586 ; de *pur*). Partisan du purisme. « *L'art n'a jamais été du côté des puristes* » (SARTRE). ◇ *Adj.* Propre au purisme, imprégné de purisme.

PURITAIN, AINE [pyʀitɛ̃, ɛn]. *n.* et *adj.* (1562 ; angl. *puritan* [attesté v. 1570], de *purity* « pureté », ou lat. mod. *puritani*, de *puritas* « pureté » ; repris à l'angl.). ♦ 1° *Hist. relig.* Membre d'une secte de presbytériens rigoristes qui voulaient pratiquer un christianisme plus pur, et dont beaucoup, après les persécutions du XVIᵉ s., émigrèrent en Amérique. V. **Protestant.** — *Adj.* Propre, relatif à cette secte. *Le régime puritain de la Nouvelle-Angleterre.* ♦ 2° Membre d'une secte rigoriste. « *Des incorruptibles M'zabites, puritains mahométans* » (MAUPASS.). ♦ 3° Personne qui montre ou affiche une pureté morale scrupuleuse, un respect rigoureux des principes. V. **Rigoriste.** « *Une puritaine élevée par une vieille fille dans l'hypocrisie victorienne* » (MAUROIS). — Adj. « *La forte éducation puritaine par quoi mes parents avaient façonné mon enfance* » (GIDE). V. **Austère, rigide.**

PURITANISME [pyʀitanism(ə)]. *n. m.* (1691 ; de *puritain*). Doctrine, esprit des puritains ; rigorisme. *Le puritanisme anglo-saxon.* « *Certain puritanisme que l'on m'avait enseigné comme étant la morale du Christ* » (GIDE).

PUROT [pyʀo]. *n. m.* (1842 ; de *purin*). *Agric.* Fosse à purin. ◇ ɪɪoᴹ. Pureau.

PUROTIN [pyʀɔtɛ̃]. *n. m.* (1878 ; de *purée*, avec suff. pop.). *Pop.* Homme qui est dans la purée (2°). V. **Fauché, pauvre.** « *Il voulait pas qu'on croie qu'il nous avait régalés dans un truc pour purotins* » (QUENEAU).

PURPURA [pyʀpyʀa]. *n. m.* (1837 ; mot lat. V. **Pourpre**).

Méd. Ensemble de taches cutanées, de couleur rouge foncé, dues à des hémorragies circonscrites au niveau de la peau. — *Par ext.* Maladie caractérisée essentiellement par de petites hémorragies disséminées de la peau. *Purpura infectieux.*

PURPURIN, INE [pyʀpyʀɛ̃, in]. *adj.* (déb. XIVᵉ; réfect. de *pourprin*, d'apr. lat. *purpura*). Poét. ou *plais*. De couleur pourpre. V. **Pourpré, pourprin.** *Des lèvres purpurines.*

PURPURINE [pyʀpyʀin]. *n. f.* (1839; « poudre de bronze », 1731; de *purpurin*). *Chim.*, *Techn.* Une des matières colorantes extraites de la garance.

PUR-SANG [pyʀsɑ̃]. *n. m. invar.* (1854; *cheval pur sang*, v. 1830; de *pur*, et *sang*). Cheval de course inscrit au studbook, dont les ascendants appartiennent tous à la race créée au XVIIIᵉ s. par l'union de juments anglaises et d'étalons orientaux.

PURULENCE [pyʀylɑ̃s]. *n. f.* (1555; lat. ecclés. *purulentia*). *Méd.* État purulent, suppuration. — *Fig. et littér.* Infection (morale). V. **Pourriture.**

PURULENT, ENTE [pyʀylɑ̃, ɑ̃t]. *adj.* (XIIᵉ; lat. *purulentus*; de *pur*, et *sang*). V. **Pyo-**; suppurer. *Lésion purulente de la peau.* V. **Pustule.** *Pleurésie purulente.* V. **Empyème.** « *Subir, pour une ophtalmie purulente, une petite opération* » (GIDE). — *Fig. et littér.* Qui répand l'infection, la pourriture morale. V. **Putride.**

PUS [py]. *n. m.* (1520; lat. *pus, puris*). Production pathologique liquide ou relativement épaisse, le plus souvent jaunâtre, se produisant lors d'inflammations et contenant des leucocytes, des débris cellulaires et des micro-organismes (lorsqu'il s'agit d'une infection). V. **Sanie** (VX), **suppuration**; et *aussi* **Pyo-**. *Du pus s'est formé dans la plaie.* ◇ HOM. Formes des v. *pouvoir* et *puer*.

PUSEYISME [pyzeism(ə)]. *n. m.* (1875; angl. *puseyism*, 1838; de *Pusey*, n. pr.). *Hist. relig.* Mouvement ritualiste, dû à Pusey (1800-1882) et à ses amis, qui rapprocha du catholicisme une partie de l'Église anglicane.

PUSH-PULL [puʃpul]. *n. m. invar.* (1948; mot angl., proprem. « pousse, tire »). *Électr. (Anglicisme).* Montage amplificateur à deux lampes triodes, dans lequel les actions des deux tubes s'équilibrent par un effet de va-et-vient. *Quatre tubes en push-pull parallèle.*

PUSILLANIME [pyzi(l)lanim]. *adj.* (1265; bas lat. *pusillanimis*). *Littér.* Qui manque d'audace, craint le risque, les responsabilités. V. **Craintif, faible, timoré.** « *Comme tous les esprits pusillanimes, il ne se préoccupe que de rejeter sur d'autres la responsabilité de ses actions* » (MÉRIMÉE). ◇ ANT. Audacieux, courageux.

PUSILLANIMITÉ [pyzi(l)lanimite]. *n. f.* (1279; bas lat. *pusillanimitas*). *Littér.* Caractère d'une personne pusillanime. V. **Faiblesse.** « *Il y aurait une grande pusillanimité à ne pas se faire juger, quand on est sûr d'être innocent* » (STENDHAL). *Pusillanimité et lâcheté*.* ◇ ANT. Audace.

PUSTULE [pystyl]. *n. f.* (1314; lat. *pustula*). ♦ 1° Petit soulèvement de l'épiderme ou du derme à contenu purulent. V. **Bouton.** *Les pustules de la variole.* ♦ 2° Chacune des petites vésicules ou saillies qui couvrent le dos du crapaud, les feuilles ou tiges de certaines plantes.

PUSTULÉ, ÉE [pystyle]. *adj.* (1560; de *pustule*). *Didact.* Couvert de pustules.

PUSTULEUX, EUSE [pystylø, øz]. *adj.* (1549; lat. *pustulosus*). Caractérisé par la présence de pustules. *Acné pustuleuse* ou *boutonneuse.*

PUTAIN [pytɛ̃]. *n. f.* (1120; cas régime en *-ain* de l'a. fr. *put, pute**). ♦ 1° *Fam.* et *vulg.* Prostituée. « *Je rencontre une... petite putain, peinte et poudrée* » (DUHAM.). *La putain respectueuse*, pièce de Sartre (Cf. Une respectueuse). ◇ Femme facile, sans moralité. *Enfant, fils de putain*, termes d'injure. ◇ *Adj.* Qui cherche à plaire à tout le monde. « *Un gros bonhomme fort pacifique et très putain* » (FLAUB.). ♦ 2° (Suivi *de* de et d'un nom). *Pop.* S'emploie pour maudire qqch. qu'on déteste. V. **Coquin, garce** (de...). « *La putain de pendule cognait* » (GIONO). *Quel putain de temps!* ♦ 3° *Vulg.* *Putain!* exclamation marquant généralement l'étonnement.

PUTASSIER, IÈRE [pytasje, jɛʀ]. *adj.* (1549; de l'a. v. *putasser* [XVᵉ]; « fréquenter les putains »). *Vulg.* Relatif aux prostituées, digne d'une prostituée. *Langage putassier.*

PUTATIF, IVE [pytatif, iv]. *adj.* (fin XIVᵉ; lat. ecclés. *putativus*, de *putare* « estimer, supposer »). *Dr.* *Enfant, père putatif*, celui qui est supposé être l'enfant, le père de tel ou tel. — *Mariage putatif*, qui, en dépit d'une décision le frappant de nullité, produit ses effets juridiques jusqu'à la date de cette décision.

PUTE [pyt]. *n. f.* (déb. XIIIᵉ; fém. subst. de l'a. fr. *put* « mauvais, vil », 1080; lat. *putidus* « puant »). *Pop.* et *vulg.* Variante de *putain.*

PUTIER [pytje] ou **PUTIET** [pytjɛ]. *n. m.* (1666,-1869; de l'a. fr. *put* « mauvais, puant ». V. **Pute**). *Région.* Merisier à grappes.

PUTOIS [pytwa]. *n. m.* (1175; de l'a. fr. *put*. V. **Pute, putier**). ♦ 1° *Zool.* Petit mammifère carnivore *(Mustélidés),*

à odeur nauséabonde. V. **Belette, furet, hermine, vison.** ♦ 2° *Cour.* Le putois commun, à pelage brun jaunâtre (une des espèces du genre zool. : *mustela putorius*). — Loc. fig. *Crier comme un putois*, crier, protester très fort. ◇ Fourrure du putois commun. V. **Kolinski.** *Porter un putois autour du cou.* — *Techn.* Pinceau dont se servent les peintres sur porcelaine.

PUTRÉFACTION [pytʀefaksjɔ̃]. *n. f.* (1398; bas lat. *putrefactio*). Décomposition des matières organiques sous l'action de ferments microbiens. V. **Altération, corruption, fermentation, pourriture, putrescence.** « *Les forces souveraines de la putréfaction* » (DUHAM.). *Cadavre en putréfaction, en état de putréfaction avancée. Contre la putréfaction.* V. **Antiputride.**

PUTRÉFIABLE [pytʀefjabl(ə)]. *adj.* (1875; de *putréfier*). Putrescible.

PUTRÉFIÉ, ÉE [pytʀefje]. *adj.* (1314; V. **Putréfier**). En putréfaction, décomposé (V. **Pourri**). « *Les cadavres putréfiés de ces rongeurs* » (CAMUS).

PUTRÉFIER [pytʀefje]. *v. tr.* (1314; lat. *putrefacere*). Pourrir, faire tomber en putréfaction. *La chaleur putréfie la viande.* ◇ *Pronom.* Se décomposer, pourrir.

PUTRESCENCE [pytʀesɑ̃s]. *n. f.* (1801; de *putrescent*). *Didact.* État de ce qui est putrescent.

PUTRESCENT, ENTE [pytʀesɑ̃, ɑ̃t]. *adj.* (1549; lat. *putrescens*, p. prés. de *putrescere* « se putréfier »). *Didact.* Qui est en voie de putréfaction.

PUTRESCIBILITÉ [pytʀesibilite]. *n. f.* (1765; du rad. lat. de *putrescible*). *Didact.* Caractère de ce qui est putrescible. ◇ ANT. Imputrescibilité.

PUTRESCIBLE [pytʀesibl(ə)]. *adj.* (fin XIVᵉ; lat. *putrescibilis*). *Didact.* Qui peut se putréfier. V. **Corruptible, putréfiable.** *Pasteur démontra* « *que le liquide le plus putrescible resterait pur si on le tenait à l'abri des poussières de l'air* » (MONDOR). ◇ ANT. Incorruptible, imputrescible.

PUTRIDE [pytʀid]. *adj.* (1256; lat. *putridus*). ♦ 1° Qui est en putréfaction. « *Les mouches bourdonnaient sur ce ventre putride* » (BAUDEL.). — *Eau putride*, qui contient des matières organiques en décomposition. ♦ 2° Qui est relatif au processus de la putréfaction ou qui en résulte. *La fermentation putride*, la putréfaction (généralement avec production d'odeurs nauséabondes). « *Elle exhale des miasmes putrides* » (LAUTRÉAMONT). ♦ 3° *Fig. et littér.* Qui répand la pourriture morale. « *Le désaveu formel d'une littérature putride* » (LECOMTE).

PUTRIDITÉ [pytʀidite]. *n. f.* (1769; de *putride*). *Littér.* Caractère de ce qui est putride.

PUTSCH [putʃ]. *n. m.* (v. 1925; mot all.). Soulèvement, coup de main d'un groupe politique armé, en vue de prendre le pouvoir. V. **État** (coup d'), **pronunciamiento.** *Hitler* « *tenta un putsch avec l'aide de Ludendorff : ce fut la révolution manquée du 8 novembre 1923* » (BAINVILLE).

PUTSCHISTE [putʃist(ə)]. *n. m.* (1964; de *putsch*). *Polit.* Celui qui participe à un putsch* ou est partisan d'un putsch. « *Les putschistes de D. mettent tout en œuvre pour légaliser leur mouvement* » (*Le Monde*, 27-2-1966). — Adj. *Des tentatives putschistes.*

PUTTO [pytto]. *n. m.* (attesté XXᵉ [1644 en angl.]; mot ital.). *Didact. (Arts).* Jeune garçon nu représentant l'Amour, dans la peinture italienne. V. **Amour I**, 6°. Plur. *Des putti.*

PUY [pɥi]. *n. m.* (1080; lat. *podium* « socle, tertre ». V. **Podium**). ♦ 1° *Région.* Hauteur, montagne (dans des noms géographiques : le *Puy de Dôme*). ♦ 2° (XIIIᵉ; ext. de sens obscure). *Hist. litt.* Nom donné, au moyen âge, à certaines sociétés littéraires et religieuses qui organisaient des concours de poésie. *Le puy d'Arras.* ◇ HOM. Puis, puits.

PUZZLE [pœzl(ə)]. *n. m.* (1909; mot angl., de *to puzzle* « embarrasser »). Jeu de patience composé d'éléments à assembler. ◇ *Fig.* Multiplicité d'éléments qu'un raisonnement logique doit assembler pour reconstituer la réalité des faits. *Les pièces du puzzle commençaient à s'ordonner dans sa tête.*

P.-V. [peve]. *n. m.* (XXᵉ; abrév. de *procès-verbal*). *Fam.* Contravention. *Attraper un p.-v.*

PYCNOMÈTRE [piknɔmɛtʀ(ə)]. *n. m.* (1923; Cf. Pycnométrie, 1909; du gr. *puknos* « dense », et *-mètre*). *Techn.* Appareil servant à déterminer les densités des solides et des liquides.

PYCNOSE [piknoz]. *n. f.* (1904; du gr. *puknôsis* « condensation »). *Pathol.* Altération du noyau de la cellule qui se présente sous la forme d'une masse condensée, homogène. *Adj.* (1930) PYCNOTIQUE [piknɔtik]. *Noyau pycnotique dans la nécrose cellulaire.*

PYÉLITE [pjelit]. *n. f.* (1851; du gr. *puelos* « cavité, bassin », et suff. *-ite*). *Méd.* Inflammation aiguë ou chronique de la muqueuse du bassinet, habituellement associée à une inflammation du rein (PYÉLONÉPHRITE [pjelɔnefʀit], n. f.).

PYÉL(O)-. Élément de mots scient. *(méd., physiol.)*, du gr. *puelos.* V. **Pyélite.**

PYGARGUE [pigaʀg(ə)]. *n. m.* (1765; *pigart*, XVe; lat. *pygargos*, mot gr., proprem. « à derrière blanc »). Oiseau rapace diurne *(Falconidés)*, brun, à tête et queue blanches, qui ressemble à l'aigle. V. **Orfraie.**

-PYGE, -PYGIE. Éléments, du gr. *pugê* « fesses » *(ex. :* callipyge, stéatopygie).

PYGMÉE [pigme]. *n. m.* (1488; var. *pymeau, pimain,* XIIIe; lat. *pygmæus,* gr. *pugmaios,* proprem. « haut d'une coudée », *pugmê*). ♦ 1° *Antiq.* Individu appartenant à un peuple légendaire de nains de la région du Nil. *Hercule lutta contre les Pygmées.* ◇ *Mod.* (XVIIIe) Individu appartenant à certaines races d'hommes de très petite taille, d'Afrique et d'Insulinde. V. **Négrille.** ♦ 2° *Vx.* Petit homme, nain. ◇ *Fig.* Petit personnage insignifiant. V. **Myrmidon.**

PYJAMA [piʒama]. *n. m.* (*Pyjaamah,* 1837; angl. *pyjamas,* de l'hindoustani *pâê-jama,* proprem. « vêtement de jambes »). ♦ 1° *Didact.* Pantalon ample et flottant porté par les femmes en certaines régions de l'Inde. ♦ 2° (1908). *Cour.* Vêtement de nuit ou d'intérieur, ample et léger, fait d'un pantalon et d'une veste. *Porter des pyjamas. Être en pyjama(s). Veste de pyjama.*

PYLÔNE [pilon]. *n. m.* (1823; gr. *pulón*). ♦ 1° *Archéol.* Portail monumental placé à l'entrée des temples égyptiens, encadré de deux massifs de maçonnerie en forme de pyramide tronquée dont les faces étaient couvertes de peintures et d'inscriptions. ◇ Chacun des piliers quadrangulaires ornant l'entrée d'une avenue, d'un pont. *Les pylônes du pont Alexandre III, à Paris.* ♦ 2° (1906). *Cour.* Construction (en charpente, béton, etc.) ayant la forme générale d'une tour, destinée à supporter un échafaudage, des câbles aériens, des antennes de T.S.F., etc. V. **Mât, pilier, poteau, sapine** (2°), **support.** *L'administration écrit « Danger de mort »... sur les pylônes des transformateurs électriques* » (BERNANOS).

PYLORE [pilɔʀ]. *n. m.* (1552; bas lat. *pylorus,* gr. *pulôros,* proprem. « portier »). Orifice faisant communiquer l'estomac avec le duodénum. « *J'ai le pylore attaqué, je ne digère plus rien* » (BALZ.).

PYLORIQUE [pilɔʀik]. *adj.* (1765; de *pylore*). *Anat.* Qui appartient au pylore. *Valvule, artère pylorique.*

PYO-. Élément, du gr. *puo-,* de *puon* « pus ».

PYODERMITE [pjɔdɛʀmit]. *n. f.* (1932; de *pyo-, derme,* et suff. *-ite*). *Méd.* Infection de la peau par des germes pyogènes (staphylocoques, streptocoques), caractérisée par la présence de pustules multiples.

PYOGÈNE [pjɔʒɛn]. *adj.* (1891; *pyogénique,* 1845; de *pyo-,* et *-gène*). *Méd.* Qui produit du pus, provoque une suppuration. *Germes pyogènes.*

PYORRHÉE [pjɔʀe]. *n. f.* (1827; gr. *puorroia;* Cf. *Pyo-,* et *-rrhée*). *Méd.* Écoulement de pus. *Pyorrhée dentaire.*

PYRALE [piʀal]. *n. f.* (1801; *pyralide,* 1777; lat. *pyralis;* mot d'o. gr. « insecte vivant dans le feu »; Cf. en ce sens *Pyralide,* XVIe). *Zool.* Papillon type d'une famille de lépidoptères dont les chenilles s'attaquent aux végétaux. *La pyrale de la vigne, des pommes* (carpocapse).

PYRAMIDAL, ALE, AUX [piʀamidal, o]. *adj.* (XIIIe; bas lat. *pyramidalis*). ♦ 1° Propre à la pyramide, en forme de pyramide. « *L'île de Ténériffe se dessinait devant nous comme une sorte de grand édifice pyramidal* » (LOTI). — *Anat. Os pyramidal,* os de la rangée supérieure du carpe. *Faisceau* (ou *système*) *pyramidal,* qui constitue la principale voie de transmission des mouvements volontaires (allant du lobe frontal jusqu'aux cornes antérieures de la moelle épinière). *Cellules pyramidales,* neurones spéciaux de l'écorce cérébrale. ♦ 2° *Vx* (mot à la mode v. 1830). Colossal. « *Un jeune peintre d'un talent pyramidal* » (STENDHAL).

PYRAMIDE [piʀamid]. *n. f.* (1165; lat. d'o. gr. *pyramis, -idis*). ♦ 1° Grand monument à base quadrangulaire et quatre faces triangulaires, qui servait de tombeau aux pharaons d'Égypte. *La pyramide de Chéops.* ◇ Grande construction pyramidale qui servait de base à un temple, dans le Mexique précolombien. *La pyramide du Soleil.* ♦ 2° (1361). Polyèdre qui a pour base un polygone quelconque et pour faces latérales des triangles possédant un sommet commun. *Pyramide quadrangulaire,* dont la base est un quadrilatère. *Pyramide régulière,* dont la base est un polygone régulier et dont la hauteur (dite *axe* dans ce cas) passe par le centre de la base. *Tronc de pyramide.* ◇ *Anat.* Nom de divers organes plus ou moins pyramidaux. *Pyramides rénales,* constituant la substance médullaire des reins. ♦ 3° Tas d'objets qui repose sur une large base et s'élève en s'amincissant. « *Les pyramides d'oranges et de melons* » (LARBAUD.) « *Il faut réunir le bois en pyramide et laisser un peu d'air dessous* » (MAC ORLAN.) ◇ *Peint* (XVIIIe) Disposition pyramidale des éléments du tableau. ◇ *Pyramide des âges,* représentation graphique de la répartition par âges d'une population.

PYRAMIDER [piʀamide]. *v. intr.* (1765; « entasser »,

fin XVe; de *pyramide*). *Vx.* Être disposé, s'élever en pyramide. « *Une énorme masse, ... dont les étages vont pyramidant au-dessus des quatre grosses roues* » (HUGO).

PYRAMIDION [piʀamidjɔ̃]. *n. m.* (1842; de *pyramide*). *Archéol.* Sommet pyramidal.

PYRÈNE [piʀɛn]. *n. m.* (1858; comp. sav. du rad. chim. *pyr-,* gr. *pur* « feu », et suff. *-ène*). *Chim.* Hydrocarbure polycyclique de formule $C_{16}H_{10}$ que l'on extrait du goudron de houille.

PYRÉNÉEN, ENNE [piʀeneɛ̃, ɛn]. *adj. et n.* (1845; de *Pyrénées,* lat. *Pyrenæi* [*montes*]). Des Pyrénées. *Les vallées pyrénéennes.*

PYRÉNÉITE [piʀeneit]. *n. f.* (1839; de *Pyrénées*). *Minér.* Variété de grenat noir des Pyrénées.

PYRÉNOMYCÈTES [piʀenɔmisɛt]. *n. m. pl.* (1845; du gr. *purên* « noyau », et *-mycète*). *Bot.* Groupe de champignons ascomycètes au mycélium cloisonné, au périthèce en forme de bouteille ou de sphère.

PYRÈTHRE [piʀɛtʀ(ə)]. *n. m.* (1256; lat. d'o. gr. *pyrethrum*). Plante *(Composacées),* à fleurs blanches, voisine des chrysanthèmes. *Une espèce de pyrèthre est pourvue de capitules qui, desséchés, donnent une poudre insecticide (poudre de pyrèthre).*

PYRÉTOTHÉRAPIE [piʀetɔteʀapi]. *n. f.* (1918; du gr. *puretos* « fièvre », et *-thérapie*). *Méd.* Traitement par un état fébrile provoqué artificiellement.

PYREX [piʀɛks]. *n. m.* (1937; nom déposé, du gr. *pur* « feu »; Cf. *Pyro-*). Verre très résistant pouvant aller au feu.

PYREXIE [piʀɛksi]. *n. f.* (1809; du gr. *purektikos* « fiévreux », d'apr. *cachexie*). *Méd.* Fièvre, et *par ext.,* maladie fébrile. ◇ ANT. **Apyrexie.**

PYRIDOXINE [piʀidɔksin]. *n. f.* (1953; du rad. chim. *pyrid-* [V. **Pyrimidine**], *ox-,* et suff. *-ine*). *Méd.* Vitamine (B_6) extraite de levures, de graines de céréales, de tissus animaux, prescrite dans certaines affections de la peau et des nerfs (polynévrites). *La pyridoxine est souvent donnée en association avec les autres vitamines du groupe B.*

PYRIMIDINE [piʀimidin]. *n. f.* (1932; du rad. chim. *pyr-* [V. **Pyrène**], *i,* [a]*mid*[e], et suff. *-ine*). *Biochim.* Substance azotée dont la structure comporte une chaîne fermée, à 6 atomes, qui entre sous forme de dérivés *(bases pyrimidiques)* dans la constitution des nucléotides et des acides nucléiques de la cellule vivante.

PYRITE [piʀit]. *n. f.* (XIIe; lat. *purités*). *Minér.* Sulfure naturel de fer (FeS_2) employé à la fabrication de l'acide sulfurique. ◇ Nom donné à d'autres sulfures métalliques. *Pyrite de cuivre,* chalcopyrite.

PYRO-. Élément, du gr. *puro-,* de *pur, puros* « feu ».

PYROÉLECTRICITÉ [piʀɔelɛktʀisite]. *n. f.* (XIXe; de *pyro-,* et *électricité*). *Phys.* Phénomène par lequel certains cristaux acquièrent des charges électriques sur leurs faces opposées sous l'effet de la chaleur.

PYROGALLOL [piʀɔgal(l)ɔl]. *n. m.* (1875; de [*acide*] *pyrogallique,* 1832; de *pyro-,* et *gallique*). *Chim.* et *Techn.* Phénol dérivé du benzène, utilisé comme révélateur en photographie.

PYROGÉNATION [piʀɔʒenasjɔ̃]. *n. f.* (1911; de *pyrogéné* « produit par l'action du feu », 1845; de *pyro-,* et *-gène*). *Sc.* Réaction chimique obtenue sur un corps soumis à une forte élévation de température.

PYROGÈNE [piʀɔʒɛn]. *adj.* (1839, « produit par le feu »; de *pyro-,* et *-gène*). ♦ 1° *Didact.* Qui produit de la chaleur. ♦ 2° *Méd.* Qui élève la température, donne de la fièvre. *Substances pyrogènes.* ♦ 3° *Minér.* (1922). Formé par la fusion ignée. *Roches pyrogènes.*

PYROGRAVER [piʀɔgʀave]. *v. tr.* (1888; de *pyro-,* et *graver*). *Techn.* Décorer, exécuter à la pyrogravure. — Au p. p. *Dessin pyrogravé.*

PYROGRAVEUR, EUSE [piʀɔgʀavœʀ, øz]. *n.* (déb. XXe; de *pyrograver*). *Techn.* Artiste (graveur) en pyrogravure.

PYROGRAVURE [piʀɔgʀavyʀ]. *n. f.* (1888; de *pyro-,* et *gravure*). *Techn.* Procédé de décoration du bois consistant à graver un dessin à l'aide d'une pointe métallique portée au rouge; gravure réalisée par ce procédé *(une pyrogravure).*

PYROLIGNEUX [piʀɔliɲø]. *adj. et m.* (1802; de *pyro-,* et *ligneux*). *Sc.* ♦ 1° Adj. *Acide pyroligneux :* acide acétique obtenu par distillation sèche du bois. ♦ 2° *N. m.* Partie aqueuse des produits de distillation du bois, contenant de l'acide acétique, des cétones, alcools, etc.

PYROLYSE [piʀɔliz]. *n. f.* (XXe; de *pyro-,* et *-lyse*). *Sc.* Décomposition chimique sous l'action de la chaleur seule.

PYROMANE [piʀɔman]. *n.* (1890; de *pyro-,* et *-mane*). *Cour.* Incendiaire par pyromanie. *Le pyromane a été arrêté.*

PYROMANIE [piʀɔmani]. *n. f.* (1858; de *pyro-,* et *-manie*). *Didact.* Impulsion obsédante poussant à allumer des incendies.

PYROMÈTRE [piʀɔmɛtʀ(ə)]. *n. m.* (1738; de *pyro-,* et *-mètre*). *Sc., Techn.* Instrument servant à mesurer les températures élevées.

PYROMÉTRIE [piʀɔmetʀi]. *n. f.* (1772; de *pyro-*, et *-métrie*). *Sc.* Mesure et étude des hautes températures.

PYROMÉTRIQUE [piʀɔmetʀik]. *adj.* (1808; de *pyrométrie*). *Sc.* Propre à la pyrométrie. *Mesures pyrométriques.*

PYROPHORE [piʀɔfɔʀ]. *n. m.* (1752; de *pyro-*, et *-phore*). Sc. *(Vx).* Corps qui s'enflamme spontanément au simple contact de l'air.

PYROPHORIQUE [piʀɔfɔʀik]. *adj.* (1858; de *pyrophore*). Sc. *Vx.* Qui a les propriétés d'un pyrophore. *Fer pyrophorique.*

PYROPHOSPHATE [piʀɔfɔsfat]. *n. m.* (1845; de *pyro-*, et *phosphate*). *Chim.* Sel de l'acide pyrophosphorique.

PYROPHOSPHORIQUE [piʀɔfɔsfɔʀik]. *adj.* (1875; de *pyro-*, et *phosphorique*). *Chim.* Acide pyrophosphorique, de formule $H_4P_2O_7$, dérivant de l'anhydride phosphorique.

PYROSCAPHE [piʀɔskaf]. *n. m.* (1776; de *pyro-*, et *-scaphe*). *Hist. techn.* Nom donné par Jouffroy d'Abbans au premier bateau à vapeur.

PYROSIS [piʀɔzis]. *n. m.* (1771; gr. *purôsis* « inflammation »). *Méd.* Sensation de brûlure allant de l'épigastre à la gorge, souvent accompagnée de renvoi d'un liquide acide.

PYROSPHÈRE [piʀɔsfɛʀ]. *n. f.* (1859; de *pyro-*, et *sphère*). *Géol.* Nappe de fusion ignée, séparant le noyau central rigide du globe (barysphère*) de la lithosphère*.

PYROSULFURIQUE [piʀɔsylfyʀik]. *adj.* (1878; de *pyro-*, et *sulfurique*). *Chim.* Se dit de l'acide de formule $H_2S_2O_7$, obtenu en chauffant l'acide sulfurique.

PYROTECHNICIEN, IENNE [piʀɔteknisjɛ̃, jɛn]. *n.* (1874; de *pyrotechnie*). *Rare.* Spécialiste en pyrotechnie.

PYROTECHNIE [piʀɔtekni]. *n. f.* (1556; de *pyro-*, et *-technie*). *Techn.* Technique de la fabrication et de l'utilisation des matières explosives et des pièces d'artifice (pour les feux d'artifice, illuminations, fusées, etc.).

PYROTECHNIQUE [piʀɔteknik]. *adj.* (1626; de *pyrotechnie*). *Techn.* Qui appartient à la pyrotechnie. *Pièces, compositions pyrotechniques.*

PYROXÈNE [piʀɔksɛn]. *n. m.* (1801; de *pyro-*, et gr. *xenos* « étranger », c.-à-d. « étranger au feu, non igné »). *Minér.* Minéral constituant un des groupes des silicates essentiels.

PYROXYLE [piʀɔksil]. *n. m.* (1846; de *pyro-*, et gr. *xulon* « bois »). *Chim. (Vieilli).* Coton-poudre.

PYROXYLÉ, ÉE [piʀɔksile]. *adj.* (1898; de *pyroxyle*). *Chim.* Qui est à base de coton-poudre. *Poudre pyroxylée,* renfermant une nitrocellulose.

PYRRHIQUE [piʀik]. *n. f.* (*Perrique*, fin XIVe; lat. d'o. gr. *pyrrhicha*). *Antiq. gr.* Danse guerrière simulant un combat en armes particulièrement en honneur à Sparte et en Crète.

PYRRHOCORIS [piʀɔkɔʀis] ou **PYRRHOCORE** [piʀɔ kɔʀ]. *n. m.* (1875,-1899; gr. *purrhos* « roux », et *koris* « punaise »). *Zool.* Punaise tachetée de noir, qui pullule au pied des arbres et des murs.

PYRRHONIEN, IENNE [piʀɔnjɛ̃, jɛn]. *adj.* et *n.* (1546; de *Pyrrhon* n. pr.). *Philo. Adj.* Propre à Pyrrhon, philosophe grec fondateur de l'école sceptique, et à ses doctrines. ◇ *N.* Disciple de Pyrrhon. — *Vx.* Sceptique.

PYRRHONISME [piʀɔnism(ə)]. *n. m.* (1580; de *Pyrrhon.* V. **Pyrrhonien**). *Philo.* Doctrine de Pyrrhon; scepticisme philosophique (*opposé à* dogmatisme). « *Il en arrivait à un pyrrhonisme, où rien de ce qui était n'était plus qu'une fiction de l'esprit* » (R. ROLLAND).

PYRROL(E) [piʀɔl]. *n. m.* (1875; mot all. 1835; du gr. *purrhos* « rouge, roux », et suff. chim. *-ol*[e]). *Chim.* Composé hétérocyclique azoté, produit de la distillation sèche des matières animales.

PYTHAGORICIEN, IENNE [pitagɔʀisjɛ̃, jɛn]. *adj.* et *n.* (1711; de *pythagorique*). *Didact.* Propre à Pythagore et à son école. *L'école pythagoricienne.* ◇ *N. Philo.* Disciple de Pythagore.

PYTHAGORIQUE [pitagɔʀik]. *adj.* (*Pythagoricque*, 1546; lat. *pythagoricus*, gr. *Puthagoras* « Pythagore »). *Vx.* Pythagoricien. — *Spécialt. Didact. Silence pythagorique,* silence prolongé, tel que Pythagore le demandait à ses disciples. *Il* « *se punissait de ses fautes par un silence pythagorique* » (BALZ.). *Nombres pythagoriques,* ancien procédé de divination.

PYTHAGORISME [pitagɔʀism(ə)]. *n. m.* (1765; de *pythagorique*). *Philo.* Philosophie pythagoricienne.

PYTHIE [piti]. *n. f.* (1546; lat. *pythia*, gr. *puthia*, de *Puthô* « Delphes »). *Didact.* Prêtresse de l'oracle d'Apollon à Delphes. ◇ *Littér.* Devineresse. « *Elle est princesse, elle est pythie, elle est prêtresse* » (HUGO).

PYTHIEN, IENNE [pitjɛ̃, jɛn]. *adj.* (1550; du lat. *Pytho,* gr. *Puthô.* V. **Pythie**). *Didact.* De Delphes. *Apollon pythien.*

PYTHIQUE [pitik]. *adj.* et *n. f.* (1690; lat. *pythicus*). *Hist.* Pythien, relatif à Apollon pythien. *Jeux pythiques,* qui se célébraient tous les quatre ans à Delphes en l'honneur d'Apollon pythien. — *N. f. Les Pythiques,* odes de Pindare en l'honneur des vainqueurs des jeux pythiques.

PYTHON [pitɔ̃]. *n. m.* (1803; lat. *python*, gr. *puthôn,* nom du serpent fabuleux tué par Apollon). Serpent constricteur de très grande taille, non venimeux, qui broie sa proie entre ses anneaux avant de l'avaler. « *Le python musculeux aux écailles d'agate...* » (LEC. DE LISLE). ◇ HOM. Piton.

PYTHONISSE [pitɔnis]. *n. f.* (fin XIVe; lat. ecclés. *pythonissa,* gr. *puthôn* « prophète inspiré par Apollon pythien »). *Littér.* ou *plais.* Prophétesse, voyante. « *Dans les officines des pythonisses, des voyantes et des sorciers* » (HUYSMANS).

PYURIE [pijyʀi]. *n. f.* (1803; de *pyo-*, et *-urie*). *Méd.* Présence de pus dans les urines.

PYXIDE [piksid]. *n. f.* (1812; méd., 1478; lat. d'o. gr. *pyxis, -idis* « coffret, capsule ». V. **Boîte**). ♦ 1° *Bot.* Capsule à déhiscence transversale dont la partie supérieure se soulève comme un couvercle. *Pyxides du mouron, du pourpier.* ♦ 2° (1842). *Ancien.* Petite boîte à couvercle où l'on plaçait l'Eucharistie. « *Ce cœur de Marat eut pour ciboire une pyxide précieuse* » (CHATEAUB.). — *Mod. (Relig.)* Petit vase de métal dans lequel le prêtre porte la communion aux malades. ◇ *Archéol.* Coffret à bijoux.

Pz Symbole de *pièze*.

Q

Q [ky]. *n. m.* Dix-septième lettre de l'alphabet, consonne occlusive sourde, toujours suivie d'un *u* en français (comme en lat.), sauf en position terminale (*ex. : cinq*). — Le groupe QU se prononce [k] : *quarante;* [kw] : *équation;* ou [ky] : *équilatéral.* ◇ Q *(Math.).* Notation de l'ensemble des nombres rationnels. — q, symbole du *quintal.* ◇ HOM. *Cul.*

Q. G. [kyʒe]. *n. m. invar.* (1914 ; initiales). *Fam.* Quartier général. « *Le colonel Parker avait décidé de transporter tout le Q. G. au château de Vauchère* » (MAUROIS).

Q. I. [kyi]. *n. m.* Abréviation de Quotient* intellectuel. « *Tous ceux dont le Q.I. est insuffisant* » (*Nouv. Obs.*, nov. 1973).

QUADR-, QUADRI-, QUADRU-. Éléments, du lat. *quadr-*, pour *quatr-*, de *quattuor* « quatre ». V. Tétra-.

QUADRAGÉNAIRE [kwadraʒenɛr]. *adj.* et *n.* (1569 ; lat. *quadragenarius*). Dont l'âge est compris entre quarante et cinquante ans. — N. *Un, une quadragénaire.*

QUADRAGÉSIMAL, ALE, AUX [kwadraʒezimal, o]. *adj.* (déb. XVIᵉ ; lat. ecclés. *quadragesimalis*. V. Quadragésime). *Liturg.* Qui appartient au carême. *Jeûne quadragésimal.*

QUADRAGÉSIME [kwadraʒezim]. *n. f.* (1680 ; « carême », 1587 ; lat. ecclés. *quadragesima* [*dies*]. V. Carême). *Liturg.* Premier dimanche après le début du carême.

QUADRANGLE [kwadrãgl(ə)]. *n. m.* (XIIIᵉ ; bas lat. *quadrangulum*). *Géom.* Figure géométrique formée par quatre points (dont trois quelconques ne sont pas alignés) et les six droites qui les joignent deux à deux.

QUADRANGULAIRE [kwadrãgylɛr]. *adj.* (1488 ; bas lat. *quadrangularis*). Qui a quatre angles. V. Carré, rectangulaire. *Figure quadrangulaire.* ◇ Dont la base est un quadrilatère. « *Une tour quadrangulaire* » (FLAUB.).

QUADRANT [kadrã ; kwadrã]. *n. m.* (1875 ; var. de *cadran*, XVᵉ ; lat. *quadrans* « quart »). *Géom.* Quart de la circonférence du cercle. ◇ Chacune des quatre portions du plan délimitées par un système de coordonnées rectangulaires. ◇ HOM. *Cadran.*

QUADRATIQUE [kwadratik]. *adj.* (1765 ; du lat. *quadratus* « carré »). ♦ 1º *Math.* Du second degré, élevé au carré. V. Rectangle (2º). ♦ 2º *Minér.* (1869). Se dit d'un système cristallin caractérisé par trois axes de longueurs égales faisant entre eux des angles droits, et d'un minéral qui appartient à ce système. *Cristal quadratique.*

QUADRATURE [kwadratyr]. *n. f.* (1407 ; bas lat. *quadratura*). ♦ 1º *Géom.* Opération qui consiste à construire un carré équivalent à une aire donnée. — *Cour. La quadrature du cercle*, faux problème que les géomètres anciens tentaient de résoudre. *Fig. C'est la quadrature du cercle :* un problème insoluble, une chose irréalisable. ◇ Évaluation d'une surface à l'aide d'une intégrale. ♦ 2º (1671). *Astron.* Position de la Lune ou d'une planète au moment où sa distance angulaire par rapport au Soleil est de 90º. *Les quadratures de la Lune* (premier et dernier quartiers). *Marée de quadrature :* marée faible, quand l'influence du Soleil et de la Lune s'opposent. ♦ 3º *Phys.* Déphasage d'un quart de période. *Oscillations en quadrature.* V. Phase.

QUADRETTE [kadrɛt]. *n. f.* (mil. XXᵉ ; « jeu de cartes à quatre », 1885 ; prov. *quadretto*, du rad. *quadr-*). Équipe de quatre joueurs, au jeu de boules ou de pétanque.

QUADRI-. V. QUADR-.

QUADRICEPS [kwadrisɛps]. *n. m.* (1765 ; mot lat. ; Cf. Biceps). *Anat.* Muscle situé sur la face antérieure de la cuisse et formé de quatre faisceaux musculaires.

QUADRICHROMIE [kwadrikrɔmi]. *n. f.* (1960 ; de *quadri-*, et suff. *-chromie*). *Techn.* Procédé d'impression en quatre couleurs (jaune, rouge, bleu et noir).

QUADRIENNAL, ALE, AUX [kwadrije(ɛn)nal, o]. *adj.* (1690 ; *quatriennal*, 1663 ; du lat. *quadriennium* « espace de quatre ans »). Qui dure quatre ans. *Plan quadriennal.* ◇ Qui revient tous les quatre ans. *Les Jeux olympiques sont quadriennaux.*

QUADRIFIDE [kwadrifid]. *adj.* (1808 ; lat. *quadrifidus*). *Bot.* Qui présente quatre divisions ou quatre découpures.

QUADRIFOLIÉ, ÉE [kwadrifɔlje]. *adj.* (1845 ; de *quadri-*, et lat. *folium* « feuille »). *Bot.* Dont les feuilles sont groupées par quatre.

QUADRIGE [kadriʒ ; kwadriʒ]. *n. m.* (1667 ; lat. *quadriga*). *Antiq. rom.* Char attelé de quatre chevaux de front.

QUADRIJUMEAUX [kwadriʒymo]. *adj. m. pl.* (1654 ; de *quadri-*, et *jumeau*). ♦ 1º *Anat. Tubercules quadrijumeaux*, les quatre éminences arrondies, situées à la partie postérieure des pédoncules cérébraux (les deux antérieurs faisant partie des voies optiques, les deux postérieurs appartenant aux voies auditives). ♦ 2º *Biol.* Syn. de *Quadruplés*.

QUADRILATÈRE [k(w)adrilatɛr]. *n. m.* (1694 ; adj., 1554 ; bas lat. *quadrilaterus*). Polygone convexe à quatre côtés. V. **Carré, losange, parallélogramme, rectangle, trapèze.** ◇ Terrain d'une forme analogue. « *Un grand quadrilatère entouré de murs* » (MAC ORLAN). — *Milit.* Position stratégique, appuyée par quatre places fortes. *Le quadrilatère lombard.*

QUADRILLAGE [kadrijaʒ]. *n. m.* (1860 ; de *quadriller*). ♦ 1º Manière dont une feuille de papier, une étoffe, etc., est quadrillée ; l'ensemble des lignes, des bandes qui divisent une surface en carrés. « *Ouverte, leur fenêtre, mais grillée,... défendue par les éternels quadrillages de bois* » (LOTI). ◇ *Quadrillage des rues.* V. Carroyage. ♦ 2º Opération militaire (ou policière) qui consiste à diviser un territoire peu sûr en compartiments où on répartit les troupes de manière à exercer un contrôle aussi serré que possible sur la population. *Quadrillage qui précède un ratissage.*

QUADRILLE [kadrij]. *n.* (fin XVIᵉ ; esp. *quadrilla*). I. N. f. *Ancienn.* Chacun des groupes de cavaliers qui prenaient part à un carrousel. ◇ *Rare* (plus souvent sous la forme esp. *cuadrilla*) Petite troupe de toreros (banderilleros, picadors, péons, etc.) recrutés par le matador et formant équipe avec lui.
II. N. m. (1751). ♦ 1º Chacun des groupes de danseurs, dans une contredanse. ♦ 2º Danse à la mode au XIXᵉ s. (forme légèrement modifiée de la contredanse) où les danseurs exécutent une série de figures. V. Cotillon. *Quadrille français, américain.* Puis revenait « *le quadrille des lanciers, ses présentations muettes, ses visites, son grand salut* » (CHARDONNE).

QUADRILLÉ, ÉE [kadrije]. *adj.* (1845 ; V. Quadriller). Couvert de lignes entrecroisées en carreaux. « *De grandes feuilles d'un horrible papier quadrillé* » (ROMAINS). « *La crosse noire et quadrillée d'un revolver d'ordonnance* » (MAC ORLAN).

QUADRILLER [kadrije]. *v. tr.* (1819 ; de *quadrille* « jour, point en losange », 1765 ; esp. *quadrillo*, du lat. *quadrus* « carré »). ♦ 1º Couvrir de lignes droites, de bandes qui se coupent de manière à former des carreaux, des rectangles. ♦ 2º Procéder au quadrillage (2º) de (un territoire).

QUADRILLION [kadrijɔ̃ ou kadrijɔ̃]. *n. m.* (1520 ; finale empruntée à *million*). *Arithm.* Nombre égal à un million de trillions, 10²⁴ (anciennement : mille trillions).

QUADRIMESTRE [k(w)adrimɛstr(ə)]. *n. m.* (1967 ; de *quadri-*, d'apr. *trimestre*). *Compt.* Durée de quatre mois (pour certains calculs comptables).

QUADRIMOTEUR [k(w)adrimɔtœr]. *adj.* et *n. m.* (1934 ; de *quadri-*, et *moteur*). Se dit d'un avion muni de quatre moteurs. N. m. *Un quadrimoteur* (Cf. Quadriréacteur).

QUADRIPARTI, IE [kwadriparti] ou **QUADRIPARTITE** [kwadripartit]. *adj.* (1834-1555 ; lat. *quadripartitus*). ♦ 1º *Bot.* Divisé en quatre parties par des découpures profondes. ♦ 2º (*Quadripartit*, 1762). Qui comprend des représentants de quatre partis, de quatre pays, etc. *Commission, conférence quadripartite.*

QUADRIPHONIE. V. TÉTRAPHONIE.

QUADRIQUE [kwadrik]. *adj.* et *n. f.* (1890 ; du lat. *quadrus* « carré »). *Géom.* Se dit d'une surface qu'on peut représenter par une équation du second degré. — N. f. *Une quadrique*, une surface quadrique.

QUADRIRÉACTEUR [k(w)adrireaktœr]. *n. m.* (1953 ; de *quadri-*, et *réacteur*). Avion propulsé par quatre réacteurs (Cf. Quadrimoteur).

QUADRIRÈME [kwadʀiʀɛm]. *n. f.* (1777; lat. *quadriremis*). *Antiq. rom.* Navire à quatre rangs de rameurs superposés.

QUADRISYLLABE [kwadʀisi(l)lab]. *n. m.* (1808; bas lat. *quadrisyllabus*. V. **Quadri-**). *Didact.* Mot ou vers de quatre syllabes. V. **Tétrasyllabe**.

QUADRISYLLABIQUE [kwadʀisi(l)labik]. *adj.* (1834; de *quadrisyllabe*). *Didact.* Qui comprend quatre syllabes.

QUADRIVIUM [kwadʀivjɔm]. *n. m.* (1845; *cadruve*, XIIIe; mot bas lat., « carrefour » en lat. class.). *Hist.* Dans l'Université du moyen âge, Groupe des quatre arts libéraux à caractère mathématique (arithmétique, astronomie, géométrie, musique), auquel s'ajoutait le « *trivium* » (grammaire, rhétorique, dialectique).

QUADRU-. V. **QUADR-**.

QUADRUMANE [k(w)adʀyman]. *adj. et n.* (1766; bas lat. *quadrumanus*). *Zool.* Dont les quatre membres sont terminés par une main, un organe de préhension. — N. *Un quadrumane*, un animal quadrumane, un singe*.

QUADRUPÈDE [k(w)adʀypɛd]. *adj. et n.* (fin XVe; lat. *quadrupes, -edis*). Qui a quatre pattes *(animaux)*. N. *Un quadrupède*, mammifère terrestre possédant quatre pattes (excluant le quadrumane). — REM. *Tétrapode** désigne tous les animaux à quatre membres.

QUADRUPLE [k(w)adʀypl(ə)]. *adj.* (XIIIe; lat. *quadruplus*). Qui est répété quatre fois, qui vaut quatre fois (la quantité désignée). « *Une quadruple rangée de pavés superposés* » (HUGO). — *Mus. Quadruple croche**. ◇ *Subst.* Ce qui est égal à quatre fois (la chose désignée). *Le quadruple de la production d'avant-guerre*.

QUADRUPLER [k(w)adʀyple]. *v.* (1503; bas lat. *quadruplare*). ♦ 1° *V. tr.* Multiplier par quatre, porter à une valeur quatre fois plus grande. *Quadrupler son capital, la production*. ♦ 2° *V. intr.* Devenir quatre fois plus élevé. *La production a quadruplé en dix ans*.

QUADRUPLÉS, ÉES [k(w)adʀyple]. *n. pl.* (1941; de *quadrupler*). Les quatre enfants nés d'une même grossesse. Syn. **QUADRIJUMEAUX**.

QUADRUPLEX [kwadʀyplɛks]. *n. m.* (1886; mot lat. « quadruple »). *Techn.* Système de transmission télégraphique qui permet d'expédier simultanément quatre messages distincts.

QUAI [ke]. *n. m.* (1167; mot normand et picard, du gaul. *caio*). ♦ 1° Ouvrage d'accostage d'un port, constitué par un mur de soutènement et une chaussée aménagée au bord de l'eau. V. **Débarcadère, embarcadère**. *Quai d'embarquement, de débarquement*. « *Les quais noirs encombrés de tonneaux et de grues* » (SAMAIN). *Le navire est à quai*, rangé le long du quai. — *Dr. Droit de quai* (de douane). ♦ 2° (1671). Levée de terre, ordinairement soutenue par un mur de maçonnerie, qui est faite le long d'un cours d'eau, d'un canal. Voie publique aménagée le long de cet ouvrage, entre les maisons et un cours d'eau. « *Les quais de Paris, en face du Louvre* » (FRANCE). *Se promener, bouquiner sur les quais. Le Quai des Orfèvres*, siège de la police judiciaire. *Le Quai d'Orsay*, siège du ministère des Affaires étrangères; *absolt.* (fam.) *Le Quai*, les Affaires étrangères. ♦ 3° (1846). Plate-forme longeant la voie dans une gare, pour l'embarquement (et le débarquement) des voyageurs, le chargement (et le déchargement) des marchandises. *Quai de départ, d'arrivée. Quai n° 4. Billet de quai*.

QUAKER, KERESSE [kwɛkœʀ, kʀɛs]. *n.* (1657; mot angl. « trembleur : celui qui tremble à la parole de Dieu »). Membre d'une secte protestante (la « Société des Amis ») prêchant le pacifisme, la philanthropie et la simplicité des mœurs.

QUAKERISME [kwɛkœʀism(ə)]. *n. m.* (1692; de *quaker*). *Hist. relig.* Doctrine, religion des quakers.

QUALIFIABLE [kalifjabl(ə)]. *adj.* (1869; de *qualifier*). Qui peut recevoir une qualification. *Sa conduite n'est pas qualifiable*. ◇ *Sports.* Qui peut être qualifié. ◇ ANT. *Inqualifiable*.

QUALIFICATEUR [kalifikatœʀ]. *n. m.* (1665; lat. médiév. *qualificator*). *Hist. ecclés.* Théologien du Saint-Office chargé de qualifier les crimes déférés aux tribunaux ecclésiastiques, d'examiner les livres soumis à l'index.

QUALIFICATIF, IVE [kalifikatif, iv]. *adj. et n.* (1751; du rad. de *qualification*). ♦ 1° *Adj.* Qui sert à qualifier, à exprimer une qualité. *Adjectif qualificatif*. ♦ 2° *N. m.* Mot ou groupe de mots servant à qualifier qqn ou qqch. « *Il trouvait pour chacune d'elles un qualificatif précieux* » (PROUST).

QUALIFICATION [kalifikasjɔ̃]. *n. f.* (1431; lat. scolast. *qualificatio*. V. **Qualifier**). ♦ 1° Action ou manière de qualifier. V. **Appellation, épithète, nom, titre**. « *Les habiles se sont déservis la qualification d'hommes d'État* » (HUGO). « *Un fait historique ne peut recevoir cette qualification que s'il a exercé quelque influence* » (LÉVY-BRUHL). ◇ *Dr.* Confrontation de faits délictueux avec les variétés de faits réprimés par la loi pénale, et permettant de leur donner une appel-

lation légale. — Détermination de la nature juridique d'une situation ou d'un fait pour savoir quelle loi lui est applicable. ◇ *Gram.* Caractérisation à l'aide d'un qualificatif. ♦ 2° (1840; angl. *qualification*). Fait, pour un cheval, un athlète, une course, d'être qualifiés, ou de se qualifier pour une épreuve. ♦ 3° (Mil. XXe). *Qualification professionnelle*, formation et aptitudes de l'ouvrier qualifié. ◇ ANT. (du 2°) *Disqualification, élimination*.

QUALIFIÉ, ÉE [kalifje]. *adj.* (1566; de *qualifier*). ♦ 1° *Dr.* Se dit d'un délit exceptionnel érigé en crime (eu égard aux circonstances qui l'aggravent et que la loi définit). *Un vol qualifié*. ◇ (XVIIe) *Vx.* Qui a un titre de noblesse, ou un grand mérite. ♦ 2° (1840; angl. *qualified*). Se dit d'un cheval qui satisfait aux conditions de la course (âge, origine, courses gagnées, etc.); d'un athlète, d'une équipe auxquels une victoire, des performances précédentes donnent le droit de disputer d'autres épreuves. ♦ 3° (1907). Qui satisfait aux conditions requises, a qualité ou compétence pour... « *Je prétends être beaucoup mieux qualifié pour dénoncer le mysticisme* » (GIDE). ◇ *Ouvrier qualifié* (ou *professionnel*, n. m.) : ayant une formation professionnelle particulière. ♦ 4° *Math. Nombres qualifiés* : affectés d'un signe (+ ou —).

QUALIFIER [kalifje]. *v. tr.* (XVe; lat. scolast. *qualificare*, de *qualis*. V. **Qualité**). ♦ 1° Caractériser par un signe linguistique (un mot). V. **Appeler, désigner, nommer**. *Elles « ne trouvaient pas assez de mots ... pour qualifier cette conduite barbare* » (BALZ.). « *Il n'y a qu'un adjectif pour la qualifier* » (MAUPASS.). — (Avec un attribut) « *Ce réduit qualifié laboratoire* » (DUHAM.). « *Si le chirurgien doit être qualifié d'artiste* » (VALÉRY). ♦ 2° (1932). Faire que soit qualifié (un cheval, un sportif, une équipe). *Un but à la dernière minute a qualifié leur équipe*. — *Pronom.* Obtenir sa qualification. *Se qualifier pour la finale*. ♦ 3° Rendre qualifié, donner qualité. *Cela ne le qualifie nullement pour ce travail*. ◇ ANT. *Disqualifier, éliminer*.

QUALITATIF, IVE [kalitatif, iv]. *adj.* (1865; bas lat. *qualitativus*; « excellent, distingué » [1569], it. *qualitativo*). *Didact.* Relatif à la qualité, qui est du domaine de la qualité (et non des choses mesurables). « *L'étude qualitative des phénomènes devant nécessairement précéder leur étude quantitative* » (Cl. BERNARD). *Chim. Analyse qualitative*. ◇ ANT. *Quantitatif*.

QUALITATIVEMENT [kalitativmɑ̃]. *adv.* (2e moitié XIXe; « excellemment », XVe; V. **Qualitatif**). Au point de vue qualitatif. ◇ ANT. *Quantitativement*.

QUALITÉ [kalite]. *n. f.* (XIe; lat. *qualitas*, de *qualis* « quel », d'apr. gr. *poiotês*). ♦ 1° *(Choses)*. Manière d'être, plus ou moins caractéristique. V. **Attribut, caractère, propriété**. « *Un blanchissement du pourtour de l'iris ... qui modifiait de plus en plus la qualité de son regard* » (GIDE). *Les qualités constitutives d'une chose*. ◇ *Spécialt.* Ce qui fait qu'une chose est plus ou moins recommandable, degré plus ou moins élevé d'une échelle de valeurs pratiques. V. **Aloi** (2°). *Marchandise de bonne, de mauvaise qualité; de première qualité* (Cf. De premier ordre). *De qualité supérieure*. V. **Extra, super, surchoix, surfin**. *Améliorer la qualité d'un produit*. — *Statut de qualité*, consacrant la notion d'une qualité définie par des critères positifs. *Garantie de qualité*, fournie par les appellations d'origine, les labels, les marques. ♦ 2° *(Personnes)*. Élément de la nature d'un être, permettant de le caractériser (particulièrement dans le domaine intellectuel et moral). V. **Caractère**. *Qualités naturelles, acquises*. « *Un joli garçon qui gâtait de belles qualités par une extraordinaire paresse* » (ZOLA). « *Retz était petit, laid, noir... et myope; voilà des qualités peu propres à le faire un galant* » (STE-BEUVE). ♦ 3° *Plus cour.* Ce qui rend une chose, une personne bonne, meilleure; bonne qualité. ◇ *(Choses)* « *La seule qualité à rechercher dans le style est la clarté* » (STENDHAL). « *La grosseur et la qualité des diamants* » (CARCO). *De qualité*, excellent, supérieur. — *Qualité de l'environnement. Qualité de la vie*. ◇ Ce qui rend qqn recommandable, fait sa valeur. « *On voit les qualités de loin et les défauts de près* » (HUGO). « *Les qualités du journaliste : le brillant et la soudaineté de la pensée* » (BALZ.). V. **Aptitude, capacité, don, mérite, valeur, vertu**. ♦ 4° *Philo.* Manière d'être, aspect sensible et non mesurable des choses (une des catégories fondamentales de l'être). « *La recherche scientifique... part de la qualité sensible... pour retrouver derrière elle la quantité* » (SARTRE). *Expression linguistique de la qualité* (substantifs abstraits, adjectifs qualificatifs, adverbes de qualité, etc.). ♦ 5° *(Personnes)*. Condition sociale, civile, juridique; titre sous lequel une partie figure dans un acte juridique. V. **État**. *Nom, prénom et qualité*. « *Une qualité quelconque, telle qu'ancien négociant, employé, rentier* » (FRANCE). — *Avoir qualité pour* : être habilité à. « *Ils auront qualité pour, ... prononcer sur la majorité* » (BALZ.). *Fig.* Être autorisé; qualifié. *Dr. civ. Avoir qualité pour agir*. V. **Intérêt**. ◇ *EN SA QUALITÉ DE* : comme ayant telle qualité (juridique, officielle). V. **Titre**

(à titre de). Fig. « *Elle est, en sa qualité de grisette, parfaitement illettrée* » (GAUTIER). V. **Comme, tant** (en tant que). ◇ *Dr.* Ès QUALITÉS, en tant qu'exerçant la fonction dont on est investi. *Ici, le ministre ne pouvait parler, intervenir ès qualités.* ◇ (Au plur.) *Dr.* Acte d'avoué énumérant les noms, qualités, prétentions des parties, les points de fait ou de droit, etc. *Opposition à qualités.* ♦ 6° *Vx.* Condition noble. V. **Noblesse.** *Homme de qualité, gentilhomme, noble.* ◇ ANT. Quantité. Défaut, faiblesse, imperfection.

QUAND [kã]. *conj.* et *adv.* (x° ; lat. *quando*).
I. *Conj.* (Exprimant une relation temporelle de concordance, de simultanéité). [kãt devant voyelle]. ♦ 1° Dans le même temps que. V. **Lorsque, moment** (au moment où, que). « *Il arriva à Louis XIV mourant de dire :* Quand *j'étais roi* » (STENDHAL). « *Elle attendait depuis trois quarts d'heure, quand, tout à coup, elle aperçut Rodolphe* » (FLAUB.). — Exclam. (Avec ellipse de la principale) « *Quand je vous disais que rien ne pourrait l'empêcher d'achever sa partie* » (DAUD.) : *s.-ent.* J'avais raison (Cf. Je vous le disais bien). « *Quand je pense qu'Hélène aura bientôt seize ans* » (DUHAM.) : *s.-ent.* Je suis étonné, je ne le pensais pas. ◇ *Fam.* (Introduisant une complétive) « *J'aime aussi beaucoup quand il parle d'histoire naturelle* » (GIDE). « *Elle m'a parlé de quand vous étiez petits* » (AYMÉ). ♦ 2° (Exprimant la concomitance, la corrélation répétée). Chaque fois que, toutes les fois que. « *Quand on court après l'esprit, on attrape la sottise* » (MONTESQ.). « *Quand l'un disait oui, l'autre disait non* » (FURET.). ♦ 3° (Exprimant une opposition entre les deux propositions simultanées, ou introduisant une hypothèse). « *Tu t'es subordonné, quand tu es fait pour ordonner* » (BALZ.), alors que tu es fait... « *Un ancien intellectuel, quand il serait devenu maçon, ... est vraisemblablement un aristo* » (PÉGUY), même s'il devient maçon ... « *Quand elle l'eût voulu, elle n'eût pas pu* » (STENDHAL), même si elle l'avait voulu. « *Quand même vous auriez arraché les canines du tigre...* » (FLAUB.). *Quand bien même il le nierait.* ◇ Absolt. (déb. XIX°) Loc. adv. QUAND MÊME, cependant, pourtant. « *Si je meurs, ce sera en t'adorant quand même* » (STENDHAL). *Fam.* Tout de même. « *On travaillerait ensemble, ce serait quand même plus gai* » (DUHAM.). ♦ 4° (Souvent écrit *quant*). *Vx* ou région. (En fonction de prépos.) En même temps que, avec. *Il est arrivé quand moi.* « *Mon père me menait quant et lui à la chasse* » (CHATEAUB.). — (En fonction d'adv.) *Quand et quand*, en même temps.
II. *Adv.* (d'interrog. sur le temps) [toujours kã, sauf *Quand est-ce que :* kãtɛsk(ə)]. À quel moment...? *Dans quel temps...?* « *Quand aurez-vous fini de conter votre histoire?* » (HUGO). *Fam. Quand est-ce qu'on s'en va?* « *Depuis quand payez-vous vos dettes?* » (HUGO). *Jusqu'à quand?* « *Nous sommes invités. — Pour quand?* », pour quel jour? *Alors, à quand le mariage?* (En interrog. indir.) « *Il ne savait plus quand* » (PROUST). *N'importe quand.*
◇ HOM. Camp, kan, khan, quant.

QUANTA. V. QUANTUM.

QUANT (À) [kãta]. *loc. prép.* (842 ; lat. *quantum ad* « autant que cela intéresse »). Pour ce qui est de, relativement à (telle personne, chose ou question sur laquelle se fixe un moment l'attention). « *Quant au frère Gaucher, ... il n'en fut plus question dans le couvent* » (DAUD.). « *Quant à son caractère, je le crois vif et emporté* » (ROUSS.). « *Quant à proposer au président de monter avec lui, pas un n'y songea* » (DAUD.). « *Quant à moi, j'ai de grands projets* » (STENDHAL), pour ma part. V. **Quant-à-soi.** ◇ HOM. Quand.

QUANT-À-SOI [kãtaswa]. *n. m.* (1798 ; *quant-à-moi*, 1585 ; de *quant*, et *soi*). Réserve un peu fière de celui qui garde pour soi ses sentiments, tient à son indépendance et à son droit d'être lui-même. « *La société décente, où chacun sait tenir son quant-à-soi* » (MUSS.). *Rester sur son quant-à-soi :* garder ses distances.

QUANTIÈME [kãtjɛm]. *adj.* et *n.* (XIV° ; a. fr. *quant*, lat. *quantus*). ♦ 1° *Adj. interrog.* Vx. *Le, la* quantième? lequel, laquelle, dans l'ordre numérique (On dit couramment, mais fautivement, *combientième*). ♦ 2° *N. m. Littér., Dr.* Désignation du jour du mois (premier, deux, trente et un). « *Quel quantième du mois venons-nous?* » (DUMAS). V. **Combien** (3°), jour. *Cette montre marque les quantièmes.*

QUANTIFIABLE [kãtifjabl(ə)]. *adj.* (1968 ; de *quantifier*). *Didact.* Que l'on peut quantifier. *Des données quantifiables.*

QUANTIFICATEUR [kãtifikatœʀ]. *n. m.* (v. 1960 ; de *quantifier*). *Log.* Symbole qui lie une ou plusieurs variables à une quantité. *Quantificateur universel* (∀ = « pour tout »), *existentiel* (∃ = « il existe au moins un »).

QUANTIFICATION [kãtifikasjɔ̃]. *n. f.* (fin XIX° ; angl. *quantification*, 1840 ; V. **Quantifier**). ♦ 1° *Log.* Détermination de la quantité d'un terme. *Quantification du prédicat*, selon Hamilton, Attribution au prédicat d'une extension indépendante de la qualité de la proposition. ♦ 2° *Phys.* (1932). Fragmentation d'une grandeur physique en valeurs discrètes, multiples d'un quantum et exclusives de toute autre valeur. « *Quantification des mouvements électroniques* » (N. BOHR), « *des ondes stationnaires* » (L. DE BROGLIE). *Quantification d'une information.* V. **Échantillonnage.**

QUANTIFIÉ, ÉE [kãtifje]. *adj.* (1932 ; V. **Quantifier**). *Phys.* Se dit d'une grandeur physique qui ne peut prendre que certaines valeurs, caractérisées par des nombres entiers multiples d'une valeur discrète, le quantum. « *Seuls certains des mouvements prévus par la Mécanique classique, dits quantifiés, peuvent exister dans la nature* » (L. DE BROGLIE).

QUANTIFIER [kãtifje]. *v. tr.* (1897 ; angl. *to quantify*, 1840 ; lat. médiév. *quantificare*). ♦ 1° *Log.* Attribuer une quantité à (un terme). ♦ 2° *Phys.* (1932). Appliquer une loi de quantification à (une grandeur physique).

QUANTIQUE [k(w)ãtik]. *adj.* (v. 1920 ; de *quantum*). *Phys.* Qui est relatif aux quanta, repose sur la théorie des quanta. *Physique quantique. Mécanique quantique :* qui utilise et applique la théorie des quanta. ◇ Qui exprime des grandeurs quantifiées. *Nombres quantiques*, nombres définissant les caractères de chacun des électrons planétaires* d'un atome. ◇ HOM. Cantique.

QUANTITATIF, IVE [kãtitatif, iv]. *adj.* (h. 1856, repris 1845 ; lat. médiév. *quantitativus*). Qui concerne la quantité, appartient au domaine de la quantité et des valeurs numériques. « *Le passage de l'état liquide à l'état gazeux se définira scientifiquement comme un changement quantitatif* » (SARTRE). Par ext. *Analyse quantitative.* Subst. *Le quantitatif et le qualitatif.*

QUANTITATIVEMENT [kãtitativmã]. *adv.* (mil. XIX°) ; de *quantitatif*). Du point de vue quantitatif.

QUANTITÉ [kãtite]. *n. f.* (XII° ; lat. *quantitas*). ♦ 1° *Cour.* Nombre d'unités ou mesure qui sert à déterminer une collection de choses considérées comme homogènes, ou une portion de matière. « *La quantité de marchandises a diminué alors que le franc augmentait* » (MAUROIS). « *Après qu'il eut absorbé la teinture d'opium, dans la quantité prescrite par le pharmacien...* » (BAUDEL.). V. **Dose.** *En grande, en petite quantité.* ♦ 2° *Une, des quantité(s) de...* : grand nombre, abondance. V. **Foule, masse, multitude, tas.** « *Il s'était procuré une quantité de médailles en plâtre* » (STENDHAL). « *Ils ordonnèrent des quantités de drogues* » (FLAUB.). « *Quantité de gens restent assez fortunés* » (GIDE). V. **Beaucoup.** ◇ *En quantité*, en abondance. ♦ 3° *Sc.* Propriété de la grandeur mesurable, la chose même susceptible d'être mesurée. *Quantités continues*, qui ne sont pas composées d'éléments naturellement distincts. *Quantités discrètes, discontinues*, élaborées par l'esprit en partant d'éléments donnés. V. **Quantum.** *Quantité positive, négative. Quantité constante, variable.* — *Phys. Quantité de mouvement d'un corps*, produit de sa masse par sa vitesse. *Quantité d'électricité* (V. **Charge** I, 5°), *de chaleur*. — *Quantité négligeable*, dont on peut ne pas tenir compte (dans les limites de l'approximation). *Fam. Considérer qqn comme quantité négligeable.* ◇ *Philo. La quantité*, l'ensemble des déterminations susceptibles de mesure (*opposé à qualité*). *L'expression linguistique de la quantité.* V. **Nombre.** *Adverbes de quantité.* ♦ 4° *Log.* Extension des termes d'une proposition, ou de la proposition elle-même. ♦ 5° *Versif. Durée attribuée à une syllabe dans la prononciation* (V. **Brève, longue**). ◇ *Phonét.* Durée d'énonciation d'un phonème ou d'un groupe de phonèmes, par rapport à la durée moyenne ou à la durée de phonèmes voisins. ◇ ANT. Qualité.

QUANTUM [kwãtɔm], *(plur.)* **QUANTA** [kwãta]. *n. m.* (1767 ; mot lat. « combien »). ♦ 1° *Philo.* Quantité déterminée. ◇ *Dr., Admin.* Montant d'une amende, une pension, une part). ♦ 2° *Phys.* (1911 ; all., 1901). Valeur à laquelle correspond une manifestation d'énergie. « *La discontinuité physique essentielle qu'on nomme aujourd'hui le quantum d'Action* » (L. DE BROGLIE). — *Théorie des quanta*, ensemble des théories et des procédés de calcul issu de l'hypothèse des quanta d'énergie de Planck, d'abord appliqué par Einstein à la lumière, puis par Bohr et Sommerfeld à la physique de l'atome.

QUARANTAINE [kaʀãtɛn]. *n. f.* (fin XII° ; de *quarante*). ♦ 1° Nombre d'environ quarante. *Il était venu une quarantaine de personnes.* ♦ 2° *Rare.* Espace de quarante jours. *La sainte quarantaine*, le carême. ◇ (1635) *Cour.* Isolement de durée variable (de quarante jours à l'origine) qu'on impose aux voyageurs et aux marchandises en provenance de pays où règnent certaines maladies contagieuses. *Pavillon de quarantaine*, signalant que le navire ne peut communiquer. — *Par ext.* Isolement imposé à des personnes contagieuses ou supposées contagieuses. « *Les maisons des malades devaient être fermées, les proches soumis à une quarantaine de sécurité* » (CAMUS). ◇ *Fig.* (Surtout dans : *mettre en quarantaine*) Situation d'une personne exclue, par la volonté d'un groupe social, de tout rapport avec les éléments de ce groupe. V. **Boycottage.** *Mettre en quarantaine.* V. **Index** (à l'). « *Nous fûmes tous deux mis en quarantaine. Personne,* *ni en récréation ni en classe, ne nous adressa plus la parole »* (LACRETELLE). ♦ 3° Âge de quarante ans. « *L'approche de la quarantaine l'entretenait dans une mélancolie noire »* (ZOLA). ♦ 4° (1829 ; de l'adj. dial. *quarantain* « de 40 jours »). Variété de girofflée. — Variété de pomme de terre hâtive.

QUARANTE [kaʀɑ̃t]. *adj. numér. et n. m. invar.* (1080 ; lat. pop. *quaranta,* class. *quadraginta*). ♦ 1° *(Cardinal).* Quatre fois dix (40). *Semaine* (de travail) *de quarante heures.* Liturg. *Prière des quarante heures,* absolt. *Les quarante heures,* prières expiatoires, qui ont lieu trois jours consécutifs. ◇ *(Ordinal)* Quarantième. *Page quarante. S'en moquer comme de l'an quarante,* expression employée à l'origine par les royalistes pour signifier qu'ils ne s'inquiétaient pas plus (d'une chose) que de l'an quarante de la République, qu'on ne verrait jamais. — *La Révolution de quarante-huit,* de 1848. ♦ 2° *N. m.* Le nombre quarante. *Quarante et dix font cinquante. Jouer au trente-et-quarante.* — Le numéro quarante. *Habiter au quarante de la rue Michelet.* ◇ *Les Quarante,* les membres de l'Académie française.

QUARANTE-HUITARD, ARDE [kaʀɑ̃twitaʀ, aʀd(ə)]. *adj.* (1884 ; de [*révolution de dix-huit cent*] *quarante-huit*). *Fam.* Propre aux révolutionnaires de 1848. *Le socialisme quarante-huitard.*

QUARANTENAIRE [kaʀɑ̃tnɛʀ]. *adj. et n. m.* (1846 ; de *quarantaine*). ♦ 1° *Dr.* Qui dure quarante ans. *Prescription quarantenaire.* ♦ 2° Relatif à la quarantaine sanitaire. *Mesures quarantenaires. Maladies quarantenaires,* faisant l'objet d'une réglementation sanitaire spéciale (vaccination, isolement). V. **Pestilentiel** (vx). — *N. m.* Lieu assigné pour une quarantaine.

QUARANTIÈME [kaʀɑ̃tjɛm]. *adj.* (xve ; *quarantisme,* fin xiie ; de *quarante*). ♦ 1° Numéral ordinal de quarante. *Dans sa quarantième année.* Subst. *Il est le quarantième de la liste.* ♦ 2° Se dit de la fraction d'un tout divisé également en quarante. *La quarantième partie d'une somme.* Subst. *Deux quarantièmes.*

QUARDERONNER [kaʀdəʀɔne]. *v. tr.* (1691 ; de *quart-de-rond*). *Techn.* Tailler en quart-de-rond. *Quarderonner les marches d'un perron.*

QUARK [kwaʀk]. *n. m.* (v. 1967 ; mot emprunté par le physicien américain M. Gell-Mann au texte de James Joyce, *Finnegan's Wake*). *Phys.* Particule élémentaire hypothétique proposée pour expliquer la structure des mésons et des baryons.

1. **QUART, QUARTE** [kaʀ, kaʀt(ə)]. *adj.* (1080 ; lat. *quartus*). *Vx.* Quatrième. *Le Quart Livre,* de Rabelais. — *Méd. anc. Fièvre quarte,* fièvre intermittente, dans laquelle les accès reviennent le quatrième jour (*spécialt.,* dans une forme de paludisme). ◇ *Subst.* Mod. *Se moquer du tiers et du quart, du tiers comme du quart :* se moquer de tout. ◇ HOM. V. **Quart** (2). — *Carte.*

2. **QUART** [kaʀ]. *n. m.* (xive ; lat. *quartum*). ♦ 1° Fraction d'un tout divisé en quatre parties égales. *Chacun a reçu un quart de la succession. Le quart de la circonférence.* V. **Quadrant.** — Spécialt. *Quart de ton*, de soupir*.* — *Commander un quart de poulet, au restaurant. Un quart de brie*.* ♦ 2° QUART D'HEURE : quinze minutes. « *Pendant un quart d'heure, une demi-heure même »* (MADELIN). Ellipt. « *La haute horloge qui carillonnait l'heure, la demie et les quarts »* (MAUPASS.). *Une heure moins un quart, moins le quart. Quatre heures un quart, et quart. Deux heures trois quarts.* — Par ext. Bref espace de temps. V. **Instant, moment.** « *Je vais passer un mauvais quart d'heure »* (ROMAINS), traverser un moment pénible, une épreuve. *Le quart d'heure de Rabelais,* le moment où il faut payer la note. *Le dernier quart d'heure,* la dernière phase d'une bataille, d'une guerre. ♦ 3° Absolt. Quatrième partie d'une quantité, d'une mesure déterminée. ◇ Mar. et cour. (1529) Période de quatre heures (autref. de six heures), pendant laquelle une partie de l'équipage, à tour de rôle, est de service. *Officier, matelot de quart,* de service. *Prendre, rendre le quart,* prendre, remettre le service. *Petit quart,* de deux heures. *Grand quart,* de six heures du soir à minuit. — Par ext. Les hommes de quart. *Relever le quart.* ◇ Quart d'une livre. *Acheter un quart de beurre, de râpé.* — Quart de litre. *Quart de vin,* petite bouteille d'un quart de litre (au restaurant). Gobelet contenant environ un quart de litre (pour le vin, le café, etc.), utilisé dans l'armée. *Remplis mon quart.* ♦ 4° Partie d'un tout représentant approximativement un quart ; partie appréciable de qqch. *Je n'ai pas fait le quart de ce que j'avais à faire.* — LES TROIS QUARTS. « *Le tremblement de terre qui avait détruit les trois quarts de Lisbonne »* (VOLT.), la plus grande partie. *Les trois quarts du temps,* le plus souvent. — *Portrait de trois quarts,* où le sujet présente à peu près les trois quarts du visage (position intermédiaire entre face et profil). — Adj. *Manteau trois quarts.* V. **Trois-quarts.** ◇ HOM. *Carre, car.*

QUARTAGER [kaʀtaʒe]. *v. tr.* (1701 ; var. dial. de l'a. v. *carter* « faire une quatrième fois », xvie ; de *quart* 1). *Agric.* Donner un quatrième labour (à la vigne).

QUARTANIER ou **QUARTANNIER** [kaʀtanje]. *n. m.*

*(fin xvie ; de *quart an* « quatrième année »). Vén.* Sanglier de quatre ans.

QUARTATION. V. INQUART.

QUARTAUT [kaʀto]. *n. m.* (xiiie ; de *quart* 2). *Vx* ou *région.* Petit tonneau (*ancienn.* d'un quart de muid) d'une contenance variable (57 litres en Bourgogne).

QUART-DE-ROND [kaʀdəʀɔ̃]. *n. m.* (1680 ; de *quart* 2, et *rond*). *Techn.* Moulure à profil convexe. ◇ Outil servant à faire cette moulure.

1. **QUARTE** [kaʀt(ə)]. *n. f.* (xiiie ; de *quart*). ♦ 1° Ancienne mesure de capacité (2 pintes). ♦ 2° (1611). Intervalle de quatre degrés dans la gamme diatonique (*ex. :* do-fa). *Quarte juste,* intervalle de deux tons et un demi-ton. *Quarte augmentée,* intervalle de trois tons. V. **Triton.** *Quarte diminuée,* intervalle d'un ton et de deux demi-tons. ♦ 3° *Escr.* (1re moitié xviie). La quatrième des huit positions classiques d'attaque ou de parade, dans la ligne haute et la ligne du dedans. « *Un quartier en tierce qui ressemblait à de la magie »* (BARBEY). ♦ 4° (1679). *Vieilli.* Quatrième (aux cartes). — Série de quatre cartes de la même couleur. ◇ HOM. *Carte.*

2. **QUARTE.** *adj. f.* V. QUART 1.

QUARTÉ [kaʀte]. *n. m.* (1976 ; de *quart,* d'apr. *tiercé* 3°). Forme de pari mutuel où l'on parie sur quatre chevaux, dans une course.

QUARTEFEUILLE [kaʀtəfœj]. *n. f.* (1690 ; de *quart* 1, et *feuille*). *Blas.* Fleur à quatre feuilles ; Cf. Quatre-feuilles *(archit.).*

QUARTELETTE [kaʀtəlɛt]. *n. f.* (1721 ; a. fr. et dial. *carteler* « fendre en quatre ». V. **Écarteler**). *Techn.* Ardoise taillée de petites dimensions.

QUARTENIER [kaʀtənje]. *n. m.* (xive ; de *quartier*). *Ancienn.* Officier municipal préposé à la garde d'un quartier.

1. **QUARTERON** [kaʀtəʀɔ̃]. *n. m.* (1244 ; de *quartier*). ♦ 1° *Vx.* Quart (d'une livre). ◇ *Région.* Quart (pour les choses qui se vendent à la pièce). « *Des femmes qui vendaient des paquets de feuilles de vigne attachés par quarterons »* (ZOLA). ◇ Réunion de vingt-cinq feuilles d'or ou d'argent battu, entre les feuilles d'un cahier. ♦ 2° *Fig.* et *mod.* Petit nombre, poignée (souvent *péj.*). « *Ce n'était pas le peuple, mais un quarteron de conjurés monarchistes »* (ARAGON).

2. **QUARTERON, ONNE** [kaʀtəʀɔ̃, ɔn]. *n.* (1688 ; esp. *cuarteron,* de *cuarto* « quart »). Fils, fille d'un blanc et d'une mulâtresse, ou d'un mulâtre et d'une blanche.

QUARTETTE [kwaʀtɛt]. *n. m.* (v. 1935 ; angl. *quartett*; autre sens, 1869, « petit quatuor » ; it. *quartetto*). Ensemble de quatre musiciens de jazz.

QUARTIDI [kwaʀtidi]. *n. m.* (1793 ; lat. *quartus* « quatrième », et *dies* « jour »). *Hist.* Quatrième jour de la décade du calendrier républicain.

QUARTIER [kaʀtje]. *n. m.* (1080 ; de *quart* 1). I. ❶ *(Quart).* ♦ 1° Portion d'environ un quart (de fruits, animaux de boucherie). *Un quartier de pomme.* « *Des moutons entiers, des quartiers de bœuf »* (ZOLA). Bouch. *Poids des quatre quartiers,* poids net de l'animal à débiter. *Le cinquième quartier,* les issues* (5°). ♦ 2° Chacune des quatre phases de la Lune. V. **Croissant.** *Premier, dernier quartier.* ♦ 3° *Blas.* Une des quatre parties de l'écu écartelé. V. **Franc-quartier.** *Par ext.* Degré de descendance noble. *Avoir quatre, huit quartiers de noblesse,* quatre, huit ascendants nobles. *Fig. Cette institution a maintenant ses quartiers de noblesse :* elle est adoptée et en honneur depuis assez longtemps. ❷ *(Morceau).* ♦ 1° Partie d'une chose inégalement partagée. V. **Morceau, tranche.** « *Un quartier de fromage sec »* (GENEVOIX). *Un quartier d'orange, de melon* (division naturelle de ces fruits). *Quartier de viande,* gros morceau, pièce de viande. « *Les premiers monuments furent de simples quartiers de roches »* (HUGO). ♦ 2° Partie de la chaussure qui emboîte le talon. ♦ 3° Chacune des parties de la selle sur lesquelles portent les cuisses du cavalier.

II. *(Abstrait).* ♦ 1° Division administrative d'une ville. *Commissariat de quartier.* ◇ Partie d'une ville ayant sa physionomie propre et une certaine unité. *Le quartier latin, à Paris.* « *Les beaux quartiers. Ouest paisible, coupé d'arbres, aux édifices bien peignés et clairs »* (ARAGON). « *Ce vieux quartier plein de passé humain »* (CHARDONNE). « *Le sinistre quartier noir de Chicago »* (SARTRE). ◇ Absolt. *Le quartier,* le quartier où l'on habite, dont on parle. « *Il connaissait les nouvelles du quartier à force d'être chez les bistrots »* (CÉLINE). *Cinéma, salle de quartier,* fréquenté(e) par les gens du quartier (et ne passant pas de films en exclusivité). « *Le quartier ne se doutait de rien »* (ROMAINS) : les gens du quartier. — [Belgique]. *Fille de quartier.* Femme de charge. ♦ 2° (Surtout *au plur.*). Cantonnement. *Les troupes ont pris, quitté leurs quartiers. Quartiers d'hiver,* lieu où logent les troupes pendant l'hiver. ◇ (1713) *Quartier général* (abrév. Q.G.), emplacement où sont installés les logements et bureaux du commandant d'une armée et de son état-major. *Grand quartier général* (abrév. G.Q.G.), quartier général du généralissime. ◇ Partie, bâtiments d'une ville ou d'une place forte où les troupes sont casernées. V. **Caserne**. « *La plaie du Quartier, la terreur de la caserne* » (COURTELINE). ◊ *Avoir quartier libre* : être autorisé à sortir de la caserne. ♦ 3° *Loc. fig.* (Le *quartier* étant un lieu de retraite et de sûreté). **FAIRE, DEMANDER... QUARTIER** : la vie sauve. V. **Grâce, merci**. « *On les vit jeter leurs armes* : *ils demandèrent quartier* » (MÉRIMÉE). *Ne pas faire de quartier*, massacrer tout le monde. *Pas de quartier !*

QUARTIER-MAÎTRE [kaʀtjɛmɛtʀ(ə)]. *n. m.* (1637; all. *Quartiermeister* « maître de quartier »). ♦ 1° *Ancienn.* Officier trésorier. ♦ 2° Marin du premier grade au-dessus de celui de matelot (correspondant au caporal des armées de terre). « *Le double galon rouge des quartiers-maîtres* » (LOTI).

QUARTILAGE [kwaʀtilaʒ] — La prononc. [kaʀtilaʒ] est évitée par suite de l'homonymie avec *Cartilage*]. *n. m.* (1953; de *quartile*). *Statist.* Division d'un ensemble ordonné de données statistiques en quatre classes d'effectif égal. — Calcul des quartiles*.

QUARTILE [kwaʀtil]. *n. m.* (1953; lat. *quartus*). *Statist.* ♦ 1° Chacune des trois valeurs de la variable au-dessous desquelles se classent 1/4, 1/2, 3/4 des éléments d'une distribution statistique. *Le deuxième quartile est la médiane**. *L'écart entre le premier et le troisième quartile est dit inter-quartile.* ♦ 2° Chacune des quatre parties, d'effectif égal, d'un ensemble statistique ordonné.

QUARTO [kwaʀto]. *adv.* (1845; mot lat.). *Rare.* Quatrième-ment (dans une énumération commençant par *primo*).

QUARTZ [kwaʀts]. *n. m.* (1749; all. *Quarz*). Forme cristalline commune de la silice (SiO$_2$), appelée à l'état pur « cristal de roche » ; élément constitutif fréquent des roches cristallines (granites, rhyolithes, etc.), de certaines roches sédimentaires (grès) et de la plupart des sables; source principale pour l'industrie (verres, etc.). *Cristaux de quartz* (système hexagonal). *Variétés de quartz* : cristal de roche, cristal hyalin et variétés colorées (améthyste, aventurine, jaspe, œil-de-chat). — *Les propriétés piézo-électriques** du *quartz sont utilisées dans la réalisation de microphones, de haut-parleurs, de détecteurs de vibration et d'oscillateurs à fréquence stable. Montre à quartz.*

QUARTZEUX, EUSE [kwaʀtsø, øz]. *adj.* (1783; de *quartz*). *Minér.* De la nature du quartz. *Sables quartzeux.*

QUARTZIFÈRE [kwaʀtsifɛʀ]. *adj.* (1845; de *quartz*, et *-fère*). *Minér.* Qui contient du quartz. *Roche quartzifère.*

QUARTZITE [kwaʀtsit]. *n. m.* (1830; de *quartz*). *Minér.* Roche massive constituée de quartz en agrégats. *Le quartzite résulte du métamorphisme des grès.*

QUASAR [kazaʀ]. *n. m.* (1963; mot anglo-amér., abrév. de « *quasi stellar radiosource* »). *Astron.* Source d'ondes hertziennes (radiosource) dont l'émission est comparable à celle des étoiles.

1. QUASI [kazi]. *adv.* (980; mot lat.). *Région.* ou *littér.* Presque, pour ainsi dire. — (Devant un adj.) « *Le raisin est quasi mûr* » (COLETTE). — (Devant un terme à valeur quanti-tative) « *Il les aime quasi autant les uns que les autres* » (SAND). V. **Quasiment**. « *Je suis quasi le seul* » (CHATEAUB.). ◊ (Devant un subst. avec lequel il constitue une sorte de composé) « *Cette liaison devint un quasi-mariage* » (BALZ.). « *Il n'avait pas voté la mort du roi, mais presque. C'était un quasi-régicide* » (HUGO). — V. **Quasi-contrat, quasi-délit**.

2. QUASI [kazi]. *n. m.* (1767; o. i., p.-ê. turc *kasî*). Morceau du haut de la cuisse du veau, très apprécié. *Quasi de veau. Rôti de veau dans le quasi.*

QUASI-CONTRAT [kazikɔ̃tʀa]. *n. m.* (1740; lat. jur. *quasi contractus*; Cf. *Quasi* [1], et *contrat*). *Dr.* Fait volon-taire de l'homme dont il résulte un engagement quelconque envers un tiers, quelquefois un engagement réciproque.

QUASI-DÉLIT [kazideli]. *n. m.* (1690; lat. jur. *quasi delictum*; Cf. *Quasi* 1, et *délit*). *Dr.* Fait illicite, causant à autrui un dommage, sans intention de nuire.

QUASIMENT [kazimã]. *adv.* (1607; de *quasi* 1). *Fam.* ou *région.* Presque. à peu près. « *Vous pourriez être quasiment mon père* » (ZOLA).

QUASIMODO [kazimɔdo]. *n. f.* (XIIIe; des mots lat. *quasi modo* par lesquels commence l'introït de la messe de ce dimanche). *Liturg.* Dimanche de l'octave de Pâques. *La Quasimodo* (vx. pour.) *le dimanche de Quasimodo.*

QUASI-USUFRUIT [kaziyzyfʀɥi]. *n. m.* (fin XIXe; de *quasi*, et *usufruit*). *Dr. civ.* Usufruit portant sur une chose consomptible, à charge de restituer la même.

QUASSIA [kwasja] ou **QUASSIER** [kwasje]. *n. m.* (1771,-1832; lat. bot. *quassia*, de *Coissi*, n. d'un Guyanais). *Bot.* Petit arbre tropical (*Simarubacées*) fournissant le « bois de Surinam ».

QUASSINE [kwasin]. *n. f.* (1831; de *quassia*). *Anc. méd.* Principe amer, extrait du bois de quassia.

QUATER [kwatɛʀ]. *adv.* (1846; mot lat.). *Rare.* Désigne un numéro qui est répété une quatrième fois. *Le 12 ter et le 12 quater de la rue.*

QUATERNAIRE [kwatɛʀnɛʀ]. *adj.* (1488; lat. *quaternarius*). ♦ 1° Formé de quatre éléments, divisible par quatre.

— *Chim.* Composé *quaternaire*, dont la molécule renferme quatre espèces différentes d'atomes. ♦ 2° (1829). *Ère qua-ternaire*, et subst. *Le quaternaire*, ère géologique la plus récente (environ un million d'années), dite aussi anthro-pozoïque, divisée en *quaternaire ancien* (pléistocène) et *récent.*

QUATERNE [kwatɛʀn(ə)]. *n. m.* (XIIIe; it. *quaterno*, lat. *quaterni* « quatre chaque fois »). *Vx.* Aux anciennes loteries, Combinaison de quatre numéros pris ensemble, qui sortent au même tirage. « *Les hasards qu'il faut pour amener un terne ou un quaterne* » (RENAN).

QUATERNION [kwatɛʀnjɔ̃]. *n. m.* (1862; angl., 1843; bas lat. *quaternio* « groupe de quatre »). *Math.* Nombre complexe qui est constitué par quatre nombres scalaires s, a, b, c, pris dans un ordre déterminé, et combinés selon certaines lois.

QUATORZE [katɔʀz(ə)]. *adj. numér.* et *n. m. invar.* (XIIe; lat. *quatt[u]ordecim*). ♦ 1° (*Cardinal*). Dix plus quatre (14). *Les quatorze vers d'un sonnet. Quatorze cents* (ou *mille quatre cents*) *francs.* ◊ (*Ordinal*) Quatorzième. *Louis qua-torze* (XIV). *Quatorze heures* ou *deux heures de l'après-midi.* Loc. *Chercher midi** à quatorze heures. Le quatorze juillet 1789*, date de la prise de la Bastille, dont le premier anniversaire (Fête de la Fédération) est célébré tous les ans comme fête nationale. — *Dix-neuf cent quatorze*, et ellipt. *Quatorze*, année où commença la Grande Guerre (1914-1918). *C'était en quatorze, bien avant quatorze.* « *Encore une guerre! Mon mari a fait celle de quatorze* » (SARTRE). ♦ 2° *N. m.* Le nombre, le numéro ainsi désigné. *Deux fois sept font quatorze. J'habite au quatorze de la rue.*

QUATORZIÈME [katɔʀzjɛm]. *adj.* et *n.* (XIIe; de *qua-torze*). ♦ 1° Ordinal de quatorze. *Le quatorzième siècle.* — *N.* Loc. *Faire le quatorzième à table*, c'est inviter pour qu'il n'y ait pas treize personnes à table. ♦ 2° Se dit d'une partie d'un tout également divisé en quatorze. *La quatorzième partie.* — Subst. *m. Un quatorzième* (1/14).

QUATORZIÈMEMENT [katɔʀzjɛmmã]. *adv.* (1808; de *quatorze*). En quatorzième lieu.

QUATRAIN [katʀɛ̃]. *n. m.* (1544; de *quatre*). Petit poème de quatre vers. ◊ Strophe de quatre vers. *Le premier qua-train d'un sonnet.*

QUATRE [katʀ(ə)]. *adj. numér.* et *n. m. invar.* (Xe; lat. *quatt[u]or*).

I. ♦ 1° (*Cardinal*). Trois plus un (4). *Les quatre saisons. Qui comporte quatre éléments.* V. **Quadri-, tétra-**. *Quatre cents, quatre mille francs.* — *Morceau à quatre mains*, écrit pour deux pianistes jouant sur le même clavier. — Loc. *Marcher à quatre pattes**. Marchande des quatre saisons**. Tomber les quatre fers** (II, 4°) en l'air. Entre quatre yeux* : fam. *Quat'z'yeux* [katzjø]. *Aux quatre coins**. Être tiré à quatre épingles**. Faire les quatre cents coups* : mener une vie dissipée. *Se saigner** aux quatre veines. Un de ces quatre matins* : (pop.) *Un de ces quatre* : bientôt. — *Vx. Mettre en quatre* (morceaux), écarteler. *Fig.* et mod. *Se mettre en quatre*, se donner beaucoup de mal, s'employer entièrement à ... V. **Décarcasser** (se). « *L'aubergiste s'était mis en quatre, afin de plaire aux étrangers* » (BALZ.). ◊ (Dans des express.) *Quelques. À quatre pas d'ici*, tout près. « *C'est un restaurant de quatre sous* » (DUHAM.). — Plusieurs. *Je n'irai pas par quatre chemins* (II, 1°). *Il lui a dit ses quatre vérités**. Couper les cheveux** en quatre.* « *Cyprien avait bâfré et pinté comme quatre* » (HUYSMANS). *Monter, descendre un escalier quatre à quatre*, plusieurs marches à la fois, précipitamment. *Se tenir** à quatre.* ♦ 2° (*Ordinal*). Quatrième (4 ou IV). *Page quatre. Henri IV. La nuit du 4-Août. Il est quatre heures.* — *Subst.* (fam. : enfants) *Mon quatre heures*, mon goûter.

II. *N. m.* Le nombre, le numéro ainsi désigné. *Vrai, clair comme deux et deux** font quatre. Habiter au quatre.* ◊ *Carte*, face de dé, de domino présentant quatre marques. *Le quatre de cœur. Amener un quatre.* ◊ *Sport.* Embarcation à quatre rameurs. *Un quatre avec, sans barreur.*

QUATRE-CENT-VINGT-ET-UN [katʀ(ə)sãvɛ̃teœ̃]. *n. m. invar.* (v. 1950; de *quatre*-...). Jeu de dés dérivé du zanzi, où la combinaison la plus forte est composée d'un quatre, d'un deux et d'un as. On dit aussi QUATRE-VINGT-ET-UN [katʀəvɛ̃teœ̃; *cour.* katvɛ̃teœ̃].

QUATRE-DE-CHIFFRE [katʀədəʃifʀ(ə)]. *n. m. invar.* (1740; de *quatre*, et *chiffre*). *Chasse.* Petit piège formé de morceaux de bois assemblés comme les traits du chiffre 4.

QUATRE-ÉPICES [katʀepis]. *n. m.* et *f. invar.* (1875; de *quatre*, et *épices*). Autre nom de la nigelle cultivée, dont les graines réduites en poudre donnent un assaisonnement rappelant le mélange dit *des quatre-épices* (poivre, girofle, muscade et gingembre).

QUATRE-FEUILLES [katʀəfœj]. *n. m. invar.* (1842; de *quatre*, et *feuille*). *Archit.* Ornement formé de quatre lobes, caractéristique de l'art gothique (On dit aussi *quadrilobe*). Cf. Quartefeuille *(blas.).*

QUATRE-HUIT [katʀəɥit]. *n. m. invar.* (attesté XXᵉ; de *quatre*, et *huit*). *Mus.* Mesure à quatre temps, avec la croche pour unité.

QUATRE-MÂTS [katʀəmɑ]. *n. m. invar.* (1907; de *quatre*, et *mât*). Grand voilier à quatre mâts.

QUATRE-QUARTS [katʀəkaʀ; *cour.* katkaʀ]. *n. m. invar.* (1904; de *quatre*, et *quart*). Gâteau où, pour une livre, il entre un quart de beurre, un de farine, un de sucre et un d'œufs.

QUATRE-SAISONS [katʀəsɛzɔ̃; *cour.* katsɛzɔ̃]. *n. f. invar.* (1875; de *quatre*, et *saison*). Variété de fraise.

QUATRE-TEMPS [katʀətɑ̃]. *n. m. pl. invar.* (mil. XIVᵉ; de *quatre*, et *temps*). Chacune des quatre périodes (au début de chaque saison) qui, dans l'année liturgique, comporte trois jours de jeûne et de prière. *Pendant les quatre-temps.*

QUATRE-VINGTIÈME [katʀəvɛ̃tjɛm]. *adj.* (1530; de *quatre-vingts*). Ordinal de quatre-vingts. *Dans sa quatre-vingtième année.* ◇ Se dit de chaque partie d'un tout également divisé en quatre-vingts. *Subst. Un quatre-vingtième* (1/80).

QUATRE-VINGT(S) [katʀəvɛ̃]. *adj. numér.* et *n. m.* (XIIᵉ; de *quatre*, et *vingt*, d'une anc. numération). ♦ 1º (*Cardinal*). Huit fois dix (80). V. **Huitante, octante.** *Âgé de quatre-vingts ans.* « *Quatre-vingt-huit piliers* » (GAUTIER). ◇ QUATRE-VINGT-DIX, neuf fois dix (90). V. **Nonante.** — Loc. (Belgicisme). *Employer des mots à quatre-vingt-quinze* (au lieu de *nonante-cinq*) : utiliser un vocabulaire recherché, prétentieux. ◇ (*Ordinal*) Quatre-vingtième. *Page quatre-vingt. La Révolution de quatre-vingt-neuf*, de l'année 1789. ♦ 2º *N. m.* Le nombre, le numéro ainsi désigné. *Habiter au quatre-vingt.*

QUATRIÈME [katʀijɛm]. *adj.* et *n. f.* (XIVᵉ; de *quatre*). ♦ 1º Ordinal de *quatre*. V. **Quart** (1). *Habiter au quatrième* (étage). *Il nous manque un quatrième* (joueur) *pour faire un bridge. Passer en quatrième* (vitesse). — *Quatrième maladie :* fièvre éruptive des enfants, rappelant la scarlatine (celle-ci, la rougeole et la rubéole étant les trois autres). ♦ 2º *N. f.* Classe de l'enseignement secondaire (la troisième du premier cycle). ◇ Série de quatre cartes consécutives dans une couleur. V. **Quarte.** *Annoncer une quatrième au roi*, dont la carte la plus haute est le roi.

QUATRIÈMEMENT [katʀijɛmmɑ̃]. *adv.* (1610; de *quatrième*). En quatrième lieu. V. **Quarto.**

QUATRILLION [katʀiljɔ̃]. *n. m.* (1520; de *quatre*, et suff. de *million*). Nombre égal à un million de trillions (10²⁴).

QUATTROCENTO [kwatʀɔtʃɛnto]. *n. m.* (1875; mot it. « quatre cents », c.-à-d. années 1400 et suiv.). Quinzième siècle italien, mouvement littéraire et artistique de cette époque. *Les artistes du quattrocento* (ou QUATTROCENTISTES [kwatʀɔtʃɛntist]).

QUATUOR [kwatɥɔʀ]. *n. m.* (1722; mot lat., var. de *quattuor* « quatre »). ♦ 1º Œuvre de musique d'ensemble écrite pour quatre instruments ou quatre voix d'importance égale. « *Nous nous plongions dans les trios, les quatuors et les symphonies de Mozart* » (GIDE). *Quatuor à cordes* (absolt. *quatuor*), œuvre pour deux violons, alto et violoncelle. *Quatuor vocal.* ♦ 2º Les quatre musiciens ou chanteurs qui exécutent un quatuor. — Mus. *Quatuor d'orchestre*, premiers et seconds violons, altos, violoncelles (et contre-basses). ♦ 3º *Fam.* Groupe de quatre personnes. « *L'Écosse a des trios de sorcières, mais Paris a des quatuors de commères* » (HUGO).

1. QUE [k(ə)]. *conj.* (Xᵉ; lat. médiév. *que*, forme affaiblie de *qui*, simplification de *quia*, employé en bas lat. au sens de *quod* « le fait que; que »). ♦ 1º Introduisant une complétive (à l'ind. ou au subj. suivant le verbe de la principale, ou la nuance à rendre). « *Nous pensons que la vie est bonne* » (LARBAUD). « *L'erreur des démocrates est de croire que leur vérité en soit une pour tout le monde* » (SUARÈS). « *C'est bien dommage qu'elle soit devenue si laide* » (VOLT.). « *Il faut que cette force aboutisse enfin* » (MART. du G.). « *Peut-être que les petites filles sont toutes comme cela* » (GIRAUDOUX). ♦ 2º Dans une formule de présentation ou d'insistance. *Voici*, *voilà* que... *C'est que...* V. Ce (2, I, 3º). ◇ Unissant un attribut préposé et un sujet avec ellipse de *être*. « *Terrible chose dans la vie que ces gens qui ne sont rien* » (R. ROLLAND). ♦ 3º Dans une formule d'interrog. *Est-ce que...* V. Être (IV, 2º). — Pop. (incorrect) « *Où c'est que vous êtes malade?* » (CÉLINE). « *Et pourquoi que je me retirerais?* » (PROUST), *pourquoi est-ce que...* ♦ 4º Servant à former des locutions conjonctives. *À condition*, *à mesure*, *attendu*, *de façon* que... ♦ 5º Introduisant une proposition circonstancielle. ◇ (*Temporelle*) : exprimant la concomitance, l'incidence, la continuation, l'interruption) « *La prière était finie que le nouveau tenait encore sa casquette* » (FLAUB.). « *Coupeau dormait déjà qu'elle continuait ses aménagements* » (ZOLA). ◇ (*Finale*) « *Asseyez-vous là que nous causions* » (FROMENTIN). ◇ (*Causale*) « *Est-ce que ces drôles sont dans un bénitier, qu'ils font ce bruit d'enfer?* » (HUGO). *Il reste au lit, non qu'il soit vraiment malade, mais il le croit.* ◇ (*Consécutive*) *Fam.*

« *Il tousse qu'il en secoue toute sa maison* » (FLAUB.). « *Les piécettes d'or fondaient que c'était un plaisir* » (DAUD.). « *Si*, *tant*, *tel*, *tellement*... *que...* ◇ (Concessive) *Quel*, *quelque*, *pour* peu, *où* que... ◇ (Hypothétique) « *Que le tour du soleil ou commence ou s'achève* » (LAMART.). « *Qu'elle fût bien ou mal coiffée, Je l'admirais. C'était ma fée* » (HUGO). ◇ *Que... ne...*, sans que, avant que... « *Il ne se passait pas une semaine qu'il ne fût terrassé par une migraine atroce* » (FRANCE). ♦ 6º Substitut d'un mot-outil en propos. coordonnées. « *Quand la leçon fut finie, et que les autres élèves furent dispersés* » (ROMAINS). « *Un peu de peinture verte pour peindre le tout et que ce fût plus joli* » (LOTI). « *Si elle est jolie, et que vous ne l'aimiez pas* » (MUSS.). « *Comme c'était le lendemain dimanche et qu'on ne se lèverait que pour la grand'messe* » (PROUST). ♦ 7º Introduisant le second terme d'une comparaison. *Autant*, *plus*, *moins*, *plutôt*, *mieux*, *autre*, *même* que, etc. V. aussi **Ne** (explétif). ♦ 8º En corrélation avec *ne*, pour marquer l'exception, la restriction. NE... QUE... **Seulement.** « *Comme cent fourrures ne font qu'un manteau* » (APOLLINAIRE). *Pop. J'ai que dix francs sur moi :* je n'ai que... — « *Une chandelle qui brille n'attire pas qu'un moucheron* » (HUGO), n'attire pas seulement un moucheron. — *Il n'est que de...* V. Être (I, 2º). *Ne faire que de...* V. Faire (II, 4º). — (Valeur de renforcement) *Son témoignage n'en est que plus recevable* » (VOLT.). « *Paresse qui n'avait que trop d'excuses* » (R. ROLLAND). ◇ *Si ce n'est*, *sinon.* « *Personne ne le méprise, que les dévotes* » (STENDHAL). « *Rien n'est beau que le vrai* » (BOIL.). ♦ 9º Introduisant une indépendante au subj. (ordre, souhait...). *Qu'il entre!* « *Qu'il soit dans ton repos*, *qu'il soit dans tes orages* » (LAMART.). ♦ 10º (*Explétif*) *Vx* ou littér. « *Que si je m'avise à présent de m'informer* » (VALÉRY), si je m'avise. ◇ Mod. Renforçant l'affirmation ou la négation. « — *Je joue si mal! — Oh! que non!* » (DUHAM.). « *Ils n'ont pas besoin de l'un de l'autre. — Que si* » (ROMAINS).

2. QUE [k(ə)]. *adv.* (1080; lat. *quid*). ♦ 1º Interrog. (*en loc.*) Pourquoi, en quoi? « *Qu'avez-vous besoin de tant de conserves?* » (DAUD.). « *Que m'importe un bonheur édifié sur l'ignorance?* » (GIDE). « *Qu'allez-vous parler d'un sépulcre?* » (MAURIAC). « *Et que sait-il si Dieu ne lui dira pas...* » (GONCOURT). « *Olivier et Roland, que n'êtes-vous ici?* » (HUGO). ♦ 2º Exclam. Comme, combien! « *Que peu de temps suffit pour changer toutes choses!* » (HUGO). « *Que c'est donc bête de vous tourmenter comme ça!* » (ZOLA). — *Fam.* (Dans le même sens) *Ce* qu'il est bête! « *Qu'est-ce qu'elle a dû pleurer!* » (PROUST). ◇ « *Que de difficultés je prévois!* » (RENAN), combien de difficultés...

3. QUE [k(ə)]. *pron.* (842; lat. *quem*, accus. de *qui*). **I.** Pronom relatif désignant une personne ou une chose (au masc. ou au fém., au sing. ou au plur.). ♦ 1º (Objet dir.). « *D'une femme inconnue, qui m'aime, et qui m'aime* » (VERLAINE). « *Un homme qui dit tout ce qu'il pense et comme il le pense* » (FRANCE). « *Le luxe qu'ils croient que tu pourrais lui donner* » (PROUST). ◇ (Ayant pour antécédent un propos). *Que je sache.* « *Elle n'a pas la prétention, que je sache, d'imposer silence* » (BARBEY). — Littér. « *Nous ignorons, que je crois, la demeure de la postérité* » (CHATEAUB.). *Vx* ou pop. « *Nous allons mourir ensemble, qu'elle dit en regardant son enfant* » (BALZ.). ♦ 2º (Compl. indir. ou circonstanciel). *Vx* (Repris dans la langue fam.) « *De la manière qu'ils sont ici dépeints* » (RAC.), dont ils sont dépeints. *Du train que vont les choses, où vont... L'été qu'il a fait si chaud*, où il a fait si chaud. — ◇ Mod. (Après un n. ou un adv. désignant un temps) « *Le temps que l'on construise l'hôtel* » (DUHAM.). « *Voilà cinquante ans que nous habitons ici* » (MAUPASS.). « *Il n'y avait pas longtemps qu'elle s'était mariée* » (MUSS.). ♦ 3º (Attribut). « *L'être que je serai après la mort* » (PROUST). « *En gentille fourbe qu'elle était* » (ROMAINS). « *Sanglotant comme un pauvre bébé qu'il est* » (DUHAM.). « *La duchesse, de timide et d'interdite qu'elle avait été, se trouva vers la fin tellement à son aise!...* » (STENDHAL). « *Ils ne se parlaient pas, trop perdus qu'ils étaient* » (FLAUB.). ♦ 4º *Vx* (Sauf en loc.). *Ce que, ce qui... Coûte* que *coûte, advienne* que *pourra...*

II. Pronom interrogatif (désignant une chose). ♦ 1º (Objet direct). Quelle chose? « *Que faisiez-vous au temps chaud?* » (LA FONT.). *Qu'en dites-vous?* (En concurrence avec *qu'est-ce que...*). *Que faire?* — (Interrog. indir.) V. **Quoi.** *Il ne savait plus que dire.* « *On ne sait plus que lui donner* » (MAURIAC). *Que devins-tu? Que deviens-tu?* QU'EST-CE QUE...? [kɛsk(ə)]. « *Pilate lui dit; qu'est-ce que la vérité?* » (ÉVANG.) : qu'est la vérité? « *La Zerbine? Qu'est-ce que c'est que ça?* » (PROUST). ♦ 3º (En tour impersonnel) *Qu'y a-t-il? Que se passe-t-il?* « *Et que t'a-t-il fallu pour cela?* » (MUSS.). ♦ 4º (Avec *est-ce que*, *est-ce qu'il*) « *Qu'est-ce que vous avez donc?* » (ZOLA) : qu'avez-vous donc? « *Qu'est-ce que vous seriez devenu?* » (PROUST). — (Exclam.) « *Qu'est-ce qu'on va déguster!* » (DORGELÈS). ◇ *Voyons, qu'est-ce qu'on vous prend?* » (MAUPASS). « *Qu'est-ce qui m'aide?...* Peut-

être l'idée que, pour moi, ça pourrait être encore pire » (ROMAINS).

QUÉBÉCISME [kebesism(ə)]. *n. m.* (v. 1970; de *Québec*). *Ling.* Fait de langue propre au français du Québec. Cf. Canadianisme. *Le québécisme* QUÉTAINE *ou* KÉTAINE [keten], *adj.* et *n.* [1970], *est* « *synonyme de cucu-la-praline, de gustave, de pepsi, de godiche, de niais, de risible, de balourd* » (J.-L. MORGAN).

QUÉBÉCOIS, OISE [kebekwa, waz]. *adj.* et *n.* (*Québec-quois*, XVIIᵉ; de *Québec* [1608], nom de la ville, mot algonquin « détroit, resserrement, escarpement »). ♦ **1°** *Adj.* De Québec; du Québec et notamment de la province de Québec. *La politique québécoise au sein de la Confédération canadienne.* — *Le Parti québécois* [1968, R. LÉVESQUE], parti de tendance socialiste et indépendantiste (abrév. P. Q.). *Membre du Parti québécois.* V. **Péquiste.** ◊ *Spécialt.* (répandu v. 1965). Du groupe ethnique et linguistique canadien* français composant la majorité de la population du Québec. *Littérature québécoise; cinéma québécois.* ♦ **2°** *Subst.* *Les Québécois. Québécois francophones, anglophones.* — *Les Néo-Québécois,* immigrés établis au Québec. ◊ *Spécialt.* (au sens défini en 1°). « *À la même époque, au Québec, de Canadiens français on devenait Québécois* » (J. FERRON). ◊ *N. m.* (v. 1970). LE QUÉBÉCOIS. Le français propre au Québec. Cf. Franco-canadien*, franco-québécois.

QUEBRACHO [kebratʃo]. *n. m.* (1883; mot esp.). Arbre d'Amérique du Sud, dont le bois est très riche en tanin (plusieurs espèces).

QUEL, QUELLE [kɛl]. *adj.* (Xᵉ; lat. *qualis*).
I. Adjectif interrogatif (servant généralement à questionner sur la nature ou l'identité d'une personne ou d'une chose). Ⓐ *Interrog. dir.* ♦ **1°** (Attribut). « *Quelle est donc cette jeune fille qui chante?* » (MUSS.). V. **Qui.** « *Quel est le but de la vie?* » (MAUROIS). « *Quelle est cette fièvre d'écrire qui me prend?* » (MAURIAC). ♦ **2°** (Épithète). « *Quels cœurs briserai-je?... Dans quel sang marcher?* » (RIMBAUD). « *— J'ai fait bien des observations. — Quelles observations?* » (BECQUE). « *Il cherchait à se le persuader, pour quelles obscures raisons?* » (R. ROLLAND). Ⓑ *Interrog. indir.* ♦ **1°** (Attribut). *Ils supputaient* « *quelle allait être la situation pécuniaire* » (ZOLA). ♦ **2°** (Épithète). « *Si l'on mesurait à quel point nous menacent ces injustices* » (DANIEL-ROPS). « *Il ne savait à quel saint* se vouer* » (STENDHAL). ◊ (En loc. adj. indéf., avec le v. *savoir*) « *Pour Dieu sait quelle besogne de surveillance* » (ROMAINS). « *Il abandonne les débris d'on ne sait quels grands jeux* » (VALÉRY). Ⓔ *Exclam.* ♦ **1°** (Attribut). « *Quelle est votre erreur!* » (ROMAINS). « *Quels ne furent pas mon horreur et mon étonnement!* » (BAUDEL.). ♦ **2°** (Épithète). « *Quelle joie ce fut pour la cour* » (HUGO). « *Quel dommage que je n'aie las vingt-cinq ans!* » (HUGO). « *Quelle jolie maison!* » (CHARDONNE). *Quelle horreur! Quel crétin!* » (Iron.) « *Non, quelle armée!* » (DORGELÈS) : c'est une armée ridicule. *Quelle idée!* (absurde, saugrenue).
II. Pronom interrogatif (seulement devant un partitif). V. **Lequel, qui.** « *De nous deux, quel est le plus méprisable?* » (DAUD.). — (Indir.) « *Dire quelle était la plus belle des trois...* » (HENRIOT).
III. Adjectif relatif. Ⓐ QUEL... QUE, avec le v. *être* au subj. (loc. concessive). « *Quelle que soit la ligne politique qu'on suive* » (STE-BEUVE), « *que cette ligne soit celle qu'on voudra.* ◊ *Vx.* Quelque. « *Au moyen de quelle discipline que ce soit* » (VALÉRY). Ⓔ *Dans l'express.* tel *que.* V. **Tel.**

QUELCONQUE [kɛlkɔ̃k]. *adj.* (XIIᵉ; francisation, sur *quel*, du lat. *qualiscumque*). ♦ **1°** *Adj. indéf.* (marquant l'indétermination absolue). N'importe lequel, quel qu'il soit. « *Heureux de lui voir enfin manifester une volonté quelconque* » (FLAUB.). « *Le meurtrier aurait pu tarder pour une raison quelconque* » (ROMAINS). *Un point quelconque du cercle.* « *Un Rothschild quelconque, qui aura doté un quelconque observateur d'une lunette* » (MIRBEAU). — *Sc.* Qui n'a aucune propriété particulière. *Triangle quelconque :* non isocèle, non équilatéral, etc. ◊ (Après *un,* devant un partitif) « *Devant une quelconque des îles* » (DAUD.). ♦ **2°** (Fin XIXᵉ). *Adj. qualif.* Tel qu'on peut en trouver partout, sans qualité ou valeur particulière. V. **Insignifiant, ordinaire.** « *Je suis un homme quelconque, un homme insignifiant* » (DUHAM.). « *Dans un décor de plus en plus quelconque* » (LOTI). « *C'est très quelconque, tout à fait quelconque.* ◊ ANT. (du 2°) Remarquable.

QUELQUE [kɛlk(ə)]. *adj.* (XIIᵉ; de *quel,* et *que.* V. **Quel**).
I. *Littér.* QUELQUE... QUE. En loc. concessive. ♦ **1°** (Qualifiant un subst.). « *Quelques folies qu'aient écrites certains physionomistes...* » (CHAMFORT), quelles que soient les folies..., bien qu'on ait écrit des folies. « *Sur quelque sujet que se portât la conversation* » (GIDE). « *De quelques gens exquis que tel de ses anciens camarades lui parlât* » (PROUST). ◊ *Quelque... qui...* « *Quelque lien qui pût nous unir, je l'avais rompu pour toujours* » (MUSS.). ♦ **2°** (Adverbial), qualifiant un adj.). V. **Pour, si.** « *Quelque fidèle et quelque attachée qu'elle me fût* » (Abbé PRÉVOST). « *Quelque méchants que soient les*

hommes » (LA ROCHEF.). ◊ (Devant un adv.) *Vieilli.* « *Quelque industrieusement qu'on les applique* » (BOSS.).
II. *Indéfini.* ♦ **1°** *Au sing.* Un, certain. « *Elle lui présentait quelque bon bouillon, quelque tranche de gigot* » (FLAUB.). *En quelque sorte*. Quelque part.* V. **Part** (I, III, 2°). « *Lui parler de quelque autre* » (GIDE), d'un autre. *Quelque chose.* V. **Chose** (II, 2°). *Quelque autre chose.* ◊ (Faisant porter l'indétermination sur une substance) Un peu de... *Depuis quelque temps.* « *Il avait des talents, quelque savoir* » (ROUSS.). « *Elle avait quelque peine à fixer l'infidèle* » (STE-BEUVE). ♦ *Cour. Au plur.* Un petit, un certain nombre de... V. **Plusieurs.** « *Il faudrait ici un sergent et quelques hommes* » (ROMAINS). « *Cinq cent cinquante et quelques francs* » (ZOLA), entre 550 et 560 francs. « *J'avais encore quarante ans au lieu de soixante et quelques* » (BECQUE). — « *Les quelques biens qu'il tenait à conserver* » (P. BENOIT), le petit nombre de biens. ♦ **3°** *Adv.* (*invar.*) Environ. « *Une bande de feu de quelque cinquante mètres* » (MONTHERLANT).

QUELQUE CHOSE. V. **CHOSE** (II, 2°).

QUELQUEFOIS [kɛlkəfwa]. *adv.* (1490; de *quelque,* et *fois*). ♦ **1°** *Vx.* Une fois, un jour. « *Si vous le saluez quelquefois* » (LA BRUY.), s'il vous arrive de le saluer. ◊ *Mod.* (Pop.) « *Quelquefois qu'elle serait arrivée, votre lettre* » (DUHAM.) : si elle était pourtant arrivée (Cf. *pop.* Des fois qu'elle serait arrivée). ♦ **2°** Un certain nombre de fois, dans un certain nombre de cas. V. **Parfois.** « *Pensées souvent originales, quelquefois paradoxales, mais toujours touchantes* » (BAUDEL.).

QUELQU'UN, UNE [kɛlkœ̃, yn]; **QUELQUES-UNS, UNES** [kɛlkəzœ̃, yn]. *pron. indéf.* (XIVᵉ; de *quelque,* et *un*).
I. *Au sing.* Ⓐ (Suivi d'un partitif). *Vieilli.* Un, une... entre plusieurs (la personne ou la chose restant indéterminée). « *Quelqu'une des trois sœurs d'Isis* » (NERVAL). « *Quelqu'un de ces malheureux dont le tourment singulier excitait la curiosité de Dante* » (PROUST). Ⓑ *Absolt. Mod.* Un être humain. ♦ **1°** Une personne absolument indéterminée. « *On dirait que quelqu'un joue du piano quelque part* » (ALAIN-FOURNIER). V. **On.** « *Vous étiez toujours à grogner après quelqu'un* » (SARTRE). ♦ **2°** (Avec un qualificatif). *Quelqu'un de..., qui...* « *Si tu trouves quelqu'un de sûr* » (FLAUB.). « *Ce que ferait quelqu'un qui ne serait pas fatigué* » (PÉGUY). « *C'est quelqu'un de bien, quelqu'un d'important. Le quelqu'un d'important était assis dans un fauteuil* » (ROMAINS). ◊ (Fausse indétermination) « *Adresser ce message à quelqu'un qui vous aime Et que vous savez bien?* » (HUGO), à la personne qui... Ⓒ Un homme ou une femme de valeur, remarquable. « *Ne vous donnez pas pour but d'être quelque chose, mais d'être quelqu'un* » (HUGO). « *Que votre fille apprenne à être quelqu'un* » (P. BENOIT). ◊ *Pop.* Quelque chose d'extraordinaire. « *Quel incendie! C'était quelqu'un* » (QUENEAU).
II. *Au plur.* Ⓐ (Accompagné d'un partitif). Un certain nombre indéterminé de... (parmi plusieurs). « *Quelques-uns des assistants se mirent à rire* » (MICHELET). « *Quelques-unes des plaisanteries de son père* » (BALZ.). ◊ (Renvoyant à des personnes ou des choses précédemment mentionnées) « *Les femmes sortent en groupes, quelques-unes s'attardent et pleurent la* » (LOTI). Ⓑ *Absolt. Quelques-uns* : un petit nombre indéterminé de personnes. « *Il ne faut plus réserver ton enseignement à quelques-uns* » (BRIEUX). ◊ *Certaines personnes.* V. **Certain(s).** « *Je passe auprès de quelques-uns pour un mauvais esprit* » (BERNANOS).
◊ ANT. Personne.

QUÉMANDER [kemɑ̃de]. *v.* (1719; *caimander,* 1539; de l'a. fr. *caïmand* « mendiant », 1393; o. i.). ♦ **1°** *V. intr.* (*Vx*). Mendier. ♦ **2°** *V. tr.* (1762). Demander humblement et avec insistance (de l'argent, un secours, une faveur). « *Il quémanda de son cousin une réconciliation ne lui fut pas refusée* » (TOULET).

QUÉMANDEUR, EUSE [kemɑ̃dœr, øz]. *n.* (1740; de *quémander*). *Littér.* Personne qui quémande. V. **Solliciteur.**

QU'EN-DIRA-T-ON [kɑ̃diratɔ̃]. *n. m. invar.* (1650; substantivation de la question *qu'en dira-t-on?*). Les propos qui se tiennent sur le compte de qqn; l'opinion d'autrui (avec quelques v. et subst. : *craindre, avoir peur de, se moquer de,* etc.). « *Elle les lui témoignait presque ouvertement, sans souci du qu'en-dira-t-on* » (MAUPASS.).

QUENELLE [kənɛl]. *n. f.* (1750; all. alsac. *knödel*). Boulette, rouleau de pâte à chou ou de mie de main où est incorporée une farce de poisson, volaille, gibier, veau, etc. V. **Godiveau.** *Quenelles de volailles, de brochet.*

QUENOTTE [kənɔt]. *n. f.* (1642; mot normand à. fr. *canne, kenne* « dent; joue », frq. °*kinni* « mâchoire »). *Fam.* Petite dent d'enfant. *Elle sortait* « *un petit bout de sa langue entre ses quenottes blanches* » (ZOLA).

QUENOUILLE [kənuj]. *n. f.* (fin XIIIᵉ; *quenoille,* XIᵉ; lat. médiév. *conucula,* var. de *colucula,* dimin. du lat. class. *colus*). ♦ **1°** Petit bâton garni en haut d'une matière textile, que les femmes filaient en le dévidant au moyen du fuseau ou du rouet. — *Loc.* (Vx ou littér.) *Tomber en quenouille,* se disait d'une maison, d'une succession qui tombait entre les mains d'une femme. « *C'est terrible un homme qui tombe en quenouille* » (MAUROIS), sous la domination d'une femme. ◊ Par compar. « *Des citronniers taillés en quenouille* » (NERVAL), de façon à leur donner une forme effilée. ♦ 2° Arbre fruitier taillé en quenouille. « *Les malheureuses quenouilles en se balançant entrechoquaient leurs poires* » (FLAUB.). ◊ Tige (des roseaux). ♦ 3° *Archéol.* Colonne qui supporte un ciel de lit, un dais. ♦ 4° *Bot.* Maladie cryptogamique de certaines graminées (formant des manchons en haut de la tige).

QUÉQUETTE [keket]. *n. f.* (XXᵉ; formation enfantine, var. *Quiquette*). *Vulg.* et *enfant.* Verge (d'un très jeune garçon).

QUÉRABLE [keʁabl(ə)]. *adj.* (1765; de *quérir*). *Dr.* Qu'on doit aller chercher. *Créance quérable*, que le créancier doit aller réclamer au débiteur (*opposé à* portable).

QUERCITRINE [keʁsitʁin]. *n. f.* (1845; de *quercitron*). *Techn.* Colorant jaune tiré du quercitron.

QUERCITRON [keʁsitʁɔ̃]. *n. m.* (1806; angl., 1784; du lat. *quercus* « chêne », et *citron*). Écorce jaune du chêne tinctorial originaire de l'Amérique du Nord; le chêne lui-même. Appos. *Chêne quercitron.*

QUERELLE [kəʁel]. *n. f.* (1155; lat. *querela* « plainte », et spécialt. « plainte en justice »). ♦ 1° *Vx.* Procès; plainte en justice. ◊ (XIVᵉ) *Vieilli.* Parti, intérêts de qqn dans un litige. « *Ces seigneurs se gardent des rancunes inexpiables... Les tribus épousent leurs querelles* » (THARAUD). ♦ 2° (1538). Différend passionné, opposition assez vive pour entraîner un échange d'actes ou de paroles hostiles; cet échange de violences. V. Altercation, bisbille, chamaillerie, contestation, débat, démêlé, désaccord (1°), dispute, dissension. « *Il valait mieux ne pas rendre publique cette petite querelle de famille* » (GREEN), entre membres de la famille. « *Il n'y a pas de pures querelles d'idées. Il n'y a que des querelles de personnes* » (DUHAM.). Susciter, réveiller, apaiser, éviter une querelle. *Chercher une querelle à qqn*, se comporter envers lui de manière agressive, le provoquer. — « *Le moment n'est pas mal choisi pour vider cette vieille querelle* » (MART. du G.), pour y mettre fin par le combat. — *Une mauvaise querelle, une querelle d'Allemand*, faite sans raison valable (Cf. *Querelle d'Allemagne*, 1550; à cause des conflits continuels entre les princes allemands). ◊ Lutte d'idées, contestation intellectuelle. « *Il se mêlait peu aux querelles théologiques du moment* » (HUGO). *La querelle des anciens* et des modernes. Des querelles byzantines*.* ♦ 3° Conflit plus ou moins violent pouvant dégénérer en guerre. « *Que lui importent les huguenots, les papistes et leurs querelles sanglantes?* » (GAUTIER). ◊ ANT. Accord.

QUERELLER [kəʁele]. *v. tr.* (1611; « intenter un procès », réclamer », XIIᵉ; de *querelle*). ♦ 1° *Vieilli.* Attaquer (qqn) par des actes ou des paroles hostiles. *Ils s'avaient, aux querelles que leur faisait Minoret, quand il avait été querellé par sa femme* » (BALZ.). ◊ Adresser des reproches à (qqn). V. Gronder. « *Nous querellions les malheureux pour nous dispenser de les plaindre* » (CHAMFORT). ♦ 2° *Mod.* Pronom. (*Récipr.*). Avoir une querelle, une dispute vive. V. Chamailler (se), disputer (se). « *Jamais ils ne se querellaient, étant tous deux calmes et placides* » (MAUPASS.).

QUERELLEUR, EUSE [kəʁelœʁ, øz]. *adj.* et *n.* (1549; « qui intente un procès », XIIIᵉ; de *quereller*). Qui aime les querelles et cherche à les provoquer. V. Batailleur, chamailleur, hargneux. « *Un individu sans éducation, violent, querelleur, ivrogne* » (FRANCE). *D'humeur querelleuse*, agressive. — N. *Un insupportable querelleur.* ◊ ANT. Conciliant, doux.

QUÉRIR [keʁiʁ]. *v. tr.;* conjug. seult. inf. (fin XIIᵉ; réfection de *querre*, XIᵉ; lat. *quærere*). *Dial.* ou *littér.* Chercher. « *C'est trop haut. Va quérir une échelle* » (ZOLA). « *De fréquenter les milieux littéraires et d'y quérir des amitiés* » (GIDE).

QUÉRULENCE [keʁylɑ̃s]. *n. f.* (XXᵉ; du lat. *querela* « plainte », et suff. *-ence*). *Psychiatr.* Tendance morbide à rechercher les querelles et à revendiquer des droits imaginaires, caractéristique de certaines psychoses. — *Dér.* QUÉRULENT, ENTE [keʁylɑ̃, ɑ̃t], *adj.* et *n.* (V. Processif).

QUESTEUR [kɥestœʁ]. *n. m.* (déb. XIIIᵉ; lat. *quæstor*). ♦ 1° *Hist. rom.* Magistrat d'abord chargé d'assister les consuls en matière financière et criminelle. *Questeurs urbains*, chargés de la gestion des deniers publics, à Rome. *Questeurs militaires*, lieutenants des consuls ou des généraux, aux armées. *Questeurs provinciaux*, assistants du gouverneur. ♦ 2° (1799). Membre du bureau d'une assemblée parlementaire, chargé d'ordonner les dépenses, de veiller au maintien de la sécurité. V. Questure.

QUESTION [kestjɔ̃]. *n. f.* (mil. XIIᵉ; lat. *quæstio*). ♦ 1° Demande qu'on adresse à qqn en vue d'apprendre qqch. de lui. V. Interrogation. *Faire* (vieilli), *poser* une question à qqn.* V. Questionner. *Se poser des questions*, s'interroger sur tel ou tel problème. « *Ta manière de répondre toujours à une question par une question* » (COLETTE). — Iron. *Cette question, belle question, quelle question! :* question absurde,

◊ *Spécialt.* Ce qu'un examinateur demande au candidat qu'il interroge. ◊ *Dr. const. Questions écrites, orales* (avec ou sans débat), demandes d'explications adressées par un parlementaire à un ministre (par écrit ou en séance). *Le gouvernement a posé la question de confiance*, demandé que le vote terminant le débat implique approbation de sa politique. — *Question préalable*, par laquelle une assemblée est appelée à décider si une discussion doit ou ne doit pas avoir lieu. *Question préjudicielle.* ♦ 2° Connaissance incomplète ou incertaine qui peut donner lieu à discussion; sujet qui implique des difficultés à résoudre, d'ordre théorique ou pratique. V. Affaire, matière, point, problème. « *La question si difficile et si controversée des rapports entre l'individu et l'État* » (VALÉRY). *Les divers points, les aspects d'une question. Le cœur, le nœud* (6°) *de la question. Aborder, traiter, examiner, discuter une question.* « *Question, non de pure forme, mais de fond* » (MICHELET). « *La question du célibat et du mariage* » (CHAMFORT). — Fam. « *Moins occupée de la question église* » (HUGO), de l'église, religieuse. — « *La question religieuse importe peu à Balzac* » (GIDE). *Les questions sociales, économiques.* « *Ces questions d'intérêt et de partage qui tiennent une si grande place* » (LOTI). — Hist. *La question d'Orient*, l'ensemble des problèmes soulevés par l'affaiblissement de l'empire turc au XIXᵉ s. ◊ Loc. div. *Là est la question, c'est toute la question, c'est là le point litigieux*, la difficulté essentielle. « *Les socialistes voteront les crédits, ça ne fait pas question* » (MART. du G.) : ce n'est pas discutable, pas douteux. *Il n'y a pas de question : c'est sûr* (Cf. *Il n'y a pas de problème*). *Ce n'est pas la question :* il ne s'agit pas de cela. « *C'était pour moi une question de vie ou de mort* » (ST-EXUP.), qui concernait, mettait en jeu ma vie. « *Ces questions de stratégie sont des questions de gros bon sens* » (GIDE), qui appartiennent au bon sens, sont de son domaine. Ellipt. *Question de tact, une question de tact.* Pop. « *Question de me soigner* » (CÉLINE) : pour me soigner. — *Il est question de...*, on parle de..., il s'agit de... « *Ensuite il fut question de la valeur des terrains* » (FLAUB.). Iron. « *Il est bien question de cela!* » (ROUSS.), il s'agit de tout autre chose. « *Il n'est pas question ici de s'amuser* » (CHAMFORT). — (Introduisant une éventualité qu'on envisage) *Il est question de lui comme recteur. Il est question de le nommer directeur. Il n'est pas question que l'État rentre à sa charge cette dépense*, on ne peut envisager que... Ellipt. *Pas question* (il n'en est pas question) : non, sûrement pas. « — *Mais téléphone à votre hôpital. Surtout pas. Pas question* » (Cl. COURCHAY). « *La question de changer de politique* » (AYMÉ). — EN QUESTION. *La personne, la chose en question, dont il s'agit, qu'on considère.* « *À chaque page, c'est toujours l'homme tout entier qui est en question* » (SARTRE), qui est en cause, qui est discuté. « *Toutes les valeurs humaines semblent remises en question* » (DUHAM.), soumises à un nouvel examen. ♦ 3° *Vx* ou *hist.* Torture infligée aux accusés ou aux condamnés pour leur arracher des aveux. « *La question! — On serre ses membres avec des cordes pour le faire parler* » (VIGNY). *Infliger la question.* ◊ ANT. Réponse.

QUESTIONNAIRE [kestjɔneʁ]. *n. m.* (1533; de *question*). Série de questions méthodiquement posées en vue d'une enquête; formulaire où elles sont inscrites. « *Parker remplissait pour l'état-major de la brigade de longs questionnaires imprimés* » (MAUROIS).

QUESTIONNEMENT [kestjɔn(ə)mɑ̃]. *n. m.* (déb. XVIIIᵉ; de *questionner*). *Didact.* Le fait de poser un ensemble de questions; ensemble de questions. V. Problématique.

QUESTIONNER [kestjɔne]. *v. tr.* (XIIᵉ; de *question*). Poser des questions à (qqn), d'une manière suivie. V. Interroger. « *On enquête. On le questionne, on le cuisine* » (MART. du G.). *Questionner un candidat.* Absolt. « *Il questionnait pour apprendre* » (DIDER.). ◊ Pronom. (*Récipr.*) « *Ces gens affairés, inquiets, s'appellent, se questionnent* » (MAUPASS.).

QUESTIONNEUR, EUSE [kestjɔnœʁ, øz]. *n.* (1554; de *questionner*). Personne qui pose une question. *Un questionneur indiscret.* — Adj. « *D'un air si peu questionneur* » (PROUST). V. Interrogateur.

QUESTURE [kɥestyʁ]. *n. f.* (1680; lat. *quæstura*). ♦ 1° *Hist. rom.* Charge de questeur; durée de sa magistrature. ♦ 2° (1799). Services dirigés par les questeurs.

1. QUÊTE [ket]. *n. f.* (XIIᵉ; lat. *quæsita*, fém. du p. p. de *quærere* « chercher »). ♦ 1° *Vx.* Action d'aller à la recherche (de qqn, de qqch.). *La quête du Graal.* — *Chasse.* Action de chercher le gibier. ◊ Loc. cour. EN QUÊTE DE..., à la recherche de... « *Les ouvriers en quête d'ouvrage et les patrons en quête d'ouvriers* » (GIDE). « *Il se met en quête d'un cabaret* » (DAUD.). ♦ 2° (XIVᵉ). Action de demander et de recueillir de l'argent pour des causes pieuses ou charitables. V. Collecte. *Faire la quête dans une église.*

2. QUÊTE [ket]. *n. f.* (1678; forme norm. de *chette*, a. var. dial. de *chute*). *Mar.* Inclinaison vers l'arrière. *Quête d'un mât.* — Angle de l'étambot et de la quille.

QUÊTER [kete]. *v. tr.* (mil. XIIᵉ; de *quête* 1). ♦ 1° *Chasse.*

Chercher (le gibier). — Absolt. « *On voyait le chien quêter, puis tenir l'arrêt* » (MAC ORLAN). ♦ 2° (XVIe). *Absolt.* Faire la quête (1, 2°). « *Elle quêta, devint dame de charité* » (BALZ.). « *Je quêtai sur les grands boulevards, devant la porte d'un foyer franco-belge* » (BEAUVOIR). ◊ *Fig.* Demander ou rechercher comme un don, une faveur. V. **Mendier, solliciter.** « *On quêtait son approbation, on craignait son blâme* » (MART. du G.). « *Un regard... qui quêtait en vain l'explication d'un état de choses inexplicable* » (COLETTE).

QUÊTEUR, EUSE [kɛtœʀ, øz]. *n.* (XIIe ; de *quêter*). ♦ 1° *Littér.* Personne qui recherche (qqch.) comme une faveur. *Un quêteur de compliments.* ♦ 2° *Cour.* Personne chargée de faire la quête. *La quêteuse tendait une aumônière, une bourse.*

QUETSCHE [kwɛtʃ(ə)]. *n. f.* (*Couetche*, 1777 ; mot alsacien, all. *Zwetsche*). Grosse prune oblongue de couleur violet sombre. *Tarte aux quetsches.* ◊ Eau-de-vie tirée de ces prunes. *Un petit verre de quetsche.*

1. **QUEUE** [kø]. *n. f.* (*Coe, cue*, 1080 ; lat. *coda*, var. de *cauda*).

I. Ⓐ (*Animaux*). ♦ 1° Appendice* plus ou moins long et poilu qui prolonge la colonne vertébrale de nombreux mammifères. « *L'écureuil Guerriot... la queue en traîne retroussée ou relevée en panache s'épanouissant juste au-dessus de sa tête* » (PERGAUD). « *Le petit chien, rasant les murs, la queue basse* » (ROMAINS). Fam. *La queue en trompette*, en l'air. ◊ Loc. *Tirer le diable* par la queue. S'en aller la queue basse, la queue entre les jambes*, piteusement après un échec. *Se mordre la queue*, tourner en rond. « *Notre conversation, si j'ose dire, se mord la queue* » (CL. MAURIAC). Fam. *Je n'en ai pas la queue d'un*, pas une seule (des choses qu'on cherche, qu'on voudrait). « *L'air malpropre avec ses cheveux queue de vache* » (ZOLA), un roux un peu jaunâtre. — *Chat* (II) à neuf queues. ◊ À LA QUEUE LEU LEU (1890, altér. de *à la queue le leu* « à la queue le [du] loup »). *Loc. adv.* L'un derrière l'autre (comme étaient censés marcher les loups). « *Ils cheminent à la queue leu leu, menés par des guides* » (DUHAM.). ♦ 2° *Vulg.* (XVIe). Membre viril. Cf. **Quéquette.** ♦ 3° Extrémité postérieure allongée du corps de certains artiozoaires vertébrés ou invertébrés. V. -**Oure** (Cf. Hétérocerque, homocerque). « *Comme une vipère dressée sur sa queue* » (BARBEY). *La queue du lézard.* « *Avec un coup de queue brusque, les morues se retournaient* » (LOTI). Fig. *Queue de poisson*. — Cuis. *Queues de langoustines, d'écrevisses*, l'abdomen (qui est la meilleure partie). ♦ 4° Ensemble des plumes du croupion (d'un oiseau). *Queue du coq, du paon.* — Loc. « *Tu mettrais plus facilement un grain de sel sur la queue d'un moineau* » (BALZ.), c'est une chose quasi impossible. — *Fig.* (Techn.) *Assemblage à queue d'aronde*. ♦ 5° Loc. *Queue de morue, de pie* (Cf. ci-dessous, II, 2°). ◊ *Queue de cheval* (Cf. ci-dessous, II, 3°). Cf. aussi les comp. Ⓑ (*Végétaux* ; XIIIe). Pédoncule qui attache (un fruit) à la branche, la tige. *Queue de cerise.* — Pétiole de la feuille. ◊ Pédoncule (d'une fleur), surtout lorsqu'il est court et peu rigide. *Queue de pâquerette.* ◊ Tige tenant à certaine partie comestible d'une plante. *Servir des radis avec les queues.*

II. *Fig.* ♦ 1° Partie terminale, prolongement. *Queue de comète*, traînée lumineuse qui suit le corps céleste. *Queue de la Grande, de la Petite Ourse*, les étoiles qui en prolongent le quadrilatère. *Queue de note*, trait qui prolonge le corps de la note. *Queue de lettre*, hampe, trait d'une lettre qui descend sous la ligne d'écriture. *La queue du p.* ◊ PIANO À QUEUE (1835), dont les cordes disposées horizontalement forment un prolongement au clavier. *Piano demi-queue*, *quart de queue.* — *La queue d'un avion*, la partie postérieure du fuselage qui va en s'amincissant. — *La queue d'une poêle*, le manche. ♦ 2° *Vx.* Traîne. « *Repoussant leur queue en arrière avec un petit coup de talon* » (GAUTIER). ◊ *Mod.* (Souvent QUEUE DE MORUE, DE PIE) Basques plongeantes à l'arrière d'un habit. « *L'huissier en uniforme à queue* » (LECOMTE). « *Son habit avec de spacieux revers, une longue queue de morue* » (HUGO). — Cet habit. *Mettre sa queue de morue, sa queue de pie.* ♦ 3° Faisceau de cheveux serrés derrière la tête. « *La queue de son chignon* » (ZOLA). ◊ QUEUE DE CHEVAL : coiffure de jeune fille, dans laquelle les cheveux longs et non frisés sont ramenés haut derrière la tête, d'où ils retombent. ♦ 4° Large pinceau plat. *Queue à vernir, à laquer.* ♦ 5° (Billard ; vx.). Procédé. ◊ *Mod.* Long bâton arrondi, garni d'un procédé*, et qui sert à pousser les billes. *Queue démontable. Faire fausse queue*, toucher la bille à faux.

III. ♦ 1° Derniers rangs, dernières personnes (d'un groupe en ordre de progression). *La tête et la queue du cortège.* — *À la queue.* « *Je le voyais, les jours de promenade, à la queue de la colonne* » (DAUD.). *Coureur cycliste qui traîne à la queue du peloton. Fig. Être à la queue, tenir la queue de sa classe*, se dit d'un élève qui est dans les derniers (1794). *File de personnes qui attendent leur tour.* « *Devant chaque boutique... ce sont des queues et des attentes interminables* » (GIDE). « *Les cafés étaient toujours pleins ; il y avait queue aux maisons de jeu* » (MICHELET). « *Des hommes avec des*

musettes faisaient la queue devant le guichet » (SARTRE), attendaient en prenant leur tour. ◊ Attente dans cette file. *Faire une heure de queue.* ♦ 3° Arrière d'une file de véhicules (surtout : *de queue, en queue*). *Les wagons de queue d'un train.* « *Vérifiant si à telle gare de métro la sortie se trouvait en tête ou en queue* » (QUENEAU). ♦ 4° Fin. *Nous avons eu la queue de l'orage.* « *Longues queues de phrases* » (HUGO). *Queue de page*, fin de texte qui laisse un blanc au bas de la page. — *Produits de queue d'une distillation*, obtenus en dernier. ◊ Loc. *Commencer par la queue*, par la fin. *Sans queue ni tête*, qui semble n'avoir ni début ni fin. « *Improviser de vagues choses extravagantes sans queue ni tête* » (LOTI). V. **Incohérent.**

◈ ANT. Tête. — HOM. Queue (2), queux (1 et 2).

2. **QUEUE** [kø]. *n. f.* (XIIIe ; p.-ê. du précéd.). *Ancienn.* Futaille d'un muid et demi. ◈ HOM. Queue (1), queux (1 et 2).

QUEUE D'ARONDE ou **QUEUE-D'ARONDE.** V. ARONDE.

QUEUE-DE-COCHON [kødkɔʃ]. *n. f.* (1803 ; de *queue* 1, et *cochon*). Techn. Tarière terminée en vrille. ◊ Ornement de ferronnerie en forme de pointe torsadée. *Grille ornée de queues-de-cochon.*

QUEUE DE MORUE ou **QUEUE-DE-MORUE.** V. QUEUE (1, II, 2°).

QUEUE DE PIE ou **QUEUE-DE-PIE.** V. QUEUE (1, II, 2°).

QUEUE-DE-RAT [kødʀa]. *n. f.* (1752 ; de *queue* 1, et *rat*). Techn. Lime ronde et fine terminée en pointe. *Des queues-de-rat.*

QUEUE-DE-RENARD [kødʀənaʀ]. *n. f.* (1538 ; de *queue* 1, et *renard*). ♦ 1° Variété d'amarante. ♦ 2° (1803). Techn. Outil taillé à deux biseaux servant à percer. *Des queues-de-renard.*

QUEUSOT [køzo]. *n. m.* (1922 ; o. i.). Techn. Tube de verre qui sert à faire le vide dans les ampoules électriques avant de les souder.

QUEUTER [køte]. *v. intr.* (1765 ; de *queue*). ♦ 1° Billard. Pousser la bille, la boule en l'accompagnant au lieu de la frapper. ♦ 2° *Fam.* V. **Louper.** *Ça a queuté !*

1. **QUEUX** [kø]. *n. m.* (*Cous*, 1080 ; lat. *coquus* « cuisinier »). Vx. ou plais. MAÎTRE QUEUX : cuisinier. ◈ HOM. Queue (1 et 2), queux (2).

2. **QUEUX** [kø]. *n. f.* (XIIe ; lat. *cos*). Techn. Pierre à aiguiser. ◈ HOM. Queue (1 et 2), queux (1).

QUI [ki]. *pron.* (842 ; lat. *qui*).

I. Pronom relatif des deux nombres, masculin ou féminin, désignant une personne ou une chose. Ⓐ (*Sujet*). ♦ 1° (Avec antécédent exprimé). « *Les gens que nous aimons et qui nous intéressent* » (LARBAUD). *Celui*, *ce* *qui... Le voilà* *qui... Moi qui suis, toi qui es, nous qui sommes...* « *Ce n'est toi ni moi qui l'empêcherons* » (BECQUE). ◊ (Séparé de son antécédent) « *La catastrophe approchait, qui terminerait l'antagonisme* » (ZOLA). « *Elle est à la cuisine qui fond des balles* » (MÉRIMÉE). « *Il pensa que tout était bon à ramasser qui peut servir* » (MAUPASS.). ♦ 2° (Sans antécédent exprimé). *Celui, celle qui, quiconque.* « *Pénétré de cette vérité que qui va lentement va sûrement ; et enfin que qui trop embrasse mal étreint* » (BALZ.). « *Il méprise qui le craint, il insulte qui l'aime* » (SAND). — *Littér.* (Introduisant une proposition. hypothétique au condit.) « *Qui prévoirait tous les risques, le jeu perdrait tout intérêt* » (GIDE) : si qqn... — « *Nous sommes attirés par qui nous flatte* » (RADIGUET). « *À qui se sert de ses yeux, tout devient simple* » (COLETTE). « *Il était en redingote ; comme qui reviendrait de baptême ou d'enterrement* » (GIDE). Loc. *Comme qui dirait* : en quelque sorte. « *Invité comme qui dirait à titre amical* » (ROMAINS). « *C'était à qui des deux serait le plus tendre* » (R. ROLLAND). *À qui mieux* mieux. — (Répété) « *Des manchots, et des borgnes, et des lépreux, qui sortant des maisons, qui des petites rues* » (HUGO), les uns..., les autres... ◊ (*Archéo*) Ce qui. *Qui mieux* (III, 3°) est. *Qui pis* est. *Qui plus est* : en outre. « *Voilà qui doit être délicieux* » (DUHAM.), qqch. qui... Ⓑ (Complément). ♦ 1° (*Compl. dir.*). Celui qui... « *Embrasse qui vous voudrez* » (Chanson). « *Cet argent vient de qui vous savez pour ce que vous savez* » (HUGO). « *Quand l'on nuit sciemment à qui l'on aime* » (ARAGON). *Qui vous savez* : la personne (connue) qu'on ne veut pas nommer. ♦ 2° (*Compl. indir.* ou *circonst.*). V. **Lequel.** — (Antécédent exprimé) « *Un capitaine à qui tous les armateurs voudraient confier des navires* » (LOTI). « *Sa mère sur qui Tonsard n'a pas levé la main* » (BALZ.). — *Rare* (Antécéd. de chose) « *Sa figure sur qui tombe la pluie* » (BARBUSSE) : laquelle, sur quoi. ◊ (*Sans antécédent*) *Littér.* « *On hait devant qui l'on ment* » (HUGO).

II. Pronom interrogatif désignant une personne (et, rarement, une chose). Ⓐ (*Interrog. dir.*). ♦ 1° (Sujet, attribut). *Qui te l'a dit ? Qui vient ? Qui est-ce ? Qui, moi ? — Qui, toi ?* — *Maurice Levasseur, votre neveu* » (ZOLA). « *Qui donc décide des armements ? Qui des effectifs ?* » (ALAIN). — *Qui est-ce ? Qui est-ce ? Qui est-ce qui le dit le contraire ?* » (BECQUE). ◊ (Neutre) *Littér.* Qu'est-ce qui...? « *Qui nous vaut cette* bonne visite? » (DAUD.). ♦ 2° (Compl.). *Qui demandez-vous? De qui parlez-vous?* « *Et à présent, pourquoi vivre? pour qui?* » (VIGNY). « *À l'autre bout de l'Europe, qui se battait contre qui?* » (ROMAINS). Ⓑ (Interrog. indir.). *Dis-moi qui tu hantes, qui tu fréquentes, et je te dirai qui tu es.* « *Il ne savait à qui donner raison* » (FRANCE). *N'importe qui.* V. **Importer.** Ⓒ (En corrél. avec *que*, pour marquer une concession indéterminée). *Qui que tu sois, que tu sois tel ou tel. Qui que ce soit,* n'importe qui.

QUIA (À) [akyija]. *loc. adv.* (1460; lat. *quia* « parce que », introduisant en lat. scolast. une explication insuffisante). Vieilli. *Mettre, réduire qqn à quia,* le mettre dans l'impossibilité de répondre.

QUICHE [kiʃ]. *n. f.* (1810; adapt. alsac. *Küchen* « gâteau », all. *Kuchen*). Sorte de tarte de pâte brisée, garnie d'une préparation à base de crème et d'œufs, et contenant des petits morceaux de lard et de jambon. *Quiche lorraine.*

QUICHUA [kiʧɥa]. *n. m.* (*Quichoa,* 1765; mot indigène). Langue parlée sur les hauts plateaux du Pérou et de la Bolivie, qui a été la langue officielle des Incas.

QUICONQUE [kikɔ̃k]. *pron. rel.* et *indéf.* (XIIᵉ; de *qui... qu'onques* « qui... jamais », plus tard rapproché du lat. *quicumque*). ♦ 1° *Relatif* (Sujet de la relative, sujet ou compl. de la principale). *Toute personne qui...;* qui que ce soit qui. « *Quiconque n'a pas de tempérament personnel n'a pas de talent* » (HUYSMANS). « *Pour quiconque a l'habitude de la prière, la réflexion n'est trop souvent qu'un alibi* » (BERNANOS). ♦ 2° *(Indéfini).* N'importe qui, personne. « *Je suis aussi sensible que quiconque à la force de son argumentation* » (MART. du G.). « *Sans en faire part à quiconque* » (JAMMES).

QUIDAM [kɥidam]. *n. m.* (XIVᵉ; mot lat. « un certain, qqn »). *Plaisant.* Un certain individu (qu'on ne peut ou qu'on ne veut pas désigner avec plus de précision). « *Ainsi, vous êtes dans un jardin public, je suppose; un quidam se présente...* » (FLAUB.). — Vieilli. « *Des quidams de toute espèce* » (ROUSS.).

QUIDDITÉ [kɥi(d)dite]. *n. f.* (XIVᵉ; lat. scolast. *quidditas,* de *quid* « quoi »). *Philo.* L'essence d'une chose (en tant qu'exprimée dans sa définition).

QUIET, QUIÈTE [kjɛ, kjɛt]. *adj.* (XIIIᵉ; lat. *quietus*). *Vx.* Paisible, tranquille. « *Il referma la porte de l'air le plus quiet* » (GIDE). ◇ ANT. **Inquiet.**

QUIÉTISME [kɥijetism(ə), kjetism(ə)]. *n. m.* (1685; lat. ecclés. *quietismus,* 1682; de *quies, quietis* « repos, quiétude »). *Hist. relig.* Doctrine mystique de Molinos *(molinosisme)* qui faisait consister la perfection chrétienne dans un état continuel de quiétude et d'union avec Dieu, où l'âme devient indifférente aux œuvres et même à son propre salut. *La querelle du quiétisme, à la fin du XVIIᵉ s.*

QUIÉTISTE [kɥijetist(ə), kjetist(ə)]. *n.* (v. 1670-80; de *quiétisme*). Partisan du quiétisme. *Mᵐᵉ Guyon fut une quiétiste.* Adj. *Les théories quiétistes.*

QUIÉTUDE [kɥijetyd, *cour.* kjetyd]. *n. f.* (1482; lat. ecclés. *quietudo*). ♦ 1° *Théol.* Paix mystique de l'âme. *Oraison de quiétude.* ◇ *Philo.* Tranquillité d'âme du sage. V. **Ataraxie.** ♦ 2° *Littér.* « *La quiétude de l'appartement bourgeois* » (TAINE), le calme et le confort. *Cour. En toute quiétude,* en toute tranquillité. ◇ ANT. **Agitation, inquiétude.**

QUIGNON [kiɲɔ̃]. *n. m.* (XIVᵉ; altér. de *coignon,* de *coin*). *Fam.* Gros morceau, coin (de pain, surtout de gros pain). « *Un solide quignon de pain* » (R. ROLLAND). *Un vieux quignon.*

1. QUILLE [kij]. *n. f.* (fin XIIIᵉ; a. haut all. *kegil,* all. mod. *Kegel*). ♦ 1° Chacun des morceaux de bois longs et ronds qu'on dispose à une certaine distance pour les renverser avec une boule lancée à la main. *Un jeu de quilles.* V. **Bowling** (anglicisme). « *On ferait une partie de quilles* » (ZOLA). — Loc. fam. *Comme un chien* dans un jeu de quilles.* ♦ 2° *Fam.* Jambe. « *Ce colosse allait tuer ses deux longues quilles d'un pas grave* » (BALZ.). ♦ 3° Bouteille mince et allongée. « *Les longues quilles de vin du Rhin* » (GAUTIER). ◇ Béquille d'une voiture à deux roues.

2. QUILLE [kij]. *n. f.* (1382; a. norrois *kilir,* plur. de *kjollr;* Cf. angl. *keel*). Pièce axiale située à la partie inférieure d'un navire et sur laquelle repose l'ensemble de la charpente de la carène. V. **Carlingue, étambot, étrave.** « *Le vent agit sur la voile...; la quille résiste* » (ALAIN). *La quille en l'air :* renversée (d'une embarcation).

3. QUILLE [kij]. *n. f.* (1936; o. i.; p.-ê. de quille [1] « jambe »; Cf. *Jouer des quilles* « fuir »). *Arg. milit.* Libération de la classe, fin du service. V. **Classe.** « *On signera la paix dans un mois, et à nous la quille* » (DUTOURD). — *Arg.* Sortie de prison.

QUILLEUR, EUSE [kijœr, øz]. *n.* (mil. XXᵉ; de *quille* 1). *Canada.* Personne qui joue aux quilles.

QUILLIER [kije]. *n. m.* (1370; de *quille* 1). *Vx.* Espace où l'on dispose les quilles. ◇ *Techn.* Ensemble des neuf quilles d'un jeu.

QUILLON [kijɔ̃]. *n. m.* (1570; de *quille* 1). *Techn.* Chacune des deux branches de la croix dans la garde d'une épée ou d'une baïonnette. ◇ Petite tige située près de l'embouchoir

d'un fusil de guerre et qui permet de former les faisceaux.

QUINAIRE [kinɛr]. *adj.* et *n. m.* (1546; lat. *quinarius*). Rare *(Didact.).* ♦ 1° *Adj.* Exactement divisible par cinq. *Nombre quinaire.* — *Numération quinaire,* qui prend pour base le nombre cinq. ♦ 2° *N. m.* Monnaie romaine qui valait cinq as.

QUINAUD, AUDE [kino, od]. *adj.* (1532; o. i.). Vieilli. Confus, penaud. « *On manque son coup, on est désarmé et l'on reste quinaud* » (GAUTIER).

QUINCAILLERIE [kɛ̃kajri]. *n. f.* (1268; de l'a. fr. *quincaille,* var. *clincaille,* même rad. que *clinquant*). ♦ 1° Ensemble des ustensiles, appareils, produits semi-finis en métal (fer, fer-blanc, cuivre, zinc, etc.). V. **Ferblanterie.** *Quincaillerie d'outillage, de bâtiment, d'ameublement, de ménage.* ♦ 2° Industrie ou commerce de ces objets. ◇ Magasin où on les vend. ♦ 3° *Fam.* Bijoux faux ou de mauvais goût. *Qu'est-ce que c'est que toute cette quincaillerie!*

QUINCAILLIER, IÈRE [kɛ̃kaje, jɛr]. *n.* (1442; de *quincaillerie*). Personne qui vend de la quincaillerie.

QUINCONCE [kɛ̃kɔ̃s]. *n. m.* (*En ordre quincunce,* 1534; lat. *quincunx, -uncis*). ♦ 1° EN QUINCONCE : se dit d'objets disposés par groupes de cinq dont quatre aux quatre angles d'un carré et le cinquième au centre. « *Cette plantation régulière, qui s'étend en quinconce sur un espace de plusieurs lieues* » (NERVAL). ♦ 2° Plantation d'arbres ainsi disposés; promenade dont les arbres ainsi plantés forment des allées régulières. *La place des Quinconces de Bordeaux.*

QUINDÉCIMVIR [kɥɛ̃desimvir]. *n. m.* (1762; lat. *quindecimviri* « les quinze hommes »). *Hist. rom.* Chacun des magistrats (quinze à l'origine) préposés à la garde des livres sibyllins et à l'organisation de certains sacrifices ou jeux (On trouve aussi QUINDÉCEMVIR [kɥɛ̃desɛmvir]).

QUINE [kin]. *n. m.* (*Quines,* plur., 1155; lat. *quinas,* accus. fém. plur. de *quini* « cinq chacun »). *Vx.* Dans les anciennes loteries, Cinq numéros pris et sortis ensemble. Fig. « *Qu'est-ce que Waterloo?... Un quine. Quine gagné par l'Europe, payé par la France* » (HUGO).

QUINÉ, ÉE [kine]. *adj.* (1803; du lat. *quini.* V. **Quine**). *Bot.* Disposé cinq par cinq. *Feuilles quinées.*

QUININE [kinin]. *n. f.* (1820; de *quina,* var. abrégée de *quinquina*). *Chim.* Alcaloïde extrait de l'écorce de quinquina, cristallisant en fines aiguilles de goût amer, peu solubles dans l'eau. — *Cour.* Sulfate de quinine, remède spécifique du paludisme. *Cachets, suppositoires de quinine.*

QUINOA [kinɔa]. *n. m.* (1845; mot quichua). *Rare.* Céréale du Chili et du Pérou (*Chénopodiacées*), ressemblant au sarrasin.

QUINOLÉINE [kinɔlein]. *n. f.* (1844; rad. de *quinine,* et élément *olé*[o]-. V. **Oléine**). *Chim.* Composé basique hétérocyclique à odeur aromatique, extrait des goudrons de houille et de certains dérivés des quinquinas.

QUINQU(A)-. Élément du lat. *quinque* « cinq ».

QUINQUAGÉNAIRE [k(y)ɛ̃k(w)aʒenɛr]. *adj.* et *n.* (XVIᵉ; lat. *quinquagenarius*). Âgé de cinquante à soixante ans. ◇ N. *Un, une quinquagénaire.*

QUINQUAGÉSIME [kɥɛ̃kwaʒezim]. *n. f.* (1372; lat. ecclés. *quinquagesima,* fém. de *quinquagesimus* « cinquantième »). *Liturg.* Dimanche précédant le premier dimanche de carême (qui tombe environ cinquante jours avant Pâques). *La Quinquagésime* ou (plus cour.) *Le dimanche de Quinquagésime.*

QUINQUENNAL, ALE, AUX [kɥɛ̃kɥe(ɛn)nal, o; *cour.* kɛ̃ke(ɛn)nal, o]. *adj.* (1541; lat. *quinquennalis*). ♦ 1° Qui a lieu tous les cinq ans. *Élection quinquennale.* ♦ 2° (1740). Qui dure, qui s'étale sur cinq ans. *Plan quinquennal* (spécialt. plan général de l'économie soviétique de 1928 à 1959). *Assolement quinquennal.*

QUINQUENNAT [kɥɛ̃kɥe(ɛn)na; *cour.* kɛ̃ke(ɛn)na]. *n. m.* (mil. XXᵉ; de *quinquennal*). Durée d'un plan quinquennal. — Durée de cinq ans.

QUINQUET [kɛ̃kɛ]. *n. m.* (1785; du nom de *Quinquet,* qui perfectionna la lampe inventée par le physicien Argand). ♦ 1° Ancienne lampe à double courant d'air, et à réservoir supérieur. « *Allumeurs de quinquets qui voudraient être acteurs* » (MUSS.). ♦ 2° *Pop.* (1808). Œil (surtout avec *ouvrir, fermer*). *Allume tes quinquets :* ouvre les yeux. « *Fermez les quinquets, taisez votre bec* » (ZOLA).

QUINQUINA [kɛ̃kina]. *n. m.* (1661; *kinakina,* 1653; esp. *quinaquina,* mot quichua). ♦ 1° Nom collectif d'un grand nombre d'écorces amères, aux propriétés toniques et fébrifuges, fournies par diverses espèces d'arbustes du genre *cinchona.* « *Le médecin prescrivait une infusion de quinquina* » (HUGO). *Vin de quinquina* (vx). ◇ *Cour.* Vin apéritif et tonique contenant une certaine proportion de quinquina. ♦ 2° (XVIIIᵉ). Arbre tropical (*Rubiacées*), scientifiquement appelé *cinchona,* dont l'écorce fournit la quinine et la cinchonine.

QUINT-. Élément, du lat. *quintus* « cinquième ».

QUINTAINE [kɛ̃tɛn]. *n. f.* (XIIe; lat. *quintana* [*via*] « cinquième [rue] » du camp romain, où était ménagé un espace libre pour cet exercice). *Ancienn.* (Jusqu'au XVIIe s.). Poteau contre lequel le cavalier s'exerçait à frapper avec la lance ou à jeter des traits; mannequin mobile attaché à ce poteau et servant de cible, qui assenait un coup chaque fois qu'on le manquait.

QUINTAL, AUX [kɛ̃tal, o]. *n. m.* (XIIIe; lat. médiév. *quintale*, de l'arabe *qintâr* « poids de cent », d'o. gréco-lat.). ♦ 1° *Vx.* Poids de cent livres. — *Mod.* (Canada, apr. 1760). Poids de 112 livres*. ♦ 2° *Mod.* Masse de cent kilogrammes ou de 220,46 livres. (symb. *q*). *Rendement de 20 quintaux de blé à l'hectare.*

1. **QUINTE** [kɛ̃t]. *n. f.* (1372; substantivation au fém. de l'a. fr. *quint* « cinquième », 1080; lat. *quintus*). ♦ 1° *Mus.* Cinquième degré de la gamme diatonique. *Intervalle de quinte*, ou ellipt. *Quinte*, intervalle de cinq degrés (*ex.* : do-sol). *Quinte juste*, intervalle de trois sons et un demi-ton diatoniques. *Quinte augmentée*, de trois tons, un demi-ton diatonique et un demi-ton chromatique. *Quinte diminuée*, de deux tons et deux demi-tons diatoniques. ♦ 2° (1654). Suite de cinq cartes de même couleur. *Avoir, annoncer une quinte au piquet. Quinte flush*. ♦ 3° (1690). *Escr.* Cinquième garde, un des engagements ou parades en ligne haute et en dedans.

2. **QUINTE** [kɛ̃t]. *n. f.* (1560; o. i.; rattaché à *quinte* [3] de *toux*). *Vx.* Caprice; brusque accès de mauvaise humeur (V. **Quinteux**).

3. **QUINTE** [kɛ̃t]. *n. f.* (1644; de *quinte* 1 « toux revenant toutes les cinq heures »). Accès de toux, et *spécialt.* Accès de toux caractéristique de la coqueluche. « *Ce fut une quinte terrible qui lui déchirait la gorge* » (MAUPASS.). — *Quinte de toux.*

QUINTEFEUILLE [kɛ̃tfœj]. *n.* (XIIIe; lat. *quinquefolium*, avec infl. de *quint*[e] « cinquième » en a. fr.). *N. f.* Potentille rampante (plante). ◇ *Blas.* Pièce héraldique figurant une fleur à cinq pétales. ◇ *N. m. Archéol.* Rosace formée de cinq lobes.

QUINTESSENCE [kɛ̃tesɑ̃s]. *n. f.* (*Quinte essence* v. 1265; lat. scolast. *quinta essentia*, trad. gr. *pemptê ousia* « cinquième essence »). ♦ 1° *Philo. anc.* Cinquième élément (l'éther) ajouté aux quatre éléments d'Empédocle. ◇ *Alch.* Qualité pure, principe essentiel d'une substance (en particulier les alcools obtenus par distillations répétées). *Abstracteur* de quintessence*. ♦ 2° *Vieilli.* Extrait le plus concentré d'une substance (dont il réunirait les propriétés caractéristiques). ◇ *Fig. et mod.* (XVIe) Ce en quoi se résument l'essentiel et le plus pur de qqch. V. **Meilleur** (le), **principal** (le). « *La pantomime est l'épuration de la comédie; c'en est la quintessence* » (BAUDEL.).

QUINTESSENCIÉ, IÉE [kɛ̃tesɑ̃sje]. *adj.* (1611; de *quintessencier*). *Littér.* Raffiné et subtil à l'excès. V. **Alambiqué, sophistiqué.** « *Banal, oui... Et tout autre livre, à côté, paraît aussitôt quintessencié, recherché, précieux* » (GIDE).

QUINTESSENCIER [kɛ̃tesɑ̃sje]. *v. tr.* (1584; de *quintessence*). *Littér.* Porter au plus haut point de pureté, de subtilité (surtout *au pass.*). « *Tout ce système d'amour quintessencié par M*ᴵˡᵉ *de Scudéry* » (CHATEAUB.).

QUINTETTE [k(ɥ)ɛtɛt]. *n. m.* (1839; mot it. *quintetto*, 1826, dimin. de *quinto* « cinquième »). ♦ 1° Œuvre de musique d'ensemble, écrite pour cinq instruments ou cinq voix concertantes. *Quintette à cordes*, pour deux violons, deux altos et un violoncelle (ou deux violons, un alto et deux violoncelles). *Quintette (pour instruments) à vent*, pour flûte, hautbois, clarinette, cor et basson. *Quintette vocal*, pour cinq voix. ♦ 2° (v. 1935; angl. Cf. *Quartette*). Orchestre de jazz composé de cinq musiciens.

QUINTEUX, EUSE [kɛ̃tø, øz]. *adj.* (1542; de *quinte* 2). *Vieilli.* Qui est d'humeur fantasque, se fâche facilement. V. **Capricieux.** « *Les femmes ont besoin d'être quinteuses, ... elles ne sauraient avoir l'égalité d'humeur que nous donne la force du caractère* » (BALZ.). ◇ *Cheval quinteux :* rétif.

QUINTIDI [k(ɥ)ɛtidi]. *n. m.* (1793; du lat. *quintus* « cinquième », et *dies* « jour »). *Hist.* Cinquième jour de la décade, dans le calendrier républicain.

QUINTILLION [k(ɥ)ɛtiljɔ̃]. *n. m.* (1877; du rad. lat. *quintus* « cinquième », et la finale de *million*). *Vx.* Mille quatrillions. ◇ *Mod.* (1948) Un million de quatrillions (10³⁰).

QUINTO [kɥɛto]. *adv.* (1845; mot lat.). *Rare.* Cinquièmement (dans une énumération commençant par *primo*).

QUINTUPLE [kɛ̃typl(ə)]. *adj.* (1484; lat. *quintuplex*). ♦ 1° Cinq fois plus grand. *Somme quintuple d'une autre.* — *Subst. Payer le quintuple.* ♦ 2° Constitué de cinq éléments de nature à peu près semblable. « *Cette main... étendit toute grande sur elle la menace de sa quintuple pince de chair musculeuse* » (PERGAUD).

QUINTUPLER [kɛ̃typle]. *v.* (1789; de *quintuple*). ♦ 1° *V. tr.* Rendre quintuple. « *Nous allons prochainement quintupler le capital* » (MAUROIS). ♦ 2° *V. intr.* Devenir quintuple. *Les prix ont quintuplé.*

QUINTUPLÉS, ÉES [kɛ̃typle]. *n. pl.* (1934; de *quintupler*). Les cinq enfants nés d'une même grossesse. « *Il n'est personne qui n'ait entendu parler des « quintuplées » du Canada, les petites Dionne* » (J. ROSTAND). (On dit aussi QUINTUPLETS, ETTES [kɛ̃typle, ɛt]).

QUINZAINE [kɛ̃zɛn]. *n. f.* (fin XIIe; de *quinze*). ♦ 1° Nombre de quinze ou environ. « *Le comité de grève, une quinzaine d'ouvriers...* » (ARAGON). ♦ 2° *Absolt.* Espace de quinze jours. « *Un officier lui avait promis de le faire embarquer dans la quinzaine* » (LOTI). *Procès remis à quinzaine. La grande quinzaine des prix littéraires* (les quinze premiers jours de décembre). ◇ Espace de deux semaines de travail payé; salaire de deux semaines.

QUINZE [kɛ̃z]. *adj. numér.* et *n. m. invar.* (1080; lat. *quindecim*).
I. ♦ 1° (*Cardinal*). Quatorze plus un, trois fois cinq (15). *Le rugby se joue à quinze ou treize joueurs. Quinze minutes.* V. **Quart** (d'heure). *Quinze cents francs* (ou mille cinq cents). *Quinze cent mille francs* (un million cinq cent mille). *Soixante-quinze, quatre-vingt-quinze mille francs.* ◇ *Spécialt. Quinze jours*, deux semaines. V. **Quinzaine.** « *En quinze jours elle a su danser* » (MART. du G.). *Fam.* « *J'ai changé tous les quinze jours d'opinion* » (GONCOURT), très souvent. *On se reverra dans quinze jours.* — « *Je déjeune de demain en quinze... chez Leroy-Beaulieu...* » (PROUST), deux semaines après le jour que sera demain. *Lundi en quinze.* ♦ 2° (*Ordinal*). Quinzième. *Page quinze. Louis quinze* (Louis XV). — *Ellipt. Le Quinze-Août.*
II. *N. m.* ♦ 1° Le nombre, le numéro ainsi désigné. *Quinze et cinq font vingt. Le quinze a gagné.* ♦ 2° *Sport.* Équipe de quinze joueurs, au rugby*. *Les internationaux du quinze de France.*

QUINZIÈME [kɛ̃zjɛm]. *adj.* (XIVe; *quinzime*, XIIe; de *quinze*). ♦ 1° Ordinal de quinze. *Le quinzième siècle.* V. **Quattrocento.** *Il a été quinzième en composition.* *Subst. Le quinzième de la classe.* ♦ 2° Qui est contenu quinze fois dans le tout. *La quinzième partie. Subst. Un quinzième du capital* (1/15).

QUINZIÈMEMENT [kɛ̃zjɛmmɑ̃]. *adv.* (1797; de *quinzième*). En quinzième lieu.

QUIPO [kipo] ou **QUIPOU** [kipu], **QUIPU** [kipy]. *n. m.* (1714; mot quichua « nœud »). *Hist.* Chez les Incas (qui ignoraient l'écriture), Faisceau de cordelettes dont les couleurs, les combinaisons et les nœuds étaient dotés de significations conventionnelles précises.

QUIPROQUO [kiprɔko]. *n. m.* (1566; *quid proquo*, 1452; du lat. médiév. « quelque chose pour quelque chose », désignant *spécialt.* une erreur en pharmacie). Méprise qui fait qu'on prend une personne ou une chose pour une autre; situation qui en résulte. V. **Malentendu.** « *Il y a les quiproquo* (sic) *d'amour, les quiproquo·d'amitié, les quiproquo de politique...* » (DIDER.). *Le quiproquo est « une situation qui présente en même temps deux sens différents, ... celui que les acteurs lui prêtent, ... celui que le public lui donne* » (BERGSON). *Des quiproquos.*

QUIRITE [kɥiʀit]. *n. m.* (1674; lat. *quiris, -itis*). *Hist. rom.* Appellation, en certains cas, du citoyen dans sa vie de civil.

QUISCALE [kɥiskal]. *n. m.* (1808; lat. zool. *quiscalus*; probabl. mot d'une langue indienne). Grand passereau d'Amérique centrale, au plumage noir et brillant.

QUITTANCE [kitɑ̃s]. *n. f.* (XIIe; de *quitter* « tenir quitte »). Écrit par lequel un créancier reconnaît que le débiteur a acquitté sa dette; titre qui comporte libération, reçu ou décharge. V. **Acquit, récépissé.** « *Le notaire achevait de dresser les quittances* » (BALZ.). *Quittance de loyer.* — *Loc.* (Vieilli) *Donner quittance de qqch. à qqn*, l'en déclarer quitte.

QUITTANCER [kitɑ̃se]. *v. tr.* (1396; de *quittance*). *Dr., Compt.* Donner quittance de (un mémoire, un contrat, etc.).

QUITTE [kit]. *adj.* (1080; lat. médiév. *quitus*, class. *quietus* « tranquille »). ♦ 1° (Surtout avec le v. *être*). Libéré d'une obligation juridique, d'une dette. *Être quitte envers qqn. Nous sommes quittes.* ◇ *Dr.* Exonéré. *Quitte de tous droits et taxes.* ♦ 2° (Avec quelques verbes : *tenir, considérer, estimer*, etc.). Libéré d'une obligation morale (par l'accomplissement de ce qu'on doit). *S'estimer quitte envers qqn, envers la patrie.* « *Je ne vous tiendrai pas quitte* » (GIDE), je ne vous considérerai pas comme quitte. V. **Dispenser.** ♦ *Être quitte (de)* : débarrassé (d'une situation désagréable, d'obligations pénibles). « *J'ai évité les fatigues de la vie sédentaire, un métier, une maison à conduire... Voilà ce dont je suis quitte* » (GOBINEAU). *J'en suis quitte à bon compte, je m'en tire à bon compte.* — *Loc. En être quitte pour la peur.* « *Le vicaire en fut quitte pour la peur* » (DIDER.), s'en tira en n'ayant à supporter d'autre inconvénient que la peur. « *Il en a été quitte pour un avertissement* » (CAMUS). ◇ QUITTE à... (suivi de l'inf.), *proprem.* qui s'en tirera sans autre inconvénient que de..., et *par ext.* Qui court, accepte le risque de. « *Rester jusqu'au bout avec les amis, quittes à

crever tous ensemble » (ZOLA). — *Invar.* (en *loc. adv.*). Au risque de, en admettant la possibilité de. « *Commençons toujours par en rire, quitte à le pleurer quand il sera temps* » (MUSS.). « *Tout le monde rit de quelqu'un dont on voit se moquer, quitte à le vénérer dix ans plus tard* » (PROUST). V. Sauf (sauf à). ♦ 4° Loc. *Jouer (à) quitte ou double,* une nouvelle partie dont le résultat sera d'annuler ou de doubler les gains et les pertes. *Fig.* Jouer le tout pour le tout, risquer un grand coup. — Subst. *Un quitte ou double,* un jeu où le concurrent peut, en acceptant de se soumettre à l'épreuve de la question suivante, perdre ou doubler le gain déjà acquis.
◇ ANT. Débiteur, obligé.

QUITTER [kite]. *v. tr.* (XIIᵉ; lat. médiév. *quitare,* de *quitus.* V. **Quitte**).
I. Vx. ♦ 1° Libérer (qqn) d'une obligation, tenir quitte. ♦ 2° *Vx* (XVᵉ). Laisser, céder à qqn. « *Et je ferai bien mieux de lui quitter la place* » (MOL.).
II. (XVIᵉ). ♦ 1° Vieilli. Renoncer à (qqch.). « *Quittez le long espoir et les vastes pensées* » (LA FONT.). ◇ *Mod.* Abandonner (une activité, un genre de vie). « *Il quittait son dur métier, devenait patron* » (ZOLA). « *Il fit vœu de quitter le monde et se retira à la Trappe* » (NERVAL). — Loc. *Quitter la partie* : abandonner. *Ne quittez pas l'écoute* (3°) : continuez à écouter (radio). *Ne quittez pas!* (au téléphone). ♦ 2° Laisser (qqn) en s'éloignant, en prenant congé. *Allons, il faut que je vous quitte.* « *Une dame de compagnie, qui ne la quitte jamais* » (DAUD.). ♦ 3° Laisser (qqn) pour très longtemps ou pour toujours, rompre avec (qqn). « *Il ne m'a pas... vraiment quittée, au sens où on l'entend en amour... la rupture; l'abandon définitif* » (ROMAINS). — Pronom. (*Récipr.*) Se séparer. *Ils viennent de se quitter.* ◇ *(Sujet de chose)* Cesser d'habiter, d'affecter (qqn). « *Comme le sommeil quitte le somnambule...* » (COLETTE). « *Cette pensée ne le quittait pas, c'était une obsession* » (DAUD.). ♦ 4° Laisser (un lieu) en s'éloignant, cesser d'y être. V. Aller (s'en), partir. « *Cette ville... je ne pus la quitter sans me sentir arracher l'âme* » (STENDHAL). *Quitter son pays.* V. Émigrer, expatrier (s'). « *Il faut que tu quittes ton appartement* » (CHARDONNE). V. Déménager. ◇ Sortir de... « *Quittant son bureau, il descend dans la rue* » (GIDE). *Le médecin lui interdit de quitter la chambre.* — *La voiture a dérapé et quitté la route.* « *Ne dansant qu'avec la pointe de ses pieds, qui ne quittaient pas le sol* » (MART. du G.). ♦ 5° Cesser de tenir. « *La main de Mˡˡᵉ Alberte quitta la mienne* » (BARBEY). V. Lâcher. ◇ Par ext. « *Ne quittant pas des yeux l'objet de sa convoitise* » (BAUDEL.), gardant les yeux fixés sur... ♦ 6° Enlever (ce que l'on porte sur soi). V. Ôter. « *Tout à coup, Athman... quitte son burnous... et fait la roue* » (GIDE). « *Il ne quittait plus ses gants* » (DUHAM.). — *Quitter le deuil.*
◇ ANT. Garder, tenir. Continuer. Fréquenter.

QUITUS [k(ɥ)itys]. *n. m.* (1421; mot du lat. médiév. V. **Quitte**). *Dr.* Acte par lequel le responsable de la gestion d'une affaire est reconnu s'en être acquitté de manière à être déchargé de toute responsabilité. V. **Décharge**. *Donner quitus à un gérant, à un comptable.*

QUI-VIVE? [kiviv]. *loc. interj.* et *n. m. invar.* (1419; probabl. de la loc. *homme qui vive* « qui que ce soit, quelqu'un », XIᵉ; Cf. *Il n'y a âme qui vive,* il n'y a personne). ♦ 1° Interj. Cri par lequel une sentinelle, une patrouille interroge en entendant ou en voyant qqch. de suspect. *Halte-là, qui-vive?* ◇ N. m. invar. « *De nombreux qui-vive retentirent* » (BALZ.). ♦ 2° Loc. adv. (XVIIᵉ). SUR LE QUI-VIVE, sur ses gardes et comme dans l'attente d'une attaque. « *Nous étions toujours sur le qui-vive et prêts à nous cacher dans le taillis à la première alerte* » (LARBAUD).

QUOC-NGU [kɔkngy]. *n. m.* (1948; mots vietnamiens « langue nationale »). *Didact.* Translittération du vietnamien en caractères latins.

QUOI [kwa]. *pron. rel.* et *interrog.* (XIIᵉ; *quei,* 1080; lat. *quid*).
I. *Relatif* (Désignant une chose). **A** (Dans une relative à un mode personnel). ♦ 1° (Avec un antécédent). « *Les louvoiements sournois à quoi cette fausse situation l'obligeait* » (GIDE), auxquels. « *Il n'était pas de sacrifice à quoi tu n'aurais consenti...* » (MAURIAC). « *Ce pour quoi l'on a été créé* » (RENAN). « *Voilà donc à quoi me sert la médecine* » (DUHAM.), à quel usage. ♦ 2° (Se rapportant à l'idée précédemment exprimée). Équivalent de *cela.* « *Il fallut d'abord payer cette amende; après quoi il fut permis à Zadig de plaider* » (VOLT.). « *Obligées de travailler beaucoup, sans quoi elles manqueraient de tout* » (MONTESQ.). V. Autrement, sinon. *Faute de quoi, moyennant quoi. Sur quoi.* V. Là-dessus. *Comme* quoi. **B** (Dans une relative à l'inf.). « *Les autres... ne trouvant rien à quoi s'accrocher...* » (GENEVOIX), à quoi ils pussent s'accrocher. « *Elle... trouvait mille sujets sur quoi interroger son beau-père* » (MAURIAC). *De quoi...,* qqch. qui fournit un moyen ou une raison de... « *Il fallait bien qu'elle gardât de quoi vivre* » (MAURIAC). « *Vous avez de quoi vous amuser* » (PROUST). « *Voici de quoi souper pour trois* » (HUGO).

Il n'y a pas de quoi rire*, *pas de quoi fouetter un chat**. Ellipt. « *Je vous remercie beaucoup. — Il n'y a pas de quoi* ». Fam. *Il a de quoi,* de la fortune.
II. *Interrogatif* (Désignant une chose). **A** (Interrog. indir.). « *Mais sait-on jamais à quoi rêvent les jeunes filles?* » (DAUD.). « *Je ne sais plus que dire, je ne sais quoi penser* » (MART. du G.). « *Je saurai à quoi m'en tenir* » (STENDHAL). Ellipt. *N'importe quoi.* V. **Importer** (3°). **B** (Interrog. dir.). *Quoi faire? À quoi pensez-vous?* « *De quoi demain sera-t-il fait?* » (HUGO). Ellipt. *À quoi bon? Quoi de neuf?* « *Quoi de plus fatigant que cette manie* » (GIDE). **C** (*Emplois ellipt.*). ♦ 1° (Pour demander un complément d'information). « *— Qu'est-ce là? lui dit-il. — Rien. — Quoi rien? — Peu de chose* » (LA FONT.). « *— Louise! Mᵐᵉ Roland entr'ouvrit la porte et répondit : — Quoi? mon ami* » (MAUPASS.). « *— Bah! ce n'est pas la première fois. — Que quoi? — Que je suis en retard* » (R. ROLLAND). — Pop. *De quoi?* expression de menace, de défi. « *Tu ferais mieux de dormir à cette heure-ci. — De quoi?* » (NERVAL). — (Répété) *De quoi de quoi? — Ou quoi?* ou n'est-ce autre chose? *C'est un naïf ou quoi?* (Achevant une explication, une énumération) « *— Je sers au régiment étranger. — Au régiment?... — À la Légion, quoi!* » (BERNANOS). « *Tout ce qu'ils possédaient... leurs champs, les arbres et même les vaches, un chien avec sa chaîne, tout, quoi* » (CÉLINE). **D** QUOI QUE : loc. concessive. *Quoi qu'il arrive,* qqch. qu'il arrive. *Quoi qu'il en soit,* en tout état de cause, de toute façon. « *Quoi que je dise ou que fasse* » (GIDE). *Quoi qu'il en ait,* malgré* qu'il en ait. — *Quoi que ce soit* (nominal indéfini d'indétermination absolue), qqch. de quelque nature que ce soit. V. **Importer** (n'importe quoi), **rien**. « *Si je me mettais dans le cas de cacher quoi que ce soit de relatif à mon argent* » (STENDHAL). « *Je ne parvins plus à faire quoi que ce fût de mon programme* » (DUHAM.).
◇ HOM. Coi.

QUOIQUE [kwak(ə)]. *conj.* (XIIᵉ; de *quoi,* et *que*).
I. Introduisant une proposition circonstancielle d'opposition ou de concession (suivi normalement du subj.). V. **Bien** (que), **encore** (que). « *Quoique je veuille vous parler de la province* » (STENDHAL). ◇ (Avec ellipse du verbe) « *Il était, quoique riche, à la justice enclin* » (HUGO). « *Ma mère s'émerveillait qu'il fût si exact quoique si occupé, si aimable quoique si répandu* » (PROUST). ◇ (En propos. participiale) « *Espoir toujours renaissant, quoique toujours trompé* » (BALZ.). « *Quoiqu'ayant rencontré le maître des maîtres...* » (ALAIN).
II. ♦ 1° Introduisant une objection provenant d'une réflexion qu'on fait après coup. — (Suivi de l'ind.) « *Je mettrai monsieur de Troisville dans la chambre verte, quoique monsieur de Troisville sera là bien près de moi* » (BALZ.). « *Peut-être on va m'emmener dans le Midi. Ce que ce serait chic! quoique cela me fera manquer un arbre de Noël...* » (PROUST). — (Suivi du condit.) « *J'ajoutai : Quoique je serais furieux que vous me réveilliez* » (PROUST). ♦ 2° Pop. (En fonction de prépos.). *Quoique ça,* malgré cela, pourtant. « *Que tu es bête mon pauvre petit!... et quoique ça, tu es bien gentil* » (STENDHAL).

QUOLIBET [kɔlibɛ]. *n. m.* (1501; « propos sur un sujet quelconque », déb. XIVᵉ; du lat. scolast. *disputationes, quæstiones de quolibet* « débats, questions sur n'importe quel sujet »). Propos gouailleur, plaisanterie à l'adresse de qqn. V. **Raillerie**. « *Il paraît bien que Rivarol était noble, malgré toutes les plaisanteries et les quolibets qu'il eut à essuyer à ce sujet* » (STE-BEUVE).

QUORUM [k(w)ɔrɔm]. *n. m.* (1688; angl. *quorum,* mot lat. « desquels », génitif plur. de *qui,* au sens partitif). *Dr., Admin.* Nombre minimum de membres présents, exigé pour qu'une assemblée puisse valablement délibérer et prendre une décision. *Le quorum est atteint.*

QUOTA [k(w)ɔta]. *n. m.* (1927; angl. *quota,* mot lat., abrév. de *quota pars.* V. **Quote-part**). Contingent ou pourcentage déterminé. *Quota d'immigration* (aux États-Unis). *Comm. Quotas d'importation. Quota de vente,* chiffre d'affaires imposé à un vendeur.

QUOTE-PART [kɔtpar]. *n. f.* (1490; lat. *quota pars.* V. **Cote**). Part qui revient à chacun dans la répartition d'une somme à recevoir ou à payer. V. **Cotisation,** *écot.* « *Ce qu'ils croyaient être leur quote-part dans les aumônes de la paroisse* » (BALZ.). ◇ *Dr.* Part d'une chose ou d'une masse indivise, indiquée par une fraction. V. **Quotité.** ◇ *Fig.* Part. « *Chacun* apporte... sa quote-part de ridicules* » (BALZ.).

QUOTIDIEN, ENNE [kɔtidjɛ̃, ɛn]. *adj.* et *n. m.* (XIIᵉ; lat. *quotidianus*). ♦ 1° De chaque jour; qui se fait, revient tous les jours. *Le pain quotidien.* « *Il accomplissait sa petite tâche quotidienne* » (FLAUB.). V. **Habituel, journalier.** « *Échapper à nos ennuis quotidiens* » (FRANCE). Subst. *Le quotidien,* ce qui appartient à la vie de tous les jours. ♦ 2° *Spécialt.* (Vx) *Journal quotidien.* ◇ N. m. (1896) Journal* paraissant tous les jours. « *La rubrique immobilière d'un grand quotidien du matin* » (ROMAINS). ♦ 3° (1885). *Littér.* Monotone et banal comme ce qu'on voit tous les jours. « *Ah ! que la Vie est quotidienne...* » (LAFORGUE). « *Les villes lointaines dont nous avons rêvé... sont aussi désespérément familières et quotidiennes pour les yeux et le cœur de leurs habitants* » (SARTRE).

QUOTIDIENNEMENT [kɔtidjɛnmã]. *adv.* (1421 ; de *quotidien*). Tous les jours. V. **Journellement.** « *En me contraignant à écrire quotidiennement dans ce carnet* » (GIDE).

QUOTIENT [kɔsjã]. *n. m.* (1484 ; lat. *quotie*[*n*]*s* « combien de fois, autant de fois que »). ♦ 1° Résultat* d'une division. *Quotient de deux nombres*, obtenu en les divisant l'un par l'autre. *Quotient de deux fractions*, nombre entier ou fractionnaire qui, multiplié par la fraction diviseur, redonne la fraction dividende. — *Quotient d'une expression A par une expression B*, troisième expression algébrique qui, multipliée par B, reproduit A (V. **Facteur, rapport, ratio**).

♦ 2° Spécialt. *Quotient électoral*, résultat de la division du nombre des suffrages exprimés dans une circonscription par le nombre de sièges à pourvoir dans cette circonscription. *Quotient familial*, obtenu en divisant le revenu imposable en un certain nombre de parts fixées d'après la situation et les charges de famille du contribuable. — Physiol. *Quotient respiratoire*, rapport du volume de gaz carbonique expiré à celui de l'oxygène inhalé. *Quotient chlorophyllien*, obtenu en divisant le volume d'oxygène dégagé par celui du gaz carbonique fixé dans le même temps par la plante. ◊ *Quotient intellectuel* ou *mental*, rapport de l'âge mental à l'âge réel (= 1, chez un sujet normal). — *Abrév. cour.* Q.I.

QUOTITÉ [kɔtite]. *n. f.* (1473 ; du lat. *quotus*, d'apr. *quantité*). *Dr.* Montant d'une quote-part. *Quotité disponible*, fraction de la succession dont le *de cujus* a pu librement disposer, malgré la présence d'héritiers réservataires. *Impôt de quotité*, établi par application d'un taux à la matière imposable.

R

R [ɛʀ]. n. m. Dix-huitième lettre et quatorzième consonne de l'alphabet, servant à noter une consonne constrictive sonore, liquide, venant du *r* latin, francique [ʀ]. *Prononciation parisienne* (r *uvulaire*, ou *grasseyé*), *régionale* (r *apical*, roulé* : phonét. [r] *du* r. — Loc. *Les mois en R*, ceux dont le nom contient un *r* (pendant lesquels on peut consommer les huîtres, coquillages, sans danger). ◇ R *(Math.)*. Notation de l'ensemble des nombres réels. — *Phys.* Symb. du *röntgen*. ◈ HOM. V. Air (1).

Ra *Chim, phys.* Symbole du *radium*.

RA [ʀa]. n. m. invar. (1842 ; onomat.). *Vx.* Coup de baguette frappé sur le tambour pour produire un roulement très bref. ◈ HOM. *Rat.*

RABÂCHAGE [ʀabɑʃaʒ]. n. m. (1735 ; de *rabâcher*). Action de rabâcher ; accumulation de répétitions, de redites fastidieuses. V. Radotage. « *Un rabâchage de séculaires rengaines* » (BLOY).

RABÂCHER [ʀabɑʃe]. v. (1735 ; « faire du tapage », 1611 ; var. de l'a. fr. *raba[s]ter* [XIIᵉ], d'un rad. expressif *rabb-*). ♦ 1° *V. intr.* Revenir sans cesse, inutilement ou fastidieusement, sur ce qu'on a déjà dit. « *Les vieilles gens rabâchent* » (HUGO). V. **Radoter.** ♦ 2° *V. tr.* Répéter continuellement, d'une manière fastidieuse. « *Ils rabâchaient les mêmes arguments* » (FLAUB.). V. **Ressasser.**

RABÂCHEUR, EUSE [ʀabɑʃœʀ, øz]. n. (1740 ; de *rabâcher*). Personne qui a l'habitude de rabâcher. V. **Ressasseur.** *Un vieux rabâcheur.* — Adj. *Il est un peu rabâcheur.*

RABAIS [ʀabɛ]. n. m. (1307 ; de *rabaisser*). Diminution faite sur le prix d'une marchandise, le montant d'une facture. V. **Réduction; discount.** « *On arracherait quelque nouveau rabais, à tout le moins des facilités de paiement* » (ROMAINS). — AU RABAIS. *Vente au rabais.* V. **Solde.** — *Fam. Refuser un travail au rabais,* mal payé. *Un Don Juan au rabais,* de pacotille. ◈ ANT. *Augmentation.*

RABAISSEMENT [ʀabɛsmɑ̃]. n. m. (XVᵉ ; de *rabaisser*). *Rare.* Action de rabaisser, de dénigrer. « *La manie du rabaissement est la lèpre morale de notre époque* » (FLAUB.).

RABAISSER [ʀabese]. v. tr. (XIIᵉ ; de *re-*, et *abaisser*). ♦ 1° *Rare.* Baisser, rabattre. « *Il lui rabaisse ses jupons* » (DIDER.). ◇ Loc. fig. *Rabaisser* (ou *rabattre*) *le caquet* de qqn. ♦ 2° *V. tr.* Ramener à un état ou à un degré inférieur. V. **Abaisser, ravaler.** « *Leur manque rabaisse au second rang une œuvre de grand homme* » (TAINE). ◇ Estimer ou mettre très au-dessous de la valeur réelle. V. **Déprécier; dénigrer.** « *L'homme n'est pas si simple qu'il suffise de le rabaisser pour le connaître* » (VALÉRY). — Pronom. « *Se rabaisser en parlant humblement de soi* » (MART. du G.). V. **Humilier** (s'). ◈ ANT. *Relever. Exalter, honorer.*

RABAN [ʀabɑ̃]. n. m. (1573 ; néerl. *raband*). *Mar.* Tresse ou sangle servant à amarrer, à fixer.

RABANE [ʀaban]. n. f. (1877 ; malgache *rebana*). Tissu en fibres de raphia. *Nappe de rabane.*

RABAT [ʀaba]. n. m. (1262 ; de *rabattre*). ♦ 1° *Chasse.* Rabattage (du gibier). ♦ 2° *Ancienn.* Grand col rabattu porté autrefois par les hommes. *Mod.* Large cravate formant plastron, portée par les magistrats, les professeurs en robe, certains religieux. ♦ 3° Partie rabattue ou qui peut se replier. *Poche à rabat.*

RABAT-JOIE [ʀabaʒwa]. n. m. invar. (XIVᵉ ; de *rabattre*, et *joie*). ♦ 1° *Vx.* Sujet de tristesse. ♦ 2° *Mod.* Personne chagrine, renfrognée, ennemie de la joie des autres. V. **Trouble-fête.** *Quel vieux rabat-joie!* — Adj. *Elle est un peu rabat-joie.*

RABATTAGE [ʀabataʒ]. n. m. (1875 ; « rabais », 1765 ; de *rabattre*). Action de rabattre (le gibier).

RABATTEMENT [ʀabatmɑ̃]. n. m. (1727 ; « rabais », fin XIIIᵉ ; de *rabattre*). ♦ 1° *Dr. Rabattement de défaut,* annulation d'une décision rendue par défaut. ◇ 2° (1869.) *Géom.* Mouvement de rotation par lequel on applique un plan (et les figures qu'il contient) sur un des plans de projection (*opposé* à *relèvement*).

RABATTEUR, EUSE [ʀabatœʀ, øz]. n. (1855 ; « qui diminue », fin XVIᵉ ; de *rabattre*). ♦ 1° Personne chargée de rabattre le gibier. ◇ *Fig.* Personne qui fournit des clients à un vendeur, des marchandises à un acheteur. ♦ 2° (1904). *Techn.* Dans une moissonneuse, Ensemble de lattes qui appliquent la récolte sur la lame.

RABATTOIR [ʀabatwaʀ]. n. m. (1797 ; de *rabattre*). ♦ 1° *Techn.* Outil servant à détacher les ardoises du bloc. ♦ 2° Outil servant à rabattre les bords d'une pièce quelconque.

RABATTRE [ʀabatʀ(ə)]. v. tr. ; conjug. *battre* (XIIᵉ ; de *re-*, et *abattre*).

I. ♦ 1° Diminuer en retranchant (une partie de la somme). V. **Décompter, déduire, défalquer.** « *Quand il s'agit de prix, il faut,... commencer par rabattre les deux tiers* » (FLAUB.). ◇ *Fig. En rabattre,* abandonner de ses prétentions ou de ses illusions. ♦ 2° *Arbor.* Tailler (en coupant la cime, les gros rameaux). ◇ *Techn.* Dégrossir (le marbre). ♦ 3° Amener vivement à un niveau plus bas, faire retomber. *Les rafales « ne cessèrent de rabattre la pluie sur le... balcon »* (MART. du G.). ◇ *Fig. Rabattre* (ou *rabaisser*) *le caquet* de qqn. ♦ 4° Mettre à plat, appliquer contre qqch. V. **Aplatir, coucher.** ◇ Refermer, replier. *Rabattre un couvercle, le capot d'une voiture. Siège qui se rabat.*

II. (XVIᵉ). ♦ 1° Ramener par force dans une certaine direction. *Rabattre le gibier* (vers les chasseurs). « *La cavalerie,... à coups de pique et de sabre, les rabattit sur les autres* » (FLAUB.). ◇ *Pronom.* Changer de direction en se portant brusquement de côté. *Gêner un concurrent en se rabattant à la corde. Voiture qui se rabat trop vite après un dépassement.* ♦ 2° *Fig.* (Pronom.). SE RABATTRE SUR (qqn, qqch.) : en venir, après une déception, à accepter, à adopter faute de mieux. « *Il se rabattit sur la délicate amitié* » (LACLOS).

◈ ANT. *Augmenter. Relever. Éloigner.*

RABATTU, UE [ʀabaty]. adj. (XVᵉ ; de *rabattre*). Qui est abaissé, ou replié. *Deux bœufs, « les cornes longues et rabattues »* (SAND). « *Un chapeau mou, rabattu* » (ROMAINS), aux bords rabattus. *Couture rabattue,* dont les dépassants sont repliés d'un même côté et fixés par un point d'ourlet. *Col rabattu. Poches rabattues* (V. **Rabat**).

RABBI. n. m. V. **Rabbin.**

RABBIN [ʀabɛ̃]. n. m. (1540 ; *rabain*, 1351 ; araméen *rabbi* « mon maître »). ♦ 1° *Hist.* Docteur de la loi juive qui avait des fonctions juridiques et pédagogiques, dans la Palestine antique (appelé *scribe* dans l'Évangile, RABBI [rabi] par les spécialistes d'histoire judaïque). ♦ 2° (1808). *Cour.* Chef religieux d'une communauté juive, qui préside au culte. *Grand rabbin,* chef d'un consistoire israélite.

RABBINAT [ʀabina]. n. m. (1845 ; de *rabbin*). *Rare.* Dignité, fonction de rabbin.

RABBINIQUE [ʀabinik]. adj. (XVIᵉ ; de *rabbin*). *Didact.* ♦ 1° Relatif ou propre aux rabbins, interprètes de la Loi. *La littérature rabbinique.* ◇ *Ling. Hébreu rabbinique* (ou *talmudique*), l'hébreu post-biblique. ♦ 2° Qui concerne les rabbins modernes. *École rabbinique.*

RABBINISME [ʀabinism(ə)]. n. m. (1600 ; de *rabbin*). *Didact.* L'enseignement, la doctrine des rabbins (commentaires, exégèses, prescriptions). V. **Talmud.**

RABDOMANCIE. V. **RHABDOMANCIE.**

RABELAISIEN, IENNE [ʀablezjɛ̃, jɛn]. adj. (1832 ; du nom de *Rabelais*). Qui est digne de Rabelais, a la gaieté libre et truculente que l'on trouve chez Rabelais. *Plaisanterie, verve rabelaisienne.* V. **Gaulois.** *Scarron « avait une liberté de langage toute cynique et toute rabelaisienne »* (GAUTIER).

RABIBOCHAGE [ʀabibɔʃaʒ]. n. m. (XXᵉ ; du suiv.). Réparation sommaire. ◇ Réconciliation.

RABIBOCHER [ʀabibɔʃe]. v. tr. (1842 ; mot dial., probabl. rad. onomat. *bib-;* Cf. Bibelot). *Fam.* ♦ 1° Réparer d'une manière sommaire ou provisoire. V. **Rafistoler.** ♦ 2° *Fig.* Réconcilier. Pronom. *Ils se sont rabibochés.*

RABIOT [ʀabjo]. n. m. (1831 ; arg. mar. ; probabl. du dial. *rabes,* var. *raves* « œufs de poisson, menu fretin », du lat. *rapum.* V. **Rave**). *Fam.* ♦ 1° Supplément ou surplus dans une distribution à des soldats. « *Quatre boules..., rabiot des hommes en permission opéré sur la distribution de la veille* » (COURTELINE). Abrév. RAB [ʀab]. « *C'est une boule de pain en rab* » (SARTRE). ◆ 2° Temps supplémentaire qu'un soldat doit passer au régiment en cas de peines disciplinaires. ◇ Temps de travail supplémentaire. *Faire du rabiot.* — Supplément. « *Le petit rabiot de sommeil dans le noir* » (CÉLINE).

RABIOTER [ʀabjɔte]. *v. intr.* (1842; de *rabiot*). *Fam.* Faire de petits profits supplémentaires. *Trans.* S'approprier, obtenir en supplément. *Il a rabioté une portion.*

RABIQUE [ʀabik]. *adj.* (1829; du lat. *rabies* « rage »; Cf. Antirabique). *Didact.* Relatif, propre à la rage. « *Le siège du virus rabique n'est donc pas dans la salive seule* » (PASTEUR).

1. RÂBLE [ʀabl(ə)]. *n. m.* (1401; *rouable*, XIIIᵉ; lat. *rutabulum*). *Techn.* Outil à long manche terminé par un petit râteau, qui sert à remuer des matières en fusion, à nettoyer des fours, etc. V. **Fourgon** (1), **ringard**. *Râble de puddleur.*

2. RÂBLE [ʀabl(ə)]. *n. m.* (1532; ext. probable du précéd.). ◆ 1° Partie charnue qui s'étend des côtes à la naissance de la queue, chez certains quadrupèdes. V. **Dos.** *Spécialt.* Partie inférieure du dos du lapin et du lièvre, fournissant les meilleurs morceaux. ◆ 2° *Fam.* Bas du dos. « *Un bleu d'ouvrier sur le râble* » (DUHAM.). *Ils nous sont tombés sur le râble,* ils nous ont attaqués.

RÂBLÉ, ÉE [ʀable]. *adj.* (1574; de *râble* 2). Qui a le dos large et puissant, est trapu et vigoureux. *Un peu plus petit,* « *mais tout râblé, avec... des épaules en devant de brouette* » (GIONO).

RÂBLURE [ʀablyʀ]. *n. f.* (1669; de *râble* 2). *Mar.* Rainure pratiquée dans la longueur et sur les deux côtés de la quille, de l'étrave ou de l'étambot, pour recevoir l'extrémité des bordages.

RABOT [ʀabo]. *n. m.* (1368; de *rabotte*, dial., « lapin », moy. néerl. *robbe*). ◆ 1° *Cour.* Outil de menuisier, formé d'une lame de métal oblique ajustée dans un fût qui laisse dépasser le tranchant, servant à enlever les inégalités d'une surface de bois, à faire des moulures, des rainures. V. **Bouvet, doucine, feuilleret, gorget, guillaume, guimbarde, riflard, varlope.** « *Nous avons fait voler les copeaux et chanter le bois sous nos rabots* » (R. ROLLAND). ◆ 2° *Techn.* Nom de divers outils servant à aplanir, à polir, à étaler, etc.

RABOTAGE [ʀabotaʒ]. *n. m.* (1765; *rabotement*, 1611; de *raboter*). Action de raboter; usinage à l'aide des machines à raboter.

RABOTER [ʀabote]. *v. tr.* (1409; de *rabot*). ◆ 1° Aplanir, dresser au rabot. V. **Dégauchir, varloper.** *Raboter une pièce de bois.* — Au p. p. *Plancher raboté.* ◆ 2° Usiner en surface (une pièce), à l'aide d'une machine spéciale (raboteuse, mortaiseuse, dégauchisseuse, étau-limeur, etc.).

RABOTEUR [ʀabotœʀ]. *n. m.* (1576; de *raboter*). Ouvrier spécialisé dans le rabotage. *Raboteur de parquet.*

RABOTEUSE [ʀabotøz]. *n. f.* (1876; de *raboter*). Machine-outil servant à raboter les grosses pièces (de bois ou de métal): dégauchisseuse, limeuse, mortaiseuse, etc.

RABOTEUX, EUSE [ʀabotø, øz]. *adj.* (1539; de *rabot*). ◆ 1° Se dit d'une surface, d'un sol qui présente des inégalités, des aspérités. V. **Inégal, rugueux.** « *Les sentiers raboteux de la garrigue* » (GIDE). ◆ 2° *Fig.* et littér. *Style raboteux : rocailleux*; rude, heurté. « *Ses vers contournés, raboteux* » (HENRIOT). ◇ ANT. *Égal, uni.*

RABOUGRI, IE [ʀabugʀi]. *adj.* (déb. XVIIᵉ; de *rabougrir*). ◆ 1° Se dit d'une plante qui s'est peu développée, est mal venue. « *Un clos plein de pommiers rabougris et perclus, argentés par des lichens* » (HUYSMANS). ◆ 2° Mal conformé, chétif. V. **Ratatiné.** « *Gottfried avait... l'air vieilli, ratatiné, rapetissé, rabougri* » (R. ROLLAND). ◇ ANT. *Fort, sain.*

RABOUGRIR [ʀabugʀiʀ]. *v. tr.* (fin XVIᵉ; var. de *abougrir* 1564; de *bougre*, au sens de « chétif, petit », déb. XVᵉ). *Rare.* Gêner ou arrêter (une plante) dans son développement normal. V. **Étioler.** — Pronom. *Se rabougrir.*

RABOUGRISSEMENT [ʀabugʀismɑ̃]. *n. m.* (1834; de *rabougrir*). État d'une plante, d'une personne rabougrie.

RABOUILLÈRE [ʀabujɛʀ]. *n. f.* (1534; du rad. de *rabotte*, dial., « lapin ». V. **Rabot**). *Région.* Terrier d'un lapin de garenne.

RABOUILLEUR, EUSE [ʀabujœʀ, øz]. *n.* (1842; de *rabouiller*, dial. de *bouiller*, 1669; du lat. *bullare* « bouillonner »). *Vx* ou *dial.* Personne qui agite et trouble l'eau pour effrayer les écrevisses et les pêcher plus facilement. *La Rabouilleuse,* roman de Balzac.

RABOUTER [ʀabute]. *v. tr.* (1718; de *re-*, et *abouter*). Abouter. — Fig. « *Le texte des originaux, interpolés, coupés, raboutés...* » (HENRIOT).

RABROUEMENT [ʀabʀumɑ̃]. *n. m.* (XVIᵉ; de *rabrouer*). *Rare.* Action de rabrouer. « *Le rabrouement partout où il allait mendier un emploi* » (ARAGON).

RABROUER [ʀabʀue]. *v. tr.* (1398; de *brouer* « gronder, écumer », XIVᵉ; de l'a. fr. *breu* « écume »; Cf. Ébrouer). Accueillir, traiter avec rudesse (qqn qu'on désapprouve, dont on veut se débarrasser). V. **Rebuter, rembarrer, renvoyer** (Cf. Envoyer au diable*, envoyer* promener). « *Il l'avait rabrouée... quand elle disait qu'elle n'était pas comprise* » (MONTHERLANT). ◇ ANT. *Choyer.*

RACA [ʀaka]. *interj.* (XVIIᵉ; mot araméen transcrit dans le lat. de la Vulgate). Dans l'Évangile, Terme de mépris à l'adresse d'un frère. *Vx. Crier raca sur qqn* : l'insulter.

RACAGE [ʀakaʒ]. *n. m.* (1634; de *raque*, 1382; a. norm. *rakki*). *Mar.* Collier disposé autour d'un mât pour diminuer le frottement d'une vergue.

RACAHOUT [ʀakau]. *n. m.* (1833; mot arabe). *Ancienn.* Aliment fait de farines et fécules diverses, en usage chez les Turcs et les Arabes, et employé en France au XIXᵉ s.

RACAILLE [ʀakaj]. *n. f.* (*Rascaille*, 1138; de °*rasquer* [Cf. a. prov. *Rascar*]; lat. pop. °*rasicare* « racler, gratter », class. *radere*). *Populace méprisable.* « *Ce n'est plus le peuple, mais la racaille* » (GIDE). ◇ Ensemble de fripouilles. « *Si l'on mettait toute cette racaille en prison,... les honnêtes gens pourraient respirer* » (CAMUS).

RACCOMMODABLE [ʀakɔmɔdabl(ə)]. *adj.* (XXᵉ; h. 1845; de *raccommoder*). Qui peut être raccommodé.

RACCOMMODAGE [ʀakɔmɔdaʒ]. *n. m.* (1690; de *raccommoder*). Action de raccommoder, manière dont est raccommodé (le linge, un vêtement). V. **Rapiéçage, ravaudage, reprise.** « *Faire les raccommodages, les mises à neuf de tous les habits* » (BALZ.).

RACCOMMODEMENT [ʀakɔmɔdmɑ̃]. *n. m.* (v. 1618; de *raccommoder*). *Fam.* Réconciliation. « *À quoi sert de se quereller, quand le raccommodement est impossible?* » (MUSS.). ◇ ANT. *Brouille.*

RACCOMMODER [ʀakɔmɔde]. *v. tr.* (1587; de *re-*, et *accommoder*). ◆ 1° *Vieilli.* Remettre en état, réparer. « *Grandet raccommodait lui-même son escalier vermoulu* » (BALZ.). ◇ *Mod.* Réparer à l'aiguille (du linge, des vêtements). V. **Rapetasser, rapiécer, ravauder, recoudre, repriser.** — Au p. p. « *Ses gants,... raccommodés bien proprement au bout de chaque doigt* » (LOTI). ◆ 2° *Fam.* Réconcilier. « *Il le raccommodait avec Gervaise, s'il les voyait en froid* » (ZOLA). — Pronom. « *On se dispute..., on se raccommode sur l'oreiller* » (LÉAUTAUD). ◇ ANT. *Détériorer; brouiller.*

RACCOMMODEUR, EUSE [ʀakɔmɔdœʀ, øz]. *n.* (1612; de *raccommoder*). Réparateur. *Vx,* sauf *Raccommodeur de faïences et de porcelaines.* ◇ *Mod.* Ouvrier, ouvrière qui raccommode (du linge, des vêtements). V. **Ravaudeur;** et aussi **Lingère.** *Raccommodeur de filets de pêche. Raccommodeuse en dentelles, en bonneterie.*

RACCOMPAGNER [ʀakɔ̃paɲe]. *v. tr.* (1892; de *re-*, et *accompagner*). Accompagner (qqn qui s'en retourne, rentre chez lui). V. **Reconduire.** « *Certains soirs, pour me raccompagner à la maison...* » (SAGAN).

RACCORD [ʀakɔʀ]. *n. m.* (XVIᵉ; « réconciliation », XIIᵉ; de *raccorder*). ◆ 1° Liaison de continuité établie entre deux choses, deux parties. *Raccord de maçonnerie, de peinture.* — *Fam. Faire un raccord,* remettre du fard là où il faut (sans se remaquiller entièrement). ◆ 2° *Cin. Raccord (de plans),* manière dont deux plans d'un film s'enchaînent (résultat de la prise de vue et du montage). « *Le montage escamotera mes fautes et le peu d'importance que j'attache à l'exactitude des raccords* » (COCTEAU). — Plan tourné pour assurer la continuité du film. ◆ 3° Pièce servant à réunir deux tuyaux, deux parties qui doivent communiquer. V. **Assemblage.** *Raccord de pompe,* tube de caoutchouc à deux manchons filetés (fixés l'un à la pompe, l'autre à la valve). ◇ ANT. *Coupure.*

RACCORDEMENT [ʀakɔʀdəmɑ̃]. *n. m.* (1738; « réconciliation », XIIᵉ; de *raccorder*). Action, manière de raccorder. *Raccordement de deux bâtiments. Voie de raccordement,* reliant deux voies ferrées. — Géom. *Ligne de raccordement de deux surfaces,* courbe commune à deux surfaces qui ont les mêmes plans tangents en tous les points de cette courbe.

RACCORDER [ʀakɔʀde]. *v. tr.* (1738; « réconcilier, accorder », XIIᵉ; de *re-*, et *accorder*). ◆ 1° Relier par un raccord (des choses dissemblables ou disjointes). « *Une assez vaste coupole, posée sur un bâtiment quadrilatère... et raccordée à lui par deux bases en gradins* » (ROMAINS). *Raccorder le toit et les murs.* V. **Ruiler.** *Raccorder des plans de cinéma.* ◇ *Former raccord.* *Le tronçon qui raccorde les deux voies.* ◆ 2° Pronom. *Cette route se raccorde à l'autoroute.* ◇ *Fig.* Se rattacher. « *Si le renseignement que je vous apporte ne se raccorde à rien...* » (ROMAINS). ◇ ANT. *Séparer.*

RACCOURCI [ʀakuʀsi]. *n. m.* (déb. XVᵉ; de *raccourcir*). ◆ 1° *Vx.* Abrégé, résumé. — *Mod.* EN RACCOURCI : en abrégé, en plus petit. « *Le théâtre n'est-il pas la vie en raccourci?* » (GAUTIER). ◆ 2° Ce qui est exprimé de façon ramassée et elliptique; cette façon d'exprimer. *Un raccourci hardi, suggestif.* « *Il n'y a pas d'œuvre d'art sans raccourcis* »

(GIDE). ◊ Réduction que le peintre fait subir à une figure vue en perspective (ex. : *Le Christ mort*, de Mantegna). ♦ 3º (1837). Chemin plus court que le chemin ordinaire pour aller quelque part. « *Le raccourci nous fait gagner deux kilomètres au moins* » (BERNANOS).

RACCOURCIR [rakursir]. *v.* (1237; de *re-*, et *accourcir*). ♦ 1º *V. tr.* Rendre plus court. V. **Accourcir, diminuer.** *Raccourcir une robe.* « *Il ferait bien de raccourcir sa barbe* » (ROMAINS). V. **Couper.** *Du chemin direct* « *qui devait raccourcir la distance d'environ deux lieues* » (ZOLA). *Il faut raccourcir ce texte.* V. **Abréger.** — Loc. *À bras* raccourcis.* ♦ 2º *V. intr.* Devenir plus court. *Cette jupe a raccourci au lavage.* — Fam. *Les robes raccourcissent cette année,* se portent plus courtes. ◊ (Du temps) *Les jours commencent à raccourcir.* V. **Diminuer.** ◈ ANT. *Allonger.*

RACCOURCISSEMENT [rakursismã]. *n. m.* (1529; de *raccourcir*). Action de raccourcir, fait de devenir plus court. V. **Diminution.** ◈ ANT. *Allongement.*

RACCOUTUMER (*vx.*). V. **RÉACCOUTUMER.**

RACCROC [rakro]. *n. m.* (1798; de *raccrocher*). *Vx.* Coup heureux dû au hasard plus qu'à l'habileté. « *Ces bonheurs de rencontre que les joueurs de billard nomment des raccrocs* » (BALZ.). ◊ Loc. mod. PAR RACCROC : sans plan et par le fait d'un heureux hasard. *Ma mère* « *acceptait que j'apprisse rien que par raccroc* » (GIDE).

RACCROCHAGE [rakroʃaʒ]. *n. m.* (1845; de *raccrocher*). Action de raccrocher les passants, les clients. V. **Racolage.**

RACCROCHEMENT [rakroʃmã]. *n. m.* (1931; de *raccrocher*). Action de se raccrocher (à qqch.). « *Tous ces raccrochements au passé* » (GIDE).

RACCROCHER [rakroʃe]. *v. tr.* (déb. XIVe; de *re-*, et *accrocher*). ♦ 1º Remettre en accrochant (ce qui était décroché). *Raccrocher un tableau.* — Spécialt. « *Je finis, en raccrochant définitivement le récepteur* (du téléphone), *par étouffer les convulsions de ce tronçon sonore* » (PROUST). Absolt. « *Il fit le bruit d'un baiser, puis, souriant, il raccrocha* » (MART. DU G.), il remit en place l'écouteur. — *Ce boxeur vieillit, il devrait raccrocher (les gants),* terminer sa carrière. ♦ 2º Rattraper par un coup heureux (ce qui semble perdu). « *S'il était impossible de raccrocher l'affaire* » (PAGNOL). ♦ 3º Arrêter pour retenir (qqn qui passe). *Le camelot raccrochait les passants.* — Spécialt. Racoler. ♦ 4º Pronom. Se retenir (à un point d'appui). *Il allait perdre pied quand il s'est raccroché à une branche.* Fig. « *Se raccrocher désespérément à des dogmes, à des bouées de sauvetage* » (DUHAM.). ◊ (Sujet de chose) Se rapporter, se rattacher à. *Une idée secondaire qui peut se raccrocher au sujet.*

RACCROCHEUR, EUSE [rakroʃœr, øz]. *n.* (1772; de *raccrocher*). Rare. Personne qui raccroche. V. **Racoleur.**

RACE [ras]. *n. f.* (fin XVe; it. *razza* « sorte, espèce », lat. *ratio*).

I. ♦ 1º Famille, considérée dans la suite des générations et la continuité de ses caractères (Ne se dit que de grandes familles, familles régnantes, etc.). V. **Famille, sang.** « *Le bon sens des Capétiens, qui devait être la qualité dominante de leur race* » (BAINVILLE). *Être de race noble.* V. **Ascendance, origine.** — Loc. adj. *Fin de race* : décadent. *Un homme très distingué, un peu fin de race.* ◊ *Vx.* Descendance, postérité. « *Race d'Abel, dors, bois et mange* » (BAUDEL.). — Génération. « *Que direz-vous, races futures...* » (MALHERBE). ♦ 2º *Vieilli.* Communauté plus vaste considérée comme une famille, une lignée. « *Ces blocs énormes réveillent l'idée d'une race de géants disparus* » (GAUTIER). — *La race humaine* (littér.) : l'humanité. « *Le peuple juif est un abrégé de la race humaine* » (CHATEAUB.). ♦ 3º *Fig.* Catégorie de personnes apparentées par des comportements communs. V. **Espèce.** « *J'avais appris à connaître la race des hommes de loi* » (FRANCE). « *J'aurais horreur de redevenir civil... D'ailleurs c'est une race qui s'éteint* » (SARTRE). Fam. *Quelle sale race!* V. **Engeance.**

II. Subdivision de l'espèce zoologique, elle-même divisée en sous-races ou variétés, constituée par des individus réunissant des caractères communs héréditaires. *Les diverses races canines; félines; chevalines; bovines. Croisement entre races. Animal de race pure. Ce cheval était* « *de cette petite race du Boulonnais... laide, mais robuste et saine* » (HUGO). ◊ *Absolt.* Race pure. *Ces* « *lignes heureuses et déliées qui indiquent la race* » (BALZ.). *Avoir de la race,* être racé. — Loc. adj. *De race, de race pure.* « *Deux grands chiens courants de race, véritables fox-hound* » (BALZ.).

III. (Groupes humains). ♦ 1º (1684). Groupe ethnique qui se différencie des autres par un ensemble de caractères physiques héréditaires (couleur de la peau, forme de la tête, proportion des groupes sanguins, etc.) représentant des variations au sein de l'espèce. *Race blanche, jaune, noire. Races subdivisées en sous-races. Croisement entre races.* V. **Métissage.** *Pureté de la race,* caractère des populations géographiquement isolées où l'on retrouve un type très constant (V. **Dysgénique, eugénique**). « *Essai sur l'inégalité des races humaines* » (GOBINEAU). « *Il n'existe pas... de race*

française, ni de race bretonne, ni de race aryenne, mais... *une nation française, un peuple breton, des langues aryennes* » (GAXOTTE). ♦ 2º (XIXe). *Par ext.* Groupe naturel d'hommes qui ont des caractères semblables (physiques, psychiques, culturels, etc.) provenant d'un passé commun. V. **Ethnie, peuple.** « *La France..., la nation en laquelle tant de races sont venues se fondre* » (VALÉRY). « *Ce qu'on appelle philologiquement et historiquement la race germanique* » (RENAN). « *Ces questions de suprématie des races sont niaises et dégoûtantes* » (R. ROLLAND). V. **Racisme.**

RACÉ, ÉE [rase]. *adj.* (1931; de *race*). ♦ 1º (*Animaux*). Qui est de race, présente les qualités propres à sa race. *Un cheval racé.* ♦ 2º (*Personnes*). Qui a une distinction, une élégance naturelles. « *Cette petite fille publique, populaire et curieusement racée* » (MAC ORLAN).

RACÉMIQUE [rasemik]. *adj.* (1828; du lat. *racemus* « grappe [de raisins] »). *Chim.* Se dit d'une variété d'acide tartrique. — *Forme racémique,* forme d'une substance composée d'un mélange moléculaire égal des deux inverses optiques (stéréo-isomérie).

RACER [rasœr]. *n. m.* (1906; « cheval de course », 1846; mot angl., proprem. « coureur ») Anglicisme. *Sports.* Yacht à voile ou à moteur destiné à la course. ◊ Petite automobile de course, de faible cylindrée.

RACHAT [raʃa]. *n. m.* (fin XIIe; de *racheter*). ♦ 1º Action de racheter (1º). *Rachat de titres en Bourse.* — Dr. *Faculté de rachat,* convention par laquelle le vendeur se réserve le droit de reprendre la chose vendue. V. **Réméré.** *Rachat par l'État d'une concession administrative.* ♦ 2º Action de se libérer (d'une servitude), par le versement d'une indemnité. V. **Rembousement.** *Rachat de rente,* libération du débiteur de la rente par le paiement du capital au créditeur. ♦ 3º Action d'obtenir la mise en liberté moyennant rançon. *Le rachat d'un prisonnier.* ◊ *Fig.* Action de se racheter moralement. « *S'il y a faute et s'il y a expiation, il y a aussi rachat* » (SARTRE). ◈ ANT. *Revente.*

RACHETABLE [raʃtabl(ə)]. *adj.* (1347; de *racheter*). Susceptible d'être racheté (*au pr.* et *au fig.*).

RACHETER [raʃte]. *v. tr.*; conjug. *acheter* (XIIe; de *re-*, et *acheter*). ♦ 1º Acheter de nouveau. *Il faudra racheter du pain.* ◊ Récupérer par achat (un bien vendu). « *L'immeuble allait donc être vendu,... L'intention... des Jésuites était de faire racheter l'immeuble sous main* » (ROMAINS). ◊ Acheter à qqn qui a acheté. *Vous l'avez payé cent francs, je vous le rachète cent cinquante.* ♦ 2º Se libérer (d'une servitude) moyennant versement d'une indemnité. V. **Rédimer** (se). *Racheter une pension, une rente.* ♦ 3º Obtenir, moyennant rançon, qu'on mette en liberté (qqn). *Racheter un esclave.* ♦ 4º *Fig.* Sauver par la rédemption. « *Dieu a voulu racheter les hommes* » (PASC.). — Relever d'une déchéance morale. « *Elles se dévouent à des êtres criminels qu'elles veulent relever, racheter* » (BALZ.). ◊ SE RACHETER. *v. pron.* Retrouver sa dignité, se réhabiliter après une faute ou une défaillance. ♦ 5º (*Compl. de chose*). Expier. « *Pourvu qu'il rachetât, par une pénitence proportionnée, le péché qu'il avait commis* » (MICHELET). ◊ Réparer, effacer par sa conduite ultérieure. « *Par un aveu, combien de fautes tu pourrais racheter* » (PROUST). ♦ 6º Faire oublier ou pardonner. « *Il parvint à racheter la grossièreté de la matière par la magnificence des contours* » (FRANCE). ♦ 7º *Archit.* Corriger, compenser (une irrégularité, une différence de plan, de forme) en ménageant une transition. *Racheter le carré,* passer du plan carré de la base à un plan octogonal ou circulaire. ◈ ANT. *Revendre.*

RACHIALGIE [raʃjalʒi]. *n. f.* (1795; de *rachis,* et *-algie*). *Méd.* Douleur siégeant le long de la colonne vertébrale (rachis).

RACHIANESTHÉSIE [raʃianɛstezi]. *n. f.* (1908; de *rachis,* et *anesthésie*). *Méd.* Méthode d'anesthésie partielle consistant à injecter dans le canal rachidien (le plus souvent au niveau de la colonne lombaire) une substance qui provoque l'anesthésie des régions innervées par les nerfs sous-jacents. Abrév. *Faire une rachi* [raʃi].

RACHIDIEN, IENNE [raʃidjɛ̃, jɛn]. *adj.* (1806; de *rachis*). *Anat.* Qui appartient ou se rapporte à la colonne vertébrale. V. **Spinal, vertébral.** *Canal rachidien,* constitué par l'ensemble des trous vertébraux et contenant la moelle épinière et ses enveloppes. *Bulbe* rachidien.*

RACHIS [raʃis]. *n. m.* (XVIe; gr. *rhakhis*). ♦ 1º *Anat.* Colonne vertébrale, épine dorsale. V. **Échine.** — *Corde* dorsale.* ♦ 2º *Sc. nat.* Axe de la tige. — Axe central de l'épi.

RACHITIQUE [raʃitik]. *adj.* (1707; de *rachitis.* V. **Rachitisme**). Qui est atteint de rachitisme. V. **Noué.** *Enfant rachitique.* — Subst. *Un rachitique.* ◊ *Par ext.* Maigre et débile. *Un poulet rachitique.* Qui se développe mal (plantes). *Blé rachitique.*

RACHITISME [raʃitism(ə)]. *n. m.* (1749; *rachitis* [1650], mot du lat. méd., de *rachis*). Maladie de la période de croissance, qui se manifeste par des déformations variables du squelette, due à un trouble du métabolisme du phosphore et du calcium, par carence en vitamine D *(avitaminose D)*. V. **Nouure.** ◇ *Par ext.* Développement incomplet (d'une plante).

RACIAL, IALE, IAUX [ʀasjal, jo]. *adj.* (1911; de *race*). Relatif à la race, aux races (III). « *Il s'en faut que l'hérédité soit seulement spécifique ou raciale* » (J. ROSTAND). *La question, la politique raciale* (dans certains États). *Discrimination raciale et racisme. Ségrégation* raciale.*

RACINAGE [ʀasinaʒ]. *n. m.* (1674; de *raciner*). ♦ 1° *Vx.* Teinture servant à raciner. ♦ 2° (1827). Procédé par lequel on imite les veines et les loupes du bois sur le cuir d'une reliure; aspect du cuir ainsi traité.

RACINAL, AUX [ʀasinal, o]. *n. m.* (1578; de *racine*). *Techn.* Grosse pièce de charpente qui en supporte d'autres. — Madrier qui réunit les têtes des pilots.

RACINE [ʀasin]. *n. f.* (XIIᵉ; bas lat. *radicina*, de *radix, radicis*).
I. ♦ 1° Partie axiale des plantes vasculaires qui croît en sens inverse de la tige et par laquelle la plante se fixe et absorbe les éléments dont elle se nourrit. V. **Pivot, radicelle, souche;** et aussi **Rhizo-, -rhize.** *Racine pivotante, fasciculée; traçante. Racines adventives, aériennes. Prendre racine,* se dit d'un végétal qui pousse ou développe des racines capables de le fixer et de le nourrir. V. **Enraciner (s').** « *On ne voyait que des carottes, des navets... des salsifis, toutes les plantes dont les racines grasses sont bonnes et savoureuses* » (MAUPASS.). ◇ *Absolt. Vx.* « *Ils vivent de pain noir, d'eau et de racines* » (LA BRUY.). : *de racines comestibles* (carottes, navets, etc.). ♦ 2° *Loc. fig. Prendre racine.* « *Je n'avais plus la puissance de bouger,... j'avais pris racine dans le sol* » (BAUDEL.). *Un invité qui a l'air de vouloir prendre racine,* de s'installer sans intention de partir. — Littér. « *Nos actes ne plongeaient aucune racine dans cette foi* » (MAURIAC). *C'est là* « *qu'est la racine de notre tristesse* » (FRANCE), son principe.
II. *Par anal.* ♦ 1° Portion (d'un organe) par laquelle qqch. est implanté; côté opposé à l'extrémité libre. V. **Base, naissance.** *La racine du nez.* — *Racine d'une dent,* partie conique plus ou moins effilée, fixée au maxillaire dans une cavité alvéolaire. *Dents à une, deux, trois racines.* « *Une injection de novocaïne pour procéder à l'extraction d'une racine de molaire* » (GIDE). — *Anat.* Origine, point de départ (d'une structure anatomique, d'un organe). *Racine des poils,* la partie enfoncée dans le follicule pileux. *Racine de la langue,* par laquelle celle-ci s'attache au plancher de la bouche. *Racines rachidiennes,* les deux cordons (antérieur et postérieur) qui se détachent de la moelle épinière pour former, par leur réunion, un nerf rachidien (V. **Radiculaire**). *Racine de l'ongle.* — *Cour. La racine des cheveux,* la partie la plus proche du cuir chevelu. ♦ 2° Fil de nylon destiné à monter les hameçons. V. **Florence.**
III. *Fig.* ♦ 1° (XIIIᵉ). *Racine carrée, cubique d'un nombre,* nombre dont le carré, le cube est égal à ce nombre. *Racine carrée de 10* ($\sqrt{10}$); *racine cubique de 10* ($\sqrt[3]{10}$). *Degré d'une racine,* représenté par son radical. *Extraire une racine,* la calculer. — *Racine d'une équation,* toute valeur de l'inconnue qui satisfait à l'équation. ♦ 2° (1657). Élément irréductible d'un mot, obtenu par élimination de tous les éléments de formation et indices grammaticaux, et qui constitue un support de signification. V. **Radical; base, monème.**

RACINER [ʀasine]. *v.* (XIIIᵉ; de *racine*). ♦ 1° V. intr. *Vx.* Prendre racine. ♦ 2° *V. tr.* (1669). *Vx.* Teindre en brun fauve (avec une décoction de racines de noyer). ◇ *Mod.* Orner d'un racinage. — Au p. p. *Reliure en veau raciné.*

RACINIEN, IENNE [ʀasinjɛ̃, jɛn]. *adj.* (1776; du nom de *Racine*). Propre à la pensée, aux œuvres de Racine. *Les héroïnes raciniennes.*

RACIOLOGIE [ʀasjɔlɔʒi]. *n. f.* (v. 1970; de *racial*, et *-logie*). *Didact.* Partie de l'anthropologie* physique qui étudie les phénomènes raciaux. (*Syn.* ANTHROPOLOGIE RACIALE).

RACISME [ʀasism(ə)]. *n. m.* (1930; de *race*). Théorie de la hiérarchie des races, qui conclut à la nécessité de préserver la race dite supérieure de tout croisement, et à son droit de dominer les autres. *Le racisme n'a aucune base scientifique.* « *Mein Kampf est l'évangile du national-socialisme, ou, plus exactement, du racisme* » (BAINVILLE). ◇ Ensemble de réactions qui, consciemment ou non, s'accordent avec cette théorie. *Ligue internationale contre le racisme et l'antisémitisme.*

RACISTE [ʀasist(ə)]. *n. et adj.* (1930; de *racisme*). ♦ 1° N. Personne qui soutient le racisme, dont la conduite est imprégnée de racisme. ♦ 2° Adj. Propre au racisme, inspiré par le racisme. *Politique raciste. Nationalisme raciste.* ◇ ANT. Antiraciste.

RACKET [ʀakɛt]. *n. m.* (1930; mot amér.). *Américanisme.* Association de malfaiteurs organisant l'extorsion

de fonds, par chantage, intimidation ou terreur; activité de ce genre de malfaiteurs. ◇ HOM. *Raquette*

RACKET(T)EUR ou **RACKETTER** [ʀakɛtœʀ]. *n. m.* (mil. XXᵉ; de *racket*, d'apr. l'amér. *racketteer*). *Américanisme* Membre ou auteur d'un racket*. Cf. Maître chanteur. « *Nous n'avions aucune sympathie pour les racketters* » (BEAUVOIR).

RACLAGE [ʀaklaʒ]. *n. m.* (1845; de *racler*). Action de racler, de nettoyer en raclant. *Le raclage des peaux, des troncs. Raclage des os à la rugine.* V. **Grattage.**

RACLE [ʀakl(ə)]. *n. f.* (1561; de *racler*). *Région.* Outil servant à racler. V. **Curette, raclette, racloir.** *Racle à fromage.*

RACLÉE [ʀakle]. *n. f.* (fin XVIIIᵉ; de *racler*). *Fam.* Volée de coups. V. **Correction; rossée.** « *Prends ta règle et donne-lui une raclée* » (BALZ.). ◇ Défaite complète. V. **Pile.** *Ils vont prendre une belle raclée aux élections.*

RACLEMENT [ʀakləmɑ̃]. *n. m.* (1611; de *racler*). Action de racler; son résultat (bruit, trace). « *Un lointain raclement de patins à roulettes sur l'asphalte d'une cour* » (MART. du G.).

RACLER [ʀakle]. *v. tr.* (XIVᵉ; a. prov. *rasclar*, lat. pop. **ras[i]culare*, class. *rasus*, p. p. passif de *radere* « *racler,* raser »). ♦ 1° Frotter rudement (une surface) avec qqch. de dur ou de tranchant, de manière à égaliser ou à détacher ce qui adhère. V. **Gratter.** « *Le gros petit homme racla ses sabots sur le seuil* » (ALAIN-FOURNIER). *Racler une casserole, un plat,* pour n'y rien laisser. V. **Curer.** *Fam. Racler les tiroirs, les fonds de tiroirs,* prendre tout l'argent disponible, jusqu'au dernier sou. — *Se racler la gorge,* la débarrasser de sa mucosité par une expiration brutale. ♦ 2° Enlever en frottant de cette façon. « *Il commençait de brosser sa veste et,... avec la pointe du canif, il raclait quelque petite tache* » (DUHAM.). ♦ 3° Frotter en entrant rudement en contact. « *Les garde-boue raclaient les pneus* » (SARTRE). — Par hyperb. *Ce vin racle le gosier.* V. **Râper.** ♦ 4° Toucher, frotter sans délicatesse (les cordes, un instrument à cordes). « *Dans le soir, quelqu'un raclait une mandoline* » (ARAGON). — Jouer en raclant, maladroitement. « *Le tzigane racle du violon* » (THARAUD).

RACLETTE [ʀaklɛt]. *n. f.* (1859; dimin. de *racle*, XIIIᵉ; de *racler*). ♦ 1° Petit racloir. *Raclette de fumiste, de boulanger.* « *Elle se met à travailler sur l'âtre avec une raclette de fer* » (BOSCO). ♦ 2° Fromage fondu.

RACLEUR, EUSE [ʀaklœʀ, øz]. *n.* (1576; de *racler*). ♦ 1° *Techn.* Ouvrier, ouvrière effectuant le raclage. *Racleur de peaux.* ♦ 2° *Cour.* Personne qui joue mal (d'un instrument). « *Deux racleurs de violon* » (GONCOURT).

RACLOIR [ʀaklwaʀ]. *n. m.* (1538; de *racler*). Outil servant à racler. *Racloir à parquets. Racloir de parcheminier.* ◇ *Spécialt.* Outil préhistorique taillé dans un éclat de pierre.

RACLURE [ʀaklyʀ]. *n. f.* (1372; de *racler*). Parcelle enlevée de la surface d'un corps en le raclant. ◇ *Fig.* Déchet.

RACOLAGE [ʀakɔlaʒ]. *n. m.* (1747; de *racoler*). ♦ 1° *Anciennt.* Action de racoler (des soldats). ♦ 2° *Mod.* Action d'une prostituée qui racole. V. **Retape.**

RACOLER [ʀakɔle]. *v. tr.* (1750; « embrasser de nouveau », XIIᵉ; de *re-*, et *accoler*). ♦ 1° *Anciennt.* Enrôler par force ou par ruse, en violation déguisée du principe de l'engagement volontaire. *Racoler des soldats.* V. **Recruter.** ♦ 2° *Fig.* (fin XVIIIᵉ). Attirer, recruter par des moyens publicitaires ou autres. « *En offrant des avantages illusoires aux abonnés, on en avait raccolé* (sic) *deux mille* » (BALZ.). ◇ Se dit d'une prostituée qui sollicite (un client). V. **Raccrocher (3°).**

RACOLEUR, EUSE [ʀakɔlœʀ, øz]. *n.* (1747; de *racoler*). ♦ 1° N. m. *Anciennt.* Recruteur qui faisait métier de racoler. ◇ *Fig.* (XIXᵉ) Recruteur ou propagandiste peu scrupuleux. ♦ 2° N. f. Fille qui racole.

RACONTABLE [ʀakɔ̃tabl(ə)]. *adj.* (XIIIᵉ; de *raconter*). Qui peut être raconté (surtout au négatif). *Cela n'est guère racontable en public.* ◇ ANT. Inracontable.

RACONTAR [ʀakɔ̃taʀ]. *n. m.* (1853; de *raconter*). Nouvelle peu sérieuse, propos médisant ou sans fondement sur le compte de qqn. V. **Bavardage, cancan, commérage, conte, médisance, ragot.** « *Les mêmes passions, la même soif de racontars en province* » (RADIGUET).

RACONTER [ʀakɔ̃te]. *v. tr.* (XIIᵉ; de *re-*, et a. fr. *aconter,* de *conter*). ♦ 1° Exposer par un récit (des faits vrais ou présentés comme tels). V. **Conter, narrer, rapporter, relater, retracer.** « *Je raconte une histoire dont rien n'est inventé* » (MAUROIS). « *Ce que Sainte-Beuve raconte de ces solitaires* » (RENAN). « *Il a entendu raconter qu'ils vivent des femmes* » (ROMAINS). V. **Dire.** ♦ 2° Décrire, dépeindre. « *Il faut raconter barbarement un âge barbare* » (MICHELET). ◇ Littér. (Compl. de pers.) « *Il est rare qu'on ne désoblige pas ceux qu'on raconte* » (COCTEAU), dont on raconte la vie, dont on fait le portrait. — Pronom. « *Je ne me suis pas raconté dans ce roman* » (CHARDONNE). ♦ 3° Dire, débiter à la légère ou de mauvaise foi. « *Vous êtes trop au courant pour que j'essaie de vous raconter des histoires* » (MAURIAC). « *Une femme qui a trois cent mille francs, ou du moins qui le* raconte » (ROMAINS). « Qu'est-ce que tu me racontes? » (AYMÉ). V. Chanter (II, 1º).

RACONTEUR, EUSE [Rakɔ̃tœR, øz]. n. (XVᵉ; de raconter). Rare. Personne qui raconte, aime à raconter. V. Conteur. « Les historiens sont des raconteurs du passé » (GONCOURT).

RACORNI, IE [RakɔRni]. adj. (1331, fig.; V. Racornir). Durci comme de la corne. « Ses larges godillots craquelés et racornis » (DORGELÈS). Un vieux bout de viande tout racorni : desséché. — Fig. et plais. « Mes vieilles idées, racornies dans mon cerveau » (ROUSS.).

RACORNIR [RakɔRniR]. v. tr. (XIVᵉ; de re-, et corne). ♦ 1º Rendre dur, coriace, de la consistance de la corne. La chaleur a racorni ce cuir. V. Dessécher. ♦ 2º Rapetisser, raccourcir par dessèchement. V. Ratatiner. Pronom. « Voir la chair grillée se racornir dans la flamme » (GAUTIER).

RACORNISSEMENT [RakɔRnismɑ̃]. n. m. (1743; de racornir). Fait de se racornir.

RAD [Rad]. n. m. (1958; de radiation). Phys. Unité de rayonnement absorbé par un corps (100 ergs par gramme de substance).

RADAR [RadaR]. n. m. (1943; mot angl., abrév. de RAdio Detecting And Ranging, « détection et télémétrie par radio-électricité »). Système ou appareil de détection, qui émet un faisceau d'ondes électromagnétiques très courtes et en reçoit l'écho, permettant ainsi de déterminer la direction et la distance d'un objet. V. Détecteur. « Les services que le Radar a rendus aux armées des nations unies pour le repérage et le guidage des avions » (L. de BROGLIE). — En appos. Système radar, écran radar.

RADARISTE [RadaRist(ə)]. n. (1955; de radar). Spécialiste assurant le fonctionnement et la réparation des radars.

1. **RADE** [Rad]. n. f. (1474; a. angl. rad; V. Raid, étym.). Bassin naturel de vastes dimensions, ayant issue vers la mer et dans lequel les navires peuvent trouver un bon mouillage. « La Saône (un navire) était signalée et mouillerait sur rade dans deux heures » (LOTI). « La flotte était en rade, à Bizerte, à Toulon » (SARTRE). — Loc. fam. Laisser en rade, abandonner. Le projet est resté en rade, a été abandonné. V. Panne (en).

2. **RADE** [Rad]. n. m. (1844; de l'arg. radeau « comptoir »). Arg. Bar, bistrot. « [...] et moi je me fais tartir dans ce rade à boire des Ricard » (SARRAZIN).

RADEAU [Rado]. n. m. (1485; a. prov. radel; dimin. du prov. rat, lat. ratis. V. Ras 1). Flotteur formé d'un assemblage de pièces de bois qui constitue une plate-forme susceptible de porter des personnes ou des marchandises. « Des crampons de fer,... des pièces de bois, des cordes, enfin tous les matériaux nécessaires à la construction du radeau » (BALZ.). Le radeau de la Méduse. ◇ Train de bois.

RADER [Rade]. v. tr. (1842; « mesurer à la radoire », 1723; du rad. de radoire [1321] « règle pour mesurer à ras »; lat. pop. °rasitoria de radere « raser »). Techn. Entamer (un bloc de pierre) en dessus et en dessous, afin de le diviser.

RADEUSE [Radøz]. n. f. (1898; de l'arg. rade « rue, trottoir »). Arg. vieilli. Fille de trottoir, prostituée. « On la vit traîner [...] en petite radeuse timide et famélique » (G. CHEVALLIER).

RADIAIRE [RadjɛR]. adj. (1796; lat. radius « rayon »). Sc. nat. Disposé en rayons autour d'un point central, par symétrie radiée. N. m. pl. Les radiaires, animaux à symétrie radiée.

RADIAL, ALE, AUX [Radjal, o]. adj. et n. f. (av. 1478; du lat. radius). ♦ 1º Anat. Qui a rapport au radius ou à la partie de l'avant-bras correspondant au radius. Nerf radial, branche postérieure du plexus branchial. Artère radiale, l'une des branches de l'artère brachiale (humérale). ♦ 2º (1615). Vx. Rayonne. ♦ 3º (1898). Sc. et techn. Relatif au rayon, disposé selon un rayon. Vitesse radiale. — Perceuse radiale, à foret mobile. ♦ 4º (v. 1965). Voie radiale, et n. f. RADIALE : qui forme un rayon, joignant une voie périphérique au centre (opposée à rocade*, pénétrante*).

RADIAN [Radjɑ̃]. n. m. (1907; mot angl., 1879; du lat. radius « rayon »). Sc. Unité de mesure d'angle, correspondant à l'angle au centre qui intercepte, sur une circonférence, un arc de longueur égale à celle du rayon de la circonférence (symb. rd). ◇ HOM. Radiant.

RADIANCE [Radjɑ̃s]. n. f. (1825; de radiant). ♦ 1º Vx. Rayonnement, éclat. ♦ 2º Phys. (1946). Quotient du flux lumineux que rayonne une surface par son aire. V. aussi Éclairement.

RADIANT, ANTE [Radjɑ̃, ɑ̃t]. adj. (XIIIᵉ; lat. radians). ♦ 1º Vx. Rayonnant. ◇ Mod. (1896). Sc. Qui rayonne, émet des radiations. Chaleur radiante. « L'activité radiante de l'uranium, que M. Curie a appelée, pour abréger, la radio-activité » (BECQUEREL). ♦ 2º (1867). Astron. Point radiant, et subst. Le radiant : point du ciel d'où paraît provenir la trajectoire des météorites. ◇ HOM. Radian.

RADIATEUR [Radjatœʀ]. n. m. (1875; « qui peut rayonner », 1878; du rad. de radiation). ♦ 1º Dispositif augmentant la surface de rayonnement d'un appareil de chauffage;

appareil muni d'un tel dispositif. Radiateur de chauffage central, formé d'éléments juxtaposés. Radiateur électrique. ♦ 2º (1898). Organe de refroidissement des moteurs à explosion, formé d'un faisceau de tubes garni d'ailettes où l'eau circule et se refroidit (au contact de l'air et par l'action du ventilateur). « Il vérifie le niveau d'eau de son radiateur » (ROMAINS).

RADIATIF, IVE [Radjatif, iv]. adj. (1948; du rad. de radiation). Phys. Qui concerne les radiations. Théorie de l'équilibre radiatif dans les atmosphères stellaires.

1. **RADIATION** [Radjɑsjɔ̃]. n. f. (1378; du lat. médiév. radiare, latinisation de rayer par fausse étym.). Action de radier qui ou qqch. d'une liste, d'un registre. « Je n'étais pas encore rayé de la liste des émigrés... Madame Bacciochi... sollicita et obtint ma radiation » (CHATEAUB.). — Dr. Radiation du barreau (d'un avocat). Radiation d'inscription (hypothécaire). ◇ ANT. Inscription.

2. **RADIATION** [Radjɑsjɔ̃]. n. f. (1448; lat. radiatio). ♦ 1º Vieilli. Émission de rayons lumineux. « L'amoncellement des coquillages faisait sous la lame... d'ineffables radiations » (HUGO). ♦ 2º (1874). Énergie émise et propagée sous forme d'ondes à travers un milieu matériel; spécialt. ondes sonores, ondes électromagnétiques (hertziennes, infra-rouges, visibles, ultraviolettes, rayons X, rayons γ, ondes corpusculaires (rayons α, rayons β). Période, fréquence, longueur d'onde d'une radiation.

RADICAL, ALE, AUX [Radikal, o]. adj. et n. (attesté fin XVᵉ; bas lat. radicalis, de radix « racine »). I. Adj. ♦ 1º Qui tient à l'essence, au principe (d'une chose, d'un être). V. Foncier, fondamental. « L'instinct le plus radical dans l'homme, le désir de vivre » (SUARÈS). « Une disproportion aussi radicale » (THIBAUDET). V. Complet. ◇ Plus cour. Qui vise à agir sur la cause profonde des effets qu'on veut modifier. Méthode, réforme radicale. Mesure radicale. V. Drastique. « Voilà ce qu'on pouvait appeler une chirurgie radicale » (DUHAM.). — Chir. Cure radicale, opération par laquelle on corrige de façon durable une lésion ou une anomalie. ◇ Didact. (Se dit d'une doctrine) Qui va jusqu'au bout de ses conséquences. V. Absolu. « Le mécanisme radical » (BERGSON). ♦ 2º Ling. Qui fait partie de la racine d'un mot. Dans parler, le a est une voyelle radicale. ♦ 3º Bot. Qui appartient à la racine d'un végétal, naît du collet. ♦ 4º Math. Axe radical de deux cercles, lieu géométrique des points qui ont la même puissance par rapport aux deux cercles. Centre radical de trois cercles, point commun aux trois axes radicaux qu'admettent ces cercles pris deux à deux. ♦ 5º Hist. Des radicaux en politique (ci-dessous, II, 4º). — Mod. Relatif, propre au radicalisme, au radical-socialisme. Parti, congrès radical. Les députés radicaux.

II. N. m. ♦ 1º Toute forme particulière prise par la racine d'un mot. V. Racine. ♦ 2º Chim. Groupement d'atomes, présents dans une série de composés, qui conserve son identité au cours des changements chimiques qui affectent le reste de la molécule. Radical ammonium (NH_4), radical éthyle (C_2H_5), etc. Radicaux libres, non associés à d'autres atomes ou groupements d'atomes. ♦ 3º Alg. Symbole $\sqrt[n]{\ }$ qui indique qu'on doit extraire la racine de degré n de la quantité qui se trouve sous la barre horizontale du signe. ♦ 4º (1820; en angl. fin XVIIIᵉ). Hist. Nom donné aux républicains partisans de réformes « radicales » dans le sens de la démocratie et de la laïcité. — Mod. Ces républicains, organisés en parti après la chute du Second Empire (parti radical, puis radical-socialiste), situés de nos jours au centre gauche des partis politiques (les communistes et socialistes ayant adopté des attitudes plus « radicales »).

RADICALEMENT [Radikalmɑ̃]. adv. (1314; créé d'apr. bas lat. radicaliter). Dans son principe, d'une manière radicale. V. Absolument, complètement. « Me guérir radicalement de mes visions romanesques » (ROUSS.).

RADICALISATION [Radikalizɑsjɔ̃]. n. f. (1963; de radicaliser). Didact. Fait de se radicaliser. « [La] radicalisation du climat social général » (Nouv. Obs., 27-3-1968).

RADICALISER [Radikalize]. v. tr. (1917; de radical). Didact. Rendre radical, plus extrême. Radicaliser une théorie, des opinions (V. Durcir). L'opposition a été radicalisée par cette mesure. — Pronom. Le mouvement se radicalise.

RADICALISME [Radikalism(ə)]. n. m. (1820; de radical). Hist. Doctrine, attitude politique des républicains appelés radicaux* (II, 4º). — Mod. Doctrine des radicaux et radicaux-socialistes (radical-socialisme).

RADICAL-SOCIALISME [Radikalsɔsjalism(ə)]. n. m. (fin XIXᵉ; de radical-socialiste). Politique, doctrine des radicaux-socialistes (abrév. Rad.-soc.).

RADICAL-SOCIALISTE [Radikalsɔsjalist(ə)]. adj. (1880; de radical, et socialiste). Qui appartient, est propre au Parti Républicain Radical et Radical-Socialiste, dénomination officielle prise en 1901 par le parti radical. V. Radical (II, 4º). Ministère, gouvernement radical-socialiste. — Subst. Les radicaux-socialistes [Radikosɔsjalist(ə)].

RADICANT, ANTE [ʀadikã, ãt]. *adj.* (1797; du lat. *radicari* « émettre des racines »). *Bot.* Qui émet des racines adventives. *Le lierre est une plante radicante.*

RADICELLE [ʀadisɛl]. *n. f.* (1815; var. sav. de *radicule*). *Bot.* Chacun des petits filaments qui proviennent de la ramification des racines plus importantes.

RADICULAIRE [ʀadikylɛʀ]. *adj.* (1874; du lat. *radicula*). ♦ 1° *Bot.* Qui appartient à la radicule. ♦ 2° *Méd.* Qui concerne, touche les racines des nerfs crâniens ou rachidiens ou les racines des dents. *Paralysie radiculaire.*

RADICULE [ʀadikyl]. *n. f.* (1676; lat. *radicula*, dimin. de *radix* « racine »). *Bot.* Partie inférieure de l'axe de l'embryon qui, en se développant, deviendra la racine*.

RADICULITE [ʀadikylit]. *n. f.* (1923; du lat. *radicula*). *Méd.* Inflammation d'une racine nerveuse, *spécialt.* des racines d'un nerf rachidien (On dit aussi *névrite radiculaire*).

RADIÉ, ÉE [ʀadje]. *adj.* (1679; lat. *radiatus*). ♦ 1° Adj. *Didact.* Qui présente des lignes rayonnant à partir d'un point central. V. **Rayonné**. « *Un cercle d'argent, radié en forme de soleil* » (CHATEAUB.). *La fleur radiée de la pâquerette. — Symétrie radiée* (V. **Radiaire**). ♦ 2° N. f. pl. (1812). *Bot.* Nom d'une sous-famille des composacées (chrysanthème, dahlia, pâquerette, souci, tournesol, etc.). ◇ HOM. *Radier.*

1. RADIER [ʀadje]. *n. m.* (XIVᵉ; probabl. du rad. de *radeau*). Revêtement, plate-forme (de charpente, de maçonnerie ou de béton) qui recouvre le sol d'une construction hydraulique, lui sert de fondation et la protège contre le travail des eaux. « *Le radier, qu'il fût de pavé... ou de chaux hydraulique sur béton* » (HUGO).

2. RADIER [ʀadje]. *v. tr.* (1823; de *radiation* 1). Faire disparaître d'une liste, d'un registre, d'un compte. V. **Effacer, rayer**. *On l'a radié de la liste électorale.* ◇ ANT. **Inscrire**.

RADIESTHÉSIE [ʀadjɛstezi]. *n. f.* (1930; du rad. de *radiation*, et -*esthésie*). Réceptivité particulière à des radiations qu'émettraient différents corps; procédé de détection fondé sur cette sensibilité.

RADIESTHÉSISTE [ʀadjɛstezist(ə)]. *n.* (1930; de *radiesthésie*). Personne qui pratique la radiesthésie. V. **Rhabdomancien, sourcier**. *Baguette, pendule de radiesthésiste.*

RADIEUSEMENT [ʀadjøzmã]. *adv.* (1845; de *radieux*). D'une manière radieuse, avec éclat. « *Toute jeune encore et déjà radieusement belle* » (COURTELINE).

RADIEUX, EUSE [ʀadjø, øz]. *adj.* (1460; lat. *radiosus*). ♦ 1° Qui rayonne, brille d'un grand éclat. V. **Brillant**. *Un soleil radieux.* ◇ Particulièrement éclatant et lumineux. « *Il faisait une journée radieuse* » (GREEN). « *La radieuse beauté de Suzanne* » (DUHAM.). ♦ 2° (*Personnes*). Rayonnant de joie, de bonheur. V. **Heureux, ravi**. « *La jeune femme radieuse, emporta le marmot..., comme on emporte un bibelot désiré d'un magasin* » (MAUPASS.). ◇ *Visage, sourire radieux.* V. **Épanoui**. ◇ ANT. **Sombre, triste**.

RADIN, INE [ʀadɛ̃, in]. *adj.* et *n.* (1920; *redin*, 1885; arg. *radin* « gousset, tiroir-caisse », 1835, var. de *radeau* « comptoir », en arg.). Avare. *Elle est radine.* — Fém. invar. (plus cour.) « *Elle était un peu radin* » (SARTRE). — N. (Rare au fém.) *Quel radin!* Cf. pop. **Rat**.

RADINER [ʀadine]. *v. intr.* (1865; probabl. de l'a. fr. [XIIᵉ], et dial. *rade* « rapide, vite »; lat. *rapidus*). Pop. **Arriver**. *Il radine à toute allure.* Pronom. (se). « *Tu te radines* ». V. **Ramener** (se).

RADIO [ʀadjo]. *n.* (1923; abrév. des comp. de *radio-*). ♦ 1° N. m. Radiogramme. « *La grève générale est décrétée à Canton. Depuis hier, ce radio est affiché* » (MALRAUX). ◇ Radiotélégraphiste. V. **Sans-filiste**. *Le radio de bord d'un avion.* V. **Radionavigant**. « *Le radio, de ses doigts, lâchait les derniers télégrammes* » (ST-EXUP.). ♦ 2° N. f. (1935). Radiotéléphonie, radiotélégraphie ou radiodiffusion. V. **T.S.F.** « *La radio surprend les gens à table ou dans leurs lits,... elle en profite aujourd'hui pour les berner* » (SARTRE). — *Poste (récepteur) de radio. Avoir la radio et la télé.* Par ext. *Une radio*, un poste récepteur. V. aussi **Talkie-walkie**. ◇ Par appos. *Poste, message radio. L'infrastructure radio d'un aérodrome.* ♦ 3° Radioscopie ou radiographie. *Passer à la radio.* — *Spécialt.* Radiographie (Cf. Scopie, pour radioscopie). *Les radios sont bonnes.*

RADIO-. Élément, tiré du rad. lat. *radius* « rayon » ou de *radiation*. ◇ *Chim.* Devant le nom d'un corps, a la valeur de « radioactif » ou de « isotope radioactif ». REM. Les composés de *radio-* s'écrivent avec ou sans trait d'union.

RADIOACTIF, IVE [ʀadjoaktif, iv]. *adj.* (1896; de *radio-* et *actif*). Doué de radioactivité*. *Éléments radioactifs tels que les transuraniens* (V. **Radioélément**). *Équilibre radioactif*, équilibre du système constitué par un radioélément et ses produits de transformation. *Familles radioactives*, comprenant les radio-isotopes de même origine. — *Isotopes radioactifs artificiels*, isotopes radioactifs d'éléments stables, créés par des réactions nucléaires. — *Les déchets radioactifs d'un réacteur atomique. Pluies, retombées radioactives*, après l'explosion d'une bombe atomique.

RADIOACTIVITÉ [ʀadjoaktivite]. *n. f.* (1896; de *radioactif*). Propriété que possèdent certains éléments de se transformer par désintégration en un autre élément par suite d'une modification du noyau de l'atome, en émettant des rayonnements corpusculaires α (hélions) ou β (électrons) ou électromagnétiques (rayons γ). *Radioactivité naturelle*, de certains atomes lourds qui se trouvent dans la nature. *Radioactivité artificielle*, provoquée sur des corps naturellement stables (en faisant pénétrer dans leurs noyaux des neutrons ou des protons).

RADIOALIGNEMENT [ʀadjoaliɲmã]. *n. m.* (1941; de *radio-*, et *alignement*). *Techn.* Méthode de balisage d'une ligne de navigation maritime ou aérienne par radiophares. V. **Radiobalisage**.

RADIOALTIMÈTRE. *n. m.* V. **RADIOSONDE**.

RADIOASTRONOME [ʀadjoastʀɔnɔm]. *n.* (mil. XXᵉ; de *radioastronomie*). *Astron.* Astronome spécialiste de radioastronomie*.

RADIOASTRONOMIE [ʀadjoastʀɔnɔmi]. *n. f.* (1953; de *radio-*, et *astronomie*). *Astron.* Branche de l'astronomie qui étudie les rayonnements électromagnétiques des corps célestes (ou « *radiosources* »).

RADIOBALISAGE [ʀadjobalizaʒ]. *n. m.* (1945; de *radio-*, et *balisage*). *Techn.* Signalisation d'une route aérienne ou maritime par une suite de petits radiophares (dits *rabiobalises* [ʀadjobaliz]) qui émettent des ondes aisément identifiables.

RADIOBALISER [ʀadjobalize]. *v. tr.* (1959; de *radiobalise*). *Techn.* Équiper d'une signalisation par radiobalisage. *Radiobaliser une route aérienne.*

RADIOCARBONE [ʀadjokaʀbɔn]. *n. m.* (1953; de *radio-*, et *carbone*). *Sc.* Carbone radioactif (carbone 14).

RADIOCOBALT [ʀadjokɔbalt]. *n. m.* (1959; de *radio-*, et *cobalt*). *Sc.* Isotope radioactif du cobalt.

RADIOCOMMUNICATION [ʀadjokɔmynikasjɔ̃]. *n. f.* (1922; de *radio-*, et *communication*). *Techn.* Communication au moyen d'ondes électromagnétiques; *spécialt.* Télécommunication par un procédé radioélectrique.

RADIOCOMPAS [ʀadjokɔ̃pa]. *n. m.* (1922; de *radio-*, et *compas*). *Aviat.* Radiogoniomètre utilisé comme compas, permettant notamment de conserver un cap constant.

RADIOCONDUCTEUR [ʀadjokɔ̃dyktœʀ]. *n. m.* (1898; de *radio-*, et *conducteur*). *Sc.* Conducteur dont la résistance varie sous l'action des ondes électromagnétiques. V. **Cohéreur, détecteur**.

RADIOCRISTALLOGRAPHIE [ʀadjokʀistalɔgʀafi]. *n. f.* (mil. XXᵉ; de *radio-*, et *cristallographie*). *Sc.* Étude des structures cristallines utilisant la diffraction des rayons X.

RADIODERMITE [ʀadjodɛʀmit]. *n. f.* (1905; de *radio-*, et *dermite*). *Méd.* Lésion cutanée due à l'action des rayons X ou de substances radioactives.

RADIODIAGNOSTIC [ʀadjodjagnɔstik]. *n. m.* (1907; de *radio-*, et *diagnostic*). *Méd.* Diagnostic établi par un examen aux rayons X.

RADIODIFFUSER [ʀadjodifyze]. *v. tr.* (1930; de *radio-*, et *diffuser*). Émettre et transmettre par radiodiffusion. *Radiodiffuser un concert.* « *Ils ne veulent pas radiodiffuser la traduction avant que les journaux l'aient publiée* » (SARTRE). — Au p. p. *Conférence radiodiffusée.*

RADIODIFFUSION [ʀadjodifyzjɔ̃]. *n. f.* (1925; de *radio-*, et *diffusion*). Émission et transmission, par procédé radioélectrique (ondes hertziennes), de programmes variés; organisation qui prépare et effectue cette transmission. V. **Diffusion, émission, onde(s), radio, radiophonie, T.S.F.** *Programmes, chaîne de radiodiffusion.* Ancien. *Office de radiodiffusion-télévision française* (O.R.T.F.). [ɔʀteɛf].

RADIOÉLECTRICIEN [ʀadjoelɛktʀisjɛ̃]. *n. m.* (1931; de *radioélectrique*, d'apr. *électricien*). Technicien de radioélectricité.

RADIOÉLECTRICITÉ [ʀadjoelɛktʀisite]. *n. f.* (1922; de *radio-*, et *électricité*). *Sc.* Branche de l'électrotechnique relative à la production et l'utilisation des oscillations électriques de haute fréquence et des ondes qu'elles engendrent (ondes radioélectriques).

RADIOÉLECTRIQUE [ʀadjoelɛktʀik]. *adj.* (1913; de *radio-*, et *électrique*). Relatif à la radioélectricité ou étudié par elle. *Ondes radioélectriques*, les ondes électromagnétiques de longueur supérieure aux radiations visibles et infrarouges (V. Hertzien). *Techniques radioélectriques de navigation, de communication.* — *Orgue radioélectrique* (cour. *orgue électrique*).

RADIOÉLÉMENT [ʀadjoelemã]. *n. m.* (1924; de *radio-*, et *élément*). *Sc.* Élément radioactif naturel ou artificiel. V. **Radio-isotope**.

RADIOGÈNE [ʀadjoʒɛn]. *adj.* (1922; de *radio-*, et *-gène*). *Didact.* Qui émet des rayons X. *Appareil radiogène.*

RADIOGÉNIQUE [ʀadjoʒenik]. *adj.* (1968; de *radio* 2°,

et *-génique*, d'apr. *photogénique*). Qui a des qualités que la radio peut mettre en valeur. *Voix radiogénique*.

RADIOGONIOMÈTRE [radjɔgɔnjɔmɛtʀ(ə)]. *n. m.* (1906; de *radio-*, et *goniomètre*). *Techn.* Appareil récepteur permettant de déterminer avec précision l'angle, la direction d'un signal radioélectrique et de son émetteur. *Radiogoniomètre de bord*, sur un navire, un avion (fam. *Gonio*). V. **Radiocompas**.

RADIOGONIOMÉTRIE [radjɔgɔnjɔmetʀi]. *n. f.* (1922; de *radiogoniomètre*). *Techn.* Ensemble des procédés permettant de déterminer la direction et la position d'un poste émetteur de radio; navigation à l'aide du radiogoniomètre. *Adj.* **RADIOGONIOMÉTRIQUE** [radjɔgɔnjɔmetʀik].

1. **RADIOGRAMME** [radjɔgʀam]. *n. m.* (1907; contraction de *radiotélégramme*). Message transmis par radiotélégraphie (abrév. *Radio*).

2. **RADIOGRAMME** [radjɔgʀam]. *n. m.* (1897; de *radio-*, et *-gramme*). *Techn.* Image photographique des éléments structuraux d'un corps traversé par un rayonnement ionisant.

RADIOGRAPHIE [radjɔgʀafi]. *n. f.* (1896; contraction de *radiophotographie*). Enregistrement photographique de la structure interne d'un corps traversé par des rayons X (abrév. cour. *Radio*).

RADIOGRAPHIER [radjɔgʀafje]. *v. tr.* (1896; de *radiographie*). Photographier au moyen des rayons X. *Radiographier un malade, un organe. Se faire radiographier* (*fam.* Passer à la radio).

RADIOGUIDAGE [radjɔgidaʒ]. *n. m.* (1941; de *radio-*, et *guidage*). Guidage des navires, des avions par des méthodes radioélectriques (balises, radiophares), fournissant au pilote un système de références facilement interprétable. *Radioguidage à l'atterrissage* (dit « radio-atterrissage »). ◇ (v. 1964). Information radiophonique sur le trafic routier, destinée aux automobilistes.

RADIOGUIDER [radjɔgide]. *v. tr.* (mil. xxᵉ; de *radioguidage*). Guider à distance par ondes radioélectriques. (V. **Téléguider**). — P. p. et adj. *Fusées radioguidées*.

RADIO-ISOTOPE [radjɔizɔtɔp]. *n. m.* (1947; de *radio-*, et *isotope*). *Sc.* Isotope radioactif d'un élément quelconque. V. **Radioélément**. *Utilisation des radio-isotopes comme indicateurs ou traceurs*.

RADIO(-)JOURNAL [radjɔʒuʀnal]. *n. m.* (1922; de *radio* 2°, et *journal*). Nouvelles radiophoniques transmises périodiquement. V. **Journal** (parlé).

RADIOLAIRES [radjɔlɛʀ]. *n. m. pl.* (1885; lat. zool. *radiolaria*, de *radiolus*, dim. de *radius* « rayon »). *Zool.* Classe de protozoaires *(Actinopodes)* pourvus d'un squelette siliceux, à pseudopodes fins et rayonnants, appartenant au plancton marin. — Sing. *Un radiolaire*.

RADIOLÉSION [radjɔlezjɔ̃]. *n. f.* (mil. xxᵉ; de *radio-*, et *lésion*). *Méd.* Tout trouble somatique provoqué par les rayonnements ionisants.

RADIOLOGIE [radjɔlɔʒi]. *n. f.* (1907; de *radio-*, et *-logie*). Science traitant de l'étude et des applications médicales (diagnostic, traitement), industrielles, scientifiques des rayons X et d'autres rayonnements ionisants. V. **Radiographie, radioscopie, radiothérapie**.

RADIOLOGIQUE [radjɔlɔʒik]. *adj.* (1907; de *radiologie*). Qui se rapporte à la radiologie. *Examens radiologiques*.

RADIOLOGUE [radjɔlɔg] ou **RADIOLOGISTE** [radjɔlɔʒist(ə)]. *n.* (1922; de *radiologie*). Physicien ou technicien spécialiste de la radiologie. — *Méd.* et *cour.* Médecin spécialisé en radiologie.

RADIOLYSE [radjɔliz]. *n. f.* (mil. xxᵉ; de *radio-*, et *lyse*). *Didact.* Décomposition d'un corps sous l'action de radiations ionisantes.

RADIOMENSURATION [radjɔmɑ̃syʀasjɔ̃]. *n. f.* (1931; de *radio-*, et *mensuration*). *Méd.* Mensuration du squelette et des organes à l'aide de la radiologie.

RADIOMÉTALLOGRAPHIE [radjɔmetalɔgʀafi]. *n. f.* (1922; de *radio-*, et *métallographie*). *Techn.* Étude de la structure des métaux à l'aide de rayons X.

RADIOMÈTRE [radjɔmɛtʀ(ə)]. *n. m.* (1876; de l'angl. *radiometer*). *Phys.* Appareil destiné à mesurer l'intensité d'un rayonnement lumineux et, *spécialt.*, des rayons solaires.

RADIONAVIGANT [radjɔnaviɡɑ̃]. *n. m.* (1953; de *radionavigation*). *Techn.* Spécialiste assurant, à bord d'un avion de ligne, les liaisons par radio. V. **Radiotélégraphiste** (abrév. cour. *Le radio*).

RADIONAVIGATION [radjɔnaviɡasjɔ̃]. *n. f.* (1941; de *radio-*, et *navigation*). *Techn.* Procédés et techniques radioélectriques de guidage et repérage des navires et des avions. V. **Radiogoniométrie, radioguidage**.

RADIONÉCROSE [radjɔnekʀoz]. *n. f.* (mil. xxᵉ; de *radio-*, et *nécrose*). *Biol.* Destruction tissulaire sous l'influence des rayons X (ou du radium).

RADIOPHARE [radjɔfaʀ]. *n. m.* (1912; de *radio-*, et *phare*). *Techn.* Poste émetteur qui produit des ondes hert-

ziennes fournissant un signal caractéristique et permettant aux navires et aux avions de relever leur position (au radiogoniomètre...). *Radiophares tournants; d'alignement* (V. **Radiobalisage**).

RADIOPHONIE [radjɔfɔni]. *n. f.* (1880; de *radio-*, et *-phonie*). *Techn.* Ensemble des procédés et techniques de transmission du son par ondes hertziennes (radiodiffusion, radiotéléphonie). V. **Radio,** 2° *(cour.)*.

RADIOPHONIQUE [radjɔfɔnik]. *adj.* (1888; de *radiophonie*). *Cour.* Qui concerne la radiophonie, la radiodiffusion. « *Un magazine qui donnait les programmes radiophoniques de la semaine* » (CAMUS). Cf. Les programmes *de radio*.

RADIOPHOTOGRAPHIE [radjɔphɔtɔgʀafi]. *n. f.* (1948; de *radio-*, et *photographie*). *Techn.* Photographie en format réduit d'une image radioscopique projetée sur écran fluorescent.

RADIOPROTECTION [radjɔpʀɔtɛksjɔ̃]. *n. f.* (1968; de *radio-*, et *protection*). *Didact.* Ensemble des moyens destinés à protéger les individus contre les rayonnements ionisants.

RADIOREPORTAGE [radjɔʀ(ə)pɔʀtaʒ]. *n. m.* (1932; de *radio-*, et *reportage*). Reportage radiodiffusé.

RADIOREPORTER [radjɔʀəpɔʀtɛʀ]. *n. m.* (1934; de *radio-*, et *reporter;* Cf. Radioreportage). Journaliste spécialisé dans le radioreportage.

RADIOSCOPIE [radjɔskɔpi]. *n. f.* (1897; de *radio-*, et *-scopie*). Examen de l'image que forme, sur un écran fluorescent, un corps traversé par des rayons X. *Passer à la radioscopie* (fam. *à la radio;* arg. méd. *à la scopie*).

RADIOSONDAGE [radjɔsɔ̃daʒ]. *n. m.* (1942; de *radio-*, et *sondage*). *Sc., Techn.* Exploration de l'atmosphère à l'aide de la radiosonde. ◇ Exploration du sous-sol à l'aide d'un détecteur de radiations placé dans le forage.

RADIOSONDE [radjɔsɔ̃d]. *n. f.* (1942; de *radio-*, et *sonde*). *Techn.* Appareil émetteur placé dans un ballon-sonde et transmettant au sol des renseignements météorologiques. ◇ Équipement radioélectrique placé dans un avion et donnant son altitude. — On dit aussi **RADIOALTIMÈTRE**.

RADIO-TAXI [radjɔtaksi]. *n. m.* (v. 1950; de *radio*, et *taxi*). Taxi muni d'un récepteur radio, que la compagnie appelle à aller chercher le client au point désigné par celui-ci. « *J'avais appelé un radio-taxi par téléphone* » (GUTH). *Des radio-taxis*.

RADIOTECHNIQUE [radjɔtɛknik]. *n. f.* et *adj.* (1927; de *radio-*, et *technique*). *Techn.* Ensemble des procédés qui se rapportent à la science radioélectrique et à ses applications industrielles. ◇ *Adj.* Relatif à ces procédés.

RADIOTÉLÉGRAPHIE [radjɔtelegʀafi]. *n. f.* (1906; de *radio-*, et *télégraphie*). Télégraphie sans fil, transmission par ondes hertziennes de messages en alphabet Morse (ou radiotélégrammes). V. **Radio** (*n. f.*).

RADIOTÉLÉGRAPHIQUE [radjɔtelegʀafik]. *adj.* (1906; de *radiotélégraphie*). Relatif à la télégraphie sans fil. *Station radiotélégraphique*.

RADIOTÉLÉGRAPHISTE [radjɔtelegʀafist(ə)]. *n.* (1910; de *radiotélégraphie*). *Vieilli*. Opérateur de télégraphie sans fil (abrév. mod. *Un radio*).

RADIOTÉLÉPHONIE [radjɔtelefɔni]. *n. f.* (1906; *téléradiophonie*, 1890; de *radio-*, et *téléphonie*). Téléphonie sans fil, transmission de sons par ondes hertziennes. — *Dér.* RADIOTÉLÉPHONE [radjɔtelefɔn]. *n. m.*, RADIOTÉLÉPHONISTE [radjɔtelefɔnist(ə)]. *n.*

RADIOTÉLESCOPE [radjɔtelɛskɔp]. *n. m.* (1953; de *radio-*, et *télescope*). *Astron.* Récepteur des ondes radioélectriques émises par les corps célestes, utilisé en radioastronomie.

RADIOTÉLÉVISÉ, ÉE [radjɔtelevize]. *adj.* (1960; de *radio[diffusé]*, et *télévisé*). Qui est à la fois radiodiffusé et télévisé. *Reportage, interview radiotélévisé*.

RADIOTHÉRAPEUTE [radjɔteʀapøt]. *n. m.* (1953; de *radiothérapie*). *Méd.* Spécialiste en radiothérapie.

RADIOTHÉRAPIE [radjɔteʀapi]. *n. f.* (1903; de *radio-*, et *-thérapie*). *Méd.* Application thérapeutique des rayonnements ionisants. — *Cour.* Traitement aux rayons X.

RADIS [radi]. *n. m.* (1611; *radice*, 1507, mot it. « racine »). ♦ 1° Plante crucifère dont plusieurs variétés sont cultivées pour leurs racines comestibles. ◇ Racine comestible de cette plante, rose ou noire, à saveur légèrement piquante, que l'on mange crue. ♦ 2° (1842). *Pop.* PAS (PLUS) UN RADIS : pas (plus) un sou*. « *Je ne dépense pas un radis de plus !* » (VALLÈS).

RADIUM [radjɔm]. *n. m.* (1898; de *radio[actif]*, et suff. *-ium* des métaux). Élément radioactif (symb. Ra; poids at. 226,05; n° at. 88), de la famille de l'uranium, métal blanc appartenant au groupe des alcalino-terreux et homologue du baryum, découvert d'abord dans la pechblende.

RADIUMTHÉRAPIE [radjɔmteʀapi]. *n. f.* (1912; de *radium*, et *-thérapie*). *Méd.* Traitement par le radium ou le radon. V. **Curiethérapie, gammathérapie**.

RADIUS [radjys]. *n. m.* (1538; mot lat.). Os long, situé à la partie externe de l'avant-bras, en dehors du cubitus (V. **Radial**, 1º).

RADJAH. V. RAJAH.

RADOME ou **RADÔME** [radom]. *n. m.* (1962 ; mot angl., de *radar*, et *dome*). *Techn.* Dôme en matière plastique protégeant une grande antenne de radar.

RADON [radɔ̃]. *n. m.* (1923 ; *rad.* de *radium*). *Phys.* Élément radioactif naturel (symb. Rn ; nº at. 86), gaz produit par la désagrégation du radium, du thorium et de l'actinium.

RADOTAGE [radɔtaʒ]. *n. m.* (1740 ; de *radoter*). ♦ 1º *Vx.* Sénilité. ♦ 2º *Mod.* Propos d'une personne qui radote. V. **Rabâchage.**

RADOTER [radɔte]. *v. intr.* (XIIIe ; *radoté* « tombé en enfance », 1080 ; de *re-*, et rad. germ. ; Cf. moy. néerl. *doten*, angl. *to dote*). Tenir, par sénilité, des propos décousus et peu sensés. V. **Déraisonner.** « *Il a tout au plus quarante ans ; c'est s'y prendre un peu tôt pour baisser et radoter* » (STE-BEUVE). ◇ Rabâcher. « *Il m'arrive souvent de me redire. C'est ce que l'on appelle irrévérencieusement : radoter* » (GIDE). ◇ *Trans. Fam. Qu'est-ce qu'il radote?*

RADOTEUR, EUSE [radɔtœʀ, øz]. *n.* (1546 ; de *radoter*). Personne qui radote. *Un vieux radoteur.*

RADOUB [radu]. *n. m.* (1532 ; de *radouber*). Opération par laquelle on entretient ou on répare la coque d'un navire (dans un bassin affecté à cet usage, dit *bassin de radoub*). *Un navire au radoub.* V. **Carénage.** « *Las de radoubs, et laissant les vieilles coques pour les neuves, il se fit constructeur de navires* » (VALÉRY).

RADOUBER [radube]. *v. tr.* (1268 ; de *re-*, et *adouber*). Remettre en état par des travaux de radoub. V. **Calfater, caréner.** ◇ Raccommoder (un filet de pêche).

RADOUCIR [radusiʀ]. *v. tr.* (XIIe ; de *re-*, et *adoucir*). ♦ 1º *Vieilli.* Rendre plus doux, moins rude (l'humeur, le ton). V. **Adoucir.** « *Elle radoucit beaucoup le ton qu'elle avait pris dans les précédentes lettres* » (ROUSS.). — Pronom. « *Votre cœur... irrité s'est radouci* » (DIDER.). V. **Apaiser** (s'). ♦ 2º Rendre plus doux (le temps). « *L'ouest et l'ouest a radouci le temps dans la région parisienne.* V. **Réchauffer.** — Pronom. *Le temps s'est radouci.*

RADOUCISSEMENT [radusismɑ̃]. *n. m.* (1657 ; de *radoucir*). Fait de se radoucir. *Le radoucissement de la température, du temps.*

RAFALE [rafal]. *n. f.* (1640 ; de *affaler*, avec infl. de l'it. *raffica*, rad. express. *raff-*). ♦ 1º Coup de vent soudain et brutal ; souffle du vent brusquement plus rapide et plus violent. V. **Bourrasque.** « *Le coup de vent du sud-ouest n'était qu'une rafale momentanée* » (BAUDEL.). « *Les bouffées de pluie et de neige qui se succédaient en rafales* » (MART. du G.). *Le vent souffle par rafales.* ♦ 2º (1904). Ensemble de coups tirés rapidement, à intervalles variables, par une batterie ou par une arme automatique. « *Cela explose par rafales de six, en file. C'est du 77* » (BARBUSSE). « *Une mitrailleuse se mit à tirer par courtes rafales* » (MALRAUX).

RAFFERMIR [rafɛʀmiʀ]. *v. tr.* (1394 ; de *re-*, et *affermir*). ♦ 1º Rendre plus ferme. V. **Durcir.** « *L'huile qui raffermissait les muscles des anciens lutteurs* » (BAUDEL.). *La douche froide raffermit les tissus.* — Pronom. Devenir plus ferme. *Le sol se raffermit.* ♦ 2º *Fig.* et *littér.* Remettre dans un état plus stable. V. **Affermir, consolider, fortifier.** « *L'émeute raffermit les gouvernements qu'elle ne renverse pas* » (HUGO). — Pronom. *Littér.* Retrouver sa fermeté, son assurance. « *Bientôt, se raffermissant, il prit un air de hauteur résolue* » (VIGNY). ◇ ANT. Ramollir ; affaiblir, ébranler.

RAFFERMISSEMENT [rafɛʀmismɑ̃]. *n. m.* (1669 ; de *raffermir*). Fait de se raffermir. V. **Consolidation, durcissement.** « *La terre était mouillée. Il a fallu attendre un peu de raffermissement* » (HUGO). ◇ ANT. Ramollissement ; affaiblissement.

RAFFINAGE [rafinaʒ]. *n. m.* (1611 ; de *raffiner*). Ensemble d'opérations par lesquelles on sépare un mélange de certaines substances, de manière à obtenir un corps pur ou un mélange doué de propriétés déterminées. V. **Affinage, épuration.** *Raffinage du sucre*, opération par laquelle on obtient le sucre blanc du commerce, par décoloration, réduction en sirop, cuisson et cristallisation du sucre roux (V. **Blanchissage**). — *Raffinage du papier*, préparation de la pâte définitive par un mélange de différentes pâtes et adjuvants divers. — *Raffinage du pétrole*, ensemble des opérations qui permettent d'obtenir les produits commerciaux (essences, gas-oil, lubrifiants, etc.) en partant des pétroles bruts : distillation, fractionnement, transformations moléculaires, épuration physique et chimique.

RAFFINÉ, ÉE [rafine]. *adj.* (XVIe ; de *raffiner*). ♦ 1º Traité par raffinage. *Du sucre raffiné. Pétrole raffiné.* ♦ 2º Qui est d'une extrême délicatesse, témoigne d'une recherche ou d'une subtilité remarquable. V. **Délicat, subtil.** Politesse, manières raffinées. « *L'architecture élégante et raffinée* » (TAINE). ◇ (Personnes) *Gourmet raffiné, se connaissant mieux que pas un aux bons morceaux* » (GAUTIER). — Subst. « *Des nuances d'art tellement fines que ne raffinés les aper-*

çoivent à peine » (RENAN). ◇ ANT. *Brut; grossier, lourd.*

RAFFINEMENT [rafinmɑ̃]. *n. m.* (1600 ; de *raffiner*). ♦ 1º Caractère de ce qui est raffiné, très délicat. V. **Délicatesse.** « *Six mois dans une cour d'amour, six mois de raffinement provençal* » (ROMAINS). V. **Préciosité, subtilité.** *Le raffinement des manières, de la politesse.* ◇ *Un, des raffinement(s)* : acte, chose qui dénote ou exige de la recherche, une grande finesse de goût. « *Cette simplicité qui est un raffinement* » (FLAUB.). « *Ces raffinements d'expression* » (PROUST). « *Un amateur de raffinements gastronomiques* » (PROUST). ♦ 2º *Un raffinement de...* : point ou manifestation extrême (d'un sentiment). « *Cette fausse modestie qui n'est qu'un raffinement de l'orgueil* » (LACLOS). *Par un raffinement de cruauté.* ◇ ANT. Grossièreté.

RAFFINER [rafine]. *v.* (1519 ; de *re-*, et *affiner*). ♦ 1º V. *tr.* Procéder au raffinage de (une substance, un corps brut). V. **Épurer.** *Raffiner le sucre, le papier, le pétrole.* ◇ *Fig.* et rare (1650) Affiner. « *Une haine qui raffinait sa sensibilité* » (FLAUB.). ♦ 2º *V. intr.* Rechercher la délicatesse ou la subtilité la plus grande. « *Pourquoi raffiner? Le militant communiste ne doit pas s'embarrasser de tant de nuances* » (SARTRE). — *Raffiner sur l'élégance, sur la présentation.*

RAFFINERIE [rafinʀi]. *n. f.* (1666 ; de *raffiner*). Usine où s'effectue le raffinage (du sucre, et *plus cour.* du pétrole). *Les grandes raffineries de la basse Seine.*

RAFFINEUR, EUSE [rafinœʀ, øz]. *n.* (1611 ; de *raffiner*). ♦ 1º Personne qui exploite, dirige une raffinerie (Cf. Pétrolier, sucrier). ◇ Spécialiste d'opérations de raffinage. ♦ 2º *N. f. Techn.* (1845, pour *pile raffineuse*). Bassin où s'effectue le raffinage de la pâte à papier.

RAFFLESIA [rafleʒja] ou **RAFFLÉSIE** [raflezi]. *n. f.* (1839,-1846 ; du nom de *sir Raffles*, gouverneur de Sumatra). *Bot.* Plante d'Insulinde (*Périanthacées*), parasite des racines de vignes sauvages, à appareil végétatif presque nul, mais à fleurs gigantesques.

RAFFOLER (DE) [rafɔle]. *v. tr. indir.* (1762 ; « être fou », XIVe ; de *re-*, et *affoler*). Aimer à la folie, avoir un goût très vif pour (qqn, qqch.). V. **Adorer.** « *Tous ses parents raffolaient d'elle* » (BALZ.). « *Elle raffolait des fêtes foraines* » (CÉLINE).

RAFFUT [rafy]. *n. m.* (1867 ; de *raffûter*, au sens dial. « gronder, rosser », XVIIIe, emploi iron. de *affûter* « arranger »). *Fam.* Tapage, vacarme. « *Ce mot déchaîna le raffut. Esther... hurla... le chien faisait chorus* » (ARAGON). *Quel raffut !*

RAFFÛTER [rafyte]. *v. tr.* (1845 ; « réparer », XVe ; de *re-*, et *affûter*). *Techn.* Affûter de nouveau (un instrument tranchant). Var. *Réaffûter* [reafyte].

RAFIAU ou **RAFIOT** [rafjo]. *n. m.* (1836 [« embarcation légère »],-XXe ; o. i.). ♦ 1º *Vx.* Petite embarcation méditerranéenne à une voile et à rames. ♦ 2º *Mod.* Mauvais bateau. « *Son rafiot, roulant, prenant l'eau, mais qui toujours arrive au port* » (MONTHERLANT). *Un vieux rafiot.*

RAFISTOLAGE [rafistɔlaʒ]. *n. m.* (1869 ; de *rafistoler*). *Fam.* Action de rafistoler ; son résultat. « *Du rafistolage de godillots* » (DUHAM.). *Fig. Les nouvelles mesures qu'on a prises ne sont qu'un rafistolage.*

RAFISTOLER [rafistɔle]. *v. tr.* (*h.* 1649 ; repris déb. XIXe ; de *re-*, et *afistoler* « tromper », XVe, puis « arranger » ; it. *fistola* « flûte » ; lat. *fistula*). *Fam.* Raccommoder, réparer grossièrement, avec les moyens de fortune. « *Cet ingénieux employé rafistolait son soulier avec un morceau de ficelle* » (COURTELINE).

1. RAFLE [rafl(ə)]. *n. f.* (fin XVIe ; « jeu de dés où d'un seul coup on peut enlever toutes les mises », XIVe ; « racloir », XIIIe ; all. *Raffel*, de *raffen* « emporter vivement »). ♦ 1º *Vieilli.* Action de piller, de rafler. « *Mariette s'était jetée sur le marché pour y faire une rafle générale* » (BALZ.). ♦ 2º *Mod.* (1867). Arrestation massive opérée à l'improviste par la police dans un quartier ou établissement suspect. V. **Descente** (de police) ; **filet** (coup de). « *En un clin d'œil, il y eut une trentaine de personnes rassemblées..., entre deux barrages d'agents. La rafle* » (ARAGON).

2. RAFLE [rafl(ə)]. *n. f.* (1549 ; var., d'apr. le précéd. [« grains raflés »], de *râpe*). *Bot., Agric.* Ensemble du pédoncule et des pédicelles d'une grappe (de raisin, de groseille...) ; grappe sans ses grains. ◇ Axe renflé de l'épi de maïs.

RAFLER [rafle]. *v. tr.* (1573 ; de *rafle* 1). *Fam.* Prendre et emporter promptement sans rien laisser. « *Une voleuse qu'ils envoient chez les gens, pour râfler* (sic) *tout ce qui traîne* » (ZOLA). « *Tu les verras rafler... toutes les meilleures choses... Ils ne regardent pas au prix* » (MAC ORLAN).

RAFRAÎCHI, IE [rafʀeʃi]. *adj.* (1677 ; V. **Rafraîchir**). Rendu frais. *Loc.* (XXe) *Fruits rafraîchis* : fruits mélangés servis froids.

RAFRAÎCHIR [rafʀeʃiʀ]. *v.* (fin XIIe ; var. de *refraîchir* ; de *re-*, et *fraîchir*). I. *V. tr.* ♦ 1º Rendre frais, refroidir modérément. *Mettre quelques glaçons dans une boisson pour la rafraîchir.* Absolt. *Seau à rafraîchir.* — « *Les soirées devenaient brûlantes, à*

peine rafraîchies par la brise de la mer » (ZOLA). ◇ Pénétrer d'une sensation de fraîcheur. « *Je rafraîchis ma main à la panse de l'alcarazas* » (COLETTE). ♦ 2° Rendre la fraîcheur, l'éclat du neuf à (qqch.). *Un produit qui rafraîchit les couleurs. Rafraîchir un manteau en changeant les boutons, le col.* — (1680) *Rafraîchir les cheveux*, les couper légèrement. ◇ *Fig.* Ranimer, revivifier. *Fam. Je vais vous rafraîchir la mémoire,* vous rappeler certaines choses que vous avez oubliées (ou prétendez avoir oubliées).
II. *V. intr.* Devenir plus frais, refroidir un peu. *Mettre du vin, un melon à rafraîchir.*
III. *V. pron.* ♦ 1° (*Pass.*). Devenir plus frais. *Le temps s'est bien rafraîchi.* V. **Fraîchir.** ♦ 2° (*Réfl.*). Se donner une sensation de fraîcheur. « *Pour se rafraîchir, il venait de plonger la tête dans le bassin de la fontaine* » (STENDHAL). ◇ *Fam.* Boire un rafraîchissement.
◈ ANT. Réchauffer.

RAFRAÎCHISSANT, ANTE [ʀafʀeʃisɑ̃, ɑ̃t]. adj. (1579; de *rafraîchir*). ♦ 1° Qui rafraîchit, donne une sensation de fraîcheur. *Une petite brise rafraîchissante.* — *Spécialt.* Qui désaltère parfaitement. *Boissons rafraîchissantes*, boissons sans alcool (jus de fruit, limonades, etc.). ◇ *Vieilli.* Qui combat l'échauffement, a des propriétés laxatives. *Une tisane rafraîchissante.* ♦ 2° *Fig.* Qui plaît par sa fraîcheur, sa simplicité. *Une œuvre rafraîchissante.* ◈ ANT. *Échauffant.*

RAFRAÎCHISSEMENT [ʀafʀeʃismã]. n. m. (XIIIᵉ; de *rafraîchir*). ♦ 1° Action de rafraîchir, le fait de rafraîchir. *Un rafraîchissement de la température.* ◇ *Fig.* (*Rare*) Action de raviver. « *Avec un rafraîchissement de souvenirs* » (STE-BEUVE). ♦ 2° Boisson fraîche prise en dehors des repas. *Prendre un rafraîchissement dans un café.* — *Au plur.* Boissons fraîches, glaces, fruits rafraîchis, etc., servis à des invités. « *Adeline... fit repasser les rafraîchissements. Les messieurs... se mirent debout pour vider leurs verres* » (HÉRIAT).

RAGAILLARDIR [ʀagajaʀdiʀ]. v. tr. (XVᵉ; de *re-*, et a. fr. *agaillardir*, de *gaillard*). Rendre de la vitalité, de l'entrain à (un être fatigué, déprimé). V. **Réconforter, revigorer.** *C'est une bonne nouvelle, qui nous a tous ragaillardis.* — Au p. p. « *Cette heure de repos et une musette d'avoine... avaient rendu un peu de vigueur au vieux cheval fourbu. Il paraissait ragaillardi* » (GAUTIER).

RAGE [ʀaʒ]. n. f. (1080; lat. pop. °*rabia*, class. *rabies*).
I. ♦ 1° État, mouvement de colère plus ou moins excité, violent, qui rend agressif. V. **Fureur.** *Il était ivre, fou de rage. Cela me met en rage.* « *Les poings fermés, les dents serrées de rage* » (LOTI). « *Dans sa rage de n'avoir pas été tout...* » (STE-BEUVE). ♦ 2° (XIIIᵉ). *Rage de... :* envie violente, besoin passionné de... V. **Fureur, manie.** « *Avec cette rage d'aventures, cette folie de voyages* » (DAUD.). « *La rage de vouloir conclure est une des manies les plus funestes* » (FLAUB.). *Loc. fam. C'est plus de l'amour, c'est de la rage* (il est amoureux comme un fou [*iron.*]; Cf. Il est enragé). ♦ 3° (XIIIᵉ). *Vx.* Douleur extrêmement vive. — *Mod. Rage de dents*, mal de dents extrêmement douloureux (surtout en cas d'abcès). ♦ 4° (XVᵉ). FAIRE RAGE *(vx) :* agir avec la plus grande énergie. *Mod. (Sujet de choses)* Se déchaîner, atteindre la plus grande violence. « *La tempête faisait rage* » (DAUD.). « *Le tir faisait rage, les lignes de défense crachaient sans arrêt leur mitraille* » (MART. du G.).
II. (Déb. XIVᵉ). Maladie infectieuse et contagieuse mortelle due à un virus inoculé par la morsure d'animaux atteints (chiens surtout), qui se fixe sur le cerveau et provoque, soit un état d'agitation allant jusqu'au délire furieux (spasmes, hallucinations, hydrophobie), soit des paralysies. *Vaccin contre la rage.* V. **Antirabique.** — PROV. *Qui veut noyer son chien* l'accuse de la rage.*

RAGEANT, ANTE [ʀaʒɑ̃, ɑ̃t]. adj. (mil. XXᵉ; de *rager*). Qui fait rager. *C'est rageant, cela fait rager, c'est exaspérant.*

RAGER [ʀaʒe]. v. intr.; conjug. *bouger* (fin XVIIᵉ; « être hors de soi », XIIᵉ; de *rage*). *Fam.* Enrager. « *On a beau n'être pas envieux, on rage toujours quand les autres... vous écrasent* » (ZOLA).

RAGEUR, EUSE [ʀaʒœʀ, øz]. adj. (1832; de *rager*). Sujet à des accès de colère, de hargne. « *Un garçonnet turbulent, rageur, autoritaire* » (GIDE). ◇ Qui dénote la colère, la mauvaise humeur. « *La voix rageuse de son père... jetant sa malédiction* » (MART. du G.).

RAGEUSEMENT [ʀaʒøzmã]. adv. (v. 1840; de *rageur*). Avec rage, avec hargne. « *Ignorés du public, rageusement discutés par une fraction de l'élite* » (DUHAM.).

RAGLAN [ʀaglã]. n. m. (v. 1855; du nom de lord *Raglan*, chef de l'armée anglaise en Crimée). *Ancienn.* Manteau à pèlerine dont la mode fut lancée au moment de la guerre de Crimée. ◇ *Mod.* (1904) Pardessus assez ample, à manches droites, dont l'épaulement remonte jusqu'à l'encolure. Adj. *Manteau raglan. Des manches raglan.*

RAGONDIN [ʀagɔ̃dɛ̃]. n. m. (1867; o. i.). ♦ 1° Petit mammifère rongeur d'Amérique du Sud, qui vit dans les cours d'eau. ♦ 2° Fourrure très estimée, de cet animal (et

de certains rongeurs tels que l'ondatra). *Un manteau de ragondin.*

1. RAGOT, OTE [ʀago, ɔt]. n. (1411; du rad. express. *rag-*; Cf. bas lat. *Ragire* « crier, grogner »). ♦ 1° N. m. *Vén.* Jeune sanglier mâle âgé de plus de deux ans et de moins de trois ans. ♦ 2° N. m. et f. (Vx). *Un ragot, une ragote,* personne petite et grosse. — Adj. « *Le contraste d'un jeune corps dur, mal équarri et d'un séraphique visage..., Vierge de Raphaël qui eût été ragote* » (MAURIAC).

2. RAGOT [ʀago]. n. m. (1800; de *ragoter* « grogner comme un sanglier ». V. Ragot 1). *Fam.* Bavardage, racontar généralement malveillant. V. **Cancan, médisance.** « *Le café Faidherbe... bruissant de cent médisances, ragots et calomnies* » (CÉLINE).

RAGOUGNASSE [ʀagunas]. n. f. (XXᵉ; de *ragoût*, suff. péj.). Mauvais ragoût; cuisine infecte. « *Une épicière-aubergiste dont les ragougnasses n'étaient guère digérables* » (F. JOURDAIN).

RAGOÛT [ʀagu]. n. m. (1623; de *ragoûter* « réveiller l'appétit, le goût », XIVᵉ; de *re-*, et *goût*). ♦ 1° *Vx.* Assaisonnement, sauce qui relève le goût d'un mets. ◇ *Fig.* (*Vieilli*) Ce qui donne du piquant, réveille l'intérêt. V. **Piment.** « *Le ragoût qu'une demi-résistance ajoute au plaisir* » (GAUTIER). ♦ 2° *Mod.* Mets composé de morceaux de viande (bœuf, veau, mouton) et de légumes cuits ensemble dans une sauce plus ou moins relevée. V. **Blanquette, bourguignon, cassoulet, civet, haricot (I), miroton, navarin, rata, ratatouille, salmigondis, salmis, salpicon** (*ragoût* se dit *spécialt.* des « ragoûts » qui ne portent pas un nom spécial). « *Son souper consistait en un ragoût de mouton aux pommes de terre* » (BALZ.). « *Un ragoût de veau aux carottes* » (ZOLA). — Au Canada, *Ragoût de boulettes; ragoût de pattes (de cochon)* (pieds* de porc). « *La voici qui commande à la cuisine : deux chapons, deux canards, un cochon de lait, un ragoût de pattes et une demi-douzaine de petites tourtières* » (A. HÉBERT).

RAGOÛTANT, ANTE [ʀagutã, ãt]. adj. (1672; de l'a. fr. *ragoûter*. V. Ragoût). Appétissant (en tours négatifs ou exclamatifs, ironiques; avec infl. de *dégoûtant*). « *Oui, vos ordures! c'est ragoûtant, peut-être, ce que vous faites-là!* » (COURTELINE). *Il n'est pas ragoûtant.*

RAGRÉER [ʀagʀee]. v. tr. (1554; de *re-*, et a. fr. *agréer*, XIIᵉ; V. Agrès). *Techn.* Mettre la dernière main à (un ouvrage de construction, de menuiserie...). — Ravaler (un édifice).

RAG-TIME [ʀagtajm]. n. m. (1921; mot amér., de *rag* « chiffon », et *time* « temps »). *Anglicisme.* Musique syncopée et rapide, adaptation par les Noirs américains de musiques de danse. *Le rag-time fut une des sources du jazz. Rag-time pour piano.*

RAGUER [ʀage]. v. (1682; néerl. *ragen*). V. tr. *Mar.* User, déchirer par frottement. — Au p. p. *Un câble ragué.* — Pronom. *V. intr. Un câble qui rague.*

RAHAT-LO(U)KOUM. V. LOUKOUM.

RAI (ou parfois **RAIS**) [ʀɛ]. n. m. (1138; lat. *radius*). ♦ 1° *Vx* ou *littér.* Rayon (de lumière). « *Le rai de soleil fuse des volets mi-clos* » (MAURIAC). « *Il avait vu la lumière chez toi... par le rai sous la porte* » (MONTHERLANT). ♦ 2° *Blas.* Chacun des rayons qui partent du centre de l'escarboucle; chacune des pointes d'une étoile. ♦ 3° *Techn.* Rayon d'une roue en bois. ◈ HOM. *Raie, rets.*

RAÏA ou **RAYA** [ʀaja]. n. m. (1834; mot turc « troupeau »). *Hist.* Dans l'ancien empire ottoman, Terme de mépris dont les Turcs se servaient pour désigner leurs sujets non musulmans (Cf. Roumi).

RAID [ʀɛd]. n. m. (1883; mot angl.; var. écossaise de l'a. angl. *rad* [angl. mod. *road* « route »]). ♦ 1° Opération de reconnaissance, de destruction, menée par des éléments très mobiles (cavaliers, blindés) s'avançant très loin en territoire ennemi. V. **Commando, coup (de main), descente, incursion.** — Attaque aérienne contre un objectif éloigné. « *Il y avait continuellement des raids de gothas* » (PROUST). ♦ 2° (1904). Épreuve de longue distance, destinée à mettre en valeur la résistance du matériel et l'endurance des hommes. *Raid aérien, automobile* (Cf. Rallye). ◈ HOM. *Raide.*

RAIDE [ʀɛd] ou (*vx* ou *littér.*) **ROIDE** [ʀwad]. adj. (XIIᵉ, fém. *roide*; XIVᵉ, aux deux genres; lat. *rigidus*).
I. ♦ 1° Qui ne se laisse pas plier, manque de souplesse. V. **Rigide.** « *Un surplis à grandes manches roides d'empois* » (DAUD.) : raides à cause de l'empois. « *Mes tristes cheveux alternativement trop raides ou trop frisés* » (ANOUILH). ◇ Raidi, engourdi. « *Recru de fatigue, les jambes raides* » (BERNANOS). ◇ *Pop.* (1859; c.-à-d. « raide mort ») Ivre. — (1880) Sans argent. V. **Désargenté, fauché.** *Raide comme un passe-lacet*.* ♦ 2° (*Personnes*). Qui se tient droit et ferme sans plier. *Il est, il se tient raide comme un échalas, comme un piquet, comme la justice.* — « *Gourmé dans sa raideur, la tête raide en son grand col* » (MAUPASS.). ♦ 3° Tendu au maximum. *Fig. Corde* raide.* ♦ 4° Très incliné par rapport au plan horizontal, difficile à gravir ou à descendre. V. **Abrupt, escarpé.** « *La pente était devenue si raide que je me crampon-*

nais pour ne pas glisser » (BOSCO). « *Un escalier très raide* » (ZOLA).
II. *(Abstrait).* ♦ 1° *Littér.* Qui manque d'abandon, de spontanéité. V. **Compassé, gourmé, guindé.** « *La pièce est dans ce genre roide, rude, tendu et emphatique* » (STE-BEUVE). ♦ 2° *Vieilli.* Qui se refuse aux concessions, aux compromissions. V. **Inflexible, rigide.** « *Une morale souple est infiniment plus astreignante qu'une morale raide* » (PÉGUY). ♦ 3° *Fam.* Dur à accepter, à croire. V. **Fort.** « *C'est possible; mais comme dit l'autre, c'est raide* » (LEMAITRE). « *Dévoué! Assidu!... Elle est un peu raide!... Un employé qui ne vient jamais!* » (COURTELINE). ◊ Difficile à supporter (parce que très osé et licencieux). « *Une jeune femme d'allures faciles, avec laquelle il échangeait des propos assez raides* » (LÉAUTAUD).
III. *Adv.* ♦ 1° Violemment, sèchement. V. **Fort** (1). « *La poudre blanche claque raide, autrement sec et gai que la poudre noire* » (GENEVOIX). *Renvoyer la balle raide.* Loc. pop. *Raide comme balle* : violemment. — En pente raide. *Un sentier qui grimpe raide.* ♦ 2° *Fam.* et *vieilli.* Dur. « *Je vais me mettre à piocher* (travailler) *raide* » (FLAUB.). ♦ 3° Par un coup soudain, brusquement. *Il l'a étendu raide mort.* « *Emma poussa un cri et tomba roide par terre* » (FLAUB.).
◊ ANT. *Élastique, flexible, mou, souple. Courbé.* — HOM. *Raid.*

RAI-DE-CŒUR [ʀɛdkœʀ]. *n. m.* (1676; de *rai*, et *cœur*). *Archit.* Ornement composé de feuilles aiguës en forme de cœur alternant avec des fers de lance.

RAIDEUR [ʀɛdœʀ] ou *(vx)* **ROIDEUR** [ʀwadœʀ]. *n. f.* (XIIᵉ; de *raide*). ♦ 1° État de ce qui est raide ou raidi. V. **Rigidité.** « *Son accident lui avait laissé au genou droit une raideur qui le faisait boiter légèrement* » (MART. du G.). « *Les dieux de marbre noir muets dans leur raideur hiératique* » (ZOLA). ♦ 2° *Fig.* Caractère de ce qui est rigide, compassé. V. **Rigidité, rigueur.** « *Quelle que soit la raideur de ses principes ou de ses préjugés* » (TAINE). « *C'est donc la raideur d'Alceste qui nous fait rire, quoique cette raideur soit ici honnêteté* » (BERGSON). ◊ ANT. *Souplesse.*

RAIDILLON [ʀedijɔ̃]. *n. m.* (1762; de *raide*). Partie d'un chemin qui est en pente raide sur une faible longueur. V. **Côte, montée.** « *Les deux raidillons les plus traîtres se trouvaient de part et d'autre du carrefour Condorcet* » (ROMAINS). ◊ Petit sentier en pente raide.

RAIDIR [ʀediʀ] ou *(vx ou littér.)* **ROIDIR** [ʀwadiʀ]. *v. tr.* (XIIIᵉ; de *raide*). ♦ 1° Faire devenir raide ou tendu, priver de souplesse. V. **Bander, tendre.** « *Le drap est tout raidi par la boue qui a séché dessus* » (BARBUSSE). « *Il s'y cramponna, en roidissant ses bras, en s'arc-boutant des pieds* » (FLAUB.). ♦ 2° *Pronom.* « *Il se dressa, se roidit, bandant tous ses muscles* » (DUHAM.). ◊ *Fig.* Tendre ses forces pour résister. « *Il s'était roidi contre l'adversité* » (HUGO). ◊ ANT. *Assouplir, déraidir, détendre* (se).

RAIDISSEMENT [ʀedismɑ̃]. *n. m.* (1547; de *raidir*). ♦ 1° État de ce qui est raidi. Fig. « *La mémoire et l'habitude... introduisent le vieillissement, le raidissement* » (PÉGUY). ♦ 2° V. **Durcissement** (2°). *Le raidissement des syndicats.* ◊ ANT. *Assouplissement.*

RAIDISSEUR [ʀedisœʀ]. *n. m.* (1875; de *raidir*). *Techn.* Appareil qui sert à raidir un fil de fer, un câble. V. **Tendeur.** — Pièce destinée à diminuer la flexion d'une plaque mince.

1. RAIE [ʀɛ]. *n. f.* (fin XIIᵉ; bas lat. d'o. gaul. *riga*). ♦ 1° Ligne droite, bande mince et longue tracée sur qqch. V. **Rayure, trait.** « *Le joint des briques était marqué par de fines raies blanches* » (GAUTIER). « *Des maillots de marin blancs à raies bleues* » (GIONO). *Tissu à raies, rayé* (V. **Mille-raies**). ◊ Ligne ou bande naturelle. « *La jolie raie par laquelle son dos était partagé* » (BALZ.). ◊ (Sens étymol.). Sillon* tracé par la charrue. ♦ 2° *Spécialt.* Ligne de séparation entre les cheveux, où le cuir chevelu est apparent. « *Une raie soignée ouvrait sa chevelure en deux parties égales* » (MAUPASS.). *Porter la raie à gauche, au milieu.* ♦ 3° *Phys.* (1861). Bande fine de largeur variable qui, dans un spectre, caractérise un rayonnement de fréquence donnée ou correspond à un corps déterminé. *Raie d'émission,* raie brillante dans un spectre d'émission. *Raie d'absorption,* raie sombre dans un spectre d'absorption.

2. RAIE [ʀɛ]. *n. f.* (1115; lat. *raia*). Poisson cartilagineux sélacien, au corps aplati en losange, à grandes nageoires pectorales, à queue hérissée de piquants, à la chair délicate. *Raie cendrée, bouclée.* — *Raie au beurre* noir. ◊ Pop. *Gueule de raie,* terme d'injure à l'adresse de qqn qui a une « sale gueule ». « *Dis-donc, toi, gueule de raie ultra-plate...* » (MALRAUX). ◊ HOM. *Rai, raie* (1), *rets.*

RAIFORT [ʀefɔʀ]. *n. m.* (XVᵉ; *raiz fort,* proprem. « racine forte », de *raiz* [XIIᵉ]; lat. *radix*). Plante crucifère, cultivée pour sa racine, à goût de moutarde, qu'on mange en hors-d'œuvre ou qu'on emploie comme assaisonnement. ◊ *Radis noir d'hiver.*

RAIL [ʀaj]. *n. m.* (1825; mot angl.; Cf. a. fr. *Raille, reille* « barre »; lat. *regula*). ♦ 1° Chacune des barres d'acier

profilées, mises bout à bout sur deux lignes parallèles et posées sur des traverses pour constituer une voie ferrée; chacune des deux bandes continues ainsi formées. V. **Voie.** *Écartement des rails. Rails droits, courbes. Rails mobiles d'un aiguillage.* « *Les trains filaient parmi l'inextricable lacis des rails* » (ZOLA). *Deux wagons sont sortis des rails, ont quitté les rails,* ont déraillé*. *Rail conducteur,* fournissant le courant électrique à la motrice. — *Chemin de fer à rail unique.* V. **Monorail.** — Loc. fig. *Remettre sur les rails* : sur la bonne voie; rendre capable de marcher, d'avancer à nouveau (une entreprise, etc.). ♦ 2° *(Au sing.).* Transport par voie ferrée. V. **Chemin de fer.** « *L'espèce de compétition qui oppose le rail à la route* » (DUHAM.).

RAILLER [ʀɑje]. *v.* (mil. XVᵉ; a. prov. *ralhar* « plaisanter »; lat. pop. °*ragulare,* du bas lat. *ragere* « braire »). ♦ 1° V. intr. *(vx).* Plaisanter. « *Vous me rosserez, dites-vous? — Je le disais en raillant* » (MOL.). ♦ 2° V. tr. (1636). Tourner en ridicule par des moqueries, des plaisanteries. V. **Blaguer, brocarder, charrier, chiner** (2), **moquer, persifler, ridiculiser.** « *Quand il ne raille pas les autres, il se moque de lui-même* » (BALZ.). *Ils se faisaient de l'ironie une méthode universelle, jugeaient et raillaient toutes choses divines et humaines* » (VALÉRY). — Absolt. « *Il aimait à railler, il avait le talent de l'épigramme* » (ROUSS.). ♦ 3° V. pron. *(Vx).* Se moquer. « *Se railler de la gloire, de la religion, de l'amour est une grande consolation* » (MUSS.). ◊ ANT. *Louer.*

RAILLERIE [ʀɑjʀi]. *n. f.* (fin XVᵉ; de *railler*). ♦ 1° *Vieilli* et en loc. Plaisanterie. *Sans raillerie.* « *Son père n'entendait pas raillerie sur les questions d'étiquette* » (R. ROLLAND), ne comprenait, n'admettait pas qu'on plaisantât avec ces questions. ♦ 2° *Vieilli.* Habitude, art de railler (les gens, les choses). V. **Gouaillerie, ironie, malice, moquerie, persiflage, satire.** « *Votre raillerie, oui, cette façon moqueuse que vous avez de me parler, m'afflige* » (DUHAM.). ♦ 3° *Mod.* Propos ou écrit par lesquels on raille qqn ou qqch. V. **Brocard, critique, épigramme, flèche, lazzi, moquerie, plaisanterie, pointe, quolibet, sarcasme, trait.** « *Ce débordement d'affronts sanglants, de railleries parfois cocasses* » (BOSCO).

RAILLEUR, EUSE [ʀɑjœʀ, øz]. *n.* et *adj.* (fin XVᵉ; de *railler*). ♦ 1° *N.* Personne qui raille, aime à se moquer. V. **Ironiste.** « *Les railleurs s'égayaient là-dessus à nos dépens* » (LESAGE). ♦ 2° *Adj.* Qui raille, exprime la moquerie. V. **Gouailleur, ironique, malicieux, moqueur, narquois, persifleur.** « *Il épiait mes compagnons avec une curiosité railleuse* » (DUHAM.). « *Une lumière railleuse dans l'œil* » (R. ROLLAND).

RAILLEUSEMENT [ʀɑjøzmɑ̃]. *adv.* (1847; de *railleur*). D'une manière railleuse.

RAIL-ROUTE [ʀajʀut]. *n. m.* (1949; de *rail,* et *route;* 1837, *railroute* « chemin de fer », trad. de l'angl. *railway*). Mode de transport des marchandises utilisant conjointement la voie ferrée et la route. — Adj. *Transport rail-route.*

RAINER [ʀene]. *v. tr.* (1832, d'apr. *rainure; roisner,* XIIIᵉ; de *roisne,* var. a. de *rouanne*). *Techn.* Creuser, entailler en faisant une rainure, des rainures. V. **Rainurer.** *Outils servant à rainer* (V. **Bouvet, gorget**).

RAINETTE [ʀɛnɛt]. *n. f.* (1425; *ranette,* XIVᵉ; dimin. a. fr. *raine* « grenouille », XIIIᵉ; lat. *rana*). Petite grenouille arboricole, aux doigts munis de ventouses. « *Les chants d'oiseaux avaient cessé. La rainette seule jetait sa note longue* » (BALZ.). ◊ HOM. *Reinette.*

RAINURE [ʀenyʀ]. *n. f.* (*Roynure,* 1410; de *roisner.* V. **Rainer**). ♦ 1° Entaille faite en long (dans une pièce de bois). V. **Cannelure, jable, sillon.** *Assemblage de planches à languettes et à rainures.* « *Le panneau pouvait glisser de bas en haut dans ses rainures latérales* » (GIDE). V. **Coulisse.** ◊ Entaille longue et étroite (à la surface d'un objet, d'une pièce métallique). « *Un bâtiment sur la façade duquel deux rainures trahissaient l'existence primitive d'un pont-levis* » (GAUTIER). *Les rainures d'un plateau de machine. Glissière en forme de rainure. Rainure d'une poulie.* V. **Gorge.** ♦ 2° *Anat.* Sillon, dépression allongée (à la surface d'un os). *Rainure de l'astragale.*

RAINURER [ʀenyʀe]. *v. tr.* (1913; de *rainure*). *Techn.* Rainer. — Au p. p. « *La valve rainurée d'une coquille de Saint-Jacques* » (PROUST).

RAIPONCE [ʀepɔ̃s]. *n. f.* (*Responce,* mil. XVᵉ; it. *raponz,* du lat. *rapa.* V. **Rave**). Plante potagère *(Campanulacées)* cultivée pour ses racines et ses feuilles (qu'on mange en salade).

RAIRE [ʀɛʀ] ou **RÉER** [ʀee]. *v. intr.* [Raire, conjug. *traire*], créer (XIVᵉ,-1383; *raire* « crier », XIIIᵉ; bas lat. *ragere.* V. **Railler**). *Vx.* Bramer (cerf, chevreuil).

RAIS. V. **Rai.**

RAISIN [ʀezɛ̃]. *n. m.* (1275; *resin,* 1200; lat. pop. °*racimus,* class. *racemus*). ♦ 1° *(Au sing. collectif et au plur.).* Fruit de la vigne, ensemble de baies (couramment appelées *grains*) réunies en grappes sur une rafle. *Variété de raisin.* V. **Cépage:** aramon, cabernet, chasselas, clairette, gamay, grenache, malaga, morillon, muscat, olivette, pinot, sémillon. *Raisin blanc, noir. Raisins de cuve* (pour le vin), *de table. Cueillir le raisin.* V. **Vendanger.** — *Manger du raisin, des raisins.*

Cure de raisins. V. Uval. — *Raisins secs* (de Corinthe, de Smyrne, de Malaga). « *Un de ces petits pains aux raisins secs qui ont fait les délices de mon enfance* » (DUHAM.). — *Jus de raisins. Fermentation des moûts de raisins :* vinification. ♦ 2° Baies en grappes de certaines plantes. *Raisin d'ours* (busserole), *de renard* (parisette). ♦ 3° Agglomération en grappe des œufs de certains mollusques. *Raisins de mer,* œufs de seiche, de poulpe. ♦ 4° (1715 ; à cause de la *grappe* en filigrane). Format de papier (50 sur 65 cm). Appos. *Un in-huit raisin.*

RAISINÉ [ʀɛzine]. *n. m.* (1508 ; de *raisin*). ♦ 1° Jus de raisin concentré et pris en gelée. Confiture (notamment de poires, de coings) préparée avec ce jus. ♦ 2° Pop. et *vieilli* (1808). Sang.

RAISON [ʀɛzɔ̃]. *n. f.* (980 ; lat. *ratio, -onis*).
I. (Idée de « pensée, jugement »). **Ⓐ** ♦ 1° La faculté pensante et son fonctionnement, chez l'homme ; ce qui permet à l'homme de connaître, de juger et d'agir conformément à des principes. V. **Compréhension, connaissance, entendement, esprit, intelligence, pensée.** « *Discours de la méthode pour bien conduire sa raison* » (DESCARTES). « *Nos théories scientifiques, liées aux règles de fonctionnement de notre esprit, à la structure de notre raison* » (L. de BROGLIE). Philo. *Être* de raison.* ♦ 2° (*Sens normatif*). La faculté de penser, en tant qu'elle permet à l'homme de bien juger et d'appliquer ce jugement à l'action. V. **Discernement, jugement, sagesse, sens** (bon). « *La raison habite rarement les âmes communes et bien plus rarement encore les grands esprits* » (FRANCE). *Ce qui est conforme, contraire à la raison.* V. **Raisonnable ; déraisonnable.** *L'âge de raison,* l'âge auquel on considère que l'enfant a l'essentiel de la raison (environ 7 ans). *Ramener qqn à la raison,* à une attitude raisonnable. *Mettre à la raison,* rendre plus raisonnable ; réduire par la force ou l'autorité. ◇ *Spécialt.* (*Opposé à instinct, intuition, sentiment*) Pensée discursive, logique. « *Mais la raison n'est pas ce qui règle l'amour* » (MOL.). *Un mariage de raison* (et non *d'amour*). « *Les choses les plus belles sont celles que souffle la folie et qu'écrit la raison* » (GIDE). ♦ 3° Les facultés intellectuelles (d'une personne), dans leur fonctionnement. « *J'ai peur du trouble horrible de ma pensée, de ma raison qui m'échappe* » (MAUPASS.). « *La raison de Rousseau avait déjà reçu des altérations profondes* » (STE-BEUVE). ◇ État normal des facultés intellectuelles. V. **Lucidité.** *Perdre la raison,* devenir fou. *Il n'a plus toute sa raison.* ♦ 4° (*En loc.*). Ce qui est raisonnable. *Cela n'a ni rime* ni raison. Il ne veut pas entendre* raison. Plus que de raison,* au delà de la mesure raisonnable. ♦ 5° Philo. Connaissance naturelle (*opposé à ce qui vient de la révélation ou de la foi*). « *Qu'entendez-vous par mysticque ? — Ce qui présuppose l'abdication de la raison* » (GIDE). — *Spécialt.* (au XVIIIᵉ) Les lumières naturelles, la philosophie. « *La raison finira par avoir raison* » (D'ALEMB.). ◇ Système de principes a priori qui règle la pensée (*opposé à* expérience). *La raison pure* (théorique ou pratique), dans la philosophie kantienne. « *Si la raison est sortie de l'expérience, elle lui est devenue transcendante* » (BENDA). ◇ Faculté (conçue comme naturelle ou octroyée à l'homme) de connaître le réel et l'absolu à travers l'apparence et l'accident. « *La raison est bien une faute innée à l'âme humaine, c'est la faculté de l'absolu* » (MAINE DE BIRAN). **Ⓑ** (Dans des loc. où le mot est opposé à *tort*). Jugement en accord avec les faits, comportement que l'on approuve. *Avoir raison,* être dans le vrai, ne pas se tromper. « *Prouver que j'ai raison serait accorder que je puis avoir tort* » (BEAUMARCH.). « *On peut avoir des raisons de se plaindre et n'avoir pas raison de se plaindre* » (HUGO). — *Donner* raison à qqn.* — *À tort* ou à raison.* **Ⓒ** Vx. Ce qui est juste, ce qui est de droit. *Faire, rendre raison à qqn,* lui rendre justice. *Tirer raison,* obtenir satisfaction. — Dr. *Comme de raison,* comme de juste. *Pour valoir ce que de raison :* ce que de droit (ce à quoi on peut prétendre selon le droit).
II. (Idée de « compte, proportion »). ♦ 1° *Livre* de raison :* compte. ♦ 2° À RAISON DE..., en comptant, sur la base de... *Trois mille feuilles* « *qui lui rapportèrent, à raison de deux sous pièce, trois cents francs* » (BALZ.). ♦ 3° (XVIIIᵉ) Vx. Part sociale, intérêt de chacun des associés. — Mod. (déb. XIXᵉ) RAISON SOCIALE : mode de désignation des Sociétés, réunion des noms de tous les associés ou de quelques-uns. « *Guillaume et Lebas, ces mots ne feraient-ils pas une belle raison sociale ?* » (BALZ.). ♦ 4° (XVᵉ). Rapport entre deux grandeurs, deux quantités. *Raison d'une progression,* terme positif constant, qui, multiplié par un terme d'une progression géométrique ou additionné avec lui, donne le terme suivant (2, dans 1, 3, 5, 7 et 2, 4, 8, 16). *Raison directe de deux quantités,* rapport tel que, quand l'une des quantités augmente, l'autre augmente aussi. *Raison inverse* (quand l'une des quantités augmente, l'autre diminue). V. **Proportion.** ◇ *Loc. prép.* À RAISON DE : à proportion de, suivant. « *Je désirais surtout être jugé à raison des services que je pouvais rendre* » (DUHAM.).
III. (« Principe, cause »). ♦ 1° Philo. Principe d'expli-

cation ; ce qui permet de comprendre l'apparition (d'un événement, d'un objet nouveau). V. **Cause, explication, origine, pourquoi** (*n.*), **principe.** *La raison d'un phénomène, d'un être.* — « *Le mal est l'unique raison d'être du bien* » (FRANCE), ce qui lui permet d'être. *Le principe de raison suffisante,* selon lequel rien n'arrive sans qu'il y ait une cause et tout est donc intelligible.* — Dr. *Raisons de fait, de droit. Raison d'État*.* ◇ *Cour.* La cause, ce qui permet d'expliquer (un acte, un sentiment). V. **Motif.** « *Ces accès d'impatience dont il est impossible de dire la raison* » (MUSS.). « *Une raison qui détermine, et cette raison est une raison d'intérêt* » (MONTESQ.). ◇ *Loc.* (avec PAR, POUR) « *S'ils n'ont pas été publiés, c'est par une raison bien simple* » (HUGO). « *Par la raison que les contraires s'attirent* » (MUSS.). V. **Parce que.** *Pour quelle raison ? pourquoi ? Pour une raison ou pour une autre,* sans raison bien déterminée. « *Pour la seule raison qu'ils avaient voulu faire un peu de sa besogne* » (PROUST). ◇ EN RAISON DE... : en tenant compte de, en considération de... V. **Cause** (à), **égard** (eu égard à). « *On s'irrite moins en raison de l'offense reçue qu'en raison de l'idée que l'on s'est formée de soi* » (CHATEAUB.). ◇ Vx. *Demander, faire, rendre raison de qqch.* — Mod. *Se faire une raison,* se résigner à admettre ce qu'on ne peut changer. V. **Parti** (prendre son). « *Si, il le faut... je me ferai une raison* » (ZOLA). ♦ 2° Cause ou motif légitime qui justifie (qqch.) en expliquant. V. **Fondement, justification, motif, sujet.** *Une, des raison(s). Une raison d'agir, d'espérer. Cet enfant est sa raison d'être, de vivre,* ce qui a ses yeux justifie son existence. V. **But, destination.** *Avoir de bonnes, de fortes raisons de penser que...* « *La raison du plus fort est toujours la meilleure* » (LA FONT.). « *Une liaison sérieuse avec moi n'est pas, pour des raisons de famille, possible* » (HUYSMANS). « *Si je ne suis pas avec vous, c'est que j'ai mes raisons* » (CAMUS). *Ce n'est pas une raison ! Raison de plus,* c'est une raison de plus. ◇ (*Loc.,* au sing.) *Avec raison, avec juste raison,* en ayant une raison valable, un motif légitime. V. **Titre** (à juste). *À plus forte raison,* avec des raisons encore plus fortes, encore meilleures. V. **A fortiori.** *Sans raison,* sans motif, sans justification raisonnable (Cf. À plaisir). *Non sans raison.* ♦ 3° Argument destiné à prouver. V. **Allégation, preuve.** *Des raisons puissantes.* « *Monique s'était rendue à mes raisons* » (DUHAM.), avait admis mon argumentation. « *Il est juste de savoir reconnaître les raisons de l'adversaire* » (CAMUS). ♦ 4° (En loc. verb.). Vieilli. Réparation. *Demander raison d'une offense.* — Vx. *Tirer, faire raison de qqn,* s'en venger. ◇ Mod. AVOIR RAISON *de qqn :* vaincre sa résistance. « *Elle sentit que la terreur allait avoir raison d'elle* » (GREEN). *Avoir raison des difficultés, des obstacles,* en venir à bout.

◇ ANT. Déraison, folie, instinct ; cœur, sentiment. Tort.

RAISONNABLE [ʀɛzɔnabl(ə)]. *adj.* (1265 ; *reidnable,* 1120 ; de *raison*). ♦ 1° Didact. Doué de raison. « *Le plaisir est l'objet, le devoir et le but De tous les êtres raisonnables* » (VOLT.). V. **Intelligent, pensant.** *L'homme, animal raisonnable.* ◇ (*Choses*) Conforme à la raison. V. **Rationnel.** « *La diversité de nos opinions ne vient pas de ce que les uns sont plus raisonnables que les autres* » (DESCARTES). ♦ 2° Cour. Qui pense selon la raison, se conduit avec bon sens et mesure, d'une manière réfléchie. V. **Sensé.** *Un enfant raisonnable. Allons, soyez raisonnable, n'exigez pas l'impossible.* « *C'est toujours quand une femme se montre le plus résignée qu'elle paraît le plus raisonnable* » (GIDE). ◇ (*Choses*) *Avis, opinion raisonnable. Interprétation raisonnable.* V. **Fonder** (4°). *Conduite, décision raisonnable.* V. **Judicieux, sage.** — Impers. *Il est raisonnable de penser...* V. **Naturel, normal.** ◇ *Spécialt.* Qui consent des conditions honnêtes et modérées (commerçant, homme d'affaires, etc.), *opposé à exigeant.* ♦ 3° Qui correspond à la mesure normale. *Accorder une liberté raisonnable à qqn. Prix raisonnable.* V. **Acceptable, modéré.** — *Fam.* Assez important, au-dessus du médiocre. *Un raisonnable paquet d'actions.* « *Il était, quand je l'eus, de grosseur raisonnable* » (LA FONT.). ◇ ANT. *Déraisonnable, extravagant, fou, insensé ; passionné, léger. Aberrant, absurde, illégitime, injuste ; excessif, exorbitant.*

RAISONNABLEMENT [ʀɛzɔnabləmã]. *adv.* (*Raisnablement,* XIIᵉ ; de *raisonnable*). D'une manière raisonnable. ♦ 1° Conformément aux lois de la raison, à la logique ou au bon sens. *Les gens qui pensent raisonnablement.* — En bonne raison, sans trop exiger. « *Tout ce que Jerphanion pouvait raisonnablement demander à cette soirée, c'était de ne pas trop le décevoir* » (ROMAINS). ♦ 2° Avec mesure, réflexion. V. **Modérément.** *Manger raisonnablement.* ◇ ANT. *Déraisonnablement, follement ; exagérément, excessivement.*

RAISONNANT, ANTE [ʀɛzɔnã, ãt]. *adj.* (XVIIᵉ ; de *raisonner*). Vx. Qui a l'habitude de raisonner. — Mod. (1837). *Folie raisonnante,* délire appuyé de raisonnements.

RAISONNÉ, ÉE [ʀɛzɔne]. *adj.* (*Raisoné* « plaidoyer », *n. m.,* 1462 ; V. **Raisonner**). ♦ 1° Conforme aux règles du raisonnement. *Bien, mal raisonné.* — Fondé sur un raisonnement. ♦ 2° (1611). Appuyé de raisons, de preuves. *Projet* *raisonné :* calculé, étudié. *Une docilité raisonnée :* réfléchie. ◇ *Didact.* Qui explique par des raisonnements (et ne se contente pas d'affirmer). V. **Rationnel.** *Grammaire, arithmétique raisonnée. Méthode raisonnée d'anglais.* ◈ ANT. *Irraisonné.*

RAISONNEMENT [rɛzɔnmã]. *n. m.* (1380; de *raison*). ♦ 1° L'activité de la raison, la manière dont elle s'exerce. V. **Logique.** *Opinion fondée sur le raisonnement ou l'expérience.* — *Le raisonnement,* opposé à la foi, à la passion, à l'intuition. *Convaincre par le raisonnement ou persuader par le sentiment.* « *Ce qui est le plus important pour notre cœur, ou pour notre esprit, ne nous est pas appris par le raisonnement* » (PROUST). ♦ 2° (1636). Suite de propositions liées les unes aux autres selon des principes déterminés, et aboutissant à une conclusion. « *Le raisonnement, c'est-à-dire la matière propre de toute logique... sa marque propre,... c'est d'être une opération médiate qui a pour terme une conclusion* » (RIBOT). *Raisonnement déductif des mathématiques* (V. **Déduction, syllogisme**); *raisonnement inductif des sciences d'observation* (V. **Induction**); *raisonnement par analogie* (V. *aussi* **Démonstration, théorème**). *Raisonnement a priori,* fondé sur la raison; *raisonnement a posteriori,* fondé sur l'expérience. « *Rien n'est moins applicable à la vie qu'un raisonnement mathématique* » (STAËL). — *Raisonnement affectif,* inspiré par les sentiments et non par la logique. — *Les raisonnements des « primitifs », des enfants.* — *Raisonnement des paranoïaques,* ou folie raisonnante. — *Base d'un raisonnement.* V. **Principe.** *Raisonnement qui part d'un axiome, d'une hypothèse. Prémisses, termes, conséquences, conclusion d'un raisonnement.* — *Raisonnement juste. Raisonnement faux, décousu, illogique, vicieux... (V.* **Illogisme, paralogisme, sophisme**; et aussi **Paradoxe**). *Se perdre, s'enferrer dans ses raisonnements.* ◇ *Raisonnements destinés à prouver, à convaincre.* V. **Argumentation, preuve.** *Attaquer, contester, critiquer, réfuter un raisonnement.* V. **Objection.** *Raisonnement inattaquable, irréfutable.* ◇ *Fam. Ce n'est pas un raisonnement!* votre raisonnement est mauvais. *Loc. Raisonnement de femme saoûle :* absurde. — Argument, objection que l'on soulève pour ne pas obéir (V. **Raisonner**). « *En beaux raisonnements vous abondez toujours* » (MOL.). ◈ ANT. *Intuition, sentiment.*

RAISONNER [rɛzɔne]. *v.* (1380, « parler »; *résuner,* v. 1138; lat. *rationare*).
I. *V. intr.* ♦ 1° (Fin XIVᵉ). Faire usage de sa raison pour former des idées, des jugements. V. **Penser.** *Raisonner sur des questions générales, importantes.* V. **Philosopher, spéculer.** — *Raisonner avant d'agir.* V. **Calculer.** « *Tant que l'homme sait peu, il croit nécessairement beaucoup : moins il raisonne, plus il chante* » (PROUDHON). — (*Opposé à* sentir, éprouver spontanément) *La passion ne raisonne pas.* ◇ (1553) Concevoir et employer des arguments pour convaincre, confirmer, prouver ou réfuter. *La manie de raisonner.* — *Loc. fam. Raisonner comme un panier percé, comme une pantoufle,* raisonner mal. « *Quand la populace se mêle de raisonner, tout est perdu* » (VOLT.). *Vous raisonnez comme si c'était déjà terminé; dans l'abstrait. Raisonner avec qqn.* V. **Argumenter, discuter.** « *On ne peut raisonner avec des fanatiques, il faut être plus fort qu'eux* » (ALAIN). ◇ (1662) Répliquer, soulever des objections, alléguer des excuses. V. **Discuter, répondre.** « *Voyez comme raisonne et répond la vilaine!* » (MOL.). ♦ 2° Conduire un raisonnement, enchaîner des jugements pour aboutir à une conclusion. *Raisonner par analogie, par induction* (V. **Induire**), *par déduction* (V. **Déduire**). « *Et que lui apprendriez-vous donc, s'il vous plaît? — À raisonner juste, si je puis* » (DIDER.). « *Je pense qu'il n'y a pour l'esprit qu'une seule manière de raisonner, comme il n'y a pour le corps qu'une seule manière de marcher* » (Cl. BERNARD).
II. *V. tr. indir.* RAISONNER DE (*vieilli*) : juger de, par le raisonnement. *Il se mêle de raisonner de tout.*
III. *V. tr. dir.* ♦ 1° *Littér.* Faire un objet de raisonnement; examiner par la raison. *Les poètes « veulent raisonner leur art, découvrir les lois obscures en vertu desquelles ils ont produit* » (BAUDEL.). ♦ 2° (1666). *Cour. Raisonner qqn :* chercher à l'amener à une attitude raisonnable. « *J'essayai de le raisonner, le prenant à part* » (LOTI). ◇ *Pronom. Se raisonner :* écouter la voix de la raison. — (*Pass.*) Pouvoir être contrôlé par la raison (sentiment, impulsion). *L'amour ne se raisonne pas.*
◈ ANT. *Déraisonner.*

RAISONNEUR, EUSE [rɛzɔnœr, øz]. *n. et adj.* (1666, « celui qui réplique »; 1345, « avocat »; de *raisonner*). ♦ 1° N. (1678). Personne qui discute, réplique. « *Faire la raisonneuse* » (MOL.). *Adj. Une petite fille raisonneuse et désobéissante.* ♦ 2° Personne qui raisonne (I, 1° et 2°). *Un subtil raisonneur.* — *Adj.* (1718) Qui raisonne (I, 1° ou 2°). « *Notre siècle raisonneur* » (ROUSS.). « *Le Grec est raisonneur encore plus que métaphysicien ou savant* » (TAINE). ◈ ANT. *Docile. Impulsif.*

RAJA(H) [ra(d)ʒa] ou **RADJA(H)** [radʒa]. *n. m.* (1659,-1846; hindi *raja,* sanscrit *râjâ* « roi », par le port.). Aux Indes, souverain brahmanique d'une principauté indépendante. V. **Maharadjah.** *La rani, épouse du rajah. Par ext.* Noble indien.

RAJEUNIR [raʒœnir]. *v.* (XIIIᵉ; *rajovenir,* dial., XIIᵉ; de *re-,* et *jeune*).
I. *V. tr.* ♦ 1° Rendre la jeunesse à. *Rajeunir les vieillards avec des injections d'hormones.* ♦ 2° Donner un âge moins avancé à. *Rajeunir les cadres d'un parti,* recruter des cadres plus jeunes. ◇ Attribuer un âge moins avancé à. *Vous me rajeunissez de cinq ans!* — (Sujet de chose) *Je suis grand-père, voilà qui ne me rajeunit pas!* ♦ 3° Faire paraître plus jeune (aspect physique). *Cette coiffure la rajeunit.* ◇ SE RAJEUNIR (1779) : se faire paraître plus jeune qu'on est. *Elle essaie de se rajeunir par tous les moyens.* ♦ 4° Ramener à un état de fraîcheur, de nouveauté. *Rajeunir une installation, un équipement* (V. **Moderniser, renouveler**), *un vêtement démodé. Rajeunir une vieille institution.* V. **Rénover.** « *Le moyen infaillible de rajeunir une citation est de la faire exacte* » (FAGUET).
II. *V. intr.* ♦ 1° Redevenir jeune; reprendre les apparences de la jeunesse. « *En vain on me dit : « vous rajeunissez », croit-on me faire prendre pour ma dent de lait ma dent de sagesse?* » (CHATEAUB.). *Il a rajeuni.* — Au p. p. *Je le trouve rajeuni.* ♦ 2° *Par ext.* Reprendre, retrouver de la vigueur, de la fraîcheur, de l'éclat. « *La vieille façade... n'attendait plus, pour rajeunir, qu'un coup de badigeon* » (MART. du G.).
◈ ANT. *Vieillir.*

RAJEUNISSANT, ANTE [raʒœnisã, ãt]. *adj.* (XVIIᵉ-XVIIIᵉ; de *rajeunir*). Propre à rajeunir. *Crème de beauté rajeunissante. Traitement rajeunissant.*

RAJEUNISSEMENT [raʒœnismã]. *n. m.* (XVIᵉ; *rajonisement,* 1165; de *rajeunir*). ♦ 1° Action de rajeunir (I, II); état de ce qui est ou paraît rajeuni. *La gérontologie et le problème du rajeunissement. Cure de rajeunissement.* ♦ 2° Action de redonner ou de reprendre de la vigueur, de la fraîcheur, de l'éclat. « *Ce don de renouvellement ou de rajeunissement du talent par des moyens nouveaux* » (DELACROIX). *Rajeunissement d'un vieux thème.*

RAJOUT [raʒu]. *n. m.* (v. 1904; de *rajouter*). Ce qui est rajouté (dans un ensemble de maçonnerie, un assemblage de pièces mécaniques, un texte). *Faire des rajouts sur épreuves.* V. **Ajout.**

RAJOUTER [raʒute]. *v. tr.* (*Rajouster,* XVIᵉ, repris 1869; *rajousteir,* XIIᵉ; de *re-,* et *ajouter*). Ajouter de nouveau, ou *fam.* Ajouter par surcroît. *Rajouter du sel.* « *Je ne puis affirmer qu'avec la fin de ce cahier, tout sera clos; que c'en sera fait. Peut-être aurai-je le désir de rajouter encore quelque chose* » (GIDE). *Il n'a pas pu vous dire de telles énormités! Vous en rajoutez!* : vous exagérez la vérité. V. **Remettre** (*fam.*). ◈ ANT. *Enlever, supprimer.*

RAJUSTEMENT [raʒystəmã] ou **RÉAJUSTEMENT** [reaʒystəmã]. *n. m.* (1803,-1690 [« réconciliation »]; de *rajuster*). *Rare.* Action de rajuster. — *Cour.* (1932) *Syndicats qui réclament un rajustement* (ou *réajustement*) *des salaires.*

RAJUSTER [raʒyste]. *v. tr.* (*Rajoster,* 1170; de *re-,* et *ajuster*). ♦ 1° Remettre en bonne place, à sa place exacte (en vue d'un fonctionnement ou d'une utilisation convenable). « *Permettez, répliqua Mercier en rajustant ses lunettes* » (FRANCE). ♦ 2° (1298). Redonner de la justesse, de la précision. *Rajuster le tir.* ◇ *Spécialt.* Remettre dans un état convenable, en ordre, en place. « *Elle se leva, rajusta sa robe et ses cheveux* » (FRANCE). — *Pronom.* (1669) *Se rajuster,* remettre de l'ordre dans ses vêtements. ♦ 3° *Vx.* Remettre en accord, en harmonie. « *Un peu d'encens brûlé rajuste bien des choses* » (CYR. de BERGERAC). V. **Arranger.** ◇ *Mod.* (XXᵉ) *Rajuster* (ou *réajuster*) *les salaires,* les relever pour qu'ils demeurent proportionnés au coût de la vie.

RAKI [raki]. *n. m.* (1827; turc *râqi,* mot arabe). Liqueur d'Orient, eau-de-vie parfumée à l'anis.

1. RÂLE [rɑl]. *n. m.* (1636; *rascle,* 1164; du lat. *rasclare* « racler », à cause du cri). Oiseau migrateur (*Échassiers*) de la taille d'une bécasse. *Râle d'eau,* dit aussi râle noir. *Râle des genêts,* couramment appelé roi des cailles.

2. RÂLE [rɑl]. *n. m.* (*Rasle,* 1611; de *râler*). ♦ 1° Bruit rauque de la respiration chez certains moribonds. *Un râle d'agonie.* « *L'abominable râle, cette respiration mécanique... derniers souffles du corps* » (R. ROLLAND). ♦ 2° *Méd.* Bruit anormal entendu à l'auscultation (outre le murmure respiratoire), provoqué par le déplacement des sécrétions bronchiques et alvéolaires au passage de l'air. *Râle sibilant*. Râle bulleux* ou *humide :* faisant un bruit* comparable à celui de bulles qui crèvent. « *Nous l'auscultons et on lui trouve toute une série de râles sur toute la hauteur du poumon droit* » (CÉLINE).

RÂLEMENT [rɑlmã]. *n. m.* (1611; de *râler*). *Littér.* Bruit d'un râle (2°).

RALENTI, IE [ralãti]. *adj. et n. m.* (1690; V. **Ralentir**).
I. *Adj.* Au rythme très lent. *Mouvement ralenti.* « *Son existence ralentie* » (ALAIN).
II. *N. m.* ♦ 1° Régime le plus bas d'un moteur. *Moteur qui tient bien le ralenti. Régler le ralenti d'un moteur d'auto-*

mobile. — *Fig. Travailler au ralenti. Malade qui vit au ralenti.* ♦ 2° Cin. (1933). *Projection au (ou en) ralenti, qui fait apparaître sur l'écran les mouvements plus lents qu'ils ne sont dans la réalité, et qui est le résultat d'un tournage accéléré. Le ralenti permet l'analyse de mouvements très rapides.* ◇ ANT. Accéléré.

RALENTIR [ralɑ̃tiʀ]. *v.* (v. 1550; de *re-*, et *alentir*). I. *V. tr.* ♦ 1° Rendre plus lent (un mouvement, une progression dans l'espace). *Ralentir le pas, son allure, sa marche.* « *Il essaya de ralentir son train et de marcher* » (GREEN). *Ralentir la progression de l'ennemi.* V. **Retarder.** ♦ 2° Rendre plus lent (le déroulement d'un processus), diminuer (l'intensité d'un phénomène). *Ralentir l'expansion économique. Médicament qui ralentit les sécrétions de l'estomac.* — Phys. *Ralentir une réaction en chaîne. Une difficulté qui ralentit la production.* V. **Freiner.** — *Scènes oiseuses qui ralentissent une action dramatique.* — Mus. *Ralentir le mouvement.* ♦ 3° SE RALENTIR. *v.* pron. *L'offensive ennemie commence à se ralentir* (Cf. Marquer* le pas). II. (1873). *V. intr.* Aller moins vite, réduire sa vitesse. *Spécialt.* Réduire la vitesse du véhicule, de l'automobile que l'on conduit (V. **Freiner**). *Il ralentissait à chaque croisement. Ralentir, travaux.* ◇ ANT. Accélérer, activer. Hâter.

RALENTISSEMENT [ralɑ̃tismɑ̃]. *n. m.* (1584; de *ralentir*). ♦ 1° (*D'un mouvement*). Le fait de ralentir (V. **Retard**; **décélération**). *Ralentissement de la marche d'un véhicule.* V. **Freinage.** — Chem. de fer. *Disque mobile de ralentissement.* ♦ 2° Affaiblissement de l'intensité (d'un phénomène); diminution d'activité. *Ralentissement de la production.* V. **Diminution.** *Ralentissement des fonctions physiologiques.* ◇ Chim. *Pouvoir de ralentissement* : perte d'énergie subie par une particule ionisante lorsqu'elle traverse l'unité de longueur. — Phys. *Ralentissement d'une réaction en chaîne.* — Fig. *Ralentissement de l'ardeur, du zèle.* V. **Relâchement.** ◇ ANT. Accélération.

RALENTISSEUR [ralɑ̃tisœʀ]. *n. m.* (1935; de *ralentir*). ♦ 1° Techn. Mécanisme, dispositif qui sert à ralentir. *Ralentisseur de camion,* pour l'empêcher d'aller trop vite dans les descentes. ♦ 2° Phys. Substance qui, dans un réacteur, ralentit l'émission des neutrons issus d'une fission nucléaire. V. **Modérateur.** ◇ ANT. Accélérateur.

RÂLER [rale]. *v. intr.* (*Raller*, 1599; même rad. que *racler*). ♦ 1° Faire entendre un râle (2) en respirant. *Moribond qui râle.* « *Râlant, brisé, livide, et mort plus qu'à moitié* » (HUGO). ◇ Crier, en parlant de certains animaux. V. **Râler.** *Chevreuil, daim, tigre qui râle.* ♦ 2° Pop. et *vx* (1875; 1781, « mendier par profession »). Marchander interminablement, avec âpreté. — Mod. (1923) *Fam.* Manifester sa mauvaise humeur, son dépit; récriminer. V. **Grogner, maronner, maugréer, rouspéter.** *Faire râler qqn.* V. **Enrager.** « *Il regrettait le temps où elle râlait en silence* » (SARTRE).

RÂLEUR, EUSE [ralœʀ, øz]. *n. et adj.* (1923; « celui qui marchande », 1845; de *râler*). Fam. Personne qui proteste, qui râle à tout propos. *Jamais contente, quelle râleuse!* — Adj. *Il n'est pas méchant, mais il est trop râleur.*

RALINGUE [ralɛ̃g]. *n. f.* (1379; *raclingue*, 1155; anc. néerl. °*rār- lik* « cordage de vergue »). Mar. Cordage auquel sont cousus les bords d'une voile pour les protéger et les renforcer. — *Voile en ralingue,* dont les ralingues sont parallèles à la direction du vent.

RALINGUER [ralɛ̃ge]. *v.* (1691; de *ralingue*). Mar. ♦ 1° *V. tr.* Orienter (une voile) pour qu'elle soit parallèle à la direction du vent. ◇ (1773) Garnir, border (une voile) de ses ralingues. ♦ 2° *V. intr.* Se dit d'une voile qui est *en ralingue*. V. **Battre.**

RALLER [rale]. *v. intr.* (1690; autre forme de *râler*). Rare. Se dit du cerf qui pousse son cri.

RALLIDÉS [ralide]. *n. m. pl.* (1839; de *râle* 1). Zool. Famille d'oiseaux (*Échassiers*) aux ailes courtes, à petite tête, et à bec dur, pointu, comprimé latéralement, et dont le type est le râle.

RALLIÉ, ÉE. *adj. et n.* V. **RALLIER.**

RALLIEMENT [ralimɑ̃]. *n. m.* (XIVᵉ; *raliement* « force qui unit », 1160; de *rallier*). ♦ 1° *Au sens propre.* Le fait de rallier (1°) une troupe, de se rallier. V. **Rassemblement.** *Point de ralliement* (1770) : point où les troupes doivent se réunir, *et au fig.* Lieu où convergent les forces d'un pays. « *Une grande ville qui servirait de point de ralliement serait utile à l'Allemagne* » (STAËL). — *Signe de ralliement* : drapeau, enseigne, etc., autour duquel les soldats devaient se rallier dans la bataille, et *par ext.* Objet qui sert aux membres d'une association à se reconnaître. ♦ 2° *Fig.* Le fait de se rallier (à un parti, à un régime, à une opinion...). V. **Adhésion.** ◇ *Spécialt.* Mouvement politique par lequel certains monarchistes français se rallièrent à la IIIᵉ République. ◇ ANT. Débandade, dispersion.

RALLIER [ralje]. *v. tr.* (*Ralier*, 1080; de *re-*, et *allier*). I. ♦ 1° Regrouper (des gens dispersés). *Chef qui rallie*

ses soldats, des fuyards, sa troupe en désordre. V. **Rassembler.** « *Il expédia Zarxas vers Mâtho, parcourut le bois, rallia ses hommes* » (FLAUB.). Par ext. *Rallier une flotte, ses vaisseaux.* ◇ Vén. *Rallier des chiens,* quand ils s'écartent de la meute et prennent le change. ♦ 2° *Fig.* Unir, grouper (des personnes) pour une cause commune. V. **Assembler.** — Au p. p. « *Une société ralliée autour d'un but et d'une doctrine* » (TAINE). — Ramener à soi, convertir à sa cause (des dissidents, ou des opposants). V. **Gagner.** ◇ (Sujet de chose). *Cette proposition a rallié tous les suffrages.* ♦ 3° Rejoindre (le gros d'une troupe). *Les cavaliers ont rallié leur escadron,* absolt. *n'ont pas encore rallié. Navire qui rallie la côte* (V. **Aborder**). — Mar. *Matelot qui rallie le bord,* rentre à bord. — Vén. *Les chiens ont rallié,* ont repris la voie, après avoir pris le change. ◇ Rejoindre (un parti). *Des opposants qui ont rallié la majorité.*

II. *V. pron.* SE RALLIER. ♦ 1° Se regrouper. *Troupes qui se rallient.* ◇ Prendre pour signe de ralliement. « *Si les étendards vous manquent, ralliez-vous à ce panache* » (HENRI IV). ♦ 2° Rejoindre (un parti). *Se rallier à un parti, à un régime.* — Au p. p. *Des opposants ralliés.* ◇ Adhérer (*spécialt.* après s'être opposé). *Se rallier à l'avis de qqn, à une doctrine, à un point de vue, à une solution.* ◇ ANT. Disperser, disséminer. Débander (se).

RALLONGE [ralɔ̃ʒ]. *n. f.* (*Ralonge*, 1418; de *rallonger*). ♦ 1° Ce qu'on ajoute à une chose pour la rallonger. V. **Allonge.** *Mettre une rallonge à un vêtement. Rallonge d'un compas* : chacune des pièces amovibles qu'on adapte à l'extrémité de l'une de ses branches. — (1765) Cour. Planche qui sert à augmenter la surface d'une table. « *Grandie de ses deux rallonges, la table de la salle à manger occupait presque tout l'espace libre* » (DUHAM.). — Fam. *Nom à rallonges,* nom à particule, à plusieurs éléments. ♦ 2° *Fig.* et *fam.* Ce qu'on paye ou ce qu'on reçoit en plus du prix convenu ou officiel. V. **Supplément.** *Demander, obtenir une rallonge de crédits.* — *Supplément de congé.*

RALLONGEMENT [ralɔ̃ʒmɑ̃]. *n. m.* (XVIᵉ [*rallongement*, 1445]; *ralloignement* « prolongation », 1346; de *rallonger*). Opération qui consiste à rallonger (qqch). *Le rallongement d'un manteau.* ◇ ANT. Raccourcissement.

RALLONGER [ralɔ̃ʒe]. *v.*; conjug. *bouger* (*Ralongier*, 1266; de *re-*, et *allonger*). ♦ 1° *V. tr.* Rendre plus long en ajoutant une partie. V. **Allonger.** *Rallonger une robe en ressortant l'ourlet, en y cousant une bande. Rallonger une laisse.* ♦ 2° *V. intr.* (Fam.). *Les jours rallongent.* V. **Allonger** (s'). ◇ ANT. Diminuer, raccourcir.

RALLUMER [ralyme]. *v. tr.* (XIIIᵉ; *ralumer* « rendre la vue à », XIᵉ; de *re-*, et *allumer*). ♦ 1° Allumer de nouveau. « *Je rallumais le feu en y jetant quelques branches* » (LAMART.). Pronom. *Le feu s'est rallumé. Rallumer une cigarette éteinte. Rallumer la minuterie,* etc., ou absolt. *Rallumer* : redonner de la lumière. ♦ 2° *Fig.* (XVIᵉ). Redonner de la force, de l'ardeur, de la vivacité à (V. **Ranimer**); faire recommencer, faire éclater de nouveau. « *Il voyait tous les jours Cet objet rallumer sa haine et son courage* » (LA FONT.). *Rallumer une guerre.* Pronom. *Les haines se sont rallumées.*

RALLYE [rali]. *n. m.* (XXᵉ; *rallie-papier*, 1877; de l'angl. *rallye-paper* « jeu équestre imité de la chasse à courre », de *to rally* « rassembler »). Sport. Compétition où les concurrents, le plus souvent des automobilistes, partis de points différents, doivent rallier un lieu déterminé. *Le rallye de Monte-Carlo.* V. **Forme.** Formes du v. *rallier.*

-RAMA. V. **-ORAMA.**

RAMADAN [ʀamadɑ̃]. *n. m.* (1546; arabe *ramadân,* neuvième mois de l'année de l'Hégire). ♦ 1° Mois pendant lequel les musulmans doivent s'astreindre au jeûne entre le lever et le coucher du soleil. *Observer les prescriptions du ramadan. Fêtes de la fin du ramadan.* V. **Baïram.** « *Le Ramadan dure trente jours.* » (MAUPASS.). ♦ 2° *Fig.* et *fam.* (Avec reprise de la prononciation arabe et le changement de graphie qu'elle nécessite). RAMDAM [ramdam] (1896, à cause du tapage nocturne du *ramadan*). Tapage, vacarme. *Ils ont fait un ramdam terrible.*

1. RAMAGE [ʀamaʒ]. *n. m.* (1270; adj. « branchu », XIIᵉ; de l'a. fr. *raion* « rameau », lat. *ramus*). Ⓐ ♦ 1° *Vx.* Rameau, branchage. « *Dans le Parc un vallon secret, Tout voilé de ramages sombres* » (THÉOPHILE). ♦ 2° (1611; *au plur.*). Dessins décoratifs de rameaux fleuris et feuillus. *Étoffe à ramages.* « *Les ramages de sa robe de brocart sont rendus avec une finesse inouïe* » (GAUTIER). Ⓑ Chant des oiseaux, chant des rameaux ou ailleurs. « *Un concert confus de ramages s'éleva d'abord dans le fond du parc...* » (BOSCO). « *Si votre ramage Se rapporte à votre plumage...* » (LA FONT.). — *Fig.* et *plais.* Langage. « *À bien écouter l'homme et son ramage, on saisit mieux les idées en leur naissance* » (ALAIN).

2. RAMAGE [ʀamaʒ]. *n. m.* (1843; de *ramage*). Techn. Opération par laquelle on rame le tissu; séchage d'un tissu tendu.

RAMAGER [ʀamaʒe]. *v.*; conj. *bouger* (1585; de *ramage*).

♦ 1° *V. intr.* Faire entendre son ramage. *Pinson qui ramage.*
♦ 2° *V. tr.* (1904). Dessiner ou peindre des ramages. — Au
p. p. *Étoffe ramagée.*

RAMAS [rama]. *n. m.* (1549 ; de *ramasser*). *Vx.* Ensemble
de choses sans valeur. V. **Ramassis.** « *Une étincelle mettrait
le feu à ce ramas de vieilles planches et de vieilles choses* »
(GAUTIER). « *Inutile ramas de gothique écriture* » (BOIL.).
◇ (1679) Réunion de gens méprisables (V. **Écume, lie**). « *Ce
ramas d'étrangers sans nom, sans culte et sans patrie* » (NER-
VAL).

RAMASSAGE [ramasaʒ]. *n. m.* (1797 ; de *ramasser*).
♦ 1° Action de ramasser (I, 2°). *Ramassage du foin.* V.
Râtelage. — *Ramassage du lait dans les fermes.* (mil. XXᵉ)
Ramassage scolaire, opération par laquelle un service routier
va chercher quotidiennement les écoliers des maisons, des
hameaux isolés. ♦ 2° Action de ramasser (II). *Ramassage
des fruits tombés, du bois mort.*

RAMASSÉ, ÉE [ramase]. *adj.* (v. 1536, « épais, trapu »).
V. **Ramasser**). Resserré en une masse, blotti. V. **Pelotonné.**
« *Il se coucha contre la porte, ramassé, roulé en boule* » (ZOLA).
« *Le geste ramassé du Moïse* (de Michel-Ange) » (GIDE).
◇ (Des formes) « *Il était de charpente ramassée et muscu-
leuse* » (R. ROLLAND). V. **Massif, trapu.** « *La Trinité, c'était
dans le temps, un hameau tout ramassé au milieu du plateau* »
(GIONO). ◇ *Formule, expression ramassée*, concise et dense.
◇ ANT. Allongé, élancé.

RAMASSEMENT [ramasmã]. *n. m.* (1636 ; autre sens,
1558 ; de *ramasser*). *Littér.* Action de ramasser ; son résultat.
Le ramassement sur soi. Les Évangiles sont « *un ramassement
total de la pensée chrétienne* » (PÉGUY).

RAMASSE-MIETTES [ramasmjet]. *n. m. invar.* (1876 ;
de *ramasser*, et *miette*). Ustensile ménager (brosse et petit
plateau) qui sert à ramasser les miettes éparses sur la table
à la fin du repas. *Des ramasse-miettes en argent.*

RAMASSE-MONNAIE [ramasmɔnɛ]. *n. m. invar.* (1907 ;
de *ramasser*, et *monnaie*). Dispositif placé sur un comptoir,
un guichet, etc., pour ramasser facilement la monnaie.

RAMASSE-POUSSIÈRE [ramaspusjɛr]. *n. m. invar.*
(XXᵉ ; de *ramasser*, et *poussière*). Région. (Belgique et Nord
de la France). Pelle à poussière. V. **Ramassette.**

RAMASSER [ramase]. *v. tr.* (fin XVᵉ ; h. 1213, « rassembler [troupes, gens] » ; de *re-*, et *amasser*, rad. *masse*).
I. ♦ 1° Resserrer en une masse. « *Elle ramassa ses jupes,
courut dans l'averse* » (ZOLA). *Par ext.* Tenir serré. *Ramasser
les guides.* ◇ *Fig. Ramasser son style*, le condenser. ◇ Pronom. *Se ramasser*, se mettre en masse, en boule. V. **Blottir,
pelotonner.** *Chat qui se ramasse avant de bondir.* « *Mirabeau
se tut, se ramassa sur lui-même, comme le lion qui médite un
bond* » (MICHELET). ♦ 2° Réunir (des choses éparses). *Ramasser les débris d'une armée.* « *Bouillé ne put ramasser, sur
une route assez longue, que sept cents gardes nationaux* »
(MICHELET). V. **Regrouper.** *Ramasser du foin avec un râteau*,
mettre en tas. V. **Râteler.** ◇ *Fig. Ramasser ses forces*, faire
appel à toutes ses forces pour faire un effort. ♦ 3° Prendre
en divers endroits pour réunir. *Ramasser des chiffons ; des
ordures* (V. **Enlever**). *Ramasser les cartes*, au jeu (V. **Levée**).
Professeur qui ramasse les cahiers, les copies. V. **Relever.**
Toutes les jolies pièces qu'il a pu ramasser. V. **Collectionner,
rafler.** *Ramasser de l'argent à une quête.* « *Il paraît qu'on va
doubler les impôts et que le père Ubu viendra les ramasser
lui-même* » (JARRY). V. **Collecter.** — *Par ext.* Se procurer.
Ramasser de l'argent, un pécule. V. **Amasser, gagner, récolter.**
◇ *Fam.* (En parlant de gens dont les autorités s'emparent)
V. **Cueillir, prendre.** *La police les a tous ramassés dans cette
rafle.* En parlant d'une seule personne. *Se faire ramasser.*
« *Belle affaire de se révolter ! Oui, pour que les gendarmes vous
ramassent !* » (ZOLA).
II. ♦ 1° Prendre par terre (des choses éparses) pour les
réunir. *Ramasser du bois mort, des marrons, des épis.* V.
Glaner. *Ramasser des coquillages, des cailloux. On en ramasse
à la pelle**. « *Nous jetons nos bouts de cigare, immédiatement ramassés par des jeunes gens moins fortunés que nous* »
(NERVAL). ◇ *Par ext.* (En parlant de ce qui pousse) V.
Cueillir. *Des champignons ramassés dans les bois.* ♦
2° (1559). Prendre par terre (une chose qui s'y trouve naturellement ou qui est tombée). *Ramasser un caillou. Ramasser
ce qu'on vous jette. Ramasser les balles*, au tennis. *Ramasser
le mouchoir d'une dame.* « *Mais, Madame, écoutez-moi donc
Vous perdez quelque chose — C'est mon cœur, pas grand-
chose Ramassez-le donc* » (APOLLINAIRE). ◇ En parlant
d'une personne dans l'impossibilité de se relever, d'un mort)
On l'a ramassé ivre-mort. « *C'est pas tous les mois qu'on en
ramasse dans un coin, zigouillé...* » (ARAGON). — Fig. et péj.
Il a épousé une fille qu'il a ramassée dans le ruisseau. — Fig.
et fam. *Il est à ramasser à la petite cuiller* : il est dans un état
lamentable. ♦ 3° *Par métaph.* et pop. (1882). *Ramasser
une bûche, une pelle** : tomber en courant ou en marchant.
◇ Pronom. *Se ramasser* (pop.) : se relever lorsqu'on est
tombé, et *par ext.* Tomber. ♦ 4° *Fig.* et *fam.* Recevoir (des

coups, des réprimandes). *Ramasser une volée, une engueulade.* V. **Attraper.** — Prendre (une maladie). *Ramasser un
bon rhume.*
◇ ANT. Étaler, étirer, étendre. Disperser. Répandre.

RAMASSETTE [ramasɛt]. *n. f.* (1842 ; de *ramasser*).
♦ 1° Léger clayonnage adapté à une faux et qui ramasse
les tiges coupées. ♦ 2° *Région.* (En Belgique et dans le Nord
de la France). Pelle à poussière. V. **Ramasse-poussière.**

RAMASSEUR, EUSE [ramasœr, øz]. *adj.* et *n. m.* (1547 ;
« chiffonnier », v. 1508 ; de *ramasser*). ♦ 1° Personne qui
ramasse. « *Les chaumes durs, au travers desquels piétinaient
les ramasseuses, la taille cassée* » (ZOLA). *Ramasseur de
mégots. Ramasseur de galets*, ouvrier des travaux publics qui
enlève les galets à la grue. ◇ Personne qui va chercher chez
les producteurs (les denrées destinées à la vente). *Ramasseur de lait.* ♦ 2° *Techn.* *N. m.* (1875). Partie d'un mécanisme servant à ramasser (I, 3°, et II, 1°). *Ramasseur d'une
broyeuse, d'une ramasseuse-presse.* ◇ *Adj.* Pelle ramasseuse.

RAMASSIS [ramasi]. *n. m.* (1674 ; de *ramasser*). *Péj.*
Réunion de choses, de gens de peu de valeur. V. **Ramas** (*vx.*).
Un ramassis d'objets dépareillés. Le « *Club du Panthéon*,
ramassis de révolutionnaires aigris et de tenants de Babeuf »
(MADELIN).

RAMBARDE [rãbard(ə)]. *n. f.* (1773 ; *rambarde* « construction élevée à la proue d'une galère », 1546 ; it. *rambata*,
de *arrembar* « aborder un bateau »). Garde-corps placé
autour des gaillards et des passerelles. « *Pierre Gilieth, sa
valise à la main, appuyé sur une rambarde de l'arrière, contemplait les mouettes piaillantes* » (MAC ORLAN). ◇ Rampe
métallique, garde-fou. *Rambarde d'une jetée, d'une plate-
forme.*

RAMBOUR [rãbur]. *n. m.* (1875 ; *pommes de rambour*,
1536 ; de *Rambures*, localité près d'Amiens). Variété de
pommier ; son fruit, pomme d'août, à manger au couteau.

RAMDAM. V. **RAMADAN.**

1. RAME [ram]. *n. f.* (XVᵉ ; *rain*, 1112 ; *raime*, XIVᵉ, d'apr.
ramer ; lat. *remus* « rame »). Longue barre de bois aplatie
à une extrémité, qu'on manœuvre à la main sur une embarcation pour la propulser et la diriger. V. **Aviron** ; et *aussi*
Pagaie. *Poignée, manche, bras, pelle ou pale d'une rame.
Paire de rames. Enfoncer, plonger la rame. Rame manœuvrée
en tirant, en poussant, à la godille.* « *Lorsque la mer est immobile et que les vents sont tombés, c'est alors que la rame devient
utile* » (GIDE). ◇ *Loc. Faire force de rames*, ramer vigoureusement.

2. RAME [ram]. *n. f.* (1530 ; *ram*, 980 ; de l'a. fr. *raim*,
du lat. *ramus* « branche »). ♦ 1° *Vx* ou *littér.* Branche
d'arbre. ♦ 2° (1600). Branche rameuse fichée en terre à
côté d'une tige grimpante pour lui servir de support. *Pois
nains et pois à rames.* « *Le vent s'amusait à jeter bas les rames
des haricots* » (FLAUB.). ♦ 3° (1892 ; p.-ê. pour *ramée**).
Fam. Ne pas en ficher une rame, ne rien faire.

3. RAME [ram]. *n. f.* (1360 ; esp. *resma*, de l'arabe *rizma*
« ballot, rame de papier »). ♦ 1° Ensemble de cinq cents
feuilles ou vingt mains de papier. « *Madame Séchard résolut
d'employer cent rames à un premier tirage...* » (BALZ.). ◇
Ensemble de vingt rouleaux de papier à tapisser. ♦ 2° (1915 ;
« convoi de péniches », 1869). File de wagons attelés. *Rame
de chemin de fer.* — Se dit couramment pour train, en parlant du métro. *La dernière rame est passée il y a deux minutes.*

4. RAME [ram]. *n. f.* (1723 ; *ranme*, 1405 ; frq. °*hrama*
« solive, charpente » ; Cf. all. *Rahmen* « châssis »). *Techn.*
Châssis horizontal servant à maintenir tendue dans les deux
sens une pièce de tissu pendant le séchage. — *Rame sans
fin* : machine à mouvement continu servant au même usage.

RAMÉ, ÉE [rame]. *adj.* (XIIᵉ, « branchu, touffu ». V.
Ramer 2). ♦ 1° *Vx.* Qui a des rames (2). ♦ 2° *Vén.* (v. 1210).
Se dit d'un jeune cerf dont le bois pousse. *Blas.* (1690) Se
dit du cerf dont la ramure est d'un émail particulier.

RAMEAU [ramo]. *n. m.* (*Ramel*, 1160 ; lat. pop. °*ramellus*,
class. *ramus*). ♦ 1° Petite branche d'arbre. *Une bécasse
« se glissait entre les rameaux des grands arbres nus* » (FRO-
MENTIN). V. **Ramée, ramure.** « *Les renflements des bourgeons
à l'extrémité invisible des rameaux, formaient sur la forêt
comme un brouillard léger* » (PERGAUD). — *Spécialt.* (v. 1190,
jor del ramispalmaus « jour des branches de palmiers » ;
XVᵉ, *jor de rams*, du lat. *Dominica in ramis Palmarum* [ST
JEAN]. *Dimanche des Rameaux*, et ellipt. *Les Rameaux*, fête
chrétienne qui commémore l'accueil triomphal (avec des
rameaux de palmier) fait par ses disciples à Jésus entrant à
Jérusalem, et qui se célèbre huit jours avant Pâques (Cf.
Pâques fleuries). *Faire bénir le buis des Rameaux.* ♦ 2° *Subdivision d'une division en arbre. Le rameau sémitique de
la race blanche. Les rameaux des langues romanes.* « *Les
rameaux les plus vivaces de notre civilisation* » (R. ROLLAND).
♦ 3° *Anat.* (XVIᵉ). Petite branche (d'un vaisseau, d'un nerf).
V. **Ramification.** *Rameaux communicants* : filets nerveux entre
les ganglions sympathiques et les nerfs rachidiens. « *Sa peau
laissait voir le plus léger rameau de ses veines bleues* » (BALZ.).

Rameaux nerveux. ◊ *Géol.* Massif qui se détache d'une chaîne de montagnes.

RAMÉE [rame]. *n. f.* (1220; « forêt », av. 1173; de *ram.* V. **Rame** 2). ♦ 1° *Vx* ou *Littér.* Ensemble des branches feuillées d'un arbre. V. **Feuillage, feuillée.** *Danser sous la ramée.* « *De chaque branche Part une voix Sous la ramée...* » (VERLAINE). ♦ 2° (1382). Branches coupées avec leurs feuilles. « *Un pauvre bûcheron tout couvert de ramée* » (LA FONT.). ◊ *Fig.* et *fam.* (1892) *Ne pas en fiche une ramée,* ne rien faire. ◊ HOM. *Ramer.*

RAMENDER [ramãde]. *v. tr.* (1274; de *re-,* et *amender*). ♦ 1° Raccommoder (des filets de pêche). ♦ 2° (1690). Amender de nouveau (un terrain). ♦ 3° Réparer une dorure en mettant des feuilles d'or aux endroits dédorés.

RAMENDEUR, EUSE [ramãdœr, øz]. *n.* (1174; de *ramender*). *Techn.* Ouvrier qui ramende les filets sur les bateaux de pêche.

RAMENER [ramne]. *v. tr.; conjug. mener.* V. **Lever** (XVIe; *rameiner,* 1115; de *re-,* et *amener*). ♦ 1° Amener de nouveau. *Ramenez-moi le malade, je veux l'examiner une seconde fois.* ♦ 2° Faire revenir (qqn) généralement en l'accompagnant au lieu qu'il avait quitté. V. **Reconduire.** « *Nous allons le ramener, le prendre avec nous* » (HUGO). « *Ils fuyaient dans les bois, on les ramenait enchaînés* » (ZOLA). *Ramener un cheval à l'écurie.* — REM. On ne peut employer *ramener* en parlant de choses; c'est alors *rapporter* qui convient : *je vous rapporte votre argent.* ◊ *Provoquer* le retour de... *Le mauvais temps le ramena à la maison.* ♦ 3° Faire revenir (à un sujet). « *Il ramena la question sur l'achat éventuel d'une automobile* » (ROMAINS). — Faire revenir (à un état). *Ramener un noyé à la vie.* V. **Ranimer.** — Ramener *qqn à de meilleurs sentiments.* « *Il est parvenu à ramener l'estomac à l'état normal* » (BAUDEL.). *Ramener les prix au niveau antérieur.* ♦ 4° *Fig.* Faire renaître, faire réapparaître, rétablir (une chose là où elle s'était manifestée). *Le soir ramenait mes inquiétudes.* « *Notre maison, chaque dimanche, était secouée d'un accès de fièvre. Le lundi ramenait la paix* » (DUHAM.). « *J'ai tenté de ramener au théâtre l'ancienne et franche gaieté* » (BEAUMARCH.). ♦ 5° Amener (qqn) ou apporter (qqch.) avec soi, en revenant au lieu qu'on avait quitté. *Il a habité quelque temps l'Angleterre et en a ramené une femme charmante.* « *Ce camion était parti à vide et il a ramené tout un chargement* » (ACAD.). « *Une table basse, en cuivre ciselé, ramenée des Indes* » (SARRAUTE). ♦ 6° Faire prendre une certaine position à (qqch.) en changeant la direction naturelle ou précédente; remettre en place. « *Ses mains terreuses ramenées derrière son dos, crainte de tacher la belle robe...* » (COURTELINE). *Ramener sur ses genoux les pans d'une robe de chambre.* V. **Rabattre, tirer.** ♦ 7° *Fig.* (Pop.). *Ramener sa gueule, sa fraise,* protester bruyamment, prétendre imposer son point de vue. — Par abrév. *La ramener.* V. **Crâner.** « *S'il y avait un des mômes qui essayait de la ramener, le vieux lui tombait dessus à coup de tisonnier* » (AYMÉ). ◊ SE RAMENER. *v. pron.* Venir. V. **Amener.** « *Des histoires de soldats qui se ramenèrent vêtus en civil* » (BEAUVOIR). ♦ 8° Porter à un certain point de simplification ou d'unification. V. **Réduire.** *Ramener une fraction à sa plus simple expression. Ramener à une direction unique.* « *Ramener les mouvements de l'esprit à ceux de la matière à* » (SARTRE). *Ramener tout à soi,* être égocentrique. ◊ SE RAMENER. *v. pron.* (Pass.) Se réduire, être réductible. *Ces lois se ramènent à une loi plus simple.* « *Tout se ramenait à un jeu d'écritures* » (ROMAINS). ◊ ANT. *Écarter.*

RAMEQUIN [ramkɛ̃]. *n. m.* (1654; néerl. *rammeken* [XVIe], dimin. de *ram.* Cf. all. *Rahm* « crème »). Petit gâteau au fromage. « *J'achetais pour mon dîner des friands ou des ramequins* » (BEAUVOIR). ◊ *Par ext.* Petit récipient utilisé pour la cuisson au four ou au bain-marie.

1. RAMER [rame]. *v. intr.* (1213; lat. pop. °*remare,* de *remus* « rame »). Manœuvrer les rames d'une embarcation. V. **Nager** (*mar.*)*;* et *aussi* Canoter, pagayer. *Galériens condamnés à ramer.* — *Ramer en couple :* avec un aviron dans chaque main. *Ramer avec un seul aviron tenu à deux mains,* ou « tirer en pointe ». ◊ Avancer avec les rames. *Ils ramaient vers le rivage. Au p. p.* Par anal. VOL RAMÉ (1869), se dit du vol des grands oiseaux migrateurs.

2. RAMER [rame]. *v. tr.* (1549; de *rame* 2). *Hortic.* Soutenir (une plante grimpante) avec une rame. *Ramer des pois.*

3. RAMER [rame]. *v. tr.* (1723; de *rame* 4). *Techn.* Étirer (le tissu) sur une rame (4) où il sèche. ◊ HOM. *Ramée.*

RAMEREAU ou **RAMEROT** [ramRo]. *n. m.* (1611,-XVIe; de *ramier*). *Rare.* Jeune ramier.

RAMESCENCE [ramesãs]. *n. f.* (1869; du lat. *ramescere*). *Bot.* Disposition en ramuscule, forme à la manière.

1. RAMETTE [ramɛt]. *n. f.* (1690; de *rame* 4). *Imprim.* Châssis de fer sans barre pour les impositions peu importantes.

2. RAMETTE [ramɛt]. *n. f.* (1869; de *rame* 3). Rame de papier de petit format. *Ramette de papier à lettres.*

1. RAMEUR, EUSE [ramœr, øz]. *n.* (1599; *rameor,* 1213; de *ramer* 1). ♦ 1° Personne qui rame, qui est chargée de ramer. *Rang, banc de rameurs.* « *Dans la galère capitane Nous étions quatre-vingts rameurs* » (HUGO). *Bateau de course à huit rameurs.* « *Des deux côtés de la rameuse...* » (MAUPASS.). ♦ 2° Nom donné à divers insectes hémiptères qui nagent à la surface de l'eau. *N. m. pl.* (1791) Oiseaux aux ailes largement déployées, en vol. *Oiseaux rameurs.*

2. RAMEUR, EUSE [ramœr, øz]. *n.* (1405,-1904; de *rame* 4). ♦ 1° Ouvrier(ère) qui met le tissu sur les rames et les conduit. ♦ 2° RAMEUSE. *n. f.* (v. 1960). *Techn.* Rame* (4) sans fin.

RAMEUTER [ramøte]. *v. tr.* (XVIIe; de *re-,* et *ameuter*). ♦ 1° Ameuter de nouveau, pour une nouvelle action. *Rameuter la foule.* ♦ 2° (1808). Ramener les chiens en meute, en arrêtant ceux qui se sont écartés. V. **Ameuter.** — Pronom. *Les chiens s'étaient rameutés d'eux-mêmes.*

RAMEUX, EUSE [ramø, øz]. *adj.* (1314, anat.; du lat. *ramosus,* de *ramus*). *Bot.* ou *littér.* (1455). Qui a de nombreux rameaux. *Arbrisseaux rameux.* « *Cet asphodèle rameux des garrigues du Gard* » (GIDE).

RAMI [rami]. *n. m.* (XXe; o. i.; Cf. angl. *Rum, rummy*). Jeu de cartes se jouant généralement avec 52 cartes et un joker*, et consistant à réunir des combinaisons d'au moins trois cartes du type des figures de poker ou de piquet, qu'on étale sur la table. *On fait rami quand on a étalé toutes ses cartes.* ◊ HOM. *Ramie.*

RAMIE [rami]. *n. f.* (1858; malais *rami* ou *ramieh*). *Bot.* Plante d'Asie tropicale, sorte d'ortie dont les longues fibres fournissent un textile résistant. ◊ HOM. *Rami.*

RAMIER [ramje]. *n. m.* et *adj.* (1440; « qui vit dans les bois », 1376; « touffu » [forêt], av. 1173; de l'a. fr. *raim* [V. **Rame** 2]). Gros pigeon sauvage qui niche dans les arbres, parfois aussi dans l'intérieur des villes (Paris, Venise...). « *Je voyais à travers les aiguilles les boules rondes des ramiers serrés* » (GENEVOIX). V. **Palombe.** — *Adj.* Pigeon ramier.

RAMIFICATION [ramifikasjɔ̃]. *n. f.* (1541, anat.; lat. sav. *ramificatio*). ♦ 1° Division en plusieurs rameaux; chacune des divisions ou des rameaux eux-mêmes. *Ramification d'une tige à fleurs.* V. **Inflorescence.** — *Ramification des racines, des nervures des feuilles.* ◊ *Anat.* Mode suivant lequel se divisent les artères, les veines, les nerfs...; ces divisions elles-mêmes. V. **Rameau.** *Ramifications vasculaires.* V. **Capillaire** (vaisseau). *Ramifications nerveuses. Ramifications des bronches.* V. **Bronchiole.** — (Zool.) *Ramification d'un polypier. Ramifications des bois du cerf :* andouillers, cors. ◊ Par anal. *Ramifications d'un souterrain, d'un égout, d'une voie ferrée, d'un filon.* ♦ 2° *Fig.* Groupement secondaire dépendant d'un organisme central. *Société, secte ayant des ramifications en province, à l'étranger. Ramifications d'un complot.* — (1798) Subdivision. *Ramifications d'une science.* ♦ 3° *Didact.* Alternative dans un raisonnement, dans une suite logique de propositions. *Ramification d'un programme d'ordinateur.*

RAMIFIÉ, ÉE [ramifje]. *adj.* (1835; V. **Ramifier**). Qui a de nombreuses ramifications. *Prolongement ramifié de la cellule nerveuse.* V. **Dendrite.** — *Deltas ramifiés. Chaîne ramifiée d'un composé chimique.*

RAMIFIER (SE) [ramifje]. *v. pron.* (XVIe; *se ramefier,* 1314; lat. scolast. *ramificare*). Se diviser en plusieurs branches ou rameaux. V. **Diviser** (se)*,* subdiviser (se). *Tige, arbre qui se ramifie.* V. **Ramification.** *Les veines, les nerfs... se ramifient,* « *Les trois doubles voies qui sortaient du pont, se ramifiaient, s'écartaient en un éventail* » (ZOLA). ◊ *Fig.* Avoir, pousser des ramifications. « *La famille romaine se ramifiait sans se diviser* » (FUSTEL).

RAMILLE [ramij]. *n. f.* (XIIIe; dimin. de l'a. fr. *raim.* V. **Rame** 2). ♦ 1° (*Au sing. collectif*). Menues branches d'arbres coupées avec leurs feuilles. *Fagots, fascines de ramille.* ♦ 2° (1802). Se dit, généralement au pluriel, des plus petites et dernières divisions d'un rameau. « *Tout était blanc,... Blanc depuis le tronc jusqu'aux plus fines ramilles* » (CLAUDEL).

RAMINGUE [ramɛ̃g]. *adj.* (1611; it. *ramingo,* de *ramo* « rameau », mot d'abord appliqué au faucon qui vole de branche en branche). *Manège.* Se dit du cheval qui refuse d'avancer quand on lui fait sentir l'éperon.

RAMOLLI, IE [ramɔli]. *adj.* et *n.* (1560; V. **Ramollir**). ♦ 1° Devenu mou (choses). « *Des gauffrettes ramollies qui sentaient le fond du tiroir* » (ROMAINS). ◊ *Fig.* et *fam. Cerveau ramolli :* faible, sans idées. ♦ 2° *Fam.* Dont le cerveau est devenu faible. V. **Déliquescent, gâteux.** — N. *Un vieux ramolli.* « *Le duc de Beaurivage, le ramolli de Géraldine* » (ZOLA). ◊ *Passif,* sans réaction. *Il est un peu ramolli.*

RAMOLLIR [ramɔlir]. *v. tr.* (1503, méd.; de *re-,* et *amollir*). ♦ 1° Rendre mou ou moins dur. V. **Amollir.** *Ramollir du cuir. Ramollir du beurre. Asphalte ramolli par la chaleur.* ◊ Pronom. *Os, tissus qui se ramollissent. Cerveau qui se ramollit.* V. **Ramollissement.** ♦ 2° *Fig.* et *littér.* (XIVe) Rendre moins résistant, moins ferme, moins énergique. V. **Amollir**. « *L'oisiveté ramollit les courages* » (VAUGELAS).

RAMOLLISSANT, ANTE [ramɔlisã, ãt]. *adj.* (XVIᵉ; de *ramollir*). *Méd.* Qui ramollit, relâche les tissus. V. **Émollient**. *Remèdes ramollissants.* — Subst. *La guimauve est un ramollissant.* ◇ ANT. **Astringent**.

RAMOLLISSEMENT [ramɔlismã]. *n. m. (Ramollissement du temps*, 1393 ; de *ramollir*). Action de se ramollir, état de ce qui est ramolli. — *Pathol.* (1762). Dégénérescence d'un tissu qui devient mou. *Ramollissement cérébral*, par thrombose ou embolie, qui prive une partie du tissu cérébral de son irrigation sanguine. *Ramollissement des os.* V. **Ostéomalacie**.

RAMOLLO [ramɔlo]. *adj.* et *n. (Ramollot*, 1883 ; n. pr. plais., de *ramolli*, et suff. pop. *-o*). *Fam.* Ramolli (2°). *Ils sont un peu ramollos.* — *Un vieux ramollo.* V. **Gâteux**.

RAMONAGE [ramɔnaʒ]. *n. m.* (1439 ; *ramonnaige* « balayage », 1317 ; de *ramoner*). Action de ramoner ; son résultat. *Le ramonage des cheminées est prescrit par des ordonnances de police municipale.*

RAMONER [ramɔne]. *v. tr.* (1531 ; « balayer avec un ramon », v. 1220 ; de l'a. fr. *ramon* « balai » [XIIIᵉ-XIVᵉ], de *raim*. V. **Rameau**). ♦ 1° Nettoyer en raclant pour débarrasser de la suie (les cheminées, les tuyaux). *Ramoner une cheminée avec un hérisson.* — Par ext. *Ramoner une pipe.* ♦ 2° Fig. *Alpin.* Faire une escalade entre deux parois verticales très rapprochées.

RAMONEUR [ramɔnœr]. *n. m. (Ramonneur*, 1530 ; *ramoneux*, v. 1520 ; de *ramoner*). Celui dont le métier est de ramoner les cheminées. *Raclette, hérisson de ramoneur.* ◇ *Techn.* Appareil servant à nettoyer les tubes des chaudières à vapeur.

RAMPANT, ANTE [rãpã, ãt]. *adj.* (1115 ; V. **Ramper**). ♦ 1° *Vx.* Qui grimpe (Cf. **Ramper**, *étym.*). *Blas.* (XIVᵉ) *Animaux rampants*, cabrés, figurés debout, pattes en avant (*opposé à* passant). V. **Effaré**. — *Archit.* Incliné, disposé en pente. *Arc rampant*, dont les naissances ne sont pas à la même hauteur. ◇ Subst. (*Rangpan*, 1568) LE RAMPANT : la partie montante, inclinée. *Rampants d'un fronton, d'un pignon, d'un gable. Toit à deux rampants*, à deux versants. ♦ 2° Qui rampe. *Bête, animal rampant (e).* V. **Reptile**. *Le lierre est rampant et grimpant.* — Par ext. *Marche rampante*, progression des soldats sur le ventre, les mains et les genoux. ◇ *Par plaisant.* (1918, arg. des aviateurs) *Personnel rampant*, qui ne vole pas, employé à terre (*opposé à* personnel navigant). Subst. *Les rampants.* ♦ 3° (1660). Qui s'abaisse, fait preuve de bassesse devant les puissants. V. **Bas, obséquieux, plat, servile, soumis**. *Caractère rampant.* « *Médiocre et rampant, et l'on arrive à tout* » (BEAUMARCH.).

RAMPE [rãp]. *n. f.* (1584, « ce qui grimpe » ; de *ramper* « grimper »). ♦ 1° Plan incliné entre deux plans horizontaux. *Rampe conduisant d'une terrasse à une autre.* (Rampe pour voitures dans un garage, rampe d'accès. « *La ville* (Sancerre) *est essaimée de rampes, dites les Grands Remparts* » (BALZ.). ◇ *Spécialt.* (1945) Plan incliné permettant le lancement d'avions catapultés, de fusées et de divers engins propulsés par fusées. *Rampes de lancement de fusées.* ◇ *Par ext.* (1875) Partie en pente d'un terrain, d'une route, d'une voie ferrée (V. **Inclinaison, pente**). *Automobiliste qui monte une rampe longue et sinueuse.* V. **Montée**. « *Après Harfleur, commença la grande rampe de trois lieues qui va jusqu'à Saint-Romain, la plus forte de toute la ligne* » (ZOLA). ♦ 2° (1690). Balustrade à hauteur d'appui, posée sur le limon d'un escalier; main courante*. *Rampe de bois.* « *Les rampes de ces petits escaliers, d'une propreté brillante, sont en fer coulé de Berlin* » (STENDHAL). *Corde tenant lieu de rampe, dite Tire-veilles. S'accrocher à la rampe. Se pencher sur la rampe.* Fig. et fam. *Tenir bon la rampe* : se maintenir en vie et en santé. *Lâcher la rampe* : mourir. ♦ 3° (1821 ; d'abord *rampe* bordant effectivement la scène, afin de protéger les spectateurs contre une chute possible dans la fosse de l'orchestre). Rangée de lumières disposées au bord de la scène. *Les feux de la rampe.* « *Ce qui se passe au delà de cette traînée flamboyante, qu'on appelle la rampe* » (GAUTIER). — Fig. *Dialogue, réplique, mot qui passe la rampe* : qui atteint le public, qui porte, fait son effet. ◇ Dispositif présentant une suite de sources lumineuses (pour l'éclairage des devantures, des façades...). — (*Aviat.*) Alignement de projecteurs destinés à éclairer une piste. *Rampe de balisage.*

RAMPEAU [rãpo]. *n. m.* (1560 ; « partie de quilles », 1518 ; altér. prob. de *rappel*). *Jeux.* Second coup, dans une partie qui n'en comporte que deux ; coup joué à titre de revanche, quand on a perdu le coup précédent. *Faire rampeau*, faire le même nombre de points que l'adversaire, donc coup nul.

RAMPEMENT [rãpmã]. *n. m.* (1538 ; de *ramper*). *Rare.* Action de ramper. V. **Reptation**. *Il* « *atteignit la haie avec des prudences, des rampements de trappeur* » (MIRBEAU).

RAMPER [rãpe]. *v. intr.* (1156, « grimper » ; du frq. °[h]*rampon* « grimper avec des griffes » ; rad. germ. °[h]*ramp* « chose crochue »). ♦ 1° (1487). Progresser par un mouve-

ment de reptation (en parlant des reptiles, des vers, des gastéropodes et de certains batraciens). *Serpent qui rampe.* « *Des mousses sur lesquelles rampaient des limaces rouges* » (P. BENOIT). ◇ *Par ext.* (en parlant d'animaux, de l'homme) Progresser lentement le ventre au sol, les membres repliés. V. **Traîner** (se). *Fauve qui rampe en approchant de sa proie. L'enfant rampe avant de marcher.* « *On est sorti de la tranchée, on a rampé sur la descente* » (BARBUSSE). ◇ *Par anal.* (XVIᵉ) Se dit de plantes dont les rameaux se couchent, dont les tiges se développent au sol, ou qui s'étendent sur une surface, sur un support, en s'accrochant par des crampons ou des vrilles. *Une vigne qui rampe le long d'un mur. Le lierre rampe contre les murs.* ◇ *Par métaph.* « *Un feu sournois qui rampe sous la brande* » (MAURIAC). — Fig. Se glisser. « *Il germe* (le mal), *il rampe, il chemine* » (BEAUMARCH.). « *Les inquiétudes noires commencèrent à ramper au fond de son être* » (BARRÈS). ♦ 2° (1680). S'abaisser, être rampant, humblement soumis. *Ramper seulement devant ses supérieurs.* — (1569) Manquer d'élévation, être incapable de s'élever. « *L'homme ne peut que ramper, si la religion ne le soulève* » (GIDE).

RAMPON(N)EAU [rãpɔno]. *n. m.* (1932 ; « jouet lesté de plomb auquel on donne des coups », 1836 ; du nom d'un cabaretier célèbre). *Pop.* (XXᵉ). Bourrade, coup. *Donner un ramponneau.*

RAMURE [ramyr]. *n. f.* (1307 ; *rameure*, XIIᵉ-XIIIᵉ ; de *rame* 2). ♦ 1° Ensemble des branches et rameaux (d'un arbre). V. **Branchage, frondaison**. « *Un bois d'arbres séculaires aux ramures gigantesques* » (LOTI). ♦ 2° (*Rameure*, XVIᵉ). Ensemble du bois des cervidés. V. **Andouiller**.

RANATRE [ranatr(ə)]. *n. f.* (1803 ; du lat. *rana* « grenouille »). *Zool.* Insecte de forme grêle et allongée, vivant à la surface des mares, et communément appelé « punaise d'eau ».

RANCARD ou **RENCARD** [rãkar]. *n. m.* (1889 ; o. i. ; p.-ê. de *rancart*). ♦ 1° *Arg.* Renseignement confidentiel. ♦ 2° (1898 ; avec infl. de *rendez-vous* ou *rencontre*). *Pop.* Rendez-vous. « *Vous ne m'avez pas encore proposé un rancard* » (QUENEAU). *Avoir un rencard.* ◈ HOM. **Rancard**.

RANCARDER ou **RENCARDER** [rãkarde]. *v. tr.* (XXᵉ, -1899 ; de *rancart*). ♦ 1° *Pop.* Renseigner secrètement, indiquer un coup à faire. Pronom. *Se rencarder.* ♦ 2° *Pop.* et rare (1901). Donner un rendez-vous à (qqn).

RANCART [rãkar]. *n. m.* (1755 ; altér. du normand « mettre au *récart* », de *récarter* « éparpiller »). Loc. fam. *Mettre au rancart* : jeter, se débarrasser, se défaire (d'une chose inutile ou usée). *Un vieux cheval boiteux, bon à mettre au rancart.* V. **Rebut**. — Fig. *Mise au rancart d'un projet.* V. **Abandon**. ◈ HOM. **Rancard**.

RANCE [rãs]. *adj.* (1552 ; subst., 1373 ; « perdu [moralement] », 980 ; lat. *rancidus*). Se dit d'un corps gras qui a pris une odeur forte et un goût âcre. *Beurre, huile, lard rance.* — Par ext. *Odeur, goût rance.* « *Tous les plats étaient empestés avec de l'huile rance* » (STENDHAL). ◇ Fig. et *vieilli* (XVᵉ) Vieux et gâté. « *Monde poussiéreux, rance, moisi, fétide* » (GAUTIER). ◇ Subst. Odeur, goût caractéristique d'un corps gras rance. *Beurre qui sent le rance.* ◈ ANT. **Frais**.

RANCESCIBLE [rãsesibl(ə)]. *adj.* (1801 ; de *rance*). *Techn.* Susceptible de rancir. *Huiles rancescibles.*

RANCH [rãtʃ] ou **RANCHO** [rãtʃo]. *n. m.* (1872-1905 ; mot anglo-américain « hutte de pionnier ». de l'esp. *rancho*. « cabane »). Ferme de la Prairie, aux États-Unis ; exploitation d'élevage qui en dépend. *Des ranchs ou des ranches.* « *Il neige un bal-bas vers l'Ouest, sur les silos et sur les ranchs* » (ST-JOHN PERSE).

RANCHE [rãʃ]. *n. f.* (1411, « étai qui supporte la ridelle d'une charrette » ; *renche*, 1363 ; probabl. du frq. °*hrumka*). *Région.* Barre transversale assemblée sur une poutre et servant d'échelon.

RANCHER [rãʃe]. *n. m.* (1690 ; *ranchier*, 1400 ; de *ranche*). *Région.* Pièce de bois garnie de ranches formant échelons. V. **Échelier**.

RANCIO [rãsjo]. *n. m.* (fin XVIIᵉ ; esp. *rancio*, lat. *rancidus*, à cause du vieillissement). Vin de liqueur qu'on a laissé vieillir et qui est devenu doux et doré.

RANCI, IE [rãsi]. *adj.* (1539 ; V. **Rancir**). Devenu rance. Subst. *Sentir le ranci.* ◇ Fig. *Une vieille fille rancie* (V. **Rancir**).

RANCIR [rãsir]. *v. intr.* (*Se rancir*, 1539 ; de *rance*). Devenir rance. « *À la longue... le meilleur lard rancit* » (HUGO). ◇ Fig. Vieillir sans se renouveler, en perdant ses qualités. Pronom. (1801) « *Ne laissez pas vos idées se rancir en province...* » (BALZ.).

RANCISSEMENT [rãsismã]. *n. m.* ou (*vx*) **RANCISSURE** [rãsisyr]. *n. f.* (1877,-1538 ; de *rancir*). Le fait de rancir. *Le rancissement est dû à la formation d'acides au contact de l'air.*

RANCŒUR [rãkœr]. *n. f.* (XVᵉ ; *rancor*, 1190 ; bas lat. *rancor, -ris* « rancidité », lat. ecclés. « rancune »). Ressentiment, amertume que l'on garde après une désillusion, une injustice, etc. V. **Aigreur, amertume, rancune, ressentiment.** *Avoir de la rancœur pour, contre qqn.* « *Toute la sale marée de ses rancœurs refluait en lui avec ce matin sombre* » (MAURIAC).

RANÇON [Rᾶsɔ̃]. *n. f.* (1549; *raençon*, 1155; du lat. *redemptio, -onis* « *rachat* »). ◆ 1° Prix que l'on exige pour délivrer une personne captive. *Payer une rançon. Exiger une rançon après avoir enlevé un enfant.* — Littér. *Mettre des voyageurs à rançon.* V. **Rançonner.** ◆ 2° *Fig.* (1723). Inconvénient que comporte un avantage, un plaisir. V. **Compensation.** *Il n'a plus de vie privée, c'est la rançon de la célébrité.* « *Dans les corps fortement constitués, où la rigueur des préjugés n'est que la rançon de la plus belle intégrité* » (PROUST).

RANÇONNEMENT [Rᾶsɔnmᾶ]. *n. m.* (1690; *renchonnement* « *pillerie, rapine* », XIVᵉ; de *rançonner*). Rare. Le fait de rançonner, aux divers sens du mot. V. **Brigandage, exaction; racket.**

RANÇONNER [Rᾶsɔne]. *v. tr.* (XIVᵉ; *ranssonner*, 1260; de *rançon*). ◆ 1° *Vieilli.* Proposer de relâcher contre une rançon. *Le Prince Noir rançonna Du Guesclin.* — *Corsaire qui pille au rançonne les vaisseaux marchands.* ◆ 2° *Par ext.* Faire payer par la force, exiger une contribution qui n'est point due. *Brigands qui rançonnaient les voyageurs.* ◆ 3° *Fig. Vieilli* ou *littér.* Exiger plus qu'il n'est dû. V. **Exploiter.** *Rançonner les clients :* vendre à des prix exagérés. V. **Voler** (*fig.*). *Rançonner les contribuables.* V. **Saigner.**

RANÇONNEUR, EUSE [Rᾶsɔnœʀ, øz]. *n.* (1409; de *rançonner*). Personne qui rançonne; brigand, voleur, et *par ext.* (1549) Exploiteur.

RANCUNE [Rᾶkyn]. *n. f.* (1080, « *colère contenue* »; altér. de l'a. fr. *rancure*, lat. pop. °*rancura*, crois. de *rancor* [V. **Rancœur**] et *cora* « *souci* »). Souvenir tenace que l'on garde d'une offense, d'un préjudice, avec de l'hostilité et un désir de vengeance. V. **Rancœur, ressentiment.** *Avoir de la rancune contre qqn* (V. **Dent**). « *Le régisseur garda contre son maître une de ces rancunes qui sont un élément de l'existence en province* » (BALZ.). « *Il s'entêtait à nourrir des rancunes* » (BARRÈS). « *Leur candeur désarme la rancune de Bernard* » (MAUROIS). — Ellipt. *Sans rancune!* (1718), formule qui scelle une réconciliation. ◇ ANT. *Oubli; pardon.*

RANCUNEUX, EUSE [Rᾶkynø, øz]. *adj.* (1160; de *rancune*). *Vieilli, littér.* ou *région.* (Belgique, Canada). Plein de rancune. V. **Rancunier.** *Femme rancuneuse.* « *Elle n'avait pas... l'air étonné ou rancuneux* » (SARTRE).

RANCUNIER, IÈRE [Rᾶkynje, jɛʀ]. *adj. et n.* (1718; de *rancune*). Porté à la rancune (V. **Vindicatif**). « *D'autant plus rancunier que les torts sont anciens* » (LEC. de LISLE). — *Caractère rancunier.* « *Cette humeur rancunière qui fermente dans un cœur vindicatif* » (ROUSS.). ◇ N. *Un rancunier.* ◆ ANT. *Oublieux.*

RANDONNÉE [Rᾶdɔne]. *n. f.* (1180; de l'a. v. *randonner* « *courir vite* », de *randon* « *rapidité, impétuosité* », frq. °*rant* « *course* »). ◆ 1° *Vx.* Course rapide. — *Spécialt. Vén.* (1690) Circuit que fait la bête autour de l'endroit où elle a été lancée. ◆ 2° (Repris 1798, depuis la fin XIXᵉ) *Cour.* Course, promenade longue et ininterrompue. V. **Course, excursion, promenade.** *Une randonnée à bicyclette, en automobile.* V. **Circuit.** « *On avait envisagé une promenade au soleil et cela se transformait en une randonnée nocturne* » (DUHAM.).

RANG [Rᾶ]. *n. m.* (*Renc* « *ligne de guerriers* », 1080; frq. °*hring* « *cercle, anneau* »; all. *Ring*). I. ◆ 1° (XIVᵉ). Suite (de personnes, de choses) disposée sur une même ligne, en largeur (en longueur, c'est une *file*). « *Chaque nef est formée de deux rangs d'arceaux superposés* » (GAUTIER). *Disposer par rangs, en rangs superposés* (V. **Étager**). *Collier à trois rangs de perles.* — *Par ext. Un rang de perles,* bijou constitué par un seul rang de perles. ◇ *Ligne de sièges les uns à côté des autres. Rang de loges, de fauteuils d'orchestre dans une salle de spectacle.* — Absolt. *Se placer au dixième rang, au premier rang.* ◇ *Suite de mailles constituant une même ligne d'un ouvrage de tricot, de crochet. Un rang* (tricoté) *à l'endroit, un rang à l'envers.* ◇ *Rang de personnes, d'une procession, d'un cortège. Rang de spectateurs le long d'une rue.* V. **Haie.** *Se mettre en rang(s) :* sur un, sur plusieurs rangs. *Les premiers* (V. **Tête**), *les derniers rangs* (V. **Queue**). *Spécialt. Suite de soldats placés les uns à côté des autres.* V. **Front.** *En ligne sur deux rangs. Placer les hommes sur cinq rangs. Dans les rangs, hors des rangs; sortir des rangs.* « *Le premier rang, genou en terre, recevait les cuirassiers sur les baïonnettes* (sic), *le second rang les fusillait* » (HUGO). — Loc. *Serrer* les rangs. *Rompre* les rangs. *À vos rangs, fixe!* ◇ Loc. fig. *En rang d'oignon :* en rang ou en file. ◆ 2° *Par ext. Les rangs d'une armée :* les hommes qui y servent. *Servir dans les rangs de tel régiment d'infanterie.* ◇ Loc. fig. (au sens pr., 1636; « *se présenter au combat, au tournoi* », d'un ancien sens de *renc* « *piste réservée pour la joute* »). *Être, se mettre sur les rangs :* entrer en concurrence avec d'autres, pour obtenir (un poste). V. **Candidat; postuler, présenter** (se). — Absolt. *Le rang :* l'ensemble des hommes de troupe (*opposé à* officiers). *Servir dans le rang. Officiers sortis du rang :* qui ont fait carrière sans passer par une école de formation des officiers. ◇ *Fig.* Masse, nombre. *Grossir les rangs des mécontents. Nous l'avons admis dans nos rangs :* parmi nous. ◆ 3° *Canada* (1721). Au Québec et en Ontario, Type de peuplement rural dispersé, délimité par deux routes perpendiculaires et comprenant un alignement d'exploitations agricoles s'étendant sur la longueur en bandes parallèles de part et d'autre du chemin qui les dessert. — *Par ext.* Ce chemin (*opposé à* route rurale*). *Le bas, le haut du douzième rang :* de chaque côté du village ou d'une route. — Au plur. LES RANGS. La campagne (*opposé à* village). « *Les domestiques du manoir le cherchent partout, dans le village et les rangs* » (A. HÉBERT).

II. (1462). Place dans une série, un ordre. V. **Ordre.** *Le rang se marque par les nombres ordinaux.* ◆ 1° Situation dans une série, une suite concrète. *Être placé au troisième rang.* — Place d'un dignitaire, d'un fonctionnaire, dans l'ordre des préséances. *Avoir rang avant, après qqn.* — *En rang, par rang d'ancienneté, d'âge, de taille...* ◆ 2° *(Abstrait).* Place, position dans un ordre, et *spécialt.* dans une hiérarchie. V. **Classe, échelon.** *Rang le plus bas, le plus haut. Être, venir au premier, au dernier rang. Mériter le premier rang parmi les artisans, les artistes. Rangs dans un concours.* V. **Place.** *Officier d'un certain rang.* V. **Grade.** ◇ *Spécialt.* Place qu'une personne occupe dans la société, et qui lui est conférée par la naissance (Cf. Caste), la position, la célébrité. V. **Classe, condition.** « *Tel brille au second rang qui s'éclipse au premier* » (VOLT.). *Rang inférieur, subalterne.* « *Humanité commune à tous sous l'inégalité des rangs et des états* » (BENDA). *Les distinctions de rang.* — Féod. *Vassaux de même rang.* V. **Pair** (1). ◇ (Se dit surtout des *rangs* les plus élevés) *Fonction, titre qui confère un haut rang.* V. **Dignité, fonction(s), place, titre.** « *Sans qu'elle eût d'autres droits au rang d'impératrice* » (RAC.). *Déchoir de son rang. Garder, tenir son rang.* « *Un homme bien né, qui tient son rang comme moi* » (STENDHAL). — Absolt. *Rang élevé.* « *Noblesse, fortune, rang, des places, tout cela rend si fier* » (BEAUMARCH.). *Prestige du rang.* ◇ Anc. mar. *Vaisseau du premier rang* (trois ponts), *du second rang* (deux ponts; plus de 80 canons), *du troisième rang.* ◇ Loc. (des personnes ou des choses) *Être du même rang :* de même valeur. *Mettre sur le même rang.* — *Hors rang :* en dehors du classement. ◆ 3° Place dans un groupe, un ensemble (sans idée de hiérarchie). *Au rang de :* parmi. *Prendre rang parmi, avec. Mettre au rang de,* compter parmi. « *Qu'il mette ce malheur au rang des plus sinistres* » (RAC.). V. **Compter** (I, 5°), **ranger** (3°). *Placer au rang de.*

RANGÉ, ÉE [Rᾶʒe]. *adj.* (XIIIᵉ; V. **Ranger**). ◆ 1° *Bataille rangée,* organisée, qui a un plan. ◆ 2° (v. 1735). Qui mène une vie régulière, réglée, sans excès; qui a une bonne conduite. V. **Sérieux.** *Cet homme si réglé, si rangé.* — Fam. *Être rangé des voitures,* être assagi. — *Par ext. Vie rangée.* « *Ainsi, au cœur du vice, la chair, la vertu, la vie rangée, ont une odeur de nostalgie* » (CAMUS). ◆ ANT. *Bohème, irrégulier.*

RANGÉE [Rᾶʒe]. *n. f.* (*Rengiée,* 1212; repris XIXᵉ; de *ranger*). Suite (de choses ou de personnes) disposée côte à côte sur une même ligne. V. **Alignement, ligne, rang.** — *Rangée de maisons.* « *La Place des Fêtes, avec ses rangées d'arbres, ses gazons* » (ROMAINS). *Un habit* « *à double rangée de boutons d'argent* » (HUGO). *Rangées superposées de pierres* (V. **Assise, couche**). *Rangée de colonnes* (V. **Colonnade**). *Rangées de fauteuils d'orchestre.* ◇ *Rangées d'officiers. Les matelots dormaient à plat pont, par rangées.* ◇ HOM. *Ranger.*

RANGEMENT [Rᾶʒmᾶ]. *n. m.* (1630; de *ranger*). ◆ 1° Action de ranger (2°), de mettre en ordre. V. **Classement.** *Faire les rangements, du rangement dans un tiroir.* « *Tard dans la nuit... elle recommençait les rangements et remettait tout en ordre* » (CHARDONNE). — *Rangement du linge. Rangement d'une armoire. Volume de rangement d'une cuisine* (des placards, buffets, étagères...). — Absolt. *Aimer le rangement. Meuble de rangement.* ◆ 2° Disposition des choses (bien ou mal) rangées. *Un rangement rationnel.* ◆ ANT. *Dérangement, désordre.*

RANGER [Rᾶʒe]. *v. tr.;* conjug. *bouger* (XIIIᵉ; *rengier,* 1197; de *rang*). I. ◆ 1° *Vieilli.* Disposer en un ou plusieurs rangs (I) ou files. V. **Aligner.** *Ranger des soldats.* « *De petits arbres rangés comme les collégiens en promenade* » (MAUPASS.). — « *Toute la paroisse rangée en deux haies* » (BALZ.). ◆ 2° (v. 1190). Disposer à sa place, avec ordre. V. **Classer, ordonner, serrer.** *Rangez vos affaires! Ranger ce qu'on a dérangé. Ranger et étiqueter des marchandises.* Absolt. « *Certaines femmes, c'est bon signe quand elles rangent* » (MONTHERLANT). ◇ (Au p. p.) *Tout est rangé, bien rangé dans sa chambre.* « *Vous savez,* reprend Estrachard, *on a jamais très bien rangé chez moi* » (ROMAINS). ◇ *Fig. Mots rangés par ordre alphabétique.* V. **Classer, grouper.** — *Ranger sous une même étiquette.* ◆ 3° *Par ext.* et *vieilli* (sans idée d'ordre de classement). Mettre au nombre de, au rang de. « *Et trois ou*

quatre seulement, Au nombre desquels on me range... »
(MALHERBE). *Il le range parmi les bons ouvrages.* ♦ 4° *Spé-
cialt.* Mettre de côté pour laisser le passage (Cf. *ci-dessous*,
SE RANGER). *Ranger sa voiture.* V. Garer. ♦ 5° *Mar.* (XIIIe,
renger « marcher à travers, parcourir »). Passer auprès de,
le long de. V. Longer. *Ranger la côte.* « *À gauche, nous ran-
geâmes un îlot de rochers arides* » (GAUTIER). ♦ 6° *Rare.*
Placer dans une situation de conformité ou de soumission.
Ranger qqn de son parti, de son bord; le ranger à son avis.
— *Ranger sous les lois de, sous le joug, l'autorité de qqn.*
V. Soumettre.
II. SE RANGER. *v. pron.* (XVIe). ♦ 1° Se mettre en rangs,
en ordre. *Soldats qui se rangent par trois.* — Fig. *Se ranger
sous les enseignes, les drapeaux d'un général, d'un régiment.*
♦ 2° (1668). S'écarter ou être écarté pour laisser le passage.
« *Quand une automobile arrive, on se range* » (BARBUSSE).
« *Un taxi en maraude qui vint se ranger contre un trottoir* »
(MART. du G.). V. Garer (se). ◇ *Mar. Se ranger à bord,
à quai.* ♦ 3° *Fig.* Se mettre, se placer aux côtés ou sous
l'autorité de. « *Les peuples se rangèrent de notre côté* » (BAIN-
VILLE). « *Il se rangeait ordinairement à l'avis du plus absurde
ou du plus audacieux* » (CHATEAUB.). V. Adopter, rallier (se).
♦ 4° *Absolt.* Adopter un genre de vie plus régulier, une
conduite plus raisonnable. V. Assagir (s'). « *Retz semble
avoir eu par moment des intentions sincères de se ranger* »
(STE-BEUVE). ♦ 5° *(Pass.).* Devoir être rangé (quelque
part). *Où cela se range-t-il?* V. Mettre (se).
◇ ANT. (du I) Déranger, dérégler, mélanger. — HOM. Rangée.
RANI [Rani]. *n. f.* (1904 [Cf. *Rana*, 1765 « prince indien »];
ranee, 1878; mot hindi, du sanscrit *rajnî*, fém. de *raja*).
Femme d'un rajah (Cf. *aussi* Maharani (art. MAHARADJAH).
RANIDÉS [Ranide]. *n. m. pl.* (1904; *ranacées*, 1839; lat.
sav., de *rana* « grenouille »). *Zool.* Famille de batraciens
anoures, comprenant les grenouilles et rainettes.
RANIMATION [Ranimasjɔ̃]. V. RÉANIMATION.
RANIMER [Ranime]. *v. tr.* (1549; de *re-*, et *animer*).
♦ 1° *Vx.* Rendre à la vie (un mort). V. Ressusciter. ◇ *Par
métaph.* Faire renaître, revivre. V. Revivifier. *Ranimer le passé.*
« *Cherchons à ranimer cette belle ombre effacée* » (R. ROL-
LAND). ♦ 2° Rendre la conscience, le mouvement à. *Ranimer
un noyé, une personne évanouie.* « *Lorsque le roi rouvrit les
yeux, ranimé par les odeurs fortes et les sels* » (VIGNY). — REM.
On dit aussi RÉANIMER. ◇ *Par ext.* Revigorer, vivifier. *Cet
air vivifiant m'a ranimé.* ♦ 3° *(Sens moral).* Rendre plus vif,
plus actif; redonner de l'énergie à. V. Animer, encourager,
réconforter. *Ce discours ranima les troupes.* ◇ *Ranimer
l'ardeur, le courage, les énergies, l'enthousiasme.* V. Exalter,
raffermir, raviver, relever. *Ranimer le zèle.* V. Réchauffer.
Ranimer la douleur. Ranimer de vieilles rancunes. « *Elle
croyait ranimer mon amour en excitant ma jalousie* » (B. CONS-
TANT). V. Aviver, réveiller. Pronom. *Les haines se sont rani-
mées.* ♦ 4° Redonner de la force, de l'éclat (au feu). *Ranimer
le feu.* V. Attiser, rallumer. « *Il ranime d'un souffle léger une
étincelle qui s'étend peu à peu sur un charbon prêt à s'éteindre* »
(Ch. NODIER). *Ranimer la flamme sur la tombe du Soldat
inconnu.* ◇ ANT. Assoupir, attiédir; éteindre, étouffer.
RANZ [Rɑ̃z ou Rɑ̃ts; Suisse française : Rɑ̃]. *n. m.* (1767;
mot all. « rang »). Air de berger, chanson pastorale suisse.
Le ranz des vaches.
RAOUT [Raut]. *n. m.* (*Rout*, 1804; angl. *rout*, de l'a. fr.
route « troupe, compagnie »). *Vieilli.* Réunion, fête mondaine.
RAPACE [Rapas]. *adj. et n. m. pl.* (fin XVe; adj., *rapal*,
XIIIe; lat. *rapax, -cis*, sur le rad. de *rapere* « saisir, ravir »).
I. *Adj.* ♦ 1° Se dit d'un oiseau vorace, ardent à pour-
suivre sa proie. « *Le grand vol anguleux des éperviers rapaces* »
(VERLAINE). ♦ 2° (XVe). Qui aime le gain à l'excès, qui cher-
che à s'enrichir rapidement et brutalement, au détriment
d'autrui. V. Âpre (au gain), avide, cupide. *Usurier rapace.
Homme d'affaires rapace* (Cf. *fam.* Corbeau, pirate, requin,
vautour). *Elle est très rapace.*
II. *N. m. pl.* (1768). Ordre d'oiseaux carnivores, aux doigts
armés d'ongles forts et crochus (V. Serre), au bec puissant,
arqué et pointu. *Rapaces diurnes.* V. Aigle, condor, émouchet,
épervier, faucon, gerfaut, milan, orfraie, serpentaire, vautour...
Rapaces nocturnes. V. Chat-huant, chevêche, chouette, duc,
effraie, hibou, hulotte. *Cri des rapaces nocturnes.* V. Hululement. — Au sing. *Un rapace.* « *Loin, en haut, comme suspendu
dans la lumière, un oiseau de proie, un grand rapace l'avait
découvert* » (PERGAUD).
RAPACITÉ [Rapasite]. *n. f.* (1380; lat. *rapacitas*).
♦ 1° Caractère, manière d'agir d'une personne rapace. V.
Avidité, cupidité. ♦ 2° (1530). Avidité à se jeter sur sa proie,
ardeur à la poursuite. *La rapacité du tigre, du loup, du
vautour.*
RÂPAGE [Rɑpaʒ]. *n. m.* (1775; *rapage* « grappillage »,
1611; de *râper*). Opération qui consiste à râper.
RAPATRIÉ, ÉE [Rapatrije]. *adj. et n.* (1690; V. Rapatrier). Qu'on fait rentrer dans son pays. *Matelot rapatrié.* —
(Surtout en parlant des prisonniers de guerre libérés, de colo-

niaux contraints de revenir en métropole, etc.) *Aide aux
rapatriés. Convois de rapatriés.*
RAPATRIEMENT [Rapatrimɑ̃]. *n. m.* (v. 1675; de *rapatrier*). Action de rapatrier (2°) qqn. *Rapatriement des prisonniers de guerre, d'un matelot.*
RAPATRIER [Rapatrije]. *v. tr.* (mil. XVe; « réconcilier »,
XVIe-XVIIe; de l'a. v. *repatrier*, lat. médiév. *repatriare* « rentrer dans sa patrie »). ♦ 1° *Fam.* et *vx.* Réconcilier. *Rapatrier
deux amis qui étaient brouillés.* — Pronom. *Se rapatrier :*
se réconcilier. ♦ 2° (D'une autorité). Assurer le retour
(d'une personne) sur le territoire du pays auquel elle appartient par sa nationalité. *Il s'est fait rapatrier par les soins du
consul français. Rapatrier des prisonniers de guerre.* — Écon.
Rapatrier des capitaux exportés. ◇ ANT. Déporter, exiler.
RAPATRONNAGE [Rapatrɔnaʒ]. *n. m.* (1737; de *re-*,
et *patron* 2). *Eaux et for.* Opération qui consiste à rapatronner
un tronc d'arbre et une souche.
RAPATRONNER [Rapatrɔne]. *v. tr.* (1765, *se rapatronner*
[dans qqch.] « s'ajuster »; de *re-*, et *patron* 2). *Eaux et for.*
Rapprocher le tronc de (un arbre) coupé d'une souche restée
en terre, afin de vérifier qu'il en provient.
RÂPE [Rɑp]. *n. f.* (XVIe; *raspe*, 1202; du germ. °*raspôn*,
par le lat. *raspa* « grappe de raisin »).
I. *Agric.* Ce qui reste des grappes une fois qu'on les a
pressées, ou que les grains sont tombés ou ont été enlevés.
V. Rafle. ◇ Ce qui reste d'un épi dont on a enlevé les grains.
II. *Techn.* (*Raspe*, 1269; germ. *raspôn* « rafler »,
haut all. « gratter »). Outil pour user la matière, sorte de
grosse lime à larges entailles. V. Lime (plus cour.). *Râpe
à bois. Râpe de sculpteur, de cordonnier, de plombier, de serrurier, de maçon.* — Méd. *Bruit de râpe*, qu'on observe, à
l'auscultation, dans certaines maladies de cœur. ♦ 2° (1559).
Cour. Ustensile de cuisine, plaque hérissée d'aspérités, qui
sert à réduire une substance en fins copeaux, en poudre.
Râpe à fromage. — Par ext. *Râpe à tabac.*
◇ HOM. *Râpes.*
RÂPÉ [Rape]. *n. m.* (1688; *vin raspé*, v. 1175; de *râpe* [I]).
I. Boisson qu'on obtient en faisant passer de l'eau sur
du marc ou sur du raisin frais entassé dans un tonneau. V.
Piquette. — Vin éclairci avec des copeaux de hêtre, de chêne,
etc., qu'on y a laissé tremper; ces copeaux eux-mêmes.
II. *Fam. Du râpé ;* fromage de gruyère râpé. *Acheter
100 grammes de râpé.*
RÂPÉ, ÉE [Rape]. *adj.* (1762; de *râper*, 2°). ♦ 1° Se dit
d'un tissu usé par le frottement, qui a perdu ses poils, son
velouté. « *Je n'aime pas à retrouver l'amour de la grisette,
la loge du portier et mon habit râpé* » (FLAUB.). V. Élimé.
« *Pelotonné comme un vieux cloporte dans sa pelisse râpée* »
(LOTI). ♦ 2° (1974) *Fam. C'est râpé!* se dit d'un contretemps, d'une attente déçue. *Pour l'invitation, c'est râpé !*
RÂPER [Rape]. *v. tr.* (1568; *rasper* « gratter », 1270; de
râpe, II). ♦ 1° Réduire en poudre grossière, en petits morceaux au moyen d'une râpe (II, 2°). *Râper du tabac* (à priser).
Râper du fromage. Carottes râpées. ♦ 2° Travailler à la
râpe (II, 1°). *Râper un morceau de bois avant de le polir.*
◇ Fig. *Vin grossier qui râpe la gorge.* ♦ 3° (De râpé, adj.).
Rare. User jusqu'à la corde (un vêtement, une étoffe). « *On
prendrait un morceau d'étoffe... on travaillerait pendant dix
ans à le salir, à le râper, à le trouer* » (GAUTIER).
RÂPERIE [Rɑpri]. *n. f.* (1872; de *râper*). *Techn.* Atelier
où l'on râpe les betteraves pour la fabrication du sucre. —
Atelier où l'on râpe le bois destiné à la fabrication de la pâte à
papier.
RÂPES [Rap]. *n. f. pl.* (*Rape*, 1393; « ulcère », v. 1200;
all. *Rappe*. V. Râpe). *Vétér.* Crevasses transversales au pli
du genou, chez le cheval. ◇ HOM. *Râpe.*
RAPETASSAGE [Raptasaʒ]. *n. m.* (1609; de *rapetasser*).
Fam. Action de rapetasser. V. Raccommodage.
RAPETASSER [Raptase]. *v. tr.* (1532; du prov. *petassar*,
de *petas* « pièce pour rapiécer », lat. *pittacium*). *Fam.* Rapiécer
sommairement, grossièrement (un vêtement, etc.). V. Raccommoder, rapiécer. « *Une ignorante fille sans cesse occupée
à rapetasser des bas* » (BALZ.). ◇ Fig. et péj. (v. 1600) Remanier, corriger par fragments. « *Passé deux heures avec
J.-E. Blanche à rapetasser son manuscrit* » (GIDE).
RAPETISSEMENT [Raptismɑ̃]. *n. m.* (1547; de *rapetisser*).
Au propre et *au fig.* Action de rapetisser qqch.; le fait de se
rapetisser. V. Diminution, réduction. ◇ ANT. Agrandissement,
amplification, extension.
RAPETISSER [Raptise]. *v.* (*Rapetichier*, 1349; de l'a. v.
apetisser, XIIe).
I. *V. tr.* ♦ 1° Rendre plus petit. V. Diminuer, réduire.
Rapetisser le manteau d'un enfant pour le faire servir au cadet.
V. Écourter. ♦ 2° Faire paraître plus petit (par un effet
d'optique). « *La distance rapetisse les objets* » (ACAD.). *Cet
immeuble rapetisse, par sa masse, les maisons qui l'entourent.*
V. Écraser. ♦ 3° *Fig.* Diminuer la grandeur (d'une chose),
le mérite (d'une personne). V. Amoindrir. « *On trouvera assez*

d'explications de mes actions après moi pour m'agrandir si je réussis et me rapetisser si je tombe » (VIGNY). Pronom. *J'essayais de me rapetisser à ses yeux.*
II. *V. intr.* (*Rapeticier*, 1459). Devenir plus petit, plus court (dans l'espace ou dans le temps). « *On a l'impression d'avoir soudain rapetissé, d'être devenu lilliputien* » (THARAUD).
◇ ANT. Agrandir, allonger, amplifier, étendre, grandir.

RÂPEUX, EUSE [ʀɑpø, øz]. *adj.* (1869 ; *raspeux*, v. 1560 ; de *râpe*). Hérissé d'aspérités, rude au toucher comme une râpe (II). V. Rugueux. *Langue râpeuse d'un chat.* ◇ *Fig.* En parlant d'une boisson (vin, cidre...), d'une voix qui manque de moelleux. V. Âpre. *Un bordeaux râpeux.*

RAPHIA [ʀafja]. *n. m.* (1804 ; mot malgache). Palmier d'Afrique et d'Amérique équatoriale, à stipe robuste, à très longues feuilles. ◇ *La fibre, les liens qu'on tire de ces feuilles. Sac en raphia.* « *Adieu, ma nuit à la belle étoile sur le matelas de raphia* » (COLETTE).

RAPHIDE [ʀafid]. *n. f.* (1846 ; gr. *raphis, -idos* « aiguille »). *Biol.* Nom donné à des cristaux en forme d'aiguilles qui se rencontrent dans certaines cellules végétales ou animales.

RAPIAT, ATE [ʀapja, at]. *adj. et n.* (1836 ; de l'arg. scol. *faire rapiamus* « chiper », lat. *rapere* « saisir, ravir »). *Fam.* Avare, cupide (avec une idée de mesquinerie, de goût pour les petites économies). *Elle est rapiate,* ou invar. *Elle est rapiat.* — N. *Un vieux rapiat.*

RAPIDE [ʀapid]. *adj. et n.* (1500 ; lat. *rapidus*, de *rapere* « entraîner violemment »).
I. *Adj.* ♦ 1° *(En parlant d'un cours d'eau).* Qui coule avec une grande vitesse. « *Le courant devient brusquement si rapide que tout l'effort des pagayeurs a du mal à le remonter* » (GIDE). ◇ Fortement incliné par rapport au plan horizontal. *Pente rapide.* V. Abrupt, raide. *Descente rapide.* « *Nous redescendons, autant sur le dos que sur les pieds, le cône rapide du cratère* » (MAUPASS.). ♦ 2° Qui se meut (ou qui peut se mouvoir) avec une vitesse élevée. *Cheval rapide. Il est rapide à la course* (V. Vite, adj.). *Rapide comme une flèche.* « *Trois mots tracés d'une main rapide et ferme* » (NERVAL). V. Véloce. *Navire, avion rapide. Voiture rapide et nerveuse. Train rapide* (Cf. ci-dessous, II, 2°). « *La lumière est la plus rapide des messagères* » (L. de BROGLIE). ♦ 3° Sans idée de déplacement). Qui exécute (ou peut exécuter) avec promptitude. *Il est rapide dans son travail, dans l'exécution de ses projets.* V. Expéditif, prompt. *Vous êtes bien rapide en besogne! vous êtes trop pressé.* ◇ *Spécial.* Qui comprend, qui voit tout de suite. *Esprit rapide et brillant.* « *Je cherchai surtout... à lui donner ce coup d'œil rapide et sûr qui généralise* » (BALZ.). ♦ 4° (D'une allure, d'un mouvement, etc.). Qui s'accomplit avec une vitesse élevée. *Allure, pas rapide.* « *Comme un crible animé d'un mouvement de plus en plus rapide* » (JAURÈS). — *Mus. Mouvement, rythme rapide,* où les temps de chaque mesure sont très rapprochés. — *Méd. Pouls rapide,* dont les battements sont très rapprochés. — *Respiration rapide.* ♦ 5° *Fig.* (du style, d'un récit, etc.). Qui va droit à l'essentiel, qui donne par son rythme une impression de vivacité. V. Alerte. *Style rapide.* « *Le récit est rapide. On le sent écrit d'un trait* » (MAUROIS). ♦ 6° (D'une action, d'un processus, etc.). Qui est fait, se fait sans tarder ; dont les différentes phases se succèdent à des intervalles rapprochés. V. Prompt. « *La méthode, les détails d'une fortune rapide vous donnent toujours une impression de magie* » (CÉLINE). *Progrès, guérison rapide. Nous espérons une réponse rapide. Sa décision a été bien rapide.* V. Brusque, hâtif, soudain. ◇ Qui conduit vite au but désiré. *Moyen, expédient rapide.* ♦ 7° *Techn. Acier à coupe rapide,* ou ellipt. *Acier rapide :* acier très dur employé dans les machines-outils. ◇ *Phot. Pellicule rapide, ultra-rapide :* sensible, dont le temps de pose est très bref. ♦ 8° *Sports.* Qui permet de hautes performances de temps. *Piste, piscine rapide.*
II. *N. m.* ♦ 1° (1736). Partie d'un cours d'eau où le courant est rapide, agité et tourbillonnant par suite d'un léger ressaut du fond du lit provoquant une rupture de pente (phénomène inverse de la chute). *Les rapides du Mékong, du Saint-Laurent, des fleuves africains. Descente d'un rapide.* ♦ 2° (1870). Train qui va plus vite que l'express et ne s'arrête que dans les très grandes villes. *Le rapide Paris-Bordeaux.* « *Et un rapide illuminé, grondant comme le tonnerre, fit trembler la cabine d'aiguillage* » (ST-EXUP.).
◇ ANT. Lent.

RAPIDEMENT [ʀapidmɑ̃]. *adv.* (1611 ; de *rapide*). D'une manière rapide, à une grande vitesse, en un temps bref. V. Vite (adv.) ; vivement. *Aller rapidement. Partir, filer rapidement.* — *Mener rapidement une affaire.* V. Expéditivement, rondement. *Ce travail va être achevé rapidement* (V. Bientôt, promptement). *Trop rapidement* (V. Hâtivement). *Parcourir rapidement le journal. Expédier rapidement, par exprès.*
◇ ANT. Lentement.

RAPIDITÉ [ʀapidite]. *n. f.* (1573 ; lat. *rapiditas*). Caractère d'une chose, d'un être, d'une personne rapide, qui va vite, d'un mouvement ou d'un acte exécuté en peu de temps.

Rapidité d'un cheval. V. Vélocité, vitesse. *Avec la rapidité de l'éclair, de la foudre, d'une flèche. Rapidité des gestes, des mouvements.* V. Agilité, prestesse. *Agir avec rapidité.* V. Célérité, diligence, promptitude. *Rapidité excessive.* V. Hâte, précipitation. *Ses progrès furent d'une rapidité déconcertante.* « *On trouve très rarement chez les Allemands la rapidité d'esprit qui anime l'entretien et met en mouvement toutes les idées* » (STAËL). ◇ *La rapidité du temps, l'impression qu'il passe vite.* ◇ *Sports.* Qualité d'une piste, d'un parcours rapide (8°). ◇ ANT. Lenteur. Paresse, pesanteur.

RAPIÉÇAGE [ʀapjesaʒ] ou **RAPIÈCEMENT** [ʀapjɛsmɑ̃]. *n. m.* (1552 [*rapiéçaige*], repris 1866,-1606 [XVIᵉ « tout composite »] ; de *rapiécer*). Action de rapiécer ; son résultat. V. Rapetassage. *Le rapiéçage d'un drap.* « *Des pantalons de toile bleue, plus ou moins passés et bigarrés de rapiéçages* » (ROBE-GRILLET).

RAPIÉCER [ʀapjese]. *v. tr. ;* conjug. *céder* et *placer* (1549 ; *rapiécer*, 1360 ; de *re-*, et *pièce*). Réparer ou raccommoder en mettant, en cousant une pièce. *Lingère, raccommodeuse qui rapièce du linge.* V. Rapetasser. *Rapiécer des chaussures.* Au p. p. *Un jean tout rapiécé. Pneu rapiécé.* — *Fig. Rapiécé :* formé de pièces qui semblent rapportées. « *On ne rencontre, au loin, qu'enclos rapiécés et chemins noirs de houille et de scories* » (VERHAEREN).

RAPIÈRE [ʀapjɛʀ]. *n. f.* (1488 ; *espee rapiere*, 1479 ; de *râper*, par anal. de la poignée trouée avec une râpe). *Vx* ou *plais.* Épée longue et effilée, à garde hémisphérique. « *C'est un donjon. Des gueux à la longue rapière le gardent* » (HUGO). *Un traîneur de rapière, de sabre :* un soudard.

RAPIN [ʀapɛ̃]. *n. m.* (1832 ; o. i.). *Vx.* Jeune élève, apprenti dans un atelier de peinture. « *Le jeune peintre s'appelle rapin* » (HUGO). ◇ *Par ext. et péj.* Artiste peintre. « *D'illustres ou d'obscurs rapins* » (BAUDEL.). *Le chapeau, la lavallière, la pipe du rapin 1900.*

RAPINE [ʀapin]. *n. f.* (v. 1180 ; lat. *rapina*, de *rapere* « prendre »). *Littér.* ♦ 1° Action de ravir, de prendre par violence. V. Enlèvement. *Le penchant du loup* « *pour la rapine et la destruction* » (BUFF.). ◇ Vol, pillage. *Rapines des soldats en campagne.* V. Maraude. *Les vols et les rapines des fermiers généraux.* (V. Concussion). ♦ 2° (XVᵉ). Ce qui est pris par la rapine. « *Il y avait là les rapines de plusieurs siècles* » (MICHELET). V. Rapinerie.

RAPINER [ʀapine]. *v. tr. et intr.* (v. 1250 ; de *rapine*). *Vieilli.* Pratiquer la rapine. *Il rapinait de tous côtés.*

RAPINERIE [ʀapinʀi]. *n. f.* (v. 1720 ; de *rapine*). *Vieilli.* Acte de rapine. « *Les rapineries l'avaient enrichi.* » V. Rapine.

RAPLATIR [ʀaplatiʀ]. *v. tr.* (v. 1450, « aplatir » ; repris XIXᵉ ; de *re-*, et *aplatir*). Rendre de nouveau plat ou plus plat. *Fig. et fam. Être tout raplati ;* plus cour. RAPLAPLA [ʀaplapla] (*invar.*), être fatigué, mou, sans force, être « à plat ». « *Partager les rentes et le pieu* (lit) *d'un retraité raplapla* » (QUENEAU).

RAPOINTIR [ʀapwɛ̃tiʀ]. *v. tr.* (*Rappointir*, 1846 ; *rappointir* « aiguiser », 1481 ; de *re-*, et *appointir* [2]). *Techn.* Refaire la pointe de. V. Appointer. *Rapointir une alène.* ◇ ANT. Émousser, épointer.

RAPPAREILLER [ʀapaʀeje]. *v. tr.* (XIIIᵉ ; de *re-*, et *appareiller*). *Rare.* Remettre (une chose) avec sa pareille ou ses pareilles (V. Appareiller 2). ◇ ANT. Dépareiller.

RAPPARIEMENT [ʀapaʀimɑ̃]. *n. m.* (1803 ; de *rapparier*). *Rare.* Action de rapparier ; son résultat.

RAPPARIER [ʀapaʀje]. *v. tr.* (1690 ; de *re-*, et *apparier*). *Rare.* Remettre (une chose) avec sa pareille, pour reformer une paire. — *Spécial.* [1835] (Pour reformer un couple d'animaux). *Rapparier des pigeons.* V. Apparier. ◇ ANT. Déparier.

RAPPEL [ʀapɛl]. *n. m.* (XIVᵉ, d'un banni ; *rapiau* « révocation », 1246 ; de *rappeler*). ♦ 1° Action d'appeler pour faire revenir. *Rappel d'un banni, d'un exilé. Lettres de rappel,* par lesquelles un gouvernement signifie son rappel à un agent diplomatique. — *Rappel de réservistes* (sous les drapeaux). V. Mobilisation. ◇ *Spécial.* Batterie de tambour, sonnerie de clairon par laquelle on rappelle les soldats pour les réunir. *Battre le rappel ; fig.* Essayer de rassembler les choses, réunir les gens nécessaires. « *Vainement il battit le rappel de ses souvenirs* » (GAUTIER). — (1875) Applaudissements par lesquels on rappelle un comédien, un musicien, une troupe à la fin d'une représentation pour les acclamer. « *J'ai cru qu'ils nous garderaient, ce soir !... En voilà des raseurs, avec leurs rappels !* » (ZOLA). ◇ Cri par lequel certains animaux s'appellent pour se rassembler. ♦ 2° RAPPEL À : action de faire revenir qqn à. *Rappel à l'ordre,* avertissement donné à celui qui compromet le bon ordre des délibérations en enfreignant le règlement. *Rappel à la raison.* « *Ce brusque rappel aux réalités décevantes du lendemain* » (FROMENTIN). ♦ 3° Action de faire revenir (qqch.) ; action d'évoquer. V. Évocation. *Il rougit au rappel de cette aventure passée.* — Action de faire penser de nouveau à. *Signal de rappel de limitation de vitesse.* ◇ *Répétition qui renvoie à une même chose. Un rappel de* *couleur dans une toilette.* « *Il accumule... les rappels, les reprises de mots* » (PÉGUY). *Vaccination de rappel.* ♦ 4° Spécialt. (1869). Paiement d'une portion d'appointements ou d'arrérages restée en suspens. ♦ 5° Techn. Le fait de ramener à sa position première. Cour. *Vis, ressort de rappel.* Mécan. *Couple, force de rappel,* qui tend à ramener (un système mécanique) à sa position d'équilibre. ◇ *Alpin.* et *cour.* Le fait de ramener à soi, en la faisant glisser, la corde que l'on avait assujettie pour descendre. *Descente en rappel :* procédé de descente des passages abrupts au moyen d'une corde qui peut être rappelée. ◇ *Mar.* Position de l'équipage d'un dériveur sur le plat-bord au vent pour compenser la gîte. *Se mettre au rappel, faire du rappel.* ◈ ANT. *Bannissement, exil, renvoi, oubli.*

RAPPELÉ, ÉE [ʀaple]. *adj.* (1669 ; V. Rappeler). Qu'on fait revenir ou qu'on révoque pour raisons diplomatiques. *Ambassadeur rappelé.* ◇ Appelé de nouveau sous les drapeaux. *Soldats rappelés,* et subst. *Des rappelés.* V. Mobilisé. « *Qui pense au drame des rappelés, à la solitude des Français d'Algérie ?* » (CAMUS).

RAPPELER [ʀaple]. *v. tr.;* conjug. *appeler (Rapeler,* 1080 ; de *re-,* et *appeler).*
I. ♦ 1° Appeler pour faire revenir. *Rappeler son chien en le sifflant.* « *Des milliers de moutons, rappelés par le berger* » (DAUD.). — Absolt. *(Chasse)* S'appeler. « *Tandis que les perdrix rappellent sous le couvert* » (CLAUDEL). ◇ *Par ext.* Faire revenir ou tenter de faire revenir. *On l'a rappelé auprès de sa mère malade.* ◇ *Spécialt.* (V. **Rappel,** 1°) *Rappeler un ambassadeur, un agent diplomatique. Rappeler un acteur en l'applaudissant. Rappeler des réservistes sous les drapeaux.* V. **Mobiliser.** « *Rappelé de Jersey après cinq ans d'exil* » (GIRAUDOUX). — Loc. *Dieu l'a rappelé à lui* (euphém.) : il est mort. ♦ 2° *Fig.* RAPPELER (qqn) à. *Rappeler qqn à la vie* : le faire revenir d'un évanouissement, et *par ext.* lui redonner des raisons de vivre. — *Rappeler qqn au devoir,* à *l'obéissance, au sentiment du devoir,* le faire revenir à. ◇ *Rappeler aux bienséances, aux convenances, à la raison. Il s'est fait rappeler à l'ordre,* on lui a enjoint de cesser d'enfreindre les règles. ♦ 3° Appeler de nouveau. *Téléphonez vers sept heures, si je ne suis pas encore rentré vous pourrez me rappeler plus tard.* ♦ 4° Faire revenir (une chose) à sa position initiale ou vers soi. *Rappeler la corde en tirant dessus. Ressort qui rappelle une pièce.* ♦ 5° Faire renaître, revivre (une qualité, un sentiment, etc.). « *Rappelant ma force défaillante* » (RAC.). « *L'aspect des lieux aimés rappelle en moi le sentiment des choses passées* » (NERVAL). Faire revenir à la conscience. « *Je rappelai à moi le peu que je savais* » (VALÉRY). ♦ 6° Faire souvenir de. *Faut-il rappeler que...* V. **Redire.** *Rappeler à qqn des paroles qu'il a oubliées.* V. **Remémorer.** « *Le directeur avait coutume de rappeler leurs devoirs à tous ses subordonnés* » (DUHAM.). *Je ne rappellerai pas quels services il a rendus.* — *Rappelez-moi au bon souvenir de Madame votre mère* (formule de politesse). ♦ 7° (Sujet de chose). Faire venir à l'esprit par association d'idées. V. **Évoquer.** *Les excuses rappellent la faute.* « *Il fuit avec terreur les lieux et les visages qui lui rappellent sa vie passée* » (MAURIAC). *Cela me rappelle qqch. Cela ne vous rappelle rien ?* ◇ Ressembler à. « *Un haut aqueduc... me rappelait un ouvrage de Rome* » (CHATEAUB.). — *Rappeler qqn ou qqch. par un caractère, une qualité.* « *Il me rappelait toi à cet âge-là* » (DAUD.).
II. SE RAPPELER. *v. pron.* ♦ 1° (1839). Rappeler (un souvenir) à sa mémoire, avoir présent à l'esprit. V. **Souvenir** (se) ; **remémorer** (se). *Se rappeler mot à mot un entretien.* « *Un nom qu'on cherche à se rappeler à la place duquel on ne trouve que du néant* » (PROUST). « *Une figure difficile à oublier, et que je me rappelle encore* » (ROUSS.). *Je ne me rappelle plus rien* : j'ai oublié. *Rappelez-vous qu'on vous attend.* N'en *se rappelait plus où il avait caché ses papiers* » (ZOLA). « *Ils se rappelaient combien la guerre avait développé en eux et autour d'eux les mauvais instincts* » (BARBUSSE). *Elle s'est rappelé avoir pleuré en cette occasion.* ◈ REM. Par anal. avec *Se souvenir de,* la construction *se rappeler de...* est apparue à la fin du XVIII° s. Bien que très répandue, elle est considérée par les grammairiens comme incorrecte. ♦ 2° V. réfl. *Se rappeler à...* : faire souvenir de soi. *Se rappeler à qqn, au bon souvenir de qqn.*
◈ ANT. *Bannir, chasser, exiler, oublier.*

RAPPLIQUER [ʀaplike]. *v.* (1675 ; de *re-,* et *appliquer).* ♦ 1° V. tr. Rare. Appliquer de nouveau. ♦ 2° *V. intr.* (1835). Pop. Revenir ; venir, arriver. *Le voilà qui rapplique.* « *Les filles n'auront qu'à rappliquer chez nous* » (COCTEAU). — Pronom. (1935) *Se rappliquer.* V. **Ramener** (se). ◈ ANT. *Décaniller, tirer* (se).

RAPPOINTIS [ʀapwɛti]. *n. m.* (1836 ; « menus ouvrages de menuiserie », 1765 ; de *re-,* et *pointe).* Techn. Pointe à large tête qui sert à retenir un enduit (plâtre,...) recouvrant une paroi de bois.

RAPPORT [ʀapɔʀ]. *n. m. (Raipor,* 1214 ; de *rapporter).*
I. Action de rapporter. ♦ 1° Action de raconter, d'exposer à qqn ce qu'on a vu, entendu ; ce que l'on rapporte. V. **Récit, relation, témoignage.** « *Les querelles que causent les rapports indiscrets* » (PASC.) *Spécialt.* Renseignement indiscret. V. **Dénonciation, indiscrétion.** « *Nous l'avons suivi ce matin sur le rapport d'un valet qui nous dit qu'il sortait à cheval* » (MOL.). ◇ Compte rendu plus ou moins officiel. V. **Compte** (II). *Faire un rapport écrit, oral, sur une question. Rapport d'arbitre, d'expert, de juge. Rapport de mer,* rédigé par le capitaine sur les circonstances du voyage. « *Patauger en une pleine mer de rapports administratifs accumulés les uns sur les autres* » (COURTELINE). *Rapport confidentiel, secret. Rapport de police. Rapport de médecin légiste. Personne chargée d'un rapport.* V. **Rapporteur.** ◇ *Milit.* Compte rendu des événements du jour, des détails du service — *Par ext.* Réunion des hommes de troupe et de certains sous-officiers et officiers, pour la communication d'instructions, la distribution du courrier, la lecture des punitions. *Au rapport.* ♦ 2° (1690). Le fait d'apporter un, des profit(s). V. **Produit, rendement.** *Vivre du rapport d'une terre, d'un capital, d'actions. Rapport annuel. Terres en plein rapport :* en période d'exploitation et de rendement normal. *Être d'un grand, d'un bon, d'un meilleur rapport. Immeuble, maison de rapport,* dont le propriétaire tire profit par la location ; *par ext.* Immeuble urbain d'apparence bourgeoise. « *Une petite maison de rapport avec ses locataires* » (CÉLINE). ♦ 3° Adjonction d'une matière d'origine étrangère. *Terres de rapport :* prises en un endroit et transportées ailleurs. — *de rapport :* plaqué, rapporté. ♦ 4° *Dr.* Restitution ; action de rapporter un bien, une somme. — Dr. civ. *Rapport de biens à la masse,* avant un partage. *Rapport des donations, des libéralités,* effectué par un cohéritier *ab intestat. Rapport à succession.*
II. ♦ 1° (1690). Lien, relation que l'esprit constate entre plusieurs objets distincts. *Lié par un rapport.* V. **Relatif.** *Les « termes qui expriment les rapports des plus hautes classes de faits, c'est-à-dire les lois* » (MAINE de BIRAN). *Rapports de parenté* (V. **Filiation**). *Établir, percevoir les rapports entre...* « *Saisir les rapports éloignés* » (BUFF.). *Il n'y a aucun rapport :* ce sont des choses absolument indépendantes ou incomparables. ◇ *Spécialt.* Relation grammaticale entre les mots d'une phrase. ♦ 2° Relation de ressemblance ; traits, éléments communs. V. **Accord, affinité, analogie, parenté.** « *Balzac, avec lequel il* (Gavarni) *a plus d'un rapport* » (GAUTIER). *Avoir beaucoup de rapport avec qqch. Être sans rapport avec :* tout à fait différent de. ◇ Convenance, fait de bien aller avec, de s'adapter à. V. **Ajustement, conformité, harmonie.** « *Les Allemands ont plus de rapports naturels avec les Anglais qu'avec les Français* » (STAËL). « *L'agrément est un rapport secret des traits* » (LA ROCHEF.). — EN RAPPORT AVEC : qui correspond, convient à. « *Cherchez une place plus en rapport avec vos goûts* » (VALLÈS). ♦ 3° Relation de cause à effet. V. **Corrélation, dépendance.** « *Cette chaîne de rapports et de combinaisons* » (ROUSS.). *Établir le rapport entre deux choses, deux événements* (V. **Rattacher**). — *Avoir rapport à...* : avoir pour objet, être fait pour... ♦ 4° *Sc.* (Math., etc.). Quotient de deux grandeurs de même espèce. V. **Fraction, ratio.** *Rapport entre une grandeur et un étalon, une unité.* V. **Mesure.** *Dans le rapport de un à dix, de cent contre un.* — EN RAPPORT DE... : dans la mesure de. ◇ Mus. *Les rapports des consonances. Rapport enharmonique* (ex. : si bémol — la dièse). ◇ Bx-arts. « *Rapports des lignes et des volumes* » (R. HUYGHE). *Être en rapport de symétrie.* ♦ 5° (1690). PAR RAPPORT À... *(loc. prép.)* : pour ce qui regarde... V. **Relativement** (à). *Agressivité par rapport à qqn.* V. **Envers.** — (En parlant de positions relatives) « *Les positions de deux objets par rapport à des axes* » (POINCARÉ). — En comparant avec, en établissant un rapport quantitatif entre. *Considérer une grandeur par rapport à une autre.* V. **Fonction** (en). ♦ 6° RAPPORT À... Pop. En ce qui concerne, à propos de... V. **Concernant.** — À cause de... *Il* « *tourne autour de ma jupe, rapport à mes rentes* » (BALZ.). ♦ 7° (XVIII°). SOUS LE RAPPORT DE... *Considérer une chose sous tel ou tel rapport :* par tel ou tel côté, à tel ou tel égard. V. **Aspect.** « *Ce serait même une belle question à étudier, tant sous le rapport pathologique que sous le rapport physiologique* » (FLAUB.). *Sous tous les rapports :* à tous égards.
III. ♦ 1° (1846 ; surtout *plur.*). Relation entre des personnes. V. **Commerce, relation.** « *Les illusions sont aussi innombrables que les rapports des hommes entre eux* » (BAUDEL.). *Rapports sociaux, de la vie sociale. Avoir des rapports tendus avec qqn. Entretenir de bons rapports. Rapports d'affaires.* « *Dans mes rapports avec les gens, je suis très moqueur* » (LÉAUTAUD). *Être, se mettre en rapport avec qqn.* V. **Aboucher** (s'). ◇ Spécialt. *Rapports sexuels.* Absolt. (déb. XIX°) *Avoir des rapports avec une femme.* ♦ 2° Relation avec des collectivités. « *La question si difficile des rapports entre l'individu et l'État* » (VALÉRY). — *Rapports entre États, entre peuples. Les rapports franco-allemands.* ♦ 3° Fig. « *Un art qui entretient avec la magie des rapports étroits* » (BRETON).
◈ ANT. *Disproportion.*

RAPPORTABLE [ʀapɔʀtabl(ə)]. *adj.* (XVIᵉ; de *rapporter*). Qui doit, qui peut être rapporté (I, 2°, 4°, 6°) ou rapporté à... (II).

RAPPORTAGE [ʀapɔʀtaʒ]. *n. m.* (1866; de *rapporter*). *Fam.* (dans le langage des écoliers). Action de rapporter (I, 6°), de dénoncer. V. **Mouchardage.**

RAPPORTÉ, ÉE [ʀapɔʀte]. *adj.* (1549, cout. V. **Rapporter,** I, 4°). Qui a été ajouté pour compléter. *Terres rapportées* (ou de rapport). *Éléments rapportés.* — *Spécialt.* Cout. *Veste à basques, à poches rapportées. Pièce* rapportée* (fig. et fam.) : personne alliée à une famille (*péj.*).

RAPPORTER [ʀapɔʀte]. *v. tr.* (1180; de *re-*, et *apporter*, de *porter*).
I. ♦ 1° Porter de nouveau à qqn. « *Emportant les bocks vides et les rapportant pleins de mousse* » (MAUPASS.). ♦ 2° Apporter (une chose qui avait été déplacée) à l'endroit où elle était. V. **Remettre** (à sa place). *Rapporter ce qu'on a pris, emprunté.* V. **Rendre.** ♦ 3° (1590). Apporter (qqch.) d'un lieu en revenant, en s'en retournant (V. **Ramener**). *Rapporter des cigares de Suisse.* « *Ils nous rapportaient pour le repas de midi quelques crabes ou quelques anguilles de mer* » (LAMART.). *Rapporter une réponse.* — Par métaph. « *Elle n'en avait rapporté* (de Paris) *qu'une sensation d'étourdissement et de fièvre* » (GREEN). ◇ *Spécialt. Chien qui rapporte le gibier abattu.* Absolt. *Chien dressé à rapporter.* ♦ 4° Apporter (une chose) pour compléter, parfaire qqch. V. **Ajouter.** *Rapporter des terres.* ◇ Joindre en appliquant contre... ou sur... — Cout. Coudre (une pièce séparée) sur une autre. *Rapporter un biais, une poche.* — Géom. *Rapporter un angle :* le tracer sur le papier après mesure sur l'objet. ♦ 5° (XVIᵉ). Donner comme produit, comme gain, comme bénéfice. *Rapporter un revenu. Le métier que j'ai à présent « ne me rapporte presque rien* » (GREEN). — Absolt. *Champ qui rapporte.* V. **Fructifier.** « *La guerre rapporte plus que le comptoir* » (BENDA). « *Votre argent vous rapporterait autant* » (MAUROIS). ♦ 6° (Mil. XIIIᵉ). Venir dire, répéter (ce qu'on a appris, entendu). « *Le récit que je rapporte ici mot pour mot* » (FRANCE). *Rapporter des on-dit. On m'a rapporté que ses affaires allaient mal.* — *Citer, rapporter un mot célèbre, un exemple. L'histoire ne rapporte aucun exemple semblable.* ◇ *Spécialt.* Répéter par indiscrétion, par malice, une chose de nature à nuire à qqn. *Espionner qqn pour rapporter ses actions.* — Absolt. et *fam.* V. **Dénoncer;** et *fam.* **Cafarder, moucharder.** « *On m'a appris qu'il ne fallait pas « rapporter* » (VALLÈS).
II. (XVIᵉ). RAPPORTER... À : rattacher (une chose) à une autre, par une relation logique. V. **Attribuer.** *Rapporter un événement à une certaine époque.* V. **Situer.** « *Rien n'est inutile quand on sait le rapporter à sa fin* » (RENAN). *Rapporter tout à soi.* V. **Ramener.** ◇ Établir un rapport numérique. *Rapporter des mesures à une certaine échelle.*
III. Dr. V. **Abroger, annuler.** *Rapporter un décret, une nomination, une mesure.*
IV. SE RAPPORTER. *v. pron.* ♦ 1° Vx. Avoir un rapport de conformité ou de ressemblance avec ; aller avec ou ressembler à. « *Si votre ramage se rapportait à votre plumage...* » (LA FONT.). ♦ 2° *Mod.* Avoir rapport à..., être en relation logique avec. V. **Concerner, correspondre** (à). « *Il appelait au secours d'une situation donnée tous les souvenirs qui s'y rapportent* » (BERGSON). *La réponse ne se rapporte pas à la question.* V. **Cadrer** (avec). ♦ 3° (XVIᵉ). *Se rapporter à qqn de qqch. :* lui faire confiance pour décider, pour juger ou pour agir. V. **Remettre** (s'en). *Je m'en rapporte à vous. S'en rapporter à l'arbitrage, au jugement de qqn.*
◇ ANT. *Emporter, enlever, renvoyer; garder; taire. Opposer. Confirmer.*

RAPPORTEUR, EUSE [ʀapɔʀtœʀ, øz]. *n.* et *adj.* (*Raporteux,* 1282; de *rapporter*). ♦ 1° Personne qui, par indiscrétion, ou pour nuire, répète, rapporte (I, 6°) ce qu'il conviendrait de taire. V. **Mouchard.** — Adj. *Elle est rapporteuse et sournoise.* ♦ 2° N. m. (*Rapporteur,* XIVᵉ). Celui qui rend compte d'un procès au tribunal, d'un projet de loi devant une assemblée ; celui qui rédige ou expose un rapport devant une commission. *Désigner un rapporteur.* — Par appos. *Juge rapporteur.* ♦ 3° N. m. Géom. (1843). Instrument en forme de demi-cercle, à périmètre gradué, pour mesurer les angles ou construire (rapporter) un angle d'une mesure donnée. *Acheter un compas et un rapporteur.* ◇ ANT. (du 1°) *Discret.*

RAPPRENDRE (*vieilli*) [ʀapʀɑ̃dʀ(ə)] ou **RÉAPPREN-DRE** [ʀeapʀɑ̃dʀ(ə)]. *v. tr.;* conjug. V. **Prendre** (h. XIIIᵉ; 1549,-1875; de *re-*, et *apprendre*). Apprendre de nouveau. *Rapprendre sa leçon.*

RAPPRÊTER [ʀapʀɛte]. *v. tr.* (1718; *se rapprester* « s'apprêter à », XIIIᵉ; de *re-*, et *apprêter*). *Techn.* Donner un second apprêt à (une étoffe).

RAPPROCHÉ, ÉE [ʀapʀɔʃe]. *adj.* (XVIᵉ; V. **Rapprocher**). Proche, voisin. « *Dans la croisée la plus rapprochée de la porte* » (BALZ.). — Fig. « *Langue simple et familière, aussi rapprochée du ton de la conversation que le permettrait le*

souci d'écrire correctement » (SEIGNOBOS). ◇ ANT. *Distant, éloigné.*

RAPPROCHEMENT [ʀapʀɔʃmɑ̃]. *n. m.* (XVᵉ; de *rapprocher*). ♦ 1° Action de rapprocher, de se rapprocher. « *Son corps touchant alors contre mon bras dans le rapprochement de la voiture* » (BARBEY). ♦ 2° Établissement ou rétablissement d'un contact, de relations plus cordiales. *Essayer de concilier les parties en vue d'un rapprochement.* V. **Accommodement.** « *Aussitôt qu'il eut compris que la rupture était évitée, il vit tous les inconvénients d'un rapprochement* » (PROUST). *Rapprochement franco-allemand.* ♦ 3° Action d'associer ou de combiner en vertu d'analogies ou de rapports. *Rapprochement de mots.* V. **Alliance.** « *L'image ne peut naître d'une comparaison mais du rapprochement de deux réalités plus ou moins éloignées* » (REVERDY). *Le rapprochement de ces deux textes est éloquent.* ◇ Relation perçue entre deux faits qui paraissaient appartenir à des séries distinctes (V. **Rapport**). « *Des rapprochements qui coïncident logiquement finissent par construire quelque chose qui ressemble à l'évidence* » (HUGO). *Je n'avais pas fait le rapprochement entre ces deux événements.* ◇ ANT. *Éloignement; dissociation.*

RAPPROCHER [ʀapʀɔʃe]. *v. tr.* (XVIᵉ; de *re-*, et *approcher*).
I. ♦ 1° Mettre plus près de qqn, de qqch. *Rapprochez votre siège, je vous entends mal.* « *Un nageur un peu égaré que le courant rapproche de la côte* » (ROMAINS). *Rapprocher deux objets l'un de l'autre.* ◇ Par ext. Faire paraître plus proche. *Lunettes qui rapprochent.* ♦ 2° Faire approcher d'un temps, d'un état à venir. *Chaque jour nous rapproche de la mort.* « *Chaque geste le rapprochait du moment pathétique* » (ROMAINS). — Faire arriver plus tôt. *Rapprocher une échéance.* ♦ 3° Disposer (des personnes) à des rapports amicaux. *Le besoin rapproche les hommes.* Absolt. « *Rien ne rapproche comme la haine* » (JOUHANDEAU). ♦ 4° Mettre ensemble par la pensée. *Hugo, par l'apposition « rapproche les aspects parfois antithétiques des choses* » (BRUNOT). *Choses à rapprocher de...* « *L'art doit être rapproché du jeu* » (GUIL-LAUME). V. **Assimiler.**
II. SE RAPPROCHER. *v. pron.* ♦ 1° Venir plus près. « *Elle s'éloigna, se rapprocha* » (MAUPASS.). *Se rapprocher les uns des autres. L'orage se rapproche.* ♦ 2° Devenir plus proche. « *Quand les points de chute* (des obus) *se rapprochaient* » (CHARDONNE). ♦ 3° Fig. En venir à des relations plus confiantes, plus affectueuses ; se réconcilier. « *M. Valenod pensa à se rapprocher des libéraux* » (STENDHAL). ♦ 4° Tendre à être plus près de (un but, un principe). *Se rapprocher de son idéal.* ♦ 5° *Se rapprocher de :* présenter une conformité, une analogie avec. « *Les plus détestables mensonges sont ceux qui se rapprochent le plus de la vérité* » (GIDE). ◇ Être comparé en raison de cette conformité, de cette analogie. « *Il y a trois grandes ou touchantes scènes de funérailles qui peuvent se rapprocher* » (STE-BEUVE). V. **Comparer** (se).
◇ ANT. *Disjoindre, dissocier, diviser, écarter, éloigner, sépa-rer; différencier, opposer. Diverger.*

RAPPROPRIER [ʀapʀɔpʀije]. *v. tr.* (1808; du lat. *pro-prius* « propre »). *Vx.* ou *région.* (Belgique, Nord, etc.). Nettoyer, rendre propre. V. **Approprier** 2.

RAPSODE. V. RHAPSODE.

RAPSODIE. V. RHAPSODIE.

RAPT [ʀapt]. *n. m.* (XIVᵉ; *rap,* mil. XIIᵉ; lat. *raptus,* de *rapere* « saisir, enlever »). Enlèvement illégal (d'une personne). *Rapt d'un enfant.* V. **Kidnapping** (ou kidnappage). « *Détournement de mineure, rapt, enlèvement !* » (FRANCE).

RAPTUS [ʀaptys]. *n. m.* (1883; mot lat.). *Psychiatr.* Impulsion violente et soudaine pouvant conduire un sujet délirant à commettre un acte grave (homicide, suicide, muti-lation). *Raptus anxieux, épileptique.*

RÂPURE [ʀapyʀ]. *n. f.* (1646; *rasure* « rafle de raisin », XIIIᵉ; de *râpe*). *Techn.* Ce qu'on enlève d'une substance qu'on travaille à la râpe (II). *Râpure de chêne, d'ivoire.*

RAQUER [ʀake]. *v. tr.* (1893, arg.; du dial. *raquer* « cra-cher »). *Pop.* Payer.

RAQUETTE [ʀakɛt]. *n. f.* (XVᵉ, jeu de paume; *rachete* « paume de la main », 1314; lat. médiév. *rasceta,* arabe *râhat, râhet* « paume de la main »). ♦ 1° Instrument de forme ovale adapté à un manche et permettant de lancer une balle, un volant. *Manche, cordes d'une raquette. Faire recorder une raquette. Raquette de tennis, de ping-pong.* — Par méton. *Une de nos meilleures raquettes,* un des meilleurs joueurs de tennis. *Loc. fig.* (1906). *Coup de raquette :* secousse. ♦ 2° (1557). Sorte de large semelle ovale qu'on adapte aux chaussures pour marcher dans la neige sans enfoncer. *Raquettes de montagnard.* « *Maintenant, raquettes aux pieds, il reprenait enfin le sentier de sa jeunesse* » (SAVARD). ◇ *Chasse.* Petit piège à détente. ♦ 3° Oponce (cactus). « *La raquette chargée de fleurs jaunes* » (BERNARD. de ST-P.). ◇ HOM. *Racket.*

RAQUETTEUR, EUSE [ʀakɛtœʀ, øz]. *n.* (1705; mot

canadien, de *raquette* 2º). Personne qui se déplace en raquettes, qui fait de la raquette. « *Saints des matins gelés sans soleil ni chaleur, vous les batteurs de neige, blancs et saints raquetteurs* » (SAVARD).

RARE [ʀɑ(a)ʀ]. adj. (1377; *rere* [adj. fém.], v. 1236; lat. *rarus*). ♦ 1º Qui se rencontre peu souvent, dont il existe peu d'exemplaires. *Objet rare. Pierres rares.* V. **Précieux**. *Plantes rares. Animaux rares.* « *Un petit marchand, qui ne possédait pas d'oiseaux rares* » (MALRAUX). Fig. *Oiseau* rare. — « *Ces plafonds... sont faits de bois rares* » (LOTI). *Timbres rares. Livres, éditions rares.* « *Une médaille rare qui n'est bonne à rien, un livre rare que personne n'a le courage de lire* » (VOLT.). — *Un sentiment rare :* peu commun (majoratif). Cf. *ci-dessous*, 3º. « *Rien n'est plus commun que ce nom* (d'ami). *Rien n'est plus rare que la chose* » (LA FONT.). *Mot, terme rare.* ◇ (Dans une situation, des circonstances données) « *La sécurité renait, la nourriture est moins rare* » (MICHELET). *La main-d'œuvre était rare.* « *Le papier était chez nous encore plus rare que l'argent* » (BALZ.). ◇ *Au plur.* Peu nombreux, en petit nombre. *De rares étoiles. À de rares exceptions près.* « *Elles étaient, ces lettres généreuses et bienfaisantes, assez rares* » (DUHAM.). *Les passants sont rares.* — *Un des rares... qui,* suivi du subj. « *Une des rares notes de l'abbé Calou qui ait directement trait à Hortense Voyod* » (MAURIAC). ◇ *Spécialt.* (Chim.) *Gaz rares :* les gaz inertes de l'atmosphère, présents en très petites quantités dans l'air ; *Terres rares :* les oxydes de métaux voisins du lanthane ; *abusiv.* Ces métaux : lanthane, lutécium, etc. ♦ 2º Qui se produit, arrive, se présente peu souvent ; peu fréquent. V. **Exceptionnel ; rarissime**. *Cas rares. Ces moments-là sont rares.* « *Cet emploi* [« *une ancêtre* »] *est rare* » (DANIEL-ROPS). *Vos visites se font rares.* « *En cette fin d'été, ses voyages étaient assez rares* » (DUHAM.). ◇ *Par ext. Devenir, se faire rare :* se manifester moins qu'avant (personnes). *Vous devenez bien rare :* on vous voit peu souvent. ◇ *Cela arrive, mais c'est rare.* « *Quand Javert riait, ce qui est rare et terrible* » (HUGO). *Il est rare de...* suivi de l'inf. *Il est rare, fort rare que...* suivi d'un subj. « *Il était rare qu'elle eût vraiment travaillé* » (MAUROIS). « *À table, il n'était pas rare qu'il fit des plaisanteries* » (TROYAT) : il en faisait souvent. ♦ 3º *(Avant le nom).* Peu commun, qui sort de l'ordinaire. V. **Extraordinaire, remarquable**. « *Tant de rares qualités* » (LA BRUY.). *D'une rare énergie. Exprimer avec un rare bonheur, une rare maîtrise.* « *Rare et fameux esprit, dont la fertile veine Ignore en écrivant le travail et la peine* » (BOIL.). ♦ 4º *Fam. Improbable. Ça n'aurait rien de rare. Ce serait bien rare qu'il ne puisse pas venir.* ♦ 5º *Vx* (Latinisme, sens primitif de l'adj. *rarus*). Peu serré, peu dense (V. **Raréfier**). « *Substance molle, rare et spongieuse* » (PARÉ). *L'air rare des hauts sommets.* V. **Raréfié**. ◇ *Mod. Chevelure, barbe rare,* peu fournie. V. **Clairsemé**. *Moustache rare.* « *Brouter une herbe rare* » (RENAN). ◇ ANT. *Abondant, commun, nombreux, ordinaire ; courant, fréquent ; dense, dru.*

RARÉFACTION [ʀaʀefaksjɔ̃]. n. f. (1370 ; lat. médiév. *rarefactio*). ♦ 1º Le fait de se raréfier ; diminution de la densité d'un gaz et augmentation de son volume. *Raréfaction de l'air en haute montagne.* — *Pathol. Raréfaction du tissu osseux :* ostéoporose. ♦ 2º (1872). Diminution dans la quantité de produits sur le marché. *Raréfaction des produits laitiers en temps de sécheresse. Raréfaction provoquée par des spéculateurs.* ◇ ANT. *Concentration ; abondance.*

RARÉFIABLE [ʀa(a)ʀefjabl(ə)]. adj. (1641 ; de *raréfier*). *Phys.* Susceptible d'être raréfié, de se raréfier (1º).

RARÉFIER [ʀa(a)ʀefje]. v. tr. (v. 1370 ; lat. *rarefieri*, passif de *rarefacere*). ♦ 1º *Phys.* Rendre rare (5º), moins dense (en augmentant le volume). *Raréfier l'air contenu dans un récipient avec une machine pneumatique, une pompe.* — Pronom. *Air qui se raréfie.* — Au p. p. *Atmosphère raréfiée. Gaz raréfié :* gaz sous une très faible pression. ♦ 2º (1875). Rendre rare (1º et 2º). « *Les proies sont toujours rares ; parce que la faim des autres les raréfie* » (ROMAINS). — Pronom. *Devenir plus rare, moins fréquent. L'argent s'est raréfié pendant cette crise.*

RAREMENT [ʀa(a)ʀmã]. adv. (v. 1600 ; *relment*, 1170 ; *rerement*, 1190 ; de *rare*). Peu souvent. « *Cette ivresse de l'âme... qu'on éprouve si rarement* » (LACLOS). « *La raison habite rarement les âmes communes et bien plus rarement encore les grands esprits* » (FRANCE). ◇ *Littér.* (En tête d'une proposition et entraînant l'inversion du sujet) « *Si nous voulions être toujours sages, rarement aurions-nous besoin d'être vertueux* » (ROUSS.). ◇ ANT. *Communément, couramment, fréquemment, souvent.*

RARESCENT, ENTE [ʀa(a)ʀesã, ãt]. adj. (1842 ; lat. *rarescens*, de *rarescere* « se raréfier »). *Didact.* Qui se raréfie.

RARETÉ [ʀa(a)ʀte]. n. f. (1611 ; *rareté* « caractère de ce qui est rare [5º], diffus », 1314 ; lat. *raritas*). ♦ 1º Qualité de ce qui est rare (1º), peu commun. *Édition de la plus grande rareté. Rareté des denrées, du numéraire.* V. **Disette, manque, pénurie**. « *Revêtues de lampas... d'une exquise rareté* » (GAU-

TIER). — *Rareté d'un terme, d'une image.* ◇ *Écon.* « *Insuffisance de la quantité existante, par rapport à la quantité demandée* » (Ch. GIDE). *De la rareté relative dépend la notion de valeur.* ♦ 2º *Une, des rareté(s) :* objet rare, curieux. « *Des étagères pleines de curiosités, de raretés* » (BALZ.). ♦ 3º *Caractère de ce qui est rare* (2º), se produit, arrive peu souvent. « *Tu te plains... de la rareté de mes lettres* » (GAUTIER). ◇ ANT. *Abondance, profusion ; fréquence.*

RARISSIME [ʀa(a)ʀisim]. adj. (1544 ; it. *rarissimo*, lat. *rarissimus*, de *rarus* « rare »). Extrêmement rare. *Livre, pièce rarissime.* « *L'Algérie..., offre l'exemple rarissime de populations différentes imbriquées sur le même territoire* » (CAMUS). *Cela peut arriver, mais c'est rarissime.* ◇ ANT. *Fréquent.*

1. RAS [ʀɑ]. n. m. *(Rat, 1630 ; lat. ratis).* *Mar.* Radeau servant à la réparation d'un bâtiment près de la flottaison. ◇ HOM. *Ras* (adj.), *raz*.

2. RAS [ʀas]. n. m. (1683 ; *eras*, 1614 ; *arraze*, 1556 ; mot arabe). Chef éthiopien.

RAS, RASE [ʀɑ, ʀɑz]. adj. (1191, sens 3º ; lat. *rasus* de *radere* « raser » ; Cf. *Rez*). Se dit d'une surface de laquelle rien ne dépasse. ♦ 1º (Fin XIIIᵉ). Tondu. — *Vieilli.* Coupé tout contre la peau. V. **Rasé**. *Barbe rase, tête rase.* ◇ *Mod.* (1549) Dont le poil est coupé près de la racine. *Les cheveux ras.* — Dont le poil est naturellement très court. *Le poulain, fourrure à poil ras* — *Tapis, velours à poil ras. Étoffe rase.* ◇ Qui s'élève peu au-dessus du sol (en parlant de la végétation). « *Une prairie à l'herbe à la fois rase et drue* » (GIDE). ◇ *Adv. Très court. Cheveux coupés ras.* « *Elle a les ongles taillés ras* » (COLETTE). ♦ 2º (Dans des express.). Plat et uni. V. **Égal**. — RASE CAMPAGNE : terrain découvert. *Se rendre, capituler en rase campagne.* ◇ *Mar. Bâtiment ras,* sans mâts. ◇ *Loc. philo.* TABLE RASE *(Table rese,* 1314 ; lat. *tabula rasa* « tablette de cire vierge, sans inscription », métaph. employée par Aristote pour représenter l'âme à la naissance) : expression figurée appliquée à l'âme, à l'esprit. *Faire table rase de...,* écarter, rejeter toutes les idées, opinions, notions, conceptions... précédemment admises. « *L'idéalisme cartésien faisait table rase du monde des qualités sensibles* » (BRUNSCHVICG). ♦ 3º (1191). Rempli jusqu'au niveau des bords. *Mesure rase.* — *Loc.* À RAS BORDS : jusqu'aux bords. ◇ *Mar. Navire ras d'eau,* navire très chargé dont le pont est près du niveau des eaux. ♦ 4º (XVIIIᵉ). *Loc. prép.* À RAS, AU RAS DE : au plus près de la surface de, au même niveau. *Au ras des eaux, du sol. À ras de terre. Yacht à ras de quai.* — *Loc. adv. À ras.* Coupé à ras. ◇ *Ras du cou (ras de cou, ras le cou),* se dit d'un vêtement dont l'encolure s'arrête à la naissance du cou. *Une robe, un pull-over ras du cou.* — Subst. *Un ras-le-cou.* ♦ 5º (Adv.). *Loc. fam.* En avoir *ras le bol.* V. **Bol**. (Cf. Plein les bottes*). *Le ras-le-bol :* le fait d'en avoir assez ; dégoût. « *Une vieille expression déjà bien usée : le 'ras-le-bol'* » (*Nouv. Obs.,* 26-3-1973). ◇ HOM. *Ras* (1), *raz.*

RASADE [ʀazad]. n. f. (1670 ; de *ras,* adj.). Quantité de boisson servie à ras bords. *Rasade de vin, de bière. Se verser, boire une grande rasade.*

RASAGE [ʀazaʒ]. n. m. (1797 ; *pierres à rasaige* « destinées à mettre à ras, de niveau », 1467 ; de *raser*). ♦ 1º *Techn.* Opération par laquelle on rase et égalise les fibres, les poils qui dépassent d'une étoffe (velours, peluche, etc.). ♦ 2º (1875). Action de raser, de faire la barbe. *Un rasage de très près. Lotion après-rasage.* Cf. L'anglicisme *After-shave.*

RASANCE [ʀazãs]. n. f. (1940, « qualité de ce qui est rasant » ; de *rasant*). *Milit.* Rapport entre la hauteur de la trajectoire et celle de l'objectif. V. **Rasant** (tir).

RASANT, ANTE [ʀazã, ãt]. adj. (1270, « qui est au ras de » ; de *raser*). ♦ 1º (XVIIᵉ). *Milit.* Qui est à ras de terre. *Fortifications rasantes.* ♦ 2º Qui rase (III), passe tout près. *Lumière rasante.* — *Tir rasant,* dont la trajectoire est tendue et d'une hauteur voisine de celle de l'objectif. ♦ 3º (1875). *Fam.* Qui ennuie. V. **Barbant, ennuyeux, rasoir**. *Un discours, un auteur rasant.* « *C'est rasant... J'en ai soupé, de la poésie* » (MIRBEAU).

RASCASSE [ʀaskas]. n. f. (1554 ; prov. *rascasso,* de *rasco* « teigne »). Nom courant de la scorpène, poisson à grosse tête hérissée d'épines. *Soupe, bouillabaisse à la rascasse.*

RASÉ, ÉE [ʀaze]. adj. (XVIᵉ ; *tout rasé* « à ras », XIIᵉ. V. **Raser**). ♦ 1º Coupé à ras. *Poils, cheveux rasés.* « *Sa face olivâtre où la barbe mal rasée mettait des plaques bleues* » (SARTRE). ♦ 2º (XVIIIᵉ). Dont le poil est coupé à ras. « *Des enfants, la tête rasée jusqu'à la peau* » (MAC ORLAN). — Spécialt. *Être rasé, bien rasé :* avoir la figure rasée, la barbe faite. *Rasé de près.* ◇ ANT. *Barbu, chevelu, poilu.*

RASE-MOTTES [ʀazmɔt]. n. m. (1932 ; de *raser,* et *motte* « élévation de terrain »). *Vol en rase-mottes,* très près du sol. *Faire du rase-mottes, un rase-mottes :* un tel vol. Métaph. « *Sans vraiment planer..., je m'élevais au-dessus du sol, je faisais du rase-mottes* » (CAMUS).

RASE-PET [ʀɑzpɛ]. *n. m.* (XXᵉ; de *raser*, et *pet*). *Vx.* Manteau d'homme très court.

RASER [ʀɑze]. *v. tr.* (1130; lat. pop. °*rasare*, class. *radere* « tondre, raser la barbe »).
I. ♦ 1º Couper (le poil) au ras de la peau. V. **Tondre**. *Raser la barbe, les cheveux de qqn. Par ext.* Couper le poil au ras de. *Raser les joues, le menton de qqn.* « *Les bons musulmans se font gravement raser la tête* » (LOTI). *Crème à raser*, que l'on passe sur la peau avant le rasoir. — *Techn. Raser le drap, le velours.* ◇ Dépouiller (qqn) de son poil en le rasant. *Raser qqn.* — *Spécialt.* Couper à ras les cheveux ou la barbe de (qqn). *Raser un condamné; un prêtre.* V. **Tonsurer**. *Coiffeur qui rase un client.* « *Ici l'on rasera gratis demain* » (GAUTIER). — Pronom. *Se raser,* se faire la barbe. ♦ 2º Couper à ras (une plante). — Par ext. « *On brûlait sa chaumière, on rasait son champ* » (ZOLA). ♦ 3º (1851). *Fam.* Ennuyer, fatiguer (*spécialt.* par des propos oiseux). V. **Assommer, barber, barbifier.** « *Le digne homme n'imagine pas combien il peut raser les élèves* » (GIDE). *Ça me rase d'aller les voir.* — Pronom. (déb. XXᵉ) *Se raser,* s'ennuyer. « *Comme vous devez vous raser! Vous ne trouvez pas qu'on se bêtifie à rester... sur la plage* » (PROUST).
II. ♦ 1º (1382). Abattre à ras de terre. *Raser un bâtiment, une fortification, une muraille.* V. **Démanteler, démolir, détruire.** *Tout le quartier a été rasé par un bombardement. Raser un navire, en abattre les mâts.* ♦ 2º (1606). *Techn.* Mettre à ras, de niveau. *Raser une mesure à grains,* en ôter le trop-plein afin que le grain ne dépasse pas le niveau des bords. V. **Rader** (étym.). ◇ Mettre au niveau du sol, sans remblais ni tranchées (une route, une voie de chemin de fer). ♦ 3º *Chasse. Bête qui rase les oreilles,* qui les rabat. — Pronom. *Bête qui se rase,* qui se tapit contre terre.
III. (1611). Passer très près de (qqch.). « *D'abord un bruit léger rasant le sol comme l'hirondelle avant l'orage* » (BEAUMARCH.). *Raser les murs pour n'être pas vu.* « *Un épervier passa. Il rasait l'herbe et il remontait en criant* » (GIONO). *Véhicule qui rase un piéton.* V. **Frôler.** *L'avion rase le sol* (V. **Rase-mottes**). *Balle qui rase le filet.*
◇ ANT. **Intéresser. Élever.**

RASETTE [ʀɑzɛt]. *n. f.* (*Razette*, 1396; de *raser*). *Techn.* Outil agricole, petit soc qu'on fixe en avant du coutre d'une charrue, et qui sert à couper les mauvaises herbes.

RASEUR, EUSE [ʀɑzœʀ, øz]. *n.* (XIXᵉ; « qui rase le poil », adj., v. 1380; de *raser*). ♦ 1º *N. m.* (1858). *Techn.* Ouvrier qui fait le rasage des étoffes; qui rase le poil des peaux et des cuirs. ♦ 2º (1853). *Fam.* Personne qui ennuie, fatigue par des propos interminables et oiseux. V. **Fâcheux.** « *Quelle raseuse! Tu ne veux pas laisser les autres dormir?* » (COCTEAU). — *Adj. Il est plutôt raseur!* V. **Rasant, rasoir.**

RASH [ʀaʃ]. *n. m.* (1875; mot angl.). *Méd.* Éruption cutanée transitoire, lors de maladies fébriles (ordinairement non éruptives).

RASIBUS [ʀɑzibys]. *adv.* (1398; de *ras,* adj.). *Pop.* À ras, tout près. « *Ma tête a passé, j'peux dire, entre les éclats; mais tout juste, rasibus, et ce morceau-là est passé ras pris* » (BARBUSSE).

RASOIR [ʀɑzwaʀ]. *n. m.* (v. 1240; *rasur,* 1170; lat. pop. *rasorium,* de *radere*). ♦ 1º Instrument à tranchant très fin servant à raser les poils du visage (barbe, moustache). *Rasoir pour se faire la barbe. Rasoir à main,* à lame rentrant dans le manche. *Le fil du rasoir. Pierre, cuir à rasoir.* « *Les maladroits qui n'osaient pas se servir du rasoir traditionnel* » (ROMAINS). — *Rasoir de sûreté, mécanique,* à lame mince amovible. *Paquet de lames de rasoir. Rasoir électrique* (à tondeuse rotative ou à va-et-vient). — « *Le feu du rasoir cernait ses lèvres épaisses* » (MAURIAC). *Coupure de rasoir. — Coupe de cheveux au rasoir* (à main). — *Coupant comme un rasoir, une lame de rasoir. — Coupé au rasoir,* aux contours très nets. ♦ 2º *Fig.* et *fam.* (1867; de *raser,* I, 3º). Personne qui rase, ennuie. V. **Raseur.** *Quel rasoir, ce type!* — *Adj.* Ennuyeux, assommant. *Elle est un peu rasoir.* « *Jouvelle était bien rasoir, à cause de sa réforme orthographique* » (LÉAUTAUD). ◇ ANT. (du 2º) **Intéressant.**

RASPOUTITSA [ʀasputitsa]. *n. f.* (1925; mot russe « chemin rompu »). *Géogr.* Période de dégel avec formation d'une couche de boue gluante.

RASSASIANT, ANTE [ʀasazjã, ãt]. *adj.* (1551; de *rassasier*). *Rare.* Qui rassasie. V. **Nourrissant.** *Un plat rassasiant.*

RASSASIÉ, ÉE [ʀasazje]. *adj.* (archaïs.; v. **Rassasier**). (XVIIIᵉ). Repu. *Des convives rassasiés, bourrés* (fam.). ◇ *Fig.* V. **Assouvi, comblé, saturé** (*fig.*), **soûl** (*fig.*). « *Il faut se maintenir en tel état qu'on ne puisse être jamais ni rassasié ni insatiable* » (JOUBERT). ◇ ANT. **Affamé, jeun** (à). **Assoiffé, avide.**

RASSASIEMENT [ʀasazimã]. *n. m.* (1538; *rassaisiement,* XIVᵉ; de *rassasier*). *Rare.* État d'une personne rassasiée; fait d'être rassasié (de qqch.). ◇ *Fig.* Satisfaction qui va jusqu'au dégoût, à la satiété. « *Du rassasiement des désirs peut naître... une sorte de désespoir* » (GIDE).

RASSASIER [ʀasazje]. *v. tr.* (1120; de *re-,* et a. fr. *assasier,* lat. médiév. *assatiare,* class. *satiare,* de *satis* « assez »). ♦ 1º Satisfaire entièrement la faim de (qqn). « *Je pense qu'il ne vous faut pas tout cela pour vous rassasier?* » (SAND). — Absolt. *Un plat qui rassasie.* — Pronom. *Se rassasier.* ♦ 2º *Fig.* (v. 1180). Satisfaire pleinement les désirs, les aspirations, les passions de (qqn). « *Heureux ceux qui ont faim et soif de justice, car ils seront rassasiés* » (BIBLE). « *Les grandes âmes sont toujours inquiètes... L'infini seul pourrait les rassasier* » (RENAN). V. **Combler.** « *Les rassasier de regarder ces deux créatures* » (LOTI). *Par ext.* (1672) *Rassasier sa vue, ses regards, ses yeux de...* V. **Assouvir.** ♦ 3º (1674). *Spécialt.* Satisfaire jusqu'au dégoût, à la lassitude. V. **Blaser.** *Je suis rassasié de vos mensonges.* ◇ ANT. **Affamer.**

RASSEMBLÉ, ÉE [ʀasãble]. *adj.* (v. **Rassembler**). Groupé avec; groupés ensemble. « *Au milieu des chefs rassemblés, entouré de leurs regards...* » (SÉGUR). ◇ ANT. **Épars.**

RASSEMBLEMENT [ʀasãbləmã]. *n. m.* (1426; de *rassembler*). ♦ 1º Action de rassembler des choses dispersées. *Rassemblement des documents, des matériaux nécessaires à une œuvre.* ♦ 2º Le fait de se rassembler, de se réunir pour former un groupe. *Le rassemblement des personnes convoquées.* Le groupe ainsi formé (généralement sur la voie publique). « *Un nombreux rassemblement s'arrêta sur le quai* » (VIGNY). *Disperser un rassemblement.* V. **Attroupement.** ♦ 3º Réunion des soldats, des éléments dispersés d'une troupe, exécutée au commandement ou à la sonnerie. ◇ Sonnerie de clairon ou de trompette par laquelle on ordonne cette manœuvre. *Faites sonner le rassemblement!* ♦ 4º Union pour une action commune. « *Ces rassemblements... derrière l'idée ou l'homme qui les suscitait pour un effort commun* » (LECOMTE). ◇ Nom donné à plusieurs partis politiques qui groupent divers éléments. ◇ ANT. **Dispersion.**

RASSEMBLER [ʀasãble]. *v. tr.* (*Rasambler,* XIIᵉ; de *re-,* et *assembler*).
I. ♦ 1º Assembler de nouveau (des personnes séparées). Faire venir au même endroit (des personnes). *Général qui rassemble ses troupes avant l'attaque.* V. **Concentrer, masser.** « *Le moment de souper est venu et les rassemble tous dans la cuisine* » (BARRÈS). V. **Réunir.** ◇ *Fig.* Recruter, réunir pour une action commune. « *C'est encore l'idéal qui rassemble les âmes autour d'un but commun* » (LIARD). V. **Grouper, rallier, unir.** ♦ 2º Mettre ensemble (des choses concrètes). *Rassembler des papiers épars.* « *Sous le titre Histoires extraordinaires, nous rassemblons divers contes* » (BAUDEL.). *Rassembler des matériaux pour une œuvre.* V. **Recueillir, réunir.** ♦ 3º Réunir (ses facultés, etc.). « *Elle ferma les yeux... et tenta de rassembler ses idées* » (GREEN). *Rassembler ses esprits :* reprendre sa lucidité, son sang-froid. — *Rassembler son courage :* faire appel à toutes les réserves de courage dont on dispose. ♦ 4º *Techn.* Remettre en place (les pièces d'un ensemble démonté). *Rassembler une charpente.* V. **Remonter.** ♦ 5º *Manège. Rassembler son cheval,* le tenir de manière à le préparer aux mouvements qu'on veut lui faire exécuter.
II. SE RASSEMBLER. *v. pron.* ♦ 1º S'assembler de nouveau. *Ils se séparaient, puis se rassemblaient.* ♦ 2º S'assembler. « *La foule compacte se rassemble autour du corps* » (LAUTRÉAMONT).
◇ ANT. **Disloquer, disperser, disséminer, éparpiller, fragmenter.**

RASSEMBLEUR [ʀasãblœʀ]. *n. m.* (XXᵉ; de *rassembler*). Celui qui rassemble (au fig.), qui unit. *Un roi grand rassembleur de territoires.* Flaubert « *faisait figure de chef d'École et de rassembleur de bonnes volontés* » (LECOMTE).

RASSEOIR [ʀaswaʀ]. *v. tr.*; conjug. *asseoir* (*Rasis* « calmé », déb. XIIᵉ; de *re-,* et *asseoir*).
I. ♦ 1º (Fin XIIᵉ). Asseoir de nouveau. ♦ 2º (XIIᵉ). Replacer. *Rasseoir une statue sur sa base, sur son socle.* — Fig. « *La nécessité de rasseoir la vie sociale sur des bases rationnelles* » (MADELIN). ♦ 3º *Vx.* Ramener au calme, remettre dans son assiette. *Rasseoir son esprit, ses esprits.* ♦ 4º (1636). Intrans. *Techn.* Se dit d'un liquide qui se repose et s'épure. *Laisser (se) rasseoir un vin.*
II. *V. pron.* (plus cour.). SE RASSEOIR. ♦ 1º *Il s'est levé, puis s'est rassis aussitôt.* Avec ellipse de *se. Faire, laisser rasseoir qqn.* ♦ 2º *Fig.* et *vx.* Reprendre ses esprits.

RASSÉRÉNÉ, ÉE [ʀaseʀene]. *adj.* (XVIIᵉ; V. **Rasséréner**). Calmé, redevenu serein. « *Mon front rasséréné* » (LAUTRÉAMONT).

RASSÉRÉNER [ʀaseʀene]. *v. tr.*; conjug. *céder* (*Se rasséréner,* 1544; de *re-,* et *serein*). ♦ 1º *Rare.* Faire redevenir serein (le ciel). « *Le soleil parut et rasséréna le temps* » (ACAD.). ♦ 2º *Fig.* (XVIᵉ). Ramener au calme, à la sérénité. « *Buffon peint la nature sous tous les points de vue qui peuvent élever l'âme,... la rasséréner et la calmer* » (STE-BEUVE). — Pronom. Redevenir calme. *À cette bonne nouvelle, son visage s'est rasséréné.* ◇ ANT. **Obscurcir; agiter, troubler.**

RASSIR [ʀasiʀ]. *v. intr.* et *pron.* (XXᵉ; de *rassis*). Devenir rassis. *Ce pain commence à rassir, à se rassir.*

RASSIS, ISE [ʀasi, iz]. *adj.* (*Plomb* raci « durci », v. 1150; V. Rasseoir). ♦ 1° (XIIIᵉ). En parlant du pain, de pâtisseries, Qui n'est plus frais, sans être encore dur. *Du pain rassis*, ou subst. *Du rassis. Gâteau de Savoie rassis. Une brioche rassise* (fam. *rassie*). ♦ 2° *Fig.* (1276, d'apr. le sens 3° de *rasseoir*). Pondéré, réfléchi. « *Un guide..., cerveau positif et rassis* » (LACRETELLE). *Un homme de sens rassis.* ◇ ANT. *Frais. Impulsif.*

RASSORTIMENT, RASSORTIR, V. RÉASSORTIMENT, RÉASSORTIR.

RASSURANT, ANTE [ʀasyʀɑ̃, ɑ̃t]. *adj.* (1777; de *rassurer*). De nature à rassurer, à redonner confiance. *Nouvelles rassurantes.* V. Sécurisant, tranquillisant. « *Les conversations, plus alarmantes que rassurantes...* » (ROUSS.). — *Un individu peu rassurant :* menaçant. ◇ ANT. *Alarmant, effrayant, menaçant.*

RASSURÉ, ÉE [ʀasyʀe]. *adj.* (1673; *rasseuré*, XVIᵉ; V. Rassurer). Tranquillisé. « *La Fayette s'en alla complètement rassuré* » (MICHELET). *Je n'étais pas rassuré* : j'avais peur. ◇ ANT. *Apeuré.*

RASSURER [ʀasyʀe]. *v. tr.* (*Se rassurer* « se tranquilliser », 1165; de *re-*, et *assurer*). ♦ 1° *Vx* (1476, *rasseurer*). Rendre sûr de nouveau. *Cette victoire a rassuré son autorité.* ♦ 2° *Mod.* Rendre la confiance, la tranquillité d'esprit à (qqn). V. Tranquilliser. « *Rassurer les moribonds* » (DAUD.). « *Une doctrine toute faite qui le rassure, qui le guide* » (MART. du G.). ◇ SE RASSURER. *v. pron.* Se libérer de ses craintes. *Rassurez-vous, je ne vais pas vous faire un discours.* ◇ ANT. *Alarmer, effrayer, inquiéter, menacer, terrifier.*

RASTAQUOUÈRE [ʀastakwɛʀ] ou **RASTA** [ʀasta]. *n. m.* (1880,-1886; esp. d'Amérique *rastracuero* « traîne-cuir », désignant des parvenus). *Fam.* Étranger aux allures voyantes, affichant une richesse suspecte. « *C'est un rasta-quouère !... Un chevalier d'industrie, un aventurier !* » (DUHAM.). « *Ç'avait dû être un beau garçon, avec quelque chose d'un peu rasta* » (QUENEAU).

RASTEL [ʀastɛl]. *n. m.* (1875; a. fr. « râtelier d'étable », d'où dial. « festin, bombance »). Dial. *(Midi).* Réunion de gens qu'on invite à boire, et *par ext.* L'endroit où se tient cette réunion.

RAT [ʀa]. *n. m.* (fin XIIᵉ; p.-ê. de l'all. *ratt-*, onomat. née du bruit du rat qui grignote). ♦ 1° Petit mammifère rongeur (*Muridés*) à museau pointu et à très longue queue, répandu sur tout le globe, vorace et prolifique. *Principales variétés de rats : rat noir* : campagnol, mulot (*rat des champs* ou *rat d'eau*); surmulot (*rat gris, rat d'égout*). « *Objets hétérogènes plus ou moins grignotés par les rats* » (LOTI). *Être mordu par un rat.* « *Les rats commencèrent à sortir pour mourir en groupes* » (CAMUS). *Les rats transmettent à l'homme de nombreuses maladies, dont la peste.* — PROV. *À bon chat*, bon rat.* — *Détruire les rats.* V. Dératiser. *Piège à rats.* V. Ratière. ◇ *Spécialt.* Mâle adulte de l'espèce « rat ». *Un rat et sa femelle* (V. Rate 1), *ses petits* (V. Raton). ◇ *Loc. Être fait comme un rat*, être pris au piège. *Les rats quittent le navire* : en cas de danger, les lâches, les gens intéressés abandonnent tout. ◇ (1808) T. d'affection. *Mon rat, mon petit rat.* — Péj. *Face de rat*, terme de mépris pour désigner une personne dont les traits rappellent un museau de rat. ♦ 2° *Par anal.* Nom donné couramment à d'autres muridés, à certains animaux ressemblant au rat. *Rat de blé, rat à queue courte.* V. Hamster. *Rat musqué, rat d'Amérique.* V. Ondatra; ragondin. *Rat palmiste.* V. Xérus. ♦ 3° (Déb. XIXᵉ). *Fig.* (par crois. avec les mots de sens voisin, *radin, rapia, rapace*). *C'est un rat.* V. Avare. Adj. *Ce qu'il est rat !* ♦ 4° *Fig.* RAT DE CAVE*. — RAT DE BIBLIOTHÈQUE*. ◇ (1907; de *rat* « celui qui vole », 1845) RAT D'HÔTEL : personne qui s'introduit dans les chambres d'hôtel pour dévaliser les riches clients. V. Filou. ♦ 5° (1816). *Petit rat de l'Opéra*, jeune danseuse (et aussi jeune danseur), élève de la classe de danse, employée dans la figuration. « *Le rat est un des éléments de l'Opéra* » (BALZ.). ◇ HOM. *Ra.*

RATA [ʀata]. *n. m.* (1829; abrév. de *ratatouille*). Arg. milit. (*Vieilli*). Plat chaud servi aux soldats, ragoût grossier. « *C'est pas s'la soupe, c'est du rata !...* » (chans. milit.). — (1928) *Ne pas s'endormir sur le rata*, être actif, diligent.

RATAFIA [ʀatafja]. *n. m.* (*Ratafiat* « à votre santé », v. 1675; p.-ê. du créole *tafia*, même sens, lat. *rata fiat* « que le marché soit conclu »). Liqueur de ménage obtenue par macération d'ingrédients divers dans l'eau-de-vie additionnée de sucre. *Le rossolis, ratafia de roses.*

RATAGE [ʀataʒ]. *n. m.* (1864; de *rater*). Échec. V. Loupage. « *Ça avait été tapé comme maladresse et comme ratage* » (CÉLINE). ◇ ANT. *Succès.*

RATAPLAN [ʀataplɑ̃] ou **RANTANPLAN** [ʀɑ̃tɑ̃plɑ̃]. *onomat.* (1839). Mot exprimant le roulement du tambour.

RATATINÉ, ÉE [ʀatatine]. *adj.* (1611; V. Ratatiner). ♦ 1° Rapetissé et déformé. *Pomme ratatinée.* V. Rabougri.

Visage ratatiné. Il « *avait l'air vieilli, ratatiné, rapetissé, rabougri* » (R. ROLLAND). ♦ 2° *Fig.* et *fam.* Démoli, fichu. *Nous l'avons échappé belle, mais la voiture est complètement ratatinée.* ◇ ANT. *Élancé, épanoui.*

RATATINER [ʀatatine]. *v. tr.* (*Se ratatiner* « se rapetisser en se desséchant », 1662; *retatiner* « effacer les plis », 1508; rad. *tat-*, exprimant l'amoindrissement). ♦ 1° Rapetisser, réduire la taille en déformant. « *Quel travail a pu le ratatiner ainsi?* » (BALZ.). ♦ 2° *Fig.* et fam. *Se faire ratatiner*, se faire battre (au jeu, dans une compétition). ◇ *Pop.* (1932) Tuer, anéantir. ♦ 3° SE RATATINER. *v. pron.* Se contracter, se réduire en se déformant. *Pomme tombée qui se ratatine.* V. Rider (se). *Vieillard qui se ratatine.* V. Tasser (se). ◇ Par ext. Se ramasser sur soi-même pour tenir moins de place. V. Recroqueviller (se). « *Vous vous ratatinez frileusement, au lieu d'accepter d'être cinglé par le vent* » (MONTHERLANT).

RATATOUILLE [ʀatatuj]. *n. f.* (1778; de *tatouiller*, et *ratouiller*, formes expressives de *touiller*). ♦ 1° *Fam.* et *péj.* Ragoût grossier. *Ratatouille informe.* — Par ext. Mauvaise cuisine. *La ratatouille des gargotes.* ♦ 2° Mélange de courgettes, de tomates, d'aubergines, d'oignons, etc., cuits à l'huile. (Cf. À la basquaise.) ♦ 3° *Vx.* V. Rata. « *Cet agréable mélange de pommes de terre, de mouton et de pain qui se nommait, se nomme... la ratatouille* » (VIGNY). ♦ 4° *Fig.* et *fam.* Volée de coups.

1. RATE [ʀat]. *n. f.* (1530; *rate* pour *rat*, XIIᵉ; fém. de *rat*). *Rare* ou *plais.* Femelle du rat. — REM. On trouve parfois RATTE.

2. RATE [ʀat]. *n. f.* (1156; néerl. *râte* « rayon de miel », par anal. de forme). Organe lymphoïde du système réticulo-endothélial, situé sous la partie gauche du diaphragme, et constituée par une pulpe rouge gorgée de sang parsemée de nodules blancs (follicules lymphoïdes). *De la rate.* V. Splénique. *Fonction de la rate dans la production de l'hémoglobine, des pigments biliaires, des anticorps. Hypertrophie de la rate chez les paludéens.* — *Dans l'ancienne médecine la rate passait pour sécréter « la bile noire », cause d'humeur mélancolique.* — Loc. fig. et fam. « *J'aime à rire et j'ai la rate qui va en éclater...* » (VALLÈS). *Dilater la rate*, faire rire. *Se fouler la rate* : faire des efforts. *Ne pas se fouler la rate* : paresser. ◇ HOM. *Rate* (1).

RATÉ, ÉE [ʀate]. *n.* (1836; de *rater*). I. *N. m.* ♦ 1° Le fait de rater (en parlant d'une arme à feu); coup qui ne part pas. ♦ 2° *Par ext.* (1864). Bruit anormal révélant le mauvais fonctionnement d'un moteur à explosion. ◇ *Fig.* Déficience dans le fonctionnement d'un système. « *Les 'ratés' de la coexistence pacifique* » (*Nouv. Obs.*, 14-2-1968). — (Pers.) *Les ratés des mécanismes mentaux, de la conduite.* II. *N.* (1876). Personne qui a raté sa vie, sa carrière. « *Il n'était au fond qu'un raté* » (MAUPASS.). ◇ HOM. *Rater.*

RÂTEAU [ʀato]. *n. m.* (1606; *rasteau*, 1483; *rastel*, v. 1180; lat. *rastellum*, dimin. de *rastrum*). ♦ 1° Traverse munie de dents séparées, et ajustée en son milieu à un long manche (qui sert à ramasser les feuilles sans ôter de la terre, à égaliser la surface du sol, etc.). « *Le jardin... où l'on avait versé du sable et passé le râteau* » (ALAIN-FOURNIER). V. Ratisser. *Ramasser avec un râteau.* V. Râteler. ◇ Agric. *Râteau mécanique*, grande traverse à longues dents courbées, parallèle à l'essieu des roues, qui ramasse le foin et se relève pour faire des andains. ♦ 2° *Techn.* Pièce munie de dents séparées. *Râteau de métier à tisser, de rasoir mécanique.* — Segment de roue dentée du mécanisme de l'avance et du retard, dans une montre. ♦ 3° Instrument servant à racler, à ramasser. *Râteau de charbonnier. Râteau pour ramasser le sel.* — Mar. *Râteau de pont*, sorte de balai garni de caoutchouc servant à ôter l'eau du pont. ♦ 4° Raclette à manche avec laquelle le croupier ramasse les mises, les jetons sur les tables de jeu. « *Le râteau s'allongea pour ramasser son dernier napoléon* » (BALZ.).

RATEL [ʀatɛl]. *n. m.* (1846; de *rat*). Zool. Mammifère carnivore, sorte de blaireau, très friand de miel.

RÂTELAGE [ʀɑtlaʒ]. *n. m.* (1842; *resteilage*, 1436). Agric. Action de râteler. *Râtelage du foin.*

RÂTELÉE [ʀɑtle]. *n. f.* (1636; fig., 1466; de *râteler*). Agric. Quantité ramassée d'un coup de râteau. *Une râtelée de feuilles mortes.*

RÂTELER [ʀɑtle]. *v. tr.*; conjug. *appeler* (*Rasteler*, XIIᵉ; de *ratel* « râteau »). ♦ 1° Agric. Ramasser avec un râteau. *Râteler le foin.* V. Râteleur. ♦ 2° Rare. Nettoyer au râteau. V. Ratisser. *Fig.* « *Les pieds de la foule râtelaient les allées sablées* » (CHATEAUB.).

RÂTELEUR, EUSE [ʀɑtlœʀ, øz]. *n.* (1694; a. fr. *rastelaire*, 1527; de *râteler*). Ouvrier, ouvrière agricole qui fait le râtelage. ◇ (XXᵉ) *N. f.* Machine à râteler.

RÂTELIER [ʀɑtəlje]. *n. m.* (*Rastelier* « planche pour mettre les sacs à pain », 1250; de *râteau*, par anal. de forme). ♦ 1° (*Rateillier*, 1303). Sorte d'échelle, inclinée contre le mur dans le sens de la longueur, qui sert à recevoir le fourrage du bétail. *Mettre de la paille, du foin dans le râtelier.* « *Un maigre bidet... tirait d'un râtelier vide quelques brins de paille* » (GAUTIER). ◊ Loc. fig. *Manger au râtelier de qqn*, vivre à ses dépens. *Manger à plusieurs (à tous les) râteliers :* tirer profit de plusieurs situations. — Fam. *Quand il n'y a plus de foin dans le râtelier...,* quand l'argent vient à manquer. ♦ 2° Support servant à ranger verticalement des objets longs. *Râtelier d'armes,* double étagère à encoches où l'on range des fusils. — *Râtelier d'établi,* de menuisier, tringle parallèle à l'établi où l'on place les outils à manche. — *Râtelier à pipes :* planchette percée de trous où l'on range les pipes. ♦ 3° *Vx* (1611). Denture. ◊ *Par ext.* et *fam.* (1718, *râtelier de fausses dents*) Dentier. « *Un râtelier qu'il portait depuis peu* » (MART. du G.).

RÂTELURES [ʀɑtlyʀ]. *n. f. pl.* (1877 ; de *râteler*). *Rare.* Ce qu'on ramasse avec le râteau.

RATER [ʀate]. *v.* (1715 ; de « prendre un *rat* » [1669], en parlant d'une arme à feu qui ne part pas, et *fig.* « manquer son coup »).
I. *V. intr,* ♦ 1° (En parlant d'une arme à feu). Ne pas partir. *Son pistolet a raté. Coup de fusil qui rate.* ♦ 2° *Cour.* (1718). Échouer. *L'affaire a raté.* « *La race de ceux dont la présence fait tout rater* » (MAURIAC). — *Fam.* Manquer. *Ça n'a pas raté ! :* c'était inévitable, prévisible.
II. *V. tr.* ♦ 1° (1762). Ne pas atteindre (ce qu'on visait). *Chasseur qui rate un lièvre.* Ellipt. *Raté !* (Cf. À côté !). — *Rater une balle qui est tombée près du filet. Rater son train.* V. **Louper.** « *Je ne vous le manquer.* » *Je serais désolé de vous rater* » (FLAUB.). *Fam. Je ne le raterai pas! Il ne l'a pas raté,* il lui a cloué* le bec. ◊ *Fig. Rater une occasion.* « *Tu ne rateras pas une occasion de lui rentrer dedans* » (MAC ORLAN). *Fam.* et *iron. Il n'en rate pas une :* il n'arrête pas de faire des gaffes. ♦ 2° (1718). Ne pas réussir, ne pas mener à bien. *Rater son affaire, son coup, son effet.* « *La mayonnaise est ratée* » (BEAUVOIR). « *C'est un sacrilège que de prouver à notre créateur qu'il a raté le monde* » (GIRAUDOUX). — *Rater sa vie,* ne pas réussir comme on l'espérait (V. Raté, II).
◊ ANT. Atteindre, obtenir, réussir. — HOM. Raté.

RATIBOISER [ʀatibwaze]. *v. tr.* (1875 ; de *ratisser,* et a. fr. dial. *emboiser* « tromper », d'o. germ.). ♦ 1° *Fam.* Rafler au jeu. Prendre, voler. *Ils m'ont ratiboisé dix mille francs.* ♦ 2° Ruiner (qqn) au jeu. — Au p. p. *C'est fini, je suis complètement ratiboisé.* ◊ Perdre, ruiner (qqn) dans sa santé, sa situation, sa carrière. « *Plus on est bon, plus on est vite ratiboisé* » (GIONO).

RATICHON [ʀatiʃɔ̃]. *n. m.* (1883 ; *rastichon,* arg., 1628 ; de *rat,* par anal. de couleur). *Pop.* et *péj.* Prêtre. « *Il détestait franchement, du dernier « ratichon » au Pape, toute l'Église* » (BOSCO).

RATICIDE [ʀatisid]. *n. m.* (v. 1965 ; de *rat,* et suff. *-cide*). Produit utilisé pour détruire les rats. (Cf. Pesticide). « *Les raticides les plus modernes seront employés* » (*Le Monde,* 27-2-1969).

RATIER [ʀatje]. *n.* et *adj.* (1869 ; « ratière », 1362 ; de *rat*). Chien qui chasse les rats. *Le fox-terrier est un excellent ratier.* Adj. *Un chien ratier.*

RATIÈRE [ʀatjɛʀ]. *n. f.* (v. 1380 ; de *rat*). Piège à rats. V. **Souricière** (plus cour.).

RATIFICATION [ʀatifikasjɔ̃]. *n. f.* (XVe, « confirmation des catéchumènes » ; *ratification,* 1358 [sens 1°] ; lat. médiév. *ratificatio* « confirmation »). ♦ 1° Action de ratifier. *Ratification verbale, écrite, sous seing privé.* V. **Confirmation, homologation.** — Confirmation par laquelle une personne rend valable un acte en renonçant à en demander l'annulation. *Ratification de vente.* ◊ Approbation, accord formel d'un organe (politique, administratif), indispensable à la validité d'un acte. V. **Approbation.** *Sous réserve de ratification par les Chambres.* — Acte par lequel la procédure de conclusion d'un traité international est close. *Ratification du traité de paix.* ♦ 2° (1680). *Diplom.* Document, instrument de ratification diplomatique. *Procéder à l'échange des ratifications.*
◊ ANT. Annulation.

RATIFIER [ʀatifje]. *v. tr.* (*Rattefier,* 1294 ; lat. médiév. *ratificare,* de *ratum facere* « ratifier »). ♦ 1° Approuver ou confirmer par un acte authentique. V. **Approuver, confirmer, entériner, homologuer.** *Les obligations faites par un mineur demeurent nulles s'il ne les ratifie à sa majorité.* « *Le Président de la République négocie et ratifie les traités* » (CONSTIT. 1958). ♦ 2° (XVIIe). *Littér.* Confirmer ou affirmer publiquement. « *Je ratifie tout ce qu'on vous a dit de ma part* » (ACAD.).
◊ ANT. Abroger, annuler, démentir.

RATINAGE [ʀatinaʒ]. *n. m.* (1812 ; de *ratine*). *Techn.* Action de friser certains draps (ratines, velours, peluches).

RATINE [ʀatin]. *n. f.* (1593 ; *rastin,* 1260 ; de l'a. v. °*raster* « racler, raturer », lat. pop. *rasitoria.* V. **Rader**). Tissu de laine épais, cardé, dont le poil est tiré en dehors et frisé. *Veste, blazer, manteau de ratine. Ratine bleue.*

RATINER [ʀatine]. *v. tr.* (1766 ; de *ratine*). *Techn.* Soumettre (un drap, une étoffe) à l'opération du ratinage.

RATINEUSE [ʀatinøz]. *n. f.* (1869 ; de *ratine*). *Techn.* Machine à friser, à ratiner.

RATING [ʀa(e)tiŋ]. *n. m.* (mil. XXe ; mot angl. « évaluation »). Anglicisme. *Mar.* Indice répartissant les yachts en plusieurs classes, d'après leurs caractéristiques techniques. *Un rating de 60 pieds.*

RATIO [ʀasjo]. *n. m.* (XXe ; mot angl., lat. *ratio*). Rapport de deux grandeurs, dont on attribue une signification particulière à certaines valeurs. *Les différents ratios tirés des postes du bilan. Ratios de rentabilité.*

RATIOCINATION [ʀasjɔsinasjɔ̃]. *n. f.* (1495 ; lat. *ratiocinatio*). *Littér.* Action de ratiociner ; argument ou raisonnement vain et exagérément subtil. « *Où l'on souhaite de la musique, on trouve de l'éloquence et de la ratiocination* » (GIDE).

RATIOCINER [ʀasjɔsine]. *v. intr.* (1546 ; lat. *ratiocinari,* de *ratio* « calcul, compte »). ♦ 1° *Vx.* Faire des raisonnements. ♦ 2° *Mod.* et *littér.* (1907). Se perdre en raisonnements, en considérations, en discussions interminables. V. **Ergoter.** *Ratiociner sur ses fautes.* « *À quoi cela vous avancerait-il de ratiociner?* » (MONTHERLANT).

RATIOCINEUR [ʀasjɔsinœʀ]. *n. m.* (1929, adj. ; *raciocinateur,* 1549 ; de *ratiociner*). *Littér.* Homme qui se plaît à ratiociner. V. **Ergoteur.**

RATION [ʀa(a)sjɔ̃]. *n. f.* (1643 ; « solde de militaire », XIIIe ; lat. *ratio* « compte, évaluation »). ♦ 1° Portion journalière (de vivres et de boissons distribuée à chaque homme), dans l'armée. *Recevoir, toucher sa ration de pain, de viande, de tabac. Distribuer, répartir les rations.* ♦ 2° *Cour.* (1810). Quantité (d'aliments) qui revient à un homme, à un animal pendant une journée. *Une maigre ration. Rations imposées en temps de guerre.* V. **Rationnement, restriction.** « *La ration quotidienne de pain vient d'être portée de deux à cinq cents grammes* » (GIDE). ♦ 3° *Agric. Ration (alimentaire),* quantité normale d'aliments consommée quotidiennement par un animal. *La ration doit apporter à chaque animal une quantité suffisante d'énergie utilisable.* — *Physiol. Ration alimentaire,* quantité et nature des aliments nécessaires à un organisme pour son alimentation rationnelle de vingt-quatre heures. *Ration d'entretien,* strictement nécessaire pour compenser les pertes journalières de l'organisme. *Ration de travail, de croissance.* ♦ 4° *Fig. Ration de...,* quantité due ou exigée (souvent *iron.*). « *Je n'ai pas fourni à la mort sa ration de cadavres* » (GAUTIER). *Recevoir sa ration de coups, d'épreuves.* V. **Lot.**

RATIONAL, AUX [ʀasjɔnal, o]. *n. m.* (*Racionale,* XIIIe ; lat. *rationale,* trad. gr. *logeion*). *Didact.* ♦ 1° *Antiq.* Pièce d'étoffe ornée de pierreries que le grand prêtre des Hébreux portait sur la poitrine. V. **Pectoral.** ♦ 2° (lat. *rationalis* « qui sert à compter » ; a. fr. *livre rational* « livre de raison »). *Relig.* Titre de certains ouvrages de liturgie. *Le Rational de Guillaume Durand.*

RATIONALISATION [ʀasjɔnalizasjɔ̃]. *n. f.* (1932 ; de *rationaliser*). Action de rationaliser ; son résultat. — *Spécialt.* (Écon.). Organisation d'une activité économique, selon des principes rationnels d'efficacité, en soumettant tous ses éléments à une étude scientifique. *Plan de rationalisation* (V. Planning). ◊ *Psychan.* Justification consciente et rationnelle d'une conduite inspirée par des motivations inconscientes.

RATIONALISER [ʀasjɔnalize]. *v. tr.* (1842 ; du lat. *rationalis* « rationnel »). ♦ 1° Rendre rationnel, conforme à la raison. « *Les encyclopédistes rationalisaient les problèmes religieux* » (MALRAUX). ♦ 2° (1907). *Rationaliser le travail, la production :* l'organiser d'une manière rationnelle.

RATIONALISME [ʀasjɔnalism(ə)]. *n. m.* (1803 ; du lat. *rationalis*). ♦ 1° *Philo.* Doctrine selon laquelle tout ce qui existe a sa raison d'être et peut donc être considéré comme intelligible. *Rationalisme spiritualiste ; matérialiste.* — Doctrine selon laquelle toute connaissance certaine vient de la raison (*opposé à* empirisme). *Le rationalisme de Descartes, de Hegel.* ♦ 2° Croyance et confiance dans la raison, dans la connaissance naturelle (*opposé à* mysticisme, révélation religieuse). *Le rationalisme du XVIIIe s.* ◊ Tournure d'esprit de celui qui n'accorde de valeur qu'à la raison. *Un rationalisme étroit.* ♦ 3° *Théol.* Doctrine selon laquelle on ne doit admettre en matière religieuse que ce qui est conforme à la raison naturelle et saisissable par elle (*opposé à* fidéisme). ◊ ANT. Empirisme, fidéisme.

RATIONALISTE [ʀasjɔnalist(ə)]. *adj.* et *n.* (1539, « médecin non empirique » ; de *rationalisme*). *Philo.* (1842). Relatif au rationalisme. *Écoles, doctrines rationalistes.* ◊ Qui professe le rationalisme. *Philosophie rationaliste.* ◊ (1718) N. *Les rationalistes.*

RATIONALITÉ [ʀasjɔnalite]. *n. f.* (1834 ; du lat. *rationalis* « rationnel »). *Didact.* Caractère de ce qui est rationnel. *Le rationaliste croit à la rationalité du monde.*

RATIONNAIRE [ʀa(a)sjɔnɛʀ]. *n.* (1777 ; de *ration*). *Admin.* Personne qui reçoit une ration, a droit à une ration.

RATIONNEL, ELLE [ʀa(ɑ)sjɔnɛl]. *adj.* et *n. m.* (1120, « doué de raison » [âme] ; lat. *rationalis*). **I.** (V. **Raison**, I). ♦ 1° (XIIIᵉ). Qui appartient à la raison, relève de la raison (I). *Activité rationnelle. La pensée rationnelle. Donner des motivations rationnelles à ses actes. Attitudes rationnelles et attitudes passionnelles.* — *Connaissance rationnelle et connaissance révélée.* ◊ Qui provient de la raison et non de l'expérience. « *L'idée de nombre est rationnelle* » (H. DELACROIX). *Philosophie rationnelle et philosophie expérimentale.* — (XVIIIᵉ) *Mécanique rationnelle :* ensemble des questions de mécanique étudiées d'une manière déductive, mathématique. ♦ 2° (1836). Conforme à la raison, au bon sens. V. **Raisonnable, sensé ; judicieux.** *Organisation rationnelle. Culture rationnelle.* V. **Rationalisation.** *Méthode rationnelle.* ◊ Qui raisonne avec justesse. *Esprit rationnel.* V. **Logique.** ♦ 3° *N. m.* Ce qui est conforme à la raison. *Le réel et le rationnel.* « *Les efforts d'un esprit élevé pour concilier le rationnel et le révélé* » (DUHAM.). **II.** (1549 ; V. **Raison**, II, 4°). *Math. Nombre rationnel* (opposé à *incommensurable* et à *transcendant*), qui peut être mis sous la forme d'un rapport entre deux nombres entiers. *Les nombres rationnels et les nombres incommensurables* forment les nombres réels.* — *Alg. Expression rationnelle* (ne comprenant pas de radicaux). ◊ ANT. *Empirique, irrationnel, passionné ; déraisonnable. Mystique.*

RATIONNELLEMENT [ʀasjɔnɛlmɑ̃]. *adv.* (1836 ; de *rationnel*). D'une manière rationnelle. « *Votre manie de discuter rationnellement toutes choses* » (MART. du G.).

RATIONNEMENT [ʀa(ɑ)sjɔnmɑ̃]. *n. m.* (1870 ; de *rationner*). Action de rationner ; résultat de cette action. « *Le rationnement dont je souffre le plus, c'est... celui du tabac* » (GIDE). *Cartes, tickets de rationnement.*

RATIONNER [ʀa(ɑ)sjɔne]. *v. tr.* (1795 ; de *ration*). ♦ 1° Distribuer des rations déterminées et limitées (de qqch.). ♦ 2° (1869). Mettre (qqn) à la ration, soumettre au rationnement. *Rationner les habitants d'une ville assiégée.* ◊ *Par ext.* Mesurer la nourriture à (qqn). *La pauvreté nous rationne depuis quelque temps.* — Pronom. *Se rationner*, s'imposer un régime restrictif.

RATISSAGE [ʀatisaʒ]. *n. m.* (mil. XVIᵉ ; de *ratisser*). ♦ 1° Action de ratisser. *Ratissage d'une allée, d'un jardin.* ♦ 2° *Milit.* (XXᵉ). Action de ratisser (3°). *Opération de ratissage.* V. *aussi* **Quadrillage.**

RATISSER [ʀatise]. *v. tr.* (1390, « racler légèrement » ; de l'a. v. *rater* « râteler », d'après *râteau*). ♦ 1° (1680). Nettoyer à l'aide d'un râteau, promener le râteau sur. V. **Râteler.** « *Le jardinier continuait à ratisser le gravier* » (CHARDONNE). ◊ Recueillir en promenant le râteau. « *Les petits chemins blancs sur lesquels se promène le paludier... pour ratisser, recueillir le sel* » (BALZ.). *Ratisser les feuilles mortes.* ♦ 2° *Fig.* et *fam.* (1867). V. **Ratiboiser, ruiner.** *Se faire ratisser au jeu.* « *Un monsieur très bien, qu'elle avait ratissé jusqu'au dernier centime* » (PROUST). ♦ 3° *Milit.* (v. 1955). *Ratisser le terrain*, fouiller méthodiquement une zone de terrain, à l'aide d'éléments très rapprochés les uns des autres. *La police a ratissé tout le quartier.* ◊ *Sport* (Rugby) *Ratisser le ballon*, se dit du talonneur qui, en mêlée, s'empare du ballon en se servant de ses pieds comme d'un râteau.

RATISSETTE [ʀatisɛt]. *n. f.* (1803 ; de *ratisser*). *Techn.* Outil de briquetier en forme de racle.

RATISSOIRE [ʀatiswaʀ]. *n. f.* (1538 ; de *ratisser*). *Agric.* Outil de jardinage servant à faire de légers sarclages et binages.

RATITES [ʀatit]. *n. m. pl.* (1839 ; du lat. *ratis* « radeau », par allus. au sternum plat des oiseaux). *Zool.* Sous-classe d'oiseaux coureurs dont le sternum est dépourvu de bréchet (aptéryx, autruche, nandou).

1. RATON [ʀatɔ̃]. *n. m.* (1277 ; de *rat*). ♦ 1° Jeune rat. ♦ 2° (1753). Mammifère carnivore d'Amérique qui ressemble au blaireau par le pelage et la taille, à l'ours par la forme de la tête. *Raton laveur*, ainsi appelé parce qu'il lave ses aliments (poissons, mollusques) avant de les absorber. Au Canada, *Chat sauvage**. ♦ 3° (1937). *Fam.* et *péj.* (injure raciste). Nord-Africain. V. **Bicot, bougnoul.**

2. RATON [ʀatɔ̃]. *n. m.* (1485 ; *reston*, XIIIᵉ ; p.-ê. de l'a. v. *°raster* « racler », lat. *rasitoria*). *Cuis.* Tartelette au fromage.

RATON(N)ADE [ʀatɔnad]. *n. f.* (v. 1955 ; de *raton* 1, 3°). Expédition punitive ou brutalités exercées par les Européens contre des Nord-Africains. (Cf. Pogrom). « *Depuis le 13 mai 1958, cette affreuse chose qu'on appelait les ' ratonnades ' avait disparu* » (*Le Monde*, 14-2-1960).

RATTACHEMENT [ʀataʃmɑ̃]. *n. m.* (1845 ; de *rattacher*). Action de rattacher ; fait d'être rattaché, de se rattacher. *Le rattachement de l'Alsace-Lorraine à la France.* V. **Adjonction, annexion, réunion.** ◊ ANT. *Détachement.*

RATTACHER [ʀataʃe]. *v. tr.* (XVIᵉ ; *ratachier*, 1175 ; de *re-*, et *attacher*). ♦ 1° Attacher de nouveau. *Rattacher un chien après l'avoir promené. Démêler, puis rattacher ses*

cheveux. « *Un mousse, qui rattachait une poulie à l'extrémité d'un cacatois* » (MAUPASS.). ♦ 2° Attacher (I), lier entre eux (des objets). *Rattacher un fil électrique à un circuit.* « *Les tentures... rattachées par des cordelières d'or* » (BALZ.). *Rattacher une province à un État.* V. **Incorporer.** — (*Choses*) Constituer une attache. « *Il demeurait le dernier lien qui le rattachait à la vie des autres* » (ZOLA). ◊ Pronom. (Pass.) « *À ces palans se rattachaient des câbles* » (HUGO). ♦ 3° *Fig.* Attacher, lier à une chose principale, faire dépendre de qqch. V. **Relier.** « *Rattacher la langue actuelle... à ses états anciens* » (G. PARIS). « *Rattacher la magie à la religion* » (BERGSON). ◊ Pronom. (Pass.) V. **Dépendre.** « *L'homme se rattache... par une longue série d'ancêtres au tronc commun* » (G. ARAMBOURG). « *Ils* (les porches) *se rattachent au type du clocher de façade* » (H. FOCILLON) : ils en font partie. *Ce qui se rattache à une question.* ◊ ANT. *Détacher.*

RATTRAPABLE [ʀatʀapabl(ə)]. *adj.* (XXᵉ ; de *rattraper*). Qu'on peut rattraper (2°). *Heures rattrapables.* V. **Récupérable.** *Échec rattrapable.* ◊ ANT. *Irrattrapable.*

RATTRAPAGE [ʀatʀapaʒ]. *n. m.* (1867, typogr. ; de *rattraper*). Action de rattraper, de se rattraper (en emplois spéciaux). ◊ *Typogr.* Fin d'alinéa qui se trouve en tête d'un feuillet de copie et qui doit être composée par l'ouvrier qui a le commencement de cet alinéa dans sa copie. ◊ (Mil. XXᵉ) *Cours, classe de rattrapage :* cours destinés à remettre au niveau d'instruction de leur âge les enfants retardés d'intelligence normale. ◊ Écon. *Rattrapage des prix, des salaires* (par rapport au coût de la vie). V. **Rajustement.**

RATTRAPER [ʀatʀape]. *v. tr.* (1285 ; de *re-*, et *attraper*). **I.** ♦ 1° Attraper (I, 1° et 2°) ; II, 1°) de nouveau (qqn ou qqch. qu'on avait laissé échapper). V. **Reprendre.** *Rattraper un prisonnier qui s'est évadé. Rattraper une maille.* ♦ 2° *Fig.* Regagner, récupérer (le temps perdu). *On ne peut rattraper le temps perdu.* ◊ (XVIIᵉ) Retrouver (l'argent perdu). V. **Récupérer.** ◊ *Par ext.* Réparer une imprudence, une erreur, un inconvénient. « *Elle pouvait rattraper sa phrase, lâchée dans un oubli de tout* » (ZOLA). *Rattraper un retard.* — En parlant de ce qu'on arrive finalement à corriger) *La cuisinière a pu rattraper sa mayonnaise.* ♦ 3° Rejoindre (qqn ou qqch. qui a de l'avance). V. **Atteindre.** « *Il court moins bien, je le rattraperai quand je voudrai* » (JOUHANDEAU). *Il a été rattrapé au dernier tour.* « *Mon regard qui le rattrapait* » (PROUST). ◊ *Fig.* (Dans le lang. scolaire) Rejoindre (des élèves plus avancés).

II. SE RATTRAPER. *v. pron.* ♦ 1° Se raccrocher. *Se rattraper à une branche.* ♦ 2° (1845). Regagner l'argent qu'on a perdu. *Après ses pertes d'hier, il s'est rattrapé.* ◊ Regagner le temps perdu. *Je n'ai pu aller au cinéma ce mois-ci, mais je vais me rattraper.* — Combler son retard, pallier une insuffisance. « *Il piochait vite son programme... dans l'espoir de se rattraper* » (ARAGON).

RATURAGE [ʀatyʀaʒ]. *n. m.* (1875 ; de *raturer*). *Techn.* Opération qu'on fait subir au parchemin, en vue de le rendre plus mince, plus uni, plus blanc.

RATURE [ʀatyʀ]. *n. f.* (1537 ; *rasture* « raclure », XIIᵉ ; probabl. lat. pop. *°raditura*, de *radere* « racler »). Trait que l'on tire sur un ou plusieurs mots pour les annuler. V. **Biffure, trait** (de plume). *Manuscrit chargé, surchargé de ratures. Flaubert... « entassant tant de ratures et de brouillons* » (THIBAUDET). « *Il l'écrit d'un jet, presque sans rature* » (BARTHOU). — *Par métaph.* « *Si j'avais à recommencer ma vie, avec le droit d'y faire des ratures, je n'y changerais rien* » (RENAN).

RATURER [ʀatyʀe]. *v. tr.* (1550 ; *rasuré*, adj., 1378 ; de *rature*). ♦ 1° *Vx* (Du sens ancien de *rature* « raclure »). Soumettre au raturage. *Raturer le parchemin.* ♦ 2° *Mod.* Effacer, annuler, ou corriger par des ratures. V. **Barrer, biffer, rayer.** *Raturer un mot.* « *Le chef qui... rature et redresse les projets* » (ROMAINS). — Au p. p. « *Dix épreuves* (de Balzac) *revenaient raturées, remaniées* » (GAUTIER). — Absolt. *Écrivain qui a l'habitude de raturer.* ◊ *Par métaph.* Annuler, abolir. « *Le sens trop précis rature Ta vague littérature* » (MALLARMÉ).

RAUCHEUR [ʀoʃœʀ]. *n. m.* (1875 ; o. i.). *Techn.* Ouvrier mineur chargé du boisage des galeries et de son entretien.

RAUCITÉ [ʀosite]. *n. f.* (XIVᵉ ; lat. *raucitas*). *Littér.* Caractère d'une voix, d'un son rauque.

RAUGMENTER [ʀɔ(o)gmɑ̃te]. *v.* (1929 ; de *re-*, et *augmenter*). *Pop.* Augmenter de nouveau. « *Beaucoup de choses ont raugmenté* » (ROMAINS).

RAUQUE [ʀok]. *adj.* (1406 ; *rauc* « enroué », v. 1270 ; lat. *raucus*). Se dit d'une voix rude et âpre, produisant des sons voilés (V. **Raucité**). « *Sa voix rauque annonçait un mal de gorge* » (DIDER.). V. **Éraillé.** « *Et leur cri rauque* (des éperviers) *grince à travers les espaces* » (VERLAINE). ◊ *Par ext.* « *Et le rauque tambour* » (CHÉNIER). ◊ ANT. *Clair.*

RAUQUEMENT [ʀokmɑ̃]. *n. m.* (1860 ; adv., h. 1374 ; de *rauque*). *Rare.* Cri d'un animal qui rauque. « *Un demi-rire* *qui résonnait dans sa poitrine profonde comme ce rauquement des lions qui bâillent* » (LOTI).

RAUQUER [Roke]. *v. intr.* (1761; de *rauque*). ♦ 1° *Rare*. Crier (tigre). V. **Feuler**. ♦ 2° *Fig.* et poét. *Au loin...* « *un steamer rauque avec un bruit de corne* » (VERHAEREN).

RAUWOLFIA [Rovolfja]. *n. f.* (1875, *rauvolfes*, 1808 ; de *Rauwolf*, botaniste allemand). *Bot.* Plante *(Apocynacées)* originaire d'Inde et d'Indonésie, dont les racines contiennent des alcaloïdes à propriétés sédatives et hypotensives. V. **Réserpine**.

RAVAGE [Rava3]. *n. m.* (1355 ; de *ravir*, sens propre). ♦ 1° Dommage, dégât important causé par des hommes avec violence et soudaineté. V. **Dévastation, pillage**. — (Vieilli) *Le ravage d'une région par des pillards*. V. **Sac**. — *Mod.* (Plur.) *Les ravages d'une armée ennemie.* « *Il fallait que les ravages des Normands fussent passés* » (MICHELET). *Les ravages de la guerre*. V. **Ruine**. ♦ 2° (1586 ; « flots impétueux », 1553). Dégâts, destructions causés par les forces de la nature. V. **Destruction**. « *Une eau débordée ne fait pas partout les mêmes ravages* » (Boss.). *Les ravages du feu, d'un incendie. De grands, de terribles ravages*. V. **Destruction, dévastation**. — (Sing. collectif) « *Ça* (la grêle) *en faisait, du ravage, dans les légumes et dans les arbres à fruits!* » (ZOLA). ♦ 3° (1680; abstrait). Détérioration subie par le corps. *Les ravages du temps :* les infirmités, les signes de vieillesse. — *Les ravages de la maladie*. — (Abstrait) « *Les peines doivent produire sur l'âme de l'homme les mêmes ravages que l'extrême douleur cause dans son corps* » (BALZ.). ◊ *Fam. Faire des ravages :* se faire aimer et faire souffrir. « *Le Maréchal de Richelieu faisait encore des ravages dans le cœur des jeunes filles* » (MADELIN).

RAVAGÉ, ÉE [Rava3e]. *adj.* (1685 ; V. **Ravager**). ♦ 1° Endommagé, détruit par une action violente. *Pays ravagé*. V. **Saccagé, dévasté**. « *Les vilaines odeurs des jardins ravagés* » (RIMBAUD). ♦ 2° *(Corps humain)*. Marqué, flétri (par le temps, la maladie, etc.). « *Les masques ravagés de Dante, de Pascal* » (GIDE). *Visage ravagé de rides*. « *Sa face longue était ravagée de tics* » (MART. du G.). ◊ *(Abstrait)* Littér. « *Ravagé, dévasté par l'émotion musicale* » (R. ROLLAND). *Ravagé de remords*. ◊ *Fam.* Cinglé. *Il est complètement ravagé!*

RAVAGER [Rava3e]. *v. tr.; conjug.* **bouger** (déb. XVIᵉ ; *revagier* « arracher des plants de vigne », v. 1300 ; de *ravage*). ♦ 1° Endommager gravement ou détruire par une action violente. V. **Dévaster**. *Envahisseurs, pillards qui ravagent un pays. La guerre a ravagé la contrée*. V. **Désoler**. ♦ 2° (En parlant des forces naturelles). *Pluies, grêle, sauterelles qui ravagent les récoltes*. V. **Anéantir, détruire, ruiner**. *Tremblement de terre qui ravage toute une région*. ◊ Par ext. « *Ces grandes pestes qui ravagèrent quelquefois la terre* » (VOLT.). ♦ 3° (XVIIᵉ). *Fig.* Apporter à (qqn) de graves perturbations physiques ou morales. *La maladie, le malheur l'ont ravagé*. — « *Un drame nouveau ravageait la vie de son cadet* » (MART. du G.). ◊ ANT. **Épargner**.

RAVAGEUR, EUSE [Rava3œr, øz]. *adj.* et *n.* (fin XVIᵉ ; de *ravager*). ♦ 1° Qui détruit, ravage, saccage. V. **Destructeur, pillard, saccageur**. *Les insectes ravageurs du blé*. — *N. Agric. Les ravageurs des cultures :* oiseaux, rongeurs, insectes, parasites... ♦ 2° *Fig.* Qui ravage (3°). *Passion ravageuse, dévastatrice*.

RAVALEMENT [Ravalmã]. *n. m.* (1460 ; de *ravaler*). ♦ 1° Vieilli. Action de ravaler, de rabaisser *(par métaph. ou fig.)* ou de déprécier. V. **Avilissement, bassesse**. ♦ 2° *Cour.* (1676). Nettoyage, remise en état des murs (par regrattage, nettoyage, application d'un enduit, etc.). V. **Grattage, nettoyage**. *Ravalement et peinture d'une façade. Ravalement d'entretien*. ◊ Par ext. Le produit qui sert à ravaler. V. **Crépi**. — *Techn.* (*Constr.*) Travaux de finissage des parois extérieures d'un bâtiment. ♦ 3° *Agric.* Opération consistant à sectionner les branches de charpente des arbres à une faible distance du tronc.

RAVALER [Ravale]. *v. tr.* (1175, « descendre » ; de *re-*, et a. fr. *avaler* « descendre », rac. *val*).
I. ♦ 1° *Vx.* Faire redescendre. ♦ 2° (1432). Achever ou nettoyer, refaire le parement (3°) d'un mur, d'un ouvrage de maçonnerie de haut en bas. *Ravaler un mur en grattant l'ancien enduit, en nettoyant la pierre, en recrépissant* (V. **Crépi**). ♦ 3° *Techn.* Diminuer (une chose) en hauteur ou en épaisseur. ◊ *Agric.* (1690) Faire le ravalement d'un arbre. V. **Tailler**. ♦ 4° *Fig.* (1382). Abaisser, déprécier. « *Ravaler la dignité de médecin* » (MOL.). « *L'idée que toute exploitation commerciale... ravale celui qui l'exerce* » (RENAN). V. **Avilir**. « *Voilà ce que la passion fait des êtres, voilà jusqu'où elle nous ravale* » (MAURIAC). — Au p. p. *Un ivrogne ravalé au rang de la brute*. ◊ SE RAVALER. *v. pron.* S'affaisser, s'avilir moralement, socialement, etc. V. **Descendre** *(fig.)*, **tomber**. « *Celui qui n'a pas le respect des cheveux blancs se ravale au rang de la bête !* » (COURTELINE).
II. (1538 ; de *avaler*, 2°). Avaler de nouveau, avaler (ce qu'on a dans la bouche). *Ravaler sa salive*. Loc. fam. *Je lui ferai ravaler ses paroles*, je les lui ferai rentrer dans la gorge. ◊ *Par ext.* Retenir (ce qu'on allait dire). *Ravaler une boutade*. — *Fig.* Empêcher de s'exprimer. *Ravaler sa colère, son dégoût*. « *Le garçon ravala son sourire et s'inclina profondément* » (DUHAM.). ◊ ANT. (de I, 4°) **Élever, exalter**.

RAVALEUR [Ravalœr]. *n. m.* (1892 ; *ravalleur* « dénigreur », 1468 ; de *ravaler*). Ouvrier, maçon ou peintre qui travaille au ravalement d'un mur, d'une construction. — Tailleur de pierres qui effectue le ravalement.

RAVAUDAGE [Rovoda3]. *n. m.* (1553 ; de *ravauder*). ♦ 1° Action de ravauder ; son résultat. V. **Raccommodage, rapiéçage, reprise**. *Faire du ravaudage*. ♦ 2° *Fig.* Travail grossier, réparation sommaire (V. **Rafistolage**) ; ouvrage fait de pièces et de morceaux.

RAVAUDER [Ravode]. *v. tr.* (*Ravaulder*, 1530 ; de *ravault* « diminution de valeur », var. de *raval*. V. **Ravaler**). Raccommoder à l'aiguille (le plus souvent en parlant de vieux vêtements). V. **Rapiécer, repriser**. *Ravauder des bas*. — *Absolt. Une vieille femme qui ravaude au coin du feu*.

RAVAUDEUR, EUSE [Ravodœr, øz]. *n.* (1530 ; de *ravauder*). Personne qui ravaude. V. **Raccommodeur** (euse), **repriseuse**.

RAVE [Rav]. *n. f.* (1322 ; *reve*, h. XIIIᵉ; fr. prov. *rava*, lat. *rapa*, de *rapum*). Nom donné à plusieurs plantes potagères cultivées pour leurs racines comestibles ou oléagineuses. *Bette ou blette rave*. V. **Betterave**. *Céleri rave*. ◊ Plante crucifère cultivée pour ses racines. V. **Chou-rave, navet, radis, rutabaga**.

RAVELIN [Ravlɛ̃]. *n. m.* (*Ravellin*, 1450 ; it. *ravellino*, var. a. de *rivellino*). Vx. *Fortif.* Demi-lune.

RAVENALA [Ravnala]. *n. m.* (*Ravenale*, 1846 ; mot de Madagascar). *Bot.* Plante monocotylédone exotique *(Musacées)*, voisine du bananier, appelée aussi « arbre du voyageur ».

RAVENELLE [Ravnɛl]. *n. f.* (1596, « radis » ; *ravenielle* « variété de garance », v. 1440 ; de l'a. fr. *rave* « radis », lat. *raphanus*). [1694]. Nom commun de la giroflée des jardins et du radis sauvage.

RAVI, IE [Ravi]. *adj.* (1636 ; V. **Ravir**, 3°). Qui est très content. V. **Aise** (être bien aise), **comblé, enchanté**. « *Je suis ravie du bonheur que vous avez eu* » (SÉV.). *Vous m'en voyez ravi. Ravi de vous connaître*. « *Je suis ravi que ce soit à M. Puget que je doive ma disculpation* » (BOIL.). *Un air ravi*. V. **Épanoui, radieux, rayonnant**. ◊ ANT. **Chagrin** (1), *navré*.

RAVIER [Ravje]. *n. m.* (1836 ; 1827, *bot.; de* l'a. fr. *rave*, lat. *raphanus*). Petit plat creux, en général oblong, dans lequel on sert les hors-d'œuvre.

RAVIÈRE [Ravjɛr]. *n. f.* (1539 ; de *rave*). *Agric.* Terrain où l'on cultive des raves (betteraves, navets, etc.).

RAVIGOTANT, ANTE [Ravigotã, ãt]. *adj.* (1720 ; de *ravigoter*). *Fam.* Qui ravigote. *Un petit froid sec ravigotant*.

RAVIGOTE [Ravigot]. *n. f.* (1720 ; de *ravigoter*). Vinaigrette mêlée d'œufs durs pilés et relevée de fines herbes. *Appos. Sauce ravigote. Tête de veau ravigote*.

RAVIGOTER [Ravigote]. *v. tr.* (*Ravigotter*, 1611 ; altér. prob. de *ravigorer* « réconforter », v. 1200 ; V. **Revigorer**). *Fam.* Rendre plus vigoureux, redonner de la force, de la vigueur à... V. **Ranimer, raviver, revigorer**. *Absolt. Un petit vin qui ravigote et redonne de l'appétit*.

RAVILIR [Ravilir]. *v. tr.* (1588 ; de *re-*, et *avilir*). *Rare.* Rendre vil et méprisable. V. **Ravaler**.

RAVIN [Ravɛ̃]. *n. m.* (1690, « chemin creusé par les eaux » ; *ravine*, mil. XVIIᵉ ; de *raviner*). ♦ 1° Petite vallée étroite à versants raides. *Torrent qui coule au fond d'un ravin*. V. **Ravine**. ◊ Chemin suivant le fond d'un ravin. ♦ 2° *Rigole*, cavité creusée par le ruissellement. V. **Ravinement**. « *Les eaux de pluie sillonnaient la promenade, y creusaient des ravins et la rendaient impraticable* » (STENDHAL).

RAVINE [Ravin]. *n. f.* (*Raveine*, 1120 ; *ravine de terre* « avalanche », 1120; lat. *rapina*. V. **Rapine**). ♦ 1° Vieilli. Torrent. ♦ 2° (XVIᵉ). Petit ravin ; lit encaissé d'un ruisseau, d'un torrent.

RAVINÉE [Ravine]. *n. f.* (1875 ; de *ravin*). *Région.* Creux formé par le passage d'un torrent.

RAVINEMENT [Ravinmã]. *n. m.* (1845 ; de *raviner*). ♦ 1° Formation de sillons dans le sol par les eaux de ruissellement. V. **Affouillement, érosion**. *Le ravinement affecte surtout les sols imperméables*. ♦ 2° Sillons laissés par le passage des eaux de ruissellement. « *Le sol, malgré ses ravinements reste assez ferme* » (ROMAINS).

RAVINER [Ravine]. *v. tr.* (1165, « couler avec force » ; de *ravine*, 1°). ♦ 1° (Fin XVIᵉ). Creuser le sol, la terre de sillons, emporter la terre par endroits (en parlant des eaux de ruissellement). V. **Éroder**. *Pluies, orages, ruisseaux qui ravinent une pente*. « *Sur les bords ravinés d'une petite rivière* » (FRANCE). ♦ 2° *Fig.* (1897). Marquer de rides (le visage). « *Les larmes qui ont raviné son visage* » (BLOY). — Au p. p. « *Une face tassée, labourée, ravinée* » (SARTRE).

RAVIOLI [ravjɔli]. *n. m. pl.* (1834 ; *raviolle* « pâté de raves et de viande », 1376 ; mot it., lat. *rapum* « rave »). *Cuis.* Petits carrés de pâte renfermant de la viande hachée ou des légumes, que l'on fait cuire à l'eau. *Des ravioli à la sauce tomate.*

RAVIR [ravir]. *v. tr.* (fin XIIᵉ ; lat. pop. *°rapire*, class. *rapere* « saisir »). ♦ 1° *Littér.* Emporter, emmener de force. *Aigle qui ravit sa proie.* V. **Emporter.** *Ravir une femme.* V. **Enlever ; rapt, ravisseur.** — Prendre par violence, par ruse ou par surprise (ce qui appartient à autrui), s'emparer illégalement de (qqch.). V. **Souffler** (*fam.*), **usurper, voler.** « *Pour ravir un trésor, il a toujours fallu tuer le dragon qui le garde* » (GIRAUDOUX). ◇ Arracher (qqn) à l'affection de ses proches, à la vie. « *La mort ayant ravi ce petit innocent* » (MOL.). ♦ 2° *Relig.* (1170). Transporter au ciel. « *Un homme qui fut ravi jusqu'au troisième ciel* » (BIBLE). — *Fig.* (Sans idée de déplacement réel) *Être ravi en extase.* ♦ 3° (XIIIᵉ). Vx. (*Langue classique*) Porter qqn à un état de bonheur suprême. V. **Enivrer, transporter.** ◇ *Mod.* Plaire beaucoup à. « *Ces débauches de couleur qui ont ravi et ravissent encore les peintres romantiques* » (THARAUD). *Cela m'a ravi.* V. **Ravi ; emballer** (*fam.*), **enchanter, enthousiasmer.** *Loc. adv.* À RAVIR (1628) : admirablement, à merveille. « *Sa coiffure lui seyait à ravir* » (CHATEAUB.). *Elle est belle à ravir.* ◇ ANT. **Affliger, attrister, excéder.**

RAVISER (SE) [ravize]. *v. pron.* (1350 ; *raviser* « examiner attentivement », 1167 ; de *re-*, et *aviser*). Changer d'avis, revenir sur sa décision, sa promesse. V. **Dédire** (se). *Il semblait décidé mais il s'est ravisé au dernier moment.*

RAVISSANT, ANTE [ravisã, ãt]. *adj.* (1626 ; *ravisant* « ravisseur », 1350 ; de *ravir*, 1°). ♦ 1° *Vx* (sens fort, dans la langue class.). Qui ravit (3°). V. **Enchanteur, exaltant.** ♦ 2° *Mod.* (1690). Qui plaît beaucoup, touche par la beauté, le charme. V. **Charmant, joli.** « *Votre robe est ravissante* » (ANOUILH). *Un petit tableau ravissant.* — (D'une femme, d'une jeune fille) *Sa fiancée est ravissante.*

RAVISSEMENT [ravismã]. *n. m.* (XIIIᵉ ; de *ravir*, 1°). ♦ 1° *Vx.* Action de ravir (1°), d'enlever de force. *Le ravissement d'Europe.* V. **Enlèvement, rapt.** ♦ 2° *Relig.* Le fait d'être ravi (2°), transporté au ciel. *Le ravissement de saint Paul.* ◇ (1370) État d'une âme ravie en extase. « *Un de ces ravissements dont les saints sont coutumiers* » (FRANCE). ♦ 3° Émotion éprouvée par une personne transportée de joie et dans une sorte d'extase. V. **Enchantement, exaltation.** *Il l'écoutait avec ravissement.* « *Des idées qui jetaient Élodie dans le ravissement* » (FRANCE). ◇ ANT. **Affliction.**

RAVISSEUR, EUSE [ravisœr, øz]. *n.* (*Ravissiere*, 1216 ; de *ravir*, 1°). ♦ 1° *Vx.* Personne qui ravit ce qui appartient à autrui. V. **Voleur.** « *Des biens des nations ravisseurs altérés* » (RAC.). ♦ 2° *Mod.* Celui, celle qui enlève, emmène une personne de force. ◇ *Spécialt.* (v. 1235) *N. m.* Celui qui a enlevé une femme, une jeune fille. ♦ 3° *Adj.* **Loup ravisseur.**

RAVITAILLEMENT [ravitajmã]. *n. m.* (*Ravictaillement*, 1430 ; de *ravitailler*). Action de ravitailler (une armée, une place, une flotte, etc.), de se ravitailler. *Ravitaillement en vivres et en munitions. Ravitaillement des armées.* « *Quelques légionnaires descendus pour les corvées de ravitaillement quotidiennes* » (MAC ORLAN). ◇ *Par ext.* Alimentation, approvisionnement. *Ravitaillement des grandes villes. Ancien ministère du Ravitaillement* (pendant la guerre). — Fam. *Aller au ravitaillement :* aller se procurer les aliments nécessaires à la consommation familiale. ◇ Les denrées qui servent à ravitailler. V. **Provision.**

RAVITAILLER [ravitaje]. *v. tr.* (1427 ; de *re-*, et *avitailler*). ♦ 1° Pourvoir (une armée, une place, une flotte... de vivres), de munitions, etc. V. **Avitailler** (*aviat., mar.*), **munir.** ◇ *Par ext.* Fournir (une personne ou, plus souvent, une communauté de vivres, de denrées diverses. V. **Approvisionner.** *Ravitailler une ville en viande, en carburant.* — *Ravitailler un avion en vol.* ♦ 2° SE RAVITAILLER. *v. pron. Armée, flotte qui se ravitaille.* — « *On peut se ravitailler facilement à la ville voisine* » (ACAD.). *Les coureurs cyclistes se ravitaillent à l'étape.*

RAVITAILLEUR [ravitajœr]. *n. m. et adj.* (1527, « celui qui fournit en vivres » ; de *ravitailler*). *Milit.* (1878). Véhicule, navire, avion employés au ravitaillement (en vivres, en munitions, en carburant). *Ravitailleur de sous-marins.* — *Adj. Navire ravitailleur.* ◇ *Sports.* Celui qui ravitaille les coureurs en vivres dans une course cycliste, en essence dans une course automobile, etc.

RAVIVAGE [ravivaʒ]. *n. m.* (1904 ; de *raviver*). *Techn.* Opération qui consiste à raviver (3°) une surface métallique avant de la souder ou de la dorer. ◇ Opération destinée à redonner aux couleurs un éclat plus vif.

RAVIVER [ravive]. *v. tr.* (1170 ; de *re-*, et *aviver*). ♦ 1° Rendre plus vif, plus actif, ramener à sa vigueur première. *Raviver le feu, la flamme. Raviver des couleurs.* V. **Aviver.** ♦ 2° *Fig.* Ranimer, faire revivre. *Raviver un vieux souvenir, une douleur ancienne, la colère de qqn.* V. **Ranimer, réveiller.** — Pronom. « *L'inquiétude d'avoir laissé son père si souffrant s'était ravivée* » (MART. du G.). ♦

3° *Techn.* (1765). Nettoyer, décaper le métal qu'on veut souder ou dorer. ◇ *Chir.* (1798) *Raviver une plaie*, la mettre à vif pour favoriser la cicatrisation. V. **Aviver.** ◇ ANT. **Atténuer, effacer, endormir, estomper, éteindre.**

RAVOIR [ravwar]. *v. tr. ;* conjug. : seulement inf. (1160 ; de *re-*, et *avoir*). ♦ 1° Avoir de nouveau, reprendre possession de qqch. V. **Recouvrer, récupérer.** « *Les enfants veulent ravoir ce qu'ils ont donné* » (ROUSS.). ♦ 2° *Fam.* (Au négatif). Remettre en bon état de propreté. *On ne peut ravoir ces bronzes.*

RAYA. V. RAÏA.

RAYAGE [rɛjaʒ] ou (*vx*) **RAYEMENT** [rɛjmã]. *n. m.* (1868,-XVIᵉ ; de *rayer*). ♦ 1° Action de rayer ; état de ce qui est rayé. *Le rayage d'un nom dans une liste.* ♦ 2° *Techn.* RAYAGE : opération qui consiste à pratiquer des rayures (3°) dans le canon d'une arme à feu.

RAYÉ, ÉE [reje]. *adj.* (XIVᵉ [étoffe] ; *roié*, fin XIIᵉ ; V. **Rayer**). ♦ 1° Qui porte des raies, des rayures (2°). *Toile rayée. Pantalon rayé. Papier rayé. Poisson au dos rayé de noir.* V. **Tigré, vergeté, zébré.** ♦ 2° (1694). Qui porte une rayure (3°), des rayures, des éraflures. *Vitre rayée. Reliure rayée.* — Garni de rainures. *Canon, fusil rayé.*

RAYER [reje]. *v. tr. ;* conjug. *payer* (*Royer*, XIIIᵉ ; de *raie*). ♦ 1° Marquer une surface d'une ou de plusieurs raies. *Rayer du papier avec un crayon et une règle.* ♦ 2° Marquer de raies, en entamant la surface. *Rayer un mur en transportant un meuble.* V. **Érafler.** *Le diamant raye le verre. Rayer un canon :* y pratiquer des rayures (3°). ◇ Constituer un sillon, une raie. « *Deux plaies profondes... rayaient cette face désormais lamentable* » (GREEN). V. **Couper.** ♦ 3° (XVᵉ). Tracer un trait sur (un mot, un groupe de mots, etc.) pour l'annuler. V. **Barrer, biffer, raturer.** — Annuler l'effet d'une inscription sur une liste ou un registre ; ôter (d'un ensemble où il figurait). V. **Radier.** *Rayer qqn des cadres, des contrôles.* V. **Exclure, réformer, rejeter.** « *Moi, votre ami? Rayez cela de vos papiers* » (MOL.). *Rayer qqch. de sa mémoire.* V. **Effacer.** « *Fouan était comme rayé du nombre des vivants!* » (ZOLA). ◇ ANT. **Immatriculer, inscrire.**

RAYÈRE [rejɛr]. *n. f.* (1412 ; de l'a. fr. *raier* « émettre des rayons lumineux », lat. *radiare*). *Archit.* Étroite ouverture verticale pratiquée dans le mur d'une tour pour en éclairer l'intérieur.

RAY-GRASS [rɛgras]. *n. m.* (1758 ; mot angl., de *ray* « ivraie », et *grass* « herbe »). Plante herbacée, variété d'ivraie employée pour les pelouses, les prairies artificielles. *Le ray-grass donne un excellent fourrage.*

1. RAYON [rɛjɔ̃]. *n. m.* (1534 ; de *rai*, lat. *radius*). ♦ 1° Toute trace de lumière en ligne ou en bande. V. **Jet, rai, trait.** *Un rayon de soleil, de lune.* « *Parfois un rayon perçait les nuages* » (GREEN). « *En apercevant, par la fente d'un auvent, un mince rayon de jour* » (MAUPASS.). — (Au plur.) *Les rayons :* la clarté, la lumière. *Les rayons du soleil. Lancer des rayons, des rayons lumineux.* V. **Briller, darder, étinceler, irradier, rayonner.** « *Où Midi baigne en vain de ses rayons sans nombre* » (HUGO). ◇ *Par ext.* Figuration de la lumière (en héraldique, en art décoratif) par des traits divergents, des triangles allongés. « *Les idoles... aux têtes nimbées de rayons* » (LOTI). ◇ *Phys.* Trajet rectiligne d'une radiation lumineuse visible, à partir d'un point de sa source. — (*Opt.*) Matérialisation de la courbe ou du parcours des ondes lumineuses. *Rayons convergents, divergents, parallèles...* (V. **Faisceau**). *Rayons incidents, qui se brisent, s'infléchissent. Rayons réfractés* (V. **Réfraction, réfringent**), *réfléchis* (V. **Réflexion**). *Le prisme dévie et disperse les rayons. Polariser un rayon lumineux.* V. **Polarisation.** — *Rayon visuel* (1677) : ligne idéale joignant un point à l'œil ; *spécialt. Rayon lumineux qui vient impressionner l'œil.* ♦ 2° *Par anal.* (XVIIIᵉ). *Rayon*, s'est dit de phénomènes physiques considérés comme analogues aux rayons de lumière (Cf. aussi *Les* « *rayons de la mort* », le « *rayon qui tue* » dans la littérature populaire). *Émission de* « *rayons* ». V. **Irradiation.** ◇ *Mod.* (Plur.) *Cour.* RAYONS : radiations, rayonnements. V. **Radio-.** *Rayons infrarouges. Rayons ultraviolets. — Rayons X* ou *rayons Röntgen* (1896) : rayonnement électromagnétique de longueur d'onde beaucoup plus petite que celle de la lumière. *Propriétés des rayons X.* V. **Radiographie, radioscopie.** — *Rayons gamma :* rayonnement électromagnétique de longueur encore plus petite que celle des rayons X, émis par un noyau. — *Rayons alpha :* particules alpha, émises par un noyau, composées chacune de 2 protons et de 2 neutrons, et donc semblables aux noyaux de l'atome d'hélium. — *Rayons bêta :* flux de particules bêta (électrons négatifs ou positifs) émis par un noyau produisant la désintégration bêta, plus pénétrants que les rayons alpha, mais facilement absorbés par la matière en produisant des photons. *Rayons delta :* électron éjecté d'un atome par une autre particule chargée en mouvement. — *Rayons cathodiques* (1907) : flux d'électrons négatifs en mouvement rapide émis par la cathode d'un tube à décharge dans un gaz, au cours du bombardement par des ions positifs.

◇ *Rayons cosmiques* (1932) : ensemble de radiations d'une grande énergie, très pénétrantes, qui atteignent la Terre en provenance de toutes les directions de l'espace, avec une égale intensité. ◇ Absolt. (dans le langage courant, en médecine...). *Rayons*, se dit de toute radiation ou de tout rayonnement pouvant avoir un effet particulier sur l'organisme (*spécialt*). Rayons X, rayons ultraviolets et infrarouges, ondes courtes). *Le « mal des rayons »*. V. **Mal** (3 ; I, 3°). *Traitement par les rayons*. V. **Actinothérapie.** ♦ 3° (XVIᵉ). *Fig.* Tout ce qui éclaire, répand la connaissance, le bonheur, etc. « *En faisant pénétrer dans mon âme quelques rayons d'une lumière vraie* » (CHATEAUB.). *Un rayon d'espérance.* — Loc. métaph. *Un rayon de soleil* : chose ou personne qui remplit le cœur de joie. ♦ 4° (1538). Chacune des pièces allongées qui relient le moyeu d'une roue à sa jante, en divergeant. *Rayons de bois d'une roue de charrette. Rayons métalliques d'une roue de bicyclette.* ◇ *Par ext.* (déb. XVIIIᵉ) Chacun des éléments qui divergent à partir d'un centre. *Disposition en rayons.* V. **Radiaire, radié**, rayonné. — *Bot. Rayons médullaires d'une tige* : disposés autour de son axe médullaire. — *Zool.* Chacune des pièces dures qui forment la charpente de la nageoire des poissons. ♦ 5° (XVIIᵉ). *Géom.* Segment de valeur constante joignant un point quelconque d'un cercle (ou d'une sphère) à son centre (abrév. *r*). *Le rayon est égal au demi-diamètre.* ◇ *Par ext.* Segment joignant un point fixe à un point quelconque d'une courbe (ou à une position quelconque d'un mobile). *Rayon vecteur* ; spécialt. Distance du foyer d'une conique à la courbe. — *Rayon de courbure** d'un segment de voie ferrée. — *Auto. Rayon de braquage* : rayon minimum que peut décrire la roue avant extérieure d'une voiture. ◇ *Par ext.* (1835) Distance déterminée, mesurée à partir d'un point d'origine (dans toutes les directions). « *Interdire l'existence de casinos... dans un certain rayon autour de Paris* » (ROMAINS). « *Dans l'étroit rayon de la corde qui la retient (une chèvre)* » (RENAN). — RAYON D'ACTION : distance maximum qu'un navire, un avion peut parcourir sans être ravitaillé en combustible. *Fig.* Zone d'activité. *Cette entreprise a étendu son rayon d'action* (V. **Envergure**).

2. RAYON [Rɛjɔ̃]. *n. m.* (1538, « rayon de miel » ; de l'a. fr. *ree* [XIIᵉ], frq. **hrâta* ; Cf. néerl. *Rata* « miel vierge »). ♦ 1° Chaque gâteau de cire formé par certains insectes (abeilles, guêpes) et dont les alvéoles ou cellules sont remplies de miel ou de couvain. *Les rayons d'une ruche, parallèles et verticaux, comprenant deux rangs d'alvéoles.* ♦ 2° Par anal. (1690). Planche, tablette de rangement. V. **Degré, étagère.** *Ensemble de rayons.* V. **Rayonnage.** *Rayons d'une bibliothèque.* ◇ *Par ext.* Partie d'un grand magasin réservée au commerce d'une marchandise. *Le rayon des manteaux, des bagages. Chef de rayon.* ♦ 4° Fig. *C'est de votre rayon*, ou plus souvent, *c'est votre rayon* : c'est une chose qui vous regarde, qui vous regarde. V. **Domaine.** « *Ça ne nous regarde pas, ce n'est pas notre rayon* » (SARRAUTE). — Loc. fam. *Il en connaît un rayon*, il est très compétent, très fort (dans ce domaine). V. **Bout.**

3. RAYON [Rɛjɔ̃]. *n. m.* (XIVᵉ, « sillon, fossé, rigole » ; *reun*, 1120 ; de *raie* 1). Petit sillon tracé sur une planche labourée et ratissée ou au bord d'une allée. *Semer, planter en rayons* : semer les graines en ligne droite. *Un rayon de pois.*

1. RAYONNAGE [Rɛjɔnaʒ]. *n. m.* (1842 ; de *rayon* 3). Agric. Opération par laquelle on trace les rayons dans un potager, un champ, avant d'y semer les graines.

2. RAYONNAGE [Rɛjɔnaʒ]. *n. m.* (1874 ; de *rayon* 2, 2°). Ensemble des rayons d'un meuble de rangement. ◆ Planchettes, rayons assemblés pour y ranger des livres, des dossiers, etc. V. **Étagère.** « *Des rayonnages sur lesquels s'empilaient des boîtes de boutons* » (QUENEAU).

RAYONNANT, ANTE [Rɛjɔnɑ̃, ɑ̃t]. *adj.* (1611 ; de *rayonner* 1). ♦ 1° Qui présente un rayonnement (1, 4°). V. **Étoile** (en), radiant. « *Des hibiscus... étalaient de fabuleuses fleurs rayonnantes* » (GENEVOIX). *Décor rayonnant* : à motifs pointés vers le centre. ◇ *Spécialt.* (1904) Se dit de l'art gothique de la deuxième moitié du XIIIᵉ et du XIVᵉ s., caractérisé par la présence de motifs circulaires rayonnants (rosaces, etc.). ◇ *Archit. Chapelles rayonnantes* « *absidioles groupées en collerette autour du déambulatoire* » (FOCILLON). ♦ 2° Qui répand des rayons lumineux. *Soleil rayonnant.* V. **Radieux.** « *Il faisait un temps doux, rayonnant* » (DAUD.). ◇ (1821) Phys. (*Vieilli* ou *rare*). Qui se propage par rayonnement. *Chaleur rayonnante.* ♦ 3° Par métaph. *and* fig. (XVIIᵉ). Qui rayonne (3°). V. **Radieux** (2°). *Une beauté rayonnante.* V. **Éclatant.** *Un air rayonnant, de parfait bonheur.* — RAYONNANT DE... : qui exprime vivement qqch. d'heureux ou de bienfaisant. *Visage rayonnant de joie, de satisfaction.* « *Rayonnante de bonne foi, de volonté* » (DUHAM.). *Un enfant rayonnant de santé.* ◇ ANT. Obscur, sombre. Chagrin, éteint.

RAYONNE [Rɛjɔn]. *n. f.* (1930 ; de l'anglo-amér. *rayon*, du fr., à cause du brillant). Fibres textiles artificielles (cellulosiques), dites aussi *Soie artificielle*. — Cette matière employée en fibres continues (*opposé à* fibranne). ◇ *Par ext.* Étoffe, tissu de rayonne. *Rideaux en rayonne.*

RAYONNÉ, ÉE [Rɛjɔne]. *adj. et n. m. pl.* (1765 ; V. Rayonner 1). ♦ 1° Disposé selon des rayons. V. **Étoilé.** *Symétrie rayonnée des animaux dont les mêmes organes se répètent autour d'un axe, à intervalles réguliers.* ♦ 2° (1842). Orné de rayons figurés. *Nimbe rayonné. Tête rayonnée* (sur une médaille). ♦ 3° LES RAYONNÉS. *n. m. pl.* (1842). Ancienne division du règne animal comprenant les cœlentérés, les échinodermes.

RAYONNEMENT [Rɛjɔnmɑ̃]. *n. m.* (1558 ; de *rayonner* 1). ♦ 1° Littér. Lumière rayonnante, clarté. *Le rayonnement des cierges.* « *Le lustre, avec le rayonnement de ses facettes* » (FLAUB.). ♦ 2° Émission et propagation d'un ensemble de radiations avec transport d'énergie et émission de corpuscules. *Rayonnement des astres ; rayonnement solaire. Rayonnement thermique de la Terre.* — *Rayonnement d'un corps radioactif.* V. **Radioactivité.** ◇ *Occult.* Fluide. ♦ 3° *Phys.* Ensemble de radiations de nature similaire ou voisine, mais dont les longueurs d'ondes et les énergies peuvent être différentes. *Rayonnements corpusculaires ; rayonnements électromagnétiques.* — *Rayonnement visible, infrarouge ; ultraviolet. Rayonnement ionisant. Rayonnement cosmique.* ♦ 4° Fig. (1869). Influence heureuse, éclat (*fig.*) excitant l'admiration. « *Un extraordinaire rayonnement émanait de tout son être* » (GIDE). « *Le rayonnement de sa présence* » (LOTI). *Rayonnement d'une œuvre, d'un pays, d'une civilisation.*

1. RAYONNER [Rɛjɔne]. *v. intr.* (1549 ; de *rayon* 1). ♦ 1° Littér. Répandre de la lumière, des rayons lumineux. V. **Irradier.** « *Des éclaboussements d'étincelles... rayonnaient comme des soleils* » (ZOLA). « *Et rien, ni votre amour, ni le boudoir, ni l'âtre, Ne me vaut le soleil rayonnant sur la mer* » (BAUDEL.). ♦ 2° Par ext. (v. 1850). Se propager par rayonnement. *Chaleur qui rayonne.* ♦ 3° Fig. (v. 1800). Répandre comme une lumière, un rayonnement. V. **Briller.** « *Ce rire intérieur qui fait rayonner le visage* » (HUGO). *Rayonner de joie, de bonheur.* V. **Éclater.** ◇ Se répandre, se manifester comme une clarté. *La grâce de Dieu* « *ne devrait-elle pas rayonner de vous ?* » (BERNANOS). *Culture qui rayonne dans le monde.* V. **Propager** (se). ◇ Exprimer le bonheur. *Son visage rayonnait.* V. **Rayonnant.** ♦ 4° (1760). Être disposé en rayons, en lignes divergentes autour d'un centre. « *Une résidence d'où rayonnent une foule d'avenues comme une étoile* » (HUGO). ◇ *Par ext.* Se répandre, se manifester dans toutes les directions. *Douleur qui rayonne.* ♦ 5° Se déplacer dans un certain rayon. *Service de cars qui rayonne autour d'une ville. Rayonner dans la région* (en partant d'un point d'attache). ♦ 6° Trans. Sc., Techn. Émettre (un rayonnement, un flux lumineux).

2. RAYONNER [Rɛjɔne]. *v. tr.* (1869 ; de *rayon* 2). Rare. Garnir de rayons, de rayonnages. *J'ai fait rayonner ma chambre pour y ranger mes livres.*

RAYURE [Rɛjyr]. *n. f.* (*Rayeure*, 1611 ; de *rayer*). ♦ 1° Vx. Partie rayée (1690). Manière dont un objet est rayé. ♦ 2° Mod. Chacune des bandes, des lignes qui se détachent sur un fond de couleur différente. V. **Bande, ligne.** *Rayures d'un dessin.* V. **Hachure.** « *Un maillot de coton rose à rayures noires* » (MAC ORLAN). *Étoffe à rayures. Rayures sur le pelage d'un animal.* V. **Zébrure.** ♦ 3° Éraflure sur une surface. *Rayures sur un meuble, une reliure.* V. **Griffure.** ♦ Entaille allongée de forme régulière. V. **Sillon, strie.** *Spécialt.* (1680) Chacune des rainures ménagées à l'intérieur du canon d'une arme à feu afin de rendre le projectile plus stable sur sa trajectoire.

RAZ ou **RAS** [Rɑ]. *n. m.* (1842-XIVᵉ ; breton *raz*, de l'a. scand. *râs* « courant d'eau »). ♦ 1° Mar. Courant marin violent qui se fait sentir dans un passage étroit. ◇ (En Bretagne et en Normandie) Nom donné à certains passages resserrés où se produisent ces courants. *Le raz de Sein.* ♦ 2° (1680). RAZ DE MARÉE ou RAZ-DE-MARÉE [Rɑdmare] : vague isolée et très haute, d'origine sismique ou volcanique, qui pénètre profondément dans les terres. ◇ Fig. Bouleversement moral ou social qui détruit l'équilibre existant. V. **Marée.** « *Les raz-de-marée qui emportent, avec les valeurs d'une société, cette société elle-même* » (MALRAUX). ◈ HOM. Ras.

RAZZIA [Razja]. *n. f.* (1841 ; arabe d'Algérie *rhâzya*, class. *rhazâwa* « attaque »). ♦ 1° Attaque qu'une troupe de pillards lance contre une tribu, une oasis, une bourgade, afin d'enlever les troupeaux, les récoltes, etc. V. **Incursion, raid.** ♦ 2° Fam. et vieilli. Rafle de police. — Mod. et fam. Faire (une) razzia sur qqch., l'enlever par surprise ou par violence.

RAZZIER [Razje]. *v. tr.* (1843 ; de *razzia*). ♦ 1° Exécuter une razzia (1°) contre. *Razzier un village.* V. **Piller, saccager.** ♦ 2° Enlever au cours d'une razzia. « *Ils avaient pris les armes... et razziaient le bétail* » (CENDRARS). ◇ Fig. et fam. Faire razzia (2°) sur qqch. V. **Rafler.**

Rb Symbole chimique du *rubidium**.
rd Symbole du *radian**.
Re Symbole chimique du *rhénium**.

RE-, RÉ-, R-. Éléments (du lat. *re*, indiquant un mouvement en arrière) qui expriment : le fait de ramener en arrière (ex. *rabattre, recourber*), le retour à un état antérieur (ex. *refermer, rhabiller*), la répétition (ex. *redire, réaffirmer*), le renforcement, l'achèvement (ex. *réunir, ramasser*) ou qui est explétif, équivalent de la forme simple vieillie (ex. *raccourcir*). — *Phonét.* Le [ə] du préfixe *re-* se prononce toujours au début d'un groupe rythmique, dans la conversation soignée (*ex.* : remarquez bien [ʀəmaʀkəbjɛ̃]). Il peut tomber dans la conversation familière (*ex.* : *r*emarquez bien [ʀmaʀ kəbjɛ̃]) ou, même dans la conversation soignée, à l'intérieur d'un groupe rythmique (*ex.* : j'ai remarqué [ʒɛʀmaʀke]).

RÉ [ʀe]. *n. m.* (XIII⁰ ; première syllabe de *resonare* dans l'hymne de Saint-Jean-Baptiste). Deuxième note de la gamme d'ut ; ton correspondant. *Messe en ré mineur.* — Signe qui représente cette note.

RÉA [ʀea]. *n. m.* (1839 ; corrupt. de *rouet*). ♦ 1⁰ *Mar.* Syn. de *Rouet.* ♦ 2⁰ *Techn.* Roue à gorge d'une poulie.

RÉABONNEMENT [ʀeabɔnmɑ̃]. *n. m.* (1845 ; de *réabonner*). Action de réabonner, de se réabonner.

RÉABONNER [ʀeabɔne]. *v. tr.* (1845 ; de *re-*, et *abonner*). Abonner de nouveau. — Pronom. *Se réabonner*, reprendre un abonnement. *Se réabonner à un journal dont l'abonnement expire.*

RÉABSORBER [ʀeapsɔʀbe]. *v. tr.* (av. 1784 ; de *re-*, et *absorber*). Absorber de nouveau.

RÉABSORPTION [ʀeapsɔʀpsjɔ̃]. *n. f.* (1795 ; de *réabsorber*). Action de réabsorber, nouvelle absorption.

RÉAC [ʀeak]. *adj. et n.* V. RÉACTIONNAIRE.

RÉACCOUTUMER [ʀeakutyme] ou **RACCOUTUMER** [ʀakutyme]. *v. tr.* (*Reaccoustumer*, v. 1600 ; *raccoutumer*, 1538 ; de *re-*, et *accoutumer*). Accoutumer à ce dont on était désaccoutumé. Pronom. *Se réaccoutumer à son travail au retour des vacances.*

RÉACTEUR, TRICE [ʀeaktœʀ, tʀis]. *n.* (1790 ; de *réaction*).
I. *Vx.* Réactionnaire.
II. *N. m.* ♦ 1⁰ (v. 1940). Moteur, propulseur à réaction (I, 1⁰). V. *aussi* Pulsoréacteur, statoréacteur, turboréacteur. *Réacteur d'avion. Entrée d'air, compresseur, chambre de combustion, tuyère d'éjection d'un réacteur. Poussée d'un réacteur*, sa force propulsive. ♦ 2⁰ *Chim.* Récipient dans lequel est réalisée une réaction chimique. ♦ Synonyme de « pile atomique ». — Dispositif à l'intérieur duquel se produisent et s'entretiennent des réactions de fission de l'uranium naturel, de plutonium, etc. *Réacteur nucléaire destiné à la production d'énergie, à la recherche* (réacteur expérimental).

RÉACTIF, IVE [ʀeaktif, iv]. *adj. et n. m.* (1740, adj. ; d'apr. *réaction*). ♦ 1⁰ Qui exerce une réaction, réagit. *Force réactive.* — *Psycho.* Qui consiste en une réaction. *L'impulsivité est immédiate, réactive.* ♦ 2⁰ *N. m. Chim.* (v. 1800). Substance prenant part à une réaction chimique quelconque. V. **Réactivité**. *Spécialt.* Substance qui, entrant en réaction avec une autre, produit toujours les mêmes phénomènes ou réactions et permet ainsi l'identification de celle-ci. *La teinture bleue de tournesol est un réactif des acides* (elle devient rouge à leur contact). ♦ *Fig.* Condition morale particulièrement agissante ou révélatrice. « *Les réactifs qui décomposent les passions et qui permettent de les analyser* » (ZOLA). « *Un homme amoureux est un réactif d'une extrême sensibilité pour les sentiments de la femme qu'il aime* » (MAUROIS).

RÉACTION [ʀeaksjɔ̃]. *n. f.* (XVI⁰, techn. ; de *ré-*, et *action*).
I. *Sc.* ♦ 1⁰ *Mécan.* Force qu'un corps agissant sur un autre détermine en retour chez celui-ci. *Principe de l'égalité de l'action et de la réaction* (énoncé par Newton) : un corps qui exerce sur un autre une poussée ou une traction reçoit de celui-ci une poussée ou une traction égale et opposée. « *L'aile de l'oiseau, qui n'a besoin que de la réaction de l'air pour soulever le corps* » (BUFF.). ◇ *Techn.* (1932) *Propulsion par réaction*, mode de propulsion dans laquelle les gaz chassés vers l'arrière de l'engin projettent par réaction l'engin vers l'avant. *Moteur à réaction.* V. **Réacteur**. *Cour. Avion à réaction* : avion mû par un ou plusieurs réacteurs. ♦ 2⁰ *Chim.* (1610). Action réciproque de deux ou plusieurs substances, qui entraîne des transformations chimiques. « *Le mélange explose avec violence... et la réaction n'est pas sans danger* » (LAMIRAND). *Corps qui provoque une réaction sans subir de modification chimique.* V. **Catalyseur**. *Réaction nucléaire* : désintégration du noyau d'un atome, lorsque ce dernier subit une interaction avec un rayonnement. *Réaction thermonucléaire*, ainsi appelée à cause des températures très élevées mises en œuvre. ◇ *Réaction en chaîne* (1949), réaction se produisant par l'intermédiaire d'une série d'étapes pouvant se reproduire indéfiniment (les centres actifs des « chaînes » sont des atomes) et *par ext.* tout processus de propagation ; au fig. (*cour.*) Suite de répercussions provoquée par un fait initial. ♦ 3⁰ *Physiol.* (1810). Réponse d'un système excitable à un stimulus externe ou interne. *Réaction*

motrice. V. **Réflexe, stimulus.** *Réactions tactiles, visuelles, auditives.* ◇ Modification de l'organisme produite par une cause morbide, un remède, une modification du milieu intérieur ou extérieur, et qui tend à en contrebalancer les effets. « *La fièvre... traduit les réactions naturelles de défense de l'organisme* » (FABRE et ROUGIER). *Réactions propres à un individu.* V. **Idiosyncrasie**. *Réaction provoquée. Cuti-réaction*. Faire réaction*, se dit de ce qui provoque un subit réchauffement du corps. ♦ 4⁰ *Psycho.* (XX⁰). Réponse d'un être vivant à une excitation. *Réaction affective.* « *La psychologie étudie les réactions de l'individu à son milieu de comportement* » (P. GUILLAUME). — *Temps de réaction*, entre une excitation et une réaction, variable selon les individus et leur état.
II. *Cour. et fig.* ♦ 1⁰ (1734). Réponse à une action par une action contraire tendant à l'annuler. « *La réforme,... réaction contre le solidarisme et l'absolutisme du catholicisme romain* » (DUGUIT). *Décision prise en réaction contre les méthodes précédentes*, absolt. *par réaction*. ♦ 2⁰ (1796). Mouvement d'idées, action qui s'oppose au progrès social issu des principes de la Révolution, et vise à rétablir des institutions antérieures (V. **Réactionnaire**). *La réaction ou la révolution.* — Par ext. (*plus cour.*) Les réactionnaires. « *Ces batailles épiques qu'il a livrées contre la réaction* » (ARAGON). ♦ 3⁰ Attitude, comportement d'une personne qui répond à une action extérieure. *Réaction de qqn à une situation nouvelle, à une catastrophe, à une flatterie. Il aut une réaction de peur, de colère... Réaction lente ; vive, soudaine* (V. **Réflexe, sursaut**). *Être sans réaction*, rester inerte. — *Fam.* « *Il a protesté ? — Non, aucune réaction* ». « *L'excès de malheur provoquait des réactions inattendues* » (SARTRE). « *Les réactions normales de l'homme d'honneur outragé* » (PROUST). *Réactions internationales au discours d'un chef d'État. Provoquer des réactions.* ◇ *Par anal.* Comportement d'une machine, d'un véhicule qui répond (plus ou moins bien, plus ou moins vite) aux commandes. *Cette voiture a de bonnes réactions.*

RÉACTIONNAIRE [ʀeaksjɔnɛʀ]. *adj. et n.* (1790 ; de *réaction*). *Péj.* ♦ 1⁰ Qui concerne la réaction, agit en sa faveur. *Opinions, mesures réactionnaires. Parti, gouvernement réactionnaires.* ♦ 2⁰ Qui a, exprime des idées réactionnaires (Cf. *pop.* **Réac**). *Écrivain, critique réactionnaire. Livre, film réactionnaire.* ◇ N. « *À force de discuter avec ce vieux réactionnaire...* » (ARAGON). « *Des bourgeois et des réacs* » (VALLÈS). ◇ ANT. *Avancé, révolutionnaire ; novateur, progressiste.*

RÉACTIONNEL, ELLE [ʀeaksjɔnɛl]. *adj.* (1845 ; de *réaction*). *Méd.* Qui a rapport à une réaction ; qui est provoqué par une réaction. ◇ *Psycho. et Psychan.* Qui constitue une réaction contre une situation mal supportée, une pulsion refoulée. *Sociabilité réactionnelle d'un sujet agressif.* — *Psychose réactionnelle*, psychose consécutive à un choc affectif, un événement pénible exceptionnel, et généralement guérissable (*opposé à* psychose constitutionnelle).

RÉACTIVATION [ʀeaktivasjɔ̃]. *n. f.* (déb. XX⁰ ; de *réactiver*). « *Fait de redonner de l'activité, de la vigueur* (à qqch.). « *La réactivation de l'alliance atlantique* » (*Nouv. Obs.*, 9-9-1968). ◇ *Spécialt.* (Méd.). Action de faire réapparaître un phénomène disparu ; son résultat. *Réactivation d'une maladie, d'un sérum.*

RÉACTIVER [ʀeaktive]. *v. tr.* (1845 ; de *ré-*, et *actif*). Rendre de nouveau actif. *Réactiver un catalyseur.* V. **Régénérer**.

RÉACTIVITÉ [ʀeaktivite]. *n. f.* (XX⁰ ; de *réactif*). ♦ 1⁰ *Chim.* Aptitude d'un corps à être réactif*. *La réactivité de l'aluminium.* ◇ *Chim. nucl.* Mesure de l'efficacité d'un réacteur nucléaire. ♦ 2⁰ *Psycho. et physiol.* « *Capacité de répondre* [...] *à des stimulations extérieures* » (PIÉRON). ◇ *Méd. Réactivité à un vaccin, à un allergène.*

RÉACTOGÈNE [ʀeaktɔʒɛn]. *adj. et n. m.* (mil. XX⁰ ; de *réaction*, et *-gène*). *Didact.* (*Méd.*) Substance allergène, capable de déclencher dans l'organisme une réaction d'hypersensibilité. *Médicaments réactogènes. Un réactogène.*

RÉADAPTATION [ʀeadaptasjɔ̃]. *n. f.* (1899, zool. ; de *re-*, et *adaptation*). ♦ 1⁰ Adaptation nouvelle (d'une personne qui n'est plus adaptée). V. **Réinsertion**. *Réadaptation d'un soldat à la vie civile.* ♦ 2⁰ (1933). *Réadaptation fonctionnelle*, réduction des séquelles d'un accident, d'une opération (massages, électrothérapie, etc.), afin de réadapter à une vie normale, *spécialt.* à une activité professionnelle.

RÉADAPTER [ʀeadapte]. *v. tr.* (1899 ; de *réadaptation*). Adapter de nouveau, adapter ce qui n'était plus adapté. *Réadapter un convalescent à sa vie professionnelle.* V. **Réaccoutumer**. — Pronom. « *L'effort d'un esprit qui s'adapte et se réadapte sans cesse* » (BERGSON). — Au p. p. *Infirme réadapté à son travail.* Subst. *Les réadaptés.*

RÉADMETTRE [ʀeadmɛtʀ(ə)]. *v. tr.* ; conjug. *admettre*. V. **Mettre**. (1839 ; de *re-*, et *admettre*). Admettre de nouveau.

RÉADMISSION [ʀeadmisjɔ̃]. *n. f.* (1808 ; de *re-*, et *admis-*

sion). Nouvelle admission. *Réadmission d'un sociétaire exclu.*

RÉAFFIRMER [ʀeafiʀme]. *v. tr.* (1869 ; de *re-*, et *affirmer*). Affirmer de nouveau, dans une autre occasion. *Il a réaffirmé ses intentions dans sa dernière conférence de presse.*

RÉAGIR [ʀeaʒiʀ]. *v. tr.* (XIVᵉ, alch. ; de *re-*, et *agir*). **I.** ♦ 1° *Phys.* Se dit d'un corps qui agit sur un autre dont il a éprouvé l'action. *Les parois d'un vase réagissent sur le fluide qui les presse.* ♦ 2° *Chim.* (mil. XVIIIᵉ). Se dit de corps qui entrent en réaction. *Corps inerte, qui ne réagit pas.* ♦ 3° *Physiol.* et *méd.* Répondre par une réaction ou un ensemble de réactions. *Organisme qui réagit contre l'infection.* — *Physiol.* (1935) Répondre à un stimulus. *Protoplasme « capable de recevoir l'excitation et de réagir contre elle »* (BERGSON). **II.** *Fig.* et *cour.* ♦ 1° RÉAGIR SUR (1784) : agir sur l'agent, la cause de l'action qu'on subit, en s'y opposant. *« Les temps font les hommes, et les hommes ensuite réagissent sur leur temps »* (LAMENNAIS). ◇ Agir en retour ou réciproquement sur (qqch.). V. **Répercuter** (se). *« Les troubles de conscience réagissent tout naturellement sur l'organisme »* (ROMAINS). ♦ 2° RÉAGIR CONTRE (1788) : s'opposer à (une action) par une action contraire. *Réagir contre une mode, un usage, des idées.* V. **Résister.** ◇ *Absolt.* Agir en s'opposant. *Ils essayèrent de réagir et de rétablir l'autorité royale.* — *Spécialt.* Faire un effort de volonté pour sortir d'une situation pénible. V. **Secouer** (se). *Il faut réagir ! ne vous laissez pas abattre !* ♦ 3° RÉAGIR À (1935) : répondre spontanément (à une action extérieure), avoir une réaction. *« Le nerveux... doit réagir à l'événement »* (LE SENNE). ◇ *Absolt.* Comment a-t-il réagi ? *Réagir brutalement, violemment, vivement* (V. **Sursauter**), *mollement.* *« Puis-je savoir comment je réagirais, en face du danger réel ? »* (GIDE).
⬦ ANT. Abattre, aller (se laisser).

RÉAJUSTEMENT, RÉAJUSTER. V. RAJUSTEMENT, RAJUSTER (3°).

1. **RÉAL, AUX** [ʀeal, o] *n. m.* ou **RÉALE** *n. f.* (1363, -1580 [*realle*] ; esp. *réal* « royal »). Ancienne monnaie espagnole valant un quart de peseta. *Cinq millions de réaux.*

2. **RÉAL, ALE, AUX** [ʀeal, o]. *adj.* et *n. f.* (*Réal* « royal », XVIᵉ ; esp. *real*). Hist. *Galère réale :* principale galère, destinée au roi, à l'amiral. — N. f. *La réale :* cette galère.

RÉALÉSAGE [ʀealezaʒ]. *n. m.* (XXᵉ ; de *réaléser*). Action de réaléser.

RÉALÉSER [ʀealeze]. *v. tr.* ; conjug. *céder* (1921 ; de *re-*, et *aléser*). Aléser une seconde fois. *Réaléser des cylindres ovalisés.*

RÉALGAR [ʀealgaʀ]. *n. m.* (1495 ; *reagal*, mil. XIVᵉ ; altér. de l'arabe *rehj-al-ghar* « poudre de cave ; mort-aux-rats »). Alch. et anc. Chim. Sulfure naturel d'arsenic (As₂S₂) de couleur rouge.

RÉALISABLE [ʀealizabl(ə)]. *adj.* (1780, fin. ; de *réaliser*). ♦ 1° Transformable en argent. *Une fortune entièrement réalisable.* ♦ 2° (1842) Susceptible d'être réalisé, de se réaliser. V. **Possible.** *Plan, projet réalisable.* V. **Exécutable.** *« Un souhait encore réalisable »* (GIDE). ⬦ ANT. Impossible, inexécutable, irréalisable.

RÉALISATEUR, TRICE [ʀealizatœʀ, tʀis]. *adj.* et *n.* (1842 ; de *réaliser*). ♦ 1° Qui réalise, rend réel, effectif. *Un esprit réalisateur.* V. **Efficace.** ◇ Subst. *« Pascal a montré des qualités de réalisateur que l'on n'aurait peut-être guère attendues »* (L. de BROGLIE). ♦ 2° N. (1918). Personne qui dirige toutes les opérations de préparation et de réalisation d'un film ou d'une émission (Cf. Metteur en scène*). *Réalisateur, réalisatrice de télévision, de radio.* (Cf. Metteur en ondes).

RÉALISATION [ʀealizasjɔ̃]. *n. f.* (1518, jur. ; de *réaliser*). Action de réaliser ; son résultat. ♦ 1° Action de rendre réel, effectif. V. **Exécution.** *La réalisation d'un projet.* *« Il poursuivait la réalisation d'un plan gigantesque »* (FRANCE). Dr. *Réalisation d'un contrat.* ◇ Le fait de devenir réel, de se réaliser. *« Le progrès, c'est la réalisation de tout ce qui nous fut promis à la révolution de Juillet »* (BALZ.). ♦ 2° Par ext. Ce qui est réalisé ou s'est réalisé. *Les inventions de la science et les réalisations de l'art.* V. **Création, œuvre.** *Une magnifique réalisation.* ♦ 3° (1765). Transformation, conversion d'un bien en argent pour la vente. V. **Liquidation.** *Réalisation de l'actif d'une société, d'un capital, de valeurs.* Fin. Transformation d'obligations financières en capitaux. ♦ 4° *Mus.* Traduction en notes et en accords sur des portées d'une notation conventionnelle. *Réalisation d'une basse chiffrée.* ♦ 5° (1908). Ensemble des opérations nécessaires pour passer d'un projet, d'un scénario, à un film, une émission ; mise en scène, en images, en ondes. ⬦ ANT. Projet, ébauche.

RÉALISER [ʀealize]. *v. tr.* (1495, dr. ; de *réel*, d'apr. lat. *realis*). **I.** ♦ 1° (1611). Faire exister à titre de réalité concrète (ce qui n'existait que dans l'esprit) ; faire correspondre une

chose, un objet à (une possibilité, une idée, un mot). V. **Accomplir, concrétiser, effectuer, exécuter.** *Réaliser un plan,* le rendre effectif. *« L'être qui est libre est celui qui peut réaliser des projets »* (SARTRE). *Réaliser complètement, intégralement.* V. **Achever.** *Réaliser une ambition, un idéal.* V. **Atteindre.** *« Un moyen de tromper un désir impossible à réaliser »* (GAUTIER). *Réaliser les vœux de qqn.* V. **Combler.** — *Les moyens qui réalisent une fin.* — Par ext. *Réaliser (en soi) un type, un modèle, une abstraction :* en présenter un exemple réel, concret. V. **Personnifier.** ◇ Dr. Faire. *Réaliser un contrat.* *Réaliser un achat, une vente.* ◇ *Réaliser un film :* en être l'auteur, le réalisateur (Cf. Mettre en scène*). ♦ 2° *Spécialt.* (déb. XVIIIᵉ). Convertir, transformer en argent. V. **Liquider.** *Réaliser des biens, un capital, une propriété.* V. **Vendre.** — Au p. p. *« Avec ma fortune réalisée je frétai d'abord un navire »* (GIDE). — Fam. *Réaliser des bénéfices, des économies :* en faire. ♦ 3° *Philo.* Faire exister à titre de réalité mentale (ce qui n'était qu'un signe), penser effectivement. *Réaliser sa pensée.* *« Les idées qu'on avait réalisées »* (MICHELET). — Considérer comme réel (une abstraction). ♦ 4° *Mus.* Traduire en notes et en accords sur des portées (des indications abrégées d'harmonie). *Réaliser une basse chiffrée.* ♦ 5° (1895 ; angl. *to realize*). *Emploi critiqué.* Se rendre compte avec précision, exactitude ; se faire une nette idée de. V. **Saisir.** *« Si nous laissons aux Américains du Nord le temps de « réaliser » la situation, comme ils disent »* (ROMAINS). *Absolt.* *« Tu as réalisé à temps »* (MAURIAC), compris, saisi.
II. SE RÉALISER. *v. pron.* ♦ 1° Devenir réel (en parlant d'une idée, d'un projet, d'un souhait). V. **Arriver.** — Par ext. Se traduire. *« Une série de fresques où se réalisaient mes impressions »* (NERVAL). ♦ 2° Devenir conforme à un certain modèle. V. **Épanouir** (s'). *« La France ne se réalise pleinement que dans l'harmonieux équilibre... »* (GIDE). *« Persuade-toi... que la vie d'un homme est incroyablement courte, et que tu auras très peu de temps pour te réaliser »* (MART. du G.).

RÉALISME [ʀealism(ə)]. *n. m.* (1803 ; de *réel*, d'apr. lat. *realis*). ♦ 1° *Hist. philo.* Ancienne doctrine platonicienne de la réalité des idées (1), dont les êtres individuels ne sont que le reflet (V. **Idéalisme**). — Doctrine médiévale de la réalité des Universaux. *Le réalisme de saint Thomas.* ◇ *Philo. mod.* (Opposé à idéalisme) Doctrine d'après laquelle l'être est indépendant de la connaissance d'un sujet. *« L'antique conflit du réalisme et de l'idéalisme »* (BERGSON). ♦ 2° (1833). Conception de l'art, de la littérature, selon laquelle l'artiste ne doit pas chercher à idéaliser le réel ou à en donner une image épurée. *Le réalisme français, anglais.* *Le réalisme de Flaubert, de Zola. Le « réalisme socialiste ».* — Caractère d'une production qui procède de cette conception. *Le réalisme d'un récit, d'une description, d'un personnage.* ◇ (*Hist. litt.*) École littéraire française qui, vers 1850, préconisa la description minutieuse et objective des faits et des personnages de la réalité banale et quotidienne. ◇ *(Arts)* Recherche d'une ressemblance exacte avec le modèle ; cette ressemblance. *Réalisme des contours, des couleurs.* — Spécialt. École de peinture qui, en France, s'est opposée au romantisme et a précédé l'impressionnisme. *Le réalisme de Courbet.* ♦ 3° Tendance à décrire, à représenter les aspects grossiers, vulgaires du réel. V. **Crudité.** *Un réalisme brutal.* ♦ 4° *Cour.* Attitude de celui qui tient compte de la réalité, l'apprécie avec justesse (opposé à irréalisme). *« Un idéologue, un homme à théories, sans bon sens, sans réalisme »* (MADELIN). *Réalisme politique.* V. aussi **Pragmatisme.** *Réalisme cynique, opportuniste.* ⬦ ANT. Idéalisme, immatérialisme ; fantastique, irréalisme.

RÉALISTE [ʀealist(ə)]. *n.* et *adj.* (1587 ; de *réel*, d'apr. lat. *realis*). ♦ 1° N. Philosophe, partisan du réalisme. ◇ Adj. (1869) Relatif au réalisme philosophique. *« La conception, tantôt réaliste, tantôt idéaliste de la matière »* (BERGSON). ♦ 2° (1869). Partisan du réalisme, en art, en littérature. *Un auteur, un écrivain, un peintre réaliste.* *« Une école réaliste ou naturaliste qui a prétendu nous montrer la vérité »* (MAUPASS.). — N. Écrivain ou artiste adepte du réalisme (2°). ◇ Relatif au réalisme en art ; qui fait preuve de réalisme. *Littérature réaliste. Chanson réaliste. Portrait réaliste.* ♦ 3° Qui dépeint les aspects vulgaires du réel. V. **Cru.** *Détail réaliste. Éléments réalistes chez Rabelais.* ♦ 4° (Déb. XXᵉ). Qui a le sens des réalités et le témoigne. *« Talleyrand était réaliste et opportuniste »* (MADELIN). — Subst. *Un réaliste.* *« Le réaliste méprise l'utopiste... et l'idéaliste »* (BEAUVOIR). ◇ Par ext. Attitude, vision réaliste. *« À peu près rien de ce qu'ont fait les grands hommes n'est réaliste »* (DUTOURD). ⬦ ANT. Idéaliste, idéologue. Fantastique, romantique. Chimérique, rêveur, utopique.

RÉALISTEMENT [ʀealistəmã]. *adv.* (av. 1957 ; de *réaliste*). D'une manière réaliste. *« C'est un calculateur, il vise réalistement à gagner »* (BARTHES).

RÉALITÉ [ʀealite]. *n. f.* (1550 ; *reellité* « contrat rendu réel », XIVᵉ ; bas lat. *realitas*). ♦ 1° *Philo.* Caractère de ce qui est réel, de ce qui ne constitue pas seulement un concept, mais une chose. « *Platon admettant la réalité des Idées* » (LE SENNE). V. **Réalisme** (1°). *Réalité de la matière* (V. **Matérialisme**), *de l'esprit* (V. **Spiritualisme**). *Croyance à la réalité du monde extérieur.* ◊ *Cour.* Caractère de ce qui existe en fait (et qui n'est pas seulement une invention, une illusion ou une apparence). V. **Vérité.** *Douter de la réalité d'un fait.* V. **Matérialité.** ♦ 2° *Dr.* Caractère de ce qui est réel, concerne les choses (*opposé à* personnel). *Réalité de l'impôt.* ♦ 3° *La réalité : ce qui est réel, actuel, donné comme tel à l'esprit. Connaissance, description de la réalité par la science.* « *Caractériser les aspects de la réalité à l'aide de nombres* » (L. de BROGLIE). *La réalité intérieure, psychologique et morale.* — *Log. Jugement de réalité qui porte sur des faits* (*opposé à* jugement de valeur*). ♦ 4° *Cour.* La vie, l'existence réelle (*opposé à* désirs, illusions, rêve). *Le rêve et la réalité.* « *Le visage terrible de la réalité* » (R. ROLLAND). *Le contact, l'expérience de la réalité.* « *L'humble et inévitable réalité quotidienne* » (MAETERLINCK). *Tenir compte de la réalité.* V. **Réel** (n. m.). « *Il avait le sentiment net de la réalité qui distingue les hommes de race normande* » (BARBEY). — Ce qui existe (*opposé à* l'imagination ou la représentation de ce qui existe). *Réalité et merveilleux. La réalité dépasse la fiction,* est encore plus extraordinaire que tout ce que l'on peut imaginer. *Transposition de la réalité. Ce n'est pas ainsi dans la réalité : dans la vie réelle.* ◊ *Loc. adv.* EN RÉALITÉ : réellement ; en fait. « *Ainsi, l'armée obéit en apparence, mais en réalité gouverne* » (ALAIN). *En réalité c'est tout différent.* ♦ 5° UNE, DES RÉALITÉ(S) : chose réelle, fait réel. *Les réalités de tous les jours.* « *Un mourant à jamais détaché des réalités vulgaires* » (PROUST). *Avoir le sens des réalités* (V. **Réaliste**). *Loc. Prendre ses désirs pour des réalités,* se faire des illusions. ◊ ANT. *Apparence, illusion ; idéalité. Idéal, imagination, rêve, vision. Chimère, fiction.*

RÉANIMATEUR, TRICE [ʀeanimatœʀ, tʀis]. *adj.* et n. (xxᵉ ; de *réanimer*). ♦ 1° Spécialiste de la réanimation* médicale. « *Un personnel de garde* [...] *comprenant au moins deux internes, un anesthésiste, un réanimateur* » (*Paris-Match,* 24-10-1964). ♦ 2° *Techn.* Appareil employé pour la respiration artificielle. V. **Respirateur.**

RÉANIMATION [ʀeanimasjɔ̃] ou **RANIMATION** [ʀanimasjɔ̃]. *n. f.* (*Ranimation,* 1933 ; de *réanimer*). Ensemble des moyens visant à rétablir les grandes fonctions vitales (surtout respiratoire et cardiaque) abolies ou fortement perturbées (à la suite d'accidents, maladies, complications opératoires). *Réanimation d'un asphyxié, d'un animal qui a subi l'hibernation. Service de réanimation d'un hôpital.*

RÉANIMER [ʀeanime]. *v. tr.* (xvɪᵉ ; éliminé par *ranimer* ; 1846, *réanimé,* techn. ; de *re-,* et *animer*). Procéder à la réanimation de. — *Fig.* Faire revivre. « *Elle* (la France) *doit réanimer ses régions en déclin...* » (G. ELGOZY).

RÉAPPARAÎTRE [ʀeapaʀɛtʀ(ə)]. *v. intr. ;* conjug. *paraître.* V. **Connaître** (1867 ; de *re-,* et *apparaître*). Apparaître, paraître de nouveau. V. **Reparaître.** « *Je vois réapparaître tous les humanistes que j'ai connus* » (SARTRE). « *Ils peignent des séries où le même motif réapparaît* » (B. DORIVAL). *Le mal réapparaît.* V. **Récidiver.** ◊ ANT. *Disparaître.*

RÉAPPARITION [ʀeapaʀisjɔ̃]. *n. f.* (1771, astron. ; de *re-,* et *apparition*). Le fait de réapparaître. *Réapparition du Soleil après une éclipse.* « *La réapparition d'un acteur sur la scène, provoque le dénouement* » (GREEN). ◊ ANT. *Disparition.*

RÉAPPRENDRE. V. **Rapprendre.**

RÉAPPROVISIONNEMENT [ʀeapʀɔvizjɔnmɑ̃]. *n. m.* (1873 ; de *réapprovisionner*). Action de réapprovisionner, de se réapprovisionner. *Réapprovisionnement en sucre d'une épicerie.*

RÉAPPROVISIONNER [ʀeapʀɔvizjɔne]. *v. tr.* (1845 ; *rapprovisionner,* 1869 ; *reprovisionner,* xvɪᵉ ; de *re-,* et *approvisionner*). Approvisionner de nouveau. *Réapprovisionner un magasin.* — Pronom. « *Le marchand de perles venait de se réapprovisionner* » (ARAGON).

RÉARGENTER [ʀeaʀʒɑ̃te]. *v. tr.* (1846 ; de *re-,* et *argenter*). Argenter de nouveau. *Donner des couverts à réargenter.*

RÉARMEMENT [ʀeaʀməmɑ̃]. *n. m.* (1771 ; de *réarmer*). ♦ 1° Action de réarmer. *Réarmement d'une troupe, d'un vaisseau.* — *Politique de réarmement.* ♦ 2° *Fig.* (1921). *Réarmement moral,* mouvement chrétien d'action politique, préconisant « la réforme du monde par la réforme de la vie personnelle ». ◊ ANT. *Désarmement ; démilitarisation.*

RÉARMER [ʀeaʀme]. *v.* (1771 ; *rarmer,* xɪɪɪᵉ ; de *re-,* et *armer*). ♦ 1° V. tr. *Vx.* Armer de nouveau. *Réarmer une troupe.* ◊ *Mod.* Recharger. *Réarmer un fusil, un pistolet.* ◊ *Mar. Réarmer un vaisseau* (qui a été désarmé pour réparation). ♦ 2° V. *intr.* (En parlant d'un État). Recommencer à s'armer et s'équiper pour la guerre, après une période de détente. « *Devant cette reprise de l'action révolutionnaire, l'Europe réarme* » (MADELIN). ◊ ANT. *Désarmer, démilitariser.*

RÉARRANGEMENT [ʀeaʀɑ̃ʒmɑ̃]. *n. m.* (1900 ; de *réarranger*). Nouvel arrangement. ◊ *Chim. Réarrangement moléculaire,* migrations d'atomes, de radicaux au sein de la molécule.

RÉARRANGER [ʀeaʀɑ̃ʒe]. *v. tr. ;* conjug. *arranger.* V. **Bouger** (xxᵉ ; *rarranger,* 1821 ; de *re-,* et *arranger*). Arranger de nouveau. « *Elle avait séché ses yeux, réarrangé sa coiffure* » (ARAGON).

RÉASSIGNATION [ʀeasiɲasjɔ̃]. *n. f.* (1481 ; de *réassigner*). *Dr.* Seconde assignation du défenseur, quand une partie seulement des personnes assignées a comparu. ◊ *Fin.* Assignation sur un autre fonds.

RÉASSIGNER [ʀeasiɲe]. *v. tr.* (1537 ; de *re-,* et *assigner*). ♦ 1° *Dr.* Assigner de nouveau. *Réassigner le défaillant.* ♦ 2° *Fin.* Assigner, gager sur un autre fonds (en garantie de paiement). ♦ 3° Attribuer de nouveau. *Réassigner un but à une association.*

RÉASSORTIMENT [ʀeasɔʀtimɑ̃] ou **RASSORTIMENT** [ʀasɔʀtimɑ̃]. *n. m.* (1894,-1842 ; de *réassortir, rassortir*). Action de réassortir, de se réassortir ; nouvel assortiment.

RÉASSORTIR [ʀeasɔʀtiʀ] ou **RASSORTIR** [ʀasɔʀtiʀ]. *v. tr.* (1894,-1834 ; de *re-,* et *assortir*). ♦ 1° Reconstituer, en remplaçant ce qui manque. *Il réassortissait son service de porcelaine.* ♦ 2° Retrouver dans le commerce (un certain type, un certain modèle). *J'ai peur de ne pas pouvoir réassortir le tissu.* Pronom. *Libraire qui va se réassortir chez l'éditeur.*

RÉASSURANCE [ʀeasyʀɑ̃s]. *n. f.* (1661 ; de *réassurer*). *Dr.* Opération par laquelle un assureur se fait garantir par d'autres assureurs une partie des risques qu'il a couverts au profit d'un client.

RÉASSURER [ʀeasyʀe]. *v. tr.* (1661 ; de *re-,* et *assurer*). *Dr.* Garantir (un assureur) par une réassurance. Pronom. *L'assureur qui se réassure reste seul responsable envers l'assuré.*

RÉASSUREUR [ʀeasyʀœʀ]. *n. m.* (1762 ; de *réassurer*). *Dr.* Celui qui réassure (un assureur).

REBAB [ʀəbab]. *n. m.* (1876 ; arabe *rabâb.* V. **Rebec**). Violon à deux cordes, en usage dans certains pays d'Islam.

REBAISSER [ʀ(ə)bese]. *v. intr.* (1775 ; de *re-,* et *baisser*). Baisser de nouveau. *Les prix ont remonté puis rebaissé.*

REBAPTISER [ʀ(ə)batize]. *v. tr.* (1300 ; de *re-,* et *baptiser*). Nommer d'un autre nom. *La rue a été rebaptisée.*

RÉBARBATIF, IVE [ʀebaʀbatif, iv]. *adj.* (1360 ; de l'a. fr. *se rebarber* « faire face, tenir tête », proprem. *barbe* contre *barbe*). Qui rebute par un aspect rude, désagréable. V. **Rebutant, repoussant, revêche.** *Mine rébarbative.* « *Ces chaînes... donnent à l'église un faux air de prison assez étrange et rébarbatif* » (GAUTIER). ◊ *Fig.* Difficile et ennuyeux. *Études, sujets rébarbatifs.* V. **Aride, ingrat.** ◊ *Voilà des mots qui sont trop rébarbatifs* » (MOL.). ◊ ANT. *Affable, engageant ; attirant, attrayant, séduisant.*

REBÂTIR [ʀ(ə)batiʀ]. *v. tr.* (xɪɪᵉ ; de *re-,* et *bâtir*). Bâtir de nouveau (ce qui était détruit). V. **Reconstruire, réédifier, relever.** *Rebâtir une maison. La ville détruite a été entièrement rebâtie.* — « *Démolir le grand édifice social pour le rebâtir à neuf* » (TAINE). « *On avait un peu plus de vingt ans, on rebâtissait le monde en une soirée de disputes* » (VAN DER MEERSCH). ◊ ANT. *Abattre, démolir.*

REBATTEMENT [ʀ(ə)batmɑ̃]. *n. m.* (1690 ; de *rebattre*). *Blas.* Répétition des pièces ou des partitions de l'écu.

REBATTRE [ʀ(ə)batʀ(ə)]. *v. tr.* (xɪvᵉ ; h. xɪɪᵉ ; de *re-,* et *battre*). ♦ 1° *Rare* ou *Techn.* Battre de nouveau, battre à plusieurs reprises. *Rebattre les cartes,* les mêler de nouveau. *Rebattre un tonneau :* frapper sur les cerceaux de manière à resserrer les douves. *Rebattre un matelas,* en battre la laine pour le refaire. ♦ 2° *Loc. cour.* REBATTRE LES OREILLES à *qqn de qqch.,* le lui répéter à satiété. « *Ma mère avait demandé à connaître ce nouvel ami, des mérites duquel je lui rebattais les oreilles* » (GIDE). « *S'il n'avait pas eu les oreilles rebattues des maximes fanatiques* » (VOLT.).

REBATTU, UE [ʀ(ə)baty]. *adj.* (1690 ; V. **Rebattre**). Qu'on a répété, dont on a parlé inlassablement. V. **Banal, éculé.** *Sujet rebattu, ressassé.* « *Ils s'en tenaient aux lieux communs les plus rebattus* » (FLAUB.). — *Loc. Avoir les oreilles rebattues.* V. **Rebattre** (2°).

REBEC [ʀəbɛk]. *n. m.* (xvᵉ ; altér., d'apr. *bec,* de l'a. fr. *rebebe,* arabe *rabâb.* V. **Rebab**). Instrument de musique à trois cordes et à archet, en usage au moyen âge. *Ménestrel s'accompagnant du rebec.* ◊ *Mus. mod.* Violon très simple, tel le rebab arabe.

REBELLE [ʀəbɛl]. *adj.* et n. (xɪɪᵉ ; lat. *rebellis* « qui recommence la guerre », de *bellum* « guerre »). ♦ 1° Rebelle à : qui ne reconnaît pas l'autorité de, se révolte contre. V. **Insoumis, factieux, insurgé, révolté.** *Des sujets rebelles à leur souverain.* « *Tout malfaiteur... devient rebelle et traître à la patrie* » (ROUSS.). *Absolt.* Qui se révolte contre le gouvernement légitime. *Troupes rebelles.* ◊ N. « *Marie de Médicis préféra négocier avec les rebelles* » (BAINVILLE). V. **Mutin.** ♦ 2° *Littér.* Qui ne reconnaît pas l'autorité de certaines personnes ou de certains principes. *Fils rebelle.* V. **Déso-**

béissant, indocile. ◇ *Vx.* Qui ne répond pas à (l'amour qu'on lui porte). *Soupirer pour une beauté rebelle.* « *Rien ne faisait encore battre son cœur rebelle* » (HUGO). ♦ 3° Cour. *Rebelle à :* qui ne cède pas, résiste, est réfractaire, hostile à (qqch.). *Rebelle aux conseils, à toute discipline, à tout effort.* V. **Opposé.** *Une tête rebelle aux mathématiques.* V. **Fermé.** « *Les professions encore rebelles à la forme syndicale* » (ROMAINS). ◇ *(Choses)* Qui résiste à. *Organisme rebelle à certains remèdes. Langue rebelle à l'expression de certaines notions.* — Absolt. *Fièvre, tumeur rebelle.* — Cour. *Mèches, boucles rebelles,* qui se coiffent mal. V. **Indiscipliné.** ◇ ANT. *Disciplinable, docile, soumis, souple.*

REBELLER (SE) [R(ə)be(ɛl)le]. *v. pron.* (XIIᵉ; *reveler,* 1080; lat. *rebellare*). Faire acte de rebelle en se révoltant. V. **Insurger (s'), mutiner (se), révolter (se), soulever (se).** *Se rebeller contre le gouvernement, les lois. Se rebeller contre l'autorité paternelle.* V. **Braver.** ◇ *Fig.* Protester, regimber. « *La jeune femme ne songeait pas même à se rebeller* » (DUHAM.). ◇ ANT. *Soumettre (se).*

RÉBELLION [Rebeljɔ̃]. *n. f.* (v. 1250; lat. *rebellio*). ♦ 1° Action de se rebeller; acte de rebelle (1°). V. **Insurrection, mutinerie, révolte, sédition, soulèvement.** *Rébellion et révolution.* « *Les autorités françaises ont estimé que cette répression mettait un point final à la rébellion* » (CAMUS). ◇ *Par ext.* Tendance à se rebeller. V. **Désobéissance, insubordination, opposition.** *Esprit de rébellion. Pas de rébellion!* ♦ 2° L'ensemble des rebelles. *Négocier avec la rébellion.* ◇ ANT. *Docilité, obéissance, soumission.*

REBIFFER (SE) [R(ə)bife]. *v. pron.* (1630; *rebiffer* « « froncer le nez », XIIᵉ; « rabrouer », XIIIᵉ; o. i. V. **Biffer**). *Fam.* Refuser avec vivacité et aigreur de se laisser mener, humilier. V. **Regimber (se), révolter (se).** « *Soupe, humilié, se rebiffa* » (COURTELINE). « *Mon corps se rebiffe sans cesse contre ce que propose mon esprit* » (GIDE).

REBIQUER [R(ə)bike]. *v. intr.* (XXᵉ; de *re-*, et *bique,* dial., « corne »). *Fam.* Se dresser, se retrousser en faisant un angle. *Mèche de cheveux qui rebique. Les pointes de son col rebiquent.* « *Ses souliers craquelés qui rebiquaient du bout* » (BEAUVOIR).

REBLANCHIR [R(ə)blɑ̃fiR]. *v. tr.* (déb. XIVᵉ; de *re-*, et *blanchir*). Blanchir de nouveau (ce qui s'est sali, ce qui a jauni). *Reblanchir un mur en le passant à la chaux.*

REBLOCHON [Rəblɔfɔ̃]. *n. m.* (1877; de *reblocher* « traire de nouveau une vache », du v. dial. *blocher, blossi* « pincer »; o. i.). Fromage à pâte grasse, de saveur douce, fabriqué en Savoie.

REBOISEMENT [R(ə)bwazmɑ̃]. *n. m.* (1846; de *reboiser*). Action de reboiser un terrain. ◇ *Boisement, transformation d'un terrain nu en forêt.* ◇ ANT. *Déboisement.*

REBOISER [R(ə)bwaze]. *v. tr.* (1846; de *re-*, et *boiser*). Planter d'arbres (un terrain qui a été déboisé), y reconstituer un bois, une forêt. *Reboiser les pentes d'une montagne.*

REBOND [R(ə)bɔ̃]. *n. m.* (1676, « contrecoup »; de *rebondir*). Le fait de rebondir (1°); mouvement d'un corps qui rebondit. V. **Rebondissement.** *Rebond d'un ballon. Frapper la balle après le premier rebond.*

REBONDI, IE [R(ə)bɔ̃di]. *adj.* (XVᵉ; de *rebondir*). De forme arrondie. V. **Bombé, renflé, ventru.** *Cruche rebondie.* ◇ *(D'une partie d'un corps).* V. **Dodu, gras, rond.** *Croupe, gorge, panse, rebondie. Joues rebondies.* V. **Plein.** « *Ces formes rebondies..., ces carnations épanouies* » (GAUTIER). *Visage rebondi.* — *(Personnes)* Gros et gras. V. **Grassouillet, rondelet.** ◇ ANT. *Aplati, maigre, plat.*

REBONDIR [R(ə)bɔ̃diR]. *v. intr.* (XIIIᵉ, « sauter de nouveau »; « retenir », 1170; de *re-*, et *bondir*). ♦ 1° Faire un ou plusieurs bonds après avoir touché un autre corps (le mouvement n'ayant pas été amorti). V. **Rebond.** *Ballon qui rebondit sur le sol.* « *Un danseur de corde tombe dans le filet, où il rebondit comme une balle...* » (ALAIN). ♦ 2° *Fig.* Prendre un nouveau développement après un arrêt, une pause (V. **Rebondissement,** 2°). *Les derniers témoignages recueillis pourraient faire rebondir le procès. L'action rebondit au troisième acte. Faire rebondir la conversation.*

REBONDISSEMENT [R(ə)bɔ̃dismɑ̃]. *n. m.* (1395; de *rebondir*). ♦ 1° Rare. Le fait de rebondir (1°). V. **Rebond.** *Le rebondissement d'une balle.* ♦ 2° *Fig.* et cour. Développement nouveau survenant après un temps d'arrêt. *Le rebondissement d'une affaire, d'une crise internationale. Rebondissements imprévus.*

REBORD [R(ə)bɔR]. *n. m.* (1642; de *re-*, et *bord,* ou subst. verb. de *reborder*). Bordure, pièce en saillie qui forme le bord. V. **Bordure.** *Rebord d'un puits* (V. **Margelle**), *d'un plat* (V. **Ourlet**). « *Il s'asseyait... sur le rebord de la fenêtre* » (R. ROLLAND). ◇ Bord naturel d'une chose, le long d'une dénivellation. *Rebord d'un fossé.*

REBORDER [R(ə)bɔRde]. *v. tr.* (1476; de *re-*, et *border*). ♦ 1° Garnir d'un nouveau bord ou d'un rebord rapporté. *Reborder un vêtement.* ♦ 2° Border de nouveau. *Reborder un enfant dans son lit.*

REBOT [Rəbo]. *n. m.* (repris XXᵉ; de l'a. fr. *reboter, rebouter* « repousser ». V. **Bouter**). *Région.* Pelote* basque.

REBOUCHER [R(ə)bufe]. *v. tr.* (1412; de *re-*, et *boucher*). ♦ 1° Boucher, fermer, obstruer de nouveau. *Reboucher soigneusement le flacon après usage.* — Pronom. *Le siphon de l'évier s'est rebouché.* ♦ 2° Combler un trou. « *... Des trous, des traces minuscules qu'on avait rebouchés au mastic* » (SARRAUTE).

REBOURS [R(ə)buR]. *n. m.* (À *rebours,* 1270; *a rebors,* 2ᵉ moitié XIIᵉ; bas lat. *reburrus* « hérissé [cheveu] », puis *°rebursus,* par crois. avec *reversus*). ♦ 1° N. m. *(Vx.)* Contrepoil d'une étoffe. « *Prendre le rebours d'une étoffe pour la mieux nettoyer* » (ACAD.). ♦ 2° Mod. Loc. adv. À REBOURS : à rebrousse-poil. *Caresser un animal à rebours.* — Dans le sens contraire au sens normal, habituel; à l'envers. *Tourner les pages d'un livre à rebours.* COMPTE (ou *Comptage*) À REBOURS (v. 1960; adapt. angl. *count-down*) : vérification successive des opérations de mise à feu d'un engin, d'une fusée, avec essai systématique des appareils, aboutissant au zéro du départ. *Recyclage d'un compte à rebours :* reprise du comptage à un stade antérieur, en cas d'incident. — *Fig.* D'une manière contraire à la nature, à la raison, à l'usage. *Faire tout à rebours.* « *Un instinct appliqué à rebours* » (TAINE). — Adj. *Un esprit à rebours.* ◇ Loc. prép. À REBOURS DE, AU REBOURS DE : contrairement à. *Aller à rebours de l'évolution générale* (Cf. À contre-courant). « *Les sévérités de cette sorte... agissent toujours à rebours de l'effet qu'elles se proposent* » (DUHAM.).

REBOUTER [R(ə)bute]. *v. tr.* (fin XIIᵉ; de *re-*, et *bouter*). *Fam.* ♦ *Vx.* Remettre, replacer. ♦ 2° Remettre par des moyens empiriques (un membre démis), réduire (une fracture, une foulure). *Ils « reboutaient, c'est-à-dire remettaient les jambes et les bras cassés* » (BALZ.). V. **Rebouteux.**

REBOUTEUR [R(ə)butœR] ou **REBOUTEUX, EUSE** [R(ə)butø, øz]. *n.* (1468; de *rebouter*). *Fam.* Personne qui fait métier de remettre les membres démis, de réduire, par des moyens empiriques, les luxations, les fractures, etc. V. **Guérisseur.**

REBOUTONNER [R(ə)butɔne]. *v. tr.* (1549; de *re-*, et *boutonner*). Boutonner de nouveau (un vêtement). *Reboutonner sa veste.* — Pronom. *Se reboutonner :* reboutonner ses vêtements.

REBRAGUETTER [R(ə)bRagete]. *v. tr.* (1535; de *re-*, et *braguette*). *Fam.* Fermer une braguette. Pronom. *Se rebraguetter.* ◇ ANT. *Débraguetter.*

REBRAS [Rəbra]. *n. m.* (XIVᵉ, « bord retroussé d'une manche » de l'a. fr. *rebrasser* « retrousser ses manches »). *Techn.* Revers, parement de manche. — Partie d'un gant long qui s'étend sur le bras. V. **Manchette.**

REBRODER [R(ə)bRɔde]. *v. tr.* (XVIIᵉ; de *re-*, et *broder*). Garnir (un vêtement) d'une seconde broderie qui se superpose à une première. « *Une étoffe brodée et rebrodée de nacre et d'or* » (LOTI). ◇ Broder (un tricot, une dentelle) après sa fabrication.

REBROUSSEMENT [R(ə)bRusmɑ̃]. *n. m.* (1670; de *rebrousser*). L'action, le fait de rebrousser (I) qqch.; état de ce qui est rebroussé. *Le rebroussement des poils d'une fourrure.* ◇ *Géom. Point de rebroussement,* point double d'une courbe où les deux tangentes se confondent.

REBROUSSE-POIL (À) [aRbruspwal]. *loc. adv.* (1694; de *rebrousser,* et *poil*). En rebroussant le poil, à contre-poil. « *Il caressait la fourrure à rebrousse-poil* » (SARTRE). ◇ *Fig.* et *fam.* À l'opposé de ce qu'on fait d'ordinaire, d'une manière contraire au bon sens, à l'usage. *Prendre qqn à rebrousse-poil,* maladroitement, de telle sorte qu'il se rebiffe.

REBROUSSER [R(ə)bRuse]. *v.* (1530; *reborser,* XIIᵉ-XIIIᵉ; de *rebours*).
I. *V. tr.* ♦ 1° Relever (les cheveux, le poil) dans un sens contraire à la direction naturelle. « *Elle gratte... en rebroussant les poils du tapis* » (QUENEAU). — Par ext. *Le vent qui rebrousse les feuilles, les palmes.* — Pronom. « *Des sourcils... dont le poil se rebroussait en virgules* » (GAUTIER). — *Techn.* (1723) Passer un instrument sur (le cuir) de manière à abattre le grain. ♦ 2° (v. 1590). Cour. REBROUSSER CHEMIN : s'en retourner en sens opposé au milieu d'un trajet. *Ne pouvant passer, il dut rebrousser chemin.*
II. *V. intr. (Vx* ou *Techn.).* Ne pas mordre sur la matière qu'on veut couper. « *Son aubier est si dur qu'il fait rebrousser les meilleures haches* » (BERNARD. de ST-P.).

REBUFFADE [R(ə)byfad]. *n. f.* (1578; de *rebuffe,* 1558; it. *rebuffo*). Mauvais accueil, refus hargneux, méprisant. « *Pour prix de ses soins, il recevait moins de remerciements que de rebuffades* » (GIDE). *Essuyer une rebuffade.* ◇ ANT. *Avance.*

RÉBUS [Rebys]. *n. m.* (1480; de la formule lat. *de rebus quæ geruntur* « au sujet des choses qui se passent », libelle qui comportait des dessins énigmatiques). ♦ 1° Suite de dessins, de mots, de chiffres, de lettres évoquant par homophonie le mot ou la phrase qu'on veut exprimer (*ex. :* nez rond, nez pointu, main = Néron n'est point humain). *Le rébus, jeu d'esprit. Composer des rébus. Deviner, déchiffrer un rébus.* ♦ 2° *Fig. Vx.* Énigme; allusion plus ou moins obscure. *Faiseur de rébus.* ◊ *Mod.* Écriture difficile à lire. « *Votre adresse au bas de la page est un rébus* » (LAUTRÉAMONT).

REBUT [Rǝby]. *n. m.* (1549, « rebuffade » ; de *rebuter*). ♦ 1° Ce qu'on a rebuté (2°), rejeté. V. **Déchet, détritus.** « *Ceci semble le rebut d'un rapide triage* » (LOTI). — *(Postes)* Lettres dont on n'a pu trouver les destinataires. *Service des rebuts. Détruire les rebuts.* ♦ 2° *Fig.* Ce qu'il y a de plus mauvais dans un ensemble. « *L'homme, gloire et rebut de l'Univers* » (PASC.). — « *Un renégat, l'opprobre et le rebut du monde* » (HUGO). *Le rebut de la société, du genre humain.* ♦ 3° AU REBUT : parmi ce dont on ne veut pas, ou plus. *Mettre, jeter qqch. au rebut.* ◊ DE REBUT *(loc. adj.) :* de très mauvaise qualité, bon à jeter. *Meubles, bois de rebut.* « *Grappillant au château les choses de rebut* » (BALZ.).

REBUTANT, ANTE [Rǝbytã, ãt]. *adj.* (1674 ; de *rebuter*). Qui rebute (3° et 4°), ennuie. V. **Décourageant, repoussant.** *Travail rebutant.* « *Toutes les corvées et les soins les plus rebutants du ménage* » (GIDE). *Démarches rebutantes.* ◊ ANT. **Attrayant, encourageant, séduisant.**

REBUTER [Rǝbyte]. *v. tr.* (XVᵉ ; de *re-*, et *but*, proprem. « repousser, écarter du but »). ♦ 1° *Vieilli* ou *littér.* Repousser (qqn) avec dureté ou avec mépris. *Femme qui rebute un soupirant.* « *Il me rebuta rudement* » (PASC.). — Par ext. *Rebuter les offres de qqn.* V. **Rejeter.** ♦ 2° *Vx.* Mettre au rebut. « *La tanche rebutée, il trouva du goujon* » (LA FONT.). ♦ 3° Détourner, dégoûter (qqn) d'une entreprise, par les obstacles, les échecs, l'ennui. « *Les débuts arides de l'enseignement du dessin le rebutèrent* » (LICHTENBERGER). V. **Décourager, lasser.** *Rien ne le rebute.* — *Vieilli. Être rebuté de qqch.* (mod. *par qqch.*). « *Rebuté de sa facilité à promettre* » (ROUSS.). — Pronom. *Il finira par se rebuter*, par se lasser, se décourager. ♦ 4° Choquer (qqn), inspirer de la répugnance à. *La vulgarité de ses façons me rebutait.* — Absolt. « *Le fat lasse, ennuie, dégoûte, rebute* » (LA BRUY.).

RECACHETER [Rǝkaʃte]. *v. tr.;* conjug. *jeter* (1549 ; de *re-*, et *cacheter*). Cacheter de nouveau. « *La lettre avait été... repliée et recachetée* » (BAUDEL.).

RECALAGE [Rǝkalaӡ]. *n. m.* (1923 au sens 2° ; de *recaler*). ♦ 1° Action de recaler (1°), d'annuler une dérive. *Recalage d'un gyrocompas, d'un compteur à zéro.* ♦ 2° *Fam.* Le fait d'être recalé, d'échouer à un examen. « *Ses recalages au bachot* » (PROUST).

RECALCIFICATION [Rǝkalsifikasjɔ̃]. *n. f.* (1933 ; de *re-*, et *calcification*). *Biochim.* Remplacement du calcium dans des tissus qui l'ont perdu à la suite d'un processus pathologique. ◊ ANT. **Décalcification.**

RECALCIFIER [Rǝkalsifje]. *v. tr.* (mil. XXᵉ ; de *re-*, et *calcifier*). Enrichir en calcium. ◊ ANT. **Décalcifier.**

RÉCALCITRANT, ANTE [Rekalsitrã, ãt]. *adj. et n.* (1696 ; *h. 1551;* de *recalcitrer* « résister avec opiniâtreté », 1120 ; lat. *recalcitrare* « ruer », de *calx, calcis* « talon »). ♦ 1° Qui résiste avec opiniâtreté, entêtement. *Cheval, mulet récalcitrant.* V. **Rétif.** *Caractère, esprit récalcitrant.* V. **Indocile, rebelle.** — *Littér. Récalcitrant contre, à* (qqch.). ◊ *Fam. (Choses)* Qu'on ne peut agencer à son gré. *Boutons de manchettes récalcitrants.* « *L'odieux colletage avec la phrase récalcitrante* » (COURTELINE). ♦ 2° N. « *Charger les gendarmes et les cuirassiers de convaincre les récalcitrants* » (ROMAINS). V. **Insoumis, rebelle.** *Les récalcitrants à l'impôt.* ◊ ANT. **Docile, soumis, souple.**

RECALÉ, ÉE. *adj. et n.* V. **RECALER.**

RECALER [Rǝkale]. *v. tr.* (1676 ; de *re-*, et *caler*). ♦ 1° *Techn.* Caler de nouveau. ♦ 2° *Fam.* et *cour.* (1907 ; « remettre à sa place », 1852). Refuser à un examen. V. **Ajourner, coller.** *Il s'est fait recaler au bachot.* « *Recalé en juillet, je passai tant bien que mal, en octobre, la deuxième partie de mon baccalauréat* » (GIDE). — (Au p. p.) *Il est recalé.* Subst. *Les recalés de juillet.* ◊ ANT. **Admettre, recevoir.** — (du p. p.) **Admissible, reçu.**

RÉCAPITULATIF, IVE [Rekapitylatif, iv]. *adj.* (1831 ; de *récapituler*). Qui sert à récapituler. *Chapitre, état récapitulatif. Table récapitulative.*

RÉCAPITULATION [Rekapitylasjɔ̃]. *n. f.* (1245 ; lat. *recapitulatio*). Répétition, reprise point par point. *Faire la récapitulation d'un compte.* « *Elle fit une courte récapitulation de sa vie entière* » (ROUSS.). — Écrit qui récapitule. V. **Abrégé, sommaire** *(n. m.).*

RÉCAPITULER [Rekapityle]. *v. tr.* (1360 ; lat. *recapitulare*, de *capitulum*, au sens de « chapitre »). Répéter en énumérant les points principaux. V. **Reprendre, résumer.** *Récapituler un compte, un discours.* ◊ Reprendre, en se rappelant ou en redisant des événements, des faits). « *Il s'était mis à récapituler sa journée* » (ROMAINS). *Voyons, récapitulons!*

RECARDER [Rǝkarde]. *v. tr.* (1549 ; de *re-*, et *carder*). Carder de nouveau. *Recarder des matelas.*

RECARRELER [Rǝkarle]. *v. tr.;* conjug. *appeler* (1690 ; « raccommoder de vieux souliers », 1488 ; de *re-*, et *carreler*). *Techn.* Carreler de nouveau. *Recarreler une salle de bains.*

RECASER [Rǝkaze]. *v. tr.* (1845 ; de *re-*, et *caser*). *Fam.* Caser de nouveau (qqn qui a perdu sa place).

RECAUSER [Rǝkoze]. *v. intr.* (1876 ; de *re-*, et *causer*). Causer de nouveau de. « *On en recausera plus tard, dit-il* » (AYMÉ).

RECÉDER [Rǝsede]. *v. tr.;* conjug. *céder* (1832 ; « reprendre une chose cédée », 1596 ; de *re-*, et *céder*). ♦ 1° Rendre ce qui avait été cédé (rétrocéder) ; céder ce qu'on avait acheté (revendre). ♦ 2° Céder de nouveau. « *J'y recède* (si ce besoin) *à presque chaque coup* » (GIDE).

RECEL [Rǝsɛl]. *n. m.* (1842 ; « secret », 1180 ; de *receler*). *Cour.* Action de receler ; détention de mauvaise foi (de choses volées par autrui). *Recel de bijoux.* — Dr. *Recel de malfaiteur :* le fait de donner asile au coupable d'un crime ou d'un délit.

RECÉLÉ [Rǝsele] ou **RECELÉ** [Rǝsǝle ; Rsǝle]. *n. m.* (1611 ; de *receler, receler*). *Dr. Vieilli.* Recel des effets d'une succession. — *Mod.* Recel d'enfant.

RECELER [Rǝsǝle; Rsǝle], conjug. *celer.* V. **Geler** *(je recèlerai),* ou **RECÉLER** [Rǝsele], conjug. *céder (je recélerai).* *v. tr.* (1190, « tenir caché » ; de *re-*, et *celer* [vx] « cacher »). ♦ 1° Tenir caché, secret. *Receler un secret :* en être le dépositaire. ◊ *Fig.* (1680) Garder, contenir en soi. « *L'Italie recelait des révolutionnaires dignes de ce nom* » (ROMAINS). V. **Renfermer.** *Cela recèle un mystère.* V. **Couvrir.** « *Le propre des hérésies, c'est de receler,... une vérité* » (DANIEL-ROPS). ♦ 2° (1398). Détenir, garder par un recel. *Receler des objets volés, le produit d'un cambriolage.* — Dr. *Receler un malfaiteur, des espions :* les garder chez soi pour les soustraire à la justice. ♦ 3° V. intr. *Chasse.* Se cacher, rester dans son enceinte sans en sortir. *Le cerf chasse.*

RECELEUR, EUSE [Rǝs(ǝ)lœr ou Rsǝlœr, øz]. *n.* (1324 ; fém., 1680 ; de *receler*). Personne qui se rend coupable de recel. *Le receleur, la receleuse d'un vol, d'objets volés. Les jurisconsultes* « *ont regardé le receleur comme plus odieux que le voleur* » (MONTESQ.).

RÉCEMMENT [Resamã]. *adv.* (1646 ; *recentement*, 1544 ; de *récent*). À une époque récente, depuis peu de temps. V. **Dernièrement, naguère.** *Sa taille frêle* « *d'enfant tout récemment grandie* » (LOTI). « *Une invention de la presse anglaise importée récemment* » (BALZ.). V. **Fraîchement.** ◊ ANT. **Anciennement, autrefois, jadis.**

RECENSEMENT [Rǝsãsmã]. *n. m.* (1611 ; de *recenser*). Compte ou inventaire détaillé. « *Le recensement général des ressources* (du globe) » (VALÉRY). — Dénombrement détaillé (des habitants d'un pays). *Les derniers recensements.* — *Recensement du contingent,* opération par laquelle le maire de chaque commune dresse la liste des jeunes gens en âge d'être appelés sous les drapeaux. ◊ Inventaire des biens, des logements susceptibles d'être réquisitionnés.

RECENSER [Rǝsãse]. *v. tr.* (1534 ; « exposer, raconter », 1230 ; lat. *recensere* « passer en revue ». V. **Cens**). Dénombrer par le détail (la population). *Recenser la population d'un pays.* V. **Recensement.** — Dénombrer, inventorier. « *À recenser ses amoureuses* (de Rousseau)... » (HENRIOT).

RECENSEUR [Rǝsãsœr]. *n. m.* (1789 ; de *recenser*). *Vx.* Celui qui compte les suffrages. ◊ *Mod.* (1869) Celui qui procède à un recensement. — Adj. *Agent recenseur.*

RECENSION [Rǝsãsjɔ̃]. *n. f.* (1812 ; « examen critique de cartes géographiques », 1753 ; lat. *recensio*). *Littér.* ♦ 1° Comparaison d'une édition d'un auteur ancien avec les manuscrits. ◊ Compte rendu d'un ouvrage littéraire. ♦ 2° *Fig.* Examen, inventaire détaillé et critique. V. **Recensement.** « *Cette recension de mes heures passées* » (BUTOR).

RÉCENT, ENTE [Resã, ãt]. *adj.* (1450, « nouveau, frais » ; lat. *recens, -entis*). Qui s'est produit ou qui existe depuis peu de temps ; proche dans le passé. *Événements récents. Un homme* « *dont la perte récente afflige encore les lettres* » (BALZ.). *Découverte, invention récente. Nouvelle toute récente.* V. **Frais.** « *L'histoire est plus affirmative... pour les périodes inconnues... que pour les époques plus récentes* » (PAULHAN). *Passé récent, proche.* ◊ *(Personnes) Bourgeois récent, de fraîche date.* « *Les femmes... toutes récentes dans le monde* » (PROUST). ◊ ANT. **Ancien, vieux.**

RECEPAGE [Rǝs(ǝ)paӡ; Rsǝpaӡ] ou **RECÉPAGE** [Rǝ(ǝ)paӡ]. *n. m.* (1690 ; de *receper* ou *récéper*). *Agric.* Action de receper. *Recépage de la vigne; de jeunes arbres.*

RECEPÉE [Rǝs(ǝ)pe; Rsǝpe] ou **RECÉPÉE** [Rǝ(ǝ)sepe]. *n. f.* (1400 ; de *receper* ou *récéper*). *Agric.* Partie d'un bois qu'on a recépé.

RECEPER [Rǝs(ǝ)pe; Rsǝpe] ou **RECÉPER** [Rǝ(ǝ)sepe]. *v. tr.;* conjug. *lever, -céder* (1395 ; de *re-*, et *cep*). ♦ 1° *Agric.* Couper, tailler (un arbuste) près de terre pour faire venir des pousses plus fortes. « *Les vignerons recèpent la vigne tous les ans* » (BALZ.). — Par ext. *Bois recépé*, où les arbustes ont été recépés. ♦ 2° *Techn.* Raccourcir (des pieux, des pilotis qui dépassent le niveau voulu).

RÉCÉPISSÉ [Resepise]. *n. m.* (1380 ; lat. *recepisse*, de *recipere* « recevoir », dans *cognosco me recepisse* « je reconnais avoir reçu ». *Cour.* Écrit par lequel on reconnaît avoir reçu des pièces, des objets, de l'argent. V. **Reçu.** *Récépissé d'un dépôt, d'un envoi.* V. **Accusé** (de réception). *Des récépissés.*

RÉCEPTACLE [ʀesɛptakl(ə)]. *n. m.* (1314; lat. *receptaculum*, de *receptare*, fréquent. de *recipere* « recevoir »). ♦ 1° Lieu, emplacement, contenant qui reçoit son contenu de diverses provenances. *La mer, réceptacle des eaux fluviales.* « *Nos immenses bibliothèques..., commun réceptacle et des productions de génie et des immondices des lettres* » (DIDER.). ◊ *Techn.* Bassin où se rassemblent les eaux. ♦ 2° *Bot.* Prolongement du pédicelle de la fleur qui supporte toutes les pièces florales (*ex. :* la fraise). — Extrémité élargie du pédoncule supportant un capitule de composacée (*ex. :* le fond d'artichaut).

1. RÉCEPTEUR [ʀesɛptœʀ]. *n. m.* (1391; *receteur* « receleur », XIIIᵉ; lat. *receptor*, de *recipere* « recevoir » ; Cf. Receveur). ♦ 1° *Vx* (XVᵉ). Personne qui reçoit. — *Mod. et Comm. Récepteur d'un compte courant*, correspondant qui reçoit la remise et en est débité. ♦ 2° *Techn.* (1846). Appareil qui reçoit de l'énergie brute pour la transformer en énergie utilisable. *Les accumulateurs sont des récepteurs.* ◊ (1859). Appareil destiné à recevoir des ondes électromagnétiques. *Récepteur d'ondes de T.S.F.* V. **Détecteur.** *Récepteur de télégraphe.* — *Cour.* Ensemble comprenant un amplificateur. V. **Poste.** *Un récepteur de radio. Récepteur à transistors. Récepteur de poche. Récepteur de téléphone*, dispositif qui transforme le courant alternatif reçu en ondes sonores reproduisant le son initial ; partie de l'appareil téléphonique où l'on écoute. V. **Combiné, écouteur.** « *Anne avait espéré en vain un message d'Antoine. Vingt fois, elle avait failli décrocher le récepteur* » (MART. du G.). ♦ 3° *Physiol.* Structure ayant pour fonction de recevoir divers stimuli en les transformant en stimulations qui seront transmises aux organes correspondants. *Récepteur tactile, auditif, olfactif, gustatif* (V. **Récepteur 2** [centre récepteur]). ♦ 4° *Fig.* et *littér.* Organisme vivant recevant des impressions. « *N'importe quel vivant... est un récepteur admirable de toutes ondes, sons, lumière* » (ALAIN). ◊ ANT. **Émetteur.**

2. RÉCEPTEUR, TRICE [ʀesɛptœʀ, tʀis]. *adj.* (1859; de *récepteur 1*). Qui reçoit, *spécialt.* des ondes. *Poste récepteur.* V. **Récepteur** (1). *La dynamo « devenait réceptrice »* (JARRY). *Antenne réceptrice.* ◊ *Physiol. Centre récepteur*, structure nerveuse (centrale ou périphérique) recevant des influx. ◊ ANT. **Émetteur, générateur.**

RÉCEPTIF, IVE [ʀesɛptif, iv]. *adj.* (1811; « qui reçoit », 1450; de *receptus*, de *recipere* « recevoir »). ♦ 1° Susceptible de recevoir des impressions. « *Les capacités proprement réceptives des... organes sensitifs* » (MAINE DE BIRAN). *Les émotifs sont réceptifs.* — *Réceptif à...* (qqch.). *L'enfant est particulièrement réceptif à la suggestion.* ♦ 2° *Biol.* Se dit d'un organisme (animal, humain) exposé à contracter une infection. ◊ ANT. **Réfractaire, résistant.**

RÉCEPTION [ʀesɛpsjɔ̃]. *n. f.* (1486; « accueil des voyageurs », v. 1200; lat. *receptio*). Action de recevoir.
I. *Réception de* (qqch.). **Ⓐ** *Concret.* ♦ 1° Le fait pour le destinataire de recevoir effectivement (une marchandise transportée). *Réception d'un paquet, d'une lettre.* *Accuser réception d'une lettre.* *Accusé, avis de réception.* ♦ 2° *Sc.* Action de recevoir (des ondes) ; le fait d'en être le récepteur. *Réception de la lumière, des sons... par l'organisme.* « *Les cellules nerveuses de l'oreille constituent l'appareil de réception* » (PIZON). — *Réception des ondes dans un poste.* ♦ 3° (1937). *Sports.* Action de recevoir le ballon. — Manière dont le corps se reçoit au sol après un saut. *Réception d'un sauteur, d'un parachutiste.* **Ⓑ** *Fig.* (1690, *réception en caution*). *Dr.* Action d'accepter. *Réception de caution*, acceptation par le créancier de la caution présentée par le débiteur. — *Réception de travaux*, acceptation, approbation, par le maître et l'acquéreur de l'ouvrage, des travaux accomplis par l'entrepreneur. V. **Admission, recette.** *Procès-verbal de réception.*
II. ♦ 1° *Réception de* (qqn.). Action de recevoir (une personne), d'accueillir. *Réception d'un solliciteur qui demande audience, d'un client d'hôtel.* — (1610) Manière de recevoir, d'accueillir (qqn). *Faire une bonne, une mauvaise réception à qqn.* V. **Accueil.** ♦ 2° *Absolt.* Bureau affecté à la réception des clients (local et employés). *Adressez-vous à la réception. Réception d'un hôtel.* « *Peu versés... dans l'art de « recevoir »... (ils) portaient le titre de « chefs de réception »* » (PROUST). V. **Réceptionnaire, réceptionniste.** ♦ 3° Action de recevoir des amis chez soi. *Le mardi est mon jour de réception.* ◊ (1559) Réunion mondaine organisée chez qqn. *Les invités d'une réception.* « *Elle donnait des réceptions et menait un train assez luxueux* » (HENRIOT). *Réceptions officielles.* V. **Cérémonie, gala.** « *Pour sa réception du mardi, Paulette se bornait à commander des tartelettes* » (CHARDONNE). *Salon, salle de réception*, où l'on donne des réceptions. — *Par ext. Réception*, pièces où l'on reçoit : entrée, salons. « *J'ouvre toute la réception du rez-de-chaussée, y compris la salle de billard...* »

(HÉRIAT). ♦ 4° (1475). Le fait de recevoir (qqn), d'être reçu dans un corps, un cercle, un club, etc., en tant que membre ; cérémonie à laquelle cette admission donne lieu. *Réception d'un sociétaire au Jockey-Club par ses parrains. Réception à l'Académie française, sous la Coupole.* — *Séance, discours de réception.*
◊ ANT. **Envoi, expédition ; émission. Exclusion.**

RÉCEPTIONNAIRE [ʀesɛpsjɔnɛʀ]. *n.* (1866; de *réception*). ♦ 1° *Dr.* Personne qui prend livraison de marchandises. ◊ (*Nom de métiers*) Personne qui assure la réception de marchandises et en vérifie la nature, la qualité, la quantité. *Réceptionnaire en construction mécanique.* ♦ 2° Chef de la réception dans un hôtel. « *Une réceptionnaire de palace* » (Cl. SIMON). V. **Réceptionniste.**

RÉCEPTIONNER [ʀesɛpsjɔne]. *v. tr.* (1923; de *réception*). *Dr.* ou *Techn.* Recevoir, vérifier et enregistrer (une livraison). *Réceptionner des marchandises.*

RÉCEPTIONNISTE [ʀesɛpsjɔnist(ə)]. *n.* (1964; de *réception*). Personne chargée de l'accueil de la clientèle (d'un hôtel, d'une entreprise, d'un organisme). « *Sur le registre de la réceptionniste, un nom a été biffé* » (*L'Express*, 6-5-1968).

RÉCEPTIVITÉ [ʀesɛptivite]. *n. f.* (1812; de *réceptif*). *Didact.* ou *littér.* ♦ 1° Caractère de ce qui est réceptif. Aptitude à recevoir des impressions. V. **Sensibilité.** *Réceptivité d'un organe.* « *À certains moments..., nous nous trouvons en état de réceptivité* » (MAUROIS). ♦ 2° Qualité d'un récepteur de T.S.F. pouvant capter des ondes de longueurs très diverses et de faible amplitude. ♦ 3° *Méd.* (1836). Aptitude à contracter (une maladie). *La réceptivité à certaines maladies fait partie des caractères raciaux.* « *Les variations de réceptivité ou de résistance aux germes* » (MONDOR). ◊ ANT. **Immunité, résistance.**

RECERCLAGE [ʀ(ə)sɛʀklaʒ]. *n. m.* (1870; de *recercler*). *Techn.* Action de recercler (un tonneau).

RECERCLER [ʀ(ə)sɛʀkle]. *v. tr.* (1832; de *re-*, et *cercler*). ♦ 1° Cercler de nouveau. *Recercler un tonneau.* ♦ 2° RECERCLÉ, ÉE. *adj. Blas. Croix recerclée*, dont les bras se divisent et se recourbent en cercle (On dit aussi *Recerclée*, de *cerceau*).

RECÈS ou **RECEZ** [ʀəsɛ]. *n. m.* (XVIᵉ; *recez* « relâche, repos », v. 1380; lat. *recessus* « action de se retirer »). ♦ 1° *Hist.* Acte dans lequel les diètes de l'Empire germanique consignaient leurs délibérations avant de se retirer. *Le Recès de 1803.* ♦ 2° *Diplom.* Procès-verbal de conventions arrêtées entre deux puissances.

RÉCESSIF, IVE [ʀesesif, iv]. *adj.* (déb. XXᵉ; de *récession*). *Biol.* À l'état latent. *Gène récessif* : gène qui ne produit le caractère qui lui est lié que s'il existe sur les deux chromosomes de la paire (à l'état homozygote). *Le caractère des yeux bleus, celui des cheveux raides... est lié à un gène récessif ;* par ext. *est récessif* (V. **Récessivité**). ◊ ANT. **Dominant, dominateur.**

RÉCESSION [ʀesesjɔ̃]. *n. f.* (1870; lat. *recessio*; de *re-* « en arrière », et *cedere* « aller »). ♦ 1° *Didact.* Action de se retirer. V. **Recul.** *Récession* (ou *fuite*) *des galaxies, des nébuleuses*, leur éloignement progressif. ♦ 2° (*Mil.* XXᵉ; angl. *recession*). Recul, régression des ventes, de la production, des investissements. V. **Crise.** *Le mot « récession... marque l'hypocrisie des hommes publics devant les termes de sens précis et grave, comme crise* » (ÉTIEMBLE). ◊ ANT. **Avance, progrès. Expansion.**

RÉCESSIVITÉ [ʀesesivite]. *n. f.* (mil. XXᵉ; de *récessif*). *Biol.* Caractère récessif. État d'un sujet récessif. *Les phénomènes d'atavisme sont liés à la récessivité.* ◊ ANT. **Dominance.**

RECETTE [ʀ(ə)sɛt]. *n. f.* (XIIIᵉ; « lieu où l'on se retire », 1080; du lat. *recepta* « chose reçue »).
I. ♦ 1° Total des sommes d'argent reçues. *Le montant d'une recette. Recette provenant de ventes, de perceptions, d'aumônes.* V. **Produit.** *La recette journalière d'un théâtre.* — *Recette nette*, et absolt. *Recette*, bénéfice. « *Associés... touchant un pourcentage sur la recette* » (ARAGON). — *Loc. Faire recette* : avoir beaucoup de succès, en parlant d'un spectacle, d'une exposition, d'une troupe, etc. ◊ (*Opposé à dépense*). V. **Rentrée** (d'argent). *Recettes et dépenses d'un budget. Recettes qui couvrent les dépenses. Excédent de recettes.* V. **Bénéfice, boni.** ◊ *Spécialt. Recette des finances, du fisc* : centralisation des impôts directs recouvrés par les percepteurs (Cf. ci-dessous, 4°). *Établissement du montant des recettes.* ♦ 2° *Dr.* Action de recevoir de l'argent. V. **Recouvrement.** *Faire la recette des contributions.* — *Cour. Garçon de recette*, employé de banque chargé d'encaisser les effets de commerce. V. **Encaisseur.** ♦ 3° (1845). *Techn.* Action de recevoir et de vérifier (des marchandises, constructions, fabrications). V. **Admission, réception.** *Commission de recette des constructions navales.* ♦ 4° Bureau d'un receveur des impôts (où se fait la recette, 1°). *Recette des finances.* — *Recette des contributions indirectes ; recette buraliste.*

II. *Techn.* (1875). Large palier dans un puits de mine, où sont reçus les produits d'exploitation.

III. (Au sens d' « indication reçue »). ♦ 1° Procédé particulier pour réussir une opération domestique. — *Spécialt.* (1393) Indication détaillée de la manière de préparer un mets. « *Faire des biscuits selon la recette d'une tante* » (CHARDONNE). *Une bonne recette. Livre de recettes :* livre de cuisine. ◇ Formule d'un remède et manière de le préparer. *Recettes d'une pharmacopée, du codex.* ♦ 2° *Fig.* Moyen, procédé. *Une recette infaillible pour réussir. Donnez-moi la recette !* « *Ils avaient des goûts communs et des métiers différents : c'est la recette même de l'amitié* » (MAUROIS).
◇ ANT. (de I) Débours, dépense.

RECEVABILITÉ [Rəsvabilite; Rəvabilite]. *n. f.* (1829 ; de *recevable*). *Dr.* Caractère de ce qui est recevable. *La recevabilité d'une action, d'un appel, d'un pourvoi.* ◇ ANT. Irrecevabilité.

RECEVABLE [Rəsvabl(ə); Rsəvabl(ə)]. *adj.* (1260 ; de *recevoir*). ♦ 1° Qui peut être reçu, accepté. *Cette excuse n'est pas recevable.* V. **Acceptable, admissible.** ♦ 2° *Dr.* (d'une action en justice). Contre quoi il n'existe aucun obstacle juridique à l'examen du fond. *Action, demande, appel recevable. Être déclaré non recevable.* — (D'une *personne*) Qui peut être admis à (agir en justice). « *Tout parent est recevable à provoquer l'interdiction de son parent* » (CODE CIV.). ◇ ANT. *Irrecevable; inadmissible.*

RECEVEUR, EUSE [Rəsvœr, øz; Rsəvœr, øz]. *n.* (1170 ; *recevere* « celui qui soutient », 1120; de *recevoir*). ♦ 1° *Vx.* Personne chargée de faire, de gérer une recette. *Mod.* Comptable public chargé d'effectuer les recettes et certaines dépenses publiques. *Receveur des contributions. Receveur municipal,* effectuant les recettes et les dépenses communales. *Receveur buraliste* (de la Régie). *Receveur de l'Enregistrement,* agent de perception et de contrôle. *Receveur des postes.* ♦ 2° (1869). *Cour.* Employé préposé à la recette dans les transports publics. *Receveur de tramway. Receveuse d'un autobus.* ♦ 3° *Méd.* Personne qui reçoit le sang du donneur (dans une transfusion du sang). *Receveur universel,* appartenant au groupe AB et pouvant recevoir le sang des autres groupes sanguins (A, B et O). ◇ (1968). Malade à qui l'on implante un fragment de tissu ou un organe d'un donneur (dans une greffe ou une transplantation d'organe). Opposé à *Donneur**.

RECEVOIR [Rəsvwar; Rsəvwar]. *v. tr. : je reçois, tu reçois, il reçoit, nous recevons, vous recevez, ils reçoivent ; je recevais, nous recevions ; je reçus, nous reçûmes ; je recevrai, nous recevrons ; je recevrais, nous recevrions ; reçois, recevons, recevez ; que je reçoive, que tu reçoives, qu'il reçoive, que nous recevions, que vous receviez, qu'ils reçoivent ; que je reçusse, que nous reçussions* (inus.) ; *recevant ; reçu, ue* (1283 ; a. fr. *recivre, receivre,* Xe ; lat. *recipere*).

I. (*Sens passif*). Se voir adresser (qqch.). ♦ 1° Être mis en possession de (qqch.) par un envoi, un don, un paiement, etc. *Recevoir une lettre, un colis, un catalogue. J'ai reçu une lettre de mes parents. Recevoir un cadeau, des étrennes.* « *L'aumône avilit... celui qui la reçoit et celui qui la fait* » (FRANCE). *Recevoir de l'argent.* V. **Encaisser.** *Recevoir une somme, un salaire, une gratification.* V. **Percevoir, toucher.** — *Recevoir une récompense, une décoration, un prix.* V. **Obtenir.** — *Absolt. Donner et recevoir.* « *Recevoir, prendre et demander, voilà le secret en trois mots* » (BEAUMARCH.). *Donner d'une main et recevoir de l'autre.* ◇ (Compl. abstrait) *Recevoir un ordre, une mission. Recevoir des compliments, des félicitations. Recevez, Monsieur, mes salutations, l'assurance de mon dévouement* (formules). *Recevoir un conseil. Je n'ai pas de leçon à recevoir de vous. Recevoir de l'instruction, un certain genre d'éducation.* « *L'amour, c'est... le plaisir reçu et donné* » (LÉAUTAUD). — (Relig.) *Recevoir la communion, un sacrement.* ◇ (Turf) *Cheval qui reçoit d'un concurrent cinq livres, vingt-cinq mètres,* qui est avantagé par rapport à lui de cinq livres, vingt-cinq mètres (*opposé à* être handicapé.) ♦ 2° (1080). Être atteint par, être l'objet de (qqch. que l'on subit, que l'on éprouve). — (Concret) *Recevoir des coups, des blessures.* « *Je reçus comme une gifle... la phrase de maman* » (DUHAM.). *Qu'est-ce qu'il a reçu !* V. **Attraper, prendre.** *Recevoir la pluie, une averse, une douche.* — *Absolt.* V. **Écoper, prendre.** « *Tout le secret des armes consiste à donner et à ne point recevoir* » (MOL.). — (Abstrait) *Recevoir un affront, des injures, un châtiment, une leçon.* V. **Essuyer.** — (Sujet de chose) *La lune reçoit sa lumière du soleil. Corps qui reçoit un mouvement. La matière qui a reçu telle ou telle forme.* — (Choses abstraites) Être l'objet de. V. **Prendre.** « *Ce vieil adage reçut une nouvelle confirmation* » (NERVAL). *Mot qui reçoit une signification.* « *L'affaire dont nous nous sommes entretenus recevra une heureuse solution* » (MAUPASS.) : on lui donnera, elle aura...

II. (*Sens actif*). Laisser entrer ou venir à soi, donner accès à. ♦ 1° (1538). Laisser entrer (qqn qui se présente). « *Il les reçut, entouré d'un appareil guerrier* » (MADELIN). *Recevoir qqn à dîner, à sa table.* — Faire entrer en allant chercher et en accompagnant. V. **Introduire.** « *Elle se déran-*

geait pour recevoir celles qui entraient » (FLAUB.). ◇ Réserver accueil (bon ou mauvais). V. **Accueillir, traiter.** *Être bien reçu, avec les honneurs. Recevoir qqn à bras ouverts, avec empressement. Être mal reçu. Il a été reçu comme un chien* dans un jeu de quilles.* — Par plaisant. *Recevoir l'ennemi à coups de canon.* ◇ *Absolt.* Accueillir habituellement des amis, des invités ; donner une réception. *Une femme qui sait recevoir. Le gouverneur « recevait, donnait à dîner* » (TAINE). « *J'ai mon jour, le mercredi, où je reçois* » (BALZ.). *Ils reçoivent très peu.* « *Les Loménie recevaient dans leur jardin* » (ARAGON). ◇ Accueillir les visiteurs. *Monsieur le Directeur reçoit tel jour, de telle heure à telle heure.* V. *Fig.* (compl. de chose) V. **Accueillir.** *La Commune « reçut la proposition très froidement* » (MICHELET). — Au *p. p. Initiative mal, bien reçue.* ♦ 2° (Déb. XIIIe). Laisser entrer (qqn) à certaines conditions, après certaines épreuves. V. **Admettre.** — (Surtout au passif) *Être reçu à une grande École. Être reçu à un examen, un concours.* Au *p. p. Candidats admissibles, reçus.* — *Société, club où l'on ne reçoit pas certaines personnes.* ♦ 3° Faire entrer (qqch.), recueillir. « *Fauteuil... tourné de biais pour mieux recevoir le jour de la fenêtre* » (MART. du G.). ◇ *Par ext.* (d'un récipient) *Creuset qui reçoit le minerai en fusion. Fleuves qui reçoivent des affluents.* ♦ 4° *Littér.* Admettre en son esprit (comme vrai, légitime). V. **Reconnaître.** « *Ne recevoir jamais aucune chose pour vraie, que je ne la connusse évidemment être telle* » (DESCARTES). — Au *p. p. Coutumes, usages reçus. Dictionnaire des idées reçues,* de Flaubert. ◇ *Dr.* Accepter comme recevable. *Recevoir une plainte.* « *Aucune demande ne sera reçue dans les tribunaux* » (CODE PROCÉD. CIV.). *Fin de non-recevoir.* V. **Fin** (II, 3°).

III. SE RECEVOIR. *v. pron.* ♦ 1° (Récipr.) *Ils se reçoivent beaucoup* (sens II, 1°). ♦ 2° (Réfl.) *Turf et Sport.* Retomber d'une certaine façon, après un saut. *Sauteur qui se reçoit sur la jambe droite* (V. **Réception,** I, A, 3°).
◇ ANT. Donner, émettre, envoyer, offrir, payer, verser. Éliminer, exclure, refuser.

RECEZ. V. **Recès.**

RÉCHAMPI [Reʃãpi] ou **RECHAMPI** [Rəʃãpi]. *n. m.* (1690 ; de *ré-, réchampir*). *Techn.* (1690). *Un réchampi :* ornement réchampi, ressortant du fond. *La maison « était peinte en blanc, avec des réchampis de couleur jaune* » (FLAUB.).

RÉCHAMPIR [reʃãpir] ou **RECHAMPIR** [R(ə)ʃãpir]. *v. tr.* (1676 ; de *ré-, re-,* et *échampir,* de *champ*). *Techn.* Détacher du fond (des ornements). — *Par ext.* Orner par ce procédé. *Réchampir les murs.*

RÉCHAMPISSAGE [Reʃãpisaʒ] ou **RECHAMPISSAGE** [R(ə)ʃãpisaʒ]. *n. m.* (1692 ; de *réchampir, rechampir*). *Techn.* Action de réchampir ; ouvrage réchampi.

1. RECHANGE [R(ə)ʃãʒ]. *n. m.* (XVe, « échange »; *rescange* « compensation », 1295 ; de *rechanger*). ♦ 1° (1732). *Loc. adj.* DE RECHANGE : destiné à remplacer un objet ou un élément identique. *Pièces de rechange. Vêtements de rechange.* « *J'aurai soin de prendre des souliers de rechange* » (GIDE). — *Roue de rechange :* roue de secours. — ◇ *Fig.* De remplacement. *Une solution de rechange.* ♦ 2° *Par ext.* (1845). Pièce, objet de rechange. *Un rechange de vêtements.*

2. RECHANGE [R(ə)ʃãʒ]. *n. m.* (1620 ; de *re-,* et *change*). *Dr. comm.* Opération par laquelle le porteur d'une lettre de change impayée tire sur les obligés une nouvelle lettre de change, dite *retraite.*

RECHANGER [R(ə)ʃãʒe]. *v. tr.;* conjug. *changer.* V. **Bouger** (*Rechangier,* XIIe ; de *re-,* et *changer*). Changer de nouveau. *Encore crevés ! Il va falloir rechanger la roue.*

RECHANTER [R(ə)ʃãte]. *v. tr.* (1487 ; de *re-,* et *chanter*). Chanter de nouveau. *Rechantez-nous cette mélodie.*

RECHAPAGE [R(ə)ʃapaʒ]. *n. m.* (1928 ; de *rechaper*). Action de rechaper ; son résultat.

RECHAPER [R(ə)ʃape]. *v. tr.* (1928 ; de *re-,* et *chape*). Réparer (un pneu) en reconstituant la couche de caoutchouc usée par la chape. — Au *p. p. Pneu rechapé.*

RÉCHAPPÉ, ÉE [Reʃape]. *n.* (*Reschappé,* 1588 ; p. p. de *réchapper*). *Littér.* Rescapé. « *Les réchappés de ce grand naufrage* » (ALAIN).

RÉCHAPPER [Reʃape]. *v. intr.* (*Reschapper,* XIIIe [V. Rescapé] ; de *re-,* et *échapper*). Échapper à un péril pressant, menaçant. *Littér. Il a réchappé de cette guerre, de cette maladie.* V. **Tirer** (s'en). Plus cour. En *réchapper.* « *J'ai failli y passer ; mais... je crois que j'en réchapperai* » (ZOLA). — *Réchapper à...* « *Si je réchappe à cette crise* » (ANOUILH). ◇ *Absolt.* Guérir ; s'en sortir vivant. *Personne n'en a réchappé, n'en est réchappé* (état).

RECHARGE [R(ə)ʃarʒ(ə)]. *n. f.* (1433, « charge, mission »; de *recharger*). ♦ 1° Action de recharger une arme, un appareil électrique. *Mettre un accumulateur en recharge.* ♦ 2° (1611). Seconde charge que l'on met dans une arme. *Par anal. Recharge de stylo* (cartouche). *Recharge pour un tube de rouge à lèvres.*

RECHARGEABLE [ʀ(ə)ʃaʀʒabl(ə)]. *adj.* (1964; de *recharger*). Qu'on peut recharger. *Briquet, stylo rechargeable.*
RECHARGEMENT [ʀ(ə)ʃaʀʒəmã]. *n. m.* (1835; wallon *rechairgement* « autorisation », XVᵉ; de *recharger*). Action de recharger. ◊ Techn. *Rechargement d'une route* (V. **Recharger,** 3°).
RECHARGER [ʀ(ə)ʃaʀʒe]. *v. tr.;* conjug. *charger.* V. **Bouger** *(Rechargier,* v. 1170; de *re-,* et *charger).* ♦ 1° Charger de nouveau ou davantage. *Recharger un camion.* « *La malle fut rechargée dans la carriole* » (ZOLA). ♦ 2° (1564). Remettre une charge dans (une arme). *Recharger son fusil.* — Approvisionner de nouveau. *Recharger un appareil photographique, un briquet à gaz. Recharger un poêle.* — *Recharger une batterie d'accumulateurs.* ♦ 3° Techn. (1875). Empierrer (une voie) de façon à en relever le niveau. *Recharger une route, une voie de chemin de fer.*
RECHASSER [ʀ(ə)ʃase]. *v.* (1170; de *re-,* et *chasser).* ♦ 1° V. *tr.* Chasser, expulser de nouveau (qqn). ♦ 2° V. *intr.* Aller de nouveau à la chasse.
RÉCHAUD [ʀeʃo]. *n. m.* (*Reschauld,* 1549; de *réchauffer;* d d'apr. *chaud).*
I. ♦ 1° Ustensile de cuisine portatif, servant à chauffer ou à faire cuire les aliments. *Anciens réchauds à charbon.* « *Il apprêtait lui-même son café sur un réchaud de tôle* » (BALZ.). *Réchauds à gaz, électriques, à pétrole.* « *Réchaud à deux feux. Réchaud sans four, avec four.* V. aussi **Fourneau.** — *Réchaud de camping.* ♦ 2° Plat à double fond, support sous lequel se trouve un réchaud (électrique, à alcool), et qui sert de chauffe-plats. — Ustensile formé d'un récipient contenant un combustible, une matière incandescente, et qui sert à chauffer. *Réchaud où l'on brûle des aromates.* V. **Brûle-parfum, cassolette.**
II. *Hortic.* Fumier chaud et pressé destiné à réchauffer les couches.
RÉCHAUFFAGE [ʀeʃofaʒ]. *n. m.* (1811; de *réchauffer).* Opération par laquelle on réchauffe. *Agric. Réchauffage des vergers* (au moyen de réchauds, de braseros). — Techn. *Réchauffage de l'acier,* avant le laminage (à chaud).
RÉCHAUFFÉ, ÉE [ʀeʃofe]. *adj.* et *n. m.* (XIIIᵉ; V. **Réchauffer).** ♦ 1° Qui a été chauffé après s'être refroidi. « *Rien n'étant pire qu'un dîner froid, si ce n'est un dîner réchauffé* » (GAUTIER). ♦ 2° *Fig.* et *péj.* Ranimé sans nécessité. « *Une vieille querelle réchauffée* » (DIDER.). *Une plaisanterie réchauffée :* servie trop souvent et qui a perdu tout son effet. ◊ N. m. (1798) *Du réchauffé :* se dit d'une chose vieille, artificiellement rajeunie, ou trop connue. *C'est du réchauffé.*
RÉCHAUFFEMENT [ʀeʃofmã]. *n. m.* (1611; de *réchauffer).* Action de se réchauffer, de s'échauffer une seconde fois. *Un lent réchauffement de l'atmosphère.* ◇ ANT. Refroidissement.
RÉCHAUFFER [ʀeʃofe]. *v. tr.* (*Reschaufer,* 1190; de *re-,* et *échauffer).* ♦ 1° Chauffer (ce qui s'est refroidi). *Réchauffer un potage, un plat. Le soleil réchauffera cette eau.* V. **Attiédir.** « *Avec son haleine Il se réchauffe les doigts* » (LA FONT.). Absolt. *Une marche, une bonne soupe, ça réchauffe !* ◊ *Loc. fig.* Vx ou plais. *Réchauffer un serpent dans son sein :* protéger un ingrat qui cherche à nuire. ♦ 2° SE RÉCHAUFFER. *v. pron.* Redonner de la chaleur à son corps. *Battre* la semelle, courir pour se réchauffer.* ◊ (*Pass.)* Pouvoir être réchauffé (plat). *Les purées ne se réchauffent pas.* ♦ 3° Ranimer (les esprits, les cœurs, les sentiments). *Cela réchauffe le cœur.* V. **Réconforter.** « *Elle comprit que son devoir était de réchauffer le zèle de ce chrétien si tiède* » (LARBAUD). ♦ 4° (1740). Hortic. *Réchauffer les couches,* avec du fumier chaud. V. **Réchaud** (II). *Réchauffer les vergers,* avec des braseros. ◇ ANT. Refroidir. Amortir.
RÉCHAUFFEUR [ʀeʃofœʀ]. *n. m.* (1875; de *réchauffer).* Techn. Appareil annexe des chaudières, permettant de récupérer une partie de la chaleur du foyer. *Réchauffeur d'eau. Réchauffeur d'une locomotive à vapeur. Réchauffeur d'air, d'huile, dans une machine de navire.*
RECHAUSSEMENT [ʀ(ə)ʃosmã]. *n. m.* (1611; *recanchiement* « réparation », dial., 1435; de *rechausser*). Arbor. Action de rechausser (un arbre, un arbuste).
RECHAUSSER [ʀ(ə)ʃose]. *v. tr.* (XIIIᵉ; de *re-,* et *chausser*). ♦ 1° Chausser de nouveau. Pronom. *Se rechausser.* — Par ext. Ferrer (un cheval) qui a perdu son fer. ♦ 2° Regarnir (une base). *Arbor.* (1549) Remettre de la terre au pied de (un arbre, un arbuste). V. **Butter.** — Archit. (XIXᵉ) Consolider le pied, la base de (un mur). — Auto. Remettre des pneus neufs à (une voiture).
RÊCHE [ʀɛʃ]. *adj.* (1697; *reech,* 1290; frq. °*rubisk*). ♦ 1° Rare. Âpre au goût. *Une poire rêche.* ♦ 2° (XVIIIᵉ). *Cour.* Rude au toucher, légèrement râpeux. « *Il sentit le drap rêche de la tunique* » (MART. DU G.). *Peau rêche.* ♦ 3° *Fig.* Rude de caractère; difficile à vivre. *Rétif,* **revêche.** « *Je lui trouve même l'esprit un peu rêche* (Terme du pays, pris ici métaphoriquement) » (ROUSS.). ◇ ANT. Lisse, moelleux.
RECHERCHE [ʀ(ə)ʃɛʀʃ(ə)]. *n. f.* (1508; de *rechercher*).

I. Action de chercher, de rechercher. ♦ 1° Effort pour trouver (qqch.). *La recherche d'un objet perdu. Recherche de gîtes minéraux.* V. **Prospection.** *Recherche d'objets enfouis.* V. **Fouille.** *Recherche de renseignements* (V. **Enquête**). *Recherche d'informations* (dans un ordinateur) [V. **Accès**]. — Dr. *Recherche de paternité légitime, naturelle :* action pour découvrir le père véritable d'un enfant. — Absolt. *Faire de vaines recherches, abandonner les recherches. Résultat des recherches.* ◊ Action de rechercher (qqn). *Recherche d'un absent, d'un fuyard.* — *Il a échappé aux recherches de la police.* ♦ 2° Effort de l'esprit pour trouver (une connaissance, la vérité). « *L'inutile recherche du vrai bien* » (PASC.). *De la recherche de la vérité,* de Malebranche. ◇ UNE RECHERCHE, DES RECHERCHES : le travail, les travaux faits pour trouver des connaissances nouvelles, pour étudier une question. *Recherches systématiques sur un sujet. Recherches abstraites, théoriques.* V. **Spéculation.** — *Faire des recherches.* V. **Chercheur.** ♦ 3° Ensemble des travaux, des activités intellectuelles qui tendent à la découverte de connaissances et de lois nouvelles. *Goût pour la recherche. Centre national de la recherche scientifique.* V. **C.N.R.S.** *Faire de la recherche pure, appliquée* (technique). — *Recherche opérationnelle*.* « *Le mot et l'idée de recherche sont désormais agréés, même par la multitude, quand il s'agit des entreprises scientifiques* » (DUHAM.). ♦ 4° Action de chercher à obtenir. *La recherche d'un avantage, du bonheur, de la gloire, des plaisirs.* V. **Poursuite.** « *La poursuite des perfectionnements exclut la recherche de la perfection* » (VALÉRY). ♦ 5° *Loc. prép.* À LA RECHERCHE DE... : en cherchant, en recherchant. « *Se mit vivement à la recherche de son frère* » (SAND). V. **Rechercher.** « *Les toxicomanes à la recherche de leur drogue* » (VALÉRY). « *Sortir à la recherche de soi-même* » (MAETERLINCK). *À la recherche du temps perdu,* de Proust.
II. Effort pour se distinguer par une délicatesse, un raffinement plus grand; caractère de ce qui est recherché (2°). V. **Apprêt, raffinement.** *Mettre de la recherche dans sa toilette, être vêtu avec recherche.* « *Un grand garçon... avec une mise correcte, sans recherche* » (ZOLA). — *Recherche dans le style.* V. **Préciosité.** *Il y a trop de recherche, ce n'est guère naturel.* V. **Affectation, afféterie, maniérisme, mièvrerie** (2°). « *Ses œuvres sont d'une longueur, d'une recherche, d'une subtilité insupportables* » (SUARÈS).
◇ ANT. Laisser-aller, négligence, négligé (n.), simplicité.
RECHERCHÉ, ÉE [ʀ(ə)ʃɛʀʃe]. *adj.* (XVIᵉ; V. **Rechercher).** ♦ 1° Que l'on cherche à obtenir; *par ext.* À quoi l'on attache du prix. *Édition recherchée.* V. **Rare.** ◊ (*Personnes)* Que l'on cherche à voir, à connaître, à fréquenter, à recevoir. *Une femme très recherchée.* V. **Entouré(e).** ♦ 2° (1580). Qui a été obtenu par une recherche, un raffinement, du soin. V. **Étudié, soigné; travaillé.** « *La toilette de voyage... la plus simplement recherchée* » (BALZ.). *Une arme d'un travail très recherché. Paroles recherchées et choisies.* ◊ *Péj.* Qui trahit une recherche excessive, manque de naturel, de simplicité. V. **Affecté, apprêté, maniéré, précieux.** « *Le faux esprit, c'est... une pensée fausse et recherchée* » (VOLT.). « *Point d'attitudes tourmentées ni recherchées; les actions vraies qui conviennent à la peinture* » (DIDER.). ◇ ANT. Banal, commun, naturel, négligé, simple, vulgaire.
RECHERCHER [ʀ(ə)ʃɛʀʃe]. *v. tr.* (1636; *recherger,* 1290; *rechercier* « parcourir en cherchant », 1080; de *re-,* et *chercher).* ♦ 1° Rechercher de façon consciente, méthodique ou insistante. *Rechercher un objet égaré. Rechercher une lettre dans les archives.* ◊ *Chercher à découvrir, à retrouver* (qqn). *On recherche les témoins de l'accident.* — *Spécial.* « *Un malfaiteur... que la justice recherche depuis longtemps* » (HUGO). *Il est recherché pour meurtre.* ♦ 2° Chercher à connaître, à découvrir. *Rechercher la cause, les conditions, les effets d'un phénomène.* « *Il faut que... vous recherchiez s'il est aussi incorruptible qu'on le croit* » (RENAN). *Rechercher comment, pourquoi, dans quelles conditions...* ♦ 3° Tenter d'obtenir, d'avoir, par une recherche. V. **Poursuivre, viser.** *Désirer, souhaiter une chose sans vraiment la rechercher.* « *C'est là ce qu'il* (l'homme) *recherche sous le nom de beauté* » (VALÉRY). « *Trouver la satiété où l'on recherchait le bonheur* » (BEAUMARCH.). *Rechercher comme une faveur.* V. **Solliciter.** « *La complication, je ne la recherche point; elle est en moi* » (GIDE). ♦ 4° Vx. Tenter, essayer de connaître, de fréquenter (qqn). « *Femmes... qu'on ne peut ni rechercher, ni fuir impunément* » (ROUSS.). ◇ ANT. Éviter, fuir.
RECHIGNER [ʀ(ə)ʃiɲe]. *v. intr.* (XIIIᵉ; *rechiner, rechignier les denz* « grincer des dents », XIIᵉ; de *re-,* et frq. °*kinan* « tordre la bouche »). *Vieilli.* Montrer, par l'expression de son visage, sa mauvaise humeur, sa répugnance. V. **Grogner, râler, rouspéter** (*fam.).* ◊ *Mod.* RECHIGNER À : témoigner de la mauvaise volonté pour. *Rechigner à la besogne.* V. **Renâcler.** « *Dans ce temps-là... fallait pas rechigner à l'ouvrage* » (DABIT). *Rechigner à faire qqch.* ◊ Au p. p. *Air, visage rechigné.* V. **Hargneux, renfrogné.** « *Mon enfance solitaire et rechignée* » (GIDE).

RECHRISTIANISER [ʀ(ə)kʀistjanize]. *v. tr.* (mil. XXᵉ; de *re-*, et *christianiser*). Ramener à la foi chrétienne (un pays, un milieu déchristianisé). *Tentatives pour rechristianiser la classe ouvrière.*

RECHUTE [ʀ(ə)ʃyt]. *n. f.* (1475; de *re-*, et *chute*, d'apr. a. fr. *rechoir* « retomber »). ♦ 1° Reprise d'une maladie qui était en voie de guérison. V. **Récidive** (1°). *Faire, avoir une rechute. Rechute due à une imprudence.* ♦ 2° Le fait de retomber dans le péché, le vice, etc. « *À force d'accumuler péché sur péché, rechute sur rechute* » (BOURDALOUE). « *Nous sommes consternés de nos rechutes* » (VAUVEN.).

RECHUTER [ʀ(ə)ʃyte]. *v. intr.* (1846; « retomber dans le péché », 1840; de *rechute*). Faire une rechute, tomber malade de nouveau. « *Il se mit à travailler avant d'être guéri, ce qui ne le fit point rechuter* » (SAND). ◊ ANT. **Guérir.**

RÉCIDIVANT, ANTE [ʀesidivɑ̃, ɑ̃t]. *adj.* (1598; de *récidiver*). *Méd.* Se dit d'une maladie qui donne lieu à récidive (1°), qui réapparaît après un temps de guérison plus ou moins long. *Luxation récidivante d'une articulation.* V. **Récurrent.**

RÉCIDIVE [ʀesidiv]. *n. f.* (1422; lat. médiév. *recidiva*, class. *recidivus* « qui retombe, qui revient »). ♦ 1° *Méd.* Réapparition d'une maladie (surtout infectieuse) après sa guérison, due à une nouvelle infection par les mêmes germes (à la différence de *rechute*). ♦ 2° (1593). *Dr.* Le fait de commettre une nouvelle infraction après avoir encouru une condamnation pour une infraction antérieure; état d'une personne qui a commis un nouveau crime ou un nouveau délit (cause d'aggravation de la peine prononcée par le tribunal). *Il y a récidive. Escroquerie avec récidive. Être en récidive.* V. **Récidiviste.** ◊ *Cour.* Le fait de retomber dans la même faute, la même erreur. *Le directeur de l'école « me dit qu'à la première récidive il ne pourrait plus cacher ma mauvaise conduite »* (RADIGUET).

RÉCIDIVER [ʀesidive]. *v. intr.* (1478, méd.; lat. médiév. *recidivare*). ♦ 1° *Méd.* Réapparaître, recommencer. « *La tumeur récidivera »* (LITTRÉ). — Au p. p. *Un cancer récidivé.* ♦ 2° (1513). *Cour.* Commettre une infraction avec récidive (2°); retomber dans les mêmes crimes, les mêmes défauts, la même erreur.

RÉCIDIVISTE [ʀesidivist(ə)]. *n.* (1845; de *récidive*). *Dr.* et *cour.* Personne qui est en état de récidive. *Une récidiviste.* — Adj. *Un criminel, un condamné récidiviste.*

RÉCIDIVITÉ [ʀesidivite]. *n. f.* (1845; de *récidive*). *Méd.* Tendance d'une maladie à revenir par récidive (1°). *Récidivité d'une tumeur.* V. **Récidivant.**

RÉCIF [ʀesif]. *n. m.* (1688; esp. *arrecife*, de l'arabe *ar-rasif* « chaussée, levée, digue »). Rocher ou groupe de rochers à fleur d'eau, dans la mer. V. **Brisant, écueil.** *Haut-fond semé de récifs.* « *Des récifs par bâbord! »* (LOTI). *Faire naufrage sur un récif. Récif de corail.* — Géogr. *Récif frangeant*, formé d'un banc corallien accolé à la côte. *Récif-barrière*, qui s'allonge parallèlement à la terre, à une certaine distance.

RÉCIPIENDAIRE [ʀesipjɑ̃dɛʀ]. *n. m.* (1674; du lat. *recipiendus* « qui doit être reçu »). *Dr.* ou *littér.* ♦ 1° Personne en l'honneur de qui a lieu une cérémonie de réception dans une compagnie, dans un corps. *Le récipiendaire et ses parrains. Discours du récipiendaire à l'Académie française.* « *Le premier récipiendaire, qui par un témoignage spontané établit un long usage, celui de commencer un discours académique par un remerciement »* (COLETTE). ♦ 2° Personne qui reçoit un diplôme universitaire (V. **Impétrant**), qui est bénéficiaire d'une nomination, etc. *Signature du récipiendaire.*

RÉCIPIENT [ʀesipjɑ̃]. *n. m.* (1600; adj., *vaisseau récipient*, 1554; lat. *recipiens*, p. prés. de *recipere* « recevoir »). ♦ 1° *Techn.* Partie de certains appareils (alambic, etc.) dans laquelle on recueille les produits d'une distillation, d'une opération chimique. ♦ 2° (1875; on disait *vase, vaisseau*). *Cour.* Ustensile creux qui sert à recueillir, à contenir des substances solides (surtout granuleuses, pulvérulentes), liquides ou gazeuses (*ex.* : bidon, casserole, cendrier, citerne, flacon, seau, vase). *Récipient métallique. Parois, capacité, contenance d'un récipient. Remplir, vider un récipient. Changer un liquide de récipient.* V. **Transvaser.** « *Seul de tous les animaux, l'homme sait construire des récipients infiniment variés »* (DUHAM.). « *Des récipients... qui allaient des grandes cuves, marmites, chaudrons... aux terrines..., moules à pâtisserie et petits pots de crème »* (PROUST).

RÉCIPROCITÉ [ʀesipʀɔsite]. *n. f.* (1729; de *réciprocitas*). Caractère, état de ce qui est réciproque (I, 1°). *La réciprocité d'un sentiment d'estime, d'antipathie. À charge, à titre de réciprocité.* — Dr. internat. *Traité de réciprocité* (entre pays).

RÉCIPROQUE [ʀesipʀɔk]. *adj.* et *n. f.* (1380; lat. *reciprocus*).
I. *Adj.* ♦ 1° Qui s'exerce à la fois d'un premier terme à un second et du second au premier (d'une même relation, d'un même rapport). *Relations réciproques.* ◊ Qui implique, entre deux personnes ou deux groupes, un échange de senti-

ments, d'obligations, de services semblables, etc. V. **Mutuel.** *Confiance, tolérance réciproque. Se faire des concessions réciproques. Un amour réciproque.* V. **Partagé.** — *Contrat, convention réciproque.* V. **Bilatéral.** ♦ 2° (1842). Log. *Propositions réciproques*, telles que le sujet de l'une peut devenir l'attribut de l'autre et inversement. V. **Inverse** (I, 2°). ♦ 3° Géom. *Figures réciproques*, telles que chacune est la transformée de l'autre selon une même loi. V. **Inverse** (I, 3°). ♦ 4° Math. *Fonction réciproque d'une fonction* (notée f⁻¹), fonction faisant correspondre à toute valeur de cette fonction f la valeur prise par la variable. *Les fonctions* $y = x^2$ *et* $y = \sqrt{x}$ *sont réciproques dans le domaine où x est positif.* ♦ 5° Gram. (1606). *Verbe (pronominal) réciproque* : verbe pronominal qui indique une action exercée par plusieurs sujets les uns sur les autres et dont l'action est à la fois accomplie et reçue par chacun d'eux. *Réciproque direct* (*ex.* : séparer deux enfants qui *se battent*), *indirect* (*ex.* : ils passent leur temps à *se dire* des injures).
II. *N. f.* ♦ 1° *Fonction réciproque.* Log. *Proposition réciproque.* ♦ 2° *Cour. Vous m'avez joué un mauvais tour, mais je vous rendrai la réciproque* : la pareille. « *Une femme regarde toujours un homme comme un homme; et réciproquement un homme regarde une femme comme une femme »* (LA BRUY.). « *Tel acte humain s'appelle crime, ici, bonne action, là-bas, et réciproquement »* (VILLIERS). V. **Vice versa.**

RÉCIPROQUEMENT [ʀesipʀɔkmɑ̃]. *adv.* (1489; de *réciproque*). ♦ 1° D'une manière qui implique une action ou une relation réciproque (I, 1°). V. **Mutuellement.** « *Le devoir de se chérir réciproquement »* (ROUSS.) : l'un l'autre*. ♦ 2° (XVIIIᵉ). Et réciproquement, servant à introduire une proposition, une affirmation réciproque (I, 2°) de la première.

RÉCIPROQUER [ʀesipʀɔke]. *v. intr.* (1380; bas lat. *reciprocare*). *Vx.* ou *région.* (Belgique). Rendre la pareille. ◊ *Trans.* Adresser en retour (*spécialt.* des vœux).

RÉCIT [ʀesi]. *n. m.* (*Recit*, 1538; *resit*, v. 1500; de *réciter*). ♦ 1° Relation orale ou écrite (de faits vrais ou imaginaires). V. **Exposé, histoire, narration, rapport.** *Récit d'aventures merveilleuses.* V. **Conte, fable, légende.** *Récit historique.* V. **Chronique, histoire.** *Récit véridique, fidèle, détaillé, circonstancié; mensonger, infidèle. Écrire, faire un récit, un récit de considérations, et de commentaires qui... m'intéressent peu »* (BOSCO). *Il pleura au récit de cette aventure.* ♦ 2° *Mus.* (1661). *Vx.* Récitatif. *Mod.* Partie qui exécute le sujet principal dans une symphonie. ◊ L'un des claviers de l'orgue, généralement placé au-dessus du positif.

RÉCITAL, ALS [ʀesital]. *n. m.* (1872; angl. *recital*, du v. *to recite*, du fr. *réciter*). Séance musicale au cours de laquelle un seul artiste se fait entendre. *Récital d'orgue, de piano, de violon. Chanteur qui donne des récitals.* ◊ Par ext. *Récital de danse. Récital poétique*, où un artiste dit des poèmes.

RÉCITANT, ANTE [ʀesitɑ̃, ɑ̃t]. *adj.* et *n.* (1768; de *réciter*). ♦ 1° *Mus. Partie récitante*, chantée par une seule voix ou exécutée par un seul instrument; partie qui exécute le sujet principal. ◊ *N.* (v. 1900) *Le récitant, la récitante* : personne qui, dans une œuvre lyrique, chante un récitatif. ♦ 2° (XXᵉ; dans une émission radiophonique, un film, une œuvre dramatique). Personne qui lit le commentaire explicatif, les passages destinés à relier les morceaux isolés.

RÉCITATIF [ʀesitatif]. *n. m.* (1690; adj., *récitatif de* « qui relate qqch. », 1472; it. *recitativo*, de *recitare*. V. **Réciter**). *Mus.* Dans la musique vocale accompagnée, Sorte de déclamation notée, chant qui se rapproche, par la mélodie et le rythme de la coupe des phrases et des inflexions de la voix parlée. V. **Récit** (3°, vx). *Chanter, déclamer un récitatif. Récitatif accompagné*, où l'orchestre remplace le clavecin ou le piano. *Récitatif obligé (obligato)* : le récitatif accompagné quand la mélodie vocale est assujettie d'assez près à celle de l'accompagnement.

RÉCITATION [ʀesitasjɔ̃]. *n. f.* (1530; « récit », XIVᵉ; lat. *recitatio*). ♦ 1° *La récitation de; une récitation* : action, manière de réciter (qqch.). *Récitation d'une leçon.* « *La longue récitation de toutes les formules de respect qu'il savait par cœur »* (STENDHAL). ♦ 2° *Absolt.* Exercice scolaire qui consiste à réciter un texte littéraire appris par cœur. *Composition de récitation.* — Le texte qui est l'objet de cet exercice. *Apprendre une récitation* (poésie ou passage en prose). *Cahier de récitations.*

RÉCITER [ʀesite]. *v. tr.* (1530; « lire à haute voix », 1170; lat. *recitare*). ♦ 1° Dire à haute voix (ce qu'on sait de mémoire). *Réciter des prières, sa prière. Réciter des vers.* V. **Déclamer.** *Réciter un poème à qqn.* « *La voix monotone d'un élève récitant »* (DAUD.). — *Pronom.* « *Moréas se récite des vers, les siens »* (ROMAINS). — Absolt. *Réciter avec expression.* ♦ 2° Dire sans sincérité ni véracité. *Les trois témoins récitaient la même leçon. Ses compliments ont l'air d'être récités.* ♦ 3° *Mus.* Chanter (un récitatif). *Passage à réciter.*

RÉCLAMANT, ANTE [ʀekla(ɑ)mɑ̃, ɑ̃t]. *n.* (1775; de *réclamer*). *Dr.* Personne qui présente une réclamation.

RÉCLAMATION [ʀekla(ɑ)masjɔ̃]. *n. f.* (1238; lat. *reclamatio*). ♦ 1° Action de réclamer, de s'adresser à une autorité pour faire reconnaître l'existence d'un droit. V. **Demande, pétition, plainte, requête, revendication.** *Faire, déposer une réclamation.* « *Tant son personnel l'assommait de ses perpétuelles réclamations* » (COURTELINE). ◊ *(Sport)* Plainte déposée contre un adversaire. *Réclamation contre le gagnant.* ♦ 2° Protestation. *Les réclamations d'un parti politique. Assez de réclamations!* V. **Récrimination.** ♦ 3° Littér. *Réclamation de* (qqch.) : fait de réclamer.

1. RÉCLAME [ʀekla(ɑ)m]. *n. m.* (1560; *reclam*; lat. a. fr. *reclaim*, 1298; de *réclamer*). Ancienn. *(Fauconn.).* Cri ou signal pour rappeler l'oiseau, le faire revenir au leurre ou sur le poing.

2. RÉCLAME [ʀekla(ɑ)m]. *n. f.* (1625; de *réclamer*). **I.** *Techn.* (Reprise). ♦ 1° *Typogr.* Dans les éditions anciennes, non paginées, Mot imprimé isolément au bas d'un feuillet ou d'une page et reproduisant le premier mot du feuillet ou de la page suivante (qu'il « réclame »). *Chaque page du Dictionnaire de Furetière porte une réclame.* ◊ (1835) Marque faite sur une épreuve, une copie, pour indiquer l'endroit où il faut reprendre la composition ou la lecture. ♦ 2° *Théâtre.* Derniers mots d'un texte, d'une tirade qui signalent à l'interlocuteur qu'il doit entamer la réplique. ♦ 3° (1765). *Hist. mus.* Dans le plain-chant, la partie du répons que l'on reprend après le verset » (ROUSS.). **II.** *Cour.* (1834; du sens I, 1°). ♦ 1° Article élogieux présentant et recommandant qqch. ou qqn, inséré dans un journal pour remplacer ou compléter une annonce publicitaire. V. **Publicité.** « *Glisser dans les réclames une phrase poétique* » (FLAUB.). « *Une réclame monstre* » (MAUPASS.). *Réclame pour une marque d'automobiles.* ♦ 2° LA RÉCLAME, la publicité. « *Publicité, mot savant, apparaît comme plus noble, plus prestigieux que* réclame » (M. GALLIOT). *Faire de la réclame.* « *Publicité leur nom par la réclame* » (CHARDONNE). « *C'est la réclame qui est à la base de la célébrité de cet écrivain* » (LARBAUD). — EN RÉCLAME, en vente à prix réduits, à titre de réclame. *Ces articles sont en réclame.* Par appos. *Vente-réclame.* ♦ 3° (1869). Publicité particulière (annonce, affiches, prospectus, etc.). « *Des affiches, des réclames lumineuses* » (SARTRE). — Par appos. *Panneau*-réclame.* ♦ 4° *Fig.* Ce qui recommande, ce qui fait valoir, ce qui assure le succès. *Cela ne lui fait pas de réclame.*

RÉCLAMER [ʀekla(ɑ)me]. *v.* (1080; lat. *reclamare*. V. **Clamer**). **I.** *V. tr.* ♦ 1° *Vx.* Implorer (une aide divine). *Réclamer la miséricorde divine.* — Demander (comme une faveur) en priant humblement. *Réclamer l'indulgence de qqn.* ♦ 2° *Mod.* Demander (comme une chose indispensable) en insistant. « *Le misérable qui réclame du pain* » (DANIEL-ROPS). *On lui a donné ce qu'il réclamait.* — *Déjà les typographes réclament sa copie* » (MAUROIS). *Réclamer le secours, l'assistance de qqn. Réclamer à cor* et à cri. Réclamer le silence, la paix.* « *Tu réclamais le soir; il descend, le voici* » (BAUDEL.). *Réclamer qqn* : sa présence. *Enfant qui réclame sa mère.* « *Le vieux gâteux en bas réclamait tous les matins Victorine* » (ARAGON). ♦ 3° (1219). Demander avec insistance, comme dû, juste. V. **Exiger, revendiquer.** *Réclamer son dû, sa part. Réclamer qqch. à qqn.* « *Cette nécessité subjective que les artistes réclament volontiers pour leurs œuvres* » (SARTRE). — Revendiquer. « *Carnot réclame contre Barras l'honneur de cette nomination* (de Bonaparte général) » (CHATEAUB.). ♦ 4° (1675). Requérir *(sujet de chose)*. V. **Appeler, commander, demander, exiger, nécessiter.** « *La sculpture... une exécution très parfaite* » (BAUDEL.). « *La gaieté légère et mousseuse que réclame le genre* » (BAUDEL.). **II.** *V. intr.* Faire une réclamation. « *Les nobles âmes qui réclamèrent contre sa servitude* » (CHATEAUB.). V. **Protester, récriminer.** — Réclamer en faveur de qqn. V. **Intercéder.** **III.** SE RÉCLAMER. *v. pron.* (XII°). *Se réclamer de...*, invoquer en sa faveur le témoignage ou la caution de (qqn). V. **Invoquer, recommander** (se). *Vous devez bien faire de vous réclamer de moi. Se réclamer de ses ancêtres, de ses origines.* V. **Prévaloir** (se). — Se référer à (qqch.). « *Toutes les artistes vouées au culte féminin de la parure, se réclament de Paris* » (COLETTE).

RECLASSEMENT [ʀ(ə)klɑsmɑ̃]. *n. m.* (mil. XIX°; de *reclasser*). ♦ 1° Nouveau classement. ◊ *Spécialt.* Établissement d'une nouvelle échelle des traitements, des salaires. *Reclassement de la fonction publique.* — Réajustement de la situation d'un fonctionnaire quant à son classement. *Bénéficier d'un reclassement avec rappel.* ♦ 2° Réaffectation (à un emploi, à une place dans la société) de personnes qui ne sont plus aptes à l'activité qu'elles exerçaient auparavant.

RECLASSER [ʀ(ə)klɑse]. *v. tr.* (1875; de *re-*, et *classer*). ♦ 1° Classer de nouveau, selon une nouvelle méthode. *Reclasser des fiches.* ♦ 2° Procéder au reclassement de qqn.

Reclasser des fonctionnaires, des ouvriers licenciés. ◊ ANT. **Déclasser.**

RECLOUER [ʀ(ə)klue]. *v. tr.* (XII°; de *re-*, et *clouer*). Clouer de nouveau. *Ce panneau est décloué : il faudra le reclouer.* ◊ ANT. **Déclouer.**

RECLUS, USE [ʀəkly, yz]. *adj. et n.* (v. 1175; de *reclure* [vx], lat. *recludere*). ♦ 1° Renfermé et isolé. « *La véritable mère de famille... n'est guère moins recluse dans sa maison que la religieuse dans son cloitre* » (ROUSS.). — *Par ext.* Littér. *Mener une existence recluse.* ♦ 2° *N.* (1226). Personne qui vit enfermée *(spécialt.* religieux, cloîtré). ◊ *Fig. Il ne sort plus, il vit en reclus, en ermite.* « *Elles avaient arrangé leur nouveau petit salon de recluses avec des objets un peu disparates* » (LOTI).

RÉCLUSION [ʀeklyzjɔ̃]. *n. f.* (1270; de *reclure*, d'apr. lat. *reclusio* « ouverture »). ♦ 1° *Littér.* État d'une personne recluse. « *Pendant les dix premiers mois de ma réclusion...* » (BALZ.). ♦ 2° (1771). *Dr. et cour.* Peine afflictive et infamante, privation de liberté, avec obligation de travailler. V. **Détention, emprisonnement, incarcération.** *Puni de la réclusion, de la peine de la réclusion. Dix ans de réclusion criminelle.*

RÉCLUSIONNAIRE [ʀeklyzjɔnɛʀ]. *n.* (1836; de *réclusion*). *Dr.* Personne condamnée à la réclusion, pendant cette réclusion. V. **Détenu** *(cour.).*

RÉCOGNITIF [ʀekɔgnitif]. *adj. m.* (1808; du lat. *recognitus*, p. p. de *recognoscere*. V. **Reconnaître**). *Dr. Acte récognitif*, par lequel on reconnaît l'existence d'une obligation, d'un droit, en se référant à un acte antérieur.

RÉCOGNITION [ʀekɔgnisjɔ̃]. *n. f.* (1869; « confession », 1430; « examen », 1771; lat. *recognitio* « revue, inspection »). *Philo.* Acte de l'esprit qui reconnaît (une chose) en l'identifiant.

RECOIFFER [ʀ(ə)kwafe]. *v. tr.* (1555; de *re-*, et *coiffer*). ♦ 1° Coiffer de nouveau. — Pronom. *Se recoiffer avant de sortir* (Cf. Se donner un coup de peigne). ♦ 2° Remettre une coiffure, un chapeau. — Pronom. *Il salua et se recoiffa.* ◊ ANT. **Décoiffer.**

RECOIN [ʀəkwɛ̃]. *n. m.* (1549; de *re-*, et *coin*). ♦ 1° Coin caché, retiré. *Les recoins d'un grenier, d'une salle.* « *Un recoin inexploré... dans ces bois et ces bosquets* » (BAUDEL.). *Explorer les coins et les recoins.* ♦ 2° *Fig.* (1749). Partie cachée, secrète, intime. V. **Repli.** « *Il n'eût voulu... laisser pénétrer personne dans les recoins de son existence personnelle* » (GOBINEAU).

RÉCOLEMENT [ʀekɔlmɑ̃]. *n. m.* (1839; de *récoler*). ♦ 1° *Dr.* (1690; *récolement d'inventaire*). Dénombrement par ministère d'huissier des meubles saisis. *Procès-verbal de récolement.* — *Dr. forest.* (1690) Vérification contradictoire de l'exécution des clauses et conditions imposées, après l'exploitation d'une coupe. ♦ 2° *Didact.* Vérification et pointage sur inventaire. *Faire un récolement dans une bibliothèque.* ♦ 3° *Dr.* Action de récoler (un témoin), déclaration ainsi obtenue.

RÉCOLER [ʀekɔle]. *v. tr.* (1337, p. p., « minuté »; lat. *recolere* « passer en revue »). *Dr.* ♦ 1° (1538). *Récoler des témoins*, leur relire la déposition qu'ils ont faite pour vérifier s'ils se maintiennent dans les termes. ♦ 2° Faire le récolement de... *Huissier récolant les meubles saisis. Récoler une coupe de bois.*

RECOLLAGE [ʀ(ə)kɔlaʒ]. *n. m.* (1907; de *recoller*). Action de recoller. *Recollage d'un contre-plaqué, d'un timbre.* ◊ ANT. **Décollement.**

RÉCOLLECTION [ʀekɔlɛksjɔ̃]. *n. f.* (1553; « résumé », 1372; de *recollectus*, p. p. de *recolligere*. V. **Recueillir**). *Relig.* Action de se recueillir, par la méditation, la prière; retraite spirituelle. *Se réunir pour une journée de récollection.*

RECOLLEMENT [ʀ(ə)kɔlmɑ̃]. *n. m.* (1846; de *recoller*). Le fait de se recoller, d'adhérer de nouveau. ◊ ANT. **Décollement.**

RECOLLER [ʀ(ə)kɔle]. *v. tr.* (1380; de *re-*, et *coller*). ♦ 1° Coller de nouveau. « *Elle décolla l'enveloppe... en lut le contenu... et recolla soigneusement l'enveloppe* » (GREEN). ◊ Raccommoder en collant. *Recoller un vase, une assiette cassé(e).* ♦ 2° *Fig. et pop.* Se remettre en ménage (V. **Collage**). *Elle s'est recollée avec lui.* ♦ 3° (1933) Intrans. *(Sports).* Rejoindre le gros du peloton, après avoir un moment « décollé ». ◊ ANT. **Décoller.**

RÉCOLLET [ʀekɔlɛ]. *n. m.* (1468; lat. *recollectus*. V. **Récollection**). Religieux franciscain réformé (qui a l'esprit de récollection).

RÉCOLTABLE [ʀekɔltabl(ə)]. *adj.* (XVIII°; de *récolter*). Qu'on peut récolter. *Fruits récoltables en août.*

RÉCOLTANT, ANTE [ʀekɔltɑ̃, ɑ̃t]. *adj. et n.* (1836; de *récolter*). Qui procède lui-même à la récolte. *Viticulteur, propriétaire récoltant. Les récoltants.*

RÉCOLTE [ʀekɔlt]. *n. f.* (1558; it. *ricolta*, de *ricogliere* « recueillir »). ♦ 1° Action de recueillir (les produits de la terre). V. **Arrachage, cueillette, fenaison, moisson, ramassage,**

vendange. *Récolte des pommes de terre, des olives. Faire sa récolte. La saison des récoltes. Assurer la soudure jusqu'à la prochaine récolte.* ◇ *Par anal. La récolte du miel, de la soie. Récolte des perles.* ♦ 2° Les produits recueillis. « *Prophétiser l'abondance ou la pénurie des récoltes* » (BALZ.). ♦ 3° *Fig.* Ce qu'on recueille à la suite d'une quête, d'une recherche. V. **Collecte, moisson, profit.** « *Nous remettions à midi notre récolte* (de quêtes) *à la dame patronnesse* » (RADIGUET). *Faire une ample récolte d'observations.*

RÉCOLTER [ʀekɔlte]. *v. tr.* (1751; de *récolte*). ♦ 1° Faire la récolte de. V. **Recueillir.** *Récolter le blé* (V. **Moissonner**), *le raisin* (V. **Vendanger**), *les fruits* (V. **Cueillir, ramasser**). — *Pronom. Ces fraises se récoltent en juin* (V. **Récoltable**). — *Par anal. Récolter du miel. Récolter du guano.* ◇ *Loc. fig. Récolter ce qu'on a semé*.* PROV. *Qui sème le vent récolte la tempête*.* ♦ 2° *Fig.* Gagner, recueillir. « *Contente de petits gains récoltés par hasard* » (BAINVILLE). *Je n'en ai récolté que des désagréments.* — *Pronom.* « *Le profit de l'effort ne se récolte pas au moment même* » (GIDE).

RÉCOLTEUR [ʀekɔltœʀ]. *n. m.* (XXᵉ; de *récolter*). *Techn.* Ouvrier employé à la récolte du caoutchouc.

RECOMMANDABLE [ʀ(ə)kɔmɑ̃dabl(ə)]. *adj.* (1540; de *recommander*). Digne d'être recommandé, estimé, considéré. V. **Estimable.** *Personne recommandable à tous égards.* « *Une méditation... recommandable aux... ennuyés de la vie* » (BLOY). *Un individu peu recommandable. Un* « *cavalier séduisant, mais assez peu recommandable* » (HENRIOT). ◇ ANT. **Condamnable, indésirable.**

RECOMMANDATION [ʀ(ə)kɔmɑ̃dasjɔ̃]. *n. f.* (1150; de *recommander*). ♦ 1° Action de recommander qqn; paroles, écrit par lesquels on recommande. V. **Appui, protection; piston** (*fam.*). *Recommandation chaleureuse. Solliciter une recommandation.* « *Un colonel... accessible aux recommandations* » (MAUROIS). *Mot de recommandation.* « *Une lettre de recommandation sert rarement à quelque chose* » (MONTHERLANT). ◇ *Relig. cathol. Recommandation de l'âme* : ensemble de prières pour les mourants. ♦ 2° Action de désigner (une chose) à l'attention favorable de qqn, en soulignant les mérites, les avantages. « *La grammaire, quand elle est autre chose que la constatation et recommandation prudente de l'usage le plus général...* » (CLAUDEL). ♦ 3° Action de conseiller avec insistance. V. **Exhortation.** « *Il fit à Duroy une série de recommandations pour le journal* » (MAUPASS.). *Recommandation pressante d'avoir à faire qqch.* V. **Commandement, ordre.** — *Spécialt.* Acte par lequel un conseil, un organisme international invite les parties à donner une solution particulière à leur différend. *Recommandation du Conseil de sécurité de l'O.N.U.* ♦ 4° Garantie par laquelle un expéditeur s'assure, en payant une taxe, du bon acheminement d'une lettre ou d'un colis. *Fiche de recommandation postale.* V. **Recommander** (5°). ◇ ANT. **Condamnation, défense.**

RECOMMANDÉ, ÉE [ʀ(ə)kɔmɑ̃de]. *adj.* V. **RECOMMANDER** (I, 3°, 5°).

RECOMMANDER [ʀ(ə)kɔmɑ̃de]. *v. tr.* (fin Xᵉ, « livrer »; de *re-*, et *commander*).

I. ♦ 1° (XIIIᵉ). Désigner (qqn) à l'attention bienveillante, à la protection d'une personne. « *Si elle voulait bien me recommander à quelque employeur éventuel* » (CÉLINE). *Il a été chaudement recommandé auprès du ministre.* V. **Appuyer, patronner.** ◇ *Spécialt. Recommander (à Dieu).* « *Je vous recommande les âmes de mon père et de Mariette* » (BAUDEL.). *Recommander son âme à Dieu* (avant de mourir). ♦ 2° Indiquer, désigner (une chose) à l'attention de qqn; vanter les mérites, les avantages de. V. **Conseiller, préconiser.** *Recommander un magasin, un produit.* « *Les rhétoriques... recommandent avec raison la modération* » (HUGO). — (Sujet de chose) « *Un écriteau... recommandait un hôtel* » (GREEN). ♦ 3° Demander avec insistance (qqch.) à qqn. *Je vous recommande la discrétion, le secret. Recommander de* (et inf.). V. **Conseiller, exhorter.** *Je vous recommande de lui faire le meilleur accueil.* — (Pass.) « *Il est recommandé aux chrétiens de désirer le ciel* » (CLAUDEL). — *Fam. Ce n'est pas très recommandé* : il vaut mieux éviter cela; ce n'est pas une chose à faire. ♦ 4° *(Sujet de chose).* Rendre digne d'estime, de considération. « *Une personne que sa fortune, son nom et sa position recommandait autant que son talent* » (BALZ.). ♦ 5° (1907). Soumettre (un envoi postal) à la formalité de la recommandation. *L'Administration des postes donne un récépissé à l'expéditeur qui recommande son envoi.* — Au p. p. *Lettre recommandée.* — *Subst. Envoi en recommandé.*

II. SE RECOMMANDER. *v. pron.* ♦ 1° (1611). *Se recommander de* : invoquer l'appui, le témoignage de. V. **Réclamer** (se). ♦ 2° *Se recommander à* : demander, réclamer la bienveillance, la protection de. *Se recommander à Dieu.* ♦ 3° *Se recommander par qqch.* : montrer son mérite, sa valeur. « *Un écrivain qui se recommande par la pureté du style* » (AYMÉ). « *Si elle* (la famille) *se recommandait par l'antiquité de la race* » (BALZ.). ◇ ANT. **Condamner, déconseiller, dénigrer.**

RECOMMENCEMENT [ʀ(ə)kɔmɑ̃smɑ̃]. *n. m.* (1546; de

recommencer). Action de recommencer. *Le recommencement des combats.* V. **Reprise, retour.** « *L'histoire, nous disent les vieillards, est un perpétuel recommencement* » (MAUROIS). ◇ ANT. **Cessation.**

RECOMMENCER [ʀ(ə)kɔmɑ̃se]. *v.; conjug. commencer.* V. **Placer** (1080; de *re-*, et *commencer*).

I. *V. tr.* ♦ 1° Commencer de nouveau (ce qu'on avait interrompu, abandonné ou rejeté). V. **Reprendre.** *Recommencer la lutte. Recommencer un récit à partir du début.* « *L'univers recommencera sans fin l'œuvre avortée* » (RENAN). — *Absolt.* Reprendre au commencement. « *J'ai été si souvent interrompu, que je ferais tout aussi bien de recommencer* » (DIDER.). ◇ RECOMMENCER DE *(vx* ou *littér.)*, à... V. **Remettre** (se). « *Il recommença à m'accabler d'injures atroces* » (STENDHAL). « *Ses larmes recommencèrent à couler* » (LACLOS). — *Impers. Voilà qu'il recommence à pleuvoir !* ♦ 2° Faire de nouveau depuis le début (ce qu'on a déjà fait). V. **Refaire.** *Recommencer une aventure.* V. **Répéter.** *Recommencer un travail mal fait.* « *J'ai quelquefois recommencé dix fois la même page* » (LÉAUTAUD). *Recommencer un numéro de spectacle.* V. **Bisser.** *Recommencer sa vie,* faire tout autre chose que ce qu'on a déjà fait. *Recommencer les mêmes erreurs. Tout est à recommencer !* ce qui est déjà fait ne sert à rien. ◇ *Absolt.* Refaire la même chose. *Si c'était à recommencer...* (j'agirais tout autrement). *Si tu recommences, tu seras puni. Ôter à qqn l'envie de recommencer* (en menaçant, en punissant).

II. *V. intr.* ♦ 1° Avoir de nouveau un commencement. « *Les semaines et les mois s'écoulent et recommencent* » (R. ROLLAND). *Tout renaît et recommence.* V. **Renouveler** (se). « *Le signe que rien n'est irrévocable et que tout recommence...* » (ALAIN). ♦ 2° Exister, se produire de nouveau; avoir une nouvelle activité, après une interruption. V. **Reprendre.** *Les combats ont recommencé. L'orage recommence.* — *Fam. Voilà que ça recommence de plus belle !* V. **Redoubler.** ◇ ANT. **Cesser.**

RÉCOMPENSE [ʀekɔ̃pɑ̃s]. *n. f.* (1400; de *récompenser*). ♦ 1° *Vx.* Don, faveur qui compense (une perte, un dommage). V. **Compensation, dédommagement.** *La récompense d'une perte. En récompense,* par contre. ◇ *(Dr.)* Indemnité due à l'un des époux après la dissolution de la communauté en cas d'enrichissement du conjoint. ♦ 2° *Mod. et cour.* Bien matériel ou moral donné ou reçu pour une bonne action, un service rendu, des mérites particuliers. *Mériter une récompense. Obtenir, recevoir sa récompense. Ce qu'il a eu en récompense, pour sa récompense, en récompense des services rendus.* « *Porter des fardeaux sans aucune récompense* » (DUHAM.). — *Promettre, décerner, distribuer des récompenses. La récompense d'un service, d'un effort. Récompense en argent.* V. **Gratification.** *Récompense honorifique.* V. **Décoration.** *Récompense scolaire, académique.* V. **Accessit, mention, prix.** *Liste des récompenses.* V. **Palmarès.** ◇ *Par antiphr.* Punition (d'une mauvaise action). « *Ton impudence, Téméraire vieillard, aura sa récompense* » (CORN.). ◇ ANT. **Châtiment, punition, sanction.**

RÉCOMPENSER [ʀekɔ̃pɑ̃se]. *v. tr.* (1322; lat. *recompensare.* V. **Compenser**). ♦ 1° *Vx.* Dédommager. *Récompenser qqn pour une perte.* ♦ 2° (1611). *Mod.* Gratifier d'une récompense, accorder une récompense à. *Récompenser une personne d'un* (ou *pour un*) *service qu'elle a rendu. Récompenser qqn par de l'argent, en lui décernant un prix. Être récompensé de ses efforts, d'avoir gardé l'espoir.* « *Les méchants ont été punis et les bons récompensés* » (SARTRE). ◇ (Compl. de chose) *Récompenser des services.* « *Le monde récompense plus souvent les apparences du mérite que le mérite même* » (LA ROCHEF.). « *Leur talent n'étant presque jamais récompensé* » (CHAMFORT). ◇ ANT. **Châtier, punir.**

RECOMPOSABLE [ʀ(ə)kɔ̃pozabl(ə)]. *adj.* (1838; de *recomposer*). *Rare.* Qui peut être recomposé.

RECOMPOSER [ʀ(ə)kɔ̃poze]. *v. tr.* (1549; de *re-*, et *composer*). ♦ 1° Composer ce qui est décomposé, défait; réunir les éléments de (qqch.). *Recomposer un corps.* « *Notre faculté de la décomposer* (l'étendue) *et de la recomposer comme il nous plaira* » (BERGSON). « *L'intelligence décompose et recompose.* V. **Reconstruire, refaire.** — *Pronom.* « *La vie ne se recompose pas* » (BERGSON). ♦ 2° *Imprim.* Composer de nouveau (un texte). *Recomposer une ligne à laquelle ont été apportées des corrections.* ◇ ANT. **Analyser, décomposer.**

RECOMPOSITION [ʀ(ə)kɔ̃pozisjɔ̃]. *n. f.* (1762; de *recomposer*). ♦ 1° Action de recomposer. *La recomposition d'un corps.* V. **Synthèse; reconstitution.** ♦ 2° *Imprim. Recomposition d'un texte* : nouvelle composition.

RECOMPTER [ʀ(ə)kɔ̃te]. *v. tr.* (1426; de *re-*, et *compter*). Compter de nouveau. *Il compta et recompta le contenu de son porte-monnaie.* — *Absolt. Recomptez,* votre addition est fausse.

RÉCONCILIATEUR, TRICE [ʀekɔ̃siljatœʀ, tʀis]. *n.* (v. 1350; de *réconcilier*, ou lat. *reconciliator*). Personne qui réconcilie des personnes brouillées. V. **Médiateur.** — Fig.

« *La mort*, « *la grande réconciliatrice* » (MAETERLINCK).

RÉCONCILIATION [ʀekɔ̃siljɑsjɔ̃]. *n. f.* (XIIIᵉ; lat. *reconciliatio*, de *reconciliare*. V. **Réconcilier**). ♦ 1° *Liturg.* Cérémonie catholique par laquelle une personne est réintégrée dans l'Église *(réconciliation d'un clerc suspens)* ; cérémonie par laquelle un lieu saint qui a été violé est béni de nouveau *(réconciliation d'une église profanée).* ♦ 2° (v. 1350). *Cour.* Action de rétablir l'amitié (entre deux personnes brouillées) ; fait de se réconcilier. V. **Raccommodement.** *Aider à la réconciliation de deux personnes. Réconciliation sincère, solide; fragile; feinte.* « *La naissance d'un dernier fils avait scellé leur réconciliation* » (GIDE). *Baiser de paix, en signe de réconciliation. Réconciliation des époux en instance de séparation de corps ou de divorce.* ◇ *Réconciliation nationale, des peuples :* oubli des querelles entre partis, entre nations hostiles. « *L'Église en son admirable tentative d'universelle réconciliation...* » (ALAIN). ◈ ANT. Brouille, désunion, division, divorce.

RÉCONCILIER [ʀekɔ̃silje]. *v. tr.* (v. 1170; lat. *reconciliare* « remettre en état; rétablir; réconcilier », de *conciliare*). ♦ 1° *Liturg. cathol.* Réunir (une personne) à l'Église. *Réconcilier un hérétique.* — Bénir de nouveau (un lieu saint) dans la cérémonie de réconciliation*. *Réconcilier une église profanée.* ◇ *Réconcilier le pécheur avec Dieu :* le réunir à Dieu. ♦ 2° (1253). *Cour.* Remettre en accord, en harmonie (des personnes qui étaient brouillées). V. **Rabibocher** *(fam.)*, **raccommoder.** « *Le besoin rapproche les hommes..., les réconcilie* » (LA BRUY.). *Essayer de réconcilier deux ennemis* (V. **Médiation**). *On ne peut les réconcilier* (V. **Irréconciliable**). *Réconcilier une personne avec une autre, une personne et une autre.* « *Le besoin d'argent a réconcilié la noblesse avec la roture* » (LA BRUY.). ◇ *Pronom. Se réconcilier avec qqn ; ils se sont réconciliés.* — *Par ext. Se réconcilier avec soi-même*, ne plus être divisé, déchiré, mécontent de soi. ♦ 3° *Fig.* Concilier les opinions, des doctrines foncièrement ou traditionnellement différentes. « *Il savait les opposer...* (Voltaire et Rousseau), *les réconcilier ou les renvoyer dos à dos* » (SARTRE). *Réconcilier la politique et la morale.* ◇ *Faire revenir* (qqn) *sur une hostilité, une prévention. Réconcilier un désespéré avec la vie*, lui donner envie de vivre. *Ravel me réconcilie avec la musique moderne.* ◈ ANT. Brouiller, désunir. — Fâcher (se).

RECONDAMNER [ʀ(ə)kɔ̃dɑ(a)ne]. *v. tr.* (1611; de *re-*, et *condamner*). Condamner de nouveau.

RECONDUCTIBLE [ʀ(ə)kɔ̃dyktibl(ə)]. *adj.* (XXᵉ; de *reconduire*, d'apr. *reconduction*). Qui peut être reconduit. *Contrat, bail reconductible.* V. **Renouvelable.**

RECONDUCTION [ʀ(ə)kɔ̃dyksjɔ̃]. *n. f.* (XIVᵉ; lat. *reconductio*. V. **Reconduire**, 2°). *Dr.* Acte par lequel on continue, on renouvelle une location, un bail à terme. V. **Confirmation, renouvellement.** *Reconduction expresse :* renouvellement de bail par écrit ou verbalement. — *Cour. Tacite reconduction :* renouvellement d'un bail aux mêmes conditions que l'ancien, à l'expiration de ce dernier, et du consentement tacite du bailleur. — *Par ext. Reconduction du budget :* application du budget précédent, quand le budget n'est pas voté à la date voulue. ◇ *Fig. Reconduction d'une politique.* V. **Continuation.**

RECONDUIRE [ʀ(ə)kɔ̃dɥiʀ]. *v. tr.;* conjug. *conduire* (XIVᵉ; de *re-*, et *conduire*). ♦ 1° Accompagner (une personne qui s'en retourne, qui s'en va). V. **Raccompagner.** *Reconduire des enfants chez leurs parents.* V. **Ramener.** ◇ (XVIIᵉ) Accompagner (un visiteur) jusqu'à la porte, par civilité. « *Escortée de ses amis... qui avaient tenu à la reconduire jusqu'à sa porte* » (BLOY). ♦ 2° (Lat. jur. *reconducere* « reprendre à bail »). *Dr. et Admin.* Renouveler par reconduction. — *Par ext.* Renouveler ou proroger. *Reconduire des mesures temporaires de sécurité.*

RÉCONFORT [ʀekɔ̃fɔʀ]. *n. m.* (XIIᵉ; de *réconforter*). Ce qui redonne des forces morales, qui ranime le courage, l'espoir ; augmentation de force, de courage qui en résulte. V. **Consolation, secours.** *Avoir besoin de réconfort.* « *J'attendais de te revoir encouragement, appui, réconfort* » (GIDE). *Le réconfort de votre présence.* — *Le réconfort de la religion.* ◈ ANT. Découragement.

RÉCONFORTANT, ANTE [ʀekɔ̃fɔʀtɑ̃, ɑ̃t]. *adj.* (1875; « cherchant un réconfort », 1430; de *réconforter*). ♦ 1° Qui réconforte, console. V. **Consolant.** *Idée reposante et réconfortante.* « *Le graphique de la maladie) paraissait tout à fait réconfortant au docteur* » (CAMUS). ♦ 2° Qui réconforte, revigore. V. **Remontant, stimulant, tonique.** *Moment, médicament, remède réconfortant.* ◈ ANT. Accablant, désespérant. *Affaiblissant, débilitant.*

RÉCONFORTER [ʀekɔ̃fɔʀte]. *v. tr.* (av. 1628; de *ré-*, et *conforter*). ♦ 1° Donner, redonner du courage, de la force d'âme, de l'énergie à (qqn), *spécialt.* pour supporter ou combattre l'adversité. V. **Soutenir.** *Réconforter un ami par son aide, par des paroles d'amitié. Votre exemple me réconforte.* — *Pronom.* « *Robespierre... relisait Jean-Jacques* (Rousseau) *pour se réconforter* » (JAURÈS). ♦ 2° Redonner momenta-

nément des forces physiques, de la vigueur à (une personne affaiblie). V. **Remonter, revigorer, stimuler.** *Une bonne soupe chaude, un petit verre de porto l'a réconforté.* — *Pronom.* « *J'ai comme toi pour me réconforter Le quart de pinard...* » (APOLLINAIRE). *Il est l'heure de se réconforter*, de prendre (I, A, 10°) qqch. ◈ ANT. Abattre, accabler, décourager, déprimer; affaiblir, débiliter.

RECONNAISSABLE [ʀ(ə)kɔnɛsabl(ə)]. *adj.* (1080; de *reconnaître*). Qui peut être aisément reconnu, discerné, distingué. « *Parfum miellé... reconnaissable entre tous les parfums* » (COLETTE). « *J'imaginais que les bars de gangsters étaient reconnaissables à quelque signe* » (BEAUVOIR). — *Il n'est pas reconnaissable, est à peine reconnaissable, tant il est changé.* ◈ ANT. Méconnaissable.

RECONNAISSANCE [ʀ(ə)kɔnɛsɑ̃s]. *n. f.* (1538; *reconissance* « signe de ralliement », 1080; *reconissance* « gratitude », 1180; de *reconnaître*).

I. Le fait de reconnaître, d'identifier un objet, un être comme tel ; ce qui sert à reconnaître. ♦ 1° Le fait de juger qu'un objet a déjà été connu. *Psycho.* Processus par lequel une représentation mentale actuelle est reconnue comme trace du passé. *On distingue l'évocation, la reconnaissance et la localisation des souvenirs.* — *Fausse reconnaissance.* V. **Paramnésie.** ♦ 2° (1680). Le fait de se reconnaître, de s'identifier mutuellement. *La reconnaissance finale dans les comédies classiques.* ◇ *Signe de reconnaissance*, par lequel des personnes qui ne se connaissent pas (ou qui ne se sont pas vues depuis longtemps) peuvent se reconnaître.

II. Action de reconnaître (II), d'accepter, d'admettre. ♦ 1° (v. 1210). *Vx* ou *littér.* Aveu, confession (d'une faute). *La reconnaissance de ses fautes.* ♦ 2° Le fait de reconnaître pour chef, pour maître. *Reconnaissance d'un souverain.* ♦ 3° *Rare.* Le fait d'admettre (une chose) après l'avoir niée ou en avoir douté. *La reconnaissance d'une qualité chez qqn.* ♦ 4° (1587, milit.). Examen d'un lieu, détermination d'une position inconnue. V. **Exploration.** *Reconnaissance d'un pays inconnu, d'une côte, d'une rade. Reconnaissance du terrain avant une installation.* V. **Examen.** *Reconnaissance du sol, du sous-sol.* V. **Prospection, sondage.** — *Spécialt.* Action de recueillir des renseignements sur les conditions du combat; opération de guerre organisée à cet effet. *Mission, patrouille de reconnaissance.* ◇ EN RECONNAISSANCE. *Envoyer un détachement en reconnaissance.* — *Fig. et fam. Aller, partir en reconnaissance*, à la recherche de qqn ou de qqch. ♦ 5° (1771). Action de reconnaître formellement, juridiquement. *Reconnaissance d'un État. Reconnaissance de gouvernement*, par laquelle un État reconnaît la légalité d'un gouvernement issu d'une révolution. *La reconnaissance de la Chine communiste. Reconnaissance de jure*, de facto*.* « *Avant la reconnaissance de l'indépendance des républiques américaines par l'Espagne* » (BALZ.). ◇ *Dr. admin. Reconnaissance d'utilité publique*, dont bénéficie une association, une fondation privée. — *Dr. civ.* (1804) *Reconnaissance d'enfant naturel ou adultérin :* acte par lequel une personne reconnaît être le père ou la mère d'un enfant. *Reconnaissance volontaire; judiciaire.* — *Reconnaissance de signature* (V. **Reconnaître**). — *Cour. Reconnaissance de dette :* acte écrit par lequel on se reconnaît débiteur envers qqn. — *Reconnaissance du mont-de-piété :* récépissé de l'objet remis en gage.

III. Action de reconnaître (un bienfait reçu). « *La reconnaissance de l'obligation* » (MOL.). *Il l'a faite son héritier en reconnaissance de son dévouement pour lui.* — ◇ *Absolt. et cour.* (1538) Sentiment qui pousse à éprouver vivement un bienfait reçu, à s'en souvenir et à se sentir redevable envers le bienfaiteur. V. **Gratitude.** *Éprouver de la reconnaissance.* « *La reconnaissance est bien un devoir qu'il faut rendre, mais non pas un droit qu'on puisse exiger* » (ROUSS.). « *Je lui en ai une vive reconnaissance* » (LESAGE). *Il mérite notre reconnaissance.* — *Fam. La reconnaissance du ventre*, se dit des bonnes dispositions où l'on est envers celui qui vous fait manger, vous offre à manger, à boire.
◈ ANT. Oubli. Désaveu. Ingratitude.

RECONNAISSANT, ANTE [ʀ(ə)kɔnɛsɑ̃, ɑ̃t]. *adj.* (1350; *recunnusant* « qui reconnaît, avoue », v. 1210; de *reconnaître*). Qui reconnaît ce qu'on a fait pour lui, qui ressent, témoigne de la reconnaissance (III). *Être reconnaissant à qqn d'un bienfait. Je vous en suis très reconnaissant.* — *Aux grands hommes, la patrie reconnaissante* (inscription du Panthéon). ◇ *Loc.* (Formule de demande polie) *Je vous serai reconnaissant de bien vouloir me répondre au plus tôt.* ◈ ANT. Ingrat, oublieux.

RECONNAÎTRE [ʀ(ə)kɔnɛtʀ(ə)]. *v. tr.;* conjug. *connaître* (*Reconnoistre*, 980; lat. *recognoscere* « reconnaître; inspecter; examiner »).

I. Saisir (un objet) par la pensée, en reliant entre elles des images, des perceptions; identifier par la mémoire, le jugement ou l'action. « *Reconnaître un homme consiste à le distinguer des autres hommes; mais reconnaître un animal est ordinairement se rendre compte de l'espèce à laquelle il appartient* » (BERGSON). ♦ 1° Penser (un objet présent) comme ayant déjà été saisi par la pensée. V. **Rappeler** (se), **souvenir** (se). *Hamilcar « reconnaissait les trirèmes qu'il avait autrefois commandées »* (FLAUB.). *Reconnaître un lieu. — Reconnaître qqn. Après tant d'années je l'ai parfaitement reconnu. — Animal qui reconnaît son maître.* ♦ 2° Penser, juger (un objet, un concept) comme compris dans une catégorie ou comme inclus dans une idée générale. V. **Identifier.** *Caractère qui permet de reconnaître, fait reconnaître qqch.* V. **Indice, signe.** *Reconnaître une chose sans pouvoir la nommer. « Dans ce bloc de verdure,... il fallait, pour reconnaître une église, faire un effort »* (PROUST). V. **Discerner.** — *Reconnaître un air dès les premières notes. Reconnaître une voix,* en identifiant celui qui parle. — *Reconnaître un malfaiteur grâce à son signalement. Reconnaître qqn sous un masque, sous un déguisement. — « Tuez-les tous ! Dieu reconnaîtra les siens »,* paroles du légat du pape, lors du massacre des Albigeois. — *(Avec un compl. au plur.).* V. **Distinguer.** *Des jumeaux impossibles à reconnaître.* ◊ *Par ext.* (1671) Retrouver (une chose, une personne) telle qu'on l'a connue ; en avoir la même impression. *Je le reconnais bien là, je reconnais bien là sa paresse. On ne le reconnaît plus :* il n'est plus le même. ◊ **RECONNAÎTRE** (qqch., qqn) **À...** : l'identifier, pouvoir le nommer grâce à (tel caractère, tel signe). *« Je reconnais le bourgeois... au niveau de ses pensées »* (GIDE).

II. Accepter, tenir pour vrai (ou pour tel). ♦ 1° (1080). Admettre, avouer qu'on a commis (un acte blâmable, une faute). V. **Avouer, confesser.** *Reconnaître ses torts. L'accusé a reconnu les faits. Je reconnais m'être trompé. « Regardant et parcimonieux...,* je reconnais l'être à l'excès »* (GIDE). ♦ 2° (1176, *reconoisser*). Admettre (qqn) pour chef, pour maître. *Reconnaître un maître, un chef. Reconnaître qqn pour maître, pour chef.* — Au p. p. *C'est le chef reconnu de la rébellion.* ♦ 3° (XIVᵉ). Admettre pour vrai après avoir nié, ou après avoir douté, accepter malgré des réticences. V. **Admettre.** *On a fini par reconnaître son innocence. Reconnaître la supériorité de qqn. — Je reconnais qu'il a fait ce qu'il a pu.* V. **Convenir** (de). — *Reconnaître une aptitude, une qualité à qqn,* considérer qu'il la possède. *Il faut lui reconnaître une certaine franchise.* ◊ Tenir pour vrai après une recherche ; être conduit à connaître, à savoir. V. **Constater, découvrir.** *Après l'examen du médecin, on reconnut qu'il fallait opérer.* ♦ 4° (1587, milit.). Chercher à connaître, à déterminer. *Reconnaître le terrain, les positions.* V. **Éclairer.** *« Nous étions de patrouille. Il s'agissait de reconnaître un nouveau poste d'écoute allemand »* (BARBUSSE). — *Reconnaître des terres inconnues.* V. **Explorer.** *Reconnaître une côte :* s'en approcher et la longer. ♦ 5° Admettre officiellement l'existence juridique de... *Reconnaître un gouvernement. Reconnaître la compétence d'un tribunal. Reconnaître à qqn un droit.* ◊ *Reconnaître un enfant :* s'en déclarer le père ou la mère. ◊ *Reconnaître sa signature, une lettre, un billet :* admettre qu'on en est l'auteur et en accepter les conséquences juridiques. — *Reconnaître une dette.* ♦ 6° (XVᵉ). *Rare.* Témoigner par de la gratitude (V. **Reconnaissance,** III) que l'on est redevable envers qqn de (qqch). *Reconnaître un bienfait, un service.*

III. SE RECONNAÎTRE. *v. pron.* ♦ 1° (XVIIIᵉ). Réfl. Ne plus se reconnaître en se regardant dans une glace. — Par ext. *Se reconnaître dans, en qqn :* trouver de la ressemblance entre une personne et soi-même. ◊ Avouer, admettre qqch. concernant soi-même. *Se reconnaître coupable.* ◊ Reconnaître les lieux où l'on se trouve, la position qu'on y occupe. V. **Retrouver** (se). *Ne plus se reconnaître quelque part. « Sans avoir eu le temps de se reconnaître »* (HUGO). — Fig. *Se reconnaître dans un raisonnement. Ne plus s'y reconnaître.* V. **Embrouiller** (s'). ♦ 2° (Récipr.). *Ils ne se sont pas reconnus, après dix ans de séparation.* ♦ 3° (Pass.). Être reconnu ou reconnaissable. *« Le grand cuisinier se reconnaît à... l'assaisonnement d'une salade »* (MAUROIS).

◇ ANT. *Confondre; oublier.* — *Contester, dénier; méconnaître, refuser; protester.*

RECONNU, UE [ʀ(ə)kɔny]. *adj.* (XVIᵉ ; V. **Reconnaître**). Admis pour vrai ou pour important. *C'est un fait reconnu, indiscuté. Un auteur reconnu.* ◇ ANT. *Discuté, inconnu.*

RECONQUÉRIR [ʀ(ə)kɔ̃keʀiʀ]. *v. tr.*; conjug. *conquérir.* V. **Acquérir** (*Reconquerre,* XIIᵉ ; de *re-,* et *conquérir*). Reprendre par une conquête. *« Le petit Dauphin, chassé de sa capitale, dut reconquérir son royaume »* (L. BERTRAND). — Au p. p. *Village conquis, perdu et reconquis.* ◇ Fig. Conquérir de nouveau, recouvrer par une lutte. *Reconquérir sa dignité, sa liberté. — Reconquérir une femme.* ◇ ANT. *Reperdre.*

RECONQUÊTE [ʀ(ə)kɔ̃kɛt]. *n. f.* (*Reconquest,* XIVᵉ ; de *reconquérir*). Action de reconquérir (au sens pr.) ; nouvelle conquête. *La reconquête du territoire envahi.* — Hist. *La reconquête* (Reconquista), celle de l'Espagne sur les Arabes par les royaumes chrétiens, du XIᵉ au XIIIᵉ s. ◇ Fig. *La reconquête d'un droit.*

RECONSIDÉRER [ʀ(ə)kɔ̃sideʀe]. *v. tr.*; conjug. *considérer.* V. **Céder** (1549, repris 1926; de *re-,* et *considérer*). (*Surtout dans le style admin.*) Considérer de nouveau (une

question, un projet). *« Il allume une nouvelle cigarette et reconsidère la chose avec le plus grand sérieux »* (QUENEAU). *Il faut reconsidérer le problème.*

RECONSOLIDER [ʀ(ə)kɔ̃sɔlide]. *v. tr.* (fin XVᵉ; de *re-,* et *consolider*). Consolider de nouveau.

RECONSTITUANT, ANTE [ʀ(ə)kɔ̃stitɥɑ̃, ɑ̃t]. *adj.* et *n. m.* (1869; de *reconstituer*). Propre à reconstituer, à redonner des forces à l'organisme. *Aliment, régime; médicament, remède reconstituant.* V. **Fortifiant.** — N. m. *Un reconstituant.* ◇ ANT. *Débilitant.*

RECONSTITUER [ʀ(ə)kɔ̃stitɥe]. *v. tr.* (1790; h. 1534; de *re-,* et *constituer*). ♦ 1° Constituer, former de nouveau. *Reconstituer une armée. J'espérais à force de travail arriver à reconstituer notre fortune* (DAUD.). *Reconstituer par synthèse un corps analysé.* — Pronom. *Le parti s'est reconstitué dans la clandestinité.* ♦ 2° Rétablir dans sa forme, dans son état d'origine (en réalité ou par la pensée) une chose disparue. *Reconstituer le plan d'un monument d'après des fouilles. Figures de danse « reconstituées d'après les vases et les statuettes »* (MIOMANDRE). *Reconstituer fidèlement un quartier ancien* (d'une ville détruite). V. **Recréer.** *Reconstituer les faits, après enquête.* — Par ext. *Reconstituer un crime.* V. **Reconstitution.** ♦ 3° Rétablir dans son état antérieur et normal. *Reconstituer un tissu, un organe.* V. **Régénérer.** *Rare. Reconstituer, réparer ses forces* (V. **Reconstituant**).

RECONSTITUTION [ʀ(ə)kɔ̃stitysjɔ̃]. *n. f.* (1734, fin.; de *reconstituer,* d'apr. *constitution*). ♦ 1° Action de reconstituer, de se reconstituer. *Reconstitution d'un parti.* ♦ 2° Action de reconstituer [2°] (une chose disparue). — *Reconstitution d'un monument antique disparu. « Les textes de l'antiquité sont venus à nous à travers mille accidents qui en ont rendu la reconstitution... douteuse »* (RENAN). V. **Restitution.** — *Reconstitution historique* (dans un spectacle, etc.), évocation historique très précise et fidèle. — *La reconstitution de la vérité par une enquête judiciaire.* Spécial. *Reconstitution d'un crime, d'un accident :* répétition des gestes accomplis par l'accusé, par les protagonistes sur les lieux mêmes du crime, de l'accident. ♦ 3° Admin. *Reconstitution de carrière :* dossier administratif dans lequel on reconstitue la vie professionnelle d'un fonctionnaire en vue de sa retraite, de l'homologation des titres de travail obtenus à l'étranger, etc.

RECONSTRUCTION [ʀ(ə)kɔ̃stʀyksjɔ̃]. *n. f.* (1728; de *reconstruire,* d'apr. *construction*). Action de reconstruire. *Reconstruction d'un mur, d'un édifice.* — Spécial. *Reconstruction des villes détruites par la guerre.* Ancienn. *Ministère de la Reconstruction et de l'Urbanisme.* ◇ Fig. *La reconstruction des espèces fossiles :* leur reconstitution.

RECONSTRUIRE [ʀ(ə)kɔ̃stʀɥiʀ]. *v. tr.*; conjug. *construire.* V. **Conduire** (1549; de *re-,* et *construire*). ♦ 1° Construire de nouveau. *« Ce n'est pas avec les vieilles pierres que vous reconstruisez une maison solide »* (DUHAM.). *Reconstruire une ville.* V. **Rebâtir.** *Cette église a été détruite et reconstruite plusieurs fois.* V. **Relever.** ♦ 2° Par ext. Réédifier, refaire. *Reconstruire sa fortune. « Les doctrines de 1789 avaient voulu reconstruire le monde »* (GAXOTTE). — Fig. *Reconstituer. L'observation scientifique reconstruit le réel.*

RECONVENTIONNEL, ELLE [ʀəkɔ̃vɑ̃sjɔnɛl]. *adj.* (1421; de *reconvention,* n. f., 1283; de *re-,* et *convention*). *Dr.* Qui tend à atténuer ou à annuler les effets d'une action judiciaire. *Demande reconventionnelle,* introduite par le défendeur, et tendant à atténuer la demande principale.

RECONVENTIONNELLEMENT [ʀəkɔ̃vɑ̃sjɔnɛlmɑ̃]. *adv.* (1829; de *reconventionnel*). *Dr.* Par une demande reconventionnelle.

RECONVERSION [ʀ(ə)kɔ̃vɛʀsjɔ̃]. *n. f.* (v. 1945; « seconde conversion », 1874; fin., 1877; de *reconvertir,* d'apr. *conversion*). *Écon.* Conversion, transformation qui rétablit l'état primitif d'une organisation transformée. *Reconversion d'une fabrique de tanks en usine d'automobiles.* — Par ext. *Reconversion économique, technique, politique :* adaptation aux conditions nouvelles de l'économie. — (Personnes). Affectation à un nouvel emploi, changement de métier, d'activité professionnelle. V. **Recyclage.** *« Une reconversion des chercheurs devenus improductifs »* (*Le Monde,* 7-1-1967).

RECONVERTIR [ʀ(ə)kɔ̃vɛʀtiʀ]. *v. tr.* (1611, repris XXᵉ; de *re-,* et *convertir*). *Écon.* Procéder à la reconversion de (qqch. ou qqn). — Pronom. *Se reconvertir dans l'informatique.* V. **Recycler** (se).

RECOPIER [ʀ(ə)kɔpje]. *v. tr.* (1362; de *re-,* et *copier*). Copier un texte déjà écrit. V. **Transcrire.** *Recopier un rapport en trois exemplaires.* — Spécial. Mettre au net, au propre (un brouillon). *« Il me tarde d'avoir achevé de recopier le chapitre VII de mes Mémoires »* (GIDE).

RECOQUILLER [ʀ(ə)kɔkije]. *v. tr.* (1350, p. p.; de *re-,* et *coquille,* au fig.). *Vx.* Retrousser, rebrousser en forme de coquille (V. **Recroqueviller**). Pronom. *Se recoquiller.*

RECORD [ʀ(ə)kɔʀ]. *n. m.* (1883; angl. *record,* de *to record* « rappeler, enregistrer », du fr. *recorder* [vx], rac. *cord* « cœur »). Exploit sportif qui dépasse ce qui a été fait avant dans le même genre et par la même catégorie de sportifs.

Homologuer un record. Établir, détenir, améliorer, battre un record. Record masculin, féminin, par catégorie. — Records d'athlétisme, de natation. Record de vitesse, d'altitude. Record de France, d'Europe, du monde. — Fig. *Pour la maladresse, il bat tous les records.* ◊ *Par appos. Jamais atteint.* « *La circulation de billets qui atteint... le chiffre record de 79 milliards* » (BAINVILLE). *Niveau de vie, production record. En un temps record,* très vite. *À une vitesse record.* ⊗ HOM. Recors.

RECORDAGE [R(ə)kɔʀdaʒ]. *n. m.* (1923 ; de *recorder*). *Techn.* Action de recorder ; son résultat.

RECORDER [R(ə)kɔʀde]. *v. tr.* (1300 ; de *re-*, et *corder*). *Techn.* Corder de nouveau ; regarnir de cordes. *Recorder une raquette.*

RECORDMAN [R(ə)kɔʀdman]. *n. m.* (1889 ; de *record*, et angl. *man* « homme »). Faux anglicisme *(Vieilli).* Détenteur d'un record. V. **Champion.** — *Fém.* (Rare) RECORDWOMAN [R(ə)kɔʀdwɔman], n. f. « *Elle parcourut son premier tour en trois secondes de plus que la recordwoman de France* » (MONTHERLANT). Pl. RECORDMEN [R(ə)kɔʀdmɛn], RECORDWOMEN [R(ə)kɔʀdwɔmɛn].

RECORRIGER [R(ə)kɔʀiʒe]. *v. tr.; conjug. corriger.* V. **Bouger** (1538 ; de *re-*, et *corriger*). Corriger une nouvelle fois.

RECORS [R(ə)kɔʀ]. *n. m.* (1240, « témoin » ; anc. plur. de *record;* de *recorder* « se souvenir » ; lat. *recordari*). *Ancien.* (1552). Personne qui accompagnait un huissier et lui servait de témoin dans les opérations d'exécution. *Les recors prêtaient main forte, en cas de contrainte par corps.* ⊗ HOM. Record.

RECOUCHER [R(ə)kuʃe]. *v. tr.* (xiiᵉ ; de *re-*, et *coucher*). Coucher de nouveau. ◊ *Pronom. Se recoucher,* se coucher après s'être levé. « *Un moment, je t'ouvre. Tu attendras que je me sois recouchée* » (MAUPASS.). ♦ ANT. Lever, relever (se).

RECOUDRE [R(ə)kudR(ə)]. *v. tr.; conjug. coudre* (xiiᵉ ; de *re-*, et *coudre*). Coudre (ce qui est décousu). *Recoudre un bouton.* ◊ *Coudre les lèvres d'une plaie, d'une incision.* « *Lorsque le médecin vous recoud la peau du visage* » (ALAIN). Par ext. *Recoudre un opéré.* ⊗ ANT. Découdre.

RECOUPAGE [R(ə)kupaʒ]. *n. m.* (1765 ; de *recouper*). *Rare* ou *Techn.* Action de recouper (1°, 2°, 3°).

RECOUPE [R(ə)kup]. *n. f.* (1225, « morceau coupé » ; de *recouper*). ♦ 1° *Techn.* Morceau qui tombe lorsqu'on coupe ou taille une matière. *Recoupes de pierre, de métal. Recoupes d'étoffe.* V. **Chute.** ♦ 2° *Agric.* Seconde coupe de foin. V. **Regain.** ♦ 3° (1393). Farine grossière de seconde mouture. *Pain de recoupe. Son des recoupes* (V. **Recoupette**).

RECOUPEMENT [R(ə)kupmã]. *n. m.* (xiiᵉ, « action de retrancher » ; de *recouper*). ♦ 1° *Techn.* Diminution de l'épaisseur d'un mur à la base au sommet en mettant chaque pierre en retrait. ♦ 2° (1873). Action de recouper (4°). *Recouper. Point de recoupement,* d'intersection*.* ◊ *Fig. et cour.* (av. 1923) Rencontre de renseignements de sources différentes qui permettent d'établir un fait. *Le recoupement des témoignages.* Vérification du fait par ce moyen. *Faire un recoupement.* « *Il n'a pas révélé son secret. C'est seulement par recoupement qu'on a pu donner son sens véritable à sa confidence à Duvernet* » (HENRIOT).

RECOUPER [R(ə)kupe]. *v. tr.* (1549 ; « réduire », 1170 ; de *re-*, et *couper*). ♦ 1° Couper de nouveau. *Je vais vous recouper une tranche de gigot.* — *Recouper un habit,* en modifier la coupe en ôtant de l'étoffe. ♦ 2° (1690). *Absolt.* Couper une seconde fois les cartes. ♦ 3° (1832). Mélanger (un vin de cru) avec un coupage. — Au p. p. *Vin recoupé.* ♦ 4° Couper (une ligne). *Pronom. Lignes, cercles qui se recoupent.* ◊ *Fig.* Coïncider en confirmant. *Votre témoignage recoupe le sien. Pronom. Les détails provenant de ces deux sources se recoupent.*

RECOUPETTE [R(ə)kupɛt]. *n. f.* (1723 ; de *recouper*). *Techn.* Farine tirée du son des recoupes, utilisée dans la fabrication de l'amidon.

RECOUPONNER [R(ə)kupɔne]. *v. tr.* (1923 ; de *re-*, coupon, et suff. *-er*). *Bourse.* Regarnir (une valeur mobilière) de coupons lorsqu'ils ont été tous utilisés.

RECOURBÉ, ÉE [R(ə)kuʀbe]. *adj.* (1160 ; V. **Recourber**). Dont l'extrémité forme une courbe. *Bec recourbé.* V. **Crochu.** *Nez recourbé.* V. **Aquilin.** *Cornes recourbées du bélier. Cils recourbés.* « *Leurs faucilles recourbées en forme de sistre...* » (L. BERTRAND). ⊗ ANT. Droit.

RECOURBEMENT [R(ə)kuʀbəmã]. *n. m.* (xvᵉ ; de *recourber*). *Rare.* Action de recourber, de se recourber.

RECOURBER [R(ə)kuʀbe]. *v. tr.* (xiiᵉ ; de *re-*, et *courber*). Courber à son extrémité, rendre courbe. *Recourber une branche, une tige de métal.* — Pronom. « *Des babouches dont la pointe se recourbe en proue de gondole* » (LOTI). ⊗ ANT. Redresser.

RECOURBURE [R(ə)kuʀbyʀ]. *n. f.* (1875 ; *recourbeure*, 1600 ; de *recourber*). *Rare.* État d'une chose recourbée ; partie recourbée d'un objet.

RECOURIR [R(ə)kuʀiʀ]. *v.; conjug. courir* (xvⁱᵉ ; *recourre,* 1175 ; de *re-*, et *courir*).
I. *V. intr.* ♦ 1° Courir de nouveau. *Se mettre à recourir après une pause.* ♦ 2° Refaire une course, reprendre les courses. *Cet athlète n'a pas recouru depuis son accident.* — *Trans. Recourir un cent mètres.* ♦ 3° *Fam.* Aller rapidement, une seconde fois. *J'ai oublié la viande, je vais recourir au marché.*
II. *V. tr. indir.* RECOURIR À (xvⁱᵉ ; *soi recorre a,* xiiiᵉ) : avoir recours. ♦ 1° Demander une aide à (qqn). V. **Appel** (faire). « *Penses-tu que je ne puisse pas recourir à mon père...?* » (ÉVANG.) *Recourir à l'autorité suprême.* Par ext. *Recourir à une agence.* V. **Adresser** (s'), **passer** (par). ♦ Employer, mettre en œuvre (un moyen). *Recourir à l'emprunt. Il faut recourir à un mensonge.* « *La force fonde le règne de la raison sans avoir besoin de recourir à l'imposture* » (RENAN). ♦ 2° *Absolt. Dr.* Faire appel. *Recourir contre quelqu'un.*

RECOURS [R(ə)kuʀ]. *n. m.* (1314 ; lat. jur. *recursum* « retour en arrière »). ♦ 1° Action de recourir à (qqn, qqch.). *Le recours à la violence.* — AVOIR RECOURS À... *(loc. verb.):* faire appel à. *Avoir recours à qqn.* V. **Adresser** (s'). « *Au bout de quinze jours, il fut obligé d'avoir recours à un ami pour donner à souper à sa maîtresse* » (MUSS.). — *Avoir recours à des moyens extrêmes.* « *Toujours les scélérats ont recours au parjure* » (RAC.). ♦ 2° Ce à quoi on recourt, dernier moyen efficace. V. **Ressource.** « *L'acte chirurgical était encore un suprême recours* » (VALÉRY). *C'est notre dernier recours. Il n'y a aucun recours contre cela. C'est sans recours,* c'est désespéré, irrémédiable. ♦ 3° *Dr. admin.* (1465). Demande d'annulation ou de modification d'un acte administratif ou d'une décision de justice. *Recours gracieux adressé à l'auteur de l'acte. Recours contentieux,* porté devant les tribunaux administratifs. *Recours hiérarchique. Recours pour excès de pouvoir,* porté devant le Conseil d'État. *Action en recours.* V. **Récursoire.** ◊ *Procéd. et cour.* « *Procédé destiné à obtenir d'une juridiction le nouvel examen d'une question litigieuse déjà tranchée par une décision contentieuse* » (CAPITANT). *Voies de recours.* V. **Pourvoi.** *Recours en cassation.* ◊ *Recours en grâce,* demande de remise ou de commutation de peine adressée au chef de l'État.

RECOUVRABLE [R(ə)kuvʀabl(ə)]. *adj.* (1564 ; « réparable », 1450 ; de *recouvrer*). Qui peut être recouvré. *Sommes recouvrables.* V. **Percevable.** ♦ ANT. Irrécouvrable.

RECOUVRAGE [R(ə)kuvʀaʒ]. *n. m.* (1877 ; de *recouvrir*). Action de recouvrir. *Recouvrage d'un parapluie.*

1. RECOUVREMENT [R(ə)kuvʀəmã]. *n. m.* (1393 ; *recurvement* « secours, salut », 1080 ; de *recouvrer*). *Littér.* Action de recouvrer, de retrouver. « *Un recouvrement de ces invraisemblables richesses disparues* » (VILLIERS). *Recouvrement des forces, de la santé.* — *Cour.* Action de recouvrer des sommes dues. *Recouvrement d'une créance* (V. **Rentrée**). *Recouvrement de l'impôt direct.* V. **Perception.**

2. RECOUVREMENT [R(ə)kuvʀəmã]. *n. m.* (1627 ; de *recouvrir*). ♦ 1° *Rare.* Action de recouvrir. ◊ *Géol. Lambeaux de recouvrement,* résidus morcelés d'une nappe de charriage, recouvrant des terrains de formation différente. ◊ *Constr.* Assemblage à recouvrement. *Tuiles à recouvrement :* qui se recouvrent partiellement (*opposé à tuiles à emboîtement*). ♦ 2° *Techn.* Ce qui recouvre. Partie du tiroir d'une machine à vapeur qui règle l'introduction de la vapeur dans le cylindre.

RECOUVRER [R(ə)kuvʀe]. *v. tr.* (*Recuvrer,* 1080 ; lat. *recuperare.* V. **Récupérer**). ♦ 1° *Littér.* Rentrer en possession de... *Recouvrer son bien, son argent.* V. **Ravoir, récupérer, reprendre.** *Recouvrer la santé,* guérir, se rétablir. *Il recouvre ses forces, la raison.* « *Le premier sentiment que je goûtai fut celui de la liberté que j'avais recouvrée* » (ROUSS.). V. **Retrouver.** ♦ 2° *Cour.* Recevoir le paiement de (une somme due). V. **Encaisser.** *Recouvrer une créance, un effet de commerce.* — (1636) Percevoir (les impôts). ⊗ HOM. Formes du v. recouvrir.

RECOUVRIR [R(ə)kuvʀiʀ]. *v. tr.; conjug. couvrir* (xiiᵉ ; de *re-*, et *couvrir*).
I. Couvrir de nouveau. Mettre une nouvelle couverture, un nouveau revêtement à. *Recouvrir un parapluie.* « *Tous les sièges de la salle du Congrès avaient été recouverts à neuf* » (ARAGON). *Recouvrir un livre.* ◊ Ramener une couverture sur (qqn). *Recouvrir un enfant qui s'est découvert dans son sommeil.*
II. ♦ 1° Couvrir entièrement. *La neige recouvre le sol.* « *Sol... recouvert de petits carreaux de faïence* » (MAC ORLAN). *Animal au corps recouvert d'écailles, de plumes.* — SE RECOUVRIR, *pronom.* Se couvrir l'un l'autre. *Écailles, tuiles qui se recouvrent partiellement.* V. **Chevaucher; recouvrement.** ◊ (Sujet de personne) *Recouvrir un mur de papier peint.* V. **Tapisser.** *Recouvrir un mort d'un drap, d'un suaire.* — Couvrir de tissu les parties rembourrées (d'un siège, d'un bois de lit). *Faire recouvrir des bergères d'une soie d'époque.* ♦ 2° *Fig.* Cacher, masquer. « *Sa fougue..., qui recouvrait une grande sagesse par une apparence trompeuse* » (LECOMTE). « *Groupes*

où une égalité théorique recouvre de grandes inégalités de fait » (CAMUS). ♦ 3° (XXᵉ). S'appliquer à, correspondre à. « *Le concept de personnalité recouvre... deux idées différentes »* (G. BERGER). V. **Embrasser.**
◇ ANT. Découvrir, dévoiler. — HOM. Formes du v. recouvrer.

RECRACHER [R(ə)kRaʃe]. *v.* (XVᵉ; de *re-*, et *cracher*). ♦ 1° *V. tr.* Rejeter de la bouche ce qu'on y a mis. *Recracher un bonbon.* ♦ 2° *V. intr.* Cracher de nouveau.

RECRÉANCE [Rekreãs]. *n. f.* (1283; de l'a. fr. *recroire* « rendre, remettre »). ♦ 1° *Ancien.* Jouissance, à titre provisionnel, des revenus d'un bénéfice ecclésiastique en litige. ♦ 2° *Mod.* (XVIIIᵉ). Dr. internat. *Lettres de récréance :* de rappel, pour un ambassadeur invité à quitter son poste.

RÉCRÉATIF, IVE [Rekreatif, iv]. *adj.* (1487; de *récréer*). Qui a pour objet ou pour effet de divertir. V. **Amusant, divertissant.** *Lecture récréative. Séance, soirée récréative pour enfants.* ◇ ANT. Ennuyeux, fastidieux; sérieux.

RÉCRÉATION [RekReasjɔ̃]. *n. f.* (1370; « réconfort », 1215; lat. *recreatio*). ♦ 1° Détente, divertissement après une occupation plus sérieuse. V. **Amusement, délassement.** *La peinture n'est pour lui qu'une récréation.* ♦ 2° (1680). Dans une communauté religieuse, un établissement scolaire, Temps de repos, de liberté accordé aux religieux, aux élèves pour qu'ils puissent se délasser. *Aller, être en récréation. Cour de récréation. Fam.* (arg. scol., 1878) RÉCRÉ [RekRe]. *Pendant le récré.* ◇ ANT. Ennui, travail.

RECRÉER [R(ə)kRee]. *v. tr.* (1457; de *re-*, et *créer*). Créer de nouveau. *« Dieu ne devant plus détruire le monde, non plus que le recréer »* (PASC.). — Reconstituer ce qui a été détruit. ◇ Reconstruire mentalement (ce qui est donné par la réalité). *« Nous ne connaissons vraiment que ce que nous sommes obligés de recréer par la pensée »* (PROUST).

RÉCRÉER [Rekree]. *v. tr.* (1501; « ranimer », XIIᵉ; lat. *recreare*). *Littér.* Délasser par une occupation agréable. V. **Amuser, distraire, divertir.** *« Sa femme, pour le récréer, fit venir des jongleurs et des danseuses »* (FLAUB.). — Pronom. *Se récréer.* ◇ ANT. Ennuyer.

RÉCRÉMENT [rekremã]. *n. m.* (1553; lat. *recrementum*). Physiol. *Vx.* Produit de sécrétion demeurant à l'intérieur de l'organisme (salive, bile, etc.). *Récréments et excréments*.*

RECRÉPIR [R(ə)kRepiR]. *v. tr.* (1549; de *re-*, et *crépir*). Crépir de nouveau (une surface). *Faire recrépir sa maison.*

RECRÉPISSAGE [R(ə)kRepisaʒ]. *n. m.* (1832; de *recrépir*). *Techn.* Opération qui consiste à recrépir une surface.

RECREUSER [R(ə)kRøze]. *v. tr.* (1549; de *re-*, et *creuser*). ♦ 1° Creuser de nouveau. ♦ 2° Creuser davantage. *Recreuser un fossé trop peu profond.*

RÉCRIER (SE) [RekRije]. *v. pron.* (Se rescrier « redoubler de cris », XIIᵉ; de *re-*, et *écrier*). ♦ 1° *Chasse* (1835). Se dit des chiens quand ils donnent de la voix en relançant l'animal qui les a mis en défaut. V. **Crier.** ♦ 2° (1672). *Littér.* S'exclamer sous l'effet d'une vive émotion. *« Il se récria d'admiration »* (VOLT.). *« Il ne faut point se récrier contre la chimère de ma supposition »* (ROUSS.) : s'indigner. — Absolt. Cour. *À ces mots, ils se sont récriés.* V. **Protester.**

RÉCRIMINATEUR, TRICE [RekRiminatœR, tRis]. *adj.* et *n.* (1845; de *récriminer*). Porté à récriminer (2°). *Caractère récriminateur.*

RÉCRIMINATION [Rekriminasjɔ̃]. *n. f.* (1550; lat. médiév. *recriminatio*). ♦ 1° *Vx.* Accusation qu'on oppose à celle de son adversaire. ♦ 2° Mod. *(Au plur.).* Le fait de récriminer, plainte amère. V. **Protestation, réclamation.** *Cessez vos récriminations! « Excédé par les récriminations et les jérémiades... »* (HENRIOT).

RÉCRIMINER [Rekrimine]. *v. intr.* (1543; lat. médiév. *recriminari*, de *crimen* « accusation »). ♦ 1° *Vx.* Répondre par des accusations aux accusations d'un adversaire. *« Récriminer n'est pas se justifier »* (ROUSS.). ♦ 2° *Mod.* Critiquer avec amertume et âpreté. *Récriminer contre qqn.* V. **Protester.** — Absolt. *« Rien ne sert de récriminer, ou de regretter même »* (GIDE).

RÉCRIRE [RekRiR]. *v. tr.;* conjug. *écrire* (XIIIᵉ; de *re-*, et *écrire*). Écrire ou rédiger de nouveau. *« Claudel récrit entièrement, à soixante et onze ans, l'Annonce faite à Marie »* (MAUROIS). V. **Recomposer** (On écrit parfois RÉÉCRIRE [reekRiR]). *Textes récrits par un collaborateur.* ◇ Écrire de nouveau (à qqn). *Il n'a pas répondu, je vais lui récrire.*

RECRISTALLISATION [R(ə)kRistalizasjɔ̃]. *n. f.* (mil. XXᵉ; de *re-*, et *cristallisation*). Minér. Transformation des roches par dissolution des minéraux cristallins et formation de cristaux différents.

RECRISTALLISER [R(ə)kRistalize]. *v. tr.* ou *intr.* (1906, pronom.; de *re-*, et *cristalliser*). Minér. Cristalliser de nouveau. *Roche métamorphique qui recristallise.*

RECROQUEVILLÉ, ÉE [R(ə)kRɔkvije]. *adj.* (v. 1350; *recroquillé*, 1332; V. **Recroqueviller**). ♦ 1° Replié et racorni.

Feuilles mortes toutes recroquevillées. ♦ 2° Replié sur soi et crispé. *Malade recroquevillé dans son lit.*

RECROQUEVILLER (SE) [R(ə)kRɔkvije]. *v. pron.* et *tr.* (1694; *recroqueviller*, 1627; *recrobiller*, 1277; de *recoquiller*, avec infl. de *croc*, et de l'a. fr. *ville* « vis »). ♦ 1° SE RECROQUEVILLER : se rétracter, se recourber, se tordre ou se plisser, en se desséchant. V. **Racornir (se), ratatiner (se).** *Feuille d'arbre, papier qui se recroqueville à la chaleur.* ◇ Par anal. (XXᵉ) Se replier, se ramasser sur soi-même. V. **Blottir (se), tasser (se).** *« Il se recroqueville sur lui-même, les genoux au menton, d'un air frileux et perdu »* (SARTRE). ♦ 2° *V. tr.* Rendre recroquevillé. *« Le froid me consterne et me recroqueville »* (GIDE).

1. RECRU, UE [R(ə)kRy]. *adj.* (1210; *recreü* « qui s'avoue vaincu », 1080; a. fr. *se recroire* « se rendre »; bas lat. *se recredere* « se remettre à la merci », de *credere*). *Littér.* Extrêmement fatigué, jusqu'à l'épuisement. V. **Épuisé, éreinté, fourbu, harassé, las** (1), rompu, vanné. *Bête recrue. « Il se sentit recru de fatigue »* (BERNANOS). ◇ Par ext. *(Vx ou littér.)* Débordant, atteint par l'excès de... *« Le monde est recru de souffrance »* (DUHAM.). ◇ HOM. Recrû, recrue.

2. RECRÛ [R(ə)kRy]. *n. m.* (1669; de *recroître*). Arbor. Ensemble des pousses qui se développent sur les souches après la coupe d'un taillis. ◇ HOM. Recru, recrue.

RECRUDESCENCE [R(ə)kRydesãs]. *n. f.* (1810; du lat. *recrudescere* « devenir plus violent, plus saignant [blessure] », de *crudus* « saignant »). ♦ 1° Aggravation d'une maladie, après une rémission temporaire. *Recrudescence de fièvre.* — *Recrudescence d'une épidémie :* augmentation du nombre des cas. V. **Progression.** ♦ 2° Brusque réapparition, sous une forme plus violente. V. **Accroissement, regain, reprise.** *Recrudescence d'un incendie, de l'activité volcanique.* — Fig. *« Une recrudescence de classicisme »* (STE-BEUVE). *« Une recrudescence de méchante humeur »* (ZOLA). ◇ ANT. Accalmie.

RECRUDESCENT, ENTE [R(ə)kRydesã, ãt]. *adj.* (1846; de *recrudescence*). *Littér.* Qui est en recrudescence.

RECRUE [R(ə)kRy]. *n. f.* (1808; *recreue* « supplément », 1501; « nouvelle levée de soldats », 1550; de *recroître*). ♦ 1° Soldat qui vient d'être recruté. V. **Bleu** *(fam.),* conscrit. *Brimades infligées aux jeunes recrues. « Ces recrues toutes fraîches qui savaient à peine manier le mousquet »* (HUGO). ♦ 2° (Déb. XVIIIᵉ). Personne qui vient s'ajouter à un groupe. *Les recrues d'un parti, d'une société. Faire une nouvelle recrue.* ◇ HOM. Recru, recrû.

RECRUTEMENT [R(ə)kRytmã]. *n. m.* (1790; de *recruter*). ♦ 1° Action de recruter des soldats. V. **Appel** (5°), conscription, racolage *(anciennt.). Bureau, service de recrutement.* ◇ Fig. *Le recrutement d'une classe gouvernante, d'une clientèle.* ♦ 2° Ensemble de recrues. *« Au cercle des Saussaies, dont le recrutement était fort mondain »* (ROMAINS).

RECRUTER [R(ə)kRyte]. *v. tr.* (1691; de *recrue*). ♦ 1° Former (une troupe) en levant des hommes. *Recruter une armée.* ◇ Engager (des hommes) pour former une troupe. V. **Enrégimenter, enrôler.** *Soldats fraîchement recrutés.* V. **Recrue.** ◇ Fig. Amener (qqn) à faire partie d'un groupe (association, parti). *Recruter des adeptes, des partisans, des travailleurs, des clients. Des collaborateurs recrutés dans tous les milieux.* ♦ 2° SE RECRUTER. *v. pron.* Être recruté, se former en recevant des recrues. *Assemblée qui se recrute par cooptation.* ◇ Fig. *Se recruter dans, parmi... :* provenir de. *« La noblesse n'a jamais pu se recruter que dans la roture »* (BAINVILLE). ◇ ANT. Licencier, renvoyer.

RECRUTEUR [R(ə)kRytœR]. *n. m.* (1771; de *recruter*). Celui qui est chargé de recruter des soldats, et *spécial.* de provoquer des engagements dans l'armée *(ancienn.* en France : V. **Enrôleur, racoleur.)* Par appos. *Sergent recruteur.* ◇ Fig. *Les recruteurs, les agents recruteurs d'un parti.*

RECT(I)-. Élément, du lat. *rectus* « droit »-.

RECTA [Rekta]. *adv.* (1867; « tout droit, directement », 1718; adv. lat. « tout droit »). Ponctuellement, très exactement. *Payer recta. « Il payait recta sera toujours son plus bel éloge dans la bouche d'un commerçant »* (BALZ.).

RECTAL, ALE, AUX [Rektal, o]. *adj.* (1812; de *rectum*). Didact. Relatif au rectum. *Température rectale.* V. **Anal.** *Alimenter un malade par injections rectales.* ◇ HOM. (du plur.) Recto.

RECTANGLE [Rektãgl(ə)]. *adj.* et *n. m.* (1549; lat. *rectangulus*, de *rectus* « droit », et *angulus* « angle »).
I. Adj. *Didact.* ♦ 1° *Géom.* Dont un angle au moins est droit. *Triangle, trapèze rectangle. Parallélépipède rectangle,* prisme droit dont les bases sont rectangles *(ex. :* le cube). ♦ 2° Math. *Termes rectangles,* termes du second degré formés par le produit de deux variables. V. **Quadratique.**
II. N. m. ♦ 1° *Géom.* Parallélogramme à angle droit. *Le carré est un rectangle.* ♦ 2° *Cour.* (opposé à *carré*). Figure à quatre angles droits dont les côtés sont égaux deux à deux. *Tissu écossais formant des carrés et des rectangles.* ◇ *Rec-*

tangle blanc, signalant à la télévision les émissions réservées aux adultes.

RECTANGULAIRE [ʀɛktɑ̃gylɛʀ]. *adj.* (1571; de *rectangle*). ♦ 1° Qui a la forme d'un rectangle. *Place rectangulaire, feuille de papier rectangulaire. Pièce rectangulaire.* ♦ 2° *Didact.* Qui forme un angle droit. *Axes rectangulaires.* V. **Perpendiculaire**.

1. RECTEUR [ʀɛktœʀ]. *n. m.* (1261; *rector* « capitaine d'un navire », 1213; lat. *rector*, de *regere*. V. **Régir**). ♦ 1° *Ancienn.* Le chef et le premier officier électif d'une université. ◇ *Mod.* (1806) Universitaire qui est à la tête d'une Académie. *En France, les recteurs administrent une université, président son conseil et dirigent l'enseignement à tous les degrés sur le territoire de l'Académie.* — [Au Canada]. Chef d'une université. — 2° *Ancienn.* Directeur, supérieur d'un collège de Jésuites. ♦ 3° (1283, « supérieur ecclésiastique »). *Relig.* Prêtre catholique à qui l'évêque confie la charge de certaines églises non paroissiales. — En Bretagne, Curé ou desservant. « *Un recteur de l'île de Sein* », de H. Queffélec.

2. RECTEUR, TRICE [ʀɛktœʀ, tʀis]. *adj.* et *n. f.* (XVIIIᵉ; lat. *rector* « qui dirige »). Zool. *Plumes rectrices*, grandes plumes de la queue, qui dirigent le vol des oiseaux. — *N. f.* (1803) *Une rectrice.*

RECTI-. V. **RECT-.**

RECTIFIABLE [ʀɛktifjabl(ə)]. *adj.* (1727; de *rectifier*). Qui peut être rectifié. *Cette erreur sera facilement rectifiable.* ◇ *Chim. Alcool rectifiable.*

RECTIFICATEUR, TRICE [ʀɛktifikatœʀ, tʀis]. *n.* et *adj.* (1611; de *rectifier*). ♦ 1° *Littér.* Personne qui rectifie. « *Je suis le rectificateur des erreurs populaires* » (Hugo). ♦ 2° *Chim.* (1829). Appareil (alambic, *colonnes rectificatrices*, etc.) servant à rectifier les liquides.

RECTIFICATIF, IVE [ʀɛktifikatif, iv]. *adj.* et *n. m.* (1819; de *rectifier*). Qui a pour objet de rectifier (une chose inexacte). *Acte, état, compte rectificatif.* — *N. m. Communiquer à la presse un rectificatif*, une note rectificative. *Rectificatif à la circulaire nᵒ 1.*

RECTIFICATION [ʀɛktifikasjɔ̃]. *n. f.* (1314, chir.; de *rectifier*, par le bas lat. *rectificatio* « redressement »). ♦ 1° Action de rectifier (1°). *Rectification d'un alignement.* — *Math.* (XVIIIᵉ) *Rectification d'une courbe* : calcul de la longueur qu'elle aurait en ligne droite. ♦ 2° Action de rectifier (2°), de rendre correct, conforme. *Rectification d'un tracé, d'un calcul, d'un compte.* — *Rectification d'acte de l'état civil*, en cas d'erreur, omission. — Insertion de rectificatifs dans les journaux. ◇ (Techn.) *Rectification d'une pièce mécanique.* ◇ *Chim.* Méthode de purification d'un liquide par distillation. *Rectification de l'alcool.* ♦ 3° Action de faire disparaître en corrigeant. *Rectification d'une erreur.* ♦ 4° (1798). Correction, note ou parole rectificative. *Rectification en marge. Permettez-moi une petite rectification.*

RECTIFIER [ʀɛktifje]. *v. tr.* (1284; bas lat. *rectificare* « redresser »). ♦ 1° Rendre droit. *Rectifier un alignement.* — *Math. Rectifier une courbe* : en opérer la rectification*. ♦ 2° Rendre matériellement correct, conforme. *Rectifier un tracé. Rectifier la position* : reprendre la position réglementaire (soldat). *Rectifier le tir* (fig. Changer sa façon d'agir pour mieux réussir). — Techn. *Rectifier une pièce*, la mettre au point, la finir (par alésage, meulage, etc.). V. **Finition**. ◇ *Spécialt.* (XIVᵉ, chim.) Traiter en séparant les éléments par la rectification. V. **Distiller, épurer**. *Alcool rectifié.* ♦ 3° Rendre exact. V. **Corriger**. *Rectifier un calcul. Pour « rectifier l'idée que vous avez de moi »* (Montherlant). *Texte à rectifier.* — *Vx.* Réformer. « *Rectifier les mœurs d'un personnage* » (Rac.). ♦ 4° Faire disparaître en corrigeant. V. **Redresser**. *Une « tendance plébéienne à rectifier les erreurs d'autrui »* (Romains). ♦ 5° *Pop.* Tuer. *Il a été rectifié, il s'est fait rectifier.*

RECTIFIEUR, EUSE [ʀɛktifjœʀ, øz]. *n.* (1932, n. m.; de *rectifier*). *Techn.* Ouvrier, ouvrière qui finit, rectifie les pièces mécaniques, notamment à l'aide de *rectifieuses*.

RECTIFIEUSE [ʀɛktifjøz]. *n. f.* (1932; de *rectifier*). *Techn.* Machine-outil servant à rectifier les pièces sorties des machines (travail confié à des *rectifieurs*). V. **Aléseuse**.

RECTILIGNE [ʀɛktiliɲ]. *adj.* (1370, géom.; bas lat. *rectilineus*). ♦ 1° (1789). Qui est ou se fait en ligne droite. V. **Direct**. *Allées, avenues rectilignes.* — *Mouvement rectiligne*, qui se propage en ligne droite. ♦ 2° *Géom.* Défini, limité par des droites ou des segments de droite. *Figure, angle rectiligne. Coordonnées rectilignes.* ◇ *Subst. Le rectiligne d'un dièdre*, angle plan ayant pour côtés les perpendiculaires à l'arête d'un dièdre. ◇ *ANT.* **Angulaire. Curviligne. Courbe**.

RECTILINÉAIRE [ʀɛktilineɛʀ]. *adj.* (1774, géom.; du rad. lat. d'apr. *linéaire*). *Phot.* (XXᵉ). *Objectifs rectilinéaires*, qui donnent des images non déformées sur les bords.

RECTITE [ʀɛktit]. *n. f.* (1836; de *rectum*). *Méd.* Inflammation du rectum. V. **Recto-colite** (On dit aussi *proctite*).

RECTITUDE [ʀɛktityd]. *n. f.* (1370; lat. *rectitudo*). ♦ 1° Qualité de ce qui est droit, rigoureux (intellectuellement et moralement). *Rectitude du jugement. Rectitude d'un rai-*

sonnement. V. **Exactitude, justesse, rigueur**. « *Au lieu... de rentrer dans les voies de la rectitude, Fouquet ne songea qu'à redoubler d'adresse* » (Ste-Beuve). ♦ 2° (1575). *Littér.* Caractère de ce qui est en ligne droite. « *Et Jean, de ses bras tendus, veillait à la rectitude parfaite du sillon* » (Zola). ◇ *ANT.* **Sinuosité; relâchement**.

RECTO [ʀɛkto]. *n. m.* (1663; de la loc. lat. *folio recto* « sur le feuillet qui est à l'endroit »). Première page d'un feuillet (dont l'envers est appelé *verso*). V. **Endroit**. *Numéroter les rectos. Le début est au recto.* — *Recto verso* : au recto et au verso. *Impression recto verso.* ◇ *ANT.* **Envers, verso**. — HOM. *Rectaux* (pl. masc. de *rectal*).

RECTO-COLITE [ʀɛktɔkɔlit]. *n. f.* (mil. XXᵉ; de *rectum*, et *colite*). *Méd.* Inflammation simultanée du rectum et du côlon.

RECTORAL, ALE, AUX [ʀɛktɔʀal, o]. *adj.* (1588; du lat. *rector*). Qui appartient au recteur, provient du recteur. *Décision rectorale. Délégué rectoral* : professeur non titulaire délégué à un poste par le recteur.

RECTORAT [ʀɛktɔʀa]. *n. m.* (XVIᵉ; de *recteur*). ♦ 1° Fonction, poste de recteur d'université. ♦ 2° Local où sont installés le recteur et ses services. — Temps pendant lequel un recteur exerce ses fonctions.

RECTOSCOPE [ʀɛktɔskɔp]. *n. m.* (1903; de *rectum*, et *-scope*). *Méd.* Endoscope destiné à être introduit par l'anus dans le rectum.

RECTOSCOPIE [ʀɛktɔskɔpi]. *n. f.* (1922; de *rectum*, et *-scopie*). *Méd.* Examen visuel du rectum au moyen d'un rectoscope.

RECTUM [ʀɛktɔm]. *n. m.* (av. 1478; lat. méd. pour *rectum intestinum* « intestin droit »). Portion terminale du gros intestin, faisant suite au côlon pelvien et s'étendant jusqu'à l'anus.

REÇU, UE. V. **RECEVOIR**.

REÇU [ʀ(ə)sy]. *n. m.* (1611; p. p. subst. de *recevoir*). Écrit dans lequel une personne reconnaît avoir reçu une somme d'argent ou un objet mobilier à titre de paiement, de dépôt, de prêt ou de mandat. V. **Acquit, décharge, quittance, récépissé**. *Donner, remettre un reçu.* « *Le reçu de la somme qu'ils lui avaient avancée* » (Romains). *Reçus soumis à un droit de timbre. Reçu pour solde de tout compte.*

RECUEIL [ʀ(ə)kœj]. *n. m.* (1534; « bon accueil », XIVᵉ; de *recueillir*). Ouvrage ou volume réunissant des écrits, des documents. *Recueil de poèmes. Recueil de morceaux choisis.* V. **Anthologie, choix, chrestomathie, florilège**. *Recueil de fables.* V. **Fablier**. *Recueil de bons mots* (V. Ana), *de sottises* (V. **Sottisier**). *Recueil de documents.* V. **Archives, corpus**, *spicilège. Recueils de droit, de jurisprudence.* V. **Code, coutumier, digeste, pandectes**. *Recueil de renseignements* (V. **Répertoire**), *de recettes, de formules* (V. **Codex, formulaire**). ◇ *Fig.* Collection. « *On s'imagine que l'histoire est à leur portée* (des enfants), *parce qu'elle n'est qu'un simple recueil de faits* » (Rous.).

RECUEILLEMENT [ʀ(ə)kœjmɑ̃]. *n. m.* (1660; de *recueillir*). ♦ 1° Action, fait de concentrer sa pensée sur la vie spirituelle, en un détachement de toute préoccupation terrestre. V. **Contemplation, méditation, récollection; oraison**. « *Quand le Créateur parle, il faut que la créature... se taise par un grand recueillement* » (Boss.). ♦ 2° État de l'esprit qui s'isole du monde extérieur pour se concentrer sur la vie intérieure. *Écouter avec recueillement.* « *L'imagination et le recueillement sont deux maladies dont personne n'a pitié* » (Vigny). ◇ Respect quasi religieux. « *Lorsqu'on apporta la tourte, il y eut un recueillement* » (Zola). ◇ *ANT.* **Dissipation, divertissement**.

RECUEILLI, IE [ʀ(ə)kœji]. *adj.* (XVIIᵉ; V. **Recueillir**). En état de recueillement. *Mᵐᵉ de Récamier, « retirée à l'ombre et recueillie* » (Ste-Beuve). Par ext. *Air, visage recueilli* : calme et méditatif.

RECUEILLIR [ʀ(ə)kœjiʀ]. *v. tr.*; conjug. *cueillir* (1080; lat. *recolligere*. V. **Cueillir**).

I. ❶ *Recueillir qqch.* ♦ 1° Prendre en cueillant (*vx* V. **Récolter**) ou en ramassant en vue de conserver pour utiliser ultérieurement. *Recueillir le sel d'un marais salant. Les abeilles recueillent le pollen.* ◇ Par métaph. V. **Récolter**. *Recueillir le fruit d'une bonne action, de ses efforts*, en retirer un avantage, un bénéfice moral. ♦ 2° Rassembler, réunir (des éléments dispersés). *Recueillir des fonds. Recueillir des exemples pour un ouvrage.* « *Je me mis à recueillir les lettres et papiers qui pouvaient guider ou réveiller ma mémoire* » (Rouss.). ♦ 3° Faire ou laisser entrer et séjourner dans un récipient. V. **Recevoir** (II, 3°). « *Elle ne manquait pas de recueillir la gelée de volaille dans les pots...* » (Chardonne). *Citernes destinées à recueillir les eaux pluviales.* ◇ *Fig.* (XIIIᵉ) Recevoir (comme information) pour conserver. V. **Enregistrer**. *Recueillir un bruit, un propos. Il « recueille et conserve dans sa mémoire les chansons les plus anciennes »* (Sand). Greffier, officier public chargé de recueillir les dépositions des témoins. ♦ 4° Recevoir (par voie d'héritage). V. **Hériter**. « *Recueillir d'une grand-tante cent bonnes mille livres de rentes* » (Hugo). — (Par transmission) *Recueillir le flambeau olympique.*

◇ Obtenir. *Recueillir des voix, des suffrages*, dans une élection. **Ⓔ** *Recueillir qqn* (1174) : offrir chez soi un refuge à (qqn dans le besoin, le malheur). *Hume s'offrit à recueillir Rousseau.* « *C'est une petite pauvre que nous avons recueillie comme cela, par charité...* » (HUGO). — *Recueillir des chats, des chiens.*

II. SE RECUEILLIR. *v. pron.* ♦ 1° (1688). *Relig.* Pratiquer le recueillement religieux. « *Les peintres d'icônes, autrefois, ...devaient se recueillir... avant de se mettre au travail* » (Br. PARAIN). — Au p. p. *Une âme recueillie.* ♦ 2° (1671). Chercher ou trouver le recueillement. V. **Absorber** (s'), **concentrer** (se), **méditer.** « *Il faut que je mette ma vie en ordre et j'ai besoin de me recueillir* » (SARTRE). — *Poét.* (De la nature) « *La plaine et les villages... se recueillent sous les longues averses* » (BARRÈS).

◇ ANT. **Éparpiller.** — (du pron.) **Dissiper** (se).

RECUIRE [ʀ(ə)kɥiʀ]. *v.; conjug. cuire.* V. **Conduire** (XIIe, *recuire du métal;* de *re-*, et *cuire*). ♦ 1° (XIIIe). *V. tr.* Cuire de nouveau. *Recuire des confitures trop liquides. Recuire une poterie.* — *Techn.* Soumettre à l'opération du recuit. *Recuire des cristaux. Recuire une lame.* ♦ Par ext. *Peau recuite*, brûlée, desséchée. ♦ 2° *V. intr.* Subir une nouvelle cuisson. *Faire recuire un gigot trop saignant.*

RECUIT [ʀ(ə)kɥi]. *n. m.* (1676; de *recuire*). *Techn.* Action de remettre au feu. *Le recuit de l'émail. Spécialt.* Opération thermique destinée à améliorer les qualités mécaniques d'un métal, d'un alliage.

RECUL [ʀ(ə)kyl]. *n. m.* (1580; « possibilité de reculer », XIIIe; subst. verb. de *reculer*). ♦ 1° Action de reculer (en parlant d'un mécanisme). *Recul d'un canon, d'une arme à feu*, mouvement vers l'arrière après le départ du coup. — (Horlog.) *Échappement à recul*, qui fait reculer le rouage dit « roue de rencontre ». ♦ 2° (1803). Action de reculer, mouvement ou pas en arrière. *Le recul d'une armée.* V. **Repli, retraite.** « *Il eut un mouvement de recul à l'approche du prêtre* » (MAURIAC). ◇ *Fig.* (*Choses*) Régression. *Le recul d'une épidémie. Un recul de la civilisation.* ♦ 3° Position éloignée (dans l'espace ou dans le temps) permettant une vision ou une appréciation meilleure. V. **Éloignement.** *Décorateur qui prend du recul pour juger un ensemble. Recul nécessaire à l'historien.* ◇ *Fig. Avoir, prendre du recul*, se détacher par l'esprit d'une situation personnelle pour en juger plus objectivement. *Je ne puis « prendre assez de recul pour me considérer d'ensemble* » (SARTRE). ♦ 4° Espace libre, permettant à un joueur (au tennis, au ping-pong) de reculer sans être gêné pour reprendre certaines balles. *Ce court n'a pas assez de recul.* ◇ ANT. **Avance, progrès, progression.**

RECULADE [ʀ(ə)kylad]. *n. f.* (1611; de *reculer*). ♦ 1° *Vx.* Recul. *Reculade d'une armée.* ♦ 2° *Mod.* et péj. (1798). Action de qqn qui recule, cède, après s'être trop avancé. V. **Abandon, dérobade.** *Honteuse, lâche reculade.*

RECULÉ, ÉE [ʀ(ə)kyle]. *adj.* (1549; V. **Reculer**). Lointain et difficile d'accès. V. **Écarté, isolé.** *Montagnes, vallées reculées d'une région.* « *Dans les petites villes reculées comme Lorges* » (GREEN). ◇ *Éloigné* (temps). V. **Ancien.** *Les siècles, les temps les plus reculés.* V. **Haut** (la haute époque, la haute antiquité).

RECULÉE [ʀ(ə)kyle]. *n. f.* (1544; « action de reculer », XIIe; de *reculer*). *Géogr.* ou *région.* Fond d'une vallée jurassienne en cul-de-sac aux parois abruptes.

RECULEMENT [ʀ(ə)kylmɑ̃]. *n. m.* (1340; de *reculer*). ♦ 1° *Vx.* Recul (1°). ♦ 2° *Techn.* (1680). Courroie du harnais qui permet au cheval d'entraîner la voiture en reculant.

RECULER [ʀ(ə)kyle]. *v.* (XIIe; de *re-*, et *cul*). **I.** *V. intr.* ♦ 1° Aller, faire mouvement en arrière. *Reculer d'un pas.* « *Ils ont vu un spectacle qui les a fait reculer d'horreur* » (DAUD.). *Reculer devant l'ennemi.* V. **Replier** (se); **fuir.** « *Se faire tuer sur place plutôt que de reculer* » (Gᵃˡ JOFFRE). — *Cheval qui recule. Voiture qui recule pour mieux braquer.* ◇ *Avoir du recul. Le canon, le fusil recule en tirant.* ◇ *Loc. prov.* (1611) *Reculer pour mieux sauter*, proprem. reculer pour prendre un plus grand élan. N'éviter un inconvénient présent que pour tomber plus tard dans un inconvénient plus grave. « *Le vieil idiome breton recule peu à peu* » (MICHELET). *L'épidémie a reculé.* ♦ 3° Renoncer, en présence d'une difficulté, à poursuivre une entreprise; revenir à une position moins exposée. V. **Dérober** (se), **renoncer;** et les *pop.* **Caner, flancher.** « *On s'était trop avancé pour reculer* » (MICHELET). *Plus moyen de reculer !* — RECULER DEVANT, craindre, fuir (un danger, une difficulté). « *Reculer devant les dangers, c'était bien plus qu'un danger* » (MICHELET). *Il ne recule devant rien.* — Hésiter à faire, à accomplir. « *Ne pas reculer devant les pires mensonges* » (PROUST). « *Qu'est donc une amitié qui recule devant la complicité ?* » (BALZ.).
II. *V. tr.* ♦ 1° Faire aller, porter en arrière. *Reculez un peu votre chaise.* — Pronom. « *Elle se recula pour contempler son œuvre* » (MAUPASS.). ◇ *Par ext.* Reporter plus loin.

Reculer un mur, une cloison. Reculer les frontières d'un pays. « *Notre siècle... a réussi à reculer de beaucoup les bornes de l'histoire* » (RENAN). V. **Repousser.** ♦ 2° (Fin XVe). Éloigner dans le temps, reporter à plus tard. V. **Ajourner, différer, retarder.** « *Reculer l'heure des paroles décisives* » (BOURGET). *Reculer une décision, une échéance.*

◇ ANT. **Avancer, progresser; déterminer** (se).

RECULONS (À) [ʀkylɔ̃]. *loc. adv.* (XIIIe; de *reculer*). En reculant, en allant en arrière. « *Bobby s'éloigna à reculons* » (SARTRE). ◇ *Par métaph. Aller, marcher à reculons*, rétrograder au lieu de progresser.

RÉCUPÉRABLE [ʀekypeʀabl(ə)]. *adj.* (h. XVe; fin XVIe; de *récupérer*). Qui peut être récupéré. *Créance récupérable. Heures récupérables. Ferraille récupérée.* ◇ ANT. **Irrécupérable.**

RÉCUPÉRATEUR [ʀekypeʀatœʀ]. *n. m.* (XVIe; de *récupérer*). *Techn.* (1890). *Récupérateur de chaleur*, appareil destiné à récupérer une partie de la chaleur contenue dans des gaz résiduels pour élever la température d'un fluide. *Récupérateur de haut fourneau.* ◇ *Artill.* (1907) Pièce utilisant la force produite par le recul d'une arme. *Récupérateur à ressort*, dans la mitrailleuse.

RÉCUPÉRATION [ʀekypeʀasjɔ̃]. *n. f.* (1356; de *récupérer*). ♦ 1° Action de récupérer qqch. *Récupération d'une créance. Récupération des métaux non ferreux. Récupération de la chaleur. Spécialt.* Ramener un appareil spatial au sol en bon état. *Récupération d'un satellite, d'une fusée.* ♦ 2° Action de récupérer (3°). *Récupération d'heures de cours, de journées de travail.* ♦ 3° *Polit.* Fait de récupérer (4°) ou d'être récupéré. « *Accepter un programme, c'était déjà tomber dans les pièges de la récupération* » (Le Monde, 12-2-1969).

RÉCUPÉRER [ʀekypeʀe]. *v. tr.; conjug. céder* (1495; lat. *recuperare*). ♦ 1° Rentrer en possession de (ce qu'on avait perdu, dépensé). V. **Recouvrer.** *Récupérer ses avances, ses débours.* — *Fam.* (XXe). Retrouver, reprendre, rechercher (une chose laissée, prêtée, rangée, etc.). *J'irai récupérer mes disques chez toi.* (Personnes). *Il faut que je récupère le petit à la sortie de l'école.* V. **Chercher.** — *Spécialt. Récupérer une cabine spatiale.* V. **Récupération.** ◇ *Récupérer ses forces*, et absolt. *Récupérer. Athlète qui récupère très vite* (après un grand effort). « *Il s'est étendu sur sa paillasse pour récupérer* » (J. CAU). ♦ 2° Recueillir (ce qui serait perdu ou inutilisé). *Récupérer de la ferraille pour fondre l'acier. Récupérer des calories, de la chaleur.* ◇ RÉCUPÉRER QQN : conserver, en trouvant à l'employer autrement, qqn qui n'est plus en état de poursuivre son activité passée. *Récupérer et reclasser les accidentés.* ♦ 3° Récupérer des heures, des journées de travail, les faire en remplacement de celles qui ont été perdues. ♦ 4° (v. 1965). *Arg. polit.* Détourner de son sens et annexer qqch. (action, mouvement d'opinion) ou qqn (groupe ou individu) autonome à l'origine. « *Il a été récupéré par l'ordre bourgeois américain* » (L'Express, 22-2-1965). ◇ ANT. **Perdre.**

RÉCURAGE [ʀekyʀaʒ]. *n. m.* (1768; *recurage*, 1509; de *récurer*). Action de récurer. *Le récurage d'une casserole.*

RÉCURER [ʀekyʀe]. *v. tr.* (*Recurer*, 1549; *rescurer*, XIIIe; de *re-*, et *écurer*). Nettoyer en frottant avec un abrasif. *Récurer des casseroles, un évier. Poudre à récurer.*

RÉCURRENCE [ʀekyʀɑ̃s]. *n. f.* (1842; *anat.*; de *récurrent*). ♦ 1° *Math., littér.* Retour, répétition. « *Une récurrence des émotions de terreur que sa présence m'infligeait dans cette salle...* » (BOURGET). — Phénomène répétitif. ♦ 2° *Log., Sc.* Raisonnement, démonstration par récurrence : procédé de démonstration qui consiste à étendre à tous les termes d'une série ce qui est valable pour les deux premiers. ♦ 3° *Méd.* Reprise d'une maladie infectieuse au réveil du pouvoir pathogène de germes déjà présents dans l'organisme (distinct de rechute* et de récidive*).

RÉCURRENT, ENTE [ʀekyʀɑ̃, ɑ̃t]. *adj.* (1541; du lat. *recurrens* « qui revient en arrière »). ♦ 1° *Anat.* Se dit d'un nerf, d'un vaisseau qui revient en arrière au lieu de prolonger le tronc d'où il tire son origine. ♦ 2° *Méd.* *Fièvre récurrente :* maladie infectieuse provoquée par des micro-organismes en forme de spirale et caractérisée par une succession d'épisodes fébriles entrecoupés de périodes sans fièvre. *Fièvre récurrente à poux, à tiques* (transmise par ces animaux). *Math.* (1713). *Série récurrente :* série dont chaque terme est une fonction des termes immédiatement précédents. *Calculs récurrents, séquentiels*. ◇ *Processus récurrent.* V. **Récursif.**

RÉCURSIF, IVE [ʀekyʀsif, iv]. *adj.* (v. 1968; angl. *recursive;* Cf. Récurrent). *Didact.* Qui peut être répété un nombre indéfini de fois par l'application de la même règle. *Élément récursif dans une règle de réécriture* (linguistique). *Processus récursif.*

RÉCURSIVITÉ [ʀekyʀsivite]. *n. f.* (v. 1968; de *récursif*). *Didact.* Caractère de ce qui est récursif.

RÉCURSOIRE [ʀekyʀswaʀ]. *adj.* (1769; du lat. *recursus*

« recours »). Dr. *Action récursoire :* action qui donne, qui ouvre un recours* contre qqn.

RÉCUSABLE [Rekyzabl(ə)]. *adj.* (1529 ; de *récuser*). ♦ 1° Qu'on peut récuser. *Juré, témoin récusable.* ♦ 2° Auquel on n'accorde pas confiance. *Témoignage récusable.* ⊗ ANT. *Irrécusable.*

RÉCUSATION [Rekyzasjɔ̃]. *n. f.* (1332 ; lat. *recusatio*). *Dr.* Le fait de récuser (un juge, un juré, un témoin).

RÉCUSER [Rekyze]. *v. tr.* (1300 ; lat. *recusare*). ♦ 1° *Dr.* Refuser d'accepter (qqn) comme juge, arbitre, expert, juré ou témoin. *Récuser un témoin.* ◇ Par ext. *Récuser la compétence d'un tribunal.* ♦ 2° *Cour.* Repousser comme tel. *Récuser l'autorité d'un auteur. Ce témoignage ne peut être récusé.* ◇ *Rare.* Rejeter. « *Si vous récusez les abus...* » (RENAN). ♦ 3° SE RÉCUSER. *v. pron.* (1690). Affirmer son incompétence sur une question ; refuser de donner son avis, de prendre une responsabilité. ⊗ ANT. *Accepter, agréer.*

RECYCLAGE [R(ə)siklaʒ]. *n. m.* (de *re-*, et *cycle*). ♦ 1° *Personnes.* Changement de l'orientation scolaire (d'un enfant) vers un autre cycle d'études. ◇ *Par ext.* Formation professionnelle complémentaire dispensée à des adultes pour leur permettre de s'adapter à l'évolution technique de leur secteur d'activité. *Recyclage des techniciens, des cadres d'une entreprise. Suivre un cours, un stage de recyclage.* V. **Recycler** (se) ; **reconversion.** ♦ 2° *Choses* (Techn., écon.). Nouveau traitement, nouveau passage (dans un cycle d'opérations). *Recyclage d'un compte à rebours*. — *Recyclage de l'eau d'un circuit,* en vue de sa réutilisation.

RECYCLER [R(ə)sikle]. *v. tr.* (1960 ; de *re-*, et *cycle*). Effectuer le recyclage* de (qqch. ou qqn). ◇ *Pronom.* (Personnes). *Se recycler en suivant des cours du soir.*

RÉDACTEUR, TRICE [RedaktœR, tRis]. *n.* (1798 ; « compilateur de textes juridiques », 1752 ; du lat. *redactus*, p. p. de *redigere*). Professionnel qui assure la rédaction d'un texte. *Rédacteurs d'un dictionnaire. Rédacteur publicitaire.* — *Spécialt.* Personne qui rédige les articles d'un périodique, d'un journal. V. **Journaliste.** *Rédacteur politique.* — *Rédacteur en chef :* directeur de la rédaction d'un périodique, d'un journal. ♦ (1869) Fonctionnaire chargé de rédiger (les pièces administratives, etc.). *Rédacteur d'un Ministère, de la Sécurité sociale.*

RÉDACTION [Redaksjɔ̃]. *n. f.* (1798 ; « réduction », 1560 ; « abrégé », 1690 ; du lat. *redactus*). ♦ 1° Action ou manière de rédiger un texte ; ce texte. *Rédaction d'un projet de contrat.* V. **Libellé.** « *Mon dictionnaire, tout imparfait qu'il était en cette première rédaction* » (LITTRÉ). *Rédaction de premier jet.* ♦ 2° (1846). Ensemble des rédacteurs d'un journal, d'un périodique, d'une œuvre collective ; les bureaux, les locaux où ils travaillent. *Secrétaire de (la) rédaction.* — *Salle, bureaux de rédaction.* ♦ 3° (Fin XIXᵉ). Dans l'enseignement élémentaire, Exercice scolaire qui consiste à traiter par écrit un sujet narratif ou descriptif. V. **Composition** (française), **narration.**

RÉDACTIONNEL, ELLE [Redaksjɔnɛl]. *adj.* (1874 ; de *rédaction*). Relatif à la rédaction. ◇ *Spécialt. Publicité rédactionnelle,* qui se présente comme un article ordinaire de journal ou de revue.

REDAN [R(ə)dɑ̃]. *n. m.* (1611 ; de *re-*, et *dent*). ♦ 1° *Techn.* (Archit., Constr.). Ouvrage de fortification composé de deux faces qui forment un angle saillant. — (1743) Ressaut vertical ménagé de distance en distance dans un mur sur un terrain en pente. — Ressaut sur une surface horizontale ou verticale. V. **Saillie.** ♦ 2° *Art.* REDAN, REDENT : ornement gothique formé d'une suite de découpures en forme de dents. *Arc orné de redents.*

REDDITION [Redisjɔ̃]. *n. f.* (1356 ; lat. *redditio,* de *reddere* « rendre »). ♦ 1° Le fait de se rendre, de capituler. V. **Capitulation.** *La reddition d'une place forte, d'une armée. Reddition sans conditions*. ♦ 2° *Dr.* (1407). Le fait de présenter, pour vérification, l'état des biens d'autrui qu'on a administrés. « *Paul... transigeait-il sur la reddition des comptes de tutelle ?* » (BALZ.).

REDÉCOUVRIR [R(ə)dekuvRiR]. *v. tr.; conjug. couvrir* (1862 ; de *re-*, et *découvrir*). Découvrir de nouveau ; découvrir (ce qu'un autre avait découvert). « *Les réflexions d'autrui ne nous semblent décisives qu'à l'instant où, nous les redécouvrant pour notre compte, nous les faisons... très nôtres* » (PAULHAN).

REDÉFAIRE [R(ə)defɛR]. *v. tr.; conjug. faire* (XIIᵉ ; de *re-*, et *défaire*). Défaire de nouveau. *Redéfaire un ouvrage.* ⊗ ANT. *Refaire.*

REDÉFINIR [RedefiniR]. *v. tr.* (v. 1960 ; de *re-*, et *définir*). Donner une nouvelle définition de. « *Projet de loi permettant de redéfinir les droits civils des citoyens américains* » (*Le Figaro,* 4-3-1963).

REDEMANDER [Rədəmɑ̃de ; Rdəmɑ̃de]. *v. tr.* (XIIᵉ ; de *re-*, et *demander*). ♦ 1° Demander de nouveau. *Redemander d'un plat à table.* « *Elle a écrit des choses drôles, et comme c'était drôle, on lui en redemande* » (RENARD). ♦ 2° Demander (ce qu'on a laissé, ce qu'on a prêté à qqn). « *J'avais fait porter mes pantoufles chez lui : je les ai envoyé redemander* » (MUSS.).

REDÉMARRAGE [RedemaRaʒ]. *n. m.* (1963 ; de *redémarrer*). Fait de redémarrer. *Le redémarrage de l'économie nationale après une crise.*

REDÉMARRER [RədemaRe]. *v. intr.* (mil. XXᵉ ; de *re-*, et *démarrer*). ♦ 1° Faire repartir un véhicule immobilisé ; repartir après s'être arrêté. « *On s'arrête aux arrêts, on redémarre* » (LE CLÉZIO). ♦ 2° *Fig.* Retrouver de la vigueur, de l'impulsion. « *L'économie n'a pas encore redémarré* » (*L'Humanité,* 9-12-1962).

RÉDEMPTEUR, TRICE [Redɑ̃(p)tœR, tRis]. *n. et adj.* (980 ; lat. eccl. *redemptor,* de *redimere* « racheter »). ♦ 1° N. m. *Le Rédempteur :* le Christ considéré en tant qu'il a racheté, sauvé le genre humain par sa mort. V. **Sauveur.** ◇ *Par ext.* Ce qui rachète (4°), au sens moral ou religieux. « *L'amour... rédempteur de toutes les races humaines* » (MICHELET). ♦ 2° *Adj.* Qui assure la rédemption (1°) ; qui rachète. « *Un pécheur croit que la souffrance est rédemptrice* » (MAURIAC).

RÉDEMPTION [Redɑ̃psjɔ̃]. *n. f.* (980 ; lat. eccl. *redemptio,* de *redimere* « racheter »). V. **Rançon.** ♦ 1° *Relig. chrét.* Rachat du genre humain par le Christ, rédempteur des hommes. V. **Rachat, salut.** *Le mystère de la Rédemption.* — *Cour.* L'action, le fait de racheter qqn, de se racheter (au sens religieux ou moral). *La rédemption des péchés. Une peine qu'on subit, sans « la prendre comme une rédemption* » (SARTRE). ♦ 2° *Dr.* (1342, *redempcion*). Acte par lequel on rachète un droit, etc. *Rédemption d'un droit, d'une rente.*

RÉDEMPTORISTE [Redɑ̃pɔRist(ə)]. *n. m.* (1829 ; du lat. *redemptor* « rédempteur »). Religieux de l'Ordre du Très-Saint-Rédempteur, fondé en 1732 par Alphonse de Liguori.

REDENT. V. REDAN (2°).

REDENTÉ, ÉE [R(ə)dɑ̃te]. *adj.* (1875 ; de *redent*). *Archit.* Se dit d'un ornement constitué de trois arcs de cercle qui se coupent deux à deux. *Redent redenté* (V. Redan, 2°).

REDESCENDRE [R(ə)desɑ̃dR(ə)]. *v.; conjug. descendre.* V. **Rendre** (XIIᵉ ; de *re-*, et *descendre*).

I. *V. intr.* Descendre de nouveau ; descendre après être monté. « *Il monta dans sa chambre... et redescendit* » (BALZ.). — *Fig.* (Sens social ou moral) « *Je m'étonne, Madame, que de tous ces grands noms..., vous ayez pu redescendre à un Monsieur Tibaudier* » (MOL.). ◇ (Sujet de chose) *Le chemin redescend. La mer redescend.*

II. *V. tr.* ♦ 1° Descendre de nouveau, parcourir de nouveau de haut en bas. *Redescendre un escalier. Redescendre la gamme.* ♦ 2° Descendre de nouveau (ce qu'on a placé à un endroit élevé). *Redescendre un meuble du grenier.* ⊗ ANT. *Remonter.*

REDEVABLE [Rədvabl(ə) ; Rdəvabl(ə)]. *adj.* (v. 1200 ; de *redevoir*). ♦ 1° Qui est ou qui demeure débiteur de qqn. *Être redevable d'une somme à un créancier. Il m'est redevable de cent cinquante francs qu'il m'a empruntés.* — Subst. *Les redevables de l'impôt.* ♦ 2° *Être redevable de qqch. à qqn :* avoir une obligation envers lui, bénéficier d'un avantage grâce à lui. V. **Devoir** (1, I, 2°). *Je vous suis redevable de cette gratification. Je vous ai intercédé en ma faveur.* — Absolt. « *Je ne veux point demeurer redevable à mon ennemi* » (MOL.).

REDEVANCE [Rədvɑ̃s ; Rdəvɑ̃s]. *n. f.* (1239 ; de *redevoir*). ♦ 1° Somme qui doit être payée à échéances déterminées (à titre de rente, de dette). V. **Charge, dette, rente.** *Redevance payable en nature ou en argent. Encaisser, percevoir des redevances d'une métairie.* ♦ 2° Taxe due en contrepartie de l'utilisation d'un service public, d'une concession, etc. V. *aussi* **Contribution, droit, impôt.** « *La redevance que réclame l'État pour la jouissance de l'appareil* (de radio) » (DUHAM.). *Payer une redevance. Redevance téléphonique. Redevances pétrolières.* V. **Royalties.** — Hist. *Redevances féodales :* aide, capitation, corvée, dîme, péage, etc.

REDEVENIR [RədvəniR ; RdəviniR]. *v. intr.; conjug. venir* (XIIᵉ ; de *re-*, et *devenir*). Recommencer à être (ce qu'on était auparavant ou ce qu'on avait cessé d'être). « *Elle était redevenue enfant* » (ZOLA).

REDEVOIR [RədvwɑR ; RdəvwɑR]. *v. tr.; conjug. devoir* (XIIᵉ ; de *re-*, et *devoir*). *Dr., Comm.* Devoir comme reliquat de compte ou de dette. *Il me redoit cinq mille francs.* — Au p. p. *La somme redue.*

RÉDHIBITION [Redibisjɔ̃]. *n. f.* (XIVᵉ ; lat. jur. *redhibitio*). *Dr.* Annulation d'une vente par l'acheteur quand la chose achetée présente certains vices dits rédhibitoires*. V. **Annulation, lésion, résiliation.**

RÉDHIBITOIRE [RedibitwɑR]. *adj.* (XIVᵉ ; lat. jur. *redhibitorius*). ♦ 1° *Dr.* (1765). Vice rédhibitoire : défaut de la chose vendue qui peut motiver l'annulation d'une vente. ♦ 2° *Par ext.* (XXᵉ). Qui constitue un défaut, un empêchement absolu, radical. « *J'ai une infirmité rédhibitoire* (la peur) *pour un homme d'action...* » (ROMAINS). *C'est rédhibitoire!*

RÉDIE [ʀedi]. *n. f.* (fin XIXᵉ; de *Redi,* naturaliste it. du XVIIᵉ s.). *Zool.* Forme larvaire des vers parasites trématodes (douves) qui se développe dans le corps de mollusques et se transforme en cercaire*.

RÉDIGER [ʀediʒe]. *v. tr.;* conjug. *bouger* (1538; « résumer », 1455; lat. *redigere* « ramener »). Écrire (un texte) d'une certaine manière; écrire sous la forme définitive, selon la formule prescrite (V. **Rédacteur, rédaction**). *Rédiger un article de journal.* « *Il ne se sentait pas capable de faire la lettre qu'il fallait et... il avait pensé à moi pour la rédiger* » (CAMUS). *Rédiger un contrat, un procès-verbal.* V. **Dresser, libeller.** — *Absolt. Il rédige bien.* Au passif. *Une revue remarquablement rédigée.*

RÉDIMER [ʀedime]. *v. tr.* (XIVᵉ; lat. *redimere;* refect. de l'a. fr. *raembre*). *Relig.* Racheter. *Rédimer les pécheurs* (V. **Rédempteur**). — *Après avoir été vengé et rédimé par la collectivité des chasseurs, le mort doit être incorporé à la société des âmes* » (Cl. LÉVI-STRAUSS). — *Pronom. Se rédimer par le repentir.*

REDINGOTE [ʀ(ə)dɛ̃gɔt]. *n. f.* (1725; angl. *riding-coat* « vêtement pour aller à cheval »). *Ancienn.* Vêtement d'homme, longue veste croisée, à basques*. *La redingote grise de Napoléon.* ◇ *Mod.* Manteau de femme, ajusté à la taille. — *Par appos. Forme redingote.*

RÉDINTÉGRATION [ʀedɛ̃tegʀasjɔ̃]. *n. f.* (1869, en méd.; mot angl., du lat. *redintegratio;* Cf. a. fr. *Redintegration* [XIVᵉ]. *Psycho.* Phénomène mental par lequel un état de conscience passé se reproduit lorsque son élément central est rappelé. *Loi de rédintégration.*

REDIRE [ʀ(ə)diʀ]. *v.;* conjug. *dire* (XIIᵉ; de *re-,* et *dire*). **I.** *V. tr.* Dire de nouveau. ♦ 1° Dire (qqch.) plusieurs fois. V. **Répéter.** *Il redit toujours la même histoire.* V. **Ressasser.** — *Il ne se le fait pas redire :* il obéit aussitôt. ♦ 2° Dire (ce qu'un autre a déjà dit). V. **Répéter.** *Redites-le après moi. N'allez pas le lui redire!* V. **Rapporter.** « *Je vais essayer de vous le redire* (ce récit), *tel que je l'ai entendu* » (DAUD.). **II.** (XIIIᵉ). *Avoir, trouver,...* À REDIRE À. *V. tr. indir.* (seulement à l'inf.). Dire en blâmant, en critiquant. V. **Censurer, condamner** (4°). *Je ne vois rien à redire à cela. Trouver à redire à tout.* « *Ce n'est pas moi qui y trouverait à redire* » (FRANCE).

REDISCUTER [ʀ(ə)diskyte]. *v. tr.* (1878; de *re-,* et *discuter*). Remettre en discussion. *Rediscuter à la Chambre un projet modifié par le Sénat.*

REDISTRIBUER [ʀ(ə)distʀibɥe]. *v. tr.* (1740; de *re-,* et *distribuer*). Distribuer une seconde fois. *Il y a maldonne, il faut redistribuer les cartes.*

REDISTRIBUTION [ʀ(ə)distʀibysjɔ̃]. *n. f.* (1740; de *redistribuer*). Nouvelle répartition. V. **Transfert.** *La redistribution des revenus après la Révolution.*

REDITE [ʀ(ə)dit]. *n. f.* (*Redicte,* XIVᵉ; de *redire). Vx* ou *littér.* Action de redire, de répéter. V. **Répétition.** « *Les absurdités... accréditées par la redite* » (BEAUMARCH.). ◇ *Cour.* Chose répétée inutilement dans un texte, un discours. *Un livre, un texte plein de redites. Éviter les redites.* « *Énervante de lenteur et de redites, une voix de femme se reprenait, se répétait* » (ARAGON). *Redites et redondances.*

REDONDANCE [ʀ(ə)dɔ̃dɑ̃s]. *n. f.* (1690; « surabondance d'humeur », XVIᵉ; lat. *redundantia*). ♦ 1° Abondance excessive dans le discours (développements, ornements, répétitions). V. **Superfluité, verbiage.** *La redondance du style, des termes.* ◇ *Didact.* Caractère de ce qui apporte une information déjà donnée sous une autre forme. — *Spécialt.* (Inform.). Augmentation du nombre des caractères dans un message sans accroissement corrélatif de la quantité d'informations. ♦ 2° *Par ext.* Ornement ou développement excessif, inutile. « *J'ai coupé quelques redondances, mais le sens est intact* » (ROMAINS). *Redites et redondances.*

REDONDANT, ANTE [ʀ(ə)dɔ̃dɑ̃, ɑ̃t]. *adj.* (1690; h. XIIIᵉ, « surabondant »; lat. *redundans*). ♦ 1° Qui a de la redondance, présente des redondances. *Style redondant.* V. **Enflé, verbeux.** ♦ 2° Qui est de trop (dans l'expression de la pensée). *Épithètes redondantes.* V. **Superflu.** ◇ *Didact.* Qui apporte une information déjà donnée. *Dans* « *les journaux* » *la finale est redondante, le pluriel étant exprimé par les.* ◇ ANT. **Concis.**

REDONNER [ʀ(ə)dɔne]. *v.* (XIIᵉ; de *re-,* et *donner*). **I.** *V. tr.* ♦ 1° Donner de nouveau la même chose ou une chose semblable. *Redonner à qqn ce qu'on lui avait pris.* V. **Restituer.** « *Redonner une structure à notre civilisation, en lui redonnant une morale* » (Br. PARAIN). ♦ 2° Rendre (qqch.) à une personne qui a déjà eu la même chose ou une chose semblable. *Redonner du courage, redonner confiance à qqn.* — (Sujet de chose) *Médicament qui redonne des forces.* **II.** *V. intr.* REDONNER DANS : donner de nouveau, retomber dans. *Il redonne dans ses erreurs passées.* ◇ ANT. **Reprendre.**

REDORER [ʀ(ə)dɔʀe]. *v. tr.* (1322; de *re-,* et *dorer*). Dorer de nouveau, dorer ce qui est dédoré. *Redorer un cadre de tableau.* Fig. *Redorer son blason*.

REDORMIR [ʀ(ə)dɔʀmiʀ]. *v. intr.;* conjug. *dormir.* V. *Partir* (1803; de *re-,* et *dormir*). Dormir de nouveau. ◇ Recommencer à dormir. *Réveillé par le bruit, il n'a pu redormir.* V. **Rendormir (se).**

REDOUBLANT, ANTE [ʀ(ə)dublɑ̃, ɑ̃t]. *n.* (1875; de *redoubler*). Élève qui redouble, double une classe. *Les redoublantes d'une classe terminale.*

REDOUBLÉ, ÉE [ʀ(ə)duble]. *adj.* (XIIᵉ; V. **Redoubler**). ♦ 1° Qui est répété deux fois. *Lettre redoublée. Rimes redoublées.* Mus. *Intervalle redoublé,* intervalle simple augmenté d'une octave. ♦ 2° Répété plusieurs fois. *Frapper à coups redoublés,* violents et précipités. — *Pas redoublé,* deux fois plus rapide que le pas ordinaire.

REDOUBLEMENT [ʀ(ə)dubləmɑ̃]. *n. m.* (1539; h. XIVᵉ; de *redoubler*). Action de redoubler. ♦ 1° Action de rendre double. — *Ling.* Répétition d'un ou plusieurs éléments d'un mot (*ex. :* gnangnan, mimi, fofolle). ♦ 2° Action d'augmenter subitement, de reprendre avec plus de force. V. **Accroissement, augmentation.** *Le redoublement des douleurs, de la fièvre.* V. **Aggravation, recrudescence.** « *Je réclame de votre part un redoublement d'attention* » (COURTELINE). ◇ ANT. **Diminution.**

REDOUBLER [ʀ(ə)duble]. *v.* (déb. XIIIᵉ; de *re-,* et *doubler*). **I.** *V. tr.* ♦ 1° Rendre double. V. **Doubler.** *Redoubler une syllabe, une rime.* ♦ 2° *Par ext.* Recommencer. *Redoubler une classe,* y accomplir une nouvelle année de scolarité. ♦ 3° (« Doubler de nouveau », 1811). Mettre une nouvelle doublure à. *Redoubler un manteau.* — *Mar.* Changer les tôles de doublage (d'un navire). ♦ 4° Renouveler en augmentant considérablement. « *Le vent redouble ses efforts* » (LA FONT.). « *La joie publique redoublait la mélancolie de Mina* » (STENDHAL). **II.** *V. tr. indir.* REDOUBLER DE... (avec un nom exprimant le comportement) : apporter, montrer encore plus de... *Redoubler d'adresse, d'amabilité.* « *Je redoublai d'attention, de sang-froid, de patience* » (BARBEY). **III.** *V. intr.* ♦ 1° Recommencer de plus belle. « *À ces paroles touchantes, mes pleurs redoublèrent* » (LESAGE). ♦ 2° Augmenter de beaucoup à la fois. *La tempête redouble.* « *L'examinateur étant resté impassible tout le temps, son angoisse redoubla* » (FLAUB.). ◇ ANT. **Cesser, diminuer.**

REDOUTABLE [ʀ(ə)dutabl(ə)]. *adj.* (XIIᵉ; de *redouter*). Qui est à redouter, à craindre grandement. V. **Dangereux, puissant.** *Ennemi, adversaire redoutable. Il n'a pas l'air bien redoutable.* V. **Effrayant.** *Une arme redoutable. Concurrence redoutable.* ◇ ANT. **Inoffensif.**

REDOUTE [ʀ(ə)dut]. *n. f.* (1636; altér., d'apr. *redouter,* de *redoute, ridotte* [1606]; it. *ridotto* « lieu où l'on se retire »; lat. *reducere*). ♦ 1° *Ancienn.* (1636). Ouvrage de fortification détaché. *Les blockhaus ont remplacé les redoutes.* « *L'enlèvement de la redoute* », de Mérimée. ♦ 2° (XVIIIᵉ; repris it.). *Vx.* Lieu où l'on donne des fêtes, des bals. — La fête, le bal. *Aller à une redoute. Redoute masquée.*

REDOUTER [ʀ(ə)dute]. *v. tr.* (XIᵉ; de *re-,* et *douter* « craindre »). Craindre grandement. *Redouter qqn.* « *Flatter ses ennemis parce qu'on les redoute* » (PÉGUY). *Redouter le jugement de qqn.* « *Il n'y a que les petits hommes qui redoutent les petits écrits* » (BEAUMARCH.). — Appréhender. *Redouter l'avenir.* — Au p. p. « *Cet âge tant redouté de trente ans* » (GAUTIER). — REDOUTER DE... (et inf.). V. **Appréhender, effrayer** (s'). « *Elle redoutait d'être sans force, s'il la surprenait un soir toute seule* » (ZOLA). — REDOUTER QUE... « *La méfiance du riche... qui redoute qu'on l'exploite* » (MAURIAC). « *Chacun redoutait que l'autre ne lui posât des questions précises* » (HERMANT). ◇ ANT. **Souhaiter.**

REDOUX [ʀ(ə)du]. *n. m.* (mil. XXᵉ; région. [Alpes], de *re-,* et *doux;* Cf. Radoucir). *Didact.* Bref radoucissement de la température au milieu de la saison froide. *Neiges de redoux.* « *Le brusque redoux a perturbé le déroulement des championnats de ski* » (*La Croix,* 7-3-1969).

RÉDOWA [ʀedɔva]. *n. f.* (1846; all. *Redowa,* tchèque *rejdovak,* danse de Bohême). Danse ancienne à trois temps rappelant la mazurka.

REDRESSE [ʀ(ə)dʀɛs]. *n. f.* (1875; de *redresser*). *Mar.* Cordage pour relever un navire abattu en carène.

REDRESSE (À LA) [alaʀdʀɛs]. *loc. adj.* (1920; « dégourdi »), 1857; de *redresser*). *Pop.* Qu'on ne peut duper, qui se fait respecter (par la violence). *Un mec à la redresse.* V. **Dur** (*n. m.*).

REDRESSEMENT [ʀ(ə)dʀɛsmɑ̃]. *n. m.* (XIIᵉ; de *redresser*). **I.** Action de redresser. ♦ 1° Action de remettre droit. *Redressement d'une tige tordue.* ◇ Mouvement par lequel on redresse, on se redresse. *Redressement du buste. Elle « se trouvait, par un redressement subit, droite sur ses pieds* » (GON-

COURT). — Manœuvre du pilote qui redresse un avion. ♦ 2° **Électr.** Transformation d'un courant alternatif en un courant de sens constant. ♦ 3° *Fig.* Action de reprendre son essor, en parlant d'un pays vaincu, appauvri. *Plan de redressement.* V. **Relèvement.** *Le redressement de la France après la guerre.* — Par ext. *Redressement de l'économie, des finances.* **II.** Action de corriger. ♦ 1° **Compt.** Rectification d'un compte erroné. ◇ *Dr. fisc.* Rectification de l'imposition (dans un sens ou dans l'autre). V. **Dégrèvement; majoration, rehaussement.** ♦ 2° **Anciennt.** *Maison de redressement,* où étaient détenus et « corrigés » les enfants délinquants. V. **Correction.** ♦ 3° *Rare.* Réparation (d'un tort).
◇ ANT. *Déformation. Apurement.*

REDRESSER [ʀ(ə)dʀese]. *v. tr. (Redrecier, XIᵉ; de re-, et dresser).*
I. Remettre dans une position droite. ♦ 1° Replacer verticalement. V. **Lever, relever.** *Redresser un tuteur, un mât.* — *Redresser la tête; au fig.* Ne plus se soumettre. ♦ 2° Hausser le nez (d'un avion) soit pour lui faire prendre de la hauteur, soit pour le ramener à l'horizontale lorsqu'il descend. *Il « sort son avion... d'une flaque d'eau, le redresse... l'arrache, l'enlève »* (E. PEISSON). ♦ 3° Remettre les roues d'une voiture en ligne droite après un virage. *Braquer et redresser.*
II. Redonner une forme droite à. ♦ 1° (Au propre). *Redresser une tôle cabossée, tordue, déformée.* « *Quand l'eau courbe un bâton, ma raison le redresse* » (LA FONT.). ◇ *Redresser un courant,* lui donner un sens constant. ♦ 2° *Fig. et vieilli.* Remettre droit ou corriger (qqch.). « *Redresser les opinions des hommes* » (ROUSS.). *Redresser les abus.* Mod. *Redresser la situation,* rattraper une situation compromise. ♦ *Littér.* Corriger (qqn). « *Comme bien des femmes, elle ne supporte pas d'être redressée* » (GIDE). ♦ 3° *Redresser les torts,* rétablir les droits de ceux qui sont injustement lésés, opprimés. V. **Réparer.** *Les chevaliers errants « ne redressent plus les torts avec la lance, mais les ridicules avec la raillerie »* (BARBEY).
III. SE REDRESSER. *v. pron.* ♦ 1° Se remettre droit, vertical, debout; revenir en haut. V. **Relever (se).** « *Il se couchait puis se redressait »* (HUGO). ◇ *Fig. Pays qui se redresse après une guerre. L'économie s'est redressée.* ♦ 2° Se tenir très droit. *Tiens-toi droit, redresse-toi, efface les épaules!* ◇ Se tenir droit dans une attitude fière. « *L'on se campe, l'on se redresse* » (GIDE).
◇ ANT. *Abattre, incliner, renverser. Courber, gauchir. Dévier. Affaisser (s'). Écrouler (s').*

REDRESSEUR [ʀ(ə)dʀesœʀ]. *n. m. et adj.* (1556; de *redresser*). ♦ 1° *REDRESSEUR DE TORTS. Féod.* Chevalier qui rétablissait les droits des opprimés. — Mod. (souvent *iron.*) Celui qui s'érige en justicier pour défendre les faibles et les opprimés. « *Il était de tempérament extraordinairement combatif; par générosité, grand redresseur de torts; au fond quelque peu puritain* » (GIDE). ♦ 2° **Techn.** Ouvrier qui redresse (II, 1°). *Redresseur de corne* (en coutellerie). ♦ 3° *Adj.* - Anat. *Muscles redresseurs des poils,* qui provoquent l'horripilation. — Opt. *Prisme redresseur,* utilisé dans les instruments d'optique pour redresser les images. ♦ 4° **Phys.** (1875). *Redresseur de courant électrique,* appareil permettant de transformer un courant alternatif en un courant de sens constant. V. **Diode.**

RÉDUCTASE [ʀedyktaz]. *n. f.* (XXᵉ; de *réduct*[ion], et suff. *-ase*). *Biochim.* Enzyme qui active un processus organique d'oxydo-réduction.

RÉDUCTEUR, TRICE [ʀedyktœʀ, tʀis]. *adj. et n. m.* (XVIᵉ, « celui qui réduit une fracture »; lat. *reductor,* de *reducere*). ♦ 1° **Chim.** (1835). Qui est susceptible d'enlever l'oxygène. — N. m. Substance capable de diminuer au moins de moitié le degré d'oxydation. — Substance employée pour le développement photographique. ♦ 2° **Techn.** Qui réduit. *Engrenages réducteurs :* qui démultiplient. — N. m. (1898). Mécanisme qui réduit la vitesse de rotation d'un arbre.
◇ ANT. *Oxydant. Amplificateur.*

RÉDUCTIBILITÉ [ʀedyktibilite]. *n. f.* (1757; de *réductible*). *Didact.* Caractère de ce qui est réductible.

RÉDUCTIBLE [ʀedyktibl(ə)]. *adj.* (XVIᵉ, dr.; du lat. *reductum,* de *reducere.* V. **Réduire**). Qui peut être réduit. ♦ 1° Transformable en chose plus simple (V. **Simplifiable**), limitable à. « *Le peuple arabe a gardé sa personnalité qui n'est pas réductible à la nôtre »* (CAMUS). — Sc. (1717) *Polygone réductible en triangles. Fraction réductible.* « *Forces... réductibles à une résultante égale à leur somme* » (LAPLACE). ♦ 2° **Chim.** (1812; « susceptible d'être réduit en chaux », 1690). Qui peut subir une réduction, perdre son oxygène. ♦ 3° Qui peut être diminué. *Quantité réductible. Rente réductible.* ♦ 4° **Chir.** Qui est susceptible de réduction (I). *Hernie réductible.* ◇ ANT. *Irréductible.*

RÉDUCTION [ʀedyksjɔ̃]. *n. f.* (fin XIIIᵉ, « rapprochement »; lat. *reductio,* de *reducere.* V. **Réduire**).
I. (XIVᵉ). Opération qui consiste à remettre en place (un os luxé, fracturé; un organe déplacé). *Réduction d'une articulation luxée.* — Par ext. *Réduction d'une fracture.*

II. ♦ 1° (1450). *Vx.* Action de soumettre. V. **Soumission.** « *La réduction de l'Irlande* » (RAC.). ♦ 2° **Mod.** Le fait de résoudre, de réduire (une chose en une autre plus simple). *Réduction à des éléments simples.* V. **Analyse.** *Réduction à la plus simple expression*. Réduction de fractions au même dénominateur,* recherche du dénominateur commun le plus faible. ◇ Correction d'une observation (par élimination d'éléments superflus). ♦ 3° **Chim.** (1680). Élimination, dans un composé, de l'oxygène, ou Phénomène dans lequel un atome ou un ion gagne des électrons périphériques ou devient moins électropositif. *La réduction est liée à l'oxydation.* V. **Désoxydation, désoxygénation, oxydo-réduction.** *Réduction des oxydes métalliques pour obtenir le métal pur,* en métallurgie.
III. (v. 1350, répandu XVIIᵉ). Action de diminuer, de réduire (III). ♦ 1° (1762). Reproduction à petite échelle. *Réduction d'une carte, d'une gravure.* V. **Maquette, miniature.** *Loc. adv.* EN RÉDUCTION : en plus petit, en miniature. V. **Miniature.** *L'enfant n'est pas un adulte en réduction.* ♦ 2° Action de rendre plus petit, plus faible, moins nombreux; son résultat. V. **Diminution.** *La réduction des dépenses, de la production, du personnel.* Obtenir « *des réductions d'heures de travail* » (ROMAINS). ◇ *Absolt.* (XXᵉ) Diminution accordée sur un prix. V. **Dégrèvement, rabais, remise, ristourne.** *Faire une réduction. Billet, carte de réduction.* ◇ Biol. (1897). *Réduction chromatique :* processus par lequel les gamètes perdent la moitié de leurs chromosomes pendant une de leurs divisions (passage de l'état diploïde à l'état haploïde). V. **Méiose.** ♦ 3° Action d'abréger, de raccourcir; son résultat. *La réduction d'un chapitre.*
◇ ANT. *Accroissement, agrandissement, augmentation, hausse, relèvement.*

RÉDUCTIONNISME [ʀedyksjɔnism(ə)]. *n. m.* (mil. XXᵉ; de *réduction;* Cf. angl. *Reductionnism*). *Didact.* Réduction systématique d'un domaine de connaissance à un autre plus formalisé (*spécial.* des mathématiques à la logique formelle. V. **Logicisme**).

RÉDUIRE [ʀeduiʀ]. *v. tr.; conjug. conduire* (fin XIIᵉ; lat. *reducere « ramener »,* de *ducere « conduire »*).
I. *Vx.* Rétablir dans un lieu, dans un état, rapprocher. — Mod. (XVIᵉ) Remettre en place (un os, un organe déplacé). — Par ext. *Réduire une fracture.*
II. **Mod.** Ramener à un état inférieur, plus simple. ♦ 1° RÉDUIRE À, EN (XIVᵉ) : amener à, dans (un état d'infériorité, de soumission) contre le gré des intéressés. *Réduire en esclavage, en servitude. Réduire à l'obéissance, à un rôle subalterne. Réduire à quia*. « *Vous seriez réduits, dès demain, à la mendicité »* (GAUTIER). *Je n'en suis pas encore réduit à cette extrémité.* ◇ (XVIIᵉ) *Réduire qqn au désespoir. Sa maladie le réduit à l'inaction.* V. **Astreindre, contraindre, forcer, obliger.** *Réduire au silence.* « *Je serai réduit à boire l'eau de cette mare »* (SAND). *J'en suis réduit à économiser sur la nourriture.* ◇ *(Sans compl. indir.)* Vieilli. *Réduire qqn, un ennemi, un pays.* V. **Soumettre.** Mod. *Réduire l'opposition.* ♦ 2° (XVIᵉ). RÉDUIRE À : résoudre (une chose) en une autre plus simple, ramener à ses éléments, à un état plus simple. V. **Simplifier.** « *Son but (au savant) est de réduire partout le complexe au simple... »* (SARTRE). *Réduire à un type commun; à sa plus simple expression*. Réduire des kilomètres en mètres.* V. **Convertir.** — Par ext. *Réduire à néant*, à rien*.* V. **Anéantir, annihiler, détruire** (2°). *Cet échec se réduit à ses ambitions à rien.* ♦ 3° Borner (à), limiter (à). « *Comprendre le monde, c'est le réduire à l'humain »* (CAMUS). ♦ 4° (1670). RÉDUIRE EN... : *réduire en miettes, en morceaux, en pièces; en bouillie, en poudre :* briser, broyer, pulvériser. *Réduire en cendres*.* « *Maintenant que vos corps sont réduits en poussière »* (MUSS.). ♦ 5° **Chim.** (1680). Enlever de l'oxygène à (un corps). *Réduire un minerai pour en tirer le métal.* — Diminuer (d'au moins une fois) le degré d'oxydation. ◇ (En cuisine) Faire épaissir par évaporation. V. **Concentrer.** *Réduire un jus, une sauce.* — Pronom. *Se réduire* (avec ellipse de *se*) *Faire réduire une sauce.*
III. (1538; *redurre,* XVᵉ). *Plus cour.* Ramener à une quantité plus faible, à un nombre plus petit. ♦ 1° Changer en diminuant la dimension. *Réduire un plan en augmentant l'échelle.* — *Réduire un dessin, une photographie :* les reproduire en un format inférieur. ♦ 2° Rendre plus petit, plus faible, moins nombreux. V. **Abaisser, diminuer, restreindre.** *Réduire le nombre de trains.* « *Le négociant réduit ses frais, tandis que le stock... augmente de valeur »* (CHARDONNE). *Réduire la vitesse d'une machine.* — *Réduire la tâche de qqn.* V. **Limiter, borner.** ◇ Écourter, abréger. *Réduire un texte.* « *Ce volume est trop réduit pour nous conseillons à l'auteur de le réduire encore »* (BALZ.). — (ANT. *Agrandir, augmenter, développer*).
IV. SE RÉDUIRE. *v. pron.* ♦ 1° SE RÉDUIRE À : consister seulement en..., se limiter ou se simplifier en... *Ces économies se réduisent à peu de chose.* « *Le marxisme ne se réduit pas à l'œuvre de Marx* » (G. LEFEBVRE). ♦ 2° SE RÉDUIRE EN : se transformer en (éléments très petits). *Matière qui brûle*

et se réduit en cendre. ♦ 3° Absolt. *Se réduire,* restreindre son importance, ses dépenses. V. **Restreindre.**

1. RÉDUIT, ITE [ʀedɥi, it]. *adj.* (1631; V. **Réduire**). ♦ 1° Rendu de taille plus petite. *Les têtes réduites des Indiens d'Amazonie.* ◇ Fait avec des dimensions plus petites. *Modèle réduit d'une voiture servant de jouet. Mécanisme très réduit :* miniaturisé. ♦ 2° Pour lequel on a consenti une diminution (V. **Réduction**). *Prix, tarif réduit. « Les champs de bataille napoléoniens en Allemagne à prix réduits en cars somptueux »* (QUENEAU). ♦ 3° Diminué, restreint (en nombre, en importance); *par ext. Petit. Aller à vitesse réduite. Des débouchés réduits.* V. **Restreint.** ◈ ANT. *Grand, important, plein.*

2. RÉDUIT [ʀedɥi]. *n. m. (Reduiz,* v. 1180; lat. pop. *reductum,* p. p. de *reducere* « qui est à l'écart »; d'apr. *réduire).* ♦ 1° Vx. Petit logement retiré; retraite. ♦ 2° Mod. (d'apr. *réduit* 1). Local exigu, généralement sombre et pauvre. V. **Cagibi, galetas, soupente.** *« Ce réduit qualifié laboratoire »* (DUHAM.). *« La chambre où il dormait était un réduit sans fenêtres et sans porte »* (R. ROLLAND). ♦ 3° (1680). Recoin, enfoncement dans une pièce. *« Dans le réduit obscur d'une alcôve enfoncée »* (BOIL.). V. **Niche.** *Réduit servant de placard.* ♦ 4° Fortif. *(Vx).* Petit ouvrage construit à l'intérieur d'un plus grand ou en arrière, pour assurer une retraite. *Réduit d'un château fort* (donjon). Mar. *Réduits blindés, réduit central des anciens cuirassés.*

RÉDUPLICATIF, IVE [ʀedyplikatif, iv]. *adj.* (1679; du lat. *reduplicatum,* de *reduplicare*). Didact. Propre à redoubler. Qui exprime la répétition. *Particule réduplicative.* V. **Itératif.** — Subst. *Recharger est le réduplicatif de Charger.*

RÉDUPLICATION [ʀedyplikasjɔ̃]. *n. f.* (v. 1370; bas lat. *reduplicatio,* de *reduplicare* « redoubler », de *duplus* « double »). Didact. Redoublement, répétition. ◇ (1718) Répétition volontaire d'une syllabe, d'un mot *(ex. :* faire ami, ami, guili-guili).

RÉDUVE [ʀedyv]. *n. m. (Réduves,* 1808; lat. zool. *reduvius,* de *reduviæ* « dépouilles »). Zool. Insecte hémiptère carnassier, dont la larve se cache dans la poussière.

RÉÉCRIRE. V. **Récrire.**

RÉÉCRITURE. [ʀeekʀityʀ]. *n. f.* (1964, *récriture;* de *réécrire,* d'après *écriture).* ♦ 1° Action de réécrire un texte pour en améliorer la forme ou pour l'adapter à d'autres textes, à certains lecteurs, etc. V. **Rewriting; rewriter.** *La réécriture est un des métiers de l'édition.* ♦ 2° Ling. *Règles de réécriture,* règles de la théorie permettant de substituer une suite de signes à une autre suite, ou à un signe.

RÉÉDIFICATION [ʀeedifikasjɔ̃]. *n. f.* (1296; de *réédifier).* Littér. Action de réédifier. V. **Reconstruction.**

RÉÉDIFIER [ʀeedifje]. *v. tr.* (XIIIᵉ; de *re-,* et *édifier).* Littér. Édifier de nouveau (ce qui a été détruit, renversé). V. **Rebâtir, reconstruire** *(cour.). La nouvelle église a été réédifiée sur l'emplacement de l'ancienne.*

RÉÉDITER [ʀeedite]. *v. tr.* (1845; de *re-,* et *éditer).* ♦ 1° Éditer de nouveau, donner une nouvelle édition de. *Rééditer un ouvrage ancien, épuisé.* ♦ 2° Fig. et fam. Refaire. *Il a réédité la scène qu'il nous avait faite l'an dernier.*

RÉÉDITION [ʀeedisjɔ̃]. *n. f.* (1725; de *re-,* et *édition).* ♦ 1° Action de rééditer. Édition nouvelle. ♦ 2° Le livre réédité. *Une réédition fautive.* ♦ 3° Fig. et fam. Répétition, réplique. *La situation actuelle est une réédition de celle de l'année dernière.*

RÉÉDUCATION [ʀeedykasjɔ̃]. *n. f.* (1899; de *re-,* et *éducation).* ♦ 1° Action de refaire l'éducation d'une fonction lésée par accident. *Rééducation de la parole.* Par ext. *Rééducation de la main. Rééducation d'un blessé dans un centre de rééducation.* ♦ 2° Éducation (morale) nouvelle.

RÉÉDUQUER [ʀeedyke]. *v. tr.* (1907; d'apr. *éduquer).* ♦ 1° Procéder à la rééducation de... *Rééduquer un mutilé, un paralysé* (en l'entraînant à certains mouvements). *« Ici, on rééduque les mutilés, les blessés, les désadaptés »* (BEAUVOIR). ♦ 2° Éduquer (moralement) une seconde fois et différemment.

RÉEL, ELLE, ELS [ʀeɛl]. *adj.* et *n. m.* (1283, dr.; *real* « qui existe effectivement », 1380; lat. médiév. *realis,* de *res* « chose »).

I. Adj. Qui consiste en une chose ou concerne une chose, les choses. ♦ 1° Dr. (1283). Qui concerne les choses *(opposé à personnel). Le droit de propriété est un droit réel. Impôt réel et impôt personnel.* ♦ 2° Philo. Qui ne constitue ou ne concerne pas seulement une idée, un mot; qui est présent ou présenté à l'esprit et constitue la matière de la connaissance. *Les noms, opposés aux choses réelles. « Les faits seuls sont réels »* (Cl. BERNARD). *Définition réelle* (ou *« de chose »).* ◇ Théol. *Présence réelle,* effective (du Christ dans l'Eucharistie). ◇ Sc. *Gaz réels (opposé à parfaits).* — Opt. *Image* réelle (opposé à image virtuelle).* — Math. *Nombres réels (opposé à imaginaire*). Les nombres réels comprennent les nombres algébriques* (rationnels, irrationnels...) *et les nombres*

transcendants*. — Géom. Dont les coordonnées sont des nombres réels. *Point réel. Courbe réelle.* ♦ 3° Philo. Qui produit des effets, qui agit *(opposé à* apparent, fictif); qui existe actuellement *(opposé à possible),* concrètement *(opposé à* abstrait; intelligible). V. **Concret, effectif.** *« Le mode réel ou pratique de l'existence »* (BENDA). ◇ Cour. Qui existe en fait. V. **Existant.** *Personnage imaginaire et personnage réel. « C'était un homme tout entier aux faits réels, et pour qui les choses seulement imaginées ou possibles n'existaient pas »* (STENDHAL). *Un fait réel et incontestable.* V. **Authentique, certain, indubitable.** *Des avantages réels, bien réels.* V. **Palpable, positif, tangible, visible.** *Rendre réel.* V. **Réaliser.** ♦ 4° Qui est bien conforme à sa définition. V. **Véritable, vrai.** *« Il était... le chef réel de la maison, sous le titre de secrétaire général »* (ROMAINS). *Valeur réelle.* V. **Juste.** *Salaire réel* (comprenant les primes, suppléments, etc., et compte tenu des sommes retenues) *et salaire nominal.* ◇ *(Avant le nom)* Sensible, notable. *Éprouver un réel bien-être. « J'ai toujours vu mon père prendre un réel plaisir à essayer... des préparations compliquées »* (DUHAM.).

II. *N. m.* (1788). Les choses elles-mêmes; les faits réels, la vie réelle, ce qui est. V. **Réalité.** *« Le drame (vit) du réel »* (HUGO). *« L'observation scientifique... reconstruit le réel »* (BACHELARD). *Le vrai n'est pas plus dans le réel enlaidi que dans l'idéal pomponné »* (SAND).

◈ ANT. *Apparent, chimérique, fabuleux, fictif, idéal, illusoire, imaginaire, inexistant, irréel, virtuel.* — Abstraction, *idéal* (n.), *rêve.*

RÉÉLECTION [ʀeelɛksjɔ̃]. *n. f.* (1790; de *re-,* et *élection).* Action de réélire; fait d'être réélu. *Il a fêté avec ses amis sa réélection.*

RÉÉLIGIBLE [ʀeeliʒibl(ə)]. *adj.* (1791; de *re-,* et *éligible).* Légalement apte à être réélu *(dér.* RÉÉLIGIBILITÉ [ʀeeliʒibi lite], *n. f.,* 1791).

RÉÉLIRE [ʀeeliʀ]. *v. tr.;* conjug. *élire.* V. **Lire** (1570; *reslire* « choisir », XIIᵉ; de *re-,* et *élire).* Élire de nouveau, réélire (qqn) à une fonction à laquelle il avait déjà été élu. *Réélire un député. Le président sortant a été réélu. « Une prieure ne peut être réélue que deux fois »* (HUGO).

RÉELLEMENT [ʀeɛlmã]. *adv.* (1170; de *réel).* En fait, en réalité. V. **Effectivement, véritablement, vraiment.** *« On ne possède réellement que ce qu'on désire »* (BERNANOS). *« Une seule action réellement bonne »* (ROUSS.). ◈ ANT. *Apparemment, faussement, fictivement.*

RÉEMBAUCHER [ʀeãboʃe] ou **REMBAUCHER** [ʀãboʃe]. *v. tr.* (1906; de *re-,* et *embaucher).* Embaucher à nouveau (qqn). V. **Employer, rengager, reprendre.** *« Tortose, redoutant Pradonet, refusait de rembaucher Pierrot »* (QUENEAU).

RÉEMPLOI, RÉEMPLOYER. V. **Remploi, Remployer.** — Rem. Les formes en *ré-* tendent à devenir plus courantes.

RÉENGAGEMENT, RÉENGAGER. V. **Rengagement, Rengager.**

RÉENSEMENCEMENT [ʀeãsmãsmã]. *n. m.* (1845; de *réensemencer).* Action de réensemencer.

RÉENSEMENCER [ʀeãsmãse]. *v. tr.;* conjug. *ensemencer.* V. **Placer** (1845; de *ré-,* et *ensemencer).* Ensemencer de nouveau (lorsque les semences ne lèvent pas ou sont détruites).

RÉENTENDRE [ʀeãtãdʀ(ə)]. *v. tr.;* conjug. *entendre.* V. **Rendre** (1869; de *ré-,* et *entendre).* Entendre de nouveau. *Réentendre un disque* (Cf. **Réécouter**).

RÉÉQUILIBRAGE [ʀeekilibʀaʒ]. *n. m.* (1965; de *rééquilibrer).* Fait de retrouver un équilibre ou de redonner un équilibre. *« Le rééquilibrage de la gauche »* (L'Express, 29-1-1973).

RÉÉQUILIBRER [ʀeekilibʀe]. *v. tr.* (1961; de *ré-,* et *équilibrer).* Redonner un équilibre à (ce qui l'avait perdu). *« Je mis longtemps à ré-équilibrer* [sic] *mon érotisme follement ébranlé »* (J. CAU).

RÉER. V. **Raire.**

RÉESCOMPTE [ʀeɛskɔ̃t]. *n. m.* (1863; de *ré-,* et *escompte).* Fin. Achat ou vente d'effets de commerce ou de valeurs du Trésor précédemment escomptés à la clientèle ou souscrits au ministère des Finances.

RÉESCOMPTER [ʀeɛskɔ̃te]. *v. tr.* (1867; de *réescompte).* Opérer le réescompte. *Effet réescompté par la Banque de France.*

RÉESSAYAGE, RÉESSAYER. V. **Ressayage, Ressayer.**

RÉÉVALUATION [ʀeevalɥasjɔ̃]. *n. f.* (1935; de *re-,* et *évaluation).* Fin. Évaluation sur de nouvelles bases. *Réévaluation de l'encaisse de la Banque de France en cas de dévaluation du franc.* — *Réévaluation des bilans,* en vue de les rendre plus conformes à la réalité économique. ◇ Revalorisation. *Réévaluation du franc suisse.* ◈ ANT. *Dévaluation.*

RÉÉVALUER [ʀeevalɥe]. *v. tr.* (mil. XXᵉ; de *réévaluation*). Procéder à la réévaluation de.

RÉEXAMEN [ʀeegzamɛ̃]. *n. m.* (1963; de *réexaminer*). Fait de réexaminer. *Le réexamen d'un problème.*

RÉEXAMINER [ʀeegzamine]. *v. tr.* (1752; de *re-*, et *examiner*). Procéder à un nouvel examen de... *Nous allons réexaminer votre candidature.* V. **Reconsidérer.**

RÉEXPÉDIER [ʀeekspedje]. *v. tr.* (fin XVIIIᵉ; de *re-*, et *expédier*). Expédier à une nouvelle destination; *spécialt.* Renvoyer (une chose) d'où elle vient. *Réexpédier une lettre.*

RÉEXPÉDITION [ʀeekspedisjɔ̃]. *n. f.* (XVIIIᵉ; de *réexpédier*). Action de réexpédier. *Ordre de réexpédition du courrier.*

RÉEXPORTATION [ʀeekspɔʀtɑsjɔ̃]. *n. f.* (1755; de *réexporter*). Action de réexporter.

RÉEXPORTER [ʀeekspɔʀte]. *v. tr.* (1734; de *re-*, et *exporter*). Exporter à destination d'un autre pays (des marchandises qu'on avait précédemment importées).

REFAÇONNER [ʀ(ə)fasɔne]. *v. tr.* (1752; « refaire, tailler à nouveau », XVIᵉ; de *re-*, et *façonner*). Donner une nouvelle façon à (qqch.).

RÉFACTION [ʀefaksjɔ̃]. *n. f.* (1723; « réfection », XVIIᵉ; var. de *réfection*). *Comm.* Réduction, sur le prix des marchandises, au moment de la livraison, lorsqu'elles ne présentent pas la qualité ou les conditions convenues.

REFAIRE [ʀ(ə)fɛʀ]. *v. tr.;* conjug. *faire* (XIIᵉ; de *re-*, et *faire*).
I. ♦ 1° Faire de nouveau (ce qu'on a déjà fait, ou ce qui a déjà été fait). V. **Recommencer.** « *Cent fois j'avais fait, défait et refait la même page* » (CHATEAUB.). *Refaire entièrement un ouvrage.* V. **Refondre.** *Refaire un pansement.* « *Des choses admirables qu'on ne refera plus* » (BALZ.). — (Action) *Refaire un voyage, refaire les mêmes erreurs.* — Absolt. *À refaire,* se dit aux cartes quand il y a eu une erreur. ♦ 2° Faire tout autrement, en apportant de profondes transformations. « *Des programmes où il n'est jamais question que de refaire le pays* » (BOURGET). *Ton éducation est à refaire.* « *On peut former son caractère, on peut le refaire* » (MAUROIS). *Il pense à refaire sa vie avec une autre femme.* ♦ 3° Remettre en état. V. **Réparer, restaurer.** *Donner des fauteuils à refaire. Refaire à neuf.* (Pronom. *Refaire son maquillage.* Pronom. *Refaire un beauté*.* — Par ext. *Refaire ses forces, sa santé.* V. **Rétablir.** ♦ 4° (1846; « duper », 1700). Fam. Attraper. V. **Duper, rouler.** « *Vous tentez de nous refaire sur la commission* » (MALRAUX). *Je suis refait!* (Cf. On m'a eue).
II. Se **REFAIRE.** *v. pron.* ♦ 1° Récupérer. ◇ (1847) Réparer sa fortune après des pertes au jeu. ♦ 2° (*Au négatif*). Se faire autre qu'on est, changer complètement. *Je suis comme ça, je ne peux pas me refaire. On ne se refait pas!*
◇ ANT. **Défaire.**

RÉFECTION [ʀefɛksjɔ̃]. *n. f.* (v. 1200; *eau de réfection* « eau régénérante », 1120; lat. *refectio,* de *reficere,* de *facere.* V. **Faire**). ♦ 1° Collation, repas dans les communautés religieuses (V. **Réfectoire**). ♦ 2° (1332). *Cour.* Action de refaire, de réparer, de remettre à neuf. *Réfection d'un mur, d'une route. Travaux de réfection.* ◇ Chir. *Réfection d'un organe.* V. **Plastie.**

RÉFECTOIRE [ʀefɛktwaʀ]. *n. m.* (1180; *refreitor,* 1120; lat. ecclés. *refectorium,* bas lat. *refectorius* « qui refait, restaure »). Salle à manger réservée aux membres d'une communauté. *Réfectoire d'un couvent, d'un hôpital, d'une école.* V. **Cantine.** « *Il y a une odeur de réfectoire, que l'on retrouve la même dans tous les réfectoires* » (ALAIN).

REFEND (DE) [dəʀ(ə)fɑ̃]. *loc. adj.* (1610; de *refens* « cloison » [1423]; de *refendre*). *Mur de refend :* mur de séparation dans l'intérieur d'un bâtiment. « *L'étage inférieur... était divisé par deux murs de refend* » (ROMAINS). *Ligne de refend,* ligne creusée sur le parement d'un mur pour marquer ou simuler les joints des assises de pierre. — Techn. *Bois de refend :* bois de fente*, scié en long.

REFENDRE [ʀ(ə)fɑ̃dʀ(ə)]. *v. tr.;* conjug. *fendre.* V. **Rendre** (1488; « repartager », 1320; de *re-*, et *fendre*). Techn. Fendre ou scier dans le sens de la longueur. *Refendre du bois.* V. **Fendre l'ardoise.**

RÉFÉRÉ [ʀefeʀe]. *n. m.* (1690; de *référer*). *Dr.* Procédure rapide et simplifiée pour régler provisoirement une contestation, en cas d'urgence. *Plaider en référé, un référé. Assigner en référé. Chambre, juge des référés.* ◇ Arrêt rendu selon cette procédure. *Référé de la Cour des comptes :* observations qu'elle adresse aux ministres sur les irrégularités constatées.

RÉFÉRENCE [ʀefeʀɑ̃s]. *n. f.* (v. 1820; angl. *reference,* même o. que *référer*).
I. ♦ 1° Action ou moyen de se référer, de situer par rapport à. *Indemnité fixée par référence au traitement.* — Géom. *Système de référence,* système d'axes et de points par rapport auquel on définit la position d'un point (grâce à ses coordonnées). V. **Repère** (3°). ♦ 2° Action de se référer ou de renvoyer le lecteur à un texte, une autorité. *Faire référence à un ouvrage. Ouvrages de référence, faits pour être consultés*

(dictionnaire, bibliographie, etc.). ◇ (1845) La note, l'indication précise qui en résulte. V. **Renvoi.** *Références au bas des pages.* « *Retranché derrière des parapets de notes et de références* » (MAUROIS). *La référence exacte d'une citation. Comm.* et *Admin.* Indication en tête et à gauche d'une lettre (initiales, numéro) que le correspondant est prié de rappeler dans sa réponse. ♦ 3° *Au plur.* (1870). Attestation de personnes auxquelles on peut s'en rapporter pour avoir des renseignements sur qqn (qui cherche un emploi, propose une affaire, etc.). *Fournir de sérieuses références.* V. **Certificat.** *Il « me demandait des références fournies par mes derniers patrons »* (DUHAM.). ◇ *Fig.* Fait permettant de reconnaître la valeur de qqn. *Être loué par un tel critique, ce n'est pas une référence !*
II. (apr. 1960, repris à l'angl.). *Philo., ling.* Fonction par laquelle un signe renvoie à ce dont il parle, à ce qu'il désigne (référent). V. **Dénotation.** « *Alors que les signes n'ont de rapport qu'entre eux* [...], *le discours se rapporte aux choses d'une manière spécifique, qu'on peut appeler dénotation ou référence* » (RICŒUR). *Théorie de la référence.* V. **Désignation.** *Référence et signification*.* ◇ *Par ext.* **Référent.**

RÉFÉRENCER [ʀefeʀɑ̃se]. *v. tr.* (fin XIXᵉ; de *référence*). *Comm.* Joindre un échantillon à une référence. — Au p. p. *Marque référencée. Citation référencée,* dont on indique la source.

RÉFÉRENDAIRE [ʀefeʀɑ̃dɛʀ]. *n. m.* (1310; bas lat. *referendarius,* de *referre* « faire un rapport »). ♦ 1° *Hist.* Nom de divers officiers de chancellerie. *Grand référendaire* (du Sénat impérial, de la Chambre des pairs), ayant la garde du sceau et des archives. ◇ *Mod.* (1835) Adj. *Conseiller référendaire,* ou absolt. *Référendaire,* magistrat de la Cour des comptes, chargé de vérifier les comptes des justiciables. ♦ 2° (1969). Relatif à un référendum. *Campagne, loi référendaire.*

REFERENDUM ou **RÉFÉRENDUM** [ʀefeʀɛdɔm]. *n. m.* (1781, « demande de consultation »; repris 1874; de l'express. lat. *ad referendum,* 1750, de *referre* « faire un rapport, soumettre à une assemblée »). ♦ 1° Vote de l'ensemble des citoyens pour approuver ou rejeter une mesure proposée par le pouvoir exécutif. — N. B. Le mot, désignant une pratique courante en Suisse, n'apparaît dans aucune des constitutions de la France avant celle de 1946. *Référendum et plébiscite*. Des référendums.* ◇ *Par ext.* Consultation de tous les membres d'un groupe. *Organiser un referendum auprès des lecteurs d'un journal.* ♦ 2° *Diplom.* (1877). Demande d'un agent diplomatique à son gouvernement en vue de recevoir de nouvelles instructions.

RÉFÉRENT [ʀefeʀɑ̃]. *n. m.* (mil. XXᵉ; de l'angl. *referent*). *Ling.* Ce à quoi renvoie un signe linguistique. V. **Référence II.** *Mots dont les référents sont extérieurs au langage; intérieurs au langage* (V. **Autonyme, métalinguistique**). *Référent imaginaire* (ex. : celui du mot *licorne*).

1. RÉFÉRENTIEL [ʀefeʀɑ̃sjɛl]. *n. m.* (XXᵉ; de *référence*). *Math.* Système d'axes; ensemble d'éléments jouant un tel rôle. « *Ici, le choix du référentiel comporte, en plus du choix de l'origine, celui de l'orientation des axes* » (DE BROGLIE).

2. RÉFÉRENTIEL, ELLE [ʀefeʀɑ̃sjɛl]. *adj.* (v. 1960; de *référence*). *Ling.* De la référence. *Fonction référentielle du signe. Sens référentiel* (V. **Dénotatif**) *et sens connotatif.*

RÉFÉRER [ʀefeʀe]. *v.;* conjug. *céder* (1559; « rapporter », 1370; lat. *referre* « rapporter »). ♦ 1° SE RÉFÉRER À. *v. pron.* S'en rapporter, recourir à, comme à une autorité. V. **Attester, consulter.** *Se référer à qqn, à son avis. Se référer à une définition, à un texte,* les prendre comme référence. — (Sujet de chose) *Notes qui se réfèrent au passé.* V. **Rapporter** (se). ◇ *Ling.* Avoir pour référent. ♦ 2° *V. tr. indir.* (1636). *Dr.* EN RÉFÉRER À : faire rapport, en appeler. *En référer au juge.* — *En référer à son chef, un supérieur :* lui rapporter et soumettre le cas, en lui laissant le soin de décider. « *J'ai longuement hésité si je n'en référerais pas à l'Autorité Directoriale* » (COURTELINE). ◇ *Ling. Référer à,* avoir pour référent.

REFERMER [ʀ(ə)fɛʀme]. *v. tr.* (XIIᵉ; de *re-*, et *fermer*). Fermer (ce qu'on avait ouvert, ou ce qui s'était ouvert). *Refermer la porte. Refermer sa valise. Refermer un livre.* « *Le piège... refermant ses mâchoires* » (GENEVOIX). ◇ SE REFERMER. *v. pron.* Se fermer après s'être ouvert. *Sa plaie se referme. Fleur qui se referme.* « *Ces gouffres d'eau, qui s'ouvrent et se referment* » (LOTI). ◇ ANT. **Rouvrir.**

REFILER [ʀ(ə)file]. *v. tr.* (*Rafiler,* 1740; de *re-*, et *filer*). *Pop.* Donner, remettre à qqn, en le trompant, en profitant de son inattention. « *Une pièce que l'on lui avait refilée* » (CÉLINE). *On va lui refiler les rossignols.* V. **Fourguer.** ◇ *Fig. Il m'a refilé sa grippe.* V. **Passer.**

RÉFLÉCHI, IE [ʀefleʃi]. *adj.* (*Reflexi,* 1280; V. **Réfléchir**).
I. Renvoyé. *Lumière, image réfléchie. Radiations réfléchies.*
II. ♦ 1° (1701). *Gram. Verbe pronominal réfléchi :* exprimant que l'action émanant du sujet fait retour à lui-même *(je me lave).* ◇ (1771) *Pronom réfléchi,* pronom personnel représentant la personne qui est sujet du verbe, en tant que complément (je *me* suis trouvé un appartement; il ne pense

qu'à *lui*). ♦ 2° (1734). Qui porte la marque de la réflexion. « *L'aboulie, suppression de l'action réfléchie* » (JANET). « *Indications toujours justes et réfléchies* » (HENRIOT). ◇ Qui a l'habitude de la réflexion. *Un homme, un enfant réfléchi*. V. **Circonspect, pondéré, prudent, raisonnable, sage, sérieux.** Par ext. *Air réfléchi*. ♦ 3° Qui a été l'objet de réflexion (seulement dans les express.). *Tout bien réfléchi*. *C'est tout réfléchi*. ◈ ANT. *Irréfléchi, machinal; étourdi; impulsif, inconséquent*.

RÉFLÉCHIR [ʀefleʃiʀ]. *v.* (v. 1300; lat. *reflectere*; d'apr. *fléchir*).

I. *V. tr. dir.* Renvoyer par réflexion dans une direction différente (ou dans la direction d'origine). *La lune réfléchit une partie de la lumière qu'elle reçoit du soleil*. « *L'eau réfléchit fidèlement le ciel* » (MICHELET). *Glace, miroir, qui réfléchit une image*. V. **Refléter.** ◇ Pronom. *Se réfléchir*, être renvoyé. « *L'Olympe se réfléchissait dans une mer unie comme une glace* » (LOTI).

II. *V. intr.* (1672; *se réfléchir sur soi* « se recueillir », XVIᵉ). Faire usage de la réflexion (II). V. **Penser; chercher, cogiter, concentrer (se), délibérer, méditer;** *pop.* **gamberger.** « *Vous rêvez au lieu de réfléchir* » (LOTI). *Réfléchissez avant de parler, avant d'agir. Laissez-moi le temps de réfléchir. Chose qui donne à réfléchir, qui suscite des réflexions propres à inciter à la prudence. Je réfléchirai, je demande à réfléchir*, se dit quand on ne veut pas prendre une décision sur-le-champ. ◇ V. tr. ind. *Réfléchir sur un sujet, une question*. — (1701) **RÉFLÉCHIR À** QQCH. V. **Considérer, étudier, examiner, peser, songer.** « *Réfléchissez à ce que vous faites* » (MUSS.). — **RÉFLÉCHIR QUE...** : s'aviser, juger que..., après réflexion. « *Ledoux réfléchit que les enfants ne payent et n'occupent que demi-place dans les voitures publiques* » (MÉRIMÉE).

RÉFLÉCHISSANT, ANTE [ʀefleʃisɑ̃, ɑ̃t]. *adj.* (1720; de *réfléchir* [II]; « qui se recueille », 1380). Qui réfléchit (la lumière, une onde). *Surface réfléchissante. Pouvoir réfléchissant d'un miroir.*

RÉFLECTEUR [ʀeflɛktœʀ]. *n. m. et adj.* (1804; du lat. *reflectere*. V. **Réfléchir**). Appareil destiné à réfléchir (les ondes lumineuses, calorifiques) au moyen de miroirs, de surfaces prismatiques. *Réflecteurs plan, convexe, parabolique. Réflecteur d'un projecteur, d'une antenne de radar. Petit réflecteur à l'arrière d'un véhicule.* V. **Cataphote.** — Par ext. « *Un mur nu, lequel faisait réflecteur* » (COURTELINE). ◇ *Adj.* (1835) *Miroir réflecteur.*

RÉFLECTIF, IVE [ʀeflɛktif, iv]. *adj.* (1806; lat. *reflectere*). ♦ 1° *Philo.* Qui concerne la réflexion. *Dispositions réflectives.* ♦ 2° (1855). *Physiol.* Qui a trait aux réflexes. *Mouvements réflectifs.*

1. **RÉFLECTIVITÉ** [ʀeflɛktivite]. *n. f.* (1907; de *réflexion*). *Phys.* Rapport de l'énergie réfléchie à l'énergie incidente totale.

2. **RÉFLECTIVITÉ** [ʀeflɛktivite]. *n. f.* (1875; de *réflectif* [2°]). *Physiol.* Propriété de certaines parties du corps à réagir par un réflexe à une excitation. *Réflectivité rotulienne.*

REFLET [ʀ(ə)flɛ]. *n. m.* (1662; peint., 1651; it. *riflesso*, bas lat. *reflexus;* var. *reflex, reflès, reflès*, fin XVIIᵉ). ♦ 1° Lumière réfléchie par un corps, accompagnée ou non d'une sensation de couleur, et généralement atténuée. « *Des plats hispano-arabes à reflets métalliques* » (FRANCE). *Reflet changeant.* « *Des reflets de chose mouillée* » (MONTHERLANT). *Reflets irisés. Cheveux bruns à reflets roux. Chapeau à reflets.* V. **Huit-reflets.** ◇ *Reflets de...* (le compl. désignant la source lumineuse qui produit le reflet). *Reflets de lune. Reflets d'incendie dans le ciel.* « *Des falots dont les reflets miroitaient sur le trottoir mouillé* » (MART. du G.). ♦ 2° Image réfléchie. *Reflet d'un visage dans la vitre.* « *Un vaste miroir d'eau, où le reflet des cimes neigeuses de l'Atlas se mêle au reflet des oliviers* » (THARAUD). ♦ 3° *Fig.* (fin XVIIIᵉ). Éclat qui rejaillit. « *Tout ce qui l'approchait s'ornait des reflets de sa grâce* » (FRANCE). « *Sa beauté était le reflet de son intelligence* » (R. ROLLAND). ◇ (1829) Image, représentation affaiblie. V. **Écho, imitation.** « *Un écho de mes paroles... un reflet de ma propre pensée* » (PROUST). *L'écriture, reflet de la personnalité. Un pâle reflet.* « *La langue, qui est toujours le reflet et l'image de l'esprit de chaque génération* » (FUSTEL).

REFLÉTER [ʀ(ə)flete]. *v. tr.;* conjug. *céder* (1762, v. intr., peint.; de *reflet*). ♦ 1° Réfléchir de façon atténuée et plus ou moins vague. *Miroir, surface polie, eau... qui reflètent la lumière, des images, des objets.* — Pronom. « *Une flaque d'eau où se reflétait le ciel mélancolique* » (R. ROLLAND). « *Ses yeux, où le ciel se reflète* » (GAUTIER). ♦ 2° *Sens fig.* (1784). Être un reflet de, présenter un reflet de. V. **Traduire, reproduire.** « *Mes paroles ne reflétaient donc nullement mes sentiments* » (PROUST). Pronom. *Se refléter dans*, avoir, trouver son reflet dans.

REFLEURIR [ʀ(ə)flœʀiʀ]. *v.* (*Reflorir*, 1120; de *re-*, et *fleurir*). ♦ 1° *V. intr.* Fleurir de nouveau. *Le rosier a refleuri.* ◇ *Fig.* Se ranimer. *Une amitié ancienne prête à refleurir.* ◇ Redevenir florissant. *Le XVIᵉ siècle vit refleurir les lettres et les arts.* ♦ 2° *V. tr.* (XXᵉ). Regarnir de fleurs. *Refleurir une tombe.*

REFLEURISSEMENT [ʀ(ə)flœʀismɑ̃]. *n. m.* (1845; de *refleurir*). *Littér.* Action de refleurir, seconde floraison.

REFLEX [ʀeflɛks]. *adj. et n. m.* (XXᵉ; mot angl.). Se dit d'un appareil de photo où la visée s'effectue par un objectif (si c'est le même objectif que pour la prise de vue, l'image est renvoyée par un système de prismes). *Appareil reflex; un reflex à un, à deux objectifs.* ◇ HOM. **Réflexe.**

RÉFLEXE [ʀeflɛks(ə)]. *adj. et n. m.* (XVIᵉ; h. 1372, phys.; lat. *reflexus*, p. p. de *reflectere*). ♦ 1° *Opt.* Qui résulte d'une réflexion. *Image réflexe.* ♦ 2° *Physiol.* (1841). *Acte, mouvement réflexe. Arc réflexe* : trajet suivi par l'influx nerveux du lieu de stimulation à celui de la réaction (en passant par le centre moteur de la moelle). — *N. m.* (1865). *Réflexe* : réaction automatique, involontaire et immédiate d'une structure ou d'un organisme vivants à une stimulation déterminée. *Réflexe rotulien. Réflexe piléomoteur* (Syn. cour. : *chair de poule*). ◇ *Réflexe conditionné* [ou *conditionnel*] (1904, trad. du russe [Pavlov]), réflexe provoqué, en l'absence de l'excitant normal, par un excitant qui lui a été préalablement associé (chien qui salive au son d'une cloche qu'on a fait tinter chaque fois qu'on lui présentait de la viande). ♦ 3° *Cour.* Toute réaction prompte à une situation nouvelle. *Automobiliste qui a de bons réflexes. Il a eu le réflexe de freiner.* « *Il est calme, maître de lui, fier de ses réflexes — c'est son mot —* » (MORAND). *Vous avez manqué de réflexe, il fallait répondre oui.* ◇ HOM. **Reflex.**

RÉFLEXIBILITÉ [ʀeflɛksibilite]. *n. f.* (1706; angl. *reflexibility*, dès 1370, didact.; du lat. sav. *reflexibilis*). *Sc.* Propriété de ce qui est réflexible.

RÉFLEXIBLE [ʀeflɛksibl(ə)]. *adj.* (1706; angl. *reflexible*, lat. *reflexum*, de *reflectere*). *Sc.* Qui peut être réfléchi. *Rayon réflexible.*

RÉFLEXIF, IVE [ʀeflɛksif, iv]. *adj.* (1612; « qui se réfléchit », 1611; lat. *reflexivus*, de *reflectere*. V. **Réfléchir**). *Philo.* Propre à la réflexion, au retour de la pensée, de la conscience sur elle-même. *Psychologie, analyse réflexive.* V. **Introspection.** ◇ *Math.* *Relation réflexive*, qu'un élément peut avoir avec lui-même (*ex.* : l'identité).

RÉFLEXION [ʀeflɛksjɔ̃]. *n. f.* (1380; bas lat. *reflexio*). I. Changement de direction des ondes (lumineuses, sonores, etc.) qui rencontrent un corps interposé; *phys.* Phénomène qui se produit à la surface de séparation de deux milieux dans lesquels une même onde électromagnétique a des vitesses de propagation différentes (une partie de l'onde est renvoyée dans son premier milieu). *L'angle d'incidence est égal à l'angle de réflexion. Réflexion et réfraction**. *Prisme à réflexion totale.* — *Réflexion des ondes sonores.* V. **Écho.** — Abusiv. *Réflexion de la chaleur.* V. **Rayonnement, réverbération.**

II. ♦ 1° (1ʳᵉ moitié XVIIᵉ, *faire réflexion à*). Retour de la pensée sur elle-même en vue d'examiner plus à fond une idée, une situation, un problème. V. **Délibération, méditation.** *Réflexion sur qqch., sur soi-même. S'absorber dans ses réflexions.* « *En se jouant dans le labyrinthe de ses réflexions* » (BALZ.). *Fait, livre qui donne matière à réflexion.* « *J'en étais là de mes réflexions quand j'entendis appeler mon nom* » (DAUD.). — **RÉFLEXION FAITE,** après y avoir réfléchi. *Réflexion faite, je ne partirai pas aujourd'hui.* **À LA RÉFLEXION,** quand on y réfléchit bien. *Au premier abord cela semble vrai, mais à la réflexion cela ne tient pas debout.* — (1669) **LA RÉFLEXION :** la capacité de réflexion, la qualité d'un esprit qui sait réfléchir. V. **Discernement, intelligence.** « *La réflexion est la puissance de se replier sur ses idées, de les examiner, de les modifier ou de les combiner de diverses manières* » (VAUVEN.). *Affaire menée avec réflexion.* ♦ 2° (1690). Une, des *réflexion(s)* : pensée exprimée (orale ou écrite) d'une personne qui a réfléchi. *Récit « entremêlé de quelques réflexions fines et judicieuses* » (CHATEAUB.). V. **Observation.** *Recueil de réflexions.* V. **Adage, maxime, pensée.** « *J'ai quelques réflexions à vous communiquer à ce sujet.* ◇ *Par ext.* Remarque adressée à qqn qui le concerne personnellement. *Une réflexion désobligeante.* — Absolt. *Fam.* Remarque désobligeante. « *C'est bien la première fois qu'on a des réclamations. On pose ces poignées-là partout, personne ne nous a fait de réflexions* » (SARRAUTE).

◈ ANT. (du sens II) *Étourderie, irréflexion, légèreté.*

RÉFLEXIVEMENT [ʀeflɛksivmɑ̃]. *adv.* (h. 1551; 1846; de *réflexion*, et *réflectif*). *Didact.* Par la réflexion, d'une manière réflexive. « *La philosophie n'a pas d'objet fermé : car elle pose, réflexivement, le problème du problème* » (JANKÉLÉVITCH).

RÉFLEXIVITÉ [ʀeflɛksivite]. *n. f.* (XXᵉ; de *réflexif*). *Math.* Propriété d'une relation réflexive.

RÉFLEXOGÈNE [ʀeflɛksɔʒɛn]. *adj.* (1887; de *réflexe*, et *-gène*). *Méd.* Qui provoque un réflexe. *Zone réflexogène.*

RÉFLEXOGRAMME [ʀeflɛksɔgʀam]. *n. m.* (1924, Chaney; de *réflexe*, et *-gramme*). *Méd.* Enregistrement gra-

phique de l'excitation par percussion du tendon d'Achille.
RÉFLEXOLOGIE [ʀeflɛksɔlɔʒi]. *n. f.* (1921 ; de *réflexe*,
et *-logie*). *Didact.* Étude scientifique des réflexes.

RÉFLEXOTHÉRAPIE [ʀeflɛksɔteʀapi]. *n. f.* (1911 ; de
réflexe, et *-thérapie*). *Méd.* Méthode thérapeutique fondée
sur la provocation de réflexes susceptibles de jouer un rôle
utile à distance.

REFLUER [ʀ(ə)flye]. *v. intr.* (1460 ; *refluir*, 1380 ; lat.
refluere « couler en arrière »). Se mettre à couler en sens
contraire. *L'eau reflue à marée descendante.* V. **Retirer** (se) ;
reflux. « *Il lui sembla de tous les points de son corps le
sang refluait vers son cœur* » (GREEN). ◇ (1752) *Fig.* (D'un
flot, d'un ensemble de personnes) « *Les enfants refluaient
vers le collège* » (MONTHERLANT). *Faire refluer les manifestants*, les faire reculer. ◈ ANT. **Affluer.**

REFLUX [ʀəfly]. *n. m.* (1578 ; de *re-*, et *flux*). ◆ 1° Mouvement des eaux marines qui se retirent à marée descendante. V. **Jusant.** *Le flux et le reflux de la mer.* « *Le flux les
apporta ; le reflux les remporte* » (CORN.). ◇ *Fig. Le flux et
le reflux*, le va-et-vient, la fluctuation. « *Un flux et reflux
d'incertitudes* » (GAUTIER). ◆ 2° Mouvement en arrière
(d'un ensemble de gens, etc.) qui succède à un mouvement en
avant. V. **Recul.** *Le reflux de la foule.* ◈ ANT. **Flux ; afflux.**

REFONDRE [ʀ(ə)fɔ̃dʀ(ə)]. *v. ; conjug. fondre.* V. **Rendre**
(XIIᵉ ; de *re-*, et *fondre*).
I. *V. tr.* ◆ 1° Fondre une seconde fois. *Refondre un métal.*
— Au p. p. *Fonte refondue.* ◆ 2° Reformer (un objet de
métal) en le fondant une seconde fois. *Refondre des monnaies.*
◆ 3° *Fig.* (XVIIᵉ). Refaire (un ouvrage) en fondant des parties
les unes avec les autres, en donnant une meilleure forme.
Refondre un texte. V. **Remanier.** *Un manuel scolaire entièrement refondu.*
II. *V. intr.* Passer pour la seconde fois de l'état solide à
l'état liquide. *La glace refond.*

REFONTE [ʀ(ə)fɔ̃t]. *n. f.* (1594 ; de *refondre*). ◆ 1° Action
de refondre. *La refonte des monnaies.* ◆ 2° *La refonte d'un
ouvrage, d'un texte.* V. **Remaniement.**

RÉFORMABLE [ʀefɔʀmabl(ə)]. *adj.* (1762 ; dr., 1483 ; de
réformer). Qui peut ou doit être réformé. ◈ ANT. **Irréformable.**

RÉFORMATEUR, TRICE [ʀefɔʀmatœʀ, tʀis]. *n. et adj.*
(1327 ; lat. *reformator, -trix*). ◆ 1° N. Personne qui réforme
ou veut réformer. *Réformateur des mœurs, d'une société.*
« *Nos modernes réformateurs* » (BERNANOS). *Député réformateur.* V. **Centriste.** ◇ (1622) *Hist. relig.* Fondateur d'une
Église réformée. *Luther et les autres réformateurs.* ◇ *Psycho.*
Paranoïaque délirant, qui veut transformer la société et la
réédifier selon ses plans. ◆ 2° *Adj.* Qui réforme. « *Il est
téméraire de poser des bornes au pouvoir réformateur de la
raison* » (RENAN).

RÉFORMATION [ʀefɔʀmasjɔ̃]. *n. f.* (1213 ; lat. *reforma-
tio*). Action de réformer ; résultat de cette action. ◆ 1° *Vx.*
V. **Réforme.** *La réformation du calendrier. Réformation d'un
ordre religieux...* ◇ *Hist. relig.* Réforme (I, 2°). *Le monument de la Réformation, à Genève.* ◆ 2° *Mod. Dr.* Modification d'un acte par une autorité supérieure. *L'appel est
une voie de réformation.*

RÉFORME [ʀefɔʀm(ə)]. *n. f.* (1625 ; subst. verb. de *réformer*). Action de réformer ; résultat de cette action.
I. Amélioration apportée dans le domaine moral ou social.
◆ 1° Rétablissement de la discipline primitive dans un
ordre religieux. « *L'abbé de Rancé introduisait la réforme
dans son abbaye* » (CHATEAUB.). ◆ 2° (1640). *Absolt.* LA
RÉFORME : mouvement religieux du XVIᵉ s., qui fonda le
protestantisme et voulait ramener la religion chrétienne à
sa forme primitive. V. **Réformation** *(vx)*, **protestantisme** ;
calvinisme, luthéranisme. *La Réforme provoqua un schisme
dans le christianisme.* ◆ 3° (1640). Changement qu'on
apporte dans la forme d'une institution afin de l'améliorer,
d'en obtenir de meilleurs résultats (V. **Amélioration**). *La
réforme du calendrier. Réforme de l'orthographe, orthographique. Réformes sociales et réformes politiques. Proposer
une réforme agraire, financière.* V. **Amendement.** « *Pour un
Américain* (dénoncer un abus), *c'est préparer une réforme* »
(SARTRE). ◇ *Spécialt.* Amélioration partielle et progressive
de l'ordre social (*opposé à* révolution). V. **Réformisme.**
II. *Milit.* ◆ 1° (1762). Mise hors de service de ce qui
y est devenu impropre ; situation qui en résulte. ◇ *Cour. Fig.*
« *Il n'avait pas eu le cœur de mettre à la réforme quelques
vieux meubles* » (HERMANT). ◆ 2° Position du militaire
libéré des obligations militaires pour inaptitude physique.
Conseil de réforme. Réforme temporaire, définitive. V. **Réformé.**

RÉFORMÉ, ÉE [ʀefɔʀme]. *adj. et n.* (*Église réformée*,
1546 ; V. Réformer). ◆ 1° Issu de la Réforme. *Religion
réformée* et, pour les catholiques du XVIIᵉ siècle, *religion
prétendue réformée* (par abrév. R.P.R.). V. **Protestantisme.**
L'Église réformée de France, de Hollande, d'Amérique. —
Vx. N. (1563) Protestant. ◆ 2° (1832). Reconnu impropre

pour le service. *Soldat réformé.* Subst. *Un réformé temporaire*
(V. **Ajourné**), *définitif.*

REFORMER [ʀ(ə)fɔʀme]. *v. tr.* (XIIᵉ ; de *re-*, et *former*).
Former de nouveau, refaire (ce qui était défait). *Reformer
une armée en déroute.* V. **Regrouper.** — SE REFORMER. *v. pron.*
Reprendre sa forme, se former de nouveau. *Des nuages qui
se défont et se reforment.* Groupe qui se disperse pour se
reformer plus loin. V. **Reconstituer.** « *L'opposition... se refor-
mait dans les assemblées* » (MADELIN). « *Leur habitude,
d'abord troublée, se reforme* » (GIDE). ◈ ANT. **Disperser.**

RÉFORMER [ʀefɔʀme]. *v. tr.* (1174 ; lat. *reformare*).
◆ 1° Rétablir dans sa forme primitive (une règle, une discipline qui s'est corrompue). *Réformer un ordre religieux,
un culte.* ◆ 2° *Vieilli.* Corriger, ramener à la vertu (la
conduite, les mœurs ; une personne). « *Réformer son cœur et
renoncer à ses passions* » (BOURDALOUE). *Absolt.* « *La passion
de réformer, de moraliser, d'évangéliser serait un monopole
américain* » (SIEGFRIED). — Pronom. *Se réformer.* ◆ 3° Changer en mieux, ramener à une forme meilleure (une institution).
V. **Améliorer.** *Réformer les coutumes.* « *Un système qui
était plus qu'à réformer : à démolir* » (MADELIN). « *Le service
de santé... réformait ses méthodes* » (DUHAM.). *Réformer
une loi* (V. **Amender**), *la constitution.* ◇ *Dr. Réformer un
jugement*, l'annuler. ◆ 4° (1636). Supprimer pour améliorer.
Réformer les abus. ◆ 5° *Milit.* (1671). Retirer du service
(ce qui est devenu impropre). *Réformer du matériel.* — *Cour.
Réformer un soldat.* « *Il se croyait réformé pour myopie* »
(PROUST). V. **Réformé** (2°).

RÉFORMETTE [ʀefɔʀmɛt]. *n. f.* (v. 1960 ; de *réforme*).
Fam. (*plaisant.*). Réforme jugée superficielle, peu sérieuse
(par ses adversaires). *La* « *'réformette' des régions* »
(*L'Express*, 4-6-1973).

RÉFORMISME [ʀefɔʀmism(ə)]. *n. m.* (XXᵉ ; « tendance
aux réformes », fin XIXᵉ ; de *réformiste*). Doctrine politique
des réformistes. *Le réformisme opposé à l'action révolutionnaire. Réformisme socialiste.* V. **Révisionnisme.**

RÉFORMISTE [ʀefɔʀmist(ə)]. *n. et adj.* (1836 ; angl.
reformist, de *reform*). V. **Réforme**). Partisan d'une réforme
politique. ◇ (XXᵉ) Personne qui veut améliorer la société
capitaliste par des réformes (*opposé à* révolutionnaire). —
Adj. *Socialisme réformiste.*

REFOUILLEMENT [ʀ(ə)fujmɑ̃]. *n. m.* (1846 ; de *refouiller*). *Techn., Art.* Évidement, creux pratiqué dans une pierre,
une charpente. ◇ Action de refouiller, en sculpture. *Refouillement d'un chapiteau.*

REFOUILLER [ʀ(ə)fuje]. *v. tr.* (XVIᵉ ; de *re-*, et *fouiller*).
Techn., Art. Évider, creuser. *Refouiller une pierre de taille.*
Accentuer les saillies en évidant les parties creuses.

REFOULÉ, ÉE [ʀ(ə)fule]. *adj.* (1933 ; de *refouler* [4°] :
instincts refoulés). *Fam.* Se dit d'une personne qui a refoulé
ses instincts et notamment ses pulsions sexuelles. *Un vieux
garçon refoulé.* Subst. « *Nous sommes tous des refoulés et
des hypocrites* » (BEAUVOIR).

REFOULEMENT [ʀ(ə)fulmɑ̃]. *n. m.* (1802, techn. ;
« action d'émousser », 1538 ; de *refouler*). ◆ 1° Action de
refouler, de faire reculer. *Refoulement des immigrants étrangers.* ◆ 2° *Fig.* (1857). Action de refuser l'accès de la conscience (à des désirs, des sentiments que l'on ne peut pas ou ne
veut pas satisfaire). *Refoulement des instincts, des ambitions.*
◇ *Psychan.* (1922) Phénomène inconscient de défense par
lequel le « moi » rejette une pulsion (sexuelle, agressive...),
une idée opposée aux exigences du sur-moi. V. **Censure.**
L'oubli, selon Freud, a pour cause le refoulement. — *Cour.*
Refus des pulsions sexuelles, comportement qui en résulte.
V. **Refoulé.** ◈ ANT. **Assouvissement, défoulement.**

REFOULER [ʀ(ə)fule]. *v. tr.* (XIIᵉ ; de *re-*, et *fouler*). Fouler,
pousser en arrière. ◆ 1° *Techn.* Comprimer avec le refouloir. *Refouler un métal*, le repousser pour resserrer un assemblage. ◆ 2° Pousser en arrière, faire reculer. *Refouler un
train*, le faire reculer en le poussant avec la locomotive.
Pomper et refouler un liquide. « *Un vertige qui refoula le sang
vers son cœur* » (VIGNY). ◇ *Mar. Le navire refoule le courant,
la marée* : s'avance contre le courant. ◆ 3° (1846). Faire
reculer, refluer (des personnes). *Refouler des envahisseurs,
l'armée ennemie.* V. **Chasser, repousser.** *Refouler des immigrants, des indésirables, à la frontière.* ◆ 4° *Fig.* (fin XVIIIᵉ).
Faire rentrer en soi (ce qui veut s'extérioriser, s'exprimer).
V. **Comprimer, contenir, étouffer, refréner, réprimer, retenir.**
Refouler ses larmes. Refouler sa colère, son désir. — Au p. p.
« *Une passion... depuis des années refoulée* » (MAURIAC).
◇ *Psychan.* Rejeter, éliminer inconsciemment un désir,
une idée. *Refouler son agressivité.* — *Conflits affectifs refoulés*
(V. **aussi Refoulé**). ◈ ANT. **Attirer ; admettre. Assouvir ; défouler.**

REFOULOIR [ʀ(ə)fulwaʀ]. *n. m.* (1575 ; de *refouler*).
Ancienn. Cylindre muni d'une hampe qui servait à refouler
la charge dans les canons se chargeant par la bouche.

RÉFRACTAIRE [ʀefʀaktɛʀ]. *adj.* (1539 ; lat. *refractarius*,
de *refringere* « briser »). ◆ 1° RÉFRACTAIRE À : qui résiste à,

refuse d'obéir, de se soumettre. V. **Rebelle.** *Il est réfractaire aux ordres, à l'autorité, à la loi.* ◇ *Par ext.* Qui résiste à, est insensible à. *Être réfractaire aux influences...* « *Marie n'était pas réfractaire à toute émotion esthétique* » (GIDE). ♦ 2° *Absolt. Prêtre réfractaire,* qui avait refusé de prêter serment à la constitution civile du clergé (1790). ◇ (1805) *Conscrit réfractaire,* qui refuse de se soumettre à la loi du recrutement. V. **Insoumis.** *Être porté réfractaire.* — *Subst. Les réfractaires et les déserteurs.* ◇ S'est dit des résistants (1941-44) qui refusaient le travail en Allemagne pendant l'occupation allemande. ♦ 3° (1762). Qui résiste à de très hautes températures. *Métaux réfractaires* (tungstène, tantale). *Brique réfractaire.* ◇ (Plaisant.) *Des haricots réfractaires* (qui restent durs malgré la cuisson). ♦ 4° *Physiol.* Qui ne réagit pas à un stimulus. — *Méd. Maladie réfractaire,* qui ne réagit pas aux traitements essayés. ◇ ANT. *Docile, obéissant. Fusible.*

RÉFRACTER [ʀefʀakte]. *v. tr.* (1739; *réfracté,* 1738; du lat. *refractum,* de *refringere* « briser »). Faire dévier (un rayon lumineux ou une onde électromagnétique invisible) par le phénomène de la réfraction. *Propriété de réfracter la lumière.* V. **Réfringence; biréfringence.** *Rayons réfractés par un prisme.* ◇ *Fig.* (Littér.) « *Les grands littérateurs... ont réfracté à travers des milieux divers une même beauté qu'ils apportent au monde* » (PROUST) : ils en ont donné une image modifiée, personnelle.

RÉFRACTEUR, TRICE [ʀefʀaktœʀ, tʀis]. *adj.* (1866, « lunette astronomique »; adj., 1907; de *réfracter*). *Sc., Techn.* Qui sert à réfracter la lumière. *Appareil réfracteur.*

RÉFRACTION [ʀefʀaksjɔ̃]. *n. f.* (1370; lat. *refractio,* de *refringere* « briser »). *Phys. et cour.* Déviation d'un rayon lumineux ou d'une onde électromagnétique, qui franchit la surface de séparation de deux milieux, dans lesquels les vitesses de propagation sont différentes, le rayon réfracté restant dans le plan formé par le rayon incident et la normale à la surface de séparation. *Angle de réfraction,* formé par cette normale et le rayon réfracté. *Réfraction et réflexion*. Indice de réfraction,* rapport constant entre le sinus de l'angle d'incidence et le sinus de l'angle de réfraction, dans un même milieu, mesuré à l'aide d'un RÉFRACTOMÈTRE. — *Double réfraction :* séparation en deux rayons dans un milieu non isotrope *(biréfringence). Phénomènes naturels dus à la réfraction.* V. **Arc-en-ciel, mirage.** ◇ *Méd. Réfraction oculaire,* subie par un rayon lumineux qui pénètre dans les milieux réfringents de l'œil et impressionne la rétine. ◇ *Par anal. Réfraction du son,* produite, par exemple, dans l'atmosphère par des variations de température, ou par l'effet du vent sur la vitesse du son.

RÉFRACTIONNISTE [ʀefʀaksjɔnist(ə)]. *n.* (v. 1960; de *réfraction*). *Méd.* Spécialiste de la mesure de la réfraction oculaire et de la correction de ses troubles.

REFRAIN [ʀ(ə)fʀɛ̃]. *n. m.* (1260; altér. de *refrait,* de *refraindre* [lat. pop. °*refrangere*], « briser »; et par ext. « réprimer, contenir; moduler la voix »). ♦ 1° Suite de mots ou de phrases répétés à la fin de chaque couplet d'une chanson, d'un poème à forme fixe. *Reprenons le refrain en chœur.* ◇ *Par ext.* Chanson à refrain. — *Par anal.* Chant monotone. *Le refrain du moulin.* « *La bouilloire fredonnait son refrain régulier* » (GAUTIER). ♦ 2° *Fig.* (1580). Paroles, idées qui reviennent sans cesse. V. **Chanson, leitmotiv, rengaine.** *Avec lui, c'est toujours le même refrain. Changez de refrain!* (Cf. De disque) : parlez d'autre chose !

RÉFRANGIBILITÉ [ʀefʀɑ̃ʒibilite]. *n. f.* (1720; angl. *refrangibility*. V. **Réfrangible**). *Phys.* Propriété d'être dévié par réfraction.

RÉFRANGIBLE [ʀefʀɑ̃ʒibl(ə)]. *adj.* (1720; angl. *refrangible,* du lat. pop. °*refrangere,* pour *refringere* « briser ». V. **Réfraction**). Capable d'être réfracté. « *Le rayon le plus réfrangible est le violet...* » (LAPLACE).

REFRÈNEMENT [ʀ(ə)fʀɛnma]. *n. m.* (XIIIe; de *refréner*). *Vx.* Action de refréner.

REFRÉNER [ʀ(ə)fʀene]. *v. tr.;* conjug. *céder* (XIIe; lat. *refrenare* « retenir par un frein [*frenum*] »). Réprimer par une contrainte; mettre un frein à. V. **Brider, contenir, freiner, réprimer, retenir.** « *Il fit une pause; il voulait refréner son impatience* » (SARTRE). « *Elle riait un peu douloureusement, en refrénant son envie* » (COLETTE). ◇ ANT. *Aiguillonner, exciter.*

RÉFRIGÉRANT, ANTE [ʀefʀiʒeʀɑ̃, ɑ̃t]. *adj.* (XIVe, méd.; rare jusqu'au XVIe; de *réfrigérer*). ♦ 1° (1779). Qui sert à produire du froid, à abaisser la température. *Fluides réfrigérants* (ex. : air, azote, hélium liquides). *Mélange réfrigérant* (ex. : sel dissous dans l'eau, mélange de sel et de glace pilée, mélange de neige carbonique et d'acétone). *Appareil réfrigérant,* et subst. *Un réfrigérant.* V. **Refroidisseur.** ♦ 2° (1923). *Fig. et fam.* Qui refroidit, glace; qui engendre la froideur. *Un accueil réfrigérant.* V. **Froid, glacial.** *Une femme ironique et réfrigérante.* ◇ ANT. *Réchauffant.*

RÉFRIGÉRATEUR [ʀefʀiʒeʀatœʀ]. *n. m.* (1857, répandu XXe; « ce qui rafraîchit », 1611; lat. *refrigeratorius.* V. **Réfrigérer**). Appareil constitué par un meuble calorifugé muni d'un organe producteur de froid et destiné à conserver certaines denrées, sans toutefois les congeler, dans son compartiment principal. V. **Frigidaire** (nom d'une marque); *fam.* **frigo.** *Glacière** *et réfrigérateur. Réfrigérateur à compression,* où le froid est produit par détente d'un fluide comprimé. *Réfrigérateur à absorption,* dans lequel le fluide réfrigérant est vaporisé, puis dissous dans l'eau. *Le réfrigérateur et le « freezer »* (anglicisme), *les clayettes d'un réfrigérateur. Dégivrage* d'un réfrigérateur.* ◇ *Fig. Mettre au réfrigérateur :* mettre en sommeil, cesser de parler de... « *Quand un homme de mérite vient à disparaître, nous le mettons au réfrigérateur pour une trentaine d'années* » (DUHAM.). — *Sortir du réfrigérateur,* revenir au premier plan de l'actualité.

RÉFRIGÉRATION [ʀefʀiʒeʀasjɔ̃]. *n. f.* (1478, méd.; lat. *refrigeratio.* V. **Réfrigérer**). Abaissement de la température par un moyen artificiel. V. **Congélation.** *Appareils de réfrigération.* V. **Chambre** (froide), **glacière, réfrigérateur.** *Les techniques de réfrigération sont utilisées pour la conservation des denrées alimentaires, la climatisation, dans de nombreux processus industriels, en médecine, en biologie* (hibernation). ◇ ANT. *Chauffage.*

RÉFRIGÉRER [ʀefʀiʒeʀe]. *v. tr.;* conjug. *céder* (1380; lat. *refrigerare* « refroidir », de *frigus, -oris* « froid »). ♦ 1° Refroidir par une technique appropriée. V. **Congeler, frigorifier.** *Réfrigérer un local dans un pays tropical.* V. **Climatiser.** *Réfrigérer un organisme en laboratoire.* V. **Hibernation.** ◇ *Fam.* Refroidir. *Il est sorti sans manteau, il est complètement réfrigéré.* V. **Gelé.** ♦ 2° *Fig.* (XXe). Mettre mal à l'aise par un accueil, un comportement froid. V. **Glacer, refroidir.** ◇ ANT. *Chauffer.*

RÉFRINGENCE [ʀefʀɛ̃ʒɑ̃s]. *n. f.* (1799; de *réfringent*). *Phys.* Propriété de réfracter la lumière. *La réfringence d'un milieu optique est mesurée par l'indice de réfraction.*

RÉFRINGENT, ENTE [ʀefʀɛ̃ʒɑ̃, ɑ̃t]. *adj.* (1720; lat. *refringens;* de *refringere* « briser ». V. **Réfrangible**). *Phys.* Qui produit la réfraction, fait dévier les rayons lumineux, les ondes électromagnétiques. *La cornée est un milieu réfringent.*

REFROIDIR [ʀ(ə)fʀwadiʀ]. *v.* (XIIe; *refreidier* « se reposer », 1080; de *re-*, et *froid*).

I. *V. tr.* ♦ 1° Rendre plus froid ou moins chaud; faire baisser la température de (qqch.). *Refroidir légèrement* (V. **Rafraîchir**), *beaucoup* (V. **Congeler, glacer, réfrigérer**). ◇ SE REFROIDIR. *v. pron.* Devenir plus froid. *Le temps se refroidit.* « *La pièce se refroidissait, on grelottait* » (ZOLA). — *Prendre froid. N'attends pas dehors, tu vas te refroidir* (V. **Refroidissement**). ♦ 2° *Fig.* (XVIe). *Refroidir qqn :* diminuer son ardeur, sa bonne volonté. V. **Décourager.** *Son accueil nous a refroidis.* V. **Glacer.** — *Par ext. Refroidir l'ardeur, l'enthousiasme, le zèle de qqn.* — *Pronom.* « *Le zèle de ces messieurs risquait de se refroidir* » (ROMAINS). — Au p. p. « *Mon imagination refroidie ne me fournit rien qui vaille* » (P.-L. COUR.). ♦ 3° *Pop.* (1828). Assassiner. « *Il a refroidi un ménage* » (BALZ.).

II. *V. intr.* Devenir plus froid, moins chaud. *Un « pot d'eau chaude qui a eu le temps de refroidir* » (COLETTE). *Faire refroidir un plat.* — Fig. et fam. *Laisser refroidir qqch. :* attendre, ne pas s'en occuper. ◇ ANT. *Chauffer, réchauffer; enthousiasmer, exalter.*

REFROIDISSEMENT [ʀ(ə)fʀwadismɑ̃]. *n. m.* (1314; *refroidement,* XIIIe; de *refroidir*). ♦ 1° Abaissement de la température. V. **Congélation.** *Refroidissement de l'air, de l'atmosphère. La vitesse de refroidissement est proportionnelle à la différence de température entre un corps et le milieu extérieur.* — *Refroidissement* (d'un moteur) *par air, par eau.* ♦ 2° (1762). Affection déclenchée par une baisse de la température ambiante. V. **Grippe, rhume.** *Prendre un refroidissement.* « *Par suite d'un refroidissement, il lui vint une angine* » (FLAUB.). ♦ 3° (1636). Diminution de la chaleur (des sentiments). *Refroidissement de l'amitié.* « *L'usure de nos sentiments, le refroidissement de notre ferveur* » (LARBAUD). ◇ ANT. *Échauffement, réchauffement.*

REFROIDISSEUR [ʀ(ə)fʀwadisœʀ]. *n. m. et adj.* (1827; de *refroidir*). Appareil ou organe d'appareil destiné à refroidir, à limiter les échauffements. V. **Réfrigérant.** Adj. *Système refroidisseur d'un réacteur atomique.*

REFUGE [ʀ(ə)fyʒ]. *n. m.* (1120; lat. *refugium*). ♦ 1° (Personnes). *Vx.* Soutien, secours. « *Ce Dieu, depuis longtemps votre unique refuge* » (RAC.). ♦ 2° (XIVe). *Mod.* Lieu où l'on se retire pour échapper à un danger ou à un désagrément, pour se mettre en sûreté. V. **Abri, asile, retraite.** *Chercher refuge. Demander refuge à qqn.* « *Nous trouvions refuge dans la charpente du grenier* » (ST-EXUP.). ◇ Lieu où se rassemblent des personnes qui ne peuvent ou ne veulent pas aller ailleurs. « *Son salon était le refuge de l'aristocratie non ralliée* » (GAUTIER). ◇ (Abstrait) « *Peut-être cherchait-elle* *moins dans le mariage une domination, une possession, qu'un refuge* » (MAURIAC). ◆ 3° *Chasse.* Lieu où le gibier se met à l'abri quand il est poursuivi. V. **Gîte.** ◆ 4° (1875). Petit trottoir ou emplacement délimité au milieu de la chaussée qui permet aux piétons de se mettre à l'abri de la circulation des voitures. ◆ 5° (1877). Petite construction en haute montagne, où les alpinistes peuvent passer la nuit, s'abriter en cas de mauvais temps, etc. *Le refuge Vallot, sur les pentes du mont Blanc.*

RÉFUGIÉ, ÉE [ʀefyʒje]. *adj. et n.* (1435 ; V. *Réfugier*). ◆ 1° Se dit d'une personne qui a dû fuir le lieu qu'elle habitait afin d'échapper à un danger (guerre, persécutions politiques ou religieuses, etc.). *Des révolutionnaires espagnols réfugiés.* V. aussi **Émigré, expatrié.** ◆ 2° *N.* (1573). *Aide aux réfugiés. Droit d'asile accordé aux réfugiés politiques.*

RÉFUGIER (SE) [ʀefyʒje]. *v. pron.* (1597 ; *se refuger*, 1480 ; *refugier*, 1473 ; de *refuge*, d'apr. lat. *refugium*). Se retirer (en un lieu) pour trouver un refuge. *Sous le Second Empire, de nombreux républicains durent se réfugier à l'étranger.* V. **Émigrer, enfuir (s'), expatrier (s'), sauver (se).** « *La pluie m'a surpris ; je me suis réfugié sous un hêtre* » (CHATEAUB.). *Enfant qui court se réfugier dans les bras de sa mère.* V. **Blottir (se).** ◇ *Fig.* « *Je me réfugie dans le sommeil comme un enfant boudeur qui se retire du jeu* » (GIDE).

REFUS [ʀ(ə)fy]. *n. m.* (1226 ; « fuite », fin XIIᵉ ; de *refuser*). L'action, le fait de refuser. « *Le refus des louanges est un désir d'être loué deux fois* » (LA ROCHEF.). *Être puni pour refus d'obéissance. Refus de se soumettre. Refus de comparaître :* contumace. « *Un refus extrêmement poli... à une nouvelle demande* » (BALZ.). — Absolt. *Formule de politesse exprimant le refus. Refus humiliant.* V. **Rebuffade.** *Opposer un refus à qqn. Essuyer un refus. Se heurter à un refus.* V. **Résistance, veto.** ◇ *Psycho. Conduites de refus :* négativisme, refoulement, reniement, etc. ◇ *Loc. fam.* (1659) *Ce n'est pas de refus :* j'accepte volontiers. ◇ ANT. *Acceptation, accord, acquiescement, approbation, assentiment, Adhésion, consentement.*

REFUSABLE [ʀ(ə)fyzabl(ə)]. *adj.* (1360 ; de *refuser*). Qu'on peut refuser.

REFUSER [ʀ(ə)fyze]. *v.* (fin XIᵉ, « rejeter » ; lat. pop. °*refusare*, crois. de *recusare* « refuser » avec *refutare* « réfuter »).
I. *V. tr.* ◆ 1° Ne pas consentir à accorder (ce qui est demandé). *Refuser une permission à un soldat, une augmentation à un ouvrier. Refuser sa porte à qqn.* V. **Consigner, défendre.** — *Il ne se refuse rien !* il dépense beaucoup pour lui-même, il satisfait tous ses caprices. ◇ Ne pas vouloir reconnaître (une qualité) à qqn. V. **Contester, dénier.** « *Hugo n'aimait pas Stendhal ; il lui refusait le style* » (ALAIN). ◆ 2° REFUSER DE... (et inf.) : ne pas consentir à (faire qqch.). *Refuser d'obéir, d'obtempérer.* V. **Rebeller (se), rebiffer (se), regimber, révolter (se).** *Elle refuse de reconnaître ses torts. Il refuse de m'accompagner.* Absolt. *Vous pouvez toujours le lui demander, mais il refusera sûrement.* V. **Opposer** (s'y opposer). ◆ 3° Ne pas accepter (ce qui est offert). *Refuser un cadeau, un pourboire. Refuser une offre, une invitation.* V. **Décliner, rejeter, repousser.** ◇ Ne pas accepter (ce qui se présente). *Refuser le combat. Cheval qui refuse l'obstacle,* et absolt. *qui refuse :* qui s'arrête devant un obstacle. *Refuser le risque. Le révolté « refuse sa condition mortelle »* (CAMUS). ◆ 4° Ne pas accepter (ce que l'on considère comme défectueux ou insuffisant). *Refuser une marchandise :* laisser pour compte*. L'éditeur a refusé son manuscrit.* — Au p. p. « *L'étalage des trois mille tableaux refusés* » (au Salon) » (ZOLA). ◆ 5° (*Personnes*). Ne pas laisser entrer. *Ils jouent à bureaux fermés : ils refusent du monde tous les soirs.* — Ne pas recevoir dans un groupe. ◇ Ne pas recevoir à un examen. *Refuser un candidat.* V. **Coller, recaler** (*fam.*).
II. SE REFUSER. *v. pron.* ◆ 1° Être refusé (*ci-dessus*, 3°). *Un apéritif ne se refuse pas* (Cf. *Ce n'est pas de refus**). ◆ 2° SE REFUSER À..., ne pas s'engager à accepter. *Se refuser à une solution de facilité.* V. **Interdire** (s'). *Se refuser à l'évidence.* « *Ses doigts,... gonflés d'œdème, se refusaient à tout service* » (MART. du G.). V. **Dérober (se).** ◇ Échapper à la possession de qqn. V. **Fuir.** *Les sceptiques pensent que la vérité se refuse à l'esprit humain.* ◆ 3° *Refuser de faire l'amour.*
III. *V. intr.* ◆ 1° *Techn.* Se dit d'un pilotis, d'un pieu qui cesse de s'enfoncer parce qu'il rencontre une résistance trop forte. ◆ 2° *Mar. Le vent refuse :* il change de direction de sorte qu'il se rapproche de l'avant du navire et oblige à modifier la route, commencée au plus près.
◇ ANT. *Accorder, donner, fournir, offrir, reconnaître. Accepter, approuver, consentir (à). Accueillir, recevoir.*

RÉFUTABLE [ʀefytabl(ə)]. *adj.* (1552, repris 1829 ; de *réfuter*). Qu'on peut réfuter. *Argument réfutable.* ◇ ANT. *Irréfutable.*

RÉFUTATION [ʀefytasjɔ̃]. *n. f.* (1284 ; lat. *refutatio*). ◆ 1° Action de réfuter, raisonnement par lequel on réfute. *La réfutation d'une erreur, d'un argument.* « *Sous le couvert*

de réfutations faibles, tout l'ensemble des idées modernes venait à nous » (RENAN). — *Fig. et littér.* Démenti non exprimé, implicite. « *Sa conduite est la meilleure réfutation de cette calomnie* » (ACAD.). ◆ 2° *Rhét.* Partie du discours dans laquelle on répond aux objections exprimées ou prévues. ◇ ANT. *Approbation, confirmation.*

RÉFUTER [ʀefyte]. *v. tr.* (1520 ; *refuder* « rejeter », 980 ; lat. *refutare*). Repousser (un raisonnement) en prouvant sa fausseté. *Réfuter une thèse, une théorie, des objections.* Absolt. « *Il veut instruire, prouver, réfuter, convaincre* » (FAGUET). ◇ Par ext. *Réfuter un auteur.* ◇ ANT. *Approuver, confirmer.*

REG [ʀɛg]. *n. m.* (1933 ; mot arabe). *Géogr.* Forme particulière de désert rocheux.

REGAGNER [ʀ(ə)gaɲe]. *v. tr.* (XIIᵉ ; de *re-*, et *gagner*). Gagner de nouveau. ◆ 1° Obtenir de nouveau, reprendre ou retrouver (ce qu'on avait perdu). *Regagner l'argent perdu.* V. **Recouvrer.** *Regagner le temps perdu.* V. **Rattraper.** *Un homme « qui vient de regagner en une minute tout le terrain qu'il avait perdu »* (HUGO). — *Regagner l'amitié de qqn.* ◆ 2° Revenir, retourner à un endroit. *Regagner sa place.* « *Miss Nevil, revenant d'une promenade... regagnait l'auberge* » (MÉRIMÉE). ◇ ANT. *Reperdre.*

REGAIN [ʀ(ə)gɛ̃]. *n. m.* (*Regaïn*, XIIᵉ ; de *re-*, et a. fr. *gaïn* ; lat. pop. °*waidimen*, frq. °*waida* « prairie ». V. **Gagnage**). ◆ 1° Herbe qui repousse dans une prairie après la première coupe. V. **Recoupe.** *Faucher le regain d'un pré.* « *Les prairies où sèchent les regains...* » (BARRÈS). ◆ 2° *Fig.* (plus cour.). *Regain de...,* retour (de ce qui était compromis, avait disparu). *Regain de vie, de jeunesse, de santé, d'activité.* « *Un regain de sa tendresse d'autrefois* » (ZOLA).

RÉGAL [ʀegal]. *n. m.* (XVIIᵉ ; *rigale*, 1314 ; de l'a. fr. *gale* « réjouissance », avec infl. de *rigoler* « se divertir »). ◆ 1° Vx. Fête, repas somptueux qu'on offrait à qqn. V. **Festin.** ◆ 2° Mets qu'on trouve particulièrement délicieux. « *Son grand régal était un certain potage* » (ZOLA). *Ce rôti est un vrai régal.* V. **Délice.** *Des régals.* ◆ 3° *Fig. et fam.* Ce qui cause un grand plaisir. V. **Plaisir.** « *Une couleur si vibrante qu'elle est un régal pour les yeux* » (HENRIOT). ◇ HOM. *Régale* (1, 2 et 3).

RÉGALADE [ʀegalad]. *n. f.* (1719 ; p.-ê. du mot *région, galade,* et *galet* « gosier » [lat. *galla*], *boire au galet,* d'apr. *régaler*). ◆ 1° *Boire* À LA RÉGALADE = en renversant la tête en arrière et en faisant couler le liquide dans la bouche sans que le récipient touche les lèvres. ◆ 2° *Région.* (p.-ê. *région. galas* « branchages »). *Feu vif et clair de branchages.* V. **Bourrée** (1°). « *Un petit feu de bourrées, nommées des régalades* » (BALZ.).

RÉGALAGE [ʀegalaʒ] ou **RÉGALEMENT** [ʀegalmɑ̃]. *n. m.* (1870,-XVIᵉ ; de *régaler* 1). *Techn.* Travail qui consiste à niveler un terrain, à étendre la terre d'un remblai pour obtenir un profil régulier.

1. RÉGALE [ʀegal]. *n. f.* (1180 ; lat. médiév. *regalia* [*jura*] « [droits] royaux »). *Dr. anc.* (*Regaille*, 1147) Droit considéré comme inhérent à la monarchie. V. **Régalien** (droit). ◇ *Spécialt.* Droit qu'avait le roi de percevoir les revenus des évêchés vacants (*régale temporelle*), de pourvoir, pendant le temps de la vacance, aux bénéfices qui en dépendaient (*régale spirituelle*). *Affaire de la Régale* (entre Louis XIV et le pape). ◇ HOM. *Régal.*

2. RÉGALE [ʀegal]. *n. m.* (*Regualle*, 1540 ; p.-ê. lat. *regalis* « royal »). *Mus.* L'un des jeux à anches de l'orgue, appelé aussi *voix humaine.* ◇ HOM. *Régal.*

3. RÉGALE [ʀegal]. *adj. f.* (1680 ; fém. de l'adj. *regiel, regal* « du roi » [880] ; lat. *regalis*). *Techn. Eau régale :* mélange d'acide chlorhydrique et d'acide nitrique qui a la propriété de dissoudre l'or et le platine. ◇ HOM. *Régal.*

1. RÉGALER [ʀegale]. *v. tr.* (XIVᵉ ; de *re-*, et *égaler*). *Techn.* Niveler (un terrain), faire le régalement de. V. **Aplanir,** égaliser. *Régaler un remblai.*

2. RÉGALER [ʀegale]. *v. tr.* (1507 ; de *régal*). ◆ 1° Vx. Donner un régal (1°), un divertissement à (qqn) ; faire des cadeaux. « *Cet époux prétendu dont aujourd'hui régaler sa maîtresse d'une promenade sur mer* » (MOL.). ◆ 2° *Mod.* et *cour.* Offrir un bon repas à (qqn). « *Leur excellent patron qui les a régalés chez le sieur Rolland, restaurateur* » (BALZ.). V. **Traiter.** *Elle les a régalés d'un gâteau, avec un gâteau.* ◇ Absolt. *Fam.* Payer à boire ou à manger. « *Amenez-lui la choucroute et un demi. C'est moi qui régale* » (QUENEAU). ◆ 3° SE RÉGALER (1611). *v. pron.* Faire un bon repas, manger ce qu'on aime. *Nous nous sommes régalés.* ◇ *Fig.* Se donner un grand plaisir. « *Mon regard se régalait en glissant sur la belle parleuse* » (BALZ.). ◇ *Fam.* Faire un bénéfice important. *Il y a un an que je régale dans cette opération.*

RÉGALIEN, IENNE [ʀegaljɛ̃, jɛn]. *adj.* (1413 ; du lat. *regalis* « royal »). *Hist. Droits régaliens,* du roi. V. **Régale** (1).

REGARD [ʀ(ə)gaʀ]. *n. m.* (980 ; de *regarder*). ◆ 1° Action ou manière de diriger les yeux vers un objet, afin de voir ;

expression des yeux de celui qui regarde. *Le regard humain.*
« *Les voleurs, les espions, les amants, les diplomates, enfin tous les esclaves connaissent seuls les ressources et les réjouissances du regard* » (BALZ.). *Parcourir, fouiller, suivre... du regard, des yeux* : examiner, explorer. *Dérober, soustraire aux regards* : cacher. *Dévorer* du regard* : des yeux. *Menacer, foudroyer* du regard.* « *Quand la bouche dit oui, le regard dit peut-être* » (HUGO). ◊ LE REGARD DE QQN. *Son regard se posa sur moi.* — L'expression habituelle des yeux. *Regard candide.* « *Son regard assez doux d'habitude se fixa sur moi d'une façon haineuse* » (FROMENTIN). « *Un certain air d'audace et de gaîté dans le regard* » (MÉRIMÉE). « *Son regard est pareil au regard des statues* » (VERLAINE). ◊ UN REGARD : un coup d'œil. *Un regard rapide; distrait, furtif.* V. *Clin d'œil, coup* (d'œil*). *Au premier regard* : du premier coup d'œil. *Jeter un regard de convoitise sur...* V. *Loucher.* « *Je promène au hasard mes regards sur la plaine* » (LAMART.). *Échanger des regards d'intelligence*. Des regards en coin, en coulisse* : à la dérobée. *Un regard étonné, inquiet, courroucé, moqueur. Un regard noir, mécontent, furieux.* ♦ 2° (XIIᵉ-XIIIᵉ). *Fig.* et *vx.* Action de considérer avec attention. — *Mod. Avoir droit de regard sur...*, avoir le droit de surveiller, de contrôler. V. *Contrôler. Le droit de regard de Rome sur la nomination des évêques.* ◊ *Loc. prép.* AU REGARD DE : en ce qui concerne, par rapport à. *Au regard de la loi, de la morale.* « *Je crois qu'un tel vœu serait impie même au regard de la stricte religion* » (DUHAM.). ♦ 3° *Vx.* Orientation. ◊ *Loc. adv. Mod.* EN REGARD : en face, vis-à-vis. *Texte latin, anglais, avec la traduction en regard.* V. *Ci* (ci-contre). — *Fig. Mettre deux choses en regard,* les comparer. — EN REGARD DE *(loc. prép.)* : en face de..., comparativement à... « *Ce qu'il a vu lui paraît peu en regard de ce qu'il veut voir encore* » (GIDE). ♦ 4° (1883). Ouverture destinée à faciliter les visites, les réparations (dans une canalisation, un égout, une machine à vapeur, un four, une cave). *Regard fermé par une plaque.* V. *Soupirail, trou* (d'homme).

REGARDABLE [R(ə)gaRdabl(ə)]. *adj.* (XVIᵉ; de *regarder*). Qu'on peut regarder (surtout en emploi négatif). « *Il reste là sur l'étal... décomposé, vert à lambeaux, plus regardable* » (CÉLINE).

REGARDANT, ANTE [R(ə)gaRdã, ãt]. *adj.* (XVIᵉ; de *regarder*). ♦ 1° *Vx.* Qui regarde. Blas. *Animal regardant* : qui tourne la tête et regarde en arrière. ♦ 2° (1740). *Mod.* Qui regarde à la dépense. V. *Économe, pingre.* « *Les parents riches, s'ils ne sont pas regardants sur l'argent de poche...* » (ROMAINS). ◊ ANT. *Dépensier, prodigue.*

REGARDER [R(ə)gaRde]. *v. tr.* (*Rewardant*, VIIIᵉ; *reguarder*, 1080; de *re-*, et *garder* « veiller, prendre garde à »). I. *V. tr. dir.* ♦ 1° Faire en sorte de voir, s'appliquer à voir (qqn, qqch.). Cf. *fam.* Reluquer, viser, zieuter. « *Je ne l'ai pas regardée* (la reine). — *Alors, c'est que tu ne l'as pas vue... On ne peut pas ne pas la regarder quand on la voit* » (GIDE). *Regarder qqch. avec attention.* V. *Considérer, examiner, inspecter, observer, scruter. Regarder rapidement* (Cf. *Jeter un coup d'œil* à*). *Regarder un livre pour y chercher un renseignement.* V. *Consulter. Regarder sa montre* : regarder l'heure. *Regarder une émission de télévision. Regarder par la fenêtre, par le trou de la serrure. Partir sans regarder derrière soi* : sans se retourner. *J'ai regardé partout.* V. *Chercher. Regarder avec insistance.* V. *Dévisager, fixer. Regarder qqn bien en face, dans le blanc des yeux. Regarder du coin de l'œil, à la dérobée, par en-dessous.* V. *Lorgner. Regarder avec convoitise* (V. *Loucher* [sur]), *avec tendresse* (V. *Couver* [des yeux]), *avec plaisir. Regarder avec mépris.* V. *Toiser. Regarder de travers,* avec hostilité, malveillance. — *Par ext. Un œil noir me regarde.* — PROV. *Un chien* regarde bien un évêque.* ◊ *Loc. fam. Regardez voir ! (regardez pour voir !).* — *Regardez-moi cet idiot !* constatez qu'il est idiot. *Non mais, regardez-moi ce travail !* — *Vous ne m'avez pas regardé !* ne comptez pas sur moi. ♦ 2° REGARDER (et *inf.*). *Regardez-moi faire. Regarder la pluie tomber, tomber la pluie.* « *Elle le regarde croquer une tartine* » (MART. du G.). « *Tu regardais ainsi la Malibran mourir* » (MUSS.). ♦ 3° *Absolt.* Observer. *Apprendre à regarder.* V. *Voir.* — *Regarde bien, écoute beaucoup, parle peu* » (PAILLERON). *Se contenter de regarder* : assister en observateur. ♦ 4° Envisager (de telle ou telle façon). *Regarder le danger, le péril en face* : l'affronter fermement. *Regarder la situation par ses bons côtés. Regarder un problème par le petit, le gros bout de la lorgnette*.* ◊ *Fig.* Considérer. *Il ne regarde que son intérêt.* V. *Rechercher.* — *Regarder* (qqn, qqch.) *avec..., comme...* « *Nous regardons les grands seigneurs avec une prévention qui leur prête souvent un air de grandeur* » (LESAGE). « *Au risque d'être regardé comme un esprit rétrograde* » (BALZ.). V. *Estimer, juger, tenir* (pour). ♦ 5° (*Sujet de chose*). Avoir rapport à. V. *Concerner, intéresser, toucher. Ce qui regarde qqn* : ce dont il peut s'occuper, se mêler à bon droit. *Mêlez*-vous de ce qui vous regarde. Cela ne vous regarde pas,* mêlez-vous de vos affaires. ♦ 6° Être tourné vers. « *Les deux façades regar-*

daient, l'une au nord, vers la rivière, l'autre au sud, vers le village et la forêt » (DUHAM.). II. *V. tr. indir.* REGARDER À : considérer attentivement; tenir compte de. « *Si l'on regardait trop aux principes, on ne croirait jamais* » (FRANCE). *Y regarder de près* : considérer (qqch.) avec attention avant de juger, de se décider. *Y regarder à deux fois avant de se décider* : se garder, se méfier. *Regarder à la dépense,* hésiter à dépenser, compter (V. *Regardant*). *Absolt.* « *Quand elle achète, elle n'y regarde pas* » (BENJAMIN). III. SE REGARDER. *v. pron.* ♦ 1° (*Réfl.*). Se regarder dans un miroir. « *Je ne puis sans horreur me regarder moi-même* » (RAC.). *Il ne s'est pas regardé* : il a justement les défauts qu'il reproche à autrui. ◊ *Se regarder comme le centre de l'univers* : se considérer comme. ♦ 2° (*Récipr.*). *Se regarder l'un l'autre. Se regarder en face, dans les yeux.* « *Deux augures ne peuvent se regarder sans rire* » (trad. de CICÉRON). — *Loc. prov. Se regarder en chiens* de faïence.* ◊ *Fig.* Être l'un en face de l'autre. *Nos deux maisons se regardaient.* ♦ 3° (*Pass.*). Être regardé. « *Le soleil ni la mort ne se peuvent regarder fixement* » (LA ROCHEF.). *Dans quel sens cela se regarde-t-il ?*

REGARDEUR, EUSE [Rəgardœr, øz]. *n.* (XVIᵉ, repris v. 1965; de *regarder*). *Vx.* ou *littér.* Celui, celle qui regarde. « *Les œuvres de regardeur infini* » (HUGO). « *Elles* [les œuvres d'art] *se replieraient sur elles-mêmes, l'esprit du lecteur, du regardeur ou du spectateur ne serait pas libre...* » (*L'Express,* 17-1-1966).

REGARNIR [R(ə)garnir]. *v. tr.* (XIIIᵉ; de *re-*, et *garnir*). Garnir de nouveau, garnir ce qui est dégarni. *Regarnir une trousse, un rayon.*

RÉGATE [Regat]. *n. f.* (1679; vénitien *regata* « défi », de *regatar* « rivaliser », de *gatto* « chat »). ♦ 1° RÉGATES. *n. f. pl.* Course de bateaux, à la voile ou à l'aviron. *Appos. sur mer, sur lac, en rivière.* « *L'on partit pour Maisons-Laffitte, où étaient annoncées des régates* » (MAUPASS.). ♦ 2° Cravate (rappelant celle des marins) avec un nœud d'où sortent deux pans verticaux et superposés. *La régate étant la cravate la plus portée de nos jours, le mot est devenu moins usité; on dit simplement* : cravate.

RÉGATIER [Regatje]. *n. m.* (1935; de *régate*). *Mar.* Celui qui prend part à une régate*.

REGAZONNER [R(ə)ga(ə)zɔne]. *v. tr.* (*Rewasonner,* 1328; de *re-*, et *gazon*). Regarnir de gazon.

REGEL [Rəʒɛl]. *n. m.* (1777; de *regeler*). Gel, gelée qui survient après un dégel. *Formation des névés par fonte de la neige et regel.* — *Phys. Phénomène de regel,* consistant, pour la glace qui a fondu sous l'action d'une pression, à se reformer aussitôt que cette pression cesse.

REGELER [Rəʒle]. *v. tr.; conjug.* geler (1447; de *re-*, et *geler*). Geler de nouveau. *Impers. Il regèle.*

RÉGENCE [Reʒãs]. *n. f.* (1549; « gouvernement », 1403; de *régent*). ♦ 1° Gouvernement d'une monarchie par un régent. *Exercer la régence pendant la minorité du roi. Conseil de régence.* ◊ Fonction, dignité de régent, durée de cette fonction. *La régence d'Anne d'Autriche.* ♦ 2° *Absolt. La Régence,* régence du duc d'Orléans (1715-1723), en France après la mort de Louis XIV. *Les mœurs de la Régence* (*Commode à la Régence,* 1768). *Appos.* Qui appartient à l'époque de la Régence ou en rappelle le style souple et gracieux. « *Amours joufflus d'un vaste lit Régence* » (MAUROIS). ◊ Qui appartient à l'époque de la régence de George, prince de Galles (1810-1820), en Angleterre, ou en rappelle le style très simple et élégant. *Table anglaise,* REGENCY [Reʒãsi]). *Table, fauteuils, bibliothèques Régence.* ♦ *Adj.* Qui a des manières élégantes rappelant celles de l'Ancien Régime. *Ils sont un peu régence.* « *Tout à fait régence, Mamouchka* » (AYMÉ).

RÉGÉNÉRATEUR, TRICE [Reʒeneratœr, tris]. *n.* et *adj.* (1495; de *régénérer*). ♦ 1° Qui régénère (1°), reconstitue. *Crème régénératrice de l'épiderme. Principe régénérateur. Réacteur régénérateur,* dont les produits de fission sont eux-mêmes fissibles et utilisables dans une nouvelle combustion nucléaire. ◊ *N. m.* (Techn.). Appareil servant à régénérer un catalyseur. — (1874). Récupérateur de chaleur. ♦ 2° Qui régénère (2°). *Eau régénératrice,* eau du baptême.

RÉGÉNÉRATION [Reʒenerasjɔ̃]. *n. f.* (1170, relig.; lat. *regeneratio*). ♦ 1° (1314). Reconstitution naturelle d'une partie vivante qui a été détruite. *Régénération des chairs d'une plaie, du tissu osseux d'un os fracturé.* ♦ 2° *Fig.* et *littér.* (1687). Renaissance de ce qui était corrompu, altéré, affaibli. *Régénération de l'âme par le baptême, la pénitence. Régénération des mœurs, de l'homme.* « *Fichte dit qu'il attendait la régénération du la nation allemande de l'institut de Pestalozzi* » (STAËL). ♦ 3° Action de régénérer (3°). V. *Réactivation.* ◊ ANT. *Dégénérescence; décadence.*

RÉGÉNÉRÉ, ÉE [Reʒenere]. *adj.* (XVIIᵉ, sens abstrait). V. *Régénérer. Sc., Techn.* Reconstitué ou remis dans son état premier. *Glacier régénéré. Caoutchouc régénéré.*

RÉGÉNÉRER [ReʒeneRe]. *v. tr.;* conjug. *céder* (1050, relig.; lat. ecclés. *regenerare* « faire renaître »). ♦ 1° *Rare.* Reconstituer une partie détruite (d'un être vivant). « *Le procédé vital qui régénère les chairs* » (LITTRÉ). ♦ 2° *Relig.* Faire renaître à la pureté, à la vérité, au bien. ♦ 3° (XIVᵉ) Renouveler en redonnant les qualités perdues. « *Il sortit de la douche régénéré* » (MART. du G.). *Régénérer le monde.* — *Pronom.* (XVIᵉ) « *L'ardeur des citoyens à se régénérer* » (FRANCE). ◇ *Techn.* Régénérer (un catalyseur), en éliminant les impuretés (un produit industriel). V. **Réactiver.** ◇ ANT. **Détruire. Détériorer** (V. aussi **Dégénérer**).

RÉGENT, ENTE [Reʒɑ̃, ɑ̃t]. *n.* (1261, *régent d'université;* lat. *regens,* p. prés. de *regere* « diriger »). ♦ 1° (1316). Personne qui gouverne une monarchie pendant la minorité ou l'absence du roi, du souverain. *Le régent était choisi parmi les membres de la famille royale.* Adj. *La reine régente, le prince régent.* — *Le Régent,* Philippe, duc d'Orléans qui porta ce titre de 1715 à 1723 (V. **Régence,** 2°). ◇ (1842) Nom d'un diamant de la couronne acheté par le Régent, et qui pèse 136 carats. V. **Pierre.** N. m. *(Vx).* Celui qui dirige une classe, un élève. V. **Pédagogue.** *Les régents de collège.* — N. **Mod.** [Belgique]. Personne qui enseigne aux élèves des trois années du « secondaire inférieur ». ♦ 3° Personne qui régit, administre. *Régent de la Banque de France,* membre du conseil général de cet établissement. ◇ *Vx.* Régisseur d'un hôpital, d'un hospice. « *Les Régents* », « *Les Régentes* », tableaux de Frans Hals.

RÉGENTER [Reʒɑ̃te]. *v. tr.* (XVᵉ; de *régent.* V. **Régir**). ♦ 1° *Vx* (1418, « gouverner »). *Vx.* Diriger (une classe). — *Fig.* et *vieilli.* Diriger, enseigner. « *La grammaire, qui sait régenter jusqu'aux rois* » (MOL.). ♦ 2° *Mod.* (XIVᵉ). Diriger avec une autorité excessive ou injustifiée. *Il veut tout régenter.* Absolt. « *Tout ce qui satisfait son goût de dominer, de régenter* » (MAURIAC).

RÉGICIDE [Reʒisid]. *n. et adj.* (1594 ; lat. scolast. *regicida, regicidium,* de *rex, regis* « roi »; Cf. *-Cide*). ♦ 1° N. m. et *f.* Assassin d'un roi, d'un monarque. *Le régicide Ravaillac.* — *Hist.* Se dit de ceux qui condamnèrent à mort Charles Iᵉʳ, en Angleterre, Louis XVI, en France. ◇ Adj. *Les révolutions régicides.* ♦ 2° N. m. Meurtre ou condamnation à mort d'un roi.

RÉGIE [Reʒi]. *n. f.* (1670 ; « palais royal », 1512 ; de *régir*). ♦ 1° *Dr., Admin.* Mode de gestion d'une entreprise publique, par les fonctionnaires d'une collectivité publique. *Régie d'État, régie communale. Régie simple* ou *directe,* entièrement dirigée et organisée par les fonctionnaires. *Régie intéressée,* dirigée par une personne ou une société, intéressée aux recettes et aux bénéfices. *Travaux en régie* (opposé à *travaux à forfait*),* travaux traités au prix couvrant les dépenses réelles. ◇ *Cour.* Entreprise publique ainsi gérée. *Régies d'État* avec monopole (Tabacs et allumettes, Poudres et salpêtres, P. et T.), *sans monopole* (Imprimerie nationale, manufactures de Sèvres, des Gobelins). *Régie française des tabacs; cigarettes de la Régie.* — Nom courant (inexact en droit) de certaines entreprises nationalisées. *Régie autonome des transports parisiens* (R.A.T.P.). *La Régie Renault.* ◇ (Canada). *La Régie de la langue française du Québec.* ♦ 2° Administration chargée (dans un théâtre, un studio de cinéma, de télévision) de l'organisation matérielle d'un spectacle. *Adressez-vous à la régie.* V. **Régisseur.** ♦ 3° *Hist.* Perception des impôts par des fermiers-généraux du roi. *Les systèmes de la régie et de la ferme** (2). ♦ 4° « *Règlement d'une dépense future par le moyen d'une avance, contrairement à la procédure régulière de la dépense publique* » (CAPITANT).

REGIMBEMENT [R(ə)ʒɛ̃bmɑ̃]. *n. m.* (1538 ; de *regimber*). *Littér.* Le fait de regimber.

REGIMBER [R(ə)ʒɛ̃be]. *v. intr.* (XVᵉ ; *regiber, regimber* « ruer », XIIᵉ; de *re-,* et *gib-* « sauter »; Cf. dial. *Gibe* « ruade »). ♦ 1° *Vx.* Résister en ruant. *Cheval qui regimbe.* ♦ 2° *Cour.* Résister en refusant. V. **Cabrer** (se), **rebiffer** (se). « *On ne voit pas que les sujets regimbent* » (TAINE). « *Je proteste et regimbe devant cette aventure* » (GIDE). *Inutile de regimber.* ◇ *Pronom.* (confusion avec *se rebiffer,* ou *révolter*) SE REGIMBER (XVIIIᵉ). « *L'humiliation le fait se regimber* » (GIDE). ◇ ANT. **Céder, consentir.**

REGIMBEUR, EUSE [R(ə)ʒɛ̃bœR, øz]. *n. et adj.* (1539 ; de *regimber*). *Rare.* Personne qui regimbe. Adj. *Cheval regimbeur.* V. **Récalcitrant.**

1. RÉGIME [Reʒim]. *n. m.* (1408 ; *regisme* « royaume », 1190 ; lat. *regimen* « action de diriger ». V. **Régir**). ♦ 1° Façon d'administrer, de gouverner une communauté. — *Par ext.* (1789) Organisation politique, économique, sociale d'un État. V. **Système.** *L'Ancien Régime,* celui de la monarchie avant 1789. *Sous l'Ancien Régime :* avant 1789 (en France). *Changement de régime. Régimes politiques :* régime autocratique, démocratique, dictatorial, monarchique, oligarchique, ploutocratique, républicain, etc. V. **Constitution, gouvernement, institution**(s). *Régime représentatif, constitutionnel, parlementaire, présidentiel. Régime libéral, auto-*

ritaire, *totalitaire.* — *Régime féodal, capitaliste, socialiste. Régime économique libéral, étatiste, dirigiste.* ♦ 2° (1812). Ensemble de dispositions qui organisent une institution ; cette organisation. *Régime matrimonial, légal, conventionnel. Régime fiscal, douanier.* — *Régime des prisons. Être au régime du droit commun.* ♦ 3° (1438). Conduite à suivre en matière d'hygiène, de nourriture. Imposer, ordonner un régime à un malade. *Le régime d'entraînement d'un sportif.* — *Par ext. Un régime de vie. À ce régime, il ne tiendra pas longtemps.* ◇ *Plus cour.* (XVIᵉ) Alimentation raisonnée. *Régime alimentaire diététique.* V. **Diète.** *Elle suit un régime pour maigrir. Régime lacté,* comportant beaucoup de lait ou seulement du lait. *Régime sans sel. Régime végétarien. Régime sec,* proscrivant les boissons alcoolisées. V. **Prohibition.** — *Un régime sévère, strict. Se mettre au régime.* ♦ 4° *Phys.* Manière dont se produisent certains mouvements. *Régimes d'écoulement d'un fluide* (V. **Laminaire, turbulent**). — Phase d'un phénomène. *Régime transitoire, régime permanent.* — *Cour. (D'un moteur)* Nombre de tours en un temps donné. V. **Marche.** *Régime normal, ralenti. Régime de croisière,* régime présentant un bon rendement et une consommation économique. « *Pour relancer le moteur à plein régime au passage du point mort* » (G. ARNAUD). — *Loc. fig.* Marcher à plein régime, aller le plus vite possible, mettre en jeu le maximum de moyens. ◇ *Géogr.* Ensemble des conditions générales définissant le processus de certains phénomènes météorologiques ou hydrographiques. *Le régime d'un fleuve est caractérisé par les variations de son débit. Régime des précipitations, des pluies. Régime pluvial*, pluvio-nival*.* (V. **Climat**). ♦ 5° *Gram.* (1680). Terme régi ou gouverné par un autre terme. V. **Complément, objet.** *Régime direct. Régime indirect,* rattaché au verbe par une préposition. Appos. *Cas régime :* un des deux cas de l'ancien français (objet direct).

2. RÉGIME [Reʒim]. *n. m.* (1640 ; mot des Antilles, p.-ê. esp. *racimo,* d'apr. *régime* 1). Réunion en grappe des fruits des bananiers et palmiers dattiers. *Régime de bananes, de dattes.*

RÉGIMENT [Reʒimɑ̃]. *n. m.* (1553 ; *regement* [1250], « gouvernement » [Cf. **Régime** 1], et « régime alimentaire » ; lat. *regimentum* « action de régir »). ♦ 1° Corps de troupe placé sous la direction d'un colonel. *Les bataillons d'un régiment d'infanterie. Les escadrons d'un régiment de cavalerie, de chars. Les trois régiments d'une division.* — *Régiments étrangers* (de la Légion* étrangère. — *Les hommes d'un régiment.* « *Tout le régiment connaît Lucie* » (DORGELÈS). ◇ *Fam. Le régiment :* l'armée. *Nouveaux arrivants au régiment.* « *Cet air crâne qui sied aux conscrits en partance pour le régiment* » (LOTI). *Aller au régiment :* être incorporé. — *Pop.* Service militaire. *C'était juste après son régiment.* ♦ 2° *Par ext.* (1623). Grand nombre (de personnes, de choses). V. **Quantité;** et *fam.* **Ribambelle.** « *Des régiments d'arbres à fruits* » (MAUPASS.). « *Un régiment de bulletins et de places retenues* » (FLAUB.). — *Il y en a pour un régiment ;* pour beaucoup de personnes.

RÉGIMENTAIRE [Reʒimɑ̃tɛR]. *adj.* (1791 ; de *régiment*). D'un régiment. *Infirmerie, train régimentaire.*

REGINGLARD [R(ə)ʒɛ̃glaR]. *n. m.* (1860 ; de *re-,* et *ginglard, ginguet;* du rad. germ. *giga;* Cf. **Gigue**). *Vx* ou *région.* Vin aigrelet, légèrement acide. V. **Ginguet, piquette.** « *Pas mauvais, le reginglard !* » (ARNOUX).

RÉGION [Reʒjɔ̃]. *n. f.* (1380 ; « pays », fin XIᵉ ; lat. *regio* « direction ; frontière, contrée », de *regere*). ♦ 1° Territoire relativement étendu, possédant des caractères physiques et humains particuliers qui en font une unité distincte des régions voisines ou au sein d'un ensemble qui l'englobe. V. **Contrée, province, zone.** *Régions naturelles. Les régions polaires. Région désolée. Régions cultivées. Région à population dense. Carte d'une région.* ◇ *Par ext. Dans nos régions :* dans nos climats, nos pays. ◇ *Spécialt.* Unité territoriale administrative groupant en France plusieurs départements (V. **Circonscription**). *Régions militaires.* Absolt. *Le général commandant la région. L'état-major de la région. Régions judiciaires.* — *Régions maritimes, aériennes.* — (Anc.). *Régions économiques :* en France, Groupements régionaux de chambres de commerce. ♦ 2° Étendue de pays autour d'une ville. *Aller en vacances dans la région de Royan. Parcourir, sillonner la région.* ♦ 3° *Fig.* (de la *région éthérée,* philo. anc.). Domaine, sphère. « *Les hautes régions de la philosophie* » (MOL.). « *Une région supérieure où la joie et la douleur n'existent plus* » (MART. du G.). ♦ 4° (XVIᵉ). Partie, zone déterminée (du corps). *Région lombaire, plantaire, palmaire.* — *Fig.* « *La région proprement pensante de son être* » (BENDA). ◇ *Les régions de la sensibilité.*

RÉGIONAL, ALE, AUX [Reʒjɔnal, o]. *adj. et n. m.* (1534, rare av. 1848 ; de *région*). ♦ 1° Relatif à une région (1°), à une province (3°). *Les parlers régionaux. Institutions, coutumes, danses régionales* (V. **Folklore**). *Cuisine régionale.* — *Mots régionaux :* employés dans une ou quelques régions (abrév. *Région.*) *Le français régional :* la langue française parlée dans une région, avec ses particularités (différent de *dialectal*). ♦ 2° (Dans le vocabulaire des organisations internationales). Qui groupe plusieurs nations voisines (*opposé à* mondial). *Les accords régionaux de l'Europe des Six, des Sept.* ♦ 3° *Méd.* Relatif à une région déterminée du corps (souvent par oppos. à *général*). *Anesthésie régionale*, Cf. Local. ♦ 4° N. m. *Le régional :* réseau téléphonique desservant les alentours d'un grand centre.

RÉGIONALISATION [ʀeʒjɔnalizasjɔ̃]. *n. f.* (v. 1960; de *régionaliser*). Décentralisation (politique, administrative, économique) à l'échelle d'une région. « *Une authentique régionalisation basée sur le transfert des compétences au profit d'organes provinciaux* » (*Le Monde*, 15-6-1966). *Régionalisation et autonomie.* ◇ ANT. Centralisation.

RÉGIONALISER [ʀeʒjɔnalize]. *v. tr.* (v. 1960; de *régional*). Opérer la régionalisation de. « *Régionaliser la France, c'est lutter contre la tendance naturelle à la concentration politique et économique* » (*Entreprise*, 5-4-1969). ◇ Organiser par régions. « *Un investissement* [...] *régionalisé* » (F. PERROUX).

RÉGIONALISME [ʀeʒjɔnalism(ə)]. *n. m.* (1875; de *régional*). ♦ 1° Tendance à conserver ou à favoriser certains traits particuliers d'une région, d'une province. — Intérêt particulier porté à une région dans une œuvre littéraire. ♦ 2° N. m. *Un régionalisme :* locution, tour qui ne s'emploie que dans certaines régions. ♦ 3° Système donnant aux régions, aux provinces, une certaine autonomie. V. **Décentralisation**.

RÉGIONALISTE [ʀeʒjɔnalist(ə)]. *adj. et n.* (1907; de *régional*). ♦ 1° Partisan du régionalisme. *Fédération régionaliste de France.* ♦ 2° Qui fait du régionalisme littéraire. *Écrivain régionaliste.*

RÉGIR [ʀeʒiʀ]. *v. tr.* (1234; lat. *regere ;* Cf. Régent, régime, région). ♦ 1° *Vx.* Diriger. V. **Gouverner**. « *Montrez-lui comme il faut régir une province* » (CORN.). — Fig. et vx. Pronom. S'imposer une discipline. « *Être homme, c'est se régir soi-même* » (MICHELET). ◇ *Vieilli.* Administrer, gérer. *Régir des affaires, des propriétés* (V. *Régisseur*). ♦ 2° *Mod.* Déterminer, en parlant d'une loi, d'une règle. « *La loi qui régit le sentiments de nos cœurs est plus cruelle que la loi qui régit les choses* » (BARBEY). *Les règles juridiques qui régissent les relations entre les États.* ♦ 3° *Gram.* (1350). Imposer à un autre mot une fonction grammaticale dépendante. *Le verbe transitif régit un complément* (V. **Régime** [1, 5°]). — Déterminer, entraîner (un mode verbal, un cas). *Conjonction qui régit le subjonctif.*

RÉGISSEUR [ʀeʒisœʀ]. *n. m.* (1724; de *régir*). ♦ 1° Celui qui administre, qui gère (une propriété). V. **Gérant, intendant**. ♦ 2° (1835). *Régisseur d'un théâtre :* celui qui organise matériellement les représentations. « *J'avais la tête tellement troublée que je crus entendre les trois coups du régisseur* » (VILLIERS). — Par anal. *Régisseur de plateau*, dans un studio de cinéma, de télévision (V. *aussi* **Régie**). ♦ 3° *Dr.* Personne physique ou morale qui dirige une régie intéressée. *Régisseur comptable du budget d'un service.*

REGISTRE [ʀəʒistʀ(ə)]. *n. m.* (XIIIᵉ; bas lat. *regesta*, de *regestus* « rapporté, inscrit », de *regerere* « porter en arrière »; finale *-istre*, d'apr. épistre, épître).
I. ♦ 1° Gros cahier sur lequel on note des faits, des noms, des chiffres dont on veut garder le souvenir. V. **Album, livre, répertoire**. *Registre relié. Épais registre. Registre coté. Registre à souches.* — *Inscrire sur un registre* (ou, parfois, *dans un registre*). V. **Enregistrer, immatriculer**. *Tenir un registre. Registres d'audience* (d'un tribunal). — *Registre du commerce,* où doivent s'inscrire toutes les personnes qui effectuent des actes de commerce. *Registre des contributions.* V. **Matrice** (4°), **rôle**. *Registre maritime,* où sont inscrits les navires. — *Registres publics d'état civil* (naissances, mariages). — *Registre de comptabilité :* livres de commerce, de caisse. *Registres d'un notaire* (V. **Minutier**). — *Registre d'un hôtel.* ◇ Fig. et littér. *Être sur les registres de qqn,* être marqué dans son souvenir (en vue d'une vengeance, d'une récompense). ◇ *Techn.* Support d'informations en cours de traitement dans un ordinateur. ♦ 2° Compte rendu, recueil. « *Un registre des essais de ma vie* » (MONTAIGNE). « *L'histoire qui tient un registre si exact des variations morales...* » (TAINE).
II. (Lat. médiév. *registrum campanæ* « corde de cloche », du sens propre de *regerere* « tirer »). ♦ 1° *Mus.* (XVIᵉ). Commande de chacun des jeux de l'orgue. ♦ 2° Chacun des étages de la voix d'un chanteur, quant à la hauteur des sons. *Le registre aigu, haut, moyen, grave.* ◇ Étendue totale de la voix d'un chanteur. V. **Tessiture**. — Étendue de l'échelle des sons d'un instrument. ♦ 3° *Fig.* Caractères particuliers, « tonalité » propre (d'une œuvre, du discours). V. **Ton**. *Son dernier roman est dans un autre registre que le précédent.* « *Ayant une grande admiration pour Jeanne d'Arc, elle choisissait volontiers ses métaphores dans le registre guerrier* » (QUENEAU). ♦ 4° (1676). *Techn.* Plaque mobile servant à

régler le tirage dans un conduit. *Registre d'un fourneau. Registre de vapeur :* valve d'admission (dans une machine à vapeur). ♦ 5° *Typogr.* Correspondance exacte des lignes dans les deux pages d'un feuillet. ♦ 6° *Arts.* Ensemble des motifs placés au même niveau horizontal (bande), dans une œuvre peinte ou sculptée. *Tympan gothique à registres.*

RÉGLABLE [ʀeglabl(ə)]. *adj.* (1842; de *régler*). Qu'on peut régler (II, 5°). *Sièges réglables d'une voiture. Fauteuil à dossier réglable. Bretelles réglables,* dont on peut faire varier la longueur. *Briquet à flamme réglable.*

RÉGLAGE [ʀeglaʒ]. *n. m.* (1508; de *régler*). ♦ 1° Action ou manière de régler du papier; l'ensemble des lignes ainsi tracées. ♦ 2° (1870). Opération qui consiste à régler un appareil, un mécanisme, à régulariser un mouvement. *Réglage d'une horloge, d'une machine. Bouton, manette, papillon de réglage. Réglage du tir.* ◇ Manière dont un appareil, un mécanisme est réglé. *Mauvais réglage du carburateur, du ralenti.*

RÈGLE [ʀɛgl(ə)]. *n. f.* (XIIIᵉ; adapt. du lat.; *reille*, 1105; *ruile*, 1119; lat. *regula*).
I. (1317). Planchette allongée ou tige à arêtes rectilignes qui sert à guider le crayon, la plume, quand on trace un trait, à mesurer une longueur, etc. V. **Réglette**. *Règle de bois, de métal. Règle plate. Tracer des lignes avec une règle, à la règle. Règle graduée.* ◇ *Règle à calcul :* instrument composé de deux règles à graduation logarithmique, coulissant l'une sur l'autre, et qui permet d'effectuer rapidement certaines opérations.
II. *Fig.* (1268). ♦ 1° Ce qui est imposé ou adopté comme ligne directrice de conduite; formule qui indique ce qui doit être fait dans un cas déterminé. V. **Convention, institution, loi, norme, précepte, prescription, principe**. *Ensemble de règles.* V. **Code, discipline, méthode, règlement, réglementation**. *Les règles de l'honneur, de la morale. Adopter une règle de conduite.* V. **Ligne**. *J'ai pour règle de ne jamais désespérer. Les règles de la politesse.* V. **Cérémonial, étiquette, protocole**. *La règle de droit. Règles juridiques. Règles grammaticales, orthographiques. La règle des participes. Exceptions* à la *règle.* — (XVIᵉ) *Les règles du métier, de l'art.* Spécialt. *Les règles de l'art,* les principes de la bonne construction, en architecture. *Les règles d'un genre littéraire.* « *Je voudrais bien savoir si la grande règle de toutes les règles n'est pas de plaire* » (MOL.). « *Les règles ne sont que l'itinéraire du génie* » (STAËL). *La règle des trois unités.* — Psychan. *Règle fondamentale* (ou *règle de libre association*), selon laquelle le patient doit parler sans rien exclure volontairement de ce qui lui vient à l'esprit. — *La règle, la règle du jeu :* les conventions qui le régissent. — Fig. *La règle, les règles du jeu :* les usages auxquels on doit se soumettre quand on est dans une certaine situation, quand on se livre à une certaine activité (Cf. Jouer le jeu). ◇ *Établir, fixer, imposer une règle. La rigueur de la règle. Assouplir la règle. Accepter, appliquer, observer, suivre les règles, une règle; se plier à une règle. Conforme aux règles.* V. **Régulier**. *Enfreindre, violer les règles.* ◇ Loc. *Selon les règles, selon les règles de l'art,* comme il se doit. « *Il vaut mieux mourir selon les règles que de réchapper contre les règles* » (MOL.). — (Avec valeur d'adj.) *Une escroquerie dans les règles.* — *En règle générale :* dans la majorité des cas. V. **Généralement**. *C'est la règle :* c'est ainsi que les choses se passent, ou doivent se passer. — DE RÈGLE (1780) : conforme à l'usage, à l'habitude; qui se produit presque toujours. « *Le coup de foudre est de règle en amitié* » (MAURIAC). *Il est de règle que vous fassiez vous-même la demande.* — Loc. adj. EN RÈGLE : conforme aux règles de l'art, aux usages, fait d'une manière méthodique, systématique. *Une bataille en règle. Faire une cour en règle à une femme.* — (1740; *être en règle*) Établi, exécuté conformément aux prescriptions légales; en situation régulière (au regard de la loi, etc.). *Comptes, testament, pièces, quittances en règle. Avoir sa comptabilité en règle. Se mettre en règle avec ses créanciers :* payer ses dettes. « *Des passeports parfaitement en règle* » (GOBINEAU). *Se mettre en règle avec Dieu,* se confesser avant de mourir. ♦ 2° (1636; *h.* XIVᵉ). Ensemble des préceptes disciplinaires auxquels sont soumis les membres d'un ordre religieux. V. **Constitution, observance**. *Règle d'un couvent, d'un couvent.* « *La règle austère du Carmel* » (LEC. DE LISLE). *Clergé soumis à la règle* (V. **Régulier**), *vivant hors de la règle* (séculier). ♦ 3° *Arith.* Formule, opération, procédé qui permet de résoudre certains problèmes, d'effectuer certains calculs. *Règle de trois* (1538) ou *de proportion.* — Vieilli. *Les quatre règles :* les quatre opérations fondamentales (addition, soustraction, multiplication, division).
III. (1690). *Au plur.* Écoulement menstruel. V. **Menstruation**. *Avoir ses règles.* V. **Réglé; indisposé**. *Règles douloureuses.* V. **Dysménorrhée**. *Absence de règles.* V. **Aménorrhée**. ◇ ANT. Exception.

RÉGLÉ, ÉE [ʀegle]. *adj.* (*Riglé*, 1220; V. Régler).
I. ♦ 1° *Vieilli.* Qui a une vie disciplinée, ordonnée. « *La*

bourgeoisie réglée d'autrefois » (RENAN). ♦ 2° Qui est soumis à des règles, se déroule dans un ordre régulier. *Une vie réglée.* V. **Organisé.** « *À des heures réglées je quittais mon ouvrage* » (FLAUB.). V. **Fixe.** « *Jeu réglé* » (ALAIN). — Fam. *C'est réglé, c'est réglé comme du papier à musique,* cela arrive avec une régularité mathématique. ♦ 3° Fixé définitivement. *C'est une chose réglée, tout est réglé.* ♦ 4° Résolu. *L'affaire est réglée.* ♦ 5° (1676). Mis au point pour fonctionner correctement. *Carburateur mal réglé.* ♦ 6° (XVIᵉ). Qui a ses règles (III). *Cette fillette est déjà réglée.* V. **Formé, nubile.** *Une femme bien, mal réglée,* avec ou sans régularité. **II.** ♦ 2° (1559). Qui porte une réglure, ligné. *Papier réglé.* (Cf. fig. *Réglé comme du papier à musique,* ci-dessus, I, 2°). ♦ 2° Géom. *Surface réglée,* engendrée par une droite qui se déplace selon une loi déterminée. *Coupe* réglée.*
◊ ANT. **Déréglé.**

RÈGLEMENT [ʀɛɡləmã]. *n. m.* (*Règlement* « ordonnance, statut », 1538; de *régler*). ♦ 1° *Vx.* L'action de régler (II, 1°), de discipliner (qqch.); son résultat. *Le règlement des mœurs.* ♦ 2° Mod. (*Dr.*). Acte législatif qui émane d'une autorité autre que le Parlement; décision administrative qui pose une règle générale, valable pour un nombre indéterminé de personnes ou de situations. V. **Arrêté, décret.** *Règlement individuel. Règlement d'administration publique* : décret rendu, après avis du Conseil d'État, afin d'assurer l'exécution d'une loi. *Règlement de police.* V. **Ordonnance.** *Règlement sanitaire. Les lois et les règlements.* ♦ 3° Cour. Ensemble ordonné de règles, qui définit la discipline à observer à l'intérieur d'un groupe, qui préside au fonctionnement d'un organisme. V. **Code, réglementation.** *Règlement intérieur d'une assemblée. Règlement de copropriété. Règlement d'une association, d'une société.* V. **Statut.** — *Il faut obéir, c'est le règlement.* V. **Consigne.** « *Le règlement... est semblable aux rites d'une religion qui semblent absurdes mais façonnent les hommes* » (ST-EXUP.). *Enfreindre, tourner le règlement. Le règlement dispose, prévoit que..., prescrit de...* ◊ *Écrit, texte qui contient ces prescriptions. Afficher, lire le règlement.* ♦ 4° Rare. L'action de régler (II, 2°), de décider, de déterminer qqch. définitivement ou exactement. *Le règlement de son sort.* ◊ Dr. (1688) *Règlement de juges* : jugement qui détermine quel tribunal devra connaître d'une affaire, lorsque plusieurs en sont saisis. ♦ 5° Le fait, l'action de régler (II, 3°) une affaire, un différend. *Règlement d'un conflit. Règlement amiable.* ♦ 6° (1870). Action de régler (un compte), de payer. *Le règlement d'un compte.* V. **Solde.** *Le règlement d'une dette.* V. **Acquittement.** *Faire un règlement par chèque.* V. **Paiement.** ◊ Dr. *Règlement judiciaire* : procédure qui remplace dans certains cas la liquidation judiciaire. — *Fig.* (XXᵉ) *Règlement de compte(s)* : action de se faire justice soi-même, de régler un différend par la violence. *Règlement de comptes entre truands.* ◊ ANT. **Dérèglement; dérangement.**

RÉGLEMENTAIRE [ʀɛɡləmɑ̃tɛʀ]. *adj.* (1780; péj., « qui multiplie à l'excès les règlements », 1768; de *règlement*). *Cour.* Conforme au règlement; imposé, fixé par un règlement. *Ce certificat n'est pas réglementaire.* V. **Régulier.** *Tenue réglementaire d'un soldat.* ◊ Dr. De la nature d'un règlement, relatif à un règlement administratif. *Dispositions légales* (qui émanent du Parlement), *et dispositions réglementaires,* qui émanent du gouvernement, des préfets, des maires. ◊ *Pouvoir réglementaire,* en vertu duquel une autorité peut faire des règlements (2°).

RÉGLEMENTAIREMENT [ʀɛɡləmɑ̃tɛʀmã]. *adv.* (1846; de *réglementaire*). En vertu d'un règlement, conformément à un règlement. *Initiative prise réglementairement.* « *Un sac chargé réglementairement* » (MAC ORLAN).

RÉGLEMENTATION [ʀɛɡləmɑ̃tɑsjɔ̃]. *n. f.* (1846; de *règlement*). ♦ 1° Action de réglementer. *Réglementation des prix.* V. **Fixation, taxation.** ♦ 2° Ensemble de règlements, de prescriptions qui concernent un domaine particulier. *Se documenter sur la réglementation du travail. Réglementation du commerce, de l'industrie. La réglementation du Code de la route.* ◊ ANT. **Liberté.**

RÉGLEMENTER [ʀɛɡləmɑ̃te]. *v. tr.* (1768; de *règlement*). Assujettir à un règlement, organiser par un règlement. *Réglementer le droit de grève.* — Au p. p. *Commerce réglementé.* ◊ ANT. (du p. p.) **Libre.**

RÉGLER [ʀɛɡle]. *v. tr.;* conjug. *céder* (1288; de *règle*). **I.** Couvrir de lignes droites parallèles pour écrire. *Régler du papier avec une règle. Machine à régler ou régleuse. Régler du papier.* **II.** ♦ 1° (*Intrans.,* « gouverner », XIVᵉ; *reigler sa vie,* 1538). *Vx* ou *littér.* Assujettir à des règles, diriger ou modérer. *Régler son ambition.* « *Régler sa dépense sur son économie* » (MOL.). ◊ Mod. RÉGLER... SUR (1640). *Régler sa conduite sur qqn* : agir en le prenant pour modèle. « *Réglant son pas sur le sien* » (BALZ.). *Régler sa conduite sur les circonstances.* V. **Accorder** (à)**, conformer** (à)**.** — Pronom. *Se régler sur qqn.* V. **Suivre.** ◊ (Sujet de chose) *Littér.* Servir de règle, de prin-

cipe directeur. *C'est la mode qui règle leurs goûts.* V. **Dicter.** ♦ 2° Fixer, déterminer ou exactement. *Régler le sort de qqn.* « *Il avait demandé de régler lui-même le programme de cette dernière journée* » (LOTI). V. **Établir.** ♦ 3° (1670). Résoudre définitivement, terminer. *Régler une question. Régler une affaire.* V. **Conclure.** Pronom. (Pass.) *L'affaire s'est réglée à l'amiable.* — *Arbitre chargé de régler un litige. Régler une querelle.* V. **Vider.** ♦ 4° (1690). Compt. *Régler un compte* : l'arrêter et le payer. V. **Liquider, solder.** ◊ Fig. et cour. *Régler son compte à qqn,* se venger de lui, le punir par la violence. *Avoir un compte à régler avec qqn.* ◊ Cour. *Payer* (une note). *Régler le prix de sa pension, sa note d'hôtel, ses factures.* V. **Acquitter.** — Absolt. *Laissez, c'est moi qui vais régler. Régler par chèque.* — *Payer* (un fournisseur). *Régler le boucher, le boulanger.* V. **Payer.** ♦ 5° (1674). Amener (un mouvement) à la vitesse ou au rythme convenable, ou (un phénomène) au degré d'intensité voulu. Mettre au point* ou remettre (un dispositif, un mécanisme, un appareil) en état de fonctionner correctement, à l'emplacement convenable. *Régler la flamme d'une lampe, le débit d'un robinet, le régime d'une machine. Régler sa montre. Régler le thermostat d'un chauffe-eau à 80°. Régler le tir* : faire en sorte que les coups se rapprochent du but visé. — Pronom. (Pass.) *Un appareil qui se règle facilement.*
◊ ANT. **Dérégler; déranger.**

RÉGLET [ʀɛɡlɛ]. *n. m.* (1676; de *règle; rieulet* « petite doloire », 1370; de *reille, ruile,* a. formes de *règle*). ♦ 1° Typogr. (*Vx.*). Filet. ♦ 2° (1688). Techn. Règle à coulisse utilisée par les menuisiers. ♦ 3° Moulure étroite et plate qui sépare les compartiments d'un panneau.

RÉGLETTE [ʀɛɡlɛt]. *n. f.* (1680; *reglete,* 1415; de *règle,* et des a. formes *ruile, rielle*). Petite règle (1). — Typogr. *Réglette servant à augmenter les caractères.* V. **Composteur.**

RÉGLEUR, EUSE [ʀɛɡlœʀ, øz]. *n.* (1877; « ouvrier qui règle les feuillets d'un livre », 1527; de *régler*). Ouvrier spécialisé dans le réglage de certains appareils, de certaines machines. *Régleur de tours automatiques. Régleur en balances, en horlogerie. Régleur de précision.* ◊ N. f. (1852) RÉGLEUSE : machine qui sert à régler (I) le papier.

RÉGLISSE [ʀɛɡlis]. *n. f.* et *m.* (1393; altér., d'apr. *règle,* de *ricolice,* de *licorice; bas lat. liquiritia,* adapt. avec infl. de *liquor* du gr. *glukurrhiza* « racine douce »). ♦ 1° N. f. Plante (*Papilionacées*) à rhizome très développé (*bois de réglisse*), brun en dehors et jaune en dedans. *Réglisse officinale.* ♦ 2° N. f. ou plus cour. *n. m.* Racine et rhizome de cette plante. *Mâcher un bâton de réglisse. Boisson à base de réglisse.* V. **Coco.** — Pâte de réglisse, utilisée en pharmacie comme adoucissant. *Bâton, rouleau de réglisse.* — Ellipt. *Acheter, sucer du réglisse.*

RÉGLO [ʀɛɡlo]. *adj. invar.* et *adv.* (1917; de *règle, régulier*). Fam. Conforme à la règle, à une loi. V. **Correct, régulier.** *C'est réglo.* — (Personnes). Qui respecte la règle en vigueur. V. **Légal** (2°)**, régulier** (II, 1°). *Un type réglo.*

RÉGLOIR [ʀɛɡlwaʀ]. *n. m.* (1723; *rigleoir,* XIIIᵉ; de *régler*). Techn. Instrument qui sert à régler le papier. — (1771) Petit instrument de bois ou d'os, dont se servent les cordonniers.

RÉGLURE [ʀɛɡlyʀ]. *n. f.* (*Reiglure,* 1549; de *régler*). Opération qui consiste à régler du papier (spécial. à musique); manière dont le papier est réglé; ensemble des lignes qui y sont tracées. « *La réglure* (doit être) *fine, égale et bien marquée* » (ROUSS.).

RÉGNANT, ANTE [ʀɛɲã, ãt]. *adj.* (1350; n. m., « règne », 1138; de *régner*). ♦ 1° Qui règne, exerce le pouvoir royal, souverain. *Le prince régnant. Famille régnante,* dont un membre règne. ♦ 2° Fig. et littér. Qui domine, qui a cours. *Les idées régnantes.* V. **Dominant.** « *C'est au nom de cette morale régnante que les tribunaux condamnent* » (DURKHEIM).

RÈGNE [ʀɛɲ]. *n. m.* (XIIᵉ; « royaume », fin Xᵉ; lat. *regnum*). **I.** ♦ 1° Exercice du pouvoir souverain considéré dans sa durée, ses modalités; période pendant laquelle s'exerce ce pouvoir. *Le règne de Louis XIV. Sous le règne du tsar Pierre le Grand, de Napoléon. Un long règne. Les dernières années de son règne. Période entre deux règnes.* V. **Interrègne.** ◊ Par ext. Période d'exercice d'un pouvoir politique absolu. *Le règne de Robespierre.* ♦ 2° Fig. Domination, pouvoir absolu d'une personne, d'une catégorie de personnes. *Le règne des banquiers.* « *C'est le règne du muphe* » (DUHAM.). ◊ (1670) Influence prédominante. V. **Prédominance.** *Le règne absolu d'une chose. Le règne de la justice et de la fraternité.* « *Nous aspirons au règne du cœur* » (DUHAM.). **II.** (1762; fig. de l'a. sens « royaume »). *Règne minéral* (vx)*, règne végétal, règne animal* : les trois grandes divisions de la nature. *Étude du règne végétal* (botanique)*, animal* (zoologie). *Règne bactérien. Division d'un règne en embranchements et en classes.* **III.** (1690). Didact. Couronne suspendue au-dessus du maître-autel, dans certaines églises. — Chacune des trois couronnes superposées de la tiare pontificale (dite *trirègne*).

RÉGNER [ʀeɲe]. *v. intr.;* conjug. *céder* (980; lat. *regnare,* de *regnum.* V. **Règne**).
I. Exercer le pouvoir monarchique. « *Le roi n'administre pas, ne gouverne pas, il règne* » (THIERS). *Régner pendant vingt ans, régner vingt ans; les vingt ans que ce prince a régné.* — *Loc. prov. Diviser pour régner,* créer des rivalités, des discordes entre ceux qu'on gouverne, qu'on dirige, afin qu'ils ne s'unissent pas contre le dominateur. ◇ « *Celui qui règne dans les cieux* » (BOSS.) : Dieu.
II. *Par ext.* ♦ 1° (1228). Exercer un pouvoir absolu. « *Tu es mon maître... règne à jamais sur moi* » (STENDHAL). *Elle règne dans la maison.* V. **Dominer**. « *Il ne dépend pas de nous d'avoir ou de n'avoir pas des passions, mais il dépend de nous de régner sur elles* » (ROUSS.). — (Animaux) *La jungle où règnent les fauves.* ♦ 2° *(Choses).* Avoir une influence prédominante. « *Cette justice et cette fraternité que nous voulons faire régner sur le monde* » (MART. du G.). « *Une tristesse paisible, un calme désespéré régnaient sur le cœur de Jean-Paul* » (MAURIAC). ◇ (1670) Avoir cours, être en crédit ou en vogue. « *Des opinions étrangères à celles qui règnent en France* » (STAËL). V. **Prédominer**.
III. Dans un sens très affaibli *(sujet de chose).* ♦ 1° Exister, s'être établi (quelque part). « *L'horrible confusion qui régnait en Allemagne* » (DUHAM.). *Le bon accord qui règne entre nous. Faire régner la paix. La confiance règne.* Iron. *Vous vérifiez tous les comptes? Eh bien, la confiance règne !* — *Le silence qui règne dans un lieu.* ♦ 2° *Archit.* Se dit d'un élément d'architecture ou de décoration qui s'étend tout au long de (qqch.). « *Quelques ouvrages de terre, autour desquels règne un large fossé* » (Abbé PRÉVOST).

REGONFLEMENT [ʀ(ə)gɔ̃fləmã] ou *(plus cour.)* **REGONFLAGE** [ʀ(ə)gɔ̃flaʒ]. *n. m.* (1542,-xxᵉ; de *regonfler*). Action de regonfler; son résultat.
REGONFLER [ʀ(ə)gɔ̃fle]. *v.* (1555; *reconfler,* intr., 1530; de *re-,* et *gonfler*). ♦ 1° *V. intr.* Se gonfler de nouveau. *La rivière regonfle.* — Enfler de nouveau. *Son bras a regonflé.* ♦ 2° *V. tr.* Gonfler de nouveau qqch. *Regonfler un ballon, des pneus.* — (1927). Fig. et fam. *Regonfler qqn., le moral de qqn,* lui redonner du courage. — Au p. p. *Il est regonflé à bloc !*
REGORGEMENT [ʀ(ə)gɔʀʒəmã]. *n. m.* (1549; de *regorger*). Rare. Débordement. — *Pathol.* Écoulement de l'urine qui s'échappe par trop-plein de la vessie, lorsque celle-ci se contracte plus.
REGORGER [ʀ(ə)gɔʀʒe]. *v. intr.;* conjug. *bouger* (1360; de *re-,* et *gorge*). ♦ 1° *Vieilli.* S'épancher hors d'un contenant trop plein. V. **Déborder**. *Liquide qui regorge.* Fig. « *Sous son menton regorgeaient en boudins trois plis de chair flasque* » (GAUTIER). ♦ 2° *Mod.* REGORGER DE (xvᵉ) : contenir en surabondance. *Région qui regorge de richesses.* V. **Abonder**. « *Qu'une poignée de gens regorgent de superfluités* » (ROUSS.). ◇ ANT. **Manquer**.
REGRAT [ʀ(ə)gʀa]. *n. m.* (1219; de *regratter*). Vx. Vente de menues denrées au détail et de seconde main. — Vente des restes d'un restaurant.
REGRATTAGE [ʀ(ə)gʀataʒ]. *n. m.* (xvⅡᵉ; de *regratter*). Action de regratter un édifice.
REGRATTER [ʀ(ə)gʀate]. *v.* (1611; « vendre au détail », xⅢᵉ; de *re-,* et *gratter*). ♦ 1° V. intr. Vx. Faire de petits bénéfices en revendant de seconde main. Faire de petites économies en épluchant les comptes. « *C'est un homme qui regratte sur tout* » (ACAD.). ♦ 2° *V. tr.* (1654). Gratter de nouveau, gratter la pierre d'un bâtiment pour le nettoyer. *Regratter un mur, une façade.*
REGRATTIER, IÈRE [ʀ(ə)gʀatje, jɛʀ]. *n.* et *adj.* (1180; de *regratter*). Ancien. Personne qui faisait le commerce de regrat, *spécial.* celui du sel. ◇ *Fam.* et *vx.* Personne qui épluche mesquinement les comptes.
REGRÉER [ʀ(ə)gʀee]. *v. tr.* (1666; de *re-,* et *gréer*). Mar. Regréer un navire, en remplacer le gréement.
REGREFFER [ʀ(ə)gʀefe]. *v. tr.* (1680; de *re-,* et *greffer*). Greffer une seconde fois.
RÉGRESSER [ʀegʀese]. *v. intr.* (mil. xxᵉ; de *régression,* d'apr. *progresser*). Subir une régression. « *La douleur est en train de régresser* » (SARRAUTE). *Art qui progresse, fleurit et régresse.* ◇ Écon. *Production qui régresse.* V. **Diminuer, reculer**. ◇ *Psycho. Malade qui régresse au stade infantile.* ◇ ANT. **Développer** (se), **progresser**.
RÉGRESSIF, IVE [ʀegʀesif, iv]. *adj.* (1842; de *régression*). ♦ 1° *Philo.* Qui va des conséquences aux principes. *Raisonnement régressif.* ♦ 2° (1870). Qui va en arrière. *Marche régressive.* ♦ 3° (1855). *Biol., psycho.* Qui constitue une régression, résulte d'une régression. *Évolution régressive. Formes régressives.* ♦ 4° *Géol. Érosion régressive,* érosion fluviale par laquelle le profil de pente d'un cours d'eau se creuse vers l'amont. ◇ ANT. **Progressif**.
RÉGRESSION [ʀegʀesjɔ̃]. *n. f.* (1374, « retour »; repris xvⅢᵉ, puis xⅨᵉ; lat. *regressio*). ♦ 1° *Rhét.* (1765). Inversion de l'ordre des mots. V. **Recul**. *L'histoire est faite de progressions et de*

régressions. *Régression de la production.* V. **Récession**. *La mortalité infantile est en régression, en voie de régression.* V. **Diminution**. ♦ 3° *Géol. Régression marine,* recul de la mer qui abandonne définitivement le terrain. ♦ 4° *Biol.* Retour (d'un tissu, d'un organe) à une forme antérieure de son développement chez un même individu; atrophie (de cet organe, de ce tissu) au cours des générations ou d'un processus physiologique normal. V. **Involution**. *Régression de la queue du têtard jusqu'à sa disparition. Organes rudimentaires provenant d'une régression (ex. :* les doigts chez le cheval). ◇ *Psycho.* Retour à un stade antérieur de développement affectif et mental. *Régression du langage et du comportement dans la colère. Régression de la sexualité.* ♦ 5° *Math.* Réduction des données d'un phénomène complexe en vue de le représenter par une loi simplificatrice. *Droite, courbe de régression,* droite, courbe représentative d'une telle loi. ◇ ANT. **Développement, progrès, progression**.
REGRET [ʀ(ə)gʀɛ]. *n. m.* (1530; *faire regret* de « manifester sa douleur à propos de », 1170; de *regretter*).
I. État de conscience douloureux causé par la perte d'un bien. *Regret du pays natal.* V. **Nostalgie**. « *S'attarder aux vains regrets du passé* » (FRANCE). « *Ce passé terrible... ne m'a laissé que des remords et pas un regret* » (DAUD.). *Regrets éternels :* formule d'inscription funéraire. *Quitter un lieu, une personne avec regret.* « *Je te quitte sans regret* » (LACLOS). « *Il vivait toute l'année dans l'espérance ou le regret de ces huit jours* » (STENDHAL).
II. ♦ 1° Mécontentement ou chagrin (d'avoir fait, de n'avoir pas fait, dans le passé). V. **Remords, repentir**. *Montrer du regret de n'avoir pas pris parti.* « *Pour s'épargner les regrets d'avoir négligé une occasion* » (GREEN). *Regret d'avoir offensé qqn, Dieu.* V. **Contrition, résipiscence**. « *Je n'ai qu'un regret, c'est d'y avoir jamais mis les pieds* » (MUSS.). *Regrets amers, tardifs. Être rongé de regrets. Fam. C'est votre dernier mot? Sans regret?* ◇ (Avec un nom) *Le regret d'une faute.* ♦ 2° *Par ext.* Déplaisir causé par une réalité qui contrarie une attente, un désir, un souhait. *Le regret de n'avoir pas réussi.* « *Il exprimait le regret qu'un compositeur aussi bien doué se fourvoyât dans un métier qui n'était pas le sien* » (R. ROLLAND). V. **Déplorer**. ◇ *Loc. adv.* À REGRET (1475) : contre son désir. *Accepter à regret.* « *Les volumes de Fabre, que je laisse à regret chaque automne* » (GIDE). — *Arg.* (Vx) *L'abbaye de Monte-à-regret,* l'échafaud. ♦ 3° Déplaisir qu'on exprime d'être dans la nécessité de, d'être responsable de (la situation présente). *J'ai le regret de ne pouvoir vous recevoir aujourd'hui.* — *Tous mes regrets.* V. **Excuse**. *Je suis au regret de vous annoncer...*
REGRETTABLE [ʀ(ə)gʀɛtabl(ə)]. *adj.* (*Regretable,* 1478; de *regretter*). ♦ 1° *Vx.* Digne d'être regretté (I). « *Une personne peu regrettable* » (HUGO). ♦ 2° (1870). *Mod.* Qui est à regretter (II, 2°). V. **Fâcheux**. *Un incident, une faute, une erreur regrettable. Conséquences regrettables.* V. **Déplorable**. *Il est regrettable qu'il l'ait appris si tard.* V. **Dommage, malheureux**. ◇ ANT. **Désirable, souhaitable**.
REGRETTABLEMENT [ʀ(ə)gʀɛtabləmã]. *adv.* (1838; de *regrettable*). *Littér.* D'une manière regrettable. *Il s'est regrettablement immiscé dans cette affaire.*
REGRETTER [ʀ(ə)gʀete]. *v. tr.* (xvᵉ, « se lamenter sur qqch. »; *regreter* « se lamenter », 1050; p.-ê. de l'a. scand. *grâta* « pleurer »).
I. Éprouver le désir douloureux (d'un bien qu'on n'a plus, d'un bonheur passé); être fâché de ne plus avoir (ce qu'on a eu). *Regretter le temps passé, sa jeunesse, son bonheur perdu.* « *Il regrettait ses montagnes depuis qu'il vivait dans la plate Beauce* » (ZOLA). Absolt. « *Tu regardes en arrière, ton lot est de regretter toujours* » (FROMENTIN). *Par ext.* Être fâché de ne pas avoir, connaître... « *Il est naturel et absurde de regretter les belles choses qui ne sont pas faites* » (VALÉRY). — (1538) Regretter l'absence, la mort de (qqn). *Je vous regretterai longtemps.* « *Madeleine la regretta et la pleura beaucoup* » (SAND). — Au p. p. *Notre regretté président,* notre président mort récemment. ◇ (1801) *Regretter son argent :* être fâché d'avoir fait une dépense.
II. (1668). ♦ 1° Être mécontent (d'avoir fait ou de n'avoir pas fait). V. **Repentir** (se). Cf. *Se mordre les doigts*. *Elle regrette d'être venue.* « *Je ne regrette pas d'avoir fait... (cette) expérience* » (DUHAM.). *Je ne regrette rien. Il me ferait regretter mon indulgence.* — (Par menace ou dissuasion) *Vous le regretterez !* — (Comme encouragement à agir) *Vous ne le regretterez pas !* ◇ Désavouer (sa conduite passée) *Regretter ses péchés.* V. **Se repentir de**. *Je n'ai fait aucun geste et présente... mes excuses* » (DUHAM.). ♦ 2° Désapprouver; être mécontent de (ce qui contrarie une attente, un désir, un souhait). V. **Déplorer**. *Je regrette la suppression de ce règlement.* « *Je regrette cette décision* » (CHARDONNE). *Nous regrettons qu'il ne puisse venir.* ♦ 3° Se montrer fâché auprès de qqn (d'une action, d'une situation dont on est responsable). V. **Excuser** (s'). *Je regrette de vous avoir fait attendre. Je regrette d'avoir été aussi vif.* — *Je regrette :* formule pour contredire ou

s'excuser. « *Tu l'as ratée. — Je regrette, je ne l'ai pas ratée* » (ADAMOV). V. **Pardon.** « *La rue X, s'il vous plaît? — Je regrette, je ne suis pas du quartier* » (Cf. Excusez-moi).
◊ ANT. *Féliciter* (se), *réjouir* (se). — *Désirer, souhaiter.*

REGRÈVEMENT [ʀ(ə)gʀɛvmã]. *n. m.* (*Ragrevement, regrevance* « aggravation d'une peine », xvᵉ; de *grever*). *Fin.* Augmentation de l'impôt. V. **Surimposition.** ◊ ANT. *Dégrèvement.*

REGRIMPER [ʀ(ə)gʀɛ̃pe]. *v. intr.* (1549; de re-, et *grimper*). Grimper de nouveau. V. **Remonter.** « *Ils regrimpèrent sur un omnibus en partance* » (ALLAIS). Fig. et fam. *Courbe de température qui regrimpe.* — Trans. *Regrimper la pente.*

REGROS [ʀəgʀo]. *n. m.* (1808; de re-, et *gros*). *Techn.* Grosse écorce de chêne utilisée pour faire le tan.

REGROSSIR [ʀ(ə)gʀosiʀ]. *v. intr.* (xxᵉ; v. tr., « élargir les hachures d'une gravure », 1829; de re-, et *grossir*). Grossir de nouveau, grossir après avoir maigri (Cf. Reprendre du poids).

REGROUPEMENT [ʀ(ə)gʀupmã]. *n. m.* (fin xixᵉ; de *regrouper*). Action de regrouper, de se regrouper. *Regroupement d'hommes, de forces. Regroupement de parcelles* (remembrement). Fig. et fam. *Courbe de température qui regrimpe.* « *Préparer le regroupement national qui, après la victoire, remettrait le pays en marche* » (DE GAULLE).

REGROUPER [ʀ(ə)gʀupe]. *v. tr.* (fin xixᵉ; de re-, et *grouper*). ♦ 1º Grouper, unir de nouveau (ce qui était dispersé). *Regrouper les hommes d'une armée, d'un parti.* Par ext. *Regrouper une armée.* V. **Reformer.** *Regrouper des pièces de collection.* ◊ Pronom. *Se regrouper,* se remettre en groupe. *Se regrouper autour de qqn, derrière qqn.* — Au p. p. « *La petite tribu, regroupée, silencieuse...* » (CÉLINE). ♦ 2º Grouper (des éléments dispersés), réunir. *Regrouper les populations, les industries.* ◊ ANT. *Disperser, disséminer, morceler.*

RÉGULARISATION [ʀegylaʀizasjɔ̃]. *n. f.* (1819; de *régulariser*). ♦ 1º Action de régulariser (1º) qqch.; son résultat. *Régularisation d'un compte, d'un acte.* ◊ Spécialt. (1870) Le fait de régulariser sa situation par un mariage. ♦ 2º L'action de régulariser (2º); le fait d'être régularisé. *Régularisation du mouvement d'une horloge. Régularisation d'un cours d'eau.*

RÉGULARISER [ʀegylaʀize]. *v. tr.* (1794; du lat. *regularis*). ♦ 1º Rendre conforme aux lois, aux règlements; mettre en règle. *Régulariser sa situation financière, militaire.* ◊ Spécialt. *Régulariser sa situation,* ou absolt. *Régulariser :* épouser une femme avec qui on a une liaison. ♦ 2º Rendre régulier (ce qui est désordonné, inégal, intermittent). *Régulariser le fonctionnement d'un appareil* (V. **Régler**). *Régulariser le trafic sur une voie ferrée. Régulariser un fleuve.*

RÉGULARITÉ [ʀegylaʀite]. *n. f.* (1370; du lat. *regularis* « régulier »). ♦ 1º Caractère régulier (d'un mouvement). *La régularité de son pas, de son allure.* ◊ Caractère de ce qui est égal, uniforme. *Régularité des habitudes. Faire preuve de régularité dans son travail.* V. **Ponctualité.** — Fam. *Une régularité d'horloge, de chronomètre.* ♦ 2º Le fait de présenter des proportions régulières. *Régularité d'une façade* (V. **Symétrie**), *du plan d'une ville. Le visage* « *d'une finesse et d'une régularité exquises* » (LOTI). V. **Harmonie.** ♦ 3º Conformité aux règles. *Régularité d'une élection.* ◊ ANT. *Irrégularité. Inégalité.*

RÉGULATEUR, TRICE [ʀegylatœʀ, tʀis]. *adj. et n. m.* (1508, « qui dirige »; du bas lat. *regulare* « régler »).
I. Adj. et n. m. *(Sc.).* Qui règle, qui régularise. *Force régulatrice.* Physiol. *Hormones régulatrices.* Mécan. *Mécanisme régulateur d'une horloge :* balancier, compensateur, échappement. *Dispositifs régulateurs, en cybernétique.* — N. m. *Von Word* « *estime que les seuls régulateurs de la population sont les guerres, les épidémies et les migrations* » (A. SAUVY).
II. N. m. ♦ 1º Littér. Ce qui discipline, ce qui modère, ce qui rend régulier, ordonné. « *La nécessité du devoir, correctif et régulateur de l'instinct démocratique* » (CHATEAUB.). ♦ 2º (1728). *Techn.* Système de commande destiné à maintenir constante la valeur d'une grandeur, quelles que soient les perturbations qui pourraient la faire varier. *Régulateur à boules d'une machine à vapeur. Régulateur de vitesse, de température* (ex. : thermostat), *de pression, de tension.* — Tout dispositif corrigeant la dérive d'une grandeur par rapport à une loi déterminée. ◊ Agric. *Dispositif qui permet de régler les socs, les versoirs d'une charrue.* ♦ 3º Horlog. (1880). Pendule sans sonnerie, très régulière, qui sert aux horlogers à régler les montres et les pendules. ♦ 4º Techn. Personne qui s'occupe de la régulation du trafic. V. **Dispatcher.**

RÉGULATION [ʀegylasjɔ̃]. *n. f.* (1842; « domination », xvᵉ; de *régulateur*). ♦ 1º Vieilli. Action de régler, de mettre au point (un appareil). *Régulation des compas d'un navire.* ♦ 2º Le fait de maintenir en équilibre, d'assurer le fonctionnement correct d'un système complexe). *Régulation du trafic* (chemin de fer, etc.). *Poste de régulation* (V. **Dispatching**). *Régulation et autorégulation en cybernétique. Régulation de phénomènes économiques. Régulation des naissances.* ◊ Contraception, contrôle. ◊ Physiol. Mécanisme destiné à

assurer un bon équilibre physiologique. (1898) *Régulation thermique,* qui maintient la chaleur à un degré uniforme chez les animaux à température constante, ou *homéothermes.*

RÉGULE [ʀegyl]. *n. m.* (xxᵉ; « métal non ductile », 1611; lat. *regulus* « petit roi »). *Techn.* Alliage à base d'antimoine utilisé comme métal antifriction.

RÉGULIER, IÈRE [ʀegylje, jɛʀ]. *adj. et n. m.* (1119, *jurs regulers;* lat. *regularis,* de *regula* « règle »).
I. *(Choses).* ♦ 1º (1552). Qui est conforme aux règles, ne fait pas exception à la norme. V. **Normal.** *Syllogisme régulier. Verbes réguliers,* qui suivent les règles ordinaires de la conjugaison. *Vers réguliers (opposé à libre).* ◊ Spécialt. Établi ou accompli conformément aux dispositions constitutionnelles, légales ou réglementaires. *Jugement régulier. Gouvernement, tribunal régulier.* ◊ Permis (par la loi, par les règles d'un jeu). *Coup régulier.* — Fam. ou pop. Loyal, correct, réglo. *Le coup est dur, mais régulier* (Cf. ci-dessous, II, 4º). *Opération commerciale parfaitement régulière.* ♦ 2º (1666, « bien proportionné »). Qui présente un caractère de symétrie, d'ordre, d'harmonie. *Forme régulière.* V. **Géométrique.** (Math.). *Élément régulier,* élément a d'un ensemble tel que les égalités $ax = ay$ et $xa = ya$ entraînant toujours $x = y$. *Façade régulière.* V. **Symétrique.** *Rues droites et régulières. Écriture bien formée, nette.* « *Traits nobles et réguliers* » (ROMAINS). *Visage régulier.* ◊ *Polygone régulier,* aux côtés et aux angles égaux. *Polyèdre régulier,* dont les faces sont toutes des polygones réguliers. ♦ 3º (xiiᵉ-xiiiᵉ; *en parlant d'un mouvement, d'un phénomène*). Caractérisé par une vitesse, une période, un rythme, une intensité uniforme; sans à-coups, sans interruption. V. **Égal, uniforme.** *Vitesse, accélération régulière. Rythme régulier. Pouls régulier. Efforts, résultats réguliers. Qualité régulière.* V. **Homogène,** suivi. *Progrès régulier.* ◊ *Vents réguliers* ou *constants* (ex. : les alizés). — *Cours d'eau régulier :* dont le débit varie peu. ♦ 4º *À intervalles réguliers :* régulièrement. — (1835) Qui se renouvelle à intervalles égaux. *Frapper des coups réguliers. Migrations régulières. Visites; inspections, vérifications régulières.* ♦ 5º Qui n'est pas occasionnel, mais habituel. *Être en correspondance régulière avec qqn. Ligne régulière* (de transport). *Service régulier d'autocars.* — Par ext. *L'autocar, l'avion, le train régulier.* ♦ 6º (Reguleir, 1200). (En parlant *des mœurs de la vie*). Soumis à des habitudes conformes à la morale. *Avoir une vie très régulière.*
II. *(Personnes).* ♦ 1º (1170, *reguler*). (Opposé à *séculier*) Qui appartient à un ordre religieux. *Abbé, chanoine, clerc régulier. Clergé régulier et clergé séculier.* — Subst. *Un régulier, les réguliers.* V. **Moine, religieux.** *Les réguliers sont soumis à la règle.* ♦ 2º (Troupe, soldat). Qui est soumis à des règles strictes, dépend du pouvoir central. *Armées régulières et milices.* — N. m. *Les réguliers et les supplétifs.* ♦ 3º Assidu, exact, ponctuel, réglé. *Il est régulier dans ses habitudes, son travail.* — Spécialt. Qui fournit des efforts et obtient des résultats d'un niveau constant. *Élève régulier. Vendeur régulier.* ♦ 4º Fam. Qui respecte les usages, les règles en vigueur dans un milieu, une profession, une activité. *Régulier en affaires.* V. **Correct, fair-play, réglo** (Cf. Régule).
◊ ANT. *Irrégulier. Aberrant, anormal. Illégal. Asymétrique, difforme, inégal. Accidentel, exceptionnel, intermittent.*

RÉGULIÈRE [ʀegyljɛʀ]. *n. f.* (1930; de *régulier*). Pop. Épouse; maîtresse. *Il se promène avec sa régulière.*

RÉGULIÈREMENT [ʀegyljɛʀmã]. *adv.* (1426; *régulièrement,* 1387; de *régulier*). ♦ 1º D'une manière régulière, légale. *Fonctionnaire régulièrement nommé.* ♦ 2º Avec régularité, uniformité. *Couche de terre répartie très régulièrement.* V. **Uniformément.** *S'approvisionner régulièrement chez le même fournisseur. Payer régulièrement.* — « *Il n'est pas régulièrement beau..., mais il est chic!* » (PROUST). ♦ 3º Normalement, d'ordinaire. *Régulièrement, il ne devrait pas être battu.* ◊ ANT. *Irrégulièrement. Accidentellement.*

RÉGURGITATION [ʀegyʀʒitasjɔ̃]. *n. f.* (xviᵉ; de *régurgiter*). Didact. Retour des aliments de l'estomac ou de l'œsophage dans la bouche, sans effort de vomissement. V. **Mérycisme.** ◊ Méd. Reflux du sang de l'aorte, de l'artère pulmonaire vers le cœur ou du ventricule gauche vers l'oreillette gauche, dû à une insuffisance des valvules.

RÉGURGITER [ʀegyʀʒite]. *v. tr.* (xviᵉ; de re-, et lat. *gurges.* V. **Gorge**). Didact. Rendre; faire revenir de l'estomac (ou de l'œsophage) dans la bouche. V. **Dégorger, vomir.**

RÉHABILITABLE [ʀeabilitabl]. *adj.* (1845; de *réhabiliter*). Qui peut être réhabilité.

RÉHABILITATION [ʀeabilitasjɔ̃]. *n. f.* (1401; de *réhabiliter*). ♦ 1º Vx. *Lettres de réhabilitation :* d'anoblissement. ♦ 2º Dr. Fait de rétablir dans une situation juridique antérieure, en relevant de déchéances, d'incapacités. — Dr. comm. *Réhabilitation du failli.* — Cour. Cessation des effets d'une condamnation à la suite de la révision d'un procès. ♦ 3º Cour. Le fait de restituer ou de regagner l'estime, la considération perdues. *Réhabilitation d'une personne compro-*

mise. V. **Dédouanement.** *La réhabilitation des passions, dans l'œuvre de Vauvenargues.* ♦ 4° (1966). *Réhabilitation d'un quartier, d'immeubles vétustes,* leur remise en état d'habitation. V. **Réfection, rénovation, restauration.** ◇ ANT. *Avilissement, dégradation, flétrissure.*

RÉHABILITER [reabilite]. *v. tr.* (XVe; *réabiliter une ville à maire* « lui rendre le droit d'avoir un maire », 1234; de *re-*, et *habiliter*). ♦ 1° *Vx.* Rétablir dans un état, dans des droits, des privilèges perdus. ◇ *Mod.* (1823) Rendre à (un condamné) ses droits perdus et l'estime publique, en reconnaissant son innocence. V. **Blanchir, innocenter.** *Réhabiliter la victime d'une erreur judiciaire.* « *Je voudrais bien vivre assez pour voir Dreyfus réhabilité* » (PROUST). — P. p. *Failli réhabilité;* subst. *Le réhabilité.* ♦ 2° Rétablir dans l'estime, dans la considération d'autrui. *Réhabiliter la mémoire d'un ami.* « *Pour réhabiliter cet art* (du comédien) *que dix-sept cents ans de raison chrétienne avaient condamné* » (BLOY). ◇ Pronom. *Se réhabiliter.* V. **Racheter** (se). *Se réhabiliter dans l'opinion publique, aux yeux de tous...* ♦ 3° Remettre en état, rénover (un quartier, un immeuble). « *Réhabiliter un paysage urbain et industriel dégradé* » (*Le Monde*, 2-11-1969). ◇ ANT. *Condamner, flétrir* (2).

RÉHABITUER [reabitɥe]. *v. tr.* (*Rabituer,* 1549; de *re-*, et *habituer*). Habituer de nouveau, faire reprendre une habitude perdue. Pronom. *Se réhabituer à un travail.* ◇ ANT. *Déshabituer.*

REHAUSSEMENT [Rəosmã]. *n. m.* (1552; de *rehausser*). Action de rehausser. *Le rehaussement d'une clôture.* — *Rehaussement fiscal.* V. **Majoration, redressement.** ◇ ANT. *Abaissement.*

REHAUSSER [Rəose]. *v. tr.* (XIIIe; de *re-*, et *hausser*). ♦ 1° Hausser davantage; élever à un plus haut niveau. V. **Élever.** « *Deux gros livres rehaussant sa chaise* » (ROBBE-GRILLET). ◇ *Fig.* Faire valoir davantage. « *Pour rehausser le prestige de ces Directeurs désarmés* (les membres du Directoire), *on les habille fort bien* » (MADELIN). ♦ 2° *(Sujet de chose.)* Faire paraître, valoir davantage par sa présence. V. **Relever; valeur** (mettre en). *Fard qui rehausse l'éclat du teint.* « *La soutane convenait à sa sveltesse et rehaussait son grand air épiscopal* » (MAURIAC). — REHAUSSÉ DE, mis en valeur par, orné de. *Une boiserie « rehaussée de quelques légères arabesques* » (GAUTIER). ♦ 3° Donner plus de relief à (un dessin), en soulignant, en accentuant certains éléments. *Rehausser un dessin par des touches de gouache* (V. **Rehaut**). ◇ ANT. *Descendre, rabaisser. Atténuer. Déprécier, ternir.*

REHAUT [Rəo]. *n. m.* (1552; de *rehausser*). *Peint.* Touche, hachure claire, destinée à accuser les lumières. *Dessin avec des rehauts de craie, de gouache, d'aquarelle.* « *Les rehauts sont des effets nécessaires du reflet, ou ils sont faux* » (DIDER.).

REICHSMARK [Rajʃsmark]. *n. m.* (v. 1940; mot all.; de *Reich*). Unité monétaire allemande (100 pfennigs) entre 1924 et 1948.

REICHSTAG [Rajʃstag]. *n. m.* (1876; « États de l'empire germanique »; all. *Reich* « empire », et *Tag* « jour, diète »). Assemblée législative allemande.

RÉIFICATION [Reifikasjɔ̃]. *n. f.* (mil. XXe; de *réifier*). *Philo.* Action de réifier; son résultat. « *Écrivains dénonçant la réification de l'homme* » (*Le Monde*, 15-11-1967).

RÉIFIER [Reifje]. *v. tr.* (mil. XXe; du lat. *res* « chose », d'apr. les v. en *-ifier*). *Philo.* Transformer en chose; donner un caractère de chose. V. **Chosifier.** — P. p. et adj. « *Dans les romans d'anticipation, les surhommes ont toujours quelque chose de réifié* » (BARTHES). ◇ Rendre statique, figé.

RÉIMPERMÉABILISATION [Rẽɛpɛrmeabilizasjɔ̃]. *n. f.* (mil. XXe; de *réimperméabiliser*). Opération par laquelle on rend de nouveau imperméable. Abrév. fam. *Réimper* [Reẽper].

RÉIMPERMÉABILISER [Reẽɛpɛrmeabilize]. *v. tr.* (mil. XXe; de *re-*, et *imperméabiliser*). Imperméabiliser de nouveau.

RÉIMPLANTATION [Reẽplɑ̃tasjɔ̃]. *n. f.* (1879; de *re-*, et *implantation*). *Chir.* Réinsertion d'un organe à une place différente (*spécialt.* réinsertion d'une dent luxée dans son alvéole; anastomose entre l'urètre et la vessie).

RÉIMPLANTER [Reẽplɑ̃te]. *v. tr.* (1879; de *re-*, et *implanter*). *Chir.* Pratiquer la réimplantation de.

RÉIMPORTATION [Reẽpɔrtasjɔ̃]. *n. f.* (1835; de *réimporter*). Action de réimporter. *Réimportation en franchise.*

RÉIMPORTER [Reẽpɔrte]. *v. tr.* (1792; de *re-*, et *importer*). Faire rentrer dans leur pays d'origine (des marchandises qui ont été exportées).

RÉIMPOSER [Reẽpoze]. *v. tr.* (1549; de *re-*, et *imposer*). ♦ 1° Frapper d'une taxe complémentaire ou d'un nouvel impôt. ♦ 2° *Typogr., Imprim.* Procéder à une nouvelle disposition sur châssis des pages composées d'un feuillet.

RÉIMPOSITION [Reẽpozisjɔ̃]. *n. f.* (1683; de *réimposer*). Action de réimposer.

RÉIMPRESSION [Reẽpresjɔ̃]. *n. f.* (1690; de *re-*, et *impres-*

sion). ♦ 1° Action de réimprimer. ♦ 2° Livre réimprimé sans aucun changement (Différent de *Réédition*).

RÉIMPRIMER [Reẽprime]. *v. tr.* (1538; de *re-*, et *imprimer*). Imprimer de nouveau, sans changement.

REIN [Rẽ]. *n. m.* (1170, plur., « lombes »; lat. *renes,* n. m. pl.). ♦ 1° LES REINS : la partie inférieure du dos, au niveau des vertèbres lombaires. V. **Lombes.** *Cambrure des reins. Une belle chute de reins. Une gibecière « lui battait sur les reins* » (BARRÈS). — *Coup de reins :* violent effort des muscles de la région lombaire. — *Douleur, maux de reins :* douleur lombaire. *Tour de reins.* V. **Lumbago.** Loc. *Avoir les reins solides,* le dos robuste (pour porter); au *fig.* Avoir assez de ressources pour ne pas souffrir d'un danger, pour sortir vainqueur d'une épreuve, d'une lutte. « *Le patron se savait les reins solides... Sa fabrique fermée, il avait de quoi vivre* » (ARAGON). *Avoir les reins souples,* supporter les humiliations. — *Casser les reins à qqn; au fig.* le ruiner, briser sa carrière. *Mettre à qqn l'épée dans les reins :* le contraindre (moralement) à se hâter d'agir, le harceler. ◇ *La taille.* « *La même corde autour des reins* » (HUGO). ◇ *Littér.* Symbolisant la puissance génésique. « *Leurs reins féconds sont pleins d'étincelles magiques* » (BAUDEL.). ◇ Loc. bibl. *Sonder les reins et les cœurs :* l'inconscient, l'instinct, et la volonté. ♦ 2° (1538; *h.* XIVe). L'un des deux organes sécréteurs, glandulaires, situés symétriquement dans les fosses lombaires et qui élaborent l'urine (V. **Néphrétique, rénal**). *Le rein est coiffé par la capsule surrénale. Bassinet, calices du rein. Tubes urinifères, glomérules du rein.* V. aussi **Pyramide.** *L'urine sort du rein par l'uretère et pénètre dans la vessie.* — *Maladies du rein :* calcul, gravelle, lithiase, pierre, néphrite, pyélite. *Rein flottant :* ptose du rein. *Ablation d'un rein :* néphrectomie. *Greffe du rein.* — *Rein artificiel,* appareil permettant l'épuration extra-rénale par hémodialyse*. ◇ *Les rognons* sont *les reins comestibles d'un animal.* ♦ 3° (1491, du 1°). *Archit.* Partie d'une voûte comprise entre la tangente menée au sommet de l'extrados et les prolongements des pieds-droits.

RÉINCARCÉRATION [Reẽkarseṛasjɔ̃]. *n. f.* (1792; de *réincarcérer*). *Dr.* Nouvelle incarcération (de qqn qui a déjà été détenu).

RÉINCARCÉRER [Reẽkarsere]. *v. tr.;* conjug. *incarcérer.* V. **Céder** (1794; de *re-*, et *incarcérer*). *Dr.* Incarcérer de nouveau.

RÉINCARNATION [Reẽkarnasjɔ̃]. *n. f.* (1875; de *réincarner*). *Relig.* Incarnation dans un nouveau corps (d'une âme qui avait été unie à un autre corps). V. aussi **Métempsycose, palingénésie.** — *Fig. Ce criminel, réincarnation de Landru.*

RÉINCARNER (SE) [Reẽkarne]. *v. pron.* (déb. XXe; de *re-*, et *incarner*). S'incarner de nouveau. — *Fig.* « *Tant que ma jalousie ne s'était pas réincarnée en des êtres nouveaux* » (PROUST).

RÉINCORPORER [Reẽkɔrpɔre]. *v. tr.* (1600, « réincarner »; *rencorporer,* 1319; de *re-*, et *incorporer*). *Milit.* (1875). Incorporer de nouveau. *Il fut réincorporé dans le même régiment.*

REINE [Ren]. *n. f.* (1149; *reïne,* 1080; lat. *regina*). ♦ 1° Épouse d'un roi, quand le mariage a été contracté publiquement et solennellement. *Le roi et la reine.* — (1657). *Reine mère,* mère du souverain régnant. *Fig.* et *fam.* La belle-mère (ou la mère de famille). *Pas un mot à la reine mère!* ♦ 2° (*Roigne,* XIIIe). Femme qui détient l'autorité souveraine dans un royaume. V. **Souveraine.** *La reine d'Angleterre, des Pays-Bas. Le mari de la reine.* V. **Consort** (prince). — *La Reine du ciel :* la Sainte Vierge. ◇ Loc. *Avoir un port de reine,* majestueux, imposant. *Une dignité de reine offensée,* exagérée et pointilleuse. — Loc. *Bouchée* à la reine. ♦ 3° Aux échecs (pour *vierge,* altér. de l'a. fr. *fierge, fierce,* de l'arabe *firz* « vizir »). La seconde pièce du jeu d'échecs, à l'action la plus étendue. V. **Dame.** — Aux cartes. *Rare.* V. **Dame.** ♦ 4° (1531). *La,* une *reine de... :* femme qui l'emporte sur les autres par une éminente qualité. *La reine du bal, de la fête.* « *Les reines du chic* » (PROUST). *Spécial. Reine de beauté.* V. **Miss.** — *Fig.* Ce qui domine, prime (pour un nom au fém.). « *La lune... cette reine des nuits* » (CHATEAUB.). « *La force est la reine du monde, et non pas l'opinion* » (PASC.). *L'infanterie est la reine des batailles.* ◇ Vieilli. *La petite reine :* la bicyclette. ♦ 6° (1751). Femelle féconde d'abeille, de guêpe, de fourmi, etc., unique dans la colonie et dont le rôle, après la fécondation, est consacrée à la ponte. ♦ 7° *Reine de... :* sert à former des noms de fleurs (V. **Reine-des-prés**), de fruits (*reine-des-reinettes***). ◇ HOM. **Renne.**

REINE-CLAUDE [Renklod]. *n. f.* (1690; abrév. de *prune de la reine Claude* [femme de François Ier]). Variété de prune sphérique, verte, à chair fondante, sucrée et parfumée. « *Les reine-claudes, vertes hier sous leur poudre d'argent, ont toutes ce soir, un teint d'ambre* » (COLETTE). — Plur. *Des reines-claudes* ou *reine-claudes.*

REINE-DES-PRÉS [Rendepre]. *n. f.* (1655; de *reine,*

et *pré*). Nom commun de la spirée ulmaire. *Des reines-des-prés.*

REINE-MARGUERITE [ʀɛnmaʀgəʀit]. *n. f.* (1715; de *reine*, et *marguerite*, nom de fleur). Plante annuelle *(Composacées)*, originaire de Chine, cultivée pour sa fleur rose ou mauve. *Des reines-marguerites.*

REINETTE ou **RAINETTE** [ʀɛnɛt]. *n. f.* (1680; *pomme de renette*, 1535; de *reine*). Variété de pomme à couteau, très parfumée. *Reinette grise. Reinette du Canada*, très grosse et verte. *Reine des reinettes.*

RÉINFECTER [ʀeɛ̃fɛkte]. *v. tr.* (1549; de *re-*, et *infecter*). Infecter de nouveau. Pronom. *La plaie s'est réinfectée.*

RÉINFECTION [ʀeɛ̃fɛksjɔ̃]. *n. f.* (1907; de *réinfecter*). Nouvelle infection. V. **Récidive, récurrence.**

RÉINSCRIPTION [ʀeɛ̃skʀipsjɔ̃]. *n. f.* (1877; de *re-*, et *inscription*). Nouvelle inscription.

RÉINSCRIRE [ʀeɛ̃skʀiʀ]. *v. tr.*; conjug. *inscrire*. V. **Écrire** (1876; de *re-*, et *inscrire*). Inscrire de nouveau.

RÉINSÉRER [ʀeɛ̃seʀe]. *v. tr.* et pronom. (1846, repris mil. XXᵉ; de *ré-*, et *insérer*). Insérer à nouveau, réintroduire. *Réinsérer des handicapés, des délinquants dans la société.* V. **Réadapter.**

RÉINSERTION [ʀeɛ̃sɛʀsjɔ̃]. *n. f.* (v. 1965; de *ré-*, et *insertion*). Fait de réinsérer (*spécialt.*, qqn dans la société, dans un groupe). « *Réinsertion professionnelle active des adultes handicapés* » (*Le Monde*, 10-10-1969). V. **Réadaptation.**

RÉINSTALLATION [ʀeɛ̃stalasjɔ̃]. *n. f.* (1775; de *réinstaller*). Rare. Action de réinstaller.

RÉINSTALLER [ʀeɛ̃stale]. *v. tr.* (1581; de *re-*, et *installer*). Installer de nouveau. *On l'a réinstallé dans ses fonctions.* ◇ Pronom. « *Au lieu de se réinstaller chez elle* » (ZOLA).

RÉINTÉGRABLE [ʀeɛ̃tegʀabl(ə)]. adj. (1846; de *réintégrer*). Qui peut être réintégré (1°).

RÉINTÉGRATION [ʀeɛ̃tegʀasjɔ̃]. *n. f.* (1367; « remise en état », 1326; de *réintégrer*). Action de réintégrer (2°); son résultat. *Fonctionnaire révoqué qui obtient sa réintégration.* — Dr. *Réintégration dans la nationalité française, dans la qualité de Français*, d'une personne qui a possédé cette nationalité.

RÉINTÉGRER [ʀeɛ̃tegʀe]. *v. tr.*; conjug. *intégrer.* V. **Céder** (1352; lat. médiév. *reintegrare*, class. *redintegrare* « rétablir, remettre en l'état », de *integer* « intact »). V. **Intègre**). ♦ 1° (Compl. de chose). Rétablir. ◇ **Mod.** (1873) Reprendre possession de (un lieu). *Réintégrer le domicile conjugal*, s'établir de nouveau au domicile de son mari. ◇ *Par ext.* Revenir dans (un lieu qu'on avait quitté). *Réintégrer son logis.* « *La Garonne a réintégré son lit* » (GIDE). ♦ 2° (Compl. de personne). Rétablir (qqn) dans la possession d'un bien, d'un droit. *Réintégrer qqn dans la nationalité française.* « *On me réintégra enfin dans mon ministère d'État* » (CHATEAUB.).

RÉINTRODUCTION [ʀeɛ̃tʀɔdyksjɔ̃]. *n. f.* (1873; de *réintroduire*). Nouvelle introduction (I).

RÉINTRODUIRE [ʀeɛ̃tʀɔdɥiʀ]. *v. tr.*; conjug. *introduire.* V. **Conduire** (1846; de *re-*, et *introduire*). Introduire de nouveau. *Réintroduire dans un texte ce qu'on en avait écarté.*

RÉINVENTER [ʀeɛ̃vɑ̃te]. *v. tr.* (1850; de *re-*, et *inventer*). Inventer de nouveau, redonner une valeur nouvelle à (une chose oubliée ou perdue). « *Un mot que je voudrais réinventer* » (GIDE).

RÉINVENTION [ʀeɛ̃vɑ̃sjɔ̃]. *n. f.* (av. 1869; de *réinventer*). Action de réinventer.

RÉINVITER [ʀeɛ̃vite]. *v. tr.* (1549; de *re-*, et *inviter*). Inviter de nouveau. *Il s'est si mal conduit que nous ne l'avons jamais réinvité.*

REIS [ʀɛjs]. *n. m.* (1740; arabe *raïs* « chef »). ♦ 1° Hist. Titre de divers dignitaires de l'empire turc. ♦ 2° Patron, capitaine d'un bateau turc. — Mar. (en Occident) *Reis de madrague*, patron pêcheur qui commande la manœuvre d'une madrague.

RÉITÉRATIF, IVE [ʀeiteʀatif, iv]. adj. (1414; de *réitérer*). Dr. Qui réitère. *Sommation réitérative.*

RÉITÉRATION [ʀeiteʀasjɔ̃]. *n. f.* (1561; jurispr., 1419; de *réitérer*). Littér. Action de réitérer; le fait d'être réitéré.

RÉITÉRÉ, ÉE [ʀeiteʀe]. adj. (V. **Réitérer**) Redoublé, répété (d'une action). « *Ces efforts réitérés pour prendre leur vol* » (BALZ.). « *Mes avances réitérées n'avaient pu leur arracher trois paroles* » (GIDE).

RÉITÉRER [ʀeiteʀe]. *v. tr.*; conjug. *céder* (1314; bas lat. *reiterare*, de *iterare*, de *iterum* « derechef »). Faire de nouveau, faire plusieurs fois. V. **Recommencer, refaire, renouveler, répéter.** *Réitérer sa demande, sa promesse, un ordre, une défense.* « *M. le Conseiller... réitérait ses salutations* » (FLAUB.). ◇ Absolt. *Il avait promis de ne pas recommencer mais il a réitéré.*

REÎTRE [ʀɛtʀ(ə)]. *n. m.* (*Reistre*, 1563; all. *Reiter* « cavalier »). ♦ 1° Ancienn. Cavalier allemand. ♦ 2° *Fig.* et *littér.* (1875). Guerrier brutal. V. **Soudard.**

REJAILLIR [ʀ(ə)ʒajiʀ]. *v. intr.* (1539; de *re-*, et *jaillir*). ♦ 1° Jaillir en étant renvoyé par une surface, un obstacle ou sous l'effet d'une pression (Ne se dit plus que des liquides; Cf. Rebondir, ricocher, pour les solides). *Liquide qui rejaillit sur qqn. La boue rejaillit sous les roues de la voiture.* « *Sa bave* (du taureau) *lui rejaillissait à la figure* » (FLAUB.). V. **Éclabousser.** ♦ 2° *Fig.* (1671). REJAILLIR SUR (qqn) : se reporter sur (par un prolongement de l'effet). « *Persuadés qu'il en rejaillirait quelque éclat sur eux* » (D'ALEMB.). — « *Le génie du maître rejaillit sur ses interprètes et ses admirateurs* » (MAUROIS).

REJAILLISSEMENT [ʀ(ə)ʒajismɑ̃]. *n. m.* (1557; de *rejaillir*). Littér. ♦ 1° Action de rejaillir, mouvement de ce qui rejaillit. *Rejaillissement d'un jet d'eau.* ♦ 2° Action de rejaillir (2°). *Le rejaillissement de sa gloire sur toute sa famille.*

1. **REJET** [ʀ(ə)ʒɛ]. *n. m.* (1357, « nouvelle pousse d'une plante »; subst. verb. de *rejeter*). ♦ 1° Rejeton, branche nouvelle d'un arbre. ♦ 2° *Par ext.* Pousse qui naît de la souche des plantes dont la tige a été détruite. V. **Cépée, drageon.**

2. **REJET** [ʀ(ə)ʒɛ]. *n. m.* (XVIᵉ; *regiet*, 1241; de *rejeter*). I. ♦ 1° (XVIᵉ; *ergiet*, 1241). Action de rejeter (I et II); son résultat. V. **Éjection.** « *Le rejet des cadavres à la mer* » (CAMUS). *Le rejet de la terre d'un fossé* : la terre rejetée. ◇ Géol. *Rejet d'une faille* : sa partie en surplomb. ♦ 2° Versif. (1870) « Élément de phrase de faible étendue placé au début d'un vers, mais rattaché étroitement au vers précédent » (BRUNOT). Ex. « *C'est bien à l'escalier Dérobé...* » (HUGO). ◇ Styl. Le fait de rejeter à la fin de la phrase, dans un souci d'expressivité, un élément important et significatif. Gram. Le fait de rejeter le verbe ou le sujet à la fin de la proposition. ♦ 3° Méd. Phénomène, réaction de rejet, par laquelle l'organisme d'un receveur refuse l'assimilation d'un greffon, du fait d'une incompatibilité immunitaire. II. (1530). Action de rejeter (III); son résultat. V. **Abandon, refus.** *Rejet d'une proposition, d'une requête, d'un projet. Rejet d'un recours en grâce. Prononcer le rejet d'une fourniture défectueuse.* ◇ ANT. (du II) *Adoption, admission; réception, recette.*

REJETABLE [ʀəʒtabl(ə); ʀʒətabl(ə)]. adj. (*Rejettable*, 1548; de *rejeter*). Littér. Qui est à rejeter (III). « *Les passions les plus difficilement rejetables, les plus fatales* » (BAUDEL.).

REJETER [ʀəʒte; ʀʒəte]. *v. tr.*; conjug. *jeter* (v. 1200; lat. *rejectare.* V. **Jeter**). I. Jeter en sens inverse (ce qu'on a reçu, ce qu'on a pris). ♦ 1° (En lançant). V. **Relancer, renvoyer.** *Rejeter un poisson dans l'eau.* ♦ *Fig.* (1538) Faire retomber (sur un autre). *Rejeter un tort, une faute, une responsabilité sur qqn.* V. **Dos** (mettre sur le). « *L'individu toisant la société et rejetant sur elle sa bassesse* » (MORAND). ♦ 2° (En poussant loin de soi ou hors de soi). *La mer rejette une épave.* « *Matières rejetées par l'explosion des volcans* » (BUFF.). ◇ *Spécialt.* Cracher, évacuer, expulser. *Rejeter un caillot de sang. Son estomac rejette toute nourriture.* V. **Rendre, vomir.** II. Jeter, porter de nouveau ailleurs. ♦ 1° (En ôtant d'un lieu). *Terre rejetée sur les bords d'une excavation.* — Gram. Renvoyer (un mot) en fin de phrase. ♦ 2° (En changeant la position). *Elle « se campa... de profil, rejeta la tête en arrière* » (GIDE). — Pronom. *Se rejeter en arrière.* ♦ 3° Ne plus vouloir de. V. **Abandonner, Laisser.** « *Cribler le froment et rejeter l'ivraie* » (VOLT.). « *Ceux qui ont à jamais choisi une part de leur destin, et rejeté l'autre* » (COLETTE). V. **Refuser.** III. (1530). Ne pas admettre. ♦ 1° Refuser, écarter (qqch.). *Rejeter une offre, une proposition.* V. **Décliner.** « *L'Asie rejette aujourd'hui la domination de l'Europe* » (MALRAUX). V. **Secouer.** *Pourvoi rejeté par la Cour suprême. L'Assemblée a rejeté ce projet de loi.* V. **Repousser.** ◇ *Rejeter de...*, ne pas admettre dans. V. **Bannir, chasser, écarter, éliminer, exclure.** « *Rejetant sans pitié de l'art tout ce qui se rapportait pas à un certain type du beau* » (HUGO). ♦ 2° Écarter (qqn) en repoussant. V. **Proscrire, reléguer.** « *Rejeté par une société tout entière* » (MAUROIS). « *La vie rejette ceux qui ne s'adaptent pas* » (MAURIAC). ◇ ANT. *Garder, conserver; prendre. Admettre, adopter, agréer, approuver.*

REJETON [ʀəʒtɔ̃; ʀʒətɔ̃]. *n. m.* (1539; de *rejeter* [vx]. « pousser de nouveau »). ♦ 1° Nouveau jet qui pousse sur la souche (V. Rejet), le tronc ou la tige d'une plante, d'un arbre. V. **Drageon, pousse, scion.** ◇ Par métaph. « *La langue latine étant la vieille souche*, c'était un de ses rejetons qui devait fleurir en Europe » (RIVAROL). ♦ 2° *Fig.* et vx (1564). Descendant, enfant. « *Venez, cher rejeton d'une vaillante race* » (RAC.). ◇ Mod. *(Fam. ou iron.)* Enfant, fils. « *Envoyer son unique rejeton au lycée* » (ARAGON).

REJOINDRE [ʀ(ə)ʒwɛ̃dʀ(ə)]. *v. tr.*; conjug. *joindre* (XIIIᵉ; de *re-*, et *joindre*). ♦ 1° Vx. Joindre de nouveau (des choses, des personnes qui se sont trouvées séparées, écartées). V. **Réunir.** — « *S'il vous a désunis, sa mort va vous rejoindre* » (CORN.). — Pronom. Mod. « *Les arceaux de sa voûte qui se* *rejoignaient ainsi que les côtes des mitres abbatiales* » (HUYS-MANS). ♦ 2° (1671). Se joindre de nouveau à (un groupe); aller retrouver (qqn). *Réfractaires qui refusent de rejoindre l'armée.* V. **Rallier, retourner.** « *Il nous a rejoints ici* » (MAU-RIAC). — Regagner (un lieu). « *Il rejoint le boulevard Saint-Germain* » (ROMAINS). ◇ Par ext. *(Choses)* Venir en contact avec. *La rue rejoint le boulevard à cet endroit.* ♦ 3° *Fig.* Retrouver, avoir une grande ressemblance avec. « *L'art de Rodin rejoignait Michel-Ange* » (LECOMTE). ♦ 4° Atteindre (qqn) qui a de l'avance. V. **Rattraper.** « *J'ai lutté pour le rejoindre, et je n'ai pu le rejoindre* » (MONTHERLANT). ◇ ANT. Disjoindre, séparer. Distancer. Bifurquer, diverger.

REJOINTOIEMENT [ʀ(ə)ʒwɛ̃twamɑ̃]. *n. m.* (1842; de *rejointoyer*). Techn. Nouveau jointoiement.

REJOINTOYER [ʀ(ə)ʒwɛ̃twaje]. *v. tr.;* conjug. *jointoyer.* V. **Noyer** (1392; de *re-*, et *jointoyer*). Techn. Procéder à un nouveau jointoiement de. *Rejointoyer un mur.*

REJOUER [ʀ(ə)ʒwe]. *v.* (XIIᵉ, « jouer à nouveau »; de *re-*, et *jouer*). ♦ 1° *V. intr.* Se remettre à jouer (après avoir cessé). ♦ 2° *V. tr.* Jouer une nouvelle fois. *Rejouer un air. Rejouer une pièce, un spectacle.*

RÉJOUI, IE. *adj.* V. **RÉJOUIR.**

RÉJOUIR [ʀeʒwiʀ]. *v. tr.* (1549; *se rejoïr*, XIIᵉ; de *re-*, et a. fr. *esjouir*). ♦ I. *V. tr.* Rendre joyeux. V. **Plaisir** (faire). « *Il n'y a pas de plus grande joie que de réjouir un autre être* » (GIDE). *Choses qui réjouissent le cœur, le regard.* « *Le vin qui réjouit le cœur de l'homme* » (BIBLE). ◇ Mettre en belle humeur, en gaieté. V. **Amuser, dérider, divertir, égayer.** « *Un bon mot... qui a fort réjoui le parterre* » (SÉV.). ♦ II. SE RÉJOUIR. *v. pron.* ♦ 1° Vieilli. S'amuser, se divertir. « *Je ne me réjouis pas bien sans vous; et quand je ris...* » (SÉV.). ♦ 2° Éprouver de la joie, de la satisfaction. *Réjouissez-vous, j'apporte une bonne nouvelle. Se réjouir du malheur des autres.* — SE RÉJOUIR À. V. **Jubiler.** *Se réjouir à la pensée qu'on a réussi.* « *Il se réjouissait, à les trouver là chez eux..., bien portants* » (ZOLA). — SE RÉJOUIR DE. *Je me réjouis de votre succès.* V. **Féliciter** (se). *Il se réjouissait de voir son élève réussir. Je me réjouis que tout soit terminé.* — Au p. p. *Avoir un air réjoui.* V. **Gai, joyeux.** *Mine réjouie.* ◇ ANT. Affliger, attrister, chagriner, contrister, désoler; déplorer.

RÉJOUISSANCE [ʀeʒwisɑ̃s]. *n. f.* (1535, « vif plaisir, joie »; *ressejouissement*, XIVᵉ; de *réjouir*). Joie collective. « *Les unes* (fêtes) *sont des occasions de réjouissance, les autres de tristesse collective* » (BOUTHOUL). V. **Amusement, divertissement, liesse.** *Illuminations, feux de joie, en signe de réjouissance.* ◇ Au plur. *Réjouissances publiques, officielles, familiales.* V. **Fête.** « *Le programme des réjouissances :* des distractions. ◇ ANT. Deuil, tristesse.

RÉJOUISSANT, ANTE [ʀeʒwisɑ̃, ɑ̃t]. *adj.* (1425; de *réjouir*). Qui réjouit, est propre à réjouir. *Un succès réjouissant. Une nouvelle qui n'a rien de réjouissant.* — Iron. et par antiphrase. *Eh bien, c'est réjouissant !* c'est gai ! ◇ Qui amuse. « *Des mines de déconfits bien réjouissantes à voir* » (FLAUB.). « *D'une bêtise réjouissante* » (HUGO). ◇ ANT. Attristant, désolant, lugubre; assommant.

RELÂCHE [ʀ(ə)lɑʃ]. *n. m.* et *f.* (1538; *h. v. 1170;* de *relâcher*). ♦ 1° Littér. N. m. (ou *n. f.*). Interruption d'une activité fatigante, ou désagréable; détente qui en résulte. V. **Pause, répit.** *Prendre un peu de relâche.* V. **Repos.** *Un moment de relâche. Se donner relâche.* « *Le lieu du relâche; où s'essuyer, où récupérer* » (HENRIOT). « *Nul répit, nulle relâche* » (R. ROL-LAND). — Loc. cour. SANS RELÂCHE : sans répit, continuelle-ment. V. **Interruption, trêve.** *Travailler sans relâche.* « *Si constamment obligeantes, et toujours, et sans relâche* » (BEAU-MARCH.). ♦ 2° N. m. et *f.* (1798). Fermeture momentanée d'un théâtre, d'une salle de spectacle. *Jour de relâche. Voyant « sur l'affiche de théâtre... l'annonce lamentable d'une relâche* » (HUYSMANS). *Faire relâche.* ♦ 3° N. *f.* (1691). Mar. Lieu où un navire fait escale. V. **Échelle, escale.** « *Le navire... avait ordre de se hâter, de brûler les relâches* » (LOTI). ◇ Cour. (1716) Action de relâcher, de s'arrêter dans un port. *Bateau qui fait relâche dans un port.* ◇ ANT. Continuité. Reprise.

RELÂCHÉ, ÉE [ʀ(ə)lɑʃe]. *adj.* (XVIIᵉ; V. **Relâcher**). Qui a perdu de sa force, de sa vigueur. *Autorité, discipline relâchée.* ◇ *Conduite, morale relâchée,* par laquelle on se permet trop de choses. V. **Dissolu.** ◇ ANT. Ardent, sévère, strict.

RELÂCHEMENT [ʀ(ə)lɑʃmɑ̃]. *n. m.* (*Relaschement* « inter-ruption », 1170; de *relâcher*). ♦ 1° Vx. Interruption (V. **Relâche,** 1°), diminution momentanée. *Travailler... « sans nul relâchement* » (LA BRUY.). ♦ 2° (XVIᵉ). État de ce qui est relâché, plus lâche. *Le relâchement d'une corde détendue.* ◇ *Méd.* Diminution de la tonicité ou de l'élasticité de certains tissus. *Relâchement de la musculature abdominale.* V. **Éven-tration.** *Relâchement musculaire,* après une contraction musculaire ou sous l'effet de médicaments. V. **Relaxation.** ♦ 3° *Fig.* (XVIIᵉ). Diminution d'activité, d'effort. V. **Aban-**

don, laisser-aller. *Le relâchement de la discipline.* V. **Négli-gence.** « *Le mauvais état de santé... amena un grand relâche-ment de contrainte* » (GIDE). ◇ Spécialt. *Le relâchement des mœurs.* V. **Relâché.** ♦ 4° Action de relâcher un détenu. V. **Élargissement, relaxe.** ◇ ANT. (du 2°) Contraction, tension; constipation.

RELÂCHER [ʀ(ə)lɑʃe]. *v.* (*Relaschier* « pardonner [une faute] », XIIIᵉ; lat. *relaxare.* V. **Lâcher; relaxer).** ♦ I. *V. tr.* ♦ 1° (1545). Rendre moins tendu ou moins serré. V. **Détendre, desserrer.** *Relâcher un lien, des guides.* — Par ext. « *Le savetier relâcha l'étreinte de ses genoux sur la bigorne* » (DUHAM.). ◇ Spécialt. (Physiol.) *Relâcher les muscles,* les décontracter. V. **Relaxer** (2°). — *Relâcher l'intes-tin* (1835), faciliter l'évacuation (V. **Laxatif**). « *La cuisine à l'huile a quelque peu relâché ses intestins* » (GIDE). ♦ 2° *Fig.* Reposer et détendre. « *L'attention... veut être relâchée de temps en temps* » (BOSS.). ◇ Laisser perdre de sa force, de sa rigueur. *Relâcher la discipline.* — Ôter l'énergie à. « *La longue et démoralisante expectative... avait relâché ces âmes* » (DUHAM.). ♦ 3° Remettre en liberté. V. **Élargir, libérer, relaxer.** *Relâcher un captif, un prisonnier.* — (Au p. p.) *Pri-sonniers relâchés.*

♦ II. SE RELÂCHER. *v. pron.* ♦ 1° Devenir plus lâche. Fig. « *Plus le lien social s'étend, plus il se relâche* » (ROUSS.). ♦ 2° Devenir plus faible, moins rigoureux. V. **Faiblir.** *Courage, discipline, zèle qui se relâche.* ◇ (Personnes) Montrer moins d'ardeur, de force, d'exactitude. *Se relâcher dans son travail.* ♦ III. *V. intr.* Faire relâche, faire escale. *Navire qui relâche dans un port.* « *Ariane fut malade en mer et on dut relâcher dans l'île de Naxos* » (HENRIOT).

◇ ANT. Raidir, resserrer. Renforcer. Capturer, incarcérer; détenir, retenir.

RELAIS [ʀ(ə)lɛ]. *n. m.* (*Relai,* XIIIᵉ; de *relayer,- lais,* d'apr. *relaisser*). **A** ♦ 1° Chasse (1549). Chiens postés sur le par-cours d'une chasse, pour remplacer les chiens fatigués. *Donner le relais :* lancer ces chiens. ♦ 2° (1573). Chevaux frais postés pour remplacer ou renforcer les chevaux fatigués; lieu, poste où ces chevaux sont préparés. *Relais de poste.* ♦ 3° *Sports* (XXᵉ). *Course de relais :* épreuve de course dis-putée entre plusieurs équipes qui se relayent à des distances déterminées. Par ellipse. *Le relais 4 fois cent mètres; le quatre cents mètres relais. Coureur de relais qui prend, qui passe le témoin* (III).* ♦ 4° Mode d'organisation du travail où les ouvriers se remplacent par roulement pour assurer un travail continu. *Ouvriers, équipes de relais. Travail par relais. Prendre le relais (de qqn) :* relayer, continuer la tâche de (qqn). Fig. *Assurer la continuité d'un processus déjà commencé.* « *La défiance envers le franc a pris le relais pour pousser les Français à l'achat* » (L'Express, 16-6-1969). ♦ 5° Étape (entre deux points de l'espace). — En appos. « *Berlin, ville relais sur la voie Moscou-Londres* » (Paris-Match, 28-12-1968). — Inter-médiaire (entre deux personnes). « *J'aimerais que vous serviez de relais auprès de vos camarades* » (Le Monde, 24-12-1963). **B** *Sc. et Techn.* (1860). Dispositif permettant à une énergie relativement faible de déclencher une énergie plus forte. ◇ Dispositif servant à retransmettre un signal radio-élec-trique, en l'amplifiant. *Relais hertzien. Relais de télévision.* V. **Retransmetteur.** — Dispositif permettant la commutation* d'un circuit à l'aide d'un signal de commande. *Relais électro-magnétique, à semi-conducteur. L'importance des relais en téléphonie.* V. **Répéteur.**

RELAISSER (SE) [ʀ(ə)lese]. *v. pron.* (1559; *relaissier,* v. tr., « quitter », XIIᵉ; de *re-*, et *laisser*). Chasse. S'arrêter après avoir longtemps couru (en parlant de l'animal pour-suivi). *Lièvre qui se relaisse; lièvre relaissé.*

RELANCE [ʀ(ə)lɑ̃s]. *n. f.* (1923; de *relancer*). ♦ 1° Jeu. Action de relancer, de mettre un enjeu supérieur. *Limiter la relance dans une partie de poker.* ♦ 2° (v. 1950; lang. du journalisme). Reprise (d'une idée, d'un projet, d'une activité en sommeil), nouvelle impulsion. « *La relance du terrorisme et de la répression* » (CAMUS). *La relance de l'économie. Mesures de relance.*

RELANCER [ʀ(ə)lɑ̃se]. *v. tr.;* conjug. *lancer.* V. **Placer** (1170; de *re-*, et *lancer*). ♦ 1° Lancer de nouveau, lancer à son tour (une chose reçue). *Relancer la balle.* V. **Renvoyer.** « *La porte, dont il relança le battant sur moi...* » (CÉLINE). ♦ 2° (1611). Chasse. Lancer de nouveau une bête qui s'est arrêtée. *Relancer le cerf.* ◇ Remettre en marche, en route, lancer de nouveau. *Relancer un moteur.* — *Relancer une idée, un projet* (V. **Relance,** 2°). *Relancer l'économie du pays.* ♦ 3° Par ext. (1653). Poursuivre (qqn) avec insis-tance pour obtenir de lui qqch. *Un importun qui relance ses amis pour se faire inviter.* « *La femme ? Un « être qui racole et un être qui relance* » (MONTHERLANT). ♦ 4° Jeu. Mettre un enjeu supérieur à celui de l'adversaire.

RELAPS, APSE [ʀ(ə)laps, aps]. *adj. et n.* (1384, *qui est retombé dans le péché* »; lat. *relapsus* « retombé », rac. *labi* « tomber »). Relig. Retombé dans l'hérésie, après l'avoir abjurée. *Jeanne d'Arc fut condamnée et brûlée comme relapse.* — N. *Un relaps, une relapse.*

RÉLARGIR [Relaʀʒiʀ]. *v. tr.* (1680; « étendre à son tour », XIIIe; de *re-*, et *élargir*). *Rare.* Rendre encore plus large.
◇ ANT. Rétrécir.

RELATER [R(ə)late]. *v. tr.* (1342; du lat. *relatus*, p. p. de *referre* « rapporter »). ♦ 1° *Littér.* Raconter d'une manière précise et détaillée. V. **Rapporter.** *Les historiens relatent que...* « *Si la force des choses ne l'avait mêlé à ce qu'il prétend relater* » (CAMUS). — *Écrit, journal qui relate les événements de l'actualité.* ♦ 2° *Dr.* (XVIe). *Relater une pièce dans un inventaire, un procès-verbal :* la mentionner. *Relater un fait,* le consigner.

RELATIF, IVE [R(ə)latif, iv]. *adj.* (1256, philo.; lat. *relativus,* de *relatum,* supin de *referre* « rapporter »).
I. Qui constitue, concerne ou implique une relation (II). ♦ 1° Qui présente une relation (avec une chose du même genre), qui a un rapport (avec une autre chose); *au plur.* Qui ont une relation mutuelle. *Positions relatives :* considérées l'une par rapport à l'autre. *Dimensions relatives des parties.* V. **Proportionnel.** *Majorité relative.* — Mus. *Tons relatifs, gammes, tonalités relatives,* ayant la même armature, mais dont l'une est majeure, l'autre mineure. ◇ Math. *Nombres* relatifs.* ♦ 2° Qui n'est tel que par rapport à une autre chose, et *par ext.* Qui ne suffit pas à soi-même, n'est ni absolu, ni indépendant. *Tenir toute connaissance pour relative. Valeur relative,* évaluée par comparaison. « *Elle vivait dans une large aisance, dans un luxe relatif* » (LOTI). *Tout est relatif !* on ne peut juger de rien en soi. — Subst. *Avoir le sens du relatif.* ♦ 3° *Cour.* Incomplet, imparfait. V. **Partiel.** *Il est d'une honnêteté toute relative. Un isolement, un silence relatif.* ♦ 4° (1380). RELATIF À... : se rapportant à..., concernant. *Affirmations, discussions relatives à un sujet, à une question.* « *Des objets relatifs à un procès jugé au parlement* » (BEAUMARCH.).
II. *Gram.* Se dit des mots servant à établir une relation, un lien entre un nom ou un pronom qu'ils représentent (V. **Antécédent**) et une subordonnée. — *Pronoms relatifs* (1677), ou subst. *Les relatifs :* dont, lequel, où, que, qui, quiconque, quoi. *Tous les relatifs* (sauf *dont*) *sont aussi interrogatifs.* — *Adjectifs relatifs* (1835) : lequel; quel. ◇ *Proposition relative,* ou subst. RELATIVE (*n. f.*) : proposition introduite par un pronom ou un adverbe relatif *(ex. :* n'oubliez pas ceux *qui restent*). *Relative exprimant la cause, le but, l'opposition et la concession, l'hypothèse.*
◇ ANT. Absolu.

RELATION [R(ə)lasjɔ̃]. *n. f.* (1284; lat. *relatio* « récit, narration »). V. **Relater.**
I. *Didact.* Le fait de relater, de rapporter en détails; paroles par lesquelles on relate. V. **Procès-verbal, récit.** *Relation orale, écrite. Relation d'un témoin.* V. **Témoignage.** *Faire la relation, une relation des événements.* ◇ (1400) *Récit fait par un voyageur, un explorateur. Relation d'un voyage en Chine.* — *Loc.* (Vieilli) *Ouvrage de relation :* récit de voyage. *Terme de relation :* mot indigène rapporté par un voyageur.
II. (1268). Lien, rapport. ⓐ ♦ 1° *Philo.* Caractère de deux ou plusieurs objets de pensée en tant qu'ils sont englobés dans un même acte intellectuel. V. **Rapport; connexion, corrélation.** « *L'essence des choses devant nous rester toujours ignorée, nous ne pourrons connaître que les relations de ces choses* » (Cl. BERNARD). *Principaux types de relations.* V. **Analogie, appartenance, causalité, coexistence, correspondance, identité.** *Relation causale, relation de cause à effet.* Log. *Relations binaires :* univoque, biunivoque, inverse, réflexive, symétrique, transitive... ♦ 2° *Cour.* (Sens plus restreint). Caractère de deux objets qui sont tels qu'une modification de l'un entraîne une modification de l'autre. V. **Dépendance.** « *L'étroite relation qu'il y a toujours entre les idées de l'intelligence humaine et l'état social d'un peuple* » (FUSTEL). *Ce que je dis est sans relation avec ce qui précède.* ◇ *Math.* Liaison entre couples d'éléments. *Relation entre deux variables.* V. **Application, correspondance, fonction.** — Géom. *Relations métriques,* dans un polygone, dans le triangle rectangle, établie entre les mesures des côtés. — *Les relations d'incertitude* en mécanique ondulatoire.* ◇ Mus. *Rapport* (entre sons, intervalles). *Relation enharmonique.* ⓑ (XVIe). ♦ 1° Lien de dépendance ou d'influence réciproque (entre personnes). V. **Commerce, contact, liaison, rapport.** *Les relations entre les hommes, les relations humaines. Relations d'amitié.* « *La plus banale relation renferme, à l'état de bourgeon imperceptible, une amitié complète* » (ROMAINS). *Relations amoureuses. Relations sociales, professionnelles, mondaines. Relations de voisinage, de vacances.* — *Nouer une relation, des relations avec qqn.* — *Bonnes, cordiales relations; mauvaises relations, relations tendues.* ◇ *(Toujours plur.)* Le fait de communiquer, de se fréquenter. V. **Fréquentation.** *Avoir des relations suivies, espacées avec qqn. Cultiver, entretenir des relations avec un collègue. Cesser, interrompre ses relations. Ils n'ont plus de relations.* — *Relations épistolaires.* V. **Correspondance.** — *Loc.* EN RELATION ou EN RELATIONS. *Être, se mettre, rester en relation avec qqn.* « *Il l'avait mis en rela-*

tions avec un quincaillier de la rue de Passy » (ROMAINS). ♦ 2° Connaissance, fréquentation d'une personne. « *La maxime qui veut que les mariages se fassent par relations garde sa valeur* » (ROMAINS). *C'est une relation qu'il faut cultiver. Avoir de nombreuses relations :* connaître beaucoup de gens influents. ♦ 3° (1829). Personne avec laquelle on est en relation, on a des *relations* d'habitude, d'intérêt. V. **Connaissance(s).** *Ce n'est pas un ami, seulement une relation.* « *Il donnait à dîner à quelques relations personnelles qu'il avait dans la ville* » (NIZAN). ♦ 4° Lien moral et variable entre groupes (peuples, nations, États). *Tension, détente dans les relations internationales.* — *Spécialt. Relations diplomatiques.* — *Relations culturelles, universitaires, entre pays.* ◇ (1957, d'apr. l'angl. *public relations*) RELATIONS PUBLIQUES (la forme normale serait « relations avec le public ») : ensemble des méthodes et des techniques utilisées par des groupements (entreprises, syndicats, partis, États), et *spécialt.* par des groupements d'intérêt, pour « créer un climat de confiance dans leur personnel... et dans le public, en vue de soutenir leur activité et d'en favoriser le développement » (C. SALLERON). V. **Propagande, publicité.** ⓒ *Sc.* Tout ce qui, dans l'activité d'un être vivant, implique une interdépendance, une interaction (avec un milieu). *Les relations de l'homme avec ses semblables, avec le monde, les choses.* — Philo. *La relation du sujet et de l'objet.* — Physiol. *Fonctions de relation :* qui ont pour effet de mettre l'organisme animal en relation avec le milieu extérieur ou intérieur. *Les fonctions de relation comprennent l'activité nerveuse* (sensation, réponse musculaire, etc.), *les diverses régulations.*

RELATIONNEL, ELLE, ELS [R(ə)lasjɔnɛl]. *adj.* (1914; de *relation*). *Didact.* Qui concerne la relation.

RELATIVEMENT [R(ə)lativmɑ̃]. *adv.* (XIVe; de *relatif*). ♦ 1° Par une relation, un rapport de comparaison. *Mesurer deux grandeurs relativement à une troisième.* V. **Proportionnellement, rapport** (par). *On n'en peut juger que relativement.* ♦ 2° D'une manière relative. *Une valeur relativement fixe.* « *Considérer comme anormal ce qui est relativement rare* » (BERGSON). ◇ *Il est relativement honnête :* jusqu'à un certain point. ♦ 3° RELATIVEMENT À... (1718) : en ce qui concerne. V. **Concernant, quant** (à). « *La meilleure philosophie, relativement au monde* » (CHAMFORT).

RELATIVISATION [Rəlativizasjɔ̃]. *n. f.* (v. 1970; de *relativiser*). *Didact.* Fait de relativiser, d'être relativisé.

RELATIVISER [Rəlativize]. *v. tr.* (v. 1965; de *relatif*). *Didact.* Considérer par rapport à qqch. d'analogue, de comparable, ou à un ensemble. « *Les richesses du futur ne m'appauvrissent pas. Non; mais elles relativisent ma situation* » (BEAUVOIR).

RELATIVISME [R(ə)lativism(ə)]. *n. m.* (1898; de *relatif*). *Philo.* Doctrine qui admet la relativité de la connaissance humaine. *Le relativisme de Kant* (criticisme), *de Hamilton.* ◇ Doctrine d'après laquelle les valeurs (morales, esthétiques) sont relatives aux circonstances (sociales, etc.) et variables. *Relativisme historique.* V. **Historisme.**

RELATIVISTE [R(ə)lativist(ə)]. *adj. et n.* (1898; de *relativisme*). ♦ 2° Qui admet, professe le relativisme. Chateaubriand, « *esprit naturellement relativiste* » (MAUROIS). ♦ 2° Qui concerne la relativité, est conforme à ses théories. *Lois relativistes.* « *Le principe relativiste de l'inertie de l'énergie* » (L. DE BROGLIE). *Mécanique relativiste.*

RELATIVITÉ [R(ə)lativite]. *n. f.* (1805; de *relatif*).
I. Caractère de ce qui est relatif (I). ♦ 1° *Philo.* Caractère que présente la connaissance de ne pouvoir saisir que des relations et non la réalité même, ou encore de dépendre de la structure de l'esprit humain. *Relativité de la connaissance, de la science.* ♦ 2° Caractère de ce qui dépend d'autre chose (V. **Relatif,** I). « *La relativité du fait historique* » (SARTRE). *Le sens de la relativité.*
II. *Sc.* (D'apr. les mouvements *relatifs* des systèmes de référence). *Théorie de la relativité,* exposée par Einstein (1905), selon laquelle certaines lois se conservent dans des systèmes en mouvement relatif les uns par rapport aux autres mais non dans tous. *La Relativité a remis en question les principes de la physique et de la mécanique newtoniennes, ainsi que la conception de l'espace et du temps. La Relativité permet d'exprimer les lois physiques par des équations valables dans tous les systèmes de coordonnées. Relativité restreinte,* postulant que la vitesse de la lumière reste identique et finie dans les systèmes de référence doués d'inertie qui se déplacent avec une vitesse constante les uns par rapport aux autres, et que le temps ne s'écoule pas de la même manière, selon que l'on reste au repos ou que l'on se déplace avec des vitesses assez proches de celle de la lumière. « *L'unification par la théorie de la relativité des notions de temps et d'espace a introduit une harmonie qui n'existait pas* » (P. LANGEVIN). — *Relativité généralisée,* incluant le cas d'observateurs qui possèdent une accélération relative les uns par rapport aux autres, dans un système non-euclidien où l'on ne fait pas intervenir les forces d'inertie, mais la notion de courbure de l'espace liée à la présence de masses de gravitation.

RELAVER [ʀ(ə)lave]. *v. tr.* (1175; de *re-*, et *laver*). Laver de nouveau.

RELAX, RELAXE [ʀəlaks]. *adj. et n.* (v. 1955; de l'angl. *to relax* « se détendre »). *Anglicisme fam.* ♦ 1° *Adj.* et *n. m.* ◇ (Choses). Qui favorise la détente, un repos détendu. V. Décontracté. *Une petite balade très relax(e)*. — *Appos. Fauteuil relax(e)*, fauteuil ou chaise longue très confortable. — *N. m.* Repos, décontraction. « *Ah, dites donc, ce truc-là, pour du relax, alors, c'est vachement relax!* » (ARAGON). ♦ 2° RELAXE, *n. f.* V. Relaxe. « *Cure de relaxe* » (*Le Monde*, 30-8-1955). ◈ HOM. *Relaxe* 1.

RELAXANT, ANTE [ʀəlaksɑ̃, ɑ̃t]. *adj.* (mil. xxᵉ; de *relaxer*). Qui favorise la relaxation, la détente. *Médicaments relaxants* (ou subst., *relaxants*). V. Anxiolytique. *Atmosphère relaxante*.

RELAXATION [ʀ(ə)laksasjɔ̃]. *n. f.* (1314, *relanssacion*; lat. *relaxatio*). ♦ 1° Méd. Diminution ou suppression d'une tension. V. Décontraction, relâchement. *Relaxation des muscles*. ♦ 2° (xvıᵉ). Dr. *(Vx)*. Mise en liberté d'un détenu. V. Élargissement; Cf. Relaxe. ♦ 3° (mil. xxᵉ, de l'angl.). *Anglicisme.* Méthode thérapeutique de détente et de maîtrise des fonctions corporelles par des procédés psychologiques actifs. ◇ *Cour.* Repos, détente. ♦ 4° *Techn.* Ensemble des phénomènes par lesquels un système dont l'équilibre a été rompu revient à son état d'équilibre initial. *Oscillations, temps de relaxation.* — *Relaxation des aciers*, perte de tension après allongement.

1. RELAXE [ʀ(ə)laks(ə)]. *n. f.* (1671, *sentence de relaxe*; repris 1823; de *relaxer*). Dr. pén. « Décision par laquelle un tribunal... renvoie des fins de la poursuite... celui qui en était l'objet » (CAPITANT). ◈ ANT. *Arrestation, détention.*

2. RELAXE. V. Relax.

RELAXER [ʀ(ə)lakse]. *v. tr.* (*h. XIIᵉ*, « pardonner »; lat. *relaxare*). ♦ 1° Dr. (v. 1320). Remettre en liberté. V. Élargir, libérer, relâcher. *Relaxer un prisonnier*. « *Reconnu innocent après un long interrogatoire, il fut relaxé* » (FRANCE). ♦ 2° *Méd.* (xvıᵉ). Relâcher, détendre (les muscles). « *Muscles relaxés* » (ACAD.). ♦ 3° *Cour.* (mil. xxᵉ; angl.). V. pron. SE RELAXER : se détendre, se reposer, physiquement et intellectuellement. ◈ ANT. *Écrouer.* — Contracter.

RELAYER [ʀ(ə)leje]. *v.*; conjug. *payer* (*Relaier* [chasse], 1260; de *re-*, et *laier* « laisser ». V. Relaisser). ♦ 1° *V. intr.* (1573). *Vx.* Changer de chevaux. V. Relais. « *Une petite voiture qui relayait environ toutes les cinq lieues* » (LOTI). ♦ 2° *V. tr.* (1636). Mod. Remplacer (qqn) pour continuer une tâche, accomplir une épreuve sportive. « *Le fardeau n'était pas lourd, ils n'avaient guère besoin d'être relayés* » (ZOLA). *Les cyclistes « que leur équipier venait de relayer* » (MORAND). ◇ Fig. « *Relayant ainsi l'esprit et le corps l'un par l'autre* » (ROUSS.). ◇ *Techn.* Retransmettre (par relais) une émission de radio ou de télévision à partir d'un émetteur principal. ♦ 3° SE RELAYER (1680). *v. pron.* Se remplacer l'un l'autre, alternativement. « *Les deux équipes... se relayèrent sans relâche* » (MART. du G.). V. Alterner. *Coureurs qui se relaient pour mener.*

RELAYEUR [ʀ(ə)lɛjœʀ]. *n. m.* (1924; de *relayer*). *Sports.* Participant d'une course de relais; athlète spécialiste de cette course.

RELECTURE [ʀ(ə)lɛktyʀ]. *n. f.* (xvıᵉ; de *re-*, et *lecture*, d'apr. *relire*). Action de relire. *Relecture des épreuves d'imprimerie; première, deuxième relecture.* ♦ Seconde lecture. *La relecture de cette œuvre a modifié mon opinion.*

RELÉGATION [ʀ(ə)legasjɔ̃]. *n. f.* (1370; lat. *relegatio*). Dr. Action de reléguer. Dr. rom. Exil n'entraînant pas la perte des droits civils et politiques. ◇ (1885) Peine criminelle ou correctionnelle complémentaire d'une série de condamnations, par laquelle un délinquant était obligé de résider ou était interné hors du territoire métropolitain. « *J'ai éprouvé comme lui le choc et le son funèbre de la formule « instruction de la Relégation perpétuelle* » (J. GENET).

RELÉGUER [ʀ(ə)lege]. *v. tr.*; conjug. *céder* (1370; lat. *relegare*). ♦ 1° Dr. rom. Exiler dans un lieu déterminé, sans privation des droits civils et politiques. *L'empereur fit reléguer Ovide.* ◇ (Fin xıxᵉ) Dr. pén. Condamner à la relégation (peine supprimée en 1970). — Subst. *Les relégués établis en Guyane.* ♦ 2° (Fin xvııᵉ). Cour. Envoyer, placer, maintenir en un lieu écarté ou un endroit médiocre. V. Confiner, exiler. « *Pourquoi... M'avez-vous sans pitié reléguée dans ma cour?* » (RAC.). *On l'a relégué au fond de l'appartement.* — (Choses) *Reléguer un objet dans un débarras, au grenier.* ◇ Fig. Mettre, maintenir dans une situation médiocre. « *Vigny se sentait injurieusement relégué... au second plan* » (HENRIOT). *Le prolétariat « cette multitude jusque-là reléguée dans son impuissance* » (LAMART.). — « *Reléguer un rêve ' parmi les chimères'* » (SAND).

RELENT [ʀ(ə)lɑ̃]. *n. m.* (*Relans*, xıvᵉ; *relent, relente*, adj., « qui a un goût écœurant », 1200; lat. *lentus* « tenace, humide », et *re-* intensif). Mauvaise odeur qui persiste. *Relents d'alcool, de graillon.* « *Une puanteur de poubelle et*

de suint qui rappelait l'âcre relent des ruelles arabes » (MART. du G.). ◇ *Fig.* Trace, soupçon. *On flaire dans cette histoire un relent de crime.*

RELEVABLE [ʀəlvabl(ə); ʀləvabl(ə)]. *adj.* (xxᵉ; de *relever*). Qu'on peut relever; qui se relève. *Sièges, volets relevables.*

RELEVAGE [ʀəlvaʒ; ʀləvaʒ]. *n. m.* (1348; de *relever*). *Techn.* Action de relever. V. Relèvement.

RELEVAILLES [ʀəlvaj; ʀləvaj]. *n. f. pl.* (1180; de *relever*). *Relig.* Rite chrétien par lequel une accouchée vient remercier Dieu. « *Une messe de relevailles* » (BALZ.). — *Vieilli* ou *rural.* Le fait de se lever, de relever de couches.

RELÈVE [ʀ(ə)lɛv]. *n. f.* (1872; subst. verb. de *relever*). ♦ 1° Remplacement d'une personne, d'une équipe par une autre dans un travail continu. *La relève de l'équipe de nuit par l'équipe de jour. La relève de la garde. Assurer, prendre la relève.* ◇ Les personnes qui assurent ce remplacement. *La relève tardait à arriver.* ♦ 2° Fig. Remplacement (dans une action, une tâche collective). *La jeunesse prendra la relève.* V. Relayer, remplacer.

1. RELEVÉ, ÉE [ʀəlve; ʀləve]. *adj.* (V. Relever). ♦ 1° Dirigé, ramené vers le haut. *Chapeau à bords relevés. Col relevé. Manches relevées.* V. Retroussé. — *Équit. Pas relevé*, pas d'une monture qui lève haut le pied. ◇ *Virage relevé*, où la chaussée est plus haute vers l'extérieur. ♦ 2° (1608). *Vx.* Qui a de l'élévation, de la noblesse. V. Élevé, noble. *Style noble et relevé. Mod.* (en phrases négatives) *L'expression n'est pas très relevée.* « *Au niveau des passions charnelles les moins relevées* » (DANIEL-ROPS). ♦ 3° Rendu fort par un assaisonnement. V. Épicé. *Un mets très relevé.* ◈ ANT. *Rabattu. Commun, vulgaire; fade, insipide.*

2. RELEVÉ [ʀəlve; ʀləve]. *n. m.* (1740; vén., 1701; du précéd.). Action de noter par écrit ou par un dessin; ce qu'on a ainsi copié, représenté. *Relevé de compte, des dépenses. Relevé des condamnations.* V. Casier (judiciaire). *Relevé de citations; d'adresses. Relevé d'une construction. Relevé de plan.* — *Relevé de compteur*, du chiffre d'un compteur. *De « faux inspecteurs venant faire le relevé de leurs compteurs à gaz* » (SARRAUTE). ◈ HOM. *Relevée, relever.*

RELEVÉE [ʀəlve; ʀləve]. *n. f.* (xııᵉ, proprem. « temps après lequel on s'est relevé de la sieste »; de *relever*). *Vx* ou *Procéd.* V. Après-midi. *À trois heures de relevée.* ◈ HOM. *Relevé, relever.*

RELÈVEMENT [ʀ(ə)lɛvmɑ̃]. *n. m.* (1190; de *relever*). ♦ 1° Action de relever (un objet), de remettre debout. *Le relèvement d'un pylône.* ◇ Fig. (plus cour.) Redressement, rétablissement. *Le relèvement d'un pays, d'une économie.* ♦ 2° Action de relever (B, 2°), de hausser, d'augmenter. *Relèvement d'un niveau, d'un sol.* — *Relèvement des cours, des salaires.* V. Hausse, majoration. ♦ 3° Action de réunir les renseignements concernant (qqch.). V. Relevé. — *Mar.* Détermination de la position d'un point à l'aide du compas. *Topogr.* Détermination de la situation d'un lieu. — *Géom.* Mouvement de rotation inverse du rabattement* (2°). ◈ ANT. *Abaissement, baisse. Avilissement, chute. Diminution, réduction. Rabattement.*

RELEVER [ʀəlve; ʀləve]. *v.*; conjug. *lever* (xıᵉ; de *re-*, et *lever*).

I. *V. tr.* Ⓐ ♦ 1° Remettre debout. *Relever qqn qui est tombé.* Par métaph. « *Relevez-moi plutôt du bourbier où j'étais tombé* » (SAND). — *Relever des ruines, un mur démoli.* V. Reconstruire. ♦ 2° Fig. Remettre en bon état, en bonne position (ce qui est abattu, ce qui est au plus bas). *Relever un pays vaincu, y ramener la prospérité. Relever l'économie, les finances. Relever le courage de qqn.* V. Ranimer. ◇ *(Vieilli)* Remettre (qqn) au rang d'où il était tombé. « *La grâce... relève les plus misérables pécheurs* » (PÉGUY). — Rendre la dignité à (qqn). « *Des êtres qu'elles veulent consoler, relever, racheter* » (BALZ.). ♦ 3° *Vx.* Prendre à terre. V. Ramasser. *Relever un mouchoir, des gerbes.* — Loc. mod. *Relever le gant*, le défi* : répondre à un défi. ◇ *Cour. Professeur, surveillant qui relève les cahiers, les copies* : les ramasse. ♦ 4° Faire remarquer; mettre en relief. V. Noter, souligner. *Relever des fautes, des défauts.* « *Impossible de relever aucune contradiction* » (POINCARÉ). « *On ne put relever aucune charge contre lui* » (FRANCE). ◇ (1660) Répondre vivement à (une parole). *Relever une allusion perfide, une offense.* ◇ Noter par écrit ou par un croquis. *Relever une citation. Relever une adresse, une date.* V. Copier, noter. *Relever un plan, un dessin.* — Par ext. « *L'employé du gaz venant relever le compteur* » (Cl. SIMON), le chiffre d'un compteur. — Mar. *Relever un point* : déterminer et noter l'angle que fait sa direction avec la ligne Nord-Sud. Ⓑ Remettre plus haut. ♦ 1° Diriger, orienter vers le haut (une partie du corps, du vêtement). *Relever la tête, le front.* « *Un faible sourire relevait un coin de sa bouche* » (PROUST). *Relever son col par grand froid.* V. Remonter. *Relever ses jupes.* V. Retrousser. ♦ 2° Donner plus de hauteur à. *Relever le niveau de l'eau.* V. Élever. ◇

Fig. Élever le chiffre de (qqch.) au niveau souhaitable. V. **Hausser, majorer.** *Relever le niveau de vie, les salaires, les impôts.* ♦ 3° *Fig.* Donner une valeur plus haute à. V. **Rehausser.** « *Dix duels par jour ne l'auraient relevé dans l'estime de personne* » (STAËL). « *Cela le relevait à ses propres yeux d'avoir pris ce parti* » (LOTI). ♦ 4° (1690). Donner plus de goût en ajoutant un assaisonnement. V. **Assaisonner, épicer.** *Relever une sauce avec des câpres.* ◇ *Par ext. Relever le goût d'un mets avec des aromates.* ♦ 5° RELEVER (qqch.) DE : donner du relief, de l'attrait par. V. **Agrémenter.** « *Des réflexions sérieuses qu'elle relevait de citations agréables* » (STE-BEUVE). *Relever un récit de détails licencieux.* V. **Pimenter.** — *Bx-arts.* Rehausser. *Sépia relevée de gouache.* ◇ Mettre en valeur, faire valoir. V. **Souligner.** *Mouche qui relève la blancheur de la peau.* ⒼV. 1° Remplacer (qqn) dans un travail continu. V. **Relayer; relève.** « *Immobile à son poste, comme une sentinelle qu'on a oublié de relever* » (GAUTIER). ♦ 2° RELEVER QQN DE : le libérer (d'une obligation). *Relever qqn d'une promesse, d'un vœu.* V. **Délier.** « *Ils étaient relevés de toute obéissance à l'égard des officiers factieux* » (MALRAUX). *Relever une personne de ses fonctions.* V. **Destituer, limoger, révoquer.**
II. SE RELEVER. *v. pron.* ♦ 1° Se remettre debout ; reprendre la position verticale. *Enfant qui tombe et se relève.* « *Je lui tendis la main pour l'aider à se relever* » (GIRAUDOUX). *Faire se relever;* ellipt. *Faire relever* (qqn). ◇ *Fig. La France se relève. Se relever de ses ruines, de ses cendres.* V. **Ressusciter.** — *Se relever d'un malheur, d'un chagrin.* V. **Remettre** (se). « *Jamais tu ne te relèveras de cette honte* » (STENDHAL). « *Terrassé sous le coup d'une épigramme dont on ne se relevait pas* » (CHÊNEDOLLÉ). ♦ 2° Se diriger vers le haut. *Bouche dont les coins se relèvent.* ◇ (*Pass.*) Être ou pouvoir être dirigé vers le haut. *Volet, dossier..., col qui se relève.* « *Les strapontins baissés se relevaient avec bruit* » (LÉAUTAUD). ♦ 3° (*Récipr.*). Se remplacer dans une tâche (Cf. *ci-dessus*, I, C). V. **Relayer** (se). « *Son fils et ses trois filles se relevaient à mon chevet* » (CHATEAUB.).
III. *V. intr.* ♦ 1° RELEVER DE : se rétablir, commencer à guérir. *Relever de maladie. Relever de couches.* V. **Relevailles.** ♦ 2° Être dans la dépendance (d'une autorité supérieure). V. **Dépendre.** *Féod. Seigneur qui relève immédiatement de la couronne. Fief qui relève d'un seigneur. Dieu « de qui relèvent tous les empires* » (BOSS.). ◇ *Par ext.* Être du ressort de (V. **Ressortir**), dépendre de (en parlant d'un fait). *Affaire qui relève de la compétence de...* « *Mon christianisme ne relève que du Christ* » (GIDE). ◇ *Fig.* Être du domaine de. *Ce qui relève du cœur ou de l'esprit.* V. **Appartenir** (à), concerner. « *Tout ce qui est conventionnel et traditionnel relève... du poncif* » (BAUDEL.).
◈ ANT. Renverser; abattre, accabler, affaiblir, avilir, dégrader; abaisser, descendre, rabattre; déprécier, diminuer, rabaisser. Descendre, tomber. — HOM. Relevé, relevée.
RELEVEUR, EUSE [ʀəlvœʀ ou ʀləvœʀ, øz]. *adj. et n.* (XVIe; *de relever*). ♦ 1° Qui relève. *Anat. Muscle releveur, qui relève une partie du corps quand elle est abaissée. N. m. Le releveur de la paupière, de la lèvre supérieure.* — *Chaîne releveuse* : chaîne sans fin qui tire des berlines le long d'une rampe. ♦ 2° *N. m. Mar. Navire chargé de relever. Un releveur de mines.* ♦ 3° *N. m. Techn.* Instrument destiné à relever. — *Mécanisme d'une moissonneuse qui relève les épis versés pour pouvoir les couper.* ♦ 4° *Techn.* Professionnel qui relève (I, A, 3°), ramasse, ou note (V. **Relever**, I, A, 4°). — (1920) *Releveur de lait dans les campagnes. Releveur de compteurs* : employé qui prend note des chiffres des compteurs ménagers.
RELIAGE [ʀəljaʒ]. *n. m.* (1328; *de relier*). *Techn.* Opération par laquelle on lie ou cercle les douves (d'un tonneau, d'une cuve).
RELIEF [ʀəljɛf]. *n. m.* (1050; *de relever* « enlever, relever », d'apr. *I.* *la forme tonique je relief*).
I. *Vx.* Ce qu'on enlève d'une table servie. V. **Desserte.** — (Mod.; *au plur.*) V. **Reste(s).** *Les reliefs de la table* « *Des reliefs de poulet sauté* » (BALZ.). ◇ *Fig. Les reliefs d'une splendeur passée* : ce qui en reste.
II. (1571; en sculpture). ♦ 1° Ce qui fait saillie sur une surface. V. **Bosse, proéminence, saillie.** *La pierre ne présentait aucun relief.* « *Les reliefs osseux* (d'un visage) » (MART. du G.). ♦ 2° *Arts.* Ouvrage comportant des éléments qui se détachent plus ou moins sur un fond plan. *Relief décoratif. Relief sculpté.* V. **Sculpture; bas-relief, haut-relief.** *Façade ornée de reliefs.* ♦ 3° *Cour.* Caractère d'une image comportant des différences de profondeur, la figuration de plans différents; perception qui y correspond. *Relief d'un dessin, d'une peinture.* « *Le Japonais, insoucieux du relief, ne peint que par le contour et la tache* » (CLAUDEL). *Sensation de relief, due à la différence des deux images rétiniennes.* ◇ *Par anal. Relief acoustique* : perception auditive de l'espace. *Restitution du relief sonore par la stéréophonie.* ♦ 4° Forme d'une surface qui comporte des saillies et des creux. *Le relief d'une médaille.* ◇ Forme de la surface terrestre. *Étude du relief.*

V. **Orographie; hypsométrie.** *Figuration du relief sur les cartes, par les courbes de niveau. Les formes du relief* (dépressions, plaines; plateaux; montagnes, massifs; vallées). *Relief accidenté, émoussé. Relief calcaire.* — *Relief sous-marin,* étudié par l'hydrographie. ♦ 5° EN RELIEF : qui forme un relief. *Être, paraître en relief.* V. **Détacher** (se). *Motifs en relief, travaillés en relief. Plaque, cliché en relief. Caractères en relief du braille.* — *Carte en relief. Photographie, cinéma en relief.* V. **Anaglyphe, stéréoscope.** ♦ 6° *Fig.* Apparence plus nette, plus vive, du fait des oppositions. *Relief du style, de l'expression.* « *L'humeur donne du relief aux idées* » (STAËL). — *Mettre en relief* : faire valoir en mettant en évidence. « *Ce joli costume mettait en relief la perfection des formes* » (BALZ.).
◇ ANT. Creux. Banalité.
RELIER [ʀəlje]. *v. tr.* (1195; *de re-*, et *lier*). ♦ 1° Assembler, attacher ensemble (les feuillets formant un ouvrage) et les couvrir avec une matière rigide. *Coudre, encoller des cahiers avant de les relier.* — *Relier un livre.* — Au p. p. *Livre relié en basane, relié plein chagrin, demi-maroquin à coins.* ♦ 2° *Techn.* Assembler (les douves d'un tonneau) au moyen de cercles. V. **Cercler.** ♦ 3° (1425). Lier ensemble. V. **Assembler, attacher, lier.** *Lien, boucle qui relie deux, plusieurs choses.* V. **Relais.** *Tracer une figure en reliant des points.* ♦ 4° (XIXe). Mettre en communication avec. V. **Joindre, raccorder.** *Route qui relie deux villes. Ligne de transports qui relie deux pays.* ♦ 5° *Fig.* (1835). Mettre en rapport avec (autre chose). *Relier des idées, des indices.* V. **Enchaîner, lier.** *Relier le progrès à la tradition.* V. **Unir.** *La préposition relie et subordonne deux mots ou groupes de mots.* ◇ ANT. Déconnecter, délier, éparpiller, séparer.
RELIEUR, EUSE [ʀəljœʀ, øz]. *n.* (XIIIe; *de relier*). Personne dont le métier est de relier des livres. *Relieur d'art.* — Appos. *Ouvrier relieur.*
RELIGIEUSEMENT [ʀ(ə)liʒøzmɑ̃]. *adv.* (XIIIe; *de religieux*). ♦ 1° D'une manière religieuse, avec religion. *Pieusement. Vivre religieusement.* « *Pour y être élevée religieusement* » (ZOLA). — *Selon les rites de la religion.* ♦ 2° Avec une exactitude, un scrupule religieux. V. **Exactement, scrupuleusement.** « *Les grands cuivres rouges, polis religieusement par Sidonie* » (BOSCO). ♦ 3° Avec une attention admirative, recueillie. *Écouter religieusement un orateur.*
RELIGIEUX, EUSE [ʀ(ə)liʒjø, øz]. *adj. et n.* (1165, au sens I, 2°; lat. ecclés. *religiosus*, de *religio*. V. **Religion**).
I. *Adj.* Relatif à la religion. ♦ 1° (1538). Qui concerne les rapports entre l'homme et un pouvoir surnaturel; qui présente le caractère réservé et obligatoire d'une religion. *Le phénomène religieux* : la religion dans l'humanité. *Secte religieuse.* — *Pratiques religieuses. Édifice religieux* : temple. *Cérémonies, fêtes religieuses. Mariages religieux.* — *Institutions religieuses.* « *Dans la pensée des anciens, toute autorité devait être religieuse* » (FUSTEL). — *Art religieux; musique religieuse.* V. **Sacré.** *Chants religieux.* — *Persécutions religieuses* : au nom d'une religion ou contre elle. *Propagande religieuse.* V. **Mission.** — *Idées, conceptions religieuses.* V. **Mythe; dogme, théologie.** *Opinions religieuses. Sentiments religieux.* V. **Religiosité.** *Fanatisme religieux. Indifférence religieuse.* ♦ 2° (*Personnes* ou *choses*). Consacré à la religion, à Dieu, par des vœux (V. **Religion**, II). *L'état religieux. La vie religieuse.* V. **Conventuel, monastique.** — *Communautés, congrégations religieuses; ordres religieux.* ◇ *Par ext. Habits religieux. Règle religieuse.* V. **Observance.** *Vœux religieux* : chasteté, obéissance, pauvreté. ♦ 3° (1174, *religious*). Qui croit en une religion, pratique une religion. V. **Croyant.** « *Religieux par nature, politicien par nécessité* » (R. ROLLAND). « *Religieuse, sans être dévote* » (BALZ.). « *L'homme, dès qu'il se distingua de l'animal, fut religieux* » (RENAN). *Un esprit religieux. Société plus ou moins religieuse.* ♦ 4° *Fig.* (XVIe). Qui présente les caractères du sentiment ou du comportement religieux. *Respect religieux. Vénération religieuse. Un silence religieux* : respectueux et attentif. ♦ 5° *Mante* religieuse* (à cause de l'attitude de cet insecte, comparé à une personne en prière).
II. *N.* (1240, masc.). Personne qui a fait profession, a prononcé des vœux dans une « religion » (II), ordre ou congrégation. V. **Profès.** *Religieuses et postulantes.* V. **Nonne.** *Devenir religieux* : entrer dans les ordres, en religion, prendre le voile, l'habit. *Religieux défroqué, relevé de ses vœux. Religieux solitaire.* V. **Anachorète, ermite**, *vivant en communauté* (V. **Cénobite**). *Religieux appartenant à un ordre* (V. **Moine, régulier**), *une congrégation. Religieux cloîtré. Les religieux peuvent être clercs* (V. **Clergé** [régulier]), *ou demeurer dans l'état laïque* (V. **Convers, lai**). *Noms, titres désignant des religieux* (V. **Frère, père; don, révérend**), *des religieuses* (V. **Mère, sœur**). *Communautés de religieux.* V. **Abbaye, congrégation, couvent, monastère, ordre.** — *Par ext.* (dans d'autres religions) *Religieux bouddhistes* (bonze), *lamaïstes* (lama), *musulmans* (derviche, santon [vx]).
III. *N. f.* (1921). Pâtisserie faite de pâte à choux fourrée de crème pâtissière, ayant la forme d'une petite boule posée

sur une plus grosse, avec garniture de crème au beurre. *Religieuse au café.*

◇ ANT. (du I) *Mondain, profane; civil, laïc. Athée, irréligieux.*

RELIGION [ʀ(ə)liʒjɔ̃]. *n. f.* (1085, « monastère »; lat. *religio* « attention scrupuleuse, vénération », de *relegere* « recueillir, rassembler » [de *legere* « ramasser », et fig. « lire »], ou de *religare* « relier »).

I. (1170). Ensemble d'actes rituels liés à la conception d'un domaine sacré distinct du profane, et destinés à mettre l'âme humaine en rapport avec Dieu. ♦ 1° LA RELIGION : reconnaissance par l'homme d'un pouvoir ou d'un principe supérieur de qui dépend sa destinée et à qui obéissance et respect sont dus; attitude intellectuelle et morale qui résulte de cette croyance, en conformité avec un modèle social, et qui peut constituer une règle de vie. *Relatif à la religion.* V. **Religieux; sacré, saint.** « *La religion n'est ni une théologie, ni une théosophie; elle est plus que tout cela : une discipline, une loi, un joug, un indissoluble engagement* » (JOUBERT). « *La religion est devenue chose individuelle* » (RENAN). « *Un peu de philosophie éloigne de la religion, beaucoup y ramène* » (RIVAROL). *Indifférence, intolérance, tolérance en matière de religion.* — *Guerres* de Religion.* ♦ 2° (XIIᵉ). Attitude particulière dans les relations avec Dieu. V. **Déisme, panthéisme, théisme; mysticisme.** — *La religion de qqn.* « *Sa religion est profonde* » (CHATEAUB.). *Une religion sentimentale, vague* (V. **Religiosité**), *formaliste* (V. **Pharisaïsme**). « *Jésus dédaignait tout ce qui n'était pas la religion du cœur* » (RENAN). ◇ Absolt. *Avoir de la religion :* être croyant, pieux. « *Chaque jour, la religion le reprenait davantage* » (ZOLA). ♦ 3° UNE RELIGION : système de croyances et de pratiques, impliquant des relations avec un principe supérieur, et propre à un groupe social. V. **Confession** (3°), **croyance, culte.** (Jusqu'au XVIIᵉ siècle, *Religion*, opposé à « superstition », désignait spécialement la religion catholique, considérée comme seule vraie). « *L'origine des religions se confond avec les origines mêmes de la pensée et de l'activité intellectuelle des hommes* » (S. REINACH). *Histoire, sociologie des religions.* « *Les religions... s'apaisent en vieillissant* » (FRANCE). *Religion d'État. L'État neutre entre les religions.* — *Professer, pratiquer, embrasser une religion. Adeptes, sectateurs d'une religion. N'accepter aucune religion.* — *Abjurer, renier une religion; se convertir à une religion. Dogmes, légendes, mythes, symboles d'une religion.* — *Pratiques, prescriptions des religions.* V. **Cérémonial, culte, liturgie, rite, rituel; observance.** — *Ministres, prêtres, fonctionnaires des diverses religions :* clerc, pasteur, prêtre; bonze, brahmane, iman, lama, lévite, mage, muezzin, mufti, pontife, pope, prélat, rabbin, sorcier. *Religions polythéistes. Religions initiatiques. Religions révélées. Religions dites « primitives ».* V. **Animisme, chamanisme, fétichisme, totémisme.** *Religion grecque, romaine* (V. **Mythologie**). *Religion celte* (V. **Druidisme**). — *Religions d'Orient.* V. **Bouddhisme, brahmanisme, hindouisme, jaïnisme, tântrisme, védisme; manichéisme, mazdéisme; confucianisme, shintoïsme, taoïsme; judaïsme.** *Religion chrétienne* (V. **Christianisme**). *Religion musulmane.* V. **Islam, islamisme.** *La religion catholique, apostolique et romaine.* V. **Catholicisme.** *La religion réformée*.* V. **Protestantisme.** ◇ Par anal. En parlant de doctrines, de philosophies comparables à une religion) « *La religion de l'avenir sera le pur humanisme* » (RENAN). *Une religion du progrès, de la raison.* ◇ *Fig.* Activité ou organisation comparée à une doctrine religieuse, à un culte. « *Le parti communiste est à la fois une religion, une communauté* » (GAXOTTE). ♦ 4° *Fig.* Sentiment de respect, de vénération ou sentiment du devoir à accomplir (comparés au sentiment religieux); objet d'un tel sentiment. — Vx. *Se faire une religion de... :* une obligation absolue. *Point de religion :* cas de conscience, scrupule. — Mod. « *L'honneur militaire..., cette religion de loyauté* » (STE-BEUVE). « *La peinture... était une religion pour les artistes* » (MUSS.).

II. (XIIᵉ). *Dans le christianisme,* Vie consacrée à la religion, par des vœux; état de religieux, de religieuse. *Entrer en religion :* prononcer ses vœux (Cf. Prendre l'habit*, le voile*). *Nom de religion,* que prend un religieux, qui perd son nom laïc. ◇ *Liturg. cathol.* Société reconnue par l'autorité ecclésiastique, et dont les membres prononcent des vœux. V. **Congrégation, ordre.**

◇ ANT. *Doute, irréligion.*

RELIGIONNAIRE [ʀ(ə)liʒjɔnɛʀ]. *n.* (1562; de *religion*). *Hist.* Membre de la religion réformée. V. **Protestant** *(cour.).*

RELIGIOSITÉ [ʀ(ə)liʒjozite]. *n. f.* (XIIIᵉ; du lat. *religiosus.* ♦ 1° *Vx.* Scrupule religieux extrême. V. **Dévotion.** ♦ 2° (1803). *Mod.* Aspect purement sentimental de la religion chez une personne; attirance pour la religion en général, avec ou sans adhésion formelle à une religion précise.

RELIQUAIRE [ʀ(ə)likɛʀ]. *n. m.* (1328; de *relique*). Boîte ou coffret précieux renfermant des reliques. V. **Châsse.**

RELIQUAT [ʀ(ə)lika]. *n. m.* (XVIᵉ; *reliqua* [XIVᵉ], mot lat. « ce qui reste à payer, arrérages », de *reliquus* « qui reste »).

♦ 1° *Dr.* et *Compt.* Ce qui reste dû après la clôture et l'arrêté d'un compte. *Reliquat d'un compte de tutelle.* — *Cour.* Ce qui reste d'une somme (à payer, à percevoir). V. **Reste.** « *Un petit reliquat de son patrimoine* » (BAUDEL.). ♦ 2° *Méd.* (Vx) *Reliquat d'une maladie.* V. **Séquelle.**

RELIQUE [ʀ(ə)lik]. *n. f.* (1080; lat. *reliquiæ* « restes »).

♦ 1° Corps, fragment du corps d'un saint ou d'un Bienheureux, objet qui a été à son usage ou qui a servi à son martyre, dont le culte est autorisé par l'Église catholique. *La vénération des reliques.* « *Les reliques de la sainte patronne de l'Alsace* » (BARRÈS). « *L'attouchement d'une sainte relique* » (PASC.). *Reliques conservées dans le trésor d'une église* (V. **Châsse, reliquaire**). — *(Autres relig.)* Restes, ossements de héros, de saints, ou objets leur ayant appartenu, auxquels s'attache un caractère sacré et auxquels les fidèles rendent un culte. *La guerre des reliques,* après la mort du Bouddha. ◇ *Garder un objet comme une relique,* le garder soigneusement, précieusement. « *Il les conservait* [les lettres d'Antibes] *comme des reliques sacrées* » (LOTI). ♦ 2° Objet auquel on attache moralement le plus grand prix comme à un vestige ou un témoin d'un passé cher. « *Un tiroir où elle conservait des reliques de son passé* » (MART. du G.).

RELIRE [ʀ(ə)liʀ]. *v. tr.;* conjug. *lire* (XIIᵉ; de *re-*, et *lire*).

♦ 1° Lire une nouvelle fois (ce qu'on a déjà lu). « *Je suis dans un âge où l'on ne lit plus, mais où l'on relit les anciens ouvrages* » (ROYER-COLLARD). ♦ 2° Lire en vue de corriger, de vérifier (ce qu'on vient d'écrire). *Écrivain qui relit son manuscrit* (V. **Relecture**). ◇ Pronom. *Dactylographe qui se relit avec attention.* « *L'écrivain qui se féconde lui-même en se relisant* » (HENRIOT).

RELIURE [ʀəljyʀ]. *n. f.* (1549; de *relier*). ♦ 1° Action ou art de relier (les feuillets d'un livre). *Donner un livre à la reliure. Atelier-école de reliure.* ♦ 2° Manière dont un livre est relié; couverture d'un livre relié. *Plats, dos, nerfs, coins, gardes d'une reliure. Reliure pleine,* entièrement en cuir. *Demi-reliure,* dont le dos seul est en cuir. *Reliure d'amateur* ou *amateur,* à dos et coins ou bande en cuir. *Reliure à la Bradel,* variété de reliure à dos brisé*. *Reliure en basane,* en chagrin, en veau, en relié, en parchemin, en maroquin. « *J'aime les livres dont la reliure coûte très cher* » (GONCOURT). *Reliures romantiques. Reliure d'éditeur.*

RELOGEMENT [ʀ(ə)lɔʒmã]. *n. m.* (mil. XXᵉ; de *reloger*). Action de reloger; le fait d'être relogé.

RELOGER [ʀ(ə)lɔʒe]. *v. tr.;* conjug. *loger.* V. **Bouger** (1874; « rétablir dans son ancien logement », XVᵉ; de *re-*, et *loger*). Procurer un nouveau logement à (qqn qui a perdu le sien). *Obligation, pour un propriétaire, de reloger un locataire expulsé. Reloger des sinistrés, des réfugiés.*

RELOQUETER [ʀələkte]. *v. tr.* (d. i.; de *loque*). *Région.* (Belgique). Nettoyer avec un chiffon (ou *loque*).

RELOUER [ʀəlwe]. *v. tr.* (1431; « sous-louer », 1267; de *re-*, et *louer* 2). Louer de nouveau. *Il a reloué la villa deux étés de suite. J'ai reloué mon appartement à mes anciens locataires.*

RELUIRE [ʀəlɥiʀ]. *v. intr.;* conjug. *luire* (1080; lat. *relucere.* V. **Luire**). Luire en réfléchissant la lumière, en produisant des reflets. V. **Briller.** « *Des fermoirs d'acier découpé qui reluisaient comme des armures* » (LOTI). ◇ *Spécialt.* Luire pour avoir été soigneusement nettoyé et frotté. *Faire reluire des cuivres, des meubles.* « *Plus on met de l'huile de coude, plus ça reluit* » (ZOLA). *Brosse à reluire* (à faire reluire). *Fam.* et fig. *Manier la brosse à reluire :* flatter avec ostentation et lourdement.

RELUISANT, ANTE [ʀəlɥizã, ãt]. *adj.* (XIIᵉ; de *reluire*). ♦ 1° *Reluisant de :* qui reluit par... « *Les toits, tout reluisants de pluie, miroitaient* » (FLAUB.). V. **Luisant.** — Qui reluit de propreté. *Parquet reluisant.* ♦ 2° *Fig.* (en phrase négative; XIXᵉ). V. **Brillant.** « *Il n'est pas reluisant, son avenir* » (SARRAUTE). « *Après maints métiers de moins en moins reluisants* » (QUENEAU). « *Ce parent incapable et si peu reluisant* » (MONTHERLANT).

RELUQUER [ʀ(ə)lyke]. *v. tr.* (1750; mot picard *reluquer.* au wallon *rilouki,* de *louki,* moy. néerl. *loeken;* Cf. l'angl. *To look*). Regarder du coin de l'œil, avec intérêt et curiosité V. **Lorgner.** *Reluquer les filles.* « *Il la reluqua :* — *Vous êtes bien nippée* » (DABIT). ◇ *Fig.* Considérer (une chose) avec convoitise; guigner. « *Les Perrache, sous couleur de le soigner, ont reluqué le magot* » (BALZ.).

REM [ʀɛm]. *n. m.* (mil. XXᵉ; sigle de l'angl. *Röntgen Equivalent Man* « équivalent-homme de röntgen »). *Phys., biol.* Unité de mesure de l'effet biologique des radiations, correspondant à une dose de radiation de 10^{-6} joules dans un gramme de matière.

REMÂCHER [ʀ(ə)maʃe]. *v. tr.* (1538; de *re-*, et *mâcher*). ♦ 1° *Rare.* Mâcher une seconde fois, en parlant des ruminants. V. **Ruminer.** ♦ 2° *Fig.* et *cour.* (XVIᵉ). Revenir sans cesse en esprit sur. V. **Ressasser, ruminer.** *Remâcher le passé, ses soucis..., sa rancune.* « *Remâcher interminablement les fautes du passé* » (CAMUS).

REMAILLAGE [ʀ(ə)majaʒ]. *n. m.* (1845; de *remailler*).

Action de reconstituer les mailles d'un tricot. *Remaillage sur trame, sur chaîne.* V. **Remmaillage.**

REMAILLER [ʀ(ə)mɑje]. *v. tr.* (1660; de re-, et *mailler*). Réparer (un tricot, un filet) en reconstituant les mailles. *Remailler un filet.* V. **Remmailler.**

REMAKE [ʀimɛk]. *n. m.* (v. 1945; mot angl., de *to remake* « refaire »). Anglicisme *(Cin.).* Film reproduisant, avec de nouveaux acteurs, la première version d'un film à succès.

RÉMANENCE [ʀemɑnɑ̃s]. *n. f.* (v. 1870; « permanence, persistance », XIIᵉ; de *rémanent*). Sc. Persistance partielle d'un phénomène après disparition de sa cause; *spécialt.* de l'aimantation après retrait de l'influence magnétique. V. **Hystérésis.** ◊ *Rémanence* (ou *persistance*) *des images visuelles*, phénomène sur lequel est fondé le cinéma.

RÉMANENT, ENTE [ʀemanɑ̃, ɑ̃t]. *adj.* (XIIᵉ, « permanent »; repris v. 1840; lat. *remanens*, de *remanere* « demeurer »). Sc. *Magnétisme rémanent*, qui subsiste après la disparition du champ inducteur. *Image rémanente*, subsistant après l'excitation visuelle.

REMANGER [ʀ(ə)mɑ̃ʒe]. *v. tr.; conjug. manger.* V. **Bouger** *(Remangier*, v. 1200; de re-, et *manger).* Manger une autre fois (le même type de nourriture).

REMANIABLE [ʀ(ə)manjabl(ə)]. *adj.* (1870; de *remanier*). Qui peut être remanié.

REMANIEMENT [ʀ(ə)manimɑ̃]. *n. m.* (1690, typogr.; de *remanier*). Action de remanier; son résultat. V. **Modification.** *Remaniement d'une page à la composition. Remaniement d'un texte, d'un plan.* V. **Remodelage.** ◊ *Le remaniement du Saint-Empire, en 1803.* V. **Réorganisation.** « *Le remaniement incessant des programmes* » (PÉGUY). *Procéder à un remaniement ministériel.*

REMANIER [ʀ(ə)manje]. *v. tr.* (XVIᵉ, « refaire »; *soi remanier* « se comporter », v. 1300; de re-, et *manier*). ♦ 1° (1690). Modifier (un ouvrage de l'esprit) par un nouveau travail, en utilisant les matériaux ou une partie des matériaux primitifs. V. **Arranger, corriger, retoucher.** *Balzac remaniait sans cesse ses romans.* « *La Constitution de l'an VIII, ainsi remaniée par le Premier Consul* » (BAINVILLE). ♦ 2° Modifier la composition de (un groupe, un ensemble de choses). *Remanier le cabinet, le ministère,* en modifier la composition.

REMAQUILLER [ʀ(ə)makije]. *v. tr.* (XXᵉ; de re-, et *maquiller*). Maquiller, farder de nouveau. Pronom. « *Je me remaquillais dans les toilettes d'un café* » (BEAUVOIR).

REMARCHER [ʀəmaʀʃe]. *v. intr.* (1549; de re-, et *marcher*). ♦ 1° (Personnes). Marcher après une infirmité qui empêchait de marcher. *Il remarche avec difficulté.* ♦ 2° (Choses). Fonctionner de nouveau (après une panne, une grève, etc.). *La télévision remarche.* « *Ça y est... le métro remarche* » (QUENEAU).

REMARIAGE [ʀ(ə)maʀjaʒ]. *n. m.* (1278; de *remarier*). Nouveau mariage. V. **Noce** (secondes noces). « *Un remariage de raison* » (ARNOUX).

REMARIER [ʀ(ə)maʀje]. *v. tr.* (1251; « marier à son tour », XIIᵉ; de re-, et *marier*). Marier de nouveau. « *Ces désirs inconscients lui firent accepter le projet de remarier Thérèse* » (ZOLA). ◊ Pronom. (1280) SE REMARIER. « *Ne voulant pas me remarier, dans l'intérêt de ma fille que j'idolâtre* » (BALZ.).

REMARQUABLE [ʀ(ə)maʀkabl(ə)]. *adj.* (1547; de *remarquer*). ♦ 1° Digne d'être remarqué, d'attirer l'attention. V. **Marquant, notable.** « *Une petite robe remarquable seulement par la façon* » (BALZ.). « *Il est remarquable que la dictature soit maintenant contagieuse* » (VALÉRY). *Propriété remarquable.* ♦ 2° Digne d'être remarqué par son mérite, sa qualité. V. **Distingué, éminent, insigne, rare;** *fam.* **Épatant, formidable.** *Un* « *très remarquable entraîneur d'hommes* » (HENRIOT). *Une des femmes les plus remarquables de temps. Exploit remarquable.* V. **Extraordinaire.** ◊ ANT. Banal, insignifiant, négligeable. Inférieur, médiocre.

REMARQUABLEMENT [ʀ(ə)maʀkabləmɑ̃]. *adv.* (1616; de *remarquable*). D'une manière remarquable. *Cette fille est remarquablement belle.* « *Une physionomie remarquablement expressive* » (FRANCE). V. **Très.** *Il a remarquablement réussi.* ◊ ANT. Peu; mal.

REMARQUE [ʀ(ə)maʀk(ə)]. *n. f.* (1579; *remerche*, 1505; subst. verb. de *remarquer*). ♦ 1° Vx ou littér. Action de remarquer (qqch.). *C'est une chose digne de remarque,* remarquable. ♦ 2° Mod. Mots par lesquels se traduit cette opération de l'esprit, qui ont notamment pour but de souligner quelque particularité à l'attention de l'intéressé (interlocuteur, auditeur ou lecteur). *Je l'ai trouvé changé et j'en ai fait la remarque à sa fille.* ◊ Notation écrite qui attire l'attention du lecteur. *Édition accompagnée de remarques.* V. **Annotation, commentaire.** *Remarques sur la langue française,* de Vaugelas. *Livre plein de remarques pertinentes, pénétrantes.* V. **Aperçu, réflexion.** ◊ *Spécialt.* Réflexion critique. *Faire une remarque à qqn.* V. **Critique, observation.** ♦ 3° *Arts* (1864). Petite gravure en marge de la planche gravée.

REMARQUÉ, ÉE [ʀ(ə)maʀke]. *adj.* (V. **Remarquer**). Qui est l'objet de la curiosité, de l'attention, des commentaires. « *Cette différence si essentielle est si peu remarquée* » (LACLOS). *Il a prononcé un discours très remarqué. Une absence fort remarquée.* ◊ ANT. Inaperçu.

REMARQUER [ʀ(ə)maʀke]. *v. tr.* (XVIᵉ; *remerchier, remerquier,* XIVᵉ; de re-, et *marquer*). I. ♦ 1° Avoir la vue, l'attention attirée ou frappée par (qqch.). V. **Apercevoir, constater, découvrir, observer.** « *Il remarqua des taches qu'il lava avec soin* » (MAC ORLAN). « *Nous changeons imperceptiblement sans remarquer notre changement* » (LA ROCHEF.). « *Nous ne remarquons, chacun, que ce qui nous intéresse* » (GIDE). *Remarquer la présence, l'absence de qqn. Avez-vous remarqué ceci? — Faire remarquer un anachronisme.* V. **Relever.** — *Pronom.* (Sens pass.) « *De ces menus détails qui se remarquent à peine* » (BOURGET). ◊ REMARQUER QUE. « *J'ai remarqué que d'excellents esprits... n'ont pu s'en détacher* » (RENAN). Au nég., avec le subj. « *Je n'ai pas remarqué qu'il s'occupât moins de moi que de mes condisciples* » (FRANCE). *Remarquez (bien) que...,* s'emploie pour attirer l'attention de qqn sur une chose qu'il risquerait de négliger. V. **Noter.** *Je n'avais pas remarqué combien il était timide. Il est timide? Je n'avais pas remarqué. Permettez-moi de vous faire remarquer qu'il en est tout autrement.* ♦ 2° REMARQUER QUE : exprimer par une remarque. « *André Chénier a remarqué spirituellement qu'au théâtre on flagorne le peuple* » (STE-BEUVE). « *Elle remarqua, comme elle le faisait tous les soirs, qu'on mangeait trop de pain* » (SAND). — (En incise) « *Toi non plus, remarqua son voisin* » (MART. du G.). ♦ 3° Distinguer particulièrement (une personne parmi d'autres). « *Je remarquai d'abord un homme dont la simplicité me plut* » (MONTESQ.). *Il entra sans être remarqué. — Par ext.* (Choses) *Un roman qui mérite à peine d'être remarqué. —* FAIRE REMARQUER (avec un sujet de chose), être cause qu'on remarque. « *D'une distinction qui l'eût fait remarquer partout* » (BALZ.). — SE FAIRE REMARQUER, attirer sur soi l'attention. « *Il se fait remarquer par son négligé* » (BALZ.). V. **Signaler** (se). — Absolt. *Il cherche à se faire remarquer. Cette femme se fait remarquer,* elle manque de tenue. — (Choses) Péj. « *Un petit galurin... qui se faisait un peu remarquer* » (GIDE). V. **Voyant.**
II. Marquer de nouveau. *Remarquer du linge dont la marque s'est effacée.*

REMASTICAGE [ʀ(ə)mastikaʒ]. *n. m.* (1836; de *remastiquer*). Techn. Nouveau masticage.

REMASTIQUER [ʀ(ə)mastike]. *v. tr.* (1722; de re-, et *mastiquer*). Mastiquer à nouveau. *Remastiquer un carreau.*

REMBALLAGE [ʀɑ̃balaʒ]. *n. m.* (1846; de *remballer*). Action de remballer. Nouvel emballage.

REMBALLER [ʀɑ̃bale]. *v. tr.* (1549; de re-, et *emballer*). Emballer de nouveau (ce qu'on a déballé). *Représentant qui remballe ses échantillons.* ◊ Fam. *Remballer sa marchandise,* renoncer à la proposer, à la faire valoir. — Fig. et fam. *Il peut remballer ses compliments :* les garder, ne pas les dire. ◊ ANT. Déballer, étaler.

REMBARQUEMENT [ʀɑ̃baʀkəmɑ̃]. *n. m.* (v. 1500; de *rembarquer*). Action de rembarquer, de se rembarquer. *Le rembarquement de l'armée anglaise à Dunkerque, en 1940* (opposé à débarquement).

REMBARQUER [ʀɑ̃baʀke]. *v.* (v. 1500; de re-, et *embarquer*). ♦ 1° V. tr. Embarquer de nouveau (ce qu'on avait débarqué). *Rembarquer des troupes, des marchandises.* ♦ 2° Se *rembarquer* (v. pron.) ou *Rembarquer* (v. intr.), s'embarquer de nouveau. *Le commando a pu se rembarquer une fois sa mission accomplie.* « *L'ordre arrive... de faire rembarquer les marins* » (LOTI). ◊ ANT. Débarquer.

REMBARRER [ʀɑ̃ba(ʀ)ʀe]. *v. tr.* (XVᵉ; de re-, et *embarrer* « enfoncer »). Repousser brutalement (qqn) par un refus, une réponse désobligeante (Cf. Envoyer* promener, remettre* à sa place). *Il s'est fait rembarrer et il a dû se taire.* « *Lorsqu'elle avait le malheur de se plaindre, Trimault la rembarrait!* » (DABIT).

REMBLAI [ʀɑ̃blɛ]. *n. m.* (1694; subst. de *remblayer*). ♦ 1° Action de remblayer, opération de terrassement, consistant à rapporter des terres pour faire une levée ou combler une cavité. *Travaux de remblai.* ♦ 2° Terres rapportées à cet effet; ouvrage ou levée de terre rapportée. *Remblai disposé en talus. Chaussée en remblai. Mur de soutènement d'un remblai.* « *Une sorte de moutonnement du sol, que le chemin de fer traverse, alternativement, sur des remblais et dans des tranchées* » (ZOLA). ◊ ANT. Déblai.

REMBLAIEMENT [ʀɑ̃blɛmɑ̃]. *n. m.* (mil. XXᵉ; de *remblayer*). Géol. Colmatage par alluvionnement.

REMBLAVER [ʀɑ̃blave]. *v. tr.* (1690; de re-, et *emblaver*). Agric. Emblaver à nouveau, quand le premier emblavage n'a pas réussi. V. **Réensemencer.**

REMBLAYAGE [ʀɑ̃blɛjaʒ]. *n. m.* (1846; de *remblayer*). Action de remblayer; son résultat. V. **Remblai** (1°). ◊ ANT. Déblaiement.

REMBLAYER [ʀɑ̃blɛje]. *v. tr.; conjug. payer* (1241; de

re-, et *emblayer;* de l'a. fr. *emblayer,* par une évolution du sens parallèle à celle de *déblayer*). Soumettre (une chaussée, un fossé, etc.) à des travaux de remblai. *Remblayer une route* (la hausser), *un fossé* (le combler). ◇ ANT. *Déblayer.*

REMBLAYEUSE [ʀɑ̃blɛjøz]. *n. f.* (mil. XXᵉ; de *remblayer*). *Techn.* Machine qui fait le remblayage.

REMBOÎTAGE [ʀɑ̃bwataʒ]. *n. m.* (1874; de *remboîter*). *Techn. (Reliure).* Opération par laquelle on remet un volume soit dans sa reliure d'origine après l'avoir lavé et réparé, soit dans une reliure d'époque dont on a changé l'étiquette au dos.

REMBOÎTEMENT [ʀɑ̃bwatmɑ̃]. *n. m.* (1636; de *remboîter*). Action de remboîter; son résultat. *Remboîtement d'une articulation.* ◇ ANT. *Déboîtement.*

REMBOÎTER [ʀɑ̃bwate]. *v. tr.* (v. 1300; de *re-*, et *emboîter*). ♦ 1° Remettre en place (ce qui était déboîté). *Os remboîté par un rebouteux.* ♦ 2° *(Reliure).* Remettre dans sa reliure. *Le relieur a lavé et remboîté ce livre ancien* (V. **Remboîtage**). ◇ ANT. *Déboîter.*

REMBOUGER [ʀɑ̃buʒe]. *v. tr.;* conjug. *bouger* (1808; de *re-*, et *embouger;* de *bouge,* ancienn. « valise », « futaille »). *Techn.* Maintenir plein (un tonneau) en y versant un liquide de même nature. V. **Ouiller.**

REMBOURRAGE [ʀɑ̃buʀaʒ]. *n. m.* (1765; de *rembourrer*). Action de rembourrer; matière servant à rembourrer. V. **Matelassure.** *Fauteuil usé qui laisse voir le rembourrage.*

REMBOURRER [ʀɑ̃buʀe]. *v. tr.* (v. 1200; de *re-*, et *embourrer*). Garnir de bourre (laine, crin, kapok, etc.). V. **Bourrer, capitonner, matelasser.** *Rembourrer un siège. Rembourrer les épaules d'un veston.* — Au p. p. *Un coussin bien rembourré.* Plaisant. *Un lit rembourré avec des noyaux de pêche :* très dur. — Fam. *Il est bien rembourré :* bien en chair. V. **Grassouillet.**

REMBOURRURE [ʀɑ̃buʀyʀ]. *n. f.* (1765; de *rembourrer*). *Techn.* Bourre, matière servant à rembourrer.

REMBOURSABLE [ʀɑ̃buʀsabl(ə)]. *adj.* (1432; de *rembourser*). Qui peut ou qui doit être remboursé. *Billet à vue remboursable.*

REMBOURSEMENT [ʀɑ̃buʀsəmɑ̃]. *n. m.* (1432; de *rembourser*). Action de rembourser. *Remboursement d'une dette. Remboursement d'une rente.* V. **Rachat.** — *Envoi contre remboursement, contre paiement à la livraison.*

REMBOURSER [ʀɑ̃buʀse]. *v. tr.* (1444; de *re-*, et *embourser*). Payer (qqch.), pour faire rentrer qqn dans ses débours. *Rembourser une somme d'argent à un prêteur.* V. **Rendre.** *Rembourser une avance, un emprunt.* — *Les billets de loterie se terminant par tel chiffre sont remboursés.* — *Remboursez!* *(les places),* cri de mécontentement, à un mauvais spectacle. ◇ Faire rentrer (qqn) dans ses débours; rendre à (qqn). *Rembourser qqn de ses dépenses, de ses frais, de ses avances. Rembourser tous ses créanciers, les désintéresser.* « *Je suis sorti sans argent, figure-toi. Je te rembourserai demain soir* » (COURTELINE). — Pronom. *Se rembourser,* rentrer dans ses débours, dans ses frais. ◇ ANT. *Débourser, emprunter.*

REMBRUNIR [ʀɑ̃bʀyniʀ]. *v. tr.* (1690; de *re-*, et *embrunir,* de *brun* « sombre », vx). ♦ 1° *Vx.* Rendre plus sombre, plus foncé. Pronom. *Le temps se rembrunit, s'assombrit.* ♦ 2° *Mod.* SE REMBRUNIR. *v. pron.* Prendre un air sombre, chagrin. *Sa mine, son visage se rembrunit.* « *Le sourire de connivence qu'il appréhait se figea sur ses lèvres, ses traits se rembrunirent* » (MART. du G.). ◇ ANT. *Éclaircir; épanouir, illuminer.*

REMBRUNISSEMENT [ʀɑ̃bʀynismɑ̃]. *n. m.* (1690; de *rembrunir*). *Littér.* Action de rembrunir, de se rembrunir. « *Il interprétait mes silences, observait le rembrunissement de mon front* » (GIDE).

REMBUCHEMENT [ʀɑ̃byʃmɑ̃]. *n. m.* (XVIᵉ; de *rembucher*). *Chasse.* Rentrée de la bête dans le bois (aussi *Rembucher,* n. m.).

REMBUCHER [ʀɑ̃byʃe]. *v. tr.* (1549; de *re-*, et *embûcher*). *Chasse.* Faire rentrer (la bête) dans le bois en la poursuivant. — Pronom. Rentrer dans le bois (en parlant de la bête). *Cerf qui se rembuche.* ◇ ANT. *Débucher, débusquer.*

REMÈDE [ʀ(ə)mɛd]. *n. m.* (1181; lat. *remedium*). I. ♦ 1° *(Vieilli).* Tout ce qui est employé au traitement d'une maladie. V. **Thérapeutique, traitement.** — *Remède de bonne femme :* remède traditionnel. ◇ *Spécialt.* (plus cour.) Médicament. *Remède allopathique, homéopathique.* « *Presque tous les hommes meurent de leurs remèdes, et non pas de leurs maladies* » (MOL.). — *Action d'un remède. Remède énergique, infaillible. Remède de cheval,* très énergique, brutal. *Remède universel.* V. **Panacée.** *Prendre un remède.* — *Plantes utilisées comme remèdes.* V. **Simple (III).** ♦ 2° *Fig.* Ce qui est employé pour atténuer ou guérir une souffrance morale. Loc. prov. *Le remède est pire que le mal. Aux grands maux, les grands remèdes :* quand le mal est grave, il faut employer un remède énergique, sans en craindre les effets. « *Il n'y a pas de remèdes pour eux... que la résignation* » (BERNANOS). « *Le remède du vulgaire c'est de n'y penser pas* » (MONTAIGNE). V. **Solution.** — REMÈDE À. *Le remède à nos maux,*

à *l'ennui. Apporter un remède, porter remède à... On peut y porter remède.* V. **Remédier.** — REMÈDE DE : ce qui guérit... « *Le remède de la jalousie est la certitude de ce qu'on a craint* » (LA ROCHEF.). — REMÈDE CONTRE (sens plus fort). V. **Antidote.** *Un remède contre la souffrance.* « *L'étude a été pour moi le souverain remède contre les dégoûts de la vie* » (MONTESQ.). *C'est un remède contre l'amour* (ou *à l'amour*), se dit d'une personne repoussante, laide. — SANS REMÈDE. V. **Irrémédiable.** « *Le mal* (l'amour) *est sans remède* » (ARVERS). II. (XVIᵉ; bas lat. *remedium ligæ, remedium ponderis*). *Orfèvr.* Écart autorisé entre le titre légal et le titre réel de l'argenterie. *Grains de remède,* les deux points ronds de chaque côté du poinçon qui indiquent cet écart.

REMÉDIABLE [ʀ(ə)medjabl(ə)]. *adj.* (XIVᵉ; de *remédier*). *Rare.* À quoi l'on peut remédier. Fig. *Un désordre remédiable.* ◇ ANT. *Irrémédiable* (plus cour.).

REMÉDIER À [ʀ(ə)medje]. *v. tr. indir.* (1282; lat. *remediare*). ♦ 1° Porter remède (à). « *La clé seule de dentiste pouvait remédier au mal* » (HUYSMANS). ♦ 2° *Fig. et plus cour.* Apporter un remède (à). *Remédier à des abus, des erreurs. Pour remédier à cette situation, pour y remédier.* V. **Obvier, parer; pallier.** — Par ext. « *Un expédient ne remédie jamais à rien* » (MADELIN). V. **Arranger, réparer.**

REMEMBREMENT [ʀ(ə)mɑ̃bʀəmɑ̃]. *n. m.* (1909; de *membre,* d'apr. *démembrage*). Reconstitution de domaines agricoles dont on estime l'exploitation plus aisée que celle des parcelles morcelées à l'excès. *On procède au remembrement par échanges et redistribution.* ◇ ANT. *Démembrage, morcellement.*

REMEMBRER [ʀ(ə)mɑ̃bʀe]. *v. tr.* (XXᵉ; de *remembrement,* d'apr. *démembrer*). Rassembler (des parcelles) en un seul domaine. *Biens remembrés.* ◇ ANT. *Démembrer, morceler.*

REMÉMORATION [ʀ(ə)memɔʀasjɔ̃]. *n. f.* (1370; de *remémorer*). *Rare.* Action de remémorer ou se remémorer. « *Remémoration d'amis belges* », sonnet de Mallarmé. ◇ *Psycho.* Rappel volontaire du souvenir.

REMÉMORER [ʀ(ə)memɔʀe]. *v. tr.* (fin XVᵉ; « faire une commémoration », 1374; a éliminé *remembrer;* bas lat. *rememorari,* sur le modèle de *commemorari,* var. de *commemorare*). *Littér.* Remettre en mémoire. V. **Évoquer, rappeler.** « *En les remémorant* (ces rencontres) *je doute moi-même si je n'ai pas rêvé* » (FRANCE). ◇ SE REMÉMORER. *v. pron.* Reconstituer avec précision, en sa mémoire. V. **Rappeler** (se). « *Il se remémora jusque dans le détail ce discours* » (ROMAINS). « *En se remémorant les diverses phases de l'opération* » (MART. du G.).

REMERCIEMENT [ʀ(ə)mɛʀsimɑ̃]. *n. m.* (XVᵉ; de *remercier*). Action de remercier, témoignage de reconnaissance. *Faire des remerciements. Avec tous mes remerciements.* « *Pour prix de ses soins, il recevait moins de remerciements que de rebuffades* » (GIDE). *Lettre, discours de remerciement.* ◇ *Spécialt.* Discours du récipiendaire à l'Académie française.

REMERCIER [ʀ(ə)mɛʀsje]. *v. tr.* (1360; de *re-*, et a. fr. *mercier,* rac. *merci*). ♦ 1° Dire merci, témoigner quelque reconnaissance à (qqn). *Remercier un ami qui a rendu service. Remercier Dieu, le ciel. Remercier verbalement, par lettre, par un cadeau.* « *En le remerciant d'un copieux pourboire* » (ROMAINS). *Je ne sais comment vous remercier.* — Par antiphr. *Voilà comment il me remercie, l'ingrat !* — REMERCIER DE. « *Nous vous remercions de votre aimable hospitalité* » (SARTRE). — (Avec l'inf.) *Il l'a remercié d'être venu.* — REMERCIER POUR (surtout choses concrètes). *Je vous remercie vivement pour votre cadeau, pour votre envoi.* ◇ *Spécialt.* Refuser poliment. « *Voulez-vous que je vous accompagne? — Je vous remercie* » (Cf. Non merci). ♦ 2° *Remercier qqn,* le renvoyer poliment (souvent simple euphémisme pour *renvoyer*). V. **Congédier, destituer, renvoyer.** *Remercier son secrétaire. Il a été remercié.* — (ANT. **Engager**).

RÉMÉRÉ [ʀemeʀe]. *n. m.* (1470; du lat. médiév. *reemere,* lat. class. *redimere* « racheter »). *Dr.* Rachat possible par le vendeur, moyennant la restitution du prix principal et le remboursement de certains accessoires. *Clause de réméré.* — *Vente à réméré,* faite sous condition de rachat dans un délai déterminé.

REMETTANT [ʀ(ə)mɛtɑ̃]. *n. m.* (XXᵉ; on disait *remetteur, euse* [1616]; de *remettre*). *Dr. comm.* Personne qui remet une valeur en compte courant.

REMETTRE [ʀ(ə)mɛtʀ(ə)]. *v. tr.;* conjug. *mettre* (XIIᵉ; lat. *remittere* « renvoyer, laisser »). I. Mettre de nouveau. ♦ 1° Mettre à sa place antérieure; replacer dans le même lieu. *Remettre une chose à sa place, en place.* V. **Rapporter, replacer.** *Remettre un objet dans son étui.* Par métaph. « *Vingt fois sur le métier remettez votre ouvrage* » (BOIL.). — Loc. *Ne plus remettre les pieds quelque part :* ne plus y retourner. ◇ (Avec un compl. de personne) *Remettre un enfant à l'école, un évadé en prison.* — Fig. *Remettre qqn sur la bonne voie, sur la voie. Remettre à sa place.* V. **Rabrouer, rembarrer.** ♦ 2° *Fig. Remettre dans l'esprit, en esprit, en mémoire :* rappeler (une chose oubliée).

— *Par ext.* (Vieilli) *Se remettre (le visage de) qqn :* le reconnaître, se le remettre en mémoire. « *Je me le remis enfin, et le reconnus...* » (LESAGE). — (Avec ellipse du pron. réfl.) Mod. *Remettre qqn.* « *Je vous remets, ajouta le bonhomme après un moment de silence* » (BALZ.). ♦ 3° Replacer (dans la position antérieure). *Remettre une chose debout, d'aplomb, droite.* V. **Redresser.** ◇ Absolt. *Remettre un os luxé.* V. **Remboîter.** ♦ 4° Porter de nouveau sur soi. *Remettre son chapeau, ses gants.* ♦ 5° Apporter de nouveau, rétablir. *Remettre de l'ordre. Remettez le contact.* ♦ 6° Mettre une seconde fois, encore. V. **Ajouter.** *Remettre du sel dans un plat, de l'eau dans un radiateur.* ◇ Fig. et fam. EN REMETTRE, en faire ou en dire plus qu'il ne faut. « *La fille dansait, affolée par l'envie de plaire. — Elle en remet, dit Boris, elle va se claquer* » (SARTRE). ♦ 7° *Remettre (qqch.) à..., en... :* faire passer dans un autre état, ou à l'état antérieur. *Remettre une pendule à l'heure. Remettre à neuf, remettre en état, en ordre. Remettre un moteur en marche.* — *Remettre en cause, en question.* V. **Reconsidérer.** — *Remettre qqn au pas*.*

II. (1325). Donner (qqch. ou qqn) à qui doit le recevoir. ♦ 1° Mettre en la possession ou au pouvoir de qqn. V. **Confier, délivrer, donner, laisser, livrer.** *Remettre un paquet en mains propres, au destinataire. Remettre un coupable entre les mains de la justice. Je vous remets une lettre de sa part.* « *Nous ne partirons que lorsque vous aurez remis les clefs aux nouveaux propriétaires* » (ZOLA). *Remettre un cahier, des copies* (au professeur). V. **Rendre.** — (Abstrait). *Remettre sa démission. Je remets mon sort entre vos mains.* ◇ [Belgique]. *Remettre sur 100 francs :* rendre la monnaie. ♦ 2° (XIIᵉ). Faire grâce de (une obligation). *Remettre une dette, une obligation à qqn. Remettre une peine à un condamné.* V. **Gracier.** ◇ *Remettre les péchés :* absoudre, pardonner. ♦ 3° [Belgique]. Céder. *Maison à remettre.*

III. (1380 ; « assigner comme délai », 1180). Renvoyer (qqch.) à plus tard. V. **Ajourner, différer, retarder, surseoir.** « *Nous dûmes remettre au lendemain la partie de pêche projetée* » (GIDE). *Ce n'est que partie remise :* ce sera pour une autre fois. — PROV. *Il ne faut jamais remettre à demain ce qu'on peut faire le jour même.* — *Remettre une chose de jour en jour. Tendance à remettre les décisions à plus tard* (V. Atermoyer). — Dr. *Remettre une cause, un jugement.* V. **Renvoyer.** — (Avec un inf.) *Remettre à plus tard de faire qqch.*

IV. (D'abord T. de Jeu : *remettre la partie,* la recommencer). Pop. *Remettre ça,* recommencer. « *Il a fait celle de 14* (la guerre), *tu voudrais peut-être qu'il remette ça ?* » (SARTRE). *On remet ça !* on boit une autre tournée.

V. SE REMETTRE. *v. pron.* ♦ 1° (*Au sens I*). Se replacer. *Se remettre à table. Se remettre en selle.* Escr. *Se remettre en garde,* et absolt. *Se remettre.* V. *remettre debout, en route...* *Le temps s'est remis au beau.* ♦ 2° (XIVᵉ). SE REMETTRE À... (suivi d'un nom ou d'un inf.). V. **Recommencer.** *Se remettre à l'équitation, au latin.* « *Il fallait encore gagner de l'argent, se remettre au commerce* » (ZOLA). *Il s'est remis à fumer.* ♦ 3° (XVIIᵉ). SE REMETTRE DE : revenir à un état antérieur plus favorable. *Se remettre d'une maladie* (V. **Guérir**), *d'une fatigue. À peine remis d'une opération.* Absolt. *Il se remet très vite.* V. **Rétablir** (se). — *Se remettre d'une émotion, d'une frayeur.* « *Remettez-vous de votre trouble* » (DIDER.). *Il ne s'en est pas remis.* V. **Relever** (s'en). — Absolt. *Allons, remettez-vous !* reprenez vos esprits. ♦ 4° *Se remettre avec qqn, se remettre ensemble :* se réconcilier. ♦ 5° Vieilli (1585). *Se remettre sur qqn de...* : lui confier le soin de s'en occuper. ◇ Mod. S'EN REMETTRE À QQN DE... V. **Confiance** (faire), **confier** (se), **fier** (se), **reposer** (se). *Je m'en remets à vous. S'en remettre à la providence, aux décisions, au jugement de qqn.* V. **Déférer, rapporter.** ♦ 6° (*Pass.*). Être remis à plus tard. « *Il s'agit d'un devoir qui ne peut se remettre* » (VILLIERS).
◈ ANT. *Confisquer, enlever ; garder. Hâter, presser.*

REMEUBLER [ʀ(ə)mœblɐ]. *v. tr.* (XIIIᵉ ; de *re-*, et *meubler*). Meubler de nouveau. *Remeubler sa chambre.* — Pronom. *Se remeubler.*

RÉMIGE [ʀemiʒ]. *n. f.* (1823 ; adj., plumes rémiges, 1789 ; lat. *remex, remigis* « rameur »). Zool. Grande plume de l'aile des oiseaux. V. **Penne.**

REMILITARISATION [ʀ(ə)militaʀizasjɔ̃]. *n. f.* (av. 1945 ; de *remilitariser*). Action de remilitariser. V. **Réarmement.** « *La remilitarisation de la zone rhénane* » (SARTRE). ◈ ANT. Démilitarisation.

REMILITARISER [ʀ(ə)militaʀize]. *v. tr.* (av. 1945 ; de *re-*, et *militariser*). Militariser de nouveau. V. **Réarmer.** ◈ ANT. Démilitariser.

RÉMINISCENCE [ʀeminisɑ̃s]. *n. f.* (v. 1330 ; lat. philo. *reminiscentia,* de *reminisci* « se souvenir »). ♦ 1° *Psycho.* Retour à l'esprit d'une image non reconnue comme souvenir. « *La réminiscence est comme l'ombre du souvenir* » (JOUBERT). ◇ (1767) *Dans la création artistique, littéraire,* Élément inspiré d'une influence plus ou moins inconsciente ; cette influence. « *Des improvisations frénétiques, nourries de rémi-*

niscences » (DUHAM.). ♦ 2° *Philo. Théorie platonicienne de la réminiscence,* selon laquelle toute connaissance est le souvenir d'un état antérieur où l'âme possédait une vue directe des Idées. ♦ 3° *Cour.* Souvenir vague, imprécis, où domine la tonalité affective. *Réminiscences d'un passé lointain.* « *Qui dit réminiscences, dit ressouvenirs confus, vagues, flottants, incertains, involontaires* » (STE-BEUVE).

REMIS, ISE. V. REMETTRE.

REMISAGE [ʀ(ə)mizaʒ]. *n. m.* (1867 ; de *remiser*). *Rare.* Action de remiser (une voiture, etc.). V. **Garage.** *Le remisage d'instruments aratoires.*

REMISE [ʀ(ə)miz]. *n. f.* (1311, dr. ; de *remettre*). **I.** (Fin XVᵉ). Action de remettre. ♦ 1° *Remise en... :* action de mettre de nouveau ou à sa place antérieure, dans son état antérieur (dans quelques express.) : *remise en place, en état, en marche, en ordre, en question. Remise en jeu.* ♦ 2° (1611). Action de mettre dans les mains, en la possession de qqn. V. **Dépôt, don, livraison.** *Remise d'une lettre, d'un colis au destinataire. Remise des prix aux lauréats.* — Fin. *Remise d'un titre. Remise anticipée de parts.* ♦ 3° (1793). Renonciation à (une créance). *Remise de dette.* — *Dr. fisc.* Octroi d'un dégrèvement. *Demande de remise. Remise de droits et amendes.* — Commission d'un placier. ◇ *Comm. et cour.* Diminution de prix, accordée à certaines personnes. V. **Escompte, rabais, réduction, ristourne** (2°). *Remise consentie à une collectivité. Faire une remise.* ♦ 4° (1482). Réduction. *Remise de peine.* — *Remise des péchés par l'absolution :* pardon. ♦ 5° Renvoi à plus tard. V. **Ajournement, délai.** « *Cette quotidienne remise au lendemain d'une confidence* » (BOURGET). — Absolt. et vx. « *Sans délai ni remise* » (MOL.). — Dr. *Remise de cause :* renvoi des débats à une autre audience. **II.** (Lieu). ♦ 1° *Chasse* (1390). *Vx.* Lieu où le gibier s'arrête. Taillis planté qui sert de retraite au gibier ; cette retraite. ♦ 2° (1659). Mod. Local où l'on peut abriter des voitures. Hangar servant de remise. *Garer une auto dans une remise.* ◇ *Par ext.* Abri, local sans aménagement spécial où l'on met des objets, des instruments. V. **Débarras, resserre.** *Les remises d'une ferme.* ◇ Ancienn. *Carrosse, voiture de remise :* voiture de louage plus luxueuse que les fiacres (qui, « *au lieu de stationner sur les places, se* (tenait) *sous les remises* » (LITTRÉ). Mod. *Voiture de* (grande) *remise,* automobile avec chauffeur, louée à forfait.
◈ ANT. (du I) *Addition, supplément.*

1. REMISER [ʀ(ə)mize]. *v. tr.* (1761 ; de *remise*). ♦ 1° Placer, ranger (une voiture) sous une remise, un abri. V. **Garer.** « *Je ne savais où remiser ma carriole* » (BOSCO). Absolt. *Marchande des quatre saisons, cocher qui remise dans un hangar.* ◇ *Par ext.* Mettre à l'abri (une chose dont on ne se sert pas pendant un certain temps). *Remiser sa valise.* « *Pierrot rejoignit sa place, remisa ses besicles et attendit* » (QUENEAU). — Mettre (qqch.) à l'écart, pour se débarrasser. ♦ 2° *V. pron.* (1834). *Chasse. Se remiser :* pour le gibier. Se réfugier dans un taillis. *Perdrix qui se remisent.* ♦ 3° *Fig.* Rembarrer, rabrouer. *Je l'ai proprement remisé.*

2. REMISER [ʀ(ə)mize]. *v. intr.* (1936 ; de *re-*, et *miser*). Faire une nouvelle mise (au jeu).

REMISIER [ʀ(ə)mizje]. *n. m.* (1860 ; de *remise*). *Bourse.* Intermédiaire entre un agent de change, un courtier et un client, moyennant une remise consentie par l'agent de change. V. **Coulissier.**

RÉMISSIBLE [ʀemisibl(ə)]. *adj.* (XIVᵉ ; lat. *remissibilis*). *Didact.* Digne de rémission, de pardon. V. **Pardonnable.** *Péché rémissible.* ◈ ANT. *Impardonnable, irrémissible.*

RÉMISSION [ʀemisjɔ̃]. *n. f.* (1120 ; lat. ecclés. *remissio,* de *remittere*). ♦ 1° Action de remettre, de pardonner (les péchés). *La rémission des péchés, pouvoir conféré par le Christ aux apôtres et exercé par le prêtre dans le sacrement de la pénitence.* V. **Absolution.** ◇ Remise de peine accordée à un coupable. V. **Grâce.** *Accorder une rémission.* Ancienn. *Lettres de rémission :* par lesquelles le roi accordait la rémission à un criminel. ◇ *Cour.* SANS RÉMISSION, sans indulgence, sans possibilité de pardon. *Punir sans rémission.* — Fig. *Une déchéance sans rémission,* implacable, définitive. « *Sur ces entrefaites, l'hiver était venu, sans rémission* » (P. BENOIT). ♦ 2° (XVIᵉ). Affaiblissement, diminution temporaire (d'un mal). V. **Accalmie, apaisement, atténuation, interruption, pause, répit.** *Les rémissions de la maladie, de la douleur.* « *Les crises successives, les rémissions de plus en plus brèves* » (MART. du G.). *Rémission matinale de la fièvre.* ◇ *Fig.* et littér. Moment de calme, d'apaisement. V. **Rémittence.** ◈ ANT. (du 2°) *Aggravation, crise.*

RÉMITTENCE [ʀemitɑ̃s]. *n. f.* (1776 ; du lat. *remittens.* V. Rémittent). *Méd.* ou *littér.* Rémission (2°). « *Après la furie des cris et des interrogations, il y eut une rémittence* » (GOURMONT).

RÉMITTENT, ENTE [ʀemitɑ̃, ɑ̃t]. *adj.* (1795 ; lat. *remittens,* de *remittere* « remettre »). *Méd.* Qui présente des rémissions. V. **Intermittent.** *Psychose rémittente. Fièvre rémittente,* comportant des variations.

RÉMIZ [ʀemiz]. *n. m.* (1778; probabl. du polonais *remiz* « oiseau romain »). *Zool.* Petit oiseau dentirostre *(Passereaux)*, de la famille des mésanges. *Des rémiz.*

REMMAILLAGE [ʀɑ̃mɑjaʒ]. *n. m.* (1829; de *remmailler*) Réparation qui consiste à reconstituer, à remonter les mailles. *Remmaillage d'un tricot, des bas.* — Opération industrielle par laquelle on monte les pieds de bas, les parties d'un tricot.

REMMAILLER [ʀɑ̃mɑje]. *v. tr.* (1829; de *re-*, et *emmailler*, de *mailler*). Réparer en reconstituant, en remontant les mailles. V. **Remailler**. « *Les bas de la famille, qu'elle remmaille avec patience* » (CHARDONNE).

REMMAILLEUSE [ʀɑ̃mɑjøz]. *n. f.* (XXᵉ; de *remmailler*). Ouvrière qui effectue le remmaillage. *Remmailleuse au crochet, à la machine (machine remmailleuse).*

REMMAILLOTER [ʀɑ̃mɑjɔte]. *v. tr.* (1549; de *re-*, et *emmailloter*). Emmailloter de nouveau.

REMMANCHER [ʀɑ̃mɑ̃ʃe]. *v. tr.* (1549; de *re-*, et *emmancher*). Emmancher de nouveau. *Remmancher un outil.*

REMMENER [ʀɑ̃mne]. *v. tr.; conjug. mener.* V. **Lever**. (XIVᵉ; de *re-*, et *emmener*). Mener avec soi au lieu d'où l'on a amené. V. **Ramener**. *Amener un enfant à l'école, puis le remmener chez lui.* V. **Reconduire**. « *Maman, remmenez-moi* » (ROMAINS).

REMODELAGE [ʀ(ə)mɔdlaʒ]. *n. m.* (1963; de *re-*, et *modeler*). Fait de remodeler (qqch.). — Spécialt. *Remodelage des vieux quartiers d'une ville.* V. **Rénovation.** ◊ Abstrait. « *Le remodelage des structures de la métallurgie* » (*Le Figaro*, 12-11-1966). V. **Remaniement, réorganisation.**

REMODELER [ʀ(ə)mɔdle]. *v. tr.* (1834; repris mil. XXᵉ, de *re-*, et *modeler*). ♦ 1º Refaçonner, modifier en l'améliorant, la forme de (qqch.). *Il remodèle l'ovale du visage. Remodeler un ensemble urbain.* ♦ 2º Donner une nouvelle structure ou organisation à (qqch.). « *Remodeler l'ensemble des études du second cycle* » (*Le Monde*, 20-2-1966).

REMONTAGE [ʀ(ə)mɔ̃taʒ]. *n. m.* (1543; de *remonter*). Action de remonter. ♦ 1º V. **Remonte** (1º). *Remontage des bateaux.* ♦ 2º Action de remonter un mécanisme. *Remontage d'un mécanisme d'horlogerie.* ♦ 3º (De *montage*). Nouveau montage. *Remontage d'un assemblage, d'un moteur.* Cordonn. *Remontage des chaussures :* réparation qui consiste à changer l'empeigne et la semelle. ◊ ANT. **Démontage.**

REMONTANT, ANTE [ʀ(ə)mɔ̃tɑ̃, ɑ̃t]. *adj.* (1680; de *remonter*). ♦ 1º Hortic. Se dit des plantes qui redonnent des feuilles, des fleurs, des fruits après la floraison normale. *Rosier remontant.* ♦ 2º Cour. Qui remonte (II, 6º), redonne de la vigueur, de l'énergie. *Boisson remontante.* « *C'est du vin d'Espagne; c'est très remontant* » (MAURIAC). V. **Fortifiant, reconstituant.** — Subst. UN REMONTANT : médicament, remède qui redonne des forces (V. **Cordial, excitant, fortifiant, reconstituant, tonique**). « *Il avala une large rasade (de whisky) :* « *J'avais besoin d'un petit remontant* » (BEAUVOIR). ◊ ANT. **Déprimant, fatigant.**

REMONTE [ʀ(ə)mɔ̃t]. *n. f.* (1680; de *remonter*). Action de remonter. ♦ 1º Action d'aller d'aval en amont. *La descente et la remonte (ou le remontage) des bateaux. Fret de remonte.* ◊ Le fait, pour les poissons, de remonter une rivière afin de frayer. — Par ext. L'ensemble des poissons qui remontent un cours d'eau pour frayer. ♦ 2º Action de fournir de nouvelles montures. — *Dans l'armée,* Services chargés de fournir des chevaux. V. **Haras.** ♦ 3º (Au sens d'*accouplement ;* Cf. Monte, 1º). — *Cheval de remonte :* étalon des haras de l'armée.

REMONTÉE [ʀ(ə)mɔ̃te]. *n. f.* (XVᵉ, « après-midi »; de *remonter*). ♦ 1º Action de remonter. *La remontée des mineurs.* Élévation du niveau. *La remontée de l'eau dans un siphon.* ◊ Le fait de remonter (une pente, une côte, une rivière). « *Cette remontée du Congo..., était indiciblement monotone* » (GIDE). ◊ Sport. Action de regagner du terrain perdu. *Il a fait une belle remontée.* ♦ 2º (Mil. XXᵉ). Dispositif servant à remonter les skieurs. *Remontées mécaniques d'une station de sports d'hiver :* funiculaires, téléphériques, remonte-pentes, télésièges.

REMONTE-PENTE [ʀ(ə)mɔ̃tpɑ̃t]. *n. m.* (mil. XXᵉ; de *remonter*, et *pente*). Dispositif servant à hisser les skieurs en haut d'une pente, au moyen d'amarres tirées par un câble (Cf. *fam.* Tire-fesses). *Des remonte-pentes.*

REMONTER [ʀ(ə)mɔ̃te]. *v.* (XIIᵉ; de *re-*, et *monter*). I. *V. intr.* ♦ 1º Monter de nouveau; revenir, retourner en haut. *Remonter au premier étage, dans sa chambre.* — *Oiseau qui descend puis remonte dans son vol.* — Par ext. Retourner dans la direction du nord. *Le régiment remontant du côté de Lille.* — « *Il sut qu'il remonterait au front* » (MONTHERLANT). V. **Retourner.** ◊ *Remonter à cheval. Remonter sur le trône.* ◊ (Choses) Aller de nouveau en haut. *Sous-marin qui remonte en surface.* Par métaph. *Les souvenirs remontent à la mémoire.* — Spécialt. (en parlant de ce qui ne reste pas à sa place) *Gaine, corset qui remonte.* ◊ Hortic. Donner de nouveau des feuilles, des fleurs, après la floraison normale. V. **Refleurir.** ◊ Fig. Augmenter, s'accroître. *Les prix remontent. Le cours du franc a remonté.* « *Elle* (l'épidémie) *remonta*

en flèche » (CAMUS). ♦ 2º S'élever de nouveau. *La route descend, puis remonte.* ♦ 3º *(Sans idée de répétition).* S'étendre ou aller vers le haut. V. **Monter.** « *Ses yeux semblaient remonter vers les tempes* » (FLAUB.). — Aller vers la source, en amont, à contre-courant. *Remonter à la nage.* ◊ Par métaph. *Remonter jusqu'à la source, vers la source.* « *L'homme se plaît à remonter à sa source : le fleuve n'y remonte pas* » (LAMART.). ◊ Mar. *Remonter au vent, dans le vent :* naviguer au plus près; louvoyer. ♦ 4º *Fig.* Aller vers l'origine, vers la source. *Remonter de l'effet à la cause.* « *La pénétration est une faculté... à remonter au principe des choses* » (VAUVEN). — *Remonter dans le temps* (par l'esprit). *Aussi loin que remontent les souvenirs de l'homme.* « *Je remonte dans ma vie passée* » (CHATEAUB.). ◊ Avoir sa source, tirer son origine; être localisé dans le passé, se rapporter par l'origine. V. **Dater.** « *Établir que sa noblesse remonte à 1400* » (TAINE). *Cela remonte au déluge :* c'est très ancien.

II. *V. tr.* ♦ 1º Parcourir de nouveau vers le haut. *Remonter un escalier.* ◊ Fig. *Remonter la pente :* se ressaisir, rétablir sa situation. ◊ Sport. *Remonter un adversaire, le peloton, regagner le terrain perdu sur lui.* ♦ 2º Parcourir (un cours d'eau) vers l'amont. *Bateau, nageur qui remonte une rivière. Remonter le cours du fleuve. Remonter le courant;* au *fig.* Avancer avec difficulté vers le succès, redresser une situation compromise. ♦ 3º *Fig.* Aller vers l'origine (par l'esprit). *Remonter le cours des ans.* « *Leurs esprits,... remontaient à travers les ans toute l'histoire de leur passion* » (MAUPASS.). ♦ 4º Porter de nouveau en haut ou plus en haut. *Remonter une malle au grenier.* ◊ Augmenter la hauteur de; mettre à un niveau plus élevé. *Remonter un tableau sur un mur.* — *Remonter un mur.* V. **Exhausser.** *Remonter son pantalon, son col.* V. **Relever.** « *D'un coup d'épaule, il remontait son sac* » (CHARDONNE). ♦ 5º (De *remonter les poids* d'une horloge). *Remonter une horloge à poids,* en remonter les poids pour assurer la continuation du mouvement. — Par ext. Tendre de nouveau le ressort (d'un mécanisme). *Remonter un réveil, une montre. Un vieux phono qui se remonte à la manivelle.* ♦ 6º *Fig.* Relever (la force morale affaiblie). Littér. *Remonter le courage, les forces.* V. **Raffermir.** — Cour. « *Je me remonte le moral, comme on dit, et j'ai besoin de me le remonter à chaque minute* » (FLAUB.). — Par ext. Redonner à (qqn) de la force, de l'énergie. V. **Réconforter, soutenir.** *Ce cordial vous remontera.* V. **Remontant.** *Il est très déprimé, il a besoin d'être remonté.* — Pronom. « *Elle buvait une gorgée pour se remonter* » (DABIT). ♦ 7º Monter de nouveau (ce qui était démonté). *Remonter une armoire, un moteur.* ◊ *Remonter une pièce,* la remettre en scène. ♦ 8º (De *remonter un cavalier,* le pourvoir d'un autre cheval). Pourvoir à nouveau de ce qui est nécessaire. *Remonter un ménage. Remonter la garde-robe de qqn.*

◊ ANT. (du I) **Redescendre.** — (du II) **Dévaler, redescendre; déprimer; affaiblir. Démonter, disloquer.**

REMONTEUR [ʀ(ə)mɔ̃tœʀ]. *n. m.* (1861; de *remonter*). Techn. Ouvrier qui effectue certains montages (armurerie, horlogerie).

REMONTOIR [ʀ(ə)mɔ̃twaʀ]. *n. m.* (1678; de *remonter*). Appareil, dispositif servant à remonter un mécanisme. *Montre à remontoir.*

REMONTRANCE [ʀ(ə)mɔ̃tʀɑ̃s]. *n. f.* (1433; de *remontrer*). ♦ 1º Critique motivée et raisonnée directement à qqn. V. **Admonestation, avertissement, blâme, observation, réprimande, reproche, semonce.** — (Surtout au plur.) *Faire des remontrances à un enfant.* « *L'orgueil a plus de part que la bonté aux remontrances que nous faisons à ceux qui commettent des fautes* » (LA ROCHEF.). ♦ 2º Hist. *(Au sing.)* Discours par lequel le parlement représentait au roi les inconvénients d'un édit, d'une loi. *Droit de remontrance du Parlement. Remontrance et doléances des États généraux.*

REMONTRER [ʀ(ə)mɔ̃tʀe]. *v. tr.* (XIVᵉ; *se remontrer*, « se signaler avec éclat »; de *re-*, et *montrer*). I. (XVᵉ). ♦ 1º *Vx* ou littér. Exposer à qqn (ce qu'on lui reproche). *Remontrer à qqn ses fautes, ses torts.* V. **Admonester, critiquer.** *Il « faillit remontrer à la comtesse que sa réputation, son repos, lui commandaient de se rapprocher... de son mari* » (ROMAINS). ◊ Absolt. *(Hist.)* Faire des remontrances. *Le parlement voulut remontrer.* ♦ 2º Cour. EN REMONTRER À (qqn) : se montrer, ou se prétendre supérieur à...; donner des leçons. *Il prétend en remontrer à son maître.* « *Un ingénieur ne m'en remontrerait pas en matière de calculs* » (ROMAINS).

II. (XVIᵉ). Montrer de nouveau. *Remontrez-moi ce modèle.* — Pronom. *Il n'ose plus se remontrer,* se représenter devant nous.

RÉMORA [ʀemɔʀa]. *n. m.* (1562; mot lat. « retardement », de *remorari* « retarder, arrêter »). ♦ 1º *Zool.* Poisson téléostéen *(Scombridés),* dont la tête est pourvue d'un disque adhésif qui lui permet de s'attacher à de gros poissons. Nom d'un autre poisson, appelé aussi *poisson pilote.* ♦ 2º *Vx.* Obstacle, difficulté.

REMORDRE [ʀ(ə)mɔʀdʀ(ə)]. *v. tr.; conjug. mordre.* V. Rendre (XVIᵉ; « faire souffrir par le remords », 1170; de *re-*, et *mordre*). Mordre de nouveau. *Remordre à l'hameçon.* ◇ Fig. *Il ne veut plus remordre au travail :* s'y remettre.

REMORDS [ʀ(ə)mɔʀ]. *n. m. (Remors,* XIIIᵉ; de *remordre).* Sentiment douloureux, accompagné de honte, que cause la conscience d'avoir mal agi. V. Regret, repentir. « *Le regret consiste dans le sentiment de quelque perte; le repentir dans celui d'une faute; le remords dans celui d'un crime et la crainte du châtiment* » (VAUVEN.). *Avoir des remords.* « *Un remords le harcelait* » (MAUPASS.). *Être bourrelé* de remords, être la proie des remords. Remords cuisants, torturants.* « *L'implacable Remords* » (BAUDEL.). — *Plaisir mêlé de remords. Mourir sans remords :* sans rien à se reprocher. ◇ *Remords d'une faute, d'un crime. Le remords d'avoir offensé Dieu.*

REMORQUAGE [ʀ(ə)mɔʀkaʒ]. *n. m.* (1842; de *remorquer*). Action de remorquer. *Remorquage maritime, dans les rades et les ports. Remorquage fluvial, des péniches et chalands.* V. Touage. ◇ *Remorquage d'une voiture par une dépanneuse.*

REMORQUE [ʀ(ə)mɔʀk(ə)]. *n. f.* (1694; de *remorquer*). ♦ 1° Action de remorquer (1°); opération par laquelle un bateau en tire un autre. *Corde, câble de remorque.* — Par anal. *Prendre en remorque une automobile :* la tirer alors qu'elle ne fonctionne plus. ♦ 2° Fig. *Être, se mettre à la remorque de qqn :* se laisser mener par lui, le suivre ou l'imiter aveuglément. *À la remorque :* à la suite. *Il est toujours à la remorque :* il traîne, reste en arrière. ♦ 3° (1773). *Remorque :* câble de remorque. « *La remorque aussi rigide qu'une barre* » (VERCEL). ♦ 4° (1900). Véhicule sans moteur, destiné à être traîné, tiré par un autre. *Le véhicule tracteur sa remorque. Remorque de camion* (V. Semi-remorque). *Remorque de plaisance, de camping.* V. Caravane.

REMORQUER [ʀ(ə)mɔʀke]. *v. tr.* (XVᵉ, var. *remolquer, remorguer;* it. *remorchiare,* bas lat. *remulcare,* de *remulcum* « corde de halage »). ♦ 1° Tirer (un navire) au moyen d'une remorque (3°). *Vapeur qui remorque des péniches.* V. Touer; remorqueur. ♦ 2° Tirer (un véhicule automobile qui ne fonctionne plus). *Dépanneuse, camion, tracteur qui remorque une voiture en panne.* ♦ 3° Fig. Tirer, traîner derrière soi. *Il faut remorquer toute la famille! « Une force indifférente sinon ennemie le remorquait* » (MAURIAC).

REMORQUEUR [ʀ(ə)mɔʀkœʀ]. *n. m.* (1823; de *remorquer*). Navire de faible tonnage, à machines puissantes, et muni de dispositifs de remorquage. V. Touer. *Remorqueur fluvial; de port.* « *L'immense paquebot, traîné par un puissant remorqueur* » (MAUPASS.). « *Accoudé au parapet, il regarda venir un train de péniches, derrière un remorqueur* » (VERCEL).

REMOUDRE [ʀ(ə)mudʀ(ə)]. *v. tr.; conjug. moudre* (1549; de *re-,* et *moudre*). Moudre de nouveau. *Remoudre du café qu'on a moulu trop gros.*

REMOUILLAGE [ʀ(ə)mujaʒ]. *n. m.* (1875; de *remouiller*). *Techn.* Opération qui consiste à mouiller de nouveau (une étoffe, etc.).

REMOUILLER [ʀ(ə)muje]. *v. tr.* (1549; de *re-,* et *mouiller*). ♦ 1° Mouiller de nouveau. *Remouiller du linge à repasser.* ♦ 2° Mar. *Remouiller l'ancre,* et absolt. *Remouiller,* jeter de nouveau l'ancre.

RÉMOULADE [ʀemulad]. *n. f. (Ramolade,* 1693; p.-ê. du picard *rémola, ramolas* « radis noir », avec suff. *-ade,* d'apr. *salade,* et infl. possible de *remolade* « onguent de vétérinaire », 1640). Sauce piquante, émulsion d'huile avec de la moutarde, de l'ail, des fines herbes, etc. *Faire une rémoulade.* — Appos. *Céleri rémoulade :* céleri-rave découpé en minces lanières et accommodé avec cette sauce.

1. **REMOULAGE** [ʀ(ə)mulaʒ]. *n. m.* (1808; de *remoudre,* d'apr. les formes en *moul-*). Techn. ♦ 1° Action de remoudre; son résultat. ♦ 2° Farine qui adhère encore au son et qu'on extrait par une deuxième mouture.

2. **REMOULAGE** [ʀ(ə)mulaʒ]. *n. m.* (1875; de *remouler*). Opération qui consiste à remouler (une statue, etc.). ◇ Nouveau moulage ainsi obtenu (V. Surmoulage).

REMOULER [ʀ(ə)mule]. *v. tr.* (1739; de *re-,* et *mouler*). Mouler de nouveau (une statue, etc.).

RÉMOULEUR [ʀemulœʀ]. *n. m.* (1334; de l'a. fr. *rémoudre,* de *re-,* et *émoudre*). Artisan, généralement ambulant, qui aiguise les instruments tranchants. V. Repasseur. *Petite voiture de rémouleur.*

REMOUS [ʀ(ə)mu]. *n. m.* (1687; a. prov. *remou,* réfect. de *revou* [du lat. *revolvere* « retourner »], d'apr. *remoulina* « tourner comme au moulin »). ♦ 1° Mar. Tourbillon qui se produit à l'arrière d'un navire en marche. — Cour. Mouvement, tourbillon provoqué par le refoulement de l'eau au contact d'un obstacle; contre-courant le long des bords d'un cours d'eau. *Les remous d'une rivière.* ◇ Par ext. Agitation, tourbillon dans un fluide quelconque. *Remous d'air, de l'atmosphère.* « *Un remous fit plonger l'avion* » (ST-EXUP.). ◇ Par anal. Mouvement confus et massif d'une foule. *Être entraîné par les remous de la foule.* ♦ 2° Fig. Agitation. « *Les grands remous sociaux* » (GIRAUDOUX). « *Ce remous d'idées, de sentiments contraires* » (DAUD.).

REMPAILLAGE [ʀɑ̃pajaʒ]. *n. m.* (1775; de *rempailler*). Travail qui consiste à rempailler un siège; son résultat.

REMPAILLER [ʀɑ̃paje]. *v. tr.* (1700; de *re-,* et *empailler*). Garnir (un siège) d'une nouvelle paille. « *J'ai vu toute mon enfance rempailler des chaises* » (PÉGUY). ◇ ANT. Dépailler.

REMPAILLEUR, EUSE [ʀɑ̃pajœʀ, øz]. *n.* (1723; de *rempailler*). Personne qui rempaille les sièges. « *Son père était rempailleur et sa mère rempailleuse* » (MAUPASS.).

REMPAQUETER [ʀɑ̃pakte]. *v. tr.; conjug. empaqueter.* V. Jeter (1549; de *re-,* et *empaqueter*). Empaqueter de nouveau. « *En train de rempaqueter maladroitement dans son emballage de vieux journaux le coffret de fer* » (Cl. SIMON).

REMPART [ʀɑ̃paʀ]. *n. m. (Rampart,* 1370; de *remparer* [vx], de *re-,* et *emparer,* avec *r* final dû à l'a. forme *boulevart.* V. Boulevard). ♦ 1° Forte muraille, levée de terre, etc., qui forme l'enceinte d'une forteresse, d'une ville fortifiée. V. Enceinte, mur, muraille. « *Le rempart... était formé par deux murailles et tout rempli de terre* » (FLAUB.). *Parties d'un rempart; ouvrages qui renforcent un rempart.* V. Fortification; escarpe, talus, terre-plein. *Rempart crénelé. Remparts d'un château fort. Protéger une ville par des remparts.* ♦ 2° *(Plur.).* Dans une ville, Zone comprise entre les remparts (1°) et les habitations les plus proches. *Se promener sur les remparts.* ♦ 3° Littér. Ce qui sert de défense, de protection. (Concret) *Se faire un rempart du corps de qqn.* « *Un rempart de cyprès qui m'abritent du mistral* » (COLETTE). — (Abstrait) « *Contre la médisance il n'est point de remparts* » (MOL.). *Le rempart de la foi, de la vertu.*

REMPIÉTEMENT [ʀɑ̃pjɛtmɑ̃]. *n. m.* (XVIᵉ; *rempietrement,* dial.; de *rempiéter*). Opération qui consiste à rempiéter une construction.

REMPIÉTER [ʀɑ̃pjete]. *v. tr.; conjug. céder* (1395; de *re-, en-,* et *pied*). Techn. Réparer, refaire le pied d'(une construction). *Rempiéter un mur.*

REMPILER [ʀɑ̃pile]. *v.* (1875; *soi rempiler* « se joindre à un groupe », 1310; de *re-,* et *empiler*). ♦ 1° V. tr. Empiler de nouveau. *Rempiler des livres.* ♦ 2° V. intr. Arg. milit. Se rengager à la fin de la durée légale du service militaire ou à l'expiration d'un précédent engagement (V. Rengager). — Au p. p. *Sous-officier rempilé.* « *Elles embauchèrent des hommes sûrs, rempilés de la coloniale* » (ARAGON). — Subst. *Un rempilé.*

REMPLAÇABLE [ʀɑ̃plasabl(ə)]. *adj.* (1846; de *remplacer*). Qui peut être remplacé. *Objet facilement remplaçable.* ◇ ANT. Irremplaçable

REMPLAÇANT, ANTE [ʀɑ̃plasɑ̃, ɑ̃t]. *n.* (1792; de *remplacer*). ♦ 1° Ancienn. Celui qui faisait le service militaire à la place d'un autre. ♦ 2° Mod. Personne qui en remplace une autre dans son travail, à son poste, à une fonction. V. Intérimaire, substitut, suppléant. *Se chercher un remplaçant.* — *Joueur faisant partie de l'équipe de France à titre de remplaçant.*

REMPLACEMENT [ʀɑ̃plasmɑ̃]. *n. m.* (1535; de *remplacer*). L'action, le fait de remplacer une chose ou une personne; son résultat. V. Relève, substitution. *Remplacement d'un pneu usé, d'un carreau cassé. En remplacement de qqch. :* à la place de. *Produit de remplacement* (V. Ersatz, succédané). — *Faire un remplacement, des remplacements.* V. Intérim, suppléance. *Jeune institutrice qui fait des remplacements.*

REMPLACER [ʀɑ̃plase]. *v. tr.; conjug. placer* (1549; de *re-,* et l'a. fr. *emplacer* « mettre en place »). ♦ 1° *Remplacer une chose (par une autre) :* mettre une autre chose à sa place; faire jouer à une autre chose le rôle de la première. V. Substituer. « *Les mots qu'il est séant de remplacer par des points* » (HERMANT). « *J'ai remplacé les fours au feu de bois par des fours au mazout* » (CHARDONNE). « *On ne détruit réellement que ce que l'on remplace* » (NAPOLÉON III). — *Remplacer qqn :* lui donner un remplaçant, un successeur. ◇ Spécial. Mettre à la place de (qqch.) une chose semblable et en bon état. *Remplacer un carreau cassé. Remplacer une pièce d'un moteur.* V. Changer. — Pronom. *Cette pièce peut se remplacer,* être remplacée. ♦ 2° Être mis, se mettre à la place de (qqch., qqn). V. Succéder (à). *Les modes sont sans cesse remplacées par d'autres.* « *La jeunesse sérieuse... qui va nous remplacer* » (STE-BEUVE). *Aller remplacer une sentinelle.* V. Relever. ♦ 3° Tenir la place de (Cf. Faire fonction, tenir lieu de). V. Suppléer. *La traction électrique remplace de plus en plus la traction à vapeur.* ♦ 4° Remplacer temporairement les fonctions de (qqn). *Remplacer qqn à une cérémonie, à la signature d'un acte.* V. Représenter. *Acteur qui se fait remplacer pour jouer un rôle.* V. Doubler. — Pronom. « *Un homme comme toi ne se remplace pas aisément* » (DIDER.).

REMPLAGE [ʀɑ̃plaʒ]. *n. m.* (1467; « remplissage », XIIIᵉ; de *remplir*). ♦ 1° Constr. Blocage fait avec un mélange de moellons ou briques et de mortier, dont on remplit l'espace compris entre les deux parements d'un mur. ♦ 2° Archéol. (1908). Réseau de pierre garnissant l'intérieur d'une fenêtre ou d'une rose, dans le style gothique; chaque élément de ce réseau.

1. REMPLI, IE [ʀɑ̃pli]. *adj.* (xiie; V. Remplir). ♦ 1° Rendu plein (de qqch.). *Jatte remplie de lait. Absolt.* Plein. V. **Complet.** *Le théâtre est rempli.* ◇ *(Temps)* Occupé dans toute sa durée. *Journée, vie bien remplie.* ◇ *Fig. et littér.* (mil. xviie) Plein d'un sentiment. « *Mon cœur est trop rempli pour ne pas déborder* » (LAMART.). — *Il est tout rempli de son importance, de ses mérites.* V. **Enflé, gonflé.** *Un homme tout rempli de lui-même.* V. **Imbu.** ♦ 2° Rempli de qqch..., qui contient en grande quantité. *Bosquet, parc rempli d'oiseaux.* V. **Peuplé.** *Un texte rempli d'erreurs.* ♦ 3° Accompli, tenu. *Un engagement rempli.* ◇ ANT. **Vidé. Exempt.**

2. REMPLI [ʀɑ̃pli]. *n. m.* (1640; de *remplier*). Pli qu'on fait à une étoffe afin de la raccourcir, de la border. V. **Ourlet.** *Rempli d'une jupe, d'un rideau.* ◇ Dépassant, à l'envers d'une couture.

REMPLIER [ʀɑ̃plije]. *v. tr.* (xvie; de *re-, en-*, et *pli*). Rare. Faire un rempli à. V. **Rempli** (2). *Remplier une étoffe.* ⊗ HOM. Formes du v. *remplir*.

REMPLIR [ʀɑ̃pliʀ]. *v. tr.* (xiie; de *re-*, et *emplir*). I. ♦ 1° Rendre (un espace disponible) plein d'une substance quelconque. V. **Emplir.** *Remplir une casserole d'eau. Remplir un tonneau.* V. **Ouiller, rembouger.** *Remplir un poêle.* V. **Charger.** *Remplir un sac à le crever.* V. **Bourrer.** *Remplir un récipient à moitié, jusqu'au bord, à ras bord.* — Fig. *Se remplir les poches*.* — *Remplir une salle de théâtre* (de spectateurs). Cf. Faire salle comble. Pronom. *La salle commence à se remplir.* ◇ Fig. *Remplir de* (un sentiment) : rendre plein de. *Remplir qqn de joie, de fureur. Ce succès l'a rempli d'orgueil.* V. **Gonfler.** ♦ 2° Couvrir entièrement (un espace). *Remplir une page d'écriture. Remplir un canevas, le couvrir de points à l'aiguille.* ◇ *Par ext.* Faire en sorte qu'une chose contienne beaucoup de. *Remplir un discours de citations.* V. **Farcir, semer.** ♦ 3° Compléter un document qui comporte des espaces laissés en blanc. *Remplir une fiche, un questionnaire.* « *Voulez-vous avoir l'obligeance de remplir ces formulaires?* » (SARTRE).

II. ♦ 1° Rendre plein par sa présence (une portion d'espace); être en grande quantité, en grand nombre dans (un lieu, un espace). V. **Emplir.** « *De profondes ornières que l'eau remplissait entièrement* » (VIGNY). « *Son corps fluet remplissait mal les plis de sa soutane* » (RENAN). — *Remplir une lacune, un vide.* ◇ *Fig. et littér.* Occuper entièrement. *La colère qui remplit son âme, son cœur.* « *Un bien-aimé serait-il le bien-aimé s'il ne remplissait pas le cœur* » (BALZ.). ◇ *Par anal.* (le temps étant assimilé à l'espace) *Toutes les occupations futiles qui remplissent sa vie.* ♦ 2° Couvrir entièrement (une feuille, une page, etc.). *Le procès* « *dont les détails remplissaient depuis plusieurs jours les colonnes de tous les journaux* » (MART. du G.).

III. *(Sujet de personne ou de chose).* Exercer, accomplir effectivement. *Remplir une fonction, des fonctions.* V. **Exercer.** *Remplir un rôle.* V. **Tenir.** *Organe qui remplit son office. Il a rempli ses engagements; ses obligations, ses promesses.* V. **Tenir.** « *Un talent qui remplit ou qui même dépasse les plus belles espérances* » (STE-BEUVE). *Remplir une condition.* V. **Satisfaire** (à).

◇ ANT. **Vider; dépeupler, nettoyer; effacer; creuser, évider. Évacuer.** — HOM. Formes du v. *remplier*.

REMPLISSAGE [ʀɑ̃plisaʒ]. *n. m.* (1508, au sens 2°; de *remplir*). ♦ 1° (1538). Opération qui consiste à remplir un récipient, un bassin, etc.; le fait de se remplir. *Remplissage d'un tonneau, d'une écluse.* ♦ 2° Techn. Blocage, remplage d'un mur. — Ce qui sert à garnir les vides d'une charpente, d'un bâti, d'une ossature. ♦ 3° (xvie). Péj. Ce qui allonge un texte sans rien exprimer d'important. *Faire du remplissage. Scène de remplissage.* ♦ 4° Hist. mus. *Parties de remplissage*, entre la basse et le dessus.

REMPLISSEUR, EUSE [ʀɑ̃plisœʀ, øz]. *n.* (1680, fém.; de *remplir*). ♦ 1° Techn. *Remplisseur* sur faïence, sur porcelaine, sur verre, ouvrier qui peint, qui colore des dessins dont le contour a été préalablement tracé. ◇ *Remplisseuse :* ouvrière qui remplit les vides entre les motifs des dentelles, ou les répare. ♦ 2° N. f. REMPLISSEUSE : machine qui sert à remplir mécaniquement plusieurs bouteilles à la fois.

REMPLOI [ʀɑ̃plwa] ou **RÉEMPLOI** [ʀeɑ̃plwa]. *n. m.* (1577,-1945; de *remployer*). ♦ 1° Le fait d'employer ou d'être employé de nouveau. *Remploi dans une construction d'un élément architectural qui a appartenu à un édifice antérieur. Colonnes, chapiteaux de remploi.* ♦ 2° Fin. REMPLOI : emploi des fonds provenant de la vente d'un bien ou d'une indemnité à l'acquisition de biens d'égale valeur. « *Le remploi des biens dotaux est stipulé dans les contrats de mariage* » (ACAD.).

REMPLOYER [ʀɑ̃plwaje] ou **RÉEMPLOYER** [ʀeɑ̃plwaje]. *v. tr.; conjug. employer.* V. **Noyer** (1320,-1845; de *re-*, et *employer*). ♦ 1° Employer de nouveau. *Réemployer des matériaux de démolition.* ♦ 2° Dr. Faire le remploi de. *Remployer l'argent de la vente d'un immeuble.*

REMPLUMER (SE) [ʀɑ̃plyme]. *v. pron.* (xiiie; de *re-*, et *emplumer*). ♦ 1° Se couvrir de nouvelles plumes (en parlant d'un oiseau). ♦ 2° (1400). Fam. Rétablir sa situation financière. ◇ Fam. (1611) Reprendre de l'embonpoint, se rétablir. *Ses deux semaines de congé l'ont bien remplumé; il s'est remplumé.* ⊗ ANT. **Déplumer** (se).

REMPOCHER [ʀɑ̃pɔʃe]. *v. tr.* (1743; de *re-*, et *empocher*). Remettre dans sa poche. *Rempocher son argent.*

REMPOISSONNEMENT [ʀɑ̃pwasɔnmɑ̃]. *n. m.* (1664; de *rempoissonner*). Repeuplement en poissons.

REMPOISSONNER [ʀɑ̃pwasɔne]. *v. tr.* (Rempissenier, 1405; de *re-*, et *empoissonner*). Repeupler de poissons. *Rempoissonner un étang.*

REMPORTER [ʀɑ̃pɔʀte]. *v. tr.* (1461; de *re-*, et *emporter*). I. Emporter (ce qu'on avait apporté). V. **Reprendre.** *Le livreur a remporté la marchandise refusée. Domestique qui remporte les plats sans qu'on y ait touché.*

II. (1538). Emporter ce qui est disputé. V. **Gagner.** *Remporter une victoire* (V. **Vaincre**). « *Philibert avait remporté tous les prix au collège* » (STENDHAL). *Remporter la Coupe Davis.* ◇ *Par ext.* (Sans idée de compétition) *Remporter un succès.*

REMPOTAGE [ʀɑ̃pɔtaʒ]. *n. m.* (1803; de *rempoter*). Hortic. Action de rempoter.

REMPOTER [ʀɑ̃pɔte]. *v. tr.* (déb. xixe; de *re-*, et *empoter*). Hortic. Changer (une plante) de pot. Spécialt. Mettre dans un pot plus grand. *Dépoter et rempoter des géraniums.*

REMPRUNTER [ʀɑ̃pʀœ̃te]. *v. tr.* (1549; de *re-*, et *emprunter*). Emprunter de nouveau. *Il me faut lui remprunter de l'argent.*

REMUAGE [ʀəmɥaʒ]. *n. m.* (1314, « transport »; de *remuer*). Techn. ♦ 1° Opération par laquelle on remue le blé pour l'éventer. ♦ 2° Traitement des vins blancs par la méthode champenoise.

REMUANT, ANTE [ʀəmɥɑ̃, ɑ̃t]. *adj.* (xiiie; « changeant », xiie; de *remuer*). ♦ 1° Rare. Qui remue, mouvant, en mouvement. ♦ 2° (Personnes). Qui a pour habitude de s'agiter, de se dépenser beaucoup. *Un enfant remuant.* ◇ Qui se dépense, qui a des activités multiples et un peu brouillonnes. « *Le boiteux Lepitre, homme aventureux..., d'autant plus remuant qu'il avait peine à remuer* » (MICHELET). ⊗ ANT. **Calme, inerte.**

REMUE [ʀ(ə)my]. *n. f.* (attesté xxe; de *remuer* [vx], « changer de lieu »). Région. Changement de pâturage selon les saisons, dans une exploitation de montagne (V. **Transhumance**). — Lieu de pâturage temporaire.

REMUE-MÉNAGE [ʀ(ə)mymenaʒ]. *n. m. invar.* (*Remuménage*, xviie; « déménagement », 1585; de *remuer* « transporter », et *ménage*). Mouvements, déplacements bruyants et désordonnés. *Faire du remue-ménage. Il y a du remue-ménage dans la maison.* V. **Branle-bas, confusion.** *Des remue-ménage.* ◇ Agitation, mouvement. « *Il leur faut le remue-ménage de Paris, les cafés, le bal, la vie à grand orchestre* » (HUYSMANS).

REMUEMENT [ʀ(ə)mymɑ̃]. *n. m.* (xiie; de *remuer*). Action de remuer; mouvement de ce qui remue. *Remuement des lèvres.* « *À la fin du dernier office, le remuement des chaises la tirait de cet engourdissement* » (GONCOURT).

REMUER [ʀ(ə)mɥe]. *v.* (1080; aussi « transporter, muter, changer », en a. fr.; de *re-*, et *muer*).

I. *V. tr.* ♦ 1° Faire changer de position, faire bouger. V. **Bouger, déplacer.** *Objet lourd à remuer. Remuer sa chaise.* ◇ Mouvoir (une partie du corps), imprimer un mouvement à. *Remuer les lèvres. Bête qui remue les oreilles, la queue.* « *Ils le garrottèrent solidement, de manière qu'il ne pût remuer que les jambes* » (LAUTRÉAMONT). *Ne pas remuer le petit doigt, ne rien faire* (pour aider qqn). *Ne remuer ni pied ni patte : ne plus bouger.* ♦ 2° Déplacer dans ses parties, ses éléments. *Remuer du grain pour l'aérer. Remuer des braises, des cendres. Remuer la terre.* V. **Fouiller, retourner.** *Remuer pour mélanger, donner une consistance uniforme.* V. **Battre, brasser, malaxer, pétrir.** *Remuer une vinaigrette. Remuer la salade.* — Au p. p. *Une odeur de terre remuée.* ◇ Loc. métaph. *Remuer l'or à la pelle, remuer de l'argent, des millions*, faire de grosses affaires. *Remuer l'ordure, la boue*, parler, s'occuper de scandales. *Remuer ciel et terre*, faire appel à tous les moyens. ♦ 3° Fig. Agiter moralement, faire agir. *Remuer de vieux souvenirs, des sentiments.* « *L'amour a remué ma vie* » (APOLLINAIRE). ◇ Spécialt. *Remuer qqn*, provoquer, faire naître des émotions en lui. V. **Émouvoir; attendrir, bouleverser, toucher, troubler.** *Ce spectacle émouvant l'a remué.* « *Cette souffrance... la remuait* » (GREEN). — *Au p. p.* Ému. *Il semble très remué.*

II. SE REMUER. *v. pron.* Se mouvoir, faire des mouvements. « *La danseuse se remuait en cadence avec de longues ondulations de corps* » (FROMENTIN). *Avoir de la peine à se remuer :* à bouger. ◇ Fig. Agir en se donnant de la peine. V. **Démener** (se), **dépenser** (se). *Allons, remue-toi !* V. **Grouiller** (se), **manier** (se). « *Que quelqu'un se décide enfin, qu'on se remue un peu, il est grand temps* » (SARRAUTE).

III. *V. intr.* ♦ 1° Bouger, changer de position. « *Cour-batue, souffrant dès qu'elle remuait* » (MART. du G.). *Femme enceinte qui sent son enfant remuer. Un oiseau blessé qui remue encore. Il ne peut rester sans remuer.* V. Agiter (s'), gigoter. Fig. *Ton nez remue !* tu mens. — *Plantes, herbes qui remuent dans le vent.* V. Balancer (se), frémir, frissonner, onduler, trembler. *Avoir une dent qui remue* (quand on l'ébranle). ♦ 2° *Fig.* (D'un groupe d'opposants). Commencer à se révolter. V. Bouger, soulever (se). « *L'Italie ne remua pas seule ; toutes les nations tributaires avaient pris les armes* » (MICHELET).
◇ ANT. Fixer, immobiliser.

REMUEUR [ʀəmɥœʀ]. *n. m.* (XXe ; « celui qui remue », XVIe ; de *remuer*). Techn. *Remueur de champagne,* ouvrier qui imprime quotidiennement un mouvement aux bouteilles.

REMUGLE [ʀ(ə)myɡl(ə)]. *n. m.* (1507 ; de l'a. nord. *mygla* « moisissure »). *Vx* ou *littér.* Odeur de moisi, de renfermé. « *Un fort remugle de cigare froid* » (DUHAM.).

RÉMUNÉRATEUR, TRICE [ʀemyneʀatœʀ, tʀis]. *n.* et *adj.* (XIIIe, théol. ; lat. *remunerator, -trix*). ♦ 1° *N.* Personne qui récompense. « *Dieu est le souverain rémunérateur* » (ACAD.). Adj. *Un dieu rémunérateur.* ♦ 2° *Adj.* (1870). Qui paie bien, procure des bénéfices. *Nous « qui avons besoin de vendre nos grains à un prix rémunérateur* » (ZOLA). V. Avantageux. *Une occupation rémunératrice.* V. Lucratif.

RÉMUNÉRATION [ʀemyneʀasj5]. *n. f.* (XIIIe ; lat. *remuneratio*). ♦ 1° *Vx* ou *didact.* Récompense. « *Si les rémunérations et les châtiments futurs ont quelque réalité* » (RENAN). ♦ 2° *Mod.* Argent reçu pour prix d'un service, d'un travail. V. Rétribution, salaire. « *L'auteur établit rarement une liaison entre ses œuvres et leur rémunération en espèces* » (SARTRE). — Mar. *Rémunération d'assistance,* somme due à un navire qui a prêté assistance à un navire en péril.

RÉMUNÉRATOIRE [ʀemyneʀatwaʀ]. *adj.* (1514 ; de *rémunérer*). *Dr.* Qui a un caractère de récompense. *Legs rémunératoire.*

RÉMUNÉRER [ʀemyneʀe]. *v. tr.* ; conjug. *céder* (1346 ; lat. *remunerare,* rac. *munus, muneris* « cadeau, présent »). ♦ 1° *Vx.* Récompenser (une action, une qualité, une personne). *Punir le crime et rémunérer la vertu.* ♦ 2° *Mod.* Récompenser en argent, payer (un service, un travail). *Rémunérer le concours de qqn.* ◇ *Par ext.* Payer (qqn) pour un travail. V. Rétribuer. — Au p. p. *Collaborateurs rémunérés* (*opposé à* bénévole).

RENÂCLER [ʀ(ə)nɑkle]. *v. intr.* (XVIIe ; altér., par crois. avec *renifler,* de *renaquer,* de *re-,* et a. fr. *naquer* « flairer », d'un lat. °*nasicare,* rac. *nasus* « nez »). ♦ 1° Renifler bruyamment en signe de mécontentement (Se dit surtout des animaux). « *Le troupeau monstrueux en renâclant recule* » (HEREDIA). ♦ 2° Témoigner de la répugnance (devant une contrainte, une obligation). *Renâcler à la besogne.* V. Rechigner. « *Lantier... renâclait sur les potées de pommes de terre* » (ZOLA). *Il accepte en renâclant.*

RENAISSANCE [ʀ(ə)nɛsɑ̃s]. *n. f.* (1380 ; de *renaître,* d'apr. *naissance*).
I. ♦ 1° *Relig.* Le fait de renaître ; nouvelle naissance. *Les renaissances successives des êtres, dans les religions de l'Inde.* V. Incarnation. ◇ Régénération de l'âme, de l'être humain. *Renaissance en Jésus-Christ* (par le baptême, la pénitence). ♦ 2° *Fig.* (1674). Réapparition ou nouvel essor d'une chose (société, institution, activité intellectuelle, artistique). V. Renouveau. *Renaissance des arts, des lettres.* « *La renaissance de la civilisation latine* » (TAINE).
II. (Déb. XIXe). LA RENAISSANCE (avec un R majuscule) : essor intellectuel provoqué, à partir du XVe s. en Italie, puis dans toute l'Europe, par le retour aux idées, à l'art antiques gréco-latins. — Période historique allant du XIVe ou du XVe s. à la fin du XVIe s. *La Renaissance correspond aux débuts des « temps modernes ».* ◇ Retour aux canons artistiques et aux thèmes gréco-latins, à la perspective en peinture ; esthétique qui succède à l'esthétique médiévale. *Tableau, fresque, édifice de la Renaissance. La poésie de la Renaissance française.* — *Par appos.* (Adj. invar.) *L'architecture, le mobilier Renaissance. Les châteaux Renaissance des bords de la Loire.*
◇ ANT. (de I, 2°) Agonie, mort.

RENAISSANT, ANTE [ʀ(ə)nɛsɑ̃, ɑ̃t]. *adj.* (1550 ; de *renaître*). ♦ 1° Qui renaît (choses abstraites). « *Nos discussions étaient sans fin, nos conversations toujours renaissantes* » (RENAN). *Les forces renaissantes d'un convalescent. Divisions sans cesse renaissantes.* ◇ *Poét.* « *Des gazons toujours renaissants et fleuris* » (FÉN.). ♦ 2° (1897). *Littér.* Qui appartient à l'époque de la Renaissance. « *Dans ce siècle renaissant* » (BLOY). *L'art renaissant* (ou Renaissance).

RENAÎTRE [ʀ(ə)nɛtʀ(ə)]. *v. intr.;* conjug. *naître* [rare aux temps composés et p. p.], *rené, ée* (XIIe, « ressusciter, revenir à l'état de grâce » ; de *re-,* et *naître*). ♦ 1° Naître de nouveau ; recommencer à vivre. « *On a vu des brames* (brahmanes) *se brûler pour renaître bienheureux* » (VOLT.). *Le phénix, oiseau mythique, renaît de ses cendres.* — Fig. *Renaître*

de ses cendres : revivre, se ranimer, réapparaître. ◇ *Théol. chrét.* Revenir à l'état de grâce, sortir du péché, mort de l'âme. *Renaître par le baptême. Renaître en Jésus-Christ.* ♦ 2° *Littér.* RENAÎTRE À : retourner, revenir dans tel ou tel état). *Renaître à la vie :* retrouver un état de santé, après une maladie. *Renaître à l'espoir, au bonheur.* Relig. *Mourir au péché pour renaître à la grâce.* ♦ 3° Revivre (*fig.*), reprendre des forces, au physique ou au moral. « *Je renaquis avec un être neuf* » (GIDE). *Se sentir renaître.* « *Laurent se sentait renaître dans l'air frais* » (ZOLA). ♦ 4° Naître, pousser, à la place de ce qui est mort ou semble mort ou disparu. *Les têtes de l'hydre de Lerne renaissaient après avoir été coupées.* ◇ Recommencer à croître. V. Repousser. *Tout renaît au printemps.* ♦ 5° (*Choses*). Recommencer à vivre, à se développer. V. Reparaître, revivre. *Sentiment, désir, espoir qui renaît.* « *Ce terrible appétit de la jeunesse, qui renaît à peine comblé* » (COLETTE). — *Faire renaître le passé :* le ranimer, le faire revivre. ◇ ANT. Disparaître, effacer (s'), mourir.

RÉNAL, ALE, AUX [ʀenal, o]. *adj.* (1314; lat. *renalis*). *Anat.* Relatif au rein. V. Néphrétique. *Pédicule rénal. Plexus rénaux. La fonction rénale.* — *Tuberculose rénale.*

RENARD [ʀənaʀ]. *n. m.* (1240, *Renart,* n. pr., du frq. *Reginhart,* donné à l'animal dans le Roman de *Renart ;* a éliminé *Goupil*). ♦ 1° Mammifère carnivore (*Canidés*), aux oreilles droites, à la tête triangulaire assez effilée, à la queue touffue, au pelage fourni. *Renard commun,* à pelage jaune roux. *Renard argenté. Renard bleu.* V. Isatis. *Chasse au renard. Cri du renard.* V. Glapissement. — *Le renard a une réputation d'adresse et de ruse* (Cf. ci-dessous, 3°). *Le corbeau et le renard,* fable de La Fontaine. ♦ 2° Peau, fourrure du renard apprêtée. *Manteau à col de renard. Porter un renard argenté.* ♦ 3° *Par compar.* ou *fig.* (XVIe). Personne fine et rusée, subtile. *Un fin renard.* « *La souplesse et la ruse de ces vieux renards* » (MONTHERLANT). ♦ 4° *Loc. pop.* et vieillie (fin XVe). *Écorcher le renard, piquer un renard :* vomir. ♦ 5° *Fig.* et *vx* (XIXe). Mouchard, espion. V. Mouton. — Ouvrier qui refuse de faire grève. V. Jaune. « *L'unanimité ne régnait pas parmi les grévistes sur les méthodes à suivre avec les renards* » (ARAGON). ♦ 6° *Techn.* (*Par compar. avec la queue du renard*). Fente, trou par où se perd l'eau d'un canal, d'un bassin, de la coque d'un navire.

RENARDE [ʀənaʀd(ə)]. *n. f.* (XIIIe ; de *renard*). *Littér.* ou *Zool., Chasse.* Renard femelle. *Une renarde et ses renardeaux.*

RENARDEAU [ʀənaʀdo]. *n. m.* (1288 ; de *renard*). Petit du renard.

RENARDIÈRE [ʀənaʀdjɛʀ]. *n. f.* (1512 ; de *renard ;* nom de lieu en 1463). ♦ 1° *Chasse.* Terrier du renard. ♦ 2° (Canada, mil. XXe). Élevage de renards.

RENAUDER [ʀənode]. *v. intr.* (1808 ; p.-ê. de *Renaud,* ou de *renard,* d'apr. le cri de l'animal). *Pop.* et vieilli. Protester avec mauvaise humeur. V. Râler, rouspéter. « *Il renaudait à propos de tout, renâclait sur les potées de pommes de terre* » (ZOLA).

RENCAISSAGE [ʀɑ̃kesaʒ]. *n. m.* (1835 ; de *rencaisser*). *Hortic., Jardin.* Action de rencaisser.

RENCAISSEMENT [ʀɑ̃kesmɑ̃]. *n. m.* (1765 ; de *rencaisser*). *Fin.* Action de remettre en caisse (une somme recouvrée).

RENCAISSER [ʀɑ̃kese]. *v. tr.* (1704 ; de *re-,* et *encaisser*). ♦ 1° *Hortic.* Remettre en caisse. *Rencaisser des orangers* (Cf. Rempoter). ♦ 2° *Fin.* Encaisser de nouveau (une somme).

RENCARDER. V. RANCARDER. — **RENCART.** V. RANCART.

RENCHAÎNER. *v. tr.* (XVe ; de *re-,* et *enchaîner*). Attacher de nouveau avec une chaîne.

RENCHÉRI, IE [ʀɑ̃ʃeʀi]. *adj.* (XVe ; de *renchérir*). *Vx* ou *littér.* Difficile, dédaigneux. « *Une bourgeoise, même opulente et renchérie* » (ROMAINS). — *Subst.* « *Elle faisait la renchérie, elle était têtue, vaniteuse* » (R. ROLLAND).

RENCHÉRIR [ʀɑ̃ʃeʀiʀ]. *v.* (1175 ; de *re-,* et *enchérir,* qu'il tend à remplacer).
I. *V. tr.* Rendre encore plus cher. V. Enchérir. « *Une main-d'œuvre qui renchérit le papier* » (BALZ.).
II. *V. intr.* (1400). ♦ 1° Devenir encore plus cher. V. Enchérir. ♦ 2° *Fig.* (XVIIe). RENCHÉRIR SUR : aller encore plus loin, en action ou en paroles. *Renchérir sur tous.* « *Vous avez renchéri sur ce que je vous ai enseigné. Vous outrez ma morale* » (LESAGE).
◇ ANT. Baisser.

RENCHÉRISSEMENT [ʀɑ̃ʃeʀismɑ̃]. *n. m.* (1283 ; de *renchérir*). Hausse, augmentation de prix. *Les femmes « causent, avec des voix plaintives, du renchérissement des denrées* » (GONCOURT). ◇ ANT. Baisse.

RENCOGNER [ʀɑ̃kɔɲe]. *v. tr.* (*Rencoignier,* 1586 ; de *re-, en-,* et *cogner* [V. Coin]). *Fam.* Pousser, repousser dans un coin. V. Coincer. Fig. « *Je ne sais quoi... me rencognait dans ma timidité* » (GIDE). Pronom. *Se rencogner.* V. Blottir (se).

1. **RENCONTRE** [ʀɑ̃kɔ̃tʀ(ə)]. *n. f.* (XIIIe ; « coup de dés », et « combat » ; de *re-,* et *encontre,* et dér. de *rencontrer*).

I. *Littér.* (XIVᵉ). Circonstance fortuite par laquelle on se trouve dans telle ou telle situation. V. **Coïncidence, conjoncture, hasard, occasion, occurrence.** Vx. *La gloire « dépend de rencontres »* (ALAIN). — Mod. *Par rencontre :* par hasard. *« Tout existant naît sans raison,... et meurt par rencontre »* (SARTRE). — *De rencontre :* fortuit. *« Je n'aime plus que les joies de rencontre »* (GIDE).

II. (De *rencontrer*). ♦ **1°** (1538). Le fait, pour deux personnes, de se trouver en contact, d'abord par hasard, puis *par ext.* d'une manière concertée ou prévue. *Faire la rencontre de qqn, une rencontre inattendue. Mauvaise rencontre,* se dit *spécialt.* de la rencontre d'un malfaiteur, d'une personne dangereuse. — *Le hasard d'une rencontre. Arranger, ménager une rencontre entre deux personnes.* V. **Contact, entrevue, rendez-vous.** ◇ À LA RENCONTRE DE ... : en se trouvant face à face avec qqn qu'on rencontre *(vx)*, et *mod.* En allant vers qqn, au-devant de lui. *Aller, marcher, venir à la rencontre de qqn, à sa rencontre.* ♦ **2°** *Spécialt.* Engagement imprévu de deux forces ennemies. V. **Combat, échauffourée.** — *Par ext.* Tout engagement ou combat. *« À chaque rencontre, deux ou trois cavaliers y restaient »* (CÉLINE). ◇ Duel. *Les témoins fixèrent les conditions de la rencontre.* ◇ Compétition sportive. V. **Match.** *Rencontre de boxe.* ♦ **3°** *(Choses).* Le fait de se trouver en contact. V. **Jonction.** *Rencontre de deux cours d'eau, de deux lignes. Point de rencontre. Rencontre brutale.* V. **Choc, collision.** — *Rencontre de voyelles* (V. **Hiatus**). — *Astron., Astrol.* Conjonction ou opposition d'astres. — Techn. *Roue de rencontre :* roue dentée qui meut le pivot du balancier (dans l'échappement à recul*).

2. RENCONTRE [ʀɑ̃kɔ̃tʀ]. *n. m.* (1671 ; de *rencontrer,* même mot que *rencontre* 1). *Blas.* Tête d'un animal vue de face (telle qu'on la rencontre). *Un rencontre de cerf.* V. aussi **Massacre.**

RENCONTRER [ʀɑ̃kɔ̃tʀ(ə)]. *v. tr.* (XIVᵉ ; de *re-*, et de l'a. v. *encontrer* « venir en face », de *encontre*).

I. ♦ **1°** Être mis, se trouver en présence de (qqn) par hasard. *Rencontrer un ami, un parent. « J'ai rencontré dans les stades féminins quelques jeunes filles... »* (MONTHERLANT). *Je l'ai rencontré sur mon chemin.* V. **Croiser.** *Rencontrer à l'improviste.* V. **Tomber** (sur). *« Si jamais je le rencontre au coin d'un bois, il passera un mauvais quart d'heure »* (JARRY). *Par ext. Son regard rencontra le mien.* ◇ Se trouver avec qqn, avec qui une rencontre a été ménagée. *Rencontrer un émissaire, un négociateur.* V. **Contacter.** *Je lui ai téléphoné pour le rencontrer à son bureau.* V. **Joindre ; rendez-vous.** — *Sports* (1936). Être opposé en compétition à (un adversaire). ◇ Se retrouver pour la première fois avec (qqn). V. **Connaissance** (faire la). *« La vie en vérité commence le jour que je t'ai rencontrée »* (ARAGON). ◇ Trouver parmi d'autres (qqn dont on a besoin). *Des serviteurs comme on n'en rencontre plus guère, comme il n'y en a plus.* ♦ **2°** Se trouver près de, en présence de (qqch.). V. **Atteindre, trouver.** *« Chacun s'arme au hasard du livre qu'il rencontre »* (BOIL.) : qui lui tombe sous la main. *« Un des sites... les plus mélancoliques qu'il m'ait été donné de rencontrer »* (LOTI). ◇ Se trouver en présence de (un obstacle, une résistance). **Heurter.** *Elle recula et rencontra le mur. Le vent ne rencontrait aucun obstacle. La sonde rencontra le fond.* ♦ **3°** *Fig.* Se trouver en présence d'événements, de circonstances fortuits, d'une réaction au hasard ou suscitée chez autrui. *Rencontrer une occasion. « Il aurait rencontré la faveur qui récompense ce genre de mérite »* (DUHAM.). *Ce projet rencontre une violente opposition.*

II. SE RENCONTRER. *v. pron.* ♦ **1°** *(Personnes).* Se trouver en même temps au même endroit. *Ils se sont rencontrés chez des amis, dans la rue.* V. **Croiser** (se). PROV. *Il n'y a que les montagnes qui ne se rencontrent pas :* le hasard finit par mettre en présence les gens les plus éloignés. ◇ Faire connaissance. *Nous nous sommes déjà rencontrés.* ◇ Avoir une entrevue. *Faire se rencontrer plusieurs personnes.* V. **Réunir.** ◇ *Fig.* (1640) Partager, exprimer les mêmes idées, les mêmes sentiments. *« Ils se rencontraient sur le terrain commun de l'érudition »* (BAUDEL.). Loc. *Les grands esprits se rencontrent,* se dit plaisamment lorsque deux personnes émettent le même avis. ♦ **2°** *(Choses).* Se heurter, entrer en contact. V. **Toucher** (se). *Rivières qui se rencontrent.* V. **Confluer.** *« Nous nous embrassâmes, nos lèvres se rencontrèrent »* (FRANCE). *Leurs regards se sont rencontrés.* ♦ **3°** *(Réfl.).* Se rencontrer avec qqn. *« Je me suis déjà rencontré avec Zola »* (ZOLA). — *Fig.* et *littér.* Être du même avis. *« Je me suis rencontré avec Rémy de Gourmont, contre lui »* (LÉAUTAUD). ♦ **4°** *(Pass.).* Se trouver, être constaté, vu. V. **Exister.** *Les « petitesses qui se rencontrent dans presque tous les grands caractères »* (HUGO). — Impers. *« Une de ces haines... comme il s'en rencontre en province »* (BALZ.). *« S'il se rencontrait des obstacles imprévus »* (P.-L. COUR.). V. **Trouver** (se).

◇ ANT. **Éviter, manquer.**

RENDEMENT [ʀɑ̃dmɑ̃]. *n. m.* (1842 ; « action de rendre », 1190 ; de *rendre*). ♦ **1°** Produit (I, 3°) défini par rapport à une unité de mesure. — *Spécialt.* Produit de la terre, évalué par rapport à l'unité de surface cultivée. *Rendement à l'hectare.* ◇ Production évaluée par rapport à des données de base (matériel, hommes ; capital, travail, etc.). V. **Productivité.** *Diminuer, augmenter le rendement. « Tout accroissement de rendement exige un accroissement plus que proportionnel de force »* (Ch. GIDE). ◇ *Phys.* Rapport de l'énergie utilisable à l'énergie mise en œuvre. *Rendement thermodynamique d'une machine thermique. Rendement lumineux d'une source lumineuse,* exprimé en bougies, en lumens par watt de puissance électrique. ♦ **2°** *Cour.* Produit, gain. *Rendement d'un placement,* montant des intérêts dans une période donnée. ◇ *Fig. « Coter l'art d'après son rendement moral »* (GIDE). — Produit effectif d'un travail. V. **Effet, efficacité.** *Il s'applique beaucoup, mais il n'y a aucun rendement.* ♦ **3°** *Sport.* Action de rendre (de la distance) ; distance ainsi rendue. V. **Handicap.**

RENDEZ-VOUS [ʀɑ̃devu]. *n. m.* (1578 ; de *se rendre,* à l'impér.). ♦ **1°** Rencontre convenue entre deux ou plusieurs personnes. *Avoir un rendez-vous ; avoir rendez-vous avec qqn. Donner rendez-vous. Prendre un rendez-vous. Rendez-vous manqué.* V. **Faux-bond ; lapin** *(fam.). Rendez-vous d'affaires. Médecin qui reçoit sur rendez-vous.* — *Fig. Avoir rendez-vous avec la chance,* la rencontrer. *Toutes les laideurs s'étaient donné rendez-vous,* se trouvaient réunies. ◇ *Spécialt. Rendez-vous amoureux, galant.* V. pop. **Rancart.** — *Maison de rendez-vous,* qui accueille des couples et procure des rendez-vous. *Rendez-vous social,* rencontre ménagée entre les représentants du gouvernement (ou du patronat) et ceux des syndicats ouvriers. ◇ *Rendez-vous spatial,* rencontre de deux ou plusieurs engins spatiaux en vol. ♦ **2°** Lieu fixé pour le rendez-vous. *Arriver le premier au rendez-vous.* ◇ *Rendez-vous de chasse,* emplacement, pavillon où les chasseurs se donnent rendez-vous. — *Par ext.* Lieu où certaines personnes se rencontrent habituellement. *Ce café est le rendez-vous des artistes à la mode.*

RENDORMIR [ʀɑ̃dɔʀmiʀ]. *v. tr. ;* conjug *dormir.* V. **Partir** (XIIIᵉ ; de *re-*, et *endormir*). Endormir de nouveau. *Il a fallu rendormir le patient.* — Pronom. *Se rendormir,* recommencer à dormir. V. **Redormir.** *Elles se sont rendormies.*

RENDOSSER [ʀɑ̃dose]. *v. tr.* (av. 1747 ; de *re-*, et *endosser*). Endosser, mettre de nouveau. *Rendosser son manteau. Rendosser le maillot jaune.*

RENDRE [ʀɑ̃dʀ(ə)]. *v. tr. :* je rends, nous rendons ; je rendais, nous rendions ; je rendis ; nous rendîmes ; je rendrai, nous rendrons ; je rendrais, nous rendrions ; rends, rendons, rendez ; que je rende, que nous rendions ; que je rendisse, que nous rendissions (rare) ; rendant ; rendu (Xᵉ ; lat. pop. °*rendere,* lat. class. *reddere,* avec infl. de *prendre*).

I. Ⓐ Donner en retour (ce qu'on a reçu ou pris, ou l'équivalent). ♦ **1°** Donner en retour (ce qui est dû). *Rendre l'argent qu'on a emprunté* (V. **Rembourser**)*, un objet qui a été confié ou remis en dépôt. « Je rends au public ce qu'il m'a prêté »* (LA BRUY.). — Absolt. *Ils empruntent mais n'aiment pas rendre.* — *(Abstrait)* S'acquitter (de dettes morales, d'obligations, de devoirs). *Rendre à qqn ce qu'on lui doit. « Rendez donc à César ce qui est de César, et à Dieu ce qui est de Dieu »* (BIBLE). ◇ Donner (sans idée de restitution). *Rendre hommage. Rendre grâce, grâces à...,* remercier. *Rendre des services, rendre service à qqn :* lui apporter une aide. *Rendre des comptes, rendre compte.* Fig. *Se rendre compte :* comprendre. *Rendre raison de qqch. :* expliquer. *Rendre justice. Rendre la justice. Rendre un jugement, un arrêt.* V. **Prononcer.** ◇ *(Jeux, Sports)* Devoir (à un adversaire) à cause de sa supériorité. *Rendre des points à un adversaire. Cheval qui rend du poids, de la distance à ses concurrents* (V. **Handicap**)*.* ♦ **2°** Donner en retour (ce qu'on a été pris ou reçu). V. **Restituer, rétrocéder.** *Rendre ce qu'on a pris, volé. Rendsmoi mon stylo. Rendre un cadeau,* le renvoyer. — Fig. *Rendre la liberté à qqn. Rendre à qqn sa parole,* le délier d'un engagement. ◇ Rapporter au vendeur (ce qu'on a acheté). *« Vous nous rendez l'article, s'il cesse de vous plaire »* (ZOLA). *Cet article ne peut être ni rendu ni échangé.* ♦ **3°** *(Abstrait).* Donner (à son possesseur ce qu'il a perdu). *« La belle saison ne me rendra pas mes forces »* (ROUSS.). *Rendre le sommeil. « La liberté restaurée lui rendit* (à la France) *la parole »* (CHATEAUB.). ◇ Ramener (qqn à ce qu'il a perdu). *« L'heure bénie qui allait me rendre au repos »* (MICHELET). *Condamnés rendus à la liberté.* — *« Rendre le presbytère à sa primitive destination »* (BALZ.). ♦ **4°** Donner (une chose semblable en échange de ce qu'on a reçu). *Recevoir un coup et le rendre.* V. **Retourner.** *Rendre le bien pour le mal. Rendre la monnaie. Rendre la pareille*. *« Si Dieu nous a faits à son image, nous le lui avons bien rendu »* (VOLT.). *Dieu vous le rendra au centuple* (remerciement pour une aumône, un don). *Rendre à qqn son salut. Rendre un baiser. Rendre une politesse à qqn. Rendre à qqn sa visite.* Par ext. *Rendre visite,* aller voir. ♦ **5°** Rapporter. Vx. *Rendre beaucoup d'argent, cent mille francs par an.* — Mod. Intrans. *« Les terres rendent peu »* (ROMAINS). *« La pêche n'avait jamais autant rendu »* (LAMART). V. **Rendement.** — Fam. *Ça n'a pas rendu,* ça n'a pas marché.

ça n'a rien donné. ⑧ ♦ 1° Laisser échapper ce qu'on ne peut garder, retenir. *Rendre le sang par la bouche.* « *J'ai rendu tout ce que j'avais dans l'estomac* » (SARTRE). V. **Rejeter.** Absolt. *Avoir envie de rendre.* V. **Vomir.** Pop. *Rendre tripes et boyaux* : vomir avec effort tout le contenu de l'estomac. — *Le rôti a rendu tout son jus.* ◇ Loc. fig. *Rendre gorge*. Rendre l'âme, l'esprit, le dernier soupir, mourir.* ◇ (XVᵉ) Faire entendre, émettre (un son). « *Une harpe éolienne, qui rend quelques beaux sons, mais n'exécute aucun air* » (JOUBERT). ♦ 2° Céder, livrer. *Je rends les armes* : je me rends. *Le commandant a dû rendre la place.* ♦ 3° (Manège). *Rendre la bride* : lâcher. *Rendre la main à un cheval* (même sens). ⑨ *Verbe d'état, suivi d'un attribut* (du lat. *reddere* « remettre dans l'état antérieur », puis, *par ext.* « faire passer d'un état à un autre »). Faire devenir. « *Ni l'or, ni la grandeur ne nous rendent heureux* » (LA FONT.). « *Te mesurer à moi! qui t'a rendu si vain...?* » (CORN.). « *Rien ne nous rend si grands qu'une grande douleur* » (MUSS.). *Il me rend fou. Rendre une femme heureuse.* « *L'injustice rend injuste* » (MAUROIS). — *La sentence a été rendue publique.* ⑩ *Présenter après interprétation.* ♦ 1° (XVIᵉ). *Présenter en traduisant.* « *Ne croyez pas que j'aie rendu ici l'anglais mot pour mot* » (VOLT.). « *C'est ce sens-là qu'il s'agit de rendre, et c'est en cela surtout que consiste la tâche du traducteur* » (LARBAUD). ♦ 2° (1681). *Présenter en exprimant par le langage.* « *Entre toutes les différentes expressions qui peuvent rendre une seule de nos pensées* » (LA BRUY.). « *Mots humains trop faibles pour rendre des sensations divines* » (BALZ.). « *Il est nécessaire de sentir les impressions qu'on doit rendre* » (FRANCE). ♦ 3° *Exprimer par un moyen plastique ou graphique.* V. **Représenter, reproduire.** « *Rendre avec vérité les veines, les méplats* » (DIDER.). « *Aussi habiles à rendre la beauté sur la toile que dans le marbre* » (GAUTIER).

II. SE RENDRE. *v. pron.* ♦ 1° (XIIᵉ). Se soumettre, céder. « *Il avait bien fallu qu'elle se rendît à l'évidence* » (MART. du G.). *Se rendre aux prières, aux raisons, à l'avis de qqn. Se rendre aux ordres de.* V. **Obéir.** ◇ Se soumettre à une force supérieure en abandonnant le combat et en *rendant* ses armes. « *La garde meurt et ne se rend pas* » (in CHATEAUB.). *Mourir plutôt que de se rendre.* V. **Capituler.** *Se rendre sans conditions.* — (En parlant d'un criminel) *Se livrer.* ◇ *Vx* ou littér. Se donner, s'abandonner (en amour). ♦ 2° (1415). Se transporter, aller. *Se rendre en un lieu, à l'étranger. Se rendre au spectacle.* ♦ 3° (Suivi d'un attribut). Se faire tel, devenir par son propre fait. « *L'honnête homme cherche à se rendre utile, l'intrigant à se rendre nécessaire* » (HUGO). *Vous allez vous rendre malade. Il se rend insupportable par sa mauvaise humeur.*
◇ ANT. **Emprunter, prêter; confisquer, garder; absorber, digérer.**

RENDU, UE [Rɑ̃dy]. *p. p., adj. et n. m.* (XIIᵉ; V. **Rendre**). **I.** ♦ 1° *Au p. p.* Arrivé. *Nous voilà rendus.* « *Par l'autobus, on est plus vite rendu que par le métro* » (CÉLINE). ♦ 2° (v. 1225). Très fatigué. « *C'est la fatigue, vous êtes rendu* » (BERNANOS). **II.** *N. m.* ♦ 1° Action de rendre la pareille, dans l'express. : *C'est un prêté pour un rendu* (spécialt. des représailles justifiées). ♦ 2° *Arts* (XVIIIᵉ). L'exécution restituant fidèlement l'impression donnée par la réalité. *Le rendu des draperies.* ♦ 3° (1883). Objet rendu à un commerçant. ♦ 4° *Techn.* Réalisation graphique d'un projet d'architecture, de décoration ou de publicité.

RÊNE [REN]. *n. f.* (*Resne,* 1080 ; lat. pop. °*retina,* de *retinere* « retenir », lat. class. *retinaculum* « lien »). Chacune des courroies, des lanières fixées aux harnais de tête d'une bête de selle, et servant à diriger l'animal. V. **Bride, guide.** *Ajuster les rênes, partager les rênes* (tenir une dans chaque main). *Lâcher la rêne, les rênes ; laisser flotter les rênes.* « *Il se cala dans son char, prit les rênes* » (FLAUB.). ◇ *Fig. Tenir, prendre les rênes d'une affaire,* la diriger. *Lâcher les rênes,* tout abandonner. ◇ HOM. **Reine, renne.**

RENÉGAT, ATE [Rənega, at]. *n.* (XVᵉ ; a. prov. *renegat* « apostat » ; it. *rinnegato,* de *rinnegare* « renier »). Personne qui a renié sa religion. ◇ *Fig.* Personne qui a abandonné, trahi ses opinions, son parti, sa patrie, etc. V. **Traître.** *Les nationalistes « appelaient étrangers, ou renégats, ou traîtres, ceux qui ne pensaient pas comme eux* » (R. ROLLAND). ◇ ANT. **Fidèle.**

RENEIGER [R(ə)neʒe]. *v. intr.; conjug.* **neiger.** V. **Bouger** [seult. 3ᵉ pers. du sing.] (1549 ; de *re-,* et *neiger*). Neiger de nouveau, encore.

RÉNETTE [REnɛt]. *n. f.* (1660 ; *royenette,* XIIIᵉ ; de *roisne* [Rwenə], a. forme de *rouanne*). *Techn.* Instrument servant à entamer la corne d'un sabot, à y pratiquer des sillons (RÉNETTER [REnete] *v. tr.*). — Outil à pointe recourbée et tranchante. *Rénette de charpentier, de sellier, de bourrelier.*

RENFAÎTAGE [Rɑ̃fɛtaʒ]. *n. m.* (1835 ; de *renfaîter*). *Techn.* Action de renfaîter ; son résultat.

RENFAÎTER [Rɑ̃fɛte]. *v. tr.* (*Renfester,* 1549 ; de *re-, en-,*

et *faîte*). *Techn.* Réparer (un toit) en refaisant le faîte.

RENFERMÉ, ÉE [Rɑ̃fɛrme]. *adj. et n. m.* (XVIIᵉ ; V. **Renfermer**). ♦ 1° *Adj.* Caché, qui ne s'extériorise pas (sentiment). « *Une haine recuite et renfermée* » (MAETERLINCK). ◇ (Fin XVIIIᵉ) Qui ne montre pas ses sentiments. V. **Dissimulé, secret.** « *Silencieux par nature, renfermés tous deux, ils ne disaient guère que ce qu'il était utile de se dire* » (LOTI). *Caractère renfermé.* ♦ 2° *N. m.* (1835). Mauvaise odeur d'un lieu mal aéré, dont les fenêtres sont restées fermées. « *Dans l'appartement, une affreuse odeur de renfermé, de tabac ranci* » (MONTHERLANT). *Cette chambre sent le renfermé.* ◇ ANT. (de l'adj.) *Extériorisé.* **Expansif, ouvert.**

RENFERMER [Rɑ̃fɛrme]. *v. tr.* (XIIᵉ ; de *re-,* et *enfermer*). ♦ 1° *Vieilli.* Enfermer (qqn) complètement, étroitement. *Renfermer dans un cachot.* V. **Confiner, reclure** (*vx*). ◇ Ranger, serrer (qqch.). Vieilli. *Renfermer des objets dans un tiroir.* « *Il alla renfermer ma harpe dans son étui* » (LACLOS). ♦ 2° Vieilli. *Fig.* Tenir caché (un sentiment). V. **Dissimuler.** « *Renfermer en soi les émotions violentes* » (VIGNY). — Pronom. *Se renfermer en soi-même,* ne rien livrer de ses sentiments. V. **Renfermé.** ◇ Vieilli (XVIIᵉ) Tenir dans des limites, des bornes. V. **Borner, limiter.** *Le premier qui « Dans les bornes d'un vers renferma la pensée* » (BOIL.). ♦ 3° *Mod.* Tenir contenu dans un espace, dans un lieu (fermé ou non), en soi. V. **Receler.** « *Ce double fond renferme des papiers* » (BEAUMARCH.). ◇ *Fig.* Comprendre, contenir. « *Combien ce mot, l'honneur, renferme d'idées complexes* » (CHAMFORT). « *Le sens fondamental que renferme le mystère de l'Incarnation* » (MART. du G.). ◇ ANT. **Libérer, exclure, montrer.**

RENFILER [Rɑ̃file]. *v. tr.* (1690 ; de *re-,* et *enfiler*). Enfiler une seconde fois. *Renfiler un collier.*

RENFLAMMER [Rɑ̃fla(a)me]. *v. tr.* (1549 ; de *re-,* et *enflammer*). Enflammer de nouveau.

RENFLÉ, ÉE [Rɑ̃fle]. *adj.* (1701 ; V. **Renfler**). Qui présente une partie plus grosse, plus épaisse, un bombement de sa surface. V. **Bombé.** *Forme renflée d'un bulbe, d'un oignon. Des « vases à panses renflées* » (GAUTIER). — *Colonne renflée,* dont le diamètre est plus grand à la partie médiane. V. **Galbé.** ◇ ANT. *Aplati, creux, mince.*

RENFLEMENT [Rɑ̃fləmɑ̃]. *n. m.* (1547 ; de *renfler*). ♦ 1° *Rare.* Augmentation de volume, gonflement. ♦ 2° État, forme de ce qui est bombé, renflé. V. **Bombement, rondeur.** *Le renflement de la panse d'un vase, d'une amphore.* — *Renflement d'une colonne.* ♦ 3° La partie renflée. V. **Proéminence, ventre.** *Les renflements d'une racine, d'une tige, d'un bourgeon.* « *La plaine était bosselée : c'était une suite de renflements et de creux* » (R. ROLLAND). ◇ ANT. **Concavité, creux.**

RENFLER [Rɑ̃fle]. *v.* (1160 ; de *re-,* et *enfler*). ♦ 1° V. intr. *Rare.* Augmenter encore de volume. ♦ 2° *V. tr.* (1549). *Rare.* Enfler, augmenter le volume de. — *Cour.* (v. 1870) Rendre convexe, bombé. « *La ferme disparaissait, renflant à peine d'une légère bosse la nappe blanche...* » (ZOLA). — SE RENFLER. *v. pron.* Devenir plus gros, plus rond. *Jument dont le cou se renverse en arrière et se renfle* » (FROMENTIN). ◇ ANT. *Aplatir, creuser.*

RENFLOUAGE [Rɑ̃flua3] ou **RENFLOUEMENT** [Rɑ̃flumɑ̃]. *n. m.* (1865 ; de *renflouer*). ♦ 1° Remise à flot (d'un navire coulé, échoué). ♦ 2° *Fig.* Action de renflouer (2°). *Le renflouement d'une affaire, d'un banquier.*

RENFLOUER [Rɑ̃flue]. *v. tr.* (1529 ; de *re-, en-,* et *flouée,* var. normande de *flot*). ♦ 1° Remettre à flot. *Renflouer un navire coulé, naufragé.* ♦ 2° *Fig.* Sauver de difficultés financières en fournissant des fonds. *Renflouer une affaire, une entreprise.* Par ext. *Renflouer qqn.* « *Ils n'ont pas déposé leur bilan ; ... la Banque de France les a renfloués* » (ROMAINS).

RENFONCEMENT [Rɑ̃fɔ̃smɑ̃]. *n. m.* (1611, peint. ; de *renfoncer*). ♦ 1° État, forme de ce qui est renfoncé. *Le renfoncement d'un mur.* — *Techn.* Effet de perspective, profondeur donnée à un décor, etc. ♦ 2° Ce qui est renfoncé ; ce qui forme un creux. V. **Retrait; alcôve, niche.** « *Je me suis posté dans le renfoncement d'une porte d'immeuble* » (ROMAINS). — Par ext. Recoin, partie reculée ou en retrait. ◇ ANT. **Avancée, saillie.**

RENFONCER [Rɑ̃fɔ̃se]. *v. tr.; conjug.* **enfoncer.** V. **Placer** (1549 ; de *re-,* et *enfoncer*). Enfoncer plus avant, plus fort. *Renfoncer son chapeau. Fig.* « *Lui renfoncer le oui dans la gorge* » (ZOLA) : le lui faire rentrer dans la gorge. — Au p. p. *Des yeux renfoncés,* très enfoncés. ◇ *Typogr.* *Renfoncer une ligne* : la faire commencer en retrait.

RENFORÇAGE [Rɑ̃fɔrsa3]. *n. m.* (1865 ; de *renforcer*). Opération par laquelle on renforce (un élément de construction ; une partie d'un vêtement). — *Phot.* Renforcement.

RENFORÇATEUR [Rɑ̃fɔrsatœr]. *n. m. et adj.* (1898 ; de *renforcer*). *Phot.* Solution dont l'effet est d'augmenter les contrastes, l'intensité des noirs. Par appos. *Bain renforçateur.* — *Adj.* Qui renforce. *Agent renforçateur.*

RENFORCEMENT [Rɑ̃fɔrsəmɑ̃]. *n. m.* (1388 ; de *renforcer*). Le fait de renforcer ou d'être renforcé ; augmentation

de force. *Renforcement d'un mur, d'une poutre, d'une chaus-*
sée. Renforcement d'une troupe. Fig. « *L'écrasement de ces*
révolutions et le renforcement consécutif des régimes capi-
talistes » (CAMUS). ◇ Phot. Opération corrective par laquelle
on renforce les contrastes d'une épreuve. ◇ Gram. *Ren-*
forcement de l'expression, de la négation. ◇ *Renforcement*
d'un son (V. **Crescendo, rinforzando**). ◈ ANT. *Adoucissement,*
affaiblissement, diminution.

RENFORCER [ʀɑ̃fɔʀse]. *v. tr.; conjug. forcer.* V. **Placer**
(*Renforcier*, 1160; de *re-*, et l'a. fr. *enforcier*; de *force*).
♦ 1° Rendre plus fort, plus résistant. *Renforcer un mur,*
un support, une poutre. V. **Étayer, consolider.** *Renforcer un*
pied de bas, de chaussette, le couvrir de points, ou le mettre
en double, le doubler. — Au p. p. *Bas à talons renforcés.*
◇ Augmenter le nombre des renforts. *Troupes de réserve*
qui renforcent une armée. V. **Grossir.** *Joueur nouveau qui vient*
renforcer une équipe. ♦ 2° Rendre plus intense. *Renforcer*
une couleur, les noirs d'un dessin. Mus. *En renforçant.* V.
Rinforzando. ◇ Donner plus d'intensité (à l'expression).
« *Même* » *sert à renforcer les pronoms personnels.* V. **Intensif.**
♦ 3° Fig. Rendre plus ferme, plus certain, plus solide. V.
Affermir, fortifier. *Renforcer la paix.* V. **Consolider;** appuyer.
« *Il me serra la main avec un empressement nerveux qui*
m'alarma et renforça mes soupçons naissants » (BAUDEL.).
◇ Par ext. *Renforcer qqn dans une opinion :* lui fournir
de nouvelles raisons de s'y tenir. ◈ ANT. *Affaiblir, détruire,*
saper.

RENFORMIR [ʀɑ̃fɔʀmiʀ]. *v. tr.* (1690; de l'a. fr. *renfor-*
mer « remettre en forme »). *Techn.* Réparer (un mur) en
remplaçant les pierres manquantes ou détériorées et en le
crépissant (l'opération s'appelle le *renformis* [ʀɑ̃fɔʀmi]).

RENFORT [ʀɑ̃fɔʀ]. *n. m.* (*Renforç*, 1340; de *renforcer*).
♦ 1° (XVᵉ). Augmentation de la force, du nombre d'une
armée. *Un régiment de renfort.* ◇ Effectifs et matériel destinés
à renforcer une armée. *L'arrivée du renfort. Envoyer des*
renforts. — Fig. Supplément. *Un renfort de domestiques*
pour une réception. ♦ 2° Techn. Le fait de consolider, de
renforcer. *L'ogive, organe de renfort.* ◇ Par ext. *Un renfort :*
pièce de renfort, garniture. — *Techn.* Épaulement ménagé
au collet d'un tenon. — Partie la plus épaisse de la culasse
d'une pièce d'artillerie. — *Mar.* Bande de toile renforçant
une voile. — *Renfort de proue :* doublage en tôle disposé à
l'avant de la ligne de flottaison. ♦ 3° *Cour.* À GRAND REN-
FORT DE... : à l'aide d'une grande quantité de. « *Je me rhabillai*
de mon mieux, à grand renfort d'épingles » (BEAUMARCH.).
« *À grand renfort de besicles* » (P.-L. COUR.).

RENFROGNÉ, ÉE [ʀɑ̃fʀɔɲe]. *adj.* (XVIᵉ; V. **Renfrogner**).
Contracté par le mécontentement. *Visage renfrogné. Air*
renfrogné. V. **Maussade.** ◇ *(Personnes)* Qui a un air, une
mine maussade ou fâchée. V. **Rechigné.** « *Les habitants de*
ce pays paraissent tristes et renfrognés » (STENDHAL). ◈ ANT.
Enjoué; aimable.

RENFROGNEMENT [ʀɑ̃fʀɔɲmɑ̃]. *n. m.* (1553; *refrogne-*
ment, 1539; de *renfrogner*). *Rare.* Le fait de se renfrogner,
d'être renfrogné.

RENFROGNER (SE) [ʀɑ̃fʀɔɲe]. *v. pron.* (XVIᵉ, intr.; var.
de *refrogner*, XVᵉ; de *re-*, et a. fr. *frogner* « froncer le nez »,
gaul. °*frogna* « nez »). Témoigner son mécontentement par
une expression contractée, maussade du visage. V. **Assombrir**
(s'), grimace (faire la). *À cette proposition, il se renfrogna.*
◈ ANT. *Détendre (se), épanouir(s').*

RENGAGEMENT [ʀɑ̃gaʒmɑ̃]. *n. m.* ou **RÉENGAGEMENT**
[ʀeɑ̃gaʒmɑ̃]. *n. m.* (1718; de *rengager*). Action de rengager.
V. **Remploi.** Le fait de se rengager dans l'armée. *Rengagement*
d'un an renouvelable.

RENGAGER [ʀɑ̃gaʒe] ou **RÉENGAGER** [ʀeɑ̃gaʒe].
v. tr.; conjug. engager. V. **Bouger** (v. 1450; de *re-*, et *engager*).
Engager de nouveau. V. **Réembaucher, remployer** (ou réemployer). ◇ SE RENGAGER, ou *intrans.* (XXᵉ) RENGAGER :
reprendre volontairement du service dans l'armée. *Engagez-*
vous, rengagez-vous ! V. **Rempiler.** « *J'ai fait mon temps en*
Algérie... Je faillis même rengager » (QUENEAU). Fig. et fam.
Recommencer. « *Pour ce qui est de la passion, il n'avait aucune*
envie de rengager » (BEAUVOIR). — Au p. p. *Soldat rengagé.*
Subst. *Un rengagé.*

RENGAINE [ʀɑ̃gɛn]. *n. f.* (1838; « refus », n. m., 1680;
de *rengainer*). ♦ 1° Formule répétée à tout propos. V. **Scie.**
C'est toujours la même rengaine. « *L'éternelle rengaine plato-*
nique d'un exil terrestre » (BLOY). ♦ 2° Refrain banal;
chanson ressassée. *Fredonner une rengaine à la mode.*

RENGAINER [ʀɑ̃gene]. *v. tr.* (1526; de *re-*, et *engainer*).
♦ 1° *Vieilli.* Remettre dans la gaine, le fourreau, l'étui.
♦ 2° Fig. et fam. (1664). Rentrer (ce qu'on avait l'intention
de manifester). *Rengainer son compliment, son discours.*
V. **Renquiller.** « *Puisque les sentiments n'y faisaient rien,*
rengainons-les » (ARAGON). ◈ ANT. *Dégainer.*

RENGORGEMENT [ʀɑ̃gɔʀʒəmɑ̃]. *n. m.* (1688; de *ren-*
gorger). *Rare.* Le fait de se rengorger, d'avoir un air vaniteux. « *Le dédain et le rengorgement...* » (LA BRUY.).

RENGORGER (SE) [ʀɑ̃gɔʀʒe]. *v. pron.; conjug. bouger*
(1482; de *re-*, *en-*, et *gorge*). ♦ 1° *Vx.* Avancer sa gorge
en ramenant la tête en arrière. — *Mod.* (des oiseaux) « *Un*
gros pigeon qui se rengorgeait au soleil » (FLAUB.). ♦ 2° Par
ext. Prendre une attitude avantageuse par affectation d'importance, par fierté, orgueil. *Il boit du petit-lait*, il se rengorge.*
— Fig. *Se rengorger de,* éprouver la fierté de... « *Me ren-*
gorger d'avoir fourni le canevas des divertissements de la
cour » (VOLT.). — Au p. p. « *Un petit rire rengorgé* »
(COLETTE).

RENGRAISSER [ʀɑ̃gʀese]. *v. intr.* (1160; de *re-*, et
engraisser). Engraisser après avoir maigri.

RENGRÈNEMENT [ʀɑ̃gʀɛnmɑ̃]. *n. m.* (1611; de *ren-*
gréner). *Techn.* Opération par laquelle on rengrène. —
Spécialt. (1870) Vérification et ajustement d'un poinçon.

RENGRÉNER [ʀɑ̃gʀene] (conjug. *céder*) ou **RENGRE-**
NER [ʀɑ̃gʀəne] (conjug. *geler*). *v. tr.* (1549; de *re-*, et *engre-*
ner). ♦ 1° *Techn.* Remplir de nouveau (une trémie, etc.) de
grain. ♦ 2° *Techn.* Engager de nouveau dans un engrenage. —
Faire coïncider les creux des coins et les reliefs d'une médaille
mal frappée en la remettant à la frappe.

RENIEMENT [ʀ(ə)nimɑ̃]. *n. m.* (1170; de *renier*). Le fait
de renier. *Le reniement de saint Pierre :* celui de Jésus par
saint Pierre. *Reniement de sa foi, de sa religion.* V. **Abjuration,**
apostasie. — *Reniement de ses opinions, d'un parti.* V. **Désaveu,**
répudiation. « *Je tiens pour néfastes certains reniements de*
notre passé » (GIDE).

RENIER [ʀənje]. *v. tr.* (880; du lat. pop. °*renegare*.
V. **Nier**). ♦ 1° *Renier Dieu :* déclarer qu'on ne croit plus
en lui. ♦ 2° Déclarer faussement qu'on ne connaît ou qu'on
ne reconnaît pas (qqn). *Saint Pierre renia trois fois Jésus.*
Renier sa famille. Renier un ami dont on a honte. ◇ Rejeter,
répudier; abandonner. « *La foi... ne méconnaît ni ne renie*
le savoir » (BLONDEL). « *Celui qui a tout renié, père, mère,*
Providence, amour, idéal, afin de ne plus penser qu'à lui
seul » (LAUTRÉAMONT). ♦ 3° Par ext. Renoncer à (ce à
quoi on aurait dû rester fidèle). *Renier sa foi, sa religion.*
V. **Abjurer, rétracter.** *Renier son état* (en parlant d'un prêtre,
d'un religieux). — *Renier ses opinions, ses idées :* ne plus
les reconnaître pour siennes, en changer. *Renier sa signature.*
V. **Désavouer.** *Renier ses engagements, ses promesses :* s'y
dérober. ◇ Pronom. *Se renier, renier ses opinions.* ◈ ANT.
Reconnaître.

RENIFLARD [ʀ(ə)niflaʀ]. *n. m.* (1821; de *renifler*). *Techn.*
Soupape de chaudière à vapeur, qui aspire l'air quand la
tension devient inférieure à la pression atmosphérique.
Robinet de vidange d'un condensateur. — Dispositif pour
évacuer les vapeurs d'huile d'un carter de moteur. V. **Pur-**
geur.

RENIFLEMENT [ʀ(ə)nifləmɑ̃]. *n. m.* (1596; de *renifler*).
Action de renifler; bruit que l'on fait en reniflant.

RENIFLER [ʀ(ə)nifle]. *v. tr.* (1530; de *re-*, et a. fr. *nifler*,
onomat.). ♦ 1° V. *intr.* Aspirer bruyamment par le nez.
Cheval qui renifle. V. **Renâcler.** « *Elle évitait de se moucher,*
en sorte qu'elle respirait par la bouche et reniflait fréquem-
ment » (DUHAM.). ♦ 2° V. *tr.* Aspirer par le nez. *Renifler*
du tabac. V. **Priser.** *Renifler une odeur.* ◇ Sentir (qqch.)
avec insistance. « *Il déboucha la première bouteille, la renifla* »
(ROMAINS). ◇ Fig. *Renifler qqch. de louche.* V. **Flairer.**
« *Il s'en allait renifler le vent de l'affaire* » (GIONO).

RENIFLEUR, EUSE [ʀ(ə)nifflœʀ, øz]. *n.* et *adj.* (1642;
de *renifler*). *Fam.* Personne qui renifle. — Adj. « *Des femmes...*
traînant des enfants renifleurs » (GONCOURT).

RÉNIFORME [ʀenifɔʀm(ə)]. *adj.* (1797; du lat. *ren, renis*
« rein » et *-forme*). *Didact.* En forme de rein. *La graine de*
haricot est réniforme.

RÉNITENCE [ʀenitɑ̃s]. *n. f.* (1538; de *rénitent*). *Méd.*
État de ce qui est rénitent.

RÉNITENT, ENTE [ʀenitɑ̃, ɑ̃t]. *adj.* (1555; lat. *renitens*,
de *reniti* « résister »). *Méd.* Qui oppose une certaine résistance
à la pression et donne une impression d'élasticité. *Tumeur*
rénitente.

RENNE [ʀɛn]. *n. m.* (1680, fém.; *reen*, 1552; all. *Reen*,
du scand.). Mammifère ongulé *(Cervidés)* de grande taille,
au museau velu, aux bois aplatis, qui vit dans les régions
froides de l'hémisphère Nord. *Troupeau de rennes.* Même
d'Amérique. V. **Caribou.** — *Âge du renne,* désignation ancienne
du paléolithique supérieur. ◇ *Peau de renne apprêtée.*
— Viande de renne. ◈ HOM. *Reine, rêne.*

RENOM [ʀ(ə)nɔ̃]. *n. m.* (XIIᵉ; de *renommer*). *Littér.*
Opinion répandue dans le public, sur qqn ou qqch. V. **Répu-**
tation. *Un bon, un mauvais renom.* « *Son grand renom de*
sévérité et de sagesse » (ZOLA). ◇ *Spécialt.* et *cour.* (1502)
Opinion favorable et largement répandue. V. **Célébrité,**
notoriété, renommée. *Grand renom, renom éclatant.* « *Le*
renom de l'École polytechnique » (BALZ.). *Les cafés, les*
glaciers en renom. V. **Réputé.** *Avoir, acquérir du renom.*

RENOMMÉ, ÉE [ʀ(ə)nɔme]. *adj.* (1080; V. **Renommer**,
1°). ♦ 1° *Vx (Personnes).* Qui a du renom. V. **Célèbre,**

fameux, réputé. « *Ce Grec si renommé...* » (Corn.). ♦ **2°** *Mod.* (Choses). « *La charpenterie maritime de Guernesey est renommée* » (Hugo). ♦ **3°** *Mod.* Renommé pour (qqch.). « *Elle était renommée pour la façon dont elle savait engraisser les volailles* » (Maupass.). ◇ hom. Renommée, renommer.

RENOMMÉE [ʀ(ə)nɔme]. *n. f.* (*Renumée*, 1125; de *renommer*). ♦ **1°** *Littér.* Opinion publique exprimée et répandue sur qqn, sur qqch. « *La vérité s'accorde avec la renommée* » (Rac.). *Apprendre qqch. par la renommée.* — *Dr.* (1690) *Preuve par commune renommée*, dans laquelle les témoins déposent sur l'opinion commune (des voisins, du milieu). ◇ *La Renommée*, personnage allégorique (femme ailée, embouchant une trompette ou décrite avec cent bouches). ♦ **2°** *Cour.* Connaissance (d'un nom, d'une personne, d'une chose) parmi un public étendu. V. **Célébrité, gloire, notoriété, popularité, renom.** — rem. *Renommée* s'emploie surtout dans un sens laudatif. — *La renommée de qqn. Édifier, étendre sa renommée.* « *Et sur de grands exploits bâtir sa renommée* » (Corn.). *La renommée dont il jouit.* « *Sa renommée, son crédit lui avaient valu le surnom d'illustre* » (Balz.). — prov. *Bonne renommée vaut mieux que ceinture dorée*, que richesse. « *Je vois qu'aujourd'hui, qui a ceinture dorée ne manque guère de renommée* » (Dider.). ◇ hom. Renommé, renommer.

RENOMMER [ʀ(ə)nɔme]. *v. tr.* (*Renumer*, 1080; de *re-*, et *nommer*). ♦ **1°** *Vx.* Nommer souvent et avec éloges, célébrer. « *... se faire renommer par leur éloquence* » (Boss.). ♦ **2°** (1669). *Mod.* Nommer (et *par ext.* élire) une seconde fois, une autre fois. V. **Réélire.** ◇ hom. Renommé, renommer.

RENON ou **RENOM** [ʀənɔ̃]. *n. m.* (*d. i.*; a fr. *renonc* « réponse négative », lat. *renuntiare*). *Région.* (Belgique). Résiliation d'un bail. *Donner, recevoir son renon.*

RENONCEMENT [ʀ(ə)nɔ̃smɑ̃]. *n. m.* (1267; de *renoncer*). ♦ **1°** Le fait de renoncer (à un agrément) par un effort de volonté, et généralement au profit d'une valeur jugée plus haute. *Renoncement au monde, aux plaisirs de la vie.* « *Il y a dans le renoncement à la joie... comme une sorte d'abdication, de lâcheté* » (Gide). *Le renoncement à soi-même*, l'abnégation, le sacrifice. — *Littér.* (avec l'inf.) « *Non pas renoncements à jouir, mais renoncements à découvrir* » (Romains). ♦ **2°** *Absolt.* Le fait de se détacher de biens ou d'attachements auxquels on tenait jusqu'alors; attitude de celui qui abandonne ses biens, ces attachements. V. **Abnégation, dépouillement, détachement, sacrifice.** *Vivre dans les privations et le renoncement.* ◇ ant. **Attachement, avidité.**

RENONCER [ʀ(ə)nɔ̃se]. *v. tr.*; conjug. *placer* (1264; lat. jur. *renuntiare* « annoncer en réponse »).
I. *V. tr. indir.* RENONCER À. ♦ **1°** Cesser de prétendre volontairement (à qqch.) et d'agir pour l'obtenir; abandonner un droit (sur qqch.). *Renoncer à un droit, à une succession.* — *Renoncer à un voyage.* ◇ Ne plus espérer, ne plus compter sur. *Renoncer à une espérance, à un projet.* — (Suivi d'un inf.) *Renoncer à comprendre, à chercher.* « *Laid comme je suis, et pauvre, je dus renoncer à me marier* » (Balz.). *Renoncer à poursuivre.* V. **Reculer** (Cf. *fam.* Laisser tomber). *J'y renonce! C'est impossible!* V. **Abandonner.** *Absolt.* « *Avoir le courage de renoncer, d'accepter l'échec* » (Maurois). ♦ **2°** Abandonner volontairement (ce qu'on a). V. **Défaire** (se), **dépouiller** (se), **dessaisir** (se), **laisser, priver** (se). *Renoncer au pouvoir* : abdiquer. *Renoncer à un bien tangible pour une illusion* : lâcher la proie pour l'ombre*. *Renoncer au bonheur.* « *Renoncer à sa liberté, c'est renoncer à sa qualité d'homme* » (Rouss.). *Renoncer à une opinion, à ses idées* (V. **Abjurer**), *à ses prétentions.* V. **Démordre** (en). — (Suivi d'un inf.) Cesser volontairement de. *Renoncer à fréquenter qqn.* ◇ Cesser de pratiquer, d'exercer. *Renoncer à un métier, à un travail. Renoncer à la lutte, au combat* : mettre bas les armes. *Pour être indépendant,* « *il faudrait renoncer à la vie de société, et aux amitiés même* » (R. Rolland). ◇ Cesser d'avoir, d'employer. V. **Perdre.** *Renoncer à une habitude. Renoncer au tabac, au vin.* ♦ **3°** *Relig., Mor., Myst.* Cesser d'être attaché (aux choses de ce monde). *Renoncer au monde pour entrer en religion.* « *Ils renoncent au monde..., aux sensualités, aux plaisirs, aux vanités, aux orgueils, aux intérêts* » (Hugo). *Loc. Renoncer à Satan, à ses pompes et à ses œuvres* : au péché et aux occasions de pécher (allus. à la formule du baptême). ♦ **4°** *Renoncer à qqn* : cesser de rechercher sa compagnie, de la fréquenter. — *Renoncer à celui, à celle qu'on aime, à un fiancé.* ◇ Fig. *Renoncer à soi-même* : répudier tout égoïsme.
II. *V. tr. dir.* ♦ **1°** *Vx.* Cesser, refuser de reconnaître. V. **Renier.** « *Je la déteste... Et la renonce pour ma fille* » (Mol.). ♦ **2°** *Littér.* Abandonner (matériellement (*vx*) ou moralement). « *Ces lépreux qui, renoncés de leurs proches...* » (Chateaub.). « *Le cri de l'homme qui a connu le bonheur, et qui l'a renoncé* » (Mauriac). ♦ **3°** [Belgique]. Résilier (un bail); donner congé (à un locataire). V. **Renon.**
◇ ant. *Attacher* (s'); *conserver, garder, persévérer, persister.*

RENONCIATAIRE [ʀ(ə)nɔ̃sjatɛʀ]. *n.* (1823; de *renoncer*).

Dr. Personne en faveur de laquelle on a renoncé à un droit, à un bien (*opposé à* renonciateur).

RENONCIATEUR, TRICE [ʀ(ə)nɔ̃sjatœʀ, tʀis]. *n.* (1839; de *renoncer*). *Dr.* Personne qui renonce à un bien, à un droit, en faveur d'un ou d'une renonciataire.

RENONCIATION [ʀ(ə)nɔ̃sjasjɔ̃]. *n. f.* (1247; lat. *renuntiatio*, de *renuntiare*. V. **Renoncer**). Le fait de renoncer (à un droit, à une charge); l'acte par lequel on y renonce. V. **Abandon.** *Renonciation à une hypothèque, à une succession.* Absolt. *La renonciation d'un héritier.* — *Renonciation au trône.* V. **Abdication.** ◇ *Cour.* Action de renoncer à, d'abandonner (un bien moral). V. **Abdication.** *Renonciation à une opinion, à soi, à un projet.* « *La renonciation entière à la liberté de penser et d'agir* » (Vigny). ◇ ant. **Appropriation. Acceptation.**

RENONCULACÉES [ʀ(ə)nɔ̃kylase]. *n. f. pl.* (1798; de *renoncule*). *Bot.* Famille de plantes phanérogames angiospermes, classe des dicotylédones dialypétales, comprenant des herbes (et quelques arbrisseaux), à feuilles alternes, à fleurs généralement régulières, à nombreuses étamines (*ex.* : anémone, ancolie, clématite, ficaire, pivoine, renoncule). — *Au sing.* Une renonculacée.

RENONCULE [ʀ(ə)nɔ̃kyl]. *n. f.* (*Ranuncule*, 1549; lat. *ranunculus* « petite grenouille », nom donné à la renoncule aquatique). *Cour.* Plante (*Renonculacées*) herbacée, à variétés vivaces, aquatiques ou terrestres. *Renoncule des marais.* V. **Grenouillette.** *Renoncule terrestre, à fleurs jaune d'or.* V. **Bouton-d'or.** *Renoncule des Alpes, à fleurs blanches.* V. **Bouton-d'argent.** *Renoncule des fleuristes.* ◇ *Fausse renoncule*, la ficaire.

RENOUÉE [ʀənwe]. *n. f.* (1545; p. p. de *renouer*). Plante dicotylédone (*Polygonacées*), herbacée, à tige noueuse, répandue sur tout le globe. *Renouée liseron* ou *faux liseron; renouée des oiseaux* (appelée aussi *Traînasse*). *La renouée est un astringent.* — *Renouée cultivée.* V. **Sarrasin.**

RENOUEMENT [ʀ(ə)numɑ̃]. *n. m.* (xve; de *renouer*, d'abord « réconciliation »). *Rare.* Action de renouer.

RENOUER [ʀənwe]. *v. tr.* (1140; de *re-*, et *nouer*). ♦ **1°** Refaire un nœud à; nouer ce qui est dénoué, détaché, rompu. « *Renouer les cordons défaits de son tablier* » (Robbe-Grillet). *Renouer sa cravate, ses lacets de chaussures.* ♦ **2°** *Par métaph. Renouer le fil de la conversation*, le reprendre. Pronom. « *Les liens se renouaient entre le glorieux présent et le passé glorieux de la France* » (Madelin). ◇ Fig. Rétablir après une interruption. *Renouer la conversation. Renouer une liaison.* ♦ **3°** *Absolt.* (fin xvie). Rétablir des liens brisés, reprendre des relations interrompues. *Renouer avec un ami après une brouille.* — Fig. « *Impossible à nos poètes de renouer avec les traditions populaires* » (Sartre). ◇ ant. **Dénouer, interrompre.**

RENOUVEAU [ʀ(ə)nuvo]. *n. m.* (v. 1200; de *renouveler*, d'apr. *nouveau*). ♦ **1°** *Poét.* Retour du printemps où la nature se renouvelle. « *Cette grande symphonie aurorale que les vieux poètes appelaient le renouveau* » (Hugo). ♦ **2°** *Fig.* Retour, reprise, nouvelle période de. *Un renouveau de succès.* ◇ Apparition de formes entièrement nouvelles. « *Toute mort est l'occasion d'un renouveau* » (Montherlant). V. **Renaissance.** *Les hommes du XVIe s.* « *étaient tout ivres du renouveau des sciences et des arts* » (Lemaitre). ◇ ant. **Arrière-saison. Déclin.**

RENOUVELABLE [ʀ(ə)nuvlablə]. *adj.* (xive; de *renouveler*). ♦ **1°** Qui peut être renouvelé. *Le Directoire était renouvelable tous les ans par cinquième.* — *Passeport, permis, congé renouvelable. Bail renouvelable par tacite reconduction.* ♦ **2°** Qu'on peut répéter. *Expérience, observation renouvelable.*

RENOUVELANT, ANTE [ʀ(ə)nuvlɑ̃, ɑ̃t]. *n.* (1907; de *renouveler*). Jeune catholique qui renouvelle* (I, 6°).

RENOUVELER [ʀ(ə)nuvle]. *v. tr.*; conjug. *appeler* (*Renuveler* « répéter », 1080; « remplacer », xiiie; de a. fr. *noveler*, de *novel* « nouveau »).
I. ♦ **1°** Remplacer par une chose nouvelle et semblable (ce qui a servi, est altéré ou diminué). V. **Changer.** *Renouveler l'air d'une pièce en ventilant. Renouveler des provisions, son stock. Renouveler l'outillage, le matériel d'un atelier. À renouveler*, mention portée par le médecin sur une ordonnance. ◇ Remplacer une partie des membres (d'un groupe). « *Des admissions faciles avaient renouvelé le club des Jacobins* » (Michelet). *Renouveler le personnel, les cadres d'une entreprise.* ♦ **2°** Rendre nouveau en transformant. V. **Rénover.** *Renouveler une mode, un genre.* V. **Rajeunir.** *Cette découverte a complètement renouvelé la question.* — Relig. *La grâce renouvelle l'homme.* V. **Régénérer.** — Absolt. « *Ne jamais détruire, c'est ne jamais renouveler* » (P.-L. Cour.). ♦ **3°** *Littér.* Faire renaître, donner une vigueur nouvelle à. *Renouveler une douleur.* V. **Raviver, réveiller; redoubler.** « *Il semble qu'une grâce d'état ait pris soin de renouveler sans cesse et d'accroître sa misère* » (R. Rolland). ♦ **4°** Donner une validité nouvelle à (ce qui expire). *Renouveler un bail.* V.

Proroger, reconduire. *Renouveler un contrat. Le passeport n'est plus valable, il aurait fallu le renouveler. Les députés ont renouvelé leur confiance au gouvernement.* ◇ RENOUVELÉ DE... (1668) Littér. Emprunté, repris à... *Les jeux olympiques modernes renouvelés des jeux grecs.* ♦ 5° Faire de nouveau. V. **Recommencer, refaire, réitérer.** *Renouveler une demande, des promesses. Renouveler un exploit.* « *L'effort sans cesse renouvelé d'une réflexion* » (BERGSON). ♦ 6° Relig. *Renouveler les vœux du baptême.* ◇ Intrans. Refaire sa communion solennelle un an après la cérémonie. « *Vêtue en première communiante, Camille renouvelait* » (MAURIAC).
II. SE RENOUVELER. *v. pron.* ♦ 1° Être remplacé par des éléments nouveaux et semblables. « *Des assaillants... qui se renouvelaient sans cesse* » (HUGO). « *Un homme passe, mais un peuple se renouvelle* » (VIGNY). ♦ 2° Prendre une forme, des formes nouvelles ; changer. *L'imprimerie, « c'est le mode d'expression de l'humanité qui se renouvelle totalement* » (HUGO). Relig. *Les temps se renouvellent* (avec la venue du Messie). ◇ Spécialt. Apporter des changements dans son activité créatrice, se montrer inventif. *Peintre, écrivain qui se renouvelle au cours de sa carrière.* « *Mais qui aime avec plus de force apprend, s'il le faut, à se renouveler* » (MAUROIS). ♦ 3° Renaître, se reformer, réparer ses pertes. *Le bois des cervidés se renouvelle chaque année.* ♦ 4° Recommencer. V. **Reproduire (se).** « *Les jours suivants, la même scène se renouvelle* » (CAMUS). — (En menace) *Que ça ne se renouvelle pas !*
◇ ANT. **Garder, maintenir.**

RENOUVELLEMENT [ʀ(ə)nuvɛlmɑ̃]. *n. m.* (XIIᵉ, « recrudescence » ; de *renouveler*). ♦ 1° Remplacement de choses, de gens par d'autres semblables. *Renouvellement d'un stock, d'une provision.* V. **Réapprovisionnement.** « *La vie est faite du perpétuel renouvellement des cellules* » (PROUST). ♦ 2° Changement complet des formes qui crée un état nouveau. V. **Renouveau, rénovation, transformation.** *Le renouvellement des sciences et des arts.* V. **Renaissance.** « *Cette attirance vers les littératures étrangères, que suscite un très vif besoin de renouvellement* » (LECOMTE). ♦ 3° Remise en vigueur dans les mêmes conditions. *Renouvellement d'un bail.* V. **Prorogation, reconduction.** *Demande de renouvellement de passeport.* ◇ Relig. Confirmation des vœux, prononcés de nouveau. *Renouvellement des vœux du baptême* (V. **Confirmation**), *de la communion solennelle.* En ce sens (Absolt.) *Faire son renouvellement* (V. **Renouvelant, Renouveler** [I, 6°]).

RÉNOVATEUR, TRICE [ʀenɔvatœʀ, tʀis]. *n. et adj.* (fém., 1555 ; masc., 1787 ; bas lat. *renovator, -trix*). ♦ 1° Personne qui rénove, donne une forme nouvelle (à qqch.). *Le rénovateur d'une science ; de la morale.* V. **Réformateur.** Adj. *Doctrine rénovatrice.* ◇ Personne qui fait renaître (une chose disparue). « *Il était le rénovateur de l'enluminure* » (BLOY). ♦ 2° (Mil. XXᵉ). *N. m.* Nom donné à certains produits d'entretien qui « remettent à neuf ». *Rénovateur universel.*

RÉNOVATION [ʀenɔvasjɔ̃]. *n. f.* (XIIIᵉ ; lat. *renovatio* « renouvellement »). ♦ 1° Rétablissement dans l'état premier (sens moral), régénération. *La rénovation du monde après le déluge. La rénovation des études de l'antiquité.* ◇ Par ext. V. **Renouvellement** (2°). « *Cette générosité magnifique, ce désir sublime de rénovation et de libération de l'homme* » (HENRIOT). ♦ 2° Remise à neuf. V. **Restauration.** *Rénovation d'une salle de spectacles, d'un hôtel. Travaux de rénovation.* ◇ ANT. **Décadence.**

RÉNOVER [ʀenɔve]. *v. tr.* (XIIᵉ, rare av. XIXᵉ ; lat. *renovare*). ♦ 1° Améliorer en donnant une forme nouvelle. V. **Améliorer, transformer.** *Rénover un enseignement.* ♦ 2° Néol. Remettre à neuf. *Rénover une décoration.* — Au p. p. *Café entièrement rénové.* V. **Moderniser.**

RENQUILLER [ʀɑ̃kije]. *v. tr.* (1902 ; de l'arg. *enquiller* « entrer »). Arg. Rempocher. *Renquille tes sous, c'est moi qui paie ! Renquiller son compliment.* V. **Rengainer.**

RENSEIGNEMENT [ʀɑ̃sɛɲmɑ̃]. *n. m.* (1762 ; « mention, libellé dans un compte », 1429 ; de *renseigner*). ♦ 1° Ce par quoi on fait connaître qqch. à qqn (exposé, relation, document) ; la chose, le fait que l'on porte à la connaissance de qqn. V. **Avis, indication, information, tuyau** *(fam.). Il m'a donné un renseignement faux. Pouvez-vous me fournir ce renseignement ?* « *Dans le ferme propos d'obtenir de lui des renseignements précis* » (DUHAM.). — *Renseignements sur un sujet d'études* (V. **Documentation**), *sur la situation de qqn* (V. **Nouvelles**). *Recherche de renseignements :* enquête. *Aller aux renseignements :* à leur recherche. *Puiser, trouver un renseignement précieux dans un livre. Demander à titre de renseignement :* à titre documentaire. — Spécialt. *Renseignements sur le compte d'une personne, d'une entreprise,* qui doivent servir à l'appréciation de sa valeur. *Prendre des renseignements. Fournir de bons renseignements :* des références. ◇ (Dans le langage du commerce, de l'administration) *Renseignements fournis au public. Guichet, bureau des renseignements.* ♦ 2° Information concernant l'ennemi,

et tout ce qui met en danger l'ordre public, la sécurité. *Recherche de telles informations. Agent de renseignements* (agent secret, espion). *Service de renseignements. Aviation de renseignement.*

RENSEIGNER [ʀɑ̃seɲe]. *v. tr.* (1835 ; *se renseigner* [1829], de *renseignement ;* « enseigner de nouveau », 1732 ; « mentionner dans un compte » [1358], de *re-*, et *enseigner*). Éclairer sur un point précis, fournir un renseignement. V. **Avertir, informer, instruire, rancarder** *(pop.),* **tuyauter** *(fam.).* Cf. Mettre au courant. *Renseigner qqn en lui indiquant qqch.* « *L'obligeance qu'on déploie pour renseigner parfois un passant égaré* » (CAMUS). *Je vais vous renseigner sur lui. On vous a mal renseigné. Être renseigné,* être éclairé par des renseignements. « *À condition d'admettre que nous sommes parfaitement renseignés sur le passé* » (PAULHAN). — Au p. p. *Un monsieur renseigné, bien renseigné* (Cf. Au courant). ◇ (Choses) Constituer une source d'information. « *Cette expérience qui devrait le mieux nous renseigner* » (PAULHAN). *Document qui renseigne utilement.* ◇ SE RENSEIGNER. *v. pron.* Prendre, obtenir des renseignements. *Se renseigner auprès de qqn.* V. **Enquérir** (s'), **interroger.** *Renseignez-vous avant d'entreprendre quoi que ce soit.*

RENTABILISATION [ʀɑ̃tabilizasjɔ̃]. *n. f.* (1969 ; de *rentabiliser*). Écon. Fait de rentabiliser ; son résultat.

RENTABILISER [ʀɑ̃tabilize]. *v. tr.* (1962 ; de *rentable*). Écon. Rendre rentable, financièrement avantageux. *Rentabiliser des capitaux investis, une opération. Rentabiliser une entreprise en abaissant les frais généraux.*

RENTABILITÉ [ʀɑ̃tabilite]. *n. f.* (1926 ; de *rentable*). Caractère de ce qui est rentable. — Aptitude à donner des résultats rentables. *Taux de rentabilité.*

RENTABLE [ʀɑ̃tabl(ə)]. *adj.* (fin XIXᵉ, de *rente ; terre rentable* « chargée d'une redevance », XIIIᵉ, en picard). ♦ 1° Qui produit une rente ; *par ext.* donne un bénéfice suffisant. *Une exploitation, une affaire rentable.* ♦ 2° Fig. et fam. Qui donne des résultats, vaut la peine. V. **Fructueux, payant.** *Ces recherches ne sont pas très rentables.*

RENTAMER [ʀɑ̃tame]. *v. tr.* (1320 ; de *re-*, et *entamer*). Rare. Recommencer, reprendre. *Rentamer son discours, après une interruption.*

RENTE [ʀɑ̃t]. *n. f.* (XIIᵉ ; lat. pop. °*rendita,* p. p. fém. du lat. pop. °*rendere.* V. **Rendre ;** class. *reddita* « somme rendue [par un placement] »). ♦ 1° Revenu périodique d'un bien, d'un capital. *Avoir des rentes.* — *Vivre de ses rentes :* ne pas travailler. ♦ 2° (XVIᵉ) Produit périodique qu'une personne est tenue (par contrat, jugement, disposition testamentaire) de servir à une autre personne ; les redevances ainsi versées. V. **Arrérages, intérêt.** *Constitution de rente :* contrat par lequel une des parties s'engage, gratuitement ou en échange d'un capital, à payer une redevance. *Dans la rente, à la différence du prêt à intérêt, la restitution du capital ou du bien n'est pas exigible. Rente viagère,* pension payable pendant la vie de celui qui la reçoit. « *Êtes-vous d'accord sur la rente à servir ?* » (ZOLA). ◇ Fig. Dépense à récurrence régulière (comme on sert une rente) ; *par ext.* Cause de cette dépense. *Cette grande maison de campagne est une rente.* ♦ 3° Emprunt de l'État, représenté par un titre qui donne droit à une rente moyennant remise de coupons. *Rentes et bons du Trésor. Rente à 5 pour cent. Rentes perpétuelles,* sans engagement pris de rembourser le capital prêté. *Le cours de la rente.* ♦ 4° (v. 1750 ; angl. *rent* « loyer d'un fermier »). Écon. Le revenu de la productivité naturelle d'une terre, distincte de celle du travail et du capital investis. *Théorie de la rente, chez Ricardo, Malthus. Rente marginale.*

RENTÉ, ÉE [ʀɑ̃te]. *adj.* (1549 ; V. **Renter**). Vieilli. Qui a des rentes. *Né bien renté :* riche.

RENTER [ʀɑ̃te]. *v. tr.* (XIIIᵉ ; de *rente*). Vieilli. Doter d'une rente (1° ou 2°).

RENTIER, IÈRE [ʀɑ̃tje, jɛʀ]. *n.* (1356 ; « celui qui doit une rente », 1200 ; de *rente*). Personne qui a des rentes, qui vit de ses rentes (spécialt. des rentes sur l'État). « *Un de ces petits rentiers dont toutes les dépenses sont si nettement déterminées par la médiocrité du revenu* » (BALZ.). — Fig. *Mener une vie de rentier,* ne pas travailler.

RENTOILAGE [ʀɑ̃twalaʒ]. *n. m.* (1752 ; de *rentoiler*). Opération par laquelle on substitue une toile neuve à la toile usée d'un tableau.

RENTOILER [ʀɑ̃twale]. *v. tr.* (1690 ; de *re-*, et *entoiler*). Renforcer la toile usée de (un tableau). Spécialt. Fixer sur une toile neuve (une peinture). *Rentoiler un tableau.*

RENTOILEUR, EUSE [ʀɑ̃twalœʀ, øz]. *n.* (1860 ; de *rentoiler*). Spécialiste du rentoilage des tableaux.

RENTRAGE [ʀɑ̃tʀaʒ]. *n. m.* (1846 ; de *rentrer*). Action de rentrer (II, 1°). *Le rentrage du bois.* V. **Rentrée** (2°).

RENTRAIRE [ʀɑ̃tʀɛʀ]. *conj. traire ;* ou **RENTRAYER** [ʀɑ̃tʀeje]. *v. tr.* (1404-1821 ; de *re-*, et a. fr. *entraire* « tirer », du lat. *intrahere*). Cout. (Vx). Coudre bord à bord un tissu déchiré de façon à rendre la couture invisible. V. **Stopper.** — Spécialt. Réparer les défauts d'un drap après foulage, tonte et apprêt. — Réparer à l'aiguille la trame d'une tapisserie. (*Dér.* RENTRAYAGE [ʀɑ̃tʀɛjaʒ], *n. m.*, 1802).

RENTRAITURE [ʀɑ̃tʀɛtyʀ]. *n. f.* (1530; de *rentraire*, de l'a. fr. *entraire;* lat. *intrahere*. V. **Traire**). Techn. Réparation d'une partie usée, détruite par réfection de la tapisserie.

RENTRANT, ANTE [ʀɑ̃tʀɑ̃, ɑ̃t]. *adj.* et *n. m.* (1652; de *rentrer*). ♦ 1º Géom. Angle rentrant (opposé à *saillant*) : dont le sommet est à l'intérieur de la figure dont il fait partie (supérieur à 180º). ◇ *Surface rentrante* : qui forme un creux, une concavité accentuée, se replie sur elle-même. ♦ 2º Qui peut être rentré. *Train d'atterrissage rentrant :* escamotable. ♦ 3º *N. m.* (1834). Joueur qui prend la place d'un perdant. — Élève qui rentre après les vacances.

RENTRÉ, ÉE [ʀɑ̃tʀe]. *adj.* et *n. m.* (1670; V. **Rentrer**). ♦ 1º Qu'on a réprimé, refoulé (sentiments). *Colère rentrée :* contenue sans perdre de sa force. « *Plus de rages rentrées* » (SARRAUTE). ♦ 2º Creux. *Des joues rentrées.* V. **Cave, creux.** *Le ventre rentré,* qu'on s'efforce de rendre plat. ♦ 3º *N. m. Un rentré* (cout.), un repli du tissu sur l'envers. ◇ ANT. *Saillant.* HOM. *Rentrée, rentrer.*

RENTRÉE [ʀɑ̃tʀe]. *n. f.* (1510, « retraite »; *rentrée en grâce,* 1538; de *rentrer*).
I. *(Êtres vivants).* Retour en un lieu d'où l'on était sorti. ♦ 1º Le fait de rentrer. « *Une rentrée au bercail* » (ARAGON). *La rentrée des voitures à Paris, à la fin du week-end.* ◇ *Spécialt.* Moment où des personnes doivent rentrer (à leur travail, etc.). *Heure de rentrée.* ♦ 2º (1718). Reprise des fonctions, des activités de certaines institutions (justice, enseignement), après une interruption. *La rentrée des tribunaux. La rentrée parlementaire. La rentrée des classes,* *spécialt.* celle qui a lieu après les grandes vacances. — Absolt. *Le matin de la rentrée.* ◇ *Par ext.* L'époque de la *rentrée* des classes (qui est aussi celle de la reprise des activités normales, après les vacances). ♦ 3º (1835). Retour d'un acteur à la scène, après une interruption. *Cet acteur a fait sa rentrée sur telle scène, dans tel rôle.* — Par anal. « *Pour préparer sa rentrée politique* » (RADIGUET).
II. *(Choses).* Action de remettre ou de mettre à l'intérieur ce qui était dehors; son résultat. ♦ 1º Mise à l'abri. *La rentrée des foins, du fourrage, d'une récolte.* ♦ 2º (1771). *Rentrée d'argent :* somme d'argent qui entre en caisse. V. **Encaissement, recette.** Absolt. *Les rentrées. Commerçant qui a de bonnes rentrées. Les rentrées de l'impôt.* ♦ 3º (1694). *Jeu de cartes.* Carte(s) que l'on prend dans le talon en remplacement de celle(s) qu'on a écartée(s). ♦ 4º Sport. *Rentrée* (du ballon) *en touche**. ◇ ANT. *Sortie. Dépense.* — HOM. *Rentré, rentrer.*

RENTRER [ʀɑ̃tʀe]. *v.* (déb. XIIᵉ; de *re-,* et *entrer**).
I. *V. intr.* (Avec l'auxil. *être*). **Ⓐ** Entrer de nouveau. ♦ 1º Entrer de nouveau (dans un lieu où l'on a déjà été). « *Des gens ahuris qui sortaient des maisons, qui y rentraient* » (HUGO). *Rentrer dans sa chambre. Rentrer au logis, chez soi. Rentrer à bord d'un navire.* — *Rentrer à Paris. Avion qui rentre à sa base.* — Fig. « *Rentre dans le néant dont je t'ai fait sortir* » (RAC.). — Loc. *Rentrer dans sa coquille**. — Absolt. « *Rentre. Je ne vois plus ton visage. Rentrons. Il est trop tard déjà pour s'asseoir au perron* » (H. de RÉGNIER). — Revenir. *Sortir le soir et rentrer au petit jour. Rentrer fatigué. Rentrer après une promenade, de la promenade. Rentrer de la chasse. Rentrer dîner.* ♦ 2º (XVIᵉ). Entrer de nouveau dans (une situation, un état antérieurs). *Rentrer dans l'Administration.* — Vx ou littér. *Rentrer dans le devoir.* ♦ 3º Absolt. (1835). Reprendre ses activités, ses fonctions. *Les tribunaux, les lycées, les classes rentrent à telle date.* — Effectuer sa rentrée (en parlant d'un acteur). ♦ 4º Vx. Retrouver (une situation favorable). « *Rentre dans ton crédit et dans ta renommée* » (CORN.). — Loc. mod. *Rentrer dans les bonnes grâces de qqn, rentrer en grâce. Rentrer dans ses droits.* V. **Recouvrer.** *Rentrer dans ses dépenses, ses frais :* les récupérer ou en retrouver l'équivalent. ◇ *(Choses) Tout est rentré dans l'ordre,* l'ordre est revenu. ♦ 5º Fig. et littér. *Rentrer en soi-même,* faire réflexion, retour sur soi-même. V. **Recueillir** (se). « *Rentre en toi-même, Octave...* » (CORN.). **Ⓑ** (Sans idée de répétition ni de retour). ♦ 1º *Abusif,* mais *cour.* Entrer. « *On entre dans la cathédrale* » (CLAUDEL). « *Le dompteur ne rentra pas dans la cage* » (J. PERRET). ♦ 2º (*Emploi « intensif »).* Entrer avec force ou malgré une résistance, entrer complètement dans. « *Je voudrais rentrer dans le mur...* » (SARTRE). — Loc. *Rentrer sous terre*.* Fam. ou pop. (avec une idée de violence) *Rentrer dedans, rentrer dans le chou :* se jeter sur. *Sa voiture est rentrée dans un arbre.* ◇ *Faire rentrer qqch. dans la tête :* faire comprendre ou apprendre avec peine, en insistant. ♦ 3º S'emboîter, s'enfoncer (choses). *Les tubes de cette lunette d'approche rentrent les uns dans les autres.* — Fig. *Les jambes lui rentraient dans le corps* (de fatigue). ◇ Être enfoncé dans, caché, dissimulé sous. « *Ses joues creuses rentraient dans les mâchoires* » (FRANCE). ♦ 4º (XVIIᵉ). Fig. Être compris, contenu, inséré dans. V. **Entrer.** *Rentrer dans une catégorie.*

Cela ne rentre pas dans mes attributions. ♦ 5º (1798). Être perçu, en parlant de l'argent. *Faire rentrer l'argent.*
II. *V. tr.* (1834). ♦ 1º Mettre ou remettre à l'intérieur, dedans. *Rentrer les foins. Il a rentré sa voiture* (au garage). — *Avion qui rentre son train d'atterrissage.* Par ext. *Rentrer le ventre,* le faire plat. ◇ *Par exagér.* Enfoncer. *Rentrer les coudes dans les côtes de ses voisins.* ♦ 2º Dissimuler, faire disparaître sous (ou dans). « *Nous avons rentré nos tignasses, lui sous son chapeau, moi sous ma casquette* » (VALLÈS). *Rentrer ses griffes** (loc. fig.). ◇ *Fig.* Refouler. *Rentrer ses larmes. Rentrer sa colère, sa haine, sa rage.*
◇ ANT. *Échapper, ressortir, sortir* — HOM. *Rentré, rentrée.*

RENVERSANT, ANTE [ʀɑ̃vɛʀsɑ̃, ɑ̃t]. *adj.* (1830; de *renverser*). Qui renverse (3º), déconcerte au plus haut point, frappe de stupeur. *Une nouvelle renversante.* « *Andrée, tu es renversante, s'écria-t-elle* » (PROUST).

RENVERSE [ʀɑ̃vɛʀs(ə)]. *n. f.* (XVᵉ; *renverser*). ♦ 1º Mar. Changement de direction cap pour cap (du courant ou du vent). ♦ 2º (1433). Cour. À LA RENVERSE (*loc. adv.*) : sur le dos (après une chute, etc.). *Couché, étendu à la renverse.* « *Tout à coup, il s'échappa de ses bras et tomba à la renverse* » (BAUDEL.). Fig. *Il y a de quoi tomber à la renverse* (d'étonnement) : c'est renversant*.

RENVERSÉ, ÉE [ʀɑ̃vɛʀs(ə)]. *adj.* (1538; V. **Renverser**). ♦ 1º À l'envers. *La silhouette renversée des arbres dans l'eau. Cône, pyramide renversés.* Blas. *Chevron renversé,* pointe en bas. — *Crème renversée,* qui a pris et qu'on retourne sur un plat pour la servir. — Math. *Fraction renversée,* dont les termes sont renversés. ◇ *Fig.* (1690) *C'est le monde renversé,* c'est contraire au bon sens. ♦ 2º Qu'on a fait tomber. *Chaises renversées. Du vin renversé sur la table,* répandu. — *Fig.* Stupéfait. *Je suis renversé !* ♦ 3º Incliné en arrière. *Ils « buvaient à tête renversée, la bouche collée au goulot* » (L. HÉMON). « *Une casquette en loques renversée sur la nuque* » (ZOLA). ◇ *Écriture renversée,* penchée vers la gauche. ◇ ANT. *Debout, droit, haut.*

RENVERSEMENT [ʀɑ̃vɛʀsəmɑ̃]. *n. m.* (1538; de *renverser*). Action de renverser; état de ce qui est renversé.
I. Action de mettre à l'envers, de se mettre à l'envers. ♦ 1º Passage en bas de la partie haute. *Renversement des images.* — Techn. *Appareil à renversement,* qui fonctionne quand on le renverse. — Mus. *Renversement des intervalles. Renversement d'un accord,* état d'un accord dont la fondamentale ne se trouve pas à la base (*ex. :* sol do mi). ♦ 2º Passage à un mouvement de sens inverse. *Renversement de courant, de la marée, du vent,* changement qui les fait passer dans la direction opposée. *Renversement des moussons. Renversement de la vapeur*.* ♦ 3º Passage à un ordre inverse. *Renversement des termes d'un rapport, d'une proposition.* V. **Interversion.** ♦ 4º Cour. Changement complet en l'inverse. *Renversement des alliances,* lorsque les alliés deviennent ennemis et inversement. *Renversement des valeurs. Renversement de la situation.* V. **Retournement.** « *Chacun imaginait quelque renversement, où les tyrans seraient humiliés à leur tour* » (ALAIN).
II. ♦ 1º Le fait de renverser, de jeter bas. *Le renversement de la monarchie, du régime, du gouvernement.* V. **Chute.** *Le renversement de tous nos projets.* V. **Écroulement.** « *L'atroce commotion causée par le renversement de toutes ses espérances* » (BALZ.). ♦ 2º Rejet en arrière (d'une partie du corps). *Renversement du buste, de la tête* (dans un exercice, une danse, etc.).
◇ ANT. *Redressement, relèvement.*

RENVERSER [ʀɑ̃vɛʀse]. *v. tr.* (1280; de *re-,* et a. fr. *enverser,* de *envers*). ♦ 1º Mettre de façon que la partie supérieure devienne inférieure. *Renverser un seau pour grimper dessus. Renverser son bateau.* V. **Chavirer, dessaler.** *La Bidassoa « reflète et renverse avec une précision de miroir le vieux Fontarabie* » (LOTI). ♦ 2º Disposer ou faire mouvoir en sens inverse, en mettant avant ce qui était après. V. **Inverser.** *Renverser le courant. Renverser la vapeur*. Renverser les termes d'une proposition, d'un rapport.* — Intrans. *La marée renverse,* change de sens. ◇ *Par ext. Vx.* Mettre sens dessus dessous, en désordre. « *Si leurs femmes ont perdu seulement un denier, il faut alors renverser toute une maison, déranger les lits...* » (LA BRUY.). *Renverser la cervelle,* la brouiller. ♦ 3º Faire tomber à la renverse, jeter à terre (qqn). *Renverser qqn d'un croc-en-jambe, d'un coup de poing. Renverser son adversaire.* V. **Terrasser.** *Piéton renversé par une voiture.* — Fig. *Cela me renverse, je suis étonné, outré* (V. **Renversant**). ◇ Faire tomber (qqch.). *Renverser les quilles d'un jeu.* « *Comme il sortait à reculons et que la salle à manger était sombre, il renversa une chaise* » (COCTEAU). — *Par ext.* Répandre (un liquide) en renversant le récipient. *Renverser du vin, son café.* V. **Répandre.** — Intrans. et fam. *Le lait bout, il va rentrer,* déborder. ♦ 4º Fig. Faire tomber, démolir. V. **Abattre, détruire.** *Renverser tous les obstacles.* V. **Vaincre.** « *Renverser l'ordre établi* » (RENAN). — Spécialt. *Renverser un ministre, un cabinet,* le faire démissionner en lui refusant la confiance. ◆ 5° Incliner en arrière (la tête, le buste). « *Il lui renversa la tête en arrière* » (HUYSMANS). ◇ ANT. *Redresser, rétablir. Relever, édifier, fonder, instaurer; couronner.*

RENVIDAGE [rɑ̃vidaʒ]. *n. m.* (1845; de *renvider*). *Techn.* Opération de bobinage, préalable à l'ourdissage.

RENVIDER [rɑ̃vide]. *v. tr.* (1765; de *re-*, et *envider*). *Techn.* Enrouler (le fil) sur les bobines d'un métier à tisser. ◇ ANT. *Dévider.*

RENVIDEUR [rɑ̃vidœr]. *n. m.* (1860; de *renvider*). Ouvrier fileur, chargé du renvidage. ◇ *Métier renvideur,* ou absolt. *Renvideur,* métier à renvider. V. **Mule-jenny.** *La filature,* « *où les renvideurs entraînaient de troublantes nappes de fils* » (MAUROIS).

RENVOI [rɑ̃vwa]. *n. m.* (*Faire renvoy* « avoir recours », 1396; de *renvoyer*). Action de renvoyer; son résultat. ◆ 1° *Dr.* Le fait de porter une affaire devant un autre juge (que celui qui en était saisi). *Demande de renvoi.* V. **Déclinatoire.** *Renvoi pour incompétence. Renvoi à l'audience du tribunal,* décidé par le juge des référés. ◇ *Dr. pén.* Le fait de mettre un prévenu à la disposition d'une juridiction. *Arrêt, ordonnance de renvoi aux assises.* ◇ *Dr. constit.* Procédure qui consiste à soumettre un projet à l'examen d'une commission, d'un bureau, etc. ◆ 2° *Par ext.* Marque invitant le lecteur à se reporter (à tel ou tel mot ou passage). V. **Référence.** *Guidon* de renvoi. — Dr.* Annotation marginale faisant corps avec un acte écrit et devant être paraphée par les signataires. V. **Apostille.** ◆ 3° Le fait de renvoyer qqn. V. **Congé, congédiement, licenciement.** *Renvoi d'un ouvrier, d'un employé. Décider le renvoi d'un élève.* « *Je souhaitais le renvoi du collège, un drame enfin* » (RADIGUET). ◆ 4° Le fait de retourner (qqch.) à celui qui l'a envoyé. *Renvoi d'une lettre, d'une marchandise.* ◆ 5° *Mécan.* Changement de la direction d'un mouvement par un mécanisme de transmission. *Levier, poulie de renvoi.* ◆ 6° (1855). Éructation. V. **Rot.** *Faire un renvoi.* « *C'est la fin d'une ivresse, dans laquelle remontent des renvois de vin mal cuvé* » (GONCOURT). ◆ 7° Ajournement, remise (V. **Renvoyer**). *Tribunal prononçant le renvoi à huitaine. Renvoi d'une interpellation à une date ultérieure.* ◇ ANT. *Adoption, engagement, rappel.*

RENVOYER [rɑ̃vwaje]. *v. tr.; conjug. envoyer* (1160; de *re-*, et *envoyer*). ◆ 1° Faire retourner (qqn) là où il était précédemment. « *Je le menaçai de le renvoyer à ses parents* » (BAUDEL.). *Renvoyer les soldats dans leurs foyers.* V. **Démobiliser.** — *Fig.* (Sujet de chose) « *Ainsi la maladie... renvoyait les individus à leur solitude* » (CAMUS). ◇ Faire repartir (qqn) dont on ne souhaite plus la présence. « *Quand elle fut remise et bien établie dans sa chambre, elle renvoya tout le monde* » (STENDHAL). *Renvoyer ses créanciers, un importun.* V. **Éconduire.** ◆ 2° Faire partir, en faisant cesser une fonction, une situation. *Renvoyer un domestique.* V. **Chasser, congédier** (Cf. Mettre dehors, à la porte). *Renvoyer des employés.* V. **Licencier; larguer, vider, virer** (*pop.*). *Souverain qui renvoie ses ministres.* V. **Destituer, disgracier.** *Renvoyer un accusé.* ◇ *Renvoyé de.* « *Je fus renvoyé de l'École* » (GIDE). V. **Exclure, expulser.** — *Dr. Renvoyer d'accusation,* décharger d'une accusation. ◆ 3° Faire reporter (qqch. à qqn). *Renvoyer un cadeau.* V. **Refuser, rendre.** ◆ 4° Relancer (un objet qu'on a reçu). *Renvoyer un ballon, une balle.* Fig. *Renvoyer la balle* à qqn. Renvoyer l'ascenseur,* répondre à un service, une complaisance, un compliment par un acte équivalent. — *Par ext.* (Cartes) *Renvoyer trèfle,* rejouer trèfle. ◇ (En parlant de surfaces qui réfléchissent les objets ou les ondes) *Les miroirs nous renvoient notre image.* V. **Réfléchir.** — *Renvoyer la chaleur. Renvoyer le son.* V. **Répercuter; écho.** « *Les cris que les rochers renvoyaient plus affreux* » (RAC.). ◆ 5° Adresser à (quelque autre destination plus appropriée, quelque personne plus compétente). *Renvoyer le prévenu à la cour d'assises.* — *Pronom. Visiteur qu'on se renvoie de service en service. Renvoyer un projet à la commission.* ◇ *Par ext.* Faire se reporter, obliger à se reporter. « *Oui, oui, je te renvoie à l'auteur des Satires* » (MOL.). — (Sujet de chose) *Chiffres, notes qui renvoient le lecteur à certains passages* (V. **Renvoi**). ◆ 6° Remettre à une date ultérieure (V. **Ajourner, différer, remettre**). *Renvoyer l'affaire à huitaine.* « *L'on convint de renvoyer au dimanche suivant le tirage des lots* » (ZOLA). *Renvoyer le débat sine die.* — (Compl. de personne) « *Il m'a renvoyé à Noël pour le paiement* » (ACAD.). ◇ ANT. *Appeler, introduire; employer, engager, garder, prendre, recruter; accepter.*

RÉOCCUPATION [reɔkypasjɔ̃]. *n. f.* (1830; de *réoccuper*). Action de réoccuper; son résultat. *Réoccupation de la Rhénanie par l'Allemagne en 1936.*

RÉOCCUPER [reɔkype]. *v. tr.* (1808; de *ré-*, et *occuper*). Occuper de nouveau. *Réoccuper une position stratégique, un territoire. Réoccuper une fonction.*

RÉORCHESTRATION [reɔrkɛstrasjɔ̃]. *n. f.* (XXᵉ; de *réorchestrer*). Nouvelle orchestration.

RÉORCHESTRER [reɔrkɛstre]. *v. tr.* (1850; de *ré-*, et

orchestrer). Faire une nouvelle orchestration de (une œuvre déjà orchestrée).

RÉORDINATION [reɔrdinasjɔ̃]. *n. f.* (1575; de *ré-*, et *ordination*). *Relig.* Seconde ordination (quand la première a été reconnue nulle).

RÉORDONNER [reɔrdɔne]. *v. tr.* (1568; « remettre en ordre »; XVIIᵉ, relig.; de *ré-*, et *ordonner*). ◆ 1° *Relig.* Ordonner de nouveau. « *Pourquoi donc plusieurs prêtres se firent-ils réordonner après la mort du fameux Lavardin...* » (VOLT.). ◆ 2° *Rare.* Réitérer l'ordre de. ◆ 3° Remettre en ordre.

RÉORGANISATEUR, TRICE [reɔrganizatœr, tris]. *n. et adj.* (1838; de *réorganiser*). *N.* Personne qui réorganise. V. **Organisateur.** — *Adj. L'action réorganisatrice d'un gouvernement.*

RÉORGANISATION [reɔrganizasjɔ̃]. *n. f.* (1791; de *réorganiser*). Action de réorganiser; son résultat. *Réorganisation d'une administration, d'une société.* « *La réorganisation des finances et le retour à la prospérité dépendaient d'une réorganisation politique* » (BAINVILLE). ◇ ANT. *Désorganisation.*

RÉORGANISER [reɔrganize]. *v. tr.* (1791; de *ré-*, et *organiser*). Organiser de nouveau, d'une autre manière. *Réorganiser un pays. Pronom.* « *Une société ne se réorganise pas aussi vite qu'un État* » (MADELIN). *Le parti s'est entièrement réorganisé.* ◇ ANT. *Désorganiser.*

RÉORIENTATION [reɔrjɑ̃tasjɔ̃]. *n. f.* (1959; de *réorienter*). Action de réorienter.

RÉORIENTER [reɔrjɑ̃te]. *v. tr.* (1901; de *ré-*, et *orienter*). Orienter dans une nouvelle direction.

RÉOUVERTURE [reuvɛrtyr]. *n. f.* (1835; de *ré-*, et *ouverture*). ◆ 1° Le fait de rouvrir (un établissement qui a été quelque temps fermé). *Réouverture d'un théâtre, d'un magasin. Le jour de la réouverture.* ◆ 2° *Dr. Réouverture des débats,* mesure consistant à rouvrir des débats qu'on avait déclarés clos.

REPAIRE [r(ə)pɛr]. *n. m.* (1080; de *repairer*). ◆ 1° Lieu qui sert de refuge à une bête sauvage. V. **Antre, bauge, gîte, ressui, retraite, tanière, terrier.** — Lieu où vivent en abondance certains animaux malfaisants ou répugnants. *Ce ravin est un repaire de serpents.* ◆ 2° Endroit qui sert de refuge, de lieu de réunion à des individus dangereux. V. **Nid, refuge.** *Un repaire de brigands.* « *Un repaire, trop longtemps toléré, d'agitateurs dangereux* » (DUHAM.). ◇ HOM. **Repère.** — Formes du v. *reperdre.*

REPAIRER [r(ə)pɛre]. *v. intr.* (1450; *repadred* « il retourne », 980; a. fr. *repairier;* bas lat. *repatriare,* de *patria* « patrie »). *Vén.* Être au gîte, au repaire. ◇ HOM. **Repérer.**

REPAÎTRE [r(ə)pɛtr(ə)]. *v. tr.; conjug. connaître* (1180, aussi intr.; de *re-*, et *paître*).
I. ◆ 1° *Vx.* Nourrir, restaurer par un repas. ◆ 2° *Fig.* (*Littér.*). Nourrir, rassasier. « *De tels spectacles, dont j'allais repaissant mes yeux* » (STE-BEUVE).
II. SE REPAÎTRE. *v. pron.* ◆ 1° Assouvir sa faim, manger (*animaux*). ◇ Assouvir (s'), dévorer, rassasier (se). ◆ 2° *Fig.* (*Littér.*). *Ce tyran ne se repaît que de sang et de carnage. Se repaître d'illusions.* V. **Délecter** (se). — (Sujet de chose) « *Ce monde de soupirs, de songes, dont se repaît la passion* » (MICHELET). ◇ ANT. *Affamer.*

RÉPANDRE [repɑ̃dr(ə)]. *v. tr.; conjug. rendre* (XIIᵉ; *respandre;* de *re-*, et *épandre*).
I. (*Sens concret*). ◆ 1° Verser, épandre (un liquide). *Répandre de l'eau sur la terre* (V. **Arroser**). *Répandre son potage sur ses habits.* V. **Renverser.** *Répandre le sang, le faire couler. Répandre des larmes,* pleurer. — (Sujet de chose) *Fleuve qui répand ses eaux dans la plaine.* ◇ Disperser, étaler (qqch.). *Le vent répand les graines çà et là.* V. **Disséminer, éparpiller, parsemer, semer.** *Répandre une couche de graisse sur qqch.* V. **Passer; étendre.** ◆ 2° Produire et envoyer hors de soi, autour de soi (de la lumière, de la chaleur, des rayons, une odeur, de la fumée, etc.). V. **Diffuser, émettre.** *Répandre une odeur.* V. **Dégager, exhaler.** « *Tu répands des parfums comme un soir orageux* » (BAUDEL.).
II. (*Sens abstrait*). ◆ 1° Donner avec profusion (une chose immatérielle). V. **Dispenser, distribuer, prodiguer.** *Répandre des bienfaits.* ◆ 2° Faire régner (un sentiment) autour de soi. *Répandre la panique, l'effroi.* « *Un mal qui répand la terreur* » (LA FONT.). V. **Jeter, semer.** *Répandre la joie, l'allégresse.* ◆ 3° Diffuser dans une société plus vaste, étendre à un plus grand nombre. *Répandre une doctrine, un usage, une mode.* V. **Populariser, propager, vulgariser.** ◆ 4° Faire connaître, rendre public. *Répandre une nouvelle, un bruit.* V. **Colporter.** ◇ *Vx. Répandre un secret.* V. **Divulguer.** — *Répandre que...* (et ind.). « *On avait déjà répandu au palais que le sieur Dairolles... était dans l'intention de se rétracter* » (BEAUMARCH.). ◆ 5° Manifester (un sentiment, une pensée). « *Répandre en paroles son dédain* » (DUHAM.). V. **Déverser.**
III. SE RÉPANDRE. *v. pron.* ◆ 1° (*Choses*). Couler, s'étaler.

L'eau s'est répandue partout. V. **Déborder**. *Sang qui se répand dans les tissus.* V. **Extravaser** (s'). *Odeur, son, fumée qui se répand.* V. **Dégager** (se). Impers. *Il se répandit une forte odeur d'encens.* ◇ Fig. *La consternation se répandit sur tous les visages.* — (Personnes) *La foule se répandit dans les rues.* V. **Envahir**. ♦ 2° Se propager. *Pratique, usage qui se répand peu à peu.* « *L'air précieux s'est aussi répandu dans les provinces* » (MOL.). V. **Étendre** (s'étendre à), **gagner**. — *Le bruit se répandit qu'il avait disparu.* V. **Circuler**, **courir**. *Nouvelle qui se répand comme une traînée de poudre.* ♦ 3° (Fig.). *Se répandre dans le monde, dans la société,* ou absolt. *Se répandre* (personnes) : avoir une vie mondaine très active. « *Il lui proposa de se répandre dans la société...* » (DIDER.). ♦ 4° SE RÉPANDRE EN... (personnes) : exprimer, extérioriser ses sentiments, par une abondance de paroles, etc. *Se répandre en injures, en menaces.* V. **Déborder**, **éclater**. *Elle « se répandit en invectives contre les parents...* » (BALZ.).
◇ ANT. **Amasser**, **ramasser**.

RÉPANDU, UE [ʀepɑ̃dy]. adj. *(Respandu,* 1255 ; de *répandre).* ♦ 1° *(Sens concret).* Qui a été versé, renversé, qui a débordé *(liquides). Vin répandu sur une nappe.* ◇ Qui est étalé sans ordre, dispersé *(choses). Papiers répandus sur le sol.* V. **Épars**. ♦ 2° *(Sens abstrait).* Qui est commun à un grand nombre de personnes (pensées, opinions). *Le préjugé le plus répandu à cette époque.* V. **Dominant, courant**. *Méthode très répandue.* V. **Connu**. ♦ 3° *(Littér.).* Qui fréquente le monde, y a beaucoup de relations. *C'est un homme très répandu.*

RÉPARABLE [ʀepaʀabl(ə)]. adj. (v. 1470 ; de *réparer).* ♦ 1° Qu'on peut réparer (sens concret). *Cette pendule est détraquée, mais elle est réparable.* V. **Arrangeable**. ♦ 2° Qu'on peut corriger, compenser, etc. (sens abstrait). *Erreur réparable.* V. **Rachetable**. *C'est une perte facilement réparable.*
◇ ANT. **Irréparable** ; **irrémédiable**.

REPARAÎTRE [ʀ(ə)paʀɛtʀ(ə)]. v. intr. ; conjug. *paraître.* V. **Connaître** *(Reparoistre,* 1611 ; de *re-,* et *paraître).* ♦ 1° Se montrer de nouveau à la vue. V. **Apparaître** (de nouveau), **réapparaître**. « *Il l'avait vue* (la Lune) *se voiler et reparaître* » (FRANCE). ◇ Paraître de nouveau devant qqn ; revenir dans un lieu. « *Attends cinq minutes, tu ne te vois pas reparaître en même temps que moi* » (ZOLA). ♦ 2° Fig. Se manifester de nouveau. *Tel trait d'un ancêtre reparaît soudain à la quinzième génération.*
◇ ANT. **Disparaître**.

RÉPARATEUR, TRICE [ʀepaʀatœʀ, tʀis]. n. et adj. (1380 ; autre sens, 1350 ; lat. tardif *reparator).* ♦ 1° N. Ouvrier, artisan qui répare les objets détériorés, cassés, déréglés... *Porter un poste de radio chez le réparateur. Réparateur de tapis. Réparateur de porcelaine.* V. **Raccommodeur**. ♦ 2° Adj. Qui répare les forces. *Sommeil réparateur.* ◇ Qui répare, rachète une faute.

RÉPARATION [ʀepaʀasjɔ̃]. n. f. (1310 ; lat. tardif *reparatio).* ♦ 1° Opération, travail qui consiste à réparer qqch. V. **Raccommodage**, **plâtrage** *(fam.),* restauration. *Réparation d'un mur.* V. **Consolidation**. *Réparation d'un navire.* V. **Radoub**. *Réparation d'un vêtement* (V. **Raccommodage**), *d'une paire de chaussures* (V. **Ressemelage**). « *Une horreur profonde pour les réparations et pour les embellissements* » (BALZ.). — *En réparation,* qu'on est en train de réparer. *L'ascenseur est en réparation.* ♦ 2° Le fait de réparer (ses forces, etc.). « *La halte, c'est la réparation des forces* » (HUGO). — Physiol. Le fait de se reformer, de se régénérer. *Réparation des tissus après une blessure.* V. **Cicatrisation**. ♦ 3° L'action de réparer (un accident, etc.). *Réparation d'une avarie.* — Physiol. *Réparation des pertes de l'organisme.* ◇ Fig. Action de réparer (une faute, une offense, etc.). V. **Expiation**. *Demander réparation d'un affront.* V. **Raison** (III, 4°). « *En réparation du mal que je lui ai fait* » (HUGO). — Absolt. *Obtenir réparation.* V. **Satisfaction**. *Réparation par les armes.* V. **Duel**. *Réparation publique, solennelle.* V. **Amende** (honorable). — Spécialt. Compensation, dédommagement. V. **Dommage** (dommages-intérêts), indemnité. — (Toujours au plur.) *Réparations imposées à l'Allemagne après la guerre de 1914-1918.* ◇ (Football) *Coup de pied de réparation,* accordé à une équipe en compensation d'une faute commise par un joueur de l'équipe adverse. V. **Penalty**. *Surfaces de réparation :* surfaces rectangulaires aux extrémités du terrain, dans lesquelles se trouvent les *points de réparation* (points où l'on place le ballon pour le penalty). ◇ ANT. **Dégât**, **dommage**.

RÉPARER [ʀepaʀe]. v. tr. (XIIᵉ ; lat *reparare).* ♦ 1° Remettre en bon état (ce qui a été endommagé, ce qui s'est détérioré). V. **Raccommoder** (1°, *vieilli). Réparer un vieux mur.* V. **Relever**, **refaire**. *Réparer sommairement.* V. fam. **Rabibocher**, **rafistoler**, **replâtrer**, **retaper**. ◇ *Réparer une montre.* V. **Arranger**. *Dépanner et réparer une voiture en panne.* V. **Dépanner**. *Donner ses chaussures à réparer.* V. **Ressemeler**. *Spécialiste qui répare des objets d'art, des tableaux.* V. **Restaurer**. « *Il passe beaucoup de temps à... réparer les serrures des meubles et des portes* » (DUHAM.). ♦ 2° Fig. (Vx). Régéné-

rer, sauver. *Réparer sa fortune.* — Mod. *Réparer ses forces, sa santé :* se rétablir. — (Sujet de chose) « *La terre ne peut plus réparer ses forces génératrices* » (MICHELET). ♦ 3° Faire disparaître (les dégâts causés à qqch.). *Réparer une brèche. Réparer une déchirure.* V. **Raccommoder**, **rapetasser** *(fam.),* rapiécer. ◇ Supprimer ou compenser (les conséquences d'un accident, d'une erreur). Littér. *Réparer le désordre de sa toilette.* « *Pour réparer des ans l'irréparable outrage* » (RAC.). — Cour. *Réparer une perte. Réparer une négligence, un oubli.* V. **Corriger**, **remédier** (à). *Réparer une faute.* V. **Effacer**, **expier**. *Réparer un tort.* V. **Redresser**. « *Il pouvait réparer par une seule démarche toutes les folies de sa jeunesse* » (STENDHAL). ◇ Absolt. Épouser une jeune fille qu'on a séduite. ◇ ANT. **Abîmer**.

REPARLER [ʀ(ə)paʀle]. v. intr. (1160 ; de *re-,* et *parler).* ♦ 1° Parler de nouveau (de qqch. ou de qqn). V. **Recauser**. « *D'ailleurs, nous aurons le temps d'en reparler. Ce mariage-là ne va pas se faire tout de suite* » (ROMAINS). ♦ 2° Parler de nouveau (à qqn avec qui on s'était fâché). *Elle « passait raide, ayant juré de ne jamais lui reparler la première* » (ZOLA). Pronom. *Ils commencent à se reparler.*

REPARTAGER [ʀ(ə)paʀtaʒe]. v. tr. ; conjug. *partager.* V. **Bouger** (1559 ; de *re-,* et *partager).* Partager une nouvelle fois.

RÉPARTEMENT [ʀepaʀtəmɑ̃]. n. m. (XVIᵉ, « répartition » ; de *répartir).* Dr. fisc. Ensemble des opérations par lesquelles l'Administration répartit entre les circonscriptions inférieures la part de l'impôt fixée globalement pour la circonscription supérieure à laquelle elles appartiennent. V. **Répartition**.

REPARTIE [ʀəpaʀti ; cour. ʀepaʀti]. n. f. (1611 ; « compagnie », h. XIIIᵉ ; de *repartir* 1). Réponse rapide et juste. V. **Réplique**, **riposte**. « *Reparties cruelles* » (H. DE RÉGNIER). — Plus cour. *Avoir de la repartie, la repartie facile.* « *Aussi personne n'eut la repartie plus heureuse et plus prompte, le bon mot plus spontané* » (GAUTIER).

1. **REPARTIR** [ʀəpaʀtiʀ]. v. tr. ; conjug. *partir,* avec auxil. *avoir* (1580 ; de *re-,* et *partir* 1). Vx ou littér. Répliquer, répondre. — En incise (Littér.) « *Vous adorez un bœuf ! est-il possible ?... Il n'y a rien de si possible, repartit l'autre...* » (VOLT.).

2. **REPARTIR** [ʀ(ə)paʀtiʀ]. v. intr. ; conjug. *partir,* avec auxil. *être* (1611, T. de manège ; de *re-,* et *partir* 1). ♦ 1° Partir de nouveau (après un temps d'arrêt). *Automobiliste qui repart après une halte.* V. **Redémarrer**. « *Arrivés à Thysville à six heures et demie du soir. Nous repartons vers sept heures du matin* » (GIDE). ◇ Fig. Recommencer. V. **Redémarrer**. *Repartir à zéro.* — Reprendre. *L'affaire repart bien.* ♦ 2° Partir pour l'endroit d'où l'on vient. V. **Retourner** (s'en). « *S'ils étaient libres de venir, ils ne le seraient pas de repartir* » (CAMUS). ◇ ANT. **Bloquer** (se) ; **arrêter** (s').

RÉPARTIR [ʀepaʀtiʀ]. v. tr. (1559 ; « donner une part de qqch. à qqn » , 1190 ; de *re-,* et *partir* « partager », refait pour éviter la confusion avec *repartir).* ♦ 1° Partager (généralement selon des conventions précises) une quantité ou un ensemble afin d'attribuer les parts. *Répartir équitablement une somme entre plusieurs personnes.* « *Diminuer la lourdeur de l'impôt, n'est pas... diminuer l'impôt, c'est le mieux répartir* » (BALZ.). *Les ouvriers se sont réparti le travail.* ♦ 2° Distribuer sur une surface, dans un espace. V. **Disposer**. *Répartir ses troupes dans divers villages.* — (Pass.) *Chargement mal réparti. Dans ce tableau, les masses sont harmonieusement réparties.* ♦ 3° Par ext. Étaler (dans le temps). *Répartir un programme sur plusieurs années.* V. **Échelonner**. ♦ 4° (Abstrait). Classer. *On répartit les peuples de l'Europe en Latins, Germains et Slaves.* ♦ 5° SE RÉPARTIR. v. pron. (Pass.). Être réparti, se trouver partagé (d'une certaine manière). *Les dépenses se répartissent ainsi.* ◇ ANT. **Réunir**, **regrouper**.

RÉPARTITEUR [ʀepaʀtitœʀ]. n. m. (1749 ; de *répartir).* ♦ 1° Littér. Celui qui a pour rôle de répartir (1°) qqch. *Il « appelait son collègue « Monsieur l'Épicier » , par allusion à la ficelle et aux bougies dont le chef du matériel était le grand répartiteur* » (COURTELINE). V. **Dispensateur**, **distributeur**. ♦ 2° Admin. Membre d'une commission chargée dans une commune de répartir certains impôts entre les contribuables. — Adj. *Commissaire répartiteur.* ♦ 3° (1973). Techn. Responsable du mouvement des produits pétroliers. (Recomm. offic. pour remplacer dispatcher*).

RÉPARTITION [ʀepaʀtisjɔ̃]. n. f. (1389 ; de *répartir).* ♦ 1° Opération qui consiste à répartir qqch. V. **Distribution**, partage. *Répartition des vivres en période de pénurie.* V. **Contingentement**, **rationnement**. *Répartition des tâches entre collaborateurs. Répartition de l'impôt.* V. **Coéquation**, **péréquation**, **répartement**. ◇ Manière dont une chose se trouve répartie. « *L'inégale répartition des biens...* » (ALAIN). *Répartition de la richesse nationale.* ♦ 2° Distribution sur une surface, dans un espace, à l'intérieur d'un volume. V. **Disposition** ; **dispatching** (anglicisme). *Répartition géographique* *des animaux, des plantes.* — *Répartition des masses dans un tableau.* ♦ 3° Classement. *La répartition des races dans une espèce.*

REPAS [ʀ(ə)pɑ]. *n. m.* (XVIe ; *repast* « nourriture », 1160 ; de l'a. fr. *past* « pâtée, pâture », rac. *pascere* « paître », d'apr. *repaître*). ♦ 1° Nourriture, ensemble d'aliments divers, de mets et de boissons pris en une fois à heures réglées. V. **Nourriture.** *Un repas substantiel, copieux, plantureux; gargantuesque, pantagruélique.* V. **Bombance, lippée** *(vx),* **ripaille;** et *fam.* **Gueuleton.** *Repas léger, frugal* (V. **Dînette**)*; maigre repas. Bon repas.* V. **Chère** (bonne)*, festin, régal. Repas froid* (V. **Buffet**)*, qu'on emporte avec soi* (V. **Casse-croûte, en-cas**)*. Panier-repas.* V. **Panier.** *Reste d'un repas.* V. **Bribe, relief, reste, rogaton.** *Préparer le repas.* V. **Cuisine.** « *On servit à Haverkamp un repas relativement copieux* » (ROMAINS). *Prendre son repas. Offrir un repas.* V. **Régaler.** *Ordonnance d'un repas.* V. **Menu.** *Repas à la carte, à prix fixe.* — *Méd. Repas d'épreuve,* repas de composition déterminée, que l'on donne avant de pratiquer l'analyse chimique du contenu gastrique prélevé par tubage. ◇ Nourriture dont se repaissent les animaux. « *Les corbeaux croassaient dans l'air, en quittant les cadavres qui venaient de leur fournir le repas du soir...* » (NERVAL). ♦ 2° (1534). Action de se nourrir, répétée quotidiennement à heures réglées, et plus ou moins conforme aux usages imposés par la société. *Repas du matin.* V. **Déjeuner** (petit)*. Repas de midi* (V. **Déjeuner**)*, de l'après-midi* (V. **Collation, goûter, thé**)*, du soir* (V. **Dîner, souper**)*. Repas pris pendant les fêtes de Noël et du jour de l'An.* V. **Réveillon.** « *Ne fais-je pas rigoureusement mes quatre repas par jour...?* » (MOL.). ◇ *Spécialt.* Le déjeuner ou le dîner. *Je suis chez moi à l'heure des repas. Mettre la table pour le repas.* V. **Couvert, table.** *Ordonnance d'un repas.* V. **Plat, service.** *Repas sans façon, à la fortune du pot, à la bonne franquette. Repas de famille* « *Ô repas familiaux, réunions bi-quotidiennes que l'on ne peut écourter!* » (HÉRIAT). *Un joyeux repas de noces, de fiançailles* (V. **Banquet, festin**)*. Repas d'installation.* V. **Crémaillère.** *Repas champêtre.* V. **Pique-nique.** — *Dernier repas des apôtres et de Jésus.* V. **Cène.** — *Convier qqn à un repas* (V. **Convive**)*.* ◇ Action de se nourrir (en parlant des animaux). *Assister au repas des fauves.* ◇ En appos., pour former des mots composés. *Plateau*-repas, ticket-repas.*

REPASSAGE [ʀ(ə)pɑsaʒ]. *n. m.* (1340, « le fait de traverser de nouveau »; de *repasser*). Action de repasser. ♦ 1° (1753, *repassage des chapeaux*). Opération par laquelle on repasse le linge, les vêtements. *Le repassage d'une chemise. Repassage rapide* (coup de fer)*. Table de repassage.* ♦ 2° (1835). Action d'aiguiser, d'affûter (une lame)*. Le repassage d'un couteau, d'un rasoir.* V. **Affilage, affûtage, aiguisage.**

REPASSER [ʀ(ə)pɑse]. *v.* (1200, V. tr.; *repasser outre la mer,* XIIIe ; de *re-*, et *passer*). **I.** *V. intr.* Passer de nouveau ou passer en arrière, retourner d'où l'on vient. *Les coureurs repassaient toutes les vingt secondes. Voulez-vous repasser lundi prochain?* V. **Revenir.** *Repasser dans son pays.* V. **Retourner.** — Fig. et fam. *Il peut toujours repasser!* il n'aura rien, quoi qu'il fasse. — (Sujet de chose) *Travail où le crayon repasse sur un trait.* — Fig. « *Toute ma jeunesse repassait en mes souvenirs* » (NERVAL). — (Avec le v. *passer*) *Passer et repasser.* « *Seul, le flux et reflux va, vient, passe et repasse* » (HUGO). — *Repasser par...,* passer (de nouveau, ou en retournant) par. « *Il* (le furet) *a passé par ici, il repassera par là...* » (chanson). **II.** *V. tr.* ♦ 1° (v. 1310). Passer, franchir, traverser de nouveau ou en retournant. *Repasser les monts, les mers.* ◇ *Repasser un examen,* en subir de nouveau les épreuves. ♦ 2° (1200). Passer, faire traverser, transporter de nouveau ou en arrière. *Le bac a repassé les voyageurs.* ♦ 3° Faire passer de nouveau (qqch.). *Repasser un plat au four,* le réchauffer. *Repasser un film,* le projeter à nouveau. ◇ Faire passer à nouveau (qqch. à qqn). *Repasser les plats,* les servir à nouveau (aux convives). ◇ Faire passer à nouveau (qqch. dans son esprit, dans sa mémoire). V. **Évoquer, remémorer.** *Repasser des événements dans son esprit.* « *Julien fut attentivement occupé à repasser tous les détails de sa conduite* » (STENDHAL). ♦ 4° (1867). Fig. et *fam.* Passer (ce qu'on a reçu de qqn d'autre). V. **Refiler** *(fam.)*. *Repasser une affaire, un travail à qqn. Repasser un élève à un autre professeur.* ♦ 5° (1680). Affiler, aiguiser (une lame). « *Repasser la lame de son rasoir sur un cuir* » (BALZ.). *Repasser des ciseaux, un couteau, le fil d'une épée.* V. **Affûter, émoudre; rémouleur, repasseur.** ♦ 6° (1669). Rendre lisse et net (du linge, du tissu, etc.), donner la forme et l'aspect voulus à un vêtement froissé, au moyen d'un instrument approprié (fer, cylindre...). V. **Défriper.** *Repasser une chemise, un pantalon. Linge à repasser.* « *Elle... attaqua sa trente-cinquième chemise, en repassant d'abord l'empiècement et les deux manches* » (ZOLA). Absolt. *Repasser avec la pattemouille; à la vapeur.* V. **Pressing.** *Fer à repasser.* V. **Fer.** **Planche*,** *table* à repasser* (V. **Jeannette**). — Pronom. (Pass.) *Le nylon ne se repasse pas.* ♦ 7° Étudier, travailler en revenant plusieurs fois sur le même sujet. V.

Apprendre, potasser. *Repasser ses leçons.* « *Repasser l'arithmétique, la géométrie, la trigonométrie, l'algèbre* » (STENDHAL). « *Employer les récréations à repasser mentalement ses leçons* » (LARBAUD). — Par ext. V. **Répéter.** *Repasser son rôle, un pas de danse.*
.◇ ANT. (du II, 6°) *Chiffonner, froisser.*

REPASSEUR [ʀ(ə)pɑsœʀ]. *n. m.* (1755, de *repasser* [II, 5°]). *Techn.* Ouvrier qui repasse. — *Cour.* Rémouleur. *Repasseur de couteaux et ciseaux.* « *Avez-vous des scies à repasser, v'là le repasseur* » (PROUST).

REPASSEUSE [ʀ(ə)pɑsøz]. *n. f.* (1753, [de chapeaux]; de *repasser* [II, 6°]). ♦ 1° Ouvrière qui repasse le linge, les vêtements. V. **Blanchisseuse.** ♦ 2° Machine à repasser le linge (cylindre chauffé).

REPAVAGE [ʀ(ə)pavaʒ] OU **REPAVEMENT** [ʀ(ə)pavmɑ̃]. *n. m.* (1632,-1487; de *repaver*). Opération par laquelle on repave. *Le* « *repavage de la rue de Courcelles* » (HÉRIAT).

REPAVER [ʀ(ə)pave]. *v. tr.* (1335; de *re-*, et *paver*). Paver de nouveau; remplacer les pavés de. *Repaver une rue.*

REPAYER [ʀ(ə)peje]. *v. tr.;* conjug. *payer* (1690; *repaier* « rendre », XIIe ; de *re-*, et *payer*). Payer une seconde fois.

REPÊCHAGE [ʀ(ə)pɛʃaʒ]. *n. m.* (1870; de *repêcher*). ♦ 1° Action de repêcher. *Repêchage d'un noyé.* ♦ 2° *Fig.* Le fait d'accorder l'admission à (un candidat qui serait normalement éliminé); épreuve, examen supplémentaire qui a lieu à cet effet. — *Sports. Course, épreuve de repêchage.*

REPÊCHER [ʀ(ə)peʃe]. *v. tr.* (1680; *rapesquier,* 1288; *repescher,* 1549; de *re-*, et *pêcher*). ♦ 1° Pêcher de nouveau. « *Laissez-moi carpe devenir : Je serai par vous repêchée* » (LA FONT.). ◇ Retirer de l'eau (ce qui y était tombé). *Repêcher un noyé.* ♦ 2° *Fig.* et *fam.* (1875). *Repêcher qqn :* l'aider à sortir d'une mauvaise passe. V. **Sauver.** *Spécialt. Repêcher un candidat à deux points :* le recevoir bien qu'il ait un total inférieur de deux points au total exigé. — Au p. p. *Élève repêché à un examen.*

REPEINDRE [ʀ(ə)pɛ̃dʀ(ə)]. *v. tr.;* conjug. *peindre* (1290; de *re-*, et *peindre*). Peindre de nouveau, peindre à neuf. *Repeindre un appartement, une voiture.* « *Il fait repeindre un décor rouge en bleu ou un décor bleu en rouge* » (GONCOURT). — Au p. p. *Parties repeintes d'un tableau.*

REPEINT [ʀ(ə)pɛ̃]. *n. m.* (1803; de *repeindre*). Peint. Partie d'un tableau qui a été repeinte (soit par l'auteur, soit par un restaurant). « *L'accord des ocres avec les bleus sombres dont tant de repeints n'ont pas altéré la nuit biblique* » (MALRAUX).

REPENDRE [ʀ(ə)pɑ̃dʀ(ə)]. *v. tr.;* conjug. *rendre* (XIIe ; de *re-*, et *pendre*). Pendre de nouveau.

REPENSER [ʀ(ə)pɑ̃se]. *v.* (v. 1185; de *re-*, et *penser*). ♦ 1° *V. intr.* Penser de nouveau, réfléchir encore plus (à qqch.). *J'y repenserai.* ♦ 2° *V. tr.* (XIXe). Penser, élaborer de nouveau (un ensemble) en remontant aux principes, et avec un regard neuf. *Repenser une doctrine philosophique, un projet d'ouvrage.* « *Il prend l'idée, et la repense de façon à lui rendre l'âme une seconde fois* » (TAINE). ◇ Revoir, réviser, reconsidérer. *Il faut repenser la question.* « *Il faut repenser le chemin de fer* » (Le Monde, 20-4-1955).

REPENTANCE [ʀ(ə)pɑ̃tɑ̃s]. *n. f.* (1175; de *se repentir*). *Vieilli ou littér.* Souvenir douloureux, regret de ses fautes, de ses péchés. V. **Repentir.** *La repentance de ses fautes.*

REPENTANT, ANTE [ʀ(ə)pɑ̃tɑ̃, ɑ̃t]. *adj.* (XIIe ; de *se repentir*). Qui se repent de ses péchés. V. **Contrit, pénitent.** « *Je me suis présenté chez elle en esclave timide et repentant, pour en sortir en vainqueur couronné* » (LACLOS). *Un air repentant.* ◇ ANT. **Impénitent.**

REPENTI, IE [ʀ(ə)pɑ̃ti]. *adj.* (XIIIe ; de *se repentir*). Qui s'est repenti de ses fautes, qui a commencé à réparer. *Pécheur repenti. Fille repentie,* et subst. *Une repentie* (vieilli), fille qui s'est repentie de sa conduite et s'est retirée dans une maison religieuse. « *La pécheresse reparaissait à travers la repentie* » (GAUTIER).

REPENTIR (SE) [ʀ(ə)pɑ̃tiʀ]. *v. pron.;* conjug. *partir* (1080; bas lat. *repenitere,* IXe ; du lat. *pœnitere,* altéré en *pœnitire*). ♦ 1° Ressentir le regret (d'une faute), accompagné du désir de ne plus la commettre, de réparer. V. **Regretter, reprocher (se), vouloir** (s'en). Cf. Battre sa coulpe*. *Se repentir d'une faute, d'avoir commis une faute.* — Absolt. « *Il y aura plus de joie dans le ciel pour un seul pécheur qui se repent que pour quatre-vingt-dix-neuf justes, qui n'ont pas besoin de repentir* » (BIBLE). « *Au fond, je ne me repens point. Je commettrais de nouveau ma faute si elle était à commettre* » (STENDHAL). ♦ 2° Regretter (une action), souhaiter ne pas l'avoir faite; et *par ext.* Subir les conséquences désagréables (d'un acte). *Se repentir d'un acte* (Cf. S'en mordre les doigts*). *Se repentir amèrement d'avoir trop parlé. Je t'en repentira,* se dit par menace (Cf. Il le paiera cher, il s'en souviendra).

REPENTIR [ʀ(ə)pɑ̃tiʀ]. *n. m.* (1170; de *se repentir*). ♦ 1° Regret d'une faute, sentiment de douleur morale accompagné d'un désir d'expiation, de réparation. V. **Regret, remords, repentance; contrition.** « *Heureux qui s'humilie, Car* *le vrai repentir nous lave et nous délie* » (LEC. DE LISLE). *Le repentir d'une offense. Un repentir sincère.* « *Nos péchés sont têtus, nos repentirs sont lâches* » (BAUDEL.). « *Spinoza dit que le repentir est une seconde faute* » (ALAIN). *Une vie de repentir. Marques de repentir,* attitudes, apparence de celui qui se repent. — *Formules du repentir dans la liturgie catholique.* V. **Confiteor, mea-culpa.** ♦ 2° Regret d'une action quelconque. « *Ici j'ai un remords, ou un scrupule, mettons un repentir, enfin ce qu'il ne faut jamais avoir* » (PÉGUY). ♦ 3° Peint. (1798). Changement apporté, correction faite en cours d'exécution (à la différence du *Repeint,* fait après coup). « *Toutes les bribes de crayonnage, tous les ratages, tous les repentirs, tous les essuie-pinceaux du peintre* » (GONCOURT). — *Par ext. Les repentirs d'un dessin, d'un manuscrit.* « *Les ratures et les repentirs* » (BAUDEL.). ♦ 4° (1845). Longue boucle (V. **Anglaise**) pendant de chaque côté du cou.

REPÉRABLE [R(ə)peRabl(ə)]. *adj.* (XXᵉ ; de *repérer*). Qui peut être repéré. — Sc. *Grandeurs repérables et non mesurables :* grandeurs dont on peut définir l'égalité, mais sur lesquelles on ne peut faire d'opérations (*ex. :* les températures centésimales).

REPÉRAGE [R(ə)peRaʒ]. *n. m.* (1845, techn. ; 1915, milit. ; de *repérer*). Opération par laquelle on repère. (Concret) *Repérage et guidage des avions par le radar.* — *Repérage des dessins,* pour la reproduction en couleurs. ◇ Fig. « *Ce vague peut être sinon approfondi du moins précisé, grâce à un repérage de circonstances* » (PROUST).

REPERCER [R(ə)peRse]. *v. tr. ;* conjug. *percer.* V. **Placer** (1549 ; de *re-,* et *percer*). ♦ 1° Percer de nouveau. ♦ 2° Techn. (1755). Découper à tour suivant un tracé (opération de REPERÇAGE [R(ə)peRsaʒ]). *Ouvrage d'orfèvrerie repercé.*

RÉPERCUSSION [RepeRkysjɔ̃]. *n. f.* (1348 ; du lat. *repercussus*). ♦ 1° Le fait d'être renvoyé, répercuté. V. **Réflexion,** renvoi. *Répercussion d'un son par l'écho. Répercussion d'un choc.* V. **Contrecoup.** ♦ 2° Fig. Effet indirect ou effet en retour. « *Rien ne se passe en une des parties du corps qui n'ait sa répercussion dans toutes les autres* » (ALAIN). V. **Choc,** contrecoup, incidence, retentissement. *Les répercussions d'une décision, d'une crise économique.* ◇ Fin. pub. *Répercussion de l'impôt,* quand le contribuable légal en fait supporter la charge à un tiers.

RÉPERCUTER [RepeRkyte]. *v. tr.* (v. 1370 ; lat. *repercutere.* V. **Percuter**). ♦ 1° Renvoyer dans une direction nouvelle (un son, une image). *Murs, surfaces qui répercutent le son.* V. **Réfléchir.** *Échos répercutés par les montagnes.* « *La grande rose de la façade... répercutait à l'autre bout de la nef son spectre éblouissant* » (HUGO). ◇ *Fam.* (emploi critiqué). Transmettre. *Répercuter un ordre.* — Spécialt. *(Écon.).* Faire supporter (une charge financière). « *Répercuter la charge sur les prix* » (*Entreprise,* 8-2-1969). ♦ 2° SE RÉPERCUTER. *v. pron.* Être renvoyé. *Reflet qui se répercute dans des glaces.* « *Le mot roula comme un tonnerre et se répercuta dans d'immenses salles vides* » (SARTRE). ◇ *Fig.* (XVIIIᵉ) Se transmettre, se propager par une suite de réactions. V. **Réagir.** *Majoration qui se répercute sur les marchandises similaires. Les effets de la fatigue se répercutent sur le moral.*

REPERDRE [R(ə)peRdR(ə)]. *v. tr. ;* conjug. *perdre.* V. **Rendre** (1170 ; de *re-,* et *perdre*). Perdre ce qu'on a gagné ; perdre de nouveau. *Il a tout reperdu au poker.*

REPÈRE [R(ə)peR]. *n. m.* (1676 ; *repaire,* 1578 ; de *repaire*,* d'apr. le lat. *reperire* « trouver ». V. **Répertoire**). ♦ 1° Ce qui sert à retrouver un emplacement, un endroit (signe, objet matériel) pour faire un travail avec précision, ajuster des pièces, localiser un phénomène. *Choisir, trouver un repère.* V. **Repérer.** « *Les états-majors d'armée... calculaient des angles, des distances ; fixaient des repères* » (ROMAINS). V. **Jalon.** Par appos. *Borne repère.* — *Repères de niveau. Amener la balle d'un niveau entre les deux repères.* ◇ *Fig. Tout ce qui permet de reconnaître, de retrouver une chose dans un ensemble.* V. **Jalon.** *Cette date me sert de repère.* ♦ 2° POINT DE REPÈRE : objet ou endroit précis reconnu et choisi pour se retrouver. « *Dans ce décor transformé où elle cherchait en vain des points de repère* » (MART. DU G.). — *Fig. Événements qui servent de point de repère. Il manque de points de repère pour en juger.* ♦ 3° Math. Ensemble de vecteurs ayant une origine commune et formant un système de référence*. *Repère orthonormé*.* ◇ HOM. **Repaire.**

REPÉRER [R(ə)peRe]. *v. tr. ;* conjug. *céder* (1823 ; 1676, p. p. ; de *repère*). ♦ 1° Marquer, signaler par un repère, des repères. *Repérer le niveau, l'alignement.* V. **Borner,** jalonner. ♦ 2° Par ext. Trouver, reconnaître, marquer. Situer avec précision, en se servant de repères ou par rapport à des repères. « *Nous repérons leurs emplacements* (des batteries ennemies) *à loisir en multipliant les photographies aériennes* » (ROMAINS). — Fam. SE REPÉRER. *v. pron.* Reconnaître où l'on est *(concret)* ou reconnaître où l'on en est *(abstrait),* grâce à des repères. *Je me repère facilement dans cette ville. Je n'arrive pas à me repérer dans ce problème.*

♦ 3° *Fam.* Découvrir (qqch.) ; reconnaître ou retrouver (qqn). *Repérer qqn dans la foule.* V. **Apercevoir, remarquer,** « *Dès qu'on s'engueule un peu fort ou trop souvent, ça va mal, on est repéré* » (CÉLINE). ◇ *Se faire repérer :* attirer l'attention sur ses activités, être découvert (de qqn qui a qqch. à cacher et que l'on surveille). « *Tu vas nous faire repérer avec tes allumettes* » (MONTHERLANT). ◇ HOM. **Repaber.**

RÉPERTOIRE [RepeRtwaR]. *n. m.* (*Répertoire de Science,* nom d'une allégorie, XIVᵉ ; lat. *repertorium,* de *reperire* « trouver »). ♦ 1° (1468). Inventaire méthodique (liste, table, recueil) où les matières sont classées dans un ordre qui permet de les retrouver facilement. *Répertoire alphabétique, logique* (V. **Catalogue, index, nomenclature ; dictionnaire, lexique, mémento,** etc.). *Répertoire d'adresses* (V. **Agenda,** carnet), *de livres* (V. **Bibliographie**). *Consulter un répertoire.* ◇ *Par ext.* Recueil méthodique. *Répertoire de jurisprudence, de droit. Répertoire des métiers.* ♦ 2° (1769). Liste des pièces, des œuvres qui forment le fonds d'un théâtre et sont susceptibles d'être reprises. *Le répertoire de la Comédie-Française.* — *Par ext.* Pièces d'une certaine catégorie. *Le répertoire classique.* Absolt. *Acteur du répertoire* (classique). ◇ *Par anal.* L'ensemble des œuvres qu'un acteur, qu'un musicien a l'habitude d'interpréter. « *Je chante ce que je sais.* — *Vrai, alors, tu as un répertoire restreint* » (COURTELINE). — Fig. *Tout un répertoire d'injures.* « *Elles* (les femmes) *ont un répertoire de malices couvertes de bonhomie...* » (BALZ.).

RÉPERTORIER [RepeRtɔRje]. *v. tr.* (1907 ; du rad. lat. de *répertoire*). Inscrire dans un répertoire. *Répertorier des informations.*

RÉPÉTER [Repete]. *v. tr. ;* conjug. *céder* (XIIᵉ ; lat. *repetere* « chercher pour reprendre »).

I. Recommencer à dire, à faire. ♦ 1° Dire, exprimer de nouveau (ce qu'on a déjà exprimé). « *Il ne me le dit plus ; il ne lui me le répéter deux fois* » (MARIVAUX). V. **Redire.** *Répéter un mot, une phrase, une idée plusieurs fois.* (En incise) « *Moi enthousiaste ? répéta Fabrice,...* » (STENDHAL). — Au p. p. « *Quand, dans mon discours, se trouvent des mots répétés,...* » (PASC.). — *Répéter d'une manière fastidieuse.* V. **Prêcher, rabâcher, rebattre** (les oreilles), **ressasser, seriner.** *Répéter une formule, une chanson* (V. **Refrain, ritournelle**). — *Par menace.* « *Ose répéter ce que tu viens de dire* » (MAURIAC). — *Il ne se l'est pas fait répéter :* il ne s'est pas fait prier. V. **Dire** (deux fois). — *Répéter que* (et ind.) « *Répéter sans cesse à l'enfant que le feu brûle...* » (GIDE). « *Il avait beau se répéter qu'il ne travaillait pas il n'arriverait à rien...* » (ARAGON). — *(Sujet de chose) Il* « *l'accablait alors d'une grêle de phrases dont répétaient la même idée...* » (BALZ.). ♦ 2° Exprimer, dire (ce qu'un autre a dit). V. **Redire.** *Répéter fidèlement, mot pour mot, par cœur. Répéter un secret, un bruit.* V. **Raconter, rapporter.** — *Se répéter une nouvelle :* se la passer de bouche en bouche. ◇ *Par ext.* Exprimer comme étant de soi (qqch. que l'on emprunte à qqn d'autre). V. **Emprunter.** « *Il ne parle pas, il ne sent pas, il répète des sentiments et des discours...* » (LA BRUY.). ♦ 3° Par anal. *(Sujet de chose).* Reproduire (un bruit, une image). *Les miroirs répétaient son image.* V. **Réfléchir.** « *Un nom que nul écho n'a jamais répété* » (LAMART.). — Au p. p. *Coups de tonnerre répétés* (V. **Redoublé**). ♦ 4° *(Personnes).* Recommencer (une action, un geste). *Répéter les essais, les expériences.* V. **Multiplier, recommencer, renouveler.** — Au p. p. *Des tentatives répétées.* ♦ 5° Redire ou refaire pour s'exercer, pour fixer dans sa mémoire. V. **Apprendre, repasser.** *Le renard...* « *répétait les leçons que lui donnait son maître* » (LA FONT.). *Répéter son rôle.* — Absolt. *Les comédiens sont en train de répéter.* V. **Répétition.**

II. *Vx.* Redemander, réclamer. — Dr. *Répéter des dommages et intérêts.*

III. SE RÉPÉTER. *v. pron.* ♦ 1° *(Personnes). Absolt.* Recommencer, redire les mêmes choses sans nécessité. V. **Radoter.** « *Les vieux se répètent et les jeunes n'ont rien à dire. L'ennui est réciproque* » (BAINVILLE). *Un écrivain qui se répète.* ♦ 2° *(Choses). Pass.* Être répété. *Le refrain se répète après chaque couplet.* ◇ *Par anal. Pass.* Se reproduire. *Passe pour une fois, mais que cela se ne répète pas !* « *L'Histoire est la science des choses qui ne se répètent pas* » (VALÉRY).

RÉPÉTEUR [RepetœR]. *n. m.* (XXᵉ ; « celui qui récite », 1677 ; de *répéter*). *Techn.* Organe qui amplifie le courant passant sur une ligne téléphonique (relais amplificateur).

RÉPÉTITEUR, TRICE [RepetitœR, tRis]. *n.* (1671 ; lat. *repetitor*). ♦ 1° Personne qui explique à des élèves la leçon d'un professeur, les fait travailler. « *Suzanne servirait de répétitrice au candidat bachelier* » (ARAGON). *Ancienn.* S'est dit des maîtres, des répétiteurs d'études. V. **Maître** (d'internat). ♦ 2° *Techn.* Appareil qui répète, reproduit les indications d'un autre appareil. *Répétiteur de signaux.*

RÉPÉTITIF, IVE [Repetitif, iv]. *adj.* (1962 ; de *répétition*). Qui se répète. V. **Itératif.** *Gestes répétitifs. Une tâche répétitive et monotone.*

RÉPÉTITION [ʀepetisjɔ̃]. *n. f.* (1377; « copie », 1295; lat. *repetitio*).
I. ◆ 1° Le fait d'être dit, exprimé plusieurs fois. V. **Redite**. *Répétition d'une phrase*. « *Si le génie français se montre vétilleux sur la répétition des termes, c'est d'abord qu'il redoute beaucoup l'inutile répétition des idées* » (DUHAM.). *Répétitions continuelles, lassantes*. V. **Radotage; refrain, rengaine.** — *Spécialt. (dans un texte écrit)* Emploi répété d'un élément (V. **Allitération, assonance; anaphore**). *Répétition de mots ou d'idées inutile ou fautive*. V. **Pléonasme, tautologie.** ◇ *Par anal.* « *Une musique monotone, aux répétitions obstinées* » (THARAUD). *Répétition d'un son, d'un rythme, d'un thème*. V. **Écho, cadence, variation**; *leitmotiv.* ◆ 2° Le fait de recommencer (une action, un processus). V. **Recommencement, réitération**. *La répétition d'une faute, d'un mal*. V. **Rechute, récidive, retour.** ◇ *(D'un mécanisme) Armes à répétition :* pouvant tirer plusieurs coups sans être rechargées. *Fusil à répétition. Montre à répétition*, qui sonne quand on actionne un ressort. ◆ 3° Action de reproduire (V. **Imitation, reproduction**); ce qui est reproduit (V. **Réplique**). ◆ 4° (1663). Le fait de répéter, de travailler à plusieurs reprises pour s'exercer. *Répétition d'un rôle, d'un numéro de music-hall.* — *Spécialt*. Séance de travail ayant pour but de mettre au point les divers éléments d'un spectacle. « *Répétition avec l'orchestre* » (COLETTE). *Mettre une pièce en répétition*. — *Répétition des couturières* (V. **Couturière**), *répétition générale* (V. **Générale**) : dernières répétitions, en fait premières représentations devant un public invité. ◆ 5° (1680). Le fait d'aider un élève à faire un travail, leçon particulière (V. **Répétiteur**). « *On l'avait retiré du collège pour lui faire prendre des répétitions* » (ARAGON). **II.** (1312). *Dr.* Action de répéter, de redemander en justice. *Répétition de dot, de l'indu**.

RÉPÉTITORAT [ʀepetitɔʀa]. *n. m.* (v. 1905; de *répétiteur*, d'apr. *doctorat*, etc.). *Admin.* Fonction, charge de répétiteur; sa durée.

REPEUPLEMENT [ʀəpœpləmɑ̃]. *n. m.* (1559; de *repeupler*). L'action, le fait de repeupler (en personnes) *Le repeuplement d'une région dévastée, désertée.* — (en animaux) *Repeuplement d'un étang* (empoissonnement), *d'une chasse*. — (en plantes) *Repeuplement d'un terrain boisé, d'une forêt en résineux.* V. **Reboisement.** ◇ ANT. Dépeuplement, dépopulation.

REPEUPLER [ʀəpœple]. *v. tr.* (XIVᵉ; *repuepler*, 1210; de *re-*, et *peupler*). Peupler de nouveau. *Les immigrants qui repeuplèrent ce pays.* — V. pron. *La ville s'est repeuplée.* — Regarnir d'animaux. *Repeupler un étang* (de poissons). ◇ *Agric.* Regarnir de plantes, de végétation. *Repeupler une forêt.* ◇ ANT. Dépeupler.

REPIC [ʀəpik]. *n. m.* (*Repique*, 1621; de *re-*, et *pic*). *Dans le jeu de piquet*, Coup où l'un des joueurs, ayant plus de trente points en main (avant même de jouer) sans que l'adversaire ait rien compté, gagne le droit d'en compter 90. *Faire (un) repic*. Adj. *Être repic* (Se dit du perdant).

REPINCER [ʀəpɛ̃se]. *v. tr.; conjug. pincer*. V. **Placer** (1549; *repincier* « lésiner », XIIIᵉ; de *re-*, et *pincer*). ◆ 1° Pincer de nouveau. ◆ 2° *Fig.* Attraper, prendre de nouveau. V. **Repiquer.** « *En voilà un que je repincerai* » (MAUPASS.).

REPIQUAGE [ʀəpika3]. *n. m.* (1801, techn.; de *repiquer*). ◆ 1° (1842). Action de repiquer (1°). *Repiquage de salades au plantoir*. V. **Plantation, transplantation.** — *Repiquage bactériologique*. ◆ 2° *Techn.* Action de repiquer (3°). *Repiquage d'une chaussée*, remplacement des pavés usés, enfoncés, par des pavés neufs ou retaillés. ◇ *Repiquage d'une photo*, action de la retoucher; son résultat. ◇ *Typogr.* Impression supplémentaire sur un imprimé déjà fait. ◇ *Repiquage d'un enregistrement ancien*, nouvel enregistrement. *Par ext.* Le disque ainsi réenregistré. *Un repiquage d'Armstrong.*

REPIQUER [ʀəpike]. *v. tr.* (1508; de *re-*, et *piquer*). ◆ 1° Mettre en terre, planter (des plants provenant de semis, de pépinière). V. **Replanter**. *Repiquer des salades, des arbustes.* — *Par anal. (Biol.)* Transporter (une culture bactériologique) sur un nouveau milieu. ◆ 2° (1538). Piquer de nouveau. « *Elle défaisait et repiquait tranquillement les plumes de son chapeau* » (R. ROLLAND). ◆ 3° *Techn.* (1842). *Repiquer une chaussée*, la remettre de niveau en remplaçant les pavés. ◇ *Phot.* Faire des retouches à. ◇ *Journalisme.* Reprendre un article. ◇ Faire un nouvel enregistrement de. ◆ 4° *Pop.* Prendre de nouveau. *Il s'est fait repiquer.* V. **Repincer.** ◆ 5° *Intrans. Pop.* Revenir à qqch., recommencer. *Repiquer au truc.*

RÉPIT [ʀepi]. *n. m.* (1530; *respit* « proverbe, sentence », XIIᵉ; lat. *respectum* « regard en arrière », fig. « égard » [V. **Respect**], puis « délai »). Arrêt d'une chose pénible; temps pendant lequel on cesse d'être menacé ou accablé par elle. *Accorder un répit à ses débiteurs.* V. **Délai, sursis.** *Répit dans le travail* (V. **Détente, pause, repos**), *la douleur, la peine* (V. **Interruption**). « *Le bonheur c'est le répit dans l'inquiétude* » (MAUROIS). *Je n'ai pas un instant de répit.* — SANS RÉPIT :

sans arrêt, sans cesse. « *Cette petite guerre qui harcelait sans répit les soldats...* » (MAC ORLAN). V. **Trêve** (sans).

REPLACEMENT [ʀ(ə)plasmɑ̃]. *n. m.* (1771; de *replacer*). Action de replacer.

REPLACER [ʀ(ə)plase]. *v. tr.; conjug. placer* (1669; de *re-*, et *placer*). ◆ 1° Remettre en place, à sa place. V. **Placer, remettre.** *Replacer verticalement*, redresser. *Replacer une pipe dans son étui.* V. **Ranger.** *Fig. Replacer une histoire dans son cadre.* — Pronom. *Se replacer dans les mêmes conditions.* ◆ 2° Mettre à, dans une nouvelle place. *Replacer ses employés.* — Pronom. *Domestique qui se replace.*

REPLANTATION [ʀəplɑ̃tasjɔ̃]. *n. f.* (1791; de *replanter*). Action de replanter. *Droit de replantation* (d'un vignoble).

REPLANTER [ʀ(ə)plɑ̃te]. *v. tr.* (1190; de *re-*, et *planter*). ◆ 1° Planter de nouveau dans une autre terre. V. **Repiquer, transplanter**. *Dépoter une plante et la replanter.* — Pronom. *Les mangliers dont les branches se replantent.* — *Absolt.* « *On redéfriche et replante de nouveau* » (Br. PARAIN). ◆ 2° Repeupler (en). *Replanter une forêt en chênes.* ◇ ANT. Déplanter.

REPLAT [ʀəpla]. *n. m.* (1300; repris fr. de Suisse, XVIIIᵉ; de *re-*, et *plat*, adj.). *Géogr.* Partie plate en épaulement. « *Une paroi irrégulière, où saillaient par endroit des becs aigus, des replats, des arêtes* » (ROBBE-GRILLET).

REPLÂTRAGE [ʀ(ə)platʀa3]. *n. m.* (XVIᵉ; de *replâtrer*). ◆ 1° Réparation faite avec du plâtre. *Replâtrage d'un mur.* ◆ 2° *Fig.* Arrangement fragile, maladroit. « *Replâtrages, compromis assez bonne foi, mythes périmés et repeints à la hâte* » (SARTRE). *Spécialt.* Réconciliation superficielle.

REPLÂTRER [ʀ(ə)platʀe]. *v. tr.* (1549; *replastrir*, XVᵉ; de *re-*, et *plâtrer*). ◆ 1° Plâtrer de nouveau. *Replâtrer un mur.* ◆ 2° *Fam.* Arranger d'une manière sommaire, fragile, maladroite. « *Les religions replâtrées, aménagées selon les besoins nouveaux, sont un leurre* » (ZOLA).

REPLET, ÈTE [ʀəplɛ, ɛt]. *adj.* (1370; « rempli », v. 1180; lat. *repletus* « rempli »). Qui est bien en chair, qui a assez d'embonpoint. V. **Dodu, grassouillet, plein, rondelet.** « *Une petite vieille blanche, grasse, replète, affairée* » (HUGO). *Visage replet, mine replète.* ◇ ANT. Maigre, maigrichon.

RÉPLÉTIF, IVE [ʀepletif, iv]. *adj.* (1611; du lat. *repletus*). *Méd.* Qui sert à remplir. *Injection réplétive.*

RÉPLÉTION [ʀeplesjɔ̃]. *n. f.* (XVIIᵉ; « surabondance, plénitude », XIIIᵉ; bas lat. *repletio*, de *repletus*). ◆ 1° *Vx.* V. **Pléthore.** ◆ 2° *Didact.* État de l'organisme (humain) dont l'estomac est surchargé d'aliments (V. **Satiété**). *Sensation de réplétion.*

REPLEUVOIR [ʀ(ə)plœvwaʀ]. *v. impers., tr. indir.* et *intr.; conjug. pleuvoir* (1549; de *re-*, et *pleuvoir*). Pleuvoir de nouveau. *Voilà qu'il repleut!*

REPLI [ʀ(ə)pli]. *n. m.* (XVIᵉ; de *replier*).
I. ◆ 1° Bord plié une fois ou deux fois. V. **Ourlet, rempli.** *Repasser le repli d'un ourlet avant de le coudre.* ◆ 2° *Fig.* (2°), ondulation profonde ou qui se répète. *Drapé qui fait des plis et des replis.* « *Ce repli de la vallée du Jourdain* » (L. BERTRAND). ◇ *Anat. Replis du péritoine* (ligaments, mésentère). ◆ 3° *Mouvements sinueux des reptiles.* V. **Nœud.** « *Sa croupe se recourbe en replis tortueux* » (RAC.). — *Par anal.* Sinuosité. *Les replis d'une rivière.* ◆ 4° *Fig.* Partie dissimulée, secrète. *Les replis de l'âme, du cœur.* « *Repli obscur et inexploré de ma conscience* » (MART. du G.). *L'âme* « *laisse ignorer d'elle bien des replis* » (GIDE).
II. ◆ 1° Action de se replier (surtout au *fig.*). « *La pitié n'est qu'un secret repli sur nous-mêmes...* » (CHAMFORT). ◆ 2° (XXᵉ). Retraite volontaire des armées sur les positions prévues. *Mouvement, manœuvre de repli.* V. **Recul.** *Repli stratégique. Ordre de repli.* — (ANT. Avance).

REPLIABLE [ʀ(ə)plijabl(ə)]. *adj.* (1842; de *replier*). Qui peut être replié.

REPLIEMENT [ʀ(ə)plimɑ̃]. *n. m.* (1611; de *replier*). Action de replier (*rare*). — (*Abstrait*) Le fait de se replier sur soi-même. V. **Autisme, introversion.** « *L'habitude du retrait, certaine faculté de repliement* » (GIDE). ◇ ANT. Déploiement, expansion.

REPLIER [ʀ(ə)plije]. *v. tr.* (1538; p. p., h. 1213; de *re-*, et *plier*). ◆ 1° Plier de nouveau (ce qui avait été déplié). *Replier un journal. Vêtements repliés et rangés.* — Plier plusieurs fois. *Replier sa manche sur son avant-bras.* V. **Retrousser.** ◆ 2° Ramener en pliant (ce qui a été étendu, déployé). *Replier ses ailes. La lame se replie sur le manche. Il s'endort les jambes repliées.* ◆ 3° *Fig. Rare.* Faire rentrer (en soi). « *Cette vie forcée de convalescente la replia sur elle-même* » (ZOLA). — Cour. V. pron. Se refuser aux impressions extérieures, rentrer en soi-même (V. **Renfermer** [se]; **recueillir** [se]; **réfléchir**). *Se replier sur soi-même.* « *L'âme se replie et se recèle en elle-même* » (CHAMFORT). ◆ 4° (1718). Ramener en arrière, en bon ordre. *Replier ses troupes. Replier les civils loin du front.* — (Au p. p.) *Troupes repliées.* — V. pron. Se retirer, reculer en bon ordre. V. **Décrocher, reculer; repli.** « *Apporter l'ordre aux troupes de l'Hôtel de Ville de se replier*

sur les Tuileries » (CHATEAUB.). ◇ ANT. *Déplier. Épancher (s').*
Avancer.

RÉPLIQUE [replik]. *n. f.* (v. 1310, « réponse »; de *répliquer*).
I. Action de répondre; réponse à ce qui a été dit ou écrit.
♦ 1° (XVIᵉ-XVIIᵉ). Réponse vive, dans une discussion, souvent faite avec humeur et marquant une opposition. *Réplique habile, bien envoyée.* V. **Riposte.** — Objection. « *Sans dot. —*
Ah! il n'y a pas de réplique à cela » (MOL.). *Argument sans réplique.* V. **Péremptoire.** *Prouver qqch. sans réplique :* sans qu'il y ait de réplique possible. *Protestation à un ordre.*
Obéissez sans réplique. Pas de réplique! V. **Discussion.** ♦
2° (1646). Ce qu'un acteur doit dire, quand le personnage qui parle avant lui a fini de parler; chaque élément du dialogue.
Il a oublié, manqué sa réplique. Dire une réplique. — DONNER
LA RÉPLIQUE : dire l'élément du dialogue indiquant à l'acteur qu'il doit parler à son tour. — *Par ext.* Lire, réciter un rôle pour permettre à un acteur de dire le sien. — *Fig. Donner, se donner la réplique :* répondre, se répondre, discuter. V.
Répliquer. ♦ 3° *Par ext.* Personne qui donne la réplique.
Demander la réplique pour passer une audition.
II. (1840, « simulacre »). ♦ 1° Chose qui en répète une autre. *Spécialt.* Chacune des œuvres d'un artiste reprenant exactement le même sujet. ♦ 2° Œuvre semblable à un original. V. **Copie, reproduction.** *Réplique étrangère d'un monument français.* ♦ 3° Chose ou personne qui semble être le double, l'image d'une autre. V. **Jumeau, sosie.** *Une vivante réplique de son frère.*

RÉPLIQUER [replike]. *v. tr.* (v. 1200, « répondre »; lat. *replicare* « replier, plier en arrière », fig. « renvoyer »). ♦
1° Répondre vivement en s'opposant (à ce qui a été dit ou écrit). *Répliquer à une critique, une objection.* ♦ 2° RÉPLIQUER QQCH. À QQN (objet direct neutre) : répondre à qqn par une réplique. *Que pouvais-je lui répliquer? Il lui répliqua qu'il n'en ferait rien.* — (En incise) « *Les leçons, répliquait-elle, ne sont profitables que suivies* » (FLAUB.). ♦ 3° (1393). *Absolt.*
Répondre avec vivacité, en s'opposant. *Il n'admet pas qu'on lui réplique.* « *Elle lui répliqua juste assez pour qu'il devînt injurieux* » (COLETTE). — Protester contre un ordre. *Qu'on ne réplique pas!* ♦ 4° *Fig.* Répondre en action à une attaque.
V. **Riposter.**

REPLISSER [rə(ə)plise]. *v. tr.* (1640; « former des replis »,
XVIᵉ; de *re-*, et *plisser*). Plisser à plusieurs reprises.

REPLOIEMENT [rəplwamã]. *n. m.* (1190; de *reployer*).
Littér. Repliement. *Le reploiement des bras.* — *Fig.* Recueillement, retour sur soi-même. « *Bientôt ces reploiements intimes, ce regard jeté à la loupe sur mes moindres détours de pensée,...* » (BOURGET).

REPLONGER [rə(ə)plɔ̃ʒe]. *v.; conjug. plonger.* V. **Bouger**
(1549; *replonkier*, 1303; de *re-*, et *plonger*). ♦ 1° *V. tr.* Plonger de nouveau. « *Tournant les avirons et les replongeant ensemble* » (CHARDONNE). — Pronom. *Se replonger dans l'eau.* — *Fig.* Remettre. *Replonger un pays dans l'anarchie.*
— Pronom. *Se replonger dans une lecture, dans le travail.*
« *On se replonge ainsi dans son chagrin; on s'en régale* »
(ALAIN). ♦ 2° *V. intr.* (1816; *replongier* « se retirer », 1200).
Il replongea dans la piscine. — *Fig.* « *Replongeant chaque soir avec complaisance dans le flot de la foule* » (CAMUS).

REPLOYER [rəplwaje]. *v. tr.; conjug. ployer.* V. **Noyer**
(*Reploier*, 1200; de *re-*, et *ployer*). *Vx.* Replier. — *Fig.* et *littér.* « *La France était encore reployée sur sa douleur et frappée de consternation* » (DUHAM.). ◇ ANT. *Déployer.*

REPOLIR [r(ə)pɔliʀ]. *v. tr.* (1389; de *re-*, et *polir*). *Rare.*
Polir de nouveau, polir (ce qui est dépoli). — *Fig.* et *vx.* Corriger de nouveau (un ouvrage). « *Polissez-le sans cesse et le repolissez* » (BOIL.).

REPOLISSAGE [r(ə)pɔlisaʒ]. *n. m.* (1836, d'apr. *polissage; repolissement,* 1669; de *repolir*). *Techn.* Action de repolir.

RÉPONDANT, ANTE [repɔ̃dɑ̃, ɑ̃t]. *n.* (1255; de *répondre*). ♦ 1° Personne qui se rend garante pour qqn. V.
Caution. « *Je veux le présenter moi-même, et te servir de répondant* » (LESAGE). *Être le répondant de qqn.* V. **Responsable.** *Répondant d'un traité.* V. **Otage.** ◇ *Par ext.* et *fam.*
Avoir du répondant, avoir de l'argent derrière soi. ♦
2° *Ancienn.* *N. m.* (1690). Celui qui soutient une thèse, ainsi nommé parce qu'il doit répondre aux objections. *L'argumentant et le répondant.* ♦ 3° *N. m.* (1731). *Relig. cathol.*
Servant qui répond la messe, fait les réponses aux demandes du célébrant.

RÉPONDEUR, EUSE [repɔ̃dœr, øz]. *adj.* et *n. m.* (1877;
« celui qui répond », XIIᵉ; « défenseur », 1277; de *répondre*).
I. *Adj.* Qui a l'habitude de répliquer aux ordres et aux remontrances. « *Une nature insoumise, répondeuse, et toujours prompte à se rebeller* » (GIDE).
II. *N. m.* (1963). Appareil téléphonique qui, branché sur un disque (ou une bande magnétique), donne à chaque appel une réponse préenregistrée. *Répondeur téléphonique, automatique.* — En appos. *Répondeur-enregistreur; téléphone-*

répondeur. ◇ Dispositif installé sur un satellite, capable de répondre automatiquement aux messages.

RÉPONDRE [repɔ̃dʀ(ə)]. *v.; conjug. pondre.* V. **Rendre**
(*Respondre,* 980; lat. *respondere,* d'abord « s'engager en retour »).
I. *V. tr. dir.* et *indir.* Ⓐ (Sans obj. dir.). ♦ 1° RÉPONDRE
À QQN : faire connaître en retour sa pensée, son sentiment (à celui qui s'adresse à vous). — Par le langage. *Répondre oralement à un interlocuteur. Il ne répondait que par monosyllabes, par oui ou par non. Je vous répondrai par écrit.*
Répondre à qqn par retour du courrier. — (Par d'autres moyens d'expression, gestes, mimiques, etc.) *Répondre de la tête.* « *Elle ne me répondit jamais que par de longues étreintes* »
(BARBEY). ◇ *Spécialt.* Se défendre verbalement, s'engager en retour (V. **Riposter**). *Je saurai lui répondre. Par ext.* Raisonner, se justifier lorsque le respect commande le silence.
V. **Récriminer.** *Enfant qui répond à son père.* ♦ 2° RÉPONDRE
À QQCH. : faire une réponse verbale (à telle ou telle chose).
Répondre à une question. « *Il alla répondre avec calme à l'interrogatoire du commandant* » (LOTI). *Répondre à une lettre.* ◇ *Spécialt.* Opposer une réponse, une défense.
Répondre à des critiques. Répondre à des objections. V. **Réfuter.** ◇ *Par anal. (Sujet de chose)* Se faire entendre tout de suite après (en parlant d'un bruit, d'un son semblable à un autre qui le précède). « *Leurs lamentations répondaient... aux miaulements des hyènes...* » (FRANCE). *La flûte répond au violon.* Pronom. « *Des rimes qui se répondent comme des échos intelligents...* » (STAËL). ◇ *(Personnes, animaux)* Se manifester à l'appel de (qqn); réagir (à un appel, un stimulus).
Nous avons sonné, personne ne nous a répondu. — *J'ai fait le numéro, ça ne répond pas* (au téléphone). — *Répondre au nom de,* se dit d'un chien qui connaît son nom. *Fig.* ou *par plaisant.* Avoir pour nom. « *Le drôle qui répond au nom de Maxime Du Camp* » (FLAUB.). Ⓑ *(Avec obj. dir. et indir.)*
Répondre QQCH. À QQN. À QQCH. ♦ 1° (1080). Dire ou écrire (sa pensée, son opinion à celui qui la sollicite ou s'adresse à vous), dire en réponse (à qqch.). « *Que répondrez-vous à cette enfant, Perdican...?* » (MUSS.). *Fam. Bien répondu.*
« *De grâce, répondez oui ou non à ma demande* » (ESTAUNIÉ).
— *Le soldat ou l'élève répond présent à l'appel.* — (En incise)
« *Sire, répond l'agneau, que Votre Majesté Ne se mette pas en colère* » (LA FONT.). *Répondre une longue lettre.* —
RÉPONDRE DE... (avec l'inf.) *Il m'a répondu de rester où j'étais.*
— RÉPONDRE QUE... (avec l'inf.) V. **Dire, repartir** (1), *répliquer, rétorquer. Il* « *répondit que sa bienveillance m'était acquise* » (DAUD.). — *Impers.* « *Il me fut répondu que mon cas serait examiné...* » (DUHAM.). Donner une réponse à (qqch.). ♦ 2° (Seulement dans quelques emplois). *Dr.*
Répondre une requête, se dit du juge qui délivre une ordonnance au bas d'une requête. *Relig. Répondre la messe,* se dit du servant de la messe qui prononce tout haut les réponses aux paroles du célébrant.

II. *Fig. (trans. ind.).* Ⓐ RÉPONDRE À. ♦ 1° (Fin XIIᵉ). Être en accord avec, conforme à (une chose). « *Sa voix répondait exactement à sa physionomie* » (ROMAINS). V. **Correspondre.**
Politique qui ne répond pas à la volonté du pays. V. **Concorder**
(avec). *Répondre à une attente,* se dit d'une personne, d'une chose qui est conforme à ce qu'on voulait qu'elle fût. « *J'avoue que le succès ne répondit pas d'abord à mes espérances* »
(RAC.). *Répondre à une description.* « *Le bonhomme répond au signalement qu'on vous en avait donné?...* » (BERNANOS).
« *Ces crises de fraternité répondent à un besoin aussi violent que la faim, la soif et l'amour* » (MAUROIS). V. **Satisfaire.**
Pronom. « *Les parfums, les couleurs et les sons se répondent* »
(BAUDEL.). ♦ 2° (XVIIᵉ). Dans les relations d'échange ou d'opposition, Se dit de la personne dont le comportement se règle sur le comportement de l'autre et lui succède.
Répondre à la force par la force. V. **Opposer.** *Répondre par un crochet du gauche à un direct du droit.* — *(Sans compl. de manière)* Payer de retour, par un comportement semblable, ou une attitude marquant la compréhension, l'accord.
Répondre à un salut. V. **Rendre.** « *Une répugnance naturelle m'empêcha longtemps de répondre à ses avances* » (ROUSS.).
Répondre à l'affection de qqn. ♦ 3° Produire les effets attendus (en parlant d'un mécanisme actionné, d'un organisme excité). V. **Réagir.** *L'organisme répond aux excitations du milieu extérieur.* V. **Obéir.** *Des freins qui répondent bien.*
♦ 4° (1663; « aboutir à », 1234; « être contigu », 1420).
(Concret) Correspondre symétriquement. — Pronom. *Les deux ailes du bâtiment se répondent.* Ⓑ RÉPONDRE DE...
(1157, en prov.). ♦ 1° S'engager en faveur de (qqn) envers un tiers. « *Je réponds de ma femme, et prends sur moi l'affaire* »
(MOL.). On dit aussi *Répondre pour...* (*Je réponds pour lui auprès de ses créanciers*). *Répondre de soi,* s'engager pour l'avenir auprès des autres ou de soi-même. « *Très peu de femmes, je pense, peuvent... répondre d'elles, même si elles sont naturellement fidèles* » (L. DAUD.). ◇ Se porter garant.
Répondre de l'innocence de qqn. V. **Garantir.** — *Répondre de la vie d'un malade,* et par ext. *d'un malade,* se dit du médecin qui affirme que le malade est hors de danger. — (Avec l'inf.)

« *Je vous réponds de renverser tout cet obstacle* » (MOL.).
— Constituer une garantie, en parlant d'une chose. *Mon intérêt vous répond de moi.* ♦ 2° (XVIᵉ ; *sens affaibli*). S'engager en affirmant. V. **Assurer, garantir.** *Je ne réponds de rien, je ne vous garantis rien.* — *Fam. Je vous en réponds,* s'emploie pour renforcer une affirmation. « *Tu ne languiras pas longtemps, je t'en réponds* » (MOL.). V. **Affirmer.** — (Avec QUE et l'ind.) *Je vous réponds que ça ne se passera pas comme cela !* ♦ 3° Être garanti par un engagement volontaire ou responsable devant la loi, la société, la morale. « *La justice... veut que chacun réponde pour ses œuvres* » (MICHELET).
◇ ANT. *Demander, interroger, questionner.*

RÉPONS [Repɔ̃]. *n. m.* (1220 ; lat. relig. *responsum*). *Liturg.* Chant sur des paroles empruntées aux Écritures, exécuté par un soliste et répété en entier ou en partie par le chœur. « *Des antiennes et des répons extraits des Écritures...* » (HUYSMANS). V. **Graduel, réclame.** REM. On confond parfois les *répons* et les *réponses* du répondant au célébrant.

RÉPONSE [Repɔ̃s]. *n. f.* (*Response*, XIIᵉ ; *respuns*, n. m., 1050 ; lat. *responsum*). ♦ 1° Ce qu'on dit en retour à celui qui vous a posé une question, fait une demande, ou s'est adressé à vous ; ce qui annule une question (complément, confirmation, dénégation) en complétant la partie logiquement incomplète. *Réponse à une question. Faire, donner une réponse. Obtenir une réponse. Notre demande est restée sans réponse, n'a pas eu d'écho. Réponse d'un jury.* V. **Verdict.** *Réponse affirmative, négative :* oui, non. *Réponse vive.* V. **Réplique, riposte.** — (À l'aide d'une mimique, d'un geste) « *La meilleure réponse que tu puisses faire c'est de hausser les épaules* » (SAND). — *Avoir réponse à tout,* ne rester court à aucune question, avoir de la repartie, et *par ext.* Faire face à toutes les situations. « *L'orthodoxie a réponse à tout et n'avoue pas une bataille perdue* » (RENAN). Loc. fam. *Faire la demande et la réponse,* se dit de celui qui monologue en prêtant à son interlocuteur une demande ou une réponse qu'il n'a pas faite. ◇ (1648) Ce qu'on écrit pour répondre. « *Je lui fis deux réponses courtes, sèches, dures dans le sens...* » (ROUSS.). *En réponse à votre lettre. Réponse payée,* télégramme de réponse payé à l'avance par son destinataire. *Réponse imprimée.* V. **Carte-réponse.** — En appos. *Coupon-réponse* (dans l'Union postale), en échange duquel on reçoit le timbre nécessaire à l'affranchissement d'une lettre de réponse à destination de l'étranger. *Bulletin-réponse, enveloppe*-réponse.* ◇ (1768) Par anal. *Mus.* Dans la fugue, Reprise du sujet. ♦ 2° Solution, explication apportée à une question par le raisonnement, ou un dogme ou une science. *Discuter par demandes et par réponses.* V. **Dialectique.** *Énoncé, solution et réponse d'un problème.* V. **Coter, noter les réponses d'un élève.** ♦ 3° (XVᵉ, « réplique »). Justification, réfutation qu'on oppose aux attaques, aux critiques de qqn. « *Par là je trouve réponse à toutes les objections* » (PASC.). *Droit de réponse,* droit pour toute personne nommée ou désignée dans un journal ou un périodique de faire insérer gratuitement sa réponse dans le même journal. ◇ *Par ext.* Attitude qu'on oppose à celle qu'une personne a envers vous. « *La grande réponse qu'on doit faire aux outrages, c'est la modération et la patience* » (MOL.). ♦ 4° (XIXᵉ). Réaction de qqn à un appel. *J'ai frappé à la porte, mais pas de réponse.* — Réaction (d'un mécanisme) aux commandes. *Temps de réponse.* V. **Retard.** *Courbe de réponse,* courbe représentant le signal de sortie, comparé au signal d'entrée (d'une machine, d'un système de commande). ◇ (XXᵉ) *Psychophysiol.* Réaction transitoire d'un système organique excitable provoquée par un agent étranger à ce système. *Réponse réflexe, musculaire.* « *Une des fonctions principales des centres nerveux est de donner une réponse appropriée aux excitations qui viennent du milieu extérieur* » (CARREL). ◇ ANT. *Demande, question.*

REPOPULATION [Rəpɔpylasjɔ̃]. *n. f.* (1424 ; de *re-*, et *population*). *Vx.* Action de repeupler. V. **Repeuplement.** ◇ *Mod.* Augmentation d'une population après une période de dépopulation.

REPORT [Rəpɔʀ]. *n. m.* (1831 ; « récit d'un événement », 1530 ; de *reporter*). ♦ 1° Bourse. Opération par laquelle un spéculateur (le *reporté*) vend au comptant à un capitaliste (le *reporteur*) des titres, des devises ou des marchandises qu'il lui rachète en même temps à terme pour la liquidation suivante. — Rémunération du reporteur dans cette opération. *Taux de report.* ◇ Somme payée par les acheteurs à terme qui prorogent leur position aux capitalistes qui réalisent l'opération précédente, dans le cas où le nombre des titres à faire reporter est supérieur au nombre des titres reportés. *Employer des fonds en report.* ♦ 2° Le fait de reporter, de renvoyer à plus tard. *Report de la date d'ouverture d'une conférence.* V. **Renvoi.** ◇ *Dr. comm.* Fixation de l'ouverture d'une liquidation à une date antérieure à celle qu'une décision précédente avait déjà fixée. *Report de faillite. Jugement de report.* ♦ 3° Le fait de reporter ailleurs. V. **Transcription.** *Report d'écritures sur le grand livre.* — *(Dans un compte)* Opération qui consiste à reporter un nombre en tête d'une

colonne ; le nombre ainsi reporté. ◇ *Lithogr.*, *Phot.* Transport d'un dessin sur un autre support. *Papier à report. Impression en report.* ◇ *Jeu.* Mode de pari où l'on reporte la somme gagnée sur un autre numéro, un autre cheval. ◇ ANT. (de 1°) *Déport* (2, 1°).

REPORTAGE [Rə(ə)pɔrtaʒ]. *n. m.* (1865 ; de *reporter* 2). ♦ 1° Article, ou ensemble d'articles, dans lequel un journaliste (V. **Reporter**) relate de manière vivante ce qu'il a vu et entendu. « *Il pouvait trouver à Oran la matière d'un reportage intéressant...* » (CAMUS). — Par ext. *Reportage photographique, filmé, télévisé.* ♦ 2° Le métier de reporter. *Il a débuté dans le reportage.* ◇ Le genre journalistique ou littéraire qui consiste à faire des *reportages.* « *Il nous paraît, en effet, que le reportage fait partie des genres littéraires et qu'il peut devenir un des plus importants d'entre eux* » (SARTRE).

REPORTÉ. *n. m.* V. **REPORT** (1°).

1. REPORTER [R(ə)pɔrte]. *v. tr.* (1050 ; de *re-*, et *porter*). I. Remettre, ramener à l'endroit initial. ♦ 1° *Vx.* Faire un rapport à qqn ; rapporter. ♦ 2° Porter (une chose, un être sans mouvement) à l'endroit où ils étaient auparavant. V. **Rapporter, remporter.** « *Elle... fit l'évanouie et se fit reporter sur son lit...* » (RAC.). ♦ 3° *Fig.* Faire revenir en esprit à une époque antérieure. *Ce souvenir nous reporte à l'hiver dernier. Il se reportait à l'époque où il était heureux.* Pronom. *Il se reportait à l'époque où il était heureux.* II. Porter plus loin ou ailleurs (espace ou temps). ♦ 1° Transcrire sur un autre document, un autre registre. — *(Dans un compte ; en lithogr., phot.)* Faire un report (3°). ♦ 2° *(Bourse).* Être le reporteur dans une opération de report. *Faire reporter des titres. Acheteurs à terme qui font reporter leur position, vendeurs à terme qui reportent leur position.* ♦ 3° Renvoyer à plus tard. V. **Remettre.** *Reporter une décision à un moment plus favorable.* ♦ 4° REPORTER SUR : appliquer à une chose ou à une personne (ce qui revenait à une autre). « *Elle reporta sur cette tête d'enfant toutes ses vanités éparses, brisées* » (FLAUB.). Pronom. *Leur affection s'est reportée sur lui.* — *Reporter ses voix sur un autre candidat.* ◇ *Jeu.* Miser (un gain sur un nouveau numéro, un nouveau cheval). *Reporter la moitié, le tout sur tel numéro.* ♦ 5° SE REPORTER. *v. pron.* Se référer (à qqch.). *Se reporter au texte d'une loi. Reportez-vous au chapitre II.*

2. REPORTER [R(ə)pɔrtɛr]. *n. m.* (1829 ; de l'angl. *reporter*, du v. *to report* « relater », d'o. fr. V. **Reporter**). Journaliste spécialisé dans le reportage, qui fait un reportage. V. **Correspondant, envoyé** (spécial). Recomm. offic. : *reporteur.* « *Un remarquable reporter, sûr de ses informations, rusé, rapide, subtil... une vraie valeur pour le journal* » (MAUPASS.). ◇ Par ext. *Reporter photographe. Reporter de la radio ou radio reporter. Reporter-cameraman.* (Recomm. offic. : *reporteur d'images*).

REPORTEUR [R(ə)pɔrtœr]. *n. m.* (1855 ; de *reporter*). ♦ 1° *(Bourse).* Celui qui, dans une opération de report, achète au comptant des titres et les revend à terme. ♦ 2° *Techn.* Ouvrier qui reporte les dessins. *Reporteur lithographe.* ♦ 3° (1973). Télév. *Reporteur d'images,* journaliste chargé de recueillir des éléments d'information visuels. (Recomm. offic. pour *reporter-cameraman*).

REPOS [R(ə)po]. *n. m.* (1080 ; de *reposer*). ♦ 1° Le fait de se reposer (III, 1°), l'état d'une personne qui se repose ; le temps pendant lequel on se repose. *Prendre du repos ; se reposer. Accorder, donner un peu de repos à qqn.* V. **Délassement, récréation, pause.** *Jour de repos* (V. **Férié**). *Repos dominical, hebdomadaire, annuel.* V. **Congé, vacance(s) ; loisir.** « *Je ne prends jamais ce qu'il est convenu d'appeler des* « *vacances* ». *Mon vrai repos consiste à changer de travail* » (DUHAM.). *Cure de repos. Maison de repos,* clinique où des gens malades, surmenés se reposent. Loc. *Sans repos ni cesse ; sans repos ni trêve.* V. **Arrêt, relâche, répit.** ◇ (*Littér.*) Sommeil. « *Chacun était plongé dans un profond repos* » (LA FONT.). ◇ L'une des positions militaires réglementaires, moins rigide que le garde-à-vous (la jambe gauche légèrement en avant, la main gauche appuyée sur la boucle du ceinturon). — Commandement ordonnant cette position. *Garde à vous !... Repos !* ◇ (En parlant de la terre) *Laisser périodiquement la terre en repos.* V. **Friche, jachère.** ♦ 2° *Littér.* ou *didact.* Immobilité, inaction. « *L'entendement une fois exercé à la réflexion ne peut plus rester en repos* » (ROUSS.). V. **Inactif ; inertie.** — *Muscles à l'état de repos.* ◇ AU REPOS : immobile. *Animal au repos. Machine au repos.* Phys. État d'un corps qui est immobile par rapport à un système de référence. *Masse au repos :* masse d'un corps au repos. ♦ 3° État d'une personne que rien ne vient troubler, déranger. V. **Paix, tranquillité.** *Il ne peut trouver de repos* (V. **Inquiet**). *Troubler le repos de qqn. Laisser qqn en repos. Avoir la conscience en repos,* tranquille. — DE TOUT REPOS *(banque) :* sûr. « *Le louis d'or, le* « *trois-pour-cent* », *les valeurs dites de tout repos* » (DUHAM.). — Cour. *C'est une situation, une affaire de tout repos :* sûre, qui ne donne aucun souci. ◇ Moment de calme (dans les événements, la santé, la nature, etc.). V. **Accalmie, détente, répit.** « *Ce repos des eaux et de*

la maison, cette singulière tranquillité des arbres... » (BOSCO).
♦ 4° (Littér.) *Le repos de la mort, de la tombe. Troubler le repos des morts :* insulter à leur mémoire. — Relig. *Le repos éternel :* l'état de béatitude des âmes qui sont au ciel. ♦ 5° *Mus.* Endroit d'une mélodie où se termine une phrase musicale. — Pause rythmique ou syntaxique, dans un texte. V. **Coupe.** *Repos dans un vers.* V. **Césure.** ◊ ANT. *Travail, effort, mouvement. Agitation, trouble.*

REPOSANT, ANTE [ʀ(ə)pozɑ̃, ɑ̃t]. *adj.* (1877; de *reposer* 1). Qui repose. V. **Apaisant, délassant, distrayant.** *Vacances reposantes.* « *Sa conversation était plutôt reposante* » (MAU-PASS.). *Lumière reposante pour la vue.* ◊ ANT. *Fatigant.*

REPOSE [ʀ(ə)poz]. *n. f.* (1611, mus.; *repouse* « repos », v. 1380; de *re*-, et *pose*). *Techn.* Pose (d'un élément, d'un appareil) précédemment enlevé.

REPOSÉ, ÉE [ʀ(ə)poze]. *adj.* (XIIᵉ; p. p. de *reposer* 1). Qui s'est reposé; qui ne présente plus de traces de fatigue. V. **Délassé, frais.** *Teint, visage reposé.* — Qui est dans un état de calme, de repos. *Avoir l'esprit libre et reposé.* ◊ Loc. *adv.* (v. 1740) À TÊTE REPOSÉE : à loisir, en prenant le temps de réfléchir. « *Il faut réfléchir à tête reposée sur une semblable cause, elle est tout exceptionnelle* » (BALZ.). ◊ ANT. *Fatigué, las ; agité.*

REPOSE-BRAS [ʀəpozbʀɑ]. *n. m. invar.* (1974; de *reposer*, et *bras*). Accoudoir de la banquette d'une automobile. V. **Appui-bras.** *Repose-bras central, séparant les deux places arrière.*

REPOSÉE [ʀ(ə)poze]. *n. f.* (1375; « halte, repos », 1170; de *reposer* 1). *Vén.* Lieu où un animal se retire et se repose pendant le jour.

REPOSE-PIED [ʀəpozpje]. *n. m. invar.* (1907; de *reposer*, et *pied*; Cf. Cale-pied). Appui fixé au cadre d'une motocyclette, où l'on peut poser le pied. — Appui pour poser les pieds, sur certains fauteuils.

1. REPOSER [ʀ(ə)poze]. *v.* (1120; *repauser*, xᵉ; bas lat. *repausare.* V. **Poser**).
I. *V. intr.* ♦ 1° *Littér.* Rester immobile ou allongé de manière à se délasser. *Il ne dort pas, il repose.* ◊ *Par ext.* Dormir. — (Sujet de chose) « *Tout reposait dans Ur et dans Jérimadeth* » (HUGO). ♦ 2° *(D'un mort).* Être étendu. *Le lit sur lequel il reposait était entouré de six grands cierges.* — Être enterré (à tel endroit). « *Il y est mort et il y repose* » (STE-BEUVE). *Ici repose...* V. **Ci-gît.** ♦ 3° REPOSER SUR... : être établi, fondé sur. V. **Appuyer** (s'appuyer sur), **poser.** — (Concret) « *Les architraves reposaient sur des piliers trapus...* » (FLAUB.). — (Abstrait) « *Le monde matériel repose sur l'équilibre, le monde moral sur l'équité* » (HUGO). *Raisonnement qui repose sur une hypothèse* (Cf. Avoir pour base). « *Il dit que le sort de la prochaine guerre reposerait sur l'artillerie* » (ROMAINS). V. **Dépendre** (de). ♦ 4° Se dit d'un liquide qu'on laisse immobile afin que les matières en suspension se déposent au fond du récipient. *Laisser reposer du vin.* ◊ *Cuis.* Se dit d'une pâte qu'on cesse de travailler.
II. *V. tr.* ♦ 1° Mettre dans une position qui délasse; appuyer (sur). « *J'ai reposé mon front sur mon fusil sans poudre, me prenant à penser...* » (VIGNY). ♦ 2° Délasser (par l'arrêt d'une activité ou par un changement d'activité). *Cette lumière douce repose la vue. Se reposer l'esprit.* — Absolt. « *La conversation... repose et l'on s'y laisse aller comme à un mouvement naturel* » (GIDE). V. **Reposant.**
III. SE REPOSER (XVIᵉ). *v. pron.* ♦ 1° Cesser de se livrer à une activité fatigante; abandonner une position pénible de manière à faire disparaître une sensation de fatigue. V. **Délasser** (se), **détendre** (se). « *Dieu... se reposa le septième jour, après avoir achevé tous ses ouvrages* » (BIBLE). « *Paresse : habitude prise de se reposer avant la fatigue* » (RENARD). *Je n'ai pas le temps de me reposer.* V. **Souffler** (Cf. Reprendre haleine). — Loc. fam. *Se reposer sur ses lauriers,* se contenter d'un premier succès. ♦ 2° Se dit de la terre qu'on s'abstient de cultiver afin de lui rendre sa fertilité. — (Sans pronom) *Laisser reposer la terre :* la laisser en friche, en jachère. ♦ 3° Être, vivre dans l'inaction. « *Sitôt donc qu'une partie des hommes se repose, il faut que le concours des bras de ceux qui travaillent supplée à l'oisiveté de ceux qui ne font rien* » (ROUSS.). ♦ 4° SE REPOSER SUR (1538) : faire confiance à (une personne, une chose), se décharger sur (qqn) d'un soin, d'un travail. V. **Compter** (sur). « *Ce que j'ai dit est dit : repose-toi sur moi* » (REGNARD).
◊ ANT. *Fatiguer, lasser, travailler; agiter.*
2. REPOSER [ʀ(ə)poze]. *v. tr.* (XIXᵉ; *repoisier* « poser », xvᵉ; de *re*-, et *poser*). ♦ 1° Poser de nouveau (ce qu'on a soulevé). « *Pardieu! répondit George en reposant le verre...* » (GAUTIER). — Milit. *Reposez arme!* commandement militaire; le mouvement que prescrit ce commandement. ♦ 2° Poser de nouveau (ce qu'on a enlevé); remettre en place. *Faire reposer une moquette, une serrure.* V. **Repose.** ♦ 3° Poser de nouveau (une question, un problème). *Reposer la question de confiance.* Pronom. *Le problème se repose dans les mêmes termes.*

REPOSE-TÊTE [ʀəpoztɛt]. *n. m. invar.* (1965; de *reposer*, et *tête*). Partie supérieure d'un dossier de fauteuil, d'un siège de véhicule, destinée à y appuyer la tête. *Le repose-tête d'un siège de train.*

REPOSOIR [ʀ(ə)pozwaʀ]. *n. m.* (1680; « lieu où l'on se repose », *reposouer*, 1373; de *reposer* 1). Support en forme d'autel sur lequel le prêtre dépose le saint sacrement au cours d'une procession. « *Le ciel est triste et beau comme un grand reposoir* » (BAUDEL.). — Meuble sur lequel on place l'hostie consacrée, dans une église, la chambre d'un malade.

REPOUSSAGE [ʀ(ə)pusaʒ]. *n. m.* (1870; de *repousser* 1). ♦ 1° *Techn.* Procédé manuel de modelage à froid, employé pour obtenir, en relief sur le métal, des ornements ou des formes, à l'aide d'un marteau choquant un outil qui, par contrecoup, emboutit la tôle. *Le repoussage se distingue de l'estampage mécanique par un procédé mécanique. Repoussage artistique.* V. **Repoussé.** ♦ 2° *Par ext.* Emboutissage mécanique. *Repoussage au tour.*

REPOUSSANT, ANTE [ʀ(ə)pusɑ̃, ɑ̃t]. *adj.* (1611, « peu accueillant »; de *repousser* 1). Qui inspire la répulsion, le dégoût ou l'aversion. V. **Répulsif.** *Il est d'une laideur repoussante.* V. **Affreux, hideux, monstrueux.** *Saleté repoussante.* V. **Dégoûtant, répugnant.** *Odeur repoussante.* V. **Fétide, infect.** « *Elle trouvait tout en lui repoussant. Sa manière de manger, de prendre du café, de parler, lui donnait des crispations nerveuses* » (MÉRIMÉE). ◊ ANT. *Affriolant, alléchant, appétissant, attirant, attrayant, engageant.*

REPOUSSE [ʀ(ə)pus]. *n. f.* (1790; de *repousser* 2). Action de repousser. *La repousse du gazon. Traitement pour la repousse des cheveux.*

REPOUSSÉ, ÉE [ʀ(ə)puse]. *adj.* et *n. m.* (1875; subst., 1870; de *repousser* 1). ♦ 1° *Cuir repoussé,* façonné par repoussage. « *Plaques d'or repoussées et ciselées...* » (LOTI). ♦ 2° *N. m.* Relief obtenu par repoussage. *Par ext. Un repoussé,* un ouvrage façonné par repoussage.

REPOUSSEMENT [ʀ(ə)pusmɑ̃]. *n. m.* (1538; de *repousser* 1). *Vx.* Action de repousser (1). — *Spécialt.* Repoussement d'une arme à feu. V. **Recul.**

1. REPOUSSER [ʀ(ə)puse]. *v. tr.* (v. 1382; de *re*- « en arrière », et *pousser*). ♦ 1° Pousser (qqn) en arrière, faire reculer loin de soi. V. **Écarter, éloigner.** « *Loin de répondre à ses caresses, je la repoussai avec dédain* » (Abbé PRÉVOST). *Repousser l'ennemi, l'envahisseur.* V. **Culbuter, refouler.** *Par ext. Repousser les invasions, les assauts, les attaques.* ◊ Ne pas accueillir, ou accueillir mal. V. **Bannir, chasser, éconduire, rabrouer, rembarrer.** « *Son obstination à me séduire et à me repousser...* » (LOUŸS). *Il l'a repoussé avec brusquerie* (Cf. fam. Envoyer bouler*; éjecter). ◊ *Par ext. Il n'y a rien en lui qui me repousse ou qui m'attire.* V. **Dégoûter, déplaire.** ♦ 2° (v. 1580). Pousser (qqch.) en arrière ou en sens contraire, écarter brusquement de soi (qqch. qui gêne). *Une chaise qu'il avait repoussée du pied.* — (Sujet de chose) *Matière électrisée qui attire ou repousse les corps légers.* — Pronom. *Les électrons se repoussent.* ♦ 3° *Techn.* Façonner par repoussage. *Repousser au marteau, au repoussoir une feuille de métal* (V. **Repoussé**). ♦ 4° *Fig.* Refuser d'accepter, de céder à. V. **Rejeter.** « *Il repousse la pitié qui l'importune* » (VAUVEN.). « *Un bon esprit repousse tout ce qui est contraire à la raison...* » (FRANCE). *Repousser les conseils, les supplications, les offres.* V. **Décliner.** « *Votre demande d'augmentation est repoussée* » (ZOLA). ♦ 5° (emploi critiqué) Remettre à plus tard. V. **Différer.** ◊ ANT. *Attaquer; céder. Accueillir, attirer; accepter, admettre.*
2. REPOUSSER [ʀ(ə)puse]. *v.* (1600; de *re*- « de nouveau », et *pousser*). ♦ 1° V. tr. Rare. Produire de nouveau. V. **Pousser.** « *Cet arbre a repoussé de plus belles branches* » (LITTRÉ). ♦ 2° V. intr. *Cour.* Pousser de nouveau. *Les feuilles repoussent.* V. **Regain.** « *Où mon cheval a passé, l'herbe ne repousse pas* » (paroles d'Attila, cité par A. BERTHELOT), rien ne subsiste. *Laisser repousser sa barbe.*

REPOUSSOIR [ʀ(ə)puswaʀ]. *n. m.* (1429; de *repousser* 1). ♦ 1° *Techn.* Nom de divers outils servant à extraire des chevilles, des clous. — Ciseau qui sert dans le travail du repoussage. ◊ *Cour.* Petit instrument en forme de spatule, qui sert à repousser la peau sur les ongles. « *La manucure changeait de lime, de repoussoir, de vernis* » (ARAGON). ♦ 2° *Peint.* (1762). Élément du tableau au ton plus vigoureux, placé de façon à mettre en valeur un autre élément ou à produire, par contraste, un effet de profondeur. « *Sans avoir besoin de repoussoirs et d'ombres exagérées dans leur vigueur, il obtient d'étonnants effets de clarté* » (GAUTIER). ◊ *Fig.* et *cour.* Se dit de toute chose ou personne qui sert à faire valoir une autre par opposition, par contraste. *Servir de repoussoir.* « *Des femmes qui se choisissent, comme repoussoir, des amies d'une laideur rassurante* » (GAUTIER). ◊ Absolt. *C'est un repoussoir,* se dit d'une femme laide.

RÉPRÉHENSIBLE [ʀepʀeɑ̃sibl(ə)]. *adj.* (1314; bas lat. *reprehensibilis,* de *reprehendere* « blâmer »). Qui mérite d'être repris, blâmé, réprimandé. — *(Personnes)* Rare. « *Il* *est très répréhensible* » (ACAD.). V. **Coupable**. — (Choses) *Un acte répréhensible*. V. **Blâmable, condamnable**. ◇ ANT. *Irrépréhensible, irréprochable*.

RÉPRÉHENSION [repreɑ̃sjɔ̃]. *n. f.* (XVᵉ; « hésitation », XIIᵉ; lat. *reprehensio*, de *reprehendere*). *Vx.* Action de reprendre. V. **Blâme, réprimande**. ◇ ANT. **Approbation**.

REPRENDRE [ʀ(ə)pʀɑ̃dʀ(ə)]. *v.*; conjug. *prendre* (v. 1132, « rattraper [qqn] »); lat. *reprehendere*, ou de *re-*, et *prendre*, pour *certains sens*).

I. *V. tr.* **A** (Aux sens de *prendre*. V. **Prendre**). ♦ 1º (1150). Prendre de nouveau (ce qu'on a cessé d'avoir ou d'utiliser). *Reprendre la plume. Reprendre le collier*. Reprendre les armes. Reprendre sa place.* V. **Regagner, retrouver**. *Reprendre sa route. Le plateau de Mont-Saint-Jean fut pris, repris, pris encore... Cette lutte dura deux heures* » (HUGO). *Reprendre son bien*. V. **Recouvrer**. *Reprendre connaissance; reprendre ses esprits, ses sens.* V. **Revenir** (à soi). *Reprendre haleine, souffle :* se reposer un instant. « *Tant, à nous voir marcher avec un tel visage, Les plus épouvantés reprenaient de courage!* » (CORN.). « *Elle passait pour une veuve qui était en train de reprendre le dessus* » (AYMÉ). « *Cette lecture l'avait lentement tiré de sa torpeur, l'avait aidé à reprendre contact avec le monde* » (MART. du G.). ◇ *Prendre* (ce qu'on avait donné). « *Rendez-moi, lui dit-il, mes chansons et mon somme. Et reprenez vos cent écus* » (LA FONT.). *Reprendre sa parole** (I, 6º). *Reprendre sa liberté.* — *Spécialt.* Prendre et rembourser le prix de (ce qui a été vendu). *Article en solde qui ne peut être ni échangé, ni repris.* ♦ 2º *Reprendre de* (qqch.) : en prendre une seconde fois. « *Quand on aime bien quelque chose, il me semble qu'on n'a qu'une idée : c'est d'en reprendre* » (ANOUILH). *Reprendre du vin.* Loc. *Reprendre du poil* de la bête.* ♦ 3º *(Premier sens attesté).* Prendre de nouveau (qqn qu'on avait abandonné ou laissé échapper). *Reprendre un évadé.* V. **Rattraper**. *Reprendre un ancien domestique.* « *Si je suis galante et perfide..., pourquoi t'acharnes-tu à me reprendre et à me garder?* » (SAND). *On ne m'y reprendra plus,* je ne me laisserai plus prendre, tromper. ◇ (Sujet de chose) *Mon rhumatisme m'a repris.* « *Hélas! toutes ses irrésolutions l'avaient repris* » (HUGO). *Voilà que ça le reprend!* — Au passif. « *Repris par mon vieil enthousiasme, je lui parlais sans me lasser...* » (ALAIN-FOURNIER). ♦ 4º Se livrer de nouveau, après une interruption, à (une occupation, un état quelconque). V. **Remettre** (se). *Reprendre un travail, ses habitudes. Reprendre ses fonctions :* rentrer en fonction. *Reprendre la lutte, l'offensive.* V. **Recommencer**. *Ils reprenaient leur entretien.* V. **Renouer**. — (Sujet de chose) *Les moqueries reprenaient leur train. La vie reprend son cours :* son évolution normale. ◇ *Spécialt.* Prendre de nouveau la parole pour dire (telle ou telle chose). *Il « reprit d'une voix éteinte.. : Non, je ne vous en veux plus!* » (FLAUB.). — (En incise) « *Ami, reprit le coq...* » (LA FONT.). ♦ 5º (1694, *mar.*). Remettre la main à (qqch.) pour améliorer. *Reprendre un mur.* V. **Réparer**. — *Reprendre un vêtement,* y faire une retouche; *spécialt.* le rétrécir. — Mar. *Reprendre un hauban,* le raidir lorsqu'il a pris du mou. — *Reprendre un tableau,* un fond. V. **Retoucher**. *Reprendre un article,* le corriger, le refaire. ♦ 6º Adopter de nouveau (ce qui avait été conçu par d'autres ou en d'autres temps), en adaptant et en renouvelant par un apport personnel. *Reprendre une politique, un programme.* « *L'idée mère, c'était de reprendre ou de paraître reprendre la politique de Marat* » (JAURÈS). V. **Continuer**. ♦ 7º *Par ext.* Redire, répéter. « *L'orchestre joue un refrain d'opérette tandis que, que reprennent en sourdine toutes les lèvres* » (MART. du G.). ◇ *Spécialt. (Vx)* Récapituler. — Mod. *Reprendre l'histoire par le détail :* remonter au commencement. « *Reprendre un fait dès ses commencements* » (LA BRUY.). **B** (1174; lat. *reprehendere*). Faire à (qqn) une observation sur une erreur, ou une faute qu'il a commise. V. **Désapprouver; blâmer, réprimander**. *Le professeur reprend un élève qui se trompe.* V. **Corriger**. « *Elle reprenait ma mère sur un grain de sel, une goutte de vinaigre* » (DUHAM.). *Il l'a repris vertement.* V. **Place** (remettre à sa), **rembarrer**. — (1549) Vx. *Être repris de justice,* être l'objet d'une condamnation pénale. V. **Repris de justice**. ◇ *Reprendre qqch.* V. **Blâmer, censurer, condamner, critiquer**. « *Ce que ces beaux censeurs en moi peuvent reprendre* » (MOL.). *Trouver à reprendre à qqch.* V. **Redire**. **C** *V. pron.* SE REPRENDRE. ♦ 1º *Réfl.* Se ressaisir en retrouvant la maîtrise de soi ou en corrigeant ses erreurs. « *Il fallait que Thérèse eût le temps de se reprendre : c'était la surprise qui avait eu raison d'elle* » (MAURIAC). ♦ 2º S'y reprendre à deux fois, à plusieurs fois, recommencer. ♦ 3º *Se remettre à...* « *Là-dessus, il se reprit à penser à son père* » (ARAGON). ♦ 4º *Récipr. On se quitte parfois pour se reprendre.*

II. *V. intr.* (XIVᵉ, « faire de nouvelles racines »). ♦ 1º Reprendre vie, vigueur (après un temps d'arrêt, de faiblesse). *Arbre transplanté qui a été long à reprendre.* V. **Repousser**. — *Par ext.* « *La France refit de la richesse. Comme on dit, les affaires reprirent* » (BAINVILLE). ♦ 2º Recommencer. *Les cours reprendront à telle date* (V. **Rentrée, reprise**). *La*

fusillade reprend de plus belle. « *La crise reprenait avec une violence nouvelle* » (MART. du G.).

◇ ANT. **Redonner**. — *Laisser, quitter; cesser. Approuver.*

REPRÉSAILLES [ʀ(ə)pʀezaj]. *n. f. pl.* (1401; lat. médiév. *represalia,* p.-ê. d'apr. l'it. *rappresaglia,* de *riprendere* « reprendre »). ♦ 1º Droit de violence, illicite en soi, que prend un État pour répondre à un acte également illicite (violation du droit des gens) accompli par un autre État. *User de représailles. Par représailles.* « *Ils avaient instauré leur système de représailles, par un avis diffusé le 22 août...* » (BEAUVOIR). ♦ 2º *Par ext.* Se dit de toute riposte individuelle à un mauvais procédé (V. **Vengeance**). « *Il craignait les représailles des créanciers* » (MONTHERLANT). *Exercer des représailles* (Cf. *Rendre le mal pour le mal*). V. **Venger** (se). « *Ces plaisanteries... n'étaient après tout que des représailles exercées sur lui par ses amis* » (BALZ.). — *(Au sing.) Rare.* « *Un goût morose de représaille* » (A. HERMANT). ◇ ANT. *Pardon.*

REPRÉSENTABLE [ʀ(ə)pʀezɑ̃tabl(ə)]. *adj.* (1754; « qui représente, symbolise », XIIIᵉ; de *représenter*). ♦ 1º Qui peut être représenté, reproduit ou évoqué. *L'évolution d'un phénomène est représentable par un graphique.* ♦ 2º *Arg. scol.* Autorisé à se représenter, en parlant d'un candidat.

REPRÉSENTANT [ʀ(ə)pʀezɑ̃tɑ̃]. *n. m.* (XVᵉ); adj., « qui représente, a de la prestance »; de *représenter*, II).

I. (1508). Personne qui représente qqn. ♦ 1º Personne qui représente, qui a reçu pouvoir d'agir au nom de qqn. V. **Agent, délégué, envoyé, mandataire; correspondant**. *Le mandat, la mission d'un représentant. Représentant qui parle au nom de qqn.* V. **Porte-parole, truchement**. *Envoyer un représentant. Représentants en justice.* V. **Avoué, avocat**. *Les représentants de Dieu, de la divinité sur la terre :* les prêtres. V. **Prêtre**. ◇ Se dit des descendants d'un héritier en ligne directe, qui viennent à la succession au rang et à la place de cet héritier (dans une succession *ab intestat*). ♦ 2º (1680). Personne qui est désignée par un groupe, une société, une personne morale, etc., pour agir en son nom. *Le représentant d'un syndicat.* ◇ (1748) Personne qui a été élue par le peuple pour le représenter. *Les représentants des citoyens, du peuple. La France a élu ses représentants.* V. **Député, parlementaire, sénateur**. Aux États-Unis, en Belgique, *la Chambre des représentants.* ♦ 3º Personne désignée pour représenter un État, un gouvernement, auprès d'un autre. V. **Diplomate; ambassadeur, chargé** (d'affaires), **commissaire** (haut-commissaire), **consul, ministre** (II, 3º), **résident**. *Représentant accrédité auprès de qqn.* — *Représentant du Saint-Siège.* V. **Légat, nonce**. ◇ *Par anal.* Personne faisant partie d'une délégation, d'une équipe nationale, dans une réunion internationale. ♦ 4º (1875). « *Personne qui fait profession de passer ou de proposer des contrats pour une ou plusieurs maisons de commerce* » (CAPITANT). V. **Commis** (3º), **courtier** (1º), intermédiaire, placier. *Représentant multi-carte*. Représentant de commerce qui voyage.* V. **Voyageur** (de commerce). « *Je suis le représentant d'une grosse maison belge de papeterie* » (ROMAINS). Au fém. *Une représentante* [ʀ(ə)pʀezɑ̃tɑ̃t]

II. (XVIIIᵉ, « espèce analogue à d'autres »). Personne, animal, chose que l'on considère comme type (d'une classe, d'une catégorie). V. **Type**. *Animal qui est le seul représentant de son espèce.* « *Déclarer que l'on se considère soi-même comme le plus parfait représentant de nos jours, du classicisme, quoi de plus immodeste!* » (GIDE). V. **Modèle**.

◇ ANT. (de I) *Commettant, mandant.*

REPRÉSENTATIF, IVE [ʀ(ə)pʀezɑ̃tatif, iv]. *adj.* (v. 1380; de *représenter*). ♦ 1º Qui représente (qqch. d'autre); qui en tient lieu ou a pour but de le rendre sensible. *Emblème représentatif d'une idée.* ♦ 2º (1764). Qui concerne la représentation du peuple par des personnes désignées (généralement élues), pour l'exercice du pouvoir. « *Dans le gouvernement représentatif, il n'est pas de lois constitutives aussi importantes que celles qui garantissent la pureté des élections* » (ROBESPIERRE). « *Je préférerais un système plus représentatif encore* » (RENAN). *Mandat représentatif. Assemblée représentative.* V. **Parlementaire, parlementarisme**. ♦ 3º *Psycho.* Qui représente à l'esprit un objet dont il prend connaissance. *Perception, imagination représentative.* — *Par ext.* « *Y a-t-il des états affectifs purs, c'est-à-dire vides de tout élément intellectuel, de tout contenu représentatif...?* » (RIBOT). *L'espace représentatif et l'espace géométrique.* ♦ 4º (XXᵉ). Propre à représenter une classe, qui la représente bien. V. **Typique**. *Un garçon représentatif de la jeune génération.* ◇ *Fam.* Qui a une belle prestance. *Il est très représentatif.*

REPRÉSENTATION [ʀ(ə)pʀezɑ̃tasjɔ̃]. *n. f.* (1250; lat. *repræsentatio,* de *repræsentare*).

I. Action de mettre devant les yeux ou devant l'esprit de qqn. ♦ 1º *Vx* ou *Dr.* Production, présentation. *Représentation d'acte* (pouvant servir de titre ou de preuve). V. **Exhibition**. ♦ 2º Le fait de rendre sensible (un objet absent ou un concept) au moyen d'une image, d'une figure, d'un signe, etc. (V. **Représenter**). *Représentation d'un objet par une* *figure, d'un phénomène par un tracé. Système de représentation des sons musicaux.* V. **Notation.** — *Spécialt.* Action de représenter (la réalité extérieure) dans les arts plastiques. *La représentation réaliste, stylisée de la réalité dans les arts figuratifs*. Représentation du visage humain.* « *Nous commençons à deviner que la représentation est un moyen de style, non le style un moyen de la représentation* » (MALRAUX). — *(Rare)* Le fait de représenter par le langage. V. **Description, évocation.** ♦ 3° (1370). L'image, la figure, le signe qui représente. V. **Emblème, signe, symbole diagramme, graphique, plan, schéma.** *Une représentation fidèle, erronée.* ◇ Ce qui est peint, sculpté, écrit *(rare)*, conformément à une réalité extérieure. *Les représentations de la nativité dans l'art d'Occident.* « *Même si le propos de l'auteur est de donner la représentation la plus complète de son objet, il n'est jamais question qu'il raconte tout,... »* (SARTRE). ♦ 4° *Vieilli* (1718). Le fait de présenter à qqn les inconvénients de ses actes en manière de reproche. V. **Observation, remontrance.** ♦ 5° *Psycho.* Processus par lequel une image est présentée aux sens. *La perception, représentation d'un objet par le moyen d'une impression.* V. **Perception.** « *On est accessible à la crainte dans la mesure où la représentation du mal futur est intense,... ».* (RIBOT). V. **Évocation.** ◇ Image, combinaison d'images. « *Cette enveloppe de représentations auditives et visuelles qu'est le langage* » (LANSON). ♦ 6° Le fait de représenter une pièce au public, en la jouant sur la scène. V. **Comédie, spectacle.** *Donner une, des représentations. Première représentation d'une pièce.* V. **Première.** *Représentation de gala, en matinée, en soirée.* ♦ 7° Le fait de représenter (I, 8°). *Être en représentation* : se faire valoir, se montrer. « *Presque tous ceux que je connais sont en représentation* » (MAUPASS.). *Train de vie auquel certaines personnes sont tenues, en raison de leur situation. Allocation pour frais de représentation.*

II. ♦ 1° *Dr.* Le fait de remplacer (qqn), d'agir à sa place (dans l'exercice d'un droit). *Représentation du mandant par le mandataire. Représentation en justice,* charge d'agir en justice (en demande ou en défense) pour une autre personne. ◇ Dans une succession, Le fait de prendre la part et la place d'un héritier en ligne directe décédé. ♦ 2° Action de représenter à l'étranger. *Représentation diplomatique.* V. **Diplomatie.** ◇ *Par ext.* Ensemble des services qui sont chargés de cette représentation (ambassade, légation). ♦ 3° (*h. XIV*ᵉ; 1772). Le fait de représenter (le peuple, la nation), dans l'exercice du pouvoir. V. **Délégation, élection, mandat, suffrage.** *La représentation du peuple, du pays. La représentation proportionnelle « assure une représentation des minorités dans chaque circonscription... »* (DUVERGER). ◇ *Par ext.* Ceux qui représentent le peuple. V. **Représentant.** *La représentation communale, nationale, syndicale.* ♦ 4° Le fait de passer des contrats pour le compte d'une maison de commerce; métier de représentant de commerce. *Faire de la représentation.*

REPRÉSENTATIVITÉ [ʀ(ə)pʀezatativite]. *n. f.* (1954; de *représentatif*). *Didact.* ♦ 1° Caractère d'un organe politique qui représente le peuple, la nation. *La représentativité d'une assemblée.* ♦ 2° Caractère d'une personne qui a qualité pour parler ou agir au nom d'une autre. *Cette délégation n'a aucune représentativité.*

REPRÉSENTER [ʀ(ə)pʀezɑ̃te]. *v. tr.* (xIIᵉ; lat. *repræsentare* « rendre présent », de *præsens* « présent »).

I. Rendre présent, rendre sensible. ♦ 1° *Vx, Dr.* Exposer, mettre devant les yeux, montrer. V. **Exhiber.** ♦ 2° (1270). Présenter à l'esprit, rendre sensible (un objet absent ou un concept) en provoquant l'apparition de leur image au moyen d'un autre objet qui leur ressemble ou qui leur correspond. V. **Désigner, évoquer, exprimer.** *Représenter une abstraction par un emblème, un symbole.* V. **Symboliser.** — *Par ext.* En parlant du signe lui-même. « *La monnaie est un signe qui représente la valeur de toutes les marchandises* » (MONTESQ.). « *On ne peut pas dire que le pronom remplace le nom, il le représente* » (BRUNOT). ◇ *Spécialt.* Évoquer ou indiquer par un procédé graphique, plastique (dessin, peinture, photographie, sculpture). V. **Dessiner, exprimer, figurer, peindre, rendre.** *Représenter fidèlement un objet* (V. **Imiter, reproduire**), *le représenter en interprétant, en déformant* (V. **Caricaturer**). — (En parlant de l'image) « *Ce que le tableau représente véritablement c'est une fête flamande à la campagne...* » (TAINE). — (Théâtre) *La scène représente un salon, une rue.* ♦ 3° Faire apparaître, à l'esprit, par le moyen du langage. V. **Décrire, dépeindre.** « *L'historien représentera-t-il les faits dans leur complexité?* » (FRANCE). — *Par ext. On le représente souvent comme un aventurier* : on fait de lui un aventurier. ♦ 4° *Vieilli* ou *littér.* Faire observer respectueusement (à qqn) en mettant en garde ou en reprochant. V. **Remontrer.** « *Il représenta au maréchal la nécessité de défendre les murs aux malheurs de la capitale* » (CHATEAUB.). ♦ 5° Rendre présent à l'esprit, à la conscience (un objet qui n'est pas perçu directement). « *Le mot ne lui représentait que l'idée du libertinage le plus abject* » (STENDHAL). — SE REPRÉSENTER QQCH. : former dans son esprit (l'image d'une réalité absente),

évoquer (une réalité passée). V. **Concevoir, figurer (se), imaginer (s'), voir** *(fig.).* « *Pour se représenter une situation inconnue, l'imagination emprunte des éléments connus et, à cause de cela, ne se la représente pas* » (PROUST). « *Je ne pouvais plus me représenter son visage* » (MAURIAC). V. **Souvenir (se).** *Représentez-vous ma surprise.* V. **Juger (de).** ♦ 6° Présenter (une chose) à l'esprit par association d'idées (sans être un signe choisi). V. **Évoquer, rappeler.** « *Toute sa personne velue représentait un ours* » (LA FONT.). — *Par ext.* Présenter à l'esprit en incarnant (avec l'influence du sens II). *Personne qui représente une tendance.* « *Tous avaient conscience de représenter une fraction de la grande force prolétarienne* » (MART. du G.). — *Par ext.* (En parlant de choses identiques), équivalentes) V. **Constituer** (3°), **correspondre** (à), **être.** *L'épargne représente une privation.* ◇ Équivaloir à... *Cela représente plus d'un million. Cela ne représente pas grand-chose pour un homme si riche.* ♦ 7° (xvIᵉ). Montrer (une action) à un public par des moyens scéniques. *Troupe qui représente une pièce, un spectacle.* V. **Donner, interpréter, jouer.** « *Avec quelque succès que l'on ait représenté mon Alexandre...* » (RAC.). — *Par ext. Représenter un auteur. Se faire représenter* (qqn). ◇ Mettre en scène (qqn). « *Les Marquis, les Précieuses, les Cocus et les Médecins ont souffert doucement qu'on les ait représentés...* » (MOL.). ♦ 8° *V. intr.* (1694). Donner à autrui une impression d'importance par son attitude, son maintien, son comportement social. V. **Imposer (en).** « *Le palais (de Versailles) a coûté 153 millions...; quand un roi veut représenter, c'est à ce prix qu'il se loge* » (TAINE). — *Par ext.* « *Vous représentez... vous avez une jolie figure... une jolie taille...* » (MIRBEAU).

II. (1283). Tenir la place de qqn, agir en son nom..., en vertu d'un droit, d'une charge qu'on a reçu(e). V. **Remplacer.** *Représenter en justice.* V. **Postuler.** *Le ministre s'était fait représenter par son chef de cabinet. Représenter un groupe; un gouvernement.* ◇ Être représentant (I, 4°) de. « *Il représentait diverses compagnies d'assurances* » (DUHAM.). — *Par ext. Représenter une marque de voitures.*

III. (xIIIᵉ). Présenter de nouveau. SE REPRÉSENTER. v. pron. *Se représenter à un examen, aux élections.* — *Idée qui se représente à l'esprit.*

RÉPRESSIBLE [ʀepʀesibl(ə)]. *adj.* (1793; du lat. *reprimere*). Qui peut être réprimé. ⊘ ANT. **Irrépressible.**

RÉPRESSIF, IVE [ʀepʀesif, iv]. *adj.* (1795; *h. XIV*ᵉ, méd.; du rad. de *répression*). Qui sert à réprimer. *Loi répressive. Les moyens répressifs de la société.* — Qui réprime. « *L'action répressive que la collectivité exerce sur le faible, le malade, l'inadapté...* » (SARTRE).

RÉPRESSION [ʀepʀesjɔ̃]. *n. f.* (*Répression d'un sentiment,* 1372; lat. médiév. *repressio,* de *reprimere.* V. **Réprimer**). ♦ 1° (1802). Action de réprimer (2°). V. **Châtiment, expiation, punition.** *Répression d'un crime.* — Absolt. *Le droit criminel traite de la répression.* ◇ *Spécialt.* Le fait d'arrêter par la violence un mouvement de révolte collectif. V. **Étouffement.** « *La conquête dirigée vers l'intérieur du pays s'appelle propagande... ou répression* » (CAMUS). *Mesures de répression.* « *L'insurrection et la répression ne luttent point à armes égales* » (HUGO). ♦ 2° (repris du sens primitif de *répression*). *Psycho.* Rejet conscient et volontaire d'une motivation (le *refoulement* est involontaire).

RÉPRIMANDE [ʀepʀimɑ̃d]. *n. f.* (*Réprimende,* 1549; de *réprimer*). Blâme destiné à amender, et qui est adressé avec autorité, sévérité, à un inférieur. V. **Admonestation, avertissement, blâme, correction, objurgation, observation, remontrance, répréhension** (vx), **représentation** (I, 4°), **reproche, semonce, sermon** (Cf. *fam.* et *pop.* Engueulade, savon). *Faire des réprimandes* (Cf. Faire la morale). « *Il ne jugea pas nécessaire... de prononcer une réprimande* » (DUHAM.). « *Un air d'autorité pour prononcer une réprimande* » (STENDHAL). — *Spécialt. Dr. pén.* Blâme infligé par le tribunal au mineur qui a commis une contravention. ⊘ ANT. **Compliment.**

RÉPRIMANDER [ʀepʀimɑ̃de]. *v. tr.* (*Réprimender,* 1615; de *réprimande*). Blâmer avec autorité, d'une manière formelle, pour amender et corriger. V. **Admonester, blâmer, gourmander, gronder, houspiller, reprendre, semoncer, sermonner, tancer** (Cf. *fam.* Attraper, disputer; remettre à sa place, secouer les puces, sonner les cloches*, tirer les oreilles; *pop.* Engueuler). *Réprimander un enfant.* « *Les pères et les maîtres n'ont jamais assez tôt tancé, corrigé, réprimandé, flatté, menacé* » (ROUSS.). ⊘ ANT. **Complimenter, féliciter, jouer.**

RÉPRIMER [ʀepʀime]. *v. tr.* (1314; *repremer,* xIIIᵉ; lat. *reprimere*). ♦ 1° *Méd.* Arrêter l'effet, l'action de. « *La tisane réprime la grande ardeur de la fièvre* » (FURET.). ◇ (xIVᵉ) *Cour.* Empêcher (un sentiment, une tendance) de se développer, de s'exprimer. V. **Contenir, contraindre, modérer, refréner** (Cf. Imposer silence). « *Réprimer les explosions de son amour-propre blessé* » (BALZ.). *Réprimer sa colère. Un instinct, une envie que nous ne pouvons réprimer* (V. **Incoercible, irrépressible**). — *Par ext.* « *Sa bouche, contractée, parvint* *à réprimer un sanglot...* » (MART. du G.). V. **Retenir.** ♦ 2° Empêcher (une chose jugée condamnable ou dangereuse pour la société) de se manifester, de se développer. V. **Châtier, punir; sévir.** « *Ce qui est désordre, violence, attentat au droit d'autrui, doit être réprimé sans pitié* » (RENAN). « *Il fallait, coûte que coûte, réprimer impitoyablement l'insurrection...* » (MART. du G.). V. **Étouffer.** ◇ ANT. **Encourager. Permettre, tolérer.**

REPRISAGE [ʀ(ə)pʀizaʒ]. *n. m.* (1870; de *repriser*). Raccommodage par reprise. *Le reprisage des chaussettes.*

REPRIS DE JUSTICE [ʀ(ə)pʀidʒystis]. *n. m.* (1835; de *reprendre* [I, B], et *justice*). Individu qui a été l'objet d'une ou de plusieurs condamnations pour infraction à la loi pénale. V. **Condamné, récidiviste.** « *Rue de Rivoli, on avait arrêté un dangereux repris de justice...* » (ROMAINS). *Des repris de justice.*

REPRISE [ʀ(ə)pʀiz]. *n. f.* (XIIIᵉ; de *reprendre*). **I.** Action de reprendre (I); son résultat. ♦ 1° (1330). Action de prendre ce qu'on avait laissé, donné. « *Ce héros obscur qui avait assisté à deux cents prises et reprises de villes* » (GONCOURT). *Reprise d'une marchandise vendue.* ◇ Dr. (1694) *Droit de reprise,* droit pour les époux de reprendre certains biens à la cessation du régime matrimonial. ♦ 2° (1310) Action de faire de nouveau après une interruption. *Reprise d'une activité. La reprise des hostilités.* ◇ Spécialt. (1760) *Reprise d'une pièce de théâtre,* le fait de la jouer de nouveau. — (1690) *Mus.* Seconde exécution d'un fragment de morceau de musique. *La reprise des violons. Signe de reprise* (double barre). ◇ À PLUSIEURS REPRISES (1559) : *loc. adv.* marquant la répétition. *À maintes reprises, à différentes reprises.* V. **Souvent.** « *Elle répétait cette phrase à vingt reprises, d'une voix monotone...* » (ZOLA). *À deux, trois reprises,* deux, trois fois. ♦ 3° Chaque partie d'une action recommencée plusieurs fois. ◇ Spécialt. (Manège, 1680) Chacune des parties d'une leçon d'équitation ou de dressage après laquelle le cavalier et le cheval se reposent. — *Par ext.* Les cavaliers qui travaillent ensemble. ◇ Chacune des parties d'un assaut d'escrime, d'un match de boxe (V. **Round**). « *Les cinq minutes passées, la reprise se fit* » (HUGO). ◇ Fragment musical noté comme devant être répété. V. **Refrain.** ♦ 4° (1611, « réparation »). *Techn.* Réfection d'un mur, d'un pilier. *Reprise en sous-œuvre,* réparation de la partie inférieure d'un mur, etc. ♦ 5° (1762). Raccommodage d'un tissu dont on cherche à reconstituer le tissage. « *Des reprises assez visibles, et faites par une main plus habituée à tenir l'épée que l'aiguille* » (GAUTIER). *Reprise perdue,* qui ne se voit pas. ♦ 6° (D'une automobile, d'un moteur). *Reprise de vitesse* ou absolt. *Reprise* (1932), accélération en prise directe, à très basse vitesse. « *L'auto roule uniment, sans arrêts ni reprises...* » (BEAUVOIR). — *Par ext.* Accélération (plus ou moins efficace) après un ralentissement. *Une voiture de sport qui a de bonnes reprises.* ♦ 7° (1945). Objets mobiliers, équipements divers qu'un locataire rétrocède, pour un prix convenu, au locataire qui lui succède, et qui doit les lui « reprendre ». *Payer dix mille francs de reprise en louant un appartement. Par ext.* La somme elle-même. « *C'est extrêmement coûteux... des commissions, des pourboires, des reprises...* » (AYMÉ).

II. Le fait de reprendre (II). ♦ 1° (1598). Le fait de reprendre vie, vigueur (plante). — *Par ext.* (1875) Le fait de prendre un nouvel essor après un moment d'arrêt, de crise. « *Reste l'emprunt, en attendant la reprise des affaires...* » (BAINVILLE). ♦ 2° Le fait de recommencer, de revenir. *La reprise des cours a lieu en septembre. La reprise d'une mode.* ◇ ANT. **Don; arrêt, interruption** (des hostilités, etc.).

REPRISER [ʀ(ə)pʀize]. *v. tr.* (1836; de *reprise,* I, 5°). Raccommoder en faisant une ou plusieurs reprises. V. **Raccommoder, ravauder, stopper.** « *Elle s'endormait sur la chaise, après dîner, en reprisant des chaussettes* » (R. ROLLAND). — P. p. « *User jusqu'à la corde nos vêtements cent fois reprisés...* » (DUHAM.). Absolt. *Aiguille, coton, œuf à repriser.*

REPRISEUSE [ʀ(ə)pʀizøz]. *n. f.* (1840; de *repriser*). Vieilli. Ouvrière qui reprise (des bas, des dentelles).

RÉPROBATEUR, TRICE [ʀepʀɔbatœʀ, tʀis]. *adj.* (1787; lat. *reprobator,* de *reprobare.* V. **Réprouver**). Qui marque, exprime la réprobation. *Ton réprobateur. Regard sévère, réprobateur.* V. **Improbateur.** ◇ ANT. **Approbateur, approbatif.**

RÉPROBATION [ʀepʀɔbasjɔ̃]. *n. f.* (1496; lat. *reprobatio,* de *reprobare.* V. **Réprouver**). ♦ 1° Jugement par lequel qqn est réprouvé; jugement de Dieu à l'encontre des pécheurs impénitents. V. **Malédiction.** ♦ 2° (1835). Blâme sévère contre (ce qu'on rejette). V. **Anathème, blâme.** « *La réprobation judiciaire... de la dernière croisade* » (STE-BEUVE). ◇ *Par ext.* Désapprobation vive, sévère. V. **Condamnation.** « *Une secrète réprobation entoure en France celui qui paie l'impôt* » (SIEGFRIED). « *Il jette aux passants un regard chargé de réprobation* » (DUHAM.). ◇ ANT. **Salut. Justification. Apologie, approbation.**

REPROCHABLE [ʀ(ə)pʀɔʃabl(ə)]. *adj.* (XIIIᵉ; de *repro-*

cher). ♦ 1° *Rare.* Qui mérite, encourt des reproches. « *L'ingratitude des enfants n'est pas toujours une chose aussi reprochable qu'on le croit* » (HUGO). V. **Blâmable, critiquable.** ♦ 2° Dr. *Témoin reprochable.* V. **Récusable.** ◇ ANT. **Irréprochable, irrécusable.**

REPROCHE [ʀ(ə)pʀɔʃ]. *n. m.* (1170; « honte », 1080; de *reprocher.* REM. Souvent fém. au XVᵉ au XVIIᵉ). ♦ 1° Blâme formulé à l'encontre de qqn, jugement défavorable sur un point particulier, pour inspirer la honte ou le regret (V. **Blâme**), pour amender, corriger (V. **Admonestation, objurgation, remontrance, réprimande, semonce**). *Paroles de reproche. Graves reproches. Léger reproche.* V. **Observation, remarque.** *Faire des reproches à qqn.* « *Ces jours-là je me fais de grands reproches* » (DUHAM.). « *Il vint trouver votre père, l'accabla de reproches* » (MUSS.). — (Sans idée de blâme moral) V. **Critique, objection.** « *Le plus mortel reproche que puisse encourir une jeune revue, c'est d'être pudibonde* » (GIDE). FAIRE REPROCHE *à qqn de sa conduite.* V. **Imputer** (à crime); Cf. Faire un crime de... — *Par ext. Un ton, un air de reproche.* « *Ses beaux yeux pleins de surprise, de tristesse et de reproche* » (MONTHERLANT). ◇ SANS REPROCHE(S) : à qui on ne peut adresser de reproches, qui n'a pas de torts. V. **Parfait; irréprochable.** « *Ces créatures sans reproche et sans souillure* » (HUGO). *Le chevalier sans peur et sans reproche :* Bayard. — *Loc. adv.* Sans prétendre faire de reproches. « *Ces quatre cents écus en or que monsieur le marquis, soit dit sans reproche, avait oubliés dans les fontes de ses pistolets* » (VIGNY). ♦ 2° *Fig. et littér.* Événement, chose, personne qui constitue un reproche. « *Je m'en repentirai, mais Mᵐᵉ de Staël se dresse comme un reproche entre moi et tous mes projets* » (B. CONSTANT). ♦ 3° Dr. *Reproche de témoin :* le fait de récuser, de rejeter le témoin. ◇ ANT. **Compliment.**

REPROCHER [ʀ(ə)pʀɔʃe]. *v. tr.* (XIIᵉ; *reprochier* « rappeler une chose désagréable », 1132; lat. pop. *°repropriare* « rapprocher, mettre devant les yeux », et par ext. « remontrer, représenter »). ♦ 1° Représenter (à qqn), en le blâmant (une chose condamnable ou fâcheuse dont on le tient pour responsable). V. **Grief** (faire), **honte** (faire), **imputer** (à faute). « *Il reprochait à ses camarades leur ignorance et leur sottise* » (DUHAM.). « *Pendant quatre ans, les combattants de « 14 » reprochèrent à ceux de 40 d'avoir perdu la guerre* » (SARTRE). — (Rare) « *Il me voulut reprocher que j'avais mangé tout son bien* » (RAC.). *Je ne vous reproche rien :* se dit pour atténuer une observation qui pourrait être interprétée comme un reproche. SE REPROCHER QQCH. : s'imputer à faute, se considérer comme responsable de qqch. « *Tous individus qui ne s'aiment guère, se reprochent mutuellement leurs vilenies* » (LÉAUTAUD). « *Quelquefois, je me reprochais de manquer de courage* » (BOSCO). ◇ (Avec un compl. de chose) « *Ce que je reproche au naturalisme... c'est l'immondice de ses idées* » (HUYSMANS). ♦ 2° (XIIIᵉ; spécialisation du premier sens attesté). *Reprocher un service à qqn :* le lui rappeler en l'accusant d'ingratitude. « *Un bienfait reproché tient toujours lieu d'offense* » (RAC.). ♦ 3° Dr. Demander que l'on écarte (un témoin) en invoquant une cause précise. V. **Récuser.** *Reprocher un témoin pour cause de parenté.* « *À mesure qu'il se présentait un témoin, madame Goëzman commençait par le reprocher* » (BEAUMARCH.). ◇ ANT. **Excuser; complimenter, féliciter.**

REPRODUCTEUR, TRICE [ʀ(ə)pʀɔdyktœʀ, tʀis]. *adj.* et *n. m.* (1762; du rad. de *reproduction*). ♦ 1° Qui sert à la reproduction, concerne la reproduction animale ou végétale. *Cellules reproductrices.* V. **Gamète.** *Organes reproducteurs.* V. **Génital.** *Glandes reproductrices :* les gonades. ♦ 2° Qui est employé à la reproduction. *Cheval reproducteur* (V. **Étalon**). — N. m. *Les reproducteurs,* les animaux employés à la reproduction. V. **Géniteur.** ♦ 3° *Fig.* Qui reproduit. *Imagination reproductrice.*

REPRODUCTIBILITÉ [ʀ(ə)pʀɔdyktibilite]. *n. f.* (mil. XXᵉ; de *reproductible*). *Didact.* Faculté d'être reproduit; caractère de ce qui peut être reproduit. *Reproductibilité des êtres vivants. Bonne reproductibilité d'un document.*

REPRODUCTIBLE [ʀ(ə)pʀɔdyktibl(ə)]. *adj.* (1798; du rad. de *reproduction*). *Didact.* Qui peut être reproduit.

REPRODUCTIF, IVE [ʀ(ə)pʀɔdyktif, iv]. *adj.* (1760; du rad. de *reproduction*). *Didact.* De la reproduction. *Potentiel reproductif d'un organisme vivant. Phase reproductive de la vie.*

REPRODUCTION [ʀ(ə)pʀɔdyksjɔ̃]. *n. f.* (1690, « action par laquelle une chose renaît », le reproduire, d'apr. *production*). Action de reproduire, de se reproduire. **I.** ♦ 1° Fonction par laquelle les êtres vivants produisent d'autres êtres vivants semblables à eux-mêmes; production d'êtres vivants par la génération. V. **Génération.** « *Cette abominable loi de la reproduction qui fait de la femme normale une simple machine à pondre des êtres* » (MAUPASS.). *Reproduction sexuée* (V. **Sexe**) *des végétaux, des animaux. Organes de reproduction.* V. **Gamète, gonade.** *Reproduction sans mâle.* V. **Parthénogenèse.** *Reproduction asexuée.* V. **Bourgeonnement, gemmation, scissiparité, sporulation.** ♦ 2° Action de se reproduire ou de faire se reproduire. *Rapprochement des individus mâle et femelle pour la reproduction.* V. **Accouplement, coït**; et *(zoot.)* **Appareillement, monte, saillie.** *Reproduction par insémination artificielle. Jument poulinière, destinée à la reproduction. Méthode de reproduction, en zootechnie.* V. **Croisement, hybridation, métissage, sélection.** *La reproduction des plus aptes.* V. **Eugénique.** — *Reproduction des plantes par semis* (V. **Semence, semer**), *par bouture.*

II. (XVIIIe, « action de recréer, de reconstruire »). Action de reproduire par imitation, par répétition; ce qui est ainsi reproduit. ♦ 1° (V. **Reproduire** [I, 2°]). *La reproduction de la nature par l'art* (réalisme, naturalisme). V. **Imitation.** — *Reproduction inversée d'un objet dans un miroir.* V. **Image, reflet.** *Reproduction des sons par le phonographe.* ♦ 2° (1870). Nouvelle publication, nouvelle impression d'un texte (V. **Édition**). *Reproduction d'un article dans un journal.* ◇ Copie (d'un écrit, d'un objet). *Le délit de contrefaçon suppose la reproduction matérielle et la mauvaise foi. Reproduction interdite. Reproduction des modèles de robes.* ♦ 3° Le fait de reproduire (une image, un texte ou un matériel), d'en multiplier les exemplaires par un procédé technique approprié. *Reproduction d'un tableau. Droit de reproduction,* droit appartenant à l'auteur d'un texte, d'une œuvre littéraire, artistique ou au propriétaire d'une fabrication industrielle, d'en autoriser la diffusion par reproduction. Absolt. « *La reproduction a créé des arts fictifs... en faussant systématiquement l'échelle des objets* » (MALRAUX). *Procédés de reproduction.* V. **Autocopie, gravure** (3°), **imprimerie, photographie, polycopie, reprographie, xérographie.** *Reproduction au stencil, au duplicateur, au moyen d'un cliché.* ◇ *Par ext.* Image obtenue en partant d'un original, au moyen d'un procédé de reproduction. *Reproductions en noir et en couleurs.* « *Une haïssable reproduction lithographique de la Sainte Face* » (BLOY).

III. (1758). Écon. *Reproduction simple :* reconstitution du capital (les plus-values étant consommées). *Taux de reproduction :* taux d'accroissement du capital.

REPRODUCTRICE [R(ə)pRɔdyktRis]. *n. f.* (1964; du rad. de *reproduction*). Machine à cartes perforées, permettant de reproduire sur des cartes vierges les données de cartes perforées; servant aussi à perforer en série, à compléter un fichier, etc.

REPRODUIRE [R(ə)pRɔdɥiR]. *v. tr.;* conjug. *produire.* V. **Conduire** (1600, « produire de nouveau »; de *re-*, et *produire*).

I. ♦ 1° (XVIIIe). Répéter, rendre fidèlement, donner l'équivalent de (qqch.). *Un récit qui reproduit la réalité.* V. **Imiter, représenter; rendre.** « *Une de ces Hollandaises graves et froides que le pinceau de l'école flamande a si bien reproduites* » (BALZ.). — *Reproduire un son.* « *Parmi les phonographes, il y en a qui reproduisent en grinçant et en nasillant* » (ALAIN). ◇ *Imiter* (l'apparence, le comportement, les gestes de qqn). *Reproduire un geste.* ♦ 2° (Deuxième moitié XIXe). Faire qu'une chose déjà produite paraisse de nouveau; créer, faire exister des choses semblables ou identiques à (un modèle). V. **Copier.** « *Ça n'a pas été reproduit, on faisait tout unique pour madame de Pompadour* » (BALZ.). *Tableau reproduit à des milliers d'exemplaires. Reproduire un dessin, un texte, par un procédé technique particulier* (V. **Imprimer, lithographier, photocopier, photographier, polycopier**). *Machine à reproduire.* ♦ 3° *Par ext.* Constituer une réplique, une image de. *Objets qui reproduisent un modèle.* V. **Exemplaire.**

II. SE REPRODUIRE. *v. pron.* (1712). ♦ 1° Produire des êtres vivants semblables à soi-même, par la génération (V. **Reproduction**, I). *Se reproduire par scissiparité, par génération sexuée.* V. **Engendrer, multiplier** (se), **perpétuer** (se). *Espèce qui se reproduit abondamment.* V. **Proliférer, propager** (se). ♦ 2° Se produire de nouveau. V. **Recommencer, répéter** (se). *Faits qui se reproduisent régulièrement.* « *Les mêmes fautes d'orthographe s'y reproduisaient avec une tranquillité profonde* » (HUGO). *Veillez à ce que cela ne se reproduise plus.*

REPROGRAPHIE [RəpRɔgRafi]. *n. f.* (1963; de *repro*[duction], et *-graphie*). Techn. Ensemble des procédés de reproduction de documents écrits. V. **Duplication, photocopie.**

REPROGRAPHIER [RəpRɔgRafje]. *v. tr.* (v. 1969; de *reprographie*). Reproduire (un document) par reprographie. *Reprographier une circulaire.* V. **Reproduire, photocopier.**

RÉPROUVÉ, ÉE [RepRuve]. *n.* (v. 1820; adj., « méprisé, méprisable », 1375; de *réprouver*). Personne rejetée par les hommes, par la société. *Vivre en réprouvé.* « *Il était comme les réprouvés qui n'ont plus permission de se mêler aux autres hommes ou seulement de s'approcher d'eux* » (RAMUZ). ◇ (1608) Relig. Personne rejetée par Dieu. V. **Damné.** Fig. et vieilli. *Visage, figure de réprouvé :* sinistre. ⊗ ANT. **Élu, juste.**

RÉPROUVER [RepRuve]. *v. tr.* (1370; *repruver* « reprocher », 1080; lat. *reprobare* « rejeter, condamner », de *probare*). ♦ 1° Rejeter en condamnant (ce qui paraît odieux,

criminel). V. **Blâmer, condamner, détester, maudire, rejeter.** « *L'ambition qu'à la conquête n'était pas réprouvée par la morale publique* » (FUSTEL). — Vx. *Réprouver qqn.* — Mod. Au p. p. « *Désavoué maintenant par les siens, réprouvé, repoussé* » (MADELIN). V. **Réprouvé.** ◇ *Par exagér. Réprouver l'attitude de qqn.* V. **Critiquer, désavouer.** *Réprouver un projet.* ♦ 2° (1280). Théol. Rejeter et destiner aux peines éternelles. V. **Maudire; damner.** ⊗ ANT. **Approuver.**

REPS [Rɛps]. *n. m.* (1812; Cf. angl. *reps*, 1860; *reps*, 1867; o. i.). Tissu d'ameublement d'armure toile, à côtes perpendiculaires aux lisières, qui se fait en soie (ou rayonne) et laine, laine et coton ou en coton. « *Et ils se trouvèrent assis, séparés par une table, dans la chambre de reps rouge* » (ARAGON).

REPTATION [Rɛptasjɔ̃]. *n. f.* (1836; lat. *reptatio*). Action de ramper. Mode de locomotion de certains animaux, dans lequel le corps progresse sur sa face ventrale, par des mouvements d'ensemble. — Par ext. *Exercices de reptation* (de personnes). ◇ Fig. « *Une suprême habileté dans la reptation politique* » (DANIEL-ROPS).

REPTILE [Rɛptil]. *adj. et n. m.* (1530; *reptiles*, n. f. pl., 1314; lat. ecclés. *reptile; de reptilis* « rampant »). ♦ 1° Vx. *Adj.* (1532). Qui rampe, qui se traîne sur le ventre. *Les animaux reptiles :* rampants. — Fig. et littér. « *Âmes reptiles* » (HUGO). ♦ 2° N. m. Vx. Animal rampant. — On appelait *reptiles les chenilles, les vers, les serpents, les lézards.* ◇ Mod. et cour. (XVIIIe) Serpent. « *L'horreur occidentale du reptile* » (COLETTE). « *Du reptile tranché, les deux tronçons se tordent* » (VALÉRY). ♦ 3° Zool. *N. m. pl.* (Déb. XIXe). LES REPTILES : classe d'animaux vertébrés tétrapodes (mais dont les membres sont souvent atrophiés ou absents), généralement ovipares, à température variable (à « sang froid »), à respiration pulmonaire, à peau couverte d'écailles, et dont beaucoup sont venimeux. — *Classification des reptiles :* crocodiliens; ophidiens (ex. : serpent); sauriens (ex. : lézard); chéloniens (ex. : tortue). « *On ne peut douter que les reptiles... n'aient donné lieu, d'un côté, à la formation des oiseaux, et de l'autre, à celle des mammifères amphibies* » (LAMARCK). Au sing. *Le crocodile est un reptile. Reptile fossile.* V. **Tyrannosaure.** ♦ 4° Fig. Personne de caractère bas et rampant.

REPTILIEN, IENNE [Rɛptiljɛ̃, jɛn]. *adj.* (1890; de *reptile*). Relatif aux reptiles. « *Le plus ancien oiseau connu, l'Archéoptérix... avait des plumes, mais aussi des dents, un squelette presque purement reptilien* » (M. PRENANT).

REPU, UE [Rəpy]. *adj.* (XVe; *repeu* de « garni de », v. 1310; de *repaître*). ♦ 1° Qui a mangé à satiété (*personne ou animal*). V. **Gavé, rassasié.** *Lion repu. Je suis repu.* ♦ 2° Fig. Assouvi. *Je suis repu de théâtre.* « *La haine inassouvie est repue à la fois* » (VERLAINE). ⊗ ANT. **Affamé. Inassouvi.**

RÉPUBLICAIN, AINE [Repyblikɛ̃, ɛn]. *adj. et n.* (1658; subst., « habitant d'une république », 1586; de *république*). I. ♦ 1° Qui est partisan de la république, lui est favorable. *L'esprit républicain et démocrate. Journal républicain. Le mouvement républicain populaire* (M.R.P.). — (En parlant des personnes) Il « *était républicain, sagement, au nom de la justice et du bonheur de tous* » (ZOLA). ◇ Subst. (av. 1630) *Un, une républicain(e) :* un partisan de la république. « *Que demande un républicain? La liberté du genre humain* » (La Carmagnole, chanson). ♦ 2° (1740). Relatif à la république, à une république; de la république. *Constitution républicaine.* « *Les hommes sont tous égaux dans le gouvernement républicain* » (MONTESQ.). « *Les principes républicains de 89 pénètrent partout...* » (MART. du G.). — Spécialt. *Le calendrier républicain.* V. **Calendrier.** *Les soldats républicains,* et subst. *Les Républicains. La garde républicaine. Un garde républicain.* V. **Garde** (2). ♦ 3° (Aux États-Unis). *Le parti républicain* (depuis 1854), parti de tendance fédéraliste, libéral et conservateur. « *Le parti républicain est, par essence, celui de la richesse organisée, de la grande production capitaliste* » (SIEGFRIED). *Subst.* Membre, électeur de ce parti. *Les Républicains et les Démocrates.*

II. *N. m.* (1828). Zool. Nom donné à certains oiseaux du groupe des tisserins, qui édifient des nids sous un abri commun.

⊗ ANT. **Aristocratique, autocratique, monarchique; monarchiste, royaliste.**

RÉPUBLICANISER [Repyblikanize]. *v. tr.* (1792; de *républicain*). Vieilli. Rendre républicain. Ériger en république. Pronom. *Se républicaniser,* devenir républicain.

RÉPUBLICANISME [Repyblikanism(ə)]. *n. m.* (1750; de *républicain*). Doctrine, opinions des partisans de la république. « *Je ne veux pas répondre à certains reproches de républicanisme...* » (ROBESPIERRE).

RÉPUBLIQUE [Repyblik]. *n. f.* (v. 1410; lat. *res publica* « chose publique »).

I. Forme de gouvernement où le pouvoir et la puissance ne sont pas détenus par un seul, et dans lequel le chef de l'État (V. **Président**) n'est pas héréditaire; État ainsi gouverné. ♦ 1° (En parlant du régime). « *L'esprit de la république est *la paix et la modération* » (MONTESQ.). « *Qu'est-ce que le gouvernement de la République? le gouvernement des partis, ou rien* » (MAURRAS). *République démocratique, populaire, sociale, socialiste; libérale, conservatrice. Vivre en république.* — Fam. *On est en république!* se dit pour protester contre une interdiction, une contrainte. « *Tu répondras : merde. On est en République, il me semble* » (QUENEAU). ♦ 2° (En parlant à la fois du régime et de l'État ainsi gouverné). Hist. *La république romaine*, et absolt. *La République*, se dit du régime de la Rome antique. LA RÉPUBLIQUE FRANÇAISE : se dit du régime politique français ou de la France sous ce régime. — *Absolt.* (et souvent avec la majuscule) « *La République une et indivisible* », voilà ce qui est sorti de la *Déclaration des droits de l'homme et du citoyen. C'est de cette République-là que nous sommes républicains* » (PÉGUY). *Liberté, égalité, fraternité, devise de la République. Marianne, emblème de la République. Président de la République.* « *La République nous appelle* » (M.-J. CHÉNIER). — *Allus. hist.* État, cité qui est en république. *Une république.* — Hist. *Les républiques de la Grèce antique* (Athènes, Sparte...). — *La république de Genève* (XVIIIᵉ s.). — Mod. *La République argentine. L'Union des Républiques socialistes soviétiques* (U.R.S.S.).

II. (Au sens du lat., 1520). ♦ 1° *Vx.* L'organisation politique de la société, la chose publique. V. **Cité.** « *De toutes les dépenses de la république, l'entretien de l'armée de la raison est la plus considérable* » (ROUSS.). ♦ 2° *Spécialt.* (XVIIIᵉ). *Vx.* État, gouvernement légitime, où le pouvoir exécutif est « le ministre du souverain » (*opposé à* dictature, tyrannie). « *J'appelle donc république tout État régi par des lois, la monarchie elle-même est république* » (ROUSS.). ♦ 3° Par ext. (*Vx* ou *littér.*). Société organisée, corps politique, communauté. ◇ Fig. et littér. *La république des lettres :* les gens de lettres. « *Être journaliste, c'est passer proconsul dans la république des lettres* » (BALZ.).

◈ ANT. Despotisme, monarchie.

RÉPUDIATION [ʀepydjɑsjɔ̃]. *n. f.* (1342; lat. *repudiatio*). ♦ 1° Acte par lequel l'un des conjoints répudie l'autre (dans certaines civilisations). « *La répudiation se fait par la volonté et pour l'avantage d'une des deux parties, indépendamment de la volonté et de l'avantage de l'autre* » (MONTESQ.). ♦ 2° Fig. Action de rejeter (un sentiment, une opinion, etc.); son résultat. « *Sa conduite dans cette occasion parut la répudiation de ses principes* » (ACAD.). ♦ 3° Dr. Acte par lequel on renonce (à un droit). *Répudiation d'une succession, d'un legs.*

RÉPUDIER [ʀepydje]. *v. tr.* (1260; a. fr. *répuier* « repousser »; lat. *repudiare*). ♦ 1° (Dans certaines civilisations). Renvoyer (sa femme) en rompant le mariage selon les formes légales et par une décision unilatérale. V. **Répudiation.** *Le « roi des Arabes, dont il avait répudié la fille pour prendre Hérodias* » (FLAUB.). — Par ext. *Répudier son mari.* ♦ 2° Rejeter, repousser (un sentiment, une idée, etc.). V. **Renoncer** (à). « *Il répudiait tout ce qu'il avait tenu pour indubitable* » (MART. du G.). « *Je répudiai toute opinion personnelle* » (GIDE). *Répudier sa foi, ses engagements, ses devoirs.* V. **Abandonner, renier.** ♦ 3° Dr. Renoncer volontairement à. *Répudier une succession, la nationalité française.* ◇ ANT. **Épouser; accepter.**

RÉPUGNANCE [ʀepynɑ̃s]. *n. f.* (XIIIᵉ; « opposition, contradiction »; lat. *repugnantia*). ♦ 1° Vive sensation d'écœurement, mouvement de recul que provoque une chose très sale ou qu'on ne peut supporter. V. **Répulsion.** *Causer de la répugnance à qqn.* « *J'ai vu une femme honnête frissonner d'horreur à l'approche de son époux. Cette sorte de répugnance nous est presque inconnue* » (DIDER.). « *Les répugnances qui lui soulevaient le cœur* » (ZOLA). ◇ (Av. 1680) Vif sentiment de mépris, de dégoût qui fait qu'on évite (qqn, qqch.). V. **Répulsion; horreur.** *Avoir une grande répugnance pour le mensonge.* ♦ 2° Hésitation, manque d'enthousiasme à l'égard d'une action ou d'une entreprise, impossibilité ou difficulté psychologique de faire qqch. *Faire qqch. avec répugnance :* Cf. À contrecœur*. V. **Rechigner, renâcler.** « *Leur répugnance vaniteuse à laisser leur enfant épouser un ouvrier* » (ZOLA). « *La prudence du gouvernement français, sa répugnance à la guerre* » (BAINVILLE). ◇ ANT. **Attirance, goût.**

RÉPUGNANT, ANTE [ʀepynɑ̃, ɑ̃t]. *adj.* (1213; « contraire, contradictoire »; *de répugner*) (XVIIᵉ). ♦ 1° Qui inspire de la répugnance physique. *Taudis d'une saleté répugnante.* V. **Dégoûtant.** « *Mouillé par les baisers et les pleurs répugnants, il agonisait de dégoût et de peur* » (R. ROLLAND). *Odeur répugnante.* V. **Écœurant, fétide, infect.** *Laideur répugnante.* V. **Repoussant.** ♦ 2° (Au moral). Action répugnante. V. **Détestable, exécrable, hideux.** « *Cette éducation qui considérait comme 'répugnante' toute confidence sexuelle* » (H. BAZIN). — *Individu répugnant.* V. **Abject, ignoble.** ◇ ANT. **Alléchant, désirable, séduisant.**

RÉPUGNER [ʀepyne]. *v. tr.* (1213, « résister à »; 1549, « être contradictoire »; lat. *repugnare* « lutter contre, être en contradiction avec »).

I. *V. tr. indir.* RÉPUGNER À. ♦ 1° (XVIᵉ-XVIIᵉ). Éprouver

de la répugnance pour (qqch.). « *Personnellement il ne répugnait pas à la perspective d'une guerre* » (ROMAINS). « *Sa jeune fierté répugnait à paraître parmi la noblesse de la province* » (GAUTIER). ♦ 2° (1718). Inspirer de la répugnance à (qqn); faire horreur. *Cette nourriture lui répugne.* V. **Dégoûter, déplaire.** « *La maîtresse du Prussien... Ah! non, par exemple! Il est affreux, il me répugne...* » (ZOLA). — Impers. *Il lui répugne d'avoir à quémander.*

II. *V. tr.* Dégoûter, rebuter (qqn). « *Labre, dont la vermine et la puanteur répugnaient les hôtes mêmes des étables* » (HUYSMANS).

◇ ANT. **Attirer, charmer.**

RÉPULSIF, IVE [ʀepylsif, iv]. *adj.* (1495; rare av. 1705; d'apr. le rad. de *repulsus*, lat. *repellere* « repousser »). ♦ 1° *Phys.* Qui repousse; qui est relatif à la répulsion. *Forces répulsives,* qui s'exercent entre deux corps pour les écarter l'un de l'autre. ♦ 2° *Littér.* Qui inspire de la répulsion. V. **Repoussant, répugnant.** « *Une froideur et une viscosité répulsives se répandirent rapidement sur toute la surface du corps* » (BAUDEL.). ◇ ANT. **Attirant, attractif.**

RÉPULSION [ʀepylsjɔ̃]. *n. f.* (1746; « action de repousser l'ennemi », 1450; lat. tardif *repulsio,* de *repellere* « repousser »). ♦ 1° *Phys.* Phénomène par lequel deux corps se repoussent mutuellement. *Répulsion électrique. Répulsion de l'aimant.* ♦ 2° (1829). Répugnance physique ou morale à l'égard d'une chose ou d'un être qu'on repousse. V. **Dégoût, écœurement.** « *Voici la drogue... singulièrement odorante, à ce point qu'elle soulève une certaine répulsion* » (BAUDEL.). *Inspirer de la répulsion.* V. **Antipathie, aversion, phobie.** « *Il la néglige, la rudoie, semble éprouver pour elle une répulsion insurmontable, un dégoût irrésistible* » (MAUPASS.). ◇ ANT. **Attirance, attraction, désir, envie, goût.**

RÉPUTATION [ʀepytasjɔ̃]. *n. f.* (1370; lat. *reputatio,* littéral. « compte, évaluation »). ♦ 1° Le fait d'être honorablement connu du point de vue moral. V. **Gloire; honneur.** *Compromettre, ternir, perdre sa réputation.* « *Il est presque toujours en notre pouvoir de rétablir notre réputation* » (LA ROCHEF.). *Un individu sans réputation, sans honneur. Nuire à la réputation de qqn. Perdre qqn de réputation :* le déshonorer, le diffamer. — *Spécialt. La réputation d'une femme :* son honneur. « *Une femme perdue de réputation* » (VIGNY). ♦ 2° Le fait d'être célèbre, d'être avantageusement connu pour sa valeur. « *Rien n'est si utile que la réputation et rien ne donne la réputation si sûrement que le mérite* » (VAUVEN.). V. **Célébrité, considération, renommée.** *Acquérir de la réputation. Soutenir sa réputation. Vivre sur une réputation usurpée.* « *Les critiques, qui font les réputations sans jamais pouvoir s'en faire une* » (BALZ.). ◇ (En parlant d'une chose) *Réputation d'une maison de commerce* (V. **Renom**), *d'une station touristique* (V. **Vogue**). « *Un chocolat dont la réputation croît sans cesse* » (BRILLAT-SAV.). « *Les ouvrages célèbres dès le début gardent longtemps leur réputation* » (FRANCE). ♦ 3° Le fait d'être connu honorablement ou fâcheusement. *Jouir d'une excellente réputation.* « *Une amie plus âgée, qui avait mauvaise réputation dans le pays* » (PROUST). — *Connaître de réputation :* pour en avoir entendu parler. — (D'une chose) *Maison, rue qui a une mauvaise réputation.* (Cf. Mal famé*). ◇ RÉPUTATION DE : Le fait d'être considéré comme..., de passer pour.... « *Cette réputation de menteurs que les gens du Nord ont faite aux Méridionaux* » (DAUD.). « *Les poètes se sont fait une réputation de couardise on ne peut plus méritée* » (GAUTIER). *Elle « a sa réputation d'avoir bon cœur* » (MONTHERLANT). ◇ ANT. **Décri. Obscurité.**

RÉPUTÉ, ÉE [ʀepyte]. *adj.* (1875; V. **Réputer**). Qui jouit d'une grande réputation. V. **Célèbre, connu, estimé, fameux, renommé.** *Lieu réputé. Un des restaurants les plus réputés de la capitale.* — (Avec un compl.) « *Celle-ci était réputée pour ses connaissances* » (ZOLA).

RÉPUTER [ʀepyte]. *v. tr.* (1261; lat. *reputare* « compter, évaluer »). ♦ 1° *Rare* (suivi d'un attribut). Tenir pour, considérer comme. V. **Croire, regarder** (comme). « *S'il est chaste, on le répute pédéraste; c'est la règle* » (FLAUB.). ♦ 2° *Cour.* ÊTRE RÉPUTÉ (et attribut) : qui est tenu pour, considéré comme. « *La Fronde est réputée pour une des périodes les plus amusantes de l'histoire de France* » (MICHELET). « *Les enfants nés de l'union d'un citoyen avec une étrangère étaient réputés bâtards* » (FUSTEL). ◇ Avoir la réputation de, passer pour. « *Cette portion de la bonne société londonienne, qui est réputée ne pas engendrer la mélancolie* » (P. BENOIT).

REQUÉRABLE [ʀəkeʀabl(ə)]. *adj.* (1275; de *requérir*). Vieilli. Dr. Qu'on doit requérir, réclamer en personne. *Rente requérable.*

REQUÉRANT, ANTE [ʀəkeʀɑ̃, ɑ̃t]. *adj.* (1342; de *requérir*). Dr. Qui demande au nom de la loi, et spécialt. Qui réclame en justice. *La partie requérante dans un procès* (V. **Demandeur**). — Subst. « *Les greffiers délivreront copie ou extrait à tous requérants.*

REQUÉRIR [ʀəkeʀiʀ]. *v. tr.*; conjug. *acquérir* (1200;

requerre « prier qqn », 980 ; « rechercher qqn », 1080 ; d'apr. *quérir* ; bas lat. *requærere*, lat. *requirere*). ♦ 1° *Vieilli.* Prier instamment (qqn) de qqch. *(vx)* ou de faire qqch. *Il fut requis d'accompagner le chanteur.* ♦ 2° *(Littér.).* Demander (une chose abstraite). V. **Solliciter.** *Requérir l'aide de qqn.* « *Très humblement requerrant votre grâce* » (MAROT). « *Tourné vers son fils comme s'il requérait protection* » (MART. du G.). ♦ 3° *Dr.* (1231). Réclamer au nom de la loi. V. **Demander, exiger; requête.** *Requérir en justice. Requérir la représentation d'une pièce.* V. **Réquisition. Cour. Sommer.** *Je vous requiers d'insérer ma rectification.* ◇ Spécialt. *Requérir l'application de la loi,* se dit du procureur qui fait sa réquisition après que l'accusé a été déclaré coupable. *Le procureur requiert la peine de mort pour l'accusé. — Absolt.* Prononcer le réquisitoire, accuser. *Le procureur requérait.* ◇ (1792) Réclamer pour utiliser au nom de la loi. *Requérir des civils.* V. **Requis.** ♦ 4° *Littér.* (sujet de chose). Solliciter, occuper, mobiliser. « *Des soucis continuels requéraient leur double attention* » (MART. du G.). ♦ 5° (Pour exprimer une nécessité pratique ou logique). V. **Exiger, nécessiter, réclamer.** « *Le bien public requiert qu'on trahisse et qu'on mente et qu'on massacre* » (MONTAIGNE).

REQUÊTE [Rɔkɛt]. *n. f.* (1291 ; *requeste*, 1155 ; de l'a. fr. *requerre.* V. **Requérir.**) ♦ 1° Demande instante, verbale ou écrite. V. **Prière, instance, sollicitation.** *Requête pour obtenir une faveur, une grâce.* V. **Démarche, placet, supplique.** « *Il se hasarda d'adresser une requête à l'éminence* » (GAUTIER). « *Venez m'y présenter votre requête* » (BALZ.). *Satisfaire à une requête.* À, SUR LA REQUÊTE DE : à la demande de. « *Emprisonné sous l'Ancien Régime à la requête de sa femme* » (MICHELET). ♦ 2° *Dr.* Acte motivé adressé par écrit à un magistrat, pour solliciter une autorisation ou faire ordonner une mesure de procédure. V. **Demande, pétition.** *Le juge répond à la requête par l'ordonnance. — Spécialt.* Mémoire produit par un avocat (ou la partie elle-même) pour introduire certaines voies de recours devant le Conseil d'État ou la Cour de cassation. *Requête en cassation soumise à la Chambre des requêtes* (V. **Pourvoi**). — *Maître des requêtes au Conseil d'État,* membre du Conseil chargé de présenter avec voie délibérative des rapports sur les affaires qui lui sont soumises. ♦ 3° *Requête civile :* voie de recours extraordinaire et de rétractation, par laquelle on demande civilement à la juridiction qui a statué de revenir sur une décision que l'on prétend rendue par erreur.

REQUÊTER [Rɔkete]. *v. tr.* (1570 ; de *requête* « nouvelle quête de la bête »). *Chasse.* Quêter de nouveau (la bête).

REQUIEM [Rekɥijɛm]. *n. m. invar.* (1223, premier mot lat. de la prière « *Requiem æternam dona eis* », « donnez-leur le repos éternel »). ♦ 1° Prière, chant pour les morts, dans la liturgie catholique. *Messe de Requiem,* pour le repos de l'âme d'un mort. ♦ 2° *Par ext.* Partie de la messe des morts mise en musique. *Le Requiem de Mozart, de Verdi.*

REQUIN [R(ə)kɛ̃]. *n. m.* (1539 ; *requien*, 1578 ; *requiem,* XVIIe ; o. i. ; p.-ê. de *requiem,* par allus. à la mort rapide qu'il provoque ; ou p.-ê. de *quien,* forme norm. de *chien* (de mer). ♦ 1° Poisson sélacien (sous-ordre des squales) à corps allongé, de grande taille et très puissant, à nageoire caudale hétérocerque, à bouche largement fendue en arc à la face inférieure de la tête, qui offre la particularité d'être vivipare et placentaire. *Requin commun* ou *requin bleu. Le requin habite les mers chaudes ou tempérées ; sa voracité en fait l'ennemi redouté des marins.* « *Notre ponton était littéralement assiégé de tous côtés par les requins* » (BAUDEL.). ◇ *Par ext.* Nom courant des squales de grande taille. V. **Aiguillat, griset, lamie, rochier.** *Cuir de requin.* V. **Galuchat.** *Requin marteau*.* ♦ 2° *Fig.* (XIXe). Personne cupide et impitoyable en affaires. V. **Rapace.** *Les requins de la finance. Ils* « *avaient l'un et l'autre ces vastes magasins... Le requin de la librairie et le brochet de la papeterie vivaient en très bonne intelligence* » (BALZ.).

REQUINQUER [R(ə)kɛ̃ke]. *v. tr.* (1578, p. p. ; 1611, v. pron. ; pour *reclinquer* « redonner du clinquant », rad. onomat. *klink-*; aussi *reclinquer* « réparer une barque », 1382, du holl. *klink*). ♦ 1° (En parlant des choses qui redonnent des forces, de l'entrain). *Ce voyage l'a requinqué.* (V. **Ragaillardir, remonter, retaper**). « *Ça, ça me requinque un peu, cette idée qu'elle (la morte) se dessécherait petit à petit, qu'elle finira par de la poudre* » (QUENEAU). — *Absolt. Un verre de vin, ça requinque.* ♦ 2° *(Fam.).* Pronom. *Se requinquer :* reprendre des forces, retrouver sa forme, sa bonne humeur. *Il s'est bien requinqué. La voilà toute requinquée.*

REQUIS, ISE [Rɔki, iz]. *adj.* (1534 ; V. **Requérir**). ♦ 1° Demandé, exigé comme nécessaire. V. **Nécessaire, obligatoire, prescrit.** « *Les chefs n'ont pas été capables de la fermeté requise en telle occasion* » (RICHELIEU). *Satisfaire aux conditions requises. Un Musée* « *où j'avais juste l'âge requis pour pénétrer* » (MAURIAC). ♦ 2° *Se dit d'un civil mobilisé par réquisition. Travailleur requis.* — Subst. m. « *Viennent de mourir... 75 000 décédés comme prisonniers

de guerre ou comme requis du travail* » (DE GAULLE). *Les requis.*

RÉQUISIT [Rekwizit]. *n. m.* (fin XVIIIe ; lat. *requisitum* « ce qui est requis »). *Philo.* Ce qui est exigé par l'esprit pour obtenir un résultat, « cette fin pouvant être soit la conformité à une définition, soit la possibilité d'une hypothèse, soit la solution d'un problème, soit la production d'un effet, etc. » (LALANDE). *Les réquisits d'une démarche scientifique.*

RÉQUISITION [Rekizizjɔ̃]. *n. f.* (1180, « requête » ; lat. *requisitio,* de *requirere.* V. **Requérir**). ♦ 1° *Dr.* Requête à un tribunal, demande incidente à l'audience. *La réquisition de la partie civile, du président.* « *Laquelle somme je payerai à sa première réquisition...* » (BEAUMARCH.). ♦ 2° *Dr. pén.* Acte par lequel le ministère public (procureur, etc.) demande au juge l'application de la loi pour un prévenu déféré devant la justice. V. **Réquisitoire; plaidoirie.** *Signer la réquisition.* ♦ 3° (1793). Opération par laquelle l'Administration exige d'une personne ou d'une collectivité soit une prestation d'activité, soit la prestation ou la remise de biens (mobiliers ou immobiliers). *Réquisitions civiles. Réquisitions militaires,* opérées par l'armée. « *Pendules, couverts, vases saisis pendant les réquisitions* » (MALRAUX). *Réquisitions d'hommes.* V. **Réquisition, requis.** *Réquisition de la force armée,* par laquelle les autorités civiles (maires, préfets, etc.) mettent en mouvement la force armée pour le maintien de l'ordre ou du fonctionnement d'un service public.

RÉQUISITIONNER [Rekizisjɔne]. *v. tr.* (1796 ; de *réquisition*). En parlant de l'État, de l'Administration, Se procurer (une chose) par voie de réquisition ; *absolt.* Faire une réquisition. *Le maire a réquisitionné des locaux pour les réfugiés.* « *Camions allemands chargés de caisses, dernières réserves alimentaires réquisitionnées* » (GIDE). ◇ Utiliser par réquisition les services (d'une personne). V. **Requérir.** « *Des affiches blanches, du reste, posées par les autorités prussiennes, réquisitionnaient les habitants pour le lendemain* » (ZOLA). *Fig. et fam.* Utiliser d'office, d'autorité (une personne). *Je vous réquisitionne pour m'aider à préparer les sandwiches !*

RÉQUISITOIRE [RekizitwaR]. *n. m.* (1539, adj. 1379 ; du lat. *requisitus,* p. p. de *requirere.* V. **Requérir**). ♦ 1° *Dr. crim.* Réquisition (2°). ♦ 2° Développement oral, par le représentant du ministère public (procureur, avocat général...), des moyens de l'accusation. V. **Accusation; grief** (d'accusation). « *Justement, vous étiez en train de terminer votre réquisitoire. Quelle péroraison ! D'une concision, d'une violence, d'une aigreur !* » (AYMÉ). ◇ *Fig.* Discours (ou écrit) par lequel on accuse qqn en énumérant ses fautes, ses torts. « *Ces paroles annoncent indifféremment un réquisitoire ou un dithyrambe* » (MAURIAC). *Par ext.* « *Son discours s'achève sur un bref mais foudroyant réquisitoire contre les grands journaux* » (LECOMTE). ◈ ANT. **Plaidoirie. Dithyrambe, plaidoyer.**

RÉQUISITORIAL, IALE, IAUX [Rekizitɔrjal, jo]. *adj.* (1743 ; de *réquisitoire*) *Dr.* Qui tient du réquisitoire. *Plaidoyer réquisitorial.*

REQUITTER [R(ə)kite]. *v. tr.* (fin XVIe ; de *re-,* et *quitter*). Quitter de nouveau (surtout *pronom.*).

RESALER [R(ə)sale]. *v. tr.* (1314 ; de *re-,* et *saler*). Saler de nouveau, saler ce qui n'est pas assez salé. *Cuisinier qui goûte un potage et le resale.*

RESALIR [R(ə)saliR]. *v. tr.* (1875 ; de *re-,* et *salir*). Salir de nouveau, et *spécialt.* Salir ce qui vient d'être nettoyé. Pronom. *Enfant qui s'est resali après son bain.*

RESARCELÉ, ÉE [RəsaRsəle]. *adj.* (1690 ; o. i.). *Blas.* Se dit d'une pièce honorable dont le bord présente un filet d'émail particulier placé à une distance du bord égale à sa propre largeur.

RESCAPÉ, ÉE [Reskape]. *adj. et n.* (*Rescaper,* XIIe, dial. ; forme du Hainaut pour *réchappé,* répandu comme adj. et subst., 1906). ♦ 1° Qui est réchappé d'un accident, d'un sinistre. « *Nous sommes ceux qui, rescapés, sortent de leurs abris après la catastrophe* » (SIEGFRIED). V. **Indemne, sauf, sauvé.** ♦ 2° *N.* Personne qui a échappé à un accident, un sinistre. *Les rescapés d'un naufrage, d'un incendie. Il* « *promène toute la nuit dans les rues cette dégaine de rescapé de Buchenwald* » (Cl. SIMON). ◈ ANT. **Victime.**

RESCINDABLE [Resɛ̃dabl(ə)]. *adj.* (1588 ; de *rescinder*). *Dr.* Qui peut être rescindé. *Contrat rescindable.* V. **Annulable.**

RESCINDANT, ANTE [Resɛ̃dɑ̃, ɑ̃t]. *adj. et n. m.* (1579 ; *rescindent,* 1551 ; de *rescinder*). *Dr.* ♦ 1° Qui donne lieu à la rescision, qui rescinde. ♦ 2° N. m. *Le rescindant,* instance qui a pour but la rétractation de la décision attaquée, ou de savoir si une requête en rescision est recevable. *Le rescindant et le rescisoire de la requête civile.*

RESCINDER [Resɛ̃de]. *v. tr.* (1422, dr. ; lat. *jur. rescindere* « annuler », rac. *scindere* « couper »). *Dr.* Déclarer de nul effet (un jugement, une convention). V. **Annuler, casser.** *Jugement rescindé.* V. **Rescision.**

RESCISION [Resizjɔ̃]. *n. f.* (1465 ; bas lat. *rescisio,* lat. *rescissio,* de *rescindere*). *Dr.* Annulation d'un acte pour cause de lésion. « *Si le vendeur a été lésé de plus de sept douzièmes dans le prix d'un immeuble il a le droit de demander la rescision de la vente...* » (CODE CIV.).

RESCISOIRE [resizwar]. *adj. et n. m.* (XIIIe; lat. *rescissorius*). ♦ 1° *Dr.* Synonyme de *rescindant* (adj.). ♦ 2° N. m. *Le rescisoire*, instance qui suit le rescindant* et qui a pour objet de faire juger à nouveau la contestation tranchée par le jugement rétracté.

RESCOUSSE [reskus]. *n. f.* (XIIIe; dr.; *rescusse*, 1165; s prononcé d'apr. *rescourre* [vx], « délivrer qqn », de *escourre* « recouvrer », lat. *excutere*). ♦ 1° *Vx.* Reprise d'une personne ou d'une chose enlevée par force. — (Mod) *Dr. marit.* Fait de reprendre à l'ennemi le navire ou les biens qu'il a pris. ♦ 2° *Cour.* À LA RESCOUSSE (repris 1831) : au secours, à l'aide « *L'ennemi appela l'artillerie à la rescousse* » (MAUROIS). *Arriver à la rescousse.* — Fig. « *Pour défendre cette croyance, vous appelez des raisonnements à la rescousse* » (MART. du G.).

RESCRIPTION [reskripsjɔ̃]. *n. f.* (XVIe; *rescrission* « action de récrire », 1283; lat. *rescriptio*, de *rescribere*). *Vx.* Mandement par écrit, ordre écrit que l'on donne pour toucher une somme.

RESCRIT [reskri]. *n. m.* (XIIIe; lat. *rescriptum*, rac. *scribere* « écrire »). ♦ 1° *Dr. rom.* Réponse de l'empereur aux questions adressées par les gouverneurs des provinces, les magistrats, etc., sur certaines difficultés à résoudre. ♦ 2° Ordonnance, décret du roi, de l'empereur, dans certains pays. « *Un rescrit impérial investit le suzerain de ce lieu du droit de justice basse et haute* » (VILLIERS). ♦ 3° *Dr. can.* Lettre du pape (V. **Bref, bulle**) portant décision d'un procès, d'un point de droit. *Rescrit de justice, rescrit de grâce.*

RÉSEAU [rezo]. *n. m.* (*Resel* « filet pour prendre certains animaux », XIIe; de *rets* ou, par substit. de suff., de *reseuil* [vx], lat. *retiolus*, dimin. de *retis*. V. **Rets**). ♦ 1° *Vieilli.* Tissu à mailles très larges; filet. V. *aussi* **Lacis**. « *Ses cheveux étaient enveloppés d'un réseau de soie* » (ACAD.). V. **Résille**. Fig. « *Ce réseau d'habitudes pieuses enserrait Fabien* » (MAURIAC). ◇ Fond d'une dentelle à mailles de forme géométrique. ♦ 2° *(Par anal. de forme).* Ensemble permanent ou accidentel de lignes, de bandes, etc., entrelacées ou entrecroisées plus ou moins régulièrement. V. **Entrelacement, entrelacs**; et *aussi* **Réticulaire, réticulé**. *Le réseau d'une toile d'araignée.* « *L'inextricable réseau de sentiers qui sillonnait en tous sens le réseau des ajoncs nains de la falaise* » (ROBBE-GRILLET). V. **Enchevêtrement**. *Réseau de tranchées, de fils de fer barbelés.* ◇ Ensemble de vaisseaux, de nerfs, etc., qui se ramifient ou s'entrecroisent. V. **Lacis, plexus**. « *Sous ses tempes pleines et luisantes s'entrecroisait un réseau de veines azurées* » (GAUTIER). *Électr.* Ensemble de tous les conducteurs disposés entre deux points, formant des mailles et des nœuds. ♦ 3° *Par ext. Zool.* Bonnet (II, 1°) des ruminants. ♦ 4° *Phys. Réseau de diffraction :* dispositif constitué par une plaque transparente ou par une surface métallique (rayée de traits parallèles ou de traits disposés suivant des circonférences concentriques), qui diffracte les ondes électromagnétiques. — *Réseau cristallin :* disposition régulière des ions, des atomes ou des molécules à l'intérieur de corps cristallisés. ♦ 5° (1849). Ensemble des lignes, des voies de communication, des conducteurs électriques, des canalisations, etc., qui desservent une même unité géographique, dépendent de la même compagnie. *Réseau d'assainissement, de distribution des eaux. Réseau de chemins de fer, ferroviaire. Réseau urbain; Réseau express régional (R.E.R.) du métro de Paris. Réseau routier :* ensemble des routes d'un pays, d'une région. *Réseau de lignes aériennes.* — *Spécialt. Réseau téléphonique* (1879). *Les abonnés d'un réseau.* ♦ 6° Répartition des éléments d'une organisation en différents points; ces éléments ainsi répartis. « *Le réseau des sociétés secrètes commençait à s'étendre sur le pays* » (HUGO). *Réseau commercial. Réseau de télévision* (stations émettrices et relais). *Discours diffusé sur l'ensemble du réseau radiophonique.* ◇ *Spécialt.* Organisation clandestine formée par un certain nombre de personnes en relation directe ou indirecte les unes avec les autres et obéissant aux mêmes directives. *Réseau d'espionnage, de résistance. Agent de liaison d'un réseau.* « *Rien de ce qui concerne l'occupant n'échappe à nos réseaux* » (DE GAULLE).

RÉSECTION [reseksjɔ̃]. *n. f.* (1799; « action de couper », 1549; lat. *resectio* « taille de la vigne »). *Chir.* Opération qui consiste à enlever une partie d'organe ou de tissu. V. **Ablation, amputation, décapsulation, excision, exérèse**. *Résection sous-périostée d'un os. Résection de la région du pylore :* pylorectomie. « *Il a subi l'amputation de l'avant-bras droit et la résection du genou gauche* » (DUHAM.).

RÉSÉDA [rezeda]. *n. m.* (1562, rare av. 1659; lat. *reseda*, de *resedare* « calmer », en raison des propriétés médicinales qu'on attribuait à cette plante). ♦ 1° Plante à fleurs blanchâtres ou jaunâtres disposées en grappes, aux nombreuses variétés répandues en Europe et dans le bassin méditerranéen. *Réséda des teinturiers* ou *herbe-aux-juifs*. V. **Gaude**. *Le réséda odorant est cultivé comme plante d'ornement pour son parfum*

agréable. « *L'odeur fade du réséda* » (VERLAINE). ♦ 2° Couleur d'un vert jaunâtre. « *Les yeux de l'incroyable fille... passaient ensuite au réséda de l'espérance...* » (BLOY). — Adj. invar. *Des uniformes réséda.*

RÉSÉQUER [reseke]. *v. tr.;* conjug. *céder* (1834; « biffer, trancher », 1352; lat. *resecare* « enlever en coupant »). *Chir.* Enlever par résection*. V. **Amputer**. « *Il m'avait été nécessaire de réséquer de considérables parties d'un ou de plusieurs os* » (DUHAM.).

RÉSERPINE [rezerpin]. *n. f.* (mil. XXe; du lat. *sav. rauwolfia serpentina*). *Pharm.* Alcaloïde extrait de la racine de la rauwolfia* utilisée comme régulateur du système nerveux central (états d'hypertension, d'anxiété, de manie).

RÉSERVATAIRE [rezervater]. *adj. et n. m.* (1846; du rad. lat. *reservatus*, p. p. de *reservare*). *Dr. Héritier réservataire*, ou *n. m. Le réservataire :* personne qui a droit à la réserve légale. V. **Réserve** (I, 2°).

1. RÉSERVATION [rezervasjɔ̃]. *n. f.* (1330; lat. jur. médiév. *reservatio*). *Dr.* Le fait de réserver un droit dans un contrat; ce droit. V. **Réserve** (I, 1°).

2. RÉSERVATION [rezervasjɔ̃]. *n. f.* (v. 1930-1935; angl. *reservation* [1907, aux États-Unis]). *Anglicisme.* Le fait de réserver une place (sur un paquebot, dans un avion, un théâtre), de retenir une chambre (dans un hôtel) sans faire de location ferme. *Bureau de réservation. Réservation des places.*

RÉSERVE [rezerv(ə)]. *n. f.* (1342; de *réserver*). **I.** Le fait de garder pour l'avenir *(abstrait)*. ♦ 1° *Dr.* Clause restrictive qu'on ajoute afin de ne pas se trouver lié par une obligation. *Faire ses réserves :* se prémunir contre l'interprétation qui pourrait être donnée d'un acte. — *Cour. Faire des réserves sur une opinion, un projet :* ne pas donner son approbation pleine et entière, émettre des doutes sur. *Les spécialistes font de sérieuses réserves sur la valeur de sa théorie.* V. **Restriction**. SOUS TOUTES RÉSERVES *(Dr.) :* formule placée à la fin d'un acte de procédure pour garantir ce qui n'est pas stipulé de manière expresse; *cour.* sans garantie, sans engagement. *Nouvelle donnée sous toutes réserves.* — Au sing. *Sous (toute) réserve*, sous condition. « *Je vous ai communiqué à ce moment-là quelques premières impressions, sous réserve* » (ROMAINS). — SOUS RÉSERVE DE *(Dr.) :* en se réservant le droit; *cour.* en mettant à part (sans *l'éventualité*). *Sous réserve d'erreur* (Cf. Sauf erreur*). *J'ai accepté sous réserve qu'on attende quelques jours.* ♦ 2° *Dr.* Ce qui est réservé à qqn; ce qu'une personne s'est réservé. *Réserve héréditaire, réserve légale* ou simplement *Réserve :* portion d'une succession que la loi réserve à certains héritiers (V. **Réservataire; légitime**). — Partie d'une chasse réservée au propriétaire (Cf. Chasse réservée). ♦ 3° *(Dans des express.).* Exception, restriction. — *Vieilli.* À LA RÉSERVE DE : à l'exception de. V. **Excepté, sauf**. « *Il toucha tout le monde, à la réserve de la Reine, qui demeura inflexible* » (RETZ). — *Mod.* SANS RÉSERVE *(loc. adv. et adj.) :* entièrement, sans restriction, sans réticence. *Il lui est dévoué sans réserve* (Cf. Corps et âme*). « *Je m'abandonnai sans réserve à son charme* » (JALOUX). « *Il a fait trop de canailleries pour que je puisse lui exprimer une admiration sans réserve* » (FLAUB.). *Acceptation sans réserve* (Cf. Pur* et simple).

II. (1664; *p.-ê. du sens précéd.*). Attitude, qualité qui consiste à ne pas se livrer indiscrètement, à ne pas s'engager imprudemment, à se garder de tout excès dans les propos, les jugements. V. **Circonspection, dignité, discrétion, modestie, prudence, retenue**. « *Il y a, dans l'humour véritable, une pudeur, une réserve, une contention que n'impose pas le franc comique* » (DUHAM.). « *Il affecte une grande réserve; il ne parle point, mais il écoute* » (SÉV.). — *Spécialt.* V. **Décence, pudeur**. « *La race gauloise manque de réserve et de chasteté* » (STE-BEUVE). — *Être, se tenir sur la réserve :* garder une attitude réservée. « *Il était résolu à demeurer sur la réserve* » (MART. du G.). — (ANT. Audace, familiarité, hardiesse, impudence).

III. (1541). *Concret.* ♦ 1° Quantité accumulée de manière qu'on puisse en disposer et la dépenser au moment le plus opportun. V. **Provision**. *Disposer d'importantes réserves de vivres.* V. **Approvisionnement, stock**. *Ses réserves sont épuisées. Réserve d'argent.* V. **Économie, épargne**. « *Les formidables réserves d'énergie que se cachent dans les noyaux des atomes* » (L. de BROGLIE). ◇ *Fin. et compt.* Tout bénéfice qui est conservé à la disposition de l'entreprise et n'est pas incorporé au capital. *Fonds de réserve.* ◇ *Physiol.* Substances accumulées dans les tissus et utilisées pour la nutrition en cas de besoin. *Le glycogène du foie et des muscles représente une réserve de glucides pour l'organisme. Réserve alcaline*, ensemble de substances contenues dans le sang, contribuant à maintenir l'alcalinité sanguine à un taux constant. V. **Tampon**. ◇ Quantité non encore exploitée (d'une substance minérale). *Les réserves mondiales de pétrole.* ♦ 2° *Loc. EN RÉSERVE.* Avoir, garder, mettre, tenir qqch. en réserve. « *Une de ces bouteilles, que je tiens en réserve pour les grandes* *fêtes...* » (FRANCE). — DE RÉSERVE : qui est mis de côté, constitue une réserve. *Vivres de réserve.* ♦ 3° (1669). *Les* RÉSERVES : troupe qui n'est pas engagée immédiatement et qu'on garde disponible pour la faire intervenir au moment voulu. « *S'il n'est point de réserves à jeter dans l'action, le premier recul est irréparable* » (ST-EXUP.). — *(Au sing.)* Dans les express. : « armée, corps *de réserve* »; « rester en *réserve* ». « *C'est vrai que le troisième bataillon restera en réserve?* » (DORGELÈS). ◇ (1791; *réserve nationale*) LA RÉSERVE (à la différence de l'armée active) : portion des forces militaires d'un pays qui n'est pas maintenue sous les drapeaux* mais peut y être rappelée. *Temps pendant lequel les citoyens mobilisables d'un pays font partie de cette réserve* (V. **Réserviste**). *Réserve et disponibilité. Première, deuxième réserve. Peloton d'élèves officiers de réserve (E.O.R.).* — *Cadre* de réserve.*

IV. *(Ce qui est gardé ou protégé).* ♦ 1° Choses, êtres vivants mis à part, gardés ou protégés; lieu spécialement affecté à leur conservation. — *Spécialt.* Partie d'une forêt, ensemble des arbres d'une coupe qu'on laisse croître en haute futaie. — *Réserve naturelle,* Territoire soumis à un régime spécial pour la protection de la flore et de la faune. *Réserve zoologique. La réserve nationale de Camargue.* — *Canton de chasse ou de pêche réservé au repeuplement.* — (De l'angl. *reservation,* aux États-Unis, 1830) Aux États-Unis et au Canada, Territoire réservé et soumis à un régime spécial. *Réserve indienne.* « *La situation des Indiens des réserves... ils peuvent végéter à peu près paisiblement à l'intérieur des territoires qui leur sont assignés* » (BEAUVOIR). ♦ 2° Dans une bibliothèque publique, Ensemble de livres classés à part. *La réserve de la Bibliothèque nationale.* ♦ 3° Local, construction qui sert à entreposer, à garder en réserve. V. **Entrepôt, magasin; dépôt.** « *Une grande maison... à laquelle sont accolés un tas de petits communs, de réserves* » (GONCOURT). — *Dans un Musée,* Dépôt des œuvres d'art non exposées. V. **Magasin.** *Présenter au public par roulement les dessins des réserves du Louvre.* ♦ 4° *Arts.* Partie, espace laissés intacts (sans ornement, ou en blanc) dans un ouvrage, une aquarelle, etc. — (1860) *Techn.* Toute surface qu'une couche de substance protectrice soustrait à l'action d'un acide, d'un colorant et qui peut ainsi rester en relief ou en blanc. ◇ La substance protectrice elle-même.

RÉSERVÉ, ÉE [ʀezɛʀve]. *adj.* (XIIᵉ; de *réserver*).
I. ♦ 1° *Dr.* Qui a été réservé, mis à part, dans un contrat. — Qui a été attribué à qqn exclusivement. *Biens réservés.* V. **Réserve.** — (*Cour.*) *Tous droits de reproduction, de traduction et d'adaptation réservés pour tous pays* (V. **Copyright**). — *Dr. can. Cas réservés :* péchés que seul l'évêque, et le pape peut absoudre. ♦ 2° *Cour.* Dont l'usage ou l'accès est réservé (à une personne déterminée, à un groupe). *Places réservées aux mutilés, aux invalides dans les transports publics. Les Noirs « attendent dehors... quatre ou huit places leur sont réservées sur la banquette du fond* » (BEAUVOIR). ◇ Consacré, destiné exclusivement ou spécialement (à qqn, à un usage). *Salle réservée aux réunions.* — *Chasse réservée.* V. **Gardé, privé.** — *Quartier réservé* (où sont les maisons de prostitution, dans certains pays). ♦ 3° Que l'on a retenu, que l'on a fait mettre de côté. *Avoir une place réservée dans le train, une table réservée au restaurant.* — (ANT. Libre).
II. (1559). Qui fait preuve de retenue, de réserve (II). V. **Circonspect, discret, modeste, sage.** *Jeune homme « d'un abord froid, silencieux, réservé comme un Genevois* » (BALZ.). *Il est réservé sur ses propos.* — *Caractère réservé.* « *Cet ecclésiastique est un saint homme; il n'a même rien de l'allure tout à la fois pateline et réservée des autres prêtres* » (HUYSMANS). — (ANT. Audacieux, effronté, expansif, familier).

RÉSERVER [ʀezɛʀve]. *v. tr.* (1190; lat. *reservare*). ♦ 1° *Dr.* Mettre à part (un droit qu'on pourra invoquer et exercer plus tard, dans un contrat). ◇ Attribuer par avance (à qqn). *Clause réservant au donateur la faculté de révocation.* ♦ 2° *Cour.* Attribuer, destiner exclusivement ou spécialement (à une personne ou un groupe). *On vous a réservé ce bureau, cette place.* Pronom. « *Il se réservait... une pièce large et haute où il pouvait recevoir les visiteurs* » (CHARDONNE). ♦ 3° S'abstenir d'utiliser, de dépenser immédiatement (ce qu'on veut garder à sa disposition en vue d'une occasion plus favorable). V. **Garder; économiser, épargner.** « *Il regardait son père fixement, ayant réservé ce coup pour la fin* » (ZOLA). *Réserver le meilleur pour la fin* (Cf. Garder* pour la bonne bouche). — Pronom. *Se réserver de :* conserver pour l'avenir le droit ou la possibilité de (faire qqch.). *Ils « recueillaient la sentence, se réservant de la méditer à loisir* » (ROMAINS). ◇ Par ext. *Réserver l'avenir :* faire en sorte de garder sa liberté d'action, de conserver ses possibilités pour l'avenir (Cf. Ménager l'avenir*). ♦ 4° Mettre à part pour qqn, mettre de côté (une marchandise, une place, pour la tenir à la disposition de qqn). *Pouvez-vous me réserver deux mètres de cette étoffe? Une agence réserve les places pour les voyageurs* (V. **Réservation**) *Spécialt.* Faire mettre à part (ce

qu'on veut trouver disponible). *Étant donné l'affluence, il est prudent de réserver ses places dans le train.* V. **Louer.** *Avez-vous pensé à réserver une table au restaurant?* V. **Retenir.** ♦ 5° *(Abstrait).* Destiner à (qqn). *Le sort qui nous est réservé.* Destiner (qqn) à (qqch.). V. *aussi* **Prédestiner.** « *Mais les dieux... nous réservaient à d'autres dangers* » (FÉN.). *Il lui était réservé de mourir jeune :* son destin était de mourir jeune. ◇ *(Sujet de chose)* Être destiné à procurer, à donner; faire que (qqch.) arrive à qqn. « *Cette soirée, où j'avais quinze ans, me réservait des surprises infinies* » (MAURIAC). « *Ce pays, par endroits, me réservait donc la surprise de ressembler au mien* » (LOTI). *Les châtiments que la loi réserve aux criminels.* — (Emploi critiqué) *Réserver un bon accueil à qqn.* V. **Ménager.** ♦ 6° Épargner (certaines parties du fond d'une aquarelle ou d'une planche gravée). V. **Réserve (IV, 4°).** *Réserver les lumières dans une aquarelle.* ♦ 7° SE RÉSERVER. *v. pron. (Réfl.).* — S'abstenir d'agir, de s'engager, de manière à conserver toutes possibilités pour plus tard. *Je n'ai pas accepté ces offres, je préfère me réserver pour une meilleure occasion.* V. **Attendre.** — Absolt. *L'avenir est trop incertain pour prendre une décision, il vaut mieux se réserver.* — (Sports) Ne pas se livrer, ne pas employer toutes ses forces dès le début d'une compétition. ◇ *Spécialt.* Ne pas manger, manger peu afin de garder son appétit pour un autre plat, un autre repas. « *On mangea peu... On voulait d'ailleurs se réserver pour le dîner, qui fut commandé magnifique* » (MAUPASS.). ◈ ANT. **Dépenser.**

RÉSERVISTE [ʀezɛʀvist(ə)]. *n. m.* (1872; de *réserve*). Homme de l'armée de réserve. *Rappel de réservistes.*

RÉSERVOIR [ʀezɛʀvwaʀ]. *n. m.* (1547; de *réserver*). ♦ 1° Bassin, cavité où un liquide peut s'accumuler, être gardé en réserve. V. **Étang, lac** (artificiel). *Réservoir d'irrigation. Barrage-réservoir.* V. **Barrage.** *Réservoir creusé dans le sol; réservoir d'eau en tôle, en maçonnerie.* V. **Citerne, cuve, château** (d'eau). *Réservoirs d'une usine à gaz* (V. **Gazomètre**), *d'une raffinerie de pétrole. Réservoir d'une automobile.* « *Réservoirs d'huile, réservoirs d'essence, tout est crevé* » (ST-EXUP.). ◇ *Spécialt.* Caisse immergée qui sert à conserver des poissons vivants. — Bassin où l'on conserve vivants des poissons, des crustacés. V. **Réserve, vivier.** ♦ 2° *Fig.* Réserve (ce qui est comparé à un liquide). V. **Réceptacle.** « *Le grand poète est celui qui peut puiser à pleines mains dans son réservoir d'images, de mots* » (DUHAM.). « *La vertu populaire, ce grand réservoir de dévouement, de sacrifice* » (RENAN). ◇ *Spécialt. Pathol. Réservoir d'infection,* organisme vivant ou milieu hébergeant des microorganismes infectieux.

RÉSIDANT, ANTE [ʀezidɑ̃, ɑ̃t]. *adj.* (*Résident,* 1283; n. m., « habitant », 1415; de *résider*). Qui réside (en un lieu). V. **Habitant.** ◇ *Spécialt.* (1846) Membre résidant d'une académie, d'une société savante (*opposé à* correspondant). ◈ HOM. **Résident.**

RÉSIDENCE [ʀezidɑ̃s]. *n. f.* (1271; lat. *residentia*). ♦ 1° Séjour effectif et obligatoire en un lieu; obligation de résider. *Emploi, charge qui demande une résidence. La résidence d'un magistrat, d'un évêque.* — Par ext. Durée de ce séjour. ◇ *Spécialt. Résidence forcée, surveillée* (d'une personne astreinte par décision de justice à rester dans un lieu). ♦ 2° (1283). Le fait de demeurer habituellement en un lieu; ce lieu. V. **Demeure, habitation, séjour.** « *Durant les cinq ans de ma résidence...* » (BAUDEL.). *Avoir, établir, fixer sa résidence quelque part. Changer sa résidence.* « *Les maisons semblaient être de résidence bourgeoise* » (ROMAINS). *Résidence virilocale*. Dr.* Lieu où une personne habite effectivement durant un certain temps (ou à un centre d'affaires, d'activités), sans y avoir nécessairement son domicile. *Certificat de résidence. Résidence principale.* Cour. (sens 3°) *Résidence secondaire :* maison de campagne, des vacances ou de week-end. ♦ 3° (1840). Lieu construit, généralement luxueux, où l'on réside. V. **Demeure, logement, maison.** « *Plus d'un, en apercevant ces coquettes résidences, si tranquilles, enviait d'en être le propriétaire* » (FLAUB.). *Une somptueuse résidence* (V. **Résidentiel**). « *Il reçoit dans cette résidence princière le feuilletonniste d'un de nos grands journaux* » (BALZ.). ◇ (v. 1960) Groupe d'immeubles résidentiels assez luxueux. *La Résidence X...* ♦ 4° Charge de résident; lieu (ville, bâtiments) où habite un résident, où se tiennent ses services. *La Résidence de Rabat* (à l'époque du protectorat).

RÉSIDENT, ENTE [ʀezidɑ̃, ɑ̃t]. *n.* (1260, « habitant »; lat. *residens,* de *residere*). ♦ 1° (XVIIᵉ). Diplomate envoyé par un État auprès d'un gouvernement étranger. Par appos. *Ministre résident.* ♦ 2° (XIXᵉ). *Ancien.* Haut fonctionnaire placé par l'État protecteur auprès du souverain de l'État sous protectorat. *Résident général en Tunisie.* ♦ 3° (XXᵉ). Personne établie dans un autre pays que son pays d'origine. V. **Étranger.** *Les résidents espagnols en France.* ◈ HOM. **Résidant.**

RÉSIDENTIEL, IELLE [ʀezidɑ̃sjɛl]. *adj.* (1949; de *résidence*). Propre à l'habitation, à la résidence (seulement en parlant des beaux quartiers). *Immeubles, quartiers résidentiels d'une ville* (opposé à industriel).

RÉSIDER [Rezide]. *v. intr.* (v. 1380; lat. *residere*). ♦ 1° Être établi d'une manière habituelle dans un lieu; y avoir sa résidence (surtout *admin.*, *dr.* ou *didact.*). « *Les ambassadeurs... prennent les mœurs du pays où ils résident* » (CHATEAUB.). *Les étrangers qui résidaient aux États-Unis.* ♦ 2° *Fig.* Avoir son siège, exister habituellement, se trouver (dans tel lieu, en telle personne ou telle chose). « *Le principe de toute souveraineté réside essentiellement dans la Nation* » (DÉCLAR. DR. HOM.). — « *L'ordre idéal des peuples réside dans leur bonheur* » (CAMUS). V. **Consister.** *La difficulté réside en ceci.*

RÉSIDU [Rezidy]. *n. m.* (1331, « reliquat d'un compte »; lat. *residuum*). ♦ 1° Concret (répandu XX°). Ce qui reste. « *Mendier des résidus de tabac* » (CÉLINE). « *Le passé... ne se manifeste pas... par des monuments, mais par des résidus* » (SARTRE). ◇ *Cour.* (Péj.) V. **Déchet, détritus, rebut; ordure.** « *De quels amalgames de résidus... de quelles balayures excrémentielles...* » (BLOY). ♦ 2° Abstrait. *Sans valeur* péj. (Didact.) « *Le résidu de la sagesse humaine* » (JOUBERT). *L'absurde... « est seulement un résidu de l'expérience de ce monde* » (CAMUS). *Cour.* Reste inutilisable, plus ou moins répugnant et sans valeur. « *La racaille des estaminets, le résidu des brasseries* » (HUYSMANS). ♦ 3° (*h.* XIV°, « dépôt »). *Chim.*, *Techn.* Ce qui reste après une opération physique ou chimique. *Résidu qui se dépose.* V. **Boue, lie, tartre.** *Résidus de combustion.* V. **Cendre, cadmie, mâchefer, scorie.** *Utilisation des résidus par l'industrie.* — Phys. nucl. *Résidus de fission*, produits directs de fission ou de leur désintégration. ♦ 4° *Log. Méthode des résidus*, par laquelle on retranche d'un effet ce qui résulte de lois ou d'éléments connus, pour réduire le phénomène à un reste ou pour prouver un rapport de causalité entre deux phénomènes.

RÉSIDUAIRE [Rezidɥɛʀ]. *adj.* (1877; de *résidu*). *Didact.* ou *littér.* Qui constitue un résidu, un dépôt. « *Le cloaque qu'avaient si longuement alimenté les eaux résiduaires échappées des abattoirs* » (HUYSMANS).

RÉSIDUEL, ELLE [Rezidɥɛl]. *adj.* (1870; de *résidu*). *Didact.* Qui forme un reste, un résidu. Électr. *Résistance résiduelle*, celle qui subsiste aux basses températures. ◇ Géol. *Relief résiduel*, qui n'a pas été atteint par l'érosion (V. **Butte-témoin, mesa, inselberg**).

RÉSIGNATAIRE [Reziɲatɛʀ]. *n. m.* (1539; de *résigner*). *Dr.* Celui à qui on a résigné un office, un bénéfice. V. **Bénéficiaire.**

RÉSIGNATION [Reziɲasjɔ̃]. *n. f.* (1265-1270, dr., « abandon volontaire d'un droit »; de *résigner*). ♦ 1° Vx. *La résignation de* : l'abandon. *La résignation de soi-même, de sa volonté.* V. **Abandon, abdication, renonciation (à).** « *La résignation nous est la plus difficile est celle de notre ignorance* » (VIGNY). ♦ 2° (1697). Le fait d'accepter sans protester (la volonté d'un supérieur, de Dieu, le sort); tendance à se soumettre, à subir sans réagir. V. **Renoncement, soumission.** *Résignation par lâcheté* (V. **Apathie, démission, fatalisme**). « *La résignation, mon ange, est un suicide quotidien* » (BALZ.). « *La résignation n'est que de l'ignorance, de l'impuissance ou de la paresse déguisée* » (MAETERLINCK). *Résignation à l'injustice.* — *Endurer, subir la douleur avec résignation* (Cf. *Se faire une raison**, *faire contre mauvaise fortune** *bon cœur*). ◇ ANT. **Lutte, protestation, révolte.**

RÉSIGNÉ, ÉE [Reziɲe]. *adj.* (1784; de *résigner*). Qui accepte avec résignation, qui se soumet. « *Résigné, comme un mouton que l'on mène à l'abattoir* » (SARTRE). ◇ *Empreint de résignation. Courage résigné et tranquille.* ◇ *Subst.* « *Vous me direz que ces gens-là étaient des saints... C'étaient des résignés* » (BERNANOS). ◇ ANT. **Révolte.**

RÉSIGNER [Reziɲe]. *v.* (v. 1225; lat. *resignare* « décacheter »; « annuler » en lat. médiév., de *signum* « sceau »). **I.** V. tr. *Littér.* Abandonner (un bénéfice, un office) en faveur de qqn. V. **Démettre (se).** *Résigner sa charge, son emploi.* « *Depuis un an, il avait dû résigner ses fonctions à l'Université* » (R. ROLLAND). V. **Démissionner.** **II.** V. pron. *Cour.* ♦ 1° SE RÉSIGNER (à) : accepter sans résister (une chose) malgré son caractère désagréable. V. **Accepter, consentir, plier (se), résoudre (se), soumettre (se).** « *Avancer en âge... c'est connaître ses limites et s'y résigner* » (MAURIAC). *Se résigner à mourir.* ♦ 2° *Absolt.* Adopter une attitude d'acceptation; se soumettre. V. **Abdiquer, céder, incliner (s').** *Il faut se résigner, c'est la vie* ! « *Mais lentement on se résigne. On ne demandait pourtant pas beaucoup de la vie. On apprend à en demander moins encore...* » (GIDE). ◇ ANT. **Insurger (s'), révolter (se).**

RÉSILIABLE [Reziljabl(ə)]. *adj.* (1836; de *résilier*). *Dr.* Qui peut être résilié.

RÉSILIATION [Reziljasjɔ̃]. *n. f.* (1429; de *résilier*). *Dr.* Dissolution (d'un contrat). V. **Annulation, résolution.** *Résiliation d'un bail, d'un marché.* Il « *se chargea de traiter avec*

la Compagnie N.T.M. une résiliation de contrat et de préparer une liquidation à l'amiable* » (DUHAM.).

RÉSILIENCE [Reziljɑ̃s]. *n. f.* (1911; angl. *resilience*, 1824; lat. *resilientia*). *Phys.* Rapport de l'énergie cinétique absorbée nécessaire pour provoquer la rupture d'un métal, à la surface de la section brisée. *La résilience* (en kgm par cm²) *caractérise la résistance au choc.*

RÉSILIENT, ENTE [Reziljɑ̃, ɑ̃t]. *adj.* (1932; angl. *resilient*, 1674, du lat. *resiliens*). *Phys.* Qui résiste (plus ou moins) au choc, est caractérisé par une résilience plus ou moins grande.

RÉSILIER [Reziljə]. *v. tr.* (1718; *résilir*, 1501 [sc.]; *resilir de* « se dédire », 1583; lat. *resilire* « sauter en arrière », et *fig.* « se rétracter »). *Dr.* et *cour.* Dissoudre (un contrat) soit par l'accord des volontés des parties, soit, pour les contrats successifs, par la volonté d'un seul. *Résilier, faire résilier un bail. Résilier et annuler un marché. Résilier un engagement.*

RÉSILLE [Rezij]. *n. f.* (1832; *rescille*, 1775; de *réseau*, d'apr. esp. *redecilla*). ♦ 1° Tissu de mailles formant une poche dans laquelle on tient les cheveux (coiffure). V. **Filet.** « *De beaux cheveux blonds contenus dans une résille...* » (DUHAM.). ◇ Ouvrage de passementerie, filet à mailles serrées, servant à divers usages. « *Des résilles à perles d'acier...* » (ZOLA). ♦ 2° *Techn.* Réseau des plombs d'un vitrail. « *Un jour déteint que filtraient au travers de leurs résilles de plomb, d'étroits carreaux* » (HUYSMANS).

RÉSINE [Rezin]. *n. f.* (1330; *rasine*, 1250; lat. *resina*). ♦ 1° Produit collant et visqueux, à cassure vitreuse, de couleur jaune ou brune; sécrétion de cicatrisation qui exsude de certains végétaux (arbres et arbustes), notamment des conifères. V. **Résineux.** « *La résine qui rend amer le vin de Chypre* » (APOLLINAIRE). « *Résines brutes, naturelles. Résine commune* ou *jaune* (térébenthine; colophane), *résines copal, sandaraque, sang-dragon, storax. La laque (gomme laque) est une résine.* V. **Cire** (végétale); **gomme; baume.** ◇ *Résine du pin.* V. **Galipot, gemme.** *La récolte de la résine se fait par incision des troncs. Huile de résine* : liquide siccatif. ♦ 2° *Chim.* Corps extrait de la résine brute par distillation. *La résine est formée surtout d'acides* (« acides résiniques »). ♦ 3° *Par anal.* Se dit de nombreuses matières plastiques. *Résines « naturelles »* (galalithe). *Résines synthétiques* (bakélite, laque). *Résines vinyliques.*

RÉSINÉ, ÉE [Rezine]. *adj.* et *n. m.* (1562; de *résine*). *Vin résiné* : contenant de la résine. — N. m. « *Jacques s'envoie son bol de résiné...* » (QUENEAU).

RÉSINER [Rezine]. *v. tr.* (1553; *raisinner*, 1382; de *résine*). *Techn.* Enduire de résine. ◇ (1820) Récolter la résine de (un arbre). V. **Gemmer.**

RÉSINEUX, EUSE [Rezinø, øz]. *adj.* et *n. m.* (1538; *rezinos*, XIV°; lat. *resinosus*). ♦ 1° Qui produit de la résine; une résine. « *Les arbres résineux, comme le sapin, sont rarement endommagés par les grandes gelées, ce qui peut venir de ce que leur sève est résineuse* » (BUFF.). — *Bois résineux,* provenant d'un arbre résineux, ou qui contient de la résine. ♦ 2° N. m. pl. *Les résineux* : plantes qui produisent de la résine. V. **Conifère.** Au sing. *Un résineux.* ♦ 3° Propre à la résine; qui rappelle la résine. *Aspect résineux. Odeur résineuse.*

RÉSINGLE [Rezɛ̃gl(ə)]. *n. f.* (*Resingue*, 1765; p.-ê. du lat. *cingula* « sangle »; Cf. dial. *Ceingle, single*). *Techn.* Outil d'orfèvre, levier courbe, dont l'extrémité libre est arrondie, et qui sert à redresser des objets métalliques bosselés.

RÉSINIER, IÈRE [Rezinje, jɛʀ]. *n. m.* et *adj.* (1836; nom d'un arbuste, 1767; de *résine*). ♦ 1° Ouvrier, paysan professionnel qui récolte la résine des pins ou gemme. V. **Gemmeur.** ♦ 2° Adj. (1923). Relatif à la résine. *L'industrie résinière.*

RÉSINIFÈRE [RezinifɛR]. *adj.* (1812; de *résine*, et- *fère*). *Didact.* Qui produit de la résine, une résine. *Plante résinifère.* V. **Résineux.**

RÉSIPISCENCE [Resipisɑ̃s]. *n. f.* (1542; « retour à la raison », 1405; lat. *ecclés. resipiscentia*, de *resipiscere* « revenir à la raison », rac. *sapere*). *Relig.* ou *littér.* Reconnaissance de sa faute avec amendement. V. **Regret, repentir, pénitence.** « *Des moments de résipiscence* » (FLÉCH.). « *Je n'ai jamais pu repousser le pécheur qui venait à résipiscence* » (BILLY). Par pléonasme. « *Revenir à résipiscence* » (HUYSMANS).

RÉSISTANCE [Rezistɑ̃s]. *n. f.* (*Resistence*, 1270; de *résister*). **I.** Phénomène physique qui s'oppose à une action ou un mouvement. ♦ 1° Fait de résister, d'opposer une force à (une autre), de ne pas subir les effets d'une action). *Résistance d'un corps au choc, d'une pierre à l'érosion, d'un textile à l'usure.* ♦ 2° Force qui s'oppose à (une autre), tend à l'annuler. « *Un soufflet... est difficile à recevoir, et si on essaye de le faire, on y sent de la résistance* » (PASC.). *La résistance de l'air,* qui freine le déplacement d'un corps. « *L'épaule contre la fente des volets, il essayait de vaincre cette dernière résis-*

tance » (GREEN). V. Frein, obstacle. ♦ 3° Sc. Capacité variable de résister, d'annuler ou de diminuer l'effet d'une force, d'une action subie. *Résistance faible, nulle ; grande résistance. Résistance mécanique. Résistance à la compression, à la torsion.* (Cf. aussi Charge* de rupture). ◇ Par ext. *Résistance des matériaux :* partie de la mécanique appliquée qui étudie le comportement des matériaux soumis à des forces, à des contraintes. ◇ Biol. *La résistance vitale :* capacité pour un organisme de se maintenir en vie. *Résistance physiologique :* capacité de résister à la maladie en dehors de tout processus d'immunisation. *Résistance globulaire* (des globules rouges aux substances qui produisent l'hémolyse). ♦ 4° Électr. *Résistance électrique,* rapport de la puissance perdue dans un circuit sous forme de chaleur ou de rayonnement (par l'effet de restrictions au mouvement des électrons libres produisant la conduction) au carré de l'intensité du courant instantané de conduction. *Unité de résistance :* ohm. ◇ Cour. *Une résistance,* un conducteur conçu pour dégager une puissance thermique déterminée. *Les résistances d'un fer à repasser.* ♦ 5° Qualité de ce qui résiste, caractère résistant. *Giacometti « n'aime pas la résistance de la pierre qui ralentirait ses mouvements »* (SARTRE). V. Force, solidité. *Résistance d'une plante,* son aptitude à supporter les intempéries. ◇ (Personnes) Qualité physique par laquelle on supporte aisément (la fatigue, les privations) et qui permet de soutenir un effort intense ou prolongé. « *En voyage, il... offrait une résistance étonnante à la fatigue* » (GAUTIER). V. Endurance. *Manquer de résistance, n'avoir aucune résistance.* ◇ Plat, *pièce de résistance* (dont on ne vient pas à bout aisément, très substantiel) : plat principal d'un repas.

II. *(Action humaine).* ♦ 1° Action par laquelle on essaie de rendre sans effet (une action dirigée contre soi). *La résistance à l'oppression est un des droits de l'homme.* « *Quand l'autorité devient arbitraire et oppressive... la résistance est le devoir et ne peut s'appeler révolte* » (MIRABEAU). *Résistance passive,* refus d'obéir (sans action). « *Les instructions du syndicat sont formelles : résistance passive; éviter soigneusement tout conflit* » (GIDE). V. Non-violence. *Résistance active,* action de s'opposer activement par une action contraire. V. Désobéissance, insurrection, rébellion, sédition. « *D'ailleurs, il n'était pas un homme de résistance. Il n'aimait lutter contre personne* » (MAUPASS.). *Opposer une résistance farouche, opiniâtre à qqn. Il « fut emmené sans résistance par les soldats* » (MÉRIMÉE). ◇ Absol. Ce qui s'oppose à notre volonté. V. Obstacle, opposition. « *L'art commence à la résistance : à la résistance vaincue* » (GIDE). *Cela ne se fera pas sans résistance.* V. Difficulté, réaction, refus. *Vaincre une résistance, venir à bout d'une résistance.* « *Elle se heurta à une résistance générale et formelle* » (MART. du G.). « *Le projet le mieux conçu se heurte à des résistances qui le font souvent échouer* » (SARTRE). ◇ Psychan. Tout ce qui s'oppose, dans le comportement d'un sujet analysé, à la libre association des idées et au progrès de la cure. *Les résistances du malade sont des défenses inconscientes.* « *Freud développa alors sa théorie de la résistance* » (J. DELAY). ♦ 2° (1400). Action de s'opposer à une attaque par les moyens de la guerre. *Résistance armée d'une place assiégée.* V. Défense. « *Un peuple dont la résistance aux armées hitlériennes fut exemplaire...* » (MALRAUX). *Noyau de résistance.* ♦ 3° (Dans la seconde guerre mondiale). Opposition des Français à l'action de l'occupant allemand et du gouvernement de Vichy. « *Une organisation qui nous permettrait... de susciter sur le territoire la résistance dans tous les domaines* » (DE GAULLE). *Comité National de la Résistance* (C.N.R., 1943). *Médaille de la Résistance.* ◇ Par ext. L'organisation par laquelle la résistance française agissait. *Entrer dans la Résistance* (Cf. Prendre le maquis*). *Les combattants de la Résistance.* V. Résistant. ♦ 4° Action de résister moralement (aux maux). « *Le secret d'un homme... c'est la limite même de sa liberté, c'est son pouvoir de résistance aux supplices et à la mort* » (SARTRE). ◇ Absol. Qualité d'une personne qui supporte sans faiblir les souffrances, les soucis, l'adversité. V. Fermeté, force (morale), ténacité. « *Il y en avait qui n'avaient pas de résistance et qui se mettaient à pleurer* » (NIZAN). ♦ 5° Action de résister à qqn en se refusant à ses entreprises amoureuses (se dit surtout des femmes). « *L'amour est le règne des femmes... parce que, selon l'ordre de la nature, la résistance leur appartient* » (ROUSS.).
◇ ANT. Faiblesse, fragilité. Assentiment. Soumission. Abdication. Attaque.

RÉSISTANT, ANTE [ʀezistɑ̃, ɑ̃t]. adj. et n. (1530, « qui supporte la peine » ; 1587, « solide » ; rare av. xviiie ; de résister). ♦ 1° Qui résiste, oppose une force annulant ou diminuant la force subie. *La matière « je la crois étendue, solide, résistante... »* (VOLT.). *L'air, milieu résistant.* — Par métaph. « *La foule ne marchait pas, c'était un bloc résistant, massif, solide, compact...* » (HUGO). ♦ 2° Qui résiste bien à l'effort, à l'usure. V. Solide. *L'acier est plus résistant que le fer.* V. Tenace. *Vêtements très résistants* (Cf. À toute épreuve). ♦ 5° *(Êtres vivants).* Qui supporte facilement l'effort, la

fatigue. « *Il était vigoureux et résistant* » (CAMUS). V. Endurant, fort, robuste. — *Cette plante est très résistante.* V. Vivace. ♦ 4° *(Rare).* Qui résiste, s'oppose aux volontés d'autrui. V. Désobéissant, rebelle. « *Le petit clergé... gallican... s'est montré dans son ensemble, farouchement résistant* » (SARTRE). ◇ N. *Gandhi, « ce lutteur inlassable, qui est un des types les plus héroïques du Résistant* » (R. ROLLAND). ◇ Spécialt. *Un résistant, une résistante,* patriotes qui appartenaient à la Résistance, dans la seconde guerre mondiale. *Les résistants du maquis.* V. Franc-tireur, maquisard. « *Battus, brûlés, aveuglés, rompus, la plupart des résistants n'ont pas parlé* » (SARTRE). — *Résistant palestinien.* V. Feddayin. ◇ ANT. Fragile. Soumis; capitulard, collaborateur.

RÉSISTER [ʀeziste]. v. tr. indir. (1559 ; moral, 1240 ; lat. *resistere,* rac. *sistere* « s'arrêter »). RÉSISTER (À).
I. *(En parlant de ce qui est matériel ou passif).* ♦ 1° *(Choses).* Ne pas céder sous l'effet d'une force. *Murailles épaisses qui résistent aux coups de bélier.* — Absol. « *Je saisis une branche... et je tirai. Elle résista, plia, craqua, mais tint bon* » (BOSCO). « *La porte résista, battue avec fureur* » (HUGO). ◇ Ne pas s'altérer sous l'effet de. *Vase qui résiste au feu.* « *Ce bois* (le cèdre) *résiste à l'action de l'eau pendant cent ans et plus* » (JARRY). « *Les couleurs presque inaltérables... ont résisté aux siècles, gardé leur éclat* » (LOTI). ♦ 2° *(Êtres vivants).* Ne pas être détruit, ne pas être affaibli (par ce qui menace l'organisme). *Résister à la fatigue.* « *Il faut que j'aie un tempérament herculéen pour résister aux atroces tortures où mon travail me condamne* » (FLAUB.). V. Souffrir, supporter. *Il a bien résisté* (Cf. Tenir le coup*). *Plante qui résiste à la sécheresse.* ♦ 3° Vieilli. Supporter sans faiblir (ce qui est moralement pénible, dangereux). « *Quoiqu'à peine à mes maux le puisse résister* » (CORN.). *Résister à un grand chagrin.* ♦ 4° *(Choses abstraites).* Se maintenir, survivre. *La douleur résiste au temps.* V. Durer. *L'amour ne résiste pas à l'habitude.* « *Ça n'est pas grand-chose, la confiance, quand ça ne résiste pas à huit jours d'attente* » (SARTRE). ◇ (En parlant d'une idée, d'une affirmation) *Des « accusations qui ne résistaient pas cinq minutes à l'examen...* » (MART. du G.). *Cette preuve ne résiste pas à une analyse sérieuse.*
II. *(En parlant de ce qui est actif, volontaire).* ♦ 1° (1327). Faire effort contre l'usage de la force. *Il « le poussa vers la porte, Philippe voulut résister* » (SARTRE). *Il résista aux agents qui le saisirent.* V. Débattre (se). ◇ S'opposer (à une attaque) par les moyens de la guerre. V. Défendre (se). Cf. Faire front*. « *Les Cambriens ont résisté deux cents ans par les armes, et plus de mille ans par l'espérance* » (MICHELET). V. Tenir. *Les Allemands « s'apprêtent... à résister tout le temps qu'il faudra* » (GIDE). ♦ 2° (1370). S'opposer (à ce qui contrarie les désirs, menace la liberté). « *Souffrez que je résiste à votre volonté* » (MOL.). « *Il est des cas où le gouvernement a le droit et le devoir de résister à l'opinion...* » (RENAN). V. Lutter. *Résister à l'oppression.* V. Révolter (se); résistance. *Rien ne lui résistait.* ♦ 3° Repousser les sollicitations de (qqn). V. Repousser. « *Oui, morte! Elle me résistait, je l'ai assassinée* » (DUMAS). « *Ah! qu'elle se rende, mais qu'elle le combatte; que sans avoir la force de vaincre, elle ait celle de résister* » (LACLOS). ♦ 4° S'opposer (à ce qui plaît, séduit). « *Elle ne résistait pas au bon marché... elle achetait sans besoin* » (ZOLA). « *Sans dot... Le moyen de résister à une raison comme celle-là ?* » (MOL.). ◇ Lutter contre (un sentiment, un désir). *Résister à ses passions.* « *Une tentation commençait... J'y résistais, en sachant que j'y succomberais* » (BOURGET). ◇ (En emploi négatif, avec un sens affaibli) *Il « n'avait pas résisté... à l'envie de contrôler l'absence de son fils* » (ARAGON) : il y avait cédé. — *Vx* ou *littér.* (suivi de l'inf.) Se refuser à. « *Je ne suis pas amateur de prémonitions; je résiste à croire à ces attractions mystérieuses* » (VALÉRY).
◇ ANT. Céder, fléchir. Capituler, rendre (se), succomber.

RÉSISTIBLE [ʀezistibl(ə)]. adj. (1688; de résister). Rare. À qui, à quoi l'on peut résister. « *La résistible ascension d'Arturo Ui* » (trad. de Brecht). ◇ ANT. Irrésistible (cour.).

RÉSISTIVITÉ [ʀezistivite]. n. f. (1907; angl. *resistivity,* de *resistive* « résistant »). Électr. Résistance spécifique d'une substance. ◇ ANT. Conductibilité.

RÉSOLU, UE [ʀezɔly]. adj. (1549; « brisé, décomposé », 1372; de résoudre). Qui sait prendre hardiment une résolution et s'y tenir fermement. V. Décidé, énergique, ferme, hardi, opiniâtre. *La garnison... « était résolue. Personne n'y tremblait »* (GOBINEAU). ◇ (Personnes) Air résolu, attitude résolue. V. Assuré. « *C'est un paradoxal mélange de... pessimisme réfléchi... et d'optimisme résolu* » (MART. du G.). ◇ ANT. Irrésolu. — Hum. P. p. de résoudre.

RÉSOLUBLE [ʀezɔlybl(ə)]. adj. (1390, chim., « soluble »; lat. *resolubilis,* de *resolvere.* Didact. ♦ 1° Qu'on peut décomposer en ses éléments constituants. ♦ 2° (1715). Qui peut recevoir une solution. *Problème, question résoluble.* — Log. V. Décidable. ♦ 3° (1807). Dr. Sujet à résolution (I, 3°). *Droit, contrat résoluble.* V. Annulable.

RÉSOLUMENT [ʀezɔlymɑ̃]. adv. (v. 1400; de résolu).

D'une manière résolue, décidée ; sans hésitation. V. **Délibérément, franchement.** « *Nous sommes... résolument contre tout ce qui peut mener à la guerre* » (ARAGON). ◊ *Spécialt.* Avec une résolution qui dénote du courage, de l'intrépidité. V. **Courageusement, énergiquement.** *S'avancer résolument contre l'ennemi. Je les attendais résolument, de pied ferme**.

RÉSOLUTIF, IVE [ʀezɔlytif, iv]. *adj.* (1314 ; du lat. *resolutum*, de *resolvere*. V. **Résoudre**). ♦ 1° *Méd.* Se dit d'un médicament qui détermine la résolution d'un engorgement, qui calme une inflammation. *Cataplasme résolutif.* Subst. *Un résolutif.* ♦ 2° *Vx* (XVIᵉ). Qui résout, décide. « *La justice est résolutive, et ensuite elle est inflexible* » (Boss.).

RÉSOLUTION [ʀezɔlysjɔ̃]. *n. f.* (*Resolucion* « dissolution, désagrégation », v. 1270 ; lat. *resolutio*, de *resolvere*). I. Action de résoudre ; son résultat (V. **Résoudre**, I). ♦ 1° Transformation physique qui résout. *Résolution de l'eau en vapeur, de la neige en eau.* ♦ 2° (1314). *Méd.* Disparition progressive et sans suppuration (d'un engorgement, d'une inflammation). *Résolution d'une tumeur, d'un abcès, à l'aide d'un résolutif.* V. **Résorption.** ◊ *Résolution musculaire :* abolition ou diminution de la contractilité musculaire (dans les paralysies partielles, dans l'asphyxie...). — Dans un sens affaibli. V. **Relâchement.** *Il* « *respira lentement, à sa manière, pour se reposer, pour obtenir la résolution des muscles* » (DUHAM.). ♦ 3° (1549). *Dr.* Dissolution, annulation (d'un contrat) pour inexécution des conditions. *Résolution d'un bail, d'une vente.* V. **Rédhibition, rescision, résiliation, révocation.** ♦ 4° *Log.* Opération intellectuelle consistant à décomposer un tout en parties, ou une proposition en propositions plus simples. V. **Analyse.** — *Didact.* Opération par laquelle l'esprit résout (une difficulté, un problème). V. **Solution.** *Résolution d'un cas de conscience. Résolution d'une équation,* détermination de ses racines. — *Géom. Résolution d'un triangle.* V. **Triangulation, trigonométrie.** ♦ 5° *Mus.* Procédé harmonique qui consiste à résoudre une dissonance*. *Résolution de la septième sur la quinte.* ♦ 6° Aptitude à mesurer une petite valeur d'une grandeur physique. — Cette valeur elle-même. *Pouvoir de résolution d'un microscope,* du plus petit diamètre visible (V. **Distinction, discrimination ; séparateur**).

II. État d'esprit, attitude d'une personne qui prend une détermination (V. **Résoudre**, II). ♦ 1° (1536). *Une résolution :* décision volontaire arrêtée après délibération et avec intention de s'y tenir. V. **Dessein, détermination, intention, parti.** « *Il consulte dans sa tête, agite, raisonne, balance, prend sa résolution...* » (MOL.). « *J'avais... pris la résolution de ne rien demander...* » (DUHAM.). V. **Décider.** *Ma résolution était prise. Résolutions arrêtées, inébranlables, irrévocables.* « *Résolutions décisives que prennent brusquement les hésitants et les timides* » (MAUPASS.). « *Les bonnes résolutions ne gagnent pas à être différées* » (ROMAINS). ◊ (1875 ; « *ordonnance concernant la police, la politique et le commerce* », 1723) *Dr.* Décision qui résulte du vote d'une seule Chambre, et n'a pas valeur de loi. — Cour. *Résolutions prises par le congrès d'un parti.* V. **Programme.** *Résolution de l'Assemblée générale des Nations Unies.* ♦ 2° (XVIᵉ). La résolution : attitude, comportement, caractère d'une personne résolue. V. **Audace, décision, énergie, fermeté, opiniâtreté.** « *La résolution met le feu au regard...* » (HUGO). *Sa résolution l'abandonne.* « *La résolution lui faillit en regardant le rivage de France* » (CHATEAUB.). *Visage, menton plein de résolution.* « *Cet homme* (Turenne) *de si grande résolution était hésitant de parole, irrésolu, ennuyeux, filandreux* » (MICHELET).
◊ ANT. **Irrésolution, perplexité.**

RÉSOLUTOIRE [ʀezɔlytwaʀ]. *adj.* (1370 ; bas lat. *resolutorius*, de *resolutum*, supin de *resolvere*). *Dr.* Qui entraîne la résolution (d'un acte, d'une obligation). *Clause, condition, convention résolutoire.*

RÉSOLVANT, ANTE [ʀezɔlvɑ̃, ɑ̃t]. *adj.* (1314, méd. ; de *résoudre*). *Méd.* (*Vx*). Résolutif.

RÉSOLVANTE [ʀezɔlvɑ̃t]. *n. f.* (1933 ; du précéd.). *Math. Résolvante d'une équation,* nouvelle équation typique qui en permet la résolution.

RÉSONANCE ou (*vieilli*) **RÉSONNANCE** [ʀezɔnɑ̃s]. *n. f.* (v. 1450, mus. ; de *résonner*). ♦ 1° *Cour.* Prolongement ou amplification des sons dans certains milieux sonores (V. **Résonner**). « *Dans ce tombeau, un grignotement de rat... prenait des résonances étranges* » (GAUTIER). — *Caisse de résonance :* enceinte fermée où se produisent des phénomènes de résonance. ◊ Propriété d'un lieu où ce phénomène se produit. *La résonance d'une voûte.* ♦ 2° *Littér.* Effet de ce qui se répercute dans l'esprit. V. **Écho, retentissement.** « *Ce thème éveillait en moi des résonances profondes.* « *Tel mot change de timbre, et presque de signification selon qu'il est employé par un poète ou par un prosateur* » (DUHAM.). ♦ 3° *Sc.* (1862). Phénomène par lequel un système physique en vibration peut atteindre une très grande amplitude, lorsque la vibration excitatrice se rapproche d'une « fréquence naturelle » de ce système. *Résonance du son, de*

la voix (sens cour. 1°). — *Être, entrer en résonance.* ◊ *Électr.* Phénomène tendant à produire des courants relativement importants dans des circuits qui réagissent mutuellement. *Résonance magnétique,* à certaines fréquences, de corpuscules ayant un moment magnétique et excités par un champ magnétique. ◊ *Spectre de résonance :* ensemble de radiations émises par des atomes revenant à l'état fondamental, après avoir été portés à des états de plus grande énergie par un rayonnement composé d'une ou plusieurs fréquences. *Phase de résonance. Potentiel de résonance :* tension à laquelle un atome peut émettre une radiation. — *Niveau de résonance nucléaire,* niveau d'énergie d'excitation d'un neutron en collision avec un noyau.

RÉSONANT, ANTE. V. **Résonnant.**

RÉSONATEUR, TRICE [ʀezɔnatœʀ, tʀis]. *n. m.* et *adj.* (1862 ; de *résonner*). *Sc.* ♦ 1° *N. m.* Appareil où peut se produire un phénomène de résonance ; milieu matériel capable d'entrer en vibration sous l'influence d'un excitateur. *Résonateur acoustique.* — Spécialt. *Résonateur électrique. Résonateur de Hertz.* — *Résonateur nucléaire.* ♦ 2° Adj. (*Rare*). Qui produit un phénomène de résonance.

RÉSONNANT, ANTE ou **RÉSONANT, ANTE** [ʀezɔnɑ̃, ɑ̃t]. *adj.* (1538 ; de *résonner*). ♦ 1° *Vieilli* ou *poét.* Qui résonne. V. **Retentissant, sonore.** *Voix claire et résonnante.* « *Le palais... résonnant de fanfares* » (HUGO). ♦ 2° *Phys.* Qui est le siège d'un phénomène de résonance. *Système résonant. Circuit électrique résonant. Chambre résonante. Fréquence résonante d'une antenne.*

RÉSONNEMENT [ʀezɔnmɑ̃]. *n. m.* (XIIᵉ ; de *résonner*). *Vx.* Résonance.

RÉSONNER [ʀezɔne]. *v. intr.* (*Résoner*, v. 1150 ; lat. *resonare*). ♦ 1° Produire un son accompagné de résonances. « *Il faisait résonner la peau d'âne avec ses genoux, ses coudes...* » (GAUTIER). « *Tous les jours, à cinq heures du matin, la cloche résonnait faiblement* » (MUSS.). V. **Tinter.** *Des pas résonnaient sur la chaussée.* ♦ 2° (*En parlant du son*). Retentir en s'accompagnant de résonances. « *Au pied de la montagne, le matin, les voix résonnent comme dans un corridor* » (Max JACOB). « *... Résonnait de Schubert la plaintive musique* » (MUSS.). ♦ 3° (*En parlant d'un lieu, d'un milieu*). S'emplir de bruit, d'échos, de résonances. V. **Retentir.** *Faire insonoriser une salle qui résonne trop.* — *Résonner de...* « *La rue Raynouard à six heures, après la pluie, résonnait de cris d'oiseaux et d'appels d'enfants* » (COLETTE).

RÉSORBER [ʀezɔʀbe]. *v. tr.* (1761 ; lat. *resorbere*). ♦ 1° Opérer la résorption de (une sérosité, une tumeur). *On a pu résorber rapidement l'épanchement.* — Pronom. Disparaître par résorption. *Abcès qui se résorbe.* ♦ 2° *Fig.* (XIXᵉ). Faire disparaître par une action interne (un élément ; un phénomène mauvais, dangereux). « *Ce n'est pas en distribuant du grain qu'on sauvera la Kabylie de la faim, mais en résorbant le chômage* » (CAMUS). — Pronom. « *Il faudra des années pour que la tempête se résorbe, pour que la catastrophe épuise son énergie* » (ROMAINS).

RÉSORCINE [ʀezɔʀsin]. *n. f.* (1875 ; de *résine,* et *orcine* ; de *orcinx,* n. sav. de l'*orseille*). *Chim.* Phénol de formule $C_6H_4(OH)_2$, employé en médecine comme antiseptique et dans l'industrie pour la préparation de certains colorants (éosines, fluorescéines, bleu, vert de résorcine) [On dit aussi *Résorcinol*].

RÉSORPTION [ʀezɔʀpsjɔ̃]. *n. f.* (1746 ; du rad. de *résorber,* d'apr. *absorption*). ♦ 1° *Physiol.* Passage (de substances) à travers une membrane muqueuse. *Résorption intestinale d'un médicament pris par la bouche.* ◊ *Méd.* Disparition (d'un liquide, d'un gaz) d'une cavité naturelle ou pathologique ou d'un tissu. *Résorption d'un épanchement de la plèvre.* ◊ Disparition progressive (d'un tissu ayant subi une dégénérescence). *Résorption physiologique des dents temporaires.* ♦ 2° *Phys.* Absorption par un corps d'un système qui avait été libéré (d'une absorption antérieure). — *Phys. nucl.* Diffusion en arrière de particules chargées ou neutrons. ♦ 3° *Fig.* (*Cour.*). Suppression (de ce qui est résorbé). *Résorption du chômage, de l'inflation.*

RÉSOUDRE [ʀezudʀ(ə)]. *v. tr. : je résous, tu résous, il résout, nous résolvons, vous résolvez, ils résolvent ; je résolvais ; je résolus ; j'ai résolu ; je résoudrai ; je résoudrais ; résous, résolvons, résolvez ; que je résolve, que nous résolvions ; que je résolusse, que nous résolussions* (rare) *; résolvant ; résolu* (1330 ; résous, p. p., XIIᵉ ; lat. *resolvere,* d'apr. a. fr. *soudre*). I. Transformer en ses éléments ou faire disparaître. V. **Résolution** (I). — Au p. p. *Résous, résoute* (vx) ou *Résolu,* un p. p. *Résolvant,* dissoute. — (*Rare* à l'actif) « *Le feu résout le bois en cendre et en fumée* » (LITTRÉ). — Au p. p. « *Des bandeaux finalement résolus en deux tresses vigoureuses...* » (DUHAM.). — SE RÉSOUDRE (sens pass.). *Les nuages de grêle se résolvent en eau. Eaux se résolvant par l'évaporation.* — *Fig.* SE RÉSOUDRE EN : aboutir (par une suite de transformations et un enchaînement de conséquences) à. « *L'excès* *d'émotion se résout en stupeur* » (HUGO). ◆ 2° *Méd.* Résorber, faire disparaître (V. Résorption). *Résoudre une tumeur, un engorgement.* ◆ 3° *Dr.* Annuler (une convention, une vente). V. Résilier, révoquer. « *Le marché ne tint pas, il fallut le résoudre* » (LA FONT.). ◆ 4° Décomposer, réduire par voie d'analyse. V. **Analyser.** « *Diviser chacune des difficultés... en autant de parcelles... qu'il serait requis pour les mieux résoudre* » (DESCARTES). ◆ 5° *Cour.* Découvrir la solution de. *Résoudre un problème mathématique, une équation. Résoudre des questions philosophiques, politiques. Résoudre des difficultés. Résoudre une énigme.* V. **Deviner, trouver.** « *Localiser le conflit et le résoudre par des négociations...* » (MART. du G.). ◆ 6° *Mus. Résoudre une dissonance.* V. **Résolution** (I, 5°).

II. ◆ 1° (De *résolu* « décidé », et « instruit »). Déterminer (qqn) à prendre une résolution. « *Et l'on peut me réduire à vivre sans bonheur, Mais non pas me résoudre à vivre sans honneur* » (CORN.). — (Pass.) *Être résolu à faire qqch.* « *Le prolétariat est bien résolu, cette fois, à se soulever...* » (MART. du G.). *J'y suis résolu.* « *Il le trouvait tranquille et comme résolu à tout* » (SAND), prêt à prendre toute résolution (quels qu'en soient les inconvénients). ◇ SE RÉSOUDRE À (sens réfl.) : se décider à. *Se résoudre à faire qqch.* V. **Déterminer** (se). ◆ 2° Arrêter par une résolution (qqch. à exécuter). V. **Décider.** *Ils ont résolu sa mort. Sa perte est résolue. On ne peut rien résoudre. — Résoudre de* (suivi de l'inf.). « *Je résolus de visiter cette île...* » (FRANCE).

RESPECT [ʀɛspɛ]. *n. m.* (1287 ; « motif, rapport » ; lat. *respectus* « regard en arrière » ; fig. « considération » ; de *respicere.* V. **Répit.**) ◆ 1° *Vx.* Le fait de prendre en considération. — Loc. *Au respect de* : à l'égard de, par rapport à. « *Cardan, tout savant homme qu'il est, n'étant qu'un ver de terre au respect de Galien* » (HUGO). ◆ 2° (1455). *Mod.* Sentiment qui porte à accorder à qqn une considération admirative, en raison de la valeur qu'on lui reconnaît, et à se conduire envers lui avec réserve et retenue, par une contrainte acceptée. V. **Considération, déférence.** *S'attirer, imposer, inspirer le respect.* V. **Imposer** (en). « *Le respect est une barrière qui protège autant un père et une mère que les enfants* » (BALZ.). *Les enfants doivent le respect à leurs maîtres. Avoir, témoigner du respect à, envers, pour qqn, à l'égard de qqn. Traiter qqn avec respect. — Attitude, tenue pleine de modestie et de respect.* V. **Révérence.** *Formules, marques, signes extérieurs du respect.* V. **Politesse.** — *Manquer de respect envers qqn* : être irrespectueux, irrévérencieux. Spécialt. *Manquer de respect à une femme* : se permettre des privautés avec elle, ne pas la respecter. « *Il eût bravé mille morts plutôt que de souffrir qu'on manquât de respect à sa maîtresse* » (GAUTIER). — *Le respect de qqn* : le respect qu'il manifeste. Rare. « *L'ennemi sentit le respect de la France* » (HUGO) : porté à la France *(le respect que la France).* — Loc. *Sauf votre respect, sauf le respect que je vous dois,* se dit pour s'excuser d'une parole trop libre, un peu choquante. « *Et, sauf votre respect, vous avez quel âge? — Sauf mon respect, j'ai eu soixante-dix ans en février* » (MONTHERLANT). ◇ *Par ext.* Sentiment de vénération dû au sacré, à Dieu. V. **Culte; adoration, piété.** *Se prosterner avec respect.* ◇ (Appliqué à une chose abstraite) *Respect d'un idéal.* « *À traiter les productions de l'esprit avec un respect qui ne s'adressait autrefois qu'aux grands morts, on risque de les tuer* » (SARTRE). ◇ *Le respect de soi* (pour soi). « *L'honneur... — C'est le respect de soi-même et de la beauté de sa vie* » (VIGNY). V. **Dignité; amour-propre.** ◆ 3° *Vx* (XVIIᵉ). *Au plur.* Témoignage de respect (par la parole ou par les actes). « *Tous ces soupirs, tous ces respects sont des embûches qu'on tend à notre cœur* » (MOL.). V. **Égard.** — *Mod.* (Express. de politesse) *Présenter ses respects. Mes respects* : formule de politesse adressée à un officier par son inférieur. ◆ 4° Considération que l'on porte à une chose jugée bonne, avec la résolution de n'y pas porter atteinte, de ne pas l'enfreindre. « *La fidélité n'est qu'un respect pour nos engagements* » (VAUVEN.). « *J'ai, des livres, un respect superstitieux* » (DUHAM.). *Le respect de l'étiquette, de la forme. Un respect exagéré pour les convenances.* ◆ 5° (XVIIᵉ). RESPECT HUMAIN [ʀɛspɛkymɛ̃] : crainte du jugement des hommes, qui conduit à se garder de certains actes, de certaines attitudes. « *Il n'y avait plus aucune fausse honte, aucun respect humain... en lui, aucun effort pour tromper personne ni lui sur lui* » (JOUHANDEAU). ◆ 6° (1675). *Tenir, garder, etc., en respect* : dans une soumission forcée (en montrant sa force, en menaçant avec une arme, etc.). « *Avec des mots et de la fermeté on tient beaucoup de gens en respect* » (DUHAM.). « *Ils ont reculé lentement, sans cesser... de nous tenir en respect avec le couteau* » (CAMUS). ◇ ANT. Insolence, irrévérence ; blasphème. Infraction.

RESPECTABILITÉ [ʀɛspɛktabilite]. *n. f.* (1784 ; angl. *respectability,* d'apr. *respectable*). Caractère d'une personne ou d'une chose respectable (V. **Estime**) ; et spécialt. Apparence d'honorabilité « *Le pharisaïsme avait mis le salut au*

---

prix... d'une sorte de 'respectabilité' extérieure » (RENAN).
RESPECTABLE [ʀɛspɛktabl(ə)]. *adj.* (XVᵉ ; de *respecter*). ◆ 1° Qui mérite du respect, est digne d'être respecté. *Un homme de bien est respectable par lui-même.* V. **Estimable, honorable.** « *Ce qui est vieux doit rester vieux ; comme tel, il est respectable* » (RENAN). *Ce respectable vieillard.* V. **Auguste, digne.** — Iron. *Deux ou trois respectables matrones.* — *Air, allure respectable* (Cf. Comme* il faut). *Les choses les plus respectables. Vos scrupules sont très respectables.* — Littér. *Respectable à* : qui mérite d'être respecté, qui est respecté par. « *Rendons l'homme respectable à l'homme! Grave parole* (de Duport)... *L'homme, la vie de l'homme, n'étaient déjà plus respectés* » (MICHELET). ◆ 2° (Déb. XIXᵉ). Assez important, digne de considération. *Somme table et rondelette. Une salle de dimension respectable.* ◇ ANT. Bas, méprisable ; irrespectueux.

RESPECTER [ʀɛspɛkte]. *v. tr.* (1560 ; *respitier* « épargner », 1155 ; de *respect*). ◆ 1° Considérer avec respect, honorer d'une déférence profonde, marquée. V. **Honorer, révérer, vénérer.** *Respecter ses parents. La discipline « exige aussi que le chef soit digne d'être respecté* » (MAUROIS). « *Tout ce qui est fort se fait respecter ou craindre* » (B. CONSTANT). — *Spécialt.* Traiter avec respect, en évitant de choquer. « *Mais le lecteur français veut être respecté* » (BOIL.). — *Respecter une femme* : s'abstenir de toute privauté avec elle. « *Le jeune duc aimait les femmes ; ... et il n'était à son aise qu'avec celles qu'on ne respecte pas* » (BALZ.). *Ma fille « était sous votre garde. Vous deviez la respecter, me respecter, vous respecter vous-même* » (R. ROLLAND). — *Respecter une valeur morale, un idéal.* « *Tuez les hommes, mais respectez les œuvres* » (R. ROLLAND). — Au p. p. « *Déshonorer, par des frasques..., un nom respecté* » (PROUST). ◆ 2° (XVIIᵉ). Ne pas porter atteinte à, considérer comme digne d'être conservé, préservé. « *Les Romains respectaient la lettre aux dépens de l'esprit* » (MICHELET). V. **Garder, observer.** *Respecter les convenances, les formes.* « *Je respecte la tradition, les coutumes, les lois établies* » (GIDE). V. **Obéir** (à). *Respecter l'intégrité territoriale de la France. — Respecter le sommeil de ses voisins* : ne pas le troubler. *Respecter une grande douleur* : y compatir. ◆ 3° SE RESPECTER. *v. pron.* Agir de manière à conserver l'estime de soi-même. ◇ *Fam.* QUI SE RESPECTE : qui est fidèle à son métier, à sa réputation. *L'artiste qui se respecte travaille avec désintéressement. — (Par plaisant.)* Digne de ce nom. « *Ce besoin de forfanterie... propre à tout soldat qui se respecte* » (COURTELINE). ◇ ANT. Mépriser ; profaner ; compromettre, déroger, enfreindre, violer.

RESPECTIF, IVE [ʀɛspɛktif, iv]. *adj.* (1680 ; prov. *respectiu,* 1350 ; lat. scolast. *respectivus,* de *respectus*). Qui concerne chaque chose, chaque personne (parmi plusieurs). *Ils eurent à troquer leurs places respectives.* « *Sa visite n'a été que confrontation et interrogatoire sur nos sentiments respectifs pour vous* » (LOTI). — Au sing. collectif. « *La position respective des astres* » (LAPLACE).
RESPECTIVEMENT [ʀɛspɛktivmã]. *adv.* (1415 ; de *respectif*). ◆ 1° Chacun en ce qui le concerne. *Les parents veillent respectivement à l'éducation des enfants.* ◆ 2° À l'égard de chacun. « *Il avait cessé toutes relations avec ces personnes respectivement depuis vingt, quinze et dix ans* » (MONTHERLANT).
RESPECTUEUSEMENT [ʀɛspɛktyøzmã]. *adv.* (1636 ; de *respectueux*). Avec respect, en témoignant du respect. *Parler, écrire respectueusement à qqn.*
RESPECTUEUX, EUSE [ʀɛspɛktyø, øz]. *adj. et n. f.* (1540 ; de *respect*). ◆ 1° Qui éprouve ou témoigne du respect, de la déférence (V. **Humble**). *Des fils tendres et respectueux.* « *Derrière le corbillard... une foule... respectueuse et consternée* » (CHARDONNE). — *Respectueux envers ses parents, pour qqn, à l'égard d'une valeur morale. Respectueux des autres comme de lui-même.* — N. f. *Une respectueuse,* euphémisme familier pour désigner une prostituée (de *La Putain respectueuse,* pièce de Sartre, 1946). ◆ 2° Qui marque du respect. *Ton, silence respectueux. Lettre respectueuse. Il « avait jeté cette épître à la poste... Il y disait, en termes respectueux, qu'il aimait depuis longtemps la jeune fille* » (MAUPASS.). — (Express. de politesse) *Respectueuses salutations. Veuillez agréer mes sentiments respectueux. Hommages respectueux.* ◇ Par ext. *Rester à distance respectueuse* : à une distance assez grande (soit par respect, soit par crainte). « *Je marchais à une distance respectueuse de mon guide* » (BALZ.). ◆ 3° RESPECTUEUX DE : qui éprouve le désir de ne pas porter atteinte à. « *Et puis les Anglais... sont plus tolérants, plus respectueux des singularités d'autrui* » (ROMAINS). *Être respectueux des formes, des pratiques extérieures.* ◇ ANT. Irrespectueux, irrévérent, irrévérencieux ; méprisant ; impie.

RESPIRABLE [ʀɛspirabl(ə)]. *adj.* (1743 ; « qui respire », 1380 ; de *respirer*). Qu'on peut respirer, qui est propre au fonctionnement normal de la respiration. *Air raréfié, peu respirable.* Fig. *L'atmosphère n'est pas respirable, ici.* V. **Supportable.** ◇ ANT. Irrespirable.

RESPIRATEUR [ʀɛspiʀatœʀ]. *n. m.* (1812, n., « masque respiratoire » ; de *respirer*). Masque qui filtre l'air. — Appareil pour la respiration artificielle.

RESPIRATION [ʀɛspiʀɑsjɔ̃]. *n. f.* (xvᵉ ; prov. *respiracio*, xivᵉ ; lat. *respiratio*). ♦ 1° Le fait d'aspirer et de rejeter l'air par les voies respiratoires (en parlant de l'homme et de certains animaux). V. **Expiration, inspiration** (II), **souffle.** « *Elle sent la respiration de l'homme monter et descendre comme une vague* » (ST-EXUP.). *Arrêt de la respiration, par asphyxie, syncope, étouffement. Retenir sa respiration.* — *(Avec un compl.)* Le fait de respirer (un fluide). *Respiration de vapeurs, d'un air vicié.* ◇ *Respiration difficile* (V. **Haleine, souffle),** « *Elle respirait, mais d'une respiration qui lui paraissait faible et prête à s'éteindre* » (HUGO). *Respiration haletante, entrecoupée.* V. **Anhélation, dyspnée, essoufflement, halètement, suffocation.** *Respiration bruyante, sibilante, striduleuse* (méd.). ◇ (1834) *Respiration artificielle* : ensemble de moyens (insufflations, mouvements communiqués à la cage thoracique, bouche-à-bouche, etc.) pratiqués pour rétablir les fonctions respiratoires, chez les asphyxiés. « *J'ai pratiqué maintes fois la « respiration artificielle manuelle » sur les grands blessés* » (DUHAM.). *Respiration assistée,* à l'aide de respirateurs. ♦ 2° *Physiol.* Ensemble des fonctions assurant les processus d'oxydation d'un organisme vivant. *La respiration fait partie des fonctions de nutrition. Respiration externe, pulmonaire* : absorption d'oxygène et rejet de gaz carbonique par le poumon. *Respiration interne, tissulaire* (échanges gazeux entre le sang et les tissus), *cellulaire* (phénomènes d'oxydation intracellulaires). *Respiration cutanée.* V. **Perspiration.** *Respiration branchiale des animaux aquatiques. Chez les végétaux supérieurs, la respiration se fait surtout par la feuille.* V. **Chlorophyllien.** ♦ 3° *Mus.* Ponctuation d'un discours musical (musique vocale ou instrumentale). V. **Phrasé.**

RESPIRATOIRE [ʀɛspiʀatwaʀ]. *adj.* (1566 ; de *respirer*). ♦ 1° Qui sert à la respiration. *Appareil, système respiratoire* : ensemble des organes différenciés qui concourent à la respiration en assurant l'apport d'oxygène et l'élimination du gaz carbonique. *Voies respiratoires* (V. **Bronches, larynx, pharynx, poumon, trachée-artère).** ♦ 2° De la respiration. *Échanges respiratoires de la plante. Mesurer la capacité respiratoire au spiromètre. Quotient* respiratoire. Troubles respiratoires.*

RESPIRER [ʀɛspiʀe]. *v.* (1298 ; « revenir à la vie », 1190 ; lat. *respirare,* de *spirare).* **I.** ♦ 1° *V. intr.* Aspirer l'air dans les poumons, puis l'en rejeter. V. **Expirer, inspirer, souffler.** *Respirer par le nez, par la bouche. Empêcher de respirer* : asphyxier, étrangler. *Respirer avec difficulté.* V. **Haleter.** *Respirer bruyamment.* V. **Ronfler.** ◇ *Par anal.* (1768) Exercer la fonction de la respiration. *Les cellules, les plantes respirent.* ◇ *Fig.* (Personnes) *Respirer à l'aise, librement* : se sentir à l'aise. « *Toutes les fois que j'entre à Paris, j'y respire à l'aise, comme si je rentrais dans mon royaume...* » (FLAUB.). « *Je chantais, mes amis, comme l'homme respire* : avec facilité. *Il ment comme il respire* : avec un parfait naturel et sans cesse. ♦ 2° (1546). Avoir un moment de calme, de répit, éprouver une sensation de soulagement. *Je commence à respirer. Ouf! on respire!* on se sent revivre. « *Si l'on mettait cette racaille en prison,... les honnêtes gens pourraient respirer* » (CAMUS). **II.** ♦ 1° (1298). *V. tr. Vx.* Exhaler, répandre (une odeur, un souffle). « *Respirer une haleine de roses* » (CHÉNIER). ◇ *Fig.* (1870) *Mod.* Avoir un air de, dégager une impression de. V. **Exprimer, manifester.** *Respirer la santé, la franchise.* « *C'était un homme à cheveux gris, dont le visage respirait la courtoisie, la bénignité* » (DUHAM.). ♦ 2° *V. intr.* Se manifester. « *Ces yeux si beaux où respirait l'ennui le plus profond* » (STENDHAL). **III.** *V. tr.* (fin xvᵉ, infl. d'*aspirer).* ♦ 1° Aspirer par les voies respiratoires. V. **Absorber, humer, inhaler.** *Respirer le grand air.* « *On lui fit respirer tant de sels et de vinaigres, qu'il ouvrit les yeux* » (BALZ.). V. **Renifler.** — (Au p. p.) « *Une odeur respirée jadis* » (PROUST). ♦ 2° *Absolt.* V. **Aspirer.** *Respirer longuement, profondément.*

RESPLENDIR [ʀɛsplɑ̃diʀ]. *v. intr.* (1120 ; lat. *resplendere).* Briller d'un vif éclat, en produisant ou en renvoyant la lumière. V. **Étinceler, flamboyer, luire.** *Métal qui resplendit au soleil.* « *Au bout d'une longue prairie, le lac d'Hippo-Zaryte resplendissait sous le soleil couchant* » (FLAUB.). ◇ *Par métaph.* V. **Briller, étinceler.** « *Elle vit dans mes yeux resplendir son image* » (MUSS.). *Resplendir de...* « *Son visage resplendissait de foi* » (MART. du G.).

RESPLENDISSANT, ANTE [ʀɛsplɑ̃disɑ̃, ɑ̃t]. *adj.* (1170 ; de *resplendir).* Qui resplendit, brille, étincelle. V. **Éclatant, étincelant.** *La mer « resplendissante et sombre »* (HUGO). *Yeux resplendissants.* ◇ *Par métaph. Visage resplendissant de bonheur, de santé. Mine resplendissante.* ⊗ ANT. **Pâle, terne.**

RESPLENDISSEMENT [ʀɛsplɑ̃dismɑ̃]. *n. m.* (1120 ; de *resplendir).* *Littér.* Éclat, lumière due au resplendir.

RESPONSABILITÉ [ʀɛspɔ̃sabilite]. *n. f.* (1783 ; de *responsable,* trad. angl. *responsibility* [1733]). ♦ 1° *Dr. const.* Obligation pour les ministres de quitter le pouvoir lorsque le corps législatif leur retire sa confiance. *La responsabilité politique des ministres définit le parlementarisme.* ♦ 2° *Dr. civ.* (xixᵉ). Obligation de réparer le dommage que l'on a causé par sa faute, dans certains cas déterminés par la loi. V. **Faute, imputabilité.** *Responsabilité civile, pénale, délictuelle, contractuelle. Responsabilité légale de l'employeur pour les accidents du travail.* — *Responsabilité en matière d'accidents d'automobile.* ◇ Obligation de supporter le châtiment. *Responsabilité pleine et entière. Responsabilité atténuée* (en cas d'anomalies physiologiques ou psychologiques). *Responsabilité pénale du mineur.* ◇ *Société à responsabilité limitée* (S.A.R.L.), dans laquelle la responsabilité des associés est limitée au montant de leur apport. ♦ 3° *Cour.* Obligation ou nécessité morale, intellectuelle, de réparer une faute, de remplir un devoir, un engagement. *Par ext.* Le fait, pour certains actes, d'entraîner — suivant certains critères moraux, sociaux — des conséquences pour leur auteur ; le fait d'accepter de supporter ces conséquences. V. **Répondre** (de). « *Nous prenons le mot de « responsabilité » en son sens banal de « conscience* » (d')être l'auteur incontestable *d'un événement ou d'un objet ». Cette responsabilité est simple revendication logique des conséquences de notre liberté* » (SARTRE). *De lourdes responsabilités.* — *Accepter, assumer une responsabilité. Prendre la responsabilité d'une affaire* : accepter d'en être tenu pour responsable. V. **Endosser, prendre** (sur soi) ; *Cf.* Prendre* sur son bonnet*, faire qqch. à ses risques et périls*. *Rejeter sur qqn la responsabilité d'un crime. Décliner toute responsabilité* (Cf. Se laver* les mains). — *Avoir la responsabilité de qqn* : en être responsable (Cf. Avoir charge* d'âme). ◇ *Par ext.* Charge, poste, situation qui entraîne des responsabilités. *Promouvoir qqn à une haute responsabilité.* ⊗ ANT. **Irresponsabilité.**

RESPONSABLE [ʀɛspɔ̃sabl(ə)]. *adj.* (xivᵉ ; n. m., *responsaule,* 1284 ; *responable,* 1304 ; du lat. *responsus,* p. p. de *respondere*). Qui doit accepter et subir les conséquences de ses actes, en répondre. ♦ 1° Qui doit (de par la loi) réparer les dommages qu'il a causés par sa faute. *Être civilement, pénalement responsable.* — Qui soit subir le châtiment prévu par la loi. *Les experts pensent que l'accusé n'est pas responsable.* ◇ *Spécialt.* (xviiiᵉ ; V. **Responsabilité,** 1°) Qui doit rendre compte de sa politique. ♦ 2° Qui doit, en vertu de la morale admise, rendre compte de ses actes ou de ceux d'autrui. V. **Comptable, garant.** *Être responsable de sa conduite devant qqn. Être responsable de qqn, de sa vie, de sa santé, de sa conduite. Dans ce groupe, chacun est responsable des actes de tous* (V. **Solidaire).** — *Rendre qqn responsable de qqch.,* le considérer comme responsable. ♦ 3° Qui est l'auteur, la cause volontaire et consciente (de qqch.), en porte la responsabilité morale. « *L'homme est responsable de ce qu'il est* » (SARTRE). « *Chacun est responsable de tous* » (ST-EXUP.). *Subst. fam.* V. **Auteur, coupable.** *Qui est le responsable de cette plaisanterie?* ♦ 4° Chargé de, en tant que chef qui prend les décisions. *Le Premier ministre est responsable de la défense nationale.* — *Subst. Un responsable* : dans une organisation, Celui qui décide. « *Il est un chef, c'est-à-dire un responsable* » (MAUROIS). V. **Dirigeant.** *Les responsables d'un parti ; les responsables syndicaux.* ♦ 5° (Choses abstraites). Cause suffisante (dans *considérer comme, rendre... responsable).* ♦ 6° (apr. 1965 ; infl. de l'angl. *responsible).* Raisonnable, réfléchi, sérieux. *Agir de façon responsable.* « *Les plus responsables des étudiants* » (*Nouv. Obs.,* 26-6-1968). ◇ (Dans des tours impersonnels, surtout négatifs). « *Il ne serait guère responsable de penser que...* » (*Nouv. Obs.,* 28-2-1968). ⊗ ANT. **Irresponsable.**

RESQUILLE [ʀɛskij]. *n. f.* ou **RESQUILLAGE** [ʀɛskijaʒ]. *n. m.* (v. 1930,-xxᵉ ; de *resquiller).* Action de resquiller. V. **Fraude.** « *Pour un billet en resquille, elles feraient stopper toute la ligne* (de tramway) » (CÉLINE).

RESQUILLER [ʀɛskije]. *v.* (1927 ; « obtenir sans payer », arg. mar., 1910 ; prov. *resquilia* « glisser », du rad. germ. *kegil* « quille »). ♦ 1° *V. intr.* Entrer, se faufiler sans payer (dans un spectacle, un moyen de transport). *Par ext.* Obtenir une chose sans y avoir droit, sans rien débourser. V. **Carotter, écornifler.** ♦ 2° *V. tr.* Obtenir (qqch.) en resquillant. *Resquiller une place de cinéma.* ⊗ ANT. **Payer.**

RESQUILLEUR, EUSE [ʀɛskijœʀ, øz]. *n.* (v. 1924 ; prov. *resquilhaire).* ♦ 1° Qui resquille, a l'habitude de resquiller. V. **Écornifleur, fraudeur.** « *Il faut que l'ordre règne, que tous les resquilleurs soient punis* » (SARRAUTE). *Resquilleur qui se faufile, passe avant son tour.* ♦ 2° Adj. *Il est très resquilleur.* Cf. **Combinard.** V. **Combine.**

RESSAC [ʀəsak]. *n. m.* (1513 ; du lat. *saccus,* esp. *resaca* ; Cf. a. fr. *Sachier* « secouer »). Retour violent des vagues sur elles-mêmes, après un choc, lorsqu'elles ont frappé un obstacle (côte, haut-fond, etc.). *Le ressac de la mer dans les* *anfractuosités.* — Agitation due au déferlement. « *Le ressac qui montait jusque sur sa crête blanche et lugubre, hurlant et mugissant éternellement* » (BAUDEL.).

RESSAIGNER [ʀ(ə)seɲe]. *v.* (1549; de *re-,* et *saigner*). ♦ 1° *V. tr.* Saigner de nouveau (un malade). ♦ 2° *V. intr.* Saigner de nouveau. *La fièvre se ranime, les plaies ressaignent.*

RESSAISIR [ʀ(ə)seziʀ]. *v.* (1207; de *re-,* et *saisir*). I. *V. tr.* ♦ 1° Saisir de nouveau, saisir (ce qui a échappé). *Ressaisir un fuyard.* V. **Raccrocher, rattraper, reprendre.** « *Bonaparte aurait voulu ressaisir à lui seul l'autorité* » (CHATEAUB.). « *Ressaisir ce qu'il y a de meilleur dans le passé* » (STE-BEUVE). ♦ 2° *(Sujet de chose).* Saisir de nouveau (qqn). Reprendre. *La peur le ressaisit.* « *Ressaisi par le rythme endiablé, il repart de plus belle* » (THARAUD). « *Quand l'envie de dormir me ressaisira, je dormirai* » (COLETTE). II. *V. pron.* ♦ 1° *Vx* ou *Dr.* SE RESSAISIR DE... : rentrer en possession de, reprendre possession de. *Se ressaisir de ses biens.* ♦ 2° *Cour.* SE RESSAISIR : rentrer en possession de son calme, de son sang-froid, redevenir maître de soi. V. **Maîtriser** (se). *Il faillit éclater en sanglots, mais il s'est ressaisi. Faire des efforts pour se ressaisir. Ressaisissez-vous!* — Se rendre de nouveau maître de la situation par une attitude plus ferme (Cf. Reprendre du poil* de la bête). *Il « se ressaisit, désormais se surveilla* » (HERMANT). ◇ ANT. *Abandonner.*

RESSAISISSEMENT [ʀ(ə)sezismɑ̃]. *n. m.* (1510, dr.; rare av. XXᵉ; de *ressaisir*). Littér. Action de ressaisir. « *Ce ressaisissement immédiat de soi-même, cette légèreté, ce retour à comme si rien n'était* » (ARAGON).

RESSASSER [ʀ(ə)sase]. *v. tr.* (1549, « repasser au sas »; de *re-,* et *sasser,* de *sas* « tamis »). ♦ 1° *Vx.* Remuer, agiter de nouveau. ◇ *Fig.* Examiner avec soin, à plusieurs reprises. *Ressasser une affaire.* ♦ 2° *Mod.* (1721). Revenir sur (les mêmes choses), faire repasser dans son esprit. V. **Remâcher.** *Ressasser des regrets.* « *Je ressassai comme une mélodie, sans pouvoir m'en rassasier, ces images de Florence, de Venise et de Pise* » (PROUST). « *Réflexions qu'il ressassait quotidiennement, même dans le silence du travail* » (ROMAINS). ♦ 3° Répéter de façon lassante. V. **Rabâcher.** *Ressasser les mêmes plaisanteries.* V. **Rabâcher.** « *Je retombe dans des thèmes déjà ressassés* » (GIDE).

RESSASSEUR [ʀ(ə)sasœʀ]. *n. m.* (1764; de *ressasser*). Personne qui ressasse, répète toujours la même chose. V. **Rabâcheur.** « *Des ressasseurs, des plagiaires de plagiats et des critiques de critiques* » (BAUDEL.).

RESSAUT [ʀ(ə)so]. *n. m.* (1676; de l'a. v. *ressaillir*). ♦ 1° Saillie qui interrompt un plan vertical; avancée d'un membre d'architecture. V. **Redan** (ou **redent**); *Le ressaut que fait une corniche, une moulure.* ♦ 2° *Cour.* Saillie, dénivellation. « *Cela fait des ressauts que l'enfant franchissait agilement* » (HUGO). ♦ 3° *Géogr.* Petit palier qui interrompt un plan vertical; rupture de pente. *Ressauts utilisés par l'alpiniste* (V. **Replat**). — Petite élévation entre deux plans horizontaux qui ne sont pas de niveau. « *Ces ombres, qui semblent se casser au ressaut de chaque marche* » (LOTI).

1. RESSAUTER [ʀ(ə)sote]. *v. intr.* (1691; de *ressaut*). Archit. Former un ressaut (*rare*).

2. RESSAUTER [ʀ(ə)sote]. *v.* (XIVᵉ; de *re-,* et *sauter*). ♦ 1° *V. tr.* Franchir de nouveau en sautant. *Le cavalier a fait ressauter le fossé à son cheval.* ♦ 2° *V. intr.* Sauter de nouveau, faire un nouveau saut. *Champion qui ressaute au deuxième essai. L'acrobate va ressauter sans filet.*

RESSAYAGE [ʀeseja3] ou *plus cour.* **RÉESSAYAGE** [ʀeeseja3]. *n. m.* (1902; de *ressayer*). Action de ressayer un vêtement, nouvel essayage. « *Réessayage le lendemain, après retouche et sur nouvelles mesures* » (JARRY).

RESSAYER [ʀeseje] ou **RÉESSAYER** [ʀeeseje]. *v. tr.*; conjug. *essayer.* V. **Payer** (*h. XIIIᵉ;* 1875; de *re-,* et *essayer*). Essayer de nouveau, faire un nouvel essai. *Ressayer une recette.* ◇ Faire un nouvel essayage. *Il faut ressayer cette robe avant de la piquer.*

RESSEMBLANCE [ʀ(ə)sɑ̃blɑ̃s]. *n. f.* (XVᵉ; *h. 1265;* de *ressembler*). I. ♠ *Sens général.* Rapport entre des objets quelconques, présentant des éléments identiques suffisamment nombreux et apparents; ou entre des objets de même espèce présentant des éléments identiques (autres que ceux qui appartiennent à l'espèce). *Grande ressemblance, ressemblance parfaite.* V. **Similitude;** et *aussi* **Même, semblable.** *Ressemblance entre objets peu comparables.* V. **Analogie.** *Ressemblance de deux objets, entre deux objets, d'un objet avec un autre, et d'un autre.* V. *aussi* **Parité, symétrie.** *Ressemblance entre deux oiseaux. Ressemblance dans les goûts.* V. **Accord, affinité, conformité.** — *Au plur.* Traits communs. *Comparaison par laquelle on établit les ressemblances. Ressemblances qui provoquent des associations d'idées.* ♠ *Spécialt.* ♦ 1° En parlant de personnes qui présentent un ensemble de traits physiques individuels communs (surtout ceux du visage). « *Ah! si une ressemblance, même légère, pouvait exister entre son père et Jean, une de ces ressemblances mystérieuses qui*

vont de l'aïeul aux arrière-petits-fils » (MAUPASS.). *Ressemblance lointaine* (Cf. Air de famille*). ♦ 2° *(Dans les arts et les techniques de représentation, d'imitation, de reproduction).* Rapport entre la chose et son modèle, tel que la chose donne l'image fidèle, l'illusion du modèle. « *Un portrait d'une ressemblance à crier* » (GONCOURT). « *L'exactitude ou, pour un portrait, la ressemblance, n'entre que faiblement en ligne de compte dans le mérite d'un tableau* » (GIDE). *Toute ressemblance avec des personnages réels ne peut être que fortuite,* formule par laquelle l'auteur d'un livre, d'un film se défend d'avoir dépeint, montré une personne réelle dans son œuvre. II. *Vx* ou *littér.* Apparence, image. *Dieu a fait l'homme à sa ressemblance.* « *La ressemblance des choses dont on n'admire point les originaux* » (PASC.). ◇ ANT. *Différence, disparité, dissemblance, dissimilitude, variété.*

RESSEMBLANT, ANTE [ʀ(ə)sɑ̃blɑ̃, ɑ̃t]. *adj.* (1503; de *ressembler*). ♦ 1° *(Rare).* Qui ressemble, qui est semblable à... V. **Analogue, approchant, semblable, voisin.** *Cette fleur est ressemblante à la rose.* — *Absolt.* Qui se ressemble, est resté le même. « *Je retrouve Degas vieilli mais toujours ressemblant* » (GIDE). ♦ 2° *Cour.* Qui a de la ressemblance avec son modèle. *Photo très ressemblante. Caricatures plus ressemblantes que les portraits. Il est très ressemblant* (Cf. C'est lui tout craché*). « *Faire ressemblant, c'est là tout le devoir de l'historien* » (HUGO). ◇ ANT. *Contraire, différent, dissemblable.*

RESSEMBLER [ʀ(ə)sɑ̃ble]. *v. tr. indir.* (XVIᵉ; « sembler », tr., 1080; de *re-,* et *sembler*). ♠ Avoir des traits communs avec, présenter des caractères identiques à (ceux d'un autre objet). *Ressembler à qqn* (V. **Pareil, semblable**). ♦ 1° (Au physique, par l'extérieur, les manières). *Ressembler à sa mère.* « *Un orphelin vêtu de noir Qui me ressemblait comme un frère* » (MUSS.). — *Fam. À quoi ressemble-t-il?* comment est-il, au physique? *Tu es sale, regarde un peu à quoi tu ressembles!* ◇ *Pronom.* Ressembler l'un à l'autre. *Se ressembler comme deux gouttes d'eau.* « *Tous les gros hommes se ressemblent* » (MAC ORLAN). — (Avec un indéfini collectif pour sujet) « *Tout le monde est pareil, tout le monde se ressemble* » (SARRAUTE). ♦ 2° (Au moral, dans la conduite). *Enfants qui ressemblent à leurs parents.* V. **Tenir** (de). « *Aucun de nos amis, de ceux que nous aimons, n'est tel que nous le voyons; souvent, il ne ressemble en rien à l'image que nous en avons* » (R. ROLLAND). — Pronom. « *Les couples les plus normaux finissent par se ressembler, quelquefois même par interchanger leurs qualités* » (PROUST). — PROV. *Qui se ressemble s'assemble,* les personnes qui aiment à être ensemble ont de grandes affinités de caractère (en bien ou en mal). — (*Réfl.*) Être le même, agir comme on l'a toujours fait. *Il ne se ressemble plus depuis qu'il est marié.* ♦ 3° (En parlant d'animaux, de choses). *Le crocodile ressemble au lézard.* « *Ses parterres brodés qui ressemblent à de grands tapis* » (HUGO). V. **Imiter.** *L'amour ressemble à la haine. La mort « ressemble au sommeil comme deux gouttes d'eau* » (VOLT.). « *Ce qui ne ressemble à rien n'existe pas* » (VALÉRY). — Spécialt. *Ne ressembler à rien* : avoir de l'originalité, être peu banal. *Un tableau abstrait qui ne ressemble à rien.* — (Plus souvent, en mauvaise part) Être informe, être dépourvu de sens, de style. *Une décoration, une mode, un roman qui ne ressemble à rien. Je vous demande un peu à quoi ça ressemble!* « *Absurde, détestable, monstrueux; cela ne ressemble à rien; cela ressemble à tout* » (GAUTIER). ♦ 4° Spécialt. Avoir de la ressemblance avec (un modèle). V. **Ressemblant** (2°). ◇ *Pronom.* PROV. *Les jours se suivent et ne se ressemblent pas,* se dit à propos d'une situation qui change d'un jour à l'autre (en bien ou en mal). « *Les révolutions se succèdent et ne se ressemblent pas* » (BALZ.). — (Avec un indéfini négatif désignant l'unité [aucun, pas un] pour sujet) *Aucune maison ne se ressemble dans cette rue,* aucune maison ne ressemble à une autre. ♠ Être digne de son auteur, en parlant d'une production, d'un comportement. *Le style ressemble à l'homme. Cela lui ressemble tout à fait* (Cf. C'est bien* de lui). *Cela ne lui ressemble pas,* il n'a pas l'habitude de se comporter ainsi. ◇ ANT. *Contraster, différer, diverger, opposer* (s').

RESSEMELAGE [ʀ(ə)səmla3]. *n. m.* (1782; de *ressemeler*). Action de ressemeler; son résultat. *Ressemelage rapide; ressemelage solide.*

RESSEMELER [ʀ(ə)səmle]. *v. tr.*; conjug. *appeler* (1622; *rasameler,* 1423; de *re-,* et *semelle*). Garnir de semelles neuves. *Cordonnier qui ressemelle des chaussures. Sandales à ressemeler.* V. **Réparer.**

RESSEMER [ʀəsme, ʀsəme]. *v. tr.* (1334; de *re-,* et *semer*). ♦ 1° Semer une seconde fois. *Ressemer des orges après une gelée.* ♦ 2° Ensemencer de nouveau. *Ressemer un champ.* ♦ 3° Pronom. *Se ressemer* : être ressemé; semer ses propres graines, en parlant d'une plante cultivée. *Le cerfeuil se ressème et produit des plants nouveaux.*

RESSENTIMENT [ʀ(ə)sɑ̃timɑ̃]. *n. m.* (1558; *recentement,*

v. 1300; de *ressentir*). ♦ 1° Mod. Le fait de se souvenir avec animosité des maux, des torts qu'on a subis (comme si on les « sentait » encore). « *La jeunesse est l'âge du ressentiment* » (SARTRE). V. **Rancœur, rancune.** *Éprouver, garder du ressentiment d'une injure.* V. **Amertume.** *S'attirer, soulever le ressentiment de qqn.* V. **Animosité.** « *Rome, l'unique objet de mon ressentiment* » (CORN.). ♦ 2° *Vx* Le fait d'éprouver, de ressentir (un chagrin, une douleur). « *De nos parents perdus le vif ressentiment* » (CORN.). ♦ 3° *Vx* (XVIIᵉ-XVIIIᵉ). Souvenir reconnaissant. « *Souffrez, mon père, que je vous embrasse, pour vous témoigner mon ressentiment* » (MOL.). ◇ ANT. **Amitié, amour, oubli, pardon.**

RESSENTIR [ʀ(ə)sɑ̃tiʀ]. v. *tr.* (XIIIᵉ; de *re-*, et *sentir*). I. ♦ 1° Éprouver vivement, sentir (l'effet moral d'une cause extérieure). V. **Éprouver, sentir.** « *Nous ne ressentons nos biens et nos maux qu'à proportion de notre amour-propre* » (LA ROCHEF.). *Ressentir très profondément les choses* : en tirer une vive impression. — *Ressentir un outrage,* en être affecté. ◇ *Spécialt.* Être sensible à (ce qui arrive à autrui). « *Il ressent mes douleurs beaucoup plus que moi-même* » (RAC.). « *Plusieurs de nos terroristes furent des hommes qui ressentirent cruellement les maux du peuple* » (MICHELET). ◇ Éprouver les conséquences pénibles de (une chose physique). *Ressentir les effets d'une chute. Ressentir les privations.* ♦ 2° Être pleinement conscient de (un état subjectif, sentiment, tendance). « *Elle ressentit pour la première fois l'amour avec une extrême jeunesse* » (STE-BEUVE). *Ressentir de l'amitié, de la sympathie pour qqn.* V. **Goûter.** *Ressentir de la pitié, de la colère, de l'orgueil.* « *Quelle déception! J'en ressentis une sorte de dépit* » (FRANCE). *Ne pas montrer ce qu'on ressent.* ◇ Éprouver, subir (une douleur physique). *Ressentir des souffrances, la soif.* — Au p. p. *Douleur ressentie.* ♦ 3° *Spécialt. et vx.* Se souvenir avec ressentiment* ou avec reconnaissance. *Ressentir une insulte, un bienfait, une faveur* : s'en souvenir.

II. **SE RESSENTIR.** v. *pron.* ♦ 1° *Vx.* Se souvenir, continuer d'éprouver, avec ressentiment ou reconnaissance. *Se ressentir d'une offense, d'un bienfait.* ♦ 2° Mod. Éprouver une influence, subir (les suites fâcheuses ou favorables). « *Ces pages se ressentent de l'effort* » (GIDE). ♦ 3° Continuer à éprouver les effets (d'une maladie, d'une douleur, d'une peine). *Se ressentir d'une chute, d'une maladie mal soignée; d'une opération.* ♦ 4° Pop. *S'en ressentir pour* (suivi d'un compl. ou d'un inf.) : se sentir en bonnes dispositions pour. « *Alors, dit Albert, tu t'en ressens pour le championnat de France amateurs. — Moi, je veux bien, dit Jacques* » (QUENEAU).

RESSERRE [ʀ(ə)sɛʀ]. n. *f.* (1836; de *resserrer*). Endroit où l'on range, où l'on remise certaines choses. « *Une grande resserre où Philippe accrochait ses bicyclettes, mettait ses outils, ses bois, son vin* » (NIZAN). *Resserre dans un jardin, un atelier, un magasin.* V. **Réserve, remise.**

RESSERRÉ, ÉE [ʀ(ə)seʀe]. adj. (XVIᵉ; V. **Resserrer,** I). ♦ 1° Étroitement limité. *Vallée resserrée.* V. **Encaissé.** « *Le corridor s'allongeait toujours, resserré, lézardé* » (ZOLA). ♦ 2° Serré davantage. *Écrous resserrés.*

RESSERREMENT [ʀ(ə)sɛʀmɑ̃]. n. *m.* (1550; de *resserrer*). Action de resserrer (ou de se resserrer); état de ce qui est resserré. *Resserrement d'un nœud, des liens, des mâchoires.* « *C'est curieux, chez ce jeune méchant, le resserrement des deux lèvres* » (GONCOURT). ◇ Fig. *Resserrement d'une amitié,* « *de la fraternité* » (GONCOURT). ◇ ANT. **Dilatation, épanouissement.**

RESSERRER [ʀ(ə)seʀe]. v. *tr.* (1197, « ranger, remettre à sa place »; de *re-*, et *serrer*). I. ♦ 1° (XVIᵉ). *Vieilli.* Enfermer dans un espace plus étroit, borner, limiter. *La vallée, que des montagnes resserrent.* V. **Encaisser, étrangler.** ♦ 2° (XVIᵉ). Mod. Diminuer le volume, la surface de (qqch.), en rapprochant les éléments ou en enfermant dans des limites plus étroites. V. **Contracter.** *Resserrer le cercle des curieux, des badauds. Lotion astringente qui resserre les pores.* — (Abstrait) *Resserrer un récit, un développement.* V. **Abréger, condenser.** ♦ 3° Fig. et littér. *Resserrer le cœur, l'âme, les sentiments* : empêcher de s'épanouir, ou encore, maintenir sans exprimer, retenir. « *Déjà le sentiment de sa misère lui resserrait le cœur et lui rétrécissait l'esprit* » (ROUSS.). II. (1718). Rapprocher de nouveau ou davantage (des parties disjointes, les éléments d'un lien); serrer davantage. V. **Serrer; refermer.** *Resserrer les cordons, les liens.* — *Resserrer un nœud. Resserrer un boulon.* ◇ Fig. « *Ces liens réciproquement donnés et reçus, vous seul pouvez, à votre choix, les resserrer ou les rompre* » (LACLOS). *Resserrer l'étreinte.* III. **SE RESSERRER.** v. *pron.* ♦ 1° (*Pass.*) Devenir plus étroit, être borné, maintenu dans ses limites. « *Le terrain se resserre* » (ACAD.). — Devenir plus dense. « *Une bruine qui se resserrait pour former une courte pluie* » (BOSCO). ◇ (Au sens moral) « *Mon cœur de crainte et d'horreur se resserre* » (RAC.). ♦ 2° Se rapprocher, serrer de nouveau ou encore plus. *Liens, nœuds qui se resserrent.* « *Les mâchoires... se*

resserrèrent puis se rentr'ouvrirent puis se resserrèrent encore une fois » (COURTELINE). — (Sujet de personne) « *Ils se resserraient sous l'abat-jour comme les paysans autour du feu* » (ST-EXUP.). ♦ 3° Fig. *Relations qui se resserrent.* « *Cette liaison venait enfin de se resserrer dans le tutoiement* » (HUYSMANS). ◇ ANT. **Élargir. Desserrer, dilater, épanouir, relâcher.**

RESSERVIR [ʀ(ə)sɛʀviʀ]. v.; conjug. *servir.* V. **Partir** (XIIIᵉ; de *re-*, et *servir*). ♦ 1° *V. tr.* Servir de nouveau. *Resservir un plat.* — Fig. « *Les déclarations... que les petits copains vous resservent pendant dix ans* » (ROMAINS). — Pronom. *Se resservir de sa voiture après un accident.* ♦ 2° *V. intr.* Être encore utilisable. *Cela peut resservir.*

1. RESSORT [ʀ(ə)sɔʀ]. n. *m.* (1220, « rebondissement, élan »; de *ressortir* 1). ♦ 1° (XVIᵉ). Organe, pièce d'un mécanisme qui utilise les propriétés élastiques de certains corps pour absorber du travail ou pour produire un mouvement. *Bander, comprimer, tendre un ressort. Ressort détendu. Ressort à boudin, conique, à lame.* — *Fusil, pistolet à ressort* (jouets d'enfant). — *Articulation à ressort. Ressort de montre. Tendre le ressort d'un mécanisme à l'aide d'une clé, d'un remontoir* (V. **Remonter**). *Ressort d'un jouet mécanique.* « *Une vieille banquette de peluche verte éventrée montrait son crin et ses ressorts* » (COCTEAU). *Ressorts servant à amortir les chocs. Ressorts de sommier. Ressorts de suspension d'une auto.* — Par métaph. « *Comme mue par un ressort, elle bondit sur le baron* » (DUMAS). ♦ 2° (1690). *Vieilli.* Propriété de reprendre sa position première. V. **Élasticité.** *Le ressort* « *du fluide atmosphérique* (*l'air*) » (LAPLACE). — *Faire ressort* : *vx* Agir par élasticité; *mod.* Agir comme un ressort. *Le bois de l'arc fait ressort.* ♦ 3° Fig. (XVIᵉ, par allus. aux ressorts d'un mécanisme). Cause agissante : énergie, force (généralement occulte) qui fait agir, se mouvoir... qqch. (V. **Moteur**). « *Je ne sais guère par quels ressorts la peur agit en nous* » (MONTAIGNE). « *Les ressorts de l'âme* » (RENAN). « *L'honneur est ainsi le véritable ressort des guerres* » (ALAIN). — (En parlant d'êtres vivants comparés à des machines) *Un aveugle ressort* : une force vitale instinctive (*opposé à* la raison). « *Les bêtes... agissent naturellement et par ressorts, ainsi qu'une horloge* » (DESCARTES). ◇ *Spécialt. et vieilli.* Moyen plus ou moins secret, qui sert à faire réussir un dessein, une intrigue. V. **Machination, moyen.** « *Dis-nous donc quels ressorts il faut mettre en usage* » (MOL.). ♦ 4° *Vieilli.* Énergie, force, résistance. *Le ressort de la volonté; détruire le ressort des âmes.* ◇ Mod. (*Littér.* et par métaph., avec les verbes *tendre, détendre, briser...*) « *Tous les ressorts de mon être sont détendus* » (GIDE). — Absolt. *Avoir du ressort,* de la force morale, une grande capacité de résistance ou de réaction. V. **Réagir.** *Sans aucun ressort, sans force morale.* « *L'être le plus apathique, mou, affaissé, atone, sans ressort ni vitalité* » (LÉAUTAUD).

2. RESSORT [ʀ(ə)sɔʀ]. n. *m.* (1210; de *ressortir* 1, fig.). ♦ 1° *Dr.* (*Vx*). Recours à une juridiction supérieure. « *Justice de ressort* » (VOLT.), devant laquelle on peut faire appel. ◇ *Loc. mod.* (1549) *Jugement en premier et dernier ressort,* non susceptible d'appel. — Cour. *En dernier ressort, il décide de partir.* V. **Finalement.** ♦ 2° (1335). *Dr.* Compétence d'une juridiction. *Le ressort de la juridiction.* ◇ *Loc. cour.* DU RESSORT DE. *Cette affaire est du ressort de la cour d'appel.* V. **Ressortir** (2). « *Il y avait encore les conditions à débattre, mais elles étaient du ressort de la Municipalité* » (RAMUZ). — Fig. (1694) De la compétence de; qui concerne. *Cela n'est pas de mon ressort.* V. **Domaine.** ♦ 3° *Dr.* Étendue de juridiction. « *Il pouvait être nommé juge dans le ressort de Paris* » (BALZ.). V. **aussi Circonscription.**

1. RESSORTIR [ʀ(ə)sɔʀtiʀ]. v. *intr.*; conjug. *sortir.* V. **Partir** (*Resortir* « rebondir », 1080; « reculer », 1200; de *re-*, et *sortir*). ♦ 1° Sortir (d'un lieu) peu après y être entré. *Ressortir de chez soi.* « *Des femmes entrent dans une porte d'église, font un signe de croix, et ressortent par la porte opposée* » (ROMAINS). ◇ (Sujet de chose) *La balle est ressortie par le cou.* — Fig. *Faire ressortir de vieux souvenirs.* V. **Déterrer.** « *L'idéalisme refoulé ressortait à tout moment* » (R. ROLLAND). ♦ 2° Paraître avec plus de relief, être saillant. *Moulures, bas-reliefs qui ressortent plus ou moins.* V. **Détacher** (se). — Par ext. Paraître nettement, par contraste. V. **Trancher.** *Couleur qui ressort sur un fond.* « *Des nattes d'un noir de jais qui faisaient ressortir ses joues avivées par le fard* » (NERVAL). — Fig. Se montrer avec évidence. *Une qualité qui ressort par le contraste.* V. **Apparaître, briller.** « *Ses heureuses proportions ne ressortaient jamais mieux que quand il employait sa force à gouverner un cheval* » (BALZ.). « *Leurs pensées brillantes ressortent mieux que chez d'autres poètes* » (GAUTIER). *Faire ressortir qqch.,* mettre en évidence, en valeur. ♦ 3° Apparaître comme conséquence, se dégager de. V. **Résulter.** « *La pensée ne ressort pas plus des sensations animales que des mouvements de la matière* » (MAINE DE BIRAN). « *Il ressortait de nos échanges de vues que cette seconde tranche du programme pourrait être réalisée* » (ROMAINS). ◇ ANT. **Effacer** (s').

2. RESSORTIR [R(ə)sɔʀtiʀ]. *v. tr. indir.* (v. 1320; de *ressort* 2, dr.). RESSORTIR À. ♦ 1° *Dr.* Être du ressort, de la compétence d'une juridiction. *Cette affaire, ce procès ressortissait à la cour d'appel, au tribunal de commerce.* ♦ 2° *Fig.* et *littér.* Être relatif à (quant à la nature). V. **Dépendre, relever** (de). *La littérature orale intéresse le folklore mais ressortit aussi à l'ethnologie.* V. **Concerner.** « *Ces réflexions me restent douloureuses, comme tout ce qui ressortissait à ce chagrin profond* » (GIDE).

RESSORTISSANT, ANTE [R(ə)sɔʀtisɑ̃, ɑ̃t]. *adj.* et *n.* (1694; de *ressortir* 2). ♦ 1° *Adj. Dr.* Qui ressortit à une juridiction. ♦ 2° *N. Plus cour.* Personne qui ressortit à l'autorité d'un pays, à un statut. *Les nationaux et ressortissants français.*

RESSOUDER [R(ə)sude]. *v. tr.* (1260; *resodeir*, 1190; rare av. XIXᵉ; de *re-*, et *souder*). Souder de nouveau; joindre ce qui était brisé. *Ressouder un tuyau.* — *Fig.* (XVIᵉ) « *On prétend que les querelles entre amants ressoudent l'amour* » (MONTHERLANT).

RESSOURCE [R(ə)suRs(ə)]. *n. f.* (XVIᵉ; *resorce* « secours », 1170; *ressource* « relèvement », XVᵉ; de *resourdre* « rejaillir », et fig. « se rétablir »; lat. *resurgere*). ♦ 1° Ce qui peut améliorer une situation fâcheuse. V. **Expédient, moyen, recours, secours.** « *se ruiner c'est moyen qu'une ressource, c'est de plaire* » (BARRÈS). « *Je n'ai d'autre ressource, pour me soulager de ces crises, que de donner libre cours à la fièvre de ma pensée* » (CHATEAUB.). — *En dernière ressource.* V. **Ressort** (Cf. En désespoir* de cause). — *Sans ressource :* sans remède. « *Le reste est un malheur qui n'est point sans ressource* » (RAC.). — (En parlant de personnes) *Vous êtes ma dernière ressource.* ♦ 2° (Fin XVIᵉ). *Au plur.* Moyens pécuniaires, moyens matériels d'existence. V. **Argent, économie(s), finance, fonds, fortune, richesse(s).** « *Son train de vie qui est des plus modestes concorde avec ses ressources avouées* » (ROMAINS). « *Malheureusement nos ressources pécuniaires sont bornées* » (BALZ.). *Être sans ressources.* V. **Pauvre.** *Les ressources du budget, de l'État, du Trésor.* V. **Trésorerie.** *Ressources affectées :* recettes du Trésor affectées à un usage particulier. ♦ 3° (XIXᵉ). *Plur.* Moyens matériels (hommes, réserves d'énergie) dont dispose ou peut disposer une collectivité. *Ressources en hommes et en matériel d'un pays.* ♦ 4° *Fig.* (XVIIᵉ). *Plur.* Les forces de l'esprit, du caractère, les possibilités d'action qui peuvent être mises en œuvre le cas échéant. V. **Faculté(s), richesse** (*fig.*). « *Des trésors de dévouement, d'abnégation, des ressources de prévoyance* » (FROMENTIN). « *Il y a des ressources inépuisables dans le courage et dans la vertu* » (MARMONTEL). — *Les ressources de l'artiste :* ses moyens, ses possibilités. *Avoir des ressources variées* (Cf. Avoir plusieurs cordes* à son arc). — *Un homme de ressources :* habile et plein de possibilités ou apte à trouver des expédients en toute circonstance. — *(Au sing.)* *Loc. Il a de la ressource :* il est encore capable d'un effort. — (Impers.) *Avec lui, il y a de la ressource.* ◊ *Moyens, possibilités. Il gagnait...* « *par la science qu'il avait de toutes les ressources et de tous les secrets du métier* » (GONCOURT). *Les ressources d'une technique.* « *Les coiffures de bal n'offrent-elles pas à l'artiste intelligent toutes les ressources imaginables ?* » (GAUTIER). — *Les ressources d'une langue* (en tant que moyen de communication, d'expression). ♦ 5° *Aviat.* (*au sing.*). Évolution d'un avion lorsque la force centrifuge reste constamment dans son plan de symétrie; sa faculté de reprendre de l'altitude lors de cette évolution. *Avion en ressource* (opposé à *: en virage*).

RESSOURCEMENT [R(ə)suRsəmɑ̃]. *n. m.* (XXᵉ; de *ressource*). *Littér.* Rejaillissement, retour aux sources. « *Un peuple qui se relève par un ressourcement profond de son antique orgueil* » (PÉGUY).

RESSOUVENIR (SE) [R(ə)suvniʀ]. *v. pron.*; conjug. *souvenir.* V. **Venir** (XVIᵉ; *me resovenir de...*, v. impers., XIIᵉ; de *re-*, et [se] *souvenir*). *Vieilli ou littér.* Se souvenir (d'une chose ancienne ou qui avait été oubliée). *Elle « s'exténua encore une fois à se ressouvenir* » (M. DURAS). « *Et je me ressouviens de mes jeunes amours* » (MOL.). « *J'ai cru me ressouvenir qu'on faisait autrefois des pastilles de reine-vinette à Dijon* » (VOLT.). — (Avec ellipse de *se*) « *Il lui fait ressouvenir qu'il lui a autrefois rendu service* » (LA BRUY.). V. **Rappeler, souvenir** (se).

RESSUAGE [R(ə)suaʒ]. *n. m.* (1692; de *ressuer*). *Techn.* ♦ 1° Séparation des éléments d'un métal brut (affinage), par fusion partielle (à la différence de la *liquation*). ♦ 2° Expulsion de l'excédent d'eau d'une pâte céramique.

RESSUER [R(ə)sue]. *v. intr.* (h. XIIIᵉ, *resuer* : de *re-*, et *suer*). ♦ 1° *Rare.* Suer de nouveau ou beaucoup. ♦ 2° (1628). *Techn.* Rendre son humidité. V. **Suinter.** *Mur, paroi qui ressue. Laisser ressuer les plâtres.* ♦ 3° (1692). *Techn.* Soumettre au ressuage pour affiner.

RESSUI [R(ə)sui]. *n. m.* (1561; de *ressuyer*). *Vén.* Lieu où les bêtes fauves vont se sécher (après la pluie, la rosée).

RESSURGIR. V. RESURGIR.

RESSUSCITER [resysite]. *v.* (1110, intr.; lat. *resuscitare* « ranimer »). I. *V. intr.* ♦ 1° Reprendre vie, être de nouveau vivant. V. **Résurrection.** *Jésus* « *est ressuscité comme il l'avait dit. Allez promptement dire à ses disciples qu'il est ressuscité des morts* » (BIBLE). — Au p. p. *Le Christ ressuscité. Lazare ressuscité.* — *Subst.* « *Le Christ de Rembrandt est un ressuscité, figure cadavérique, jaunâtre et douloureuse* » (TAINE). ◊ *Biol. Organismes desséchés, hibernés qui ressuscitent.* ♦ 2° Revenir à la vie normale, après une grave maladie. « *Je repris le dessus* », *comme disait ma mère. À la lettre, je ressuscitai* » (MAURIAC). — Au p. p. subst. « *Je suis un convalescent et même pour nombre de mes amis un ressuscité* » (DUHAM.). ♦ 3° *Fig.* (1400). Redevenir, réapparaître, manifester une vie, une influence nouvelle (choses). *La nature ressuscite à chaque printemps. Pays qui ressuscite.* V. **Relever** (se). — *Sentiment qui ressuscite.*

II. *V. tr.* ♦ 1° (XIIᵉ). Ramener de la mort à la vie; faire revivre. *Ressusciter les morts.* — Par exagér. *Un alcool à ressusciter un mort :* très fort, dont l'effet est très énergique. ♦ 2° (XVIᵉ). Ranimer, guérir (d'une grave maladie), sortir (d'un état de mort apparente). — *Fig. Cette bonne nouvelle l'a ressuscité.* ♦ 3° *Fig.* (1559). Faire revivre en esprit, par le souvenir. *Ressusciter les héros du passé.* V. **Déterrer, exhumer, réveiller.** — Faire renaître, réapparaître; rendre la vie à. *Napoléon « ne ressuscita pas la Pologne* » (CHATEAUB.). *Ressusciter en soi un sentiment.*

RESSUYAGE [resyijaʒ]. *n. m.* (1877; de *ressuyer*). *Techn.* Opération par laquelle on fait sécher. ◊ *Agric.* (XXᵉ) Opération par laquelle on enlève la terre, après l'arrachage des légumes.

RESSUYER [resyije]. *v. tr.*; conjug. *essuyer.* V. **Appuyer** (XVIIᵉ; *ressuer*, XIIᵉ; de *re-*, et *essuyer*). *Vx* ou *région.* Faire sécher. *Ressuyer la pierre à chaux. Un « gravier sédimentaire bon tout au plus à ressuyer les allées d'un parc* » (BLOY).

1. RESTANT [Rɛstɑ̃]. *n. m.* (1323; de *rester*). Reste (surtout en parlant de choses matérielles). *Je vous paierai le restant dans un mois. Elle « employa tous les restants de papiers qu'elle avait trouvés* » (BALZ.). « *Le vide des bureaux où traînait un restant de lumière* » (COURTELINE). « *Le restant du jour, il a été tout brisé et inquiet. Il ne se décidait à rien* » (GIONO).

2. RESTANT, ANTE [Rɛstɑ̃, ɑ̃t]. *adj.* (1560; de *rester*). ♦ 1° Qui reste, qui subsiste d'un ensemble, après disparition des autres éléments de cet ensemble. *Les cent francs restants.* « *Il est la seule personne restante de cette famille* » (ACAD.). ◊ *Phys. Rayons restants,* complexe de radiations (généralement infrarouges) sélectionné par une série de réflexions sur des plaquettes. ♦ 2° POSTE RESTANTE : suscription indiquant que la correspondance est adressée à la poste même où le destinataire doit venir la chercher. — *Guichet où doit rester cette correspondance.* « *Demain j'irai à ma poste restante habituelle chercher ta missive* » (RIMBAUD).

RESTAURANT [Rɛstɔʀɑ̃]. *n. m.* (1808; « boisson réconfortante », prov., 1507 « reconstituant, fortifiant », XVIᵉ-XVIIIᵉ; de *restaurer*. V. **Restaurer** 2). Établissement où l'on sert des repas moyennant paiement. *Restaurants populaires, à bon marché.* V. **Gargote** (*péj.*). *Restaurant « libre service* » (angl. *self-service*). *Restaurant d'une gare.* V. **Buffet.** — *Restaurant communautaire.* V. **Cantine, mess, popote.** *Restaurant universitaire* (Abrév. fam. *Resto U*). — *Restaurant gastronomique. Restaurant où l'on sert des grillades.* V. **Grill-room.** *Restaurant italien.* V. **Pizzeria.** *Les restaurants de luxe adoptent souvent des désignations archaïques* (V. **Hostellerie, rôtisserie, taverne**). *Restaurant d'autoroute.* V. **Restoroute.** — *Hôtel-restaurant :* établissement comprenant un hôtel et un restaurant. — *Café-restaurant :* établissement où l'on peut consommer des boissons et prendre des repas (V. **Brasserie, snack-bar; bistro**). — *Wagon-restaurant* (Voir ce mot). — *Salle, office, cuisines d'un restaurant. Garçon, serveuse de restaurant.* — *Manger au restaurant.* « *Toutes (les personnes) étaient des habituées du restaurant. Deux ou trois garçons circulaient autour de la table d'hôte* » (GREEN). — Abrév. fam. RESTAU ou RESTO [Rɛsto].

1. RESTAURATEUR, TRICE [Rɛstɔʀatœʀ, tʀis]. *n.* et *adj.* (XIVᵉ, « celui qui remet un membre cassé »; lat. *restaurator.* V. **Restaurer**). ♦ 1° (1505). Personne qui restaure, répare. *Spécialt.* (1825) Artisan spécialiste qui remet en état des œuvres d'art ou objets de caractère artistique. *Restaurateur de tapis, de tableaux.* « *Les restaurateurs ont remplacé quelques-unes des anciennes chapelles* » (HUGO). *Une restauratrice de tableaux anciens.* ♦ 2° *Littér. Restaurateur de...,* personne qui restaure, rétablit. *Le restaurateur d'un régime, de la monarchie.* « *J'étais le restaurateur de la religion* » (CHATEAUB.). « *Le restaurateur des sciences naturelles, Bacon* » (MAINE de BIRAN). ♦ 3° *Adj.* (1859). *Chirurgie restauratrice,* qui utilise un apport de substance (par greffe, etc.) pour réparer des lacunes. ◊ ANT. **Destructeur.**

2. RESTAURATEUR, TRICE [Rɛstɔʀatœʀ, tʀis]. *n.*

(1771, au fém. dès 1767; de *restaurant*, *restaurer* [se]). Personne qui tient un restaurant* (fém. rare). V. **Aubergiste**, hôte *(vieilli)*, hôtelier; traiteur. « *Un restaurateur est celui dont le commerce consiste à offrir au public un festin toujours prêt* » (BRILLAT-SAV.).

1. **RESTAURATION** [ʀɛstɔʀɑsjɔ̃]. *n. f.* (fin XIIIᵉ, « rétablissement »; lat. *restauratio*).

I. ♦ 1° (1553). Action de restaurer, de remettre en activité. V. **Rénovation**. *La restauration de la religion catholique.* ◇ *Spécialt.* (1677) Rétablissement au pouvoir d'une dynastie qui était écartée. *La restauration des Stuarts.* ♦ 2° *Spécialt.* et absolt. *La Restauration*, celle des Bourbons, après la chute du Iᵉʳ Empire (1814-1830). « *Le coup de baguette de la Restauration s'accomplissait avec une rapidité qui stupéfiait les enfants élevés sous le régime impérial* » (BALZ.). *Le mouvement romantique sous la Restauration.* — Adj. *Le style Restauration. Un mobilier Restauration.*

II. ♦ 1° (1560). *Vx.* Remise en bon état (d'un bâtiment quelconque). V. **Réparation**. ♦ 2° *Mod.* Remise en bon état d'un monument historique, d'un bâtiment de style, endommagé ou vétuste. V. **Réfection**; **reconstruction**. « *Le banquier voulut rétablir le château... et il mit à cette restauration une orgueilleuse activité* » (BALZ.). *Un pays* « *condamné sans appel aux restaurations de M. Viollet-le-Duc* » (GONCOURT). — *Restauration d'une statue, d'un tableau, d'une tapisserie, d'un meuble de style* (V. **Restaurateur**).
◇ ANT. *Dégradation, détérioration; destitution; déposition.*

2. **RESTAURATION** [ʀɛstɔʀɑsjɔ̃]. *n. f.* (1890, « restaurant » en Suisse; de *restaurer*, *restaurant*, d'apr. *restauration* 1). ♦ 1° Métier de restaurateur (II). *La restauration et l'hôtellerie.* ♦ 2° Région. *(germanisme)* Restaurant.

1. **RESTAURER** [ʀɛstɔʀe]. *v. tr.* (*Restaurar* « guérir », fin Xᵉ; lat. *restaurare*). ♦ 1° *Vx* ou littér. Rétablir en son état ancien ou en sa forme première *(choses abstraites)*. V. **Rétablir**. *Restaurer une coutume.* « *Je fis des mots nouveaux, je restaurai les vieux* » (RONSARD). *Restaurer l'agriculture :* en rétablir la prospérité. — *Restaurer un régime.* « *Les Goths n'avaient que trop bien réussi à restaurer l'Empire* » (MICHELET). V. **Restauration** 1 (I). *Restaurer la paix.* V. **Ramener**. ◇ *Spécialt.* (XXᵉ) Rétablir (une fonction) dans son exercice normal. *La prothèse dentaire a pour but de restaurer la fonction masticatrice.* ♦ 2° (1138). *Vieilli.* Remettre en bon état par la réparation ou la reconstitution de certaines parties. V. **Améliorer, réparer; refaire, reconstituer** (Cf. **Remettre** à neuf*). « *Toute la pierre travaillée ayant été restaurée* » (BALZ.). ♦ 3° *Mod.* Réparer (des objets d'art ou des monuments anciens) en respectant l'état primitif, le style. V. **Restauration** 1 (II), **restaurateur**. *Restaurer une cathédrale, un château.* — Au p. p. « *Convenablement décrassée et restaurée, la statue eût laissé voir le style florentin de la Renaissance* » (GAUTIER). « *Certaines peintures du Primatice que l'on dit fort bien restaurées* » (STENDHAL). ◇ ANT. *Renverser. Dégrader, destituer.*

2. **RESTAURER** [ʀɛstɔʀe]. *v. tr.* (1498 « fortifier »; v. pron., XVIIᵉ; lat. *restaurare*; V. **Restaurer** 1). ♦ 1° SE RESTAURER. *v. pron.* Reprendre des forces en mangeant. V. **Manger, sustenter** (se). *Restaurez-vous un peu avant de reprendre la route.* ♦ 2° *V. tr.* (repris XXᵉ). Faire manger. *Je vais restaurer mes invités.*

RESTE [ʀɛst(ə)]. *n. m.* (1324; fém., 1230, jusqu'à fin XVIᵉ; subst. verb. de *rester*).

I. (Neutre collectif introduisant un partitif exprimé ou sous-entendu.) Ce qui reste d'un tout. ❶ LE RESTE DE... ou LE RESTE *(partitif sous-entendu)* : ce qui reste d'un tout, d'un ensemble (matériel ou non), dont une ou plusieurs parties ont été rattachées effectivement ou théoriquement. ♦ 1° (D'un objet ou d'une quantité mesurable). *Le reste d'une somme d'argent.* V. **Complément, différence, excédent, reliquat, solde, surplus**. « *Il emploie la moitié de son argent; le reste, il le donne aux pauvres* » (LAUTRÉAMONT). — *Le reste de la maison. Mettez le reste du lait dans un pot. Par ce coin du tableau, vous jugerez du reste.* ◇ *Loc. fig. N'a pas attendu, demandé son reste* : il n'a pas insisté, a jugé qu'il en avait pour son compte (en fait de reproches, de tâches imposées, etc.). « *Elle retourna, paisible, parmi ses nuages, sans demander son reste* » (CÉLINE). ♦ 2° (D'un espace de temps). *Le reste de sa vie.* « *Vivre entre ses parents le reste de son âge* » (DU BELLAY). « *Ils cherchent à bien profiter de leur reste* » (GIDE) : du temps qu'il leur reste. — Loc. adv. *Le reste du temps*, aux autres moments, dans les autres occasions. *Il* « *incline devant Dieu des épaules que, le reste du temps, le labour courbe vers la terre* » (SUARÈS). ♦ 3° (D'une pluralité d'êtres ou de choses). « *Du reste des humains je vivais séparée* » (RAC.). — (Suivi d'un nom au plur., construit avec le verbe au sing.) « *Le duc d'Estrées et Mazarin, à qui le reste des hommes n'osait parler* » (ST-SIM.). — (Construit avec le verbe au plur.) Littér. « *Le reste des individus seront réduits à la condition d'instruments* » (VALÉRY). — (Devant un collectif) « *Ces simples qui vivent là isolés du reste du monde* » (LOTI).

— (Sans compl.) « *Les miteux s'y logèrent à quinze! le reste se casa où il put* » (COURTELINE). *Occuper une partie des locaux et louer le reste.* ♦ 4° (D'une chose non mesurable). *Le reste de l'ouvrage. Laissez-moi faire le reste.* ♦ 5° Absolt. LE RESTE : tout ce qui, dans quelque ordre que ce soit, n'est pas la chose précédemment mentionnée. *Fichez-vous du reste.* « *Et tout le reste est littérature* » (VERLAINE). *Pour le reste, quant au reste.* — Iron. *Il sait faire ça comme le reste*, aussi mal que toute autre chose. — (En fin d'énumération) *Et le reste, et ce qui s'ensuit.* V. **Et caetera; toutim** (arg.). « *Bon soupé, bon gîte, et le reste* » (LA FONT.). ❸ *Loc. adv.* ♦ 1° (1538). DE RESTE : plus qu'il n'en faut, plus qu'il n'en est besoin. *Il a de l'argent de reste pour se tirer d'affaire.* — *Avoir de l'argent, du temps de reste*, en avoir trop, en avoir à perdre et les prodiguer inutilement. « *Vous avez de la bonté de reste, vous encore* » (COURTELINE). ♦ 2° EN RESTE (1382, *être en reste de payer* « devoir encore »). V. **Redevable**. — *Fig.* (XVIIᵉ) *Être, demeurer en reste*, être le débiteur, l'obligé (de qqn). « *Il a payé. Comme je ne voulais pas être en reste, il y a eu une seconde tournée* » (BUTOR). ♦ 3° (1539) AU RESTE *(littér.)*; (1564) DU RESTE *(cour.)* : quant au reste, pour ce qui est du reste, de ce qui n'est pas mentionné. V. **Surplus** (au); **ailleurs** (d'). « *Je découvre,... au reste, je m'en étais toujours douté, qu'elle sait le latin, le grec* » (SAND). « *Du reste, même à part ce talent phénoménal, c'était vraiment un être très intéressant* » (BARBEY).

II. (Subst. masc. variable en nombre). UN RESTE, DES RESTES : élément restant d'un tout dont l'intégrité ne s'est pas conservée. ❶ (Avec un compl. déterminatif désignant le tout, l'ensemble dont provient l'élément restant, ou absolt.). ♦ 1° (Concret). *Les restes d'un bâtiment détruit.* V. **Décombre(s), ruine(s)**. « *Ce portique, seul reste conservé des constructions de l'ancien temple* » (RENAN). V. **Trace, vestige**. « *L'entrepont à des trous où se dressent les restes de cinq tuyaux pareils à des clairons géants* » (HUGO). V. **Débris, fragment**. ◇ *Spécialt. Restes d'un repas.* V. **Bribe, débris, relief**. Absolt. « *Leur déjeuner venait de se terminer. Les restes étaient copieux* » (CÉLINE). *Utilisation des restes en cuisine. L'art d'accommoder les restes. Péj.* V. **Graillon, rogaton(s)**; *fam.* Restaillons. *Restes jetés aux ordures.* V. **Détritus**. « *Il disait que faire des restes, c'était le bouquet!* » (J. CAU). ◇ *Cadavre, dépouille.* V. **Cendre(s)**. *Restes exhumés, incinérés. Recueillir les restes de qqn.* ◇ (Personnes) Survivant, descendant encore vivant. *Les restes d'une armée vaincue.* « *Une aristocratie, reste des familles autrefois souveraines* » (RENAN). ♦ 2° (Abstrait). « *Nul reste de cette puissance* » (BOSS.). « *Il retrouvait en lui quelques restes de ses anciennes préoccupations* » (GIDE). ♦ 3° Dans un calcul, Élément restant d'une quantité, après soustraction (V. **Différence**) ou après division. — *Dr. constit.* Dans le système de la représentation proportionnelle, Se dit des restes obtenus après division des suffrages qu'une liste a recueillis. ❷ (Avec un compl. déterminatif désignant la matière ou la nature de l'élément restant). Petite quantité restante de (qqch.). ♦ 1° (Concret). « *Salut! bois couronnés d'un reste de verdure* » (LAMART.). *Il doit y avoir un reste de beurre au garde-manger.* — Spécialt. *De beaux restes :* des restes de beauté (se dit d'une femme). « *Il est fort extraordinaire qu'une femme dont la fille est en âge d'être mariée ait encore d'assez beaux restes pour s'en vanter si hautement* » (CORN.). ♦ 2° (Abstrait). « *Un reste de goût pour la vertu* » (ROUSS.). « *Aucun reste d'espoir ne peut flatter ma peine* » (RAC.). « *On voyait dans ses yeux un reste de fureur* » (HUGO). ❸ (Au plur.). *Les restes de qqn, ses restes* : ce qu'il a laissé, négligé, méprisé (considéré quant à sa possession, son utilisation par une autre personne). *Il n'a eu que vos restes.* — Spécialt. « *C'est chose tout à fait plaisante de voir le grand roi, jeune encore, épouser les cinquante ans sonnés d'une dévote,... et ce monarque glorieux vivre trente ans des restes de ce cul-de-jatte* » (Scarron) » (LEMAITRE).

RESTER [ʀɛste]. *v. intr.* (2ᵉ moitié XIIᵉ; lat. *restare*).

I. Continuer d'être. ♦ 1° Continuer d'être dans un lieu. V. **Demeurer**. — (Sujet de personne) « *C'était dans un champ de carottes, nous y sommes restés cinq heures* » (ZOLA). « *Restez là, jusqu'à ce que je revienne* » (SAND). *J'y suis, j'y reste* (mot attribué à Mac-Mahon). — *Rester au lit, à table. Rester auprès de qqn.* « *Restaient seulement avec nous Millie et son père* » (ALAIN-FOURNIER). *Rester longuement au même endroit.* V. **Attarder** (s'), **éterniser** (s'), **moisir**. *Fig.* (Fam.) *Rester sur un travail. Tu ne vas pas rester des heures là-dessus?* — Loc. fig. *Rester sur le carreau* (évanoui ou mort). Fam. *Y rester*, mourir. « *J'ai nettement envisagé de mourir. C'est-à-dire que je m'étais, avant l'opération, mis en disposition d'y rester* » (GIDE). — *Rester sur place*. *Rester en chemin, en plan* (fam.). *en route* : être laissé sur place ; ne pas aller jusqu'au bout. *Ne pas rester en place* : s'agiter sans arrêt. ◇ *Absolt.* (Opposé à *partir*, à *s'en aller*) *Je ne peux pas rester, je reviendrai demain.* V. **Attendre**. *Tu vas rester jusqu'à après-demain.* V. **Séjourner**. *Je resterai pour garder la maison.* Fam. *Rester garder la maison.* « *Cette bonne fille est restée consoler son amie* » (DAUD.). — *Rester à* (suivi d'un inf. de but) *Restez à déjeuner* avec nous. Ellipt. *Tu restes dîner avec nous.* ◇ (Sujet de chose) *La lettre « est toujours là; dans la malle; qu'elle y reste »* (DUHAM.). « *L'odeur de sueur qui lui restait aux doigts* » (ROMAINS). — Par métaph. *Cela me reste sur le cœur, sur l'estomac :* je ne peux le digérer, cela m'écœure. — Fig. *Rester dans la mémoire, dans le souvenir des hommes.* — *Cela doit rester entre nous* (d'un secret, d'une chose confiée). ♦ 2° (1200). Continuer d'être (dans une position, une situation, un état). *Rester debout. Restons face à face. Rester en arrière, en contact avec qqn, en suspens.* « *Le génie s'élève et s'agrandit dans la composition; l'esprit s'y évapore et reste à sec* » (RIVAROL). *Rester en place, en fonction. Automobile qui est restée en panne. Rester dans le même état.* V. **Maintenir** (se). *Rester dans l'ignorance.* V. **Croupir, pourrir.** — « *L'ouvrier restait la main en l'air à la chaîne du soufflet* » (ALAIN-FOURNIER). *Rester sans bouger,* « *Ils restèrent sans parler* » (HUYSMANS). *Rester tout un jour sans manger.* V. **Passer.** ◇ RESTER À (et l'*inf.*) : en étant occupé à, en passant son temps à. « *Il restait à fumer au coin du feu* » (FLAUB.). « *Cantilly seul resta à attendre ses compagnons* » (BARBEY). ◇ (Suivi d'un attribut) « *Elle restait inerte, la tête renversée, les yeux clos* » (FRANCE). *Rester sourd aux prières de qqn. Rester jeune.* « *Mon ultime raison, mon excuse suprême De vivre et d'être un homme et de rester moi-même* » (VERLAINE). « *Les faits de la nature restent toujours ce qu'ils sont* » (MAINE DE BIRAN). *Les magasins resteront ouverts jusqu'à 19 heures.* Impers. *Il reste entendu, vrai...* ♦ 3° Subsister à travers le temps, ne pas être détruit malgré l'écoulement du temps (*absolt.*). V. **Persister.** « *La passion passe. La raison reste* » (R. ROLLAND). *C'est une œuvre, un artiste qui restera.* V. **Durer.** PROV. *Les paroles s'envolent, les écrits restent.* ♦ 4° *Rester à qqn :* continuer d'être à qqn, demeurer en sa possession. *L'avantage est resté à nos troupes. Ce nom lui est resté. Le souvenir qui m'en est resté.* « *Cette gaîté de race et de jeunesse, qui leur était restée envers et contre tout* » (LOTI). ♦ 5° (XVIII°). EN RESTER À... : s'arrêter, être arrêté à (un moment d'une action en cours d'accomplissement, ou d'une évolution). *Où en est-il resté de sa lecture?* « *Il en était resté à monsieur Voltaire, à monsieur le comte de Buffon* » (BALZ.). *Une région où les paysans en sont restés aux lampes à pétrole.* — Ne pas aller plus loin, au delà de; se borner à. V. **Tenir** (s'en tenir à). *Faut-il en rester là de cette discussion? Restons-en là, inutile de continuer à nous voir.* ◇ (XIX°) RESTER SUR : s'en tenir à (une impression, un état de choses), sans vouloir ou pouvoir rien changer. *Rester sur la bonne bouche, sur une bonne impression. Rester sur sa faim, ne pas manger à satiété.* « *Je parie que tu ne manges pas ton content... il vaut toujours mieux rester sur sa faim* » (RENARD).

II. *Région.* Habiter. *Il reste en banlieue.* « *Françoise disait que quelqu'un restait dans ma rue pour dire qu'il y demeurait* » (PROUST).

III. (*En parlant d'éléments d'un tout*). Être encore présent ou disponible (après élimination effective ou théorique des autres éléments ou unités). V. **Reste** (*n. m.*). ♦ 1° Subsister. *Le peu de jours qui reste. Rien ne reste de ces chefs-d'œuvre.* — (Avec un compl. indir.) « *Le seul bien qui reste au monde* » (MUSS.). « *Je regarde ce que je perds, et ne vois point ce qui me reste* » (MOL.). En tête de phrase, avec inversion de son sujet) « *Restait cette redoutable infanterie* » (BOSS.). « *Quel problème que celui du déjeuner! Ils quittèrent le café au lait, et ensuite le chocolat. Restait donc le thé* » (FLAUB.). (Verbe au sing. devant un sujet plur.) « *Reste ceux qu'on n'ose pas déranger* » (E. TRIOLET). ◇ Impers. *Il ne restait qu'un bout de pain. Il en reste un fond de bouteille.* « *Et s'il n'en reste qu'un, je serai celui-là!* » (HUGO). — (Avec un compl. indir.) *Il lui restait trois francs. Il nous restait encore largement de quoi vivre.* « *Que me reste-t-il donc?* » (MUSS.). — *Le seul ami qu'il me reste. Le temps qui me reste. Ce qui ou ce qu'il reste,* suivis d'un nom au plur. — (*Construit avec le plur.*) Vx. « *Tout ce qui reste ici de braves janissaires sont prêts de vous conduire à la Porte sacrée* » (RAC.). — (*Construit avec le sing.*) Mod. *Tout ce qui reste des fruits est sur la table.* ♦ 2° Spécial. RESTER À... (avec un inf.) *Une trentaine de mille francs restaient à payer,* étaient encore à payer. *Tout reste encore à dire.* « *Une bande de terre nue restait à traverser pour gagner le bord du fleuve* » (MAUPASS.). ◇ Impers. *Reste beaucoup à faire.* « *Il nous restera des devoirs à remplir sur la terre* » (SAND). *Que lui reste-t-il à désirer?* « *Il ne lui restait rien à faire que de subir leur verdict* » (MAURIAC). — *Le temps qu'il me reste à vivre.* « *Je sais ce qu'il me reste à faire* » (H. BAZIN). — (Marquant une action à venir) *Il ne me reste plus qu'à vous remercier,* je n'ai plus qu'à vous remercier (formule par laquelle on remercie). *Il ne vous reste plus qu'à renoncer, qu'à partir.* Ellipt. *Reste à régler la cérémonie* » (VALLÈS). « *Je ne serai jamais bourru. Reste à me rendre bienfaisant* » (DUHAM.). — Loc. *Reste à savoir.* « *Reste à savoir lequel vaut mieux, de périr d'un coup ou de mourir lentement* » (MICHELET). ♦ 3° IL RESTE QUE (suivi de l'*ind.*). Cour. « *Il n'en reste pas moins que Monsieur Floche est un digne homme et dont je garderai bon souvenir* » (GIDE). Ellipt. (Littér.)

Reste qu'il faudra bien lui en parler, toujours* est-il que; en tout cas.

◇ ANT. *Déplacer (se), disparaître, esquiver (s'), partir, quitter; bouger; effacer (s'), passer.*

RESTITUABLE [ʀɛstitɥabl(ə)]. adj. (1460; de *restituer*). Que l'on doit restituer, rendre. *Sommes restituables aux héritiers.*

RESTITUER [ʀɛstitɥe]. v. tr. (1261; lat. *restituere*). ♦ 1° Rendre à qqn (ce qu'on lui a pris illégalement ou injustement). V. **Redonner, rendre.** *Le fils de Charlemagne, ayant* « *donné, restitué toutes les spoliations de Pépin, son père lui en fit un reproche* » (MICHELET). ♦ 2° Didact. Reconstituer à l'aide de fragments subsistants, de déductions, de documents. *Restituer un texte altéré, une inscription mutilée.* V. **Rétablir.** *Restituer une fresque.* ♦ 3° Libérer, dégager (ce qui a été absorbé, accumulé). — Au p. p. *Énergie absorbée et énergie restituée par un système mécanique.* ◇ Reproduire (un son enregistré). ◇ ANT. *Garder.*

RESTITUTION [ʀɛstitɥsjɔ̃]. n. f. (1251; lat. *restitutio*). ♦ 1° L'action, le fait de restituer (qqch. à qqn). « *Ils ont réclamé à Paris la restitution de ce qui leur appartenait en France* » (HUGO). ♦ 2° Didact. Opération qui consiste à restituer un texte altéré, un édifice disparu, etc. *Le texte ainsi restitué.* ♦ 3° Phys. *Coefficient de restitution :* nombre qui, dans le choc de deux corps (*ex. :* particules), représente le rapport de la différence des vitesses de ces corps après et avant collision. ◇ ANT. *Confiscation.*

RESTITUTOIRE [ʀɛstitɥtwaʀ]. adj. (h. XVI°; 1870; lat. *restitutorius*). Dr. Qui est relatif à une restitution, qui ordonne une restitution. *Décision, jugement restitutoire.*

RESTOROUTE [ʀɛstoʀut]. n. m. (1954; de *restau*(rant) et *route*; nom déposé). Restaurant au bord d'une grande route, d'une autoroute, pour les automobilistes (Cf. Motel).

RESTREINDRE [ʀɛstʀɛ̃dʀ(ə)]. v. tr.; conjug. *atteindre* (1160, « *réparer, refermer* »; lat. *restringere* « *resserrer* »). ♦ 1° (v. 1280). Rendre plus petit; renfermer dans les limites plus étroites. V. **Diminuer, réduire.** *Restreindre le volume* (V. **Comprimer**), le nombre. *Restreindre ses dépenses. Nous pouvons atteindre au bien-être,* « *tout aussi bien qu'en augmentant* (nos forces), *en restreignant notre activité* » (PROUST). *Restreindre l'autorité de qqn.* V. **Amoindrir.** *Restreindre ses ambitions à la réussite matérielle.* V. **Borner** (à), **limiter** (à), **réduire** (à). ♦ 2° (XII°). SE RESTREINDRE. v. pron. Devenir plus petit, moins étendu, moins libre. *Le champ de nos recherches s'est restreint.* ◇ *Se restreindre dans ses dépenses.* Absolt. *Il va falloir nous restreindre.* ◇ ANT. *Accroître, développer, étendre, propager.*

RESTREINT, EINTE [ʀɛstʀɛ̃, ɛ̃t]. adj. (1690; *restraint* « *enfermé* », 1496; V. **Restreindre**). ♦ 1° Étroit; limité; petit. *Auditoire, personnel restreint. Suffrage restreint,* réservé à certains citoyens (*opposé à* universel). *Sens restreint d'un mot.* V. **Étroit.** « *Sa pensée était simple; son vocabulaire, assez restreint* » (MART. du G.). ◇ Phys. *Relativité* restreinte* (*opposé à* généralisé). *Rotations restreintes* (ou *gênées*) des molécules ou de certaines de leurs parties (*opposé à* rotations *libres*). ♦ 2° RESTREINT À : limité à. « *Un tirage moindre, une diffusion restreinte à Paris et ses environs* » (ROMAINS). ◇ ANT. *Ample, étendu, large.*

RESTRICTIF, IVE [ʀɛstʀiktif, iv]. adj. (1512; *restraintif* « *astringent* », 1385; du lat. *restrictus*, p. p. de *restringere*). Qui restreint, qui apporte une limitation, une restriction. *Clause, condition restrictive.* « *Les lois restrictives et prohibitives, la censure* » (BALZ.). — *Interprétation restrictive :* stricte.

RESTRICTION [ʀɛstʀiksjɔ̃]. n. f. (1380; *restrinction* [méd.], 1314; bas lat. *restrictio*). ♦ 1° Ce qui restreint le développement, la portée de qqch. (condition, exception). *Il faut apporter des restrictions à ce principe. Il a accepté, mais avec restriction, des restrictions* (Cf. Sous bénéfice* d'inventaire, sous condition). *Mots, locutions indiquant une opposition ou une restriction :* cependant, mais, à la vérité. ◇ *Faire des restrictions :* faire des critiques, émettre des doutes. — (1657) *Restriction mentale :* acte mental par lequel on donne à sa phrase un sens différent de celui que l'interlocuteur va lui donner, afin de l'induire en erreur. ♦ 2° SANS RESTRICTION (*loc. adv.*) : entièrement; sans condition ou sans arrière-pensée. *Vous êtes* « *tenu de les admirer à jamais, sans restriction, dans tout ce qu'il leur plaira de faire* » (BERLIOZ). — Loc. adj. *Une soumission sans restriction :* absolue, totale. ♦ 3° *Restriction de... :* action, fait de restreindre (V. **Limitation**); le fait de devenir moindre, moins étendu (V. **Amoindrissement**). *Restriction des naissances, de la production.* ♦ 4° *Plur.* (1923). Mesures qui ont pour objet de réduire la consommation en période de pénurie; privations qui résultent de ces mesures. V. **Rationnement.** « *Même si l'appareil électrique marchait,... on ne pourrait s'en servir, à cause des restrictions* » (DUHAM.). *Le Marché noir est né des restrictions.* ◇ *Période de restrictions. Pendant les restrictions.* ◇ ANT. *Accroissement, augmentation.*

RESTRINGENT, ENTE [RɛstRɛ̃ʒɑ̃, ɑ̃t]. *adj.* et *n. m.* (1537 ; lat. *restringens*, p. prés. de *restringere* « resserrer »). Méd. *(Vx).* Qui resserre. *Lotion, eau restringente.* V. **Astringent.**

RESTRUCTURATION [RɔstRyktyRasjɔ̃]. *n. f.* (1963 ; de *restructurer*, d'apr. *structuration*). Fait de restructurer (qqch.) ; son résultat.

RESTRUCTURER [RɔstRyktyRe]. *v. tr.* (1963 ; de *re-*, et *structurer*). Didact. Donner une nouvelle structure, une nouvelle organisation à (qqch.). *Restructurer un espace urbain.* V. **Remodeler ; réaménager.** ◇ *(Abstrait).* Organiser sur de nouvelles bases. *Restructurer un secteur industriel, un parti politique.* V. **Réorganiser.**

RESUCÉE [R(ə)syse]. *n. f.* (1877 ; de *resucer* « sucer de nouveau »). Fam. ♦ 1° Nouvelle quantité (d'une chose qu'on boit). ♦ 2° Reprise, répétition. *Il ne faut pas que « l'article de tête ait l'air d'une resucée »* (ROMAINS).

RÉSULTANT, ANTE [Rezyltɑ̃, ɑ̃t]. *adj.* (XVIᵉ ; de *résulter*). Vieilli. Qui résulte de qqch. V. **Consécutif.** « *La confusion résultante d'une théorie et d'une pratique contradictoire* » (CHATEAUB.). ◇ *Mod.* Mus. *Son résultant*, correspondant à deux sons réels émis simultanément. — Math. Qui constitue un résultat. *Élément résultant.*

RÉSULTANTE [Rezyltɑ̃t]. *n. f.* (1652 ; du précéd.). Élément unique qui résulte de plusieurs éléments composants. ◇ *Sc.* Somme géométrique de deux ou plusieurs vecteurs. *La résultante de deux forces.* — Transformation géométrique équivalente à des transformations appliquées successivement. V. **Produit.** ◇ *Cour.* Conséquence, résultat de plusieurs facteurs (surtout quand il s'agit de forces, d'actions complexes). *La Révolution « est en réalité la résultante des événements »* (HUGO).

RÉSULTAT [Rezylta]. *n. m.* (1589 ; didact. av. XIXᵉ ; lat. scolast. *resultatum*, de *resultare*. V. **Résulter**). ♦ 1° Tout ce qui arrive, commence à exister à la suite et comme effet de qqch., avec un caractère durable. V. **Conséquence, contrecoup, effet, fin, issue, solution, suite.** *Être le résultat de qqch.* V. **Dépendre, ensuivre (s'), résulter (de).** *Elle « s'endormit d'un sommeil profond, résultat naturel de sa grande jeunesse et de l'épuisement de ses forces »* (GOBINEAU). *Avoir pour résultat, avoir le résultat de.* Fam. *Il a voulu sauter par la fenêtre ; résultat, il s'est foulé la cheville.* — Ce que produit une activité consciente dirigée vers une fin ; cette fin. V. **Œuvre ; ouvrage.** *Rechercher un résultat, viser à un résultat.* V. **Réussite, succès.** *Résultat inespéré.* — *Le résultat d'une entreprise, d'un plan, d'un travail, d'une recherche, d'une expérience.* — Le solde de certains comptes dans une entreprise. *Résultats d'exploitation.* V. **Bénéfice.** — *(Au plur.)* Réalisations concrètes. *Nous exigeons des résultats.* « *Et dans tout ça, il n'y a pas que des mots,... Il nous arrive bel et bien avec des résultats* » (ROMAINS). ♦ 2° Solution (d'un problème). *Il connaissait le résultat d'avance.* — Phase ultime d'un calcul ; le troisième élément (V. **Composé**) associé à un couple dans une application, une opération arithmétique (V. **Produit, quotient, reste, somme**). ♦ 3° *(Dans une compétition).* Plur. L'admission ou la non-admission à un examen, un concours ; la liste de ceux qui ont réussi. *Affichage, lecture, proclamation des résultats.* « *Le jour du résultat final arriva. On affichait dans la cour de la Sorbonne les noms des candidats reçus* » (R. ROLLAND). ◇ *Les résultats de l'élection. Résultats partiels, provisoires, définitifs.* — Sports. *Résultats d'un match, d'une compétition. Résultats des courses.*

RÉSULTER [Rezylte]. *v. intr.* : seulement inf., p. prés. et 3ᵉ pers. (1491 ; lat. *resultare* « rebondir » ; « retentir », puis « résulter », en lat. scolast. ; de *re-*, et *saltare* « sauter »). ♦ 1° Être produit par une cause ; être le résultat (de qqch.) ou apparaître comme tel. V. **Découler, dépendre, ensuivre (s'), naître, procéder, provenir, venir** (de). « *L'amitié résulte d'un faible degré d'opposition entre les êtres individuellement divers* » (SENANCOUR). « *Le naturaliste dit* : si ce point de départ était juste, *tel cas particulier en résulterait comme conséquence* » (Cl. BERNARD). *Ce qui en a résulté ; ce qui en est résulté.* ♦ 2° (Impers.). *Il résulte de ceci que, il en résulte que.* V. **Apparaître, ressortir.** *Il résulte des aveux du prévenu qu'il n'a pu agir seul* (V. **Impliquer**). *Qu'en résultera-t-il ?* V. **Arriver.**

1. RÉSUMÉ, ÉE [Rezyme]. *adj.* (V. **Résumer**). ♦ 1° Rendu plus court. *Récit résumé.* ♦ 2° Fig. « *Qu'est-ce que Paris, sinon une petite France résumée* » (MICHELET).

2. RÉSUMÉ [Rezyme]. *n. m.* (1750 ; de *résumer*). ♦ 1° Abrégé, condensé. V. **Réduction ; digest** (anglicisme). *Faire, rédiger un résumé. Le résumé des nouvelles.* ♦ 2° Fig. « *Au fond, le résumé de la sagesse humaine consistait à traîner les choses en longueur* » (HUYSMANS). ♦ 3° *Loc. adv.* EN RÉSUMÉ (1835) : en peu de mots. V. **Bref (en).** *Par ext.* À tout prendre, somme toute. « *En résumé, ses revenus industriels... ne tom-*

baient guère au-dessous du million » (ROMAINS). ◇ ANT. *Amplification, développement, paraphrase.*

RÉSUMER [Rezyme]. *v. tr.* (1370, « répéter » ; lat. *resumere* « reprendre »). ♦ 1° (XVIIᵉ). *Vx.* Reprendre en plus court (un discours). V. **Récapituler.** ◇ *Mod.* Rendre plus court. V. **Abréger, écourter, réduire.** *Résumer la pensée d'un auteur.* — Présenter brièvement. « *Il est donné aux grands poètes de résumer la pensée des peuples au milieu desquels ils ont vécu* » (BALZ.). ♦ 2° *(Choses).* Présenter, montrer en un seul caractère, en une seule chose (un ensemble d'éléments). « *Tout ce qui résume l'humanité est surhumain* » (HUGO). ♦ 3° SE RÉSUMER. *v. pron.* ◇ *Réfl.* (1798) Reprendre en peu de mots ou abréger ce qu'on a dit. ◇ (Pass.) « *Rien de beau ne se peut résumer* » (VALÉRY). — Fig. Se manifester par un seul caractère. « *Cet homme, en qui se résument la vie, les forces, l'esprit, les passions du bagne* » (BALZ.). ◇ ANT. *Développer.*

RÉSURGENCE [RezyRʒɑ̃s]. *n. f.* (1896 ; du suiv.). Didact. Eaux d'infiltration, rivière souterraine qui ressortent à la surface ; source où elles reparaissent (source « vauclusienne »).

RÉSURGENT, ENTE [RezyRʒɑ̃, ɑ̃t]. *adj.* (fin XIXᵉ ; « ressuscité », 1525 ; lat. *resurgens*, de *resurgere* « rejaillir »). Didact. Se dit des eaux qui reparaissent à la surface après un trajet souterrain. *Point d'émergence d'eaux résurgentes.*

RESURGIR ou **RESSURGIR** [R(ə)syRʒiR]. *v. intr.* (1611, repris XIXᵉ ; de *re-*, et *surgir*). Surgir, apparaître brusquement de nouveau. « *Un jaillissement continu... qui resurgit un peu plus loin* » (GIDE). « *Des îlots ressurgissent* » (CHATEAUB.).

RÉSURRECTION [RezyRɛksjɔ̃]. *n. f.* (1190 ; *resurrecciun* « le fait de se lever de son siège », v. 1120 ; lat. *resurrectio*, de *resurgere* « se relever »). ♦ 1° Retour de la mort à la vie. « *L'idée de mort et de résurrection se retrouve chez tous les peuples* » (ALAIN). — *La résurrection du Christ.* Absolt. *Le mystère de la Résurrection.* ◇ Dogme (chrétien, musulman) selon lequel le corps humain ressuscitera à la fin des temps. *La résurrection de la chair, des corps.* ♦ 2° (1676). Retour à l'existence, à l'activité ; nouvel essor (parfois avec l'idée de progrès). « *Les phénomènes et les idées qui se produisent périodiquement à travers les âges empruntent toujours à chaque résurrection le caractère complémentaire de la variante et de la circonstance* » (BAUDEL.). ◇ Retour, réapparition (d'une idée, d'un sentiment ou de ce qui en est l'objet).

RÉSURRECTIONNEL, ELLE [RezyRɛksjɔnɛl]. *adj.* (1832 ; de *résurrection*). Littér. Relatif ou propre à la résurrection.

RETABLE [Rɔtabl(ə)]. *n. m.* (1671 ; esp. *retablo*, de *tabla* « planche »). Partie postérieure et décorée d'un autel, qui surmonte verticalement la table. *Prédelle d'un retable.*

RÉTABLI, IE [Retabli]. *adj.* (XVIIᵉ ; V. **Rétablir**). ♦ 1° *(Choses).* Qu'on a rétabli. *Texte rétabli. Contact rétabli.* ♦ 2° *(Personnes).* Guéri.

RÉTABLIR [RetabliR]. *v. tr.* (*Restablir* « remettre en bon état », 1120 ; de *re-*, et *établir*).

I. ♦ 1° Didact. Établir de nouveau (ce qui a été oublié, changé, altéré). V. **Reconstituer, restituer.** *La France demande aux historiens de rétablir la chaîne des faits, des idées, d'où sortiront ces résultats* » (MICHELET). ♦ 2° RÉTABLIR QQCH. EN, DANS, À : remettre en une place, une situation, un état (ce qui n'y était plus). *On l'a rétabli à sa place, dans son emploi.* V. **Réintégrer.** Fig. « *Pour que les tribus abâtardies soient rétablies dans leur splendeur passée* » (ST-EXUP.). ♦ 3° Cour. Faire exister de nouveau. *Rétablir les communications. Rétablir un contact, un circuit. Cela rétablira l'équilibre.* V. **Compenser.** *Rétablir l'ordre.* V. **Ramener.** ◇ Remettre en vigueur. V. **Relever, restaurer.** « *Un grand peuple ne se venge pas, il rétablit le droit* » (R. ROLLAND).

II. (XIIᵉ). ♦ 1° Remettre (qqn) en bonne santé. *Ce traitement le rétablira en peu de temps.* — *Par ext. Rétablir la santé.* ♦ 2° *Vx.* Améliorer ou arranger, corriger (ce qui était altéré). « *Il n'est pas aisé... de rétablir ce qu'on a gâté* » (MOL.).

III. SE RÉTABLIR. *v. pron.* ♦ 1° Se faire de nouveau. V. **Revenir.** *Le calme, le silence se rétablit.* ♦ 2° (XVIIᵉ). Guérir, se remettre (personnes). « *Je le voyais toujours malade, mais en voie de se rétablir ; je le trouvais mieux* » (PROUST). ♦ 3° Faire un rétablissement (3°). « *Antonio sauta. Comme il se rétablissait en haut du talus...* » (GIONO). ◇ ANT. *Détruire, renverser ; altérer, fausser.*

RÉTABLISSEMENT [Retablismɑ̃]. *n. m.* (1611 ; *ratablissement* « réparation », 1260 ; de *rétablir*). ♦ 1° Action de rétablir. *Rétablissement d'un texte modifié.* ◇ Remise en fonction ou en vigueur. *Rétablissement des communications, des relations. Rétablissement de l'ordre.* ♦ 2° (1694). Retour à la santé. V. **Convalescence, guérison.** *Je fais des vœux pour votre prompt rétablissement.* — *Par ext. Le Roi « fit annoncer le rétablissement momentané de sa santé* » (VIGNY). ♦ 3° (1875). Mouvement de gymnastique qui consiste, pour une personne suspendue par les mains, à se hisser par la force des bras jusqu'à ce qu'elle se retrouve les bras à la verticale, les mains en bas et en appui. *Rétablissement d'un alpiniste, au passage* *d'un surplomb.* ♦ 4° *Fig.* Effort pour retrouver son équilibre. *Elle ne s'était pas « offerte avec complaisance en pâture au malheur,... Non : elle avait fait le rétablissement salutaire; elle avait énergiquement repris la maîtrise d'elle-même »* (MART. du G.). ◇ ANT. *Anéantissement. Interruption. Aggravation.*

RETAILLE [ʀ(ə)tɑj]. *n. f.* (1180; de *retailler*). *Techn.* Partie enlevée, retranchée (d'une chose façonnée, d'une matière souple : étoffe, peau...).

RETAILLER [ʀ(ə)tɑje]. *v. tr.* (1160; de *re-*, et *tailler*). Tailler de nouveau. *Retailler un crayon. Retailler un costume.*

RÉTAMAGE [ʀetamaʒ]. *n. m.* (1870; de *rétamer*). Action de rétamer; son résultat.

RÉTAMÉ, ÉE V. RÉTAMER.

RÉTAMER [ʀetame]. *v. tr.* (1870; de *re-*, et *étamer*). ♦ 1° Étamer de nouveau; refaire l'étamage (des ustensiles). *Faire rétamer des casseroles.* — Au p. p. *Bassine rétamée.* ♦ 2° *Fam.* Enivrer. *Le cognac l'a rétamé.* — *Au p. p.* (1900) Ivre. *Par ext.* Très fatigué. ◇ Démolir (Cf. Esquinter). *Se faire rétamer.* — (1920) Dépouiller au jeu.

RÉTAMEUR [ʀetamœʀ]. *n. m.* (1870; de *rétamer*). Ouvrier qui rétame.

RETAPAGE [ʀ(ə)tapaʒ]. *n. m.* (Néol.; de *retaper*). Action de retaper; son résultat. *Retapage rapide d'un lit. Cela ira, après un bon retapage.*

RETAPE [ʀ(ə)tap]. *n. f.* (1795 [dans l'intention de voler]; de *retaper*). (1830). *Pop.* Action de guetter et d'accoster le client. V. *Racolage. Faire la retape, racoler**; (au fig.) faire une propagande, une réclame excessive, sans retenue.

RETAPER [ʀ(ə)tape]. *v. tr.* (XVIᵉ; de *re-*, et *taper*). I. ♦ 1° Remettre sa forme (d'abord, en donnant des tapes). *Retaper un lit :* taper, tirer, défroisser la literie. ♦ 2° Réparer, arranger grossièrement; redonner superficiellement un aspect neuf, net à (qqch). *Retaper une vieille maison. Ses filles « retapent avec de nouvelles garnitures leurs uniques toilettes »* (ZOLA). ♦ 3° *Fam.* (1866). Remettre en bonne santé, en bonne forme. *« Quelque bonne médecine indigène qui m'aurait retapé »* (CÉLINE). V. *Remonter, requinquer.* — Pronom. *Il s'est retapé.* V. *Rétablir.* II. Taper de nouveau à la machine. *Retaper une lettre.*

RETAPISSER [ʀ(ə)tapise]. *v. tr.* (1583; de *re-*, et *tapisser*). Tapisser de neuf. *Repeindre et retapisser un salon. « Cette chambre qui venait... d'être retapissée de ce papier peint crème »* (BUTOR).

RETARD [ʀ(ə)taʀ]. *n. m.* (1677, sens 2°; de *retarder;* a remplacé *retardement*). ♦ 1° Le fait d'arriver trop tard, de se manifester, de se produire après le moment fixé, attendu. *Le retard d'une personne à un rendez-vous. Le retard d'un train.* ◇ EN RETARD. *Arriver, être, se mettre en retard. « Dès qu'une maîtresse, un ami, sont en retard de quelques minutes à un rendez-vous, je les vois morts »* (RADIGUET). — *Billet de retard,* délivré, sur leur demande, aux usagers des transports publics, en cas de retard. ◇ Temps écoulé entre le moment où une personne, une chose arrive et le moment où elle aurait dû arriver. *Un retard d'une heure, une heure de retard. Léger retard sur la ligne Paris-Lille.* — Avec le partitif. *Avoir du retard,* être en retard (surtout des choses). *Le train a du retard aujourd'hui.* ♦ 2° Le fait d'agir trop tard, de n'avoir pas encore fait ce qu'on aurait dû faire. *Retard pour, dans qqch. Retard dans un paiement. Payer avec retard.* — (Choses qui ne sont pas faites à temps). *Le retard des recherches.* V. *Piétinement, ralentissement.* ◇ EN RETARD. *Il est en retard pour payer; ses paiements sont en retard. Travail en retard. J'ai du courrier en retard.* — EN RETARD SUR : plus lent que; qui vient après. *Être en retard sur son collègue* (dans un travail). *Coureur en retard sur le peloton.* ♦ 3° (Choses). Le fait de ne pas fonctionner à l'allure normale, mais moins vite. *Ma montre prend du retard.* ◇ *Par ext.* Mécanisme qui permet de ralentir la marche d'une horloge, d'une montre (qui avance). ♦ 4° *Techn.* Le fait de fonctionner après un certain délai (V. **Réponse**); ce délai. *Ligne de retard,* circuit où l'on décale la transmission d'un signal d'une durée déterminée. *Retard à l'allumage* (lorsque l'étincelle se produit après le temps théorique). *Fig. et cour.* Réaction tardive (à la compréhension, à la décision, etc.). ♦ 5° Action de retarder, de remettre à plus tard. V. *Ajournement, atermoiement, délai. Les Buteau « baptisaient leur enfant après bien des retards »* (ZOLA). SANS RETARD : sans attendre, sans tarder; le plus vite possible. *Écrivez-lui sans retard.* ◇ *Mus.* Délai à frapper l'une des notes d'un accord, dite « note retardée ». ◇ *Chim.* Prolongation de l'effet (naturellement fugace) de certains médicaments, par l'adjonction de substances qui en retardent la diffusion, l'élimination. *Par appos.* (lang. comm.) *Pénicilline retard; antihistaminique, insuline retard.* ♦ 6° *Méd. Retard mental,* ralentissement du développement des facultés intellectuelles (distinct de l'*arriération* mentale*). *Retard psychomoteur d'un enfant* (de la marche, de la parole, du contrôle des sphincters). ♦ 7° *Fig.* État, situation de celui qui est moins

avancé dans un développement, un progrès; temps qui sépare le moins avancé des autres. *« Un peuple qui vit avec trois siècles de retard »* (CAMUS). *Ce pays a du retard sur le nôtre, sur nous. Un retard de cent ans.* V. **Décalage.** ◇ EN RETARD. *« L'enfant se développait quant à la masse du corps; mais semblait en retard quant aux fonctions »* (ROMAINS). V. *Retardé. Pays en retard sur les autres.* V. **Sous-développé.** *Être en retard sur les idées de son temps.* ◇ *Avoir du retard* (même sens). V. **Retarder.** *Fam.* Ne pas être au courant des dernières nouvelles. *Tu as du retard!* V. **Retarder** (II, 3°). ◇ ANT. *Avance. Accélération; avancement, empressement, hâte.*

RETARDATAIRE [ʀ(ə)taʀdatɛʀ]. *adj.* et *n.* (1808, impôts; de *retarder*). ♦ 1° (1875). Qui arrive en retard. *Attendre un convive retardataire. Les élèves retardataires ont été punis.* N. *Les retardataires ne sont pas admis au spectacle.* ♦ 2° (XXᵉ). Qui a du retard (5°), est moins avancé qu'il ne faudrait. *Enfants retardataires,* en retard dans leurs études pour quelque raison que ce soit (arriérés, infirmes, retardés). N. *Un retardataire.* — (En parlant des œuvres, des idées) V. **Attardé,** *désuet. « Les méthodes de culture... lui paraissaient prodigieusement retardataires »* (P. BENOIT). V. **Archaïque.** ◇ ANT. *Hâtif.*

RETARDATEUR, TRICE [ʀ(ə)taʀdatœʀ, tʀis]. *adj.* et *n. m.* (1757; de *retarder*). ♦ 1° Qui retarde, ralentit un mouvement. — (Phys.). *Force retardatrice, frottement retardateur. Potentiel retardateur. « Une vitesse divisée par un temps, s'appelle force accélératrice ou retardatrice »* (CARNOT). — (Milit.). *Action retardatrice,* destinée à retarder la progression de l'ennemi. ♦ 2° N. m. *Chim.* (1908, phot.). Corps qui ralentit la vitesse des réactions chimiques (*opposé à* catalyseur). ◇ ANT. *Accélérateur.*

RETARDÉ, ÉE [ʀ(ə)taʀde]. *adj.* (1659; V. *Retarder*). ♦ 1° *Phys. Vieilli.* Ralenti (*opposé à* accéléré. V. **Accélérer**). *Mouvement uniformément retardé.* — *Cour. Départ retardé :* différé. ♦ 2° (XXᵉ). Qui est en retard dans ses études, son développement. *Enfant retardé. Subst. Un retardé.*

RETARDEMENT [ʀ(ə)taʀdəmɑ̃]. *n. m.* (1375; de *retarder*). ♦ 1° *Vieilli.* Action de retarder volontairement. V. **Retard.** *Les « inquiétudes que donnent les retardements de la poste »* (SÉV.). ♦ 2° *Mod.* À RETARDEMENT (XXᵉ). *Engin à retardement,* dont la déflagration est différée et réglée par un mécanisme spécial. *Bombe à retardement. Dispositif à retardement d'un appareil de photo.* ◇ *Fig.* Se dit d'un fait, d'un état qui se manifeste après disparition de sa cause. *Être « jaloux à retardement »* (HENRIOT).

RETARDER [ʀ(ə)taʀde]. *v.* (1175, « tarder à, hésiter »; lat. *retardare,* rac. *tardus* « tard »). I. *V. tr.* ♦ 1° (XIVᵉ). Faire arriver plus tard qu'il ne faut, après le moment où on attendu. *Deux mots seulement, je ne veux pas vous retarder.* V. **Attarder.** Pronom. *Se mettre en retard, s'attarder. Je ne veux pas vous retarder, je me mets en retard.* — (Sujet de chose) *Cet incident m'a retardée.* — Au p. p. *« Le vaisseau de la Révolution, malgré les tempêtes et malgré les calmes, retardé, jamais arrêté, cingla vers l'avenir »* (MICHELET). ♦ 2° *Retarder dans :* faire agir plus tard qu'il ne faut. *Ne le retardez pas dans ses études. Ces bavardages le retardent dans ses préparatifs.* ♦ 3° *Retarder une montre,* la mettre à une heure moins avancée que celle qu'elle indique. ♦ 4° Faire se produire plus tard, en remettant volontairement. *Retarder le départ de qqn.* V. **Ajourner,** différer, remettre, repousser. *« Maintenant que je tiens en poche la réalisation de cette félicité, je retarde le moment d'en jouir »* (MAC ORLAN). ◇ *(Choses)* Empêcher. *« De longues pluies venaient de retarder les semailles d'automne »* (ZOLA). II. *V. intr.* ♦ 1° (1690; en parlant d'une horloge, d'une pendule). Aller trop lentement, marquer une heure moins avancée que l'heure réelle. *Ma montre retarde de cinq minutes;* par ext. *Je retarde de cinq minutes. « Le public est, relativement au génie, une horloge qui retarde »* (BAUDEL.). ♦ 2° (1879). *Retarder sur son siècle, sur son temps,* ne pas avoir les idées, le goût de son temps. ♦ 3° *Fam. Retarder :* apprendre, découvrir qqch. longtemps après les autres. *Sa femme? vous retardez, il a divorcé l'an dernier.* ◇ ANT. *Avancer; accélérer, activer. Anticiper, hâter.*

RETÂTER [ʀ(ə)tate]. *v. tr.* (*Retaster,* XIIIᵉ; de *re-*, et *tâter*). Tâter de nouveau. — *Retâter de...* (trans. indir.), goûter de nouveau à..., revenir à.

RETEINDRE [ʀ(ə)tɛ̃dʀ(ə)]. *v. tr.;* conjug. *teindre.* V. **Peindre** (fin XIIᵉ; de *re-*, et *teindre*). Teindre de nouveau.

RETÉLÉPHONER [ʀ(ə)telefɔne]. *v. tr.* (1904; de *re-*, et *téléphoner*). Téléphoner de nouveau. V. **Rappeler.** *Je retéléphonerai dans la soirée.*

RETENDOIR [ʀ(ə)tɑ̃dwaʀ]. *n. m.* (*Rétendoir,* 1839; de *retendre*). *Techn.* Outil de facteur de pianos, clé pour régler la tension des cordes.

RETENDRE [ʀ(ə)tɑ̃dʀ(ə)]. *v. tr.;* conjug. *tendre.* V. **Rendre** (1170; de *re-*, et *tendre*). Tendre de nouveau, tendre ce qui s'est détendu. *Retendre les cordes d'un instrument.*

RETENIR [ʀətniʀ; ʀtəniʀ]. *v. tr.* (1050; lat. *retinere*).
I. Conserver; mettre en réserve pour soi, en vue d'un usage futur. ♦ 1° Garder (ce qui appartient à autrui); refuser de donner. V. **Détenir**. *Retenir l'argent qu'on doit à qqn.* *Hôtelier qui retient les bagages d'un client insolvable.* — Garder (une partie d'une somme) pour un usage particulier. V. **Déduire, prélever**. *Retenir tant pour cent du salaire d'un employé pour la Sécurité sociale, la retraite.* V. **Retenue**. ♦ 2° (1250). Faire réserver (ce qu'on veut trouver disponible). V. **Loger; réserver**. *Retenir une chambre dans un hôtel.* « *Ils retinrent une table, ils arrêtèrent un menu, disant qu'ils seraient de retour dans une heure* » (ZOLA). ♦ 3° (Fin XIIᵉ). Conserver, garder dans sa mémoire. V. **Souvenir** (se). « *Quiconque a beaucoup vu peut avoir beaucoup retenu* » (LA FONT.). *Retenez bien ce que je vais vous dire. C'est un nom, un mot qu'on retient.* « *Il avait beaucoup vu, beaucoup éprouvé, beaucoup appris; tout retenu* » (GOBINEAU). *Je retiendrai de cette conférence, j'en retiendrai que...* (et l'ind.). ◇ *Fam. Je le retiens :* je me souviendrai de lui. ♦ 4° *Dr.* Admettre, garder (un chef d'accusation, un argument). *Le jury n'a pas retenu la préméditation.* ◇ *Cour.* Prendre en considération (un fait, une idée) pour en tirer parti; prendre comme élément d'appréciation, objet de réflexion ou d'étude. *Nous regrettons de ne pouvoir retenir votre proposition.* ♦ 5° Réserver (un chiffre) pour l'additionner au chiffre supérieur (dans une addition) ou inférieur (dans une soustraction) de la colonne suivante. V. **Retenue**. *28 et 6 = 34; je pose 4 et je retiens 3.*
II. (1170). Ne pas laisser aller, empêcher de se mouvoir librement. ♦ 1° Faire rester avec soi; faire demeurer (qqn) quelque part. V. **Garder**. *Il m'a retenu plus d'une heure. Je ne veux pas vous retenir plus longtemps. Je ne vous retiens pas :* vous pouvez partir (congédiement). *Duroy se retira. On ne le retint pas... et il sortit tout à fait troublé* » (MAUPASS.). — *Retenir qqn captif, prisonnier, comme otage.* ◇ *(Choses)* V. **Immobiliser**. *Le mauvais temps nous a retenus toute la journée à la maison.* « *Sans doute que ses occupations la retiennent ailleurs* » (GIDE). ♦ 2° Être un objet d'intérêt pour (le regard, l'attention... de qqn). *Retenir le regard, l'attention de qqn.* « *Quoiqu'au premier abord elle attirât moins l'œil que la Sérafina, elle le retenait plus longtemps* » (GAUTIER). ♦ 3° Maintenir (qqch.) en place, dans une position fixe. V. **Accrocher, amarrer, arrêter, attacher, fixer, maintenir, tenir**. *Cheveux retenus par un ruban.* ♦ 4° *(Sujet de chose).* Ne pas laisser passer, se perdre; conserver ou contenir. *De petits bouts de bois retenaient* « *le limon et les pierres sans boucher le passage à l'eau* » (ROUSS.). *Retenir l'eau (barrages, écluses).* — *Retenir la lumière :* la renvoyer au lieu de l'absorber. « *L'échancrure de mer, en bas, retenait une laiteuse clarté* » (COLETTE). ♦ 5° *(Sujet de personne).* S'abstenir, différer d'exhaler, de laisser apparaître, de prononcer. *Retenir son haleine, son souffle. Retenir ses larmes.* « *Lorsque Jérôme se trouva seul,... il ne put retenir un soupir de satisfaction* » (MART. du G.). ♦ 6° (1690). Saisir, tenir, tirer en arrière, afin d'empêcher de tomber, de partir, d'aller trop vite. V. **Arrêter**. *Retenir qqn par le pan de sa veste, par le bras.* — *Retenir un cheval :* modérer son allure. ◇ *Retenir qqch. :* l'empêcher de tomber, d'aller. — Fig. « *Comment n'avait-elle pas saisi ce bonheur-là... Pourquoi ne pas l'avoir retenu à deux mains... quand il voulait s'enfuir?* » (FLAUB.). ♦ 7° Empêcher d'agir (une personne sur le point de faire qqch.). *Retenez-moi, ou je fais un malheur!* (phrase d'un fanfaron qui cherche des prétextes pour s'esquiver). ◇ *(Sujet de chose)* Empêcher d'agir, de parler. « *Les terreurs de l'avenir ont retenu bien peu de gens disposés à n'être retenus par aucune autre chose* » (SENANCOUR). ◇ *Retenir de...* (suivi de l'inf.). V. **Empêcher**. « *Il fallait que Marie la retînt de se mettre à genoux* » (MAURIAC).
III. Se **RETENIR**. *v. pron.* ♦ 1° (1690). Faire effort pour ne pas tomber. *Se retenir au bord d'un précipice, sur une pente glissante. Se retenir à qqch.* V. **Accrocher** (s'), **cramponner** (se), **rattraper** (se). *Il descendit jusqu'à la berge* « *en se retenant aux branches des troènes et des sorbiers* » (NIZAN). ♦ 2° S'abstenir, différer de céder à (un désir, une impulsion). V. **Contenir** (se), **contraindre** (se). *Elle se retenait pour ne pas pleurer. Se retenir de faire qqch.* V. **Empêcher** (s'). « *Elle ne peut se retenir d'y faire sans cesse allusion* » (MAURIAC). ◇ *Par euphém.* (v. 1820) Différer de satisfaire ses besoins naturels.
◈ *ANT.* **Abandonner, céder. Lâcher, laisser, libérer; animer, entraîner, exciter.**

RETENTER [ʀ(ə)tɑ̃te]. *v. tr.* (1549; *retempter*, 1204; de *re-*, et *tenter*). Essayer, tenter de nouveau.

RÉTENTEUR, TRICE [ʀetɑ̃tœʀ, tʀis]. *adj.* (*Faculté rétentrice*, méd., XVIᵉ; du lat. *retentus*, p. p. de *retinere* « retenir »). *Didact.* (1870). Qui retient, qui exerce une action pour retenir. *Muscle rétenteur.*

RÉTENTION [ʀetɑ̃sjɔ̃]. *n. f.* (1291; lat. *retentio*). ♦ 1° Fait de retenir (II). ♦ 2° *Dr. Droit de rétention*, qui permet, dans certains cas, à un créancier (**RÉTENTIONNAIRE** [ʀetɑ̃sjɔnɛʀ])

de retenir un objet appartenant à un débiteur, jusqu'à ce qu'il se soit acquitté de sa dette. ♦ 3° (XVIᵉ). *Méd.* Accumulation dans une cavité ou un tissu (d'une substance destinée normalement à en être évacuée). *Rétention d'urine. Rétention d'eau dans les tissus.* V. **Œdème, stase**. ♦ 4° *Géogr.* (v. 1964). Immobilisation plus ou moins prolongée, par des phénomènes physiques, de l'eau des précipitations. *Rétention glaciaire, nivale. Rétention capillaire dans le sol* (V. **Infiltration**).

RETENTIR [ʀ(e)tɑ̃tiʀ]. *v. intr.* (XIIᵉ; de *re-*, et a. fr. *tentir*; lat. pop. °*tinnitire*, class. *tinnire* « résonner »).
I. ♦ 1° *Vx* ou *littér.* (Lieu, espace). Être ébranlé, rempli par un bruit, un son fort. ◇ **RETENTIR DE...** V. **Résonner**. *La salle retentissait d'applaudissements.* « *Je fis longtemps retentir l'air de mes cris* » (ROUSS.). ♦ 2° *Cour.* (Du son). Se faire entendre avec force. V. **Bruire, résonner**. « *Les chants joyeux, le bruit des ateliers, et les cris lourds ou aigus des outils retentissaient agréablement à mes oreilles* » (BALZ.). « *Le timbre de l'entrée retentit* « (MART. du G.).
II. *Didact.* Exercer une action, avoir des répercussions, un retentissement sur. *Toute lésion d'un organe peut retentir sur les lymphatiques correspondants.*

RETENTISSANT, ANTE [ʀ(ə)tɑ̃tisɑ̃, ɑ̃t]. *adj.* (1546; de *retentir*). ♦ 1° Vieilli (Lieu). Qui résonne, qui est plein de bruit. *Voûte retentissante.* ♦ 2° Mod. (Bruit, voix). Qui s'entend bien, qui fait un grand bruit. V. **Bruyant, sonore**. *Un choc retentissant. Voix retentissante.* ◇ Fig. « *De grands mots ayant l'air d'idées, mais qui ne sont que des sonorités vides et retentissantes* » (GONCOURT). ♦ 3° *Cour.* Qui a un grand retentissement dans l'opinion; dont on parle beaucoup. *Succès retentissant.* V. **Éclatant**. ◈ *ANT.* **Étouffé, sourd. Infime.**

RETENTISSEMENT [ʀ(ə)tɑ̃tismɑ̃]. *n. m.* (1160; de *retentir*). ♦ 1° Vieilli ou *littér.* Le fait de retentir; bruit, son répercuté, prolongé par des résonances. « *Le retentissement de mes pas sous ces immenses voûtes* » (ROUSS.). « *Le retentissement de la cloche de l'horloge remplissait la salle* » (STENDHAL). ♦ 2° Effet indirect ou effet en retour; série de conséquences. V. **Contrecoup, répercussion**. « *Un de ces coups terribles dont les retentissements se répètent dans tous les moments de la vie* » (BALZ.). ♦ 3° Le fait d'attirer l'attention, de susciter l'intérêt ou les réactions du public. V. **Bruit, éclat; boom**. *Ce roman, ce film a eu un grand retentissement.*

RETENU, UE [ʀətny; ʀtəny]. *adj.* (1280, « forcé [par la loi] » ; V. Retenir). ♦ 1° Gardé, mis en réserve pour soi. *Justice retenue* (vx), rendue par le souverain (opposé à *justice déléguée*). ◇ *Spécial.* Qui a été réservé. *Place retenue.* ♦ 2° Qui est empêché d'agir, de se manifester librement. « *J'aimais le goût des larmes retenues* » (LARBAUD). ♦ 3° (1452). Qui fait preuve de retenue. V. **Discret**. « *Ses lettres, d'une grâce un peu retenue et voilée* » (HENRIOT). ◈ *ANT.* **Libre, effréné.**

RETENUE [ʀətny; ʀtəny]. *n. f.* (1170, « action de retenir prisonnier »; de *retenir*).
I. (v. 1350). *Vx* ou *spécial.* L'action, le fait de retenir (I) qqch.; ce qui est retenu. — *(Douanes)* L'action de garder, de retenir une marchandise. *Retenue d'une marchandise à la frontière.* ◇ Prélèvement sur la rémunération (en raison d'obligations légales ou en vertu de conventions). V. **Précompte**. *Faire une retenue de tant pour cent sur le salaire d'un ouvrier.* — *Dr. fisc. Retenue à la source :* prélèvement fiscal au moment où l'assujetti perçoit son revenu. ◇ *Arith.* Chiffre qu'on réserve pour l'ajouter à la colonne suivante, dans une addition, une soustraction, etc.
II. (V. Retenir, II). ♦ 1° (1835). Punition scolaire qui consiste à faire rester ou à faire venir un élève en dehors des heures de cours, à le priver de sortie. V. **Colle, consigne**. *Deux heures de retenue. Être en retenue.* « *Cette mauvaise note et ce rapport, c'était pour lui l'exclusion du tableau d'honneur, une retenue* » (LARBAUD). ♦ 2° *Techn.* Fixation, assujettissement des extrémités d'une poutre dans un mur. ◇ *Mar.* Cordage, câble de soutien. ♦ 3° Le fait de retenir (l'eau); masse d'eau accumulée servant à l'irrigation, aux usages industriels. *Barrage à faible retenue d'eau. Hauteur, niveau de la retenue.* — *Bassin de retenue*, dans un port. ♦ 4° *Techn. Papier qui a de la retenue*, qui retient bien l'encre d'imprimerie (opposé à *papier qui* « *refuse* » *l'encre*).
III. (1611; *retenu* (n. m.), XVIᵉ). Attitude de celui qui sait se modérer, se contenir, qui garde une prudente réserve. V. **Circonspection, discrétion, mesure, modération, réserve, sagesse, tenue**. « *L'amour exige certaines préparations, une retenue, des réserves, une rêverie préalable* » (CHARDONNE). « *Les Lyonnais ont une réputation de retenue, presque de froideur* » (DUHAM.). *Rire sans retenue :* sans se retenir. — (ANT. Audace, désinvolture, effusion, familiarité, impudence, indiscrétion, laisser-aller, licence).

RETERCER ou **RETERSER** [ʀ(ə)tɛʀse]. *v. tr.; conjug. placer (Reterser*, 1835; de *re-*, et *tercer, terser*). *Agric.* Labourer une quatrième fois, après avoir tercé ou tiercé (opération du RETERÇAGE [R(ə)tɛRsaʒ]). *Retercer la vigne.*

RÉTIAIRE [ResjɛR]. *n. m.* (1578; lat. *retiarius*, de *rete* « filet ». V. **Rets**). *Antiq. rom.* Gladiateur armé d'un filet destiné à envelopper l'adversaire, d'un trident et d'un poignard. *Rétiaires et mirmillons.*

RÉTICENCE [Retisɑ̃s]. *n. f.* (1546; lat. *reticentia* « silence obstiné », de *reticere*, rac. *tacere*. V. **Taire**). ♦ 1° Omission volontaire d'une chose qu'on devrait normalement dire; la chose omise. V. **Dissimulation, omission; sous-entendu.** *Exposé coupé de réticences.* V. **Interruption, silence.** « *Je dis tout,... il n'y a ni réticences, ni points, ni phrases en l'air, ni ridicules ménagements... dans mon style* » (BEAUMARCH.). *Rhét.* (1671) Figure par laquelle on interrompt brusquement la phrase, en laissant entendre ce qui suit. — *Dr.* Dissimulation d'un fait (par une personne qui a l'obligation de le révéler). ♦ 2° Attitude ou témoignage de réserve, dans les discours, le comportement. V. **Hésitation.** « *Passer outre aux réticences, aux résistances même de l'esprit d'examen* » (MAURRAS). « *J'élabore un Enfant prodigue, où je tâche à mettre en dialogue les réticences et les élans de mon esprit* » (GIDE). ◇ ANT. **Assurance.**

RÉTICENT, ENTE [Retisɑ̃, ɑ̃t]. *adj.* (1845; de *réticence*). ♦ 1° Qui comporte des réticences (1°). *Des phrases atténuées et réticentes. Être réticent* : ne pas dire tout ce qu'on devrait. V. **Discret, silencieux.** « *Je me suis trouvé à l'aise... disant mes idées au hasard de l'improvisation, sans rien d'emprunté, de réticent, d'hésitant, de timide* » (LÉAUTAUD). ♦ 2° Qui manifeste de la réticence (2°), de la réserve, des hésitations. « *Le docteur les sentait réticents, réfugiés au fond de leur maladie avec une sorte d'étonnement méfiant* » (CAMUS).

RÉTICULAIRE [RetikylɛR]. *adj.* (1610; du lat. mod., de *reticulum*). *Didact.* ♦ 1° Qui forme un réseau, ressemble à un réseau. — *Cristall. Plan réticulaire* : tout plan contenant une infinité de points homologues d'un réseau cristallin. *Théorie réticulaire des cristaux de Haüy. Énergie réticulaire,* nécessaire à la formation d'un réseau cristallin. ♦ 2° *Anat.* Qui se rapporte à un réseau, à un réticulum*. *Tissu réticulaire,* tissu osseux spongieux à cloisons très espacées.

RÉTICULATION [Retikylasjɔ̃]. *n. f.* (1812; du lat. *reticulum* « réseau »). *Didact.* ♦ 1° État d'une surface réticulaire. ♦ 2° *Chim.* (v. 1968). Transformation d'un polymère linéaire en polymère tridimensionnel par création de liaisons transversales.

RÉTICULE [Retikyl]. *n. m.* (1701; lat. *reticulum* « petit filet »; de *rete*). ♦ 1° *Opt.* Système de fils croisés matérialisant un point, un axe de visée dans un instrument d'optique. *Réticule d'une lunette astronomique, d'un microscope micrométrique.* ♦ 2° (1842; *reticulum,* 1765). *Antiq.* Coiffure à mailles enfermant les cheveux. V. **Filet, résille.** ♦ 3° *Mod.* (1842). Petit sac à main ou bourse. *Elle reposa* « *le réticule noirâtre qui ressemblait à son chapeau, taillé dans le même taffetas noir* » (COLETTE).

RÉTICULÉ, ÉE [Retikyle]. *adj.* (1784; de *réticule*). Qui imite un réseau. ◇ *Anat., Histol. Tissu réticulé* : tissu conjonctif constitué de cellules et de fibres réunies en réseau. *Tissu réticulé de la rate, des ganglions lymphatiques, des lobules hépatiques.* — *Géol. Sols réticulés ou polygonaux des régions polaires.* — *Archit. Appareil réticulé* : maçonnerie en petit appareil, où des pierres carrées, des briques sont posées en diagonale, en damier (*opus reticulatum*). ◇ (1870) *Porcelaine réticulée,* formée de deux épaisseurs et dont l'enveloppe extérieure est ajourée en réseau.

RÉTICULER [Retikyle]. *v. tr.* (v. 1974; de *réticulation*). *Chim.* Provoquer la réticulation de (un polymère).

RÉTICULOCYTE [Retikylɔsit]. *n. m.* (v. 1930; de *réticulé,* et *-cyte*). *Méd.* Jeune globule rouge présentant encore des granulations et un réseau mitochondrial visibles. *Le nombre des réticulocytes du sang est augmenté dans certaines formes d'anémie* (réticulocytose).

RÉTICULO-ENDOTHÉLIAL, ALE, AUX [Retiky lɔɑ̃dɔteljal, o]. *adj.* (v. 1930; de *réticulé,* et *endothélium*). *Anat., physiol. Système réticulo-endothélial,* nom donné à l'ensemble des cellules d'aspect très divers (monocytes, histiocytes, cellules réticulaires de la rate, des ganglions lymphatiques, de la moelle osseuse) qui jouent un rôle prépondérant dans les mécanismes de défense de l'organisme (essentiellement par leur pouvoir phagocytaire et leur capacité d'élaborer des anticorps).

RÉTICULUM [Retikylɔm]. *n. m.* (1877; « gaine fibreuse, à la base des feuilles de certains palmiers », 1817; mot lat., « réseau »). *Histol.* Réseau très fin de fibrilles dans diverses cellules (dites *réticulaires**) disposition en réseau de certains éléments intracellulaires. *Réticulum chromatique,* formé par la chromatine du noyau. *Réticulum endoplasmique* : formation au sein du cytoplasme jouant un rôle important dans l'élaboration de diverses substances.

RÉTIF, IVE [Retif, iv]. *adj.* (XIIᵉ; *faire restif* « forcer à s'arrêter », 1080; lat. pop. °*restivus,* °*restitivus,* de *restare*

« rester; résister »). Qui s'arrête, refuse d'avancer (en parlant d'une monture). *Âne, cheval rétif.* ◇ Fig. *(Personnes)* Qui est difficile à entraîner, à conduire, à persuader. V. **Difficile, récalcitrant.** *Enfant rétif et désobéissant.* « *Sitôt que je sens le joug,... je deviens rebelle, ou plutôt rétif* » (ROUSS.), *Il* « *s'irritait et se désolait à le sentir rétif, prêt à se défendre sans cesse, ou du moins à se protéger* » (GIDE). ◇ ANT. **Discipliné, docile, doux, facile, maniable.**

RÉTINE [Retin]. *n. f.* (1314; lat. médiév. *retina,* de *rete* « filet, réseau »). Tunique interne nerveuse de l'œil tapissant la choroïde, dont la partie postérieure reçoit les impressions lumineuses par ses cellules visuelles (cônes et bâtonnets) et les transmet au nerf optique. *Papille optique* (V. **Papille**), *tache jaune* (V. **Macula**) *de la rétine.* « *Toute excitation de la rétine donne lumière et couleur* » (VALÉRY). *Décollement de la rétine.* ◇ Par ext. (1973). *Rétine électrique* : ensemble des cellules photosensibles d'un lecteur* optique.

RÉTINIEN, IENNE [Retinjɛ̃, jɛn]. *adj.* (1854; de *rétine*). Qui concerne la rétine, qui lui appartient. *Artères rétiniennes. Image rétinienne* : qui se forme sur la rétine.

RÉTINITE [Retinit]. *n. f.* (1842; de *rétine*). *Méd.* Inflammation de la rétine.

RÉTIQUE. V. **RHÉTIQUE.**

RETIRABLE [R(ə)tiRabl(ə)]. *adj.* (1788, « amovible », en parlant d'un fonctionnaire; de *retirer*). Qui peut être retiré, enlevé.

RETIRAGE [R(ə)tiRaʒ]. *n. m.* (1753; de *retirer*). Nouveau tirage (d'une gravure, d'un livre illustré).

RETIRAISON [RətiRɛzɔ̃]. *n. f.* (1973; 1923, région.; de *retirer*). *Comm.* Enlèvement d'une marchandise.

RETIRATION [R(ə)tiRasjɔ̃]. *n. f.* (1576; de *retirer*). *Imprim.* Opération par laquelle on imprime le verso d'une feuille. *Imprimer en retiration. Machine, presse à retiration,* à deux cylindres d'impression, chaque cylindre imprimant un côté de la feuille.

RETIRÉ, ÉE [R(ə)tiRe]. *adj.* (XVIᵉ; V. **Retirer**). ♦ 1° *(Personnes).* Qui s'est retiré. — *Retiré dans un lieu, quelque part.* — RETIRÉ DE (Cf. Se retirer, IV). « *Le désir d'être de plus en plus retiré du monde et dans un cloître d'études et d'oubli* » (STE-BEUVE). ◇ *Absolt.* Qui vit, qui est dans une retraite et loin des hommes. *Vivre solitaire et retiré, comme un ermite. Vie retirée.* — Qui n'a plus d'activité professionnelle, s'est retiré des affaires (V. **Retraite**). *Négociants retirés.* ♦ 2° *(Choses).* Éloigné, situé dans un lieu isolé. *Coin retiré.* V. **Écart** (à l'), **écarté, isolé, solitaire.** *Un quartier retiré et calme, tranquille.* V. **Désert.** *Les Charmettes,* « *une terre... à la porte de Chambéry, mais retirée et solitaire comme si l'on était à cent lieues* » (ROUSS.).

RETIREMENT [R(ə)tiRmɑ̃]. *n. m.* (v. 1508, méd.; de *retirer*). ♦ 1° *Rare.* Action de retirer, d'ôter, de reprendre (qqch.). ◇ Action de se retirer. V. **Retrait.** ♦ 2° *Rare.* Rétraction, raccourcissement par contraction. *Retirement des muscles.* V. **Contracture.**

RETIRER [R(ə)tiRe]. *v. tr.* (XIIIᵉ, « reprendre, enlever (qqch. à qqn) »; de *re-,* et *tirer*).

I. Amener hors d'un lieu. ❶ ♦ 1° RETIRER QQCH. À QQN : enlever, priver de cette chose (rare en emploi concret). V. **Dépouiller, ôter.** *Retirer une autorisation, un permis à qqn. Je vous retire la parole.* « *On retire au gouvernement toute autorité, toute prérogative* » (TAINE). ◇ *Spécialt.* Enlever ce qui couvre, garnit. *Retirer ses harnais à un cheval. Je vais me retirer vos bottes.* ♦ 2° *(Sans compl. indir.).* Enlever (ses propres vêtements). V. **Ôter.** *Retirer ses gants, ses chaussures, sa veste, ses lunettes.* ❷ (1553). ♦ 1° RETIRER (qqn, qqch.) DE : faire sortir de. V. **Dégager, enlever, ôter.** *Retirer un corps de décombres, des ruines. Retirer un homme de prison.* « *Elle retira* (son fils) *du collège où son père avait exigé qu'il fût interné* » (MAURIAC). — (Compl. de chose) *Retirer un objet d'une boîte, d'une cachette. Retirer un gâteau du moule* (démouler), *une fleur d'un pot* (dépoter). V. **Dé-.** *Retirer qqch. de sa poche.* — *Tirer. Retirer à qqn le pain* de la main. — Fig. et fam. « *On me retirera difficilement de l'idée que...* » (CÉLINE) : quoi qu'on fasse, je continuerai à penser que... ◇ *Spécialt.* Faire sortir (un objet qui était déposé, confié, engagé), rentrer en possession de. *Retirer un objet du mont-de-piété.* ◇ **Dégager.** *Retirer de l'argent de la banque.* V. **Prendre.** ♦ 2° Séparer, éloigner de qqch. *Retirer sa main, ses mains* : éloigner, reculer. — Faire reculer, après avoir approché. *Tendre l'appât, puis le retirer.* ❸ *(Sans compl. indir.).* Cesser de faire, d'accorder, de formuler, de présenter. V. **Annuler, supprimer; retrait.** *Retirer sa candidature, une plainte. Je retire mon offre, ma proposition. Retirer une parole malheureuse. Je retire ce que j'ai dit.* ❹ (1645; XIVᵉ, en parlant de l'argent d'une charge). RETIRER QQCH. DE *(qqn, qqch.)* : obtenir pour soi (en enlevant de qqch. ou à qqn); obtenir en retour. V. **Gagner, percevoir, recueillir.** *Retirer telle somme d'une affaire.* « *Des guenilles, qu'elle nous vendra au poids de l'or, et dont nous ne retirerons rien* » (DIDER.). « *Le gou-*

vernement du Roi en retirerait beaucoup de gloire » (CHATEAUB.).
II. (XVIᵉ). *Vx.* Faire aller en un lieu, dans un abri, une retraite. « *Un certain homme fort riche... me retira en sa maison* » (SOREL) : me logea (Cf. *ci-dessous*, IV, SE RETIRER, B). ◇ *Région.* Mettre en lieu sûr (qqch.). V. **Ranger.**
III. (1611). ♦ 1° Tirer de nouveau. *Retirer quelques coups de feu.* ♦ 2° Intrans. *Retirer au sort. Retirer au pistolet.*
IV. SE RETIRER. *v. pron.* **A** Au sens de *retirer* (I). ♦ 1° Vx. *Se retirer d'un lieu* : en partir. ◇ *Absolt.* et *mod.* (Littér.) SE RETIRER : s'en aller, partir en sortant, en s'éloignant. *Adieu, il est temps de se retirer. Se retirer discrètement, sans bruit.* V. **Disparaître, éclipser** (s'). « *Vous, Narcisse, approchez. Et vous, qu'on se retire* » (RAC.). ♦ 2° SE RETIRER DE... : quitter une activité. *Se retirer de la partie, d'une affaire. Se retirer des affaires.* V. **Démissionner.** *Des* « *idéalistes revenus de tout, qui se sont retirés de l'action* » (SUARÈS). « *Je me réfugie dans le sommeil comme un enfant boudeur qui se retire du jeu* » (GIDE). ◇ *Absolt.* Cesser de jouer, de participer. V. **Abandonner.** *Se retirer devant un adversaire trop fort.* « *Un homme attaqué, quand il a l'honneur d'appartenir à un corps, doit se justifier ou se retirer* » (BEAUMARCH.). ♦ 3° *Vx.* Aller en arrière, s'éloigner en s'écartant. *Se retirer pour éviter un coup.* V. **Effacer** (s'). *Les ennemis se retirent en désordre.* V. **Décamper, déguerpir, enfuir** (s'), **fuir.** ♦ 4° *Vx.* SE RETIRER DE (*qqn*) : quitter, cesser d'être avec, abandonner, laisser. « *Dieu même, disent-ils, s'est retiré de nous* » (RAC.). ◇ *Vieilli* ou *littér.* (Choses) « *À mesure que la faveur et les grands biens se retirent d'un homme* » (LA BRUY.). V. **Éloigner** (s'). ♦ 5° (1553). Refluer, revenir vers son origine (en parlant de fluides). *La mer se retire.* V. **Descendre, refluer.** *Les eaux se retirent* : rentrent dans leur lit. ♦ 6° (1530). Être tiré ou rétréci par une contraction. V. **Contracter** (se), **rétracter** (se). *Étoffe qui se retire au lavage.* V. **Rétrécir. B** (Personnes ; au sens de *retirer*, II). ♦ 1° Aller (dans tel ou tel lieu) pour y trouver un abri, un refuge. V. **Retraite; réfugier** (se). « *Ils se retirent la nuit dans des tanières* » (LA BRUY.). V. **Cacher** (se). ◇ Rentrer dans un endroit privé (pour se trouver seul, pour se reposer). *Se retirer chez soi, dans sa chambre.* Loc. *Se retirer sous sa tente**, *dans sa tour** *d'ivoire* (fig.). Absolt. *Se retirer* : rentrer chez soi pour la nuit. *Se retirer de bonne heure.* ♦ 2° Prendre sa retraite (dans un lieu). « *Lorsque madame Raquin vendit son fonds et qu'elle se retira dans la petite maison du bord de l'eau* » (ZOLA).
◇ ANT. Mettre; ajouter, déposer, engager; rapprocher. Donner, rendre. — (Du pron.) Avancer (s'), entrer, envahir.

RETIRONS [ʀ(ə)tiʀɔ̃]. *n. m. pl.* (1812; de *retirer*). Techn. Bourres de laine restées dans les peignes, après le peignage. ◇ HOM. Formes du v. *retirer.*

RETISSAGE [ʀ(ə)tisaʒ]. *n. m.* (XXᵉ; de *retisser*). Rare. Action de retisser.

RETISSER [ʀ(ə)tise]. *v. tr.* (1611; de *re-*, et *tisser*). Tisser de nouveau.

RÉTIVETÉ [ʀetivte] ou **RÉTIVITÉ** [ʀetivite]. *n. f.* (XIIIᵉ; de *rétif*). Rare. Caractère d'une monture, d'une personne rétive.

RETOMBANT, ANTE [ʀ(ə)tɔ̃bɑ̃, ɑ̃t]. *adj.* (v. 1850; de *retomber*). Qui retombe (II, 3°). V. **Pendant.**

RETOMBE [ʀ(ə)tɔ̃b]. *n. f.* (1846; de *retomber*). ♦ 1° Archit. V. **Retombée.** ♦ 2° Admin. *Feuilles de retombe*, collées à un état pour recevoir des observations.

RETOMBÉ [ʀ(ə)tɔ̃be]. *n. m.* (v. 1900; de *retomber*). Chorégr. Retombée du corps après un saut. Cf. Réception. ◇ HOM. *Retombée, retomber.*

RETOMBÉE [ʀ(ə)tɔ̃be]. *n. f.* (*Retumbée*, 1518; de *retomber*). ♦ 1° Mouvement de ce qui retombe (II, 3°). Archit. Assises qui forment la naissance d'un arc, d'une voûte; endroit où la voûte, l'arc « retombe » sur le support. *La retombée est assez proche de la verticale pour que les pierres puissent en être posées sans cintrage.* ♦ 2° Choses qui retombent. *Des retombées de fleurs.* ◇ Spécialt. (v. 1963). *Retombées radioactives* : substances radioactives qui retombent dans les basses couches de l'atmosphère, après une explosion atomique aérienne. ♦ 3° (v. 1967; par ext. du sens précéd.). RETOMBÉES : Conséquences, répercussions; effets secondaires. « *Le bien-être des hommes a pu bénéficier de certaines retombées [de la recherche scientifique et technique], mais de façon aléatoire* » (A. SAUVY). — (Péj.) Effets nuisibles. *Subir les retombées politiques d'un scandale.* REM. L'emploi au sing. est rare. ◇ HOM. *Retombé, retomber.*

RETOMBEMENT [ʀ(ə)tɔ̃bmɑ̃]. *n. m.* (1862; de *retomber*). Le fait de retomber. — Fig. et littér. « *J'étais trahi par Jupiter. Mon retombement fut atroce* » (GIDE) : ma déception.

RETOMBER [ʀ(ə)tɔ̃be]. *v. intr.* (*Retumber*, 1510; de *re-*, et *tomber*, *tumber*).
I. (*Êtres vivants*). ♦ 1° Tomber de nouveau; faire une seconde chute. « *Il* (l'enfant) *tombe, se relève, retombe, rampe* » (DUHAM.). — Toucher terre après s'être élevé, après être monté. *Retomber après un saut; bien, mal retomber.*

Loc. *Retomber sur ses pieds*, sans tomber. *Chat qui retombe sur ses pattes.* ◇ *Par ext.* Revenir à la position couchée. « *M. Godeau toussa, se souleva, se laissa retomber sur ses coussins* » (MUSS.). ♦ 2° Fig. Tomber de nouveau dans une situation mauvaise, dangereuse (après en être sorti). *Retomber dans la misère. Retomber malade.* V. **Maladie, rechute.** — (Sens moral) « *Nous sommes retombés dans l'ennui, de toute la hauteur du plaisir* » (GONCOURT). « *Ah! je vais retomber en de nouveaux doutes* » (MAUPASS.).
II. (Choses). ♦ 1° Tomber de nouveau, ou après s'être élevé. V. **Redescendre.** *La pièce retomba pile. Fusée qui monte puis retombe verticalement. Fumée qui retombe.* V. **Rabattre** (se). « *Voilà le brouillard qui retombe* » (DIDER.). ♦ 2° S'abaisser ou s'incliner, se pencher (après avoir été levé, soulevé). *Laisser retomber une porte, un rideau de fer.* « *Cette main, dès qu'elle était abandonnée, retombait sur ses genoux comme morte* » (MÉRIMÉE). ♦ 3° S'étendre du haut vers le bas, pendre (en parlant de ce qui est attaché soutenu par le haut). V. **Pendre, tomber.** *Laisser retomber le pli de sa robe.* « *Les boucles de sa noire chevelure retombent en désordre sur son front pâle* » (GAUTIER). « *Les draps blancs, sans plis, roides, et qui retombent bien également, jusqu'à terre* » (BERNANOS). ◇ Descendre en portant sur un appui (construction, etc.). V. **Retombée.** ♦ 4° Fig. Revenir dans tel état, telle situation. « *Combien de grands noms retomberaient dans l'oubli* » (ROUSS.). *Pays qui retombe dans le chaos.* — *La conversation retombe toujours sur le même sujet.* V. **Revenir.** ◇ Absolt. Cesser de se soutenir, d'agir. *L'intérêt ne doit pas retomber.* ♦ 5° RETOMBER SUR (*qqn*) : être rejeté sur, faire peser en retour ses effets sur. V. **Rejaillir** (sur). *C'est sur lui que doit retomber la responsabilité.* V. **Incomber** (à), **peser.** « *Le mal que l'homme fait retombe sur lui* » (ROUSS.). « *Puisse votre faute ne retomber que sur ma tête!* » (VIGNY).

RETONDRE [ʀ(ə)tɔ̃dʀ(ə)]. *v. tr.;* conjug. *tondre.* V. **Rendre** (v. 1200; de *re-*, et *tondre*). Tondre de nouveau.

RETORDAGE [ʀ(ə)tɔʀdaʒ] ou **RETORDEMENT** [ʀ(ə)tɔʀdəmɑ̃]. *n. m.* (1798,-1606; de *retordre*). Techn. Opération par laquelle on retord le fil; manière dont le fil est retordu. ◇ Commettage des fils par torsion.

RETORDEUR, EUSE [ʀ(ə)tɔʀdœʀ, øz]. *n.* (1459, masc.; *retorderesse*, XIVᵉ; de *retordre*). Techn. Ouvrier, ouvrière qui effectue le retordage. ◇ N. f. Machine à retordre.

RETORDOIR [ʀ(ə)tɔʀdwaʀ] ou **RETORSOIR** [ʀ(ə)tɔʀswaʀ]. *n. m.* (1803,-1740; de *retordre*). Techn. Appareil qui sert à retordre les fils.

RETORDRE [ʀ(ə)tɔʀdʀ(ə)]. *v. tr.;* conjug. *tordre.* V. **Rendre** (1268; lat. *retorquere*, même évol. que *tordre;* Cf. *Rétorquer*). ♦ 1° Assembler en tordant à plusieurs tours pour obtenir des fils plus résistants. *Retordre des fils de coton. Machine à retordre* (retordeuse, retordoir). — Au p. p. *Fil retordu.* V. **Câblé, retors.** — (1680) Loc. fig. *Donner du fil à retordre à qqn* : lui susciter des embarras. *Avoir du fil à retordre.* ♦ 2° Tordre de nouveau. *Détordre puis retordre un drap mouillé.*

RÉTORQUABLE [ʀetɔʀkabl(ə)]. *adj.* (XVIᵉ; de *rétorquer*). Littér. Qui peut être rétorqué. *Argument rétorquable.*

RÉTORQUER [ʀetɔʀke]. *v. tr.* (1549; « rapporter, attribuer », 1356; lat. *retorquere*, proprem. « retordre »). ♦ 1° Littér. Retourner contre qqn les arguments, les raisons qu'il a donnés. V. **Objecter, répondre.** *Une critique « faite pour rétorquer ailleurs* » (BALZ.). Pronom. *Cet argument peut se rétorquer.* ♦ 2° Cour. Répliquer (que). « *Je rétorquai, de façon non moins péremptoire, que le problème n'était pas de faire le bonheur des hommes* » (BEAUVOIR).

RETORS, ORSE [ʀətɔʀ, ɔʀs(ə)]. *adj.* et *n. m.* (1209; a. p. p. de *retordre.* V. **Tors**). ♦ 1° Qui a été retordu, tordu en plusieurs tours. *Fil retors. Soie retorse.* ◇ N. m. Tissu fabriqué avec du fil retors. ♦ 2° *Vx.* Tordu, crochu. « *Le peuple vautour, au bec retors* » (LA FONT.). ♦ 3° Fig. (1740). Plein de ruse, d'une habileté tortueuse. V. **Artificieux, malin, matois, rusé.** « *Un de ces hommes profondément retors et traîtreusement doubles* » (BALZ.). ◇ ANT. Direct, droit, simple.

RÉTORSION [ʀetɔʀsjɔ̃]. *n. f.* (1607; « retroussement », v. 1300; lat. médiév. *retorsio*, de *retorquere*. V. **Rétorquer**). ♦ 1° Didact. et vx. Action de rétorquer; utilisation d'un argument, d'une objection contre son auteur. ♦ 2° Mod. (*Dr.*) Le fait, pour un État, de prendre contre un autre État des mesures coercitives analogues à celles que celui-ci a prises contre lui. *User de rétorsion.* Cour. *Mesures de rétorsion* : réponse analogue à un mauvais procédé; vengeance.

RETOUCHABLE [ʀ(ə)tuʃabl(ə)]. *adj.* (1853; de *retoucher*). Qui peut être retouché, mérite d'être retouché.

RETOUCHE [ʀ(ə)tuʃ]. *n. f.* (1507; de *retoucher*). ♦ 1° Action de retoucher; reprise d'une partie, d'un détail pour corriger. *Faire quelques retouches à un tableau (en tenant une partie au pinceau), à une gravure. Pupitre à retouche* (pour photo). — *Faire quelques retouches à un texte.* « *C'est ce droit de retouche qui fait de l'écriture une chose si grise* » (GIDE). ♦ 2° Modification partielle d'un vêtement de confection, pour l'adapter aux mesures de l'acheteur. *Faire une retouche. Le travail de la retouche.* V. **Pompe** (1, 4°).

RETOUCHER [ʀ(ə)tuʃe]. *v. tr.* (v. 1220; de *re-*, et *toucher*). ◆ 1° *Trans. dir.* Reprendre (un travail, une œuvre d'art) en faisant des changements partiels. V. **Corriger, remanier.** *Retoucher une photo.* V. **Repiquer.** *Photo retouchée.* « *Les modifiant, les retouchant* (ses compositions françaises), *supprimant un adverbe, changeant de place tout un membre de phrase* » (LARBAUD). ◇ *Retoucher une veste, un pantalon* (retouche, 2°). ◆ 2° *Vx.* Trans. indir. RETOUCHER À. *Retoucher à un livre, à un ouvrage :* les corriger.

RETOUCHEUR, EUSE [ʀ(ə)tuʃœʀ, øz]. *n.* (1877; de *retoucher*). Spécialiste qui effectue des retouches. *Retoucheur photographe.* ◇ *Retoucheur en confection.* V. **Pompier** (3).

RETOUR [ʀ(ə)tuʀ]. *n. m.* (*Retur*, XIIᵉ; de *retourner*).
I. Mouvement en arrière, déplacement vers le point de départ ou changement de direction. ◆ 1° Le fait de repartir pour l'endroit d'où l'on est venu. « *Les vaches, en attendant le retour à l'étable, regardaient le soir* » (MAURIAC). *Le moment du retour. Il faut songer au retour.* — *Être sur le retour :* sur le point de repartir. *Sans esprit de retour,* sans avoir l'intention de revenir. ◇ Le chemin qu'on suit, le temps qu'on met pour revenir à son point de départ. « *Le retour me parut plus rapide que l'aller* » (BOSCO). *Billet d'aller et retour. Prendre un aller et retour.* ◇ Le moment où l'on arrive, le fait d'arriver à son point de départ, au lieu de son séjour habituel. *Le retour à la terre*. Retour d'un navire à son port d'attache.* ◇ À MON, TON, SON... RETOUR, AU RETOUR DE... : au moment où une personne vient d'arriver; après qu'elle est revenue. *À son retour du service militaire.* « *Comme elle parvenait quand même à s'échapper, il y avait à son retour d'abominables scènes* » (ZOLA). ◇ (1549) ÊTRE DE RETOUR : être revenu. *Mon cousin sera de retour demain soir.* — Ellipt. *De retour :* une fois revenu; qui est revenu. *De retour au pays.* « *Lorsque Lise, de retour à Rognes, rentra dans cette antique demeure ...où elle avait vécu* » (ZOLA). ◇ RETOUR DE : au retour de (tel endroit); qui revient de. « *Des officiers anglais, retour de Pantellaria, apportent quelques renseignements* » (GIDE). « *Ces gens, retour de Londres, racontent que...* » (MORAND). ◆ 2° *(Choses).* Renvoi au point de départ (dans quelques emplois). ◇ CHEVAL DE RETOUR (ancien. *cheval, carrosse de retour,* que le loueur s'engageait à faire revenir à son point de départ). *Fig.* et *mod.* (1838) Ancien forçat; récidiviste plusieurs fois condamné. ◆ 3° *Vx* (1295). Coude, sinuosité. « *Plusieurs montagnes et plusieurs vallées, avec une infinité de tours et retours* » (RAC.). *Mod.* Angle, saillie que forme un mur, un corps de bâtiment par rapport à l'alignement du reste de la construction. *Bâtiment en retour, en retour d'équerre* (à angle droit). *Ce corps de bâtiment.* — (1671) Profil d'une moulure qui présente un ressaut. ◇ *Mar. Retour d'une manœuvre :* partie d'une manœuvre comprise entre une poulie *(poulie de retour)* et le point d'application de la force de traction. ◆ 4° *(Dans des express.).* Mouvement de sens inverse, par rapport à un mouvement précédent. *Mar. Retour de marée :* contre-courant de marée, qu'on appelle aussi *faux flot.* — *Milit.* et cour. *Retour offensif d'une armée,* qui attaque et avance de nouveau après avoir reculé. *Fig. Retour offensif d'une maladie* (après un début d'amélioration). *La météo annonce un retour offensif de l'hiver.* ◇ *Techn.* et cour. RETOUR DE FLAMME : mouvement accidentel de gaz enflammés, qui jaillissent hors du foyer d'une chaudière ou qui remontent en direction du carburateur; *fig.* Contrecoup d'une action dirigée contre qqn et qui finit par se retourner contre son auteur. — *Retour de manivelle :* mouvement violent et accidentel de la manivelle de mise en marche d'un moteur à explosion. *Fig.* et *fam.* « *Un de ces jours, il y aura un retour de manivelle et la belle Rolande se fera sonner* » (MAUROIS). ◇ *Électr. Retour du courant,* depuis l'extrémité de la ligne jusqu'à la seconde borne du générateur. *Retour à la terre, à la masse. Fil de retour.* ◇ *Sports. Match retour dans un championnat :* match opposant deux équipes qui se sont déjà rencontrées dans la première partie d'un championnat. ◇ EN RETOUR, se dit d'une action, d'un effet, qui s'exerce une deuxième fois en sens inverse de la première. *Effet en retour.* V. **Contrecoup, répercussion.** *Choc* en retour.* ◇ *Cybern. Action, contrôle en retour.* V. **Rétroaction.** ◇ *Biol. Croisement en retour* (rétrocroisement). ◆ 5° (1160). L'action de retourner, le fait d'être renvoyé, réexpédié. V. **Renvoi.** *Dr.* Renvoi d'un effet de commerce impayé. *Retour sans frais.* Cour. *Retour à l'envoyeur* (d'un objet, d'une lettre, etc.). ◇ *Retour du courrier : par ext.* le courrier qui suit immédiatement. *Je vous répondrai par retour.* ◇ *(Librairie)* Réexpédition à l'éditeur des volumes invendus; ces volumes. *Il* « *rassemblait ses 'retours'... C'étaient les exemplaires méprisés, qu'il renvoyait aux éditeurs* » (FRANCE).
II. *(Abstrait :* idée de répétition, de régression, d'échange). ◆ 1° *Retour à...,* le fait de retourner ou d'être retourné à son état habituel, à un état plus ancien, à des activités antérieures. *Le retour au calme. Retour aux sources.* « *Retour*

à la nature, c'est-à-dire abolition de la société : tel est le cri de guerre de tout le bataillon encyclopédique* » (TAINE). ◆ 2° *Vx* (1663). Être sur le retour de l'âge; mod. sur le retour : commencer à prendre de l'âge, vieillir. — (1842) *Retour d'âge :* l'âge de la ménopause. ◆ 3° Le fait de regarder en arrière, de revenir sur. *Retour en arrière :* vue rétrospective. — *Spécialt.* RETOUR (EN) ARRIÈRE (dans un exposé, une narration, le scénario d'un film), le fait de remonter à un point antérieur de la suite des événements, de la chaîne des idées. (Recomm. offic. pour Flash-back.) Cf. **Rétrospectif.** — *Retour sur soi-même :* réflexion sur sa conduite, sur sa vie passée. « *D'impitoyables retours sur les événements et sur moi-même* » (DUHAM.). ◇ Changement d'avis, de décision (Cf. Revenir* sur son opinion, sur sa parole). *Ses continuelles hésitations et ses retours.* ◆ 4° *Vx.* Revirement brusque et total. *Les retours de la fortune.* — Loc. mod. *Par un juste retour des choses, il a été ruiné.* ◆ 5° *(Avec un nom de chose pour compl. déterminatif).* Réapparition; le fait de se reproduire. *Le retour du matin, de la belle saison, du printemps, de l'hiver. Un retour de fièvre. Le retour de la paix, de la prospérité.* V. **Renaissance, renouveau.** « *La Madelon eut comme un retour de jalousie et de colère* » (SAND). ◇ *Spécialt.* Répétition, reprise. *Retour régulier, périodique.* V. **Périodicité, rythme.** *Retour d'un leitmotiv.* — *Philo. Retour éternel :* selon certains philosophes (Stoïciens, Nietzsche), Retour cyclique des mêmes événements et des mêmes êtres au cours de l'histoire du monde. V. **Palingénésie.** ◆ 6° Le fait de retourner à son premier possesseur. — *Cour. Faire retour à :* revenir. *Dr. Droit de retour, retour légal :* droit en vertu duquel un bien transmis à titre gratuit redevient propriété du donateur (ou de ses descendants) après la mort du bénéficiaire de la donation (V. **Donation**). *Droit de retour successoral* (V. **Succession**). ◆ 7° *(Sans retor, XIIᵉ).* SANS RETOUR (loc. adv.) : sans possibilité de répétition. V. **Jamais** (à jamais), **toujours** (pour toujours). *Perdre qqch. sans retour.* « *Dans la nuit éternelle emportés sans retour* » (LAMART.). ◆ 8° *Vx.* Réciprocité ou échange (de sentiments, de services, d'obligations, de droits). « *L'attachement peut se passer de retour, jamais l'amitié* » (ROUSS.). — *Mod. Payer* qqn de retour :* lui rendre la pareille. ◇ EN RETOUR *(loc. adv.)* : se dit d'une action, d'une parole, d'une affirmation qui est réciproque d'une autre, sert de compensation, d'échange, etc. V. **Échange** (en), **récompense** (en), **revanche** (en). *Les paysans* « *tenaient la dragée haute aux habitants des villes; ceux-ci, en retour, les accusaient d'alimenter le marché noir* » (SARTRE).
◇ ANT. Aller (2). Départ.

RETOURNAGE [ʀ(ə)tuʀnaʒ]. *n. m.* (1842; « action de faire retourner », 1715; de *retourner*). Opération qui a pour objet de retourner une chose de manière à en mettre la face interne à l'extérieur et inversement. *Retournage d'un vêtement usagé.*

RETOURNE [ʀ(ə)tuʀn(ə)]. *n. f.* (1690; de *retourner*). ◆ 1° *Jeu.* Carte qu'on retourne après la distribution afin de déterminer l'atout. ◆ 2° *Dans un journal,* Suite d'un article de première page qui est imprimée sur l'une des pages suivantes (plus *cour. :* la tourne).

RETOURNEMENT [ʀ(ə)tuʀnəmã]. *n. m.* (*Retornement,* XIIᵉ; de *retourner*). ◆ 1° *Sens propre.* Opération qui consiste à retourner (qqch.); changement brusque de direction ou d'orientation; le fait de se renverser, de se trouver tourné à l'envers. *Retournement des feuilles de certains végétaux sous l'effet de la lumière.* — *(Géom.)* Dans un plan, Produit d'un déplacement et d'une symétrie par rapport à une droite de ce plan. — *Phot.* Inversion du négatif. ◇ *Aviat.* Figure acrobatique consistant à mettre l'avion en position de vol sur le dos après un virage cabré qui inverse le sens de la marche de l'appareil. ◆ 2° *Fig.* (XIIᵉ). Changement brusque et complet d'attitude, d'opinion. V. **Revirement.** *Son brusque retournement a surpris tout le monde.* — *(Choses)* Transformation soudaine et complète, bouleversement imprévu. « *Retournement admirable de la situation, en quelques mots* » (GIDE). « *Les retournements imprévus où tout est sauvé lorsque tout paraissait perdu* » (SARTRE).

RETOURNER [ʀ(ə)tuʀne]. *v.* (XIIᵉ, « détourner »; *retourner*, 842; de *re-*, et *tourner*).
I. *V. tr.* Ⓐ ◆ 1° (1336). Tourner de manière que l'une des extrémités ou l'une des faces vienne à la place qu'occupait précédemment l'extrémité ou la face opposée; tourner à l'envers. V. **Renverser, tourner.** *Retourner un tableau, un portrait contre le mur. Retourner un matelas. Retourner un morceau de viande sur le gril.* ◇ (1680) *Retourner une carte :* la placer sur la table de manière qu'on puisse en voir la figure (spécialt. après la distribution, la couleur de la carte retournée indiquant l'atout). — Impers. et intrans. *De quoi retourne-t-il ? Il retourne pique.* — *Fig.* et cour. (fin XVIIIᵉ) *De quoi il retourne :* de quoi il est question; ce qu'il s'agit de faire; quelle est la situation. « *Savez-vous de quoi il retourne ? dit-il à Julien* » (STENDHAL). ◆ 2° (1660). *Retourner la terre :* la travailler de manière à enfouir la couche superficielle et à exposer à l'air la couche profonde. V. **Fouiller.** *Retourner la terre avec*

une bêche (bêcher), *avec une charrue* (labourer). « *Il ôta la bêche des poings de Lise pour achever de retourner un carré* » (ZOLA). — (Même sens) *Retourner la salade.* V. **Fatiguer, touiller.** — *Fam.* Mettre sens dessus dessous. *Il a retourné toute la maison.* ♦ 3° (1669). Mettre la face intérieure à l'extérieur. *Retourner un sac. Retourner ses poches. Retourner un habit* : le refaire en mettant l'envers de l'étoffe à l'endroit (V. **Retournage**). Fig. *Retourner sa veste* : changer brusquement d'opinion, de position, de parti (Cf. Tourner casaque*). — *Fam. Retourner qqn* : le faire changer d'avis, d'attitude. *On l'a retourné comme une crêpe, comme un gant*.* ♦ 4° Fig. et *fam.* Causer une violente émotion à (qqn), faire une profonde impression sur. V. **Bouleverser, émouvoir, troubler.** *Cette nouvelle l'a tout retourné.* ♦ 5° Modifier (une phrase) par la permutation de ses éléments. V. **Intervertir, renverser.** *Retournez cette maxime, elle restera vraie.* ⓑ Diriger dans le sens inverse. ♦ 1° Orienter, diriger dans le sens opposé à la direction antérieure. *Le meurtrier retourna ensuite l'arme contre lui-même.* — Utiliser (ses propres armes) contre qqn. *Retourner contre l'ennemi les canons qu'on lui a pris.* ♦ 2° Renvoyer. *Retourner un effet de commerce.* V. **Retour.** *Retourner une lettre, une marchandise*, etc. V. **Réexpédier.** — *Retourner une critique à qqn* : lui adresser la même critique qu'on en a reçu. *Retourner à qqn son compliment* : répondre à une parole désagréable par une autre. ⓒ Tourner de nouveau, encore (dans l'express. : TOURNER ET RETOURNER). « *Yves est là, qui tourne, retourne sa cuiller* » (LOTI). — Fig. *Tourner et retourner une idée, une pensée* : l'exprimer de plusieurs manières, la présenter sous ses différents aspects ; l'examiner. *Tourner et retourner un projet dans son esprit.* V. **Ruminer.** « *Tournant et retournant dans son cœur l'insoluble problème* » (MART. du G.).

II. *V. intr.* RETOURNER (À, DANS, CHEZ). ♦ 1° (XIIIᵉ ; *returner*, 1080). Aller au lieu d'où l'on est venu, à l'endroit où l'on est, où l'on devrait être normalement (et qu'on a quitté). V. **Revenir.** *Il vient de Paris, mais il va y retourner. Retourner à son logis, dans son appartement, en France, chez soi.* V. **Regagner, réintégrer, rentrer.** *Retourner à son poste.* « *Il était revenu à la Paix comme le paysan retourne au village* » (SARTRE). Absolt. *Je retournerai demain.* V. **Rentrer.** — *Retourner* (suivi d'un inf.). « *Et puis est retourné plein d'usage et raison Vivre entre ses parents le reste de son âge!* » (DU BELLAY). *Il est retourné chez lui prendre son parapluie.* ♦ 2° (XIVᵉ). Aller de nouveau (là où on est déjà allé). *Je retournerai à Venise dès que je pourrai. Je ne retournerai jamais chez lui* (Cf. Je n'y remettrai plus les pieds*). — Fig. et vx. *Retourner sur* : repenser à, reparler de. V. **Revenir** (sur). « *Je ne puis retourner sur ce passé sans une grande tendresse et une grande douleur* » (SÉV.). Vx. *Retourner à* (et l'inf.) : recommencer à. ♦ 3° *(Abstrait).* RETOURNER À : retrouver (son état initial, un stade antérieur d'une évolution). *Retourner à l'état animal, à la vie sauvage. Retourner au néant.* ◇ Se remettre à (une activité), adopter de nouveau (une croyance), aimer de nouveau (une personne). V. **Revenir** *(fig.). Retourner à son ancien métier. Converti qui retourne à sa première religion. Retourner à ses premières amours.* ◇ Aborder de nouveau (un sujet dont on s'était écarté). *Retourner à son propos. Retournons, revenons à nos moutons*.* ♦ 4° *(Choses).* Être restitué à (qqn). « *La maison et la terre retourneraient à sa sœur* » (ZOLA).

III. SE RETOURNER. *v. pron.* ♦ 1° S'EN RETOURNER (1050) : repartir pour le lieu d'où l'on est venu. *S'en retourner chez soi.* V. **Revenir.** — Absolt. S'en aller. V. **Partir.** « *Je m'en retournerai, seule et désespérée!* » (RAC.). *S'en retourner comme on est venu*, sans avoir rien obtenu, sans avoir rien fait. ♦ 2° Absolt. (h. XVᵉ ; 1560). User de ruses, changer de ligne de conduite afin de s'adapter à des circonstances nouvelles. *Un homme qui sait se retourner. Ne pas laisser à qqn le temps de se retourner* : le harceler. ♦ 3° (XIXᵉ). Changer de position en se tournant dans un autre sens, dans le sens inverse ; s'agiter en se tournant dans tous les sens. *Se retourner sur le dos. Voiture qui se retourne, les roues en l'air.* V. **Capoter.** « *Un malade qui se retourne dans son lit pour dormir* » (GIDE). ♦ 4° Tourner la tête en arrière ; faire un demi-tour. *Il est parti sans se retourner* : sans regarder derrière lui. *Se retourner pour appeler, pour voir qqn. On se retournait sur son passage.* « *On l'aurait appelée voleuse, dans la rue, qu'elle ne se serait pas retournée* » (ZOLA). ♦ 5° SE RETOURNER CONTRE : lutter contre (ceux qu'on a eus auparavant comme alliés ou contre une chose qu'on avait préconisée, défendue). — (Choses) *Ses procédés se retourneront contre lui.*

RETRACER [ʀ(ə)tʀase]. *v. tr.*; conjug. *tracer.* V. **Placer** (XVIᵉ, fig. ; sens propre, 1680 ; « rechercher la trace de », 1390 ; de *re-*, et *tracer*). Tracer, dessiner à nouveau (ce qui était effacé). Fig. Représenter, rappeler à l'esprit d'une manière vive et imagée ; raconter de manière à faire revivre. « *Il est difficile de retracer par écrit même les faits qu'on a le mieux connus* » (ROMAINS).

RÉTRACTABLE [ʀetʀaktabl(ə)]. *adj.* (1372 ; de *rétracter*). *Dr.* Qui peut être rétracté.

RÉTRACTATION [ʀetʀaktɑsjɔ̃]. *n. f.* (1247 ; lat. *retractatio*). Action de rétracter, de se rétracter. V. **Désaveu, palinodie, reniement.** *Rétractation publique, solennelle. Rétractation d'une erreur, d'une calomnie.* ◇ *Dr.* « *Fait de revenir, en vue de détruire les effets juridiques, sur un acte qu'on avait volontairement accompli* » (CAPITANT). V. *aussi* **Annulation.** ◇ ANT. *Affirmation, aveu, confirmation.*

1. RÉTRACTER [ʀetʀakte]. *v. tr.* (1370 ; lat. *retractare* « retirer »). ♦ 1° *Littér.* Nier (ce qu'on avait dit). *Rétracter une proposition, une opinion, des propos injurieux.* V. **Désavouer.** — Cour. *Se rétracte ce qu'il a dit.* V. **Retirer.** « *Je m'efforçais de ne concéder rien que je dusse ensuite rétracter* » (GIDE). ♦ 2° (1549). Cour. SE RÉTRACTER. *v. pron.* V. **Dédire** (se). *J'ai tort, vous avez raison, je me rétracte.* « *Ceux qui ne se rétractent jamais s'aiment plus que la vérité* » (JOUBERT). ◇ ANT. *Confirmer; affirmer.*

2. RÉTRACTER [ʀetʀakte]. *v.* (v. 1600, « devenir plus étroit » ; de *retractum*, supin de *retrahere* « tirer en arrière »). ♦ 1° SE RÉTRACTER. *v. pron.* Se contracter, se retirer. V. **Recroqueviller** (se). *Les prolongements de l'amibe se rétractent quand on les touche.* « *Cette sensitive,... qui se rétractait si violemment au contact de la moindre caresse* » (BARBEY). ♦ 2° *V. tr.* (1875). Contracter ; faire se rétrécir. *L'escargot rétracte ses cornes.*

RÉTRACTEUR [ʀetʀaktœʀ]. *n. m. et adj.* (1845 ; de *rétracter* 2). Didact. ♦ 1° N. m. (Chir.). Instrument de chirurgie servant à repousser les tissus ou certains organes. Cf. Écarteur. ♦ 2° Adj. (1847). Anat. *Muscle rétracteur* : qui permet à une partie du corps de se rétracter, de se retirer vers l'arrière (opposé à *protracteur*). — Subst. *Le rétracteur.*

RÉTRACTIBILITÉ [ʀetʀaktibilite]. *n. f.* (1945 ; de *rétractible* 2). Techn. Propriété d'une pièce de bois, d'effectuer un retrait ou un gonflement en fonction des variations de l'humidité atmosphérique. *Rétractabilité axiale, radiale, tangentielle, volumétrique ou totale.*

RÉTRACTIBLE [ʀetʀaktibl(ə)]. *adj.* (1766 ; de *rétracter* 2). ♦ 1° *Rare.* Qui peut rentrer, être rentré en dedans (*Syn.* RÉTRACTILE). *Foreuse sur pieds rétractibles.* ♦ 2° (1945). Techn. Qui a la capacité d'effectuer un retrait (5°). V. **Rétractibilité.**

RÉTRACTIF, IVE [ʀetʀaktif, iv]. *adj.* (1537 ; bas lat. °*retractivus*). Didact. Qui produit une rétraction.

RÉTRACTILE [ʀetʀaktil]. *adj.* (1770, « rétractif » ; *rétractible*, 1766 ; lat. mod., du lat. *retractus*). ♦ 1° (1817). Que l'animal peut rentrer, retirer, en parlant des ongles, des griffes de certains carnassiers (*par ex.* : le chat). ♦ 2° Susceptible de rétraction. *Organes rétractiles.*

RÉTRACTILITÉ [ʀetʀaktilite]. *n. f.* (1835 ; de *rétractile*). Sc. Propriété de ce qui est rétractile. *Rétractilité d'un organe, d'un tissu.*

RÉTRACTION [ʀetʀaksjɔ̃]. *n. f.* (1550 ; « blâme, reproche », XIIᵉ ; lat. *retractio*). ♦ 1° Acte par lequel certains animaux, certains organes, en présence de situations ou d'excitations déterminées, se contractent et se déforment de façon à occuper le moins de place possible. ◇ Raccourcissement et rétrécissement que présentent certains tissus ou organes (*par ex.* : dans certains cas de cicatrisation, de rhumatismes, etc.). V. **Contraction.** *Rétraction musculaire, tendineuse.* ♦ 2° Fig. Retrait.

RETRADUCTION [ʀ(ə)tʀadyksjɔ̃]. *n. f.* (1935 ; de *retraduire*, d'apr. *traduction*). Traduction d'un texte lui-même traduit d'une autre langue.

RETRADUIRE [ʀ(ə)tʀadɥiʀ]. *v. tr.* (1695 ; de *re-*, et *traduire*). Traduire de nouveau, et *spécialt.* (1733) Traduire un texte qui est lui-même une traduction.

RETRAIT, AITE [ʀ(ə)tʀɛ, ɛt]. *adj.* (1155, « contracté, ratatiné » ; de l'a. v. *retraire* « se retirer », 1080). ♦ 1° *Blas.* Se dit des bandes, barres, chefs, pals, etc., qui sont raccourcis. ♦ 2° *Agric.* (1762). *Blé retrait, avoine retraite*, dont les grains ont mûri en se recroquevillant. — *Bois retrait*, bois coupé dont les fibres ont rapproché en séchant.

RETRAIT [ʀ(ə)tʀɛ]. *n. m.* (1180 ; de l'a. fr. *retraire* « se retirer »).

I. Le fait de se retirer. ♦ 1° *(Choses).* Littér. *Retrait de la mer, de la lame.* « *Ils attendaient le retrait des eaux* » (GIONO). ♦ 2° *(Personnes).* Cour. *Le retrait des troupes d'occupation.* V. **Évacuation.** — Fig. *Il annonça son retrait de la compétition.* ♦ 3° (XIVᵉ). Vx. Lieu où l'on se retire, se réfugie. « *On se compose une chambre à coucher, un cabinet, un boudoir, un retrait, comme jadis les gothiques* » (GAUTIER). ♦ 4° EN RETRAIT (fin XIXᵉ) : en arrière de l'alignement, ou par rapport à une ligne déterminée. « *Cette fenêtre où, en retrait, mais à moitié cachée dans des rideaux plus lourds, on devinait comme une forme humaine* » (BOSCO). — Fig. *Être, rester en retrait*, être moins avancé, ne pas se mettre en avant. ♦ 5° (1829). Le fait, pour un corps, de se retirer en se resserrant, en se contractant ; contraction, diminution de volume. *Retrait du béton, du mortier. Retrait d'un métal* *à la solidification.* ◇ *Géogr. Fentes de retrait* : fentes de dessiccation (d'un sol argileux). ♦ 6° *Fig.* et *littér. Action de se replier sur soi, de se rétracter comme pour se défendre, préserver sa personnalité.* « *Toute invite provoquait d'abord en moi du retrait* » (GIDE).

II. (1860). *Action de retirer* (I, B, 1°). *Retrait d'une somme d'argent d'un compte bancaire. Retrait des bagages en consigne.* — *Retrait d'une candidature. Retrait du permis de conduire pour infraction grave.* ◇ *Dr.* Acte par lequel un tiers (ou *retrayant* [ʀ(ə)ʀɛjɑ̃], *n. m.*) se substitue à l'acquéreur d'un bien pour s'approprier le bénéfice et les charges de cette acquisition. *Retrait successoral. L'abrogation et le retrait des actes administratifs.*

◇ ANT. *Avance, dépôt.*

RETRAITANT, ANTE [ʀ(ə)ʀɛtɑ̃, ɑ̃t]. *n.* (1895; de *retraite* 1, I, B, 2°). Personne qui fait une retraite religieuse.

1. RETRAITE [ʀ(ə)ʀɛt]. *n. f.* (XIIᵉ; de l'a. fr. *retraire* « se retirer »).

I. *Action de se retirer.* **A** *(Concret).* ♦ 1° *Vx. Éloignement. Une raison secrète* « *Me fait quitter ces lieux et hâter ma retraite* » (RAC.). *Littér.* Action de se retirer en arrière, de s'écarter. « *Une légère retraite de côté lui fit éviter la pointe meurtrière* » (GAUTIER). ♦ 2° *Milit. (Vieilli).* Action ou obligation, pour les troupes, de regagner leur casernement; sonnerie leur annonçant qu'il est l'heure de rentrer. ◇ *Cour.* RETRAITE AUX FLAMBEAUX : défilé solennel, avec flambeaux et fanfare, de la place d'armes à la caserne, exécutée par les troupes lors de certaines fêtes. « *Il avait vu des retraites militaires suivies par un peuple qui hurlait de joie* » (ARAGON). *Par ext.* Défilé populaire avec torches et lampions. ♦ 3° Abandon délibéré et méthodique du champ de bataille ou d'une portion de territoire, par une armée qui ne peut s'y maintenir. V. **Décrochage, recul, repli.** « *Certains généraux qui appellent des reculs forcés une retraite stratégique et conforme à un plan préparé* » (PROUST). *Retraite qui se change en déroute. Manœuvrer en retraite.* ◇ *Battre* (II, 1°) *en retraite.* V. **Décrocher, reculer.** *Fig.* Céder momentanément devant un adversaire, abandonner provisoirement certaines prétentions. **B** Action de se retirer de la vie active ou mondaine. ♦ 1° *Repos, solitude.* « *Je me sentais fait pour la retraite à la campagne* » (ROUSS.). *Retraite forcée.* ♦ 2° Période passée à l'écart de toute vie mondaine en vue de la recollection et de la préparation religieuse. *Faire, suivre une retraite.* ♦ 3° (XVIIIᵉ). État d'une personne qui s'est retirée d'une fonction, d'un emploi, et qui a droit à une pension. *Pension de retraite. Le passage de l'activité à la retraite. Prendre sa retraite. Officier, fonctionnaire en retraite, à la retraite.* V. **Retraité.** *Mise à la retraite,* décision qui met fin à l'activité d'un agent ayant l'ancienneté (d'âge ou de services), ou le taux d'invalidité requis par la loi pour l'allocation d'une pension. *Être mis à la retraite d'office. Retraite anticipée.* V. **Préretraite.** ◇ (1752) Pension assurée aux personnes admises à la retraite, et dont le capital est initialement constitué par des retenues sur le traitement ou la solde. *Il* « *a fait des démarches dans les bureaux du ministère de la Guerre pour obtenir, non les mille francs de pension promis,... mais la simple retraite à laquelle il avait droit* » (BALZ.). — *Par ext. Retraite des vieux travailleurs,* prestations garanties par la Sécurité sociale, au titre de l'assurance-vieillesse. *Régimes de retraite pour les non-salariés* (artisans, commerçants et industriels, professions libérales, professions agricoles). *Régime de retraites complémentaires* (en particulier la *retraite des cadres*). *Caisses de retraite.*

II. *Littér.* (XVIᵉ). Lieu où l'on se retire, pour échapper aux dangers, aux tracas ou aux mondanités. V. **Abri, asile, refuge.** « *Il n'avait songé qu'à une chose : posséder une retraite dont la porte s'ouvrirait, se refermerait pour lui seul, sur un lieu ignoré* » (COLETTE). ◇ Lieu où se retirent certains animaux. V. **Repaire.**

III. (Fait d'être retiré, rétréci). *Archit.* Diminution d'épaisseur d'un mur. *Ce mur fait retraite, a une retraite de vingt centimètres par étage.* — *En retraite* (vieilli), en retrait. « *Une figure en retraite, effacée, sans cils ni sourcils* » (GONCOURT). ◇ ANT. *Avance, invasion; activité, occupation.*

2. RETRAITE [ʀ(ə)ʀɛt]. *n. f.* (1723; de *re-*, et *traite*). *Comm.* Seconde lettre de change que le porteur non payé tire sur le tireur.

RETRAITÉ, ÉE [ʀ(ə)ʀɛte]. *adj.* et *n.* (1823; de *retraiter* [1723], « mettre à la retraite »; de *retraite*). Qui est à la retraite, touche une pension de retraite. V. **Pensionné.** *Des fonctionnaires retraités. Une retraitée.*

RETRAITEMENT [ʀətʀɛtmɑ̃]. *n. m.* (1973; « fait de revoir un texte », 1636 [d'un v. *retraiter* « revoir »)]; de *re-*, et *traitement*). *Techn.* Traitement (du combustible nucléaire) après son utilisation dans un réacteur, afin de s'en servir de nouveau. « *La Suède* [...] *ne construira pas d'usine de fabrication et de retraitement du combustible* [...] *elle s'en remettra aux usines françaises et anglaises* » (L'*Express,* 10-3-1975).

RETRAITER [ʀ(ə)ʀɛte]. *v. tr.* (v. 1970; de *re-*, et *traiter*). *Phys., techn.* Traiter à nouveau, opérer un deuxième traitement. V. **Retraitement.**

RETRANCHEMENT [ʀ(ə)ʀɑ̃ʃmɑ̃]. *n. m. (Retrenchement,* v. 1190; de *retrancher).*

I. *Vx.* Action de retrancher; suppression d'une partie. V. **Déduction, diminution, soustraction, suppression.** « *Le retranchement du bois superflu* » (BOSS.). *Le retranchement d'une scène, d'un chapitre. Le* « *retranchement de vos rentes* » (LA ROCHEF.). : leur diminution. ◇ *Mod. Dr.* Réduction des avantages matrimoniaux faits à un nouvel époux par une personne ayant des enfants légitimes d'un premier lit.

II. (Espace pris, « coupé », délimité dans un plus grand). ♦ 1° (1587). Enceinte, position utilisée pour couvrir, protéger les défenseurs (dans une place de guerre); obstacle naturel ou artificiel employé pour se protéger et résister. V. **Défense, fortification.** *Retranchements creusés* (tranchées). « *Les barricades sont des retranchements qui appartiennent au génie parisien* » (CHATEAUB.). ♦ 2° *Fig.* et *vx.* Moyen dont on use pour se protéger, se défendre. « *La chaise est un retranchement merveilleux contre les insultes de la boue* » (MOL.). *Loc. mod. Attaquer, forcer, pourchasser, poursuivre qqn dans ses (derniers) retranchements* : l'attaquer violemment, l'acculer. « *Durtal, poussé dans ses derniers retranchements, finit par acquiescer au désir de tous* » (HUYSMANS). ◇ ANT. *Addition.*

RETRANCHER [ʀ(ə)ʀɑ̃ʃe]. *v. tr.* (XIVᵉ; *retrenchier* « tailler de nouveau », v. 1130; de *re-*, et *trenchier, trancher*).

I. *Enlever d'un tout* (une partie, un élément); supprimer (un élément). V. **Couper, éliminer, enlever, ôter, soustraire.** ♦ 1° *(Concret).* Vx ou littér. *Retrancher les branches, les rameaux d'un arbre; retrancher avec la serpe.* V. **Couper, élaguer, tailler.** *Retrancher un membre, un organe malade.* V. **Amputer.** « *Les chirurgiens taillaient à même la chair pour retrancher tout ce qui était douteux* » (DUHAM.). ♦ 2° *Cour.* Enlever d'un texte. *Retrancher certains passages d'un texte, retrancher des fautes.* V. **Élaguer, enlever; biffer.** « *Ce n'était pas sans regret qu'il avait retranché des détails* » (DIDER.). ♦ 3° Soustraire (une partie) d'une quantité. V. **Décompter, déduire, défalquer.** *Ajouter et retrancher. Retrancher une somme sur un salaire.* V. **Prélever, rabattre, rogner.** ♦ 4° *Vieilli.* Enlever (qqch.) à qqn. « *Il m'a retranché net mes cent francs par mois* » (ZOLA). ◇ (Avec un compl. de personne) « *Les gens réellement vertueux, car il faut retrancher les hypocrites* » (BALZ.). — *Pronom.* (Vx) *Se retrancher de la société* : s'en exclure volontairement.

II. ♦ 1° *Vx.* Fortifier par des retranchements. *Retrancher un camp.* ◇ *Fig.* Protéger, séparer comme par un retranchement. « *Le rempart des journaux, de nouveau, le retranche du monde* » (COLETTE). ♦ 2° SE RETRANCHER. *v. pron.* Se fortifier, se protéger par des moyens de défense. *Se retrancher derrière des fortifications, sur une position.* — *Fig. Se retrancher dans (une attitude, un comportement)* : se mettre à l'abri, se protéger, s'enfermer dans. *Se retrancher dans un mutisme farouche. Se retrancher derrière l'autorité d'un chef, derrière un prétexte.* « *Je vis Lanie sortir de la grande réserve où petit à petit elle se retranchait* » (DUHAM.). ◇ ANT. *Additionner, ajouter, incorporer, insérer.*

RETRANSCRIPTION [ʀ(ə)ʀɑ̃skʀipsjɔ̃]. *n. f.* (XXᵉ; de *re-*, et *transcription). Dr.* Nouvelle transcription. *Retranscription d'un acte authentique par un notaire.*

RETRANSCRIRE [ʀ(ə)ʀɑ̃skʀiʀ]. *v. tr.*; conjug. *transcrire.* V. **Écrire** (1741; de *re-*, et *transcrire).* Transcrire de nouveau. V. **Recopier.**

RETRANSMETTEUR [ʀ(ə)ʀɑ̃smɛtœʀ]. *n. m.* (1932; de *retransmettre). Radio.* Appareil qui reçoit un signal et le retransmet plus loin. V. **Relais.**

RETRANSMETTRE [ʀ(ə)ʀɑ̃smɛtʀ(ə)]. *v. tr.*; conjug. *transmettre.* V. **Mettre** (1932; de *re-*, et *transmettre;* Cf. a. fr. *Retrametre* « envoyer en retour », 980). Transmettre de nouveau ou plus loin. *Radio.* Diffuser de nouveau ou plus loin, sur un autre réseau. *Retransmettre par relais.* V. **Relayer.**

RETRANSMISSION [ʀ(ə)ʀɑ̃smisjɔ̃]. *n. f.* (1934; de *retransmettre*). Nouvelle transmission. Diffusion nouvelle ou diffusion sur un autre réseau; l'émission ainsi diffusée.

RETRAVAILLER [ʀ(ə)ʀavaje]. *v.* (*Se retravailler* « faire de nouveaux efforts », 1175; de *re-*, et *travailler*). ♦ 1° *V. tr.* Travailler de nouveau. *Retravailler un discours, une question.* ◇ *Trans. indir. Retravailler à un ouvrage.* ♦ 2° *V. intr.* Reprendre un travail. *Il retravaille à l'usine, en septembre.*

RETRAVERSER [ʀ(ə)ʀavɛʀse]. *v. tr.* (1866; de *re-*, et *traverser*). Traverser de nouveau; traverser en revenant.

RETRAYANT. V. RETRAIT (II).

RÉTRÉCI, IE [ʀetʀesi]. *adj.* (*Restreci,* 1694; V. **Rétrécir**). ♦ 1° *Devenu plus étroit. Lainage rétréci.* — *Chemin rétréci, plus étroit.* V. **Resserré.** « *Un novembre lorrain, son ciel abaissé, son horizon rétréci* » (BARRÈS). ♦ 2° *Fig.* Borné, étriqué. « *Les intelligences rétrécies qui ne comprennent pas sa haute mission* » (BALZ.). ◇ ANT. *Ample, large.*

RÉTRÉCIR [ʀetʀesiʀ]. v. (*Restroicir*, h. *XIV*ᵉ; 1549; de *re-*, et *étrécir* [qu'il a presque éliminé]). I. *V. tr.* ♦ 1° Rendre plus étroit; diminuer la largeur, et par ext. la surface, le volume de. V. **Contracter, resserrer.** *L'opium rétrécit les pupilles. Rétrécir une jupe. Il « m'a rapporté une bague en aigue-marine que je luis avais donnée à rétrécir* » (BARBEY). ♦ 2° *Fig.* Diminuer l'ampleur, la portée, la capacité de. « *Les jésuites ont fait de l'éducation une machine à rétrécir les têtes et aplatir les esprits, selon l'expression de M. Michelet* » (RENAN). II. *V. intr.* Devenir plus étroit, et par ext. plus petit, plus court. *Ce tissu rétrécit au lavage, ne rétrécit pas* (est irrétrécissable). III. (1596). SE RÉTRÉCIR. *v. pron.* Devenir de plus en plus étroit. *Rue, couloir, passage qui se rétrécit, va en se rétrécissant.* V. **Resserrer** (se). « *La guerre nous enserre de tous les côtés. Le cercle se rétrécit* » (MART. du G.). ◇ *Fig.* Perdre son ampleur, sa portée. « *La conscience se rétrécit à mesure que les idées s'élargissent* » (BALZ.). ◇ ANT. **Élargir**; *allonger, dilater, étirer, gonfler.*

RÉTRÉCISSEMENT [ʀetʀesismɑ̃]. n. m. (*Restroicissement*, 1547; de *rétrécir*). ♦ 1° Le fait de se rétrécir, de devenir plus étroit. V. **Resserrement.** *Le rétrécissement progressif d'une rue. — Rétrécissement d'un lainage au lavage.* ♦ 2° Diminution permanente, normale ou pathologique, du calibre d'un conduit ou d'un orifice. V. **Sténose.** *Rétrécissement mitral* (des valvules mitrales du cœur). *Rétrécissement de l'œsophage* (à son passage à travers le diaphragme). « *Il avait longtemps souffert d'un rétrécissement de l'aorte* » (CAMUS). ◇ ANT. **Élargissement**, *évasement; agrandissement, amplification, développement.*

RETREINDRE [ʀətʀɛ̃dʀ(ə)] ou **RÉTREINDRE** [ʀetʀɛ̃dʀ(ə)]. v. tr.; conjug. *peindre* (1762; forme de *restreindre*). *Techn.* Modeler au marteau (une plaque de cuivre). — Diminuer par martelage (le diamètre d'un tube).

RETREINTE [ʀətʀɛ̃t] n. f. ou **RÉTREINT** [ʀetʀɛ̃]. n. m. (1839,-v. 1954; de *retreindre*, -*rétreindre*). *Techn.* Action de retreindre.

RETREMPE [ʀ(ə)tʀɑ̃p]. n. f. (v. 1870; de *retremper*). *Techn.* Nouvelle trempe. — *Fig.* Fait de se replonger dans (un milieu, une activité où l'on retrouve des forces). V. **Retremper** (se).

RETREMPER [ʀ(ə)tʀɑ̃pe]. v. tr. (1175; de *re-*, et *tremper*). ♦ 1° *Techn.* Donner une nouvelle trempe à. *Retremper de l'acier.* Fig. « *Tout ce qui retrempe une nation* » (STE-BEUVE). ♦ 2° *Fig.* RETREMPER À : redonner de la vigueur par. V. **Fortifier.** « *Au sacre du malheur il retrempe ses droits* » (HUGO). ♦ 3° Plonger de nouveau dans un liquide. *Retremper du linge.* ♦ 4° SE RETREMPER. *v. pron.* Se retremper de nouveau. *Se retremper dans l'eau.* — Fig. Se retremper à : reprendre de la vigueur, de l'énergie par. « *N'arrive-t-il pas tous les jours qu'un art quelconque se rajeunit en se retrempant à ses sources?* » (NERVAL). ◇ *Se retremper dans* : reprendre des forces; se replonger dans. *Se retremper dans le milieu familial.*

RÉTRIBUER [ʀetʀibɥe]. v. tr. (1370, « rendre, indemniser »; lat. *retribuere* « attribuer [*tribuere*] en retour »). ♦ 1° Donner qqch., de l'argent, en contrepartie de (un service, un travail). V. **Payer, rémunérer.** *Rétribuer un travail au mois, à la journée.* — Au p. p. *Travail bien, mal rétribué.* ♦ 2° (1835). *Rétribuer qqn* : le payer pour un travail. V. **Appointer, salarier.** *Rétribuer largement un employé.*

RÉTRIBUTION [ʀetʀibysjɔ̃]. n. f. (1120; lat. *retributio*, de *retribuere*). ♦ 1° Ce que l'on gagne par son travail; ce qui est donné en échange d'un service, d'un travail (en général, de l'argent). V. **Appointements, commission, émoluments, gages, honoraires, paiement, paye, rémunération, salaire, solde, traitement.** *Recevoir une rétribution : être payé.* « *De rétribution, il n'en acceptera aucune* » (LOTI). ♦ 2° Récompense (au sens moral). « *Le problème de la rétribution... avait toujours préoccupé l'esprit d'Israël... On avait pensé que la récompense de la bonne conduite devait être accordée par Dieu sur la terre* » (DANIEL-ROPS).

RETRIEVER [ʀetʀivœʀ]. n. m. (1858; mot angl., de *to retrieve* « rapporter »). Anglicisme. *Chasse.* Chien d'arrêt qui rapporte le gibier.

RÉTRO-. Élément, du lat. *retro* « en arrière ».

1. RÉTRO [ʀetʀo]. n. m. (1889; abrév. de *rétrograde**). *Billard.* Effet rétrograde. *Un beau rétro.*

2. RÉTRO [ʀetʀo]. adj. invar. et n. m. (v. 1974; abrév. de *rétrograde**). Qui marque un retour en arrière, reprend ou imite un style passé (le plus souvent de la première moitié du XXᵉ siècle). V. **Kit(s)ch.** *Mode rétro. Film rétro. Romancière rétro.* « [Le] *dernier album* ' rétro ' *qui vient de sortir : l'année 1968 en trente-trois tours* » (*Nouv. Obs.*, 9-6-1975). ◇ *Subst.* Retour au passé. *Encore le rétro!*

3. RÉTRO [ʀetʀo]. n. m. (1953; abrév. de *rétroviseur*). *Fam.* Rétroviseur. « *Guettant dans le rétro les gens et les*

voitures qui pouvaient déboucher du boulevard de Clichy » (A. SIMONIN).

RÉTROACTES [ʀetʀoakt]. n. m. pl. (d. i.; de *rétro-*, et *acte*. Cf. Rétroaction). [Belgique]. Antécédents. *Les rétroactes d'une affaire.*

RÉTROACTIF, IVE [ʀetʀoaktif, iv]. adj. (1534; du lat. *retroactus*, p. p. de *retroagere* « ramener en arrière », d'apr. *actif*). Qui exerce une action sur ce qui est antérieur, sur le passé. « *La loi ne dispose que pour l'avenir; elle n'a point d'effet rétroactif* » (CODE CIV.). « *L'amour a de curieux effets rétroactifs* » (R. ROLLAND).

RÉTROACTION [ʀetʀoaksjɔ̃]. n. f. (1762; du lat. *retroactus*, d'apr. *action*). ♦ 1° *Didact.* Effet rétroactif. *Modification par rétroaction.* ◇ *Cybern., biol.* Effet réactionnel (dit action en retour) engendré dans un organisme, un mécanisme, par son propre fonctionnement dont il assure le contrôle. V. **Autorégulation**, et *l'anglicisme* Feed-back; Cf. Réaction. *Rétroaction positive* (qui entretient, accélère un processus); *négative* (qui l'inhibe). ◇ *Écon., phys.* Influence d'un point sur un autre situé en amont, dans un processus. — Réaction d'un effet sur une cause. ♦ 2° *Littér.* Action en retour, réaction. « *Nos actes ont sur nous une rétroaction* » (GIDE).

RÉTROACTIVEMENT [ʀetʀoaktivmɑ̃]. adv. (1846; de *rétroactif*). D'une manière rétroactive. *Décision qui agit rétroactivement.*

RÉTROACTIVITÉ [ʀetʀoaktivite]. n. f. (1812; de *rétroactif*). Caractère rétroactif. *La rétroactivité d'une mesure. Principe de la non-rétroactivité des lois.*

RÉTROAGIR [ʀetʀoaʒiʀ]. v. intr. (1790; de *rétro-*, et *agir*, d'apr. lat. *retroagere*). *Littér.* Agir sur le passé, avoir un effet rétroactif.

RÉTROCÉDER [ʀetʀosede]. v.; conjug. *céder* (1611; « reculer », 1534; lat. médiév. *retrocedere* « reculer »). ♦ 1° *V. tr.* Céder à qqn (ce qu'on a reçu de lui). *Rétrocéder un droit, un don.* V. **Recéder, rendre.** — (1907) *Par ext.* Vendre à un tiers (ce qu'on vient d'acheter). V. **Revendre.** ♦ 2° *V. intr.* (1951). *Méd.* Subir une rétrocession, en parlant d'un processus pathologique.

RÉTROCESSION [ʀetʀosesjɔ̃]. n. f. (1640; « marche en arrière », 1550; lat. médiév. *retrocessio* « recul »). ♦ 1° Action de rétrocéder; cession faite à qqn de ce qu'on tient de lui. *Par ext.* Action de revendre à un tiers ce qu'on vient d'acheter. ♦ 2° *Méd.* (1845). Régression plus ou moins complète de manifestations pathologiques. *Rétrocession d'une inflammation, d'un exanthème, d'une tumeur.*

RÉTROCHARGEUSE [ʀetʀoʃaʀʒøz]. n. f. (1973; de *rétro-*, et *chargeuse*). *Tr. publ.* Chargeuse dont le godet peut être rempli à l'avant et déchargé à l'arrière, en passant par-dessus l'engin. (Recomm. offic. pour traduire *Back loader*).

RÉTROCROISEMENT [ʀetʀokʀwazmɑ̃]. n. m. (1970; de *rétro-*, et *croisement*). *Biol.* Croisement d'un hybride avec un de ses parents, ou avec un individu de même génotype qu'un de ses parents. (On dit aussi *Croisement en retour*).

RÉTROFLÉCHI, IE [ʀetʀofleʃi]. adj. (1839; de *rétro-*, et *fléchi*). Didact. (*Bot., méd.*). Dont la partie supérieure a subi une déviation vers l'arrière. *Utérus rétrofléchi.*

RÉTROFLEXE [ʀetʀoflɛks(ə)]. adj. (1875; « rétrofléchi », 1839; lat. *retroflexum*, p. p. de *retroflectere* « plier en arrière »). *Phonét.* [D'un phonème] Articulé avec la pointe de la langue retournée dirigée vers l'arrière de la bouche. *Voyelle, consonne rétroflexe.* — Subst. *Une rétroflexe.* V. **Cacuminal, cérébral.**

RÉTROFLEXION [ʀetʀoflɛksjɔ̃]. n. f. (1846; de *rétro-*, et *flexion*). *Méd.* Inclinaison vers l'arrière de la partie supérieure d'un organe, avec formation d'un angle de flexion. *Rétroflexion de l'utérus.*

RÉTROFUSÉE [ʀetʀofyze]. n. f. (v. 1960; de *rétro-*, et *fusée*). Fusée servant au freinage ou au recul. *Faire agir les rétrofusées d'un engin lunaire.* V. **Rétropropulsion.**

RÉTROGRADATION [ʀetʀogʀadasjɔ̃]. n. m. (1488; lat. *retrogradatio*). Le fait de rétrograder; mouvement rétrograde. ♦ 1° *Astron.* Mouvement rétrograde (des planètes, des points équinoxiaux). ♦ 2° *Littér.* (1550). Mouvement de recul. V. **Régression.** « *Les rétrogradations de l'humanité sont comme celles des planètes. Vues de la terre, ce sont des rétrogradations; mais absolument ce n'en sont pas* » (RENAN). ♦ 3° (1904). Mesure disciplinaire par laquelle une personne (sous-officier, fonctionnaire) doit reculer dans la hiérarchie. ◇ (En sports). Sanction consistant à faire reculer, au classement officiel, un concurrent qui en a gêné un autre. ◇ ANT. *Avance, avancement, progression.*

RÉTROGRADE [ʀetʀogʀad]. adj. (XIVᵉ; lat. *retrogradus*, rac. *gradi*; Cf. Grade, graduel). ♦ 1° Qui va en arrière. *Astron.* Se dit du mouvement apparent des planètes, qui a lieu vers l'ouest, en sens inverse du Soleil. Par ext. *Sens rétrograde* (opposé à *direct*). *Le sens rétrograde est le même que celui des aiguilles d'une montre.* ♦ 2° (XVᵉ). Qui va en sens inverse de son sens initial, qui revient vers son point de départ (V. **Rétrograder**). *Mouvement rétrograde.* ◇ Billard. *Effet rétrograde,* par lequel une bille revient en arrière après en avoir frappé une autre ; effet de recul. *Subst.* (1889) *Un rétro.* V. **Rétro 1.** ♦ **3°** *Fig.* (1636 ; en politique, fin XVIIIᵉ). Qui s'oppose au progrès, veut rétablir un état précédent. *Des mesures rétrogrades. Une politique rétrograde.* V. **Réactionnaire.** « *Des crises de contre-révolution, de réaction furieuse, de nationalisme exaspéré,... Une longue chaîne de violences rétrogrades* » (ROMAINS). *Idées rétrogrades ; esprit rétrograde :* arriéré. ◇ *Mode rétrograde.* V. **Rétro 2.** ♦ **4°** (XIVᵉ). *Rimes rétrogrades, phrases, vers rétrogrades,* qu'on peut lire en renversant l'ordre des mots ou des lettres. V. **Palindrome.** ♦ **5°** *Méd. Amnésie rétrograde,* qui concerne les faits antérieurs à un événement donné. ⊗ ANT. *Direct. Novateur, progressif, progressive.*

RÉTROGRADER [ʀetʀɔgʀade]. *v.* (1488 ; lat. *retrogradare.* V. **Rétrograde**).
I. *V. intr.* ♦ **1°** *Astron.* Avoir un mouvement apparent rétrograde. ♦ **2°** (1564). Aller, marcher vers l'arrière, vers son point de départ. V. **Reculer.** « *Au moment où Wellington rétrograda, Napoléon tressaillit* » (HUGO). ♦ **3°** Suivre un ordre inverse de l'ordre normal, logique ou chronologique (V. **Remonter**). « *Ces gens qui prennent le roman par la queue, et en lisent tout d'abord le dénouement, sauf à rétrograder ensuite jusqu'à la première page* » (GAUTIER). ♦ **4°** (1762). Aller contre le progrès ; perdre les acquisitions, les améliorations apportées par une évolution. V. **Régresser.** *Rétrograder dans la hiérarchie sociale.* V. **Déchoir, descendre.** *Si le gouvernement* « *défaille et n'est plus obéi,... l'organisation sociale rétrograde de plusieurs degrés* » (TAINE). ♦ **5°** *Néol.* Changer de vitesse, en augmentant la démultiplication. *Rétrograder de troisième en deuxième. Rétrograder avant de doubler.*
II. *V. tr.* Faire subir une rétrogradation (3°) à. *Rétrograder un sous-officier. Il a été rétrogradé.*
⊗ ANT. *Progresser.*

RÉTROGRESSION [ʀetʀɔgʀesjɔ̃]. *n. f.* (1842 ; de *rétro-,* et lat. *gressus,* d'apr. *progression*). *Didact.* Mouvement, marche en arrière. V. **Recul, rétrogradation.** ⊗ ANT. *Progression.*

RÉTROPÉDALAGE [ʀetʀɔpedalaʒ]. *n. m.* (1907 ; de *rétro-,* et *pédalage*). *Techn.* Action de pédaler à l'envers.

RÉTROPOSITION [ʀetʀɔpozisjɔ̃]. *n. f.* (1907 ; de *rétro-,* et *position*). *Didact.* Position (d'un organe) en arrière de la position normale. *Rétroposition de l'utérus.* Cf. **Rétrodéviation.** (S'oppose à *Antéposition*).

RÉTROPROJECTEUR [ʀetʀɔpʀɔʒɛktœʀ]. *n. m.* (1973 ; de *rétro-,* et *projecteur*). *Techn.* Projecteur* destiné à reproduire l'image sur un écran placé derrière l'opérateur.

RÉTROPROPULSION [ʀetʀɔpʀɔpylsjɔ̃]. *n. f.* (1964 ; de *rétro-,* et *propulsion*). *Techn.* Freinage (d'un engin spatial) par fusées. Cf. **Rétrofusée.**

RÉTROSPECTIF, IVE [ʀetʀɔspɛktif, iv]. *adj. et n. m.* (1779 ; de *rétro-,* et du rad. *spect-,* lat. *spectare ;* Cf. **Respectif, perspective**). ♦ **1°** Qui regarde en arrière, dans le temps ; qui concerne le passé. *Étude rétrospective ; examen rétrospectif. Des* « *évocations rétrospectives* » (BOURGET). ♦ **2°** Se dit d'un sentiment actuel qui s'applique à des faits passés. *Jalousie, peur rétrospective.* « *La peur de ce qui s'était passé, une panique rétrospective qui l'étranglait* » (ARAGON). ♦ **3°** *Subst. m.* (1973). *Télév., cin.* Retour* en arrière. Cf. **Flash-back.** ⊗ ANT. *Avant-coureur, prospectif. Préalable.*

RÉTROSPECTION [ʀetʀɔspɛksjɔ̃]. *n. f.* (1854 ; de *rétrospectif*). *Didact. et rare.* Action de remonter du présent au passé, de considérer une suite d'événements « *dans le sens régressif des antécédents scientifiques, ou des causes efficientes, ou des moyens pratiques* » (BLONDEL). ⊗ ANT. *Prospective.*

RÉTROSPECTIVE [ʀetʀɔspɛktiv]. *n. f.* (mil. XXᵉ ; de *rétrospectif*). ♦ **1°** Exposition présentant l'ensemble des œuvres d'un auteur, d'une école, depuis ses débuts. — Présentation des films d'un réalisateur, d'un acteur célèbre. ♦ **2°** [Canada] *Flash-back*.* V. **Retour** (en arrière), **rétrospectif.**

RÉTROSPECTIVEMENT [ʀetʀɔspɛktivmɑ̃]. *adv.* (1846 ; de *rétrospectif*). En regardant vers le passé. ◇ En s'appliquant à des faits passés ; après coup. *Il a eu peur rétrospectivement.*

RETROUSSAGE [ʀ(ə)tʀusaʒ]. *n. m.* (1846 ; de *retrousser*). Quatrième labour donné à une vigne. — (1907) Procédé d'impression (en gravure).

RETROUSSÉ, ÉE [ʀ(ə)tʀuse]. *adj.* (1561 ; V. **Retrousser**). ♦ **1°** Qui est remonté, relevé. *Jupes retroussées. Manches retroussées.* Par méton. « *Le bon ouvrier qui, les bras retroussés...* » (FLAUB.). ♦ **2°** *Nez retroussé,* court et au bout relevé.

RETROUSSEMENT [ʀ(ə)tʀusmɑ̃]. *n. m.* (1546 ; de *retrousser*). Action de retrousser, de se retrousser ; son

résultat. *Elle avait* « *un retroussement d'une seule narine* » (GONCOURT).

RETROUSSER [ʀ(ə)tʀuse]. *v. tr.* (1530 ; *soi retrosser* « se charger de nouveau de », 1211 ; de *re-,* et *trousser*). ♦ **1°** Ramener l'extrémité, replier vers le haut et vers l'extérieur. V. **Relever.** *Retrousser sa jupe, sa robe pour marcher dans l'eau.* « *Le renard retroussa ses babines et montra les dents* » (GIONO). *Retrousser ses manches ; fig.,* s'apprêter à travailler. ♦ **2°** SE RETROUSSER. *v. pron.* (1636). Se relever vers l'extérieur. V. **Rebiquer.** ◇ *(Personnes)* Relever ses vêtements (jupe, pantalon...). « *J'ai dû me retrousser presque jusqu'aux genoux ; Tout le bord de ma robe était mouillé d'écume* » (SAMAIN). ⊗ ANT. *Baisser, rabattre.*

RETROUSSIS [ʀ(ə)tʀusi]. *n. m.* (1680 ; de *retrousser*). ♦ **1°** Partie d'un vêtement retroussée de façon permanente. — *Anciennt. Uniforme bleu à retroussis jaune.* V. **Parement.** ◇ Revers de botte. « *Des bottines à retroussis jaunes* » (NERVAL). ♦ **2°** Partie retroussée. « *Ses cheveux, trop longs, relevaient du bout, formant sur la nuque un retroussis plumeux, pareil au croupion des canards* » (MART. DU G.).

RETROUVABLE [ʀ(ə)tʀuvabl(ə)]. *adj.* (1923 ; de *retrouver*). Qui peut être retrouvé. *Un classeur où les dossiers sont aisément retrouvables.* ⊗ ANT. *Introuvable.*

RETROUVAILLE [ʀ(ə)tʀuvɑj]. *n. f.* (1798, au sing. ; de *retrouver*). ♦ **1°** *Rare.* Action de retrouver ce dont on était séparé, ce qu'on avait perdu. ♦ **2°** *Fam.* (Au plur.). *Les retrouvailles* (de personnes qui se retrouvent). *J'assistai à leurs touchantes retrouvailles.* « *Ça alors ! Tout de même, le monde est petit !... Ces retrouvailles n'ont-elles pas un côté miraculeux ?* » (DUTOURD). — *Par ext.* Rétablissement de relations interrompues, entre groupes sociaux. *Retrouvailles de deux pays, après une crise.*

RETROUVE [ʀətʀuv]. *n. f.* (1972 ; de *retrouver,* d'apr. l'amér. *retrieval*). *Doc., inform.* Action de rechercher et d'extraire une donnée ou un document.

RETROUVER [ʀ(ə)tʀuve]. *v. tr.* (XIIᵉ ; de *re-,* et *trouver*).
I. ⒜ Trouver de nouveau. ♦ **1°** Voir se présenter de nouveau. *C'est une occasion que tu ne retrouveras jamais. Il n'a pu retrouver la même qualité de tissu.* ♦ **2°** Découvrir de nouveau (ce qui a été découvert, puis oublié). *Retrouver un secret de fabrication. Ce treillageur* « *retrouvant et refaçonnant les architectures aériennes du dix-huitième siècle* » (GONCOURT). ♦ **3°** Trouver de nouveau (quelque part, dans un état). *Gare à vous si je vous retrouve ici, à rôder par ici.* ♦ **4°** Trouver quelque part (ce qui existe déjà ailleurs). *On retrouve chez le fils l'expression, le sourire du père.* V. **Reconnaître.** « *Un être étranger à nous,... en qui nous ne retrouvons rien de notre famille et de nos habitudes* » (CHARDONNE). ⒝ ♦ **1°** Trouver (ce qu'on a perdu). ◇ (Un être vivant qui s'est échappé, une personne qui est partie) *Retrouver le coupable.* — (Avec l'attribut) *Nous le retrouvons vivant.* — Loc. prov. *Un(e) de perdu(e), dix de retrouvé(e)s,* se dit plaisamment pour consoler qqn de la perte d'un amoureux, d'une amoureuse. ◇ (Une chose) *Retrouver une voiture volée.* V. **Récupérer.** « *Elle n'avait besoin de personne pour retrouver son chemin* » (SAND). — *Spécialt.* Trouver, rappeler (un souvenir). *Je ne peux retrouver son nom.* « *Le Temps retrouvé* », de Proust. ◇ Loc. prov. *Une chienne n'y retrouverait pas ses petits ; une poule n'y retrouverait pas ses poussins,* se dit d'un endroit en désordre. ♦ **2°** Trouver (une chose que l'on considérait comme perdue, à cause de son ancienneté, de la difficulté de la recherche). *Des peintures comme on en retrouve à Pompéi.* « *On retrouva, du côté de Dieppe, des débris de la Jeune-Amélie, sa barque* » (MAUPASS.). ♦ **3°** Avoir de nouveau (une qualité, un état perdu). V. **Recouvrer.** *Retrouver joie et santé. Retrouver le sommeil.* « *N'ai-je pas retrouvé une force de travail au delà de mon espérance ?* » (B. CONSTANT). « *Mᴵᴵᵉ Mars me fait retrouver mon cœur, que je croyais mort* » (STENDHAL). ♦ **4°** Être de nouveau en présence de (qqn dont on était séparé). *Retrouver qqn quelque part.* V. **Revoir.** « *Je viens vous retrouver dans un quart d'heure* » (MOL.). V. **Rejoindre.** — *Fam.* (En manière de menace) *On se retrouvera !* je prendrai ma revanche. ◇ *(Avec un attribut d'objet)* Revoir sous tel aspect. *Elle le retrouva grandi, un peu vieilli.* « *Il me retrouvera comme il m'avait laissée Avec la même robe et la même pensée* » (GIDE).
II. SE RETROUVER. *v. pron.* ⒜ *(Récipr.)* Être de nouveau en présence l'un de l'autre. « *On ne peut supporter son absence qu'en se la promettant courte, en pensant au jour où on se retrouvera* » (PROUST). *En se retrouvant, ils furent déçus. Un club où l'on se retrouve entre gens du même monde. Tiens ! comme on se retrouve !* formule employée lors d'une rencontre inattendue. ⒝ *(Réfl.)* ♦ **1°** Retrouver son chemin après s'être perdu. « *Et Phèdre... Se serait avec vous retrouvée ou perdue* » (RAC.). *Il fait si noir qu'on ne s'y retrouve plus.* Fig. *Se retrouver dans ; s'y retrouver :* retrouver où l'on en est, s'y reconnaître. *Se retrouver dans ses comptes.* « *Une facilité remarquable à se retrouver dans les abstractions de la philosophie transcendante* » (HENRIOT). ◇ *Fam. S'y retrouver,* rentrer dans ses débours ; *par ext.* Faire un bénéfice, tirer

profit, avantage. *Le patron a des frais, mais il s'y retrouve.*
♦ 2° *Littér.* Rentrer en possession de soi-même, de ses
moyens. « *Il était temps qu'il s'occupe un peu de lui. Et pour
ça, il avait besoin d'être seul et d'être libre. Ce n'est pas facile
de se retrouver au bout de quatre ans* » (BEAUVOIR). ♦ 3° Être
de nouveau (dans un lieu qu'on a quitté). *L'idée de se retrouver
dans cette chambre l'attristait. Il se retrouva sur le trottoir.*
« *Ils avaient marché pendant deux heures pour se retrouver
au point de départ* » (SAND). ◇ Être de nouveau (dans un
état, une situation qui avait cessé). *Se retrouver devant
les mêmes difficultés.* « *Je me retrouve dans mon élément ;
j'ai repris toute mon existence* » (LACLOS). *Il perdit sa femme
et se retrouva seul.* **Ɠ** *(Pass.).* ♦ 1° Être trouvé une seconde
fois. « *Elle se disait que jamais pareilles circonstances ne se
retrouveraient* » (MONTHERLANT). *La prochaine fois, si ça se
retrouve :* si cela se représente. ♦ 2° Se trouver aussi ; exister
ailleurs. *Le même caractère se retrouve dans plusieurs langues.*
♦ 3° Se trouver (partout, toujours). « *Aveux humiliants,
refus humiliants..., ces mots se retrouvent à chaque instant
sous leur plume* » (P. MORAND).
  ◇ ANT. Égarer, oublier, perdre ; dérouter.
  RÉTROVERSION [ʀetʀɔvɛʀsjɔ̃]. *n. f.* (1783 ; de *rétro-*,
et lat. *vertere* « tourner »). *Méd.* Inclinaison en arrière, sans
flexion, d'un organe selon son axe vertical. V. **Déplacement**,
rétrodéviation. *Rétroversion de l'utérus* (utérus rétroversé ;
1861). ◇ ANT. Antéversion.
  RÉTROVISEUR [ʀetʀɔvizœʀ]. *n. m.* (1920 ; de *rétro-*,
et mot. *visere*, d'apr. *viseur*). Appareil formé d'un petit
miroir tourné vers l'arrière, et qui permet au conducteur de
voir derrière lui sans avoir à se retourner. *Rétroviseurs extérieurs* (d'un camion, etc.). « *Boris jeta un coup d'œil vers le
chauffeur et vit qu'il les regardait dans le rétroviseur* » (SARTRE).
Abrév. pop. **RÉTRO** [ʀetʀo].
  RETS [ʀɛ]. *n. m.* (1538 ; *rei, raiz, reis,* 1120 ; lat. *retis*
[class. *rete,* neutre]). ♦ 1° *Vx.* Ouvrage en réseau, pour
capturer du gibier, des poissons. V. **Filet.** « *Ce lion fut pris
dans les rets* » (LA FONT.). ♦ 2° Fig. et littér. *Tendre des
rets, prendre qqn dans des rets.* V. **Embûche, piège.** « *Faible,
chimérique, attardé dans les rets d'une interminable et douce
adolescence* » (COLETTE). ◇ HOM. Rai, raie.
  RETUBER [ʀatybe]. *v. tr.* (1922 ; de *re-,* et *tuber*). *Techn.*
Remplacer les tubes, la tubulure de (une chaudière, etc.).
Faire l'opération de RETUBAGE [ʀ(ə)tybaʒ], *n. m.*
  RÉUNI, IE [ʀeyni]. *adj.* (1688 ; V. **Réunir,** I, 2°). Qui a
été, qui s'est réuni ; uni, rassemblé. *Éléments réunis.* « *Les
Allemands sont plus forts que nous et les Anglais réunis* »
(ARAGON). — (Dans des noms commerciaux) *Les Chargeurs
Réunis, les Magasins Réunis.*
  RÉUNIFICATION [ʀeynifikɑsjɔ̃]. *n. f.* (mil. XXᵉ ; de
réunifier). Action de réunifier*; son résultat. *Le problème
de la réunification de l'Allemagne.* « *M. Mitterrand mise
sur une réunification de la gauche, dans un délai relativement
court* » (*Le Figaro,* 21-12-1966).
  RÉUNIFIER [ʀeynifje]. *v. tr.* (mil. XXᵉ : de *ré-,* et *unifier*).
Rétablir l'unité d'un pays divisé, d'une entité sociale ou
politique désunie). « *Cette étude estime que le Vietnam devra
être réunifié* [...] *hors de toute alliance militaire* » (*Le Monde,*
9-4-1966).
  RÉUNION [ʀeynjɔ̃]. *n. f.* (1468 ; de *réunir,* d'apr. *union*).
  I. *(Choses).* ♦ 1° Le fait de réunir (un fief, une province
à un État). V. **Adjonction, annexion, incorporation, rattachement.** — *Île de la Réunion,* nom donné à l'île Bourbon
lorsqu'elle fut annexée à la couronne de France. ♦ 2° (XVIᵉ).
Le fait de rapprocher, de remettre ensemble (des choses
séparées, disjointes, et *par ext.* [XVIIIᵉ] des choses éparses,
qui n'étaient pas ensemble auparavant). V. **Assemblage,
groupement, jonction, rapprochement, rassemblement.** *Réunion
d'éléments nombreux* (V. **Accumulation, agglomération, agrégation, entassement**), *hétéroclites* (V. **Mélange**). *Réunion en
un tout cohérent, homogène* (V. **Combinaison, conjonction,
synthèse, union**). *Réunion d'une chose à une autre.* ◇ *Fait,
manière d'être réuni ; alliance, lien* (entre des éléments). « *Il se
trouve une analogie et une réunion intime entre les couleurs,
les sons et les parfums* » (BAUDEL.). ♦ 3° *Rare.* Pluralité
(de choses considérées ou mises ensemble). V. **Ensemble,
groupe, tas.** *Réunion de faits, de documents* (recueil), *d'objets
du même genre* (collection). ♦ 4° (*Math.*). *Réunion de deux
ensembles* (notée U), ensemble de tous les éléments appartenant au moins à l'un des deux.
  II. *(Personnes).* ♦ 1° (1587). *Vx.* Réconciliation. ♦ 2° *Mod.*
Le fait de se retrouver, et *par ext.* de se trouver ensemble ;
groupe de personnes réunies. *La réunion des hommes en
groupes sociaux* (V. **Communauté, société**). « *Ce jour était,
pour tous ceux qui gémissaient d'être séparés, celui de la grande
réunion* » (CAMUS). ♦ 3° (1789). *Cour.* Les personnes qui
sont venues en un même lieu pour être ensemble (pour participer à une activité commune ou collective) ; acte par lequel
elles se rassemblent ; durée, circonstances de leur rencontre.
V. **Assemblée.** *Organiser une réunion. Assister, participer à

une réunion. — *Réunion d'un groupe organisé, d'un corps
constitué.* V. **Assemblée, cénacle, colloque, comité, commission,
compagnie, concile, conférence, congrégation, séance** (de travail), **synode.** *Réunion générale, plénière*.* V. **Plénum.** *Salle
réservée aux réunions. Réunion sportive, d'athlétisme.* ◇ *Dr.*
Groupement momentané (à la différence d'*Association*) de
personnes, hors de la voie publique. *Réunions privées,* sur
invitations nominatives. *Réunions publiques,* où tout le monde
peut se rendre. *Réunion électorale,* où l'on choisit, où l'on
présente des candidats. *Réunion politique, syndicale.*
  ◇ ANT. Désunion, dispersion, dissociation, division, éparpillement, fractionnement, partage, séparation. Intersection (math.).
  RÉUNIR [ʀeyniʀ]. *v. tr.* (fin XVᵉ ; *reaunir,* 1400 ; de *ré-,*
et *unir*).
  I. *(Choses).* ♦ 1° *Rare.* Remettre ensemble (des choses
séparées). V. **Rassembler, relier.** *Réunir les morceaux en
collant, cousant, etc.* ♦ 2° (1663). *Cour.* Mettre ensemble
(plusieurs choses) pour former un tout ; joindre ou rapprocher suffisamment pour unir. V. **Assembler, combiner, grouper, rassembler, unir.** *Réunir par un lien.* V. **Attacher.** *Il compta
« une dizaine de billets de mille francs... les réunit par une
épingle* » (MAC ORLAN). « *Mélanie met sa toilette la plus
pimpante, réunissant sur sa personne tous ses bijoux* » (GON-
COURT). *Réunir une chose à une autre* (V. **Adjoindre, ajouter**).
Spécialt. ◇ *Réunir une province à un État.* V. **Annexer, incorporer.** ◇ Rapprocher par l'esprit (des éléments abstraits). V.
Rassembler. *Réunir des renseignements, des faits, des preuves.
Réunir plusieurs influences dans une œuvre.* ♦ 3° Avoir ou
comporter (plusieurs éléments d'origines diverses et parfois
opposés). V. **Concilier, confondre, cumuler, grouper.** « *Gœthe,
comme tous les hommes de génie, réunit en lui d'étonnants
contrastes* » (STAËL). « *Une fille réunissant toutes les distinctions de la noblesse, de la richesse, de la beauté, de l'esprit et du
caractère* » (BALZ.).
  II. *(Personnes).* ♦ 1° *Vx* ou littér. Réconcilier. « *Nos
ennemis communs devraient nous réunir* » (RAC.). ♦ 2° *Cour.*
Mettre ensemble, faire communiquer. V. **Associer, rassembler.** *Réunir des amis* (V. **Inviter**). « *Byron voulut réunir à
Newstead ce petit groupe de Cambridge* » (MAUROIS). —
(Sujet de chose) *Le travail qui nous réunissait.*
  III. SE RÉUNIR. *v. pron.* (XVIᵉ-XVIIᵉ, « embrasser la même
opinion, se réunir »). ♦ 1° — (Choses) *Chemins, cours d'eau
qui se réunissent en un point.* V. **Confluer.** « *Ses cheveux...
se réunissaient en une petite queue de rat* » (BALZ.). — Fig.
« *Dieu, où viennent se réunir les idées de l'infini* » (CHATEAUB.).
V. **Joindre** (se) ; **fondre** (se). — (Groupes sociaux) *Les provinces, les États qui se réunissent en une fédération. Sociétés,
organismes qui se réunissent en une association.* V. **Associer**
(s'), **fusionner.** ♦ 2° *(Personnes).* Faire en sorte d'être
ensemble. *Prendre rendez-vous pour se réunir. Se réunir entre
amis, avec des amis.* V. **Rencontrer** (se), **retrouver** (se). —
Absolt. *L'assemblée commençait à se réunir :* à tenir séance.
  ◇ ANT. Couper, désunir, détacher, disjoindre, disperser,
dissocier, diviser, éparpiller, fractionner, fragmenter, partager,
séparer, soustraire ; abstraire, analyser. — Brouiller, désunir.
  RÉUNISSAGE [ʀeynisaʒ]. *n. m.* (1870 ; de *réunir*). *Techn.*
Opération de filature, qui réunit plusieurs des fils.
  RÉUNISSEUSE [ʀeynisøz]. *n. f.* (1870 ; de *réunir*). *Techn.*
Machine qui réunit les fils de laine ou de coton pour les
mettre en bobine.
  RÉUSSI, IE [ʀeysi]. *adj.* (1569 ; V. **Réussir**). ♦ 1° Qui a
été (plus ou moins bien) fait, effectué, accompli. *Des repas
mal réussis.* ♦ 2° Exécuté avec bonheur, succès. *Une œuvre
réussie.* V. **Heureux, venu** (bien venu). *Photo tout à fait réussie.
Une soirée réussie, un spectacle réussi :* excellent, qui a du
succès. ♦ 3° *Fam.* (souvent *iron.*). Remarquable dans son
genre. ◇ ANT. Manqué, mauvais.
  RÉUSSIR [ʀeysiʀ]. *v.* (XVIIᵉ ; *reuscir* « résulter », v. 1550 ;
it. *riuscire* « ressortir », de *uscire* « sortir » ; Cf. Issue).
  I. *V. intr.* **Ⓐ** ♦ 1° *(Choses).* RÉUSSIR (BIEN, MAL) : avoir
telle issue. ◇ ◇ à un résultat (bon ou mauvais). *Entreprise,
projet qui réussit bien, mal.* V. **Tourner.** ♦ 2° *Absolt.* et *cour.*
Avoir une heureuse issue, un bon résultat. *Faire réussir un
dessein, une entreprise, un projet.* V. **Accomplir** (s'), **réaliser**
(se). *Son affaire réussit.* V. **Prospérer.** *Cette pièce, ce film a
réussi.* V. **Plaire.** « *Pour faire réussir une idée, il faut ne mettre
en avant qu'elle seule* » (GIDE). ◇ *Réussir à* (*qqn*) : avoir
(pour lui) d'heureux résultats. *Tout lui réussit.* « *Ayant tout
essayé, rien ne lui réussit* » (VIGNY). **Ⓑ** *(Personnes).*
1° RÉUSSIR (BIEN, MAL) : obtenir tel résultat ; se tirer (plus
ou moins bien) d'une situation. *Les hommes entreprenants
réussissent mieux que les autres.* ♦ 2° *Absolt.* Obtenir un
bon résultat, atteindre ce qu'on cherchait. V. **Arriver, parvenir ; réussite.** « *Rien n'est humiliant comme de voir les sots
réussir dans les entreprises où l'on échoue* » (FLAUB.). « *Une
nation n'a de goût que dans les choses où elle réussit* » (DELA-
CROIX). *Il n'est pas nécessaire... « de réussir pour persévérer* »
(V. **Entreprendre**). « *Je réussirai! Le mot du joueur, du grand*

capitaine, mot fataliste qui perd plus d'hommes qu'il n'en sauve » (BALZ.). ◇ RÉUSSIR À (et inf.). V. **Arriver, parvenir.** *Il n'a pas réussi à me convaincre.* ◇ *Spécialt.* Avoir du succès (dans un milieu social, une profession), faire carrière. V. **Briller.** *C'est un jeune écrivain qui commence à réussir.* V. **Percer.** « *On doit réussir* (aux États-Unis) *parce que la réussite prouve les vertus morales et l'intelligence* » (SARTRE). — Être reçu à un examen (*opposé à* échouer, être collé [*fam.*], recalé). II. *V. tr.* (Déb. XIXᵉ : « *Il y a lieu de craindre que ce solécisme ne gagne du terrain, et qu'on ne dise avant peu,* réussir *un projet,* réussir *une entreprise* » [NODIER]). Exécuter, faire avec bonheur, avec succès. *Réussir une affaire, une entreprise.* V. **Achever, mener** (à bien). *Réussir un travail. Réussir un but* (V. **Marquer**), *un essai* (sports). *Réussir un plat, un dîner. Réussir son coup, son effet.*

◇ ANT. Échouer, manquer, rater.

RÉUSSITE [ʀeysit]. *n. f.* (1622; it. *riuscita,* de *riuscire*). V. **Réussir**).

I. ♦ 1° RÉUSSITE DE QQCH. : bon résultat. V. **Gain, succès, triomphe, victoire.** *Réussite d'une tentative, d'une entreprise.* — *C'est une réussite :* une chose réussie. ♦ 2° RÉUSSITE DE QQN : le fait de réussir ou d'avoir réussi. V. *aussi* **Démarrage, départ**). « *Elle avait conscience que sa réussite était bien son œuvre* » (MART. du G.). *Réussite sociale. Recherche de la réussite professionnelle.* V. **Carriérisme.** *Réussite dans toutes les entreprises.* V. **Bonheur.** *Réussite brillante, éclatante, remarquable, méritée.* « *Tant il est peu de réussites faciles, et d'échecs définitifs* » (PROUST). — (ANT. **Désastre, échec, insuccès**).

II. (1842). Combinaison de cartes soumise à des règles définies. V. **Patience.** *Faire une réussite. Elle* « *reprenait un travail de tarots et de réussites* » (COLETTE).

REVACCINER [ʀ(ə)vaksine]. *v. tr.* (1834; de *re-,* et *vacciner*). Vacciner de nouveau. — (Opération de la REVACCINATION [ʀ(ə)vaksinɑsjɔ̃] *n. f.,* 1834).

REVALOIR [ʀ(ə)valwaʀ]. *v. tr.;* conjug. *valoir;* rare sauf inf. et futur, condit. (1175, « valoir en retour », puis « récompenser »; de *re-,* et *valoir*). (XIVᵉ) Rendre la pareille, la réciproque à qqn, en bien (récompenser, remercier) ou en mal (se venger). « *Ça me fait plaisir de vous rendre service. Et puis, vous êtes journaliste, vous me revaudrez ça un jour ou l'autre* » (CAMUS). *Je vous le revaudrai.*

REVALORISATION [ʀ(ə)valɔʀizɑsjɔ̃]. *n. f.* (1923; de *revaloriser*). Relèvement de la valeur. *Revalorisation de la monnaie, d'un produit.* ◇ ANT. Dépréciation, dévalorisation.

REVALORISER [ʀ(ə)valɔʀize]. *v. tr.* (1925; de *re-,* et *valoriser*). Rendre sa valeur, donner une valeur plus grande à. « *Il existe trois moyens de revaloriser une production... l'accroître en quantité; ... l'améliorer en qualité, et... stabiliser ses prix de vente* » (CAMUS). ◇ ANT. Avilir, déprécier, dévaluer.

REVANCHARD, ARDE [ʀ(ə)vɑ̃ʃaʀ, aʀd(ə)]. *adj. et n.* (fin XIXᵉ; de *revanche*). Péj. Qui cherche à se venger, à prendre une revanche, (surtout une revanche militaire, après une défaite). *Politique revancharde. Pays revanchard.* — N. *Les revanchards.* Cf. Revanchiste.

REVANCHE [ʀ(ə)vɑ̃ʃ]. *n. f.* (1525; *revange* « action de secourir qqn », 1358; de l'a. fr. *revancher,* de *vencher,* var. de *venger*). ♦ 1° Le fait de reprendre l'avantage (sur qqn) après avoir eu le dessous. V. **Vengeance, vindicte.** *Prendre sa revanche, une éclatante revanche sur qqn :* se revancher. ◇ *Spécialt. (Au jeu, en sports)* Partie jouée pour donner au perdant une chance de revanche. *Refuser de donner sa revanche à l'adversaire* (Cf. Faire charlemagne*). *La première manche, la revanche et la belle.* ◇ Loc. À CHARGE DE REVANCHE : à condition qu'on rendra la pareille (V. **Réciproque**; *réciprocité*). « *Il y en avait même qui l'admiraient d'avance, à charge de revanche* » (R. ROLLAND). ♦ 2° Fig. (*Choses*). Ce qui constitue une compensation. « *Le rêve est souvent la revanche des choses qu'on méprise* » (FRANCE). ♦ 3° Loc. adv. EN REVANCHE : en retour, et *par ext.* au contraire, inversement (V. **Contre** [par contre], contrepartie [en], mais). « *Presque jamais d'arbres, au Maroc; mais en revanche, toujours ces grandes lignes tranquilles* » (LOTI).

REVANCHER (SE) [ʀ(ə)vɑ̃ʃe]. *v. pron.* (1265; *soi revengier,* XIIᵉ; de *re-,* et *vengier, venchier.* V. **Venger**). Vx ou littér. Prendre sa revanche, rendre la pareille, reprendre le dessus. *Vulvain* « *aurait à se revancher d'une mère qui l'avait créé aussi laid* » (HENRIOT).

REVANCHISME [ʀəvɑ̃ʃism(ə)]. *n. m.* (mil. XXᵉ; de *revanche*). Polit. Attitude politique inspirée par l'esprit de revanche (après une défaite). *Foyer de revanchisme.* — (Partisan du revanchisme : REVANCHISTE [ʀəvɑ̃ʃist(ə)] *n*). Cf. Revanchard.

REVASCULARISATION [ʀəvaskylaʀizɑsjɔ̃]. *n. f.* (mil. XXᵉ; de *re-,* et *vascularisation*). Chir. Intervention visant à rétablir la circulation sanguine dans un organe insuffisamment irrigué. (Cf. Ischémie).

RÊVASSER [ʀevase]. *v. intr.* (1490; de *rêver,* et suff. péj. *-asser*). Penser vaguement à des sujets imprécis, chan-

geants, s'abandonner à une rêverie. « *Souvent aussi nous nous promenions seuls, car nous aimions tous deux à rêvasser* » (CHATEAUB.).

RÊVASSERIE [ʀevasʀi]. *n. f.* (1533; de *rêvasser*). Le fait de rêvasser; rêverie vague et confuse. « *Nous menons une vie de fainéantise et de rêvasserie* » (FLAUB.). ◇ Idée chimérique et vaine. V. **Chimère, utopie.**

RÊVASSEUR, EUSE [ʀevasœʀ, øz]. *n. et adj.* (1736; de *rêvasser*). Personne qui rêvasse, s'abandonne à des rêveries. V. **Rêveur.** « *La promenade d'un rêvasseur dans un bois* » (CHATEAUB.). — Adj. « *Un genre rêvasseur* » (CÉLINE).

RÊVE [ʀɛv]. *n. m.* (1674, rare av. XIXᵉ; de *rêver*). ♦ 1° Suite de phénomènes psychiques se produisant pendant le sommeil (images, représentations; activité automatique excluant généralement la volonté); ces phénomènes. *Relatif aux rêves.* V. **Onirique.** « *Le rêve est une hypothèse, puisque nous ne le connaissons jamais que par le souvenir* » (VALÉRY). — *Rêve agréable. Bonne nuit, faites de beaux rêves!* (formule de souhait). *Mauvais rêve, rêve désagréable. Rêve anxieux.* V. **Cauchemar.** — Loc. *S'évanouir, disparaître comme un rêve :* sans laisser de trace. ◇ *Absolt.* LE RÊVE : l'activité psychique pendant le sommeil. « *Le rêve est l'aquarium de la nuit* » (HUGO). « *Le rêve est une seconde vie* » (NERVAL). « *Le rêve est non pas la pensée du sommeil, mais la pensée du réveil* » (GOBLOT). *Théorie freudienne du rêve* (V. **Psychanalyse**). « *Les deux formules de Freud :* « *Le rêve est le gardien du sommeil,* » *et* « *le rêve est la réalisation d'un désir* » (LAGACHE). *Physiologie du rêve. Rêve et hallucination, et somnambulisme.* ◇ Loc. *En rêve :* au cours d'un rêve, en rêvant. *Voir, entendre en rêve.* ♦ 2° (XVIIIᵉ, « imagination délirante »). Construction de l'imagination à l'état de veille, pensée qui cherche à échapper aux contraintes du réel. V. **Imagination, vision.** *Faire des rêves.* V. **Rêvasser, rêver.** « *Le recueil de mes longs rêves est à peine commencé* » (ROUSS.). V. **Rêverie.** ◇ Construction imaginaire destinée à satisfaire un besoin, un désir, à refuser une réalité pénible (dite, en psychanalyse, *rêve diurne*). V. **Désir, fantasme.** *Faire un rêve. Poursuivre un rêve.* « *Ce beau rêve Qui sera le réel un jour* » (HUGO). *Rêves de jeunesse. Le rêve de leur vie. Rêves irréalisables, fous.* V. **Château** (en Espagne), chimère, utopie. *Je reviens* « *pour dissiper un rêve dont le réveil sera funeste* » (BALZ.). *C'était un beau rêve :* une illusion trop belle pour se réaliser un jour. « *L'art est le rêve de l'humanité, un rêve de lumière, de liberté, de force sereine* » (R. ROLLAND). — Littér. « *Je suis belle, ô mortels, comme un rêve de pierre* » (BAUDEL.). V. **Vision.** — Loc. *La femme de ses rêves :* celle qu'il aura rêvée, la femme idéale. — *De rêve :* irréel, fantomatique. *Des formes de rêve.* « *Ce silence de rêve,... cette lumière adoucie par l'eau* » (LARBAUD). — Fam. *Une voiture de rêve :* qu'on souhaiterait avoir sans espérer jamais l'obtenir. ◇ LE RÊVE : l'imagination créatrice, la faculté de former des représentations imaginaires. *Le rêve et la réalité.* ♦ 3° Fam. Chose très jolie, charmante. *Un chapeau d'un goût, un rêve!* — *C'est le rêve! Ce n'est pas le rêve :* ce n'est pas l'idéal. ◇ ANT. Action, réalité, réel (n.).

RÊVÉ, ÉE [ʀeve]. *adj.* (XXᵉ; « plein de rêverie », 1839; de *rêver*). Qui convient tout à fait, idéalement. V. **Idéal.** *C'est l'endroit rêvé pour passer des vacances. Voilà la solution rêvée.*

RÊVÊCHE [ʀevɛʃ]. *adj.* (*Revesche,* 1277; « violent » [choses], 1220; o. i.; p.-ê. frq. °*hreubisk*). ♦ 1° Vx (*Choses*). Âpre au goût; rude au toucher. V. **Rêche.** ♦ 2° Mod. (*Personnes*). Qui est d'abord difficile, qui manifeste un mauvais caractère. V. **Acariâtre, dur, hargneux.** *Femme revêche.* « *Mᵐᵉ Loiseau, qui avait une âme de gendarme, resta revêche, parlant peu...* » (MAUPASS.). — Par ext. (v. 1410) *Caractère, humeur, air revêche.* V. **Rébarbatif, rude.** ◇ ANT. Avenant, doux.

RÉVEIL [ʀevɛj]. *n. m.* (*Resveil,* XIIIᵉ; de *réveiller*). I. ♦ 1° Passage du sommeil à l'état de veille. *Réveil brusque, brutal, en sursaut. Avoir le réveil pénible, hargneux.* « *Sommeil haché menu en mille petits réveils* » (RENARD). — *Au réveil, au moment du réveil.* ◇ *Battre, sonner le réveil,* faire une batterie de tambour, une sonnerie de clairon qui annonce aux soldats l'heure du lever. *Réveil en fanfare.* — Par ext. La musique elle-même. « *Le clairon de garde,... lança le réveil aux quatre coins de la cour du poste* » (MAC ORLAN). ♦ 2° Le fait de reprendre une activité (après un « sommeil », fig.). *Le réveil de la nature,* le retour du printemps. *Le réveil d'un volcan éteint.* « *Il semblait grandir, dans ce réveil de son autorité* » (ZOLA). ♦ 3° Le fait de revenir à la réalité (après un beau rêve [2°]). *N'ayez pas trop d'illusions, le réveil serait pénible.* — (ANT. **Endormissement, évanouissement, sommeil**).

II. (1440). Réveille-matin. *La sonnerie d'un réveil. Mettre le réveil à sept heures,* le régler pour qu'il sonne à sept heures.

RÉVEILLE-MATIN [ʀevɛjmatɛ̃]. *n. m. invar.* (1440; de *réveiller,* et *matin*). ♦ 1° Pendule munie d'une sonnerie qui réveille à l'heure sur laquelle on a mis l'aiguille qui y correspond. V. **Réveil** (II). ◆ 2° *Bot.* (1538). Espèce d'euphorbe, mauvaise herbe des jardins.

RÉVEILLER [ʀeveje]. *v. tr. (Revillier,* 1195; de *re-* [à valeur de renforcement], et *éveiller*].

I. ◆ 1° Tirer du sommeil, faire passer du sommeil à l'état de veille. V. **Éveiller.** *Réveiller qqn.* « *Je me souviens d'avoir été une fois réveillé en sursaut par un fantôme très effrayant* » (MAINE DE BIRAN). *Le bruit du canon ne les réveillerait pas :* ils dorment très profondément. PROV. *Il ne faut pas réveiller le chat qui dort :* il ne faut pas aller imprudemment au-devant des dangers, des difficultés. ◇ Ramener à la conscience, à la vie. *Réveiller une personne évanouie.* — LOC. fam. *Un bruit à réveiller les morts :* très fort. ◆ 2° *Fig.* Tirer du repos, ramener à l'activité (une personne). *Une sorte d'électricité qui* « *soulage les uns de l'excès même de leur vivacité et réveille les autres d'une apathie pénible* » (STAËL). — *Spécialt.* Rappeler (qqn) à la réalité. ◇ (Avec compl. de chose) *Réveiller ses muscles, ses membres en se donnant du mouvement.* V. **Dérouiller.** *Réveiller une douleur.* V. **Aviver, ranimer, raviver, ressusciter.** *Réveiller l'appétit.* V. **Exciter.** *Réveiller la curiosité.* V. **Stimuler.** *Réveiller le courage.* V. **Exalter, galvaniser.** « *La vue de l'or peut réveiller sa cupidité* » (LESAGE). ◇ *Spécialt.* Rappeler à la mémoire, à l'esprit. *Odeurs, bruits qui réveillent des souvenirs.* V. **Éveiller, évoquer.**

II. SE RÉVEILLER. *v. pron.* ◆ 1° Sortir du sommeil. *Éveiller* (s'). *Réveille-toi, il est huit heures passées. Se réveiller en sursaut.* « *Dès l'aube, il se réveillait d'un court sommeil* » (BARRÈS). — *Se réveiller frais et dispos; fatigué.* ◆ 2° Reprendre une activité, passer à l'action après une longue inaction. *Se réveiller de sa torpeur.* — Revenir à la réalité. *Allons, réveille-toi!* V. **Secouer** (se). ◇ Reprendre de la vigueur. « *Quel feu mal étouffé dans mon cœur se réveille?* » (RAC.). « *Les nobles sentiments refoulés au fond des cœurs se réveillèrent* » (CHATEAUB.).

◇ ANT. **Endormir; assoupir. Apaiser, attiédir, engourdir, étourdir, hébéter.**

RÉVEILLEUR, EUSE [ʀevejœʀ, øz]. *n.* (1704; *resveilleur* 1584; de *réveiller*). ◆ 1° *Vx.* Celui, celle qui a la charge de réveiller (d'autres personnes) à une heure donnée. ◆ 2° *Fig.* Celui, celle qui tire (qqn, qqch.) de l'engourdissement, stimule, rappelle (qqn) à la réalité. « *Si l'Europe* [...] *ne se fait réveilleuse de patries et de civilisations* [...] *l'Europe se sera enlevé à elle-même son ultime chance* » (CÉSAIRE).

RÉVEILLON [ʀevejɔ̃]. *n. m.* (1526; de *réveiller*). ◆ 1° *Vx.* Repas pris tard dans la nuit (à n'importe quel moment de l'année). V. **Médianoche, souper.** ◆ 2° *Mod.* (1762). Repas de fête que l'on fait la nuit de Noël, et (depuis 1900) la nuit de la nouvelle année. — *Par ext.* La fête elle-même. *Les réveillons de Noël et du jour de l'An. Soir, nuit de réveillon.* « *La messe de minuit était dite, le réveillon était fini* » (HUGO).

RÉVEILLONNER [ʀevejɔne]. *v. intr.* (1355; repris 1866; de *réveillon*). Faire un réveillon (2°). *Réveillonner après la messe de minuit.*

RÉVEILLONNEUR [ʀevejɔnœʀ]. *n. m.* (1868; de *réveillon*). Celui qui fait un réveillon.

RÉVÉLATEUR, TRICE [ʀevelatœʀ, tʀis]. *n. et adj.* (1444,-1829; lat. ecclés. *revelator*). ◆ 1° *N.* Personne qui révèle, par un moyen surnaturel, une vérité cachée. « *Le Christ lui-même, ce dernier des révélateurs* » (NERVAL). ◆ 2° *N. m.* (Choses). *Littér.* Ce qui révèle, fait connaître, dévoile qqch. ou constitue un indice, un signe. « *Tout début résiste. Le premier pas qu'on fait est un révélateur inexorable* » (HUGO). ◇ (1864) Solution employée pour le développement photographique, et qui, par réduction en argent métallique des sels d'argent exposés à la lumière, rend visible l'image latente. ◆ 3° *Adj.* (1829). Qui révèle qqch. *Indice révélateur.* V. **Accusateur.** « *Le Cœur révélateur* », conte de Poe (trad. de Baudelaire). *Un trait, un symptôme révélateur.* V. **Caractéristique.** « *Pour qui sait lire, il* (ce livre) *est, lui aussi, révélateur* » (GIDE). ◇ ANT. **Secret, trompeur.**

RÉVÉLATION [ʀevelasjɔ̃]. *n. f.* (1130; *revelacium,* 1190; lat. *revelatio,* de *revelare* « révéler »). ◆ 1° (1611; *revelaucion,* 1318). *Vieilli.* Le fait de révéler, de découvrir, de rendre public (ce qui était caché; secret). V. **Divulgation.** « *Toute révélation d'un secret est la faute de celui qui l'a confié* » (LA BRUY.). ◇ Chose qui vient à la connaissance, information sur une question obscure. *Faire des révélations :* mettre dans la confidence (2°). *Je n'ai aucune révélation à vous apporter.* « *Si on me condamne, pour qu'on m'acquitte, je ferai des révélations; je déshonore tout le monde!* » (BALZ.). ◇ (v. 1960) Personne dont il est brusquement donné au public de découvrir le talent, les performances (dans le domaine des arts, du spectacle, du sport). *La dernière révélation du ski autrichien* (Cf. Découverte). ◆ 2° (1190). Phénomène par lequel des vérités cachées sont révélées aux hommes d'une manière surnaturelle; ces vérités. V. **Mystère.** *La révélation divine. La foi et la révélation* (V. **Fidéisme**). « *Si le christianisme est chose révélée, l'occupation capitale du chrétien n'est-elle pas l'étude de cette révélation même...?* »

(RENAN). — *Les trois révélations :* les religions juive, chrétienne et musulmane. ◇ Illumination individuelle. *Les révélations des mystiques.* V. **Vision, visionnaire.** — Loc. *Savoir par révélation :* par une connaissance intuitive, innée ou surnaturelle et non par l'expérience. ◆ 3° (1870). Tout ce qui apparaît brusquement comme une connaissance nouvelle ou un principe d'explication; la prise de connaissance elle-même. *Avoir une révélation.* « *Quand je vis l'Acropole, j'eus la révélation du divin* » (RENAN). ◆ 4° Expérience personnelle qui révèle des impressions, des sensations nouvelles. *La révélation intérieure. Ce fut une véritable révélation* (en parlant d'une situation nouvelle, de sensations ou de sentiments jamais éprouvés). ◆ 5° *Phot. Révélation de l'image latente.* V. **Révélateur.** ◇ ANT. **Duperie, tromperie; secret; obscurité.**

RÉVÉLÉ, ÉE [ʀevele]. *adj.* (1637, théol.; V. **Révéler**). Connu(e) par une révélation. *Mystère, secret révélé.* « *Le sentiment poignant de la chose révélée* » (BRETON). ◇ *Spécialt.* Qui est le fruit de la révélation religieuse. *Religions révélées.* ◇ ANT. **Secret; rationnel.**

RÉVÉLER [ʀevele]. *v. tr.;* conjug. *céder* (1120, au sens 2°; lat. *revelare* « découvrir », de *velum* « voile »).

I. ◆ 1° Faire connaître, faire savoir (ce qui était inconnu, secret). V. **Déceler, découvrir, dévoiler, divulguer, manifester, proclamer.** *Révéler des secrets. Il a révélé indiscrètement ce qu'on lui avait confié.* V. **Rapporter, redire, trahir.** *Révéler son opinion, son sentiment.* V. **Déclarer.** — *Révéler qqn à lui-même :* lui apprendre ce qu'il est réellement, intimement, alors qu'il l'ignorait. « *L'admiration grandit celui qui l'éprouve, et... le révèle à lui-même* » (ALAIN). ◆ 2° Faire connaître, par une voie surnaturelle (ce qui était ignoré des hommes et inconnaissable par la raison). V. **Révélation.** *Les sciences occultes, la magie prétendent révéler des mystères, des vérités cachées.* ◆ 3° Faire connaître, laisser deviner (qqch.) par un signe manifeste. V. **Dénoncer, indiquer, marquer, montrer, témoigner.** *Révéler une aptitude, un don.* « *Son maintien, son regard, ses paroles, toute sa personne révélait la douceur, la modestie* » (FRANCE). ◆ 4° *Phot.* (1907). Rendre visible (l'image latente). V. **Révélateur.**

II. SE RÉVÉLER. *v. pron.* Être porté à la connaissance, se dévoiler. ◇ Se manifester par une révélation. « *Dieu ne se révèle pas par le miracle, il se révèle par le cœur* » (RENAN). ◇ Devenir manifeste, se faire connaître par un symptôme. V. **Apparaître, manifester** (se). « *Un être qui se révèle par aucun acte est pour la science un être qui n'existe pas* » (RENAN). *Se révéler...,* suivi d'un adj. V. **Avérer** (s'), **trouver** (se). « *L'assimilation de ces exotiques se révélait lente et laborieuse* » (SIEGFRIED). *Ce travail s'est révélé plus facile qu'on ne pensait.*

◇ ANT. **Cacher, garder, taire.**

REVENANT, ANTE [ʀəvnɑ̃, ɑ̃t]. *adj. et n.* (XVIIᵉ; « qui produit un revenu », XIVᵉ; V. **Revenant-bon**; de *revenir*). I. *Adj.* ◆ 1° *Vx* (1690). Qui revient sur terre. *Esprit revenant.* ◆ 2° *Vx.* Qui plaît ou qui convient (V. **Revenir**). « *Sa physionomie, qui est tout à fait revenante* » (DE BROSSES). V. **Avenant.** II. *N. m. Mod.* ◆ 1° (1718). Âme d'un mort que l'on suppose revenir de l'autre monde sous une apparence physique. V. **Apparition, esprit, fantôme.** « *J'ai frémi à des contes de revenant* » (STENDHAL). ◆ 2° Personne qui revient (après une absence). Fam. *Tiens, voilà un revenant!* se dit pour saluer une personne qu'on n'a pas vue depuis longtemps, qu'on ne s'attendait pas à revoir.

REVENANT-BON [ʀəvnɑ̃bɔ̃]. *n. m.* (1549; de *revenant,* étym., et *bon*). *Comm.* Profit que l'on peut tirer d'une affaire, d'un marché. V. **Boni, gain, profit.**

REVENDEUR, EUSE [ʀ(ə)vɑ̃dœʀ, øz]. *n.* (1190,-1606; de *revendre*). Personne qui achète au détail pour revendre, qui fait commerce d'articles d'occasion. *Le déballage d'un revendeur.* V. **Brocanteur.** *Revendeur de livres.* V. **Bouquiniste.** ◇ Personne qui vend au détail (après avoir acheté à un grossiste).

REVENDICATEUR, TRICE [ʀ(ə)vɑ̃dikatœʀ, tʀis]. *n. et adj.* (1870; du rad. de *revendication*). ◆ 1° *N.* Personne qui revendique. — *Pathol.* Sujet atteint d'un délire de revendication (3°). ◆ 2° *Adj.* Qui revendique. « *Deux ou trois lettres revendicatrices pour affirmer ses droits...* » (DUHAM.). **Revendicatif.**

REVENDICATIF, IVE [ʀ(ə)vɑ̃dikatif, iv]. *adj.* (XXᵉ; du rad. de *revendication*). Qui comporte des revendications (surtout sociales). *Mouvement, programme revendicatif.*

REVENDICATION [ʀ(ə)vɑ̃dikasjɔ̃]. *n. f.* (1506; *reivendication,* 1435; lat. jur. *rei vindicatio* « réclamation d'une chose »). ◆ 1° *Dr.* Le fait de revendiquer (un bien). *Revendication par leur propriétaire de biens en possession d'un failli.* ◆ 2° (XIXᵉ). Action de réclamer ce que l'on considère comme un droit, comme un dû. V. **Demande, exigence, desiderata, prétention, réclamation.** *Satisfaire aux revendications les plus légitimes. Des « revendications sociales coulant en phrases* *enflammées, dont le flot stupéfiait et épouvantait les paysans* » (ZOLA). *Mener une action en revendication.* — Par ext. *La revendication ouvrière.* ◇ (Abstrait) *La revendication profonde du cœur humain.* V. **Exigence.** *Une revendication de justice.* ♦ 3° Pathol. *Délire de revendication,* délire chronique systématisé se traduisant par la recherche réitérée de réparations pour des injustices imaginaires.

REVENDIQUER [ʀ(ə)vãdike]. *v. tr.* (*Revendiquier,* 1437 ; de *re-,* et a. fr. *vendiquer* ; lat. *vindicare* « réclamer en justice ». V. **Venger**). ♦ 1° Réclamer (une chose sur laquelle on a un droit). *Revendiquer un bien, son dû.* V. **Demander.** ♦ 2° Demander avec force, comme un dû. « *Les augmentations de salaires que vous ne sauriez revendiquer avec trop de légitimité* » (COURTELINE). Absolt. « *On a revendiqué plus qu'on n'a servi* » (PÉTAIN). ♦ *Fig.* Réclamer comme sien, avec force. *V.* **Exiger.** « *Sa part d'horreur, il la revendique chaque fois que la vérité l'exige* » (COLETTE). — *Par ext.* Assumer pleinement. *Revendiquer une responsabilité.*

REVENDRE [ʀ(ə)vãdʀ(ə)]. *v. tr.* ; conjug. *vendre.* V. **Rendre** (1190 ; de *re-,* et *vendre*). ♦ 1° Vendre cc qu'on a acheté (spécial. de qqn qui n'est pas commerçant). *Revendre sa voiture d'occasion.* « *Il préférera toujours acheter un tableau, une statue, quelque chose que l'on revend, et où on retrouve sa mise* » (GONCOURT). — *Pronom.* (Pass.) *Cela se revend aisément.* ◇ Loc. *Avoir qqch. à revendre* : en avoir en excès. Fig. *Il a de l'esprit, de la malice à revendre.* ♦ 2° Vendre une seconde fois. *Des Picasso ? Il en a vendu un mais n'en a pas revendu depuis.* ◇ ANT. **Racheter.**

REVENEZ-Y [ʀəvnezi ; ʀ(ə)vənezi]. *n. m. invar.* (1638 ; de *revenir,* et *y*). Nouvelle manifestation d'une chose ancienne ; retour d'un sentiment, d'une sensation. — Fam. *Un goût de revenez-y* : un goût agréable, qui incite à y revenir, à en reprendre.

REVENIR [ʀəvniʀ]. *v. intr.* ; conjug. *venir* (xᵉ ; de *re-,* et *venir*).
I. Venir ou se manifester de nouveau. ♦ 1° *(Personnes).* Venir de nouveau là où l'on était déjà venu. *Le docteur promit de revenir le lendemain.* V. **Repasser.** *Qu'il revienne une autre fois. Il n'est pas revenu nous voir depuis ce jour.* Fig. *Revenir à la charge*.* ♦ 2° *Fig.* **REVENIR SUR** : reprendre. « *Puisque nous avons promis au juge de ne pas revenir sur cette affaire, il n'en faut plus parler* » (DIDER.). *À quoi bon revenir là-dessus ?* — Annuler, changer complètement (ce qu'on a dit, promis). V. **Dédire** (se), **rétracter** (se). *Revenir sur sa parole.* « *En attendant que celui-ci revînt sur sa absurde décision* » (MART. du G.). ♦ 3° *(Choses).* Apparaître ou se manifester de nouveau. « *Hélas ! quand reviendront de semblables moments !* » (LA FONT.). *Fêtes qui reviennent à date fixe. Un mot qui revient souvent dans la conversation.*
II. Venir d'un lieu, d'une situation où on a été, au lieu, dans la situation où on se trouvait d'abord. Ⓐ **REVENIR QUELQUE PART** : y rentrer, y aller. V. (Lieu). *Revenir chez soi, à la maison, en France.* V. **Rentrer, retourner.** *Revenir à sa place.* V. **Regagner.** — Par ext. *Son mari lui est revenu* (après une fugue, une rupture). — *Littér.* S'EN REVENIR *quelque part* (Cf. *S'en retourner*). ◇ Absolt. *Revenir, être revenu,* être de retour. *Je reviens dans une minute, tout de suite,* je ne fais qu'aller et venir. *Revenir sur ses pas,* en arrière. V. **Bride** (tourner), **demi-tour** (faire). « *Les grands chars gémissants qui reviennent le soir* » (HUGO). ♦ 2° *Fig.* REVENIR À : reprendre (ce qu'on avait laissé). *Revenir à ses premières amours. Il faudra revenir aux anciennes méthodes. Vous vous moquez du style 1900, mais on y reviendra ! Revenons à notre sujet. Revenons à nos moutons*. Je reviendrai là-dessus,* j'expliquerai ce point. « *Nous en revînmes forcément à parler de la vie en général* » (CÉLINE). ♦ 3° *(Chose abstraite* : image, souvenir...). REVENIR À, se présenter de nouveau (après être sorti de l'esprit). *C'est un nom qui me revient, qui revient à ma mémoire.* « *Mais quel était l'objet de mes amours ? Peut-être cela me reviendra-t-il comme beaucoup de choses me reviennent en écrivant* » (STENDHAL). *Ça me revient !* je m'en souviens à l'instant. ♦ 4° REVENIR À : être rapporté à (qqn), en parlant d'une rumeur, d'une nouvelle. *Un rapport* « *fort propre à justifier ces préoccupations, si, par hasard, il en revenait quelque chose aux oreilles du gouvernement britannique* » (MADELIN). ♦ 5° REVENIR À SOI : reprendre conscience, reprendre ses esprits. *Quand je suis revenu à moi, après cet évanouissement.* ♦ 6° Être retrouvé (d'une qualité perdue). « *Quand je sentis contre moi le bras de la jeune fille, le calme et l'assurance me revinrent* » (DUHAM.). ♦ 7° REVENIR À : échoir à (qqn) à titre de profit (V. **Revenu**), d'héritage ; être perçu. V. **Échoir.** « *C'était le futur Henri IV à qui revenait la couronne* » (BAINVILLE). « *Il me revient, sur l'argent que je viens de changer, soixante francs* » (ROMAINS). — Échoir, en vertu d'un droit, d'une prérogative. V. **Appartenir.** *Cet honneur nous revient.* Impers. *C'est à lui qu'il revient de faire cette demande.* V. **Incomber.** ♦ 8° REVENIR À. *Fig.* et *vx.* Être en rapport de convenance avec. V. **Convenir.** « *Cette tapisserie revient bien à ce meuble* »

(FURET.). ◇ Mod. *Il a une tête qui ne me revient pas,* il ne m'est pas sympathique. ♦ 9° Équivaloir (dans des express.). *Cela revient au même,* c'est la même chose. *Cela revient à dire que,* c'est comme si on disait que. ◇ Coûter au total (à qqn). V. **Revient** (prix de). *Le dîner m'est revenu à quinze francs par personne.* Ⓑ REVENIR DE : venir de. ♦ 1° V. **Rentrer.** *Les enfants reviennent de l'école. En revenant de chez moi. Il est revenu très fatigué de ce voyage.* « *Le comte de Guilleroy parut, revenant de dîner en ville* » (MAUPASS.). — S'EN REVENIR DE (littér. ou vieilli). *Il s'en revenait de la chasse.* ♦ 2° Sortir (d'un état). *Revenir d'une maladie.* V. **Guérir.** *Il revient de loin,* il a failli mourir. ◇ *Revenir d'un danger,* échapper à un grave danger. ◇ *Revenir de son étonnement, de sa surprise.* N'EN PAS REVENIR : être très étonné. « *Je n'en suis pas encore revenu.* « *Être battu sur son propre terrain, il n'en revenait pas* » (CHATEAUB.). ◇ Abandonner ; cesser d'avoir. *Revenir d'une erreur. Il est revenu de ses illusions, il en est revenu* : il en est guéri, désabusé. — *Par ext. Il est revenu de tout,* tout lui est désormais indifférent, il ne prend plus d'intérêt, de plaisir à quoi que ce soit. V. **Blasé, détaché.**
III. (1798 ; xvɪᵉ, *se revenir* « retrouver vie, fraîcheur »). *Faire revenir un aliment,* le passer dans un corps gras chaud pour en dorer et en rendre plus ferme la surface. V. **Rissoler.** « *Il... alluma le poêle et fit revenir le lapin* » (DABIT). « *Les hauts de côtelettes revenaient dans un poêlon* » (ZOLA). — Au p. p. *Oignons revenus au beurre.*

REVENTE [ʀ(ə)vãt]. *n. f.* (1382 ; de *revendre,* d'apr. *vente*). Action de revendre ; son résultat. V. **Rétrocession, vente.** ◇ ANT. *Rachat.*

REVENU [ʀəvny]. *n. m.* (1320 ; p. p. de *revenir*). ♦ 1° Ce qui revient à qqn, à titre d'intérêt, de rente, et *par ext.* de salaire, etc. V. **Gain, produit, profit, rapport.** *Avoir de gros revenus. Revenu d'un capital.* V. **Intérêt, rente.** *Revenus fonciers. Revenu du travail.* V. **Salaire.** *Revenu assigné à un chef d'État.* V. **Dotation.** *Produire un revenu* : rapporter, rendre. *Impôt sur le revenu,* calculé sur les revenus annuels d'un contribuable. *Revenu brut et revenu net imposable.* ◇ *Revenus publics,* de l'État, que l'État retire des contributions ou de ses propriétés. V. **Denier.** — *Revenu national,* ensemble des revenus annuels liés à la production nationale de biens et de services. — *Politique des revenus* : politique d'intervention des pouvoirs publics au niveau de la formation et de la répartition des revenus, en vue d'une régulation de la croissance économique et d'une distribution plus harmonieuse des profits. ♦ 2° Techn. (1723). Réchauffage régulier de l'acier suivi d'un refroidissement lent, après la trempe, ayant pour objet d'en augmenter la résilience. ◇ ANT. *Capital, fonds ; dépense.* — HOM. *Revenue.*

REVENUE [ʀəvny ; ʀ(ə)vəny]. *n. f.* (1283 ; « retour », xɪɪᵉ ; p. p. de *revenir,* d'apr. *venue*). Sylvic. Pousse nouvelle des bois de taillis. ◇ HOM. *Revenu.*

RÊVER [ʀeve]. *v.* (xɪɪɪᵉ ; « vagabonder » ; probabl. d'un a. v. *esver* [Cf. **Endêver**], gallo-roman *esvo* « vagabond », lat. pop. °*exvagus,* de *vagus*).
I. *V. intr.* ♦ 1° (xvᵉ). *Vx.* Délirer, divaguer. — Loc. mod. *Vous rêvez, je pense ?* « *Ne m'appelez-vous pas ? — Moi ? Vous rêvez* » (MOL.). ♦ 2° *Vx* ou littér. Méditer. V. **Penser, réfléchir.** « *Le comte de Vanghel n'avait été au fond qu'un philosophe, rêvant comme Descartes ou Spinoza* » (STENDHAL). ♦ 3° Mod. Laisser aller son imagination (V. **Rêverie**). *Vous rêvez au lieu de réfléchir.* V. **Rêvasser** (Cf. *Être dans la lune**). « *Il rêve et ne pense pas, il s'agite et ne crée pas* » (BALZ.). ◇ RÊVER À : penser vaguement à, imaginer. « *Parfum qui fait rêver aux oasis lointaines* » (BAUDEL.). ♦ 4° Cour. (xvɪɪᵉ ; a remplacé *songer*). Avoir en dormant une activité psychique, faire des rêves. « *Je rêvais peu dans ce temps-là* » (NODIER). — RÊVER DE. *Rêver d'une personne, d'une chose* : la voir, l'entendre en rêve. « *Je n'ai fait que rêver de vous toute la nuit* » (HUGO). — Loc. *Il en rêve la nuit, cela l'obsède.* — (Dans l'état de veille) *Se demander si on rêve. Je ne rêve pas, c'est bien lui.* « *Si c'est là, tu as rêvé ; il n'y a rien* » (GIONO). — On croit rêver : c'est une chose incroyable, qui semble impossible (souvent pour exprimer l'indignation). ♦ 5° S'absorber dans ses désirs, ses souhaits. « *On rêve, on fait des châteaux en Espagne* » (LACLOS). ◇ RÊVER DE... : songer à, en souhaitant ardemment. V. **Convoiter, désirer, souhaiter.** *La maison dont je rêve.* « *Elle avait rêvé de clairs de lune, de voyages, de baisers donnés dans l'ombre des soirs* » (MAUPASS.). « *Autrefois on rêvait de posséder le cœur de la femme dont on était amoureux* » (PROUST).
II. *V. tr.* ♦ 1° *Vx* ou littér. Imaginer, penser dans sa rêverie. « *Il vaut mieux rêver sa vie que la vivre* » (PROUST). ◇ Désirer comme un idéal ou un chimérique. « *Que d'amours splendides j'ai rêvées !* » (RIMBAUD). — (Avec un attribut) « *Il rêva un clergé à son image* » (RENAN). Pronom. « *Il se rêvait héros* » (MALRAUX). Cour. (sans article) *Rêver mariage, fortune.* « *Sous la tuile de plus d'une mansarde, de pauvres créatures rêvent perles et diamants, robes lamées d'or* » (BALZ.). *Il ne rêve que plaies* et bosses.* V. **Souhaiter.** ♦ 2° Former

en dormant (telle image, telle représentation). *Mod.* (seult. avec un indéterminé) « *Si nous rêvions toutes les nuits la même chose* » (PASC.). — RÊVER QUE. *J'ai rêvé que je mourais.*

RÉVERBÉRATION [ʀevɛʀbeʀɑsjɔ̃]. *n. f.* (1314; de *réverbérer*). ♦ 1° Réflexion de la lumière, de la chaleur ou d'un son; rayonnement réfléchi. « *L'aveuglante réverbération du soleil sur la roche nue* » (GIDE). « *La réverbération suffocante des rochers frappés du soleil* » (ROUSS.). « *La réverbération du cri dans les vallons* » (VAUGELAS). V. **Écho.** ♦ 2° *Phys.* Persistance du son après l'arrêt d'émission de la source sonore du fait de réflexions successives et rapprochées qui produisent un écho.

RÉVERBÈRE [ʀevɛʀbɛʀ]. *n. m.* (*Feu de réverbère*, XVIIe; « écho », v. 1500; de *réverbérer*). ♦ 1° (1718). Miroir, réflecteur produisant la réflexion d'un rayonnement dans une direction déterminée. *Four à réverbère*, où la substance est chauffée non seulement par le foyer, mais aussi par la voûte qui réfléchit le rayonnement thermique. ♦ 2° (1771). *Cour.* Appareil destiné à l'éclairage de la voie publique. *À la lueur des réverbères. Allumeur de réverbères. Réverbères à quinquet, à gaz* (V. **Bec**), *électriques.*

RÉVERBÉRER [ʀevɛʀbeʀe]. *v. tr.;* conjug. *céder* (1496; « regimber », XIVe; lat. *reverberare* « repousser »). ♦ 1° Renvoyer la lumière ou la chaleur (d'une surface). V. **Réfléchir.** *Les plaques de cheminées réverbèrent la chaleur du foyer.* — Pronom. « *Un soleil étincelant se réverbérait sur les maisons blanches* » (LAMART.). ♦ 2° *Phys. Réverbérer un son :* lui faire subir une réverbération (2°) volontaire.

REVERCHER [ʀ(ə)vɛʀʃe]. *v. tr.* (1765; lat. pop. °*reverticare*, lat. class. *revertere* « retourner »). *Techn.* Réparer les défauts, boucher les trous de (un récipient d'étain) avec le fer à souder.

REVERDIR [ʀ(ə)vɛʀdiʀ]. *v.* (1132; de *re-*, et *verdir*). ♦ 1° *V. tr.* Rendre vert de nouveau. ♦ 2° *V. tr. Techn.* (v. 1905). Tremper (les peaux). V. **Reverdissage.** ♦ 3° *V. intr.* Redevenir vert, retrouver sa verdure. « *Si cette herbe est séchée, elle reverdira un jour* » (MICHELET). ◊ *Fig.* et *littér.* Se ranimer. « *...Pour qui mon amitié reverdit aussitôt* » (GIDE).

REVERDISSAGE [ʀ(ə)vɛʀdisaʒ]. *n. m.* (1894; de *reverdir*). *Techn.* Immersion des peaux dans l'eau.

REVERDISSEMENT [ʀ(ə)vɛʀdismɑ̃]. *n. m.* (v. 1300; de *reverdir*). *Littér.* Action de reverdir (3°).

REVERDOIR [ʀ(ə)vɛʀdwaʀ]. *n. m.* (1751; du lat. *revertere* « retourner »). *Techn.* Petite cuve de brasseur, placée sous la cuve où l'on mélange le malt avec l'eau.

RÉVÉRENCE [ʀeveʀɑ̃s]. *n. f.* (1155; lat. *reverentia*). ♦ 1° *Littér.* Grand respect mêlé de retenue et même de crainte. V. **Déférence, respect, vénération.** « *De cette expérience..., j'ai du moins retiré grande révérence pour toute personne qui sait faire quelque chose* » (VALÉRY). Loc. *Révérence parler, sauf votre respect*. ♦ 2° *Cour.* Salut cérémonieux, conservé aujourd'hui pour les femmes en certains cas prévus par l'étiquette, et qu'on exécute en inclinant le buste et en pliant les genoux. V. **Courbette.** *Faire une révérence.* V. **Incliner** (s'). « *Elle partit après deux révérences sèches et courtes* » (BALZ.). — (Plaisant.) *Tirer sa révérence à qqn*, lui faire une révérence en le quittant, et *par ext.* le quitter, s'en aller. « *Après quoi je tirai galamment ma révérence et m'en allai* » (COURTELINE). « *J'aurai, certainement, tiré ma révérence au prix Nobel* » (GIDE). ◊ Mouvement de danse classique rappelant la révérence, en honneur dans les ballets de cour.

RÉVÉRENCIEL, IELLE [ʀeveʀɑ̃sjɛl]. *adj.* (XVIIIe; *reverential*, XVe; de *révérence*). *Vx.* Inspiré par la révérence. *Mod.* et *littér. Crainte révérentielle*, sentiment d'obéissance craintive.

RÉVÉRENCIEUSEMENT [ʀeveʀɑ̃sjøzmɑ̃]. *adv.* (XVIIe; *reverentieusement*, 1614; de *révérencieux*). *Littér.* D'une manière révérencieuse, avec révérence. V. **Respectueusement.** ◊ ANT. **Irrévérencieusement.**

RÉVÉRENCIEUX, IEUSE [ʀeveʀɑ̃sjø, jøz]. *adj.* (XVIIIe; -*tieux*, 1642; de *révérence*). *Vx* ou *littér.* Qui a, qui marque de la révérence. V. **Déférent.** « *La supérieure trouvait même qu'elle était devenue, dans les derniers temps, peu révérencieuse envers la communauté* » (FLAUB.). ◊ ANT. **Irrévérencieux** (plus cour.).

RÉVÉREND, ENDE [ʀeveʀɑ̃, ɑ̃d]. *adj.* (XIIIe; lat. *reverendus* « qui doit être révéré »). ♦ 1° S'emploie comme épithète honorifique devant les mots *père, mère*, en parlant de religieux. *Le Révérend Père, la Révérende Mère* (abrév. R. P., R. M.). *Mon révérend Père*. Subst. *Le révérend, mon révérend.* ♦ 2° Titre des pasteurs dans l'Église anglicane. ◊ HOM. **Révérant** (p. prés. de révérer).

RÉVÉRENDISSIME [ʀeveʀɑ̃disim]. *adj.* (1350; lat. ecclés. *reverendissimus*, superl. de *reverendus*, par l'it.). *Relig.* Épithète honorifique réservée aux archevêques, aux généraux d'ordre.

RÉVÉRER [ʀeveʀe]. *v. tr.;* conjug. *céder* (1404; lat. *reve-*

reri). Traiter avec révérence, honorer en marquant de la révérence. *Révérer Dieu* (V. **Adorer**), *les saints.* V. **Vénérer.** « *Les grands, qui les dédaignaient, les révèrent* » (LA BRUY.). V. **Craindre, respecter.** « *Ô vieux monde! tout ce que tu as révéré est donc méprisé* » (GAUTIER). — Au p. p. *Un maître révéré, un nom révéré de tous.*

RÊVERIE [ʀɛvʀi]. *n. f.* (XIIe; de *rêver*). ♦ 1° *Vx.* Délire. ♦ 2° *Vieilli.* Activité de l'esprit qui médite, qui réfléchit. V. **Pensée, réflexion.** « *L'analyse d'un mot, sa physionomie, son histoire étaient pour lui l'occasion d'une longue rêverie* » (BALZ.). ♦ 3° (XVIe; répandu XVIIIe). *Mod.* Activité mentale normale et consciente, qui n'est pas dirigée par l'attention, mais se soumet à des causes subjectives et affectives. V. **Imagination, rêve, songerie.** « *Dès qu'il se laissait aller à la rêverie...* » (MAUROIS). « *La pensée est le labeur de l'intelligence, la rêverie en est la volupté* » (HUGO). « *La rêverie avec le doigt contre la tempe Et les yeux se perdant parmi les yeux aimés* » (VERLAINE). ◊ *Une rêverie*, moment de rêverie, songe. « *Absorbé dans ma douce rêverie je prolongeai fort avant dans la nuit ma promenade* » (ROUSS.). *Les rêveries du promeneur solitaire*, de Rousseau. « *Qu'il fallait que de chose à ma rêverie...* » (CHATEAUB.). ♦ 4° Par ext. (*Péj.*). Idée vaine et chimérique. V. **Chimère, illusion, rêve.** *Abandonnez ces rêveries qui ne mènent à rien.*

REVERNIR [ʀ(ə)vɛʀniʀ]. *v. tr.* (1808; de *re-*, et *vernir*). Revêtir d'une nouvelle couche de vernis.

REVERS [ʀ(ə)vɛʀ]. *n. m.* (v. 1410; adj., « réciproque », 1269; du lat. *reversus*, p. p. de *revertere* « retourner »). ♦ 1° Le côté opposé à celui qui se présente d'abord ou est considéré comme le principal. V. **Derrière, dos, envers, verso.** *Le revers d'une feuille imprimée, d'une tapisserie. Le revers de la main*, le dos (*opposé à* paume). ◊ *Fig.* L'opposé. « *Le revers de la vérité a cent mille figures* » (MONTAIGNE). ♦ 2° *Spécialt.* (XVIe). Côté (d'une médaille, d'une monnaie) qui est opposé à la face principale (avers ou obvers). *Revers d'une pièce.* V. **Pile.** ◊ *Fig.* et *cour. Le revers de la médaille :* l'aspect déplaisant, désagréable, d'une chose qui paraissait d'abord sous son beau jour. (Cf. Le mauvais côté*). *Toute médaille a son revers :* toute chose a ses inconvénients. ♦ 3° (XVIe). Partie d'un vêtement, d'une pièce d'habillement qui est repliée et montre l'autre face du tissu. V. **Repli, retroussis.** *Manches, pantalon à revers.* ◊ *Spécialt.* Chacune des deux parties rabattues sur la poitrine, qui prolongent le col, l'encolure. *Col à revers. Les revers d'un veston.* ♦ 4° (1718). *Revers d'une tranchée :* le côté opposé à son parapet. — *Prendre de revers*, ou plus souvent, *prendre à revers :* de flanc ou par derrière (*aussi* fig.). V. **Tourner.** ♦ 5° (*Reverse*, n. f., v. 1310). Coup donné avec le revers de la main; coup ou mouvement de gauche à droite, avec la main droite (ou de droite à gauche avec la main gauche). « *Il menaça Madeleine de lui clore la bouche d'un revers de main* » (SAND). ◊ *Au tennis* (1928), Coup dans lequel la raquette est maniée du côté opposé à la main qui la tient (*opposé à* coup* droit, drive). *Jouer en revers. Volée de revers.* ♦ 6° *Fig.* (*Donner un revers* « ébranler », XVIe). REVERS DE FORTUNE, et absol. *Revers :* coup du sort, accident qui change une situation en mal. V. **Défaite, échec, épreuve, infortune, malheur, traverse.** *Essuyer un revers, des revers. Cruels revers. Revers militaires.* ◊ ANT. **Avers, endroit, face, obvers, recto. Réussite, succès, victoire.**

RÉVERSAL, ALE, AUX [ʀevɛʀsal, o]. *adj.* (1594; du lat. *reversus*, p. p. de *revertere*). *Didact.* (Diplom.). *Lettres réversales*, et subst. *Réversales :* lettres contenant des concessions réciproques.

REVERSEMENT [ʀ(ə)vɛʀsəmɑ̃]. *n. m.* (1773; de *reverser*). *Fin.* Action de reverser (3°). V. **Report.**

REVERSER [ʀ(ə)vɛʀse]. *v. tr.* (1549; « verser », 1260; de *re-*, et *verser*). ♦ 1° Verser de nouveau, encore. « *Barnier se reversa de l'eau-de-vie* » (GONCOURT). ♦ 2° (1611). Verser dans le récipient d'où venait le liquide. *Reverser de l'huile dans un bidon.* ♦ 3° *Fig.* (XVIIIe). Reporter. *Reverser un excédent sur un compte.*

REVERSI ou **REVERSIS** [ʀ(ə)vɛʀsi]. *n. m.* (1617; *reversin*, XVIe; altér. d'apr. *revers*, de l'it. *rovescino*, de *rovescio* « à rebours ») Ancien jeu de cartes où le gagnant est celui qui fait le moins de levées.

RÉVERSIBILITÉ [ʀevɛʀsibilite]. *n. f.* (1745, féod.; de *réversible*). ♦ 1° Caractère de ce qui est réversible (1°, 2°). ♦ 2° *Théol.* (1797). Principe selon lequel les souffrances et les mérites de l'innocent profitent au coupable.

RÉVERSIBLE [ʀevɛʀsibl(ə)]. *adj.* (1682, féod.; du lat. *reversus*). ♦ 1° Qui peut ou qui doit, dans certains cas, retourner au propriétaire qui en a disposé (*terres réversibles* après un bail emphytéotique), ou profiter à un autre que le bénéficiaire, après la mort de ce dernier. « *Le roi... avait décidé que la pension dudit Lecomte serait réversible sur la tête de sa sœur* » (HUGO). ◊ *Théol. Mérites réversibles.* V. **Réversibilité.** ♦ 2° (1863). Qui peut se reproduire en sens inverse. *Mouvement réversible. L'histoire n'est pas réversible.* — Chim. *Réaction réversible :* réaction chimique incomplète, coexistant avec la réaction inverse dans un état d'équilibre qui peut se déplacer dans un sens ou dans un autre. ◊ *Didact.* Se dit des opérations mentales qui peuvent être effectuées en sens inverse. ♦ 3° (1870). Qui peut être mis à l'envers comme à l'endroit ; qui n'a pas d'envers. *Étoffe, manteau réversible.*

RÉVERSION [ʀevɛʀsjɔ̃]. *n. f. (Revercioun,* 1304 ; lat. *reversio,* de *revertere).* ♦ 1° *Dr.* Droit de retour. *Pension de réversion.* ♦ 2° *Biol.* Mutation se produisant en sens inverse d'une mutation antérieure.

REVERSOIR [ʀ(ə)vɛʀswaʀ]. *n. m.* (1309, « trou pour le trop-plein » ; de *reverser). Techn.* Barrage par-dessus lequel l'eau s'écoule en nappe.

REVÊTEMENT [ʀ(ə)vɛtmã]. *n. m. (h. XIVᵉ ;* 1508 ; de *revêtir).* ♦ 1° Élément extérieur qui recouvre les parois d'une construction (pour consolider, protéger ou décorer). *Types de revêtements :* carrelage, ciment, crépi, enduit, lambris, peinture, plâtre, verre. *Revêtement extérieur, intérieur.* ◊ *Techn.* Ouvrage de retenue ou de stabilisation des terres (d'un fossé, d'une terrasse, d'une tranchée). V. **Soutènement.** ♦ 2° Ce dont on a recouvert une voie et qui la rend carrossable (asphalte, bitume, dallage, goudron, macadam, pavage). ♦ 3° Ce qui revêt (un matériau, une substance), pour protéger, consolider. V. **Chape, chemise, enduit, enveloppe.** *Revêtement d'un four, d'un creuset. Revêtement calorifuge, ignifuge.*

REVÊTIR [ʀ(ə)vetiʀ]. *v. tr.;* conjug. *vêtir* (fin Xᵉ ; de *re-,* et *vêtir).*
I. ♦ 1° Couvrir (qqn) d'un vêtement particulier (signe d'une fonction, d'une dignité). V. **Habiller, parer.** *Revêtir un prêtre des ornements sacerdotaux.* Pronom. *Se revêtir d'un uniforme.* ♦ 2° *Par ext.* Investir. *Revêtir qqn d'une dignité, d'une autorité.* « *La prêtrise égalait celui qui en était revêtu à un noble* » (RENAN). ♦ 3° Couvrir d'une apparence, d'un aspect. « *Il revêtait ses idées de mille nuances fines* » (FRANCE). Pronom. « *Cet air de désintérêt dont il sait si bien se revêtir* » (STENDHAL). ♦ 4° Mettre sur (un acte, un document) les signes matériels de sa validité. *Revêtir un dossier des signatures prévues par la loi.* ♦ 5° (XVᵉ-XVIᵉ). Orner ou protéger par un revêtement. V. **Couvrir, enduire, garnir, recouvrir, tapisser.** « *Les murs en étaient à ce point rongés par le salpêtre qu'on avait été obligé de revêtir d'un parement de bois les voûtes des dortoirs* » (HUGO). — Au p. p. *Route revêtue,* qui a un revêtement (2°). *Chemin non revêtu.* ♦ 6° Servir de vêtement à (qqn). *L'uniforme qui le revêt.*
II. ♦ 1° Mettre sur soi (un vêtement, un habillement spécial). V. **Endosser, mettre.** *Revêtir ses habits du dimanche, l'uniforme.* ♦ 2° *Fig.* (1250). Avoir, prendre (un aspect). V. **Prendre.** « *Le calcul qui pouvait revêtir un caractère si dangereux* » (MADELIN). « *Le diable, qui revêt, comme on sait, les formes les plus diverses* » (FRANCE).
◊ ANT. Dénuder, dépouiller, dévêtir.

RÊVEUR, EUSE [ʀɛvœʀ, øz]. *adj.* et *n.* (XVIIᵉ, « extravagant » ; « vagabond », XIIIᵉ ; de *rêver).* ♦ 1° *Vx.* Qui médite ; penseur, philosophe. ♦ 2° *Mod.* Qui se laisse aller à la rêverie, qui se complaît dans des pensées vagues, dans ses imaginations. *Un caractère, un esprit rêveur* (V. **Imaginatif, romanesque, songeur**). *Rêveur et distrait* (Cf. Dans la lune*, dans les nuages). « *Les belles, se pendant rêveuses à nos bras* » (VERLAINE). Par ext. *Un air rêveur.* ◊ N. « *Il y avait là de quoi faire un poète, et je ne suis qu'un rêveur en prose* » (NERVAL). — *Péj.* Penseur chimérique, dépourvu de tout réalisme. *Ce n'est qu'un rêveur, ses idées sont irréalisables.* V. **Poète, utopiste.** ♦ 3° *Cela me laisse rêveur, rêveuse :* perplexe. « *Ces pronostics me laissaient rêveur* » (CÉLINE). ♦ 4° *Didact.* Personne qui fait un rêve dans son sommeil. « *Le rêveur est un amnésique partiel* » (DELAGE).

RÊVEUSEMENT [ʀɛvøzmã]. *adv.* (mil. XIXᵉ ; de *rêveur).* D'une manière rêveuse (2°), distraite. ◊ Avec perplexité. « *Enfin, j'avais considéré rêveusement ma feuille de déclaration d'impôt qui est, aujourd'hui, de six pages* » (DUHAM.).

REVIENT (PRIX DE). V. **Prix.**

REVIF [ʀ(ə)vif]. *n. m.* (1561 ; adj., « ressuscité », XIVᵉ ; de *re-,* et *vif*). ♦ 1° *Mar.* Montée de l'eau, entre marée basse et marée haute. ♦ 2° (1869). *Littér.* Regain. « *Avec un revif de grâce, de jeunesse et d'esprit* » (FLAUB.).

REVIGORATION [ʀəvigɔʀasjɔ̃]. *n. f.* (1931 ; de *revigorer). Littér.* Action de revigorer ; reprise de vigueur. « *La restauration achevée, les forces d'excès nécessaires à la revigoration doivent céder la place à l'esprit de mesure* » (CAILLOIS). ◊ ANT. Affaiblissement.

REVIGORER [ʀ(ə)vigɔʀe]. *v. tr. (Resvigorer,* 1170 ; repris déb. XXᵉ ; de *re-,* et bas lat. *vigorare).* Redonner de la vigueur à (qqn, qqch). V. **Ragaillardir, ravigoter, remonter.** *Un petit vent frais qui revigore. Il est tout revigoré. Revigorer une institution.* ◊ P. prés. subst. « *[...] un revigorant universel* »

(BARTHES). Cf. **Remontant.** ◊ ANT. *Abattre, affaiblir, déprimer, endormir, épuiser.*

REVIREMENT [ʀ(ə)viʀmã]. *n. m.* (1678 ; « enroulement », 1587 ; de l'a. v. *revirer;* de *re-,* et *virer).* ♦ 1° Changement de direction. — *Mar. Revirement du vaisseau.* ♦ 2° (Mil. XIXᵉ). *Cour.* Changement en sens contraire dans une évolution. « *Il se fait d'étranges revirements dans les réputations* » (GAUTIER). Changement complet dans les dispositions, les opinions (de qqn). V. **Retournement; pirouette, volte-face.** *Un revirement inexplicable. Les revirements d'un homme politique.* « *Il nous faut trois jours pour provoquer un revirement d'opinion* » (MART. du G.).

RÉVISABLE [ʀevizabl(ə)]. *adj.* (XIXᵉ ; de *réviser).* Qui peut être révisé. *Procès révisable.*

RÉVISER [ʀevize]. *v. tr.* (1240 ; lat. *revisere,* Proprem. « revenir voir »). ♦ 1° Examiner de nouveau pour changer, corriger. *Réviser des traités.* V. **Modifier.** *Réviser un procès* (V. **Révision**). *Réviser la constitution. Poète qui révise son manuscrit.* V. **Améliorer, corriger.** « *N'ayant jamais eu la hardiesse de réviser les vagues croyances qu'on leur a fait enfiler avec leur première culotte* » (MART. du G.). ♦ 2° Vérifier le bon état, le bon fonctionnement de (qqch.). V. **Vérifier.** *Réviser un moteur, une montre.* ♦ 3° (XXᵉ). Reprendre (ce qu'on a appris). V. **Repasser, revoir.** *Réviser un sujet.* — Absolt. *Le baccalauréat est dans deux mois, il faut commencer à réviser.*

RÉVISEUR [ʀevizœʀ]. *n. m.* (1567, « juge qui revoit un procès » ; 1611, sens général ; de *réviser).* Personne qui révise ou qui revoit. *Réviseur de traductions.* — Celui qui révise les épreuves typographiques.

RÉVISION [ʀevizjɔ̃]. *n. f.* (1298 ; lat. *revisio).* ♦ 1° Action de réviser (un texte, un énoncé) ; modification (de règles juridiques) pour les mettre en harmonie avec les circonstances. *Révision de la constitution.* — Spécialt. *Révision d'une doctrine politique.* Cf. **Révisionnisme.** ◊ *Dr.* « *Acte par lequel une juridiction supérieure examine et éventuellement met à néant une décision définitive d'une juridiction inférieure attaquée comme ayant été rendue sur pièces fausses ou reconnues depuis incomplètes* » (CAPITANT). *Révision d'un procès, d'un jugement. Pourvoi en révision.* ◊ Amélioration (d'un texte) par des corrections. « *N'oublions point par combien... de révisions et d'épurations successives durent passer les Martyrs...* » (STE-BEUVE). ◊ *Loc. Révision déchirante* (v. 1954 ; trad. de l'angl. *agonizing reappraisal* « réévaluation torturante », express. de J. F. Dulles). Modification radicale et pénible (d'une attitude, d'une situation politique, économique, sociale, etc.). « *Le nouveau ministre s'engageait à procéder 'à une révision déchirante des habitudes, des structures et des doctrines' de son ministère* » (*L'Express,* 9-9-1968). ♦ 2° Mise à jour par un nouvel examen. *Révision des listes électorales,* par laquelle on fait, chaque année, les inscriptions d'électeurs nouveaux. — *Conseil* de révision.* « *Au conseil de révision : deux ans de suite ajourné, réformé définitivement au troisième* » (GIDE). ♦ 3° Examen par lequel on vérifie qu'une chose est bien dans l'état où elle doit être. V. **Vérification.** *Révision d'un véhicule.* — Méd. *Révision utérine :* exploration de la cavité utérine après un accouchement, pour s'assurer de sa vacuité. ♦ 4° (XXᵉ). Action de revoir, de repasser (un sujet, un programme d'études) en vue d'une composition, d'un examen. *Faire des révisions. Révisions d'histoire, d'anglais.*

RÉVISIONNEL, ELLE [ʀevizjɔnɛl]. *adj.* (1875 ; de *révision). Didact.* Relatif à une révision.

RÉVISIONNISME [ʀevizjɔnism(ə)]. *n. m.* (1907 ; de *révision,* d'apr. le russe). Position idéologique de socialistes qui préconisent de réviser, en fonction de l'évolution politique, économique et sociale ultérieure, les thèses révolutionnaires de Marx et de Lénine. Cf. **Déviationnisme, réformisme.** « *Maurice Thorez lutta* [...] *contre le révisionnisme et le dogmatisme pour l'unité du mouvement communiste international sur la base du marxisme-léninisme* » (*L'Humanité,* 21-7-1964). — *Par ext.* Position idéologique préconisant la révision d'une doctrine politique dogmatiquement fixée.

RÉVISIONNISTE [ʀevizjɔnist(ə)]. *n.* et *adj.* (1851 ; de *révision).* ♦ 1° Partisan d'une révision, spécialt. d'une révision de la constitution. Subst. *Un, une révisionniste.* ♦ 2° (1955). Partisan du révisionnisme*. (*Abrév. pop.* et *péj.* [1969] : RÉVISO, *n*). Cf. **Déviationniste.** « *Ceux* [...] *qui ont accédé au pouvoir n'ont cessé ipso facto d'être des prolétaires. Ni les 'révisionnistes' de Moscou ni les 'dogmatistes' de Pékin n'ont encore trouvé le moyen de surmonter cette évidence* » (*Le Monde,* 6-10-1964).

REVISSER [ʀ(ə)vise]. *v. tr.* (1892 ; de *re-,* et *visser).* Visser (ce qui était dévissé). « *Il passe beaucoup de temps à dévisser, à revisser les commutateurs électriques* » (DUHAM.).

REVITALISATION [ʀəvitalizasjɔ̃]. *n. f.* (1922 ; de *re-,* et *vitalisation,* p.-ê. d'apr. l'angl. *revitalization*). Action de revitaliser; son résultat. Cf. Revivification (1°), reviviscence.

REVITALISER [Rəvitalize]. *v. tr.* (1933; de *re-*, et *vitaliser*, d'apr. l'angl. *to revitalize* « rendre sa vitalité à »; Cf. Dévitaliser). ♦ 1° Redonner de la vitalité à (qqch. de vivant, 3°). *Revitalisez vos cheveux anémiés...* — P. prés. adj. (1951). *Crème de beauté revitalisante.* ♦ 2° *Fig.* (v. 1966). Faire revivre. V. Revivifier. *Revitaliser une alliance.* « *Quel urbanisme conviendrait à la Côte d'Azur? Comment revitaliser l'arrière-pays?* » (M. RAGON).

REVIVIFICATION [R(ə)vivifikasjɔ̃]. *n. f.* (1676; de *revivifier*). ♦ 1° *Littér.* Action de revivifier, de faire revivre. Cf. Revitalisation. ♦ 2° *Techn.* Opération qui consiste à ramener à l'état d'oxyde de fer les matières transformées en sulfure lors de l'épuration chimique du gaz.

REVIVIFIER [R(ə)vivifje]. *v. tr.* (1575; « reprendre vie », 1280; de *re-*, et *vivifier*). *Littér.* Vivifier de nouveau, donner une nouvelle vie à. V. Ranimer, réveiller. — Au p. p. « *Des sentiments d'enfance revivifiés* » (BERGSON).

REVIVISCENCE [Rəvivisɑ̃s] ou **RÉVIVISCENCE** [Revivisɑ̃s]. *n. f.* (1586; du lat. *reviviscere* « revenir à la vie »). *Littér.* Action de reprendre vie. V. Résurrection. *La reviviscence d'un souvenir.* ◇ *Sc.* Propriété que possèdent certains êtres inférieurs (animaux ou végétaux) de reprendre l'activité de la vie quand on leur rend l'eau nécessaire. *Reviviscence des spores.*

REVIVISCENT, ENTE [Rəvivisɑ̃, ɑ̃t]. *adj.* (1864; lat. *reviviscens*). *Littér.* ou *Sc.* Qui revit, manifeste de la reviviscence.

REVIVRE [RəvivR(ə)]. *v.; conjug. vivre* (980; du lat. *revivere*).
I. *V. intr.* Revenir à la vie. ♦ 1° Vivre de nouveau (après la mort). V. Ressusciter. Par ext. *Il revit dans son fils : son fils lui ressemble, agit comme lui, le continue.* ◇ *Par exagér.* Recouvrer ses forces, son énergie, retrouver le calme, la joie. *Je commence à revivre depuis que j'ai reçu de ses nouvelles.* V. Respirer. ♦ 2° (*Choses*). Renaître, se renouveler. « *Voilà les bases profondes sur lesquelles la monarchie doit se replacer pour revivre et refleurir* » (MICHELET). ♦ 3° FAIRE REVIVRE : redonner vie en son esprit. V. Évoquer. « *L'odorat, ce mystérieux aide-mémoire, revit faire revivre en lui tout un monde* » (HUGO). ◇ Redonner vie par l'imitation, l'imagination, l'art. *Faire revivre un personnage du passé dans un roman, un film.*
II. *V. tr.* (Déb. XIXᵉ). ♦ 1° Vivre (qqch.) de nouveau. *Je ne veux pas revivre ce que j'ai vécu.* — Revivre une émotion, une impression, la ressentir de nouveau. ♦ 2° Vivre par l'esprit (ce qu'on a déjà vécu). *Je « revis mon passé blotti dans tes genoux* » (BAUDEL.).
◇ ANT. Mourir; éteindre (s'). — HOM. Formes du v. revoir.

RÉVOCABILITÉ [Revɔkabilite]. *n. f.* (1789; de *révocable*). Caractère de ce qui est révocable. *Révocabilité d'un contrat; d'un fonctionnaire.*

RÉVOCABLE [Revɔkabl(ə)]. *adj.* (1307; lat. *revocabilis*). Qui peut être révoqué. *Contrat révocable. À titre révocable.* V. Précaire. — *Fonctionnaire révocable.* ◇ ANT. Irrévocable.

RÉVOCATION [Revɔkasjɔ̃]. *n. f.* (XIIIᵉ; lat. *revocatio* « rappel »). Action de révoquer (une chose). V. Abolition, abrogation, annulation, dédit. *Dr. Révocation d'un testament.* — *Révocation de l'Édit de Nantes* (1685). ◇ (Une personne) *Révocation d'un fonctionnaire.* V. Destitution, licenciement, renvoi. ◇ ANT. Maintien.

RÉVOCATOIRE [RevɔkatwaR]. *adj.* (1407; lat. *revocatorius*). *Dr.* Qui produit révocation. *Disposition révocatoire.*

REVOICI [R(ə)vwasi], **REVOILÀ** [R(ə)vwala]. *prép.* (1573,-1501; de *re-*, et *voici, voilà*). *Fam.* Voici, voilà de nouveau. — (Surtout usité avec le pronom personnel) *Me revoici, c'est encore moi!* « *Nous revoilà dans les mêmes ornières qu'il y a treize ans* » (MAURIAC). « *Tiens, revoilà le chien qui hurle* » (MAUPASS.).

REVOIR [R(ə)vwaR]. *v. tr.; conjug. voir* (980; de *re-*, et *voir*).
I. Voir de nouveau. ♦ 1° Être de nouveau en présence de. *On ne l'a jamais revu. Je l'ai souvent revu depuis. Le plaisir de revoir ses proches.* V. Retrouver. *Au plaisir de vous revoir, au plaisir*! (en prenant congé de qqn). — Pronom. (Récipr.) *Ils ne se sont jamais revus.* ◇ AU REVOIR [ɔRvwaR], locution interjective par laquelle on prend congé de qqn que l'on pense revoir. — Au sens littéral (*opposé à* adieu). « *À bientôt* (*fam.* À la prochaine*, au plaisir*; *pop.* À la revoyure*). — En un sens faible, employé en toute occasion. V. Adieu (*région.*), *salut* (*fam.*). *Au revoir Monsieur, Madame. Dire au revoir. Faire au revoir de la main.* — Subst. *Ce n'est qu'un au revoir et non pas un adieu.* ♦ 2° Retourner dans (un lieu qu'on avait quitté). *Revoir sa patrie.* « *Et près des flots chéris qu'elle devait revoir* » (LAMART.). ♦ 3° Regarder de nouveau. *J'aimerais revoir ces photos.* — Assister de nouveau à. *Revoir un film. Souhaitons de ne jamais revoir de telles atrocités.* ♦ 4° Voir de nouveau en esprit, par la mémoire. « *Adrienne*

la revoyait en train de faire réciter les leçons, le livre à la main » (GREEN). Pronom. *Je me revois encore à ses côtés.*
II. ♦ 1° Examiner de nouveau pour parachever, examiner en seconde main pour corriger. *Revoir et mettre au point un texte.* V. Corriger, réviser. — Au p. p. *Édition revue et corrigée.* ♦ 2° Apprendre de nouveau pour se remettre en mémoire. V. Repasser, réviser. « *Je lui fais revoir le détail des provinces de France* » (LA BRUY.).

REVOLER [R(ə)vɔle]. *v.* (1138, « retourner en volant »; de *re-*, et *voler*).
I. *V. intr.* ♦ 1° (*Rare*). Retourner en volant. V. Voler (1). *Fig.* Revenir rapidement. ♦ 2° Voler de nouveau. *Ce pilote n'a pas revolé depuis son accident.*
II. *V. tr.* Dérober de nouveau, reprendre en volant. V. Voler (2).

RÉVOLTANT, ANTE [Revɔltɑ̃, ɑ̃t]. *adj.* (1731; de *révolter*). Qui révolte, remplit d'indignation, de réprobation. V. Choquant, indigne. *Une injustice révoltante.* V. Criant. « *La lâcheté la plus révoltante s'étale* » (PÉGUY).

RÉVOLTE [Revɔlt(ə)]. *n. f.* (v. 1500; de *révolter*). ♦ 1° Action collective, généralement accompagnée de violences, par laquelle un groupe refuse l'autorité politique existante, la règle sociale établie (V. Désobéissance, insoumission, insubordination), et s'apprête ou commence à les attaquer pour les détruire (V. Émeute, guerre (civile), insurrection, rébellion, sédition, soulèvement). « *C'est donc une révolte, dit le roi. — Sire, répondit le duc, c'est une révolution* » (TAINE). *La révolte d'une province* (V. Dissidence, sécession), *d'une armée* (V. Mutinerie). *Révolte armée, sanglante* (V. Lutte). *Les révoltes de serfs* (V. Jacquerie). *Fomenter une révolte.* — *Inciter, pousser à la révolte. Être en révolte : révolté.* ♦ 2° (XVIIᵉ). Résistance, opposition violente et indignée; attitude de refus et d'hostilité devant une autorité contrainte. « *L'habitude qu'il a prise de la révolte et de l'opposition le pousse à se révolter contre sa révolte même* » (GIDE). — *Esprit de révolte. Cri, mouvement, sursaut de révolte.* V. Indignation. « *La révolte métaphysique* » (CAMUS). ◇ *Par ext. La révolte de l'instinct, d'un désir* (contre la raison). ◇ ANT. Résignation, soumission; conformisme.

RÉVOLTÉ, ÉE [Revɔlte]. *adj.* et *n.* (1564, « apostat ». V. Révolter). ♦ 1° Qui est en révolte contre l'autorité, le pouvoir. V. Dissident, émeutier, insoumis, rebelle, séditieux. — N. *Les révoltés.* V. Insurgé, mutin; factieux. ◇ *Par ext.* Qui a une attitude de refus, d'opposition, se dresse contre l'ordre établi. « *L'homme révolté* », essai de Camus. « *L'homme du peuple est nécessairement l'un ou l'autre, ou résigné ou révolté* » (VIGNY). — N. « *Je suis un révolté... Mon existence sera une existence de combat* » (VALLÈS). « *En bref c'est un révolté* (l'écrivain), *non pas un révolutionnaire* » (SARTRE). ♦ 2° *Fig.* Rempli d'indignation. V. Outré. ◇ ANT. Soumis; résigné; conformiste.

RÉVOLTER [Revɔlte]. *v. tr.* (1530, pron.; « s'enrouler », v. 1500; it. *rivoltare* « échanger, retourner », de *rivolgere*, lat. *revolvere*).
I. ♦ 1° *Rare.* Porter à l'opposition violente, à la révolte. V. Soulever. ♦ 2° Soulever d'indignation, remplir de réprobation. V. Choquer, dégoûter, écœurer; indigner; révoltant. « *Toutes ces simagrées de la fausse dévotion le révoltaient* » (RENAN).
II. SE RÉVOLTER. *v. pron.* ♦ 1° Se dresser, entrer en lutte contre l'autorité ou s'y préparer (d'un groupe). V. Insurger (s'), mutiner (se), rebeller (se), soulever (se). *Se révolter contre un souverain.* ◇ *Par ext. Se révolter contre l'autorité de qqn, contre qqn :* refuser de s'y soumettre, de lui obéir. V. Désobéir, résister. *Enfant qui se révolte contre ses parents.* — *Fig. Se révolter contre le destin.* — Absolt. « *Je me révolte, donc nous sommes* » (CAMUS). ♦ 2° *Fig.* (v. 1650). Être rempli d'indignation, de dégoût et de colère (contre ce qu'on rejette). V. Indigner (s').
◇ ANT. Apaiser, charmer. Obéir, résigner (se).

RÉVOLU, UE [Revɔly]. *adj.* (1377; lat. *revolutus*, p. p. de *revolvere* « rouler, dérouler »). ♦ 1° *Vx.* Qui a achevé son cours, son cycle (astre, année). ♦ 2° *Par ext.* Écoulé, terminé (espace de temps). V. Accompli, achevé, passé. *Jours, moments révolus. À l'âge de 18 ans révolus.* « *Seul survivant d'une époque révolue et déjà paléontologique* » (DUHAM.). V. Disparu.

RÉVOLUTION [Revɔlysjɔ̃]. *n. f.* (v. 1190; bas lat. *revolutio*).
I. (Mouvement en courbe fermée). ♦ 1° Retour périodique d'un astre à un point de son orbite; *par ext.* Marche, mouvement d'un tel astre; temps qu'il met à parcourir son orbite. *Révolution sidérale*. Les révolutions de la Terre.* ♦ 2° *Géom.* (1727). Rotation complète (d'un tour entier) d'un corps mobile autour de son axe (*axe de révolution*). *Surface de révolution*, engendrée par la rotation autour d'un axe (dit *de révolution*) d'une courbe indéformable (appelée *méridienne*). ◇ *Cour.* Tour complet (d'une pièce mobile

autour d'un axe, d'un objet enroulé sur lui-même). V. **Tour.**
♦ 3° Physiol. *Révolution cardiaque*, chaque cycle de l'activité cardiaque comportant une systole* et une diastole*.

II. *Plus cour.* (Changement soudain). ♦ 1° (1559). Changement brusque et important dans l'ordre social, moral; transformation complète. V. **Bouleversement, renversement.** *Révolution des mœurs. La révolution agricole anglaise des XVIIIe et XIXe s. La révolution industrielle de la fin du XIXe s. « Les changements et les révolutions de la langue étaient si brusques... »* (RIVAROL). *C'est une révolution dans l'art de s'habiller.* ◇ *Fam.* V. **Agitation, ébullition, effervescence, fermentation.** *Tout le quartier est en révolution. — Cette page « qui fit révolution dans le journalisme »* (BALZ.) : qui le révolutionna. ♦ 2° *Spécialt.* (1680; *Révolution d'État*, 1636). *Vx.* Coup d'État*. — *Loc. Révolution de palais* : conquête et redistribution du pouvoir fomentées dans les milieux proches du gouvernement sans participation populaire. ◇ *Mod.* Ensemble des événements historiques qui ont lieu dans une communauté importante (nationale, en général), lorsqu'une partie du groupe en insurrection réussit à prendre le pouvoir et que des changements profonds (politiques, économiques et sociaux) se produisent dans la société. *Révolution et guerre civile. Une révolution éclate. Révolution bourgeoise, libérale, prolétarienne, sociale, socialiste. « Nous approchons de l'état de crise et du siècle des révolutions »* (ROUSS.). *« Les révolutions des peuples sont comme ces tremblements de terre dont les secousses se communiquent à des distances incommensurables »* (RIVAROL). *« Une révolution fait en deux jours l'ouvrage de cent ans, et perd en deux ans l'œuvre de cinq siècles »* (VALÉRY). — *La Révolution française* (de 1789). *La révolution russe* (de 1917). ◇ *Absolt.* LA RÉVOLUTION : celle de 1789, jusqu'au Consulat de Bonaparte, et les changements qu'elle détermina. *Avant la Révolution, sous l'Ancien Régime. « Je définis la Révolution, l'avènement de la Loi, la résurrection du Droit, la réaction de la Justice »* (MICHELET). ◇ *Loc.* RÉVOLUTION CULTURELLE (v. 1966; d'apr. une express. chinoise signifiant « révolution sociale et morale »). *N. pr.* La « Grande Révolution culturelle prolétarienne » chinoise de 1965-68. — *Par ext.* Bouleversement dans les modes d'échange socio-culturels, en fonction de leur critique radicale au niveau théorique. *« Cette 'révolution culturelle' que les étudiants français veulent introduire en Sorbonne »* (*Le Monde*, 10-1-1968). ◇ Le changement de la société par des moyens radicaux. *« La révolution est la guerre de la liberté contre ses ennemis »* (ROBESPIERRE). *La révolution permanente* (doctrine de Trotsky). ♦ 3° *Par ext.* Les forces révolutionnaires, le pouvoir issu de la révolution. *La victoire de la révolution sur la réaction.*
◇ ANT. *Calme; contre-révolution, réaction.*

RÉVOLUTIONNAIRE [ʀevɔlysjɔnɛʀ]. *adj.* et *n.* (1789, au sens 2°; de *révolution*). ♦ 1° Qui a le caractère d'une révolution (II, 2°); de la révolution. *Mouvement révolutionnaire. — Guerre révolutionnaire,* subversive. ◇ Institué ou établi par la révolution. *Gouvernement, comité, tribunal révolutionnaire.* ◇ Relatif à une révolution, à son époque. *Spécialt.* De la Révolution française. *Le calendrier révolutionnaire.* V. **Républicain.** *La France révolutionnaire. Les chants révolutionnaires.* ♦ 2° Partisan de la révolution; qui agit en sa faveur. *« Quiconque n'est pas révolutionnaire à seize ans »*, disait-il (Alain), *« à trente ans assez d'énergie pour faire un capitaine de pompiers »* (MAUROIS). *Parti révolutionnaire. Socialistes révolutionnaires et socialistes réformistes.* ◇ N. (1798) *Un grand révolutionnaire.* ♦ 3° (1794, *rare av.* XXe). Qui est partisan de changements radicaux et soudains, dans quelque domaine que ce soit; qui apporte de tels changements. V. **Novateur.** *Une théorie scientifique révolutionnaire. « Les formes de la pensée et de l'art les plus révolutionnaires et les plus rétrogrades »* (R. ROLLAND). *Technique, procédé révolutionnaire.* ◇ ANT. *Conservateur, contre-révolutionnaire, réactionnaire; réformiste, traditionaliste.*

RÉVOLUTIONNAIREMENT [ʀevɔlysjɔnɛʀmɑ̃]. *adv.* (1793; de *révolutionnaire*). *Littér.* Par des moyens révolutionnaires.

RÉVOLUTIONNARISATION [ʀevɔlysjɔnaʀizasjɔ̃]. *n. f.* (1967; de *révolutionnaire*, vocab. maoïste). *Didact.* (*Polit.*). Mise en œuvre de processus révolutionnaires (dans qqch.). *Révolutionnarisation de la presse, en Chine, en 1967.*

RÉVOLUTION(N)ARISME [ʀevɔlysjɔnaʀism(ə)]. *n. m.* (1843; de *révolutionnaire*). ♦ 1° *Vx.* Esprit révolutionnaire. *« Aujourd'hui la princesse a été d'un révolutionnarisme terrible [...] elle a déclaré tout haut et violemment qu'elle préférait un vase japonais à un vase étrusque »* (GONCOURT). ♦ 2° (v. 1963). Tendance à considérer l'action révolutionnaire comme une fin politique en soi (*souvent péj.*). Cf. Gauchisme. *« Cet esprit petit-bourgeois marie sans scrupule le révolutionnarisme tapageur et le nationalisme effréné »* (*L'Humanité*, 4-4-1964).

RÉVOLUTION(N)ARISTE [ʀevɔlysjɔnaʀist(ə)]. *adj.* et *n. m.* (1963, *révolutionariste*; de *révolution[n]arisme*, 2°).

Du *révolutionnarisme* (2°). — *N. m.* Tenant du révolutionnarisme (2°).

RÉVOLUTIONNER [ʀevɔlysjɔne]. *v. tr.* (1836; « agiter en vue d'une révolution », 1793; de *révolution*). ♦ 1° Agiter violemment, mettre en émoi. *« Ce chiffre de quarante millions d'affaires avait aussi révolutionné le voisinage »* (ZOLA). *« L'histoire de ce matin m'a révolutionné »* (CARCO). ♦ 2° Transformer radicalement, profondément. V. **Bouleverser, changer.** *La machine à vapeur a révolutionné l'industrie.*

REVOLVER [ʀevɔlvɛʀ]. *n. m.* (av. 1848; angl. *revolver*, de *to revolve* « tourner »). ♦ 1° Arme à feu courte et portative, pistolet à répétition muni d'un magasin qui tourne sur lui-même (V. **Barillet**). ◇ *Cour.* (abusif, en T. d'armement) Toute arme à feu à répétition du genre pistolet, avec ou sans barillet (V. **Browning, pistolet;** et *arg.* Feu (II, 5°), **pétard, rigolo.** *Tirer un coup de revolver sur qqn.* V. **Revolvériser.** *— Poche* revolver. « Il a osé dire* (André Breton) *que l'acte surréaliste le plus simple consistait à descendre dans la rue, revolver au poing, et à tirer au hasard dans la foule »* (CAMUS). ♦ 2° (*Par anal.*). Mécanisme tournant. *Microscope à revolver,* permettant l'emploi successif, dans l'axe optique, des objectifs de grossissements différents. — *Appos. Tour revolver,* dont le chariot est muni d'une tourelle porte-outils tournante.

REVOLVÉRISER [ʀevɔlveʀize]. *v. tr.* (1892; de *revolver*). *Fam.* Tuer, blesser avec un revolver. — *Pronom. « Quand on a failli se revolvériser au nez de ses parents »* (ROMAINS).

RÉVOQUER [ʀevɔke]. *v. tr.* (1350; *revochier* « rappeler [les âmes des morts] », 1190; lat. *revocare*). ♦ 1° Destituer (un fonctionnaire, un magistrat, un officier ministériel). V. **Casser, destituer, relever** (de ses fonctions); **révocation.** *Qui peut être révoqué.* V. **Amovible, révocable.** *Fonctionnaire révoqué pour trafic d'influence.* ♦ 2° (XIVe). *Vieilli.* Annuler (une décision, une loi). V. **Abroger, rapporter.** ◇ *Mod.* Annuler (un acte juridique) au moyen de formalités déterminées. *Révoquer un legs, un contrat, une procuration. « Je révoquerai le testament fait en votre faveur en donnant ma fortune à mon neveu Philippe »* (BALZ.). ♦ 3° *Littér.* (v. 1530). *Révoquer en doute* : mettre en doute. V. **Contester.** *« Il faudrait presque révoquer en doute ce qu'il raconte,... si Maupéou n'avait rapporté les mêmes détails »* (CHATEAUB.).

REVOTER [ʀ(ə)vɔte]. *v.* (1876; de *re-*, et *voter*). ♦ 1° *V. tr.* Voter une nouvelle fois (qqch.). ♦ 2° *V. intr.* Les électeurs devront revoter.

REVOULOIR [ʀ(ə)vulwaʀ]. *v. tr.* (XIIe; de *re-*, et *vouloir*). *Fam.* Vouloir de nouveau ou encore. *J'en reveux.*

REVOYURE [ʀ(ə)vwajyʀ]. *n. f.* (1821; de *revoir*). *Pop.* À LA REVOYURE : au revoir. *« Tu t'entêtes? Je n'insiste pas. À la revoyure »* (AYMÉ).

REVUE [ʀ(ə)vy]. *n. f.* (1317; de *revoir*).
I. ♦ 1° Examen qu'on fait (d'un ensemble matériel ou abstrait) en considérant successivement chacun des éléments. V. **Inventaire.** *Faire la revue de ses documents. — Revue de (la) presse :* ensemble d'extraits d'articles qui donne un aperçu des différentes opinions sur l'actualité. *Revue des revues :* critique des articles de revues (III). ♦ 2° *Ancien.* Inspection pour vérifier les effectifs militaires. ◇ *Mod.* Inspection des locaux, de l'équipement, etc. *Revue de casernement. Revue de détail*. Revue d'armement. « C'est la revue des vivres de réserve, à présent »* (DORGELÈS). ♦ 3° Cérémonie militaire au cours de laquelle les troupes (immobiles ou défilant) sont présentées à un officier supérieur ou général, à une personnalité. V. **Parade, prise** (d'armes). *« Une revue aux Tuileries, la dernière qu'y fit Napoléon et à laquelle Philippe assista, l'avait fanatisé »* (BALZ.). *Revue du 14-Juillet.* V. **Défilé.** ♦ 4° (1890). *Fam.* (p.-ê. à cause des désagréments qu'apporte la revue aux soldats). *Être de la revue* : être frustré dans ses espérances. ♦ 5° PASSER EN REVUE : assister au défilé ou parcourir le front des troupes afin de les inspecter au cours d'une revue. *Le général a passé le régiment en revue. « Les régiments de la vieille garde qui allaient être passés en revue remplissaient ce vaste terrain »* (BALZ.). ◇ *Fig.* Faire la revue (de qqch.), examiner successivement les éléments (d'un ensemble). *« Il passa tout le mécanisme en revue »* (HUGO). *« Je passais rapidement en revue toutes mes réponses »* (DUHAM.). *« J'ai dix amis peut-être, et il les passa en revue, estimant à mesure le degré de consolation qu'il pourrait tirer de chacun »* (STENDHAL).
II. (XVIe). *Vx.* Le fait de se revoir (après s'être quittés). ◇ *Mod.* et *fam. Nous sommes gens de revue, nous sommes de revue* : nous aurons l'occasion de nous revoir.
III. (1792, angl. *review*). Publication périodique généralement mensuelle, qui contient des essais, des comptes rendus, des articles scientifiques, etc. V. *aussi* **Gazette, magazine, périodique.** *Revue littéraire, scientifique, financière. Revue d'une association, d'une société savante* (V. **Annales, bulletin**). *« C'était le succès : j'étais écorché vif dans les revues à grand tirage »* (LARBAUD).
IV. (v. 1840). ♦ 1° Pièce comique ou satirique qui passe en revue l'actualité, met en scène des personnalités. *Revue*

de fin d'année. *Revue de chansonniers.* ♦ 2° Spectacle de variété, de music-hall. *Revue à grand spectacle. Le public « marqua davantage encore son contentement lorsque la Revue des Folies-Bergère peupla, d'une foule choisie et nue, le blanc décor »* (COLETTE).

REVUISTE [ʀ(ə)vyist(ə)]. *n. m.* (1885; de *revue*). Auteur de revues (IV).

RÉVULSÉ, ÉE [ʀevylse]. *adj.* (1887; V. Révulser). Qui a une expression bouleversée (visage, yeux). *Yeux révulsés,* qui sont, sous l'effet de la peur, de la colère, d'une maladie, tournés de telle sorte qu'on ne voit presque plus la pupille.

RÉVULSER [ʀevylse]. *v. tr.* (1845; du lat. *revulsus,* p. p. de *revellere* « arracher »). ♦ 1° *Méd.* Faire affluer le sang par révulsion. ♦ 2° (XIXᵉ). Retourner, bouleverser (le visage, les yeux). Pronom. *Son regard se révulsa.* V. **Chavirer.**

RÉVULSIF, IVE [ʀevylsif, iv]. *adj. et n. m.* (1555, du lat. *revulsus*). Qui produit la révulsion. — N. m. *La farine de moutarde est un révulsif.*

RÉVULSION [ʀevylsjɔ̃]. *n. f.* (XVIᵉ; « arrachement », 1552; du lat. *revulsus*). Procédé thérapeutique qui consiste à produire un afflux de sang dans une région déterminée de manière à dégager un organe atteint de congestion ou d'inflammation (par cataplasme, cautère, friction, piqûre, scarification, sinapisme, ventouse, vésicatoire).

1. REWRITER [ʀiʀajte, ʀəʀajte]. *v. tr.* (1962; de l'angl. *to rewrite* « réécrire »). *Anglicisme.* Réécrire, remanier (un texte destiné à être publié). V. **Adapter, réécrire, remanier.**

2. REWRITER [ʀiʀajtœʀ, ʀəʀajtœʀ]. *n. m.* (1958; mot angl., même sens; Cf. Rewriter, v.). *Anglicisme.* Rédacteur attaché à une maison d'édition, chargé de réécrire des textes destinés à être publiés. V. **Adaptateur, rédacteur** (-réviseur). *« J'écris comme un cochon. Nous avons des rewriters »* (C. ROCHEFORT).

REWRITING [ʀiʀajtiŋ, ʀəʀajtiŋ]. *n. m.* (1945; mot angl., subst. verbal de *to rewrite* « réécrire »). *Anglicisme.* Action de réécrire, de mettre en forme (un texte destiné à être publié, mis en scène ou mis en ondes; le scénario d'un film). V. **Adaptation, réécriture.**

REZ-DE-CHAUSSÉE [ʀedʃose]. *n. m. invar.* (1548; *estage du rez de chaussée,* 1510; de *rez,* var. de *ras,* et *chaussée*). Partie d'un édifice dont le plancher est sensiblement au niveau de la rue, du sol. (On dit aussi *rez-de-sol* et, éventuellement, *rez*-de-jardin). REM. Au Canada, le rez-de-chaussée compte comme premier étage. *« La maison comportait un rez-de-chaussée, un étage et un grenier spacieux »* (DUHAM). *Rez-de-chaussée surélevé. Habiter au rez-de-chaussée.* ◇ *Par anal.* (1836). Bas (d'une chose ordonnée en hauteur). *« Les pages ont très souvent un rez-de-chaussée d'annotations si considérable que [...] le texte réel n'a l'air que de la glose des notes »* (GAUTIER). — (1906). *Journalisme.* Article imprimé en bas de page.

REZ-DE-JARDIN [ʀedʒaʀdɛ̃]. *n. m. inv.* (1966; de *rez-de-chaussée,* et *jardin*). Partie d'un édifice dont le sol est au niveau d'un jardin. *Pièces en rez-de-jardin :* de plain-pied avec un jardin.

rH [ɛʀaʃ]. *n. m.* (*Néol.;* de *réduction,* et *H,* symb. de l'hydrogène). *Chim.* Potentiel d'oxydo-réduction (d'un corps) défini par le logarithme de l'inverse de la pression de l'hydrogène moléculaire.

Rh Symbole chimique du *rhodium*. — V. aussi **Rhésus.**

RHABDOMANCIE [ʀabdɔmɑ̃si]. *n. f.* (*Rhabdomantie,* 1579; du gr. *rhabdos* « baguette », et *-mancie*). *Didact.* Mode de divination à l'aide de baguettes, art de déceler les sources, trésors, mines. V. **Radiesthésie.** — On écrit aussi *Rabdomancie.*

RHABDOMANCIEN, IENNE [ʀabdɔmɑ̃sjɛ̃, jɛn]. *n.* (1836; de *rhabdomancie*). *Didact.* Personne qui pratique la rhabdomancie. V. **Radiesthésiste, sourcier.**

RHABILLAGE [ʀabijaʒ], **RHABILLEMENT** (vx) [ʀabijmɑ̃], *n. m.* (1506-1538; de *rhabiller*). ♦ 1° Action de rhabiller, réparer. *Rhabillage d'une montre, d'une meule, d'armes détériorées.* V. **Réparation.** ♦ 2° Action de se rhabiller. *Déshabillage et rhabillage des mannequins.*

RHABILLER [ʀabije]. *v. tr.* (1380; de *re-,* et *habiller*). ♦ 1° *Vx* ou *Techn.* Remettre en état. V. **Réparer.** *Rhabiller une pendule.* ♦ 2° (XVIIᵉ). *Cour.* Habiller de nouveau. *Habiller, déshabiller, rhabiller une poupée.* ◇ SE RHABILLER. v. pron. *« Il regardait les enfants plonger et s'ébattre, puis se rhabiller derrière un saule »* (CHARDONNE). — Fig. et fam. (XXᵉ) *Il peut aller se rhabiller,* se dit d'un acteur, d'un athlète qui est mauvais, et qu'on engage à retourner au vestiaire, et par ext. de qqn qui n'a plus qu'à s'en aller, à renoncer. *Va te rhabiller !* ♦ 3° Transformer l'aspect extérieur de (un bâtiment). *Construction gothique rhabillée à la Renaissance.* ◇ *Fig.* Donner une forme nouvelle, moderne à. *Rhabiller une vieille idée, un lieu commun.* V. **Renouveler.**

RHABILLEUR, EUSE [ʀabijœʀ, øz]. *n.* (1549; de *rhabiller,* 1°). Ouvrier, ouvrière qui rhabille.

RHAMNACÉES [ʀamnase]. *n. f. pl.* (1848; *rhamnées,*

1839; du lat. *rhamnus,* gr. *rhamnos,* nom sc. du *nerprun*). *Bot.* Famille de plantes à fleurs *(Dicotylédones dialypétales),* comprenant des arbres ou arbustes généralement épineux qui croissent dans les régions chaudes et tempérées (*ex.* : jujubier, nerprun).

RHAPSODE ou **RAPSODE** [ʀapsɔd]. *n. m.* (1552; gr. *rhapsôdos,* proprem. « qui coud, ajuste des chants », de *rhaptein* « coudre », et *ôdê* « chant »). Chanteur de la Grèce antique qui allait de ville en ville récitant des extraits de poèmes épiques, particulièrement des poèmes homériques. *Les aèdes et les rhapsodes.*

RHAPSODIE ou **RAPSODIE** [ʀapsɔdi]. *n. f.* (1582; gr. *rapsôdia*). ♦ 1° *Antiq.* Suite de morceaux épiques récités par les rhapsodes. ♦ 2° (1859). Pièce instrumentale de composition très libre et d'inspiration nationale et populaire. *Rhapsodies hongroises,* de Liszt.

RHAPSODIQUE ou **RAPSODIQUE** [ʀapsɔdik]. *adj.* (1852; angl. *rhapsodical,* du gr. *rhapsôdikos;* Cf. le précéd.). Qui a le caractère d'une rhapsodie. ◇ D'une rhapsodie musicale.

RHÉ [ʀe]. *n. m.* (1949; formation savante, du gr. *rhein* « couler »). *Mécan.* Unité de fluidité, dans le système C.G.S. (symb. Rh). *Le rhé est l'inverse du poise.*

RHÉNAN, ANE [ʀenɑ̃, an]. *adj.* (XIXᵉ; lat. *rhenanus,* de *Rhenus,* nom lat. du Rhin). Relatif au Rhin, à la Rhénanie. *Le pays rhénan. Peintres rhénans du moyen âge. École rhénane* (art roman).

RHÉNIUM [ʀenjɔm]. *n. m.* (1925; de l'all. *rhenium,* formation savante, de *Rhenus,* nom lat. du Rhin). *Chim.* Corps simple, de symbole Re (n° at. 75, masse at. 186,2), métal blanc parmi les plus réfractaires et les plus denses. *On trouve le rhénium, à l'état de traces, dans la molybdénite.*

RHÉO-. Élément, du gr. *rheô, rhein* « couler ».

RHÉOBASE [ʀeobaz]. *n. f.* (1909; de *rhéo-,* et *-base*). *Physiol.* Intensité du plus faible courant électrique continu suffisant à déterminer, pour toute durée de stimulation supérieure à une durée limite (*dite* temps utile), l'excitation d'un élément organique excitable donné. *On calcule la chronaxie en fonction de la rhéobase.*

RHÉOLOGIE [ʀeɔlɔʒi]. *n. f.* (1943; de l'angl. *rheology* [1928]; Cf. fr. *rhéo-,* et *-logie*). *Phys.* Branche de la mécanique qui étudie le comportement de la matière en fonction de la viscosité, de l'élasticité et de la plasticité, sous le rapport des déformations et des contraintes. *Rhéologie théorique. Applications de la rhéologie dans l'étude de la résistance des matériaux. Rhéologie du flux sanguin.*

RHÉOLOGIQUE [ʀeɔlɔʒik]. *adj.* (1970; de *rhéologie*). *Phys.* De la rhéologie. ◇ Relatif à l'écoulement (à l'élasticité, à la plasticité, à la viscosité) de la matière, d'un matériau donné. *Propriétés rhéologiques des bitumes.*

RHÉOLOGUE [ʀeɔlɔg]. *n.* (1972; de *rhéologie*). *Phys.* Spécialiste de la rhéologie.

RHÉOMÈTRE [ʀeɔmɛtʀ(ə)]. *n. m.* (1844; « galvanomètre », 1855; formation savante, de *rhéo-,* et *-mètre*). *Phys.* Régulateur de débit d'un fluide soumis à des pressions variables.

RHÉOPHILE [ʀeɔfil]. *adj.* (1964; formation savante, de *rhéo-,* et *-phile*). *Biol.* (D'une espèce vivante) Qui possède des caractères adaptatifs pour résister au courant, en milieu torrentiel. *Faune rhéophile.*

RHÉOSTAT [ʀeɔsta]. *n. m.* (1844; mot angl., du gr. *rheô,* et *-stat*). Résistance variable (ou ensemble de résistances) qui, intercalé dans un circuit, permet de faire varier et de régler l'intensité du courant électrique dans ce circuit. *Four à rhéostat.*

RHÉOSTATIQUE [ʀeɔstatik]. *adj.* (1877; de *rhéostat*). *Phys.* Relatif au rhéostat.

RHÉSUS [ʀezys]. *n. m.* (1797; appell. myth. arbitraire, lat. *Rhesus,* gr. *Rhêsos,* roi légend. de Thrace). ♦ 1° *Zool.* Singe du genre macaque *(macacus rhesus),* du nord de l'Inde, au pelage gris-jaune. ♦ 2° *Facteur rhésus,* premier facteur d'un système de groupes sanguins, *système Rh* (mis en évidence, en 1940, en injectant du sang de singe *rhésus* dans l'oreille d'un lapin), agglutinogène existant dans les globules rouges de 85 % des sangs humains et absent chez les autres, qui rend ces deux sortes de sang incompatibles (accidents de transfusion, avortements). *Rhésus positif* (Rh +), *négatif* (Rh —). ◇ en appos. *Mère rhésus négatif. Incompatibilité rhésus. « Des donneurs volontaires Rh négatif auxquels on injecte des globules rouges Rh+ [...] fabriquent donc le précieux anticorps [l'agglutinine anti-Rh] »* (*Le Monde,* 27-2-1969).

RHÉTEUR [ʀetœʀ]. *n. m.* (1534; lat. *rhetor,* mot gr.). ♦ 1° *Antiq.* Maître de rhétorique. ♦ 2° (1694). Orateur, écrivain sacrifiant à l'art du discours la vérité ou la sincérité (V. **Phraseur**). *Danton « n'était pas un rhéteur abstrait et habile. Il parlait pour agir »* (BARTHOU).

RHÉTIEN, ENNE [ʀesjɛ̃, ɛn]. *adj.* (1861; « rhétique »,

XVIIIᵉ; de *Rhétie*). *Géol.* Se dit de l'étage inférieur du lias (période jurassique). Subst. *Le rhétien.*

RHÉTIQUE ou **RÉTIQUE** [ʀetik]. *adj.* et *n. m.* (1732; lat. *rhæticus*, de *Rhætia*). Qui appartient à la région des Alpes située entre Rhin et Danube. — N. m. *Ling.* Langue ancienne du groupe italo-celtique. — Rhéto-roman.

RHÉTORICIEN, IENNE [ʀetɔʀisjɛ̃, jɛn]. *n.* (1370; de *rhétorique*). *Littér.* Personne savante en matière de rhétorique. ◇ Péj. V. **Argumentateur, rhéteur.** « *Tel se flatte toujours d'être un poète qui n'est le plus souvent qu'un magnifique rhétoricien* » (STE-BEUVE).

RHÉTORIQUE [ʀetɔʀik]. *n. f.* et *adj.* (v. 1155; lat. *rhetorica*, du gr. *rhêtorikê* [tekhnê], de *rhêtôr* « orateur »). **I.** *N. f.* ♦ 1º Art de bien parler; technique de la mise en œuvre des moyens d'expression (par la composition, les figures). « *La rhétorique est à l'éloquence ce que la théorie est à la pratique, ou comme la poétique est à la poésie* » (DIDER.). *Figures**, *fleurs* de rhétorique.* — *Traité de rhétorique*, ou *rhétorique.* *La rhétorique d'Aristote.* ◇ *Classe de rhétorique*, et absolt. *rhétorique* (1591) : ancien nom de la classe de première dans les lycées. « *J'étais en rhétorique en 1887 (la rhétorique, depuis lors, est devenue première)* » (VALÉRY). — En Belgique, Classe terminale du « secondaire supérieur » (*opposé à* poésie* et à syntaxe*). ♦ 2º *Littér.* Moyens d'expression et de persuasion propres à qqn. *Employer toute sa rhétorique à convaincre qqn.* « *La rhétorique de Lucrèce* » (CAMUS). ♦ 3º *Péj.* Éloquence ou style déclamatoire de rhéteur (2º). V. **Déclamation, emphase.** « *La rhétorique sociale n'a jamais pris sur moi. Ni aucune rhétorique. Je n'aime pas les phrases. Je n'aime que les faits* » (LÉAUTAUD).
II. *Adj.* (1877). Qui appartient à la rhétorique, en a le caractère. *Procédés rhétoriques.*

RHÉTORIQUEUR [ʀetɔʀikœʀ]. *n. m.* (fin XVᵉ; de *rhétorique*). ♦ 1º Hist. litt. *Grands rhétoriqueurs*, noms que se donnèrent un certain nombre de poètes de la fin du XVᵉ et du début du XVIᵉ s., très attachés aux raffinements de style et aux subtilités de versification. ♦ 2º *Rare.* Rhétoricien. « *C'est ainsi qu'on parle (n'en déplaise aux rhétoriqueurs)* » (STE-BEUVE).

RHÉTO-ROMAN, ANE [ʀetɔʀɔmɑ̃, an]. *adj.* et *n. m.* (v. 1870; de *rhétique*, de *Rhétie*, et *roman*). *Ling.* Se dit des dialectes romans de la Suisse orientale, du Tyrol et du Frioul (syn. : *Ladin*).

RHIN-, RHINO-. Éléments, du gr. *rhis, rhinos* « nez ».

RHINANTHE [ʀinɑ̃t]. *n. m.* (1765; lat. *rhinanthus* « fleur en forme de nez »). *Bot.* Plante (*Scrofulariacées*), nuisible aux prairies, dont une variété est dite *crête-de-coq.*

RHINENCÉPHALE [ʀinɑ̃sefal]. *n. m.* (1923; « type tératologique cyclope au nez en forme de trompe », 1836; de *rhin-*, et *encéphale*). *Anat.* Ensemble de structures encéphaliques (cortex cérébral), d'apparition ancienne dans la phylogénèse, comprenant le cerveau olfactif des vertébrés inférieurs; le tractus et le lobe olfactif du cortex, et la circonvolution limbique du cerveau humain. *Le rhinencéphale se situe chez l'homme à la base de l'encéphale et sur sa face interne; il joue un rôle dans la régulation des comportements émotifs.*

RHINGRAVE [ʀɛ̃gʀav]. *n.* (1549; all. *Rheingraf* « seigneur du Rhin »). ♦ 1º N. m. *Hist.* Titre porté par les princes allemands de la région rhénane (*rhingraviat* [ʀɛ̃gʀavja]). ♦ 2º N. f. (1660). Haut-de-chausses très ample attaché par le bas avec des rubans, mis à la mode en France au XVIIᵉ s. par le rhingrave Salm.

RHINITE [ʀinit]. *n. f.* (1842; de *rhino-*, et *-ite*). *Méd.* Inflammation aiguë de la muqueuse des fosses nasales. V. **Coryza, rhume.** « *Costals, le nez bouché, éternue et se mouche. Est-ce la rhinite?* » (MONTHERLANT). *Rhinite chronique fétide.* V. **Ozène.**

RHINOCÉROS [ʀinɔseʀɔs]. *n. m.* (*Rhinocerons, h. 1288*; lat. *rhinoceros*; mot gr., de *rhinos* « nez », et *keras* « corne »). Mammifère ongulé herbivore de grande taille, au corps massif couvert d'une peau dure, épaisse et rugueuse, qui porte une ou deux cornes sur le nez et dont les membres se terminent par trois doigts munis de sabots. « *Le rhinocéros, cette brute... qui fonce sur tout* » (MICHAUX). *Le rhinocéros barrit. Rhinocéros d'Asie*, à une corne. *Rhinocéros d'Afrique*, à deux cornes.

RHINOLARYNGITE [ʀinɔlaʀɛ̃ʒit]. *n. f.* (1846; de *rhino-*, et *laryngite*). *Méd.* Laryngite accompagnée de rhinite.

RHINOLOGIE [ʀinɔlɔʒi]. *n. f.* (1890; de *rhino-*, et *-logie*). *Méd.* Partie de la médecine qui traite des maladies du nez*. *Spécialiste de rhinologie*, V. **Oto-rhino-laryngologiste.**

RHINOLOPHE [ʀinɔlɔf]. *n. m.* (1839; de *rhino-*, et gr. *lophos* « crête »). *Zool.* Chauve-souris qui présente une membrane semi-circulaire sur le nez, appelée pour cette raison « fer à cheval ».

RHINOPHARYNGIEN, IENNE [ʀinɔfaʀɛ̃ʒjɛ̃, jɛn] ou

RHINOPHARYNGÉ, ÉE [ʀinɔfaʀɛ̃ʒe]. *adj.* (1897, 1901; de *rhinopharynx*). Qui concerne le rhinopharynx. *Affections rhinopharyngées.*

RHINOPHARYNGITE [ʀinɔfaʀɛ̃ʒit]. *n. f.* (1892; de *rhinopharynx*, et *-ite*). Affection du rhinopharynx.

RHINOPHARYNX [ʀinɔfaʀɛ̃ks]. *n. m.* (1902; de *rhino-*, et *pharynx*). *Anat.* Partie supérieure du pharynx qui communique avec les fosses nasales.

RHINOPLASTIE [ʀinɔplasti]. *n. f.* (1822; de *rhino-*, et *-plastie*). *Chir.* Opération destinée à reconstituer le nez d'un blessé au moyen de la greffe ou à corriger la forme d'un nez disgracieux (chirurgie esthétique).

RHINOSCOPIE [ʀinɔskɔpi]. *n. f.* (1867; de *rhino-*, et *-scopie*). *Méd.* Examen des fosses nasales par les narines (V. Nez) avec un petit spéculum ou par le pharynx avec un miroir appelé *rhinoscope* [ʀinɔskɔp].

RHINOVIRUS [ʀinɔviʀys]. *n. m.* (1971; de *rhino-*, et *virus*). *Biol.* Virus responsable du rhume et des infections des voies respiratoires supérieures (différent du virus de la grippe).

RHIZO-, -RHIZE. Éléments, du gr. *rhiza* « racine » (*ex.* : rhizotome, mycorhize).

RHIZOBIUM [ʀizɔbjɔm]. *n. m.* (1876; lat. sav., de *rhizo-*, et gr. *bios* « vie »). *Biol.* Genre de bactéries aérobies fixant l'azote, capables de vivre en symbiose dans les racines des Légumineuses (où les nodosités qu'elles provoquent permettent à chacun des symbiotes l'assimilation de l'azote libre de l'air).

RHIZOCARPÉ, ÉE [ʀizɔkaʀpe]. *adj.* (1846; de *rhizo-*, et *-carpe*). *Bot.* Dont les organes reproducteurs naissent sur les racines. *Plante rhizocarpée.*

RHIZOCTONE [ʀizɔktɔn]. *n. m.* (1839; de *rhizo-*, et gr. *kteinein* « tuer »). *Bot.* Champignon parasite qui détruit les racines de diverses plantes (asperge, luzerne, sainfoin, trèfle). On dit aussi RHIZOCTONIE [ʀizɔktɔni] *n. f.*

RHIZOÏDES [ʀizɔid]. *n. m. pl.* (1897; de *rhizo-*, et *-oïde*). *Bot.* Filament par lesquels certaines algues se fixent, et qui font office de racines chez les mousses.

RHIZOME [ʀizom]. *n. m.* (*Rhizoma, 1804*; mot gr.). *Bot.* Tige souterraine des plantes vivaces qui pousse des bourgeons au dehors et émet des racines adventives à sa partie inférieure. *Rhizomes d'iris.*

RHIZOPHAGE [ʀizɔfaʒ]. *adj.* (1732; gr. *rhizophagos*). *Didact.* Qui se nourrit de racines.

RHIZOPHORE [ʀizɔfɔʀ]. *n. m.* (1765; de *rhizo-*, et *-phore*). *Bot.* Palétuvier, manglier (ainsi nommé parce que le tronc porte des racines latérales).

RHIZOPODES [ʀizɔpɔd]. *n. m. pl.* (1842; de *rhizo-*, et *-pode*). *Zool.* Protozoaires à protoplasme nu, qui émettent des prolongements temporaires (pseudopodes) servant à la locomotion et à la préhension. *Les foraminifères et les radiolaires sont des rhizopodes.*

RHIZOSPHÈRE [ʀizɔsfɛʀ]. *n. f.* (mil. XXᵉ; de *rhizo-*, et *sphère*). *Didact.* (Pédol., biol.). Partie du sol pénétrée par les racines des plantes, très riche en micro-organismes et en substances biologiques.

RHIZOSTOME [ʀizɔstɔm]. *n. m.* (1839; de *rhizo-*, et *-stome*). *Zool.* Méduse (*Scyphoméduses*) à ombrelle piriforme, à bras buccaux soudés, de grande taille et commune sur les rives sablonneuses, appelée vulgairement « gelée de mer ».

RHIZOTOME [ʀizɔtɔm]. *n. m.* (1740, « herboriste »; de *rhizo-*, et *-tome*). *Techn.* Instrument servant à couper les racines. V. **Coupe-racines.**

RHÔ [ʀo]. *n. m.* Lettre de l'alphabet grec (ρ) qui correspond au *r* français. ◈ Hom. Rot 1, rôt.

RHOD-, RHO-. Premier élément, de *Rhodanus* « Rhône », entrant dans la formation de quelques noms déposés de produits synthétiques de la Société Rhône-Poulenc.

RHODAMINE [ʀɔdamin]. *n. f.* (1889; de *rhod-*, et *-amine*). *Chim.* Nom générique des matières colorantes du groupe des phtaléines. Matière colorante de cette famille.

RHODANIEN, IENNE [ʀɔdanjɛ̃, jɛn]. *adj.* (1867; du lat. *Rhodanus*). *Géogr.* Du Rhône.

RHODIA [ʀɔdja]. *n. m.* (1948; abrév. de *Rhodiaceta*, nom déposé). Textile artificiel de fabrication française, à base d'acétate de cellulose. *Rideaux en rhodia.*

RHODIÉ, ÉE [ʀɔdje]. *adj.* (1900; de *rhodium*). *Chim.* Qui contient du rhodium. — Allié à du rhodium. *Platine rhodié.* — Recouvert de rhodium (par RHODIAGE [ʀɔdjaʒ], *n. m.*).

RHODINOL [ʀɔdinɔl]. *n. m.* (1894; formation savante, lat. *rhodinus*, gr. *rhodinos* « de rose », et suff. *-ol*). *Chim.* Alcool terpénique contenu dans l'essence de rose et de pélargonium.

RHODITE [ʀɔdit]. *n. f.* (déb. XXᵉ; « pierre rose », 1752; de *rhod-*, et *-ite*). *Chim.* Alliage naturel d'or et de rhodium.

RHODIUM [ʀɔdjɔm]. *n. m.* (1805, d'apr. la couleur rose de ses dérivés; de *rhodo-*, et *-ium*). *Chim.* Corps simple (p. at.

102,91 ; nᵒ at. 45), métal rare, d'une assez grande dureté, fusible à haute température, blanc et ressemblant au platine avec lequel on le trouve allié à l'état naturel (platine *rhodié*). Symb. Rh. *Alliage de rhodium et d'or.* V. **Rhodite.** *Mousse de rhodium* (rhodium en poudre grise).

RHOD(O)-. Élément, du gr. *rhodon* « rose » (couleur).

RHODODENDRON [ʀɔdɔdɛ̃dʀɔ̃]. *n. m.* (1779 ; « laurier-rose» des Alpes », 1500 ; lat. *rhododendron,* mot gr. de *rhodon* « rose », et *dendron* « arbre »). Arbuste ou arbre *(Éricacées),* à feuilts persistants, à fleurs roses ou rouges réunies en bouquets à l'extrémité des rameaux, et dont certaines variétés sont cultivées comme ornementales. *Massif de rhododendrons.* « *Le rhododendron tient allumée quelques jours, dans son feuillage noir, une torche rose* » (CHARDONNE).

RHODOÏD [ʀɔdɔid]. *n. m.* (1949 ; de *rhod-,* et [*cellul*]*oïde*). Matière plastique à base d'acétate de cellulose, plastique, transparente et incombustible.

RHODOPHYCÉES [ʀɔdɔfise]. *n. f. pl.* (déb. xxᵉ ; de *rhodo-,* et gr. *phucos* « algue »). *Bot.* Algues rouges autrement appelées *Floridées.*

RHODOPSINE [ʀɔdɔpsin]. *n. f.* (mil. xxᵉ ; *érythropsine,* même sens, 1930 ; de *rhod*[*o*]-, et gr. *opsis* « vue »). *Biol.* Pourpre* rétinien.

RHOMB(O)-. Élément, du gr. *rhombos* « losange ».

RHOMBE [ʀɔ̃b]. *n. m.* (1536 ; lat. *rhombus* « objet de forme circulaire ou losangée, ou tournant », du gr. *rhombos*). ◆ 1ᵒ *Vx.* ou *littér.* Losange sans angle droit. « *Nadelman dessine au compas et sculpte en assemblant des rhombes* » (GIDE). ◆ 2ᵒ *Ethnol.* (1839). Instrument de musique rituel ou magique formé d'une lame de bois que l'on fait ronfler par rotation rapide au bout d'une cordelette. « *Elle tourna autour de la table* [...], *frénétiquement, comme le rhombe des sorcières* » (FLAUB.). ◇ HOM. *Rhumb.*

RHOMBENCÉPHALE [ʀɔ̃bɑ̃sefal]. *n. m.* (1929 ; de *rhomb-* [par allusion à la forme du quatrième ventricule], et *encéphale*). *Anat.* Partie de l'encéphale dérivée de la vési-cule* cérébrale postérieure, qui comprend le bulbe rachidien, la protubérance annulaire, le cervelet et le quatrième ven-tricule. ◇ SYN. *Cerveau postérieur.*

RHOMBIQUE [ʀɔ̃bik]. *adj.* (1870 ; de *rhombe*). *Didact.* Qui a la forme d'un rhombe, d'un losange.

RHOMBOÈDRE [ʀɔ̃bɔɛdʀ(ə)]. *n. m.* (1784 ; de *rhombo-,* et -*èdre*). *Géom.* Parallélépipède dont les faces sont des losanges. — *Cristall.* Cristal dont les faces sont six losanges égaux.

RHOMBOÉDRIQUE [ʀɔ̃bɔedʀik]. *adj.* (1842 ; de *rhom-boèdre*). *Géom.* Qui a la forme d'un rhomboèdre. — *Cristall.* Se dit d'un système dont la forme primitive est le rhomboèdre, et qui a un axe ternaire, trois axes linéaires, un centre et trois plans de symétrie. *Le quartz cristallise dans le système rhom-boédrique.*

RHOMBOÏDAL, ALE, AUX [ʀɔ̃bɔidal, o]. *adj.* (1743 [Few]; de *rhombe,* et -*oïdal*). *Didact.* Qui a la forme d'un losange (Cf. Rhombe), d'un rhomboïde, ou d'un rhom-boèdre. Par plaisant. « *Une courte femme au torse rhom-boïdal* » (GONCOURT).

RHOMBOÏDE [ʀɔ̃bɔid]. *n. m.* et *adj.* (1542 ; de *rhomb-,* et -*oïde*). ◆ 1ᵒ *Vx.* Parallélogramme qui n'est ni losange ni rectangle. — *Abusiv.* Solide dont les faces sont des rhombes. ◆ 2ᵒ *Anat.* Muscle du dos placé sous le trapèze, élévateur de l'omoplate. Adj. *Muscle rhomboïde.*

RHOTACISME [ʀɔtasism(ə)]. *n. m.* (1783 ; de *rho,* sur le modèle de « *iotacisme* »). ◆ 1ᵒ *Méd.* Vice de prononc-iation, difficulté ou impossibilité de prononcer les « r » [ʀ]. ◆ 2ᵒ *Ling.* Substitution de la consonne *r* à une autre, *spécial.* en latin, au *s* intervocalique (genesis > generis).

RHOVYL [ʀɔvil]. *n. m.* (1956 ; de *rho*[*d*]-, et contraction de *vinyle,* nom déposé). Textile synthétique de fabrication française constitué de chlorure de polyvinyle pur.

RHUBARBE [ʀybaʀb(ə)]. *n. f.* (*Reubarbe,* x111ᵉ ; bas lat. *reubarbarum* « racine barbare »). Plante *(Polygonacées)* à larges feuilles portées par de gros pétioles comestibles. *Compote, confiture de rhubarbe. Tarte à la rhubarbe.*

RHUM [ʀɔm]. *n. m.* (*Rum,* 1688 ; mot angl., abrév. de *rumbullion,* var. *rumbustion* « grand tumulte », par allus. aux effets de cette boisson). Eau-de-vie de canne à sucre, obtenue par fermentation alcoolique et distillation du jus de canne, ou de mélasses. V. **Tafia.** *Rhum blanc. Boisson au rhum.* V. **Grog, punch.** « *Une gorgée de rhum, ce n'est pas grand'chose, mais avalée au bon moment, ça peut vous sauver un bonhomme* » (DUHAM.). *Baba au rhum.*

RHUMATISANT, ANTE [ʀymatizɑ̃, ɑ̃t]. *adj.* et *n.* (*h. 1503;* 1780 ; de *rhumatisme*). Atteint de rhumatisme, sujet aux rhumatismes. — N. *Un rhumatisant.*

RHUMATISMAL, ALE, AUX [ʀymatismal, o]. *adj.* (1755 ; de *rhumatisme*). Propre au rhumatisme, causé par le rhumatisme. « *Une espèce de douleur rhumatismale ou de sciatique* » (ROMAINS).

RHUMATISME [ʀymatism(ə)]. *n. m.* (*Rheumatisme,*

1549 ; lat. *rheumatismus,* mot gr. « écoulement d'humeurs », rad. *rhein* « couler ». V. **Rhume**). Nom donné à des affections douloureuses, aiguës ou chroniques, des articulations, des muscles et d'autres tissus, associées à des phénomènes inflammatoires ou dégénératifs. V. **Arthrite, arthrose,** et *aussi* **Goutte, lumbago.** *Rhumatisme articulaire aigu,* provoqué par des streptocoques, se manifeste par l'atteinte inflam-matoire aiguë de plusieurs articulations (polyarthrite), parfois compliquée de lésions cardiaques *(rhumatisme car-diaque).* « *Mon malheureux rhumatisme m'a repris* » (LACLOS). — REM. Le terme n'est jamais employé sans qualificatif dans la nomenclature médicale. *Rhumatisme chronique. Rhuma-tisme déformant* (polyarthrite), *noueux.*

RHUMATOÏDE [ʀymatɔid]. *adj.* (1836 ; de *rhumat*[*isme*], et -*oïde*). *Biol., méd.* Qui présente un rapport avec une forme de rhumatisme, ou avec une manifestation rhumatismale. *Douleurs rhumatoïdes. Polyarthrite rhumatoïde* : polyarthrite chronique évolutive.

RHUMATOLOGIE [ʀymatɔlɔʒi]. *n. f.* (v. 1953 ; de *rhumatisme,* et -*logie*). *Méd.* Branche de la médecine qui traite des différentes sortes de rhumatismes.

RHUMATOLOGIQUE [ʀymatɔlɔʒik]. *adj.* (v. 1972 ; de *rhumatologie*). *Méd.* Qui se rapporte à la rhumatologie.

RHUMATOLOGISTE [ʀymatɔlɔʒist(ə)] ou **RHUMA-TOLOGUE** [ʀymatɔlɔg]. *n.* (v. 1953, -v. 1968 ; de *rhumato-logie*). *Méd.* Médecin spécialiste de rhumatologie.

RHUMB ou **RUMB** [ʀɔ̃b]. *n. m.* (1553 [d'apr. angl. *rhumb,* esp. *rumbo*] ; *ryn,* 1483 ; empr. angl. *rim*). *Mar.* Quantité angulaire comprise entre deux des trente-deux aires de vent du compas, et égale à 11ᵒ 15'. V. **Aire** (de vent). ◇ HOM. *Rhombe.*

RHUME [ʀym]. *n. m.* (1643 ; *reume,* x111ᵉ ; lat. *rheuma,* mot gr. « écoulement d'humeurs »). Inflammation aiguë de la muqueuse nasale. V. **Rhinite.** *Rhume de cerveau,* rhume banal provoqué par un virus (V. **Rhinovirus**) différent de celui de la grippe ou par d'autres germes (On dit aussi *coryza* aigu ou catarrhe* du nez). *Un gros rhume. Avoir, attraper un rhume.* V. **Enrhumer** (s') ; refroidissement. « *Mon nez, sou-vent bouché par le rhume de cerveau* » (DUHAM.). *Rhume chronique.* V. **Catarrhe.** *Remède des foins*.*

RHUMER [ʀɔme]. *v. tr.* (1949 ; de *rhum*). Additionner de rhum, parfumer au rhum. — *Eau-de-vie rhumée.*

RHUMERIE [ʀɔmʀi]. *n. f.* (1839 ; de *rhum*). ◆ 1ᵒ Distil-lerie de rhum. *Les sucreries et les rhumeries de la Martinique.* ◆ 2ᵒ Café spécialisé dans les boissons au rhum.

RHYNCHITE [ʀɛ̃kit]. *n. m.* (1839 ; de *rhynch-,* et suff. -*ite*). *Zool.* Insecte coléoptère (Rynchitidés [ʀɛ̃kitide]), aux variétés nombreuses, nuisible aux arbres fruitiers.

R(H)YNCH(O)-. Élément, du gr. *rhugkhos* « groin, bec ».

RHYNCHONELLE [ʀɛ̃kɔnɛl]. *n. f.* (1839 ; lat. sav., de *rhyncho-,* et dimin. -*ella*). *Zool.* Groupe de brachiopodes, extrêmement répandu dans les périodes primaire et secon-daire, aujourd'hui presque disparu.

RHYNCHOTES [ʀɛ̃kɔt]. *n. m. pl.* (1839 ; de *rhyncho-,* et suff. -*ote*). *Zool.* Ordre d'insectes à rostre*, à métamorphoses incomplètes, autrement appelés hémiptères (*ex. :* cigale, pou, punaise).

RHYOLITHE ou **RHYOLITE** [ʀjɔlit]. *n. f.* (déb. xxᵉ ; du gr. *rhuô,* de *rhein* « couler », et -*lithe*). *Géol.* Lave vol-canique de composition granitique, à texture souvent por-phyrique, dont la pâte est partiellement vitreuse.

RHYTIDOME [ʀitidɔm]. *n. m.* (1870 ; du gr. *rhutidôma* ou *rhutidôsis* « ride, rugosité »). *Bot.* Tissu cellulaire, fissuré, fendillé, à la périphérie du liber des plantes ligneuses, appelé couramment *écorce.*

RIA [ʀija]. *n. f.* (v. 1905 ; mot esp. « baie »). *Géogr.* Sur certaines côtes, vallée fluviale noyée par la mer. V. *aussi* **Aber.** *Les côtes à rias.*

RIANT, RIANTE [ʀjɑ̃, ʀjɑ̃t ; ʀijɑ̃, ʀijɑ̃t]. *adj.* (xıᵉ ; de *rire*). ◆ 1ᵒ *Vieilli.* Qui rit, qui aime à rire. V. **Rieur.** ◇ *Mod.* Qui exprime la gaieté. V. **Gai.** *Visage, yeux riants.* ◆ 2ᵒ Qui semble respirer la gaieté et y inciter (de la nature). *Campagne riante. Riantes prairies, fleuries.* ◆ 3ᵒ *Fig.* Agréable, gai. « *Les cours de la Bourse sont affaire d'opinion ; ils reflètent les idées, les imaginations sombres ou riantes* » (BAINVILLE). ◇ ANT. *Triste ; désertique, sauvage. Sombre.*

RIBAMBELLE [ʀibɑ̃bɛl]. *n. f.* (1798 ; o. i., p.-ê. de *riban,* altér. de *ruban,* et rad. onomat. *bamb-* « balancement »). Longue suite (de personnes ou de choses en grand nombre). V. **Cortège, flopée, quantité, tapée.** « *Une ribambelle d'enfants* » (HUGO).

RIBAUD, AUDE [ʀibo, od]. *adj.* et *n.* (xıᵉ ; de l'a. fr. *riber* « faire le débauché », a. haut. all. *riban* « frotter »). *Vx.* Débauché, impudique. V. **Prostitué.** « *Cette ribaude... qui crie et hurle, et entremêle ses caresses immondes de baisers avinés* » (GAUTIER).

RIBAUDEQUIN [ʀibɔdkɛ̃]. *n. m.* (1346 ; a. néerl. *ribau-dekijn,* a. fr. *ribaude* « canon »). *Ancienn.* Engin de guerre constitué par un chariot sur lequel étaient montées des pièces d'artillerie de petit calibre.

RIBÉSIÉES [ribɛzje] ou **RIBÉSIACÉES** [ribezjase]. *n. f. pl.* (1846; de *ribes*, lat. mod. « groseillier », de l'arabe *ribas*). *Bot.* Famille de plantes dicotylédones dialypétales comprenant le groseillier et le cassis.

RIBLAGE [riblaʒ]. *n. m.* (1846; de *ribler*). *Techn.* Action de ribler; son résultat.

RIBLER [rible]. *v. tr.* (1846; probabl. du rad. germ. *ríban* « frotter ». V. **Ribaud**). *Techn.* Aiguiser (une meule), en polir la surface, en particulier en la frottant contre une autre.

RIBLON [riblɔ̃]. *n. m.* (1774; du rad. germ. *ríban*). *Métall.* Déchet de ferraille utilisé dans la fabrication de la fonte de seconde fusion ou dans la fabrication de l'acier au four Martin.

RIBO-. Élément, du rad. de *ribose**.

RIBOFLAVINE [riboflavin]. *n. f.* (v. 1953; de *ribo-*, et *flavine* « pigment biologique jaune »). *Biochim.* Vitamine B₂ présente dans les céréales, les légumes, la levure de bière et actuellement obtenue par synthèse; elle entre dans la constitution de divers enzymes et protéines jaunes de l'organisme. *La riboflavine est prescrite dans les carences en vitamine B (lésions cutanées, muqueuses et oculaires) en association avec les autres vitamines de ce groupe.* (Syn. : *Lactoflavine*).

RIBONUCLÉASE [ribonykleaz]. *n. f.* (1963; de *ribo-*, et *nucléase*). *Biochim.* Enzyme pancréatique agissant comme catalyseur dans l'hydrolyse de l'acide ribonucléique* et dans le transfert de groupements phosphoryles au niveau des nucléotides. Cf. Désoxyribonucléase.

RIBONUCLÉIQUE [ribonykleik]. *adj.* (mil. xxᵉ, *acide ribose nucléique*, 1949; de *ribo-*, et *nucléique*). *Biochim. Acide ribonucléique :* acide nucléique formé par un enchaînement de nucléotides* dont le sucre est le ribose* (V. **Ribosome**), constituant des noyaux cellulaires et présent dans le cytoplasme. *Abrév.* ARN (*angl.* RNA). *Acide ribonucléique messager* (*abrév.* ARNm) : porteur du code génétique selon lequel s'effectue la synthèse des protéines spécifiques (V. **Codon**). Cf. Désoxyribonucléique. *Acide ribonucléique de transfert.*

RIBOSE [riboz]. *n. m.* (1932; de [*acide*] *ribo*[*nique*], et *-ose*, 1). *Biochim.* Pentose (ose à cinq atomes de carbone) très répandu dans les tissus animaux et végétaux sous forme libre ou combinée (esters phosphoriques). *Combiné avec des bases puriques ou pyrimidiques, le ribose forme les acides ribonucléiques*. La forme réduite du ribose est le désoxyribose* (constituant des acides désoxyribonucléiques*).

RIBOSOME [ribozo(s)om]. *n. m.* (v. 1960; de *ribo-*, et *-some*). *Biol.* Organite cytoplasmique formé d'une molécule d'acide ribonucléique* (ARN ribosomique) associée à des protéines et assurant le contrôle de la synthèse cellulaire des protéines en déchiffrant le code inscrit dans l'ARN messager. « *La ' lecture ' des ribosomes, traduisant l'information génétique en séquences d'acides aminés, se poursuit* [...] *jusqu'à ce que le ribosome rencontre un codon d'arrêt* » (*La Recherche*, juil.-août 1970). [*Syn.* : grain de Palade].

RIBOTE [ribɔt]. *n. f.* (1804; de l'a. v. *riboter* (1745), altér. de *ribauder; de ribaud*). *Vieilli* ou *plais.* Joyeux excès de table et de boisson. V. **Bombe**, **noce**, **orgie**. « *Les anciens combattants racontèrent inlassablement leurs ribotes dans les villages* » (DUTOURD). *Faire ribote. Être en ribote*, en état d'ivresse.

RIBOUIS [ribwi]. *n. m.* (1880; « savetier », 1854; de l'arg. *rebouiser* « rajuster »; de *bouis*, forme dial. de *buis*, instrument de cordonnier). *Vx* et *pop.* Soulier usagé, soulier.

RIBOULDINGUE [ribuldɛ̃g]. *n. f.* (1892; de *dinguer*, et p.-ê. du rad. de *riboter*). *Pop.* Partie de plaisir, noce. V. **Bombe, ribote**. *Faire la ribouldingue.* « *Deux jours de ribouldingue, avec toutes les femmes qu'on voulait* » (ROMAINS).

RIBOULANT, ANTE [ribulã, ãt]. *adj.* (xxᵉ; de *ribouler*). *Fam. Yeux riboulants*, étonnés.

RIBOULER [ribule]. *v. intr.* (1862, antér. dial. *rebouler*, *ribouler; de boule*). *Fam.* et *vieilli. Ribouler des yeux, des quinquets*, regarder en roulant les yeux d'un air stupéfait. « *Il pourra ribouler des yeux, personne ne s'en inquiétera* » (J.-R. BLOCH).

RICAIN, AINE [rikɛ̃, ɛn]. *adj.* (v. 1950; aphérèse de *Américain*). *Pop.* Américain(e) des États-Unis. V. **Amerlo(t)**.

RICANEMENT [rikanmã]. *n. m.* (1702; de *ricaner*). Action de ricaner (1°). V. *aussi* **Moquerie**. *Les « ricanements sardoniques des détracteurs de ce grand génie* » (GAUTIER). ◇ *Rire bête ou gêné.*

RICANER [rikane]. *v. intr.* (1538; « braire », v. 1400; a. fr. *recaner* « braire », frq. °*kinni* « mâchoire »; d'apr. *rire*). ♦ 1° Rire à demi de façon méprisante ou sarcastique. « *Ils riaient entre eux, ils raillaient, ils ricanaient* » (PÉGUY). « *Il avait le rictus d'un homme qui ricane* » (MART. du G.). ♦ 2° Rire de façon stupide, sans motif ou par gêne. « *Un temps à ricaner tout seul sans que l'on pût savoir pourquoi* » (COURTELINE). ♦ 3° *Trans.* Dire en ricanant (1°).

Ricaner une réponse. — P. p. adj. *Quelques mots ricanés.*

RICANEUR, EUSE [rikanœr, øz]. *adj.* et *n.* (1555). Qui ricane. — Par ext. *Un air ricaneur.* ◇ N. *Ces perpétuels ricaneurs sont insupportables.*

RICCIE [riksi]. *n. f.* (1765; de *Ricci*, bot. it.). *Bot.* Plante muscinée *(Hépatiques)* qui croît dans les régions tempérées, aux endroits humides.

RICERCARE [ritʃɛrkare]. *n. m.* (1875; *recherche*, vx, 1732; *ricercata* 1846; mot it., du v. *ricercare* « rechercher »). *Hist. mus.* Genre de pièce instrumentale libre en style d'imitations* inauguré par les luthistes italiens à la fin du xvᵉ s. et développé surtout par les clavecinistes et les organistes. *Plur.* (it.) *Ricercari. Les ricercari de Frescobaldi.*

RICHARD, ARDE [riʃar, ard(ə)]. *n.* (1466; de *riche*). *Fam.* et *péj.* Personne riche, qui a de la fortune. *Un gros richard.* V. **Nabab.** « *C'est un état que nous ne souhaitons à personne, que celui d'être le richard de la famille* » (MONTHERLANT). ◇ *Il est un peu nouveau riche.* Au fém. (Rare) *Nouvelle riche.* — *Péj.* GOSSE DE RICHE, DE RICHES : enfant de riches, plus ou moins gâté. ♦ 2° *(Choses)*. Qui annonce ou suppose la richesse (V. **Coûteux, somptueux**). *De riches tapis.* « *Les riches parures de diamant que son frère lui avait données* » (BALZ.). *Fam. Ça fait riche.* ◇ *Par ext.* Qui a l'apparence, certains caractères des choses coûteuses (ornements, couleurs). *Riches coloris. Riches galons.* « *Les pampres déjà rougis d'une treille faisaient une riche bordure* » (BALZ.). ♦ 3° RICHE EN... (surtout *concret*) : qui possède beaucoup de (choses utiles ou agréables). *Un sous-sol riche en minerais. Un aliment riche en vitamines. Je ne suis pas riche en petite monnaie.* — RICHE DE... (surtout *abstrait*) : qui a beaucoup de, est plein de. « *La pensée est une activité immédiate, prévisoire... mais aussi, riche de possibilités* » (VALÉRY). « *C'est un rôle complexe et riche de contradictions* » (GIDE). *Un livre riche d'enseignements.* ♦ 4° Qui contient de nombreux éléments, ou des éléments importants en abondance. *Une riche collection de papillons. Riches harmonies. Un sol, une terre riche.* V. **Fertile.** *Aliment riche.* V. **Nourrissant, nutritif.** *Gaz* riche. *Mélange riche* (en carburant). *Langue riche* (en moyens d'expression). *Rime* riche. — *Fam. C'est une riche nature*, une personne pleine de possibilités, énergique. *Une riche idée*, excellente. ◇ ANT. **Pauvre.**

RICHE [riʃ]. *adj.* et *n. m.* (*Rice*, 1050; frq. °*riki* « puissant »). ♦ 1° Qui a de la fortune, possède des biens, est *spécialt.* de l'argent en abondance. V. **Argenté, cossu, fortuné, galetteux** *(pop.)*, **huppé, nanti, opulent, pourvu, rupin** *(fam.)*. *Être riche* (V. l'aise, plein aux as*, avoir du foin dans ses bottes*, de l'oseille*), *très riche, riche à millions.* V. **Richissime.** *Les gens riches, assez riches.* V. **Aisé.** « *Une des misères des gens riches est d'être trompés en tout* » (ROUSS.). *Nous ne sommes pas riches*, nous n'avons guère d'argent (sans être pauvres). *Riche héritier.* V. **Gros.** *Hériter d'un riche parent* (Cf. Un oncle* d'Amérique). *Épouser une riche héritière.* — Par ext. *Faire un riche mariage* (avec une personne riche). — *Pays riches.* V. **Prospère.** ◇ N. m. UN RICHE, LES RICHES (fém. *rare*) : un homme riche, les gens riches. V. **Milliardaire, millionnaire, multimillionnaire, nabab, richard.** « *Quand les riches se font la guerre, ce sont les pauvres qui meurent* » (SARTRE). PROV. *On ne prête* qu'aux riches. — NOUVEAU RICHE : personne récemment enrichie, et *spécialt* sa fortune sans modestie et sans goût. V. **Parvenu; B.O.F.**

RICHELIEU [riʃəljø]. *n. m.* (1910; n. pr.). Chaussure basse et lacée. *Des richelieu, des richelieus.* « *Vise ces pompes, dit-il à son compagnon. Et on appelle ça des Richelieu !* » (MAC ORLAN).

RICHEMENT [riʃmã]. *adv.* (1138; de *riche*). ♦ 1° De manière à rendre ou à devenir riche. *Il a marié richement ses filles.* ♦ 2° Avec magnificence. *Richement vêtu.* ◇ Par ext. *Missel richement orné.* ◇ ANT. **Pauvrement.**

RICHESSE [riʃɛs]. *n. f.* (1120, plur.; 1138, sing.; de *riche*). I. ♦ 1° Possession de grands biens, et *spéciall.* Abondance d'argent en la possession de qqn. V. **Argent, fortune.** « *La richesse est devenue l'unique objet des désirs des hommes, parce qu'elle donne la puissance* » (FUSTEL). PROV. *Contentement passe richesse :* il vaut mieux être heureux que riche. ◇ LES RICHESSES : l'argent, les possessions matérielles. V. **Bien.** « *Les puissants du moment accumulent les richesses avec le sentiment de travailler pour l'éternité* » (DUHAM.). *Une soif insatiable de richesses* (V. **Avarice, avidité**). ◇ Objets de grande valeur. *Des richesses enfouies.* V. **Trésor.** *Les richesses d'une collection, d'un musée.* ♦ 2° (1694) *Tout ce qui peut, dans la société, satisfaire un besoin, et spéciall.* Les biens qui peuvent être objet de propriété et ont une valeur. V. **Bien, capital.** *Les ressources et les richesses naturelles d'un pays. Distribution, répartition des richesses.* ♦ 3° *Fig. Bien.* « *Quand je songe au bienfait de la musique, à la richesse qu'elle apporte* » (DUHAM.). « *Ils exploitent en silence les richesses intellectuelles du genre humain* » (STAËL). V. **Ressource.** *Les richesses d'un texte.*

II. Qualité de ce qui est riche. ◊ 1° État d'une personne riche. *Tomber de la richesse dans la pauvreté.* V. **Aisance, opulence.** *Vivre dans la richesse.* Fam. *Il fait quelques affaires, ce n'est pas la richesse.* ◊ 2° Qualité de ce qui est coûteux ou en a l'aspect. *La richesse des tentures, du décor.* ◊ 3° RICHESSE EN : état de ce qui possède, contient beaucoup de. *La richesse d'un aliment en calcium. La richesse du pays en pétrole.* ◊ 4° Qualité de ce qui est riche (4°). *Richesse du sous-sol. La richesse de sa documentation.* V. **Abondance, importance.** « *Il jurait... avec une richesse de vocabulaire...* » (MAUPASS.). *Une grande richesse de couleur.* V. **Éclat.** *Richesse d'orchestration.*

◊ ANT. (du II) *Pauvreté.*

RICHISSIME [riʃisim]. adj. (XIIIe, repris 1801 ; de *riche*, et *-issime*). Extrêmement riche. *Un financier richissime.* V. aussi **Milliardaire.**

RICIN [risɛ̃]. n. m. (1698 ; *ricine*, 1602 ; lat. *ricinus*). Plante (*Euphorbiacées*), à grandes feuilles palmées, dont le fruit est une capsule renfermant des graines oléagineuses. V. **Palma-christi** (vx). — Cour. (1831). *Huile de ricin,* employée en médecine comme purgatif.

RICINÉ, ÉE [risine]. adj. (1871 ; de *ricin*). Méd. À quoi on a incorporé de l'huile de ricin.

RICKETTSIE [rikɛtsi]. n. f. (1910 ; de *Ricketts*, savant amér.). Biol. Genre de micro-organismes proches des bactéries et des virus, parasites de l'homme et des animaux provoquant diverses maladies.

RICKETTSIOSE [rikɛtsjoz]. n. f. (Néol. ; de *rickettsie*, et *-ose*). Méd. Maladie infectieuse causée par des rickettsies (typhus exanthématique, fièvre pourprée des montagnes Rocheuses, typhus à tiques, fièvre des tranchées).

RICOCHER [rikɔʃe]. v. intr. (1807 ; de *ricoch*[*et*]). Faire ricochet. V. **Rebondir.** *Des pierres qui ricochent.* « *Trouvant encore du plaisir à faire comme un enfant, ricocher des cailloux sur l'eau...* » (BALZ.).

RICOCHET [rikɔʃɛ]. n. m. (1650 ; *fable du Ricochet.* XIIIe ; de *ri*, o. i., et *coq, cochet ;* chanson à ritournelle où le mot *coq* revient). ◊ 1° Rebond d'un objet plat lancé obliquement sur la surface de l'eau, ou d'un projectile renvoyé par le sol ou un corps dur. « *Il ramassait des cailloux pour faire des ricochets* » (MUSS.). « *Un éreintage manqué est... une balle dont le ricochet peut vous tuer* » (BAUDEL.). ◊ 2° Fig. PAR RICOCHET : par contrecoup, indirectement. « *Et, qui sait, peut-être penserai-je à toi quelquefois, par ricochet, quand je me rappellerai ce bel été* » (LOTI). Dr. *Dommage par ricochet.*

RIC-RAC [rikrak]. loc. adv. (*Riqueraque,* 1611 ; *ric à rac,* XVIe, *ric à ric,* 1470 ; onomat.). Fam. Très exactement. *Il nous a payé ric-rac.* — *C'est compté ric-rac :* tout juste.

RICTUS [riktys]. n. m. (1821 ; mot lat. « ouverture de la bouche », de *ringi* « grogner en montrant les dents »). ◊ 1° Didact. (Pathol.). Spasme des muscles dilatateurs de la bouche donnant l'aspect de rire forcé. « *Son rictus* (du lynx) *convulsé se retrousse avec une grimace affreuse jusqu'aux orbites* » (GAUTIER). ◊ 2° Cour. Sourire grimaçant (accompagné d'un rictus, 1°). « *Un rire silencieux, un rictus... tiraillait en tous sens le menton* » (MART. du G.).

RIDAGE [ridaʒ]. n. m. (1842 ; de *rider,* II). Mar. Action de tendre pour raidir (un cordage, les haubans, les étais).

RIDE [rid]. n. f. (1488 ; « fer à plisser », XIIIe ; de *rider*). I. ◊ 1° Petit pli de la peau, sillon cutané (le plus souvent au front, à la face, au cou) dû au froncement, à l'âge ou à l'amaigrissement. *Les rides résultent d'une diminution de l'élasticité de la peau. Visage sillonné de rides.* V. **Ridé.** *Rides au coin de l'œil.* V. **Patte-d'oie.** *Petite ride.* « *Ses rides n'étaient pas les plis provisoires tracés par le mouvement des muscles, mais des ravins définitifs, des creux d'une permanence terrible comme la vieillesse* » (NIZAN). *Traitements contre les rides.* V. **Antirides.** ◊ 2° Légère ondulation, cercles à la surface de l'eau. V. **Onde.** « *Les rides concentriques de plus en plus faibles produites par cette chute à la surface des eaux* » (MAUROIS). ◊ Pli ou sillon sur une surface. *Rides d'une pomme. Les rides d'une plaine :* plissement, ondulation. *Rides éoliennes de sable, de neige.* — Spécialt. Géogr. *Rides de plage,* rides d'un littoral sableux ou vaseux. II. (De *rider,* II). Mar. (1634). Bout de filin qui sert à raidir ou *rider* les haubans.

RIDÉ, ÉE [ride]. adj. (XIIe, « plissé ». V. **Rider**). ◊ 1° Marqué de rides. *Peau, main ridée.* « *Ce visage septuagénaire, hâlé, ridé* » (BALZ.). ◊ 2° Qui présente des rides (I, 2°). *Fruit ridé.* ◊ ANT. Lisse. — HOM. Ridée.

RIDEAU [rido]. n. m. (1347 ; de *rider* « plisser », le *rideau* formant des plis). ◊ 1° Pièce d'étoffe pouvant former des plis, généralement mobile (anneaux, tringle, glissières et tirette), destinée à intercepter ou tamiser la lumière, à cacher, abriter, décorer qqch. *Rideaux de fenêtres. Rideaux transparents.* V. **Voilage.** *Rideaux de cretonne. Rideau retenu par une embrasse. Rideaux bonne femme,* courts et tenus par des embrasses (style rustique). *Doubles rideaux, rideaux en tissu épais, par-dessus des rideaux transparents.* — *Rideaux*

de lit, contre le jour et les courants d'air. V. **Baldaquin, courtine.** *Rideaux d'une porte.* V. **Portière, tenture.** — *Fermer, ouvrir, écarter, tirer les rideaux.* « *Le petit clerc avait relevé l'un des rideaux de mousseline, pour voir passer le monde* » (ZOLA). ◊ 2° Grande draperie à plis (ou toile peinte simulant une draperie) qui sépare la scène de la salle. *Lever, baisser le rideau. Au lever du rideau. La chute du rideau. Un lever* * *de rideau.* — *Rideau !,* exclamation que poussent les spectateurs impatients (pour demander qu'on lève le rideau) ou les spectateurs mécontents (pour demander qu'on le baisse). *Par ext. (Fig. et fam.)* Assez, c'est fini, cela suffit. ◊ 3° RIDEAU DE FER : rideau métallique séparant la scène de la salle en cas d'incendie. ◊ Fermeture métallique de la devanture d'un magasin. « *Je ferme la boutique. Il sortit et se mit à tourner une manivelle. Un rideau de fer descendit avec fracas* » (SARTRE). ◊ (1946, d'apr. angl. *iron curtain*) Ligne qui isole en Europe les pays communistes des pays non communistes. *Au delà du rideau de fer.* ◊ 4° Tablier de cheminée. ◊ 5° Loc. fig. *Tirer le rideau sur qqch.,* cesser de s'en occuper, d'en parler. « *Sur les noires couleurs d'un si triste tableau Il faut passer l'éponge ou tirer le rideau* » (CORN.). ◊ 6° RIDEAU DE... : chose susceptible d'intercepter la vue, de mettre à couvert. V. **Écran.** *Rideau de verdure, d'arbres.* « *L'horizon était caché par des rideaux de peupliers* » (DUHAM.). V. **Ligne.** « *À travers un rideau de pluie moins serré...* » (FROMENTIN). *Rideau de troupes,* mince cordon de troupes destiné à masquer et couvrir les mouvements du gros des troupes. *Rideau de feu,* tirs d'artillerie sous la protection desquels peuvent progresser les troupes.

RIDÉE [ride]. n. f. (1846 ; de l'a. sens de *rider* « tordre ») Chasse. Filet à attraper les alouettes. ◊ HOM. Ridé.

RIDELLE [ridɛl]. n. f. (1383 ; *reidele,* XIIIe ; moy. haut all. *reidel* « rondin » ; Cf. all. *Reitel*). Châssis à claire-voie disposé de chaque côté d'une charrette, d'un camion, etc., afin de maintenir la charge. « *Les ridelles des camions portaient des emblèmes peints* » (NIZAN). — *Wagon à ridelles.*

RIDEMENT [ridmɑ̃]. n. m. (1576 ; de *rider*). Rare. Action de rider, de se rider.

RIDER [ride]. v. tr. (XIIIe ; « plisser, froncer », XIIe ; de l'a. haut all. *rīdan* « tordre »). I. ◊ 1° Marquer, sillonner de rides. « *La vieillesse... viendra rider ton visage* » (FÉN.). V. **Flétrir.** Pronom. *Visage, peau qui se ride.* ◊ 2° Faire des rides (2°) à. « *Le beau lac de Némi, qu'aucun souffle ne ride* » (LAMART.). Pronom. *Fruit qui se dessèche et se ride.* II. Mar. (1573, « tordre »). *Rider* (une manœuvre dormante), la raidir fortement à l'aide de ridoirs ou de « caps de mouton ».

RIDICULE [ridikyl]. adj. et n. (XVe ; lat. *ridiculus,* de *ridere* « rire »). I. Adj. ◊ 1° Qui mérite d'exciter le rire et la moquerie. V. **Risible ; dérisoire.** — (Personnes) *Une personne ridicule.* V. **Grotesque.** *Il a été ridicule.* « *On n'imagine pas combien il faut d'esprit pour n'être jamais ridicule* » (CHAMFORT). *Rendre qqn ridicule.* V. **Ridiculiser.** *Les Précieuses ridicules,* comédie de Molière. — (Choses) *Mode extravagante et ridicule.* V. **Burlesque.** *Prétention, vanité ridicule.* V. **Sot.** *Coutumes, superstitions ridicules.* V. **Absurde, saugrenu.** « *Nul peuple ne saisit plus vivement le côté ridicule des choses, et dans les plus sérieuses, il trouve encore le petit mot pour rire* » (GAUTIER). *Ne faites pas cela, c'est ridicule.* Impers. *Il serait ridicule d'accepter, qu'il y en aille.* V. **Déraisonnable.** ◊ 2° Par ext. Insignifiant. *Une somme, une quantité ridicule.* V. **Dérisoire.** II. N. m. (XVIIe). ◊ 1° Vx. Personne ridicule. « *Cléante, au levé, Madame, a bien paru ridicule achevé* » (MOL.). ◊ Loc. mod. *Tourner qqn en ridicule,* le rendre ridicule, s'en moquer. V. **Ridiculiser.** ◊ 2° Caractère, trait qui rend ridicule ; ce qu'il y a de ridicule. « *La tradition française, qui est de montrer les travers, les ridicules et les tares humaines pour nous en faire rire* » (LÉAUTAUD). V. **Défaut, travers.** « *Il y a toujours quelque ridicule à parler de soi* » (CLAUDEL). « *J'avais déjà quitté mes propos de Céladon, dont je sentais tout le ridicule* » (ROUSS.). « *Mon hôte avait l'infirmité de s'appeler Durand, se donnait le ridicule de renier le nom de son père* » (BALZ.). ◊ Absolt. *Le ridicule,* se dit de ce qui excite le rire et la risée. « *Le ridicule déshonore plus que le déshonneur* » (LA ROCHEF.). « *Il n'est qu'un pas du sublime au ridicule* » (MICHELET). *Couvrir qqn de ridicule. La peur du ridicule.* « *Cette maladroite pudeur que l'on nomme le sens du ridicule* » (DUHAM.). — *Le ridicule tue,* on ne se relève pas d'avoir été ridicule.

RIDICULEMENT [ridikylmɑ̃]. adv. (1552 ; de *ridicule*). ◊ 1° D'une manière ridicule. V. **Burlesquement, grotesquement.** *Elle est ridiculement vêtue.* ◊ 2° Dans les proportions dérisoires. *Salaire ridiculement bas.* V. **Honteusement.**

RIDICULISER [ridikylize]. v. tr. (1690 ; de *ridicule*). Rendre ridicule, tourner en ridicule. V. **Bafouer, caricaturer, chansonner, moquer, railler.** « *Jamais artiste ne fut plus ridiculisé* » (BAUDEL.). Pronom. *Il se ridiculise,* il se rend ridicule.

RIDOIR [ridwaʀ]. *n. m.* (1870; de *rider*, II). *Mar.* Appareil à poulie, vis ou crémaillère permettant de rider (un cordage).

RIDULE [ridyl]. *n. f.* (xxᵉ; Cf. le v. *riduler* « froncer de petites rides », 1881; de *ride*). Petite ride.

RIEL [ʀjɛl]. *n. m.* (1961; du khmer). Unité monétaire du Cambodge.

RIEMANNIEN, IENNE [ʀimanjɛ̃, jɛn]. *adj.* (fin xıxᵉ; de *Riemann*, 1826-1866). *Math.* Propre à Riemann et à ses théories mathématiques. *Géométrie riemannienne*, une des géométries non-euclidiennes.

RIEN [ʀjɛ̃]. *pron. indéf.*, *n. m.* et *adv.* (980, *ren non* « nulle chose »; 1050, n. f., « chose » encore au xvıᵉ; du lat. *rem*, accus. de *res* « chose ». V. *Réel*). *REM. Rien* (objet direct) se place normalement devant le p. p. des verbes aux temps composés et devant l'inf. *(Je n'ai rien vu. Ne rien voir)*.

I. *Nominal indéfini. Phonét.* Liaison (ex : *rien à dire* [ʀjɛ̃na diʀ], *rien aimer* [ʀjɛ̃neme]). ♦ 1° Quelque chose, dans un contexte qui n'est pas affirmatif (forme ou sens). V. **Quoi** (que ce soit). *Il fut incapable de rien dire.* « *Une fatigue telle que je renonce à rien exiger de moi...* » (GIDE). — (Avec *ne pas*, lorsque *pas* et *rien* sont dans des propositions distinctes) *Je ne crois pas qu'il puisse rien prouver contre moi.* — (Avec *avant de*, *avant que*) « *Avant que le jeune homme ait rien pu dire...* » (ALAIN-FOURNIER). — (Avec *sans*) *Rester sans rien dire. Sans qu'il dise rien. Sans avoir l'air* de rien.* — (Dans une interrog. dir. ou indir.) *A-t-on jamais rien vu de pareil?* Vieilli. « *Diable emporte si j'entends rien en médecine !* » (MOL.). ♦ 2° (1538). Comme auxiliaire négatif de *Ne*, aucune chose, nulle chose (souvent renforcé, dans l'express. : *rien du tout*, absolument rien). ◇ (En complément) *Je ne sais rien, je n'ai rien vu.* « *Les gens qui ne veulent rien faire de rien n'avancent rien et ne sont bons à rien* » (BEAUMARCH.). PROV. *Qui ne risque rien n'a rien. — Vous n'aurez rien du tout.* Cf. *fam.* La ceinture, des clous*, des nèfles*, la peau*, que dalle*. *Cela ne vaut rien* (*fam.* pas un clou). *Je n'y comprends rien* (Cf. *pop.* Que dalle*). *Il ne comprend rien à rien. Cela ne fait rien. On n'y peut rien. Cela n'a rien à voir*. Ne croire à rien.* V. *Nihiliste. Réduire à rien.* V. *Néantiser. Ça ne sert à rien.* « *Il n'eût pour rien au monde consenti à laisser son domaine* » (MAURIAC). *Je n'ai rien sur mon salaire.* V. *Seulement. Il n'y a rien de trop beau pour lui. Il n'y a rien de mieux.* Cf. *fam.* **IL N'EN EST RIEN** : rien n'existe, n'est vrai de cela. — *Comme si de rien n'était* : en agissant comme si rien ne s'était passé; en affectant l'indifférence, l'oubli. — **N'AVOIR RIEN DE...** : n'avoir aucun des caractères de... *Elle n'a rien d'une ingénue.* — (Avec adj.) *N'être pas du tout. Cela n'a rien d'impossible, rien d'anormal. La maison n'a rien de luxueux.* ◇ (Employé comme sujet) *Rien n'est trop beau pour lui. Rien ne va plus* (au jeu : « il est trop tard pour miser »). *Rien n'y fait. Une ignorance que rien n'excuse.* « *Rien n'a ordinairement l'air plus faux que le vrai* » (GAUTIER). *Plus rien ne bouge.* ◇ (En attribut) **N'ÊTRE RIEN** : n'avoir aucun pouvoir, aucune valeur, aucune importance. « *Le génie sans talent n'est rien* » (VALÉRY). *N'être rien par rapport à*, en comparaison de qqch. — **CE N'EST RIEN** : c'est sans importance, sans conséquence, sans gravité. *Vous vous êtes blessé? — Ce n'est rien.* ◇ **CE N'EST RIEN MOINS (QUE)**. Vieilli. *Il n'est rien moins qu'un savant* : il n'est aucunement un savant. V. *Aucunement, nullement.* « *Ma comédie n'est rien moins ce qu'on veut qu'elle soit* » (MOL.). — *Mod.* (xvııᵉ; avec le sens contraire de « bel et bien »). *Pas moins*.* « *Il ne s'agissait de rien moins que d'allumer le feu de la guerre civile* » (BOSS.). *Il accusait fermement Miraut d'être l'assassin de ses poules et ne parlait rien moins que d'intenter à Lisée un bon procès* » (PERGAUD). — **RIEN DE MOINS (QUE)** : véritablement, réellement. « *Il ne s'agit de rien de moins que de changer une égalité en inégalité* » (VALÉRY). ♦ 3° *Loc. adv.* **EN RIEN** (positif) : en quoi que ce soit. *Elle « ne souffrait pas que l'héritier fût désobéi en rien* » (ROUSS.). *Sans gêner en rien son action.* — **NE... EN RIEN** : d'aucune manière, pas du tout. *Cela ne nous touche en rien.* « *Les pires événements ne l'auront en rien amendée* » (GIDE). ♦ 4° (Sans particule négative) Nulle chose. — (Réponse négative à une question) « *Que faites-vous? — Rien* ». « *À quoi penses-tu? — À rien* » (MAURIAC). — (Phrase elliptique) *Rien à dire, c'est parfait. Rien à faire, la chose est impossible* (Cf. *fam.* Pas moyen*); en réponse à une demande. V. *Non. La bourgade, rien de tel pour les bronches. Rien d'étonnant si vous êtes malade.* « *Je vous remercie. — De rien* » (Cf. Je vous en prie*). *C'est tout ou rien, il n'y a pas de demi-mesure. C'est cela ou rien, vous n'avez pas d'autre choix. Ce que nous pouvons faire c'est la même chose :* nous ne pouvons rien faire d'utile. « *Elle ne disait que le nécessaire, rien de plus, rien de moins* » (HERMANT). « *C'était mieux que rien du tout, une telle satisfaction* » (CÉLINE). *C'est moins que rien, c'est très mal, très mauvais.* « *On vous volera cela en moins de rien* » (STENDHAL), en très peu de temps. V. *Rapidement. Fam. Cela atteint des millions comme rien,* facilement, aisément. ◇ **RIEN QUE...** V. **Seulement.** *Jurez-vous de dire toute la vérité, rien que la vérité? —* (Iron.)

Il en exige le double, rien que ça ! V. *Paille* (une paille!). *C'est à moi, rien qu'à moi.* V. **Uniquement.** « *J'aurais donné mon dernier dollar à la concierge de Lola rien que pour la faire bavarder* » (CÉLINE). « *Rien que d'y penser j'en suis choquée...* » (PROUST). ♦ 5° (Après une prépos.). Chose ou quantité nulle, ou quasi nulle. *Faire qqch. de rien. Vivre content de rien. Se réduire à rien.* V. *Zéro* (à). — **POUR RIEN** : pour un résultat nul. *Se déranger pour rien.* V. **Inutilement** (Cf. *fam.* Pour des prunes). — Pour une cause insignifiante, sans raison. *Beaucoup de bruit pour rien. Ce n'est pas pour rien que.* — Sans payer. V. **Gratuitement.** *Je l'ai eu pour rien. On n'a rien pour rien. Par exagér.* À bas prix, à vil prix (Cf. Pour une bouchée* de pain). « *D'immenses terrains achetés pour rien avant la conquête* » (MAUPASS.). *C'est donné*, c'est pour rien !* V. *Marché* (bon marché). — Pour une chose de valeur nulle, insignifiante. *Compter* pour rien.* — **DE RIEN, DE RIEN DU TOUT** (compl. de nom) : sans valeur, sans importance. *Un petit bobo de rien du tout. Une fille de rien, de mauvaise conduite.* — (Après un numéral, et *fois*) *Deux, trois fois rien* : une chose insignifiante.

II. *N. m.* (1406). *Phonét.* Pas de liaison (ex. : *un rien effraie* [ʀjɛ̃efʀɛ] *cet enfant*). ♦ 1° *Didact.* ou *poét.* V. **Néant.** « *Et tandis qu'on philosophait sur le rien de cette existence, il triomphait, ce rien, jusque dans la mort* » (DAUD.). « *Si l'on demande quel est ce rien qui fonde la liberté, nous répondrons qu'on ne peut le décrire, puisqu'il n'est pas* » (SARTRE). ♦ 2° *Cour.* **UN RIEN** : peu de chose, chose futile. V. **Bagatelle, vétille.** *Un rien le froisse. Un rien les amuse. Un rien l'habille.* — *Au plur.* **DES RIENS** (1667). *Perdre son temps à des riens.* V. **Bêtise, niaiserie.** — **POUR UN RIEN, DES RIENS** : pour la moindre cause, pour une raison insignifiante. « *Pour un rien, elle était appelée... sotte et maladroite* » (BALZ.). *Il fait des histoires pour des riens.* — *Fam.* (Néol.; emploi critiqué) **COMME UN RIEN** (probabl. corruption de *comme rien*) : très facilement. *Il saute 1 m 50 comme un rien. Une machine qui broierait un homme comme un rien.* ♦ 3° **UN RIEN DE...** : un petit peu de. *En reprenez-vous? Un rien* (Cf. Une goutte, une miette). « *J'aimerais que notre arrivée gardât un rien d'imprévu* » (ROMAINS). — **EN UN RIEN DE TEMPS** : très peu de temps. V. **Promptement.** *Il était prêt en un rien de temps.* ◇ **UN RIEN** (*loc. adv.*) : un petit peu, légèrement (Cf. Un tantinet). *Costume un rien trop grand.* « *De petites mains un rien grassouillettes...* » (GONCOURT). « *Des gaufrettes ramollies qui sentaient le fond de tiroir et un rien aussi le pétrole* » (ROMAINS). ♦ 4° *N. m.* et *f.* **UN, UNE RIEN DU TOUT**, ou *rien-du-tout* : personne de rien (socialement, moralement). « *Des brigands, des rien du tout* » (SAND). « *Une boutique bleue à cette rien-du-tout...!* » (ZOLA). « *Oh ! ces riens du tout... on sait comment elles le gagnent, l'argent* » (ZOLA).

III. *RIEN. adv.* (Fin xıxᵉ). *Pop.* (*par antiphrase*). Très. V. **Drôlement, rudement.** *Il fait rien froid !* « *Elles sont rien drôles !* » (ZOLA). « *C'est rien bath ici !* » (QUENEAU). ◇ ANT. **Chose** (quelque chose), **tout.** **Beaucoup.**

RIESLING [ʀisliŋ]. *n. m.* (1846; mot all.). Cépage blanc à vin fin cultivé en Rhénanie, en Alsace, etc. — Vin blanc sec fabriqué avec ce cépage. *Un verre de riesling.*

RIEUR, RIEUSE [ʀjœʀ, ʀjøz; ʀijœʀ, ʀijøz]. *n.* et *adj.* (1460; de *rire*). ♦ 1° Personne qui rit, est en train de rire. *De jolies rieuses.* — *Loc.* **Avoir, mettre les rieurs de son côté, avec soi** : faire rire aux dépens de son adversaire, et *par ext.* Avoir l'approbation de la majorité. « *Dans ces assauts d'impertinence, Santos avait toujours les rieurs — et les rieuses aussi — de son côté* » (LARBAUD). ◇ *Rare.* Personne qui aime à rire, à plaisanter. « *Je n'ai jamais vu un rieur si déterminé; il avait toujours à nous raconter des histoires qui me faisaient pâmer* » (GOBINEAU). ♦ 2° *Adj.* (1636). Qui aime à rire, à s'amuser, à plaisanter. V. **Gai; enjoué.** *Un enfant rieur.* — *Par ext.* Qui indique, annonce la gaieté. *Visage rieur et rieur. Yeux rieurs.* V. **Riant.** ◇ *Mouette rieuse,* variété de mouette (à cause du son saccadé). — *N. f. Une rieuse.* ◇ ANT. **Douloureux, triste.**

RIF, RIFFE ou **RIFFLE** [ʀif, ʀifl(ə)]. *n. m.* (1867, -1598, -1878; *ruffe*, 1596, *rifle*, 1627; de l'arg. it. *ruffo* « feu », lat. *rufus* « rouge »). *Arg.* ♦ 1° Feu. *Au coin du riffle.* ♦ 2° Feu (de la zone des combats), combat. — *Dimin.* **RIFLETTE**, *n. f. Partir pour la riflette,* pour la guerre. ◇ Bagarre. Cf. *Rififi. Chercher du rif,* chercher la bagarre. ♦ 3° Arme à feu, revolver.

RIFFE, RIFFLE. V. **RIF.**

RIFIFI [ʀififi]. *n. m.* (1942; de *rif* « combat », d'o. it.). *Arg.* Bagarre. *Du rififi chez les hommes,* roman de A. Lebreton.

1. RIFLARD [ʀiflaʀ]. *n. m.* (1450; de *rifler*). *Techn.* ♦ 1° La laine la plus longue et la plus avantageuse d'une toison. ♦ 2° (1622). Nom d'outils : rabot de charpentier, de menuisier et d'ébéniste à tranchant convexe qui sert à dégrossir le bois (avant le travail de la varlope). — Ciseau dentelé de sculpteur. — Outil de maçon à lame mince et large. — Grosse lime à métaux.

2. **RIFLARD** [Riflaʀ]. *n. m.* (1828; nom d'un personnage de *La Petite Ville* [1801], comédie de Picard). *Fam.* Parapluie. V. Pépin.

RIFLE [Rifl(ə)]. *n. m.* (1833, fém.; mot angl., de *to rifle*, du fr. *rifler*). Carabine d'origine anglaise (et *par ext.* pistolet) à long canon rayé. « *L'arrière-garde montée suit, le rifle en bandoulière, le chapeau de cuir sur l'oreille* » (CENDRARS). *Rifles centraux.*

RIFLER [Rifle]. *v. tr.* (XIIᵉ, « égratigner »; a. haut. all. *riffilôn* « déchirer en frottant »). *Techn.* (1829). Dresser (le bois), limer (le métal), etc., avec un riflard (1, 2º), un rifloir.

RIFLETTE [Riflɛt]. *n. f.* Arg. V. Rif.

RIFLOIR [RiflwaR]. *n. m.* (XVIᵉ; de *rifler*). *Techn.* Lime qu'on tient par le milieu et dont les extrémités sont arrondies. *Rifloir de graveur, d'orfèvre.*

RIFT [Rift]. *n. m.* (1959, rift-valley, 1956; mot angl., abrév. de *rift-valley* « fossé d'effondrement »). *Géogr.* Fossé tectonique long de plusieurs centaines ou de plusieurs milliers de kilomètres, correspondant à une zone de fracture de l'écorce terrestre. *Les grands rifts du bouclier africain. Rifts continentaux.*

RIGAUDON [Rigodɔ̃] ou **RIGODON** [Rigɔdɔ̃]. *n. m.* (1673; o. i., p.-ê. de *Rigaud*). Danse très vive et très gaie en vogue aux XVIIᵉ et XVIIIᵉ s. ◇ Musique à deux temps sur laquelle on la dansait. *Jouer un rigaudon.*

RIGIDE [Riʒid]. *adj.* (1457; lat. *rigidus*. V. **Raide**). ♦ 1º Qui se refuse aux concessions, aux compromis, aux ménagements. *Moraliste rigide.* V. **Austère, grave; inflexible.** *Les règles monastiques les plus rigides.* « *C'était un pensionnat dévot, d'une moralité rigide* » (ZOLA). ◇ Qui manque de souplesse. *Classification trop rigide. Structure rigide d'une société.* « *Notre syntaxe est des plus rigides* » (VALÉRY). ♦ 2º (1523). Qui reste droit, qui ne fléchit pas, résiste aux efforts de déformation. V. **Raide.** *Tige, armature rigide. Papier, carton rigide. Matière plastique rigide, semi-rigide. Livre à couverture rigide.* ◇ ANT. **Accommodant, doux. Flexible, mou, souple.**

RIGIDEMENT [Riʒidmɑ̃]. *adv.* (1671; de *rigide*). D'une manière rigide. *Appliquer rigidement une règle.*

RIGIDIFIER [Riʒidifje]. *v. tr.* (v. 1950; de *rigide*, et *-fier*). Rendre rigide, plus rigide.

RIGIDITÉ [Riʒidite]. *n. f.* (1641; lat. *rigiditas*). ♦ 1º Caractère d'une personne ou d'une chose rigide (1º). *Rigidité des principes.* V. **Austérité, puritanisme, rigorisme, sévérité.** *Rigidité du caractère.* V. **Inflexibilité.** « *On y sentait la froideur des mœurs anciennes et la rigidité des mœurs de province* » (FROMENTIN). ♦ 2º (1772). Caractère de ce qui est rigide (2º). V. **Raideur.** *Rigidité des muscles dans certaines maladies* (V. **Tétanie, tétanos**). *Rigidité pupillaire :* absence ou lenteur de la contraction de la pupille à la lumière ou lors de l'accommodation à la distance. *Rigidité cadavérique,* due à la coagulation de certaines substances dans les muscles après la mort. — *Rigidité d'un papier, des poils d'une brosse.* V. **Dureté.** ◇ *Phys.* Résistance qu'une substance solide oppose aux efforts de torsion ou de cisaillement. ◇ ANT. **Douceur. Abandon. — Flexibilité, souplesse.**

RIGODON. V. RIGAUDON.

RIGOLADE [Rigɔlad]. *n. f.* (1815; de *rigoler*). *Fam.* Amusement, divertissement. V. **Joie.** *Une partie de rigolade.* « *Je les trouve... trop jouisseurs, trop portés à la rigolade* » (GONCOURT). — *À la rigolade,* comme une plaisanterie. « *Ne va pas t'imaginer qu'il prend ton histoire à la rigolade* » (DUHAM.). ◇ Chose ridicule, peu sérieuse ou sans importance. *C'est de la rigolade, une vaste rigolade.* « *Ce n'est pas moi qui traiterais la Révolution comme une rigolade* » (VALLÈS).

RIGOLAGE [Rigɔlaʒ]. *n. m.* (1845; de *rigoler* « creuser des rigoles », 1297). *Techn.* Creusement de rigoles pour irriguer, drainer. — Opération qui consiste à tracer des rigoles (3º), pour semer.

RIGOLARD, ARDE [Rigɔlaʀ, aʀd(ə)]. *n. et adj.* (1867; de *rigoler*). *Fam.* Qui rigole; gai. *Un air rigolard.* V. **Rigoleur.** — *N.* (Rare) *Un petit rigolard.* V. **Rigolo.**

RIGOLE [Rigɔl]. *n. f.* (*Rigolle,* 1339; *regol,* 1210; moy. néerl. *regel* « rangée », et *richel* « rigole d'écoulement »; lat. *regula.* V. **Règle**). ♦ 1º Petit conduit creusé dans une pierre ou petit fossé aménagé dans la terre, qui sert à amener ou à évacuer l'eau. V. **Canal, caniveau, fossé, ruisseau, saignée.** *Rigole d'irrigation, d'assèchement, d'écoulement.* « *Un petit bassin entouré de briques où des rigoles amènent l'eau aux heures de l'arrosement* » (GAUTIER). ♦ 2º Filet d'eau qui ruisselle par terre. *La pluie forme des rigoles.* ♦ 3º *Techn.* (*Constr.*). Tranchée étroite dans laquelle sont établies les fondations d'un mur de clôture. ◇ *Hortic.* Sillon de faible profondeur où l'on sème des graines, où l'on met des plants. ◇ *Pêche.* Endroit resserré d'une rivière où abondent certains poissons (chevesne, harbeau).

RIGOLER [Rigɔle]. *v. intr.* (1650, « se divertir »; *se rigoler,* XIIIᵉ; o. i., p.-ê. croisement de *rire* avec a. fr. *riole* « partie de plaisir »). *Fam.* (1870). Rire, s'amuser (V. **Rigolade**). *On a bien rigolé. Il n'y a pas de quoi rigoler :* ce n'est pas drôle; c'est très sérieux. ◇ Plaisanter. *J'ai dit ça pour rigoler.*

Il ne faut pas rigoler avec ça. V. **Badiner.** *Tu rigoles!* ◇ Se moquer. *Il vaut mieux en rigoler.*

RIGOLEUR, EUSE [Rigɔlœʀ, øz]. *adj. et n.* (1821; « railleur », XVᵉ; de *rigoler*). ♦ 1º *Vx. Fam.* Qui aime à rire, à se donner du bon temps. ◇ N. *Quel sacré rigoleur!* V. **Rigolo.** ♦ 2º *Vieilli.* Qui exprime la gaieté. V. **Rigolard, rieur.** « *Petits yeux rigoleurs et nez en l'air* » (MALRAUX).

RIGOLLOT [Rigɔlo]. *n. m.* (1875; de *Rigollot,* nom de l'inventeur; nom déposé). Papier sinapisé. *On lui a posé des rigollots.* ◇ HOM. **Rigolo.**

RIGOLO, OTE [Rigɔlo, ɔt]. *adj. et n.* (1848; de *rigoler*; aussi *rigollot,* vx).

I. Adj. *Fam.* ♦ 1º Qui amuse, qui fait rigoler. V. **Amusant, comique, drôle** (II, 1º), et *fam.* **Marrant, poilant, tordant.** *Un type rigolo. Une femme rigolote.* « *Vous êtes rigolote vous. Vous n'avez pas l'air de vous en faire* » (QUENEAU). *Film rigolo. Ce qui nous arrive n'est pas rigolo,* est triste, ennuyeux. — *Région.* (fém. invar.) *Elle est rigolo; une histoire très rigolo.* ♦ 2º *Par ext.* Curieux, étrange. V. **Drôle** (II, 2º). *C'est rigolo ce qui m'arrive. Tiens, c'est rigolo! Vous êtes rigolo, ce n'est pas si facile.*

II. N. ♦ 1º *Fam.* Personne amusante. « *Si je n'étais pas un boute-en-train à mes heures, un rigolo qui sait sa faire rire, elle m'aurait déjà chassé* » (VALLÈS). ◇ *Spécialt.* Péj. *Un petit rigolo :* un petit plaisantin. ♦ 2º *N. m.* *Pop.* (1886). Revolver. « *Ton père tuerait quelqu'un avec ce rigolo* » (CARCO). ◇ HOM. **Rigollot.**

RIGORISME [Rigɔrism(ə)]. *n. m.* (1696; du lat. *rigor, rigoris* « rigueur »). Respect très strict, parfois un peu outré ou affecté, des règles de la religion ou des principes de la morale. V. **Austérité, puritanisme, rigidité, rigueur, sévérité.** « *Votre rigorisme, votre amour du devoir ne proviennent que de votre goût naturel pour ce qui est sombre et amer* » (JALOUX). ◇ ANT. **Laxisme.**

RIGORISTE [Rigɔrist(ə)]. *n. et adj.* (1683; du lat. *rigor, rigoris* « rigueur »). Personne qui fait preuve de rigorisme moral ou religieux. V. **Puritain.** ◇ Adj. V. **Intransigeant, rigoureux, sévère.** « *Il est si commode d'être rigoriste dans ses discours! cela ne nuit jamais qu'aux autres, et ne nous gêne aucunement* » (LACLOS). *Attitude, opinion rigoriste.* ◇ ANT. **Laxiste.**

RIGOTTE [Rigɔt]. *n. f.* (1890; région., du rad. *gutta* « goutte »). Petit fromage plat cylindrique de la région lyonnaise, obtenu en égouttant un mélange caillé de lait de chèvre et de lait de vache, et qui se consomme plus ou moins affiné. *Rigotte de Condrieu.*

RIGOUREUSEMENT [Riguʀøzmɑ̃]. *adv.* (*Rigoreusement,* 1382; « avec violence », 1220; de *rigoureux*). ♦ 1º Avec rigueur, dureté. « *Hé! me ne traite pas si rigoureusement* » (MOL.). ♦ 2º D'une manière stricte. *S'en tenir rigoureusement à la règle.* V. **Étroitement, scrupuleusement.** *Il est rigoureusement interdit de fumer.* V. **Formellement, strictement.** ◇ *Par ext.* Absolument; totalement. *La chose « est rigoureusement vraie »* (BENDA). *Calcul rigoureusement exact.* ♦ 3º Avec exactitude, minutie. *J'y vis « les fiches rigoureusement classées »* (MAUROIS). V. **Exactement.** ◇ ANT. **Doucement. Approximativement.**

RIGOUREUX, EUSE [Riguʀø, øz]. *adj.* (*Rigoreux,* 1385; lat. *rigorosus*). ♦ 1º Qui fait preuve de rigueur, de sévérité. *Censeur rigoureux.* — *Sanction, punition rigoureuse.* V. **Draconien, dur, implacable, sévère.** *Morale rigoureuse.* V. **Austère, inflexible, rigide, rigoriste.** ♦ 2º Dur à supporter, pénible, cruel. *Châtiment rigoureux.* « *Un hiver rigoureux avait attristé Paris* » (VIGNY). V. **Froid, rude.** ♦ 3º D'une exactitude inflexible et stricte. *Observation rigoureuse des bienséances.* V. **Étroit, strict.** *Une rigoureuse neutralité.* V. **Absolu.** — *Classification, définition, analyse rigoureuse.* V. **Exact, précis.** *Logique rigoureuse.* V. **Implacable, serré.** *Analyse, déduction rigoureuse.* V. **Certain, mathématique, scientifique.** — (Personnes) *Être rigoureux dans une démonstration. Esprit rigoureux.* ◇ ANT. **Doux, indulgent. Approximatif, incertain.**

RIGUEUR [Rigœʀ]. *n. f.* (*Rigor,* fin XIIᵉ; lat. *rigor*). ♦ 1º Sévérité, dureté extrême. *Rigueur d'une répression. Arrêts* de rigueur...* — *Spécial.* Morale dure, sévère. « *Catholique de naissance..., j'ai aussi respiré dans sa montagne un reste de rigueur protestante* » (ROMAINS). — TENIR RIGUEUR à *qqn :* ne pas lui pardonner, lui garder rancune. « *Je connaissait trop bien le monde des lettres pour penser que l'Académie tint rigueur de leurs attaques aux hommes de talent* » (MAUROIS). — *La rigueur du froid hivernal.* V. **Âpreté.** ♦ 2º (Au plur.) *Vx* ou *littér.* Acte de sévérité, de cruauté. « *La mort a des rigueurs à nulle autre pareilles* » (MALHERBE). — *Par ext.* (Compl. de chose) *Les rigueurs du sort, de la pauvreté.* « *Au sortir des rigueurs de l'hiver* » (LA FONT.). ♦ 3º Exactitude, précision, logique inflexible. *Rigueur du jugement.* V. **Rectitude.** *Rigueur d'un raisonnement, d'un calcul. Récit, œuvre dramatique qui manque de rigueur. Rigueur dans l'exé-*

cution. V. **Fermeté, netteté.** ♦ **4°** (ÊTRE) DE RIGUEUR : être exigé, imposé par les usages, les règlements. V. **Obligatoire.** « *Les lotus artificiels à pétales d'argent qui sont de rigueur pour les funérailles* » (LOTI). *Il était de rigueur de les en informer.* — *Tenue de soirée de rigueur.* ♦ **5°** Loc. adv. À LA RIGUEUR : avec la plus grande exactitude *(vx).* V. **Rigoureusement.** « *Sectateurs de William Penn. Ils observaient à la rigueur sa discipline scrupuleuse* » (HERMANT). ◇ ANT. En cas de nécessité absolue, en allant à la limite du possible ou de l'acceptable (Cf. Au pis* aller). « *On peut à la rigueur se passer de son avis dans une discussion* » (ROMAINS). ◇ ANT. Douceur, indulgence. Approximation, incertitude.

RIKIKI. V. **RIQUIQUI.**

RILLETTES [Rijɛt]. *n. f. pl.* (1835 ; *rihelete* « lardon », XIVᵉ; dimin. de l'a. fr. *rille* « morceau de porc », var. dial. de *reille* « planchette » ; lat. *regula*). Charcuterie faite de viande de porc ou d'oie hachée et cuite dans la graisse. *Pot de rillettes.* « *Les célèbres rillettes et rillons de Tours formaient l'élément principal du repas* » (BALZ.).

RILLONS [Rijõ]. *n. m. pl.* (1611, sing. ; de *rille.* V. **Rillettes**). Résidus de viande de porc ou d'oie qu'on a fait fondre pour en obtenir la graisse. Porc haché cuit dans la graisse et servi froid. V. **Rillettes.**

RILSAN [Rilsɑ̃]. *n. m.* (v. 1950 ; nom déposé [Péchiney]). Fibre synthétique polyamide (polyamide 11) obtenue à partir de l'huile de ricin.

RIMAILLER [Rimɑje]. *v. intr.* (1564 ; de *rimer*, et suff. péj. *-ailler*). *Vieilli.* Faire de mauvais vers.

RIMAILLEUR, EUSE [Rimɑjœʀ, øz]. *n.* (1518 ; de *rimailler*). *Vieilli.* Mauvais poète. « *Vous avez attaqué ce rimailleur avec vos armes, il peut vous répondre avec ses rimes* » (STENDHAL).

RIMAYE [Rimɑj]. *n. f.* (1839 ; mot savoyard ; du lat. *rima* « fente »). Crevasse marquant le départ de l'écoulement glaciaire, entre la roche et le névé ou entre un névé et le glacier qu'il alimente. — Géol. *Mur de rimaye :* paroi à pente forte d'un cirque d'origine glaciaire.

RIME [Rim]. *n. f.* (v. 1160 ; de *rimer*). ♦ **1°** Disposition de sons identiques à la finale de mots placés à la fin de deux unités rythmiques ; élément de versification, procédé poétique que constitue cette homophonie. *Rime et assonance*. Mot employé pour la rime.* « *Nous ne pourrons jamais secouer le joug de la rime ; elle est essentielle à la poésie française* » (VOLT.). « *La rime à chaque vers vous apporte un peu de jour, et non de nuit, sur la pensée* » (ARAGON). — *Rime riche,* comprenant au moins une voyelle et sa consonne d'appui (*ex. :* image — hommage). *Rime pauvre (ex. :* ami — pari). — *Rime féminine, masculine* (terminée par e muet ou non). *Rimes plates*, rimes croisées* (ou alternées), rimes embrassées*. Rime intérieure,* à l'hémistiche. — *Rime pour l'oreille* (rime véritable) et *rime pour l'œil (ex. :* aimer — amer). *Rime en -age.* ♦ **2°** (Fin XIVᵉ). SANS RIME NI RAISON (de *rime* [1°] « forme poétique », et *raison* « fond, idée ») : d'une manière incompréhensible, absurde. *Il parle sans rime ni raison :* d'une manière inattendue, inexplicable. *Ça n'a ni rime ni raison :* aucun sens.

RIMER [Rime]. *v.* (v. 1120 ; frq. °*riman,* de °*rim* « série, nombre »). ♦ **1°** *V. intr.* Faire des vers, de la poésie ; trouver des rimes (plus ou moins bonnes). *Il rime avec adresse.* ♦ **2°** Constituer une rime, avoir des finales identiques. *Un mot qui rime à (vx), avec un autre.* ◇ Fig. *Cela ne rime à rien :* cela n'a aucun sens. V. **Correspondre, signifier.** « *Voyons, Pierre, à quoi cela rime-t-il de se mettre dans un état pareil, tu n'es pourtant pas un enfant* » (MAUPASS.). ♦ **3°** *V. tr.* (1160). Mettre en vers. *Rimer une chanson.* — Au p. p. (1360) Pourvu de rimes. *Poésie rimée ou assonancée.* V. *aussi* **Bouts-rimés.**

RIMEUR, EUSE [Rimœʀ, øz]. *n.* (XVIᵉ ; « poète », 1180 ; de *rimer*). Poète sans inspiration. V. **Versificateur ; rimailleur.**

RIMMEL [Rimɛl]. *n. m.* (av. 1936 ; marque déposée). Fard pour les cils. « *J'aurais eu n'importe quoi pour empêcher la pauvre Elsa de pleurer, son rimmel de fondre* » (SAGAN).

RINÇAGE [Rɛ̃saʒ]. *n. m.* (1846 ; *reinsement,* XVIᵉ ; de *rincer*). Action de rincer, de passer à l'eau claire. *Le rinçage des verres, du linge.*

RINCEAU [Rɛ̃so]. *n. m.* (1553 ; *rainsel* « rameau », 1210 ; lat. pop. °*ramuscellus,* bas lat. *ramusculus,* de *ramus.* V. **Rameau**). Ornement sculpté ou peint à motif principal de tiges stylisées disposées en enroulement, et décorant le plus souvent des frises, des pilastres. « *Un enlacement inextricable de fleurons, de rinceaux, d'acanthes* » (GAUTIER).

RINCE-BOUCHE [Rɛ̃sbuʃ]. *n. m. invar.* (1842 ; de *rincer,* et *bouche*). Petit récipient contenant de l'eau, qu'on servait à la fin du repas pour se rincer la bouche. « *Elle parlait d'acheter des rince-bouche pour le dessert* » (FLAUB.).

RINCE-BOUTEILLES [Rɛ̃sbutɛj]. *n. m. invar.* (1894 ; de *rincer,* et *bouteille*). Appareil servant à nettoyer les bouteilles, les récipients (syn. *Rinceuse*). « *On cause tranquillement, et soudain tu te hérisses en rince-bouteilles* » (COLETTE).

RINCE-DOIGTS [Rɛ̃sdwa]. *n. m. invar.* (déb. XXᵉ ; de

rincer, et *doigt*). Petit récipient, bol contenant de l'eau (parfumée de citron, etc.) servant à se rincer les doigts au cours d'un repas.

RINCÉE [Rɛ̃se]. *n. f.* (1808 ; de *rincer,* 4°). ♦ **1°** *Pop.* et *vieilli.* Volée de coups. Fig. Défaite. ♦ **2°** (1832). Pluie torrentielle.

RINCER [Rɛ̃se]. *v. tr.;* conjug. *placer* (*Raincer* 1210 ; de *recincier* [1190], lat. pop. °*recentiare,* bas lat. *recentare* « rafraîchir », de *recens* « frais » ; Cf. Récent). ♦ **1°** Nettoyer à l'eau (un récipient). V. **Laver.** *Rincer des verres, des bouteilles.* ♦ **2°** (1828). Passer à l'eau (ce qui a été lavé) pour enlever les produits de lavage : savon, etc. *Laver, rincer et essorer le linge.* — *Se rincer la bouche après s'être lavé les dents.* ♦ **3°** *Fig.* et *pop.* (XVᵉ). *Se rincer le gosier, la dalle :* boire. — *Se rincer l'œil :* regarder avec plaisir (une chose belle, agréable, et *spécialt.* une belle femme). « *Il y a des tas de satyres, c'est le mot, qui viennent pour se rincer l'œil* » (QUENEAU). ♦ **4°** *Fig.* et *pop.* (1821 ; *rainser* « battre », 1391). Voler, ruiner. *Il s'est fait rincer* (au jeu). V. **Lessiver.** — Au p. p. *Il est rincé :* il a tout perdu.

RINCETTE [Rɛ̃sɛt]. *n. f.* (1861 ; de *rincer*). *Fam.* « Nouveau coup de vin qu'on se fait donner, soi-disant pour rincer le verre » (LITTRÉ). — Région. Eau-de-vie qu'on boit dans sa tasse, après le café. ◇ Pop. Eau-de-vie. *Un coup de rincette.*

RINCEUR, EUSE [Rɛ̃sœʀ, øz]. *n.* (1611 ; *rinceur de godets* « buveur », v. 1490 ; de *rincer*). ♦ **1°** Personne qui est chargée de rincer (la vaisselle, les pièces teintes, en teinturerie). V. **Laveur.** ♦ **2°** RINCEUSE. *n. f.* Rince-bouteilles.

RINÇURE [Rɛ̃syʀ]. *n. f.* (1680 ; *rainsseures,* 1393 ; de *rincer*). Eau qui a servi à rincer (des verres, de la vaisselle). V. **Lavure.** ◇ *Rinçure de tonneau :* boisson faite de l'eau avec laquelle on a rincé les tonneaux. — *Fam. De la rinçure :* une mauvaise boisson (vin, bière, etc.).

RINFORZANDO [Rɛ̃fɔʀdzɑ̃do]. *adv.* (1775 ; mot it., de *rinforzare* « renforcer »). *Mus.* En renforçant, en passant progressivement du piano au forte. V. **Crescendo.**

RING [Riŋ]. *n. m.* (1829 ; mot angl., proprem. « cercle »). ♦ **1°** *Vx.* Enceinte où se tenaient les parieurs dans les courses de chevaux. ◇ *Vx.* Arène d'un cirque. V. **Piste.** « *Des clowns tout prêts à faire leur apparition dans le ring* » (GONCOURT). ♦ **2°** *Mod.* Estrade entourée de trois rangs de cordes, sur laquelle combattent des boxeurs, des catcheurs. *Monter sur le ring.* ◇ *Par ext.* La boxe. « *Le grand pugiliste, une des plus pures figures du ring américain* » (MORAND).

RINGARD [Rɛ̃gaʀ]. *n. m.* (1731 ; wallon *ringuèle* « levier », de l'all. dial. *Rengel* « rondin »). Barre de fer servant à attiser le feu, décrasser les grilles, retirer les scories, etc. V. **Pique-feu, tisonnier.** *Il alla s'asseoir* « *à côté du feu qu'il se mit à tisonner soigneusement avec un ringard* » (MAC ORLAN).

RINGARDAGE [Rɛ̃gaʀdaʒ]. *n. m.* (mil. XXᵉ ; *ringage* « scories, mâchefer », 1877). *Techn.* Action de ringarder.

RINGARDER [Rɛ̃gaʀde]. *v. tr.* (1894 ; de *ringard*). *Techn.* Remuer le combustible ; retirer les scories de (un foyer) avec un ringard.

RIOTER [Rjɔte]. *v. intr.* (XVᵉ ; de *rire*). *Vx.* ou *région.* Rire doucement, rire un peu. « *Archias riotait : un petit rire qui ressemblait au cri des pintades* » (GIONO).

RIPAGE [Ripaʒ]. *n. m.* (1846 ; de *riper*). ♦ **1°** *Techn.* Action de riper. *Ripage d'une pierre,* opération consistant à la racler et la polir à l'aide de la ripe. ♦ **2°** Dérapage (des roues, d'un véhicule).

RIPAILLE [Ripɑj]. *n. f.* (1579 ; de *riper* « gratter », au fig. ; moy. néerl. *rippen* « racler, palper »). *Fam.* Repas où l'on mange beaucoup et bien. V. **Bombance, bombe, festin, ribote.** *Faire ripaille. Il flairait* « *une ripaille, quelque soûlerie qui durait depuis le matin* » (ZOLA).

RIPAILLER [Ripɑje]. *v. intr.* (1821 ; de *ripaille*). Faire ripaille. « *On boit, on rit, on chante, on ripaille* » (HUGO).

RIPAILLEUR, EUSE [Ripɑjœʀ, øz]. *n.* et *adj.* (XVIᵉ ; de *ripaille*). Personne qui ripaille, aime à ripailler. — Adj. « *... la face rubiconde que Breughel donne à ses paysans joyeux, ripailleurs et gelés* » (PROUST).

RIPATON [Ripatõ]. *n. m.* (1878 ; « soulier », 1866 ; dér. pop. de *patte*). *Pop.* Pied (d'une personne).

RIPE [Rip]. *n. f.* (1676 ; de *riper*). *Techn.* Outil de tailleur de pierre et de sculpteur, en forme de S, dont une partie est munie de dents fines et serrées, qui sert au ripage.

RIPER [Ripe]. *v.* (v. 1328, « gratter » ; moy. néerl. *rippen* « racler »).

I. *V. tr.* (1694). ♦ **1°** *Techn.* Gratter, polir avec la ripe. ♦ **2°** *Techn.* (1752). Faire glisser (un fardeau) sur des supports. Déplacer, sans le démonter (une partie de voie ferrée).

II. *V. intr.* ♦ **1°** *Mar.* Se dit de cordages ou pièces de bois qui glissent l'un contre l'autre par suite d'un effort qui s'exerce sur eux. ♦ **2°** *Cour.* Déraper ; glisser en frottant. *Faire riper une pierre pour la déplacer.* — Fig. *Faire riper une dépense d'un poste à un autre,* faire passer. ♦ **3°** *Fig.* et *pop.* (1916). S'en aller, partir. V. **Filer, tirer** (se).

RIPIENO [Ripjeno]. *n. m.* (1750, *rippieno,* mot it. ; Cf.

a. fr. *replein* « tout à fait plein »). *Mus.* Dans le concerto*
grosso, jeu de l'ensemble de l'orchestre (opposé à *concertino*,
1°). « *Quant aux concerto où tout se joue en rippieno* [sic],
*et où nul instrument ne récite, les Français les appellent quel-
quefois* trio, *et les Italiens* sinfonie » (ROUSS.).

RIPOLIN [ʀipɔlɛ̃]. *n. m.* (1888 ; du néerl., du nom de
Riep, l'inventeur, et -*olin*, de *ol*-, olie « huile »). Marque
déposée de peinture laquée. *Ripolin blanc.* « *La toise, en
forme de girafe, clouée en face sur le Ripolin* » (BAZIN).

RIPOLINER [ʀipɔline]. *v. tr.* (fin XIXᵉ ; de *ripolin*). Peindre
au ripolin. — Au p. p. « *Sur les murs ripolinés, dans cette
atmosphère suffocante de la clinique* » (MAURIAC).

RIPOSTE [ʀipɔst(ə)]. *n. f.* (*Riposte*, 1527 ; it. *risposta*
« réponse »). ♦ 1° Réponse vive, instantanée, faite à un
interlocuteur agressif. *Être prompt à la riposte.* ♦ 2° Botte
portée immédiatement après une parade d'escrime. ♦ 3° Vive
réaction de défense, contre-attaque vigoureuse (*pr.* ou
fig.). V. **Représailles.** *La riposte arrive, foudroyante.* « *L'action
la plus rude appelle aussitôt une riposte de même qualité.
Fureur répond à fureur et cruauté à cruauté* » (ALAIN). ◇ ANT.
Attaque.

RIPOSTER [ʀipɔste]. *v. intr.* (1650 ; de *riposte*). ♦
1° Adresser, faire une riposte. V. **Répondre.** « *Julien les
reprenait avec douceur et ils ripostaient par des injures* »
(FLAUB.). Trans. *Il riposta qu'il n'en savait rien.* V. **Répliquer,
rétorquer.** ♦ 2° Répondre par une attaque (à une attaque). V.
Contre-attaque, défendre (se). *Riposter à une attaque.* « *Les
mitrailleuses boches se mirent à bégayer. Warburton, enchanté,
riposta à coups de grenades* » (MAUROIS). *Il faut riposter.*

RIPPER [ʀipœʀ]. *n. m.* (Néol. ; mot angl., de *to rip* « couper, arracher »). Anglicisme. *Techn.* Engin de travaux publics,
muni de dents métalliques pour défoncer les terrains durs.

RIPPLE-MARK [ʀipəlmaʀk]. *n. f.* (1904 ; mot angl., de
ripple « clapotis », et *mark* « marque »). Anglicisme. *Géogr.*
Petite ride du sable formée par le clapotement des eaux à la
surface des plages.

RIPUAIRE [ʀipɥɛʀ]. *adj.* (av. 1690 ; bas lat. *ripuarius*,
class. *riparius*, de *ripa* « rive »). *Hist.* Appellation de certains
peuples riverains du Rhin. *Francs ripuaires.*

RIQUIQUI [ʀikiki]. *adj.* (1789, n. m., « eau-de-vie » ;
rad. *ric, rik*, onomat. désignant ce qui est petit, médiocre).
Fam. Petit, mesquin, pauvre. *Un petit col d'astrakan bien
riquiqui. Ça fait riquiqui.*

1. RIRE [ʀiʀ]. *v.* : *je ris, tu ris, il rit, nous rions, vous riez,
ils rient ; je riais, nous riions ; je ris, nous rîmes ; je rirai ; je
rirais ; ris, rions, riez ; que je rie, que nous riions ; que je risse*
(inus.) ; *riant ; ri* (XIᵉ ; lat. pop. *ridere* [e bref], class. *ridere*
[e long]).
I. *V. intr.* ♦ 1° Exprimer la gaieté par l'élargissement
de l'ouverture de la bouche, accompagné d'expirations sac-
cadées plus ou moins bruyantes. V. **Se dilater la rate, se fendre la pipe.** *Rire et sourire*.
Avoir envie de rire. Se mettre à rire. « *Tous ensemble partirent
à rire, d'un rire énorme qu'ils forçaient encore* » (DORGELÈS).
V. **Esclaffer** (s'). *Rire aux éclats, à gorge déployée, à en
pleurer, aux larmes ; rire comme un bossu, une baleine.* V. *fam.*
Bidonner (se), **boyauter** (se), **gondoler** (se), **poiler** (se), **tordre**
(se). *Rire dans sa barbe, sous cape. Rire jaune*. — (Précédé
d'un inf. avec *de) Éclater de rire,* se mettre à rire brusquement
et bruyamment. *Pouffer, se tordre de rire. J'ai failli mourir
de rire. C'est à mourir, à crever de rire* : très drôle. — *Personne, chose qui fait rire* (V. **Bouffon, comique, drôle, exhilarant, gondolant** [*fam.*], **hilarant, ridicule, risible**). *Impossible
de le faire rire* (V. **Dérider**). *Avoir toujours le mot pour rire* :
plaisanter à tout propos. ◇ *RIRE DE...* : à cause de. *Nous avons
bien ri de ces plaisanteries. Il n'y a pas de quoi rire.* ◇ *Vx.*
RIRE À QQN : sourire. « *On l'accueille, on lui rit* » (MOL.). Mod.
Rire aux anges, sourire distraitement et sans motif. ♦
2° (1611). Se réjouir. — Loc. prov. *Tel qui rit vendredi,
dimanche pleurera*. *Rira bien qui rira le dernier,* se dit de
qqn qui triomphe et dont on espère triompher bientôt.
« *Il faut rire avant que d'être heureux, de peur de mourir sans
avoir ri* » (LA BRUY.). ◇ S'amuser. V. **Divertir** (se), **égayer** (s'),
réjouir (se). « *Le peuple a besoin de rire ; les rois aussi. Il faut
aux carrefours le baladin ; il faut aux louvres* (aux palais) *le
bouffon* » (HUGO). *Plus on est de fous*, plus on rit.* — *Faire rire
qqn* : l'amuser, le divertir. « *C'est une étrange entreprise que
celle de faire rire les honnêtes gens* » (MOL.). ♦ 3° (1538). Ne
pas parler ou ne pas faire qqch. sérieusement (soit pour faire
rire autrui, soit par ironie ou moquerie). V. **Badiner, moquer**
(se), **plaisanter.** *Vous voulez rire ? Je ne ris pas, c'est sérieux.* —
(1539) *C'est pour rire* : ce n'est pas sérieux. *J'ai dit cela pour
rire.* — Pop. *C'est pour de rire.* — *Histoire de rire,* en manière
de plaisanterie. — *Sans rire, est-ce que...?* sérieusement,
est-ce que...? ♦ 4° (XIIIᵉ). *RIRE DE* : se moquer (de ce qui
est ridicule ou méprisable). V. **Moquer** (se), **railler.** « *On
rit mal des autres, quand on ne sait pas d'abord rire de soi-
même* » (LÉAUTAUD). *Faire rire de soi* (V. **Risée** 1). *Il vaut
mieux en rire qu'en pleurer.* ◇ Absolt. *Laissez-moi rire,*

me moquer de ce que vous dites. *Ces propos prêtent à rire.
Rire au nez de qqn,* se moquer de lui ouvertement. « *J'eus
la bêtise de lui répondre et de me fâcher, au lieu de lui rire
au nez pour toute réponse* » (ROUSS.). ♦ 5° *Littér.* Avoir
une expression, un aspect joyeux. *Ses yeux, sa bouche riaient.*
V. **Rieur.** « *Sur une humble façade riait le seul éclat d'un
chaud crépi* » (HENRIOT). V. **Riant.**
II. *V. pron.* SE RIRE DE. ♦ 1° *Vx.* Se moquer, rire de (qqn).
♦ 2° *Vx* ou *littér.* Traiter par le mépris, le dédain. « *Le
perfide triomphe et se rit de ma rage* » (RAC.). ◇ Mod. Se
jouer (de ce dont on triomphe avec aisance). *Il se rit des
difficultés.*
◇ ANT. *Pleurer.*

2. RIRE [ʀiʀ]. *n. m.* (XIIIᵉ ; de *rire* 1). Action de rire. *Un
rire bruyant, éclatant. Un gros rire. Rire argentin, léger. Rire
étouffé. Rire silencieux.* V. **Sourire.** — *Avoir le fou rire,* ne
plus pouvoir s'arrêter de rire. — *Un éclat de rire.* « *Un
immense éclat de rire l'empêche d'achever, un rire fou, scandaleux, sauvage, inextinguible* » (DAUD.). *Une explosion de
rires.* — *Rire convulsif, nerveux. Un rire forcé.* V. **Rictus.**
Un rire moqueur, narquois, méchant, sardonique. V. **Ricanement.** *Un rire général.* V. **Rigolade** (*fam.*). ◇ *Rire moqueur,
moquerie. Exciter les rires, le rire.* « *Ils étaient accueillis
avec des rires, des huées et des sifflets* » (GAUTIER). ◇ ANT.
Larme, pleur.

1. RIS [ʀi]. *n. m.* (1155 ; lat. *risus*). *Vx.* Rire (2). « *Cette
espèce de joie qui excite le ris* » (VOLT.). ◇ Mod. et *littér.*
Les jeux et les ris, les plaisirs.

2. RIS [ʀi]. *n. m.* (XIIᵉ ; a. scand. *rif,* plur. *ris*). *Mar.* Chacune des bandes horizontales des voiles, qu'on replie, au
moyen des garcettes, pour diminuer la surface de voilure
présentée au vent. *Prendre un ris. Larguer les ris,* en dénouant
les garcettes. « *Il amena la goélette au vent sous une simple
misaine, avec deux ris* » (BAUDEL.).

3. RIS [ʀi]. *n. m.* (1640 ; o. i.). Souv. au plur. Nom donné
au thymus du veau, de l'agneau et du chevreau, plat apprécié.
Rare. *Ris d'agneau.* Cour. *Ris de veau.* « *Des ris de
veau garnis de quenelles dans une sauce aux champignons* »
(ROMAINS). ◇ HOM. *Ris* (1 et 2), *riz ;* formes du v. *rire.*

RISBAN [ʀisbɑ̃]. *n. m.* (1679 ; néerl. *rijsbank* « banc de
branchages »). *Fortif.* (*Vx,* ou nom de lieux). Terre-plein
armé de canons.

RISBERME [ʀisbɛʀm(ə)]. *n. f.* (1752 ; néerl. *rijsberme,*
de *rijs* « branchages », et *berme*). *Techn.* Talus de protection,
recouvert de fascines, au pied d'un ouvrage hydraulique
(piles d'un pont, jetée, etc.).

1. RISÉE [ʀize]. *n. f.* (1170 ; de *ris* 1). ♦ 1° *Vx.* Rire
bruyant de plusieurs personnes qui se moquent. ♦ 2° Mod.
Moquerie collective envers une personne (dans quelques
express.). *Être un objet de risée. S'exposer à la risée du public.*
« *C'était son mal de se croire le centre de la risée universelle* »
(MAURIAC). ◇ Objet de risée (dans : *être la risée de...*).
« *Les étrangers, ma parole, se fichent de nous ! — Oui, nous
sommes la risée de l'Europe, dit Sénécal* » (FLAUB.).

2. RISÉE [ʀize]. *n. f.* (1689, du rad. scand. *rif ;* Cf. *Ris* 2).
Mar. Brise subite et passagère. V. **Rafale, vent.** « *La brusque
risée qui chassait sur les carreaux* » (ROBBE-
GRILLET). ◇ HOM. *Risée* (1).

RISETTE [ʀizɛt]. *n. f.* (1840 ; dimin. de *ris* 1). *Faire risette,
des risettes à qqn* : des sourires (surtout en parlant des enfants).
Allons, fais risette à ta maman ! « *Soyez donc gai, mon cher
papa, et faites un peu risette à votre petite Hilde, voyons ?* »
(LARBAUD). — *Fig.* et *fam.* Sourire de commande. « *Nous
allons d'abord faire des courbettes et des risettes aux gens
que nous voulons fuir* » (DUHAM.).

RISIBLE [ʀizibl(ə)]. *adj.* (1370 ; bas lat. *risibilis*). ♦ 1° *Vx.*
Propre à faire rire, à amuser. V. **Comique, plaisant.** « *Nous
prenons ce mot entre mille, tous plus incisifs, plus piquants
et plus risibles les uns que les autres* » (GAUTIER). ♦ 2° Mod.
(1611). Propre à exciter une gaieté moqueuse (moins péj. que
ridicule). V. **Cocasse, grotesque, ridicule.** « *Toute mode est
risible par quelque côté* » (BERGSON). ◇ ANT. *Sérieux. Respectable.*

RISIBLEMENT [ʀizibləmɑ̃]. *adv.* (1655 ; de *risible*).
D'une manière risible (2°). *Je l'ai trouvé risiblement accoutré.*

RISORIUS [ʀizɔʀjys]. *n. m.* (1765 ; adj. lat. *risorius*
« riant »). *Anat.* Muscle superficiel des commissures des lèvres,
contribuant à l'expression du rire.

RISOTTO [ʀizɔto]. *n. m.* (1818 ; mot it. ; de *riso* « riz »).
Riz préparé à l'italienne (assaisonné de parmesan). *Un
« risotto exécuté d'après la plus pure recette milanaise* »
(GAUTIER).

RISQUE [ʀisk(ə)]. *n. m.* (1557, fém. ; a. it. *risco ;* bas lat.
risicus ou *riscus,* p.-ê. du lat. *resecare* « couper », ou du gr.
rhizikon « risque », en gr. mod.], de *rhiza* « racine »). ♦
1° Danger éventuel plus ou moins prévisible. V. **Danger,
hasard, péril.** *Une entreprise pleine de risques.* « *Quand nous
écrivions dans la clandestinité, les risques étaient pour nous
minimes, considérables pour l'imprimeur* » (SARTRE). *Ce sont les*

risques du métier. V. **Inconvénient.** *Vous pouvez le faire sans aucun risque, sans courir le moindre risque. C'est un risque à courir,* c'est peut-être risqué, mais il faut le tenter. — RISQUE DE. *Un risque d'agression, d'aggravation, de discrédit.* « *Ce sont les femmes qui courent le risque de sa vie, à un moment de leur vie, abandonnées et sacrifiées* » (LECOMTE), qui s'exposent à... — *Il n'y a pas de risque qu'il refuse.* ◇ *À mes risques et périls*. Au risque de :* en s'exposant à. « *Au risque de se tuer, il se laissa tomber par le trou qui servait à jeter le fourrage* » (ZOLA). *Risque locatif*.* ♦ **2°** Spécialt. *(Dr.).* Éventualité d'un événement ne dépendant pas exclusivement de la volonté des parties et pouvant causer la perte d'un objet ou tout autre dommage. *Par ext.* Événement contre la survenance duquel on s'assure. *Assurance qui couvre le risque d'incendie. Assurance tous risques.* ♦ **3°** Le fait de s'exposer à un danger (dans l'espoir d'obtenir un avantage). « *Le risque est la condition de tout succès* » (L. de BROGLIE). *On n'a rien sans risque. Les joueurs ont le goût du risque. Prendre un risque, des risques, ses risques.* V. **Oser.** *Pilote de course qui prend trop de risques.*

RISQUÉ, ÉE [Riske]. adj. (av. 1690; V. **Risquer**). Plein de risques ; osé. *Entreprise, démarche risquée.* V. **Audacieux.** *C'est trop risqué, je n'essaierai pas.* V. **Aventureux, dangereux, hasardeux, scabreux.** ◇ *Spécialt.* (1743) Licencieux, osé. *Plaisanteries risquées.*

RISQUER [Riske]. v. tr. (*Se risquer,* 1577 ; de *risque*). ♦ **1°** Exposer à un risque, mettre en danger. V. **Aventurer, hasarder.** *Risquer sa vie, s'exposer à la mort.* « *Il risqua, pour cette femme tremblante, sa popularité, sa destinée, sa vie* » (MICHELET). *Risquer de l'argent au jeu. Risquer le paquet :* tout ce qu'on peut. *Risquer le tout pour le tout.* V. **Va-tout.** PROV. *Qui ne risque rien n'a rien.* — Absol. *Risquer gros,* en jouant gros jeu. — Pronom. « *Il se risqua dans une entreprise où il jeta toutes ses forces* » (BALZ.). *Je ne m'y risquerai pas,* c'est un danger auquel je ne m'exposerai pas. ◇ *Fam.* Mettre (une partie du corps) à un endroit où il y a quelque risque (d'être surpris, vu, etc.). *Risquer un œil, sa tête à la fenêtre.* « *Ils risquaient, par-dessus la haie, leurs trois têtes curieuses* » (BOSCO). *Pronom.* S'avancer, se montrer. « *Des enfants se risquaient derrière les jupes des mères* » (ZOLA). ♦ **2°** Tenter (qqch. qui comporte des risques). V. **Entreprendre.** « *La tentation de la partie, avec de tels atouts, serait sans doute devenue irrésistible* » (MART. du G.). *Risquer son coup, le coup*.* ◇ Avancer ou introduire (un mot, une remarque), avec la conscience du risque couru. *Risquer une question, une comparaison.* « *Il arrivait parfois à sa fille... de risquer devant elle un mot d'argot* » (MAURIAC). ♦ **3°** S'exposer ou être exposé à (un danger, un inconvénient). « *Je risquais la guillotine, avec une pareille histoire* » (ZOLA). *Je ne risque rien. Après tout, qu'est-ce qu'on risque ?* — (Choses) *Marchandises bien emballées qui ne risquent rien.* ♦ **4°** RISQUER DE (et inf.) : — *(Sujet de personne)* Courir le risque de ; s'exposer ou être exposé à. *Risquer de tomber.* V. **Manquer.** « *On risque d'avoir tort si l'on est absent* » (BARTHOU). — *(Sujet de chose)* Pouvoir, quelque jour ou en quelque façon, en tant que possibilité dangereuse ou fâcheuse. *Le feu risque de s'éteindre. Fam. La boulangerie risque d'être fermée,* est probablement fermée maintenant. ◇ *Par ext.* (XXᵉ ; sans idée d'inconvénient) Avoir une chance de. « *La seule chose qui risquerait de l'intéresser, ce serait mon flacon de rhum* » (ROMAINS). ◇ RISQUER QUE (et subj.). *Vous risquez qu'il s'en aperçoive.* ◇ ANT. **Assurer.**

RISQUE-TOUT [Riskatu]. n. m. invar. (1870 ; de *risquer*, et *tout*). Personne qui pousse l'audace jusqu'à l'imprudence. — (Parfois *une risque-tout,* en parlant d'une femme). V. **Casse-cou, imprudent, téméraire.** Adj. *Elle est risque-tout.*

1. **RISSOLE** [Risɔl]. n. f. (1393 ; *rousole,* XIIᵉ ; lat. pop. °*russeola,* de *russeolus* « rougeâtre », rad. *russus.* V. **Roux**). Petits morceaux de pâte feuilletée, renfermant de la viande ou du poisson hachés menu, que l'on cuit à grande friture.

2. **RISSOLE** [Risɔl]. n. f. (1839 ; prov. *ris[s]olo,* du lat. *retiolum* « petit filet »). *Région.* Filet à petites mailles, utilisé en Méditerranée, spécialement pour la pêche aux anchois.

RISSOLER [Risɔle]. v. tr. (1549 ; de *rissole,* 1). Exposer (une viande, des légumes, etc.) à feu vif (ou à température élevée) de manière à en dorer et griller la surface. V. **Cuire, gratiner, rôtir.** Intrans. *Faire rissoler.* — Au p. p. *Pommes de terre rissolées.* — Fig. « *Attrapé un fameux coup de soleil..., à me laisser rissoler hier sur la plage* » (GIDE).

RISTOURNE [Risturn(ə)]. n. f. (1783 ; *restorne* « action de reporter d'un compte sur un autre », 1723 ; it. *ristorno ;* Cf. Retour). ♦ **1°** *Dr. marit.* Annulation d'un contrat d'assurance maritime, pour défaut ou disparition du risque. ♦ **2°** (Déb. XXᵉ). Attribution, en fin d'année, à l'adhérent d'une société d'assurances mutuelles d'une partie de sa cotisation, lorsque le montant des cotisations a dépassé les engagements de la société. — Bonifications compensant en principe un trop perçu compris dans une facture ; commission, remise hors facture (plus ou moins licites). *Faire une ristourne à qqn.*

« *Bertrand toucherait une ristourne de dix centimes par bidon de deux litres vendu sous son nom* » (ROMAINS).

RISTOURNER [Risturne]. v. tr. (1835 ; *restorner,* 1723 ; de *ristourne*). ♦ **1°** *Dr. marit.* Annuler (une police d'assurance). ♦ **2°** (XXᵉ). Attribuer, remettre à titre de ristourne.

RIT (*vx* ou *liturg.*), ou **RITE** (*cour.*) [Rit]. n. m. (*Rit* « usage, coutume », 1486 ; lat. *ritus*). ♦ **1°** Ensemble des cérémonies du culte en usage dans une communauté religieuse ; organisation traditionnelle de ces cérémonies. V. **Culte, liturgie.** *Les rites catholiques, occidentaux, orientaux. Rites protestants.* ◇ *Liturg. cathol.* Degré de solennité d'une fête. *Rit simple, double.* ♦ **2°** Cérémonie réglée ou geste particulier prescrit par la liturgie d'une religion. V. **Cérémonie, pratique, rituel.** « *Il n'y a pas de religion sans rites et cérémonies* » (BERGSON). — *Rites publics* (exotériques), *secrets* (ésotériques). *Rites d'initiation. Rites funèbres. Rites magiques.* V. **Magie.** — Par anal. *Les rites d'une société secrète, les rites maçonniques.* — Sociol. Pratiques réglées de caractère sacré ou symbolique. ♦ **3°** *Fig.* Pratique réglée, invariable ; manière de faire habituelle. V. **Coutume, habitude.** *Les rites de la politesse.* « *Aller passer, le soir... une heure ou deux dans son jardin avant de s'endormir. Il semblait que ce fût une sorte de rite pour lui* » (HUGO).

RITAL [Rital]. n. m. (1890 ; de *les Ital*[iens]). Pop. Italien. *Les Ritals.*

RITOURNELLE [Riturnɛl]. n. f. (*Ritornelle,* 1670 ; it. *ritornello,* de *ritorno* « retour » ; forme mod. d'apr. *tourner*). ♦ **1°** Court motif instrumental, répété avant chaque couplet d'une chanson, chaque reprise d'une danse. ◇ *Air à couplets répétés ;* refrain. ♦ **2°** *Fig.* Ce qu'on répète continuellement. V. **Refrain.** *C'est toujours la même ritournelle.*

RITUALISER [Ritualize]. v. tr. (av. 1950 ; du lat. *ritualis*). Didact. (*Anthrop.,* etc.). Organiser des rites. Régler comme par des rites. — *Dér.* RITUALISATION [Ritualizasjɔ̃]. n. f.

RITUALISME [Rityalism(ə)]. n. m. (1829, « ensemble des rites ; rituel » ; du lat. *ritualis*). Relig. Tendance d'Églises anglicanes (dans la seconde moitié du XIXᵉ s.) à augmenter l'importance des rites et à se rapprocher de la liturgie romaine. V. **Puseyisme.** ◇ *Par ext.* Respect strict des rites ; formalisme liturgique.

RITUALISTE [Rityalist(ə)]. n. et adj. (1870 ; « auteur qui traite des différents rites », v. 1700 ; du lat. *ritualis*). N. *(Relig.).* Nom donné à ceux qui accordent une très grande importance aux rites, aux cérémonies, dans l'Église anglicane. ◇ *Adj.* Relatif au rituel ; partisan d'un respect des rites.

RITUEL, ELLE [Rityɛl]. adj. et n. m. (1842 ; *ritual,* 1564 ; lat. *ritualis*). ♦ **1°** *Adj.* Qui constitue un rite ; a rapport aux rites. *Prescriptions rituelles de la liturgie.* (*Opposé à* profane) *Chants rituels.* V. **Religieux.** *La danse rituelle du feu,* de de Falla. ◇ *Fig.* Réglé comme par un rite. *Actes rituels imposés par la loi.* — *Par ext.* Habituel et précis. « *Attendri de revoir... les petites mains blanches et charnues accomplir délicatement ces gestes rituels* » (MART. du G.). ♦ **2°** *N. m.* Relig. (*Ritual,* 1605) Livre liturgique catholique, recueil qui contient les rites des sacrements, les sacramentaux et diverses formules (d'exorcismes, etc.). ♦ **3°** *N. m.* Cour. Ensemble de règles, de rites. *Rituel magique* (magie cérémonielle). Fig. « *Le rituel de la famille française y régnait dans sa minutie* » (GIRAUDOUX).

RITUELLEMENT [Rityɛlmɑ̃]. adv. (XXᵉ ; de *rituel*). D'une manière rituelle (au fig.), obligatoire ou simplement habituelle (souvent *iron.*). *Il arrivait rituellement à neuf heures.* V. **Invariablement.**

RIVAGE [Rivaʒ]. n. m. (XIIᵉ ; de *rive*). ♦ **1°** Cour. Partie de la terre qui borde une mer ou un lac (dans ce cas, on dit plutôt Rive). V. **Bord, côte, littoral.** *Quitter le rivage, s'éloigner du rivage.* ♦ **2°** Cour. *Géogr.* et *Dr.* Zone soumise à l'action des vagues, et éventuellement des marées. V. **Grève, plage.** *Rivage de sable, de galets. Épaves rejetées sur le rivage :* herpes (2°). *Droit d'accès au rivage.* ♦ **3°** *Par anal.* (vx ou littér.). *Les rivages d'un cours d'eau.* V. **Berge, rive.**

RIVAL, ALE, AUX [Rival, o]. n. et adj. (XVIIᵉ ; « rival en amour », XVᵉ ; lat. *rivalis* « rival », de *rivales :* riverains « qui tirent leur eau du même cours d'eau » [*rivus*]).

I. N. ♦ **1°** Personne qui prétend aux avantages, aux biens qu'un seul peut obtenir, et qui s'oppose à autrui pour les lui disputer. V. **Compétiteur, concurrent.** *Rivaux en compétition, en lutte.* V. **Adversaire, antagoniste, combattant, ennemi.** *Éliminer, supplanter, vaincre tous ses rivaux. Avoir un avantage sur sa rivale. Rival malheureux.* ♦ **2°** *Spécialt.* Personne qui dispute l'amour, les faveurs d'une personne. *Œnone, qui l'eût cru ? j'avais une rivale* » (RAC.). ♦ **3°** *Par ext.* Personne qui dispute le premier rang, sans s'opposer activement à d'autres ; qui est égale ou comparable. *Gavarni « n'a pas de prédécesseurs ni de rivaux dans notre époque* » (GAUTIER). V. **Égal.** — *Sans rival :* inégalable. — (Choses) « *La perspective qui se déploya devant les yeux de Sigognac... n'avait pas alors et n'a pas encore de rivale au monde* » (GAUTIER).

II. Adj. (1690). Qui est opposé (à qqn ou à qqch.) pour

disputer un avantage, sans recourir à la violence. V. **Antagonique**. *Nations rivales.* « *Les galopins de l'école rivale, celle de la rue de l'Ouest* » (DUHAM.).

◇ ANT. **Allié**, **associé**, **partenaire**.

RIVALISER [ʀivalize]. *v. intr.* (1783; v. tr., 1770; de *rival*). Disputer avec qqn à qui sera le meilleur, être le rival de. *Rivaliser (avec qqn) d'élégance, d'adresse, d'esprit.* V. **Assaut** (faire), **concurrencer**, **lutter**. *Rivaliser de générosité* (V. **Émulation**). — « *Amoureux passionné de l'antique... il fait des portraits qui rivalisent avec les meilleures sculptures romaines* » (BAUDEL.). V. **Approcher** (de).

RIVALITÉ [ʀivalite]. *n. f.* (1694; « rivalité amoureuse », 1656; lat. *rivalitas*). Situation de deux ou plusieurs personnes (V. **Rival**) qui se disputent qqch. (notamment la première place, le premier rang). V. **Antagonisme**, **combat**, **compétition**, **concurrence**, **lutte**, **tournoi**. *Rivalité et émulation. Rivalité commerciale, politique.* ◇ *Une rivalité.* (Déb. XIXᵉ) V. **Opposition**. *Des rivalités d'intérêts. Des rivalités de clocher.* « *Nous nous injurions comme deux femmes de même âge qu'une rivalité amoureuse a dressées l'une contre l'autre* » (SARTRE).

◇ ANT. **Coopération**.

RIVE [ʀiv]. *n. f.* (1080, aussi « bord »; lat. *ripa*).
I. ♦ 1° Portion, bande de terre qui borde un cours d'eau important. V. **Berge**, **bord**. *Rive droite et rive gauche* (dans le sens du courant). *Rives aménagées d'un fleuve.* V. **Quai**. *Habiter sur la rive.* V. **Riverain**. — Spécialt. *Habiter Rive gauche* : dans l'un des quartiers de la rive gauche de la Seine, à Paris. Adj. *La mode rive gauche.* ♦ 2° Bord, rivage (d'un lac, d'un étang). Bord de mer. V. **Rivage**. *Les rives de la Baltique.* ♦ 3° Poét. et *vx.* Pays, contrée. V. **Rivage**. « *Que ce soit aux rives prochaines* » (LA FONT.).
II. *Vx.* Bord. « *Après avoir longtemps côtoyé la rive du bois* » (NODIER). ◇ *Techn.* (XIVᵉ) *La rive d'un four* : le bord, près de la gueule. *Pain de rive.* — Bordure en terre cuite qui termine un toit en tuiles. — *Poutres de rive*, qui soutiennent, sur les côtés, le tablier d'un pont.

RIVELAINE [ʀivlɛn]. *n. f.* (1771; d'un rad. néerl. *riven*, par le wallon). *Techn.* Outil de mineur, pic à deux pointes servant à entamer les roches tendres. « *Chacun havait le lit de schiste qu'il creusait à coups de rivelaine* » (ZOLA).

RIVER [ʀive]. *v. tr.* (v. 1170; de *rive* « bord », ou p.-ê. métaph. du bateau « attaché » à la *rive*). ♦ 1° Attacher solidement et étroitement, au moyen de pièces de métal. V. **Enchaîner**. « *C'est ainsi qu'ils croupissaient ensemble, rivés au même fer* » (DAUD.). ◇ *Fig.* Assujettir, attacher. « *On eût dit qu'un lien invisible et tout-puissant les rivait l'un à l'autre* » (PERGAUD). — *Au p. p.* ÊTRE RIVÉ : immobilisé, fixé. *Il est rivé à son travail*, il ne le quitte jamais, ne peut le quitter. *Rester rivé sur place.* « *Ces yeux méchants rivés sur lui* » (MAURIAC). ♦ 2° *River un clou, une pointe* : en recourber ou en aplatir l'extrémité en la rabattant sur le bord de la pièce assujettie. — Fig. *River son clou à qqn* : le réduire au silence par une critique, une réponse (Cf. Clouer le bec* à). ◇ *Par ext.* Fixer, assujettir par des clous, des chevilles que l'on rive; par des rivets. V. **Riveter**. *River deux plaques de tôle* : les assembler par rivets.

RIVERAIN, AINE [ʀivʀɛ̃, ɛn]. *n. et adj.* (1690; *riveran* « batelier », 1533; de *rivière*, II). ♦ 1° Personne qui habite le long d'un cours d'eau, d'un lac, d'un détroit. « *Comme tous les riverains du Bosphore à cette saison, il vivait beaucoup sur l'eau* » (LOTI). — Spécialt. Personne qui possède un terrain sur la rive. Adj. *Les propriétaires riverains.* ♦ 2° Par ext. *Les riverains d'une rue, d'une route*, les propriétaires ou les habitants qui donnent sur cette rue.

RIVERAINETÉ [ʀivʀɛnte]. *n. f.* (1920; de *riverain*). *Dr.* Se dit des droits des propriétaires riverains d'un cours d'eau non navigable, sur son lit, ses eaux et leur force motrice.

RIVET [ʀivɛ]. *n. m.* (1260; de *river*). *Vx.* Clou rivé. ◇ *Mod.* Courte tige cylindrique munie d'une tête à une extrémité et dont l'autre extrémité est destinée à être aplatie au moment de l'assemblage (V. **Rivure**). *Pose d'un rivet dans des trous forés. Refoulement à chaud de la tête du rivet* (au marteau, à la bouterolle, à la riveuse). *Rivets et boulons d'un assemblage, d'une machine.*

RIVETAGE [ʀivtaʒ]. *n. m.* (1877; de *riveter*). *Techn.* Opération par laquelle on assemble (des tôles, des profilés) au moyen de rivets; assemblage par rivets.

RIVETER [ʀivte]. *v. tr.*; conjug. *jeter* (1877; de *rivet*). *Techn.* Assembler, fixer au moyen de rivets. V. **River**.

RIVETEUSE [ʀivtøz]. *n. f.* (v. 1900; de *riveter*). *Techn.* Machine servant à poser des rivets, à assembler par rivetage.

RIVEUR [ʀivœʀ]. *n. m.* (XIVᵉ; de *river*). *Techn.* Ouvrier qui rive, qui pose des rivets, après avoir buriné et foré les tôles, et maté l'assemblage *(riveur burineur).*

RIVEUSE [ʀivøz]. *n. f.* (1906; « ouvrière », 1878; de *river*). *Techn.* Machine à river. *Riveuse pneumatique.*

RIVIÈRE [ʀivjɛʀ]. *n. f.* (1138; « ruisseau », 1105; bas lat. *riparia*, de *ripa*. V. **Rive**).

I. ♦ 1° *Cour.* Cours d'eau naturel de moyenne importance. « *La rivière* (l'Oued Saïda), *fleuve là-bas, ruisseau pour nous, s'agite dans les pierres sous les grands arbustes épanouis* » (MAUPASS.). *Rivière qui se jette dans un fleuve. Se baigner, pêcher dans la rivière. Les petits ruisseaux* font les grandes rivières.* — *Géogr.* et *cour.* Masse d'eau de ruissellement qui s'écoule dans un lit, depuis le moment où elle paraît à l'air libre (V. **Source**) jusqu'à ce qu'elle se jette dans une masse d'eau plus importante (cours d'eau [V. **Confluent**] ou mer [V. **Embouchure**]). V. **Cours** (d'eau), **fleuve**; **affluent**, **gave**, **oued**, **torrent**. *Le lit, les berges d'une rivière. Sinuosités d'une rivière* : *boucles, méandres. Cours, courant, régime, débit d'une rivière. La rivière est en crue.* — *Profil, pente d'une rivière.* V. *aussi* **Amont**, **aval**. *Rivière à profil irrégulier, avec des ruptures* de pente* (cascade, cataracte, chute, rapide, saut). *Rivière flottable, navigable. Écluse d'une rivière. Passer, traverser une rivière.* V. **Passeur**. *Descendre, remonter une rivière en bateau. Poissons de rivière.* — *Oiseaux, plantes de rivière.* V. **Fluviatile**. *Port de rivière.* V. **Fluvial**. *Rivière souterraine* (V. **Aven**, **bétoire**, **gouffre**). ♦ 2° Par anal. *Sports.* Fossé rempli d'eau que doit sauter le cheval (steeple-chase) ou le coureur (steeple). ♦ 3° *Fig.* Flots, ruisseau. « *Des rivières de sang* » (BOIL.). « *Rivière de feu* » (STAËL) : de lave. ♦ 4° *Fig.* (1747). RIVIÈRE DE DIAMANTS : collier de diamants montés en chatons.

II. *Vx.* Terrain avoisinant la rive, le rivage (Cf. Riviera). V. **Riverain**. — *Mod.* (Vitic.) *Vins de rivière* : vins de champagne des bords de la Marne.

RIVOIR [ʀivwaʀ]. *n. m.* (1769; de *river*). ♦ 1° Outil (marteau, etc.) pour river. ♦ 2° RIVOIR. *n. m.*, ou RIVOIRE. *n. f.* : machine à poser les rivets.

RIVULAIRE [ʀivylɛʀ]. *adj. et n. f.* (1803; du lat. *rivulus* « ruisselet »). ♦ 1° Didact. Qui vit, qui croît dans les ruisseaux, sur leurs bords. ♦ 2° Bot. *N. f.* Algue de la famille des nostocs *(Cyanophycées).*

RIVURE [ʀivyʀ]. *n. f.* (*Riveure*, 1480; de *river*). *Techn.* ♦ 1° Action de river; son résultat. ♦ 2° Tête d'une broche métallique.

RIXDALE [ʀiksdal]. *n. f.* (1677; *risdale*, déb. XVIIᵉ; néerl. *rijks daaler*, all. *Reichstaler*). *Hist.* Ancienne monnaie d'argent en usage dans le Nord et l'Est de l'Europe.

RIXE [ʀiks(ə)]. *n. f.* (1477; lat. *rixa*). Querelle violente accompagnée de coups, parfois avec des armes blanches, dans un lieu public. V. **Bagarre**, **bataille**, **échauffourée**, **mêlée**, **pugilat**. *Rixe entre matelots.*

RIZ [ʀi]. *n. m.* (*Ris*, 1248; it. *rizo*, lat. *oryza*, mot gr. d'o. orient.) ♦ 1° Plante monocotylédone *(Graminées)*, herbacée, annuelle, dont le fruit est un caryopse *(grain de riz)* riche en amidon. *Le riz est l'une des deux grandes céréales nourricières avec le blé. Culture du riz.* V. **Rizière**, **riziculture**. *Repiquage du riz. Riz à grains courts, longs (riz « Caroline »).* — *Chapeau en paille de riz.* ♦ 2° Le grain de cette plante avec ses enveloppes *(riz en paille)* ou décortiqué et préparé pour la consommation. *Riz blanchi, glacé. Poule au riz. Riz au gras, riz au carry, au safran. Plats de riz.* V. **Paella**, **pilaf**, **risotto**. *Riz créole. Riz au lait*, sucré et servi comme entremets. *Gâteau de riz.* — *Eau-de-vie de riz.* V. **Saké**. ◇ *Poudre de riz.* V. **Poudre**. ◇ HOM. *Ris*; formes du v. *rire*.

RIZERIE [ʀizʀi]. *n. f.* (1868; de *riz*). *Techn.* Usine où l'on traite le riz (décorticage, blanchiment, glaçage...).

RIZICULTEUR, TRICE [ʀizikyltœʀ, tʀis]. *n.* (v. 1915, au masc.; de *riz*, et *-culteur*). Cultivateur de riz. *Les riziculteurs de Camargue.*

RIZICULTURE [ʀizikyltyʀ]. *n. f.* (1912; de *riz*, et *culture*). Culture du riz.

RIZIÈRE [ʀizjɛʀ]. *n. f.* (1718; de *riz*). Terrain où l'on cultive le riz; plantation de riz. *Rizière sèche, inondée.* ◇ *Spécialt.* Rizière inondée.

RIZ-PAIN-SEL [ʀipɛ̃sɛl]. *n. m. invar.* (1790; de *riz*, *pain*, et *sel*). Sobriquet donné aux militaires (*spécialt.* officiers et sous-officiers) du service de l'Intendance. *Les riz-pain-sel.*

R.N. [ɛʀɛn]. *n. f. sing.* [suivi d'un chiffre]. Abréviation de Route nationale. *Emprunter la R.N. 7 pour gagner Lyon.*

Rn Symbole chimique du *radon*.*

ROADSTER [ʀɔdstɛʀ]. *n. m.* (1931; mot angl. [1922]; « cheval de selle », 1818; de *road* « route »). *Vx.* Automobile décapotable à deux places avec spider à l'arrière.

ROAST-BEEF. V. **Rosbif**.

1. **ROB** [ʀɔb]. *n. m.* (1507; mot arabe, d'o. persane). *Pharm.* Extrait de suc de fruit, préparé par évaporation, ayant la consistance du miel.

2. **ROB** [ʀɔb] ou **ROBRE** [ʀɔbʀ(ə)]. *n. m.* (1829,-1827; angl. *rubber*). *Au whist, au bridge*, Partie liée de deux ou trois manches, qui est finie dès qu'un camp a remporté deux manches. *Les trois robres d'une partie.* ◇ HOM. (de *rob*) *Rob* (1), *robe*.

ROBAGE [ʀɔbaʒ] ou **ROBELAGE** [ʀɔblaʒ]. *n. m.* (1875, -XVIIIᵉ; de *rober*). *Techn.* Action de rober.

ROBE [ʀɔb]. *n. f.* (XIIᵉ; germ. °*rauba* « butin » [Cf. Dérober], d'où « vêtement dont on a dépouillé qqn »).
I. Vêtement qui entoure le corps. **Ⓐ** ♦ 1° *Dans l'antiquité, en Orient*, Vêtement d'homme d'un seul tenant descendant aux genoux ou aux pieds. *Robe prétexte, robe virile.* V. **Toge.** *Prince revêtu de la robe médique.* ♦ 2° Vêtement distinctif de certains états ou professions (hommes). *Robe du prêtre* (V. **Aube, soutane**), *de moine* (V. **Froc**). *Cardinaux en robe rouge. Robe de professeur,* aujourd'hui uniquement portée dans les cérémonies officielles. V. **Épitoge.** — *Robe de magistrat, d'avocat.* ◊ Ancien. LA ROBE : un des états sous l'Ancien Régime (hommes de loi, justice). *Gens de robe. Noblesse de robe,* conférée par la possession de certains offices de judicature. *Sa mère « appartenait à une ancienne famille de robe et de finances »* (STE-BEUVE). *Homme de robe.* V. **Robin.** ♦ 3° Vêtement d'enfant en bas âge. *Robe de bébé. Robe de baptême.* ♦ 4° (1596). ROBE DE CHAMBRE : long vêtement d'intérieur, pour homme ou femme, à manches, non ajusté. V. **Déshabillé, peignoir.** *Être en robe de chambre et en pantoufles.* « *Regrets sur ma vieille robe de chambre* », opuscule de Diderot. « *Aucune robe 'de ville' ne vaudrait à beaucoup près la merveilleuse robe de chambre de crêpe de Chine ou de soie... qu'elle allait ôter* » (PROUST). *Robe d'intérieur.* — Fig. *Pommes de terre en robe de chambre,* cuites avec leur peau (bouillies, à la vapeur, au four). On dit aussi *pommes de terre en robe des champs,* déformation ou correction voulue, attestée postérieurement. **Ⓑ** (XIIᵉ). Vêtement féminin de dessus, d'un seul tenant, avec ou sans manches, couvrant le corps jusqu'aux genoux, aux mollets, aux chevilles ou aux pieds. *Le haut* (V. **Corsage**), *le bas d'une robe* (V. **Jupe**). *Robe longue, courte. Robe à crinoline, à paniers,* d'autrefois. *Robe étroite.* V. **Fourreau.** *Robe princesse. Robe chemisier. Robe chasuble*. Robe décolletée, montante.* « *Je vous vois encore! En robe d'été Blanche et jaune avec des fleurs de rideaux* » (VERLAINE). *Robe de plage*.* — *Robe d'aprèsmidi, de cocktail, du soir, de bal. Robe à traîne.* — *Robe de mariée. Robe de première communion.* V. **Aube.** *Robe de grossesse.* ◊ ROBE-MANTEAU : robe qui sert de manteau. — ROBE-TABLIER : tablier qui sert de robe.
II. *Par anal.* ♦ 1° (1546). Se dit de l'enveloppe de certains fruits ou légumes. *Robe d'une fève, d'un oignon, de la garance.* ♦ 2° (1640). Pelage de certains animaux, en particulier du cheval. « *Les chevaux étaient au fond, attachés à la barre, la robe nue et frémissante* » (ZOLA). *Robe d'un bœuf, d'une panthère.* ♦ 3° (1723). Feuille de tabac qui enveloppe l'extérieur du cigare. *La robe et la cape d'un cigare.* ♦ 4° Œnologie. La couleur (du vin). *Ce vin offre une belle robe.*
♦ HOM. **Rob.**

ROBER [ʀɔbe]. *v. tr.* (1740; de *robe*). Techn. ♦ 1° Dépouiller (la garance) de sa robe, de son écorce. ♦ 2° (1907; *robage,* dès 1875). Entourer (un cigare) d'une robe.

ROBERTS [ʀɔbɛʀ]. *n. m. pl.* (1928; du biberon Robert, marque vendue depuis 1888). Pop. Seins. « *J'aurais pu tomber plus mal. Tu verrais ses roberts : aux pommes* » (SARTRE).

ROBEUSE [ʀɔbøz]. *n. f.* (1875; de *rober*). Techn. Ouvrière chargée de rober (les cigares). V. **Cigarière.**

ROBIN [ʀɔbɛ̃]. *n. m.* (1627; de *robe*). Vx et péj. Homme de robe. V. **Magistrat.**

ROBINET [ʀɔbinɛ]. *n. m.* (1401; de *Robin* [au moyen âge, nom donné au mouton], les premiers *robinets* ayant souvent la forme d'une petite « tête de mouton »). Appareil placé sur un tuyau de canalisation ou une tubulure d'écoulement, et que l'on peut ouvrir et fermer pour régler à volonté le passage d'un fluide (*spécial.* de l'eau courante). « *Un maigre filet d'eau coula du robinet* » (HUGO). *Robinet muni d'un brise-jet. Robinet d'eau froide, d'eau chaude. Robinet mélangeur.* V. **Mitigeur.** *Robinet à double voie.* V. **By-pass.** — *Robinet du tonneau.* V. **Chantepleure.** *Robinet à gaz, du gaz. Robinet graisseur, distributeur, purgeur. Ouvrir, fermer un robinet. Tourner le robinet, la clef du robinet.* — *Les problèmes de robinets :* problèmes d'arithmétique concernant le calcul des vitesses, des débits, etc. (type de problèmes pour écoliers). ◊ Fig. et fam. *C'est un vrai robinet,* il est très bavard (Cf. **Moulin*** à paroles). *Un robinet d'eau tiède :* un bavard insipide.

ROBINETIER [ʀɔbin(e)tje]. *n. m.* (1870; de *robinet*). Techn. Fabricant ou marchand de robinets et d'accessoires de plomberie.

ROBINETTERIE [ʀɔbinɛtʀi]. *n. f.* (1846; de *robinet*). ♦ 1° Usine où l'on fabrique des robinets; industrie, commerce des robinets. ♦ 2° Ensemble des robinets d'une chaudière, d'un dispositif. « *L'établissement de bains, qui présente une robinetterie très perfectionnée* » (HENRIOT).

ROBINIER [ʀɔbinje]. *n. m.* (1778; lat. mod. *robinia,* de *Robin,* directeur du Jardin des Plantes). Arbre ou arbrisseau (Légumineuses, Papilionacées) aux rameaux épineux, aux fleurs blanches très parfumées disposées en grappes pendantes. *Robinier commun,* ou *faux acacia,* ou *acacia blanc.*

ROBORATIF, IVE [ʀɔbɔʀatif, iv]. *adj.* (1501; du lat.

roborare « fortifier »). Anc. méd. ou *littér.* Fortifiant. *Remède roboratif.* Fig. « *La compagnie de l'homme,... son odeur, sa chaleur roboratives* » (COLETTE).

ROBOT [ʀɔbo]. *n. m.* (1924; du tchèque *robota* « travail forcé », pour désigner des « ouvriers artificiels », dans une pièce de K. Capek). ♦ 1° Machine à l'aspect humain, capable de se mouvoir et d'agir. ♦ 2° Mécanisme automatique à commande électromagnétique pouvant se substituer à l'homme pour effectuer certaines opérations, et capable d'en modifier de lui-même le cycle et d'exercer un certain choix (servo-moteurs). V. **Cybernétique.** « *La machine supprime le travail d'artisan... La chaîne elle-même sera un jour servie par des « robots »* » (MAUROIS). *Avion-robot,* téléguidé. ◊ *Par ext.* Nom donné à certains appareils ménagers (appareils à utilisations multiples : moulin, mixeur, etc.). ♦ 3° (Mil. XXᵉ). PORTRAIT-ROBOT : portrait d'un individu recherché par la police et obtenu en combinant certains types de physionomie sur la base des signalements donnés par des témoins. On dit aussi *Photo-robot.* — Ensemble des traits caractérisant une catégorie de personnes ou de choses. « *Il dresse un portrait-robot du secrétaire général du mouvement [l'U.D.R.]* » (*L'Express,* 11-9-1972). ♦ 4° Homme réduit à l'état d'automate. « *L'homme, serviteur de l'automate, deviendra lui-même un automate, un robot* » (DUHAM.).

ROBOTISATION [ʀɔbɔtizasjɔ̃]. *n. f.* (1967; de *robotiser*). Action de transformer en robot; son résultat. *La robotisation du travailleur d'usine.*

ROBOTISER [ʀɔbɔtize]. *v. tr.* (1965; de *robot,* et suff. *-iser*). Transformer en robot; faire perdre certains caractères humains (liberté, choix...) à (qqn).

ROBURITE [ʀɔbyʀit]. *n. f.* (1890; du lat. *robur* « force », et suff. *-ite*). Techn. Explosif à base de benzènes et de nitrates d'ammonium.

ROBUSTE [ʀɔbyst(ə)]. *adj.* (XIIIᵉ; lat. *robustus*). (*Personnes*). Fort et résistant, de par sa solide constitution. V. **Fort, infatigable.** *Un homme robuste.* V. **Costaud.** — *Avoir une santé robuste.* « *Je l'entendais (le sanglier) qui grattait de ses pattes robustes* » (BOSCO). V. **Solide.** *Arbre, plante robuste.* V. **Vivace.** ◊ (*Choses*) *Voiture, moteur robuste.* V. **Solide.** ◊ (Abstrait) *Avoir une foi robuste.* V. **Ferme, inébranlable.** *Style robuste.* V. **Énergique, vigoureux.** « *La robuste sobriété de l'esprit classique* » (R. ROLLAND). ◈ ANT. *Chétif, débile, délicat, faible, fragile, malingre.*

ROBUSTEMENT [ʀɔbystəmã]. *adv.* (1531; de *robuste*). D'une façon robuste. *Il était robustement constitué.*

ROBUSTESSE [ʀɔbystɛs]. *n. f.* (1863; de *robuste*). Qualité de ce qui est robuste. V. **Force, résistance, solidité.** « *C'était une grande femme... assez laide, malgré une apparence de robustesse et de santé qui pouvait plaire* » (GREEN). — *Robustesse d'un mécanisme.* ◈ ANT. *Fragilité.*

ROC [ʀɔk]. *n. m.* (XIVᵉ-XVᵉ; forme masc. de *roche*). ♦ 1° Littér. Bloc ou masse de pierre dure formant une éminence sur le sol. V. **Pierre, rocher.** « *Oh! que la mer est sombre au pied des rocs sinistres!* » (HUGO). Cour. *Dur, ferme, insensible comme un roc. C'est un roc!* « *J'ai vu l'aml Cinq-Mars;... toujours ferme comme un roc. Ah! voilà ce que j'appelle un homme!* » (VIGNY). ♦ 2° LE ROC : matière rocheuse et dure. *Corniche creusée, taillée dans le roc.* « *Le roc de l'île est de nature si dure que les plus puissants obus n'y causaient que des égratignures* » (GIDE). ◈ HOM. **Rock, roque.**

ROCADE [ʀɔkad]. *n. f.* (fin XIXᵉ; de *roquer*). Milit. Ligne parallèle au front de combat permettant d'établir des liaisons entre les secteurs. *Ligne, voie de rocade.* ◊ *Par anal.* Voie de communication (parallèle à une autre) utilisée comme dérivation.

ROCAILLAGE [ʀɔkajaʒ]. *n. m.* (1875; de *rocaille*). Techn. Revêtement, travail, ornementation en rocaille (2°).

ROCAILLE [ʀɔkaj]. *n. f. et adj.* (1658; *rocqualles,* XVᵉ; de *roc*). ♦ 1° Pierres qui jonchent le sol; terrain plein de pierres. V. **Caillasse, pierraille.** *Rien ne pousse dans cette rocaille.* ♦ 2° (1636). Pierres cimentées utilisées avec des coquillages, etc., pour construire des grottes artificielles, des décorations de jardin. *Fontaine en rocaille.* ◊ UNE ROCAILLE : décor de pierres entre lesquelles poussent des plantes, des fleurs, dans un jardin. ♦ 3° Adj. Se dit d'un style ornemental en vogue sous Louis XV (et *spécial.* sous la Régence), caractérisé par la fantaisie des lignes contournées rappelant les volutes et les coquillages. *Le style rocaille.* V. **Rococo.** « *Un vaste et superbe table rocaille du goût Louis XV* » (HUGO). — Subst. m. *Le rocaille,* le style rocaille.

ROCAILLEUR [ʀɔkajœʀ]. *n. m.* (1671; de *rocaille*). Techn. Ouvrier cimentier spécialisé dans la confection de rocailles. Appos. *Ouvrier rocailleur.*

ROCAILLEUX, EUSE [ʀɔkajø, øz]. *adj.* (1692, « rugueux »; de *rocaille*). ♦ 1° (1767). Qui est une rocaille, est plein de pierres. V. **Pierreux; caillouteux.** *La garrigue est un terrain rocailleux. Chemin rocailleux.* ♦ 2° Fig. Dur et heurté, cahotique. *Un style rocailleux. Une voix rocailleuse :* rauque, râpeuse.

ROCAMBOLESQUE [ʀɔkãbɔlɛsk(ə)]. *adj.* (fin XIXᵉ; de

Rocambole, personnage de romans-feuilletons de Ponson du Terrail). Extravagant, plein de péripéties extraordinaires (comme les romans-feuilletons). *Aventures rocambolesques.* « *Ça ne tient pas debout, cette histoire, c'est rocambolesque* » (SARRAUTE).

ROCCELLA [rɔksɛla] ou **ROCELLE** [rɔsɛl]. *n. f.* (1839, -1846; var. du catalan *orxella* « orseille », d'après *roc*). Bot. Lichen tinctorial qui pousse sur les pierres, fournissant l'orseille.

ROCHAGE [rɔʃaʒ]. *n. m.* (1870; de *rocher*). Techn. Dégagement des gaz dissous dans une masse métallique en fusion (*spécialt.* dans la coupellation de l'argent).

ROCHASSIER, IÈRE [rɔʃasje, jɛʀ]. *n.* (1906; de *roche*). Alpin. Alpiniste qui fait du rocher.

ROCHE [rɔʃ]. *n. f.* (980; lat. pop. °*rocca*). ♦ 1° Littér. UNE ROCHE : bloc important de matière minérale dure. V. Pierre, roc, rocher. « *La route qui se dessinait... à travers les éboulis de roches* » (MAC ORLAN). — PROV. *Il y a anguille* sous roche.* ♦ 2° Cour. LA ROCHE (XVIIIe; *roke* « carrière de pierre », 1269). La pierre (surtout dure). V. Pierre, roc. « *L'aigle regagnait son nid, creusé dans les anfractuosités de la roche* » (LAUTRÉAMONT). *Creuser, forer la roche. Quartier de roche. Qui croit, vit sur la roche.* V. Rupestre. *Coq de roche :* rupicole. — Loc. *Eau de roche,* eau de source très limpide. Fig. *Clair comme de l'eau de roche,* très aisé à comprendre. ♦ 3° (1690). *Vx.* Minerai contenant des pierres fines. — Mod. *Cristal de roche,* naturel. V. Cristal (1°). ♦ 4° Sc. (XVIIIe). Assemblage, en composition variable, de minéraux définis par leurs éléments chimiques. *Les roches forment les terrains de l'écorce terrestre. Sciences qui étudient les roches.* V. Pétrographie; géologie, lithologie (*vx*), minéralogie. — *Aspect des roches* (V. Bloc, moellon, caillou, galet, gravier, gravillon, sable, falun, limon, vase, boue, argile [par taille décroissante]). *La texture, le grain d'une roche. Roche dure, tendre; roche compacte, meuble. Roche poreuse. Roches sédimentaires* (ex. : calcaire, sable). *Roches ignées : plutoniques* (ex. : granite), *volcaniques* (ex. : basalte). *Roches métamorphiques* ou *cristallophylliennes* (ex. : gneiss). *Roche-mère,* couche géologique poreuse où se forment les hydrocarbures. *Roche-magasin* (ou *roche-réservoir*), couche géologique où se localisent les gisements d'hydrocarbures, gazeux ou liquides.

1. ROCHER [rɔʃe]. *n. m.* (1138; de *roche*). ♦ 1° Grande masse de matière minérale dure (roche), formant une éminence naturelle généralement abrupte. V. Bloc, pierre, roche. *Les rochers de la forêt de Fontainebleau.* « *Entre la mer et le pied de la montagne... un surprenant chaos de rochers énormes, écroulés, renversés, entassés les uns sur les autres* » (MAUPASS.). *Rochers à fleur d'eau.* V. Banc (III, 1°), brisant, écueil, étoc, récif. *Crique dans les rochers.* — *Qui vit dans les rochers.* V. Rupestre, saxatile. *Dégager un lit de rivière des roches.* V. Dérocher. ◇ Éminence rocheuse. *Le rocher de Gibraltar.* ♦ 2° LE ROCHER : la roche qui constitue un rocher; la paroi rocheuse. V. Roche (2°). *À flanc de rocher. Creusé dans le rocher.* ◇ *Faire du rocher :* de l'escalade de rocher (*opposé à* glace *ou* neige). V. Rochassier. ♦ 3° Anat. (1765). Partie massive (« pierreuse ») du temporal, en forme de pyramide quadrangulaire. *L'oreille interne est située dans l'épaisseur du rocher.* ♦ 4° Gâteau ou confiserie ayant l'aspect d'un rocher. *Rocher au chocolat.*

2. ROCHER [rɔʃe]. *v. intr.* (1803; autre sens, 1622; de *roche*). ♦ 1° Techn. Mousser, en parlant de la bière qui fermente. ♦ 2° (1870). Techn. Se couvrir d'excroissances, en parlant de l'argent fondu qui refroidit.

1. ROCHET [rɔʃe]. *n. m.* (XIIe; du frq. °*hrokk*. V. Froc). ♦ 1° Ancienn. Tunique courte, au moyen âge. ♦ 2° Aube courte à manches étroites que portent les évêques, les cardinaux et les protonotaires, sous le mantelet. ♦ 3° Mantelet de cérémonie des pairs d'Angleterre. « *La robe de couronnement avait un plus large rochet d'hermine* » (HUGO).

2. ROCHET [rɔʃe]. *n. m.* (1669; « tampon, arme courtoise », 1200; du germ. *rukka* « quenouille »; Cf. Roquette 2). Techn. ♦ 1° Bobine de filature sur laquelle on enroule la soie, etc. V. Fuseau. ♦ 2° Mécan. *Roue à rochet :* roue dentée qu'un cliquet oblige à tourner dans un seul sens.

ROCHEUX, EUSE [rɔʃø, øz]. *adj.* (1823; « situé sur un rocher », 1549; de *roche*). ♦ 1° Couvert, formé de rochers. *Côte rocheuse et côte de sable.* ♦ 2° Formé de roche, de matière minérale dure. *Fond rocheux d'une rivière.*

ROCHIER [rɔʃje]. *n. m.* (1560; *colomb roquier* « pigeon biset », 1300; de *roche*). Nom usuel de divers poissons, *spécialt.* Requin des côtes de France.

ROCK ou **ROC** [rɔk]. *n. m.* (*Roc,* déb. XVIIIe; *ruc,* 1298; de l'arabe *rokh*). Oiseau fabuleux des légendes orientales, d'une force et d'une taille prodigieuse. Appos. *L'oiseau roc.* ◇ HOM. Roc, roque.

ROCK (AND ROLL) [rɔk(ɛnʀɔl)]. *n. m. et adj.* (v. 1957; mot angl., de *to rock* « balancer », et *to roll* « rouler »). Anglicisme. Danse à deux ou quatre temps sur un rythme très marqué. ◇ Musique populaire américaine issue du jazz.

◇ *Adj.* De cette musique. *Un chanteur rock* (anglicisme : UN ROCKER [rɔkœʀ] n.).

ROCKET. V. ROQUETTE.

ROCKING-CHAIR [rɔkiŋ(t)ʃɛʀ]. *n. m.* (1851; mot angl., de *to rock* « balancer », et *chair* « chaise »). Chaise, fauteuil à bascule que l'on peut faire osciller d'avant en arrière par un simple mouvement du corps. V. Berceuse. « *Des touristes assis sur des rocking-chairs regardaient les voyageurs* » (BEAUVOIR).

ROCOCO [rɔkɔ(ɔ)ko; ʀokoko]. *n. m. et adj.* (1828; formation plaisante, d'apr. *rocaille*). ♦ 1° Se dit du style rocaille* du XVIIIe s., caractérisé par la profusion des ornements contournés et par la recherche d'une grâce un peu mièvre. V. Baroque. *Le rococo dans la sculpture, dans l'ameublement.* « *Le rococo n'est supportable qu'à la condition d'être extravagant* » (HUGO). — Adj. invar. *Le style rococo. Des pendules rococo.* ♦ 2° (1830). Par ext. Adj. invar. Démodé et un peu ridicule. « *Notre politesse, notre esprit, nos mœurs et notre art sembleront vieillots et rococo* » (LEMAITRE).

ROCOU [rɔku]. *n. m.* (1614; altér. de *urucu,* mot d'une langue indigène du Brésil). Colorant d'un beau rouge orangé qu'on extrait des graines du rocouyer (parfois *raucourt* [ʀokuʀ]).

ROCOUER [rɔkwe]. *v. tr.* (1640; de *rocou*). Techn. Teindre avec du rocou.

ROCOUYER [rɔkuje]. *n. m.* (1645; de *rocou*). Arbrisseau originaire de l'Amérique tropicale (*bixa*) dont les graines servent à fabriquer le rocou.

RODAGE [ʀodaʒ]. *n. m.* (1836; de *roder*). ♦ 1° Opération qui consiste à roder (une pièce). *Rodage de soupapes.* ♦ 2° (Déb. XXe). Le fait de roder (un moteur, un véhicule); le temps pendant lequel on le rode. *Voiture en rodage.* ◇ Fig. *Rodage d'une institution politique :* période de mise au point.

RÔDAILLER [ʀodaje]. *v. intr.* (1862; de *rôder*). Fam. Rôder (2°), traînailler. « *Vous n'avez pas vu rôdailler par là une espèce de petit muscadin...?* » (HUGO).

RODEO ou **RODÉO** [ʀodeo]. *n. m.* (XXe; mot amér., de l'esp. *rodeo* « encerclement du bétail, emplacement circulaire où l'on marque le bétail »; de *rodear* « tourner, encercler », du lat. *rotare*). Aux États-Unis, Fête donnée en principe pour le marquage du bétail, et qui comporte des jeux (maîtriser une bête, se maintenir sur un cheval sauvage, un bœuf, en se tenant d'une main, etc.). — Fig. et fam. Corrida (2°).

RODER [ʀode]. *v. tr.* (1723; lat. *rodere* « ronger »; Cf. Corroder). ♦ 1° Techn. User (une pièce) par le frottement, pour qu'elle s'adapte exactement à une autre. *Roder les soupapes d'un moteur d'automobile.* ♦ 2° (Déb. XXe). Faire fonctionner (un moteur neuf, une voiture neuve) en prenant des précautions, de manière que les pièces puissent, sans dommage, s'user régulièrement et s'adapter ainsi les unes aux autres aussi parfaitement que possible. *Quand vous aurez fini de roder votre voiture, vous pourrez dépasser le 120.* — Au p. p. *Voiture mal, bien rodée.* ♦ Fam. Mettre au point (une chose nouvelle) par des essais, par la pratique. *Cette comédie, cette revue n'est pas encore parfaitement rodée.* — (Personnes) Être au courant, être capable de remplir une fonction.

RÔDER [ʀode]. *v. intr.* (1572; tr. *roder le pays,* 1418; a. prov. *rodar,* du lat. *rotare* « faire tourner »). ♦ 1° Errer avec une intention suspecte ou hostile. *Voyous qui rôdent dans une rue, autour de qqn. La mort* « *rôde autour de moi depuis des années, je l'entends* » (MAURIAC). ♦ 2° Errer au hasard. « *Il rôda au travers des bâtiments et du jardin vides, ne sachant à quoi tuer son chagrin* » (ZOLA).

RÔDEUR, EUSE [ʀodœʀ, øz]. *n. et adj.* (1539; de *rôder*). ♦ 1° Personne qui rôde, flâne. — Adj. « *L'œil mi-clos de désir, rampent les chats rôdeurs* » (LEC. DE LISLE). ♦ 2° Individu d'allure louche qui rôde (1°) dans les rues ou dans la campagne. V. Apache, chemineau (*vx*), vagabond. *Crime de rôdeur.* « *Un de ces hommes de mine inquiétante qu'on est convenu d'appeler rôdeurs de barrières* » (HUGO).

RODOIR [ʀodwaʀ]. *n. m.* (1812; de *roder*). Techn. Outil qui sert à roder (1°).

RODOMONT [ʀɔdɔmɔ̃]. *n. m. et adj.* (1594; *rodomone,* 1527; it. *Rodomonte,* personnage de l'Arioste). Littér. Personnage fanfaron. V. Bravache, fier-à-bras; rodomontade. Adj. « *Honteux de servir sous des généraux rodomonts* » (BERNANOS).

RODOMONTADE [ʀɔdɔmɔ̃tad]. *n. f.* (1587; de *rodomont*). Cour. Action, propos d'un rodomont. V. Bravade, fanfaronnade, vantardise. « *Les chefs se répandent en menaces et en rodomontades* » (DUHAM.).

ROENTGEN ou **RÖNTGEN** [ʀœntgɛn]. *n. m.* (v. 1940; rayons Roentgen « rayons X », fin XIXe; du nom du savant all. qui découvrit les rayons X en 1895). Phys. Unité de quantité de radiation (X ou γ) [symb. R], produisant une ionisation $\dfrac{1}{3.\,10^9}$ coulomb dans 1 cm³ d'air.

ROGATIONS [rɔgɑsjɔ̃]. *n. f. pl.* (1530; *rovaisons*, 1125; lat. ecclés. *rogationes*, plur. de *rogatio* « demande, prière »). *Relig. cathol.* Cérémonies qui se déroulent pendant les trois jours précédant l'Ascension, et qui ont pour but d'attirer les bénédictions divines sur les récoltes et les travaux des champs.

ROGATOIRE [rɔgatwar]. *adj.* (1599; du lat. *rogatus*, p. p. de *rogare* « demander »). *Dr.* Relatif à une demande. *Formule rogatoire. Commission rogatoire,* adressée à un tribunal par un autre pour un acte de procédure ou d'instruction qu'il ne peut faire lui-même.

ROGATOIREMENT [rɔgatwarmɑ̃]. *adv.* (1875; de *rogatoire*). *Dr.* Par voie rogatoire, au titre d'une commission rogatoire. *Commettre un juge rogatoirement.*

ROGATON [rɔgatɔ̃]. *n. m.* (1622; « humble requête », placet; indulgence », 1367; lat. médiév. *rogatum,* de *rogare* « demander »). *Vx* et *fam.* Objet de rebut ou sans valeur. ◇ *Mod.* et *fam.* Bribe de nourriture; reste d'un repas (surtout au plur.). *Il dîna de quelques vieux rogatons.*

ROGNAGE [rɔɲaʒ]. *n. m.* (1846; *rognement,* XVIe; de *rogner* 1). Opération par laquelle on rogne (1, 1º) qqch. *Rognage d'un livre.*

ROGNE [rɔɲ]. *n. f.* (fin XIXe; « querelle », région., XVIIe; « grognement », 1501; de *rogner* 2). *Fam.* Colère, mauvaise humeur (surtout dans *en rogne*). *Être en rogne.* V. **Rogner** (2). *Mettre qqn en rogne.* « *Histoire des foutre en rogne une bonne fois* » (ARAGON). « *La hargne, la rogne et la grogne* » (DE GAULLE).

ROGNE-PIED [rɔɲpje]. *n. m. invar.* (1762; de *rogner* 1, et *pied*). *Techn.* Outil de maréchal-ferrant qui sert à rogner la corne du sabot d'un cheval. *Des rogne-pied.*

1. ROGNER [rɔɲe]. *v. tr.* (*Rooignier,* XIIe; lat. pop. °*rotundiare* « couper en rond »). ♦ 1º Couper (qqch.) sur les bords, sur les angles, à une extrémité de manière à rectifier le contour et à prélever une partie. *Rogner les pages d'un livre, un livre :* couper les bords des feuillets pour les rendre nets et bien réguliers. *Couteau, machine à rogner.* V. **Massicot, rognoir.** — Au p. p. *Exemplaire rogné, non rogné.* — *Rogner une pièce d'or* (par fraude). — *Rogner les ailes* à un oiseau,* fig., à qqn. — *Rogner les griffes à un chat.* « *Il avait ouvert un canif, il se rognait les ongles* » (ZOLA). ♦ 2º *Fig.* Diminuer d'une petite quantité (pour un profit mesquin, une économie sordide). « *Cette misérable vieille... ne te vendait pas une salade que tu n'eusses mis ton honneur à rogner de quelques sous son maigre profit* » (MAURIAC). — *Rogner sur qqch.* V. **Lésiner, prélever, retrancher.** Fig. « *Soucieux d'autant plus de ne rien rogner sur ce qu'il estimait devoir à sa mère* » (GIDE). ◇ ANT. **Allonger.**

2. ROGNER [rɔɲe]. *v. intr.* (1876; o. onomat.). *Fam.* Être en rogne, en colère; rager. V. **Rognonner.**

ROGNEUR, EUSE [rɔɲœr, øz]. *n.* (1690; *rogneur de pièces d'or,* 1495; de *rogner* 1). *Techn.* ♦ 1º Ouvrier, ouvrière qui rogne, spécialt. (1845) le papier. ♦ 2º *N. f.* (1875). **ROGNEUSE** : machine à rogner le papier.

ROGNOIR [rɔɲwar]. *n. m.* (1836; autre sens, 1803; de *rogner* 1). *Techn.* Outil qu'on utilise, en reliure, pour rogner les livres (On dit aussi *couteau à rogner*).

ROGNON [rɔɲɔ̃]. *n. m.* (1380; *renon,* v. 1170; lat. pop. °*renio, renionis,* class. *renes*). ♦ 1º *Vx* ou région. (Canada). Rein de l'homme ou des animaux. « *Quand mon frère a eu mal aux rognons, voilà trois ans passés...* » (HÉMON). ♦ 2º *Mod.* Rein d'un animal, destiné à la cuisine. *Un rognon de bœuf, de mouton, de porc, de veau.* « *Ma femme de ménage nous servit... des rognons à la brochette* » (BALZ.). ♦ 3º (1867). *Géol.* Petite masse minérale arrondie qui est enrobée dans une roche différente. *Rognons de silex dans la craie.*

ROGNONNADE [rɔɲɔnad]. *n. f.* (XXe; a. prov. *ronhonada,* XIVe; du précéd.). Longe de veau que l'on fait cuire avec le rognon enveloppé de sa graisse.

ROGNONNER [rɔɲɔne]. *v. intr.* (1680; *rongnonner* [Normandie], 1556; de *rogner* 2). *Fam.* Rogner en bougonnant. V. **Grogner, grommeler, marmonner, ronchonner.**

ROGNURE [rɔɲyr]. *n. f.* (1636; *rongneure,* 1309; « tonsure », v. 1100; de *rogner* 1). Ce qu'on enlève, ce qui tombe quand on rogne qqch. V. **Déchet.** *Rognure de métal.* V. **Cisaille** (II). *Rognure de carton, de papier, de cuir. Des rognures d'ongles.* « *Et il jeta le couteau avec les autres sur l'étal, où des rognures de viandes s'amoncelaient pour les chats et les chiens s'amoncelaient* » (MAC ORLAN). — *Spécialt.* Déchet plus ou moins répugnant.

ROGOMME [rɔgɔm]. *n. m.* (*Rogum,* 1700; o. i., p.-ê. d'un rad. express, *rok-, rog-;* Cf. **Roquentin**). *Vx* et *pop.* Liqueur forte. ◇ *Mod.* et *fam. Voix de rogomme :* voix d'ivrogne; voix enrouée et vulgaire. « *Il cria : « Ohé ! Nana ! » d'une voix de rogomme* » (ZOLA).

1. ROGUE [rɔg]. *adj.* (1270; p.-ê. a. scand. *hrókr* « arrogant »). Qui est plein de morgue, à la fois méprisant, froid et rude. *Il était « rogue, pontifiant, orgueilleux à l'excès* » (MADELIN). — Par ext. « *Je voudrais qu'on pût engager nos frères les gens de lettres à laisser, en discutant, le ton rogue et tranchant* » (BEAUMARCH.). V. **Arrogant, hargneux.** ◇ ANT. **Aimable, doux.**

2. ROGUE [rɔg]. *n. f.* (1723; breton *rog,* d'un rad. germ. *hrogn;* Cf. all. *Rogen*). *Pêche.* Œufs de poisson (morue et parfois hareng) utilisés comme appât pour la pêche à la sardine.

ROGUÉ, ÉE [rɔge]. *adj.* (1772; de *rogue*). *Pêche.* Se dit d'un poisson femelle qui contient des œufs. V. **Œuvé.** *Merlan rogué.*

ROHART [rɔar]. *n. m.* (1399; *roal,* 1180; de l'a. nord. *hrosshvalr*). *Techn.* Ivoire qu'on tire des défenses du morse et des dents de l'hippopotame. *Couteau à manche de rohart.*

ROI [rwa(ɑ)]. *n. m.* (*Rei,* 1080; *rex,* Xe; lat. *rex, regis* « roi ». V. **Reine**). ♦ 1º Chef d'État (homme) de certains pays (V. **Royaume**) accédant au pouvoir souverain par voie héréditaire (V. **Dynastie**) ou, plus rarement, élective. V. **Monarque, prince, souverain.** *Titre donné aux rois.* V. **Majesté, sire.** *Couronne et sceptre des rois. Devenir roi :* monter sur le trône. V. **Avènement, restauration.** *Le roi, la reine et le dauphin. Roi absolu. Roi de droit divin. Roi constitutionnel.* « *Le Roi, cette vieille religion, ce mystique personnage, mêlé des deux caractères du prêtre et du magistrat, avec un reflet de Dieu !* » (MICHELET). « *Pour grands que soient les rois, ils sont ce que nous sommes* » (CORN.). *Camelot* du roi.* — *Les rois fainéants*. Le Roi-Soleil,* Louis XIV. *Le Roi Très-Chrétien,* le roi de France. *Le Roi Catholique,* d'Espagne. — *Spécialt. Les Rois :* les trois Mages* (ou *Rois mages*) de l'Évangile. *Fête des Rois.* V. **Épiphanie.** *La galette* des Rois. Tirer les rois :* se réunir pour manger la galette. ◇ *Loc. Heureux comme un roi,* très heureux. *Morceau de roi,* superbe, excellent. *Le roi n'est pas son cousin*. Être plus royaliste* que le roi.* — (XVIIIe) *Travailler pour le roi de Prusse :* pour un profit nul. ◇ *Appos. Bleu roi,* bleu très vif, outremer. *Des uniformes bleu roi.* ♦ 2º *Fig.* Celui qui règne quelque part, dans un domaine. « *Lorsqu'on dit des hommes qu'ils sont « les rois de la création », il faut entendre le mot au sens le plus fort* » (SARTRE). « *Le vert colibri, le roi des collines* » (LEC. DE LISLE). ◇ *Spécialt.* (1876; trad. de l'amér. *king*). *Magnat qui s'est assuré la maîtrise* (d'un secteur économique). *Les rois du pétrole.* « *Le milliardaire, le roi du cuivre ou de la viande en conserve* » (DANIEL-ROPS). ♦ 3º *Chef,* représentant éminent (d'un groupe ou d'une espèce). *Roi des animaux :* le lion. — *Fam.* Le plus grand de. « *Il a toujours été* (HUGO) *le roi des bêtes* » (PÉGUY). *C'est le roi des imbéciles, le roi des cons.* ♦ 4º (XVIe). *Aux échecs,* La pièce la plus importante, qu'il s'agit de mettre échec et mat. *Échec au roi.* ◇ (1661) Carte figurant un roi. *Roi de carreau.*

ROIDE. V. **RAIDE.**

ROITELET [rwatlɛ]. *n. m.* (h. 1180; 1459; de l'a. fr. *roitel.* V. **Roi**). ♦ 1º Roi peu important, roi d'un petit pays *(péj.* ou *plais.).* « *Les roitelets sont morts ou déchus...* » (SARTRE). ♦ 2º *Cour.* Oiseau passereau *(regulus)* plus petit que le moineau. « *Le chant d'un roitelet de murailles se prolongeait à l'infini* » (FROMENTIN).

RÔLE [rol]. *n. m.* (v. 1200; *role,* XIIe; lat. médiév. *rotulus* « parchemin roulé », de *rota* « roue ». V. **Enrôler**). ♦ 1º *Dr., Admin.* Feuille (recto et verso) d'un acte notarié, d'une expédition de jugement, d'un cahier des charges. — *Registre* où sont portées, par ordre chronologique, les affaires soumises à un tribunal. *Mettre une cause au rôle, sur le rôle. Sa cause viendra à son tour de rôle.* — *Rôle d'équipage,* liste des marins composant l'équipage d'un navire. — *Rôle d'impôt,* liste sur laquelle figure, pour chaque impôt direct et taxe assimilée, le nom des contribuables de la commune, avec mention du montant de leur impôt. ◇ *Fig.* et *cour.* (1454, du *rôle du tribunal*) À TOUR DE RÔLE : chacun à son tour, à son rang. *Elles « montaient la garde à tour de rôle auprès du malade* » (DUHAM.). ♦ 2º (XVIe, *roole*). *Cour.* Partie d'un texte dramatique, correspondant aux paroles d'un personnage, que doit dire sur scène un acteur; le personnage tel que le conçoit et le représente l'acteur. V. **Emploi.** *Le rôle de Phèdre. Un petit rôle, peu important.* V. **Panne, utilité.** *Savoir son rôle. Jouer, interpréter un rôle.* « *L'on ne peut trop recommander à l'acteur qui jouera ce rôle de bien se pénétrer de son esprit* » (BEAUMARCH.). *Créer un rôle. Distribuer les rôles.* V. **Distribution.** ♦ 3º *Par ext.* (XVIe). Conduite sociale de qqn qui joue dans le monde un certain personnage. « *Vieux, pauvre et mauvais poète, ah ! monsieur, quel rôle !* » (DIDER.). « *Il éprouvait l'impression désagréable d'avoir joué un rôle et tenu des propos qui ne concordaient pas très bien avec l'ensemble de son personnage* » (MART. DU G.). ♦ 4º *Action,* influence que l'on exerce, fonction que l'on remplit. *Avoir un rôle important dans une affaire, une décision. Ce n'est pas mon rôle de vous conseiller. Rôle du prêtre, du médecin.* V. **Mission, vocation.** ◇ (*Choses;* répandu XXe) Fonction. *Rôle du verbe dans la phrase. Rôle du cœur dans la circulation du sang.* « *Le rôle de cet art est de purger notre corps d'émotions accumulées* » (MAUROIS).

ROLLIER [rɔlje]. *n. m.* (1765; de l'all. *Roller* [1560], par l'angl., le nom de l'oiseau lui venant de son cri). Oiseau passereau de la taille d'un pigeon, insectivore. V. **Geai** (bleu).

ROLLMOPS [ʀɔlmɔps]. *n. m.* (1923; mot all., de *roll* « enrouler »). Filet de hareng mariné au vin blanc, enroulé autour d'un cornichon.

ROMAIN, AINE [ʀɔmɛ̃, ɛn]. *adj.* (XIIᵉ; lat. *romanus*). ♦ 1º Qui appartient à l'ancienne Rome et à son empire. V. **Latin.** *Antiquité grecque et romaine. Empereur romain. Paix* romaine. Droit romain. Chiffre* romain (opposé à arabe). Caractère romain (opposé à cyrillique, arabe).* — **Techn.** *Ciment* romain. ◇ Subst. Les Romains. Fig. et fam. Un travail de Romain*, une œuvre longue et difficile, supposant un effort gigantesque. ♦ 2º Qui appartient à la Rome moderne (depuis la chute de l'Empire romain). ◇ *Spécialt.* (1592) *Caractères romains* (inventés par deux imprimeurs romains en 1466 et substitués aux caractères *gothiques*). Caractères à traits perpendiculaires, usités dans la plupart des impressions. Subst. *Le romain et l'italique. Composer en romain.* ◇ *Laitue romaine.* V. **Romaine** (1). ♦ 3º Qui a rapport à Rome considérée comme le siège de la papauté et de l'Église catholique. *Église catholique, apostolique et romaine. Religion, communion romaine (opposé à protestante). Rit romain.* « *Ils étaient plus que chrétiens, ils étaient catholiques; ils étaient plus que catholiques, ils étaient romains* » (Hugo).

1. ROMAINE [ʀɔmɛn]. *n. f.* (1812; *laitue romaine* [1570], importée d'Italie; du précéd.). Variété de laitue, à feuilles allongées, rigides et croquantes. V. **Chicon.** — Loc. pop. *Bon comme la romaine*, s'est dit d'un homme trop bon; *mod.*, de qqn qui se trouve dans une situation de victime.

2. ROMAINE [ʀɔmɛn]. *n. f.* (XVᵉ; *romman*, n. m., XIVᵉ; arabe *rommâna* « balance » par l'a. prov. avec infl. de *romaine* « de Rome »). Balance formée d'un fléau à bras inégaux, dont le plus court porte un crochet où l'on suspend l'objet à peser, et dont le plus grand, gradué, supporte une masse pesante que l'on déplace jusqu'à ce que l'équilibre soit établi. V. **Peson.**

ROMAÏQUE [ʀɔmaik]. *adj.* et *n. m.* (1836; gr. *rômaikos*). Langue romaïque; n. m. *Le romaïque : le grec moderne parlé (aussi *roméique* [ʀɔmeik]).

1. ROMAN [ʀɔmɑ̃]. *n. m.* (*Romanz*, 1135; lat. pop. *romanice* « à la façon des Romains » [opposé aux mœurs et au langage des Francs]). ♦ 1º (1135, « langue commune » : le français d'alors [ancien français], opposé au latin; XVIᵉ, en ling.). **Ling.** Langue courante, populaire parlée autrefois en France, opposée au *latin* qui était la langue savante, et antérieure à l'*ancien français.* V. **Gallo-roman.** *Une décision du concile de Tours (813) invite les prêtres à prêcher en roman.* ◇ (1870) Nom donné à la langue latine vulgaire parlée dans les pays romanisés (la *Romania*), et à l'ensemble des langues romanes entre le Vᵉ et le Xᵉ s. ♦ 2º *Hist. litt.* (1140). Récit en vers français (en *roman*) adapté des légendes antiques de la littérature latine, et où dominent les aventures fabuleuses et galantes. *Le Roman d'Alexandre.* — (1160) Récit en vers, poème médiéval contant les aventures merveilleuses, les amours de héros imaginaires ou idéalisés et, ultérieurement (XIVᵉ), le même genre en prose. *Le Roman de Tristan,* de Béroul. *Le Roman de la Rose. Le Roman de Renart* (probabl. parodie des *romans courtois*). ♦ 3º (XVIᵉ). *Mod.* et *cour.* Œuvre d'imagination en prose, assez longue, qui présente et fait vivre dans un milieu des personnages donnés comme réels, nous fait connaître leur psychologie, leur destin, leurs aventures. *Les romans de Mᵐᵉ de La Fayette, de Stendhal, de Dumas.* « *Le roman est un vaste champ d'essai qui s'ouvre à toutes les formes de génie, à toutes les manières. C'est l'épopée future, la seule probablement que les mœurs modernes comporteront désormais* » (Ste-Beuve). *Héros de roman. Roman captivant, passionnant. Auteur de roman.* V. **Romancier.** — *Romans d'imagination, roman historique. Roman d'amour. Roman d'analyse. Roman d'aventures, roman de cape* et d'épée. Roman policier*. Roman noir ou d'épouvante* (déb. XIXᵉ) : genre emprunté aux Anglais, récit d'aventures macabres, de brigands, de fantômes; *mod.* Roman d'aventures ou roman policier où abondent les violences criminelles. *Roman d'anticipation,* récit d'aventures se passant dans le futur, et plus ou moins basé sur des données scientifiques. *Roman à l'eau de rose,* bénin et prêchant les bons sentiments. — *Roman-fleuve* (1930), roman très long présentant de nombreux personnages de plusieurs générations. *Roman-feuilleton* (1840). V. **Feuilleton** (3º). *Roman-photo* (v. 1950), récit romanesque ou policier présenté sous forme d'une série de photos accompagnées de textes succincts souvent intégrés aux images d'une manière analogue à la bande dessinée. *Des romans-photos* (ou *photos-romans*). ◇ (Cet ouvrage considéré dans l'invraisemblance, le merveilleux des choses évoquées) *Cela n'arrive que dans les romans,* c'est invraisemblable. *Fig. C'est tout un roman,* une longue histoire invraisemblable ou très compliquée. *Ils ont vécu un beau roman d'amour.* ◇ *Collect.* Genre particulier de romans. *Le roman noir me plaît mieux que le roman d'anti-*

cipation. — *Le nouveau roman,* tendance littéraire récente du roman français, hostile à la psychologie et fondée sur la description objective, sur une réflexion, sur le langage, etc.

2. ROMAN, ANE [ʀɔmɑ̃, an]. *adj.* (1765; *langue romance,* 1690; du précéd.). ♦ 1º **Ling.** *La langue romane* (vieilli) : le roman (1º). *Par ext.* Qui appartient à cette langue, est écrit en cette langue. *Le texte roman des Serments de Strasbourg.* ◇ Relatif aux peuples conquis et civilisés par Rome (La « Romania »). *Les langues romanes :* issues du latin populaire. *Les langues romanes sont des langues indo-européennes et sont écrites en caractères romains.* V. **Catalan, espagnol, français, italien, portugais, provençal** ou **occitan, rhéto-roman** ou **ladin, roumain, sarde.** *Langues romanes et langues germaniques.* — *Par ext.* Relatif aux langues romanes. *La linguistique romane* (V. **Romaniste**). ♦ 2º (1818; autrefois confondu avec le gothique). Relatif à l'architecture médiévale d'Europe occidentale (de la fin de l'État carolingien à la diffusion du style gothique), art caractérisé par la prédominance de l'architecture religieuse (plan basilical, voûte), la variété régionale des styles, le développement d'une iconographie abondante. *Église romane. Chapiteaux romans.* — *Par ext.* De l'époque romane. *Les ferronniers romans.* ◇ Subst. (1837) L'art, le style roman. *Le roman auvergnat.* ♦ 3º (Fin XIXᵉ). Qui appartient au mouvement littéraire du néo-classicisme. *L'école romane de Moréas.* ◇ HOM. *Romand.*

ROMANCE [ʀɔmɑ̃s]. *n. f.* (1719; « poème espagnol », 1599, masc. et fém.; esp. *romance,* du prov. *romans.* V. **Roman** 1). *Hist. litt.* Aux XVIIIᵉ et XIXᵉ s., Pièce poétique simple, assez populaire, sur un sujet sentimental et attendrissant; *cour.* musique sur laquelle une telle pièce est chantée. V. **Cantilène, chant.** *La romance de Chérubin,* dans le « *Mariage de Figaro* ». — Pièce instrumentale romantique, de caractère mélodique. ◇ *Mod.* Chanson sentimentale. *La romance napolitaine. Pousser la romance.*

ROMANCER [ʀɔmɑ̃se]. *v. tr.;* conjug. *placer* (XVIIᵉ; *romancier* « traduire en roman, en français », XIIIᵉ; « composer des romans », 1586; de *romanz,* forme anc. de *roman*). Présenter sous forme de roman, en donnant les caractères du roman (V. **Romanesque**), en déformant plus ou moins les faits. « *Toutes les histoires de l'Astrée ont un fondement véritable, mais l'auteur les a toutes romancées* » (Ste-Beuve). — Au p. p. *Biographie romancée. Histoire romancée.*

ROMANCERO [ʀɔmɑ̃seʀo]. *n. m.* (1831; mot esp., de *romance*). *Hist. litt.* Recueil de poèmes épiques espagnols en octosyllabes *(romances). Le romancero du Cid.*

ROMANCHE [ʀɔmɑ̃ʃ]. *n. m.* (1868; lat. *romanice.* V. **Roman** 1). Parler du groupe rhéto-roman (V. **Ladin**) en usage dans les Grisons, la quatrième langue nationale de la Suisse.

ROMANCIER, IÈRE [ʀɔmɑ̃sje, jɛʀ]. *n.* (1669; fém., 1844; *h.* XVᵉ, « auteur de romans de chevalerie »; de *romanz,* forme anc. de *roman* 1). Écrivain qui fait des romans, auteur de romans. *Les grands romanciers du XIXᵉ s. George Sand, romancière romantique.* « *L'ingéniosité du premier romancier consista à comprendre que dans l'appareil de nos émotions, l'image (était) le seul élément essentiel* » (Proust).

ROMAND, ANDE [ʀɔmɑ̃, ɑ̃d]. *adj.* (1579; même mot que *roman* 1, le *d* par anal. avec *allemand,* etc.). Se dit de la partie de la Suisse où l'on parle le français. *La Suisse romande.* ◇ HOM. *Roman* (1 et 2).

ROMANESQUE [ʀɔmanɛsk(ə)]. *adj.* et *n. m.* (*h.* XVIᵉ; 1628; de *roman* 1, d'apr. it. *romanesco*). ♦ 1º *Cour.* Qui offre les caractères traditionnels et particuliers du roman : poésie sentimentale, aventures extraordinaires. *Aventures romanesques. Une passion romanesque.* « *Il y a je ne sais quoi de romanesque dans cette entreprise, qui sied aux âmes exaltées* » (Balz.). ◇ Qui contient ou qui forme des idées, des images, des rêveries dignes des romans. *Une imagination romanesque. Une personne romanesque.* V. **Rêveur, sentimental.** « *Très romanesque à l'allemande, c'est-à-dire au suprême degré, négligeant tout à fait la réalité pour courir après des chimères de perfection* » (Stendhal). ◇ N. m. *Le romanesque,* le caractère romanesque d'une chose, d'une personne. ♦ 2º *Littér.* (1690). Qui a les caractères littéraires du roman; propre au roman. « *De ces récits romanesques, il n'en faut croire que la moitié tout au plus* » (Mérimée). « *La technique romanesque* » (Sartre). ◇ ANT. *Banal, plat, prosaïque, réaliste.*

ROMAN-FEUILLETON, ROMAN-FLEUVE, etc. V. **Roman** (1, 3º).

ROMANI [ʀɔmani] ou **ROMANO** [ʀɔmano]. *n.* (1883; pop., 1859; de *romanichel*). Romanichel. — REM. *Romano* est plus péj. que *romanichel.*

ROMANICHEL, ELLE [ʀɔmaniʃɛl]. *n.* (1844; adapt. de *romanichel,* var. de *romani,* mot tzigane d'Allemagne, de *rom* « tzigane »). *Péj.* Tzigane nomade. V. **Bohémien, gitan, tzigane.** *Roulotte de romanichels.* — *Par ext.* Vagabond. « *On est sans feu ni lieu... on est des oiseaux de passage, des romanichels* » (Sartre).

ROMANISANT, ANTE [rɔmanizɑ̃, ɑ̃t]. *adj.* (1875 ; de *romanus* « romain »). ♦ 1° *Relig.* Qui se rapproche du rit romain, en parlant des cultes chrétiens. *Église grecque romanisante.* ♦ 2° (1872 ; de *roman* 1). Qui s'occupe de linguistique, de philologie romane. V. **Romaniste.**

ROMANISATION [rɔmanizɑsjɔ̃]. *n. f.* (1894 ; de *romaniser*). ♦ 1° *Hist.* Action de romaniser, assimilation des pays vaincus par les Romains. ♦ 2° *Ling.* (1931). Substitution du latin aux langues locales des pays conquis.

ROMANISER [rɔmanize]. *v.* (1683 ; de *romanus*. V. **Romain**). ♦ 1° V. intr. *Relig.* Suivre les dogmes de l'Église catholique romaine. ♦ 2° V. tr. *Relig.* Rendre catholique romain. ◇ (1833) Donner, imposer les mœurs romaines, la langue latine (aux peuples vaincus). *Romaniser la Gaule.* — Au p. p. *La Romania, ensemble des pays romanisés.* ◇ (1870) Mettre en caractères romains, transcrire en écriture romaine. *Romaniser un texte turc ancien, un texte vietnamien.*

ROMANISME [rɔmanism(ə)]. *n. m.* (1857 ; de *romanus* « romain »). *Relig.* Doctrine de l'Église romaine, dans le langage des autres confessions (V. **Romaniste**, 1°).

ROMANISTE [rɔmanist(ə)]. *n.* (1556 ; de *romanus* « romain »). ♦ 1° *Relig.* Partisan du rit romain, du pape. ♦ 2° *Dr.* (1870). Juriste spécialisé dans l'étude du droit romain. ♦ 3° (xxᵉ). *Art.* Peintre flamand du xviᵉ s. qui imitait l'art italien. ♦ 4° (1872 ; de *roman*). Linguiste, philologue qui étudie les langues romanes. *Congrès, revue de romanistes.*

ROMANITÉ [rɔmanite]. *n. f.* (v. 1873 ; de *romanus* « romain »). Didact. *(Hist.).* Ensemble des mœurs, des habitudes qui caractérisent la civilisation romaine.

ROMANTIQUE [rɔmɑ̃tik]. *adj.* (1675 ; angl. *romantic*, de *romance* « roman », jusqu'à l'emploi de *novel*, au xviiiᵉ). ♦ 1° *Vx.* Touchant comme dans les romans (paysage). *« Les rives du lac de Bienne sont plus sauvages et romantiques que celles du lac de Genève »* (Rouss.). ♦ 2° (1804 ; all. *romantisch*). À l'origine, Désigne la littérature, les œuvres, les écrivains qui s'inspirent de la chevalerie et du christianisme du moyen âge et s'opposent aux classiques. *« Le mot de* romantique *a été introduit nouvellement en Allemagne, pour désigner la poésie dont les chants des troubadours ont été l'origine »* (Staël). ◇ (1820) *Mod.* Qui appartient au romantisme. V. **Romantisme.** *Poésie, littérature, peinture, musique romantiques.* Subst. *Les classiques et les romantiques.* ♦ 3° Qui évoque les attitudes et les thèmes chers aux romantiques (sensibilité, exaltation, rêverie, etc.). *« Il avait une belle tête romantique, passionnée et ravagée comme on peut se figurer celle de Faust »* (Gautier). *« Le vieux quartier resterait comme il était, un endroit romantique, des ruines à la Chateaubriand »* (Aragon). ◇ ANT. *Classique. Réaliste.*

ROMANTISME [rɔmɑ̃tism(ə)]. *n. m.* (1816 ; « caractère romantique [1°] », 1804 ; de *romantique* ; Cf. *Romanticisme* chez Stendhal, empr. it.). ♦ 1° *À l'origine,* Genre romantique (2°). *Mod.* Nom donné à un mouvement de libération du moi, de l'art, qui, en France, s'est développé sous la Restauration et la Monarchie de Juillet, par réaction contre la régularité classique et le rationalisme philosophique des siècles précédents. *Le romantisme français, anglais, allemand, italien, espagnol. Le romantisme dans la littérature, la peinture, la musique.* « *Qui dit romantisme dit art moderne,* — *c'est-à-dire intimité, spiritualité, couleur, aspiration vers l'infini »* (Baudel.). ◇ Éléments ou traits propres au romantisme décelables chez des artistes de toute époque. *Le romantisme de Virgile, des surréalistes.* ♦ 2° Attitude, caractère, esprit romantique (3°). *« À vrai dire, à la sèche érudition se mêlaient dans mon cerveau les fumées d'un étrange romantisme »* (P. Benoit). ◇ ANT. *Classicisme, réalisme.*

ROMARIN [rɔmarɛ̃]. *n. m.* (xiiiᵉ ; lat. *rosmarinus*, proprem. « rosée de mer »). Petit arbuste aromatique (*Labiacées*). « *Les petites collines grises que parfume le romarin »* (Daud.).

ROMBIÈRE [rɔ̃bjɛr]. *n. f.* (1890 ; p.-ê. du rad. *rom-* [Cf. *Grommeler*]). *Fam.* Bourgeoise d'âge mûr qui est ennuyeuse, prétentieuse et un peu ridicule. « *Une femme charnue, arrogante, légèrement décorée, de la sorte de celles que les gens de la rue appellent des rombières »* (Duham.).

ROMPRE [rɔ̃pr(ə)]. *v.* : *je romps, tu romps, il rompt* [rɔ̃], *nous rompons ; je rompais ; je rompis, nous rompîmes ; je romprai ; je romprais ; romps, rompons, rompez ; que je rompe, que nous rompions ; que je rompisse* (inus.) ; *rompant ; rompu* (v. 1200 ; *rumpre*, 980 ; lat. *rumpere*). ♦ I. V. tr. ♦ 1° (*Vieilli,* ou dans quelques express.) Séparer en deux ou en plusieurs parties (une chose solide et rigide) par un effort brusque, soudain : traction, torsion, ou choc. V. **Briser, casser, pièces** (mettre en) ; **rupture.** « *Il est telle occasion où le verre ne se brise point sous le choc qui a rompu l'acier »* (France). — *Rompre le pain, le partager à la main.* — Par exagér. *Rompre les côtes à qqn. Se rompre le cou :* faire une chute grave. « *Elle se louait à Cloyes, portant des fardeaux à se rompre les reins »* (Zola). Pronom. « *Quelque vaisseau avait dû se rompre »* (Zola). — Fig. *Rompre la cer-*

velle, la tête à qqn : l'assourdir. — *Applaudir à tout rompre,* très fort. — *Rompre la glace*.* — *Rompre des lances*. Rompre en visière*.* ♦ 2° Briser (une chose souple). V. **Arracher.** *Rompre un lien.* — Fig. *Rompre ses liens, ses chaînes :* se libérer. ♦ 3° *Vieilli* ou *littér.* Enfoncer par un effort violent. *Le fleuve, la mer a rompu les digues.* V. **Crever, enfoncer.** *Rompre l'encerclement.* ♦ 4° Défaire un arrangement, un ordre (de personnes ou de choses). *Rompre les rangs :* les quitter de manière à ne plus former un rang. *Rompre les faisceaux*.* ♦ 5° Fig. (1210). — *Mod.* et *littér.* (Chasse) *Rompre les chiens :* leur faire quitter la voie qu'ils suivent en les rappelant ; fig. Interrompre un entretien mal engagé. « *Craignant des questions plus précises... il rompit délibérément les chiens »* (Mart. du G.). — *Rompre un enchantement, un charme :* l'empêcher d'agir. Fig. *Le charme* est rompu.* ♦ 6° (v. 1210). Faire cesser, arrêter le cours de. V. **Interrompre.** *Rompre le silence :* le faire cesser par un son, et *spécialt.* par la parole. *Se décider à rompre le silence :* à parler. — *Rompre l'équilibre, l'uniformité.* « *Cinq ou six pages de verve répandues dans son ouvrage auraient rompu la continuité de ses observations »* (Dider.). ◇ *Spécialt.* Interrompre (des relations). *Rompre les relations diplomatiques.* « *Les amitiés trop exclusives étaient tournées en ridicule, et on les persécutait si bien, qu'on réussissait parfois à les rompre »* (Larbaud). — Dénoncer ; cesser de respecter (un engagement, une promesse). V. **Rupture.** *Rompre un accord, un traité.* V. **Dégager** (se), **dénoncer, enfreindre.** *Rompre ses fiançailles. Rompre un engagement, un pacte, un serment.* V. **Annuler, manquer** (à). *Rompre un marché :* le résilier. — Cesser de respecter (une prescription). *Rompre le carême.* ♦ 7° (xviᵉ). *Littér. Rompre qqn à un exercice :* l'y accoutumer. Pronom. *Il s'est rompu à cette discipline.* V. **Rompu,** 5° (*cour.*).

♦ II. V. intr. (xiiᵉ). ♦ 1° *Vieilli.* Se séparer brusquement en deux ou plusieurs parties, sous l'effet d'une force. V. **Casser, céder.** « *Tant sur la corde jusqu'à ce qu'elle rompe.* « *Je plie et ne romps pas »* (La Font.). ♦ 2° *Milit.* (1835). Cesser d'être dans un certain ordre. *Rompre à droite, à gauche.* Absolt. *Rompez !* se dit pour congédier un soldat. « *Rompez ! Et gare à vous ! »* (Céline). ◇ *Escr.* Reculer. *Par anal.* Se dit d'un boxeur. ♦ 3° (1636). Renoncer soudain à des relations d'amitié (avec qqn). V. **Brouiller** (se) ; Cf. **Couper les ponts.** *Rompre avec qqn.* — *Spécialt.* Se séparer (en parlant d'amants, d'amoureux). « *Il n'avait pas le courage de rompre »* (Laclos). *Ils ont rompu.* V. **Quitter** (se), **séparer** (se). ◇ *Par ext. Rompre avec* (qqch.) : cesser de pratiquer ; abandonner, renoncer à. *Rompre avec une habitude, avec les traditions.*

◇ ANT. *Nouer, souder. Contracter ; entretenir.*

ROMPU, UE [rɔ̃py]. *adj.* (xiiiᵉ ; V. **Rompre** ; Cf. l'a p. p. *Rout.* V. **Route**). ♦ 1° Arraché, cassé. *Liens rompus. Maille rompue.* ♦ 2° Fig. et *vx.* Détruit, supprimé. Mod. *Fiançailles rompues,* annulées. — (Peint.) *Couleur rompue :* mélangée à une autre ou interrompue localement par une autre couleur. ♦ 3° *Vx.* Interrompu par des arrêts ou des changements brusques. Mod. *Style rompu. À bâtons* rompus.* ♦ 4° (1552). Extrêmement fatigué. V. **Fourbu, moulu** (Cf. **Crevé, flapi**). *Être rompu de fatigue, de travail.* « *Elle était rompue, et son sommeil était si profond qu'elle semblait morte »* (Gautier). ♦ 5° *Rompu à :* très exercé, expérimenté. V. **Expert, habitué.** « *L'agilité d'une ménagère rompue au travail »* (France).

ROMSTECK, RUMSTECK [rɔmstɛk]. *n. m.* (1890 ; *rumpsteak*, 1843 ; mot angl., de *rump* « croupe », et *steak* « grillade »). Partie de l'aloyau* qui se mange rôtie ou braisée. *Partie superficielle du romsteck.* V. **Aiguillette.** *Rôti dans le romsteck. Des romstecks.*

RONCE [rɔ̃s]. *n. f.* (xiiᵉ ; lat. *rumex, -icis* « dard »). ♦ 1° *Bot.* Arbrisseau ou herbe (*Rosacées*) comprenant plusieurs variétés. ◇ *Cour. Ronce des haies* ou *ronce,* mûrier sauvage, à longues tiges sarmenteuses garnies d'aiguillons crochus, à fruit rafraîchissant (V. **Mûre**). « *Un petit sentier tout bordé de ronces »* (La Font.). ◇ Branche, tige épineuse et basse. V. **Épine, roncier.** « *Une ronce la retenait par la jupe »* (Zola). ♦ 2° Par anal. *Clôture en ronces artificielles,* en fil de fer barbelé. V. **Barbelé.** ♦ 3° (1842). Nœuds, veines de certains bois. — *Bois qui présente ces veines. Meuble en ronce de noyer.*

RONCERAIE [rɔ̃srɛ]. *n. f.* (1771 ; *runcerei*, xiiiᵉ ; de *ronce*). Terrain couvert où croissent les ronces.

RONCEUX, EUSE [rɔ̃sø, øz]. *adj.* (xivᵉ, repris xixᵉ ; de *ronce*). ♦ 1° Se dit d'un bois qui présente des ronces (3°). « *Un précieux secrétaire d'acajou ronceux »* (Stendhal). ♦ 2° Plein de ronces. *Chemin ronceux.*

RONCHON [rɔ̃ʃɔ̃]. *n.* (1888 ; de *ronchonner*). Personne qui a l'habitude de ronchonner. V. **Bougon, grognon.** *Un vieux ronchon.* V. **Ronchonneau.**

RONCHONNEAU ou **RONCHONNOT** [rɔ̃ʃɔno]. *n. m.* (1878 ; de *ronchonner*). *Vieilli.* Officier bougon, qui ronchonne. *Un vieux ronchonnot.*

RONCHONNEMENT [ʀɔ̃ʃɔnmɑ̃]. *n. m.* (1880; de *ronchonner*). Grognement, paroles de celui qui ronchonne.

RONCHONNER [ʀɔ̃ʃɔne]. *v. intr.* (1867; du lat. *roncare* « ronfler »). *Fam.* Manifester son mécontentement en grognant, en protestant avec mauvaise humeur. V. **Bougonner, grogner, grommeler, maugréer, murmurer, protester, râler, rognonner.** — *Trans. Ronchonner après qqn.* « *Il ronchonna : Sacré andouille!* » (COURTELINE).

RONCHONNEUR, EUSE [ʀɔ̃ʃɔnœʀ, øz]. *n.* et *adj.* (1878; de *ronchonner*). Qui ronchonne sans cesse. V. **Bougon, ronchon.** *Une vieille bonne femme ronchonneuse.*

RONCIER [ʀɔ̃sje], *n. m.* ou **RONCIÈRE** [ʀɔ̃sjɛʀ]. *n. f.* (1547,-1611; de *ronce*). Buisson, touffe de ronces. « *Les ronciers la retinrent une seconde par sa robe* » (P. BENOIT).

ROND, RONDE [ʀɔ̃, ʀɔ̃d]. *adj.* et *n. m.* (v. 1380; *roont*, XIIᵉ; lat. pop. *°retundus*, class. *rotundus*).
I. *Adj.* ♦ 1° Dont la forme extérieure constitue une circonférence ou en comporte une (*ex.* : cylindre, cône); qui ressemble aux figures circulaires. V. **Circulaire, cylindrique, sphérique.** *La Terre est ronde. Chapeau rond. Table ronde.* — *Des yeux ronds :* de forme ronde, ou écarquillés (par l'étonnement, etc.). ♦ 2° Arrondi; qui forme un arc de cercle ou une suite de courbes. *Tuiles rondes.* — Arrondi, voûté. *Le dos rond.* ◊ Charnu, sans angles (en parlant d'une partie du corps). *Joues rondes.* V. **Gros.** *Le ventre rond.* V. **Rebondi.** *Poitrine ronde.* V. **Rondeur.** *Avoir le mollet rond.* ◊ (XVIIᵉ) *Par exagér.* (Personne, animal) Gros et court. V. **Boulot, gras, gros, mafflu, rondouillard.** *Un petit enfant rond et rose. Boule-de-Suif,* « *petite, ronde, grasse à lard* » (MAUPASS.). ♦ 3° (*Quantité*). Complet, entier qui ne comporte pas de fractions. *Un chiffre rond, un nombre rond :* un nombre entier, et *spécialt.* se terminant par un ou plusieurs zéros. V. **Arrondir.** « *Ça fait sept cent soixante francs, en chiffres ronds huit cents* » (ZOLA). *Compte rond.* ♦ 4° *Fig.* (*Personnes*). Qui agit avec franchise, simplicité, sans détours. *Un homme très rond.* ♦ 5° *Pop.* (1474). Ivre. « *Avant, à huit heures du matin elle était ronde et elle se parfumait à l'eau-de-vie* » (JARRY). *Il est complètement rond.* ♦ 6° *Adv. Tourner rond* (1870), d'une manière régulière, sans à-coups. *Moteur qui tourne rond.* — *Fig. Ça ne tourne pas rond :* ça va mal, il y a qqch. d'anormal.
II. *N. m.* (1538; « bouton », h. XIIIᵉ). ♦ 1° Figure circulaire. V. **Cercle, circonférence.** *Tracer, faire des ronds.* « *Un homme* (Pascal) *qui, à douze ans, avec des barres et des ronds, avait créé les mathématiques* » (CHATEAUB.). — *Faire des ronds dans l'eau :* des ondes circulaires et concentriques. — *Faire des ronds de fumée :* des anneaux, en fumant. — EN ROND : en formant un cercle. V. **Circulairement.** *S'asseoir en rond, autour d'une table. Danser, tourner en rond. Empêcheur* de danser en rond.* ♦ 2° Objet matériel de forme ronde (circulaire, annulaire ou cylindrique). (1843). *Rond de serviette :* anneau pour enserrer une serviette roulée. — *Fig.* et *fam.* En baver des ronds de chapeau, être très énervé; être soumis à un traitement sévère, un travail ardu. V. **Baver** (en). ◊ (1461) *Sou. Une pièce de vingt ronds.* Fig. et fam. *En rester comme deux ronds de flan*.* — *Par ext.* Argent. *Ils ont des ronds. Il n'a pas le rond.* ◊ *Tranche ronde.* V. **Rondelle.** *Des ronds de carotte. Rond de saucisson, de citron.* — *Anat.* Se dit de deux muscles de l'épaule dont l'un (*le petit rond*) est cylindrique et l'autre (*le grand rond*) forme un quadrilatère. *Le nerf du grand rond.* ♦ 3° *Rond de bras, de jambe :* mouvement circulaire. *Il « fait un salut ample et sec, avec un rond de bras* » (SARTRE). — (1836) *Rond de jambe* (danse) : mouvement d'une jambe qui décrit un demi-cercle. *Cour. Faire des ronds de jambe* (comme dans les révérences) : des politesses exagérées.
◊ ANT. **Anguleux, carré, pointu; maigre.**

RONDACHE [ʀɔ̃daʃ]. *n. f.* (XVIᵉ, masc.; it. *rondaccio*; du fr. *rond*). *Archéol.* Grand bouclier circulaire du XVIᵉ s., employé par les hommes à pied.

ROND-DE-CUIR [ʀɔ̃dkɥiʀ]. *n. m.* (1889; autre sens 1870; de *rond* [II], et *cuir*). *Péj.* Employé de bureau, par allusion aux ronds de cuir qui garnissaient les sièges des bureaux. *Messieurs les Ronds-de-cuir,* œuvre de Courteline (1893). « *Ce hideux métier de rond-de-cuir* » (DUHAM.). V. **Bureaucrate.**

RONDE [ʀɔ̃d]. *n. f.* (*À la ronde*, 1170; de *rond*, I). ♦ 1° À LA RONDE : dans un espace circulaire. V. **Alentour, autour** (Cf. Dans un rayon de). « *La terreur qu'il inspirait à sa femme... était partagée à dix lieues à la ronde* » (BALZ.). — Tour à tour, parmi les personnes installées en rond. « *On faisait passer la ronde pendant le repas des coupes en bois* » (STAËL). ♦ 2° (1559). Visite, inspection militaire autour d'une place (et *par ext.* dans une ville, un camp) pour s'assurer que tout va bien. *Faire la ronde, sa ronde, une ronde. La Ronde de nuit,* tableau de Rembrandt. — CHEMIN DE RONDE : emplacement aménagé autour d'une place forte, d'un château, au sommet des fortifications. — *Par ext.* Inspection, visite de surveillance. *La ronde d'un gardien de nuit.* « *N'y avait-il pas cette ronde de police à laquelle, certes, on n'échapperait pas deux fois?* » (HUGO). ◊ La troupe, le ou les surveillants qui font une ronde. V. **Guet.** ♦ 3° (XIIIᵉ). Danse où plusieurs personnes forment un cercle et tournent; chanson de cette danse. *Les enfants faisaient la ronde. La Carmagnole, ronde révolutionnaire.* — *Par ext.* Ceux qui dansent. « *À peine avais-je remarqué, dans la ronde où nous dansions, une blonde* » (NERVAL). ♦ 4° (1752). Écriture à jambages courbes, à panses et boucles arrondies. « *Une chemise portant écrit en belle ronde ce mot : Factures* » (QUENEAU). ♦ 5° (1703). Figure de note évidée à sans queue, qui vaut deux blanches, quatre noires.

1. RONDEAU [ʀɔ̃do]. *n. m.* (*Rondel,* XIVᵉ; « danse », v. 1260; de *rond*). ♦ 1° Poème à forme fixe du moyen âge (repris et transformé au XVIIᵉ s.), sur deux rimes avec des vers répétés. *Les rondeaux de Charles d'Orléans.* ♦ 2° *Mus.* Air à reprises.

2. RONDEAU [ʀɔ̃do]. *n. m.* (1357; de *rond*). ♦ 1° Technique. Disque (de bois, de métal) servant de support (en poterie, optique, horlogerie). ♦ 2° *Agric.* (1400). Rouleau de bois qu'on passe sur la terre après les semailles. ◊ HOM. **Rondo.**

RONDE-BOSSE ou **RONDE BOSSE** [ʀɔ̃dbɔs]. *n. f.* (1615; de *rond* [I], et *bosse*). Ouvrage de sculpture en relief, qui se détache du fond (et autour duquel on peut tourner). V. **Haut-relief.**

RONDEL [ʀɔ̃dɛl]. *n. m.* Ancienne forme de *rondeau** (I). ◊ HOM. **Rondelle.**

RONDELET, ETTE [ʀɔ̃dlɛ, ɛt]. *adj.* (XIVᵉ; dimin. de *rond*). Qui a de l'embonpoint, des formes arrondies. V. **Boulot, charnu, dodu, rondouillard.** *Une femme rondelette.* — Fig. *Une bourse rondelette :* bien garnie. *Une somme rondelette,* assez importante. V. **Coquet.** « *Tu touches à dates fixes un traitement assez rondelet* » (SARTRE). ◊ ANT. **Maigriot.**

RONDELLE [ʀɔ̃dɛl]. *n. f.* (1190; de *rond*). ♦ 1° Pièce ronde, peu épaisse, généralement évidée. *Rondelle de métal entre l'écrou d'un boulon et la partie serrée. Rondelle en caoutchouc des canettes de bière.* ♦ 2° (1723). Ciseau arrondi de marbrier, de sculpteur. ♦ 3° (1862). Petite tranche ronde. *Rondelle de citron, de saucisson.* V. **Rond, rouelle, tranche.** *Carottes coupées en rondelles.* ◊ HOM. **Rondel.**

RONDEMENT [ʀɔ̃dmɑ̃]. *adv.* (XVᵉ; « circulairement », XIIᵉ; de *rond*). ♦ 1° Avec vivacité et efficacité. « *Il faut mener nos affaires rondement* » (VIGNY). V. **Lestement, promptement, vite.** ♦ 2° (De *rond*, I, 4°). D'une manière franche et directe. *Parler rondement.* V. **Franchement, loyalement.** ◊ ANT. **Mollement; hypocritement.**

RONDEUR [ʀɔ̃dœʀ]. *n. f.* (1460; de *rond*). ♦ 1° Vieilli. Caractère de ce qui est rond. V. **Rotondité; convexité.** « *Je contemple d'en haut le globe en sa rondeur* » (BAUDEL.). — *Mod.* (Des parties arrondies, charnues du corps) V. **Embonpoint.** « *La molle rondeur de ses bras* » (GAUTIER). ◊ (XIXᵉ) UNE RONDEUR : forme ronde, chose ronde. « *Les rondeurs vagues des premières meules, qui bossuaient l'étendue rase des prairies* » (ZOLA). « *Un peu étriquée dans les luxueuses toilettes, qui accusaient avec exagération les robustes rondeurs de son anatomie* » (R. ROLLAND). ♦ 2° *Fig.* (XVIᵉ). Caractère rond (I, 4°), sans façon (V. **Bonhomie**); attitude directe et franche. V. **Simplicité, sincérité.** « *Il traitait la jeune femme avec une rondeur amicale* » (ZOLA). ◊ ANT. (du 2°) **Fausseté, hypocrisie.**

RONDIER [ʀɔ̃dje]. *n. m.* (1808; de *rond*, à cause des feuilles arrondies en éventail). Syn. de *Borasse,* espèce de palmier (On dit aussi RONIER [ʀɔnje] ou RÔNIER [ʀonje]).

RONDIN [ʀɔ̃dɛ̃]. *n. m.* (1526; « tonneau », 1387; de *rond*). ♦ 1° *Techn.* Morceau de bois de chauffage qu'on a laissé rond (cylindrique), opposé à bois refendu. ♦ 2° *Cour.* (1875). Tronc d'arbre (*spécialt.* de sapin) employé dans les travaux de tranchée, de construction. *Cabane en rondins.*

RONDO [ʀɔ̃do]. *n. m.* (1830; it. *rondo,* du fr. *rondeau*). Dans la sonate et la symphonie classique, Pièce brillante servant de finale, caractérisée par la répétition d'une phrase musicale (refrain), entre les couplets. *Les rondos de Mozart.* ◊ HOM. **Rondeau.**

RONDOUILLARD, ARDE [ʀɔ̃dujaʀ, aʀd(ə)]. *adj.* (1888; « d'abord arg. d'atelier « dessinateur maladroit qui procède par masse ronde »). *Fam.* et *iron.* Qui a de l'embonpoint. V. **Grassouillet, rond.** *Un petit bonhomme rondouillard.*

ROND-POINT [ʀɔ̃pwɛ̃]. *n. m.* (1708; *roont-point* « demi-cercle », 1375; de *rond*, et *point* « lieu, emplacement »). Emplacement circulaire auquel aboutissent des allées dans un jardin. ◊ Place circulaire d'où rayonnent plusieurs avenues. V. **Carrefour.** *Le rond-point des Champs-Élysées,* à Paris. *Des ronds-points.*

RONÉO [ʀɔneo]. *n. f.* (1921; nom déposé de la Compagnie du *Ronéo*). Machine à reproduire un texte dactylographié au moyen de stencils. « *Les circulaires... étaient imprimées à la ronéo* » (AYMÉ).

RONÉOTER [ʀɔneɔte]. *v. tr.* (1967; de *ronéo*). *Fam.* V. **Ronéotyper.**

RONÉOTYPER [ʀɔneɔtipe]. *v. tr.* (XXᵉ; du précéd., et

-*type; Cf.* Typo-). Reproduire (un texte) au moyen de la machine appelée *ronéo*. « *Une machine à ronéotyper* » (BEAU-VOIR). — Au p. p. *Texte ronéotypé.*

RONFLANT, ANTE [ʀɔ̃flã, ãt]. *adj.* (1529 ; de *ronfler*). ♦ 1º Qui produit un son continu et puissant semblable à un ronflement. *Poêle ronflant. — Par ext.* Méd. *Râle ronflant.* ♦ 2º (1688). *Fig.* et *péj.* Plein d'emphase ; grandiloquent et creux. *Voix ronflante. Phrases ronflantes. Titre ronflant.*

RONFLEMENT [ʀɔ̃fləmã]. *n. m.* (1555 ; de *ronfler*). ♦ 1º Respiration bruyante du nez qui se fait entendre parfois pendant le sommeil. « *Les ronflements des hommes écrasés par la fatigue et le vin* » (MAC ORLAN). ♦ 2º Bruit continu, plus ou moins semblable au *ronflement* d'un dormeur. V. **Ronron, ronronnement, vrombissement.** *Ronflement de la mer, d'un poêle, d'un avion, d'un orgue.*

RONFLER [ʀɔ̃fle]. *v. intr.* (XIIIᵉ ; « souffler bruyamment », 1150 ; de l'a. fr. *ronchier* [du bas lat. *roncare*], d'apr. *souffler*). ♦ 1º (XIIIᵉ). Faire, en respirant pendant le sommeil, un bruit particulier du nez. « *Les Prussiens s'étendirent sur le pavé,... ils ronflèrent bientôt tous les six sur six tons divers, aigus ou sonores, mais continus et formidables* » (MAUPASS.). Par ext. *Fam.* Dormir profondément. ♦ 2º (1571). Produire un bruit continu, plus ou moins semblable au ronflement d'un dormeur. V. **Ronronner, vrombir.** *Le moteur commence à ronfler.*

RONFLEUR, EUSE [ʀɔ̃flœʀ, øz]. *n.* (1552 ; de *ronfler*). ♦ 1º Personne qui ronfle, qui a l'habitude de ronfler. « *Une colère se levait en lui contre ce ronfleur insouciant* » (MAU-PASS.). ♦ 2º (1901). N. *m.* Vibreur qui remplace la sonnerie d'un appareil téléphonique (dans une chambre, un bureau, etc.) de manière que le bruit soit moins strident.

RONGEMENT [ʀɔ̃ʒmã]. *n. m.* (1538 ; de *ronger*). *Rare.* Action de ronger ; son résultat.

RONGER [ʀɔ̃ʒe]. *v. tr.* ; conjug. *bouger* (*Rungier*, XIIᵉ ; lat. *rumigare* « ruminer », croisé avec *ro*[*u*]*gier*, dial., lat. pop. *rodicare*, class. *rodere* « ronger »). ♦ 1º User peu à peu en coupant avec les dents, les incisives, par petits morceaux. *Souris, rats qui rongent du pain, des livres.* V. **Grignoter.** — *Chien qui ronge un os. Se ronger les ongles* (V. **Onychophagie**). ◊ Par ext. (*Vers, insectes*) Attaquer, détruire. *Vers qui rongent le bois.* V. **Mouliner.** *Meuble rongé par les vers :* piqué, vermoulu. — Par exagér. *Un mendiant rongé de vermine.* ◊ Mordiller (un corps dur) avec ses dents. *Cheval qui ronge son frein.* — Fig. *Ronger son frein*.* ♦ 2º (XVᵉ ; h. XIIIᵉ). *Choses.* Détruire peu à peu (qqch.). *Substance caustique qui ronge les chairs.* V. **Brûler.** — *Les acides rongent les métaux.* V. **Attaquer, corroder.** « *C'est la vieille croix de bois qui se dresse à l'angle des routes, rongée de vétusté* » (PÉGUY). ◊ Fig. *Être rongé par la maladie.* « *Guérir le mal profond, invé-téré, universel, qui ronge cette société* » (MICHELET). V. **Miner.** « *Vous ne voyez donc pas que je ne puis plus supporter cette vie, cette pensée qui me ronge?* » (MAUPASS.). V. **Dévorer, tourmenter.** Pop. *Se ronger le sang,* se faire du souci. ◊ Pronom. *Se ronger d'inquiétude.* V. **Tourmenter** (se).

RONGEUR, EUSE [ʀɔ̃ʒœʀ, øz]. *adj.* et *n.* (XVᵉ ; de *ronger*). ♦ 1º Qui ronge, qui mange en rongeant. *Mammifère rongeur.* ◊ Fig. (Vieilli ou poét.) *Ver rongeur :* remords ; souci cruel ; cause de destruction progressive ou secrète. ♦ 2º N. *m. pl.* Ordre de mammifères placentaires dépourvus de canines, mais munis d'incisives tranchantes à croissance continue. *Principales familles de rongeurs :* léporidés, muridés, sciuridés. *Le lapin, l'écureuil, le rat sont des rongeurs.* Sing. *Un rongeur.*

RONRON [ʀɔ̃ʀɔ̃]. *n. m.* (1761 ; onomat.). ♦ 1º *Fam.* Bruit, ronflement sourd et continu. V. **Ronronnement.** « *Tout le quartier tremblote sans se plaindre au ronron continu de la nouvelle usine* » (CÉLINE). — Fig. Monotonie, routine. « *Ébahie du langage, fascinée par le ronron des vers* » (FLAUB.). ♦ 2º (1842). Petit grondement continu et régulier du chat lorsqu'il est content. *Faire ronron, faire entendre des ronrons.* V. **Ronronner.**

RONRONNEMENT [ʀɔ̃ʀɔnmã]. *n. m.* (1879 ; de *ronronner*). Ronron. *Ronronnement d'un chat ; d'un moteur.*

RONRONNER [ʀɔ̃ʀɔne]. *v. intr.* (1853 ; de *ronron*). ♦ 1º Faire entendre des ronrons. *Chat qui ronronne.* ♦ 2º Ronfler sourdement et régulièrement. *Moteur, auto, avion qui ronronne.* « *On entendait ronronner la machine à coudre* » (DUHAM.). ♦ 3º Fig. Sembler se complaire dans la routine.

RONSARDISER [ʀɔ̃saʀdize]. *v. intr.* (XVIIᵉ, repris XIXᵉ ; de *Ronsard*). *Hist. litt.* Écrire des vers à la manière de Ronsard.

RÖNTGEN. V. ROENTGEN.

RÖNTGENTHÉRAPIE [ʀœ̃tgenteʀapi]. *n. f.* (1933 ; de *Röntgen,* physicien allemand ; et *thérapie*). *Méd.* Traitement par les rayons X. V. **Radiothérapie.**

ROOKERIE. n. f. V. ROQUERIE.

ROQUE [ʀɔk]. *n. m.* (1905 ; de *roquer*). Échecs. Le fait de roquer. *Grand roque ; petit roque.* ◊ HOM. **Roc, rock.**

ROQUEFORT [ʀɔkfɔʀ]. *n. m.* (1642 ; de *Roquefort,* nom de lieu). Fromage fait de lait de brebis et ensemencé d'une moisissure spéciale. *Des roqueforts.*

ROQUELAURE [ʀɔklɔʀ]. *n. f.* (1752 ; du duc de *Roquelaure*). *Ancienn.* Manteau demi-ajusté descendant jusqu'aux genoux, et que portaient les hommes, sous Louis XIV.

ROQUENTIN [ʀɔkãtɛ̃]. *n. m.* (1669 ; *vieil roquart* « vieil-lard décrépit », 1450 ; anglo-norm. *rokerel,* v. 1200 ; d'un rad. express. *rokk-* « craquer, tousser,... »). Vieilli. *Un vieux roquentin :* un vieillard ridicule qui veut jouer au jeune homme.

ROQUER [ʀɔke]. *v. intr.* (1694 ; de *roc,* anc. nom de la tour ; arabo-persan *rokh,* littéral. « éléphant monté »). ♦ 1º *Au jeu d'échecs,* Placer l'une de ses tours à côté de la case du roi et faire passer celui-ci de l'autre côté de la tour, lors-qu'il n'y a aucune autre pièce entre eux. ♦ 2º *Au croquet,* Placer sa boule au contact de la boule qu'on vient de toucher, de manière à les pousser toutes les deux dans la même direc-tion en frappant un seul coup.

ROQUERIE [ʀɔk(ə)ʀi] ou **ROOKERIE** [ʀukʀi]. *n. f.* (1890 ; de l'angl. *rookery* [1725], dér. de *rook* « oiseau vivant en colonies »). *Anglicisme.* Colonie d'oiseaux qui se pro-tègent du froid par leur réunion (régions arctiques et antarc-tiques). — Communauté d'otaries.

ROQUET [ʀɔke]. *n. m.* (1544 ; du v. dial. *roquer* « craquer, croquer, heurter » ; mot expressif ; Cf. Roquentin). ♦ 1º Petit chien issu du croisement du petit danois et d'une petite espèce de dogue. ♦ 2º (1845). Petit chien hargneux qui aboie pour un rien. ◊ *C'est un vrai roquet,* se dit d'une personne hargneuse et peu redoutable.

ROQUETIN [ʀɔktɛ̃]. *n. m.* (1751 ; dimin. de *roquet* « bobine », du germ. *rukka;* Cf. Rochet). *Techn.* Petite bobine utilisée pour le dévidage des fils d'argent. — Petite bobine qui reçoit le fil de soie pendant le moulinage.

1. **ROQUETTE** [ʀɔkεt]. *n. f.* (1538 ; a. it. *rochetta,* de *ruca ;* lat. *eruca*). Plante (*Crucifères*) à fleurs jaunes, cultivée pour ses feuilles qu'on mange en salade.

2. **ROQUETTE** [ʀɔkεt]. *n. f.* (v. 1950 ; angl. *rocket ;* Cf. le fr. *Roquet* [XVIᵉ], *roquette* [1752] ; germ. *rukka* « que-nouille »). Projectile autopropulsé, généralement non guidé et mû par une fusée à poudre, utilisé comme arme tactique. V. **Fusée.** *Roquette antichar. Engin servant à lancer des roquettes.* V. **Lance-roquettes.**

RORQUAL [ʀɔʀkwal]. *n. m.* (1808 ; a. norv. *raudh-hwalr,* de *raudh* « rouge », et *hwalr* « baleine »). Mammifère cétacé de grande taille, appelé aussi *baleinoptère*,* qui vit dans les mers froides. *Des rorquals.*

ROSACE [ʀɔzas]. *n. f.* (1547 ; de *rose* [fleur], d'apr. lat. *rosaceus*). ♦ 1º Figure symétrique faite de courbes inscrites dans un cercle. *Branches, lobes d'une rosace. Rosace à cinq branches.* — Ornement, moulure qui a cette forme. *Plafond à rosace.* — Motif de broderie, de dentelle. *Rosace de fil.* ♦ 2º (1831). Grand vitrail d'église, de cathédrale, de forme circulaire. V. **Rose.** « *Les cathédrales avec leurs rosaces tou-jours épanouies et leurs verrières en fleurs* » (GAUTIER). — (1907) Ornement doré en forme de rose pour cacher la tête d'un clou.

ROSACÉ, ÉE [ʀɔzase]. *adj.* et *n. f.* (1694 ; de *rose* 1). Qui ressemble à une rose. ♦ 1º *Bot.* Dont les pétales sont disposés comme ceux d'une rose. *Fleur rosacée.* ◊ **ROSA-CÉES.** *n. f. pl.* Famille de plantes phanérogames angiospermes (dicotylédones dialypétales), aux feuilles dentées, dont la fleur à cinq pétales porte de ces étamines nombreuses soudées à la base (*ex. :* aubépine, fraisier, ronce, rosier). Sing. *Une rosacée.* ♦ 2º *Méd.* (1932). *Acné rosacée* ou *rosacée* (n. f.) : dermatose du visage caractérisée par des rougeurs, une dila-tation des capillaires cutanés et une éruption de papules et de pustules (Syn. cour. : *Couperose*).

1. **ROSAGE** [ʀɔzaʒ]. *n. m.* (1545 ; lat. médiév. *rosago ;* de *rose* 1). Ancien nom du *rhododendron.*

2. **ROSAGE** [ʀɔzaʒ]. *n. m.* (1846 ; de *roser*). *Techn.* Opé-ration de teinture artisanale par laquelle on ravivait le coton teint à la garance.

ROSAIRE [ʀɔzεʀ]. *n. m.* (1495 ; lat. médiév. *rosarium* « guirlande de roses dont on couronnait la Vierge »). Grand chapelet composé de quinze dizaines d'Ave précédées chacune d'un Pater. « *Ceintures d'un grand rosaire, à grains gros comme des noix* » (APOLLINAIRE). ◊ Les prières elles-mêmes. *Dire, réciter son rosaire.*

ROSALBIN [ʀɔzalbɛ̃]. *n. m.* (1828 ; *kakatoe rosalbin,* 1822 ; lat. mod., de *rosa* « rose », et *albus* « blanc »). Cacatoès gris à tête blanche et rose.

ROSANILINE [ʀɔzanilin]. *n. f.* (1870 ; de *rose* 2, et *ani-line*). *Chim.* Alcaloïde ($C_{20}H_{21}Az_{20}$) dont les dérivés sont des colorants de fibres animales (fuchsine, bleu de Lyon, violet de Paris, etc.).

ROSAT [ʀɔza]. *adj. invar.* (XIIIᵉ ; calque du lat. *rosa-tum*[*oleum*]. *Pharm.* Se dit de préparations où il entre des roses, spécial. des roses rouges. *Huile, miel rosat.* Cour. *Pommade rosat pour les lèvres.* V. **Cérat.**

ROSÂTRE [ʀozatʀ(ə)]. *adj.* (1823 ; de *rose,* et *-âtre*). Qui est d'un rose peu franc. « *Quelques sous de pâté rosâtre et gras* » (MART. du G.).

ROSBIF [ʀɔsbif]. *n. m.* (1727 ; *ros de bif,* 1691 ; angl.

roast-beef, de *roast* « rôti », et *beef* « bœuf »). Morceau de bœuf rôti (ou à rôtir) généralement coupé dans l'aloyau. *Une tranche de rosbif.*

1. **ROSE** [Roz]. *n. f.* (1155 ; lat. *rosa*). **A** ♦ 1° Fleur du rosier, d'une odeur suave, ornementale, dont le type primitif est d'un rouge très pâle. *Roses rouges, roses blanches, jaunes; roses-thé*, d'un jaune pâle rosé. *Rose pompon*. Rose sauvage.* V. **Églantine.** *Bouton de rose. — Offrir des roses.* ◇ *Essence de roses* (V. **Nizeré**). *Huile de roses* (V. **Rosat**). *Eau de rose*, essence de roses diluée dans l'eau. *Ratafia de roses* (V. **Rossolis** [2]). *Confiture de roses.* ◇ Loc. *Être frais, fraîche comme une rose*, avoir un teint éblouissant. — *Pas de roses sans épines :* toute joie comporte une peine. *Ne pas sentir la rose*, sentir mauvais. — Fam. *Envoyer sur les roses*, envoyer au diable, rembarrer qqn. « *Tu iras l'inviter à danser? Oui, Probable qu'elle m'enverra sur les roses* » (J. CAU). — *Découvrir le pot aux roses.* V. **Pot.** *Un roman, un film... à l'eau de rose*, conventionnel, sentimental et mièvre. ◇ DE ROSE. V. **Rose** (2). « *L'aurore aux doigts de rose* » (trad. d'Homère). — *Bois de rose :* bois de placage de couleur rosée utilisé en ébénisterie et en marqueterie, provenant surtout d'un arbre du genre *Dalbergia* (palissandres). « *Un bonheur du jour en bois de rose* » (GAUTIER). ♦ 2° Nom courant de quelques fleurs : *Rose trémière*. Laurier-rose.* V. **Laurier.** *Rose de Noël.* V. **Ellébore** (noir). *Rose d'Inde*, variété d'œillet d'Inde, de grande taille. V. **Tagète. B** *(Par anal. de forme).* ♦ 1° Grand vitrail circulaire. V. **Rosace.** « *La grande rose de la façade répercutait à l'autre bout de la nef son spectre éblouissant* » (HUGO). ♦ 2° (1690). ROSE DES VENTS : étoile à 32 divisions (aires du vent), donnant les points cardinaux et collatéraux, représentée sur le cadran d'une boussole, sur les cartes marines, etc. ♦ 3° (1690). *Diamant en rose* ou *Rose*, diamant taillé en facettes par-dessus et plat au-dessous. ♦ 4° *Rose de sable*, cristallisation de gypse, en forme de rose, dans le Sahara.

2. **ROSE** [Roz]. *adj.* et *n. m.* (xvᵉ ; du précéd.). ♦ 1° Adj. Qui est d'un rouge très pâle, comme la rose. V. **Rhod(o)-**. *Joues roses. Flamant rose. Crevette rose.* — *Couleur rose.* « *Le blanc rose, à peine teinté* » (ZOLA). V. **Rosé.** *Devenir, rendre rose.* V. **Roser, rosir.** *Son visage devenait rose.* V. **Roseur, rosissement.** ◇ *Fig.* (1835) *Ce n'est pas rose, pas tout rose :* ce n'est pas gai, pas agréable (difficultés, corvées). — (1876). *Voir la vie en rose, voir tout en rose :* du bon côté, avec optimisme (*opposé* à noir). ♦ 2° *N. m.* Couleur rose (formée de rouge* et de blanc). *Rose vif; rose pâle, passé, fané, rose tendre. Vieux rose. Rose mauve* (V. **Lilas**); *rose orangé, saumoné* (V. **Saumon**, 3°). — *Rose bonbon*, vif. *Être habillé de rose.*

ROSÉ, ÉE [Roze]. *adj.* (v. 1200 ; de *rose*). Teinté, légèrement teinté de rose. *Beige rosé, ocre rosé, mauve rosé.* ◇ *Vin rosé*, et subst. *Du rosé, un rosé*, vin rouge clair obtenu par la courte macération des raisins noirs dont la fermentation ne se fait pas complètement. *Rosé de Provence, du Béarn.* ◇ HOM. *Rosée.*

ROSEAU [Rozo]. *n. m.* (1175, var. *roisel*; de l'a. fr. *raus, ros*, germ. °*raus*). Nom commun à plusieurs plantes aquatiques à tige droite et lisse (V. **Phragmite, massette** [II]). *Les roseaux d'un étang.* « *Les arundo donax, ces immenses roseaux empanachés qui bordent les routes* » (GIDE). *Natte, palissade de roseau. Flûte de roseau*, formée d'un roseau évidé. V. **Chalumeau** (2), *mirliton, pipeau.* ◇ *Être souple, plier comme un roseau. Le chêne et le roseau*, fable de La Fontaine. « *L'homme est un roseau pensant* » (PASC.) : un être faible mais qui domine la matière par la pensée.

ROSE-CROIX [Rozkrwa]. *n. invar.* (1623 ; trad. de l'all. *Rosenkreuz*). ♦ 1° *N. f.* Confrérie secrète et mystique d'Allemagne, au début du xviiᵉ s. ◇ *N. m.* Membre de cette confrérie. *Les rose-croix.* ♦ 2° Nom donné depuis le xviiᵉ s. à certaines sociétés ésotériques, plus ou moins mystiques, se réclamant du symbolisme traditionnel de la rose et de la croix (V. **Rosicrucien**). ♦ 3° *N. m.* Titre d'un grade de la franc-maçonnerie, supérieur à celui de maître.

ROSÉE [Roze]. *n. f.* (*Rusee*, 1080 ; lat. pop. *rosata*, class. *ros, roris*). ♦ 1° Condensation de la vapeur et dépôt de fines gouttelettes d'eau, sous l'effet du rayonnement de la terre ; ces gouttelettes. V. **Aiguail** *(région.). La rosée du matin. Herbe humide de rosée.* « *La rosée était si forte, ce matin-là, que tout de suite les robes furent trempées* » (ZOLA). ◇ *Tendre comme la rosée, comme rosée :* très tendre (viande, légumes). ♦ 2° *Phys.* Vapeur qui se condense. *Point de rosée :* température à laquelle une vapeur, sous une pression donnée, laisse déposer sa première goutte de liquide. ◇ HOM. *Rosé, roser.*

ROSELET [Rozlɛ]. *n. m.* (1758 ; dimin. de *rose*). Nom donné à l'hermine dans son pelage d'été, d'un roux jaunâtre. ◇ *Fourrure d'hermine.*

ROSELIER, IÈRE [Rozəlje, jɛr]. *adj.* et *n. f.* (1872 ; de *roseau*). Qui produit des roseaux ; où poussent des roseaux.

Marais roselier. ◇ ROSELIÈRE. *n. f.* (1835) Lieu où poussent des roseaux.

ROSÉOLE [Rozeɔl]. *n. f.* (1828 ; de *rose* 2, d'apr. *rougeole*). *Méd.* Éruption de taches rosées non saillantes ou à peine surélevées, qui s'observe dans certaines maladies infectieuses (typhus, syphilis) et certaines intoxications.

ROSER [Roze]. *v. tr.* (1765 ; de *rose* 2, ou du adj. *rosé, ée*). ♦ 1° *Techn.* Faire la rosage* (2) de. ♦ 2° *(Surtout pass.).* Rendre rose. V. **Rosir** (2°). « *Sabine souriait. Sa figure pâlotte était rosée par l'air vif* » (R. ROLLAND). ◇ HOM. *Rosée.*

ROSERAIE [Rozrɛ]. *n. f.* (1690 ; de *rosier*). Champ planté de rosiers. ◇ Endroit d'un jardin orné de rosiers.

ROSETTE [Rozɛt]. *n. f.* (1298 ; « petite rose », xiiᵉ ; dimin. de *rose* 1). ♦ 1° Ornement circulaire, en forme de petite rose (en broderie, orfèvrerie, sculpture). ♦ 2° Nœud à boucles d'un ruban. ♦ 3° *Cour.* (déb. xixᵉ). Insigne (formé d'un petit cercle d'étoffe) du grade d'officier, dans certains ordres. V. **Décoration.** « *Le superlatif de ses espérances... c'était d'entrer à l'Institut et d'avoir la rosette des Officiers de la Légion d'honneur!* » (BALZ.). Absolt. *Avoir la rosette.* ♦ 4° *Techn.* (1752). Petit cadran portant le réglage de l'avance et du retard, sur une montre. ♦ 5° *Bot.* Disposition circulaire de feuilles nombreuses étalées au sol (*ex. :* la pâquerette). ♦ 6° (Région.). *Rosette de Lyon :* saucisson sec de Lyon.

ROSEUR [Rozœr]. *n. f.* (1908 ; de *rose*; Cf. Rougeur). *Rare.* Couleur rose, rosée. « *Sa figure... avait une roseur lactée de baby anglais* » (MART. du G.).

ROSICRUCIEN, IENNE [Rozikrysjɛ̃, jɛn]. *adj.* (1907 ; angl. *rosicrucian*, 1624 ; du lat. [*fratres*] *rosae crucis*, « [frères] de la Rose-Croix »). *Didact.* Relatif à la Rose*-Croix, rose-croix. *L'ordre rosicrucien.* — Subst. *Un rosicrucien.*

ROSIER [Rozje]. *n. m.* (1175 ; de *rose* 1). Arbrisseau épineux (*Rosacées*), portant de belles fleurs odorantes, les roses*. *Rosier sauvage.* V. **Églantier.** *Rosier blanc*, à fleurs blanches. *Rosier grimpant, nain.* — *Culture des rosiers.* V. **Roseraie, rosiériste.**

ROSIÈRE [Rozjɛr]. *n. f.* (1774 ; de *rose* 1). Jeune fille à qui, dans certains villages, on remet solennellement une récompense (autrefois une couronne de roses) pour sa grande réputation de vertu. ◇ Fam. et plais. *(Vieilli)* Jeune fille vertueuse, vierge.

ROSIÉRISTE [Rozjerist(ə)]. *n.* (1868 ; de *rosier*). Horticulteur (trice), spécialiste de la culture des rosiers.

ROSIR [Rozir]. *v.* (1823 ; de *rose* 2). ♦ 1° *V. intr.* Prendre une couleur rose. « *Cette figure impressionnable qui rosissait et pâlissait* » (R. ROLLAND). ♦ 2° *V. tr.* Rendre rose. V. **Roser.**

ROSISSEMENT [Rozismɑ̃]. *n. m.* (1894 ; de *rosir*). Action de rosir *(intr.* et *tr.).* « *Un léger rosissement du visage* » (ROMAINS).

ROSSARD, ARDE [Rɔsar, ard(ə)]. *adj.* et *n.* (1870 ; « fainéant », 1844 ; de *rosse*). Personne malveillante, médisante. V. **Rosse** (2°). Adj. *Un critique rossard.*

ROSSE [Rɔs]. *n. f.* (1596 ; *ros*, m., 1165 ; all. *Ross* « cheval, coursier »). ♦ 1° *Vieilli.* Mauvais cheval. « *Quel cheval! une misérable rosse qui semblait s'être nourrie... avec des cercles de barriques* » (GAUTIER). ♦ 2° *Fig.* (1840). Personne dont on subit les méchancetés, la sévérité, la dureté. V. **Vache.** *Sale rosse. Ah! les rosses!* ◇ Adj. (1879) Méchant, mordant et généralement injuste. *Vous avez été rosse avec lui.* « *Je trouve son portrait vigoureux et pas du tout rosse, quoi qu'il en dise* » (MAUROIS). — Sévère. *Un professeur rosse.*

ROSSÉE [Rɔse]. *n. f.* (1834 ; de *rosser*). Fam. Volée de coups, correction. *Flanquer, recevoir une rossée.* V. **Pile** (2).

ROSSER [Rɔse]. *v. tr.* (1650 ; de l'a. fr. *roissier;* lat. pop. °*rustiare*, de °*rustia* « gaule, branche », lat. class. *rustum*; sous l'infl. de *rosse*). Battre violemment. V. **Cogner, frapper.** « *Aidez-moi, mes amis, rossons cette canaille* » (MUSS.). ◇ Fam. Battre, vaincre, dans une bataille.

ROSSERIE [Rɔsri]. *n. f.* (1888 ; de *rosse*). Parole ou action rosse. V. **Méchanceté, vacherie.** ◇ Caractère rosse. *Il est d'une rosserie!*

ROSSIGNOL [Rɔsiɲɔl]. *n. m.* (1165 ; a. prov. *rossinhol*, du lat. pop. °*lusciniolus*, class. *lusciniola*, dimin. de *luscinia*, *r* par dissimilation du *l* initial). ♦ 1° Oiseau passereau, de petite taille, au chant varié et très harmonieux. *Le chant du rossignol.* « *Le rossignol plaça de loin en loin dans la paix inquiète, cet accent solitaire, unique et répété, ce chant des nuits heureuses* » (SENANCOUR). *Chanter comme un rossignol.* ♦ 2° *Vx.* Petite flûte. ♦ *Mar.* Sifflet des maîtres d'équipage. ♦ 3° (1406 ; p.-ê. parce que la clé « chante » dans la serrure). Instrument pour crocheter les portes. V. **Crochet, passepartout.** *Rossignol de cambrioleur.* ♦ 4° Fam. (1835). Livre invendu, sans valeur (qui reste perché sur les plus hauts casiers comme le rossignol dans l'arbre). — Objet démodé, marchandise invendable. *Écouler de vieux rossignols en solde.* ♦ 5° *Méd.* V. **Pigeonneau.**

ROSSINANTE [Rɔsinɑ̃t]. *n. f.* (1755, altér., d'apr. *rosse*, de l'esp. *Rocinante*, nom du cheval de Don Quichotte [*Rossi-*

nante, 1614], de *rocin* « roussin »). *Vieilli*. Mauvais cheval, maigre et poussif. V. **Rosse** (1º).

1. ROSSOLIS [ʀɔsɔli]. *n. m.* (1669 ; lat. médiév. *ros solis* « rosée du soleil »). *Bot*. Syn. de *Droséra*.

2. ROSSOLIS [ʀɔsɔli]. *n. m.* (XIXᵉ ; « liqueur parfumée », 1645 ; it. *rosoli*, d'o. i., devenu *rosolio*, et compris comme « huile [*oleo*] de rose [*rosa*] »). *Ancienn*. Ratafia de roses et de fleurs d'oranger fabriqué surtout en Italie et en Turquie.

ROSTRAL, ALE, AUX [ʀɔstʀal, o]. *adj. (h. XVIᵉ* ; 1663 ; de *rostre*). *Antiq. rom*. Orné d'éperons de navires. *Colonne rostrale*, érigée en souvenir d'une victoire navale.

ROSTRE [ʀɔstʀ(ə)]. *n. m.* (XIVᵉ, repris 1730 ; lat. *rostrum* « bec, éperon »). ♦ 1º *Antiq. rom*. LES ROSTRES : tribune aux harangues, emplacement orné de colonnes portant les éperons pris aux navires ennemis. ◇ Éperon des navires de l'antiquité. — *Archit*. Ornement en forme de bec, d'éperon. ♦ 2º *Zool*. (1812, des crustacés). Partie saillante et pointue, en avant de la tête. — Prolongement de la carapace thoracique de certains crustacés. — Pièce buccale pointue (stylet) de certains insectes (V. **Rhynchotes**).

-ROSTRE. Élément, du lat. *rostrum* « bec » (*ex*. : dentirostre).

1. ROT [ʀo]. *n. m.* (*Rouz*, plur., XIIIᵉ ; lat. *ructus* [Cf. Éructer], altéré en bas lat. en *ruptus*). *Vulg*. Expulsion plus ou moins bruyante de gaz stomacaux par la bouche. V. **Éructation, renvoi**. *Faire, lâcher un rot*. V. **Roter**. « *Avec quelques rots discrets de bonne digestion* » (ROMAINS). ◇ HOM. *Rhô, rôt*.

2. ROT [ʀɔt]. *n. m.* (1878 ; angl. *rot* « pourriture »). *Agric*. Maladie cryptogamique de la vigne, pourriture des grains de raisin. ◇ HOM. *Rote*.

RÔT [ʀo]. *n. m.* (*Rost*, XIIᵉ ; de *rôtir*). *Vx* ou *littér*. Rôti. « *Le fumet du rôt tournant devant le feu de sarments* » (GIDE). ◇ HOM. *Rhô, rot* 1.

ROTACÉ, ÉE [ʀɔtase]. *adj*. (1870 ; du lat. *rota*). *Bot*. Qui a la forme d'une roue.

ROTANG [ʀɔtɑ̃g]. *n. m.* (*Rottang*, 1658 ; *rotan*, 1615 ; mot de Malaisie). *Bot*. Genre de palmiers dont les tiges sont utilisées pour faire des cannes, des fibres pour tresser des câbles, des nattes. V. **Rotin**.

ROTANGLE. V. ROTENGLE.

ROTARIEN [ʀɔtaʀjɛ̃]. *n. et adj. m.* (1922 ; de *Rotary Club*, nom d'une association internationale fondée aux États-Unis en 1905 ; Cf. Rotary) Membre de l'association appelée Rotary ; relatif à cette association.

ROTARY [ʀɔtaʀi]. *n. m.* (mil. XXᵉ ; mot angl. ; lat. *rotarius*, de *rota* « roue »). *Anglicisme*. ♦ 1º *Techn*. Appareil de sondage par rotation. ♦ 2º Système de téléphone automatique.

ROTATEUR, TRICE [ʀɔtatœʀ, tʀis]. *adj*. (1611 ; bas lat. *rotator* ; de *rotare* « tourner »). *Rare*. Qui fait tourner autour d'un axe. *Force rotatrice*. ◇ *Anat*. *Muscle rotateur*. Subst. *Les rotateurs du dos*, qui portent la face antérieure de la vertèbre du côté opposé à la rotation.

ROTATIF, IVE [ʀɔtatif, iv]. *adj. et n. f.* (1838 ; du rad. de *rotation*). ♦ 1º Qui agit en tournant, par une rotation. *Foreuse rotative*. *Machine à vapeur rotative* ; turbine. Par ext. *Mouvement rotatif*. V. **Rotatoire**. *Moteur à piston rotatif* ; *moteur rotatif* (subst. m. *Rotatif*). ♦ 2º *N. f.* (fin XIXᵉ ; presse rotative, 1873). Presse à imprimer continue, agissant au moyen de cylindres. *Journaux sortant des rotatives*. *Tirer un livre sur rotative*. *Faire tourner les rotatives*. V. **Rotativiste**. — *Abrév. fam*. ROTO [ʀɔto], n. f.

ROTATION [ʀɔtasjɔ̃]. *n. f.* (1375 ; repris fin XVIIᵉ ; lat. *rotatio*). ♦ 1º *Didact*. Mouvement d'un corps qui se déplace autour d'un axe (matériel ou non), au cours duquel chaque point du corps se meut avec la même vitesse angulaire. V. **Giration**. *Rotation de la Terre*. *Vitesse de rotation d'un arbre*. *Forage*, *sondage par rotation* (V. **Rotary**). *Rotation de la soupape d'un cuiseur à vapeur*. — *Géom*. Transformation ponctuelle d'une figure géométrique, telle que tous ses points décrivent des arcs de cercles de même angle au sommet et de même axe. ◇ *Cour*. Mouvement circulaire. V. **Cercle, tour**. *Exécuter une rotation*. V. **Pivoter, tourner**. ♦ 2º *Abstrait* (1801). Série périodique d'opérations. — *Agric*. *Rotation des cultures*, succession de différentes plantes sur un même sol. V. **Assolement**. ◇ *Transports*. Fréquence des voyages effectués en partant d'un même lieu. *Rotation des avions d'une ligne*. ◇ *Comm*. *Rotation du stock*, succession des renouvellements d'un stock. — *Rotation du capital*. ◇ *Rotation du personnel*, dans une équipe. *Responsabilité exercée par rotation*. *Rotation du stock*. V. **Cycle, roulement**.

ROTATIVISTE [ʀɔtativist(ə)]. *n.* (XXᵉ ; de *rotative*). *Imprim*. Ouvrier conduisant une presse rotative.

ROTATOIRE [ʀɔtatwaʀ]. *adj*. (1746 ; du rad. de *rotation*). *Sc*. Qui constitue une rotation, est caractérisé par une rotation. *Mouvement rotatoire*. V. **Circulaire, rotatif**. *Chim*. *Pouvoir rotatoire naturel des substances asymétriques*, pouvoir de faire tourner le plan de polarisation.

1. ROTE [ʀɔt]. *n. f.* (XIIᵉ ; germ. *hrotta*). *Hist. mus*. Instrument de musique médiéval, à cordes pincées.

2. ROTE [ʀɔt]. *n. f.* (1545 ; lat. ecclés. *rota* « roue », par allus. à l'examen successif d'une cause par les sections de ce tribunal). *Relig*. Tribunal ecclésiastique siégeant à Rome. *La rote instruit les demandes d'annulation de mariage*. ◇ HOM. *Rot* (2).

ROTENGLE ou **ROTANGLE** [ʀɔtɑ̃gl(ə)]. *n. m.* (1767 ; all. *Rotengel* « œil [*Engel*] rouge »). *Zool*. Poisson physostome *(Cyprinidés)* aux yeux et aux nageoires rouges, appelé communément *Gardon rouge*.

ROTÉNONE [ʀɔtenɔn]. *n. f.* (mil. XXᵉ ; angl. *rotenone* ; du jap. *roten*, nom de la plante d'où le produit a été extrait [1902]). *Pharm*. Produit toxique, insecticide, extrait de certaines plantes (légumineuses).

ROTER [ʀɔte]. *v. intr.* (*Router*, XIIᵉ ; lat. *ructare*, altéré en *ruptare*. V. **Rot** 1). *Vulg*. Faire un rot, des rots. V. **Éructer**. ◇ *Pop. et fig*. (1914) *En roter* : supporter des mauvais traitements, des ennuis, un travail pénible. V. **Baver** (en). *Il lui en a fait roter*.

1. RÔTI [ʀo(ɔ)ti]. *n. m.* (v. 1160 ; de *rôtir*). ♦ 1º *Vx* ou *cuis*. Toute viande rôtie (volaille, gigot, etc.). — Loc. fig. *S'endormir sur le rôti* (1842 ; « retarder d'accepter un avantage », 1611), négliger son travail, se reposer sur son succès. ◇ *Mod. et cour*. Morceau de viande de boucherie (bœuf, porc, veau), bardé et ficelé, cuit à sec peu de temps et à feu vif. « *Un rôti de bœuf dont la chair était fine et rosée, rouge vers le centre sous une croûte brune et rugueuse* » (CHARDONNE). V. **Rosbif**. *Tranche de rôti de veau froid*. ♦ 2º *Vx*. Partie du repas où l'on sert les viandes ; viande servie. ◇ HOM. *Rôtie*.

2. RÔTI, IE [ʀo(ɔ)ti]. *adj*. (XIIIᵉ ; V. Rôtir). Cuit à feu vif, à la broche ou au four (viandes). V. **Rôti** (1). *Mouton, bœuf rôti*. Plus cour. *Poulet rôti*. Loc. fig. *Il attend que les alouettes lui tombent toutes rôties*.

RÔTIE [ʀo(ɔ)ti]. *n. f.* (*Rostie*, XIIIᵉ ; de *rôtir*). *Région*. Tranche de pain grillée que l'on mange beurrée, trempée dans un liquide ou que l'on utilise en cuisine (canapés). V. *aussi* **Toast**. ◇ HOM. *Rôti* (1 et 2).

ROTIFÈRE [ʀɔtifɛʀ]. *n. m.* (1762 ; du lat. *rota* « roue », et suff. *-fère*). *Zool*. LES ROTIFÈRES. *n. m. pl*. Classe de vers d'eau douce, microscopiques, dont le corps porte une couronne de cils autour de l'orifice buccal. Au sing. *Un rotifère*.

1. ROTIN [ʀɔtɛ̃]. *n. m.* (1688 ; de *rotang*, par le holl.). ♦ 1º Sorte de palmier. V. **Rotang**. ♦ 2º *Cour*. Partie de la tige des branches du rotang utilisée pour faire des cannes, des meubles. « *Le vestibule était vaste et glacé, pauvrement meublé de chaises de rotin* » (MAURIAC).

2. ROTIN [ʀɔtɛ̃]. *n. m.* (1835 ; o. i.). Sou (*Cour*, dans des phrases négatives). « *Rien! pas un rotin! cria-t-il* » (AYMÉ). ◇ V. **Rond**.

RÔTIR [ʀo(ɔ)tiʀ]. *v.* (*Rostir*, v. 1160 ; frq. °*raustjan*). ♦ 1º *V. tr. Vx* ou *Cuis*. Griller. *Rôtir du pain*. — *Mod. et cour*. Faire cuire (de la viande) à feu vif, à la broche, sur le gril ou au four, sans sauce. *Rôtir un poulet, une pièce de bœuf* (V. **Rôti** 1). *Une cheminée à rôtir un bœuf* : très grande. ◇ *Fam*. Exposer à une forte chaleur. Pronom. *Se rôtir au soleil*. ♦ 2º *V. intr*. Cuire, être cuit à feu vif. « *L'oie rôtissait* » (ZOLA). — *Fam*. Recevoir une chaleur très vive, qui incommode. *On rôtit, ici*. V. **Cuire**.

RÔTISSAGE [ʀo(ɔ)tisaʒ]. *n. m.* (1842 ; « action de griller », 1757 ; de *rôtir*). *Rare*. Action de rôtir (1º).

RÔTISSERIE [ʀo(ɔ)tisʀi]. *n. f.* (*Rostisserie*, v. 1460 ; de *rôtir*). *Ancienn*. Boutique de rôtisseur, où l'on vendait des viandes rôties et où on les mangeait. — *Mod*. (repris comme *auberge, hostellerie*, etc.) Nom de certains restaurants.

RÔTISSEUR, EUSE [ʀo(ɔ)tisœʀ, øz]. *n.* (*Rostisseur*, 1396 ; de *rôtir*). Personne qui prépare et qui vend des viandes rôties. *Marchand de volailles rôtisseur*. ◇ *Spécialt*. Restaurateur qui prépare et sert des viandes rôties, des grillades (V. **Rôtisserie**).

RÔTISSOIRE [ʀo(ɔ)tiswaʀ]. *n. f.* (*Rostissoir*, n. m., 1390 ; fém. 1462 ; de *rôtir*). Ustensile de cuisine qui sert à faire rôtir la viande, d'abord broche et tournebroche, coquille et lèchefrite ; puis sorte de four muni d'une broche tournante. *Rôtissoire électrique, à rayons infrarouges*.

ROTOGRAVURE [ʀɔtɔgʀavyʀ]. *n. f.* (1914 ; de *roto-*, du lat. *rotare*, et *gravure*). *Techn*. Procédé d'héliogravure sur cylindre, permettant le tirage sur rotative.

ROTONDE [ʀɔtɔ̃d]. *n. f.* (1488 ; it. *Rotonda*, n. pr., lat. *rotunda*, fém. de *rotundus* « rond »). *Édifice circulaire*. — Pavillon circulaire à dôme et à colonnes. ◇ *Ch. de fer*. Hangar circulaire ou demi-circulaire où se garent les locomotives sur des voies en éventail, au centre desquelles se trouve un pont tournant.

ROTONDITÉ [ʀɔtɔ̃dite]. *n. f.* (1314 ; lat. *rotunditas* ; de *rotundus*. V. **Rond**). ♦ 1º Caractère de ce qui est rond, et *spécialt*. sphérique. V. **Sphéricité**. « *Je n'ai jamais conçu* *comme ce soir, la rotondité de la terre* » (ROMAINS). ♦ 2° *Fam.* Rondeur d'une personne assez grasse. V. **Embonpoint.** Plais. *(Au plur.)* Formes pleines. *Les rotondités d'une femme.* V. **Rondeur(s).**

ROTOPLOTS [ʀɔtɔplo]. *n. m. pl.* (1941; *roploplots*, 1935; p.-ê. de *roberts*, l'élément *-plot* est à rapprocher de *pelote*). *Vulg.* Seins de femme. V. **Nichon, robert(s).**

ROTOR [ʀɔtɔʀ]. *n. m.* (1901; contraction du lat. *rotator*). ♦ 1° *Électr.* Nom donné à la partie mobile *(opposé à* stator*)* dans un mécanisme rotatif (turbine, compresseur, alternateur). *Rotor d'un moteur électrique. À deux rotors.* V. **Birotor.** ♦ 2° Voilure tournante, assurant la sustentation des autogires ou la sustentation et la propulsion des hélicoptères.

ROTRUENGE [ʀɔtʀyɑ̃ʒ] ou **ROTROUENGE** [ʀɔtʀuɑ̃ʒ]. *n. f.* (XIIᵉ; de *retrover* « répéter », ou de *retro,* adv. indiquant le retour du refrain). *Hist. litt.* Poème du moyen âge, composé de plusieurs strophes et terminé par un refrain.

ROTULE [ʀɔtyl]. *n. f.* (1487; lat. *rotula,* de *rota* « roue »). ♦ 1° Os plat triangulaire, légèrement bombé, situé à la face antérieure du genou entre le tendon du muscle quadriceps de la cuisse (en haut), et le ligament rotulien qui l'attache au tibia (en bas). « *Des rotules noueuses* » (BALZ.). Fig. et fam. *Être sur les rotules :* sur les genoux* *(fig.).* ♦ 2° *Techn.* Articulation formée d'une pièce sphérique pouvant tourner dans un logement creux. *Changement de vitesse à rotule.*

ROTULIEN, IENNE [ʀɔtyljɛ̃, jɛn]. *adj.* (1843; de *rotule*). Relatif à la rotule, de la rotule. *Réflexe rotulien,* obtenu en frappant la rotule.

ROTURE [ʀɔtyʀ]. *n. f.* (*Routure,* XVᵉ; lat. *ruptura* « rupture », en lat. pop. « terre défrichée [rompue] », par ext. « redevance due au seigneur pour une terre à défricher », d'où « propriété non noble »). *Didact.* ou *littér.* ♦ 1° *Hist.* État d'une terre, d'un héritage qui n'est pas noble. « *Lorsqu'un fief tombe en roture* » (P.-L. COUR.). ♦ 2° Absence de noblesse. ♦ 3° La classe des roturiers *(opposé à* noblesse*).*

ROTURIER, IÈRE [ʀɔtyʀje, jɛʀ]. *adj.* et *n.* (1306; lat. pop. *rupturarius,* de *ruptura.* V. **Roture**). *Didact.* ou *littér.* ♦ 1° *Adj.* Qui n'est pas noble, qui est de condition inférieure, dans la société féodale et sous l'Ancien Régime. V. **Plébéien.** « *Combien de nobles dont le père et les aînés sont roturiers !* » (LA BRUY.). — Par ext. *Biens roturiers.* ♦ 2° *N.* Personne qui n'est pas née noble et n'a pas été anoblie. V. **Plébéien; manant, serf, vilain; bourgeois.** *Les roturiers.* V. **Roture.** ◇ ANT. **Gentilhomme, noble, patricien.**

ROUABLE [ʀwabl(ə)]. *n. m.* (XIIIᵉ; lat. *rutabulum.* V. **Râble**). *Techn.* ♦ 1° Perche à crochet dont le boulanger se sert pour tirer la braise du four. ♦ 2° Râteau servant à ramasser le sel dans les salines.

ROUAGE [ʀwaʒ]. *n. m.* (XIIIᵉ; de *roue*). ♦ 1° *Vx.* Ensemble des roues d'une machine. ◇ *Mod.* (XVIIIᵉ) Chacune des pièces d'un mécanisme d'horlogerie ou d'un mécanisme de ce type (engrenage, etc.). *Rouages d'une montre.* « *Les taraudeuses, avec le tic-tac de leurs rouages d'acier luisant* » (ZOLA). ♦ 2° *Fig.* Chaque partie essentielle d'une chose qui fonctionne. « *Tel était ce système qui imposait à tous d'être un rouage d'une mécanique géante* » (DANIEL-ROPS). *S'agréger, être un rouage parmi d'autres rouages* » (MART. du G.).

ROUAN, ANNE [ʀwɑ̃, an]. *adj.* (1340; esp. *roano,* rad. lat. *ravidus* « gris tirant sur le jaune »). *Hippol.* Se dit d'un cheval aubère, avec les crins et les poils des extrémités noirs. *Jument rouanne.* Subst. *Un rouan.*

ROUANNE [ʀwan]. *n. f.* (XVIIᵉ; *roisne,* XIIIᵉ; lat. pop. °*rucina,* class. *runcina,* gr. *rhukanē* « rabot »). *Techn.* ♦ 1° Outil servant à dégrossir et creuser le bois. ♦ 2° Sorte de compas, avec une branche tranchante, dont les agents des contributions indirectes se servent pour marquer les tonneaux. ◇ HOM. Fém. de *Rouan.*

ROUANNETTE [ʀwanɛt]. *n. f.* (1642; *royenette,* XIIIᵉ; de *rouanne*). *Techn.* Petite rouanne (1°).

ROUBIGNOLES [ʀubiɲɔl]. *n. f. pl.* (1862; prov. *roubignoli,* « testicules », de *robin,* surnom du *bélier*). *Vulg.* Testicules. V. **Roupettes, roustons.**

ROUBLARD, ARDE [ʀublaʀ, aʀd(ə)]. *adj.* (1864; « sans valeur », 1835; p.-ê. de l'arg. *roublion* « feu », it. *robbio* « rouge »). *Fam.* Qui fait preuve d'astuce et de ruse dans la défense de ses intérêts. *Subst.* « *Il blaguait le pacifisme de Hugo, vieux roublard, vieux malin* » (MAUROIS).

ROUBLARDISE [ʀublaʀdiz]. *n. f.* (1877; de *roublard*). Caractère, conduite, acte de roublard. « *Ces roublardises n'étaient perceptibles que pour un confrère* » (ROMAINS). V. **Astuce, finesse, ruse.**

ROUBLE [ʀubl(ə)]. *n. m.* (1606; du russe *ruble*). Unité monétaire de la Russie.

ROUCHI [ʀuʃi]. *n. m.* (1812; o. i.). Patois du Hainaut français (Valenciennes et sa région).

ROUCOULADE [ʀukulad]. *n. f.* (XXᵉ; de *roucouler*). Bruit que fait un oiseau en roucoulant* — Fig. et fam. *Les roucoulades des amoureux.*

ROUCOULANT, ANTE [ʀukulɑ̃, ɑ̃t]. *adj.* (v. 1840;

de *roucouler*). Qui roucoule (au propre et au fig.). « *Il la renversait sur le tas de blé, pâmée, roucoulante* » (ZOLA). — Qui ressemble à un roucoulement. « *Le ténor qui poussait des sons roucoulants* » (HUYSMANS).

ROUCOULEMENT [ʀukulmɑ̃]. *n. m.* (1611; de *roucouler*). ♦ 1° Cri du pigeon, de la tourterelle, semblable à une plainte douce et monotone. ♦ 2° *Fig. Roucoulements d'amoureux,* propos tendres que se chuchotent les amoureux. V. **Roucoulade.**

ROUCOULER [ʀukule]. *v. intr.* (1549; *rencouller,* XVᵉ; onomat., ou du lat. *raucus* « enroué »). ♦ 1° Faire entendre son cri, en parlant du pigeon, de la tourterelle. ♦ 2° *Fig.* Tenir des propos tendres et langoureux, filer le parfait amour. *Des amoureux qui roucoulent.* — Trans. « *Tu te pâmais en mille poses Et roucoulais des tas de choses* » (VERLAINE).

ROUDOUDOU [ʀududu]. *n. m.* (XXᵉ; form. enfant., p.-ê. de *rond*). *Fam.* Caramel dans une petite boîte de bois ronde, que l'on lèche. « *Nous n'avions qu'un client, un écolier qui venait acheter du sucre d'orge et du roudoudou* » (AYMÉ).

ROUE [ʀu]. *n. f.* (XIIIᵉ; a. fr. *rode,* refait sur *rouer;* lat. *rota*). ♦ 1° Disque plein ou évidé tournant sur un axe qui passe par son centre, et utilisé comme organe de déplacement. *Essieu, moyeu, jante, rayons d'une roue de véhicule. Roues d'une voiture, d'une bicyclette. Véhicule à deux, à quatre roues. Roues avant, arrière. Roues motrices, directrices. Roues munies de bandages, de pneumatiques. Chapeau de roue :* pièce qui protège le moyeu. Fam. *Virage sur les chapeaux de roue :* à toute allure. *Roue de secours.* — ROUE LIBRE : dispositif d'entraînement d'un mécanisme qui n'entraîne pas en réaction l'organe moteur permettant au cycliste de rouler sans pédaler. Fig. *Être en roue libre,* agir librement sans contrôle ou sans surveillance. — Loc. *Pousser à la roue* (d'abord, pour aider le cheval), aider qqn à réussir, le soutenir dans son effort. — *Par ext.* Faire évoluer un processus, une situation (dans un sens ou un autre). « *De là à pousser à la roue, à enfoncer ce pauvre type...* » (MALLET-JORIS). *Mettre des bâtons* dans les roues. *Être la cinquième roue du carrosse, de la charrette,* être inutile, inopérant, insignifiant. « *Il a bien l'intention de le traiter comme la cinquième roue du carrosse* » (ROMAINS). ◇ (Mil. XXᵉ) DEUX ROUES *(Admin.) :* véhicule à deux roues (bicyclette, vélomoteur, scooter, moto). *Autoroute interdite aux deux roues.* ♦ 2° Disque tournant sur son axe, servant d'organe de transmission, d'élévation, etc. *Roue de transmission.* V. **Poulie.** *Roue de friction*. Roue folle*. Roue dentée, roue d'un engrenage.* V. **Rouage.** *Roues élévatoires, à augets, à godets* (V. **Noria**). *Roue hydraulique d'un moulin à eau. Roues-turbines. Roue de gouvernail.* 3° *Supplice de la roue,* qui consistait à attacher le criminel sur une roue après lui avoir rompu les membres. V. **Rouer.** — *Être condamné à la roue :* à ce supplice. ♦ 4° Disque tournant. *Grande roue,* attraction foraine, manège en forme de roue dressée. ◇ *Roue de loterie,* tambour en forme de roue contenant les numéros, ou disque vertical portant des numéros, que l'on fait tourner. ◇ Fig. *La roue de la Fortune,* roue symbolique, emblème des vicissitudes humaines. *Être en haut, en bas de la roue,* dans la prospérité, l'adversité. « *Rien de stable dans ce monde : aujourd'hui au sommet, demain au bas de la roue* » (DIDER.). ♦ 5° FAIRE LA ROUE. *Gym.* (1802). Tourner latéralement sur soi-même en faisant reposer le corps alternativement sur les mains et sur les pieds. ◇ (En parlant de certains oiseaux, comme le paon) Déployer en rond les plumes de la queue. *Fig.* Déployer ses séductions. V. **Pavaner (se), rengorger (se).** « *Je n'ai pas la force de soutenir ce rôle comique du mâle qui fait la roue* » (ROMAINS). ◇ HOM. *Roux.*

ROUÉ, ÉE [ʀwe]. *adj.* et *n.* (XVᵉ; V. **Rouer**). ♦ 1° *Adj.* Supplicié sur la roue. ◇ *Fig.* (XVIIᵉ) *Roué de coups :* battu, rossé. ♦ 2° *N.* (XVIIIᵉ). *Vx.* Débauché, digne du supplice de la roue. *Les Roués de la Régence.* « *Le monde nous fait l'extrême honneur de nous prendre pour des rouées dignes de la cour du Régent* » (BALZ.). ♦ 3° *N. Mod.* (1832). Personne intéressée et rusée qui ne s'embarrasse d'aucun scrupule pour arriver à ses fins. « *Les amoureuses désintéressées, et... les rouées qui ne cherchent que l'argent* » (MAURIAC). ◇ *Adj.* Qui est habile et rusé (avec une nuance d'habileté et d'intérêt). V. **Combinard, finaud, futé, malicieux, rusé.** « *Il les supposait en même temps rouées et niaises* » (MAUPASS.). ◇ ANT. **Ingénu; droit.**

ROUELLE [ʀwɛl]. *n. f.* (XIVᵉ; *ruele* « petite roue », XIIᵉ; bas lat. *rotella*). *Vx* ou *région.* Tranche ronde. V. **Rondelle.** « *Coupé par rouelles comme une betterave* » (GAUTIER). ◇ *Mod.* (1732) Partie de la cuisse de veau au-dessus du jarret, coupée en rond. *Rouelle (de veau).*

ROUENNERIE [ʀwanʀi]. *n. f.* (1799; de *Rouen*). *Vx.* Tissu en laine, en coton (toiles) dont les dessins ou effets de relief résultent de l'agencement de fils teints avant le tissage. « *Autour du cou une cravate en rouennerie usée par le frottement de la barbe* » (BALZ.).

ROUER [ʀwe]. *v. tr.* (1450; de *roue*). Supplicier sur la roue (3°). « *Les voleurs joliment roués sur la place du marché* » (BALZ.). ◊ *Fig.* (1648) *Rouer qqn de coups* : le battre violemment. V. **Tabasser.** « *Je pourrais te rouer de coups si je voulais! Mais... aucune correction n'amenderait ta conscience* » (SAND).

ROUERIE [ruʀi]. *n. f.* (1777; de *roué*). ♦ 1° *Vx.* Action de roué (2°). ♦ 2° *Mod.* Action de roué (3°) pleine de ruse, de dissimulation. « *Elle donnait à l'avance des conseils à Thérèse sur la vente, sur les achats, sur les roueries du petit commerce* » (ZOLA). ◊ Finesse et habileté sans scrupule. V. **Cautèle, diplomatie, ruse.** *Il était « fin jusqu'à la rouerie et prêt à toutes les souplesses* » (MADELIN).

ROUET [ʀwɛ]. *n. m.* (1393; *roet* « petite roue », XIIIᵉ; de *roue*). ♦ 1° Machine à filer (le chanvre, la laine, le lin, etc.), constituée essentiellement par un bâti portant une roue, mue par une pédale ou une manivelle, et par une broche à ailettes. *Le rouet a remplacé la quenouille, pour le filage à la main. Fileuse à son rouet.* ♦ 2° *Ancienn.* (1553). Petite roue ou rondelle d'acier mue par un ressort, qui produisait des étincelles en frottant contre un silex, dans certaines armes à feu. *Arquebuse à rouet.* ♦ 3° *Techn.* Charpente cylindrique, sorte de plate-forme qui supporte la maçonnerie d'un puits. ◊ (1660) Garde de serrure. ◊ (1371) Élément d'une poulie, disque autour duquel s'enroule le câble. V. **Réa.** *Moufle à deux rouets.* Par ext. *Mar.* Grosse poulie portée par les mâts de charge. ◊ *Agric.* Pompe centrifuge à axe vertical.

ROUETTE [ʀwɛt]. *n. f.* (1690; *reorte*, XIIᵉ; lat. *retortus*). *Vx* ou *région.* Branche fine et flexible, qui sert de lien pour attacher les fagots. « *En passant près de la haie, elle casse une rouette dont elle ôte les feuilles* » (RENARD).

ROUF [ʀuf]. *n. m.* (1752; « cabine au milieu d'un bateau », 1582; néerl. *roef*). *Mar.* Petite construction élevée sur le pont d'un navire, et ne s'étendant pas sur toute la largeur (à la différence de la *dunette*). « *Un petit rouf goudronné à peine assez large pour tenir une table et deux couchettes* » (DAUD.).

ROUFLAQUETTE [ʀuflakɛt]. *n. f.* (1876; o. i.). Mèche de cheveux formant un accroche-cœur sur la tempe. *Fam.* Chez un homme, Patte de lapin*. « *Ce garçon, aux cheveux plantés bas et ramenés sur les tempes comme des rouflaquettes* » (MAURIAC).

ROUGE [ʀuʒ]. *adj. et n.* (*Roge*, 1140; lat. *rubeus* « rougeâtre »).

I. *Adj.* ♦ 1° Qui est de la couleur du sang, du coquelicot, du rubis, etc. (extrémité du spectre solaire). *Couleur rouge en héraldique.* V. **Gueules.** *Une rose rouge. Choux rouges. Fruits rouges* : fraises, framboises, groseilles. *Poissons rouges* : cyprins. *Cuivre rouge* ou « rosette ». *Ocre rouge. Corriger au crayon rouge. Le chapeau rouge* : celui de cardinal. *Les talons* rouges. *Feu* rouge. *Lanterne* rouge. — *Le drapeau rouge* : révolutionnaire. ◊ **VIN ROUGE** : fait avec des raisins noirs dont la macération est complète (Cf. *Rosé*). *Un bordeaux* rouge. — *Subst. Du rouge. Fam. Boire un coup de rouge. Un kil de rouge.* — Verre de vin rouge. *Un petit rouge.* ♦ 2° (1834). Qui a pour emblème le drapeau rouge (socialiste, syndicaliste); qui est d'extrême gauche. V. **Révolutionnaire; communiste.** *La banlieue rouge.* « *Il y avait le péril rouge, le péril jaune* » (BEAUVOIR). — (En Russie soviétique) *L'Étoile rouge. L'Armée rouge.* V. **Soviétique.** ◊ *Subst.* Révolutionnaire, communiste. « *Dites, maman, c'est un rouge, cet instituteur?* » (MAURIAC), *les communistes.* — Adv. « *Voilà ce que c'est de voter rouge* » (SARTRE). ◊ [Au Canada]. *Vieilli.* Membre du parti libéral* (*opposé à bleu**). ♦ 3° Qui est porté à l'incandescence et dégage un rayonnement calorifique. V. **Incandescent.** *Les cendres sont encore rouges.* — *Fer* rouge : chauffé au rouge. ♦ 4° Qui devient rouge par l'afflux du sang (se dit de la peau des personnes de race blanche; *opposé à* blanc, pâle). *Main, face rouge.* V. **Congestionné, enflammé, rubicond.** *Il est toujours un peu* rouge. V. **Rougeaud.** *Avoir les joues, les oreilles, les pommettes rouges* (de froid, de chaleur, etc.). *Être, devenir rouge de colère, de honte. Être rouge comme un coq, un coquelicot, une écrevisse, une pivoine, une tomate :* rouge d'émotion (confusion, honte, timidité, pudeur). — Adv. *Se fâcher tout rouge :* devenir rouge de colère. *Voir rouge :* avoir un accès de colère qui incite au meurtre (voir du sang). ♦ 5° D'un roux vif, en parlant des cheveux, du pelage d'un animal. V. **Roux.** « *On cherche un homme. — Qui? — Un garçon aux cheveux rouges* » (GIONO). V. **Rouquin.**

II. *N. m.* (1553; « étoffe rouge », 1324). LE ROUGE. ♦ 1° La couleur rouge. *Le vert est la couleur complémentaire du rouge. Le rouge, extrémité du spectre visible* (V. aussi **Infrarouge**). *Variétés, nuances de rouge.* V. **Amarante, brique, carmin, cerise, corail, cramoisi, écarlate, érubescent, fraise, garance, groseille, incarnat, ponceau, pourpre, rubis, tomate, vermeil, vermillon;** et *aussi* **Orange, rose** (2, 2°). *Rouge carotte, sang. Un rouge ardent, franc, vif. Un rouge bordeaux :* foncé. V. **Grenat.** *Appos.* « *Sous les arcades rouge sombre des aqueducs ruinés* » (R. ROLLAND) : un rouge sombre. — *Colorer,*

peindre, teindre en rouge. V. **Rougir.** ♦ 2° Colorant rouge; pigment donnant une couleur rouge. *Broyer du rouge sur sa palette. Rouge de mercure* (V. **Cinabre, vermillon**); *rouge de plomb* (V. **Minium**). *Rouge animal* (V. **Cochenille, carmin, écarlate, kermès, pourpre**), *végétal* (V. **Alizarine, campêche, garance, orcanette, orseille, purpurine, rocou, santal, tournesol**). *Rouges synthétiques :* alizarine, érythrosine, fuchsine, rosaniline, etc. ◊ *Fard rouge. Rouge à joues,* qu'on pose sur les pommettes. *Rouge à lèvres :* fard rouge (ou rose, orangé) pour les lèvres, qui se présente ordinairement en bâton, dans un étui. *Tube de rouge.* « *En effleurant légèrement des lèvres le front de la dame pour ne pas lui mettre du rouge* » (QUENEAU). ♦ 3° Couleur, aspect du métal incandescent. *Barre de fer portée au rouge.* ♦ 4° Teinte rose ou rouge que prend la peau sous l'effet d'un agent physique, d'une émotion. *Le rouge de la colère.* V. **Feu.** « *Le rouge me monterait au front, d'être salué en public par une de ces filles* » (ZOLA).

ROUGEÂTRE [ʀuʒɑtʀ(ə)]. *adj.* (v. 1360; de *rouge*). Qui tire sur le rouge; légèrement rouge. *Lumière rougeâtre. Brun rougeâtre.*

ROUGEAUD, AUDE [ʀuʒo, od]. *adj.* (1640; de *rouge*). Haut en couleur, en parlant du teint; qui a le teint trop rouge. V. **Congestionné, rubicond.** « *Un homme petit, gros, trapu, rougeaud* » (DAUD.). — *Subst. Un gros rougeaud.* ◊ ANT. *Blafard, blanc, pâle.*

ROUGE-GORGE [ʀuʒgɔʀʒ(ə)]. *n. m.* (1464; de *rouge,* et *gorge*). Oiseau passereau assez proche du rossignol, de petite taille, dont la gorge et la poitrine sont d'un roux vif. *Des rouges-gorges.*

ROUGEOIEMENT [ʀuʒwamɑ̃]. *n. m.* (1922; de *rougeoyer*). Teinte ou reflet rougeâtre.

ROUGEOLE [ʀuʒɔl]. *n. f.* (1538; altér. de *rougeule* d'apr. *vérole;* lat. pop. °*rubeola;* de *rubeolus,* dimin. de *rubeus* « rouge ». V. **Rouvieux, rubéole.**) ♦ 1° Maladie infectieuse fébrile de l'enfance, due à un virus, caractérisée par un catarrhe oculo-nasal qui précède une éruption cutanée constituée de petites papules rouges disséminées. *La rougeole est contagieuse et épidémique.* V. *aussi* **Rubéole.** ♦ 2° Nom régional du mélampyre, parasite des graminées.

ROUGEOLEUX, EUSE [ʀuʒɔlø, øz]. *adj. et n.* (1897; de *rougeole*). Qui a la rougeole; de la rougeole.

ROUGEOYANT, ANTE [ʀuʒwajɑ̃, ɑ̃t]. *adj.* (1831; de *rougeoyer*). Qui prend des teintes rougeâtres et changeantes. *Des reflets rougeoyants.*

ROUGEOYER [ʀuʒwaje]. *v. intr.;* conjug. *noyer* (h. *1213;* repris 1836; de *rouge*). Prendre une teinte rougeâtre; produire des reflets rougeâtres. « *D'autres halos d'incendie rougeoyaient de-ci de-là* » (MART. du G.).

ROUGE-QUEUE [ʀuʒkø]. *n. m.* (1645; de *rouge,* et *queue*). Oiseau passereau, appelé communément « rossignol des murailles », à gorge noire, de petite taille, caractérisé par la teinte rousse de la queue. *Des rouges-queues.*

ROUGET, ETTE [ʀuʒɛ, ɛt]. *adj. et n.* (XIIᵉ; dimin. de *rouge*).

I. Adj. (Fam.). Légèrement rouge. *Il est un peu rouget.*

II. ROUGET. *n. m.* ♦ 1° (XIIIᵉ). Nom donné à des poissons acanthoptérygiens appartenant à deux familles : le *rouget barbet* ou *rouget* (Mullidés) et le *rouget grondin* ou hirondelle de mer (Triglidés). V. **Grondin, trigle.** *Friture de rougets.* ♦ 2° Maladie contagieuse du porc, érysipèle charbonneux caractérisé par l'apparition de taches rouges à certains endroits du corps. ♦ 3° Syn. d'*aoûtat**.

ROUGEUR [ʀuʒœʀ]. *n. f.* (XIVᵉ; *rogor,* XIIᵉ; de *rouge*). ♦ 1° (1538). *Rare.* Couleur, teinte rouge. V. **Rouge** (II). *Les lions... « Regardaient du couchant la sanglante rougeur* » (HUGO). ♦ 2° (1538). Coloration rouge de la peau, surtout du visage, due à l'afflux du sang, et causée par la chaleur, l'émotion. « *Ma rougeur trahirait les secrets de mon cœur* » (CORN.). ♦ 3° (XIVᵉ). Tache, plaque rouge sur la peau due à une dilatation des vaisseaux cutanés (causée par une inflammation, une émotion, etc.). V. **Couperose, érythème, feu** (III, 2°), **inflammation, rubéfaction.** « *Quelques rougeurs foncées et mobiles couperosaient son teint blanc* » (BALZ.).

ROUGI, IE [ʀuʒi]. *adj.* (XVᵉ; V. **Rougir.**) ♦ 1° Qui est devenu rouge, a été rendu rouge. *Yeux rougis* (de pleurs). *Feuilles rougies.* ♦ 2° (1694). *Eau rougie,* mêlée d'un peu de vin rouge.

ROUGIR [ʀuʒiʀ]. *v.* (XIIᵉ, au sens I, 2°; de *rouge*).

I. *V. intr.* ♦ 1° (XVᵉ; *rugir,* XIIᵉ). Devenir rouge, plus rouge. *Métal qui rougit au feu,* devient incandescent. *Les écrevisses, les homards rougissent à la cuisson. Rougir et peler après un coup de soleil.* ♦ 2° Devenir rouge sous l'effet d'une émotion, d'un sentiment qui provoque un afflux de sang à la face. V. **Érubescence, rougissement.** *Rougir facilement.* « *Elle rougissait comme une jeune fille* » (ZOLA). *Rougir jusqu'aux yeux, jusqu'au blanc des yeux, jusqu'aux oreilles :* rougir beaucoup. V. **Fard, soleil** (piquer un...). — *Rougir de colère, de honte, de confusion, d'orgueil, de plaisir :* sous

l'effet de ces sentiments. — *Spécialt.* Rougir de pudeur. « *Des peintures lubriques qui feraient rougir des capitaines de dragons* » (GAUTIER). ◊ *Fig.* Éprouver un sentiment de culpabilité, de honte, de confusion. *Je n'ai pas à rougir de cela. Ne rougir de rien*, être impudent. « *Le premier malheur sans doute est de rougir de soi* » (BEAUMARCH.). *Rougir de qqn*, avoir honte pour lui.
II. *V. tr.* (1552). Rendre rouge. *La lumière du couchant rougit la campagne. Rougir la terre de son sang.* V. **Ensanglanter.** *Fig.* et poét. *Rougir ses mains* (de sang) : commettre un meurtre, un crime. ◊ *Rougir une barre de fer au feu :* chauffer au rouge. ◊ *Rougir son eau :* y mettre un peu de vin rouge.
◊ ANT. **Blêmir, pâlir.**

ROUGISSANT, ANTE [ruʒisã, ãt]. adj. (h. 1555; 1811; de *rougir*). ♦ 1° Qui devient rouge. *Feuilles rougissantes.* ♦ 2° Plus cour. (*Personnes*). Qui rougit d'émotion. *Un jeune homme timide et rougissant.*

ROUGISSEMENT [ruʒismã]. *n. m.* (v. 1880-1890; de *rougir*). Le fait de rougir.

ROUILLE [ruj]. *n. f.* (*Ruil*, n. m., 1120; *roille*, n. f., XIIᵉ; lat. pop. °*robicula*, class. *robigo, robiginis*). ♦ 1° Hydroxyde de fer rouge orangé, produit de la corrosion du fer en présence de l'oxygène de l'air et en milieu humide. *Rouille pulvérulente, en plaques. Piqûre, tache, couche de rouille* (V. **Rouillé, rubigineux**). *La rouille attaque, ronge le fer.* « *Les portes des maisons s'ouvrent de nouveau, faisant crier leurs gonds mangés de rouille* » (RAMUZ). *Protection des objets en fer contre la rouille.* V. **Antirouille, étamage, galvanisation, minium.** ♦ 2° *Adj. invar.* D'un rouge-brun. V. **Roux.** *Couleur rouille. Costume de sport gris et rouille.* ♦ 3° (1597). Nom générique de maladies des végétaux provoquées par des champignons (*Urédinées*) et caractérisées par des taches semblables à des taches de rouille sur les tiges et les feuilles. *Rouille du blé. Rouille de la vigne.* V. **Anthracnose, charbon, mildiou.** ◊ *Cuis.* Ailloli relevé de piment rouge accompagnant ordinairement la bouillabaisse. *Soupe de poissons avec sa rouille.*

ROUILLÉ, ÉE [ruje]. adj. (1185; V. **Rouiller**). ♦ 1° Taché, couvert de rouille. « *Le grincement d'une girouette ou d'une poulie rouillée* » (LOTI). ◊ *Littér.* Couleur de rouille. « *Aucun vent ne souffle aux eaux rouillées des bassins* » (JAMMES). — Qui grince comme un objet rouillé, en parlant d'un son. *Voix rouillée d'une horloge.* ♦ 2° *Fig.* Qui a perdu son agilité, son adresse, faute d'entraînement. « *Il semblait rouillé à côté des autres, en essayant d'imiter leurs gambades* » (MAUPASS.). *Mémoire rouillée.* ♦ 3° Atteint de la rouille (plante). *Blé rouillé.*

ROUILLER [ruje]. *v.* (v. 1196; de *rouille*). ♦ 1° *V. intr.* Se couvrir de rouille. *La grille commence à rouiller.* ♦ 2° SE ROUILLER (1547). *v. pron.* Se tacher, se couvrir de rouille. *Outil qui se rouille.* ◊ (*Personnes*) Faire moins bien qu'avant, à cause de l'âge ou du manque d'entraînement. « *Quand un ouvrier devient vieux il se rouille* » (DANIEL-ROPS). *Sportif qui se rouille faute d'exercice.* ♦ 3° *V. tr.* (1680). Transformer en rouille. *Fig.* « *L'humidité rouille les hommes comme les fusils* » (BARBUSSE).

ROUILLURE [rujyʀ]. *n. f.* (*Roilleure*, 1464; de *rouiller*). ♦ 1° État du fer rouillé. ♦ 2° État d'une plante rouillée.

ROUIR [ʀwiʀ]. *v.* (*Roir*, XIIIᵉ; frq. °*rotjan*). ♦ 1° *V. tr.* Isoler les fibres textiles (du lin, du chanvre) en détruisant la matière gommeuse qui les soude, par une macération dans l'eau ou par tout autre procédé. V. **Rouissage.** *Rouir du lin.* ♦ 2° *V. intr.* Subir le rouissage. « *Trous à demi pleins d'eau pour faire rouir le chanvre* » (STENDHAL.).

ROUISSAGE [ʀwisaʒ]. *n. m.* (1706; de *rouir*). Action de rouir (le lin, le chanvre). *Le rouissage se fait soit en immergeant les tiges dans l'eau courante ou croupissante* (parfois ensemencée de bactéries), *soit en les exposant à la rosée, à la chaleur humide.*

ROUISSOIR [ʀwiswaʀ]. *n. m.* (1549; de *rouir*). *Techn.* Lieu où l'on fait rouir le lin, le chanvre.

ROULADE [ʀulad]. *n. f.* (1622; de *rouler*). ♦ 1° Ornement de chant, succession de notes chantées rapidement et légèrement sur une seule syllabe. *Faire des roulades et des trilles.* Par ext. « *Le petit oiseau de l'arbre voisin, dont les roulades innocentes montaient joyeusement dans le soleil* » (DAUD.). ♦ 2° Tranche de viande, de poisson, roulée et garnie.

ROULAGE [ʀulaʒ]. *n. m.* (1567; de *rouler*). ♦ 1° *Vx* ou *Dr.* Action de rouler, en parlant des véhicules. *Le roulage des voitures.* V. **Roulement.** *Police de roulage*, ou police de la route. ♦ 2° Transport de marchandises par des voitures hippomobiles (V. **Roulier**) ou automobiles (V. **Camionnage; routier**). *Entreprise de roulage.* « *Des voitures de roulage venues de Paris* » (BALZ.). — Transport souterrain du charbon dans une mine (de nos jours, par train). *Galerie de roulage.* « *Ses mains, durcies par le roulage, empoignaient sans fatigue les montants* » (ZOLA). ♦ 3° (1842). Opération par laquelle on passe des labours au rouleau afin de briser les mottes

(V. **Émottage**), pour aplanir les obstacles et, après l'ensemencement, pour tasser la couche superficielle (V. **Plombage**).

ROULANT, ANTE [ʀulã, ãt]. adj. (XVᵉ; de *rouler*). ♦ 1° Qui roule; muni de roues, de roulettes. *Table roulante*, servant notamment de desserte, de bar, etc. *Cuisine roulante.* V. **Roulante.** *Cabines roulantes*, autrefois, Cabines de bain mobiles qui transportaient les baigneurs jusqu'à l'eau. *Panier roulant*, pour transporter des marchandises. ◊ (1862) *Matériel roulant* (opposé à matériel fixe des chemins de fer, ou de toute autre entreprise). « *Il s'occupait surtout du matériel roulant, camions, tombereaux, wagonnets, brouettes, diables* » (AYMÉ). Par ext. *Le personnel roulant*, subst. (fam.) *Les roulants :* les « agents de conduite ». ♦ 2° Se dit de surfaces animées d'un mouvement continu par glissement sur des rouleaux, des galets, et servant à transporter, déplacer d'un point à un autre. *Trottoir roulant, escalier roulant* ou *mécanique* (V. **Transporteur**). *Tapis roulant* ou *ruban mécanique.* V. **Convoyeur.** *Pont roulant. Essuie-main roulant* (formant une bande continue qui roule sur un cylindre de bois). ♦ 3° (1751). Continu, en parlant du feu de tir. — Fig. « *Un feu roulant d'épigrammes* » (STE-BEUVE). ♦ 4° (1883). *Fam.* Très drôle. V. **Tordant.** *C'est roulant!*

ROULANTE [ʀulãt]. *n. f.* (1915, *cuisine*, marmite roulante, 1877; « charrette », 1566; de *rouler*). ♦ 1° *Fam.* Cuisine roulante. V. **Cantine.** « *À dix heures, les roulantes distribuaient la soupe dans des gamelles* » (CARCO). ♦ 2° *Math.* (1933). Courbe mobile roulant sur une courbe fixe (V. **Roulement, 1°**).

ROULE [ʀul]. *n. m.* (1870, lat. *rotulus*. V. **Rôle**). *Techn.* Partie d'un tronc d'arbre, bois propre à être débité. — (1907) Rouleau de carrier, de tailleur de pierres.

ROULÉ, ÉE [ʀule]. adj. et n. (V. **Rouler**).
I. *Adj.* ♦ 1° Enroulé; mis en rond, en boule, en rouleau. *Chapeau à bords roulés. Col roulé. Il* « *engloutit, en se brûlant, une crêpe roulée* » (CHATEAUB.). *Épaule roulée*, épaule (2°) désossée et enroulée. — *Foulard roulé main*, dont le roulotté est exécuté à la main. ◊ *Géol.* Se dit de cailloux, de galets arrondis par l'action de la mer ou d'un cours d'eau. ♦ 2° R *roulé*, prononcé avec la langue, apical (opposé à vélaire, parisien). ♦ 3° BIEN ROULÉ (1869, du bétail). *Fam.* Se dit d'une femme bien faite, qui a de jolies formes. « *Elle est devenue belle femme, tu sais, bien roulée, bien parfumée, et tout* » (QUENEAU).
II. *Subst.* ♦ 1° *N. m.* Gâteau dont la pâte est enroulée sur elle-même. *Roulé à la confiture.* ♦ 2° *N. f.* (1834). *Pop.* Volée de coups. V. **Raclée.** « *Elle ne sait pas encore la roulée qu'elle va recevoir* » (NERVAL).

ROULEAU [ʀulo]. *n. m.* (XIVᵉ; de *rôle* et de *rouler*).
I. (*Rollel*, 1315; dimin. de *rôle*. V. **Rôle**). ♦ 1° Bande enroulée de forme cylindrique. *Rouleau de parchemin, de papier, de tissu. Dérouler un rouleau. Rouleau de papier peint, rouleau de 8 m de papier à tapisser vendu dans le commerce. Rouleau de pellicule photographique.* V. **Bobine.** *Donner un rouleau à développer.* — Fig. *Être au bout du rouleau, du rouleau (du parchemin)*, n'avoir plus rien à dire. *Par ext.* N'avoir plus d'argent; plus d'énergie. *Être à la fin de sa vie.* « *Papa est presque au bout de son rouleau* » (BAZIN). ♦ 2° Cylindre formé par une chose enroulée; forme cylindrique. *Le cigare, rouleau de tabac. Rouleau de réglisse.* — *Rouleau de pièces*, pièces de monnaie empilées et enroulées dans du papier. ◊ *Cheveux enroulés.* « *Ses cheveux encadraient de leurs rouleaux légers cette figure que vous connaissez* » (BALZ.). ◊ Lame qui se brise sur une plage (et qui a cette forme). ◊ *Sports.* Technique de saut en hauteur selon laquelle le corps tourne autour d'un axe proche de l'horizontale. *Rouleau ventral, dorsal, costal.*
II. (1328, *roliel*; de *rouler*). ♦ 1° Cylindre allongé de bois, de métal, etc., que l'on roule pour divers usages. — *Rouleau à pâtisserie*, cylindre de bois parfois terminé par des poignées aux deux extrémités, servant à abaisser la pâte. ◊ (1606) Instrument cylindrique que l'on roule sur le sol en le faisant tirer par des chevaux ou un tracteur. V. **Roulage** (3°). *Rouleau lisse, rouleau plombeur*, composé de cylindres mobiles bout à bout sur un axe. *Rouleau brise-mottes, herseur.* V. **Brise-mottes, croskill.** ◊ *Rouleau compresseur* ou *cylindre à vapeur :* cylindre de fonte pour aplanir le macadam (se dit *au fig.* de l'armée russe, au début de la guerre de 1914-18). ◊ *Rouleau d'imprimerie* ou *rouleau encreur*, cylindre encré que l'on passe sur les formes. ◊ *Rouleau de peintre en bâtiment*, instrument servant à appliquer la peinture en roulant un cylindre enduit sur la surface à traiter. ◊ *Rouleau masseur*, rouleau garni de caoutchouc, utilisé pour les massages. ♦ 2° Objet cylindrique destiné à recevoir ce qui s'enroule. *Rouleau à mise en plis*, bigoudi cylindrique pour enrouler les cheveux. ◊ *Rouleau d'une machine à écrire*, qui reçoit la feuille.

ROULEAUTÉ, ÉE [ʀulote]. adj. (1819; de *rouleau*). *Cout.* V. **Roulotté.**

ROULÉ-BOULÉ [ʀulebule]. *n. m.* (v. 1950; de *rouler*,

et *bouler*). Culbute par laquelle on tombe en se roulant en boule pour amortir le choc. *Les roulés-boulés d'un parachutiste.*

ROULEMENT [Rulmã]. *n. m.* (1538; de *rouler*). ♦ 1º Action de rouler (III). *Le roulement des voitures déforme les chaussées.* « *L'état satisfaisant de la voie favorisait le roulement* » (ROBBE-GRILLET). *Couche de roulement*, revêtement superficiel d'une route. ◇ *Géom.* Déplacement d'une courbe (V. **Roulante**) sur une courbe fixe, lorsque les deux courbes restent constamment tangentes et que le point de contact parcourt en même temps des arcs égaux sur l'une et l'autre. *Roulement d'une courbe sur une droite*, où chaque point de la courbe décrit une courbe cycloïde. V. **Roulette** [1º] (se dit aussi des surfaces). ◇ (1907) *Roulement à billes*, mécanisme destiné à diminuer les frottements entre des pièces roulant l'une sur l'autre, et qui consiste en billes d'acier insérées entre les organes flottants. *Bicyclette, patins à roulement à billes.* ♦ 2º Bruit de ce qui roule, bruit sourd et prolongé. « *Le roulement des voitures au-dessus de sa tête, étant devenu de continu intermittent* » (HUGO). « *Il y avait une espèce de roulement comme quand le tonnerre gronde au lointain sur place* » (RAMUZ). *Roulement de tambours.* V. **Battement, batterie.** ♦ 3º Mouvement de ce qui tourne. *Roulement d'yeux.* « *Elles marchent avec des roulements de hanches* » (ROMAINS). ♦ 4º Action de circuler, de servir, en parlant de l'argent. V. **Circulation.** *Roulement des capitaux. Fonds de roulement.* ♦ 5º Alternance de personnes qui se relayent, se remplacent dans un travail, une fonction. *Ils travaillent de nuit par roulement.* « *Un roulement régulier de deux équipes qui se reposeraient à tour de rôle* » (MART. du G.).

ROULER [Rule]. *v.* (1409; *rouler*, 1180; de *rouelle* « roue », et confondu avec les dér. du lat. *°rotulare* [a. prov. *rollat*, v. 1300]; du lat. *rotella*. V. **Rôle**).

I. *V. tr.* ♦ 1º Déplacer (un corps arrondi) en le faisant tourner sur lui-même. *Rouler un tonneau. Sisyphe condamné à rouler son rocher.* — Fig. *Rouler sa bosse* (1875), voyager beaucoup, avoir l'expérience qu'on acquiert dans les tribulations d'une vie hasardeuse. « *Le cousin Bruyère avait pas mal roulé sa bosse* » (ARAGON). ◇ Par ext. « *Rouler, rouler ton flot indolent, morne Seine* » (VERLAINE). ♦ 2º Faire avancer, déplacer (un objet muni de roues, de roulettes). *Rouler une brouette, une table. Rouler carrosse.* ◇ Par ext. « *Des nurses roulaient dans les voitures vernies des bébés en dentelles* » (CHARDONNE). ♦ 3º ROULER DANS... : rouler de manière à recouvrir, à enduire toute la surface. *Rouler des croquettes dans la farine.* V. **Enrober.** « *Une jolie petite fille, toute roulée, à cause du froid, dans un plaid quadrillé* » (NODIER). V. **Enrouler, envelopper.** ♦ 4º (1553; lat. *°rotulare*). Tourner autour d'un axe (concret ou imaginaire); mettre en rouleau. *Rouler une mèche de cheveux sur un bigoudi. Rouler les tapis. Rouler une gravure.* « *Ils ont roulé les manches de leurs chemises au-dessus de leurs coudes* » (SARTRE). *Rouler un parapluie*, enrouler le tissu autour du manche, lorsqu'il est fermé. — *Rouler une cigarette*, former un rouleau de tabac qu'on entoure d'une feuille de papier. ◇ Mettre en boule. *Rouler de la semoule à la main. Rouler des chaussettes pour les ranger.* ♦ 5º Faire tourner sur soi-même, imprimer un mouvement circulaire, rotatoire à. *Rouler les épaules, les hanches en marchant.* « *Il grince des dents et roule des yeux féroces d'assassin de film muet* » (SARRAUTE). ◇ *Se rouler les pouces* : se tourner les pouces par oisiveté. — Fam. *Se les rouler*, ne rien faire. « *Ils se les roulent toute la journée à l'arrière* » (BARBUSSE). ♦ 6º (1656). Fig. et littér. Tourner et retourner. V. **Méditer.** *Elle* « *prit la vie en grand dégoût et roula dans sa charmante tête les projets les plus sinistres* » (GAUTIER). *Rouler de tristes pensées.* ♦ 7º (1850; « battre », 1471). *Fam.* Duper (qqn), en faire ce qu'on veut. V. **Avoir** (I, 2º), **posséder** (5º). « *Tu es encore trop petite pour rouler un vieux de la vieille* » (RENARD). Même sens. *Se faire rouler dans la farine.* — Spécialt. V. **Voler.** *C'est bien trop cher! vous vous êtes fait rouler.* ♦ 8º (1895). Faire vibrer longuement. *Les Méridionaux, les Bourguignons roulent les r.* ♦ 9º (1680). *Agric.* Aplatir, passer au rouleau. « *On roulait les avoines* » (ZOLA). ♦ 10º *Arbor.* Se dit du vent, de la neige, etc., qui par l'effort imposé à l'arbre, provoque la roulure (2º). « *Des arbres roulés par le vent, dont on peut extraire le cœur comme un crayon* » (MONTHERLANT).

II. SE ROULER. *v. pron.* ♦ 1º Se tourner de côté et d'autre dans la position allongée. *Se rouler par terre, dans l'herbe.* V. **Vautrer** (se). *Se rouler de douleur.* « *Joseph criait, gémissait, se roulait dans les draps* » (ARAGON). — Fig. *Une scène drôle à se rouler par terre.* V. **Roulant.** ♦ 2º S'envelopper (dans). V. **Enrouler** (s'). *Se rouler dans une couverture.* ♦ 3º Se mettre en boule, en rouleau. *Se rouler en boule sur soi-même. Serpent qui se roule.* V. **Lover** (se). ♦ 4º (Pass.). Pouvoir, devoir être roulé, enroulé. *Une tente, un tapis qui se roule.*

III. *V. intr.* (Roeller, 1220; de *rouelle*, lat. *rotella*). ♦ 1º Avancer en tournant sur soi-même, les deux mouvements étant dans le même plan. *Balle, pièce d'or qui roule.* Faire

rouler un cerceau. PROV. *Pierre qui roule n'amasse pas mousse**. *Goutte d'eau, larme qui roule.* V. **Couler, glisser.** *Dés qui roulent quand on les lance.* ◇ Tomber et tourner sur soi-même par l'élan pris dans la chute. V. **Dégringoler.** « *Les jours d'orage, il faudrait se cramponner aux bords de la couchette étroite pour ne point rouler par terre* » (MAUPASS.). ♦ 2º Avancer au moyen de roues, de roulettes. *Automobile qui roule à 100 à l'heure.* V. **Marcher.** — Par ext. (1611) Avancer, voyager dans un véhicule à roues. *Roulez à droite! Nous roulons vers Paris.* — Fig. *Rouler sur l'or**. ◇ Pop. (1843). *Ça roule!* ça marche, ça va. ♦ 3º Tourner sur soi-même. *Une presse qui roule*, qui est en mouvement, marche. *Roulez!* se dit lorsqu'on met en marche ce qui tourne (roue de loterie, machine, etc.). — *Rouler des épaules, des hanches en marchant.* ♦ 4º Se dit d'un navire qui s'incline alternativement d'un bord et de l'autre. V. **Roulis.** *Bateau qui tangue et roule.* ♦ 5º Errer sans s'arrêter. « *Les grandes Indes, où il avait roulé pendant vingt années* » (BALZ.). « *Elle avait roulé de patrons en patrons, docile, travailleuse* » (ARAGON). V. **Traîner.** ♦ 6º (1685). Circuler (de l'argent). « *N'ai-je pas entendu dire ce soir à ce jeune écervelé que si l'argent était rond, c'était pour rouler?* » (BALZ.). ♦ 7º Se prolonger en parlant d'un bruit sourd; faire entendre un bruit sourd et prolongé. *Le tambour roule.* V. **Roulement.** « *Le cri roula un instant* » (ZOLA). ♦ 8º *Fig.* ROULER SUR. *Vx.* S'appuyer sur, avoir pour base. V. **Reposer.** — *Mod.* Avoir pour sujet (d'un discours, d'une conversation). « *Le plus souvent, l'entretien roulait sur l'affaire* » (DUHAM.).

◇ ANT. **Dérouler, étaler.**

ROULETTE [Rulɛt]. *n. f.* (*Ruelette* « petite roue », XIIe; de *rouelle*, rattaché à *rouler*). ♦ 1º (1640). *Géom.* Nom ancien de la cycloïde (Pascal). ♦ 2º (1680). Petit cylindre monté sur une chape qui peut tourner dans tous les sens, ou bille adaptée au pieds des meubles et de certains objets pour en faciliter le déplacement. V. **Galet.** *Table à roulettes.* V. **Roulant.** *Patins** *à roulettes.* Fig. *Marcher, aller comme sur des roulettes*, marcher très bien, très facilement (en parlant d'une affaire, d'une entreprise). « *J'ai trouvé nos passeports prêts. Tout a été comme sur des roulettes; c'est bon signe* » (FLAUB.). ◇ Pop. *Vache à roulettes*, agent de police à bicyclette. V. **Hirondelle** (2º). ♦ 3º (1680). Instrument formé d'un petit disque mobile autour d'un axe, et d'un manche. V. **Molette.** *Roulette de couturière*, à disque métallique denté, pour marquer les coutures. *Roulette de pâtissier*, à disque de bois denté, pour découper la pâte. — *Roulette de relieur*, à disque de cuivre, pour tracer les filets. Par ext. *L'ornement lui-même.* *Roulette or.* ◇ Néol. *Roulette de dentiste*, nom donné couramment à la fraise. ♦ 4º (1726). Jeu de hasard où l'on met une petite boule d'ivoire, lancée dans une cuvette tournante divisée en trente-sept cases numérotées (de 0 à 36), rouges ou noires, détermine le gain ou la perte du joueur. *Jouer à la roulette. Le numéro qui sort à la roulette.* — Par ext. La cuvette tournante elle-même. « *L'on voyait très bien le tapis de la roulette, aux cases chiffrées; la roulette elle-même, les râteaux des croupiers* » (ROMAINS). ◇ Fig. *La roulette russe*, forme de duel au revolver, le barillet étant chargé seulement de deux balles, à des emplacements que les tireurs ignorent.

ROULEUR, EUSE [Rulœr, øz]. *n.* (1715; *rolleur*, 1582; *rolerese*, h. 1284; de *rouler*). ♦ 1º N. m. Ouvrier qui roule (le minerai, les tonneaux). ♦ 2º N. m. (1823; *rouleux*, 1771). Navire qui roule beaucoup. ♦ 3º N. m. *Vx.* Vagabond, homme qui traîne sur les routes. « *Ils regardaient tous ce déguenillé, ce rouleur de routes* » (ZOLA). — *Vx.* N. f. (1856) *Une rouleuse*, fille de mœurs faciles. « *Dès qu'il eut compris qu'il avait été aimé de cette vagabonde..., de cette rouleuse* » (MAUPASS.). ♦ 4º N. f. Chenille qui enroule les feuilles où elle file sa coque. ♦ 5º N. m. Sports. Cycliste qui soutient un train régulier et très rapide. V. **Pédaleur.** « *Il était un « rouleur » extraordinaire et distançait tous ses adversaires dans une étape de plat* » (J. CAU).

ROULIER [Rulje]. *n. m.* (1339; de *rouler*). Ancienn. Voiturier qui transportait des marchandises sur un chariot. V. **Transporter.** « *C'était un grand fouet de roulier* » (ZOLA).

ROULIS [Ruli]. *n. m.* (1671; *roleïs* « roulement », XIIe; de *rouler*). Mouvement alternatif transversal que prend un navire sous l'effet de la houle. V. **Rouler.** *Il y a du roulis et du tangage.* « *Un coup de roulis avait jeté la guenon à l'eau* » (VERCEL). ◇ Balancement d'une locomotive, d'un train en marche, comparé au roulis d'un navire. — Fig. et littér. « *Le roulis des chapeaux balancés de droite à gauche* » (COURTELINE).

ROULOIR [Rulwar]. *n. m.* (1723; *rolloir* « qui roule », 1364; de *rouler*). *Techn.* Outil de cirier pour rouler les bougies, les cierges.

ROULOTTE [Rulɔt]. *n. f.* (« charrue », 1800; de *rouler*). ♦ 1º (1896). Voiture aménagée en maison, où vivent les nomades (forains, bohémiens), traînée par des chevaux ou par une automobile. *Roulotte en bois peint.* ◇ Par ext. (Vieilli) *Roulotte de camping.* V. **Caravane.** ♦

2° (1856). Fam. *Vol à la roulotte*, vol d'objets dans un véhicule en stationnement. — « *Les accidents d'auto, les vols à la roulotte et les exploits des tristes sires* » (LE CLÉZIO).

ROULOTTÉ, ÉE [Rulɔte]. *adj. et n. m.* (XXᵉ, d'apr. *roulotter; rouleauté*, 1819 ; de *rouleau*). Dont les bords sont finement roulés. « *Cet aspect roulotté qui donne au pansement ancien un air de saleté* » (ARAGON). ◇ Cout. *Ourlet roulotté*, enroulement très fin du bord du tissu maintenu par un point de couture. Par ext. *Écharpe roulottée*. — N. m. *Le roulotté se fait sur des étoffes légères*.

ROULOTTER [Rulɔte]. *v. tr.* (1932 ; « faire rouler une bille », 1875 ; de *rouler*). Rouler, enrouler finement le bord (d'un papier, d'un tissu). *Roulotter du papier*. — Cout. Ourler d'un roulotté.

ROULURE [RulyR]. *n. f.* (1775 ; de *rouler*). ♦ 1° *Rare.* État de ce qui est roulé sur soi-même. V. Enroulement. *Roulure d'une feuille.* ♦ 2° (1803). *Arbor.* Maladie des arbres, solution de continuité entre deux couches concentriques de croissance résultant d'une flexion exagérée (vent, neige, etc.). *Ébéniste.* Défaut du bois provoqué par cette maladie. ♦ 3° *Vulg.* Prostituée (T. d'injure).

ROUMAIN, AINE [Rumɛ̃, ɛn]. *adj.* (1850 ; de *Roumanie*, d'après *romain*). De la Roumanie, relatif à la Roumanie. Subst. *Les Roumains*, les habitants de la Roumanie. ◇ *Le roumain*, la langue roumaine, langue romane, parlée en Roumanie par la majorité de la population, en Albanie et Macédoine, en Istrie.

ROUMI [Rumi]. *n. m.* (1846 ; 1765, nom des Turcs ; arabe *roum* « pays soumis par Rome »). Nom par lequel les musulmans désignent un chrétien (et, généralement, un Européen).

ROUND [Rawnd, Rund]. *n. m.* (1816 ; mot angl. « cercle, cycle, tour »). Reprise d'un combat de boxe (d'une durée de trois minutes pour les professionnels, avec un intervalle d'une minute entre chaque reprise). « *Au coup de gong annonçant le commencement du premier round* » (HÉMON).

ROUPETTES [Rupɛt]. *n. f. pl.* (1795 ; got. *raupa*, « chiffons, guenilles »). *Pop.* et *vulg.* Testicules. V. Roubignoles, **roustons.** « *Vivre sans roupettes, il ne voulait pas en entendre parler* » (NIMIER).

1. **ROUPIE** [Rupi]. *n. f.* (XIIᵉ ; o. i.). *Vieilli.* Goutte qui pend du nez, découle du nez. V. Morve. — Fam. *Ce n'est pas de la roupie de sansonnet*, c'est une chose de qualité, d'importance (Cf. Ce n'est pas de la crotte de bique).

2. **ROUPIE** [Rupi]. *n. f.* (1616 ; port. *rupia*, de l'hindoustani *rúpiya* « argent »). Unité monétaire de l'Inde et du Pakistan.

ROUPILLER [Rupije]. *v. intr.* (1597 ; probabl. onomat.). *Fam.* Dormir. « *On allait roupiller dans l'herbe* » (CÉLINE).

ROUPILLON [Rupijɔ̃]. *n. m.* (1881 ; de *roupiller*). *Fam.* Petit somme. *Faire, piquer un roupillon*.

ROUQUIN, INE [Rukɛ̃, in]. *adj. et n.* (1885 ; altér. arg. ; de *rouge* ou *roux*). ♦ 1° *Fam.* Roux. « *Les doigts enfoncés dans sa tignasse rouquine, il se mit à rêver* » (DUHAM.). N. *Un rouquin. Une belle rouquine.* ♦ 2° *Pop.* (1914). Vin rouge. *Un coup de rouquin.* V. **Rouge.**

ROUSCAILLER [Ruskaje]. *v. intr.* (1628 ; de *rousser* « gronder », et °*cailler* « bavarder »). ♦ 1° *Arg. anc.* Parler. *Rouscailler bigorne*, parler argot. ♦ 2° *Mod.* et *pop.* (1899). Réclamer, protester. V. **Rouspéter.**

ROUSPÉTANCE [Ruspetɑ̃s]. *n. f.* (1878 ; de *rouspéter*). Action de rouspéter, résistance de celui qui rouspète. « *Y aura chacun sa part, les gars, et pas d'rouspétance* » (CARCO).

ROUSPÉTER [Ruspete]. *v. intr.* ; conjug. *céder* (1878 ; p.-ê. de *rouscailler* [Cf. Rouscailler], et *péter* « faire du pétard »). *Fam.* Protester, réclamer (contre qqch. qui paraît injuste ou vexatoire). V. Grogner, maugréer, plaindre (se), protester, **râler.** « *Au commencement, je rouspétais contre tout le monde* » (BARBUSSE).

ROUSPÉTEUR, EUSE [Ruspetœr, øz]. *n.* (1894 ; de *rouspéter*). Personne qui rouspète, aime à rouspéter. V. Grincheux, grognon, râleur. — Adj. *Il est gentil, mais un peu rouspéteur*.

ROUSSÂTRE [RusɑtR(ə)]. *adj.* (1401 ; de *roux*, et -*âtre*). Qui tire sur le roux. V. **Fauve.** *Mousse roussâtre.* « *De petits poils roussâtres, clairsemés sur son menton grêle* » (ZOLA).

ROUSSE [Rus]. *n. f.* (1827 ; o. i.). *Pop.* Police. « *Et le fils à la mère Chauvet qui était dans la Mobile, n'est-il pas de la rousse maintenant?* » (VALLÈS).

ROUSSEAU [Ruso]. *n. m.* (XIXᵉ ; « rouquin », 1190 ; de *roux*). Nom donné communément à divers poissons (gardon, pagel, rotengle, dorade), et aussi au crabe tourteau.

ROUSSELET [Ruslɛ]. *n. m.* (1538 ; dimin. de *rousseau*, de *roux*). Poire à la peau rougeâtre.

ROUSSEROLLE [Rusrɔl]. *n. f.* (1760 ; du germ. *rusk* « jonc »). Oiseau passereau, plus petit que le moineau, et dont certaines espèces portent le nom de *fauvette des roseaux, fauvette des marais, phragmite des joncs*, etc. (On écrit aussi *Rousserole*).

ROUSSETTE [Rusɛt]. *n. f.* (1530 ; de l'a. fr. *rousset*, de *roux*). ♦ 1° Poisson sélacien comestible, sous-ordre des squales *(Scyllidés)*, appelé aussi « chien de mer », ne dépassant pas un mètre de long. *Roussette séchée, salée.* ♦ 2° (1761). Chauve-souris des régions tropicales pouvant atteindre un mètre d'envergure (On l'appelle aussi *rougette*). ♦ 3° Petite grenouille rousse. ♦ 4° (Fin XIXᵉ). Merveille (pâtisserie).

ROUSSEUR [Rusœr]. *n. f.* (XIVᵉ ; *russur*, XIIᵉ ; de *roux*). ♦ 1° Couleur rousse. « *Le casque d'or des cheveux, aux confins de la rousseur* » (ARAGON). ♦ 2° TACHE DE ROUSSEUR (1640) : tache pigmentaire, éphélide à teinte rousse, apparaissant sur la peau du visage, du cou, des avant-bras, notamment chez les enfants et les jeunes femmes très blondes. V. Lentigo. « *Sa figure ronde criblée de taches de rousseur* » (MAC ORLAN). ♦ 3° Plur. *Rousseurs* : taches roussâtres, dues à l'humidité, qui apparaissent avec le temps sur certains papiers.

ROUSSI [Rusi]. *n. m.* (1680 ; de *roussir*). Odeur d'une chose qui a légèrement brûlé. *Ça brûle! ça sent le roussi.* — Fig. (XIXᵉ, par allus. aux hérétiques condamnés au bûcher) *Sentir le roussi : vx*, Être suspect ; *mod.* Se dit d'une affaire qui tourne mal, d'une situation qui se gâte.

1. **ROUSSIN** [Rusɛ̃]. *n. m.* (1507 ; *rossin*, 1179 ; a. fr. *roncin* « cheval de charge », infl. par *roux*, bas lat. °*runcinus*). *Vx.* Cheval entier qu'on montait à la guerre ou à la chasse. *Roussin d'Arcadie*, âne.

2. **ROUSSIN** [Rusɛ̃]. *n. m.* (1811, repris 1852 ; de *rousse*). *Vx.* ou *plais.* Policier. « *Faut connaître les roussins anglais, ils aiment pas la force ni le scandale* » (CÉLINE).

ROUSSIR [RusiR]. *v.* (1270 ; de *roux*). ♦ 1° *V. tr.* Rendre roux, *spécialt.* en brûlant légèrement (1802). *Roussir du linge en repassant.* « *Une violente odeur de corne roussie* » (ZOLA). ♦ 2° *V. intr.* Devenir roux. *Les bois roussissent en octobre. Faire roussir des oignons hachés dans le beurre.*

ROUSSISSEMENT [Rusismɑ̃]. *n. m.* (1866 ; de *roussir*). Action de roussir (1° et 2°). On dit aussi ROUSSISSURE [RusisyR], *n. f.*

ROUSTIR [Rustir]. *v. tr.* (1789 ; var. région. de *rôtir* (Midi). *Pop.* Rôtir. ◇ *Fig.* Voler (qqn ; qqch.).

ROUSTONS [Rustɔ̃]. *n. m. pl.* (1836 ; mot langued.; rad. lat. *rustum* ; Cf. Rosser). *Arg.* Testicules. V. Roubignoles, **roupettes.** « *Je lui ai flanqué un coup de pompe dans les roustons* » (SAN ANTONIO).

ROUTAGE [Rutaʒ]. *n. m.* (1908 ; de *router*). *Techn.* Action de grouper en liasses, selon leur destination, des imprimés ou des colis expédiés par poste ou chemin de fer. *Routage de journaux, de circulaires.*

ROUTARD [RutaR]. *n. m.* (av. 1972 ; de *route*). Celui qui prend la route, vagabonde librement. « *Les 'hippies' avec les 'routards'...* » (*Nouv. littér.* 21-8-1972).

ROUTE [Rut]. *n. f.* (XIIIᵉ ; lat. médiév. *rupta*, ellipse de *via rupta*, lat. class. *rumpere* [« ouvrir »] *viam*. V. Rompu). ♦ 1° Voie de communication terrestre de première importance, appartenant à la grande voirie. *Routes nationales, départementales. La chaussée, les bas-côtés d'une route. Paver, goudronner une route. Route revêtue.* V. Revêtement. *Bonne, mauvaise route.* V. Viabilité. *Route carrossable. Route étroite, large, à plusieurs chaussées* (V. Autoroute). *Tracé, profil d'une route.* V. Pente, tournant, virage. *Jonction, croisement de routes.* V. Bifurcation, carrefour, échangeur, embranchement, patte-d'oie. *Circulation sur une route. La route de Strasbourg*, qui va à Strasbourg. — *La grande route, la grand-route*, nom donné, à la campagne, à la route principale à grande circulation. ◇ *Absolt. La route*, l'ensemble des routes ; le moyen de communication que représentent les routes. *Arriver à Paris par la route. Le rail et la route. Code de la route. Police de la route. Faire de la route, rouler beaucoup sur les routes. Voiture qui tient bien la route, a une bonne tenue* de route. Accidents de la route. Courses cyclistes sur route* (opposé à *sur piste*). ♦ 2° Chemin suivi ou à suivre dans une direction déterminée pour franchir, parcourir un espace. V. Itinéraire. *Changer de route. Perdre sa route.* « *Un limaçon qu'avait égaré la nuit, cherchait sa route* » (A. BERTRAND). « *Des pâtres bulgares nous ont remis sur notre route* » (FLAUB.). *À moitié route. Couper, barrer la route à qqn.* ◇ *Ligne que suit un navire* (*par ext.* un avion) dans la direction prescrite par le commandant et sur laquelle gouverne l'homme de barre. *L'ancienne route des Indes. Faire route.* V. Cingler. FAIRE FAUSSE ROUTE : s'écarter de la bonne direction ; *fig.* Se tromper dans les moyens à employer, dans la méthode à suivre pour parvenir à ses fins. ♦ 3° Marche, voyage. *Être en route, pour une destination. Faire route vers Paris.* « *En route, mauvaise troupe!* » (VIGNY). « *Pendant la route, ils échangèrent à peine quelques mots* » (ZOLA). *En cours de route, pendant le voyage. Souhaiter bonne route.* — (Milit.) *Feuille de route*, titre délivré par l'autorité militaire à des militaires se déplaçant isolément. ◇ *Par ext.* METTRE EN ROUTE : mettre en marche (un moteur, une machine). *Mettre en route sa voiture. Absolt. Au moment de mettre en route.* V. Démarrer. — *La mise en route.* Fig. *Mise en route d'une affaire*, mise en train. (1876) *Avoir qqch. en route*, être en train d'exécuter qqch. *J'ai plusieurs entreprises* *en route.* V. **Chantier.** ♦ 4° *Fig.* V. **Chemin, voie.** *Nos routes se sont croisées, nos destins. La route est toute tracée,* on sait ce qu'il faut faire.

ROUTER [ʀute]. *v. tr.* (1908 ; de *route*). *Techn.* Grouper en liasses (des journaux, des imprimés) selon la destination (V. **Routage**).

1. **ROUTIER** [ʀutje]. *n. m.* (1538 ; « soldat aventurier », 1247 ; de l'a. fr. *route* « bande de soldats », de *rout* « rompu », a. p. p. de *rompre*). *Vieux routier :* homme habile qui a une longue expérience. « *C'était un vieux routier : il savait plus d'un tour* » (LA FONT.). *Un vieux routier de la politique.*

2. **ROUTIER, IÈRE** [ʀutje, jɛʀ]. *adj.* et *n. (Rotier* « qui vole sur les routes », XIIᵉ ; subst., XVᵉ ; de *route*). ♦ 1° *Adj.* (1539 ; repris 1834). Relatif aux routes, qui se fait sur route. *Carte routière,* indiquant les routes de terre. *Réseau routier. Transports routiers. Circulation routière. Sécurité* routière. *Gare* *routière,* pour les services d'autocars. ♦ 2° *N. m. Mar.* (1593). Carte à petite échelle. ♦ 3° (Mil. XXᵉ). *N. m.* Conducteur de poids lourds effectuant de longs trajets. V. **Camionneur.** *Restaurant de routiers* (ellipt. *Manger dans un routier*). ♦ 4° *Sports* (1896). Coureur cycliste sur route. *Routiers et pistards.* ♦ 5° *N. m.* Scout de la branche aînée ayant dépassé l'âge des « éclaireurs ». ♦ 6° *N. f.* (Mil. XXᵉ). *Une routière, une grande, une bonne routière,* une voiture faite pour la route (plus que pour la ville).

ROUTINE [ʀutin]. *n. f. (Rotine,* 1552 ; de *route*). ♦ 1° Habitude d'agir ou de penser toujours de la même manière, avec qqch. de mécanique et d'irréfléchi. V. **Habitude, train-train ; ronron** *(fam.).* « *Quand ma besogne, devenue une espèce de routine, occupa moins mon esprit* » (ROUSS.). « *Vous qui ne savez rien, qui ne voulez rien, qui croupissez dans votre routine !* » (ZOLA). ◊ *La routine,* l'ensemble des habitudes et des préjugés établis, considérés comme faisant obstacle à la nouveauté, à la création et au progrès. V. **Misonéisme, traditionalisme.** ♦ « *La routine si puissante en France, où toute nouveauté, fût-elle excellente et parfaitement pratique, est sûre d'être mal accueillie* » (GAUTIER). ♦ 2° *(angl. routine).* Loc. (sans nuance péj.). *De routine,* courant, habituel. *Procéder à des examens de pure routine. Une enquête de routine.* ◊ ANT. **Initiative, innovation.**

ROUTINIER, IÈRE [ʀutinje, jɛʀ]. *adj.* (1761 ; de *routine*). Qui agit par routine, se conforme à la routine. « *Les nouveaux styles sont... ridicules aux yeux des esprits étroits, routiniers ou superficiels* » (BERLIOZ). — Subst. *Un routinier.* ◊ ANT. **Innovateur.**

ROUVERAIN ou **ROUVERIN** [ʀuvʀɛ̃]. *adj. m.* (1676 ; altér. de l'a. fr. *rovelent* « rougeâtre », lat. *rubellus*). *Techn. Fer rouverin :* fer cassant qui se prête difficilement au travail de la forge.

ROUVIEUX [ʀuvjø]. *n. m.* (1762 ; norm. *rouvieu,* lat. *rubeolus.* V. **Rougeole**). *Vétér.* Gale du cheval, du chien. — *Adj.* Qui est atteint de cette maladie. *Cheval, chien rouvieux.*

ROUVRAIE [ʀuvʀɛ]. *n. f. (Rouvraye,* 1611 ; de *rouvre*). Lieu planté de chênes rouvres (surtout *région.*).

ROUVRE [ʀuvʀ(ə)]. *n. m.* (1552 ; *roure,* 1180 ; lat. pop. °*robor, -oris,* class. *robur, roboris*). Sorte de chêne, plus petit que le chêne commun. — Par appos. *Chêne rouvre.*

ROUVRIR [ʀuvʀiʀ]. *v.* ; conjug. *ouvrir.* V. **Couvrir** (XIVᵉ ; de *re-,* et *ouvrir*).

I. *V. tr.* Ouvrir de nouveau (ce qui a été fermé). « *Pierre poussa la porte ; mais dès qu'il se sentit enfermé avec les siens, il eut envie de la rouvrir* » (MAUPASS.). *Rouvrir son magasin.* « *Rouvrant avec ses doigts goutteux le vieux bouquin à la marque de la veille* » (GONCOURT). — *Rouvrir les yeux. Rouvrir une blessure.* Pronom. *La plaie s'est rouverte.* ◊ Fig. « *Il eût mal supporté que Denise rouvrît le débat* » (MAUROIS).

II. *V. intr.* Être de nouveau ouvert après une période de fermeture. *La boulangerie rouvre la semaine prochaine.* ◊ ANT. **Refermer.**

ROUX, ROUSSE [ʀu, ʀus]. *adj.* et *n. (Ros, rus,* XIIᵉ ; lat. *russus*). ♦ 1° D'une couleur orangée plus ou moins vive (jaune orangé, rouge orangé, brun-rouge). — (Cheveux, poils des êtres humains) *Cheveux roux* (Cf. péj. *Poil de carotte,* queue de vache). « *La chevelure tiède, rousse comme de l'or brûlé* » (VILLIERS). *Moustaches rousses. Blond roux. Châtain roux.* V. **Auburn.** — Par ext. *Teinte rousse.* V. **Fauve, roussâtre.** *Taches rousses sur la peau* (Cf. Taches de rousseur). *Cheval roux.* V. **Alezan, bai.** *Feuilles rousses.* — *N.* (XVIᵉ) *Le roux :* la couleur rousse. « *La quarantaine approchait sans que le roux ardent de ses cheveux frisés eût pâli* » (ZOLA). ♦ 2° Dont les cheveux sont roux. « *À une mendiante rousse* », poème de Baudelaire. — *N.* (XVIᵉ) *Un roux, une rousse.* V. **Rouquin.** « *Elle a l'aspect charmant D'une adorable rousse* » (APOLLINAIRE). ♦ 3° *Beurre roux,* qu'on a fait roussir en le chauffant. ◊ *N. m. Un roux,* préparation faite de farine mélangée à du beurre ou à une autre matière grasse et mouillée avec un liquide chaud, qu'on utilise pour lier, pour épaissir une sauce. *Roux blanc, blond, brun* (selon la cuisson

du beurre). « *Allongez-moi ce roux, car il épaissit !* » (GAUTIER). ♦ 4° LUNE ROUSSE : lune d'avril qui, selon la tradition paysanne, roussit et gèle la végétation (gelées printanières par ciel clair). ◊ HOM. *Roue.*

ROWING [ʀowiŋ]. *n. m.* (1860 ; mot angl., de *to row* « ramer »). Anglicisme. *Rare.* Sport de l'aviron.

ROYAL, ALE, AUX [ʀwajal, o]. *adj.* (v. 1200 ; *real,* 1130 ; *regiel,* 880 ; lat. *regalis*). ♦ 1° Du roi ; qui concerne le roi, se fait en son nom. *Couronne royale. Palais royal. Prince royal,* héritier présomptif. *La famille royale. Son, Votre Altesse Royale.* ◊ Fig. *La voie royale :* la voie la plus facile, la plus glorieuse. « *Quand Descartes refusait toute pensée aux bêtes, il suivait la route royale* » (ALAIN). ♦ 2° Par ext. Qui est digne d'un roi : majestueux, grandiose, magnifique. *Magnificence royale. Un salaire royal. C'est royal !* magnifique. *Une indifférence royale,* parfaite. ♦ 3° Désigne certaines races ou variétés d'animaux ou de végétaux remarquables par leur taille ou leur beauté. *Tigre royal. Perroquet royal du Brésil.* ♦ 4° *Lièvre à la royale,* préparé avec des oignons, de l'ail, des échalotes, du vin rouge. « *En savourant l'authentique ' lièvre à la royale ', fondant, chaud à la bouche* » (COLETTE). ♦ 5° *Gelée* royale.

ROYALE [ʀwajal]. *n. f.* (1798 ; du précéd.). *Ancienn.* (sous Louis XIII). Touffe de poils sur la lèvre inférieure (plus longue que la mouche). V. aussi **Barbiche, impériale.** *Louis-Napoléon « a des moustaches et une royale* » (HUGO).

ROYALEMENT [ʀwajalmã]. *adv.* (1480 ; *reialment,* XIIᵉ ; de *royal*). ♦ 1° D'une manière royale, avec magnificence. V. **Magnifiquement, richement, superbement.** « *Il fut royalement traité* » (COURTELINE). ♦ 2° Majestueusement. « *L'immense paquebot... sortait lentement et royalement du port* » (MAUPASS.). ♦ 3° *Fam.* (v. 1870). « *Il s'en moquait royalement* » (QUENEAU), tout à fait.

ROYALISME [ʀwajalism(ə)]. *n. m.* (1770 ; de *royaliste*). Attachement à la monarchie, à la doctrine monarchiste. V. **Monarchisme.**

ROYALISTE [ʀwajalist(ə)]. *n.* et *adj.* (1589, « partisan du roi régnant » ; de *royal*). ♦ 1° *N.* (Depuis la Révolution de 1789 ; *opposé à* républicain, bonapartiste). Partisan du roi, du régime monarchique. « *Madame de Motteville n'est point une royaliste aveugle ; elle croit au droit des rois, mais aussi à la justice qui en est la règle* » (STE-BEUVE). ♦ 2° *Adj. Les élus, les députés royalistes.* V. **Monarchiste.** *Insurgé royaliste pendant la Révolution.* V. **Chouan.** — *Fig. Être plus royaliste que le roi :* défendre les intérêts de qqn avec plus d'ardeur qu'il ne le fait lui-même ; suivre une doctrine avec outrance, étroitesse. ◊ (Dans un régime républicain) *Complot royaliste. Opinions royalistes. Journal royaliste* (Cf. **Camelots*** du roi). ◊ ANT. **Républicain.**

ROYALTIES [ʀwajalti]. *n. f. pl.* (XXᵉ ; mot angl. « royauté », d'où « impôt payé au roi » et [1838], « droit payé au propriétaire d'une mine »). Anglicisme *(Comm.).* ◊ Somme que l'utilisateur d'un brevet étranger verse à l'inventeur et qui est proportionnelle au nombre d'objets fabriqués. ◊ Redevance payée par une société pétrolière au pays sur le territoire duquel se trouvent les gisements du pétrole exploité ou le pipe-line qui sert à le transporter. *Royalties de 30 %.* — Recomm. offic. : *Redevance.*

ROYAUME [ʀwajom]. *n. m.* (1260 ; *reialme,* 1080 ; de l'a. fr. *reiam[m]e,* lat. *regimen, -inis* « direction, gouvernement » [V. **Régime**] croisé avec *royal*). ♦ 1° Pays, État gouverné par un roi. V. **Monarchie.** *Les provinces du royaume.* ◊ *Le Royaume-Uni,* formé de la Grande-Bretagne (l'Angleterre proprement dite et l'Écosse) et de la partie orientale de l'Irlande du Nord. ♦ 2° *Relig. Le royaume de Dieu,* céleste : la communauté des fidèles ici-bas et dans l'éternité, le règne de Dieu dans les âmes et dans le ciel. ♦ 3° *Littér.* et vx. *Le royaume des morts :* les Enfers. ◊ V. **Pays.** *Au royaume des aveugles*, les borgnes sont rois.

ROYAUTÉ [ʀwajote]. *n. f.* (XIIIᵉ ; *realté,* XIIᵉ ; de *royal*). ♦ 1° Dignité de roi ; le fait d'être roi. *Aspirer à la royauté.* V. **Couronne, sceptre, trône.** ♦ 2° Pouvoir royal, régime monarchique. V. **Monarchie.** « *Dans l'abaissement où l'avaient réduite les derniers Carlovingiens, la royauté n'était plus qu'un nom* » (MICHELET). *Chute de la royauté.*

-RRHAGIE *(vx),* **-RRAGIE.** Élément, du gr. *-rragia,* d'apr. *erragê,* de *rhêgnumi* « briser », au pass. « jaillir » *(ex.* : hémorragie).

-RR(H)ÉE. Élément, du gr. *-rroia,* de *rhein* « couler » *(ex.* : séborrhée). V. **Écoulement.**

Ru Symbole chimique du *ruthénium*.

RU [ʀy]. *n. m.* (XIIᵉ ; lat. *rivus). Vx* ou *région.* Petit ruisseau. V. **Ruisselet.** ◊ HOM. *Rue* (1 et 2).

RUADE [ʀyad]. *n. f.* (XVᵉ ; de *ruer*). Mouvement par lequel les équidés (chevaux, ânes, mulets) lancent vivement en arrière leurs membres postérieurs en soulevant leur train arrière. V. **Ruer.** *Décocher, lancer une ruade.*

RUBAN [ʀybɑ̃]. *n. m.* (1260 ; moy. néerl. *ringhband* « collier »). ♦ 1° Étroite bande de tissu, servant d'ornement, d'attache. *Ruban de coton, de velours, de soie. Ruban qui retient les cheveux. Nœud de rubans.* V. **Bouffette, chou, coque, rosette.** *Fleurs, paquet attachés par un ruban.* V. **Faveur ; bolduc.** *Garni de rubans.* V. **Enrubanné.** *Rubans servant de bordure, de garniture.* V. **Liseré ; extra-fort, galon, ganse.** *Ruban de chapeau.* ◇ *Du ruban. Acheter deux mètres de ruban. Ruban de gros-grain.* V. **Gros-grain.** ♦ 2° Cette bande de tissu servant d'insigne à une décoration. *Le ruban de la Légion d'honneur. Le ruban et la rosette.* ♦ 3° Bande mince et assez étroite d'une matière flexible. *Mètre à ruban* (de toile, de métal flexible). *Ruban isolant* (V. **Chatterton**). *Ruban adhésif. Ruban encreur d'une machine à écrire* (absolt. *Il faut changer le ruban*). — *Scie à ruban.* ◇ *Ruban (ou bande) magnétique,* qui sert à enregistrer les sons (V. **Magnétophone**) ou sert de support à l'enregistrement des données dans un ordinateur. V. **Bande.** ♦ 4° *Ruban d'eau* ou *rubanier :* nom commun d'une plante aquatique à feuilles rubanées *(Sparganium).* ♦ 5° *Arts.* Motif décoratif rappelant un ruban enroulé, caractéristique du style Louis XVI.

RUBANÉ, ÉE [ʀybane]. *adj.* (1379 ; de *ruban*). ♦ 1° Couvert de traces étroites et allongées. *Marbre rubané. Agate rubanée.* ♦ 2° (1839). Qui est formé d'un ruban de métal. *Canon rubané.* ♦ 3° Plat et mince comme un ruban. *Algues rubanées.*

RUBANER [ʀybane]. *v. tr.* (1349 ; de *ruban*). ♦ 1° *Vx.* Garnir, orner de rubans. V. **Enrubanner.** ♦ 2° *Techn.* Aplatir, disposer en ruban, en bande étroite. *Rubaner du métal, du cuir.*

RUBANERIE [ʀybanʀi]. *n. f.* (1594 ; *rubennerie,* 1490 ; de *rubanier*). Fabrication, commerce en gros des rubans, galons.

RUBANIER, IÈRE [ʀybanje, jɛʀ]. *n.* et *adj.* (1387 ; de *ruban*). ♦ 1° *N.* Fabricant, marchand en gros de rubans. ♦ 2° *Adj.* (1846). Relatif à la fabrication des rubans. *Industrie rubanière.* V. **Rubanerie.** ♦ 3° *N. m. Fig.* Autre nom du ruban* d'eau.

RUBATO [ʀubato]. *adj., adv.* et *n. m.* (1907 ; mot it., proprem. « dérobé, volé »). *Mus.* Indication du rythme, laissant une grande liberté de mouvement pour l'exécution d'un passage. *Elle « ... a joué quelques mazurkas... avec ce tempo rubato qui me déplait si fort »* (GIDE). — *Adv. Jouer rubato.* — *N. m. Un rubato.*

RUBÉFACTION [ʀybefaksjɔ̃]. *n. f.* (1812 ; *rubrifaction,* XVIᵉ ; de *rubéfier*). *Méd.* Congestion passagère et provoquée de la peau. V. **Rougeur.**

RUBÉFIANT, ANTE [ʀybefjɑ̃, ɑ̃t]. *adj.* et *n. m.* (1795 ; *rubrifiant,* XVIᵉ ; de *rubéfier*). *Méd.* Qui produit une congestion passagère et locale, par application sur la peau. *N. m. Les rubéfiants ;* révulsifs, sinapismes.

RUBELLITE [ʀybe(ɛ)lit]. *n. f.* (1839 ; du lat. *rubellus* « rouge »). *Minér.* Variété de tourmaline de teinte généralement rose (il en existe aussi de bleues et de vertes).

RUBÉOLE [ʀybeɔl]. *n. f.* (1845 ; « garance », 1743 ; du lat. *rubeus* « rouge », sur le modèle de *rougeole, roséole*). Fièvre virale éruptive, contagieuse, bénigne, à lésions cutanées d'aspect variable, rappelant la scarlatine ou la rougeole*. *La rubéole des femmes enceintes peut entraîner des malformations du fœtus.*

RUBÉOLEUX, EUSE [ʀybeɔlø, øz]. *adj.* (1873 ; de *rubéole*). *Méd.* Relatif à la rubéole, qui est atteint de rubéole.

RUBESCENT, ENTE [ʀybesɑ̃, ɑ̃t]. *adj.* (1817 ; lat. *rubescens,* de *rubescere* « rougir »). *Didact.* Qui devient rouge. *Peau rubescente.*

RUBIACÉES [ʀybjase]. *n. f. pl.* (1719 ; du lat. *rubia* « garance »). *Bot.* Famille de plantes phanérogames angiospermes (Dicotylédones, Gamopétales), comprenant des espèces d'arbres, d'arbustes et d'herbes dont certaines (garance) fournissent des colorants rouges. *Le caféier, la garance, le gardénia sont des rubiacées.*

RUBICAN [ʀybikɑ̃]. *adj.* (1611, *n. m. pl.,* « poils blancs » ; altér., par attract. de *rubicond,* de *rabican* [1559], de l'esp. *rabicano* « à queue grise », du lat. *rapum.* V. **Rave**). *Hippol.* Dont la robe est semée de poils blancs (cheval).

RUBICELLE [ʀybisɛl]. *n. f.* (1765 ; de *rubis*). *Minér.* Rubis de couleur claire. ◇ (1907) *Techn. (Bijout.)* Quartz hyalin teint en rouge.

RUBICOND, ONDE [ʀybikɔ̃, d]. *adj.* (XIVᵉ, rare av. 1732 ; empr. lat. *rubicundus,* rac. *rubeus* « rouge »). Très rouge de peau (visage). V. **Rougeaud, vermeil.** *Face rubiconde.* « *Les deux taches de ses joues, rubicondes* » (CAMUS). ◇ Qui a le visage rouge. « *Il est redondant et rubicond, il pète dans sa graisse* » (HUYSMANS). ◇ ANT. **Blafard, blême, pâle.**

RUBIDIUM [ʀybidjɔm]. *n. m.* (1861 ; ainsi nommé à cause des raies rouges de son spectre ; du lat. *rubidus* « rouge brun »). Métal alcalin (Rb ; n° at. 37 ; poids at. 85,48), de densité 1,53, fusible vers 39 °C, métal blanc, mou, analogue au potassium du point de vue chimique.

RUBIETTE [ʀybjɛt]. *n. f.* (1694 ; *rubienne,* 1597 ; du lat.

rubeus « rouge »). *Région.* Nom donné à des oiseaux à plumages rouges (rouge-queue, rouge-gorge).

RUBIGINEUX, EUSE [ʀybiʒinø, øz]. *adj.* (1779 ; lat. *rubiginosus,* de *rubigo, -inis* « rouille », class. *robigo*). *Didact.* Couvert de rouille. V. **Oxydé.** — Couleur de rouille (brun rougeâtre).

RUBIS [ʀybi]. *n. m.* (*Rubi,* XIIᵉ ; le pl. *rubis* s'est généralisé ; lat. médiév. *rubinus,* de *rubeus* « rouge »). ♦ 1° Pierre précieuse, variété transparente et rouge de corindon. — Cette pierre taillée en bijou. *Le rubis d'une bague.* ♦ 2° Variété de spinelle, formée d'oxyde d'aluminium et d'oxyde de magnésium. *Rubis balais* (spinelle claire), *rubis spinelle* (foncé). ♦ 3° Monture de pivot en pierre dure (souvent cristal de roche) dans un rouage d'horlogerie. *Montre trois rubis.* Ellipt. « *Une ' six rubis ', que le marin utilisait depuis des années sans qu'elle ait eu besoin de la plus petite réparation* » (ROBBE-GRILLET). ♦ 4° *Littér. De rubis :* rouge. *Adj.* D'un rouge brillant. *Des « vulcains (papillons) noirs et rubis »* (P. BENOIT). ♦ 5° *Loc. Faire* RUBIS SUR L'ONGLE : *vx,* Vider si bien son verre qu'il n'y reste qu'une seule goutte de vin qui tiendrait sur l'ongle dans s'écouler. Mod. *Payer rubis sur l'ongle :* payer très exactement ce qu'on doit, jusqu'au dernier sou et séance tenante. V. **Comptant.** « *Pascal paya, rubis sur l'ongle, la facture de Yonnel* » (CARCO).

RUBRIQUE [ʀybʀik]. *n. f.* (*Rubriche,* XIIIᵉ ; lat. *rubrica* « terre rouge, ocre », puis « titre en rouge des lois »). ♦ 1° *Ancienn.* Titre des livres de droit, écrit jadis en rouge. — Lettres, mots, titres en couleur, ornés (dans un manuscrit). ♦ 2° *Liturg.* Parties des livres liturgiques imprimées en rouge (les formules de prières sont en noir), contenant les règles à observer dans l'accomplissement des fonctions liturgiques. *Les rubriques du missel.* ♦ 3° *Bibliogr.* Indication du lieu de publication d'un livre (spécial. lorsqu'il s'agit d'une indication fallacieuse). ♦ 4° *Cour.* Titre indiquant la matière d'un article. *Article publié sous la rubrique des mondanités, des sciences.* ◇ Article, généralement régulier, sur un sujet déterminé. *Tenir la rubrique littéraire, sportive.* « *Le nom d'une courtisane figure rarement à la rubrique des faits divers* » (L. DAUD.). ♦ 5° SOUS (TELLE) RUBRIQUE : sous tel titre, telle désignation. « *Le conseil général lui vota une somme annuelle de trois mille francs sous cette rubrique : Allocation à M. l'évêque pour frais de carrosse* » (HUGO). ◇ *Fig.* « *Sous la même rubrique elle classera... les inventions de la science, les réalisations de l'art* » (BERGSON). V. **Catégorie.**

RUCHE [ʀyʃ]. *n. f.* (*Rusche,* XIIIᵉ ; bas lat. *rusca* « écorce », les premières ruches ayant été faites en écorce). ♦ 1° Abri aménagé pour y recevoir un essaim d'abeilles. *Ruche en paille. Ruche en bois à rayons verticaux* (V. **Rayon** 2). ♦ 2° La ruche et la colonie d'abeilles qui l'habite. *La reine d'une ruche. Bourdonnement de ruche.* ◇ *Fig.* (symbole de travail collectif très actif et organisé) « *Aussitôt Jérusalem se transforma en une véritable ruche : cent cinquante mille ouvriers... s'affairèrent* » (DANIEL-ROPS). ♦ 3° (1818, par anal. de forme avec la gaufre de cire). Bande étroite plissée ou froncée (de tulle, de dentelle) servant d'ornement. *Ruché.* « *La figure d'une jeune fille se montra couronnée d'une ruche en mousseline froissée* » (BALZ.).

RUCHÉ [ʀyʃe]. *n. m.* (1907 ; de *rucher* 2, 1°). Ruche (3°). « *C'était des ruchés et des ruchés, une écume, une neige* » (COLETTE). ◇ HOM. **Ruchée, rucher.**

RUCHÉE [ʀyʃe]. *n. f.* (XVIᵉ ; de *ruche*). *Techn.* Population (abeilles) ou produit d'une ruche. ◇ HOM. **Ruché, rucher.**

1. RUCHER [ʀyʃe]. *n. m.* (1600 ; de *ruche*). Emplacement où sont disposées les ruches ; ensemble des ruches d'une exploitation. « *Un rucher composé de douze cloches de paille* » (MAETERLINCK).

2. RUCHER [ʀyʃe]. *v. tr.* (1839 ; de *ruche*). ♦ 1° Plisser en ruche (3°), en ruché ; garnir d'un ruché. ♦ 2° (Déb. xxᵉ). *Agric. Rucher le foin,* le disposer en une série de petites meules rappelant les ruches d'un rucher. ◇ HOM. **Ruché, ruchée.**

RUDBECKIE [ʀydbeki]. *n. f.* (1846 ; *rudbecks,* plur., 1808 ; du nom du bot. suédois *Rudbeck*). *Bot.* Plante d'origine exotique (*Composacées*) dont quelques espèces sont cultivées en Europe pour leurs fleurs aux vives couleurs.

RUDE [ʀyd]. *adj.* (1213 ; lat. *rudis* « brut, inculte, grossier »). ♦ 1° (*Personnes*). Mal dégrossi, primitif et qui donne une impression de force naturelle. V. **Fruste, grossier, rustique.** « *Moi qui suis un homme simple et rude* » (CLAUDEL). « *Ce qu'il sentait en Bernard de neuf, de rude, et d'indompté* » (GIDE). ♦ 2° (*Choses ;* XIIIᵉ). Qui donne du mal, impose un effort, est dur à supporter. V. **Difficile, pénible.** *Métier rude. Rudes travaux. Être à rude école*, à rude épreuve.* — Subst. *En voir de rudes,* en supporter beaucoup. — *Un hiver très rude.* V. **Froid, rigoureux.** ◇ *(De personnes)* Dur, sévère. *Rude aux pauvres gens,* envers eux. *Caractère rude.* V. **Bourru, farouche, hérissé, revêche.** — Redoutable. *Un rude adversaire.* ♦ 3° (xvᵉ). Dur au toucher (*opposé* à doux). *Barbe rude.*

Surface rude au toucher. V. **Raboteux, rêche, rugueux.** ♦ 4° Dur ou désagréable à l'oreille. *Sonorités rudes.* « *Il a la voix perçante et rude* » (LA FONT.). V. **Rauque.** ♦ 5° *Par ext.* (XVIIIᵉ, du sens 2°). *Fam.* (Toujours avant le nom) Fort, remarquable en son genre. V. **Drôle, fameux, sacré; rudement** (3°). « *Si je n'ai pas eu d'indigestion ce soir, c'est que j'ai un rude estomac* » (FLAUB.). *Un rude appétit.* V. **Solide.** *Tu as une rude veine!* ◇ ANT. **Raffiné, doux.**

RUDEMENT [ʀydmɑ̃]. *adv.* (XIIIᵉ; de *rude*). ♦ 1° De façon brutale. V. **Brutalement, durement.** *Frapper, heurter rudement.* V. **Dur.** « *Il tombe de sa patinette; il tombe assez rudement* » (DUHAM.). ♦ 2° Avec dureté, sans ménagement. V. **Cruellement.** *Traiter qqn rudement.* V. **Rudoyer.** *Je l'ai prié un peu rudement de cesser ce jeu.* V. **Sèchement.** ♦ 3° (1734). *Fam.* Diablement, très. V. **Diablement, drôlement, terriblement.** « *Se lever tard, tourner ses pouces... Ah! ça les changeait rudement* » (ZOLA). « *Il est rudement plus beau que toi* » (GIRAUDOUX). « *Vous dansez rudement bien* » (SARTRE).

RUDENTÉ, ÉE [ʀydɑ̃te]. *adj.* (1546; du lat. *rudens, rudentis* « cordage »). *Archit.* Orné de rudentures. *Colonnes rudentées.*

RUDENTURE [ʀydɑ̃tyʀ]. *n. f.* (1546; de *rudenté*). Ornement torsadé au bas des cannelures d'une colonne.

RUDÉRAL, ALE, AUX [ʀydeʀal, o]. *adj.* (1802; du lat. *rudus, ruderis* « gravois, décombres »). *Bot.* Qui croît parmi les décombres. *Plantes rudérales (ex. : l'ortie).*

RUDÉRATION [ʀydeʀɑsjɔ̃]. *n. f.* (XVIIᵉ; lat. *ruderatio*). *Techn.* Pavage en cailloux, en petites pierres.

RUDESSE [ʀydɛs]. *n. f.* (XIIIᵉ; de *rude*). Caractère de ce qui est rude. ♦ 1° *Vieilli.* Barbarie. *La rudesse des mœurs.* « *Un objet dont la rudesse sauvage contraste avec le raffinement extrême des autres : une poterie commune...* » (LOTI). ♦ 2° Caractère d'une personne brusque et dure. V. **Dureté; brutalité, brusquerie.** *Traiter avec rudesse :* malmener. « *Elle continuait à se montrer prévenante, en faisant un visible effort pour corriger sa rudesse ordinaire* » (ZOLA). ♦ 3° Caractère de ce qui est rude au toucher (*opposé à douceur*). *La rudesse de la barbe, de la peau.* — *La rudesse de son accent. Rudesse d'une eau-de-vie.* ◇ ANT. **Raffinement; gentillesse; douceur.**

RUDIMENT [ʀydimɑ̃]. *n. m.* (1495; lat. *rudimentum* « apprentissage, premier élément »). ♦ 1° *Plur.* Notions élémentaires d'une science, d'un art. V. **A B C, élément.** *Les rudiments de la grammaire, de la mécanique.* ♦ 2° (1782). Ébauche d'un organe, reste d'un organe atrophié. *Rudiment de queue, d'aile.* V. **Rudimentaire.** ♦ 3° *Plur. Littér.* Premiers éléments (d'une organisation, d'un système, d'une installation). *Élaborer les rudiments d'une théorie, d'une organisation.*

RUDIMENTAIRE [ʀydimɑ̃tɛʀ]. *adj.* (1812; de *rudiment*). ♦ 1° *Didact.* Qui est à l'état de rudiment; qui n'a atteint qu'un développement très limité. V. **Élémentaire.** « *La Gaule n'avait jamais connu que des religions rudimentaires* » (SEIGNOBOS). ♦ 2° *Cour.* Sommaire, insuffisant. « *L'installation est aussi rudimentaire et défectueuse que possible* » (ROMAINS). V. **Fruste.** ♦ 3° *Sc. nat.* Qui est à l'état d'ébauche ou de résidu (organe atrophié). *Membres, yeux rudimentaires.* ◇ ANT. **Complet, développé.** *Perfectionné.*

RUDOIEMENT [ʀydwamɑ̃]. *n. m.* (XVIᵉ; de *rudoyer*). *Littér.* Action de rudoyer.

RUDOYER [ʀydwaje]. *v. tr.;* conjug. *noyer* (1372; de *rude*). Traiter rudement, sans ménagement, en manifestant de la mauvaise humeur. V. **Brutaliser, malmener, maltraiter.** « *Lorsqu'elle avait bien rudoyé sa servante, elle lui faisait des cadeaux* » (FLAUB.). *Il ne faut pas rudoyer cet enfant.* ◇ ANT. **Cajoler, câliner, dorloter.**

1. **RUE** [ʀy]. *n. f.* (1080; lat. *ruga* « ride, chemin », par métaph.). ♦ 1° Voie bordée, au moins en partie, de maisons, dans une agglomération (ville ou village, bourg). V. **Artère, avenue, boulevard.** *Rue large, étroite. Grand'rue ou grand-rue.* V. **Grand** (III). *Petite rue.* V. **Passage, ruelle, venelle.** *Rue sans issue.* V. **Cul-de-sac, impasse.** *Rue plantée d'arbres, servant de promenade.* V. **Cours, mail.** *Rue piétonnière,* réservée aux piétons. *Rue au bord de l'eau.* V. **Quai.** *Croisement de rues :* carrefour. *Le coin d'une rue. Au coin de la rue.* Fig. *À tous les coins de rue* (péj.), partout. *Chaussée, trottoir d'une rue. — Rue déserte. Rue animée, passante, commerçante. Marcher, se promener dans les rues, par les rues* (littér.). *Prendre une rue, prendre par une rue. Traverser la rue. Rue à sens unique.* — Loc. *Avoir pignon* sur rue. Cela court* les rues.* ◇ *La rue, les rues,* symbole de la vie urbaine, des milieux populaires. *Scènes de la rue. L'homme* de la rue.* — *En pleine rue, dans la rue :* dehors, dans la ville. *Descendre dans la rue,* pour se battre, pour manifester. *Gamin des rues :* enfant du peuple qui vit, joue dans les rues. — *Fille des rues,* prostituée. ◇ *À la rue,* sans domicile, sans abri. *Être à la rue. Jeter qqn à la rue :* dehors. « *Voilà, vous savez toujours que vous n'êtes pas à la rue. Venez au Château, lorsque vous en aurez assez de ces crapules* » (ZOLA). ♦ 2° Ensemble des habitants des maisons qui bordent une rue; des passants

d'une rue. « *La rue grouille derrière eux* » (ROMAINS). ◇ Population des villes capable de s'insurger. « *Les agitateurs parisiens ne manquaient pas une occasion de soulever la rue* » (BAINVILLE). ♦ 3° *Par anal.* Espace, passage long et étroit. — *Théâtre.* Espace entre deux coulisses parallèles. ◇ HOM. *Ru;* formes du v. *ruer.*

2. **RUE** [ʀy]. *n. f.* (XIIIᵉ; du lat. *ruta*). Plante (*Rutacées*) herbacée, vivace, à fleurs jaunes. ◇ HOM. V. **Rue** (1).

RUÉE [ʀye]. *n. f.* (1923; *ruement,* 1877; « portée d'un objet lancé », 1180; de *ruer*). Mouvement rapide, impétueux, d'un grand nombre de personnes dans la même direction. V. **Ruer (se).** « *Ce n'est pas une ruée subite vers les villes... c'est un écoulement lent mais continu* » (GAXOTTE). *La ruée des invités vers le buffet, des voyageurs vers les places libres.* « *La ruée vers l'or* » (film de Charlie Chaplin). ◇ *Par exagér.* Grande foule qui se presse. *La ruée du métro.*

RUELLE [ʀyɛl]. *n. f.* (*Ruiele,* 1138; dimin. de *rue* 1). ♦ 1° Petite rue étroite. V. **Venelle.** « *Ces ruelles obscures, resserrées, anguleuses, bordées de masures à huit étages* » (HUGO). ♦ 2° (XVᵉ). Espace libre entre un lit et le mur ou entre deux lits. « *Si je m'assoupis, il reste assis dans la ruelle, des heures durant, sans rien dire* » (DUHAM.). ◇ *Hist. litt.* Au XVIIᵉ s., les alcôves, les chambres à coucher où certaines femmes de haut rang recevaient, et qui devinrent des salons mondains et littéraires.

RUER [ʀye]. *v.* (1138; bas lat. *rutare,* intensif de *ruere* «·pousser »). I. *V. tr.* ♦ 1° *Vx.* Jeter, lancer avec force. ♦ 2° *Mod.* SE RUER. *v. pron.* (XIIIᵉ). Se jeter avec violence, impétuosité. V. **Élancer (s'), jeter (se), précipiter (se).** « *Elle se rua vers l'escalier* » (GREEN). « *Il se ruait sur sa femme pour la faire taire* » (ZOLA). ◇ Se précipiter en masse. V. **Ruée.** *Les ennemis se ruèrent sur notre armée.* ◇ *Spécialt. Se ruer sur... (qqch.) :* se précipiter pour obtenir (qqch.). *Les jeunes gens se ruèrent sur les gâteaux.* Fig. *On se rue sur les postes vacants.* II. *V. intr.* (1326). Lancer vivement les pieds de derrière, en soulevant le train arrière (âne, cheval, mulet). V. **Ruade.** *Méfiez-vous de cet âne, il rue.* — *Ruer en vache :* donner un coup de pied en ramenant le pied de derrière en avant (comme fait la vache). — Loc. fig. *Ruer dans les brancards :* regimber, protester et opposer une vive résistance. « *Mais Thérèse, affirmait-il, ne ruait que dans les brancards. Libre, peut-être, n'y aurait-il pas plus raisonnable* » (MAURIAC).

RUFIAN ou **RUFFIAN** [ʀyfjɑ̃]. *n. m.* (*Rofian,* 1213; it. *ruffiano,* du rad. germ. *hruf* « croûte », pour qualifier, par métaph., la rudesse, la grossièreté). *Ancienn.* Entremetteur, souteneur. « *Une espèce de grand voyou, commissionnaire, marchand de journaux, surtout ruffian* » (LARBAUD).

RUGBY [ʀygbi]. *n. m.* (v. 1900; de *Rugby,* école anglaise où ce jeu fut conçu). Sport (d'abord appelé *football-rugby*) qui oppose deux équipes de quinze joueurs et où il faut poser un ballon ovale, joué au pied ou à la main, derrière la ligne de but de l'adversaire (V. **Essai**), ou le faire passer entre les poteaux de but. *Ballon, terrain de rugby. Équipe de rugby. Match de rugby.* V. **Dribbler, drop-goal, essai, franc** (coup), **mêlée, plaquage, plaquer, ratisser, talonner, touche, transformation.** — *Rugby à treize,* joué avec des équipes de treize et des règles modifiées. *Joueur de rugby à treize.* V. **Treiziste.**

RUGBYMAN [ʀygbiman]. *n. m.* (1914; mot fr., de *rugby* et de l'angl. *man* « homme »). *Faux anglicisme.* Joueur de rugby. *Des rugbymen* [ʀygbimɛn].

RUGINATION [ʀyʒinasjɔ̃]. *n. f.* (1855; de *ruginer* [XVIᵉ] « racler avec la rugine », de *rugine*). *Chir.* Raclage d'un os à l'aide d'une rugine.

RUGINE [ʀyʒin]. *n. f.* (XVIᵉ; bas lat. *rugina,* class. *runcina* « rabot »). V. **Rouanne**). *Chir.* Instrument formé d'une plaque d'acier à bords biseautés, sorte de rabot pour racler les os.

RUGIR [ʀyʒiʀ]. *v.* (1120, rare av. XVIᵉ; lat. *rugire*). ♦ 1° *V. intr.* Pousser le cri rauque, grave et sonore propre à son espèce, en parlant du lion (parfois du tigre, de la panthère). ◇ *Par anal.* Pousser des cris terribles. V. **Crier, hurler.** *Rugir de fureur, comme un fauve.* ◇ *(Choses)* Produire un bruit rauque et puissant. « *Ô Dieu! le vent rugit comme un soufflet de forge* » (HUGO). ♦ 2° *V. tr.* Proférer avec violence, avec des cris, des menaces. « *Vengeance! mort! rugit Rostabat le géant* » (HUGO). « *Le cri que deux ou trois millions d'Allemands rugissent* » (GIRAUDOUX).

RUGISSANT, ANTE [ʀyʒisɑ̃, ɑ̃t]. *adj.* (1539; de *rugir*). Qui rugit. *Le lion rugissant.* — Fig. V. **Bruyant.** *Moteur rugissant.*

RUGISSEMENT [ʀyʒismɑ̃]. *n. m.* (1539; de *rugir*). ♦ 1° Cri du lion. *Par ext.* Cri de certains grands fauves (tigres, panthères, hyènes, etc.). ♦ 2° Cri rauque, hurlement. « *Imiter les rugissements des sauvages* » (DAUD.). *Pousser des rugissements de colère, de fureur.* ◇ *(Choses)* Grondement sourd et violent. *Le rugissement de la tempête.* V. **Mugissement.**

RUGOSITÉ [ʀygozite]. *n. f.* (1503; de *rugosus.* V. **Rugueux**). ♦ 1° Petite aspérité d'une surface rugueuse, rude au toucher. V. **Aspérité**. « *Une peau sans un défaut, sans une rugosité* » (MART. du G.). ♦ 2° (1812). État d'une surface rugueuse. *La rugosité d'une écorce, d'une peau d'orange.*

RUGUEUX, EUSE [Rygø, øz]. *adj. et n. m.* (*Rougueux*, 1520; *rugos* « ridé », 1350; lat. *rugosus*, de *ruga* « ridé »). ♦ 1° Dont la surface présente de petites aspérités, des irrégularités, qui est rude au toucher. V. **Inégal, raboteux, rêche, rude**. *Écorce rugueuse*. « *De vieilles mains rugueuses, de la couleur des champs* » (Ch.-L. PHILIPPE). « *Un lit propre aux draps rugueux* » (DUHAM.). ♦ 2° *N. m.* (1870). Appareil au moyen duquel on enflammait l'étoupille d'un canon, les fusées, les grenades. ◇ ANT. *Lisse* (1), *moelleux, poli, uni*.

RUILER [Rɥile]. *v. tr.* (1843; « régler du papier », 1320; « gâcher le mortier », 1636; du lat. *regula* « règle »). *Techn.* Raccorder avec du plâtre (un joint).

RUINE [Rɥin]. *n. f.* (1180; lat. *ruina*, de *ruere* « tomber », s'écrouler »).

I. *Une, des ruine(s).* ♦ 1° (*Plus cour. au plur.*). Débris d'un édifice ancien dégradé ou écroulé. V. **Décombres, éboulement**. *Ruines d'une ville, après la guerre.* « *Trente mille habitants de tout âge, et de tout sexe sont écrasés sous des ruines* » (VOLT.). *Ruines romaines.* « *Elle aimait les ruines des vieux châteaux, les temples écroulés aux colonnes festonnées de lierre* » (NERVAL). « *Au milieu de cette étendue sauvage, une haute ruine s'élevait; un château carré, flanqué de tours* » (MAUPASS.). *Fouilles dans les ruines des villes antiques. Hubert Robert, peintre de ruines* (parfois appelé RUINISTE [Rɥinist(ə)]). ◇ *Fig.* Ce qui reste (de ce qu'on a détruit, de ce qui s'est dégradé). « *Le sentiment humanitaire commence à naître sur les ruines des patries* » (FLAUB.). ♦ 2° (1835). Personne qui, du fait de l'âge, des chagrins, a perdu la plus grande partie de ses forces, de sa beauté, de ses facultés. « *C'était une sorte de ruine humaine* » (BALZ.). *Ce n'est plus qu'une ruine. Une pauvre ruine.*

II. *La ruine (de)...* ♦ 1° (1352). Grave dégradation d'un édifice allant jusqu'à l'écroulement partiel ou total; état de ce qui se dégrade, s'écroule. V. **Délabrement, destruction, détérioration, vétusté**. *Rare.* « *Le propriétaire d'un bâtiment est responsable du dommage causé par sa ruine* » (CODE NAP., art. 1386). — *Cour.* TOMBER EN RUINE. V. **Crouler, effondrer** (s'). « *Il tombait en ruine; à chaque saison, des plâtres qui se détachaient de ses flancs lui faisaient des plaies hideuses* » (HUGO). *Château en ruine.* — MENACER RUINE : de tomber en ruine. ♦ 2° (v. 1300). Destruction, perte. *La société précipite sa propre ruine.* V. **Chute, décadence, déliquescence, dissolution**. *Aller à la ruine.* V. **Péricliter, périr.** « *Elle a cru que ma perte entraînait sa ruine* » (RAC.). *C'est la ruine de ses espérances.* V. **Anéantissement, faillite, fin**. *La ruine de sa réputation, de sa santé.* — *Par ext.* Cause de destruction. « *Sa satisfaction (le désir) est la ruine de l'illusion* » (FRANCE). ♦ 3° Perte des biens, de la fortune. V. **Banqueroute, culbute, débâcle, faillite, naufrage**. *Être au bord de la ruine. Nous courons vers la ruine.* « *Lorsque à la ruine de mes parents il m'a fallu me séparer de ces choses* » (DAUD.). — *Par ext. Une ruine :* une cause de ruine. V. **Ruineux**. *Cette propriété à entretenir, c'est une ruine.* ◇ ANT. *Essor, fortune*.

RUINÉ, ÉE [Rɥine]. *adj.* (XVᵉ; V. **Ruiner**). ♦ 1° En ruine. V. **Démoli**. *Château ruiné.* ♦ 2° (1694). Qui a perdu sa fortune. *Il est complètement ruiné.* « *Le voici ruiné, sans sou ni maille* » (BALZ.). V. **Flambé**.

RUINER [Rɥine]. *v. tr.* (XIVᵉ; *intr.*, 1260; de *ruine*). ♦ 1° *Vieilli.* Réduire à l'état de ruines. V. **Dégrader, délabrer, démanteler, détruire**. « *Albe fut vaincue et ruinée* » (BOSS.). ♦ *Littér.* Endommager gravement. V. **Désoler, dévaster, gâter, ravager**. *La grêle, le phylloxéra ont ruiné ce vignoble. Ruiner sa santé, la santé.* V. **Altérer, consumer**. « *La santé de Mᵐᵉ de la Ferté n'avait jamais été bien forte. Ce coup acheva de la ruiner* » (P. BENOIT). ♦ 3° Causer la ruine, la perte de. V. **Anéantir, détruire, perdre**. *Ruiner la réputation, le crédit de qqn. Chercher à ruiner les espoirs, les illusions de qqn.* V. **Saper**. ♦ 4° *Cour.* Faire perdre la fortune, la prospérité. *La guerre, la crise l'a ruiné. Ruiner un concurrent.* ◇ *Par exagér. Tu me ruines, tu veux me ruiner !* tu me fais faire une dépense excessive. *Ce n'est pas ça qui nous ruinera, ce n'est pas cher.* ♦ 5° SE RUINER. *v. pron.* Causer sa propre ruine, perdre ses biens, son argent. *Il s'est ruiné au jeu.* ◇ *Dépenser trop. Je me suis ruiné chez cet antiquaire. Se ruiner en remèdes.* « *Les hommes ont beau se ruiner pour elles, ils n'en sont pas plus aimés* » (LESAGE). ◇ ANT. *Affermir, édifier, enrichir.*

RUINEUSEMENT [Rɥinøzmã]. *adv.* (1614; de *ruineux*). De façon ruineuse; coûteusement.

RUINEUX, EUSE [Rɥinø, øz]. *adj.* (*h.* XIIᵉ; XVIᵉ; lat. *ruinosus* « écroulé »). ♦ 1° *Vx.* Qui cause un tort grave. « *Si je savais une chose utile à ma nation qui fût ruineuse à une autre, je ne la proposerais pas à mon prince* » (MONTESQ.). ◇ *Mod.* Qui amène la ruine, provoque des dépenses excessives. « *Il leur aurait fallu prendre un serviteur, ce qui était ruineux, à cause du prix croissant de la main-d'œuvre* » (ZOLA).

— *Par ext.* Coûteux. *Ce n'est pas ruineux.* ♦ 2° *Vx.* Qui menace ruine, qui tombe en ruine. « *Une petite bâtisse ruineuse* » (THARAUD). ◇ ANT. *Économique.*

RUINIFORME [Rɥinifɔrm(ə)]. *adj.* (1808; de *ruine*, et *-forme*). *Géol.* Qui a pris un aspect de ruine, sous l'action de l'érosion. *Rochers ruiniformes.*

RUINISTE. V. **RUINE** (I).

RUINURE [Rɥinyr]. *n. f.* (1676; var. de l'a. fr. *royneure* « rainure », de *roisner*). V. **Rainer**. *Techn.* Entaille dans les solives d'un plancher, dans des poteaux, pour augmenter la prise de la maçonnerie.

RUISSEAU [Rɥiso]. *n. m.* (*Russeal*, 1120; var. *ruissel*; lat. pop. °*rivuscellus*, dimin. de *rivus*. V. **Ru**). ♦ 1° Petit cours d'eau, affluent d'une rivière, d'un lac, d'un étang. *Un clair ruisseau. Murmure, gazouillis d'un ruisseau. Ruisseau capricieux qui serpente.* — PROV. *Les petits ruisseaux font les grandes rivières*, plusieurs petites sommes réunies finissent par en constituer une grosse. ♦ 2° *Ruisseau de... : liquide qui coule* (V. **Ruisseler**). *Ruisseaux de lave.* — *Par exagér. Des ruisseaux de sang. Des ruisseaux de larmes.* V. **Torrent**. ♦ 3° (1530). Eau qui coule le long des trottoirs ou au milieu de la chaussée d'une rue, pour se jeter dans les égouts; caniveau, rigole destinée à recevoir cette eau. « *Il suffit d'une forte pluie d'orage pour que les ruisseaux de nos rues nous fassent penser au déluge universel* » (ALAIN). ◇ *Fig.* (Péj.) Tomber, rouler dans le ruisseau, dans la situation la plus dégradante, dans l'abjection. *Tirer qqn du ruisseau.* « *Sortie du ruisseau où je l'avais ramassée une nuit, devant le bal Ragache* » (DAUD.). « *Quand tu n'auras plus rien et que tu auront tout, tes enfants te pousseront au ruisseau* » (ZOLA).

RUISSELANT, ANTE [Rɥislã, ãt]. *adj.* (1491; de *ruisseler*). ♦ 1° Qui ruisselle (1°). *Eau ruisselante.* « *La ruisselante chevelure* » (GAUTIER). ♦ 2° Qui ruisselle (2°). *Ruisselant d'eau.* V. **Dégouttant**. *Absolt.* Mouillé, trempé. — *Ruisselant de sueur.* V. **Inondé**. *Tout ruisselant de larmes.* Fig. et littér. « *Ma mère devint toute ruisselante de joie et d'orgueil à l'idée que son fils serait d'église* » (FRANCE).

RUISSELER [Rɥisle]. *v. intr.;* conjug. *appeler* (XVIᵉ; *ruceler*, 1180; de *ruissel*, var. a. de *ruisseau*). ♦ 1° Couler sans arrêt en formant un ou plusieurs ruisseaux, ruisselets ou filets (d'eau). « *La pluie... ruisselait sur les murs* » (LOTI). « *Des larmes ruisselèrent de mes yeux* » (PROUST). ◇ *Fig.* Se répandre à profusion. « *La lumière ruisselait dans cet océan de montagnes* » (GAUTIER). « *Sa vaste perruque blanche, dont les boucles ruisselaient pesamment sur ses épaules* » (R. ROLLAND). « *La foule ruisselait de toutes les portes béantes* » (SARTRE). ♦ 2° (Fin XVIᵉ). Être couvert d'un liquide qui ruisselle. « *La vitre ruisselait comme un visage plein de larmes* » (MAURIAC). ◇ *Fig. Le grand salon ruisselait de lumières.*

RUISSELET [Rɥislɛ]. *n. m.* (1188; dimin. de *ruisseau*). Petit ruisseau. « *Quelquefois un ruisselet... mêlait son clapotement doux au grand battement des flots* » (FLAUB.).

RUISSELLEMENT [Rɥislmã]. *n. m.* (*h.* 1613; déb. XIXᵉ; de *ruisseler*). Le fait de ruisseler. « *Le château... s'enterrait davantage chaque hiver, lors des grandes pluies, dont le ruissellement sur la pente raide de la côte, roulait les cailloux* » (ZOLA). *Ruissellements de lumière.* V. **Chatoiement, jet**. ◇ *Géol.* (1880) *Ruissellement pluvial*, écoulement superficiel des eaux de pluie, qui s'opère d'abord en filets ou en nappes avant de se concentrer en rigoles (dont la confluence produira les cours d'eau ou les torrents). *Eaux de ruissellement.*

RUMB. V. **RHUMB**.

RUMBA [Rumba]. *n. f.* (1932; mot esp. des Antilles). Danse d'origine cubaine; musique sur laquelle elle se danse. *La rumba est la samba.*

RUMEN [Rymɛn]. *n. m.* (1765; mot lat. « mamelle »). *Zool.* Premier estomac des ruminants. V. **Panse**.

RUMEUR [Rymœr]. *n. f.* (XIIIᵉ; *rimur*, 1080; lat. *rumor, rumoris* « bruit qui court »). ♦ 1° Bruit confus de voix, bruit assourdi de nombreux sons, de chocs. V. **Brouhaha, bruit**. « *Cette rumeur effarée et confuse qui suit une évasion découverte éclata dans la prison* » (HUGO). « *Cette paisible rumeur-là vient de la ville* » (VERLAINE). « *Il se dégage, dans tel ou tel lieu, un fond de rumeur qui contribue à le caractériser* » (SIEGFRIED). ♦ 2° (1264). Bruit, nouvelles qui se répandent dans le public. « *Ils vont à Carthage* », disait-on, et cette rumeur bientôt s'étendit par la contrée » (FLAUB.). *La rumeur publique.* « *Un homme que la rumeur publique lui a déjà prêté pour amant* » (MAUPASS.). ♦ 3° (1407). Bruit confus de personnes qui protestent. *Rumeur de mécontentement. Des rumeurs s'élèvent dans la salle.*

RUMEX [Rymɛks]. *n. m.* (XVIIIᵉ; mot lat., proprem. « pointe, dard »). *Bot.* Nom scientifique de plusieurs plantes polygonacées. V. **Oseille, patience**.

RUMINANT, ANTE [Ryminã, ãt]. *adj. et n. m.* (1555; de *ruminer*). Qui rumine. *Animal ruminant.* ◇ (1680) N. m. *Un ruminant :* un animal ruminant. LES RUMINANTS : groupe de mammifères ongulés artiodactyles à deux doigts, dont l'estomac complexe permet aux aliments de remonter dans la bouche. V. **Ruminer.** *Estomac des ruminants* : panse (ou rumen) ; bonnet, feuillet, caillette. *Familles de ruminants* : Bovidés (*ex.* : bœuf, chèvre, mouton, antilope) ; Camélidés (*ex.* : chameau, lama) ; Cervidés (*ex.* : cerf, renne) ; Girafidés (*ex.* : girafe, okapi).

RUMINATION [ʀyminɑsjɔ̃]. *n. f.* (XIVᵉ, fig. ; de *ruminer*). ♦ 1° (1615). Fonction physiologique des ruminants qui consiste à faire revenir les aliments de l'estomac pour les mâcher avant de les avaler définitivement. V. **Mérycisme.** ♦ 2° *Fig.* Action de ruminer (2°), de réfléchir sans fin (à qqch.). « *Ce pouvoir de remâchement et de rumination du passé* » (MAURIAC).

RUMINER [ʀymine]. *v. tr.* (1350, fig. ; lat. *ruminare*). ♦ 1° (1380 ; a éliminé *ronger*). Mâcher de nouveau des aliments revenus de l'estomac (V. **Régurgitation**), avant de les avaler définitivement (en parlant des ruminants). *Les vaches ruminent l'herbe.* — Absolt. « *Les vaches ruminent lentement clignaient leurs paupières lourdes* » (FLAUB.). V. **Ruminant.** ♦ 2° *Fig.* Repasser (une chose) dans son esprit, soumettre plusieurs fois à l'attention (avec une idée de lenteur). V. **Remâcher, retourner** (dans sa tête). « *Il était homme à ruminer son doute, comme il ruminait autrefois ses opérations commerciales, pendant les jours et les nuits, en pesant le pour et le contre, interminablement* » (MAUPASS.). — Absolt. « *Qu'as-tu à ruminer ?* » (MOL.).

RUMSTECK. V. ROMSTECK.

RUNABOUT [ʀœnabawt]. *n. m.* (1934 ; mot angl., proprem. « vagabond », de *to run* « courir », et *about*). *Anglicisme.* Canot automobile de tourisme et de course à moteur intérieur.

RUNE [ʀyn]. *n. f.* (1653 ; norv. *rune*, et suéd. *runa* ; got. *runa* « secret, écriture secrète »). *Didact.* Caractère de l'ancien alphabet des langues germaniques orientales (gothique ou gotique) et septentrionales (nordique ou norrois). *Les runes nous sont connues par des inscriptions gravées sur pierre ou sur bois.*

RUNIQUE [ʀynik]. *adj.* (1653 ; de *rune*). *Didact.* Relatif aux runes, formé de runes. *Alphabet, écriture runiques*, propre au germanique septentrional. V. **Nordique.** ◇ Par ext. *Art runique* : art scandinave, du IIIᵉ au Xᵉ s.

RUOLZ [ʀɥɔls]. *n. m.* (v. 1841 ; nom de l'inventeur). Métal argenté par galvanoplastie. *Des couverts de ruolz.*

RUPESTRE [ʀypɛstʀ(ə)]. *adj.* (1821 ; *rupestral*, 1808 ; du lat. mod. *rupestris*, du lat. class. *rupes* « rocher »). ♦ 1° *Bot.* Qui vit dans les rochers. *Plantes rupestres.* ♦ 2° (av. 1946). *Arts.* Qui est exécuté sur une paroi rocheuse (V. **Pariétal**) ; qui est taillé à même le roc. *Peintures rupestres de la préhistoire.* « *Les figures rupestres de la Rhodésie, elles aussi antérieures à l'histoire, montrent des conventions aussi rigoureuses que l'art byzantin* » (MALRAUX).

RUPICOLE [ʀypikɔl]. *n. m.* (1846 ; « coquillage », 1808 ; de *rupes* « rocher », et suff. -*cole*). *Zool.* Oiseau passereau (*Cotingidés*) appelé communément « coq de roche ».

RUPIN, INE [ʀypɛ̃, in]. *adj.* et *n.* (1628, n. m., arg. ; de l'arg. *rupe, ripe* « dame », moy. fr. *ripe* « gale », de *riper* « gratter », moy. néerl. *rippen*). *Pop.* Riche. *Il est drôlement rupin. Appartement rupin*, luxueux. — N. *Les rupins.*

RUPINER [ʀypine]. *v. intr.* (1890 ; de *rupin*). *Arg. des écoles (Fam.).* Bien réussir. *Il a rupiné à l'écrit.* « *Il rupine à bloc* » (QUENEAU). — Trans. *Rupiner sa chimie.*

RUPTEUR [ʀyptœʀ]. *n. m.* (1906 ; lat. *ruptor*, de *rumpere* « rompre »). *Électr.* Appareil qui, dans une bobine d'induction, sert à interrompre et à rétablir successivement le courant primaire. V. **Disjoncteur.** — *Cour.* (Auto.) *Rupteur (d'allumage)*, formé d'un levier recevant le courant primaire et de la « vis platinée* » d'un moteur d'automobile. — Dispositif hachant le courant continu, d'intensité variable (issu d'une cellule photo-électrique, *par ex.*) et fournissant un courant alternatif.

RUPTURE [ʀyptyʀ]. *n. f.* (XIVᵉ ; lat. *ruptura*, de *rumpere* « rompre ». V. **Roture**). ♦ 1° Division, séparation brusque (d'une chose solide) en deux ou plusieurs parties ; le fait de se rompre ; son résultat. V. **Brisement, fracture.** *Rupture d'essieu.* — *Mécan.* Division d'un solide en deux parties après déformation, sous l'effet d'une force. *Limite de rupture. Obus* de rupture. ♦ 2° Arrachement, déchirure (d'une chose souple). *Rupture d'un lien, d'un câble.* — *Méd.* Solution de continuité survenant brusquement dans un organe. *Rupture d'anévrisme. Rupture d'une artère. Rupture des membranes* : rupture de la poche* des eaux au cours de l'accouchement. ♦ 3° *(Abstrait).* Interruption, cessation brusque (de ce qui durait). *Rupture des relations diplomatiques. Rupture d'équilibre* : brusque perte d'équilibre, *fig.* changement grave et soudain dans l'état des choses (V. **Crise**). — *Rupture de pente* : changement brusque et important de l'inclinaison d'une pente. ◇ Opposition, différence tranchée entre deux choses qui se suivent. V. **Décalage, écart.** *Rupture de ton* : changement brusque. « *Son accord à grands coups avec des ruptures de cadence* » (AYMÉ). « *Une si forte impression de rupture entre leur passé et leur présent* » (SARTRE). — *En*

RUPTURE AVEC : en opposition affirmée à. « *Ma joie a quelque chose d'indompté, de farouche, en rupture avec toute décence, toute convenance, toute loi* » (GIDE). ◇ Annulation des effets (d'un engagement). *Rupture de contrat.* V. **Dénonciation.** *Rupture d'un mariage* : d'un projet, d'une promesse de mariage. *Rupture de ban*. Être en rupture de ban.* ◇ **EN RUPTURE DE** (+ substantif), dans une situation où l'on manque de (qqch.). « *En rupture de stock* » (*L'Express*, 13-1-1969). ♦ 4° Séparation plus ou moins brusque entre des personnes qui étaient unies. V. **Brouille, désaccord, séparation.** *Scène de rupture.* « *Est-ce une querelle ou une rupture ? demandat-elle* » (MUSS.).

RURAL, ALE, AUX [ʀyʀal, o]. *adj.* (1350 ; lat. tard. *ruralis*, de *rus, ruris* « campagne »). Qui concerne la vie dans les campagnes, les paysans. *Population rurale, domaine rural. Habitat rural. Économie rurale.* V. **Agricole.** *Communes rurales. Dépeuplement des milieux ruraux.* V. **Déruralisation.** — *Code rural*, ensemble de lois concernant les biens, la propriété à la campagne. — *Les mœurs rurales.* V. **Paysan; campagnard.** — [Au Canada]. *Route rurale* (opposé à *rang*), adresse de distribution postale à la campagne. *Douzième rang ; route rurale N° 6.* ◇ *Subst.* (Surtout au plur.) *Écon.* Habitant de la campagne. *Les ruraux.* V. **Paysan.** ◇ ANT. *Urbain.*

RUSE [ʀyz]. *n. f.* (v. 1280, « mensonges » ; *reusse*, 1180 ; de *reusser, ruser*, au sens anc. de « faire reculer »). ♦ 1° *Vén.* (*Reusse*, v. 1270). Détour par lequel un animal cherche à échapper à ses poursuivants. ♦ 2° *Cour.* (1518). Moyen, procédé habile qu'on emploie pour abuser, pour tromper. V. **Artifice, astuce, feinte, fourberie, fraude, machination, manœuvre, stratagème, subterfuge, truc.** *Ruses d'un complot ; ruses employées pour abuser. Stratagème, vaincre un ennemi.* V. **Embûche** (2°), *piège* (2°). *Ruses de guerre* : moyens par lesquels on surprend l'ennemi, et *fig.* un adversaire. *Loc. Des ruses de Sioux*, très habiles. ♦ 3° *La ruse*, art de dissimuler, de tromper ; emploi habituel des ruses. V. **Adresse, cautèle, finesse, habileté, perfidie, roublardise, rouerie.** *Il fallut recourir à la ruse. Employer la ruse en politique.* Obtenir, extorquer *par ruse* (carotter, extorquer, subtiliser). « *L'adresse, la ruse, l'habitude de tromper la justice* » (HUGO). « *Les affaires se traitent à demi-voix, avec la ruse du campagnard et les cachotteries du trafiquant arabe* » (FROMENTIN). ◇ ANT. *Candeur, droiture.*

RUSÉ, ÉE [ʀyze]. *adj.* (1393 ; « éloigné, caché », 1314 ; de *ruse*). ♦ 1° Qui a de la ruse. V. **Artificieux, astucieux, cauteleux, finaud, futé, habile, machiavélique, madré, malin, matois, retors, roublard.** *Il est rusé comme un vieux renard.* « *Il passait aussi pour profondément rusé, une âtre improbe. Sa ruse était le jeu de la perspicacité* » (BALZ.). — *Subst. C'est une rusée* (Cf. Une fine mouche*). ♦ 2° (1835). Qui annonce la ruse. *Un air rusé. Une mine rusée.* V. **Chafouin.** ◇ ANT. *Candide, droit, niais.*

RUSER [ʀyze]. *v. intr.* (XIVᵉ ; *reüser*, v. 1235 ; de *reuse, ruse* ; *reüser* « repousser, faire reculer », 1138 ; *ruser*, 1232 ; lat. *recusare* « refuser », puis « repousser »). User de ruses, agir avec ruse. V. **Finasser, manœuvrer.** « *Sa vie jusque-là si droite, si pure, devenait tortueuse ; et il lui fallait maintenant ruser, mentir* » (BALZ.).

RUSH [ʀœʃ]. *n. m.* (1878 ; mot angl. « ruée »). *Anglicisme.* ♦ 1° *Sports.* Effort final, accélération d'un concurrent en fin de course. V. **Sprint.** ♦ 2° Afflux brusque d'un grand nombre de personnes. V. **Ruée.** *C'est le grand rush.* ♦ 3° *Cin., télév.* Épreuve* de tournage. « *Deux jours ont suffi pour examiner les rushes* » (*Nouv. Obs.*, 18-7-1972).

RUSSE [ʀys]. *adj.* et *n.* (1715 ; a remplacé *moscovite* ; de *Russie*). ♦ 1° *Adj.* De Russie. *L'église orthodoxe russe. La révolution russe. Chœurs russes. Danse russe*, pas de danse folklorique où le danseur accroupi lance alternativement une jambe puis l'autre en avant, sur le côté. ◇ *Billard* russe. *Lapin russe*, à yeux rouges, à poil blanc. *Montagnes* russes. *Roulette* russe. *Salade* russe. — À LA RUSSE : à la manière russe. « *Nous boirons à la russe* » (CARCO) : en faisant cul sec et en jetant le verre. ◇ *Abusiv.* D'U.R.S.S. V. **Soviétique.** *L'armée russe. Délégué russe.* ♦ 2° *N. Un Russe. Les Russes et les Ukrainiens, les Géorgiens. Un Russe blanc, un émigré russe* (par oppos. aux *rouges*, aux *Soviétiques*). ◇ *Abusiv.* Soviétique. *Les Russes rivalisent avec les Américains dans la conquête de l'espace.* ◇ *Ling.* (1671). *Le russe*, la langue la plus importante du groupe slave oriental, écrite en alphabet cyrillique.

RUSSIFICATION [ʀysifikɑsjɔ̃]. *n. f.* (1892 ; de *russifier*). Action de russifier ; son résultat. *Politique de russification en Asie centrale.*

RUSSIFIER [ʀysifje]. *v. tr.* (1830 ; de *russe*). Rendre russe ; imposer le caractère, les mœurs, les institutions russes à. *Les noms propres ouzbeks, tadjiks, etc., ont été souvent russifiés.*

RUSSO-. Élément, de *russe* (*ex.* : russo-japonais, russophile).

RUSSOPHILE [ʀysɔfil]. *adj.* et *n.* (1854 ; de *russo-*, et

-phile). Qui est favorable aux Russes, à la Russie, à l'U.R.S.S.

RUSSULE [ʀysyl]. *n. f.* (1839; lat. bot. *russula,* class. *russulus,* adj., « rougeâtre »). Champignon *(Agaricacées)* charnu, de couleur rougeâtre ou violette, dont plusieurs variétés sont comestibles.

RUSTAUD, AUDE [ʀysto, od]. *adj.* et *n. (Rustaut,* XVᵉ; de *rustre).* Qui a des manières de paysan; qui manque de finesse, de délicatesse, d'usage. V. **Balourd, grossier, lourd, paysan.** « *Certaines natures rustaudes du peuple* » (GONCOURT). — N. *Quel gros rustaud!* V. **Rustre.**

RUSTAUDERIE [ʀystodʀi]. *n. f.* (1611; de *rustaud). Rare.* Allure, manière d'agir d'un rustaud. V. **Rusticité.**

RUSTICAGE [ʀystikaʒ]. *n. m.* (1842; de *rustiquer). Techn.* Mortier peu épais qu'on projette sur un mur, avec une sorte de balai, pour le rustiquer. ◇ Opération qui consiste à rustiquer un mur.

RUSTICITÉ [ʀystisite]. *n. f.* (1512; « travail des champs », 1380; lat. *rusticitas).* ♦ 1° Manières rustiques. V. **Rustauderie.** « *Ils prirent sa franchise pour de la rusticité* » (Rouss.). ♦ 2° (1545). *Rare.* Caractère de ce qui est rustique (1°). ♦ 3° (1870). *Agric.* Qualité d'une plante ou d'un animal rustique (I, 4°). V. **Résistance.** *Le pin sylvestre est remarquable pour sa rusticité.*

RUSTINE [ʀystin]. *n. f.* (v. 1910; de *Rustin,* nom d'un industriel, marque déposée). Petite rondelle adhésive de caoutchouc qui sert à réparer une chambre à air de bicyclette. « *Un mécanicien... m'enseigna l'art de démonter un pneu et de coller des rustines* » (BEAUVOIR). *Emporter des rustines et de la dissolution en cas de crevaison.*

RUSTIQUE [ʀystik]. *adj.* et *n.* (1352; lat. *rusticus,* de *rus, ruris* « campagne ». V. **Rustre**).
I. *Adj.* ♦ 1° *Vx* ou *littér.* De la campagne, des champs. V. **Agreste, champêtre.** *Les poètes antiques* « *nous ont sans doute laissé d'admirables peintures des travaux, des mœurs et du bonheur de la vie rustique* » (CHATEAUB.). Par ext. *Maison rustique.* « *Voilà le banc rustique où s'asseyait mon père* » (LAMART.). ♦ 2° (1835; *à la campagne,* 1668). *Cour.* Se dit de meubles très simples fabriqués à la campagne dans le style traditionnel de la province (et *par ext.* fabriqués industriellement dans ce style). *Mobilier rustique ancien. Armoire, table, chaise rustiques.* — N. *Se meubler en rustique.* ◇ *Archit. Appareil, ouvrage rustique,* caractérisé par l'emploi de pierres brutes naturelles ou imitées, ornées de bossages vermiculés. *Ordre rustique.* — *Décor. Bois rustique :* bois sinueux, écorcé ou non, qu'on emploie à l'état brut dans certaines constructions. *Petit pont de bois rustique.* ♦ 3° (1352). *Très simple et peu raffiné. Manières rustiques.* V. **Campagnard, rude, rustaud.** ♦ 4° (1845). *Agric.* (Plante ou animal) Robuste; qui demande peu de soins. V. **Résistant.** *La pomme de terre est une plante rustique. Variété rustique de pois de senteur.*
II. *N. m. Techn.* (1875; de *rustiquer).* Outil de tailleur de pierre, marteau dont les extrémités aplaties et tranchantes sont découpées de manière à former de petites dents.
◇ ANT. *Raffiné, urbain.*

RUSTIQUER [ʀystike]. *v. tr.* (1676; « travailler aux champs », XVIᵉ; de *rustique). Techn.* Tailler, travailler (une pierre) pour la rendre semblable à une pierre brute. ◇ (1718) Travailler (une surface, une matière) pour lui donner une apparence rugueuse, rustique. — *Spécialt.* Crépir (un mur) grossièrement.

RUSTRE [ʀystʀ(ə)]. *n. m.* et *adj.* (1375; adapt. lat. *rusticus.* V. **Rustique).** ♦ 1° Homme grossier et brutal. V. **Balourd, brute, butor, goujat, malotru, pignouf.** « *Et elle a été révoltée de votre grossièreté de rustre* » (MAUPASS.). *Quel rustre!* — Adj. *Il est un peu rustre.* ♦ 2° (1679). *Vx.* Paysan.

RUT [ʀyt]. *n. m.* (mil. XIIᵉ; lat. *rugitus* « rugissement »). Chez les mammifères, Période d'activité sexuelle pendant laquelle les animaux cherchent à s'accoupler; l'état dans lequel ils se trouvent pendant cette période. *Femelle en rut* (Cf. En chaleur). V. *aussi* **Œstrus.**

RUTABAGA [ʀytabaga]. *n. m.* (1788; du suéd. *rotabaggar* « chou-rave »). Plante *(Crucifères)* dont la racine comestible, à chair jaune sert surtout à la nourriture du bétail. — Racine de cette plante, parfois consommée comme légume (périodes de restrictions). *Le rutabaga a un goût voisin du navet.* « *Nous avions la honte de nous accommoder de notre misère, des rutabagas qu'on servait à table* » (SARTRE).

RUTACÉES [ʀytase]. *n. f. pl.* (1615; du lat. *ruta.* V. **Rue** [2]. Famille de plantes dicotylédones *(Phanérogames angiospermes)* dont le type est la rue (2). — Au sing. *Une rutacée.* — REM. Certains auteurs classent les *Aurantiacées* dans les *Rutacées.*

RUTHÉNIUM [ʀytɛnjɔm]. *n. m.* (1855; du lat. médiév. *Ruthenia* « Russie », ce corps ayant été trouvé dans l'Oural). *Chim.* Élément (symb. Ru, n° at. 44; masse at. 101,07), métal blanc, dur et cassant, qui présente certaines analogies avec le platine.

RUTILANCE [ʀytilɑ̃s]. *n. f.,* **RUTILEMENT** [ʀytilmɑ̃]. *n. m.* (1851,-1875; de *rutilant, rutiler). Littér.* Caractère, aspect, éclat de ce qui est rutilant. « *Et rythmes lents sous les rutilements du jour* » (RIMBAUD).

RUTILANT, ANTE [ʀytilɑ̃, ɑ̃t]. *adj. (Rutillant,* 1495; lat. *rutilans,* de *rutilare* « teindre en rouge » et aussi « briller », de *rutilus* « d'un rouge ardent »). ♦ 1° Qui est d'un rouge ardent. *Vapeurs rutilantes,* du peroxyde d'azote. ♦ 2° (1512). Qui brille d'un vif éclat. V. **Brillant, éclatant, étincelant, flamboyant.** *Voiture rutilante.* « *Les émeraudes et les rubis de l'Orient... lancent de rutilantes flammes* » (HUYSMANS).

RUTILE [ʀytil]. *n. m.* (1845; lat. *rutilus). Chim.* Variété cristalline du bioxyde de titane (TiO₂) que l'on rencontre dans la nature diversement coloré (rouge-brun, jaunâtre, bleu, violet), de densité 4,26, et cristallisant dans le système quadratique.

RUTILER [ʀytile]. *v. intr.* (1516, repris 1831; lat. *rutilare).* Être rutilant, briller d'un très vif éclat. V. **Briller.** « *Il lui passa au doigt un anneau orné de deux brillants. Ils rutilaient sur sa main sèche de ménagère* » (MAURIAC).

RUTOSIDE [ʀytɔzid]. *n. m.* (1855; du lat. *ruta* « rue », et *oside). Biochim.* Dérivé glucosidique extrait des feuilles de la rue, à propriétés vitaminiques (vitamine P). *Le rutoside agit comme protecteur des parois vasculaires; il est préconisé en association avec la vitamine C dans la prévention des états hémorragiques.*

RYTHME [ʀitm(ə)]. *n. m.* (1520; *rime,* fém., v. 1370 [V. **Rime**]; n. f., « rythmique », 1512; lat. *r[h]ythmus,* gr. *rhuthmos;* écrit RHYTHME jusqu'à fin XIXᵉ).
I. Distribution d'une durée en une suite d'intervalles réguliers, rendue sensible par le retour d'un repère et douée d'une fonction et d'un caractère esthétique. ♦ 1° Caractère, élément harmonique essentiel qui distingue formellement la poésie de la prose et qui se fonde sur le retour imposé, sur la disposition régulière des temps forts, des accents et des césures, sur la fixité du nombre des syllabes, etc. ◇ *(Poésie ou prose)* Mouvement général (de la phrase, du poème, de la strophe), qui constitue un fait stylistique et qui résulte de la longueur relative des membres de la phrase, de l'emploi des rejets, des déplacements d'accents, etc. *Le rythme et le nombre de la phrase.* V. **Cadence, harmonie, mouvement.** ♦ 2° Retour périodique des temps forts et des temps faibles, disposition régulière des sons musicaux (du point de vue de l'*intensité* et de la *durée)* qui donne au morceau sa vitesse, son allure caractéristique. V. **Mesure, mouvement, tempo.** *Rythme binaire, ternaire,* qui procède par groupe de deux, trois temps. — *Rythme endiablé. Marquer le rythme.* V. **Rythmer.** ◇ Élément rythmique prépondérant dans la musique de jazz. V. **Swing.** ◇ AU RYTHME DE... « *Le cortège avançait lentement au rythme monotone des deux tambours* » (MAC ORLAN). ♦ 3° *Par anal.* (Dans l'espace). *Arts.* Distribution des grandes masses, des pleins et des vides, des lignes dominantes; répétition d'un motif ornemental. V. **Eurythmie.** « *Il y a en architecture, comme en musique, des rythmes d'une symétrie harmonieuse qui charment l'œil* » (GAUTIER).
II. ♦ 1° Mouvement régulier, périodique, cadencé. *Le rythme des vagues. Rythme cardiaque, respiratoire.* ♦ 2° Allure, vitesse à laquelle s'exécute une action, se déroule un processus, une suite d'événements. *Le rythme de la vie moderne. Changer de rythme. Ne pas pouvoir suivre le rythme. Le rythme de la production.* « *Le progrès des sciences et de leur utilisation se développe à un rythme toujours plus rapide* » (L. de BROGLIE). ◇ *Spécialt. Rythme de l'action dans une pièce de théâtre, un film. Cela manque de rythme, c'est mou.*

RYTHMÉ, ÉE [ʀitme]. *adj. (Rythmed,* 1835; rimé, 1370; de *rythme).* Qui a un rythme. « *J'entendis le battement lourd et rythmé de leurs pas* » (MAUPASS.). *Langage rythmé, mélodieux.* V. **Harmonieux.** — *Prose rythmée.* V. **Mesuré, rythmique.** « *Il* (Baudelaire) *a fait quelques courts poèmes en prose, mais en prose rythmée, travaillée et polie comme la poésie la plus condensée* » (GAUTIER).

RYTHMER [ʀitme]. *v. tr. (Rhythmer,* 1856; de *rythme).* ♦ 1° Donner du rythme à une phrase. V. **Cadencer.** « *Il avait médité sa phrase, il l'avait arrondie, polie, rythmée* » (FLAUB.). ♦ 2° (1862). Soumettre à un rythme, régler selon une cadence. *Chanter pour rythmer son travail.* ◇ Marquer, souligner le rythme (d'une phrase, d'un poème, d'un morceau de musique). V. **Scander.** « *S'interrompant pour fredonner un air de ballet qu'elle rhythmait d'un mouvement de la tête* » (DAUD.).

RYTHMICIEN [ʀitmisjɛ]. *n. m.* (1870; de *rythmique). Didact.* Spécialiste des questions de rythmique grecque ou latine. — Poète habile dans le maniement des rythmes.

RYTHMICITÉ [ʀitmisite]. *n. f.* (1877; de *rythme).* Caractère de ce qui est rythmique; qui présente un rythme. « *Ce sommeil présente une certaine rythmicité* » (*La Recherche,* fév. 1974).

RYTHMIQUE [ʀitmik]. *adj.* et *n. f.* (1690; *richmique,* fin xvᵉ; rhét. lat. *r[h]ythmicus,* gr. *rhuthmikos*). ♦ 1° *Adj.* Qui est soumis à un rythme régulier. V. **Alternatif, rythmé.** *Oscillations rythmiques.* « *Ou le grain qu'un vanneur d'un mouvement rythmique Agite et tourne dans son van* » (BAUDEL.). — *Gymnastique rythmique :* par mouvements rythmés et enchaînés. — *La danse rythmique,* ou subst. *La rythmique :* danse de caractère éducatif, intermédiaire entre la danse classique et la gymnastique. ♦ 2° *Didact.* Qui est relatif au rythme. *Schéma rythmique d'une strophe, d'une période.* — Mus. *Accent rythmique.* — *Section* rythmique d'un orchestre de jazz.* ♦ 3° Qui est fondé sur le rythme; qui utilise les effets du rythme. *Versification rythmique,* fondée non sur le nombre ou la quantité (5°) des syllabes, mais sur l'accent tonique. *Le vers allemand et le vers anglais sont des vers rythmiques.* — *Prose rythmique.* V. **Mesuré, rythmé.** ♦ 4° *N. f.* Hist. litt. LA RYTHMIQUE : étude des rythmes des vers grecs ou latins. — Étude des rythmes dans la langue littéraire (prose ou poésie). « *Le langage est justiciable, tour à tour, de la phonétique, avec la métrique et la rythmique qui s'y ajoutent* » (VALÉRY). ◇ ANT. *Arythmique* (V. **Arythmie**).

RYTHMIQUEMENT [ʀitmikmã]. *adv.* (1816; de *rythmique*). En rythme, d'une manière rythmique. « *Le moteur était déjà en marche, et vibrait rythmiquement* » (LE CLÉZIO).

S

S [ɛs]. *n. m.* ♦ 1° Dix-neuvième lettre et quinzième consonne de l'alphabet, servant à noter une fricative dentale ou sifflante. Le *s* est généralement sourd [s] (*ex. :* sac, jasmin, bosse, poisson), mais il est le plus souvent sonore [z] entre deux voyelles (*ex. :* rose, maison) et à la liaison (*ex. :* les amis [lezami]). S *majuscule*, s *minuscule*. — *Le* s, *marque du pluriel**. ◇ Abrév. de *Sud, seconde*. ♦ 2° Forme sinueuse du s. *Virage en* s. *Ivrogne qui fait des* s. V. **Zigzag**. « *Il tombe jusqu'à la nuit, tourne, file, en S* » (MALRAUX). — Anat. S *iliaque*, portion terminale du côlon, au trajet sinueux. — *Chim.* Symbole du soufre*. — *Phys.* Symbole du siemens*. ◇ HOM. **Ès, esse**.

SA. V. **SON** *(adj. poss.)*.

SABAYON [sabajɔ̃]. *n. m.* *(Sabaillon*, 1803; it. *zabaione)*. Crème composée de jaunes d'œufs, de sucre, de vin et d'aromates. Appos. *Crème sabayon*.

SABBAT [saba]. *n. m.* (XIIe; lat. ecclés. *sabbatum*, de l'hébreu *schabbat*, par le gr. *sabbaton*). ♦ 1° Repos que les juifs doivent observer le samedi, jour consacré au culte divin. *Le jour du sabbat*. V. **Samedi**. ♦ 2° (Par une interprétation malveillante des chrétiens). Assemblée nocturne et bruyante de sorciers et de sorcières, au moyen âge. « *Un démon ivre encor du banquet des sabbats* » (HUGO). ♦ 3° (XIVe-XVe). Danse, agitation frénétique. « *Je danse le sabbat dans une rouge clairière, avec des vieilles et des enfants* » (RIMBAUD). ◇ *Fam.* Bruit d'enfer. V. **Chahut, tapage**. « *Voyez le beau sabbat qu'ils font à notre porte* » (RAC.).

SABBATHIEN, ENNE [sabatjɛ̃, ɛn]. *n.* (1732; de *Sabbathius*). *Hist. relig.* Membre d'une secte chrétienne fondée au XIVe siècle par Sabbathius, et qui célébrait la pâque le même jour que les juifs.

SABBATIQUE [sabatik]. *adj.* (1569, fig.; de *sabbat*). *Didact.* ♦ 1° (1701). Qui a rapport au sabbat (1°). *Repos sabbatique. Année sabbatique*, septième année pendant laquelle on ne devait laisser reposer la terre et ne pas exiger les créances. — (1948; angl. *sabbatical year*, 1903) *Fig.* Année de congé accordée tous les 7 ans aux professeurs de certaines universités des États-Unis et du Canada. ♦ 2° Qui tient du sabbat (2°) « *Les scènes sabbatiques du moyen âge* » (HUYSMANS).

1. SABÉEN, ENNE [sabeɛ̃, ɛn]. *n. et adj.* (1732; de l'araméen *ç'ba* « baptiser », rattaché à l'hébreu *çaba* « armée [du ciel] »). *Relig.* ♦ 1° Membre d'une secte religieuse mentionnée dans le Coran (probabl. chrétiens adorateurs des astres). ♦ 2° Gnostiques, dont la religion s'apparentait peut-être à celle des précédents.

2. SABÉEN, ENNE [sabeɛ̃, ɛn]. *n. et adj.* (1732; de *Saba*, nom du peuple d'Arabie qui vivait au Yémen). *Hist.* Du pays de Saba.

SABÉISME [sabeism(ə)]. *n. m.* *(Sabaïsme*, 1732; de *sabéen)*. Religion des Sabéens, christianisme mêlé d'astrolâtrie.

SABELLE [sabɛl]. *n. f.* (1848; lat. zool. *sabella*, 1788; p.-ê. de *sabulum* « sable »). *Zool.* Annélide sédentaire (*Serpulidés)*, vers marin allongé dont les branchies céphaliques forment un panache.

SABELLIANISME [sabe(ɛl)ljanism(ə)]. *n. m.* (1839; de *sabellien*, 1732; de *Sabellius)*. *Relig.* Doctrine de Sabellius, hérésie selon laquelle la Trinité forme une seule personne qui se manifeste sous trois aspects.

SABINE [sabin]. *n. f.* *(Savine*, 1130; lat. *sabina* [*herba*] « herbe des Sabins »). Genévrier du Sud de l'Europe. « *Une végétation de colchiques, de sabines...* » (HUYSMANS).

SABIR [sabiʀ]. *n. m.* (1852; de l'esp. *saber* « savoir »). Jargon mêlé de français, d'espagnol, d'italien, parlé en Afrique du Nord et dans le Levant. « *Le sabir... fait de mots bariolés amassés comme des coquillages tout le long des mers latines* » (DAUD.). ◇ (1919). *Ling.* Système linguistique mixte limité à quelques règles et à un vocabulaire déterminé d'échanges commerciaux (*opposé à* pidgin* et à créole* dont l'organisation est plus complète), issu des contacts entre des communautés de langues très différentes et servant de langue d'appoint (*opposé à* créole*, langue maternelle). *Le « sabir atlantique »* (ÉTIEMBLE).

SABLAGE [sablaʒ]. *n. m.* (1876; de *sabler)*. Action de sabler (1° et 3°).

1. SABLE [sabl(ə)]. *n. m.* (h. 1165; XVe; adapt., d'apr. *sablon*, du lat. *sabulum)*. ♦ 1° Ensemble de petits grains minéraux (quartz) séparés, recouvrant le sol; *minér.* Roche sédimentaire pulvérulente, siliceuse, d'origine détritique. *Grain de sable. Sable fin, très fin* (V. **Limon**); *gros sable, sable grossier* (V. **Gravier**). *Sable coquillier* (V. **Falun**); *sable micacé. Sable jaune, rouge, blanc, gris. Plage, rive de sable*. V. **Arène** *(vx)*, **grève**; **sablonneux**. « *Ce sable vivant qui marche, ondule, se creuse, vole et crée sur la plage, par un jour de vent, des collines qu'il nivelle le lendemain* » (COLETTE). *Dune de sable.* ◇ LES SABLES : lieu ensablé; *spécialt*. Désert de sable. *Rose* des sables. Poignée de sable. Tas de sable.* ◇ Loc. fig. *Bâtir sur le sable. Bâti à chaux et à sable* : solidement bâti; *fig.* d'une santé robuste. *Semer sur le sable*, engager une action inutile. *Grain de sable*, action, événement minuscule qui enraye, gêne un processus. — *Fam. Être sur le sable* (1725, arg.); p.-ê. du bateau qui échoue) : se retrouver sans argent, ruiné; être sans travail. « *Juste au moment où t'allais être sur le sable, on t'offre un petit foyer* » (QUENEAU). — *Fam. Le marchand de sable a passé*, les enfants ont sommeil (les yeux leur piquent). ♦ 2° Adj. Beige grisé très clair. *Un manteau sable* (ne pas confondre avec *sable* 2).

2. SABLE [sa(ɑ)bl(ə)]. *n. m.* (XIIe; lat. médiév. *sabellum*, polonais *sabol*, ou russe *sobol* « zibeline »). *Blas.* Noir (couleur de la zibeline).

1. SABLÉ, ÉE [sable]. *adj.* (1507; de *sable* 1). Couvert de sable. *Allées sablées*. « *Une route bien plane et sablée avec du sable fin* » (GAUTIER).

2. SABLÉ, ÉE [sable]. *n. m. et adj.* (1870, n. m.; de *Sablé*, ville de Normandie). ♦ 1° N. m. Petit gâteau sec à pâte friable. ♦ 2° Adj. (v. 1900). Qui a la texture de ce gâteau (qui s'effrite comme le sable). *Pâte sablée. Galette sablée.*

SABLER [sable]. *v. tr.* (1587; de *sable* 1). ♦ 1° Couvrir de sable. *Sabler les allées d'un jardin*. ♦ 2° *Techn.* Jeter dans un moule fait de sable. ◇ Fig. *(Vx)* Avaler d'un trait. « *Jacques avait sablé deux ou trois rasades* » (DIDER.). Mod. *Sabler le champagne*, boire du champagne en abondance lors d'une réjouissance. ♦ 3° *Techn.* (déb. XXe). Décaper, dépolir, graver à la sableuse.

SABLERIE [sa(ɑ)bləʀi]. *n. f.* (1870; de *sabler)*. *Techn.* Partie d'une fonderie où l'on fait les moules de sable.

SABLEUR, EUSE [sablœʀ, øz]. *n.* (1765; de *sabler)*. *Techn.* ♦ 1° Ouvrier qui fait les moules en sable dans une fonderie. ♦ 2° Ouvrier qui travaille à la sableuse.

SABLEUSE [sabløz]. *n. f.* (1907; de *sableur)*. *Techn.* Machine qui projette un jet de sable fin et sert à décaper, dépolir, graver, etc.

SABLEUX, EUSE [sablø, øz]. *adj.* (1559; a. prov. *sablos*, 1275; du *sabulum*. V. **Sable** 1). Qui contient du sable. *Alluvions sableuses.*

SABLIER [sa(ɑ)blije]. *n. m.* (1659; *sablière*, n. f., 1609; de *sable* 1). Instrument composé de deux vases ovoïdes abouchés verticalement, le vase supérieur étant rempli de sable qui coule dans le vase inférieur (pour mesurer le temps). « *On compte les minutes qui nous restent à vivre, et l'on secoue notre sablier pour le hâter* » (VIGNY).

SABLIÈRE [sa(ɑ)blijɛʀ]. *n. f.* (1346; de *sable* 1). I. *Techn.* (parce que les poutres soutiennent le mortier et le sable). Grosse poutre horizontale qui supporte d'autres pièces. — *Ferme* (3) d'un comble. II. ♦ 1° (1690). Carrière de sable. ♦ 2° *Ch. de fer.* Réservoir à sable (pour augmenter l'adhérence des roues).

SABLON [sablɔ̃]. *n. m.* (*Sablum* « sable », 1125; lat.

sabulo, -onis, de *sabulum* « sable »). ♦ 1° *Vx.* Sable. ◇ *Techn.* Sable fin, abrasif. ♦ 2° (1165). *Vx.* Lieu couvert de sable.

SABLONNER [sɑ(a)blɔne]. *v. tr.* (1387; de *sablon*). *Techn.* ♦ 1° Parsemer de sable (le fer chaud) pour souder. ♦ 2° Récurer avec du sablon. ♦ 3° Couvrir d'une couche de sable, de terre fine.

SABLONNEUX, EUSE [sɑ(a)blɔnø, øz]. *adj.* (*Sablonos,* 1160; de *sablon*). Naturellement couvert de sable ; constitué de sable. V. **Sableux.** *Chemin sablonneux, terre sablonneuse.*

SABLONNIÈRE [sɑ(a)blɔnjɛʀ]. *n. f.* (1237; « désert de sable », v. 1200; de *sablon*). Lieu d'où l'on extrait le sable.

SABORD [sabɔʀ]. *n. m.* (1402; p.-ê. de *bord*). *Mar.* Ouverture quadrangulaire servant, sur les vaisseaux de guerre, de passage à la bouche des canons. — *Sabord de charge,* destiné à l'embarquement du matériel. *Faux sabord* ou *sabord d'aérage,* grand hublot carré. ◇ *Mille sabords!* juron familier des marins.

SABORDAGE [sabɔʀdaʒ] ou *(vx)* **SABORDEMENT** [sabɔʀdəmɑ̃]. *n. m.* (1894,-1846; de *saborder*). Action de (se) saborder. *Le sabordage de la flotte française à Toulon.*

SABORDER [sabɔʀde]. *v. tr.* (1831; de *sabord*). ♦ 1° Percer (un navire) au-dessous de la flottaison en créant des voies d'eau suffisantes pour le faire couler. Pronom. *Se saborder,* couler volontairement son navire. ♦ 2° (1942; des journaux qui renoncèrent d'eux-mêmes à paraître). *Saborder son entreprise, se saborder,* mettre fin volontairement aux activités de son entreprise.

SABOT [sabo]. *n. m.* (XVᵉ; *çabot* « toupie », XIIᵉ; probabl. de *savate,* et *bot,* var. de *botte* 2). ♦ 1° Chaussure paysanne faite généralement d'une seule pièce de bois évidée. V. **Galoche.** « *Les pieds dans ses gros sabots remplis de paille* » (FROMENTIN). *Un paysan en sabots.* — Loc. fig. *Je le vois* (ou *je l'entends*) *venir avec ses gros sabots,* ses allusions sont un peu trop grosses, ses intentions trop claires. « *Le Champi commençait à la voir venir avec ses gros sabots* » (SAND). ♦ 2° (XVIIᵉ). Chez les ongulés, Ongle très développé, sorte d'enveloppe cornée qui entoure l'extrémité du doigt et repose dans la marche sur une large sole (1). *Parties du sabot du cheval et des équidés :* fourchette, lacune, muraille, sole. « *Les animaux à sabots doivent tous être herbivores, puisqu'ils n'ont aucun moyen de saisir une proie* » (CUVIER). *Ferrer le sabot d'un cheval.* ♦ 3° *Techn.* Garniture de métal destinée à protéger l'extrémité d'une pièce de bois (pied de meuble, pieu, charpente, etc.). *Sabots de tables, de bureaux.* — *Sabot d'enrayage, sabot d'arrêt,* pièce que l'on place sous la roue d'un véhicule pour enrayer ou arrêter la marche. *Sabot de frein,* pièce mobile qui vient s'appliquer sur la jante de la roue. ◇ (1967). *Sabot de Denver,* pince servant à bloquer la roue d'un véhicule en stationnement illicite. ♦ 4° Appos. *Baignoire sabot :* baignoire courte où l'on se baigne assis (à l'origine en forme de sabot). ♦ 5° Jouet d'enfant, toupie à extrémité conique que l'on fait tourner sur la pointe en la fouettant. *Vx. Le sabot dort,* il tourne sur place, paraissant immobile. *Loc. mod. Dormir comme un sabot :* profondément. ♦ 6° (1835). Instrument de musique, bateau, véhicule de mauvaise qualité. *Ce bateau est un vrai sabot. Comment pouvez-vous jouer sur un pareil sabot!* ◇ *Travailler, jouer comme un sabot,* très mal.

SABOTAGE [sabɔtaʒ]. *n. m.* (1870; « fabrication des sabots », 1842; de *saboter*). ♦ 1° *Techn.* Action de saboter (le drap, un pilotis, une traverse). ♦ 2° (Fin XIXᵉ). *Cour.* Action de saboter (un travail). V. **Gâchage.** « *Un grand nombre d'ouvriers avaient prôné le sabotage du travail* » (MART. du G.). ◇ Acte matériel tendant à empêcher le fonctionnement normal d'un service, d'une entreprise, d'une machine, d'une installation. *Sabotage d'un matériel. Sabotages exécutés par la Résistance sous l'occupation allemande.* — Fig. *Sabotage d'une politique, d'une négociation.*

SABOTER [sabɔte]. *v. tr.* (XIIIᵉ, « heurter avec les sabots »; de *sabot*). ♦ 1° *Techn.* Entailler et percer (les traverses) afin de préparer le logement du patin du rail et de ménager les trous où seront vissés les tire-fonds. ◇ Garnir (un pieu, un pilotis) d'un sabot. ♦ 2° (1838; Cf. Secouer [v. 1300]; « maltraiter », déb. XVIIᵉ). Faire vite et mal. V. **Gâcher; gâter.** *Saboter un travail, un devoir.* V. **Bâcler.** *L'orchestre a saboté ce morceau,* l'a très mal exécuté. ♦ 3° (Fin XIXᵉ). Détériorer ou détruire par un acte de sabotage. *Saboter une machine, un avion.* ◇ Chercher à contrarier ou à neutraliser par malveillance. « *L'Autriche qui, systématiquement, semblait saboter tous les efforts qu'on tentait pour sauvegarder la paix* » (MART. du G.).

SABOTERIE [sabɔtʀi]. *n. f.* (1867; de *sabot*). *Techn.* Fabrique de sabots, fabrication des sabots.

SABOTEUR, EUSE [sabɔtœʀ, øz]. *n.* (1838, « mauvais ouvrier »; de *saboter*). Personne qui sabote un travail. ◇ Responsable, auteur d'un sabotage. *Ils ont fusillé un saboteur.*

SABOTIER, IÈRE [sabɔtje, jɛʀ]. *n.* (1518; de *sabot*). Personne qui fabrique, qui vend des sabots.

SABOULER [sabule]. *v. tr.* (1546; crois. prob. entre

saboter « secouer » et *boule;* Cf. Chambouler). *Vx.* Bousculer, malmener, secouer.

SABRA [sabʀa]. *n.* (v. 1972; judéo-arabe *Barbari* « figue de Barbarie », transcrit en deux syllabes hébraïques). Citoyen juif d'Israël, natif du pays. « *Ce sont eux que le monde connaît sous le nom de « sabras », ces fermiers soldats brunis par le soleil* [...] *qui ont forgé leur nouvel État* » (*L'Express,* 7-5-1973).

SABRAGE [sabʀaʒ]. *n. m.* (déb. XXᵉ; « hachure », 1883; de *sabrer*). *Techn.* Opération de délainage, arrachage des débris végétaux adhérant aux toisons (à la *sabreuse*).

SABRE [sabʀ(ə)]. *n. m.* (1598; all. *Sabel,* var. de *Säbel;* hongr. *száblya*). ♦ 1° Arme blanche à pointe et à tranchant, à lame plus ou moins recourbée. V. **Cimeterre, épée, latte** (2°, *vx*), **yatagan,** et *(fam.)* **Coupe-choux.** *Sabre de cavalerie, d'abordage, d'infanterie. Sabre-baïonnette,* sabre-poignard qui s'adapte au fusil et peut servir de baïonnette. *Escrime au sabre.* *Championnat du monde de sabre. Sabre au clair*! Coup de sabre.* — Loc. *Traîneurs de sabre,* militaires fanfarons et belliqueux. V. **Bravache.** *Bruit de sabre,* menace de guerre, politique agressive. *Le sabre et le goupillon :* l'Armée et l'Église. ♦ 2° (Objets, instruments en forme de lame de sabre). *Techn.* Instrument servant à tondre les haies. — Lame ou tringle métallique servant au sabrage. — Came en forme de lame de sabre, dans certaines machines à vapeur. — Instrument courbe servant à soulever le varech. *Pêche des crustacés au sabre.* — Dérive très allongée de certains petits yachts. ◇ *Fam.* Rasoir à main, à longue lame. ◇ Eɴ SABRE : en forme de lame de sabre, légèrement courbe.

SABRER [sabʀe]. *v. tr.* (1680; de *sabre*). ♦ 1° Frapper à coups de sabre (surtout avec un compl. plur. ou collectif). *Sabrer l'ennemi.* « *La cavalerie prussienne... s'élance, vole, sabre, taille, hache, tue, extermine* » (HUGO). ◇ *Par ext.* Marquer de traits profonds. « *Des rides nouvelles sabraient ses joues* » (R. ROLLAND). — *Dessin sabré de larges coups de crayon.* ♦ 2° Fig. (1762). *Vx. Sabrer une affaire,* la juger avec précipitation. ◇ *Mod.* Pratiquer de larges coupures dans. V. **Biffer.** *La rédaction du journal a sabré l'article de son correspondant.* Fam. *Il s'est fait sabrer,* renvoyer. *Sabrer la moitié des candidats :* les refuser impitoyablement. V. **Sacquer.** ♦ 3° *Techn.* Soumettre (les peaux) à l'opération du sabrage.

SABRETACHE [sabʀətaʃ]. *n. f.* (1752; all. *Säbeltasche* « poche de sabre »). *Ancien.* Sac plat en cuir, que les cavaliers suspendaient au ceinturon, à côté du sabre.

SABREUR [sabʀœʀ]. *n. m.* (1790; de *sabrer*). Celui qui se bat au sabre. ◇ Soldat courageux et brutal. « *La vulgaire bravoure du sabreur* » (BALZ.).

SABREUSE [sabʀøz]. *n. f.* (XXᵉ; de *sabrer*). *Techn.* Machine formée d'un tambour tournant garni de lames, pour le sabrage des peaux.

SABURRAL, ALE, AUX [sabyʀ(ʀ)al, o]. *adj.* (1770; de *saburre*). *Méd.* Se dit de la langue, lorsqu'elle est recouverte d'un enduit blanc-jaunâtre.

SABURRE [sabyʀ]. *n. f.* (1539; lat. *saburra* « lest », en parlant de l'estomac). *Méd. anc.* Résidu qu'on supposait accumulé dans l'estomac à la suite de mauvaises digestions.

1. **SAC** [sak]. *n. m.* (1050, « étoffe grossière »; lat. *saccus,* gr. *sakkos,* d'o. sémitique).

I. Ⓐ ♦ 1° (1120). Contenant formé d'une matière souple pliée, assemblée, et ouvert seulement par le haut. V. **Poche.** *Grand, petit sac* (V. **Sachet**). *Sac pour l'emballage, le transport. L'entrée, l'ouverture, le fond d'un sac. Sac bourré jusqu'à la gueule. Sac à deux poches.* V. **Besace, bissac.** *Oreilles d'un sac :* les plis de la toile aux côtés de l'ouverture et qui servent à le manier. *Remplir, vider un sac. Mettre en sac.* V. **Ensacher.** *Sac de toile, de matière plastique, de papier. Sac en papier. Toile à sac.* — *Sac à blé, à patates,* destiné à recevoir du blé, etc. *Vx.* (1830). *Sac à papier!* (juron). — *Sac de charbon, de noix, de plâtre, de terre :* contenant effectivement du charbon, etc. ◇ *Spécialt. Sac de sable, de terre,* servant de matériaux pour édifier une fortification, soutenir une tranchée, protéger un emplacement. — *Sac de sable,* servant à l'entraînement des boxeurs. *Fam. Passage d'un avion.* ◇ *Sac d'argent, de pistoles, sim.* V. **Bourse, escarcelle.** — Fig. et pop. *Le sac :* l'argent, la richesse. *Avoir le sac. Faire son sac,* ramasser de l'argent. *Il a épousé le sac :* une riche héritière. « *Votre demoiselle est charmante... A-t-elle le sac? Cela veut dire en langage des halles :* « *A-t-elle de l'argent?* » (NERVAL). — *Pop.* Somme de mille francs anciens (dix francs). ◇ *Enfermer qqn dans un sac.* — *Course en sac :* jeu où les concurrents, les jambes et une partie du corps enfermés dans un sac, s'efforcent d'avancer en sautant. — Loc. fig. (par allus. au sac dans lequel on enfermait certains malfaiteurs) *Homme, gens de sac et de corde,* malfaiteur, scélérat. ♦ 2° *Être fagoté, ficelé comme un sac :* très mal habillé. ◇ *Ce qui est gonflé, informe comme un sac plein.* « *Il tapa sur les gros sacs que faisaient ses poches* » (RAMUZ). ◇ *Par appos. Paletot sac. Robe sac,* sans taille marquée. ♦ 3° SAC DE COUCHAGE :

enveloppe cousue remplaçant les draps (arg. milit. *Sac à viande*). ♦ 4° Loc. fig. *Mettre dans le même sac* : englober dans la même appréciation (et généralement dans la même réprobation). — *Prendre qqn la main dans le sac* : le surprendre, le prendre sur le fait. ◊ Pop. *Sac d' « embrouilles »*, *sac de nœuds* : affaire confuse, embrouillée. ◊ *Sac à vin* : ivrogne. « *Chenapans, sacs à vin* » (JARRY). — *Sac à malices* (d'un prestidigitateur). *Il a plus d'un tour dans son sac* : il est malin. ♦ 5° Relig. *Le sac et la cendre* : la pénitence. Ⓑ (Fin XVIe). ♦ 1° Objet souple, fabriqué pour servir de contenant, où l'on peut placer, ranger, transporter diverses choses. V. **Gibecière**, **musette**, **sacoche**. *Sac de soldat*, de fantassin (V. **Havresac**), *de chasseur* (V. **Carnier**). *Sac d'alpiniste*, *de scout*, *de campeur* : sacs portés sur le dos à l'aide d'un système d'attaches. *Sac au dos*. *Mettre le sac à terre*. « *Le sac c'est la malle et même c'est l'armoire. Et le vieux soldat connaît l'art de l'agrandir, quasi miraculeusement* » (BARBUSSE). — *Sac marin* (de marin). — *Sac de plage*, pour mettre les maillots de bain, les serviettes. ◊ *Sac à ouvrage* (en toile, en tapisserie), où l'on range le matériel de couture. — *Sac à provisions*. ◊ *Sac de nuit* (vieilli), *sac de voyage* : bagage à main souple et sans couvercle (à la différence de la valise). *Sac de voyage en cuir*. « *Le sac de nuit, le sac de voyage, le petit paquet, avec lequel il est seulement possible de fuir Paris* » (GONCOURT). — *Sac de couchage*, enveloppe en forme de sac, souvent munie d'une fermeture à glissière, dans laquelle on peut dormir. ♦ 2° SAC À MAIN, et absolt. *Sac* : accessoire de la toilette féminine, destiné à contenir l'argent, les papiers, les fards. *Sac en crocodile*, en croco. *Poignée*, *fermoir d'un sac à main*. *Sac sans poignée* ou *pochette*. *Petit sac en tissu*. V. **Réticule**. ♦ 3° Serviette, cartable (dans le langage des écoliers). « *Elle ira en quatrième... et quittera le sac (la serviette) pour quatre livres noués par une sangle* » (COCTEAU). ♦ 4° Vx. Dossier, portefeuille contenant les pièces d'un procès. — Loc. fig. *Juger sur l'étiquette du sac* : sur les apparences. — *Le fond du sac* : les pièces les plus secrètes. ◊ Loc. mod. *L'affaire est dans le sac* : le succès de l'entreprise est assuré, certain. — Fam. *Vider son sac* : dire le fond de sa pensée, ou encore *Avouer une chose que l'on tenait cachée*. Ⓒ Contenu d'un sac. *Moudre cent sacs de blé*, *un sac de café*. V. **Sachée**. — Spécialt. Contenu d'un sac de dimension déterminée, servant de mesure (pour les grains). — Mar. *Le sac du marin* : tous les effets réglementaires et objets personnels du marin (contenus en principe dans le sac). II. Fig. ♦ 1° L'estomac, le ventre (vx). *S'en mettre plein le sac.* ♦ 2° Sc. nat. Cavité ou enveloppe en forme de poche, de sac. V. **Follicule**, **saccule**, **vésicule**, **vessie**. *Sac lacrymal*, à l'angle extrême de l'œil. *Sac herniaire*. *Sacs aériens*, de l'appareil respiratoire des oiseaux. Bot. *Sac embryonnaire*, partie de l'ovule des angiospermes qui correspond au prothalle des cryptogames.

2. **SAC** [sak]. *n. m.* (1420; it. *sacco*, dans l'express. *mettere a sacco* [XIVe]; de l'all. *Sakman* « pillard, brigand », de *Sak* « sac »). Pillage (d'une ville, d'une région). V. **Pillage**, **saccage**. *Le sac de Rome*. *Mettre à sac* : piller, saccager. « *La foule s'en prit au magasin, éventra la caisse et mit à sac les étalages* » (Cl. COURCHAY). *Mise à sac*.

SACCADE [sakad]. *n. f.* (1534; du v. *saquer* « tirer », forme dial. de *sacher*; esp. *sacar*; de *sac*, au sens de « retirer d'un récipient »). ♦ 1° Brusque secousse (d'abord T. d'équit.). ♦ 2° (1800). Cour. Mouvement brusque et irrégulier. V. **À-coup**, **heurt**, **secousse**, **soubresaut**. « *Il marche à pas fermes, mais par saccades, comme un pantin désarticulé* » (MART. du G.). *Les roues avançaient par saccades* : par bonds successifs. — *Parler*, *rire par saccades* (V. **Saccadé**).

SACCADÉ, ÉE [sakade]. *adj.* (1788; de *saccade*). Qui procède par saccades, par mouvements successifs, brusques. V. **Discontinu**, **haché**, **heurté**, **irrégulier**. *Gestes*, *mouvements saccadés*. « *Son sommeil était saccadé, il avait de brusques détentes nerveuses* » (R. ROLLAND). *Bruit*, *craquement saccadé*. ◊ Fig. *Style coupé*, *saccadé*.

SACCADER [sakade]. *v. tr.* (1532; de *saccade*). ♦ 1° Équit. Donner des saccades (à un cheval). ♦ 2° Rendre saccadé. « *Le tremblement nerveux de la tête saccadait ses paroles* » (MART. du G.).

SACCAGE [saka3]. *n. m.* (1596; de *saccager*). Pillage commis en saccageant. V. **Déprédation**, **sac** (2). « *Quel saccage au jardin de la haine !* » (RIMBAUD).

SACCAGEMENT [saka3mã]. *n. m.* (1587; de *saccager*). Vieilli. Action de saccager, pillage violent. V. **Saccage**. « *Pestes*, *famines*, *incendies*, *saccagement de villes* » (CHATEAUB.).

SACCAGER [saka3e]. *v. tr.* (1450; it. *saccheggiare*, de *saccheggio*, de *sacco*. V. **Sac** 2). ♦ 1° Mettre à sac, au pillage, en détruisant et en volant. V. **Piller**, **ravager**. *Autun « avait été horriblement saccagée et brûlée à la fin du troisième siècle* » (STENDHAL). *Champs saccagés*. ◊ Par ext. Détruire, dévaster (sans idée de pillage). V. **Désoler**. ♦ 2° Mettre en désordre. V. **Bouleverser**, **chambarder**. *Les enquêteurs, les cambrioleurs ont tout saccagé chez lui.*

SACCAGEUR, EUSE [saka3œr, øz]. *n.* et *adj.* (1553; de *saccager*). Personne qui saccage (une ville, un pays). Fig. *Oiseaux saccageurs des jardins.*

SACCHAR(O)-. Premier élément, du lat. *saccharum*, gr. *sakkharos* « sucre ».

SACCHARASE [sakaraz]. *n. f.* (mil. XXe; de *acchar-*, et *-ase*). Biochim. Syn. **Invertase***.

SACCHARATE [sakarat]. *n. m.* (1799; de *acchar-*, et *-ate*). Chim. Sel de l'acide saccharique. Combinaison du saccharose avec les bases (sucrate).

SACCHAREUX, EUSE [sakarø, øz]. *adj.* (1839; de *acchar-*, et suff. *-eux*). Didact. De la nature du sucre, et spécialt. du saccharose.

SACCHARIDÉ [sakaride]. *n. m.* (1846; de *saccharide*). Pharm. Médicament à base de sucre.

SACCHARIDES [sakarid]. *n. m. pl.* (1846; de *acchar-*, et *-ides*). Chim. Ancien nom des *polysaccharides**.

SACCHARIFÈRE [sakarifɛr]. *adj.* (1839; de *acchar-*, et *-[i]fère*). Didact. Qui produit, contient du sucre.

SACCHARIFICATION [sakarifikasjɔ̃]. *n. f.* (1825; de *saccharifier*). Chim. Transformation en glucose, en saccharose. *Saccharification de la cellulose par les acides, dans la fabrication de l'alcool de bois. Saccharification par les ferments* (diastases). *Saccharification par le malt*. V. **Maltage**.

SACCHARIFIER [sakarifje]. *v. tr.* (attesté 1843, mais antérieur; de *acchar-*, et *-ifier*). Chim. Transformer en sucre (glucose, saccharose) les matières amylacées (amidon) et cellulosiques. *Qui peut être saccharifié* : SACCHARIFIABLE [sakarifiabl(ə)], adj. (1843).

SACCHARIMÈTRE [sakarimɛtr(ə)]. *n. m.* (1839; de *acchar-*, et *-mètre*). Sc. Appareil destiné à déterminer la concentration d'une solution de sucre.

SACCHARIMÉTRIE [sakarimetri]. *n. f.* (1839; du précéd.). Sc. Détermination de la teneur en sucre d'une solution, notamment à partir de son pouvoir rotatoire.

SACCHARIMÉTRIQUE [sakarimetrik]. *adj.* (1853; du précéd.). Sc. Qui concerne la teneur en sucre d'une solution. *Degré saccharimétrique. Échelle saccharimétrique.*

SACCHARIN, INE [sakarɛ̃, in]. *adj.* (1830; « du sucre », 1564; de *acchar-*, et *-in*, *-ine*). Didact. Qui est de la nature du sucre. — Relatif au sucre et à sa production.

SACCHARINE [sakarin]. *n. f.* (1875; de l'adj. *saccharin* « du sucre », 1564). Chim. et cour. Substance blanche à fort pouvoir édulcorant utilisée comme succédané du sucre (imide sulfo-benzoïque).

SACCHARINÉ, ÉE [sakarine]. *adj.* (XXe; de *saccharine*). Cour. Édulcoré à la saccharine. *Café sacchariné.*

SACCHARIQUE [sakarik]. *adj.* (1837; de *acchar-*, et *-ique*). Chim. Se dit d'un acide, l' « hexane tétrol dioïque » (appelé aussi SACCHARINIQUE [sakarinik]).

SACCHAROÏDE [sakarɔid]. *adj.* (1803; de *acchar-*, et *-oïde*). Minér. Qui a l'apparence du sucre. *Gypse saccharoïde.*

SACCHAROLÉ [sakarɔle]. *n. m.* (1833; de *saccharol* [1843]; de *acchar-*). Pharm. Médicament contenant du sucre, liquide (sirop) ou solide (V. **Saccharure**), et destiné à être pris par la bouche.

SACCHAROMYCES [sakarɔmisɛs]. *n. m. pl.* (1890; de *saccharo-*, gr. *mukê* « champignon »). Bot. Nom générique des levures (nombreuses espèces de champignons ascomycètes) employées comme agents de fermentation des sucres. *La levure de bière fait partie des Saccharomyces.*

SACCHAROSE [sakaroz]. *n. m.* (1875; de *acchar-*, et *-ose*). Biochim. Sucre courant alimentaire constitué de glucose et de fructose. (On dit aussi *sucrose*.) *Les sucres de betterave, de canne, d'érable, sont des saccharoses.*

SACCHARURE [sakaryr]. *n. m.* (1835; de *acchar-*, et *-ure*). Pharm. Médicament solide (en général sous forme de granulés) constitué de sucre, et de diverses substances médicamenteuses.

SACCIFORME [sakifɔrm(ə)]. *adj.* (1839; du lat. *saccus* « sac », et *forme*). Didact. Qui a la forme d'un sac.

SACCULE [sakyl]. *n. m.* (1870; bot., 1846; lat. *sacculus* « petit sac »). Anat. Vésicule placée à la partie inférieure du vestibule de l'oreille interne.

SACCULIFORME [sakylifɔrm(ə)]. *adj.* (1870; de *saccule*, et *-forme*). Sc. nat. En forme de petit sac, de vésicule.

SACCULINE [sakylin]. *n. f.* (1870; « polypier », 1839; du lat. *sacculus*). Zool. Genre de crustacés, parasite des crabes, dont la larve présente les caractères normaux des crustacés mais qui subit, après la fixation, une régression complète (il n'en reste, à l'extérieur de l'animal parasité, qu'une sorte de petit sac).

SACERDOCE [saserdɔs]. *n. m.* (XVe; lat. *sacerdotium*, de *sacerdos* « prêtre »). ♦ 1° État ou dignité du ministre des dieux ou de Dieu. V. **Ministère**. « *Le sacerdoce romain n'était qu'une sorte d'émanation de la royauté primitive* » (FUSTEL). ◊ (1611; dans le catholicisme) Ministère du pape et des évêques *(sacerdoce de premier rang)*, et *par ext.* des simples prêtres (*sacerdoce de second rang*. V. **Prêtrise**), considéré par les théologiens comme une délégation du « *sacerdoce de Jésus-Christ* ». V. **Ordre**. ◇ *Fig.* Fonctions auxquelles on peut attacher un caractère quasi religieux. *Le sacerdoce de l'artiste, du professeur*. ♦ 2° *Didact.* Corps ecclésiastique (considéré dans sa puissance, son autorité). *Les querelles entre l'Empire et le sacerdoce.*

SACERDOTAL, ALE, AUX [sasɛʀdɔtal, o]. *adj.* (1325; lat. *sacerdotalis*. V. **Sacerdoce**). Propre au sacerdoce, aux prêtres. *Fonctions sacerdotales.* « *Manipule, étole, chasuble... les vêtements sacerdotaux semblaient l'accabler de leur poids* » (Bosco). ◇ *Par ext.* Qui évoque le sacerdoce, le prêtre. *Une onction toute sacerdotale.*

SACHÉE [saʃe]. *n. f.* (1288; de *sac* 1). *Rare.* Contenu d'un sac (On dit *Sac*).

SACHEM [saʃɛm]. *n. m.* (1801; mot iroquois, attesté en angl., 1622). Vieillard, « ancien » qui faisait fonction de conseiller et de chef chez les peuplades indiennes du Canada et du Nord des États-Unis.

SACHET [saʃɛ]. *n. m.* (1190; de *sac* 1). Petit sac. *Sachet de papier*. *Sachet de bonbons*. V. **Paquet**. — *Sachet de lavande*, pour parfumer le linge.

SACOCHE [sakɔʃ]. *n. f.* (1611; *sacosse*, 1601; it. *saccoccia*, de *sacco*. V. **Sac**). Sac (1, I, B) de cuir (ou parfois de toile forte) qu'une courroie permet de porter. *Sacoche d'encaisseur, de livreur, de receveur*. « *La sacoche des recettes... grossit à vue d'œil* » (Hugo). *Sacoche d'écolier*. — *Sacoche de cycliste, de motocycliste*, contenant des outils. ◇ *(Belgique)*. Sac à main (de femme).

SACOLÈVE [sakɔlɛv]. *n. m.* ou **SACOLÉVA** [sakɔleva]. *n. f.* (1829,-fin xixe; gr. mod. *sagolaiphea*, du gr. a. *sakos* « étoffe grossière », et *laiphos*, ou *laiphê* « voile de vaisseau »). *Mar.* Voilier à trois mâts un peu relevé de l'arrière, utilisé dans le Levant.

SACOME [sakom]. *n. m.* (1676; it. *sacoma*). *Archit.* Moulure en saillie.

SACQUEBUTE, SAQUEBUTE ou **SAQUEBOUTE** [sak(ə)byt ou sak(ə)but]. *n. f.* (v. 1310, *saqueboute*, au sens 2°, xve; de *saquer* [c ajouté d'apr. *sacquer*], et *bouter*). ♦ 1° *Archéol.* Lance terminée par un fer crochu. ♦ 2° *Hist. mus.* Instrument à vent analogue au trombone, en usage au moyen âge.

SACQUER ou **SAQUER** [sake]. *v. tr.* (1867, « rendre son sac à »; de *sac* 1). *Fam.* Renvoyer, congédier. « *Sacque Guilhermet. Il est très médiocre... saque* (sic) *donc Guilhermet* » (Montherlant). — *Sacquer un candidat à l'examen* : le refuser. V. **Sabrer**. ◇ hom. **Saké** (V. **Saki**).

SACRAL, ALE, AUX [sakral, o]. *adj.* (1930; antér. en angl. et all.; de *sacré*). *Didact.* Qui a revêtu un caractère sacré, qui a été sacralisé (*opposé à* profane). « *Le moyen âge avait formé la nature humaine selon un type 'sacral' de civilisation* » (Maritain).

1. SACRALISATION [sakralizasjɔ̃]. *n. f.* (mil. xxe; de *sacraliser*). *Didact.* Action de sacraliser; résultat de cette action. ◇ ant. **Désacralisation**.

2. SACRALISATION [sakralizasjɔ̃]. *n. f.* (mil. xxe; angl. *sacralization*, de *sacral* « relatif au sacrum »). *Méd.* Anomalie caractérisée par la fusion totale ou partielle de la dernière vertèbre lombaire au sacrum*.

SACRALISER [sakralize]. *v. tr.* (mil. xxe; de *sacral*). *Didact.* Rendre sacral, attribuer un caractère sacré à. *Les peuples anciens ont souvent sacralisé les ancêtres et les morts.* ◇ ant. **Désacraliser**.

SACRAMENTAIRE [sakramɑ̃tɛʀ]. *n. et adj.* (1535; en parlant d'hérétiques; lat. ecclés. *sacramentarius*. V. **Sacrement**). *Relig.* ♦ 1° *Hist.* Nom donné aux hérétiques qui au xvie s. nièrent la présence réelle dans l'Eucharistie. ♦ 2° (1660). Relatif aux sacrements. *Théologie sacramentaire.* V. **Sacramentel**.

SACRAMENTAL, AUX [sakramɑ̃tal, o]. *n. m.* (1907; lat. ecclés. *sacramentalia*; adj., 1382; lat. *sacramentalis*). *Liturg.* Rite sacré, institué par l'Église, pour obtenir par son intervention des effets d'ordre spirituel.

SACRAMENTEL, ELLE [sakramɑ̃tɛl]. *adj.* (1382; var. de l'a. adj. *sacramental*). ♦ 1° *Théol.* Qui appartient à un sacrement, aux sacrements. *Paroles, formules sacramentelles. Rites sacramentels.* ♦ 2° *Cour.* Qui tient du sacrement, par son caractère consacré, solennel ou rituel. « *L'heure sacramentelle du dîner ou du souper* » (Ste-Beuve).

1. SACRE [sakʀ(ə)]. *n. m.* (1175; de *sacrer*). Action de sacrer. ♦ 1° Cérémonie par laquelle l'Église sanctionne la souveraineté royale. V. **Couronnement**. *Le sacre des rois de France.* « *L'Empereur s'avance, s'agenouille et reçoit la triple onction... C'est proprement le sacre* » (Madelin). ♦ 2° Cérémonie par laquelle un prêtre reçoit l'épiscopat. V. **Consécration**. *Sacre d'un évêque.* ♦ 3° *Fig.* Consécration solennelle et quasi religieuse. *Le sacre du printemps*, ballet de Stravinski.

2. SACRE [sakʀ(ə)]. *n. m.* (fin xiiie; arabe *çaqr*). *Zool.* et *Chasse.* Variété de faucon que l'on utilisait à la chasse.

V. **Sacret**. « *Ayant le glaive au poing, le gerfaut ou le sacre* » (Heredia).

1. SACRÉ, ÉE [sakʀe]. *adj. et n. m.* (xiie; p. p. de *sacrer*, pour traduire l'adj. lat. *sacer*). ♦ 1° *(Généralement après le nom).* Qui appartient à un domaine séparé, interdit et inviolable (au contraire de ce qui est *profane*) et fait l'objet d'un sentiment de révérence religieuse. « *Il faut qu'autour du foyer, il y ait une enceinte... cette enceinte est réputée sacrée. Il y a impiété à la franchir* » (Fustel). V. **Saint, tabou**. *Feu sacré* (loc. fig. *Avoir le feu* sacré). *Édifice sacré* : sanctuaire, temple. *Vases sacrés*. V. **Liturgique**. *Livres sacrés de l'Égypte, de l'Inde, des Hébreux, des chrétiens* (Bible, Écriture). *Ordres sacrés*, le sous-diaconat, le diaconat et la prêtrise. — *Loc. Le mal sacré* : l'épilepsie (Cf. Le haut mal). — *Le Sacré Collège* : le corps des cardinaux de l'Église romaine. ◇ Se dit des sentiments qu'inspire le sacré. *Horreur, terreur sacrée.* ◇ *Par ext.* Relatif à des choses ou personnes sacrées; qui appartient au culte, à la liturgie. V. **Hiératique**. *La musique sacrée. Histoire profane et histoire sacrée.* — N. m. *Le sacré et le profane.* ♦ 2° Qui est digne d'un respect absolu, qui a un caractère de valeur absolue. V. **Intangible, inviolable, sacro-saint, vénérable**. *Les droits naturels, inaliénables et sacrés de l'homme. Un dépôt sacré.* « *Les dettes du jeu sacrées* » (Florian). *L'union* sacrée. — *Fam. Son sommeil, c'est sacré!* ♦ 3° (1788; laudatif). *Fam.* (Avant le nom) Sert d'épithète pour renforcer un terme injurieux. V. **Maudit**. *Sacré farceur! Sacré menteur!* — (Pour qualifier une chose dont on a quelque désagrément) *Tu as un sacré culot!* « *Le téléphone, c'est une sacrée invention* » (Aragon). ◇ (Avec une nuance d'admiration ou d'ironie) *Il a une sacrée chance.* « *Quelle sacrée jolie fille! se soufflaient à l'oreille les anciens* » (Barbey). ◇ *(Renforçant un juron)* *Pop. Sacré nom de Dieu! Sacré nom d'un chien! Sacré bon Dieu! Sacré nom!* (1809). — rem. Souvent abrégé en *cré* (1847) *Cré nom!* ◇ ant. *Profane*.

2. SACRÉ, ÉE [sakʀe]. *adj.* (xvie; de *sacrum*). *Anat.* Relatif au sacrum. *Vertèbres sacrées. Plexus, nerfs sacrés.*

SACRÉ-CŒUR [sakʀekœʀ]. *n. m.* (1863; de *sacré* [1], et *cœur*). *Liturg.* Jésus-Christ, dont le cœur, considéré comme organe de son humanité et comme symbole de son amour pour les hommes, est l'objet d'un culte de l'Église catholique. *Le culte, la dévotion, la fête du Sacré-Cœur, du Sacré-Cœur de Jésus. L'église du Sacré-Cœur*, et ellipt. *le Sacré-Cœur*, à Montmartre.

SACREDIEU! [sakʀədjø], **SACREBLEU!** [sakʀəblø]. *interj.* (xive,-1808; de *sacré*, et *Dieu*, altér. par euphém.). Juron familier (var. région.) : « *Nous sommes ici chez nous, sacrédié!* » (Bernanos).

SACREMENT [sakʀəmɑ̃]. *n. m.* (1160; lat. *sacramentum* « serment »; « objet ou acte sacré », en lat. ecclés.). Signe sacré, rite institué par Jésus-Christ, pour produire ou augmenter la grâce dans les âmes. *Les sept sacrements.* V. **Baptême, confirmation, eucharistie, extrême-onction, mariage, ordre, pénitence**. *Administration des sacrements. Fréquenter les sacrements* : se confesser et communier. *Les derniers sacrements, les sacrements de l'Église*, les sacrements de pénitence, d'Eucharistie et d'extrême-onction, administrés à un mourant. ◇ *Liturg. rom. Le saint sacrement de l'autel*, l'Eucharistie. *Cour. Exposition, bénédiction, procession du saint sacrement.* V. **Fête-Dieu**. *Loc. Promener qqch. comme le saint sacrement* : comme une chose précieuse.

SACRÉMENT [sakʀemɑ̃]. *adv.* (xixe; mot dial.; de *sacré*, 1, 3°). *Fam.* Diablement, beaucoup. « *Les Allemands d'ailleurs avaient dû avoir sacrément peur* » (Aragon).

SACRER [sakʀe]. *v.* (1138; lat. *sacrare*). ♦ 1° *V. tr.* Consacrer (qqn) par la cérémonie du sacre. V. **Bénir, oindre**. *Sacrer un roi, l'empereur.* V. **Introniser**. *Sacrer un évêque.* — (Avec un attribut) « *L'admiration traditionnelle qui sacre... le portrait 'le plus beau tableau du monde'* » (Malraux). ♦ 2° *V. intr.* (1725; à cause de l'emploi du mot *sacré* dans les jurons). *Fam.* Jurer. V. **Blasphémer**. « *Et son maître de jurer, de sacrer, d'écumer de rage* » (Diderot).

SACRET [sakʀe]. *n. m.* (1564; de *sacre* 2). *Fauconn.* Nom donné au sacre (2) mâle. V. **Tiercelet**.

SACRIFICATEUR, TRICE [sakʀifikatœʀ, tʀis]. *n.* (fin xve; lat. *sacrificator, sacrificatrix*. V. **Sacrifier**). Prêtre, prêtresse préposé(e) aux sacrifices. V. **Immolateur, victimaire**. *Le grand sacrificateur*, grand prêtre chez les juifs.

SACRIFICATOIRE [sakʀifikatwaʀ]. *adj.* (1597; du lat. *sacrificatorius*, de *sacrificare*). *Vx* ou *Didact.* Qui appartient aux sacrifices, à un sacrifice. V. **Sacrificiel**.

SACRIFICE [sakʀifis]. *n. m.* (1120; lat. *sacrificium*, de *sacrificare*). ♦ 1° Offrande rituelle à la divinité, caractérisée par la destruction (immolation réelle ou symbolique, holocauste) ou l'abandon volontaire de la chose offerte. V. **Immolation, libation, oblation**. *Sacrifices d'animaux* (hécatombe, taurobole). *Sacrifices humains*. *Victime destinée au sacrifice, immolée, brûlée en sacrifice.* « *Quant au sacrifice, c'est sans doute, d'abord, une offrande destinée à acheter la* *faveur du dieu ou à détourner sa colère* » (BERGSON). ◇ (Relig. cathol.) *Le sacrifice du Christ, le sacrifice de la Croix :* la mort du Christ pour la rédemption du genre humain. *Le sacrifice, le saint sacrifice (de la messe),* réitération de celui de la Cène. « *Je prierai demain pour lui au saint sacrifice* » (GONCOURT) : à la messe. ◆ 2° (2ᵉ moitié XVIIᵉ). Renoncement ou privation volontaire (en vue d'une fin religieuse, morale, ou même utilitaire). *Sacrifice des préjugés, des intérêts nationaux. La femme « doit, en se mariant, faire un entier sacrifice de sa volonté à l'homme, qui lui doit en retour le sacrifice de son égoïsme* » (BALZ.). ◇ *Un, des sacrifice(s). Il faudra faire, consentir des sacrifices pour y arriver.* « *L'art n'obtient ses effets les plus puissants que par des sacrifices proportionnés à la rareté de son but* » (BAUDEL.). « *Qui dit : Œuvre, dit : Sacrifices. La grande question est de décider ce que l'on sacrifiera* » (VALÉRY). — *Spécialt.* Sacrifice financier ; renoncement à un gain. *Je veux bien faire un sacrifice, un effort.* ◇ *Sacrifice de soi.* V. **Abandon, don, offre.** ◆ 3° *Le sacrifice :* le fait de se sacrifier ; le renoncement. *Esprit de sacrifice.* V. **Abnégation, désintéressement, dévouement ; résignation.** « *Sacrifice, ô toi seul peut-être es la vertu !* » (VIGNY).

SACRIFICIEL, IELLE [sakʁifisjɛl]. *adj.* (XXᵉ ; de *sacrifice*). *Didact.* Propre à un sacrifice, aux sacrifices (1°). *Rite sacrificiel.* V. **Sacrificatoire.**

SACRIFIÉ, ÉE [sakʁifje]. *adj. et n.* (av. 1690 ; V. *Sacrifier*). ◆ 1° *(Personnes).* Qui se sacrifie ; qui est sacrifié. *Un peuple sacrifié. Mission, patrouille sacrifiée :* qu'on envoie à la mort. — N. *Ma mère « sourit du sourire des sacrifiées heureuses* » (VALLÈS). ◆ 2° *(Choses).* Abandonné ; dont on fait le sacrifice. *Marchandises sacrifiées :* vendues à bas prix, à perte ou sans bénéfice.

SACRIFIER [sakʁifje]. *v. tr.* (XIIᵉ ; lat. *sacrificare*, de *sacrum facere* « faire un acte sacré »). I. ◆ 1° Offrir en sacrifice (1°). V. **Immoler.** *Sacrifier un animal, une victime à la divinité.* ◇ (Sans compl. dir.) SACRIFIER À. *Sacrifier à un dieu,* lui offrir des sacrifices. ◇ *Littér. Sacrifier à* la volonté de ; se conformer à. V. **Obéir.** *Sacrifier à la mode, aux goûts du jour, aux préjugés.* « *Il a toujours sacrifié, et servilement souvent, à la considération du nom de l'écrivain, de l'historien* » (GONCOURT). ◆ 2° (XVIᵉ). Perdre, abandonner ou négliger (qqch., qqn) par un sacrifice (2°), au bénéfice ou en considération de ce qu'on fait passer avant. *Sacrifier l'apparence à la réalité.* « *Malheur à qui ne sait pas sacrifier un jour de plaisir aux devoirs de l'humanité !* » (ROUSS.). *Tout sacrifier à qqn.* V. **Donner.** « *Je t'ai sacrifié ma vie... je te sacrifie mon âme* » (STENDHAL). — *Sacrifier qqn à qqch.* « *La multitude des hommes vivants est sacrifiée à la prospérité de quelques-uns* » (SENANCOUR). ◇ *Sacrifier qqch., qqn pour...* « *Le plus simple écolier sait maintenant des vérités pour lesquelles Archimède eût sacrifié sa vie* » (RENAN). ◇ (1636 ; *sacrefier*, mil. XIIᵉ) *Sacrifier qqch.* (sans complément d'attribution ni de but). « *On les croit insensibles parce que non seulement elles savent taire, mais encore sacrifier leurs peines secrètes* » (BOSS.). « *En politique, la liberté est le but qu'on doit jamais être sacrifié, et auquel tout doit être subordonné* » (RENAN). — *L'auteur a sacrifié ce rôle, ce personnage,* ne lui a pas donné l'importance, l'intérêt qu'il pourrait avoir. — *Sacrifier qqn.* « *Choisissez parmi les plus riches afin de sacrifier moins de citoyens* » (MIRABEAU). ◆ 3° *Fam.* Se défaire avec peine de (qqch.). « *Ordonner à un bateau de sacrifier son ancre* » (VERCEL). *Allons, je vais sacrifier une de mes bonnes bouteilles. Sacrifier un article,* le solder à bas prix. II. (XVIIᵉ). SE SACRIFIER : s'offrir en sacrifice, se dévouer par le sacrifice de soi, de ses intérêts. V. **Dévouer** (se), **donner** (se). « *Des hommes ont pu se sacrifier à des idées, à de nobles causes, au salut de ceux qu'ils aimaient* » (DUHAM.).

1. **SACRILÈGE** [sakʁilɛʒ]. *n. m.* (1190 ; lat. *sacrilegium* « vol d'objets sacrés »). ◆ 1° Profanation du sacré (1, 1°), acte d'irrévérence grave envers les objets, les lieux, les personnes revêtus d'un caractère sacré. V. **Attentat, blasphème, impiété.** « *Sa rage du sacrilège est telle qu'il s'est fait tatouer sous la plante des pieds l'image de la Croix* » (HUYSMANS). ◆ 2° Attentat contre ce qui est sacré (1, 2°), particulièrement respectable. *C'est un sacrilège d'avoir démoli ce vieil hôtel, d'avoir abattu ces arbres.* « *En manquant de respect à sa personne, elle aurait cru commettre un sacrilège* » (MUSS.).

2. **SACRILÈGE** [sakʁilɛʒ]. *n. et adj.* (1283 ; lat. *sacrilegus*). Personne qui a commis un sacrilège (1). V. **Profanateur.** ◇ *Adj.* (1529) Coupable de sacrilège, qui a un caractère de sacrilège. *Prêtre sacrilège. Attentat, action sacrilège.*

SACRIPANT [sakʁipɑ̃]. *n. m.* (1713 ; « fanfaron », 1600 ; it. *Sacripante,* nom d'un faux brave de l'*Orlando innamorato*, de Boiardo). *Fam.* Mauvais sujet, chenapan. V. **Bandit, vaurien.** *Il « nous représentait comme des gens sans foi ni loi, comme des sacripants sans famille* » (GONCOURT).

SACRISTAIN [sakʁistɛ̃]. *n. m.* (1552 ; *secrestain,* XIIᵉ ; lat. ecclés. *sacristanus,* rad. *sacer.* V. **Sacré**). ◆ 1° Celui qui est préposé à la sacristie, à l'entretien de l'église. —

Péj. Personnage sottement dévot, calotin. ◆ 2° (XXᵉ). Petit gâteau de pâte feuilletée, en forme de rouleau.

SACRISTAINE [sakʁistɛn] ou **SACRISTINE** [sakʁistin]. *n. f.* (1636, -1671 ; du précéd.). Religieuse préposée à la sacristie dans un monastère ; femme s'occupant de la sacristie d'une église. « *Le sacristain avait été vu dans l'église tout le temps de l'office. La sacristine, au contraire, avait fait de absences* » (RENAN).

SACRISTI ! [sakʁisti]. *interj.* (*Sacristie,* 1808 ; de *sacré,* dans les jurons). Juron familier. V. **Sapristi !** « *Repose-toi un peu, sacristi !* » (MAUPASS.). ⊗ HOM. *Sacristie.*

SACRISTIE [sakʁisti]. *n. f.* (*Sacrestie,* 1339 ; lat. ecclés. *sacristia*). Annexe d'une église, où sont déposés les vases sacrés, les vêtements sacerdotaux (V. **Sacristain**). *Le prêtre, les enfants de chœur s'habillent dans la sacristie.* — (Symbole de la religion, du cléricalisme) « *La bêtise du château et de la sacristie* » (JOUHANDEAU). — Pop. *Punaise de sacristie,* dévote qui hante les sacristies, les églises (Cf. Grenouille de bénitier). ⊗ HOM. *Sacristi !*

SACRISTINE [sakʁistin]. *n. f.* V. **SACRISTAINE.**

SACRO-. Élément de mots d'anat., de méd. signifiant « du sacrum » (*ex. :* sacro-iliaque, sacro-lombaire).

SACRO-ILIAQUE [sakʁɔiljak]. *adj.* (1843 ; de *sacrum,* et *iliaque*). *Anat.* Relatif au sacrum et à l'os iliaque.

SACRO-SAINT, SAINTE [sakʁɔsɛ̃, sɛ̃t]. *adj.* (1546 ; *sacré-saint,* 1491 ; lat. *sacrosanctus,* de *sacer* « sacré », et *sanctus* « saint »). ◆ 1° *Vx.* Se disait de certaines choses particulièrement saintes et sacrées. « *Ce nom sâcro-saint de la Vierge mère de notre Sauveur* » (MONTAIGNE). ◆ 2° (XIXᵉ). *Mod. (Iron.)* Qui fait l'objet d'un respect exagéré ou même absurde. V. **Intouchable, tabou.** *Ses sacro-saintes habitudes.*

SACRUM [sakʁɔm]. *n. m.* (1793 ; *os sacrum,* av. 1478, « os sacré », parce qu'il était offert aux dieux dans les sacrifices d'animaux). *Anat.* Os formé par la réunion des cinq vertèbres sacrées, à la partie inférieure de la colonne vertébrale. V. **Coccyx.**

SADIQUE [sadik]. *adj.* (1862 ; de *sadisme*). ◆ 1° *Psychiatr.* Qui manifeste du sadisme. *Tendances sadiques.* V. aussi **Sadomasochiste.** ◆ 2° Qui prend plaisir à faire souffrir, à voir souffrir autrui. *Tortionnaire sadique.* Par ext. *Plaisir sadique.* ◇ *Cour.* Méchant, cruel (personnes, actes). *Subst. Un, une sadique.* Abrév. fam. SADO (Cf. Maso). [Par confusion probable avec satyre*]. Auteur d'agression, de crime sexuels. ◆ 3° *Psychan. Stade sadique anal* ou *sadico-anal,* stade du développement psychique infantile, caractérisé par des pulsions sadiques, qui fait suite au stade oral et précède le stade phallique ou génital. V. **Anal** (stade).

SADIQUEMENT [sadikmɑ̃]. *adv.* (XXᵉ ; de *sadique*). Avec sadisme (2°).

SADISME [sadism(ə)]. *n. m.* (1836, « débauche, lubricité mêlée de cruauté » ; du nom du marquis de *Sade*). ◆ 1° *Psychiatr.* Perversion sexuelle par laquelle une personne ne peut atteindre l'orgasme qu'en faisant souffrir (physiquement ou moralement) l'objet de ses désirs. *Sadisme et masochisme*.* ◆ 2° (1887). *Cour.* Goût pervers de faire souffrir, délectation dans la souffrance d'autrui. V. **Cruauté, méchanceté.** *Le censeur « avait des punitions plein la tête, il préparait sa petite journée de sadisme* » (NIZAN).

SADOMASOCHISME [sadɔmazɔʃism(ə)]. *n. m.* (mil. XXᵉ ; de *sadique,* et *masochisme*). *Psychiatr.* Sadisme combiné au masochisme chez le même individu.

SADOMASOCHISTE [sadɔmazɔʃist(ə)]. *adj. et n.* (mil. XXᵉ ; de *sado-,* et *masochiste*). *Psychiatr.* Qui est à la fois sadique et masochiste. *Comportement sadomasochiste.* — *Relations sadomasochistes.*

SADUCÉEN, ENNE ou **SADDUCÉEN, ENNE** [sadyseɛ̃, ɛn]. *n. et adj.* (1681 ; o. i. ; p.-ê. de *Zadok,* nom d'un grand prêtre). *Antiq.* Nom des juifs conservateurs appartenant aux classes aisées, qui s'en tenaient à la Thora, rejetant la résurrection, la vie future et la rétribution.

S.A.E [ɛsɑə]. *adj.* (v. 1964 ; sigle anglais : *Society of Automotive Engineers*). *Techn. Classification S.A.E.,* classification des huiles pour moteur, d'après leur viscosité. *Numéro S.A.E.*

SAFARI [safaʁi]. *n. m.* (mil. XXᵉ ; mot africain [souahéli] « bon voyage » ; de l'arabe *safora* « voyager »). Expédition de chasse, en Afrique noire. — *Par ext.* Simple excursion au cours de laquelle on prend des photos d'animaux sauvages. On dit aussi SAFARI-PHOTO (*opposé à* SAFARI[S]-CHASSE). *Des safaris-photos.*

1. **SAFRAN** [safʁɑ̃]. *n. m.* (XIIᵉ ; lat. médiév. *safranum,* de l'arabo-persan *za'farân*). ◆ 1° Plante monocotylédone *(Iridacées),* appelée couramment *crocus,* dont les fleurs portent des stigmates orangés utilisés comme aromate et colorant. *Safran cultivé.* ◇ *Safran des prés, safran bâtard.* V. **Colchique.** *Faux safran,* l'amaryllis jaune. ◆ 2° Assaisonnement vendu dans le commerce sous la forme d'une poudre orangée (provenant des stigmates de la fleur). *Pincée de safran. Riz au safran.* ◆ 3° Matière colorante jaune tirée de la

même fleur. *Safran des doreurs; des confiseurs.* ◊ *Couleur jaune. Touches d'ocre et de safran.* — Adj. « *Le soir safran qui sur les quais déteint* (ARAGON). V. **Safrané.**

2. SAFRAN [safʀɑ̃]. *n. m.* (1606; *saffryn*, v. 1382; arabe *za'fran*). *Mar.* Pièce verticale du corps du gouvernail.

SAFRANÉ, ÉE [safʀane]. *adj.* (1546; de *safran* 1). ♦ 1° Assaisonné au safran. *Riz safrané.* ◊ Coloré au safran. ♦ 2° D'un jaune safran. V. **Safran** (1, 3°).

SAFRANER [safʀane]. *v. tr.* (1546; de *safrané*). Assaisonner au safran.

SAFRANIÈRE [safʀanjɛʀ]. *n. f.* (1600; de *safran* 1). *Rare.* Plantation de safran.

SAFRE [safʀ(ə)]. *n. m.* (XIIᵉ; p.-ê. var. de *saphir*). *Techn.* Oxyde bleu de cobalt; verre bleu coloré avec ce produit et imitant le saphir. — *Syn. Smalt.*

SAGA [saga]. *n. f.* (av. 1740; a. nord. *saga* « dit, conte »; Cf. all. *Sagen*, angl. *to say*). *Littér.* Récit historique ou mythologique de la littérature médiévale scandinave. *Sagas islandaises, norvégiennes.* — *Par ext.* À propos des récits légendaires dans d'autres civilisations. V. **Mythe; cycle, légende, récit.** ◊ (angl. *saga*). Histoire (d'une famille, etc.) présentant un aspect de légende. *La Saga des Forsyte,* roman de J. Galsworthy.

SAGACE [sagas]. *adj.* (1495, rare av. 1788; lat. *sagax, sagacis* « qui a l'odorat subtil »). Qui a de la sagacité. V. **Avisé, clairvoyant, fin, perspicace, subtil.** *Esprit, jugement sagace.* « *Restait ce mari qui, pour peu qu'il fût sagace, devait se douter de leur liaison* » (HUYSMANS). ◊ ANT. *Naïf, obtus.*

SAGACITÉ [sagasite]. *n. f.* (1444; lat. *sagacitas*). Pénétration faite d'intuition, de finesse et de vivacité d'esprit. V. **Clairvoyance, finesse, perspicacité.** « *Une sagacité froidement cruelle qui devait lui permettre de tout deviner, parce qu'il savait tout supposer* » (BALZ.). ◊ ANT. *Aveuglement.*

SAGAIE [sagɛ]. *n. f.* (*Sagaye,* 1637; *zagaye,* 1556; de *assagaie* [1546]; esp. *azagaia,* de l'arabe *az-zaghâya,* d'o. berbère). Lance, javelot de tribus primitives.

SAGARD [sagaʀ]. *n. m.* (1876; all. *Säger* « scieur »). *Région.* Dans les Vosges, Scieur qui débite le bois en planches.

SAGE [saʒ]. *adj. et n.* (1080; p.-ê. lat. pop. °*sapius,* °*sabius,* du lat. class. *sapidus;* Cf. *ne sapius* « imbécile », de *sapiens*). — I. *Adj.* ♦ 1° *Vx.* Qui a la connaissance juste des choses. V. **Éclairé, savant.** « *Rien n'est si dangereux qu'un ignorant ami. Mieux vaudrait un sage ennemi* » (LA FONT.). ♦ 2° (Au sens fort). *Vx* ou *littér.* Qui a un art de vivre supérieur, qui peut être considéré comme un modèle. *Le penseur, le héros, hommes sages* (Cf. ci-dessous, II, 2°). « *La parfaite raison fuit toute extrémité, Et veut que l'on soit sage avec sobriété* » (MOL.). ♦ 3° *Mod.* et *littér.* Qui a du jugement, qui est avisé, sensé dans sa conduite (d'une manière habituelle). V. **Averti, avisé, sensé.** *Les vierges folles et les vierges sages.* — *Par ext. De sages conseils.* V. **Bon.** ♦ 4° (XVIᵉ). *Cour.* Réfléchi et modéré. V. **Circonspect, équilibré, mesuré, modéré, prudent, raisonnable, réfléchi, sérieux.** « *L'éducation nous fait savants mais non sages* » (MONTAIGNE). « *Savez-vous à qui appartiendra la victoire? Au plus sage* » (THIERS). — *Impers. Il serait plus sage d'y renoncer, de temporiser.* ♦ 5° (XVIIᵉ). Honnête et réservé dans la conduite sexuelle. V. **Chaste, honnête, pudique.** « *On dit qu'une fille est sage quand elle ne sait rien* » (FRANCE). — *Fam.* « *Asseyez-vous près de moi, lui dit-elle, et soyez sage* » (M. PRÉVOST). ♦ 6° (*Enfants*). Calme et docile. *Un enfant sage.* V. **Gentil, obéissant, tranquille.** *Sage comme une image* (1, 3°). « *On pourrait dire sage, comme un enfant malade* » (GONCOURT). — *Allons les gosses, soyez sages!* ♦ 7° (*Choses*). Mesuré. *Un air sage.* « *Le grand tragédien nègre... a un jeu sage, réglé, classique, majestueux* » (GAUTIER). *Des goûts, des désirs sages.* V. **Modeste.** — (1765) *Un roman, une peinture sage* : sans excès d'aucune sorte, classique et un peu froid. *Fam. Une petite robe sage* : modeste.

— II. *N. m.* ♦ 1° *Vx* (1135). Celui qui a une connaissance juste des choses. V. **Savant.** *Les sept sages de la Grèce. Le Sage,* nom donné à Salomon. ♦ 2° *Mod.* Celui qui, par un art de vivre supérieur, se met à l'abri de ce qui tourmente les autres hommes. *Le sage stoïcien, cynique, bouddhiste. Sage bouddhique.* V. **Bodhisattva.** « *Le vrai bonheur appartient au sage* » (ROUSS.). « *Les anciens sages, dont Socrate est le modèle, vivaient à peu près comme des saints, sans espérer beaucoup des dieux* » (ALAIN). ◊ Personne désignée pour sa compétence et sa réputation d'objectivité comme conseiller du gouvernement, d'un organisme, en matière économique et sociale (le plus souvent dans les expressions du type : *Comité des sages*). ♦ 3° *Opposé à* fou). Celui qui a sa raison, son bon sens. *Les sages et les fous.* PROV. *Un fou enseigne bien un sage.*

◊ ANT. *Fou, insensé. Déraisonnable, désordonné, désobéissant, insupportable, turbulent; excentrique, original.*

SAGE-FEMME [saʒfam]. *n. f.* (XIVᵉ; de *sage* [I], *femme*). Celle dont le métier est d'accoucher les femmes. V. **Accoucheuse.** *Diplôme de sage-femme. Des sages-femmes.*

SAGEMENT [saʒmɑ̃]. *adv.* (XIIᵉ; de *sage*). ♦ 1° D'une manière avisée, judicieuse. V. **Bien.** *Penser, parler sagement.* V. **Raisonnablement.** *Agir sagement.* V. **Prudemment.** ♦ 2° Avec modération, philosophie. « *Sagement,... (il) ajoutait aussitôt : « tant pis »* (GIDE). ♦ 3° Avec calme et tranquillité. « *Elle tient ses petites mains rouges sagement croisées sur son tablier* » (LARBAUD). *Bien sagement.* ♦ 4° Sans hardiesse ni originalité. *Musique sagement exécutée.* ◊ ANT. *Follement; absurdement.*

SAGESSE [saʒɛs]. *n. f.* (XIIIᵉ; de *sage*). ♦ 1° *Vx* ou *littér.* Connaissance juste des choses; « *Parfaite connaissance de toutes les choses que l'homme peut savoir* » (DESCARTES). V. **Connaissance, raison, vérité.** *Minerve, déesse de la sagesse.* « *La liberté intellectuelle, ou Sagesse, c'est le doute* » (ALAIN). ◊ (1535) *Relig. judéo-chrét.* Connaissance inspirée des choses divines et humaines. *Le don de sagesse, un des sept dons du Saint-Esprit. Livre de Sagesse,* livre de l'Ancien Testament attribué à Salomon. V. **Sapience.** ♦ 2° *Vx* ou *litt.* Vertu, comportement juste, raisonnable, et *spécial.* Pratique des vertus chrétiennes. « *L'abstinence et la jouissance, le plaisir et la sagesse m'ont également échappé* » (ROUSS.). *Retour à la sagesse :* résipiscence. « *Sagesse* », poèmes de Verlaine. ♦ 3° Qualité, conduite du sage, modération, calme supérieur joint aux connaissances. V. **Philosophie.** *La sagesse,* « *une égalité d'âme Que rien ne peut troubler, qu'aucun désir n'enflamme* » (BOIL.). « *Un désespoir paisible, sans convulsions de colère et sans reproches au ciel, est la sagesse même* » (VIGNY). « *On ne reçoit pas la sagesse, il faut la découvrir soi-même... car elle est un point de vue sur les choses* » (PROUST). ♦ 4° *Littér.* Jugement dans les conceptions ou la conduite. V. **Discernement, sens** (bon). « *La sagesse du législateur est de suivre le philosophe* » (HUGO). — *Par ext. Dents de sagesse.* V. **Dent.** ◊ *La sagesse des nations,* remarques, jugements, conseils de bon sens, résultant d'une longue expérience, que les nations mettent en proverbes. « *S'il faut dans la paix préparer la guerre, comme dit la sagesse des nations...* » (R. ROLLAND). ♦ 5° *Cour.* Modération et prudence dans la conduite. V. **Circonspection, modération.** *Avoir la sagesse de renoncer, d'attendre, de prévenir. Conseils de sagesse. La voix de la sagesse.* ♦ 6° Tranquillité, obéissance (d'un enfant). *Il a été d'une sagesse exemplaire, aujourd'hui.* ♦ 7° *Sagesse de qqch.* V. **Mesure.** *La sagesse de ses prétentions.* — Absence de hardiesse. *Sagesse de conception, d'exécution d'une œuvre d'art.* ◊ ANT. *Ignorance. Folie. Absurdité, déraison. Imprudence, inconséquence; turbulence.*

SAGETTE [saʒɛt]. *n. f.* (XVᵉ; réfection de l'a. fr. *saette, saiette* [1138]; lat. *sagitta*). ♦ 1° *Vx.* Flèche. « *Il portait... sur son dos, comme Cupidon, un carquois avec quelques sagettes* » (GIDE). ♦ 2° Sagittaire (plante).

SAGITTAIRE [saʒitɛʀ]. *n.* (1119; lat. *sagittarius,* de *sagitta* « flèche »). ♦ 1° *N. m.* Nom d'une constellation (« l'Archer »). ♦ 2° *N. f.* (1776; du lat. *sagitta*). *Bot.* Plante herbacée *(Alismacées)* appelée aussi *Flèche d'eau, sagette.*

SAGITTAL, ALE, AUX [saʒital, o]. *adj.* (XIVᵉ; lat. *sagittus,* de *sagitta*). *Didact.* En forme de flèche. — *Plan sagittal :* plan vertical, perpendiculaire, et vu de face. — Qui est dans un plan sagittal. *Lignes sagittales. Zool.* Plan de symétrie chez les artiozoaires. *Coupe sagittale :* coupe menée suivant ce plan.

SAGITTÉ, ÉE [saʒite]. *adj.* (1795; lat. *sagittatus*). *Didact.* Qui a la forme d'un fer de flèche, de lance. *Feuilles sagittées.*

SAGOU [sagu]. *n. m.* (1620; *saghu,* 1521; mot malais, par le port.). Substance amylacée, fécule jaunâtre qu'on retire de la moelle de divers palmiers (notamment du *sagoutier,* du *zamier*).

SAGOUIN [sagwɛ̃]. *n. m.* (1537; du port *saguí*[*m*], var. *sagui,* du tupi *sahy.* V. **Sai**). ♦ 1° *Vx.* Petit singe d'Amérique du Sud, à longue queue. Ouistiti. ♦ 2° *Mod. et fam.* (par influence de *salaud, salopard*). Homme, enfant malpropre. « *Ce petit sagouin salissait ses draps* » (MAURIAC). ◊ Terme d'injure (Cf. Salaud). *Tas de sagouins!*

SAGOUTIER [sagutje]. *n. m.* (1791; de *sagou*). *Bot.* Palmier dont la moelle fournit le sagou.

SAGUM [sagɔm]. *n. m.* (1655; mot lat. d'o. gauloise). *Didact.* Court manteau que portaient les Romains et les Gaulois à la guerre. V. **Saie** (1).

SAHARIEN, IENNE [saaʀjɛ̃, jɛn]. *adj. et n.* (attesté 1845; de *Sahara*). ♦ 1° *Adj.* Du Sahara. *Hamadas, oasis sahariennes.* — *Les Sahariens :* habitants du Sahara; membres des troupes sahariennes. ◊ *Par ext. Chaleur, température saharienne :* extrême. ♦ 2° *N. f.* (av. 1949). Veste de toile à manches courtes.

SAHEL [saɛl]. *n. m.* (XIXᵉ; nom propre géogr.; arabe *sahil* « rivage »). *Géogr.* ♦ 1° Région de collines littorales en Afrique du Nord (se dit spécialt. du *sahel algérien,* absolt. *Le Sahel*). — Zone de transition entre les zones désertiques et celles où règne le climat soudanais. *La famine menace les habitants du sahel.* ♦ 2° Vent du désert (Sud marocain). Cf. *Chergui, sirocco.*

SAHÉLIEN, IENNE [saeljẽ, jɛn]. *n. m.* et *adj.* (1858, géol.; de *sahel*). ◆ 1° N. m. *Géol.* Formation géologique caractérisée par une forme intermédiaire entre le miocène et le pliocène. ◆ 2° Adj. *Géogr.* Relatif à une des régions appelées sahels. *Climat sahélien. Zone sahélienne.* — Subst. *Les Sahéliens,* habitants d'un sahel.

SAÏ [sai]. *n. m.* (1766; mot tupi [langue du Brésil] « singe »). Singe d'Amérique du Sud, du genre sajou. V. **Sapajou.**

1. SAIE [sɛ]. *n. f.* (XVIe; « tissu », XIIIe; lat. *saga,* pl. du neutre *sagum*). Nom francisé du *sagum.*

2. SAIE [sɛ]. *n. f.* (1680; var. de *soie*). *Techn.* Petite brosse en soies de porc, utilisée par les orfèvres.

SAIETTER [sɛjete]. *v. tr.* (1680; de *saie* 2). *Techn.* Nettoyer, brosser avec la saie.

SAÏGA [saiga]. *n. m.* (1761; mot russe). Antilope d'Europe orientale et d'Asie occidentale, de la taille du daim, à cornes courtes, à nez bossué et bombé.

SAIGNANT, ANTE [sɛɲɑ̃, ɑ̃t]. *adj.* et *n. m.* (*Çagnant,* v. 1189; de *saigner*). ◆ 1° Qui dégoutte de sang (de la chair vivante). V. **Sanglant.** *Blessure, plaie saignante.* — *Fig.* Se dit d'une blessure morale récente, douloureuse. « *Frédéri garde au cœur son amour saignant* » (ZOLA). ◆ 2° Se dit de la viande rôtie ou grillée, lorsqu'elle est peu cuite et qu'il y reste du sang. V. **Rouge.** *Vous voulez votre viande saignante ou à point? Très saignant.* V. **Bleu.** « *Vite, vite, enlevez le bœuf! Il faut qu'il soit saignant* » (GAUTIER). ◆ 3° N. m. Ce qui est saignant; viande saignante. Fig. « *Des études à l'hôpital, sur le vrai, le vif, sur le saignant* » (GONCOURT).

SAIGNÉE [seɲe]. *n. f.* (*Sainie,* 1190; de *saigner*). ◆ 1° Évacuation provoquée d'une certaine quantité de sang. *Saignée générale, par ouverture d'une veine* (V. **Phlébotomie**), *ou d'une artère* (V. **Artériotomie**). *Saignée locale, des petits vaisseaux superficiels* (sangsues, ventouses scarifiées). — L'émission sanguine ainsi provoquée. *Saignée copieuse.* ◇ *Fig.* Perte de substance. « *Les saignées que j'avais faites au coffre-fort* » (LESAGE). — Pertes d'hommes, par la guerre, l'émigration, etc. « *La France a subi deux terribles saignées en cent ans, une au temps des guerres de l'Empire, l'autre en 1914* » (SARTRE). ◆ 2° Pli entre le bras et l'avant-bras où se fait souvent la saignée. *La saignée du bras.* ◆ 3° *Fig.* Rigole, petit canal creusé pour tirer de l'eau (pour le drainage, l'irrigation). « *La branche de Rosette* (du canal)... *n'est qu'une large saignée* » (NERVAL).

SAIGNEMENT [sɛɲmɑ̃]. *n. m.* (1680; de *saigner*). Écoulement, épanchement de sang. V. **Hémorragie.** Se dit surtout du *Saignement de nez.* — *Méd. Temps de saignement,* pendant lequel le sang coule, avant coagulation de la plaie.

SAIGNER [seɲe]. *v.* (XIe; var. *seiner, seigner;* lat. *sanguinare,* de *sanguis* « sang »). **I.** *V. intr.* ◆ 1° Avoir un écoulement de sang; perdre du sang (en parlant du corps, d'un organe). *Saigner abondamment, comme un bœuf.* « *De rudes soldats, ceux qui avaient dormi et saigné sur tous les champs de bataille d'Europe* » (ARAGON). *Blessure, coupure, plaie qui saigne.* V. **Saignant.** — *Par ext.* Perdre du sang, être blessé. Loc. *Saigner du nez :* avoir une hémorragie nasale. ◆ 2° *Littér.* Être le siège d'une souffrance vive. *La blessure saigne encore :* la douleur est encore vive. « *Sa plaie le faisait souffrir, mais son orgueil saignait bien davantage* » (GAUTIER). — Loc. littér. *Le cœur me (lui) saigne,* j'ai (il a) beaucoup de peine. *Cela fait saigner le cœur,* cause une grande peine. **II.** *V. tr.* ◆ 1° Tirer du sang à (qqn) en ouvrant une veine; faire une saignée à. *Saigner un apoplectique. Saigner qqn au bras.* ◆ 2° Tuer (un animal) en le privant de son sang, par égorgement. V. **Égorger.** *Saigner un porc, un poulet.* ◇ (1886). *Fam.* Tuer (avec une arme blanche). « *Nous chargeons; et si nous ne renversons pas ceux qui sont devant nous, ils ne nous demandent pas permission pour nous saigner; donc il faut tuer* » (BALZ.). ◆ 3° *Fig.* Affaiblir, épuiser (qqn) en retirant ses ressources. « *Il vous a fallu de l'argent... vous avez saigné vos sœurs* » (BALZ.). — *Pronom. Se saigner aux quatre veines,* dépenser ou donner tout ce qu'on peut, se priver. « *Toute mère du peuple veut donner, et à force de se saigner aux quatre veines, donne à ses enfants l'éducation qu'elle n'a pas eue* » (GONCOURT). ◇ (Au p. p.; de *saigner qqn à blanc* : en le rendant exsangue) *Saigné; saigné à blanc :* épuisé, privé de ses ressources. « *La victoire ne viendra que pour un monde saigné à blanc, exténué* » (GIDE). ◇ HOM. Formes communes avec v. ceindre.

SAIGNEUR, EUSE [sɛɲœʀ, øz]. *n.* et *adj.* (XIIIe; de *saigner*). *Rare* (à cause de l'homonymie avec *Seigneur,* sauf par jeu de mots). Personne qui saigne (*un saigneur de porcs*), pratique des saignées. ◇ *Techn.* Ouvrier qui récolte le latex en « saignant » les arbres à caoutchouc. ◇ HOM. **Seigneur.**

SAIGNEUX, EUSE [sɛɲø, øz]. *adj.* (1538; de *saigner*). *Rare.* Sanglant. — Spécialt. *Bout* saigneux.*

SAIGNOIR [sɛɲwaʀ]. *n. m.* (attesté XXe; de *saigner*). Couteau à saigner (les bêtes : porcs, moutons). « *Son grand couteau montagnard... plus fin de fil qu'un saignoir de boucher* » (GIONO).

SAILLANT, ANTE [sajã, ãt]. *adj.* et *n. m.* (1119, « jaillissant »; de *saillir*). ◆ 1° (XVIe). Qui avance, dépasse. V. **Proéminent.** « *Les parties saillantes, moulures, corniches, entablements, consoles* » (GAUTIER). — (En parlant du corps, des traits du visage) *Menton saillant.* « *Les joues rentrées et les pommettes saillantes que j'admirais dans le portrait de Delacroix* » (GIDE). « *Il fixa dans le vide ses yeux saillants et ronds...* » (MAURIAC). V. **Globuleux.** — *Angle saillant,* dont le sommet est à l'extérieur de la figure (*opposé à* rentrant). ◇ *N. m.* Partie d'un ouvrage qui fait saillie. *Le saillant d'un bastion.* — Par anal. *Frontière qui forme un saillant.* ◆ 2° (1681; au sens propre de *saillir* « sauter »). *Blas.* Qui se dresse comme pour sauter. *Bélier, mouton saillant. Animal effaré* (cabré) *et animal saillant.* ◆ 3° *Fig.* (1740). Qui est en évidence, ressort du contexte et s'impose à l'attention. V. **Frappant, remarquable.** *Caractère, trait saillant. Événements saillants.* ◇ ANT. *Caché, creux, rentrant; insignifiant.*

SAILLIE [saji]. *n. f.* (1170, « sortie, attaque brusque »; de *saillir*). **I.** ◆ 1° *Vx.* Action de s'élancer; mouvement soudain. V. **Élan, saut.** ◆ 2° *Fig.* et *vx.* Brusque mouvement, impulsion, élan. « *Les fougueuses saillies d'une imagination téméraire* » (ROUSS.). V. **Caprice.** ◆ 3° *Littér.* Trait brillant et inattendu (dans la conversation, le style). V. **Boutade, mot, trait** (d'esprit). « *Elle abondait en saillies charmantes qu'elle ne recherchait point et qui partaient quelquefois malgré elle* » (ROUSS.). ◆ 4° Accouplement des animaux domestiques, en vue de la reproduction. V. **Monte.** **II.** (1260). Partie qui avance, dépasse le plan, l'alignement; angle saillant. V. **Aspérité, avancée, bosse, éminence, éperon, protubérance, relief, ressaut.** *Les saillies de la roche. Les saillies d'un édifice, d'un mur* (consoles, corniches, encorbellements). *Auvent, balcon, escalier formant saillie.* « *Gravir une verticale, et trouver des points d'appui là où l'on voit à peine une saillie, était un jeu pour Jean Valjean* » (HUGO). *Techn. Saillie de rive,* saillie de protection des murs, située sur les rives des combles d'un toit. — *Dr.* Partie d'un immeuble faisant une avancée sur la voie publique ou sur le fonds du voisin. *Saillies fixes, mobiles* (enseignes). ◇ *En saillie.* V. **Saillant.** *Balcon en saillie. Cap, promontoire qui s'avance en saillie.* « *Mon diplôme dans ma poche bombait en saillie, bien plus grosse saillie que mon argent et mes papiers d'identité* » (CÉLINE). ◇ *Faire saillie.* V. **Avancer, dépasser, ressortir.** ◇ ANT. *Alignement, cavité, creux.*

SAILLIR [sajiʀ]. *v.;* conjug. *finir* ou *assaillir* (1080; lat. *salire* « couvrir la femelle; sauter »). **I.** (Conjug. *finir,* comme *jaillir;* rare sauf inf. et 3e pers.). ◆ 1° V. intr. *Vx.* Jaillir avec force. ◇ Sortir, s'élancer. *La faim fait saillir le loup du bois.* ◆ 2° *V. tr.* (1375). Couvrir la femelle (en parlant du mâle). V. **Accoupler** (s'), **monter, servir.** **II.** (XIIIe). Conjug. *assaillir* (*il saille, il saillait, il saillira, qu'il saille, saillant*) ou (*littér.*) comme *finir.* « *Sa poitrine abondante saillissait sous sa chemise* » (FLAUB.). « *À chaque nouvelle peine... nous sentons une veine de plus qui saillit* » (PROUST). Être en saillie, avancer en formant un relief. V. **Avancer, déborder, dépasser; saillant, saillie.** « *Leurs muscles saillaient comme des cordes sur leurs bras maigres* » (GAUTIER). « *Ses yeux globuleux... saillaient* » (MART. du G.).

SAÏMIRI [saimiʀi]. *n. m.* (1766; du port. du Brésil *saimiri,* tupi *sahy* [singe], *miri* [petit]). V. **Saï, sajou.** Singe de petite taille, au corps grêle, à longue queue prenante.

1. SAIN, SAINE [sɛ̃, sɛn]. *adj.* (av. 1050; lat. *sanus*). ◆ 1° *Vx* (sauf *opposé à* « malade »). Qui est en bonne santé, n'est pas malade. V. **Valide.** *Les gens sains et les malades.* ◇ Loc. *SAIN ET SAUF :* en bon état physique, après quelque danger, quelque épreuve; qui n'a pas subi de dommage. *Arriver sain et sauve, sains et saufs* [sɛ̃sof]. *Nous devons « savoir si nous pourrons en sortir sains et saufs* » (BALZ.). ◆ 2° Dont l'organisme est bien constitué et fonctionne normalement, sans trouble, d'une manière habituelle (V. **Santé**). « *Un homme sain comme mon œil... un homme parfaitement conservé* » (BALZ.). — *Constitution saine, tempérament sain.* V. **Robuste.** ◇ Qui n'est pas gâté ou altéré (en parlant d'une matière organique). *Fruits sains. Viande saine.* ◆ 3° Qui jouit d'une bonne santé psychique; dont les activités mentales ne trahissent aucune anomalie. *Sain de corps et d'esprit* (Cf. l'adage latin *Mens sana in corpore sano*). *Homme sain, normal, équilibré.* « *Il est fort et sain, sain jusqu'à l'ingénuité, sain dans toutes ses recherches et toujours pur, à cause de cette santé et de grande simplicité* » (MONTHERLANT). *Jugement sain.* V. **Clair.** — (*Sur le plan moral*) Normal, sans perversion d'aucune sorte. ◇ (*Choses*) Considéré comme bon et normal. *La saine raison.* V. **Droit.** *Opinions, idées saines. Un égoïsme sain :* normal et utile à l'équilibre psychique. « *Il avait trouvé dans les excursions organisées des jeudis et des dimanches un divertissement sain* » (ARAGON). ◆ 4° Qui contribue à la

bonne santé, n'a aucun effet funeste sur l'état physique.
V. **Salubre**. *Un climat sain.* V. **Tonique**. « *Une nourriture
saine et abondante développait... les corps de ces deux jeunes
gens* » (BERNARD. de ST-P.). *Vie saine et rude.* — *Ville, habitation saine :* bien tenue, propre, où les règles de l'hygiène
sont respectées. ♦ 5° *Mar.* Sans danger. *Côte, rade saine.*
♦ 6° *Fig. Une affaire saine :* normale, sans danger, sans
anomalie cachée. « *L'affaire est redevenue tout à fait saine* »
(ARAGON). ◇ ANT. *Malade, malsain. Fou; dépravé. Dangereux,
nuisible.* — HOM. *Saint, sein, seing; cinq.* Formes du v. ceindre.
— Du fém. *Cène, scène, Seine, sen.*
   2. **SAIN** [sɛ̃]. *n. m.* (v. 1210; mot d'anc. fr. conservé en
vénerie; d'abord *saïm* [V. **Saindoux**], du lat. *sagina*
« graisse »). *Vén.* Graisse du sanglier et de quelques bêtes
(renard et, en général, bêtes « mordantes »).
   SAINBOIS [sɛ̃bwa(ɑ)]. *n. m.* (1808; *sain-bois*, 1776; de
sain, et *bois*). Nom du garou, variété de daphné, et de son
écorce, utilisée comme vésicatoire.
   SAINDOUX [sɛ̃du]. *n. m.* (*Saïm dois*, XIIIᵉ; de l'a. fr.
saïm, puis *sain* « graisse » [lat. pop. *sagimen*, class. *sagina*
« pâture; embonpoint »], et *doux*). Graisse de porc fondue.
V. **Axonge**. *Friture au saindoux.*
   SAINEMENT [sɛnmɑ̃]. *adv.* (1050; de *sain*). ♦ 1° D'une
manière saine (4°). « *Vivre sainement* » (VOLT.). ♦ 2° D'une
manière normale, correcte, sur le plan intellectuel, moral.
« *Ils se passionnent trop pour juger sainement des choses* »
(ROUSS.). V. **Judicieusement, raisonnablement.**
   SAINFOIN [sɛ̃fwɛ̃]. *n. m.* (1572; *sainct-foin*, 1549, par
confusion de *sain* et *saint*; de *foin*). Plante *(Légumineuses,
papilionacées)* à fleurs rouges ou jaunâtres, herbacée, cultivée
comme fourrage. V. **Esparcet**. « *Le sainfoin fleuri saigne
dessous les oliviers* » (GIONO).
   SAINT, SAINTE [sɛ̃, sɛ̃t]. *adj. et n.* (XIᵉ; *sancz*, fin Xᵉ;
lat. *sanctus* « consacré, vénéré »).
   I. *Adj.* **A** *(Personnes).* ♦ 1° (S'emploie devant le nom
d'un *saint*, d'une *sainte* de la religion chrétienne; Cf. *ci-dessous*, II). *La châsse de sainte Geneviève. L'Évangile selon
saint Jean. Coiffer sainte-Catherine* (Cf. **Catherinette**, *étym.*).
Les saints apôtres. Votre saint patron. *La Sainte Famille :*
Jésus, Joseph et Marie. — *Les saintes femmes :* les femmes
qui accompagnaient le Christ et suivaient son enseignement.
— (Avec une majuscule) *La Sainte Vierge.* ◇ Par ellipse du
mot *fête*, avec une majuscule et un trait d'union. *La Saint-
Charlemagne*, fête célébrée par les collèges et les lycées, en
l'honneur de Charlemagne, fondateur des écoles. *Les feux*
de la Saint-Jean.* Loc. *prov.* « *Quand il pleut à la Saint-Médard,
il pleut quarante jours plus tard* ». *La Saint-Nicolas*, fête à
l'occasion de laquelle on offre des jouets et des friandises
aux enfants. — *La Saint-Sylvestre :* le 31 décembre. — Fam.
La sainte-paye, la sainte-touche : le jour de la paye. « *Les jours
de sainte-touche, elle ne lui regardait plus les mains, quand il
rentrait* » (ZOLA). V. *aussi* **Saint-glinglin.** ◇ (Dans la désignation d'une église, d'un lieu, ou dans une expression où le mot
n'a plus qu'un rapport indirect avec un saint) *L'église Saint-
Eustache.* Ellipt. *Aller à la messe à Saint-Séverin.* — *La ville
de Saint-Étienne. L'île de Sainte-Hélène. Le Mont-Saint-
Michel. Boulevard Saint-Michel. Faubourg Saint-Germain.*
— *Coquille* Saint-Jacques.* ♦ 2° (De Dieu). *La Sainte-
Trinité*, *le Saint-Esprit* ou *l'Esprit-Saint.* ♦ 3° Qui mène
une vie irréprochable, en tous points conforme aux lois de
la morale et de la religion. « *C'est un saint homme, qui pourrait devenir un Saint, s'il le voulait* » (BOSCO). — *Une âme
sainte.* **B** *(Choses).* ♦ 1° Qui a un caractère sacré, religieux;
qui appartient à la religion (judéo-chrétienne), à l'Église.
V. **Consacré, sacré**. *Rendre saint.* V. **Sanctifier**. *Le saint nom,
la sainte volonté de Dieu. La sainte messe. La sainte table.
La sainte Croix. Images saintes. La sainte Bible, l'histoire
sainte. La sainte Église catholique, apostolique et romaine.
Lieu saint, lieux saints. Terre sainte :* où le Christ a vécu.
Terre sainte, cimetière bénit. *Être enterré en terre sainte.
Guerre sainte :* de religion. *Jeudi, vendredi, samedi saint.* V.
Semaine (sainte). *Année sainte*, pour laquelle le pape proclame un jubilé. — Hist. *Le Saint-Empire romain germanique.*
— *La sainte Russie.* — *La Sainte-Alliance :* alliance signée en
1815 par le tsar, l'empereur d'Autriche et le roi de Prusse
pour maintenir l'équilibre européen à leur profit. ◇ Loc.
Toute la sainte journée : pendant toute la journée, sans arrêt.
« *Il se demande ce qu'elle peut bien foutre de toute la sainte
journée* » (QUENEAU). ♦ 2° Qui est inspiré par la piété, qui
est conforme aux préceptes de la morale religieuse. *Une vie
sainte. Œuvre sainte. Sainte colère :* colère éminemment morale
(comme celle de Jésus chassant les marchands du temple).
Être saisi d'une sainte indignation. ♦ 3° Qui doit inspirer de la
vénération. V. **Auguste, sacré, vénérable**. « *Les œuvres où l'on
bafoue les choses les plus saintes, la famille, la propriété, le
mariage* » (FLAUB.).
   II. *N.* ♦ 1° Dans la religion catholique, Personne qui est
après sa mort l'objet, de la part de l'Église, d'un culte public
et universel (dit *culte de dulie*), en raison du très haut degré

de perfection chrétienne qu'elle a atteint durant sa vie.
*L'Église distingue parmi les saints, les apôtres, les martyrs,
les confesseurs; parmi les saintes, les vierges* (martyres ou
non) *et les saintes femmes. Les saints, intercesseurs et patrons.
Le chœur des saints dans le ciel.* V. **Élu, glorieux**. *Les véné-
rables, les bienheureux, et les saints. Récit de la vie d'un
saint :* hagiographie. *Catalogue des saints :* martyrologe. —
*Commémoraison, fête, jour natal d'un saint. Fête de tous les
saints.* V. **Toussaint.** — *Châsse, reliques d'un saint.* « *Un
secrétaire du roi d'Angleterre disait tout haut en revenant* (du
supplice de Jeanne d'Arc) *: « Nous sommes perdus; nous avons
brûlé une sainte !* » (MICHELET). — Loc. *Les saints de glace :*
période qui correspond aux fêtes de saint Mamert, de
saint Pancrace et de saint Servais (11, 12 et 13 mai) pendant
laquelle on observe souvent un abaissement de la température. — *Prêcher pour son saint :* avoir en vue son intérêt
personnel en faisant l'éloge d'une personne, en préconisant
une solution. — *Ne savoir à quel saint se vouer :* ne plus savoir
comment se tirer d'affaire. — *Ce n'est pas un saint :* il n'est
pas parfait. — Fam. *Un petit saint :* un personnage vertueux
et inoffensif. *L'apostat,* « *qui n'avait fait guillotiner ni mitrailler personne, apparaîtrait presque comme un petit saint* »
(MADELIN). *Ce n'est pas un petit saint* (V. **Enfant** [de chœur]) :
il n'est pas naïf, innocent, honnête. « *On n'est pourtant pas
des modèles de vertu, des petits saints* » (SARRAUTE). *Faire
le petit saint,* faire le vertueux avec hypocrisie. — Loc. *prov.
Comme on connaît ses saints on les honore :* on agit envers
chacun selon le caractère qu'on lui connaît, selon les mérites
qu'on lui attribue. *Il vaut mieux s'adresser à Dieu qu'à
ses saints :* il vaut mieux s'adresser au chef, au supérieur
plutôt qu'aux subordonnés. ◇ (Dans d'autres religions ou
sectes) *Les marabouts, saints de l'Islam. Les saints du bouddhisme, de l'hindouisme.* ♦ 2° Image, statue religieuse qui
représente un saint. « *Les saints de bois étaient guillotinés* »
(MICHELET). ♦ 3° Personne d'une vertu, d'une bonté, d'une
patience exemplaires. *Cette femme, mais c'est une sainte !
Un saint laïque :* expression appliquée par Pasteur à Littré.
♦ 4° (*Archéol.*) N. m. *Le Saint :* espace qui s'étendait devant
la partie la plus sacrée du Temple. ◇ Cour. *Le Saint des
Saints :* l'enceinte du Temple la plus sacrée, celle dans
laquelle l'arche était enfermée. V. **Sanctuaire**. — *Fig.* La
partie la plus retirée d'une habitation, d'un édifice; l'organisme le plus secret et le plus important.
   ◇ HOM. *Saint, sein, seing, cinq.* Formes du v. ceindre.
   SAINT-BENOÎT [sɛ̃bənwa]. *n. m.* (XXᵉ; de *Saint-Benoît-
sur-Loire*, commune du Loiret). Fromage fermier, au lait de
vache, de la région de Saint-Benoît et de Sully-sur-Loire.
   SAINT-BERNARD [sɛ̃bɛrnar]. *n. m.* (1907; *race du
Saint-Bernard*, déb. XXᵉ; d'apr. le nom du col du *Grand-
Saint-Bernard*, dans les Alpes). Race de chiens de montagne
de grande taille, à pelage roux et blanc, ou pie-rouge. —
Fig. C'est un vrai saint-bernard, une personne toujours prête
à se dévouer, à porter secours aux autres (comme les *saint-
bernard* portent secours aux voyageurs perdus dans la montagne). — Pl. *Des saint-bernard ou saint-bernards.*
   SAINT-CRÉPIN [sɛ̃krepɛ̃]. *n. m.* (1660; de *saint Crépin,*
patron des cordonniers). *Vx.* Ensemble des outils du cordonnier. ◇ *Fig. et vx.* **Saint-frusquin.**
   SAINT-CYRIEN [sɛ̃sirjɛ̃]. *n. m.* (1870; de *Saint-Cyr,*
localité où fut installée cette école militaire). Élève de l'école
militaire de Saint-Cyr (*arg. scol.* Cyrard). *Casoar, shako de
saint-cyrien. Des saint-cyriens.*
   SAINTEMENT [sɛ̃tmɑ̃]. *adv.* (XIIᵉ, *seintement*; de *saint*).
D'une manière sainte, avec sainteté. *Vivre, mourir saintement.*
   SAINT-ÉMILION [sɛ̃temiljɔ̃]. *n. m.* (XIXᵉ; nom d'une
commune de la Gironde, arrondissement de Libourne).
Vin des coteaux de Saint-Émilion, coloré et corsé (V. **Bordeaux**).
   SAINTE NITOUCHE [sɛ̃tnituʃ]. *n. f.* (1534; de *saint*, et
n'y touche [pas]). Personne qui affecte l'innocence. « *Que
vous-a-t-il donc fait, le petit Lagare? Sans doute, ce n'est
pas une sainte nitouche* » (MAURIAC). Cour. Femme qui
affecte la pruderie, l'innocence (V. **Hypocrite**).
   SAINT-ESPRIT. V. Esprit (I, 1°).
   SAINTETÉ [sɛ̃tte]. *n. f.* (*Sainteté*, XIIᵉ; réfection, d'apr.
le lat. *sanctitas*, de l'a. fr. *saïnteté*). ♦ 1° Caractère, qualité
d'une personne ou d'une chose sainte. *La sainteté de l'Évangile.* « *L'homme fait la sainteté de ce qu'il croit comme la
beauté de ce qu'il aime* » (RENAN). ◇ Le fait d'être un saint,
de vivre comme un saint. *Vivre, mourir en odeur de sainteté;
n'être pas en odeur de sainteté auprès de qqn.* V. **Odeur**. « *Les
hommes sont exposés aux entreprises du diable en raison de
leur sainteté* » (CHATEAUB.). ♦ 2° (Précédé d'un possessif :
Sa, Votre Sainteté). Titre de respect qu'on emploie en parlant
du pape ou en s'adressant à lui. *Sa Sainteté le pape Jean XXIII*
(abrév. *S.S.*). *Votre Sainteté.* ♦ 3° Arts. Sujet de sainteté :
œuvre qui représente une scène religieuse.
   SAINT-FRUSQUIN [sɛ̃fryskɛ̃]. *n. m.* (1788; de *saint*, en
arg. *frusquin* « habit » [1628]; V. **Frusque**; p.-ê. de l'a. fr.

frisque « alerte, vif »). *Fam., pop.* Ce qu'on a d'argent, d'effets. « *Gervaise aurait bazardé la maison... Tout le saint-frusquin y passait, le linge, les habits, jusqu'aux outils et aux meubles* » (ZOLA). ◇ (À la fin d'une énumération) *...et tout le saint-frusquin, et tout le reste. J'ai envoyé promener les parents, les copains et tout le saint-frusquin.*

SAINT-GALMIER [sɛ̃galmje]. *n.* (mil. XXᵉ; nom d'un bourg de la Loire où se trouvent des sources d'eaux minérales). *Loc. fam. Avoir des épaules comme une bouteille de Saint-Galmier,* des épaules tombantes (d'après la forme de ces bouteilles).

SAINT-GERMAIN [sɛ̃ʒɛʀmɛ̃]. *n. m. invar.* (1721; *poire de Saint-Germain* [1625], localité de la Sarthe). Grosse poire fondante et très sucrée. *Des saint-germain.*

SAINT-GLINGLIN (À LA) [alasɛ̃glɛ̃glɛ̃]. *loc. adv.* (1897; probabl. altér. de *seing* [lat. *signum* « signal »], puis « sonnerie de cloche », d'où « cloche »] et du dial. *glinguer* « sonner » [all. *klingen*]). *Fam.* Jamais. *Avec lui, il faut s'attendre à être payé à la saint-glinglin.*

SAINT-HONORÉ [sɛ̃tɔnɔʀe]. *n. m.* (1873; de *saint Honoré,* patron des boulangers, ou du nom de la *rue Saint-Honoré*). Gâteau garni de crème Chantilly et de petits choux, glacé au sucre. *Des saint-honoré* ou *des saint-honorés.*

SAINT-MICHEL [sɛ̃miʃɛl]. *n. m. invar.* (XXᵉ; de *saint,* et *Michel*). *Pâtiss.* Gâteau, génoise au café et aux amandes grillées.

SAINT-NECTAIRE [sɛ̃nɛktɛʀ]. *n. m.* (XXᵉ; nom de lieu). Fromage d'Auvergne, à pâte pressée et chauffée. *Des saint-nectaires bien à point.*

SAINT-OFFICE [sɛ̃tɔfis]. *n. m.* (1671; de *saint,* et *office*). Congrégation romaine établie par le pape Paul III en 1542 pour diriger les inquisiteurs et juger souverainement les affaires d'hérésie. — *Hist.* Tribunal de l'Inquisition.

SAINT-PAULIN [sɛ̃polɛ̃]. *n. m.* (mil. XXᵉ; nom de lieu). Fromage affiné à pâte pressée, voisin du port-salut.

SAINT-PÈRE [sɛ̃pɛʀ]. *n. m.* (XIIᵉ; de *saint,* et *père*). Le pape. *Le Saint-Père, Notre Saint-Père le pape.*

SAINT-PIERRE [sɛ̃pjɛʀ]. *n. m. invar.* (1793; *poisson Saint-Pierre,* 1611; ce poisson porte sur chacun de ses côtés une tache ronde où la légende voit l'empreinte qu'y laissèrent les doigts de saint Pierre quand, sur l'ordre du Christ, il tira de la bouche du poisson le statère du cens). Poisson de mer à chair sauce estimée. *Des saint-pierre.*

SAINT SACREMENT. V. SACREMENT. — **SAINT SÉPULCRE.** V. SÉPULCRE.

SAINT-SIÈGE [sɛ̃sjɛʒ]. *n. m.* (1681; de *saint,* et *siège*). Pouvoir, gouvernement du souverain pontife. V. **Papauté.** *Le Saint-Siège et l'Église. — États du Saint-Siège :* territoires qui constituaient le domaine temporel de la papauté.

SAINT-SIMONIEN, IENNE [sɛ̃simɔnjɛ̃, jɛn]. *adj. et n.* (v. 1825; de *Saint-Simon*). Relatif au réformateur social Saint-Simon (1760-1825) ou à sa doctrine. *Système, socialisme saint-simonien.* ◇ *N.* Partisan des théories de Saint-Simon; disciple de Saint-Simon. *Enfantin, Bazard, saint-simoniens célèbres.*

SAINT-SIMONISME [sɛ̃simɔnism(ə)]. *n. m.* (v. 1825; de *Saint-Simon*). Doctrine, système de Saint-Simon et des saint-simoniens.

SAINT-SULPICIEN, IENNE [sɛ̃sylpisjɛ̃, jɛn]. *adj.* (attesté XXᵉ; de *Saint-Sulpice,* église parisienne). V. **Sulpicien.**

SAINT-SYNODE [sɛ̃sinɔd]. *n. m.* V. **SYNODE.**

SAISI, IE [sezi]. *adj. et n.* (fin XIIᵉ, dr.; de *saisir*). ♦ 1º *Cour.* V. **Saisir** (I, 5º, 6º). ♦ 2º *Dr.* Qui fait l'objet d'une saisie (personnes, choses). *Le tiers saisi :* personne entre les mains de qui est saisi un bien appartenant à autrui. *Partie saisie.* ◇ *N.* (av. 1581) *Le saisi* (opposé à *saisissant,* 2º).

SAISIE [sezi]. *n. f.* (1494; *Dr.* « possession »); de *saisir*). ♦ 1º *Dr. et cour.* Procédure par laquelle des biens mobiliers ou immobiliers sont mis sous la main de la justice ou de l'autorité administrative, dans un intérêt privé (d'un créancier) ou public. *Saisie des biens d'un débiteur, pour la sûreté d'une créance. Mainlevée qui met fin aux effets d'une saisie. Être sous le coup d'une saisie. Procès-verbal de saisie. Saisie immobilière,* portant sur les immeubles, baux* emphytéotiques. *Saisie conservatoire :* procédure ayant pour but d'empêcher le débiteur de disposer de son bien au détriment du créancier. SAISIE-GAGERIE, saisie conservatoire des effets et fruits, effectuée avant jugement, pour garantie. SAISIE-EXÉCUTION ou *Saisie mobilière,* saisie des meubles corporels appartenant au débiteur sur le lieu de la vente publique. « *Son propriétaire, auquel il devait trois termes, le menaçait d'une saisie* » (AYMÉ). — *Dr.* SAISIE-ARRÊT, pratiquée par un créancier (saisissant) sur le débiteur (tiers saisi) de son débiteur (partie saisie). V. **Opposition.** — SAISIE-BRANDON : saisie imposée des fruits et récoltes sur pied juste avant la récolte. SAISIE-FORAINE, pratiquée par un créancier habitant un lieu sur les biens d'un débiteur de passage dans celui-ci. ♦ 2º Prise de possession (d'objets interdits) par l'autorité publique). V. **Confiscation, embargo, mainmise, séquestre.**

Saisie d'un journal. ♦ 3º *Rare.* Le fait de prendre, capturer. V. **Capture.** ♦ 4º *Inform.* Prélèvement (d'une donnée, d'une information) avant introduction dans un ordinateur. *La saisie des données.*

SAISIE-ARRÊT, -BRANDON, -EXÉCUTION. V. SAISIE.

1. SAISINE [sezin]. *n. f.* (1138, « saisie »; en dr. féod., « droit du seigneur sur la prise en possession des héritages qui relevaient de lui »; de *saisir*). *Dr.* ♦ 1º Prérogative, ouverte à un organe ou à une personne, de saisir un autre organe ou une autre personne afin de faire exercer ses droits. *Saisine d'un tribunal, d'un juge; du Conseil constitutionnel.* ♦ 2º Droit à la possession d'un héritage, conféré par la loi ou par le testateur (opposé à envoi en possession).

2. SAISINE [sezin]. *n. f.* (XVIIᵉ; de *saisir,* au sens concret). *Mar.* Cordage servant à « saisir », à fixer, à maintenir. *La remorque « avait sauté sur la lisse et brisé les saisines »* (VERCEL).

SAISIR [seziʀ]. *v. tr.* (1080; bas lat. *sacire* « prendre possession »; du frq. °*sakjan* « revendiquer un droit » [attesté par le saxon *saca* « procès »]; le sens « mettre en possession » viendrait de l'a. haut all. *sazjan,* du frq. °*satjan*)

I. ♦ 1º Mettre en sa main (qqch.) avec détermination, force ou rapidité. V. **Attraper, empoigner, happer, prendre.** « *Je saisis une branche... et je tirai. Elle résista, plia...* » (BOSCO). V. **Attraper.** V. **Passage.** V. **Intercepter.** *Saisir la balle au bond.* « *Il saisit la bourse avec une dextérité d'escamoteur et la fit disparaître* » (GAUTIER). V. **Emparer** (s'). *Il n'arrive pas à saisir cet objet.* V. **Atteindre, attraper** (Cf. Mettre la main dessus). ♦ 2º *Saisir qqn, un animal,* le prendre, le retenir brusquement ou avec force. *Saisir aux épaules.* « *Le saisir au collet, m'y cramponner, l'entraîner* » (BEAUMARCH.). *Saisir à bras le corps, dans ses bras. Les bêtes « sont saisies par une patte, saisies dans un nœud coulant et accrochées à la chaîne* » (DUHAM.). ◇ Prendre (qqn) en son pouvoir. « *L'autre le laissait marcher devant et ne le saisissait pas encore* » (HUGO). V. **Appréhender, arrêter, capturer;** et *fam.* **Agrafer, harponner, pincer.** ♦ 3º Se mettre promptement en mesure d'utiliser, de profiter de (opposé à manquer, rater). *Saisir une occasion, les chances, un moyen. Saisir une excuse, un prétexte :* profiter d'une excuse, d'un prétexte qui s'offre. ♦ 4º Se mettre en mesure de comprendre, de connaître (qqch.) par les sens, par la raison. « *Un nombre croissant de circonstances et d'épisodes, qu'il saisissait un à un, pour les examiner* » (ROMAINS). *Saisir par le regard, saisir d'un coup d'œil.* V. **Apercevoir, embrasser.** *Saisir par l'intelligence, la pensée..., l'intuition.* V. **Comprendre, discerner, embrasser, pénétrer, percevoir, voir.** « *L'esprit saisit plus aisément la pensée Que notre main ce que notre œil convoite* » (GIDE). *Saisir au vol une partie de la conversation. — Saisir qqn :* le comprendre. — Absolt. et *fam.* **Vous saisissez ?** : vous comprenez? est-ce clair? ♦ 5º (Sujet de chose : sensations, émotions, etc.). S'emparer brusquement de la conscience, des sens, de l'esprit de (qqn). V. **Prendre, surprendre.** *Il sentit le froid le saisir. Une faiblesse, un malaise la saisit.* « *Saisi par une émotion irrésistible, par une curiosité violente, par un souvenir tout-puissant* » (GOBINEAU). ◇ Faire une impression vive et forte sur (qqn). V. **Captiver, émouvoir, empoigner, frapper, impressionner.** « *Sa grâce, qui n'était point à elle convenue, vous saisissait comme le malheur* » (CHATEAUB.). — Au p. p. « *On demeure d'abord saisi en face d'une chose surprenante* » (MAUPASS.). ♦ 6º (Choses : agents physiques). *Rare.* Avoir une action vive, subite sur (qqch.). *La gelée avait « durci la terre et saisi les pavés »* (BALZ.). — *Spécialt. Cour.* Exposer sans transition à une forte chaleur (ce qu'on fait cuire). *Saisir en plongeant dans un corps gras brûlant* (à la poêle, en friture). — Au p. p. « *Il est saisir, votre château* (châteaubriand)? *à peine saisi, surtout* » (ARAGON). ♦ 7º *Dr. et cour.* Mettre sous la main de la justice par une saisie. V. **Saisie.** *Saisir les meubles.* — Par ext. (V. aussi **Confisquer, réquisitionner**). *Saisir un journal.* ◇ Par ext. *Saisir qqn :* faire la saisie de ses biens. « *Elle avait dû payer vingt francs à un cordonnier, qui menaçait de les faire saisir* » (ZOLA).

II. *Vx* ou *Dr.* ♦ 1º *Vx.* Mettre (qqn) en possession de qqch.). *Dr. Le mort saisie le vif :* l'héritier est investi sans délai des biens du défunt. ♦ 2º Porter devant (une juridiction). *Saisir un tribunal d'une affaire* (plus cour. au passif). *Le Conseil de sécurité fut saisi de la demande de la Grande-Bretagne.* « *Le conseil municipal fut saisi de la question* » (ZOLA). V. **Saisine.**

III. SE SAISIR. *v. pron.* Mettre en sa possession, en son pouvoir. V. **Approprier** (s'), **emparer** (s'), **prendre.** « *Il y a deux verbes : saisir signifie prendre tout d'un coup, empoigner, et se saisir de veut dire, s'emparer, se rendre maître* » (FLAUB.).

◇ ANT. **Lâcher, laisser. Dessaisir.**

SAISISSABLE [sezisabl(ə)]. *adj.* (1764; de *saisir*). ♦ 1º *Dr.* Qui peut faire l'objet d'une saisie. *Bien saisissable.* ♦ 2º (1840). Qui peut être saisi, perçu ou compris. *Un sens* précis, saisissable directement. « *Les nuages glissaient... d'un mouvement à peine saisissable* » (RAMUZ). ◇ ANT. *Insaisissable*.

SAISISSANT, ANTE [sezisɑ̃, ɑ̃t]. *adj.* (1690; de *saisir*). ♦ 1° *Cour.* Qui surprend (en parlant d'une sensation, d'une émotion). *Un froid saisissant*, vif et piquant. — *Spectacle saisissant*. V. **Étonnant, frappant, surprenant**. « *Le contraste était saisissant quand on les voyait ensemble* » (BLOY). ♦ 2° *Dr.* Qui pratique une saisie. « *Cette femme est créancière et première saisissante* » (LITTRÉ). — *Subst. Le saisissant et le saisi.*

SAISISSEMENT [sezismɑ̃]. *n. m.* (1220; de *saisir*). ♦ 1° *Vx.* « *La main l'avait étreint...* (et dont) il avait senti le saisissement* » (HUGO). ♦ 2° (1548). Impression, effet brusque, soudain, d'une sensation (ne se dit guère que du froid), d'une émotion, d'un sentiment. *Éprouver un saisissement au contact de l'eau glacée.* V. **Frisson**. « *Cela m'a fait un tel saisissement, que je suis resté un grand quart d'heure tout pâle* » (GAUTIER). V. **Émoi, émotion**. *Il était muet, pâle de saisissement.*

SAISON [sɛzɔ̃]. *n. f.* (XIIᵉ; probabl. lat. *satio, -ionis* « semailles », d'où « saison des semailles »). **A** ♦ 1° Époque de l'année caractérisée par un climat relativement constant et par l'état de la végétation. *La belle saison* : fin du printemps, été et début de l'automne. *La saison nouvelle, du renouveau* : le printemps. *La mauvaise saison, la saison des frimas*, fin de l'automne, hiver. *Saison sèche et saison des pluies*, sous un climat tropical. — *En cette saison. En toute saison, en toutes saisons*, pendant toute l'année. — *La saison morte, la morte saison*, où la terre ne produit rien, où les travaux agricoles sont interrompus. *Par ext.* V. **Morte-saison**. ◇ L'époque où poussent certains produits de la terre. *La saison des feuilles* (feuillaison), *des fleurs* (floraison), *des fruits* (fructification). *Cultiver un légume, un fruit dans sa saison, avant sa saison* (V. **Primeur**), *à contre-saison, hors-saison*. — *Loc. Marchand de* (ou *des*) *quatre saisons, des quatre-saisons* [katsɛzɔ̃] : marchand ambulant de légumes et de fruits. « *Jérôme Crainquebille, marchand des quatre-saisons, allait par la ville, poussant sa petite voiture et criant* « *Des choux, des navets, des carottes!* » (FRANCE). ◇ *La saison de...* : l'époque de l'année où se font certains travaux agricoles où la flore, la faune présente tel caractère. *La saison des foins* (fauchaison, fenaison), *de la moisson* (aoûtage, moisson). — *Saison de la pêche au hareng* (harengaison). (Chasse) *La saison des cailles, des perdrix..., du sanglier* (porchaison). — *Saison des amours*, la période où une espèce d'animaux s'accouple. ♦ 2° Chacune des quatre grandes divisions de l'année qui partagent l'orbite terrestre entre un équinoxe et un solstice ou vice versa, et qui correspondent, du fait de l'inclinaison de l'écliptique, à des périodes de longueur inégale des jours. *Les quatre saisons*. V. **Printemps, été, automne, hiver**. *Nous avons changé de saison hier.* **B** ♦ 1° *Fig.* et *littér.* Période particulière (de la vie). V. **Âge**. *Chronique des saisons amères*, de Duhamel. « *La jeunesse fait plus encore... ce n'est qu'à cette saison de la force, que les hommes sont capables de mourir pour une idée vague* » (SUARÈS). *Une Saison en enfer*, de Rimbaud. ♦ 2° *Vx.* Temps quelconque, époque, moment (favorable à une activité). *Donner saison* : donner l'occasion, le temps. — *Loc. mod.* ÊTRE DE SAISON : être convenable, de circonstance, opportun. *N'être pas, n'être plus de saison.* « *J'aurais dû sentir que ce langage n'est pas de saison dans votre siècle* » (ROUSS.). *Cela est hors de saison* : hors de propos; déplacé. **C** ♦ 1° *Saison de...* : temps de l'année propice à (une activité). V. **Époque, moment**. *La saison des vacances.* — *La saison théâtrale, la saison des réunions mondaines, des bains de mer. La saison des prix littéraires.* ♦ 2° *Absolt.* (Modes) *Les nouveautés, les nouvelles toilettes de la saison* : d'été ou d'hiver (présentées au printemps ou à l'automne). ◇ Époque où une activité est pratiquée, un lieu fréquenté. *La saison littéraire, théâtrale. La saison d'une station de ski. Pendant la saison. Hors saison.* « *Vichy, avec son improvisation de bâtisses, de baraquements, de boutiques pour la grande saison* » (GONCOURT). *Haute saison* (opposé à *basse saison*), période saisonnière d'affluence (tourisme, transports aériens et maritimes). *Les tarifs de haute saison sont plus élevés.* ♦ 3° Durée pendant laquelle on prend les eaux. *Faire une saison à Vittel.* V. **Cure**. « *La durée d'une saison est de vingt-sept jours* (à Bourbonne) » (DIDER.).

SAISONNIER, IÈRE [sɛzɔnje, jɛʀ]. *adj.* (1870; de *saison*). ♦ 1° Propre à une saison. *Maladies saisonnières. Variations saisonnières de température.* ♦ 2° Qui ne dure qu'une saison, qu'une partie de l'année. *Service saisonnier ou permanent d'une ligne aérienne. Industrie saisonnière.* ♦ 3° Qui se fait à chaque saison. « *Les déplacements saisonniers des maçons du Limousin, des terrassiers du Morbihan* » (NIZAN). ◇ *Ouvriers saisonniers*, et subst. *Des saisonniers.*

SAÏTE [sait]. *adj.* (1923; *saïtique*, av. 1819; de *Saïs*, ville d'Égypte). *Hist.* Relatif à une période de l'histoire égyptienne (XXVIᵉ dynastie : 663 à 526 av. J.-C.). *L'art saïte est influencé par l'art grec.*

SAJOU. *Vx.* V. **SAPAJOU**.

SAKÉ [sake] ou **SAKI** [saki]. *n. m.* (1882,-1777 [*sacki*]; mot jap.). Boisson alcoolisée obtenue par fermentation du riz, dite aussi *bière de riz*.

SAKI [saki]. *n. m.* (1766; tupi *çahy, sahy* « singe ». V. **Saï**). *Zool.* Singe de taille moyenne, au corps recouvert d'une épaisse fourrure grise.

SAKIÈH [sakjɛl. *n. f.* (1876; *saquièr*, 1850; arabe *saqiya*, rad. *saga* « irriguer »). Noria égyptienne mue par des bœufs qui tournent en manège.

SALACE [salas]. *adj.* (1555; lat. *salax* « lubrique », de *salire* « saillir »). *Littér.* Qui est prompt aux rapprochements sexuels, en parlant d'un homme. V. **Lascif, lubrique, sensuel**. « *C'était un bandit salace et ivrogne* » (HUYSMANS).

SALACITÉ [salasite]. *n. f.* (1546; lat. *salacitas*). *Littér.* Propension aux rapprochements sexuels. V. **Lubricité**. *La* « *salacité campagnarde* » *des faunes* (HENRIOT).

1. **SALADE** [salad]. *n. f.* (1350; prov. *salada* « mets salé », rad. *sal.* V. **Sel**). ♦ 1° *De la salade; une salade* : mets fait de feuilles d'herbes potagères crues, assaisonnées d'huile, de vinaigre et de sel. *Plantes utilisées pour la salade.* V. **Chicorée, cresson, endive, laitue, mâche, pissenlit, romaine, roquette 1, scarole**. « *Une salade de mâches, la moins chère de toutes les salades* » (BALZ.). *Éplucher, laver, égoutter, essuyer, assaisonner, remuer, tourner, fatiguer la salade. Panier à salade* (et fig.). V. **Panier**. *Manger une salade, de la salade. Salade aux noix, au fromage.* ♦ 2° (1536). *Une salade*, plante cultivée, légume dont on fait la salade. *Spécialt.* Laitue, scarole ou chicorée frisée. *Salades cultivées dans un potager, salades des maraîchers. Pied, plant de salade. Détacher les feuilles d'une salade.* « *Les salades, les laitues, les scaroles, les chicorées, ouvertes et grasses encore de terreau* » (ZOLA). — *Salade cuite, braisée*, plat chaud pour accompagner certaines viandes. ♦ 3° (*Qualifié par un compl. de nom, un adj.*). *Mets froid, fait de légumes, de viande, d'œufs, de crustacés, etc., assaisonnés d'une vinaigrette. Salade de tomates, de betteraves, de pommes de terre. Salade mélangée, crudités variées, en salade. Salade niçoise* (olives, tomates, anchois, etc.). *Salade russe* (légumes cuits coupés, haricots, pois, mêlés à une mayonnaise), *macédoine* à la mayonnaise. — En salade :* accommodé comme une salade. ♦ 4° *Salade de fruits*, fruits menus ou coupés, servis froids avec un sirop, une liqueur. *Salade d'oranges au marasquin.* ♦ 5° (1856). *Fig.* et *fam.* Mélange confus, réunion hétéroclite. V. **Confusion, désordre, enchevêtrement**. *Quelle salade!* « *Du Roy déclara : Quelle salade de société!* » (MAUPASS.). ♦ 6° *Fig.* et pop. *Vendre sa salade*, se dit d'un camelot, et *par ext.* d'un artiste médiocre qui se produit. ◇ *Plur.* Histoires, mensonges. *Pas de salades!* « *Ils n'ont qu'à vous raconter leurs salades, vous prendrez des notes* » (AYMÉ).

2. **SALADE** [salad]. *n. f.* (1419; it. *celata*, rad. *cœlum* « ciel », à cause de la forme). *Archéol.* Partie de l'armure des cavaliers (XVᵉ et XVIᵉ s.), casque profond et arrondi à visière courte et à couvre-nuque. « *J'ai trop porté haubert, maillot, casque et salade* » (HUGO).

SALADERO [saladeʀo]. *n. m.* (1875; « lieu où l'on prépare les cuirs salés », 1870; mot. esp. d'Amérique du Sud; « saloir »). *Techn.* Cuir de bœuf, préparé dans une saumure.

1. **SALADIER** [saladje]. *n. m.* (1660; adj., « qui se sert comme salade », 1580; de *salade* 1). Grande jatte où l'on sert la salade, et d'autres mets. *Saladier de porcelaine, de verre.* « *Il nous fit servir un saladier tout plein de... fraises à la crème* » (CÉLINE). ◇ Son contenu. *Il en a mangé un plein saladier.*

2. **SALADIER, IÈRE** [saladje, jɛʀ]. *n.* (1901, « bonimenteur »; de *salade* 1, *pop.*). *Arg.* Personne qui fait des salades, embrouille tout par ses mensonges. *Quelle saladière!*

SALAGE [salaʒ]. *n. m.* (1611; « gabelle », 1281; de *saler*). Le fait de saler (pour assaisonner, conserver).

SALAIRE [salɛʀ]. *n. m.* (1260; lat. *salarium*, rad. *sal* « sel », à l'o. « ration de sel » [indemnité du soldat]). ♦ 1° *Sens large : écon.*). Rémunération d'un travail, d'un service. *Salaire, prix d'un travail.* V. **Appointements, émolument, gage, honoraires, mensualité, rémunération, solde, traitement, vacation**. *Salaire d'ouvrier, de jardinier, de professeur, de député. Salaire variable.* V. **Gain, rétribution; commission, guelte, jeton** (de présence), **pourboire, prime**. *Salaire au temps, au rendement, aux pièces, à la tâche* (forfait), *salaire direct*, somme perçue directement : *salaire brut*, montant global théorique de cette somme; *salaire net*, salaire brut moins les cotisations sociales. *Salaire social* ou *indirect*, prestations et avantages sociaux divers. *Salaire de base*, somme de la rémunération de l'assuré qui sert de base pour le calcul des prestations (assurances contre le chômage, assurances sociales...). — *Montant fixé par l'État pour le calcul des prestations familiales. Allocations de salaire unique* (fam. *Salaire unique*), prestation mensuelle accordée par le régime des allocations familiales) aux couples mariés ou personnes isolées ayant la charge d'un ou plusieurs enfants, et bénéficiant d'un seul revenu professionnel. ◆ 2° (Sens étroit : *cour.*). Somme d'argent payable régulièrement par l'employeur (personne, société, État) à celui qu'il emploie (*opposé à* émoluments, honoraires, indemnités). V. **Appointements, traitement.** *Montant du salaire figurant dans le contrat de travail. Salaire payable à la journée, au mois. Toucher son salaire* (sa journée, son mois). *Bulletin de paie* ou *de salaire. Salaire de famine, de misère :* très bas. *Le prolétariat,* « *sorte d'esclavage tempéré par le salaire* » (LAMART.). *Salaire élevé. Hauts salaires. Zones d'abattement* et *zones de salaires. Salaire nominal, réel. Relèvement, hausse automatique des salaires liés à la hausse des prix* (Cf. Échelle* mobile). *Salaire minimum (national) interprofessionnel garanti* ou *S.M.I.G.* [smig], salaire minimum obligatoirement payé à tout travailleur et servant de base aux autres salaires. V. **Minimum** (vital) (v. 1969). *Salaire minimum interprofessionnel de croissance* ou *S.M.I.C.* [smik], salaire minimum variant en fonction de l'indice des prix et du taux de croissance économique, au-dessous duquel aucun employé ne peut être rémunéré. *Salaires différentiels,* échelle* des salaires pour l'ensemble des postes de chaque profession. *Éventail, fourchette des salaires.* ◆ 3° *Fig.* Ce par quoi on est payé (récompensé ou puni) de ce qu'on a fait. V. **Loyer** *(vx),* récompense, tribut. *Le Salaire de la peur,* roman de Georges Arnaud. *Toute peine mérite salaire,* le moindre effort mérite récompense. « *Voilà tous mes forfaits. En voici le salaire* » (RAC.).

SALAISON [salɛzɔ̃]. *n. f.* (1670; de *saler*). ◆ 1° Opération par laquelle on sale (un produit alimentaire) pour le conserver. *Salaison des viandes, du poisson.* ◆ 2° (1723; *sallaison,* h. XV⁰). Denrée alimentaire conservée par le sel. ◆ 3° *Techn.* Proportion de sel (contenu par l'eau de mer). V. **Salinité** (2°).

SALAMALEC [salamalɛk]. *n. m.* (1659; « salut turc », 1559; de l'arabe *salâm alaïk* « paix sur toi »). *Fam. (Surtout plur.)* Révérences, politesses exagérées. « *Tous ces salamalecs convenus, souriants et mornes* » (GONCOURT).

SALAMANDRE [salamɑ̃dR(ə)]. *n. f.* (1125; lat. *salamandra,* mot gr.). ◆ 1° Batracien urodèle, petit animal noir taché de jaune, dont la peau sécrète une humeur très corrosive. *On croyait que la salamandre pouvait vivre dans le feu.* « *Une salamandre noire marbrée de taches orangées, une créature d'enfer* » (GENEVOIX). ◆ 2° *Alchim.* Vapeur rouge qui se produit pendant la distillation de l'esprit de nitre. — *Chim. anc.* Amiante. ◆ 3° (1889). Poêle à combustion lente qui se place dans une cheminée. « *La salamandre, d'où rayonne une chaleur insupportable* » (ROMAINS).

SALAMI [salami]. *n. m.* (XX⁰; *salame,* 1852; plur. de l'it. *salame* « chose salée »). Gros saucisson sec. *Du salami de Milan.*

SALANGANE [salɑ̃gan]. *n. f.* (1778; *salangan,* 1719; de *salamga,* mot des Philippines). Oiseau *(Passereaux),* martinet qui vit en Malaisie et dont le nid, fait d'algues, est comestible. V. **Hirondelle** (nid d').

SALANT [salɑ̃]. *adj.* (XX⁰; p. prés. de *saler*). ◆ 1° *Adj. Techn.* Qui produit du sel. *Puits salants.* — *Cour. Marais salants.* ◆ 2° *N. m.* (1871). *Géogr., Techn.* Étendue de terre proche de la mer où s'étendent des efflorescences de sel. — Ensemble des composés solubles dans une terre affectée par la salure. *Salant blanc. Salant noir.*

SALARIAL, ALE, AUX [salaRjal, o]. *adj.* (1963; de *salarié*). Du salaire, relatif aux salaires. *Politique salariale. Masse salariale,* somme globale des rémunérations (directes et indirectes) perçues par l'ensemble des travailleurs d'une unité nationale ou industrielle.

SALARIAT [salaRja]. *n. m.* (1846; des *salarié*). ◆ 1° Mode de rétribution du travail par le salaire; état, condition de salarié. *Contrat de salariat.* ◆ 2° Ensemble des salariés *(opposé à* patronat). « *Le salariat et le patronat se rejoindront un jour* » (BEDEL).

SALARIÉ, ÉE [salaRje]. *adj.* et *n.* (1758; fig., XV⁰; V. **Salarier**). Qui reçoit un salaire (1° et 2°). *Travailleur salarié.* Par ext. *Travail salarié.* ◇ *N.* Personne qui reçoit un salaire (2°), personne rétribuée par un employeur (patron, entrepreneur). V. **Employé, ouvrier.** *Les salariés et les patrons. Salariés et commerçants, artisans, exploitants.* « *80 % des Français d'Algérie ne sont pas des colons, mais des salariés ou des commerçants* » (CAMUS).

SALARIER [salaRje]. *v. tr.* (1369, repris mil. XVIII⁰; de *salaire*). *Rare.* Rétribuer par un salaire (1° et 2°). *Salarier un domestique.* V. **Gager** *(vx).*

SALAUD [salo]. *n. m.* (XIII⁰; de *sale*). *Pop.* Personne méprisable, moralement répugnante. V. **Dégueulasse, fumier, salopard; salope.** *Il s'est conduit comme un salaud.* V. **Goujat, malpropre.** *Tas de salauds!* — Sans valeur injurieuse. *Dis donc, mon salaud, tu ne te refuses rien.* ◇ Adj. « *J'aurais jamais cru qu'un type puisse être aussi salaud* » (SARTRE).

SALE [sal]. *adj.* (XII⁰; frq. *°salo*). Ⓐ (*Concret*). ◆ 1° Dont la netteté, la pureté est altérée par une matière étrangère, au point d'inspirer la répugnance ou de ne pouvoir être

utilisé de nouveau sans être nettoyé. V. **Malpropre, souillé; boueux, crasseux, crotté, graisseux, pisseux, poisseux, terreux; dégoûtant, immonde, infâme, infect** (*pop.* Dégueulasse, cracra, crado ou cradeau, craspec, salingue). *Avoir les mains sales. Ongles sales,* en deuil *(fam.).* V. **Noir.** *Cheveux sales. Chemise sale.* Loc. métaph. *Laver* son linge sale en famille. *Eau sale. Logement pauvre, sale* (Cf. Chenil, cloaque, écurie, fig.). « *La plus moderne des villes* (New York) *est aussi la plus sale* » (SARTRE). ◇ *(Personnes)* Mal tenu, qui se lave insuffisamment. *Sale comme un cochon, un porc, sale comme un peigne.* « *Je suis sale. Les poux me rongent. Les pourceaux, quand ils me regardent, vomissent* » (LAUTRÉAMONT). « *Tu es sale comme un cochon!... Il a raison, tu pues, tu cognes... tu es cradeau, tu es cracra* [crasseux]*...* » (SARTRE). *Servante sale.* V. **Souillon.** — *Par ext.* Qui salit ce qu'il touche, qui fait salement un travail. *Ouvrier négligent* et *sale.* — *Subst. Le sale! une sale,* se dit de celui, de celle qui est sale ou qui salit. ◇ Se dit d'une bombe atomique dont les retombées radioactives sont importantes *(opposé à* propre). ◆ 2° Qui, sans être souillé, n'est pas net. *Blanc, gris, vert sale :* terni, brouillé. Ⓑ *(Abstrait).* ◆ 1° *Vx.* Qui est impur, souillé. *Âmes sales.* « *Une sale et odieuse entreprise* » (LA BRUY.). ◇ *Spécialt.* Généralement avant le nom. V. **Impur, obscène, ordurier.** *Sales maladies* (fam.) : honteuses. ◆ 2° *Cour. (Avant le nom).* Très désagréable. *Une sale affaire, une sale histoire :* une affaire fâcheuse. V. **Mauvais, méchant, vilain.** *Pop. Une sale coup pour la fanfare.* ◇ — *Laid. Cette sale petite écriture.* — *Faire une sale gueule :* avoir l'air ennuyé. — *Avoir une sale gueule.* V. **Antipathique, désagréable.** — *Fam.* (au négatif). *C'était pas sale!,* c'était beau, réussi, bon (Cf. C'était pas cochon*). ◆ 3° Qualifiant des personnes qu'l'on condamne, que l'on méprise. V. **Damné, maudit.** *Un sale type.* V. **Salaud, saligaud.** « *Qu'avait pu devenir ce sale gosse d'Armand?* » (ARAGON). *C'est une sale bête* (Cf. Fichue, foutue bête). ◇ ANT. *Blanc, net, propre.* — HOM. *Salle.*

1. **SALÉ, ÉE** [sale]. *adj.* (XIII⁰; V. **Saler**). ◆ 1° Qui contient naturellement du sel. *Eau salée. Lac salé. Moutons de prés-salés.* V. **Pré-salé.** — *Fam. Avoir le bec salé :* avoir soif. ◇ *De sel. Goût salé, saveur salée.* V. **Salin.** ◆ 2° (1677). Assaisonné ou conservé avec du sel. *Plat trop salé. Conserves salées.* V. **Salaison.** *Amandes salées. Beurre salé. Lard salé* ou *fumé. Bœuf, porc salé.* V. **Salé** (2). ◆ 3° *Fig.* et *vx* (Fin XVI⁰). Piquant, vif, qui excite l'esprit. V. **Spirituel.** « *De bonnes conversations bien salées* » (SÉV.). ◇ *Mod.* (XVII⁰) Qui excite l'esprit par qqch. de très libre, de licencieux. V. **Corsé, grivois, licencieux, poivré.** « *Un langage si salé, que ces dames en rougissaient parfois* » (CÉLINE). ◆ 4° *Fig.* et *fam.* (1660). Qui est exagéré, excessif (comme un aliment trop salé). *Condamnation salée.* V. **Sévère.** *La note est salée, trop élevée.* ◇ ANT. *Fade, insipide.*

2. **SALÉ** [sale]. *n. m.* (XVI⁰; de *porc salé*). Porc salé. *Manger du salé.* PETIT SALÉ : chair salée d'un petit cochon (XVI⁰), puis Morceaux de poitrine de porc, coupés plus fin et placés sur le dessus du saloir, pour être mangés les premiers (moins salés). *Petit salé aux lentilles.* — (1860). *Fig.* et *pop. Petit salé :* petit enfant. V. **Lardon.**

SALEMENT [salmɑ̃]. *adv.* (1511; de *sale*). ◆ 1° D'une manière malpropre, en salissant. *Manger salement.* ◆ 2° *Fig.* D'une manière contraire à la pudeur ou à la correction; contraire à la loyauté. « *Ils avaient salement manigancé leur coup* » (MART. du G.). ◆ 3° *Pop.* Très désagréablement. « *Je suis salement emmerdé, dit Mathieu* » (SARTRE). *Il est salement malade, gravement.* — *Fam.* (sans valeur péj.). Vachement, terriblement. V. **Drôlement.** *Il « s'arrêta devant une petite auto noire :* « *Elle est bien, non?* [...] — *Ça va nous rendre salement service* » (BEAUVOIR). ◇ ANT. (du 1°) *Proprement.*

SALEP [salɛp]. *n. m.* (1740; arabe *sahlap*). *Méd., pharm.* Substance mucilagineuse extraite de bulbes d'orchidées et servant notamment d'excipient.

SALER [sale]. *v. tr.* (v. 1165; de *sel,* lat. *sal*). ◆ 1° Assaisonner avec du sel. *Saler la soupe, sa viande. Saler un plat* (en faisant la cuisine). Absolt. *Elle sale trop.* ◆ Imprégner de sel, pour conserver. V. **Salaison.** *Saler le hareng.* ◆ 2° *Fig.* (XIII⁰, « battre »). *Fam.* Punir sévèrement. « *Le tribunal l'a salé* » (ACAD.). — (1589, *saler qqch.* : le vendre trop cher) *Saler la note :* demander un prix excessif. *Saler le client,* lui vendre qqch. trop cher. V. **Étriller.**

SALERON [salRɔ̃]. *n. m.* (1406; de *salere, salière*). Partie creuse d'une salière. ◇ Petite salière individuelle.

SALÉSIEN, IENNE [salezjɛ̃, jɛn]. *adj.* et *n.* (1808, fém.; de saint François de *Sales*). Relatif à saint François de Sales. *Doctrine, morale salésienne.* ◇ *N. m.* Prêtre d'un ordre fondé par saint Jean Bosco (1857).

SALETÉ [salte]. *n. f.* (1511; de *sale*). ◆ 1° Caractère de ce qui est sale (1°). V. **Malpropreté, saloperie** (pop.). *Saleté des habits, du corps.* « *La salle était d'une saleté noire, le carreau et les murs tachés de graisse, le buffet et la table poissés* *de crasse* » (ZOLA). ♦ 2° Ce qui est sale, souillé, mal tenu ; ce qui salit. V. **Boue, crasse, gadoue, merde, ordure.** *Croupir, vivre dans la saleté.* « *Cette guerre... c'est l'eau jusqu'au ventre, et la boue et l'ordure et l'infâme saleté* » (BARBUSSE). — *(Euphémisme)* Excrément. *Le chat a encore fait ses saletés dans la cuisine.* ♦ 3° *Fig.* (XVIe). Impureté, et *spécialt.* Obscénité. *La saleté d'un propos.* ◊ *Une, des saletés :* chose immorale, indélicate (V. **Canaillerie, vilenie**), grossière (V. **Grossièreté**), méprisable (V. **Laideur,** 3°). « *J'étais las, écœuré... par toutes les bêtises, toutes les bassesses, toutes les saletés que j'avais vues* » (MAUPASS.). — *Spécialt.* Obscénité. ♦ 4° *Fam.* (1836). Chose sans aucune valeur, qu'on méprise, qui déplaît (Cf. Cochonnerie, saloperie). *Iron.* « *Vous savez que ce n'est pas mauvais du tout ces petites saletés-là* » (PROUST). ◊ ANT. Netteté, propreté.

SALEUR, EUSE [salœʀ, øz]. *n.* (XVIe ; de *saler*). Personne dont le métier est de saler, de faire des salaisons. *Saleur de viandes, de choux* (fabrication de la choucroute). ◊ Pêcheur de morue, chargé de saler le poisson sur les lieux de pêche.

SALICACÉES [salikase] ou *(vx)* **SALICINÉES** [salisine]. *n. f. pl.* (XXe,-1857 ; lat. sav., de *salix* « saule »). *Bot.* Famille de plantes dicotylédones comprenant le saule et le peuplier.

SALICAIRE [salikɛʀ]. *n. f.* (1694 ; lat. bot. *salicaria*, de *salix, -icis* « saule »). *Bot.* Plante herbacée à fleurs rouges, qui pousse près de l'eau.

SALICINE. V. SALICOSIDE.

SALICIONAL [salisjɔnal]. *n. m.* (1877 ; *salicianat*, 1823 ; all. *Salizional*, forme latinisée de *Weidenpfeife* « flûte d'écorce » [de saule]). *Mus.* Jeu de fonds d'un orgue, de taille réduite.

SALICOLE [salikɔl]. *adj.* (1866 ; du lat. *sal* « sel », et suff. *-cole*). *Didact.* Qui concerne l'extraction et les industries chimiques du sel.

SALICOQUE [salikɔk]. *n. f.* (*Saige coque*, 1530 ; *salecoque*, 1554 ; mot norm., o. i. ; une forme *saillecoque*, de *saillir* « sauter », et *coque* « coquillage »). *Région.* Crevette grise ou rose (en Normandie, crevette rose ou « bouquet »).

SALICORNE [salikɔʀn(ə)]. *n. f.* (1611 ; altér., d'apr. *corne*, de *salicor* [1564], de l'arabe *salcoran*). *Bot.* Plante herbacée qui croît dans les terrains salés. *La cendre de salicorne fournit de la soude.*

SALICOSIDE [salikozid]. *n. m.* ou **SALICINE** [salisin]. *n. f.* (XXe ;-1830 ; du lat. *salix, -icis*, et *-ine, -oside* [d'apr. *glucoside*]). *Chim.* Glucoside contenu dans l'écorce de saule ou de peuplier, à propriétés analgésiques.

SALICYLATE [salisilat]. *n. m.* (1875 ; de *salicylique*, et *-ate*). *Chim.* Sel ou ester de l'acide salicylique. *Salicylates d'amyles ; de phénol* (salol). — *Cour.* Le salicylate de phénol (antiseptique) ; de soude (traitement des rhumatismes).

SALICYLIQUE [salisilik]. *adj.* (1838 ; de *salicyle* « radical hypothétique », de *salicine*). *Chim. Acide salicylique :* acide ortho-hydro-benzoïque $C_6H_4(OH)(COOH)$; puissant antiseptique ; il sert à la préparation de l'acide *acétyl-salicylique* (aspirine).

SALIEN. *adj.* V. FRANC (I).

SALIÈRE [saljɛʀ]. *n. f.* (*Saillière*, 1180 ; de *sel*, lat. *sal*). ♦ 1° Petit récipient dans lequel on met le sel et qu'on place sur la table du repas. *Salière fermée d'un ou deux creux* (V. **Saleron**). *Salière poivrière.* ♦ 2° *Fig.* (1600). Partie enfoncée, au-dessus de l'œil du cheval. — (Personnes) « *Les salières qui marquent ses yeux et ses tempes* » (BALZ.). ◊ *Fam.* (1611) Enfoncement derrière la clavicule, chez les personnes maigres. *Son décolleté montrait ses salières.*

SALIFÈRE [salifɛʀ]. *adj.* (1788, *montagne salifère ;* du lat. *sal, salis* « sel », et *-[i]fère*). *Didact.* Qui renferme du sel. — *Géol. Tectonique salifère,* où les sels de sodium et de potassium confèrent, par leur légèreté et leur plasticité, des caractères particuliers au relief.

SALIFIABLE [salifjabl(ə)]. *adj.* (1789 ; de *salifier*). *Chim.* Se dit d'un acide, d'un anhydride, d'une base ou d'un oxyde basique susceptibles d'être transformés en sel. *Base salifiable.*

SALIFICATION [salifikasjɔ̃]. *n. f.* (1803 ; de *salifier*). *Chim.* Formation d'un sel, au cours d'une réaction chimique ; réaction d'un acide sur une base.

SALIFIER [salifje]. *v. tr.* (1789 ; du lat. *sal* « sel », et *facere* « faire »). *Chim.* Faire réagir un acide sur (une base), avec production de sel et d'eau.

SALIGAUD, AUDE [saligo, od]. *n.* (1656 ; *saligot*, 1611, de *Saligot,* n. pr. et surnom, XIIe-XIIIe, en wallon et picard ; probabl. du frq. *°salik* « sale », et suff. *lag, -ot*). *Pop.* Personne sale, malpropre. *Petit saligaud !* ◊ *Fig.* Personne ignoble, répugnante (au moral). V. **Salaud.** « *Je tenais, sans le vouloir, le rôle de l'indispensable « infâme et répugnant saligaud », honte du genre humain* » (CÉLINE).

SALIGNON [saliɲɔ̃]. *n. m.* (*Saluygnon,* 1257 ; lat. pop. *°salinio, -onis,* de *salinum.* V. **Salin**). *Techn.* Sel en pain, obtenu par évaporation de l'eau d'un puits salant (fontaine salée).

SALIN, INE [salɛ̃, in]. *adj. et n. m.* (1600 ; lat. *salinus,* de *sal* « sel »). **I.** *Adj.* ♦ 1° Qui contient du sel, est formé de sel. *Croûte saline. Efflorescences salines. Effluves salins. Indice salin,* de salinité. — *Géol. Roche sédimentaire saline,* provenant de l'évaporation de l'eau de mer et composée de gypse, de sel gemme, de sels de potassium. ♦ 2° *Didact.* Relatif à un sel. **II.** *N. m.* (1870 ; autre sens XVIIe-XVIIIe ; lat. *salinum*). *Techn.* Marais salant. V. **Saline.**

SALINAGE [salinaʒ]. *n. m.* (XVIIIe ; « droit de faire du sel », 1407 ; de *saline*). *Techn.* Concentration d'une saumure pour obtenir le dépôt de sel. ◊ (1907) Emplacement où l'on recueille le sel.

SALINE [salin]. *n. f.* (1165 ; lat. *salinæ*). Entreprise de production du sel, par évaporation de l'eau de mer (dans les marais salants), ou par pompage de la saumure ; *cour.* marais salant. V. **Salin** (II). « *Des salines défilent, bordées d'un gazon de sel étincelant* » (COLETTE).

SALINIER, IÈRE [salinje, jɛʀ]. *adj. et n.* (1803 ; *sallenier,* en picard, 1460 ; de *saline*). — Relatif à la production du sel. *L'industrie salinière. Techn.* Personne qui conduit les opérations d'extraction du sel marin. V. **Paludier.**

SALINITÉ [salinite]. *n. f.* (1867 ; de *salin*). ♦ 1° Caractère de ce qui est salin. V. **Salure.** ♦ 2° Teneur en sels dissous de l'eau ou d'un soluté. V. **Salaison** (3°). *Spécialt.* Proportion de sels dissous dans l'eau des mers et des océans. V. **Salure.** *Salinité d'une mer, d'un lac.*

SALIQUE [salik]. *adj.* (XVIe ; lat. médiév. *salicus,* du nom des *Saliens,* tribu de Francs riverains de la Sala [l'Yssell]). *Hist.* Relatif aux Francs° Saliens. *Loi salique :* corps de lois contenant la règle qui exclut les femmes du droit de succession à la terre ; cette règle, invoquée au XIVe s. pour exclure les femmes de la succession à la couronne de France.

SALIR [saliʀ]. *v. tr.* (XIIe ; de *sale*). Rendre sale, plus sale. ♦ 1° Altérer la netteté, la pureté de (qqch.) par un contact répugnant ou enlaidissant. V. **Barbouiller, crotter, éclabousser, graisser, maculer, noircir, poisser, souiller, tacher.** *Salir ses vêtements. Cet enfant salit tout.* « *De hautes cheminées crachant de la suie, salissant cette campagne* » (ZOLA). « *Comme tu as peur de te salir les mains... Moi j'ai les mains sales. Jusqu'aux coudes* » (SARTRE). *Pronom. Se salir en tombant.* — Chose qui salit les doigts. ♦ 2° *Fig.* (XVIIe). Abaisser moralement. *Salir l'imagination.* « *Les promiscuités de la caserne... me salissaient l'idée de l'amour* » (ROMAINS). ◊ Avilir par une tache morale. V. **Déshonorer, diffamer, flétrir.** *Salir la réputation de qqn.* — Pronom. « *Je ne puis pas estimer un homme qui se salit sciemment pour une somme d'argent* » (BALZ.). ◊ ANT. Laver, nettoyer.

SALISSANT, ANTE [salisã, ãt]. *adj.* (1694 ; de *salir*). ♦ 1° Qui se salit aisément, qu'il est difficile de tenir propre. *Étoffes peu salissantes.* ♦ 2° (1834). Qui salit ; où on se salit. *Besogne, profession salissante.* ♦ 3° *Agric.* Plantes *salissantes,* dont la culture favorise la pousse des mauvaises herbes. *Les céréales sont des plantes salissantes.*

SALISSON [salisɔ̃]. *n. f.* (1585 ; de *salir*). *Fam. et région.* Petite fille malpropre (Cf. Souillon).

SALISSURE [salisyʀ]. *n. f.* (1540 ; de *salir*). Ce qui salit, souille. V. **Ordure, souillure.** « *Les tas* (de fumier), *dont le flot répandu ombrait au loin du sol d'une salissure noirâtre* » (ZOLA).

SALIVAIRE [salivɛʀ]. *adj.* (1690 ; *salival,* XVIe ; lat. *salivarius,* de *saliva*). *Anat.* Qui a rapport à la salive. *Sécrétion salivaire. Glandes salivaires,* qui sécrètent la salive (parotide, sous-maxillaire, sublinguale).

SALIVANT, ANTE [salivã, ãt]. *adj.* (1765 ; de *saliver*). *Rare.* Qui fait saliver. *Substances salivantes.* V. **Masticatoire ; sialagogue.**

SALIVATION [salivasjɔ̃]. *n. f.* (XVIe ; bas lat. *salivatio,* de *salivare.* V. **Saliver**). Production abondante de salive. V. **Ptyalisme.**

SALIVE [saliv]. *n. f.* (1170 ; lat. *saliva*). Liquide produit par les glandes salivaires dans la bouche. *La salive contient une amylase ou ptyaline qui intervient dans la digestion. Salive qui coule de la bouche.* V. **Bave, écume.** *Jet de salive.* V. **Crachat, postillon.** *Avaler* sa salive* « *Jean Valjean fit encore une pause, avalant sa salive avec effort* » (HUGO). — *Fam. Dépenser beaucoup de salive,* parler énormément. *Perdre sa salive,* parler vainement.

SALIVER [salive]. *v. intr.* (1611 ; lat. *salivare*). Sécréter, rendre de la salive. V. **Baver.** « *Un chien salive toutes les fois qu'on lui donne à manger ou qu'on lui montre un aliment qui lui plaît* » (COLETTE).

SALLE [sal]. *n. f.* (XVe ; *sale,* 1080 ; frq. *°sal*). ♦ 1° *Anciennt.* Dans un château, *Salle* ou *grand(e) salle,* vaste pièce où ont lieu les réceptions, les fêtes. — Vaste pièce de réception où l'on recevait, dans une maison. V. **Salon** *(mod.).* « *Au rez-de-chaussée de la maison, la pièce la plus considérable était une salle... La salle est à la fois l'antichambre, le salon, le cabinet, le boudoir, la salle à manger* » (BALZ.). ◊ S'est dit de chacune des grandes pièces d'une vaste demeure (*opposé à* chambre). SALLE DE, DU... *Salle du trône,* dans un palais royal. *Salle d'armes. Salle d'entrée.* V. **Antichambre, entrée.** Mod. *Salle de billard, de jeu.* ♦ 2° Mod. Appellation de certaines pièces, dans un appartement. — SALLE À MANGER (1636), pièce disposée pour y prendre les repas. *Des salles à manger* [salamᾶʒe]. « *Ô, repas familiaux...! Tables de famille!... C'est dans les salles à manger que les enfants écoutent, observent, jugent* » (HÉRIAT). — SALLE DE BAIN(S) (1691, « pièce de l'appartement de bain » ; 1765, sens mod.) : pièce aménagée pour y prendre des bains. *Baignoire, douche, lavabo, bidet d'une salle de bains.* « *Sa baignoire, qui lui semble affreuse, comme toute la salle de bains, d'ailleurs* » (ROMAINS). V. **Cabinet** (de toilette). — *Salle d'eau* (mil. XXᵉ), aménagée pour les lavages et pour la toilette. — SALLE DE SÉJOUR. V. **Living-room, séjour.** ♦ 3° Vaste local, dans un édifice ouvert au public. *Les salles d'un hôpital. Salle d'opération, de garde. Salle blanche,* salle de chirurgie absolument stérile. *Salle de réveil, de réanimation.* — *Salles de classe, d'études,* dans une école, un lycée. — *Salles d'un musée.* — *Salles de rédaction d'un journal.* — *Salles d'un tribunal, salles d'audience. Salle des actes. Salle de police** d'une caserne; salle d'arrêt; salle de discipline d'une prison. — *Salles d'attente d'une gare. Salle des pas* perdus. Salle d'embarquement* (sur un aéroport), Salle située près des portes d'embarquement, qui sert de salle d'attente aux passagers d'un même vol qui ont rempli les formalités d'embarquement. — *Salles d'un restaurant, d'un café, d'une auberge, d'un casino.* « *Cette salle ressemblait à toutes les salles de cabaret; des tables,... des bouteilles, des buveurs, des fumeurs* » (HUGO). — *Salles d'armes,* où l'on enseigne et pratique l'escrime. *Salle de vente, des ventes. Salle de bal, de danse. Salle de concert, de musique. Salle de conférences.* — *Salle de spectacle.* V. **Théâtre.** *La salle et la scène. Salles de cinéma, de projection. Les salles obscures :* les cinémas. *Salle bondée. Les salles d'exclusivité et les salles de quartier, à Paris,* public d'une salle de spectacle. *Comment est la salle, ce soir?* ◇ HOM. **Sale.**

SALMIGONDIS [salmigɔ̃di]. *n. m.* (1627; *salmigondin,* 1546; du rad. *sal* « sel » ; *gondin* vient p.-ê. de *condire* « assaisonner »). ♦ 1° Vx. Ragoût fait de restes de viandes. ♦ 2° *Fig. et mod.* Mélange, assemblage disparate et incohérent. V. **Confusion.** *Le comte De Brion,* « *qui faisait un salmigondis perpétuel de dévotion et de péché* » (RETZ).

SALMIS [salmi]. *n. m.* (1803; *salmi,* 1718; abrév. de *salmigondis*). Préparation culinaire composée de pièces de gibier rôties, que l'on sert avec une sauce spéciale, dite *sauce salmis. Bécasse, perdreaux en salmis. Salmis de pintade.*

SALMONELLA [salmɔnɛla]. *n. f. invar.* ou **SALMONELLE** [salmɔnɛl]. *n. f.* (1913; de *Salmon;* V. **Salmonellose**). *Méd.* Bactérie, voisine des bacilles paratyphiques, produisant une toxine agissant sur le système neuro-végétatif et le système lymphoïde de l'intestin. V. **Salmonellose.**

SALMONELLOSE [salmɔneloz]. *n. f.* (1913; du nom de E. *Salmon*). *Méd.* Nom générique de diverses infections dues à une salmonella*, qui comprennent la fièvre typhoïde et les paratyphoïdes, ainsi que des toxi-infections alimentaires.

SALMONICULTEUR [salmɔnikyltœʀ]. *n. m.* (1922; d'après *salmoniculture*). *Techn.* Éleveur de saumons, et de salmonidés (notamment la truite). V. **Truiticulteur.**

SALMONICULTURE [salmɔnikyltyʀ]. *n. f.* (1910; de *Salmon*[idés], et *pisciculture*). *Techn.* Pisciculture des salmonidés ; *spécialt.* Élevage des truites et saumons.

SALMONIDÉS [salmɔnide]. *n. m. pl.* (1846; du lat. *salmo, salmonis* « saumon »). *Zool.* Famille de poissons téléostéens, au corps oblong et écailleux, vivant dans les eaux pures et rapides et se nourrissant de proies vivantes. *Le saumon, la truite, l'omble, le corégone sont des salmonidés.* — On dit aussi SALMONIFORMES [salmɔnifɔʀm(ə)], *n. m. pl.* (XXᵉ).

SALOIR [salwaʀ]. *n. m.* (1489; adj., 1350, « qui sert à la salaison » ; de *sel*). ♦ 1° *Ancienn.* Coffre ou pot renfermant la provision de sel. ♦ 2° Coffre ou pot destiné aux salaisons.

SALOL [salɔl]. *n. m.* (1887; contraction de *salicylphénol.* V. **Salicylique,** et **phénol**). *Chim.* Salicylate de phényle utilisé en médecine comme antiseptique intestinal et dans le traitement du rhumatisme aigu.

SALON [salɔ̃]. *n. m.* (1664; it. *salone,* augment. de *sala* « salle »). ♦ 1° Pièce de réception (dans un logement privé). *Grand salon. Petit salon.* V. **Boudoir, fumoir.** *Salon-bibliothèque; salon-salle à manger.* — *Salon d'attente* (d'un médecin dentiste, etc.) ◇ *Par ext.* Lieu de réunion, dans une maison, où l'on reçoit régulièrement; la société (mondains, artistes, personnalités diverses) qui s'y réunit. *Les salons aristocratiques et littéraires des XVIIᵉ et XVIIIᵉ s. Les snobs* « *habitués à coter un salon d'après les gens que la maîtresse de maison exclut plutôt que d'après ceux qu'elle reçoit* » (PROUST). *Habitué des salons.* V. **Salonard.** ♦ 2° Salle (d'un établissement ouvert au public). *Salon de coiffure,* boutique de coiffeur. *Salon de thé,* pâtisserie où l'on sert des consom-

mations. — *Salons de réception, d'essayage,* chez un grand couturier. *Salon particulier,* dans un hôtel, un restaurant. — *Voiture-salon,* dans certains trains de luxe. ◇ Au Canada, *Salon funéraire** ou *mortuaire.* ♦ 3° (1737; du *Salon carré* du Louvre). Exposition périodique d'œuvres d'artistes vivants (peinture, sculpture, etc.). *Le Salon des artistes indépendants. Salon d'Automne.* — Compte rendu de cette exposition. *Les Salons de Diderot, de Baudelaire.* ◇ Exposition annuelle où l'on présente de nouveaux modèles. V. **Foire.** *Salon de l'Automobile* (1898), *des Arts ménagers, de l'Enfance.*

SALONARD ou **SALONNARD, ARDE** [salɔnaʀ, aʀd(ə)]. *n.* (XXᵉ; de *salon*). *Péj.* Habitué des salons mondains, qui doit sa situation à des relations, et dont l'esprit et le goût sont entachés de snobisme.

SALONNIER, IÈRE [salɔnje, jɛʀ]. *n. et adj.* (1870; de *salon*). ♦ 1° *Vx.* Journaliste, critique d'art qui rend compte des Salons (3°). ♦ 2° *Adj.* (1891). Propre aux salons, à l'esprit mondain des salons. « *Dostoïevsky, pour une intelligence salonnière, n'était... pas comode à saisir* » (GIDE).

SALOON [salun]. *n. m.* (1899; mot amér. [1884], en angl. « salon » [1728], du fr. *salon*). *Américanisme.* Bar, tripot (*spécialt.* en parlant du Far-West). « *Le bar américain, le saloon, équivalent aggravé de notre bistrot* » (SIEGFRIED). *Porte de saloon,* à claire-voie, à deux battants à mi-hauteur.

SALOP [salo]. *n. m.* Variante de *Salaud,* d'apr. *Salope* (pop. et vulg.).

SALOPARD [salɔpaʀ]. *n. m.* (v. 1924-1925; de *salop*). ♦ 1° Nom par lequel les soldats français désignaient, par dénigrement, les dissidents marocains aux ordres d'Abd-el-Krim. ♦ 2° *Pop.* Salaud. « *Il y a toujours des salopards... qui, avec leurs flèches empoisonnées, essaient de tuer mes éléphants* » (J. KESSEL).

SALOPE [salɔp]. *n. f.* (1788; adj., « très sale », 1611; probabl. de *sale,* et *hoppe,* forme dial. de *huppe,* oiseau connu pour sa saleté). ♦ 1° *Pop.* (1788). Femme dévergondée, de mauvaise vie; prostituée. ♦ 2° (Rattaché à *salaud,* dont il est devenu le fém.). Terme d'injure, pour désigner une femme qu'on méprise. V. **Salaud.** « *Elle est dans la peau d'une fière salope. Elle m'a fait un tas de cochonneries* » (ZOLA). ♦ 3° *Pop.* Terme intensif de mépris, adressé à un homme. V. **Ordure.** « *Le mépris* [pour un catcheur] *est alors sans frein : il ne s'agit plus d'un 'salaud' mais d''une salope', geste oral de l'ultime dégradation* » (BARTHES).

SALOPER [salɔpe]. *v. tr.* (1877; « fréquenter les salopes », 1808; de *salop*). *Pop.* Faire très mal (un travail), exécuter très mal (un objet). V. **Abîmer, gâcher.** « *Ah! vous perdez joliment la main. Oui, vous salopez, vous cochonnez l'ouvrage, à cette heure* » (ZOLA).

SALOPERIE [salɔpʀi]. *n. f.* (1694, « grande malpropreté » ; de *salope,* adj.). *Pop.* Saleté. V. **Cochonnerie.** *On nous a fait manger des saloperies.* — *Fig. Il lui a fait là une belle saloperie!* ◇ Chose sans valeur. V. **Saleté.**

SALOPETTE [salɔpɛt]. *n. f.* (1836; de *salope,* adj.). Vêtement de travail qu'on met par-dessus ses vêtements, pour éviter de les salir. V. **Bleu, combinaison, cotte.** *Salopette de mécanicien, de jardinier.* ◇ Vêtement d'enfant composé d'un pantalon et d'un plastron retenu par des bretelles.

SALOPIAU(D) ou **SALOPIOT** [salɔpjo]. *n. m.* (1866; de *salope,* n.). *Pop.* Saligaud, salaud.

SALPÊTRAGE [salpɛtʀaʒ]. *n. m.* (1838; de *salpêtrer*). Formation du salpêtre. ◇ Action de salpêtrer.

SALPÊTRE [salpɛtʀ(ə)]. *n. m.* (1338; lat. médiév. *sal petræ* « sel de pierre »). ♦ 1° *Ancienn.* Mélange naturel de nitrates. — *Sc.* Nitrate de potassium KNO₃ (Nitre). *Salpêtre du Chili* ou *caliche :* nitrate de sodium (NaNO₃). ♦ 2° *Mod. et cour.* Efflorescences de mélanges de nitrates divers (de calcium, d'ammonium, de potassium), qui se forment sur les vieux murs, les parois des étables. ♦ 3° *Vx.* Poudre de guerre, fabriquée autrefois avec du salpêtre, du soufre et du charbon de bois. — *Fig. et vx* (1677) Tempérament vif et ardent.

SALPÊTRER [salpetʀe]. *v. tr.* (1585, p. p.; de *salpêtre*). ♦ 1° Couvrir d'efflorescences de salpêtre. — Au p. p. « *Les murs salpêtrés, verdâtres et fendus répandaient une si forte humidité...* » (BALZ.). ♦ 2° Mêler du salpêtre à la terre pour la rendre ferme et imperméable. *Salpêtrer une allée.*

SALPÊTREUX, EUSE [salpetʀø, øz]. *adj.* (1571; de *salpêtre*). *Rare.* Couvert de salpêtre.

SALPÊTRIÈRE [salpetʀijɛʀ]. *n. f.* (1660; de *salpêtre*). *Vx.* Fabrique de salpêtre (nitrate de potasse), dans un arsenal. — (Nom d'un hôpital de Paris).

SALPÊTRISATION [salpetʀizasjɔ̃]. *n. f.* (1845; de *salpêtrer*). *Rare.* Formation du salpêtre (sur les murs).

SALPICON [salpikɔ̃]. *n. m.* (1712; mot esp., de *sal* « sel »). *Cuis.* Préparation de volailles, jambon, champignons, truffes... coupés en petits dés et servant à garnir les vol-au-vent, bouchées, ou à accompagner une viande (V. **Saupiquet**).

SALPINGITE [salpɛ̃ʒit]. *n. f.* (1890; du gr. *salpigx, sal-*

pingos « trompe »). *Méd.* Inflammation de l'une ou des deux trompes de l'utérus (trompes de Fallope). ◊ Inflammation de la trompe d'Eustache (dans l'otite, la pharyngite, le rhume).

SALPING(O)-. Élément, du gr. *salpigx, salpingos,* « trompe », des mots de médecine concernant les trompes de Fallope et d'Eustache. *Ex. :* SALPINGOSCOPIE [salpɛ̃gɔskɔpi], endoscopie des trompes.

SALSE [sals(ə)]. *n. f.* (1839; *salse* « salée », adj. fém., 1080; lat. *salsus* « salé »). *Géol.* Dégagement d'hydrocarbures gazeux mêlés à de l'eau, à la surface terrestre (volcan de boue).

SALSEPAREILLE [salsəpaʀɛj]. *n. f.* (*Salseparille*, 1570; adapt. esp. *zarzaparrilla,* de *zarza* « ronce » [arabe *scharac*], et *parrilla,* p.-ê. dimin. de *parra* « treille »). *Bot.* Arbuste épineux à tige sarmenteuse (*Liliacées*). *Salsepareille d'Europe* (liseron épineux).

SALSIFIS [salsifi]. *n. m.* (*Sercifi,* 1600; it. *salsefica;* o. i.). Plante *(Composacées)* dont une variété *(salsifis blanc)* est cultivée pour ses racines comestibles. *Salsifis blanc, noir.* ◊ Racine comestible du salsifis blanc. *Salsifis au jus.*

SALSOLACÉES [salsɔlase]. *n. f. pl.* (*Salsolées,* 1846; du lat. bot. *salsola* « soude »). *Bot.* Autre nom de la famille des Chénopodiacées.

SALTARELLE [saltaʀɛl]. *n. f.* (1838; *saltarella,* 1752; mot it., de *saltare* « sauter »). Danse populaire italienne rapide et sautillante; musique sur laquelle elle se danse.

SALTATION [saltɑsjɔ̃]. *n. f.* (1372; lat. *saltatio,* de *saltare* « sauter »). ♦ 1° *Antiq. rom.* Exercice du corps, mouvements réglés de la danse, de la pantomime. (*Dér.* SALTATEUR [sal tatœʀ], *n. m.,* 1828). ♦ 2° *Didact.* Déplacement des particules d'un fluide, par brusques entraînements successifs.

SALTATOIRE [saltatwaʀ]. *adj.* (déb. xxᵉ; lat. *saltatorius,* de *saltare* « sauter »). *Didact.* ♦ 1° Adapté au saut; propre au saut. *Appareil saltatoire de la sauterelle.* ♦ 2° Qui est caractérisé par des sautillements ou des soubresauts. *Chorée saltatoire.*

SALTIMBANQUE [saltɛ̃bɑ̃k]. *n.* (XVIᵉ; it. *saltimbanco* « saute-en-banc »). Personne qui fait des tours d'adresse, de souplesse, des acrobaties en public. V. **Acrobate, banquiste, bateleur, équilibriste, funambule.** *Baraque de saltimbanques.* « *Une saltimbanque, une fille d'opéra* » (BALZ.). — *Fig.* et *vieilli.* Personnage bouffon, orateur ridicule. Charlatan.

SALUBRE [salybʀ(ə)]. *adj.* (1444; lat. *salubris*). Qui a une action favorable sur l'organisme (air, climat, logement). « *L'air y est assez salubre, surtout depuis que l'on a desséché... les fossés fangeux et bourbeux qui environnaient la ville* » (GAUTIER). V. **Sain.** ◊ ANT. **Insalubre, malsain, nuisible.**

SALUBRITÉ [salybʀite]. *n. f.* (1444; lat. *salubritas*). ♦ 1° Caractère de ce qui est favorable à la santé des hommes. *Salubrité de l'air, d'un logement.* ♦ 2° État d'un groupe social, caractérisé par l'absence de maladies endémiques, contagieuses; ensemble de mesures nécessaires pour obtenir et préserver cet état. V. **Assainissement, hygiène.** *Mesures de salubrité. La salubrité publique.* — État d'un milieu favorable à la santé. V. **Hygiène** (du milieu).

SALUER [salɥe]. *v. tr.* (1080; lat. *salutare* « souhaiter la santé, la prospérité » [le salut]). ♦ 1° Adresser, donner une marque extérieure de reconnaissance et de civilité, de respect, à (qqn). V. **Salut.** *Saluer en se découvrant, en s'inclinant. Saluer un ami, une femme.* « *Quand il fut salué par quelque journaliste ou par quelqu'un de ses anciens camarades, il répondit d'abord par une inclination de la tête* » (BALZ.). — *Pronom. Se saluer.* — *Spécialt. Acteur qui salue le public.* — *Je vous salue, Marie...,* début d'une prière à la Vierge. V. **Salutation** (angélique). *Subst. Dire deux* « *je vous salue* ». ◊ Faire ses compliments, ses civilités par lettre. *J'ai bien l'honneur de vous saluer.* ♦ 2° Manifester du respect, de la vénération par des gestes, des pratiques réglés. V. **Hommage** (rendre). *Saluer le drapeau. Le prêtre salue le saint sacrement d'une génuflexion.* ♦ 3° *Fig.* Accueillir par des manifestations extérieures. *Saluer par des applaudissements, des sifflets.* « *Une telle clameur saluait leur apparition qu'ils se demeuraient suffoqués* » (COURTELINE). ♦ 4° *Fig. Saluer qqn comme... saluer en lui... :* honorer, proclamer (qqn) en lui reconnaissant un titre d'estime, de respect, de gloire. *Être salué comme un précurseur. Je salue en lui notre maître.*

SALURE [salyʀ]. *n. f.* (XIIIᵉ, rare av. XVIᵉ; *saleure* « sel », 1247; de *saler*). Caractère de ce qui est salé; proportion de sel (chlorure de sodium) contenu dans un corps.

SALUT [saly]. *n. m.* (Xᵉ; lat. *salus, -utis,* n. f., « santé », et par ext. « action de souhaiter bonne santé »). ♦ 1° Le fait d'échapper à la mort, au danger, de garder ou de recouvrer un état heureux, prospère. V. **Sauvegarde.** *Chercher son salut dans la fuite. Lieu, port de salut.* — Loc. *Planche* de salut. Ancre de salut,* la dernière chance. ◊ *Le salut d'une nation, d'un pays. Hist. Salut public,* expression consacrée par le *Comité de salut public* de la Convention (mais employée auparavant, et appliquée aussi à l'histoire romaine). « *Devant*

l'idée du salut public, les intérêts et les caprices de l'individu se sont effacés » (TAINE). *Comité, ministère, gouvernement, mesure, loi, etc. de salut public,* d'urgence nationale. ♦ 2° (Dans les religions judéo-chrétienne, bouddhique). Félicité éternelle; le fait d'être sauvé de l'état naturel de péché et de la damnation qui en résulterait (V. **Rachat, rédemption**). *Le salut de l'âme, le salut personnel. Les voies de salut,* du salut. « *Ce n'est point du dehors qu'une jeune âme peut espérer quelque secours. Le salut est au-dedans d'elle-même* » (MAURIAC). *Faire son salut;* fig., se conformer à un idéal moral. — Loc. *Hors de l'Église, point de salut) Hors de..., point de salut,* se dit pour exprimer une condition indispensable, nécessaire. « *Huilez-vous, Mesdames! Hors de l'huile point de salut* » (COLETTE). — ARMÉE DU SALUT (d'apr. angl. *Salvation Army*), association protestante destinée à la propagande religieuse et au secours des indigents. V. **Salutiste.** ♦ 3° Formule exclamative par laquelle on souhaite à qqn santé, prospérité. *Salut et fraternité!* — *Poét.* « *Salut, bois couronnés d'un reste de verdure* » (LAMART.). « *Salut, demeure chaste et pure* » (BARBIER et CARRÉ). — Loc. *À bon entendeur*, salut.* — *Fam.* Formule brève d'accueil (V. **Bonjour; hello**) ou d'adieu (V. **Bonsoir, revoir** (au). *Salut, les gars!* « *Salut, papa, dit Charlot.* — *Salut! dit le fermier en hochant la tête* » (SARTRE). *Fam.* Formule de refus (« ne comptez pas sur moi »). « *Moi, jeter le rubis? Ah! salut. Tu me connais pas encore, mon petit pote* » (AYMÉ). ♦ 4° Démonstration de civilité (par le geste ou par la parole), qu'on fait en rencontrant qqn. *Gestes, attitudes de salut.* V. **Coup** (de chapeau), **courbette, inclination** (de tête), **révérence.** *Ébaucher, faire, rendre un salut.* V. **Saluer.** *Formules de salut.* V. **Bonjour; adieu, bonsoir, revoir** [au], **salutation.** *Dispenser des saluts à droite et à gauche.* ◊ Geste ou ensemble de gestes que l'on fait pour saluer. *Salut oriental. Salut fasciste,* le bras tendu. *Salut scout. Salut olympique.* — *Spécialt. Salut militaire,* généralement, geste de la main droite, portée à la tempe, à la coiffure. ◊ *Danse.* Mouvement voisin de la révérence. ◊ *Mar.* Échange de signes de reconnaissance (salves; abaissement du pavillon) entre deux navires. ♦ 5° Cérémonie où l'on marque son respect, sa vénération pour qqch. *Salut au drapeau* (honneurs militaires). ◊ *Relig. cathol.* (d'abord pour désigner les stations de la Sainte Vierge dans les processions). *Salut du saint sacrement,* et absolt. *Salut,* cérémonie qui comprend l'exposition du saint sacrement, certains chants, une bénédiction. *Les vêpres et le salut.* ◊ ANT. (du 2°) *Damnation, perdition.*

SALUTAIRE [salytɛʀ]. *adj.* (v. 1400; lat. *salutaris,* de *salus.* V. **Salut**). Qui a une action favorable, dans le domaine physique (santé, prospérité) ou moral, intellectuel. V. **Avantageux, bienfaisant, bon, profitable, utile.** « *L'air salutaire et bienfaisant des montagnes* » (ROUSS.). V. **Sain, salubre.** — (Sens abstrait) *Avis, conseil salutaire.* ◊ *Salutaire à qqn.* « *Il y a dans notre corps un certain instinct de ce qui nous est salutaire* » (PROUST). ◊ ANT. *Désastreux, fâcheux, funeste, mauvais, néfaste, pernicieux.*

SALUTAIREMENT [salytɛʀmɑ̃]. *adv.* (1525; de *salutaire*). Vieilli ou littér. D'une manière salutaire.

SALUTATION [salytɑsjɔ̃]. *n. f.* (v. 1275; lat. *salutatio* « salut »). ♦ 1° *Vx.* Action de saluer (V. **Salut**). ◊ *Relig. La salutation angélique,* le salut de l'ange Gabriel à la Vierge Marie, les paroles par lesquelles il lui annonça qu'elle serait mère du Christ; le « *Je vous salue, Marie* ». V. **Ave Maria.** ♦ 2° Manière de saluer exagérée, solennelle ou hypocrite. *Les salutations et les révérences.* « *Gurau et Sammécaud reçurent de Jacques Avoyer la même salutation obséquieuse* » (ROMAINS). ♦ 3° *(Au plur.,* dans les formules de politesse écrites). *Sincères salutations. Salutations distinguées.*

SALUTISTE [salytist(ə)]. *n. et adj.* (1890; de Armée du *Salut*). Membre de l'Armée du Salut. — *Adj.* De l'Armée du Salut.

SALVATEUR, TRICE [salvatœʀ, tʀis]. *adj. et n.* (XVIᵉ, repris 1886; lat. *salvatrix*). Littér. Qui sauve. « *Une vertu salvatrice* » (CLAUDEL). ◊ ANT. *Damnable.*

SALVE [salv(ə)]. *n. f.* (1559; probabl. du lat. *salve* « salut » [coup de canon pour saluer]). ♦ 1° Décharge simultanée d'armes à feu ou coups de canon successifs. « *Je m'étais imaginé... débarquant et saluant au son des Te Deum et des salves d'artillerie* » (LARBAUD). ◊ Décharge simultanée de plusieurs armes à feu. *Feu de salve.* ♦ 2° Par anal. « *Des salves interminables d'applaudissements éclatèrent* » (VIGNY). ♦ 3° *Phys.* Apparition brusque d'un grand nombre de paires d'ions (dans une chambre d'ionisation). Par anal. *Salve (de neutrons).*

SALVE ou **SALVÉ** [salve]. *n. m.* (1387; premier mot de l'antienne *Salve, Regina* « Salut, Reine »). *Liturg. cathol.* Prière en l'honneur de la Vierge. — On dit aussi *le* SALVE REGINA [salveʀeʒina].

SAMARE [samaʀ]. *n. f.* (1798; du lat. *samara* ou *samera* « graine d'orme »). *Bot.* Type de fruit sec indéhiscent, akène à péricarpe prolongé en aile membraneuse, favorisant la dissémination. *Samares du frêne, de l'orme.*

SAMARITAIN, AINE [samaʀitɛ̃, ɛn]. *n.* et *adj.* (*Samarithan*, 1330 ; de *Samarie*, ville et région de Palestine). *Hist. relig.* Juif, juive de Samarie. *Les Samaritains*, secte religieuse gnostique et ascétique. *Jésus et la Samaritaine. Parabole du bon Samaritain :* dans laquelle un Samaritain est le seul à porter secours à un homme. *Fig.* (souvent iron.) *Faire le bon Samaritain :* être secourable. — *Adj.* De Samarie.

SAMARIUM [samaʀjɔm]. *n. m.* (1879 ; métal découvert dans la *samarskite* [minerai], du nom du chim. russe *Samarski*). *Chim.* Métal (symb. Sm ; masse at. 150,35, n° at. 62) qui fait partie des terres rares.

SAMBA [sɑ̃mba]. *n. f.* (v. 1923, répandu v. 1945 ; mot brésilien). Danse d'origine brésilienne, sur un rythme à deux temps. *Des sambas.*

SAMBUQUE [sɑ̃byk]. *n. f.* (*Sambuca* « sorte de flûte », XIVᵉ ; du lat. *sambuca*, gr. *sambukê*). ♦ 1° *Mus.* (1765). Instrument de musique à cordes pincées, sorte de harpe de la Grèce antique. ♦ 2° *Archéol.* (*Sambique*, 1288). Machine de guerre, échelle roulante munie d'un pont volant.

SAMEDI [samdi]. *n. m.* (*Samadi*, 1120 ; de *sambedi*, lat. pop. *°sambati dies*, de *sambatum*, var. de *sabbatum*. V. **Sabbat**). Septième jour de la semaine. *Le samedi et le dimanche, congés de la semaine anglaise. Fam. Être né un samedi :* être paresseux. — *Samedi saint*, la veille de Pâques.

SAMIT [sami]. *n. m.* (XIIᵉ ; lat. médiév. *samitum*, de *examitum*, gr. byz. *hexamitos* « six fils »). *Archéol.* Étoffe orientale composée de six fils de couleur, demi-satin formé d'une chaîne de soie et d'une trame de fil. V. **Brocart**. ◊ HOM. *Sammy*.

SAMMY [sami]. *n. m.* (1917 ; prénom. dimin. de *Sam*, l'Oncle *Sam* étant la personnification du citoyen américain). *Fam.* Soldat américain, lors de la participation des États-Unis à la Première Guerre mondiale. *Les sammies et les tommies* (anglais). ◊ HOM. *Samit*.

SAMOLE [samɔl]. *n. m.* (*Samolus*, 1740 ; mot lat.). *Bot.* Plante qui croît dans les marais, les lieux humides, dont une espèce commune est appelée *mouron d'eau.*

SAMOURAÏ ou **SAMURAI** [samuʀaj]. *n. m.* (1885 ; mot jap.). Guerrier japonais de la société féodale (environ du Xᵉ à la fin du XIXᵉ s.).

SAMOVAR [samɔvaʀ]. *n. m.* (1855 ; mot russe « qui bout » [*varit*], « par soi-même » [*samo*]). Bouilloire russe, sorte de petite chaudière portative en cuivre où l'on met des braises, et qui fournit de l'eau bouillante pour les usages domestiques (pour la confection du thé). « *Les samovars, chauffés à outrance, versaient incessamment leur eau bouillante sur l'infusion concentrée* » (GAUTIER).

SAMOYÈDE [samɔjɛd]. *adj.* et *n.* (1701 ; nom russe donné à un peuple de langue et de culture finno-ougrienne, les Nenets). Relatif au peuple nenets de Sibérie. — *Chien samoyède*, race de chiens à épaisse fourrure blanche, utilisés pour la traction des traîneaux. — *N. m.* Groupe de langues de la famille ouralienne : *samoyède septentrional* (Ienisseï, Nouvelle-Zemble), *méridional.*

SAMPAN ou **SAMPANG** [sɑ̃pɑ̃]. *n. m.* (*Siampan*, 1839 ; *campane*, 1556 ; *ciampane*, 1540 [forme it.] ; mot chinois, proprem. « trois » [*san*], « bords » [*pan*]). Petite embarcation chinoise à voile unique marchant à la godille, avec un habitacle en dôme qui permet d'y séjourner. *Des sampan[gs].*

SAMPI [sɑ̃pi]. *n. m.* (1875 ; caractère grec figurant à la fois un *san* [nom dorien du σ] et un pi [π]). Lettre numérale valant 900.

SAMPOT [sɑ̃po]. *n. m.* (déb. XXᵉ ; o. i., probabl. exotique ; finale francisée). Pièce d'étoffe drapée de manière à servir de culotte, en Thaïlande, au Laos et au Cambodge.

SANA [sana]. *n. m.* (XXᵉ ; abrév. de *sanatorium*). *Fam.* Sanatorium. *Faire une cure dans un sana. Des sanas.*

SANATORIUM [sanatɔʀjɔm]. *n. m.* (1877, « hôpital maritime » ; angl. *sanatorium* « station de plein air », 1842 ; bas lat. *sanatorius* « propre à guérir »). Maison de santé située dans des conditions climatiques déterminées, où l'on traite par des moyens hygiéniques (repos, air, suralimentation) et médicaux, des malades atteints de tuberculose pulmonaire ou extrapulmonaire. V. **Sana**. *Cure en sanatorium.* V. *aussi* **Préventorium**. *Sanatorium héliomarin. Des sanatoriums* (pl. lat. *sanatoria*, rare). — Dér. SANATORIAL, ALE [sanatɔʀjal], *adj.* [v. 1968].

SAN-BENITO [sɑ̃benito]. *n. m. invar.* (1675 ; *sant béni*, 1578 ; mot esp. « saint Benoît », ce vêtement rappelant celui des Bénédictins). *Hist. relig.* Casaque jaune dont on revêtait ceux qui étaient condamnés au bûcher par l'Inquisition.

SANCERRE [sɑ̃sɛʀ]. *n. m.* (XIXᵉ ; nom d'un bourg du Cher). Vin blanc de Sancerre.

SANCTIFIANT, ANTE [sɑ̃ktifjɑ̃, ɑ̃t]. *adj.* (XVIIᵉ ; de *sanctifier*). *Relig.* Qui sanctifie. *La grâce sanctifiante.*

SANCTIFICATEUR, TRICE [sɑ̃ktifikatœʀ, tʀis]. *n.* et *adj.* (1486 ; *saintefieur*, XIIIᵉ ; lat. *sanctificator*). *Relig.* Celui

qui sanctifie. *Le Sanctificateur*, le Saint-Esprit. — *Adj. Action sanctificatrice :* sanctifiante.

SANCTIFICATION [sɑ̃ktifikasjɔ̃]. *n. f.* (*Saintificatiun*, 1120 ; lat. ecclés. *sanctificatio*). *Relig.* Action de sanctifier ; résultat de cette action. *Sanctification des apôtres, des âmes.*

SANCTIFIER [sɑ̃ktifje]. *v. tr.* (1486 ; *saintefier*, XIIᵉ ; lat. ecclés. *sanctificare*, de *sanctus* « saint »). ♦ 1° *Relig.* Rendre saint. *Une « fontaine sacrée, que le christianisme sanctifia en y rattachant le culte de la Vierge »* (RENAN). ◊ Mettre (qqn) en état de grâce. — *Pronom. « Toutes les âmes ne se sanctifient pas de la même manière »* (FRANCE). ♦ 2° *Littér.* Rendre saint, sacré, noble. « *Le pouvoir absolu a cela de commode qu'il sanctifie tout aux yeux des peuples* » (STENDHAL). ♦ 3° *Relig.* Révérer comme saint. *Sanctifier le dimanche*, le célébrer suivant la loi de l'Église. « *Que ton nom soit sanctifié* », phrase du Pater. ◊ ANT. *Profaner.*

SANCTION [sɑ̃ksjɔ̃]. *n. f.* (XVIIIᵉ ; « précepte », XIVᵉ ; lat. *sanctio*, de *sancire* « prescrire »).
I. ♦ 1° *Hist., Dr.* Acte par lequel le souverain, le chef du pouvoir exécutif revêt une mesure législative de l'approbation qui la rend exécutoire. *Pragmatique* sanction.* ♦ 2° (1762). Approbation, consécration ou ratification. *Ma conduite « avait la sanction de ma conscience »* (BALZ.). « *Il me fallait une sanction, l'assentiment d'un homme de ma caste morale* » (DUHAM.). ♦ 3° Conséquence inéluctable. *La sanction du progrès.* V. **Rançon**.
II. ♦ 1° *Dr.* (1765). Peine ou récompense prévue pour assurer l'exécution d'une loi. *Sanction pénale.* ◊ *Didact.* Peine ou récompense attachée à une interdiction ou à un ordre, au mérite ou au démérite. *Morale sans obligation* ni sanction.* ♦ 2° *Cour.* Peine établie pour réprimer un acte. V. **Amende, condamnation, répression**. *Cette affaire va « être étouffée après quelques avertissements et sanctions, sans esclandre »* (GIDE). *Sanctions scolaires.* ◊ Action par laquelle une organisation internationale réprime un acte de guerre. *Sanctions économiques, militaires.*
◊ ANT. *Démenti, refus. Désapprobation.*

SANCTIONNER [sɑ̃ksjɔne]. *v. tr.* (1777 ; de *sanction*). ♦ 1° Confirmer par une sanction. *Sanctionner une loi.* — Au p. p. *Décret sanctionné.* ♦ 2° Confirmer, approuver légalement ou officiellement. V. **Consacrer, entériner, homologuer, ratifier**. « *La religion n'est-elle pas la seule puissance qui sanctionne les lois sociales?* » (BALZ.). *Emploi d'un mot sanctionné par l'usage.* V. **Adopter, consacrer**. ♦ 3° (XXᵉ ; sens critiqué). Punir d'une sanction (II, 2°). V. **Punir**. — (*Choses*) Constituer une punition pour. « *Les pénalités très graves qui sanctionnaient ce genre d'entreprises »* (CAMUS). ◊ ANT. *Dédire (se), démentir, refuser ; condamner. Récompenser.*

SANCTUAIRE [sɑ̃ktɥɛʀ]. *n. m.* (1380 ; *saintuarie*, 1120 ; lat. ecclés. *sanctuarium*, de *sanctus* « saint »). ♦ 1° Lieu le plus saint d'un temple, d'une église, interdit aux profanes. *Sanctuaire d'une église*, partie du chœur située autour de l'autel. — *Spécialt.* Dans le temple juif, Partie secrète où était gardée l'arche d'alliance. V. **Saint** (des Saints). ♦ 2° Édifice consacré aux cérémonies d'une religion ; lieu saint. V. **Église, temple**. *Les sanctuaires de Grèce, de la vallée du Nil. « Le sanctuaire de campagne oublié des hommes »* (BOSCO). ♦ 3° *Fig.* et *littér.* Lieu protégé, fermé, secret, sacré. V. **Intimité**. « *Je m'efforce tant que je peux de cacher le sanctuaire de mon âme »* (FLAUB.).

SANCTUS [sɑ̃ktys]. *n. m.* (v. 1250 ; mot lat. « saint »). *Liturg.* Hymne de louange et de triomphe, dont les premiers mots sont *Sanctus, sanctus, sanctus Dominus. Par ext.* Partie de la messe où l'on chante cet hymne, après la Préface. — (*Mus.*) Quatrième partie d'une messe en musique.

SANDAL. *Syn.* ancien de SANTAL.

SANDALE [sɑ̃dal]. *n. f.* (v. 1225 ; lat. *sandalium*, gr. *sandalion*). Chaussure légère faite d'une simple semelle retenue par des cordons ou des lanières qui s'attachent sur le dessus du pied. « *Aux pieds, les sandales étaient ce qu'on voit encore en Palestine ; simples semelles tenues par des courroies...* » (DANIEL-ROPS). ◊ Chaussure très découpée, sans quartier. *Sandales du soir.*

SANDALETTE [sɑ̃dalɛt]. *n. f.* (XXᵉ ; de *sandale*). Sandale légère, à empeigne très basse.

SANDALIER [sɑ̃dalje] ou **SANDALISTE** [sɑ̃dalist(ə)]. *n. m.* (1680,-XXᵉ ; de *sandale*). *Techn.* Artisan qui fait des sandales, des modèles de sandales.

SANDARAQUE [sɑ̃daʀak]. *n. f.* (1547 ; *landarache*, 1482 ; lat. *sandaraca*, gr. *sandarakê* « réalgar »). ♦ 1° Vx. *Sandaraque des Grecs*, réalgar. ♦ 2° (1611). Résine extraite d'une espèce de thuya, utilisée pour la préparation de vernis et de siccatifs.

SANDERLING [sɑ̃dɛʀlɛ̃]. *n. m.* (1750 ; mot angl., 1602 ; rad. *sand* « sable »). Oiseau (*Échassiers*), appelé *bécasseau des sables.*

SANDIX ou **SANDYX** [sɑ̃diks]. *n. m.* (1516 ; mot lat. ; du gr. *sandux*). *Archéol.* Rouge minéral que les anciens employaient à la teinture des étoffes.

SANDJAK [sɑ̃djak]. *n. m.* (*Sanjak*, 1765 ; *sangiac*, 1767 ;

sensaque, 1540 ; mot turc, proprem. « bannière »). Ancienne subdivision territoriale du pachalik en Turquie (Le mot est encore utilisé en Syrie et au Liban). — *Le sandjak d'Alexandrette*, cédé à la Turquie en 1939.

SANDOW [sãdo]. *n. m.* (1902 ; marque déposée). Câble élastique utilisé notamment dans le montage des exerciseurs et des extenseurs, pour fixer des bagages sur la galerie (4°) d'une voiture, et comme dispositif de lancement des planeurs. V. **Tendeur.** — L'appareil (exerciseur, etc.) qui comporte ces câbles élastiques (marque déposée).

SANDRE [sãdʀ(ə)]. *n. m.* ou *f.* (1839 ; parfois fém. d'apr. lat. zool. *sandra*; all. *Zander*, mot d'o. néerl.). Poisson acanthoptérygien voisin de la perche. ◈ HOM. **Cendre.**

SANDWICH [sãdwitʃ, sãdwiʃ]. *n. m.* (1801 ; mot angl. [1762], tiré du nom du comte de *Sandwich*, dont le cuisinier inventa ce mode de repas pour lui épargner de quitter sa table de jeu). ♦ 1° Mets constitué de deux tranches de pain, entre lesquelles on place des aliments froids (jambon, viande, saucisson, pâté, fromage, salade, etc.). V. **Casse-croûte.** *Sandwich de pain de mie.* Au plur. *Des sandwiches, des sandwichs.* « *Un sandwich au jambon qu'il avait confectionné chez lui avant de partir pour le bureau* » (AYMÉ). ♦ 2° (av. 1964). Techn. Matériau composé de couches superposées, liées entre elles par une matière différente. « *La toiture* [du véhicule] *est constituée par un sandwich en polyester renforcé de fibres de verre* » (*Chemin de fer*, 1969). — Appos. *Verre sandwich. Structure sandwich.* ♦ 3° Loc. adv. EN SANDWICH. *Fam.* Serré, coincé entre deux choses ou deux personnes. *Être en sandwich, pris en sandwich.* ◇ Techn. *Montage en sandwich. Structure en sandwich.* ♦ 4° (1881). HOMME-SANDWICH, homme payé pour circuler dans les rues en portant deux placards de publicité (l'un devant, l'autre derrière).

SANDWICHER [sãdwi(t)ʃe]. *v. tr.* (mil. XXᵉ ; de *sandwich*). *Fam.* Mettre en sandwich ; *fig.* Serrer, comprimer entre deux choses.

SANG [sã]. *n. m.* (980 ; lat. *sanguen*, neutre de *sanguis*). ♦ 1° Physiol. et cour. Liquide visqueux, de couleur rouge, qui circule dans les vaisseaux, à travers tout l'organisme, où il joue des rôles essentiels et multiples (nutritif, respiratoire, dépurateur, régulateur, de défense, etc.). V. **Circulation**, et les comp. de **Héma-, hémat(o)-, hémo- ; -émie.** *Sang artériel, veineux,* qui circule dans les artères, les veines. *Le sang est formé d'« éléments figurés »* (globules rouges, leucocytes, plaquettes) *en suspension dans le plasma qui contient diverses substances* (sérum-albumines, sérum-globulines, lipides, glucose, urée créatine, éléments minéraux). *Teneur du sang en lipides.* V. **Lipémie.** *L'hémoglobine* du sang. Tension du sang. Types de sang.* V. **Groupe** (sanguin), **rhésus** (facteur). *Coagulation du sang.* V. **Caillot, fibrine, sérum.** *Prise* de sang.* V. **Hémogramme.** *Donneur* de sang. Transfusion de sang. Sang anticoagulé, hépariné,* contenant de l'héparine. *Sang laqué,* ayant subi l'hémolyse. — Zool. (Vieilli). *Animaux à sang chaud* (à température stable : homéothermes), *à sang froid* (à température variable : poïkilothermes). — *Altérations, maladies du sang* : anémie, hémolyse, hémophilie, leucémie, septicémie, toxémie, urémie. *Troubles dans la circulation du sang* : apoplexie, congestion, embolie, fluxion, thrombose. *Épanchement, flux de sang* : ecchymose, hémorragie, purpura, saignement. *Pertes de sang.* V. **Métrorragie.** ◇ Loc. cour. *Sang qui monte à la tête, au visage. Mon sang n'a fait qu'un tour* : j'ai été bouleversé (indignation, peur, etc.). — *Un apport de sang frais,* d'éléments nouveaux, jeunes. Spécialt. *Nouveaux capitaux.* « *Les finances du Royaume exigeaient un sang frais* » (Cl. COURCHAY). — *Coup de sang* : congestion. « *L'abbé Godard devint rouge, à faire craindre un coup de sang* » (ZOLA). *Œil injecté de sang.* — *Suer* sang et eau* [sãkeo]. *Larmes* de sang. Crachement de sang.* V. **Hémoptysie.** *Se gratter, se pincer jusqu'au sang.* — *Être en sang.* V. **Ensanglanter, saigner, sanglant.** ◇ Anc. méd. *Le sang,* humeur qui commande les passions, le comportement. « *Toutes les passions ne sont autre chose que les divers degrés de la chaleur et de la froideur du sang* » (LA ROCHEF.). ♦ 2° Loc. fig. ou métaph. *Des êtres de chair et de sang,* bien réels, vivants. — Littér. *Sang généreux, ardent. Avoir le sang chaud,* être irascible, impétueux. — *Avoir du sang dans les veines,* être courageux, résolu. — Fam. *Avoir du sang de navet* : être sans vigueur, être lâche. — *Brûler, fouetter le sang,* stimuler. *Craindre que glace le sang. Sang qui se glace*, se fige* dans les veines. Se faire du mauvais sang,* s'inquiéter, se tourmenter sur l'incertitude et l'attente. *Se faire un sang d'encre,* s'inquiéter terriblement. *Inquiétude, souci.* — *Au plur.* (Fam.) *Se ronger*, tourner* les sangs.* ◇ DANS LE SANG : inné, inhérent à la personne, qui fait partie de naissance. *Il a ça dans le sang,* c'est un instinct, une qualité profonde en lui (se dit parfois d'un amour, d'une passion). « *Il avait la chair et la peau ; dans la moelle et dans le sang* » (PÉGUY). ♦ 3° Spécialt. (1170). En parlant du sang versé. *Verser, répandre, faire couler le sang.* V. **Tuer.** *Effusion de sang. Noyer une révolte dans le sang,* réprimer cruellement. *Avoir du sang sur les mains,* avoir fait couler le sang. *Mettre*

à feu et à sang, ravager, saccager en brûlant, en massacrant. « *Qu'un sang impur* [sãkɛpyʀ] *abreuve nos sillons* » (La Marseillaise). « *Ce n'est que dans le sang qu'on lave un tel outrage* » (CORN.). — *Verser son sang pour la patrie,* donner sa vie. V. **Vie.** « *Il n'y a pas plus de sang dans le plus violent roman de gangsters que dans l'Orestie ou dans Œdipe-Roi : mais le sang n'y a pas la même signification* » (MALRAUX). — Relig. chrét. *Le sang du Christ, le Précieux Sang,* répandu pour le salut des hommes. « *Qui mange ma chair et boit mon sang demeure en moi* » (ÉVANG. ST JEAN). — (Vx) *Par le sang de Dieu!* juron atténué en « *par le sang bleu* » (MOL.), et *palsambleu.* — Mod. BON SANG! *Bon sang de bonsoir!* « *Qu'est-ce qu'il se met dans le coco Bon sang de bois il s'est saoulé* » (APOLLINAIRE). ♦ 4° *Le sang,* traditionnellement considéré comme porteur des caractères raciaux et héréditaires. V. **Hérédité.** *Frères du même sang.* « *Je ne suis pas votre sœur, vous n'êtes pas de notre sang!* » (CLAUDEL). *De sang mêlé.* V. **Sang-mêlé.** *Sang bleu ; sang noble. De sang royal. Princes* du sang. Liens du sang.* V. **Parenté ; consanguin.** *La voix du sang,* instinct, affectif familial. — *Cheval pur-sang*. Une bête de sang,* de race. — PROV. (XIVᵉ ; *bon sanc ne peut faillir*) *Bon sang ne peut mentir,* le sang ne dégénère pas, les qualités des parents (ou *iron.* leurs défauts) se retrouvent chez les enfants. « *Son père alla se promener, confiant dans son fils, car il estimait que bon sang ne saurait mentir* » (FRANCE). ◇ *Vx* ou *littér.* La famille considérée dans sa lignée. Les enfants, les descendants. « *Viens, mon fils, viens, mon sang, viens réparer ma honte* » (CORN.). ◇ HOM. **Cent, sans.**

SANG-DE-DRAGON [sãddʀagɔ̃] ou **SANG-DRAGON** [sãdʀagɔ̃]. *n. m.* (XIIIᵉ [*sanc de dragon*],-XIVᵉ ; de *sang*, à cause de la couleur de cette résine, et *dragon* « dragonnier »). Résine d'un rouge foncé, principalement fournie par le dragonnier, employée autrefois comme astringent et hémostatique, utilisée aujourd'hui pour colorer les vernis. ◇ *Bot.* (1611) Variété de patience (*rumex sanguineus*).

SANG-FROID [sãfʀwa(ɑ)]. *n. m.* (1672 ; loc. adv. 1569 ; *de froid,* 1395 ; *de sang,* et *froid*). Maîtrise de soi qui permet de ne pas céder à l'émotion et de garder sa présence d'esprit. V. **Calme, fermeté, froideur, impassibilité.** *Faire qqch. avec sang-froid. Garder, conserver son sang-froid. Perdre son sang-froid* : se troubler. « *Que penser d'un sang-froid si facile ? Présence d'esprit — ou absence de sentiment, froideur ?* » (MART. du G.). — *Faire qqch. de sang-froid,* de façon délibérée et en pleine conscience de son acte. « *Ma colère, ma passion, voilà mon excuse ; toi, tu es de sang-froid ; tu n'as pas de haine, et tu donnes la mort, misérable!* » (BALZ.). ◇ ANT. **Angoisse, émotion, exaltation.**

SANGLANT, ANTE [sãglã, ãt]. *adj.* (1080 ; lat. *sanguilentus,* forme rare de *sanguinolentus*). ♦ 1° En sang, couvert de sang. V. **Sanguinolent.** *Plaie sanglante.* V. **Saignant.** « *Elle dénoua le bandage sanglant et l'ôta par petites secousses* » (SARTRE). « *...Qui se traînait sanglant sur le bord de la route* » (HUGO). ◇ Ensanglanté. *Poignard sanglant.* « *L'étendard sanglant est levé* » (La Marseillaise). ♦ 2° Littér. Qui est couleur de sang. « *Brunie et sanglante ainsi qu'un vin vieux, Sa lèvre...* » (RIMBAUD). « *La sanglante lueur de la fournaise* » (HUGO). ♦ 3° Qui fait couler le sang, s'accompagne d'effusion de sang. *Guerre sanglante.* V. **Cruel, meurtrier.** « *Ils venaient d'exposer leur vie dans une bataille sanglante* » (BOSS.). *Mort sanglante,* violente. ♦ 4° Fig. (1650). Profondément blessant, extrêmement dur et outrageant. « *Ce débordement d'outrages immondes, d'affronts sanglants, de railleries...* » (BOSCO). *Injures sanglantes. Reproches sanglants.*

SANGLE [sãgl(ə)]. *n. f.* (1080 ; var. *cengle, sengle ;* lat. *cingula,* de *cingere* « ceindre »). ♦ 1° Bande large et plate (de cuir, de toile, de tissu élastique, etc.), qu'on tend pour maintenir ou serrer qqch. *Les sangles d'une selle, d'un harnachement.* V. **Culière, porte-étriers, ventrière.** *Livres noués par une sangle.* ◇ Spécialt. Bande de toile forte formant le fond d'un siège. *Lit de sangles.* « *Un lit d'ébène, avec des sangles en peau de bœuf* » (FLAUB.). — *Méd.* Bande servant à serrer un pansement, à soutenir un membre fracturé, les organes. — T. de parachutisme. *Sangle d'ouverture automatique* (S.O.A.). ♦ 2° *Alpin.* Plate-forme ou palier peu incliné qui permet de traverser une paroi. ◇ Cf. aussi **Vire.**

SANGLER [sãgle]. *v. tr.* (XIIᵉ ; de *sangle*). ♦ 1° *Sangler cheval, un mulet* : serrer la sangle qui sert à maintenir la selle sur son dos. — *Cour.* Serrer fortement comme avec une sangle. — *Cour.* Pronom. « *Se cambrer comme un matamore et se sangler comme une femmelette* » (HUGO). — Au p. p. *Être sanglé dans son uniforme.* Fig. « *Il faut rester sanglé dans son attitude, comme Barbey d'Aurevilly dans sa redingote* » (GIDE). ♦ 3° *Vx.* Frapper à coups de sangle, de fouet. V. **Cingler, fouetter.** « *On vous sangla le pauvre drille* » (LA FONT.).

SANGLIER [sãglije]. *n. m.* (1295 ; *sengler,* XIIᵉ ; lat. *singularis* [*porcus*] « [porc] qui vit seul »). Porc sauvage au corps massif et vigoureux, à peau épaisse garnie de soies dures, vivant dans les forêts ou les fourrés marécageux. **Quartanier, ragot** (1), **solitaire.** *Hure, boutoir, groin, défenses* (broches) *du sanglier. Femelle du sanglier.* V. **Laie.** *Petits du sanglier.* V. **Marcassin.** *Compagnie, harde de sangliers. Le sanglier grommelle*. Chasse au sanglier.* V. **Porchaison.** — *Chair de cet animal. Cuissot de sanglier.*

SANGLOT [sᾶglo]. *n. m.* (XIIᵉ; var. *sanglout, senglout;* lat. pop. *°singluttus,* altér., d'apr. *gluttire* « avaler », du lat. class. *singultus* « hoquet »). Inspiration, respiration brusque et bruyante, presque toujours répétée, due à des contractions successives et saccadées du diaphragme, qui se produit généralement dans les crises de larmes (V. **Hoquet**). « *Ma poitrine s'enfla,... Des sanglots me secouèrent, des larmes ruisselèrent de mes yeux* » (PROUST). « *Il sanglotait à grands sanglots qui lui secouaient les épaules au passage* » (GENE- VOIX). *Éclater en sanglots. Les sanglots m'étouffent, me nouent la gorge. Avoir des sanglots dans la voix, une voix étranglée par des sanglots retenus.* ◇ *(Poét.)* Expression spontanée, sincère de la douleur. « *Et j'en sais d'immortels* (des chants) *qui sont de purs sanglots* » (MUSS.). ◇ *Par anal.* Bruit comparé à un sanglot. « *Les sanglots longs Des violons De l'automne* » (VERLAINE). « *Le sinistre Océan jette son noir sanglot* » (HUGO).

SANGLOTEMENT [sᾶglɔtmᾶ]. *n. m.* (XIIᵉ, repris 1853; de *sangloter*). *Littér.* Le fait de sangloter; suite de sanglots. « *Le reste de la phrase se perdit en un sanglotement désespéré, presque silencieux* » (MART. du G.).

SANGLOTER [sᾶglɔte]. *v. intr.* (XIIᵉ; var. *sanglouter, senglouter, sanglotir;* lat. pop. *°singluttare,* class. *singultare.* V. **Sanglot**). Pleurer avec des sanglots. « *Elle se mit à sangloter avec passion, avec une frénésie qui ressemblait à un rire houleux* » (COLETTE). ◇ *Par anal.* (Poét.) « *Écouter la plainte éternelle Qui sanglote dans les bassins!* » (BAUDEL.).

SANG-MÊLÉ [sᾶmele]. *n. invar.* (1798; « mélange de races », 1772; de *sang,* et *mêler*). Personne issue du croisement de races différentes (*spécialt.* des races. blanche et noire). V. **Métis.**

SANGRIA [sᾶgrija]. *n. f.* (XXᵉ; mot esp., de *sangre* « sang »). Boisson faite de vin rouge et d'oranges (Cf. Vin d'oranges).

SANGSUE [sᾶsy]. *n. f.* (XIIᵉ; lat. *sanguisuga,* de *sanguis* « sang », et *sugare* « sucer »). ◆ 1º Ver annélide *(Hirudinées),* dont l'espèce la plus importante est la *sangsue médicinale,* utilisée pour les saignées locales. *La sangsue se fixe à la peau par ses ventouses et suce le sang.* ◆ 2º *Fig.* (*Vieilli*). Personne qui vit, qui s'enrichit aux dépens d'autrui. V. **Exploiteur.** — *Mod. Fam.* Femme collante. « *Je ne suis pas le genre sangsue, dit-elle, je ne m'accroche pas* » (BEAUVOIR). ◆ 3º (1753). *Techn.* Rigole, fossé d'écoulement des eaux.

SANGUIN, INE [sᾶgɛ̃, in]. *adj.* et *n.* (XIIᵉ, au sens 2º; lat. *sanguineus*). ◆ 1º (XIVᵉ). Du sang, qui a rapport au sang, qui est constitué de sang. *Vaisseaux sanguins. Sérum, plasma sanguin. Groupes sanguins. Caillots sanguins. Circulation sanguine.* ◆ 2º Qui est couleur du sang. V. **Sanguine.** ◆ 3º (XIVᵉ). *Visage sanguin,* coloré par un sang abondant. V. **Rouge** (*opposé à* blême, pâle). — *Tempérament sanguin,* l'un des quatre tempéraments distingués par Galien, caractérisé par des éléments somatiques (corpulence, rougeur de la face, etc.) et caractériels (violence, emportement, etc.). *Hommes sanguins,* de tempérament sanguin. — *N.* Cour. *C'est un sanguin, un grand coléreux.* Caractérol. *Les sanguins,* un des huit types de caractères composés (non émotifs-actifs-primaires), remarquable notamment par le calme, le sens pratique.

1. **SANGUINAIRE** [sᾶginɛr]. *adj.* (1531; « composé de sang », v. 1370; lat. *sanguinarius*). *Litt.* Qui se plaît à répandre le sang, à tuer. *Tyran, monstre sanguinaire.* — *(Choses)* V. **Cruel, féroce.** « *Il n'est pas de théâtre plus sanguinaire ni où les passions soient plus violentes et plus cruelles* » (LEMAITRE).

2. **SANGUINAIRE** [sᾶginɛr]. *n. f.* (1829; *sanguinaria,* 1765; lat. *sanguinaria herba*). *Bot.* Plante herbacée, vivace, exotique, contenant un latex âcre couleur de sang.

SANGUINE [sᾶgin]. *n. f.* (XVIᵉ; *pierre sanguine,* XIIIᵉ; de *sanguin*). ◆ 1º Variété d'hématite rouge. ◇ (1767) Crayon fait de cette matière, d'un rouge ocre ou pourpre. ◇ *Par ext.* Dessin exécuté avec ce crayon. *Une sanguine de Watteau.* — Lithographie imitant une sanguine. ◆ 2º (1842). Variété de poire. ◆ 3º (1892). Variété d'orange dont la pulpe est couleur de sang.

SANGUINOLENT, ENTE [sᾶginɔlᾶ, ᾶt]. *adj.* (XIVᵉ; lat. *sanguinolentus*). ◆ 1º Où se mêle un peu de sang; teinté de sang. *Expectorations sanguinolentes.* ◆ 2º D'un rouge qui évoque le sang. *Des filles* « *aux yeux charbonnés, aux lèvres sanguinolentes* » (MAUPASS.).

SANGUISORBE [sᾶgɥizɔrb(ə)]. *n. f.* (1549; lat. bot. *sanguisorba; sanguis* « sang », et *sorbere* « absorber »). *Bot.* Plante *(Rosacées)* herbacée, vivace, à fleurs roses ou pourpres réunies en épis.

SANHÉDRIN [sanedrɛ̃]. *n. m.* (1663; *senedrin,* 1573; mot araméen employé dans les évangiles; du gr. *synedrion* « assemblée, conseil ». V. Synode). Didact. *(Hist.)* Assem-

blée, conseil formé de membres de la noblesse sacerdotale juive (sadducéens) et de docteurs pharisiens, tribunal religieux et civil pour toute la Palestine antique. — GRAND SANHÉDRIN, le tribunal de Jérusalem.

SANICLE [sanikl(ə)] ou **SANICULE** [sanikyl]. *n. f.* (XIIᵉ,-XXᵉ; lat. bot *sanicula,* de *sanus* « sain », à cause des vertus médicinales de la racine). *Bot.* Plante herbacée *(Ombelliféracées)* des régions humides et boisées, à fleurs en ombelles.

SANIE [sani]. *n. f.* (av. 1478; *sainnie,* dial., XIIIᵉ; lat. *sanies*). *Méd.* (Vx) et *littér.* Matière purulente, humeur fétide mêlée de sang qui s'écoule des plaies infectées. V. **Ichor, pus.** « *Ces visages, qui nous arrivaient couverts de sang et de sanie* » (DUHAM.).

SANIEUX, EUSE [sanjø, øz]. *adj.* (1314; lat. *saniosus*). *Méd.* (Vx) Qui contient, laisse écouler de la sanie. *Ulcère sanieux, plaie sanieuse.*

SANITAIRE [sanitɛr]. *adj.* et *n.* (1801; du lat. *sanitas* « santé »). ◆ 1º Relatif à la santé publique et à l'hygiène. V. **Santé** (2º). *La technique sanitaire* : épidémiologie, étude de la salubrité des denrées alimentaires, de la pollution atmosphérique, des problèmes de construction, de voirie, de distribution des eaux. *Législation, police sanitaire.* V. **Hygiène, médecine.** *Action sanitaire et sociale. Cordon* sanitaire pour enrayer la contagion. Génie sanitaire* : ensemble d'études et de techniques visant à assurer la salubrité et l'hygiène des lieux, des services publics, des denrées alimentaires, des installations industrielles. *Formation, service sanitaire.* « *Pour plus de sûreté* [...] *le personnel sanitaire continuait de respirer sous des masques de gaze désinfectée* » (CAMUS). *Spécialt.* Du Service de santé (dans l'armée). *Les sanitaires* : les militaires du Service de santé. *Une* SANITAIRE, *n. f.,* voiture sanitaire de l'armée. V. **Ambulance.** ◆ 2º (Mil. XXᵉ). Se dit des appareils et installations d'hygiène destinés à distribuer, utiliser et évacuer l'eau dans les habitations. V. **Plomberie.** *Appareils, installations sanitaires* : salles de bains, baignoires, bidets, lavabos; éviers, cuvettes, water-closets. — *Subst. Le sanitaire* : ces installations. *Les sanitaires* (dans un camping, etc.).

SANS [sᾶ]. *prép.* (*Sens,* 1050; var. *seinz, senz, sen;* lat. *sine* avec *-s* adverbial). ◆ 1º Préposition qui exprime l'absence, le manque, la privation ou l'exclusion. *L'inculpé a refusé d'être interrogé sans son avocat* : qui n'a pas de frère, etc. *Être sans argent, et fam. Être sans le sou, sans un.* V. **Manquer** (de). *Un document sans indication de date.* V. **Dépourvu** (de), *privé* (de). *Chambre d'hôtel à trente francs par jour, sans le petit déjeuner* (Cf. Non compris). — (Valeur d'hypothèse). « *Sans toi, j'étais mort !* » (HUGO), si tu n'avais pas été là, j'étais mort. *Partez, sans cela je me fâche; sans quoi je me fâche. Votre café, avec ou sans sucre? Parler sans la moindre gêne. Un homme sans aucun scrupule.* ◇ (Formant des locutions adjectives ou adverbiales de valeur négative) *Il pleut sans cesse. Soyez sans crainte. C'est sans espoir. Tous, toutes, sans exception. Une vis sans fin. Sans doute*. Non sans* peine. *Il y parvint non sans peine.* ◇ (Suivi d'un inf. et servant à écarter une circonstance) « *Marchons sans discourir* » (CORN.). « *Les gens de qualité savent tout sans avoir jamais rien appris* » (MOL.). *Vous n'êtes pas sans savoir que,* vous n'ignorez pas. *Sans mot dire*. Cela va sans dire*.* — *Fam.* (Avec répétition du même verbe, pour exprimer que l'action, l'état ne sont réalisés qu'à moitié) *Ces choses-là, il faut y croire sans y croire.* « *Il y avait des cousins, sur l'héritage desquels on comptait sans compter* » (ARAGON). *Il est coupable sans être coupable.* ◆ 2º *Loc. conj.* SANS QUE (et subj.). *Ne faites pas cela sans qu'il soit averti. Sans que personne le sache.* « *Sans qu'on s'en aperçût, sans presque m'en apercevoir* » (ROUSS.). — Avec *Ne* explétif (rare). « *Onde... Où l'on ne jette rien sans que tout ne remue!* » (HUGO). ◆ 3º *Fam.* Employé comme adverbe. « *Chacun a son marteau, on ne sort pas sans* » (GONCOURT). « *Nous sommes bien obligés de compter avec. Que ferions-nous sans ?* » (DUHAM.). *Les jours sans et les jours avec,* pendant les restrictions de la guerre de 1939-45 (jours sans alcool, sans viande). ◇ ANT. Avec. — HOM. Cent, sang.

SANS-ABRI [sᾶzabri]. *n. invar.* (1935; de *sans,* et *abri*). Personne qui n'a plus aucun logement. V. **Sans-logis.** *Le tremblement de terre a fait deux mille sans-abri* (V. Sinistré).

SANS-CŒUR [sᾶkœr]. *n. invar.* (1863; « individu paresseux ou sans amour-propre », 1808; de *sans,* et *cœur*). *Fam.* Personne qui manque de cœur, qui est insensible à la souffrance d'autrui. « *Elle rit de vous voir pleurer, cette sans-cœur* » (ZOLA). — *Adj.* V. **Insensible, méchant.**

SANSCRIT, ITE ou **SANSKRIT, ITE** [sᾶskri, it]. *n. m.* et *adj.* (1756; *hanscrit,* 1667; mot sancrit : *samskr[i]ta* « parfait », opposé à *prâkrit* « à l'état naturel, peu soigné »). ◆ 1º *N. m.* Langue indo-européenne qui est la langue classique de la civilisation brahmanique de l'Inde. *Écriture usuelle du sanskrit.* V. **Devanâgari.** ◆ 2º *Adj.* Relatif au sanscrit, écrit en sanscrit. *Textes sanscrits. Grammaire sanscrite.*

SANSCRITISME ou **SANSKRITISME** [sãskʀitism(ə)]. *n. m.* (1867; de *sanscrit*). *Didact.* Ensemble des disciplines qui ont le sanscrit pour objet (On dit aussi *Indianisme*).

SANSCRITISTE ou **SANSKRITISTE** [sãskʀitist(ə)]. *n. m.* (1830; de *sanscrit*). *Didact.* Spécialiste du sanscrit. V. **Indianiste**. *Eugène Burnouf, célèbre sanscritiste français.*

SANS-CULOTTE [sãkylɔt]. *n. m.* (1792; de *sans*, et *culotte*, parce que les hommes du peuple portaient alors le pantalon, tandis que la *culotte* passait pour aristocratique). Nom que se donnaient les républicains les plus ardents, sous la Révolution française. *Les sans-culottes.* — Adj. *L'esprit sans-culotte.*

SANS-EMPLOI [sãzãplwa]. *n. invar.* (v. 1965; de *sans*, et *emploi*). Personne sans activité rétribuée (surtout au plur.). V. **Chômeur, sans-travail**.

SANSEVIÈRE [sãsvjɛʀ]. *n. f.* (1839; du nom du prince de *Sansevieria*). Plante *(Liliacées)* des régions tropicales, qui fournit une fibre textile très résistante.

SANS-FAÇON [sãfasɔ̃]. *n. m. invar.* (1817; de *sans*, et *façon*). Désinvolture. — Caractère de ce qui est fait sans cérémonie. *Un accueil plein de sans-façon.* ◊ ANT. *Cérémonieux.*

SANS-FIL [sãfil]. *n.* (v. 1925; de *sans*, et *fil*). ♦ 1° *N. f.* Télégraphie sans fil (T.S.F.). *Envoyer un message par sans-fil.* ♦ 2° *N. m.* Radiogramme. *Recevoir un sans-fil.*

SANS-FILISTE [sãfilist(ə)]. *n.* (1912; de *sans-fil*). ♦ 1° Opérateur de T.S.F. V. **Radio**. ♦ 2° Personne qui pratique la T.S.F. (en amateur). *Des sans-filistes amateurs.*

SANS-GÊNE [sãʒɛn]. *adj. et n. m. invar.* (1835; de *sans*, et *gêne*). ♦ 1° *Adj.* Qui agit avec une liberté, une familiarité excessive. V. **Désinvolte, envahissant**. *Il est vraiment sans-gêne d'emprunter ainsi.* — Par ext. *Un procédé sans-gêne.* ♦ 2° (1870). *N. m.* Attitude d'une personne qui ne se gêne pas pour les autres. V. **Audace, désinvolture, impolitesse, inconvenance**. *Agir avec sans-gêne.* « *Ce sans-façon n'était point du sans-gêne* » (HERMANT). *Quel sans-gêne révoltant !* ◊ ANT. *Cérémonieux, discret. Discrétion.*

SANS-LE-SOU [sãlsu]. *n. invar.* (1862; de *sans*, et *sou*). *Fam.* Personne sans argent. V. **Pauvre**. « *Ce sans-le-sou serait devenu millionnaire* » (HUGO).

SANS-LOGIS [sãlɔʒi]. *n. invar.* (1893; de *sans*, et *logis*). Personne qui ne dispose pas pour se loger de local à usage d'habitation (surtout au plur.). *Des sans-logis installés dans des baraquements.* V. **Sans-abri**.

SANSONNET [sãsɔnɛ]. *n. m.* (v. 1480; nom propre, dimin. de *Samson*). Nom de l'étourneau. — *Fam. C'est de la roupie* de sansonnet.

SANS-PARTI [sãpaʀti]. *n. invar.* (1922; de *sans*, et *parti* 1). Personne qui n'est inscrite à aucun parti. *Spécialt.* Personne qui n'est pas inscrite au Parti, dans les pays à parti unique. *Les membres du parti communiste et les sans-parti, en U.R.S.S.*

SANS-PATRIE [sãpatʀi]. *n. invar.* (déb. xxᵉ; de *sans*, et *patrie*). Personne qui n'a pas de patrie, juridiquement. V. **Apatride**.

SANS-SOUCI [sãsusi]. *n. et adj. invar.* (1718; les *Enfants Sans-Souci,* célèbre troupe de « sots », au xvᵉ; de *sans*, et *souci*). ♦ 1° Vieilli. *N.* Personne insouciante. ♦ 2° *Adj.* Mod. *Il est vraiment sans-souci.*

SANS-TRAVAIL [sãtʀavaj]. *n. invar.* (1894; de *sans*, et *travail*). Personne sans travail (surtout au plur.). V. **Chômeur, sans-emploi**. « *Les sans-travail qu'on emploie à bas prix dans les entreprises de charité* » (ARAGON).

SANTAL [sãtal]. *n. m.* (1568; *sandal,* 1298; lat. médiév. *sandalum,* arabe *sandal,* sanskrit *candana*). ♦ 1° Se dit de substances ligneuses odorantes, provenant du santal blanc ou rouge (Cf. *ci-dessous,* 2°), d'où l'on tire une essence parfumée, balsamique, des poudres pharmaceutiques. « *Elle vaporisait sur elle son parfum de santal* » (COLETTE). Plur. *Santals,* sauf dans *poudre des trois santaux* [sãto] (anc. pharm.). ♦ 2° Arbre exotique. *Santal blanc :* arbre des régions tropicales qui vit en parasite sur les parties souterraines des plantes voisines. *Bois de santal,* bois clair, odorant, utilisé en ébénisterie. *Coffret de santal.* ◊ *Santal rouge,* plante *(Papilionacées)* d'où l'on tire une matière tinctoriale rouge. V. **Santaline**.

SANTALINE [sãtalin]. *n. f.* (1839; de *santal*). *Techn.* Matière colorante de bois de santal rouge.

SANTÉ [sãte]. *n. f.* (*Santet,* 1050; lat. *sanitas, -atis;* de *sanus.* V. **Sain**). ♦ 1° Bon état physiologique d'un être vivant, fonctionnement régulier et harmonieux de l'organisme pendant une période appréciable (indépendant des anomalies ou des traumatismes qui n'affectent pas les fonctions vitales : un aveugle, un manchot peuvent avoir la santé). « *L'état de santé est reconnaissable à ceci que le sujet ne songe pas à son corps* » (DUHAM.). — *Force et santé. Être plein de santé. Avoir, n'avoir pas de santé. Respirer* la santé. *Perdre, recouvrer* la santé. V. **Guérir**, remettre (se); **convalescence, guérison**. *Favorable à la santé.* V. **Sain, salubre, salutaire**.

Mauvais pour la santé. V. **Malsain**. ◊ *La santé de qqn. Compromettre, détruire sa santé* (par des excès, des imprudences). ◊ (xviiᵉ) *Boire à la santé de qqn :* en son honneur. V. **Trinquer**. « *À ta santé, filleul. — À la vôtre, parrain* » (DIDER.). — *Une santé,* fait de boire à la santé de qqn. V. **Toast**. « *Ils se soulevaient à chaque verre pour porter une santé* » (R. ROLLAND). ♦ 2° Fonctionnement plus ou moins harmonieux de l'organisme, sur une période assez longue. *État de santé* (V. **Mal, porter** [se]). — *Bonne santé. Être en bonne, en parfaite santé* (V. **Gaillard, portant** [bien], **sain, valide**). *Santé éclatante, santé de fer :* très bonne. — *Être en mauvaise santé.* V. **Malade**. *Santé chancelante, délicate* (V. **Faible, fragile; cacochyme, malade, valétudinaire**). *Fam. Avoir une petite santé :* être délicat, fragile. — « *Depuis longtemps il se plaignait de sa santé, de lourdeurs, de vertiges, de malaises constants et inexplicables* » (MAUPASS.). *S'informer de la santé de qqn. Comment va la santé ?* V. **Aller** (comment ça va ?). — *Bonne année, bonne santé !* formule de vœux du jour de l'An. — *Au plur.* (Fam.) *Comment vont ces petites santés ?* ◊ *Service de santé des armées,* ensemble du personnel médical attaché à une armée, à un port. Vx. *Officier de santé :* en France, de 1803 à 1892, Médecin qui n'avait pas le titre de docteur en médecine. ◊ (Dans un port) LA SANTÉ : le service de surveillance des maladies épidémiques, contagieuses. *Être visité par la santé.* ♦ 3° (v. 1200). Équilibre et harmonie de la vie psychique. — *La santé de l'esprit, de l'âme. Une santé intellectuelle qui* « *se manifeste par le goût de l'action, la faculté de s'adapter* » (BERGSON). ◊ *Maison de santé :* maison de repos privée où l'on soigne principalement les maladies nerveuses ou mentales. ♦ 4° (xxᵉ). « État de complet bien-être physique, mental et social et qui ne consiste pas seulement en une absence de maladie ou d'infirmité » (CONSTITUTION DE L'O.M.S., 1946). — *Santé publique,* connaissances et techniques propres à prévenir les maladies, à préserver la santé (4°), à améliorer la vitalité et la longévité des individus par une action collective (mesures d'hygiène et de salubrité, dépistage et traitement préventif des maladies, mesures sociales propres à assurer le niveau de vie nécessaire). (1930). *Ministère de la Santé publique et de la Population.* ◊ ANT. *Maladie.*

SANTOLINE [sãtɔlin]. *n. f.* (xviᵉ; var. de *santonine*). *Bot.* Arbrisseau aromatique *(Composacées),* dont une variété est appelée *petit cyprès.*

SANTON, TONE [sãtɔ̃, ɔn]. *n.*
I. (1624; *sancton,* 1530; esp. *santón,* de *santo* « saint »). *Vx.* Ascète, religieux musulman. V. **Derviche, fakir**.
II. *N. m.* (Fin xixᵉ; prov. *santoun* « petit saint », de *sant* « saint »). *Mod.* Figurine ornant les crèches de Noël, en Provence.

SANTONINE [sãtɔnin]. *n. f.* (1787; altér. de *santonique,* 1542; lat. *santonica* [*herba*], herbe de *Saintonge*. V. **Santoline**). ♦ 1° Nom d'une variété d'armoise, le *semen-contra.* ♦ 2° (1830). Principe extrait du semen-contra, utilisé autrefois comme vermifuge (abandonné en raison de sa toxicité).

SANTONNIER, IÈRE [sãtɔnje, jɛʀ]. *n.* (1912; de *santon,* II). Artisan qui fabrique les santons.

SANVE [sãv]. *n. f.* (*Seneve,* xiiᵉ; lat. *sinapi, senapis,* mot gr. « moutarde ». V. **Sinapisme; sénevé**). Nom régional du *sénevé sauvage* ou *moutarde* des champs* (V. **Essanvage**).

SANZA [sãza ou sanza]. *n. f.* (mil. xxᵉ; mot africain). Instrument de musique africain traditionnel, fait de lamelles vibrantes. *Chanteur qui s'accompagne à la sanza.*

SAOUL. V. **SOÛL**.

SAPAJOU [sapaʒu] ou **SAJOU** [saʒu]. *n. m.* (v. 1601, -1776; mot tupi). Petit singe de l'Amérique centrale et du Sud *(Cébidés),* à pelage court, à poil dressé autour de la face et à longue queue préhensile, appelé aussi *capucin.* V. *Fig. Un vieux sapajou,* un vieil homme laid.

SAPE [sap]. *n. f.*
I. (xvᵉ; bas lat. *sappa*). *Dial.* Hoyau ou faux. — *Techn.* Outil du génie civil, pioche à large fer.
II. (1560; de *saper*). ♦ 1° Tranchée d'approche pour atteindre un obstacle ennemi, préparer un siège. *Faire, pousser une sape.* — *Fosse creusée au pied d'un mur, sous un bâtiment pour le faire écrouler.* V. **Mine**. ♦ 2° Action de saper. *Travaux de sape.* ◊ *Rare.* Destruction par la base, menée souterraine pour miner. *La sape des institutions.* V. **Sapement**.
III. *Arg.* (1926; o. i.). *n. f. pl.* LES SAPES : les habits. V. **Saper** (II).

SAPEMENT [sapmã]. *n. m.* (1611; de *saper*). *Rare.* Action de saper (I).

SAPÈQUE [sapɛk]. *n. f.* (1850; de *sapek,* mot malais). Ancienne monnaie chinoise et indochinoise, petite pièce de la plus faible valeur.

SAPER [sape]. *v. tr.* (1547; it. *zappare,* de *zappa* « hoyau », pioche », bas lat. *sappa.* V. **Sape, I**).
I. ♦ 1° Détruire les assises de (une construction) pour faire écrouler. *Saper une muraille. Saper par des mines.* V.

Miner. ◇ *Par ext.* User, dégrader par la base, en parlant des eaux. *La mer sape les falaises.* V. **Affouiller.** ♦ 2° *Fig.* Attaquer les bases, les principes pour ruiner. V. **Ébranler, miner.** *Saper les fondements de la morale.* « *L'autorité paternelle qu'elle avait sapée toute sa vie dans le cœur du jeune homme* » (ARAGON).
II. SE SAPER. *v. pron.* (1919; o. i.). Pop. S'habiller. — Au p. p. *Être bien sapé*, être bien habillé. V. **Sape** (III).
◇ ANT. (de I) **Consolider, renforcer.**

SAPERDE [sapɛʀd(ə)]. *n. f.* (1808; lat. *saperda*, d'o. gr. « poisson salé »). Insecte coléoptère longicorne *(Cérambycidés)* à larges élytres, dont les larves vivent dans le bois. *La saperde requin est très nuisible aux saules, aux peupliers, aux trembles.*

SAPERLOTTE! [sapɛʀlɔt]. **SAPERLIPOPETTE** [sapɛʀ lipɔpɛt]. *interj.* (1840; altér., par euphémisme, de *sacré;* Cf. Sapristi). Juron familier et vieilli.

SAPEUR [sapœʀ]. *n. m.* (1547; de *saper*). Soldat du génie employé à la sape et à d'autres travaux. V. **Pionnier.** *Sapeur mineur.* V. **Mineur** (2). — Fam. *Fumer comme un sapeur*, beaucoup. « *M. de Coantré restait là, demandant des cigarettes, fumant comme un sapeur* » (MONTHERLANT).

SAPEUR-POMPIER [sapœʀpɔ̃pje]. *n. m.* (1835; de *sapeur*, et *pompier*). Admin. Agent communal chargé du service public de secours contre les incendies, les périls et les accidents menaçant la sécurité publique. V. **Pompier** (cour.). *Les sapeurs-pompiers ont le statut militaire. Régiment de sapeurs-pompiers. Brigade des sapeurs-pompiers de Paris.*

SAPHÈNE [safɛn]. *n. f.* et *adj.* (1314; arabe *çafin*, p.-ê. du gr. *saphênes* « apparent »). Anat. Chacune des deux veines qui collectent le sang des veines superficielles du membre inférieur. *Grande, petite saphène.* — Adj. *Veine saphène.*

SAPHIQUE [safik]. *adj.* (*Saffique*, 1373; lat. *sapphicus.* gr. *sapphikos*, de *Sapho*, poétesse). Hist. litt. Se dit d'un vers composé en général de trois trochées, deux iambes et une syllabe; subst. *Le saphique*, ce vers.

SAPHIR [safiʀ]. *n. m.* (v. 1130; bas lat. *sapphirus*, gr. *sappheiros*, o. sémit.). ♦ 1° Forme naturelle cristallisée et très dure de corindon transparent et bleu, constituée d'alumine colorée de traces de cobalt. — *Un saphir*, cette pierre taillée en ornement. *Saphir d'une bague.* ◇ *Saphir synthétique* (alumine). — Spécialt. (1923) Petite pointe de cette matière qui a remplacé l'aiguille des phonographes et des tourne-disques. ♦ 2° Fig. et littér. *De saphir*, bleu et lumineux. V. **Bleu.** « *Les campaniles frangés d'or brillaient dans un ciel de saphir* » (MAUROIS).

SAPHISME [safism(ə)]. *n. m.* (1838; de *Sapho*). V. **Saphique.** Littér. et méd. Homosexualité des femmes. V. **Lesbianisme.**

SAPIDE [sapid]. *adj.* (1754; lat. *sapidus; sade*, en a. fr.). Didact. Qui a un goût, une saveur. « *Les corps sapides* » (BRILLAT-SAV.). ◇ ANT. **Insipide** (cour.).

SAPIDITÉ [sapidite]. *n. f.* (1762; de *sapide*). Didact. Caractère de ce qui est sapide. V. **Goût, saveur.** ◇ ANT. **Insipidité** (cour.).

SAPIENCE [sapjɑ̃s]. *n. f.* (1120; lat. *sapientia*, de *sapiens* « sage »). Vx. Sagesse et science, V. **Sagesse.** — Théol. *Livre de la sapience.*

SAPIENTIAL, ALE, AUX [sapjɑ̃(ɛ)sjal, o]. *adj.* (1374; livres *sapiencialz;* lat. *sapientialis*). Relig. *Livres sapientiaux de la Bible* : livres de sagesse. *Les Proverbes, l'Ecclésiaste, l'Ecclésiastique, livres sapientiaux.* — Subst. *Les sapientiaux.*

SAPIN [sapɛ̃]. *n. m.* (v. 1100; lat. *sappinus*, gaul. °*sappus*, croisé avec *pinus* « pin »). ♦ 1° Arbre résineux *(Conifères)* à tronc droit, à écorce épaisse écailleuse, à branches plongeantes, et à feuilles persistantes (V. **Aiguille**), dont l'organe reproducteur est un cône dressé (V. **Pomme**). *Le sapin résiste aux gelées. Forêt de sapins.* V. **Sapinière.** « *Mon beau sapin, roi des forêts...* » (Chanson). *Le sapin, arbre de Noël.* — *Vert sapin*, vert sombre. — *Par ext.* Se dit abusiv. de conifères semblables au sapin (épicéa, etc.). ♦ 2° Bois de cet arbre, dit « bois blanc », très couramment employé en menuiserie, en ébénisterie. « *Une table de bois, une planche de sapin qui soutenait quelques livres* » (DIDER.). *Cercueil en sapin.* ◇ Fam. au cercueil ordinairement fait de ce bois) *Sentir le sapin* (1694), n'avoir plus longtemps à vivre.

SAPINDACÉES [sapɛ̃dase]. *n. f. pl.* (1817; du lat. bot. *sapindus* « savonnier », de *sapo* « savon », et *indus* « indien »). Bot. Famille de plantes phanérogames angiospermes *(Dicotylédones dialypétales)* comprenant des arbres ou arbustes exotiques, souvent grimpants ou volubiles (ex. : litchi, savonnier).

SAPINE [sapin]. *n. f.* (1190, « bois de sapins »; de *sapin*). Techn. ♦ 1° Planche, solive de sapin. ♦ 2° Pièce de bois qui servait aux échafaudages. — (XIXe) Mod. Appareil de levage fait de ces pièces de bois (aujourd'hui de pièces métalliques), pylône supportant une grue, utilisé sur les chantiers de construction. ♦ 3° (XVe). Région. Baquet en bois de sapin.

SAPINETTE [sapinɛt]. *n. f.* (1765, « coquillage », 1505;

de sapin). ♦ 1° Nom courant de quelques espèces de pins d'Amérique du Nord, et de l'épicéa. ♦ 2° Boisson faite de bourgeons de ces pins.

SAPINIÈRE [sapinjɛʀ]. *n. f.* (1632; de *sapin*). Bois, forêt, plantation de sapins.

SAPITEUR [sapitœʀ]. *n. m.* (1736; prov. *sapitour*, du lat. *sapere* « savoir »). Dr. mar. Expert chargé d'estimer la valeur des marchandises.

◇ SAPON-. Élément, du lat. *sapo, saponis* « savon ».

SAPONACÉ, ÉE [saponase]. *adj.* (1793; de *sapon-*, et suff. -*acé*). Didact. Qui a les caractères du savon, peut servir aux mêmes usages.

SAPONAIRE [saponɛʀ]. *n. f.* (1562; *erbe savoniere*, XIIe; lat. bot. *saponaria*). Plante *(Caryophyllacées)* à tige dressée portant des fleurs roses et odorantes, et contenant un glucoside, la *saponine*, qui mousse comme du savon.

SAPONASE [saponaz]. *n. f.* (1933; de *sapon-*, et suff. -*ase*). Biochim. V. **Lipase.**

SAPONÉ [sapone]. *n. m.* (1836; de *sapon-*, et suff. -*é*). Pharm. Préparation obtenue en ajoutant un principe médicamenteux à une solution alcoolique de savon.

SAPONIFIABLE [saponifjabl(ə)]. *adj.* (1846; de *saponifier*). Chim., Techn. Qu'on peut saponifier. *Graisses saponifiables.*

SAPONIFICATION [saponifikasjɔ̃]. *n. f.* (1792; de *saponifier*). Techn. Production de savon et simultanément de glycérine, par action d'un alcali caustique (généralement la soude) sur les corps gras. ◇ Chim. (1803) Réaction suivant laquelle les corps gras (esters de la glycérine) sont dédoublés en glycérine et acides gras. *Par ext.* Hydrolyse d'un ester.

SAPONIFIER [saponifje]. *v. tr.* (1797; de *sapon-*, d'apr. les v. en -*fier*). Techn. Transformer en savon. (Dér. SAPONIFIANT, ANTE [saponifjɑ̃, ɑ̃t], *adj.*, XXe). ◇ Chim. Transformer, sous l'action de l'eau ou d'une base, (un ester) en acide et alcool ou phénol.

SAPONINE [saponin]. *n. f.* (1842; de *sapon-*, et suff. -*ine*). Glucoside extrait de certains végétaux (saponaire, bois de Panama) et dont la solution aqueuse mousse par simple agitation.

SAPOTACÉES [sapɔtase]. *n. f. pl.* (1839; de *sapote*). Bot. Famille de plantes phanérogames angiospermes *(Dicotylédones gamopétales)* comprenant des arbres ou arbustes des régions tropicales d'Afrique et d'Amérique, dont le type est le *sapotier*.

SAPOTE [sapɔt] ou **SAPOTILLE** [sapɔtij]. *n. f.* (*Çapote*, 1598; *sapotillo*, 1719; esp. *zapote*, *zapotillo* [dimin.]; de l'aztèque *tzapotl*). Fruit du sapotier, grosse baie globuleuse et charnue, savoureuse, qui se mange frite.

SAPOTIER [sapɔtje] ou **SAPOTILLIER** [sapɔtije]. *n. m.* (1808,-1765; de *sapote*). Arbre de grande taille des Antilles *(Sapotacées)*, au fruit comestible (V. Sapote), dont le bois répand en brûlant une odeur d'encens.

SAPRISTI! [sapristi]. *interj.* (1835; corrupt. de *sacristi*). Juron familier, exprimant un sentiment vif (étonnement, exaspération).

◇ SAPRO-. Élément, du gr. *sapros* « putride ».

SAPROPEL *n. m.* ou **SAPROPÈLE** *n. f.* [sapropɛl]. (1953; *sapropélique*, 1923; de *sapro-*, et gr. *pêlos* « limon »). Géol. Vases organiques qui sont à l'origine du pétrole.

SAPROPHAGE [saprɔfaʒ]. *adj.* (1839; de *sapro-*, et -*phage*). Zool. Qui se nourrit de matières putréfiées. — Subst. m. *Les saprophages.*

SAPROPHYTE [saprɔfit]. *adj.* et *n. m.* (1875; de *sapro-*, et -*phyte*). ♦ 1° Biol. Se dit d'un organisme qui vit aux dépens de matières organiques en provoquant leur décomposition. ♦ 2° Méd. (Adj.) Germe saprophyte, qui vit dans l'organisme sans être pathogène. *Bactéries saprophytes de la flore intestinale.* Subst. m. *Les saprophytes.* — Dér. SAPROPHYTIQUE [saprɔfitik], *adj.* [1897].

SAQUER. V. SACQUER.

SARABANDE [saʀabɑ̃d]. *n. f.* (*Sarabante*, 1605; esp. *zarabanda*, arabo-persan *serbend* « danse »). ♦ 1° Danse vive et lascive, d'origine espagnole, dont le caractère primitif s'atténua au cours du XVIIe s. « *J'exécutai une sarabande si folle, si lascive, si enragée, qu'elle eût damné un saint* » (GAUTIER). ◇ Mus. Ancienne danse française à trois temps, grave et lente, voisine du menuet et qui se dansait par couples. — Air sur lequel la sarabande se dansait; partie d'une suite (avant la gavotte, l'aria ou la gigue) qui s'en inspire. *Sarabande de Bach, de Corelli.* ♦ 2° Cour. (Fig. du sens initial). *Danser, faire la sarabande* : faire du tapage, du vacarme. « *Les rats dansent ici une assez belle sarabande* » (JARRY). ◇ Ribambelle de gens qui courent, s'agitent (V. **Farandole**). Fig. « *Une sarabande d'images* » (BEAUVOIR).

SARANCOLIN. V. SARRANCOLIN.

SARBACANE [saʀbakan]. *n. f.* (1530; *sarbatenne*, 1519; d'apr. *canne;* esp. *zebratana*, *zarbatana*). Tube creux servant à lancer de petits projectiles, par la force du souffle (arme de certaines peuplades; jouet d'enfant).

SARCASME [saʀkasm(ə)]. *n. m.* (1546; lat. *sarcasmus*, mot gr., de *sarkazein* « mordre la chair » [*sarkos*]). ♦ 1° Ironie, raillerie insultante. V. **Dérision, moquerie.** « *La dérision et le sarcasme et l'injure sont des barbaries* » (PÉGUY). ♦ 2° *Un, des sarcasme(s)*, trait d'ironie mordante. *Répondre par des sarcasmes. S'enfuir sous les sarcasmes.* ◇ ANT. *Compliment, flatterie.*

SARCASTIQUE [saʀkastik]. *adj.* (XVIIIe; gr. *sarkastikos;* V. **Sarcasme).** ♦ 1° *Littér.* Qui a le caractère acerbe, amer du sarcasme. *Plaisanterie sarcastique.* ♦ 2° *Cour.* Moqueur et méchant. *Air, ton sarcastique.* « *Un sourire dont je ne pouvais savoir s'il était content ou fâché, soumis ou sarcastique* » (DUHAM.). V. **Amer, diabolique, sardonique.** ◇ (Personnes) « *Elle doit se représenter le normalien comme sarcastique, satanique et subversif* » (ROMAINS). ◇ ANT. *Bienveillant.*

SARCASTIQUEMENT [saʀkastikmɑ̃]. *adv.* (XXe; de *sarcastique*). D'une manière amère, sarcastique. *Il souriait sarcastiquement.*

1. **SARCINE** [saʀsin]. *n. f.* (1855; *sarcina*, 1842; lat. *sarcina* « paquet, fardeau »). *Bactér.* Bactérie saprophyte dont les éléments peuvent se disposer en masses cubiques. *Sarcines de la gangrène pulmonaire.*

2. **SARCINE** [saʀsin]. *n. f.* (1875; [1858 en angl.], dér. sav. du gr. *sarx, sarkos* « chair »). *Chim.* Base purique ($C_8N_4H_4O$) du suc musculaire (d'où son nom), du foie, de la rate.

SARCELLE [saʀsɛl]. *n. f.* (1564; *cercelle*, XIIe; lat. pop. *ocercedula*, class. *querquedula*, d'o. gr.). Oiseau palmipède (*Anatidés*), plus petit que le canard commun. *Chasser la sarcelle.*

SARCLAGE [saʀklaʒ]. *n. m.* (1776; *sarkelage*, 1318; de *sarcler*). Opération agricole qui consiste à extirper les végétaux nuisibles et à ameublir la surface du sol. V. **Essavage.** *Sarclage à la binette* (V. **Binage**), *à la houe.*

SARCLER [saʀkle]. *v. tr.* (1271; lat. *sarculare;* de *sarculum* « houe »). ♦ 1° Arracher en extirpant les racines, avec un outil. V. **Extirper.** « *Je voudrais dans le blé ne sarcler que l'ivraie* » (HUGO). ♦ 2° Débarrasser (un lieu) des herbes nuisibles avec un outil. *Sarcler une allée, un champ.* V. **Désherber.** Absolt. *Sarcler à la herse, au sarcloir.* ◇ Par ext. *Sarcler une culture,* le terrain où elle pousse. « *Lise travaillait, dans le potager, à sarcler des pois* » (ZOLA). — *Plantes sarclées :* celles qui nécessitent un sarclage, une façon (I, 3°) superficielle.

SARCLETTE [saʀklɛt]. *n. f.* (1869; *sarclet*, 1539; de *sarcler*). Petit sarcloir.

SARCLEUR, EUSE [saʀklœʀ, øz]. *n.* (XIIIe; de *sarcler*). Personne qui est employée à sarcler (ouvrier agricole, jardinier).

SARCLOIR [saʀklwaʀ]. *n. m.* (XIVe; de *sarcler*). Outil servant au sarclage (houe à deux dents, raclette). ◇ Petite charrue à main utilisée en horticulture.

SARCLURE [saʀklyʀ]. *n. f.* (1562; de *sarcler*). Mauvaises herbes qu'on arrache d'une terre en la sarclant.

SARCO-. Élément, du gr. *sarx, sarcos* « chair ».

SARCOÏDE [saʀkɔid]. *n. f.* (1906; bot., 1846; de *sarco*[me], et *-oïde*). *Pathol.* Nodule de la peau (dermique ou hypodermique) constitué par un infiltrat de cellules conjonctives particulières (dites épithélioïdes) et de cellules lymphoïdes, qui rappelle celui du nodule tuberculeux.

SARCOMATEUX, EUSE [saʀkɔmatø, øz]. *adj.* (1803; de *sarcome*). *Méd.* Du sarcome. *Tissus sarcomateux.*

SARCOME [saʀkom]. *n. m.* (*Sarcoma,* XVIe; lat. *sarcoma,* mot gr.). *Méd.* Tumeur maligne, développée aux dépens du tissu conjonctif ou d'un tissu qui en dérive, à cellules en général mal différenciées. V. **Cancer.** *Sarcome des os* (V. **Ostéosarcome).**

SARCOPHAGE [saʀkɔfaʒ]. *n. m.* (1495, rare av. 1669; du lat. *sarcophagus,* mot gr. « qui mange, détruit les chairs »; aussi *adj.,* XVIIe et XVIIIe [*médicament sarcophage; pierre sarcophage*]).
I. (1495; gr. *sarkophagos* [V. **Cercueil**], d'apr. la pierre des tombeaux antiques qui, dans les croyances, détruisait les cadavres non incinérés). Cercueil de pierre. *Sarcophages égyptiens.* — Représentation du cercueil dans une cérémonie funèbre, sur un monument funéraire (cénotaphe, tombeau).
II. *Zool.* (1872; lat. *sarcophagus*). Nom scientifique de la *mouche à viande.*

SARCOPLASMA [saʀkɔplasma] ou **SARCOPLASME** [saʀkɔplasm(ə)]. *n. m.* (1897-mil. XXe; de *sarco*-, et *plasma*). *Biol.* Cytoplasme qui entoure les fibrilles des fibres musculaires, abondant et coloré en rouge par la myoglobine dans les muscles rouges, pauvre dans les muscles blancs.

SARCOPTE [saʀkɔpt(ə)]. *n. m.* (1836; de *sarco*-, et gr. *koptein* « couper »). *Zool.* Genre d'acariens parasites des mammifères, qui provoquent la gale en creusant des galeries dans l'épiderme.

SARDANAPALESQUE [saʀdanapalɛsk(ə)]. *adj.* (1861; *sardanapalique,* 1512; de *Sardanapale,* adaptation de la forme grecque du nom d'un roi assyrien, légendaire pour son luxe et sa débauche). *Vieilli.* Digne de Sardanapale. *Vie sardanapalesque.*

SARDANE [saʀdan]. *n. f.* (attesté XXe; mot catalan). Danse catalane à plusieurs danseurs qui forment un cercle.

SARDE [saʀd(ə)]. *adj.* et *n.* (attesté 1771; lat. *Sardus,* gr. *Sardó* « Sardaigne »). De la Sardaigne. — *N. m.* Groupe de parlers romans, plus ou moins italianisés, de la Sardaigne.

SARDINE [saʀdin]. *n. f.* (1380; *sordine,* XIIe; a. prov. *sardina,* v. 1080; lat. *sardina,* gr. *sardênê, sardinê* « [poisson] de Sardaigne »). ♦ 1° Petit poisson (*Clupéidés*), très abondant dans nos mers. *Banc* de sardines. Pêche à la sardine. Une friture de sardines* (*sardines fraîches*). *Grosse sardine.* V. **Pilchard.** — *Sardines en conserve. Sardines à l'huile; boîte de sardines.* ◇ *Loc. fam. Être serrés comme des sardines* (en boîte) : très serrés, dans un endroit comble. ♦ 2° *Pop.* (1840; par anal. de forme). Galon de caporal, de brigadier ou de sous-officier.

SARDINERIE [saʀdinʀi]. *n. f.* (1870; de *sardine*). Usine de mise en conserve de sardines.

SARDINIER, IÈRE [saʀdinje, jɛʀ]. *adj.* et *n. m.* (1765, *chaloupe sardinière;* de *sardine*). ♦ 1° Relatif à la pêche, à l'industrie de la conserve des sardines. *Industrie, pêche sardinière. Bateau sardinier,* et subst. *Sardinier.* ♦ 2° (v. 1890). Pêcheur de sardines. Ouvrier, ouvrière d'une conserverie de sardines. ◇ Filet de pêche à la sardine.

SARDOINE [saʀdwan]. *n. f.* (XIIe; *sardonie,* 1080; lat. *sardonyx,* mot gr. « onyx de Sardaigne »). Variété de calcédoine de couleur brunâtre, pierre fine estimée. *Camée gravé sur sardoine.*

SARDONIQUE [saʀdɔnik]. *adj.* (1558, *ris sardonic* ou *sardonien;* gr. *sardanios* ou *sardonios;* o. i., rattaché à *herba sardonia* « renoncule de Sardaigne » dont l'ingestion provoque une intoxication se manifestant par un rictus). ♦ 1° *Méd. Rire sardonique :* dû à la contracture spasmodique des muscles de la face (rictus convulsif). ♦ 2° *Cour.* Qui exprime une moquerie amère, froide et méchante (par influence de *sarcastique, satanique*). V. **Moqueur.** *Rire sardonique. Ricaments* sardoniques.*

SARDONIQUEMENT [saʀdɔnikmɑ̃]. *adv.* (1846; de *sardonique*). *Rare.* D'une manière moqueuse et méchante.

SARDONYX [saʀdɔniks]. *n. f.* (1836; déjà en a. fr., XIIe; mot. gr.; V. **Sardoine).** *Archéol.* Agate blanche et orangée.

SARGASSE [saʀgas]. *n. f.* (1663; *gargasso,* 1598; port. *sargaço,* par le néerl.; d'un adj. lat. *salicaceus,* de *salix* « saule »). Algue brune (*Fucacées*) à thalle rameux, très répandue entre les Canaries, les Açores et les Bermudes (*mer des Sargasses*).

SARI [saʀi]. *n. m.* (attesté 1945; mot hindi). Longue étoffe drapée que portent les femmes, dans l'Inde. « *Elles se tenaient à distance, le sari les enveloppant très convenablement. Quel maintien !* » (MICHAUX).

SARIGUE [saʀig]. *n. f.* (*Sarigoy,* 1578, masc.; du tupi, par le port. *sarigue*). Petit mammifère (*Marsupiaux*) à queue longue et préhensile à laquelle s'accrochent les jeunes montés sur son dos. *La sarigue est omnivore ou carnassière. L'opossum, espèce la plus connue de sarigue.*

SARISSE [saʀis]. *n. f.* (1546; gr. *sarissa*). *Antiq.* Longue lance des soldats de la phalange macédonienne.

S.A.R.L. Abrév. de *Société à responsabilité* limitée.*

SARMENT [saʀmɑ̃]. *n. m.* (v. 1120; var. *serment;* lat. *sarmentum*). ♦ 1° Rameau de la vigne lorsqu'il est aoûté. *Sarments qu'on coupe en émondant une vigne. Sarment recourbé.* V. **Arçon, crossette.** « *Un joli feu de sarments (dépouille de la vigne quand on la taille en février), feu vif qui servait à préparer mon souper* » (STENDHAL). ♦ 2° (1549). Tige de plantes sarmenteuses.

SARMENTER [saʀmɑ̃te]. *v. intr.* (1836; *sarmentar,* en anc. prov., 1271; *sarmenter* [des fleurs], « les ramasser en les coupant », 1603; de *sarment*). *Agric.* Ramasser les sarments, après la taille de la vigne.

SARMENTEUX, EUSE [saʀmɑ̃tø, øz]. *adj.* (1559; lat. *sarmentosus*). *Bot.* Dont la tige longue et grêle s'appuie sur des supports. *Les plantes sarmenteuses.*

SARONG [saʀɔ̃g]. *n. m.* (1894; mot malais). Sorte de jupon étroit porté en Malaisie (analogue au paréo). « *Un jeune Malais, torse et jambes nus, avec un sarong de soie moirée autour des reins* » (FAUCONNIER).

SAROS [saʀos]. *n. m.* (1746; lat. sc. *saros;* mot d'o. assyro-babylonienne). *Didact.* Période de 6 585 jours (18 ans et 10 ou 11 jours), déjà connue des Chaldéens, permettant de prédire le retour des éclipses. *Pendant un saros, on compte en moyenne 71 éclipses* (43 de Soleil, 28 de Lune).

SAROUAL [saʀual] ou **SÉROUAL** [seʀual]. *n. m.* (1887; arabe *sirwāl*). Larges pantalons de toile en usage dans le sud du Maghreb, et utilisés autrefois par les troupes sahariennes. « *Des saris du Népal, des sarouals sahariens* » (DRUON).

SAR(R)ANCOLIN [saʀɑ̃kɔlɛ̃] ou **SÉRANCOLIN** [seʀɑ̃

kɔlẽ]. *n. m.* (1829 [*sarr-*, 1907],-1676; de *Sarrancolin*, village des Pyrénées). Marbre des Pyrénées, rouge violacé veiné de gris. — Par appos. *Marbre sarancolin.*

SARRACÉNIE [saraseni]. *n. f.* (1839; *sarracena*, 1700; de *Sarrasin*, méd. fr.). *Bot.* Plante exotique (SARRACÉNIACÉES [sarasenjase]) qui croît sur le littoral atlantique de l'Amérique du Nord, et dont les feuilles peuvent capturer les insectes.

SARRACÉNIQUE [sarasenik]. *adj.* (XXᵉ; du lat. *Saraceni* « Sarrasins »). *Didact.* Des populations musulmanes d'Orient, au moyen.âge. *Art sarracénique.*

1. SARRASIN, INE [sarazɛ̃, in]. *adj.* et *n.* (XIᵉ; bas lat. *Saraceni*, peuple de l'Arabie, arabe *charqîyîn*, plur. « orientaux »). Des Sarrasins, relatif aux Sarrasins (nom donné au moyen âge aux populations musulmanes de l'Orient, de l'Afrique et de l'Espagne). V. **Arabe, maure, musulman.** *L'invasion sarrasine en France au VIIIᵉ s.* ◇ (1842) *Tuiles sarrasines*, tuiles larges qu'on utilise en Provence.

2. SARRASIN [sarazɛ̃]. *n. m.* (1554; de *blé sarrasin*, à cause de la couleur noire du grain). Céréale *(Polygonacées)* cultivée en France (surtout en Bretagne) pour sa graine à albumen farineux. V. **Blé** (noir). ◇ Farine de sarrasin. « *La partie de la Bretagne où l'on parle breton vit de galettes de farine de sarrasin* » (STENDHAL).

SARRASINE [sarazin]. *n. f.* (1552; de *herse sarrasine*). *Archéol.* Herse faite de pieux ferrés, qu'on abaissait entre le pont-levis et la porte d'un château fort.

SARRAU [saro]. *n. m.* (1738; *sarroc*, v. 1100; moy. haut all. *sarrok*, vêtement milit.). Blouse de travail, courte et ample, portée par-dessus les vêtements. *Sarrau de paysan, de peintre, de sculpteur. Des sarraus de toile.*

SARRETTE [saʀɛt] ou **SERRETTE** [sɛʀɛt]. *n. f.* (1669; du lat. *serra* « scie »). Plante vivace *(Composacées)*, à feuilles dentelées, apparentée aux chardons (nom scient. : *Serratule*).

SARRIETTE ou **SARIETTE** [saʀjɛt]. *n. f.* (1339; dimin. de l'a. fr. *sarriee*; lat. *satureia*). Plante *(Labiacées)* dont une variété, la *sarriette des jardins*, est cultivée pour ses feuilles aromatiques, qui servent de condiment.

SARRUSSOPHONE [saʀysɔfɔn]. *n. m.* (1856; de *Sarrus*, l'inventeur, et *-phone*). *Mus.* Instrument à vent à anche double (catégorie des cuivres), proche du saxophone par le timbre, employé quelquefois dans les fanfares et les premiers orchestres de jazz.

SAS [sɑ]. *n. m.* (1380; *saaz*, XIIIᵉ; lat. médiév. *setacium*, class. *seta* « soie de porc, crin »). ♦ 1º Pièce de tissu (crin, soie, voile) montée sur un cadre de bois, servant à passer diverses matières liquides ou pulvérulentes. *Sas à gros trous* (V. **Crible**), *à petits trous* (V. **Blutoir, tamis**). ♦ 2º (XVIᵉ; par anal.). Bassin d'une écluse, compris entre les deux portes. ◇ Petit bassin entre deux écluses (à l'entrée d'un port, d'un bassin de marée). ♦ 3º (1859). Petite pièce étanche entre deux milieux différents (air et eau; air à des pressions différentes) qui permet le passage. *Sas d'un sous-marin, d'un engin spatial.* — Prononc. plus cour. [sas].

SASSAFRAS [sasafʀɑ]. *n. m.* (1590; esp. *sasafras*, mot indien d'Amérique du Sud). Arbre originaire d'Amérique du Nord, voisin du laurier, dont les racines sont aromatiques.

SASSAGE [sɑsaʒ]. *n. m.* (1875; de *sasser*). *Techn.* Opération de meunerie, passage des semoules au sas, pour les purifier et les classer. ◇ *Bijout.* Polissage des objets en métaux précieux par frottement dans le sable.

SASSANIDE [sasanid]. *adj.* et *n.* (av. 1839; lat. médiév. *Sassanidæ*, de *Sasan*, roi perse). *Hist.* D'une dynastie perse (IIIᵉ-VIIᵉ s.). *Civilisation, art sassanide.*

SASSEMENT [sasmã]. *n. m.* (1611; *sacement*, v. 1400; de *sasser*). *Techn.* ou *Mar.* Action de sasser.

SASSENAGE [sasnaʒ]. *n. m.* (fin XVIIᵉ; petite ville de l'Isère). Fromage à pâte ferme fait d'un mélange de lait de vache, de chèvre et de brebis.

SASSER [sɑse]. *v. tr.* (XIVᵉ; *saacier*, XIIᵉ; de *sas*. V. **Ressasser**). ♦ 1º Passer au sas, au sasseur. — Fig. et vx. (1660). *Sasser et ressasser une affaire*, l'examiner avec soin, à plusieurs reprises. ♦ 2º *Mar.* (1876). Faire passer par le sas d'une écluse, d'un bassin à flot. « *La marée étant haute et le flot étale, on nous a fait sortir tout droit, sans avoir à nous sasser* » (J.-R. BLOCH).

SASSEUR, EUSE [sɑsœʀ, øz]. *n.* (XIVᵉ; de *sasser*). *Techn.* ♦ 1º Personne employée à sasser. *Spécialt.* Dans une meunerie, Personne qui sasse les semoules, les gruaux au sasseur. ♦ 2º *N. m.* (1881). Machine qui sépare les produits par l'action d'un courant d'air.

SATANÉ, ÉE [satane]. *adj.* (1823; de *Satan*). Devant un nom, Maudit (au sens faible). *Un satané menteur.* V. **Sacré.**

SATANIQUE [satanik]. *adj.* (1475, rare av. XVIIIᵉ; de *Satan*). ♦ 1º De Satan, inspiré ou possédé par Satan. V. **Démoniaque, diabolique.** *Esprit, pouvoir satanique.* « *Le rire est satanique* » (BAUDEL.). ♦ 2º Qui évoque Satan, image de Satan. V. **Infernal, méphistophélique.** *Méchanceté, orgueil sataniques. Ruse, joie satanique.* V. **Méchant.** ⊗ ANT. **Divin;** angélique.

SATANIQUEMENT [satanikmã]. *adv.* (1868; de *satanique*). D'une manière satanique. *Il riait sataniquement.* V. **Sardoniquement.**

SATANISME [satanism(ə)]. *n. m.* (1855; de *satanique*). *Didact.* ♦ 1º Culte de Satan. « *Il ne me reste plus à connaître que la Messe Noire pour être tout à fait au courant du Satanisme* » (HUYSMANS). ♦ 2º Esprit satanique (2º). « *C'est du sadisme de la part, du satanisme* » (ROMAINS).

SATELLISABLE [sate(ɛl)lizabl(ə)]. *adj.* (v. 1960; de *satelliser*). *Astronaut.* Qui peut être satellisé*, mis en orbite. *Cette masse n'est pas satellisable avec ce type de fusée.*

SATELLISATION [sate(ɛl)lizasjɔ̃]. *n. f.* (v. 1957; de *satelliser*). ♦ 1º *Astronaut.* Lancement de satellites artificiels. *Programme de satellisation.* ♦ 2º Action de satelliser (un pays); son résultat. — *Par ext.* Dépendance, inféodation. « *Les pays incapables d'assurer un minimum de développement scientifique ne pourront échapper à une satellisation culturelle* » (*Le Monde*, 7-1-1967). ⊗ ANT. **Désatellisation.**

SATELLISER [sate(ɛl)lize]. *v. tr.* (v. 1957; de *satellite*). ♦ 1º Transformer en satellite (2º), mettre en orbite autour de la Terre. *Fusée porteuse satellisée.* — Pron. Pour un engin, un objet spatial, se placer sur orbite. ♦ 2º Transformer en satellite (3º). *Satelliser un pays.* — Rendre dépendant (politiquement, administrativement). « *La Touraine ne veut pas se faire satelliser par la capitale* » (*L'Express*, 6-5-1968).

SATELLITE [sate(ɛl)lit]. *n. m.* (Satelite, v. 1265; lat. *satelles, satellitis* « garde du corps »).
I. ♦ 1º (1665). Corps céleste gravitant sur une orbite elliptique autour d'une planète. *La Lune est le satellite de la Terre. Les satellites de Jupiter. Satellite naturel* (pour éviter une ambiguïté avec le sens 2º). ♦ 2º (v. 1950) *Satellite artificiel*, *satellite*, corps artificiel lancé de la Terre de façon à devenir le satellite d'une planète (ou d'un satellite), parfois porteur d'une sorte de laboratoire automatique en vue de l'exploration scientifique, et pouvant servir de station d'observation, de relais, etc. *Le premier satellite (Spoutnik 1) a été lancé par l'U.R.S.S. le 4 octobre 1957. Lancement d'un satellite. Fusée porteuse d'un satellite* — *Satellite équatorial*, évoluant au-dessus des zones équatoriales. *Satellite géosynchrone*, « satellite de la Terre, dont la période de révolution est égale à la période de rotation de la Terre (durée du jour sidéral, soit environ 23 h 56 mn) » (J.O.). *Satellite géostationnaire*, « satellite géosynchrone, décrivant une orbite équatoriale et circulaire, dans le sens direct (sens de la rotation de la Terre) » (J.O.). *Satellite habité, inhabité. Satellite d'observation. Satellite météorologique. Satellite de télécommunications* ou *satellite-relais*, servant à augmenter la puissance des liaisons de radio et de télévision et à assurer les relais transocéaniques. *Liaison, émission de télévision par satellite.* — Appos. *Satellite-observatoire. Satellite-espion. Satellite-relais.* ♦ 3º *Mécan.* (1907). *Satellites d'un différentiel d'automobile*, petits pignons coniques disposés entre les planétaires. Par appos. *Pignons satellites.* ♦ 4º *Anat.* (Par appos. ou *adj.*). *Veine satellite d'une artère*, qui a le même trajet et porte en général le même nom. *Muscle, nerf, artère satellite d'une autre structure anatomique.*
II. ♦ 1º *Vx.* Homme de main chargé d'exécuter les volontés d'un chef. ♦ 2º (Fin XVIIᵉ). Personne ou nation qui vit sous l'étroite dépendance politique et économique d'une autre et gravite autour d'elle. *Les pays « qui ne se sont pas laissés réduire à la triste condition de satellites »* (DUHAM.). — Appos. *Les pays satellites des grandes puissances.* Par ext. et par appos. *Cité-satellite. Village-satellite.*

SATÎ [sati]. *adj. fém.* et *n. m.* (1875; *suttee*, 1839, mot hindi, fém. de *sat* « sage », par l'angl.). *Hist. relig.* ♦ 1º Qualification donnée aux veuves qui s'immolaient sur le bûcher funéraire de leur mari, en Inde. ♦ 2º *N. m.* Le rite lui-même. *Le satî fut aboli en 1829.*

SATIÉTÉ [sasjete]. *n. f.* (XVIᵉ; *sazieted*, 1120; lat. *satietas*, rac. *satis* « assez »). État d'indifférence, plus ou moins proche du dégoût, d'une personne dont un besoin, un désir est amplement satisfait. *Manger jusqu'à satiété, à satiété.* V. **Réplétion; rassasié, repu.** *Boire à satiété* (Cf. Tout son soûl*, jusqu'à plus soif*, faim). — *Avoir d'une chose à satiété* : en être saturé, soûl. « *Le monstre qui dévore les plus robustes amours : la satiété!* » (BALZ.). — Par ext. *Répéter une chose à satiété*, jusqu'à lasser. ⊗ ANT. **Besoin, désir, envie.**

SATIN [satɛ̃]. *n. m.* (XIVᵉ; esp. *acetuni, cetuni*, arabe *zaituni*, de la ville de *Zaintun*, Tsia-Toung, en Chine). ♦ 1º Étoffe de soie, moelleuse et lustrée sur l'endroit, sans trame apparente. *Satin uni, broché, lamé.* « *L'impératrice était habillée de satin blanc brodé d'argent* » (MADELIN). ◇ Fig. *Avoir une peau de satin*, douce, satinée*. ♦ 2º *Techn.* *Armure satin*, armure propre au satin et à d'autres tissus présentant une surface lisse et brillante. — *Cour.* Les tissus ayant cette armure. *Satin de laine, de coton. Satin fermière*.

SATINAGE [satinaʒ]. *n. m.* (1815; de *satiner*). *Techn.* Action de satiner (une étoffe, du papier).

SATINÉ, ÉE [satine]. adj. (1603; V. **Satiner**). Qui a la douceur et le brillant, le reflet du satin. V. **Brillant, lustré.** *Tissu satiné. Aspect satiné d'un tissu. Papier satiné* : papier glacé. « *De blanches épaules... dont la peau satinée éclatait à la lumière* » (BALZ.). — Subst. *Le satiné de la peau.*

SATINER [satine]. v. tr. (1690; de *satin*). Techn. Lustrer (une étoffe, un papier) pour donner l'apparence du satin. ◇ *Cour.* Donner l'aspect du satin à. « *La lumière filtrée satine seulement le haut de son front* » (GAUTIER).

SATINETTE [satinɛt]. n. f. (1877; *satinet*, 1842; dimin. de *satin*). Étoffe de coton, ou de coton et de soie qui a sur l'endroit l'aspect du satin. *Tablier noir en satinette.*

SATINEUR, EUSE [satinœr, øz]. n. (1843; de *satiner*). Techn. Ouvrier(ère) qui satine (des étoffes, du papier). *Satineur-calandreur.*

SATIRE [satiʀ]. n. f. (h. 1355; 1560; var. *satyre* jusqu'au XVIIe; lat. *satira*, proprem. « macédoine, mélange »). ◆ 1° *Hist. litt.* Ouvrage libre de la littérature latine où les genres, les formes, les mètres étaient mêlés, et qui censurait les mœurs publiques. ◇ *Poème* (en vers) où l'auteur attaque les vices, les ridicules de ses contemporains. *Satires de Juvénal, de Boileau.* — *La Satire :* ce genre littéraire. ◆ 2° *Mod.* (XVIIe). Écrit, discours qui s'attaque à qqch., à qqn, en s'en moquant. *Une satire violente, amusante, pleine d'humour. Satire contre qqn.* V. **Épigramme, pamphlet.** — *Critique moqueuse. Faire la satire d'un milieu.* « *La satire amusée des événements de l'année* » (LÉAUTAUD). ◇ ANT. *Apologie, éloge.* — HOM. *Satyre.*

SATIRIQUE [satiʀik]. adj. (1380; de *satire*). ◆ 1° Qui appartient à la satire. *Boileau, poète satirique.* ◆ 2° Qui constitue une satire. *Ouvrage satirique* (V. **Épigramme, libelle, pamphlet**). *Chansons satiriques des chansonniers. Propos satiriques.* V. **Mordant, piquant.** *Dessin satirique et humoristique.* ◇ *Littér.* (1488) Qui aime, pratique la satire. *Des écrivains « qui avaient l'esprit satirique, le don de l'ironie* » (LECOMTE). V. **Caustique.** ◇ ANT. *Apologétique, approbatif, louangeur.* ◇ HOM. *Satyrique.*

SATIRIQUEMENT [satiʀikmɑ̃]. adv. (1549; de *satirique*). *Rare.* D'une manière satirique.

SATIRISER [satiʀize]. v. tr. (1544; de *satire*). *Rare.* Prendre pour sujet de satire. V. **Moquer** (se), **railler.** « *Je me suis avisé d'abord de satiriser le monde* » (FURET.).

SATIRISTE [satiʀist(ə)]. n. (1683; de *satire*). *Didact.* Auteur de satires. Personne à l'esprit satirique.

SATISFACTION [satisfaksjɔ̃]. n. f. (1155; lat. *satisfactio* « disculpation » et « réparation juridique »). ◆ 1° Acte par lequel qqn obtient la réparation d'une offense. V. **Réparation.** *Donner, obtenir satisfaction.* — *Théol.* Pénitence. *Satisfaction sacramentelle,* pénitence imposée par le prêtre au confessionnal. ◇ Acte par lequel on accorde à qqn ce qu'il demande (en justice, dans une hiérarchie, etc.). V. **Satisfaire** (II). *Obtenir satisfaction* (Cf. *Gain de cause**). *Le directeur a donné satisfaction aux grévistes,* par ext. *aux revendications des grévistes.* ◆ 2° (1611). Sentiment de bien-être; plaisir qui résulte de l'accomplissement de ce qu'on attend, désire, ou simplement d'une chose souhaitable. V. **Contentement, joie; plaisir.** *Sentiment de satisfaction.* V. **Bonheur, euphorie.** « *Il éprouvait un assouvissement, une satisfaction profonde* » (FLAUB.). *À la satisfaction générale. Se frotter les mains, hocher la tête en signe de satisfaction. Je constate avec satisfaction qu'il est en progrès.* — DONNER SATISFACTION : contenter (qqn) par sa conduite, sa compétence, sa qualité. *Un enfant qui donne toute satisfaction à ses parents, ses professeurs. Cet article vous sera repris s'il ne vous donne pas satisfaction.* ◇ UNE SATISFACTION : un plaisir, une occasion de plaisir. « *Toutes les petites satisfactions de la vie paisible et réglée* » (TAINE). V. **Douceur.** *Satisfactions d'amour-propre.* ◆ 3° (XIXe). Action de contenter, de satisfaire (un besoin, un désir). V. **Assouvissement.** « *L'argent n'était pour moi que satisfaction de fantaisies* » (STENDHAL). « *Je vous cherche... Satisfactions de tous mes désirs* » (GIDE). — Absolt. *La satisfaction tue le désir.* ◆ 4° *Écon.* Grandeur mesurant le degré de satisfaction des agents économiques et liée à leur comportement. ◇ ANT. *Refus. Insatisfaction, peine. Frustration, inassouvissement, non-satisfaction.*

SATISFAIRE [satisfɛʀ]. v. tr.; conjug. *faire* (1640; *satisfaire qqn de qqch.* « rémunérer », 1545; « payer » [qqch.], 1219; lat. *satisfacere* « s'acquitter »).
I. *Trans. dir.* ◆ 1° Faire ou être pour (qqn) ce qu'il demande, ce qu'il attend, ce qui lui convient. *Satisfaire des créanciers.* V. **Payer.** *Satisfaire qqn en lui donnant ce qu'il veut* (V. **Combler, contenter, exaucer**), *plus qu'il ne veut* (V. **Rassasier, soûler**). « *Il n'y a rien que je ne fasse pour te satisfaire* » (MOL.). — (*Sujet de chose*) Convenir, plaire (V. **Satisfaisant**). *Cet état de choses ne nous satisfait pas* (Cf. *Laisser à désirer**). ◆ 2° (1667). Remplir, contenter (un besoin, un désir). V. **Assouvir.** *Satisfaire sa faim.* V. **Apaiser, calmer.** *Satisfaire les besoins de qqn.* « *Il semblait guetter mes désirs pour les satisfaire aussitôt* » (MAURIAC). *Satisfaire*

l'attente, la curiosité de qqn. ◆ 3° SE SATISFAIRE. *v. pron.* (XVIe). *Satisfaire ses besoins, ses désirs. Se satisfaire de peu.* V. **Contenter** (se). *Spécialt.* Satisfaire un besoin naturel; un désir sexuel.
II. *Trans. indir.* SATISFAIRE À... ◆ 1° (Fin XVe). *Vx.* Donner (à qqn) la réparation qu'il attend. *Satisfaire à l'offense.* — Absolt. « *Il satisfera, Sire* » (CORN.). ◆ 2° (XIVe). S'acquitter (de ce qui est exigé par qqch.), remplir (une exigence). *Satisfaire à un engagement.* V. **Accomplir, exécuter**). *Nous ne pouvons plus satisfaire à des demandes croissantes.* V. **Répondre, suffire** (Cf. *Faire face** à...). « *Ils satisfaisaient à tous ses désirs* » (BALZ.). — (*Sujet de chose*) « *Leurs formes* (des carènes) *qui doivent satisfaire à tant de conditions simultanées* » (ALAIN). ◇ ANT. *Frustrer, priver; mécontenter. Refouler, réprimer. Manquer* (à).

SATISFAISANT, ANTE [satisfəzɑ̃, ɑ̃t]. adj. (mil. XVIIe; de *satisfaire*). Qui satisfait, est conforme à ce qu'on peut attendre. V. **Acceptable, bon, honnête.** *Résultat satisfaisant.* « *La musique... tire du désordre naturel une unité satisfaisante pour l'esprit et le cœur* » (CAMUS). ◇ ANT. *Déplorable, insuffisant, mauvais.*

SATISFAIT, AITE [satisfɛ, ɛt]. adj. (1598; « absous », XVe; V. **Satisfaire**). ◆ 1° Qui a ce qu'il veut (V. **Content**). *S'estimer satisfait, très satisfait.* V. **Comblé.** « *Ceux-là seuls qui se rapprochent de la brute sont contents et satisfaits* » (MAUPASS.). *Un air satisfait.* Par antiphr. *Vous voilà satisfait, vous êtes bien avancé!* (Cf. *Vous l'avez voulu**). ◆ 2° SATISFAIT DE. *Être satisfait d'un élève, d'un employé. Nous en sommes très satisfaits. Être satisfait de son sort.* « *J'ai été très satisfait de ma soirée* » (FLAUB.). — « *Satisfaite de vivre* » (ZOLA). ◆ 3° (*Choses*). Qui est assouvi, réalisé. *Besoins, désirs satisfaits.* ◇ ANT. *Fâché. Insatisfait, mécontent. Inassouvi.*

SATISFECIT [satisfesit]. n. m. *invar.* (1845; mot lat. « il a satisfait »). Billet de satisfaction, attestation qu'un maître donne à un élève dont il est content. ◇ *Littér.* Approbation. « *Il lui décernait assurément un satisfecit presque sans réserves* » (MADELIN).

SATRAPE [satʀap]. n. m. (XIIIe; lat. *satrapes*, mot gr. emprunté au perse). ◆ 1° *Hist. anc.* Gouverneur d'une province, dans l'empire perse, depuis Cyrus jusqu'à l'ère chrétienne. ◆ 2° *Fig.* et *littér.* (1389). Homme despotique, riche et voluptueux. — Dér. SATRAPIQUE [satʀapik], *adj.*

SATRAPIE [satʀapi]. n. m. (fin XVe; lat. *satrapia*, du gr., o. persane). ◆ 1° *Hist. anc.* Division administrative de la Perse antique, gouvernée par un satrape. ◆ 2° (Cf. sens fig. de *Satrape*). *Littér.* Gouvernement despotique, tyrannie comparée à celle des satrapes.

SATURABILITÉ [satyʀabilite]. n. f. (1801; de *saturer*). *Sc.* Caractère de ce qui peut être saturé.

SATURABLE [satyʀabl(ə)]. adj. (1836; de *saturer*). *Sc.* Susceptible d'être saturé.

SATURANT, ANTE [satyʀɑ̃, ɑ̃t]. adj. (1846; n. m., 1765, « absorbant »; de *saturer*). *Sc.* Qui produit la saturation d'une solution, d'une combinaison, etc. *Pression maximale de vapeur saturante,* pression atteinte au cours d'une vaporisation lorsque le liquide est en équilibre avec sa vapeur.

SATURATEUR [satyʀatœʀ]. n. m. (1857; de *saturer*). ◆ 1° *Sc.* Appareil employé pour dissoudre un gaz dans un liquide jusqu'à saturation. ◆ 2° *Cour.* Dispositif d'évaporation destiné à augmenter l'humidité relative de l'atmosphère. V. **Humidificateur.** *Saturateur d'un radiateur.*

SATURATION [satyʀasjɔ̃]. n. f. (1748; « satiété », 1513; bas lat. *saturatio*). ◆ 1° *Sc.* Action de saturer; état de ce qui est saturé. *Point de condensation et point de saturation.* — *Physiol. Saturation du sang en oxygène.* — *Géol.* S'exprime par le rapport du volume de l'eau au volume des vides. ◆ 2° *Fig.* État de ce qui est saturé (2°). V. **Excès.** *Arriver à saturation. Saturation du marché,* lorsque la demande d'un produit est arrivée à son maximum. *Public. Campagne de saturation,* utilisant le maximum de supports dans un temps donné. ◇ *Fig.* « *Cette sorte de saturation qui fait qu'on ne sent plus deux fois avec la même vivacité, avec le même développement et la même plénitude* » (STE-BEUVE). ◆ 3° *Log.* Caractère d'un système d'axiomes tel qu'on ne peut y joindre aucun axiome indépendant sans que la théorie devienne contradictoire. ◆ 4° *Psycho.,* statist. *Saturation d'une variable,* degré de corrélation entre un facteur donné et une variable aléatoire. V. **Factoriel** (analyse).

SATURÉ, ÉE [satyʀe]. adj. (1753; V. **Saturer**). ◆ 1° *Sc.* Se dit d'un liquide ou d'une solution qui, à une température et une pression données, renferme la quantité maximale d'une substance dissoute. ◇ Se dit d'un atome sous sa valence maximale, et par suite d'un atome dont toutes les valences sont satisfaites. *Carbures saturés,* hydrocarbures de formule générale : $C_n H_{2n+2}$. ◇ Neutralisé, en parlant d'un acide. ◇ *Math.* Se dit d'un ensemble possédant une propriété donnée lorsque cette propriété n'appartient à aucun ensemble incluant le premier. — *Log. Théorie saturée,*

système axiomatique saturé. V. **Saturation** (3°). ♦ 2° *Cour.*
Qui ne peut contenir plus. « *Plongez en la mer une éponge*
saturée d'eau, elle n'en boira pas une goutte de plus » (GAU-
TIER). V. **Plein, rempli.** — *Marché saturé* (d'une denrée, d'un
produit). V. **Encombré.** ◇ (*Abstrait ;* Cf. a. fr. *Saturé* « rassasié », XIVᵉ). *Être saturé d'une chose :* en avoir en surabondance,
à satiété. *Il a trop lu de romans policiers : il en est saturé.* V.
Dégoûté, fatigué.
　SATURER [satyʀe]. *v. tr.* (1753 ; « rassasier », v. 1300 ;
lat. *saturare*). ♦ 1° *Sc.* Combiner, mélanger ou dissoudre
jusqu'à saturation, réaliser une saturation. ♦ 2° (Ce sens,
qui continue l'a. fr., est senti comme *fig.* du 1°). Rendre
tel qu'un supplément de la chose ajoutée soit impossible ou
inutile. *Saturer une éponge d'eau :* la gorger. V. **Remplir.**
L'air est saturé de vapeur d'eau. — (Abstrait) « *Tous ces*
socialistes forcenés, qui nous saturent de raisonnements et
d'enseignements impérieux » (PÉGUY). V. **Soûler.**
　SATURNALES [satyʀnal]. *n. f. pl.* (XIVᵉ ; lat. *saturnalia*,
neutre pl.). *Antiq.* Fêtes célébrées dans l'antiquité romaine
en l'honneur de Saturne, au cours desquelles les esclaves
prenaient la place des maîtres et où étaient l'occasion de
diverses réjouissances. ◇ *Fig.* et *littér.* (1666) *Saturnales* ou
saturnale : temps de licence, de débauche ou de désordre.
« *Ils jouaient au whist jusqu'à minuit ou une heure du matin,*
ce qui est une vraie saturnale pour la province » (BARBEY).
　SATURNE [satyʀn]. *n. m.* (1564 ; lat. *Saturnus*, nom
d'un dieu [père de Jupiter], et d'une planète). *Alchim.* Le
plomb, métal « froid ». — *Mod. Pharm.* Se dit de dérivés
du plomb. *Extrait, sel de saturne :* acétate de plomb.
　SATURNIE [satyʀni]. *n. f.* (1842 ; du lat. *Saturnus*).
Zool. Grand papillon de nuit, communément appelé *paon-*
de-nuit. V. **Paon.**
　SATURNIEN, IENNE [satyʀnjɛ̃, jɛn]. *adj.* (v. 1380 ; de
Saturne, planète). ♦ 1° *Rare.* De Saturne. ♦ 2° (1558).
Vx ou *littér.* Triste, mélancolique (*opposé à* jovial, de Jupiter).
Poèmes Saturniens, de Verlaine.
　SATURNIN, INE [satyʀnɛ̃, in]. *adj.* (1812 ; « saturnien »,
1380 ; de *Saturne*). *Méd.* Provoqué par le plomb ou ses
composés. *Colique saturnine.*
　SATURNISME [satyʀnism(ə)]. *n. m.* (1877 ; de *satur-*
nin). *Méd.* Intoxication par le plomb ou par les sels de
plomb. *Saturnisme aigu* (coliques de plomb).
　SATYRE [satiʀ]. *n. m.* (*Satire,* 1372 ; lat. *satyrus,* mot gr.).
♦ 1° Divinité mythologique de la terre, être à corps humain,
à cornes et pieds de chèvre, de bouc (V. **Chèvre-pied, faune**).
Pan et les satyres sont souvent représentés jouant de la flûte,
poursuivant et ravissant des nymphes. ♦ 2° *Fig.* (XVIIᵉ).
Vieilli. Homme cynique et débauché. ◇ *Mod.* et *fam.* Homme
lubrique, obscène, qui entreprend brutalement les femmes ;
exhibitionniste, voyeur. — « *C'est un dégoûtant satyre, dit*
Gabriel. Ce matin, il a coursé la petite jusque chez elle »
(QUENEAU). ♦ 3° (1671). Papillon de jour à grandes ailes
brunes et noires, commun en France. ⊙ HOM. *Satire.*
　SATYRIASIS [satiʀjazis]. *n. m.* (1538 ; lat. méd. *saty-*
riasis, mot gr.). *Didact.* Exagération morbide des désirs
sexuels chez l'homme. — *Dér.* SATYRIASIQUE [satiʀjazik], *n.*
[1874].
　SATYRIQUE [satiʀik]. *adj.* (1488 ; lat. *satyricus,* mot
gr.). *Myth.* (1755). Des satyres. ◇ *Antiq. Danse satyrique,*
à postures indécentes. — *Poème, drame satyrique :* forme
théâtrale grecque, pièce tragi-comique issue du culte dioni-
siaque. ⊙ HOM. *Satirique.*
　SATYRISME [satiʀism(ə)]. *n. m.* (XXᵉ ; *satyriasme,* 1803 ;
de *satyre* [2°]). Comportement de satyre.
　SAUCE [sos]. *n. f.* (1450 ; *salse,* v. 1170 ; var. *sause, sausse ;*
lat. pop. °*salsa* « chose salée », class. *salsus* « salé »).
　I. ♦ 1° Préparation liquide ou onctueuse, formée d'éléments gras et aromatiques plus ou moins liés et étendus et
qui sert à accommoder certains mets. *Sauce liquide, claire ;*
sauce consistante, épaisse ; lier une sauce. V. **Liaison.** *Allonger,*
rallonger une sauce. Cuis. *Sauce courte* (peu abondante),
longue. Sauce béarnaise, mayonnaise, vinaigrette. Sauce
tomate, sauce béchamel, blanche, piquante. Sauce au vin. V.
Meurette. *Sauce au poisson.* V. **Nuoc-mâm.** — *Viande,*
poisson en sauce : accommodé avec une sauce. « *Le lapin*
était sur la table, dans une sauce blonde épaisse de farine où
les petits oignons embaumaient » (GENEVOIX). Par appos.
Rognons sauce madère. ◇ *Abusiv.* Jus de viande. *La sauce*
d'un rôti. ◇ *Loc. À quelle sauce sera-t-il mangé ? :* de quelle
manière sera-t-il attaqué, vaincu ? ♦ 2° *Fig.* (XVIIᵉ). L'accessoire (*opposé à* l'essentiel, le principal). *La sauce fait passer le*
poisson : l'accompagnement est assez bon pour faire supporter une chose médiocre. *Varier la sauce :* la présentation.
Mettre qqn à toutes les sauces, l'employer, le traiter de toutes
les façons. ◇ *Accompagnement inutile, oiseux. Allonger*
la sauce, remettre de la sauce. ♦ 3° (1888). *Fig.* et *fam.* Pluie,
averse. V. **Saucée.** *Recevoir la sauce.*
　II. *Techn.* ♦ 1° (1832). Crayon tendre, très friable, servant
à estomper (V. **Estompe**). *Dessin à la sauce.* ♦ 2° Liquide
contenant du métal précieux (V. **Saucé**)

　SAUCÉ, ÉE [sose]. *adj.* (1701 ; de *sauce,* II, 2°). *Techn.*
Se dit d'une pièce de monnaie antique de cuivre, recouverte
d'une mince couche d'argent.
　SAUCÉE [sose]. *n. f.* (1877 ; de *saucer*). *Fam.* Averse,
forte pluie qui mouille, trempe. V. **Sauce** (3°). *Recevoir*
une saucée, la saucée. « *Nous allons avoir une jolie saucée !...*
Et elle appela la société... pour voir les nuages » (ZOLA).
　SAUCER [sose]. *v. tr.* (1532 ; *saucier* « humecter »,
XIVᵉ ; de *sauce*). ♦ 1° *Vx.* Tremper dans la sauce. *Saucer*
son pain. — *Rare.* Garnir de sauce. « *Le pudding saucé d'un*
brûlant velours de rhum » (COLETTE). ♦ 2° *Mod.* (XXᵉ).
Essuyer en enlevant la sauce (pour la manger). *Saucer son*
assiette avec un morceau de pain. ♦ 3° (1732 ; « tremper
[qqn] dans l'eau », 1690). *Fam. Se faire saucer, être saucé :*
recevoir la pluie. V. **Mouiller, tremper.**
　SAUCIER [sosje]. *n. m.* (1723 ; *saussier,* 1285 ; de *sauce*).
Cuis. Cuisinier spécialisé dans la préparation des sauces.
« *Un maître saucier travaille constamment à faire mijoter*
quantité de mets » (MICHAUX).
　SAUCIÈRE [sosjɛʀ]. *n. f.* (XIVᵉ ; *sauser,* n. m., 1190 ; de
sauce). *Cour.* Récipient dans lequel on sert les sauces, les
jus, les crèmes.
　SAUCIFLARD [sosiflaʀ]. *n. m.* (1951 ; de *saucisson,* et
suff. *pop.*). *Fam.* Saucisson. « *Sardines, sauciflard, jambon,*
omelette flambée, à Pierrot, ce petit défilé semblait une amu-
sette, un en-cas mignon » (SIMONIN).
　SAUCISSE [sosis]. *n. f.* (XIIIᵉ ; lat. pop. °*salsicia,* plur.
neutre de *salsicius,* lat. class. *salsus* « salé »). ♦ 1° Préparation de viande maigre hachée et de gras de porc (*chair*
à saucisse), assaisonnée, et entourée d'un boyau, que l'on
sert cuite ou réchauffée. *Saucisse de Toulouse ; de Morteau*
(fumée), *de Strasbourg* (à base de bœuf), *de Francfort* (veau
et porc). *Saucisse piquante.* V. **Chorizo.** *Chapelet de saucisses.*
Saucisse grillée. Saucisse aux lentilles. — *Saucisse chaude*
dans du pain. V. **Hot-dog.** — *Loc. fam. Il n'attache pas son*
chien avec des saucisses : il regarde à la dépense. ♦ 2° *Par*
anal. (1917 ; « rouleau d'explosif », 1593), Ballon captif de
forme allongée. « *Il y a dans le ciel six saucisses et la nuit*
venant on dirait des asticots dont naîtraient les étoiles »
(APOLLINAIRE). ♦ 3° *Pop.* Imbécile. V. **Andouille.** *Va donc,*
grande saucisse ! « *Franchement, tu la veux la vérité, hé, peau*
de saucisse ? » (SAN ANTONIO).
　SAUCISSON [sosisɔ̃]. *n. m.* (1552 ; it. *salsiccione,* augment.
de *salsiccia.* V. **Saucisse**). ♦ 1° *Vx.* Grosse saucisse. ◇ *Mod.*
Préparation de viandes (porc, bœuf) hachées, assaisonnées,
cuites ou séchées et présentées dans un boyau, destinée à
être mangée telle quelle, coupée en tranches. V. **Sauciflard**
(pop.). *Saucisson sec ; saucisson à l'ail. Saucisson de Lyon*
(V. **Rosette**), *d'Italie* (V. **Salami**). « *Des olives, des tranches*
de saucisson... et autres hors-d'œuvre » (GAUTIER). *Sandwich*
au saucisson. ◇ *Fig. Être ficelé comme un saucisson :* mal
habillé, trop serré. V. **Saucissonné.** ♦ 2° (1736). Rouleau
de toile emplie de poudre (V. **Boudin.** *Mettre le feu à une mine*
à l'aide d'un saucisson. ♦ 3° Pain de forme cylindrique
(moins plat que les autres).
　SAUCISSONNÉ, ÉE [sosisɔne]. *adj.* (1881 ; de *saucisson*).
Serré, ficelé dans ses vêtements. V. **Boudiné.** « *Saucissonnés*
dans leurs habits » (JARRY).
　SAUCISSONNER [sosisɔne]. *v. intr.* (h. 1894, v. 1950 ;
de *saucisson*). *Fam.* Manger du saucisson sur le pouce, manger
froid. *Saucissonner sur l'herbe :* pique-niquer. « *Les paysannes*
saucissonnaient » (QUENEAU). — *Dér.* SAUCISSONNAGE
[sosisɔnaʒ], *n. m.* [1963].
　SAUCISSONNEUR [sosisɔnœʀ]. *n. m.* (v. 1952 ; de *sau-*
cisson, saucissonner). Personne qui saucissonne (surtout
au *plur.*). « *La basse Marne d'été aux berges surchargées de*
saucissonneurs à bouteille, de filles vautrées parmi les papiers
gras » (BAZIN).
　SAUF, SAUVE [sof, sov]. *adj.* et *prép.* (XIIᵉ ; *salv,* 980 ;
salve, fém., 1080 ; lat. *salvus* « bien portant, intact »).
　I. *Adj.* Qui a échappé à un très grave péril, qui est encore
vivant après avoir failli mourir (seulement dans quelques
express.). V. **Indemne, rescapé, sauvé.** *Être sain et sauf. Avoir*
la vie sauve, laisser la vie sauve à qqn. V. **Vie.** — *Fig. L'hon-*
neur est sauf, les apparences de l'honneur sont intactes.
« *Grâce à des tristes précautions, l'honneur est sauf ; mais*
la vertu n'est plus » (BEAUMARCH.).
　II. *Prép.* (XIIᵉ). ♦ 1° *Vx.* Sans qu'il soit porté atteinte à.
Sauf votre honneur. — *Loc. mod.* (Région.). *Sauf le respect*
que je vous dois, sauf votre respect. ♦ 2° (1247). *Cour.* À
l'exclusion de. V. **Hors, excepté, exception** (à l'exception
de), **hormis, part** (à part). *Je perds tout sauf l'honneur.* V.
Fors (*vx*). « *Tous les invités étaient là, sauf la marraine,*
qu'on attendait vainement depuis le matin » (ZOLA). « *Il est*
préférable de ne pas s'y frotter, sauf si l'on aime le poivre
dans les yeux » (L. DAUD.). *Il y en a pour tous, sauf pour lui.*
◇ Sans exclure l'éventualité de, excepté s'il y a. V. **Moins**
(à moins de), **réserve** (sous réserve de). *Sauf avis contraire.*
Ce sont les chiffres, sauf erreur de votre part. (1670) S.LID

à (et inf.). *Littér.* Sans exclure l'éventualité de (telle action, tel fait); en se réservant le droit ou la possibilité de. V. **Quitte** (à). « *Il n'en est pas un qui ne désire ma condamnation, sauf à pleurer comme un sot quand on me mènera à la mort* » (STENDHAL). « *Ce prince aimait à se servir de ces intrigants, sauf à les loger ensuite dans une cage de fer* » (MICHELET). — SAUF QUE (et l'*ind.*) : à cette différence près, à cette exception que. V. **Excepté** (que), **hormis** (que), **sinon** (que). « *Sauf qu'il avait tellement grossi, il avait gardé bien des choses d'autrefois* » (PROUST).

◇ ANT. (de l'adj.). *Blessé, endommagé.*

SAUF-CONDUIT [sofkɔ̃dɥi]. *n. m.* (XIIᵉ; de *sauf*, et *conduit*). Document délivré par une autorité publique (*spécialt.* militaire) et qui permet de se rendre en un lieu, d'y séjourner, de traverser un territoire ou une zone. V. **Laissez-passer, permis.** *Des sauf-conduits. Voilà « un sauf-conduit pour que les camarades vous laissent passer* » (GAUTIER).

SAUGE [soʒ]. *n. f.* (*Saulje*, XIIIᵉ; lat. *salvia*, de *salvus* « sauf », à cause des propriétés médicinales de cette plante). Plante *(Labiées)* comprenant plusieurs variétés (herbes, arbrisseaux) dont certaines sont utilisées en médecine *(Sauge officinale)*, d'autres en cuisine, d'autres encore comme plantes ornementales (à fleurs rouges).

SAUGRENU, UE [sogʀəny]. *adj.* (*Sogrenu* « piquant », 1578; de *sau*, forme de *sel*, et *grenu*, de *grain*). Inattendu, bizarre et quelque peu ridicule. *Idée, question saugrenue.* V. **Absurde, bizarre.** « *Je vous prie de me pardonner si telle de mes questions vous paraît indiscrète ou saugrenue* » (ROMAINS). Cf. *par plaisant.* (jeu de mots avec *Sot*) : *Une plaisanterie aussi sotte que grenue.*

SAULAIE [solɛ]. *n. f.* (1406; *soloie*, 1328; de *saule*). *Rare.* Plantation de saules. V. **Saussaie.**

SAULE [sol]. *n. m.* (v. 1215; frq. *°salha;* a éliminé l'a. fr. *saus*, du lat. *salix, salicis*). Arbre ou arbuste *(Salicacées)* qui croît dans les lieux frais et humides. *Lieu où poussent les saules.* V. **Saulaie, saussaie.** *Saule marsault*, qui fournit un bois blanc utilisé en menuiserie. *Saule pleureur*, à branches tombantes. « *Mes chers amis, quand je mourrai, Plantez un saule au cimetière...* » (MUSS.).

SAULÉE [sole]. *n. f.* (1870; de *saule*). *Région.* Rangée régulière de saules.

SAUMÂTRE [somɑtʀ(ə)]. *adj.* (*Saumastre*, 1298; lat. pop. *°salmaster*, class. *salmacidus*, suff. péj. *-aster*). ♦ 1º Qui est mélangé d'eau de mer, à un goût salé. *Eau saumâtre. Dépôts saumâtres*, qui se forment dans les lagunes, les estuaires. ♦ 2º *Fig.* Amer, désagréable. « *Le cœur tout gonflé de je ne sais quoi de saumâtre qu'il se refusait à appeler de la tristesse* » (GIDE). — Loc. fam. *La trouver saumâtre :* trouver mauvais. « *Qu'un homme lui donnât ainsi des ordres, il la trouvait saumâtre* » (QUENEAU).

SAUMON [somɔ̃]. *n. m.* (1165; *salmun*, 1138; lat. *salmo, salmonis*). ♦ 1º Gros poisson migrateur *(Salmonidés)* à chair rose, qui abandonne la mer et remonte les fleuves au moment du frai. *Darne de saumon. Saumon fumé.* ♦ 2º (1452). *Techn.* Lingot (de fer, fonte, plomb [*typogr.*]). ♦ 3º (1870). *Adj. invar.* D'un rose tendre tirant légèrement sur l'orangé (comme la chair du saumon). *Lingerie saumon.* — Par appos. *Un joli rose saumon.* V. **Saumoné.**

SAUMONÉ, ÉE [somɔne]. *adj.* (1564; a. prov. *salmonat*, 1343; de *salmon, saumon*). ♦ 1º Se dit de poissons qui ont la chair rose comme le saumon. *Truite saumonée.* ♦ 2º *Rose saumoné :* rose légèrement orangé. V. **Saumon** (3º).

SAUMONEAU [somɔno]. *n. m.* (*Saulmonneau*, 1552); dimin. de *saumon). Rare.* Jeune saumon.

SAUMURAGE [somyʀaʒ]. *n. m.* (1803; de *saumure*). Opération qui consiste à mettre une substance alimentaire dans la saumure (2º). V. *aussi* **Salaison.**

SAUMURE [somyʀ]. *n. f.* (1549; *salmuire*, 1105; lat. pop. *°salmuria*, de *sal, salis* « sel », et *muria* « saumure »). ♦ 1º Liquide qui exsude des conserves salées et qui est formé des liquides organiques et du sel dont on a imprégné les substances à conserver. ♦ 2º Eau fortement salée dans laquelle on met des aliments pour en faire des conserves. *Mettre des olives, de la viande dans la saumure.* ♦ 3º *Techn.* Eau de mer d'un marais salant qui a déjà subi une évaporation. — Eau salée d'une saline, qu'on fait évaporer pour en extraire le sel (sel fin).

SAUMURÉ, ÉE [somyʀe]. *adj.* (1611; « salé », 1575; de *saumure). Techn.* Conservé dans la saumure (2º). *Harengs saumurés.*

SAUMURER [somyʀe]. *v. tr.* (1859; de *saumure). Techn.* Mettre dans la saumure pour conserver. *Saumurer des harengs.*

SAUNA [sona]. *n. m.* ou *f.* (1958; mot finlandais). Établissement où l'on prend des bains de vapeur à la manière finlandaise. — Ce bain lui-même.

SAUNAGE [sonaʒ]. *n. m.* (1497; de *sauner*). ♦ 1º Saison à laquelle on procède à la récolte du sel dans un marais salant (On dit aussi *saunaison* [sonɛzɔ̃]); cette récolte. ♦

2º Vente du sel. — *Hist.* (Sous l'Ancien Régime) FAUX SAUNAGE : contrebande du sel. V. **Saunier** (faux saunier).

SAUNER [sone]. *v. intr.* (1660; lat. pop. *°salinare). Techn.* Produire du sel. *Bassin de marais salant qui commence à sauner.*

SAUNIER [sonje]. *n. m.* (1260; *salnier*, 1138; lat. pop. *°salinarius*). ♦ 1º Exploitant d'un marais salant (V. **Paludier**) ou d'une saline. — Ouvrier qui travaille à l'extraction du sel dans un marais salant. ♦ 2º *Vx.* Marchand de sel. ◇ FAUX SAUNIER ou FAUX-SAUNIER (sous l'Ancien Régime), celui qui se livrait à la contrebande du sel (V. **Gabelle**).

SAUNIÈRE [sonjɛʀ]. *n. f.* (1529; « saloir », XIIIᵉ; de *saunier*). Autrefois, coffre où l'on conservait le sel destiné aux usages domestiques.

SAUPIQUET [sopikɛ]. *n. m.* (1380; d'un a. v. *°saupiquer* [Cf. a. prov. *salpicar*], de *sau*, forme atone de *sel*, et *piquer*. V. **Salpicon**). *Cuis.* Sauce relevée ; ragoût épicé. *Bœuf, lièvre en saupiquet.*

SAUPOUDRAGE [sopudʀaʒ]. *n. m.* (1874; de *saupoudrer*). ♦ 1º Action de saupoudrer ; son résultat. ♦ 2º (av. 1954). Répartition de crédits minimes entre de très nombreux postes.

SAUPOUDRER [sopudʀe]. *v. tr.* (XIVᵉ; de *sau*, forme atone de *sel*, et *poudrer*). ♦ 1º Couvrir d'une légère couche d'une substance pulvérulente. V. **Poudrer.** *Saupoudrer de sel, de chapelure, de farine.* V. **Fariner.** *Saupoudrer un beignet avec du sucre. Se saupoudrer les mains de talc.* ♦ 2º *V. tr. et intr.* (av. 1960). *Fig.* Attribuer à de très nombreux bénéficiaires des crédits minimes (ou des moyens faibles) au lieu d'affecter le budget à quelques postes prioritaires.

SAUPOUDREUR, EUSE [sopudʀœʀ, øz]. *adj. et n.* (1900; de *saupoudrer*). Qui sert à saupoudrer. *Bouchon, flacon saupoudreur.* ◇ N. f. *Une* SAUPOUDREUSE : petit flacon à bouchon percé de trous qui sert à saupoudrer (de sel, de sucre, etc.). V. **Salière, sucrier.**

SAUPOUDROIR [sopudʀwaʀ]. *n. m.* (1825; de *saupoudrer*). *Techn.* Ustensile de pâtisserie et de cuisine qui sert à saupoudrer.

SAUR [sɔʀ]. *adj. m.* (XIIᵉ; moy. néerl. *soor*). *Hareng saur*, hareng fumé. V. **Gendarme** (III, 1º); **saurer, sauret, saurissage.** ◇ *Fam. Être sec, maigre comme un hareng saur.* ◇ HOM. *Saure, sort;* formes du v. *sortir.*

-SAURE, -SAURIEN. Éléments, du gr. *saura* ou *sauros* « lézard » (*ex. :* dinosauriens ; ichtyosaure).

SAURER [sɔʀe]. *v. tr.* (*Sorer*, 1606; *sorir*, 1318; de *saur*). *Techn.* Faire sécher à la fumée (une substance alimentaire) pour conserver. V. **Fumer.** *Saurer des harengs, un jambon.* — Au p. p. *Harengs saurés.* V. **Saur; sauris.** — Dér. SAURAGE [sɔʀaʒ], *n. m.* V. **Saurissage.**

SAURET [sɔʀe]. *adj.* (1573; *soret*, n., 1360; de *saur*). *Vx. Hareng sauret.* V. **Saur.**

SAURIENS [sɔʀjɛ̃]. *n. m. pl.* (1800; du gr. *saura* ou *sauros* « lézard »). *Zool.* Sous-ordre de reptiles au corps recouvert d'écailles généralement imbriquées, et possédant souvent quatre membres apparents. *Le caméléon, l'iguane, le lézard, l'orvet sont des sauriens.* Au sing. *Un saurien. Le plésiosaure, saurien fossile.* — Adj. *Un reptile saurien.*

SAURIN [sɔʀɛ̃]. *n. m.* (1839; *sorin* « saurisseur », 1680; de *saur). Techn.* Hareng laité nouvellement séché.

SAURIS [sɔʀi]. *n. m.* (1846; de *saur). Techn.* Saumure de harengs.

SAURISSAGE [sɔʀisaʒ]. *n. m.* (*Sorissage*, 1740; de *saurir* [*saurer*]). *Techn.* Opération qui consiste à saurer les poissons, et *spécialt.* les harengs.

SAURISSERIE [sɔʀisʀi]. *n. f.* (1808; de *saurir* [*saurer*]). *Techn.* Usine où l'on saure les poissons, et *spécialt.* harengs.

SAURISSEUR [sɔʀisœʀ]. *n. m.* (*Sorisseur*, 1614; de *saurir* [*saurer*]). *Techn.* Ouvrier qui fait le saurissage des poissons, et *spécialt.* des harengs.

SAUSSAIE [sose]. *n. f.* (*Sauçoie*, XIIIᵉ; de l'a. fr. *saus*. V. **Saule**). *Vx* ou *région.* Syn. de *Saulaie.*

SAUT [so]. *n. m.* (*Salt*, 1080; lat. *saltum*). ♦ 1º Mouvement ou ensemble de mouvements (flexions et extensions de certaines parties du corps) par lesquels un homme, un animal cesse de prendre appui sur le sol ou sur un support pour s'élever, se projeter. V. **Bond, bondissement.** *Parties d'un saut :* élan, détente, période de suspension, réception au sol. *Faire un saut* (V. **Sauter**). *Saut avec élan. Saut à pieds joints :* sans élan. *Petits sauts.* V. **Sautillement.** ◇ *Spécialt.* L'action de sauter de telle ou telle manière (*un saut*), et *par ext.* l'exercice particulier (*le saut :* à la corde, en hauteur, etc.). *Saut périlleux*, pendant lequel le corps du sauteur effectue un tour complet. *Saut de carpe*. Saut des trapézistes.* V. **Voltige.** *Le saut de la mort :* saut périlleux, exercice de voltige très dangereux. *Saut de l'ange*, les bras écartés (comme des ailes). — *Saut à la corde.* ◇ Pas de danse au cours duquel les deux pieds quittent le sol à la fois (*ex. :* assemblé, entrechat). *Saut de chat*, série de bonds latéraux. ◇ *Saut athlétique*, où l'on tente de franchir la hauteur ou la distance la plus grande. *Saut en hauteur, en ciseaux* ou en rouleau*. Saut en longueur. Triple saut*, composé d'un saut à cloche-pied sur la planche d'appel, d'un saut d'une jambe sur l'autre (foulée), et d'un saut en longueur. — *Saut à la perche*. — Saut de haies*, dans la course de haies. — *Saut en skis*, exécuté d'un tremplin. — *Saut en parachute. Saut en chute libre*, avec ouverture retardée. ◇ SAUTS, *n. m. pl.* L'ensemble des disciplines de saut *(les sauts, les lancers et les courses)*. ◇ Loc. fig. *Aller par sauts et par bonds :* parler, écrire d'une manière décousue, incohérente. — (1210) *Faire le saut :* prendre une décision, une résolution hasardeuse ; pour une femme, commencer sa vie amoureuse. ♦ 2° Chute dans le vide. *La voiture a fait un saut de 20 m dans le ravin.* ♦ 3° Mouvement, déplacement brusque (pour changer de position, de place). *Se lever, entrer d'un saut.* — *Au saut du lit :* au sortir du lit, au lever*. « *Au saut du lit elle a passé une vieille robe noire* » (ROMAINS). V. **Saut-de-lit.** ♦ 4° (XIV⁰). Action d'aller très rapidement et sans rester. *Faire un saut chez qqn.* « *Si j'avais été plus près de Paris, volontiers j'y aurais fait un saut* » (MONTHERLANT). ♦ 5° Fig. Mouvement interrompu. « *Qui donc a dit que la nature ne fait pas de sauts ! La nature ne procède que par bonds et désordres soudains* » (DUHAM.). V. **Mutation.** ◇ Passage par degrés disjoints. *Faire un saut d'un siècle* (par l'imagination). ♦ 6° (1608). Rupture de pente (d'un cours d'eau). V. **Cascade, chute ; rapide.** *Le saut du Doubs.* ♦ 7° Math. Discontinuité en un point (d'une fonction continue en dehors de ce point). ◇ Brusque variation. V. **Saute ; seuil.** ◇ HOM. *Sceau, seau, sot.*

SAUT-DE-LIT [sodli]. *n. m. invar.* (1877 ; « descente de lit », 1829 ; de *saut*, et *lit*). Déshabillé que portent les femmes au saut du lit. V. **Peignoir.** *Des saut-de-lit.*

SAUT-DE-LOUP [sodlu]. *n. m.* (1740 ; de *saut*, et *loup*). Large fossé (qu'un loup pourrait à peine franchir). *Des sauts-de-loup.*

SAUT-DE-MOUTON [sodmut5]. *n. m.* (1936 ; de *saut*, et *mouton* ; Cf. Saute-mouton). *Techn.* Passage d'une voie ferrée, d'une route au-dessus d'une autre, pour éviter les croisements. *Des sauts-de-mouton.*

SAUTE [sot]. *n. f.* (1771 ; de *sauter*). ♦ 1° Mar. Brusque changement dans la direction (du vent). *Saute de vent.* — Par anal. « *Insupportable climat tunisien ; sautes de température fréquentes* » (GIDE). ♦ 2° Fig. Brusque changement (de l'humeur). « *Il avait des sautes d'humeur* » (CAMUS).

SAUTÉ, ÉE [sote]. *adj.* et *n. m.* (av. 1835 ; de *sauter*, II, 4°). ♦ 1° Cuit à la poêle ou à la cocotte, à feu vif et en remuant. « *Cette sorte de religion de lapin sauté, du gigot à l'ail...* » (COLETTE). *Pommes de terre sautées.* ♦ 2° N. m. (1835). Aliment cuit dans un corps gras, à feu vif, souvent dans une casserole spéciale (V. **Sauteuse**). *Sauté de veau, de lapin.*

SAUTELLE [sotɛl]. *n. f.* (1551 ; de *sauter*). Agric. Marcotte de vigne (V. **Provin**), faite d'un seul sarment. — Sarment que l'on recourbe pour augmenter la production de grappes.

SAUTE-MINES [sotmin]. *n. m. invar.* (mil. XX⁰ ; de *sauter*, et *mines*). *Techn.* Appareil fixé à l'avant d'un char, et destiné à faire exploser les mines.

SAUTE-MOUTON [sotmut5]. *n. m.* (1867 ; de *sauter*, et *mouton*). Jeu où l'on saute par-dessus un autre joueur, qui se tient courbé (le « mouton »). — Ne s'emploie *que* dans : *jouer à saute-mouton, jeu, partie... de saute-mouton.*

SAUTER [sote]. *v.* (XII⁰ ; lat. *saltare* « danser », de *salire* « sauter »). I. *V. intr.* ♦ 1° Quitter le sol, abandonner tout appui pendant un instant, par un ensemble de mouvements (V. **Saut**) ; franchir un espace ou un obstacle de cette façon. V. **Bondir, élancer (s'). *Sauter en l'air*, haut. V. **Élever (s').** *Sauter à cloche-pied*, à pieds joints.* « *Il fléchit les genoux et sauta à pieds joints sur le trottoir* » (SARTRE). *Sauter de joie* (V. **Gambader**) ; fig. Manifester sa joie avec pétulance. Fam. *Sauter au plafond*, entrer brusquement dans une violente colère ou éprouver une très vive surprise. *Sauter comme une chèvre, un cabri.* ◇ S'élancer d'un lieu élevé vers le bas. *Sauter par la fenêtre, dans le vide, dans l'eau.* V. **Jeter (se).** *Sauter en parachute.* ◇ Spécialt. Effectuer un saut de danse. — Faire un saut particulier. *Sauter à la corde.* — Sport. *Sauter en hauteur, en longueur, à la perche.* ◇ Loc. *Reculer* pour mieux sauter.* ◇ *(Des animaux)* Faire un ou plusieurs sauts (bond ou progression normale). *Écureuil qui saute de branche en branche.* « *Il passa quatre heures à regarder sauter dans l'allée les moineaux* » (HUGO). V. **Sautiller.** ♦ 2° Monter, descendre, se lever... vivement. *Sauter sur un cheval. Sauter de son siège. Sauter à bas du lit.* ◇ (1500) Se jeter, se précipiter. *Sauter sur qqn, lui sauter dessus.* V. **Assaillir, attaquer.** *Sauter au cou de qqn.* Fig. *Sauter aux yeux :* frapper la vue, être ou devenir apparent, évident, manifeste. « *Une évidence qui saute aux yeux* » (ROUSS.). ♦ 3° Subir des chocs, des secousses répétées. V. **Tressauter.** « *Une petite route cailouteuse qui faisait sauter les voyageurs sur les banquettes du break* » (MAURIAS) ♦ 4° *Fig* (1528). Allor,

passer vivement (d'une chose à une autre) sans intermédiaire. *Sauter d'une idée à l'autre, d'un sujet à un autre.* « *Fais-moi grâce, je te prie,... de la description de la maison... saute par-dessus tout cela. Au fait !* » (DIDER.). ♦ 5° (1798). Être déplacé ou projeté avec soudaineté *(choses)*. *Bouchon qui saute.* V. **Partir.** *Faire sauter la bande d'un journal, d'une enveloppe de papier.* V. **Arracher.** « *La chaîne sauta. Il la remit en place une deuxième, puis une troisième fois : elle s'en allait au premier tour de roue* » (ROBBE-GRILLET). *Faire sauter la coupe*, remettre brusquement une partie du jeu à l'état où il était avant la coupe* (2, 6°). — Fam. *Et que ça saute !* allez-y rondement, vivement. « *— Allons grouillons ! qu'il se mit à gueuler. Schnell ! Schnell ! remontons dans le car et que ça saute* » (QUENEAU). ◇ *(Personnes)* Être renvoyé de sa place. « *Au fond, il regrettait Soult que les Princes avaient fait sauter sur des racontars* » (ARAGON). ♦ 6° (1587). Exploser. V. **Éclater, voler** (en éclats). *Bombe à retardement qui saute. Navire qui saute sur une mine. Faire sauter les ponts. Tout va sauter !* « *À la prochaine* (guerre), *la terre peut sauter* » (SARTRE). — Fig. *Se faire sauter la cervelle* (d'un coup de revolver), se tuer. ◇ Fondre, par un court-circuit. *Mon réchaud électrique « fait sauter les plombs une fois sur trois* » (SARTRE). ◇ Jeu. *Faire sauter la banque*.* ♦ 7° (1767). FAIRE SAUTER (un aliment) : le faire revenir à feu très vif. *Faire sauter un lapin* (Cf. ci-dessous, II, 4°).

II. *V. tr.* (1527). ♦ 1° Franchir en quittant le sol, par un saut. V. **Passer.** *Sauter un obstacle.* « *Le chamois éperdu saute les précipices* » (HUGO). Par ext. *Sauter le mur*, le franchir par escalade pour s'échapper. ◇ Fig. *Sauter le pas :* prendre une décision hasardeuse. V. **Décider (se).** « *J'aurais dû, peut-être, en finir une bonne fois... et sauter le pas* » (MIRBEAU). ♦ 2° (1636). Passer sans s'y arrêter. V. **Omettre.** *Sauter un mot, une page en lisant.* « *Dans un roman il faut se taire ou tout dire, surtout ne rien omettre, ne rien sauter* » (SARTRE). *Sauter une réplique.* V. **Oublier.** *Sauter certaines instructions d'un ordinateur.* — *Sauter une étape.* V. **Brûler.** *Sauter un repas. Élève qui saute une classe.* ♦ 3° (1914). Pop. *La sauter :* se passer de manger ; *par ext.* Avoir faim. V. **Crever** (de faim). « *On la sautait : la collation à la caserne, on l'avait déjà dans les talons* » (ARAGON). ♦ 4° (1812). *Vx.* Cuire à feu vif (V. **Sauté**). « *Afin de pouvoir bien sauter ce mélange sans qu'il s'attache* » (BRILLAT-SAV.). — On dit de nos jours : *Faire sauter* (I, 7°).

SAUTEREAU [sotro]. *n. m.* (1611 ; masc. de *sauterelle*, 1393 ; de *sauter*). *Techn.* (*Mus.*) Languette mobile, munie d'un bec de plume ou de cuir durci, et qui fait vibrer la corde, dans un instrument à clavier et à cordes pincées (clavecin, épinette).

SAUTERELLE [sotrɛl]. *n. f.* (*Salterele*, 1120 ; de *sauter*). ♦ 1° Insecte orthoptère sauteur vert ou gris à grandes pattes postérieures repliées à tarière. V. **Locuste.** « *Une grosse sauterelle verte aux longues antennes,... tomba les pattes repliées comme deux battants repliés autour de son corps* » (PERGAUD). ◇ (1843). Fig. Personne maigre et sèche. *Grande sauterelle.* « *Anne, venez voir cette sauterelle, elle est toute maigre. Si le travail lui fait cet effet-là, il faut qu'elle s'arrête* » (SAGAN). ♦ 2° Abusiv. Criquet, et spécial. Criquet pèlerin. « *Dans le ciel vibrant de chaleur je ne voyais rien qu'un nuage venant de l'horizon, cuivré, compact... c'étaient les sauterelles* » (DAUD.). Fam. *Les invités se sont jetés sur le buffet comme une nuée de sauterelles*, en dévorant tout. ♦ 3° Techn. (XVI⁰). Fausse équerre à branches mobiles (comparées aux pattes d'une sauterelle). *Mesurer un angle avec une sauterelle.* ◇ Mécanisme d'attache à crochet vertical (que l'on peut faire « sauter » rapidement). *Sauterelles pour bat-flancs d'écurie.* ◇ Appareil de manutention mobile à bande sans fin.

SAUTERIE [sotri]. *n. f.* (1824 ; « sauts, sautillements », fin XVI⁰ ; de *sauter*). Réunion dansante d'un caractère simple et intime. V. **Bal, surprise-partie.** « *Ils entendirent un branle sourd, rythmé par un bruit de musique : ces demoiselles venaient d'organiser une sauterie* » (ZOLA).

SAUTERNES [sotern(ə)]. *n. m.* (1853 ; ville de la Gironde). Vin de Bordeaux blanc, de Sauternes, très fruité.

SAUTE-RUISSEAU [sotrɥiso]. *n. m. invar.* (1796 ; de *sauter*, et *ruisseau*). *Vx.* Petit clerc d'avoué, de notaire, qui fait les courses, porte les colis. *Par ext.* Jeune garçon de courses.

SAUTEUR, EUSE [sotœR, øz]. *n. et adj.* (1530 ; *sauteresse*, fém., 1380 ; de *sauter*). ♦ 1° Personne dont la profession est de faire des sauts acrobatiques. V. **Acrobate, bateleur.** ◇ Cheval dressé pour le saut. ◇ Athlète spécialisé dans les épreuves du saut. *Sauteur en longueur, à la perche* (V. **Perchiste**). *Sauteur à skis.* ♦ 2° Fig. et fam. (1690). Personne sans sérieux qui promet volontiers un saut. V. **L'on ne peut compter** (rare au fém.). *Quel sauteur !* ◇ N. f. (1839) Femme de mœurs légères. « *Il l'a quittée pour des catins, pour des jargandines, pour des sauteuses* » (BALZ.). ♦ 3° Adj. Qui avance **en sautant**, qui saute souvent. *Insectes sauteurs, à pattes* postérieures développées (*ex. :* sauterelle). *Oiseaux sauteurs* (*opposé à* marcheurs). *Espèces sauteuses.*

SAUTEUSE [sotøz]. *n. f.* (1875; du précéd.). Casserole à bords peu élevés dans laquelle on fait sauter les viandes, les légumes.

SAUTILLAGE [sotijaʒ]. *n. m.* (1735; de *sautiller*). Le fait de sautiller. V. **Sautillement.**

SAUTILLANT, ANTE [sotijã, ãt]. *adj.* (1736, fig.; de *sautiller*). ♦ 1° (1800). Qui fait de petits sauts. *Oiseau sautillant; pas sautillant.* ◇ *Musique sautillante,* au son de laquelle on peut sautiller, au rythme rapide et saccadé. ♦ 2° *Fig.* Formé d'éléments courts et décousus. *Style sautillant.* V. **Haché.** ◇ Qui saute sans cesse d'un sujet, d'une occupation à l'autre. V. **Capricieux, mobile.** « *Par là vous voyez que sa conduite doit être inégale et sautillante* » (ROUSS.).

SAUTILLEMENT [sotijmã]. *n. m.* (1718; de *sautiller*). ♦ 1° Action de sautiller, suite de petits sauts. *Le sautillement des oiseaux.* ♦ 2° *Fig.* Passage rapide et heurté (d'une idée à une autre). « *Le sautillement, le désordre un peu fou de la conversation* » (GONCOURT).

SAUTILLER [sotije]. *v. intr.* (1564; a remplacé *sauteler;* de *sauter*). Faire de petits sauts successifs. V. **Sauter; gambader.** « *L'enfant sautillait sur un pied, en chantonnant* » (MART. du G.). « *La couche neigeuse où sautillent des corbeaux* » (GAUTIER).

SAUTOIR [sotwar]. *n. m.* (1230, blas.; de *sauter*). **I.** *Ancien.* Pièce du harnais, qui pendait en double à la selle et servait d'étrier, pour sauter à cheval. ◇ EN SAUTOIR : porté autour du cou, en collier sur la poitrine (comme le sautoir sur le flanc du cheval). *Porter une croix, un bijou en sautoir.* ◇ *Par ext.* Longue chaîne (V. **Châtelaine**) ou long collier qui se porte sur la poitrine. « *Un sautoir de perles que Chéri reconnut* » (COLETTE). — Décoration portée en collier. *Il portait son gilet de satin rouge des grands-officiers de la Légion d'honneur* » (BALZ.). ♦ 2° (v. 1230). *Blas.* Pièce honorable en forme de X, formée de la bande* et de la barre*. — EN SAUTOIR : disposé en X. *Épées en sautoir.* **II.** (1877). Emplacement, installation aménagés pour le saut (en gymnastique, en athlétisme). *Piste d'élan, planche d'appel, fosse à sable d'un sautoir. Barre un sautoir* (saut en hauteur, à la perche).

SAUVAGE [sovaʒ]. *adj.* (XIIᵉ; bas lat. *salvaticus,* altér. lat. class. *silvaticus,* de *silva* « forêt »). **I.** Qui est à l'état de nature ou qui n'a pas été modifié par l'action de l'homme. ♦ 1° (*Animaux*). Qui vit en liberté dans la nature, n'appartient pas à l'expérience familière de l'homme. V. **Fauve, inapprivoisé.** *La vie des animaux sauvages.* *Apprivoiser les bêtes sauvages.* — Au Canada, *Chat sauvage.* V. **Raton** (laveur). ◇ Se dit des animaux non domestiqués d'une espèce qui comporte des animaux domestiques. *Chien, chat* (V. **Haret**), *canard sauvage. Taureaux, chevaux sauvages.* — Par méton. *Soie* (I, 3°) *sauvage.* ♦ 2° (*Humains*). Qui vit à l'écart de la civilisation. V. **Primitif.** *Peuples sauvages.* V. **Peuplade, tribu.** « *Je ne doute pas que la vie moyenne de l'homme civilisé ne soit pas plus longue que la vie de l'homme sauvage* » (DIDER.). *Femme sauvage.* ◇ *Subst.* (Vx) *Les sauvages. La théorie du « bon sauvage »* (de Montaigne à Diderot). *Missionnaires chez les sauvages.* — Au fém. *Une sauvage.* V. **Sauvagesse** (vx). ◇ *Par ext.* Propre aux sauvages. *L'état, la vie sauvage.* « *Un art sauvage ne se maintient que dans la sauvagerie qu'il exprime, et l'intrusion d'un art civilisé le détruit* » (MALRAUX). — *Géol. Eaux sauvages,* eaux de ruissellement diffus. ♦ 3° (*Végétaux*). Qui pousse et se développe naturellement sans être cultivé. *Plantes, fleurs, fruits sauvages.* ◇ Se dit surtout de variétés d'espèces végétales qui peuvent être cultivées. *Groseilliers, framboisiers sauvages.* ♦ 4° (*Lieux*). Que la présence ou l'action humaine n'a pas marqué; peu accessible, d'un aspect peu hospitalier, parfois effrayant. V. **Désert, inhabité.** « *Le versant espagnol, exposé au midi, est tout autrement abrupt, sec et sauvage* » (MICHELET). ♦ 5° (*Choses;* v. 1965). Qui surgit spontanément, se fait de façon anarchique, indépendamment des règles. *Grève* sauvage.* « *Une grève sauvage échappe aux syndicats, des crèches sauvages à la Santé publique* » (*Femme pratique,* sept. 1970). *Dévaluation sauvage.* « *À 10 h 30, la première fiche de paie 'sauvage' sortait* » (*L'Express,* 6-8-1973). *Urbanisation sauvage. Psychanalyse sauvage.*
II. *Fig.* ♦ 1° Qui fuit toute relation avec les hommes, se plaît à vivre seul et retiré. V. **Craintif, farouche, insociable.** **misanthrope.** « *Il est devenu sauvage* » (BALZ.). Par ext. *Humeur sauvage.* Subst. *Un, une sauvage.* V. **Ours.** « *Edmond a des amis, mais Armand est un sauvage. Il reste solitaire dans la maison paternelle* » (ARAGON). ♦ 2° D'une nature rude, grossière ou même brutale. V. **Dégrossi** (mal), **fruste, grossier, inculte, rude.** Subst. « *On ne va pas arrêter ce petit dans ses études, il est si doué [...] Sûr que non! On n'est pas des sauvages !* » (MALLET-JORIS). *Ce sont de vrais sauvages* (V. **Brute**). *Vieilli* (sauf au Canada) *Comme un sauvage :* impoliment. « *Ce n'est pas une raison pour s'en aller comme un sauvage* » (MAUPASS.). ♦ 3° Qui a qqch. d'inhumain, marque

un retour aux instincts primitifs. V. **Barbare, bestial, cruel, féroce; sauvagerie.** « *Son air sauvage et brutal* » (FÉN.). V. **Hagard.** « *Une explosion rapide, successive, de cris sauvages, démoniaques* » (BAUDEL.).
◇ ANT. *Domestique, familier; civilisé, évolué, policé; délicat, poli, raffiné, sociable.*

SAUVAGEMENT [sovaʒmã]. *adv.* (XIIᵉ; de *sauvage*). D'une manière sauvage (II, 3°). *Il le tua sauvagement.*

SAUVAGEON, ONNE [sovaʒɔ̃, ɔn]. *n.* (XIIᵉ; de *sauvage*). ♦ 1° N. m. *Arbor.* Se dit de tout arbre non greffé, et *spécialt.* employé comme sujet à greffer. *Greffer, enter sur sauvageon.* V. **Franc** (2). ♦ 2° *Fig.* (fin XIXᵉ). N. m. et f. Enfant qui a grandi sans être élevé, comme un petit sauvage. « *Cette sauvageonne habituée à se vêtir de loques, à courir en cheveux, à marcher pieds nus* » (RICHEPIN).

SAUVAGERIE [sovaʒri]. *n. f.* (1739, répandu XIXᵉ; de *sauvage*). ♦ 1° Caractère, humeur sauvage (II, 1°). « *Tiburce allait rarement dans le monde, non par sauvagerie, mais par nonchalance* » (GAUTIER). ♦ 2° *Rare.* Mœurs des sauvages (opposé à *civilisation*). « *La sauvagerie est nécessaire, tous les quatre ou cinq cents ans, pour revivifier le monde* » (GONCOURT). ♦ 3° (Mil. XIXᵉ). Caractère sauvage (II, 3°). V. **Barbarie, brutalité, cruauté, férocité.** « *Edmond ressentait quelque admiration de la sauvagerie de l'assassin. Il s'était acharné sur le cadavre, disait-on* » (ARAGON). *Frapper avec sauvagerie.*
◇ ANT. *Sociabilité, civilisation; délicatesse.*

SAUVAGESSE [sovaʒɛs]. *n. f.* (1632; de *sauvage*). *Vx.* Femme sauvage (I, 2°). ◇ *Par ext.* Femme peu civilisée. « *J'ai des bijoux; j'apprends je ne sais combien de belles choses; je ne suis plus du tout une sauvagesse* » (MÉRIMÉE).

SAUVAGIN, INE [sovaʒɛ̃, in]. *adj.* (XVᵉ; de *sauvage*). *Chasse.* Propre à certains oiseaux sauvages (goût, odeur). « *Une odeur sauvagine et musquée* » (FAUCONNIER). — Subst. *Sentir le sauvagin.*

SAUVAGINE [sovaʒin]. *n. f.* (XIIᵉ; de *sauvage;* Cf. précéd.). ♦ 1° *Chasse.* Nom collectif des oiseaux sauvages (de mer, de rivière, de marais) dont la chair a le goût sauvagin. *Chasse à la sauvagine.* ♦ 2° *Techn.* Nom collectif donné aux peaux les plus communes recueillies par les chasseurs et vendues sur les grands marchés de la fourrure.

1. SAUVEGARDE [sovgard(ə)]. *n. f.* (*Salvegarde,* 1232; de *sauve,* fém., et *garde*). ♦ 1° Protection et garantie (de la personne, de la liberté, des droits) accordées par une autorité ou assurées par une institution. *Se placer sous la sauvegarde de la justice.* *Dr.* Mise sous la sauvegarde de la justice, protection juridique accordée à un incapable* (4°) majeur, contre ses actes et contre son inaction. — *Commission de sauvegarde,* instituée pour veiller au déroulement d'opérations judiciaires et leurs préliminaires policiers. ♦ 2° *Fig.* Protection, défense; personne ou chose assurant cette protection, cette défense. V. **Abri, appui, bouclier, refuge.** « *Gardez soigneusement en vos âmes la justice et la charité; elles seront votre sauvegarde* » (LAMENNAIS). « *La pipe et la plume sont les deux sauvegardes de ma moralité* » (FLAUB.).

2. SAUVEGARDE [sovgard(ə)]. *n. f.* (1676; de *sauver,* et *garde*). *Mar.* Cordage ou chaîne empêchant le gouvernail ou tout autre objet d'être emporté par la mer.

SAUVEGARDER [sovgarde]. *v. tr.* (1788; de *sauvegarde* 1). Assurer la sauvegarde de. V. **Conserver, défendre, préserver, protéger.** « *Les militants qui avaient si admirablement combattu, pour sauvegarder leurs libertés politiques et syndicales* » (PÉGUY).

SAUVE-QUI-PEUT [sovkipø]. *n. m.* (1419; de *sauver,* et *pouvoir,* proprem. « que se sauve celui qui le peut »). ♦ 1° Cri de ceux qui se sauvent. « *La garde impériale entendit le sauve-qui-peut ! qui avait remplacé le vive l'empereur !* » (HUGO). ♦ 2° Fuite générale et désordonnée où chacun se tire d'affaire comme il le peut. V. **Débandade, déroute, désarroi, panique.** « *Ce fut un sauve-qui-peut* » (HUGO). *Des sauve-qui-peut.*

SAUVER [sove]. *v. tr.* (*Salver,* v. 1050; *salvarai,* 1ʳᵉ pers. fut., 842; lat. ecclés. *salvare,* de *salvus.* V. **Sauf**). **I.** *V. tr.* ♦ 1° Faire échapper (qqn) à quelque grave danger. *Risquer sa vie pour sauver qqn. Sauver un malade.* V. **Guérir.** *Il est sauvé, hors de danger.* « *Il nous faut de l'audace... et la France est sauvée* » (DANTON). — (Sujet de chose) *Son silence, sa fuite l'a sauvé.* — *Spécialt.* Opérer ou assurer le salut de (V. **Racheter**). « *Dieu leur avait révélé qu'il devait naître un Rédempteur qui sauverait son peuple* » (PASC.). V. **Sauveur.** « *On ne pouvait être que sauvé ou damné selon ce qu'on avait choisi* » (CAMUS). Loc. *Il n'y a que la foi* qui sauve. ◇ *Sauver de.* V. **Arracher, soustraire, tirer.** *Sauver qqn du naufrage, du désespoir.* — Au p. p. *Moïse sauvé des eaux.* — (Sujet de chose) « *L'Église a contribué à sauver l'Europe d'une invasion de nouveaux barbares* » (CHATEAUB.). ♦ 2° Empêcher la destruction, la ruine, la perte de (qqch.). V. **Sauvegarder, sûreté** (mettre en). *Sauver la vie de qqn, à qqn. Fam. Sauver sa peau, sa tête. Sauver les meubles :* sauver ce qui permet de survivre, ne pas tout perdre. *Sauver la mise*. Sauver son crédit, son honneur, les apparences*. — Sauver son âme :* assurer son salut. — (Sujet de chose) *Votre décision peut tout sauver.* ◇ *Spécialt.* Faire accepter un ensemble médiocre ou mauvais. *Ce qui sauve ce film, c'est la couleur.* ◇ SAUVER DE : tirer, préserver de. « *Comment même n'avaient-ils pas sauvé de la bagarre la totalité de leurs biens?* » (ROMAINS). « *Sauvons de cet affront mon nom et ma mémoire* » (RAC.).

II. SE SAUVER. *v. pron.* ♦ 1° *Vx.* Échapper à un danger mortel, se tirer d'affaire. *Relig.* Faire son salut. — *Mod.* *Se sauver de.* « *Il ne faut jamais se montrer difficile sur le moyen de se sauver de l'étripade... Y échapper suffit au sage* » (CÉLINE). ♦ 2° S'enfuir pour échapper au danger. « *Il devint rouge comme le feu et se sauva à toutes jambes* » (MUSS.). *Sauvez-vous! Les soldats se sauvèrent en désordre.* V. **Sauve-qui-peut.** ◇ *Fam.* Prendre congé promptement. « *Sauve-toi vite, tu vas être en retard pour ton cours* » (SARTRE). ◇ Déborder (liquide qui bout). *Le lait se sauve.*
◇ ANT. Perdre; livrer.

SAUVETAGE [sovtaʒ]. *n. m.* (1773; d'abord *salvage, sauvement;* de l'a. fr. *sauveté,* de *sauver*). Action de sauver (un navire en détresse, son équipage, ses passagers ou son chargement). *Les canotiers « arrivaient à grands coups de rames..., ils opérèrent le sauvetage de Thérèse qu'ils couchèrent sur un banc* » (ZOLA). *Bateau, chaloupe, canot de sauvetage; bouée, ceinture, gilet de sauvetage. Le sauvetage des naufragés. Médaille de sauvetage,* donnée en récompense d'un sauvetage. ◇ (1801) Action de sauver d'un sinistre quelconque (incendie, inondation, éboulement, etc.), des hommes ou du matériel. *Échelles de sauvetage des pompiers.* ◇ *Fig.* Action de sauver moralement et socialement (qqn).

SAUVETÉ [sovte]. *n. f.* (XIIᵉ; *salvetet,* XIᵉ, « salut de l'âme », puis « sécurité »; de *sauf,* I, lat. *salvus*). *Didact.* ♦ 1° *Hist.* (*Salveté,* 1375). Juridiction jouissant d'une immunité. Bourgade franche créée pendant la féodalité, à l'initiative des monastères, pour servir de refuge et procéder au défrichement. ♦ 2° *Techn.* (Apiculture). *Cellules de sauveté,* où les abeilles élèvent des reines. — *Reine de sauveté,* reine rapidement éduquée par les abeilles pour remplacer une reine morte.

SAUVETEUR [sovtœr]. *n. m.* (1816; de *sauvetage*). Personne qui prend part à un sauvetage, opère un sauvetage. « *Le sauveteur qu'il fallait ne se présenterait point* » (HUGO). *Adj. Canot sauveteur.*

SAUVETTE (À LA) [alasovɛt]. *loc. adv.* (1898; *jouer à la sauvette* « à courir l'un après l'autre », 1867; de *se sauver*). *Vendre à la sauvette. Marchands à la sauvette,* se dit de petits marchands et camelots qui vendent en fraude sur la voie publique (vente sans licence, marchandises prohibées) et disposent d'éventaires facilement transportables qui leur permettent de se sauver rapidement en cas d'alerte. « *Il vend des bricoles, à la sauvette* » (DUHAM.). ◇ *Fig. A la sauvette,* à la hâte, avec une précipitation suspecte. « *Baptiser un enfant à la sauvette* » (MAURIAC).

SAUVEUR [sovœr]. *n. m.* et *adj.* (1438; *salvaire,* 1050; lat. ecclés. *salvator,* de *salvare.* V. **Sauver.** ♦ 1° (En parlant de Jésus-Christ). Celui qui a sauvé les hommes. V. **Messie, rédempteur.** *Notre Sauveur. Adj. Un Dieu sauveur* (pour le fém. V. **Salvatrice.** ♦ 2° (1830; *salvedur,* 1120). Celui qui sauve (une personne, une collectivité). *Ce médecin a été mon sauveur. Le sauveur de la patrie.* V. **Bienfaiteur, libérateur.** « *Bonaparte s'offrait [...] à venir le sauver, mais qui les sauverait ensuite de ce sauveur?* » (MADELIN).

SAVAMMENT [savamɑ̃]. *adv.* (1539; de *savant*). ♦ 1° D'une manière savante; avec érudition, science. *Parler savamment.* V. **Doctement** (Cf. Comme un livre). *Par ext.* En connaissance de cause. V. **Sciemment.** *J'en parle savamment pour l'avoir expérimenté moi-même.* ♦ 2° Avec habileté ou recherche. V. **Habilement.** « *Cette femme, qui a trop savamment manœuvré pour n'avoir pas des intentions très suspectes* » (BOURGET). ◇ ANT. *Maladroitement; simplement.*

SAVANE [savan]. *n. f.* (1529; esp. *sabana,* d'une langue d'Haïti). ♦ 1° Association herbeuse des régions tropicales, vaste prairie pauvre en arbres et en fleurs, fréquentée par de nombreux animaux. *Savanes du Mexique, d'Afrique, de l'Inde.* « *Sur le bord occidental... des savanes se déroulent à perte de vue* » (CHATEAUB.). *Géogr. Savane-parc* ou *savane arborée,* végétation intermédiaire entre la savane proprement dite et la forêt. ♦ 2° (1701 : *Canada*). Terrain marécageux. « *Le bois par ici est à moitié bois et à moitié savane [...] La terre est couverte d'une couche de mousse [...] toute imprégnée d'eau; on marche sur une énorme éponge mouillée* » (L. HÉMON).

SAVANT, ANTE [savã, ãt]. *adj.* et *n.* (1510; « sachant », XIIᵉ; a. p. prés. de *savoir*).
I. *Adj.* ♦ 1° Qui sait beaucoup, en matière d'érudition ou de science (I, 1°). V. **Cultivé, docte, éclairé, érudit, instruit, lettré.** *De savants bénédictins. Un savant orientaliste.* « *La vanité de se montrer savant* » (DIDER.). V. **Pédant.** *Il est très savant* (Cf. C'est un puits* de science, une encyclopédie). *Les Femmes savantes,* comédie de Molière. — *Qui connaît*

très bien (une matière). V. **Calé, compétent, expert, fort, maître** (dans), *versé. Être savant sur un sujet; en histoire, en la matière. — Par ext.* Qui sait, qui est informé, au courant. « *Je suis là-dessus devenu savant à mes dépens* » (MOL.). ◇ Formé de savants, d'érudits. *Société savante.* ♦ 2° Où il y a de l'érudition. « *Le ton de la conversation y est savant sans pédanterie* » (ROUSS.). « *Ce n'est pas à un vieux typographe comme moi qu'il faut venir raconter ce que c'est qu'une édition savante* » (PÉGUY). *Mots, termes savants* (proprem. utilisés par les savants) : mots empruntés tardivement au grec et au latin ou formés d'éléments grecs, latins. « *Ictère,... ce mot savant dont l'explication est jaunisse* » (BALZ.). *Formes savante et populaire d'un même mot* (doublet). ◇ Qui, par sa difficulté, n'est pas accessible à tous. V. **Ardu, compliqué, difficile, recherché.** *Musique savante. C'est trop savant pour moi,* trop difficile. ♦ 3° Qui est très habile, qui s'y connaît (dans son art, sa spécialité). V. **Habile.** *Littér.* « *Savante aux choses de la terre, elle inventa les semailles et le labourage* » (HENRIOT). — *Cour. Animal savant,* dressé à faire des tours, des exercices, et que l'on produit parfois en public. *Chien savant.* ♦ 4° Fait avec science, art; où il y a une grande habileté. *Une savante ordonnance.* « *Elle porte sur la tête un savant échafaudage de faux cheveux, de coussins et de nœuds* » (TAINE). V. **Compliqué.** « *Une ruse savante* » (GONCOURT). — (ANT. *Ignorant, inculte; populaire, simple; facile, naïf*).
II. *N.* ♦ 1° *Vx* (1634). Personne savante (1°). V. **Clerc, érudit, humaniste, lettré, sage.** « *Notre mère... Que du nom de savante on honore en tous lieux* » (MOL.). *Assemblée de savants.* V. **Aréopage.** ♦ 2° (XVIIᵉ; repris XIXᵉ). N. m. *Mod.* Personne qui par ses connaissances et ses recherches contribue à l'élaboration, au progrès d'une science, et plus spécialement d'une science expérimentale ou exacte. V. **Cerveau, chercheur, scientifique.** *Marie Curie fut un grand savant. La spécialité d'un savant.* V. **Spécialiste;** *et* **-Logue, -logiste.** *Savants et techniciens.* V. **Scientifique.** « *Le savant sait qu'il ignore* » (HUGO). *Un grand savant.* « *Le savant complet est celui qui embrasse à la fois la théorie et la pratique expérimentale* » (Cl. BERNARD).

SAVARIN [savarɛ̃]. *n. m.* (1864; *brillat-savarin,* 1856; de *Brillat-Savarin,* gastronome et écrivain [1755-1826]). Gâteau en forme de couronne, fait d'une pâte molle que l'on cuit au four dans un moule spécial, et que l'on sert imbibé d'un sirop à la liqueur.

SAVART [savar]. *n. m.* (1923; du physicien *Savart* [1791-1841]). *Mus.* Unité pratique d'intervalle musical. *Le demi-ton tempéré vaut 25 savarts.*

SAVATE [savat]. *n. f.* (*Chavate,* en picard, XIIᵉ; *çavate, savate;* turc *çabata,* par l'it. *ciabatta*). ♦ 1° Vieille chaussure ou pantoufle qui ne tient plus au pied. *Être en savates,* traîner ses savates. ◇ *Fig.* et *fam. Traîner la savate,* vivre misérablement, dans l'indigence. ♦ 2° *Fig.* et *fam.* Injure à l'adresse d'une personne maladroite. *Quelle savate! Il peint comme une savate!* V. **Pied.** ♦ 3° Coup que l'on porte des coups de pied à l'adversaire (boxe française). *Elle lui donna dans les jambes ce coup sec si connu de ceux qui pratiquent l'art dit de la savate* » (BALZ.). ♦ 4° *Techn.* Large morceau de bois qu'on place sous un pied de meuble, un support, un objet étroit, pour l'empêcher de s'enfoncer, de dégrader le sol. ◇ *Mar.* Pièce de bois sur laquelle repose le navire au moment de son lancement.

SAVETIER [savtje]. *n. m.* (1213, pour *savatier;* de *savate*). *Vx.* Raccommodeur de souliers. V. **Cordonnier.** « *Le savetier et le financier* », fable de la Fontaine.

SAVEUR [savœr]. *n. f.* (*Savor,* XIIᵉ; lat. *sapor, saporis*). ♦ 1° Qualité perçue par le sens du goût. V. **Goût.** *Aliment qui a une saveur, de la saveur* (V. **Sapide**). *Sans saveur* (V. **Fade, insipide**). *Percevoir une saveur :* goûter, savourer. *Saveur agréable* (V. **Savoureux, succulent**), *désagréable. Les quatre saveurs fondamentales du goût :* acide, amer, salé, sucré. *Saveur douce, forte; saveur âcre, piquante.* ♦ 2° *Fig.* Qualité comparable à qqch. d'agréable au goût. « *La saveur de la nouveauté* » (STENDHAL). V. **Piment, sel.** « *Cette tournure naïvement originale qui donne une sorte de saveur aux gestes et aux idées ordinaires* » (BALZ.). ◇ ANT. *Fadeur.*

1. SAVOIR [savwar]. *v. tr.* [*je sais, tu sais, il sait, nous savons, vous savez, ils savent; je savais, je sus, nous sûmes; j'ai su; je saurai; je saurais; sache, sachons, sachez; que je sache, que nous sachions; que je susse, qu'il sût; sachant, su* (fin XIIᵉ; *savir,* 842; *saveir,* 980; lat. pop. *°sapere* [e long], class. *sapere* [e bref]* « goûter, connaître »)].
I. (*Appréhender par l'esprit*). **A** ♦ 1° Avoir présent à l'esprit (un objet de pensée qu'on identifie et l'on tient pour réel); pouvoir affirmer l'existence de. V. **Connaître.** « *Je ne sais pas votre nom* » (DUHAM.). « *Tout Saint-Ouen sut l'accident en quelques minutes* » (ZOLA), en fut informe. V. **Apprendre.** « *Ce que j'en sais n'est pas direct, je le tiens de lui* » (GIDE). *Je voudrais en savoir davantage.* « *Ce que j'aurais à vous faire savoir* » (LESAGE). « *Ce que j'aurais à vous faire savoir* » (SAND). à vous annoncer, à vous communiquer. — *Pronom.*

(Pass.) *Tout se sait, tout finit par se savoir. Ça se saurait!* (si cela était vrai, on en aurait entendu parler). — Par euphém. *Que vous savez,* sert à qualifier une personne, une chose que l'on ne veut pas désigner (et qui est connue de l'interlocuteur). *Cet argent « vient de qui vous savez pour ce que vous savez »* (HUGO). ◇ (Suivi d'une subordonnée) « *Des sujets que je savais l'intéresser* » (B. CONSTANT). « *On la savait bien dotée* » (MAUPASS.). « *Nous autres, civilisations, nous savons que nous sommes mortelles* » (VALÉRY). *Nous croyons savoir que...,* s'emploie quand l'information n'est pas absolument sûre. *J'ai l'honneur de vous faire savoir que...,* s'emploie quand un supérieur informe un subordonné. *Je sais bien que...,* s'emploie avec une valeur concessive. *Je sais à quoi m'en tenir*, de quoi il retourne*.* [Belgique; emploi critiqué]. *Je ne sais de rien* : je ne sais rien. — *Je sais pourquoi il est fâché. Savez-vous s'il doit venir? Reste à savoir s'il en est capable* (toutes les autres conditions étant réunies, encore faut-il savoir si...). *La question de savoir si...,* la question à l'étude. *Elle « s'était remise à le considérer, depuis qu'elle lui savait des rentes »* (ZOLA). ♦ 2° Être conscient de ; connaître la valeur, la portée de (tel acte, tel sentiment). Littér. *Je sais mes obligations envers vous.* — Cour. « *Il ne sait plus ce qu'il dit, ni ce qu'il fait* » (MOL.). *Vous ne savez pas ce que vous voulez! Je ne veux pas le savoir!* je ne veux pas connaître vos excuses, vos raisons. — Pronom. « *Ils se savent invulnérables* » (MAUROIS), ils ont conscience d'être invulnérables. ♦ 3° Avoir dans l'esprit (un ensemble d'idées et d'images constituant des connaissances sur tel ou tel objet de pensée). V. **Connaître.** « *Les gens de qualité savent tout sans avoir jamais rien appris* » (MOL.). Fam. *Il en sait, des choses* : il est instruit, savant. — « *Un homme d'esprit avait soutenu que Poincaré savait tout et ne comprenait rien* » (MAUROIS). *La seule chose que je sais, c'est que je ne sais rien* : mot de Socrate. — *Que sais-je?* devise de Montaigne. ◇ Absolt. Avoir des connaissances rationnelles, plus ou moins systématiques. *Savoir, c'est pouvoir,* aphorisme de Bacon. « *Savoir, faute de pouvoir, c'est toujours ça, dit Jeannot. Qu'est-ce qu'elle a dû nous faire espionner!* » (BAZIN). *Si jeunesse* savait.* « *L'appétit de savoir naît du doute* » (GIDE). « *Savoir c'est comprendre comment la moindre chose est liée au tout* » (ALAIN). ♦ 4° Vieilli. Connaître, être en mesure de retrouver ou d'utiliser. « *Ne sauriez-vous pas le moyen de me faire trouver un trésorier?* » (VOLT.). *Ne vous dérangez pas, je sais le chemin.* ♦ 5° Être en mesure de pratiquer, d'exécuter, grâce à des connaissances théoriques. « *Elle s'acquitta de sa besogne en coiffeuse qui sait son métier* » (GAUTIER). *Il ne sait pas l'orthographe.* « *Un homme qui sait quatre langues vaut quatre hommes* » (STAËL). ♦ 6° Avoir présent à l'esprit dans tous ses détails, de manière à pouvoir répéter. *Savoir son rôle par cœur.* — *Savoir sa leçon, sa table de multiplication. Il sait cette question sur le bout du doigt :* parfaitement. ⓑ *(Sens affaibli, dans des express.).* ♦ 1° Servant à présenter un fait que l'on tient pour connu, pour avéré. « *Ce qui est, comme tu le sais ou comme tu ne le sais pas, un véritable tour de force* » (GAUTIER). « *On sait que les Romains étaient formalistes* » (MONTESQ.). *Vous n'êtes pas sans savoir que...,* vous n'ignorez pas que... *Dieu* sait.* ♦ 2° (À l'impér.). *Sachez que..., apprenez que...* « *Sachons-le bien* » (BALZ.) : soyons-en certains, persuadés. ◇ (En incise ou en tête de phrase, pour souligner une affirmation) « *Il est gentil, vous savez* » (PROUST). « *Les prix sont excessifs, savez-vous* » (PROUST). « *Et puis, tu sais, ne t'imagine pas...* » (SARTRE). *Savez-vous, sais-tu?* (incises courantes dans le français de Belgique) : n'est-ce pas? ◇ Loc. conj. de coordin. À **SAVOIR,** ou **Savoir** : c'est-à-dire. « *Les deux objets à la mode alors..., savoir un kaléidoscope et une lampe de fer blanc* » (HUGO). ♦ 3° (En loc. interrog.). *Peut-on savoir?* je vous prie de me l'apprendre. Fam. *Va savoir! allez savoir!* c'est bien difficile à savoir. « *Ça m'intéresse, ce qui se passe là-dedans... Savoir si ça va décider Buteau!* » (ZOLA) : je me demande si ça va le décider. « *Savoir quel temps il fera demain!* » (ROMAINS). — *Qui sait?* : ce n'est pas impossible. V. **Peut-être.** ♦ 4° (En tour négatif, avec *ne,* dans des loc. indéfinies). « *L'amour, ne vous déplaise, est un je ne sais quoi* » (REGNARD). V. **Je ne sais quoi.** « *Comme un nuage dont la foudre va tomber on ne sait quand ni sur qui* » (ROMAINS). *Il y a je ne sais combien de temps* : très longtemps. « *Il a je n'sais plus qui dans sa famille qui est je n'sais plus quoi* » (BARBUSSE). « *Notre départ est remis à je ne sais quand* » (GIDE). « *Elle a avoué avoir été toute drôle, toute je ne sais comment* » (BAUDEL.) : dans un état indéfinissable. ◇ (Interrog. indir. à l'inf.) *Ne savoir que faire, quoi faire. Ne savoir que devenir, où se mettre. Ils ne savent qu'inventer. Ne savoir sur quel pied danser*, à quel saint* se vouer ; où donner de la tête*, où se fourrer*.* ♦ 5° (Au subj., en loc. restrictive). *QUE JE SACHE* : autant que je puisse savoir, en juger. « *Sibylle n'a pas la prétention, que je sache, d'imposer silence à mes amis* » (BARBEY). — Littér. (Par anal. avec le tour restrictif) « *Je ne sache guère que le Misanthrope où le héros de la pièce ait fait un mauvais choix* » (ROUSS.), je ne connais guère. « *Je ne sache pas d'actrice,*

en ce moment, qui ait pu la réaliser d'une façon plus charmante » (GONCOURT).
II. (1080). SAVOIR, *suivi d'un inf.* Être capable de, en mesure de. ♦ 1° Être capable par un apprentissage, par l'habitude, de (pratiquer une activité). *Une classe où les enfants savent déjà lire et écrire. Il ne sait pas encore nager.* « *Devant un piano dont il ne sait pas jouer* » (LARBAUD). ◇ Être capable, par une habileté naturelle ou acquise, de (faire qqch). « *Ah! si je savais dire comme je sais penser!* » (DIDER). « *Il a toujours su s'y prendre* » (PÉGUY). Pop. *Il sait y faire :* il est habile. *Il ne sait pas vivre.* ♦ 2° Avoir par aptitude, effort de volonté, la possibilité de. « *Savoir dire non aux faits* » (SARTRE). *Savoir écouter, attendre.* « *Il sut rester jeune bien longtemps* » (STE-BEUVE). ♦ 3° [Belgique]. Pouvoir. *Il ne sait pas rester tranquille.* ♦ 4° (Au condit. et en tour négatif avec *ne* seul). Pouvoir. « *Couvrez ce sein que je ne saurais voir* » (MOL.), que je ne peux voir, que je n'ai pas le droit de voir. « *On ne saurait penser à tout* » (MUSS.), il est impossible de penser à tout. ◇ (Sujet de chose) « *Ni la goutte, ni la colique ne sauraient lui arracher une plainte* » (LA BRUY.). « *Quand Norpois écrit : « Ces dévastations systématiques ne sauraient persuader...* » il est certain que ces *dévastations... sont des choses inanimées, qui ne peuvent pas savoir* » (PROUST).
◇ ANT. **Ignorer.** — HOM. (de qques formes) *Savon; formes de* **sucer.**

2. SAVOIR [savwaʀ]. *n. m.* (fin XIIe; *savir,* 842; subst. du précéd.). ♦ 1° Ensemble de connaissances plus ou moins systématiques, acquises par une activité mentale suivie. V. **Acquis, connaissance(s), culture, érudition, instruction, lumière, science.** « *Il fut surpris de l'étendue de son savoir* » (STENDHAL). « *La petite part de savoir que je possède, qui m'a coûté tant de peine à acquérir* » (BERNANOS). ◇ Spécialt. *Le gai* savoir.* ♦ 2° Philo. État de l'esprit qui sait ; relation entre le sujet et l'objet de pensée dont il admet la vérité (pour des raisons intellectuelles et communicables). « *La foi ne méconnaît ni ne renie le savoir* » (BLONDEL). ◇ ANT. **Ignorance.**

SAVOIR-FAIRE [savwaʀfɛʀ]. *n. m.* (1671; de *savoir,* et *faire*). ♦ 1° Habileté à faire réussir ce qu'on entreprend, à résoudre les problèmes pratiques ; compétence, expérience dans l'exercice d'une activité artistique ou intellectuelle. V. **Adresse, art.** « *Pour gagner du bien, le savoir-faire vaut mieux que le savoir* » (BEAUMARCH.). *Les savoir-faire.* ♦ 2° (trad. de l'angl. *Know how*). Dr. comm. Ensemble des connaissances, expériences et techniques accumulées par une personne ou une société, que l'on peut mettre à la disposition d'autrui, à titre onéreux ou gratuit.

SAVOIR-VIVRE [savwaʀvivʀ(ə)]. *n. m.* (1674; de *savoir,* et *vivre*). ♦ 1° Vx. Art de bien diriger sa vie. ♦ 2° Mod. Qualité d'une personne qui connaît et sait appliquer les règles de la politesse. V. **Éducation, tact.** « *Les hommes d'aujourd'hui ont si peu d'égard et de savoir-vivre...* » (MAUPASS.). *Les savoir-vivre.* ◇ ANT. **Impolitesse.**

SAVON [savɔ̃]. *n. m.* (1256; lat. *sapo, -onis,* mot d'o. germ.). ♦ 1° Produit utilisé pour le dégraissage et le lavage, obtenu par l'action d'un alcali sur un corps gras (surtout huiles végétales). *Savon blanc. Savon noir,* utilisé pour laver les carrelages, etc. *Savon de Marseille. Pain de savon. Savon en paillettes, en poudre, liquide. — Savon de toilette. Savon à barbe. Bulle* de savon.* ◇ Chim. Nom générique des sels des acides gras ; produit d'une saponification. ♦ 2° *Un savon :* morceau moulé de ce produit. *Acheter des savons de Marseille. Petit savon.* V. **Savonnette.** ♦ 3° Fig. et fam. (1694; de *savonner* la tête). *Donner, passer un savon à qqn,* l'attraper, le réprimander. *Recevoir un bon savon.* V. **Engueulade.** ♦ 4° Minér. Se dit d'un silicate hydraté d'aluminium qui se dépose dans certaines eaux thermales. *Savon blanc, savon de montagne, savon minéral. — Savon naturel, savon des soldats,* argile smectique. — Techn. *Savon des verriers,* bioxyde de manganèse.

SAVONNAGE [savɔnaʒ]. *n. m.* (1680; de *savonner*). Lavage au savon. « *Madame faisait quelquefois de petits savonnages elle-même* » (BALZ.).

SAVONNER [savɔne]. *v. tr.* (déb. XVIe; de *savon*). ♦ 1° Laver en frottant avec du savon. *Savonner du linge qui ne va pas à la lessive.* — Pronom. « *Moktar s'était... savonné de son mieux* » (DUHAM.). ♦ 2° Fig. et fam. (1669). Vieilli. *Savonner la tête de qqn.* V. **Engueuler; savon (3°).**

SAVONNERIE [savɔnʀi]. *n. f.* (1313; de *savon*). ♦ 1° Usine où l'on fabrique du savon. — Fabrication du savon. ♦ 2° (Du nom de la manufacture installée au XVIIe s. dans une *savonnerie* désaffectée). Tapis fabriqué à la manufacture de la Savonnerie.

SAVONNETTE [savɔnɛt]. *n. f.* (1579; de *savon*). ♦ 1° Petit pain de savon pour la toilette. ♦ 2° (1878; *montre à savonnette[s],* 1842) Vx. Montre à double boîtier. ♦ 3° SAVONNETTES. *n. f. pl.* (v. 1970). Arg. auto. Pneus n'ayant aucune adhérence.

SAVONNEUX, EUSE [savɔnø, øz]. *adj.* (déb. XVIIIe;

de *savon*). Qui contient du savon ; qui rappelle le savon par son aspect, sa consistance, etc. *Eau savonneuse.* « *Une humidité lourde, chargée d'une odeur savonneuse* » (ZOLA).

SAVONNIER, IÈRE [savɔnje, jɛʀ]. *n. m.* et *adj.* (1292 ; de *savon*). ♦ 1° Fabricant de savon. ◊ *Adj.* (1611) Relatif à la fabrication et au commerce du savon. ♦ 2° *N. m.* (1694). Arbre exotique *(Sapindacées)* dont l'écorce est riche en saponine.

SAVOURER [savuʀe]. *v. tr.* (fin XIVᵉ ; *savorer*, fin XIIᵉ ; de *saveur*). ♦ 1° Manger, boire avec toute la lenteur et l'attention requises pour apprécier pleinement. V. **Déguster.** « *Duroy buvait la bière à lentes gorgées, la savourant et la dégustant* » (MAUPASS.). ♦ 2° Goûter de manière à prolonger le plaisir, à le rendre plus délicat, plus intense. V. **Délecter (se), jouir.** « *Nous savourons la moindre joie, ainsi qu'un dessert dont on est privé* » (DORGELÈS).

SAVOUREUSEMENT [savuʀøzmã]. *adv.* (XIIIᵉ ; de *savourer*). ♦ 1° *Vx.* En savourant. ♦ 2° *Mod.* (1875). *Rare.* D'une façon savoureuse. *Un ragoût savoureusement préparé.* Fig. *Anecdote savoureusement racontée.*

SAVOUREUX, EUSE [savuʀø, øz]. *adj.* (déb. XIIIᵉ, bas lat. *saporosus*). ♦ 1° Qui a une saveur agréable, riche et délicate. V. **Appétissant, délectable, succulent.** *Le gibier* « *est une nourriture... savoureuse, de haut goût* » (BRILLAT-SAV.). *Des fruits savoureux.* « *Le savoureux bouillon des choux* » (MAUPASS.). ♦ 2° *Fig.* Qui a de la saveur, du piquant. « *Sur ces mots de vie 'secrète' on s'attend à de savoureuses indiscrétions* » (HENRIOT).

SAVOYARD, ARDE [savwajaʀ, aʀd(ə)]. *adj.* (1580 ; de *Savoie*). De la Savoie. « *Des ramoneurs savoyards passaient..., avec leur plaintif appel* » (LOTI). — Subst. *Un Savoyard, une Savoyarde.* Vx. *Les (petits) Savoyards*, les ramoneurs.

SAXATILE [saksatil]. *adj.* (1538 ; lat. *saxatilis*). *Sc. nat.* Qui vit parmi les rochers, croît sur les rochers. V. **Saxicole.**

SAXE [saks(ə)]. *n. m.* (1847 ; de *Saxe*, région de l'Allemagne). Porcelaine de Saxe ; objet fait de cette porcelaine. *Collection de vieux saxes.*

SAXHORN [saksɔʀn]. *n. m.* (1846 ; de *Sax*, nom de l'inventeur, et all. *Horn* « cor »). *Mus.* Instrument à vent en cuivre, à embouchure et à pistons.

SAXI-. Élément savant tiré du lat. *saxum* « pierre », et qui sert à former quelques mots didactiques. V. **Saxicole.**

SAXICOLE [saksikɔl]. *adj.* et *n.* (1836 ; du lat. *saxum* « rocher », et *-cole*). *Bot.* Saxatile. *Plantes saxicoles.*

SAXIFRAGACÉES [saksifʀagase]. *n. f. pl.* (1871 ; *saxifragées*, 1803 ; de *saxifrage*). *Bot.* Famille de plantes dicotylédones dialypétales qui comprend les saxifrages, les seringas, les hortensias.

SAXIFRAGE [saksifʀaʒ]. *n. f.* (XIIIᵉ ; lat. *saxifraga*, proprem. « qui brise les rochers »). Genre de plantes herbacées *(Saxifragacées)* qui croissent surtout dans les fissures des rochers et des murs. « *Leurs parois où pendent les filaments de saxifrages* » (GAUTIER).

SAXO [sakso]. *n. m.* V. SAXOPHONE ; SAXOPHONISTE.

SAXON, ONNE [saksɔ̃, ɔn]. *n.* et *adj.* (1512 ; *Saisne*, 1080, bas lat. *Saxo*). ♦ 1° Nom d'un des anciens peuples germaniques. *Invasion de la Grande-Bretagne par les Saxons unis aux Angles et aux Jutes* (V. **Anglo-Saxon**). — Adj. *Les invasions saxonnes.* ♦ 2° De la Saxe, région de l'Allemagne. — *N. m.* Ling. *Le vieux saxon*, l'état le plus archaïque du bas allemand. *Bas saxon*, ensemble des dialectes issus du vieux saxon.

SAXOPHONE [saksɔfɔn]. *n. m.* (1843 ; de *Sax*, nom de l'inventeur, et *-phone*). Instrument à vent, à anche simple et à clefs, muni d'un bec semblable à celui de la clarinette. *Saxophone ténor, alto* (abrév. *saxo ténor, alto*).

SAXOPHONISTE [saksɔfɔnist(ə)]. *n.* (1953 ; de *saxophone*). Joueur de saxophone (abrév. fam. SAXO [sakso]). *Il y a deux saxos dans l'orchestre, un alto et un ténor*).

SAYNÈTE [sɛnɛt]. *n. f.* (*Saïnette*, 1764 ; esp. *sainete*, dimin. de *sain* « graisse » [Cf. Farce] ; rattaché à *scène*). ♦ 1° *Hist. litt.* Petite comédie bouffonne du théâtre espagnol (que l'on jouait pendant un entracte). ♦ 2° *Vieilli.* Sketch.

SAYON [sɛjɔ̃]. *n. m.* (1485 ; esp. *saya*, lat. *sagum*. V. Sayette). *Ancienn.* ♦ 1° Casaque grossière de paysan, de berger. ♦ 2° (1798). Casaque de guerre des Gaulois et des Romains. ◊ HOM. *Seillon.*

Sb Symbole chimique de l'*antimoine* (en lat. *stibium*).

SBIRE [sbiʀ]. *n. m.* (1546 ; it. *sbirro*, *birro* ; bas lat. *burrus*, *birrus* « roux », gr. *pyrrhos* ; à cause de la couleur de l'uniforme du *sbire* ou de la valeur péj. de *roux*). *Ancienn.* Agent de police, en Italie. ◊ *Mod.* (*Péj.*) Policier sans scrupule ; homme de main*.

Sc Symbole chimique du *scandium*.

SCABIEUSE [skabjøz]. *n. f.* (1314 ; lat. méd. *scabiosa*, du lat. *scabiosus* « galeux », cette plante passant pour guérir la gale, lat. *scabies*). Plante herbacée sauvage ou cultivée dans les rocailles employée autrefois comme dépuratif *(Dipsacées)*. *Scabieuses ornementales à fleurs mauves.* « *La*

scabieuse [...] *donne une jolie fleur d'un bleu mourant, et à fond noir piqueté de blanc* » (BERNARD. de ST-P.).

SCABIEUX, EUSE [skabjø, øz]. *adj.* (1545 ; « qui a la gale », 1389 ; lat. *scabiosus*. V. **Scabieuse**). *Méd.* Relatif à la gale. *Éruption scabieuse.*

SCABREUX, EUSE [skabʀø, øz]. *adj.* (1501 ; bas lat. *scabrosus*, du lat. *scaber* « rude, raboteux »). ♦ 1° *Littér.* Qui crée une situation embarrassante et des risques d'erreur. V. **Dangereux, délicat, périlleux, risqué.** *Entreprise, question scabreuse.* « *La conversation est arrivée ensuite à des choses plus graves. Nous touchons à un sujet bien autrement scabreux* » (STENDHAL). ♦ 2° (XVIIIᵉ). *Cour.* Qui choque la décence. *Histoire scabreuse.* V. **Indécent, licencieux.** « *La conversation était extrêmement libre ; je n'aimais pas à entendre M. Malet parler devant sa fille de sujets scabreux* » (MAUROIS).

SCAFERLATI [skafɛʀlati]. *n. m.* (1707, « tabac turc » ; o. i.). Tabac finement découpé, pour la pipe ou la cigarette.

1. SCALAIRE [skalɛʀ]. *n. m.* (XXᵉ ; « mollusque », 1808 ; lat. *scalaris* « d'escalier », de *scalæ* « escalier »). Poisson du Brésil au corps aplati et rayé de jaune et de noir.

2. SCALAIRE [skalɛʀ]. *adj.* (fin XIXᵉ ; angl. *scalar*, 1862 ; du lat. *scalaris*). *Math.* Se dit de toute grandeur suffisamment définie par un nombre arithmétique ou algébrique exprimant sa mesure en unités appropriées (au contraire des grandeurs vectorielles). « *On les nomme grandeurs scalaires parce qu'elles suggèrent l'image d'une échelle de valeurs indépendamment de toute idée d'orientation* » (L. de BROGLIE). *Produit scalaire de deux vecteurs*, produit de leur module et du cosinus de leur direction.

SCALA-SANTA [skalasãta]. *n. f.* (1846 ; mot it. « escalier saint »). Nom donné à l'escalier du palais de Ponce-Pilate à Jérusalem, transporté et réédifié à Rome, que les pèlerins montent à genoux, et *par ext.* à des escaliers semblables.

SCALDE [skald(ə)]. *n. m.* (1755 ; scand. *skald* « poète »). *Hist. litt.* Nom donné aux anciens poètes chanteurs scandinaves, auteurs de poésies transmises d'abord oralement puis recueillies dans les sagas.

SCALÈNE [skalɛn]. *adj.* (1542 ; lat. *scalenus*, gr. *skalênos* « boiteux », d'où « impair, inégal »). ♦ 1° *Géom.* *Triangle scalène*, dont les trois côtés sont inégaux. ♦ 2° *Anat.* (XVIᵉ) *Muscles scalènes*, ou subst. *Les scalènes*, les trois muscles de la partie antéro-latérale du cou (antérieur, moyen et postérieur) de forme triangulaire, partant des apophyses transverses des vertèbres cervicales pour s'insérer sur les deux premières côtes, qui participent au mouvement d'inspiration et déterminent une légère inclinaison de la tête.

SCALOGRAMME [skalɔgʀam]. *n. m.* (mil. XXᵉ ; comp. hybride du lat. *scala* « échelle », et *-gramme*). *Statist.* Tableau représentatif des opinions ou attitudes d'un groupe social, selon une échelle quantitative.

SCALP [skalp]. *n. m.* (*Escalpe*, 1826 ; *scalpe*, 1827 ; V. **Scalper**). ♦ 1° Action de scalper. *Danse du scalp*, danse guerrière exécutée, par les Indiens d'Amérique, autour de la victime qui allait être scalpée. ♦ 2° *Méd.* Arrachement accidentel du cuir chevelu. ♦ 2° *Par ext.* Dépouille, trophée constitué par la peau du crâne avec sa chevelure.

SCALPEL [skalpɛl]. *n. m.* (v. 1370 ; var. *scalpre ; rare* av. XVIIIᵉ ; lat. *scapellum*, de *scalprum*, rac. *scalpere* « graver, tailler »). *Chir.* Petit couteau à manche plat destiné aux dissections. *Incision au scalpel.* V. **Bistouri.** Par compar. « *Son style net et tranchant comme un scalpel* » (DUHAM.).

SCALPER [skalpe]. *v. tr.* (1769 ; angl. *to scalp*, de *scalp* « calotte crânienne », du scand. *skalp* « coquille »). Dépouiller (qqn) du cuir chevelu après incision circulaire de la peau. *Les Indiens d'Amérique du Nord scalpaient leurs ennemis vaincus.* « *L'affreuse coutume de scalper l'ennemi augmente la férocité du combat* » (CHATEAUB.). — Dér. SCALPEUR [skalpœʀ], *n. m.* [XXᵉ].

SCAMPI [skãpi]. *n. m. pl.* (v. 1950 ; mot it.). Grosses crevettes préparées à l'italienne (frites).

SCANDALE [skãdal]. *n. m.* (1050 ; bas lat. *scandalum*, gr. *skandalon* « obstacle, pierre d'achoppement »). **Ⓐ** *Relig.* ♦ 1° Occasion de péché créée par la personne qui incite les autres à se détourner de Dieu ; le péché commis par celui qui incite et par celui qui se laisse entraîner. « *Malheur à l'homme par qui le scandale arrive* » (BIBLE). ♦ 2° Fait troublant, contradictoire, qui met un obstacle à la croyance religieuse, qui sème la dissension. « *Jésus crucifié, qui a été le scandale du monde* » (BOSS.). *Saint Paul* « *ne l'appelait plus le mystère de la croix, mais le scandale de la croix* » (BOURDALOUE). **Ⓑ** *Cour.* ♦ 1° (1657). Effet dans le public de faits, d'actes ou de propos de mauvais exemple. V. **Éclat.** *Causer, entraîner un scandale public.* « *Ce livre s'intitule : De cinq à sept, et il fait scandale, dans le bon sens* » (MIRBEAU). « *Oh ! le scandale ne me fait pas peur* » (ZOLA). ◊ (1561) Émotion indignée qui accompagne cet effet. *Au grand scandale de sa famille.* ♦ 2° (XIVᵉ). Désordre, esclandre. V. **Tapage** ; et pop. **Barouf, foin.** *Scandale sur la voie publique. Si on me* *renvoie, je ferai du scandale.* « *Pas de scandale, c'est la consigne* » (ARAGON). ♦ 3° Grave affaire qui émeut l'opinion publique. *Le scandale de Panama.* « *Parfois cependant des scandales éclatent, la justice est saisie* » (M. GARÇON). ♦ 4° Fait immoral, révoltant. V. Honte. « *La douleur infligée à ces innocents n'avait jamais cessé de leur paraître... un scandale* » (CAMUS). « *Le scandale est qu'on m'ait emprisonné...* » (AYMÉ). *C'est un scandale !* ◇ ANT. Édification.

SCANDALEUSEMENT [skãdaløzmã]. *adv.* (1558; de *scandaleux*). D'une manière scandaleuse. *L'agio et la contrebande* « *ont scandaleusement enrichi ce groupe...* » (MADELIN). — Fam. *Elle est scandaleusement laide.*

SCANDALEUX, EUSE [skãdalø, øz]. *adj.* (1361; bas lat. *scandalosus*). ♦ 1° Qui cause du scandale, provoque un grand retentissement dans le public, par son mauvais exemple. *Vie, conduite scandaleuse. Procès, romans scandaleux.* — (Personnes) « *Dans l'autobus, au cinéma, dans le métro, elle était scandaleuse, elle disait toujours ce qu'il ne fallait pas dire, sa voix ronde lâchait des mots scandaleux* » (SARTRE). ◇ Relatif aux scandales. *Chronique scandaleuse.* « *L'histoire scandaleuse de la ville* » (VOLT.). ◇ Fam. (Sens affaibli) *Prix scandaleux :* trop élevé. *Mauvais goût scandaleux.* V. Épouvantable. *C'est scandaleux !* V. Honteux. ♦ 2° *Relig.* (1596). Qui cause le scandale, incite au péché. ◇ ANT. Édifiant, moral.

SCANDALISER [skãdalize]. *v. tr.* (1530; *escandaliser*, 1190; bas lat. *scandalizare*). ♦ 1° *Relig.* Être un sujet de scandale pour (qqn), inciter au péché. *Scandaliser les âmes.* — Pronom. « *Il est bien ridicule de se scandaliser de la bassesse de Jésus-Christ* » (PASC.). ♦ 2° *Cour.* Atteindre, toucher par le scandale ; apparaître comme un scandale à. V. Blesser, choquer, offenser. « *Il ébaucha un geste qui scandalisa toutes ces dames* » (ZOLA). « *Ma lectrice rougit, et je la scandalise* » (MUSS.). Absolt. « *Désir d'étonner, de scandaliser* » (MAURIAC). ◇ Pronom. « *J'imite. Plusieurs personnes s'en sont scandalisées* » (ARAGON). V. Indigner (s'). ◇ ANT. Édifier.

SCANDER [skãde]. *v. tr.* (1516; lat. *scandere*). ♦ 1° Analyser (un vers) en ses éléments métriques ; le déclamer en tenant compte de cette analyse. *Scander les hexamètres de Virgile.* — Exécuter ou chanter en marquant les temps forts. « *Le violon,... scandait le refrain sur son instrument* » (ARAGON). ♦ 2° *Cour.* Ponctuer, souligner. « *Je scandais ces méchantes phrases sur un air de polka* » (DUHAM.). ◇ Prononcer en détachant les syllabes, les groupes de mots. *Scander les mots.*

SCANDINAVE [skãdinav]. *adj.* (1756; du lat. *Scandinavia* ou *Scadinavia*, a. germ. °*skadinaja*). Qui appartient à la Scandinavie ou à ses habitants. *Péninsule, peuples scandinaves* (Suédois, Norvégiens, Danois, Islandais). — Subst. *Les Scandinaves. Langues scandinaves* (ou *nordiques*) : langues du groupe germanique septentrional.

SCANDINAVISME [skãdinavism(ə)]. *n. m.* (1863; de *scandinave*, et *-isme*). Didact. Système politique qui s'inspire de la communauté ethnique et linguistique des pays scandinaves, englobant l'Islande et la Finlande.

SCANDIUM [skãdjɔm]. *n. m.* (1879; d'apr. lat. *Scandia* « Scandinavie »). Chim. Corps simple (symb. Sc, masse at. 44,96; n° at. 21), métal qu'on trouve dans certains minerais des terres rares.

SCANSION [skãsjɔ̃]. *n. f.* (1741; lat. *scansio*). Didact. Action, manière de scander (un vers). ◇ Pathol. Trouble de la prononciation qui consiste à mettre l'accent sur certaines syllabes.

SCAPHANDRE [skafãdʀ(ə)]. *n. m.* (1859; « ceinture de sauvetage », 1767; du gr. *skaphê* « barque », et suff. *-andre*). Appareil de plongée individuel. *Scaphandres à casque et vêtement souple.* (1933). *Scaphandre autonome* (pourvu d'une bouteille à air comprimé). « *Voici un plongeur, sous son scaphandre, au fond du lac* » (GONCOURT). ◇ Par anal. de forme. *Le scaphandre des cosmonautes.*

SCAPHANDRIER [skafãdʀije]. *n. m.* (1805; de *scaphandre*). Plongeur muni d'un scaphandre, chargé de divers travaux sous-marins.

-SCAPHE, SCAPH(O)-. Éléments, du gr. *skaphê* « barque ».

SCAPHITE [skafit]. *n. m.* (1839; du gr. *skaphê* « barque »). Paléont. Genre de mollusques à tentacules, fossiles du crétacé comprenant les ammonites à spire déroulée.

SCAPHOÏDE [skafɔid]. *adj.* (1538; gr. *skaphoeidês* « en forme de barque »). Anat. Os scaphoïde, ou subst. *Le scaphoïde*, l'os le plus volumineux de la rangée supérieure des os du carpe, du côté externe. — *Scaphoïde tarsien.* V. Naviculaire.

1. **SCAPULAIRE** [skapylɛʀ]. *n. m.* (1380; *capulaire*, 1195; lat. médiév. *scapulare*, du lat. *scapulæ* « épaules »). ♦ 1° Rare. Vêtement de certains religieux, fait de deux larges bandes d'étoffe, dont les épaules sur la poitrine et sur le dos. « *Le grand scapulaire noir de l'Ordre* » (HUYSMANS). ♦ 2° (1671). Cour. Objet de dévotion composé de deux petits

morceaux d'étoffe bénits, réunis par des rubans qui s'attachent au cou. « *Il tira un scapulaire d'étoffe où saignait un cœur couleur d'orange* » (GIONO).

2. **SCAPULAIRE** [skapylɛʀ]. *adj. et n. m.* (1721; du lat. *scapulæ* « épaules »). ♦ 1° *Anat.* Qui appartient à l'épaule ou à l'omoplate. *Ceinture scapulaire. Artères, veines scapulaires.* V. Omoplate. ♦ 2° N. m. (1752). Chir. Large bande de toile passée sur les épaules pour retenir un bandage.

SCAPULO-HUMÉRAL, ALE, AUX [skapylɔymeʀal, o]. *adj.* (1839; du rad. de *scapulaire*, et *huméral*). Anat. Qui appartient à l'omoplate et à l'humérus. *Articulation scapulo-humérale.*

SCARABÉE [skaʀabe]. *n. m.* (1571; lat. *scarabæus*, du gr. *karabos.* V. Carabe). Insecte coléoptère coprophage (*Scarabéidés*). « *Un scarabée, roulant, sur le sol, avec ses mandibules et ses antennes, une boule* » (LAUTRÉAMONT). ◇ Pierre gravée, bijou portant l'image du scarabée sacré égyptien.

SCARABÉIDÉS [skaʀabeide]. *n. m. pl.* (1839; de *scarabée*). Zool. Famille d'insectes coléoptères au corps massif, aux pattes fouisseuses, les uns coprophages (V. Bousier), les autres phytophages. *Les scarabéidés comptent environ 8 000 espèces.*

SCARE [skaʀ]. *n. m.* (XVIᵉ; lat. *scarus*, gr. *skaros*). Zool. Poisson osseux aux vives couleurs, appelé *perroquet de mer*.

SCARIEUX, EUSE [skaʀjø, øz]. *adj.* (1808; lat. *scariosus*, du lat. médiév. *scaria* « bouton, lèpre », gr. *eskhara.* V. Escarre). *Bot.* Se dit de tout organe membraneux, desséché et translucide.

SCARIFIAGE [skaʀifjaʒ]. *n. m.* (1922; de *scarifier*). *Agric.* Opération consistant à briser la croûte durcie sur le sol entre les labours et les hersages et le moment des semailles.

SCARIFICATEUR [skaʀifikatœʀ]. *n. m.* (XVIᵉ; de *scarifier*). ♦ 1° *Méd.* Instrument qui permet d'inciser la peau (au moyen de plusieurs petites lancettes déclenchées par un ressort). ♦ 2° *Agric.* (1842). Machine servant au scarifiage du sol. V. Extirpateur.

SCARIFICATION [skaʀifikasjɔ̃]. *n. f.* (1314; lat. *scarificatio*). ♦ 1° *Méd.* et *Chir.* Incision superficielle, pratiquée à l'aide d'un rasoir, d'un bistouri ou d'un scarificateur, en vue d'une saignée locale. V. Moucheture. ♦ 2° *Arbor.* (1870). Incision pratiquée sur l'écorce d'un arbre, pour arrêter la circulation de la sève au voisinage des fruits. *Spécialt.* Incision annulaire de la vigne.

SCARIFIER [skaʀifje]. *v. tr.* (v. 1300; lat. *scarificare*, du gr. *skariphastai* « inciser, gratter », de *skariphos* « stylet »). ♦ 1° Inciser superficiellement. *Scarifier la peau. Par ext.* (Au p. p.) *Ventouses scarifiées*, appliquées sur des parties du corps préalablement scarifiées. ♦ 2° *Agric.* Procéder au scarifiage de (la terre). V. Labourer. ♦ 3° *Arbor.* Procéder à la scarification de (l'écorce).

SCARLATINE [skaʀlatin]. *adj. et n. f.* (1741; lat. médiév. *scarlatinus*, de *scarlatum.* V. Écarlate). Maladie infectieuse aiguë, fébrile, contagieuse et épidémique, provoquée par des streptocoques, caractérisée par une angine rouge et un exanthème cutané rouge velouté au toucher, formant des grandes nappes, auquel succède une desquamation. *Les complications de la scarlatine* (néphrite, endocardite, méningite) *sont exceptionnelles depuis la découverte des antibiotiques.* — Adj. *Fièvre scarlatine* (Vx). *Au masc.* (Rare) *Rhumatisme scarlatin.*

SCARLATINIFORME [skaʀlatinifɔʀm(ə)]. *adj.* (1863; de *scarlatine*, et *-forme*). Méd. Qui ressemble à la scarlatine. *Érythèmes scarlatiniformes* (ou SCARLATINOÏDES [skaʀlatinɔid]).

SCAROLE [skaʀɔl] ou **ESCAROLE** [ɛskaʀɔl]. *n. f.* (déb. XIVᵉ,-idem; it. *scariola*, bas lat. *escariola* « endive »). Chicorée à larges feuilles peu dentées, mangée en salade. V. Cornette.

SCAT [skat]. *n. m.* (v. 1948; mot amér., onomatopée). Anglicisme. *Jazz.* Style vocal qui consiste à chanter sur des syllabes arbitraires (et peu nombreuses) ou à déformer les syllabes d'un texte chanté.

SCATO-. Élément, du gr. *skatos*, génitif de *skor* « excrément ».

SCATOLOGIE [skatɔlɔʒi]. *n. f.* (fin XIXᵉ; de *scato-*, et *-logie*). Écrits, propos grossiers, où il est question d'excréments; grossièreté de tels écrits.

SCATOLOGIQUE [skatɔlɔʒik]. *adj.* (1863; de *scatologie*). Qui a un caractère de scatologie. *Plaisanterie scatologique.* « *Une grasse causerie scatologique. Elle énumère les actrices facilement dérangées par les émotions de la scène* » (GONCOURT).

SCATOPHILE [skatɔfil]. *adj.* (1839; de *scato-*, et *-phile*). Sc. nat. Qui vit ou pousse sur les excréments, près des excréments. V. Stercoraire.

SCEAU [so]. *n. m.* (XVIᵉ; *seel*, 1080; *c* ajouté pour le distinguer de *seau*; lat. pop. °*sigellum*, class. *sigillum*, de *signum* « effigie »). ♦ 1° Cachet officiel où sont gravées en creux l'effigie, les armes, la devise d'un souverain, d'un État, d'un corps constitué, et dont l'empreinte est apposée sur des actes pour les authentiquer ou les fermer de façon inviolable (V. **Sceller**). *Le Grand Sceau de l'État.* « *Le Roi, dès l'heure même, Mit dans ma main le sceau de son pouvoir suprême* » (RAC.). *Garde* des Sceaux.* V. **Chancelier.** ♦ 2° Empreinte faite par ce cachet (sur de la cire, du plomb); morceau de cire, de plomb portant cette empreinte. *Lecture des sceaux.* V. **Sigillographie.** *Mettre, apposer son sceau. Briser le sceau :* desceller. ◇ Morceau de cire, de plomb qui porte la marque d'un produit commercial (V. **Estampille**) et constitue une fermeture de sécurité (V. **Plomb**). ◇ *Par anal.* SCEAU-DE-SALOMON (1564) : plante liliacée des bois, à fleurs blanc verdâtre, et dont le rhizome, à la chute de chaque tige, garde une cicatrice semblable à un sceau. « *Le sceau-de-Salomon avec ses clochettes blanches et le mystère de sa racine qui marche sous la terre* » (BOURGET). ♦ 3° *Fig. Littér.* Ce qui authentifie, confirme. « *Paris, qui met le sceau à toutes les réputations* » (GAUTIER). « *Tu mis sur cet amas d'horreur et de mensonge Mon sceau de vérité* » (HUGO). V. **Marque, empreinte.** « *J'ai juré de ne plus lire d'ouvrages marqués au sceau du savoir et de l'esprit* » (NODIER). ◇ *Marque distinctive.* « *La puissance du calcul au milieu des complications de la vie est le sceau des grandes volontés* » (BALZ.). ◇ Ce qui préserve, rend inviolable. *Loc. cour. Sous le sceau du secret*.* « *Confie-leur ton intention sous le sceau du secret* » (ROMAINS). ◈ HOM. *Saut, seau, sot.*

SCEAU-DE-SALOMON. *n. m.* V. **SCEAU** (2°).

SCÉLÉRAT, ATE [selera, at]. *adj. et n.* (1611; *sceleré,* XVe; lat. *sceleratus,* rac. *scelus, sceleris* « crime »). ♦ 1° *Adj. Vx.* Qui a commis, est capable de commettre des crimes, de mauvaises actions. V. **Criminel.** *Il est scélérat. Un homme scélérat.* ♦ 2° *N. Vieilli ou littér.* V. **Coquin, méchant.** « *Don Juan... le plus grand scélérat que la terre ait jamais porté* » (MOL.). *Le scélérat!* ◇ *Par exagér.* V. **Bandit, fripon.** « *Avoue-le, vieux scélérat, tu la trompes, ici, à son nez...* » (BERNANOS). ♦ 3° *Adj.* (Choses). *Littér.* V. **Criminel, infâme.** « *Il y a parfois dans l'ordre social, une pénombre complaisante aux industries scélérates* » (HUGO). *Les* « *lois scélérates* » (contre les anarchistes, en 1894-95).

SCÉLÉRATESSE [selerates]. *n. f.* (XVIe; de *scélérat*). *Vx* ou *littér.* Caractère, comportement de scélérat. V. **Méchanceté, perfidie.** *Judas, ou l'étalon invariable de la scélératesse* » (SUARÈS). ◇ *Une, des scélératesse(s) :* action scélérate. *Commettre une scélératesse.*

SCELLAGE [selaʒ]. *n. m.* (1765; de *sceller*). *Techn.* Action de sceller, de fixer (qqch.) avec un mortier, un liant. *Scellage des glaces.*

SCELLÉ [sele]. *n. m.* (1439; de *sceller*). *Dr.* (*cour.* au plur.). Cachet de cire sur bande de papier ou d'étoffe, au sceau de l'État, apposé par l'autorité de justice sur la fermeture d'un meuble ou la porte d'un local, de manière qu'on ne puisse les ouvrir sans briser les bandes ou les cachets. *Le scellé ne pourra être apposé que par le juge de paix.* « *Après l'enlèvement du corps, je ferai mettre les scellés partout* » (LACLOS). *Lever les scellés.* ◈ HOM. **Seller.**

SCELLEMENT [selmã]. *n. m.* (1469; de *sceller*). ♦ 1° Action de sceller. Opération de maçonnerie qui consiste à fixer dans un mur, un plafond, un dallage, l'extrémité d'une pièce de bois ou de métal. *Scellement au plâtre, au plomb fondu.* — *Scellement d'une couronne, d'une prothèse dentaire au moyen d'un ciment.* ♦ 2° Longueur sur laquelle une pièce est scellée. *Barreau qui a 10 cm de scellement.* « *Assise sur les pierres qui maintenaient le scellement d'une immense croix* » (BALZ.). ◈ ANT. **Descellement.**

SCELLER [sele]. *v. tr.* (1328; *sieler,* 1080; de *scel,* a. forme de *sceau*). ♦ I. ♦ 1° Marquer (un acte) d'un sceau, pour l'authentifier ou le fermer. *Sceller un acte.* « *Reconnaissez-vous ce testament comme scellé du cachet de Volpone ?* » (ROMAINS). V. **Cacheter.** ◇ *Spécialt.* Fermer (un contenant) au moyen d'un sceau, d'un cachet. *Sceller des sacs avec des cachets de plomb.* V. **Plomber.** *Sceller un local* (V. **Scellé**). ♦ 2° *Fig.* Confirmer, comme par un sceau. *Sceller un engagement, un pacte, une réconciliation. Elle* « *lui posa sur les joues deux baisers fraternels. Elle avait l'air de sceller un traité* » (DUHAM.). ♦ II. ♦ 1° Fermer hermétiquement (un contenant, une ouverture). *Faire sceller une fenêtre.* « *Ses lèvres étaient scellées par une volonté jamais défaillante* » (MAURIAC). ♦ 2° Fixer (un objet, un élément) avec du ciment (V. **Cimenter**), du plâtre (V. **Plâtrer**), de la chaux. — *Au p. p. Barreaux de prison solidement scellés.* « *Des chaînes scellées à bornes* » (ZOLA). ◈ HOM. **Seller.**

SCÉNARIO [senarjo]. *n. m.* (1764; « mise en scène », XIXe; it. *scenario* « décor »; de *scena* « cène »). ♦ 1° Action, argument d'une pièce de théâtre (V. **Canevas, intrigue**) ou présentation écrite. « *Construire la charpente ou scénario du vaudeville* » (BALZ.). « *J'avais écrit avec tout le feu de la*

jeunesse un scénario fort compliqué » (NERVAL). *Des scénarios.* — *Par ext.* Plan détaillé ou résumé d'une histoire, d'un roman. ♦ 2° (1911). Description de l'action d'un film, comprenant généralement des indications techniques (V. **Découpage**), les dialogues. *Scénario ou sujet sommaire.* V. **Synopsis.** *Pl. Des scénarios.* On trouve aussi *(rare)* le pluriel à l'italienne *scénarii.* — *Scénario, découpage dessiné,* dont chaque plan fait l'objet d'un dessin. ♦ 3° (v. 1967). *Fig.* Processus qui se déroule selon un plan préétabli. *Le scénario des négociations.*

SCÉNARISTE [senarist(ə)]. *n.* (1915; de *scénario*). Auteur de scénarios de films; spécialiste de l'adaptation et de la construction dramatique. *Scénariste et dialoguiste.*

SCÈNE [sɛn]. *n. f.* (v. 1375, « représentation théâtrale de l'antiquité »; rare av. XVIIe; lat. *scæna,* gr. *skéné* « tente », à cause de la construction édifiée sur la scène des théâtres grecs).

♦ I. ♦ 1° (1595). Dans un théâtre, L'emplacement où les acteurs paraissent devant le public. V. **Planche(s), plateau, tréteau(x).** « *Imaginez que vous pénétrez sur la scène de la Comédie-Française, que vous restez dans la coulisse...* » (LÉAUTAUD). *Dans un théâtre, la scène la partie de la cage de scène visible de la salle. Arc de scène :* ouverture de la *cage de scène* sur la salle, dissimulée en partie par le « *manteau* d'Arlequin ». *Devant* (avant-scène, face, rampe), *côtés de la scène* (Cour et Jardin). *Scène tournante.* — *Un comédien sur scène. Entrer en scène; sortir de scène. Liste des acteurs, par ordre d'entrée en scène :* d'apparition des acteurs sur scène. « *En scène pour le deux!* » (ZOLA) : appel du régisseur aux comédiens. — METTRE EN SCÈNE *un type, un personnage,* et *par ext. une intrigue, une histoire :* représenter par l'art dramatique. — *Metteur en scène.* V. **Metteur.** *Mise en scène.* V. **Mise.** — *Porter à la scène, adapter pour la scène.* — *Paraître en scène, sur (la) scène :* jouer la comédie, faire du théâtre. — *À la scène.* « *Sa beauté est le plus grand moyen d'action, à la scène comme à la ville* » (GAUTIER). — *Fig.* Le monde, considéré comme un théâtre. « *De nouveaux peuples paraissent sur la scène du monde* » (CHATEAUB.). *Le devant de la scène :* une position importante, où l'on est vu, connu. *La scène politique.* ♦ 2° (1762). Le théâtre, l'art dramatique. « *La scène, en général, est un tableau des passions humaines* » (ROUSS.). *Les chefs-d'œuvre de la scène. Vedettes de la scène et de l'écran.* ♦ 3° (1680). Décor du théâtre. *La scène représente un palais, une forêt. La scène change.* ◇ Lieu où l'action dramatique se passe. *La scène est à Londres, à New York.* — *Par ext.* L'action, dans une pièce de théâtre. *La scène se passe au moyen âge.*

♦ II. ♦ 1° (1637). Partie, division d'un acte, définie plus ou moins conventionnellement. *Scène première. Acte III, scène II.* « *Le nombre des scènes dans chaque acte ne reçoit aucune règle* » (CORN.). — Action qui se déroule pendant une scène. « *Nous reprenons la grande scène d'amour du second acte* » (GONCOURT). *Fig. Jouer la grande scène, la grande scène du deux* (de l'acte II) : faire une scène (4°) en jouant un rôle. ♦ 2° *Par anal.* Toute action partielle, dans une œuvre (littéraire, radiophonique, cinématographique). *Scènes d'un film* (V. *aussi* **Séquence**). ♦ 3° Composition représentée en peinture, lorsqu'elle comprend des personnages et suggère une action. *Scène de genre :* scène d'intérieur, de mœurs. ♦ 4° (1676). Événement qui offre une unité, présente une action, constitue un spectacle remarquable ou éveille des sentiments. *Être témoin d'une scène.* « *Il n'y eut jamais une scène plus atroce* » (MICHELET). *Scène bouffonne, comique.* — (Titre d'œuvres) *Les* Scènes *de la vie privée représentent l'enfance, l'adolescence et leurs fautes, comme les* Scènes *de la vie de province représentent l'âge des passions, des calculs* » (BALZ.). ◇ *Spécialt.* Explosion de colère, dispute bruyante. V. **Algarade, dispute, discussion, esclandre, séance.** *Faire une scène violente. Avoir une scène avec qqn.* — *Absolt. Enfant qui fait une scène :* un caprice, une colère. — *Scène de ménage :* scène violente entre mari et femme. « *Ils se sont jeté la bouteille d'huile à la figure, la casserole, la soupière, tout le tremblement; enfin, une scène à révolutionner un quartier* » (ZOLA). — *Par ext.* Démonstration affectée. *Il nous a fait une grande scène d'indignation.* ♦ 5° (XXe), Psychan. *Scène originaire* ou *scène primitive* (pour traduire l'all. *Urszenen* [Freud, 1897]). Scène de rapports sexuels entre les parents observée ou supposée puis organisée en scénario imaginaire par l'enfant et faisant partie des fantasmes originaires qui organisent la vie psychique de l'être humain. ◈ HOM. *Cène, saine* (fém. de *sain*), *seine, sen.*

SCENIC RAILWAY [senikrɛlwɛ]. *n. m.* (1904; mots angl. « chemin de fer »). Montagnes russes. « *Après j'ai fait un tour de scénique rélouais* (sic). *Des pentes comme ça* » (QUENEAU).

SCÉNIQUE [senik]. *adj.* (*Jeux scéniques,* XIVe; XVIIIe; lat. *scænicus,* de *skénikos,* de *skéné*). ♦ 1° Relatif à la scène, au théâtre. *Jeux scéniques de l'antiquité. Représentations scéniques.* — (1840), *Art scénique ;* la mise en scène théâtrale. V. **Scénographie**. *Décoration scénique.* — *L'invention scénique de Hugo.* ♦ 2° Qui convient à la scène, au théâtre. *Situation, intrigue scénique. La valeur scénique d'une pièce.*

SCÉNIQUEMENT [senikmã]. *adv.* (1877; de *scénique*). Du point de vue du théâtre.

SCÉNOGRAPHIE [senɔgrafi]. *n. f.* (1545; lat. *scenographia,* gr. *skênographia,* de *skênê*). *Didact.* ♦ 1° Art de représenter en perspective; représentation en perspective. *Les scénographies de Palladio, à Vicence.* ♦ 2° Étude des aménagements matériels du théâtre. *Traité de scénographie* (On dit aussi SCÉNOLOGIE [senɔlɔʒi]).

SCÉNOPÉGIES [senɔpeʒi]. *n. f. pl.* (1701; gr. des Septante *skênopêgia,* de *skênê* « tente » [V. **Scène**], et *pêgnumi* « je fixe »). *Hist.* Fête juive des Tabernacles*.

SCEPTICISME [sɛptisism(ə)]. *n. m.* (1715; de *sceptique*). ♦ 1° *Hist. philo.* Doctrine des pyrrhoniens, des sceptiques grecs, selon lesquels l'esprit humain ne peut atteindre aucune vérité générale, et qui pratiquaient en toute chose la « suspension du jugement » *(epochê).* ◇ Toute attitude philosophique qui nie la possibilité de la certitude. « *L'état de scepticisme absolu, s'il était possible, consisterait... à nous abandonner sans instant immédiat que nous avons de notre vie, sans y joindre aucune affirmation* » (LACHELIER). ♦ 2° (1669). Refus d'admettre une chose sans examen critique. « *Ce qu'on n'a jamais mis en question n'a point été prouvé... Le scepticisme est donc le premier pas vers la vérité* » (DIDER.). ♦ 3° Doctrine d'après laquelle l'homme ne peut atteindre la vérité, dans un domaine ou sur un sujet déterminé. *Scepticisme scientifique, moral.* — *Spécialt.* Mise en doute des dogmes religieux. V. **Incrédulité.** ♦ 4° (1779). *Cour.* Tournure d'esprit incrédule; défiance à l'égard des opinions et des valeurs reçues. « *Un aimable scepticisme, c'est encore le summum humain... ne croire à rien, pas même à ses doutes* » (GONCOURT). — (XXe) Incrédulité ou manque de confiance à l'égard de la réussite d'une entreprise, de la vérité d'un fait. *Il « fit longuement une moue de scepticisme* » (ROMAINS). ◇ ANT. *Certitude, crédulité, conviction, croyance, dogmatisme, enthousiasme, foi.*

SCEPTIQUE [sɛptik]. *n. et adj.* (1546; lat. *scepticus,* gr. *skeptikos,* proprem. « observateur », de *skeptomai* « observer »).
I. N. ♦ 1° *Hist. philo.* Philosophe partisan du doute sceptique; pyrrhonien. ◇ (XVIIIe) Personne qui pratique le doute systématique, quant aux problèmes généraux. ♦ 2° Personne qui pratique l'examen critique, le doute scientifique. « *Qu'est-ce qu'un sceptique? C'est un philosophe qui a douté de tout ce qu'il croit, et qui croit ce qu'un usage légitime de sa raison et de ses sens lui a démontré vrai* » (DIDER.). « *Par sceptique, j'entends examinateur autant que douteur* » (STE-BEUVE). ♦ 3° *Cour.* Personne qui adopte une attitude incrédule sur un problème ou une catégorie de problèmes. — *Spécialt.* Personne qui met en doute la croyance religieuse, le dogme. V. **Incrédule, irréligieux.** « *Le sceptique n'inquiétera pas le croyant avec des exégèses* » (CHARDONNE).
II. *Adj.* ♦ 1° (1694). Qui professe le scepticisme. *Philosophes sceptiques.* — Relatif à la suspension du jugement que préconise le scepticisme. *Doute sceptique.* ♦ 2° *Cour.* Qui est incrédule quant à la valeur des dogmes et des maximes morales reçues; qui doute. *Sceptique et blasé.* « *Faisons des rêves, mais sachons qu'ils n'aboutiront pas. Soyons ardents et sceptiques* » (BARRÈS). « *Elle était sceptique sur l'issue de mes tentatives* » (RENAN). V. **Incrédule.** — *Attitude sceptique.* ◇ ANT. *Certain, convaincu, crédule, croyant, dogmatique, sûr.* — HOM. *Septique.*

SCEPTIQUEMENT [sɛptikmã]. *adv.* (1846; de *sceptique*). *Rare.* D'une manière sceptique, avec incrédulité.

SCEPTRE [sɛptʀ(ə)]. *n. m.* (1080; lat. *sceptrum,* gr. *skeptron).* ♦ 1° Bâton de commandement, signe d'autorité suprême. *Sceptre des empereurs romains. Sceptre surmonté d'un globe, d'une aigle, d'une main.* ♦ 2° *Fig.* L'autorité souveraine, ou le sceptre est l'insigne; l'état de souverain. V. **Royauté.** « *Un sceptre de fer* » (RAC.) : une autorité tyrannique, un despotisme. « *Le sceptre est un jouet pour un enfant, une hache pour Richelieu, et pour Napoléon un levier à faire pencher le monde* » (BALZ.). ♦ 3° *Littér.* Signe de supériorité; prééminence. « *Une ville qui tient aujourd'hui le sceptre des arts et de la littérature* » (BALZ.).

SCHAH [ʃa]. *n. m.* (*Chaa,* 1559; *siach,* 1546; mot persan *shah* « roi »). — Le souverain de la Perse (écrit aussi CHAH et SHAH). — *Pléon. Schah de Perse, Schah d'Iran.* ◇ HOM. *Chas, chat.*

SCHAKO. V. SHAKO. — **SCHAPSKA.** V. CHAPSKA.

SCHAPPE [ʃap]. *n. m. ou f.* (*Chape,* 1849; mot germ., dial. de Suisse). *Techn.* Fils obtenus par la filature des déchets de soie. *Fils de schappe* : bourre de soie. — *Dér.* SCHAPPISTE [ʃapist(ə)]. *n.* (XXe). Ouvrier ou industriel qui produit du fil de schappe. ◇ HOM. *Chape.*

SCHEIK. V. CHEIK. — **SCHELEM.** V. CHELEM. — **SCHELLING.** V. SCHILLING.

SCHÉMA [ʃema]. *n. m.* (1765, « figure géométrique »); *scema* « figure de rhétorique », v. 1350; lat. *schema* [gr. *skhêma*] « manière d'être, figure »). ♦ 1° (1867, anat.). Figure donnant une représentation simplifiée et fonctionnelle (d'un objet, d'un mouvement, d'un processus). V. **Diagramme, plan.** « *Dessiner un schéma de la coupe transversale d'une racine, de la racine théorique, où nous représenterons les faisceaux vasculaires en rouge...* » (LARBAUD). — *Schéma directeur,* plan d'urbanisation d'une région. — Représentation figurée, souvent symbolique, de réalités non perceptibles et de relations. *Schéma du fonctionnement d'un système électoral.* ♦ 2° Description ou représentation mentale réduite aux traits essentiels (d'un objet, d'un processus). V. **Abrégé, canevas, esquisse, pattern, schème.** *Voici le schéma de l'opération.* « *L'observation scientifique... confirme ou infirme une thèse antérieure; un schéma préalable, un plan d'observation* » (BACHELARD). *Présenter en un schéma.* V. **Schématiser.** ◇ *Psycho. Schéma corporel,* image mentale de son propre corps. Cf. Image du corps. ♦ 3° *Dr. canon.* Proposition soumise à un concile. « *Les schémas présentés sommairement dans ce fascicule seront soumis à l'étude des commissions* » (Concile Vatican II).

SCHÉMATIQUE [ʃematik]. *adj.* (1838; de *schéma*). ♦ 1° Qui constitue un schéma, appartient au schéma. *Croquis schématique.* « *Plaçons-nous, dans la figure schématique que nous avons tracée,...* » (BERGSON). *Représentation schématique du cycle du carbone.* ♦ 2° Qui tient du schéma. « *Une netteté schématique* » (MART. du G.). *Une explication schématique :* simplifiée. ♦ 3° *Péj.* Trop simplifié, qui manque de détails, de nuances. « *Une vie et des êtres enfantins, simplifiés, schématiques* » (R. ROLLAND). *Interprétation, conception schématique, qui ne rend pas compte de la réalité.* V. **Sommaire.** ◇ ANT. *Complet, détaillé, nuancé.*

SCHÉMATIQUEMENT [ʃematikmã]. *adv.* (1871; de *schématique*). D'une manière schématique. *Organe représenté schématiquement.* ◇ D'une manière très simplifiée (Cf. En gros*, dans les grandes lignes*).

SCHÉMATISATION [ʃematizasjɔ̃]. *n. f.* (1900; de *schématiser*). *Didact.* Action de schématiser, de réduire à l'essentiel.

SCHÉMATISER [ʃematize]. *v. tr.* (1803; de *schéma,* d'apr. gr. *skêmatizein*). ♦ 1° *Philo.* Considérer (les objets) comme des schèmes (1°). ♦ 2° (XXe). Mettre en schéma. *Formule qui permet de schématiser les relations entre les atomes.* ♦ 3° Rendre schématique, réduire à l'essentiel. V. **Simplifier.** « *Le parti pris d'être clair à tout prix,... conduit à schématiser le réel* » (P.-H. SIMON). ◇ ANT. *Développer.*

SCHÉMATISME [ʃematism(ə)]. *n. m.* (1803; « planche de figures géométriques », 1635; gr. *skêmatismos).* ♦ 1° *Philo.* Chez Kant, Emploi du schème. ♦ 2° (XXe). Caractère schématique (souv. *péj.*). *Le schématisme d'une explication, d'une conception.*

SCHÈME [ʃem]. *n. m.* (1800; « figure de style », 1586; de *schema).* ♦ 1° *Philo.* Chez Kant, Représentation qui est l'intermédiaire entre les phénomènes perçus par les sens et les catégories de l'entendement. *Schème transcendantal.* — *Schème moteur* (chez Bergson), Ensemble d'images ou de sensations kinesthésiques. ♦ 2° (Fin XIXe). *Didact.* Structure ou mouvement d'ensemble d'un processus. V. **Forme, structure.** *Schème d'un objet dans la mémoire.* « *Le schème est une forme de mouvement intérieur, et non pas la représentation d'une forme* » (BURLOUD). — *Psycho.* Structure d'une conduite opératoire. *Schèmes d'action, de l'intelligence.* ◇ *Art.* Forme ou ensemble de formes qui fait le style (d'un artiste, d'une époque). *Le peintre plie la réalité à ses schèmes.*

SCHÉOL [ʃeɔl]. *n. m.* (1755; hébreu *sheol).* *Relig.* Dans la religion de l'Ancien Testament, Séjour des morts. V. **Enfer.** « *Les morts du schéol sont des ombres* » (GUIGNEBERT).

SCHERZANDO [skɛrts(dz)ando]. *adv.* (1846; mot it. « en badinant »). *Mus.* Indication de mouvement vif, gai et léger. *Jouer scherzando. Andante scherzando.*

SCHERZO [skɛrts(dz)o]. *n. m. et adv.* (v. 1846; it. *scherzo* « badinage »). *Mus.* Morceau de caractère vif et gai, au mouvement rapide. *Scherzo de sonate, d'une symphonie. Les scherzos de Beethoven.* — *Adv.* Avec le mouvement du scherzo. *Jouer scherzo.* V. **Scherzando.**

SCHIBBOLETH [ʃibɔlɛt]. *n. m.* (XVIIIe; mot hébreu « épi », du récit biblique selon lequel les gens de Galaad reconnaissaient ceux d'Éphraïm en fuite à ce qu'ils prononçaient [sibɔlɛt]). *Rare.* Épreuve décisive qui fait juger de la capacité d'une personne.

SCHIEDAM [skidam]. *n. m.* (*Genièvre de Schiedam,* 1842; mot holl., nom d'une ville). Eau-de-vie de grain, en Hollande, en Belgique et dans le Nord de la France.

SCHILLING [ʃiliŋ]. *n. m.* (1359; mot all., même rac. que l'angl. *shilling*). Unité monétaire de l'Autriche. *Pièce de vingt-cinq schillings* (on dit aussi SCHELLING [ʃ(ə)liŋ]).

Il « tirait de sa poche des poignées de schellings et de demi-couronnes » (HUGO). ◇ HOM. *Shilling.*

SCHIPPERKE [ʃipɛʀk]. *adj.* et *n.* (1910 ; mot flamand « petit batelier » ; Cf. angl. *Shipper*, ce chien étant fréquemment celui des bateliers, en Flandres). Se dit d'un chien de petite taille, à poil noir, dépourvu de queue.

SCHISMATIQUE [ʃismatik]. *adj.* (1549 ; *cimatique*, v. 1196 ; de *schisme*). Qui forme schisme ; qui ne reconnaît pas l'autorité du Saint-Siège. *Église schismatique d'Orient.* V. **Orthodoxe.** *Jeanne d'Arc fut déclarée schismatique, hérétique et relapse.* — Subst. *Tous les schismatiques ne sont pas hérétiques.*

SCHISME [ʃism(ə)]. *n. m.* (*Cisme*, XIIᵉ ; lat. relig. *schisma*, gr. *skhisma* « séparation », de *skhizein* « fendre »). ♦ 1° Séparation des fidèles d'une religion, qui reconnaissent des autorités différentes. V. **Scission.** « *Avant l'imprimerie, la réforme n'eût été qu'un schisme, l'imprimerie la fait révolution* » (HUGO). *Le schisme d'Orient* (entre les Églises d'Occident et d'Orient). *Faire schisme.* « *On ne peut s'y opposer ni lui désobéir* (à l'Église) *sans se rendre coupable de schisme* » (BOSS.). ♦ 2° Scission (d'un groupe organisé, d'un parti). V. **Dissidence, division.** ◇ ANT. *Unification.*

SCHISTE [ʃist]. *n. m.* (1742 ; *schistos*, 1561 ; *scieste, h. 1554 ;* lat. *schistus*, gr. *skhistos* « qu'on peut fendre »). Minér. *Schiste argileux* ou *Schiste.* Roche sédimentaire ou métamorphique qui présente une structure feuilletée. « *Les lames de schistes, étincelants de mica* » (ZOLA). *Schistes bitumineux**. — *Huile de schiste,* huile extraite du schiste par minage, calcination et distillation.

SCHISTEUX, EUSE [ʃistø, øz]. *adj.* (1762 ; de *schiste*), Minér. De la nature du schiste, propre au schiste. *Roche, pierre schisteuse. Structure schisteuse,* feuilletée. — Formé de schiste. *Falaise schisteuse.*

SCHISTOÏDE [ʃistɔid]. *adj.* (*Schistoïdé*, 1843 ; de *schiste*, et *-oïde*). Minér. Qui a l'apparence du schiste.

SCHIZO-. Élément, tiré du gr. *skhizein* « fendre ».

SCHIZOGAMIE [skizɔgami]. *n. f.* (mil. XXᵉ ; de *schizo-*, et *-gamie*). Biol. Reproduction asexuée par division de l'organisme. V. **Scissiparité ; schizogenèse.**

SCHIZOGENÈSE [skizɔʒɔnɛz]. *n. f.* (XXᵉ ; lat. scient. *schizogenesis,* Haeckel, 1866 ; Cf. *Schizo-,* et *-genèse*). Biol. Variété de schizogamie de certains annélides et turbellariés.

SCHIZOGONIE [skizɔgɔni]. *n. f.* (1897 ; de *schizo-,* et *-gonie*). Zool. Cycle de reproduction asexuée des sporozoaires et de certains autres protozoaires.

SCHIZOÏDE [skizɔid]. *adj.* et *n.* (1912 ; de *schizophrène,* et *-oïde*). Psychiatr. Relatif à la schizoïdie, qui en a les caractères. — Atteint de schizoïdie. — N. *Un, une schizoïde.*

SCHIZOÏDIE [skizɔidi]. *n. f.* (1921, Kretschmer ; de *schizoïde*). Psychiatr. Constitution mentale prédisposant à la schizophrénie (repli sur soi, difficulté d'adaptation aux réalités extérieures). *Syn.* **SCHIZOTHYMIE.** — *Dér.* **SCHIZOÏDIQUE** [skizɔidik], *adj.* (mil. XXᵉ).

SCHIZOMÉTAMÉRIE [skizɔmet ameʀi]. *n. f.* (mil. XXᵉ ; de *schizo-,* et *métamère*). Biol. Reproduction asexuée par bourgeonnement métamérique chez certains annélides (vers) : oligochètes et polychètes.

SCHIZONÉVROSE [skizɔnevʀoz]. *n. f.* (v. 1965 ; de *schizo-,* et *névrose*). Psychiatr. Forme de psychose intermédiaire entre la schizophrénie et la névrose, caractérisée par des manifestations psycho-névrotiques décrites sous le nom de schizose*. V. **Asystolie** (névrotique), **schizophrénie** (affective).

SCHIZOPARAPHASIE [skizɔparafazi]. *n. f.* (v. 1965 ; de *schizo-, para-,* et rad. gr. *phas* « parler »). Psychopathol. Trouble profond du langage rencontré chez les schizophrènes et caractérisé par une dissociation totale entre le mot et le référent.

SCHIZOPHRÈNE [skizɔfʀɛn]. *n.* et *adj.* (1920 ; de *schizophrénie*). Psychiatr. Malade atteint de schizophrénie. *Un(e) schizophrène.* « *Un de ces rêveurs éveillés que la médecine nomme « schizophrènes » et dont le propre est, comme on sait, de ne pouvoir s'adapter au réel* » (SARTRE).

SCHIZOPHRÉNIE [skizɔfʀeni]. *n. f.* (1911 ; de *schizo-,* et gr. *phrên* ҡ esprit »). Psychiatr. Psychose caractérisée par une désagrégation psychique (ambivalence des pensées, des sentiments, conduite paradoxale), la perte du contact avec la réalité, le repli sur soi. V. **Autisme.** — *Schizophrénie affective.* V. **Schizonévrose.** — Adj. **SCHIZOPHRÉNIQUE** [skizɔfʀenik].

SCHIZOSE [skizoz]. *n. f.* (v. 1965, H. Claude ; de *schizo-,* et *-ose*). Psychiatr. Terme générique désignant les symptômes psycho-névrotiques à prédominance autistique, rencontrés dans la schizoïdie et dans la schizophrénie.

SCHIZOTHYMIE [skizɔtimi]. *n. f.* (mil. XXᵉ ; de *schizo-,* et *-thymie*). Psychiatr. V. **Schizoïdie.** — *Dér.* **SCHIZOTHYMIQUE** [skizɔtimik], *n.* et *adj.* V. **Schizoïde.**

SCHLAGUE [ʃlag]. *n. f.* (v. 1756 ; all. *Schlag* « coup »). Punition (coups de baguette) autrefois en usage dans les armées allemandes. *Donner la schlague.* ◇ *Fig.* Manière brutale de se faire obéir. « *Je vous ies conduirais à la schlague, moi, tous ces gars-là!* » (ARAGON).

SCHLAMM [ʃlam]. *n. m.* (1862 ; mot all.). Techn. Résidu très fin qui provient du concassage, du bocardage d'un minerai et de différentes opérations industrielles d'affinage.

1. SCHLASS [ʃla(a)s]. *adj. invar.* (1883 ; all. *schlass* « très fatigué »). Pop. Ivre, soûl. *Elle est complètement schlass* (On écrit aussi *Chlâsse*). « *Quand je suis schlass, je me trompe toujours* » (MORAND).

2. SCHLASS [ʃla(a)s]. *n. m.* (1932 ; angl. *slasher* « arme blanche »). Pop. Couteau.

SCHLEU. *adj.* et *n.* V. **CHLEUH.**

SCHLICH [ʃlik]. *n. m.* (1750 ; mot all.). Techn. Minerai broyé et prêt pour la fusion.

SCHLINGUER, SCHELINGUER ou **CHLINGUER** [ʃlɛ̃ge]. *v. intr.* (*Schelinguer,* 1846 ; d'abord « avoir mauvaise haleine » ; all. *schlingen* « avaler », d'apr. Esnault ; Cf. *Cingler,* pop., même sens). Pop. Puer. *Ça schlingue ici!* « *Je pue ils pincent leur nez ils disent ça chlingue ça fouette* [...] » (DUVERT).

SCHLITTAGE [ʃlitaʒ]. *n. m.* (1871 ; de *schlitte*). Région. ou Techn. Transport du bois au moyen de la schlitte. « *Nous dégringolions un petit chemin de schlitage* (sic) » (DAUD.).

SCHLITTE [ʃlit]. *n. f.* (*Schlitt,* 1864 ; mot vosgien, all. *Schlitten* « traîneau »). Région. Traîneau qui sert dans certaines régions montagneuses et boisées (Vosges, Forêt-Noire) à descendre dans les vallées le bois abattu sur les hauteurs. *La schlitte glisse sur une voie en bois, qu'on appelle chemin de schlitte.*

SCHLITTER [ʃlite]. *v. tr.* (1875 ; de *schlitte*). Région. ou Techn. Transporter (du bois) au moyen de la schlitte.

SCHLITTEUR [ʃlitœʀ]. *n. m.* (1789 ; de *schlitte*). Région. ou Techn. Ouvrier qui conduit une schlitte. Par appos. *Bûcheron schlitteur.*

SCHNAPS [ʃnaps]. *n. m.* (XVIIIᵉ ; mot all., de *schnappen* « happer, aspirer »). Eau-de-vie de pomme de terre ou de grain, fabriquée en Allemagne. — Par plaisant. Eau-de-vie. *Il « supportait de façon gaillarde ce qu'il appelait indistinctement le schnaps »* (ARAGON). V. **Gnôle.**

SCHNAUZER [ʃnawzɛʀ]. *n. m.* (XXᵉ : mot suisse all., de l'all. *Schnauz* « moustache »). Chien rappelant le griffon, assez grand, à poils drus.

SCHNOCK, SCHNOQUE ou **CHNOQUE** [ʃnɔk]. *adj. invar.* et *n.* (1863, n. ; adj., 1872 ; n., p -è de la chanson alsacienne de « *Hans im Schnokeloch* »). Pop. Imbécile, fou. *Elle est un peu schnock.* — *Quel vieux schnoque! Eh! du schnoque!*

SCHNORCHEL ou **SCHNORKEL** [ʃnɔʀkɛl]. *n. m.* (mil. XXᵉ ; mot all., du nom de l'inventeur). Mar. Tube qui permet aux sous-marins d'utiliser leurs moteurs à diesel, en évacuant les gaz d'échappement et en aspirant l'air frais.

SCHNOUFF, SCHNOUF ou **CHNOUF** [ʃnuf]. *n. f.* (1800 ; all. *Schnupf* [*tabak*] « tabac à priser »). Arg. Drogue, stupéfiant.

SCHOFAR [ʃɔfaʀ]. *n. m.* (1923 ; mot hébr.). Hist. Sorte de trompe (faite d'une corne de bélier, à l'origine), instrument de musique à vent en usage dans le rituel israélite.

SCHOONER [skunœʀ *ou* ʃunœʀ]. *n. m.* (1800 ; mot angl.). Ancienn. Petit navire à deux mâts, goélette utilisée pour la pêche et le commerce. « *Je m'embarquai sur le schooner américain* » (CHATEAUB.).

SCHORRE [ʃɔʀ]. *n. m.* (1878 ; mot flamand). Géogr. Vase grisâtre des estuaires.

SCHUPO [ʃupo]. *n. m.* (1923 ; mot all., abrév. de *Schutzpolizist,* de *Schutzpolizei* « police de protection », 1920). Agent de police allemand. « *Les schupos, les auto-mitrailleuses et la rue avec le sang et le verre pilé* » (MORAND).

SCHUSS [ʃus]. *n. m.* et *adj.* (av. 1925 ; d'apr. le mot all. *Schussfahrt* « descente à ski en ligne droite »). Ski. Descente directe qu'on effectue en suivant la plus grande pente. *Descendre en schuss.* Adv. *Descendre, prendre schuss.* — Par métaph. « *L'État ne dérape pas. Il pique schuss* » (*L'Express,* 12-8-1968).

SCIABLE [sjabl(ə)]. *adj.* (XVIᵉ ; de *scier*). Rare. Que l'on peut scier.

SCIAGE [sjaʒ]. *n. m.* (1611 ; *soiage,* 1294 ; de *scier*). ♦ 1° Opération qui consiste à scier (une substance, un matériau) ; procédé utilisé pour scier, manière dont une chose est sciée. *Sciage du bois, de la pierre, des métaux. Sciage mécanique.* — *Bois de sciage* ; ou (techn.) *du sciage* : bois de construction ou de menuiserie qui provient d'une pièce plus forte refendue dans sa longueur. ♦ 2° (1922). Techn. *Sciage* ou *fendage du diamant* : opération par laquelle on le débarrasse de sa gangue.

SCIALYTIQUE [sjalitik]. *adj.* et *n. m.* (XXᵉ ; marque déposée, d'apr. le gr. *skia* « ombre », et rad. *luein* « dissoudre »). Didact. Se dit des appareils d'éclairage qu'on utilise dans les salles de chirurgie et qui suppriment les ombres portées. N. m. Un scialytique.

SCIANT, SCIANTE [sjã, sjãt]. *adj.* (1842; de *scier*). *Fam.* et *vieilli.* Ennuyeux, importun. « *Tu n'as pas idée de cet animal-là!... C'est qu'il est sciant!* » (GONCOURT). V. **Barbant.**

SCIATIQUE [sjatik]. *adj.* et *n. f.* (*Siatique*, 1256; bas lat. *sciaticus*, de *ischiadicus*, gr. *iskhiadikos*, rad. *iskhion* « hanche »). ♦ 1° Adj. *Anat.* Relatif à la hanche ou à l'ischion. *Grand nerf sciatique*, qui part du plexus sacré et innerve les muscles de la face postérieure de la cuisse, se divisant en deux branches terminales au niveau du creux du genou. ♦ 2° *N. f.* (XVIᵉ; par ellipse de *goutte sciatique*). *Cour.* Douleur sur le trajet du nerf sciatique par inflammation ou par compression de ses racines à leur émergence du canal vertébral, pouvant s'accompagner d'une faiblesse musculaire. *Sciatique causée par un rhumatisme, une hernie discale.* « *Le froid et quelque imprudence provoquèrent une crise de sciatique assez vive pour m'immobiliser pendant huit jours* » (BOSCO).

SCIE [si]. *n. f.* (*Sie*, v. 1200; de *scier*). ♦ 1° Outil, instrument ou machine dont la pièce essentielle est une lame dentée (rectiligne ou circulaire), et dont on se sert pour couper des matières dures (en imprimant à cette lame un mouvement de va-et-vient ou une rotation rapide). « *Une scie qui monte et descend, tandis qu'un mécanisme fort simple pousse contre cette scie une pièce de bois* » (STENDHAL). *Scie à lame libre, munie d'une poignée* (V. **Égoïne**). *Scie à chantourner, à contourner, à greffer, à refendre. Scie articulée* ou *à chaînette. Scie à bois. Scie à métaux. Scie de menuisier, de boucher. — Scie-cloche*, dont la base constitue un cylindre pour découper des cercles. — *Couteau-scie : couteau de table à lame dentée. — Scie mécanique alternative. Scie circulaire*, formée d'un disque à bord denté qui tourne à grande vitesse. *Scie à ruban*, dont la lame est constituée par un ruban d'acier tendu. — *Trait de scie :* trait de crayon qui sert à guider la scie. — Loc. fig. *En dents de scie*, qui a une forme dentée, dentelée. *La montagne « se découpe régulièrement en larges dents de scie »* (FROMENTIN). *Électron. Dents** de scie. ♦ 2° (1714, gen. de mer). POISSON SCIE ou *scie :* poisson sélacien, squale semblable au requin, mais dont le museau s'allonge en lame droite, plate et flexible, portant deux rangées de dents (qui lui donne l'aspect d'une scie). ♦ 3° SCIE MUSICALE : instrument de musique fait d'une lame d'acier qu'on fait vibrer en la pliant plus ou moins. ♦ 4° (1808). Chanson, formule, argumentation ressassée et usée. V. **Rengaine.** « *Deux clichés... : la 'scie patriotique' et l'embrassade universelle* » (BENDA). ◇ *Fam.* Personne, chose désagréable ou ennuyeuse (V. **Sciant**). « *Quelle scie, alors, quelle scie, cette Angélique ! tous les jours maintenant la même histoire* » (ARAGON). ◇ HOM. *Si; ci, sis, six.*

SCIEMMENT [sjamã]. *adv.* (1375; *essiamment*, fin XIIᵉ; *scientment*, 1310; du lat. *sciens, scientis*, et *-ment*). En connaissance de cause. « *Une femme, depuis Ève, a toujours fait sciemment le bien et le mal* » (BALZ.). *J'ai forcé la dose sciemment.* V. **Exprès, volontairement.** ◇ ANT. Étourdiment, inconsciemment, insu (à l').

SCIENCE [sjãs]. *n. f.* (1080; lat. *scientia*, rac. *scire* « savoir »).

I. ♦ 1° *Vx* ou *littér.* Connaissance exacte et approfondie. *La science du bien et du mal* (Bible). *Science de l'avenir.* V. **Prescience.** *Savoir qqch. de science certaine*, par des informations sûres (Cf. De source sûre). — Loc. mod. *Avoir la science infuse**. ◇ (1225) *Littér.* Ensemble de connaissances, d'expériences. V. **Savoir.** « *Son âge, sa sagesse et sa science dans les choses de la vie* » (CHATEAUB.). « *Il faut plus une science profonde pour comprendre que les passions... dépendent des mouvements du corps* » (ALAIN). ♦ 2° (1119). Ce qu'on sait pour l'avoir appris, connaissances étendues sur un objet d'étude d'intérêt général. *L'ignorance et la science.* « *Science sans conscience n'est que ruine de l'âme* » (RABELAIS). *Un homme de votre science.* V. **Culture, érudition.** *Un puits* de science.*

II. *Littér.* ♦ 1° (1100). Savoir-faire que donnent les connaissances (expérimentales ou livresques), l'habileté. V. **Art; adresse, capacité, compétence, expérience.** « *Il avait vraiment mené cette longue et difficile manœuvre avec une science consommée* » (MADELIN). — PROV. *Patience passe science*, la persévérance fait plus que l'habileté et le savoir. — *(Avec un compl. déterm.)* Manière habile et savante de mettre en œuvre. *Sa science des couleurs, du modelé.* ♦ 2° (XVᵉ). Art ou pratique qui nécessite des connaissances, des règles. V. **Art, technique.** *La science de la guerre.* « *Elle sut tout de suite toute la science du chapeau, de la robe, du mantelet, cette science qui fait de la femme parisienne quelque chose de si charmant* » (HUGO).

III. *Mod.* Ⓐ UNE, LES SCIENCES. ♦ 1° *Didact.* (XIIIᵉ). Tout corps de connaissances ayant un objet déterminé et reconnu, et une méthode propre; domaine du savoir, en ce sens. « *Il n'y a de science que du général* » (trad. Aristote). *L'Encyclopédie de Diderot*, « *Dictionnaire raisonné des sciences, des arts et des métiers* ». « *La science de l'homme est devenue la plus nécessaire de toutes les sciences* » (CARREL). *Science de l'être* (ontologie), *du beau* (esthétique). *Sciences abstraites.*

Sciences occultes : occultisme. ♦ 2° (XIXᵉ). *Cour.* Ensemble de connaissances, d'études d'une valeur universelle, caractérisées par un objet et une méthode déterminés, et fondées sur des relations objectives vérifiables (V. **Épistémologie**). « *La Physique, comme toutes les autres sciences, cherche à constater, à classer et à interpréter une certaine catégorie de phénomènes observables* » (L. de BROGLIE). *L'observation et le calcul dans les sciences. — Classement des sciences d'après leur méthode : Sciences exactes ou pures (science ou recherche fondamentale), sciences mathématiques. Sciences expérimentales*, où l'objet d'étude est soumis à l'expérience. *Sciences d'observation*, où l'objet d'étude n'est que décrit, observé. *Sciences appliquées*, au service de la technique. — *Classement des sciences d'après leur objet : Sciences mathématiques. Sciences physiques, Sciences naturelles, sciences d'observation qui étudient les êtres vivants et les corps dans la nature.* V. **Histoire** (naturelle). *Sciences de la vie* (biologie). *Sciences de l'homme, sciences humaines*, qui étudient l'homme (ex. : anthropologie, psychologie, sociologie, linguistique). *Sciences sociales*, qui ont pour objet les sociétés humaines. ◇ (1787) LES SCIENCES : les sciences où le calcul, l'observation ont une grande part : mathématiques, astronomie, physique, chimie, sciences naturelles (V. **Savant, scientifique**). « *Les sciences, séparées des lettres, demeurent machinales et brutes, et les lettres, privées des sciences, sont creuses* » (FRANCE). *Faculté des sciences. Doctorat ès sciences.* [Au Canada]. *Baccalauréat ès sciences* (abrév. B. Sc.), diplôme de premier cycle en sciences. — *Spécialt.* (Lang. scolaire, 1902) La physique, la chimie et les sciences naturelles (opposé à : mathématiques). *Philo sciences* ou *sciences ex* (expérimentales), une des classes terminales du second degré. Ⓑ LA SCIENCE. ♦ 1° Ensemble des travaux des sciences; connaissance exacte, universelle et vérifiable exprimée par des lois. « *La science,... mesure et calcule, en vue de prévoir et d'agir. Elle suppose d'abord, elle constate ensuite que l'univers est régi par des lois mathématiques* » (BERGSON). « *On fait de la science avec des faits, comme on fait une maison avec des pierres; mais une accumulation de faits n'est pas plus une science qu'un tas de pierres n'est une maison* » (POINCARÉ). « *La pensée ne revêt le caractère de la science que lorsqu'elle a une valeur universelle* » (GOBLOT). — *Les branches, les spécialités de la science.* V. **Discipline.** *Découvertes, progrès de la science moderne. Dans l'état actuel de la science.* ♦ 2° Les savants. *La science n'a pas de patrie* » (PASTEUR). — *Homme de science* (opposé à *homme de lettres**). V. **Savant** (II, 2°), *scientifique* (3°). *Le monde de la science. — Homme de science* (opposé à *homme de lettres**). V. **Savant** (II, 2°), *scientifique* (3°).

◇ ANT. (du sens I et II) Ignorance, maladresse.

SCIENCE-FICTION [sjãsfiksjɔ̃]. *n. f.* (v. 1950; de *science*, et *fiction*, d'apr. l'angl. *Science fiction*). Américanisme. Genre littéraire autonome qui fait intervenir le scientifique possible dans l'imaginaire romanesque. *Livre, film de science-fiction. Le fantastique et la science-fiction.* — REM. Cette expression devenue courante a suscité d'autres composés de *Fiction* (politique-fiction, etc.). — Abrév. fam. *La S.F.* [ɛsɛf].

SCIÈNE [sjɛn]. *n. f.* (1795; *sciæna*, 1771; du lat. *sciæna*, gr. *skiaina*). *Zool.* Poisson osseux, à nageoires épineuses, de grande taille, carnassier, à la chair très estimée. (On dit aussi *Maigre*). ◇ HOM. *Sienne* (fém. de *sien*).

SCIÉNIDÉS [sjenide]. *n. m. pl.* (*Sciénoïdes*, 1839; de *sciène*). *Zool.* Famille de poissons téléostéens acanthoptérygiens dont un des types est la *sciène*.

SCIENTIFICITÉ [sjãtifisite]. *n. f.* (v. 1968; de *scientifique*). Caractère de ce qui est scientifique. « *Les mathématiques sont généralement considérées comme le symbole de la scientificité* » (La Recherche, 1973).

SCIENTIFIQUE [sjãtifik]. *adj.* et *n.* (1370; bas lat. *scientificus*). ♦ 1° Qui appartient aux sciences (III), à la science; qui concerne les sciences (*spécial.* opposées aux lettres). *Discipline scientifique. Études, connaissances, culture, travaux scientifiques. Mythologie, univers scientifique. Revue, congrès scientifique. Nom scientifique. Nom scientifique et nom courant d'une plante. — Méthodes, lois, découvertes, progrès scientifiques. Centre national de la recherche scientifique* (C.N.R.S.). *Milieux scientifiques*, milieu des savants, des chercheurs. *Mission* scientifique.* ♦ 2° (1664). Qui est conforme aux exigences d'objectivité, de précision, est de méthode des sciences (III), de la science. « *Dans l'ordre des faits, ce qui n'est pas expérimental n'est pas scientifique* » (RENAN). *La vérité scientifique. Examen, explication, travail scientifique. — Socialisme scientifique* (marxisme) *et socialisme utopique.* ♦ 3° *N.* (XXᵉ). Personne qui étudie les sciences, savant spécialiste d'une science. *Les littéraires et les scientifiques. On en fera une scientifique.* « *J'ai passé une grande part de ma vie parmi les scientifiques, dans les laboratoires* » (DUHAM.). ◇ ANT. Empirique. Anti-scientifique.

SCIENTIFIQUEMENT [sjãtifikmã]. *adv.* (1680; de *scientifique*). D'une manière scientifique. « *Le passage de l'état liquide à l'état gazeux, se définira scientifiquement* *comme un changement quantitatif* » (SARTRE). ◇ ANT. *Empiriquement.*

SCIENTISME [sjɑ̃tism(ə)]. *n. m.* (1911 ; de *scientiste*). Attitude philosophique du scientiste.

SCIENTISTE [sjɑ̃tist(ə)]. *adj.* et *n.* (1911 ; du lat. *scientia*). Qui prétend résoudre les problèmes philosophiques par la science. *Philosophe scientiste et matérialiste. Explication scientiste.* — N. « *Nous qu'on appelle les « scientistes »... Ce n'est pas parce que nous laissons l'homme dans la nature que nous avons pour lui moins de respect* » (J. ROSTAND).

SCIER [sje]. *v. tr.* (1549 ; *soiier*, 1165 ; lat. *secare* « couper », avec *c* d'apr. *scie*, pour le distinguer de *sieur*).
I. ♦ 1° Couper, diviser avec une lame tranchante, dentée ou non (V. **Scie**). *Scier du bois, le bois, de la pierre. Scier du métal.* ◇ *Scier des planches,* faire (des planches) en sciant une pièce de bois, un tronc d'arbre (V. **Refendre**). « *Ma mère sciait des bûches dans sa cour* » (COLETTE). ♦ 2° *Équit.* (Intr.). *Scier du filet, du bidon,* faire aller transversalement l'embouchure du mors.
II. (1811). Fam. et vieilli. *Scier qqn :* le fatiguer, l'ennuyer par une répétition monotone (V. **Scie**). « *La tragédie me scie* » (STENDHAL). « *Mais diable! son dîner me scie le dos* ». (MÉRIMÉE). — *Pop.* Étonner, surprendre, suffoquer. *Cette nouvelle m'a scié* (Cf. Couper le souffle*). « *T'es mimi? t'es scié!...* » (CÉLINE).

SCIERIE [siʀi]. *n. f.* (1801 ; dial. *soioire*, 1304 ; *moulin à scier*, XVIII° ; de *scier*). Atelier, usine où des scies mues par une source d'énergie débitent le bois, la pierre, etc. « *Une scierie mécanique avait des grincements réguliers, pareils à de brusques déchirures dans une pièce de calicot* » (ZOLA).

SCIEUR [sjœʀ]. *n. m.* (1247 ; de *scier*). Celui dont le métier est de scier (la pierre, le bois). « *Scieurs occupés à débiter le marbre des Vosges* » (BALZ.). — (XIV°) *Scieur de long :* scieur de bois de charpente, qui scie les troncs en long. V. **Sagard**. ◇ HOM. *Sieur.*

SCIEUSE [sjøz]. *n. f.* (v. 1960 ; de *scier*). *Techn.* Machine à scier. V. **Scie** (mécanique).

SCILLE [sil]. *n. f.* (XVI° ; *esquille*, XIII° ; lat. *scilla*, gr. *skilla*). Plante herbacée, bulbeuse (*Liliacées*), très voisine de la jacinthe, dont certaines espèces sont ornementales, d'autres cultivées pour leurs propriétés médicinales (notamment cardiotoniques). « *Les pervenches et les scilles ruisselaient à travers l'ombre en coulées d'un bleu laiteux* » (GENEVOIX). ◇ HOM. *Cil, sil.*

SCINCIDÉS [sɛ̃side] ou **SCINCOÏDES** [sɛ̃kɔid]. *n. m. pl.* (XIX°,-1839 [*sincoïdiens*] ; du lat. mod., de *scincus*. V. **Scinque**). *Zool.* Famille de sauriens caractérisés par la dégradation de leurs membres, l'imbrication des écailles et une langue non extensible.

SCINDER [sɛ̃de]. *v. tr.* (1790 ; « retrancher », 1539 ; lat. *scindere* « fendre, diviser »). Couper, diviser (en parlant de choses abstraites ou de groupes). V. **Décomposer**. *Scinder la question, le problème.* Pronom. *Le parti s'est scindé après le vote.* V. **Fractionner, séparer ; scission**. « *Notre existence est une, et ne se scinde pas. Nous vivons tous de la même vie* » (BALZ.). « *Les de Villiers — ou plutôt Devilliers : car leur nom s'était scindé* » (R. ROLLAND). *Se scinder en deux, trois...* ◇ ANT. *Associer, unir.*

SCINQUE [sɛ̃k]. *n. m.* (1611 ; lat. *scincus*, gr. *skigkos*). *Zool.* Reptile saurien, type de la famille des *Scincidés*, qu'on rencontre notamment au Sahara. ◇ HOM. *Cinq.*

SCINTIGRAMME [sɛ̃tigʀam] ou **SCINTILLO-GRAMME** [sɛ̃tilɔgʀam]. *n. m.* (mil. XX° ; de *scinti[llation]*, et -*gramme*). *Méd.* Schéma-silhouette, en pointillé, d'un organe, obtenu par la scintigraphie ou gammagraphie*. V. **Scintigraphie, scintillographie**.

SCINTIGRAPHIE [sɛ̃tigʀafi] ou **SCINTILLOGRA-PHIE** [sɛ̃tilɔgʀafi]. *n. f.* (mil. XX° ; de *scinti[llation]*, et -*graphie*). *Méd.* Méthode d'exploration d'un organe consistant à injecter une substance radioactive ayant une affinité particulière pour l'organe examiné et à enregistrer la distribution de la substance.

SCINTILLANT, ANTE [sɛ̃tijɑ̃, ɑ̃t ; *Acad.* sɛ̃tillɑ̃, ɑ̃t]. *adj.* (1560 ; de *scintiller*). ♦ 1° Qui scintille, jette des éclats intermittents. *Étoiles scintillantes.* V. **Clignotant**. ♦ 2° *Subst.* (1949). Ornement de clinquant pour arbre, crèche de Noël, etc.

SCINTILLATEUR [sɛ̃tillatœʀ]. *n. m.* (mil. XX° ; de *scintillation*). *Phys.* Appareil permettant de détecter les particules électrisées au moyen des scintillations qu'elles produisent sur un écran fluorescent.

SCINTILLATION [sɛ̃tijasjɔ̃ ; *Acad.* sɛ̃tillasjɔ̃]. *n. f.* (1740 ; « éclair », 1490 ; lat. *scintillatio*). ♦ 1° Modification d'intensité et de coloration de la lumière stellaire, due à sa réfraction irrégulière dans l'atmosphère (V. **Étoile**). — *Par ext.* (1538) Scintillement (2°). « *Cette femme avait sur elle des scintillations nocturnes, comme une voie lactée. Ces pierreries semblaient des étoiles* » (HUGO). ♦ 2° *Phys.* Lumière émise

par une substance phosphorescente sous l'influence d'un phénomène ionisant. *Compteur à scintillations.* — (*Dans un radar*) Déplacement apparent rapide de la cible par rapport à sa position moyenne.

SCINTILLEMENT [sɛ̃tijmɑ̃]. *n. m.* (1764 ; de *scintiller*). ♦ 1° Scintillation des étoiles. V. **Clignotement**. ♦ 2° (1842). Éclat intermittent. « *Des scintillements de vitres de villas, toutes lointaines, pareils à des scintillements de lustres de cristal* » (GONCOURT). « *Le scintillement de ses yeux bleus* » (VILLIERS). — Fluctuation de l'intensité des images (de cinéma, de télévision).

SCINTILLER [sɛ̃tije ; *Acad.* sɛ̃tille]. *v. intr.* (h. XVI° ; *sintiller*, 1375 ; du lat. *scintillare*, de *scintilla*. V. **Étincelle**). ♦ 1° (*En parlant des astres*). Briller d'un éclat inégal, caractérisé par le phénomène de la scintillation. — Par anal. *Lumières lointaines qui scintillent.* V. **Clignoter**. « *Au-dessus de lui, le firmament d'été scintillait* » (MART. du G.). ♦ 2° (1538). Étinceler, jeter de l'éclat par intervalles. V. **Briller**. *Diamants, pierreries qui scintillent.* « *Un charmant regard bleu,... scintilla devant lui et disparut comme un feu follet* » (GAUTIER).

SCINTILLOMÈTRE [sɛ̃tilɔmɛtʀ(ə)]. *n. m.* (1877 ; de *scintillation*, et -*mètre*). *Phys.* Appareil permettant de détecter les radiations au moyen d'un cristal scintillateur associé à un photomultiplicateur.

SCION [sjɔ̃]. *n. m.* (XVI° ; *cion*, XII° ; frq. °*kith* « rejeton », et suff. dimin. -*on*). ♦ 1° Jeune branche droite et flexible (pousse de l'année, rejet ou rejeton d'un arbre). « *Souple et mince comme un scion de peuplier* » (ZOLA). ◇ *Arbor.* Se dit d'un jeune arbre greffé en pied à la fin de la première année de végétation du greffon. ♦ 2° *Pêche.* Brin très fin qui termine une canne à pêche. ◇ HOM. *Cyon.*

SCIOTTE [sjɔt]. *n. f.* (*Sciote*, 1765 ; *ciot* « petite scie », 1560 ; de *scie*). *Techn.* Scie à main de marbrier, de tailleur de pierres.

SCIRPE [siʀp(ə)]. *n. m.* (1800 ; *scirpus*, 1765 ; lat. *scirpus* « jonc »). *Bot.* Plante monocotylédone qui croît dans les marais et les terrains humides, dont une espèce, le *jonc des chaisiers* (ou *des tonneliers*), est employée en vannerie.

SCISSILE [sisil]. *adj.* (1611 ; *la pierre nommée... scissile*, 1561 ; lat. *scissilis*, de *scindere*. V. **Scinder**). *Géol.* (*Vieilli*). Qui peut être fendu en feuillets ou en lamelles (V. **Fissile**). *Roches scissiles* (ex. : l'ardoise).

SCISSION [sisjɔ̃]. *n. f.* (1486 ; lat. *scissio*, de *scindere*. V. **Scinder**). ♦ 1° Action, fait de se scinder (en parlant d'un groupe, d'un parti). V. **Division, partage, schisme, séparation**. *Désaccord provoquant une scission. La scission du parti socialiste. Faire scission.* V. **Dissidence**. ♦ 2° *Phys.* et *Biol.* S'emploie parfois pour fission, division, séparation. ◇ ANT. *Accord, association, coalition, concorde.*

SCISSIONNISTE [sisjɔnist(ə)]. *n.* et *adj.* (XX° ; *scissionnaire*, 1792 ; de *scission*). Personne qui, dans un parti ou une assemblée, fait scission. V. **Dissident**. ◇ Adj. *Le groupe scissionniste. Activités scissionnistes.* — Dér. SCISSIONNISME [sisjɔnism(ə)], *n. m.*, mil. XX°. Tendance, activité scissionniste.

SCISSIPARE [sisipaʀ]. *adj.* (1855 ; du lat. *scissum* [de *scindere*], et -*pare*). Didact. (*Biol.*) Qui se reproduit par scissiparité*.

SCISSIPARITÉ [sisipaʀite]. *n. f.* (1855 ; de *scissipare*). *Biol.* Reproduction asexuée par division simple de l'organisme (on dit aussi *fissiparité*). V. **Segmentation** (3°).

SCISSURE [sisyʀ]. *n. f.* (av. 1478 ; lat. *scissura*, de *scindere*). *Anat.* Ligne de soudure entre certains os (V. **Fissure, suture**). — Spécialt. *Scissure interhémisphérique,* qui sépare les deux hémisphères du cerveau. *Grande scissure* ou *Scissure médiane du cervelet. Scissure latérale* ou *Scissure de Sylvius.*

SCIURE [sjyʀ]. *n. f.* (XVI° ; *seyeures*, pl., 1500 ; *sayeure* « action de scier », 1480 ; de *scier*). Nom collectif des déchets en poussière d'une matière qu'on scie. V. **Débris**. *Sciure de grès, de bois.* — Absolt. (*Cour.*) Se dit de la sciure de bois. V. **Bran**. « *Il y a des ateliers de menuiserie qui dégagent une odeur... de sciure et de sapin frais* » (DUHAM.). « *Le garçon balayait de la sciure dans la salle déserte* » (CAMUS). *Sciure d'une piste de cirque.* « *Un de ces colliers à quatre sous comme on en ramasse dans la sciure des éventaires en plein vent* » (Cl. SIMON). *Bijoux à la sciure :* pacotille présentée sur de la sciure.

SCIURIDÉS [sjyʀide]. *n. m. pl.* (1874 ; *sciuriens*, 1839 ; du lat. *sciurus*, gr. *skiouros* « écureuil »). *Zool.* Famille de rongeurs de petite taille, au pelage long, à queue touffue (ex. : écureuil, marmotte).

SCLÉRAL, ALE, AUX [skleʀal, o]. *adj.* (1961 ; du gr. *sklêros* « dur »). *Anat.* Relatif à la sclérotique*. *Conjonctive sclérale.*

SCLÉRANTHE [skleʀɑ̃t]. *n. m.* (1839 ; de *sclér-*, et -*anthe*). Plante (*Caryophyllacées*) annuelle ou vivace à feuilles piquantes,

SCLÉRENCHYME [sklerãʃim]. *n. m.* (1858; de *sclér-*, et par*enchyme*). *Bot.* Tissu de soutien composé de cellules à membranes plus ou moins lignifiées.

SCLÉREUX, EUSE [sklerø, øz]. *adj.* (1836; du gr. *sklêros*). *Pathol.* Qui possède les caractères d'une sclérose, qui est atteint de sclérose. *Tissu scléreux. Transformation scléreuse des ovaires.*

SCLÉR(O)-. Premier élément, du gr. *sklêros* « dur ».

SCLÉRODERMIE [sklerɔdɛrmi]. *n. f.* (1878; de *scléro-*, et *-dermie*). *Méd.* Affection cutanée caractérisée par une sclérose des couches profondes de la peau, diffuse ou répartie en bandes, en nodules, en plaques, parfois associée à des scléroses viscérales.

SCLÉROGÈNE [sklerɔʒɛn]. *adj.* (1896; de *scléro-*, et *-gène*). *Méd.* Qui provoque la sclérose d'un tissu. *Maladie sclérogène. — Méthode sclérogène.*

SCLÉROMÈTRE [sklerɔmɛtr(ə)]. *n. m.* (1872; de *scléro-*, et *-mètre*). *Techn.* Appareil de mesure de la dureté des corps solides.

SCLÉROPROTÉINE [sklerɔprɔtein]. *n. f.* (mil. XXᵉ; de *scléro-*, et *protéine*). *Biol.* Protéine complexe, très peu soluble, formant la charpente de nombreux tissus animaux.

SCLÉROSE [skleroz]. *n. f.* (1842; gr. *sklêrosis*). ♦ 1° Induration pathologique d'un organe ou d'un tissu, due à une prolifération de tissu conjonctif avec formation excessive de collagène. *Sclérose artérielle.* V. **Artério-sclérose.** *Sclérose des cordons postérieurs, de la moelle épinière.* V. **Tabès.** *Sclérose en plaques :* affection du système nerveux central caractérisée par des zones dégénératives disséminées de façon irrégulière au sein de la substance nerveuse. ♦ 2° Fig. (1960). État, défaut de ce qui ne sait plus évoluer ni s'adapter, qui a perdu toute souplesse. V. **Vieillissement.** *Sclérose des institutions, d'un parti.* ◊ ANT. *Amollissement, développement.*

SCLÉROSÉ, ÉE [skleroze]. *adj.* (1867; de *sclérose*). ♦ 1° Atteint de sclérose. *Tissu sclérosé.* ♦ 2° Fig. Figé, qui n'évolue plus. *Administration sclérosée.*

SCLÉROSER (SE) [skleroze]. *v. pron.* (1902; *scléroser* [*une veine*], v. tr., 1891; de *sclérose*). ♦ 1° Se durcir, être atteint de sclérose (organe, tissu). « *Passé une quarantaine d'années, l'organisme humain... commence à subir des transformations régressives. Certains tissus s'atrophient ou se sclérosent* » (J. ROSTAND). ♦ 2° Fig. Se figer, ne plus évoluer. « *Les formes et les concepts se sclérosent* » (BACHELARD). « *La société est figée et ira se sclérosant de plus en plus* » (DANIEL-ROPS).

SCLÉROTIQUE [sklerɔtik]. *n. f.* (1314; lat. médiév. *sclerotica*, du gr. *sklêrotês* « dureté »). *Anat.* Membrane fibreuse blanche qui entoure le globe oculaire, sauf dans sa partie antérieure occupée par la cornée. (*Cour. :* le blanc de l'œil). « *Quant aux yeux,... la sclérotique en était pure, limpide, bleuâtre* » (GAUTIER).

SCOLAIRE [skɔlɛr]. *adj. et n.* (1807; bas lat. *scholaris*, de *schola* « école »). ♦ 1° Relatif ou propre aux écoles, à l'enseignement qu'on y reçoit et aux élèves qui les fréquentent. *Enseignement, éducation scolaire.* « *Une culture scolaire, c'est-à-dire... une culture traditionnelle* » (BACHELARD). *Établissement, groupe scolaire. Travail scolaire. Succès scolaires. Année scolaire :* période allant de la rentrée à la fin des classes. *Fournitures scolaires. Carnet, livret* scolaire. Lois scolaires. Obligation scolaire* (Loi J. Ferry, 1882, sur l'instruction primaire obligatoire). *Âge scolaire :* âge légal de l'obligation scolaire. *Livre, manuel scolaire. L'édition scolaire.* ◊ *Subst.* (mil. XXᵉ). Enfant qui fréquente l'école. ♦ 2° (*Péj.*). Qui évoque les exercices de l'école, qui a qqch. d'appris et de livresque. « *Michelet à l'éloquence de l'orateur, mais rien de scolaire, d'affecté. Ses défauts ne sont pas appris* » (HENRIOT).

SCOLAIREMENT [skɔlɛrmã]. *adv.* (1933; de *scolaire*). Rare. De façon scolaire. *Elle « récita presque scolairement une leçon qu'elle n'avait jamais apprise* » (M. DURAS).

SCOLARISATION [skɔlarizasjɔ̃]. *n. f.* (mil. XXᵉ; de *scolariser*). Action de scolariser; le fait d'être scolarisé. « *La construction des lycées et collèges, le recrutement des maîtres n'ont pas suivi [...] l'élévation du 'taux de scolarisation'* » (*Le Monde,* 14-5-1955).

SCOLARISER [skɔlarize]. *v. tr.* (mil. XXᵉ; de *scolaire*). Pourvoir d'établissements scolaires et d'enseignement régulier. « *Les 900 000 enfants indigènes qui se trouvent aujourd'hui sans école auraient été scolarisés* » (CAMUS). — Dér. SCOLA-RISABLE [skɔlarizabl(ə)] *adj.,* XXᵉ.

SCOLARITÉ [skɔlarite]. *n. f.* (1867; *scolarité* « privilège de l'écolier », 1383; lat. médiév. *scholaritas,* de *scholaris.* V. **Scolaire**). Le fait de suivre régulièrement les cours d'un établissement d'enseignement. *Années de scolarité. Certificat de scolarité :* attestation prouvant l'inscription d'un élève à un établissement scolaire. *Taux de scolarité* (ou de scolarisation), pourcentage d'enfants scolarisés dans un pays. ◊

Scolarité obligatoire : temps d'études prescrit. *Prolongation de la scolarité.*

SCOLASTICAT [skɔlastika]. *n. m.* (1894; de *scolastique*). *Relig.* Maison annexe d'un couvent, correspondant au grand séminaire diocésain, où les scolastiques (II, 3°) font leurs études; durée de ces études.

SCOLASTIQUE [skɔlastik]. *adj. et n.* (XIIᵉ, « scolaire »; rare av. XVIIᵉ; lat. *scholasticus,* gr. *skholastikos,* de *skholê.* V. **École**). *Didact.* ou *Littér.* I. *Adj.* ♦ 1° Relatif ou propre à l'École, à la scolastique. *Philosophie scolastique. Logique scolastique* (formelle). « *La théologie scolastique, fille bâtarde de la philosophie d'Aristote, mal traduite et méconnue* » (VOLT.). ♦ 2° (1764). Qui concerne ou rappelle la scolastique décadente, par le formalisme, la logomachie, le traditionalisme. *Esprit scolastique.* « *Le propre de ces cultures scolastiques est de fermer l'esprit à tout ce qui est délicat* » (RENAN). — Dér. SCOLASTIQUEMENT [skɔlastikmã] *adv.,* 1596.
II. *N.* ♦ 1° *N. f.* (1670). Philosophie et théologie enseignées au moyen âge par l'Université; enseignement et méthode qui s'y rapportent. « *La scolastique veut toujours un point de départ fixe et indubitable,... elle l'emprunte à une source irrationnelle quelconque, telle qu'une révélation, une tradition* » (Cl. BERNARD). ◊ (XVIIIᵉ) Philosophie présentant des caractères scolastiques, formalistes et abstraits. *La « scolastique marxiste* » (R. JOLIVET). ♦ 2° (XVIᵉ). *N. m.* Philosophe et théologien scolastique du moyen âge. « *Mille scolastiques... qui tous ont été bien sûrs de connaître l'âme très clairement* » (VOLT.). ◊ *Péj.* Homme à l'esprit scolastique (I, 2°). « *Le scolastique ou le systématique, ce qui est la même chose, a l'esprit organisateur et intolérant et n'accepte pas la contradiction* » (Cl. BERNARD). ♦ 3° *Relig.* Jeune religieux faisant ses études de théologie et de philosophie dans un *scolasticat.* V. **Séminariste** (cour.).

SCOLEX [skɔlɛks]. *n. m.* (1839; gr. *skôlêx* « ver »). *Zool.* Partie antérieure des vers cestodes, tête de ténia pourvue de ventouses, de crochets.

SCOLIASTE ou **SCHOLIASTE** [skɔljast(ə)]. *n. m.* (1674,-1552; de *scholie*). *Didact.* Commentateur ancien, auteur de scolies. *Les scholiastes d'Alexandrie.* ◊ *Par ext.* Annotateur, commentateur érudit.

SCOLIE ou **SCHOLIE** [skɔli]. *n.* (1680,-1546; du gr. *skholion,* de *skholê* « école »).
I. *N. f. Didact.* Note philologique, historique, due à un commentateur ancien, et servant à l'interprétation d'un texte de l'antiquité. V. **Annotation.** ◊ Note critique. « *S'intéresser à des scholies et à des commentaires* » (STE-BEUVE).
II. *N. m.* (1691). *Hist. sc.* Remarque à propos d'un théorème ou d'une proposition. « *Souvent après avoir démontré une proposition, on enseigne dans un scholie une autre manière de la démontrer* » (D'ALEMB.).

SCOLIOSE [skɔljoz]. *n. f.* (1843; gr. *skoliôsis,* de *skolios* « tortueux »). *Méd.* Déviation de la colonne vertébrale dans le sens transversal. — Dér. SCOLIOTIQUE [skɔljɔtik], *adj. et n.* [1857].

1. SCOLOPENDRE [skɔlɔpɑ̃dr(ə)]. *n. f.* (*Scolopendrie,* 1314; lat. *scolopendrium,* gr. *skolopendrion*). Fougère à feuilles coriaces, qui croît sur les rochers, les vieux murs. « *Des touffes de scolopendre suspendues comme de longs rubans d'un vert pourpré* » (BERNARD. DE ST-P.).

2. SCOLOPENDRE [skɔlɔpɑ̃dr(ə)]. *n. f.* (1552; lat. *scolopendra,* mot gr., même o. que le précéd.). Animal arthropode, au corps formé de 21 anneaux portant chacun une paire de pattes, couramment appelé *mille-pattes.*

SCOLYTE [skɔlit]. *n. m.* (1839; *scolite,* 1808; *scolytus,* 1762; o. i., p.-ê. du gr. *skôlêx* « ver »). *Zool.* Insecte coléoptère qui vit sous l'écorce des arbres, creusant de nombreuses galeries.

SCOMBRIDÉS [skɔ̃bride]. *n. m. pl.* (XXᵉ; *scombéroïdes,* 1808; *scombérides,* 1842; de *scombre* [1646]; lat. *scomber,* gr. *skombros* « maquereau »). *Zool.* Famille de poissons téléostéens acanthoptérygiens au corps allongé, à la peau lisse (*ex. :* maquereau, thon).

SCONSE [skɔ̃s]. *n. m.* (*Scunck* « mouffette », 1764; *scunk* « fourrure », 1875; angl. *skun[s],* de l'algonquin *segankw*). Fourrure de la mouffette, à poil demi-long, noire à bandes blanches. *Étole, manteau de sconse.* — On écrit aussi *skunks, skuns, skons* [skɔ̃s].

SCOOP [skup]. *n. m.* (v. 1966; mot angl.). *Anglicisme.* Nouvelle importante donnée en exclusivité par une agence de presse. *Recomm. offic.* **Exclusivité*.**

SCOOTER [skutœr; skuter]. *n. m.* (v. 1950; du v. angl. *to scoot* « aller ou démarrer à grande allure »). *Anglicisme.* ♦ 1° Motocycle léger, caroté à cadre ouvert. « *Sur la route vont et viennent sur leurs scooters les fils de notables* » (R. VAILLAND). ♦ 2° *Scooter des neiges.* Recomm. offic. V. **Motoneige.**

SCOOTÉRISTE [skuterist(ə)]. *n.* (av. 1955; de *scooter*). Personne qui conduit un scooter.

-SCOPE, -SCOPIE. Seconds éléments, du gr. *-skopos,*

-skopia, de *skopein* « examiner, observer » (instruments et techniques d'observation).

SCOPIE [skɔpi]. *n. f.* Abréviation de *Radioscopie* (lang. *fam.* de la médecine).

SCOPOLAMINE [skɔpɔlamin]. *n. f.* (1899; de *scopolie* [plante]; de *Scopoli*, naturaliste du XVIII⁰ s., et *amine*). *Chim.* Alcaloïde extrait de plusieurs solanacées (formule $C_{17}H_{21}NO_4$), voisin de l'atropine, et utilisé en médecine.

SCORBUT [skɔrbyt]. *n. m.* (1610; *scorbutus*, 1567; *scurbut*, 1604; du néerl. *scuerbuyck* [1557], refait sur le lat. méd. *scorbutus*). Maladie par carence, provoquée par l'absence ou l'insuffisance dans l'alimentation des vitamines C, et caractérisée par divers troubles (fièvre, anémie, hémorragies, gastro-entérite, ou même cachexie).

SCORBUTIQUE [skɔrbytik]. *adj.* (1642; de *scorbut*). Relatif, propre au scorbut; causé par le scorbut. *Symptômes scorbutiques.* ◇ Atteint du scorbut. Subst. *Un scorbutique.*

SCORE [skɔr]. *n. m.* (1922; mot angl. « décompte »). *Anglicisme.* Marque, décompte des points au cours d'un match; résultat indiqué par la marque. *Un score sévère. Le score final.* — (mil. XX⁰). *Psycho.* Nombre exprimant le résultat d'un test. V. **Note.** — Résultat (chiffré ou non), comparé à celui d'un match. *Score électoral. Le score de l'opposition est meilleur.*

SCORIACÉ, ÉE [skɔrjase]. *adj.* (1775; de *scorie*). *Didact.* Qui a le caractère ou l'apparence des scories.

SCORIE [skɔri]. *n. f.* (1553; lat. *scoria*, gr. *skôria* « écume du fer »). REM. Rare au sing. ♦ 1° Résidu solide provenant de la fusion de minerais métalliques, de l'affinage de métaux, de la combustion de la houille, etc. V. **Déchet. mâchefer.** *Scories de déphosphoration :* sous-produits de la fabrication des aciers, mélange utilisé en agriculture comme engrais (appelées aussi *scories phosphatées* ou *phosphates métallurgiques*). ♦ 2° (1790). Géol. *Scories (volcaniques)*, matières volcaniques dont la texture est analogue à celle du mâchefer, provenant généralement du refroidissement superficiel des coulées de lave. ♦ 3° *Fig.* Partie médiocre ou mauvaise. V. **Déchet.** « *Toute cette masse de scories qui, chez les écrivains non artistes, souillent les meilleures intentions* » (BAUDEL.).

SCORPÈNE [skɔrpɛn]. *n. f.* (1552; prov. *scorpena*, 1445; lat. *scorpæna*, gr. *scorpaina* « scorpion de mer », de *skorpios* « scorpion »). *Zool.* Poisson acanthoptérygien, de petite dimension, à peau visqueuse, à tête forte et hérissée d'épines, communément appelé *diable* ou *rascasse.*

SCORPION [skɔrpjɔ̃]. *n. m.* (XII⁰⁰; *escorpium*, 1119; lat. *scorpio*, gr. *skorpios*). ♦ 1° Animal pourvu d'appendices chélicères, et formé d'éléments articulés (céphalothorax, abdomen à sept anneaux, queue de six segments dont le dernier porte une aiguillon crochu et venimeux). *Être piqué par un scorpion.* ◇ *Scorpion de mer.* V. **Scorpène.** *Scorpion d'eau.* V. **Nèpe.** ♦ 2° (1273; *Scorpium*, 1119). Huitième signe du zodiaque.

SCORSONÈRE [skɔrsɔnɛr]. *n. f.* (1667; *scorsonera*, 1615; *scorzonère*, 1620; it. *scorzonera*, plante qui soigne la morsure du serpent appelé *scorzone*). *Bot.* Plante dicotylédone dont une variété à écorce noire est cultivée comme plante alimentaire (cour., *Salsifis noir*).

1. SCOTCH [skɔtʃ]. *n. m.* (mil. XX⁰; mot angl. « écossais »). Whisky écossais. *Un verre de scotch.* — *Commander un double scotch au bar.* — *Baby scotch* [babiskɔtʃ] et par abrév. *un baby*, demi-scotch servi dans un café, un bar. « *Hargneux, je raccroche, écoule un baby scotch...* » (SAN ANTONIO). — Au plur. *des scotches.*

2. SCOTCH [skɔtʃ]. *n. m.* (mil. XX⁰; Cf. le précéd.). (Nom déposé en une firme américaine). Ruban adhésif transparent. V. **Adhésif** *(n.)*, **collant.** — Dér. SCOTCHER [skɔtʃe], *v. tr.* (v. 1965). Coller avec du « scotch ».

SCOTIE [skɔti]. *n. f.* (1640; lat. *scotia*, mot gr.). *Archit.* Moulure semi-circulaire.

SCOTISME [skɔtism(ə)]. *n. m.* (1740; de *scotiste*). *Hist. philo.* Doctrine de Duns Scot, qui s'écarte du thomisme, en particulier quant à la notion de la personne humaine du Christ et au motif de l'Incarnation.

SCOTISTE [skɔtist(ə)]. *adj.* et *n.* (XVI⁰; de *Duns Scot*, philosophe et théologien angl. du XIII⁰ s.). *Hist. philo.* Propre à Duns Scot et à sa doctrine; partisan de cette doctrine. — N. *Les scotistes.*

SCOTOME [skɔtom]. *n. m.* (1855; du gr. *skotôma* « obscurcissement »). *Méd.* Lacune dans le champ visuel due à l'insensibilité de certains points de la rétine.

SCOTOMISATION [skɔtɔmizasjɔ̃]. *n. f.* (XX⁰; du gr. *skotôma* « ténèbre »). *Psychan.* Exclusion inconsciente d'une réalité extérieure du champ de conscience. On emploie aussi SCOTOMISER [skɔtɔmize], *v. tr.*

SCOTTISH [skɔtiʃ]. *n. f.* (1850; angl. *scottish* « écossais », par l'interm. de l'all. *Schottisch*). *Ancienn.* Danse écossaise de mesure binaire (2/4), voisine de la polka.

SCOTTISH-TERRIER [skɔtiʃterje] ou **SCOTCH-TERRIER** [skɔtʃterje]. *n. m.* (1908-1868; de l'angl. *Scottish*

ou *Scotch* « écossais », et *terrier*). Race de chien terrier, de taille moyenne, à poil dur et dru, originaire d'Écosse. Pl. *Des scottish-terriers, des scotch-terriers.* « *Paul Rab, avec ' Ric et Rac ', avait lancé, avant guerre, le scotch-terrier* » (*L'Express*, 12-3-1973).

SCOURED [prononc. francisée : skurɛd]. *adj.* et *n. m.* (1875; mot angl., de *to scour* « laver »). *Anglicisme. Techn.* Se dit de la laine lavée directement sur le dos du mouton, avant la tonte. On dit aussi LAINE LAVÉE À DOS. — N. m. *Du scoured.*

SCOUT, E [skut]. *n. m.* et *adj.* (1922; angl. *boy-scout*) N. m. Enfant, adolescent faisant partie d'un mouvement de scoutisme. V. **Boy-scout** *(vieilli)*, **louveteau, routier; guide.** « *Un gros couteau de scout avec des vilebrequins, des scies...* » (QUENEAU). — *Adj.* Propre aux scouts, au scoutisme. *Camp scout* (V. aussi **Jamboree**). *Mouvement scout. Organisation, fraternité scoute.* — *Fig. Avoir un côté scout.* V. **Boy-scout.** « *On est un peu catéchumène scoute* » (BARTHES).

SCOUT-CAR [skutkar]. *n. m.* (v. 1945; mot angl., de *scout* « éclaireur », et *car* « voiture »). *Anglicisme.* (Milit.), Engin rapide, utilisé comme véhicule de reconnaissance, de patrouille, de liaison. *Des scout-cars.*

SCOUTISME [skutism(ə)]. *n. m.* (1924; de *scout*). Mouvement éducatif destiné à compléter la formation que l'enfant reçoit dans sa famille et à l'école, en offrant aux jeunes des activités de plein air et des jeux.

SCRABBLE [skrabəl]. *n. m.* (1966; mot angl. « gribouillage », de *to scrabble*). *Anglicisme.* Jeu de société consistant à remplir une grille préétablie au moyen de jetons portant une lettre, de manière à former des mots.

SCRAMASAXE [skramasaks(ə)]. *n. m.* (1839; frq. °*scramasachs*, de *sachs* « couteau »). *Archéol.* Arme de guerre des Francs, long couteau ou sabre à un tranchant.

SCRAPER [skrɛpœr]. *n. m.* (1939; mot angl., de *to scrap* « gratter »). *Anglicisme. Techn.* Engin de terrassement. *Recomm. offic.* V. **Décapeuse.**

SCRATCH [skratʃ]. *n. m.* et *adj.* (1892; mot angl. « rail, ligne de départ »). *Anglicisme. Sports.* Vieilli, *Course scratch*, où tous les concurrents partent sur la même ligne (*opposé à handicap*). *Auto. Temps scratch* ou *classement scratch*, meilleur temps ou classement tous groupes, toutes catégories.

SCRATCHER [skratʃe]. *v. tr.* (1922; de l'angl. *to scratch* « rayer »). *Sports.* Rayer (un concurrent qui ne se présente pas à temps).

SCRIBAN [skribɑ̃]. *n. m.* (du lat. *scribere* « écrire »). Secrétaire à tiroirs, d'origine flamande [XVII⁰], surmonté d'un corps d'armoire.

SCRIBE [skrib]. *n. m.* (1461; lat. *scriba* « greffier », de *scribere* « écrire »). ♦ 1° *Vieilli.* Celui qui fait profession d'écrire à la main, de faire des copies. V. **Copiste, écrivain** (public), **greffier.** « *Toute loi écrite est déjà périmée. Car la main du scribe est lente* » (FRANCE). — *Spécialt.* et *péj.* employé de bureau, commis aux écritures. V. **Bureaucrate, gratte-papier, scribouillard.** « *Le bureaucrate, le commis... le vrai roi moderne, le scribe* » (MICHELET). ♦ 2° *Antiq.* Celui qui écrivait les textes officiels, les actes publics, copiait les écrits, dans les civilisations sans imprimerie et où les lettrés étaient rares. *Scribes égyptiens* (V. **Hiérogrammate**), *grecs, romains.* ♦ 3° (*Cribe*, 1300). *Antiq. juive.* Traduction de *Sopherim*, nom donné dans la Bible aux *Rabbins*, clercs issus de la classe sacerdotale et devenus, au temps du Christ, docteurs de la loi (Thora) et maîtres d'école. *Scribes et pharisiens.* « *Les scribes, conducteurs et inspirateurs du judaïsme légaliste* » (Ch. GUIGNEBERT).

SCRIBOUILLARD, ARDE [skribujar, ard(ə)]. *n.* (1914; *-eur*, fin XIX⁰; *scribouillage*, 1866, du rad. de *scribe*, en rattaché à *Scribe*, n. propre). Fam. *N. m.* Soldat employé aux écritures. « *Il est scribouillard dans un vague état-major...* » (SARTRE). ◇ *Par ext.* Fonctionnaire, commis aux écritures. V. **Bureaucrate, gratte-papier.** *C'est un scribouillard du ministère. Une vague scribouillarde.*

1. SCRIPT [skript]. *n. m.* (XX⁰; *Scrip*, déb. XX⁰; angl. *scrip* [1762]), abrév. de *subscription receipt* « reçu de prêt »). *Fin.* Écrit remis à un créancier, puis à un obligataire, par une collectivité qui ne peut payer les intérêts ou rembourser les capitaux intégralement.

2. SCRIPT [skript]. *n. m.* (XX⁰; angl. *script*, du lat. *scriptum* « écrit »). I. *Type d'écriture à la main, proche des caractères d'imprimerie. Écrire en script. Par appos. Écriture script.* — *Imprim.* SCRIPTES : caractères typographiques imitant l'écriture. II. (mil. XX⁰). *Anglicisme. Télév., cin.* Scénario d'un film, d'une émission, comprenant le découpage technique et les dialogues.

SCRIPTE [skript]. *n. m.* ou *f.* (1973; francisation de *script[-girl]*). Personne responsable, sous la direction du réalisateur ou du directeur de production, de la tenue des documents et de la continuité d'un film, d'une émission de télévision.

SCRIPTEUR [skʀiptœʀ]. *n. m.* (1611; *h. 1356;* lat. *scriptor* « celui qui écrit »). ♦ 1° *Relig.* Officier de la chancellerie pontificale, qui écrit les bulles. ♦ 2° (Déb. xxᵉ). *Didact.* Celui qui a écrit un texte manuscrit.

SCRIPT-GIRL [skʀiptgœʀl] ou **SCRIPT** [skʀipt]. *n. f.* (1929; mot angl. « assistante du réalisateur »). *Anglicisme. Recomm. offic.* V. **Scripte.**

SCRIPTURAIRE [skʀiptyʀɛʀ]. *adj.* (« membre d'une secte juive », n. m. 1740; lat. *scriptura*). *Didact.* ♦ 1° Relatif à l'Écriture sainte. *Exégèse scripturaire.* ♦ 2° Relatif à l'écriture. V. **Graphique.** *Style scripturaire. Système scripturaire,* de transcription graphique.

SCRIPTURAL, ALE, AUX [skʀiptyʀal, o]. *adj.* (xxᵉ, « relatif à l'écriture sainte »; « qui sert à écrire », 1350; du lat. *scriptura*). *Écon. Monnaie scripturale* ou monnaie de banque, qui permet d'effectuer des règlements par simple jeu d'écriture.

SCROFULAIRE [skʀɔfylɛʀ]. *n. f.* (xvᵉ; lat. médiév. *scrofularia,* de *scrofula* « scrofule »). *Bot.* Plante dicotylédone, herbacée, à plusieurs variétés. *Scrofulaire noueuse; scrofulaire aquatique. La scrofulaire était appelée* herbe aux écrouelles, aux hémorroïdes.

SCROFULARIACÉES [skʀɔfylaʀjase]. *n. f. pl.* (1871; *scrofulariées,* 1842; de *scrofulaire*). *Bot.* Famille de plantes angiospermes *(Dicotylédones gamopétales)* comprenant de nombreuses herbes, des arbrisseaux et des arbres.

SCROFULE [skʀɔfyl]. *n. f.* (fin xivᵉ; *escrofila,* 1304; bas lat. *scrofulæ*). ♦ 1° Méd. anc. *(Au plur.).* Écrouelles. *Par ext.,* toute lésion torpide (de la peau, des ganglions lymphatiques, des os) ayant tendance à fistuliser, liée au tempérament dit « lymphatique » (la plupart de ces lésions appartiennent à la tuberculose ou à la syphilis). « *Sa lèvre gonflée dénonçait la scrofule* » (BARRÈS).

SCROFULEUX, EUSE [skʀɔfylø, øz]. *adj.* et *n.* (*Scrophuleux,* 1534; de *scrofule*). ♦ 1° Relatif aux écrouelles *(ancienn.),* à la scrofule. *Tumeur scrofuleuse.* ♦ 2° (1549). Qui a les écrouelles; qui est atteint de scrofule. *Un enfant scrofuleux.* Subst. « *Ce nabot, ce scrofuleux...* » (MAETERLINCK).

SCROGNEUGNEU! [skʀɔɲøɲø]. *interj.* (1549; altér. de *sacré nom de Dieu*). Interjection que l'on prête plaisamment aux vieux militaires bougons. « *Oh! scrogneugneu! vous n'avez pas honte!* » (MONTHERLANT). — Subst. Vieux bougon. « *Avec des voix de vieux scrogneugneux* [...] *les acteurs japonais sont les êtres les plus faux, les plus insupportables de toute l'Asie et de l'Europe...* » (MICHAUX).

SCROTUM [skʀɔtɔm]. *n. m.* (1541; lat. *scrotum*). *Anat.* Peau des bourses. — Adj. SCROTAL, ALE, AUX [skʀɔtal, o]. *Ligament scrotal.*

SCRUB [skʀœb]. *n. m.* (mil. xxᵉ; mot angl.). *Anglicisme. Géogr.* Brousse épaisse de type australien, formée de buissons contenant diverses formations végétales.

SCRUBBER [skʀœ(y)bœʀ]. *n. m.* (1886; mot angl., de *to scrub* « récurer »). *Anglicisme. Techn.* Tour de lavage où se fait l'épuration du gaz (par pulvérisation d'eau).

SCRUPULE [skʀypyl]. *n. m.* (1375; lat. *scrupulum* « petit caillou », et *fig.* « embarras, scrupule », de *scrupus* « pierre pointue »).
I. ♦ 1° Incertitude d'une conscience exigeante au regard de la conduite à avoir ou du caractère de faute d'une action passée; inquiétude sur un point de morale. V. **Doute, hésitation.** « *Les scrupules sont des craintes morales que des préjugés nous préparent* » (GIDE). « *Cette déviation qui transporte les scrupules de conscience du domaine des affections et de la moralité aux questions de pure forme* » (PROUST). *Scrupules religieux.* V. **Cas** (de conscience). « *Une dévote tourmentée de scrupules* » (SAND). *Être dénué de scrupules, sans scrupules :* agir par pur intérêt, sans se poser de problèmes moraux. *Étaler son luxe sans scrupule.* V. **Pudeur.** *Les scrupules ne l'étouffent pas. Scrupule excessif.* « *Des scrupules personnels infiniment louables* » (DUHAM.). — Loc. (1740) *Se faire scrupule de qqch. :* hésiter ou renoncer à faire cette chose par scrupule. « *Je ne me ferais aucun scrupule de le tuer comme un chien* » (CHATEAUB.). — *Avoir scrupule à faire qqch.,* hésiter à faire qqch. *J'aurais scrupule à vous en parler.* ♦ 2° (1694; *scrupule,* 1611). Exigence, délicatesse morale très poussée; tendance à juger avec rigueur sa propre conduite (selon des critères religieux, sociaux, personnels). « *L'excès de conscience dégénère en infirmité. Méfiez-vous des scrupules. Ils mènent loin* » (HUGO). « *Elle était même portée aux scrupules. Les petits manquements ne la tracassaient pas moins que les gros péchés* » (ROMAINS). — *Un homme de scrupule. Exactitude poussée jusqu'au scrupule.* ♦ 3° (1549). Doute, souci, ou appréhension sur un point précis. *Ouvrage sérieux qui dénote un scrupule d'érudition.* ♦ 4° *Psycho.* (1907). *Maladie du scrupule :* forme de psychasthénie caractérisée par l'hésitation avant l'action, la manie de la vérification, etc.
II. (*Scrupel,* xivᵉ, repris xviiᵉ; lat. *scrupulus*). *Ancienn.* Vingt-quatrième partie de l'once (unité de poids). *Le scrupule valait 24 grains.*

SCRUPULEUSEMENT [skʀypyløzmɑ̃]. *adv.* (1374; de *scrupuleux*). ♦ 1° *(Sur le plan moral).* D'une manière scrupuleuse. *Payer scrupuleusement ses dettes.* ♦ 2° Avec exactitude, rigueur. *Respecter scrupuleusement les formes. Traduire scrupuleusement.* V. **Fidèlement.** ◇ ANT. **Approximativement.**

SCRUPULEUX, EUSE [skʀypylø, øz]. *adj.* (fin xiiiᵉ; lat. *scrupulosus,* de *scrupulus*). ♦ 1° Qui a fréquemment des scrupules, qui est inquiet et exigeant sur le plan moral. V. **Consciencieux.** « *La plus scrupuleuse des femmes* » (PROUST). « *C'est un homme si scrupuleux et si délicat sur l'honneur qu'il exagère quelquefois* » (BEAUMARCH.). *Scrupuleux en affaires.* V. **Correct, honnête.** ◇ *(Choses)* Qui témoigne d'une grande exigence morale. *Scrupuleuse honnêteté.* V. **Strict.** ♦ 2° Qui respecte strictement les règles d'action, les prescriptions imposées; qui fait un travail avec exactitude, minutie. V. **Attentif, exact, méticuleux.** « *Ils sont scrupuleux dans l'accomplissement des ordres qu'ils reçoivent* » (STAËL). « *Les rosaces... que l'artiste avait reproduites avec une fidélité scrupuleuse* » (GREEN). ◇ ANT. **Indélicat.** Approximatif.

SCRUTATEUR, TRICE [skʀytatœʀ, tʀis]. *adj.* et *n.* (xivᵉ, « celui qui scrute la conscience », spécialt. Dieu; lat. *scrutator*).
I. *Adj.* (1788). *Littér.* Qui scrute, qui examine attentivement. *Regard scrutateur.* V. **Inquisiteur.** « *Un air scrutateur* » (CHARDONNE). « *Ma nature scrutatrice me forçait à regarder, à écouter* » (SAND).
II. *N. m.* (1680). Personne appelée à participer au dépouillement d'un scrutin (vérification, etc.). *Les cardinaux scrutateurs, pour l'élection d'un pape.* — *Scrutateurs d'un bureau de vote,* lors d'élections.

SCRUTATION [skʀytasjɔ̃]. *n. f.* (1886; de *scruter*). *Littér.* Action de scruter. ◇ (mil. xxᵉ s.). *Inform.* Opération du lecteur optique enregistrant un texte.

SCRUTER [skʀyte]. *v. tr.* (1501, repris xviiiᵉ; *escrutar,* xiiiᵉ; lat. *scrutari* « fouiller »). Examiner avec une grande attention, pour découvrir ce qui est caché. V. **Sonder.** « *Je ne me permettrai point de scruter les motifs de l'action de M. de Valmont* » (LACLOS). « *Elle scrutait les profondeurs de son être* » (MAURIAC). ◇ Examiner attentivement par la vue; fouiller du regard. V. **Observer.** *Scruter l'horizon.* « *Il examinait les versants, notait les pentes, scrutait le bouquet d'arbres; il semblait compter chaque buisson* » (HUGO).

SCRUTIN [skʀytɛ̃]. *n. m.* (*Par voie de scrutin,* 1465; *par crutine* « par vote secret », 1251; lat. *scrutinium* « action de fouiller, de scruter »). ♦ 1° Vote au moyen de signes (bulletins) déposés dans un récipient (urne) d'où on les tire ensuite pour les compter. *L'élection du pape se fait par voie de scrutin.* ♦ 2° (xviiiᵉ). L'opération électorale (dépôt du bulletin de vote par les électeurs, dépouillement et éventuelle proclamation des élus); modalité particulière des élections. *Tours de scrutin. Scrutin de ballottage* (2ᵉ tour). « *Nous aurons plusieurs scrutins, et vous arriverez par un ballottage* » (BALZ.). *Ouverture, clôture d'un scrutin.* « *L'élection du président du collège électoral commence à neuf heures, le scrutin sera fermé à trois* » (STENDHAL). — Modes de scrutin : *Scrutin d'arrondissement,* où la circonscription est l'arrondissement, qui n'élit un seul député; *Scrutin uninominal,* où l'électeur désigne un seul candidat; *Scrutin de liste,* utilisé pour la représentation proportionnelle (ou *scrutin proportionnel*). *Scrutin avec ou sans panachage*. Scrutin majoritaire,* où le candidat qui a obtenu le plus grand nombre de voix est élu. — *Scrutin secret, public. Dépouiller le scrutin* (V. **Scrutateur**); *résultat du scrutin.*

SCULL [skyl; skœl]. *n. m.* (1922; *sculler* « canotier » 1907; mot angl.). *Anglicisme.* (Sport) *Double-scull,* bateau de compétition monté par 2 rameurs de couple (chacun armé de 2 avirons). Cf. **Skiff.**

SCULPTER [skylte]. *v. tr.* (v. 1400, repris 1718; *sculpter,* lat. *sculpere,* d'apr. *sculpteur*). ♦ 1° Façonner, produire (une œuvre d'art en trois dimensions) en taillant une matière dure; et *par ext.* par l'un des procédés de la sculpture. *Sculpter un buste, une statue.* — Au p. p. *Figure sculptée dans la masse.* — *Fig.* V. **Façonner, former.** « *Ces individus qui créent la société sont créés, pétris, sculptés par elle* » (PAULHAN). ♦ 2° Façonner (une matière dure) par une des techniques de la sculpture. *Sculpter un bloc de marbre, de la pierre, du bois.* Au *p. p.* Orné de sculptures. « *Sculpter un bâton avec un canif.* — Absolt. Faire de la sculpture. *Il peint, mais il ne sculpte pas.* « *Souvent, les maîtres d'œuvre médiévaux ne sculptaient pas eux-mêmes* » (MALRAUX). *Sculpter en taille directe* (V. **Tailler**), *au ciseau* (V. **Ciseler**), *au burin, à l'ébauchoir.*

SCULPTEUR [skyltœʀ]. *n. m.* (1400; lat. *sculptor,* de *sculptere*). Personne qui pratique l'art de la sculpture. « *Pétrir de la glaise ne lui semblait pas... l'œuvre d'un vrai sculpteur, d'un sculpteur frappant, à tour de bras, sur de la matière dure* » (GONCOURT). « *La passion du sculpteur, c'est de se faire tout entier étendue pour que du fond de l'étendue toute une statue d'homme puisse jaillir* » (SARTRE). *Sculpteur de figures* (V. **Statuaire**), *de bas-reliefs, d'ornements. Atelier, matériel* *du sculpteur. Les grands sculpteurs grecs. Le sculpteur Germaine Richier.*

SCULPTURAL, ALE, AUX [skyltyʀal, o]. *adj.* (1788; de *sculpture*). ◆ 1° *Didact.* Relatif à la sculpture. *Art sculptural.* V. **Plastique.** « *Des sensations picturales ou sculpturales* » (G. MAUCLAIR). ◆ 2° Qui évoque la sculpture. « *L'apparence grisâtre et... la précision sculpturale de la pierre* » (PROUST). ◇ *Cour.* Qui a la beauté formelle des sculptures classiques. *Une femme majestueuse, sculpturale.* « *Ses prétentions aux formes sculpturales* » (MAUPASS.).

SCULPTURE [skyltyʀ]. *n. f.* (1380; lat. *sculptura*). ◆ 1° Représentation, suggestion d'un objet dans l'espace, au moyen d'une matière à laquelle on impose une forme déterminée, dans un but esthétique; ensemble des techniques qui permettent cette représentation. V. **Plastique.** *Sculpture en ronde-bosse, en haut-relief, en bas-relief. Sculpture par modelage* (en cire, glaise). *Procédés modernes de sculpture par soudure d'éléments métalliques. — Sculpture grecque, romane, abstraite.* « *La sculpture s'installe dans le même milieu que celui qui la contemple. Chaque pas de l'observateur, chaque heure du jour, chaque lampe qui s'allume, engendre à une sculpture une certaine apparence, toute différente des autres* » (VALÉRY). ◆ 2° *Une sculpture, œuvre sculptée.* V. **Statue.** *Modeler, tailler, polir une sculpture. Reliefs, creux, méplats, plans d'une sculpture. Petite sculpture.* V. **Figurine, statuette.**

SCUTELLAIRE [skyte(ɛl)lɛʀ]. *n. f.* (1846; du lat. *scutella* « petite coupe, plateau »). *Bot.* Plante herbacée, vivace *(Liliacées),* à tige carrée, à fleurs bleues ornementales.

SCUTIFORME [skytifɔʀm(ə)]. *adj.* (1538; du lat. *scutum* « écu », et *-forme*). *Zool., méd.* Qui a la forme d'une plaque arrondie ou d'un écusson.

SCUTUM [skytɔm]. *n. m.* (1765; mot lat. qui a donné *écu**). ◆ 1° *Archéol.* Bouclier romain. ◆ 2° (1842). *Zool.* Écusson des insectes. — Pl. *Des scuta* ou *Des scutums.*

SCYPH(O)-. Élément de mots savants, tiré du gr. *skuphos* « coupe ». V. **Scyphoméduses.**

SCYPHOMÉDUSES [sifɔmedyz]. *n. f. pl.* (XXᵉ; du gr. *skuphos* « coupe », et *méduse*). Classe d'animaux cœlentérés (V. **Acalèphes**), méduses de grande taille, très urticantes. — Sing. *Une scyphoméduse.* — On dit *aussi* SCYPHOZOAIRES [sifɔzɔɛʀ], *n. m. pl.*

SCYTHE [sit] *adj. et n.* ou **SCYTHIQUE** [sitik]. *adj.* (av. 1580; *scytique* « barbare », XVIᵉ; lat. *scythicus*). Qui est relatif à la Scythie, aux Scythes, peuple de l'antiquité qui habitait le sud de la Russie actuelle. ◈ HOM. Site. Formes du v. *citer.*

Se Symbole chimique du *sélénium*.

SE [s(ə)]. *pron. pers.* (XIᵉ; lat. *se*, en position inaccentuée). Pronom personnel réfléchi de la 3ᵉ personne du singulier et du pluriel pour les deux genres; il peut renvoyer à un nom, à un pronom personnel de la 3ᵉ personne, à un pronom indéfini, ou à un relatif (*se* s'élide en *s'* devant une voyelle ou un *h* muet). ◆ 1° (Complément d'objet d'un *v.* pron. réfl. direct). « *Se contraindre. Comment peut-on se contraindre?* » (VALÉRY). — (Avec un inf.) *Elle s'écoute parler. Il ne s'est pas vu mourir.* — (Compl. d'un v. pron. à l'inf. dépendant d'un autre v.) *Il veut se lancer dans les affaires. Il la regardait se traîner.* ◇ (Compl. indir.) *Il s'attribua tout le mérite de la victoire. Il ne se l'est pas dit deux fois.* ◆ 2° (Compl. dir. d'un v. pron. récipr.) « *Se chercher... les unes les autres avec l'impatience de ne se point rencontrer* » (LA BRUY.). ◇ (Compl. indir.) « *Se dire des riens... s'apprendre réciproquement des choses dont on est également instruite* » (LA BRUY.). ◆ 3° Formant les verbes pronominaux purs. *Elle s'évanouit à cette nouvelle. Il s'en moque. Elle s'en va. On s'y fait.* « *Les deux lignes s'échappèrent de leurs mains et se mirent à descendre la rivière* » (MAUPASS.). ◆ 4° (Dans un v. pron. en fonction de pass.) *Ce sont des choses qui ne se font pas.* « *Tout ne se sait pas mais tout se dit* » (FRANCE). — (Avec un infin.) *Ce plat peut se manger froid.* Littér. « *Le soleil ni la mort ne se peuvent regarder fixement* » (LA ROCHEF.). — (Dans un pass. impers.) « *Jamais il ne se sera vu un réveillon pareil* » (DAUD.) : jamais on n'aura vu. ◆ 5° (Dans un pron. impers.). *Il se peut que je vienne. Il s'en faut de beaucoup. Comment se fait-il que vous vous taisiez?* ◆ 6° Valeur de possessif (avec un nom qui désigne une partie de l'individu). *Il se lave les mains. S'exercer la mémoire :* exercer sa mémoire. ◆ 7° REM. *Se* est omis devant un inf. pron. (après certains verbes). « *Sa forte voix sonnait, faisait retourner tout le monde* » (DAUD.). *Envoyer promener qqn.* ◈ HOM. Ce.

S. É. ou **S. ÉM.** Abrév. de *Son Éminence.* ◇ **S. E.,** abrév. de Son Excellence.

S.-E. Abrév. de *Sud-Est.*

SEA-LINE [silajn]. *n. m.* (mil. XXᵉ; mot angl., de *sea* « mer », et [*pipe*]-*line*). Anglicisme. *Techn.* Canalisation en partie sous-marine reliant les réservoirs et les pétroliers qui ne peuvent accoster, grâce à un poste d'amarrage en mer. Pl. *Des sea-lines.*

SÉANCE [seãs]. *n. f.* (1594, « le fait d'être assis »; de *séant*, p. prés. de *seoir*). ◆ 1° *Vx.* Le fait de siéger (dans une assemblée). *Avoir droit de séance, avoir séance.* « *Les évêques, les abbés, ont séance à la diète d'Allemagne* » (VOLT.) ◆ 2° (*h. 1356*; XVIᵉ). *Mod.* Réunion des membres d'un corps constitué siégeant en vue d'accomplir certains travaux; durée réglée de cette réunion. *Les séances du Parlement.* V. **Débat, session, vacation.** *Séances du conseil municipal, d'un tribunal.* V. **Audience.** « *Des séances de cour d'assises intéressantes* » (BALZ.). *Séance publique. Séance extraordinaire.* — *Être en séance. Assemblée qui tient séance.* V. **Délibérer.** *Présider une séance. Ouvrir, clore, lever la séance. La séance est ouverte, levée, suspendue* (formules que prononce le président). *Suspension de séance.* ◇ SÉANCE TENANTE : la séance se poursuivant sans interruption; au cours de la séance. Fig. *(loc. adv.).* Sur-le-champ; immédiatement et sans retard. ◆ 3° (1808). *Par ext.* Durée généralement déterminée, consacrée à un travail, une occupation qui réunit deux ou plusieurs personnes. *Séance de pose chez un peintre. Séances de travail, d'entraînement, de gymnastique.* — (Dans un traitement médical) *Séances de massage, de rééducation.* « *Les progrès de la guérison, d'ailleurs, sont apparents après chaque séance* » (MAUPASS.). ◇ *Spécialt.* (1886) Temps consacré à certains divertissements, spectacles. *Le spectacle lui-même. Séance récréative.* « *Alors j'ai eu une idée, c'est d'organiser une fête de charité. Deux séances, religieuse et profane* » (MAUPASS.). *Séance privée. Première, deuxième séance dans une salle de cinéma.* ◇ *Fam.* Spectacle donné par qqn qui se comporte de façon bizarre ou insupportable. *Il nous a fait une de ces séances! Une séance de cris et de larmes.* V. **Scène.**

1. SÉANT [seã]. *n. m.* (XIIᵉ; de *seoir*). ◆ 1° *En son séant* (vx); *sur son séant,* en position assise (en parlant d'une personne qui était couchée). *Se dresser, se mettre sur son séant.* « *Il la souleva, tâcha de l'asseoir sur son séant* » (ZOLA). ◆ 2° *Fam.* Derrière. « *Un coussin qu'aucun séant n'avait jamais aplati* » (VAN DER MEERSCH).

2. SÉANT, ANTE [seã, ãt]. *adj.* (1180; bien séant, 1080; de *seoir*). *Vx* ou *littér.* Qui sied, est convenable. V. **Bienséant, décent.** « *Le service militaire... une calamité insupportable, à laquelle il était séant de chercher à se soustraire* » (GIDE). ◇ *Littér.* SÉANT À... V. **Seyant.** « *Les sourcils noirs sont très séants aux blondes* » (FRANCE). ◇ ANT. Malséant, messéant.

HOM. Céans.

SEAU [so]. *n. m.* (XIIIᵉ; *seel,* XIIᵉ; lat. pop. °*sitellus,* class. *sitella,* var. de *situla*). Récipient cylindrique muni d'une anse servant à transporter des liquides ou diverses matières. *Seau en métal, en bois, en toile.* « *Auprès de la fontaine, il y avait toujours un vieux seau, cabossé, percé* » (GENEVOIX). *Puiser de l'eau avec un seau. Seau de toilette. Seau hygiénique.* — *Seau à vif(s),* petit vivier portatif où les pêcheurs conservent les poissons servant d'appât. — *Seau à charbon. Seau d'enfant,* pour jouer dans le sable. *Seau à glace.* « *Le maître d'hôtel s'incline sur les seaux à champagne* » (ARAGON). ◇ Contenu d'un seau, seau par son contenu. *Un plein seau de charbon. Seau d'eau.* Par hyperb. *Il pleut à seaux,* abondamment. « *La pluie est tombée à seaux dès le premier jour des opérations* » (MAUROIS). ◈ HOM. Saut, sceau, sot.

SÉBACÉ, ÉE [sebase]. *adj.* (1734; lat. *sebaceus,* de *sebum* « suif »). *Didact.* Relatif au sébum*. *Glandes sébacées :* glandes de la peau, en général annexées aux poils (V. **Pilosébacé**) et qui sécrètent le sébum.

SÉBASTE [sebast(ə)]. *n. m.* (1874; o. i.). *Zool.* Poisson acanthoptérygien, de taille moyenne, à tête écailleuse et épineuse, vivant dans les mers froides et tempérées.

SÉBILE [sebil]. *n. f.* (1417; o. i.; p.-ê. de l'arabe *sabil* « aumône »). Petite coupe de bois. « *Homo* (un loup), *une sébile dans sa gueule, faisait poliment la quête dans l'assistance* » (HUGO). *Sébile d'un mendiant, d'un aveugle.*

SEBK(H)A [sɛpka]. *n. f.* (1874; arabe *sabkah). Géogr.* Au Sahara, Lac d'eau salée. V. **Chott.**

SÉBORRHÉE [sebɔʀe]. *n. f.* (1868; du rad. de *sebum,* et *-rrhée*). *Méd.* Augmentation de la sécrétion (V. **Hypersécrétion**) des glandes sébacées. *La séborrhée est souvent compliquée d'acné et peut accompagner d'autres maladies de la peau. Séborrhée du cuir chevelu.* — Adj. SÉBORRHÉIQUE [sebɔʀeik]. *Eczéma séborrhéique.*

SÉBUM [sebɔm]. *n. m.* (fin XVIIᵉ-déb. XVIIIᵉ; lat. *sebum* « suif »). *Didact.* Matière grasse, onctueuse, renfermant des substances protidiques, produit de sécrétion des glandes sébacées constitué par des débris des cellules sécrétrices.

SEC, SÈCHE [sɛk, sɛʃ]. *adj.* (v. 980, « desséché »; lat. *siccus, sicca).* **I.** (*Concret*). ◆ 1° Qui n'est pas ou est peu imprégné de liquide. *Desséché. Feuilles sèches. Bois sec.* « *Demandez de la pluie : nos blés sont secs comme vos tibias* » (MUSS.). *Terrain sec.* V. **Aride, stérile.** *Lieu, endroit sec :* où le sol est sec. ◇ (IIIᵉ) Sans humidité atmosphérique, sans pluie. *Un*

vent sec. Il fait sec. Climat, jours secs. Froid sec et piquant. Saison sèche. « *Il pleuvait... je n'avais pas un fil de sec, l'eau m'entrait dans le dos* » (ZOLA). — *Cale* sèche.* — *Traverser une rivière à pied* sec. Avoir la gorge sèche, le gosier sec :* avoir soif. « *Ils avaient la bouche sèche et la tête bourdonnante* » (NIZAN). — *N'avoir plus un poil de sec :* transpirer abondamment. — « *Tu es mort et mes yeux sont secs : je n'ai plus de larmes* » (SARTRE). Fig. *Regarder d'un œil sec,* sans être ému. « *Pour vouloir d'un œil sec voir mourir ce qu'on aime* » (MOL.). — *Faire cul* sec.* ◇ Pop. (1914-18) *L'avoir sec :* éprouver une déception, une contrariété. « *Je l'ai sec. — Ça te passera* » (QUENEAU). — *Avoir le gosier sec.* « *Tellement que je l'avais sec, j'en crachais blanc comme du coton* » (AYMÉ). ◇ Spécialt. Déshydraté, séché (par suite d'un traitement approprié, et en vue de la conservation). *Figues sèches. Raisins secs. Légumes secs. Poisson sec.* — *Gâteaux secs.* ♦ 2° Qui n'est pas accompagné du liquide auquel il est généralement associé. *Mur de pierres, de briques sèches :* sans ciment. *Orage sec,* sans pluie. — *Toux sèche,* sans expectoration. *Pleurésie* sèche.* — *Régime sec,* sans boisson. — *Nourrice sèche,* sans lait. *Panne sèche,* panne d'essence. — Grav. *Pointe* sèche.* ◇ Non accompagné. *Pain sec. Perte* sèche.* — (Cartes) *Avoir la dame sèche,* sans autre carte de la couleur. *Partie sèche,* non suivie d'une revanche et d'une belle. À l'écarté, *Jouer en cinq sec* (adv.) ou *en cinq secs* (adj.), jouer en une seule manche de cinq points. — *Fig.* EN CINQ SEC : rapidement. ♦ 3° *(h. XIIIe). Personnes.* Qui a peu de graisse, qui est peu charnu. V. **Maigre.** « *Elle était devenue plus maigre, jaune et sèche qu'un poisson fumé* » (MAUPASS.). « *M. Achille, sec comme un coup de trique* » (MAUROIS). ♦ 4° Qui manque d'ampleur, de moelleux ou de douceur. *Contours, dessins secs,* trop marqués, très précis. V. **Dur.** *Bruit, claquement sec,* sans résonance. *Voix sèche. Coup sec,* rapide et bref. *Lainage, tissu sec,* à tissage bien marqué. ◇ *Vins secs,* peu sucrés (*opposé à* vins doux et liquoreux). *Champagne brut sec, demi-sec.* V. **Dry.**
II. *(Abstrait).* ♦ 1° (1226). Qui manque de sensibilité, de tendresse. V. **Dur, indifférent.** *Cœur sec. Un homme froid et sec.* — Qui marque qu'on ne se laisse pas attendrir; qui témoigne d'une intention blessante. V. **Aigre, désobligeant, glacial.** *Lettre sèche. Réponse sèche. Répondre d'un ton très sec.* V. **Autoritaire, bref, brusque, cassant.** ♦ 2° (1265). Qui manque de grâce, de charme, de richesse naturelle. « *Elle aimait les vêtements de coupe sobre, ... élégante, pourtant : mais d'une élégance un peu sèche et sévère* » (MART. du G.). V. **Austère.** « *La prose la plus sèche renferme toujours un peu de poésie* » (SARTRE). ♦ 3° *Fam.* (1866). *Être, rester sec :* incapable de répondre. V. **Sécher** (II, 3°).
III. *N. m.* ♦ 1° Sécheresse. « *Cet affreux mélange du sec et de l'humide... qui constituait ce chaos* » (VALÉRY). *Mettre, tenir une chose au sec,* dans un endroit sec, où elle puisse sécher. — (Agric.) *Le sec,* le fourrage sec. *Mettre son cheval au sec.* ♦ 2° (XIVe). À SEC, à l'état sec, sans eau. *Cours d'eau, source complètement à sec. Mettre un étang à sec.* V. **Assécher, vider.** — *Fig.* (XVIe) Dans l'état où l'on n'a plus d'idées, plus rien à dire. « *Sur ce chapitre on n'est jamais à sec* » (MOL.). — *Fam.* Sans argent (Cf. Fauché). « *Quand il était à sec, il n'avait qu'à dire à son ami :* Cadenet, prête-moi donc cent écus* » (BALZ.). ◇ Mar. *Courir à sec, à sec de toile,* se dit d'un bâtiment qui navigue sans se servir de ses voiles. ◇ Techn. Opérations qui se font *à sec,* sans eau (*opposé à* mouillé). *Filature à sec, au sec.*
IV. *Adv.* ♦ 1° *Boire sec,* ne pas mettre d'eau dans son vin, *par ext.* boire ferme. « *Fort bon vin; et comme l'eau est douteuse... je bois sec* » (GIDE), sans eau. ♦ 2° (1582). Rudement et rapidement. *Démarrer sec. Boxeur qui frappe sec. Ça pète sec* (Cf. aussi *Pète-sec,* subst.). « *Tu conduis sec, mais tu conduis bien* » (*L'Express,* 14-10-1968). ♦ 3° Télév., radio. *Couper sec,* opérer une coupure brusque et nette du signal sonore ou visuel. ♦ 4° Loc. adv. (1904). Pop. AUSSI SEC : immédiatement, sans hésiter et sans tarder. « *Je les colle en prison, aussi sec* » (AYMÉ).
V. *Interj.* Alpin. Mot par lequel le grimpeur donne l'ordre de tendre la corde. On dit aussi **Dur !**
◈ ANT. **Humide, mouillé.** — HOM. (du fém.) **Sèche,** seiche.

SÉCABLE [sekabl(ə)]. *adj.* (1693; lat. *secabilis,* de *secare* « couper »). Didact. Qui peut être coupé, ou divisé. « *Le prestige du bifteck tient à sa quasi-crudité : le sang y est visible, naturel, dense, compact et sécable à la fois* » (BARTHES). ◈ ANT. **Insécable.**

SECAM [sekam]. *adj.* et *n. m.* (1959; abrév. de *séquentiel à mémoire*). Se dit du procédé de télévision en couleurs mis au point par H. de France, et adopté par la France, l'U.R.S.S. et un certain nombre de pays européens.

SÉCANT, ANTE [sekɑ̃, ɑ̃t]. *adj.* et *n. f.* (1542; lat. *secans,* de *secare* « couper »). ♦ 1° Géom. Qui coupe (une ligne, un plan). *Droite, courbe sécante (opposé à* parallèle, tangente). *Plan sécant. Ensembles sécants,* ayant des éléments communs. V. **Intersection.** ♦ 2° *N. f.* (1634). SÉCANTE : droite qui coupe

une ligne courbe en un ou plusieurs points; *spécialt.* Droite qui coupe une circonférence en deux points; l'inverse du cosinus. V. **Cosécante.** *Sécante d'un arc, d'un angle.*

SÉCATEUR [sekatœR]. *n. m.* (1827; du lat. *secare*). Outil de jardinage, forts ciseaux à ressort dont une lame est tranchante et l'autre sert de point d'appui. *Sécateur servant à la taille, au greffage, à émonder. Sécateur à haie.* V. **Cisaille.**

SÉCESSION [sesesjɔ̃]. *n. f.* (v. 1508; *cecession* « sédition », 1354; lat. *secessio,* de *secedere* « se retirer »). Action par laquelle une partie de la population d'un État se sépare, de façon pacifique ou violente, de l'ensemble de la collectivité, en vue de former un État distinct ou de se réunir à un autre. V. **Dissidence, révolte, séparation,** et *aussi* **Indépendance.** *La guerre de Sécession,* entre le Nord et le Sud des États-Unis (1861-65). *Faire sécession.* ◈ ANT. **Fédération, réunion.**

SÉCESSIONNISTE [sesesjɔnist(ə)]. *adj.* (1870; de *sécession*). Qui fait sécession, lutte pour la sécession. *Les États sécessionnistes du Sud* (États-Unis). Subst. *Les sécessionnistes.* V. **Séparatiste.** — SÉCESSIONNISME [sesesjɔnism(ə)]. *n. m.* XXe. Doctrine, attitude des sécessionnistes. V. **Séparatisme.**

SÉCHAGE [seʃaʒ]. *n. m.* (1797; de *sécher*). Action de faire sécher; opération destinée à éliminer le liquide. V. **Dessiccation, évaporation.** *Séchage à l'air libre, au soleil, à l'air chaud, aux rayons infrarouges. Séchage du linge.*

1. **SÈCHE** [sɛʃ]. *n. f.* (1688; *seiche,* 1640; fém. subst. de *sec).* Mar. ♦ 1° Banc qui reste à sec à marée basse. ♦ 2° Vergue sèche. ◈ HOM. **Sèche** (fém. de sec), seiche.
2. **SÈCHE** [sɛʃ]. *n. f.* (1881; o. i.) Pop. Cigarette. V. **Cibiche.**

SÈCHE-CHEVEUX [sɛʃʃəvœ]. *n. m. invar.* (1933; de *sécher,* et *cheveux*). Appareil électrique pour sécher les cheveux après lavage. V. **Séchoir.** *Sèche-cheveux portatif. Sèche-cheveux des coiffeurs.* V. **Casque.**

SÈCHEMENT [sɛʃmɑ̃]. *adv.* (1636; de *sèche,* fém. de *sec*). ♦ 1° D'une manière sèche, sans douceur. *Frapper sèchement la balle.* — « *Des bouquets de verdure sombre se dressant sèchement çà et là* » (GONCOURT). ♦ 2° Avec froideur, indifférence, dureté. *Parler, répliquer sèchement.* V. **Durement.** « *Quoi? qu'est-ce que c'est? dit sèchement M. de Charlus* » (PROUST). ♦ 3° Sans charme, ni grâce. *C'est écrit bien sèchement.*

SÉCHER [seʃe]. *v.;* conjug. *céder* (1330; *sechier,* 1170; lat. *siccare,* de *siccus* « sec »).
I. *V. tr.* ♦ 1° Rendre sec. V. **Dessécher, déshydrater.** « *Comme tombe une fleur que la bise a séchée* » (MALHERBE). V. **Flétrir; faner.** *Le froid sèche la peau.* — Spécialt. *Sécher des viandes. Sécher des figues.* — Au p. p. *Poisson séché, fruits séchés.* V. **Sec.** Pronom. *Se sécher et se réchauffer devant le feu. Se sécher avec une serviette.* V. **Essuyer (s'), éponger (s').** ♦ 2° Absorber ou évaporer (le liquide). « *Le vent printanier, à mesure, séchait ma sueur* » (COLETTE). *La chaleur a séché les ruisseaux.* V. **Assécher, tarir.** *Sécher les larmes de qqn, ses pleurs.* V. **Étancher,** et *fig.* **Consoler.** ◇ *Fam. Sécher un verre,* le boire tout entier (Cf. Faire cul* sec). « *Un petit verre d'alcool qu'il sécha d'un trait* » (CARCO). ♦ 3° Arg. scol. Manquer volontairement et sans être excusé. *Sécher un cours, la classe.* — *Par ext.* Manquer l'assistance à (une réunion, une rencontre, une cérémonie). « *Nous fûmes gratifiés de deux messes quotidiennes, la sienne faisant double emploi avec celle de l'oblat, ne pouvant, par politesse, être ' séchée '* » (BAZIN).
II. *V. intr.* ♦ 1° (1538; *sechier,* XIIe). Devenir sec par une opération (V. Séchage) ou naturellement. *Des linges séchaient aux fenêtres. Faire sécher, mettre sécher, à sécher du linge.* V. **Étendre.** ◇ *Par ext.* S'évaporer. « *De maigres larmes séchaient dans ses yeux ardents* » (FRANCE). ♦ 2° Fig. Dépérir, languir. *Sécher d'impatience, d'envie.* « *Comment voulez-vous qu'une génération naissante se condamne à sécher de dépit et de frayeur?* » (RENAN). — Loc. *Sécher sur pied* (comme une plante), s'ennuyer, se morfondre. ♦ 3° *Fam.* (1866). Rester sec, être embarrassé pour répondre. « *Elle aurait obtenu la mention ' très bien ' si elle n'avait ' séché ' dans son examen d'espagnol* » (PROUST). *Il a séché en histoire.*
◈ ANT. **Arroser, détremper, humecter, imbiber, inonder, mouiller.** — (du p. p.) **Frais, humide.**

SÉCHERESSE [sɛ(e)ʃRɛs]. *n. f.* (1120; de *sécher*). 1° État, caractère de ce qui est sec, de ce qui manque d'humidité. *Sécheresse de la terre, du sol.* V. **Aridité.** « *Une campagne déserte, d'une aridité et d'une sécheresse et d'une désolation dont rien ne peut donner l'idée* » (GAUTIER). ◇ *Absolt.* Temps sec, absence ou insuffisance des précipitations. « *La terre souffrait d'une terrible sécheresse, pas une goutte d'eau n'était tombée depuis six semaines* » (ZOLA). ♦ 2° Caractère de ce qui manque d'ampleur, de douceur. *Sécheresse des lignes, d'un dessin.* ♦ 3° Fig. Dureté, froideur, insensibilité. *Sécheresse de cœur. Répondre avec sécheresse.* — *Au plur.* (Rare) « *Des sécheresses de vieux sceptique* » (MAUPASS.). ♦ 4° Caractère de ce qui manque de charme, de richesse, d'agrément. *Sécheresse du style.* V. **Austérité.** « *La sécheresse d'un vieux manuscrit !* » (BARRÈS). ◇ ANT. *Fraîcheur, humidité; fertilité, luxuriance; attendrissement.*

SÉCHERIE [seʃ(ə)ʃʀi]. *n. f.* (1333, région.; de *sécher*). Lieu où l'on fait sécher diverses matières ou produits. *Sécherie de poisson.* ◇ Installation industrielle destinée au séchage (des poissons, des peaux, du bois, des tissus).

SÉCHEUR, EUSE [seʃœʀ, øz]. *n.* (1871; de *sécher*). ♦ 1° *N. m.* Appareil de séchage. ◇ (1907) Séchoir industriel. ♦ 2° *N. f.* (1876). Machine à sécher. *Une sécheuse de linge.*

SÉCHOIR [seʃwaʀ]. *n. m.* (1660; de *sécher*). ♦ 1° Lieu aménagé pour le séchage (du linge, des peaux). *Séchoir à chanvre, à tabac.* ♦ 2° Dispositif composé de tringles, sur lequel on étend des objets que l'on veut faire sécher. *Séchoir à lessive.* ♦ 3° (1907). Appareil servant à faire sécher des matières humides par évaporation accélérée. *Séchoir rotatif. Séchoir à air chaud. Séchoir électrique.* — (Employé absolt. au sens de *séchoir à cheveux*). V. **Sèche-cheveux.**

SECOND, ONDE [s(ə)gɔ̃, ɔ̃d]. *adj.* et *n.* (XIIe; *secunt,* 1119; lat. *secundus* « suivant », de *sequi* « suivre »). I. *Adj.* (généralement avant le nom) et *n.* ♦ 1° Qui vient après une chose de même nature; qui suit le premier. V. **Deuxième** (On emploie plutôt *Second* quand il n'y a que deux choses : le *Second Empire* [ləsgɔ̃tɑ̃piʀ]). *Pour la seconde fois. En second lieu, après, ensuite, d'autre part.* V. **Deuxièmement, secundo.** *De seconde main,* qui vient d'un intermédiaire, indirectement. « *Le plus fort de tous nos amours n'est ni le premier, ni le dernier, comme beaucoup le croient; c'est le second* » (BARBEY). *Second tome, chapitre,* ou *Livre second, chapitre second. Second acte.* V. **Deux.** *La seconde moitié. La seconde personne du singulier d'un verbe. Second violon, ténor...* qui joue, chante une partie plus basse que le premier violon, le premier ténor (sans idée de hiérarchie). — Subst. « *La seconde des filles Barrel* » (ARAGON). ♦ 2° Qui n'a pas la primauté, qui vient après le plus important, le meilleur (*opposé à* premier). *Seconde vendeuse. Article de second choix. Billet de seconde classe.* — Subst. « *J'aime mieux, comme César, être le premier au village, que le second dans Rome* » (MUSS.). — EN SECOND (*loc. adv.*) : en tant que second dans un ordre, une hiérarchie. *Capitaine en second. Passer en second,* passer après. — Littér. À NULLE AUTRE SECONDE (XVIe) ou À NUL AUTRE SECOND (rare) : qui a la première place, la primauté. « *Et c'est une richesse à nulle autre seconde...* » (MOL.). ♦ 3° Qui constitue une nouvelle forme d'une chose unique. V. **Autre.** « *Le rêve est une seconde vie* » (NERVAL). « *Cette fatale époque si ingénieusement nommée* la seconde jeunesse » (BALZ.). « *Si l'habitude est une seconde nature, elle nous empêche de connaître la première* » (PROUST). *Don de seconde vue. Second souffle*.* — Subst. et littér. SANS SECONDE, SANS SECOND : sans pareil, unique, inégalable. « *Voilà la source d'un comique sans second, à mon goût* » (SUARÈS). ♦ 4° Qui dérive d'une chose première, primitive. *Causes secondes.* ◇ *État second,* état pathologique d'une personne qui se livre à une activité coordonnée étrangère à sa personnalité manifeste, et généralement oubliée lorsque cet état cesse. *État second des somnambules.* — Cour. *Être dans un état second :* anormal.

II. *N. m.* ♦ 1° (XVIIe). Celui qui aide qqn. V. **Adjoint, assistant, bras** (droit), **collaborateur.** *Un brillant second.* ◇ Officier de marine qui commande à bord, immédiatement après le commandant. ♦ 2° Second étage, dans une maison. *Habiter au second.*

III. *SECONDE. N. f.* ♦ 1° *Mus.* (1671). Intervalle de deux degrés. *De do à ré il y a une seconde.* ♦ 2° (1718). Classe de l'enseignement secondaire qui précède la première. *Élève, professeur de seconde.* ♦ 3° *Escr.* Seconde position de l'épée, dans la ligne du dehors, la pointe basse, le poignet en pronation. V. **Garde.** ♦ 4° *Typogr.* Deuxième épreuve. ♦ 5° Seconde classe, dans les transports publics. *Voiture de seconde. Voyager en seconde. Les secondes,* les places de seconde. « *À la gare, on a pris des secondes* » (CÉLINE). ♦ 6° Seconde vitesse d'une automobile. *Passer en seconde.* ◇ ANT. *Premier, primitif.*

SECONDAIRE [s(ə)gɔ̃dɛʀ]. *adj.* (1372; *secundaire,* 1287; lat. *secundarius* « de second rang »). ♦ 1° Qui ne vient qu'au second rang, est de moindre importance (par la taille, l'intérêt). *Planètes secondaires.* — *Personnage secondaire :* de second plan. Qui n'a qu'un rôle secondaire. V. **Accessoire.** ♦ 2° (XVIIIe). Qui constitue un second ordre dans le temps. *Enseignement secondaire,* qui succède à l'enseignement primaire et le complète (On dit aussi *du second degré*). *Études secondaires.* Subst. *Les professeurs du secondaire.* — *Ère secondaire,* subst. *Le secondaire,* ère géologique (environ 130 millions d'années) qui succède au primaire, comprenant le trias, le jurassique et le crétacé, caractérisé par le calme orogénique en Europe, les sédimentations, l'apogée des reptiles, l'apparition des oiseaux et des mammifères. V. **Mésozoïque.** ◇ *Psycho.* Se dit des personnes chez qui les

circonstances présentes ne provoquent pas immédiatement des réactions, et qui se reportent constamment à leur passé et à leur avenir. *Les émotifs secondaires.* Subst. *Les secondaires.* ♦ 3° Qui se produit en un deuxième temps, une deuxième phase dérivant de la première. *Sédiments secondaires. Effets secondaires d'une réaction chimique.* ◇ Méd. *Accidents secondaires d'une maladie,* consécutifs à l'accident primaire (par ex. la syphilis). — *Effets secondaires d'un traitement,* manifestations pathologiques indésirables provoquées par un médicament. ◇ Élect. Subst. *Le secondaire,* bobinage destiné à être relié aux appareils d'utilisation, *opposé à* primaire. ◇ Écon. *Secteur secondaire,* et subst. *le secondaire,* les activités productrices de matières transformées. ◇ ANT. *Capital, dominant, essentiel, fondamental, primordial, principal. Primaire, primitif.*

SECONDAIREMENT [s(ə)gɔ̃dɛʀmɑ̃]. *adv.* (1586; *secundeirement,* 1377; de *secondaire*). D'une manière secondaire.

SECONDARITÉ [s(ə)gɔ̃daʀite]. *n. f.* (XXe; de *secondaire*). *Psycho.* Caractère des personnes secondaires (*opposé à* primarité).

1. **SECONDE.** *n. f.* V. **Second** (III).

2. **SECONDE.** [s(ə)gɔ̃d]. *n. f.* (1690; du lat. *minutum secundum,* proprem. « partie menue résultant de la seconde division de l'heure ou du degré »). ♦ 1° (abrév. *s*). Soixantième partie de la minute; unité fondamentale de temps égale

à $\dfrac{1}{86\,314}$ de jour sidéral (dans les systèmes C.G.S., M.T.S. et M.K.S.), définie à partir de la période d'une radiation du césium 133. « *La* SECONDE *est la durée de 9 192 631 770 périodes de la radiation correspondant à la transition entre les deux niveaux hyperfins de l'état fondamental de l'atome de césium 133* » (13e Conf. gén. des Poids et Mesures, 1967). *Il y a 3 600 secondes dans une heure. Vitesse par seconde. Trois mètres seconde. Aiguille des secondes.* « *Trois mille six cents fois par heure, la Seconde chuchote : Souviens-toi !* » (BAUDEL.). ◇ *Temps très bref.* V. **Instant.** « *Une seconde encore, et la barricade était prise* » (HUGO). *Dans une seconde, en une, deux secondes, tout de suite, aussitôt. En une fraction de seconde,* très rapidement. *Une seconde !* attendez un instant. « *Il dit qu'il voulait bien entrer une seconde.* — *Une seconde, mon vieux, pas plus...* » (COURTELINE). ♦ 2° *Géom.* Unité d'angle égale au 1/60 de la minute, au 1/3 600 du degré symb. ″). *Cercle gradué en degrés, minutes et secondes.*

SECONDEMENT [s(ə)gɔ̃dmɑ̃]. *adv.* (1529; *segondement,* 1284; de *second*). En second lieu. V. **Deuxièmement, secundo.**

SECONDER [s(ə)gɔ̃de]. *v. tr.* (*segonder* « suivre », 1343; de *second*). ♦ 1° Aider (qqn) en tant que second. V. **Assister.** *Assistant, équipe qui seconde un médecin.* « *Il n'est second que par une servante* » (GIDE). ♦ 2° Favoriser (les actions de qqn). *Seconder les desseins de qqn* (Cf. Faire le jeu de). *Être secondé par les circonstances.* « *Il faut que l'érudition même seconde l'imagination* » (STAËL). ◇ ANT. *Contrarier, desservir.*

SECOUEMENT [s(ə)kumã]. *n. m.* (1538; de *secouer*). Littér. Le fait de secouer. *Un secouement de tête.* « *Le perpétuel secouement nerveux de ses cheveux noirs* » (GONCOURT).

SECOUER [s(ə)kwe]. *v. tr.* (1532; réfection de *secourre,* XVe, d'apr. les formes *secouons, secouez;* de l'a. fr. *secourre,* lat. *succutere*). ♦ 1° Remuer avec force, dans un sens puis dans l'autre (et généralement à plusieurs reprises). V. **Agiter.** *Les ménagères secouaient leur tapis. Secouer la salade.* « *Je sais que le fruit tombe au vent qui le secoue* » (HUGO). — *Vitres secouées par une explosion.* V. **Ébranler.** — *Voiture qui secoue ses passagers.* V. **Ballotter, brimbaler, cahoter.** « *La tempête secoue la barque* » (BARRÈS). *— On secoua qqn pour le réveiller.* Loc. *Secouer comme un prunier*.* ♦ 2° Mouvoir brusquement et à plusieurs reprises (une partie de son corps). *Secouer la tête, en signe d'assentiment, de doute.* V. **Hocher.** ♦ 3° (1550). Se débarrasser (de qqch.) par des mouvements vifs et répétés. *Secouer la poussière, la neige.* « *Secoue la vermine de tes haillons !* » (FLAUB.). — Fig. et fam. *Secouer ses puces,* se décider à agir. ♦ 4° Fig. (1538). *Secouer le joug. Secouer l'autorité de qqn, l'oppression.* « *Et tu hésites à secouer cette dépendance, à t'en délivrer ?* » (VILLIERS). V. **Affranchir** (s'), **libérer** (se). — « *Elle secoua sa nonchalance* » (GAUTIER). ♦ 5° (1690). Ébranler par une commotion physique ou morale; faire impression sur (qqn). « *J'ai été secoué par mes amours, je les ai vécus, je les ai sentis* » (PROUST). — *Cette maladie, cette opération l'a bien secoué* (Cf. Traumatiser). ◇ Fig. et fam. (1666) *Secouer qqn, secouer les puces :* le réprimander; l'inciter à l'action, à l'effort. « *Si l'infirmière m'aperçoit elle me secoura les puces* » (DUHAM.). — Pronom. *Fig.* Se décider à l'action. *Secouez-vous, au travail !* « *Elle se secouait, elle voulait prendre une résolution virile* » (BALZ.). V. **Réagir.**

SECOUEUR [s(ə)kwœʀ]. *n. m.* (1782; « personne qui secoue », 1611; de *secouer*). *Techn.* Dispositif d'une batteuse, pour débarrasser les pailles des grains qu'elles pourraient...

entraîner. ◇ Instrument employé pour détacher les moules des pièces coulées.

SECOURABLE [s(ə)kuʀabl(ə)]. *adj.* (XIIIᵉ ; *socurable*, XIIᵉ ; de *secourir*). Qui secourt, aide volontiers les autres. V. **Bon, fraternel, humain, obligeant.** « *Un forçat compatissant, doux, secourable* » (Hugo). « *Demeurer jusqu'à sa mort utile et secourable aux pauvres* » (Maupass.). — Par ext. *Tendre à qqn une main secourable, pour l'aider.*

SECOUREUR [s(ə)kuʀœʀ]. *n. m.* (*Secourere* XVᵉ ; de *secourir*). *Rare.* Celui qui secourt. « *Tant secoureurs que secourus* » (Gide). V. **Secouriste.**

SECOURIR [s(ə)kuʀiʀ]. *v. tr.* ; conjug. *courir* (XIIIᵉ ; adapt. d'apr. *courir*, de *succurre*, 1080 ; *secorre*, XIIᵉ ; lat. *succurrere*, de *sub*, et *currere* « courir sous, vers »). ♦ 1° Aider (qqn) à se tirer d'un danger pressant ; assister dans le besoin. V. **Aider, assister ; secours.** *Secourir qqn contre un ennemi. Zadig « croyait que les lois étaient faites pour secourir les citoyens, autant que pour les intimider* » (Volt.). V. **Défendre, protéger.** — Par ext. *Secourir les besoins, les misères.* V. **Soulager.** ♦ 2° Apporter un secours moral à. « *Une prière jaillit de lui, courte et désespérée : Mon Dieu, secourez-moi* » (Maupass.). ◇ (*Choses*) Venir au secours de. « *Ou qu'un beau désespoir alors le secourût* » (Corn.). « *Et j'ai dit au poison perfide de secourir ma lâcheté* » (Baudel.).

SECOURISME [s(ə)kuʀism(ə)]. *n. m.* (1943 ; de *secours*). Méthode de sauvetage et d'aide aux victimes d'un accident, aux blessés, etc. V. **Secours.**

SECOURISTE [s(ə)kuʀist(ə)]. *n.* (v. 1905 ; « celui quj porte secours », 1836 ; à propos des convulsionnaires, 1750 ; de *secours*). Personne qui fait partie d'une organisation de secours pour les blessés, les victimes d'accidents, de catastrophes, etc. ◇ Personne appliquant les méthodes de sauvetage du secourisme. *Les secouristes arrivèrent sur les lieux de l'accident.*

SECOURS [s(ə)kuʀ]. *n. m.* (XIIIᵉ ; *succors*, 1080 ; lat. *succursum*, de *succurrere*. V. **Secourir, succursale**). ♦ 1° Tout ce qui sert à qqn pour sortir d'une situation difficile, pressante (danger, besoin) et qui vient d'un concours extérieur. V. **Aide, appui, assistance, réconfort, soutien.** « *Considérons... l'homme seul, sans secours étranger* » (Montaigne). « *Mais dès l'instant qu'un homme eut besoin du secours d'un autre,... l'égalité disparut* » (Rouss.). *Chercher, implorer le secours de qqn. Aller, courir au secours de qqn. Appeler, crier au secours.* Ellipt. *Au secours !* cri d'appel à l'aide. — *Porter, prêter secours.* V. **Assister, secourir** (*porter secours* s'emploie dans tous les sens du mot). *Laisser qqn sans secours.* ♦ 2° *Spécialt.* Aide matérielle ou financière. *Secours aux indigents.* V. **Bienfaisance.** *Secours mutuel.* V. **Entraide.** *Associations de secours mutuel, d'assistance et de prévoyance.* V. **Mutualité.** ◇ Un secours. V. **Aumône, don.** « *Il allait de porte en porte chercher dans la bourse d'autrui des secours qu'il n'était plus en état de puiser dans la sienne* » (Dider.). *Secours publics.* V. **Subside, subvention ; allocation.** *Secours aux sinistrés, aux sans-abri. Domicile* de secours.* ♦ 3° Aide militaire, moyens de défense ; troupe envoyée pour aider la résistance (V. **Rescousse, renfort**). *Les secours arriveront demain.* « *Il faut s'assurer avant tout, des secours de l'étranger* » (Michelet). ♦ 4° Soins qu'on donne à un malade, à un blessé dans un état dangereux. *Secours d'urgence. Premiers secours aux asphyxiés, aux noyés. Secours en montagne.* V. **Sauvetage.** — (1890). *Poste de secours*, où l'on peut trouver médicaments, soins, etc. *Société de secours aux blessés.* **Secourisme, secouriste** (Cf. Croix*-Rouge). ♦ 5° Aide surnaturelle. *Notre-Dame du Bon Secours.* — *Les secours de la religion :* les sacrements. « *Le troisième jour, Claude expirait, privée des secours de la religion* » (Aragon). ♦ 6° (Dans : *d'un... secours*) Ce qui est utile, sert dans une situation délicate. « *Le silence lui serait d'un meilleur secours que la contrition* » (Louÿs). ♦ 7° (*Choses*) DE SECOURS : qui est destiné à servir en cas de nécessité, d'urgence, de danger. *Porte de secours* [pɔʀtdəskuʀ] ; *issue, sortie de secours* [isy, sɔʀtidəskuʀ], à utiliser en cas d'incendie. *Roue de secours* [ʀudəskuʀ], de rechange. ◇ ANT. **Abandon, déréliction.**

SECOUSSE [s(ə)kus]. *n. f.* (1460 ; de l'a. fr. *secourre* « secouer »). ♦ 1° Mouvement brusque qui ébranle un corps. V. **Choc, commotion.** *Violente secousse.* « *Il la poussa d'une secousse si rude, qu'elle s'en alla, défaillante, tomber assise contre le mur* » (Zola). « *Au wagon-restaurant où, à cause des secousses, je buvais mon eau d'Évian par le nez* » (Mauriac). V. **Cahot.** *Se déplacer par secousses.* V. **Saccade ; à-coup, soubresaut.** — *Spécialt.* (1690) *Secousses telluriques.* V. **Séisme ; sismique.** ◇ *Méd. Secousse musculaire.* V. **Convulsion, spasme.** ♦ 2° *Fig.* Choc psychologique. *Ça a été pour lui une terrible secousse.* ♦ 3° *Loc. fig. Par secousses :* d'une manière irrégulière ; par accès. « *Les imprimeurs travaillaient par secousses et au hasard* » (Duham.). ♦ 4° *Fig.* et *fam.* (1907). *Il n'en fiche pas une secousse :* il ne fait rien.

1. SECRET, ÈTE [səkʀɛ, ɛt]. *adj.* (v. 1180 ; lat. *secretus* « séparé, secret », de *secernere* « écarter »). ♦ 1° Qui n'est connu que d'un nombre limité de personnes ; qui est su ou doit

être caché des autres, du public. *Garder, tenir une chose secrète :* celer, taire. *Cause, raison secrète d'une affaire* (V. **Dessous**). *Desseins, projets secrets. Manœuvres secrètes et illicites* (V. **Clandestin**). — *Vie secrète :* intime et cachée. Par ext. *Mémoires secrets.* V. **Intime.** ◇ *Spécialt.* (Informations militaires, politiques) « *Ils vont brûler des documents secrets. Tu parles d'un secret : des ordres que j'ai tapés moi-même* » (Sartre). *Renseignements secrets.* V. **Confidentiel.** *Caractères, codes secrets.* V. **Cryptographie ; chiffre.** — *Assemblée, délibération secrète. Négociations secrètes.* ◇ *Fonds secrets :* dont un gouvernement peut disposer hors du budget normal, sans avoir à en rendre compte. ◇ POLICE SECRÈTE, ou *subst.* LA SECRÈTE : désigne l'ensemble des policiers en civil dépendant de la Sûreté nationale, de la Préfecture de police. — *Services secrets :* services dépendant soit du ministère de l'Intérieur, soit du ministère de la Défense nationale (deuxième Bureau), soit directement du Premier ministre. *Agent secret.* V. **Espion.** ♦ 2° (1690). Qui appartient à un domaine réservé ; qui est impénétrable à cause du mystère qui l'entoure. V. **Ésotérique, hermétique.** *Rites secrets.* « *Des mouvements furtifs,... mystérieux. Ce langage secret forme en quelque sorte la franc-maçonnerie des passions* » (Balz.). ♦ 3° Qui n'est pas facile à trouver (en parlant d'un lieu). V. **Dérobé, caché.** *Escalier secret. Tiroir secret.* ◇ *Combinaison secrète d'un coffre-fort.* ♦ 4° Qui ne se manifeste pas, qui correspond à une réalité profonde. V. **Intérieur.** *Pensées secrètes.* « *Une vie dans la profondeur et dans la vérité secrète, qui est l'unique vérité, sans doute* » (Suarès). « *Toutes les âmes ont leur part secrète* » (Bosco). — *Le sens secret d'un livre.* V. **Caché, invisible, mystérieux, obscur.** ♦ 5° (Personnes). Vx. Qui dissimule sa vraie nature, sa conduite. *Démasquer un ennemi secret.* ♦ 6° (Personnes). *Littér.* (XIVᵉ). Qui ne se confie pas, sait se taire. V. **Dissimulé, renfermé, réservé.** *Homme secret et silencieux, qui garde tout pour lui.* « *Être secret..., et impénétrable dans ses motifs et dans ses projets* » (La Bruy.). ◇ ANT. **Apparent, public, visible. Ouvert.** — HOM. (*du fém.*) **Secrète.** Forme du v. **Secréter.**

2. SECRET [s(ə)kʀɛ]. *n. m.* (1110, en Poitou, répandu 1380 ; *segrei*, 1138 ; lat. *secretum*, neutre de *secretus*). ♦ 1° Ensemble de connaissances, d'informations qui doivent être réservées à quelques-uns et que le détenteur ne doit pas révéler. V. **Mystère.** « *Rien ne pèse tant qu'un secret* » (La Font.). *Garder un secret.* « *Des secrets qu'il détient et brûle de divulguer* » (Proust). « *Il m'avait confié un secret considérable* » (Gide). *Je n'ai pas de secret pour vous :* je ne vous cache rien.* — (Sens affaibli) *C'est un secret :* je ne peux vous le dire. *Faire un secret de tout.* V. **Cachotterie.** — Loc. *Le secret de Polichinelle :* un faux secret, connu de tous. ◇ *Spécialt.* (V. **Secret** 1, 1°, *spécialt.*) *Un secret d'État :* information dont la divulgation, nuisible aux intérêts de l'État, est punie de sanctions. « *Il est clair que les secrets d'État ne sont pas bien gardés en démocratie* » (France). « *Réserver aux officiers spécialisés, en particulier à ceux du deuxième Bureau, la grande lutte autour des secrets* » (Romains). ♦ 2° DANS LE SECRET DE : au courant de (une chose réservée). *Mettre dans le secret. Fam.* « *Nous autres, fonctionnaires, nous ne sommes pas dans les secrets des dieux* » (Aragon). ♦ 3° Ce qui ne peut pas être connu ou compris, constitue un mystère. *Le secret des cœurs, des consciences.* V. **Repli, tréfonds.** « *Ce qui n'a pas de secret n'a pas de charmes* » (France). — *Les secrets de l'homme. L'atome livre ses secrets.* — *Dans le secret du (de son) cœur* (6°). V. **For** (intérieur). ♦ 4° Explication, raison cachée. *Avoir, trouver le secret de l'affaire.* V. **Clef.** ♦ 5° Moyen pour obtenir un résultat, connu seulement de quelques personnes qui se refusent à le répandre. « *Les procédés étaient de tradition. Il y avait quantité de secrets et de tours qui se passaient de maître à compagnon* » (Valéry). V. **Truc.** *Secret de fabrication.* — LE SECRET DE (et inf.) : moyen particulier. « *Le secret d'écrire aujourd'hui, c'est de se méfier des mots dont le sens est usé* » (Renard). « *Le secret d'ennuyer est celui de tout dire* » (Volt.) : le moyen infaillible. — « *Une de ces formules... dont il avait le secret* » (Siegfried) : qu'il était seul à trouver. V. **Procédé.** ♦ 6° DANS LE SECRET, EN SECRET : dans une situation où l'on n'est pas observé. *Il « fumait dans le secret les bouts de cigarettes* » (Mauriac). « *Faut-il donc s'accommoder d'être lu en secret, presque en cachette?* » (Sartre). V. **Catimini** (en). ♦ 7° AU SECRET : dans un lieu caché, sans communication avec l'extérieur. *Mettre au secret :* enfermer. « *La mise au secret est le superlatif de l'emprisonnement* » (Balz.). ♦ 8° Discrétion, silence sur une chose que l'on a confiée ou que l'on a apprise. *Exiger le secret pour un procès* (Cf. Huis* clos). « *Le secret est l'âme de toute opération militaire* » (P.-L. Cour.). ◇ *Dr. Le secret d'État :* « obligation qui s'impose à toute... personne de conserver le secret d'une négociation ou d'une expédition dont elle a été chargée » (Capitant). — REM. Pour le sens courant : *un secret d'État,* Cf. *ci-dessus,* 1°. ◇ *Secret professionnel :* obligation de ne pas divulguer des faits confidentiels appris dans l'exercice de la profession, hors des cas prévus par la loi. *Secret professionnel des médecins, avocats.* « *Le médecin est obligé au secret de la confession comme le prêtre* » (BARBEY). ◇ Loc. *Sous le sceau du secret :* sous la condition d'une discrétion absolue. ♦ 9° Mécanisme qui ne joue que dans certaines conditions connues de certaines personnes (surtout dans : *à secret*). *Cadenas à secret.* « *Elle a un coffre à la banque, une case, vous savez. Ça se ferme à secret* » (ROMAINS). ◇ ANT. Révélation.

SECRÉTAGE [səkʀetaʒ]. *n. m.* (1790; de *secréter*). Techn. Opération qui consiste à secréter les peaux.

SECRÉTAIRE [s(ə)kʀetɛʀ]. *n. m.* et *f.* (*Secretaire*, 1370; « confident », 1265; « tabernacle », 1180; lat. *secretarium* « retiré », de *secretus*).
I. ♦ 1° *Ancien.* Celui qui était attaché à une personne de haut rang pour rédiger, transcrire des lettres, dépêches officielles (agent gouvernemental ou diplomatique). *Secrétaires du Roi.* ◇ (1559; esp.). SECRÉTAIRE D'ÉTAT : titre de celui qui remplit la charge de chef politique d'un département ministériel. *Secrétaire d'État aux Affaires étrangères, à la Guerre* (V. **Sous-secrétaire** [d'État]). — Ministre des Affaires étrangères des États-Unis, du Vatican. ◇ *Secrétaire d'ambassade :* agent diplomatique d'un grade inférieur à celui de ministre, d'ambassadeur. ♦ 2° (1636). Celui qui rédige certaines pièces, s'occupe de l'organisation et du fonctionnement d'une assemblée, d'une société, d'un service administratif. *Secrétaire du bureau de l'Assemblée nationale.* — *Secrétaire perpétuel de l'Académie française.* « *Chaque syndicat, chaque Bourse de travail, chaque Fédération, a son secrétaire, qui en est le centre et l'organe de transmission* » (ROMAINS). *Le premier secrétaire du parti* (communiste) *est le premier personnage de la hiérarchie du pouvoir, dans les pays socialistes.* ◇ Fonctionnaire ou employé chargé de la direction de certains services. *Secrétaire général de la préfecture.* ◇ Fonctionnaire chargé d'un service d'écritures (dans quelques titres). *Secrétaire d'administration,* chargé de travaux de rédaction. *Secrétaire de mairie. Secrétaire général :* titre de la personne qui assiste le directeur, organise effectivement le travail dans un organisme public ou privé. *Secrétaire général des Nations Unies.* — (1907) *Secrétaire de rédaction d'un journal :* journaliste qui assiste le rédacteur en chef. *Secrétaire de production* (cinéma). ♦ 3° (XVIIᵉ). Personne qui écrit, rédige pour le compte de qqn. « *Si je sors, le secrétaire m'accompagne; il a un crayon et un papier. Je dicte toujours* » (DAUD.). ◇ *Spécialt.* Employé(e) capable d'assurer la rédaction du courrier, de répondre aux communications téléphoniques, etc., pour le compte d'un patron. *Secrétaire comptable. Secrétaire commercial(e), secrétaire de direction. Une secrétaire sténo-dactylographe. Secrétaire médicale, qui assiste un médecin, un dentiste. Diplôme, métier de secrétaire.* V. **Secrétariat** (4°).
II. (1765). Meuble à tiroirs destiné à ranger des papiers et qui comprend un panneau rabattable servant de table à écrire (V. **Bureau; bonheur-du-jour**). « *Un secrétaire qui renfermait des lettres à détruire* » (STE-BEUVE). *Secrétaire en pente,* « *dos d'âne* ». — *Par ext.* Tout meuble sur lequel on écrit et où l'on range ses papiers.
III. *Zool.* (1780). Nom donné parfois au *serpentaire.*

SECRÉTAIRERIE [s(ə)kʀetɛʀʀi]. *n. f.* (1544; *secretairie*, 1407; de *secrétaire*). ♦ 1° *Rare.* Poste, fonction de secrétaire. ◇ Fonction, service du cardinal secrétaire d'État, au Vatican. ♦ 2° Vx (*Secretairie*, 1586). Bureau, service d'un secrétaire. « *Les dîners diplomatiques... avaient lieu à la Secrétairerie d'État* » (ZOLA).

SECRÉTARIAT [s(ə)kʀetaʀja]. *n. m.* (1538; de *secrétaire*). ♦ 1° Fonction, poste de secrétaire. *Secrétariat d'État. Secrétariat général. Secrétariat de direction.* ♦ 2° (1680). Temps de fonction d'un secrétaire. ♦ 3° (1611). Bureaux, services dirigés par un secrétaire, un secrétaire général (dans une administration, une assemblée, une compagnie, une société). *Passez au secrétariat. Un secrétariat bien organisé.* — Le personnel du tel service (secrétaire[s], employés). — Le recrutement du secrétariat. ♦ 4° (1933). Métier de secrétaire. *École de secrétariat.* « *Tu as reparlé à papa de ce secrétariat?... — si j'étais toi : j'apprendrais tout de suite à taper à la machine* » (BEAUVOIR).

SECRÈTE [səkʀɛt]. *n. f.* (*Secrette*, 1690; *secret*, n. m., v. 1340; p.-ê. du lat. *secretio* « séparation », parce que cette prière était récitée sur les offrandes à consacrer, séparées des offrandes à bénir). Relig. Oraison de la messe, qui se dit à voix basse et termine l'offertoire. ◇ HOM. Secrète (fém. de *secret*).

SECRÈTEMENT [səkʀɛtmɑ̃]. *adv.* (*Secretement*, 1356; *secreiement, h. 1212; de secret*). ♦ 1° D'une manière secrète, en secret. V. **Cachette** (en), **catimini** (en), dérobée (à la), furtivement. « *Elle fit vendre secrètement à Paris les riches parures de diamants* » (BALZ.). *Les financiers* « *participent secrètement aux délibérations du gouvernement qui a besoin d'eux* » (MAUROIS). V. **Confidentiellement.** « *Chacun des*

projets *secrètement préparés par cette conjuration* » (GIRAUDOUX). V. **Clandestinement.** ♦ 2° *Littér.* D'une manière non apparente, sans rien exprimer. *Désirer secrètement la venue de qqn.* V. **Intérieurement.** ◇ ANT. Ouvertement

SECRÉTER [səkʀete]. *v. tr.;* conjug. *céder* (1776; de *secret,* nom de la préparation utilisée dans cette opération). Techn. Frotter avec le *secret* (solution de nitrate de mercure) pour faciliter le feutrage. *Secréter des peaux, des poils* (V. Secrétage).

SÉCRÉTER [sekʀete]. *v. tr.;* conjug. *céder* (1798; de *sécrétion*). ♦ 1° Produire (une substance) par sécrétion. *Glandes qui sécrètent des hormones.* ♦ 2° Produire (une substance), laisser couler lentement. V. **Distiller, exsuder** (fig.). « *Les murs peints de couleurs sans nom, sécrètent une sueur visqueuse* » (DUHAM.). ◇ Fig. « *Presque tous les métiers sécrètent l'ennui à la longue* » (ROMAINS). « *Un parti sécrétant sa propre idéologie comme l'Église sécrétait la sienne au moyen âge* » (SARTRE).

SÉCRÉTEUR [sekʀetœʀ]. *n. m.* (1806; de *secréter*). Techn. Ouvrier qui procède au secrétage des peaux.

SÉCRÉTEUR, EUSE, ou **TRICE** [sekʀetœʀ, øz; tʀis]. *adj.* (1753; *sécrétrice, h.* XVIᵉ; de *sécrétion*). Qui opère la sécrétion, qui sert à la sécrétion. *Canaux sécréteurs, glandes sécrétrices.*

SÉCRÉTINE [sekʀetin]. *n. f.* (1902; du rad. de *sécrétion*). Physiol. Hormone produite par la muqueuse du duodénum, qui stimule les sécrétions internes et externes du pancréas.

SÉCRÉTION [sekʀesjɔ̃]. *n. f.* (1711; « action de séparer », 1495; lat. *secretio* « séparation, dissolution »). ♦ 1° Phénomène physiologique par lequel un tissu produit une substance spécifique, qui peut soit s'introduire dans le sang par osmose, soit s'écouler à la surface d'une muqueuse ou être déversée par un canal excréteur. V. **Excrétion.** *Glandes à sécrétion interne* ou *endocrines, à sécrétion externe* ou *exocrines. Sécrétion du suc gastrique par l'estomac. Sécrétion anormalement élevée.* V. **Hypersécrétion.** — Par ext. *Sécrétion de la gomme, de la résine.* ♦ 2° La substance ainsi produite (diastase, hormone, mucus, sébum, sérosité). — Par ext. *Sécrétions végétales* (résine, latex).

SÉCRÉTOIRE [sekʀetwaʀ]. *adj.* (1710; du rad. de *sécrétion*). Physiol. Qui a rapport à la sécrétion. « *Les troubles vasomoteurs, respiratoires, sécrétoires* » (RIBOT).

SECTAIRE [sɛktɛʀ]. *n. et adj.* (« partisan exalté », 1566; de *secte*). ♦ 1° (1584). Adhérent intolérant d'une secte religieuse (*spécialt.* d'une secte hérétique). ♦ 2° (1878). Personne qui professe des opinions étroites, fait preuve d'intolérance (en politique, religion, philosophie). — *Adj.* (1871) *Un partisan sectaire; une attitude sectaire.* V. **Fanatique, intolérant.** « *J'ai l'impression qu'il n'est pas très homme de parti, qu'il n'a rien de sectaire* » (ROMAINS). ◇ ANT. *Libéral; éclectique.*

SECTARISME [sɛktaʀism(ə)]. *n. m.* (fin XIXᵉ; de *sectaire*). Littér. Intolérance, attitude sectaire. *Sectarisme et dogmatisme.* ◇ ANT. Libéralisme.

SECTATEUR, TRICE [sɛktatœʀ, tʀis]. *n.* (1406; lat. *sectator* « coupeur », puis T. de géom., de *secare* « couper »). *Vx.* Personne qui professe les opinions d'un philosophe, les croyances d'une secte. V. **Adepte, partisan, séide** (péj.). « *Une philosophie ostentatrice qui... n'apprend rien tant à ses sectateurs qu'à beaucoup se montrer* » (ROUSS.).

SECTE [sɛkt(ə)]. *n. f.* (XVIᵉ; *sete,* v. 1250; *siecte* « doctrine », XIIᵉ; lat. *secta,* de *sequi* « suivre »). ♦ 1° Groupe organisé de personnes qui ont la même doctrine au sein d'une religion. *Membre d'une secte.* V. **Adepte, sectateur.** *Sectes d'une église, sectes religieuses. Sectes juives, protestantes. Sectes hérétiques.* ♦ 2° (1630). *Vx.* Ensemble de personnes qui professent une même doctrine. V. **École.** *Sectes philosophiques de l'antiquité.* ◇ *Mod. et péj.* Coterie, clan. « *Un système... de minutieuse orthodoxie qui vise à faire d'un parti une secte, une petite église* » (MICHELET).

SECTEUR [sɛktœʀ]. *n. m.* (1542; *secteur d'une sphère;* lat. *sector* « coupeur », puis T. de géom., de *secare* « couper »). ♦ 1° *Géom.* (1564). *Secteur circulaire,* portion de la surface d'un cercle délimitée par deux rayons et l'arc correspondant. — Par anal. *Secteur elliptique. Secteur sphérique* (1835) : volume engendré par un secteur de cercle tournant autour du rayon. ♦ 2° (1762). *Techn.* Désigne divers instruments ou dispositifs. *Secteur astronomique :* instrument d'astronomie formé d'un arc de 20° à 30° muni d'une lunette (V. **Sextant**). — *Mécan.* Dans une automobile, *Pièce qui transmet le mouvement de la vis à la direction.* ♦ 3° *Cour.* Partie d'un front ou d'un territoire qui constitue le terrain d'opération d'une unité, en position défensive. Milit. *Secteur postal* (1923) [abrév. S.P.] portion d'une zone d'opérations affectée par un numéro conventionnel (de manière que l'ennemi ne puisse connaître la nature ni l'emplacement des régiments engagés). — *Sous-secteur,* zone d'action d'un régiment. ♦ 4° *Fam.* (De la langue milit., après 1914-18). Endroit, lieu. V. **Coin.** *Il va falloir changer de secteur.* ♦ 5° *Division arti-*

ficielle d'un territoire (en vue d'organiser une action d'ensemble, de répartir les tâches). V. **Zone**. *Secteur de forêt.* « *Il ravitaillait maintenant... le meilleur secteur de la région parisienne* » (ROMAINS). — *Spécialt.* Subdivision administrative (d'une ville). *Il se présente aux élections dans le 13ᵉ secteur de Paris.* ◇ (1907) Subdivision d'un réseau de distribution d'électricité. *Panne de secteur,* qui affecte tout le secteur. ◇ *Anat.* Subdivision d'une partie d'organe parenchymateux. *Les secteurs des lobes droit et gauche du foie.* ♦ 6° *Écon.* Ensemble d'activités et d'entreprises qui ont un objet commun ou entrent dans la même catégorie. *Secteur primaire*, secondaire*, tertiaire*. Secteur privé,* ensemble des entreprises privées. *Secteur nationalisé, secteur public,* ensemble des entreprises qui dépendent d'une collectivité publique et spécialement de l'État. « *Animant eux-mêmes, par une intervention directe, certains secteurs de l'économie nationale* » (GIRAUDOUX). — *Indus.* Ensemble des entreprises exerçant à titre principal la même activité; Cf. *Branche* (entreprises fabriquant le même type de produits). ♦ 7° *Fig.* Domaine; partie. *Un secteur de la science, de la culture.* « *Le psychologue croyait encore que la conscience n'est qu'un secteur de l'être* » (MERLEAU-PONTY).

SECTION [sɛksjɔ̃]. *n. f.* (1671; « scission », 1366; « action de couper », 1380; lat. *sectio*).

I. ♦ 1° *Géom.* Figure engendrée par l'intersection de deux autres; figure ainsi définie. *Section plane* (par un plan). *Sections coniques* (ou *coniques*) : ellipse, hyperbole, parabole. *Section droite d'un prisme ou d'un cylindre,* section par un plan perpendiculaire aux arêtes et aux génératrices. — *Point de section* (1694) : point commun à deux lignes qui se coupent. V. **Intersection**. ♦ 2° Surface, forme que présente une chose coupée (réellement ou fictivement) selon un plan transversal. V. **Profil**. « *Quelqu'un a imaginé de changer le tuyau, on en a mis un qui a une section double* » (ARAGON). ◇ *Hydrogr. Section mouillée* d'un cours d'eau.* ♦ 3° (1690). Représentation graphique d'un édifice, d'un objet, qu'on suppose coupé selon un plan vertical. V. **Coupe**. *Mar. Maîtresse section d'un navire* (ou maître-couple). ♦ 4° Manière dont une chose est coupée, divisée. — *(Didact.)* Aspect qu'une chose présente à l'endroit où elle est coupée. *Section irrégulière, nette.*

II. *(Abstrait).* ♦ 1° Élément, partie (d'un groupe, d'un ensemble). *Section locale d'un parti politique, d'une société secrète.* V. **Cellule, groupe**. — *Section française de l'Internationale ouvrière* (S.F.I.O.). ◇ *Section électorale* : dans une grande ville, Groupe d'électeurs qui votent dans un même bureau; ce bureau. *La 24ᵉ section du 16ᵉ arrondissement de Paris.* ◇ *Section d'un tribunal* (1789) : division d'une chambre chargée de juger des affaires de même nature. *Sections du Conseil d'État. Section contentieuse.* ◇ (1798) Subdivision d'une compagnie ou d'une batterie, qui comprend de trente à quarante hommes. *Une section de fantassins. École de section. Chef de section* : gradé (lieutenant) qui commande une section. ◇ *Section homogène,* partie d'une entreprise, d'un atelier où le coût est proportionnel à une unité d'œuvre (heure de main d'œuvre, kilogramme du produit, etc.) ♦ 2° Partie d'un ouvrage. *Sections d'un livre, d'un traité.* Chapitres divisés en sections. V. **Paragraphe**. ♦ 3° (1949). Partie d'un trajet. *Section d'un parcours, d'une route, d'une voie ferrée.* « *Les grandes sections rectilignes du canal* » (J.-R. BLOCH). — Partie (d'une ligne d'autobus, de tramway) qui constitue une unité pour le calcul du prix. *Ce trajet comprend trois sections. Changement, fin de section.* « *L'autobus J ne connaissait pas encore le système des sections* » (ROMAINS). ♦ 4° (v. 1945). *Section rythmique d'un orchestre de jazz,* ensemble des instruments qui marquent le rythme. *Section mélodique.* ♦ 5° (mil. XXᵉ). *Phys. nucl. Section efficace,* mesure de la probabilité d'interaction d'une particule avec une autre particule ou avec un noyau déterminé.

SECTIONNEMENT [sɛksjɔnmɑ̃]. *n. m.* (1871; de *section*). ♦ 1° *(Abstrait).* Division en plusieurs sections (II), en plusieurs éléments. *Sectionnement d'une circonscription électorale.* ♦ 2° *(Concret).* Opération qui consiste à couper net; le fait d'être coupé, tranché. *Sectionnement d'une artère. Sectionnement d'un fil métallique.*

SECTIONNER [sɛksjɔne]. *v. tr.* (1871; sectionniser, 1793; de *section*). ♦ 1° Diviser (un ensemble) en plusieurs sections (II). V. **Fractionner**. *Sectionner un département en quatre circonscriptions électorales.* ♦ 2° Couper net. *Sectionner un tendon.* — *(Cour.)* Couper accidentellement. *Il a eu un doigt sectionné par une presse à découper.* ♦ 3° *Pronom.* Se diviser en plusieurs éléments; être coupé. *Le câble s'est sectionné sous l'effet de la surcharge.*

SECTIONNEUR [sɛksjɔnœr]. *n. m.* (1924; de *section*). *Électr.* Appareil qui sert à couper le courant sur une section de ligne électrique pour y permettre les réparations. V. **Disjoncteur**.

SECTORIEL, IELLE [sɛktɔrjɛl]. *adj.* (1963; de *secteur*, d'apr. l'angl. *sectorial*). *Didact.* ♦ 1° Relatif à un secteur;

effectué, réparti par secteurs. *Analyse sectorielle de productivité. Revendications sectorielles.* ♦ 2° *Math.* En forme de secteurs de cercles; relatif aux secteurs.

SECTORISATION [sɛktɔrizasjɔ̃]. *n. f.* (1968; comp. sav. de *secteur,* et -*isation*). *Admin., écon.* Organisation par secteurs.

SÉCULAIRE [sekylɛr]. *adj.* (1611; *seculare,* 1549; lat. *sæcularis,* de *sæculum* « siècle »). ♦ 1° (Dans des expressions tirées du lat.) *Didact.* Qui a lieu tous les cent ans. *Jeux séculaires. Année séculaire,* celle qui termine le siècle. ♦ 2° (1745). *Cour.* Qui date d'un siècle, qui dure depuis un siècle. V. **Centenaire**. « *Des habitations trois fois séculaires y sont encore solides, quoique construites en bois* » (BALZ.). — Qui existe, dure depuis des siècles. *Arbres séculaires.* « *La haine séculaire, indomptable, du paysan contre les possesseurs du sol* » (ZOLA). ♦ 3° *Astron. Perturbations séculaires,* dont la période doit se calculer par siècles.

SÉCULAIREMENT [sekylɛrmɑ̃]. *adv.* (1842; de *séculaire*). *Littér.* Depuis des siècles, depuis très longtemps. « *Un ton monotone, voulu, séculairement imposé* » (HUYSMANS).

SÉCULARISATION [sekylarizasjɔ̃]. *n. f.* (1567; de *séculariser*). ♦ 1° Passage (d'une communauté religieuse) à la vie séculière ou à la vie laïque. V. **Laïcisation**. *Bulle de sécularisation.* ♦ 2° Passage (d'un bien de communauté religieuse ou d'établissement ecclésiastique) dans le domaine de l'État ou à une personne morale de droit public. *Sécularisation des biens du clergé* (2 nov. 1789). — (En parlant de fonctions jusqu'alors réservées au clergé) *Sécularisation de l'enseignement public* : laïcisation.

SÉCULARISER [sekylarize]. *v. tr.* (1586; du lat. relig. *sæcularis.* V. **Séculier**). ♦ 1° Faire passer de l'état régulier à l'état séculier. *Séculariser un monastère.* — Au p. p. « *L'infirmière du quartier, qui est une religieuse sécularisée* » (ROMAINS). ♦ 2° Faire passer (un bien, une fonction) de l'état ecclésiastique à l'état laïque. *Les biens du clergé ont été sécularisés. Séculariser l'enseignement.* V. **Laïciser**.

SÉCULARITÉ [sekylarite]. *n. f.* (1170; lat. médiév. *sæcularitas*). *Rare.* État du prêtre séculier.

SÉCULIER, IÈRE [sekylje, jɛr]. *adj.* (1260; *seculer,* 1174; lat. relig. *sæcularis* « profane », de *sæculum* « monde »). ♦ 1° Qui appartient au « siècle », à la vie laïque (*opposé à* ecclésiastique). V. **Laïque, temporel**. « *Aucune autorité ecclésiastique ou séculière* » (BOSS.). *Le bras* séculier. Tribunaux séculiers.* ♦ 2° Qui vit dans le siècle, dans le monde (*opposé à* régulier). *Clergé, prêtre séculier.* — *Subst. Un séculier,* un prêtre séculier (*opposé à* moine, religieux).

SÉCULIÈREMENT [sekyljɛrmɑ̃]. *adv.* (XIIᵉ, seculerment; de *séculier*). *Relig.* D'une manière séculière* (1°). *Juger séculièrement une affaire.* — (Au sens 2°). *Vivre séculièrement,* dans le siècle, le monde; comme un séculier.

SECUNDO [s(ə)ɡɔ̃do; *Acad.* sekɔ̃do]. *adv.* (1532; adv. lat.). Secondement, en second lieu (s'emploie en corrélation avec *primo*). V. **Deuxièmement**.

SÉCURISANT, ANTE [sekyrizɑ̃, ɑ̃t]. *adj.* (v. 1968; de *sécuriser*). *Psycho.* Propre à apporter un sentiment de sécurité. *Atmosphère, attitude sécurisante.* V. **Apaisant** (cour.), **rassurant** (ou réassurant). ◇ ANT. *Dramatisant.*

SÉCURISER [sekyrize]. *v. tr.* (v. 1968; du rad. de *sécurité*). *Psycho.* Apporter un sentiment de sécurité, de confiance en soi. V. **Apaiser, calmer** *(cour.),* **rassurer**. — Dér. SÉCURISATION [sekyrizasjɔ̃]. *n. f.*

SÉCURITÉ [sekyrite]. *n. f.* (1190, rare av. XVIIᵉ; lat. *securitas,* de *securus* « sûr »; doublet sav. de *sûreté*). ♦ 1° État d'esprit confiant et tranquille de celui qui se croit à l'abri du danger. V. **Assurance, calme, confiance, tranquillité**. *Impression de sécurité. En toute sécurité,* en éprouvant une entière sécurité. « *L'insolente sécurité de cet homme, qui ose dormir tranquille* » (LACLOS). ♦ 2° (1780). Situation, état tranquille qui résulte de l'absence réelle de danger (d'ordre matériel ou moral). *Être en sécurité.* V. **Abri** (à l'), **sûreté** (en). *Sécurité matérielle.* « *Il a devant lui... un tout petit avenir,... une petite sécurité, une retraite, un traitement* » (SARRAUTE). *Veiller sur la sécurité de qqn.* V. **Défendre, protéger**. ♦ 3° Organisation, conditions matérielles, économiques, politiques, propres à créer un tel état; la situation ainsi obtenue. V. **Ordre**. « *La sécurité des individus dans les sociétés modernes ne repose pas sur la terreur des supplices* » (FRANCE). « *La sécurité de la vie publique comme celle du corps individuel, est fondée sur l'automatisme de sa défense* » (GIRAUDOUX). *Compagnies républicaines de sécurité* (C.R.S.), formations mobiles mises à la disposition des préfets pour assurer l'ordre. *Sécurité publique. Sécurité routière,* ensemble de mesures destinées à assurer la protection des usagers de la route. — *Sécurité nationale. Sécurité internationale* ou *collective,* reposant sur les garanties internationales (notamment protection mutuelle entre les nations qui adhéraient à la S.D.N.). *Conseil de sécurité,* un des organes principaux de l'O.N.U. ♦ 4° (1945; angl. *Social Security,* 1935). *Sécurité* *sociale,* organisation privée fonctionnant sous le contrôle de l'État, destinée à garantir les travailleurs et leurs familles contre les risques de toute nature susceptibles de réduire leur capacité de gain, à couvrir les charges de maternité et les charges de famille qu'ils supportent. V. **Assurance** (ancienn. *assurances sociales*). *Carte d'immatriculation à la Sécurité sociale. Prestations de la Sécurité sociale. Caisse de sécurité sociale.* ◆ 5° DE SÉCURITÉ, se dit de choses capables d'assurer la sécurité des intéressés. V. **Sûreté.** *Cran, manette de sécurité d'une arme* (ellipt. *une sécurité*). *Ceinture de sécurité* (pour automobiliste). *Marge* de sécurité.* « *Sous le nom papelard de dispositif de sécurité, des pièges sont tendus* » (J. PERRET). *Coefficient de sécurité.* ◇ ANT. **Insécurité.**

SEDAN [sədɑ̃]. *n. m.* (1803; du nom de la ville). Drap fin et uni, fabriqué principalement à Sedan.

SÉDATIF, IVE [sedatif, iv]. *adj.* et *n. m.* (1314; lat. médiév. *sedativus,* du lat. *sedatum,* de *sedare* « calmer »). Qui calme, modère l'activité fonctionnelle exagérée d'un organe ou d'un appareil. « *Un produit sédatif, légèrement hypnotique* » (DUHAM.). *Propriété, action sédative.* **Eau sédative,** lotion ammoniacale camphrée. N. m. *Un sédatif,* un médicament sédatif. V. **Calmant.**

SÉDATION [sedasjɔ̃]. *n. f.* (1314; lat. *sedatio*). *Didact.* Apaisement au moyen d'un sédatif. *Sédation de la douleur.*

SÉDENTAIRE [sedɑ̃tɛʀ]. *adj.* et *n. m.* (h. 1075; 1555; lat. *sedentarius,* de *sedere* « être assis »). ◆ 1° Qui se passe, s'exerce dans un même lieu; qui n'entraîne aucun déplacement (en parlant d'une occupation). *Vie, travail sédentaire.* « *Profession sédentaire et casanière, qui effémine et ramollit* » (ROUSS.). ◆ 2° (1611). Qui ne quitte guère son domicile. « *Elle devint sédentaire... Elle sortait rarement, comme son mari* » (MUSS.). V. **Casanier.** — Subst. *Ils ont un système de pensée de sédentaires, de tranquilles et de fonctionnaires* » (PÉGUY). ◆ 3° (1611). Fixe, attaché à un lieu. *Troupes sédentaires* (opposé à mobile). « *Toute région habitée par une population sédentaire se transfigure peu à peu...* » (VALÉRY). ◇ N. m. *Les sédentaires et les nomades.*

SÉDENTAIREMENT [sedɑ̃tɛʀmɑ̃]. *adv.* (1578; de *sédentaire*). De façon sédentaire.

SÉDENTARISER [sedɑ̃taʀize]. *v. tr.* (1910; « fixer un employé », 1930; de *sédentaire*). *Géogr.* Rendre sédentaire. V. **Fixer.** — Au p. p. *Nomades sédentarisés.* — Dér. **SÉDENTARISATION** [sedɑ̃taʀizasjɔ̃], *n. f.*

SÉDENTARITÉ [sedɑ̃taʀite]. *n. f.* (1829; de *sédentaire*). *Didact.* État de ce qui est sédentaire. *Sédentarité et nomadisme.*

SEDIA GESTATORIA [sedjaʒɛstatɔʀja]. *n. f.* (1906; mots it.). *Liturg. cathol.* Chaise sur laquelle on porte le pape au cours de certaines cérémonies. V. **Gestatoire** (chaise).

SÉDIMENT [sedimɑ̃]. *n. m.* (XVIe; lat. *sedimentum* « dépôt », de *sedere* « être assis, séjourner »). ◆ 1° *Méd.* Dépôt de matières en suspension ou en dissolution dans un liquide. *Sédiments organiques* (de l'urine, d'un échantillon de sang). ◆ 2° (1715). Dépôt naturel dont la formation est due à l'action des agents dynamiques externes. V. **Couche, formation; roche.** *Sédiments marins, terrestres. Sédiments fluviaux, lacustres, glaciaires.* V. **Alluvion.** ◇ Par métaph. « *L'esprit des femmes est ainsi fait des sédiments successifs apportés par les hommes qui les ont aimées* » (MAUROIS).

SÉDIMENTAIRE [sedimɑ̃tɛʀ]. *adj.* (1842; de *sédiment*). Produit ou constitué par un sédiment. *Terrains, formations sédimentaires. Roches sédimentaires* (ex. : calcaire, grès).

SÉDIMENTATION [sedimɑ̃tasjɔ̃]. *n. f.* (1861; de *sédiment*). ◆ 1° *Méd.* Formation de sédiment. *Sédimentation sanguine,* Dépôt des globules rouges du sang rendu incoagulable, au fond du tube où il est laissé en repos. *Vitesse de sédimentation,* dont la détermination permet de déceler certains états pathologiques surtout d'ordre inflammatoire. *Vitesse de sédimentation accélérée, dans les maladies infectieuses, dans certains rhumatismes.* ◆ 2° Formation, mode de formation des sédiments. *Sédimentation détritique, chimique.*

SÉDITIEUSEMENT [sedisjøzmɑ̃]. *adv.* (1356; de *séditieux*). *Rare.* D'une manière séditieuse.

SÉDITIEUX, EUSE [sedisjø, øz]. *adj.* et *n.* (1356; empr. lat. *seditiosus*). ◆ 1° *(Personnes).* Qui prend part à une sédition, est disposé à faire une sédition. V. **Factieux, insoumis.** N. (1413) « *Le séditieux! Ce sont ses propos que l'on vient de dire...* » (HUGO). V. **Agitateur.** ◆ 2° *(Choses).* Qui tend à la sédition. *Attroupements séditieux.* « *Il confondit la répression des actes séditieux... avec les lois destructives de la liberté* » (RENAN).

SÉDITION [sedisjɔ̃]. *n. f.* (1209; lat. *seditio*). Révolte concertée contre l'autorité publique. « *On ne trouve qu'une sédition à Gand, en 1536, aisément réprimée, sans grande effusion de sang* » (TAINE). V. **Agitation, insurrection, révolte.** *Sédition militaire.* V. **Pronunciamiento, putsch.** « *L'esprit de sédition contre les doctrines religieuses et monarchiques* » (D.L.L.). V. **Indiscipline.**

SÉDUCTEUR, TRICE [sedyktœʀ, tʀis]. *n.* et *adj.* (1370; *seduitor,* v. 1160; lat. ecclés. *seductor, seductrix,* de *seducere.* V. **Séduire**). ◆ 1° *Vx.* Corrupteur. « *Leurs révolutions* (des peuples) *les livrent presque toujours à des séducteurs* » (ROUSS.). ◆ 2° (1690). Celui qui séduit une fille, une femme; celui qui fait habituellement des conquêtes. « *Une loi par laquelle une fille abusée était punie avec le séducteur* » (ROUSS.). V. **Don Juan,** homme à (femmes), **lovelace, tombeur.** « *Un séducteur cynique enlevant une malheureuse étrangère à son mari* » (MAUROIS). — *Une séductrice.* ◇ Adj. « *Elle les voyait tous pareils, pauvres êtres qu'elle dominait de son pouvoir séducteur* » (MAUPASS.). — Par ext. Séduisant (avec l'idée d'un charme quasi magique). « *Ce Mallarmé a vraiment une parole séductrice* » (GONCOURT).

SÉDUCTION [sedyksjɔ̃]. *n. f.* (XIIe, rare av. XVIIe; lat. *seductio*). ◆ 1° *Vx.* Action de séduire, de corrompre. « *Ces fautes où la fragilité de l'âge et la séduction des exemples entraînent quelquefois* » (MASS.). *Dr. pén. Séduction dolosive,* par laquelle une femme (par manœuvre frauduleuse, abus d'autorité ou promesse de mariage) à consentir à des relations hors mariage. V. **Adultère. Rapt par séduction.** V. **Détournement.** ◆ 2° *Cour.* Action de séduire, d'entraîner. V. **Attirance, ensorcellement, fascination.** « *Une région attirante comme la mer, pleine d'un pouvoir de séduction mystérieuse* » (MAUPASS.). « *Tout art cherche à plaire. Il est mise en œuvre de moyens de séduction, qui lui sont propres* » (R. CAILLOIS). *Exercer une séduction irrésistible.* ◆ 3° Moyen de séduire; charme ou attrait. V. **Agrément, ascendant.** *La séduction de la jeunesse.* « *Une séduction puissante s'exhalait de cette jeune fille* » (GOBINEAU). ◇ ANT. **Répugnance.**

SÉDUIRE [sedɥiʀ]. *v. tr.;* conjug. *conduire* (1440; *suduire,* 1120; lat. *seducere* « séparer », sens moral lat. relig.). ◆ 1° *Vx.* Détourner du bien, faire tomber en faute. V. **Corrompre.** *Séduire par de l'argent.* V. **Acheter, suborner.** « *J'ai tenté de corrompre sa justice, en séduisant madame Goëzman par des propositions d'argent* » (BEAUMARCH.). ◆ 2° *Mod.* Faire tomber en faute (en parlant d'un homme qui amène une femme à s'abandonner à lui, hors mariage). V. **Débaucher, déshonorer, tomber** *(pop.).* *Chercher une femme.* « *Le rêve d'un jeune précepteur laïque, nourri de philosophie matérialiste, est de séduire la fille de la maison* » (ROMAINS). — Au p. p. *Fille séduite.* ◆ 3° *Vieilli.* Détourner du vrai, faire tomber dans l'erreur. V. **Abuser, égarer, tromper.** *Être séduit par des apparences.* ◆ 4° Gagner (qqn), en persuadant ou en touchant, avec l'intention de créer l'illusion, en employant tous les moyens de plaire. V. **Conquérir.** « *Toutes ces femmes parées voulaient plaire, séduire, et tenter qqn* » (MAUPASS.). V. **Appâter, enjôler, entortiller.** « *Preuves ou astuces, par quoi nous tentons de séduire un adversaire* » (PAULHAN). — Absolt. « *La volonté de séduire, c'est-à-dire de dominer* » (COLETTE). « *Le visage humain est avant tout l'instrument qui sert à séduire* » (BACHELARD). ◆ 5° *(Sujet de chose).* Attirer de façon puissante, irrésistible (sans créer en entretenir d'illusion). V. **Attacher, captiver, charmer, entraîner, fasciner, plaire.** « *Toutes les qualités humaines qui peuvent nous séduire isolément* » (MAUPASS.). *Une vie qui m'aurait séduit.* V. **Tenter.** Absolt. « *Quand il s'agit d'un art du langage, séduire c'est à la fin persuader* » (R. CAILLOIS). ◇ ANT. **Choquer, déplaire.**

SÉDUISANT, ANTE [sedɥizɑ̃, ɑ̃t]. *adj.* (1542; *suduiant* « fourbe », 1080; de *séduire*). ◆ 1° Qui séduit, ou peut séduire grâce à son charme, ou en employant les moyens de plaire. *Femme séduisante et belle.* V. **Charmant, désirable.** « *On parlait de lui comme d'un homme très séduisant, presque irrésistible* » (MAUPASS.). ◆ 2° *(Choses).* Qui attire fortement. *Beauté, grâce séduisante.* V. **Enchanteur, enivrant.** *Visage séduisant.* — *(Sens affaibli)* Qui plaît, tente. *Idées, thèses séduisantes. Propositions séduisantes.* V. **Tentant.**

SEDUM [sedɔm]. *n. m.* (1740; mot lat. « joubarbe »). *Bot.* Nom scientifique de l'*orpin* (On écrit aussi *sédon*). « *Il tenait à la main un gros bouquet de sedum, une fleur jaune qui vient dans le caillou des vignobles* » (BALZ.).

SEFARDI [sefaʀdi] ou **SEFARADDI** [sefaʀadi]. *n. et adj.* (*Sephardim,* 1875; de l'hébr. *Sefarad,* Espagne). *Hist.* Nom donné aux juifs d'Espagne et du Portugal au moyen âge. — *Mod.* Communautés juives des pays méditerranéens. — Pl. *Des sefardim* ou *des sefaraddim.*

SÉGALA [segala]. *n. m.* (1868; mot ital. mérid., du rad. de *seigle*). *Région.* (Massif Central). Terres à seigle stériles. *Le Ségala* : la région entre l'Aveyron et le Tarn.

SÉGHIA. V. **Séguia.**

SEGMENT [sɛgmɑ̃]. *n. m.* (1536; lat. *segmentum,* rad. *secare* « couper »). ◆ 1° *Géom.* Portion. *Segment de droite,* portion d'une droite, délimitée par deux points fixes ou extrémités. *Segment de droite orienté,* doté d'un sens, ayant une origine et une extrémité. *Segment de cercle* ou *circulaire,* portion de cercle comprise entre un arc et la corde, qui le sous-tend. *Segment de sphère* ou *sphérique,* portion de sphère comprise entre deux plans parallèles. ◇ *Ling.* Unité discrète minimale, dans certaines techniques d'analyse linguistique.

♦ 2° (1765, *segments de feuilles*). *Anat.* Partie (d'un organe) distincte des autres. *Segments de l'intestin. Segments des membres des insectes.* V. **Article**. — *Zool.* Chez les Annélides, les Arthropodes, Se dit des parties successives du corps qui présentent à peu près la même structure. « *Dans chaque segment de sangsue se trouve un* ̀*système complet d'organes. Aussi a-t-on remarqué qu'un de ces segments peut vivre quelque temps, quoique séparé des autres* » (MICHELET). V. **Métamère**. ♦ 3° *Mécan. Segment de piston*, anneau élastique logé dans la paroi d'un piston et destiné à assurer l'étanchéité dans le cylindre. *Changer les segments.* — *Segment de frein*, pièce en forme de croissant sur laquelle est rivée une garniture qui frotte contre le tambour du frein.

SEGMENTAIRE [sɛgmɑ̃tɛʀ]. *adj.* (1838; de *segment*). *Sc. nat.* Formé de plusieurs segments; qui appartient à un segment. *Division segmentaire des vers annélides.* V. **Métamère**. — *Méd. Anesthésie segmentaire*, correspondant au territoire innervé par une ou plusieurs racines nerveuses rachidiennes.

SEGMENTAL, ALE, AUX [sɛgmɑ̃tal, o]. *adj.* (mil. XXᵉ; de *segment*, d'apr. l'angl.). *Didact.* Relatif à un segment, d'un segment. *Ling. Trait pertinent segmental, appartenant à un phonème* (*opposé à* suprasegmental).

SEGMENTATION [sɛgmɑ̃tasjɔ̃]. *n. f.* (1847; de *segment*). ♦ 1° *Littér.* Division en segments. V. **Fractionnement, fragmentation**. ♦ 2° *Embryol.* Divisions successives de l'œuf fécondé aboutissant à la formation de la morula*. *Segmentation totale ou partielle. Segmentation égale ou inégale.* ♦ 3° *Biol.* (rare) Division d'un organisme par scissiparité*.

SEGMENTER [sɛgmɑ̃te]. *v. tr.* (1873). *Littér.* ou *didact.* ♦ 1° Partager en segments. *Une fenêtre,* « *que la lumière électrique de l'intérieur, segmentée par les pleins volets, striait de haut en bas de barres d'or parallèles* » (PROUST). V. **Couper**. ♦ 2° *Pronom.* Se diviser, être divisé. *Œuf qui se segmente.*

SÉGRAIRIE [segʀeʀi]. *n. f.* (1685; *segrairie* « office de *segrayer* [garde forestier] », 1286; bas lat. *secretarius*). *Eaux et forêts.* Possession indivise d'un bois (avec l'État ou des particuliers); ce bois.

SÉGRAIS [segʀɛ]. *n. m.* (1690; du lat. *secretum*. V. **Secret**). *Eaux et forêts.* Bois séparé des grands bois, qu'on exploite à part.

SÉGRÉGATIF, IVE [segʀegatif, iv]. *adj.* (1957; de *ségrégation*). Qui tient de la ségrégation, entraîne une séparation. « *C'est un amour ségrégatif, celui du propriétaire qui emporte sa proie* » (BARTHES).

SÉGRÉGATION [segʀegasjɔ̃]. *n. f.* (1550; *segregacion*, 1374; lat. *segregatio*, de *segregare* « séparer du troupeau »). ♦ 1° *Didact.* Action de mettre à part; le fait de séparer (en parlant d'éléments d'une masse ou d'un groupe). ♦ 2° *Cour. Ségrégation raciale* : séparation absolue, organisée et réglementée, de la population de couleur d'avec les blancs (dans les écoles, les transports, les magasins, etc. V. **Apartheid, discrimination** (raciale). — *Par ext.* (XXᵉ). Séparation imposée, plus ou moins radicale, de droit ou de fait, de personnes, de groupes sociaux ou de collectivités, suivant la condition sociale, le niveau d'instruction, l'âge, le sexe (V. **Sexisme**). « *L'idée de ségrégation... s'appuie sur le slogan 'Égaux, mais différents'. On sait que l'idée 'd'égalité dans la différence' en fait manifeste toujours un refus de l'égalité. La ségrégation a amené aussitôt la discrimination* » (BEAUVOIR). ◇ ANT. Déségrégation.

SÉGRÉGATIONNISME [segʀegasjɔnism(ə)]. *n. m.* (v. 1950; de *ségrégation*). Politique de ségrégation raciale; opinions et méthodes procédant de l'idée de ségrégation. ◇ ANT. Antiségrégationnisme.

SÉGRÉGATIONNISTE [segʀegasjɔnist(ə)]. *adj.* et *n.* (v. 1950; de *ségrégation*). ♦ 1° Partisan de la ségrégation raciale. *Des manifestants ségrégationnistes.* — *Subst. Un ségrégationniste.* ♦ 2° Relatif à la ségrégation. *Troubles, bagarres ségrégationnistes.* — *Par ext.* Où règne la ségrégation. « *L'univers 'concentrationnaire et ségrégationniste' dont sont encore victimes les malades mentaux* » (*Le Monde*, 17-3-1968). ◇ ANT. Antiségrégationniste.

SÉGRÉGÉ, ÉE [segʀeʒe] ou **SÉGRÉGUÉ, ÉE** [segʀege]. *adj.* (v. 1966; de *ségrégation*, d'apr. l'angl. *segregated*). Qui est l'objet d'une ségrégation, d'une séparation. « *Un espace ségrégé pour des populations ségrégées* » (O.R.T.F., 9-5-1970).

SÉGUEDILLE [segədij]. *n. f.* (1687; *séquidille*, 1630; esp. *seguidilla*, de *seguida* « suite »). Danse espagnole, sur un rythme rapide et très marqué à 3/4; musique et chant qui accompagnent cette danse.

SEGUIA ou **SEGHIA** [segja]. *n. f.* (1897; mot arabe). Canal d'irrigation, en Afrique du Nord. « *Ruisseaux couverts, canaux (feuilles et fleurs mêlées) — qu'on appelle 'seghias' parce que les eaux y sont lentes* » (GIDE).

1. **SEICHE** [sɛʃ]. *n. f.* (1270; *sèche*, XIIᵉ; lat. *sepia*, gr. *sêpia*). Mollusque céphalopode à coquille interne en forme de bouclier (*os de seiche*), pourvu d'une poche à encre sécré-

tant un liquide brun foncé qu'il peut projeter pour s'abriter en cas d'attaque. V. **Calmar**. *On met dans les cages des os de seiche pour que les oiseaux s'y aiguisent le bec.* ◇ HOM. Sèche (fém. de sec).

2. **SEICHE** [sɛʃ]. *n. f.* (1742; mot dial., o. i.). *Phys.* et *Géogr.* Mode d'oscillation fondamental d'un liquide contenu dans un récipient (et soumis à la pesanteur). *Spécialt.* Oscillation de la surface d'un lac. ◇ HOM. Sèche (fém. de sec).

SÉIDE [seid]. — *n. m.* (1803; francisé de l'arabe *zayd*, personnage de la tragédie de Voltaire « Mahomet », 1741). Adepte fanatique des doctrines et exécutant aveugle des volontés (d'un maître, d'un chef). V. **Sectateur**. « *Tel que je te connais, tu serais un Séide, et il faut se garantir du séidisme* » (VIGNY). « *Un assez pauvre homme, dévoué corps et âme à Napoléon,... un de ces dangereux séides* » (MADELIN).

SEIGLE [sɛgl(ə)]. *n. m.* (1350; *soigle*, 1172, *segle*, 1225; lat. *secale*, ou a. prov. *segle*). ♦ 1° Céréale dont les grains produisent une farine panifiable. « *On n'a point de blé par ici, rien qu'un peu de seigle* » (RAMUZ). *Paille de seigle* : glui. *Blé et seigle cultivés ensemble.* V. **Champart, méteil**. *Hybride de blé et de seigle.* V. **Triticale**. *Maladies du seigle* : ergot, rouille. *Seigle ergoté*, dit Blé cornu. — *Les seigles*, les champs de seigle. ♦ 2° Grain du seigle; farine qu'on en tire. *Pain de seigle.*

SEIGNEUR [sɛɲœʀ]. *n. m.* (v. 1205; *seignur*, 1080; lat. *senior, -oris* « aîné », T. de respect). ♦ 1° *Ancienn.* et *Hist.* Celui de qui dépendent des terres, des personnes; le maître, dans le système des relations féodales. V. **Sire, suzerain**. *Les seigneurs féodaux et leurs vassaux. Possessions, terres d'un seigneur.* V. **Fief, seigneurie**. *Grand, haut, puissant seigneur. Petit seigneur.* V. **Hobereau**. — *Loc. Seigneur et maître* : celui qui a une autorité absolue sur (qqn ou qqch.). *La Révolution* « *a livré la France aux hommes d'argent qui depuis cent ans la dévorent. Ils y sont maîtres et seigneurs* » (FRANCE). — *Par plaisant. Mon seigneur et maître* : mon mari. — PROV. *À tout seigneur tout honneur** (II, A, 2°). ♦ 2° (1225; *senior*, Xᵉ). Titre honorifique donné jusqu'à la fin de l'Ancien Régime (et parfois après) aux personnages de haut rang. V. **Gentilhomme, grand** (3°, *subst.*), **noble** (*n. m.*). *Un seigneur en plus cour.) Un grand seigneur.* V. **Prince**. *Un seigneur veut bâtir comme les grands seigneurs* » (LA FONT.). « *Un grand seigneur méchant homme est une terrible chose* » (MOL.). ◇ *Spécialt.* (1625; *h. 1050*) Dans la langue classique, terme de civilité. V. **Monsieur**. « *Seigneur Sanguisuela, lui dit-il, ne pourriez-vous pas me prêter mille ducats?* — *Seigneur capitaine*, répondit l'usurier... » (LESAGE). — *Dans la tragédie*, Terme désignant les principaux personnages masculins (toujours de haut rang). ♦ 3° *Mod.* GRAND SEIGNEUR : personne riche, de condition sociale élevée. *Vivre en grand seigneur* : dans le luxe. — *Fig.* Personne qui agit ou prétend agir noblement. *Faire le grand seigneur* : être très généreux, ou dépenser sans compter et de façon ostentatoire. *En grand seigneur, en seigneur* : avec noblesse. *Il « leur imposait par les façons de grand seigneur bienveillant qu'il prenait avec les garçons, les cochers* » (ROMAINS). ♦ 4° *Fig.* Maître. V. **Prince**. « *Ce seigneur visible de la nature visible (je parle de l'homme)* » (BAUDEL.). *Les « bonzes, pontifes, magnats et autres seigneurs des sciences et de la politique* » (DUHAM.). ♦ 5° (XIIᵉ; *seinor*, Xᵉ). Dieu (*spécialt.* dans la judéo-christianisme), en tant que souverain des créatures. « *Tu aimeras le Seigneur ton Dieu* » (prière). *Le Seigneur tout puissant. Notre-Seigneur Jésus-Christ. Le jour du Seigneur* : dimanche, sabbat. — *Seigneur Dieu! Seigneur!* exclamations. ◇ HOM. Saigneur.

SEIGNEURIAGE [sɛɲœʀjaʒ]. *n. m.* (XIIIᵉ; réfection de l'a. fr. *seignorage*, v. 1165; du v. *seigneurier*, de *seigneur*). *Hist.* Droit du seigneur. *Spécialt.* Droit de battre monnaie (pour certains seigneurs ou souverains).

SEIGNEURIAL, ALE, AUX [sɛɲœʀjal, o]. *adj.* (1408; réfection de *seignoril*, 1080; de *seigneur*). ♦ 1° Digne d'un seigneur. V. **Noble, magnifique**. « *Ce palais était un vrai logis seigneurial* » (HUGO). V. **Princier**. ♦ 2° (*Seignourel*, 1174). *Hist.* Du seigneur. *Châteaux seigneuriaux. Terre seigneuriale.* V. **Seigneurie**. « *L'évêque avait conservé le droit seigneurial de nommer les juges au tribunal criminel* » (MICHELET).

SEIGNEURIE [sɛɲœʀi]. *n. f.* (1130; *seignorie*, XIᵉ, fig.; de *seigneur*). ♦ 1° *Hist.* Pouvoir, droits du seigneur sur les terres et sur les personnes. ♦ 2° (1165). Terre d'un seigneur. V. **Fief; baronnie, comté, duché, comté**. *Hiérarchie des seigneuries.* ♦ 3° (1264). Droits féodaux d'une terre seigneuriale, indépendamment de la terre elle-même. V. **Mouvance**. ♦ 4° (Précédé d'un pron. : *Votre, Sa Seigneurie*). Titres donnés à certains dignitaires (pairs d'Angleterre, de France sous la Restauration). — *Par plaisant.* « *Cette mère, qui s'honorait de se servir de ma Seigneurie* » (LARBAUD).

SEILLE [sɛj]. *n. f.* (1180; lat. *situla*. V. **Seau**). *Région.* Seau de bois à oreilles évidées pour y passer un cordage. — Grand récipient en bois, en toile. On dit aussi *Seillot* (1842), *seilleau* [sejo]. « *Mais, sitôt qu'à genoux je m'abreuvais à la*

« *seille* », *paf! de sa grosse main Rouquet m'y faisait plonger la tête* » (MISTRAL).

SEILLON [sɛjɔ̃]. *n. m.* (1355 ; « petit seau » ; repris 1877 ; de *seille*). Région. Baquet peu profond pour recueillir le vin qui s'égoutte, au soutirage. *Seillon de cuverie*. — Seille pour le transport du lait. ◇ HOM. *Sayon*.

SEIME [sɛm]. *n. f.* (1665 ; *seme*, 1607 ; a. prov. *sem* « incomplet, imparfait », bas lat. *semus*, de *semis* « moitié »). Vétér. Maladie du sabot des équidés, fente extérieures de la couronne à la sole. ◇ HOM. **Sème**, formes du v. *semer*.

SEIN [sɛ̃]. *n. m.* (1150 ; « espace entre la poitrine et le vêtement », 1120 ; lat. *sinus* « pli, courbe », d'où « pli de la toge en travers de la poitrine », et fig. « poitrine »). ♦ 1° *Littér*. La partie antérieure du thorax humain, où se trouvent les mamelles. V. **Poitrine** (2°). *Serrer sur, contre son sein. Dans le sein, sur le sein :* dans les bras, contre la poitrine. — Loc. *Réchauffer un serpent* dans son sein.* — Fig. (1538) V. **Cœur**. *Le sein d'un ami. S'épancher dans le sein de sa mère.* ◇ (XIII°) *Le sein de Dieu :* le paradis. « *Le Dieu qui a créé l'homme recevra, après la mort terrestre, ce chef-d'œuvre dans son sein* » (LAUTRÉAMONT). — (1681) *Le sein de l'Église :* communion des fidèles de l'Église catholique. ♦ 2° *Vx* (1538). Poitrine (de la femme). *Le sein d'une femme.* V. **Buste, gorge.** « *Couvrez ce sein que je ne saurais voir* » (MOL.). — Mod. *Donner le sein à un enfant :* l'allaiter. *Nourrir au sein* (V. **Nourrice**). « *Une jeune mère qui a voulu gracieusement offrir le sein à l'enfant de son amie* » (FRANCE). ♦ 3° *Mod.* (1798). Chacune des mamelles de la femme. V. **Téton** (Cf. *fam.* et *pop.* Lolo, néné, nichon, roberts, rotoplots). « *Ses deux petits seins haut remontés étaient si ronds qu'ils avaient moins l'air de faire partie intégrante de son corps que d'y avoir mûri comme deux fruits* » (PROUST). *Bouts des seins.* V. **Mamelon ; aréole.** *Les seins contiennent les glandes mammaires. Soutien-gorge pour soutenir les seins.* — *Faux seins.* ♦ 4° *Vieilli* ou *littér.* (1672). Partie du corps de la femme où elle porte l'enfant qu'elle a conçu. V. **Entrailles, flanc** (*littér.*), **utérus, ventre.** « *Dans quel sein vertueux avez-vous pris naissance?* » (RAC.). « *Jumeaux du même sein* » (BALZ.). ♦ 5° *Fig.* et *littér.* (XVI° ; « intérieur », XII°). La partie intérieure, intime, le milieu de. *Le sein de la terre, de l'océan.* ◇ AU SEIN DE. *Littér.* Au plus profond, au milieu de. « *Elle est au sein des flots, la jeune Tarentine* » (CHÉNIER). *Le sein de la nature.* — (Abstrait) *Au sein du bonheur, des plaisirs.* ◇ Cour. « *Ils laisseront chaque pays s'administrer lui-même au sein d'une fédération européenne* » (SARTRE). Cf. Dans le cadre de... ◇ HOM. *Ceint, cinq ; sain, saint, seing.*

SEINE ou **SENNE** [sɛn]. *n. f.* (1693 ; *saine, h.* XIII° ; lat. *sagena*, mot gr.). Pêche. Filets disposés en nappe et formant un demi-cercle. « *Des hommes agenouillés tirent une immense seine, dont les lièges frôlent les cygnes* » (GONCOURT). *Seine remorquée, pour la pêche à la sardine* (On écrit aussi *Senne*). ◇ HOM. *Cène, saine, scène, sen.*

SEING [sɛ̃]. *n. m.* (1373 ; « signe, marque », 1283 ; lat. *signum*). ♦ 1° *Vx.* Signature. « *Le désavouerez-vous pour n'avoir pas de seing? — Pourquoi désavouer un billet de ma main?* » (MOL.). V. **Blanc-seing.** ♦ 2° *Dr.* SEING PRIVÉ : signature d'un acte non enregistré devant notaire. *Acte sous seing privé* ou *sous-seing.* ◇ HOM. V. **Sein.**

SÉISME [seism(ə)]. *n. m.* (1904 ; *sisme*, 1890 ; gr. *seismos* « tremblement de terre », du v. *seiein* « secouer », *sé-isme*, d'apr. les mots en *isme*). Ensemble des secousses, des déformations brusques de l'écorce terrestre qui constituent un « tremblement de terre ». *Intensité d'un séisme. Épicentre, foyer profond d'un séisme. Séisme dû à des explosions volcaniques ; d'origine tectonique. Séisme sous-marin, produisant des vagues de fond.* ◇ Fig. Bouleversement. « *L'impossible tâche de peindre in révolution et en séisme cet intermède patriarcal* » (GIRAUDOUX).

SÉISMICITÉ. *n. f.* V. SISMICITÉ. — **SÉISMAL, ALE, AUX.** *adj.* V. SISMAL. — **SÉISMIQUE.** *adj.* V. SISMIQUE. — **SÉISM(O)-.** V. SISMO. — **SÉISMOGRAPHE.** *n. m.* V. SISMOGRAPHE.

SEIZE [sɛz]. *adj. numér.* et *n. m.* (1250 ; *seze*, XII° ; lat. *sedecim*, de *sex* « six », et *decem* « dix »). I. ♦ 1° *Adj. numér. card.* (16). *Seize ans. Poésie de seize vers* (seizain). — *Seize cents* ou *mille six cents.* « *Un beau paquebot de seize mille tonnes* » (ROMAINS). ♦ 2° *Adj. numér. ord.* Seizième. *Le numéro seize. Louis seize* (XVI). *Chapitre, page seize. In-seize.* — Subst. *Le seize juillet.* II. *N. m.* Le nombre seize. *Le seize, un seize. Dix et six font seize.*

SEIZIÈME [sɛzjɛm]. *adj.* et *n.* (1665 ; *sezime*, 1138 ; *sezième*, v. 1300 ; de *seize*). ♦ 1° *Adj. numér. ord.* Dont le numéro, le rang est seize (16°). *Le seizième siècle.* Subst. *Le seizième* (XVI°) : le seizième siècle. *Les poètes du seizième.* — *Le seizième arrondissement,* à Paris. *Les beaux quartiers du seizième.* — Qui présente les caractères sociaux du seizième arrondissement de Paris. « *Artifice de ces voix de femmes — si seizième. Variations individuelles sur le même fond sonore qui est celui de tout un milieu* » (Cl. MAURIAC). ♦ 2° *N. m.*

Fraction d'un tout divisé également en seize. ♦ 3° *N. f.* Mus. Intervalle de seize degrés.

SEIZIÈMEMENT [sɛzjɛmmɑ̃]. *adv.* (1797 ; *seziémement*, 1636 ; de *seizième*). En seizième lieu.

SEIZIÉMISME [sɛzjemism(ə)]. *n. m.* (mil. XX° ; de *seizième* [siècle]). Didact. Étude du seizième siècle littéraire français (Dér. SEIZIÉMISTE [sɛzjemist(ə)], *adj.* et *n.*).

SÉJOUR [seʒuʀ]. *n. m.* (XV° ; *sujurn*, 1080 ; *séjur* « arrêt, retard », 1138 ; de *séjourner*). ♦ 1° Le fait de séjourner, de demeurer un certain temps en un lieu. V. **Résidence.** « *Le Roi accorde passage aux Autrichiens... Le passage? ou le séjour?... Qui sait s'ils ne resteront pas...* » (MICHELET). *Séjour forcé. Interdit* de séjour. — Taxe de séjour.* ♦ 2° Le séjour, le temps où l'on séjourne. *Bref séjour.* V. **Arrêt, pause.** « *Un séjour en prison près de quatre mois vous fait oublier un peu les usages* » (AYMÉ). *Séjour d'été à la campagne.* V. **Villégiature.** — *Par ext.* et *vieilli* (sujet de chose) *Le long séjour des eaux sur la terre.* « *Ces souffrances ne pouvaient avoir pour cause que le séjour d'un corps étranger qui était resté dans les chairs* » (DIDER.). — *Le séjour où l'on se tient habituellement* (pour traduire l'angl. *living-room*). V. **Living-room.** Ellipt. *Un trois pièces : séjour, deux chambres.* ♦ 4° *Littér.* Le lieu où l'on séjourne, où l'on demeure pendant un certain temps. V. **Demeure, habitation.** *Séjour solitaire. Séjour enchanteur.* — *Vx.* Construction où l'on vit ; demeure. « *Plus me plaît le séjour qu'ont bâti mes aïeux* » (DU BELLAY). — *Poét.* (Vx) *Le séjour éternel.* V. **Ciel, paradis.** *Le séjour des dieux.*

SÉJOURNER [seʒuʀne]. *v. intr.* (1530 ; *sujurner*, 1138 ; lat. pop. °*subdiurnare*, bas lat. *diurnare* « vivre longtemps ; durer », de *diurnus* « jour »). ♦ 1° Rester longtemps dans un lieu pour y avoir sa demeure sans toutefois y être fixé. V. **Demeurer, habiter.** « *Un foyer ne doit pas être un lieu où l'on séjourne, mais un lieu où l'on revient* » (MONTHERLANT). *Séjourner chez des amis, à l'hôtel.* V. **Arrêter** (s'), **camper** (fig.). ♦ 2° (Sujet de chose). Rester longtemps à la même place. « *Dans ces contrées, les neiges séjournent longtemps sur les terres* » (SÉGUR). *Eau qui séjourne dans un fond.* V. **Croupir.** ◇ ANT. *Passer.*

SEL [sɛl]. *n. m.* (v. 1150 ; lat. *sal*; Cf. Salade, saucisse, saumure, saupoudrer). **A** Cour. ♦ 1° Substance blanche, friable, soluble dans l'eau, d'un goût piquant, et qui sert à l'assaisonnement et à la conservation des aliments. *Le sel commun, ordinaire, est du chlorure de sodium plus ou moins pur. Cristaux de sel.* V. **Trémie.** *Récolte du sel marin, dans les marais salants.* V. **Salin, saline.** *Extraction du sel gemme* dans les mines de sel. — Sel gris ou de cuisine.* « *Un villageois a économisé le sel de sa soupe pour saler un porc et manger un peu de viande* » (TAINE). — *Sel fin,* produit par évaporation des saumures. *Gros sel, sel en cristaux assez gros. Gros sel* (en appos.), se dit d'une viande cuite dans son bouillon et servie avec du gros sel. *Bœuf gros sel. — Grain de sel. Pincée de sel. Mettre du sel. V.* **Saler.** *Régime sans sel.* — Ancienn. *Impôt sur le sel.* V. **Gabelle.** *Loc. fig.* (Allus. bibl.) *Être changé en statue de sel :* être pétrifié, médusé. — *Le sel de la terre,* l'élément actif, vivant, l'élite. — *Poivre* et sel.* ◇ (Par anal. de fonction avec le sel de table) *Sel de céleri.* ♦ 2° Fig. Ce qui donne du piquant, de l'intérêt. « *L'estime pour l'ennemi est le sel de la guerre* » (ALAIN). — *Spécialt.* Ce qui donne un intérêt vif et piquant aux discours, aux ouvrages de l'esprit. *Les anciens « appelaient sel, par métaphore, les traits d'esprit* » (FRANCE). V. **Esprit, finesse, gaieté, piment, piquant.** *Une plaisanterie pleine de sel.* V. **Spirituel.** *Cela ne manque pas de sel.* « *Ses ouvrages sont pleins de sel attique. Ils sont parsemés de pensées fines et brillantes* » (LESAGE). *Mettre, mêler son grain* de sel.* **B** Sc. ♦ 1° *Hist. sc.* (XVI°). Un des éléments (avec le soufre, le mercure), dans la doctrine de Paracelse. *Les acides, les alcalis et les sels.* — Solide soluble et inflammable ressemblant au sel (A) en ce qu'il est produit par une évaporation de liquide. *La chimie du XVIII° s. distingue les sels acides, alcalins et neutres.* ◇ *Loc. mod. Sels médicinaux. Sels de bain. Sel d'Epsom, d'Angleterre, de Sedlitz,* ou *sel de magnésie,* sulfate de magnésium. *Sel de Glauber,* sulfate de sodium. *Sel d'oseille* (oxalate acide de potassium). *Sel de Vichy* (bicarbonate de sodium). — *Sel volatil* ou *sels anglais* (sesquicarbonate d'ammonium). Absolt. *Respirer des sels.* — *Esprit* de sel.* ♦ 2° *Chim.* (fin XVIII°). Composé chimique dans lequel l'hydrogène d'un acide a été (en totalité ou en partie) remplacé par un métal. *Les sels se forment par action des acides* (ou des anhydrides d'acides) *sur les bases* (ou les oxydes métalliques) *; par action des acides sur les métaux,* etc. — *Les sels portent les noms dérivés de ceux des acides, suivis du nom du métal* (ex. : chlorure ClNa), hypochlorite (ClONa), chlorite (ClO₂Na), chlorate (ClO₃Na), perchlorate (ClO₄Na) de sodium). — *Sel acide* dans lequel une partie seulement de l'hydrogène de l'acide a été remplacé par un métal (ex. : bicarbonate de sodium NaHCO₃). *Sel basique,*

◇ Biochim. *Sels biliaires*, contenus dans la bile, qui favorisent l'émulsion des graisses et activent la lipase pancréatique.
◇ HOM. *Celle, selle.*

SÉLACIEN, IENNE [selasjɛ̃, ɛn]. *adj. et n.* (1839; du gr. *selakhos* « poisson cartilagineux »). *Zool.* Cartilagineux. *N. m. pl.* LES SÉLACIENS : ordre de poissons cartilagineux (appelés aussi « élasmobranches », « plagiostomes ») au squelette entièrement formé de cartilage, à la peau recouverte d'écailles en plaques, qui comprend les *raies* et les *requins* (ou squales). Au sing. *Un sélacien.*

SÉLAGINELLE [selaʒinɛl]. *n. f.* (1839; du lat. *selago, -inis*). *Bot.* Plante cryptogame vasculaire, voisine des Lycopodes, à fines feuilles denticulées terminées par une épine, cultivée comme ornementale.

SELECT *(invar.)* ou **SÉLECT, ECTE** [selɛkt, ɛkt(ə)]. *adj.* (1831; *sélecte, h. XVIIe*; angl. *select* « choisi »; lat. *selectus. Fam. et vieilli.* Choisi, distingué (en parlant des gens, des réunions mondaines). V. **Chic, élégant.** « *Monde select et pourri de l'intelligence* » (GONCOURT). « *La clientèle de la ville haute, plus sélecte* » (ARAGON).

SÉLECTER [selɛkte]. *v. tr.* (mil. XXe; du rad. de *sélection, sélecteur*). *Techn.* Effectuer la sélection de; obtenir au moyen d'une opération de sélection.

SÉLECTEUR, TRICE [selɛktœr, tris]. *adj. et n.* (1905; adj.; du rad. de *sélection*).
I. *N. m. Techn.* ♦ 1° Dispositif composé d'un relais électromagnétique à deux positions, servant à sélectionner des cartes dans une machine à cartes perforées. ♦ 2° Pédale de changement de vitesse d'une motocyclette. ♦ 3° Commutateur à plusieurs directions. *Sélecteur d'un central téléphonique. Sélecteur rotatif. Sélecteur de température.*
II. *Adj.* Qui sélectionne. Subst. « *L'homme, choisisseur, sélecteur de caractères* ». V. **Sélectionneur.**

SÉLECTIF, IVE [selɛktif, iv]. *adj.* (1871; du rad. de *sélection*). ♦ 1° Qui constitue une sélection, un choix; qui opère une sélection. *Classement sélectif. Recrutement sélectif. Mémoire sélective.* ♦ 2° Se dit d'un poste récepteur de radio qui peut recevoir dans de bonnes conditions plusieurs émissions de fréquences voisines (V. **Sélectivité**).

SÉLECTION [selɛksjɔ̃]. *n. f.* (1609, « choix » [didact.]; lat. *selectio*; repris à l'angl., 1801).
I. ♦ 1° (Rare av. XIXe). Action de choisir les objets, les individus qui conviennent le mieux. *Faire une sélection parmi des candidats. Étudiants opposés à la sélection. Sélection professionnelle.* « *La sélection, la classification, l'expression des faits... ne nous sont pas imposées par la nature des choses* » (VALÉRY). ♦ 2° *Spécialt.* Sports. *Match, épreuve de sélection* (V. **Critérium**). *Comité de sélection.* ◇ *Techn.* Opération par laquelle on dirige une impulsion vers l'un des deux organes d'un système binaire. ◇ *Ling.* Opération par laquelle le locuteur choisit une unité sur l'axe « paradigmatique*. *Axe des sélections (opposé à axe des combinaisons).* ◇ Ensemble des choses choisies. *Une sélection des meilleurs poèmes* (anthologie). *Une sélection de films.* V. **Choix.**
II. (1801; angl.). Choix d'animaux reproducteurs ayant les caractères, les aptitudes qu'on désire perpétuer dans l'espèce. *La sélection animale a pour base l'étude de la variation au sein d'une espèce, d'une race, et celle des lois de l'hérédité.* — *Par ext. Sélection dans l'espèce humaine.* V. **Eugénique.** ◇ *Biol. Sélection naturelle* (1866; trad. de Darwin : « *De l'origine des espèces par voie de sélection naturelle* »). Théorie de Darwin sur l'évolution, selon laquelle l'élimination naturelle des individus les moins forts, les moins aptes dans la « lutte pour la vie » permet à l'espèce de se perfectionner de génération en génération. « *La médecine, la chirurgie, l'hygiène... devaient concourir à gêner toujours davantage la fonction épuratrice de la sélection naturelle* » (J. ROSTAND). ◇ ANT. **Panmixie.**

SÉLECTIONNÉ, ÉE [selɛksjɔne]. *adj.* (XXe; V. **Sélectionner**). ♦ 1° Qui a été choisi après une épreuve, une compétition, un examen, pour participer à une autre épreuve. *Sportif sélectionné. Candidats sélectionnés pour un concours.* ♦ 2° *(Choses).* Qui a été trié, choisi. *Produits sélectionnés, graines sélectionnées* (Cf. De premier choix).

SÉLECTIONNER [selɛksjɔne]. *v. tr.* (1899; de *sélection*). Choisir par sélection. *Sélectionner des élèves pour un examen, des athlètes pour un championnat.* — *Sélectionner des graines à semer.*

SÉLECTIONNEUR, EUSE [selɛksjɔnœr, øz]. *n.* (1923; adj., appareil « qui permet la sélection »; de *sélectionner*). ♦ 1° *Techn.* Personne dont le métier est de sélectionner (des choses). *Sélectionneur de graines. Sélectionneur de cuirs qui trie les peaux.* ♦ 2° Psychotechnicien qui s'occupe de sélection professionnelle. *Sélectionneur qui fait passer des tests.* ◇ Celui qui sélectionne les sportifs.

SÉLECTIVEMENT [selɛktivmã]. *adv.* (1871; de *sélectif*). D'une manière sélective, par une sélection.

SÉLECTIVITÉ [selɛktivite]. *n. f.* (1936; de *sélectif*).

♦ 1° *Chim.* Aptitude à opérer un choix, à discerner des éléments dans un mélange. ♦ 2° *Radio.* Qualité d'un récepteur capable de distinguer, par une discrimination des fréquences, le signal cherché des signaux de fréquences voisines.

SÉLÉN(O)-, -SÉLÈNE. Éléments, du gr. *selênê* « Lune ».

SÉLÉNIATE [selenjat]. *n. m.* (1843; de *séléni[um]*, et suff. *-ate). Chim.* Sel de l'acide sélénique. *Séléniate de plomb.*

SÉLÉNIEUX [selenjø]. *adj. m.* (1855; de *sélénium). Chim.* Se dit d'un acide du sélénium, H_2SeO_3, qui se présente en cristaux, et de l'oxyde (anhydride) correspondant.

SÉLÉNIO-. Élément de mots de chimie, tiré de *sélénium.*

SÉLÉNIQUE [selenik]. *adj. m.* (1842; « relatif à la Lune », 1721; de *selenium). Chim.* Se dit d'un acide du sélénium H_2SeO_4, solide huileux et de l'anhydride correspondant.

1. **SÉLÉNITE** [selenit]. *n. m.* (1870; de *sélénium). Chim.* Sel de l'acide sélénieux.

2. **SÉLÉNITE** [selenit]. *n. et adj.* (1812; du gr. *selênê* « lune »). ♦ 1° Habitant autrefois présumé de la Lune. *Les Terriens et les Sélénites.* ♦ 2° (v. 1969) Relatif à la Lune. V. **Lunaire** 1. « *Les cosmonautes ont planté le drapeau américain sur le sol sélénite* » (*Le Monde*, 22-7-1969).

SÉLÉNITEUX, EUSE [selenitø, øz]. *adj.* (1765; de *sélénite*, anc. nom du gypse). *Chim.* Qui contient du sulfate de calcium. *Eau séléniteuse.*

SÉLÉNIUM [selenjɔm]. *n. m.* (1817; de *selênê* « Lune », à cause de sa ressemblance avec le *tellure*). *Chim.* Corps simple, de symb. Se, métalloïde (n° at. 34; dens. 4,8; temp. de fusion 217 °C) qui existe sous diverses formes allotropiques. *Sélénium amorphe, cristallisé; sélénium gris employé dans certaines cellules photoélectriques, sa conductibilité électrique variant avec la lumière reçue.*

SÉLÉNIURE [selenjyr]. *n. m.* (1843; de *sélénium). Chim.* Combinaison du sélénium avec un ou plusieurs autres éléments. *La zorgite, séléniure double de plomb et de cuivre est un des minerais dont on tire le sélénium.*

SÉLÉNOGRAPHIE [selenɔgrafi]. *n. f.* (1667; de *séléno-*, et *-graphie). Astron.* Description de la Lune.

SÉLÉNOGRAPHIQUE [selenɔgrafik]. *adj.* (1690; de *sélénographie). Astron.* Qui a rapport à la sélénographie. *Carte sélénographique.*

SÉLÉNOLOGIE [selenɔlɔʒi]. *n. f.* (v. 1969; de *séléno-*, et *-logie). Didact.* Étude de la Lune.

SÉLÉNOLOGUE [selenɔlɔg]. *n.* (v. 1969; de *séléno-*, et *-logue). Didact.* Scientifique spécialisé dans l'étude de la Lune.

1. **SELF** [sɛlf]. *n. f.* V. SELF-INDUCTANCE et SELF-INDUCTION (bobine de).

2. **SELF** [sɛlf]. *n. m.* (mil. XXe; mot angl.). *Anglicisme.* ♦ 1° *Méd.* Spécificité immunologique de l'individu (*opposé à* non-self). ♦ 2° *Psychan.*, *psycho.* V. **Moi, soi; personnalité.**

SELF-. Élément, de l'angl. *self* « soi-même ». V. **Auto-.**

SELF-CONTROL [sɛlfkɔ̃trol]. *n. m.* (1883; mot angl.). *Anglicisme.* Contrôle, maîtrise de soi. *Garder son self-control.*

SELF-GOVERNMENT [sɛlfgɔvɛrnmãt, mã ou mɛnt]. *n. m.* (1835; mot angl. « gouvernement par soi-même »). Système anglais d'administration dans lequel les citoyens décident de toutes les affaires qui les concernent en particulier. — *Par ext. Anglicisme.* Autonomie (d'un pays).

SELF-INDUCTANCE [sɛlfɛ̃dyktãs]. *n. f.* (XXe; de *self-*, et *inductance). Anglicisme. Phys.* Grandeur définie par le rapport du flux magnétique engendré par un circuit électrique, au une partie de ce circuit, au courant qui parcourt ce même circuit (On dit aussi *Inductance** et *Auto-inductance*). — Dér. **SELFIQUE** [sɛlfik], *adj.* Relatif à la self-inductance.

SELF-INDUCTION [sɛlfɛ̃dyksjɔ̃] ou **SELF** [sɛlf]. *n. f.* (1890,-1904; de *self*, et *induction). Anglicisme.* ♦ 1° *Phys.* Propriété d'un courant électrique en vertu de laquelle il tend à s'opposer à un changement de son intensité. *Coefficient de self-induction.* V. **Self-inductance.** *Phénomènes de self. Bobines de self. Recomm. offic.* Auto*-induction. ♦ 2° SELF (1907). Bobine de self. *Une self antiparasite, une self d'arrêt.*

SELF-MADE-MAN [sɛlfmɛdman]. *n. m.* (1878; mot angl. « homme [*man*] qui s'est fait lui-même [*self*] »). *Anglicisme.* Homme qui ne doit sa réussite matérielle et sociale qu'à lui-même. « *M. Brunel était un self-made-man, il faisait des affaires, il avait eu des débuts très durs* » (ARAGON). *Des self-made-men.*

SELF-SERVICE [sɛlfsɛrvis]. *n. m.* (v. 1950; mot angl.). *Américanisme.* Magasin à libre service. V. **Libre-service.** Par appos. *Restaurant self-service.* — *Ellipt. Fam. Un self. Aller au self.*

SELLE [sɛl]. *n. f.* (XIIIe; *sele*, 1080; lat. *sella* « siège », en lat. pop. « selle de cheval »).
I. ♦ 1° Pièce de cuir incurvée placée sur le dos du cheval, et qui sert de siège au cavalier. « *Elle allait à cheval sur une*

selle d'homme, en dépit de l'invention des selles de femme introduite en Angleterre au quatorzième siècle » (HUGO). « *Une selle arabe qui jetait des feux par tous ses clous* » (GIONO). *Parties de la selle :* arçon, pommeau, quartier, troussequin. *Sangle, étrier attachés à une selle.* — *Cheval de selle,* qui sert de monture. *Monter un cheval sans selle.* V. **Cru** (à), **poil** (à). *Se mettre en selle :* monter à cheval. — Fig. *Être bien en selle,* être affermi dans sa position. *Mettre qqn en selle; fig.* l'aider à commencer une entreprise (Cf. Mettre le pied à l'étrier*). *Se remettre en selle,* se rétablir. ♦ 2° (Fin XIXᵉ). Petit siège de cuir, triangulaire, généralement muni de ressorts, adapté à une bicyclette, une moto, un scooter. *Selle et tan-sad d'une moto.* « *La résistance du cadre, la souplesse de la selle* » (ROMAINS). ♦ 3° *Par ext.* Région de la croupe (du mouton, du chevreuil) entre le gigot et la première côte. *De la selle d'agneau.* — Plat servi dans ce morceau. « *On servait... une selle de chevreuil à l'anglaise* » (ZOLA).

II. (*Sele* « chaise percée », XIIIᵉ). *Aller à la selle* (1538), expulser les matières fécales. ◇ *Par ext.* (fin XIVᵉ, sing.) *Les selles,* les matières fécales. V. **Excrément.** *Analyse d'urine et de selles.*

III. Techn. (*Art*). Escabeau surmonté d'un plateau tournant sur lequel le sculpteur pose la matière à modeler. « *Rodin fait tourner sur les selles, les terres, grandeur nature, de ses six otages de Calais* » (GONCOURT).

◇ HOM. *Celle, sel.*

SELLER [sele]. *v. tr.* (1090; de *selle*). Munir (un cheval) d'une selle. *Seller son cheval.* — Au p. p. *Cheval sellé et bridé.*
◇ HOM. *Sceller.*

SELLERIE [sɛlʀi]. *n. f.* (1319; de *sellier*). ♦ 1° Métier, commerce du sellier; ouvrages du sellier. *Articles de sellerie :* selles, harnais, coussins et garnitures pour voitures. *Bourrellerie et sellerie.* ♦ 2° (1390; de *selle*). Ensemble des selles et des harnais, lieu où on les range. *La sellerie d'une écurie de courses.* ◇ HOM. *Céleri.*

SELLETTE [sɛlɛt]. *n. f.* (XIIIᵉ; de *selle*). ♦ 1° Petit siège bas sur lequel on faisait asseoir les accusés pour les interroger. *Accusé sur la sellette.* Fig. et fam. *Être sur la sellette,* être accusé; *par ext.* Être la personne dont on parle, dont on examine les torts et les mérites. *Mettre, tenir qqn sur la sellette,* l'interroger, le questionner comme un accusé. ♦ 2° (1611). Techn. Pièce de harnais supportant la dossière qui soutient les brancards. ♦ 3° Petite selle de sculpteur. — Escabeau étroit, petit meuble destiné à porter une statue (V. **Gaine**), une plante verte. ♦ 4° Techn. (1774). Petit siège suspendu à une corde utilisé par les ouvriers du bâtiment.

SELLIER [selje]. *n. m.* (XIIIᵉ; de *selle*). Fabricant et marchand de selles, d'ouvrages de sellerie. V. **Bourrelier.** *Métier, commerce du sellier. Le sellier travaille le cuir.* ◇ HOM. *Cellier.*

SELON [s(ə)lɔ̃]. *prép.* (*Sulunc,* 1125; p.-ê. lat. pop. *°sublongum* « le long de »). ♦ 1° En se conformant à, en prenant pour règle, pour modèle. V. **Conformément** (à), **suivant.** *Faire qqch. selon les règles.* — *Vieilli* ou *littér.* (dans une locution adjective). *Une personne selon mon cœur. La monarchie selon la Charte.* ◇ En prenant (telle forme), en suivant (tel chemin), en obéissant à (telle loi naturelle), etc. *La réflexion se fait selon un angle égal à l'angle d'incidence.* ◇ En proportion de. *À chacun selon ses besoins, selon ses mérites.* ◇ *Loc. conj.* (Vieilli) SELON QUE (avec l'ind.) : de la manière que; dans la mesure où. *Une justice « selon que Dieu nous l'a voulu révéler »* (PASC.). « *Or, les prêtres, selon qu'au livre il est écrit, S'assemblèrent...* » (HUGO). ♦ 2° Si l'on se rapporte à. — (Servant à introduire un mot, une phrase que l'on présente) *Selon ses propres termes. Selon l'expression consacrée.* — (Servant à introduire une réserve ou indiquant que la pensée exprimée n'est qu'une opinion parmi d'autres possibles) D'après. « *Après avoir fait, selon moi, la sottise; selon vous, la belle œuvre de donner mon argent* » (DIDER.). — (Suivi d'un nom de chose) *Selon l'opinion de qqn.* ◇ Du point de vue de; si l'on juge d'après tel principe, tel critère. « *Selon toute apparence le rêve est continu et porte trace d'organisation* » (BRETON). *Selon toute vraisemblance.* ◇ *Évangile selon saint Jean :* évangile de saint Jean. ♦ 3° Employé dans une phrase marquant l'alternative. *Selon les circonstances. Selon les cas.* ◇ *Loc. conj.* SELON QUE (suivi de l'ind.). V. **Suivant** (que). « *Selon que vous serez puissant ou misérable...* » (LA FONT.). « *Rose ou vert selon qu'il passe devant l'un ou l'autre de ses bocaux* » (DAUD.). « *La pluie, la neige, la gelée, le soleil devinrent ses ennemis ou ses complices, selon qu'ils nuisaient ou qu'ils aidaient à sa fortune* » (MAURIAC). ♦ 4° *Fam.* C'EST SELON : cela dépend des circonstances (Cf. Cela dépend). « *Je vous reverrai avant mon départ ?... c'est selon* » (DUMAS) : peut-être.
◇ ANT. *Contre, dépit* (en dépit de).

SELTZ (EAU DE) [odsɛls]. *n. f.* (1771, *eau de Selse;* altér. de *Selters,* localité allemande où se trouvaient des sources d'eau minérale acidulée). Eau gazéifiée artificiellement au moyen d'un appareil spécial (V. **Siphon**).

SELVE [sɛlv(ə)]. *n. f.* (*Selva,* 1908? port. *selva,* du lat.

silva). Géogr. Forêt vierge des pays équatoriaux (surtout à propos de l'Amazonie).

SÉMA-. Élément, du gr. *sêma* « signe ». V. **Sémio-.**

SEMAILLES [s(ə)maj]. *n. f. pl.* (XIIIᵉ; lat. *seminalia,* plur. neutre de *seminalis,* de *semen* « semence, graine », d'apr. *semer*). ♦ 1° Action de semer, d'ensemencer (V. **Ensemencement, semis**); période de l'année où l'on fait ce travail. *Les semailles et la moisson.* « *Dans les labours restés nus, on avait commencé les semailles de printemps* » (ZOLA). *Semailles en ligne, à la volée.* ♦ 2° Graine qu'on sème ou qu'on a semée. « *Heureux de jeter l'or à la volée comme des poignées de semailles* » (DAUD.). ◇ Fig. « *Des semailles, qui prépareraient les moissons de la vérité* » (CAMUS).

SEMAINE [s(ə)mɛn]. *n. f.* (XIIᵉ; *semeine,* 1050; lat. relig. *septimana,* fém. de *septimana* « relatif au nombre sept », de *septem* « sept »). ♦ 1° *Dans les calendriers de type occidental et chrétien,* Chacun des cycles de sept jours (V. **Dimanche, lundi, mardi, mercredi, jeudi, vendredi, samedi**) dont la succession, indépendante du système des mois et des années, partage conventionnellement le temps en périodes égales qui règlent le déroulement de la vie religieuse, professionnelle, sociale. *Qui a lieu une fois la semaine, par semaine* (V. **Hebdomadaire**). *Au milieu ou à la fin de la semaine prochaine.* — Fam. *La semaine des quatre jeudis*.* — *La semaine sainte,* semaine qui précède le jour de Pâques. ◇ Cette période, considérée du point de vue du nombre et de la répartition des heures de travail. *La semaine de quarante heures.* — SEMAINE ANGLAISE (1914) : organisation du travail, d'abord en usage en Angleterre, qui accorde aux travailleurs, outre le repos du dimanche, celui du samedi après-midi ou même du samedi entier. — *Fin de semaine.* Au Canada (ou pour éviter l'anglicisme), Week-end. *Bonne fin de semaine!* ◇ (1875) *Par opposition* au dimanche et aux jours de fête, L'ensemble des jours ordinaires, des jours ouvrables. *Pendant la semaine, en semaine.* « *En semaine cette partie de la ville était assez peu fréquentée* » (GREEN). ♦ 2° Période de sept jours, quel que soit le jour initial. *La première semaine de novembre. Dans une semaine, deux semaines à compter d'aujourd'hui* (Cf. D'aujourd'hui en huit, en quinze). *Pendant une semaine, deux semaines* (Cf. Pendant huit, quinze jours). — Cette période consacrée à une activité. *La semaine de bonté. Semaine commerciale.* ◇ À LA SEMAINE. *Chambre louée à la semaine. Travailler à la semaine.* — Vx. *Prêter à la petite semaine :* à très court terme et à taux très élevé. — *Mod.* À LA PETITE SEMAINE. *Une politique à la petite semaine,* qui ne résulte pas d'un plan d'ensemble, de prévisions à longue échéance. *Gouverner à la petite semaine,* par une série d'expédients. V. **Jour** (au jour le jour). — DE SEMAINE : se dit d'un service que les membres d'un groupe assurent chacun à tour de rôle pendant une semaine. *Être de semaine* (Cf. Prendre son tour). — *Officier, sous-officier de semaine.* ♦ 3° *Par ext.* (*h.* 1552; 1823). Salaire d'un ouvrier pour une semaine de travail. *Il a déjà dépensé la moitié de sa semaine.* — Somme qu'on donne à un enfant pour ses menues dépenses de la semaine. ♦ 4° Bracelet, bague à sept anneaux. ◇ Groupe de sept objets semblables. « *Il s'était fait fabriquer une semaine de pipes d'écume de mer* » (GONCOURT).

SEMAINIER, IÈRE [s(ə)menje; -mɛnjɛʀ]. *n.* (v. 1200; de *semaine*). ♦ 1° Personne qui assure un service particulier pendant une semaine (dans un collège, un chapitre, une communauté). V. **Hebdomadier.** ♦ 2° *N. m.* (1828). Agenda de bureau divisé suivant les jours de la semaine. ◇ Petit meuble à sept tiroirs. ◇ Bracelet comptant sept anneaux (V. dit aussi BRACELET-SEMAINE).

SÉMANTÈME [semãtɛm]. *n. m.* (1923; de *sémantique*). *Ling.* Élément du mot qui est le support de sa signification considérée en tant que représentation autonome (*opposé à* morphème). V. **Lexème; racine.** — (1964). Ensemble des sèmes spécifiques d'une unité linguistique, dits sèmes nucléaires (*opposé à* classème *et à* virtuème).

SÉMANTICIEN [semãtisjɛ̃]. *n. m.* (XXᵉ; *sémantiste,* 1898; de *sémantique*). *Didact.* Personne (*spécialt.* linguiste) qui s'occupe de sémantique.

SÉMANTIQUE [semãtik]. *n. f. et adj.* (1883; « technique des signaux », 1875; *symentique,* adj., 1561; gr. *sêmantikos,* « qui signifie », de *sêmainein* « signifier »). *Didact.*

I. *N. f.* (1883). ♦ 1° Étude du langage considéré du point de vue du sens (V. **Onomasiologie, sémasiologie**); théorie visant à rendre compte des phénomènes signifiants dans le langage. *Sémantique analytique, structurale, générative. Sémantique synchronique, diachronique* (ou *historique*). *La sémantique étudie les relations du signifiant au signifié, les changements de sens, la synonymie, la polysémie, la structure du vocabulaire* (V. **Lexicologie**). *Sémantique lexicale, de l'énoncé, de la phrase. Sémantique paradigmatique* (champs sémantiques), *syntagmatique.* ♦ 2° (*Angl.*). *Sémantique générale :* sémiologie appliquée à la vie sociale. ♦ 3° *Log.* Étude générale des relations entre les signes et leurs référents (*opposé à* syntaxe* *et à* pragmatique*, et constituant avec elles une sémiotique*).

II. *Adj.* ♦ 1° Relatif à la sémantique ; de la signification, du sens (var. *sémique*). *Aspect sémantique du langage, développement, différence sémantique.* — *Champ sémantique* (adapt. all.) : ensemble de mots et de notions qui se rapportent à un même domaine conceptuel ou psychologique. — *Composant* ou *composante sémantique* d'une description linguistique, d'une grammaire générative. ◇ *Log. Système sémantique*, tout système comportant un ensemble de symboles (son vocabulaire), des lois de formation ou règles permettant de former des propositions, des lois de désignation et des lois de vérité. ♦ 1° Se dit d'une phrase qui a un sens. *Phrase sémantique* (par oppos. à *asémantique*).

SÉMAPHORE [semafɔʀ]. *n. m.* (1812 ; de *séma-*, et *-phore*). ♦ 1° Poste établi sur le littoral et grâce auquel on peut communiquer par signaux optiques avec les navires. V. **Télégraphe** (aérien). ♦ 2° Dispositif (mât muni d'un bras mobile) qui indique si une voie de chemin de fer est libre ou non.

SÉMAPHORIQUE [semafɔʀik]. *adj.* (1829 ; de *sémaphore*). *Techn.* Qui appartient à un sémaphore. *Signal sémaphorique.*

SÉMASIOLOGIE [semazjɔlɔʒi]. *n. f.* (1890 ; mot all. [1839] ; gr. *sémasia* « signification », et *-logie*). *Ling.* Science des significations, partant du mot pour en étudier le sens (*opposé à* onomasiologie). V. **Sémantique.**

SEMBLABLE [sɑ̃blabl(ə)]. *adj.* (fin XIIᵉ ; de *sembler*). ♦ 1° *Semblable à :* qui ressemble à, qui a de la ressemblance avec. V. **Analogue, comparable, pareil, similaire.** « *Une demeure d'un type londonien banal, rigoureusement semblable à ses voisines* » (ROMAINS). « *Une sagesse souriante ; assez. semblable, somme toute, à celle de Montaigne* » (GIDE). ◇ Qui ressemble à la chose en question. V. **Même.** « *Des souvenirs de scènes semblables l'accablèrent* » (HUYSMANS). « *Comme son ami Stendhal en semblable occasion...* » (MAUROIS). ♦ 2° *Au plur.* Qui se ressemblent entre eux. « *Aussi semblables que deux amandes philippines* » (COLETTE). — *Math.* Qui se correspondent dans une similitude*. *Triangles semblables*, qui ont leurs angles égaux chacun à chacun et leurs côtés homologues* proportionnels. ♦ 3° (Emploi démonstratif à valeur affective). De cette nature. V. **Tel.** « *Qui a donc pu forger de semblables sornettes ?* » (BALZ.). ♦ 4° *Subst.* Être, personne semblable. *Vous et vos semblables.* ◇ Être humain considéré comme semblable aux autres. V. **Prochain.** *Il constata* « *qu'il était sensible aux maux d'autrui..., qu'il aimait ses semblables* » (FRANCE). ◇ ANT. Autre, différent, dissemblable, opposé.

SEMBLABLEMENT [sɑ̃blabləmɑ̃]. *adv.* (1370 ; de *semblable*). *Rare.* Pareillement.

SEMBLANT [sɑ̃blɑ̃]. *n. m.* (1080 ; de *sembler*). ♦ 1° *Vx.* Apparence (*opposé à* réel). « *Voilà donc la pensée qu'ils nous cachent sous tant de beaux semblants* » (GAUTIER). — Mod. et littér. *Faux semblant*, apparence trompeuse. « *Ennemi pour son compte de l'ostentation de vertu,... (il) savait en déceler les faux semblants chez les autres* » (ROMAINS). ◇ *Un semblant de...*, qqch. qui n'a que l'apparence de..., qui n'est pas réellement (ce qu'on le nomme). V. **Manière, simulacre.** « *Une ombre de plaisir, un semblant de bonheur* » (MUSS.). « *Un semblant de jardinet longeait le mur* » (DUHAM.). ♦ 2° *Loc. verb. Cour.* FAIRE SEMBLANT DE... : se donner l'apparence de, faire comme si. V. **Feindre.** « *On a la complaisance... d'avoir l'air de s'amuser et de faire semblant de rire* » (MAUPASS.). « *Il croyait que j'avais fait semblant d'oublier* » (MAURIAC). Ellipt. *Il ne dort pas, il fait semblant.* — *Ne faire semblant de rien*, feindre l'ignorance ou l'indifférence.

SEMBLER [sɑ̃ble]. *v. intr.* (1080 ; bas lat. *similare*, de *similis* « semblable »). Synonyme de *paraître* (avec une nuance d'imprécision ou de subjectivité).

I. ♦ 1° SEMBLER À QQN *(Suivi d'un attribut)* : avoir l'air, présenter (telle apparence) pour qqn. « *Ces jours si longs pour moi lui sembleront trop courts* » (RAC.). « *Le canon me semblait la voix de Bonaparte* » (VIGNY). ◇ *(Suivi d'un inf.)* Donner l'impression, l'illusion de... « *L'atmosphère lui sembla s'être raréfiée* » (MART. du G.). ♦ 2° (Sans compl. indir.). *Cela semble suffisant, être suffisant.* — (Avec ellipse de *être*) « *La vieille semblait au comble de l'irritation* » (MART. du G.).

II. IL SEMBLE... *v. impers.* ♦ 1° SEMBLER À QQN *(suivi d'un attribut)* : être apparemment, pour qqn. *Il me semble inutile de revenir là-dessus.* « *Il lui semblait nécessaire que quelque chose de divin s'accomplît* » (FRANCE). — *Spécial.* « *Quand bon me semblerait* » (GAUTIER), quand il me plairait. *Il peut* « *mettre à mort qui bon lui semble* » (VALÉRY). ♦ 2° IL SEMBLE QUE... : les apparences donnent à penser que..., on a l'impression que... « *Il semble qu'il était impossible de parler autrement* » (MICHAUX). « *Il semble que les charbons ardents sortissent de leurs lèvres* » (FRANCE). — (Ellipt et en incise) « *Il s'apprivoise peu à peu, semble-t-il* » (GIDE). ♦ 3° IL

ME (TE...) SEMBLE QUE... : je (tu...) crois que... « *Il me semble parfois... qu'on peut s'exprimer mieux par des actes que par des mots* » (GIDE). — (Ellipt. et en incise) « *J'ai bien, ce me semble, le droit...* » (P. BENOIT). « *Les futures Albertine que je pourrais rencontrer, et qui, me semblait-il, pourraient m'inspirer* » (PROUST). ♦ 4° IL ME (TE, LUI...) SEMBLE..., suivi directement de l'infinitif. « *Il me semble assister à un grand festin* » (APOLLINAIRE). « *Il nous semble les connaître déjà* » (GAUTIER). ♦ 5° *Vx.* « *Ce qu'il lui semblait de cette personne* » (MOL.), ce qu'il pensait de... — *Loc. mod. Que vous en semble ?* « *Que te semble de cette nouvelle acquisition ?* » (STENDHAL), qu'en penses-tu ?

SÈME [sɛm]. *n. m.* (1943 ; du gr. *sêmeion* d'apr. *phonème, morphème*, etc.). *Ling.* Unité minimale différentielle de signification. *Sèmes nucléaires*, propres à une unité.

SEMÉ, ÉE [s(ə)me]. *adj.* (1316 ; de *semer*). Couvert de (nombreuses choses qui semblent avoir été semées au hasard à la surface). V. **Parsemé.** « *Les parages dangereux de l'île de Sein, semés de roches* » (VALÉRY). — Fig. « *La vie est semée de ces miracles* » (PROUST). V. **Plein.**

SÉMÉIO-. V. SÉMIO-.

SÉMÉIOLOGIE [semejɔlɔʒi]. *n. f.* V. SÉMIOLOGIE, 1°.

SÉMÉIOTIQUE [semejɔtik]. *n. f.* et *adj.* V. SÉMIOTIQUE, I.

SEMELLE [s(ə)mɛl]. *n. f.* (1268 ; o. i. ; p.-ê. altér. de *lemelle*, lat. *lamella* « petite lame »). ♦ 1° Pièce constituant la partie inférieure de la chaussure. *Semelles de cuir, de caoutchouc, de crêpe. Espadrilles à semelles de cordes.* V. *Battre* la semelle.* — Plaisant. *C'est de la semelle*, se dit d'une viande coriace. ◇ Pièce découpée (de feutre, liège...) qu'on met à l'intérieur d'une chaussure. « *Des souliers... fourrés de semelles en crin* » (BALZ.). ◇ Partie d'un bas, d'une chaussette, correspondant à la plante du pied. — *Par anal.* Partie plane d'un ski, qui doit glisser sur la neige. ♦ 2° (D'abord T. d'escr.). Longueur du pied (dans : *... d'une semelle*). *Il « n'osait plus ni avancer ni reculer d'une semelle* » (ZOLA). « *Le capitaine de gendarmerie... ne le quittait jamais d'une semelle* » (CÉLINE). ♦ 3° (1873). *Techn.* Pièce plate de bois ou de métal, servant d'appui ou de renfort et disposée perpendiculairement à l'âme* (III). V. **Patin.** *Semelle d'un rail, d'une poutre, d'une machine.*

SÉMÈME [semɛm]. *n. m.* (v. 1960 ; de *sémi*[o]-). *Ling.* Faisceau de sèmes* correspondant à un lexème.

SEMENCE [s(ə)mɑ̃s]. *n. f.* (1265 ; lat. médiév. *sementia*, class. *sementis*). ♦ 1° Organe ou fragment de végétal capable de produire un nouvel individu ; spécialt. Graines qu'on sème ou qu'on enfouit. *Blé, pommes de terre de semence*, qu'on resème pour servir de semence. « *Triant des semences une à une, leur donnant la terre qu'elles demandent* » (ZOLA). ◇ *Fig.* Germe d'où naît qqch. « *Tout ce que je vois jette les semences d'une révolution* » (VOLT.). ♦ 2° (1549). *Liquide séminal du mâle.* V. **Sperme.** ♦ 3° (1418). *Techn.* (Joaill.). *Semence de diamants, de perles*, ensemble de diamants, de perles de très petite dimension. ♦ 4° (1803). Clou à tête plane et à tige courte. *Semence de tapissier.*

SEMEN-CONTRA [semɛnkɔ̃tʀa]. *n. m. invar.* (v. 1560 ; mots lat., proprem. « semence contre » [les vers]. *Pharm. anc.* Capitules de certaines armoises contenant de la santonine, employés comme vermifuge.

SEMER [s(ə)me]. *v. tr.* ; conjug. *lever* (1155 ; lat. *seminare*). ♦ 1° Répandre en surface ou mettre en terre (des semences) après une préparation appropriée du sol. Cf. Planter. « *Une terre noire et grasse... où l'on sème toujours du blé* » (BALZ.). — Absolt. *Semer à la volée.* — *Loc. fig. Semer le bon grain*, répandre de bons principes, des idées fructueuses. *Récolter ce qu'on a semé*, avoir les résultats (mauvais) qu'on mérite. *Qui sème le vent récolte la tempête*.* ◇ *Rare.* Ensemencer. « *La terre est labourée sans être semée* » (SEIGNOBOS). ♦ 2° Répandre en dispersant, en diffusant. V. **Disséminer.** *La lune « commença à semer des diamants sur la mousse humide* » (SAND). « *Les habitations semées çà et là par les champs* » (MAUPASS.). — *Fig. Les « horribles machines de guerre qui sèment la ruine et la mort* » (DUHAM.). ◇ Parsemer. *Les marquis « semaient leurs propos de ces jurons que la civilité interdisait* » (F. BRUNOT). ♦ 3° (1867). *Vieilli.* Quitter (qqn), planter là. ◇ (1906) Se débarrasser de la compagnie de (qqn qu'on devance, qu'on prend de vitesse). « *Ayant piqué un galop... et semé tous ses officiers* » (DORGELÈS). V. **Distancer.**

SEMESTRE [s(ə)mɛstʀ(ə)]. *n. m.* (fin XVIᵉ) ; adj. « semestriel », mil. XVIᵉ ; lat. *semestris*, adj.). ♦ 1° Première ou deuxième moitié d'une année (civile ou scolaire) ; période de six mois consécutifs. *Passer un semestre dans une faculté, à l'étranger.* ♦ 2° Rente, pension qui se paye tous les six mois. « *L'idée lui vint de demander à son frère... le semestre, soit quinze cents francs* » (MAUPASS.).

SEMESTRIEL, IELLE [səmɛstʀijɛl]. *adj.* (1823 ; de *semestre*). Qui a lieu, qui se fait chaque semestre. *Assemblée, revue semestrielle.*

SEMESTRIELLEMENT [səmεstʀijεlmã]. *adv.* (1873; de *semestriel*). *Rare.* Une fois par semestre.

SEMEUR, EUSE [s(ə)mœʀ, øz]. *n.* (fin XIIe; de *semer*). ♦ 1° Personne qui sème du grain, qui est chargée des semailles. « *Le geste auguste du semeur* » (HUGO). — *La Semeuse*, figure symbolique d'anciens timbres-poste français. ♦ 2° Fig. *Semeur de...* : personne qui répand, propage. « *Fauteur de troubles, semeur de discordes* » (HENRIOT).

SEMI-. Élément de composés didactiques (adj. ou subst.), lat. *semi-* « à demi », servant à former de nombreux adjectifs (au sens de « partiellement, à demi »), tels que : *semi-automatique, semi-désertique, semi-privé*, et des substantifs *(semi-activité, semi-chômeur, semi-liberté)*.

SEMI-ARGENTÉ, ÉE [səmiaʀʒãte]. *adj.* (mil. XXe; de *semi-*, et *argenté*). *Techn.* Se dit du verre recouvert d'une couche d'argent très mince, à la fois transparente et réfléchissante.

SEMI-ARIDE [səmiaʀid]. *adj.* (1925; de *semi-*, et *aride*). *Géogr.* Qui n'est pas complètement aride, est en bordure des régions arides. *Les steppes semi-arides.*

SEMI-AUTOMATIQUE [səmiɔ(o)tɔmatik]. *adj.* (1896; de *semi-*, et *automatique*). Qui est en partie automatique. *Arme semi-automatique*, dont le chargement est automatique, mais où le tireur doit armer et tirer. — (Abstrait) « *Un processus moteur semi-automatique* » (BERGSON).

SEMI-AUTOPROPULSÉ, ÉE [səmi(o)tɔpʀɔpylse]. *adj.* (mil. XXe; de *semi-*, et *autopropulsé*). *Milit.* Se dit d'un projectile dont la vitesse initiale est obtenue par les procédés de propulsion classiques et qui est accéléré par fusée en cours de trajectoire. — *Par ext.* (en parlant de l'arme). *Mortier semi-autopropulsé.*

SEMI-AUXILIAIRE [səmi(o)ksiljεʀ]. *adj. et n. m.* (XXe; de *semi-*, et *auxiliaire*). *Verbes semi-auxiliaires*, pouvant servir d'auxiliaires, avec un infinitif (*ex.* : aller, devoir, faire, laisser...).

SEMI-BALISTIQUE [səmibalistik]. *adj.* (1958; de *semi-*, et *balistique*). *Milit.* Se dit d'un engin à très longue portée dont la trajectoire est d'abord balistique, puis comporte un vol plané ou une série de rebonds dans l'atmosphère.

SEMI-CHENILLÉ, ÉE [səmiʃnile]. *adj.* (XXe; de *semi-*, et *chenillé*). Se dit d'un véhicule chenillé dont les roues directrices sont libres. — *Subst. m. Un semi-chenillé.* V. **Half-track** (*anglicisme*).

SEMI-CIRCULAIRE [səmisiʀkylεʀ]. *adj.* (XIVe; de *semi-*, et *circulaire*). Demi-circulaire. *Anat. Canaux semi-circulaires*, se dit des trois canaux osseux et membraneux du labyrinthe de l'oreille interne, recourbés en fer à cheval et jouant un rôle important dans l'équilibration.

SEMI-COKE [səmikɔk]. *n. m.* (1937; de *semi-*, et *coke*). *Techn.* Produit de la distillation de la houille, intermédiaire entre celui-ci et le coke.

SEMI-CONDUCTEUR, TRICE [səmikɔ̃dyktɔεʀ, tʀis]. *n. et adj.* (1899, répandu v. 1945; de *semi-*, et *conducteur*). *Électr. N. m.* Élément dont la conductibilité électrique, intermédiaire entre celles des métaux et celle des isolants, est obtenue par addition (V. **Dopage**) d'impuretés (indium, arsenic) dans une structure cristalline (germanium, silicium*). *Jonctions* de semi-conducteurs formant des diodes*, des transistors*. — Adj. *Propriétés semi-conductrices d'un composant.*

SEMI-CONSERVE [səmikɔ̃sεʀv(ə)]. *n. f.* (mil. XXe; de *semi-*, et *conserve*). *Techn.* Conserve partiellement stérilisée à la chaleur. *Les laits de semi-conserve. Semi-conserves de poissons.* — Procédé de préparation de ces semi-conserves.

SEMI-CONSONNE [səmikɔ̃sɔn]. *n. f.* (1901; de *semi-*, et *consonne*). *Phonét.* Voyelle ou groupe vocalique qui a une fonction de consonne (en français [j], [ɥ], [w] dans *lieu* [ljø], *lui* [lɥi], *jouet* [ʒwε]). V. **Semi-voyelle, yod.**

SEMI-DISTILLATION [səmidistilasjɔ̃]. *n. f.* (mil. XXe; de *semi-*, et *distillation*). *Techn.* Distillation (du charbon) à basse température.

SEMI-DOMINANCE [səmidɔminãs]. *n. f.* (mil. XXe; de *semi-*, et *dominance*). *Biol.* Dominance incomplète d'un caractère génétique.

SEMI-FINI, IE [səmifini]. *adj.* (v. 1964; de *semi-*, et *fini*). *Écon., Indus.* Se dit de produits qui ont subi une transformation (*opposé à* matières premières), mais doivent en subir d'autres avant d'être commercialisés (*opposé à* produits finis). V. **Semi-ouvré.** *Produits semi-finis* ou « semi-produits ».

SEMI-GLISSEUR [səmiglisœʀ]. *n. m.* (1959; de *semi-*, et *glisseur*). Bateau dont la vitesse relative normale (vitesse en mètres-seconde divisée par la racine carrée de sa longueur en mètres) est intermédiaire entre 1,3 et 3 (« second régime »).

SEMI-GOTHIQUE [səmigɔtik]. *adj.* (1846; de *semi-*, et *gothique*). *Didact.* Se dit d'une écriture gothique comportant aussi la rangée de caractères romains (*onciale*).

SÉMILLANT, ANTE [semijã, ãt]. *adj.* (1546; de l'a. fr. *sémiller* « s'agiter », XIIIe; de *semille* « descendance, action »; lat. *semen* « semence »). D'une vivacité plaisante, agréable.

V. **Fringant, gai, vif.** « *Le comte est charmant, sémillant, homme d'esprit, aimable au possible* » (STENDHAL).

SÉMILLON [semijɔ̃]. *n. m.* (1836; mot région. du Midi, dimin. de l'a. fr. *seme* « semence », XIVe; lat. *semen*). *Agric.* Cépage blanc de la Gironde, donnant des raisins très sucrés.

SEMI-LUNAIRE [səmilynεʀ]. *adj.* (1721; de *semi-*, et *lune*, d'apr. *lunaire*). *Anat.* En forme de croissant, de demi-lune. *Ganglion semi-lunaire* : volumineux ganglion nerveux sensitif du nerf trijumeau, situé vers la pointe du rocher de l'os temporal. *Os semi-lunaire* ou subst. *Le semi-lunaire*, appartenant à la rangée supérieure des os du carpe.

SÉMINAIRE [seminεʀ]. *n. m.* (1551; lat. chrét. *seminarium*, XVIe, proprem. « pépinière », de *semen* « semence »). ♦ 1° Établissement religieux où étudient et se préparent les jeunes clercs qui doivent recevoir les ordres (dit aussi *grand séminaire*). — *Petit séminaire*, école secondaire catholique fréquentée par des élèves qui ne se destinent pas nécessairement au sacerdoce. « *Le petit séminaire de Saint-Nicolas n'avait point d'année de philosophie, la philosophie étant réservée pour le grand séminaire* » (RENAN). ◊ Les maîtres et les élèves de cet établissement; années d'études qu'y passe un élève. ♦ 2° (1905; all. *Seminar*). Groupe de travail dirigé par un professeur ou un assistant et où les étudiants participent activement. V. **Cours.** — Ensemble des participants. Réunion d'ingénieurs, de techniciens, de spécialistes, pour l'étude de certaines questions. V. **Colloque.**

SÉMINAL, ALE, AUX [seminal, o]. *adj.* (1372; lat. *seminalis*). ♦ 1° *Didact.* Relatif au sperme, aux spermatozoïdes. ♦ 2° *Vieilli.* Relatif à la graine de la plante.

SÉMINARISTE [seminaʀist(ə)]. *n. m.* (1609; de *séminaire*). Élève d'un séminaire. V. **Scolastique** (II, 3°). « *Ma jeunesse de séminariste, de vicaire et de curé* » (JOUHANDEAU).

SEMI-NASAL, ALE, ALS ou **AUX** [səminazal, o]. *adj. et n. f.* (mil. XXe; de *semi-*, et *nasal*). *Phonét.* Se dit d'une consonne produite par la réalisation d'une consonne nasale, puis d'une consonne orale quasi simultanée, au même point d'articulation. *Une consonne semi-nasale.* — N. f. *Une semi-nasale.*

SEMI-NOMADE [səminɔmad]. *adj. et n.* (1906; de *semi-*, et *nomade*). *Géogr.* Caractérisé par le semi-nomadisme, ou qui le pratique. *Populations semi-nomades. Les semi-nomades et les sédentaires.*

SEMI-NOMADISME [səminɔmadism(ə)]. *n. m.* (1906; de *semi-*, et *nomadisme*). *Géogr.* Genre de vie alliant l'agriculture à l'élevage nomade (notamment en bordure des déserts).

SÉMIO- ou **SÉMÉIO-.** Élément, du gr. *sêmeion* « signe ». V. **Séma-.** *Ex.* **SÉMIO-CULTUREL, ELLE, ELS** [semjɔkyltyʀεl]. *adj.* Relatif à une culture et aux systèmes de signes qu'elle utilise. **SÉMIOGÉNÈSE** [semjɔʒenεz]. *n. f.* Formation des signes et des systèmes de signes.

SÉMIOLOGIE [semjɔlɔʒi] *n. f.* (1752; du gr. *sêmeion* « signe », et *-logie*). *Didact.* ♦ 1° *Méd.* Partie de la médecine qui étudie les signes des maladies. V. **Sémiotique, symptomatologie.** ♦ 2° (v. 1910, Saussure) *Ling.* « Science qui étudie la vie des signes au sein de la vie sociale » (SAUSSURE). ◊ Science étudiant les systèmes de signes (langues, codes, signalisations, etc.). « *Le mythe relève d'une science générale extensive à la linguistique, et qui est la sémiologie* » (BARTHES). V. **Sémiotique.**

SÉMIOLOGIQUE [semjɔlɔʒik]. *adj.* (1846 en méd., 1910 en ling.; de *sémiologie*). *Didact.* De la sémiologie. V. **Sémiotique,** *adj.*

SÉMIOTICIEN, IENNE [semjɔtisjε̃, jεn]. *n.* (v. 1965; *sémiéticien*, 1765 en méd.; de *sémiotique*). *Didact.* Spécialiste de la sémiotique. (Cf. **Sémanticien**.)

SÉMIOTIQUE [semjɔtik]. *n. f. et adj.* (1555; gr. *sêmeiótikê*, de *sêmeion* « signe »).
I. Vx., *Méd.* Sémiologie (1°). — Adj. Sémiologique.
II. Mod. ♦ 1° *Philo.* et *log.* (v. 1940; angl. *semiotics*, répandu au XIXe; du grec *sêmeiôtikê*, empl. dans ce sens par Locke). Théorie générale des signes et de leur articulation dans la pensée. V. **Logique.** — Théorie des signes et du sens, et de leur circulation dans la société. V. **Sémiologie**, 2°. ♦ 2° *Adj.* De la théorie générale des signes; de la signification sous toutes ses formes (V. **Sémantique,** *adj.*; **sémiologique**). *Psycho. Fonction sémiotique*, capacité à utiliser des signes, des symboles. (Cf. Fonction symbolique.)

SEMI-OUVERT, ERTE [səmiuvεʀ, εʀt(ə)]. *adj.* (mil. XXe; de *semi-*, et *ouvert*). *Math.* Ouvert d'un côté, fermé de l'autre. *Intervalles semi-ouverts.*

SEMI-OUVRÉ, ÉE [səmiuvʀe]. *adj.* (mil. XXe; de *semi-*, et *ouvré*). *Techn., indus.* Se dit d'un produit partiellement élaboré. V. **Semi-fini.**

SEMI-PERMÉABLE [səmipεʀmeabl(ə)]. *adj.* (1904; de *semi-*, et *perméable*). *Phys.* Se dit d'une membrane ou d'une cloison qui permet le passage de certaines substances et en

SEMI-PORTIQUE [səmipɔrtik]. *n. m.* (mil. xxᵉ; de *semi-*, et *portique*). *Techn.* Appareil de levage intermédiaire entre le portique et le pont roulant (un rail au sol; un rail fixé à un bâtiment).

SEMI-PRÉCIEUSE [səmipresjøz]. *adj. f.* (1955; de *semi-*, et *précieux*). *Pierre semi-précieuse :* pierre* fine.

SEMI-PRODUIT [səmiprɔdɥi]. *n. m.* (mil. xxᵉ; de *semi-*, et *produit*). *Écon.* Produit partiellement élaboré (V. *Semi-fini, semi-ouvré*) et qui doit subir d'autres opérations avant d'être mis sur le marché.

SEMI-PUBLIC [səmipyblik]. *adj.* (mil. xxᵉ; de *semi-*, et *public*). *Dr.* Qui est en partie public, en partie privé. *Organismes semi-publics.*

SÉMIQUE [semik]. *adj.* (v. 1960; de *sémi*[o]-). *Ling.* Qui concerne la structure du contenu (V. *Sémantique*) et les unités minimales de signification ou sèmes. *Analyse sémique.*

SEMI-REMORQUE [səmir(ə)mɔrk(ə)]. *n. f.* (v. 1950; de *semi-*, et *remorque*). Remorque de camion dont la partie antérieure, sans roues, s'adapte au dispositif de traction; ensemble formé par cette remorque et le tracteur. *Des semi-remorques.*

SEMI-RIGIDE [səmiriʒid]. *adj.* (1924; de *semi-*, et *rigide*). *Dirigeable semi-rigide :* à enveloppe souple et à quille rigide.

SEMIS [s(ə)mi]. *n. m.* (1742; de *semer*). ♦ 1° Action, manière de semer (*spécialt.* en horticulture et sylviculture). V. **Ensemencement, semailles.** *Semis à la volée, au semoir, en poquets, sur couches.* ♦ 2° Plant provenant de graines, terrain ensemencé de jeunes plantes qui y poussent. « *Les petits semis, les plantes fraîchement repiquées* » (DUHAM.). ♦ 3° *Fig.* Ornement fait d'un petit motif répété. *Reliure ornée d'un semis de fleurs de lis.*

SÉMITE [semit]. *n. et adj.* (1845; de *Sem.* V. **Sémitique**). Se dit des différents peuples appartenant à un groupe ethnique originaire d'Asie occidentale et parlant des langues apparentées (sémitiques). *Les Arabes sont des Sémites.* ◇ *Cour.* (mais abusif) *Juif.* — *Adj. Avoir un type sémite :* israélite.

SÉMITIQUE [semitik]. *adj.* (1836; all. fin xviiiᵉ; de *Sem*, nom d'un fils de Noé). Qui appartient à un groupe de langues d'Asie occidentale et d'Afrique, présentant des caractères communs (racines trilittères, richesse en consonnes, etc.). *Les langues sémitiques,* comprenant le *sémitique oriental* (akkadien), *occidental* (*groupe du Nord :* cananéen; phénicien, hébreu; araméen; syriaque; — *groupe du Sud :* arabe, éthiopien).

SÉMITISANT, ANTE [semitizã, ãt]. *adj. et n.* (1907; de *sémite*, et *-isant*). *Didact.* Qui étudie les langues et les civilisations sémitiques*.

SÉMITISME [semitism(ə)]. *n. m.* (1862; de *sémite*). *Didact.* Ensemble de caractères propres aux Sémites, à leur civilisation, à leurs langues, etc. ◇ *Abusiv.* Caractères et influence des Juifs (Cf. Antisémitisme).

SEMI-TUBULAIRE [səmitybylɛr]. *adj.* (1890; de *semi-*, et *tubulaire*). *Techn.* Se dit d'une chaudière comprenant des tubes, mais dont la surface de chauffe est constituée en partie par les parois ou par des bouilleurs.

SEMI-VOYELLE [səmivwajɛl]. *n. f.* (1845; lat. *semivocalis*). *Ling.* Synonyme de *semi-consonne*.

SEMNOPITHÈQUE [sɛmnɔpitɛk]. *n. m.* (1816; du gr. *semnos* « majestueux », et *-pithèque*). *Zool.* Singe d'assez grande taille, à longue queue, qui vit en groupes nombreux dans les régions forestières de l'Asie méridionale.

SEMOIR [səmwar]. *n. m.* (1328; de *semer*). ♦ 1° Sac où le semeur place le grain. ♦ 2° Machine agricole destinée à semer le grain. — *Par anal. Semoir à engrais,* distributeur d'engrais.

SEMONCE [səmɔ̃s]. *n. f.* (xiiiᵉ; *summonse,* xiᵉ; p. p. fém. substantivé de l'a. fr. *somondre,* lat. *submonere* « avertir en secret »). ♦ 1° *Vx.* Ordre de comparaître, convocation (émanant d'un roi, d'un seigneur). ◇ *Mod (Mar.)* Ordre de montrer ses couleurs, de s'arrêter. *Coup de semonce,* coup de canon appuyant cet ordre. ♦ 2° (Mil. xviiᵉ). Avertissement sous forme de reproches. V. **Admonestation, réprimande.** « *Gênés par la surveillance et les semonces de Christophe* » (R. ROLLAND).

SEMONCER [səmɔ̃se]. *v. tr.; conjug. placer* (1540; de *semonce*). ♦ 1° *Rare.* Réprimander. ♦ 2° *Mar.* Adresser une semonce à (un navire).

SEMOULE [s(ə)mul]. *n. f.* (1694; *semole,* 1587; it. *semola,* lat. *simila*). Farine granulée qu'on tire des blés durs, utilisée pour la fabrication des pâtes, des potages, du couscous, etc. — *Par ext. Semoule de riz, de maïs.* ◇ *En appos. Sucre semoule,* sucre en grains plus gros que le sucre en poudre.

SEMOULERIE [s(ə)mulri]. *n. f.* (1936; de *semoule*). *Techn.* Usine où l'on fabrique de la semoule; cette fabrication.

SEMOULIER, IÈRE [s(ə)mulje, jɛr]. *n.* (mil. xxᵉ; de *semoule*). *Techn.* Personne qui fabrique de la semoule, travaille dans la semoulerie (industriel; ouvrier).

SEMPER VIRENS [sɛpɛrvirɛs]. *n. m. et adj. invar.* (1762;

mots lat. « toujours vert »). ♦ 1° *Vx.* Variété de chèvrefeuille aux feuilles toujours vertes. ♦ 2° (1904). *Adj. invar.* Désigne diverses plantes qui ont des feuilles toute l'année.

SEMPERVIVUM [sɛpɛrvivɔm]. *n. m. invar.* (1562; mot lat.). *Bot.* Joubarbe.

SEMPITERNEL, ELLE [sɛpitɛrnɛl]. *adj.* (xiiiᵉ; lat. *sempiternus,* d'apr. *éternel*). Continuel, de manière à lasser. V. **Éternel, perpétuel.** *Il nous ennuie avec ses sempiternels reproches.* « *Une simplicité... qui me repose du sempiternel romanesque* » (MONTHERLANT).

SEMPITERNELLEMENT [sɛpitɛrnɛlmã]. *adv.* (1546; de *sempiternel*). D'une manière sempiternelle. V. **Éternellement; continuellement.** « *Un* « *lamento* » *odieux, sempiternellement marmotté... à mon oreille* » (COURTELINE).

SEMPLE [sãpl(ə)]. *n. m.* (1765; var. de *simple,* c.-à-d. « un fil, une ficelle »). *Techn.* Ensemble de ficelles tendues, constituant une partie d'un métier à tisser la soie.

SEN [sɛn]. *n. m.* (1878; mot japonais). Monnaie divisionnaire du Japon (centième du yen), et de divers pays d'Extrême-Orient. ◇ HOM. Cène, saine, scène, seine.

SÉNARMONTITE [senarmɔ̃tit]. *n. f.* (1871; de *Sénarmont,* minéralogiste franç.). *Minér.* Oxyde naturel d'antimoine (Sb₂O₃).

SÉNAT [sena]. *n. m.* (1213; lat. *senatus*). ♦ 1° *Hist.* Conseil souverain de la Rome antique sous la république (maintenu sous l'empire, mais avec des pouvoirs très diminués). V. **Curie.** ◇ Nom donné à certaines assemblées politiques des républiques de l'antiquité, du moyen âge ou des temps modernes. *Le Sénat de Sparte, de Venise.* ♦ 2° (1800). *Sous le Consulat, le Premier et le Second Empire,* Assemblée dont le rôle était celui d'un conseil constitutionnel. ◇ *Mod.* (Dans certains régimes démocratiques à deux assemblées). Celle des deux assemblées législatives qui est élue au suffrage indirect ou dont les membres représentent des collectivités territoriales; l'édifice où elle siège (V. **Parlement**). « *Le budget voyage de la Chambre au Sénat... la haute assemblée* (le Sénat) *acceptera une* formule transactionnelle » (MAUROIS).

SÉNATEUR [senatœr]. *n. m.* (fin xiiᵉ; lat. *senator*). ♦ 1° *Hist.* Membre d'un sénat. *Les sénateurs romains.* V. **Conscrit** (père). — *Mod. Sénateurs et députés.* V. **Parlementaire.** — *Loc. fam.* « *Il laisse la tortue Aller son train de sénateur* » (LA FONT.), lentement et majestueusement. ♦ 2° *Fam.* Celui qui a une situation assise et quasi inamovible (dans une entreprise, une équipe, etc.).

SÉNATORERIE [senatɔrri]. *n. f.* (1803; de *sénateur*). *Hist.* (Consulat et Premier Empire). Dotation foncière viagère accordée à un sénateur.

SÉNATORIAL, ALE, AUX [senatɔrjal, o]. *adj.* (1518; du lat. *senatorius*). Relatif à un sénat, aux sénateurs. *Hist. Ordre sénatorial,* classe dans laquelle se recrutaient les sénateurs romains. — *Mod. Élections sénatoriales.*

SÉNATUS-CONSULTE [senatyskɔ̃sylt(ə)]. *n. m.* (1477; *senatconsult,* 1356; lat. *senatus consultum* « décision du sénat »). *Hist.* Décret, décision du sénat romain. « *Les diverses lois et les sénatus-consultes qu'on fit à Rome* » (MONTESQ.). ◇ (1800) *Sous le Consulat, le Premier et le Second Empire,* Acte émanant du sénat et qui avait force de loi. *Sénatus-consulte organique du 28 floréal du XII,* établissant l'Empire.

SENAU [s(ə)no]. *n. m.* (1687; néerl. *snauw*). *Mar.* (*Vx*). Ancien navire à deux mâts.

SÉNÉ [sene]. *n. m.* (xiiiᵉ; lat. médiév. *sene,* arabe *senâ*). Légumineuse du genre *cassia* (ou casse), arbrisseau produisant de gousses dont on extrait une drogue laxative; cette drogue. — *Loc. fam.* (Vieilli) *Je vous passe la casse, passez-moi le séné,* faisons-nous des concessions mutuelles.

SÉNÉCHAL, AUX [seneʃal, o]. *n. m.* (xiᵉ; frq. °siniskalk, proprem. « serviteur le plus âgé »). *Hist.* Officier de la cour chargé de présenter les plats. — Titre donné plus tard à certains grands officiers royaux ou seigneuriaux. ◇ Officier royal qui, dans certaines provinces, exerçait des fonctions analogues à celles d'un bailli (pour la justice, les finances, etc.).

SÉNÉCHAUSSÉE [seneʃose]. *n. f.* (1155; de *sénéchal*). *Hist.* Étendue de la juridiction d'un sénéchal; tribunal du sénéchal.

SÉNEÇON [sɛnsɔ̃]. *n. m.* (xiiiᵉ; lat. *senecio*). Plante dicotylédone (*Composacées*), herbacée, à fleurs jaunes dans nos climats (mauvaise herbe).

SÉNÉGALAIS, AISE [senegalɛ, ɛz]. *adj. et n.* (1765; de *Sénégal,* mot indigène). Du Sénégal. *Populations sénégalaises* (Peuhls, Ouolofs, Toucouleurs, etc.). *Langues sénégalaises* (groupe nigéro-sénégalais, sénégalo-guinéen...). Ancien. *Compagnie de tirailleurs sénégalais.* N. *Un Sénégalais.*

SÉNÉGALISME [senegalism(ə)]. *n. m.* (v. 1970; de *Sénégal,* mot indigène). *Ling.* Fait de langue (régionalisme) propre au français du Sénégal.

SÉNESCENCE [senesãs]. *n. f.* (1876; du lat. mod., du lat.

senescere « vieillir »). *Didact.* Processus physiologique du vieillissement. — *Par ext.* Affaiblissement et ralentissement des fonctions vitales dus à la vieillesse. *Sénescence prématurée.* V. **Gérondisme, sénilisme.**

SÉNESCENT, ENTE [senesã, ãt]. *adj.* (fin XVᵉ ; repris déb. XXᵉ ; lat. *senescere* « vieillir »). *Didact.* Qui présente les caractères de la sénescence. Subst. *Un sénescent.*

SENESTRE [sənɛstʀ(ə)] ou **SÉNESTRE** [senɛstʀ(ə)]. *adj.* (1080 ; lat. *sinister*). *Vx.* Gauche. ◇ *Blas.* (1658) *Le côté senestre de l'écu,* le côté gauche (par rapport au personnage qui est censé le porter). *À senestre* (loc. adv.) : à gauche. ◇ *Zool.* (1904) Se dit d'une coquille de mollusque dont l'enroulement se fait de droite à gauche (si on la regarde par le sommet). ◈ ANT. *Dextre.*

SENESTRO-. Élément, du lat. *sinister* « gauche ».

SENESTROCHÈRE [senɛstʀɔkɛʀ]. *n. m.* (1740 ; de *senestre,* et gr. *kheir* « main »). *Blas.* Bras gauche représenté sur un écu. ◈ ANT. *Dextrochère.*

SENESTRORSUM [senɛstʀɔʀsɔm]. *adj. invar.* et *adv.* (1904 ; var., d'apr. *senestre,* de *sinistrorsum,* 1875, mot lat.). *Didact.* Se dit d'un enroulement senestre (contraire au sens des aiguilles d'une montre). ◈ ANT. *Dextrorsum.*

SÉNEVÉ [senve]. *n. m.* (*Seneve,* XIIᵉ ; lat. *sinapi,* mot gr.). Moutarde sauvage ; graine de cette plante. V. **Sanve.** *La parabole du grain de sénevé dans l'Évangile.*

SÉNILE [senil]. *adj.* (déb. XVIᵉ ; lat. *senilis*). ♦ 1° De vieillard, propre à la vieillesse. « *D'une voix sénile mais encore bien accentuée* » (GAUTIER). *Ne crois pas « que je nourrisse* [...] *des colères séniles contre ce peuple* » (FRANCE). ◇ Méd. *Involution sénile,* ensemble des phénomènes de régression d'un organe (*involution sénile de l'utérus*) ou de l'organisme tout entier, dus à la vieillesse. *Démence sénile. Atrophie sénile de la peau.* ♦ 2° *Fam.* Atteint de sénilité. *Malgré ses quatre-vingts ans, il n'est pas du tout sénile.* ◈ ANT. *Enfantin, infantile, juvénile.*

SÉNILISME [senilism(ə)]. *n. m.* (1953 ; de *sénile,* et -*isme*). Synonyme de *gérontisme**.

SÉNILITÉ [senilite]. *n. f.* (1836 ; de *sénile*). Ensemble des aspects pathologiques et régressifs caractéristiques de la vieillesse. *Sénilité précoce.*

SENIOR [senjɔʀ]. *n.* et *adj.* (v. 1890 ; angl. *senior,* mot lat. « plus âgé »). Sportif qui a cessé d'être junior et appartient à la catégorie normale (jusqu'à l'âge où il devient *vétéran*).

SÉNIORITÉ [senjɔʀite]. *n. f.* (v. 1970 ; angl. *seniority*). Anglicisme. Didact. (*Ethnol.,* etc.). Prééminence et garanties déterminées par l'ancienneté* (2°) dans une fonction ou dans une maison.

SENNE [sɛn]. *n. f.* V. **SEINE.**

SEÑORITA [seɲɔʀita]. *n. m.* (1890 ; mot esp. « demoiselle » ; Cf. *Ninas*). Petit cigare de la Régie française. *Un paquet de señoritas.*

1. SENS [sãs]. *n. m.* (1080 ; lat. *sensus*).

I. ♦ 1° Faculté d'éprouver les impressions que font les objets matériels ; *physiol.* Système récepteur unitaire d'une modalité spécifique de sensations (correspondant, en gros, à un organe déterminé). *Les cinq sens traditionnels.* V. **Goût, odorat, ouïe, toucher, vue.** « *Les objets que nous touchons, voyons ou percevons par un sens quelconque* » (TAINE). *Les illusions des sens. Reprendre (l'usage d') ses sens,* reprendre connaissance après un évanouissement, une émotion violente. *Les plaisirs des sens,* physiques. ◇ (Sing. collectif) *Ce qui tombe sous le sens,* ce qui est perçu ou perceptible par les sens. Fig. « *Cela tombe sous le sens* » (BAUDEL.), cela va de soi, c'est absolument évident. — *Relig. La peine du sens* (infligée à la sensibilité physique), la peine du feu de l'enfer (*opposé à peine du dam*). ♦ 2° *(Au plur.).* **LES SENS.** Chez l'être humain, Instinct sexuel, besoin de le satisfaire. V. **Chair, libido, sensualité.** « *Ces hommes grossiers qui ne peuvent les transports de l'amour que pour une fièvre des sens* » (ROUSS.). « *Ses sens que suffisait... à éveiller une chair saine, plantureuse et rose* » (PROUST). ♦ 3° **LE SENS DE...** : faculté de connaître d'une manière immédiate et intuitive (comme par une sensation). V. **Instinct.** « *Vous n'avez pas le sens du rythme* » (MAUROIS). « *Elle perd le sens, le goût, le besoin... de la réalité* » (GIDE). Il « *riait rarement, n'avait nul sens du comique* » (FRANCE). *Avoir le sens du ridicule.* ◇ *Spécialt.* (Vieilli) *Sens interne, intime,* la conscience. *Le sens moral,* la conscience morale.

II. ♦ 1° *Vieilli* (et *dans des express.*). Faculté de bien juger. V. **Jugement.** « *Des observations pleines de sens* » (BALZ.). ♦ 2° *Mod.* **BON SENS** : capacité de bien juger, sans passion, en présence de problèmes qui ne peuvent être résolus par un raisonnement scientifique. V. **Raison, sagesse.** « *Le bon sens... c'est la continuité mouvante de notre attention à la vie* » (BERGSON). *Un homme de bon sens,* sensé. « *Ça n'a pas de bon sens* » (ZOLA), c'est déraisonnable. *En dépit** *du bon sens. Gros, robuste bon sens,* bon sens un peu rudimentaire. ♦ 3° **SENS COMMUN** : manière de juger, d'agir commune à tous les

hommes (qui équivaut au bon sens). « *Il suffirait qu'une pensée fût extraordinaire, qu'elle choquât le sens commun* » (MUSS.). « *Ça n'a pas le sens commun* » (LOTI), c'est déraisonnable. ♦ 4° (Dans *à mon, son, sens, dans le sens, en un sens,* etc.). Manière de juger (d'une personne). V. **Avis, opinion, sentiment.** « *Il n'y a pas, à mon sens, de plus profond abîme pour la pensée* » (MUSS.). *Abonder** *dans le sens de qqn.* ◇ Manière de voir, point de vue particulier. « *L'amour de soi : passion primitive... dont toutes les autres ne sont, en un sens, que des modifications* » (ROUSS.). « *Thérèse avait moins d'esprit que lui, en ce sens qu'elle était profondément rêveuse* » (SAND).

III. ♦ 1° Idée ou ensemble d'idées intelligible que représente un signe ou un ensemble de signes. V. **Signification.** « *Cette allégorie a un sens très profond* » (STAËL). « *Des expressions dénuées de sens* » (PROUST). « *L'amour... est un mot qui n'a pas de sens* » (LOUŸS). ◇ *Spécialt.* Concept évoqué par un mot, un signifiant, lequel symbolise une chose (objet, sentiment, relation, etc.). V. **Acception, signifié, valeur, signification.** « *On parle de synonymie lorsque plusieurs mots ont le même sens et de polysémie lorsqu'un seul mot a des sens différents* » (SARTRE). *Sens propre, figuré. Sens étymologique, primitif. Au sens strict, large du terme.* V. **Lato sensu, stricto sensu.** « *Nous prenons le mot « responsabilité » en son sens banal* » (SARTRE). *Mot à double sens* : calembour, équivoque. ♦ 2° Idée intelligible à laquelle un objet de pensée peut être rapporté et qui sert à expliquer, à justifier son existence. « *Il s'agissait de savoir si la vie devait avoir un sens pour être vécue* » (CAMUS). « *Ce qui donne un sens à la vie donne un sens à la mort* » (ST-EXUP.). V. **Raison** (d'être). *Sens et non-sens**. ◈ ANT. *Absurdité, déraison, non-sens.*

2. SENS [sãs]. *n. m.* (fin XIIᵉ ; *sen,* déb. XIIᵉ ; germ. *sinno* « direction », avec infl. de *sens* 1). ♦ 1° Direction ; position d'une droite dans un plan, d'un plan dans un volume. « *La ville et l'université avaient chacune leur grande rue particulière qui courait dans le sens de leur longueur* » (HUGO). *Dans le bon, dans le mauvais sens* : droit, de travers. *Sens d'un tissu* (droit fil, biais). *Tailler dans le sens du bois,* en suivant les fibres. « *Le bariolage des vieilles affiches, collées dans tous les sens* » (ZOLA). *Loc. adv.* (1562) altér. a. fr. *c'en dessus dessous,* c.-à-d. *ce* (qui était) *en dessus...*). **SENS DESSUS DESSOUS** [sãsdysdu] : dans une position telle que ce qui devait être dessus se trouve dessous et inversement. V. **Envers** (à l'). *Par ext.* Dans un grand désordre. « *Le salon encore encombré et sens dessus dessous* » (HUGO). *Fig.* Dans un état de trouble, de confusion extrême. *On criait les résultats de l'élection présidentielle. Cela mit le restaurant sens dessus dessous* » (ARAGON). ◇ (XIVᵉ ; altér. a. fr. *ce ou c'en devant derrière*) **SENS DEVANT DERRIÈRE** [sãdvãdɛʀjɛʀ] : dans une position telle que ce qui doit être devant se trouve derrière et inversement. *Mettre un pull-over sens devant derrière.* ♦ 2° Ordre dans lequel un mobile parcourt une série de points ; mouvement orienté. *Chaque direction** *a deux sens opposés ; si l'un est pris pour sens positif, l'autre est un sens négatif.* « *Les larges routes sont divisées en six pistes, dans chaque sens* » (BEAUVOIR). *Voie à sens unique. Panneau de sens interdit. Sens giratoire,* dans lequel on doit contourner un refuge. *Sens d'une rotation* : à droite (*sens des aiguilles d'une montre ou sens rétrograde*), quand le mobile a le centre de rotation à sa droite ; à gauche (dans le cas contraire : *sens direct, positif, trigonométrique*). *Vous tournez le bouton dans le mauvais sens.* ♦ 3° *(Abstrait).* Direction que prend une activité. « *Quand l'opinion force le gouvernement à agir dans le sens qu'il le désire* » (RENAN). « *Son intelligence toujours exercée dans le même sens* » (PROUST). ◇ Succession ordonnée et irréversible des états (d'une chose en devenir). *Le sens de l'histoire.* « *La grande propriété... paraît aller dans le sens même de la science et du progrès* » (ZOLA). ◈ HOM. *Cens.*

SENSASS, SENSAS ou **SENSA.** *adj. invar.* Fam. V. **Sensationnel.**

SENSATION [sãsasjɔ̃]. *n. f.* (1370 ; repris XVIIᵉ ; bas lat. *sensatio* « compréhension »). ♦ 1° Phénomène psychophysiologique par lequel une stimulation externe ou interne a un effet modificateur spécifique sur l'être vivant et conscient ; état ou changement d'état ainsi provoqué, à prédominance affective (plaisir, douleur) ou représentative (perception). « *L'équivoque du terme sensation employé pour exprimer les modes passifs comme actifs de l'être : ceux qui affectent comme ceux qui représentent...* » (MAINE DE BIRAN). *Sensations externes et internes. Sensations auditives, olfactives, tactiles, visuelles, Sensations thermiques. Sensation de brûlure, d'étouffement, de vertige.* ♦ 2° *Cour.* État psychologique à forte composante affective (distinct du *sentiment* par son caractère immédiat, et par un caractère physiologique plus marqué). V. **Émotion, impression.** « *Je ne puis dire quelles sensations j'éprouvai... j'étais ému, tremblant, palpitant* » (RIVAROL). « *Il eut la sensation d'être soulevé : ivresse joyeuse de l'âme* » (MAURIAC). « *Il* [...]

le mur... et eut la sensation qu'on l'y clouait » (GREEN).
♦ 3° Forte impression produite sur plusieurs personnes.
« *Sensation profonde et prolongée. L'audience est comme
suspendue* » (HUGO). « *Faire sensation là où elle se montrait,
être remarquée* » (GONCOURT). — *Loc. adj.* À SENSATION :
qui fait ou est destiné à faire sensation. *La presse à sensation.
Film à sensations.* V. Thriller.

SENSATION(N)ALISME [sɑ̃sasjɔnalism(ə)]. *n. m.*
(v. 1963 ; de *sensationnel*). Goût, recherche du sensationnel.
« *Ce goût du sensationnel que vous appelez souvent d'un terme
un peu barbare [...] le sensationnalisme* » (O.R.T.F., 31-1-1970).

SENSATIONNEL, ELLE [sɑ̃sasjɔnɛl]. *adj.* (1896 ; de *sensation*). ♦ 1° Qui fait sensation, produit une vive impression
sur le public. *Une nouvelle sensationnelle. Subst.* « *À l'affût
du sensationnel* » (ROMAINS), de ce qui est sensationnel.
♦ 2° *Fam.* Remarquable, d'une valeur exceptionnelle (abrév.
fam. SENSASS [sɑ̃sɑs]). « *Un jeu d'esquive sensationnel* »
(Cl. SIMON). V. Terrible *(fam.)*.

SENSATIONNISME [sɑ̃sasjɔnism(ə)]. *n. m.* (1878 ; de
sensation). *Philo.* V. Sensualisme. *Le sensationnisme de Condillac.* On emploie aussi SENSASIONNISTE, *adj.* et *n.* (1878).

SENSÉ, ÉE [sɑ̃se]. *adj.* (1629 ; de *sens* 1). Qui a du bon
sens. V. **Raisonnable, sage.** « *Aucun homme sensé n'aura l'idée
saugrenue...* » (BERNANOS). ◇ *(Choses)* Conforme à la
raison. V. **Judicieux, rationnel.** « *Observations justes et
sensées* » (STE-BEUVE). ◇ ANT. **Absurde, déraisonnable, insensé.**
— HOM. **Censé.**

SENSÉMENT [sɑ̃semɑ̃]. *adv.* (1640 ; de *sensé*). *Vx.* D'une
manière sensée. *Agir sensément.* ◇ HOM. **Censément.**

SENSIBILISATEUR, TRICE [sɑ̃sibilizatœʀ, tʀis]. *adj.*
et *n. f.* (1858 ; du rad. de *sensibilisation*). ♦ 1° Qui sensibilise, peut sensibiliser. ◇ *Chim.* Qui favorise une réaction.
Rôle sensibilisateur de l'eau. V. **Catalyseur.** *Subst.* Photo.
Sensibilisateur chromatique, colorant qui, ajouté à une émulsion, la rend sensible à certaines radiations. ♦ 2° N. f. *Biol.*
Substance qui apparaît dans le sérum d'un animal dans
lequel on introduit un antigène (qu'elle rend sensible
à l'action de l'alexine).

SENSIBILISATION [sɑ̃sibilizasjɔ̃]. *n. f.* (1871 ; « action
d'appliquer au concret », 1803 ; du lat. *sensibilis.* V. Sensible).
♦ 1° *Phot.* Action de sensibiliser à la lumière, de rendre plus
sensible à l'aide d'un sensibilisateur. ♦ 2° *Méd.* Modification
produite dans l'organisme par un agent physique, chimique
ou biologique qui, précédemment supporté sans inconvénients, déclenche des manifestations pathologiques. V.
Allergie, anaphylaxie, intolérance. ♦ 3° *Fig. La sensibilisation
de l'opinion à un problème.*

SENSIBILISER [sɑ̃sibilize]. *v. tr.* (1861 ; p. p., 1858 ;
« rendre concret », 1845 ; rad. lat. de *sensible*). ♦ 1° *Vx.*
Rendre sensible, pénétrer de sensibilité. — Au p. p. « *Ce
théisme doucement rationalisé et sensibilisé* » (STE-BEUVE).
♦ 2° (1865). Rendre sensible à l'action de la lumière (une
plaque, une couche photographique). ♦ 3° *Méd.* Déterminer
une sensibilisation. ♦ 4° *Fig.* Rendre sensible, faire réagir à...
(surtout au p. p.). *L'opinion publique est aujourd'hui sensi-
bilisée à ce problème.* « *Je ne suis pas «sensibilisé» à cet
événement* » (VALÉRY). *Pays «sensibilisés par l'innovation* »
(*Le Monde*, 12-11-1967). *Le public « se sensibilise aux formes
nouvelles* » (L'Express, 27-11-1967).

SENSIBILITÉ [sɑ̃sibilite]. *n. f.* (1314 ; bas lat. *sensibilitas*).
♦ 1° Propriété (d'un être vivant, d'un organe) d'être informé
des modifications du milieu (extérieur ou intérieur) et d'y
réagir par des sensations. V. **Excitabilité, sens, sensation.**
— *Sensibilité différentielle,* capable d'une différence entre
deux stimulations. ♦ 2° Propriété de l'être humain sensible
(I, 2°), traditionnellement distinguée de l'*intelligence* et de la
volonté. V. **Affectivité, cœur.** « *Un je ne sais quoi de frémissant
qui trahissait une sensibilité restée vive et neuve* » (BOURGET).
La sensibilité de l'artiste, sa sensibilité d'homme doublée de
l'aptitude à la faire passer dans sa création. « *La sensibilité
n'est guère la qualité d'un grand génie... Ce n'est pas son cœur,
c'est sa tête qui fait tout* » (DIDER.). « *Des pages pleines de
sensibilité* » (GAUTIER). V. **Émotion, sentiment.** *La sensibilité
romantique,* propre aux artistes, aux hommes de l'époque
romantique. ◇ *Spécialt.* Faculté d'éprouver la compassion,
la sympathie. V. **Humanité, pitié, tendresse.** « *La sensibilité
qui les rend humains* » (MADELIN). ♦ 3° Aptitude à détecter
et à amplifier de faibles variations (d'une grandeur). —
*Aptitude à réagir rapidement à un contact. Sensibilité d'un
explosif.* — *Sensibilité à...,* le fait d'être sensible, de réagir
à... ◇ *Psycho. Sensibilité d'un test,* son degré d'aptitude à la
discrimination et au classement des individus. ◇ ANT.
Insensibilité ; froideur, dureté.

SENSIBLE [sɑ̃sibl(ə)]. *adj.* (XIIIᵉ ; lat. *sensibilis* « qui peut
être senti » ; « qui peut être senti », en lat. médiév.).
I. *(Sens actif).* ♦ 1° Capable de sensation et de perception. *Les êtres sensibles.* « *Avoir l'ouïe sensible, fine et juste* »
(ROUSS.). « *Si le système nerveux n'est pas sensible jusqu'à la
douleur ou jusqu'à l'extase...* » (MAUPASS.). — SENSIBLE À... :

excitable par..., capable de percevoir. « *Il semble que certaines réalités transcendantes émettent autour d'elles des
rayons auxquels la foule est sensible* » (PROUST). ◇ *Spécialt.*
Que le moindre contact rend douloureux ou fait souffrir.
Endroit, point sensible. V. **Névralgique.** « *Il avait les pieds
si sensibles... qu'il gardait des souliers en veau* » (BALZ.).
Rendre moins sensible. V. **Désensibiliser, insensibiliser.**
◇ *Philo.* Qui est le fait des sens. *L'intuition* sensible.* ♦
2° *(Personnes).* Capable de sentiment, d'une vie affective
intense ; apte à ressentir profondément les impressions et à y
intéresser sa personne tout entière. V. **Émotif, impressionnable.** « *Je résolus, par cela seul que j'étais sensible, de me montrer impassible* » (LACLOS). ◇ *Spécialt.* Particulièrement capable d'éprouver les sentiments de charité, d'humanité ; prompt
à compatir à la souffrance d'autrui. V. **Aimant, bon, compatissant, humain, tendre.** « *Les généreux élans des cœurs sensibles* » (MART. du G.). ◇ SENSIBLE À... : qui se laisse toucher
par, ressent vivement. V. **Accessible, réceptif.** « *Sensibles à
certains procédés, à certains actes de prévenance* » (STE-
BEUVE). « *Sensible... au charme romantique et désuet des
gravures* » (MAUROIS). ♦ 3° *(Objets).* Qui réagit au contact,
à de faibles variations. *Balance sensible. Pellicule, plaque,
émulsion sensible, ultrasensible :* rapide (V. **Sensitométrie**).
— *Faire vibrer la corde* sensible.* — *Mus. Note sensible,*
ou *subst. La sensible,* septième degré de la gamme diatonique, qui se trouve un demi-ton au-dessous de la tonique.
II. *(Sens passif ;* déb. XIVᵉ). ♦ 1° Qui peut être perçu
par les sens. V. **Matériel, palpable, tangible, visible.** *Le monde
sensible.* « *Une coloration légère... à peine sensible* » (BAUDEL.).
— *Sensible à...,* qui peut être perçu par. V. **Perceptible.**
« *La panne d'oxygène n'est pas sensible à l'organisme* »
(ST-EXUP.). ♦ 2° Assez grand pour être perçu, et par suite,
non négligeable. V. **Apparent, appréciable, important, notable.**
« *Une baisse sensible des prix* » (CAMUS). ♦ 3° *Vieilli.* Qui
se fait douloureusement sentir. V. **Pénible.** « *Vous m'avez
fait les maux qui pouvaient m'être le plus sensibles* » (ROUSS.).
◇ ANT. **Insensible ; dur, froid.**

SENSIBLEMENT [sɑ̃sibləmɑ̃]. *adv.* (1314 ; de *sensible*).
♦ 1° *Vieilli.* D'une manière sensible (II). V. **Visiblement.**
« *Jamais mon zèle, ma confiance, ne se montrèrent plus sensiblement* » (ROUSS.). ◇ *Mod.* Autant que les sens ou l'intuition puissent en juger. « *Nous étions sensiblement de la même
taille* » (P. BENOIT), à peu près, presque de la même taille. »
♦ 2° *Cour.* D'une manière appréciable. V. **Notablement.**
« *Votre conclusion déborde sensiblement vos prémisses* »
(GIDE). ◇ ANT. **Insensiblement.**

SENSIBLERIE [sɑ̃siblǝʀi]. *n. f.* (1782 ; de *sensible*). Sensibilité outrée et déplacée, compassion un peu ridicule.

SENSITIF, IVE [sɑ̃sitif, iv]. *adj.* (1265 ; lat. médiév.
sensitivus). ♦ 1° *Vx.* Qui appartient aux sens, à la sensibilité.
« *La partie intelligente combat la partie sensitive* » (BOSS.).
◇ *Mod. (Physiol.)* Relatif aux sensations. V. **Sensoriel.**
Spécialt. Qui est capable de transformer une stimulation en
influx nerveux et de la transmettre ou d'y réagir. *Nerfs
moteurs et nerfs sensitifs.* ♦ 2° (1587). *Littér.* Particulièrement sensible, qu'un rien peut blesser. — *Subst.* « *Le sensitif
et le tourmenté qu'il était* » (BOURGET).

SENSITIVE [sɑ̃sitiv]. *n. f.* (1665 ; *herbe sensitive,* 1639 ;
du précéd.). Variété de mimosa dont les feuilles se rétractent
au contact.

SENSITOMÉTRIE [sɑ̃sitɔmetʀi]. *n. f.* (XXᵉ ; de *sensito-
mètre,* du rad. de *sensible*). *Phot.* Étude, mesure de la sensibilité des émulsions (*adj.* SENSITOMÉTRIQUE [sɑ̃sitɔmetʀik]).

SENSORIEL, ELLE [sɑ̃sɔʀjel]. *adj.* (1839 ; *sensorial,*
1830 ; *sensoire,* 1541 ; du bas lat. *sensorium* « organe d'un
sens »). *Physiol.* et *psycho.* Qui concerne les organes des
sens, la sensation (considérée sous son aspect objectif, représentatif) : dans ce sens s'oppose à *affectif,* désigne les
modalités différentes de la sensation. *Le système,
les récepteurs sensoriels. Nerf sensoriel,* en relation avec un
organe sensoriel.

SENSORIMÉTRIE [sɑ̃sɔʀimetʀi]. *adj.* (mil. XXᵉ ; rad. de
sensoriel, et *-métrie*). *Psycho.* Partie de la psychophysique qui
mesure les variables de la sensation par rapport aux variables
du stimulus (*adj.* SENSORIMÉTRIQUE [sɑ̃sɔʀimetʀik]).

SENSORIMOTEUR, TRICE [sɑ̃sɔʀimɔtœʀ, tʀis]. *adj.*
(1879 ; rad. de *sensoriel,* et *moteur*). *Physiol.* et *psycho.* Qui
concerne à la fois les fonctions sensorielles et la motricité.
« *L'ensemble des systèmes sensori-moteurs que l'habitude a
organisés* » (BERGSON). — *Niveau sensorimoteur,* stade du
développement génétique de l'intelligence, caractérisé par
l'absence de la fonction sémique*. On écrit aussi *Sensorimoteur, trice.*

SENSUALISME [sɑ̃sɥalism(ə)]. *n. m.* (1803 ; du lat. *sensualis* « des sens »). *Philo.* Doctrine d'après laquelle toutes
les connaissances viennent des sensations. *Le sensualisme
de Condillac.* ◇ Doctrine selon laquelle le beau s'identifie à
l'agréable.

SENSUALISTE [sɑ̃sɥalist(ə)]. *adj.* et *n.* (1812 ; de *sensualisme*). *Philo.* Qui appartient au sensualisme, soutient le
sensualisme. « *Le mot sensualiste appelle naturellement l'idée*

d'un matérialisme pratique qui sacrifie aux puissances des sens...
Rien ne s'applique moins à Condillac » (STE-BEUVE).

SENSUALITÉ [sɑ̃sɥalite]. *n. f.* (1486; « sensibilité »,
1190; bas lat. *sensualitas*. V. **Sensuel**). *Littér.* Tempérament,
goût d'une personne sensuelle. « *En Belgique, l'appétit ger-*
manique se raffinant... devient sensualité gastronomique »
(TAINE). ◇ *Spécialt.* et *cour.* (Dans l'amour physique)
« *Son comportement déborde du plus charnel amour, de sen-*
sualité » (GIDE). V. **Érotisme, luxure.** ◇ ANT. **Froideur.**

SENSUEL, ELLE [sɑ̃sɥɛl]. *adj.* (1370; bas lat. *sensualis*
« sensible, relatif aux sens ») ♦ 1° Propre aux sens, émanant
des sens. V. **Animal, charnel.** « *L'amour sensuel ne peut se*
passer de la possession » (ROUSS.). ♦ 2° (Personnes). *Littér.*
Porté à rechercher et à goûter tout ce qui flatte les sens. V.
Épicurien, sybarite. *Cette société* « *tout imprégnée encore des*
mœurs du XVIIIe siècle, était sensuelle et non sentimentale »
(MAUROIS). — *Spécialt.* et *cour.* (Dans l'amour physique)
« *Une maîtresse sensuelle, infatigable, savante* » (ROMAINS).
V. **Lascif, luxurieux.** ♦ 3° Qui annonce ou évoque la sen-
sualité, un tempérament voluptueux. *Une bouche sensuelle.*
« *Il la déshabillait d'un regard connaisseur et sensuel* » (SAR-
TRE). ◇ ANT. **Frigide, froid.**

SENTE [sɑ̃t]. *n. f.* (XIIe; lat. *semita*). *Région.* Sentier. « *La*
précédant de quelques pas, si la sente était trop étroite »
(GIDE).

SENTENCE [sɑ̃tɑ̃s]. *n. f.* (1190; lat. *sententia*). ♦ 1° Jugement rendu par un tribunal d'instance, un conseil de
prud'hommes, un arbitre. V. **Arrêt, décret, jugement, verdict.**
« *Sous le coup d'un arrêt de mort, entre la sentence et l'exé-*
cution » (CHATEAUB.). ◇ Jugement. « *La sentence prononcée*
par le médecin de Paris » (BALZ.). ♦ 2° *Vieilli* (1509). Pensée
(surtout sur un point de morale) exprimée d'une manière
dogmatique et littéraire. V. **Adage, aphorisme, apophtegme,
maxime.** *Ils* « *viennent à moi dans l'espoir de m'entendre*
prononcer quelques sentences mémorables » (GIDE).

SENTENCIEUX, EUSE [sɑ̃tɑ̃sjø, øz]. *adj.* (XIIIe; lat.
sententiosus). ♦ 1° *Vx.* Qui contient des sentences. V. **Gnomique.** ♦ 2° *Péj.* (XVIIe). Qui s'exprime comme par sentences,
avec qqch. de solennel et d'affecté. V. **Dogmatique, grave,
pompeux.** « *Sentencieux dans ses propos mais espiègle dans*
ses attitudes » (MART. du G.). *Un ton sentencieux.* ◇ ANT.
Léger, naturel.

SENTENCIEUSEMENT [sɑ̃tɑ̃sjøzmɑ̃]. *adv.* (1555; de
sentencieux). D'une manière sentencieuse. « *Quand on est*
bonne mère, ça fait tout pardonner, dit sentencieusement
madame Maloir » (ZOLA).

SENTEUR [sɑ̃tœʀ]. *n. f.* (fin XIVe; de *sentir*). *Littér.* Odeur
agréable, parfum. « *Des pelouses... s'élevait une senteur fraîche*
que traversait, par effluves, l'odeur des pétunias » (MART. du
G.). ◇ *Pois* (c.-à-d. odorant).

SENTI, IE [sɑ̃ti]. *adj.* et *n. m.* (1758; de *sentir*). ♦ 1° *Littér.*
Empreint de sincérité, de sensibilité. « *Rien de senti... Il*
parlait de l'amour comme l'aveugle des couleurs » (R. ROL-
LAND). ◇ *Cour.* BIEN SENTI : exprimé avec conviction et
habilement présenté. « *Profitez-en pour placer quelques mots*
bien sentis » (ROMAINS). ♦ 2° *N. m.* (XXe). *Le senti.* Philo.
Ce qui est senti, ressenti; le résultat de la faculté de sentir
(Cf. Le pensé, le vécu).

SENTIER [sɑ̃tje]. *n. m.* (mil. XIIe; *senter*, 1080; du rad.
de *sente*). Chemin étroit (en montagne, en forêt, à travers
prés) pour les piétons et les bêtes. V. **Laie, layon, sente.**
« *Le sentier de cette crique, plein de nœuds et de coudes, presque*
à pic, et meilleur pour les chèvres que pour les hommes »
(HUGO). ◇ *Fig.* et *littér. Le sentier de la vertu.* Loc. *fig.* Cour.
Suivre les sentiers battus. Être sur le *sentier de la guerre*
(adapt. angl., à propos des Indiens) : prêt à partir en guerre.

SENTIMENT [sɑ̃timɑ̃]. *n. m.* (1314; réfect. de *sentement*,
1190; de *sentir*).
I. ♦ 1° *Vx.* Sensation, sensibilité (1°). « *Elle était sans*
sentiment et presque sans vie » (DIDER.). « *Le sentiment de*
la lumière » (BALZ.). ♦ 2° *Chasse.* Odorat ou odeur des bêtes.
II. *Mod.* ♦ 1° Conscience plus ou moins claire, connaissance comportant des éléments affectifs et intuitifs. V. **Impression.** « *Le sentiment momentané de mon isolement ne m'acca-*
blait plus » (LAMART.). ♦ 2° Capacité de sentir, d'apprécier
(un ordre de choses ou de valeurs). V. **Instinct, sens.** *Le*
Français... n'a nullement le sentiment des arts; il a celui...
du comique » (STENDHAL). ♦ 3° *Vieilli.* Jugement, opinion
qui se fonde sur une appréciation subjective (et non sur un
raisonnement logique). V. **Avis, idée, point** (de vue). « *Si*
j'avais exposé mon sentiment sur ce problème » (DUHAM.).
III. *Cour.* ♦ 1° État affectif complexe, assez stable et
durable, lié à des représentations. V. **Émotion, passion.** *Sen-*
timent et sensation (2°). « *Un sentiment naît, grandit, s'épa-*
nouit, se dessèche comme une plante, par une évolution...
toujours inconsciente » (BOURGET). « *Ces sentiments purs qui*
assurent l'intégrité des êtres et des cités, l'estime, le mépris,
l'indignation, l'admiration » (GIRAUDOUX). *Sentiment reli-*
gieux, esthétique, patriotique. « *C'est avec les bons sentiments*
qu'on fait la meilleure littérature » (GIDE). ◇ *Spécialt. Amour.*

« *Personne ne pourra vous apporter un sentiment pareil au*
mien, aussi profond » (MART. du G.). « *Elle partage mes*
sentiments » (BLOY). *Fam. Ça n'empêche pas les sentiments*,
ça ne veut pas dire qu'il n'y ait pas d'affection (souv. iron.).
◇ *Les sentiments*, les sentiments généreux, les inclinations
altruistes. « *Dans ce monde égoïste... on ne fait pas son chemin*
par les sentiments » (BALZ.). ◇ (Dans les formules de politesse) *L'expression de mes sentiments respectueux, les meilleurs.*
« *J'ai reçu un télégramme...* « *... Enterrement demain. Senti-*
ments distingués » (CAMUS). ♦ 2° *Absolt. Le Sentiment*, la
vie affective, la sensibilité (*opposé à* l'action *ou à* la réflexion).
« *La femme vit par le sentiment* » (BALZ.). — *Fam.* Démonstrations sentimentales. *Pas tant de sentiment ! Tu ne m'auras*
pas au sentiment. ◇ Expression de la sensibilité. *Elle a chanté*
avec beaucoup de sentiment.

SENTIMENTAL, ALE, AUX [sɑ̃timɑ̃tal, o]. *adj.* (1769;
dans une trad. de l'angl. [*the sentimental journey*, de Sterne];
mot angl., 1749; de *sentiment*, empr. au fr.). ♦ 1° Qui
concerne l'amour; amoureux. « *La jalousie du passé, maladie*
des très jeunes gens aux débuts de leur vie sentimentale »
(LARBAUD). *L'éducation sentimentale*, roman de Flaubert.
♦ 2° Qui provient de causes d'ordre affectif, n'est pas raisonné ni intéressé. « *L'attachement sentimental de chaque*
Américain pour son pays d'origine » (SARTRE). ♦ 3° Qui est
sensible, rêveur, donne de l'importance aux sentiments
tendres, et les manifeste volontiers. V. **Tendre; fleur** (fleur
bleue). *Il est un peu trop sentimental.* — « *De tempérament*
plus sentimental qu'artiste, cherchant des émotions et non des
paysages » (FLAUB.). — *Subst. C'est un sentimental.* ◇
Caractérol. Émotif non actif (*opposé à* actif). ♦ 4° Empreint
d'une sensibilité mièvre, de beaux sentiments plus que de
pensée solide. *Des romances sentimentales. Un discours poli-*
tique bien sentimental. ◇ ANT. **Insensible, terre à terre, pratique.**

SENTIMENTALEMENT [sɑ̃timɑ̃talmɑ̃]. *adv.* (1845; de
sentimental). D'une manière sentimentale. « *Je fis tresser les*
deux mèches ensemble et je les portai sentimentalement sur
mon cœur » (GAUTIER).

SENTIMENTALISME [sɑ̃timɑ̃talism(ə)]. *n. m.* (1801; de
sentimental). Tendance sentimentale. *On faisait de l'esprit;*
« *mais cela était empreint de sentimentalisme* » (NERVAL).

SENTIMENTALITÉ [sɑ̃timɑ̃talite]. *n. f.* (1804; de *senti-*
mental). Caractère d'une personne, d'une œuvre sentimentale. *Une sentimentalité excessive, niaise.*

SENTINE [sɑ̃tin]. *n. f.* (fin XIIe; lat. *sentina*). ♦ 1° *Mar.*
Endroit de la cale d'un navire où s'amassent les eaux. ♦
2° *Littér.* Lieu sale et humide. V. **Cloaque.** « *La cuisinière*
chasse les ordures de la maison en nettoyant cette sentine »
(BALZ.). ◇ *Fig.* « *L'odieux Bicêtre, cette horrible sentine de*
vices » (JAURÈS).

SENTINELLE [sɑ̃tinɛl]. *n. f.* (1546; it. *sentinella*, de
sentire « entendre », lat. *sentire*). ♦ 1° Soldat qui a la charge
de faire le guet devant un lieu occupé par l'armée, de protéger
un lieu public, etc. V. **Factionnaire, guetteur.** « *Il y a, devant*
des guérites, entre un haut mur et un fossé, des sentinelles »
(ROMAINS). ♦ 2° (*Dans des locutions*). Guet, surveillance que
fait un soldat. *Faire sentinelle* (vx), être en sentinelle, en
faction. — *Par ext.* « *Les concierges... en sentinelle sur le*
seuil » (ROMAINS).

SENTIR [sɑ̃tiʀ]. *v. tr. : je sens, tu sens, il sent, nous sentons,*
vous sentez, ils sentent; je sentais; je sentis; je sentirai; je
sentirais; sens, sentons, sentez; que je sente; que je sentisse,
qu'il sentît; sentant; senti, sentie (1080; lat. *sentire*).
I. ♦ 1° Avoir la sensation ou la perception de (un objet,
un fait, une qualité). V. **Percevoir.** « *Pour sentir sur leurs*
paumes la fraîcheur vivante de l'eau » (GENEVOIX). « *Elle*
sentit cette main qui lui effleurait la joue » (MONTHERLANT).
« *Une saveur âcre qu'elle sentait dans sa bouche* » (FLAUB.).
« *Comme un blessé qui, d'abord, n'a pas senti le coup* » (MART.
du G.). — *Absolt.* « *Nous sentons malgré nous* » (VOLT.).
◇ *Fam. Sentir ses bras, ses jambes*, y sentir des douleurs,
des courbatures. *Ne plus sentir ses jambes, ses pieds*, les avoir
presque insensibles à cause d'un excès de fatigue. ◇ *Spécialt.*
Avoir la sensation de (une odeur). « *Des seringas dont je sens*
encore le parfum très fort » (MAUROIS). V. **Flairer, renifler.**
Cheval qui sent l'écurie. — *Fam.* (comme s'il s'agissait
d'une odeur insupportable). *Ne pas pouvoir sentir qqn*, ne
pas pouvoir le souffrir*; le détester. ♦ 2° Avoir ou prendre
conscience plus ou moins nettement de... « *Ils sentent alors*
leur néant sans défense » (PASC.). « *C'est dans ces*
moments... qu'on sent bien sa faiblesse » (STE-BEUVE). — « *Un*
riche laboureur, sentant sa mort prochaine... » (LA FONT.).
« *Il sentait une sourde agitation le gagner* » (MART. du G.).
Sentir que..., combien..., pourquoi... ♦ 3° Connaître ou
reconnaître par l'intuition. V. **Deviner, discerner.** « *Ce que*
notre instinct sentait, sans l'expliquer, c'est à notre raison de
le prouver » (R. ROLLAND). V. **Pressentir.** — *Spécialt.* (Intuition mystique) « *C'est le cœur qui sent Dieu, et non la raison* »
(PASC.). ♦ 4° Avoir un sentiment esthétique de (qqch.). V.
Apprécier, goûter. « *Sinon pour exprimer... du moins pour*
sentir le beau » (SAND). ♦ 5° Être affecté agréablement ou

désagréablement par (qqch.). V. **Éprouver, ressentir.** « *Cet élan que je sentirais pour mon pays s'il était menacé* » (LOTI). — Absolt. « *Sa façon de sentir et de penser* » (LÉAUTAUD). ♦ **6°** *Faire sentir...*, faire qu'on sente, qu'on se rende compte de... « *Je voudrais essayer ici de faire sentir ce défaut* » (STE-BEUVE). « *Il me faisait sentir que je n'étais pas né comme lui* » (GIDE). — *Se faire sentir*, devenir sensible. V. **Exercer** (s'), **manifester** (se). « *Aujourd'hui les véritables effets se font sentir* » (ZOLA).

II. (Déb. XIVᵉ). ♦ **1°** Dégager, répandre une odeur de... V. **Fleurer.** « *Cette première pièce... sent le renfermé, le moisi* » (BALZ.). *Ce rôti* « *qui sentait si bon* » (ROUSS.), qui répandait une si bonne odeur. V. **Embaumer.** ◇ Absolt. (*Fam.*) Sentir mauvais. V. **Puer.** « *C'est un garçon qui ne se lave pas... Il doit sentir des pieds* » (ROMAINS). *Cette viande sent.* ◇ Par métaph. *Sentir le fagot, le roussi, le sapin...* PROV. *La caque* sent toujours le hareng. ♦ **2°** *Fig.* Donner une impression de, évoquer à l'esprit l'idée de. V. **Indiquer, révéler.** « *D'un ton... disait leste, et qui sent même la garnison* » (STE-BEUVE). « *Justin fléchit le genou, en un geste charmant qui sentait un peu son théâtre* » (DUHAM.).

III. *V. pron.* ♦ **1°** (*Pass.*). Être senti. « *Le vrai bonheur ne se décrit pas, il se sent* » (ROUSS.). *Mais voyons, ça se sent!* c'est une chose qu'on sent, qui n'a pas besoin de démonstration. ♦ **2°** (*Réfl.*). *Vx.* Être maître de soi. — Mod. *Ne pas se sentir de* : être transporté de... « *À ces mots, le corbeau ne se sent pas de joie* » (LA FONT.), est hors de soi par excès de joie. Fam. *Tu ne te sens plus?* tu perds la tête? ◇ (*Avec un inf.*) Avoir l'impression, le sentiment de. « *Laurent se sentait renaître* » (ZOLA). — (*Avec un attribut, un compl. d'état*) Avoir l'impression, le sentiment d'être. « *Il se sentait mieux, moins impatient* » (MAUPASS.). « *Elle s'éloigna, triste — se sentant si peu de chose* » (MAURIAC). *Se sentir mal.* ♦ **3°** (*Réfl. indir.*). Sentir comme étant en soi ou à soi. « *Elle se sentait un cœur toujours jeune* » (MAUPASS.). *Je ne m'en sens pas le courage*, je ne sens pas en moi le courage de faire cela. — (Avec un attribut) « *Il se sentait le cœur plus libre* » (DAUD.). ♦ **4°** (Récipr.). *Ils ne peuvent pas se sentir*, ils se détestent.

1. SEOIR [swaʀ]. *v. intr.* : part. *séant**; sis*, sise (XIIᵉ; lat. *sedere*). *Vx.* Être assis.

2. SEOIR [swaʀ]. *v. intr.* : il *sied, ils siéent* (rare); il *seyait*; il *siérait, ils siéraient*; *seyant* (XIIᵉ; lat. *sedere*, au sens de « être fixé dans l'esprit, être à la volonté de qqn »). *Vieilli* ou *littér.* Convenir, aller. « *Ce voile de soie noire nommé mezzaro... qui sied si bien aux femmes* » (MÉRIMÉE). « *Prénom gentil qui seyait à sa carrure, comme une cravate de tulle à un rhinocéros* » (COLETTE) (V. **Seyant**). ◇ *Impers.* V. **Convenir.** *Comme il sied.* « *Il sied de se défier de ce qui vous flatte* » (GIDE). « *Puisqu'on n'est pas rentier et qu'il sied qu'on travaille* » (VERLAINE). ◇ ANT. **Messeoir.** — HOM. **Soir.**

SEP. V. **Cep.**

SÉPALE [sepal]. *n. m.* (1790; lat. bot. *sepalum*, gr. *skepê* « enveloppe », et terminaison de *petalum*. V. **Pétale**). *Bot.* Chaque pièce (foliole) du calice d'une fleur. — Dér. **SÉPALAIRE** [sepalɛʀ] *adj.* [1877].

SÉPALOÏDE [sepalɔid]. *adj.* (1871; de *sépale*, et *-oïde*). *Bot.* En forme de sépale.

SÉPARABLE [sepaʀabl(ə)]. *adj.* (1390; lat. *separabilis*). Qui peut être séparé (d'autre chose, d'un ensemble). « *Cette liberté politique paraît difficilement séparable des notions d'égalité* » (VALÉRY). — *Particule séparable* (spécialt., en allemand), préverbe susceptible d'être séparé du verbe). ◇ ANT. **Inséparable.**

SÉPARATEUR, TRICE [sepaʀatœʀ, tʀis]. *adj. et n.* (XVIᵉ; lat. *separator*). ♦ **1°** Adj. Qui sépare, a la propriété de séparer. — Phys. *Pouvoir séparateur d'un instrument d'optique*, sa capacité de produire des images séparées d'objets rapprochés. V. **Résolution** (I, 6°). ♦ **2°** N. m. (1859). Appareil destiné à séparer les composants d'un mélange. — *Séparateur d'isotopes*, spectromètre de masse utilisé pour séparer des corps isotopes. — Nom générique des appareils (dépoussiéreur, épurateur, filtre) permettant d'isoler certains éléments. ◇ *Chir. dent.* Instrument servant à écarter une dent de sa voisine. ◇ Cloison isolante entre les plaques d'un accumulateur.

SÉPARATION [sepaʀasjɔ̃]. *n. f.* (1314; lat. *separatio*). ♦ **1°** Action de séparer, fait d'être séparé. V. **Désagrégation, disjonction, dislocation, dispersion.** *Séparation des éléments d'un mélange. Séparation des isotopes.* — *Séparation des attributions, des compétences.* V. **Distinction.** *Le principe de la séparation des pouvoirs.* — *Séparation de l'Église et de l'État.* ♦ **2°** (*Personnes*). Fait de se séparer, de se quitter (par suite d'un départ ou d'une rupture). « *Bien souvent, pour que nous découvrions que nous sommes amoureux,... il faut qu'arrive le jour de la séparation* » (PROUST). ◇ Dr. *Séparation de fait* (ou *amiable*), état de deux époux qui ont convenu de vivre séparément. — Cour. *Séparation de corps*, suppression du devoir de cohabitation par décision juridictionnelle, sans qu'il y ait divorce. — *Séparation de biens*, régime matrimonial dans lequel chacun des époux conserve la propriété de ses biens personnels. — *Séparation des patrimoines*, priorité accordée aux créanciers d'une succession sur les créanciers des héritiers. ♦ **3°** Objet ou espace qui empêche un objet, un lieu, etc., d'être réuni à un autre, de former un tout avec lui. V. **Démarcation.** « *Tout mur servant de séparation entre bâtiments* » (CODE CIV.). *La surface* de séparation de deux milieux.* ◇ *Fig.* Différenciation, distinction. « *La séparation commune entre le signe et la chose, le mot et l'idée* » (PAULHAN). ◇ ANT. **Assemblage, jonction, réunion; contact.**

SÉPARATISME [sepaʀatism(ə)]. *n. m.* (1721, relig.; 1860, polit.; de *séparatiste*). Tendance, mouvement séparatiste.

SÉPARATISTE [sepaʀatist(ə)]. *n.* (1650, relig.; 1849, polit.; rad. de *séparation*). Personne qui réclame une séparation d'ordre politique, l'autonomie par rapport à un État, une fédération. V. **Autonomiste, dissident.** *Les séparatistes du Sud* (sudistes), *aux États-Unis.* — Adj. *Mouvement séparatiste.*

SÉPARÉ, ÉE [sepaʀe]. *adj.* (1370; V. **Séparer**). ♦ **1°** Qui est à part, distinct. « *Des choses sacrées, c'est-à-dire séparées, interdites* » (DURKHEIM). « *Mille sons séparés et distincts* » (DUHAM.). ♦ **2°** (*Personnes*). Dans l'état de séparation. « *Nous ne pouvions vivre un instant séparés* » (ROUSS.). *Des époux séparés.* ◇ ANT. **Lié.**

SÉPARÉMENT [sepaʀemɑ̃]. *adv.* (1370; de *séparé*). De façon séparée, à part l'un de l'autre. « *Les livres de Balzac peuvent sans doute se lire séparément, mais ils se complètent l'un l'autre* » (HENRIOT). ◇ ANT. **Conjointement, ensemble.**

SÉPARER [sepaʀe]. *v. tr.* (1314; lat. *separare*). **I.** ♦ **1°** Faire cesser (une chose) d'être avec une autre; faire cesser (plusieurs choses) d'être ensemble. V. **Couper, détacher, disjoindre, écarter, isoler.** *La tête avait été séparée du tronc. Séparer d'avec, d'autre chose.* ◇ *Spécialt.* (par l'analyse ou diverses techniques) *Séparer des gaz, des liquides.* V. **Analyser, dissocier, extraire.** ♦ **2°** Faire en sorte que (des personnes) ne soient plus ensemble. *La mère était malade, on a dû la séparer de ses enfants.* « *Enlever Marthe!... Ce serait me l'enlever puisqu'on nous séparerait* » (RADIGUET). — *Spécialt.* Séparer (deux personnes qui se battent). « *Le premier a giflé le second, qui a répondu par un coup de poing. Les huissiers les ont séparés* » (P. BENOIT). ◇ *Fig.* Faire que ne soient plus unis (par des rapports affectifs, moraux). « *Des incompatibilités d'idées, de races... les avaient séparées* » (LOTI). V. **Brouiller, désunir, éloigner.** ♦ **3°** Considérer comme étant à part, comme ne devant pas être confondues (deux qualités ou notions). V. **Différencier, discerner, distinguer, isoler.** « *Une lucidité de l'esprit qui sépare à l'instant ce qui est digne d'admiration de ce qui n'est que faux brillant* » (DELACROIX). *Il ne faut pas séparer la théorie et la pratique.* **II.** Constituer une séparation entre (deux choses, deux personnes). *La frontière qui sépare deux pays.* « *Un espace de huit à dix mètres séparait les visiteurs des prisonniers* » (CAMUS). ◇ *Fig.* « *La différence qui sépare l'homme naturel de l'homme civilisé* » (BALZ.). **III.** *V. pron.* ♦ **1°** (*Réfl.*). Cesser d'être avec, de vivre avec... V. **Détacher** (se), **quitter.** *Rameau qui se sépare de la tige.* — « *Elle ne divorce pas... mais se sépare de son mari* » (MAUROIS). *Ils ont dû se séparer de leur vieille bonne, cesser de l'employer.* — « *Le plan des vingt arrondissements, dont ne se sépare jamais ce promeneur* » (MAUROIS), qu'il garde toujours avec lui. ◇ Cesser d'être constitué, d'être réuni. *Le cortège se sépara. L'Assemblée avant de se séparer, doit voter plusieurs lois.* ♦ **2°** (Récipr.). Cesser d'être, de vivre l'un avec l'autre. « *Le baron et la baronne d'Étraille s'étaient séparés à l'amiable* » (MAUPASS.). V. **Rompre.** ◇ ANT. **Assembler, attacher, réunir, unir. Confondre, englober, lier.**

SÉPIA [sepja]. *n. f.* (1804; it. *seppia*, lat. *sepia* « seiche, encre »). ♦ **1°** *Zool.* Liquide noirâtre sécrété par la seiche. V. **Hepta-.** ♦ **2°** Matière colorante d'un brun très foncé (d'abord extraite du liquide de la seiche), employée dans les dessins, les lavis. ◇ (1845) Dessin, lavis exécuté avec cette matière.

SÉPIOLITE [sepjɔlit]. *n. f.* (déb. XXᵉ; all. *Sepiolith* [1847]; du gr. *sepion* « os de seiche » [V. **Sépia**], et *-lithe*). *Minér.* Silicate hydraté naturel de magnésium. (*Syn.* ÉCUME DE MER, PIERRE DE SAVON). V. **Magnésite.**

SEPS [sɛps]. *n. m.* (1562; mot lat., d'o. gr.). *Zool.* Sorte de lézard aux pattes très courtes.

-SEPSIE, -SEPTIQUE. Éléments, du gr. *sêpsis* « putréfaction », et *sêptikos*. V. **Septique.**

SEPT [sɛt]. *adj. num.* (1080; lat. *septem*). ♦ **1°** (*Cardinal*) Six plus un. V. **Hepta-.** *Les sept jours de la semaine. Le chandelier* à sept branches. Les sept péchés* capitaux.* — Hist. *Guerre de Sept ans* (1756-1763). — (En combinaison avec

un autre numéral) *Vingt-sept ans. Sept cents francs.* ♦
2° *(Ordinal).* Septième. *Charles sept* (écrit ordinairement
Charles VII). Le sept août. Chapitre sept. ♦ 3° N. m. inv. Ce
nombre. *Trois et quatre font sept.* ◇ Le chiffre ou le numéro
correspondant. *Le sept du mois, de la rue.* — *Spécialt.* Carte
qui présente sept marques. *Le sept de carreau. Abattre un
sept. Brelan de sept.* ◇ HOM. *Cet, cette, set.*

SEPTAIN [sɛtɛ̃]. *n. m.* (déb. XVIe; adj., « septième »,
XIIIe; de *sept*). *Hist. litt.* Poème ou strophe de sept vers.

SEPTANTE [sɛptɑ̃t]. *adj. num.* (XIIIe; *setante*, fin XIIe;
lat. pop. °*septanta*, class. *septaginta*). *Vx* ou *dial.* (Belgique,
Suisse, Est de la France). Soixante-dix. ◇ *Relig. Les Septante,* les soixante-dix (ou soixante-douze) traducteurs de la
Bible en grec. *La version des Septante.* ◇ N. f. SEPTANTAINE
[sɛptɑ̃tɛn]. ◇ Adj. ordinal SEPTANTIÈME [sɛptɑ̃tjɛm].

SEPTEMBRAL, ALE, AUX [sɛptɑ̃bʀal, o]. *adj.* (1534;
de *septembre*). *Rare.* De septembre. *Plaisant.* (d'apr. RABE-
LAIS) « *Purée septembrale* », le vin.

SEPTEMBRE [sɛptɑ̃bʀ(ə)]. *n. m.* (1226; *setembre*, XIIe;
lat. *september*). Neuvième mois de l'année. — *Hist. Massacres
de septembre* (1792), massacre des prisonniers dans les
prisons parisiennes par certains éléments révolutionnaires
fanatiques. V. **Septembrisades.**

SEPTEMBRISADES [sɛptɑ̃bʀizad]. *n. f. pl.* (1798; de
septembriser, mot formé en 1793 pour flétrir les massacres
de *septembre). Hist.* Massacres de septembre*.

SEPTEMBRISEUR [sɛptɑ̃bʀizœʀ]. *n. m.* (1793; de *septembriser*. V. **Septembrisades**). *Hist.* Homme qui prit part
aux massacres de septembre.

SEPTEMVIR [sɛptɛmviʀ]. *n. m.* (1636; mot lat., de *septem*
« sept », et *vir* « homme »). *Antiq. rom.* Chacun des sept
membres d'une commission chargée du partage des terres.
◇ Épulon.

SEPTÉNAIRE [sɛptenɛʀ]. *adj.* et *n. m.* (XVe; lat. *septe-
narius*). ♦ 1° Adj. *(Vx).* Qui dure sept ans. « *L'idée des
cycles septénaires, liée à celle du grand Cataclysme* » (SENAN-
COUR). ♦ 2° N. m. *Didact.* Espace de sept jours; cycle de
sept ans. ◇ Vers latin de sept pieds et demi. *Septénaire
trochaïque, iambique.*

SEPTENNAL, ALE, AUX [sɛpte(ɛn)nal, o]. *adj.* (*h.*
1330; repris 1723; bas lat. *septennalis*). *Didact.* Qui dure
sept ans. *Présidence septennale.*

SEPTENNALITÉ [sɛpte(ɛn)nalite]. *n. f.* (1829; de *septennal*). *Rare.* Caractère de ce qui est septennal. *Septennalité
d'un mandat.*

SEPTENNAT [sɛpte(ɛn)na]. *n. m.* (1873; rad. de *septennal*). Durée de sept ans d'une fonction (*spécialt.* celle du
Président de la République).

SEPTENTRION [sɛptɑ̃tʀijɔ̃]. *n. m.* (1155; lat. *septentrio*,
proprem. « les sept bœufs de labour », l'Ourse polaire).
Poét. et *vieilli.* Le nord.

SEPTENTRIONAL, ALE, AUX [sɛptɑ̃tʀijɔnal, o]. *adj.*
(XIVe; lat. *septentrionalis*). *Didact.* Du nord, situé au nord.
L'Europe septentrionale. V. **Nordique.** ◇ ANT. *Méridional.*

SEPTICÉMIE [sɛptisemi]. *n. f.* (1847; de *septique*, et
-*émie*). *Méd.* Tout état pathologique provoqué par le développement de germes pathogènes dans le sang, leur dissémination dans l'organisme et l'action des toxines qu'ils
produisent.

SEPTICÉMIQUE [sɛptisemik]. *adj.* (1857; de *septicémie*).
Relatif à la septicémie.

SEPTICITÉ [sɛptisite]. *n. f.* (déb. XIXe; de *septique*).
Didact. Caractère putride, infectieux.

SEPTIDI [sɛptidi]. *n. m.* (1793; du lat. *septimus* « septième », et *dies* « jour »). *Hist. Dans le calendrier républicain,* Septième jour de la décade.

SEPTIÈME [sɛtjɛm]. *adj.* et *n. f.* (1287; *setime*, déb. XIIe;
de *sept*). ♦ 1° Ordinal de sept. « *À la septième fois, les murailles
tombèrent* » (HUGO). — *Être au septième ciel*. *Le septième
art* : le cinéma. Subst. *Le septième,* celui qui est classé septième. — *La septième* (classe), dans les collèges et lycées,
classe préparatoire à la sixième. *Un élève de septième.* ◇
Mus. (N. f.) Intervalle de sept degrés. ♦ 2° Se dit d'une
fraction d'un tout divisé également en sept. *La septième
partie,* ou subst. *Le, un septième.*

SEPTIÈMEMENT [sɛtjɛmmɑ̃]. *adv.* (1479; de *septième*).
En septième lieu. V. **Septimo.**

SEPTIME [sɛptim]. *n. f.* (1893; lat. *septimus* « septième »).
Escr. Ligne d'engagement, pointe basse.

SEPTIMO [sɛptimo]. *adv.* (1846; mot lat.). *Rare.* Septièmement (après *primo, secundo, sexto*).

SEPTIQUE [sɛptik]. *adj.* (1538; lat. *septicus*, gr. *sêptikos*,
de *sêpein* « pourrir »). ♦ 1° *Vx.* Qui produit la putréfaction.
◇ (Depuis Pasteur) Qui produit l'infection. *Les bactéries
septiques.* « *Pasteur découvrit le vibrion septique, responsable
de tant de gangrènes* » (MONDOR). ♦ 2° *Cour.* (1910; angl.
septic tank, 1896). *Fosse septique,* fosse d'aisances aménagée de façon que les matières se transforment, sous l'action

de microbes anaérobies, en composés minéraux inodores
et inoffensifs. ♦ 3° *Méd.* Qui est contaminé ou provoqué
par des germes pathogènes. *Embolie septique. Fièvre septique.*
◇ ANT. *Antiseptique, aseptique.* — HOM. *Sceptique.*

SEPTMONCEL [sɛmɔ̃sɛl]. *n. m.* (1875; nom d'un village
du Jura). Fromage imitant le roquefort, fait avec un mélange
de lait de chèvre et de vache.

SEPTUAGÉNAIRE [sɛptɥaʒenɛʀ]. *adj.* (fin XIVe; bas lat.
septuagenarius). Dont l'âge est compris entre soixante-dix et
quatre-vingts ans. — *Subst. Un, une septuagénaire.*

SEPTUAGÉSIME [sɛptɥaʒezim]. *n. f.* (XIIIe; lat. d'Église
septuagesima [*dies*] « soixante-dixième jour avant Pâques »).
Liturg. Premier des trois dimanches avant le Carême.

SEPTUM [sɛptɔm]. *n. m.* (déb. XVIe; lat. *septum* « cloison »). *Sc. nat.* et *anat.* Cloison séparant deux parties d'un
organe, ou des tissus. *Septum nasal,* cloison des fosses nasales.
Septum interventriculaire, interauriculaire du cœur. — *Adj.*
SEPTAL, ALE [sɛptal].

SEPTUOR [sɛptɥɔʀ]. *n. m.* (1830; de *sept,* d'apr. *quatuor*).
Mus. Composition vocale ou instrumentale à sept parties.
◇ Formation musicale de sept exécutants (V. *aussi* **Orchestre**).

SEPTUPLE [sɛptypl(ə)]. *adj.* (1484; bas lat. *septuplus*).
Qui vaut sept fois (la quantité désignée), qui est formé de
sept choses de nature plus ou moins semblable. — *Subst.
Gagner le septuple,* sept fois plus.

SEPTUPLER [sɛptyple]. *v.* (1493; de *septuple*). ♦ 1° *V.
tr.* Porter à une valeur sept fois plus grande. *Septupler la
mise.* ♦ 2° *V. intr.* Devenir sept fois plus élevé. *Ses bénéfices
ont septuplé en deux ans.*

SÉPULCRAL, ALE, AUX [sepylkʀal, o]. *adj.* (1487;
lat. *sepulcralis*). ♦ 1° *Vx.* Funéraire. ♦ 2° *Mod.* (1654).
Qui évoque la tombe, la mort. V. **Funèbre.** *Voix sépulcrale,
caverneuse.* « *Ce salon sépulcral* » (ZOLA).

SÉPULCRE [sepylkʀ(ə)]. *n. m.* (déb. XIIe; lat. *sepulcrum*).
Tombeau du Christ (ou *saint sépulcre*). ◇ *Littér.* Tombeau.
— *Allus. bibl.* « *Scribes et pharisiens hypocrites, qui êtes
semblables à des sépulcres blanchis* » (ÉVANG. ST MATTH.),
qui avez de beaux dehors, tandis que votre âme est corrompue.

SÉPULTURE [sepyltyʀ]. *n. f.* (XIIe; lat. *sepultura*).
♦ 1° *Vx* ou *littér.* Inhumation, considérée surtout dans les
formalités et cérémonies qui l'accompagnent. « *Dans les
cités anciennes, la loi frappait les grands coupables d'un
châtiment... la privation de sépulture* » (FUSTEL). *Sépulture
ecclésiastique,* ensemble des honneurs et des prières réservés
au chrétien mort dans la communion de l'Église. ♦ 2° Lieu
où est déposé le corps d'un défunt (fosse, tombe, tombeau).
Violation de sépulture.

SÉQUELLE [sekɛl]. *n. f.* (1369; lat. *sequel[l]a*). ♦
1° Vieilli (*Péj.*). Suite de gens attachés aux intérêts de qqn.
♦ 2° (1393). *Vx.* Conséquence. ◇ *Mod.* (1923; angl. *sequel,*
lat. méd. *sequela,* 1793) État pathologique (lésion ou trouble)
qui persiste après la fin d'une maladie. « *Une pleurésie grave
dont les séquelles ont gâté la fin de sa longue vie* » (DUHAM.).
◇ *Fig.* Effet ou contrecoup inévitable, mais isolé et passager,
d'un événement. *Les séquelles de la guerre d'Algérie.*

SÉQUENCE [sekɑ̃s]. *n. f.* (1170; bas lat. *sequentia*).
♦ 1° *Liturg.* Chant rythmé qui prolonge le verset de l'alléluia
(à la messe) ou le trait (II, 5°). ♦ 2° (1534). *À certains jeux,*
Série d'au moins trois cartes de même couleur qui se suivent;
au poker, Série de cinq cartes qui se suivent, de couleur
quelconque. ♦ 3° (1925). *Au cinéma,* Suite de plans constituant un tout sous le rapport d'une action dramatique
déterminée. ♦ 4° *Ling.* Suite ordonnée de termes. *La
« séquence progressive » du français* (BAILLY). ♦ 5° *Sc.,
inform.* Suite ordonnée d'éléments, d'opérations. V. **Programme** (4°).

SÉQUENCEUR [sekɑ̃sœʀ]. *n. m.* (1971; adapt. angl.
[1966] de *séquence*). *Sc.* Dispositif qui commande une suite
ordonnée de processus.

SÉQUENTIEL, IELLE [sekɑ̃sjɛl]. *adj.* (av. 1964; de
séquence). *Didact.* Relatif à une séquence, une suite ordonnée
(*opposé à* simultané). V. **Récurrent, successif.** — Partagé
en séquences. *Ordre séquentiel.* — Qui commande une suite
ordonnée d'opérations. *Programmateur séquentiel. Machines
séquentielles industrielles.* V. **Séquenceur.**

SÉQUESTRATION [sekɛstʀasjɔ̃]. *n. f.* (1810; « mise sous
séquestre », 1403; lat. *sequestratio*). Action de séquestrer
(qqn), état d'une personne séquestrée. « *Le travail est impossible en prison : le travail ne pouvant s'obtenir que dans une
séquestration volontaire et non forcée* » (GONCOURT).

SÉQUESTRE [sekɛstʀ(ə)]. *n. m.* (1281; lat. *sequestrum,*
et *sequester*). ♦ 1° *Dr.* Dépôt d'une chose litigieuse entre
les mains d'un tiers en attendant le règlement de la contestation. V. **Saisie.** *Séquestre conventionnel, judiciaire. Des
biens mis, placés sous séquestre.* ◇ Mainmise d'un État
belligérant sur les biens que possèdent sur son territoire

l'État ennemi et ses ressortissants. ♦ 2° (1380 ; lat. *sequester*). *Rare*. Le dépositaire de ces biens litigieux. *Nommer un séquestre. Un administrateur séquestre*. ♦ 3° *Pathol*. Petit fragment d'os détaché au cours d'un processus de nécrose osseuse (infection d'une fracture ostéomyélite).

SÉQUESTRER [sekɛstʀe]. *v. tr.* (1463 ; *séquestré* « isolé », mil. XIIIᵉ ; lat. *sequestrare*). ♦ 1° *Dr.* Mettre sous séquestre. ♦ 2° (XVIᵉ). *Cour.* Enfermer et isoler rigoureusement (qqn). V. **Claustrer**. « *Une femme qu'un homme qui l'aimait était arrivé véritablement à séquestrer* » (PROUST). ◇ (Déb. XIXᵉ) Tenir arbitrairement et illégalement (qqn) enfermé. — Au p. p. *Une jeune fille séquestrée*. Subst. *La séquestrée*. V. **Prisonnier**.

SEQUIN [sekɛ̃]. *n. m.* (1595 ; *chequin*, 1540 ; *essequin*, fin XVᵉ ; it. *sequestrare*). ♦ du vénitien *zecchino*, arabe *sikki* « pièce de monnaie »). Ancienne monnaie d'or de Venise, qui avait cours en Italie et dans le Levant.

SÉQUOIA [sekɔja]. *n. m.* (1872 ; lat. bot *sequoia*, 1847, du nom d'un célèbre chef indien *See-Quayah*). Arbre conifère *(Taxodiacées)*, originaire de Californie, aux dimensions gigantesques (jusqu'à 150 mètres de haut).

SÉRAC [seʀak]. *n. m.* (1779 ; du savoyard et suisse romand *serai, serat*, XVᵉ, « fromage blanc et compact », du lat. *serum* « petit-lait »). Dans un glacier, Bloc de glace qui se forme, aux ruptures de pente, quand se produisent des crevasses transversales élargies par la fusion. « *La ligne menaçante des séracs... dont la moindre secousse pouvait déterminer l'éboulement* » (DAUD.).

SÉRAIL [seʀaj]. *n. m.* (fin XIVᵉ ; it. *serraglio*, turco-persan *serâï*). ♦ 1° Palais du sultan, dans l'ancien empire ottoman. « *Nourri dans le sérail, j'en connais les détours* » (RAC.). *Des sérails*. ♦ 2° *Vx*. Harem. *L'enlèvement au sérail*, de Mozart. — Femmes du harem.

SÉRANÇAGE [seʀɑ̃saʒ]. *n. m.* (1845 ; de *sérancer*). *Techn*. Peignage (du lin, du chanvre).

SÉRANCER [seʀɑ̃se]. *v. tr.; conjug. placer* (XIIIᵉ ; de *séran*, XIᵉ, « peigne », p.-ê. rad. gaul. *ker-* « cerf, cornes de cerf »). *Techn*. Peigner (le lin, le chanvre). — *Dér.* **SÉRANCEUR** [seʀɑ̃sœʀ], *n. et adj. m.*

SÉRANCOLIN [seʀɑ̃kɔlɛ̃]. *n. m.* V. **SAR(R)ANCOLIN**.

SERAPEUM [seʀapeɔm]. *n. m.* (1765, *sérapéon; mot* lat., du gr. *serapeion*). *Archéol*. Nécropole du Hâpi (le taureau Apis), en Égypte. — À l'époque hellénistique, Temple où l'on adorait les divinités gréco-égyptiennes.

SÉRAPHIN [seʀafɛ̃]. *n. m.* (1160 ; lat. ecclés. *seraphim*, mot hébreu au plur., de *saraph* « brûler »). Ange de la première hiérarchie (représenté avec trois paires d'ailes). — Fig. et fam. *C'est un vrai séraphin*, un ange.

SÉRAPHIQUE [seʀafik]. *adj.* (1470 ; lat. ecclés. *seraphicus*, de *séraphin*. V. **Séraphin**). ♦ 1° *Relig*. Propre aux séraphins. *Vision séraphique*, extase où saint François d'Assise vit un séraphin crucifié. *L'ordre séraphique*, franciscain. *Le Docteur séraphique*, saint Bonaventure (franciscain). ♦ 2° *Fig.* et (iron.) Qui évoque les séraphins, les anges. V. **Angélique, éthéré**. « *Cette immatérialité séraphique de Fra Beato Angelico* » (GAUTIER).

SERBE [seʀb(ə)]. *adj.* (1844 ; *servien*, XVIIᵉ, de *Servie*, a. nom de la Serbie ; serbe *srp*). De Serbie. — Subst. *Un Serbe, une Serbe*.

SERBO-CROATE [seʀbɔkʀɔat]. *adj. et n. m.* (1869 ; de *serbe*, et *croate*, XVIIᵉ ; croate *hrvat*). Qui appartient à la Serbie et à la Croatie. — N. m. *Le serbo-croate*, langue slave du groupe méridional, parlée en Serbie, Bosnie-Herzégovine, Monténégro, Croatie ; aujourd'hui langue officielle de la République yougoslave.

SERDÂB [seʀdab]. *n. m.* (mil. XXᵉ ; du persan *sard-âb* « salle souterraine »). *Archéol*. Dans les tombes et les monuments funéraires de l'ancien Empire égyptien, Petite salle contenant les effigies du mort.

SERDEAU [seʀdo]. *n. m.* (1440 ; altér. de *sert d'eau* « celui qui sert de l'eau »). *Ancien*. Officier de bouche de la table du roi (Cf. Échanson).

1. SEREIN, EINE [səʀɛ̃, ɛn]. *adj.* (1549 ; *serain*, fin XIIᵉ ; lat. *serenus*). ♦ 1° (Conditions atmosphériques). *Littér*. Qui est à la fois pur et calme. V. **Beau**. « *Pas plus... qu'un voyageur ne doit se mettre en route en comptant sur un ciel toujours serein* » (BALZ.). — Par métaph. *Un coup de tonnerre dans un ciel serein*. ◇ (1611) *Méd. Goutte sereine* (c'est-à-dire où l'œil reste transparent) : amaurose. ♦ 2° *(Abstrait)*. Dont le calme provient d'une noblesse ou d'une paix morale qui n'est pas troublée. V. **Paisible, tranquille**. « *Son âme était... sereine comme son regard* » (FRANCE), « *J'ai connu le calme, la foi sereine* » (MART. du G.). ◇ Insensible aux passions de l'esprit de système. *Une critique sereine, un jugement serein*. ◇ ANT. **Nuageux. Inquiet, troublé**. — HOM. Serein (2), plein.

2. SEREIN [səʀɛ̃]. *n. m.* (1580 ; *sierain*, fin XIIᵉ ; « soir », déb. XIIᵉ, proprem. « [heure] calme », lat. *serenus*, avec infl.

de *serum* « heure tardive »). *Littér*. ou *région*. Humidité ou fraîcheur qui tombe avec le soir après une belle journée. « *Le serein mouille un peu les bancs sous la charmille* » (HUGO). *Prendre le serein*, en éprouver les effets malfaisants. ◇ HOM. Serin.

SEREINEMENT [səʀɛnmɑ̃]. *adv.* (1932 ; de *serein* 1). D'une manière sereine, impartiale. « *Pour que les clauses de paix soient discutées non plus hargneusement mais sereinement* » (MART. du G.).

SÉRÉNADE [seʀenad]. *n. f.* (1556 ; it. *serenata*, d'abord « belle nuit », du lat. *serenus*). ♦ 1° Concert accompagné ou non de voix qui se donnait la nuit sous les fenêtres de qqn qu'on voulait honorer ou divertir (et *spécialt.* une femme aimée). ◇ Pièce de musique vocale ou instrumentale (composée en principe pour être jouée en plein air et la nuit) ; composition libre en plusieurs mouvements, écrite de préférence pour instruments à vent (bois). ♦ 2° *Fam.* (1660). Grand bruit et cris ; charivari.

SÉRÉNISSIME [seʀenisim]. *adj.* (XIIIᵉ ; it. *serenissimo*, superl. de *sereno* « serein »). Titre honorifique donné à certains princes ou hauts personnages. *Altesse sérénissime*, titre donné aux princes en ligne collatérale. — Hist. *La sérénissime république*, la république de Venise.

SÉRÉNITÉ [seʀenite]. *n. f.* (1190 ; lat. *serenitas*). ♦ 1° État, caractère d'une personne sereine. V. **Calme, égalité** (d'âme). « *J'ai retrouvé la sérénité, la tranquillité, la paix* » (ROUSS.). « *Accueillir avec sérénité... ce qu'on nomme les avertissements de l'âge* » (DUHAM.). ◇ Caractère d'un jugement serein, objectif. « *On voudrait revenir à la sérénité du raisonnement et de la logique* » (TAINE). ♦ 2° (Fin XIVᵉ). *Poét*. État serein (du ciel). ◇ ANT. **Agitation, émotion**.

SÉREUX, EUSE [seʀø, øz]. *adj.* (av. 1478 ; du lat. *serum*). ♦ 1° *Vx*. Aqueux. ♦ 2° *Mod. (Méd.)*. Qui ressemble au sérum, qui renferme du sérum. *Liquide séreux. Inflammation séreuse. Membrane séreuse*, et subst. *La séreuse*, fine membrane de tissu conjonctif qui tapisse certaines cavités internes de l'organisme (plèvre, péricarde, synoviale articulaire, gaine synoviale d'un tendon dite *gaine séreuse*).

SERF, SERVE [seʀ(f), seʀv(ə)]. *n.* (XIᵉ ; lat. *servus* « esclave »). *Hist*. Sous la féodalité, Personne qui n'avait pas de liberté personnelle complète, était attachée à une terre, frappée de diverses incapacités et assujettie à certaines obligations et redevances. *Serfs taillables et corvéables à merci*. — Par anal. *Les serfs de l'ancienne Russie*. ◇ Adj. *(Rare)* Servile. *Condition, terre serve*. ◇ HOM. **Cerf**.

SERFOUETTE [seʀfwɛt]. *n. f.* (1534 ; de *serfouir*). *Agric*. Outil de jardinier à deux pointes, servant à labourer légèrement. V. **Binette**.

SERFOUIR [seʀfwiʀ]. *v. tr.* (XVIᵉ ; altér. de *cerfoir*, 1265, du lat. pop. °*circumfodire*, class. *circumfodere*. V. **Fouir**) *Agric*. Sarcler, biner à la serfouette.

SERFOUISSAGE [seʀfwisaʒ]. *n. m.* (1812 ; *serfouage*, fin XVIᵉ ; de *serfouir*). *Agric*. Opération par laquelle on ameublit superficiellement le sol autour du collet des plantes. V. **Binage**.

SERGE [seʀʒ(ə)]. *n. f.* (1360 ; *sarge*, fin XIIᵉ ; lat. pop. °*sarica*, n. f. du lat. class. *serica*, plur. neutre « étoffes de soie ». V. **Sérici-**). *Vieilli*. Tout tissu d'armure sergé. ◇ *Mod*. Tissu d'armure sergé en laine, et serré. *Un tailleur de serge*.

SERGÉ [seʀʒe]. *n. m.* (1820 ; adj., 1771 ; de *serge*). *Techn*. Nom d'une des trois armures fondamentales, donnant un tissu à côtes obliques qui présente un endroit et un envers. *Appos. Tissu d'armure sergé*.

SERGENT [seʀʒɑ̃]. *n. m.* (fin XIIᵉ ; « serviteur » XIᵉ ; lat. *serviens, -entis*, p. prés. de *servire* « être au service de... »). ♦ 1° *Ancien*. Officier de justice chargé des poursuites, des saisies. ◇ (1829) SERGENT DE VILLE : ancien nom d'un agent de police (pop. et vx *Sergot*). ♦ 2° (XVIᵉ). *Vx*. Bas officier instructeur, sous-officier. ◇ *Mod*. (1798) Sous-officier du grade le plus bas (infanterie, génie, aviation). *Sergent instructeur*. « *Caporal en Afrique, sergent à Sébastopol, lieutenant après Solférino* » (ZOLA). — *Sergent-chef*, sous-officier d'un grade immédiatement supérieur à celui de sergent. — *Sergent-major*, sous-officier (intermédiaire entre sergent-chef et adjudant), chargé de la comptabilité d'une compagnie. — *Sergent-fourrier*. V. **Fourrier**. ♦ 3° (1549 ; même métaph. que *valet*). *Techn*. Serre-joint de menuisier.

SERGETTE [seʀʒɛt]. *n. f.* (1690 ; dimin. de *serge*). Serge légère.

SÉRIALISME [seʀjalism(ə)]. *n. m.* (mil. XXᵉ ; du rad. de [musique] *sériel*, *sérielle*, st *-isme*). *Mus*. Caractère, doctrine de la musique sérielle*. V. **Dodécaphonisme**.

SÉRIATION [seʀjasjɔ̃]. *n. f.* (1871 ; de *sérier*, dér. de *série*). *Didact*. ♦ 1° Le fait de sérier (des problèmes, des questions). ♦ 2° *Math*. Relation asymétrique transitive entre les éléments d'une série.

SÉRICI-. Élément, du lat. *sericus* « de soie », gr. *sêrikos*, de *Sères* « les Sères », peuple de l'Ouest de la Chine.

SÉRICICOLE [seʀisikɔl]. *adj.* (1836; de *sérici-*, et *-cole*). *Techn.* Qui concerne la sériciculture.

SÉRICICULTEUR [seʀisikyltœʀ]. *n. m.* (1858; de *sériciculture*). *Techn.* Éleveur de vers à soie. V. **Magnanier.**

SÉRICICULTURE [seʀisikyltyʀ]. *n. f.* (1845; de *sérici-*, et *-culture*). *Techn.* Élevage des vers à soie. V. **Magnanerie.**

SÉRICIGÈNE [seʀisiʒen]. *adj.* (1872; de *sérici-*, et *-gène*). *Didact.* Qui produit la sécrétion d'où l'on tire la soie. *Glandes séricigènes du bombyx. Chenilles, papillons séricigènes.*

SÉRICIGRAPHIE. V. **SÉRIGRAPHIE.**

SÉRIE [seʀi]. *n. f.* (1715; lat. *series*, spécialisé dès le XVIIᵉ en math.). ♦ **1°** *Math.* Suite de nombres ou d'expressions mathématiques formés suivant une loi connue et dont on considère la somme. *Série convergente*, telle que la somme de ses n premiers termes tend vers une limite quand n croît indéfiniment. *Série divergente*, telle que cette somme ne tend pas vers une limite. *Développer une fonction en série*, trouver une série convergente dont la somme représente cette fonction. ◇ *Didact.* (*Log.*, etc.) Suite de termes ordonnés d'après la variation d'un ou plusieurs caractères déterminants. *Série chronologique*, suite de valeurs prises par une grandeur au cours du temps. *Série statistique*, suite des mesures de fréquence avec laquelle une variable aléatoire peut prendre des valeurs données. ◇ *Chim. organ.* Suite de composés dérivés les uns des autres et qui ont une même formule générale (*par ex.* : $C_n H_{2n+2}$, pour la série des carbures saturés). ◇ *Séries (familles) radioactives**. ♦ **2°** *Cour.* (fin XVIIIᵉ). Suite déterminée et limitée (de choses de même nature formant un ensemble, ou considérées comme telles). *Émission d'une série de timbres.* « *Toute une série de volumes sur des vies de Saints* » (HUYSMANS). — *Série noire*, série de catastrophes; (par allus. au nom d'une célèbre collection), atmosphère ou situation comparables à celles des romans policiers. ◇ *Spécialt.* Au billard, Suite de points réunis d'affilée par un joueur. — *Boxe.* Suite rapide de coups. ◇ *Série de prix*, document administratif ou syndical dans lequel chaque acte de chaque métier est tarifé et auquel les parties se réfèrent pour établir les devis. — Collection de vêtements de confection, de chaussures, etc., comportant toutes les tailles. *Soldes des fins de séries.* ◇ *Mus.* Suite des douze demi-tons de la gamme chromatique, utilisée comme unité dans la musique atonale dodécaphonique (V. **Sériel.**) ♦ **3°** Petit groupe constituant une subdivision d'un classement. V. **Catégorie.** « *... le classer dans la série des monomanes* » (HUYSMANS). ◇ Chaque groupe de concurrents disputant une épreuve de qualification. — Degré dans un classement sportif. *Joueur de tennis classé dans la première série.* Par ext. *Il est première, deuxième série.* ◇ *Cin.* Film de série B, à budget réduit et tournage plus rapide que dans les grandes productions. *Un très bon film policier de série B.* — *Un western de série Z*, de la dernière catégorie. ♦ **4°** (*Dans des express.*). Grand nombre d'objets identiques fabriqués à la chaîne. « *Exécution mécanique d'objets faits à la chaîne ou en série* » (VALÉRY). *Production en série. Travail en série. Voiture de série. Prix de série*, abaissé grâce à une production industrielle répétitive. *Machine hors série*, qui fait l'objet d'une commande particulière. — *Fig. Hors série*, absolument différent du commun, et *par ext.* d'une qualité, d'une valeur exceptionnelle. ◇ *Électr.* EN SÉRIE (opposé à *en parallèle*), se dit d'un montage bout à bout de conducteurs, tel qu'ils soient traversés par un même courant.

SÉRIEL, ELLE [seʀjɛl]. *adj.* (1874; de *série*). *Didact.* Qui forme une série, appartient à la série. *Ordre sériel.* ◇ *Musique sérielle*, fondée sur la série. V. **Dodécaphonique.**

SÉRIER [seʀje]. *v. tr.* (1815, au p. p.; de *série*). Classer, disposer par séries selon l'importance. *Il faut sérier les problèmes, les questions.*

SÉRIEUSEMENT [seʀjøzmɑ̃]. *adv.* (1380; de *sérieux*). ♦ **1°** Avec sérieux, avec réflexion et application. *Il faut y travailler sérieusement.* ♦ **2°** Sans rire, sans plaisanter. *Parlez-vous sérieusement?* — Ellipt. *Sérieusement?* ♦ **3°** Réellement, pour de bon. V. **Vraiment.** « *Je commençais sérieusement à croire...* » (GIDE). ♦ **4°** Fortement. *Ils durent pédaler sérieusement dans la côte* (ZOLA). *Il est sérieusement atteint* : gravement.

SÉRIEUX, EUSE [seʀjø, øz]. *adj. et n. m.* (1361; lat. médiév. *seriosus*, class. *serius*).

I. *Adj.* ♦ **1°** Qui ne peut prêter à rire ou être estimé sans conséquence, qui mérite considération. V. **Important.** « *La philosophie est, selon les jours, une chose frivole... ou la seule chose sérieuse* » (RENAN). *À demain les affaires sérieuses.* ◇ Qui compte, par la quantité ou la qualité. *Une sérieuse augmentation.* « *Je n'avais aucune raison sérieuse de penser qu'Hélène, chez elle, souffrît de privations* » (ROMAINS), aucune raison solide, valable. ◇ Qui constitue un danger, une menace. V. **Dangereux, grave, inquiétant.** « *Les rechutes*

chaque fois plus sérieuses* » (MART. du G.). ♦ **2°** (1580). Qui n'est pas fait, dit pour l'amusement. « *Est-ce de la littérature sérieuse...? Nullement. C'est de la littérature amusante* » (RENAN). *C'est une lecture bien sérieuse pour un enfant.* — Hist. litt. *Le genre sérieux*, défini par Diderot comme intermédiaire entre le genre tragique et le genre comique (V. **Drame**). ♦ **3°** (*Personnes*). Qui prend en considération ce qui mérite de l'être et agit avec le sentiment de l'importance de ce qu'il fait. V. **Posé, raisonnable, rassis, réfléchi, sage.** « *Un homme sérieux, n'ouvrant la bouche que pour articuler des mots pesés et choisis* » (DUHAM.). *Un élève sérieux et appliqué.* « *Cela vous donnerait un air sérieux, une réputation d'amateur* » (PROUST). ◇ Qui est fait dans cet esprit, avec science, avec soin. *Un travail sérieux.* ♦ **4°** Qui ne rit pas, ne manifeste aucune gaité. V. **Froid, grave.** Fam. *Sérieux comme un pape* : très sérieux. ♦ **5°** Sur qui (ou sur quoi) l'on peut compter, qui ne trompe pas, ne plaisante pas. V. **Sûr.** « *Je vous estimais un garçon sérieux, j'avais confiance en vous* » (R. ROLLAND). « *Si pas sérieux s'abstenir* » (dans les offres d'emploi, de mariage). *Une maison sérieuse.* — *Renseignement sérieux.* V. **Solide.** Fam. *Alors c'est sérieux, vous partez?* : vous partez vraiment? *Ce n'est pas sérieux!* c'est une plaisanterie! ♦ **6°** Qui ne prend pas de liberté avec la morale sexuelle. V. **Rangé.** *Jeune fille sérieuse.*

II. *N. m.* (mil. XVIIᵉ). ♦ **1°** État de celui qui ne rit pas, ne plaisante pas. V. **Gravité.** « *Quelque folâtrerie accomplie du reste avec le sérieux d'un mystificateur anglais* » (GONCOURT). *Ils avaient échangé un mutuel coup de coude, mais ils conservaient leur sérieux* » (COURTELINE). ♦ **2°** Qualité d'une personne posée, appliquée. *Esprit de sérieux*, par lequel on fait tout avec application et gravité. ♦ **3°** Caractère d'une chose sur laquelle on peut compter ou qu'on doit prendre en considération. *Le sérieux d'un projet, d'un propos.* PRENDRE AU SÉRIEUX : prendre pour réel, ou pour sincère. V. **Croire** (à). « *Birotteau prenait tous les compliments au sérieux* » (BALZ.). — Prendre pour important. « *Le difficile... c'est de prendre au sérieux longtemps de suite la même chose* » (GIDE). — Pronom. « *Un jeune garçon très prétentieux, et prenant tout à fait au sérieux* » (DAUD.), attachant le plus grande importance à sa personne.

◇ ANT. (de l'adj.) *Dérisoire, frivole, futile; amusant, comique; inconséquent, puéril; enjoué, gai; débauché.* — (du subst.) *Enjouement, gaieté; légèreté.*

SÉRIGRAPHIE [seʀigʀafi]. *n. f.* (*Séricigraphie*, 1953; de *sérici-*, et *-graphie*). *Techn.* Procédé d'impression sur bois, verre, etc., à l'aide d'un écran ou trame de soie dont on laisse libres les mailles correspondant à l'image à imprimer).

SERIN [s(ə)ʀɛ̃]. *n. m.* (1478; gr. *seirên* « sirène, animal ailé »). ♦ **1°** Petit passereau (*Fringillidés*), à bec court et épais, au plumage généralement jaune. V. **Canari.** — Par appos. *Jaune serin*, jaune clair et vif. ♦ **2°** (1821). Fam. Niais, nigaud. — Adj. (parfois *serine* au fém. [s(ə)ʀin]). « *Et puis, ma fille, que t'es serine!* » (ZOLA). ◇ HOM. **Serin.**

1. SÉRINE [seʀin]. *n. f.* (1856; de *sér*[um] et [album]*ine*). *Biochim.* Albumine du sérum sanguin (mot critiqué; syn. *sérum-albumine*).

2. SÉRINE [seʀin]. *n. f.* (1901; de *séricine*, 1878, « matière gélatineuse tirée de la soie brute »; de *sérici-*). *Biochim.* Acide aminé trouvé dans divers hydrolysats de protéines (en particulier dans les protéines de la soie), présent dans l'organisme sous forme de dérivés phosphorylés et participant à la synthèse des glucides.

SERINER [s(ə)ʀine]. *v. tr.* (1808; « chanter », 1555; de *serin*). ♦ **1°** Instruire (un oiseau), lui apprendre un air, en utilisant la serinette. ♦ **2°** *Fig. et cour.* (1845). Faire apprendre, mettre dans la tête de qqn (un air, une leçon) en répétant inlassablement. « *Ils leur sérièrent les premières fables de La Fontaine* » (FLAUB.). — Dér. SERINAGE [s(ə)ʀinaʒ]. *n. m.* Action de seriner (au pr. et au fig.).

SERINETTE [s(ə)ʀinɛt]. *n. f.* (1739; de *serin*). Vx. Petit orgue mécanique pour apprendre à chanter aux oiseaux.

SERINGA ou **SERINGAT** [s(ə)ʀɛga]. *n. m.* (*Seringat*, fin XVIᵉ; *syringa*, 1715, lat. bot., du lat. d'o. gr. *syrinx* « roseau »). Plante dicotylédone (*Saxifragacées*), arbrisseau à grandes fleurs blanches.

SERINGUE [s(ə)ʀɛg]. *n. f.* (XIIIᵉ; bas lat. *syringa*). Petite pompe utilisée en médecine pour injecter des liquides dans l'organisme. *Seringue à injections, à instillations, à lavement.* « *Je brisai la pointe de ses deux ampoules, aspirai le contenu de l'une et d'entre elles avec la seringue* » (DUHAM.). ◇ (XVIᵉ) Petit instrument de jardinier servant à de menus arrosages, à projeter des insecticides. ◇ *Pop.* (1885). Fusil, arme à feu. « *Ils foutaient le camp en lâchant des coups de seringue* » (VERCEL).

SERINGUER [s(ə)ʀɛge]. *v. tr.* (XVIᵉ; de *seringue*). ♦ **1°** Injecter à l'aide d'une seringue. *Seringuer une plaie.* — *Hortic.* Arroser à l'aide d'une seringue ou d'une pompe des serres ou des arbres fruitiers. (Dér. SERINGAGE [s(ə)ʀɛgaʒ] *n. m.*). ♦ 2° *Arg.* (1927). Tirer sur (qqn) avec une arme automatique (Cf. Sulfateuse « mitraillette »).

SERINGUERO [seʀ̃ingweʀo]. *n. m.* (1890 ; mot port., de *seringa*, nom port. de certains hévéas). *Géogr.* Récolteur de caoutchouc par saignées des hévéas, dans la forêt brésilienne.

SÉRIQUE [seʀik]. *adj.* (1933 ; de *sérum*). *Méd.* Relatif au sérum. *Accident sérique*, réaction allergique provoquée par l'injection d'un sérum animal ou humain.

SERMENT [seʀmɑ̃]. *n. m. (Seirement*, déb. XIIᵉ ; *sagrament*, 842 : « *Serments* » de Strasbourg ; lat. *sacramentum*). ♦ 1° Affirmation ou promesse solennelle faite en invoquant un être ou un objet sacré, une valeur morale reconnue, comme gage de sa bonne foi. *Serment sur l'honneur.* V. **Parole.** *Déclarer sous la foi du serment.* « *La fidélité au serment passait encore pour un devoir* » (CHATEAUB.). *Faux serment*, contraire à la vérité. — *Spécialt.* Attestation solennelle de la vérité d'un fait ou de la sincérité d'une promesse. *Prestation de serment. Témoigner sous serment.* ◇ Engagement solennel (personnel ou réciproque) prononcé en public ; la formule qui l'exprime. *Serment politique*, promesse de fidélité à une autorité. *Serment professionnel*, prononcé par les magistrats, les officiers ministériels. — *Serment d'Hippocrate*, énonçant les principes de déontologie médicale. ♦ 2° Promesse ou affirmation particulièrement ferme. V. **Protestation.** « *Des serments d'ivrognes qui jurent de ne plus boire* » (GONCOURT) : des promesses jamais tenues. « *Comme dans les amitiés puériles, nous avions fait le serment de tout nous dire* » (MAURIAC). ◇ Promesse d'amour durable, de fidélité. ◇ HOM. Serrement.

SERMON [seʀmɔ̃]. *n. m.* (Xᵉ ; lat. *sermo, -onis*). ♦ 1° Discours prononcé en chaire par un prédicateur (en particulier, catholique). V. **Homélie, prêche, prédication, prône.** « *Le sujet de son sermon était la charité* » (HUGO). *Sermon dominical. Sermons du Carême. Les sermons de Bossuet.* ◇ *Le Sermon sur la Montagne*, allocution de Jésus à ses disciples sur les huit béatitudes*. ♦ 2° *Péj.* Discours moralisant, généralement long et ennuyeux. V. **Remontrance.** « *Il prenait la défense des petits, faisait des sermons aux grands* » (PROUST).

SERMONNAIRE [seʀmɔnɛʀ]. *n. m.* (1584 ; de *sermon*). *Didact.* ♦ 1° Auteur de sermons. V. **Prédicateur.** « *Ces analyses des passions humaines... que les sermonnaires chrétiens sont si habiles à nous présenter* » (FAGUET). ♦ 2° Recueil de sermons.

SERMONNER [seʀmɔne]. *v.* (XIIᵉ ; de *sermon*). ♦ 1° V. intr. *(Vx).* Prêcher. ♦ 2° V. tr. *(Mod.).* Adresser des conseils ou des remontrances à (qqn). V. **Catéchiser, endoctriner, morigéner.** « *Quand monsieur le Curé... apercevait Charles qui polissonnait dans la campagne, il l'appelait, le sermonnait* » (FLAUB.).

SERMONNEUR, EUSE [seʀmɔnœʀ, øz]. *n.* (XIIIᵉ ; de *sermonner*). Personne qui aime à sermonner les autres. « *Un sermonneur politique* » (ROUSS.). — Adj. *Il est un peu trop sermonneur.*

SÉRO-. Élément, tiré de *sérum.*

SÉRODIAGNOSTIC [seʀɔdjagnɔstik]. *n. m.* (1896 ; de *séro-*, et *diagnostic*). *Méd.* Diagnostic de certaines infections, fondé sur la recherche, dans le sérum du malade, d'anticorps spécifiques (qui provoquent diverses réactions lorsqu'on ajoute au sérum des antigènes correspondants).

SÉROLOGIE [seʀɔlɔʒi]. *n. f.* (1923 ; de *séro-*, et *-logie*). *Sc.* Étude des sérums, de leurs propriétés, notamment du point de vue de l'immunologie (adj. SÉROLOGIQUE [seʀɔlɔʒik]).

SÉROLOGISTE [seʀɔlɔʒist(ə)]. *n. m.* (mil. XXᵉ ; de *sérologie*). *Didact.* Spécialiste en sérologie.

SÉROSITÉ [seʀozite]. *n. f.* (1495 ; du rad. de *séreux*). ♦ 1° *Vx.* Partie aqueuse. ♦ 2° *Mod.* (1810). Nom donné à certains liquides organiques (lymphe interstitielle, etc.), et *spécialt.* au liquide contenu dans les séreuses, au liquide non suppuré des hydropisies, des œdèmes.

SÉROTHÉRAPIE [seʀɔteʀapi]. *n. f.* (1888 ; *sérumthérapie*, 1902 ; de *séro-*, et *thérapie*). *Méd.* Emploi thérapeutique des sérums sanguins provenant de sujets ou d'animaux immunisés contre diverses maladies. — Dér. SÉROTHÉRAPIQUE [seʀɔteʀapik], *adj.*, 1894.

SÉROTONINE [seʀɔtɔnin]. *n. f.* (apr. 1948 ; mot angl. *serotonin* ; Cf. *séro-, ton*[us], et *-ine*). *Biochim.* Substance aminée élaborée par certaines cellules de l'intestin et du tissu cérébral, transportée vers les tissus par les plaquettes sanguines et jouant un rôle physiologique important comme vasoconstricteur, régulateur de la motilité intestinale et médiateur de l'activité du système nerveux central.

SÉROVACCINATION [seʀɔvaksinasjɔ̃]. *n. f.* (1923 ; de *séro-*, et *vaccination*). *Méd.* Immunisation par l'action d'un sérum associé à un vaccin.

SERPE [seʀp(ə)]. *n. f.* (1380 ; *sarpe*, déb. XIIᵉ ; lat. pop. °*sarpa*, de *sarpere* « tailler »). Outil (de bûcheron, de jardinier) formé d'une large lame tranchante recourbée en crois-

sant, montée sur un manche, et servant à tailler le bois, à élaguer, émonder. V. **Ébranchoir, fauchard, fauchette, gouet, serpette, vouge.** — *Loc. fig. Taillé à la serpe, à coups de serpe*, aux lignes rudes, grossières. « *Un visage long, coupé de plis, comme taillé à la serpe dans un nœud de chêne* » (ZOLA).

SERPENT [seʀpɑ̃]. *n. m.* (1080 ; lat. *serpens*, proprem. « rampant »). ♦ 1° Reptile à corps cylindrique très allongé, dépourvu de membres apparents. V. **Ophidien ;** et *aussi* **Ophio-.** *Serpents venimeux, non venimeux.* « *Pas un serpent de nos pays, mais une bête tropicale, chargée de venins sûrs, et rapide à mordre* » (BOSCO). *Sifflement de serpent.* — *Charmeur de serpent*, en Orient (Indes, etc.), Homme qui donne en spectacle des serpents venimeux qu'il tient en respect en les « charmant » au son de l'instrument. V. **Psylle.** — (1875). *Serpent à lunettes*, à sonnettes*.* V. **Crotale.** *Serpent d'eau*, espèce de couleuvre ; *par anal.* Nom usuel de certains poissons (anguille, congre). *Serpents fabuleux.* V. **Dragon, guivre, hydre.** *Le serpent à plumes* Quetzalcoatl, divinité de l'Amérique précolombienne. — *Le serpent de mer*, monstre marin dont l'existence contestée fournit un thème aux journalistes en mal de copie. ◇ *Ève et le serpent*, incarnation du démon tentateur (allus. biblique) *Loc. fig. Une prudence, une ruse de serpent*, extrême. *Serpent caché sous les fleurs*, danger caché. « *Si je dois voir en vous un serpent que j'aurai réchauffé dans mon sein* » (BALZ.), qqn que j'aurai protégé, choyé pour qu'un jour il se retourne contre moi et me fasse du mal. ♦ 2° Chose étirée, sinueuse. « *Un gros serpent de fumée noire* » (MAUPASS.). ◇ Ancien instrument à vent plusieurs fois recourbé (remplacé par l'ophicléide*). ♦ 3° (1972). *Écon., fin.* Marge de fluctuation des cours, autorisée sans intervention obligatoire des banques centrales, pour un ensemble de monnaies déterminé. *Serpent monétaire européen. Être, entrer dans le serpent* (se dit d'une monnaie).

SERPENTAIRE [seʀpɑ̃tɛʀ]. *n.* (XIIIᵉ ; lat. *serpentaria*). ♦ 1° *N. f.* Nom de diverses plantes, en particulier d'un arum. ♦ 2° *N. m.* (1842 ; lat. zool. *serpentarius*). Oiseau rapace diurne d'Afrique (appelé aussi *messager, secrétaire**) qui se nourrit de reptiles.

SERPENTE [seʀpɑ̃t]. *n. f.* (1680 ; « serpent », XIVᵉ ; de *serpent*, à cause du filigrane). *Techn.* Papier très fin et transparent utilisé pour protéger les gravures des livres.

SERPENTEAU [seʀpɑ̃to]. *n. m.* (XIIᵉ ; de *serpent*). ♦ 1° Jeune serpent. ♦ 2° (1632). Petite fusée volante à mouvement sinueux (feux d'artifices).

SERPENTEMENT [seʀpɑ̃təmɑ̃]. *n. m.* (1624 ; de *serpenter*). *Rare.* Fait de serpenter. V. **Ondulation.**

SERPENTER [seʀpɑ̃te]. *v. intr.* (XIVᵉ ; de *serpent*). Suivre une ligne sinueuse, avec de nombreux tours et détours. V. **Onduler, sinuer.** « *Suivant les ondulations de la petite rivière, une grande ligne de peupliers serpentait* » (MAUPASS.).

SERPENTIN, INE [seʀpɑ̃tɛ̃, in]. *adj. et n.* (mil. XIIᵉ ; lat. *serpentinus*).
I. *Adj.* ♦ 1° *Littér.* Qui a la forme, le mouvement d'un serpent qui rampe. V. **Flexueux, onduleux, sinueux.** « *Les lignes sinueuses, serpentines de son beau corps, ondulent avec... élégance* » (TAINE). ♦ 2° (1534). *Techn.* Qui est marqué de taches rappelant la peau de serpent. *Marbre serpentin. Colonne serpentine*, en marbre veiné, rubané.
II. *N. m.* ♦ 1° (Fin XVᵉ). *Ancienn.* Chien (II, 2°) des anciennes arquebuses à mèche. ♦ 2° (1564). Tube en spirale ou à plusieurs coudes, utilisé dans les appareils de distillation ou de chauffage. ♦ 3° (1892). *Cour.* Petit ruban de papier coloré qui se déroule quand on le lance. « *Le clown... envoie des serpentins à un cercle d'écuyères* » (ROMAINS).

SERPENTINE [seʀpɑ̃tin]. *n. f.* (XIIIᵉ ; du précéd.). *Minér.* Roche métamorphique (silicates magnésiens) dont la masse vert sombre est traversée de petits filons fibreux.

SERPETTE [seʀpɛt]. *n. f.* (XIVᵉ ; de *serpe*). Petite serpe. *Serpette de vigneron.*

SERPIGINEUX, EUSE [seʀpiʒinø, øz]. *adj.* (1560 ; de *serpigine*, XVᵉ, du lat. pop. °*serpigo*, bas lat. *serpedo* « dartre, érysipèle »). *Méd.* Se dit de certaines affections de la peau (ulcères, érysipèle, etc.) qui progressent de façon sinueuse en agrandissant un côté et en s'étendant de l'autre.

SERPILLIÈRE [seʀpijɛʀ]. *n. f.* (1403 ; *sarpillière* « lainage », fin XIIᵉ ; probabl. lat. pop. °*sirpicularia*, du lat. *s[c]irpiculus* « de jonc, objet tressé »). *Vx.* Grosse toile d'emballage ou à laver. ◇ *Mod.* (XXᵉ) Torchon fait de cette toile, servant à laver les sols. V. **Wassingue.**

SERPOLET [seʀpɔlɛ]. *n. m.* (déb. XVIᵉ ; dimin. de l'a. prov. *serpol*, lat. *serpullum*). Variété de thym utilisée comme assaisonnement. *L'herbe « sent bon comme le serpolet* » (LOTI).

SERPULE [seʀpyl]. *n. f.* (1800 ; lat. zool. *serpula* « petit serpent » en lat. class.). *Zool.* Ver marin *(Annélides polychètes)* vivant dans un tube calcaire.

SERRA. *n. f.* V. SIERRA.

SERRAGE [seʀaʒ]. *n. m.* (1845 ; « serres d'un navire », 1765 ; de *serrer*). Action de serrer ; son résultat. *Le serrage des freins. Collier de serrage.* ◇ ANT. Desserrage.

SERRAN [sɛrɑ̃]. *n. m.* (1554; de *serre*, XIIIᵉ; lat. *serra*, proprem. « scie »). Poisson osseux des mers chaudes, appelé aussi *perche de mer*.

SERRATE [sɛrat]. *adj.* (1843; lat. *serratus*). Techn. *Monnaies serrates*, à bordure dentelée.

SERRATULE [sɛratyl]. *n. f.* (1752; *serratula*, 1562; mot lat., proprem. « petite scie »). Sarrette (plante).

1. SERRE [sɛr]. *n. f.* (XIIᵉ; de *serrer*). ♦ 1° *Vx.* Endroit clos. ◇ *Mod.* (1660) Construction vitrée, parfois chauffée artificiellement, où l'on met les plantes à l'abri pendant l'hiver, où l'on cultive les végétaux exotiques ou délicats, où l'on fait les semis particulièrement fragiles. V. **Forcerie.** *Mettre, faire pousser une plante en serre.* — Fig. « *Samuel était une plante de serre chaude, impossible à transplanter là-bas* » (LOTI). *En serre chaude*, se dit de ce qu'on place dans des conditions artificielles de développement. ♦ 2° (1538). *Mar.* Chacune des pièces longitudinales qui croisent intérieurement les couples*. ♦ 3° (1549). Surtout au plur. Griffes ou ongles de certains oiseaux, *spécialt.* des rapaces. « *Il ramassa l'oiseau..., les serres noires et brillantes se repliaient, inertes, au bout des pattes vernies de jaune* » (GENEVOIX). ♦ 4° (1732). *Techn.* Chacun des pressurages successifs qu'on fait subir à une substance. *Donner une deuxième serre au raisin.* ◈ HOM. *Cerf.*

2. SERRE. *n. f.* (v. 1190, « montagne »; XIIIᵉ, en anc. prov., « colline, monticule »; repris par les géographes au XXᵉ; lat. *serra* « scie »; Cf. esp. *Sierra*). *Géogr.* Dans le Sud de la France, Colline étroite et allongée résultant de la fragmentation d'un plateau par des vallées parallèles.

SERRÉ, ÉE [sɛre]. *adj.* (XIIᵉ; de *serrer*). ♦ 1° *Rare.* Qui est à l'étroit, resserré. « *Un port serré où l'on étouffe entre deux montagnes* » (MICHELET). ◇ *Cour.* Qui s'applique étroitement sur le corps. V. **Ajusté.** « *Habit boutonné, serré et pincé à la taille* » (HUGO). ◇ *Au plur.* Placés l'un contre l'autre, tout près l'un de l'autre. *En rangs serrés. Nous étions serrés comme des harengs. Serré entre des objets* (Cf. En sandwich*). ♦ 2° (Mil. XIIIᵉ). Dont les éléments constitutifs sont très rapprochés et laissent peu de vide entre eux. V. **Compact, dense, dru, épais.** « *Les grappes sont déjà massives..., si serrées qu'une guêpe n'y entrerait pas* » (COLETTE). « *Cette petite écriture fine, serrée* » (STE-BEUVE). *Milit. Ordre* serré. — Hippol. *Cheval serré du devant, du derrière*, dont les membres antérieurs, postérieurs sont trop rapprochés. — Ciné., télév. *Montage serré.* ◇ *Un café, un express (bien, très) serré*, fort. V. **Tasser.** ♦ 3° Fig. (1559). Qui dit beaucoup en peu de mots. V. **Concis.** « *Dans les livres d'Edgar Poe le style est serré* » (BAUDEL.). — *Critique, discussion serrée*, menée avec une précision, une rigueur stricte. V. **Rigoureux.** « *Un jeu serré, prudent, mené avec une constante vigilance* » (MART. du G.). ◇ *(Récipr.)* Se rapprocher jusqu'à se toucher. « *La grande table où l'on se serrait pour être plus ensemble* » (ZOLA). ◈ ANT. Écarter, éclaircir, espacer. Desserrer, ouvrir.
Adv. « *C'est un piège sans doute, jouons serré* » (STENDHAL). — *Une partie serrée*, extrêmement difficile. « *Nous jouons une partie serrée, et... pour la gagner, nous ne devons nous relâcher sur aucun point* » (GIDE). ♦ 4° Qui n'est pas financièrement à l'aise. V. **Gêné.** « *Il vivait petitement et fort serré* » (MICHELET). ◈ ANT. Large; clairsemé; lâche.

SERRE-ÉCROU [sɛrekru]. *n. m.* (1907; de *serrer*, et *écrou*). Techn. Clef pour serrer et desserrer les écrous d'une bicyclette. *Des serre-écrous.*

SERRE-FILE [sɛrfil]. *n. m.* (1678; de *serrer*, et *file*). Gradé (ou soldat) placé en surveillance derrière une troupe qui défile. *Marcher en serre-file. Les serre-files.* ◇ (1835) Navire qui est placé le dernier dans une ligne de combat, dans un convoi. ◈ HOM. *Serre-fils.*

SERRE-FILS [sɛrfil]. *n. m. invar.* (1869; de *serrer*, et *fil*). Techn. Dispositif qui sert à connecter deux fils électriques. ◈ HOM. *Serre-file.*

SERRE-FREIN(S) [sɛrfrɛ̃]. *n. m.* (1872; de *serrer*, et *frein*). Garde-frein.

SERRE-JOINT(S) [sɛrʒwɛ̃]. *n. m.* (1845; de *serrer*, et *joint*). Techn. Outil servant à maintenir serrées les unes contre les autres des planches assemblées ou collées par les joints. V. **Sergent** (3°).

SERRE-LIVRES [sɛrlivr(ə)]. *n. m. invar.* (XXᵉ; de *serrer*, et *livre*). Objet de bureau qui sert à maintenir plusieurs livres les uns contre les autres, debout sur leur tranche (Syn. *Presse-livres*).

SERREMENT [sɛrmɑ̃]. *n. m.* (1596; de *serrer*). ♦ 1° *Vx.* Fermeture. — ◇ *Mod.* (1872) Cloison, barrage qui s'oppose, dans une galerie de mine, à l'invasion des eaux. ♦ 2° (1529). Action de serrer. *Serrement de main*, poignée de main. — Fait d'être serré, contracté. « *Ces serrements de la gorge, ce spasme de la poitrine* » (BOURGET). *Serrement de cœur*, angoisse, tristesse. ◈ HOM. *Serment.*

SERRE-NEZ [sɛrne]. *n. m. invar.* (1872; de *serrer*, et *nez*). Techn. Vétér. Petit instrument avec lequel on serre le nez d'un cheval pour le rendre docile. ◈ HOM. *Cerner.*

SERRE-PAPIERS [sɛrpapje]. *n. m. invar.* (1720; de *serrer*, et *papier*). Vieilli. Petit meuble de bureau, sorte de casier où l'on range des papiers.

SERRER [se(ɛ)re]. *v. tr.* (1160; lat. pop. °*serrare*, altér. bas lat. *serare*, de *sera* « barre, verrou »). ♦ 1° *Vx.* Fermer. ◇ *Mod.* (Mil. XIIIᵉ) Région. Mettre à l'abri ou en lieu sûr. V. **Ranger.** « *Un simple grenier où... on serrait en hiver les jeux de jardin* » (P. BENOIT). ♦ 2° Saisir ou maintenir vigoureusement, de manière à ne pas laisser échapper, à comprimer. V. **Empoigner.** « *Il lui avait pris le poignet... et il le serrait si violemment qu'elle se tut* » (MAUPASS.). *Serrer la main** *à qqn.* V. **Poignée** (de main). ◇ Prendre (qqn) entre ses bras et tenir pressé (contre soi). V. **Embrasser, enlacer, étreindre.** « *Il la serra passionnément contre lui* » (MART. du G.). ◇ *(Sensation)* Faire peser une sorte de pression, d'oppression sur (la gorge, le cœur). « *Une crampe lui serrait le gosier, l'étranglait* » (MART. du G.). « *Son cœur était serré par une intense angoisse* » (DUMAS). — *Cela me serre le cœur, j'en ai le cœur serré, j'en ai de la peine, cela me fait pitié.* ♦ 3° Disposer (des choses, des personnes) plus près les unes des autres. V. **Rapprocher.** *Serrez les rangs!* ou absolt. *Serrez!* Serrer les lettres, les mots, en écrivant. ♦ 4° Maintenir énergiquement fermé (le poing, la bouche). V. **Contracter, crisper.** M. Charles « *serra les poings, dans un élan d'indignation exaspérée* » (ZOLA). ◇ Rapprocher énergiquement. *Serrer les mâchoires, les dents**. « *Les lèvres serrées, en proie à cette colère...* » (FRANCE). Pop. *Serrer les fesses**. ♦ 5° (Sujet de chose). Rétrécir ou comprimer, en entourant ce qu'on s'applique. « *Une ceinture... serrait à la taille leurs petites robes* » (MAC ORLAN). « *Un jersey bleu foncé qui serrait son buste* » (GREEN). V. **Mouler.** — Mar. *Serrer une voile*, la plier et la fixer le long d'une vergue, d'un mât. ◇ Rendre plus étroit (un lien). « *Il serra sa ceinture d'un cran* » (MAC ORLAN). *Serrer un nœud*, en tirant sur chaque extrémité de la corde. ♦ 6° Tourner, faire mouvoir (un élément mobile, un organe de fixation, un volant, une manette) de manière à rapprocher deux choses, à fixer une pièce, à mettre un dispositif en position fermée. *Serrer un frein, un robinet, un écrou, une vis.* Fig. *Serrer la vis** *à qqn.* ♦ 7° (XVIᵉ). Être comme appliqué ou pressé contre, rester tout près de (qqn qu'on suit, qu'on pousse). *Serrer de près l'ennemi.* — Fig. (fam.) *Il* « *la chatouillait et la serrait de très près* » (ARAGON) : il lui faisait une cour très pressante. ◇ *Mar.* Longer en passant au plus près. V. **Raser.** *Le navire serrait la terre. Serrer le vent*, naviguer au plus près*. — Intrans. *Pour une direction, serrez à droite*, rapprochez-vous de la droite. ◇ (Abstrait) « *Serrer de plus près l'idée d'église* » (PROUST), la considérer, l'étudier de plus près. ♦ 8° SE SERRER (Réfl. dir.). Fam. *Se serrer le ventre, la ceinture**. ◇ (Réfl. dir.) Se mettre tout près, tout contre (qqn). V. **Blottir** (se), **coller** (se), **pelotonner** (se). « *Jacques... se serrait contre Antoine, avec un appétit soudain de tendresse* » (MART. du G.). ◇ (Récipr.) Se rapprocher jusqu'à se toucher. « *La grande table où l'on se serrait pour être plus ensemble* » (ZOLA). ◈ ANT. Écarter, éclaircir, espacer. Desserrer, ouvrir.

SERRE-TÊTE [sɛrtɛt]. *n. m. invar.* (1573; de *serrer*, et *tête*). ♦ 1° Ruban, bandeau, objet circulaire flexible servant à maintenir les cheveux. ♦ 2° Coiffe, bonnet qui enserre les cheveux. *Serre-tête d'aviateur, de skieur.*

SERRISTE [sɛrist(ə)]. *n.* (av. 1973; de *serre* 1). Spécialiste des cultures en serres.

SERRURE [sɛryr]. *n. f.* (fin XIIᵉ; *seredure*, déb. XIIᵉ; de *serrer* « fermer »). Dispositif fixe de fermeture (d'une porte, un tiroir, un coffre) comportant un mécanisme qu'on manœuvre à l'aide d'une clef (V. **Gâche, mortaise, pêne**). *Mettre, laisser la clé dans la serrure. Regarder par le trou de la serrure. Crocheter une serrure.* — Ch. de fer. Dispositif de sécurité qui permet de bloquer le levier d'un signal, d'une aiguillage.

SERRURERIE [sɛryrri]. *n. f.* (déb. XIVᵉ; de *serrurier*). ♦ 1° Métier de serrurier. ♦ 2° Techn. Confection d'ouvrages en fer. *Serrurerie d'art*, travail du fer forgé. V. **Ferronnerie.** *Grosse serrurerie*, poutres métalliques, etc.

SERRURIER [sɛryrje]. *n. m.* (XIIIᵉ; de *serrure*). ♦ 1° Artisan qui fait, répare, pose des serrures, des verrous, fabrique des clefs. ♦ 2° Techn. Entrepreneur en serrurerie. *Serrurier en bâtiment.*

SERTÃO [sɛrtɑ̃]. *n. m.* (1875; mot port. du Brésil). *Géogr.* Zone semi-aride du Brésil (élevage extensif).

SERTE [sɛrt(ə)]. *n. f.* (1765; de *sertir*). Techn. Sertissage. ◈ HOM. *Certes.*

SERTIR [sɛrtir]. *v. tr.* (1642; *sartir, sacir* « ajuster, recoudre », XIIᵉ; lat. pop. °*sartire*, class. *sarcire* « réparer »). ♦ 1° Encastrer (une pierre) dans la monture, dans le chaton. V. **Enchâsser, monter.** « *De bons gros diamants de famille... sertis dans de vieilles montures* » (GAUTIER). ♦ 2° Techn. (1871). Assujettir, sans soudure (des pièces métalliques). ◇ (1907) *Sertir une cartouche de chasse*, refouler à l'intérieur, au moyen du *sertisseur*, le carton de la douille. ◈ ANT. *Dessertir.*

SERTISSAGE [sɛrtisaʒ]. *n. m.* (1872; de *sertir*). Opération par laquelle on sertit une pierre (serte); sertissure. ◇

Action de sertir (deux pièces métalliques). ◇ ANT. *Dessertissage.*

SERTISSEUR, EUSE [sɛʀtisœʀ, øz]. *n.* (1845 ; de *sertir*). *Techn.* ♦ 1° Artisan, ouvrier spécialisé dans le sertissage. ♦ 2° (1902). Instrument qui sert à sertir les cartouches.

SERTISSURE [sɛʀtisyʀ]. *n. f.* (1701 ; « fixation d'un émail », 1328 ; de *sertir*). ♦ 1° Manière dont une pierre précieuse est sertie. ♦ 2° Partie du chaton qui maintient cette pierre.

SÉRUM [seʀɔm]. *n. m.* (1560 ; *sérol*, 1478 ; lat. *serum*). ♦ 1° Liquide qui reste après la coagulation du lait (on dit aussi *lactosérum*). ♦ 2° (1560) Biochim. *Sérum sanguin :* partie liquide du sang constituée par le plasma débarrassé de fibrine, liquide transparent jaunâtre, de composition complexe (environ 80 % d'eau), renfermant des matières azotées (protéines, urée, créatine, créatinine), des glucides, des éléments minéraux, des enzymes, divers produits du métabolisme. V. **Plasma.** ◇ (1883) *Sérum artificiel,* soluté physiologique employé en injections sous-cutanées ou intraveineuses. ◇ (1888) *Sérum thérapeutique,* provenant d'un animal immunisé ou d'un convalescent, contenant un anticorps spécifique, utilisé en injections sous-cutanées à titre curatif ou préventif. *Sérum antidiphtérique, antitétanique. Du sérum.* V. **Sérique.** *Sérum de vérité :* nom donné à certains dérivés barbituriques (surtout au pentothal) qui, administrés par voie intraveineuse, produisent un état de subnarcose au cours duquel le sujet révèle facilement des faits qu'il dissimule habituellement. V. **Narco-analyse.**

SÉRUM-ALBUMINE [seʀɔmalbymin]. *n. f.* (1946 ; angl. *serum albumin.* V. **Sérum,** et **albumine**). *Biochim.* Albumine représentant la principale protéine du plasma sanguin, qui joue un rôle dans le maintien de la pression osmotique et dans le transport de diverses substances auxquelles elle s'unit (acides gras, bilirubine, médicaments, etc.).

SÉRUM-GLOBULINE [seʀɔmɡlɔbylin]. *n. f.* (1946 ; angl. *serum globulin.* V. **Sérum,** et **globuline**). *Biochim.* Ensemble des globulines du sérum sanguin, comprenant toutes les protéines sériques à l'exclusion de la sérum-albumine. *Certaines sérum-globulines jouent un rôle essentiel dans les processus d'immunisation* (immunoglobulines, gammaglobulines).

SERVAGE [sɛʀvaʒ]. *n. m.* (fin XIIe ; de *serf*). Condition du serf. *Le servage féodal. L'abolition du servage par le tsar Alexandre II.* ◇ *Fig.* Esclavage, servitude. « *L'infini servage de la femme* » (RIMBAUD).

SERVAL [sɛʀval]. *n. m.* (1761 ; port. *cerval* « cervier »). Chat-tigre d'Afrique, haut sur pattes, au pelage fauve tacheté de noir. *Des servals.*

1. SERVANT [sɛʀvɑ̃]. *adj. m.* (déb. XIIIe ; de *servir*). Vx (sauf en loc.). Qui sert, est employé à servir. *Relig. Frères servants,* frères convers employés aux modestes besognes. — *Cavalier, chevalier* servant.* ◇ *Dr.* Assujetti à une servitude. *Fonds servant* (*opposé à* fonds dominant*).

2. SERVANT [sɛʀvɑ̃]. *n. m.* (mil. XIIe ; « serviteur » ; de *servir*). ♦ 1° (1812). Clerc ou laïque qui sert le prêtre pendant la célébration de la messe basse. ♦ 2° Chacun des artilleurs qui se tiennent de chaque côté de la pièce et sont chargés de l'approvisionnement.

SERVANTE [sɛʀvɑ̃t]. *n. f.* (mil. XIVe ; fém. de *servant*). ♦ 1° *Vieilli* ou *région.* Fille ou femme employée comme domestique. V. **Bonne.** « *Sa servante Félicité... faisait la cuisine et le ménage, cousait, lavait, repassait* » (FLAUB.). *Servante de comédie.* V. **Soubrette.** ◇ (T. de dévotion) *Servante du Christ, de Dieu,* femme qui sert Dieu fidèlement. ♦ 2° (1746). Petit meuble (table, étagère) servant de desserte. ◇ *Techn.* (fin XVIIIe) Support réglable. *Servante de forgeron, de menuisier.* ◇ (1879) Petite lampe de théâtre. « *L'avare lumière d'une 'servante' à deux ampoules* » (COLETTE).

SERVEUR, EUSE [sɛʀvœʀ, øz]. *n.* (fin XIXe ; « serviteur », XIIIe ; de *servir*). ♦ 1° Garçon de restaurant spécialement chargé du service de la table ; femme chargée de servir les clients (dans un restaurant, un café). V. **Barmaid.** ◇ Domestique qu'on prend en extra pour servir à table. ♦ 2° *Techn.* Ouvrier chargé d'alimenter une machine. ♦ 3° *Sports.* (tennis, ping-pong, etc.). Joueur qui met la balle en jeu. V. **Servant** (*opposé à* relanceur). — *Au jeu de cartes.* Joueur qui donne, qui sert les cartes.

SERVI, IE. *passif* et *p. p.* V. **Servir.**

SERVIABILITÉ [sɛʀvjabilite]. *n. f.* (1859 ; *serviableté,* 1530 ; de *serviable*). Caractère d'une personne serviable. « *J'ai des chevaux,... j'en jurai, par serviabilité* » (ARAGON).

SERVIABLE [sɛʀvjabl(ə)]. *adj.* (déb. XIIIe ; « utilisable, dressable », XIIe ; de *servir*). Qui est toujours prêt à rendre service. V. **Complaisant, obligeant.** « *Il était serviable, empressé même* » (GIDE). — Adv. *Rare.* SERVIABLEMENT [sɛʀvjabləmɑ̃].

SERVICE [sɛʀvis]. *n. m.* (XIe ; lat. *servitium* « esclavage »). **I.** Obligation et action de servir un supérieur, une autorité). **A** ♦ 1° Ensemble des charges, des obligations envers la divinité. *Le service divin,* le culte. — *Spécialt. Service*

religieux, célébration solennelle de l'office. *Service funèbre, mortuaire,* à l'occasion des funérailles. ♦ 2° Ensemble des devoirs que les citoyens ont envers l'État, la société, et des activités qui en résultent. Rare. *Service national, civil.* Cour. SERVICE MILITAIRE : temps qu'un citoyen doit passer sous les drapeaux. *Faire son service (militaire). Pendant son service,* le temps où il faisait son service. ◇ *Métier des armes, vie militaire. Terminer son temps de service. De brillants états de service.* ♦ 3° Travail particulier que l'on doit accomplir au cours d'une de ces activités (civiles ou militaires). V. **Fonction.** *Service de surveillance. Être en service commandé,* occupé à un travail imposé par la fonction. *Être de service,* occupé par sa fonction à telle heure, tel jour. V. **Garde, quart.** « *Le pompier de service, achevant sa ronde* » (ZOLA). ◇ Les personnes chargées d'assurer ce travail. SERVICE D'ORDRE : personnes qui assurent le bon ordre, la discipline, la surveillance (réunions, assemblées,...). « *Un service d'ordre improvisé s'efforçait de disperser l'attroupement* » (MART. du G.). ♦ 4° Obligations d'une personne dont le métier est de servir un maître ; fonction de domestique (dans : *au, en, de service*). V. **Domesticité.** *Être au service de qqn, en service chez qqn. Escalier de service,* affecté aux domestiques, fournisseurs, etc. ◇ *Travail de celui qui est chargé de servir des clients ;* manière dont ce travail est fait. *Le service est médiocre dans cet hôtel. Repas à 12 francs, service compris,* y compris la rémunération du personnel. V. **Pourboire.** **B** *Spécialt.* (à table). ♦ 1° (XIVe). Action, manière de servir des convives, de servir les plats, à table. « *Adrienne... changeait l'assiette d'Antoine, avançait la corbeille à pain, s'empressait à faire le service* » (MART. du G.). ♦ 2° *Vx.* Ensemble des plats apportés en même temps sur la table. « *Un grand dîner à trois services* » (BALZ.). — *Mod.* Série de repas servis à la fois (dans une cantine, un wagon-restaurant). *Premier service.* ♦ 3° Assortiment d'objets utilisés pour servir à table. *Service à café, à thé,* tasses, sucrier, cafetière ou théière. *Service à liqueurs,* verres, carafes... *Service de table,* linge de table. — *Absolt.* Ensemble assorti de plats, assiettes, saladiers, etc. *Un service de porcelaine.*

II. (Décision personnelle et action de servir librement qqn). ♦ 1° Fait de se mettre à la disposition de (qqn), par obligance (dans : *à, pour le service de qqn, son service*). *Je suis à votre service. Fam. Qu'y a-t-il pour votre service? que puis-je faire pour vous?* ♦ 2° UN SERVICE : ce que l'on fait pour qqn, avantage qu'on lui procure bénévolement. V. **Aide, appui, bienfait, faveur, office, soin.** « *Un service amusant à rendre ne saurait être ennuyeux à demander* » (GIDE). — *Rendre un mauvais service à qqn,* lui nuire en croyant agir dans son intérêt. V. **Desservir.** — *Loc. verb.* RENDRE SERVICE À *qqn,* l'aider, lui être utile. *Ça serait se rendre service à mon pays* » (GIDE). *Fam. Ça peut toujours rendre service :* ça peut servir. ♦ 3° Ce qu'on fait pour qqn contre paiement ou rémunération. « *Le représentant d'une grosse maison belge de papeterie qui vient vous faire ses offres de service* » (ROMAINS). « *Je serai obligé de me priver de vos services... Cherchez une place* » (VALLÈS). ♦ 4° *Écon.* (1875). Activités qui représentent une valeur économique sans correspondre à la production d'un bien matériel (surtout au pl. ; *opposé à* biens). *Société de services.* V. **Tertiaire** (secteur).

III. (Action de servir qqch.). ♦ 1° (1508). Usage, fonctionnement (dans les expressions : *Mettre en service, hors service* [hors d'usage]). — (av. 1969). *Service après-vente,* installation, entretien et réparation pendant une période déterminée, d'appareils (électriques surtout), assurés par le magasin. ♦ 2° (Déb. XIXe). Ensemble d'opérations par lesquelles on fait fonctionner (qqch.). « *Les hommes chargés du service d'une pièce* » (GONCOURT). ♦ 3° (1669). Coup par lequel on sert la balle (au jeu de paume, au tennis, au volleyball). *Il a un bon service. Faute de service.* ♦ 4° (1872). Expédition, distribution. *On lui fait le service gratuit de la revue. Service de presse* (d'un livre aux journalistes).

IV. (1835). ♦ 1° Fonction d'utilité commune, publique ; activité organisée qui la remplit. *Le service des postes. Services de transports* (aériens, maritimes). *Milit. Le service intérieur,* en campagne, l'organisation matérielle des armées au repos, en campagne. ◇ *Absolt.* Le travail (*spécialt.* dans les activités d'utilité publique : armée, administration). *Règlements, note de service. Réunion de service. Il est à cheval sur le service :* très pointilleux (fam. *Il est service-service*). ♦ 2° Organisation chargée d'une branche d'activités correspondant à une fonction d'utilité sociale. V. **Organisme ; département, direction, office.** *Organiser un service. Chef de service. Services administratifs. Services d'un établissement hospitalier. Service de l'exploitation, du matériel,* dans les chemins de fer. *Service de publicité, de contentieux d'une entreprise.* V. **Bureau.** ◇ Grande organisation de l'armée (à l'exclusion des unités combattantes). *Service des transmissions, de l'intendance. Service de santé.* ◇ Branche d'activité importante, correspondant à une mission d'intérêt national. *Les services généraux d'une nation.* — *Spécialt.* SERVICE PUBLIC. V.

Public. — SERVICES SOCIAUX : organismes privés ou publics chargés des questions sociales (famille, enfance, santé, etc.). *Service social d'une usine.*

SERVIETTE [sɛʀvjɛt]. *n. f.* (1328; de *servir*). ♦ 1° Pièce de linge dont on se sert à table ou pour la toilette (pour éviter de se salir, pour s'essuyer, etc.) *Serviette de table. Rond** de *serviette.* — Loc. *Il ne faut pas mélanger les torchons* avec les serviettes.* — Par anal. *« Brunet prit la serviette en papier..., la froissa et s'essuya les lèvres »* (SARTRE). — *Serviette de toilette.* V. **Essuie-mains.** *Serviette de bain. Serviette éponge.* ◇ *Serviettes hygiéniques,* bandes de tissu absorbant que les femmes utilisent pendant les règles. ♦ 2° (1840). Sac à compartiments, rectangulaire, généralement pliant, servant à porter des papiers, des livres. V. **Cartable, porte-documents, portefeuille.** *« ... L'éternelle serviette pleine de papiers et de livres lui battait contre le flanc »* (DUHAM.).

SERVILE [sɛʀvil]. *adj.* (mil. XIVᵉ; lat. *servilis*). ♦ 1° Didact. Propre aux esclaves ou aux serfs, à leur état. *Condition, travail servile.* ◇ Relig. *Crainte servile* (opposé à *crainte filiale*) : crainte de Dieu en tant que vengeur du péché. Théol. *Œuvres serviles* (opposé à *libérales*), travaux manuels. ♦ 2° Fig. *(plus cour.).* Qui a un caractère de soumission avilissante et indigne d'un homme libre. V. **Bas, obséquieux, rampant.** *« Une admiration presque servile des supérieurs »* (R. ROLLAND). ◇ (1718) Qui est étroitement soumis à un modèle, dépourvu d'initiative et d'originalité. *Traducteur servile.* *« Les deux peintres virent dans ces toiles une servile imitation des paysages hollandais »* (BALZ.). ◈ ANT. **Libre.**

SERVILEMENT [sɛʀvilmɑ̃]. *adv.* (1538; « en qualité d'esclave », 1370; de *servile*). D'une manière servile, basse ou sans originalité. *Il fait servilement sa cour »* (VAUVEN.). *« Leur reprocher d'avoir marché servilement dans les mêmes voies »* (CHATEAUB.).

SERVILITÉ [sɛʀvilite]. *n. f.* (1542; de *servile*). Caractère, comportement servile, bas. V. **Bassesse, complaisance, obséquiosité.** *« La servilité et la bassesse envers le pouvoir de M. Cuvier »* (STENDHAL). ◇ Caractère servile, sans originalité. *« Il imitait... avec une servilité naïve, jusqu'à sa façon de s'habiller »* (HERMANT).

SERVIR [sɛʀviʀ]. *v.* (Xᵉ; lat. *servire* « être esclave, être soumis ou dévoué à »).
I. V. tr. dir. Ⓐ *(Compl. de personne).* ♦ 1° S'acquitter de certaines obligations ou de certaines tâches envers (qqn auquel on obéit). *« Ceux qui servent Dieu de tout leur cœur »* (PASC.). *« Quand il était Empereur, les frères du héros* (Napoléon) *l'ont servi de tout leur dévouement et de toute leur obéissance »* (GAUTIER). — Spécialt. *Servir le prince à la guerre »* (MONTESQ.) : se battre pour lui. — Absolt. *« L'arme où l'on sert »* (VIGNY), où l'on est soldat. ◇ (À titre de domestique) *On n'arrive plus à se faire servir*, à trouver des domestiques. — Loc. *On n'est jamais si bien servi que par soi-même,* le mieux est de faire soi-même les choses. ◇ *Pourvoir de nécessaire* (qqn qui est à table); donner à manger selon les règles en usage. *« Sers-moi, je meurs de faim »* (BALZ.). *« Madame est servie »,* formule par laquelle un domestique annonce à la maîtresse de maison qu'on peut passer à table. — Par anal. *Servir un client,* lui fournir ce qu'il demande. *Le boucher nous a mal servis aujourd'hui.* — (T. de cartes) *Être servi,* avoir en mains des cartes satisfaisantes, ne pas en demander d'autres. — Fig. *En fait d'embêtements, nous avons été servis depuis quelque temps!* nous en avons eu beaucoup. ◇ Vieilli. *Pour vous servir,* formule de politesse marquant qu'on est à la disposition de qqn, tout dévoué à ses ordres. ◇ Vén. *Achever* (une bête forcée) au poignard, avant la curée. ♦ 2° En dehors de toute obligation). Aider, appuyer (qqn), en y employant sa peine, son crédit. *Servir qqn, ses intérêts. « Servir la cause de l'esprit »* (DUHAM.). ◇ *(Sujet de chose)* Être utile, favorable à. V. **Favoriser.** *« Doué d'un certain flair... servi aussi par son esprit d'aventure »* (MART. du G.). *« Leur extravagance sert des desseins qu'ils dissimulent »* (MAURIAC). Ⓑ *(XIIᵉ; compl. de chose).* ♦ 1° Mettre à la disposition de qqn (une chose, pour qu'il la consomme, qu'il en fasse usage). *Elle « en profitait pour servir à Monseigneur quelque excellent poisson »* (HUGO). *On leur servit à boire.* V. **Donner.** *À table! c'est servi :* les plats sont prêts et déjà déposés sur la table. Absolt. *Servez chaud!* — Fig. Donner, présenter. *« Les objections pâteuses que je lui ai servies »* (MART. du G.). ◇ *Servir des cartes,* en donner au joueur qui en demande. *Servir la balle,* v. absolt. *Servir,* la mettre en jeu (autrefois au jeu de paume, aujourd'hui au tennis, au volley-ball, etc.). *À vous de servir.* V. **Service.** — *Servir une rente, un intérêt. « On pourrait lui servir huit cents francs »* (ZOLA). ♦ 2° Mettre (une chose) en état de se dérouler ou de fonctionner normalement en remplissant les conditions nécessaires ou en l'approvisionnant. *Servir la messe. Servir et desservir la table.* — *Servir une pièce d'artillerie,* l'alimenter en munitions. Ⓖ *(Animaux).* Zoot. Couvrir, monter (la femelle).
II. V. tr. indir. ♦ 1° (XIIᵉ). Aider en étant utile ou utilisé.

« Un édifice... qui servira aux générations futures » (TAINE). Absolt. *Cela peut encore servir.* ◇ Vieilli (avec un pronom « neutre »). *« Mais que sert le mérite où manque la fortune? »* (CORN.), en quoi le mérite est-il utile? *« Que sert d'interdire ce qu'on ne peut pas empêcher? »* (GIDE). *« Rien ne sert de courir, il faut partir à point »* (LA FONT.). ♦ 2° SERVIR À (compl. de but, de conséquence) : être utile, utilisé à..., pour... *« L'espèce de couteau leur servant à dépecer les viandes »* (FLAUB.). — (Sans désignation d'utilisateur) *« Des pics et des pelles qui avaient servi à creuser des trous »* (ALAIN-FOURNIER). *« Si la sympathie en ces occasions pouvait servir à quelque chose »* (FLAUB.). Impers. *À quoi sert d'engager la discussion? »* (GIDE). *À quoi ça sert, cet outil? »* ♦ 3° (1530; avec un compl. de manière à valeur d'attribut). Être utilisé en guise de... V. **Fonction** (faire), **lieu** (tenir). *« La chambre qui me sert de cabinet de travail »* (APOLLINAIRE). *« Que l'histoire d'aujourd'hui vous serve de leçon! »* (ZOLA). *« Elle était toute fière de lui servir de guide »* (ROMAINS).
III. V. pron. ♦ 1° *(Réfl.).* Prendre de ce qui est sur la table. *Servez-vous mieux. Servez-vous de rôti,* prenez du rôti. ◇ Se fournir, s'approvisionner habituellement. *Se servir chez un marchand.* ♦ 2° (1538; avec un compl. d'instrument à valeur de compl. d'objet; proprem. « s'aider de »). SE SERVIR DE... : faire usage de..., utiliser. V. **Employer.** *« Ils avaient résolu d'apprendre à se servir de leurs poings »* (HÉMON). *« Reconnaître un objet usuel consiste surtout à savoir s'en servir »* (BERGSON). *« Il voulait se servir de toi »* (BALZ.), t'utiliser à son profit, t'exploiter. ♦ 3° (Pass.). *Ce vin doit se servir très frais,* être servi très frais.
◈ ANT. **Commander; desservir, gêner; nuire.**

SERVITEUR [sɛʀvitœʀ]. *n. m.* (XIᵉ; bas lat. *servitor*). ♦ 1° Littér. Celui qui sert (qqn envers lequel il a des devoirs). *« Le souverain est le premier serviteur de l'État »* (FRÉDÉRIC II). ◇ Vieilli. Domestique. — Fig. *(Péj.)* Valet. *« Les plus obséquieux serviteurs de Napoléon »* (CHATEAUB.). ♦ 2° Vx (T. de politesse). *Votre très humble et très obéissant serviteur. Je suis votre serviteur,* ou ellipt. *Serviteur,* ancienne formule de salut, de remerciement poli, ou même. de refus. ◇ Mod. *Votre serviteur,* moi-même. ◈ ANT. **Maître.**

SERVITUDE [sɛʀvityd]. *n. f.* (fin XIIᵉ; bas lat. *servitudo*). ♦ 1° Vx. Esclavage; servage. ◇ Mod. (XVᵉ) État de dépendance totale d'une personne soumise à une autre. V. **Asservissement, soumission, sujétion.** *« La servitude où l'homme tient la femme »* (MAUROIS). *« La servitude militaire est lourde et inflexible »* (VIGNY). ◇ Vieilli. État d'une nation privée de son indépendance, ou d'un peuple privé de sa liberté politique. V. **Oppression.** ♦ 2° Littér. Ce qui crée ou peut créer un état de dépendance. V. **Contrainte, lien, obligation.** *« Les gens qui parcourent le monde se croient délivrés de toute servitude »* (DUHAM.). *« Il avait l'horreur des servitudes bureaucratiques »* (DUHAM.). ◇ Dr. civ. Charge établie sur un immeuble pour l'usage et l'utilité d'un autre immeuble appartenant à un autre propriétaire. V. **Hypothèque.** *Servitude d'appui, d'écoulement des eaux, de passage, de puisage, de pacage. Servitude « non ædificandi »* (obligation de ne pas bâtir sur un fonds), *« non altius tollendi »* (obligation de ne pas bâtir au delà d'une certaine hauteur). — Dr. publ. Restriction au droit de propriété immobilière, pour une raison d'intérêt général ou d'utilité publique. *« Sept ouvrages militaires... entourés de terrains frappés de la même servitude »* (GIRAUDOUX). ◇ Mar. *Bâtiments de servitude,* bateaux destinés au service des ports (chalands, pontons, etc.). ◈ ANT. **Affranchissement, émancipation, liberté.**

SERVO-. Élément, du lat. *servus* « esclave », marquant « asservissement » à mécanique.

SERVOCOMMANDE [sɛʀvɔkɔmɑ̃d]. *n. f.* (mil. XXᵉ; de *servo-*, et *commande*). Techn. Mécanisme auxiliaire assurant automatiquement, par amplification d'une force, le fonctionnement d'un ensemble.

SERVODIRECTION [sɛʀvɔdiʀɛksjɔ̃]. *n. f.* (mil. XXᵉ; de *servo-*, et *direction*). Techn. Servocommande qui amplifie les mouvements donnés à la direction (dite alors « assistée ») par le conducteur d'un véhicule.

SERVOFREIN [sɛʀvɔfʀɛ̃]. *n. m.* (1923; de *servo-*, et *frein*). Techn. Servocommande de freinage.

SERVOMÉCANISME [sɛʀvɔmekanism(ə)]. *n. m.* (1945; de *servo-*, et *mécanisme*). Techn. Système asservi à une information extérieure, permettant de maintenir l'équilibre de la réponse et de la commande quelles que soient les variations de celle-ci et les perturbations.

SERVOMOTEUR [sɛʀvɔmɔtœʀ]. *n. m.* (1869; de *servo-*, et *moteur*). Techn. Organe moteur servant à diriger et à régler le mouvement d'une machine.

SERVOVALVE [sɛʀvɔvalv(ə)]. *n. f.* (v. 1970; de *servo-*, et *valve*). Techn. Valve commandée par servomoteur.

SES. V. **SON** *(adj. poss.).*

SÉSAME [sezam]. *n. m.* (1570; *sisame*, 1500; *suseman*, XIIIᵉ; lat. *sesamum*). ♦ 1° Plante oléagineuse, originaire de l'Inde. *Huile de sésame.* ♦ 2° Fig. (allus. au conte d'Ali-

Baba, où la formule « Sésame, ouvre-toi » ouvre la caverne aux trésors). *Le sésame, le « sésame ouvre-toi »* : le mot, la formule magique qui fait accéder à qqch., obtenir qqch. « *Comme une formule incantatoire, le sésame ouvre-toi du paradis* » (GIDE).

SÉSAMOÏDE [sezamɔid]. *adj.* (XVIᵉ; gr. *sêsamoeidês* « qui ressemble au [grain de] sésame »). *Anat. Os sésamoïdes,* petits os situés dans l'épaisseur de certains tendons ou près du carpe et du tarse.

SESBANIA ou **SESBANIE** [sɛsbanja, -bani]. *n. f.* (1848; *sesban,* 1730, lat. bot. *sesbanus,* fin XVIᵉ; arabo-persan *sisabân*). *Bot.* Arbrisseau des régions tropicales *(Papilionacées),* cultivé dans l'Inde pour la filasse qu'on tire des tiges.

SESQUIALTÈRE [sɛskɥialtɛʀ]. *adj.* (1377; lat. *sesquialter*). *Math.* Qui est dans le rapport de 1,5 à 1. *Nombres sesquialtères.*

SESQUIOXYDE [sɛskɥiɔksid]. *n. m.* (1829; lat. *sesqui* « un demi en plus », et *oxyde*). *Chim.* Oxyde contenant 1,5 fois la quantité d'oxygène du protoxyde.

SESSILE [sesil]. *adj.* (1611; lat. *sessilis*). ◆ 1° *Pathol.* Qui n'est pas porté par un pédicule. *Tumeur sessile.* ◆ 2° *Bot.* (1774). Inséré directement sur l'axe, sans pédoncule. ◇ ANT. Pédonculé.

SESSION [sesjɔ̃]. *n. f.* (1657; angl. *session;* « fait d'être assis », déb. XIIᵉ, et « séance », mil. XVᵉ, lat. *sessio*). Période pendant laquelle une assemblée délibérante, un tribunal tient séance. *Sessions ordinaires* (fixées par la loi), *extraordinaires.* « *Mon affaire était inscrite à la dernière session de la cour d'assises* » (CAMUS). ◇ Période de l'année pendant laquelle siège un jury d'examen. *Échouer à la session de juin et se représenter à la session d'octobre.* ◇ (Public.) Temps d'écoute auquel doit correspondre un programme spécifique. ◇ HOM. Cession.

SESTERCE [sɛstɛʀs(ə)]. *n. m.* (1537; lat. *sestertius*). Monnaie romaine d'argent, qui valait deux as et demi. ◇ Mille unités de cette monnaie.

SET [sɛt], *n. m.* (1901; mot angl.). I. *Anglicisme.* Manche d'un match de tennis, de ping-pong, de volley-ball. *Balle de set,* qui décide du gain du set. II. *Set* ou *set de table,* ensemble des napperons d'un service de table; *abusiv.,* un de ces napperons. ◇ HOM. Cet, cette (V. Ce). Sept.

SÉTACÉ, ÉE [setase]. *adj.* (1803; du lat. *saeta* « soie, poil »). *Sc. nat.* Qui a la forme, l'aspect d'une soie de porc. ◇ HOM. Cétacé.

SETIER [sətje]. *n. m.* (fin XIIᵉ; lat. *sextarius*). ◆ 1° Ancienne mesure de capacité pour les grains (entre 150 et 300 litres environ). ◇ Ancienne mesure agraire dite aussi *sétérée* [seteʀe] (proprem., surface qu'on peut ensemencer avec un setier de grains). ◆ 2° Ancienne mesure pour les liquides, valant huit pintes.

SÉTON [setɔ̃]. *n. m.* (av. 1478; lat. médiév. *seto,* a. prov. *sedon,* de *seda,* lat. *saeta.* V. Soie). *Méd.* Faisceau de crin passé sous la peau [les deux extrémités sortant par deux orifices différents] utilisé pour assurer un drainage continu. « *Je suis encore au lit, avec un séton dans le cou* » (FLAUB.). ◇ *Blessure, plaie en séton,* à deux orifices cutanés, d'entrée et de sortie, faits par un projectile ayant traversé les tissus mous.

SETTER [setɛʀ]. *n. m.* (1865; mot angl. de *to set* « s'arrêter »). Chien d'arrêt anglais, de taille moyenne, à poils longs et ondulés.

SEUIL [sœj]. *n. m.* (1530; *sueil,* fin XIIᵉ; lat. *solea* « sandale », et « plancher » en bas lat.). ◆ 1° Dalle ou pièce de bois, formant la partie inférieure de la baie d'une porte. « *Un seuil de pierre très usé, où ont frotté bien des semelles* » (BOSCO). — Entrée d'une maison; sol qui entoure la porte d'entrée. V. Pas (de la porte). « *Ce quartier où les gens vivaient toujours sur leur seuil* » (CAMUS). ◇ *Fig.* Entrée, commencement. « *Jusqu'au seuil de la mort* » (MAURIAC). ◆ 2° *Techn.* (fin XIVᵉ). Pièce formant la partie inférieure d'une ouverture sur laquelle vient s'appliquer l'élément mobile. *Seuil d'une vanne, d'une cale sèche.* ◇ *Géogr.* (1907) Exhaussement d'un fond fluvial, marin, ou glaciaire. ◆ 3° *Physiol.* (1865; trad. all. *Schwelle*). Niveau d'intensité minimale d'un stimulus*, au-dessous duquel une excitation n'est plus perçue. *Seuil d'audibilité. Seuil absolu. Seuil différentiel,* intensité la plus basse à laquelle deux stimuli déterminent deux sensations distinctes. ◇ *Phys.* Limite inférieure (ou, très rarement, supérieure) au delà de laquelle un phénomène physique ne provoque plus un effet donné. — Physiol. *Seuil d'élimination,* concentration au-dessus de laquelle une substance du sang passe dans l'urine. ◇ *Phys., math., écon.* Niveau d'un facteur variable dont le franchissement entraîne une brusque variation du phénomène lié à ce facteur. V. Saut. ◇ *Fig.* V. Limite, point (critique). *Le seuil critique du surpeuplement. Franchir un seuil.*

SEUL, SEULE [sœl]. *adj.* (fin XIIᵉ; *sul,* 1080; lat. *solus*).

I. *(Attribut).* ◆ 1° Qui se trouve être sans compagnie, séparé des autres. V. Isolé, solitaire. *Elle « ne désirait rien que se trouver seule, derrière une porte bien close, à l'abri »* (BERNANOS). *Parler, rire tout seul,* sans interlocuteur. — Par ext. *Être seul avec qqn,* sans autre compagnie. « *Puis je fus seul avec une grosse dame* » (BOSCO). *Fig.* « *Il évite de rester seul avec ses pensées* » (ROMAINS). *Se trouver seuls* (à deux ou à plusieurs, sans personne d'autre). — *Loc.* SEUL À SEUL : en particulier (avec accord). « *Ce qu'elle t'a confié, hier, seule à seul* » (MUSS.). — *Plus cour.,* seule. « *Madame, il faut que je vous parle seul à seul* » (GIDE). ◆ 2° Qui a peu de relations avec les autres hommes. « *Il n'y a que le méchant qui soit seul* » (DIDER.). — Qui n'a pas les amitiés, les liens familiaux habituels. V. Abandonné, esseulé. « *L'exilé partout est seul* » (LAMENNAIS). « *Il restait seul dans la vie* » (MAUROIS). ◆ 3° Unique, singulier. « *Il est seul de son espèce* » (STE-BEUVE). *seul dans son genre.*

II. *(Épithète).* ◆ 1° (Placé après le substantif). Qui n'est pas avec d'autres semblables. « *Un homme seul est toujours en mauvaise compagnie* » (VALÉRY). *Compartiment pour dames seules,* non accompagnées par des messieurs. *Loc. Faire cavalier* seul. ◆ 2° (Placé avant le nom). Qui est unique de son espèce. V. Un. « *Le seul être vous manque et tout est dépeuplé* » (LAMART.). *D'un seul coup. Ensemble à un seul élément.* V. Singleton *(Math.).* — (Renforçant une négation) « *Il n'y avait plus une seule baraque* » (HUGO); *il n'y en avait plus une seule* (Cf. Plus du tout). ◇ « *Les premières, les seules bonnes années de ma vie* » (DAUD.). « *La mort est le seul Dieu que j'osais implorer* » (RAC.). « *Le seul portrait que j'aie vu d'elle* » (STE-BEUVE). « *Sommes-nous le seul jeune ménage à élever un chat?* » (COLETTE).

III. *(Valeur adverbiale).* ◆ 1° (En fonction d'apposition). Équivalant à *seulement.* « *Seuls doivent compter les faits positifs* » (HAZARD). « *Le résultat seul décide* » (B. CONSTANT). ◆ 2° Sans aide. *Je pourrai le faire seul.* — TOUT SEUL : absolument seul. « *Quand il apportait un paquet... il le coltinait tout seul* » (DUHAM.). « *Le feu ne prend pas tout seul* » (MAURIAC), sans cause extérieure. *Cela ira tout seul,* sans difficulté. — (Renforçant un pronom) « *Eux seuls m'avaient empêché...* » (MAURIAC). « *Que pouvait-il faire à lui seul?* » (ROMAINS). ◆ 3° (Renforçant une loc. causale ou finale). « *Du seul fait que j'admettais la possibilité...* » (PROUST). *À seule fin* de... *Dans la seule intention de...*

IV. *Subst.* UN, UNE SEUL(E) : une seule personne. « *Jamais la volonté d'un seul... n'aura disposé plus despotiquement des destinées de la France* » (GONCOURT). « *Une seule de ces toiles retrouvées est réellement multicolore* » (MALRAUX). ◇ LE, LA SEUL(E) : la seule personne. « *J'étais le seul avec une blouse* » (DAUD.). *Vous n'êtes pas le seul!* il y en a bien d'autres dans votre cas! ◇ ANT. Ensemble.

SEULEMENT [sœlmã]. *adv.* (XIIᵉ; de *seul*). ◆ 1° Rien d'autre que ce qui est mentionné. V. Rien (que), simplement, uniquement. « *Un escalier très étroit en haut duquel il y avait seulement deux logements* » (ZOLA). Cf. En tout et pour tout. « *L'homme ne vit pas seulement de pain* » (RENAN). *Non seulement... mais encore...* ◇ (Modifiant un terme temporel) Pas avant (tel moment). « *Ce fut seulement vers dix heures que le docteur Finet reparut* » (ZOLA). — *Il vient seulement d'arriver,* il vient d'arriver à l'instant même. ◇ *Région.* PAS SEULEMENT, employé après un verbe (français courant : *Même pas*). « *Ma femme avait beau taper dans la cloison, ils ne l'entendaient pas seulement* » (AYMÉ). ◆ 2° (Dans certains tours négatifs ou interrog.). *Il « ne savait seulement pas comment on charge un fusil* » (MONTHERLANT), il ne savait même pas. « *Sans avoir seulement le temps d'avaler sa soupe* » (ZOLA), sans avoir même le temps. ◆ 3° *Si seulement* (Loc. de souhait), si encore*, si au moins. « *Si seulement je pouvais dormir* » (GIDE). ◆ 4° *Vx* ou région. (Servant à atténuer un impér.). « *Allez-y seulement, Barthélemy; ça vous soulagera* » (RAMUZ). ◆ 5° (1694; en tête de propos.). Sert à introduire une restriction, une atténuation (en soulignant l'existence d'une *seule* chose à ajouter, à préciser). V. Mais. « *Leurs temples sont trois fois hauts comme le tien... seulement ils ne sont pas si grands* » (RENAN).

SEULET, ETTE [sœlɛ, ɛt]. *adj.* (fin XIIᵉ; de *seul*). *Vx* ou *plaisant.* Tout seul. *Vous êtes bien seulette.*

SÈVE [sɛv]. *n. f.* (1265; lat. *sapa* « vin cuit, réduit »). ◆ 1° Liquide nutritif tiré du sol par les poils absorbants des racines, élaboré dans les feuilles, et qui circule dans les plantes vasculaires. *Sève ascendante* ou *brute; descendante* ou *élaborée. Arbre en pleine sève,* après la montée de la sève du printemps. ◆ 2° *Fig.* Principe vital. V. Énergie, vie. « *Faire entrer dans la régularité française un peu de verte étrangère* » (STAËL).

SÉVÈRE [sevɛʀ]. *adj.* (fin XIIᵉ; lat. *severus*). ◆ 1° *(Personnes).* Qui n'admet pas qu'on manque à la règle; prompt à punir ou à blâmer. V. Dur, exigeant; et pop. Vache. *Des parents sévères. Le juge s'est montré très sévère.* V. Impitoyable. « *Elle était sévère pour les autres; elle n'admettait*

aucune faute » (R. ROLLAND). — *Un ton, un regard sévère.*
◇ *(Choses)* Qui punit durement, blâme sans indulgence.
Un verdict sévère. Adresser de sévères critiques à qqn. ◇
Très rigoureux, très strict. « *Elle gérait avec une sévère économie son modique avoir* » (FRANCE). *Des mesures sévères.* V.
Draconien. ♦ 2° Qui impose par la gravité, le sérieux. V.
Grave. « *L'aspect un peu sévère de la femme, le sérieux de sa
physionomie* » (GONCOURT). ◇ Qui se caractérise par l'absence
d'ornement. V. **Austère, dépouillé.** « *D'une élégance un
peu sèche et sévère* » (MART. du G.). *Le style dorique est
sévère.* ♦ 3° (1914; angl. *severe*). Emploi critique. Très grave,
très difficile. *L'ennemi a essuyé des pertes sévères.* V. **Lourd.**
« *J'ai une lutte sévère à mener contre la police* » (ROMAINS).
◇ ANT. *Doux, indulgent, enjoué, gracieux, plaisant. Léger.*

SÉVÈREMENT [sevεrmã]. *adv.* (1539; de *sévère*). ♦
1° D'une manière sévère, dure. V. **Durement, rigoureusement.** « *Sévèrement élevé par son oncle* » (BALZ.). ♦ 2° Gravement. « *Les blessures graves atteints ne quittaient guère l'hôpital* » (DUHAM.). ◇ ANT. *Légèrement.*

SÉVÉRITÉ [severite]. *n. f.* (fin XII°; lat. *severitas*). ♦
1° Caractère ou comportement d'une personne sévère. V.
Dureté. « *Il se juge lui-même avec une âpre et douloureuse
sévérité* » (DUHAM.). ◇ Caractère sévère, rigoureux (d'une
peine, d'une mesure). *La sévérité du verdict, de ses critiques.*
◇ Littér. *Une, des sévérité(s)* : acte, mesure sévère. « *Ses
sévérités que les libéraux de Milan appelaient des cruautés* »
(STENDHAL). ♦ 2° Littér. Caractère austère, sérieux. V.
Austérité, gravité. « *La sévérité des mœurs* » (STAËL). ♦
3° *Par ext.* (de *sévère*, 3°). Emploi critique. Gravité, caractère
dangereux. « *Le docteur [...] déclara « préférer » la ' sévérité ',
la ' virulence ' de la poussée fébrile [...]* » (PROUST). ◇ ANT.
Douceur, indulgence.

SÉVICES [sevis]. *n. m. pl.* (1273; lat. *sævitia* « violence »).
Dr. et cour. Mauvais traitements corporels exercés sur qqn
qu'on a sous son autorité, sous sa garde. V. **Brutalité, coup,
violence.** « *Des sévices graves, des mauvais traitements* »
(ZOLA). *Exercer des sévices sur un enfant.*

SÉVIR [sevir]. *v. intr.* (fin XVI°; « être en colère », déb.
XV°; lat. *sævire*). ♦ 1° Exercer la répression avec rigueur.
Le gouvernement sévira contre les spéculateurs. — Absolt.
« *Le commandement est débordé. Il a presque renoncé à
sévir* » (MART. du G.). V. **Punir.** ♦ 2° (1845). Se dit d'un fléau
qui exerce ses ravages. *L'épidémie sévissait depuis plusieurs
mois.* — (Abstrait) « *Alors que le matérialisme sévit* » (HUYS-
MANS). ◇ (Plaisant.) « *Des hôtels monstres où sévissent,
le soir, des orchestres de café-concert* » (LOTI).

SEVRAGE [səvraʒ]. *n. m.* (1741; de *sevrer*). ♦ 1° Action
de sevrer (un nourrisson). ♦ 2° *Méd.* Action de priver un
toxicomane de sa drogue au cours d'une cure de désintoxication. ♦ 3° *Hortic.* Action de sevrer (une marcotte, un
greffon).

SEVRER [səvre]. *v. tr.*; conjug. *lever* (XIII°; « séparer »,
1080; lat. pop. °*seperare*, class. *separare*. V. **Séparer**). ♦
1° Cesser progressivement d'allaiter, d'alimenter en lait (un
enfant), pour donner une nourriture plus solide. « *Je sèvrerai
notre Armand en décembre. Un an de lait suffit* » (BALZ.).
♦ 2° *Hortic.* (1660). Séparer du pied mère (une marcotte,
un greffon). ♦ 3° Littér. Priver (de qqch. d'agréable). « *Accablé de travail, sevré de plaisirs* » (BALZ.). — Pronom. « *Je me
suis sevré volontairement de tant de choses* » (FLAUB.).

SÈVRES [sεvr(ə)]. *bn. m.* (1825; nom d'une localité près
de Paris). Porcelaine fabriquée à la manufacture de Sèvres.
Un service en vieux Sèvres. ◇ HOM. *Formes du* v. *Severer.*

SÉVRIENNE [sevrijεn]. *n. f.* (1906; de *Sèvres*, localité
près de Paris). Élève, ancienne élève de l'École normale
supérieure de jeunes filles (naguère installée à Sèvres).

SEXAGE [sεksaʒ]. *n. m.* (v. 1970; de *sexe*). Techn.
(Aviculture). Détermination du sexe des poussins.

SEXAGÉNAIRE [sεgz(ks)aʒenεr]. *adj. et n.* (déb. XV°;
lat. *sexagenarius*). Qui a entre soixante et soixante-dix ans.

SEXAGÉSIMAL, ALE, AUX [sεgzaʒezimal, o]. *adj.*
(1724; du lat. *sexagesimus* « soixantième »). *Didact.* Qui a
pour base le nombre soixante. *Division sexagésimale* (du
degré en minutes, de la minute en secondes).

SEXAGÉSIME [sεgzaʒezim]. *n. f.* (1380; lat. d'Église
sexagesima, proprem. « soixantième » [jour]). *Relig.* Dimanche qui suit la septuagésime (et précède Pâques d'environ
soixante jours).

SEX-APPEAL [sεksapil]. *n. m.* (1933; *sexe-appeal*, 1931;
mot anglo-amér. « attrait du sexe »). *Anglicisme.* Charme,
attrait sexuel qui excite le désir. « *Vous trouvez que je n'ai pas
de sex-appeal?... Vous me désirez?* » (AYMÉ).

SEXE [sεks(ə)]. *n. m.* (*Sex*, fin XII°; lat. *sexus*). Ⓐ *(Dans
l'espèce humaine).* ♦ 1° Conformation particulière qui distingue l'homme de la femme en leur assignant un rôle déterminé dans la génération et en leur conférant certains caractères distinctifs. *Enfant du sexe masculin, féminin. Qui présente
les caractères des deux sexes.* V. **Androgyne, hermaphrodite,**

intersexué. « *L'Androgyne, ce monstre charmant qui semble
avoir hésité dans le choix de son sexe* » (HENRIOT). ♦ 2° Qualité d'homme, qualité de femme (physique, psychique,
sociale). « *Cette part de l'autre sexe que nous contenons tous,
et toutes* » (LARBAUD). ♦ 3° Ensemble des hommes ou des
femmes. *Le sexe fort,* les hommes. *Le sexe faible, le deuxième
sexe; le beau sexe,* les femmes. ◇ *Absolt.* (plaisant.) *Le sexe,*
l'ensemble des femmes. « *Celles que nos vieux traités de morale
appellent si drôlement les* personnes du sexe » (BERNANOS).
♦ 4° (1889). Sexualité. « *L'amour, c'est l'obsession du sexe* »
(BOURGET). ♦ 5° (1897). Parties sexuelles; organes génitaux
externes (de l'homme ou de la femme). *Sexe masculin.* V.
Zizi (fam.). *Sexe féminin.* V. **Chatte** (fam.). Ⓑ *Biol.* Ensemble
des caractères et des fonctions qui distinguent le mâle de la
femelle en leur assignant un rôle spécifique dans la reproduction, par la production de gamètes mâles ou femelles.
Sexe gonadique, déterminé par le type des glandes sexuelles
(gonades mâles ou gonades femelles). *Sexe chromosomique,*
conditionné par les chromosomes sexuels (dans l'espèce
humaine : une paire de chromosomes XX chez la femme,
une paire de chromosomes XY chez l'homme). *Présence
des deux sexes chez le même individu* (V. **Bisexué, monoïque**);
présence d'un seul sexe (V. **Unisexué, dioïque**).

SEXISME [sεksism(ə)]. *n. m.* (v. 1965; de *sexe*, d'apr.
racisme). Attitude de discrimination à l'égard du sexe féminin. V. **Phallocentrisme.**

SEXISTE [sεksist(ə)]. *n. et adj.* (v. 1972; de *sexe*, d'apr.
raciste). Personne dont les modes de pensée et le comportement sont plus ou moins consciemment imprégnés de sexisme.
Il est sexiste et phallocrate. — *Adj.* Propre au sexisme.
« *Refuser les schémas ' sexistes ' du répertoire* » (*L'Express*,
24-7-1972).

SEXOLOGIE [sεksɔlɔʒi]. *n. f.* (1949; de *sexe*, et -*logie*).
Didact. Science qui étudie les phénomènes sexuels normaux
et anormaux et le traitement des troubles sexuels. V. **Érotologie.** — Dér. SEXOLOGIQUE [sεksɔlɔʒik], *adj.*

SEXOLOGUE [sεksɔlɔg]. *n.* (1952; de *sexologie*). *Didact.*
Spécialiste en sexologie.

SEXONOMIE [sεksɔnɔmi]. *n. f.* (1911; de *sexe*, et -*nomie*).
Didact. Étude des phénomènes et lois biologiques dont
dépendent la production et la répartition des sexes.

SEX-SHOP [sεksʃɔp]. *n. m.* (v. 1970; mot angl.). *Anglicisme.* Boutique d'affiches, d'écrits et d'objets pornographiques. « *Et dire que le drôle tonnait contre les sex-shops et le
dévergondage de la jeunesse!* » (M. CLAVEL).

SEXTANT [sεkstã]. *n. m.* (1666; lat. scient. *sextans*, 1602,
proprem. « sixième »). ♦ 1° Instrument à réflexion composé
d'un sixième de cercle gradué, qui permet de mesurer l'angle
d'un astre au-dessus de l'horizon, de faire le point. *Le sextant
et la boussole.* ♦ 2° (1721). Didact. *(Math.)* Arc de soixante
degrés.

SEXTE [sεkst(ə)]. *n. f.* (1610; « sixième heure du jour »,
1433; lat. *sexta* [*hora*] « sixième heure »). *Liturg.* Petite heure
de l'office qui se récite après tierce (vers 12 h).

SEXTIDI [sεkstidi]. *n. m.* (1793; du lat. *sextus* « sixième »,
et *dies* « jour »). *Hist.* Sixième jour de la décade républicaine.

SEXTILLION [sεkstiljɔ̃]. *n. m.* (XVI°; moy. fr. *sixlion*,
1538; du rad. lat. *sex* « sixième », et de la finale de *million*).
Vx. Mille quintillions. ◇ *Mod.* (1948). Un million de quintillions, soit 10³⁶.

SEXTINE [sεkstin]. *n. f.* (1872; « sixain », 1548; it. *ses-
tina*). *Hist. litt.* Poème à forme fixe composé de six sixains
sur deux rimes (avec six mêmes mots revenant à la rime dans
un ordre différent pour chaque strophe) et un tercet. *Les
sextines de Pétrarque.*

SEXTO [sεksto]. *adv.* (1842; mot lat.). *Rare.* Sixièmement
(dans une énumération commençant par *primo, secundo*...).

SEXTOLET [sεkstɔlε]. *n. m.* (1890; lat. *sex* « six », d'apr.
triolet). *Mus.* Groupe de six notes égales qui s'exécutent dans
le même temps que quatre notes simples de même valeur.

SEXTUOR [sεkstɥɔr]. *n. m.* (1838; lat. *sex* « six », d'apr.
quatuor). *Mus.* Composition vocale ou instrumentale à six
parties. ◇ Orchestre de chambre formé de six instruments.

SEXTUPLE [sεkstypl(ə)]. *adj.* (1450; bas lat. *sextuplus*).
Qui vaut six fois une quantité donnée. Subst. *Douze est le
sextuple de deux.* ◇ Formé de six choses semblables.

SEXTUPLER [sεkstyple]. *v.* (1493; de *sextuple*). *Didact.*
♦ 1° *V. tr.* Multiplier par six. ♦ 2° *V. intr.* Devenir sextuple.
Les prix ont sextuplé en vingt ans.

SEXUALISER [sεksɥalize]. *v. tr.* (mil. xx°; du rad. de
sexuel). *Didact.* Donner un caractère sexuel à (qqch.). *La
psychanalyse a sexualisé la psychologie* (dér. SEXUALISATION
[sεksɥalizasjɔ̃], *n. f.*, 1953).

SEXUALISME [sεksɥalism(ə)]. *n. m.* (1923; de *sexuel*, et
-*isme*). *Littér.* Sexualité considérée comme un principe.

SEXUALITÉ [sεksɥalite]. *n. f.* (1838; du rad. lat. de
sexuel). ♦ 1° *Biol.* Caractère de ce qui est sexué, ensemble des
caractères propres à chaque sexe. V. **Génitalité.** *Sexualité des
bactéries. Sexualité des plantes.* ♦ 2° (1924). Ensemble des

comportements relatifs à l'instinct sexuel et à sa satisfaction (qu'ils soient ou non liés à la génitalité). V. **Libido**. *Sexualité infantile, adulte.* « *Ces trois essais sur la sexualité, de Freud* » (MORAND). — *Stades oral, anal et génital de la sexualité* (V. **Sexuel**).

SEXUÉ, ÉE [sɛksɥe]. *adj.* (1874; de *sexe*). ♦ 1° Qui a un sexe, est mâle ou femelle. *Les animaux supérieurs sont sexués.* ♦ 2° Qui se fait par la conjonction des sexes. *La reproduction sexuée.* ◇ ANT. Asexué.

SEXUEL, ELLE [sɛksɥɛl]. *adj.* (1742; bas lat. *sexualis*). ♦ 1° *Biol.* Relatif au sexe, aux conformations et aux fonctions de reproduction particulières du mâle et de la femelle, de l'homme et de la femme. *Les parties sexuelles.* V. **Génital**. *Caractères sexuels primaires, secondaires. Dimorphisme* sexuel. Hormones sexuelles.* ♦ 2° (Chez l'homme). *Cour.* Qui concerne l'accouplement, les comportements qu'il détermine et ceux qui en dérivent. *Instinct sexuel. Actes, pratiques sexuels.* V. **Coït, cunnilingus, fellation**. *Avoir des relations sexuelles avec quelqu'un. Plaisir sexuel.* V. **Charnel, érotique, physique, vénérien; orgasme**. *Éducation sexuelle.* — *Obsédé sexuel.* ◇ Psychan. *(Sens large)* Qui concerne les pulsions sexuelles (sexualité), les régions du corps dont la stimulation provoque un plaisir érotique, y compris avant la puberté (stades oral, anal et génital. V. **Sexualité**).

SEXUELLEMENT [sɛksɥɛlmɑ̃]. *adv.* (1899; de *sexuel*). D'un point de vue sexuel (2°). « *Deux êtres sexuellement faits l'un pour l'autre* » (LÉAUTAUD).

SEXY [sɛksi]. *adj. invar.* (1954; mot argot anglo-amér.). *Anglicisme.* Qui a du sex-appeal, fait valoir le sex-appeal. *Elle est sexy. Mode très sexy.*

SEYANT, ANTE [sɛjɑ̃, ɑ̃t]. *adj.* (1872; var. mod. de *séant*, de *seoir*, d'apr. les formes de l'imparf. : *seyait*). Qui va bien, donne un aspect agréable à la personne qui le porte. *Elle « avait une robe d'après-midi extrêmement seyante* » (ARAGON).

SÉZIGUE [sezig]. *pron. pers.*, 3ᵉ pers. (1836; de *zigue* [V. **Zig**], et du possessif *ses*; Cf. *Mézigue*). *Pop.* Soi, lui. *Ça, c'est pas pour sézigue, je le garde.*

SFORZANDO [sfɔʀtsando; sfɔʀdzãdo]. *adv.* (1842; mot it., de *sforzare* « forcer », de *forza* « force »). *Mus.* En passant progressivement et passagèrement du piano au forte.

S.G.D.G. [ɛsʒedeʒe]. Abrév. de *S*ans *g*arantie* *d*u *g*ouvernement.

SFUMATO [sfumato]. *n. m.* (1758; mot it. « enfumé »). *Peint.* Modelé vaporeux. *Les sfumatos de Vinci.*

SGRAFFITE [sgʀafit]. *n. m.* (*Sgrafit*, 1680; it. *sgraffito* « égratiné »). *Techn.*, *Art.* Procédé de décoration murale en camaïeu, par grattage d'un enduit clair sur un fond de stuc sombre (V. **Fresque**).

SHAH. V. **Schah**.

SHAKE-HAND [ʃɛkãd]. *n. m. invar.* (*h. fin XVIIIᵉ;* 1842); mot angl. de *to shake* « secouer », et *hand* « main »). *Anglicisme* (Vx ou plaisant.). Poignée de main. *Un vigoureux shake-hand.*

SHAKER [ʃɛkœʀ]. *n. m.* (1895; mot angl. « secoueur »). *Anglicisme.* Récipient (métallique, etc.), formé d'une double timbale, que l'on utilise pour la préparation des cocktails et boissons glacées. « *Il secouait le shaker, l'ouvrait... : il jouait au barman* » (SARTRE).

SHAKESPEARIEN, IENNE [ʃɛkspiʀjɛ̃, jɛn]. *adj.* (1855; de *Shakespeare*). De Shakespeare, qui évoque son théâtre. *Drame shakespearien.*

SHAKO ou **SCHAKO** [ʃako]. *n. m.* (1761; hongr. *csákò*). Ancienne coiffure militaire rigide, à visière, imitée de celle des hussards hongrois. ◇ Mod. *Shako de saint-cyrien orné du casoar.*

SHAMA [ʃama]. *n. m.* (1933; mot hindi, probabl. par l'angl. [*shama*, 1839]). *Zool.* Passereau (*Turdidés*) de l'Inde et de l'Indonésie, à plumage noir, roux et blanc (*Syn.* MERLE DES ROCHES).

SHAMPOOING ou **SHAMPOING** [ʃãpwɛ̃]. *n. m.* (1877; mot angl. proprem. « massage », de *shampoo*, hindi *champo* « masser »). Lavage des cheveux et du cuir chevelu au moyen d'un produit approprié. — *Acheter un shampooing, du shampooing : le produit pour ce lavage.*

SHAMPOOINER ou **SHAMPOUINER** [ʃãpwine]. *v. tr.* et *intr.* (v. 1968; de *shampo*[*o*]*ing*). Faire un shampooing. On écrit aussi *champouigner.*

SHAMPOOINEUR, EUSE ou **SHAMPOUINEUR, EUSE** [ʃãpwinœʀ, øz]. *n.* (1955; de *shampo*[*o*]*ing*). ♦ 1° Personne qui, dans un salon de coiffure, s'occupe surtout de faire les shampooings. ♦ 2° Appareil servant à appliquer une mousse nettoyante sur les sols et les moquettes. *Une shampouineuse à moquette.*

SHANT(O)UNG ou **CHANTOUNG** [ʃãtuŋ]. *n. m.* (1910; nom d'une province de Chine). Tissu de soie pure ou mélangée de tussah, sorte de pongé grossier.

SHÉRIF [ʃeʀif]. *n. m.* (*Chérif*, 1601; angl. *sheriff*, rad. *shire* « comté »). *En Angleterre*, Magistrat responsable de l'application de la loi dans un comté. ◇ *Aux États-Unis,* Officier d'administration élu, chargé du maintien de l'ordre, de l'exécution des sentences..., dans un comté. *Le personnage du shérif dans les westerns.* ◇ HOM. Chérif.

SHERRY [ʃeʀi]. *n. m.* (1819; mot angl., transcription de *Jerez*). Nom anglais du xérès. ◇ HOM. Chéri, cherry.

SHETLAND [ʃɛtlãd]. *n. m.* (1949; du nom des îles *Shetland*). Tissu de laine d'Écosse. *Tailleur en shetland.*

SHILLING [ʃiliŋ, ʃ(ə)lɛ̃]. *n. m.* (1656; *chelin*, 1558; mot angl.). Unité monétaire anglaise, valant un vingtième de la livre, ou douze pence. ◇ HOM. Schilling.

SHIMMY [ʃimi]. *n. m.* (1920; mot angl. amér., altér. de l'angl. *chemise*, mot fr.). *Anglicisme.* ♦ 1° *Ancienn.* Danse d'origine américaine, en vogue vers 1920, qui s'exécutait avec un tremblement des épaules. ♦ 2° (1933). Tremblement ou flottement des roues directrices d'une automobile, dû au mauvais équilibrage des roues. ◇ HOM. Chimie.

SHINTÔ [ʃɛ̃to; ʃinto] ou **SHINTOÏSME** [ʃɛ̃tɔism(ə); ʃintɔism(ə)]. *n. m.* (1765; japon. *shintô* « voie des dieux »). Religion officielle du Japon jusqu'en 1945; polythéisme animiste se traduisant souvent par l'exaltation de l'empereur et de la race japonaise. — Dér. SHINTOÏSTE [ʃɛ̃tɔist(ə)]; ʃin tɔist(ə)], *adj.* et *n.* *Temples shintoïstes. Les shintoïstes.*

SHIPCHANDLER [ʃipʃãdlœʀ]. *n. m.* (1905; mot angl., de *ship* « bateau », et *chandler* « fournisseur »). *Anglicisme.* Commerçant tenant un magasin de fournitures pour bateaux.

SHIRTING [ʃiʀtɛg]. *n. m.* (1855; mot angl., de *shirt* « chemise »). Tissu de coton d'armure toile, utilisé pour la lingerie courante.

SHOCKING ou **CHOCKING** [ʃɔkiŋ]. *adj. invar.* (1842; mot angl., de *to shock* « choquer »). *Anglicisme.* (Vx). *Plaisant.* (surtout exclam.). Choquant, inconvenant.

SHOGOUN ou **SHOGUN** [ʃɔgun]. *n. m.* (1872; mot japon.). *Hist.* Nom des dictateurs militaires qui constituèrent au Japon, du XIIᵉ au XIXᵉ siècle, de véritables dynasties.

SHOOT [ʃut]. *n. m.* (1904; mot angl., de *to shoot* « lancer, tirer »). *Anglicisme.*
I. Au football, Tir ou dégagement puissant.
II. (v. 1970; mot anglo-amér.). *Américanisme.* (Arg. de la drogue). Piqûre, injection d'un stupéfiant. « *Ce qui met les drogués dans un état encore plus terrible qu'après le shoot d'héroïne* » (*L'Express*, 29-1-1973).

SHOOTER [ʃute]. *v.* (1905, au sens I; de *shoot*). *Anglicisme.*
I. *V. intr.* Exécuter en shoot (I), un tir. V. **Botter, dégager**, tirer. Trans. *Shooter un penalty.*
II. *V. tr.* (v. 1970; de *shoot* II; angl. *to shoot*). *Arg. de la drogue.* Piquer en injectant un stupéfiant. « *Un mec m'a shooté. C'était mieux que l'acide* [le L.S.D.] » (*Nouv. Obs.*, 3-3-1975). — Pron. *Se shooter.* V. **Piquer** (se), III. — Dér. SHOOTEUSE [ʃutøz], *n. f.* Seringue hypodermique servant à injecter des stupéfiants.

SHOPPING ou **SHOPING** [ʃɔpiŋ]. *n. m.* (1905; mot angl.). *Anglicisme.* Le fait d'aller de magasin en magasin pour regarder (Cf. Lèche-vitrines) et acheter (Au Canada français on dit *Magasinage*). « *Le plaisir du shoping en voyage* » (HENRIOT). *Faire du shopping.* V. **Magasiner**.

SHOPPING CENTER [ʃɔpiŋsɛntœʀ]. *n. m.* (1966; mot amér.). *Américanisme.* Aux États-Unis et au Canada, Centre commercial comprenant un magasin à prix unique, divers magasins de détail et un parc de stationnement (au Québec, on dit *Centre d'achat*). — En Europe, Grande surface de vente groupant divers commerces, un parc de stationnement, des bureaux et des services intégrés, et souvent des salles de cinéma et de spectacle. (Équivalent proposé : *Centre commercial*).

SHORT [ʃɔʀt]. *n. m.* (1933; angl. *shorts*, de *short* « court »). Culotte courte (pour le sport, les vacances). *Être en short, porter le short.* V. aussi **Bermuda**.

SHOW [ʃo]. *n. m.* (1954; mot angl. « spectacle »). *Anglicisme.* Spectacle de variétés centré sur une vedette (*One man show* [wɑnmɑnʃo]). — SHOW(-)BUSINESS [ʃobiznɛs] ou fam. SHOWBIZ [ʃobiz], *n. m.* (1962). Industrie, métier du spectacle. ◇ HOM. Chaud, chaux. Formes du v. *chaloir*.

SHRAPNEL ou **SHRAPNELL** [ʃʀapnɛl]. *n. m.* (1827; mot angl., du nom de l'inventeur). Obus rempli de balles, qu'il projette en éclatant.

SHUNT [ʃœt]. *n. m.* (1890; mot angl., de *to shunt* « dériver »). *Anglicisme.* ♦ 1° *Électr.* Résistance, placée en dérivation, généralement aux bornes d'un appareil qu'elle sert à protéger. V. **Court-circuit, dérivation** (I, 4°). ♦ 2° *Méd.* Court-circuit dans la circulation du sang, par ouverture anormale entre deux cavités cardiaques ou abouchement anormal d'un vaisseau entre le système artériel et le système veineux, d'où résulte un mélange des sangs artériel et veineux. ♦ 3° *Cin.* V. **Fondu** (2°).

SHUNTER [ʃœte]. *v. tr.* (1890; de *shunt*). Électr. (*Angli-*

cisme). Munir d'un shunt. V. **Court-circuiter** (1° et 2°), **dérivation** (monter en). Dér. SHUNTAGE [ʃœ̃taʒ], *n. m.* [XXᵉ].

Si Symbole chimique du silicium*.

1. SI [si]. *conj.* et *n. m. invar.* (842; lat. *si*). REM. *Si* devient *s'* devant *il*, *ils*.

I. SI, *hypothétique*. Introduit soit une condition (à laquelle correspond une conséquence dans la principale), soit une simple supposition ou éventualité. V. **Cas** (au cas où), **supposé** (que). **A ♦ 1°** (Hypothèse pure et simple, avec l'indic.). « *Si je suis triste, je me trouve grotesque* » (GIDE). V. **Quand.** « *Et s'il n'en reste qu'un, je serai celui-là* » (HUGO). ♦ **2°** (Potentiel : imparf. de l'indic. dans la subordonnée; conditionnel prés. dans la principale). « *Si l'on y regardait bien, on verrait le lutin* » (BEAUMARCH.). *Si c'était possible, si possible.* ♦ **3°** (Irréel). « *Si vous étiez vivants, vous prendriez Narbonne* » (HUGO). *Si j'avais su, je ne me serais pas dérangé.* « *Le nez de Cléopâtre : s'il eût été plus court, toute la face de la terre aurait changé* » (PASC.). Fam. *Si ma tante en avait on l'appellerait mon oncle.* ♦ **4°** MÊME SI... renforce l'expression de la conséquence (dans la principale). *Même s'il s'excusait, je ne lui pardonnerais pas.* **B** (Dans une phrase dont la conclusion est sous-entendue, incomplète). ♦ **1°** (Dans une phrase de comparaison). « *J'ai plus de souvenirs que si j'avais mille ans* » (BAUDEL.), que je n'en aurais si j'avais mille ans. « *Je me contemplai comme si j'étais redevenu moi-même* » (MAURIAC). — (Exclam.). « *Comme si la raison pouvait mépriser aucun fait d'expérience!* » (BARRÈS). ♦ **2°** (En phrase interrog., pour présenter une éventualité, une suggestion). « *Et si elle se fâche? si elle rompt? Tant pis* » (ROMAINS). « *Si c'était moi qui ne la donnais, la couronne...* » (GIDE). — Littér. *Ou si...* « *Êtes-vous souffrant, ou si c'est un méchant caprice?* » (MUSS.). ♦ **3°** (En phrase exclamative, la conclusion, aisément imaginable, restant implicite). « *Dieu! s'il allait me parler à l'oreille! S'il était là, debout et marchant à pas lents!...* » (HUGO). ♦ **4°** *Pourvu* (que). « *Si je pouvais être ce monsieur qui passe!* » (MUSS.). « *Si seulement je pouvais dormir!* » (GIDE). ◇ (Souhait appliqué au passé) « *Ah! s'il avait pu l'empêcher! si elle avait pu se fouler le pied avant de partir* » (PROUST). **C** (Dans les loc. figées). *S'il vous plaît*. *Si on veut. Si je ne me trompe. Si j'ose dire. Si on peut dire.* ◇ SI CE N'EST... : même si ce n'est pas..., en admettant que ce ne soit pas. V. **Sinon.** « *Des meilleurs, si ce n'est le meilleur.* — Sauf. « *Jésus leur défend de rien emporter si ce n'est des sandales et un bâton* » (FLAUB.). *Si ce n'est que...*, sauf que... **D** *Au sing.* Hypothèse, supposition. *Avec des si, on mettrait Paris dans une bouteille :* on réaliserait des choses impossibles.

II. SI, *non hypothétique*, sert à marquer la validité simultanée de deux faits. ♦ **1°** (Introduisant une comparaison-opposition, avec une valeur concessive). Une fois admis pour vrai que... « *Si la vie et la mort de Socrate sont d'un sage, la vie et la mort de Jésus sont d'un Dieu* » (ROUSS.). ♦ **2°** (En corrélation avec une explication, une précision). « *S'il s'acharne à rabaisser le génie, c'est par dépit* » (ROMAINS). *S'il revient te voir, c'est qu'il n'a pas d'amour-propre.* ◇ Loc. *C'est bien le diable si... C'est tant mieux, tant pis si... C'est ma faute* si... ♦ **3°** (Introduisant une proposition à valeur de complétive). Douter, s'assurer, s'inquiéter si... ♦ **4°** (Introduisant une interrogative indirecte). *Demander, savoir si...* « *Vous verrez bien si je fais mal* » (LACLOS). *Tu me diras si c'est lui.* ◇ (Emploi exclamatif) Combien, comme. « *Vous pensez s'ils étaient fiers!* » (ROMAINS). ◇ HOM. *Si* (2 et 3); *ci* (1 et 2); *scie; sis; six.*

2. SI [si]. *adv.* (842; lat. *sic*).

I. (*Affirmation* ou *opposition*). ♦ **1°** Vx. Ainsi. « *Et vraiment si ferai* » (LA FONT.) : je ferai ainsi. — Mod. SI FAIT : mais oui (sert à confirmer une affirmation). « *Si fait, mon cher hôte, si fait* » (PROUST). ♦ **2°** S'emploie pour contredire l'idée négative que vient d'exprimer l'interlocuteur. V. **Oui.** « *Ce n'est pas du poison?... — Si! c'est du poison* » (HUGO). « *Il ne veut jamais. — Mais si*, protesta Swann » (PROUST). — QUE SI : renforce la réponse. « *Ils n'ont pas besoin l'un de l'autre.* — *Que si* » (ROMAINS). ◇ Ellipt. « *Si vous agaçais, je vous froissais... Si! si! Je vous ai souvent froissée* » (FRANCE) : sous-entendu : ne protestez pas.

II. (*Adverbe d'intensité*). ♦ **1°** (Devant un adj. ou un adv.). À ce point, à un tel degré. V. **Aussi, tellement.** « *Jamais il ne s'était senti si misérable, si inutile, si petit garçon* » (ZOLA). « *Je joue si mal!* » (DUHAM.). ♦ **2°** (En corrélation avec une consécutive introduite par *que*). « *Le coup passa si près que le chapeau tomba* » (HUGO). — Loc. conj. SI BIEN QUE... : de sorte que... ◇ Vx ou littér. (Avec un relatif autre que *que*) « *Il n'est fruit si délicieux dont un souvenir amer ne risque de gâter la saveur* » (DUHAM.).

III. (*Adverbe de comparaison*). Au même degré (que). V. **Aussi.** « *Rien ne nous rend si grands qu'une grande douleur* » (MUSS.). *On n'est jamais si bien servi que par soi-même.*

IV. SI... QUE... : introduit une concessive impliquant une

idée de degré variable. V. **Aussi**, pour (pour... que...), **quelque** (quelque... que...). « *Si bref que soit un écrivain, il en dit toujours trop* » (LÉAUTAUD). « *Si haut que nous nous placions* » (SARTRE). *Si peu* que ce soit.

◇ ANT. Non. — HOM. *Ci*, *si* (1 et 3); *scie; sis; six.*

3. SI [si]. *n. m. invar.* (XIIIᵉ; subst. XVIIᵉ; des initiales de *Sancte Iohannes* dans l'Hymne de Saint-Jean-Baptiste. V. Ut). Septième note de la gamme d'ut. *Un si bémol.* — Signe qui représente cette note. — Tonalité de *si.* *La messe en si*, de J.-S. Bach.

SIAL [sjal]. *n. m.* (1918; de *silicium*, et *aluminium*). *Géol.* Couche superficielle du globe terrestre où domine le silicate d'aluminium. V. **Lithosphère.**

SIALAGOGUE [sjalagɔg]. *adj.* (1741; gr. *sialon* « salive », et *-agogue*). *Méd.* Qui accroît la sécrétion de salive. V. **Salivant.** Subst. *Un sialagogue.*

SIALIQUE [sjalik]. *adj.* (mil. XXᵉ; de *sial*). *Géol.* Du sial, couche superficielle du globe terrestre. *Sédiments déposés sur fond sialique.*

SIALIS [sjalis]. *n. m.* (1839; mot lat. zool., désignant en gr. un oiseau). *Zool.* Insecte au corps brun *(Névroptères)* dont la larve est aquatique.

SIALORRHÉE [sjalɔʀe]. *n. f.* (1857; gr. *sialon* « salive », et *-rrhée*). *Méd.* Synonyme de ptyalisme*.

SIAMOIS, OISE [sjamwa, waz]. *adj.* et *n.* (1686; de *Siam*). ♦ **1°** Vieilli. Thaïlandais. ◇ Mod. *Chat siamois*, race de chats à poils ras et aux yeux bleus importée du Siam à la fin du XIXᵉ siècle. — *Frères siamois, sœurs siamoises*, jumeaux, jumelles rattachés l'un à l'autre par deux parties homologues de leurs corps, tête, bas du dos, région épigastrique (comme les « frères siamois », jumeaux originaires de Siam, présentés en France en 1829). — *Fig.* Se dit de frères, d'amis inséparables. ♦ **2°** N. f. SIAMOISE : ancienne étoffe de soie et coton (imitée de celle que les ambassadeurs du Siam avaient offerte à Louis XIV).

SIBÉRIEN, ENNE [siberjɛ̃, ɛn]. *adj.* (1740; de *Sibérie*). De Sibérie. *La toundra sibérienne.* Fig. *Un froid sibérien*, très rigoureux.

SIBILANT, ANTE [sibilɑ̃, ɑ̃t]. *adj.* (1831; lat. *sibilans*, p. prés. de *sibilare* « siffler »). *Méd.* Qui produit un sifflement. *Râle sibilant.*

SIBYLLE [sibil]. *n. f.* (*Sebile*, 1213; lat. d'o. gr. *Sibylla*). Dans l'antiquité, Devineresse, femme inspirée qui prédisait l'avenir. *La sibylle de Cumes.*

SIBYLLIN, INE [sibil(l)ɛ̃, in]. *adj.* (XIVᵉ; lat. *sibyllinus*). ♦ **1°** Myth. D'une sibylle. *Oracles sibyllins.* ♦ **2°** Littér. (1564). Dont le sens est caché, comme celui des oracles. V. **Énigmatique, mystérieux, obscur.** « *Pour autant que je pouvais interpréter les paroles sibyllines de Françoise* » (PROUST).

SIC [sik]. *adv.* (1842; mot lat. « ainsi »). Se met entre parenthèses à la suite d'une expression ou d'une phrase citée pour souligner qu'on cite textuellement, si étranges que paraissent les termes.

SICAIRE [sikɛʀ]. *n. m.* (déb. XIVᵉ; lat. *sicarius*, de *sica* « poignard »). *Vx* ou littér. Tueur à gages.

SICCATIF, IVE [sikatif, iv]. *adj.* (1723; *seccitif*, 1495; bas lat. *siccativus*, de *siccare* « sécher »). ♦ **1°** Qui active la dessiccation des couleurs, en peinture. *Huile siccative.* Subst. *Un siccatif*, un produit siccatif. ♦ **2°** Méd. Qui favorise la cicatisation par action desséchante.

SICCITÉ [siksite]. *n. f.* (XIVᵉ; lat. *siccitas*, de *siccus* « sec »). *Didact.* État de ce qui est sec. V. **Sécheresse.**

SICILIEN, ENNE [sisiljɛ̃, ɛn]. *adj.* et *n.* (XIIIᵉ; lat. médiév. *sicilianus*, de *Sicilia*, la Sicile). De Sicile. *Paysans, bergers siciliens. Le dialecte sicilien*, dialecte du groupe italien. — *Cassate sicilienne.* Hist. *Les Vêpres* siciliennes. ◇ N. f. (1740) Danse, composition musicale de caractère pastoral, en vogue au XVIIIᵉ siècle.

SICLE [sikl(ə)]. *n. m.* (XIIIᵉ; lat. ecclés. *siclus*, du gr. de l'hébreu *chegel*). *Hist.* Poids (de 6 grammes) et monnaie d'argent chez les Hébreux. ◇ HOM. *Cycle.*

SIDE-CAR [sidkaʀ; sajdkaʀ]. *n. m.* (1912; « cabriolet irlandais », 1890; mot angl., de *side* « côté », et *car* « voiture »). Habitacle à une roue et pour un passager, monté sur le côté d'une motocyclette. ◇ L'ensemble du véhicule.

SIDÉR-, SIDÉRO-. Éléments, du gr. *sidêros* « fer ».

SIDÉRAL, ALE, AUX [sideʀal, o]. *adj.* (1520; lat. *sideralis*, de *sidus, sideris* « astre »). Astron. Qui a rapport aux astres. V. **Astral.** *Observations sidérales. Révolution sidérale :* retour d'un astre au même point du ciel; durée de sa révolution. *Année sidérale*, intervalle de temps entre deux passages successifs du Soleil au même point de la sphère céleste (365,2564 jours solaires moyens). *Jour sidéral*, durée d'une rotation complète de la Terre sur son axe par rapport aux étoiles fixes. ◇ *Poét.* Émanant des astres. « *Une clarté pure, blanche, sidérale, ne paraissant pas venir du soleil* » (GAUTIER).

SIDÉRANT, ANTE [siderɑ̃, ɑ̃t]. *adj.* (xxᵉ; de *sidérer*). *Fam.* Qui sidère. V. **Stupéfiant.**

SIDÉRATION [siderɑsjɔ̃]. *n. f.* (1759; en astrol. 1611; de *sidérer*). *Méd.* Anéantissement soudain des fonctions vitales sous l'effet d'un choc émotionnel intense.

SIDÉRER [sideʀe]. *v. tr.;* conjug. *céder* (1894; sidéré, xviᵉ, « influencé par les astres »; lat. *siderari* « subir l'influence funeste des astres »). *Fam.* Frapper de stupeur. V. **Abasourdir, stupéfier.** *Cette nouvelle m'a sidéré.* — Au p. p. *Ils étaient tous sidérés.*

SIDÉRITE [sideʀit]. *n. f.* (1549; lat. d'o. gr. *siderites*). ◆ 1º *Vx.* Aimant. ◆ 2º *Mod.* (1803). Sidérose (1º).

SIDÉR(O)-. Élément, du lat. *sidus, eris* « astre ».

SIDÉROGRAPHIE [sideʀɔgʀafi]. *n. f.* (1842; de *sidéro-*, et *-graphie*). *Techn. (Rare).* Gravure sur acier.

SIDÉROLITHIQUE [sideʀɔlitik]. *adj.* (1871; de *sidéro-*, et *-lithique*). *Géol.* Se dit d'une formation riche en concrétions ferrugineuses.

SIDÉROSE [sideʀoz]. *n. f.* (1845; de *sidér-*, et *-ose*). ◆ 1º *Minér.* Carbonate naturel de fer (minerai assez pauvre en fer). *Syn.* **FER SPATHIQUE.** ◆ 2º *Méd.* (xxᵉ). Pneumoconiose due à l'inhalation de poussières de fer.

SIDÉROSTAT [sideʀɔsta]. *n. m.* (1868; de *sidér*[o]-, d'après *héliostat*). *Astron.* Appareil permettant d'observer un astre dans une direction fixe, en compensant le déplacement dû au mouvement de rotation de la Terre.

SIDÉROXYLON [sideʀɔksilɔ̃]. *n. m.* (1765; de *sidéro-*, et gr. *xulon* « bois »). *Bot.* Arbre des régions tropicales *(Sapotacées)* qui fournit un bois très dur.

SIDÉRURGIE [sideʀyʀʒi]. *n. f.* (1812; gr. *sidérourgos* « forgeron »). *Cour.* Métallurgie* du fer, de la fonte, de l'acier et des alliages ferreux. *La sidérurgie française.*

SIDÉRURGIQUE [sideʀyʀʒik]. *adj.* (1872; de *sidérurgie*). *Cour.* Qui appartient à la sidérurgie. *Production sidérurgique. Usine sidérurgique.* V. **Métallurgique.**

SIDÉRURGISTE [sideʀyʀʒist(ə)]. *n.* (xxᵉ; de *sidérurgie*). Métallurgiste qui produit de l'acier.

SIDI [sidi]. *n. m.* (déb. xxᵉ; « monsieur, seigneur », 1847; mot arabe). *Péj.* Indigène nord-africain établi en France. « *Ceux qui traitent les Nords-Africains de bicots ou de sidis* » (Étiemble).

SIÈCLE [sjɛkl(ə)]. *n. m.* (xiiiᵉ; *seule*, xᵉ; *secle*, 1080; lat. *sæculum*. V. **Séculaire, séculier**).

I. ◆ 1º Période de cent ans dont le début (ou la fin) est déterminé par rapport à un moment arbitrairement défini, et *spécialt.* par rapport à l'ère chrétienne (*Iᵉʳ siècle*, année 1 à 100; *IIᵉ siècle*, année 101 à 200...). ◆ 2º Période de cent années environ considérée comme une unité historique présentant certains caractères. *On fait commencer le XVIIIᵉ siècle français en 1715* (mort de Louis XIV). *Le Grand Siècle, le xviiᵉ siècle français. Le Siècle des lumières, le xviiiᵉ s.* ◇ *Le siècle de...* suivi d'un nom propre, désigne une période assez longue de l'histoire d'un peuple, dominée par une personnalité. *Le Siècle de Périclès.* « *Avant le siècle que j'appelle de Louis XIV* » (Volt.). ◇ Époque. *Ils «semblent être venus au monde trop tard : ils sont d'un autre siècle* » (Dider.). « *Chénier partageait... les idées de son siècle* » (Ste-Beuve). *De siècle en siècle, d'âge en âge.* ◇ *Absolt. Le siècle,* époque où l'on vit, dont on parle. *Le mal du siècle.* « *Confession d'un enfant du siècle* » (Muss.). ◆ 3º Durée de cent années. « *Un lit étroit et... vieux d'un bon siècle* » (Bosco). ◆ 4º *Au plur.* Très longue période. *Depuis des siècles,* depuis très longtemps. *Les siècles passés, futurs,* le passé, l'avenir. *La légende des siècles,* œuvre de Hugo. *Jusqu'à la consommation*, la fin des siècles.* ◇ *Par exagér.* (Fam.) *Il y a des siècles que je ne t'ai vu,* il y a longtemps.

II. *Relig. Le siècle :* la vie du monde, qui change avec les époques (*opposé à* la vie religieuse, dont les valeurs sont éternelles). V. **Monde.** « *Ainsi le siècle pénétrait jusqu'à moi* » (Renan). *Les affaires, les plaisirs du siècle.* V. **Séculier.**

SIÈGE [sjɛʒ]. *n. m.* (1080; lat. pop. °*sedicum*, de °*sedicare*, de *sedere* « être assis »).

I. ◆ 1º Lieu où se trouve la résidence principale (d'une autorité, d'une société). *Rome est le siège de la papauté. Siège d'un tribunal,* localité où il tient régulièrement ses séances. — *Siège social,* lieu où se trouve concentrée la vie juridique d'une société. *Absolt. Il a quitté l'agence, il est maintenant au siège. Siège d'un parti, d'un organisme.* ◆ 2º *Littér.* Centre d'action, lieu où réside la cause (d'un phénomène). « *Cette glande est le principal siège de l'âme* » (Descartes). « *Une douleur exagérée qui n'a plus de siège précis* » (Duham.).

II. (xiiiᵉ). Lieu où s'établit une armée, pour investir une place forte; ensemble des opérations menées pour prendre une place forte. *Opérations, travaux, engins de siège.* V. **Poliorcétique.** *Mettre le siège devant une ville.* V. **Assiéger, investir.** *Guerre de siège. — Lever le siège d'une place,* cesser de l'assiéger; *fig.* Se retirer. « *Quand le café fut servi,... les convives bientôt levèrent le siège* » (Flaub.). — État de siège : régime spécial comportant la mise en application d'une législation exceptionnelle qui soumet les libertés individuelles à une entreprise renforcée de l'autorité publique. « *La ville reste en état de siège et toute circulation est interdite à partir de huit heures du soir* » (Gide). ◇ *Loc. fig.* « *C'était un homme qui n'avait pas son siège fait* » (Romains), dont l'opinion n'était pas arrêtée, qui pouvait écouter certains arguments.

III. ◆ 1º (Fin xiiᵉ). Objet fabriqué, meuble disposé pour qu'on puisse s'y asseoir. V. **Banc, banquette, bergère, canapé, chaise, divan, escabeau, fauteuil, pliant, pouf, stalle, strapontin, tabouret, trépied, trône.** *Les bras, le dossier, les pieds d'un siège.* « *Les sièges... chaises longues, fauteuils... poufs et tabourets* » (Maupass.). *Siège de bois, de rotin, métallique. Sièges de cuisine, de bureau, de jardin. Siège relax*. Donner, offrir un siège à qqn. Prenez un siège, asseyez-vous. Par ext. Le siège d'une balançoire, d'un cabinet d'aisances.* — *Siège avant, arrière, sièges transformables d'une automobile.* V. **Banquette.** *Siège éjectable de pilote.* ◆ 2º *Dr.* Place où se tient assis un magistrat. *Jugement rendu sur le siège,* aussitôt la clôture des débats (sans que les juges se soient retirés pour délibérer). *Magistrature du siège,* assise (*par opposition aux* magistrats du parquet, debout). ◇ Place, fonction de député, ou place honorifique à pourvoir par élection. *Le parti a gagné vingt sièges. Siège vacant, à pourvoir.* ◆ 3º Dignité d'évêque, de prélat (symbolisée par le siège qu'occupe le prélat). *Siège épiscopal, pontifical. Le siège apostolique.* V. **Saint-Siège.**

IV. (1538). Partie du corps humain sur laquelle on s'assied (dans quelques expressions). V. **Derrière, fondement.** *Bain de siège. Enfant qui se présente par le siège* (dans un accouchement).

SIÉGER [sjeʒe]. *v. intr.;* conjug. *céder* et *bouger* (1611; de *siège*). ◆ 1º Tenir séance, être en séance. « *Les deux tiers des députés n'osaient plus venir siéger* » (Gaxotte). « *Un procès où le procureur Maillard siégera au banc du Ministère public* » (Aymé). ◆ 2º Avoir le siège de sa juridiction à tel endroit. *La Cour des comptes siège à Paris.* ◇ *Fig.* Résider, se trouver. *Voilà où siège le mal.*

SIEMENS [simɛns; sjemɛs]. *n. m.* (1949; du nom d'un ingénieur all.). *Phys.* Unité de conductance électrique. (Symb. *S*).

SIEN, SIENNE [sjɛ̃, sjɛn]. *adj. et pron. poss.* (fin xiiᵉ; *suon*, xᵉ; accus. lat. *suum*). Possessif de la troisième personne.

I. *Adj.* ◆ 1º (En fonction d'épithète). *Vx ou littér.* À lui, à elle; de lui, d'elle. « *Le patron jura qu'un vieux sien matelot était un cuisinier estimable* » (Mérimée). « *Cette femme sienne* » (Zola). ◆ 2º (En fonction d'attribut). *Cour.* « *L'un de ces hommes que Dieu a marqués comme siens* » (Balz.). « *Accoutumé de faire siennes les affirmations de son patron* » (Mart. du G.), de les adopter, de les prendre à son compte.

II. *Pron. poss.* LE SIEN, LA SIENNE : sert à désigner l'objet ou l'être lié à la troisième personne par un rapport de parenté, de possession, etc. « *Tout homme a deux pays, le sien et puis la France* » (Bornier). « *Dans un métier qui n'était pas le sien* » (R. Rolland).

III. *Subst.* ◆ 1º (Vx). LE SIEN : son bien, sa propriété. *Mod.* (fig.) *Il y a mis du sien,* de la bonne volonté. ◇ *Fam. Il a encore fait des siennes,* il a encore fait le genre de sottises dont il est coutumier. « *Le champagne commençait à faire des siennes parmi les convives* » (Daud.), à faire ses ravages. ◆ 2º LES SIENS : sa famille, ses amis, ses partisans. « *Il avait brisé les dernières attaches avec les siens* » (Maupass.). ◇ HOM. (du fém.) *Sciène.*

SIERRA [sjeʀa]. *n. f.* (1765; mot esp., proprem. « scie », lat. *serra*). *Dans les pays de langue espagnole,* Montagne à relief allongé (dont le sommet peut être plat aussi bien qu'aigu).

SIESTE [sjɛst(ə)]. *n. f.* (1715; *siesta*, 1660, mot esp.; lat. *sexta [hora]* « sixième heure, midi »). Repos accompagné ou non de sommeil) pris après le repas de midi. V. **Méridienne.** *Faire la sieste.* « *Mes siestes... durent parfois près de deux heures, sans préjudice aucun pour le long sommeil de la nuit* » (Gide).

SIEUR [sjœʀ]. *n. m.* (xviiᵉ; « seigneur », xiiiᵉ; anc. cas régime de *sire*). *Vx ou Dr.* Monsieur. « *Accompagné de maître Falconnet et du sieur Santerre* » (Beaumarch.). ◇ *Péj. ou iron.* « *Elle reçut le sieur Lheureux, marchand de nouveautés* » (Flaub.). ◇ HOM. *Scieur.*

SIFFLAGE [siflaʒ]. *n. m.* (1842; de *siffler*). *Vétér.* Cornage.

SIFFLANT, ANTE [siflɑ̃, ɑ̃t]. *adj.* (1552; de *siffler*). Qui produit un sifflement, s'accompagne d'un sifflement. « *L'oiseau lançait son appel, une seule note sifflante et plaintive* » (Duham.). « *Respiration sifflante* » (Mauriac). — *Phonét.* (1857). *Consonne sifflante,* ou ellipt. *Une sifflante,* consonne fricative dont l'émission est caractérisée par un bruit de sifflement [s, z]. V. Aigu, sibilant.

SIFFLEMENT [sifləmã]. *n. m.* (*Ciflement*, fin XIIᵉ; de *siffler*). ♦ 1º Action de siffler, son émis en sifflant. *Sifflement d'appel, d'admiration. Les sifflements du merle.* — « *Le sifflement des trains* » (CHARDONNE). ♦ 2º Fait de siffler (I, 2º), production d'un son aigu. « *Un sifflement. Tiens, une balle perdue* » (BARBUSSE). ◇ Bruit parasite perçu dans un récepteur de radio. ♦ 3º *Sifflement d'oreilles*, bruit anormal de sifflement perçu par l'oreille.

SIFFLER [sifle]. *v.* (XIIᵉ; bas lat. *sifilare*, class. *sibilare*). **I.** *V. intr.* ♦ 1º Émettre un son aigu, modulé ou non, en faisant échapper l'air par une ouverture étroite (bouche, sifflet, instrument). *Il sait siffler, il siffle très bien.* « *Il siffla pour la faire venir* » (MONTHERLANT). — « *La locomotive siffla* » (MART. du G.). ◇ *(Animaux)* Émettre un cri analogue. « *Un oiseau siffle dans les branches* » (GAUTIER). ◇ Sortir d'un orifice avec un son aigu. « *Ce gaz... qui chuinte* » (DUHAM.). ♦ 2º Produire un son aigu par un frottement, par un mouvement rapide de l'air. « *La froide bise sifflait* » (HUGO). **II.** *V. tr.* ♦ 1º (XIVᵉ). Appeler (qqn, un animal) en sifflant. *Siffler son chien. Agent qui siffle un contrevenant.* ◇ Signaler en sifflant. *L'arbitre a sifflé une faute, la mi-temps.* ♦ 2º (1549). Désapprouver bruyamment, par des sifflements, des cris, etc. (une personne qui se produit en public, une œuvre, un auteur dramatique). V. **Conspuer, huer.** *Elle* « *siffle avec frénésie le même acteur* » (MAUPASS.). *Il s'est fait siffler.* ♦ 3º (Fin XVIᵉ). Moduler (un air) en sifflant. *Il sifflait une chanson à la mode.* V. **Siffloter.** ♦ 4º (XVᵉ). *Fam.* Avaler, boire d'un trait. « *Les verres de punch et de champagne sifflés au passage* » (DAUD.). ⬦ ANT. (du II, 2º) Acclamer, applaudir.

SIFFLET [sifle]. *n. m.* (mil. XIIIᵉ; de *siffler*). ♦ 1º Petit instrument formé d'un tuyau court à ouverture en biseau, servant à émettre un son aigu. *Le sifflet d'un agent de police, d'un arbitre.* « *Un sifflet de marine... pour moduler les trilles et les sons enflés des commandements officiels* » (LOTI). *En sifflet*, en biseau (comme l'ouverture du sifflet). — *Sifflet d'une locomotive. Sifflet à vapeur, sifflet d'alarme.* ◇ *Coup de sifflet*, son produit par un sifflet. « *Des coups de sifflet prolongés ou courts* » (MAUPASS.). ♦ 2º Sifflement (d'un sifflet). « *Le sifflet plaintif d'un train en manœuvre* » (R. ROLLAND). ◇ *Spécialt.* (comme marque de mécontentement) « *Il y a... des sifflets qui sont plus doux pour l'orgueil que des bravos* » (FLAUB.). — (ANT. Applaudissement). ♦ 3º (XVIᵉ). *Fam.* Gorge, gosier. *Ça me coupe le sifflet, ça m'interloque.*

SIFFLEUR, EUSE [siflœʀ, øz]. *adj. et n.* (1537; de *siffler*). ♦ 1º *Adj.* Qui siffle. « *Les merles siffleurs* » (BERNARD. de ST-P.). *Canard siffleur*, variété de canard sauvage. ♦ 2º *N.* Personne qui siffle un spectacle, un artiste. « *Le plan des siffleurs... est de tuer toutes les scènes et les mots à effet* » (GONCOURT).

SIFFLEUX [siflø]. *n. m.* (1894; mot canadien, *siffleur*, 1687; de *siffler*). *Canada.* Nom courant de la marmotte du Canada. « *Les Canadiens français les appellent des 'siffleux'. Et en effet, elles 'sifflent', à coups brefs, vigoureux et stridents dès qu'elles aperçoivent un vivant* » (GENEVOIX).

SIFFLOTEMENT [siflɔtmã]. *n. m.* (1885; de *siffloter*). Action de siffloter, air siffloté.

SIFFLOTER [siflɔte]. *v.* (1845; de *siffler*). V. intr. Siffler négligemment en modulant un air. ◇ V. tr. « *Il sifflote entre ses dents l'air du Forgeron de la Paix* » (COURTELINE).

SIFILET [sifile]. *n. m.* (1775; de *six*, et *filet*). Paradisier à plumage noir, dont le mâle porte sur la tête six longues plumes minces.

SIGILLAIRE [siʒi(l)lɛʀ]. *adj. et n.* (1456; bas lat. *sigillarius*). *Didact.* ♦ 1º Muni d'un sceau, d'un cachet. *Anneau sigillaire.* ◇ Relatif aux sceaux, à la sigillographie. *Histoire sigillaire.* ♦ 2º N. f. (1821). *Paléont.* Arbre fossile du carbonifère, dont le tronc porte des empreintes régulières en forme de cachet.

SIGILLÉ, ÉE [siʒi(l)le]. *adj.* (1565; lat. *sigillatus*). *Didact.* Marqué d'un sceau. — *Vases sigillés*, vases gallo-romains de teinte brique, décorés de sceaux et poinçons.

SIGILLOGRAPHIE [siʒi(l)lɔgʀafi]. *n. f.* (1860; du lat. *sigillum* « sceau », et *-graphie*). *Didact.* Étude scientifique des sceaux, et spécialt. des sceaux de chartes médiévales.

SIGILLOGRAPHIQUE [siʒi(l)lɔgʀafik]. *adj.* (1874; de *sigillographie*). *Didact.* Relatif à la sigillographie. *Études sigillographiques.*

SIGISBÉE [siʒisbe]. *n. m.* (1736; it. *cicisbeo*). Vx ou *iron.* Cavalier* servant, compagnon empressé et galant.

SIGLAISON [siglɛzɔ̃]. *n. f.* (v. 1970; de *sigle*). *Didact.* Formation de sigles à partir des premiers éléments (lettres, noms des lettres, syllabes) des mots d'un syntagme.

SIGLE [sigl(ə)]. *n. m.* (1712; lat. jur. *sigla* « signes abréviatifs »). Initiale ou suite d'initiales servant d'abréviation. *Les sigles des manuscrits anciens. Le sigle H.L.M.* (désignant les habitations à loyer modéré). *Dérivé formé sur un sigle* (*ex.* : cégétiste, de C.G.T.).

SIGMA [sigma]. *n. m.* (1673; mot gr.). Dix-huitième lettre de l'alphabet grec (ς, σ, Σ), notant la sifflante sourde [s].

SIGMOÏDE [sigmɔid]. *adj.* (1654; gr. *sigmoeidês*). *Anat.* Qui a la forme d'un sigma majuscule (Σ). *Valvules sigmoïdes*, à l'entrée de l'aorte et de l'artère pulmonaire. *Cavités sigmoïdes* (du cubitus, du radius). *Côlon sigmoïde*, et subst. masc. *Le sigmoïde*, partie mobile du gros intestin, en forme d'anse, descendant du côté gauche de la cavité pelvienne et se continuant par le rectum (syn. *côlon pelvien*). — Adj. SIGMOÏDIEN, IENNE [sigmɔidjɛ̃, jɛn]. *Artères sigmoïdiennes.*

SIGNAL, AUX [siɲal, o]. *n. m.* (1552; « signe distinctif, cachet », déb. XIIIᵉ; réfection, d'apr. *signe*, de *seignal*; bas lat. *signale*, neutre subst. de *signalis*). ♦ 1º Signe convenu (geste, son...) fait par qqn pour indiquer le moment d'agir. « *Il eût voulu entendre le signal, partir tout de suite* » (DORGELÈS). Il « *donnait le signal des applaudissements* » (VIGNY). Par ext. *Donner le signal de* (une action, un événement) : déclencher, provoquer. ◇ Fait par lequel une action, un processus commence. V. **Annonce.** *Cet article a été le signal d'une véritable campagne de presse.* ◇ *Psycho.* Signe servant d'avertissement et déclenchant un certain comportement (*la réponse*) quand le conditionnement est réalisé. ♦ 2º Signe (ou système) conventionnel destiné à faire savoir qqch. à qqn, à véhiculer une information. *Signal sonore, acoustique. Signal d'alarme, d'alerte, de détresse.* V. **S.O.S.**; avertisseur. *Signaux visuels, optiques, lumineux.* — Spécialt. *Signaux d'un navire* (pavillons, signaux à bras, phoniques, de détresse). *Signaux de port*, permettant la navigation près des ports (boules, pavillons et feux, balisage). — *Signaux de chemin de fer*, disques, feux réglant la circulation sur les voies. *Signaux de route*, feux, panneaux de signalisation, poteaux indicateurs. *Respecter un signal.* ◇ *Sc.* Message ou effet à transmettre au moyen d'un système de communication. *Circuit, code, système de signaux. Signal d'appel, de mise en marche. Émission, réception, sélection de signaux. Signaux horaires hertziens*, signaux donnant l'heure. — *Cybern.* Forme physique (le plus souvent une tension électrique) sous laquelle se transmet l'information. *Niveau de signal. Signal et bruit* (3º). — Représentation analogique d'un phénomène physique. V. **Capteur.**

SIGNALÉ, ÉE [siɲale]. *adj.* (1557; it. *segnalato*, p. p. de *segnalare* « rendre illustre »). *Littér.* (seulement dans certaines loc.). Remarquable, insigne. *Il m'a rendu un signalé service.* « *Je vous en promets la plus signalée récompense* » (DIDER.).

SIGNALEMENT [siɲalmã]. *n. m.* (1718; de *signaler* [un soldat] « l'inscrire », 1680; de *signal*). Description physique d'une personne qu'on veut faire reconnaître. « *Les douaniers ont votre signalement,... vous serez arrêté* » (STENDHAL). *Signalement sommaire porté sur un passeport, une carte d'identité.*

SIGNALER [siɲale]. *v. tr.* (1572; de *signalé*). ♦ 1º *Vx.* Rendre remarquable par quelque action. « *Cent guerriers s'y jetant signalent leur audace* » (BOIL.). ◇ Pronom. *(Mod.)* Se faire remarquer, se distinguer (en bien ou en mal). « *Êtes-vous pauvre, signalez-vous par des vertus* » (JOUBERT). ♦ 2º (1773; « désigner », fin XVIᵉ). Annoncer par un signal (ce qui se présente, un mouvement). « *Chaque îlot signalé par l'homme de vigie* » (BAUDEL.). « *La Saône (un bateau) était signalée aux sémaphores* » (LOTI). ♦ 3º (1835). Faire remarquer ou connaître en attirant l'attention. V. **Montrer, souligner.** *Rien à signaler. Un seul journal a signalé leur présence à Paris. Permettez-moi de vous signaler que..., de vous faire savoir ou remarquer que...* ◇ Désigner, dénoncer. « *De petits journaux... me signalaient à l'animadversion des écoles* » (STE-BEUVE).

SIGNALÉTIQUE [siɲaletik]. *adj. et n. f.* (1836; de *signaler*). ♦ 1º *Admin.* Qui donne un signalement. *Fiche signalétique.* V. **Anthropométrique.** — *Didact. Bulletin signalétique.* ♦ 2º *Didact.* Qui concerne les signaux, la signalisation. — N. f. *La signalétique*, l'activité sémiotique des organismes, en ce qui concerne les signaux.

SIGNALEUR [siɲalœʀ]. *n. m.* (1869; de *signaler*). Techn. *(Milit.)*. Marin, soldat, employé chargé de la signalisation.

SIGNALISATION [siɲalizasjɔ̃]. *n. f.* (1909; de *signaliser*). Emploi, disposition des signaux destinés à assurer la bonne utilisation d'une voie et la sécurité des usagers. *Accident dû à une erreur de signalisation. Signalisation des routes* (bornes, signaux de route, feux, lignes). *Panneaux de signalisation. Signalisation des aérodromes.* ◇ Ensemble des signaux utilisés pour communiquer (visuels, lumineux, acoustiques). *Signalisation automatique.* — Psycho. *Système de signalisation* (signaux concrets, mots, alphabet morse, etc.).

SIGNALISER [siɲalize]. *v. tr.* (1909; de *signal*, d'apr. angl. *to signalize*). Munir d'une signalisation. *Signaliser une route.*

SIGNATAIRE [siɲatɛʀ]. *n.* (1789; *signandaire*, 1690; du rad. de *signature*). Personne, autorité qui a signé (une lettre, un acte, un traité). « *Les femmes de France signataires de la présente pétition* » (SARTRE).

SIGNATURE [siɲatyʀ]. *n. f.* (1436; lat. médiév. *signatura*, du lat. class. *signator* « signataire »). ♦ 1° Inscription qu'une personne fait de son nom (sous une forme particulière et constante) pour affirmer l'exactitude, la sincérité d'un écrit ou en assumer la responsabilité. V. **Émargement, endos, griffe, paraphe, seing, souscription.** « *Il apposa sa signature au bas de la page* » (DUHAM.). *Une signature illisible.* — *Signature d'un artiste* (sur un tableau; une œuvre d'art). — *Par anal.* Simple marque de l'auteur, du fabricant. ◇ *Dr. Chaque associé a la signature*, la signature sociale (qui engage la société). ♦ 2° Engagement signé. « *Les particuliers continuent... d'honorer leurs signatures lorsque les maîtres du monde renient la leur* » (BERNANOS). ♦ 3° Action de signer (un écrit, un acte). « *Votre arrêté de nomination sera ce soir à la signature* » (COURTELINE). ♦ 4° (1669). *Imprim.* Lettre, chiffre, signe servant à indiquer l'ordre des cahiers du volume.

SIGNE [siɲ]. *n. m.* (xᵉ; lat. *signum*).
I. ♦ 1° Chose perçue qui permet de conclure à l'existence ou à la vérité (d'une autre chose, à laquelle elle est liée). V. **Indice, manifestation, marque, preuve, symptôme.** « *Que le rire soit le signe de la joie comme les pleurs sont le symptôme de la douleur, quiconque a ri n'en doute pas* » (VOLT.). *Signe précurseur, avant-coureur.* V. **Annonce, promesse.** *Signes extérieurs de richesse*, ce qui, dans le train de vie, est pour l'administration fiscale un indice de richesse. — *Ne pas donner signe de vie*, paraître mort; *par ext.* Ne donner aucune nouvelle. *Donner des signes de fatigue.* « *C'est signe que l'on a perdu des semaines* » (GIDE), cela prouve que l'on a perdu... — Loc. *C'est bon*, *c'est mauvais signe*, c'est l'annonce que ça va bien, mal. « *C'est bon signe qu'un adolescent soit en révolte* » (MART. du G.) : cela prouve une bonne nature. — *Signes des temps*, signes qui, selon les prophètes, font savoir que les temps messianiques sont arrivés. ♦ 2° Élément ou caractère (d'une personne, d'une chose) qui permet de distinguer, de reconnaître. « *Vous rappelez-vous des signes franchement caractéristiques? Grain de beauté?... Cicatrices?* » (ROMAINS). *Signes particuliers : néant* (dans un signalement). ◇ *Méd. Signe clinique, signe pathologique*, que le médecin trouve lors de l'examen du malade ou qu'il provoque intentionnellement pour poser un diagnostic. V. **Symptôme.** — Fig. et péj. *Signe des temps*, ce qui caractérise l'époque où l'on vit.
II. ♦ 1° (xivᵉ). Mouvement volontaire, conventionnel, destiné à communiquer avec qqn, à faire savoir qqch. V. **Geste, signal.** *Signe de tête affirmatif, négatif. Exprimer qqch. par signes* (sans paroles). « *Veux-tu que je te laisse? Il me fit signe que non* » (HERMANT). « *Il fit signe à Laurence de venir* » (BALZ.), il l'appela par un signe. — Par ext. *Dès mon retour, je vous ferai signe*, j'entrerai en contact avec vous. ◇ Loc. prép. *En signe de...*, pour manifester, exprimer... *Elle* « *secouait, en signe d'adieu, son mouchoir blanc* » (MAC ORLAN). ♦ 2° (xviᵉ). Objet matériel simple (figure, geste, couleur, etc.) qui, par rapport naturel ou par convention, est pris, dans une société donnée, pour tenir lieu d'une réalité complexe. V. **Signal, symbole.** *Étude des signes.* V. **Sémiotique.** *Signes naturels, imagés* ou « *iconiques* (V. **Icône**) (*ex. :* S pour un virage), *conventionnels* (*ex. :* le signe ×, multiplié par). *Signe positif, négatif des nombres. Signes alphabétiques*, les lettres. *Signes de ponctuation.* La parenthèse, la virgule, le point sont des signes ♦ 3° *Ling.* Unité linguistique formée d'une partie sensible ou signifiant* (sons, lettres) et d'une partie abstraite ou signifié*. *Le morphème, le mot sont des signes. Arbitraire* du signe. *Les signes appartiennent à la première articulation* du langage. ♦ 4° *Emblème, insigne* (d'une société, d'une fonction) *Signes héraldiques : armoiries. Signes de ralliement. Le signe de la croix*, l'emblème des chrétiens. Par ext. *Faire le signe de la croix, un signe de croix*, le geste qui l'évoque. ◇ Chacune des figures représentant en astrologie les douze parties de l'écliptique que le Soleil semble parcourir dans l'intervalle d'une année tropique. *Être né sous le signe de Saturne*, pendant la période où le Soleil traverse cette partie de l'écliptique (V. **Horoscope**). — *Fig.* (Fam.) *Sous le signe de...*, dans une atmosphère de..., dans des conditions créées par... « *Depuis un an ou deux, tout est 'sous le signe'. Quand un financier barbote, c'est 'sous le signe de la reprise économique'* » (ROMAINS).
◇ HOM. Cygne.

SIGNER [siɲe]. *v. tr.* (xivᵉ; *seignier*, 1080; lat. *signare*). ♦ 1° *Vx.* Bénir en faisant le signe de la croix. ◇ *Mod.* (Pronom). « *Le prêtre se signa* » (ZOLA), fit le signe de la croix. ♦ 2° (déb. xiiᵉ). *Techn.* Marquer. *Signer des pièces d'orfèvrerie* (au poinçon). ♦ 3° (1523). *Cour.* Revêtir de sa signature. *Signer une lettre, un contrat, un traité.* Par ext. *Signer la paix*, le traité de paix. — Fig. *C'est signé*, cela porte bien la signature, la marque de la personne en question. — Absolt. « *Vous signerez au bas des feuilles* » (SARTRE). *Signer en* marge. V. **Émarger.** ♦ 4° Reconnaître comme sien en mettant sa signature sur. « *Ingres, jugeant fidèle la copie que son élève... a faite, accepte de la signer* » (MALRAUX). V. **Attester.**

SIGNET [siɲɛ]. *n. m.* (1377; de *signe*). Réunion de petits rubans pour marquer les pages d'un missel, d'un bréviaire. ◇ (1718) Ruban fixé par un bout à la tranchefile supérieure d'un livre, servant à marquer un endroit du volume.

SIGNIFIANCE [siɲifjãs]. *n. f.* (v. 1970; de *signifiant*, adj.). *Ling.* Le fait d'avoir du sens.

SIGNIFIANT, ANTE [siɲifjã, ãt]. *adj.* et *n. m.* (1553; de *signifier*). ♦ 1° Adj. *(Littér.)*. Qui est plein de sens. « *Déformer la réalité pour la rendre signifiante* » (GIDE). ◇ *Ling., sémiol.* Qui a du sens. V. **Significance.** *Unité, phrase signifiante. La sémiologie étudie les systèmes signifiants.* — (ANT. Asémantique.). ♦ 2° N. m. (1910). *Ling.* Manifestation matérielle du signe; suite de phonèmes ou de lettres, de caractères, qui constitue le support d'un sens (opposée et liée au *signifié*).

SIGNIFICATIF, IVE [siɲifikatif, iv]. *adj.* (fin xvᵉ; bas lat. *significativus*). ♦ 1° Qui signifie nettement, exprime clairement qqch. V. **Éloquent, expressif.** « *Le plus significatif des symboles qu'imaginèrent jadis les Indiens pour figurer... Dieu* » (LOTI). ◇ *Chiffres significatifs*, indispensables à la représentation d'une grandeur numérique. *Les deux derniers zéros de 10 300 ne sont pas significatifs.* — Dont on peut donner une interprétation. *Différence de résultats significatifs.* ♦ 2° Qui renseigne sur qqch. ou confirme une opinion. V. **Révélateur.** *Cette remarque est significative de son état d'esprit.*

SIGNIFICATION [siɲifikasjɔ̃]. *n. f.* (déb. xiiᵉ; lat. *significatio*). ♦ 1° Ce que signifie (une chose, un fait). « *Je ne sais pas si ce monde a un sens qui le dépasse,... une signification hors de ma condition* » (CAMUS). ◇ *Sens* (d'un signe, d'un ensemble de signes, et *spécialt.* d'un mot). ◇ *Ling.* Rapport réciproque qui unit le signifiant et le signifié. ♦ 2° *Dr.* Action de signifier (un jugement, un exploit). *Signification à domicile, à personne, au parquet.* V. **Dénonciation, notification.** ♦ 3° *Gram. Degrés* de signification des adjectifs et des adverbes* (positif, comparatif, superlatif).

SIGNIFIÉ [siɲifje]. *n. m.* (1910; de *signifier*). *Ling.* Contenu* du signe. V. **Sens** (opposé et lié au *signifiant*). *L'étude des signifiés.* V. **Sémantique.** *Signifié dénotatif, connotatif.*

SIGNIFIER [siɲifje]. *v. tr.* (fin xiiᵉ; *senefier*, 1080; lat. *significare*). ♦ 1° *(Choses, faits)*. Avoir un sens, être le signe de. V. **Dire** (vouloir). « *Avec un geste qui signifiait : 'je l'écraserais d'une chiquenaude'* » (FLAUB.). *Qu'est-ce que cela signifie?* se dit pour exprimer son mécontentement. ◇ *Avoir pour contenu, ou pour corrélatif.* V. **Équivaloir, impliquer.** « *Liberté ne signifie pas nécessairement désordre* » (SIEGFRIED). ♦ 2° *(Signes, mots)*. Avoir pour sens. V. **Désigner, exprimer.** *Que signifie ce symbole, ce signal, cet emblème?* ♦ 3° Faire connaître par des signes, des termes exprès; déclarer avec autorité. *Signifier ses intentions à qqn.* « *Son chef... lui signifia qu'à l'avenir il lui défendait de s'absenter* » (ZOLA). ◇ *Dr.* Faire savoir légalement. V. **Notifier.** *Huissier chargé de signifier un exploit, un jugement.*

SIL [sil]. *n. m.* (1562; mot lat.). *Techn. anc., Arts.* Argile ocreuse avec laquelle les anciens faisaient des poteries rouges ou jaunes. ◇ HOM. Cil, scille.

SILENCE [silãs]. *n. m.* (1190; lat. *silentium*).
I. ♦ 1° Fait de ne pas parler; attitude d'une personne qui reste sans parler. V. **Mutisme.** *Garder le silence*, se taire. *En silence*, sans rien dire. *Imposer silence à qqn. Faites silence! taisez-vous!* Ellipt. « *Qui donc ose parler lorsque j'ai dit : silence!* » (HUGO). → *Minute de silence*, hommage que l'on rend aux morts en demeurant debout, immobile et silencieux. Loc. prov. *La parole est d'argent et le silence est d'or* : si la parole est honnête et utile, le silence peut être plus précieux encore. ◇ Moment pendant lequel on ne dit rien. « *Une conversation... coupée de silences* » (ARAGON). ♦ 2° *(Abstrait)*. Le fait de ne pas exprimer son opinion, de ne pas répondre, de ne pas divulguer ce qui est secret; attitude d'une personne qui ne veut ou ne peut s'exprimer. « *Du silence que, chez nous, chacun garde sur sa vie intérieure* » (MAURIAC). « *Ce fragment de ma vie que je passe sous silence* » (DAUD.) : dont je ne veux rien dire. « *Il me faut une impénétrable discrétion et un silence absolu* » (MAUPASS.). V. **Secret.** — *La loi du silence*, qui interdit aux membres des associations de malfaiteurs de renseigner la police sur les agissements de leurs associés (même quand ils en sont les victimes). ◇ *Fig. Condamner, réduire l'opposition au silence.* « *La raison d'État... la convenance voulaient qu'il imposât silence aux scrupules de sa fierté* » (GOBINEAU). — « *Il acceptait d'aimer en silence* » (MAUROIS), en secret.
II. ♦ 1° (Fin xivᵉ). Absence de bruit, d'agitation, état d'un lieu où aucun son n'est perceptible. V. **Calme, paix.** « *Dans le silence et la solitude de la nuit* » (BAUDEL.). *Un silence profond, absolu, de mort.* ♦ 2° (1751). Interruption du son d'une durée déterminée, indiquée par des signes

particuliers dans la notation musicale ; ces signes eux-mêmes. **V. Pause, soupir** (et leur comp.).

◇ **ANT.** *Parole ; aveu. Bruit ; tapage.*

SILENCIEUSEMENT [silɑ̃sjøzmɑ̃]. *adv.* (1792 ; de *silencieux*). Sans parler, sans faire de bruit. **V. Silence** (en). « *Le chat siamois bondit silencieusement* » (ARAGON). ◇ En secret. « *Des illuminés qui préparaient silencieusement l'avenir* » (NERVAL).

SILENCIEUX, EUSE [silɑ̃sjø, øz]. *adj. et n. m.* (1524 ; lat. *silentiosus*). ♦ **1°** Où le silence et le calme règnent. « *Ce jardin paisible... ce cloître silencieux* » (HUGO). ◇ (Fin XVIIIᵉ) Qui se fait, se passe sans bruit. « *Ses mouvements sont doux, feutrés, silencieux* » (MART. du G.). — Qui fonctionne avec le minimum de bruit. *Un moteur silencieux.* ◇ **N.** *m.* (1898) Pot d'échappement. — Dispositif qui étouffe le bruit d'une arme à feu. ♦ **2°** (1611). Qui garde le silence **V. Muet.** « *Nous restions silencieux pour lui marquer une désapprobation qui ne pouvait être... qu'indirecte et muette* » (MAUROIS). *La majorité* silencieuse.* — Peu communicatif. « *C'était une personne froide, digne, silencieuse* » (STAËL). **V. Discret, réservé, taciturne.** ◇ Qui ne s'accompagne pas de paroles. « *Le trajet fut silencieux... ils se regardaient sans parler* » (MAUPASS.).

SILÈNE [silɛn]. *n. m.* (1765 ; de *Silène*, nom myth., lat. *Silenus*). Plante herbacée *(Caryophyllacées)*, à variétés ornementales. « *La soie mouchetée des silènes roses* » (ZOLA).

SILENTBLOC [silɑ̃tblɔk]. *n. m.* (1947 ; nom déposé, de l'angl. *silent* « silencieux », et *bloc* [angl. *block*]). Anglicisme. *Techn.* Petit bloc en caoutchouc traité et comprimé, interposé entre les pièces dont le mouvement relatif est très faible, pour absorber les bruits, les vibrations. *Remplacer les silentblocs de la fixation du moteur, dans une automobile.* **REM.** Les équivalents français proposés sont *bloc silencieux, silencieur, support élastique* (Banque des mots, 4, 212).

SILÉSIENNE [silezjɛn]. *n. f.* (1906 ; *toile cilesie*, 1688 ; de *Silésie*, pays d'origine de ce tissu). Tissu mi-soie, mi-laine, dont on fait des doublures, des parapluies.

SILEX [silɛks]. *n. m.* (1556 ; mot lat.). Roche siliceuse constituée de silice plus ou moins bien cristallisée sous forme de quartz. **V. Pierre** (à fusil, à briquet). *Empierrement de silex. Armes préhistoriques en silex.* Ellipt. *Des silex,* des outils ou armes de silex.

SILHOUETTE [silwɛt]. *n. f.* (1788 ; *à la silhouette*, 1759 ; de *Silhouette*, contrôleur des Finances en 1759). ♦ **1°** *Vx.* Portrait de profil exécuté en suivant l'ombre projetée par un visage. ◇ Ombre projetée dessinant nettement un contour. ♦ **2°** Forme qui se profile en noir sur un fond clair. « *Le soir à la cime de mes arbres... grave sa silhouette noire et dentelée sur l'horizon d'or* » (CHATEAUB.). ◇ Forme ou dessin aux contours schématiques. « *Les étangs... avec la silhouette renversée des arbres dans une eau bleue* » (FROMENTIN). ♦ **3°** Allure ou ligne générale d'une personne. « *Sa silhouette m'amuse, sa dégaine de gamine maigrelette* » (COLETTE). — *Silhouettes de tir,* cibles découpées en forme de silhouettes humaines (debout, couché, à genou) (MAUPASS.).

SILHOUETTER [silwete]. *v. tr.* (1863 ; de *silhouette*). Représenter en silhouette, en faisant un croquis qui ne dessine que la silhouette. — Pronom. Apparaître en silhouette. **V. Profiler** (se). — Au p. p. « *Je la revois..., silhouettée sur l'écran que lui fait, au fond, la mer* » (PROUST).

SILICATE [silikat]. *n. m.* (1818 ; de *silice*). Une des combinaisons de silice avec divers oxydes métalliques. *Silicates naturels* (émeraude, talc, argiles, feldspaths).

SILICE [silis]. *n. f.* (1787 ; du lat. *silex, silicis*. **V. Silex**). Oxyde de silicium (SiO_2), corps solide de grande dureté, blanc ou incolore, très abondant dans la nature (constituant plus de la moitié de la croûte terrestre). *Silice pure cristallisée,* (quartz). *Silice fondue ou vitreuse ou verre de silice,* silice non cristallisée, servant à fabriquer des instruments d'optique, des appareils de laboratoire, etc. ◇ **HOM.** *Cilice.*

SILICEUX, EUSE [silisø, øz]. *adj.* (1780 ; du lat. *siliceus*). Formé de silice, contenant de la silice. *Roches siliceuses* (grès, sable, etc.). *Terrain siliceux.*

SILICICO- ou **SILICO-.** *Chim.* Éléments, du rad. de *silicique, silicium,* servant à désigner la présence du silicium dans un composé (ex. : silico-aluminate, silico-alcalin, etc.).

SILICICOLE [silisikɔl]. *adj.* (1872 ; de *silice,* et *-cole*). *Bot.* Se dit des plantes qui poussent bien en terrain siliceux.

SILICIQUE [silisik]. *adj.* (1818 ; de *silice*). *Chim.* (Vieilli) *Anhydride silicique,* silice.

SILICIUM [silisjɔm]. *n. m.* (1829 ; en angl., 1808 ; de *silice*). *Chim.* Corps simple (poids at. 28,09 ; nᵒ at. 14 ; symb. Si), de couleur grise, métalloïde du groupe du carbone, très abondant dans la nature sous forme de combinaisons oxygénées (silice et silicates). *Le silicium fond à 1420 °C ; il sert à fabriquer des semi-conducteurs.*

SILICIURE [silisjyʀ]. *n. m.* (1836 ; de *silicium*). *Chim.* Combinaison de silicium et d'un élément. *Siliciure de carbone* (« carborundum »), *de magnésium.*

SILICONE [siliko(ɔ)n]. *n. f.* (1874 ; de *silicium*). *Chim.* ♦ **1°** *Vx.* Composé résultant de l'action de l'acide chlorhydrique sur le silicure de calcium. ♦ **2°** *Mod.* Nom générique des dérivés du silicium renfermant des atomes d'oxygène et des groupements organiques, et se présentant sous forme d'huiles, de résines et d'élastomères (analogues au caoutchouc). **V. Plastique** (matière). *Huiles, résines de silicones.*

SILICOSE [silikoz]. *n. f.* (XXᵉ ; de *silice*). Maladie pulmonaire professionnelle provoquée par l'inhalation de poussières de silice. **V. Pneumoconiose.** *Mineur atteint de silicose.*

SILICOTIQUE [silikɔtik]. *adj.* (mil. XXᵉ ; de *silicose*). *Méd.* Relatif à la silicose. *Infiltration silicotique du poumon.* — Subst. *Un, une silicotique,* malade atteint de silicose.

SILICULE [silikyl]. *n. f.* (1557 ; lat. *silicula*). *Bot.* Silique courte.

SILIONNE [siljɔn]. *n. f.* (mil. XXᵉ ; nom déposé, formé sur *sili*[ce], et [ray]*onne*). *Techn.* Fibre continue de verre, appelée antérieurement « rayonne de verre ». *Les fils de silionne « sont constitués par un nombre élevé de brins unitaires dont le diamètre ne dépasse pas 5 à 7 μ » (R. THIÉBAUT).*

SILIQUE [silik]. *n. f.* (fin XIIIᵉ ; lat. *siliqua*). *Bot.* Fruit sec déhiscent, composé de deux carpelles, dont la cavité d'abord unique est tardivement divisée en deux par une fausse cloison. *Les siliques de la giroflée, du chou.*

SILLAGE [sijaʒ]. *n. m.* (1574 ; du rad. de *sillon*). ♦ **1°** Trace qu'un bâtiment laisse derrière lui à la surface de l'eau. Loc. fig. *Dans le sillage de... :* à la suite de... — Fig. « *Intellectuellement, il est toujours dans le sillage d'un maître* » (BILLY), il suit la trace d'un maître. ♦ **2°** *Phys.* Partie d'un fluide (liquide, air) que laisse derrière lui un corps en mouvement ; perturbations qui s'y produisent.

SILLET [sijɛ]. *n. m.* (1642 ; it. *ciglietto,* dimin. de *ciglio,* lat. *cilium* « cils »). *Techn.* *(Mus.).* Petite pièce de bois collée sur le manche de certains instruments à cordes, pour empêcher que les cordes n'appuient sur la touche.

SILLON [sijɔ̃]. *n. m.* (fin XVᵉ ; *seillon,* fin XIIᵉ ; probabl. d'un rad. gaul. *°selj-*). ♦ **1°** *Vx.* Planche de labour. ◇ *Mod.* (Au plur.) *Poét.* Les champs cultivés. « *Qu'un sang impur abreuve nos sillons* » (La Marseillaise). ♦ **2°** (1538). *Mod.* Longue tranchée ouverte dans la terre par la charrue. **V. Rayon.** *Tracer, creuser, ouvrir un sillon. Les perdreaux nichent... au creux des sillons* » (DAUD.). — *En forme de sillon* (V. Sulciforme). ♦ **3°** (Fin XVIᵉ). Ligne, rayure, ride. « *Le menton gras, creusé d'un sillon au milieu* » (R. ROLLAND). — Anat. *Les sillons du cerveau,* les rainures qui séparent les circonvolutions. **V. Scissure.** ◇ *Spécialt.* (1888). Trace produite à la surface du disque par l'enregistrement phonographique (V. Microsillon, piste). ♦ **4°** *Poét.* Trace, ligne, sillage. « *Sa chute fit dans l'air un foudroyant sillon* » (HUGO).

SILLONNER [sijɔne]. *v. tr.* (fin XVIᵉ ; *seillonner,* 1538 ; de *sillon*). ♦ **1°** *Vx.* Labourer. ◇ *Mod.* (surtout au pass. et au p. p.) Creuser en faisant des sillons, des fentes. « *D'énormes lézardes sillonnent les murs* » (BALZ.). — *Un visage sillonné de rides.* ♦ **2°** (Fin XVIᵉ). Traverser en laissant une trace, un sillage. *Le détroit « est sillonné... par de grands voiliers* » (LOTI). ♦ **3°** *(Routes ; mil. XIXᵉ).* Traverser, parcourir en tous sens. *Les routes qui sillonnent cette belle région.* — « *Les autos sillonnaient la route* » (SARTRE).

SILO [silo]. *n. m.* (1829 ; « cachot souterrain », 1685 ; esp. *silo,* et a. prov. *sil,* XIIIᵉ ; lat. d'o. gr. *sirus*). Excavation souterraine, réservoir où l'on entrepose les produits agricoles pour les conserver. *Silos à céréales* (en maçonnerie, métalliques), *à fourrages. Mettre en silo.* **V. Ensiler.** ◇ *Milit.* Site souterrain de lancement des missiles stratégiques.

SILOTAGE [silɔtaʒ]. *n. m.* (1923 ; de *silo*). *Techn.* Ensilage.

SILPHE [silf(ə)]. *n. m.* (1803 ; gr. *silphê*). *Zool.* Insecte coléoptère, au corps plat et noir, dont une espèce s'attaque aux champs de betteraves. ◇ **HOM.** *Sylphe.*

SILURE [silyʀ]. *n. m.* (1558 ; lat. d'o. gr. *silurus*). Grand poisson physostome, qui vit sur les fonds vaseux des grands fleuves, des lacs et de certaines mers (mer Noire, Caspienne). **V. Poisson-chat.**

SILURIEN, IENNE [silyʀjɛ̃, jɛn]. *adj.* (1839 ; angl. *silurian,* 1835 ; du lat. *Silures,* peuple breton de la région du Shropshire, en Angleterre, où ce type de terrain fut découvert). *Géol.* Se dit des terrains représentatifs d'une période de l'ère primaire et de ce qui s'y rapporte. *Système silurien. Faune silurienne.* Subst. *Le silurien,* cette période.

SILVES [silv(ə)]. *n. f. pl.* (1690 ; lat. *silvæ,* proprem. « bois, matériaux », titre d'un recueil de Stace). *Litt. lat.* Petit poème léger ayant un air d'improvisation.

SIMA [sima]. *n. m.* (1918 ; de *silice,* et *magnésium*). *Géol.* Couche intermédiaire de l'écorce terrestre dont les éléments caractéristiques sont supposés être la *silice* et le *magnésium.*

SIMAGRÉE [simagʀe]. *n. f.* (XIIIᵉ, o. i. ; l'a. fr. *Si m'agrée* « cela me plaît ainsi » est une source peu probable). *(Surtout au plur.).* Façons, petite comédie destinée(s) à tromper. **V. Chichi, grimace, manière.** *Je me suis laissé prendre à vos simagrées.* — Sing. « *Il entrait de la simagrée dans l'exagéra-*

tion de nos sentiments..., mais nullement d'hypocrisie » (GIDE).

SIMARRE [simaʀ]. *n. f.* (1606, it. *zimarra;* Cf. Chamarrer). *Ancienn.* Longue robe d'homme ou de femme, d'une riche étoffe ; robe de dessous de certains magistrats. ◇ *Mod., Relig.* Soutane d'intérieur.

SIMARUBA [simaʀyba]. *n. m.* (1729 ; *chimalouba,* 1665, comme mot indigène ; mot guyanais). Arbre de l'Amérique tropicale, dont une espèce *(simaruba amer)* a une écorce contenant de la quassine.

SIMARUBACÉES [simaʀybase]. *n. f. pl.* (1855, *Simaroubacées, simaroubées,* 1827 ; de *simaruba*). *Bot.* Famille de plantes dicotylédones dialypétales, comprenant des arbres (quassia, simaruba, ailante).

SIMBLEAU [sɛ̃blo]. *n. m.* (1690 ; altér. probable de *cingleau,* du lat. *cingula* « ceinture »). *Techn.* Cordeau servant à tracer des cercles (trop grands pour être faits au compas).

SIMIEN, ENNE [simjɛ̃, ɛn]. *adj.* et *n. m. pl.* (1842 ; du lat. *simia* « singe »). *Zool.* Propre ou relatif aux singes. ◇ *N. m. pl.* Sous-ordre de l'ordre des Primates, comprenant les singes proprement dits (Platyrrhiniens, catarrhiniens, anthropoïdes).

SIMIESQUE [simjɛsk(ə)]. *adj.* (1843 ; du lat. *simia* « singe »). Qui tient du singe, évoque le singe. *Visage, grimace, agilité simiesque.*

SIMILAIRE [similɛʀ]. *adj.* (1539 ; du lat. *similis* « semblable »). ♦ 1° *Vx.* Homogène. — Proportionnel. ♦ 2° (1611 ; repris XIXᵉ). Qui est à peu près de même nature, de même ordre. V. **Analogue, assimilable, semblable.** *Les produits importés et les produits nationaux similaires.* ◇ ANT. **Différent, dissimilaire.**

1. **SIMIL(I)-**. Élément, du lat. *similis* « semblable », marquant qu'il s'agit d'une imitation.

2. **SIMILI** [simili]. *n.* (1881 ; de *simili-*). ♦ 1° N. m. *(Vieilli).* Imitation (d'une matière ou chose précieuse). ◇ *Cliché obtenu par similigravure.* ◇ *Coton similisé.* ♦ 2° *N. f.* Abrév. fam. de *similigravure.*

SIMILIGRAVURE [similigʀavyʀ]. *n. f.* (1890 ; de *simili-,* et *gravure*). Photogravure en demi-teinte au moyen de trames à travers lesquelles sont photographiés les objets ; cliché ainsi obtenu. Abrév. *La, une simili :* le procédé ou le cliché.

SIMILISAGE [similizaʒ]. *n. m.* (1935 ; de *similiser*). *Techn.* Mercerisage donnant au coton un aspect soyeux.

SIMILISER [similize]. *v. tr.* (1935 ; de *simili-* [soie]). *Techn.* Traiter par similisage. — Au p. p. *Coton similisé,* mercerisé. Abrév. *Du simili.*

SIMILISTE [similist(ə)]. *n. m.* (mil. XXᵉ ; de *simili*). *Techn.* Spécialiste en similigravure, retoucheur de cliché.

SIMILITUDE [similityd]. *n. f.* (1225 ; lat. *similitudo*). ♦ 1° Relation unissant deux choses exactement semblables. V. **Analogie, ressemblance.** « *Entre Faust et la Tentation il y a similitude d'origines* » (VALÉRY). V. **Communauté, identité.** ◇ *Géom.* Produit, dans un plan, d'une notation et d'une homothétie* de même centre (V. **Semblable**). ♦ 2° *Vx.* Comparaison fondée sur l'existence de qualités communes à deux choses. ◇ ANT. **Différence.**

SIMILOR [similɔʀ]. *n. m.* (1742 ; de *simili-,* et *or*). Métal imitant l'or (chrysocale).

SIMONIAQUE [simɔnjak]. *adj.* (XVᵉ ; *simonial,* XIIᵉ ; lat. ecclés. *simoniacus*). *Littér.* Coupable ou entaché de simonie.

SIMONIE [simɔni]. *n. f.* (XIIᵉ ; lat. ecclés. *simonia,* du nom de *Simon le Magicien*). *Relig.* ou *littér.* Volonté réfléchie d'acheter ou de vendre à prix temporel une chose spirituelle (ou assimilable à une chose spirituelle).

SIMOUN [simun]. *n. m.* (1845 ; *simoon,* d'apr. l'angl., 1791 ; *samun,* 1777 ; arabe *samoûm*). Vent violent, extrêmement chaud et sec, qui souffle sur les régions désertiques de l'Arabie, de la Perse et du Sahara. V. **Khamsin, sirocco.**

SIMPLE [sɛ̃pl(ə)]. *adj.* et *n. m.* (déb. XIIᵉ ; lat. *simplex*). **I.** *(Personnes).* ♦ 1° Qui agit selon ses sentiments, avec une honnêteté naturelle et une droiture spontanée. V. **Droit, franc.** « *Sois simple toi-même et direct comme la flèche* » (GIDE). *Un cœur simple,* conte de Flaubert. V. **Innocent, pur.** ◇ Qui agit sans manifester de fierté, de prétention. V. **Modeste.** *Il a su rester simple dans les honneurs.* ♦ 2° Qui a peu de finesse, se laisse facilement tromper. V. **Crédule.** *niais, simplet.* « *Dans sa tête primitive et simple* » (ARAGON). ◇ SIMPLE D'ESPRIT : qui n'a pas une intelligence normalement développée. V. **Arriéré.** *Subst.* Débile mental. ♦ 3° Qui ignore ou dédaigne la délicatesse, le raffinement des usages. « *Simple dans sa mise* » (FRANCE).

II. *(Choses).* **Ⓐ** *(Sens absolu).* ♦ 1° *Philo.* Qui n'est pas composé, est impossible d'analyser. V. **Un.** *La monade est « une substance simple... c'est-à-dire sans parties* » (LEIBNIZ). ♦ 2° Qui (au niveau considéré) n'est pas composé de parties, est indivisible. V. **Élémentaire.** *Les « corps simples » ou « éléments chimiques »... résistent à toute tentative de décomposition par voie chimique* » (L. DE BROGLIE). ◇ Qui n'est pas double ou multiple. *Un aller simple (opposé à* aller *et* retour, pour un billet de chemin de fer). *Nœud simple.* —

Épithélium simple, formé d'une seule couche de cellules. *Fleur simple,* qui n'est pas composée. — *Comptabilité* en *partie simple. Temps simples d'un verbe. Passé simple.* ◇ *Subst. Varier du simple au double.* ♦ 3° *(Devant le nom).* Qui est uniquement ce que le substantif implique et rien de plus. « *Une simple allusion ouvrait des perspectives insoupçonnées* » (MART. du G.). *Une simple formalité.* V. **Pur, seul.** *Simple de simple police*. « *Les autres sont des tâcherons,... de simples salariés* » (DUHAM.). **Ⓑ** *(Sens relatif).* ♦ 1° Qui est formé (par rapport à d'autres choses de même espèce) d'un petit nombre de parties ou d'éléments. « *L'étude des phénomènes les plus généraux ou les plus simples* » (A. COMTE). *Réduit à sa plus simple expression** (I, 3°). ♦ 2° Qui, étant formé de peu d'éléments, est aisé à comprendre, à utiliser *(opposé à* compliqué, difficile). V. **Compréhensible, commode, facile.** « *Un moyen simple... et sûr* » (LACLOS). « *Ce serait vraiment trop beau, ce serait aussi trop simple* » (DUHAM.). « *N'est-ce pas simple comme bonjour ?* » (BALZ.). — Fam. *C'est simple, tout simple, bien simple,* se dit pour présenter une évidence ou résumer une question. « *Un mouchoir tout simple et sans broderie* » (HUGO). *Toilette simple et de bon goût. Fam. Dans le plus simple appareil,* déshabillé, nu. ◇ *Une langue, un style simple,* peu orné, naturel. V. **Aisé, familier.** ◇ *Sans décorum, sans cérémonie.* « *Un repas tout simple qui modifiait à peine le train-train familial* » (ROMAINS). **III.** *N. m.* **Ⓐ** (XVᵉ). *Vx.* Médicament formé d'une seule substance ou qui n'a pas subi de préparation. ◇ *Mod.* Plante médicinale. « *Cinq ou six espèces de simples que nous allions cueillir ensemble* » (DAUD.). **Ⓑ** (1906). Partie de tennis entre deux adversaires *(opposé à* double). *Simple dames.* V. **Single** (anglicisme).

◇ ANT. **Affecté, orgueilleux.** — **Fin, rusé. Complexe, composé, compliqué, difficile. Apprêté, étudié, recherché.**

SIMPLEMENT [sɛ̃pləmɑ̃]. *adv.* (fin XIIᵉ ; de *simple*). ♦ 1° D'une manière simple, sans complication, sans affectation. « *Le dire simplement et sans aucune prétention* » (STENDHAL). V. **Bonnement, naturellement, uniment.** *Recevoir des amis très simplement,* sans cérémonie. V. **Franquette** (à la bonne). ♦ 2° *(Sens faible).* Seulement. « *Ce sont des civils déracinés... ce sont simplement des hommes* » (BARBUSSE). « *Nous voulions simplement démontrer...* » (GAUTIER). — *Purement* et *simplement.*

SIMPLET, ETTE [sɛ̃plɛ, ɛt]. *adj.* (XIIᵉ ; de *simple*). ♦ 1° *(Personnes).* Qui est un peu simple d'esprit. V. **Naïf, niais.** ♦ 2° *(Choses).* Un peu trop simple, un peu pauvre. « *Une mélodie assez simplette* » (ARAGON).

SIMPLEX [sɛ̃plɛks]. *n. m.* (1975 ; de *simple,* d'apr. *duplex*). *Inform.* « Mode de transmission unidirectionnel » de l'information (VOCAB. DE L'INFORMATIQUE). ◇ HOM. **Simplexe.**

SIMPLEXE [sɛ̃plɛks]. *n. m.* (v. 1950 ; de *simple*). *Math.* Ensemble formé par les parties d'un ensemble*. ◇ HOM. *Simplex.*

SIMPLICITÉ [sɛ̃plisite]. *n. f.* (déb. XIIᵉ ; lat. *simplicitas*). **I.** *(Des personnes).* ♦ 1° Honnêteté naturelle, sincérité sans détour. V. **Droiture, franchise.** « *Une simplicité, une franchise, qu'Antoine n'avait jamais rencontrées ailleurs* » (MART. du G.). ◇ Comportement naturel et spontané, absence de prétention. V. **Abandon, modestie, naturel.** *Plus* « *de simplicité vraie, de cordialité* » (PROUST). ♦ 2° Caractère de naïveté exagérée. V. **Candeur, ingénuité.** « *Si j'avais toujours eu la simplicité de croire que je fusse aimé de ma maîtresse* » (Abbé PRÉVOST). ♦ 3° Caractère d'une personne qui a des goûts simples, qui dédaigne le luxe, les raffinements. « *Il vivait avec une simplicité digne des héros de Plutarque* » (BALZ.). **II.** *(Des choses ;* déb. XIVᵉ). ♦ 1° Caractère de ce qui n'est pas composé ou décomposable, de ce qui a peu d'éléments. « *La géométrie et la mécanique..., par l'extrême simplicité de leurs phénomènes...* » (A. COMTE). ◇ Caractère de ce qui est facile à comprendre, à utiliser. *Problème, mécanisme d'une grande simplicité.* ♦ 2° Qualité de ce qui n'est pas chargé d'éléments superflus, de ce qui obtient un effet esthétique avec peu de moyens. « *Une élégance un peu sèche et sévère, faite surtout de simplicité* » (MART. du G.).

◇ ANT. **Affectation, prétention ; finesse. Raffinement. — Complexité, complication, difficulté, recherche.**

SIMPLIFIABLE [sɛ̃plifjabl(ə)]. *adj.* (1872 ; de *simplifier*). Qui peut être simplifié. *Fraction simplifiable.*

SIMPLIFICATEUR, TRICE [sɛ̃plifikatœʀ, tʀis]. *adj.* (1852 ; du rad. de *simplification*). Qui a pour but ou pour effet de simplifier. *Explication schématique et simplificatrice.*

SIMPLIFICATION [sɛ̃plifikɑsjɔ̃]. *n. f.* (1470 ; du lat. *simplificare.* V. **Simplifier**). Action de simplifier ; son résultat. V. **Réduction, schématisation.** « *L'appauvrissement qu'entraîne une simplification trop sommaire* » (GIDE). ◇ ANT. **Complication.**

SIMPLIFIÉ, ÉE [sɛ̃plifje]. *adj.* (1771 ; V. **Simplifier**). Qui a fait l'objet d'une simplification, d'une schématisation.

Formule simplifiée. « *Ces images étaient fausses,... forcément très simplifiées* » (PROUST).

SIMPLIFIER [sɛ̃plifje]. *v. tr.* (1484; *simplefier*, déb. XVᵉ; lat. médiév. *simplificare*). Rendre plus simple (II), moins complexe, moins chargé d'éléments accessoires. V. **Réduire.** « *Toutes les formalités avaient été simplifiées* » (CAMUS). *Les machines qui simplifient notre travail, notre existence.* V. **Faciliter.** *Simplifier une fraction* (en réduisant également les deux termes). — Absolt. « *Tout art classique simplifie pour embellir* » (TAINE). ◊ ANT. **Compliquer, développer.**

SIMPLISME [sɛ̃plism(ə)]. *n. m.* (1829; de *simpliste*). Défaut de l'esprit simpliste, de ce qui est simpliste. « *Un mot qui a fait fortune en raison de son simplisme* » (BENDA).

SIMPLISTE [sɛ̃plist(ə)]. *adj.* (1829; de *simple*). Qui ne considère qu'un aspect des choses et simplifie outre mesure. *Esprit simpliste.* « *Le moralisme simpliste de ce puritain* » (MART. du G.).

SIMULACRE [simylakʀ(ə)]. *n. m.* (fin XIIᵉ; lat. *simulacrum*). ♦ 1º *Vx.* Image, idole. ♦ 2º (1552). *Littér.* Apparence sensible qui se donne pour une réalité. V. **Fantôme, illusion, semblant.** « *Ce combat n'est plus que comme un simulacre de bataille* » (GIDE).

SIMULATEUR, TRICE [simylatœʀ, tʀis]. *n.* (1274; lat. *simulator*). ♦ 1º Personne qui simule un sentiment, prend une attitude trompeuse. « *Il se donnait la comédie... Les simulateurs sont des hommes qui se défendent le mieux contre eux-mêmes* » (NIZAN). ◊ *Spécialt.* Personne qui simule une maladie (V. **Simulation**). ♦ 2º N. m. (1954). Appareil qui permet de représenter artificiellement un fonctionnement réel. *Simulateur de vol, de radar. Essayer un satellite artificiel dans un simulateur.*

SIMULATION [simylasjɔ̃]. *n. f.* (1265; lat. *simulatio*). ♦ 1º Fait de simuler (un acte juridique), de déguiser un acte sous l'apparence d'un autre. ♦ 2º Action de simuler (un sentiment, une maladie). V. **Comédie, feinte.** ◊ *Psycho.* Toute manifestation extérieure qui tend, plus ou moins consciemment, à remplacer, à exagérer ou à prolonger un symptôme pathologique. *Simulation d'infirmités, de troubles mentaux.* ♦ 3º (mil. XXᵉ). Représentation du comportement de systèmes physiques (par des calculateurs analogiques, numériques, etc.) en simulant par des signaux* appropriés les grandeurs réelles. V. **Modèle.**

SIMULÉ, ÉE [simyle]. *adj.* (XVIᵉ; V. **Simuler**). ♦ 1º Feint. « *Avec une gravité simulée* » (PROUST). ♦ 2º Faux, postiche. « *Les colonnades simulées* » (Ch. CROS). ◊ ANT. **Vrai.**

SIMULER [simyle]. *v. tr.* (fin XVIᵉ; lat. *simulare*). ♦ 1º Faire paraître comme réel, effectif (ce qui ne l'est pas). *Simuler une vente, une donation.* ◊ Donner pour réel en imitant l'apparence de (la chose à laquelle on veut faire croire). V. **Affecter, feindre, jouer.** « *Elles simuleront l'ivresse de la passion, elles ont un grand intérêt à vous tromper* » (DIDER.). — « *Il simula n'avoir point écouté* » (MAUPASS.). V. **Semblant** (faire). « *Toute sa vie elle avait simulé d'être malade* » (DRIEU LA ROCHELLE). ◊ Effectuer une simulation* (3º). ♦ 2º (*Choses*). Avoir l'apparence de. « *Des cannelures rondes... simulent les plis d'une étoffe* » (LOTI).

SIMULIE [simyli]. *n. f.* (1839; lat. zool. *simulia*, p.-ê. du rad. de *simulare*). *Zool.* Insecte diptère, moustique piqueur très dangereux pour le bétail.

SIMULTANÉ, ÉE [simyltane]. *adj.* et *n. f.* (1738; lat. *simultaneus*, de *simul* « ensemble »). **I.** *Adj.* ♦ 1º Se dit d'événements distincts qui sont rapportés à un même moment du temps. V. **Concomitant, synchrone.** ♦ 2º (*Sens large*). Qui se produit en même temps. « *Des heurts simultanés de toutes les épées* » (LOTI). — *Traduction simultanée*, donnée en même temps que parle l'orateur. **II.** *N. f.* Prestation d'un joueur d'échecs affrontant en même temps plusieurs adversaires. *Partie jouée en simultanée.* ◊ ANT. **Récurrent, séquentiel, successif.**

SIMULTANÉISME [simyltaneism(ə)]. *n. m.* (v. 1910; de *simultané*). *Hist. litt.* École poétique (Barzun, Divoire) concevant le lyrisme sous forme de chants simultanés. ◊ (1949). Procédé de narration qui consiste à présenter sans transition des événements simultanés (appartenant à des actions parallèles). *Le simultanéisme des romans de Dos Passos.*

SIMULTANÉITÉ [simyltaneite]. *n. f.* (1754; de *simultané*). Caractère de ce qui est simultané, existence simultanée (de plusieurs choses). V. **Coïncidence, synchronisme.** « *Le trait d'union entre ces deux termes, espace et durée, est la simultanéité* » (BERGSON). ◊ ANT. **Succession.**

SIMULTANÉMENT [simyltanemɑ̃]. *adv.* (1788; de *simultané*). En même temps. V. **Ensemble.** « *Plusieurs examens se passaient simultanément* » (FLAUB.). ◊ ANT. **Successivement.**

SINANTHROPE [sinɑ̃tʀɔp]. *n. m.* (1931; *sinanthropus*; de *sin*[o]-, et *-anthrope*). *Anthrop.* Individu appartenant à une espèce fossile du genre pithécanthrope*, dont les restes ont été découverts en Chine.

SINAPISÉ, ÉE [sinapize]. *adj.* (av. 1478; lat. *sinapizatus*, du gr. *sinapi* « moutarde »). Additionné ou saupoudré de farine de moutarde. *Bain, cataplasme sinapisé.*

SINAPISME [sinapism(ə)]. *n. m.* (1572; lat. d'o. gr. *sinapismus*). Traitement révulsif par application d'un cataplasme à base de farine de moutarde; ce cataplasme ou emplâtre. V. **Révulsif.** *Poser des sinapismes.*

SINCÈRE [sɛ̃sɛʀ]. *adj.* (1475; lat. *sincerus*). ♦ 1º Qui est disposé à reconnaître la vérité et à faire connaître ce qu'il pense et sent réellement (sans consentir à se tromper soi-même ni à tromper les autres). V. **Franc.** « *Ces trois hommes évidemment sincères et de bonne foi* » (HUGO). « *J'ai été sincère avec moi-même* » (DIDER.). — (Dans l'art) « *La crainte de ne pas être sincère me tourmente... et m'empêche d'écrire* » (GIDE). ◊ Qui est tel réellement et en toute bonne foi. V. **Véritable.** « *Ami sincère des études* » (STE-BEUVE). ♦ 2º Réellement pensé ou senti. *Aveu, repentir sincère.* « *Mon admiration pour Bonaparte a toujours été grande et sincère* » (CHATEAUB.). — (Dans le lang. de la politesse) *Sincères condoléances. Sincères salutations.* ♦ 3º Authentique, non truqué. *Des élections sincères.* ◊ ANT. **Hypocrite, menteur; affecté, feint, mensonger.**

SINCÈREMENT [sɛ̃sɛʀmɑ̃]. *adv.* (1528; de *sincère*). D'une manière sincère, de bonne foi. V. **Franchement.** « *Don Quichotte, sincèrement et ardemment, voulait être un chevalier* » (MAUROIS). *Je vous le dis bien sincèrement.* — Ellipt. *Sincèrement, je ne le crois pas.*

SINCÉRITÉ [sɛ̃seʀite]. *n. f.* (déb. XIIIᵉ; lat. *sinceritas*). ♦ 1º Qualité d'une personne sincère. V. **Foi** (bonne), **franchise, loyauté.** « *Et la sincérité dont son âme se pique A quelque chose, en soi, de noble et d'héroïque* » (MOL.). *Il « donne, en toute sincérité... son opinion* » (BERNANOS). ♦ 2º Caractère de ce qui est sincère. « *Vous doutez de la sincérité de mes paroles* » (MUSS.). « *Ils échangeaient des confidences... avec une liberté, une sincérité d'accent...* » (ROMAINS). ♦ 3º Authenticité, absence de trucage. « *Le lieutenant Grappa se saisit de mes papiers, en vérifia la sincérité* » (CÉLINE). ◊ ANT. **Hypocrisie, insincérité.**

SINCIPITAL, ALE, AUX [sɛ̃sipital, o]. *adj.* (1793; de *sinciput*). *Didact.* et *vx.* Qui appartient au sinciput.

SINCIPUT [sɛ̃sipyt]. *n. m.* (1538; mot lat.). *Anat.* Partie supérieure de la voûte du crâne.

SINÉCURE [sinekyʀ]. *n. f.* (1804; *sinecura*, 1715; angl. *sinecure*, du lat. *sine cura*, abrév. de *beneficium sine cura* « bénéfice ecclésiastique sans travail »). Charge ou emploi où l'on est rétribué sans avoir rien (ou presque rien) à faire; situation de tout repos. « *Oisifs, ou lotis de quelque sinécure dans quelque ministère* » (R. ROLLAND). ◊ *Fam. Ce n'est pas une sinécure*, ce n'est pas une mince affaire.

SINE DIE [sinedje]. *loc. adv.* (1890; mots lat. « sans jour fixé »). *Dr., Admin.* Sans fixer de date pour une autre réunion, une autre séance. *Renvoyer un débat, une affaire sine die.*

SINE QUA NON [sinekwanɔn]. *loc. adj.* (1565; du lat. des écoles, littéral. « [condition] sans laquelle non »). *Condition* (II, 1º) *sine qua non.*

SINGALETTE [sɛ̃galɛt]. *n. f.* (1933; de *Saint-Gall*, ville suisse). Mousseline de coton très claire et très apprêtée dont on fait surtout des patrons.

SINGE [sɛ̃ʒ]. *n. m.* (1170; lat. *simius*, var. de *simia*). ♦ 1º Mammifère primate (*Simiens*), caractérisé par une face nue, un cerveau développé, des membres inférieurs plus petits que les membres supérieurs, et des mains (les *grands singes* sont les animaux les plus proches de l'homme. V. **Anthropoïde.** V. **Cercopithèque, macaque, magot, rhésus; cynocéphale, anthropoïde, chimpanzé, gorille, orang-outang, sapajou, ouistiti, sagouin.** *Primates fossiles intermédiaires entre l'homme et le singe.* V. **Anthropopithèque, pithécanthrope, sinanthrope.** « *Plus le singe imite l'homme, plus la différence se montre* » (ALAIN). ◊ *Spécialt.* Le mâle de l'espèce, par opposition à *guenon.* ♦ 2º Loc. *Être agile, malin comme un singe* : très agile, très malin (à l'origine, signifiait « méchant [malin, 1º] comme un singe »). ◊ « *D'une adresse de singe pour se rattraper des mains* » (ZOLA). Loc. prov. *On n'apprend pas à un vieux singe à faire la grimace* : on n'apprend pas les ruses à un homme plein d'expérience. — *Payer en monnaie de singe*, récompenser ou payer par de belles paroles, des promesses creuses. ♦ 3º *Fig.* Personne laide, contrefaite. V. **Simiesque.** *Elles « m'ont alors montré l'enfant... — Quel petit singe ! ai-je dit* » (BALZ.). ♦ 4º Imitateur; celui qui contrefait, imite. Adj. « *Peuple caméléon, peuple singe du maître* » (LA FONT.). V. **Singer.** ♦ 5º *Pop.* (XVIIIᵉ; péj. XIXᵉ). Patron. ♦ 6º *Pop.* (1895, arg. milit.). Bœuf en conserve. V. **Corned-beef.**

SINGER [sɛ̃ʒe]. *v. tr.* (1770; de *singe*). ♦ 1º Imiter maladroitement ou d'une manière caricaturale, pour se moquer. « *Le gros père Guerbet avait singé madame Isaure... en se moquant de ses airs penchés, en imitant sa petite voix* » (BALZ.). V. **Contrefaire, imiter.** ♦ 2º Mimer, simuler. « *Il avait souvent singé la passion; il fut contraint de la connaître* » (BAU-DEL.)

SINGERIE [sɛ̃ʒʀi]. *n. f.* (v. 1350; de *singe*).
I. ♦ 1° Grimace, tour que fait un singe. ◇ Grimace, gambade, tour comique. « *Pour le distraire, elle faisait mille singeries* » (MAUROIS). ♦ 2° *(Abstrait)*. Imitation maladroite ou caricaturale.
II. (1869). *Techn.* Réunion, troupe de singes; ménagerie, cage de singes. *La singerie du Jardin des plantes.*

SINGLE [sĩŋgl]. *n. m.* et *adj.* (1898; mot angl. « seul »). Anglicisme. ♦ 1° *Tennis.* Simple. ♦ 2° Lang. du tourisme. *Adj.* Occupé par une seule personne (chambre, cabine, wagon-lit). — N. m. *Un single.*

SINGLETON [sɛ̃glǝtɔ̃]. *n. m.* (1767; angl. *singleton;* de *single* « seul » ou l'a. fr. *sengle*, ou lat. *singulus*). ♦ 1° *Dans certains jeux de cartes* (boston, whist, bridge), Unique carte d'une certaine couleur, dans la main d'un joueur. ♦ 2° *Math.* Ensemble constitué d'un seul élément.

SINGULARISER [sɛ̃gylaʀize]. *v. tr.* (1555; répandu XVIIIe; de *singulier*). ♦ 1° Distinguer des autres par qqch. de peu courant. « *La cadette, folle de peinture, d'une hardiesse de goût qui la singularisait* » (ZOLA). ♦ 2° (1684). SE SINGULARISER. *v. pron.* Se faire remarquer par qqch. d'extraordinaire, d'extravagant. « *Mais se singulariser, c'est très bête ! On se brouille avec tout le monde* » (J. VALLÈS). ◇ ANT. Généraliser.

SINGULARITÉ [sɛ̃gylaʀite]. *n. f.* (*Singulariteit*, 1190; bas lat. *singularitas* « unicité »). ♦ 1° *Vx* ou *didact.* Caractère de ce qui est singulier (I), unique. ◇ *Sc.* Objet individualisé, singulier (II, 1°). « *Les corpuscules... constituant dans l'espace des sortes de singularités mobiles à existence permanente* » (L. de BROGLIE). ♦ 2° *Littér.* Caractère rare et exceptionnel de ce qui se distingue (en bien ou en mal). *Des idées* « *d'une singularité et d'une justesse remarquables* » (GAUTIER). V. **Bizarrerie, étrangeté, originalité.** ♦ 3° *Cour.* *Une singularité :* action, chose singulière (II, 2°). V. **Anomalie, bizarrerie, exception.** « *Des singularités qui le rendaient odieux aux hommes vulgaires* » (STENDHAL). ◇ ANT. Pluralité. Banalité.

SINGULIER, IÈRE [sɛ̃gylje, jɛʀ]. *adj.* et *n. m.* (1295; *singular*, 1140; *singuleir*, 1190; lat. *singularis* « seul »).
I. ♦ 1° *Vx.* Individuel, particulier, distinct. « *On doit quelquefois plus à une erreur singulière qu'à une vérité commune* » (DIDER.). ◇ *Log. (Mod.).* Qui concerne un seul individu (opposé à *général*). *Terme singulier.* ♦ 2° *(Singulier,* 1172). *Gram.* Qui concerne un seul individu (opposé à pluriel). *Nombre singulier* (Cf. ci-dessous, III). ♦ 3° *Loc. cour.* (XVIe). COMBAT SINGULIER : entre une personne et un seul adversaire.
II. (XIVe). Qui se distingue des autres, par des caractères, des traits individuels qu'on remarque. ♦ 1° (XVIe). *Littér.* Différent des autres. V. **Bizarre, curieux, étonnant, étrange, rare.** « *Une espèce de beauté fort singulière et qui a du prix par sa rareté* » (NERVAL). « *Le double cas Villon-Villon est un cas singulier. Il nous offre un caractère rare et remarquable* » (VALÉRY). — (Avant le nom) « *Une singulière propension à réfléchir à tout ce qui m'arrive* » (MUSS.). ◇ *(Valeur affaiblie)* Bizarre, inexplicable. V. **Drôle.** « *Je trouve singulier que je sois informée de vos projets par le général Larivière* » (FRANCE).
III. N. m. *Gram.* Catégorie grammaticale (V. **Nombre**) qui exprime l'unité (opposé à pluriel). *Le singulier est le nombre** (II) *des mots qui désignent un objet conçu ou envisagé comme unique. Singulier collectif.* ◇ *Log.* Ce qui relève d'un seul individu (opposé à *général*). V. **Singularité** (1°).
◇ ANT. **Collectif; banal, commun, général, ordinaire; normal, fréquent, régulier. Pluriel.**

SINGULIÈREMENT [sɛ̃gyljɛʀmã]. *adv.* (1317; *singuleirment*, 1190; *singularment* « l'un après l'autre », 1140; de *singulier*). ♦ 1° En se distinguant des autres. V. **Particulièrement.** « *La lutte de l'individu contre la société et singulièrement contre l'État* » (SARTRE). V. **Notamment, principalement.** ♦ 2° *(Sens affaibli).* Beaucoup. « *Un exercice de style... qui m'a singulièrement aiguisé les idées* » (GIRAUDOUX). *(Modifiant un adjectif)* Très. « *La drogue... singulièrement odorante* » (BAUDEL.). ♦ 3° *Littér.* D'une manière singulière (II, 2°), étonnante, remarquable ou bizarre. *Il était singulièrement accoutré.* V. **Bizarrement.** *Il s'y prend, il se conduit singulièrement :* inexplicablement. ◇ ANT. **Communément; peu, ordinairement.**

SINISATION [sinizasjɔ̃]. *n. f.* (Mil. XXe; de *siniser*, 1953; de *sin[o]-*, et *iser*). *Didact.* Expansion de la civilisation chinoise (dans les pays de civilisation moins évoluée).

SINISER [sinize]. *v.* (mil. XXe; de *sin[o]*, et *-iser*). *Didact.* ♦ 1° *V. tr.* Répandre la civilisation chinoise (un pays); rendre chinois quant à la culture. « *Il faut 'siniser' le*

marxisme » (*L'Express*, 25-10-1965). ♦ 2° *V. pron.* SE SINISER.

1. SINISTRE [sinistʀ(ǝ)]. *adj.* (v. 1415; *senestre* « gauche », 1080; « contraire, défavorable », XIVe; lat. *sinister* « qui est à gauche » [V. **Senestre**]). ♦ 1° Qui fait craindre un malheur, une catastrophe. V. **Funeste, mauvais, menaçant.** *Augure, présage sinistre. Sinistres prophéties.* — *Bruits, craquements sinistres.* V. **Effrayant.** ◇ *Par ext.* Qui, par son aspect, semble menaçant ou accablant. V. **Effrayant, funèbre, lugubre.** « *L'ombre autour d'eux s'emplit de sinistres clartés* » (HUGO). — (En parlant de l'apparence d'une personne) *Vieilli.* Sombre et méchant, inquiétant. *Mine sinistre.* V. **Patibulaire.** « *Est-ce que vous me trouvez l'air sinistre ?... Eh bien ! si je vous fais peur, nous n'avons qu'à nous séparer* » (DIDER.). ♦ 2° *Littér.* Malfaisant, dangereux par lui-même. « *Les desseins les plus sinistres* » (MADELIN). — *Cour. Un sinistre voyou, une sinistre crapule.* V. **Sombre.** — *Par ext. Un sinistre imbécile.* V. **Triste.** ♦ 3° *(Sens affaibli).* Triste et ennuyeux. *Paysage sinistre.* « *L'aspect de cette partie de plaisir était sinistre... Tout était languissant et triste* » (VIGNY). — *Un air froid et sinistre.* « *Des confrères correctement sinistres, ainsi que le Baudelaire que j'ai entrevu une fois* » (GONCOURT).

2. SINISTRE [sinistʀ(ǝ)]. *n. m.* (1485; it. *sinistro*, même o. que *sinistre* 1). ♦ 1° Événement catastrophique naturel, qui occasionne des dommages, des pertes (incendie, inondation, naufrage, tremblement de terre, etc.). *Le sinistre a fait des morts, des blessés.* ♦ 2° (1783). Dommages ou pertes subis par des objets assurés. *Le remboursement des sinistres.*

SINISTRÉ, ÉE [sinistʀe]. *adj.* et *n.* (1870; de *sinistre*). Qui a subi un sinistre (2). *Région sinistrée.* « *Les malheureux sinistrés, ruinés et sans asile, sur les décombres de leur maison* » (DAUD.). — *N.* (1875) Personne qui a subi des dommages, du fait d'un sinistre. *Indemniser les sinistrés.*

SINISTREMENT [sinistʀǝmã]. *adv.* (XIXe; « méchamment », 1403; de *sinistre*). D'une manière sinistre. « *Une sorte de rire sinistrement burlesque, comme le rire des fous* » (LOTI).

SINITÉ [sinite]. *n. f.* (1957; de *sin[o]-*, et suff. *-ité*). *Didact.* Ensemble des caractères, des manières de penser, de sentir propres à la civilisation chinoise. « *Chinoise munie d'une pipe à opium* (symbole obligé de la sinité) » (BARTHES).

SINO-. Élément, du lat. médiév. *Sinæ*, [nom gr. d'une ville d'Extrême-Orient], signifiant « de la Chine » (*ex. :* sino-coréen, sino-indien).

SINOLOGIE [sinɔlɔʒi]. *n. f.* (1872; de *sino-*, et *-logie*). *Didact.* Ensemble des études relatives à la Chine (langue, civilisation, histoire).

SINOLOGUE [sinɔlɔg]. *n.* (1819; de *sino-*, et *-logue*). *Didact.* Savant spécialiste de la Chine.

SINON [sinɔ̃]. *conj.* (v. 1490; *se... non*, 1080; de *si* 1, et *non*).
I. (Introduisant une exception ou une restriction hypothétique). ♦ 1° *(En corrélation avec une propos. négative).* En dehors de..., abstraction faite de... V. **Excepté, sauf.** « *Je ne sais plus bien ce qui me maintient encore en vie sinon l'habitude de vivre* » (GIDE). *On ne jouit* « *de rien sinon de soi-même* » (ROUSS.). « *Point de femmes, sinon quelques paysannes* » (MÉRIMÉE). ♦ 2° *(En corrélation avec une propos. interrog.)*, pour introduire une réponse anticipée, que l'on présente comme étant la seule possible). Si ce n'est. « *À quoi cette poésie peut-elle servir, sinon à égarer notre bon sens ?* » (HUGO). « *Une réaction. Contre quoi, sinon contre ceux qui nous entourent* » (BOURGET). ♦ 3° *(Vieilli).* Avec cette réserve que. V. **Excepté** (que), **sauf** (que). « *Galant homme sinon qu'il était quelque paillard* » (RABELAIS).
II. (XVIe; Introduisant une concession, une restriction). ♦ 1° En admettant que ce ne soit pas. « *Il faut travailler, sinon par goût, au moins par désespoir* » (BAUDEL.). *Rencontrer, sinon l'approbation, du moins l'indulgence.* V. **Défaut** (à). « *Leur* « *morale* » (des fables) *est pleine de saveur, sinon toujours de moralité* » (SIEGFRIED). ♦ 2° Pour surenchérir sur l'affirmation. « *Une force indifférente sinon ennemie...* » (MAURIAC) : peut-être même ennemie.
III. *(Emploi absolu).* Si la condition, la supposition énoncée ne se réalise pas. V. **Autrement, faute** (de quoi), **sans** (quoi). « *Plains-moi !... sinon je te maudis !* » (BAUDEL.). « *Elle n'avait pas encore quitté Paris, sinon elle fût repassée au Foyer pour prendre ses valises* » (SARTRE) : si elle avait déjà quitté Paris, elle serait repassée... ◇ (Placé à l'intérieur de la propos.) « *Cette pensée était mienne... Elle serait sinon sans valeur* » (GIDE).

SINOPLE [sinɔpl(ǝ)]. *n. m.* (XIIIe, « rouge »; XIVe; « vert »; XIIe; lat. *sinopis*, gr. *sinôpis* « terre rouge de Sinope »). *Blas.* Un des émaux héraldiques, de couleur verte (représenté par des lignes diagonales descendant de gauche à droite).

SINOQUE, CINOQUE ou **SINOC** [sinɔk]. *adj.* (1926; p.-ê. région. *sinoc, n. m.,* « bille à jouer » avec infl. de *cigare, citron* « tête »). *Fam.* Fou, folle; imbécile. « *Il n'y a rien de tel* *pour vous donner du génie que d'avoir un oncle cinglé ou une grand'mère sinoque* » (QUENEAU).

SINUER [sinɥe]. *v. intr.* (1936; *sinué* « découpé », 1789; de *sinueux*). *Littér.* Être sinueux, faire des sinuosités. V. **Serpenter.** « *La route sinuait à flancs de falaise* » (CÉLINE). « *Il* [ne] *sinuait plus que de vagues passages* » (BAZIN).

SINUEUX, EUSE [sinɥø, øz]. *adj.* (1539; lat. *sinuosus*. V. **Sinus**). Qui présente une suite de courbes irrégulières et dans des sens différents. V. **Courbe, ondoyant, ondulé, onduleux.** « *Les rues étroites, inégales, sinueuses, pleines d'angles et de tournants* » (HUGO). « *Les lignes sinueuses, serpentines de son beau corps* » (TAINE). ◇ *Fig.* Tortueux. « *Ses démarches sinueuses* » (FRANCE). ⊗ ANT. Direct, droit.

SINUOSITÉ [sinɥozite]. *n. f.* (1549; de *sinueux*). ♦ 1° *Rare.* Caractère sinueux. V. **Courbure, galbe.** « *La sinuosité des côtes de la mer* » (ACAD.). ♦ 2° *Cour.* Une sinuosité : ligne sinueuse, courbe. V. **Anfractuosité, coude, courbe, détour, méandre, ondulation.** « *Le sol était singulièrement ondulé; et le chemin... décrivait des sinuosités* » (BAUDEL.).

1. SINUS [sinys]. *n. m. invar.* (1539; mot lat. « courbe ». V. **Sein**). *Anat.* ♦ 1° Cavité irrégulière (de certains os). *Sinus de la face*, de certains os de la face *(sinus frontal, maxillaire, sinus sphénoïdaux)*. *Spécialt.* (cour.) Inflammation des sinus (de la face) V. **Sinusite.** ♦ 2° Renflement circonscrit ou dilatation d'un segment de certains vaisseaux. *Sinus veineux du crâne* (caverneux, coronaire, latéraux). *Sinus carotidien*, à la bifurcation de l'artère carotide primitive. *Sinus de la rate :* capillaires très larges de la pulpe rouge.

2. SINUS [sinys]. *n. m.* (1557; lat. médiév. *sinus*, trad., d'apr. *sinus* 1, de l'arabe *djayb*, proprem. « pli d'un vêtement »). *Géom., Math.* ♦ 1° *Vx.* Ligne droite tirée d'une extrémité d'un arc perpendiculairement sur le rayon qui passe par l'autre extrémité » (D'ALEMB.). ♦ 2° *Mod. Sinus d'un angle*, mesure de la projection sur un axe directement perpendiculaire à l'un de ses côtés d'un vecteur unitaire porté sur son autre côté. *L'inverse du sinus :* la cosécante. *Fonction sinus* (abrév. *sin. a*). V. **Circulaire, trigonométrique,** et *aussi* **Cosinus, tangente.**

SINUSITE [sinyzit]. *n. f.* (1906; de *sinus* 1). *Cour.* Inflammation des sinus de la face, consécutive à l'inflammation de la muqueuse nasale.

SINUSOÏDAL, ALE, AUX [sinyzɔidal, o]. *adj.* (1872; de *sinusoïde*). *Math.* Relatif à la sinusoïde; analogue à la fonction sinus. *Mouvement sinusoïdal*, pendulaire*. *La fonction sinusoïdale est à la base de tous les mouvements vibratoires.*

SINUSOÏDE [sinyzɔid]. *n. f.* (v. 1750-60; de *sinus* 2). *Math.* Courbe représentative de la fonction sinus ou cosinus (dans un repère orthonormé), la variable étant exprimée en radians. *Formes en S des sinusoïdes.* — *Fam.* (arg. scol.) Faire des sinusoïdes : des zigzags, des S.

SIONISME [sjɔnism(ə)]. *n. m.* (1886; de *Sion*, montagne de Jérusalem). Mouvement politique et religieux, visant à l'établissement puis à la consolidation d'un État juif *(la Nouvelle Sion)* en Palestine, avant la création de l'État d'Israël.

SIONISTE [sjɔnist(ə)]. *adj.* et *n.* (1886; de *sionisme*). Relatif ou favorable au sionisme.

SIOUX [sju]. *n.* et *adj. invar.* (1776; altér. de *nadoweisiw* « petit serpent », nom donné par les Chippewa aux Sioux). Nom d'une peuplade indienne de l'Amérique du Nord. *Le sioux*, la langue des Sioux. ◇ *Loc. fam. Des ruses de Sioux :* très habiles (allus. aux ruses de guerre des tribus sioux). — *Fam.* (arg. scol.). Astucieux. *C'est sioux !*

SIPHOÏDE [sifɔid]. *adj.* (1846; de *siphon*). *Techn.* En forme de siphon. *Bonde siphoïde.*

SIPHOMYCÈTES [sifɔmisɛt]. *n. m. pl.* (XXᵉ; de *siphon*, et suff. *-mycète*). *Bot.* Ordre de champignons à mycélium en tube allongé (« *siphon* »).

SIPHON [sifɔ̃]. *n. m.* (1680; « tuyau pour tirer du vin », 1546; *sifon, sethon* en méd. v. 1370; lat. *sipho*, gr. *siphôn*). ♦ 1° Tube courbé utilisé pour transférer un liquide d'un niveau donné à un niveau inférieur, en passant par un niveau supérieur aux deux autres. *Amorcer un siphon.* — *Sc.* Tout appareil permettant de faire écouler un liquide ou de faire communiquer deux liquides. ◇ *Cour.* Tube recourbé en forme de S, placé à la sortie des appareils sanitaires, de façon à empêcher la remontée des mauvaises odeurs. *Siphon d'évier.* ♦ 2° (1871). Bouteille hermétiquement close contenant sous pression de l'eau gazéifiée par du gaz carbonique, et munie d'un dispositif aspirateur et d'un bouchon à levier. *Siphon d'eau de Seltz.* ♦ 3° *Zool.* Chez les lamellibranches, Prolongement des orifices d'entrée et de sortie de l'eau.

SIPHONNÉ, ÉE [sifɔne]. *adj.* (1937; de *siphon*). *Fam.* Fou (dont le cerveau est vidé comme un siphon [2°]).

SIPHONNER [sifɔne]. *v. tr.* (1877; de *siphon*). *Techn.* Transvaser (un liquide) à l'aide d'un siphon; faire fonctionner un siphon.

SIPHONOPHORES [sifɔnɔfɔʀ]. *n. m. pl.* (1848; de *siphon*, et suff. *-phore*). *Zool.* Sous-classe de cœlentérés, comprenant des colonies de petites méduses transparentes roses ou bleues. V. **Physalie.**

SIRDAR [siʀdaʀ]. *n. m.* (*Serdar*, 1765, « général turc en Moldavie »; du persan *serdar*, de *ser* « tête », et *dar* « qui possède »). *Hist.* Titre donné à l'officier général anglais qui commandait les troupes du khédive en Égypte.

SIRE [siʀ]. *n. m.* (1080; en parlant de Dieu, Xᵉ; lat. *senior*. V. **Seigneur**). ♦ 1° *Vx.* Titre féodal donné à certains seigneurs. — (XIIᵉ) Titre honorifique que prenaient des bourgeois. Par plaisant. « *Sire Loup, sire Corbeau* » (LA FONT.). ◇ (XIIᵉ) *Vx.* Monsieur. *Loc. mod.* « *Manerville est un pauvre sire, sans esprit* » (BALZ.)., un pauvre homme. *Un triste sire*, un triste individu. ♦ 2° (XIᵉ). Titre qu'on donne à un souverain quand on s'adresse à lui. « *Non, l'avenir n'est à personne! Sire! l'avenir est à Dieu* » (HUGO). ⊗ HOM. Cire, cirre.

SIRÈNE [siʀɛn]. *n. f.* (1377; *sierine*, h. *1180;* bas lat. *sirena*, lat. *siren*, gr. *seirên*). ♦ 1° Animal fabuleux, à tête et torse de femme et à queue de poisson, qui passait pour attirer, par la douceur de son chant, les navigateurs sur les écueils. *Ulysse et les sirènes. Écouter le chant des sirènes :* se laisser charmer, séduire. Par métaph. *Voix de sirène*, enchanteresse. ◇ *Fig.* Femme douée d'un dangereux pouvoir de séduction. « *Vous me jugez donc très dangereuse? Une sirène, n'est-ce pas?* » (JALOUX). ◇ *Pathol. Par anal.* Monstre à membres inférieurs soudés et incurvés rappelant une queue de poisson. ♦ 2° (1820, « appareil qui émettait des sons dans l'eau »). *Phys.* Appareil destiné à produire un son de hauteur variable et permettant de mesurer cette hauteur. — *Cour.* (1888) Puissant appareil sonore destiné à produire un signal. « *La sirène de la jetée hurla, rugissement sauvage et formidable...* » (MAUPASS.). *Sirène d'alerte, d'alarme*, signalant une menace de bombardement en temps de guerre, et en temps de paix, les incendies. *Sirène d'usine*, annonçant la reprise et la cessation du travail.

SIRÉNIENS [siʀenjɛ̃]. *n. m. pl.* (1811; de *sirène*). *Zool.* Ordre de mammifères placentaires aquatiques, au corps pisciforme. V. **Dugon, lamantin.**

SIREX [siʀɛks]. *n. m.* (1808; lat. sc. *sirex*, créé par Linné). *Zool.* Insecte hyménoptère térébrant (mouche à scie).

SIRLI [siʀli]. *n. m.* (1778; onomat. comme l'ang. *shirl*, *shrill* « pousser un cri perçant »). Alouette de taille moyenne, vivant en Europe du Sud-Est et sur les hauts plateaux d'Afrique.

SIROCCO ou **SIROCO** [siʀɔko]. *n. m.* (1575; *ciroch*, 1538; it. *scirocco*, de l'arabe *charqî* « vent oriental »; marocain *chergui**). Nom donné à un vent de sud-est extrêmement chaud et sec, d'origine saharienne, résultant des dépressions qui se forment sur la Méditerranée. « *Le sirocco charrie du feu* » (MAUPASS.).

SIROP [siʀo]. *n. m.* (1881; lat. médiév. *syrupus, sirupus*, de l'arabe *charâb*, proprem. « boisson »). ♦ 1° Solution de sucre dans de l'eau (pure ou additionnée de diverses substances), dans ou jus de fruit. *Sirops de fruits, de groseille. Sirop d'orgeat.* — *Sirops pharmaceutiques*, dans lesquels le sirop de sucre aromatisé masque le goût des médicaments. *Sirop contre la toux.* ◇ Boisson formée de sirop étendu d'eau. « *Moi, je veux un sirop. — Pamplemousse? Ananas? Tomate?* » (QUENEAU). ♦ 2° [Au Québec]. *Sirop d'érable :* sève d'érable à sucre, bouillie et concentrée. « *Les immenses chaudrons noirs servent à bouillir le sirop d'érable* » (A. HÉBERT). ♦ 3° En Amérique, *Sirop de maïs*, composé de dextrine, de maltose et de dextrose, obtenu par hydrolyse de fécules de maïs.

SIROTER [siʀɔte]. *v. tr.* (1680; de *sirop*). *Fam.* Boire à petits coups en savourant. V. **Déguster.** « *Les vrais amateurs sirotent leur vin* » (BRILLAT-SAV.). *Siroter son café, une fine.*

SIRUPEUX, EUSE [siʀypø, øz]. *adj.* (1742; du lat. *sirupus*). De la nature, de la consistance du sirop (du miel, de la mélasse). V. **Doux, visqueux.** ◇ *Fig.* (Péj.) *Musique sirupeuse*, facile et écœurante.

SIRVENTE [siʀvɑ̃t], **SIRVENTÈS** [siʀvɑ̃(ɛ)tɛs] ou **SERVENTOIS** [sɛʀvɑ̃twa] (forme francisée). *n. m.* (XIIIᵉ,-XIIᵉ; du prov. *sirvent* « serviteur »). *Hist. litt.* Poème moral ou satirique, inspiré le plus souvent de l'actualité politique.

SIS, SISE [si, siz]. *adj.* (1290; de *seoir*). *Dr.* ou *littér.* Situé. *Domaine sis à tel endroit.* « *Il semblait que le progrès du siècle eût oublié la petite ville; elle était sise à l'écart* » (GIDE). ⊗ HOM. Ci, scie, si, six.

SISAL [sizal]. *n. m.* (1911; de *Sisal*, port du Yucatan). Agave du Mexique, dont les feuilles fibreuses servent à faire cette matière textile. *Corde en sisal.*

SISMAL, ALE, AUX [sismal, o]. *adj.* (1871; de *sism*[o]-, et *-al*). *Géogr.* Ligne sismale : qui suit l'ordre d'ébranlement dans un tremblement de terre.

SISM(O)- ou **SÉISM(O)-.** Élément, du gr. *seismos* « *ébranlement* » qui, sous la forme normale des comp. de

seismos; cependant on utilise aussi les composés en *séismo-.*
V. *Séisme.*

SISMICITÉ [sismisite] ou **SÉISMICITÉ** [seismisite].
n. f. (XXᵉ; de *sismique*). *Didact.* Degré de fréquence, d'intensité des phénomènes sismiques (en un point).

SISMIQUE [sismik]. *adj.* (1871; *séismique*, 1863; de *sisme*, *séisme**). Relatif aux séismes. *Mouvements, phénomènes, ondes sismiques. Activité sismique. Vagues sismiques. Secousses sismiques* (pléonasme si l'on considère le sens étym., mais non pour le sens actuel). « *Le sol était tout secoué par un frémissement continu, comme sismique* » (GIDE).

SISMOGRAMME [sismɔgram]. *n. m.* (1923; de *sismo-*, et *-gramme*). *Didact.* Tracé d'un sismographe*.

SISMOGRAPHE [sismɔgraf] ou **SÉISMOGRAPHE** [seismɔgraf]. *n. m.* (1871; de *sismo-*, et suff. *-graphe*). *Sc.* Instrument de mesure qui enregistre les mouvements d'un point de l'écorce terrestre.

SISMOLOGIE [sismɔlɔʒi] ou **SÉISMOLOGIE** [seismɔlɔʒi]. *n. f.* (1890; *sismologique*, 1882; de *sismo-*, et suff. *-logie*). *Sc.* Étude des séismes. *Sismologie et volcanologie.*

SISMOTHÉRAPIE [sismɔterapi]. *n. f.* (1953; de *sismo-*, et *-thérapie*). *Méd.* Traitement par des convulsions provoquées à l'aide du courant électrique (électrochoc*) ou de diverses substances (choc insulinique, choc au cardiatol).

SISTER(-)SHIP [sistœrʃip]. *n. m.* (1945; mot angl. de *sister* « sœur », et *ship* « navire » [mot féminin]). Navire identique, construit suivant le même modèle (que les autres de la série). « *À bord de l'Euroliner et de son 'sistership', chaque générateur de gaz possède deux compresseurs jumelés* » (*Science et Vie*, nᵒ hors série, « Marine », 1972).

SISTRE [sistʀ(ə)]. *n. m.* (1527; lat. *sistrum*, gr. *seistron*, de *seiein* « agiter »; Cf. *Séisme*, *sismo-*). *Antiq.* (d'abord en Égypte). Instrument de musique à percussion, formé d'un cadre courbe traversé de plusieurs baguettes mobiles et sonores, et garni d'un manche. ⟡ HOM. *Cistre.*

SISYMBRE [sizɛbʀ(ə)]. *n. m.* (1581; *sisimbre*, h. XVᵉ; *sisymbrion*, 1545; lat. *sisymbrium*, gr. *sisumbrion*). *Bot.* Plante herbacée *(Cruciféracées)*, dont une variété était utilisée contre l'enrouement *(Herbe aux chantres ou vélar).*

SITAR [sitar]. *n. m.* (déb. XXᵉ; mot hindi). *Mus.* Instrument de musique à cordes pincées (voisin de la guitare) en usage aux Indes. ⟡ HOM. *Cithare.*

SITARISTE [sitaʀist(ə)]. *n.* (mil. XXᵉ; de *sitar*). Musicien qui joue du sitar. ⟡ HOM. *Cithariste.*

SITE [sit]. *n. m.* (1302, « situation, emplacement »; lat. *situs;* repris XVIᵉ par l'it. *sito*). ♦ 1ᵒ (1576; T. de peint.). Paysage (considéré du point de vue de l'esthétique, du pittoresque). « *Cette colonnade inscrit le sanctuaire, juste comme il faut dans le site qui lui convient* » (R. CAILLOIS). « *C'est très rare en Amérique que les sites remarquables ne soient pas classés et protégés* » (BEAUVOIR). ♦ 2ᵒ Configuration du lieu, du terrain où s'élève une ville, manière dont elle est située (considérée du point de vue de son utilisation par l'homme : communications, facilités de développement). V. *Situation.* ◇ Par ext. *Aménagement des sites de barrages de la Durance.* — *Site archéologique*, où l'on effectue des fouilles. ♦ 3ᵒ *Techn., Artill.* (1923). *Angle de site ou site* · angle que forme, avec sa projection sur le plan horizontal, une ligne joignant un observateur à un point visé. *Le site s'évalue en millièmes.* ♦ 4ᵒ *Biol. Site d'un gène :* le plus petit élément d'un gène susceptible de subir une mutation ou d'être séparé des éléments voisins par recombinaison au sein du même gène. ⟡ HOM. Formes du v. *citer. Scythe.*

SIT-IN [sitin]. *n. m. invar.* (1967; mot angl., de *to sit in* « prendre place, s'installer »). *Anglicisme.* Forme de contestation non violente consistant à s'asseoir par terre en groupes pour occuper des lieux publics. *Les étudiants ont organisé des sit-in.* « *[Les détenus] regagnent leurs cellules spontanément après un sit-in dans la cour* » (*L'Express*, 5-8-1974).

SITOGONIOMÈTRE [sitɔgɔnjɔmɛtʀ(ə)]. *n. m.* (1923; de *site* [3ᵒ], et *goniomètre*). *Techn.* Instrument qui sert à mesurer les angles de site.

SITOLOGUE [sitɔlɔg]. *n.* (1973; de *site*, et suff. *-logue*). Spécialiste de l'étude des sites (dite *sitologie*).

SITOSTÉROL [sitɔsteʀɔl]. *n. m.* (1959; du gr. *sitos* « blé », et *stérol*). *Biochim.* Substance lipidique (stérol) d'origine végétale, abondante dans l'huile de coton, de soja, de maïs, de seigle.

SITÔT [sito]. *adv. (Si tost que*, XIIIᵉ; de [2], et *tôt).*
I. *Adv. de temps.* ♦ 1ᵒ *Vx.* Aussi rapidement. « *De cette fleur si tendre et sitôt moissonnée* » (RAC.). *Sitôt* (ou *si tôt) que :* aussi vite (que). ♦ 2ᵒ *Littér. Sitôt après...*, immédiatement après. V. *Aussitôt.* ♦ 3ᵒ *Loc. adv.* PAS DE SITÔT (plus cour. *pas de si tôt.* V. *Tôt).* « *Cette espérance... ne devait pas se réaliser de sitôt* » (PÉGUY).
II. ♦ 1ᵒ *Loc. conj.* SITÔT QUE... *(suivi de l'ind.)* : immédiatement après que..., juste au moment où... V. *Aussitôt* (que), *dès* (que). « *Des souliers de rechange que je mettrai sitôt que nous serons dans la voiture* » (GIDE). ♦ 2ᵒ (Dans une parti-

cipiale). « *Sitôt entré* (il)... *salua d'un air galant* » (DAUD.). *Sitôt dit, sitôt fait.* V. *Aussitôt.* ♦ 3ᵒ *Littér.* Employé comme prépos. devant un nom. V. *Aussitôt, dès. Sitôt le seuil.* « *Les enfants morts sitôt le jour* » (FRANCE).

SITTELLE ou **SITTÈLE** [sitɛl]. *n. f.* (1778; du lat. sav. *sitta*, gr. *sittê* « pic, pivert »). Oiseau qui se nourrit d'insectes et de graines et qui grimpe avec agilité sur les troncs (Syn. *Grimpereau*).

SITUATION [sitɥasjɔ̃]. *n. f.* (1375, « position » [des étoiles]; de *situer*). ♦ 1ᵒ (Concret). *Rare.* Le fait d'être en un lieu; manière dont une chose est disposée, située ou orientée. V. **Emplacement, lieu, position.** ◇ *Cour.* (1447) Emplacement d'un édifice, d'une ville. *Situation d'une maison exposée au soleil levant, au midi.* V. **Exposition, orientation.** ♦ 2ᵒ *(Abstrait;* XVIIᵉ). Ensemble des circonstances dans lesquelles une personne se trouve. V. **Circonstance(s), condition, état; place, position.** *Examiner la situation sous toutes ses faces. Être dans une triste situation* (Cf. En mauvaise posture*). *Situation délicate, désespérée.* « *Chaque jour la situation entre les époux devenait plus tendue, plus insoutenable* » (ZOLA). *Renverser la situation.* — *Situation de fortune. Situation financière* « *Sa situation était devenue précaire* » (MART. du G.). — *Situation de famille. Fam. Elle est dans une situation intéressante :* elle attend un enfant. ♦ 3ᵒ *Emploi*, poste rémunérateur régulier et stable (impliquant un rang assez élevé dans la hiérarchie). V. **Fonction, place.** *Situation assise. Se faire une situation dans une entreprise. Perdre sa situation.* ♦ 4ᵒ *Loc.* ÊTRE EN SITUATION DE... (suivi de l'inf.) : capable de; en mesure, en passe de...; être bien placé pour... V. **Pouvoir.** ♦ 5ᵒ (1878). Ensemble des circonstances dans lesquelles un pays, une collectivité se trouve. *Situation politique. Situation de fait.* V. **Conjoncture.** ♦ 6ᵒ *Philo.* Ensemble des relations concrètes qui, à un moment donné, unissent un sujet ou un groupe au milieu et aux circonstances dans lesquels il doit vivre et agir. *La psychologie étudie l'homme en situation.* « *Ma position au milieu du monde,... voilà ce que nous nommons la situation* » (SARTRE). ◇ (1964). EN SITUATION : dans une situation aussi proche que possible de la réalité. *Mettre les gens en situation.* ♦ 7ᵒ (1718). Moment, passage caractérisé par une scène importante, révélatrice. « *Le rire...* (il) *le provoque, par des situations comiques d'un ton douteux* » (GAUTIER). ♦ 8ᵒ *Fin.* Tableau qui présente le doit et l'avoir, le patrimoine d'une personne, d'une entreprise à une date déterminée (V. *aussi* Bilan). *Fournir une situation à la banque. Situation nette*, les fonds propres d'une entreprise, son actif diminué de ses dettes.

SITUATIONNISME [sitɥasjɔnism(ə)]. *n. m.* (1966; de *situation*). Mouvement étudiant dirigé contre les structures existantes et les gens en place.

SITUATIONNISTE [sitɥasjɔnist(ə)]. *adj.* (1966; de *situation*). Du situationnisme. *Groupe situationniste.* — Subst. *Un situationniste.* — Abrév. *(Fam.). Situ.*

SITUÉ, ÉE [sitɥe]. *adj.* (1313; V. *Situer*). Placé (de telle façon). V. *Sis. Sa maison est bien, mal située, située au midi* (V. *Orienté*).

SITUER [sitɥe]. *v. tr.* (1313, p. p.; *sité*, 1260; lat. médiév. *situare*, de *situs* « situation »). ♦ 1ᵒ (1549). *Rare.* Placer en un lieu, disposer d'une certaine manière (par rapport à un système de coordonnées, de repères); bâtir, établir (V. *Situé*). « *Le petit bourgeois désireux de situer dans un décor évocateur un chalet suisse environné de rocailles* » (ROMAINS). ♦ 2ᵒ (1450). Placer par la pensée en un lieu. V. *Localiser.* « *Toutes... s'accordaient pour situer le magot au fond de la cave* » (BOSCO). — *Le romancier a situé cette scène à Lyon.* ♦ 3ᵒ Mettre effectivement ou par la pensée à une certaine place dans un ensemble, une hiérarchie, à un certain point de la durée. *Situer un événement à telle époque. Fam. On ne le situe pas bien :* on ne voit pas quelle sorte d'homme c'est, quel est son milieu, etc. Pronom. « *Le lecteur,... doit toujours faire un effort pour se situer dans l'ensemble et se représenter ce qui se passe* » (DUHAM.).

SIUM [sjɔm]. *n. m.* (1765; lat. *sium*, lui-même du gr. *sion*). *Bot.* Chervis. ◇ Plante aquatique *(Ombelliféracées). Sium à feuilles larges ou* ache d'eau.

SIX [sis]. *adj. num.* et *n. m.* (XIVᵉ; *sis*, 1080; lat. *sex*). Prononc. [si] devant un nom commençant par une consonne; [siz] devant un nom commençant par une voyelle; [sis] dans les autres cas. ♦ 1ᵒ *Adj. num. cardinal.* Six (6, VI) égale cinq plus un, deux fois trois. V. *préf.* Hex(a)-; Cf. les mots en *Sexa-, sext-. Elle vivait six mois en Bretagne et six mois à Paris* (V. *Semestre*). ◇ « *Je les vois monter dans une six cylindres* » (P. MORAND), une voiture dont le moteur possède six cylindres. — *Les six jours :* épreuve cycliste sur piste où chaque équipe tourne pendant six jours, par relais de deux coureurs. ◇ *Subst. Polit.* (av. 1972). *L'Europe des Six. Les Six* : les six pays membres de la Communauté économique européenne (Marché commun). ♦ 2ᵒ *Adj. num. ordinal.*

Sixième. *Charles six* (VI). *Page six. Le six décembre. Il est six heures.* ♦ 3° *N. m.* (toujours [sis]). Le nombre, le numéro six. *Deux fois trois font six.* ◇ Carte, face de dé, de domino présentant six marques. *Un six de cœur.* — Le sixième jour du mois. *Sa lettre est du six.* ◇ HOM. (Dans certains cas) *Ci* (1 et 2); *scie, si* (1 et 2), *sis.*

SIX-HUIT [sisчit]. *n. m. invar.* (1703; de *six*, et *huit*). Mus. *Mesure à six-huit* $\left(\frac{6}{8}\right)$: mesure à deux temps dont la noire pointée est l'unité de temps.

SIXIÈME [sizjɛm]. *adj. num. ordinal* et *n.* (1538; région. *seixisme*, v. 1190; de *six*). Ordinal de six. ♦ 1° Qui suit le cinquième. *Le sixième arrondissement de Paris.* — Subst. *Les élèves de la sixième* (classe), *de sixième. Entrée en sixième.* ♦ 2° (1606; *sizemes*, 1301). Se dit d'une fraction ou d'un tout divisé également en six. *La sixième partie du total.* — N. m. *Le sixième d'une longueur. Cinq sixièmes.*

SIXIÈMEMENT [sizjɛmmã]. *adv.* (xve; de *six*). En sixième lieu. V. Sexto.

SIX-QUATRE-DEUX (À LA) [alasiskatdø]. *loc. adv.* (1867; de *six, quatre*, et *deux*). *Fam.* Avec précipitation, à la hâte; sans soin, sans recherche. V. Vite.

SIXTE [sikst(ə)]. *n. f.* (*Sexte*, 1611; de l'a. adj. *sixte* « sixième », xive; de *siste*, 1080; lat. *sextus*, d'apr. *six*). ♦ 1° *Mus.* Sixième degré de la gamme diatonique. — Intervalle de dix degrés. *Sixte majeure.* ♦ 2° *Escr.* L'une des parades en ligne haute.

SIZAIN [sizɛ̃]. *n. m.* (1607; *sisain*, monnaie, 1299; de *six*). ♦ 1° *Hist. litt.* Petite pièce de poésie, strophe composée de six vers et construite sur deux ou trois rimes (V. Stance). ♦ 2° *Jeu.* Paquet de six jeux de cartes (on écrit aussi *Sixain*).

SIZERIN [sizrɛ̃]. *n. m.* (1775; flam. *sijsje;* Cf. aussi all. *Zeisig* « tarin, serin »). Linotte commune dans les forêts du nord de l'Europe et de l'Amérique.

SKAÏ [skaj]. *n. m.* (v. 1955; nom déposé). Tissu enduit de matière synthétique et imitant le cuir.

SKATING [sketiŋ]. *n. m.* (1876; mot angl., de *to skate* « patiner »). *Anglicisme.* Patinage avec des patins à roulettes — Lieu, piste où l'on pratique ce sport. « *Le tapage du skating s'apaisait, et le bourdonnement circulaire s'était une minute arrêté* » (DAUD.).

SKETCH [sketʃ]. *n. m.* (1903; mot angl., proprem. « esquisse »). Courte scène, généralement comique et rapide, parfois improvisée, interprétée par un nombre restreint d'acteurs. V. Saynète. *Il « fit représenter de petits sketches, dans des décors et avec des costumes de lui* » (PROUST). *Film à sketches.*

SKI [ski]. *n. m.* (*Skie*, 1841; répandu fin xixe [on disait *patin*]; *skier*, n. m., 1678; norvég. *ski* (prononcé [ʃi]). Chaque long patin de bois, de métal ou de plastique, relevé à l'avant, dont on se chausse pour glisser sur la neige. *Chausser*, *mettre attacher ses skis. Aller en skis, à skis.* « *Un client qui rentrait d'une promenade à ski* » (H. TROYAT). *Farter ses skis. Bâtons* de skis. — *Le ski*, la locomotion en skis. *Faire du ski.* V. Sport (d'hiver). *Épreuves de ski.* V. Course, descente, saut, schuss, slalom. *Fuseau, chaussures de ski. Station de ski. Moniteur de ski.* ◇ SKI NAUTIQUE : sport nautique rappelant l'aquaplane* mais dans lequel on chausse deux longs patins.

SKIABLE [skjabl(ə)]. *adj.* (1927; de *skier*). Où l'on peut faire du ski. *Piste, neige skiable.*

SKIASCOPIE [skjaskɔpi]. *n. f.* (v. 1906; du gr. *skia* « ombre », et suff. *-scopie*). *Méd.* Examen de l'ombre pupillaire pour déterminer le degré de réfraction de l'œil.

SKI-BOB [skibɔb]. *n. m.* (1965; de *ski*, et angl. *to bob* « se balancer »). *Anglicisme.* Sorte de bicyclette montée sur skis. — *Le ski-bob*, la locomotion en ski-bob, le sport du ski-bob. *Faire du ski-bob.* — Équivalent francisé : V. Véloski.

SKIER [skje]. *v. intr.* (xxe; de *ski*). Aller en skis, faire du ski.

SKIEUR, SKIEUSE [skjœR, skjøz]. *n.* (*Skier* « soldat chaussé de skis », 1905; de *ski*). Personne qui se déplace en skis, fait du ski, sait skier. « *Des skieurs s'élançaient, viraient derrière une dune de neige neuve* » (COLETTE). ◇ Par anal. « *Courbé en avant, un skieur nautique tiré par un canot automobile glissait* » (SARTRE).

SKIFF ou **SKIF** [skif]. *n. m.* (1831; angl. *skiff*, du fr. *esquif*, lombard *skif* »). Bateau de sport très long, effilé, pour un seul rameur.

SKIPPER [skipəR]. *n. m.* (1773; mot angl.). *Anglicisme. Mar.* ♦ 1° Capitaine d'un yacht de course-croisière. *Un « yacht grand standing avec skipper à casquette et veste à deux rangées de boutons* » (*Paris-Match*, 8-9-1973). ♦ 2° Barreur d'un yacht de régates.

SKUNKS. V. SCONSE.

SKYE-TERRIER [skajtɛRje]. *n. m.* (1891; mot angl. du nom de l'île de *Skye*, et *terrier* 2°). *Anglicisme.* Chien terrier à longs poils, servant surtout de chien d'agrément.

SLALOM [slalɔm]. *n. m.* (1908; mot norvég.). *Sport.* Course de ski, descente sinueuse avec passage obligatoire

entre plusieurs paires de piquets (les « portes »). *Course de slalom, descente en slalom. Slalom « géant »* (ellipt. *le géant*). *Slalom « spécial ».*

SLALOMEUR, EUSE [slalɔmœR, øz]. *n.* (1936; de *slalom*). Skieur, skieuse qui pratique le slalom.

SLANG [slãg]. *n. m.* (1856; mot angl.; o. i.). Argot anglais.

SLAVE [slav]. *adj.* et *n.* (1713, n.; lat. médiév. *sclavus*; Cf. Esclave). Se dit de peuples d'Europe centrale et orientale dont les langues sont apparentées. *Peuples slaves. Union slave.* V. Panslavisme. *Le charme slave*, qu'on prête traditionnellement aux Russes — N. *Les Slaves. Un Slave, une Slave.* « *La séduction des Slaves* » (GONCOURT). — *Langues slaves*, langues indo-européennes qui comprennent : le vieux slave ou slavon, le bulgare, le polonais, le russe, le serbo-croate, le slovène, le slovaque, le tchèque, ainsi que des dialectes d'Occident (plusieurs sont écrites en alphabet cyrillique*).

SLAVISANT, ANTE [slavizã, ãt]. *n.* et *adj.* (1906; *slaviste*, 1876; de *slave*). *Didact.* ♦ 1° Linguiste spécialiste des langues slaves. On dit aussi *slaviste.* ♦ 2° *Adj.* Qui a certains caractères slaves.

SLAVISER [slavize]. *v. tr.* (1923; de *slave*). *Didact.* Rendre slave en imposant une langue slave, une civilisation slave).

SLAVISTIQUE [slavistik]. *n. f.* (xxe; de *slaviste*). *Didact.* Linguistique des langues slaves.

SLAVON [slavɔ̃]. *n. m.* (1759, « habitant de la Slavonie, ou Esclavonie »; *slavonien*, 1540; *esclavon*, 1512). *Ling.* Langue liturgique des Slaves orthodoxes, au moyen âge (traduction des Évangiles, ixe s.). On dit *aussi* : Vieux slave ou vieux bulgare.

SLAVOPHILE [slavɔfil]. *n.* (1872; d'abord en parlant des Russes hostiles à l'occidentalisation; de *slave*, et suff. *-phile*). *Didact.* Personne qui aime les Slaves, les civilisations slaves. Adj. *Français slavophile.*

SLEEPING [slipiŋ]. *n. m.* (1872; angl. *sleeping-car*, de *car* « voiture », et *sleeping* « pour dormir »). *Anglicisme Vieilli.* Wagon-lit.

SLIP [slip]. *n. m.*

I. (1907, mot angl., rac. *to slip* « glisser »). *Mar.* Plan incliné pour mettre à l'eau de petits bâtiments sur chariot; pour hisser les baleines sur le pont d'un navire-usine.

II. (1914, mot angl., rac. *to slip* « glisser »). *Cour.* Culotte échancrée très haut sur les cuisses, à ceinture basse, que l'on porte comme sous-vêtement ou comme culotte de bains. V. Cache-sexe; caleçon. *Slip de bain.*

SLOGAN [slɔgã]. *n. m.* (xxe; « cri de guerre », 1842; angl. *slogan* [v. 1850]; mot écossais, du gaélique « cri [*gairm*] de guerre d'un clan [*sluagh*] »). Formule concise et frappante, utilisée par la publicité, la propagande politique, etc. V. Devise. *Slogan publicitaire. Lancer, répéter un slogan.* « *Le goût dangereux du slogan, de la phrase à effet* » (MAUROIS).

SLOOP [slup]. *n. m.* (1752; du holl. *sloep*, même rac. que *chaloupe*). *Mar.* Petit navire à mât vertical gréé en cotre.

SLOUGHI [slugi]. *n. m.* (*Slougui*, 1853; arabe d'Afrique du Nord *slugi*). Lévrier d'Afrique du Nord. *Des sloughis.*

SLOVAQUE [slɔvak]. *n.* et *adj.* (1848; de *Slovaquie*). Habitant ou originaire de Slovaquie, région orientale de la Tchécoslovaquie actuelle. — De Slovaquie. *Les parlers slovaques s'écrivent en alphabet latin.*

SLOVÈNE [slɔvɛn]. *n.* et *adj.* (1825; de *Slovénie*). Habitant ou originaire de Slovénie, République yougoslave du nordouest. *Les Slovènes.* ◇ *Adj.* De Slovénie. — N. m. *Le slovène*, langue slave voisine du serbo-croate (alphabet latin).

SLOW [slo]. *n. m.* (v. 1925; angl. *slow*, adj., « lent »). Danse lente à pas glissés sur une musique à deux ou quatre temps; cette musique.

Sm Symbole chimique du samarium*.

SMALA [smala]. *n. f.* (1843; arabe *zmâla*). ♦ 1° Réunion de tentes abritant la famille, les équipages d'un chef arabe qui le suivent dans ses déplacements. « *La tente d'Abd-el-Kader, prise avec la smala* » (HUGO). (On écrit aussi *smalah*). ♦ 2° *Fam.* (1872). Famille ou suite nombreuse qui vit aux côtés de qqn, qui l'accompagne partout. « *Marié,... et père d'une trimbalée d'enfants. Toute la smala est débarquée depuis deux jours* » (DAUD.).

SMALT [smalt]. *n. m.* (1570; it. *smalto*, proprem. « émail »). *Techn. Bleu de smalt* ou *smalt* : colorant bleu, verre pulvérisé (bleu d'azur).

SMALTINE [smaltin]. *n. f.* (1846; de *smalt*). *Minér.* Arséniure naturel de cobalt.

SMARAGDIN, INE [smaRagdɛ̃, in]. *adj.* (xvie, repris 1808; lat. *smaragdinus*, du gr. *smaragdos* « émeraude »). *Didact.* D'un vert émeraude.

SMARAGDITE [smaRagdit]. *n. f.* (1796; du rad. *smaragd*[in], et suff. *-ite*). *Minér.* Silicate naturel de couleur verte.

SMART [smart]. *adj. inv.* (1898; fr. du Canada, 1880; mot angl.). *Vieilli* et *fam.* Élégant, chic. « *Ce quartier qui était si peu smart pour lui qui l'était tant* » (PROUST)

SMASH [smaʃ]. *n. m.* (1898; mot angl., proprem. « coup violent, qui écrase »). Anglicisme *(Tennis)*. Coup violent pris au-dessus de la tête, qui écrase la balle au sol et la fait rebondir hors de la portée de l'adversaire. *Smash sur un lob de l'adversaire.* — Coup semblable, au ping-pong, au volley-ball. *Des smashes.*

SMASHER [smaʃe]. *v. intr.* (1906; de *smash*). Anglicisme. Faire un smash.

SMECTIQUE [smɛktik]. *adj.* (1846; *smectin*, n. m., « terre à foulon », 1740; gr. *smêktikos*, rac. *smêgma* « savon »). Techn. *Argile smectique,* terre à foulon pour dégraisser la laine.

SMICARD, ARDE [smikaʀ, aʀd(ə)]. *n.* (v. 1969; de S.M.I.C., *salaire minimum interprofessionnel de croissance*). *Fam.* Celui, celle « qui est au S.M.I.C. », qui ne touche que le salaire minimum; salarié de la catégorie la plus défavorisée. (Syn. fam. *Manœuvre léger; manœuvre-balai*). « *En 1973 deux smicards sur trois sont des femmes* » *(Paris-Match,* 4-1974). — A remplacé *smigard.*

SMIGARD, ARDE [smigaʀd, aʀd(ə)]. *n.* (v. 1960; de S.M.I.G., *salaire* * *minimum interprofessionnel garanti*). Fam. *(Ancienn.).* Celui, celle qui touchait le S.M.I.G., le salaire minimum. V. **Smicard.**

SMILAX [smilaks]. *n. m.* (1690; *semilax,* 1583; mot gr.). *Bot.* Salsepareille.

SMILLAGE [smijaʒ]. *n. m.* (1846; de *smiller* [1676], « tailler à la smille »). *Techn.* Taille (d'une pierre) à la smille; façon ainsi donnée aux pierres.

SMILLE [smij]. *n. f.* (1676; p.-ê. lat. *smila,* gr. *smilê* « ciseau »). *Techn.* Marteau à deux pointes avec lequel le maçon pique les moellons pour en régulariser les faces.

SMITHSONITE [smitsɔnit]. *n. f.* (1832, Beudant; de *Smithson,* qui l'avait analysée en 1803). *Minéral.* Carbonate naturel de zinc.

SMOCKS [smɔk]. *n. m. pl.* (v. 1940; de l'angl. *to smock* « froncer avec des fils entrecroisés », de *smock-frock* « blouse de paysan »). *Cout.* Fronces décoratives, rebrodées sur l'endroit du tissu avec des soies de couleur.

SMOG [smɔg]. *n. m.* (1962; mot angl. de *smoke* « fumée », et *fog* « brouillard »). Anglicisme. Brouillard épais formé de particules de suie et de gouttes d'eau, dans les régions humides et industrielles. *Smog londonien.*

SMOKING [smɔkiŋ]. *n. m.* (1888; angl. *smoking-jacket* « veste d'intérieur », proprem. « pour fumer »). Veston de cérémonie en drap et à revers de soie que les hommes portent lorsque l'habit* n'est pas de rigueur. — Costume composé de ce veston, du pantalon à galon de soie et du gilet. *Se mettre en smoking.*

SMOLT [smɔlt]. *n. m.* (1866; mot angl.). Anglicisme. *Pêche.* Petit saumon de printemps.

SMORZANDO [smɔʀts(dz)ádo]. *adv.* (1846; mot it. de *smorzare* « amortir, étouffer »). *Mus.* En affaiblissant le son (V. **Diminuendo**). ◇ ANT. *Sforzando.*

Sn Symbole chimique de l'étain*.

SNACK-BAR [snakbaʀ] ou **SNACK** [snak]. *n. m.* (1933; mot amér., de *snack* « repas léger et hâtif »). Anglicisme. Café-restaurant moderne où l'on sert des plats rapidement. « *Au cœur même de la Cité, dans des snack-bars* » (MORAND). *Des snacks.* Au Québec, on dit *casse-croûte*.*

SNIF(F) [snif]. *onomat.* (v. 1970; angl., de *to sniff* « renifler »). Onomatopée désignant un bruit de reniflement (souvent répété).

SNOB [snɔb]. *n. et adj.* (1857; mot angl. « cordonnier », en argot de l'Université de Cambridge : « celui qui n'était pas de l'université »). Personne qui cherche à être assimilée aux gens distingués de la haute société, en faisant étalage des manières, des goûts, des modes qu'elle lui emprunte sans discernement et sans besoin profond, ainsi que des relations qu'elle y peut avoir. « *Le vrai 'snob' est celui qui craint d'avouer qu'il s'ennuie quand il s'ennuie; et qu'il s'amuse quand il s'amuse* » (VALÉRY). « *Une snob* » (PROUST). ◇ *Adj.* Qui manque de simplicité. « *Elles sont snob* » (MAUROIS), *snobs.* « *Dans quelques cercles snob* » (MONTHERLANT).

SNOBER [snɔbe]. *v. tr.* (1921; de *snob*). Traiter (qqn) de haut, le mépriser (comme fait le snob). *Il* « *ne cherchait pas à cacher que Charlus les snobait* » (PROUST). — *Elle snobait le Club Méditerranée.*

SNOBINARD, ARDE [snɔbinaʀ, aʀd(ə)]. *adj. et n.* (mil. XXᵉ; de *snob;* Cf. *Snobinette,* n. f., chez Proust). *Fam. et péj.* Un peu snob; petit, petite snob.

SNOBISME [snɔbism(ə)]. *n. m.* (1857; de *snob*). Comportement de snob. « *Une crise aiguë de snobisme* » (MAUPASS.). *Snobisme littéraire. Suivre la mode par snobisme.* V. **Affectation, pose.**

SNOW-BOOT [snobut]. *n. m.* (1885; mot angl., de *boot* « bottine », et *snow* « de neige »). Anglicisme. *Vieilli.* Bottillon, bottine de caoutchouc que se porte par-dessus la chaussure. « *Mes snow-boots que j'avais pris par précaution contre la neige* » (PROUST).

SOBRE [sɔbʀ(ə)]. *adj.* (1170; lat. *sobrius*). ♦ 1º (1180). Qui mange, boit avec modération, ne consomme que l'indispensable. V. **Modéré, tempérant.** *Sobre et de goûts très simples.* V. **Économe, frugal.** — Fam. *Il est sobre comme un chameau :* très sobre. ◇ *Qui boit peu ou ne boit pas d'alcool.* V. **Abstinent.** « *J'ai toujours remarqué que les gens faux sont sobres* » (ROUSS.). ♦ 2º *Littér.* Mesuré, modéré. *Sobre en paroles.* V. **Concis.** « *Joueur d'échecs, sobre de gestes, froid de paroles* » (FROMENTIN). V. **Réservé.** ◇ *Qui manifeste de la mesure, de la simplicité. Vêtement de coupe sobre.* V. **Classique, discret, simple.** — *Art sobre. Style sobre.* V. **Dépouillé.** ◈ ANT. *Goinfre, intempérant, ivrogne. Orné, prolixe.*

SOBREMENT [sɔbʀəmã]. *adv.* (1190; de *sobre*). 1º Avec modération, tempérance. *Boire sobrement :* peu. ♦ 2º *Littér.* Avec mesure, retenue. *Parler sobrement.* V. **Simplement.** « *Sobrement décolletée, montrant à peine le sommet de ses belles épaules* » (MAUPASS.). V. **Discrètement.**

SOBRIÉTÉ [sɔbʀijete]. *n. f.* (v. 1180; lat. *sobrietas*). ♦ 1º Comportement de celui qui boit et mange avec modération. V. **Austérité, économie, frugalité.** « *La sobriété est l'amour de la santé, ou l'impuissance de manger beaucoup* » (LA ROCHEF.). ◇ *Spécialt.* Le fait de boire peu ou de ne pas boire d'alcool. V. **Abstinence.** ♦ 2º (XVᵉ). *Littér.* Modération, réserve (en une activité quelconque). *La misère « apprend la sobriété à l'esprit, comme au corps* » (R. ROLLAND). V. **Continence, retenue.** « *La parfaite raison fuit toute extrémité Et veut que l'on soit sage avec sobriété* » (MOL.). V. **Mesure.** *Sobriété de la tenue.* V. **Discrétion.** ◈ ANT. *Gloutonnerie, intempérance, ivrognerie* — *Excès, prolixité; excentricité.*

SOBRIQUET [sɔbʀikɛ]. *n. m.* (*Soubriquet,* XVᵉ; « coup sous le menton », XIVᵉ; o. i.). Surnom familier, souvent moqueur. « *Jadis les gens du peuple n'étaient connus que par un sobriquet tiré de leur profession, de leur pays* » (BALZ.).

SOC [sɔk]. *n. m.* (XIIᵉ; gaul. °*soccus* [Cf. irland. *Socc* « ruisseau »]). Lame métallique triangulaire qui tranche horizontalement la terre. *Soc de charrue.* « *Le soc et le coutre détachaient avec peine la bande qu'ils tranchaient, dans ce labour...* » (ZOLA). V. **Rasette.** ◈ HOM. *Socque.*

SOCIABILITÉ [sɔsjabilite]. *n. f.* (1665; de *sociable*). ♦ 1º *Didact.* Aptitude à vivre en société. *Sociol.* Principe des relations entre personnes. *Sociabilité spontanée, organisée.* ♦ 2º *Cour.* Caractère d'une personne sociable, de commerce facile. V. **Amabilité, civilité.** « *La sociabilité qui nous distingue, ce commerce charmant, facile et rapide* » (CHATEAUB.). ◇ *Littér.* Caractère d'un groupe qui favorise les relations humaines, intellectuelles ou mondaines. *Paris,* « *capitale de la sociabilité humaine* » (VALÉRY). ◈ ANT. *Asociabilité.*

SOCIABLE [sɔsjabl(ə)]. *adj.* (1596; [choses], 1552; lat. *sociabilis,* de *sociare* « associer »). ♦ 1º *Didact.* Capable de vivre en association permanente avec ses semblables. V. **Social.** *L'homme est un animal sociable.* — *Insectes sociables.* ♦ 2º (v. 1630). Qui est capable de relations humaines aimables, recherche la compagnie, le commerce de ses semblables. V. **Accommodant, agréable, aimable.** « *Indulgent et sociable encore pendant la journée, il était impitoyable le soir* » (BAUDEL.). — *Caractère sociable.* V. **Facile; bon** (caractère). *Littér.* Qui favorise les relations sociales (en parlant d'un milieu). *Lyon* « *avec son génie éminemment sociable, unissant les peuples comme les fleuves* » (MICHELET). ◈ ANT. *Insociable. Sauvage; bourru, farouche, misanthrope.*

SOCIAL, ALE, AUX [sɔsjal, o]. *adj.* (1557; « associé », 1352; « agréable aux autres », 1506; lat. *socialis* « sociable, relatif aux alliés », de *socius* « compagnon »). I. ♦ 1º (Répandu XVIIIᵉ). Qui se rapporte à un groupe d'individus, d'hommes, conçu comme une réalité distincte (V. **Société**); qui appartient à un tel groupe et participe de ses caractères (*opposé* à *biologique, psychique, individuel*). *Vie sociale :* en société. *Rapports sociaux :* des hommes dans la société. *Le langage est un acte social.* ◇ *Qui forme une société ou un élément de société. La famille, élément social. L'édifice social.* — *Didact.* Qui constitue les hommes en communauté, en société. « *Contrat social* » (ROUSS.). ◇ *Relatif aux rapports entre les personnes, au groupe. Sociol. Faits, phénomènes sociaux :* ceux qui résultent des relations réciproques entre les membres du groupe ou du tout organique que forme la société. *Psychologie sociale,* qui étudie l'interaction entre l'individu et les groupes auxquels il appartient. — Subst. *Le social est le comportement de l'individu dans ses rapports avec ses semblables.* — Par ext. *Animaux sociaux :* qui vivent en société. ◇ *Qui étudie la société. Les sciences sociales,* sciences humaines envisagées au point de vue sociologique. ♦ 2º (En parlant de la répartition des individus dans la société, du point de vue de la division du travail et de ses effets sociaux). *Classes sociales. Milieu social.* V. **Condition.** *Inégalités, injustices sociales. Échelle, hiérarchie sociale.* — *Propriété sociale :* collective. V. **Socialisme.** *Fonctions d'utilité sociale :* publique. ♦ 3º (v. 1830). Relatif aux rapports entre les classes de la société. « *La substitution des questions sociales*

aux questions politiques » (HUGO). *Révolution sociale. Conflits sociaux. Justice sociale.* — *République sociale.* V. **Socialiste.** — (En parlant d'institutions) *Assurances* sociales. Sécurité* sociale. Service* social.* — *Spécialt.* Qui concerne les conditions matérielles des travailleurs et leur amélioration. *Revendication sociale. Lois, mesures sociales. Législation sociale.* — *Politique sociale,* favorable aux revendications sociales. ◇ Subst. « *On tend aujourd'hui à repenser l'économique à travers le social* » (A. PIETTRE). **II.** (1530; repris 1765). ♦ **1°** *Vieilli.* Favorable à la vie en commun (V. **Sociable**). *Qualités, tendances sociales.* ♦ **2°** *Mod.* Relatif à la vie mondaine, aux relations dans la société (V. **Société, I, 2°**). *Conventions sociales.* **III.** (1723). Relatif à une association de personnes ayant un but, des intérêts communs. V. **Société.** *Raison* sociale. Capital* social. Siège* social.*
◇ ANT. *Individuel.*

SOCIAL-DÉMOCRATE [sɔsjaldemɔkʀat]. *adj.* et *n.* (1910; all. *Sozial-demokrat*). Se dit des socialistes allemands. *Partis sociaux-démocrates* [sɔsjodemɔkʀat]. — *Par ext.* Partisan de la social-démocratie. — N. *Les sociaux-démocrates.*

SOCIAL-DÉMOCRATIE [sɔsjaldemɔkʀasi]. *n. f.* (1899; du précéd.). *Polit.* Socialisme allemand, de tendance réformiste. — *Par ext.* Socialisme réformiste.

SOCIALEMENT [sɔsjalmɑ̃]. *adv.* (1767; « d'une manière sociable », 1530; *sociellement* « en société », 1300; de *social*). Quant aux rapports humains dans la société, et *spécialt.* aux rapports entre classes sociales. *Groupes socialement différenciés.*

SOCIALISANT, ANTE [sɔsjalizɑ̃, ɑ̃t]. *adj.* et *n.* (v. 1936; de *socialisme*). Qui a des tendances socialistes. *Fraction socialisante. Libéraux socialisants.*

SOCIALISATION [sɔsjalizasjɔ̃]. *n. f.* (1836; de *socialiser*). ♦ **1°** *Vx* ou *didact.* Le fait de développer des relations sociales, de former en un groupe social, en société. *La socialisation des hommes.* ♦ **2°** (1846). *Mod.* Le fait de mettre sous un régime communautaire, collectif. *Socialisation sous forme coopérative, étatiste. La socialisation des moyens de production.*

SOCIALISER [sɔsjalize]. *v. tr.* (1786; de *social*). ♦ **1°** *Vx* ou *didact.* Susciter ou développer les rapports sociaux entre des hommes. *Groupe plus ou moins socialisé.* ♦ **2°** (1859). Gagner au socialisme. — Au p. p. *Pays socialisé,* rendu ou devenu socialiste. ♦ **3°** (1865, « placer sous le régime de l'association »). Gérer ou diriger au nom de la société entière (V. **Socialisme**). *Socialiser la propriété.*

SOCIALISME [sɔsjalism(ə)]. *n. m.* (1831; de *social*, d'apr. angl. *socialism* [1822] ou it. *socialismo* [1803]). Doctrine d'organisation sociale qui entend faire prévaloir l'intérêt, le bien général, sur les intérêts particuliers, au moyen d'une organisation concertée (*opposé à* libéralisme); organisation sociale qui tend aux mêmes buts, dans un souci de progrès social (V. **Progressisme**). *Socialisme démocratique; autoritaire, collectiviste* (V. **Collectivisme**). *Socialisme d'État* (V. **Étatisation, étatisme**). *Socialisme ouvrier, prolétarien* (dictature du prolétariat). *Socialisme réformiste et socialisme révolutionnaire. Socialisme scientifique* (le marxisme, opposé aux *socialismes utopiques*). *Socialisme de Saint-Simon, de Fourier, de Marx, de Lénine* (V. **Saint-Simonisme, fouriérisme, marxisme, léninisme**). ◇ Absolt. *Le socialisme* : en France, de nos jours, Les partis de gauche non communistes et non libéraux; à l'étranger, Travaillisme, social-démocratie, etc. « *Il faut que le socialisme sache relier les deux pôles, le communisme ouvrier et l'individualisme paysan* » (JAURÈS). ◇ *Spécialt.* (Marxisme) Phase transitoire de l'évolution sociale, après l'élimination du capitalisme, mais avant que le communisme puisse être instauré. *Le socialisme soviétique.*

SOCIALISTE [sɔsjalist(ə)]. *adj.* et *n.* (1830; n.; adj., 1842; « disciple de Grotius », XVIIIe; « antirévolutionnaire », 1798; de *social*). ♦ **1°** Relatif à l'une des doctrines ou des organisations sociales appelées socialismes; qui fait profession de socialisme. *Doctrine, politique socialiste.* « *Un austère théoricien socialiste* » (ROMAINS). *Partis socialistes français :* Section Française de l'Internationale Ouvrière, plus cour. S.F.I.O. [ɛsɛfio] *Parti socialiste Unifié, plus cour.* P.S.U. [peɛsy]. *Parti socialiste anglais* (V. **Travailliste**). *Les Internationales socialistes.* — N. *Un, une socialiste.* « *Le socialiste par raison peut avoir tous les défauts du riche ; le socialiste par sentiments doit avoir toutes les vertus du pauvre* » (RENARD). ♦ **2°** Qui appartient à la S.F.I.O. (Cf. *ci-dessus*). *Député socialiste.* N. « *Les socialistes, les radicaux, tous les types plus ou moins vaguement « de gauche* » (SARTRE). ♦ **3°** Relatif au socialisme organisé dans certains pays. *Union des Républiques Socialistes Soviétiques* (U.R.S.S.).

SOCIATRIE [sɔsjatʀi]. *n. f.* (1972; de *soci*[o]-, et *-iatrie*). *Didact.* Psychothérapie du comportement social.

SOCIÉTAIRE [sɔsjetɛʀ]. *adj.* et *n.* (1791; « membre d'une société commerciale », 1787; de *social*). ♦ **1°** Qui fait partie d'une société d'acteurs. *Membre sociétaire* N. *Sociétaire de* la Comédie-Française. ♦ **2°** (En parlant d'autres sociétés, d'associations). Associé. « *Les femmes sociétaires se disposaient à voter contre lui* » (LECOMTE).

SOCIÉTARIAT [sɔsjetaʀja]. *n. m.* (1872; de *sociétaire*). *Admin.* Qualité de sociétaire. *Être admis par cooptation au sociétariat de la Comédie-Française.*

SOCIÉTÉ [sɔsjete]. *n. f.* (1180; lat. *societas* « association », de *socius* « compagnon, associé, allié ». V. **Social**). **I.** Relations entre des personnes qui ont ou qui mettent qqch. en commun. ♦ **1°** *Dr. Contrat de société.* — *Société coopérative* : contrat « par lequel plusieurs personnes conviennent de mettre qqch. en commun pour effectuer à meilleur compte des opérations » (CAPITANT). ♦ **2°** *Vx* (XVIe). Relations entre des personnes; vie en compagnie, en groupe. V. **Commerce, relation.** ◇ *Vieilli.* Relations mondaines; vie sociale. « *Le plaisir de la société entre les amis se cultive par une ressemblance de goût* » (LA BRUY.). — *(Cour.)* DE SOCIÉTÉ : qui s'exerce en société, dans les réunions mondaines ou amicales, familiales. *Jeux de société* : jeux distrayants qui peuvent se jouer à plusieurs. ♦ **3°** Relations habituelles avec une ou plusieurs personnes. V. **Compagnie.** *Rechercher la société des femmes.* V. **Fréquentation.** — *En société, dans la société de qqn.* V. **Compagnie (en).**

II. (XVIIe-XVIIIe). ♦ **1°** État particulier à certains êtres, qui vivent en groupes plus ou moins nombreux et organisés. « *La société est l'union des hommes, et non pas les hommes* » (MONTESQ.). V. **Communauté.** *Vie en société.* « *Chez la fourmi..., le fait de vivre en société efface l'inhumanité de son existence* » (QUENEAU). ♦ **2°** (XVIIe-XVIIIe; du précéd.). Ensemble des individus entre lesquels existent des rapports durables et organisés, le plus souvent établis en institutions et garantis par des sanctions; milieu humain par rapport aux individus, ensemble des forces du milieu agissant sur les individus (contrainte sociale). V. **Communauté, groupe.** *Société religieuse. La* « société civile ». *On la peut définir... société d'hommes unis ensemble sous le même gouvernement et sous les mêmes lois* » (BOSS.). *Relatif à la société.* V. **Collectif, public, social.** *Évolution de la société. La société sans classe.* — UNE SOCIÉTÉ : groupe social limité dans le temps et dans l'espace. « *Une société ne saurait subsister sans un gouvernement* » (MONTESQ.). « *Humaine ou animale, une société est une organisation* » (BERGSON). *Les sociétés primitives. Culture d'une société* : civilisation, culture, religion. « *Le réseau de lois et de rites, l'édifice de conventions et de consentements qui définit une société organisée* » (VALÉRY). *Société d'abondance, société de consommation*.* ♦ **3°** *(Didact.).* Tout groupe social, important ou non, permanent ou non, organisé ou spontané. V. **Association, collectivité, communauté; clan, famille, tribu.** « *Toute société partielle, quand elle est étroite et bien unie, s'aliène de la grande* » (ROUSS.). ❸ ♦ **1°** (XVIIe). Ensemble de personnes réunies pour une activité commune ou par des intérêts communs. « *Je réunis autour de moi une société d'écrivains* » (CHATEAUB.). V. **Entourage.** *Société mêlée.* ◇ (XIXe) Groupe de personnes actuellement réunies. V. **Assemblée, compagnie.** *Toute la société se mit debout.* ♦ **2°** Les personnes qui ont une vie mondaine, les couches aisées, oisives. V. **Monde.** *Les usages de la bonne société. La haute société* (Cf. Les gens du beau monde). — *Absolt.* V. **Aristocratie, gentry, gratin, haut** (la « haute »). « *Se mêler à ce que l'orgueil des gens riches appelle la société* » (STENDHAL). *Être introduit, reçu dans la société.*

III. (XVIIe). Groupe organisé et permanent, institué pour un but précis. ♦ **1°** Compagnie ou association religieuse. V. **Congrégation.** *La Société de Jésus.* ♦ **2°** Organisation fondée pour un travail commun ou une action commune. *Société savante* (V. **Institut**), *des gens de lettres. Société des auteurs. Société sportive.* V. **Club.** « *Je ne me pardonnerais pas d'être entré par mégarde dans une société de pêcheurs à la ligne* » (ROMAINS). *Membres d'une société.* — *Société secrète* : association qui poursuit en secret des menées subversives (politiques, sociales). *Être affilié à une société secrète.* ♦ **3°** *Dr.* et *cour.* Personne juridique issue du contrat de société, considérée comme propriétaire d'un patrimoine social. *Sociétés civiles,* qui ont pour objet principal des opérations civiles, non commerciales. *Société de fait. Société coopérative, mutuelle.* V. **Coopérative, mutualité.** *Société de crédit,* qui fournit à ses adhérents des fonds, des crédits. *Société de crédit mobilier, d'épargne; de prévoyance, d'assurance.* V. **Mutuelle.** ◇ *Spécialt.* SOCIÉTÉ COMMERCIALE; absolt. SOCIÉTÉ : qui accomplit des opérations commerciales à but lucratif (*opposé à association, société civile*). V. **Affaire, compagnie, entreprise, établissement.** *Société par intérêts* : société dans laquelle la part sociale (intérêt) n'est pas transmissible qu'en vertu d'une clause expresse, avec le consentement des coassociés. *Société en nom collectif,* comportant pour chaque associé l'obligation personnelle et solidaire au paiement des dettes. *Société en commandite simple, par intérêts, par actions. Société en participation*.* — *Sociétés par actions, comportant des parts sociales [...]*

(et parfois illimitée : garants ou commandités) dont la part sociale est représentée par des actions. *Société anonyme**. *Société à responsabilité* limitée* (S.A.R.L.). *Société à capital variable. Société financière, industrielle, immobilière* (V. **Omnium**). *Société privée, nationale, d'État. Entreprise qui, contrôle plusieurs sociétés.* V. **Cartel, holding, trust.** — Arith. *Règle de société*, permettant le calcul des parts revenant à chaque associé. ♦ 4° *Dr. internat.* Association d'États. Hist. *La Société des Nations* ou S.D.N. (remplacée par l'Organisation des Nations Unies, depuis 1946).

SOCINIANISME [sɔsinjanism(ə)]. *n. m.* (1697; de *socinien*, de Socin, Sozini, hérétique italien). *Relig.* Doctrine hérétique de Socin qui rejette la Trinité, la divinité de Jésus.

SOCIO-. Élément, du rad. de *social, société.*

SOCIO(-)CULTUREL, ELLE [sɔsjɔkyltyʀɛl]. *adj.* (mil. XXᵉ; de *socio-*, et *culturel*). *Didact.* Qui concerne à la fois les structures sociales et la culture qui y correspond; relatif à la culture d'un groupe social ou d'un type de groupe social. « *La santé mentale paraît n'avoir de sens qu'à l'intérieur d'un système socio-culturel* » (F. CLOUTIER).

SOCIODRAME [sɔsjɔdram]. *n. m.* (v. 1960; mot angl. de *socio-*, et *drame*). *Psycho.* Scène dramatique improvisée sur un thème donné, par un ensemble de personnes; technique employée en psychothérapie de groupe (Cf. Psychodrame).

SOCIO-ÉCONOMIQUE [sɔsjɔekɔnɔmik]. *adj.* (mil. XXᵉ; de *socio-*, et *économique*). *Didact.* Relatif aux phénomènes sociaux, économiques et à leurs relations. *Enquête, étude socio-économiques. Conditions socio-économiques.* V. aussi **Socio-professionnel.** « *Les difficultés socio-économiques, donc politiques* » (A. SAUVY).

SOCIOGRAMME [sɔsjɔgram]. *n. m.* (mil. XXᵉ; de *socio-*, et *gramme*). *Didact.* En sociologie descriptive, Figure ayant pour objet de représenter l'ensemble des relations individuelles entre les différents membres d'un groupe.

SOCIOLINGUISTIQUE [sɔsjɔlɛ̃ɡɥistik]. *n. f.* et *adj.* (v. 1950; de *socio-*, et *linguistique*, d'apr. l'angl.). *Didact.* Étude scientifique des relations entre langage, culture et société. (Cf. Sociologie du langage; linguistique sociale). — *Adj. Étude sociolinguistique. Problèmes sociolinguistiques du bilinguisme. Dér.* SOCIOLINGUISTE, *n.*

SOCIOLOGIE [sɔsjɔlɔʒi]. *n. f.* (1830; mot créé par Comte; de *socio-*, et *-logie*). Étude scientifique des faits sociaux humains, considérés comme appartenant à un ordre particulier, et étudiés dans leur ensemble ou à un haut degré de généralité. *La sociologie dépend de la biologie* (au sens large), *de l'anthropologie. Objet de la sociologie : étude des formes sociales* (structures et fonctions) *et de leur évolution.* « *Si on voit en elle,... un ensemble de recherches positives portant sur l'organisation et le fonctionnement des sociétés du type le plus complexe, la sociologie devient une spécialité de l'ethnographie* » (Cl. LÉVI-STRAUSS). *Sociologie démographique, économique, politique. Sociologie du langage, de l'art.* — *Fam.* (arg. scol.) *Faire de la socio* [sɔsjo]. *Morale et socio.* ◊ *Par ext.* Étude de toutes les formes de sociabilité et de sociétés. *Sociologie animale.*

SOCIOLOGIQUE [sɔsjɔlɔʒik]. *adj.* (v. 1850; de *sociologie*). De la *sociologie. Analyse, étude, notion, vocabulaire sociologique. Enquête, statistique sociologique.* ◊ Relatif aux faits étudiés par la sociologie. V. **Social.**

SOCIOLOGIQUEMENT [sɔsjɔlɔʒikmɑ̃]. *adv.* (1908; de *sociologique*). Du point de vue de la sociologie. « *L'homme étant essentiellement un être social, ses fonctions de relation, physiologiques et surtout psychologiques, ne peuvent se concevoir que sociologiquement* » (GOBLOT).

SOCIOLOGISME [sɔsjɔlɔʒism(ə)]. *n. m.* (1922; de *sociologie*). *Didact.* « Théorie suivant laquelle la sociologie suffit à rendre compte des faits sociaux (indépendamment de la psychologie, de la physiologie) » (GUYAU).

SOCIOLOGUE [sɔsjɔlɔɡ]. *n.* (1888; var. *sociologiste*, 1890; de *sociologie*). Savant qui s'occupe de sociologie; spécialiste des travaux sociologiques. ◊ *Fam.* Étudiant en sociologie.

SOCIOMÉTRIE [sɔsjɔmetʀi]. *n. f.* (mil. XXᵉ; angl. *sociometrics*, 1937; de *socio-*, et *-métrie*). *Didact.* Méthode d'application de la mesure aux relations humaines, aux manifestations de la sociabilité.

SOCIO(-)PROFESSIONNEL, ELLE [sɔsjɔpʀɔfɛsjɔnɛl]. *adj.* (1966; de *socio-*, et *professionnel*). *Didact.* Se dit des catégories servant à classer la population dans les statistiques (économiques, professionnelles). On dit aussi *socio-économique. Catégories socioprofessionnelles.*

SOCIOTHÉRAPIE [sɔsjɔteʀapi]. *n. f.* (mil. XXᵉ; de *socio-*, et *-thérapie*). *Didact.* ♦ 1° Psychothérapie visant à l'intégration harmonieuse de l'individu au groupe ou à une amélioration des relations dans le groupe (V. **Sociodrame**). ♦ 2° Ensemble de mesures sociales mises en œuvre pour permettre à un malade mental de se réintégrer - dans son milieu.

SOCLE [sɔkl(ə)]. *n. m.* (1674; it. *zoccolo* « sabot », du

lat. *socculus*, de *soccus*. V. Socque). ♦ 1° Base sur laquelle repose un édifice, une colonne, ou qui sert de support à une statue (V. **Acrotère, piédestal**), une pendule, une lampe, un vase (V. **Gaine**). « *Un Bouddha géant... idole dorée de quinze à vingt mètres de haut, montée sur un énorme socle de bronze* » (LOTI). ♦ 2° *Géogr., Géol.* Plate-forme, soubassement. *Socle continental*, sur lequel reposent les mers peu profondes. V. **Plateau.**

SOCQUE [sɔk]. *n. m.* (1611; lat. *soccus*). *Antiq. rom.* Chaussure basse que portaient les acteurs de la comédie. — Par méton. *(Littér.)* Symbole du genre comique. *Le socque et le cothurne.* ◊ Chaussure sans quartier, généralement à semelle de bois (portée par certains religieux, ou à la campagne). V. **Sabot.** « *Les socques de la vieille Marthe claquaient déjà sur les marches* » (BERNANOS). ◊ HOM. **Soc.**

SOCQUETTE [sɔkɛt]. *n. f.* (v. 1930; de l'angl. *sock*, ou de l'all. *Socke*, du lat. *soccus*, et dimin. fr. *-ette*). Chaussette arrivant au-dessus de la cheville. *Socquette de laine, de nylon.*

SOCRATIQUE [sɔkratik]. *adj.* (1555; lat. *socraticus*, gr. *sôkratikos*). *Didact.* Propre à Socrate, ou qui l'évoque. *Philosophie, dialogues socratiques.* ◊ « *Cette figure socratique à nez camus...* » (BALZ.).

SODA [sɔda]. *n. m.* (1837; abrév. de l'angl. *soda-water;* Cf. a. fr. *Soda, sode* « soude », v. 1370). Boisson à base d'eau gazeuse bicarbonatée, ordinairement additionnée de sirop de fruits (citron, orange, framboise, etc.).

SODÉ, ÉE [sɔde]. *adj.* (1872; du rad. de *soude*. V. **Soude**). *Chim.* Qui contient de la soude. *Chaux sodée.* ◊ Qui contient du sodium. *Alcool sodé. Camphre sodé.*

SODIQUE [sɔdik]. *adj.* (1831; de *sodium*). *Chim.* Relatif au sodium, à la soude. *Sels sodiques.*

SODIUM [sɔdjɔm]. *n. m.* (1808; angl. 1807; de l'angl. *soda.* V. **Soude**). Métal (symb. Na; masse at. 22,990; n° at. 11), blanc d'argent (dens. 0,971; point de fusion, 97,5 °C), très mou, qui se ternit très rapidement à l'air, brûle à l'air, réagit violemment avec l'eau, avec formation de soude et dégagement d'hydrogène. *Le sodium, très abondant dans la nature, ne se rencontre qu'en combinaisons.* — *Hydroxydes de sodium* (soude caustique); *sels de sodium; bicarbonate de sodium* (sel de Vichy), *carbonate de sodium* (cristaux; V. **Natron**), *chlorure de sodium* (V. **Sel**), *cyanure, nitrate de sodium* (salpêtre du Chili), *thiosulfate de sodium* (hyposulfite de soude).

SODOKU [sɔdɔky]. *n. m.* (1916; du japonais *so* « rat », et *doku* « poison »). *Méd.* Maladie infectieuse transmise par la morsure de rongeurs (notamment du rat). *Fréquent au Japon et en Chine, le sodoku est observé aussi en France et en Amérique.* On dit aussi *sokosho.*

SODOMIE [sɔdɔmi]. *n. f.* (1393; de *Sodome*, ville de Palestine, détruite avec *Gomorrhe* à cause de leur corruption). — Pratique du coït anal, pour un homme. V. **Pédérastie.**

SODOMITE [sɔdɔmit]. *n. m.* (XIIIᵉ; « habitant de Sodome », XIIᵉ; lat. relig. *sodomita*). Celui qui se livre à la sodomie. V. **Pédéraste.** « *On dit sodomite, Monsieur* », répondait Verlaine au juge qui lui demandait s'il était vrai qu'il fût sodomiste » (GIDE).

SŒUR [sœʀ]. *n. f.* (*Seror*, 1050; *soer* et *serur*, 1080; lat. *soror*). ♦ 1° Personne de sexe féminin, considérée par rapport aux autres enfants des mêmes parents, ou d'un même père, d'une même mère (*Dr. : sœur germaine, consanguine, utérine*). V. **Demi-sœur.** *Les frères et les sœurs sont des collatéraux parents au deuxième degré* (V. **Parenté**). *Sœur ainée* (grande sœur), *puînée, cadette* (petite sœur). *Sœurs jumelles, siamoises*. La sœur de qqn. Sa sœur. Des sœurs à elle.* — Myth. *Les neuf sœurs, les doctes sœurs, les Muses. Les sœurs filandières,* les trois Parques. ◊ *Loc. pop. Et ta sœur?* (1833, arg. milit.), se dit ironiquement pour inviter qqn à se mêler de ce qui le regarde, ou pour couper court à des propos insupportables ou invraisemblables. « *Tu crois qu'ils entreront à Tolède?* — *Et ta sœur?* — *T'emballe pas, Pepe!* » (MALRAUX). ◊ SŒUR DE LAIT (1538) : fille d'une nourrice, par rapport à un de ses nourrissons; celle qui a eu la même nourrice qu'un autre enfant. ♦ 2° (*Soer*, 1080). Nom qu'on donne à une personne pour laquelle on a la tendresse que peut inspirer une sœur. « *Mon enfant, ma sœur...* » (BAUDEL.). ♦ 3° (*Choses;* XVIᵉ). Se dit de choses qui sont apparentées. « *... D'un monde où l'action n'est pas la sœur du rêve* » (BAUDEL.). « *Toutes les passions sont sœurs* » (ROUSS.). ◊ (En appos.) *Âme sœur* se dit d'une personne qui est faite pour bien comprendre une autre de sexe opposé. « *Les âmes sœurs finissent par se trouver quand elles savent s'attendre* » (GAUTIER). ◊ (Formant un composé) *Cellules-sœurs,* cellules identiques provenant de la division simple d'une cellule (dite cellule-mère). ♦ 4° (XIIIᵉ; *seror*, 1192). Titre donné aux religieuses dans la plupart des ordres ou des communautés. *La sœur Thérèse.* — Nom de religieuses non cloîtrées dans ordres charitables (fam. *bonnes sœurs*) et enseignants. *Sœurs de la Charité* (Cf. Filles de la charité*). *Sœurs blanches. Petites sœurs des pauvres.* « *Une sœur?* — *Oui, la sœur Luce, de Saint-Joseph* » (P. BENOIT).

SŒURETTE [sœrɛt]. *n. f.* (1611; dimin. de *sœur* « religieuse », 1458). Terme d'affection envers une petite sœur.

SOFA [sɔfa]. *n. m.* (1560; arabe *soffah*). ♦ 1° Hist. *En Orient*, Estrade élevée couverte de coussins. *Le grand vizir donnait des audiences sur un sofa.* ♦ 2° (1657). *Cour.* Lit de repos à trois appuis, servant aussi de siège. V. **Canapé, divan.** « *Deux larges sofas, très bas, en bois de palissandre et en soie cramoisie..., forment les seuls sièges* » (BAUDEL.).

SOFFITE [sɔfit]. *n. m.* (1676; it. *soffitto*, lat. pop. *suffictus*, class. *suffixus*, de *suffigere* « fixer par-dessous, suspendre »). *Archit.* Dessous d'un ouvrage, d'un larmier. — Plafond à caissons décorés de rosaces. « *L'ancien plafond... s'était conservé avec ses caissons, ses soffites, ses losanges* » (GAUTIER).

SOFTWARE [sɔftwaR ou, à l'angl. sɔftwɛr]. *n. m.* (1965; mot amér., argot des ingénieurs, de *soft* « doux, mou », et *ware*, suff. d'instruments; d'apr. *hardware*). *Américanisme.* Les moyens d'utilisation, programmes, etc., d'un système informatique (opposé à *Hardware*). V. **Analyse, programmation.** — *Recomm. offic.* Logiciel*.

SOI [swa]. *pron. pers.* (XIIᵉ; *sei*, 1050; du lat. *se*, en position accentuée. V. **Se**). Pron. pers. réfléchi de la 3ᵉ personne. V. **Lui** (IV); et *aussi* Elle, eux (Cf. *pop.* Sa pomme, sézigue). **I.** (*Se rapportant à des personnes*). **Ⓐ** Représentant un sujet indéterminé. ♦ 1° En fonction d'attribut (avec l'inf. ou reprenant un indéterminé tel que *on, chacun, quiconque, personne*). *Devenir, rester soi* (ou plus souv. *soi-même*) : le même, la même. « *Mourir! Ne plus être! Ne plus être soi!* » (R. ROLLAND). « *Tant qu'on est seul on ne peut être soi* » (ALAIN). Fam. *En voiture, on a plus confiance quand c'est soi qui conduit* : quand on conduit soi-même. ♦ 2° En fonction de complément d'objet direct (après *ne... que...*). *N'aimer que soi, n'estimer que soi.* ♦ 3° (*Cour.*). Compl. prépositionnel. *À soi.* « *Tout dans la nature songe à soi et ne songe qu'à soi* » (DIDER.). *Rapporter tout à soi. Revenir* à soi. — *L'amour de soi.* V. **Propre.** *Conscience de soi. Hors* de soi. « *L'homme est l'être qui ne peut sortir de soi, qui ne connaît les autres qu'en soi* » (PROUST). *Confiance en soi. Pour soi. Prendre* sur soi. « *Comme on voit devant soi un objet, il voyait devant lui ce fait* » (MONTHERLANT). *Malgré soi.* « *Le pire était d'être seul avec soi* » (R. ROLLAND). *Chez soi* (subst. V. **Chez**). — *À part* soi (altér. de *par soi*). **Ⓑ** Représentant un sujet de personne déterminé. ♦ 1° Vx (On emploie : lui, elle). *Un homme « Qui n'agit que pour soi, feignant d'agir pour Rome* » (CORN.). — (*Mod.*, quand *lui* [elle, eux] serait ambigu) *Il « s'expliquait trop bien... que le comte fût à peine maître de soi...* » (BOURGET). *Un homme droit, fermé, sûr de soi, terrestre* » (SARTRE). *Il regardait droit devant soi.* ♦ 2° (Représentant un nom féminin ou un pluriel). « *Elle s'attristait de rencontrer, si près de soi, des personnes de cette espèce* » (R. BAZIN). « *Ils n'ont pas de soins de famille, ils ne songent guère qu'à soi* » (THÉRIVE). **Ⓒ** *Philo.* ♦ 1° Représentant tout sujet de personne, déterminé ou non (Cf. *ci-dessous*, IV, 3° : *le soi*). *La présence à soi* : la conscience. ♦ 2° POUR SOI : se dit de la manière d'être, d'exister, de l'être conscient. « *Avoir conscience, c'est exister pour soi* » (MAINE DE BIRAN). — *Subst.* *Le pour-soi* (SARTRE) opposé à *l'en-soi* ou au « pour-autrui ». « *Le pour soi, ou la conscience* » (HAMELIN).

II. (*Représentant un sujet de chose*). ♦ 1° Complément prépositionnel. *La diligence descendait « entraînant après soi un long panache de poussière* » (FLAUB.). « *La ville tire à soi la vie des villages* » (POURRAT). — Loc. *Cela va de soi* (V. **Aller**) : c'est tout naturel. ♦ 2° EN SOI : de par sa nature, abstraction faite de toute autre chose. « *Ce n'est pas la douleur en soi qui rachète, mais la douleur acceptée* » (MAURIAC). ◇ *Philo.* EN SOI : qui existe indépendamment du contenu de l'esprit; ou (chez Kant) indépendamment de l'apparence, de la connaissance humaine. *Le noumène est une chose en soi.* — (Dans l'existentialisme) Mode d'être de ce qui n'est pas conscient. *Subst. L'en-soi et le pour-soi.*

III. SOI-MÊME (forme renforcée; renvoie à un sujet déterminé et surtout à un sujet indéterminé). ♦ 1° En apposition du sujet. *Ici, on fait tout soi-même* : en personne. — Fam. « *Vous êtes l'abbé Pellegrin. — Soi-même* » (Cl. VAUTEL). ♦ 2° Attribut. « *Ce veu cher aux amants : être à la fois soi-même et un autre que soi* » (SARTRE). ♦ 3° Renforçant *se.* « *Il pressait le pas pour se fuir soi-même* » (BARRÈS). ♦ 4° Complément d'objet (après *ne... que*, une comparative). *Aimer son prochain comme soi-même.* « *On a beau chercher, on ne trouve jamais que soi-même* » (FRANCE). ♦ 5° Complément prépositionnel. « *Il s'était dit à soi-même : j'aime Donna Lucrezia* » (R. VAILLAND). « *On ne peut tout seul garder la foi en soi-même* » (MAURIAC). *Sortir de soi-même.* PROV. *On n'est jamais si bien servi* que par soi-même. *Charité bien ordonnée commence par soi-même.*

IV. *Subst.* ♦ 1° La personnalité, le moi de chacun, de chaque sujet. V. **Moi.** « *Qu'est-ce que la discipline sinon l'emprise du soi sur soi...?* » (BOURGET). ♦ 2° *Psychan.* (trad. de l'all. *Es* opposé à *Ich* = je). Ensemble des pulsions inconscientes. *Le soi, le moi et le sur-moi.* ♦ 3° *La conscience :*

l'être en tant qu'il est pour lui-même. « *Le soi renvoie... précisément au sujet. Il indique un rapport du sujet avec lui-même* » (SARTRE). ♦ 4° *Un autre soi-même* : un ami intime. V. **Alter ego.**
◇ ANT. *Autrui.* — HOM. Soie (1 et 2), soit.

SOI-DISANT [swadizã]. *adj. invar.* (v. 1435; de *soi*, et p. prés. *disant*). ♦ 1° Qui dit, qui prétend être telle ou telle chose. « *Les soi-disant fanatiques de l'antiquité, qui ne sont pas capables de discerner une statue grecque d'une statue romaine* » (GAUTIER). « *La soi-disant comtesse* » (DAUD.). ♦ 2° (*Emploi critiqué*). Qui n'est pas ce qu'il semble être, qui n'est pas vraiment. V. **Prétendu; présumé.** *Le soi-disant escroc faisait un honorable diplomate.* « *La soi-disant liberté de pensée reste parfaitement illusoire* » (GIDE). ♦ 3° Loc. adv. Prétendument, d'une manière apparente, présumée. « *Notre père venu à Paris, soi-disant pour affaires* » (H. BORDEAUX). Pop. « *Soi-disant qu'il serait trop jeune pour avoir une femme* » (AYMÉ).

1. SOIE [swa]. *n. f.* (v. 1170; *seie*, 1150; lat. *seta*, var. de *saeta*).
I. ♦ 1° Substance filiforme sécrétée par quelques lépidoptères (*vers à soie.* V. **Bombyx**), essentiellement constituée par deux protéines (séricine et fibroïne), utilisée comme matière textile. *Production de la soie.* V. **Sériciculture.** *Préparation de la soie grège* (ou *brute, crue, écrue*) : triage des cocons, étouffage, dévidage, tirage aboutissant au *fil de soie. Moulinage* (ou *ouvraison*) *de la soie. Soie torse* (V. **Organsin**), *floche; folle* (V. **Effiloche**). *Déchets de soie.* V. **Bourre, schappe.** *Industrie de la soie* (V. **Canut, soyeux**). — *Étoffes, tissus de soie* (brocart, crêpe, faille, foulard, pongé, reps, satin, surah, taffetas, tussor). *Gaze, jersey, mousseline, popeline de soie. Bas de soie. Échelle de soie, en cordes de soie.* ◇ *Tissu de soie.* V. **Soierie.** « *Des femmes enveloppées de la tête aux pieds dans des soieries asiatiques étrangement lamées d'argent ou d'or* » (LOTI). ◇ Loc. (1899; appellation interdite en 1934) *Soie artificielle.* V. **Rayonne.** ♦ 2° *Papier de soie*, papier translucide et brillant, fait avec de la pâte de chiffon et de la pâte de bois. ♦ 3° *Soie sauvage*, matière filamenteuse produite par certaines chenilles de l'Inde, de la Chine et du Japon. *Tissus de soie sauvage.* V. **Tussah.** — *Soie végétale*, poils qui entourent les graines de certaines plantes, et qu'on a essayé d'utiliser comme textile.
II. (XIIIᵉ). Poil long et rude de certains animaux (porc, sanglier). V. **Sétacé.** *Soies du porc. Brosse, pinceau en soie de sanglier.* V. **Saie.**

2. SOIE [swa]. *n. f.* (1680; *saye, soyée, soyette*, XIVᵉ, « cheville d'un coffre » ; o. i.). *Techn.* Prolongement en pointe de la lame (d'un couteau, d'une épée, etc.) qu'on encastre dans le manche ou la poignée. V. **Talon.** ◇ HOM. *Soi, soie* (1), soit.

SOIERIE [swaRi]. *n. f.* (1424; *sayerie*, 1328; de *soie* 1). Tissu de soie. *Les soieries de Lyon.* — Sing. collectif (1694) *La soierie*, l'industrie et le commerce de la soie. *Être dans la soierie.*

SOIF [swaf]. *n. f.* (XIIᵉ; var. *sei, soi*, XIIᵉ; *soif*, p.-ê. d'apr. des mots du type *noif*, cas régime de *nois* « neige »; lat. *sitis*). ♦ 1° Sensation correspondant à un besoin de l'organisme en eau. *La soif résulte de la dessication de la muqueuse de la bouche et du pharynx, et de la déshydratation.* V. **Dipsomanie, potomanie** (*pathol.*). *Avoir soif, grand'soif* (vx), *très soif. Avoir toujours soif.* V. **Assoiffé.** *Souffrir de la soif. Haleter de soif.* V. **Tirer** (la langue). *Mourir de soif.* Par hyperb. « *Harassé de fatigue, mourant de soif, brûlé par un soleil de plomb* » (MÉRIMÉE). — « *La soif s'en va en buvant* » (RABELAIS). *Étancher sa soif.* Fam. *Boire jusqu'à plus soif* : beaucoup, outre mesure. Fig. *Jusqu'à plus soif*, à satiété. — *Boire sans soif. Subst.* (Fam.) *Un boit-sans-soif*, un soiffard. — *Donner soif* : altérer. *Rester sur sa soif*, n'avoir pas assez bu pour étancher sa soif. Fig. Éprouver encore le besoin d'une chose, n'être pas satisfait. « *Un concert sans Wagner ou Beethoven et nous demeurions sur notre soif* » (DUHAM.). — Loc. prov. *Une poire* pour la soif. ◇ Fig. (Terre, végétation) Manquer d'eau. *Les rosiers ont soif, il faut les arroser.* ♦ 2° Désir passionné et impatient. *Soif de l'or. Avoir soif de vengeance. La soif de connaître.* « *On sait assez que l'inquiétude de cet âge est une soif d'aimer* » (STENDHAL). « *J'ai soif d'indépendance pour mes dernières années* » (CHATEAUB.). — *Les dieux ont soif*, roman d'A. France (c.-à-d. les dieux ont soif de sang, le monde est cruel).

SOIFFARD, ARDE [swafaR, aRd(ə)]. *adj. et n.* (1843; *soiffeur*, 1839; de *soif*). Pop. Qui est toujours prêt à boire, qui boit exagérément (du vin, de l'alcool). V. **Ivrogne.** « *Une jeunesse guerrière et soiffarde, à qui la guerre,... créait momentanément des loisirs* » (HENRIOT). Subst. *Ce sacré soiffard.*

SOIGNÉ, ÉE [swaɲe]. *adj.* (1690; V. Soigner). ♦ 1° Dont on a pris soin; qui prend soin de sa personne. *Être très soigné de sa personne. Mains soignées.* V. **Net, propre.** ♦ 2° Fait avec soin. *Travail soigné.* V. **Consciencieux. Cuisine**

soignée. ♦ 3° *Fam.* Fort, excessif *(iron.). Une note salée, qqch. de soigné*

SOIGNER [swaɲe]. *v.* (XII°; *songnier,* 1298; *soignier* « procurer, fournir », XII°; bas lat. *soniare,* frq. °*sunnjón* « s'occuper de », de l'a. saxon *sunnea.* V. **Soin**).
I. *V. intr. Vx.* Être préoccupé; avoir soin de, veiller à (V. **Songer**). « *...que vous soigniez à fortifier un camp et à prendre une ville* » (VOITURE).
II. *V. tr.* Mod. (XVI°; *soigner de* [qqn, qqch.], deuxième moitié XIV°). ♦ 1° S'occuper du bien-être et du contentement de (qqn), du bon état de (qqch.). V. **Bichonner, chouchouter, choyer, dorlotter.** « *Cette humeur protectrice, cette adresse à soigner... apanage des femmes* » (COLETTE). « *Il soignait et câlinait son besson* [jumeau] » (SAND). Fam. *Soigner qqn aux petits oignons*.* — *Soigner un cheval.* V. **Panser.** — *Soigner des fleurs.* V. **Cultiver** (2°). *Soigner ses outils :* les entretenir avec grand soin. *Soigner ses ongles. — Par antiphr.* (Fam.) *Soigner* [qqn], lui nuire, le voler. *Ils nous ont soignés, dans ce restaurant!* V. **Arranger.** ◊ *V. pron.* S'occuper de son bien-être. *Il se ménage et se soigne.* S'occuper de son apparence physique (par les soins du corps, la mise). « *Une femme qui se soigne... demeure jeune et désirable* » (L. DAUD.). ♦ 2° Apporter du soin à (ce qu'on fait). *Soigner un travail; soigner ses effets. Soigner un menu. — Par ext. Soigner sa mise. Soigner les détails.* V. **Fignoler, lécher.** « *Les actions importantes de sa vie étaient savamment conduites; mais il ne soignait pas les détails* » (STENDHAL). ♦ 3° S'occuper de rétablir la santé de (qqn). *Soigner des malades, des blessés.* V. **Traiter.** Loc. fig. et fam. *Il faut le faire soigner! :* tu es fou!* ◊ S'occuper de guérir (un mal). *Esculape « soignait même les plus bénignes maladies en divertissant ses malades* » (HENRIOT). *Soigner son rhume.* Fam. *Il faut soigner ça!* (en parlant d'un comportement fâcheux, anormal). « *C'est donc de la jalousie gratuite,... Faut soigner cela!* » (MAUPASS.). ♦ 4° *V. pron.* Faire ce qu'il faut pour guérir. « *Soigne-toi toujours bien afin que dans un mois,... je te trouve plus florissante et plus gaillarde* » (FLAUB.). — Pouvoir ou devoir être soigné (maladie). *La tuberculose se soigne bien.* Fig. et fam. *Ça se soigne!* (à propos d'un comportement fâcheux, anormal).
◊ ANT. Maltraiter; bâcler, négliger.

SOIGNEUR [swaɲœʀ]. *n. m.* (1907; de *soigner*). Celui qui est chargé de soigner un athlète, un sportif (boxeur, catcheur). V. **Masseur.** « *Un des soigneurs lui offrit de jeter dans le ring la serviette qui est le signal de l'abandon* » (HÉMON).

SOIGNEUSEMENT [swaɲøzmɑ̃]. *adv.* (XIII°; *soniousement,* 1190; de *soigneux*). D'une façon soigneuse, avec soin. « *On trouve soigneusement enveloppé un bouquet de fleurs desséchées* » (RENAN). « *Des dentelles soigneusement raccommodées* » (BALZ.). V. **Bien** (*adv.*). « *Un professeur... qui prépare soigneusement, chez lui, la leçon qu'il va donner le lendemain* » (GREEN).

SOIGNEUX, EUSE [swaɲø, øz]. *adj.* (XIII°; *songnous,* v. 1190; de *soigner*). ♦ 1° *Soigneux de qqch.,* qui soigne (I), qui a soin, prend soin de. « *Louis-Philippe était... soigneux de sa santé, de sa fortune, de sa personne, de ses affaires* » (HUGO). V. **Préoccupé, soucieux** (de). — (1538) *Soigneux à* (vx), *soigneux de* (vieilli) et l'inf. — *Soigneux d'étaler de l'érudition* » (BOSS.). ♦ 2° (XVI°). *Vieilli.* Qui est fait avec soin, avec méthode (d'une action, d'un travail). V. **Soigné.** *Triage soigneux. Des recherches soigneuses.* V. **Sérieux.** ♦ 3° (1651). Qui soigne (II, 2°) ce qu'il fait, son ouvrage; s'apporte du soin. V. **Appliqué, diligent, minutieux.** *Servante adroite, soigneuse et fidèle.* — (1782) Qui est propre et ordonné, ne salit, n'abîme pas. *Avoir l'air propre et soigneux.* ◊ ANT. **Indifférent** (à). Grossier, sommaire. Désordonné, négligent, sale.

SOIN [swɛ̃]. *n. m.* (XV°; *soign.* 1080; frq. °*suni.* V. **Soigner**). ♦ 1° *Vx.* Préoccupation qui inquiète, tourmente. V. **Inquiétude, souci.** « *Seigneur, tant de prudence entraîne trop de soin* » (RAC.). — Effort, mal qu'on se donne pour obtenir ou éviter qqch. « *Cette femme vaut bien sans doute que je me donne tant de soins* » (LACLOS). ♦ 2° *Vieilli* ou *littér.* Pensée qui occupe l'esprit, relative à un objet auquel on s'intéresse, ou à un objet à réaliser. V. **Préoccupation, souci.** « *Le goût du plaisir nous attache au présent. Le soin de notre salut nous suspend à l'avenir* » (BAUDEL.). — Mod. — *Le premier soin de Cepi fut... de nous mener à la 'place'* » (DUTOURD). — (1538) AVOIR, PRENDRE SOIN DE (avec l'inf.) : penser à, s'occuper de. V. **Songer, veiller** (à); Cf. Faire attention à, prendre garde à. « *Le filet plein de poissons, qu'il avait eu soin d'emporter* » (MAUPASS.). *Il faut prendre soin d'arroser les fleurs. Ne pas prendre soin de,* négliger, oublier de. — AVOIR SOIN QUE, et subj. « *Ils ont grand soin que leurs aveux soient... dissimulés* » (GIDE). ◊ *Par ext.* Occupation, travail dont on est chargé. V. **Charge, responsabilité.** *On lui confia le soin de la maison, de l'affaire.* V. **Conduite.** ♦ 3° AVOIR, PRENDRE SOIN DE... (qqn, qqch.) : soigner (II, 1°), s'occuper du bien-être de (qqn), du bon état de (qqch.). « *S'il avait soin de lui-même et de ses habits, il n'aurait pas l'air d'un va-nu-pied!* » (BALZ.). « *Permettez que ce soit moi qui prenne soin de vos vieux jours* » (BEAUMARCH.). ♦ 4° *Plur.* Actes par lesquels

on soigne (II, 1°) qqn, qqch. V. **Attention, prévenance, sollicitude.** *L'enfant a besoin des soins d'une mère.* « *Gentil, plein de soins, d'égards, de tendresse* » (MAUPASS.). « *Pour vous rendre les soins que vous m'avez prodigués avec tant d'amitié* » (RENAN). *Aux bons soins de Monsieur X,* sur le dos d'une lettre confiée à qqn. — *Les soins du ménage, les soins domestiques,* les travaux d'entretien et de direction de la maison. ◊ *Vx* (1655) Actions agréables à qqn, destinées à séduire, attacher. V. **Assiduité(s).** « *Le temps où vous me rendîtes vos premiers soins, jamais hommage ne me flatta autant* » (LACLOS). — *Spécialt.* PETITS SOINS (1657) : attention délicate. « *Billets-Doux, Petits-Soins* » (MOL.). V. **Cajolerie, douceur.** Mod. *Être aux petits soins :* être très attentionné. « *Tous sont aux petits soins pour moi* » (BALZ.). ◊ Actions par lesquelles on donne à son corps une apparence nette et avenante. *Les soins du corps. Soins de toilette, de beauté.* ◊ (XVI°, XVII° au *sing.*) Actions par lesquelles on conserve ou on rétablit la santé. *Soins* (II, 3°). « *Médecins d'un esprit libéral et généreux qui tantôt font payer leurs soins et tantôt les donnent* » (BAUDEL.). *Premiers soins donnés à un blessé.* V. **Secours.** *Recevoir des soins dans un hôpital. Soins médicaux, dentaires.* V. aussi **Traitement.** ♦ 5° *Le soin :* manière appliquée, exacte, scrupuleuse (de faire qqch.). V. **Application, minutie, sérieux.** « *Le soin particulier que le jardinier avait mis à ratisser le sable de cette allée* » (BALZ.). « *Le soin que l'on apporte inconsciemment aux gestes les plus ordinaires* » (GREEN). *Laver des taches avec soin.* V. **Soigneusement.** ◊ Ordre et propreté; aspect soigné. *Être arrangé avec soin. Un enfant sans soin.* ◊ ANT. **Mépris. Incurie, négligence, nonchalance.**

SOIR [swaʀ]. *n. m.* (XII°; *ser,* 980; *seir,* 1080; lat. *sero, adv.,* « tard », de *serus* « tardif »). ♦ 1° Déclin et fin du jour; moments qui précèdent et qui suivent le coucher du soleil. V. **Crépuscule** (du soir), **déclin** (du jour), **nuit** (tombée de la nuit). *Le soir descend, tombe.* « *La tombée du soir imprégnait le parc de fraîcheur* » (MAUPASS.). *La mélancolie du soir.* V. **Vespéral.** « *Le matin est le printemps du jour. Le soir en est l'automne* » (DIDER.). — *Prière, office du soir.* V. **Complies, vêpres.** *Repas du soir. Salut du soir.* V. **Bonsoir, nuit** (bonne nuit). ◊ (Compl. circonstanciel) *Le soir,* à la fin du jour. V. **Brune** (Cf. Entre chien* et loup). « *C'est le matin et le soir que l'on pense au temps... Le soir on constate; le matin on invente* » (ALAIN). *Chaque soir, tous les soirs.* « *Vivement ce soir qu'on se couche!* » (DABIT). *Du matin au soir, du soir au matin.* V. **Matin.** ♦ 2° La partie de la journée pendant laquelle le soleil décline, se couche, et le début de la nuit, jusqu'à minuit. *Spécialt.* Les dernières heures du jour et les premières de la nuit (*opposé* à après-midi). V. **Soirée.** *Sortir le soir. La presse du soir.* — SOIR, après un nom désignant un jour. *Hier soir; la vieille, le quinze au soir. Le dimanche soir. À demain soir, à ce soir.* — *Tous les samedis soir(s).* UN SOIR : un jour le soir, et *par ext.* un jour. « *On est tout surpris, un beau soir, de trouver la satiété où l'on recherchait le bonheur* » (BEAUMARCH.). ♦ 3° (*Dans le décompte des heures*). *Temps qui va de midi à minuit. — Cour.* Temps de 4 ou 5 heures, à minuit. *Six heures du soir.* ♦ 4° *Fig.* et *littér.* Fin. *Le soir de la vie.* V. **Vieillesse.** ◊ ANT. **Matin.** — HOM. *Seoir.*

SOIRÉE [swaʀe]. *n. f.* (1564); réfection de *serée,* 1180; de *soir*). ♦ 1° Temps compris entre le déclin du jour et le moment où l'on s'endort. V. **Veillée.** *Les soirées d'hiver. Les chaudes soirées de juillet. Passer ses soirées à lire.* « *Où finirai-je ma soirée? Il est trop tôt pour me coucher* » (DAUD.). ♦ 2° (1764; *serée,* 1636). Réunion mondaine ou intellectuelle, qui a lieu le soir après le repas du soir. V. **Fête, réception, réunion.** *Donner une soirée dansante.* V. **Bal.** *Aller en soirée.* — *Iron. Charmante soirée!* se dit d'une soirée, et *par ext.* d'un moment désagréable. — *Robe, tenue de soirée :* très habillée. *Tenue de soirée de rigueur.* ◊ Séance de spectacle qui se donne le soir (*opposé* à matinée). *Projeter un film en soirée.* ◊ ANT. **Matinée; après-midi.**

SOIT [swa]. *conj. et adv.* (XIII°; troisième pers. du sing. du subj. présent de *être*).
I. ♦ 1° SOIT... SOIT (Conj. marquant l'alternative). V. **Ou.** *Soit l'un, soit l'autre.* « *Soit indifférence, soit crainte superstitieuse, elle ne parlait jamais de religion* » (DAUD). *Soit en bien, soit en mal; soit avant, soit après.* — (Avec un v. au sing.) « *Soit le pape, soit Venise mettrait... la main sur Rimini* » (MONTHERLANT). — (Avec un v. au plur.) « *Mais, soit la poésie, soit l'ironie,... ont alors tout sauvé* » (CLOUARD). — *Soit que..., soit que* (avec subj.). « *Soit que je me sentisse trop fatigué, soit que m'attirât davantage, dans les petites rues, le spectacle de la débauche* » (GIDE). *Soit* (avec *ou*). V. **Ou.** *Soit qu'il se meuve ou non.* ♦ 2° SOIT (subj. lexicalisé du v. être, présentant une hypothèse ou une supposition). Étant donné. *Soit les deux hypothèses suivantes.* ◊ À savoir, c'est-à-dire. « *Des signes qui tombent sous le sens, soit bruit, soit image* » (PAULHAN).

II. **SOIT** [swat]. *adv. d'affirmation* (valeur de concession). **V. Bien, bon** (Cf. Admettons, je veux bien..., passe encore, va pour...). *Soit : je te pardonne.* « *Il la pria de lui jouer encore quelque chose.* — *Soit, pour te faire plaisir !* » (FLAUB.). ◇ HOM. (du I) *Soi. Soit, soient* (formes du v. être); *soie.*

SOIT-COMMUNIQUÉ [swakɔmynike]. *n. m.* (1878 ; de *être*, et *communiqué*). Dr. crim. *Ordonnance de soit-communiqué*, rendue par le juge d'instruction lorsque la procédure est complète, et pour la transmettre au parquet.

SOIXANTAINE [swasãtɛn]. *n. f.* (1399 ; *seisanteine*, XIIᵉ ; de *soixante*). ♦ 1° Nombre de soixante ou environ. *Une soixantaine de personnes, de jours.* ♦ 2° Âge de soixante ans. *Approcher de la soixantaine, friser la soixantaine.*

SOIXANTE [swasãt]. *adj. numér.* et *n. m. invar.* (1380 ; *seisante*, 1080 ; *soixante*, d'apr. le lat. *sexaginta*. V. Sexa-). ♦ 1° *Numéral cardinal.* Six fois dix (60). *Soixante ans.* V. Soixantaine, sexagénaire. *Soixante mille. Soixante et un, soixante-deux.* — *Soixante-dix* (70). V. Septante. *Un canon de soixante-quinze.* ◇ (Ordinal) *Page soixante.* Ellipt. *La guerre de soixante-dix*, de 1870. ♦ 2° *N. m.* Le nombre soixante. — Le numéro soixante.

SOIXANTIÈME [swasãtjɛm]. *adj.* et *n. m.* (1636 ; *seissantisme*, 1138 ; de *soixante*). ♦ 1° Numér. ordinal de soixante. *Dans sa soixantième année.* Subst. *Il est le soixantième de la liste.* ♦ 2° La fraction d'un tout divisé également en soixante. *La soixantième partie.* N. m. *Deux soixantièmes.*

SOJA [sɔʒa]. *n. m.* (*Soya*, 1874 ; *soja* « sauce contenant des graines de soja », 1842 ; mot mandchou ; déjà *soi, soui*, 1765 ; vient du jap. *soy*, par l'angl. *soja*, sous l'infl. de *soi*). Plante légumineuse d'origine exotique, semblable au haricot, dont les graines sont comestibles, et les fanes utilisées comme fourrage. *Farine, huile de soja. Germes de soja utilisés dans la cuisine chinoise* (On écrit aussi *soya* [sɔja]).

1. SOL [sɔl]. *n. m.* (XIIᵉ ; lat. *solum*). ♦ 1° Partie superficielle de la croûte terrestre, à l'état naturel ou aménagée pour le séjour de l'homme. *Les pieds foulent le sol.* « *Les feuilles mortes... jonchaient d'or le sol où nous marchions* » (FRANCE). *Posé au sol, à même le sol. Un avion qui rase le sol* (Cf. Rase-mottes). *Essai au sol* (opposé à en vol). *Vitesse au sol.* — Loc. adj. SOL-SOL, SOL-AIR (1954) : se dit d'un engin, d'une fusée ou d'un missile lancé à partir du sol contre un objectif terrestre ou aérien. — *La surface du sol. Sol dur, raviné, détrempé. Sol qui s'effondre, se dérobe. Ondulation du sol.* V. **Relief.** — *Sols revêtus. Sol cimenté, de terre battue. Sol d'une maison. Sol fait de lames de chêne.* V. **Plancher.** « *Un couloir dont le sol n'était ni plancheié, ni carrelé, mais en simple terre naturelle* » (GAUTIER). ◇ *Le sol, considéré comme objet de propriété.* V. **Fonds, tréfonds.** *S'approprier le sol. L'attachement au sol natal.* V. **Patrie, pays.** *Le sol français.* V. **Territoire.** ♦ 2° Géol. « *Formation naturelle de surface à structure meuble, d'épaisseur variable, résultant de la transformation de la roche mère sous-jacente sous l'influence de divers processus physiques, chimiques et biologiques* » (A. DEMOLON). *Science du sol.* V. **Pédologie** (2). *Genèse des sols*, désagrégation, altération et transformation des roches. V. **Pédogénèse.** *Constituants des sols :* sable, calcaire, substances colloïdales (de nature minérale ou organique ; argile et humus). *Sols sablonneux, argileux, calcaires. Sols gelés.* V. **Permafrost.** ◇ *(Cour.)* Terre. V. **Terrain, terroir.** *Pauvreté, appauvrissement, richesse du sol. Culture, exploitation du sol. Productions du sol.* ◇ HOM. **Sole.**

3. SOL [sɔl]. *n. m.* (XIVᵉ ; première syllabe de *solve*, dans l'Hymne de Saint-Jean-Baptiste, XIIIᵉ). Cinquième degré de la gamme de do ; signe qui le représente. *Sol dièse. Clef* de *sol. Gamme de sol.* — Tonalité de sol. *Concerto en sol majeur*, de Ravel. ◇ HOM. **Sole.**

4. SOL [sɔl]. *n. m.* (1933 ; angl., av. 1869 ; de *solution*). Chim. Solution colloïdale ; liquide contenant une matière dispersée dans sa masse, sans que cette dispersion corresponde à la séparation du corps en ses molécules. *L'aérosol*, *sol dont le milieu de dispersion est l'air.* ◇ HOM. **Sole.**

5. SOL [sɔl]. *n. m.* (attesté 1961 ; mot esp. « soleil »). Unité monétaire du Pérou.

SOLAIRE [sɔlɛʀ]. *adj.* (v. 1119 ; lat. *solaris*, de *sol* « soleil »). ♦ 1° Relatif au Soleil, à sa position ou à son mouvement apparent dans le ciel. *Année solaire. Jour solaire*, dont la durée est comprise entre deux passages du Soleil au méridien d'un lieu. *Cycle solaire utilisé dans le comput**. — Myth. *Culte, mythe solaire.* « *Tous les héros sont solaires* » (BACHELARD). ♦ 2° Du Soleil. *Lumière solaire. Chaleur, énergie, rayonnement solaire. Spectre* solaire. Couronne solaire :* halo irrégulier autour du Soleil, formé d'atomes ionisés et d'électrons libres. *Atmosphère solaire.* V. **Photosphère ; chromosphère.** *Taches, protubérances, facules solaires.* — *Système solaire*, ensemble des corps célestes formé par le Soleil et son champ de gravitation. V. *aussi* **Galaxie.** *Par anal.* Système analogue (autour d'une étoile). ♦ 3° Qui fonctionne grâce à la lumière, au rayonnement du soleil.

Cadran solaire. V. **Gnomon.** *Four, moteur solaire.* ♦ 4° Qui protège du soleil. *Crème, filtre solaire.* ♦ 5° Anat. *Plexus* solaire.* — Méd. *Dermatite, rétinite, urticaire solaire.*

SOLANACÉES [sɔlanase]. *n. f. pl.* (1874 ; *solanées*, 1787 ; du lat. *solanum* « morelle »). Bot. Famille de plantes phanérogames angiospermes (dicotylédones gamopétales), herbes annuelles ou vivaces des régions tempérées et tropicales (aubergine, belladone, pétunia, piment, pomme de terre, tabac, tomate...) — (Sing.) *Une solanacée.* — (On dit aussi SOLANÉES [sɔlane])

SOLARIGRAPHE [sɔlaʀigʀaf]. *n. m.* (*Néol. ;* du lat. *solaris* « solaire », et *-graphe*). Sc. Appareil pour mesurer le rayonnement solaire.

SOLARIUM [sɔlaʀjɔm]. *n. m.* (1765 ; lat. *solarium* « lieu exposé au soleil »). ♦ 1° *Antiq. rom.* Terrasse surmontant certaines maisons. ♦ 2° (1909). Établissement où l'on pratique l'héliothérapie. — *Par ext.* Lieu abrité où l'on prend des bains de soleil.

SOLDANELLE [sɔldanɛl]. *n. f.* (XVᵉ ; *sousdanelle* « viande à la vinaigrette », v. 1240 ; du prov. *soldana*, de *soltz*, germ. *sülze*, ou de l'it. *soldo* « sou », en raison de la forme des feuilles). ♦ 1° Liseron *(convolvulus soldanella)* des plages sablonneuses, autrefois employé comme purgatif. ♦ 2° (1780). Plante vivace à fleurs violettes *(Primulacées)* qui croît dans les régions montagneuses.

SOLDAT [sɔlda]. *n. m.* (1475 ; a remplacé *soudard*, it. *soldato*, de *soldare* « payer une solde »). ♦ 1° Tout homme qui sert dans une armée, en temps de paix ou en temps de guerre (V. **Combattant**), comme mercenaire ou engagé volontaire à la solde d'un prince ou d'un État, ou, de nos jours, en vertu d'une obligation civique (service militaire, mobilisation) ou professionnelle. V. **Guerre** (homme de), **militaire** (Cf. Chair à canon*). *Nos soldats.* V. **Armée, troupe.** *Soldats des différentes armes.* V. **Artilleur, fantassin, parachutiste ;** et *aussi* **Génie, infanterie, train, cavalerie, transmission.** *Soldats de la Révolution, de l'an II. Soldats de l'Empire* (V. **Grognard**), *de la Commune* (V. **Fédéré**). *Anciens soldats d'Afrique.* V. **Goumier, méhariste, spahi, tabor, tirailleur, zouave.** *Soldats de la Légion.* V. **Légionnaire.** — *Le métier de soldat.* « *Par tous les dieux, dit le soldat, mon métier est de tuer et d'être tué pour gagner ma vie* » (VOLT.). Littér. *Un grand soldat.* V. **Conquérant, guerrier.** — Fam. (1914-18) *Jouer au petit soldat*, faire le malin. ♦ 2° Spécial. *Simple soldat*, ou *soldat*, militaire non gradé dans les armées de terre (fantassin) et de l'air (aviateur). « *Un incapable qui a été cinq ans militaire et qui finit simple soldat* » (QUENEAU). V. **Pioupiou, troufion, troupe** (homme de) ; **bidasse, gazier.** *Soldat de deuxième classe.* V. **Pompe** (deuxième). *Jeunes soldats.* V. **Bleu, conscrit, recrue.** *Les soldats et les marins*. Mauvais soldat.* V. **Tire-au-flan** (V. *aussi* **Déserteur, insoumis, réfractaire**). *Soldats du contingent*. Soldat engagé, mobilisé, rappelé, sursitaire. Soldat réformé, démobilisé. Soldat en permission. Soldat qui fait ses classes, le peloton.* « *Soldat, lève-toi, soldat, lève-toi,... La sonnerie reprenait aux quatre coins de la caserne* » (ROMAINS). *Affectations, missions d'un soldat.* V. **Brancardier, démineur, factionnaire, garde, ordonnance, patrouilleur, pionnier, planton, sapeur, sentinelle, tireur, voltigeur.** *Soldat en uniforme, en tenue de combat.* V. **Treillis.** — *Soldats de la grande guerre.* V. **Poilu.** *Tombe du Soldat inconnu* (en France, sous l'Arc de Triomphe) *où repose la dépouille anonyme d'un soldat de la guerre de 14-18.* ♦ 3° Fig. *Soldat de :* celui qui combat pour la défense ou le triomphe de (une croyance, un idéal). V. **Champion, défenseur, serviteur.** *Soldat du Christ, de la liberté...* ♦ 4° *Soldat de plomb*.*

SOLDATE [sɔldat]. *n. f.* (1617 ; de *soldat*). Femme soldat. « *Les filles (étaient) élevées avec soin. L'âge venu, leurs mères en faisaient des soldates* » (HENRIOT). ◇ Fam. Auxiliaire féminine de l'armée.

SOLDATESQUE [sɔldatɛsk(ə)]. *adj.* et *n. f.* (1580 ; *soldatesco*). ♦ 1° Adj. Propre aux soldats, qui sent le soldat. *Langage soldatesque.* ♦ 2° N. f. (1668). Péj. Ensemble de soldats brutaux et indisciplinés. *Les violences, les excès de la soldatesque.* « *Il aimait le soldat, point la soldatesque* » (MADELIN).

1. SOLDE [sɔld(ə)]. *n. f.* (1465 ; *sous*, plur., 1170 ; it. *soldo*, proprem. « sou ». V. **Soudoyer**). Rémunération versée aux militaires et *par ext.* à certains fonctionnaires civils assimilés. *Solde du soldat, du matelot. Toucher sa solde.* « *Un peu plus d'aisance encore leur était venue, sa solde de quartier-maître aidant* » (LOTI). ◇ Péj. À LA SOLDE DE QQN (1413) : payé par qqn, acheté par qqn. « *L'opinion accusait les assassins d'avoir été non seulement au service des Bourbons, mais à la solde d'Albion* » (MADELIN). *Avoir qqn à sa solde, le payer pour qu'il vous serve.* « *Les ministres* « *ont à leur solde des commis dévoués...* » (MICHAUX). V. **Soudoyer, stipendier.**

2. SOLDE [sɔld(ə)]. *n. m.* (1784 ; n. f., 1675 ; de *solder* [2], ou it. *soldo*). ♦ 1° Compt. Différence qui apparaît, à la clôture d'un compte, entre le crédit et le débit. V. **Balance, bilan, dette.** *Solde créditeur, débiteur. Solde du compte de* *pertes et profits.* ◇ *Absolt.* Solde débiteur, ce qui reste à payer sur un compte. V. **Appoint, complément, reste.** — *Par ext.* Paiement de ce reliquat. *Pour solde de compte, de tout compte.* V. **Règlement.** ♦ 2° (1871). *Solde de marchandises, solde,* marchandises qui se vendent au rabais. *Articles vendus en solde, mis en solde.* ◇ *Plur. Soldes,* articles mis en solde (parfois abusiv. employé au fém.). V. **Série** (fin de). *Vente de soldes.* V. **Braderie.**

1. **SOLDER** [sɔlde]. *v. tr.* (1798; de *solde* 1). *Vx.* Avoir (qqn) à sa solde. V. **Payer.** « *L'État pourrait solder le Talent, comme il solde la Baïonnette* » (BALZ.).

2. **SOLDER** [sɔlde]. *v. tr.* (1675; *souder,* 1636; it. *saldare,* francisé en *solder,* d'apr. *solde* 1, et *souder,* même sens, 1694). ♦ 1° *Compt.* Arrêter, clore (un compte) en établissant le solde, en faisant la balance. ◇ *Pronom.* (D'un compte, d'un budget, d'un bilan) SE SOLDER EN..., PAR... : faire apparaître, à la clôture, un solde consistant en (un débit ou un crédit). *Le budget de cette année se solde par un déficit de cinq millions.* — *Fig.* Aboutir en définitive à..., se traduire finalement par... « *Le mois de décembre... se solde, cette année, par une session aux assises* » (GONCOURT). ♦ 2° (1679). Acquitter (un compte) en payant ce qui reste dû. *La nation* « *serait dans l'impossibilité de solder son compte* » (MONTESQ.). ♦ 3° (1871). Mettre en solde, vendre en solde. *Solder des invendus. Je vous le solde à cinq francs.* « *Il était parti, après avoir soldé à un collègue son vieux fonds de clous et de fers* » (ARAGON).

SOLDEUR, EUSE [sɔldœr, øz]. *n.* (1887; de *solder* 2). Personne qui fait le commerce d'articles en solde. *L'édition s'est mal vendue et a fini chez le soldeur.*

1. **SOLE** [sɔl]. *n. f.* (1375; « semelle », XIIIe; lat. pop. *°sola,* du lat. *solea,* par attract. de *solum* « sol »). Partie cornée formant le dessous du sabot chez le cheval, le mulet, l'âne, etc.

2. **SOLE** [sɔl]. *n. f.* (1213; lat. pop. *°sola.* V. **Sole** 1). *Charp.* Nom de diverses pièces de bois placées à plat et servant d'appui. ◇ *Mar.* Fond d'un bateau plat. ◇ *Techn.* (1842) Partie d'un four qui reçoit les produits à traiter. *Sole plane, concave.*

3. **SOLE** [sɔl]. *n. f.* (1374; fig. de *sole* 2). *Agric.* Chacune des parties d'une terre soumise à l'assolement et à la rotation.

4. **SOLE** [sɔl]. *n. f.* (XIIIe; a. prov. *sola,* lat. pop. *°sola;* de *solea,* à cause de sa forme. V. **Sole** 1). Poisson plat, ovale (*Anacanthiniens*), qui vit couché sur les fonds sablonneux, et dont la chair est très estimée. *Filets de sole. Sole meunière.* « *Une sole frite, cela est excellent pour commencer une convalescence* » (HUGO). ◇ HOM. **Sol.**

SOLÉAIRE [sɔleɛr]. *adj.* (1793; *solaire,* 1560, jusqu'au XVIIIe; du lat. *solea.* V. **Sole** 1). *Anat. Muscle soléaire,* muscle large et épais de la face postérieure de la jambe (qui va du tibia et du péroné au tendon d'Achille, sur le calcanéum), un des principaux muscles de la marche et du saut.

SOLÉCISME [sɔlesism(ə)]. *n. m.* (1488; *soloecisme,* h. 1265; lat. *soloecismus,* gr. *soloikismos,* de *Soloi,* Soles, ville de Cilicie dont les colons athéniens parlaient un grec très incorrect). Emploi syntaxique fautif, de formes par ailleurs existantes (*opposé à* barbarisme). « *Nous entendions par les défauts du langage non seulement les solécismes et les barbarismes, mais l'obscurité... des expressions* » (VOLT.).

SOLEIL [sɔlɛj]. *n. m.* (1080; *solelz,* v. 980; lat. pop. *°soliculus,* class. *sol*). ♦ 1° Astre qui donne lumière et chaleur à la terre, et rythme la vie à sa surface. *Le disque du soleil.* « *Le soleil ni la mort ne se peuvent regarder fixement* » (LA ROCHEF.). *Le soleil se lève.* V. **Aube, aurore, matin.** *Le lever du soleil. Soleil levant.* V. **Levant.** *Se lever avec le soleil.* — *Soleil au zénith* (à l'équateur). *Le soleil se couche.* « *Le soleil, qui s'inclinait déjà à l'occident* » (RIVAROL). *Soleil couchant. Le coucher du soleil. Un rayon de soleil. La lumière du soleil.* V. **Jour.** *Le soleil luit.* PROV. *Le soleil brille pour tout le monde.* — *Le soleil de minuit,* dans les régions polaires. « *Au soleil de minuit, qui les éclairait du haut de l'horizon* » (LOTI). — *Au plur.* (Poét.) « *Les soleils mouillés...* » (BAUDEL.). — Loc. *Sous le soleil :* sur la terre (Cf. Sous le ciel*). *Rien de nouveau sous le soleil.* ◇ LE SOLEIL, considéré comme un personnage divin, objet d'un culte. *Amon-Râ, Apollon,* dieux du Soleil. *Le char, les chevaux du Soleil.* V. **Phaéton.** ♦ 2° Lumière de cet astre; temps ensoleillé. « *Quoique le soleil donnât en plein dans la cour...* » (GAUTIER). *Soleil pâle. Soleil de plomb.* « *Par les beaux jours d'été, quand un lourd soleil brûle les rues* » (ZOLA). *Un beau soleil.* — *Il fait soleil, du soleil :* beau temps. *Les pays du soleil,* ceux où il fait souvent un temps ensoleillé. ◇ *Rayons,* rayonnement du soleil (*opposé à* ombre). « *On voyait... dans la vaste campagne, briller au soleil les casques, les cuirasses, les boucliers des ennemis* » (FÉN.), par l'effet du soleil. *Fondre comme neige au soleil. Herbe desséchée par le soleil. Étoffe qui passe au soleil.* — *Le soleil chauffe, tape. Parasol pour se protéger du soleil* (V. aussi **Brise-soleil**). *Lunettes, chapeau de soleil. S'exposer au soleil pour brunir, bronzer* (V. **Hâle**). — BAIN DE SOLEIL : s'est dit, à l'origine, de l'héliothérapie, puis de toute exposition au soleil. Appos.

Robe bain de soleil, robe d'été qui laisse les bras et le dos *nus.* — COUP DE SOLEIL : insolation, ou légère brûlure causée par le soleil. ◇ Lieu exposé aux rayons du soleil. *S'asseoir au soleil, chercher le soleil. En plein soleil.* — Loc. *fig. Une place au soleil,* une` place en vue, une situation où l'on profite de certains avantages. — *Avoir des biens au soleil :* des propriétés immobilières. — Loc. prov. *Ôte-toi de mon soleil,* réponse de Diogène à Alexandre, qui lui offrait sa faveur. ♦ 3° *Astron.* Astre producteur et émetteur d'énergie, étoile moyenne du type jaune (rayon valant environ 100 fois celui de la Terre, masse valant 330 000 fois celle de la Terre), masse gazeuse à peu près sphérique, autour de laquelle gravitent, sur des orbites elliptiques, plusieurs planètes parmi lesquelles se trouve la Terre. V. **Hélio- ; solaire.** « *Le Soleil ne remonte pas à plus de 5 trillions d'années, quelle qu'ait pu être sa masse initiale* » (P. COUDERC). *Température de radiation (5870 °C), densité moyenne (1,4) du Soleil.* « *J'ai vu, grâce au coronographe, jaillir de la couronne du Soleil, de la surface extérieure, les grandes gerbes des éruptions solaires* » (Cl. ROY). *Granulation de la surface du Soleil* (photosphère). *Énergie émise par le Soleil :* lumière, rayonnement solaire. *Spectre ultraviolet du Soleil. Photographie, spectroscopie, radioastronomie du Soleil.* (V. **Héliomètre, héliostat**). *Mouvement apparent du Soleil.* V. **Écliptique, équinoxe, solstice.** ◇ *Par anal. Un soleil,* un astre au centre d'un système. ♦ 4° *Par métaph.* et *fig.* (XVe). Tout ce qui brille, répand son influence bienfaisante comme le soleil. *Spécialt.* Puissance royale. Loc. *Le Roi-Soleil :* Louis XIV. — Loc. *Vous êtes mon soleil, mon rayon de soleil, ma joie, mon bonheur.* ♦ 5° Image traditionnelle du soleil, cercle d'où partent de nombreux rayons divergents. *Le soleil, emblème de Louis XIV.* — Par appos. (Cout.) *Un plissé soleil,* à plis divergents. ♦ 6° Pièce d'artifice, cercle monté sur pivot, garni de fusées qui le font tourner en lançant leurs feux. « *Des soleils en sortent qui tournent et explosent en nouveaux soleils* » (SARTRE). ♦ 7° Tour acrobatique d'une personne autour d'un axe horizontal. *Faire le grand soleil à la barre fixe.* « *Je tournais en soleil autour de la barre* » (MAUROIS). — *Automobile qui capote, fait un soleil.* ♦ 8° Nom commun d'une grande fleur à pétales jaune vif entourant un cœur plus foncé. V. **Hélianthe, tournesol.** ♦ 9° *Fam. Piquer un soleil,* rougir violemment. V. **Fard.** « *Le duc piqua ce qu'on appelle un soleil* » (PROUST). ◇ ANT. **Ombre.**

SOLEN [sɔlɛn]. *n. m.* (1694; mot lat.; du gr. *solên,* proprem. « étui »). Mollusque lamellibranche, à coquille droite allongée, qui vit enfoncé verticalement dans le sable, appelé plus communément couteau. *Les solens sont comestibles.*

SOLENNEL, ELLE [sɔlanɛl]. *adj.* (1380; *sollempnel,* 1250; *solenne,* 1190; lat. relig. *solemnis,* class. *sollemnis*). ♦ 1° Qui est célébré avec pompe, par des cérémonies publiques. *Fêtes solennelles.* « *Des honneurs solennels seraient rendus aux restes de Pie VI* » (MADELIN). *Communion solennelle* (*opposé à* communion privée). — Qui se fait avec appareil. *Séance solennelle de l'Académie.* — *Par ext. Pompe.* « *L'ombre était nuptiale, auguste et solennelle* » (HUGO). ♦ 2° Accompagné de formalités, d'actes publics qui lui donnent une importance particulière. V. **Authentique, officiel, public.** *Acte, contrat, serment solennel; abjuration solennelle.* ♦ 3° *Fig.* Qui a une gravité propre ou convenable aux grandes occasions. « *Donner à nos entretiens un tour plus solennel* » (NODIER). Péj. *Air, ton solennel.* V. **Affecté, grave, cérémonieux, emphatique, pompeux, pontifiant, sentencieux.** — *Personne solennelle,* grave et un peu guindée. ◇ ANT. *Intime, privé. Familier.*

SOLENNELLEMENT [sɔlanɛlmã]. *adv.* (1538; *solempnelment,* 1223; *sollemnement,* 1180; de *solennel*). ♦ 1° D'une manière solennelle, en grande pompe. *Ministre qui inaugure solennellement de nouvelles constructions. Mariage célébré solennellement dans une cathédrale.* ♦ 2° Publiquement, dans les formes. « *Ces prélats, mis en demeure... de présenter solennellement leur opinion officielle* » (MICHELET). ♦ 3° Gravement, cérémonieusement. *Marchand qui étale solennellement sa marchandise.*

SOLENNISER [sɔlanize]. *v. tr.* (XIVe; *sollempnizer,* 1309; du lat. *sollemnizare*). Rendre solennel. « *Par un coup de canon on solennise un grand événement* » (JAURÈS).

SOLENNITÉ [sɔlanite]. *n. f.* (1120; lat. *solennitas*). ♦ 1° Fête solennelle. V. **Fête.** « *Habits que n'en sortent que pour les solennités* » (FLAUB.). Cf. Les grandes occasions. ♦ 2° Caractère solennel, majesté. V. **Apparat, pompe.** *Un discours* « *d'une gravité, d'une ampleur, d'une solennité admirables, sans emphase aucune* » (GIDE). ◇ Péj. Gravité affectée. « *Ils se regardaient... avec une solennité vaniteuse, un peu ridicule* » (MART. du G.). ♦ 3° *Didact.* Formes d'un acte solennel (2°). V. **Formalité.** *Rendre authentique un acte public en le revêtant des solennités requises.*

SOLÉNOÏDE [sɔlenɔid]. *n. m.* (1822; du gr. *solên* « étui, tuyau », et suff. *-oïde*). *Électr.* Bobine cylindrique de révolution de longueur infinie constituée par une ou plusieurs couches de fil conducteur enroulé et traversé par un courant qui crée sur son axe un champ magnétique qui lui est proportionnel. « *En 1822, Ampère invente le « solénoïde »* (L. de BROGLIE). — *Adj.* SOLÉNOÏDAL, ALE, AUX [sɔlenɔidal, o].

SOLERET [sɔlʀɛ]. *n. m.* (XIVᵉ; de l'a. fr. *soller* « soulier »). *Archéol.* Partie de l'armure qui protégeait le pied. *Soleret à la poulaine; arrondi.*

SOLEX [sɔlɛks]. *n. m.* (v. 1945; de *Vélosolex*, marque déposée). Cyclomoteur d'une marque répandue. *Des solex.* V. **Mobylette.** « [Manuel] *avait décidé de bricoler le moteur de son solex* » (MALLET-JORIS).

SOLFATARE [sɔlfataʀ]. *n. m.* (1751; *sulfatare, soulfataria*, 1621; it. *solfatara* ou *zolfatara*, nom d'un volcan, rac. *solfo* « soufre »). Terrain volcanique qui dégage des émanations de vapeur et de gaz sulfureux chaud. *Solfatares d'Italie, d'Islande, du Mexique.* — *Adj.* (1889). SOLFATARIEN, IENNE [sɔlfataʀjɛ̃, jɛn].

SOLFÈGE [sɔlfɛʒ]. *n. m.* (1798; *solfeggi* « composition musicale », 1768; it. *solfeggio*, du v. *solfeggiare*, rac. *solfa* « gamme », de *sol*, et *fa*). ♦ 1º Étude des principes élémentaires de la musique et de sa notation. « *Pécuchet imagina de lui apprendre le solfège* » (FLAUB.). ♦ 2º Livre expliquant les rudiments de la musique et de sa notation accompagné d'exercices, de morceaux à solfier.

SOLFIER [sɔlfje]. *v. tr.* (XIIIᵉ; v. intr.; lat. médiév. *solfa*). V. **Solfège.** *Mus.* Lire (un morceau de musique) en chantant et en nommant les notes. *Solfier un exercice en battant la mesure.* Absolt. « *Huit ou dix leçons, loin de me mettre en état de solfier, ne m'apprirent pas le quart des signes de la musique* » (ROUSS.).

SOLIDAGE [sɔlidaʒ]. *n. f.* (*Solidago*, 1839; du lat. *solidare*). *Bot.* Plante dicotylédone, herbacée, vivace, à fleurs jaunes groupées en capitules, communément appelée *Gerbe d'or.*

SOLIDAIRE [sɔlidɛʀ]. *adj.* (fin XVIᵉ; probabl. antérieur; V. **Solidairement;** du lat. jur. *in solidum*, vx, « pour le tout »). ♦ 1º *Dr.* Commun à plusieurs personnes, de manière que chacun réponde de tout. *Obligation ou engagement solidaire. Responsabilité solidaire.* — *Par ext.* Se dit de personnes liées par un acte solidaire. *Débiteurs solidaires.* ♦ 2º *Cour.* Se dit de personnes qui répondent en commun l'une pour l'autre d'une même chose (V. **Responsable**); qui se sentent liées par une responsabilité et des intérêts communs. *Être, rester solidaire de qqn.* « *Ces provinces « se sont comprises, se sont aimées; toutes se sont senties solidaires* » (MICHELET). ♦ 3º Se dit de choses qui dépendent l'une de l'autre, vont, fonctionnent ensemble dans une action, un processus. V. **Tenir** (se). « *La concentration intellectuelle est solidaire de l'effort.* » ♦ 4º Concret (1964). Se dit de pièces liées dans un même mouvement par contact direct, par engrenage ou par intermédiaire (V. **Entraînement, transmission**). *Bielle solidaire d'un vilebrequin.* ⊗ ANT. **Indépendant.**

SOLIDAIREMENT [sɔlidɛʀmɑ̃]. *adv.* (1496; de *solidaire*). D'une manière solidaire. *Solidairement et indéfiniment responsables.*

SOLIDARISER (SE) [sɔlidaʀize]. *v. pron.* (1868; v. tr., 1842; de *solidaire*). Se rendre solidaire (2º) en partageant des responsabilités, en défendant des intérêts communs. « *Des gens d'un tout autre métier se solidarisent avec les grévistes* » (ARAGON). ⊗ ANT. **Désolidariser.**

SOLIDARITÉ [sɔlidaʀite]. *n. f.* (1693; de *solidaire*). ♦ 1º *Dr.* Caractère solidaire d'une obligation. État des débiteurs, des créanciers solidaires. *Solidarité stipulée, légale. La solidarité ne se présume pas.* ♦ 2º *Cour.* Le fait d'être solidaire (2º); relation entre personnes ayant conscience d'une communauté d'intérêts, qui entraîne, pour les unes, l'obligation morale de ne pas desservir les autres et de leur porter assistance. *Solidarité de classe, professionnelle.* V. **Esprit** (de corps). *Organisation de solidarité.* V. **Association, entraide, mutualité.** *Liens, sentiment de solidarité.* V. **Camaraderie** (Cf. Se serrer les coudes*). « *La solidarité profonde qui, du Nord au Midi, liait dès tout le peuple* » (MICHELET). ♦ 3º (*Choses*). Le fait d'être solidaire (3º). V. **Dépendance.** *Solidarité de deux phénomènes.* ⊗ ANT. **Indépendance, individualisme.**

SOLIDE [sɔlid]. *adj.* et *n. m.* (1300, « massif, dur »; lat. *solidus* « massif »).

I. ♦ 1º Qui a de la consistance, qui n'est pas liquide, tout en pouvant être plus ou moins dur. V. **Consistant, dur.** *Nourriture solide,* qui se mange (*opposé à* liquide, qui se boit). *Aliments solides.* — *Phys.* Se dit d'un corps dans lequel les molécules sont très rapprochées les unes des autres et vibrent avec une très faible amplitude autour de leurs positions d'équilibre; qui a de la cohésion, garde une forme relativement constante lorsqu'il n'est pas soumis à des forces extérieures. *L'état solide, un des trois états de la matière. Degré de dureté, plasticité des corps solides. Devenir solide.* V. **Solidifier** (se). — *N. m.* Corps solide. *Les liquides et les solides. Structure cristalline des solides.* ♦ 2º *Géom.*

(1680). Qui a trois dimensions. *Mesures solides ou cubiques.* — *N. m.* Figure à trois dimensions, limitée par une surface fermée, à volume mensurable et dont les points sont à des distances invariables. *Le cube, la sphère, sont des solides.*

II. ♦ 1º Qui résiste aux efforts, à l'usure; qui garde sa cohésion ou sa rigidité. V. **Résistant.** *Maison, voiture solide.* V. **Robuste.** *Matière solide.* V. **Incassable, inusable.** *Cuir solide.* V. **Fort.** « *Tapant les objets, prouvant qu'il n'y en avait pas un de solide en les détruisant tous* » (ZOLA). *Rendre plus solide.* V. **Consolider, renforcer.** — *N. m.* Fam. *C'est du solide!* ◇ *Spécialt.* Qui garde sa position. V. **Ferme, inébranlable, stable.** *Solide sur ses jambes. Position aisée et solide.* V. **Assuré.** ♦ 2º *Fig.* Sur quoi l'on peut s'appuyer, compter; qui est à la fois effectif et durable. V. **Indéfectible, indestructible, positif, sérieux, sûr.** *Bâtir sur des fondements solides* (*opposé à* sur le sable). « *L'esthétique ne repose sur rien de solide* » (FRANCE). *Solide bon sens.* V. **Gros.** *Amitié solide,* à toute épreuve. *Avoir de solides raisons pour détester qqn,* des raisons fondées, sérieuses. *Connaissances solides.* V. **Exact.** ◇ *Par ext.* Qui est sérieux et important, n'a rien de léger ou de frivole. « *Ces qualités solides mille fois préférables qui inspirent au moins confiance* » (SIEGFRIED). ♦ 3º Personne (*Concret*). Qui est massif, puissant. V. **Fort, râblé.** *Un gaillard solide.* — Qui a de la force et de la résistance. *Poigne solide. Avoir les reins* solides (sens propre et fig.). — Qui a une santé à toute épreuve, une grande endurance. V. **Increvable** (*fam.*), **résistant, robuste, vigoureux** (Cf. Être de fer, être bâti à chaux et à sable*). « *Toujours couchée la dernière! Pour n'en être pas crevée, il fallait qu'elle fût solide* » (ZOLA). « *Solide comme le Pont-Neuf. Comme le Pont-Neuf, oui, je me portais* » (AYMÉ). — *Avoir la tête solide.* « *Ma tête n'a jamais été très solide. Mais pour un oui, pour un non, à présent, des étourdissements me prenaient* » (CÉLINE). *Au fig.* Supporter le surmenage, les soucis en gardant les idées claires. ◇ SOLIDE AU POSTE : se dit d'un soldat qui s'y maintient contre l'ennemi. — *Fig. Être solide au poste,* exécuter le même travail en dépit des difficultés, du temps, etc.; être inébranlable. « *Sacrée Léonie, murmura-t-il, solide au poste* » (QUENEAU). ♦ 4º (*Moral*). Qui est équilibré, stable et sérieux. *Un bon et solide professeur.* « *Là est la France durable, moins brillante et moins inquiète, mais solide, la France en soi* » (MICHELET). ♦ 5º *Fam.* Important, intense. V. **Bon.** *Un solide coup de poing. De solides revenus.* « *Cette solide engueulade* » (CÉLINE).

⊗ ANT. **Inconsistant, liquide; fluide; gazeux, fragile.** *Chimérique, creux, frivole, incertain, instable, précaire.* **Faible.**

SOLIDEMENT [sɔlidmɑ̃]. *adv.* (1529; de *solide*). ♦ 1º D'une manière solide (II, 1º), de façon à résister aux efforts, à l'usure. V. **Fortement.** « *Le forçat avait amarré solidement avec la corde* » (HUGO). *Tenir solidement.* V. **Bon.** ♦ 2º *Par métaph.* Fermement, de façon inébranlable. « *Une bonne et ancienne famille de paysans... solidement enracinée dans ce terroir* » (MAUROIS). ♦ 3º Avec stabilité. « *Il se découvrait solidement assis* » (ST-EXUP.). — De façon sûre, sérieusement. *Établir solidement son influence.* ♦ 4º De façon puissante, massive. *Femme solidement charpentée.* — *Fam.* Avec force, puissance. *Il l'a solidement engueulé.* ⊗ ANT. **Faiblement,** *fragilement, gratuitement, insuffisamment, mal.*

SOLIDIFICATION [sɔlidifikasjɔ̃]. *n. f.* (1572, rare av. XIXᵉ; de *solide*). *Phys.* et *Chim.* Passage de l'état liquide à l'état solide. *Solidification commençante, finissante. Température au point de solidification. Solidification d'un corps par le froid.* V. **Congélation.** ⊗ ANT. **Amollissement, fusion, liquéfaction.**

SOLIDIFIER [sɔlidifje]. *v. tr.* (XVIIIᵉ; de *solide*; d'apr. le précéd.). ♦. 1º Donner une consistance solide (I, 1º). *Solidifier une substance* (V. **Coaguler, concréter**) *par le froid* (V. **Congeler, figer, geler**). ♦ 2º *Pronom.* SE SOLIDIFIER : devenir solide. V. **Durcir** (II). *Ciment qui se solidifie. Laves solidifiées.* ⊗ ANT. **Fluidifier, fondre, liquéfier, vaporiser.**

SOLIDITÉ [sɔlidite]. *n. f.* (1300, rare av. XVIIIᵉ; *de « solidarité* [1º]; lat. *soliditas*). ♦ 1º *Rare.* État de ce qui est solide (I, 1º). V. **Consistance.** ♦ 2º *Cour.* Qualité de ce qui est solide (II, 1º). V. **Force, résistance, robustesse.** *Solidité d'un meuble, d'un vêtement.* — (*Êtres vivants*) *Avoir une solidité de roc.* « *La solidité des jarrets de notre cheval* » (JARRY). ◇ Qualité de ce qui est ferme, fixe, stable. V. **Assiette, stabilité.** *Solidité d'une position.* ♦ 3º Qualité de ce qui est effectif et durable. *La solidité des institutions.* ♦ 4º Qualité de ce qui est bien établi, bien pensé, sérieux. *Solidité d'un raisonnement.* V. **Fermeté.** « *Une théologie de demoiselles, sans solidité* » (RENAN). ⊗ ANT. **Fluidité.** *Fragilité. Caducité, faiblesse, précarité.*

SOLIFLUXION [sɔliflyksjɔ̃]. *n. f.* (1923; angl. *solifluction* [1906]; du lat. *solum* « sol », et *fluctio* « écoulement »). *Géol.* Glissement du sol argileux saturé d'eau sur un sous-sol imperméable (On écrit aussi *Solifluction*).

SOLILOQUE [sɔlilɔk]. *n. m.* (v. 1600; bas lat. *soliloquium,* de *solus* « seul » et *loqui* « parler »). ♦ 1º Discours d'une personne qui se parle à elle-même; monologue intérieur. « *Après ce petit soliloque je me raffermis* » (Rouss.). ♦ 2° Discours d'une personne qui, en compagnie, est seule à parler ou semble ne parler que pour elle. « *Comme chacun se taisait pour l'écouter, avec lui... la conversation dégénérait vite en soliloque* » (Gautier). ◊ Ant. Dialogue.

SOLILOQUER [sɔlilɔke]. *v. intr.* (1888; de *soliloque*). Se livrer à des soliloques. V. **Monologuer.** « *Il ne parlait plus guère à personne, soliloquait en marchant* » (Daud.).

SOLIN [sɔlɛ̃]. *n. m.* (1348; de *sole* 2). Techn. Espace compris entre deux solives. — Petite bande d'enduit en plâtre permettant de raccorder les surfaces situées sur des plans différents, de combler les vides.

SOLIPÈDE [sɔliped]. *adj.* (1556; lat. *solidipes*, proprem. « au pied [*pes*] massif [*solidus*] », devenu *solipède* par fausse étym., du lat. *solus* « seul, unique », et *-pède*). Zool. Dont le pied, non fendu, ne présente qu'un seul sabot (*opposé à* fissipède). *Le cheval, l'âne sont des animaux solipèdes.* Subst. *Les solipèdes*, ancien nom des *Équidés*.

SOLIPSISME [sɔlipsism(ə)]. *n. m.* (1878; de l'a. angl. *solipse* [du lat. *solus* « seul », et *ipse* « même »], suff. *-isme*). Philo. Théorie d'après laquelle il n'y aurait pour le sujet pensant d'autre réalité que lui-même.

SOLISTE [sɔlist(ə)]. *n.* (1836; it. *solista*). Musicien ou chanteur qui exécute un solo*. *Soliste aux Concerts X.* « *Le chef d'orchestre et un étrange soliste* » (Valéry).

SOLITAIRE [sɔlitɛr]. *adj. et n.* (v. 1190; lat. *solitarius*). I. Adj. ♦ 1° Qui vit seul, dans la solitude. V. **Esseulé, seul.** « *J'ai pu vivre aussi solitaire et retiré que dans les déserts les plus écartés* » (Descartes). « *Mieux vaut vivre à deux que solitaire* » (Bible). ◊ Qui vit dans la solitude et s'y complaît. « *C'était un garçon solitaire, désadapté* » (Sartre). « *Les rêveries du promeneur solitaire* » (Rouss.). — Par ext. *Humeur solitaire.* ♦ 2° Spécialt. Bot. *Fleur solitaire*, portée au sommet d'une hampe qui n'est pas ramifiée (*par ext. :* la tulipe). — Cour. *Ver* solitaire. V. **Ténia.** ♦ 3° Qu'on accomplit seul, qui se fait ou se passe dans la solitude. *Vie solitaire.* V. **Reclus.** *Enfance solitaire.* « *La méditation est un vice solitaire* » (Valéry). *Plaisir solitaire, masturbation.* ♦ 4° (1240). Où l'on est seul; qui est inhabité ou éloigné des lieux habités. V. **Abandonné, dépeuplé, écarté, retiré, sauvage.** « *Dans les vieux parc solitaire et glacé* » (Verlaine). « *L'endroit était solitaire. Il n'y avait que nous* » (Bosco). II. N. (1636). Celui qui a choisi la vie érémitique ou monacale. V. **Anachorète, ermite, moine.** « *Il est ce qu'on appelle un* « *solitaire* », *autrement dit un moine vivant à l'écart dans sa cellule* » (Huysmans). *Les solitaires*, au XVIIᵉ s., les Messieurs de Port-Royal. — Par ext. (1680) Personne qui a l'habitude de vivre seule, qui se plaît dans la solitude. V. **Misanthrope, sauvage; ours.** « *Le solitaire est un diminutif du sauvage, accepté par la civilisation* » (Hugo). *Une solitaire.* III. N. m. (1846). Vén. Nom donné aux sangliers mâles les plus âgés (5 ans et au delà), qui ont définitivement quitté toute compagnie. ♦ 2° (1774). Diamant monté seul, en particulier sur une bague. ♦ 3° Jeu de combinaison, à un seul joueur. ◊ Ant. **Sociable. Fréquenté.**

SOLITAIREMENT [sɔlitɛrmã]. *adv.* (v. 1190; de *solitaire*). En solitaire, dans la solitude. *Vivre solitairement.* « *L'être, dans sa chair, souffre toujours solitairement* » (Duham.).

SOLITUDE [sɔlityd]. *n. f.* (1393; « état d'un lieu désert », 1213; lat. *solitudo*). ♦ 1° Situation d'une personne qui est seule (I, 1°), de façon momentanée ou durable. V. **Isolement.** « *Conserver jalousement quelques heures de solitude chaque jour* » (Duham.). « *La Solitude seule est la source des inspirations. La solitude est sainte* » (Vigny). *La solitude lui pèse.* « *Qui ne sait pas gagner sa solitude, ne sait pas non plus être seul dans une foule affairée* » (Baudel.). *Avoir besoin de solitude. Troubler la solitude de qqn.* — *Solitude à deux*, d'un couple qui s'isole. ◊ Situation de celui qui vit habituellement seul ou presque seul, qui a peu de contacts avec autrui. V. **Retraite.** *Vivre dans la solitude.* « *La solitude effraye une âme de vingt ans* » (Mol.). ◊ État d'abandon, de séparation, où se sent l'homme, en face de Dieu, des consciences humaines ou de la société. V. **Isolement.** *Solitude morale.* « *La pire souffrance est dans la solitude qui l'accompagne* » (Malraux). « *Le sentiment d'une solitude universelle me glaçait* » (Bosco). ♦ 2° *Vieilli ou poét.* Lieu solitaire. « *Fleuves, rochers, forêts, solitudes si chères* » (Lamart.). « *Aller vivre comme des ermites dans une solitude rustique* » (Duham.). ◊ Cour. Caractère, aspect, atmosphère solitaire (d'un lieu). *La solitude des forêts, de la nuit.* « *La solitude de cet endroit où il s'était commis tant de crimes avait quelque chose d'affreux* » (Hugo). ◊ Ant. **Compagnie, société.**

SOLIVE [sɔliv]. *n. f.* (v. 1180; de *sole* 2). Chacune des pièces de charpente qui s'appuient sur les poutres et sur lesquelles sont fixées, en dessus, les planches du plancher,

en dessous, les lattes du plafond. V. **Sapine.** « *De larges solives de chêne rayaient le plafond, toutes bistrées et noircies par la fumée du foyer et des chandelles* » (Gautier).

SOLIVEAU [sɔlivo]. *n. m.* (1382; région., 1296; de *solive*). Petite solive.

SOLLICITATION [sɔ(l)lisitasjɔ̃]. *n. f.* (1404; lat. *sollicitatio*). Action de solliciter. ♦ 1° Prière instante, tentation insistante, susceptible d'entraîner. V. **Appel, excitation.** « *Une sollicitation nouvelle arrachait son esprit à ses douloureuses obsessions* » (Van der Meersch). *L'émotif est sensible à des sollicitations insignifiantes.* V. **Incitation.** ♦ 2° Demande instante, démarche pressante. V. **Demande, prière, requête.** « *En venant ce soir, il n'a fait que céder aux sollicitations de la cour* » (Loti).

SOLLICITER [sɔ(l)lisite]. *v. tr.* (1332; lat. *sollicitare*, proprem. « remuer totalement », de *sollus* « tout », et *ciere* « mouvoir »). ♦ 1° *Vieilli ou littér.* Inciter (qqn) de façon pressante et continue, de manière à entraîner. V. **Appeler, inviter, provoquer.** « *Un soir, il fut attaqué par une de ces créatures qui sollicitent les passants* » (Dider.). (Choses) *Les plaisirs qui nous sollicitent.* V. **Tenter.** ◊ Agir sur (qqch.) en éveillant, en entraînant, en stimulant. V. **Exciter.** *Solliciter l'attention de qqn par des signes.* V. **Attirer.** « *Ces livres qui sollicitent sans cesse ma curiosité* » (France). ◊ Inciter (un animal) à agir. *Solliciter un cheval.* ♦ 2° Cour. Prier (qqn), faire appel à lui de façon pressante, en vue d'obtenir qqch. V. **Requérir.** « *J'ai eu le tort hier d'oublier de vous solliciter au sujet d'une décision académique* » (Ste-Beuve). *Solliciter qqn de faire qqch.*, le prier de faire qqch. ◊ Demander (qqch.) dans les formes, comme le veut l'usage quand on s'adresse à une autorité ou à qqn d'influent. « *Toute distinction qu'il faut solliciter ne me tente pas* » (Corot). *Solliciter une audience. Solliciter une faveur.* V. **Quémander, quêter.** *Solliciter un emploi.* V. **Postuler.** *Monsieur le Ministre, j'ai l'honneur de solliciter de votre haute bienveillance...* ◊ Ant. **Obtenir.**

SOLLICITEUR, EUSE [sɔ(l)lisitœr, øz]. *n.* (1527; 1347, en *dr.*; de *solliciter*). Personne qui sollicite une faveur, un emploi auprès de qqn d'influent ou d'une autorité. V. **Demandeur, quémandeur.** *Éconduire une solliciteuse.* « *Les solliciteurs des antichambres ministérielles* » (Courteline).

SOLLICITUDE [sɔ(l)lisityd]. *n. f.* (v. 1265, appliqué aux choses; lat. *sollicitudo*). ♦ 1° Attention soutenue, à la fois soucieuse et affectueuse. V. **Intérêt; affection.** « *Il veillait sur lui avec une sollicitude inquiète* » (R. Rolland). *Une sollicitude toute maternelle.* ♦ 2° Témoignage de cette attention. *Il « était peu attendri par toutes les sollicitudes et toutes les tendresses de son grand-père* » (Hugo). ◊ Ant. **Indifférence.**

SOLMISATION [sɔlmizasjɔ̃]. *n. f.* (1836; de *solmiser*, 1829, de *sol* et *mi*). Mus. anc. Action de solfier dans le système de l'hexacorde, avant l'emploi de la gamme actuelle.

SOLO [sɔlo]. *n. m.* (1703; mot it., proprem. « seul »). Mus. Morceau ou passage qui est joué ou chanté par un seul. *Solo de piano, de batterie* (en jazz). — Par appos. *Violon solo.* V. **Soliste.** *Spectacle solo*, assuré par un seul artiste sur scène. (Cf. l'anglicisme *One man show**. — Par ext. « *La voix de l'orateur se détache en solo* » (Daud.). ◊ Ant. **Chœur, ensemble.**

SOLSTICE [sɔlstis]. *n. m.* (v. 1280; lat. *solstitium;* de *sol* « Soleil », et *stare* « s'arrêter »). Chacune des deux époques où le Soleil atteint son plus grand éloignement angulaire du plan de l'équateur; point de l'écliptique qui y correspond. *Solstice d'hiver* (21 ou 22 déc.), *d'été* (21 ou 22 juin) : jour le plus court et jour le plus long de l'année. V. **Saison).**

SOLSTICIAL, ALE, AUX [sɔlstisjal, o]. *adj.* (v. 1350; de *solstice*). Astron. Relatif aux solstices. *Points solsticiaux.*

SOLUBILISATION [sɔlybilizasjɔ̃]. *n. f.* (mil. XXᵉ; de *solubiliser*). Didact. (*Phys., techn.*). Le fait de rendre soluble ou plus soluble; opération par laquelle on rend soluble (un produit).

SOLUBILISER [sɔlybilize]. *v. tr.* (1877; de *soluble*). Rendre soluble par un traitement préliminaire convenable. *Cacao solubilisé.*

SOLUBILITÉ [sɔlybilite]. *n. f.* (1753; de *soluble*). Caractère, propriété de ce qui peut se dissoudre. V. **Dissolubilité.** *La solubilité du calcaire.* ◊ Chim. Proportion de substance qui peut être dissoute dans le solvant. *Coefficient de solubilité.* ◊ Ant. **Insolubilité.**

SOLUBLE [sɔlybl(ə)]. *adj.* (1267; bas lat. *solubilis*, de *solvere* « délier, dissoudre »). ♦ 1° Qui peut se dissoudre (dans un liquide). *Le sucre est soluble dans l'eau.* — Chim. (vx). *Ferment soluble*, substance susceptible de produire une fermentation : enzyme, diastase (*opposé à* ferment figuré*). ♦ 2° (1690). Qui peut être résolu. V. **Résoluble.** *Problème soluble.* « *Le premier goret venu aurait trouvé parfaitement soluble cette situation* » (Bloy). ◊ Ant. **Insoluble.**

SOLUTÉ [sɔlyte]. *n. m.* (1836; *solutum*, 1829; du lat. *solutus* « dissous »). Pharm. Préparation médicamenteuse liquide obtenue par la dissolution d'une ou de plusieurs substances dans un solvant. V. **Solution**. *Soluté physiologique*, sérum artificiel. — *Chim.* Substance dissoute dans un solvant.

SOLUTION [sɔlysjɔ̃]. *n. f.* (XIVᵉ; *solucium*, 1119; lat. *solutio*, de *solvere*).
I. ♦ 1° Opération mentale qui, en substituant une pluralité analysable à un ensemble complexe d'éléments entremêlés, parvient à surmonter une difficulté, à résoudre une question, un problème théorique ou pratique (V. **Résolution**); *spécialt.* Son résultat, les connaissances qu'elle implique, la réalité qui y correspond. « *Il n'y a pas de problèmes, il n'y a que des solutions* » (GIDE). *Solution d'une équation. Chercher, trouver la solution d'une énigme.* V. **Clef.** « *Il arrive assez souvent que la solution désirée nous vienne après un temps de désintéressement du problème* » (VALÉRY). ♦ 2° *(De situations complexes et concrètes).* Ensemble de décisions et d'actes qui peuvent résoudre une difficulté. « *Tout génie semble apporter à son art une solution définitive et exclusive* » (GIDE). « *L'invention de solutions nouvelles à partir d'une situation définie* » (SARTRE). *Trouver une solution.* V. **Moyen.** *Solution de paresse, de facilité, qui exige le moindre effort. Ce n'est pas une solution!* cela n'arrange rien! ◇ *Par ext.* Manière dont une situation compliquée se dénoue en une nouvelle situation; événements qui la terminent. V. **Conclusion, dénouement, fin, issue.** *Brusquer la solution d'une crise.*
II. ♦ 1° (1314, *chir.*). *Solution de continuité,* interruption de la continuité (choses concrètes ou abstraites); séparation, ce qui sépare. V. **Interruption, hiatus, rupture.** « *Il y a solution de continuité, entre le présent et l'avenir* » (HUGO). *Sans solution de continuité.* ◇ *Spécialt. Méd. Solution de continuité :* séparation des tissus qui sont normalement continus. *Solution de contiguïté :* séparation de structures qui sont normalement en contact, sans être réunies ni continues. ♦ 2° (1690). *Chim.* Action de dissoudre (un solide) dans un liquide; le fait de se dissoudre. V. **Dissolution.** *Substance en solution.* ♦ 3° *Chim.* Mélange homogène (ne formant qu'une seule phase) de deux ou plusieurs sortes de molécules. V. **Soluté, solvant.** *Solution liquide. Solution solide,* solide homogène. V. **Alliage.** *Solution colloïdale.* V. **Sol** (3). *Solution normale,* contenant un « équivalent-gramme » par litre de solution. *Solution saturée.* « *Une goutte suffit à précipiter une solution sursaturée* » (MAUROIS). *Solution tampon,* dont la concentration en ions hydrogène (V. **pH**) ne change pas avec la dilution. *Solution médicamenteuse, pharmaceutique.* V. **Soluté, teinture.** *Titre en alcool d'une solution alcoolique.* ◇ *Cour.* Liquide contenant un solide dissous.

SOLUTIONNER [sɔlysjɔne]. *v. tr.* (1894; de *solution*). Résoudre (Mot critiqué).

SOLUTRÉEN, ENNE [sɔlytʀeɛ̃, ɛn]. *adj. et n. m.* (1869; de *Solutré,* en Bourgogne). Relatif à une période du paléolithique récent et à la culture qui y correspond. — N. m. *Le solutréen précède le magdalénien* (V. *aussi* **Pléistocène**).

SOLVABILITÉ [sɔlvabilite]. *n. f.* (1660; de *solvable*). Le fait d'être solvable; possibilité de payer (ses dettes). *S'assurer de la solvabilité d'un acheteur; certificat, garantie de solvabilité* (V. **Ducroire**). ◈ ANT. *Insolvabilité.*

SOLVABLE [sɔlvabl(ə)]. *adj.* (1328; rare av. XVIᵉ; du lat. *solvere*). Qui a les moyens de payer ses créanciers. *Débiteur solvable.* ◈ ANT. *Insolvable.*

SOLVANT [sɔlvɑ̃]. *n. m.* (1890; du lat. *solvere* « dissoudre »). Substance le plus souvent liquide, qui a le pouvoir de dissoudre d'autres substances (V. **Dissolvant**). Constituant d'une solution dans laquelle a été dissous un soluté.

SOMA [sɔma]. *n. m.* (1902; gr. *sôma* « corps »). *Biol.* L'ensemble des cellules non reproductrices de l'organisme (*opposé à* germen). V. *aussi* **Hérédité.**

SOMATION [sɔmasjɔ̃]. *n. f.* (Néol.; de *soma*). *Biol.* Acquisition, au cours du développement, de caractères qui modifient le soma sans modifier le germen (c.-à-d. les chromosomes). ◈ HOM. *Sommation* (1 et 2).

SOMATIQUE [sɔmatik]. *adj.* (1860; du gr. *sôma* « corps »). ♦ 1° *Méd., Psycho.* Qui concerne le corps (*opposé à psychique*). Qui purement organique, qui provient de causes physiques. V. **Physiologique.** *Aspects somatiques des crises d'angoisse* (V. **Psychosomatique**). ♦ 2° *Biol.* (déb. XXᵉ; de *soma*). Relatif au soma (*opposé à germinal ou germinatif*). *Cellules somatiques et gamètes.* « *On appelle mutation somatique une mutation qui affecte, non pas une cellule germinale, mais une cellule du corps* » (J. ROSTAND).

SOMATISATION [sɔmatizasjɔ̃]. *n. f.* (mil. XXᵉ; de *somatiser*). *Psycho., psychan.* Le fait de somatiser.

SOMATISER [sɔmatize]. *v. tr.* (XXᵉ; de *soma[tique]*). *Psycho., Psychan.* Rendre somatique (1°) un trouble psychique, en parlant de la personne affectée de ce trouble.

SOMATO-. Élément, du gr. *sôma* « corps ».

SOMATO-PSYCHIQUE [sɔmatopsiʃik]. *adj.* (Néol.; de *somato-,* et *psychique*). *Méd.* Qui concerne à la fois les caractères physiques (somatiques) du corps et les particularités psychiques d'un individu. *Constitution somato-psychique*

SOMATOTROPE [sɔmatɔtʀɔp]. *adj.* (1941; de *somato-,* et suff. *-trope*). *Biol., Méd.* Qui agit sur le corps. *Hormones somatotropes,* sécrétées par l'hypophyse, elles interviennent dans le développement du soma et favorisent la croissance du corps (*opposé à gonadotrope*).

SOMATOTROPHINE [sɔmatɔtʀɔfin]. *n. f.* (1959; de *somato-,* et gr. *trophê* « nourriture »). *Biochim.* Hormone de structure polypeptidique, sécrétée par le lobe antérieur de l'hypophyse, qui stimule l'assimilation des protéines et la croissance des tissus (On dit aussi *hormone de croissance, hormone somatotrope* ou *somatostimuline*).

SOMBRE [sɔ̃bʀ(ə)]. *adj.* (1530; *sombre coup* « meurtrissure », 1374; bas lat. *subumbrare*).
I. ♦ 1° Qui est peu éclairé, reçoit peu de lumière. V. **Noir, obscur.** « *L'église si sombre de Saint-Dominique* » (STENDHAL). *Sombre comme une prison, un tombeau.* « *La nuit vint deux heures plus tôt, tant le ciel était sombre* » (MAUPASS.). *Il fait sombre.* — *Nuit sombre.* Loc. *Coupe* sombre.* ◇ (Avec une idée de tristesse, de menace) *Sombres abîmes.* — *Myth.* Le *sombre empire, les sombres rivages.* V. **Enfer.** ♦ 2° Qui est mêlé de noir (V. **Noirâtre**), ou se rapproche du noir. *Couleur, teinte sombre.* V. **Foncé.** *Eau d'un bleu sombre. Cheveux sombres.*
II. *Fig.* ♦ 1° *(Personnes).* Dont les pensées, les sentiments sont empreints de tristesse, d'abattement, de douleur ou d'inquiétude. V. **Amer, morne, morose, taciturne, ténébreux, triste.** *Le plus sombre des misanthropes.* — *Visage sombre,* d'une sévérité triste ou menaçante. V. **Sinistre.** *Tempérament sombre.* V. **Atrabilaire, bilieux, mélancolique, pessimiste.** — Par ext. *S'abîmer dans de sombres réflexions* (Cf. Broyer* du noir). *Une sombre jalousie.* ♦ 2° *(Choses).* D'une tristesse tragique ou menaçante. V. **Funèbre, funeste, inquiétant, sinistre, tragique.** *Avenir sombre.* « *Nous entrons dans un temps sombre, de complots, de violences* » (MICHELET). ♦ 3° *Fam.* Déplorable, lamentable. *Sombre idiot, sombre brute.* « *Une sombre histoire de sombre assassinat* » (QUENEAU). ◈ ANT. *Éclairé; éblouissant, éclatant, illuminé; clair. Gai, enjoué, jovial, joyeux.*

SOMBRER [sɔ̃bʀe]. *v. intr.* (1687; *sombrer sous les voiles,* 1654; *soussoubrer,* 1614; p.-ê. de l'esp. *zozobrar,* ou du port. *sossobrar*). ♦ 1° Cesser de flotter, s'enfoncer dans l'eau, en parlant d'un bateau. V. **Abîmer** (s'), **chavirer, couler, engloutir** (s'), **périr** (corps et biens); **naufrage.** « *Le navire en détresse tire des coups de canon d'alarme, mais il sombre avec lenteur... avec majesté* » (LAUTRÉAMONT). ♦ 2° *Fig.* (XIXᵉ). Disparaître, s'anéantir ou se perdre. « *Sombrer quelques heures dans ses sommeils, dans ces torpeurs léthargiques* » (GONCOURT). « *J'ai failli à maman de ne jamais sombrer dans la boisson* » (ANOUILH). V. **Glisser** *(fig.),* **tomber.** — *Sa raison a sombré. Sombrer dans la démence, la folie.* ◈ ANT. *Flotter.*

SOMBRERO [sɔ̃bʀeʀo]. *n. m.* (1615; *sombraire,* 1611; mot esp. de *sombra* « ombre »). Chapeau à larges bords, en usage dans les pays hispaniques. *Sombrero mexicain.* « *Un vaste feutre taillé en sombrero* » (HUGO).

-SOME [zom]. Élément, du gr. *sôma* « corps » (*ex.* : centrosome, chromosome, ribosome).

SOMITE [sɔmit]. *n. m.* (1893; en angl. 1869; du gr. *sôma* « corps », et *-ite*). *Embryol.* Chacune des petites masses de tissu conjonctif résultant de la segmentation du mésoblaste situé de part et d'autre du tube neural (V. **Métamère, métamérie**), et dont dériveront par différenciation les segments correspondants des tissus mous et du squelette.

SOMMABLE [sɔm(m)abl(ə)]. *adj.* (1942; de *sommer* 2, et *-able*). *Didact.* Dont la somme peut être calculée; qui peut faire l'objet d'une sommation (2). « *L'ensemble des observations est-il sommable?* » (VALÉRY).

SOMMAIRE [sɔ(m)mɛʀ]. *adj. et n. m.* (1288 [V. **Sommairement**]; lat. *summarium* « abrégé », rac. *summa* « somme »).
I. ♦ 1° Qui est résumé brièvement. V. **Court.** « *Je vous fais là un exposé des plus sommaires* » (VALÉRY). ♦ 2° Qui est fait promptement, sans formalité ou sans grandes formalités. V. **Expéditif.** *Exécution sommaire.* — Dr. *Procédure sommaire. Matières sommaires,* affaires qui doivent être jugées promptement. ♦ 3° Qui est réduit à sa forme la plus simple. V. **Élémentaire, rudimentaire, succinct.** *Repas sommaire. Examen sommaire.* V. **Rapide, superficiel.** « *Des monuments ou des constructions anciennes qu'un agencement sommaire rendrait infiniment plus spacieux* » (GIRAUDOUX).
II. *N. m.* (XIVᵉ). Bref exposé; résumé. V. **Abrégé, analyse, extrait, précis.** — Spécialt. Dans un livre, bref résumé des chapitres, en table des matières. « *Supprimer désormais les titres des chapitres... Ces maudits sommaires!* » (BALZ.). ◈ ANT. *Détaillé, long. Complexe, minutieux.*

SOMMAIREMENT [sɔ(m)mɛʀmɑ̃]. *adv.* (1288; de *sommaire*). ♦ 1° D'une façon sommaire, en résumé. *Exposer sommairement des idées* (Cf. aussi En substance). ♦ 2° Sans formalité. *Sommairement jugé* ♦ 3° De façon sommaire, élémentaire, simplement. *Pièces meublées très sommairement.*

1. SOMMATION [sɔm(m)asjɔ̃]. *n.f.* (1330 ; de *sommer* 1). Action de sommer qqn. *Sommation de paraître en justice* (V. **Assignation, citation, intimation**), *de satisfaire à une obligation* (V. **Commandement, injonction**). *Avoir sommation de payer une dette.* « *La sommation d'avoir à déguerpir* » (ZOLA). *Après avoir fait la troisième sommation, la sentinelle tira.* ◇ Demande, invitation impérative. V. **Injonction, ordre.** « *Aussi cette sommation n'est-elle point un ultimatum... C'est une mise en demeure courtoise* » (PÉGUY).

2. SOMMATION [sɔm(m)asjɔ̃]. *n. f.* (*Sommacion*, 1486 ; de *sommer* 2). ♦ 1º *Math.* Action d'effectuer une somme, *spécialt.* la somme des termes d'une série. ♦ 2º *Physiol.* Effet produit par l'addition de plusieurs stimulations ou d'une même stimulation répétée à brefs intervalles qui, isolément, seraient inefficaces. ◇ **HOM. Somation.**

1. SOMME [sɔm]. *n. f.* (1240 ; lat. *summus* « qui est au point le plus haut »). ♦ 1º *Math.* Quantité formée de quantités additionnées ; résultat d'une addition. *Faire la somme de deux nombres.* « *C'est en apparence seulement qu'une somme est une unité* » (SARTRE). — *Somme d'une série.* V. **Sommation** (2). *Somme algébrique* (de symb. Σ) *portant sur les nombres ou les expressions algébriques. La somme des trois angles d'un triangle vaut deux angles droits.* ◇ *Somme logique* (de symb. V), opération de réunion*, de disjonction* inclusive. V. **Ou** (2º). — Opérateur de l'intégration* ⎛de symb. ∫⎞. V. **Intégrale.** ♦ 2º *Fig.* Ensemble de choses qui s'ajoutent. V. **Total.** *La somme des pertes humaines est incalculable.* — *Par ext.* Quantité considérée dans son ensemble. V. **Masse, quantité.** « *C'est la masse des actions, leur poids, leur somme qui fait la valeur d'un être humain* » (FRANCE). ◇ *Loc. adv.* EN SOMME (1370, lat. *in summa*) : tout bien considéré (Cf. En conclusion, tout compte fait). — SOMME TOUTE et *en somme assez facile.* — SOMME TOUTE (1320, *Dr.*) : en résumé, après tout (Cf. Enfin, en définitive, au total). « *Une Révolution qui, somme toute, et en face de pareilles énormités a été légitime* » (STE-BEUVE). ♦ 3º *Somme d'argent,* et *absolt.* SOMME : *quantité déterminée d'argent. La somme de 200 francs.* V. **Chiffre.** *Faible somme. Grosse somme. Dépenser des sommes folles.* ◇ *Absolt.* **Grosse somme.** « *Il méprisait profondément les personnes pour qui cinq cents francs... est une somme* » (PROUST). ♦ 4º *Didact.* Œuvre qui résume toutes les connaissances relatives à une science, à un sujet. V. **Compendium.** *Somme philosophique, encyclopédique.* V. **Encyclopédie.** « *Le poète dit tout ce qu'il sait et le reste,... ces poèmes sont des sommes* » (DUHAM.).

2. SOMME [sɔm]. *n. f.* (1260, « bât, charge » ; bas lat. *sagma,* devenu *sauma*). *Mod.* Seulement dans l'express. : *Bête de somme* (1576), bête de charge qui porte les fardeaux. *Le cheval, le chameau sont utilisés comme bêtes de somme.* — *Fig.* (de l'homme) *Travailler comme une bête de somme,* durement, en faisant des corvées.

3. SOMME [sɔm]. *n. m.* (*Somme,* 1165 ; *som* « sommeil », 1180 ; lat. *somnus,* d'apr. *sommeil*). Action de dormir considérée dans sa durée, généralement courte. *Faire un somme, un petit somme.* V. **Roupillon** (*pop.*), **sieste.** *Loc. Ne faire qu'un somme,* dormir toute la nuit sans s'éveiller.

SOMMEIL [sɔmɛj]. *n. m.* (1380 ; *someil,* 1150 ; bas lat. *somniculus,* de *somnus* « sommeil »). ♦ 1º État d'une personne qui dort ; état physiologique normal et périodique caractérisé essentiellement par la suspension de la conscience, la résolution musculaire, le ralentissement de la circulation, de la respiration, et par l'activité onirique. « *Le sommeil occupe le tiers de notre vie,... mais je n'ai jamais éprouvé que le sommeil fût un repos. Une vie nouvelle commence...* » (NERVAL). *Avoir besoin de dix heures de sommeil. Sommeil nocturne, diurne* (V. **Sieste, somme**). Cf. *aussi* Dodo. *Premier sommeil,* les premières heures qui suivent l'endormissement. *En plein sommeil. Sommeil profond, réparateur. Sommeil léger, agité. Dormir d'un sommeil de plomb,* très profondément. « *Un de ces instants où l'on tombe comme dans un trou. On appelle cela un sommeil de plomb* » (PROUST). *Dormir du sommeil du juste*. *Succomber au sommeil.* V. **Endormir** (s'). *Nuit blanche, sans sommeil. Tirer qqn du sommeil.* V. **Éveiller, réveiller.** *Les yeux lourds de sommeil.* V. **Endormi, ensommeillé.** *États voisins du sommeil.* V. **Assoupissement, demi-sommeil, somnolence, torpeur.** *Sommeil paradoxal,* phase du sommeil correspondant aux périodes de rêve, et où se produisent des mouvements oculaires rapides. *Sommeils pathologiques.* V. **Léthargie, narcolepsie, somnambulisme.** *Maladie du sommeil.* V. **Trypanosomiase.** — *Sommeil provoqué.* V. **Hypnose, hypnotisme, narcose.** *Cure de sommeil.* N. **Narcothérapie.** *Agents qui produisent le sommeil.* V. **Hypnotique, somnifère, soporifique.** ◇ *Par ext.* (1538 ; *sumel,* 1180) Envie de dormir. *Avoir sommeil. Bâiller, mourir de sommeil* (Cf. Dormir debout). « *Je tombais de sommeil et dormis dans le wagon* » (DUHAM.). ♦ 2º (Animaux). *Sommeil profond du chat.* — *Par ext.* (XIXᵉ) Ralentissement des fonctions vitales

pendant les saisons froides, chez certains êtres vivants. *Sommeil hiémal, hibernal.* V. **Engourdissement, hibernation.** ♦ 3º *Littér.* (XVIᵉ). *Le sommeil éternel,* la mort. « *Le père et le fils dormaient, l'un, la gorge coupée, du sommeil éternel, l'autre du sommeil des ivrognes* » (MAUPASS.). *Veiller sur le sommeil d'un mort.* V. **Repos** *(fig.).* ♦ 4º *Fig.* (XVIIᵉ). État de ce qui reste provisoirement inactif. V. **Calme, inactivité, inertie.** *Le sommeil de la nature. Laisser une affaire en sommeil,* en suspens. ◇ **ANT. Éveil, réveil, veille, vigilance.** **Activité.**

SOMMEILLER [sɔmeje]. *v. intr.* (1276 ; *someillier* « dormir », 1150 ; de *sommeil*). ♦ 1º Dormir d'un sommeil léger et pendant peu de temps (V. *aussi* **Somnoler**). *Malade qui sommeille.* « *Dans le break, en revenant, tous les hommes, hormis Jean, sommeillèrent* » (MAUPASS.). ♦ 2º *Fig.* (XVIIᵉ). Ne pas se manifester, exister à l'état latent. V. **Somnoler.** *Sa raison sommeillait.* — Loc. prov. *Tout homme a dans son cœur un cochon qui sommeille* (1879), l'homme le plus réservé peut devenir salace à l'occasion. ◇ **ANT.** (du 2º) **Réveiller** (se).

SOMMEILLEUX, EUSE [sɔmɛjø, øz]. *adj.* et *n. m.* (1265 ; *soumilleux,* XIIᵉ ; repris XXᵉ ; de *sommeil*). ♦ 1º *Littér.* Qui sommeille, est plein de sommeil. « *Des nuits étirées dans une gaieté sommeilleuse* » (AYMÉ). ♦ 2º *N. m.* (1926). Sujet atteint de la maladie du sommeil.

SOMMELIER, IÈRE [sɔməlje, jɛR]. *n.* (1316 ; « conducteur de bêtes de somme », 1250 ; a. prov. *saumalier, saumadier,* de *saumada* « charge d'une bête de somme »). ♦ 1º *Ancien.* Personne qui a la charge de la table et des vivres, dans une maison, une communauté. — *Spécialt.* Échanson. ♦ 2º *Mod.* (1812). Personne chargée de la cave, des vins dans un restaurant.

SOMMELLERIE [sɔmɛlRi]. *n. f.* (*Sommelerie,* 1504 ; de *sommelier*). ♦ 1º Charge, fonction de sommelier. ♦ 2º *Par ext.* (1544). Lieu où le sommelier range le vin, etc.

1. SOMMER [sɔme]. *v. tr.* (1283, *Dr.* ; lat. médiév. *summare ;* de *summa* « résumé, conclusion »). Mettre en demeure (de faire qqch. dans les formes établies) ; avertir par une sommation. V. **Signifier.** *Sommer qqn de (à) comparaître.* V. **Assigner, citer.** « *Je vous somme au nom du peuple... de retirer vos canons et de rendre la Bastille* » (MICHELET). V. **Commander, ordonner, requérir.**

2. SOMMER [sɔme]. *v. tr.* (v. 1225 ; de *somme* 1). *Math.* Faire la somme de (plusieurs quantités). *Sommer les termes d'une série.* V. **Additionner.** — Intégrer (1º).

SOMMET [sɔmɛ]. *n. m.* (*Sumet,* 1125 ; de l'a. fr. *som,* lat. *summum ;* de *summus* « le plus élevé »). Partie la plus élevée, extrême. ♦ 1º Point ou partie qui se trouve en haut ; endroit le plus élevé d'une chose verticale. V. **Faîte, haut.** *Sommet d'un toit, d'un arbre. Monter au sommet de la tour Eiffel.* ◇ Point culminant du relief. *Sommet pointu d'une montagne.* V. **Aiguille, cime, crête, dent, pic, pointe.** *Sommet arrondi d'une colline. Parvenir au sommet de la côte.* ◇ *Sommet de la tête,* la partie la plus haute de la voûte du crâne. V. **Vertex.** — *Méd. Présentation du sommet,* de la tête lors de l'accouchement. ♦ 2º *Par métaph.* et *fig.* Ce qui est le plus haut, ce qui domine ; le plus élevé, supérieur, suprême. V. **Apogée, comble, pinacle, sommum, zénith.** *Le sommet de l'échelle sociale, de la hiérarchie : une situation dominante. Être au sommet du pouvoir, de la gloire, des honneurs.* « *Nous avons une bien belle conversation, dit-il ironiquement, je* ◇ *sais pourquoi nous abordons ces sommets* » (PROUST). — *Néol.) Au sommet,* avec ces dirigeants suprêmes. *Conférence (internationale) au sommet* (calque de l'angl. *summit conference*). ♦ 3º Intersection de deux côtés (d'un angle, d'un polygone) ; point commun à trois faces au moins d'un polyèdre, aux génératrices d'un cône. *Sommet d'un angle. Les trois sommets d'un triangle. Sommet d'un cône.* — Dans une courbe conique, Intersection de la courbe et d'un axe de symétrie. *Les quatre sommets d'une ellipse, le sommet d'une parabole.* ◇ **ANT. Bas, base, pied.**

SOMMIER [sɔmje]. *n. m.* (1395 ; *sumer* « bête de somme », 1080 ; bas lat. *sagmarium* « bête de somme »). ♦ 1º *Vx.* Poutre. — *Mod. Techn.* Pièce de charpente servant de linteau à une baie (croisée, porte, fenêtre). V. *aussi* **Architrave, poitrail.** — (1418) Poutre servant de support (dans le montage des cloches, etc.). — Pièce métallique qui supporte les barreaux d'une grille. ◇ (1432) Pierre qui supporte la retombée d'une voûte, d'un cintre. *Sommiers d'un arc.* V. **Claveau.** (XVᵉ-XVIᵉ) Dans les instruments à cordes et à clavier, Pièce qui reçoit les chevilles servant à tendre les cordes. *Sommier d'orgue.* ♦ 2º (1492, « matelas »). *Cour.* Partie souple d'un lit, qui repose dans le cadre ou sur des pieds (divans, canapés-lits) et sur lequel s'étend le matelas. *Sommier à ressorts,* formé d'une caisse de bois à barres transversales garnies de ressorts et recouvert de tissu. *Sommier métallique,* à toile métallique tendue. ♦ 3º (1690, *par plaisant.*). Gros registre ; dossier de documents financiers, juridiques, comptables. V. **Comptabilité.** — *Fam. Les sommiers,* le service des casiers judiciaires, de l'anthropométrie (V. **Identité**).

SOMMITAL [sɔm(m)ital]. *adj.* (1973 ; de *sommet*). *Didact.* Qui est au sommet. Par métaph. « *Une pyramide absolument dominée par une monarchie sommitale* » (*Le Monde*, 26-7-1973).

SOMMITÉ [sɔm(m)ite]. *n. f.* (1369, « partie la plus élevée de qqch. » ; *sommetté, h. XIIIᵉ* ; bas lat. *somnitas, summitas*, de *summus*. V. **Sommet**). ♦ 1° Extrémité d'une tige, d'une plante. *Sommités comestibles de l'asperge*. V. **Pointe**. *Spécialt.* (XVIᵉ) Extrémité d'une tige fleurie à petites fleurs groupées (inflorescence complexe). « *Cette liqueur qui tire des sommités de l'absinthe,... un enchantement* » (GONCOURT). ♦ 2° *Fig.* (1825). Personnage éminent. V. **Personnalité ; lumière**. *C'est une sommité de la médecine.* « *Le Préfet,... le Président du Tribunal, enfin toutes les sommités administratives* » (BALZ.).

SOMNAMBULE [sɔmnãbyl]. *n. et adj.* (1690 ; du lat. *somnus* « sommeil », et *ambulare*). ♦ 1° Personne qui, pendant son sommeil, effectue par automatisme des actes coordonnés (*spécialt.* la marche). *Un somnambule qui dort les yeux ouverts, marche*. *Adj.* *Elle est somnambule.* — *Fig.* « *Une belle somnambule qui traversait ce monde en rêvant* » (MUSS.). — *Gestes de somnambules*, faits inconsciemment, d'une manière automatique. ♦ 2° (1812). Personne qui, dans un sommeil hypnotique, peut agir ou parler.

SOMNAMBULIQUE [sɔmnãbylik]. *adj.* (1786 ; de *somnambule*). Relatif au somnambulisme. *Crise somnambulique.* « *Cette femme... est dans le sommeil somnambulique* » (BALZ.).

SOMNAMBULISME [sɔmnãbylism(ə)]. *n. m.* (1765 ; de *somnambule*). État d'automatisme inconscient qui se manifeste par des actes coordonnés durant le sommeil (marche ; automatisme ambulatoire). « *Paul subissait, parfois, de petites crises de somnambulisme* » (COCTEAU). *Somnambulisme provoqué.* V. **Hypnose, hypnotisme, magnétisme**.

SOMNIFÈRE [sɔmnifɛʀ]. *adj. et n. m.* (v. 1500 ; lat. *somnifer*, de *somnus* « sommeil », et *ferre* « porter » ; Cf. suff. *-Fère*). ♦ 1° *Rare*. Qui provoque le sommeil. V. **Soporifique**. *La mandragore*, « *une solanée somnifère et vénéneuse* » (NODIER). *L'opium est somnifère.* ♦ 2° *N. m.* Cour. *Combattre l'insomnie en prenant des somnifères.* V. **Hypnotique, narcotique**.

SOMNOLENCE [sɔmnɔlãs]. *n. f.* (1375, rare av. XIXᵉ ; bas lat. *somnolentia*). ♦ 1° (1830). État intermédiaire entre la veille et le sommeil, perte de conscience et engourdissement momentanés. V. **Demi-sommeil, torpeur**. ◇ *Assoupissement peu profond mais insurmontable ; tendance irrésistible à s'assoupir.* « *Là, des somnolences la prenaient ; brisée par les veilles, elle sommeillait, elle cédait à l'engourdissement voluptueux* » (ZOLA). ♦ 2° *Fig.* Inaction, mollesse. V. **Atonie**. « *L'apparente somnolence des génies méditatifs* » (BALZ.).

SOMNOLENT, ENTE [sɔmnɔlã, ãt]. *adj.* (1470, rare av. XIXᵉ ; du rad. de *somnolence*). ♦ 1° Qui est en état de somnolence, en demi-sommeil. V. **Assoupi**. *Être somnolent après un bon repas.* ♦ 2° Sans activités ; engourdi. V. **Inactif, mou**. « *La vie somnolente des casernes* » (ZOLA). ◇ *Fig.* En sommeil, qui ne s'exprime pas. « *La sympathie peut faire éclore bien des qualités somnolentes* » (GIDE). ◈ ANT. **Dispos**, éveillé. **Actif**.

SOMNOLER [sɔmnɔle]. *v. intr.* (av. 1846 ; du rad. de *somnolence*). ♦ 1° Être dans un état de somnolence, dormir à demi. « *Sommeiller, à demi éveillé par le fourmillement de la terre* » (GONCOURT). ♦ 2° Être inactif, ne pas s'exprimer. V. **Sommeiller**. « *Des vertus qui somnolent, faute de pouvoir se manifester* » (DAUD.).

SOMPTUAIRE [sɔptɥɛʀ]. *adj.* (*Sumptuaire*, 1542 ; lat. *sumptuarius*, dans *lex sumptuaria*). ♦ 1° (Antiq. rom.). *Loi somptuaire*, réglant les dépenses, et, *spécialt.* restreignant les dépenses de luxe. ♦ 2° *Vx*. Relatif aux dépenses. ◇ (Emploi critique ; par confus. avec *somptueux*) *Arts somptuaires*, non utilitaires. « *Une lettre indignée de Mrs Byron blâma ces dépenses somptuaires* » (MAUROIS).

SOMPTUEUSEMENT [sɔptɥøzmã]. *adv.* (1380 ; de *somptueux*). D'une manière somptueuse. *Somptueusement vêtue, parée.*

SOMPTUEUX, EUSE [sɔptɥø, øz]. *adj.* (XIVᵉ ; lat. *sumptuosus*, de *sumptus* « dépense » ; de *sumere* « prendre », employer »). Qui a nécessité de grandes dépenses, et par ext. Qui est d'une beauté coûteuse (V. **Riche**), d'un luxe brillant. V. **Fastueux, luxueux, magnifique, splendide, superbe**. *Palais somptueux. Somptueux cadeau.* « *L'auto, qui était puissante et somptueuse* » (ROMAINS). Par ext. *Mener un train de vie somptueux.* ◇ ANT. **Pauvre, simple. Frugal**.

SOMPTUOSITÉ [sɔptɥozite]. *n. f.* (1488 ; lat. *sumptuositas*). Beauté de ce qui est riche, somptueux. V. **Luxe, magnificence, pompe, richesse, splendeur**. « *Leurs vêtements d'une magnificence et d'une somptuosité bizarres* » (GOBINEAU). ◇ *Par ext.* Chose somptueuse. « *Les somptuosités du salon* » (BALZ.).

1. SON [sɔ̃], **SA** [sa], **SES** [se]. *adj. poss.* ; 3ᵉ pers. ; liaison : *Son ami, son amie* [sɔ̃nami] ou vieilli, et région. [sɔnami] ; *son histoire* [sɔ̃nistwaʀ]. (*Son*, 842 ; formes atones des adj. lat. *suus, sua, suos, suas*. V. *aussi* **Sien**).

I. (*Personnes*). ♦ 1° (*Sens subjectif*). Qui appartient, est propre, est relatif à la personne dont il est question. — Possession. *Anne* « *a ses victoires, ses capitaines, ses gens de lettres,... Sa galerie de chefs-d'œuvre latérale à sa majesté. Sa cour, à elle aussi* » (HUGO). — (Appartenance à la personne physique ou morale) « *Voilà ses yeux, sa bouche, et déjà son audace* » (RAC.). *Il a ses lunettes sur son nez, sur le nez. Être plus attaché à sa vie qu'à son devoir.* — *Spécialt.* (express. consacrées) *Sa Majesté*, en parlant du roi. *Sa Sainteté*, en parlant du pape. ◇ (Appartenance habituelle, convenance, appropriation très large) *Ce n'est pas son genre. Faire ses études. Y perdre son latin. Il gagne ses cent mille francs.* « *Elle n'avait son dimanche qu'une semaine sur deux* » (ARAGON). *Elle a sa crise.* — (Participation à un milieu) *À son époque.* ◇ (Devant un nom de personne : rapports de parenté, de société, de travail) *Son fils, sa mère, son secrétaire, son amie.* — (Devant un nom pr. ; *iron.*) « *Son Monsieur Trissotin me chagrine, m'assomme* » (MOL.). ♦ 2° *Sens objectif* (devant un nom désignant une action ou un agent). De lui, d'elle en tant qu'objet. — (Action) « *Je l'aurais reconnu du premier coup tant sa pensée m'était devenue familière* » (MAUPASS.), la pensée que j'avais de lui. « *Je pâlis à sa vue* » (RAC.). — (Agent) *Son représentant, son lecteur, ses juges, ses persécuteurs.*

II. (Se rapportant à une chose concrète ou abstraite. V. **En**). ♦ 1° (*Sens subjectif*). Qui est propre ou relatif à la chose en question. *La machine a son rendement. Une distinction qui a son importance.* ♦ 2° (*Sens objectif*). Devant un substantif d'action. « *L'œuvre d'art n'est jamais un phénomène accidentel, il faut chercher son explication, sa motivation* » (GIDE). — (Devant un nom d'agent) *L'œuvre d'art échappe à son créateur.*

III. Se rapportant à un indéfini (Avec *on*). « *À raconter ses maux souvent on les soulage* » (CORN.). — (Sujet sous-entendu) *Être content de son sort.* — (Avec *chacun*) « *Dieu envoie à chacun des tentations selon sa force* » (GIDE). *Chacun son tour.* V. **Leur, notre, votre**. — (Avec d'autres indéfinis) *Personne n'est satisfait de son état. Qui veut voyager loin* ménage sa monture.
◈ HOM. (de *son*) *Son* (2 et 3), *sont* (forme du v. être). — (de *sa*) *Ça, çà.* — (de *ses*) *C, ces.*

2. SON [sɔ̃]. *n. m.* (v. 1170 ; lat. *sonum*). ♦ 1° Cour. (physiol.) Sensation auditive causée par les perturbations d'un milieu matériel élastique (*spécialt.* l'air) et « engendrée par la stimulation des éléments sensoriels de l'oreille interne (cellules ciliées), le plus souvent par les ondes acoustiques » (PIÉRON) ; ce phénomène physique. V. **Audition** et *aussi* **Bruit**. « *Le son pur est une sorte de création. La nature n'a que des bruits* » (VALÉRY). — *Écouter, entendre, percevoir un son. Son aigu, grave.* « *Un son faible d'abord, s'en échappa, puis grandit, s'accentua, vibrant, aigu, plainte du cuivre frappé* » (MAUPASS.). *Sons discordants* (V. **Cacophonie, canard, couac, désaccord**), *harmonieux* (V. **Eurythmie, harmonie**). — *Produire, émettre un son, des sons* (V. **Sonner**), se dit d'une substance heurtée qui vibre, d'un instrument... *Le son des guitares. Son de cloche* (V. **Sonnerie, sonnette**). PROV. *Qui n'entend qu'une cloche* n'entend qu'un son. — *Le son, les sons de la voix* (de l'homme et de certains animaux). « *Le son de sa voix qui était à la fois clair et un peu voilé* » (MAUROIS). « *Les grands Singes émettent des sons variés* » (J. ROSTAND). *Sons articulés, inarticulés. Travail du son, sur le chant.* V. **Sonorité, timbre, voix**. *Son filé.* — AU SON, AUX SONS DE... : en écoutant, en suivant la musique de... *Danser au son de l'accordéon.* V. **Rythme** (au). ◇ *Spécialt.* Tout élément du langage parlé ; la combinaison de ces éléments. V. **Phonème ; prononciation**. *Son fermé, ouvert* (V. **Voyelle**), *son nasal*, guttural. *Similitude de sons* (V. **Consonance, homophonie**). — *Succession harmonieuse des sons.* V. **Euphonie**. *Notation des sons* (V. **Phonétique**). ♦ 2° *Phys.* Phénomène physique qui consiste en une perturbation dans la pression, la contrainte, le déplacement ou la vitesse des particules qui se propagent ensemble ou isolément dans un milieu matériel élastique. *Sons audibles*, engendrant une sensation auditive. *Le son est un mouvement vibratoire.* V. **Onde**. *Célérité, vitesse de propagation du son*, fonction du milieu et de la température (dans l'air 332 m/s à 0 °C). *Mur* du son (V. *aussi* **Supersonique**). *Intensité, hauteur* et *timbre* d'un son. *Limite des sons perceptibles* (V. **Infra-son, ultra-son**). *Mesures des sons...* V. **Bel, décibel, phone**. *Sons simples* (mouvement vibratoire sinusoïdal), *complexes* (formés d'un son fondamental et de ses harmoniques* de » fréquence). ◇ *Mus.* et cour. *Sons musicaux* : sons simples ou complexes dont la hauteur tonale est déterminée. V. **Note ; gamme, ton, tonalité**. *Sons simultanés.* V. **Accord**. *Organisation des sons par l'art musical.* V. **Harmonie, polyphonie**. *Enregistrement* du son (sur disque, bande magnétique). *Prise de son. Reproduction du son, transmission du son.* V. **Haut-parleur**,

microphone, phonographe, radiophonie. *Lecteur* de son.* Par ext. *Baisser le son d'un poste,* l'intensité du son. — Par ext. *Ingénieur du son,* qui s'occupe de l'enregistrement, de la prise de son. *L'équipe du son* (au cinéma). — Par appos. *Spectacle* « *son et lumière* », où un monument est illuminé tandis que se fait entendre une évocation sonore, musicale... de son histoire. ◊ HOM. *Son; sont* (forme du v. être).

3. SON [sɔ̃]. *n. m.* (1393; *saon, seon* « rebut », 1197; angl. sax. *seon*). ♦ 1° Résidu de la mouture du blé ou d'autres céréales, provenant du péricarpe des grains. V. **Issue, mouture.** « *Il faut séparer le son de la partie vraiment alimentaire du froment* » (DUHAM.). V. **Blutage.** Loc. *Faire l'âne* pour avoir du son.* — *Farine de son,* mêlée de son. V. **Recoupe, remoulage** (1), **recoupette.** Ellipt. *Pain de son :* de farine de son. ♦ 2° (1871). Sciure servant à bourrer. *Poupée de son.* — Fig. *Taches de son :* de rousseur. V. **Éphélide.** « *Une grande rousse aux joues brûlées, tachées de son* » (MAUPASS.). ◊ HOM. *Son* (1, 2).

SONAGRAPHE [sɔnagʀaf]. *n. m.* (1968; de *son, -graphe,* et voyelle d'appui). *Didact.* Appareil enregistreur des sons de la parole sur bande magnétique, permettant leur analyse spectrale (sur des *sonagrammes*).

SONAR [sɔnaʀ]. *n. m.* (v. 1950; mot angl., de Sound Navigation and Ranging). *Techn.* Équipement de détection et de communications sous-marines analogue au radar, et basé sur la réflexion des ondes sonores.

SONATE [sɔnat]. *n. f.* (1695; it. *sonata,* de *sonare* « jouer sur un instrument »). ♦ 1° *Ancienn.* Pièce instrumentale en plusieurs mouvements, alternativement lents et rapides, destinée à un petit nombre d'exécutants. *La sonate, née en Italie, s'est répandue en Europe vers la fin du XVIIIe siècle.* — *Sonates pour clavecin.* ◊ *Mod.* (fin XVIIIe) Pièce à trois ou quatre mouvements présentant une structure caractéristique. *Sonates pour piano et violon. Finale d'une sonate.* ♦ 2° *Mus. Forme sonate :* structure ternaire, à deux thèmes, qui sert de cadre à la plus grande partie de la musique instrumentale classique (sonates, trios, quatuors, concertos, symphonies).

SONATINE [sɔnatin]. *n. f.* (1836; de *sonate*). Petite sonate, de caractère facile. *Sonatines de Clementi.*

SONDAGE [sɔ̃daʒ]. *n. m.* (1769; de *sonder*). ♦ 1° Action de sonder, exploration locale et méthodique d'un milieu à l'aide d'une sonde ou de procédés techniques particuliers. *Sondage des profondeurs marines.* V. **Bathymétrie.** *Sondage par ultra-sons, par le son,* par la mesure du temps de réflexion d'une onde sonore. *Sondage atmosphérique par ballons-sondes.* « *Lancer des ballons en l'air, et... les suivre à la lorgnette; ça s'appelle faire un sondage météorologique* » (BEAUVOIR). ◊ Forage d'un sol, pour en connaître la nature, rechercher les nappes d'eau, des gîtes minéraux (V. **Prospection**), établir un puits. *Sondages au trépan. Tige, tour de sondage.* ♦ 2° Introduction d'une sonde dans une cavité naturelle ou accidentelle de l'organisme. V. **Cathétérisme, tubage.** ♦ 3° *Fig.* (1841). Enquête, recherche, investigation discrète et rapide. ◊ *Statist.* Prélèvement dans une population (V. **Échantillon**) en vue d'établir une série statistique ou de vérifier une loi de probabilité. — *Enquête par sondage* ou *Sondage d'opinion,* enquête visant à déterminer la répartition des opinions sur une question, dans une population donnée, en recueillant des réponses individuelles manifestant leurs opinions. *Les sondages de l'Institut français d'opinion publique* (I.F.O.P.).

SONDE [sɔ̃d]. *n. f.* (1220; de l'a. nord. *sund* « mer, détroit », dans *sundgyrd* « perche à sonder »). ♦ 1° Instrument essentiellement composé d'un plomb attaché à une ligne divisée en brasses, qui sert à mesurer la profondeur de l'eau et à reconnaître la nature du fond. *Mouiller à la sonde. Naviguer à la sonde,* en l'utilisant fréquemment. « *La sonde ne marquait plus que quatre brasses sur un banc de sable* » (CHATEAUB.). — (*Mar., Pêche*) Profondeur déterminée à l'aide de la sonde. *Les sondes augmentent. Être sur les sondes* (sur un fond suffisant). ◊ *Par anal.* Instrument ou appareil de mesure des profondeurs ou des altitudes. *Sonde aérienne* ou *ballon-sonde.* Aviat. *Sonde radio-altimétrique.* V. **Radiosonde.** ♦ 2° (1596). Instrument rigide ou flexible, cylindrique, présentant un canal central, utilisé en médecine, et destiné à explorer un canal ou une cavité, naturels ou accidentels, à en évacuer le contenu ou y introduire une substance. V. **Bougie, cathéter, drain, tube.** *Sonde urétrale.* « *Les sondes... ne me donnaient cependant qu'un soulagement momentané* » (ROUSS.). — Instrument servant à l'alimentation artificielle. ◊ Appareil servant aux forages et aux sondages du sol. V. **Tarière, trépan.** *Sonde spatiale,* engin cosmique à laboratoire qui se pose sur une planète et transmet des informations à son sujet. ◊ *Techn., Comm.* Petit instrument permettant de prélever une parcelle d'un produit. *Sonde à fromage.*

SONDER [sɔ̃de]. *v. tr.* (1382; de *sonde*). ♦ 1° Reconnaître au moyen de la sonde, soumettre à un sondage. *Machine à sonder les grands fonds.* Absolt. « *Le chenal n'a pas assez de*

profondeur. Lui réplique : « *Il faut sonder* » (ALAIN). — *Sonder l'atmosphère.* ◊ *Sonder une plaie,* par ext. *un malade.* « *Je n'en finissais pas de le sonder, de le débarrasser, goutte à goutte...* » (CÉLINE). ◊ *Sonder un terrain.* V. **Forer, percer.** — *Par métaph.* Examiner soigneusement la situation. « *Sonder longuement le terrain sur lequel il s'avancerait* » (MADELIN). ◊ Examiner à la sonde. *Sonder des bagages à la douane.* V. **Fouiller.** « *Les coussins ont été sondés avec ces longues et fines aiguilles* » (BAUDEL.). ♦ 2° *Fig.* (1556). Chercher à entrer dans le secret de... V. **Approfondir, scruter.** *Dieu qui sonde les cœurs.* « *L'éclatant regard qui voulait sonder ma conscience* » (FROMENTIN). V. **Pénétrer.** *Sonder l'avenir.* ◊ *Sonder qqn.,* chercher à connaître son état d'esprit, ses intentions. V. **Confesser, interroger.** « *Sonder mon père sur les sentiments où je suis* » (MOL.). — Spécialt. *Sonder l'opinion.* V. **Sondage.**

SONDEUR [sɔ̃dœʀ]. *n. m.* (1572; de *sonder*). ♦ 1° Personne qui fait des sondages. ♦ 2° *Techn.* (1871). Appareil de sondage. *Sondeur à ultra-sons.* — Adj. *Tube sondeur.*

SONDEUSE [sɔ̃døz]. *n. f.* (XXe; de *sonder*). *Techn.* Petite sonde pour forages peu profonds.

SONGE [sɔ̃ʒ]. *n. m.* (XIIe; lat. *somnium*). ♦ 1° *Vx* ou spécialt. Rêve. « *Notre nature sincère... s'enfante dans les songes* » (ALAIN). *Le songe d'Athalie. La clef des songes,* prétendant donner le sens des images du rêve. « *Ne l'ai-je pas vu en songe vous frappant...?* » (JARRY). *Songes prophétiques.* V. **Oniromancie.** PROV. *Songe, mensonge.* ◊ *Par compar.* Fiction, illusion. « *La vie n'est elle-même qu'un songe... dont nous nous éveillons à la mort* » (PASC.). *S'évanouir comme un songe.* ♦ 2° *Vieilli* ou *littér.* Rêve, construction de l'imagination à l'état de veille. V. **Chimère, illusion, imagination, phantasme.** « *La réalité était triste... auprès de mon songe* » (FRANCE). « *Ici a commencé... l'épanchement du songe dans la vie réelle* » (NERVAL). ◊ ANT. **Réalité.**

SONGE-CREUX [sɔ̃ʒkʀø]. *n. m.* (1527; « personne qui pense profondément », v. 1500; de *songe* et *creux,* adv.). Personne qui nourrit son esprit de chimères. « *Bonaparte... estimait Sieyès trop spéculatif, un songe-creux politique* » (MADELIN).

SONGER [sɔ̃ʒe]. *v. tr. indir.;* conjug. *bouger* (XIIe; *sunger que,* 1080; lat. *somniare*). ♦ 1° *Vx.* Faire un songe (1°), rêver (V. **Rêve**). « *Le pauvre... songe dans son dernier sommeil qu'il s'assied au haut bout de la table pour un festin* » (SUARÈS). ♦ 2° *Absolt.* (1278). Rêver, laisser errer sa pensée (V. **Rêverie**). « *Chacun songe en veillant, il n'est rien de plus doux* » (LA FONT.). « *Tandis que je songeais, le coude sur mes livres...* » (HUGO). V. **Méditer.** ♦ 3° (h. XIIIe). SONGER À : penser à, réfléchir à. « *Comme je songeais à loisir à tout ceci, je pensais à une certaine pureté de la forme...* » (VALÉRY). *Songer à ce qu'on dit.* V. **Attention** (faire). « *Vous vous moquez, Mercure, et vous n'y songez pas* » (MOL.). *Songez-y bien!* se dit souvent en matière d'avertissement, de menace. — (*Sens affaibli*) Avoir dans l'esprit, en tête. V. **Considérer.** « *Je songe à une formule vieille comme mon pays* » (ST-EXUP.). — Avoir présent à l'esprit. « *Si Napoléon... eût songé à son infanterie, il eût gagné la bataille* » (HUGO). — Évoquer par la mémoire, par l'imagination, ou par simple association d'idées. « *Songe aux cris des vainqueurs, songe aux cris des mourants* » (RAC.). *Songer à qqn,* à ce qu'est ou ce qu'a été sa vie. — FAIRE SONGER À... : se dit d'une chose, d'une personne qui en rappelle une autre. V. **Évoquer.** *Vous me faites songer à Robinson.* ♦ 4° (1538). Envisager en tant que projet qui demande réflexion, qui mérite attention et soin. *Songer au mariage. J'y songe.* « *Ce qu'on ne peut avoir, mieux vaut n'y point songer* » (GIDE). *Il n'y faut pas songer, c'est impossible. Sans songer à mal.* V. **Innocemment.** — (Avec l'inf.) « *Je songe à me venger* » (BOIL.). ◊ Donner tous les soins à..., se préoccuper de..., s'intéresser à... *Songer à son avancement, au lendemain.* « *Monsieur ne songe à rien, monsieur dépense tout* » (LA FONT.). — Avec l'inf. V. **Occuper** (s'), **soin** (avoir, prendre), **veiller.** *Il faut songer à partir.* ♦ 5° (Suivi d'une complétive ou d'une interrog. indir.) Prendre en considération le fait que..., réfléchir au fait que. « *Avez-vous songé que voici des siècles..., que notre pauvre humanité accomplit sa destinée* » (MART. du G.). V. **Aviser** (s'). « *Songeant comment elles passent avec rapidité de la tendresse la plus ardente à la plus froide insensibilité...* » (FRANCE). — (En incise) « *Ils parlent tous de Daniel comme d'une énigme », songeait Antoine* (MART. du G.). ◊ *Rare.* Penser que..., imaginer que... « *L'univers m'embarrasse et je ne puis songer Que cette horloge existe et n'ait point d'horloger* » (VOLT.). ◊ ANT. (du 3°) **Omettre, oublier.**

SONGERIE [sɔ̃ʒʀi]. *n. f.* (1495; de *songe*). Rêverie (3°). « *Ses songeries d'intellectuel inquiet* » (DUHAM.). « *Elle aimait les lectures, les romans... pour la songerie mélancolique et tendre qu'ils y faisaient naître* » (MAUPASS.).

SONGEUR, EUSE [sɔ̃ʒœʀ, øz]. *n. et adj.* (1380; *songeor* « personne qui fait des songes », 1190; de *songer*). *Rare.* Personne qui aime la rêverie. V. **Rêveur.** ◊ *Adj.* Perdu dans une rêverie empreinte de préoccupation. V. **Pensif, préoccupé.** *Cette nouvelle le laissait songeur.* « *Elle demeura songeuse et comme plongée dans une pensée infinie* » (BALZ.).

SONIQUE [sɔnik]. *adj.* (1949; de *son*). *Phys.* Du son. *Vitesse sonique.* — *Spécialt.* Relatif aux phénomènes qui se manifestent à des vitesses voisines de celle du son (V. **Supersonique**).

SONNAILLE [sɔnɑj]. *n. f.* (v. 1300; de *sonner*, et suff. *-aille*). ♦ 1° Cloche ou clochette attachée au cou d'un animal domestique, bétail ou bête de somme (V. **Campane**). ♦ 2° *Par ext.* Son, bruit des cloches. « *Sonnailles des troupeaux de chevaux et de bœufs, tantôt retentissantes et sonores, tantôt diminuées* » (DAUD.).

1. **SONNAILLER** [sɔnɑje]. *n. m.* (1380; de *sonnaille*). Animal qui porte une sonnaille, et va en tête du troupeau.

2. **SONNAILLER** [sɔnɑje]. *v. intr.* (1762; de *sonnaille*). *Péj.* Sonner.

SONNANT, ANTE [sɔnɑ̃, ɑ̃t]. *adj.* (*Sonant*, 1380; de *sonner*). ♦ 1° Qui résonne, tinte. *Seult. dans* : *Fam.* Espèces, pièces sonnantes et trébuchantes, monnaie métallique. ♦ 2° Qui sonne les heures. *Horloge, montre sonnante.* ♦ 3° *Cour.* Qui est en train de sonner, en parlant de l'heure. V. **Précis, battant, pétant, tapant.** *À cinq heures sonnantes.* « *J'étais rendu à mon hôtel à 10 heures sonnantes* » (BILLY).

SONNÉ, ÉE [sɔne]. *adj.* (1680; de *sonner*). ♦ 1° Annoncé par les cloches, par une sonnerie. *Il est midi sonné, trois heures bien sonnées.* V. **Passé.** ◇ Fig. et fam. *C'est midi sonné* : il est trop tard. — *Il a soixante ans bien sonnés* : révolus. ♦ 2° Assommé, étourdi par un coup. *Boxeur sonné.* V. **Groggy.** ◇ *Fig. et fam.* (1927) Fou, cinglé. *Il est complètement sonné.* « *Elle est sonnée. — Elle en a l'air, dit Daniel* » (SARTRE).

SONNER [sɔne]. *v.* (*Suner*, 1080; lat. *sonare*, de *sonus*). **I.** *V. intr.* ♦ 1° Produire le son qui leur est propre, en parlant de certains instruments à vent (cuivres). *Le cor, la trompette sonnent.* — *Par anal.* Les oreilles lui sonnent (V. **Corner, tinter**). ♦ 2° Vibrer, retentir sous un choc. V. **Résonner, tinter.** « *Les gros sous, les uns après les autres, sonnaient dans le plat d'argent* » (FLAUB.). *Sonner clair.* — *Sonner creux**. *Fig.* Donner une impression de vide. « *Oh! que la science sonne creux quand on y vient heurter... une tête pleine de passions* » (HUGO). ◇ *Spécialt.* Se dit d'une cloche ou d'un gong, d'une cymbale, et *par ext.* d'un timbre. V. **Sonnerie.** « *Les cloches sonnaient; quand le battant frappait leur côté oriental...* » (GIRAUDOUX). V. **Carillonner, tinter.** *Sonner à toute volée.* — *Faire sonner un réveil.* *Le téléphone sonne.* — *Par ext.* Se manifester par une sonnerie particulière (heure). « *Vienne la nuit sonne l'heure...* » (APOLLINAIRE). *Midi a sonné.* « *Il y a dix minutes que c'est sonné* » (M. DURAS). *Impers.* « *Il sonne deux heures* » (RAMUZ). *Fig. Son heure, sa dernière heure a sonné* : l'heure de sa mort est arrivée. ♦ 3° (1669). Être prononcé, être marqué nettement dans la prononciation. *Faire sonner la fin des phrases, le t de net.* ◇ *Sonner bien, mal*, avoir des sons harmonieux, agréables ou non (d'un mot, d'une expression, etc.). — *Fig.* SONNER FAUX : donner une impression d'insincérité. *Un aveu qui sonne faux.* ♦ 4° Faire fonctionner une sonnerie, *spécialt.* pour appeler qqn, ou pour la faire ouvrir. *Entrez sans sonner. J'ai sonné chez lui.* **II.** *Trans. indir.* (1080). SONNER DE. *Vx.* Faire rendre des sons (à un instrument). V. **Jouer.** — *De nos jours.* Jouer d'un instrument à vent, *spécialt.* d'un cuivre). *Sonner du clairon, du cor. Absolt.* « *Une légère coupure à la lèvre qui l'empêchait de sonner* » (MAC ORLAN). **III.** *V. tr.* ♦ 1° (1150). Faire résonner, vibrer. *Sonner une cloche : spécialt.* en faire frapper les deux côtés par le battant (*opposé à* piquer). — *Fig. et fam.* (1917) *Se faire sonner les cloches**. ♦ 2° Jouer (un instrument à vent). *Sonner le clairon.* ♦ 3° (XIIe). Faire entendre (une sonnerie particulière); signaler, annoncer par une sonnerie de cloches, de cuivres... *Sonner les matines, le tocsin. Sonner l'alarme. Sonner trois coups brefs à la sonnette.* — (Sujet de chose) *Le clairon sonne la charge.* ♦ 4° Annoncer (l'heure) par une sonnerie. « *L'horloge de Saint-Paul sonna onze heures* » (HUGO). ♦ 5° Appeler (qqn) par une sonnerie, une sonnette. *Sonner une femme de chambre, l'infirmière de garde.* Loc. fam. *On ne vous a pas sonné* : on ne vous a pas appelé, mêlez-vous de vos affaires. ♦ 6° (1486; répandu XIXe-XXe). *Fam.* Assommer, étourdir en heurtant la tête contre le pavé, et *par ext.* d'un coup de poing... (V. **Sonné**). *Fig. Se faire sonner*, se faire durement remettre à sa place, se faire réprimander.

SONNERIE [sɔnʀi]. *n. f.* (v. 1210; de *sonner*). ♦ 1° Son de ce qui sonne. *Sonneries des cloches.* — *Sonnerie de clairon.* — *Sonnerie d'une horloge, d'une sonnette, du téléphone.* « *Une petite sonnerie ferme et claire vibra. C'était le timbre scellé dans le mur qui tintait* » (HUGO). ◇ Air joué à la trompette, à la trompe de chasse pour constituer un signal. « *Depuis la sonnerie du réveil jusqu'à la sonnerie de l'extinction des feux* » (ROMAINS) ♦ 2° (1636). Ensemble des cloches

(d'une église, etc.). ◇ Mécanisme qui fait sonner une horloge, un réveille-matin, d'après la disposition des aiguilles. *Remonter la sonnerie.* ◇ Appareil avertisseur, formé essentiellement d'un timbre que fait vibrer un marteau. *Sonnerie électrique*, dont le marteau est mû par le courant dans un électroaimant. *Sonnerie téléphonique. Bouton d'une sonnerie.* V. **Sonnette.**

SONNET [sɔnɛ]. *n. m.* (1539; it. *sonetto*, du fr. *sonet* « chansonnette », 1165; de *son* « poème »). Poème de quatorze vers à deux quatrains sur deux rimes embrassées, et deux tercets. « *Un sonnet sans défauts vaut seul un long poème* » (BOIL.). *Sonnets irréguliers de Baudelaire.*

SONNETTE [sɔnɛt]. *n. f.* (1235; de *sonner*). **I.** ♦ 1° Petit instrument métallique qui sonne pour avertir. V. **Clochette.** « *Une petite sonnette en cuivre à long manche* » (QUENEAU). *Agiter une sonnette.* V. **Sonner.** *Sonnette du président, dans une assemblée. La sonnette d'une porte.* ◇ Timbre, sonnerie électrique; objet matériel qui sert à déclencher la sonnerie (bouton, poussoir). *Appuyer sur la sonnette. Coup de sonnette.* V. **Sonnerie;** appel, avertisseur. Loc. *Se pendre** *à la sonnette.* — *Sonnette d'alarme* (dans une banque, etc.). ◇ *Fig. Serpent à sonnettes.* V. **Crotale.** ♦ 2° *Par ext.* Sonnerie produite par une sonnette. V. **Drelin, dring).** *Je n'ai pas entendu la sonnette.* **II.** *Par anal.* (1690). *Trav. pub.* Engin, formé d'un échafaudage élevé, qui sert à la manœuvre du mouton, ou du pilon de choc. V. **Bélier.** *Enfoncer des pieux à la sonnette.*

SONNEUR [sɔnœʀ]. *n. m.* (*Souneur*, 1260; de *son, sonner*). ♦ 1° Celui qui sonne les cloches. *Le* « *lien intime qui unissait le sonneur à l'église* » (HUGO). Loc. *Dormir comme un sonneur* (que les cloches mêmes ne réveillent pas). — *Vieilli.* Celui qui sonne le cor, le clairon. ♦ 2° *Par anal.* Ouvrier qui manœuvre la sonnette (II).

SONO-. Élément, du lat. *sonus* « son ».

SONO [sɔno]. *n. f.* (av. 1967; abrév. de *sonorisation*). *Fam.* Sonorisation; ensemble des appareils destinés à diffuser la musique dans un lieu public. *La sono était mauvaise.* « *Une sono hurlait* » (Cl. COURCHAY).

SONOMÈTRE [sɔnɔmɛtʀ(ə)]. *n. m.* (1699; de *sono-*, et *mètre*). *Phys.* Instrument servant à étudier les cordes vibrantes.

SONORE [sɔnɔʀ]. *adj.* (1560; lat. *sonorus*, de *sonus*). ♦ 1° *Didact.* Qui rend des sons. ♦ 2° Qui a un son agréable et éclatant; qui sonne bien ou qui résonne fort. « *Il parlait avec une voix plus sonore,... on sentait l'aplomb que donne l'argent* » (MAUPASS.). V. **Fort, retentissant.** *Rire sonore.* V. **Éclatant.** « *Ils se déposaient mutuellement sur les deux joues des bécots sonores* » (QUENEAU). V. **Bruyant.** *Péj. Paroles sonores et creuses.* V. **Emphatique, ronflant.** « *La bonté n'est qu'un assemblage de syllabes sonores* » (LAUTRÉAMONT). ◇ *Phonét. Consonne sonore*, subst. *Une sonore* : « *Phonème dont l'émission s'accompagne des vibrations [du larynx] constitutives de la sonorité* » (MAROUZEAU). *Sonores* [b, d, g] et *sourdes correspondantes* [p, t, k]. ♦ 3° (*Lieu*). Qui renvoie ou propage bien le son. « *La vieille église, toute vibrante et toute sonore* » (HUGO). *Rendre moins sonore.* V. **Insonoriser.** ♦ 4° Relatif au son, phénomène physique ou sensation auditive; de la nature du son. *Ondes, vibrations sonores. Source sonore. Relief sonore. Fond sonore.* ◇ *Techn. Cinéma, film sonore*, qui comporte l'enregistrement des sons (*musique; paroles*. V. **Parlant**), et des bruits. V. **Sonoriser.** — *Effets sonores*, bruits, sons spéciaux qui accompagnent l'image, et ne sont ni des paroles ni de la musique. *Bande, piste** *sonore.* ◇ ANT. **Muet, silencieux. Étouffé, mat, sourd.**

SONORISATION [sɔnɔʀizasjɔ̃]. *n. f.* (1872; de *sonoriser*). ♦ 1° *Phonét.* Passage d'une sourde à la sonore correspondante. ♦ 2° Ensemble des opérations par lesquelles on ajoute les éléments sonores appropriés à un spectacle purement visuel. *Montage et sonorisation d'un film. Sonorisation synchronisée.* V. **Synchronisation.** ♦ 3° Action de sonoriser un lieu; ensemble des appareils utilisés à cet effet. V. **Sono.** *Sonorisation d'une place pour un bal public.*

SONORISER [sɔnɔʀize]. *v. tr.* (1872; de *sonore*). ♦ 1° *Phonét.* Rendre sonore (une consonne sourde). T *qui se sonorise en* d. ♦ 2° Rendre sonore (ce qui était silencieux, muet). *Sonoriser un film d'amateur à l'aide du magnétophone.* ♦ 3° Munir d'un matériel de reproduction, de diffusion du son, et *spécialt.* du son enregistré. *Sonoriser une salle de cinéma.*

SONORITÉ [sɔnɔʀite]. *n. f.* (v. 1830; bas lat. *sonoritas*). ♦ 1° Qualité du son. *La sonorité d'un instrument* : la qualité (timbre, hauteur, intensité) des sons qu'il peut produire. *Une belle sonorité.* Par ext. *La sonorité d'un poste de radio.* — *Sonorité agréable d'une voix, d'un mot.* — *Au plur.* Inflexions, sons particuliers d'une voix. *Sa voix* « *avait des sonorités douces et caressantes aux notes graves* » (LOTI). — *En littérature, en poésie.* Harmonie. ◇ *Phonét.* Résonance produite par la vibration des cordes vocales, qui accompagne l'émission des phonèmes *sonores.* ♦ 2° (1845). Propriété (d'une matière) de produire ou de conduire le son, les sons. *Une sonorité extrême de l'air.* ♦ 3° Caractère d'un lieu, d'un édifice où les sons se transmettent; qualité acoustique d'un local. « *La salle, tout à coup, eut la sonorité d'un beffroi* » (MART. du G.). V. **Résonance.** — *Par ext.* Les sons ainsi transmis. « *La steppe orientale où les sonorités s'étouffent* » (PROUST).

SONOTHÈQUE [sɔnɔtɛk]. *n. f. (Néol.; de sono-, et suff. -thèque). Didact.* Collection d'enregistrements de bruits, d'effets sonores.

-SOPHE, -SOPHIE. Éléments, du gr. *sophos* « sage, savant », *sophia* « sagesse, science ».

SOPHISME [sɔfism(ə)]. *n. m.* (v. 1236; *soffime*, 1175; lat. *sophisma*, mot gr.). Argument, raisonnement faux malgré une apparence de vérité (implique généralement la mauvaise foi). Paralogisme. « *Un champ clos de disputes, retentissant de sophismes et de questions subtiles* » (RENAN). — *(Log.)* Se dit d'un raisonnement conforme aux règles de la logique mais aboutissant à une conclusion manifestement fausse. *Sophisme de la flèche de Zénon.* « *Qu'est-ce que c'est que le sophisme de l'éphémère? — C'est celui d'un être passager qui croit à l'immortalité des choses* » (DIDER.).

SOPHISTE [sɔfist(ə)]. *n. m.* (1370; *soffistre*, 1236; lat. *sophistes*, mot gr.). ♦ 1° *Ancienn.* Chez les Grecs, Maître de rhétorique et de philosophie qui allait de ville en ville pour enseigner l'art de parler en public, les moyens de l'emporter sur son adversaire dans une discussion, de défendre, par des raisonnements subtils ou captieux, n'importe quelle thèse. « *La Grèce est la mère des ergoteurs, des rhéteurs et des sophistes* » (TAINE). ♦ 2° Personne qui use d'arguments, de raisonnements spécieux. « *De tous les sophistes, notre propre raison est presque toujours celui qui nous abuse le moins* » (ROUSS.).

SOPHISTICATION [sɔfistikasjɔ̃]. *n. f.* (1370, rare av. XIXe; de *sophistiquer*). ♦ 1° Action de sophistiquer, de frelater (une substance.) « *Ce qu'il a trouvé, ce siècle, c'est la falsification des denrées, la sophistication des produits* » (HUYSMANS). V. **Altération.** ♦ 2° *(Anglicisme).* Caractère sophistiqué, affecté, artificiel. ◇ *Techn.* Évolution (des techniques) dans le sens de la complexité.

SOPHISTIQUE [sɔfistik]. *adj.* et *n. f.* (1260; lat. *sophisticus*, gr. *sophistikos*). ♦ 1° *Adj. Didact.* Qui est de la nature du sophisme, qui constitue un sophisme. *Argument, raisonnement sophistique.* « *Que cette interprétation de la loi parût sophistique* » (ROMAINS). V. **Captieux, faux.** ◇ Qui est porté au sophisme, qui use volontiers de sophismes. *Esprit sophistique.* ♦ 2° *N. f. Philo.* Art des sophistes grecs; le mouvement, la tendance philosophique qui les représentaient (Cf. aussi Dialectique). ◇ *Littér.* Par ext. et péj. *La sophistique du barreau,* les subtilités de la chicane. *Sa dialectique n'est que de la sophistique.*

SOPHISTIQUÉ, ÉE [sɔfistike]. *adj.* (1484; V. **Sophistiquer**). ♦ 1° *(Vieilli).* Frelaté. *Vin sophistiqué.* ◇ *Fig.* et *mod.* Alambiqué, affecté. *Style sophistiqué.* ♦ 2° *Spécialt.* (trad. amér. *sophisticated*). Se dit d'un genre artificiel de beauté, d'élégance féminine. *Une femme très sophistiquée.* ◇ *Techn.* et *fig.* Recherché, complexe, évolué, où interviennent des techniques de pointe. *Matériel de guerre, ordinateur sophistiqué. Technologie sophistiquée.* « *Le vaisseau [spatial] Apollo ultra-sophistiqué* » (*Science et Vie,* déc. 1973). (Anglicisme critiqué).

SOPHISTIQUER [sɔfistike]. *v. tr.* (1370; bas lat. *sophisticari*). ♦ 1° *Vieilli.* Altérer frauduleusement (une substance). V. **Dénaturer, frelater.** *Sophistiquer du vin.* ◇ (mil. XXe). Faire preuve de recherche dans (qqch.). *Sophistiquer sa toilette.* ♦ 2° *V. réfl.* (v. 1965). Devenir de plus en plus perfectionné. V. **Sophistiqué, 2°.**

SOPHORA [sɔfɔʀa]. *n. m. (Sophore,* 1846; lat. sav. *sophora,* 1737; arabe *sophera).* Grand arbre exotique *(Papilionacées)* utilisé pour l'ornement des parcs, des avenues.

SOPORIFIQUE [sɔpɔʀifik]. *adj.* et *n. m.* (XVIe; du lat. *sopor* « sommeil profond », et *-fique).* ♦ 1° Qui provoque le sommeil. V. **Somnifère;** (vx) Dormitif, hypnotique, narcotique. *Propriétés soporifiques de la morphine. Cachets soporifiques.* N. m. *Un soporifique.* « *L'habitude de dormir avec des soporifiques* » (PROUST). ♦ 2° *Fig.* et *fam.* Endormant, ennuyeux. *Un discours soporifique.* — Subst. *Ce livre est un vrai soporifique.*

SOPRANISTE [sɔpʀanist(ə)]. *n. m.* (av. 1857; de *soprano*). *Mus.* Chanteur adulte qui a conservé une voix de soprano.

SOPRANO [sɔpʀano; sɔpʀan]. *n.* (1768; mot it., littéral. « qui est au-dessus »). Plur. *Des soprani* ou, mieux, *des sopranos.* ♦ 1° *N. m.* La plus élevée des voix. V. **Dessus (2).** *Le soprano est la plus aiguë des voix de femme; c'est aussi la voix des jeunes garçons avant la mue.* « *Les douces voix de soprani chantaient* » (MAURIAC). ♦ 2° *N. m.* et *f.* Personne qui a cette voix. *Une soprano dramatique,* à voix brillante, de grande étendue, à vocalises aisées. *Soprano lyrique,* à voix plus puissante, brillante et moins agile.

SORBE [sɔʀb(ə)]. *n. f.* (1512; *sorba,* XIIIe; lat. *sorbum*).

Fruit du sorbier, baie brillante rouge orangé. *Les sorbes se consomment blettes; on en tire une boisson fermentée.*

SORBET [sɔʀbɛ]. *n. m.* (1553; it. *sorbetto,* du turc *chorbet,* arabe pop. *chourba,* pour *charbât* « boisson »; Cf. Sirop). *Ancienn.* Boisson à base de jus de fruits et de sucre, battus avec de l'eau. « *Un sorbet mousseux et frais qu'on prendrait en été sous la treille* » (STE-BEUVE). — *Mod.* Glace légère à base de liqueur, de jus de fruit. *Sorbet au citron, au kirsch.*

SORBETIÈRE [sɔʀbətjɛʀ]. *n. f.* (1803; de *sorbet*). Ustensile, appareil pour préparer les sorbets et les glaces. *Sorbetière électrique* (On dit aussi **SORBÉTIÈRE** [sɔʀbetjɛʀ]).

SORBIER [sɔʀbje]. *n. m.* (XIIIe; de *sorbe*). ♦ 1° *Bot.* Genre d'arbres *(Rosacées)* à carpelles réduits, à fleurs en corymbes. *Sorbier alisier.* V. **Alisier.** *Sorbier cultivé* (V. **Cormier),** dont les fruits comestibles (cormes) ressemblent à de petites poires. *Sorbier commun* ou *des oiseleurs,* arbre sauvage ou ornemental, à petits fruits rouge orangé recherchés des oiseaux. ♦ 2° *Cour.* Le sorbier commun. *Allée de sorbiers.* « *Des sorbiers à grains de corail du plus bel effet* » (NERVAL).

SORBITOL [sɔʀbitɔl]. *n. m.* (1949; de *sorb[ier], it[e], et -ol). Pharm.* Polyalcool résultant de la réduction enzymatique du glucose ou du fructose, employé comme édulcorant artificiel et comme stimulant de l'excrétion biliaire.

SORBONNARD, ARDE [sɔʀbɔnaʀ, aʀd(ə)]. *n.* et *adj.* (fin XIXe; de *Sorbonne,* nom de la faculté des Lettres et des Sciences humaines, à Paris). *Fam.* et *péj.* Étudiant, professeur de la Sorbonne. « *C'était pour une sorbonnarde un endroit assez prestigieux...* » (BEAUVOIR). Adj. *Esprit sorbonnard.*

SORCELLERIE [sɔʀsɛlʀi]. *n. f.* (1549; *sorcelerie,* 1220 pour *sorcererie;* de *sorcier).* Pratiques de sorcier (V. **Ensorcellement, incantation, maléfice);** magie de caractère populaire ou rudimentaire, qui accorde une grande place aux pratiques secrètes, illicites ou effrayantes (invocation des morts, appel aux esprits malfaisants...). *Lors de son procès, Jeanne d'Arc fut accusée de sorcellerie.* ◇ *Fig.* Cela tient de la sorcellerie : c'est inexplicable, extraordinaire.

SORCIER, IÈRE [sɔʀsje, jɛʀ]. *n.* (XIIe; *sorcerius,* VIIIe; lat. pop. °*sortiarius* « diseur de sorts », du lat. *sors*). ♦ 1° Personne qui pratique une magie de caractère primitif, secret et illicite (sorcellerie). V. **Envoûteur, magicien.** *Les sorciers du moyen âge passaient pour avoir fait un pacte avec le diable.* « *Sorciers inconnus qui provoquaient à leur gré les orages* » (GENEVOIX). *Les sorciers des sociétés primitives.* « *Le sorcier se croit un être surnaturel. Chez quelques peuples, il l'est par droit de naissance, la profession étant héréditaire* » (RIBOT). — *La sorcière des contes de fées.* — *L'apprenti* sorcier. — *Herbe aux sorcières :* plante *(Onagrariacées)* vivace, à fleurs blanches ou rosées; verveine. ◇ *Loc. fig. Chasse aux sorcières* (v. 1950-55; express. trad. de l'anglo-amér.). Poursuite systématique par un gouvernement ou un parti de ses opposants politiques; persécution organisée. ♦ 2° *Par anal.* et *fam. (Vieille) sorcière :* femme vieille, laide ou méchante, bizarrement accoutrée. « *Une sorcière fardée, la bouche comme un marécage insalubre, les cheveux comme une chaise dépaillée* » (MORAND). ♦ 3° *Loc. fig. Il ne faut pas être sorcier pour* (faire qqch.), ce n'est pas difficile. ◇ *(D'une chose) Fam.* et *adj. Ce n'est pas bien sorcier :* ce n'est pas bien difficile. V. **Malin.** « *Ce n'est pourtant pas sorcier ce que je vous demande, reprit Mme Bavoil* » (HUYSMANS).

SORDIDE [sɔʀdid]. *adj.* (1495; lat. *sordidus,* de *sordes* « saleté »). ♦ 1° D'une saleté repoussante, qui dénote une misère extrême. V. **Dégoûtant.** « *Les sordides masures au visage couvert de suie* » (DUHAM.). ♦ 2° *Fig.* Qui est bassement, honteusement intéressé, d'une mesquinerie ignoble. *Avarice sordide.* « *La vieille bourgeoisie française est connue dans le monde entier pour l'esprit d'intérêt sordide qu'elle apporte au mariage* » (R. ROLLAND). — *Crime sordide.* ⊗ ANT. Propre. Désintéressé, généreux, noble.

SORDIDEMENT [sɔʀdidmɑ̃]. *adv.* (1550; de *sordide).* D'une manière sordide, dans la plus grande avarice. *Vivre sordidement.*

SORDIDITÉ [sɔʀdidite]. *n. f.* (1573; de *sordide). Littér.* ♦ 1° Caractère de ce qui est sordide, très sale. ♦ 2° Avarice, mesquinerie révoltante. ⊗ ANT. Propreté; désintéressement.

SORE [sɔʀ]. *n. m.* (1842; gr. *sôros* « tas »). *Bot.* Amas de sporanges sous la feuille d'une fougère. ◇ HOM. *Saur. Sort; sors,* sort (formes du v. *sortir*).

SORGHO [sɔʀgo]. *n. m.* (1553; it. *sorgo,* probabl. du lat. *syricus* « de Syrie »). Graminée des pays chauds, originaire des régions tropicales. *Le sorgho commun est utilisé comme fourrage. Sorgho doura* (gros mil), céréale d'Afrique et d'Asie, qui sert aussi à faire de la bière (On écrit aussi *sorgo).* V. **Kaoliang.**

SORITE [sɔʀit]. *n. m.* (1558; lat. *sorites,* du gr. *sôreitês). Log.* Raisonnement composé d'une série de propositions agencées de telle sorte que l'attribut de chacune devienne le sujet de la suivante, jusqu'à la dernière (conclusion) qui a pour sujet le sujet de la première proposition, et pour attribut l'attribut de l'avant-dernière *(Tout A est B, or tout B* *est C, or tout C est D, donc tout A est D).* V. aussi **Syllogisme.**

SORNETTE [sɔʀnɛt]. *n. f.* (v. 1420; p.-ê. de l'a. fr. *sorne* « raillerie » ; Cf. Sournois). Vieilli *(Surtout plur.).* Propos frivoles et creux ; affirmations qui ne reposent sur rien. V. **Baliverne.** *Conter, débiter des sornettes.* « *Ceux qui ne s'intéressent plus qu'aux vieilleries ou qu'aux sornettes* » (GIDE).

SORORAL, ALE, AUX [sɔʀɔʀal, o]. *adj.* (1752, dr. ; *sororel,* 1533 ; du lat. *soror, sororis* « sœur »). *Vx* ou *didact.* Relatif à la sœur, aux sœurs. *Héritage sororal.*

SORT [sɔʀ]. *n. m.* (1080 ; lat. *sors, sortis*). ♦ 1° Effet magique, généralement néfaste, dont une personne, une chose est l'objet, et qui résulte de certaines opérations de sorcellerie. V. **Charme, ensorcellement, maléfice, sortilège.** *Jeter un sort à qqn.* V. **Ensorceler.** « *Les sorts jetés par des magiciens ou des bergers* » (HUYSMANS). ♦ 2° (v. 1120). Ce qui échoit, ce qui doit arriver (à qqn) du fait du hasard. des circonstances ou d'une prédestination supposée ; situation qui est faite ou réservée (à une personne ou à une classe sociale). V. **Destin, destinée, fortune.** *Les infirmités sont le sort de la vieillesse.* V. **Lot.** *Améliorer le sort du prolétariat.* V. **Condition.** *Le sort qui l'attend.* V. **Avenir.** *Avoir confiance dans son sort.* V. **Étoile.** *Abandonner qqn à son triste sort. Être maître du sort de qqn.* « *Soissons,... où se décida le sort de la nation française, au sixième siècle* » (NERVAL). ◊ Par ext. *(choses)* Issue. *Le hasard décide du sort des batailles.* — FAIRE UN SORT À QQCH. : le mettre en valeur. « *Un de ces types d'autrefois qui prennent des temps interminables et qui font un sort à chaque phrase* » (MAUROIS). — Fam. *Faire un sort à une chose :* en finir avec elle d'une manière radicale. *Faire un sort à une bouteille* (la boire). ♦ 3° Puissance imaginaire qui est supposée fixer le cours de la vie ; cause fictive de ce qui arrive par un concours fortuit de circonstances (souvent personnifiée). V. **Chance, destin, destinée, fortune, hasard.** « *Ce fut un désastre. Le sort tourna devant Pavie* » (BAINVILLE). *Conjurer le mauvais sort.* V. **Adversité, fatalité.** *Les coups, les caprices du sort. Par une ironie du sort.* — (Juron) *Coquin de sort !* « *Bon sang de bon sort, est-ce qu'il se sentait déjà vieillir,...?* » (ARAGON). ♦ 4° (v. 1150, *geter son sort* « jeter les dés »). Décision, désignation par le hasard *(opposé à choix, élection).* *Le suffrage par le sort à la nature de la démocratie* » (MONTESQ.). — *Tirer au sort* (1636) : décider, désigner par le recours au hasard (Cf. Tirer à la courte paille*). *Le tirage au sort,* qui désignait les jeunes gens pour le service militaire. — *Le sort en est jeté :* la décision est prise irrévocablement (Cf. loc. lat. *Alea jacta est :* les dés sont jetés). ◊ HOM. *Saur. Sore ; sors, sort* (formes du v. *sortir*).

SORTABLE [sɔʀtabl(ə)]. *adj.* **I.** (1395 ; de *sortir* 3, pour *sortissable,* antér.). *Vx.* Propre à pourvoir, de nature à convenir. V. **Convenable, décent.** « *Un parti sortable pour leur fille* » (BALZ.). **II.** *(Néol. ; de sortir* 1). Que l'on peut sortir, montrer en public. *Vêtements sortables.* V. **Mettable.** — *(Personnes)* Qui présente bien, a de bonnes manières. *Tu n'es vraiment pas sortable.*

SORTANT, ANTE [sɔʀtɑ̃, ɑ̃t]. *adj.* (1835 ; « qui ressort », XVIIᵉ ; de *sortir*). ♦ 1° Qui sort (I, A, 8°), se produit par le fait du hasard. *Les numéros sortants* (au sort, au jeu, à la loterie). V. **Gagnant.** ♦ 2° Qui cesse de faire partie d'un corps, d'une assemblée. « *Le Dr Barbentane était conseiller sortant. Serait-il réélu?* » (ARAGON). ♦ 3° Subst. *Les sortants,* les personnes qui sortent d'un lieu. *Les entrants et les sortants se bousculaient à la porte.*

SORTE [sɔʀt(ə)]. *n. f.* (1538 ; *sourte,* 1500 ; « société, compagnie », 1310 ; du lat. *sors* « sort ; rang, condition, catégorie »). ♦ 1° Manière d'être ; ce qui permet de caractériser un objet individuel parmi d'autres ; ensemble d'objets ainsi caractérisés. V. **Espèce, forme, genre ; classe, groupe.** *Plusieurs sortes d'objets de même qualité. Cette sorte de gens.* V. **Catégorie.** *Choses de même sorte.* V. **Ordre, nature.** — TOUTE SORTE DE. Vieilli (indétermination) « *La frayeur du voyage lui avait fait commettre toute sorte d'incongruités* » (LOTI). — TOUTES SORTES DE. Mod. (Multiplicité) « *La fontaine... était peuplée de toutes sortes de figures remplissant toutes sortes de vases* » (FROMENTIN). ♦ 2° UNE SORTE DE... : se dit d'une personne, d'une chose qu'on ne peut qualifier exactement, et qu'on rapproche d'une autre. V. **Espèce, façon ; manière.** « *Une sorte de poésie se dégageait de tout son être...* » (GIDE). « *Une sorte de matamore, couvert de chaînes d'or* » (STENDHAL). ♦ 3° (Dans quelques express.). Façon d'accomplir une action. V. **Manière.** — Vieilli. *De (la) bonne sorte, de belle sorte :* comme il faut, et *par iron.* sévèrement. — Mod. DE LA SORTE : de cette façon. V. **Ainsi.** « *Un homme n'agit pas de la sorte !* » (MONTHERLANT). — DE SORTE À... (et *l'inf.*) : de manière à. « *Tu n'as pas toujours agi de dissiper leur malheureuse erreur* » (FRANCE). — EN QUELQUE SORTE : d'une certaine manière, et *par ext.* presque, pour ainsi dire. « *Une vieille ridée, en quelque sorte momifiée* » (GAUTIER). — Vieilli. *En aucune sorte :* d'aucune façon. *[...]* DE (TELLE) SORTE QUE. *(Conséquence) :* de manière

que, si bien que. « *Bafoué de telle sorte que, malgré sa douceur, il se fâcha* » (FRANCE). — EN SORTE QUE... Vieilli ou *littér.* (Conséquence) « *Voilée, en sorte que je ne pouvais voir son visage* » (MUSS.). — (Finalité ; avec le subj.) « *Fais en sorte que leurs chambres soient en ordre, le déjeuner soit bon* » (MÉRIMÉE). V. **Arranger** (s'arranger pour...), **tâcher** — Littér. *Faire en sorte de...* (et l'inf.). « *Il fit en sorte d'assoupir l'affaire* » (ROUSS.).

SORTIE [sɔʀti]. *n. f.* (1400 ; de *sortir* 1). **I.** Action de sortir. ♦ 1° Action de quitter un lieu, moment où des personnes sortent. *Depuis ma sortie du pays.* V. **Départ.** *La sortie des élèves, des ouvriers se fait à 6 heures, Attendre qqn à la sortie.* — (Des théâtres, lorsque les spectateurs sortent). — *Porte de sortie.* ◊ Action de quitter la scène. *Sortie d'un personnage.* « *Ce qu'on nomme en style de coulisse une fausse sortie* » (BALZ.). ♦ 2° Attaque militaire pour sortir d'un lieu. *Les assiégés ont tenté une sortie.* — Mission de combat d'un avion. *Avion qui fait une sortie.* — Par anal. *Le gardien de but a fait une sortie imprudente.* ◊ *Fig.* Attaque verbale. V. **Invective.** *Faire une sortie contre qqn.* — Par ext. Parole incongrue qui échappe à qqn. « *Elle est capable de n'importe quelle sortie devant les gens* » (SARRAUTE). ♦ 3° Action de sortir pour faire qqch., *spécialt.* pour se distraire, faire une course. *Une sortie pour prendre l'air.* V. **Balade, échappée** *(vx),* **promenade, tour.** *Jour de sortie d'un domestique, son jour de congé.* Fam. ÊTRE DE SORTIE. *(Personnes)* Avoir le projet de sortir (I, A, 3°). *Aujourd'hui, nous sommes de sortie.* — (Choses, 1925) : faire défaut. *L'argent est de sortie.* ♦ 4° Le fait de sortir d'un pays (pour des marchandises d'exportation). *Sortie des produits fabriqués. Droit de sortie* (douane). *Sortie de devises.* ♦ 5° Le fait d'être produit, livré au public. *La sortie d'un nouveau modèle de voiture. La sortie d'un livre.* V. **Publication.** ♦ 6° Somme dépensée. V. **Crédit, dépense.** *Il y a plus de sorties que de rentrées ce mois-ci.* ♦ 7° Action de s'écouler, de s'échapper, en parlant des fluides. *Sortie des gaz.* ♦ 8° Techn. Réponse d'un mécanisme à la commande. *Signal de sortie.* — Se dit des résultats qui sortent d'une calculatrice, d'une machine mécanographique. — Édition* en clair de ces résultats. **II.** Porte ; endroit par où les personnes, les choses sortent. « *C'était bien la sortie, mais on ne pouvait sortir. L'arche était fermée d'une forte grille...* » (HUGO). *Sortie de secours. Sortie de garage. Gagner la sortie. Par ici la sortie!* — *À la sortie du village. Les sorties de Paris sont encombrées le samedi.* **III.** Par ext. *Sortie de bal* (vx), vêtement chaud porté sur la robe de bal pour sortir. — *Sortie de bain,* peignoir ou vêtement en tissu éponge que l'on porte après le bain. ◊ ANT. Entrée.

SORTILÈGE [sɔʀtilɛʒ]. *n. m.* (1213 ; lat. médiév. *sortilegium,* du lat. *sortilegus* « qui lit le sort », devin). Artifice de sorcier. V. **Charme, incantation, sort.** *Sortilège malfaisant.* V. **Maléfice.** *Soumettre par un sortilège.* V. **Ensorceler.** ◊ Action, influence qui semble magique. « *Il se sentait délivré d'elle, de ces sortilèges* » (MART. DU G.).

1. SORTIR [sɔʀtiʀ]. *v.* ; conjug. *partir* (XIIᵉ, « échapper », rare av. XVIᵉ ; a remplacé *issir* ; p.-ê. de *sortir* 3, ou du lat. pop. **surtus,* class. *surrectus,* de *surgere* « jaillir »). **I.** *V. intr.* SORTIR DE, SORTIR. ❶ Aller hors du lieu, du dedans au-dehors. ♦ 1° Aller hors (d'un lieu), aller des êtres animés. *Sortir de chez soi.* PROV. *La faim* fait sortir le loup du bois.* « *Nous n'en sortirons que par la puissance des baïonnettes* » (MIRABEAU). V. ◊ *Absolt.* Quitter une maison et ses occupants. V. **Absenter** (s'), **partir, retirer** (se). Cf. Prendre la porte*. *Sortir discrètement.* V. **Éclipser** (s'), **esquiver** (s'). *Faire sortir la foule.* V. **Évacuer.** *Sortez! je vous chasse.* V. **Décamper, déguerpir, déloger** (Cf. Débarrasser le plancher*). ♦ 2° (XVIᵉ). Aller dehors. *Personne ne sort que le temps.* Se promener. *Sortir en auto.* ♦ 3° Aller hors de chez soi pour se distraire (en visite, dans le monde, au spectacle). V. **Sortie** (3°). *Elle sortait peu. Nous sortons tous les soirs.* ♦ 4° Aller hors de..., en parlant d'objets en mouvement, de fluides, d'ondes. « *D'une des cheminées sortaient des étincelles* » (FRANCE). V. **Échapper** (s'), **partir.** Impers. *Il en sortait des étincelles.* « *L'eau sort* (de la source) *à la température de 18°* » (ROMAINS). V. **Jaillir, sourdre.** « *De sa fourrure... sort un parfum si doux* » (BAUDEL.). V. **Dégager** (se), **exhaler** (s'). « *Malheureuse, quel nom est sorti de ta bouche?* » (RAC.). ♦ 5° Aller hors d'un contenant, d'un lieu, en parlant des choses qui doivent s'y maintenir. *Rivière qui sort de son lit.* V. **Déborder, répandre** (se). *Véhicule qui sort des rails* (V. **Dérailler**). *Balle qui sort du terrain, en touche*. Porte qui sort de ses gonds.* Loc. fig. *Sortir de ses gonds* (Cf. Être hors de soi [de colère]). V. **Gond.** ◊ *Fig.* Ne plus être, ne plus appartenir à. *Cela m'est sorti de la tête :* je l'ai oublié. *Objet, secret qui sort d'une famille, qui ne lui appartient plus.* « *Est-ce que ça doit sortir de la famille?* » (ZOLA). — *Cela sort de l'ordinaire.* ♦ 6° (1501). Apparaître en se produisant à l'extérieur. *Plantes qui sortent* *de terre.* V. **Pousser; percer, poindre.** ◇ *Fig.* Être livré au public, mis dans le commerce. *Article qui vient de sortir.* V. **Nouveauté.** — Être publié, édité. V. **Paraître.** *Son livre est sorti.* ♦ 7° *Par ext.* Apparaître en totalité ou en partie hors de qqch. V. **Saillir.** « *Du long fourreau... sortaient deux bras ronds* » (DAUD.). *Fam.* et *fig.* *Les yeux lui sortent de la tête,* se dit d'une personne en colère. ♦ 8° Se produire (au jeu, au tirage au sort). *Chiffre qui n'est sorti qu'une fois sur mille coups.* — *Par anal.* *Question, sujet qui sort à un examen.* ❻ Cesser d'être dans tel lieu, dans tel état, de faire telle chose. ♦ 1° Quitter le lieu d'une occupation. *Sortir de table,* se dit d'une personne ayant fini de manger. *Absolt.* *Écolier, ouvrier qui sort à six heures :* finit son travail à six heures. ♦ 2° Quitter (une occupation). *Sortir d'un repas, d'un entretien. Fam. Venir à bout d'une occupation. J'ai trop à faire, je n'en sors pas.* — *Fam.* (Avec l'inf.) *Sortir de travailler.* V. **Venir** (de). « *Tu vas en prendre un verre avec moi, dit-elle.* — *Non, merci, je sors d'avaler le mien* » (ZOLA). *Sortir d'en prendre* (fam.), n'être pas près de refaire ce qui a été pénible. *Merci bien, je sors d'en prendre!* ♦ 3° (1538). Quitter (un état). faire ou voir cesser (une situation). *Sortir de la vie* (littér.). V. **Mourir.** *Sortir de l'enfance.* « *Payer toutes ses dettes et sortir de la gêne* » (SUARÈS). *Sortir de maladie.* V. **Guérir.** *Sortir d'un mauvais pas.* V. **Dégager** (se), **tirer** (se). Cf. **S'en sortir** (ci-dessous). — (Sans art.) *Sortir d'affaire, d'embarras. Il en sortira.* — (Avec un attribut) *Sortir indemne d'un accident.* ◇ Abandonner (un comportement naturel, habituel). « *Les hommes sont parfois capables de sortir de leur naturel apparent* » (DUHAM.). « *Il n'est point sorti... de sa froideur habituelle* » (STENDHAL). V. **Départir** (se). — SORTIR DE SOI : devenir un autre, temporairement; *spécialt.* Cesser de s'intéresser uniquement à soi. ♦ 4° Ne pas se tenir à (une chose fixée), passer outre. V. **Dévier, écarter** (s'), **éloigner** (s'). « *La noblesse, la fortune, l'argent, les titres, elle ne sortait pas de là* » (DAUD.). *Sortir d'un sujet. Sortir de la légalité.* V. **Transgresser.** *Sortir de son rôle.* V. **Déborder, outrepasser.** — (*Choses*) Cesser de faire partie de..., d'être concerné par...; être en dehors de... *Cela sort ma compétence.* V. **Échapper** (à). *Sortir de l'ordinaire,* n'être pas ordinaire. ❼ Venir, être issu de... ♦ 1° (1499). Avoir son origine, sa source dans. V. **Naître** (de), **provenir, venir** (de). « *Combien de saints,... de papes, sont sortis du peuple* » (ROMAINS). *Fam.* *Ça sort du cœur!* c'est direct et sincère (paroles). — *Impers. Il n'est rien sorti de mes recherches, mes recherches n'ont rien produit. Que va-t-il en sortir?* V. **Résulter.** ♦ 2° (1640). Avoir pour ascendance. *Sortir d'une famille distinguée. Fam. Se croire sorti de la cuisse* de Jupiter. ◇ Avoir été formé (quelque part). *Ingénieur breveté qui sort d'une école. Nouvellement sorti de l'université* (Cf. Frais émoulu*). *Officiers sortis du rang.* ◇ *Fig.* (1715) *D'où sort-il?* se dit à propos d'une personne dont l'ignorance ou les manières étonnent, choquent. ♦ 3° Avoir été fait, fabriqué (quelque part). *Des robes qui sortent de chez les grands couturiers.*

II. *V. tr.* ♦ 1° (XVI°). Mener dehors (les êtres qui ne peuvent sortir seuls). *Sortir un enfant, un malade. Sortir son chien.* — *Fam.* Accompagner (qqn) au spectacle, dans le monde..., en parlant de celui qui a l'initiative de cette sortie. *Mari qui sort sa femme. Sortir un ami de province.* « *Elle pouvait être sans honte, gardée chez soi, sans lassitude* » (HUYSMANS). ♦ 2° Mettre dehors (qqch.), tirer (d'un lieu). « *Sortir ma voiture de la grange* » (ST-EXUP.). *Sortir un objet de sa poche, d'une boîte.* V. **Extraire.** — Dégager (qqn) d'un lieu dont il ne peut sortir seul. *Sortir un blessé des décombres.* ♦ 3° *Pop.* Faire sortir, expulser (qqn). V. **Vider** (Cf. Jeter dehors). *À la porte! Sortez-le! Se faire sortir* (Cf. *pop.* Virer). Éliminer (un concurrent, une équipe). ♦ 4° Faire sortir d'un état, d'une situation. *Je vais vous sortir d'affaire.* V. **Tirer.** *Il faut le sortir de là.* — *Cela nous sortira de l'ordinaire, nous changera.* — *Pronom.* SE SORTIR *d'une situation, par ses propres efforts.* V. **Tirer** (se). « *Le jeune roi aurait pu se sortir de ce mauvais pas* » (DANIEL-ROPS). — S'EN SORTIR : venir à bout d'une situation pénible, dangereuse. *Il « ne cessait de gémir : — Comment voulez-vous que je m'en sorte?* » (ROMAINS). ♦ 5° (*Néol.*). Produire pour le public, mettre dans le commerce. *Éditeur qui sort un livre.* V. **Publier.** ♦ 6° *Fam.* Dire, débiter. *Il nous en a sorti une bien bonne.* « *Si vous sortiez votre nouvelle théorie* » (GIDE).

◇ ANT. (du I) Entrer, rentrer. — (du II) Enfoncer, enfouir, enfermer, introduire, rentrer.

2. SORTIR [sɔʀtiʀ]. *n. m.* (XVI° ; du v. *sortir*). ♦ 1° *Vx* ou *littér.* L'action de sortir. « *Dès le sortir de ma première enfance* » (GIDE). ♦ 2° *Mod.* AU SORTIR DE : en sortant, à la sortie (d'un lieu). *Au sortir du lit* (V. **Saut**). — En sortant (d'un état), d'une situation). V. **Fin** (à la fin). *Au sortir de l'hiver.* « *J'ai connu la pauvreté à dix-huit ans, au sortir de l'aisance* » (CAMUS). — En quittant (une occupation, le lieu d'une occupation). *Au sortir d'un entretien.* V. **Issue.**

3. SORTIR [sɔʀtiʀ]. *v. tr.* (1450; « tirer au sort », v. 1150; lat. *sortiri* « tirer au sort »). V. **Sortable.** *Dr.* Obtenir. *La sentence sortissait son plein et entier effet.*

S.O.S. [ɛsoɛs]. *n. m.* (déb. XX° ; suite de trois lettres de l'alphabet Morse [trois points, trois traits, trois points] choisies pour la simplicité du signal). Un des signaux de détresse, adopté comme signal international en 1906. *Envoyer, lancer un S.O.S.* ◇ *Par ext.* Se dit de tout appel à secourir d'urgence des personnes en danger. *S.O.S.! au secours!* — *Fam.* Demande pressante d'argent. *J'ai envoyé un S.O.S. à mes parents.*

SOSIE [sɔzi]. *n. m.* (1638, répandu 1668 ; de *Sosie,* nom de l'esclave d'Amphitryon dont Mercure prend l'aspect). Personne qui a une parfaite ressemblance avec une autre. *Être le sosie de qqn. C'est votre sosie.*

SOSTENUTO [sɔstenuto]. *adv.* (1846; mot it. « soutenu »). *Mus.* De façon égale et soutenue.

SOT, SOTTE [so, sɔt]. *adj.* et *n.* (XII° ; o. i.). ♦ 1° *Vieilli* ou *région.* Qui a peu d'intelligence et peu de jugement. V. **Bête, borné, imbécile, idiot, inintelligent, stupide.** « *On n'est pas jolie quand on est aussi sotte* » (LÉAUTAUD). « *J'espère que tu ne me crois pas assez sot pour me fâcher* » (MUSS.). — Privé momentanément d'intelligence, de jugement (du fait de la surprise, de l'embarras...). V. **Confus, déconcerté.** *Se trouver sot, tout sot.* V. **Penaud.** — *Fam.,* avec un sens affaibli. *Qu'il est sot!* V. **Bêta.** ◇ N. « *Un sot trouve toujours un plus sot qui l'admire* » (BOIL.). *N'être qu'un sot.* V. **Crétin, niais.** *Triple sot! Un jeune sot.* V. **Béjaune, dadais.** *Jeune sotte.* V. **Pécore, péronnelle.** — *Fam. Petit sot, grand sot,* se dit de nos jours en s'adressant à un enfant qui a commis une « sottise ». « *Elle faillit étrangler... sa gouvernante... qui l'avait appelée petite sotte* » (GOBINEAU). ♦ 2° (*Choses*). Qui ne dénote ni intelligence, ni jugement. V. **Absurde, inepte, ridicule.** « *Toutes les fidélités, celle à soi-même est la plus sotte* » (GIDE). « *Dans un monde de voleurs, il est sot d'être honnête* » (ALAIN). — PROV. *Il n'y a pas de sot métier*. ♦ 3° *Hist. litt.* (XV°). Personnage de fou, de bouffon; acteur jouant dans les soties du moyen âge. « *Le fameux jongleur qui fonda le théâtre des Enfants-sans-Souci et prit le premier le titre de Prince des Sots...* » (NERVAL). ◇ ANT. Avisé, fin, habile, intelligent, spirituel; brillant, éveillé. — HOM. Saut, sceau, seau.

SOTCH [sɔtʃ]. *n. m.* (XX° ; mot dial. du rad. prélatin °*tsotto* « trou, fosse »). *Géogr.* Dans les Causses, Nom donné à de grandes dépressions fermées. V. **Doline.**

SOTÉRIOLOGIE [sɔteʀjɔlɔʒi]. *n. f.* (1871 ; du gr. *sôterion* « salut », et -*logie*). *Didact.* Doctrine du salut par un rédempteur.

SOTIE [sɔti]. *n. f.* (1190; « sottise », XII° ; de *sot*). *Hist. litt.* Farce de caractère satirique jouée par des acteurs en costume de bouffon, représentant différents personnages d'un imaginaire « peuple sot », allégorie de la société du temps (On écrit aussi *sottie*). « *Le jeu du prince des sots... Sottie, moralité et farce* », de Pierre Gringoire (1512).

SOT-L'Y-LAISSE [soliɛs]. *n. m. invar.* (1798; de [*le*] *sot l'y laisse*). Morceau à la chair très fine, de chaque côté de la carcasse d'une volaille, au-dessus du croupion (assez peu apparent pour que « le sot l'y laisse » par ignorance).

SOTTEMENT [sɔtmã]. *adv.* (XII° ; de *sot*). D'une manière sotte, comme un sot. V. **Bêtement, étourdiment, stupidement.** « *Perdant tout à fait la tête, étourdiment, sottement, je pris la fuite* » (FROMENTIN).

SOTTISE [sɔtiz]. *n. f.* (XIII° ; de *sot*). ♦ 1° Défaut du sot (1°) ; manque d'intelligence et de jugement. V. **Bêtise, idiotie, imbécillité, stupidité.** « *Histoire de l'esprit humain, histoire de la sottise humaine! comme dit M. de Voltaire* » (FLAUB.). *Avoir la sottise de..., être assez sot pour.* « *J'avais la sottise de le prendre à la lettre* » (CHATEAUB.). ♦ 2° Manifestation de ce défaut, parole ou action qui dénote peu d'intelligence. *Dire, écrire des sottises.* V. **Ânerie, absurdité, baliverne, bêtise...** *Faire, commettre une sottise.* V. **Bévue, faute, maladresse** (Cf. Faire des siennes*, en faire de belles*). « *Il y a une foule de sottises que l'homme ne fait pas par paresse* » (HUGO). ◇ *Spécialt.* Maladresse, acte de désobéissance d'enfant. *Il faisait « derrière son dos toutes les sottises possibles; il cassait les jouets, renversait l'eau* » (R. ROLAND). ♦ 3° *Par ext.* Mots injurieux. « *Dire des sottises aux petites filles,* » (SAND). ◇ ANT. Finesse, intelligence. Prouesse.

SOTTISIER [sɔtizje]. *n. m.* (fin XVII° ; de *sottise*). Recueil de sottises, et spécialement de sottises ou de platitudes échappées à des auteurs connus. V. **Bêtisier.**

SOU [su]. *n. m.* (1283 ; *solt,* XI° ; *sol,* XII° ; bas lat. *soldus* « pièce d'or » ; de *solidus* « massif ». V. **Solide.** *Vx.* Monnaie de billon, de nickel (*ancien,* d'or) valant le vingtième de la livre. V. **Denier, liard.** ◇ *Mod.* Le vingtième du franc ou cinq centimes. « *Avec la première pièce de vingt sous de son enfance, il avait acheté une bourse de dix-neuf sous dans laquelle il avait mis le sou qui lui restait* » (GONCOURT). *Pièce de quarante sous, de cent sous. Il était encore en France ; de cent sous, de cinq anciens francs. [Au Canada]; centième partie de l'anc. piastre en usage au Québec.] *Fam.* Cent* (2). *Pop. Un trente sous.* Pièce de vingt-cinq cents. « *Il sortit même plusieurs trente-sous à la vue de tout le monde* » (G. GUÉVREMONT).

— Loc. *Propre comme un sou neuf,* d'une propreté méticuleuse (Cf. *pop.* Nickel). *Appareil* (ou *machine*) *à sous,* appareil où l'on jouait des pièces de monnaie. — Loc. div. *Un sou est un sou,* il faut économiser, ne pas gaspiller. *Compter, économiser sou à sou, sou par sou,* petit à petit. *Jusqu'au dernier sou. N'avoir pas le sou,* pas du tout d'argent (pas un radis*, pas le rond*). *Être sans le sou,* sans argent. — Subst. *Un sans-le-sou.* — *Un bijou de quatre sous,* insignifiant, sans valeur. *L'Opéra de quat'sous,* titre français d'une œuvre de Brecht. — « *Deux compagnons pas compliqués pour un sou...* » (ROMAINS), pas compliqués du tout. V. **Nullement.** *S'embêter à cent sous de l'heure**. ◇ (Au plur.) *Fam.* Argent. *Être près** *de ses sous. Ça fait des sous!* de l'argent. — *Question de gros sous,* d'intérêt. *Parler gros sous.* ◇ HOM. *Soûl; sous; soue.*

SOUAHÉLI, IE [swaeli]. *adj.* et *n.* (1924; de l'arabe *sawâhil,* par l'angl.). Se dit d'une langue bantoue parlée sur la côte du Tanganyika et dans l'île Zanzibar, et écrite depuis le XVIᵉ siècle en caractères arabes. *Langue souahélie.* N. *Le souahéli.* On écrit aussi *souahili,* ou *swahéli.*

SOUBASSEMENT [subasmã]. *n. m.* (1362; de l'a. fr. *sous-basse,* de *sous,* et *bas*). ♦ 1º Partie inférieure d'une construction sur laquelle porte l'édifice. *Le soubassement repose sur les fondations.* V. **Assiette, assise, base.** — *Soubassement d'une colonne, d'une statue.* V. **Piédestal, socle, stylobate.** ◇ Partie inférieure des murs d'un appartement, d'une fenêtre. « *Des murs nus... avec un soubassement marron* » (Cl. SIMON). ♦ 2º *Géol.* Socle sur lequel reposent les couches qui le recouvrent. ♦ 3º *Fig.* Base. « *Les obscurs et sommeillants soubassements organiques des instincts* » (PÉGUY).

SOUBRESAUT [subrəso]. *n. m.* (v. 1410; *soubersault,* équit., 1369; prov. *sobresaut,* ou esp. *sobresalto,* de *sobre* « sur », et *salto* « saut »). ♦ 1º Saut brusque et imprévu; à-coup, secousse d'un véhicule. V. **Saccade, trépidation.** *Des « pierres énormes qui nous causaient d'atroces soubresauts* » (GAUTIER). ♦ 2º Mouvement convulsif et violent (d'un corps, d'une partie du corps). V. **Frisson, haut-le-corps, tressaillement.** « *La comtesse eut un soubresaut qui la souleva sur sa chaise* » (MAUPASS.).

SOUBRETTE [subrɛt]. *n. f.* (1640; prov. *soubreto,* de *soubret* « affecté », de la. prov. *sobrar* « être de trop », du lat. *superare*). Suivante ou servante de comédie. « *Une soubrette est à vrai dire le grain de sel des comédies* » (GAUTIER). ◇ *Fam.* Bonne, femme de chambre aimable et délurée. « *Donnez une dizaine de mille francs à la soubrette* » (BALZ.).

SOUBREVESTE [subrəvɛst(ə)]. *n. f.* (XVᵉ; it. *sopravesta* « veste de dessus »). *Ancien.* Longue veste sans manches (des mousquetaires, des chevaliers de Malte).

SOUCHE [suʃ]. *n. f.* (XIVᵉ; *çoche,* XIIᵉ; gaul. **tsukka;* Cf. all. *Stock* « bâton »). ♦ 1º Ce qui reste du tronc, avec les racines, quand l'arbre a été coupé. *Brûler de vieilles souches.* — Loc. *Rester, dormir comme une souche,* inerte, immobile. ◇ Pied de la plante (racines et organes associés). *Souche de vigne.* V. **Cep.** ♦ 2º *Fig.* (1376). Personne qui est à l'origine d'une famille, d'une suite de descendants, d'une lignée (dans qques expressions). *Faire souche,* être à la souche d'une famille, avoir des descendants. *De vieille souche, de vieille famille.* — Dr. *Partage par souches,* par héritier représenté, dans le cas où un héritier a plusieurs représentants (*opposé à* partage par tête***). ◇ *Biol.* Ensemble d'organismes d'une même espèce et provenant d'un même ancêtre (Syn. lignée). — Microbiol. *Souches de bactéries, de virus.* V. **Clone.** ◇ Origine (d'une famille ethnique, linguistique). *Mot de souche latine.* Par appos. *Mot souche.* ♦ 3º (1829). Partie d'un document qui reste fixée à un registre, un carnet, quand on en a détaché la partie à remettre à l'intéressé, et qui permet le contrôle par un raccord. V. **Talon, volant.** *Carnet, chéquier à souche(s).* « *Un cahier à souches dont les feuilles se détachent* » (DAUD.). ♦ 4º *Archit.* Massif de maçonnerie servant de base à une construction. — Base des tuyaux d'une cheminée, sur un comble.

1. SOUCHET [suʃɛ]. *n. m.* (fin XIVᵉ; de *souche,* à cause des rhizomes de la plante). *Bot.* Plante herbacée (*Cypéracées*) poussant au bord de l'eau. *Souchet comestible* (dit amande de terre); *souchet à papier* (V. **Papyrus**).

2. SOUCHET [suʃɛ]. *n. m.* (1760; o. i.; de *souche,* à cause de sa forme trapue). Oiseau palmipède (*Anatidés*), canard migrateur au bec noir et très élargi à l'extrémité. Appos. *Canard souchet.*

SOUCHETTE [suʃɛt]. *n. f.* (déb. XXᵉ; de *souche,* parce qu'elle pousse sur les souches). Champignon basidiomycète à lames, à pied coriace.

SOU-CHONG [suʃɔ̃]. *n. m.* (1846; du chin. *siao-chung,* par l'angl.). Thé noir de Chine.

1. SOUCI [susi]. *n. m.* (fin XIVᵉ; *soussi,* 1200; de *soucier*). ♦ 1º État de l'esprit qui est absorbé par un objet et que cette préoccupation inquiète ou trouble jusqu'à la souffrance morale. V. **Peine, soin; alarme; agitation, anxiété, contrariété, inquiétude, obsession, tourment, tracas.** *Être accablé de soucis. Oublier ses soucis. Cela vous énragerait bien des*

soucis. « *Tout lui était souci, chagrin, blessure* » (CHATEAUB.). « *Une quantité de soucis, dont la plupart sont de petites craintes, de petites angoisses* » (ROMAINS). ◇ Vieilli. *Le souci,* l'inquiétude, l'angoisse que causent les préoccupations. Mod. *Se faire du souci :* s'inquiéter. V. **Bile.** *Être sans souci.* V. **Insouciant, sans-souci.** ♦ 2º Attitude subjective d'une personne qui recherche un résultat; état d'esprit de qui forme un projet. V. **Préoccupation, soin; intérêt.** « *Les grands soucis de la vie des peuples* » (GIRAUDOUX). « *J'ai trop souci de la vérité* » (GIDE). — *C'est le dernier, le cadet de mes soucis :* cela m'est égal. ♦ 3º Ce qui s'empare de l'esprit pour le troubler ou l'inquiéter. V. **Désagrément, embarras, ennui;** *fam.* et *pop.* **Embêtement, emmerdement, empoisonnement.** *Cet enfant est un souci perpétuel pour ses parents.* « *Cet argent qui vous semble une bagatelle, est pour moi un cuisant souci* » (FRANCE). ◇ ANT. *Agrément, joie, plaisir.*

2. SOUCI [susi]. *n. m.* (1538; *soussie,* n. f., 1280; *sousicle,* 1334; altér., d'apr. *souci* [1], du bas lat. *solsequia* « tournesol »). Plante (*Composacées*) commune dans les champs. *Souci des jardins,* cultivé pour ses fleurs jaunes ou orangées. — Les fleurs de cette plante. ◇ *Souci d'eau, des marais,* le populage* ou le lysimaque*.

SOUCIER [susje]. *v. tr.* et *pron.* (v. 1240; du lat. *sollicitare.* V. **Solliciter**). I. *V. tr. Vx.* Causer de l'inquiétude à. V. **Ennuyer.** « *Je relève dans Proust : « Cela ne me souciait pas davantage ». Indéfendable, je crois bien* » (GIDE). II. *V. pron.* SE SOUCIER. ♦ 1º *Vx* ou *littér.* Se faire du souci. V. **Tourmenter** (se). ♦ 2º SE SOUCIER DE (surtout au négatif) : prendre intérêt à, avoir la préoccupation de. V. **Embarrasser** (s'), **inquiéter** (s'), **préoccuper** (se). *Il se soucie toujours des autres. Sans plus se soucier de rien. Je ne m'en soucie guère. Il s'en soucie comme de l'an quarante**, *comme de sa première chemise**. « *Elle qui s'en soucie comme un poisson d'une pomme* » (PROUST) : ne s'en soucie pas du tout. — *Se soucier de* (et inf.). « *En fait, elle se souciait fort peu de penser. Elle se souciait de manger, boire, chanter, danser* » (R. ROLLAND). — Vx ou littér. *Se soucier que* (et subj.). « *Sans se soucier Que le monde à ses pieds souffre, existe ou périsse* » (HUGO).

SOUCIEUSEMENT [susjøzmã]. *adv.* (1876; de *soucieux*). *Littér.* Avec inquiétude ou avec un soin particulier. « *Et déjà toute la montagne se prépare soucieusement à l'hiver* » (BARRÈS).

SOUCIEUX, EUSE [susjø, øz]. *adj.* (1530; *souciex,* 1280; de *souci* 1). ♦ 1º Qui est absorbé par le souci, troublé par l'inquiétude, l'appréhension. V. **Inquiet, préoccupé.** *Rendre soucieux. Air triste et soucieux.* V. **Chagrin, pensif, songeur.** ♦ 2º SOUCIEUX DE... : qui se préoccupe de. V. **Préoccupé.** « *Il m'écoute patiemment, soucieux de me marquer sa déférence* » (GIDE). *Des gens soucieux de leur seul repos.* — *Soucieux que* (et subj.). « *Peu soucieux qu'on nous ignore ou qu'on nous voie* » (VERLAINE). ◇ ANT. *Décontracté.*

SOUCOUPE [sukup]. *n. f.* (*Soutecoupe,* 1615; *souscoupe,* 1640; it. *sottocoppa,* d'apr. *sous-,* et *coupe*). Petite assiette qui se place sous une tasse, un gobelet (pour recevoir le liquide qui pourrait verser, poser la cuiller, etc.). — Loc. fig. *Faire des yeux comme des soucoupes :* les écarquiller. ◇ SOUCOUPE VOLANTE (1947; calque de l'amér. *flying saucer*) : objet volant d'origine inconnue, peut-être extra-terrestre. Cf. Objet volant non identifié (OVNI). *De nombreux témoins prétendent avoir vu des soucoupes volantes.*

SOUDABLE [sudabl(ə)]. *adj.* (1842; de *souder*). Qui peut être soudé.

SOUDAGE [sudaʒ]. *n. m.* (1459; de *souder*). Opération par laquelle on soude; son résultat. V. **Soudure.** *Soudage à plat; au chalumeau.*

SOUDAIN, AINE [sudɛ̃, ɛn]. *adj.* et *adv.* (attesté 1370 [mais antérieur]; lat. pop. **subitanus,* class. *subitaneus,* de *subitus.* V. **Subit**). I. *Adj.* Qui arrive, se produit en très peu de temps. V. **Brusque, imprévu, instantané, subit.** *Douleur soudaine et aiguë. Amour soudain* (Cf. Coup de foudre*). *Peur soudaine.* V. **Panique.** « *Il y a des morts si soudaines de jeunes filles qu'elles ressemblent à des assassinats de la Mort* » (GONCOURT). II. *Adv.* (*Soubdain,* 1538). Dans l'instant même (V. Aussitôt); d'un seul mouvement, sans transition ni retard. V. **Soudainement** (Cf. Tout d'un coup). « *Hier soir, soudain il s'est fâché* » (MAUROIS). « *Soudain retentit un glas rauque* » (GIDE).

◇ ANT. *Lent, prévu; graduel, progressif. Lentement, progressivement.*

SOUDAINEMENT [sudenmã]. *adv.* (1490; *sodainement,* 1150; de *soudain*). D'une manière rapide et imprévue; tout à coup. — REM. Alors que *soudain* (adv.) désigne la brusquerie, la rapidité d'un fait, *soudainement* caractérise la manière dont l'action se déroule. De « *rapides évolutions, où s'accomplissent soudainement des étapes décisives* » (L. de

BROGLIE). ◊ ANT. *Lentement; graduellement, progressivement.*
SOUDAINETÉ [sudɛnte]. *n. f.* (XIIIᵉ; de *soudain*). Caractère de ce qui est rapide et imprévu. V. **Brusquerie, rapidité.** « *Qualités du journaliste : le brillant et la soudaineté de la pensée* » (BALZ.). « *Mon dénuement et la soudaineté de cette chute* » (ROMAINS). ◊ ANT. *Lenteur.*

SOUDAN [sudã]. *n. m.* (XVᵉ; de l'arabe *soltân*). *Vx.* Sultan. ◊ HOM. *Soudant.*

SOUDANAIS, AISE [sudanɛ, ɛz]. *adj.* (1846; de *Soudan* — de l'arabe *bled es soudan* « pays des Noirs »). Du Soudan, zone climatique d'Afrique divisée en plusieurs régions : occidentale (Sénégal, Guinée), centrale, orientale ou égyptienne. ◊ De la république du Soudan. — *Subst. Les Soudanais* (On dit aussi SOUDANIEN, IENNE [sudanjɛ̃, jɛn]).

SOUDANT, ANTE [sudã, ãt]. *adj.* (1872; de *souder*) *Métall.* Se dit de la température du blanc vif à laquelle on porte le fer pour le souder. ◊ HOM. *Soudan.*

SOUDARD [sudaʀ]. *n. m.* (1407; *souldars*, 1356; de *soude* « solde »; Cf. Soudoyer). *Vx* ou *Hist.* Soldat mercenaire. ◊ *Mod.* et *littér.* (1654) Homme de guerre brutal, grossier. V. **Reître.** « *Les mauvais penchants du soudard : il était devenu brutal, buveur, fumeur* » (BALZ.).

SOUDE [sud]. *n. f.* (*Soulde*, 1527; lat. médiév. *soda*, arabe *suwwâd* « soude », II).
I. ♦ 1° (*Vx* comme T. de chim.). Substance alcaline riche en carbonate de sodium, obtenue en brûlant certaines plantes marines (V. **Salicorne**) imprégnées de sel. On dit aussi *Cendre de soude.* V. **Charrée.** ◊ (1806 : *soude artificielle*) *Cour.* Carbonate de sodium obtenu par divers procédés industriels, à partir du chlorure de sodium. *Cristaux de soude,* ou « cristaux » (V. **Sodé**). ♦ 2° *Soude caustique :* hydroxyde de sodium NaOH. *Lessive de soude :* solution de soude caustique. ♦ 3° (Ancienn. en *chim.,* et mod. en *pharm.* et *agric.*). *Bicarbonate, sulfate de soude :* de sodium.
II. *Bot.* Plante dicotylédone qui croît près des rivages et dont les tiges calcinées produisent de la soude (I, 1°). V. **Kali.**

SOUDÉ, ÉE [sude]. *adj.* (XVᵉ; V. **Souder**). ♦ 1° Uni par soudure. ♦ 2° *Didact.* (*Sodé*, 1268). Qui adhère. *Pétales soudés.* — *Fig.* Joint, uni. « *Penaud, (il) demeurait, les pieds soudés au plancher* » (COURTELINE).

SOUDER [sude]. *v. tr.* (1170; *solder*, 1150; lat. *solidare* « affermir », de *solidus.* V. **Solide**). ♦ 1° Joindre, réunir ou faire adhérer (des pièces d'une matière solide, *spécial.* des pièces métalliques) par fusion de parties en contact, par l'intermédiaire d'une composition fusible (V. **Braser**), ou par réaction chimique. *Souder des pièces d'acier.* V. **Aciérer.** *Souder du verre. — Fer à souder :* masse métallique fixée par une tige à un manche et chauffée pour faire fondre la soudure. *Lampe à souder* (V. **Chalumeau**). ♦ 2° *Didact.* Réunir par adhésion, faire adhérer. *Souder les parties d'une fracture. Pronom.* « *Organismes élémentaires distincts qui s'unissent, se soudent* » (Cl. BERNARD). — *Fig.* « *Les cœurs s'ouvrent sans défiance, ils se soudent tout de suite* » (LAMART.). ◊ ANT. *Dessouder. Diviser, rompre, séparer; concasser.*

SOUDEUR, EUSE [sudœʀ, øz]. *n.* (1313; de *souder*). ♦ 1° Ouvrier qui soude, spécialiste de la soudure. *Soudeur à l'arc électrique, au chalumeau. Soudeur en bijouterie.* ♦ 2° N. f. *Techn.* Machine à souder.

SOUDIER, IÈRE [sudje, jɛʀ]. *adj.* et *n.* (1796, n. f., adj., 1872; de *soude*). *Techn.* ♦ 1° Relatif à la soude (I), à sa production. ♦ 2° N. m. Ouvrier employé dans une fabrique de soude. ♦ 3° SOUDIÈRE (*n. f.*) : usine, fabrique de soude (carbonate de sodium).

SOUDOYER [sudwaje]. *v. tr.*; conjug. *aboyer* (1475; *soldoier,* XIIᵉ, de l'a. fr. *sold* « sou ». V. **Soldat**). ♦ 1° *Vx.* Payer une solde à (des gens de guerre). *Soudoyer une armée.* ♦ 2° *Mod.* (1751). S'assurer à prix d'argent le concours de (qqn). V. **Acheter, corrompre, stipendier.** « *Des hommes immoraux soudoyés par l'étranger* » (MICHELET).

SOUDURE [sudyʀ]. *n. f.* (1160; de *souder*). ♦ 1° Alliage fusible servant à souder les métaux. *Soudure à l'étain, au cuivre.* ◊ *Techn.* Plâtre servant aux raccords des enduits. ♦ 2° (v. 1300). *Didact.* Union, adhérence étroite (de deux parties). V. **Jonction.** *La soudure des épiphyses.* ♦ 3° *Cour.* (1390). Opération par laquelle on réunit deux corps solides, et *spécial.* deux métaux, de manière qu'ils forment une masse indivise. V. **Assemblage, soudage.** « *On voyait grésiller la petite flamme blanche de la soudure* » (ZOLA). — (1865). *Soudure autogène,* sans autre matière que les deux parties à souder. *Soudure à l'arc voltaïque. Soudure au chalumeau à hydrogène. Soudure du verre, du celluloïd.* ◊ *Par ext.* Partie soudée; façon dont les pièces métalliques sont soudées. *Tuyau dont la soudure se défait.* ♦ 4° *Fig.* Faire la soudure, satisfaire à la demande, aux besoins des consommateurs au moment où l'offre se fait le plus faible (avant une récolte, une importation, une rentrée). — *Par ext.* Assurer la transition entre deux systèmes ou deux personnes.

SOUE [su]. *n. f.* (1823; a. mot dial.; lat. médiév. *sutis,* mot gaul.). *Agric.* ou *région.* Étable à cochons (V. **Abri**). ◊ HOM. *Sou, soûl, sous.*

SOUFFLAGE [sufla3]. *n. m.* (1675; *soufflaige* « action de souffler », 1480; de *souffler*). ♦ 1° *Mar.* Doublage extérieur sur le bord d'un navire, pour augmenter la stabilité. *Soufflage des préceintes.* ♦ 2° (1723). Opération par laquelle on donne sa forme à un objet de verre en insufflant de l'air au moyen d'une tige creuse (canne) dans la masse de verre ramollie par la chaleur. V. **Verrerie.** ♦ 3° *Métall. Soufflage de la fonte,* procédé d'affinage dans lequel un courant d'air brûle les impuretés.

SOUFFLANT, ANTE [suflã, ãt]. *adj.* (1807; de *souffler*). ♦ 1° Qui sert à souffler, à provoquer un effet de souffle. *Machine soufflante :* soufflerie, soufflets, pompes. ♦ 2° *Fig.* et *fam.* Qui coupe le souffle. *C'est soufflant!* V. **Époustouflant, étonnant, formidable.** ♦ 3° *Subst. Pop.* (1836). *Un soufflant,* un pistolet, un revolver.

SOUFFLANTE [suflãt]. *n. f.* (1946; de *souffler*). *Techn.* Compresseur utilisé pour le soufflage de l'air nécessaire au fonctionnement d'un haut fourneau ou d'un convertisseur.

SOUFFLARD [suflaʀ]. *n. m.* (1875, « dégagement de grisou »; « canon », fin XVᵉ; de *souffler*). *Géol.* (1907). Jet de vapeur d'eau dans une zone volcanique.

SOUFFLE [sufl(ə)]. *n. m.* (XIIIᵉ; *sofle,* 1150; de *souffler*). **Ⓐ** ♦ 1° Mouvement de l'air que l'on produit en expirant avec une certaine force (V. **Souffler**). *Éteindre dix bougies d'un seul souffle. On la renverserait d'un souffle :* il est très faible. ◊ Le fait ou la capacité de souffler fort, longtemps. *Pour jouer du clairon, il faut du souffle.* ♦ 2° (1553). Le fait d'expirer l'air qu'on rejette par la bouche, en respirant. V. **Bouffée, expiration, haleine.** *Recueillir le dernier souffle d'un agonisant.* V. **Soupir.** ◊ La respiration; son bruit. « *Et j'entendais une respiration. Il y avait un souffle* » (BOSCO). *Souffle saccadé et court :* halètement. *Retenir son souffle.* Loc. *Couper le souffle :* interrompre la respiration régulière; *fig.* Étonner vivement. *C'est à vous couper le souffle.* V. **Soufflant.** « *La dame en a le souffle coupé* » (J.-R. BLOCH). — *Avoir le souffle court :* être vite essoufflé. — *Être à bout de souffle,* haletant de fatigue; *fig.* Épuisé. « *J'ai le cœur fatigué... (Je fume trop). Au bout de vingt pas, je perds le souffle* » (GIDE). — Capacité ne pas s'essouffler, à garder son souffle; endurance. *Avoir du souffle; fig.* et *fam.* (1910), être hardi. *Il a un certain souffle!* (V. **Aplomb, culot**). — *Second* souffle (d'abord en sports), reprise d'une activité, regain d'énergie. « *L'U.R.S.S. est aujourd'hui à la recherche de son 'second souffle'* » (*Le Figaro,* 17-11-66). ♦ 3° *Fig.* Force qui anime, inspire, crée. V. **Esprit.** *Le souffle créateur, divin. Communiquer par le souffle :* insuffler. *Le souffle d'un écrivain, du génie.* V. **Inspiration.** *Avoir du souffle :* une inspiration puissante. « *Les travaux de Pasteur. Quelle ardeur, quel souffle!* » (DUHAM.). **Ⓑ** ♦ 1° (1611). Mouvement naturel de l'air) dans l'atmosphère. V. **Bouffée, courant, vent.** « *Parfois un souffle d'air chargé d'aromes des champs s'engouffrait sous le portail* » (MAUPASS.). *Le souffle du vent dans le feuillage.* V. **Bruit.** — *Littér.* Faible agitation de l'atmosphère. « *Les souffles de la nuit flottaient sur Galgala* » (HUGO). *Fleurs agitées au moindre souffle.* « *Un souffle, une ombre, un rien...* » (LA FONT.). ♦ 2° Air, fluide déplacé (par une différence de pression). V. **Poussée.** *Souffle d'un brasier.* « *De la cage d'escalier montait un souffle obscur et humide* » (CAMUS). *Souffle d'un ventilateur, d'un réacteur.* — *Spécial. Effet de souffle d'un explosif* (bombe, obus). ♦ 3° *Méd.* (1871, *bruit de souffle*). Bruit anormal perçu à l'auscultation du cœur ou du poumon. *Par ext.* (cour.). *Avoir un souffle au cœur :* une lésion des orifices des valvules déterminant un souffle. ♦ 4° *Phys.* Bruit* (3°) dans un récepteur d'ondes radioélectriques, ayant pour origine l'agitation thermique des atomes.

1. SOUFFLÉ, ÉE [sufle]. *adj.* (1342; V. **Souffler**). ♦ 1° Gonflé (par le souffle, par un gaz). — (1798) Qui a gonflé à la cuisson. *Beignets soufflés. Omelette soufflée. Pommes* (de terre) *soufflées.* ♦ 2° *Sc.* (*Minér.,* etc.). Qui contient des inclusions de gaz. ♦ 3° *Fig.* et *fam.* (1935). Abasourdi, très étonné.

2. SOUFFLÉ [sufle]. *n. m.* (1829; « *degré de cuisson du sucre* », 1754; de *souffler*). Mets ou entremets de pâte légère, fluide (blancs d'œufs battus en neige), et qui monte à la cuisson. *Soufflés au fromage, au poisson. Soufflé sucré, à la liqueur. Moule à soufflés.*

SOUFFLEMENT [suflamã]. *n. m.* (XIIIᵉ; *soflement,* v. 1120; de *souffler*). *Rare.* Action de souffler.

SOUFFLER [sufle]. *v.* (XIIIᵉ; *sofler,* 1120; lat. *sufflare,* de *flare* « souffler »).
I. *V. intr.* (et *tr. indir.*). ♦ 1° Expulser de l'air par la bouche ou le nez, par une action volontaire (à la différence de l'acte réflexe de la respiration). V. **Exhaler, expirer** (*opposé à* aspirer). *Souffler fort. Souffler dans, sur ses doigts* (pour les réchauffer), *sur sa soupe* (pour la refroidir). *Souffler sur le feu,* pour l'attiser; *fig.* Exciter, attiser. *Souffler dans*

une trompette. V. **Jouer, sonner**. « *Elle avait l'habitude de souffler en l'air pour écarter de son sourcil une mèche indisciplinée* » (LARBAUD). — Fig. et fam. *Il croit qu'il va y arriver en soufflant dessus* : que c'est une chose très facile. ♦ 2° (*Sofler*, XIIe). Respirer avec peine, en expirant fort, bruyamment. V. **Haleter; essouffler** (s'). *Souffler comme un bœuf, comme un phoque. Souffler son cheval* : lui laisser reprendre souffle. — (1688) Prendre un peu de relâche, de repos. V. **Reposer** (se). « *Reprendre haleine, souffler un peu* » (LA BRUY.). « *Laissez-moi le temps de souffler* » (COURTELINE). ♦ 3° *Vx*. Ouvrir la bouche (pour parler). « *Les enfants ne soufflaient plus, soumis, domptés* » (ZOLA). Cf. *ci-dessous*, II, 4° : *souffler mot*. ♦ 4° *Techn*. Faire fonctionner un soufflet, une soufflerie. *Souffler à l'orgue*. ♦ 5° (1538). Déplacer un fluide; produire un courant d'air (en parlant du vent). *Le vent souffle* : il y a du vent. Impers. *Il soufflait une brise du sud*. — Par métaph. « *Le désir souffle parfois comme un coup de vent qui emporte la volonté* » (MAUPASS.). *Un vent de révolte soufflait*. Loc. *Regarder, voir d'où, de quel côté souffle le vent* : observer comment vont tourner les événements. — Bible. *L'Esprit souffle où il veut* : l'inspiration divine est imprévisible.
II. V. tr. dir. ♦ 1° (XIIe). Envoyer un courant d'air, de gaz sur (qqch.). *Souffler une bougie. Souffler la calbombe**. V. **Éteindre**. ◇ Fig. et fam. (1655) *Souffler qqch. à qqn* : le lui enlever. *Il lui a soufflé sa maîtresse*. — (Jeu de dames) *Souffler un pion* : le prendre quand il n'a pas pris (ancienne règle). Absolt. *Souffler n'est pas jouer* : le fait de souffler un pion ne constitue pas un coup. ◇ (v. 1940) Détruire par l'effet du souffle. « *Quantité de maisons près du port ont été soufflées par les explosions...* » (GIDE). ♦ 2° *Techn*. Envoyer de l'air, du gaz dans (qqch.). *Souffler l'orgue*, au moyen de la soufflerie. *Souffler le verre, l'émail* (V. **Soufflage**). — Gonfler de gaz. *Souffler un ballon*. ♦ 3° Envoyer, déplacer, pousser (un fluide, qu'il s'y trouve). « *La porte battait, soufflait une odeur forte de graillon* » (ZOLA). ♦ 4° (1538). Dire à voix basse. *Souffler qqch. à l'oreille de qqn* : lui dire en confidence. V. **Chuchoter, glisser, insinuer, parler** (à l'oreille). — (En incise) *Chut, souffla-t-il*. — Loc. *Ne pas souffler mot* : ne rien dire. ◇ Fig. V. **Suggérer**. « *Voilà ce que me souffle l'instinct* » (DUHAM.). « *Elle a prononcé le vôtre* (nom). — *Quelqu'un le lui avait soufflé* » (MONTHERLANT). ◇ Dire discrètement (qqch.) pour aider qqn. *Souffler une réplique à un acteur*. V. **Souffleur**. « *Je te soufflerai tes mots* » (ROSTAND). ♦ 5° (1940). Fam. Rendre stupéfait. V. **Ahurir** (Cf. Couper le souffle*). *Son culot nous a soufflés* (V. **Soufflant**).

SOUFFLERIE. [suflɔʀi]. *n. f.* (1802 ; « action de souffler », h. XIIIe ; de *souffler*). ♦ 1° Ce qui sert à souffler ; machine soufflante et dispositifs qui conduisent le fluide soufflé. *Soufflerie d'un orgue. Soufflerie électrique. Soufflerie d'une forge, d'un four* (V. **Soufflante**). ♦ 2° Spécialt. *Soufflerie aérodynamique* : installation permettant d'étudier les mouvements d'un fluide autour d'un matériel qui doit être soumis à de grandes vitesses. *Soufflerie supersonique*.

SOUFFLET. [suflɛ]. *n. m. (Souflet*, v. 1145 ; de *souffler*).
I. ♦ 1° Instrument servant à souffler de l'air, formé de deux tablettes reliées par un assemblage souple qui se déplie en faisant entrer l'air et se replie en le chassant. « *Il a fallu que j'attise le feu avec un soufflet* » (SARTRE). *Soufflet de forge*. ♦ 2° Partie pliante ou souple entre deux parties rigides (ressemblant à un soufflet), destinée à donner de l'ampleur, à assurer de la souplesse. *Sac, casquette à soufflets. Soufflet de train*, passage articulé entre deux voitures. « *Il franchit le soufflet, pénétra dans le wagon voisin...* » (BEDEL). *Soufflet d'appareil photographique*, partie pliée en accordéon servant à éloigner l'objectif de la plaque, du film (anciens appareils et appareils professionnels).
II. Fig. (XVe ; *sofflace*, XIVe ; à cause du bruit produit par le coup). *Vx* ou littér. (sens propre). Coup du plat ou du revers de la main appliqué sur la joue. V. **Gifle**. *Le soufflet reçu par Don Diègue*, dans le Cid. « *Une main... lui donna sur la joue un soufflet* » (FRANCE). ◇ Mod. *(Fig. et littér.)* V. **Affront, outrage**. « *C'était un démenti donné à toute ma vie, un soufflet appliqué à mes convictions* » (COURTELINE). V. **Camouflet**.

SOUFFLETER. [sufləte]. *v. tr.* ; conjug. *jeter* (1546 ; de *soufflet*). Vieilli. Frapper d'un soufflet. V. **Gifler**. *Souffleter un enfant*. Par anal. « *La tramontane vous soufflette à tous les coins de rues...* » (LARBAUD). ◇ Mod. *(Fig. et littér.)* Humilier, insulter, outrager. « *Ils foudroyaient le crime, ils souffletaient le vice* » (HUGO).

SOUFFLETIER. [suflətje]. *n. m.* (1292 ; de *soufflet*). Techn. Ouvrier qui fabrique des soufflets d'orgue.

SOUFFLEUR. [suflœʀ]. *n. m.* (XIIIe ; de *souffler*). *Vx*. Cétacé (cachalot, dauphin).

SOUFFLEUR, EUSE. [suflœʀ, øz]. *n.* (XIIIe ; de *souffler*).
I. ♦ 1° *Vx*. Personne qui souffle. — Mod. Techn. N. m. Ouvrier qui façonne le verre à chaud par soufflage (à la bouche ou à l'air comprimé). *Souffleur à la canne, au cha-*

lumeau. *Souffleur de bouteilles, de lampes électriques*. ♦ 2° (1549). *Dans un théâtre*, Personne qui est chargée de prévenir les défaillances de mémoire des acteurs en leur soufflant leur rôle. *Le trou du souffleur*. *Une* « *comédienne habituée à saisir au vol le murmure du souffleur* » (GAUTIER). *Fém.* (Rare) « *Les attitudes de son rôle, que dit tout haut la souffleuse* » (GONCOURT). ♦ 3° (1842). Techn. Appareilleur chargé de surveiller le transport et la pose des pierres destinées à la construction.
II. SOUFFLEUSE. *n. f.* Techn. ♦ 1° Appareil agricole pour la manutention des grains. ♦ 2° (Canada, mil. XXe). Chasse-neige muni d'un dispositif hélicoïdal qui projette la neige à distance. Syn. de *fraiseuse*.

SOUFFLURE. [suflyʀ]. *n. f.* (1701 ; *soufleure* « action de souffler », 1280 ; de *souffler*). Techn. Petite cavité contenant des gaz sous pression, qui se forme pendant la solidification d'un ouvrage de métal, de verre.

SOUFFRANCE. [sufʀɑ̃s]. *n. f.* (v. 1260 ; *soffrance*, XIIe ; de *souffrir*, p.-ê. par le lat. *sufferentia* « résignation, tolérance »). ♦ 1° *Vx*. Endurance, patience ; tolérance (V. **Souffrir**, I, 1°). ◇ Mod. (*En sofrance*, 1180) EN SOUFFRANCE : en suspens, qui attend sa conclusion. « *Affaires en souffrance*. *Ce sont les articles faits d'avance... et qu'on garde* » (GONCOURT). *Marchandises en souffrance*, qui n'ont pas été retirées à l'arrivée (et qui restent donc à la consigne, à la douane, etc.). ♦ 2° (v. 1462). *Cour*. Le fait de souffrir (II) ; douleur physique ou morale. V. **Douleur, malaise, peine**. « *Des souffrances qu'il n'a jamais ressenties mais qu'il suppose les plus cruelles, les plus sournoises, comme le coup de poignard* » (ROMAINS). « *Les souffrances atroces que nous a fait subir une femme* » (MAUROIS). « *Je trouvais dans une tendresse infinie... l'apaisement de mes souffrances* » (PROUST). — Collect. *La souffrance*. « *La souffrance !... Nous lui devons tout ce qu'il y a de bon en nous* » (FRANCE). « *Soyez béni, mon Dieu, qui donnez la souffrance Comme un divin remède à nos impuretés* » (BAUDEL.). ◇ ANT. **Bonheur, indolence** (1°), joie, plaisir.

SOUFFRANT, ANTE. [sufʀɑ̃, ɑ̃t]. *adj.* (1690 ; *soffrant* « patient », 1120 ; de *souffrir*). ♦ 1° Littér. Qui souffre (II) habituellement (du fait de sa nature, de sa situation). *L'humanité souffrante*. « *La cause du grand peuple laborieux, souffrant* » (DUHAM.). — « *Pascal, âme souffrante, où apparaît si merveilleusement le combat du doute et de l'ancienne foi* » (MICHELET). — Spécialt. *L'Église* souffrante*. ♦ 2° *Cour*. I. légèrement malade. V. **Fatigué, indisposé**. *Je suis souffrante, j'ai pris froid en sortant*.

SOUFFRE-DOULEUR. [sufʀədulœʀ]. *n. m. invar.* (1646 ; de *souffrir*, et *douleur*). Personne en butte aux mauvais traitements, aux tracasseries de son entourage. *Être le souffre-douleur de ses camarades*. V. **Victime** (Cf. Tête* de Turc). « *Une pauvre créature rebutée, un souffre-douleur sur qui pleuvaient les plaisanteries* » (BALZ.). On écrit aussi *souffre-douleurs*.

SOUFFRETEUX, EUSE. [sufʀətø, øz]. *adj.* (1825 ; *sofreiteus* « nécessiteux, indigent », v. 1165 ; de l'a. fr. *souffrette* « dénuement, privation », avec *infl. de souffrir* ; lat. pop. °*suffracta*, de *suffractus*, p. p. substant. de *suffringere*). ♦ 1° *Vx*. Qui éprouve momentanément quelque douleur, quelque malaise. ♦ 2° *Mod*. Qui est de santé débile, qui est habituellement souffrant. V. **Maladif, égrotant, malingre**. « *Le côté maladif, souffreteux, ultra-nerveux* (de Zola) » (GONCOURT). ◇ ANT. *Florissant*.

SOUFFRIR. [sufʀiʀ]. *v.* ; conjug. *couvrir* (1120 ; *soferre*, 1050 ; lat. pop. °*sufferire*, lat. *sufferre*, de *ferre* « porter »).
I. V. tr. ♦ 1° Littér. Supporter (qqch. de pénible ou de désagréable). V. **Endurer, supporter**. « *Qui sait tout souffrir peut tout oser* » (VAUVEN.). « *Il n'avait nul sens du comique, ne pouvait souffrir la caricature* » (FRANCE). V. **Tolérer**. — Fam. *Ne pas souffrir les haricots verts* : il ne les aime pas du tout ; il les déteste. — (Avec *de l'inf*.) « *Je ne puis souffrir de les voir si bien ensemble* » (MOL.). ◇ (*Avec compl. de personne*) Supporter (qqn), supporter sa compagnie, sa présence, son activité. « *Ils ne souffrent autour d'eux que des serviles* » (MART. du G.). — *Cour*. (au négatif) *Ne pas pouvoir souffrir qqn*. V. **Sentir**. Pronom. « *Des hommes qui... ne peuvent se comprendre entre eux, ni même se souffrir* » (DUHAM.). ♦ 2° Littér. Permettre, tolérer. « *Souffrez... que j'en appelle à votre conscience* » (MASS.). « *S'il m'arrivait de me 'convertir', je ne souffrirais pas que cette conversion fût publique* » (GIDE). ◇ (*Sujet de chose*) V. **Admettre**. *Cela ne souffre plus aucun retard*. « *Une seule 'variété' de poire, si le mot de variété souffre un tel contresens* » (DUHAM.). ♦ 3° *Cour*. Éprouver douloureusement. « *Tout ce que j'ai souffert, mes craintes, mes transports...* » (RAC.). *Souffrir le martyre. Souffrir mille morts*.
II. V. intr. ♦ 1° (1530). Éprouver une souffrance, des douleurs physiques ou morales (Cf. Avoir mal*). *Où souffrez-vous ? « Plutôt souffrir que mourir...* » (LA FONT.). *Souffrir en silence.* « *Souffrir, c'est peut-être un enfantillage... j'entends souffrir, quand on est femme par un homme, quand on est*

homme par une femme » (COLETTE). — *Faire souffrir*. V. **Affliger, martyriser, tourmenter, torturer.** « *Notre besoin de voir nos souffrances apaisées par l'être qui nous a fait souffrir* » (PROUST). — SOUFFRIR DE (compl. origine, cause). *Souffrir de la tête. Souffrir de rhumatismes. Souffrir du froid.* « *Il souffre de la solitude, il souffre de soi-même et des autres...* » (SUARÈS). « *Le mal dont j'ai souffert s'est enfui comme un rêve* » (MUSS.). — (Avec l'inf.) « *Comme tu dois souffrir de ne pas souffrir* » (SARTRE). ◇ *Fam.* Avoir bien du mal, se donner beaucoup de peine. *J'ai souffert pour lui expliquer son problème. Nous avons gagné le match, mais ils nous ont fait souffrir !* ♦ 2° Éprouver un dommage, un préjudice quelconque. V. **Pâtir.** *Les Jaunes « souffrent techniquement d'un retard de trois siècles* » (SIEGFRIED). V. **Victime** (être). « *Mes rosiers et mes œillets ont souffert cette année* » (ZOLA). *Sa réputation en a souffert.*
◇ ANT. (du II) *Jouir; bénéficier.* — HOM. Formes du v. *souffrer.*

SOUFISME [sufism(ə)]. *n. m.* (XIXe ; de *soufi* « mystique de l'Islam »; de l'arabe *souf* « laine », à cause du vêtement de ces ascètes). *Hist. relig.* Doctrine mystique qui s'est développée à l'intérieur de l'Islam.

SOUFRAGE [sufRaʒ]. *n. m.* (1798, pour les étoffes; de *soufrer*). Opération qui consiste à soufrer (qqch.). *Soufrage des allumettes, de la laine. Soufrage d'une vigne.*

SOUFRE [sufR(ə)]. *n. m.* (1270; *sulfre*, 1120; lat. *sulphur, sulfur*). ♦ 1° *Ancienn.* L'un des trois principes actifs de l'ancienne chimie; considéré comme une condensation de la matière du feu. ♦ 2° *Mod.* Corps simple (symb. S; masse at. 32,06; n° at. 16; fusion à 119 °C; ébullition à 444,6 °C) qui se rencontre dans la nature soit à l'état d'élément *(soufre natif)*, soit à l'état de *sulfures. Soufre orthorhombique* (dens. 2,07), corps cassant, de couleur jaune citron. *Soufre sublimé* (ou *fleur de soufre*), obtenu par condensation brusque des vapeurs de soufre. — *Pharm. Lait de soufre :* sel colloïdal obtenu par action d'un acide sur une solution d'hyposulfite. *Loc. fig. Sentir le soufre :* se dit d'écrits ou de propos peu orthodoxes, dont la liberté paraît « diabolique ». ♦ 3° Couleur d'un jaune clair semblable à celle du *soufre.* — *Appos. Jaune soufre.* V. **Soufré.** ◇ HOM. Formes des v. *souffrir* et *soufrer.*

SOUFRÉ, ÉE [sufRe]. *adj.* (1256; de *soufre*). ♦ 1° Enduit, imprégné de soufre. *Mèche soufrée. Allumettes soufrées.* ♦ 2° (v. 1850). D'une couleur jaune soufre. V. **Soufre** (3°). « *Un flacon blanc soufré, souligné de noir* » (BARBUSSE).

SOUFRER [sufRe]. *v. tr.* (1636; de *soufre*). ♦ 1° Imprégner, enduire de soufre. ♦ 2° (1857). *Soufrer la vigne :* la traiter en répandant sur elle du soufre en poudre, afin de la protéger contre certaines maladies cryptogamiques (oïdium). ♦ 3° *Soufrer du vin,* le muter avec de l'anhydride sulfureux. ♦ 4° *Techn.* Traiter au soufre, à l'anhydride sulfureux. *Soufrer une étoffe, de la laine, de la soie,* pour la blanchir. « *Une très légère buée bleue — on a soufré les tonneaux — épaissit l'air* » (COLETTE). ◇ HOM. Formes du v. *souffrir.*

SOUFREUR, EUSE [sufRœR, øz]. *n.* (1872; de *soufrer*). *Techn.* ♦ 1° Ouvrier chargé de la préparation du soufre. — Ouvrier agricole qui répand le soufre sur les vignes. ♦ 2° *N. f.* SOUFREUSE : appareil qui sert à pulvériser le soufre sur la vigne, etc.

SOUFRIÈRE [sufRijɛR]. *n. f.* (1497; de *soufre*). Lieu où l'on extrait le soufre.

SOUFROIR [sufRwaR]. *n. m.* (1723; de *soufrer*). *Techn.* Étuve où l'on blanchit la laine en la soufrant.

SOUHAIT [swɛ]. *n. m.* (XIIIe; *sohet, sohait,* v. 1170; de *souhaiter*). ♦ 1° Désir, exprimé ou non, d'obtenir qqch., de voir un événement se produire. V. **Aspiration, envie, vœu.** *Exprimer, former, formuler des souhaits. Réaliser un souhait.* « *Les souhaits que j'ai faits pour sa prospérité n'ont pas été remplis* » (DIDER.). *Décevoir, tromper les souhaits de qqn.* V. **Attente.** — *Les souhaits de bonne année.* V. **Vœu.** — *À vos souhaits!* formule familière, plaisante, à l'adresse d'une personne qui éternue. ♦ 2° *Loc. adv.* À SOUHAIT : d'une manière conforme à ce que l'on souhaite; autant que possible. « *Une besogne difficile et qui marche à souhait* » (MAUPASS.). « *Le vin, qu'on a rendu liquoreux à souhait* » (DANIEL-ROPS). ◇ ANT. *Crainte.*

SOUHAITABLE [swɛtabl(ə)]. *adj.* (v. 1500; de *souhaiter*). Qui peut ou qui doit être souhaité, recherché. V. **Désirable, enviable.** « *Votre difficile entreprise, j'ai eu maintes occasions de m'apercevoir à quel point elle était souhaitable* » (MART. du G.). *Ce n'est guère souhaitable. Il serait souhaitable qu'elle fasse un bon mariage.*

SOUHAITER [swɛte]. *v. tr.* (mil. XIVe ; *sohaidier,* 1170; gallo-roman °*subtus-haitare,* de *subtus* « sous », et rad. germ. °*haitan* « ordonner, promettre »). Désirer, pour soi ou pour autrui, la possession, la présence de (qqch.), la réalisation de (un événement). V. **Aspirer** (à), **convoiter, espérer, rechercher, rêver** (de), **vouloir.** *Je souhaite sa réussite. Je ne l'ai pas souhaité.* — *Au p. p.* « *Tous les changements, même*

les plus souhaités, ont leur mélancolie » (FRANCE). V. **Attendu.** — *Souhaiter* (et l'inf.). « *Il souhaitait continuer ses études à Paris* » (MAUROIS). *Souhaiter de...* (et l'inf.), avoir envie de. « *Je ne souhaitais plus de les voir ni lui, ni sa mère* » (MAURIAC). *Souhaiter que* (et le subj.). *Je souhaite que vous songiez quelquefois à moi* (Cf. J'aimerais que). « *Ne serait-il pas à souhaiter qu'elle laissât passer ce mois?* » (PROUST). V. **Souhaitable.** — (Avec attribut d'objet) « *Vous me souhaitez déjà pendu peut-être?* » (MÉRIMÉE). — *Souhaiter qqch. pour qqn.* « *Contentez-vous de lui souhaiter, du fond du cœur, prospérité, hilarité, succès* » (VOLT.). — *Iron. Je vous souhaite bien du plaisir*.* Ellipt. et fam. *Je vous en souhaite :* je prévois pour vous bien des désagréments. ◇ *Spécialt. Souhaiter la bienvenue, le bonjour à qqn. Souhaiter bon voyage, bonne chance à qqn.* — *Fam. Souhaiter la bonne année : à offrir ses vœux.* — Ellipt. et pop. *Je vous la souhaite bonne et heureuse.* ◇ ANT. *Craindre, regretter.*

SOUILLARD [sujaR]. *n. m.* (1842; de l'a. fr. *soil.* V. **Souiller**). *Techn.* Trou percé dans une dalle, dans l'épaisseur d'un mur, pour l'écoulement des eaux ménagères, pluviales, etc.

SOUILLARDE [sujaRd(ə)]. *n. f.* (1836; « pièce où on lave la vaisselle », 1731; région., de l'a. fr. *souillard* « malpropre »). *Région.* Baquet à lessive. Arrière-cuisine.

SOUILLE [suj]. *n. f.* (1346; de *souiller* ou de l'a. fr. *soil, souil.* V. **Souiller**). ♦ 1° *Chasse.* Bourbier où le sanglier aime à se vautrer. « *Le pourceau grogne dans sa souille...* » (HUGO). V. **Bauge.** ♦ 2° *Mar.* (1538). Enfoncement que forme un navire échoué dans la vase, le sable. V. **Gîte.** ♦ 3° *Techn.* (1933). Trace laissée sur le sol par un projectile qui a ricoché avant d'éclater.

SOUILLER [suje]. *v. tr.* (XVIe ; *soillier,* XIIe ; de l'a. fr. *soil* « abîme de l'enfer; bourbier »; lat. *solium* « baquet »). ♦ 1° *Littér.* Salir. *Malade qui souille ses draps.* — (Surtout au pass. et p. p.) *Faubourg souillé par la suie des usines.* « *Vêtus de loques, souillés d'avoir été abandonnés dans leur ordure...* » (ZOLA). — *Spécialt.* Altérer l'état d'asepsie. V. **Corrompre, infecter, polluer.** ♦ 2° *Fig.* et *littér.* Salir par le contact d'une chose impure. « *Puritains... que souille le seul contact des autres hommes* » (MAUPASS.). V. **Contaminer.** « *Les vices dont furent souillés quelquefois ces asiles de la piété* » (VOLT.). V. **Profaner.** Salir, altérer (ce qui aurait dû être préservé, respecté). V. **Avilir, entacher.** « *Qu'est-ce donc que ce besoin de souiller, qui est chez la plupart, — souiller ce qui est pur en eux et dans les autres* » (R. ROLLAND). ◇ ANT. *Blanchir, laver, purifier; régénérer, sanctifier.*

SOUILLON [suj5]. *n.* (1510; « valet de cuisine », mil. XVe ; de *souiller*). ♦ 1° *Vx.* Personne malpropre qui se salit. « *Ce joujou, que le petit souillon agaçait... c'était un rat vivant !* » (BAUDEL.). ♦ 2° *Mod.* Servante malpropre, sale. « *Fagotée comme une souillon* » (HERMANT).

SOUILLURE [sujyR]. *n. f.* (XVIIe ; *soilleûre,* v. 1280; de *souiller*). ♦ 1° *Rare.* Marque laissée par ce qui souille (1°); saleté, tache. « *L'hermine vierge de souillure...* » (GAUTIER). — *Impureté. Les Grecs se purifiaient tous, et ils jetaient leurs souillures dans la mer* » (LEC. de LISLE). ♦ 2° *Fig.* et *littér.* Avilissement, corruption, flétrissure. V. **Péché, tache, tare.** *Souillure morale.* « *Une intransigeance de cœur toute puritaine, qui ne pouvait admettre les souillures de la vie* » (R. ROLLAND). ◇ ANT. *Propreté, pureté.*

SOUÏ-MANGA [swimãga]. *n. m.* (1770; mot malgache). Petit passereau de l'Afrique tropicale, colibri au bec long et recourbé, au plumage riche et brillant.

SOUK [suk]. *n. m.* (1848; mot arabe « marché »). En pays d'Islam, Marché couvert réunissant, dans un dédale de ruelles, des boutiques et ateliers. V. **Bazar.** « *Tu te mènes comme à Tunis dans les bazars, dans les souks* » (DAUD.). ◇ *Fig.* (*Pop.*) Lieu où règne le désordre, le bruit. *Quel souk!*

SOÛL, SOÛLE [su, sul]. *adj.* (*Saoul,* 1265; lat. *satullus,* de *satur* « rassasié »). ♦ 1° *Vx.* Rassasié, repu. ♦ *Mod.* et *littér.* Rassasié au point d'être dégoûté. « *Soûl de plaisir* » (TOULET). ♦ *Loc. adv.* (XVe) *Tout mon,... son,... leur soûl,* à satiété, autant qu'on veut. V. **Content, suffisance.** *Fumer tout son soûl. Seule,* « *elle pourrait sangloter tout son saoul* » (MART. du G.). ♦ 2° (1534). *Fam.* Ivre. V. **Plein.** *Il était soûl comme un cochon, comme une grive** (vieilli), *comme un âne, comme un Polonais*, comme une bourrique.* — *Fig.* Enivré, grisé. « *Ces gens, soûls de paroles, sont les plus sobres du monde* » (CONST.-WEYER). ◇ HOM. *Sou, soue, sous.*

SOULAGEMENT [sulaʒmã]. *n. m.* (fin XVe ; *soubzlegement,* 1384; de *soulager*). ♦ 1° Action ou manière de soulager; chose qui soulage. V. **Adoucissement, aide, allégement.** « *Obligé de chercher dans l'opium un soulagement à une douleur physique* » (BAUDEL.). ♦ 2° État de celui qui se trouve soulagé. V. **Apaisement, détente.** « *Un soulagement d'autant plus vif que ses angoisses... avaient été plus cuisantes* » (COURTELINE). *Un soupir de soulagement.* — ◇ ANT. *Aggravation; accablement.*

SOULAGER [sulaʒe]. *v. tr.;* conjug. *bouger* (XIIIe; *refec-*

tion, d'apr. l'a. fr. *soulas* « consolation » [lat. *solacium*], de *suzlegier*, 1160, lat. pop. °*subleviare*, class. *sublevare*). ♦ 1° Débarrasser (qqn) d'une partie d'un fardeau, dispenser de quelque effort ou fatigue. V. **Décharger**. « *Ayez l'obligeance de porter notre casque... pour soulager notre personne* » (JARRY). Plaisant. *Un pickpocket m'a soulagé de mon portefeuille*. — (Compl. de chose) *Soulager un mur, un linteau*, en diminuant la poussée. ♦ 2° Débarrasser partiellement (qqn) de ce qui pèse sur lui (douleur, remords, inquiétude). « *La morphine ne fait pas nécessairement dormir ceux qu'elle soulage* » (DUHAM.). *Le malade s'est senti soulagé*. V. **Apaiser**, **calmer**. « *Pleurez, cela vous soulagera* » (FLAUB.). « *Cela la soulageait de s'accuser* » (DAUD.). ◇ Aider, secourir (les pauvres, les malheureux). « *Songer avant tout aux foules déshéritées et malheureuses, les soulager* » (HUGO). ♦ 3° Rendre moins pesant, moins pénible à supporter. V. **Alléger**. *Soulager les maux*. « *La possibilité de soulager et de vaincre... cette bizarre affection de l'Ennui* » (BAUDEL.). ♦ 4° Pronom. *(Fam)*. Satisfaire un besoin naturel. ◇ Fig. Se libérer de ce qui pèse ou oppresse. « *Leurs cœurs ulcérés se soulageaient,... chacun à son tour disait son grief* » (ZOLA). ◈ ANT. *Accabler*, *gêner* ; *aggraver*.

SOULANE [sulan]. *n. f.* (XXᵉ ; a. mot dial., béarn. *soulana* « lieu exposé au soleil », du lat. *sol* « soleil »). *Géogr.* Adret (dans les Pyrénées).

SOÛLARD, ARDE [sular, aRd(ə)]. *n. et adj.* (1690 ; « glouton », mil. XVᵉ ; de *soûl*). *Pop.* Ivrogne.

SOÛLAUD, AUDE, SOÛLOT, OTE [sulo ; od, sulo, ɔt]. *n.* (1802 ; « glouton », 1690 ; de *soûl*). *Pop.* Ivrogne. *Un vieux soûlaud*.

SOÛLER [sule]. *v. tr.* (*Saouler*, XIIIᵉ ; de *soûl*). ♦ 1° *Littér.* Rassasier. « *Il saoulerait de luxe cette petite fille pauvre* » (MAURIAC). ♦ 2° (Mil. XVIIᵉ). *Fam.* Enivrer. — Pronom. « *Il avait la gueule de bois, comme s'il s'était soûlé la veille* » (SARTRE). ♦ 3° Fig. Griser. « *C'est ça, la magie de l'argent. Son odeur suffit à saouler les hommes* » (ROMAINS).

SOÛLERIE [sulʀi]. *n. f.* (1863 ; de *soûler*). *Pop.* Beuverie. Ivresse.

SOULEVÉ [sulve]. *n. m.* (XXᵉ ; de *soulever*). *Sports*. (Poids et haltères). Mouvement qui consiste à soulever de terre le poids, à un ou deux bras.

SOULÈVEMENT [sulɛvmã]. *n. m.* (fin XVIᵉ ; « élévation morale », XIIᵉ ; de *soulever*). ♦ 1° Fait de soulever, d'être soulevé. « *Des soulèvements font affleurer à la surface des couches anciennes* » (PROUST). ♦ 2° Fig. Mouvement massif de révolte contre un oppresseur. « *Le soulèvement de la Catalogne en 1934* » (BERNANOS). ◇ ANT. *Affaissement*.

SOULEVER [sulve]. *v. tr.* ; conjug. *lever* (XIIIᵉ ; *soslevar*, 980 ; de *sous*, et *lever*, d'apr. lat. *sublevare*). ♦ 1° Lever à une faible hauteur. « *Le fardeau que nous soulevons avec peine en... grimaçant* » (BERNANOS). « *Elle souleva doucement... le couvercle de la cocotte* » (DUHAM.). — Pronom. « *L'un d'eux, arc-bouté sur les poignets, se soulevait* » (ALAIN-FOURNIER). ◇ Relever. « *J'ai été tout doucement à ma fenêtre. J'ai soulevé le rideau* » (ROMAINS). « *Je passai mes mains derrière son cou en soulevant les nattes de ses cheveux* » (PROUST). ♦ 2° Faire s'élever. « *On soulève, en marchant une épaisse poussière* » (GIDE). Loc. fig. *Cela soulève le cœur**. ◇ Fig. Animer, exalter, transporter (qqn). « *Un souffle généreux le souleva* » (MART. du G.). « *L'élan de gratitude qui le soulevait vers Dieu* » (MAURIAC). ♦ 3° Animer (qqn) de sentiments hostiles, indisposer. « *Il avait soulevé contre lui l'opinion* » (R. ROLLAND). ◇ Exciter et entraîner à la révolte. « *Les Frondeurs avaient voulu soulever le peuple* » (RETZ). — Pronom. Se révolter. ♦ 4° Exciter puissamment (un sentiment) ; faire naître (un événement). V. **Provoquer**. « *Des détails prêts à exciter l'intérêt et à soulever l'enthousiasme* » (MADELIN). *Ces mots soulevèrent une tempête de protestations*. V. **Déchaîner**. « *Si vous n'aviez pas soulevé un incident inutile...* » (HUGO). — Faire que se pose (une question, un problème). V. **Poser**. « *La question sera soulevée à la prochaine session* » (ARAGON). ♦ 5° *Pop.* Enlever, prendre. *Il veut lui soulever ses meilleurs clients*. ◇ ANT. *Abaisser*, *affaisser*.

SOULIER [sulje]. *n. m.* (1360 ; *sol*[*l*]*ier*, XIIᵉ ; lat. pop. °*subtelare*, bas lat. *subtel* « courbe de la plante du pied »). Chaussure à semelle résistante, qui couvre le pied sans monter beaucoup plus haut que la cheville. *Souliers bas, montants. Souliers plats. Souliers (de femme) à talons hauts. Souliers de marche, fins, habillés. Souliers de sport, de chasse*. — Loc. fig. *Être dans ses petits souliers*, être mal à l'aise (comme dans des souliers trop petits), être dans l'embarras.

SOULIGNAGE [suliɲaʒ]. *n. m.* (1834,-XXᵉ ; de *souligner*) ou **SOULIGNEMENT** [suliɲmã]. *n. m.* Action de souligner, trait dont on souligne.

SOULIGNER [suliɲe]. *v. tr.* (1704 ; de *sous*, et *ligne*). ♦ 1° Tirer une ligne, un trait sous (un mot, une suite de mots qu'on veut signaler à l'attention). *La « radio est affichée,*

souligné en rouge* » (MALRAUX). ◇ Border d'un trait qui met en valeur. « *L'œil noir allongé, souligné par le crayon* » (MAUPASS.). ♦ 2° Fig. (1862). Accentuer, mettre en valeur. V. **Appuyer**, **ressortir** (faire). « *Les demi-sourires et clins d'œil dont il soulignait certaines saillies* » (MART. du G.). ◇ (XXᵉ) Faire remarquer avec une insistance particulière. *L'auteur souligne l'importance de cet événement*. « *Je n'ai pas besoin de souligner que, pour apprécier pleinement un orateur, il faut l'entendre et le voir* » (ROMAINS).

SOÛLOGRAPHIE [sulɔgʀafi]. *n. f.* (1835 ; de *soûlaud*, et -*graphie*, formation plaisante). *Fam.* Ivrognerie (On emploie aussi **SOÛLOGRAPHE** [sulɔgʀaf] : ivrogne).

SOULTE [sult(ə)]. *n. f.* (1581 ; *solte*, fin XIIᵉ ; *soute*, XIIIᵉ ; de *sout*, p. p. de l'a. fr. *soldre*, XIIᵉ, « payer », lat. *solvere*). Somme d'argent qui, dans un partage, compense l'inégalité des lots, ou qui, dans un échange, compense la différence de valeur des objets échangés. V. **Compensation**. « *Dois-je accepter cet échange sans soulte ?* » (BALZ.).

SOUMETTRE [sumɛtʀ(ə)]. *v. tr.*; conjug. *mettre* (XIIIᵉ ; *suzmettre*, déb. XIIᵉ ; lat. *submittere*). ♦ 1° Mettre dans un état de dépendance, ramener à l'obéissance. *Les désirs « nous soumettent à autrui et nous rendent dépendants* » (FRANCE). ◇ Spécialt. (Par les armes, par la force) Soumettre des rebelles. V. **Asservir**, **dompter**, **réduire**, **subjuguer**. ♦ 2° Mettre dans l'obligation d'obéir à une loi, d'accomplir un acte. V. **Assujettir**, **astreindre**. *Les règlements, les formalités auxquels est soumis tout citoyen. Le revenu soumis à l'impôt*. ♦ 3° Présenter, proposer au jugement, au choix. *Le maire a soumis le problème, le cas au préfet. Flaubert « se prit d'affection pour moi. J'osai lui soumettre quelques essais* » (MAUPASS.). ♦ 4° Exposer à une action, à un effet qu'on fait subir. *Soumettre un sportif à un entraînement sévère*. ♦ 5° Pronom. Obéir, se conformer. « *Ils rentrent en France dans l'intention de se soumettre aux lois* » (BALZ.). V. **Plier** (se). — Absolt. *Se soumettre ou se démettre**. ◇ ANT. *Délivrer. Exempter.*

SOUMIS, ISE [sumi, iz]. *adj.* (1652 ; de *soumettre*). ♦ 1° Docile, obéissant. « *Il y voit un Jacques éteint, soumis, apathique, brisé* » (MAUROIS). « *J'aime ces petites façons soumises et j'ai de la pente au despotisme oriental* » (GAUTIER). ♦ 2° Loc. vieillie. *Fille soumise*, prostituée (elle se soumettait au contrôle administratif et sanitaire). ◇ ANT. *Indocile*.

SOUMISSION [sumisjɔ̃]. *n. f.* (1636 ; *submission*, *soub-mission*, déb. XIVᵉ ; lat. *submissio*). ♦ 1° Fait de se soumettre, d'être soumis (à une autorité, une loi). V. **Obéissance**, **sujétion**. « *La soumission filiale à l'autorité souveraine de l'Église* » (BLOY). « *Fonder l'ordre d'une société sur la soumission de chacun à des règles fixes* » (ST-EXUP.). — Disposition à accepter à une dépendance. V. **Docilité**. ♦ 2° Action de se soumettre après une guerre, d'accepter une autorité contre laquelle on a lutté. V. **Rendre** (se). « *À la Deira d'Abd-el-Kader, peu d'années avant la soumission de l'émir* » (FROMENTIN). ♦ 3° *Dr.* (1707). Acte écrit par lequel un concurrent à un marché par adjudication fait connaître ses conditions et s'engage à respecter les clauses du cahier des charges. ◇ ANT. *Commandement; désobéissance, insoumission, résistance.*

SOUMISSIONNAIRE [sumisjɔnɛʀ]. *n.* (1784 ; de *soumission*). *Dr.* Personne qui fait une soumission.

SOUMISSIONNER [sumisjɔne]. *v. tr.* (1798 ; de *soumission*). *Dr.* Proposer de fournir ou d'entreprendre (qqch.) en faisant une soumission. *Soumissionner les travaux d'adduction d'eau dans une commune*.

SOUPAPE [supap]. *n. f.* (1547 ; *sourpape*, 1474 ; fig. probabl. de *souspape*, XIIᵉ, « coup sous le menton » ; de *sous*, et °*pape* « mâchoire », de l'a. fr. *paper*, lat. *pap*[*p*]*are* « manger »). Obturateur mobile maintenu en position fermée par un ressort, par la pesanteur ou la pression d'un fluide, et qu'une pression exercée dans le sens inverse peut ouvrir momentanément. V. **Clapet**, **valve**. « *Deux arbres à cames attaquant directement l'une des soupapes d'admission, l'autre les soupapes d'échappement* » (P. BENOIT). *Soupapes en tête, en dessus de la culasse, la tête en bas. Ressort de soupape. Rodage de soupape*. — *Soupape de sûreté*, disposée sur la chaudière d'une machine à vapeur pour empêcher l'explosion. Fig. *Cela sert de soupape de sûreté*, d'exutoire.

SOUPÇON [supsɔ̃]. *n. m.* (XIIIᵉ ; *so*[*l*]*speçon*, XIIᵉ ; bas lat. *suspectio*, class. *suspicio*). ♦ 1° Conjecture qui fait attribuer à qqn des actes ou intentions blâmables. V. **Suspicion**. *Il est au-dessus, à l'abri de tout soupçon*, son honnêteté, sa bonne foi ne peuvent être mises en doute. *Éveiller les soupçons d'un mari jaloux. Être de soupçonner* (qqch.). « *Des luttes dont le public n'a pas soupçon* » (ROMAINS). ♦ 3° Apparence qui laisse supposer la présence d'une chose ; très petite quantité. V. **Ombre**, **pointe**. *Elle mettait un soupçon de rouge* (BALZ.). *Il n'y a pas chez lui un soupçon de vulgarité* : pas la moindre. ◇ ANT. *Certitude*.

SOUPÇONNABLE [supsɔnabl(ə)]. *adj.* (XIIIᵉ ; de *soupçonner*). *Rare.* Sur qui, sur quoi peuvent peser des soupçons.

SOUPÇONNER [supsɔne]. *v. tr.* (1225 ; de *soupçon*).

♦ 1° Faire peser des soupçons sur (qqn). V. **Suspecter.**
Loc. prov. *La femme de César ne doit pas même être soup-*
çonnée, se dit (par allusion à une parole attribuée à César)
d'une personne qui doit absolument être à l'abri de tout
soupçon. « *Chargé du crime affreux dont vous me soupçonnez* »
(RAC.). « *L'arrestation du comte d'Esgrignon, soupçonné*
d'avoir commis un faux » (BALZ.). ♦ 2° Concevoir ou pressentir d'après certains indices. V. **Deviner, douter** (se),
entrevoir, flairer, pressentir. « *On peut passer à côté de sen-*
timents profonds..., sans même en soupçonner la présence! »
(MAUROIS). *Ils soupçonnèrent* « *qu'il ne pouvait bien se faire...*
que les hommes fussent égaux » (MICHELET).

SOUPÇONNEUSEMENT [supsɔnøzmã]. *adv.* (1872;
« de façon suspecte », fin XIVe; de *soupçonneux*). Littér. D'une
manière soupçonneuse.

SOUPÇONNEUX, EUSE [supsɔnø, øz]. *adj.* (XIIIe;
suspecenos, fin XIIe; de *soupçon*). Enclin aux soupçons. V.
Défiant, méfiant, ombrageux. « *Les amoureux sont si soup-*
çonneux qu'ils flairent tout de suite le mensonge » (PROUST).
— *Un air, des regards soupçonneux.* ◈ ANT. **Crédule.**

SOUPE [sup]. *n. f.* (mil. XIIIe; *sope,* fin XIIe; bas lat. d'o.
germ. *suppa*). ♦ 1° Vx. Tranche de pain que l'on arrose
de bouillon, de lait... *Tailler, tremper une soupe.* Loc. fig. et
mod. *Être trempé* comme une soupe.* ♦ 2° (Mil. XIVe). Mod.
Potage ou bouillon épaissi par des tranches de pain ou des
aliments solides non passés. V. **Garbure, minestrone, panade.**
Soupe aux choux, à l'oignon. Soupe froide. V. **Gaspacho.**
« *Une assiettée de cette soupe au thym, dans laquelle les cui-*
sinières flamandes... mettent de petites boules de viandes »
(BALZ.). Pop. *Un gros plein de soupe,* un homme très gros,
ventru. — Loc. fig. *Monter* comme une soupe au lait. C'est*
une soupe au lait, il est soupe au lait, il est irascible. — *Cela*
vient comme un cheveu* sur la soupe. Marchand* de soupe.
Pop. *La soupe à la grimace*.* ◇ Plat unique plus ou moins
liquide qu'on servait aux soldats en campagne; repas constitué par ce plat. V. **Rata.** « *Les roulantes distribuaient la*
soupe » (CARCO). *À la soupe!* (*Fam.* À table!). — *Soupe*
populaire, servie aux indigents. Par ext. *Aller à la soupe*
populaire, au local où on sert cette soupe. ◇ Loc. fig. et pop.
Par ici la bonne soupe! l'argent. ♦ 3° Pop. Explosif.

SOUPENTE [supãt]. *n. f.* (1338; de l'a. fr. *souspendre,*
du lat. *suspendere.* V. **Suspendre**). ♦ 1° Réduit aménagé
dans la hauteur d'une pièce ou sous un escalier, pour servir
de grenier, de logement sommaire. ♦ 2° Techn. Barre soutenant la hotte d'une cheminée.

1. **SOUPER** [supe]. *n. m.* (980; du rad. de *soupe*). ♦ 1° Vx
ou *région.* (Belgique, Canada, Suisse, etc.). Repas du soir.
V. **Dîner.** « *Ces soupers de famille, le soir, autour de la lampe* »
(R. ROLLAND). ♦ 2° (v. 1830). Repas ou collation qu'on prend
à une heure avancée de la nuit, après le spectacle, au cours
d'une soirée. « *Vers minuit, un joyeux souper terminait la*
séance de travail » (GAUTIER).

2. **SOUPER** [supe]. *v. intr.* (1138; du rad. de *soupe*). ♦
1° Vx ou *région.* Prendre le repas du soir. V. **Dîner.** « *On*
dînait chez elle à deux heures, on soupait à neuf » (MUSS.). ♦
2° (v. 1830). Faire un souper. *Les « restaurants où l'on soupe*
après minuit » (FLAUB.). *Aller souper dans un cabaret.* ♦
3° Fig. (1888). Fam. *J'en ai soupé,* j'en ai par-dessus la tête,
j'en ai assez. « *Elle me répond qu'elle a soupé de la petite*
fleur bleue » (BERNANOS).

SOUPESER [supəze]. *v. tr.;* conjug. *peser.* V. **Lever**
(1372; *sozpeser,* déb. XIIIe; de *sous,* et *peser*). Soulever et
soutenir un moment dans la main pour juger approximativement du poids. « *Il soupesa de nouveau le manuscrit, et ne*
le trouva plus si lourd » (HERMANT). ◇ Fig. Peser, évaluer.
Soupeser des arguments.

SOUPEUR, EUSE [supœr, øz]. *n.* (XIVe; de *souper* 2).
♦ 1° Vx. Dîneur. ♦ 2° Mod. Personne qui participe, a
l'habitude de participer à des soupers.

SOUPIÈRE [supjɛr]. *n. f.* (1729; de *soupe*). Récipient
large et profond, généralement à anses et à couvercle, dans
lequel on sert la soupe ou le potage; son contenu.

SOUPIR [supir]. *n. m.* (XIIIe; *sospir,* XIIe; de *soupirer*).
♦ 1° Inspiration ou respiration plus ou moins bruyante,
qui vient rétablir l'équilibre respiratoire, dans les états
d'émotion. « *Elle poussait des soupirs, implorait le ciel* »
(ZOLA). *Un grand, un profond soupir. Soupir de résignation,*
de soulagement. — *Le dernier soupir,* celui du mourant.
Rendre le dernier soupir, mourir. V. **Expirer.** ◇ Vieilli ou
poét. Plainte, expression douloureuse de l'amour. « *Tu vis*
naître ma flamme et mes premiers soupirs » (RAC.). — Expression poétique de la souffrance, plainte lyrique. « *Sur le ton*
consacré aux soupirs » (CHATEAUB.). ♦ 2° Fig. et littér.
Chant ou son mélancolique. « *Des soupirs étouffés de cor* »
(ZOLA). ♦ 3° (1611). Silence correspondant à une noire, en
musique; signe indiquant ce silence. *Un demi-soupir, un quart*
de soupir.

SOUPIRAIL, AUX [supiraj, o]. *n. m.* (1332; *suspiral,*
XIIe; probabl. de *soupirer,* d'apr. lat. *spiraculum*). Ouverture
pratiquée dans le soubassement d'un rez-de-chaussée pour

donner de l'air, du jour aux caves et pièces en sous-sol. « *Cette*
salle ressemblait à un cachot...; un soupirail à barreaux
l'éclairait de haut et mal » (MART. du G.).

SOUPIRANT, ANTE [supirã, ãt]. *adj. et n. m.* (XIIIe;
de *soupirer*). ♦ 1° Adj. Littér. Qui soupire, se plaint. « *La*
jeune Adèle, soupirante mais consentante » (COURTELINE).
♦ 2° N. m. (*Vieilli* ou *plaisant*). Amoureux. « *Toute femme*
un peu en vue traîne un troupeau de soupirants » (MAUPASS.).

SOUPIRER [supire]. *v.* (XIIe; *suspirer,* X^e; lat. *suspi-*
rare). ♦ 1° V. intr. Pousser un soupir, des soupirs. « *En*
quête d'une halte!... où je puisse moi, manger, boire, soupirer
d'aise » (BOSCO). — Vx. Pousser des soupirs amoureux,
être amoureux. — Vieilli. « *Ce n'est pas le bonheur après*
quoi je soupire » (MOL.), auquel j'aspire. « *Le quai aux Fleurs*
les faisait soupirer pour la campagne » (FLAUB.). ◇ Poét.
Faire entendre de doux sons, murmurer. « *Que le vent qui*
gémit, le roseau qui soupire... » (LAMART.). ♦ 2° V. tr. (1389).
Poét. Chanter sur le mode élégiaque. « *Les vers que je te*
soupire » (VERLAINE). ◇ Cour. Dire en soupirant. « *Elle*
soupira : — Ce qu'il y a de plus lamentable,... c'est de traîner,
comme moi, une existence inutile » (FLAUB.).

SOUPLE [supl(ə)]. *adj.* (fin XIIe; *sople* « humble », XIIe;
lat. *supplex* « suppliant »). **A** ♦ 1° (*Personnes*). Particulièrement docile, capable de s'adapter adroitement à la volonté
d'autrui, aux exigences de la situation. « *Mazarin, toujours*
souple et insinuant » (FAGUET). ♦ 2° Capable d'adaptation
intellectuelle. « *Fénelon avait l'esprit le plus souple qui fût*
au monde » (FAGUET). « *La plus souple des formes d'expres-*
sion, qui est le dialogue » (VALÉRY). ♦ 3° Qui donne une
impression de gracieuse aisance et de liberté. V. **Aisé.** « *Cha-*
que année rendait le dessin de Gavarni plus souple, plus libre,
plus large » (GAUTIER). **B** ◇ (*Choses concrètes*). ♦ 1° (Fin
XIIIe). Qu'on peut plier et tordre facilement, sans le casser ni le
détériorer. V. **Élastique, flexible, maniable.** « *On utilisait,*
pour faire des liens, certaines tiges souples d'osier, de noisetier »
(DUHAM). *Chemise à col souple* (opposé à dur). ♦ 2° (*Mem-*
bres, corps). Qui se plie et se meut avec aisance. « *Jamais*
je n'eus le poignet assez souple... pour retenir mon fleuret »
(ROUSS.). « *Un corps souple et musclé* » (MAURIAC). V. **Agile.**
« *Cette démarche ailée, souple* » (CÉLINE). V. **Aisé, léger.**
— Loc. métaph. (Cf. le sens A, 1°). *Avoir l'échine souple, les*
reins souples : savoir céder, se soumettre. ◈ ANT. **Buté, indo-**
cile; **ferme, raide.**

SOUPLESSE [suplɛs]. *n. f.* (1530; « tour d'acrobate »,
fin XIIIe; de *souple*). ♦ 1° Propriété de ce qui est souple (B),
flexible. V. **Élasticité, flexibilité, maniabilité.** « *Il courba*
la lame... afin d'en éprouver la souplesse » (GAUTIER). ◇
(Corps) *Ta taille a la souplesse aimable du roseau* » (HUGO).
♦ 2° Fig. (1580). Qualité d'une personne souple (dans le
domaine pratique). « *Elle y manœuvre... avec la souplesse et*
la ruse de ces vieux renards » (MONTHERLANT). V. **Adresse,**
diplomatie. ◇ Faculté d'adaptation intellectuelle; aisance,
liberté. *La souplesse exceptionnelle de son esprit.* « *Toute la*
souplesse, toute la variété des constructions latines » (DUHAM.).
◈ ANT. **Raideur**; **intransigeance**; **automatisme.**

SOUQUENILLE [suknij]. *n. f.* (1694; *soschanie,* fin XIIe;
souquenie, XVIe; moy. haut all. d'o. slave *sukenie*). Vieilli.
Longue blouse ou surtout de cocher, de clown, de palefrenier. « *Dans sa flottante souquenille de Pierrot* » (COLETTE).

SOUQUER [suke]. *v.* (1687; du prov. *souca*). Mar. ♦ 1° V.
tr. Serrer ferme (un nœud, un amarrage). ♦ 2° V. intr.
(1868). Tirer fortement sur les avirons. *Souquer ferme, dur.*
V. **Ramer.**

SOURATE [surat]. *n. f.* V. **SURATE.**

SOURCE [surs(ə)]. *n. f.* (1530; *sourse,* XIIe; fém. de
so[u]rs, a. p. p. de *sourdre*). ♦ 1° Eau qui sort de terre; issue
naturelle ou artificielle par laquelle une eau souterraine se
déverse à la surface du sol. V. **Fontaine, point** (d'eau). *Source*
permanente, intermittente. Source thermale. Capter une source.
Eau de source. — Loc. fig. *Cela coule* de source.* ◇ Spécialt.
La source d'un cours d'eau, celle qui lui donne naissance.
« *Quatre grands fleuves, ayant leurs sources dans les mêmes*
montagnes » (CHATEAUB.). ♦ 2° Fig. Origine, principe. « *La*
source du vrai bonheur est en nous » (ROUSS.). *Le mal* « *a*
comme le bien sa source profonde dans la nature » (FRANCE).
◇ Ling. *Langue source,* dans le processus de traduction,
langue que l'on traduit (opposé à *langue cible*). « *Dans un*
dictionnaire bilingue anglais-français la langue source est
l'anglais. ♦ 3° Origine (d'une information). « *Les renseigne-*
ments les plus contradictoires arrivaient à Paris des sources
serbes et bulgares » (ARAGON). *Tenir, savoir de bonne source,*
de source sûre. ◇ Document, texte original. *La critique des*
sources. Puiser aux sources, se référer aux auteurs, aux textes
originaux. ◇ Origine. *Retenue* à la source.* ◇ Littér. Œuvre
antérieure (récit, légende, etc.) qui a fourni à un artiste ou à un
écrivain un thème, une idée. ♦ 4° Système, substance ou objet
qui fournit de la chaleur, de la lumière, de l'énergie; lieu,
point d'où la lumière, la chaleur rayonne et se propage. V.
Foyer. *Source de chaleur, d'énergie, de lumière. Source lumi-*

neuse, sonore. « *Une source émettant dans diverses directions des électrons de même vitesse* » (L. de BROGLIE).

SOURCIER, IÈRE [suʀsje, jɛʀ]. *n.* (1781; de *source*). Personne à laquelle on attribue l'art de découvrir les sources cachées, les nappes d'eau souterraines (au moyen d'une baguette, d'un pendule). V. **Radiesthésiste, rhabdomancien.** « *La baguette du sourcier a une bien vieille histoire !... Son magnétisme est masculin. Même de nos jours..., on ne parle guère de sourcières* » (BACHELARD).

SOURCIL [suʀsi]. *n. m.* (1415; *sorcil,* 1160; lat. *supercilium*). Saillie arquée, garnie de poils, au-dessus de l'orbite; ces poils. « *Les arcs parfaits de deux sourcils* » (VIGNY). *Froncer* les sourcils.*

SOURCILIER, IÈRE [suʀsilje, jɛʀ]. *adj.* (1586; de *sourcil*). *Anat.* Relatif aux sourcils. *Muscle sourcilier.* — *Cour. Arcade* sourcilière.*

SOURCILLER [suʀsije]. *v. intr.* (1320; *sorcillier,* déb. XIIIe; de *sourcil*). Manifester son trouble, son mécontentement (seulement en emploi négatif). « *L'autre ne sourcilla pas et continua* » (DAUD.). « *Hasardant cent mille francs d'un coup, sans sourciller* » (BALZ.), en restant impassible.

SOURCILLEUX, EUSE [suʀsijø, øz]. *adj.* (1548; *supercilieux,* 1477; lat. *superciliosus*). ♦ 1º *Littér.* Hautain; sévère, renfrogné. « *De froid et sourcilleux, il devint... poliment empressé* » (BALZ.). *Front sourcilleux.* ◇ *Vx.* et *littér.* Haut, élevé. *Mont, roc sourcilleux.* ♦ 2º Pointilleux. « *Notre législation actuelle, sourcilleuse et si compliquée* » (DUHAM.). ◇ ANT. (du II) *Éclatant, sonore.*

SOURD, SOURDE [suʀ, suʀd(ə)]. *adj.* et *n.* (XIVe; *surt,* fin XIe, lat. *surdus*). **I.** ♦ 1º Qui perçoit insuffisamment les sons ou ne les perçoit pas du tout. « *Ce bruit interne... me rendit non tout à fait sourd mais dur d'oreille* » (ROUSS.). *Loc. Sourd comme un pot,* complètement sourd. *Faire la sourde oreille* : refuser d'écouter. ◇ N. « *Anne criait à la sourde d'inutiles paroles* » (MAURIAC). *Crier*, parler** à la sourde, de toutes ses forces. *Ce n'est pas tombé dans l'oreille* d'un sourd. C'est comme si on parlait à un sourd,* se dit à propos d'une personne têtue, qui ne veut rien entendre. PROV. *Il n'est pire sourd que celui qui ne veut pas entendre :* l'incompréhension vient souvent d'un refus de comprendre. ♦ 2º *Sourd à...* : qui refuse d'entendre, reste insensible. « *Rester sourd aux cris de ses frères* » (HUGO). « *J'étais sourd aux leçons de la sagesse* » (FRANCE). **II.** (*Choses*). ♦ 1º (1552). Peu sonore, qui ne retentit pas. « *Un bruit lointain, sourd, faible encore* » (FRANCE). « *D'une voix un peu basse et sourde* » (JAURÈS). V. **Étouffé, voilé.** *Phonét. Consonne sourde,* dont l'émission ne comporte pas les vibrations glottales caractéristiques des sonores (ex. : [p, t, h, f]). *Subst. Une sourde.* ◇ Où le son est étouffé. *La neige « rendait l'air muet et sourd »* (FRANCE). ♦ 2º Qui n'est pas éclatant. « *Un gris sourd que la vive lumière du matin parvenait à peine à dorer* » (FROMENTIN). ♦ 3º Qui est peu prononcé, qui ne se manifeste pas nettement. V. **Vague.** *Douleur sourde.* « *Une colère sourde contre tout le monde couvait en lui* » (MAUPASS.). ◇ Qui s'accomplit dans l'ombre, sans qu'on en ait clairement conscience. V. **Caché, secret.** « *Par un sourd travail intérieur* » (TAINE). — Souterrain, ténébreux. « *Dans ce gouvernement..., une lutte sourde divisait les ministres* » (MADELIN). ◇ ANT. (du II) *Éclatant, sonore.*

SOURDEMENT [suʀdəmɑ̃]. *adv.* (XIIe; de *sourd*). ♦ 1º Avec un bruit sourd. « *Des canons continuaient à aboyer sourdement* » (MART. du G.). ♦ 2º *Fig.* D'une manière sourde, cachée. « *Une masse humaine... comme sourdement travaillée par des fermentations profondes* » (CHARDONNE).

SOURDINE [suʀdin]. *n. f.* (1568; it. *sordina,* de *sordo* « sourd »). Dispositif qu'on adapte à des instruments à vent ou à cordes, pour amortir le son. *Sourdine d'un violon, d'une trompette.* *Loc. Jouer en sourdine,* en diminuant l'intensité du son. « *La radio jouait en sourdine* » (MONTHERLANT). ◇ *Loc. fig.* « *Tout se passait d'ailleurs en sourdine* » (MAURIAC), sans bruit, sans éclat. V. **Discrètement, secrètement.** — « *Je vous demande de mettre désormais une sourdine à votre gaieté* » (AYMÉ), de la manifester moins bruyamment.

SOURDINGUE [suʀdɛ̃g]. *adj.* et *n.* (1926; de *sourd,* et suff. arg. *-ingue*). *Pop.* Sourd. « *Tu te fous de moi ou bien t'es vraiment sourdingue?* » (QUENEAU).

SOURD-MUET, SOURDE-MUETTE [suʀmɥe, suʀd mɥɛt]. *n.* et *adj.* (1564; de *sourd,* et *muet*). Personne atteinte de surdité congénitale entraînant la mutité (surdi-mutité). « *Ces sourds-muets, muets parce qu'ils sont sourds* » (SARTRE). — *Adj. Des enfants sourds-muets.*

SOURDRE [suʀdʀ(ə)]. *v. intr.*; seult. inf. et 3e pers. inf. : *il sourd, ils sourdent*; *il sourdait, ils sourdaient* (XVe; *surdre,* 1080; lat. *surgere*). *Vx.* ou *littér.* Se dit de l'eau qui sort de terre. V. **Filtrer, jaillir.** « *Un pays sans eau en apparence, mais où l'eau sourd et circule invisible* » (BARRÈS). ◇ *Fig.* Naître, surgir. « *Comment lutter contre ce qui sourdait en lui* » (MAURIAC).

SOURIANT, ANTE [suʀjɑ̃, ɑ̃t]. *adj.* (h. XIIIe; 1830; de *sourire* 1). Qui sourit, est aimable et gai. « *Ils sont toujours souriants, mais d'un sourire qui me semble d'année en année plus triste* » (GIDE). « *Quant à la bouche, elle est aisément souriante* » (GAUTIER). — *Fig.* « *Un affleurement continu d'une sagesse souriante* (chez Gœthe) » (GIDE). ◇ ANT. *Grave.*

SOURICEAU [suʀiso]. *n. m.* (1373; de *souris* 1). Petit d'une souris, jeune souris. « *Un souriceau tout jeune, et qui n'avait rien vu* » (LA FONT.).

SOURICIER [suʀisje]. *n. m.* et *adj.* (1611; de *souris* 1). Animal qui attrape les souris. *Chat souricier.*

SOURICIÈRE [suʀisjɛʀ]. *n. f.* (1380; de *souris* 1). ♦ 1º Piège à souris. V. **Ratière.** ♦ 2º *Fig.* (1792). Piège tendu par la police (qui surveille et laisse croire à un être assurée que qqn s'y rendrait). « *Sûr que le forçat... ne pouvait être loin, il établit des guets, il organisa des souricières* » (HUGO).

1. SOURIRE [suʀiʀ]. *v. intr.*; conjug. *rire* (XIIe; lat. *subridere*). ♦ 1º Prendre une expression rieuse ou ironique par un léger mouvement de la bouche et des yeux. V. aussi **Rire.** « *Les paupières mi-closes, la bouche entr'ouverte, elle sourit* » (FRANCE). *Elle « lui sourit en lui montrant qu'elle le comprenait bien* » (BALZ.), elle lui adressa un sourire. ◇ S'amuser de qqch. (en manifestant ou non par l'expression du visage l'ironie, le dédain, etc.). « *Un piano... c'est de quoi l'on sourit en songeant aux pianos à queue d'aujourd'hui* » (NERVAL). ♦ 2º (*Choses*). SOURIRE à (qqn) : être agréable ou convenable. V. **Convenir, plaire.** « *Un mariage qui ne me sourit pas* » (SAND). ◇ Être favorable. *Enfin la chance, la vie me sourit.* ◇ *Poét.* Être radieux. « *L'automne souriait* » (HUGO).

2. SOURIRE [suʀiʀ]. *n. m.* (XIIe; subst. du précéd.). Action de sourire, mouvement et expression d'un visage qui sourit. « *Le regard de Rivarol était terne; mais tout son esprit se retrouvait dans son sourire* » (CHÊNEDOLLÉ). « *Lui que les princesses accueillaient le sourire aux lèvres* » (GAUTIER). *Faire, adresser un sourire à qqn* : lui sourire. — *Fam. Avoir le sourire,* être enchanté de ce qui est arrivé. *Garder le sourire,* rester souriant en dépit d'un échec, d'une déception.

1. SOURIS [suʀi]. *n. f.* (XIVe; *suriz,* fin XIIe; lat. pop. *°sorix, -icis* [*i* long], class. *sorex, -icis*). ♦ 1º Petit mammifère rongeur (*Muridés*), voisin du rat, dont l'espèce la plus répandue, au pelage gris, cause différents dégâts dans les maisons. *Loc. Le chat* et la souris. On le ferait rentrer dans un trou de souris,* se dit de qqn de poltron, qui est très gêné. « *Il trottait avec une agilité de souris* » (FRANCE). *On entendrait trotter une souris,* le silence est total. — *Gris souris,* ton de gris. « *Un tailleur en velours souris* » (COLETTE), en velours gris souris. ◇ *Souris blanche,* variété de souris, élevée pour servir de sujet d'expérience en biologie. *Souris rousse,* petite souris des champs. ♦ 2º *Fam.* (1907). *Souris d'hôtel,* femme qui fait le « rat d'hôtel ». ◇ (1938). *Pop.* Jeune fille, jeune femme; bonne amie. V. **Nana.** « *Elle est drôlement roulée, sa souris, et elle n'a pas dix-huit ans* » (SARTRE). ♦ 3º *Par anal.* (1694; « partie charnue du bras, de la jambe », mil. XIIIe). Muscle charnu à l'extrémité du gigot, contre l'os. ◇ *Méd. Souris articulaire* : petit fragment d'os ou de cartilage qui flotte librement dans une cavité articulaire et peut parfois en bloquer brièvement les mouvements.

2. SOURIS [suʀi]. *n. m.* (*Soubris,* 1538; de *sourire,* d'apr. *ris*). *Vx.* Sourire (2).

SOURNOIS, OISE [suʀnwa, waz]. *adj.* (1640; probabl. du prov. *sourne,* a. prov. *sorn* « sombre »; Cf. *Sorne* « soir »; du lat. *surdus*). ♦ 1º *Vx.* Sombre, mélancolique. ♦ 2º (1668). *Mod.* Qui dissimule ses sentiments réels, souvent dans une intention malveillante. V. **Dissimulé.** « *Le Bas-Normand, rusé, cauteleux, sournois* » (MAUPASS.). *Subst.* « *Ton petit précepteur m'inspire beaucoup de méfiance... C'est un sournois* » (STENDHAL). V. **Hypocrite.** ◇ (Conduite, actions) « *Une méchanceté sournoise de souffre-douleur* » (ZOLA). « *Les louvoiements sournois à quoi cette fausse situation l'obligeait* » (GIDE). ♦ 3º *Fig.* Qui ne se manifeste pas franchement (*choses*). « *Un feu sournois qui rampe sous la brande* » (MAURIAC). ◇ ANT. *Franc.*

SOURNOISEMENT [suʀnwazmɑ̃]. *adv.* (v. 1700; de *sournois*). D'une manière sournoise. « *Sa spécialité, c'était de s'immiscer sournoisement dans les choses que le regardaient pas* » (COURTELINE).

SOURNOISERIE [suʀnwazʀi]. *n. f.* (1814; de *sournois*). Caractère, comportement d'une personne sournoise. V. **Dissimulation, fourberie.** « *Les trésors de rouerie..., de sournoiserie ingénieuse...* » (COURTELINE). ◇ ANT. *Candeur, franchise.*

SOUS [su]. *prép.* (fin XIIe; *suz, soz,* Xe; lat. *subtus*). **I.** Marque la position en bas par rapport à ce qui est en haut, ou en dedans par rapport à ce qui est en dehors (REM. Pour les expressions figurées, se reporter aux substantifs). ♦ 1º (La compl. désignant la chose en contact

qui s'appuie). « *Un oreiller sous la tête, des coussins sous les bras* » (LESAGE). *Sous la main*, le bras*. Sous main. Sous la patte*, la griffe*, la dent*. Sous presse*. Sous le joug*.* — *Plier sous le faix*, le poids*.* ◇ *Sous l'eau :* sous la surface des eaux. *Sous terre*.* ♦ 2° (Le compl. désignant une chose qui recouvre). « *Me cachant à moitié sous l'édredon* » (RADIGUET). *Mettre sous enveloppe*. Sous les armes*. Sous cape*. Sous le manteau*. Sous le masque*.* « *Tous ces petits villages sous la neige* » (RENARD). « *Sous la clarté diffuse des feux électriques du port* » (MAUPASS.). ◇ *Fig.* Derrière. *Elle* « *dissimulait tant de bonté sous des dehors austères* » (MAURIAC). *Sous les traits de... Apparaître sous certains traits, sous une forme. Sous le nom, le titre de... Sous prétexte*, couleur* de...* ♦ 3° (Le compl. désignant une chose qui domine, surplombe, sans contact avec l'autre). *Rien de nouveau sous·le soleil*. Sous un arbre, une voûte, un toit. S'abriter sous un parapluie.* — *Sous les remparts.* V. **Pied** (au pied de). *Sous les fenêtres de qqn :* devant chez lui. Loc. mar. *Sous voiles*. Naviguer sous pavillon français. Sous les drapeaux*. Inscrit sous tel numéro.* ◇ (Le compl. désignant la chose à quoi on est exposé) « *Quand la nation se trouve sous le canon des ennemis* » (FRANCE). *Sous le feu. Sous les yeux, le regard de tout le monde.* V. **Devant**.
II. Fig. ♦ 1° (1363). Marquant un rapport de subordination ou de dépendance. « *Ce vieillard qui avait servi sous sept rois de France* » (BALZ.). *Sous un régime socialiste. Sous ses ordres, sa direction, sa responsabilité. Sous les auspices, le signe de... Être sous le coup d'une accusation.* — *Sous condition. Sous peine de... Sous réserve de...* — *Méd.* Sous l'action de. *Un malade sous antibiotiques.* ♦ 2° (Valeur temporelle). a) [1559]. Pendant le règne de..., à l'époque de. « *C'est sous Charles X que la petite est née* » (ARAGON). *Sous l'Ancien Régime, l'Empire.* — b) [1784]. Avant que ne soit écoulé (tel espace de temps). V. **Dans**. « *Si je ne m'expliquais pas nettement sous quinzaine* » (DIDER.). *Sous huitaine. Sous peu :* bientôt. ♦ 3° (Valeur causale; XVIIᵉ). Par l'effet de, du fait de l'influence de. « *Il est bon de frémir sous la caresse et davantage encore sous la morsure* » (GIDE). *Sous la pression, l'impulsion de qqn.* ♦ 4° (Introduisant un compl. de point de vue, de manière ; 1835). *Sous cet angle, cet aspect, ce rapport.*
◇ **ANT. Sur.** — **HOM.** Sou, soue, soûl.

SOUS-. Préfixe à valeur de préposition *(sous-main)* ou d'adverbe *(sous-jacent)*, marquant la position *(sous-sol)*, la subordination *(sous-préfet)*, la subdivision *(sous-genre)*, le degré inférieur *(sous-littérature, sous-art)* et l'insuffisance *(sous-alimenté)*. V. **Hypo-, infra-, sub-.** — (Avec un nom propre, marquant l'infériorité dans le même genre). *Un sous-James Bond :* une médiocre imitation du personnage.

SOUS-ADMISSIBLE [suzadmisibl(ə)]. *adj.* et *n.* (XXᵉ; de *sous-*, et *admissible*). Se dit d'un candidat ayant franchi la première étape pour être admissible.

SOUS-AIDE [suzɛd]. *n.* (1586; de *sous-*, et *aide*). Rare. Personne qui est aide en second.

SOUS-ALIMENTATION [suzalimɑ̃tasjɔ̃]. *n. f.* (1918; de *sous-*, et *alimentation*). Insuffisance alimentaire capable à la longue de compromettre la santé ou la vie de l'homme; état anormal qui en résulte. ◇ **ANT. Suralimentation.**

SOUS-ALIMENTÉ, ÉE [suzalimɑ̃te]. *adj.* (1925; de *sous-*, et *alimenté*). Victime de la sous-alimentation. *J'ai dit* « *que la moitié de la population kabyle est en chômage et les trois quarts sont sous-alimentés* » (CAMUS). ◇ **ANT. Suralimenté.**

SOUS-AMENDEMENT [suzamɑ̃dmɑ̃]. *n. m.* (1835; de *sous-*, et *amendement*). **Dr.** Amendement proposé ou apporté à un amendement.

SOUS-ARBRISSEAU [zuzaʀbʀiso]. *n. m.* (1556; de *sous-* et *arbrisseau*). **Bot.** Plante ligneuse à la base (intermédiaire entre l'herbe et l'arbrisseau). *Des sous-arbrisseaux* (V. **Sous-frutescent**).

SOUS-ARRONDISSEMENT [suzaʀɔ̃dismɑ̃]. *n. m.* (1872; de *sous-*, et *arrondissement*). **Admin.** Subdivision d'un arrondissement maritime.

SOUS-BARBE [subaʀb(ə)]. *n. f.* (1690; « coup sous le menton », 1611; de *sous-*, et *barbe*). ♦ 1° Partie postérieure de la mâchoire inférieure du cheval, sur laquelle porte la gourmette. ◇ **Hippol.** Pièce du harnais qui réunit les deux montants du licol. ♦ 2° **Mar.** (1730). Cordage métallique ou chaîne qui maintient le beaupré par-dessous.

SOUS-BAS [suba]. *n. m. invar.* (v. 1940; de *sous-*, et *bas*). Bas chaud destiné à être porté sous des bas de femme.

SOUS-BIBLIOTHÉCAIRE [subiblijɔtekɛʀ]. *n.* (1690; de *sous-*, et *bibliothécaire*). Bibliothécaire en second.

SOUS-BOIS [subwa(a)]. *n. m. invar.* (1869; de *sous-*, et *bois*). ♦ 1° Végétation qui pousse sous les arbres, dans les futaies des forêts. « *La bure des vieilles feuilles continuait à couvrir le sous-bois* » (GENEVOIX). ◇ Partie de la forêt où pousse cette végétation. *Un sous-bois.* ♦ 2° Représentation de l'intérieur d'une forêt. *Les Sous-bois de Courbet.*

SOUS-BRIGADIER [subʀigadje]. *n. m.* (1690; de *sous-*, et *brigadier*). *Ancienn.* Officier qui commandait sous le brigadier. ◇ *Mod.* (1875). Douanier, gardien de la paix qui a le rang immédiatement inférieur au brigadier. *Des sous-brigadiers.*

SOUS-CALIBRÉ, ÉE [sukalibʀe]. *adj.* (mil. XXᵉ; de *sous-*, et *calibrer*). **Techn.** *Projectile sous-calibré :* d'un calibre inférieur à celui du canon.

SOUS-CHEF [suʃɛf]. *n. m.* (1791; de *sous-*, et *chef*). Celui qui vient immédiatement après le chef, dans certaines hiérarchies. *Des sous-chefs de bureau.* « *Le double de ce que lui, sous-chef de gare, gagnait au Havre* » (ZOLA). — *Elle est sous-chef.*

SOUS-CLASSE [suklas]. *n. f.* (1872; de *sous-*, et *classe*). **Sc. nat.** Division d'une classe.

SOUS-CLAVIER, IÈRE [suklavje, jɛʀ]. *adj.* (XVIᵉ; de *sous-*, et rad. de *clavicule*). **Anat.** Qui est sous la clavicule. *Artère sous-clavière. Muscle sous-clavier.*

SOUS-COMMISSION [sukɔmisjɔ̃]. *n. f.* (1871; de *sous-*, et *commission*). Commission secondaire qu'une commission nomme parmi ses membres.

SOUS-COMPTOIR [sukɔ̃twaʀ]. *n. m.* (1872; de *sous-*, et *comptoir*). Succursale d'un comptoir (2°).

SOUS-CONSOMMATION [sukɔ̃sɔmasjɔ̃]. *n. f.* (1926; de *sous-*, et *consommation*). **Écon.** Consommation inférieure à la normale. *Sous-consommation liée à la baisse du pouvoir d'achat.*

SOUS-CONTINENT [sukɔ̃tinɑ̃]. *n. m.* (XXᵉ; sous-continental, 1893; de *sous*, et *continent*). **Géogr.** Partie importante et nettement différenciée d'un continent (s'emploie à propos de la péninsule indienne : *Le sous-continent indien*).

SOUSCRIPTEUR, TRICE [suskʀiptœʀ, tʀis]. *n.* (1679; lat. *subscriptor*). ♦ 1° Personne qui souscrit (un billet, une lettre de change). ♦ 2° (1721). Personne qui souscrit (à une publication).

SOUSCRIPTION [suskʀipsjɔ̃]. *n. f.* (1389; *subscription*, XIIIᵉ; lat. *subscriptio*). ♦ 1° *Rare.* Apposition de signature. ♦ 2° (1717). Action de souscrire (à une publication, un emprunt), engagement de paiement : somme versée pour sa part par le souscripteur. *Ouvrage vendu par souscription. La souscription à l'emprunt est close. Souscription à une œuvre d'entraide.*

SOUSCRIRE [suskʀiʀ]. *v. tr.;* conjug. *écrire* (déb. XVIᵉ; *subscrire*, 1356; lat. *subscribere*).
I. Trans. dir. ♦ 1° *Vieilli.* Signer pour approuver. ◇ S'engager à payer, en signant. « *Bovary finit par souscrire un billet à six mois d'échéance* » (FLAUB.). — Au p. p. *Capital entièrement souscrit.* ♦ 2° (Au p. p.). *Didact.* **IOTA SOUSCRIT :** iota placé sous une longue, dans l'écriture du grec ancien.
II. Trans. indir. SOUSCRIRE À. ♦ 1° (1588). Donner son adhésion. V. **Acquiescer, adhérer, consentir.** « *Disposez de moi comme il vous plaira... je souscris à tout* » (DIDER.). « *Un jour vient où nous souscrivons à l'erreur* » (DUHAM.). ♦ 2° (1721). S'engager à fournir un comme pour sa part. *Souscrire à une publication*, prendre l'engagement d'acheter, en versant une partie de la somme, un ouvrage en cours de publication. *Souscrire à un emprunt* (V. **Souscripteur, souscription**).

SOUS-CUTANÉ, ÉE [sukytane]. *adj.* (1753; bas lat. *subcutaneus*). **Anat., méd.** ♦ 1° Situé sous la peau (V. **Sous-épidermique**) ou qui se fait sous la peau (V. **Hypodermique**). *Pannicule adipeux sous-cutané. Injections sous-cutanées.*

SOUS-DÉVELOPPÉ, ÉE [sudevlɔpe]. *adj.* (1956; de *sous-*, et *développé*, d'apr. l'angl. *underdeveloped*). **Économie** *sous-développée*, qui, faute d'une productivité suffisante, ne permet pas à ses agents de connaître des niveaux de consommation satisfaisants. *Pays sous-développés*, dont l'économie est sous-développée (pays d'Asie, Afrique, Amérique latine, dits plutôt aujourd'hui *en voie de développement*). — *Par ext.* Insuffisamment équipé, modernisé, productif. V. **Sous-équipé.** ◇ *Par ext.* et *subst.* (emploi critiqué). Habitant d'un pays sous-développé. « *Aller au Brésil t'occuper des sous-développés* » (MALLET-JORIS).

SOUS-DÉVELOPPEMENT [sudevlɔpmɑ̃]. *n. m.* (1956; de *sous-développé*). Économie sous-développée. État d'un pays sous-développé.

SOUS-DIACONAT [sudjakɔna]. *n. m.* (1690; lat. ecclés. *subdiaconatus*). **Relig.** Le troisième des ordres ecclésiastiques (et le premier des ordres majeurs).

SOUS-DIACRE [sudjakʀ(ə)]. *n. m.* (XIIᵉ; lat. ecclés. *subdiaconus*). Celui qui est promu au sous-diaconat.

SOUS-DIRECTEUR, TRICE [sudiʀɛktœʀ, tʀis]. *n.* (1845, masc.; de *sous-*, et *directeur*). Directeur, directrice en second.

SOUS-DOMINANTE [sudɔminɑ̃t]. *n. f.* (av. 1765; de *sous-*, et *dominante*). **Mus.** Quatrième degré de la gamme diatonique. ◇ **ANT. Sus-dominante.**

SOUS-ÉCONOME [suzekɔnɔm]. *n.* (1872; de *sous-*, et *économe*). Adjoint(e) de l'économe.

SOUS-EMBRANCHEMENT [suzɑ̃bʀɑ̃ʃmɑ̃]. *n. m.* (1890; de *sous-*, et *embranchement*). **Sc. nat.** Division venant après l'embranchement.

SOUS-EMPLOI [suzɑ̃plwa]. *n. m.* (1942; de *sous-*, et *emploi*). *Écon.* Emploi d'un nombre de travailleurs inférieur au nombre des travailleurs disponibles (V. Chômage). ◊ ANT. *Plein-emploi.*

SOUS-ENSEMBLE [suzɑ̃sɑ̃bl(ə)]. *n. m.* (mil. XXᵉ; de *sous-*, et *ensemble*). *Math.* Ensemble dont tous les éléments font partie d'un autre ensemble. *L'intersection de deux ensembles forme un sous-ensemble.*

SOUS-ENTENDRE [suzɑ̃tɑ̃dʀ(ə)]. *v. tr.; conjug. entendre.* V. Rendre (1657; de *sous-*, et *entendre*). Avoir dans l'esprit sans dire expressément. « *Il faut... suppléer deux propositions que Pascal a sous-entendues* » (LACHELIER). *Il faut sous-entendre que...* Impers. « *Il est d'ailleurs sous-entendu que l'organisme sera considéré à l'état normal* » (A. COMTE), il va sans dire que...

SOUS-ENTENDU [suzɑ̃tɑ̃dy]. *n. m.* (1706; p. p. subst. de *sous-entendre*). Action de sous-entendre; ce qui est sous-entendu (souvent dans une intention malveillante). V. Allusion, insinuation, restriction, réticence. « *Explique-toi donc... Je n'aime pas les sous-entendus* » (SARTRE).

SOUS-ENTREPRENEUR [suzɑ̃tʀəpʀənœʀ]. *n. m.* (1848; de *sous-*, et *entrepreneur*). Entrepreneur qui prend en sous-ordre une partie des travaux d'un entrepreneur. V. Sous-traitant.

SOUS-ÉPIDERMIQUE [suzepidɛʀmik]. *adj.* (1872; de *sous-*, et *épiderme*). *Sc. nat.* Situé sous l'épiderme. V. Sous-cutané.

SOUS-ÉQUIPÉ, ÉE [suzekipe]. *adj.* (v. 1960; de *sous-*, et *équiper*). *Écon.* Dont l'équipement industriel est insuffisant. *Région sous-équipée.* ◊ ANT. *Suréquipé* (V. **Suréquiper**).

SOUS-ÉQUIPEMENT [suzekipmɑ̃]. *n. m.* (v. 1960; de *sous-*, et *équipement*). *Écon.* État de ce qui est sous-équipé. ◊ ANT. *Suréquipement.*

SOUS-ESPÈCE [suzɛspɛs]. *n. f.* (1872; de *sous*, et *espèce*). *Sc. nat.* Subdivision de l'espèce.

SOUS-ESTIMATION [suzɛstimasjɔ̃]. *n. f.* (1898; de *sous-*, et *estimation*). Action de sous-estimer. ◊ ANT. *Surestimation.*

SOUS-ESTIMER [suzɛstime]. *v. tr.* (1898; de *sous-*, et *estimer*). Estimer au-dessous de sa valeur, de son importance. *Sous-estimer son adversaire, l'action de certains facteurs.* ◊ ANT. *Surestimer.*

SOUS-ÉVALUER [suzevalɥe]. *v. tr.* (1856, de *sous-*, et *évaluer*). Estimer au-dessous de sa valeur marchande, du prix réel. « *Nous avions singulièrement sous-évalué le trésor* » (BAUDEL.). ◊ ANT. *Surévaluer.*

SOUS-EXPOSER [suzɛkspoze]. *v. tr.* (1899; de *sous-*, et *exposer*). Exposer insuffisamment (une pellicule, un film). — Au p. p. *Photo sous-exposée.* ◊ ANT. *Surexposer.*

SOUS-EXPOSITION [suzɛkspozisjɔ̃]. *n. f.* (1907; de *sous-*, et *exposition*). Exposition insuffisante d'une pellicule photographique). ◊ ANT. *Surexposition.*

SOUS-FAÎTE [sufɛt]. *n. m.* (1676; de *sous-*, et *faîte*). *Techn.* Pièce de charpente posée horizontalement au-dessous du faîte.

SOUS-FAMILLE [sufamij]. *n. f.* (déb. XXᵉ; de *sous*, et *famille*). *Sc. nat.* Subdivision de la famille (appelée parfois *tribu*).

SOUS-FIFRE [sufifʀ(ə)]. *n. m.* (1904; de *sous-*, et pop. *fifre* « homme maladroit », 1888, de *fifrelin*). *Fam.* Subalterne, tout petit employé. *Ne vous adressez pas à des sous-fifres; allez trouver le chef.*

SOUS-FRUTESCENT, ENTE [sufʀytesɑ̃, ɑ̃t]. *adj.* (1872; de *sous-*, et *frutescent*). *Bot.* Représenté par des sous-arbrisseaux. *Plante, espèce sous-frutescente.*

SOUS-GARDE [sugaʀd(ə)]. *n. f.* (1690; de *sous-*, et *garde*). *Techn.* Pièce protégeant la détente (d'une arme à feu). *Sous-garde d'un fusil.* V. Pontet.

SOUS-GENRE [suʒɑ̃ʀ]. *n. m.* (1855; de *sous-*, et *genre*). *Sc. nat.* Division venant après le genre.

SOUS-GORGE [sugɔʀʒ(ə)]. *n. f. invar.* (1611; de *sous-*, et *gorge*). *Hippol.* Partie de la bride qui passe sous la gorge du cheval.

SOUS-GOUVERNEUR [suguvɛʀnœʀ]. *n. m.* (1806; « précepteur adjoint », 1690; de *sous-*, et *gouverneur*). Adjoint du gouverneur de certaines banques. *Le sous-gouverneur de la Banque de France.*

SOUS-GROUPE [sugʀup]. *n. m.* (mil. XXᵉ; de *sous-*, et *groupe*). *Math.* Partie d'un groupe* ayant elle-même une structure de groupe. — *Didact.* Groupe faisant partie d'un groupe plus important (dans une classification, une répartition). Cf. **Sous-ensemble.**

SOUS-HOMME [suzɔm]. *n. m.* (1903; de *sous-*, et *homme*). Homme inférieur, privé de sa dignité d'homme. « *C'étaient des métèques, des épaves, des sous-hommes* » (BEAUVOIR). ◊ ANT. *Surhomme.*

SOUS-HUMANITÉ [suzymanite]. *n. f.* (av. 1957; de *sous-*, et *humanité*, d'apr. *sous-homme*). *Didact.* État de sous-homme; ensemble des sous-hommes. « *En refoulant

la quasi-totalité de l'humanité musulmane vers la sous-humanité...* » (P. NORA).

SOUS-INGÉNIEUR [suzɛ̃ʒenjœʀ]. *n. m.* (1747; de *sous-*, et *ingénieur*). Technicien placé immédiatement au-dessous de l'ingénieur.

SOUS-INSPECTEUR, TRICE [suzɛ̃spɛktœʀ, tʀis]. *n.* (1835; de *sous-*, et *inspecteur*). Fonctionnaire placé au-dessous de l'inspecteur.

SOUS-INTENDANT [suzɛ̃tɑ̃dɑ̃]. *n. m.* (1834; de *sous-*, et *intendant*). *Ancienn.* Intendant militaire adjoint. ◊ *Mod.* (1945). Adjoint d'un intendant universitaire.

SOUS-JACENT, ENTE [suʒasɑ̃, ɑ̃t]. *adj.* (1812; var. mod., de *subjacent* [1534], d'apr. *sous-*; du lat. *subjacere*). Qui s'étend, qui est situé au-dessous. « *Un fléchissement du pavé mal soutenu par le sable sous-jacent* » (HUGO). ◊ *Fig.* Caché, profond. « *Les difficultés sous-jacentes que rencontraient les ministres* » (BALZ.). — Littér. *Sous-jacent à...* « *La profondeur est sous-jacente au sentiment* » (SUARÈS).

SOUS-LIEUTENANT [suljøtnɑ̃]. *n. m.* (1497; de *sous-*, et *lieutenant*). Officier du premier grade des officiers, au-dessous de lieutenant (On lui dit : mon lieutenant).

SOUS-LOCATAIRE [sulɔkatɛʀ]. *n.* (XVIᵉ; de *sous-*, et *locataire*). Personne qui prend un local en sous-location.

SOUS-LOCATION [sulɔkasjɔ̃]. *n. f.* (1804; de *sous-*, et *location*). Action de sous-louer, contrat passé entre un locataire principal et un sous-locataire.

SOUS-LOUER [sulwe]. *v. tr.* (1557; de *sous-*, et *louer*). ♦ 1º Donner à loyer (ce dont on est soi-même locataire principal). « *Elle voulut... sous-louer la première étage qui, disait-elle, payerait toute la location* » (BALZ.). ♦ 2º Prendre à loyer du locataire principal.

SOUS-MAIN [sumɛ̃]. *n. m. invar.* (mil. XVIIᵉ; de *sous main*). ♦ 1º Vx. Secret dessous des choses. ◊ Mod. (XXᵉ) *En sous-main* : en secret. ◊ 2º (1870). *Cour.* Accessoire de bureau, sur lequel on place le papier pour écrire. « *On renouvelait tous les matins les feuilles de buvard de son sous-main* » (LARBAUD).

SOUS-MAÎTRE [sumɛtʀ(ə)]. *n. m.* (1410; de *sous-*, et *maître*). ♦ 1º Vx. Surveillant et adjoint d'enseignement. ♦ 2º Milit. Sous-officier de l'école d'équitation de Saumur.

SOUS-MAÎTRESSE [sumɛtʀɛs]. *n. f.* (1800; de *sous-*, et *maîtresse*). ♦ 1º Vx. Surveillante et adjointe d'enseignement dans certains établissements de jeunes filles. ♦ 2º (1931). *Mod.* Surveillante d'une maison de tolérance (avant l'interdiction légale).

SOUS-MARIN, INE [sumaʀɛ̃, in]. *adj.* et *n. m.* (1555; repris 1765; de *sous-*, et *marin*). ♦ 1º Qui est dans la mer, au fond de la mer. V. Immergé. « *Il atteignit le fond, côtoya les roches sous-marines* » (HUGO). ◊ (1858). Qui s'effectue, circule sous la surface de la mer. « *Vous ne devez jamais quitter ce bateau sous-marin* » (J. VERNE). *Pêche sous-marine. Fusil* sous-marin. Explorateur sous-marin.* V. Océanaute. ♦ 2º *N. m.* (1896). Navire capable de naviguer sous l'eau, en plongée. V. Submersible. *Sous-marin atomique. Sous-marin de poche, de petite dimension.* ◊ *Par métaph.* Personne qui agit secrètement. (*L'organisation*) « *envoie des 'sous-marins' noyauter* » les syndicats » (*L'Express*, 12-2-1973).

SOUS-MARINIER [sumaʀinje]. *n. m.* (1936; de *sous-marin*). Marin faisant partie de l'équipage d'un sous-marin.

SOUS-MAXILLAIRE [sumaksi(l)lɛʀ]. *adj.* (1745; de *sous-*, et *maxillaire*; Cf. Sus-maxillaire). *Anat.* Qui est placé sous la mâchoire. *Ganglions sous-maxillaires. Glande sous-maxillaire.*

SOUS-MULTIPLE [sumyltipl(ə)]. *adj.* et *n. m.* (1552; de *sous-*, et *multiple*). Se dit d'une grandeur contenue un nombre entier de fois dans une autre grandeur de même espèce. *Nombre sous-multiple d'un autre.* — N. m. 3 *et* 5 *sont des sous-multiples de* 15. ◊ ANT. *Multiple.*

SOUS-NAPPE [sunap]. *n. f.* (1872; de *sous-*, et *nappe*). Molleton, tapis qu'on met sous la nappe.

SOUS-NORMALE [sunɔʀmal]. *n. f.* (1762; *ligne sous-normale*, 1755; de *sous-*, et *normale*). *Géom.* Projection sur un axe de référence du segment de la normale en un point d'une courbe comprise entre ce point et son intersection avec cet axe.

SOUS-OCCIPITAL, ALE, AUX [suzɔksipital, o]. *adj.* (XVIIIᵉ; de *sous-*, et *occipital*). *Anat.* et *méd.* Qui est situé, ou qui s'effectue au-dessous de l'os occipital. *Artère sous-occipitale. Ponction sous-occipitale.*

SOUS-ŒUVRE (EN) [ɑ̃suzœvʀ(ə)]. *loc. adv.* (1755; *par dessous œuvre, par sous-œuvre*, fin XVIIᵉ; de *sous-*, et *œuvre*). *Techn.* (*Constr.*). En reprenant les fondations, en reconstruisant les parties inférieures (sans abattre le bâtiment). ◊ *Fig.* Par la base. « *Reprendre en sous-œuvre le travail instinctif des siècles* » (RENAN).

SOUS-OFF. [suzɔf]. *n. m.* (1867; abrév. de *sous-officier*). *Fam.* ou *péj.* Sous-officier. « *Tous les instincts du sous-off lâché en pays conquis* » (MAUPASS.). *Les sous-offs*, roman de Descaves.

SOUS-OFFICIER [suzɔfisje]. *n. m.* (1791 ; autre sens 1765 ; de *sous-*, et *officier*). Militaire d'un grade sous fait de lui un auxiliaire de l'officier. V. **Adjudant, aspirant, maréchal** (des logis), **sergent**. *Sous-officiers du contingent, de carrière.* V. **Sous-off.**

SOUS-ORBITAIRE [suzɔrbitɛr]. *adj.* (1765 ; de *sous-*, et *orbite*). *Anat.* Situé au-dessous de l'orbite. *Artère sous-orbitaire.*

SOUS-ORDRE [suzɔrdr(ə)]. *n. m.* (1690 ; de *sous-*, et *ordre*). ♦ 1° *Dr.* Procédure par laquelle les créanciers d'un débiteur, lui-même créancier dans une procédure d'ordre, prennent sa place et se partagent le montant de ce qui lui revient. *Créanciers en sous-ordre.* ♦ 2° (1762). Employé subalterne qui n'a guère de responsabilités. « *Ils ont envoyé sur place un vague sous-ordre* » (ROMAINS). V. **Sous-fifre.** ♦ 3° (Fin XIXᵉ). *Sc. nat.* Division venant après l'ordre.

SOUS-PALAN [supalɑ̃]. *adv.* et *adj.* (*Livraison sous palan*, 1878 ; de *sous-*, et *palan*). *Mar.* Se dit d'une marchandise qui doit être livrée au port prête pour l'embarquement (On dit aussi *en sous-palan*).

SOUS-PAYER [supeje]. *v. tr.* (1972 ; de *sous-*, et *payer*). Payer insuffisamment ou au-dessous de la normale. « *Sous-payant ses collaborateurs* » (MALLET-JORIS). — Au p. p. adj. *Des ouvriers sous-payés.*

SOUS-PIED [supje]. *n. m.* (1803 ; de *sous-*, et *pied*). Bande qui passe sous le pied et maintient tendu un pantalon ou une guêtre. *Pantalon fuseau à sous-pieds.*

SOUS-PRÉFECTORAL, ALE, AUX [suprefɛktɔral, o]. *adj.* (1842 ; de *sous-préfecture*, d'apr. *préfectoral*). *Admin.* Qui appartient, a rapport à une sous-préfecture, à un sous-préfet.

SOUS-PRÉFECTURE [suprefɛktyr]. *n. f.* (1800 ; de *sous-*, et *préfecture*). ♦ 1° *Vx.* Arrondissement. ◊ *Mod.* et *cour.* (1845). Ville où réside le sous-préfet et où sont installés ses services ; bâtiment qui les abrite. ♦ 2° Fonction de sous-préfet.

SOUS-PRÉFET [suprefɛ]. *n. m.* (1800 ; de *sous-*, et *préfet*). Fonctionnaire représentant le pouvoir central dans un arrondissement. *Le sous-préfet aux champs,* conte de Daudet.

SOUS-PRÉFÈTE [suprefɛt]. *n. f.* (1845 ; de *sous-préfet*). Femme d'un sous-préfet.

SOUS-PRODUCTION [suprɔdyksjɔ̃]. *n. f.* (1926 ; de *sous-*, et *production*). Production insuffisante. ◈ ANT. Surproduction.

SOUS-PRODUIT [suprɔdɥi]. *n. m.* (1902 ; de *sous-*, et *produit*). Produit secondaire obtenu au cours de la fabrication du produit principal (*ex.* : le goudron, dans la préparation du gaz d'éclairage). ◊ *Fig.* Mauvaise imitation. « *Tous ces sous-produits d'Adolphe, de Dominique* (romans) » (DANIEL-ROPS).

SOUS-PROGRAMME [suprɔgram]. *n. m.* (mil. XXᵉ ; de *sous-*, et *programme*). *Didact.* (*Techn.*) Partie d'un programme* (4°) faisant l'objet d'un traitement particulier.

SOUS-PROLÉTAIRE [suprɔletɛr]. *adj.* et *n.* (mil. XXᵉ ; de *sous-*, et *prolétaire*). Prolétaire particulièrement exploité, non protégé par les lois, etc. — Var. pop. *Sous-prolo* (*Nouv. Obs.*, 11-9-1972).

SOUS-PROLÉTARIAT [suprɔletarja]. *n. m.* (mil. XXᵉ ; de *sous-*, et *prolétariat*). Partie la plus exploitée du prolétariat. « *La création systématique d'un sous-prolétariat* » (BEAUVOIR).

SOUS-PUBIEN, ENNE [supybjɛ̃, ɛn]. *adj.* (1812 ; de *sous-*, et *pubien*). *Anat.* Situé sous le pubis. *Ligament sous-pubien.*

SOUS-RACE [suras]. *n. f.* (1873 ; de *sous*, et *race*). *Anthrop.* Groupe à l'intérieur d'une race. *La sous-race congolaise, soudanaise.*

SOUS-SCAPULAIRE [suskapylɛr]. *adj.* (1740 ; de *sous-*, et *scapulaire*). *Anat.* Situé sous l'omoplate. *Muscle sous-scapulaire.*

SOUS-SECRÉTAIRE [sus(ə)kretɛr]. *n. m.* (1816 ; « secrétaire adjoint », 1640 ; de *sous-*, et *secrétaire*). *Sous-secrétaire d'État,* nom donné parfois à certains membres du gouvernement auxquels est dévolue une partie de la compétence d'un ministre. « *Sous-secrétaire d'État aux Beaux-Arts, devenu inamovible* » (ROMAINS).

SOUS-SECRÉTARIAT [sus(ə)kretarja]. *n. m.* (1834 ; de *sous-secrétaire*). Fonction, services d'un sous-secrétaire (d'État).

SOUS-SEING [susɛ̃]. *n. m. invar.* (1786 ; de *sous-*, et *seing*). *Dr.* Acte sous seing* privé.

SOUSSIGNÉ, ÉE [susiɲe]. *adj.* (1507 ; de l'a. fr. *sous-signer* [XIIIᵉ] « souscrire », lat. *subsignare*). *Dr.* Qui a signé plus bas. « *Nous soussignés avons loué notre bâtiment* » (CHATEAUB.). *Les personnes soussignées s'engagent...* Subst. *Les soussignés.*

SOUS-SOL [susɔl]. *n. m.* (1835 ; de *sous-*, et *sol*). ♦ 1° Partie de l'écorce terrestre qui se trouve au-dessous de la couche arable. ♦ 2° (1871). Partie d'une construction aménagée au-dessous du rez-de-chaussée ; étage souterrain. *Sous-sol occupé par un garage.*

SOUS-SOLEUSE [susɔløz]. *n. f.* (1890 ; *charrue sous-sol*, 1860 ; de *sous*, et *sol*, suff. *-euse*). *Techn.* (*Agric.*). Charrue remuant le sol en profondeur et sans le retourner.

SOUS-STATION [susta(a)sjɔ̃]. *n. f.* (1900 ; de *sous-*, et *station*). Station secondaire d'un réseau de distribution d'électricité.

SOUS-TANGENTE [sutɑ̃ʒɑ̃t]. *n. f.* (1690 ; de *sous-*, et *tangente*). *Géom.* Projection sur un axe du segment de tangente à une courbe compris entre le point de contact et le point d'intersection de cette tangente avec l'axe considéré.

SOUS-TASSE ou **SOUTASSE** [sutas]. *n. f.* (1890 ; de *sous-*, et *tasse*). Soucoupe*. REM. Courant en Belgique où *soucoupe* ne s'emploie pas en ce sens, et en Suisse.

SOUS-TENDRE [sutɑ̃dr(ə)]. *v. tr.* (1872 ; de *sous-tendante*, n. f. [1652], « corde d'un arc », du lat. *subtendere*). ♦ 1° *Géom.* Contenir entre ses côtés, ses extrémités ; constituer la corde de (un arc). ♦ 2° *Fig.* Servir de base plus ou moins nette à... (un raisonnement, une politique).

SOUS-TENSION [sutɑ̃sjɔ̃]. *n. f.* (*Néol.* ; de *sous-*, et *tension*). *Électr.* Tension inférieure à la normale (REM. On a dit aussi *sous-voltage*).

SOUS-TITRE [sutitr(ə)]. *n. m.* (1837 ; de *sous-*, et *titre*). ♦ 1° Titre secondaire (placé sous ou après le titre principal). « *Le sous-titre que M. Rimbaud avait donné à son manuscrit* » (VERLAINE). ♦ 2° (1912). Court texte intercalé entre les séquences d'un film muet (Syn. *Intertitre*). — *Mod.* Traduction condensée du dialogue, projetée en surimpression en bas de l'image. *Un film « qui passait... en version originale avec sous-titres* » (BUTOR).

SOUS-TITRER [sutitre]. *v. tr.* (av. 1949 ; de *sous-titre*). Mettre des sous-titres à (un film). Au p. p. *Film sous-titré* (n. m. : *Sous-titrage* [sutitraʒ]).

SOUSTRACTIF, IVE [sustraktif, iv]. *adj.* (1842 ; du rad. de *soustraction*). *Math.* Relatif à la soustraction.

SOUSTRACTION [sustraksjɔ̃]. *n. f.* (1484 ; *subtraction*, XIIᵉ, bas lat. *subtractio*). ♦ 1° *Vx.* Action de soustraire, de retirer. ◊ *Mod.* (1636). *Dr.* Délit consistant à enlever une pièce d'un dossier ; crime commis par un fonctionnaire qui s'approprie des pièces qu'il détient. ♦ 2° (*Subtration,* XIIIᵉ). *Cour.* Opération inverse de l'addition, par laquelle on retranche un ensemble d'un autre, pour obtenir la « différence » entre les deux. *Faire une soustraction.* ◈ ANT. Addition.

SOUSTRAIRE [sustrɛr]. *v. tr.* ; conjug. *traire* (XIIIᵉ ; *sustraire, sostraire,* XIIᵉ ; lat. *subtrahere*). ♦ 1° Enlever (qqch.) à qqn, le plus souvent par la ruse, la fraude. V. **Dérober, ôter, voler.** « *Elle avait soustrait à son mari la modeste fortune héritée de son père* » (MART. du G.). — Au p. p. *Les pièces soustraites du dossier.* ♦ 2° (XVIᵉ). Faire échapper à (qqch. à quoi on est exposé). « *Un voile subtil qui leur permettait de soustraire leur pensée à la curiosité indiscrète* » (DUHAM.). ◊ Pronom. S'affranchir de. *Se soustraire à un devoir.* V. **Échapper** (à), **manquer** (à). « *Il avait déjà pris un empire extraordinaire sur elle et elle ne pensait plus à s'y soustraire* » (MÉRIMÉE). ♦ 3° (XIIIᵉ). Retrancher par soustraction (un nombre d'un autre). V. **Déduire, défalquer, enlever, ôter.** *De cette somme nous devons soustraire nos frais généraux.* ◈ ANT. Donner. Additionner, ajouter.

SOUS-TRAITANCE [sutrɛtɑ̃s(ə)]. *n. f.* (1959 ; de *sous-traitant*). ♦ 1° *Dr.* Opération confiée à un sous-traitant suivant les directives de l'entrepreneur principal. ♦ 2° Recours à des sous-traitants. *Le développement de la sous-traitance.*

SOUS-TRAITANT [sutrɛtɑ̃]. *n. m.* (1674 ; de *sous-traiter*). *Dr.* Celui qui est chargé d'une partie du travail concédé à un entrepreneur principal. V. **Sous-entrepreneur.**

SOUS-TRAITER [sutrɛte]. *v. intr.* (1673 ; de *sous-*, et *traiter*). *Dr.* Devenir sous-traitant d'un entrepreneur principal. Trans. *Sous-traiter une affaire.* ♦ 2° Faire appel à un sous-traitant. *La moitié de son chiffre d'affaires est sous-traitée.*

SOUS-VENTRIÈRE [suvɑ̃trijɛr]. *n. f.* (1370 ; de *sous-*, et *ventre*). Courroie attachée aux deux limons d'une voiture et qui passe sous le ventre du cheval. ◊ *Loc. pop. Manger à s'en faire péter la sous-ventrière :* la ceinture.

SOUS-VERGE [suvɛrʒ(ə)]. *n. m. invar.* (1780 ; de *sous-*, et *verge* « fouet »). ♦ 1° *Hippol.* (Dans un attelage chef du premier cheval est monté). Cheval non monté attelé à la droite d'un cheval monté. ♦ 2° *Fig.* et *vx* (1881). Second, subordonné.

SOUS-VERRE [suvɛr]. *n. m. invar.* (XXᵉ ; de *sous-*, et *verre*). Image ou document que l'on place entre une plaque de verre et un fond rigide ; cet encadrement. *Photos de famille dans un sous-verre.*

SOUS-VÊTEMENT [suvɛtmɑ̃]. *n. m.* (1925 ; de *sous-*, et *vêtement*). Vêtement de dessous (de tissu, tricot, etc.). *Sous-vêtements de femme.* V. **Dessous ; bas** (2), **collant, combinaison, jupon, soutien-gorge.**

SOUS-VIRER [suviʀe]. *v. intr.* (v. 1960; de *sous-*, et *virer*). *Techn.* Réaction d'une automobile qui dérape par les roues avant, l'axe médian s'orientant vers l'extérieur du virage (opposé à *survirer*).

SOUS-VIREUR, EUSE [suviʀœʀ, øz]. *adj.* (v. 1960; de *sous-virer*). *Auto.* Qui a tendance au sous-virage. (Opposé à *survireur*). « *Nos voitures sont légèrement sous-vireuses* [...], *si vous les laissez faire, elles iront brouter les pâquerettes à l'extérieur de chaque virage* » (*L'Express*, 31-7-1972).

SOUTACHE [sutaʃ]. *n. f.* (1838; hongr. *sujtas*). Galon, ganse servant d'ornement distinctif sur les uniformes *(anciennt.)*, ou de garniture sur des vêtements féminins.

SOUTACHER [sutaʃe]. *v. tr.* (1852; de *soutache*). Orner de soutaches. « *Des habits puérilement dorés, soutachés, galonnés* » (ARAGON).

SOUTANE [sutan]. *n. f.* (1564; *sottane*, 1550; it. *sottana*, proprem. « vêtement de dessous », de *sotto* « sous »). ♦ 1° *Anciennt.* Longue robe que portaient les ecclésiastiques, les médecins et les gens de justice. ♦ 2° *Mod.* Longue robe boutonnée par-devant, qui est depuis le XVIIIe siècle la pièce principale du costume ecclésiastique traditionnel. — Loc. *Prendre la soutane*, devenir prêtre. — Fam. « *L'adjoint, jadis l'ennemi de la soutane* » (ZOLA), des prêtres.

SOUTANELLE [sutanɛl]. *n. f.* (1666; it. *sottanella*). *Rare.* Redingote à collet droit et sans revers, remplaçant la soutane dans certains pays.

SOUTE [sut]. *n. f.* (déb. XIVe; a. prov. *sota*, subst., de *sota* « dessous », lat. pop. °*subta*, class. *subtus*). Magasin situé dans la cale ou l'entrepont d'un navire. *Soute à charbon, à munitions.* Par anal. *Soutes d'un avion de transport, d'un engin spatial.* ◇ SOUTES, n. f. pl. *Techn.* Combustible liquide pour les navires.

SOUTENABLE [sutnabl(ə)]. *adj.* (fin XIVe; de *soutenir*). ♦ 1° Qui peut être soutenu par des raisons plausibles. *Cette opinion, cette thèse est soutenable.* ♦ 2° *Vx.* Supportable.

SOUTENANCE [sutnãs]. *n. f.* (1856; « soutien », XIIe; de *soutenant*). Action de soutenir (une thèse de doctorat).

SOUTENANT [sutnã]. *n. m.* (1660; de *soutenir*). *Rare.* Personne qui soutient une thèse de doctorat.

SOUTÈNEMENT [sutɛnmã]. *n. m.* (1426; « soutien », XIIe; de *soutenir*). (Dans des express.). Action, manière de soutenir (une poussée, une pression). *Mur de soutènement, épaulant un remblai, une terrasse.* — *Techn. Soutènement marchant*, dans les mines, étançons qu'on déplace à mesure que le front de taille avance.

SOUTENEUR [sutnœʀ]. *n. m.* (XIIe; de *soutenir*). ♦ 1° *Vx.* Défenseur, partisan. ♦ 2° (1718). *Mod.* Individu qui vit de proxénétisme. V. **Barbeau, maquereau, marlou, proxénète.**

SOUTENIR [sutniʀ]. *v. tr.; conjug. tenir* (déb. XIIIe; *sostenir*, Xe; lat. pop. °*sustenire*, class. *sustinere*).

I. ♦ 1° Tenir (qqch.) par-dessous, en position de stabilité, en servant de support ou d'appui. V. **Maintenir, porter, supporter.** « *Les étais de chêne soutenaient le toit* » (ZOLA). « *Une planche de sapin qui soutenait quelques livres* » (DIDER.). « *La salle massive, obscure, soutenue par de lourds piliers romans* » (HUYSMANS). ♦ 2° Maintenir debout, empêcher (qqn) de tomber, de s'affaisser. *Antoine* « *soutenait son père de ses deux bras* » (MART. du G.). — *Pronom.* Se tenir debout, se maintenir droit. « *Tellement pris de vin, qu'il ne pouvait se soutenir et qu'il tomba à terre* » (CHAMFORT). ♦ 3° Empêcher (qqn) de défaillir, en rendant des forces. V. **Fortifier, remonter.** *Prenez du café, ça vous soutiendra.* On lui a fait *une piqûre pour soutenir le cœur.* ♦ 4° Empêcher de fléchir, en apportant secours, réconfort. V. **Aider, appuyer, encourager.** *Une société* « *soutenue par le dévouement des chefs et l'obéissance des fidèles* » (TAINE). « *Ces amitiés... m'ont soutenu dans la carrière* » (BALZ.). ◇ *Spécialt.* Aider financièrement. *Soutenir de ses capitaux une entreprise.* ♦ 5° Appuyer en prenant parti en faveur de (qqn, qqch.), en défendant. *Deux partis ont décidé de soutenir ce candidat.* « *Un ministre qu'on soutient est un ministre qui tombe* » (TALLEYRAND). ♦ 6° Affirmer, faire valoir en appuyant par des raisons. *Soutenir son opinion, ses droits.* *Spécialt. Soutenir une thèse*, présenter et défendre devant le jury une thèse de doctorat (V. **Soutenance, soutenant**). ◇ *Je soutiens que ce n'est pas possible*, j'affirme, je prétends que. V. **Assurer.** — *Pronom.* Être affirmé, donné pour vrai. *Cela peut se soutenir.* ♦ 7° Faire que (qqch.) continue sans faiblir, que ne retombe pas. « *Je désespérais de soutenir la conversation* » (MAURIAC). *Orateur qui sait soutenir l'intérêt, la curiosité de l'auditoire. Soutenir sa réputation. Soutenez votre effort!* — *Pronom.* Se maintenir, durer. « *Un amour sans passion se soutient par l'exaspération même des désirs* » (BALZ.).

II. Subir sans fléchir (une force, une action qui s'exerce). « *Soutenir le choc d'une armée fraîche* » (MADELIN). *Spécialt.* « *Les jeunes filles soutinrent hardiment tous les regards* » (LARBAUD), « *Je soutenais de son regard tous les yeux qui les regardaient* (opposé à baisser* les yeux). ◇ *Fig.* « *D'un* ...... *et brillant qu'il pourrait soutenir la comparaison avec*

celui de la plus pure émeraude » (BAUDEL.) : supporter la comparaison.

◇ ANT. *Abandonner. Contester.*

SOUTENU, UE [sutny]. *adj.* (1680; de *soutenir*). ♦ 1° *(Style).* Qui se maintient à un certain niveau de pureté, d'élégance, évite toute familiarité. V. **Élevé, noble.** *Le style soutenu d'un discours académique.* ♦ 2° (XVIIIe). Qui se soutient, est constant, régulier. *Travail, effort soutenu.* *Avec une attention soutenue.* ♦ 3° Accentué, prononcé. « *Les lignes, plus soutenues, sont d'un galbe plus gras* » (GAUTIER). *Un bleu plus soutenu.* ◇ ANT. *Relâché; irrégulier.*

SOUTERRAIN, AINE [sutɛʀɛ̃, ɛn]. *adj.* et *n. m.* (XIIe; de *sous*, et *terre*, d'apr. lat. *subterraneus*). ♦ 1° Qui est sous terre. *Galeries souterraines.* « *Du passage souterrain jaillissait... un flot de voyageurs* » (MART. du G.). ◇ Qui se fait sous terre. « *La circulation souterraine, l'utilisation des catacombes* » (GIRAUDOUX). *Explosion atomique souterraine.* ◇ *Fig.* et *littér.* (1532) Caché, obscur. *Des manœuvres souterraines. Une évolution souterraine.* ♦ 2° N. m. (1701). *Vieilli.* Lieu souterrain. ◇ *Passage* souterrain, naturel ou pratiqué par l'homme. « *Des souterrains murés dont les ramifications étaient inconnues* » (CHATEAUB.). ◇ ANT. *Surface (en).*

SOUTERRAINEMENT [sutɛʀɛnmã]. *adv.* (1843; de *souterrain*). *Rare.* Par une voie souterraine. ◇ *Fig.* Secrètement.

SOUTIEN [sutjɛ̃]. *n. m.* (mil. XIIIe; de *soutenir*). ♦ 1° *Rare.* Action de soutenir (1°). Sc. *De soutien :* servant à soutenir. *Bot. Tissus de soutien*, qui assurent le port dressé de l'arbre. ◇ Ce qui soutient une chose, la maintient en telle ou telle position. V. **Appui, support.** ♦ 2° Action, ou moyen de soutenir (dans l'ordre financier, politique, militaire). V. **Aide, appui, protection, secours.** *Notre parti apportera son soutien au gouvernement. Soutien électoral.* — *Unité de soutien*, destinée à venir en aide à une autre unité militaire. ♦ 3° Personne qui soutient (une cause, un parti). « *C'est un des soutiens du parti, un banquier* » (ARAGON). — *Dr.* SOUTIEN DE FAMILLE : jeune homme dont l'activité est indispensable pour assurer la subsistance de sa famille (et qui, de ce fait, peut obtenir des sursis d'incorporation et des allocations militaires). ◇ ANT. *Abandon. Adversaire.*

SOUTIEN-GORGE [sutjɛ̃gɔʀʒ]. *n. m.* (v. 1904; de *soutien*, et *gorge*). Sous-vêtement féminin destiné à soutenir et embellir la poitrine. *Bonnets d'un soutien-gorge. Des soutiens-gorge.* V. aussi **Balconnet, bustier.**

SOUTIER [sutje]. *n. m.* (1882; de *soute*). Matelot chargé de l'arrimage des objets d'approvisionnement, et spécialement du service de la soute à charbon.

SOUTIRAGE [sutiʀaʒ]. *n. m.* (1732; de *soutirer*). Action de soutirer (le vin, la bière).

SOUTIRER [sutiʀe]. *v. tr.* (1723; de *sous-*, et *tirer*). ♦ 1° Transvaser doucement (le vin, le cidre) d'un récipient à un autre, de façon à laisser les dépôts qui doivent rester dans le premier. V. **Clarifier.** ♦ 2° (1773). *Soutirer qqch. à qqn*, obtenir de lui sans violence, mais par des moyens peu délicats, une chose qu'il ne céderait pas spontanément. V. **Arracher, escroquer.** « *Il ne leur avait soutiré aucune commission* » (ROMAINS). « *Une intrigue montée pour soutirer des promesses* » (SAND).

SOÛTRA [sutʀa]. *n. m.* (1845; mot sanscr.). *Didact.* Précepte sanscrit. Recueil d'aphorismes de ce genre.

SOUVENANCE [suvnãs]. *n. f.* (XIIe; de *souvenir* 1). *Vx.* Mémoire. ◇ *Mod.* et *littér. Avoir souvenance :* se souvenir. « *Tout ce dont j'avais gardé souvenance* » (GIDE). « *J'ai une vague souvenance de vous avoir envoyé une lettre sans queue ni tête* » (LOTI).

1. SOUVENIR [suvniʀ]. *v. intr.* et *pron.* (1080; lat. *subvenire* « se présenter à l'esprit »).

I. *V. intr.* (Impers.). *Littér.* Revenir à la mémoire, à l'esprit. « *Te souvient-il de notre extase ancienne?* » (VERLAINE). *Il ne me souvient pas de les avoir rencontrés.* « *Alors il me souvient Que je vis,...* » (HUGO).

II. *V. pron.* SE SOUVENIR (XIVe). ♦ 1° Avoir de nouveau présent à l'esprit (qqch. qui appartient à une expérience passée). V. **Rappeler, remémorer (se), revoir.** *Se souvenir de qqch.* « *Je me souviens Des jours anciens Et je pleure* » (VERLAINE). — « *Nous nous souvînmes de n'avoir regardé qu'imparfaitement* » (BAUDEL.). « *Se souvenir que... Il se souvenait qu'il avait posé le paquet à cette place* » (ZOLA). « *Tu me fais souvenir que j'ai tout oublié* » (HUGO), tu me rappelles que... — *Se souvenir de qqn*, l'avoir encore présent à l'esprit, ou penser à lui, l'évoquer. « *Qui se souvient d'Alexandrine, morte il y a vingt ans?* » (STENDHAL). « *Il s'est peut-être souvenu de vous comme militant* » (ROMAINS). ◇ *Spécialt.* (Avec reconnaissance ou rancune) *Se souvenir d'un bienfait. Je m'en souviendrai!* se dit par forme de menace. ♦ 2° *(En tour impér.)*, Ne pas manquer de considérer, ne pas oublier,

penser à... « *Souviens-toi de ton nom...* » (CORN.). ◊ ANT. *Oublier.*
2. SOUVENIR [suvniʀ]. *n. m.* (XIIIe ; subst. du précéd.).
♦ 1° Mémoire. « *Serai-je assez heureux pour être encore logé dans un coin de votre souvenir?* » (BAUDEL.). « *Ayez la bonté de me rappeler à son souvenir quand vous lui écrirez* » (BALZ.), de lui rappeler mon amitié, ma sympathie. ♦ 2° Le fait de se souvenir. « *Oh! le souvenir,... miroir horrible qui fait souffrir toutes les tortures!* » (MAUPASS.). *Avoir souvenir de...* (V. **Souvenance**). « *Je n'ai pas souvenir d'avoir vu sa pareille* » (BAUDEL.). *Conserver, perdre le souvenir d'un événement.* ♦ 3° Ce qui revient ou peut revenir à l'esprit des expériences passées ; image que garde et fournit la mémoire. V. **Réminiscence**. « *J'ai plus de souvenirs que si j'avais mille ans* » (BAUDEL.). « *Un souvenir subit lui entra dans l'esprit... Ce souvenir pourtant était brumeux et trouble* » (HUGO). *Éveiller, susciter des souvenirs.* — *Un souvenir d'enfance, de guerre, de collège. Des souvenirs de lecture.* « *J'en garde un mauvais souvenir* » (FRANCE). *Pays, séjour qui laisse de bons souvenirs.* « *Ton souvenir en moi luit comme un ostensoir* » (BAUDEL.). — (Dans les formules de politesse) *Mon bon souvenir à votre frère. Affectueux, meilleurs souvenirs.* ◊ *Noter, écrire ses souvenirs. Souvenirs,* titre de mémoires. *Souvenirs d'enfance et de jeunesse,* de Renan. ♦ 4° EN SOUVENIR DE : pour garder le souvenir de (qqn, qqch.). *En souvenir de notre rencontre. Gardez ceci en souvenir de moi ;* absolt., *en souvenir.* ♦ 5° *(Objets concrets).* Ce qui fait souvenir, ce qui reste comme un témoignage (de qqch. qui appartient au passé). « *Des dessins à la plume et des gravures d'Audran, souvenirs d'un temps meilleur* » (FLAUB.). ◊ Objet, cadeau qui rappelle la mémoire de qqn, qui fait qu'on pense à lui. « *Si pauvre qu'il fût, il trouvait moyen d'apporter un souvenir à chacun* » (R. ROLLAND). — *Spécialt.* Bibelot qu'on vend aux touristes. ◊ ANT. *Oubli.*

SOUVENT [suvɑ̃]. *adv.* (fin XIIIe ; *sovent, suvent,* fin XIe ; lat. *subinde*). ♦ 1° Plusieurs fois, à plusieurs reprises dans un espace de temps limité. V. **Fréquemment**. « *J'ai souvent pensé à vous durant votre voyage* » (STE-BEUVE). *Il ne vient pas souvent ici,* il vient rarement ici. *Bien, très souvent.* — Loc. *Plus souvent qu'à mon, son tour,* plus souvent qu'il n'est normal pour moi, pour lui. ◊ Pop. *Plus souvent!* sûrement pas ! jamais de la vie. « *Plus souvent qu'elle se donnerait encore du tintouin* » (ZOLA) : Cf. Sûr qu'elle ne se donnerait plus de tintouin! ♦ 2° En de nombreux cas. V. **Ordinaire** (d'). « *On a souvent besoin d'un plus petit que soi* » (LA FONT.). *C'est bien souvent ce qui se passe. Le plus souvent,* dans la plupart des cas. V. **Généralement**. « *Ces événements bruyants, violents, qui souvent ne produisent rien* » (FUSTEL). ◊ ANT. *Rarement.*

SOUVERAIN, AINE [suvʀɛ̃, ɛn]. *adj.* et *n.* (mil. XIIe ; lat. médiév. *superanus,* lat. class. *superus* « supérieur »).
I. *Adj.* ♦ 1° Qui est au-dessus des autres, dans son genre. V. **Supérieur, suprême**. *Le souverain bien.* ◊ D'une efficacité absolue. « *L'étude a été pour moi le souverain remède contre les dégoûts de la vie* » (MONTESQ.). ♦ 2° Qui, dans son domaine, n'est subordonné à personne. *La puissance souveraine :* la souveraineté. — *Le souverain pontife :* le pape. ◊ Qui possède la souveraineté internationale, la capacité internationale normale. *État souverain.* V. **Indépendant**. Qui juge sans appel, qui échappe au contrôle d'un organe supérieur. *Juge souverain. Cour souveraine. Assemblée souveraine.* ♦ 3° Qui manifeste, par son caractère absolu, un sentiment de supériorité extrême. *Une souveraine indifférence,* extrême. *Un souverain mépris.*
II. *N.* (1283). ♦ 1° Chef d'État monarchique. V. **Empereur, impératrice, monarque, prince, reine, roi**. *Souverain absolu, constitutionnel.* ◊ N. m. *Dr. constit.* (répandu XVIIIe) La personne physique ou morale en qui réside la souveraineté. « *Il y avait l'Assemblée du peuple. C'était le vrai souverain* » (FUSTEL). ♦ 2° *Fig.* Maître, maîtresse. « *Le souverain d'alors, ce sera la philosophie* » (RENAN). « *La paix des cimetières d'alentour avait cependant fini par s'imposer en souveraine* » (LOTI). ♦ 3° (1834 ; angl. *sovereign,* empr. au fr.). *N. m.* Monnaie d'or anglaise de valeur égale à la livre sterling.

SOUVERAINEMENT [suvʀɛnmɑ̃]. *adv.* (1230 ; de *souverain*). ♦ 1° Suprêmement. « *Un être souverainement parfait, qui est Dieu* » (LA BRUY.). ♦ 2° Extrêmement. « *Il avait souverainement déplu au général* » (STENDHAL). ♦ 2° Avec une autorité souveraine, sans appel. « *Décider souverainement en toute matière* » (VALÉRY).

SOUVERAINETÉ [suvʀɛnte]. *n. f.* (1283 ; de *souverain*). ♦ 1° Autorité suprême (d'un souverain, d'un prince). V. **Empire, pouvoir, royauté**. ◊ Le principe abstrait d'autorité suprême dans le corps politique. « *La souveraineté est inaliénable, elle est individuelle* » (ROUSS.). ♦ 2° Caractère d'un État ou d'un organe qui n'est soumis à aucun autre État ou organe. V. **Indépendance**. *Souveraineté territoriale. Atteinte à la souveraineté d'un État.* ♦ 3° *Fig.* et *littér.* Puissance

suprême. V. **Empire**. *La souveraineté de la raison.* ◊ ANT. *Dépendance.*

SOVIET [sɔvjɛt]. *n. m.* (1917 ; 1843, à propos de la Serbie [glosé par « Sénat »] ; mot russe « conseil »). En Russie, Conseil de délégués ouvriers et soldats au moment de la révolution de 1917. — Nom donné par la suite à la Chambre des représentants de la nation *(Soviet de l'Union)* et à celle des républiques fédérées *(Soviet des nationalités),* formant le parlement de l'U.R.S.S. (ou *Soviet suprême*). ◊ *La république des Soviets, les Soviets,* l'Union soviétique.

SOVIÉTIQUE [sɔvjetik]. *adj.* et *n.* (1918 ; de *soviet*). Relatif aux soviets révolutionnaires, et *par ext.* à l'État fédéral socialiste, né de la Révolution de 1917 (nommé *Union des Républiques Socialistes Soviétiques* (U.R.S.S.) ou *Union soviétique*). *La politique soviétique,* de la Russie soviétique. — *Les Soviétiques.*

SOVIÉTISER [sɔvjetize]. *v. tr.* (1921 ; de *soviétique*). Soumettre à l'autorité ou à l'influence de la Russie soviétique. *États soviétisés.* Cf. *Russifier* (dér. SOVIÉTISATION [sɔvjetizasjɔ̃], *n. f.* [1930]).

SOVIÉTOLOGUE [sɔvjetɔlɔg]. *n.* (1968 ; de *Soviet,* et -[o]*logue*). Spécialiste de la politique soviétique. Cf. Kremlinologue.

SOVKHOZE [sɔvkoz]. *n. m.* (1946 ; russe *sovkhoz,* abrév. de *sov*(ietskoïe) *khoz*(iaĭstvo). V. **Kolkhoze**). En U.R.S.S., ferme pilote appartenant à l'État.

SOYA. V. **SOJA**.

SOYER [swaje]. *n. m.* (1877 ; *soyersi,* 1875 ; ◊ i.). *Vx.* Sorte de sorbet au champagne.

SOYEUX, EUSE [swajø, øz]. *adj.* et *n. m.* (1549 ; *soyeux,* 1380 ; *seiet* « qui a des soies », 1080). ♦ 1° Adj. *(Vx).* De soie. ◊ (1690) Qui a l'apparence de la soie, est doux et brillant comme la soie. « *Sa longue et soyeuse moustache* » (BARBEY). « *Une peau soyeuse et douce* » (GAUTIER). ♦ 2° N. m. (1898). À Lyon, Industriel de la soierie.

SPACIEUSEMENT [spasjøzmɑ̃]. *adv.* (1549 ; de *spacieux*). *Rare.* En étant au large. *Ils sont installés spacieusement.*

SPACIEUX, EUSE [spasjø, øz]. *adj.* (1535 ; *spacios,* déb. XIIe ; lat. *spatiosus*). Où l'on a de l'espace, où l'on est au large. V. **Ample, étendu, grand, vaste**. « *Qu'elle était spacieuse et claire, cette vieille cuisine provençale* » (JALOUX). *Une voiture spacieuse.* ◊ ANT. *Étroit, petit.*

SPADASSIN [spadasɛ̃]. *n. m.* (1532 ; it. *spadaccino,* de *spada* « épée »). *Vx.* Homme d'épée, bretteur habile. *Mod.* et *littér.* Assassin à gages.

SPADICE [spadis]. *n. m.* (1808 ; *spadix,* 1743, mot lat. et gr. « branche de palmier »). *Bot.* Inflorescence en épi ou en panicule enveloppée par une spathe. *Les spadices des palmiers dattiers.*

SPAGHETTI [spage(ɛt)ti]. *n. m. pl.* (1923 ; mot it., dimin. de *spago,* bas lat. *spacus* « ficelle »). Variété de pâtes alimentaires fines et longues. — *Par appos.* (plaisant.). *Western spaghetti :* western à l'italienne (ces films ayant remporté un grand succès).

SPAHI [spai]. *n. m.* (1829 ; « cavalier turc », 1538 ; turc *sipâhi,* d'o. pers. V. **Cipaye**). Soldat du corps de cavalerie indigène organisés autrefois par l'armée française en Afrique du Nord. *Le Roman d'un spahi,* de Loti.

SPALAX [spalaks]. *n. m.* (1827 ; mot gr. « taupe »). *Zool.* Petit rongeur d'Europe centrale et orientale, sans queue, à oreilles courtes, à fourrure épaisse, appelé aussi *Rat-taupe.*

SPALLATION [spalasjɔ̃]. *n. f.* (v. 1960 ; mot angl., de *to spall* « éclater »). *Phys.* Réaction nucléaire provoquée par des particules accélérées avec une si grande énergie que le noyau « éclate » en éjectant diverses particules.

SPALTER [spaltɛʀ]. *n. m.* (1906 ; *spaltoir,* 1899 ; de l'all. *spalten* « fendre, crevasser »). *Techn.* Brosse de peintre en bâtiment, utilisée pour faire les faux bois.

SPARADRAP [spaʀadʀa]. *n. m.* (XVIe ; *speradrapu,* 1314 ; lat. médiév. *sparadrapum,* ◊ i.). Adhésif, souvent combiné avec un petit pansement. « *Le sparadrap, collé sur sa joue, en tirait obliquement la peau* » (FLAUB.).

SPARDECK [spaʀdɛk]. *n. m.* (1813 ; mot angl., de *spar* « barre », et *deck* « pont »). *Mar.* Pont supérieur qui s'étend sans interruption de l'avant à l'arrière (sans dunette ni gaillard).

SPARGANIER [spaʀganje]. *n. m.* (1842 ; *sparganium* [1730], lat. bot., du gr. *sparganion*). *Bot.* Plante aquatique, communément appelée *ruban d'eau.*

SPARRING-PARTNER [spaʀiŋpaʀtnɛʀ]. *n. m.* (1925 ; mot angl., 1908, de *sparring* « combat », et *partner* « partenaire »). *Anglicisme.* Boxeur servant, à l'entraînement, d'adversaire à un boxeur qui prépare un match.

SPART ou **SPARTE** [spaʀt(ə)]. *n. m.* (1532 ; lat. *spartum,* gr. *sparton*). *Bot.* Nom de diverses papilionacées (genêt, alfa) dont les fibres sont utilisées en sparterie.

SPARTAKISME [spaʀtakism(ə)]. *n. m.* (1916 ; de *spartakiste*). *Hist.* Mouvement des spartakistes.

SPARTAKISTE [spaʀtakist(ə)]. *n.* (1916 ; all. *Spartakist,* de *Spartakusbund* « groupe Spartacus », du nom du chef des esclaves romains révoltés en 71 av. J.-C.). *Hist.* Membre d'un mouvement socialiste et communiste allemand animé par Karl Liebknecht et Rosa Luxemburg (1916-19). — Adj. *Le groupe spartakiste.*

SPARTÉINE [spaʀtein]. *n. f.* (1863; en angl., 1851; de *spart*). *Méd.* Alcaloïde d'abord extrait du genêt à balai, utilisé comme cardiotonique.

SPARTERIE [spaʀt(ə)ʀi]. *n. f.* (1752; de *spart*). ♦ 1° Fabrication d'objets en fibres végétales (jonc, alfa, crin) vannées ou tissées. *Sparterie grossière* (cabas, nattes), *fine* (chapeaux). ♦ 2° Ouvrage ainsi fabriqué. « *Les merveilleuses sparteries dont la Provence semble avoir emprunté aux Maures l'art délicat* » (DAUD.).

SPARTIATE [spaʀsjat]. *n.* et *adj.* (1580; lat. d'o. gr. *spartiates*, de *Sparta*, Sparte). ♦ 1° Citoyen de l'ancienne Sparte. *Adj.* Lacédémonien. ♦ 2° (1847). *Adj.* Digne des anciens citoyens de Sparte, qui rappelle leur austérité, leur patriotisme. — Subst. *Il* « *tenait du spartiate et du puritain* » (HUGO). ♦ 3° *N. f. pl.* (mil. xxᵉ). Sandales faites de lanières de cuir croisées.

SPASME [spasm(ə)]. *n. m.* (1314; lat. d'o. gr. *spasmus*). Contraction brusque et violente, involontaire, d'un ou de plusieurs muscles. V. **Crampe, convulsion, crispation.** « *Elle se débattit en des spasmes épouvantables, secouée de tremblements effrayants* » (MAUPASS.). ◇ *Par ext.* Serrement. « *Il eut à la poitrine ce spasme qui ressemblait à l'étreinte de la peur* » (MART. du G.).

SPASMODIQUE [spasmɔdik]. *adj.* (1721; du gr. *spasmôdês*). Caractérisé par des spasmes, ou relatif aux spasmes. (On dit aussi *spastique*). V. **Convulsif.** « *Des frissons spasmodiques couraient sur son corps* » (GAUTIER).

SPASMOLYTIQUE [spasmɔlitik]. *adj.* (1953; de *spasme*, et *lytique*). *Méd.* Qui supprime les spasmes. — Subst. *Un spasmolytique.* V. **Antispasmodique.**

SPASMOPHILIE [spasmɔfili]. *n. f.* (1907; de *spasme*, et -*philie*). *Méd.* Tendance aux spasmes musculaires et viscéraux due à une excitabilité nerveuse et musculaire anormale. V. **Tétanie.**

SPASMOPHILIQUE [spasmɔfilik]. *adj.* (mil. xxᵉ; de *spasmophilie*). *Méd.* Relatif à la spasmophilie (On dit aussi *spasmophile*). — Subst. *Un, une spasmophilique*, malade atteint de spasmophilie.

SPASTICITÉ [spastisite]. *n. f.* (1970; de *spastique*, gr. *spastikos*. V. **Spasme.** *Méd.* État caractérisé par une exagération de la tonicité musculaire se manifestant par des spasmes.

SPATANGUE [spatɑ̃g]. *n. m.* (1803; *spatangus*, 1771; bas lat. *spatangius*, gr. *spataggês*). *Zool.* Oursin ovoïde, à piquants courts, vivant dans les sables vaseux.

SPATH [spat]. *n. m.* (1751; mot all.). Nom donné à différentes substances minérales cristallisées. *Spath fluor* : fluorine. *Spath d'Islande*, variété de calcite présentant le phénomène de double réfraction. ◇ HOM. *Spathe.*

SPATHE [spat]. *n. f.* (1555; lat. *spatha*, gr. *spathê*). ♦ 1° *Archéol.* Épée à large lame des Gaulois et des Germains. ♦ 2° *Bot.* (1743). Grande bractée en forme de sac, de cornet, enveloppant un spadice. ◇ HOM. *Spath.*

SPATHIQUE [spatik]. *adj.* (1757; de *spath*). *Minér.* De la nature ou de l'aspect d'un spath. *Fer spathique.*

SPATIAL, ALE, AUX [spasjal, o]. *adj.* (1889; du lat. *spatium* « espace »). ♦ 1° *Didact.* Qui se rapporte à l'espace, est du domaine de l'espace. « *Nous pouvons le mesurer, selon sa nature spatiale et temporelle* » (VALÉRY). ◇ *Charge spatiale*, charge électrique occupant un certain volume. ♦ 2° *Cour.* Relatif à l'espace interplanétaire, interstellaire, à son exploration. *Voyage, engin spatial.* V. **Cosmique.** *Rendez-vous spatial. Station* spatiale. *Centre national d'études spatiales.*

SPATIALISATION [spasjalizɑsjɔ̃]. *n. f.* (mil. xxᵉ; de *spatialiser*). *Didact.* Action de spatialiser, fait d'être spatialisé. « *La spatialisation du temps* » (L. de BROGLIE). ◇ *Physiol.* Localisation dans l'espace d'un stimulus visuel ou auditif.

SPATIALISER [spasjalize]. *v. tr.* (1907; de *spatial*). *Didact.* ♦ 1° Donner à (qqch.) les caractères de l'espace. « *La matière se spatialise* » (BERGSON). ♦ 2° (v. 1970). Adapter (un engin, un appareillage...) aux conditions de l'espace (J.O., 18-1-1973).

SPATIALITÉ [spasjalite]. *n. f.* (1907; de *spatial*). *Didact.* Caractère de ce qui est spatial. « *La spatialité parfaite consisterait en une parfaite extériorité des parties les unes par rapport aux autres* » (BERGSON).

SPATIONEF [spasjɔnɛf]. *n. m.* (1969; du rad. de *spatial*, et *nef*). *Didact.* Vaisseau spatial.

SPATIO-TEMPOREL, ELLE [spasjɔtɑ̃pɔʀɛl]. *adj.* (1904; du rad. de *spatial*, et *temporel*). *Didact.* Qui appartient à l'espace et au temps.

SPATULE [spatyl]. *n. f.* (1464; *espatule*, 1377; lat. spa-(?)(?)(?). ♦ 1° Duguotto aplatie à un bout, utilisée pour

remuer, étaler; instrument formé d'un manche et d'une lame large. *Spatule de sculpteur. Spatule employée en pharmacie. Spatule chirurgicale. Spatule pour l'examen du pharynx.* V. **Abaisse-langue.** « *Gaston retournait étaler ses pommades avec une large spatule* » (DUHAM.). « *Des doigts en spatule,... larges et carrés du bout* » (GIDE). ◇ Extrémité évasée (d'un manche de cuiller, de fourchette). *Spatule ornée d'initiales.* ◇ Extrémité antérieure relevée d'un ski. ♦ 2° (1664). Oiseau échassier, à long bec en spatule, qui vit en colonies au bord de l'eau.

SPATULÉ, ÉE [spatyle]. *adj.* (1778; de *spatule*). *Sc. nat.* En spatule, large et plat du bout. *Bec spatulé.*

SPEAKER [spikœʀ]. *n. m.* (1649; mot angl., proprem. « celui qui parle », « orateur »). ♦ 1° Président de la Chambre des communes, en Angleterre. ♦ 2° (1931; « annonceur de résultats sportifs », 1904). *Anglicisme.* Celui qui, à la radio, à la télévision, annonce les programmes, présente les émissions, donne les nouvelles. V. **Annonceur, présentateur.** « *Sabotage de la prononciation de notre belle langue par les speakers de la radio* » (GIDE).

SPEAKERINE [spikʀin]. *n. f.* (1953; de *speaker*, avec un suff. empr. à l'all.). *(Faux anglicisme).* Femme qui exerce le métier de speaker; annonceuse, présentatrice. *Les speakerines de la télévision.*

SPÉCIAL, ALE, AUX [spesjal, o]. *adj.* (1190; lat. *specialis*). ♦ 1° Qui concerne une espèce, une sorte de choses *(opposé à général). Dictionnaire général et dictionnaires spéciaux. Des connaissances spéciales.* ♦ 2° Qui est propre, particulier à (une personne, un groupe, à l'exclusion des autres). V. **Particulier.** « *Le parfum d'honnêteté sévère... spécial aux vieilles bonnes* » (GONCOURT). ◇ Qui est destiné, par des caractères particuliers, à l'usage exclusif d'une personne ou d'une chose. « *L'isolement de leurs malades dans les salles spéciales de l'hôpital* » (CAMUS). ◇ Qui constitue une exception, est employé pour les circonstances extraordinaires. *Autorisation spéciale.* « *L'envoyé spécial d'un grand quotidien* » (DUHAM.). ♦ 3° Qui présente des caractères particuliers dans son genre. V. **Particulier.** « *Il* « *distingua aussitôt, parmi d'autres, une voix qui avait un timbre spécial* » (MART. du G.). ◇ Qui n'est pas commun, ordinaire. V. **Singulier.** « *Rien de spécial à citer* » (FLAUB.). *Fam. C'est un peu spécial*, bizarre. — (Par euphém.) *Des mœurs spéciales*, d'homosexuel. ◈ ANT. *Général; ordinaire; banal.*

SPÉCIALEMENT [spesjalmɑ̃]. *adv.* (fin xiiᵉ; de *spécial*). ♦ 1° D'une manière spéciale, en particulier. V. **Notamment.** — Dans un sens restreint (abrév. *spécialt.*). ♦ 2° À l'exclusion des autres. V. **Particulièrement.** *Être spécialement désigné pour..., chargé de...* ♦ 3° D'une manière adéquate, tout exprès. « *Quant aux salles spécialement équipées* » (CAMUS). ♦ 4° D'une manière très caractéristique, plus qu'une autre chose du même genre. « *Une partie de dominos, jeu spécialement silencieux et méditatif* » (NERVAL). *Fam.* « *Non, pas spécialement beau* » (MORAND), pas tellement beau.

SPÉCIALISATION [spesjalizasjɔ̃]. *n. f.* (1830; de *spécialiser*). Action, fait de se spécialiser (en particulier dans un domaine de la science ou de la technique). « *Cette spécialisation tend... à isoler les unes des autres des catégories de chercheurs* » (L. de BROGLIE).

SPÉCIALISER [spesjalize]. *v. tr. (h. 1547; 1823; de spécial).* ♦ 1° *Vx.* Spécifier. ♦ 2° (1875). Employer, cantonner dans une spécialité. *Spécialt.* (Au p. p.) *Ouvrier spécialisé*, sans C.A.P. — Pronom. « *Maintenant, chaque médecin se spécialise* » (HUYSMANS). « *Il s'était spécialisé dans les recherches historiques* » (MART. du G.).

SPÉCIALISTE [spesjalist(ə)]. *n.* (1838; de *spécial*). ♦ 1° Personne qui s'est spécialisée, qui a des connaissances approfondies dans un domaine déterminé et restreint (science, technique...). *Un spécialiste de l'histoire d'Angleterre.* « *Les spécialistes ont tendance à s'enfermer dans leur spécialité* » (DUHAM.). ◇ *Spécialt.* Médecin qui se spécialise dans une branche particulière de la médecine. (Opposé à *généraliste**). « *Un spécialiste des maladies nerveuses* » (PROUST). *Consulter un spécialiste en rhumatologie.* ♦ 2° *Fig. (Fam.).* Personne qui s'y connaît en matière de..., est coutumière de (qqch.). « *Un spécialiste de la guigne* » (DUHAM.). — Adj. *Elle est spécialiste de ce genre de gaffes.* ◈ ANT. *Amateur.*

SPÉCIALITÉ [spesjalite]. *n. f.* (déb. xivᵉ; *especialité*, mil. xiiiᵉ; bas lat. *specialitas*). ♦ 1° *Dr. (vx).* Cas d'espèce. ◇ *Mod.* (1461) *Spécialité hypothécaire*, principe en vertu duquel tout acte constitutif d'hypothèque conventionnelle doit indiquer « l'espèce » du ou bien hypothéqué. *Spécialité administrative*, principe en vertu duquel les autorités ont chacune leur espèce d'attribution et doivent s'y cantonner sous peine d'excès de pouvoir. *Spécialité budgétaire*, règle par laquelle les crédits votés pour un chapitre ne peuvent servir à un autre. ♦ 2° (1836). Ensemble de connaissances approfondies sur un objet d'étude limité (considéré comme partie d'un domaine plus vaste). V. **Branche.** « *Un savant qui ne voit rien au delà de sa spécialité* » (PROUST). ♦

3° Activité, production déterminée à laquelle se consacre qqn. V. **Domaine, partie.** « *Dans les sujets qui font sa spécialité* (du peintre) » (BAUDEL.). *La spécialité d'un restaurateur, du chef cuisinier, le mets de son invention, celui qu'il réussit parfaitement. Déguster des spécialités.* ◇ *Spécialité pharmaceutique :* médicament préparé à l'avance, industriellement et vendu sous un conditionnement qui en indique la formule. ◇ *Spécialité médicale :* branche de la médecine dans laquelle un médecin acquiert une compétence spéciale par des études complémentaires, reconnues par un certificat (V. **Spécialiste,** 1°). ♦ 4° *Fam.* Comportement, art particulier et personnel. « *Là était sa spécialité : ...l'art délicat de vous passer la main dans le dos et le croc-en-jambe* » (COURTELINE).

SPÉCIEUSEMENT [spesjøzmɑ̃]. *adv.* (1690; « brillamment », 1569; de *spécieux*). *Littér.* D'une manière spécieuse, en trompant sur les apparences de la vérité. « *Que leurs aveux soient si spécieusement dissimulés* » (GIDE).

SPÉCIEUX, EUSE [spesjø, øz]. *adj.* (fin XIVᵉ; lat. *speciosus*). ♦ 1° *Vx.* Qui a une belle apparence. V. **Séduisant.** ♦ 2° (déb. XVIIᵉ). *Mod.* Qui n'a qu'une belle apparence, qui est sans réalité, sans valeur. *Prétextes, raisonnements spécieux.* « *Il lui est arrivé... de céder à des généralisations spécieuses* » (MONDOR). ◇ Qui est destiné à induire en erreur, avec une apparence de vérité. V. **Captieux.** « *Répondant à une question spécieuse* » (GIDE). ◈ ANT. *Sérieux, sincère.*

SPÉCIFICATION [spesifikasjɔ̃]. *n. f.* (XIVᵉ; lat. médiév. *specificatio*). ♦ 1° *Didact.* Action de spécifier. V. **Précision.** ♦ 2° Définition (d'une espèce, d'une chose), détermination de ses caractères. *Écon. Spécification d'un produit industriel,* caractéristique, clause spécifiée dans son cahier de charges. ♦ 3° *Dr.* (1685). Formation d'une chose nouvelle par le travail d'une personne sur la matière mobilière appartenant à une autre (V. **Propriété**).

SPÉCIFICITÉ [spesifisite]. *n. f.* (1834; de *spécifique*). *Didact.* Caractère de ce qui est spécifique; différence spécifique. *Spécificité sensorielle,* modalité sensorielle spécifique d'un système récepteur déterminé. ◇ *Méd. Spécificité immunologique* (d'une réaction entre un antigène et un anticorps), résultant de la capacité d'un antigène à provoquer la production d'un anticorps qui lui est spécifique, lorsqu'il est introduit dans l'organisme.

SPÉCIFIER [spesifje]. *v. tr.* (XIVᵉ; *especefier,* mil. XIIIᵉ; bas lat. *specificare*). Mentionner de façon précise. V. **Indiquer, préciser.** « *Sous la forme d'un prêt, sans que la destination en fût spécifiée dans le reçu* » (ROMAINS). — *Il a bien spécifié qu'il resterait deux jours.*

SPÉCIFIQUE [spesifik]. *adj.* (1503; bas lat. *specificus*). ♦ 1° *Didact.* Propre à une espèce (et commun à tous les individus et cas de cette espèce). *Différence* spécifique. La faculté* « *de se perfectionner, qui est le caractère spécifique de l'espèce humaine* » (ROUSS.). *Poids*, volume spécifique. Chaleur* spécifique.* — *Comm. Droits spécifiques* (opposé à ad* valorem). — *Chim. Réaction spécifique,* caractéristique d'une substance et d'elle seule. — *Méd. Microbe spécifique,* qui provoque toujours la même maladie. *Médicament spécifique,* qui agit électivement sur la cause d'une maladie. *Fig.* « *Le remède spécifique de la vanité est le rire* » (BERGSON). ♦ 2° qui a son caractère ses lois propres, ne peut se rattacher à autre chose ou en dépendre. « *Il était plus facile... de voir en la peinture la représentation d'une fiction, que d'y voir un langage spécifique* » (MALRAUX).

SPÉCIFIQUEMENT [spesifikmɑ̃]. *adv.* (1366; bas lat. *specifice*). D'une manière spécifique, proprement. « *Une trouvaille purement et spécifiquement bourgeoise* » (MONTHERLANT). V. **Typiquement.**

SPÉCIMEN [spesimɛn]. *n. m.* (1662; mot lat. « échantillon », de *species*). ♦ 1° Individu qui donne une idée de l'espèce à laquelle il appartient, unité ou partie d'un ensemble qui donne une idée du tout. V. **Échantillon, exemple, représentant.** « *Un charmant* spécimen *de ce style Pompadour si bien nommé rococo* » (BALZ.). *Des spécimens.* ♦ 2° Exemplaire, fascicule ou feuillet publicitaire (d'une revue, d'un manuel). *Il est interdit de revendre les spécimens.* — Par appos. *Numéro spécimen.*

SPÉCIOSITÉ [spesjozite]. *n. f.* (1836; « beauté », 1512; du lat. *speciosus.* V. **Spécieux**). *Rare.* Caractère spécieux (d'un argument, d'un raisonnement...).

SPECTACLE [spɛktakl(ə)]. *n. m.* (déb. XIIIᵉ; lat. *spectaculum*). ♦ 1° Ensemble de choses ou de faits qui s'offre au regard, capable de provoquer des réactions. V. **Aspect, tableau.** « *Des vers que nous inspirait le spectacle de la nature* » (CHATEAUB.). — *Au spectacle de,* à la vue de. — *Donner en spectacle,* exposer, exhiber. *Péj. Se donner en spectacle,* s'exhiber, se faire remarquer. ♦ 2° (Fin XIIIᵉ). Représentation théâtrale, cinématographique, chorégraphique; ce qu'on présente au public au cours d'une même séance (V. **Film, pièce...**). *Spectacle imprévu.* V. **Happening.** *Salle de spec-*

tacle(s). Courir les spectacles. Allez-vous souvent au spectacle ? ◇ L'ensemble des activités concernant le théâtre, le cinéma, le music-hall, la télévision, etc. *Le monde, l'industrie du spectacle.* ♦ 3° *Vx* (1675). Mise en scène. ◇ Loc. mod. (1835) *Pièce, revue à grand spectacle,* qui comporte une mise en scène somptueuse.

SPECTACULAIRE [spɛktakylɛr]. *adj.* (1908; du rad. lat. de *spectacle*). Qui parle aux yeux, en impose à l'imagination. V. **Frappant.** « *L'aspect 'spectaculaire' de certains résultats de la science* » (L. de BROGLIE). « *Après Napoléon, les adolescents gardaient la nostalgie des attitudes spectaculaires* » (MAUROIS).

SPECTATEUR, TRICE [spɛktatœr, tris]. *n.* (1375; lat. *spectator*). ♦ 1° Témoin d'un événement, personne qui regarde ce qui se passe. V. **Observateur.** « *Le rôle du spectateur qui de sa fenêtre contemple une rixe* » (BERNANOS). ◇ Personne qui regarde une œuvre d'art. *Les musées* « *ont imposé au spectateur une relation toute nouvelle avec l'œuvre d'art* » (MALRAUX). ♦ 2° Personne qui assiste à un spectacle, à une manifestation sportive, etc. V. **Assistant.** *L'ensemble des spectateurs.* V. **Public.** « *Je vois à chaque instant... des spectateurs sortir de leur loge* » (HUGO). ◈ ANT. *Acteur.*

SPECTRAL, ALE, AUX [spɛktral, o]. *adj.* (1861, *analyse spectrale;* Cf. *Spectralement,* 1847; de *spectre*). ♦ 1° *Phys.* Qui repose sur l'étude des spectres (2°). *Analyse spectrale,* ensemble des techniques d'étude des spectres. ◇ Qui apparaît, est observé dans un spectre. *Couleurs spectrales. Raies spectrales,* caractéristiques des divers éléments. ♦ 2° (1866). Qui a l'apparence d'un spectre, évoque un fantôme. V. **Fantomatique.** « *Des teintes livides, spectrales, de monde lunaire* » (DAUD.).

SPECTRE [spɛktr(ə)]. *n. m.* (1586; lat. *spectrum*). ♦ 1° Apparition effrayante d'un mort. V. **Fantôme, revenant.** « *L'Hamlet européen regarde les millions de spectres* » (VALÉRY). — Par compar. *Une pâleur de spectre.* ◇ *Fig.* Ce qui menace. *Le spectre de la guerre.* « *Le candidat modéré...* (avait) *agité le spectre allemand* » (ARAGON). V. **Épouvantail.** ♦ 2° (1720; angl. *spectrum* [Newton, 1671]). Images juxtaposées formant une suite ininterrompue de couleurs, et correspondant à la décomposition de la lumière blanche par réfraction (prisme) ou par diffraction (réseau). V. **Arc-en-ciel.** *Spectre solaire.* ◇ *Phys.* Variation dans l'intensité ou dans la phase d'un rayonnement complexe (suivant la longueur d'onde, la fréquence, l'énergie, etc.); distribution qui traduit cette variation; *par ext.* Distribution des fréquences d'un domaine continu et étendu. *Spectre sonore,* représentant l'analyse d'un son. — (1875). *Spectre d'absorption,* résultant du passage de l'émission d'une source intense à travers un milieu absorbant. *Spectre d'émission,* produit par le rayonnement d'une source (*spectre continu, discontinu* [bandes, raies]). *Spectre atomique,* correspondant au rayonnement des atomes excités. *Spectre d'étincelles,* produit par une décharge électrique. *Spectre infrarouge, ultraviolet. Spectre de particules β, de rayons X.* ◇ *Spectre de masse,* reflétant la distribution des masses dans les atomes ionisés, les molécules.

SPECTROGRAMME [spɛktrɔgram]. *n. m.* (XXᵉ; de *spectre,* et -*gramme*). *Phys.* Photographie (ou dessin) reproduisant le spectre obtenu avec un spectrographe.

SPECTROGRAPHE [spɛktrɔgraf]. *n. m.* (1902; de *spectre,* et -*graphe*). *Phys.* Appareil permettant d'enregistrer un spectre (photographiquement ou par d'autres procédés), après avoir produit et sélectionné des radiations visibles ou invisibles. — *Spectrographe de masse,* permettant de sélectionner des faisceaux de particules ionisées, en vue de déterminer leur masse.

SPECTROHÉLIOGRAPHE [spɛktrɔeljɔgraf]. *n. m.* (1906; de *spectre,* et *héliographe*). *Astron.* Appareil servant à photographier le soleil, formé d'un spectrographe à haute résolution et muni d'une fente qui permet de sélectionner une seule radiation.

SPECTROSCOPE [spɛktrɔskɔp]. *n. m.* (1863; de *spectre,* et -*scope*). *Phys.* Instrument qui disperse un rayonnement sous forme de spectre*, permettant d'en analyser les constituants ou d'étudier l'absorption de ces constituants par diverses substances. *Spectroscope à prisme, à réseau, à ondes courtes.*

SPECTROSCOPIE [spɛktrɔskɔpi]. *n. f.* (1864; de *spectre,* et *scopie*). *Phys.* Analyse des constituants d'un corps par leur spectre d'absorption obtenu au moyen d'un spectroscope. *Utilisation de la spectroscopie en astrophysique, en biologie.*

SPECTROSCOPIQUE [spɛktrɔskɔpik]. *adj.* (1864; de *spectroscopie*). *Phys.* Relatif à la spectroscopie.

SPÉCULAIRE [spekylɛr]. *adj. et n. f.* (1556; lat. *specularis,* de *speculum* « miroir »). ♦ 1° *Didact.* Relatif au miroir. — Se dit de minéraux qui peuvent se diviser en feuillets minces, transparents et capables de réfléchir la lumière. « *Un petit miroir fait de pierre spéculaire* » (GAUTIER). — *Fer spéculaire*, variété d'oligiste. *Fonte spéculaire :* spiegel. ♦ 2° Graphol. *Écriture spéculaire* (ou *en miroir*) observée dans certaines maladies mentales, où les lettres et les mots se succèdent de droite à gauche (comme si l'écriture normale était réfléchie dans un miroir). ♦ 3° *N. f.* (1872). Plante herbacée *(Campanulacées)*, à fleurs violettes, cultivée sous le nom de *miroir de Vénus*.

SPÉCULATEUR, TRICE [spekylatœʀ, tʀis]. *n.* (1745; « sentinelle, observateur », xivᵉ; du rad. de *spéculation*, d'apr. lat. *speculator*). Personne qui fait des spéculations financières (V. Agioteur, boursicoteur), commerciales.

SPÉCULATIF, IVE [spekylatif, iv]. *adj.* (1265; bas lat. *speculativus*). ♦ 1° *Philo.* Qui pratique la spéculation, appartient à la théorie. *Esprit spéculatif.* « *Toute recherche de science pure commence en général par avoir un caractère purement spéculatif* » (L. de BROGLIE). ♦ 2° (Mil. xviiiᵉ). Relatif à la spéculation boursière et commerciale. *Valeurs spéculatives.* ◇ ANT. (du 1°) *Pratique*.

SPÉCULATION [spekylɑsjɔ̃]. *n. f.* (mil. xivᵉ, aussi « observation »; bas lat. *speculatio*). ♦ 1° *Philo.* Étude, recherche abstraite. V. **Théorie.** « *Dans les profondeurs inouïes de l'abstraction et de la spéculation pure* » (HUGO). ◇ Considération théorique. « *Les spéculations des... philosophes sur les qualités abstraites de la matière* » (RENAN). ♦ 2° (Mil. xviiiᵉ). *Vx.* Projet, calcul en matière de finance, de commerce. ◇ *Mod.* (fin xviiiᵉ) Opération financière ou commerciale qui consiste à profiter des fluctuations naturelles du marché, pour réaliser un bénéfice; pratique de ce genre d'opérations. *Spéculations désastreuses. La spéculation sur les terrains à bâtir.* ◇ ANT. (du 1°) *Pratique*.

SPÉCULER [spekyle]. *v. intr.* (1405; tr., « observer », 1345; lat. *speculari* « observer »). ♦ 1° *Philo.* Méditer, se livrer à la spéculation. « *Un philosophe qui spécule sur le monde, sur la connaissance* » (VALÉRY). ♦ 2° (1792). Faire des spéculations financières, commerciales. « *Il n'est crique où l'on ne bâtisse..., où l'on ne spécule sur le prix du mètre carré* » (BAINVILLE). ♦ 3° *Fig.* SPÉCULER SUR (qqch.) : compter dessus pour réussir. « *Le penchant qu'il manifeste à faire des dupes,... l'habitude qu'il a de spéculer sur la niaiserie du partenaire* » (DUHAM.).

SPÉCULOOS [spekylos] ou **SPÉCULAUS** [spekyloz]. *n. m.* (o. et i.). *[Belgique].* Biscuit au sucre candi (exporté en France).

SPECULUM ou **SPÉCULUM** [spekylɔm]. *n. m.* (av. 1478; mot lat. « miroir »). *Méd.* Instrument servant à explorer des cavités ou conduits de l'organisme, muni d'un dispositif (généralement de valves mobiles) permettant de les élargir en vue d'en faciliter l'examen. *Spéculum vaginal, anal, rectal.*

SPEECH [spitʃ]. *n. m.* (1831, V. Jacquemont; mot angl.). Petite allocution de circonstance, notamment en réponse à un toast. *Il y eut quelques speeches amusants.* « *En mourant, tous les hommes célèbres font leur dernier speech* » (BAUDEL.).

SPEISS [spɛs]. *n. m.* (1765; all. *Speiss* ou *Speise*). *Métall.* Produit obtenu au cours de l'élaboration d'un métal, contenant divers arséniures (surtout de fer).

SPÉLÉO-. Élément, du gr. *spêlaion* « caverne ».

SPÉLÉOLOGIE [speleɔlɔʒi]. *n. f.* (1894; de *spéléo-*, et *-logie*). Exploration et étude scientifique des cavités du sous-sol (grottes, cavernes, gouffres, eaux souterraines, etc.).

SPÉLÉOLOGIQUE [speleɔlɔʒik]. *adj.* (1907; de *spéléologie*). Relatif à la spéléologie. *Exploration spéléologique.*

SPÉLÉOLOGUE [speleɔlɔg]. *n.* (1907; de *spéléologie*). Spécialiste de la spéléologie, explorateur des cavernes (Abrév. fam. *Un* SPÉLÉO [speleo]).

SPÉLÉONAUTE [speleɔnot]. *n.* (1965; de *spéléo*[logue], et *-naute*; Cf. Astronaute). Spéléologue qui se prête à des expérimentations d'ordre scientifique en séjournant longtemps en milieu souterrain.

SPENCER [spɛ̃sœʀ]. *n. m.* (1797; mot angl., du nom de lord *Spencer*). Veste courte sans basques. — Sorte de dolman ajusté. ◇ Courte veste ou corsage de femme.

SPÉOS [speos]. *n. m.* (1860; mot gr. « caverne »). *Archéol.* Temple d'Égypte creusé dans le roc.

SPERGULE [spɛʀgyl]. *n. f.* (1752; *spergula*, 1615; lat. médiév. *spergula*, du lat. *asparagus* « asperge »). Petite plante herbacée *(Caryophyllacées)*, à feuilles en lanières dont une variété est appelée *fourrage de disette*. V. **Espargoute.**

SPERMACETI [spɛʀmaseti]. *n. m.* (1509; *spermaceti*, 1557; *sperma-ceti*, 1628; lat. sc. *spermaceti*, bas lat. *sperma*, mot gr. « semence », et *cetus* « baleine »). *Didact.* Blanc* de baleine.

SPERMAT(O)-, SPERMO-. Éléments, du gr. *spermat(o)*, de *sperma* « semence, graine ».

SPERMATIDE [spɛʀmatid]. *n. f.* (1904; de *spermat*[o], et *-ide*). *Biol.* Cellule sexuelle mâle dont dérive le spermatozoïde*.

SPERMATIE [spɛʀmati]. *n. f.* (1886; lat. bot., de *sperma*). *Bot.* Spore à un seul noyau (champignons).

SPERMATIQUE [spɛʀmatik]. *adj.* (1314; bas lat. d'o. gr. *spermaticus*). *Séminal.* ◇ *Anat. Artères, veines spermatiques*, qui assurent l'irrigation du testicule et de l'épididyme. *Cordon spermatique :* pédicule du testicule renfermant le canal déférent, les vaisseaux (artère, veines, lymphatiques), les nerfs et les éléments conjonctifs de soutien de la glande.

SPERMATOCYTE [spɛʀmatɔsit]. *n. m.* (1904; de *spermat*[o]-, et *-cyte*). *Biol.* Cellule germinale mâle qui, en passant par le stade de la spermatide*, deviendra finalement un spermatozoïde.

SPERMATOGÉNÈSE [spɛʀmatɔʒenɛz]. *n. f.* (1894; de *spermato-*, et *-génèse*). *Biol.* Ensemble des processus qui aboutissent à la formation des gamètes mâles.

SPERMATOGONIE [spɛʀmatɔgɔni]. *n. f.* (1904; de *spermato-*, et *-gonie*). *Biol.* Cellule sexuelle mâle primitive dont dérive, après une série de transformations et multiplications, le spermatozoïde.

SPERMATOPHYTES [spɛʀmatɔfit]. *n. f. pl.* (1888; de *spermato-*, et *-phyte*). *Bot.* Plantes à organes de reproduction apparents et développés (embranchement). V. **Phanérogame.**

SPERMATOZOÏDE [spɛʀmatozɔid]. *n. m.* (1846; de *spermato-*, et gr. *zôoeidês*, de *zôon* « animal »). *Biol.* Cellule reproductrice (gamète) mâle constituée par un renflement (tête) contenant le noyau et un long filament (flagelle).

SPERME [spɛʀm(ə)]. *n. m.* (1365; *esperme*, xiiiᵉ; bas lat. *sperma*, mot gr.). Liquide blanchâtre émis par éjaculation, constitué par les sécrétions des différentes glandes génitales mâles (épididyme, vésicules séminales, prostate) et par les spermatozoïdes. V. **Semence.**

-SPERME. Élément, gr. *-spermos*, de *sperma* « semence, graine ». Ex. : *gymnospermes.*

SPERMICIDE [spɛʀmisid] ou **SPERMATICIDE** [spɛʀmaticid]. *adj.* (v. 1965; de *sperme* ou *spermat*[o]-, et *-cide*). *Didact.* Se dit d'une substance qui, introduite dans le vagin, agit comme anticonceptionnel local en détruisant les spermatozoïdes. *Gelée, ovules spermicides.* — Subst. *Un spermicide.*

SPERMO-. V. SPERMAT(O)-.

SPERMOGONIE [spɛʀmɔgɔni]. *n. f.* (1855; de *spermo-*, et *-gonie*). *Bot.* Appareil producteur des spermaties (champignons).

SPERMOGRAMME [spɛʀmɔgʀam]. *n. m.* (1959; de *sperm*[e]-, et *gramme*). *Méd.* Résultats fournis par l'examen du sperme.

SPERMOPHILE [spɛʀmɔfil]. *n. m.* (1839; lat. zool. *spermophilus*, du gr. *sperma* « graine », et *philos* « qui aime »). *Zool.* Petit rongeur voisin de la marmotte, à abajoues volumineuses, qui vit dans les terriers où il entasse des graines.

SPHACÈLE [sfasɛl]. *n. m.* (1554; du gr. *sphakelos* « gangrène »). *Méd.* Fragment de tissu nécrosé qui se détache d'une plaie, d'un ulcère.

SPHAGNALES [sfagnal]. *n. f. pl.* (xxᵉ; *sphagnoïdés*, 1839; du lat. bot. *sphagnum*). *Bot.* Famille de mousses (sphaigne).

SPHAIGNE [sfɛɲ]. *n. f.* (1791; lat. bot. *sphagnum*, gr. *sphagnos*). Mousse des marais, dont la décomposition est à l'origine de la formation de la tourbe.

SPHÉNISQUE [sfenisk(ə)]. *n. m.* (1815; gr. *sphêniskos* « cheville »). *Zool.* Manchot de l'hémisphère Sud.

SPHÉNOÏDAL, ALE, AUX [sfenɔidal, o]. *adj.* (1690; de *sphénoïde*). *Anat.* Qui appartient au sphénoïde. *Fente sphénoïdale*, qui fait communiquer la base du crâne avec la cavité de l'orbite. *Sinus sphénoïdaux*, cavités du corps du sphénoïde.

SPHÉNOÏDE [sfenɔid]. *n. m.* (1562; gr. *sphênoeidês*, proprem. « en forme de coin »). *Anat.* Os constituant la partie moyenne de la base du crâne.

SPHÈRE [sfɛʀ]. *n. f.* (1509; *espere*, fin xiiᵉ; d'abord T. d'astron.; lat. *sphæra*, gr. *sphaira*). ♦ 1° Surface constituée par le lieu des points situés à une même distance d'un point donné; solide délimité par cette surface (V. **Balle, bille, boule** [*cour.*]). *Centre, rayon, diamètre d'une sphère.* — *Sphère céleste*, sphère fictive de très grand rayon, à la surface de laquelle les corps célestes semblent situés pour un observateur qui serait au centre. — *Sphère terrestre*, la Terre, considérée comme une sphère légèrement aplatie aux pôles. ◇ Représentation matérielle de la sphère céleste ou terrestre. V. **Globe, mappemonde.** *Sphère armillaire*.* ◇ Solide sphérique. *Sphère de plongée.* ♦ 2° *Fig.* (mil. xviiᵉ). Domaine circonscrit à l'intérieur duquel s'exerce une activité, une science, un art. « *Les esprits bornés et resserrés dans leur petite sphère* » (LA BRUY.). « *Dans la sphère limitée des souhaits possibles à un aveugle* » (HUGO). ◇ Domaine, milieu. « *Dans les sphères célestes de la philosophie* » (FRANCE). *Les hautes sphères de la politique.* — *Sphère d'action*, espace où se manifeste une certaine force, un agent physique. V. **Champ.** — *Sphère d'influence*, zone territoriale dans laquelle une ou plusieurs puissances reconnaissent à une autre un droit d'intervention auprès des autorités locales. *Sphères d'attributions*, domaine, matière qui sont de la compétence d'une autorité, d'un fonctionnaire. « *Vous commencez à entrevoir dans quelle sphère d'activité je vais vous introduire?* » (ROMAINS).

SPHÉRICITÉ [sfeʀisite]. *n. f.* (1671 ; de *sphérique*). *Didact.* Forme sphérique. V. **Rotondité.** — *Opt. Aberration de sphéricité*, distorsion due au fait que les rayons issus d'un point de l'objet ne convergent pas exactement vers le point image.

SPHÉRIQUE [sfeʀik]. *adj.* (1555 ; *sperique*, 1370 ; bas lat. *sphæricus*). ♦ 1° En forme de sphère. V. **Rond.** *Une bille parfaitement sphérique.* ♦ 2° *Géom.* Qui appartient à la sphère. *Anneaux, calotte, secteur, segment sphérique. Triangle, trigonométrie sphérique.* — Phys. *Miroir sphérique*, miroir dont la surface réfléchissante est une portion de sphère.

SPHÉROÏDAL, ALE, AUX [sfeʀɔidal, o]. *adj.* (1740 ; de *sphéroïde*). *Didact.* En forme de sphéroïde, propre à un sphéroïde. ◇ (1858). Phys. *État sphéroïdal* (d'un liquide en caléfaction*).

SPHÉROÏDE [sfeʀɔid]. *n. m.* (1556 ; lat. d'o. gr. *sphæroides*). *Didact.* Solide à peu près sphérique. « *Ces divers corps ne sont pas de véritables sphères, mais des sphéroïdes aplatis* » (BAUDEL.).

SPHÉROMÈTRE [sfeʀɔmɛtʀ(ə)]. *n. m.* (1803 ; de *sphère*, et -*mètre*). *Phys.* Instrument servant à mesurer la courbure des surfaces sphériques (en particulier celles des verres d'optique).

SPHEX [sfɛks]. *n. m.* (1808 ; gr. *sphêx* « guêpe »). *Zool.* Insecte hyménoptère, sorte de grande guêpe qui creuse des terriers où elle dépose des proies paralysées (criquets, grillons).

SPHINCTER [sfɛ̃ktɛʀ]. *n. m.* (1548 ; mot lat. d'o. gr.). Muscle annulaire disposé autour d'un orifice naturel qu'il resserre et ferme en se contractant. *Sphincter de l'anus, de l'urètre.*

SPHINCTÉRIEN, IENNE [sfɛ̃kteʀjɛ̃, jɛn]. *adj.* (1878 ; de *sphincter*). *Didact.* Relatif à un sphincter. *Muscles sphinctériens. Contrôle sphinctérien.*

SPHINX [sfɛ̃ks]. *n. m.* (1553 ; *sphinge*, 1546 ; lat. d'o. gr. *sphinx, sphingis*). ♦ 1° Monstre fabuleux, lion ailé à tête et buste de femme, qui tuait les voyageurs quand ils ne résolvaient pas l'énigme qu'il leur proposait. *Le Sphinx se jeta du haut d'un rocher quand Œdipe fournit la solution de l'énigme.* ◇ *Dans l'art égyptien*, Statue de lion couché, à tête d'homme, de bélier ou d'épervier, représentant une divinité. *Le grand sphinx de Gizeh.* ◇ *Fig.* Personne énigmatique, figée dans une attitude mystérieuse. « *Ce sphinx perfide, au sourire douteux, à la voix ambiguë* » (GAUTIER). ♦ 2° (1736). Chenille d'un papillon dont la tête est dressée. ◇ (1762). Ce grand papillon crépusculaire au vol puissant, dont le thorax porte une tache rappelant une tête de mort. *Sphinx tête-de-mort. Sphinx des lauriers-roses. Le vol « des grands sphinx de nuit, de ces larges papillons de velours sombre* » (BOURGET).

SPHYGMO-. Élément, du gr. *sphugmos* « pouls, pulsation ».

SPHYGMOGRAMME [sfigmɔgʀam]. *n. m.* (1899 ; de *sphygmo-*, et -*gramme*). *Méd.* Tracé du pouls, obtenu à l'aide du sphygmographe.

SPHYGMOGRAPHE [sfigmɔgʀaf]. *n. m.* (1860 ; de *sphygmo-*, et -*graphe*). *Méd.* Instrument destiné à enregistrer les pulsations artérielles.

SPHYGMOMANOMÈTRE [sfigmɔmanɔmɛtʀ(ə)]. *n. m.* (1907 ; de *sphygmo-*, et *manomètre*; *sphygmomètre*, 1857). *Méd.* Appareil composé essentiellement d'un manomètre à mercure ou anéroïde et d'un manchon gonflable qu'on enroule autour du bras, servant à mesurer la tension artérielle (On dit aussi parfois SPHYGMOTENSIOMÈTRE [sfigmɔtɑ̃sjɔmɛtʀ(ə)]).

SPHYRÈNE [sfiʀɛn]. *n. f.* (1839 ; lat. d'o. gr. *sphyrœna*). *Zool.* Grand poisson de mer, à la mâchoire inférieure saillante. *Sphyrène commune. Sphyrène barracuda* (vivant dans la mer des Antilles).

SPIC [spik]. *n. m.* (XIIIe ; *espic*, XIIe ; lat. *spicus* « épi, herbe odoriférante » en lat. médiév.). Lavande, dont on extrait une essence odorante, dite *huile de spic* (ou *d'aspic*).

SPICA [spika]. *n. m.* (1555 ; mot lat. « épi »). *Méd.* Bandage croisé (à la façon des épillets de blé), appliqué au niveau de la racine d'un membre.

SPICIFORME [spisifɔʀm(ə)]. *adj.* (1842 ; du lat. *spicus* « épi », et -*forme*). *Bot.* En forme d'épi.

SPICILÈGE [spisilɛʒ]. *n. m.* (1697 ; lat. *spicilegium* « glanage » ; de *spicum* « épi », et *legere* « recueillir »). *Didact.* Titre donné à certains recueils d'actes, de documents, de notes, d'essais, etc.

SPICULE [spikyl]. *n. m.* (1872 ; lat. *spiculum* « dard »). ♦ 1° *Didact.* (*Sc. nat.*). Structure animale, végétale ou minérale, en forme d'épi ou de dard. — *Spécialt.* Chacun des petits bâtonnets calcaires ou siliceux constituant le squelette des éponges. ♦ 2° (1959). *Astron.* Jet de matière dans la chromosphère solaire, ayant l'apparence de flammes qui disparaissent en quelques minutes.

SPIDER [spidɛʀ]. *n. m.* (1890 ; mot angl. « araignée », à cause des hautes roues et des sièges surélevés). ♦ 1° *Ancienn.* Voiture décapotable, à quatre roues, proche du phaéton. ♦ 2° (1930). Sorte de coffre aménagé à l'arrière d'un cabriolet automobile (pour un passager, des bagages).

SPIEGEL [spigɛl]. *n. m.* (1890 ; abrév. de l'all. *Spiegeleisen*, proprem. « fer à miroir », à cause de la cassure miroitante de cet alliage). *Métall.* Alliage de fer, manganèse et carbone, employé dans la fabrication de l'acier par le procédé Bessemer (Fonte spéculaire*).

SPIN [spin]. *n. m.* (1938 ; mot angl., 1926, « rotation »). *Phys. nucl.* Moment de la quantité de mouvement d'une particule élémentaire (qui tourne sur elle-même : *spin axial*, ou autour d'un centre de gravité : *spin orbital*). *L'unité de spin est* $\dfrac{h}{2}$ (*h étant la constante de Planck*). « *L'électron devrait posséder une autre caractéristique, le spin, qui serait une sorte de rotation interne et qui le douerait d'un moment cinétique propre* » (L. de BROGLIE).

SPINA-BIFIDA [spinabifida]. *n. m.* (1810 ; mot lat. « épine [dorsale] bifide »). *Méd.* Malformation congénitale qui consiste en une fissure d'un ou de plusieurs arcs vertébraux postérieurs, pouvant se compliquer d'une hernie des méninges et de la moelle épinière.

SPINAL, ALE, AUX [spinal, o]. *adj.* (1534 ; bas lat. *spinalis*). *Anat.* Relatif ou qui appartient à la colonne vertébrale (V. **Rachidien**), ou à la moelle épinière (V. **Médullaire**). *Nerf spinal*, nerf crânien moteur. *Muscles spinaux*, muscles des gouttières vertébrales.

SPINA-VENTOSA [spinavɛ̃toza]. *n. m.* (1741 ; mots lat., proprem. « épine venteuse »). *Méd.* Tuberculose osseuse siégeant au niveau des phalanges des doigts et caractérisée par la boursouflure du corps de l'os.

SPINELLE [spinɛl]. *n. m.* (1500 ; it. *spinella*, du lat. *spina* « épine »). Aluminate naturel de magnésium de couleur rouge (rubis spinelle), bleu-violet ou verdâtre, utilisé en joaillerie.

SPINNAKER ou **SPINACKER** [spinakɛ(ɛ)ʀ]. *n. m.* (1907 ; mot angl.). *Mar.* Voile triangulaire d'avant, légère, très creuse et de grande surface, servant à assurer le maximum de puissance et la plus haute vitesse (*abrév.* SPI [spi]).

SPINOSISME ou **SPINOZISME** [spinozism(ə)]. *n. m.* (1697 ; du nom de *Spinoza*). *Didact.* Système philosophique de Spinoza.

SPINOSISTE ou **SPINOZISTE** [spinozist(ə)]. *n. et adj.* (1697 ; de *spinosisme*). *Didact.* Partisan du spinozisme ; propre au spinozisme. *Le panthéisme spinosiste.*

SPIRACLE [spiʀakl(ə)]. *n. m.* (1924 ; « soupirail », XVIe ; lat. *spiraculum*). *Zool.* Orifice de sortie de l'eau qui a baigné les branchies, chez les têtards de Batraciens anoures.

SPIRAL, ALE, AUX [spiʀal, o]. *adj.* (1534 ; lat. scolast. *spiralis*, de *spira*. V. **Spire**). *Rare* (sauf en loc.). Qui a la forme d'une courbe tournant autour d'un pôle dont elle s'éloigne. *Ressort spiral* : ressort plat dont la lame décrit des spires autour d'un axe, et qui sert à régulariser la rotation des rouages. Ellipt. *Un spiral de montre.* — *Nébuleuse spirale*, nébuleuse se présentant sous la forme d'un noyau central entouré de bras se développant en spirale.

SPIRALE [spiʀal]. *n. f.* (1691 ; *espiralle*, fin XVIe ; pour *ligne spirale*). ♦ 1° *Géom.* Courbe plane qui décrit des révolutions autour d'un point fixe (ou pôle), en s'en écartant de plus en plus. *Spirale d'Archimède*, où le rayon vecteur issu du pôle est proportionnel à l'angle polaire du point correspondant. *Spirale logarithmique*, qui coupe sous un même angle tous les rayons vecteurs. ◇ *Dessin.* Courbe plane ouverte formée d'arcs de cercle raccordés. ♦ 2° *Cour.* Courbe qui tourne autour d'un axe (hélice, en T. scient.). V. **Volute.** « *Fuyons sous la spirale De l'escalier profond* » (HUGO). V. **Vis.** *Spirales de fumée.* « *Des cheveux gris tombant en spirale sur les épaules* » (FLAUB.).

SPIRALÉ, ÉE [spiʀale]. *adj.* (1808 ; de *spirale*). *Didact.* Disposé en spirale.

SPIRANT, ANTE [spiʀɑ̃, ɑ̃t]. *adj. et n. f.* (1872 ; lat. *spirans* « respirant, soufflant »). *Phonét. Consonne spirante. Son spirant.* — *N. f.* Se dit d'une consonne produite comme une fricative*, mais audible par résonance de l'air, correspondant souvent à l'articulation d'une occlusive relâchée. — On dit aussi *Constrictive* et *continue*.

SPIRE [spiʀ]. *n. f.* (1579 ; « tore », 1548 ; lat. *spira*, gr. *speira*). *Didact.* Tour complet d'une spirale, d'une hélice. *Les spires d'un solénoïde.* ◇ Enroulement d'une coquille.

SPIRÉE [spiʀe]. *n. f.* (1752 ; *spiraea*, 1694 ; lat. d'o. gr. *spiræa*). Plante herbacée, ou arbrisseau (*Rosacées*), à fleurs décoratives. V. **Filipendule, reine-des-prés.**

SPIRIFER [spiʀifɛʀ]. *n. m.* (*Spirifère*, 1839 ; lat. zool.

spirifer, proprem. « qui porte des spires »). *Zool.* Brachiopode fossile du primaire, à supports brachiaux en spirale.

SPIRILLE [spiʀij]. *n. m.* (1864; lat. zool. *spirillum*, de *spira* « spire »). *Microbiol.* Micro-organisme mobile, en forme de filament ondulé ou contourné en spirale, à extrémités pourvues de flagelles. *Certains spirilles sont pathogènes.*

SPIRILLOSE [spiʀi(l)loz]. *n. f.* (1907; de *spirille*, et -*ose*). *Méd.* Maladie infectieuse provoquée par des spirilles.

SPIRITAIN [spiʀitɛ̃]. *n. m.* (1703; de *esprit* I, 1°). *Relig. (Rare).* Membre de la congrégation des *Pères du Saint-Esprit.*

SPIRITE [spiʀit]. *adj. et n.* (1858; angl. *spirit*, dans l'express. *spirit-rapper* « esprit frappeur »). ♦ 1° *Adj.* Relatif aux esprits des morts, à leurs manifestations supposées; propre au spiritisme. ♦ 2° *N.* Personne qui évoque les esprits, par l'entremise d'un médium; personne qui s'occupe de spiritisme. « *Cette théosophe, cette spirite, cette végétarienne décente, cette simulatrice qui exploite sa maigreur, sa décence...* » (MALLET-JORIS).

SPIRITISME [spiʀitism(ə)]. *n. m.* (1858; de *spirite*). Science occulte fondée sur l'existence, les manifestations et l'enseignement des Esprits (évocation des esprits par les tables tournantes, etc.). « *Le spiritisme pose en dogme l'amélioration fatale de notre espèce* » (FLAUB.).

SPIRITUAL, ALS [spiʀityol, ols]. *n. m.* Syn. de *Negro-spiritual.*

SPIRITUALISATION [spiʀitɥalizasjɔ̃]. *n. f.* (1676; de *spiritualiser*). *Littér.* Action de spiritualiser, fait d'être spiritualisé. *La spiritualisation de l'amour dans la poésie courtoise.*

SPIRITUALISER [spiʀitɥalize]. *v. tr.* (1521, p. p.; de *spirituel*). *Littér.* Doter, imprégner de spiritualité. « *Son visage, que ne spiritualise aucune flamme intérieure* » (GIDE). ◈ ANT. *Matérialiser.*

SPIRITUALISME [spiʀitɥalism(ə)]. *n. m.* (1831; « idéalisme », 1771; « mysticisme quiétiste », 1718; de *spirituel*). *Philo.* Doctrine pour laquelle l'esprit constitue une réalité indépendante et supérieure (*opposé à* matérialisme). — *Par ext.* Doctrine reconnaissant en outre l'existence de Dieu et des valeurs spirituelles qui constituent la fin propre de l'activité humaine. ◈ ANT. *Matérialisme.*

SPIRITUALISTE [spiʀitɥalist(ə)]. *adj. et n.* (1831; « idéaliste », 1771; de *spiritualisme*). *Philo. Adj.* Propre au spiritualisme. ◇ *N.* Partisan du spiritualisme. ◈ ANT. *Matérialiste.*

SPIRITUALITÉ [spiʀitɥalite]. *n. f.* (XVIᵉ; *espiritualité*, 1283; lat. ecclés. *spiritualitas*). ♦ 1° *Philo.* Caractère de ce qui est spirituel (I), indépendant de la matière. *La spiritualité de l'âme.* ♦ 2° Ensemble des croyances, des exercices qui concernent la vie spirituelle; forme particulière que prennent ces croyances et ces pratiques. *La spiritualité franciscaine.* ◇ Vie spirituelle, attachement aux valeurs spirituelles. « *Art moderne, c'est-à-dire... spiritualité,... aspiration vers l'infini* » (BAUDEL.). ◈ ANT. *Matérialité.*

SPIRITUEL, ELLE [spiʀitɥɛl]. *adj.* (déb. XIIIᵉ; *spiritiel*, Xᵉ; lat. ecclés. *spiritu[u]alis*).
I. ♦ 1° *Philo.* Qui est, relève de, l'ordre de l'esprit considéré comme un principe indépendant. V. *Immatériel*, *incorporel*. *L'âme conçue comme réalité spirituelle.* ♦ 2° Propre ou relatif à l'âme, en tant qu'émanation et reflet d'un principe supérieur, divin. *Vie spirituelle. Exercices spirituels.* ♦ 3° Qui est d'ordre moral, n'appartient pas à la nature sensible, au monde physique. *Pouvoir spirituel* (Église) *et pouvoir temporel* (État). V. *Religieux*. Subst. *Le spirituel et le temporel. Les valeurs spirituelles d'une civilisation.* « *Il importe de sauver l'héritage spirituel* » (ST-EXUP.). *C'est son fils* spirituel. Les diverses familles spirituelles de la France*, œuvre de Barrès. ♦ 4° *Mus. Concert spirituel*, de musique sacrée.
II. *Cour.* ♦ 1° (1636). Qui a de la vivacité, de l'à-propos, qui sait briller et plaire. V. *Amusant, brillant, fin, malicieux, vif.* « *Parfois ironique, spirituel, incisif* » (RENAN). « *Ces yeux vifs, pétillants, spirituels, cette bouche railleuse...* » (LÉAUTAUD). ♦ 2° Qui est plein d'esprit. V. *Fin, piquant. Une plaisanterie, une repartie spirituelle.* « *Nous ne saurions décider si le mot est comique ou spirituel. Il est risible simplement* » (BERGSON). — *Une caricature très spirituelle.* V. *Drôle.*
◈ ANT. *Matériel, palpable, temporel; lourd, plat.*

SPIRITUELLEMENT [spiʀitɥɛlmɑ̃]. *adv.* (déb. XIIIᵉ; *espiritelment*, XIIᵉ; de *spirituel*). ♦ 1° En esprit, dans l'ordre de l'esprit, de la spiritualité. « *Permettre l'accomplissement de la personne humaine... matériellement et spirituellement* » (DANIEL-ROPS). ♦ 2° Avec un esprit fin et vif. « *Il eût écrit Zadig aussi spirituellement que l'écrivit Voltaire* » (BALZ.).

SPIRITUEUX, EUSE [spiʀitɥø, øz]. *adj. et n.* (av. 1478; du lat. *spiritus*). ♦ 1° *Vx.* Riche en esprits* (II). ♦ 2° *Mod.* (1687). Qui contient une forte proportion d'alcool. *Boissons spiritueuses, alcooliques.* ◇ *N. m.* Liqueur forte en alcool. *Taxe sur les spiritueux.*

SPIROCHÈTE [spiʀɔkɛt]. *n. m.* (1875; du rad. de *spire*,

et gr. *khaitê* « longs cheveux, crinière »). *Microbiol.* Micro-organisme à corps grêle et spiralé, mobile par des mouvements en vrille.

SPIROCHÉTOSE [spiʀɔketoz]. *n. f.* (1910; de *spirochète*, et -*ose*). *Méd.* Nom générique des maladies causées par des spirochètes. — Spécialt. *(Vieilli).* Le ptospirose.

SPIROGRAPHE [spiʀɔgʀaf]. *n. m.* (1839; lat. zool. *spirographis*, de *spira* « spire », et *graphis* « crayon, pinceau »). *Zool.* Annélide sédentaire dont les branchies céphaliques, fines et ondulées, forment un beau panache.

SPIROÏDAL, ALE, AUX [spiʀɔidal, o]. *adj.* (1906; *spiroide*, 1842; gr. *speiroeidês*). *Didact.* En forme de spire, en spirale.

SPIROMÈTRE [spiʀɔmɛtʀ(ə)]. *n. m.* (1855; du rad. du lat. *spirare* « respirer », et -*mètre*). Instrument servant à mesurer la capacité respiratoire des poumons.

SPIRORBE [spiʀɔʀb(ə)]. *n. m.* (1803; lat. zool. *spirorbis*, de *spira* « spire », et *orbis* « cercle »). *Zool.* Annélide sédentaire construisant un petit tube blanc spiralé.

SPITTANT, ANTE ou **SPITANT, ANTE** [spitɑ̃, ɑ̃t]. *adj.* (d. i.; mot d'o. flamande). [Belgique]. Pétillant. *Eau spittante.* — Au fig. *L'esprit spittant*, vif, déluré.

SPLANCHNIQUE [splɑ̃knik]. *adj.* (1729; gr. *splagkh-nikos*). *Anat.* Qui appartient aux viscères. *Nerfs splanchniques* (pelvien, abdominal).

SPLANCHNOLOGIE [splɑ̃knɔlɔʒi]. *n. f.* (1654; du gr. *splagkhnon* « viscère », et -*logie*). *Sc.* Partie de l'anatomie qui traite des viscères.

SPLEEN [splin]. *n. m.* (1745; mot angl., proprem. « rate », d'où « humeur noire », lat. d'o. gr. *splen*). *Littér.* Mélancolie passagère, sans cause apparente, caractérisée par le dégoût de toute chose. V. *Cafard, ennui, hypocondrie, neurasthénie.* « *J'ai le spleen, et un tel spleen, que tout ce que je vois... m'est en dégoût profond* » (VIGNY). *Spleen et idéal*, partie des *Fleurs du Mal* de Baudelaire.

SPLEENÉTIQUE [splinetik] ou **SPLÉNÉTIQUE** [splenetik]. *adj. et n.* (1776-déb. XIXᵉ; de *spleen*, d'apr. *splénétique* « splénique » [XIVᵉ], lat. *spleneticus*). *Rare.* Qui ressent, exprime le spleen. « *Sous la coupole spleenétique du ciel* » (BAUDEL.). — N. « *Son horreur de vivre... Et la vie tirait de ce splénétique un rendement...* » (J.-R. BLOCH).

SPLENDEUR [splɑ̃dœʀ]. *n. f.* (déb. XIIᵉ; lat. *splendor*). ♦ 1° *Littér.* Grand éclat de lumière. « *Le soleil a percé les brumes,... il monte et, soudain, c'est par tout l'espace, un ruissellement de splendeur* » (L. BERTRAND). ♦ 2° *(Choses).* Beauté donnant une impression de luxe, de magnificence. V. *Somptuosité.* « *Des « nudités, encore rehaussées par la splendeur des draperies* » (TAINE). ◇ *(États)* Prospérité, gloire. « *D'introuvables pièces d'or portugaises datant de la splendeur de Goa* » (LOTI). *Fam. Voici un tel dans toute sa splendeur :* en pleine évidence (iron. avec ses défauts, ses ridicules). ♦ 3° Chose splendide. « *Les garde-meubles célèbres... (où ils vous montrent les splendeurs des temps passés* » (BALZ.). *Cette tapisserie est une splendeur.*

SPLENDIDE [splɑ̃did]. *adj.* (1491; lat. *splendidus*). ♦ 1° Plein d'éclat. V. Clair, rayonnant. *Il fait un temps splendide.* ◇ Riche et beau. V. Somptueux, magnifique. « *Au cours d'une vie splendide que Talleyrand... offrit à la noblesse polonaise* » (MADELIN). ◇ Splendide isolement*. ♦ 2° D'une beauté éclatante. V. Beau, merveilleux, superbe. « *Le splendide panorama de la baie* » (BARRÈS). *C'est une fille splendide.* ◈ ANT. *Terne; laid.*

SPLENDIDEMENT [splɑ̃didmɑ̃]. *adv.* (1500; de *splendide*). D'une manière splendide. V. Brillamment, magnifiquement, somptueusement. « *Le palais splendidement illuminé* » (HUGO).

SPLÉNECTOMIE [splenɛktɔmi]. *n. f.* (1845; du gr. *splên* « rate », et -*ectomie*). *Chir.* Ablation totale ou partielle de la rate.

SPLÉNÉTIQUE. *adj. et n.* V. SPLEENÉTIQUE.

SPLÉNIQUE [splenik]. *adj.* (1555; lat. d'o. gr. *splenicus*). *Anat.* Qui appartient, est relatif à la rate. *Artère splénique.*

SPLÉNITE [splenit]. *n. f.* (1827; *splenitis*, 1795; du lat. *splen*, mot d'o. gr. « rate »). *Méd.* Inflammation de la rate.

SPLÉNOMÉGALIE [splenɔmegali]. *n. f.* (1923; de *splên* « rate », et -*mégalie*). *Didact. (Méd.).* Augmentation du volume de la rate.

SPOLIATEUR, TRICE [spɔljatœʀ, tʀis]. *n. et adj.* (1488; lat. *spoliator*). *Didact.* Personne qui se rend coupable d'une spoliation. ◇ *Adj. Une loi spoliatrice*, qui entraîne des spoliations.

SPOLIATION [spɔljasjɔ̃]. *n. f.* (1425; lat. *spoliatio*). *Didact.* Action de spolier; son résultat. « *Les acquéreurs se feraient... complices de la spoliation* » (ROMAINS).

SPOLIER [spɔlje]. *v. tr.* (mil. XVᵉ; lat. *spoliare*). *Didact.* Dépouiller d'un bien par violence, par fraude, par abus de pouvoir. « *Si les uns, qui possédaient pourtant à juste titre, ont été spoliés...* » (BAINVILLE).

SPONDAÏQUE [spɔ̃daik]. *adj.* (1580; lat. d'o. gr. *spondaicus*). Se dit, dans la métrique gréco-latine, d'un vers hexamètre dont le cinquième pied est un *spondée*. Cf. Dactylique.

SPONDÉE [spɔ̃de]. *n. m.* (XIVᵉ; lat. d'o. gr. *spondeus*). Pied de deux syllabes longues, dans la métrique gréco-latine. *Dactyles et spondées.*

SPONDIAS [spɔ̃djɑs]. *n. m.* (1765; du gr. *spodias*). Bot. Arbre exotique *(Anacardiacées)* à fruits comestibles (dits *pommes de Cythère*).

SPONDYLARTHRITE [spɔ̃dilaʀtʀit]. *n. f.* (mil. XXᵉ; de *spondyle*, et *arthrite*). Méd. Arthrite de la colonne vertébrale. *Spondylarthrite ankylosante* : affection inflammatoire chronique de la colonne vertébrale avec ankylose douloureuse progressive, souvent associée à une atteinte des articulations entre le sacrum et les os iliaques (appelée aussi de ce fait *pelvi-spondylite*).

SPONDYLARTHROSE [spɔ̃dilaʀtʀoz]. *n. f.* (1953; de *spondyle*, et *arthrose*). Méd. Arthrose de la colonne vertébrale (On dit aussi *spondylose*).

SPONDYLE [spɔ̃dil]. *n. m.* (1532; *spondille*, 1314; lat. d'o. gr. *spondylus*). *Vx.* Vertèbre.

SPONDYLITE [spɔ̃dilit]. *n. f.* (1842; de *spondyle*, et -*ite*). Méd. Inflammation d'un ou de plusieurs corps vertébraux associée à celle des disques intervertébraux correspondants. *Spondylite infectieuse.*

SPONGIAIRES [spɔ̃ʒjɛʀ]. *n. m. pl.* (1827; du lat. *spongia* « éponge »). Bot. Embranchement constitué par les éponges.

SPONGICULTURE [spɔ̃ʒikyltyʀ]. *n. f.* (1907; du lat. *spongia* « éponge », et -*culture*). Didact. Culture de l'éponge en parcs.

SPONGIEUX, EUSE [spɔ̃ʒjø, øz]. *adj.* (1314; lat. *spongiosus*). ♦ 1° Qui rappelle l'éponge, par sa structure alvéolaire ou poreuse, et sa consistance molle. *Corps spongieux de l'urètre. Tissu osseux spongieux.* ♦ 2° Cour. (1690). Qui est mou et s'imbibe, retient les liquides. « *Ces sols ou moins spongieux qui boivent plus ou moins vite l'eau qu'on y jette* » (HUGO).

SPONGILLE [spɔ̃ʒil]. *n. f.* (1827; lat. zool. *spongilla*, de *spongia* « éponge »). Zool. Éponge d'eau douce.

SPONGIOSITÉ [spɔ̃ʒjozite]. *n. f.* (1314; du lat. *spongiosus*). Rare. Caractère de ce qui est spongieux.

SPONTANÉ, ÉE [spɔ̃tane]. *adj.* (1690; *spontanée*, XVIᵉ; fém. *spontaine*, 1284; bas lat. *spontaneus*). ♦ 1° Que l'on fait de soi-même, sans être incité ni contraint par autrui. V. Libre. « *La tradition n'admettait que la discipline spontanée du groupe* » (ROMAINS). ♦ 2° (1541). Qui se fait de soi-même, sans avoir été provoqué. V. Naturel. « *L'émission spontanée, par les sels d'urane, de rayons d'une nature particulière* » (Marie CURIE). — *Génération* spontanée. ♦ 3° Qui se fait sans que la volonté intervienne. V. Involontaire. « *Le rêve, qui est tout spontané* » (HUGO). ◇ (Mil. XIXᵉ) Qui se fait, s'exprime directement, sans réflexion, ni calcul. V. Instinctif, sincère. « *Rien de moins apprêté, de plus spontané, de plus naïf. Aucun souci... de dessiner son propre personnage* » (GIDE). ◇ *(Personnes)* Qui obéit au premier mouvement, ne calcule pas. « *L'homme spontané voit la nature et l'histoire avec les yeux de l'enfance* » (RENAN). *Un artiste spontané.* ◈ ANT. Imposé. Provoqué. Volontaire. Apprêté, étudié; calculateur.

SPONTANÉISME [spɔ̃taneism(ə)]. *n. m.* (v. 1968; de *spontané*). Polit. Doctrine ou attitude qui repose sur la confiance dans la spontanéité révolutionnaire des masses, la spontanéité créatrice chez l'individu. « *Le parti communiste et la C.G.T. n'ont pas attendu mai 1968 pour dénoncer le 'spontanéisme' sous toutes ses formes* » (Le Monde, 28-5-1968). — Par ext. « *Il y a en cette époque une sorte de vénération de l'instinct, du* spontanéisme *qui a son côté libérateur, créateur même* » (MALLET-JORIS). — Dér. SPONTANÉISTE [spɔ̃taneist(ə)]. *n.* Partisan du spontanéisme.

SPONTANÉITÉ [spɔ̃taneite]. *n. f.* (1695; de *spontané*). ♦ 1° Philo. *Vx.* Caractère de ce qui est spontané, produit par l'initiative même de l'agent. « *Avec Claude Bernard... le fait physiologique dépouille sa spontanéité, sa fantaisie, sa liberté* » (J. ROSTAND). ♦ 2° Qualité d'une chose ou d'une personne spontanée (3°). V. Franchise, naturel, sincérité. « *L'émotion perdrait sa fleur de spontanéité sincère, à être analysée pour l'écrire* » (GIDE). ◈ ANT. Calcul.

SPONTANÉMENT [spɔ̃tanemɑ̃]. *adv.* (1381; de *spontané*).♦ 1° Sans y être invité, sans y être contraint. « *Maréchal lui avait offert et prêté, spontanément, de l'argent* » (MAUPASS.). ◇ Sans intervention extérieure provoquant la chose. « *Les idées expérimentales ne sont point innées. Elles ne surgissent pas spontanément* » (Cl. BERNARD). ♦ 2° Instinctivement, naturellement. « *Pour ne pas les égarer, mets les choses toujours où tu les mettrais spontanément* » (VALÉRY).

SPONTANISME [spɔ̃tanism(ə)]. *n. m.* (XXᵉ; *spontéparisme*, 1907; de *spontané*). Hist. sc. Théorie de la génération spontanée.

SPORADICITÉ [spɔʀadisite]. *n. f.* (1872; de *sporadique*). Didact. Caractère de ce qui est sporadique.

SPORADIQUE [spɔʀadik]. *adj.* (1620; gr. *sporadikos*, de *sporas* « épars », rad. *speirein* « semer »). ♦ 1° Méd. Se dit d'une maladie qui atteint quelques individus isolément *(opposé à* endémique, épidémique). ◇ Sc. nat. (1845) Dispersé dans l'espace. *Espèce végétale sporadique.* ♦ 2° (1864, *étoiles filantes sporadiques*). Cour. Qui apparaît, se produit çà et là et de temps à autre, d'une manière irrégulière. *Un fait sporadique.* « *Pourquoi ces actions locales, sporadiques?* » (ST-EXUP.). ◈ ANT. Épidémique; constant, régulier.

SPORADIQUEMENT [spɔʀadikmɑ̃]. *adv.* (1845; de *sporadique*). D'une manière sporadique, irrégulière; sous forme de cas isolés. *Des réactions se produisent sporadiquement.* ◈ ANT. Constamment.

SPORANGE [spɔʀɑ̃ʒ]. *n. m.* (1817; de *spore*, et gr. *aggos* « réceptacle »). Bot. Organe qui renferme les spores chez les cryptogames. — Chez les phanérogames, Organe producteur des spores mâles (loge de l'anthère) et femelles (nucelle de l'ovule).

SPORE [spɔʀ]. *n. f.* (1817; gr. *spora* « semence »). Biol. Corpuscule reproducteur de nombreuses espèces végétales et de certains protozoaires. V. Asque, baside, conidie, macrospore, microspore, zoospore; sporange, sporogone, sporophyte, sporulation. *Spore bactérienne* : formation arrondie sous laquelle peuvent se présenter certaines bactéries et qui est plus résistante à des conditions défavorables. *Spécialt.* (Végétaux supérieurs) Corpuscule reproducteur produit dans les loges de l'anthère *(spores mâles)* et dans les nucelles *(spores femelles)* donnant des prothalles (mâles : pollen ; et femelles). ◈ HOM. Sport.

SPOROGONE [spɔʀɔgɔn]. *n. m.* (1900; de *spore*, et -*gone*). Bot. Appareil producteur des spores chez les bryophytes.

SPOROPHYTE [spɔʀɔfit]. *n. m.* (1897; de *spore*, et -*phyte*) Bot. Appareil asexué producteur de spores. — Génération asexuée (cryptogames).

SPOROTRICHE [spɔʀɔtʀiʃ]. *n. m.* (1845; lat. bot. *sporotrichum*, du gr. *spora* [Cf. *Spore*], et *trix, trikhos* « cheveu »). Bot. *Sporotriches* : genre de champignons microscopiques dont certaines espèces sont parasites de l'homme et des animaux. Au sing. *Un sporotriche.*

SPOROTRICHOSE [spɔʀɔtʀikoz]. *n. f.* (1903; de *sporotriche*). Méd. Mycose provoquée par des sporotriches*, dont les lésions caractéristiques sont des nodules inflammatoires sous-cutanés d'aspect gommeux (V. Gomme).

SPOROZOAIRES [spɔʀɔzɔɛʀ]. *n. m. pl.* (1890; de *spore*, et -*zoaire*). Zool. Classe de protozoaires parasites des cellules ou des tissus chez l'homme et les animaux, se reproduisant par deux cycles, asexué (sporulation) et sexué (sporogonie). Au sing. *Le parasite du paludisme (Plasmodium) est un sporozoaire.*

SPORT [spɔʀ]. *n. m.* (1828; mot angl., de *disport*, a. fr. *desport, déport* « amusement », de *se deporter* « s'amuser »). ♦ 1° *Le sport* : activité physique exercée dans le sens du jeu, de la lutte et de l'effort, et dont la pratique suppose un entraînement méthodique, le respect de certaines règles et disciplines. « *Le sport est l'art par lequel l'homme se libère de soi-même* » (GIRAUDOUX). — *Pratique du sport. Faire du sport. Sport « amateur » et sport « professionnel ». Terrain de sport. Voiture de sport.* — Par ext. *Vêtements, chaussures de sport*, pour la promenade, la campagne *(opposé à* de ville *ou* habillé). — Adj. fam. *Des chaussures sport*, de sport. *Un « complet sport »* (AYMÉ). ◇ Loc. fam. *C'est du sport!* c'est un exercice, un travail très difficile ou dangereux. — *Il va y avoir du sport!* de l'agitation. « *Essaie donc! je te jure qu'il y aurait du sport* » (BEAUVOIR), de la bagarre. ♦ 2° Adj. (invar.). (1935). *Être sport*, être loyal et sans rancune, selon l'esprit du sport; faire preuve de fair play. ♦ 3° *Un sport* : chacune des formes particulières et réglementées de cette activité. *Sports de base.* V. Athlétisme, natation. *Sports de combat.* V. Boxe, escrime, judo, karaté, lutte, tir. *Sports individuels.* V. Alpinisme, aviron, canoéisme, cyclisme, équitation, golf, gymnastique, paume, pelote, poids, tennis, yachting. *Sports mécaniques* (automobilisme, karting), *aériens* (aviation). *Sports d'équipes.* V. Base-ball, basket-ball, cricket, football, hand-ball, hockey, polo, rugby, volley-ball. *Sports d'hiver.* V. Bobsleigh, hockey, luge, patinage, ski. ◇ Fig. Activité ou exercice comparable. « *Ils étaient exercés à ce sport de la causerie française* » (MAUPASS.). ◈ HOM. Spore.

SPORTIF, IVE [spɔʀtif, iv]. *adj.* (1862; de *sport*). ♦ 1° Propre ou relatif au sport, aux différents sports. *Épreuves sportives. La vie sportive. Journaux, résultats sportifs. Associations sportives.* V. Club. ◇ Spécialt. Qui a un caractère de sport, de compétition (et non de simple exercice). *Natation, pêche sportive.* ♦ 2° Qui pratique, qui aime le sport. *Une jeunesse sportive.* Subst. « *Le sportif est appelé à tout moment à évaluer et à comparer, et cela avec une grande rapidité* » (P. de COUBERTIN). ◇ Qui atteste la pratique du sport.

Allure sportive. ◇ Qui respecte l'esprit du sport, manifeste de la sportivité*. *Le public a été sportif, a gardé une attitude sportive.* ◇ ANT. *Antisportif.*

SPORTIVEMENT [spɔʀtivmã]. *adv.* (déb. XXᵉ; de *sportif*). Avec un esprit sportif, une attitude sportive, loyale. *Accepter sportivement sa défaite.*

SPORTIVITÉ [spɔʀtivite]. *n. f.* (déb. XXᵉ; de *sportif*). Esprit sportif, attitude sportive.

SPORTSMAN [spɔʀtsman]. *n. m.* (1823; mot angl.). Vieilli. Amateur de sports. *Des sportsmen.* Au fém. SPORTS-WOMAN [spɔʀtswu(ɔ)man] (1863). ◇ *Mod.* et *littér.* Turfiste. *Les sportsmen* [spɔʀtsmɛn] *étaient à Longchamp.*

SPORTSWEAR [spɔʀtswɛʀ] ou **SPORTWEAR** [spɔʀ twɛʀ]. *adj.* et *n. m.* (v. 1966; de l'amér. *sportswear*). Américanisme. Se dit des vêtements de sport* réunissant les qualités de confort, de commodité et d'élégance.

SPORTULE [spɔʀtyl]. *n. f.* (1564, lat. *sportula*, proprem. « petit panier »; de *sporta* « panier »). Didact. *(Antiq. rom.).* Don, en nature ou en argent, que les patrons accordaient chaque jour à leurs clients.

SPORULATION [spɔʀylasjɔ̃]. *n. f.* (1875; de *sporule* [1817], vx, « conidie »). Sc. nat. Production de spores (par les végétaux, les bactéries, les organismes animaux inférieurs). — Reproduction par spores de certains protozoaires (appelée aussi, plus précisément, *sporogonie*).

SPORULER [spɔʀyle]. *v. intr.* (1877; de *sporule.* V. Sporulation). Sc. nat. Se reproduire par spores, produire des spores.

SPOT [spɔt]. *n. m.* (1890; mot angl. « tache, point »). ♦ 1° *Phys.* Point lumineux réfléchi par le miroir de certains instruments de mesure (galvanomètre, etc.) qui se déplace le long d'une échelle graduée. ◇ Tache lumineuse produite par les électrons qui viennent frapper un écran fluorescent dans un tube cathodique. — Télév. *Vitesse de spot.* ♦ 2° *(Spectacles).* Petit projecteur à faisceau lumineux assez étroit, destiné à éclairer un acteur ou une partie du décor. *(Syn.* PROJECTEUR DIRECTIF). « *Elle chante, les mains jointes et les spots au bleu-mauve* » (MALLET-JORIS). ♦ 3° Anglicisme critiqué. *Spot publicitaire,* bref message publicitaire.

SPOUTNIK [sputnik]. *n. m.* (5 octobre 1957; russe *sputnik* « satellite »). Nom des premiers satellites artificiels lancés par l'Union soviétique.

SPRAT [spʀat]. *n. m.* (1779; *sprot*, 1723; mot angl.). Petit poisson de l'Atlantique, voisin du hareng, qui se mange surtout fumé. V. Harenguet.

SPRAY [spʀɛ]. *n. m.* (1964; mot angl.). Anglicisme. Jet de liquide (parfum, déodorant, désodorisant, insecticide, etc.) projeté en fines gouttelettes par pulvérisation. V. Pulvérisation. — Par ext. L'appareil lui-même, son contenu. V. Atomiseur, nébuliseur, pulvérisateur, vaporisateur.

SPRECHGESANG [ʃpʀɛʃgesaŋ]. *n. m.* (1964; mot all.). Mus. Style de chant déclamé et modulé d'après les intonations de la parole, utilisé par les compositeurs de l'école dodécaphonique de Vienne (Schönberg, Berg).

SPRINGBOK [spʀiŋbɔk]. *n. m.* (1781; mot holl., proprem. « bouc sauteur »). Antilope d'Afrique australe.

SPRINGER [spʀiŋgɛʀ]. *n. m.* (1867; mot angl.). Race anglaise de chiens de chasse. *Le « cocker et le springer [...] ont pour mission de faire lever le gibier sans l'arrêter* » (*L'Écho des pêcheurs,* janv. 1967).

SPRINT [spʀint]. *n. m.* (1895; mot angl.). Anglicisme. *(Sports* et *cour.).* Allure la plus rapide possible, qu'un coureur prend à un moment déterminé d'une course, et *spécialt.* à la fin; ce moment, cette fin de la course. V. Emballage, enlevage, finish, pointe, rush. *Battre son adversaire au sprint. Piquer un sprint.* ◇ En athlétisme et en cyclisme, Course de vitesse sur petite distance, de 60 à 200 m plat.

SPRINTER [spʀintɛʀ]. *n. m.* (1889; mot angl.). En athlétisme et en cyclisme, Spécialiste des courses de vitesse; coureur remarquable au sprint. *C'est un bon rouleur, mais ce n'est pas un sprinter.*

SPRINTER [spʀinte]. *v. intr.* (fin XIXᵉ; de *sprint*). Anglicisme. *Sports.* Accélérer et soutenir l'allure la plus rapide possible, notamment en fin de course. — Fam. Courir à toute vitesse. Pédaler le plus vite possible (hors de toute compétition sportive).

SPRUE [spʀy]. *n. f.* (1923; mot angl.). Méd. Affection intestinale chronique caractérisée par une diarrhée fréquente et abondante.

SPUMESCENT, ENTE [spymesã, ãt]. *adj.* (1817; lat. *spumescens*). Didact. Qui est semblable à de l'écume; qui produit de l'écume. V. Écumant.

SPUMEUX, EUSE [spymø, øz]. *adj.* (v. 1370; lat. *spumosus*). Didact. Qui a l'aspect de l'écume, qui contient de l'écume. V. Écumeux. Méd. *Expectoration spumeuse.*

SPUMOSITÉ [spymozite]. *n. f.* (1752; du rad. lat. de *spumeux*). Didact. et rare. Caractère, aspect de ce qui est spumeux.

SQUALE [skwal]. *n. m.* (1754; lat. *squalus*). Poisson de grande taille à corps allongé, cylindrique, avec des fentes

branchiales sur le côté du cou (notamment requins, roussettes et lamies).

SQUAME [skwam]. *n. f.* (déb. XIVᵉ; *esquame,* 1265; lat. *squama.* V. Desquamer). ♦ 1° *Vx* ou littér. Écaille (de poisson, de serpent). « *Les squames jaunâtres du ventre* (du boa) » (GONCOURT). ♦ 2° Méd. (XIVᵉ). Lamelle qui se détache de l'épiderme dans certaines dermatoses.

SQUAMEUX, EUSE [skwamø, øz]. *adj.* (1529; *scamous* fin XIIIᵉ; lat. *squamosus*). ♦ 1° *Vx* ou littér. Écailleux. « *La peau squameuse toute plissée...* » (KESSEL). ♦ 2° Méd. Couvert de squames, caractérisé par la présence de squames. *Dermatose squameuse.* ◇ Anat. *Suture squameuse :* suture entre l'écaille de l'os temporal et l'os pariétal.

SQUAMIFÈRE [skwamifɛʀ]. *adj.* (1836; « classe de reptiles », 1823; lat. *squamifer*). Sc. nat. Qui est recouvert d'écailles. V. Écaillé, écailleux.

SQUAMULE [skwamyl]. *n. f.* (1812; lat. *squamula*). Sc. nat. Très petite écaille. *Des squamules couvrent les ailes des papillons.*

SQUARE [skwaʀ]. *n. m.* (1725; mot angl., proprem. « carré », de l'a. fr. *esquarre;* Cf. Équerre). Petit jardin public, généralement entouré d'une grille et aménagé au milieu d'une place. « *Square où tout est correct, les arbres et les fleurs* » (RIMBAUD).

SQUATINE [skwatin]. *n. m. (Scatine,* 1597; lat. *squatina).* Zool. Poisson sélacien communément appelé *ange de mer.*

SQUATTER [skwatœʀ, -tɛʀ]. *n. m.* (1835; mot angloamér., de *to squat,* proprem. « s'accroupir, se blottir »). ♦ 1° Aux États-Unis, Pionnier qui s'installait sur une terre inexploitée de l'Ouest, sans titre légal de propriété et sans payer de redevance. ♦ 2° (1948). Personne sans logement qui s'installe illégalement dans un local inoccupé.

SQUAW [skwo]. *n. f.* (1923; mot amérindien, transmis par l'amér.). En Amérique du Nord, Femme d'un Indien. « *Elle ne sera pas ta femelle mais ta femme, ta squaw* » (Cl. MAURIAC).

SQUELETTE [skəlɛt]. *n. m. (Scelette, squelete,* mil. XVIᵉ; gr. *skeletos,* proprem. « desséché »).

I. ♦ 1° Ensemble des os qui constitue la charpente du corps de l'homme et des vertébrés. V. **Ossature.** — Par ext. Structure rigide jouant un rôle de soutien pour un organe. *Squelette du nez. Squelette de la langue.* — Ensemble des structures de consistance ferme qui forment la charpente d'un organisme animal non vertébré. V. **Ossature.** *Maladies du squelette.* ◇ Ces os, dépouillés de tous leur tissus mous, et conservés dans la position qu'ils ont dans le corps vivant. « *On trouva parmi toutes ces carcasses hideuses, deux squelettes... L'un... était celui d'une femme* » (HUGO). ◇ *Fig.* Personne très maigre, qui n'a plus que la peau sur les os. « *Quinze mois... avaient fait du frais Tourangeau aux joues satinées et brillantes un squelette parisien, hâve et jaune* » (GAUTIER). V. **Momie.** ♦ 2° Ensemble des tissus plus ou moins durs qui servent d'armature ou de protection au corps d'un invertébré (test, carapace, coquille). *Squelette siliceux des radiolaires.* ♦ 3° Chim. Combinaison des atomes de carbone dans la molécule d'un corps organique.

II. ♦ 1° (1690). Charpente (d'un navire, d'un édifice). — Géol. *Le squelette d'une montagne,* l'ensemble des parties les plus dures, qui résistent le mieux à l'érosion. ♦ 2° *Fig.* Les grandes lignes d'un ensemble abstrait, d'une œuvre. V. **Architecture, plan.** « *Je vous donne seulement l'essentiel... le squelette de sa conférence, sans chair, sans visage...* » (LEMAITRE). — Dér. SQUELETTÉ, ÉE [skəlete]. *adj.* Rare. Pourvu d'un squelette (II), d'une armature.

SQUELETTIQUE [skəletik]. *adj.* (1834; de *squelette*). ♦ 1° *Cour.* Qui évoque un squelette. *Maigreur squelettique. Il est squelettique,* d'une maigreur squelettique. V. **Maigre.** ◇ *Fig.* Très réduit, peu nombreux. « *Avec son état-major squelettique* » (ARAGON). ◇ Trop schématique. *Un exposé squelettique.* ♦ 2° Didact. ou Anat. (1872). Qui est relatif, qui appartient au squelette. « *Les différentes pièces squelettiques* » (TESTUT).

SQUILLE [skij]. *n. f.* (1690; lat. *squilla*). Zool. Crustacé appelé couramment *Sauterelle* ou *cigale de mer.*

SQUIRE [skwaiʀ]. *n. m.* (1923; mot angl. « écuyer »). En Angleterre, Titre nobiliaire le moins élevé (V. **Esquire**).

SQUIRR(H)E [skiʀ]. *n. m.* (1545; *schirre,* 1538; gr. *skirrhos*). Pathol. Forme de cancer (épithéliome) de consistance dure du fait de la prédomination d'une sclérose avec rétraction des tissus. *Squirre du sein.*

SQUIRR(H)EUX, EUSE [skiʀø, øz]. *adj.* (1545; de *squirre*). Méd. Qui est de la nature du squirre, constitue un squirre.

sr Symbole du *stéradian*.

Sr Symbole chimique du *strontium*.

S.S. [ɛsɛs]. *n. m.* (1931; sigle de l'all. *Schutz-staffel* « échelon de protection »). Membre des formations de police militarisée de l'Allemagne nazie devenues en 1940 de véritables unités militaires (sous le nom de *Waffen S.S.*). *Les S.S.* [lɛɛsɛs].

STABAT (MATER) [stabat(matɛʀ)]. *n. m.* (1762; déb. d'une prose latine : *Stabat mater dolorosa...* « sa mère se tenait debout pleine de douleur... »). *Liturg.* Prose du missel romain rappelant la douleur de la Mère du Christ crucifié. Œuvre musicale sur les paroles de cette prose.

STABILIMÈTRE [stabilimɛtʀ(ə)]. *n. m.* (1969; de *stabili*[té], et *-mètre*). *Méd., psycho.* Appareil servant à enregistrer les déplacements involontaires du corps ou d'un membre dans une position déterminée. On dit *aussi* STATOKINÉSI-MÈTRE [statokinesimɛtʀ(ə)].

STABILISATEUR, TRICE [stabilizatœʀ, tʀis]. *adj.* et *n.* (1877; de *stabiliser*). ♦ 1° *Adj.* Propre à stabiliser. *Exercer sur les prix une action stabilisatrice.* ♦ 2° *N. m.* (1902). Dispositif de correction automatique des écarts et des erreurs, assurant à un véhicule la stabilité de route ; mécanisme servant à équilibrer (gyroscope, etc.). — Dispositif destiné à augmenter la stabilité d'un navire. ◇ (1907). *Chim.* Substance employée à stabiliser une autre substance (On dit aussi un STABILISANT [stabilizɑ̃]).

STABILISATION [stabilizɑsjɔ̃]. *n. f.* (1780; de *stabiliser*). ♦ 1° Action, manière de stabiliser (1°); *spécialt.* ensemble de mesures destinées à mettre fin aux variations du pouvoir d'achat d'une monnaie. *Plan de stabilisation.* ♦ 2° *Sc.* Action de stabiliser (une substance, un système). ◇ *Méd. Stabilisation d'une maladie, d'un processus morbide :* fait de ne plus évoluer ni vers une aggravation, ni vers la guérison. V. **Consolidation.** ♦ 3° (Fin XIXᵉ). Action, manière d'assurer la stabilité de (un véhicule), de consolider (un sol). ♦ 4° (mil. XXᵉ). *Stabilisation (d'orientation)* ou *stabilisation des fusées*, régulation de la trajectoire d'un engin spatial.

STABILISER [stabilize]. *v. tr.* (1780; du rad. lat. de *stable*). ♦ 1° Rendre stable (la monnaie, les prix, les institutions, une situation). « *L'évolution politique... consista non à innover, mais seulement à stabiliser les innovations antérieures* » (SEIGNOBOS). — Au p. p. *Prix stabilisés.* — Pronom. *Les règles de l'orthographe se sont stabilisées.* V. **Fixer** (se). ♦ 2° *Sc.* Amener (un système, une substance) à la stabilité. *Stabiliser une matière explosive.* ♦ 3° (Fin XIXᵉ). Assurer la stabilité de (un navire, un avion, un véhicule). V. **Équilibrer.** ◇ Consolider, affermir (un sol, une surface de roulement). ◇ ANT. *Déséquilibrer.*

STABILITÉ [stabilite]. *n. f.* (fin XIIᵉ; lat. *stabilitas*). ♦ 1° Caractère de ce qui tend à demeurer dans le même état. V. **Constance, continuité, fermeté, permanence.** *La stabilité des institutions anglaises.* « *La stabilité des habitudes* » (FROMENTIN). — *Stabilité de la monnaie, des cours.* V. **Fermeté.** *Rétablir la stabilité :* stabiliser. ♦ 2° (1549). État d'une construction capable de demeurer dans un équilibre permanent, sans ruptures ni tassements, et de résister à des contraintes normales. V. **Aplomb, équilibre.** « *Ces massifs piliers donnent... une ferme assiette et une stabilité extraordinaire au vaisseau de la cathédrale* » (GAUTIER). ♦ 3° (1845). Propriété d'un corps de revenir à sa position d'équilibre et de reprendre son mouvement après une modification passagère. *Stabilité d'un avion, d'un véhicule.* ♦ 4° *Chim.* (1872). Fait (pour un composé, une espèce) de se trouver dans son domaine d'équilibre et de ne donner lieu à aucune réaction ou transformation spontanée. ◇ *Phys.* Tendance à rester dans un état défini, le fait de posséder les forces nécessaires pour y rester. *Stabilité de fréquence d'un émetteur.* « *Les mésons joueraient un rôle important dans cette stabilité des noyaux* » (L. de BROGLIE). ♦ 5° *Cybern.* Aptitude d'un élément quantifié à retrouver une valeur donnée (normale) lorsqu'il s'en est accidentellement écarté. ◇ ANT. *Instabilité,* fluctuation. *Déséquilibre.*

STABLE [stabl(ə)]. *adj.* (fin XIIᵉ; lat. *stabilis*). ♦ 1° Qui n'est pas sujet à changer ou à disparaître ; qui demeure dans le même état. V. **Constant, durable, ferme, permanent, solide.** « *Rien n'est stable dans la nature ; tout y est dans un perpétuel développement* » (RENAN). *Un gouvernement, un régime stable.* ♦ 2° (Fin XVIᵉ, « solide »). Se dit de l'équilibre qui subsiste après une légère perturbation. V. **Équilibre.** *L'échelle est stable,* en équilibre stable. — Navig. *Élément stable :* instrument, système qui garde son orientation indépendamment du mouvement. ♦ 3° *Chim.* Se dit d'un composé doué de stabilité. ◇ *Phys. Atome stable,* non excité, ou ne présentant pas de radioactivité décelable. ◇ ANT. *Instable,* changeant. *Déséquilibre.*

STABULATION [stabylɑsjɔ̃]. *n. f.* (1833; lat. *stabulatio,* de *stabulum.* V. **Étable**). *Didact.* Séjour des bestiaux en étable.

STACCATO [stakato]. *adv.* et *n. m.* (1771; mot. it. « détaché »). *Mus.* En détachant nettement les notes. ◇ *N. m.* Passage joué en détachant les notes. V. **Piqué.** ◇ ANT. *Legato.*

STADE [stad]. *n. m.* (1530; *estade,* 1265; fém. jusqu'au XVIIᵉ; lat. *stadium,* gr. *stadion*). ♦ 1° *Didact.* Mesure de longueur de la Grèce ancienne (environ 180 m). ◇ (1549) Piste de cette longueur où l'on disputait les courses ; enceinte comprenant cette piste et des emplacements aménagés pour d'autres exercices. ◇ *Mod.* (1896) Grande enceinte, terrain aménagé pour la pratique des sports, et le plus souvent entouré de gradins, de tribunes. *Stade olympique.* « *C'est un petit stade tout intime avec sa piste de deux cent cinquante mètres aux doux virages* » (MONTHERLANT). — Par ext. *Le stade,* le sport, en général. *Les vedettes du stade :* les athlètes célèbres. ♦ 2° (1810; angl. *stadium* [1669, en ce sens]). *Méd.* Chacune des périodes distinctes d'une maladie. *Stade éruptif d'une maladie infectieuse.* ◇ (1878) *Cour.* Chacune des étapes distinctes d'une évolution, d'un phénomène ; chaque forme que prend une réalité en devenir. V. **Degré, phase, période.** *Les différents stades du développement de l'embryon.* Psychan. *Stades oral**; *anal** ou *sadique**-*anal; phallique**, *génital**, stades successifs du développement psychique de l'enfant, caractérisés par des modes d'organisation spécifiques. — « *Sa curiosité... est demeurée... au stade de l'indiscrétion* » (GIDE).

STADHOUDER [stadudɛʀ]. *n. m.* V. STATHOUDER.

STADIA [stadja]. *n. m.* (1865; probabl. du fém. du gr. *stadios* « qui se tient debout, tout droit »). *Techn., Sc.* Instrument de mesure des distances, formé d'une mire graduée, observée par un instrument d'optique muni d'un réticule.

1. STAFF [staf]. *n. m.* (1884; mot angl. d'o. i.). Composition plastique de plâtre et de fibres végétales, employée dans la décoration et l'industrie.

2. STAFF [staf]. *n. m.* (v. 1950; mot anglo-amér.). *Anglicisme.* Personnel assurant une fonction déterminée dans un service, une catégorie d'activités. V. **Cadres** (de direction, techniques), **personnel** (II). « *Un staff jeune, optimiste, entreprenant et gagneur* » (*Le Monde,* 12-10-1972). — (*Ellipt.,* de *staff meeting*). *Spécialt.* en *méd.* Réunion de services. « *Fini les cas choisis pour alimenter le staff* » (*Nouv. Obs.,* 2-7-1973).

STAFFER [stafe]. *v. tr.* (1923; de *staff,* I). *Techn.* Construire en staff* (1).

STAFFEUR [stafœʀ]. *n. m.* (1906; de *staff*). *Techn.* Ouvrier qui effectue la pose et le moulage d'ouvrages en staff* (1).

STAGE [staʒ]. *n. m.* (déb. XVIIᵉ; lat. médiév. et relig. *stagium,* de l'a. fr. *estage* « séjour ». V. **Étage**). ♦ 1° *Ancienn.* Temps de résidence imposé à un nouveau chanoine avant qu'il puisse jouir de sa prébende. ♦ 2° *Mod.* (1808). Période d'études pratiques imposée aux candidats à certaines professions libérales ou publiques. *Stage pédagogique. Il « se proposait d'y faire son stage afin d'entrer dans la magistrature* » (BALZ.). ◇ Période de formation ou de perfectionnement dans un service d'une entreprise. « *Je fais un stage dans une maison d'exportation* » (BUTOR).

STAGFLATION [stagflɑsjɔ̃]. *n. f.* (v. 1971; mot amér., formé par coupe syllabique, de *stag*[nation], et [in]*flation*). *Écon.* Situation économique d'un pays caractérisée par la stagnation de l'activité, de la production, et par l'inflation* des prix.

STAGIAIRE [staʒjɛʀ]. *adj.* et *n.* (1823; *stagier,* 1765; de *stage*). Qui fait son stage. *Avocat, professeur stagiaire.* — N. « *Des stagiaires attachés à un chef de service* » (GONCOURT). *Une jeune stagiaire.*

STAGNANT, ANTE [stagnɑ̃, ɑ̃t]. *adj.* (1546; lat. *stagnans;* de *stagnare.* V. **Stagner**). ♦ 1° (*Fluides*). Qui ne s'écoule pas, reste immobile. V. **Dormant.** « *De grandes eaux qui... deviennent lentes et demeurent stagnantes, faute de pente* » (TAINE). ♦ 2° *Fig.* (Fin XVIIIᵉ). Qui est peu actif, ne fait aucun progrès. *Le commerce est stagnant.*

STAGNATION [stagnɑsjɔ̃]. *n. f.* (1741; du lat. *stagnatum,* supin de *stagnare.* V. **Stagner**). ♦ 1° État d'une eau stagnante, d'un fluide stagnant. ◇ *Par anal.* Méd. *Stagnation du pus dans une plaie.* ♦ 2° *Fig.* (1764). État fâcheux d'immobilité, d'inactivité. V. **Arrêt, inertie, marasme.** *Stagnation des affaires.* « *La ville d'Issoudun est arrivée à une complète stagnation sociale* » (BALZ.).

STAGNER [stagne]. *v. intr.* (1787; lat. *stagnare*). ♦ 1° Rester immobile sans couler, sans se renouveler (en parlant des fluides). V. **Croupir.** « *La mare stagnait, écrasée sous le soleil* » (PERGAUD). ♦ 2° *Fig.* Être inerte, languir. « *Ce dénuement où il stagnait depuis des mois* » (CÉLINE).

STAKHANOVISME [stakanɔvism(ə)]. *n. m.* (1936; du nom du mineur russe *Stakhanov*). En U.R.S.S., Méthode d'augmentation du rendement du travail par des initiatives des travailleurs. « *Le « Stakhanovisme » a été merveilleusement inventé pour secouer le nonchaloir* » (GIDE).

STAKHANOVISTE [stakanɔvist(ə)]. *n.* et *adj.* (1936; de *stakhanovisme*). ♦ 1° *N.* Travailleur appliquant les principes du stakhanovisme. ♦ 2° *Adj.* Qui relève du stakhanovisme. *Un rendement stakhanoviste.*

STAKNING [stakniŋ]. *n. m.* (1972; mot norv.). *Ski.* Le fait d'avancer en poussant simultanément sur les deux bâtons. Cf. *Stawug.*

STALACTITE [stalaktit]. *n. f.* (1719 ; du gr. *stalaktos* « qui coule goutte à goutte »). Concrétion calcaire qui se forme à la voûte d'une grotte par l'évaporation des gouttes d'eau qui filtrent. « *Une grotte que les stalactites ont décorée de piliers et de franges merveilleuses* » (NERVAL). ◇ *Fig.* Motif décoratif qui pend à une coupole, à un encorbellement. *Les stalactites en bois, en stuc, de l'architecture islamique.*

STALAG [stalag]. *n. m.* (1940 ; mot all., abrév. de *Stammlager*). Nom donné pendant la guerre de 1940-1945 aux camps allemands où étaient internés les prisonniers de guerre non officiers. *Stalags et oflags.* « *L'une avait son fils et l'autre son mari, prisonniers dans les stalags* » (CARCO).

STALAGMITE [stalagmit]. *n. f.* (1752 ; du gr. *stalagmos* « écoulement goutte à goutte »). *Géol.* Concrétion analogue à la stalactite*, mais s'élevant en colonne sur le sol. — *Dér.* STALAGMITIQUE [stalagmitik], *adj.* [1846].

STALAGMOMÈTRE [stalagmɔmɛtʀ(ə)]. *n. m.* (1875 ; du gr. *stalagmos* « écoulement goutte à goutte », et *-mètre*, d'apr. l'angl. *stalagmometer*, 1864). *Phys.* Instrument servant à mesurer la tension superficielle d'un liquide par la détermination du nombre de gouttes qui s'écoulent d'un tube gradué en un temps déterminé et pour une quantité totale connue du liquide.

STALAGMOMÉTRIE [stalagmɔmetʀi]. *n. f.* (XXᵉ ; de *stalagmomètre*). *Phys.* Mesure de la tension superficielle au stalagmomètre.

STALINIEN, IENNE [stalinjɛ̃, jɛn]. *adj.* (v. 1930 ; du nom de *Staline*, homme d'État soviétique). De Staline, propre à Staline, au stalinisme. *La dictature stalinienne. Méthodes staliniennes.* — *Subst.* Partisan de Staline et du stalinisme (*spécialt.* qui reste fidèle à l'esprit stalinien malgré la « déstalinisation »).

STALINISME [stalinism(ə)]. *n. m.* (v. 1930 ; de *stalinien*). Politique stalinienne d'autorité, de contrainte. Théories et méthodes de Staline.

STALLE [stal]. *n. f.* (1611 ; lat. médiév. *stallum*, latinisation de l'a. fr. *estal*, fin XIIᵉ, frq. °*stal*. V. **Étal**). ♦ 1º Chacun des sièges de bois à dossier élevé qui garnissent les deux côtés du chœur d'une église, réservés aux membres du clergé. « *Rangés dans leurs stalles, les Pères ouvrent les gros antiphonaires* » (BARRÈS). ♦ 2º (1872). Dans une écurie, Compartiment cloisonné réservé à un cheval, et *par ext.* à une voiture. V. **Box**.

STAMINAL, ALE, AUX [staminal, o]. *adj.* (1803 ; du rad. lat. de *étamine* 2). *Bot.* Qui appartient aux étamines. *Filet staminal.*

STAMINÉ, ÉE [stamine]. *adj.* (1791 ; du rad. de *étamine* 2). *Bot.* Se dit des fleurs unisexuées mâles.

STAMINIFÈRE [staminifɛʀ]. *adj.* (1803 ; du rad. lat. de *étamine* 2, et *-fère*). *Bot.* Qui porte des étamines.

STANCE [stɑ̃s]. *n. f.* (1550, it. *stanza*, proprem. « séjour », du lat. *stare*). ♦ 1º *Vx.* Strophe. « *Les stances avec grâce apprirent à tomber* » (BOIL.). ♦ 2º *(Au plur.).* Nom donné, depuis le XVIᵉ s., à des poèmes lyriques d'inspiration grave (religieuse, morale, élégiaque) composés d'un nombre variable de strophes habituellement du même type. *Les stances de Malherbe* (à Du Périer), *de Musset* (à la Malibran). *Les stances du Cid* (Corneille).

1. STAND [stɑ̃d]. *n. m.* (*Stand de tir*, 1875 ; *stan*, 1542, en Suisse romande ; suisse all. *Stand*). Emplacement aménagé pour le tir à la cible. *Stand de tir.*

2. STAND [stɑ̃d]. *n. m.* (1893 ; mot angl. [XVIᵉ], même rac. que *stand* 1). ♦ 1º Dans une exposition, Emplacement réservé à un exposant, ou à une catégorie de produits ; ensemble des installations et des produits exposés. « *L'exposition de Trieste, où... la manufacture de papiers peints avait installé un stand tapageur* » (MART. du G.). ♦ 2º *Stand de ravitaillement*, emplacement en circuit aménagé en bordure de piste pour les ravitaillements et les interventions mécaniques. ♦ 3º *Techn.* Tablette destinée à recevoir une machine de bureau (machine à écrire, etc.).

1. STANDARD [stɑ̃daʀ]. *n. m. et adj. invar.* (h. 1702 ; 1857 ; mot angl. « étalon, type », a. fr. *estandart*, frq. °*standhard* « inébranlable ». V. **Étendard**). ♦ 1º Type, norme de fabrication. — *Appos.* ou *adj.* Conforme à un type ou à une norme de fabrication en série. V. **Courant, normalisé.** *Pièces standard. Modèle standard et modèle de luxe. Échange standard*, remplacement d'une pièce usée par une autre du même type. — *Sc. Conditions standard* : conditions type, conditions normales ou conditions de référence ; état idéal (de pression, de température). ◇ *Fig.* Conforme au modèle habituel, sans originalité. « *Gloussements variés, sourires standard, réservés à une catégorie de citoyens dressés à la même gymnastique* » (BERNANOS). ♦ 2º *Standard de vie* (angl. *standard of living*). Anglicisme pour *niveau de vie*.

2. STANDARD [stɑ̃daʀ]. *n. m.* (1897 ; angl. *standard* « support, panneau »). Dispositif permettant, dans un réseau téléphonique peu important, de mettre en relation la ligne du demandeur avec celle du demandé. « *La téléphoniste plantait ses fiches dans le standard* » (ST-EXUP.). — *Spécialt.* (dans une administration, une entreprise) Dispositif permettant de brancher les postes intérieurs sur le réseau urbain ou de les mettre en communication entre eux.

STANDARDISATION [stɑ̃daʀdizɑsjɔ̃]. *n. f.* (1904 ; angl. *standardization* ; de *standard*). Production de modèles standard fabriqués en série. V. **Normalisation.** « *Ils ont accepté les exigences de la standardisation, le labeur ingrat, anonyme* » (DUHAM.).

STANDARDISER [stɑ̃daʀdize]. *v. tr.* (1915 ; angl. *to standardize*, de *standard*). ♦ 1º Normaliser. ♦ 2º *Fig.* Uniformiser. — Au p. p. « *Le rendement industriel et la satisfaction standardisée* » (VALÉRY).

STANDARDISTE [stɑ̃daʀdist(ə)]. *n.* (1933 ; de *standard* 2). Téléphoniste chargé(e) du service d'un standard.

STANDING [stɑ̃diŋ]. *n. m.* (1928 ; mot angl. « situation, position »). *Anglicisme.* ♦ 1º *(Personnes).* Position économique et sociale. V. **Niveau** (de vie), **prestige, rang.** « *C'est l'opinion des autres... qui constitue mon standing* » (ROMAINS). ♦ 2º *(Choses).* Grand confort, luxe. V. **Classe.** *Immeuble. hôtel de bon, de grand standing. Cet appartement n'a pas assez de standing pour le président.* Recomm. offic. *Immeuble, hôtel de classe.* — REM. Par l'excès d'usage, notamment en publicité, le mot évoque plus un bon confort que le luxe et le prestige.

STANNEUX, EUSE [stan(n)ø, øz]. *adj.* (1831 ; du lat. *stannum* « étain »). *Chim.* Se dit des composés de l'étain bivalent. *Sulfure stanneux.*

STANNIFÈRE [stan(n)ifɛʀ]. *adj.* (1829 ; du lat. *stannum* « étain », et *-fère*). *Minér.* Qui contient de l'étain. *Minerai, gîte stannifère.*

STANNIQUE [stan(n)ik]. *adj.* (1831 ; du lat. *stannum* « étain »). *Chim.* Se dit des composés de l'étain quadrivalent.

STAPHISAIGRE [stafizɛgʀ(ə)]. *n. f.* (1556 ; *stafizegre*, XIIIᵉ ; lat. *staphis agria*, mots gr., proprem. « raisin sauvage »). *Bot.* Variété de dauphinelle à graines toxiques, utilisée en décoction comme insecticide (d'où son nom courant de *herbe aux poux*).

STAPHYL(O)-. Élément de mots didactiques, tiré du gr. *staphulê* « luette ; grain de raisin ». (Ex. STAPHYLOPLASTIE [stafilɔplasti]. *n. f.* [1872 ; V. *-Plastie*]. *Chir.* Réfection du voile du palais. Syn. PALATOPLASTIE).

STAPHYLIER [stafilje]. *n. m.* (1808 ; a remplacé *staphylodendron* 1730 ; mot lat., du gr. *staphulê* « grappe de raisin », et *dendron* « arbre »). *Bot.* Arbrisseau appelé aussi *faux pistachier* (ses graines peuvent se consommer comme des pistaches).

1. STAPHYLIN [stafilɛ̃]. *n. m.* (1755 ; gr. *staphulinos*). *Zool.* Insecte coléoptère à élytres très courts, carnassier et vorace.

2. STAPHYLIN, INE [stafilɛ̃, in]. *adj.* (1765 ; en comp. 1752 ; du gr. *staphulê* « luette »). *Anat.* Qui appartient à la luette.

STAPHYLOCOCCIE [stafilɔkɔksi]. *n. f.* (1907 ; de *staphylocoque*). *Méd.* Nom générique des infections provoquées par des staphylocoques. *Staphylococcie cutanée.* V. **Furonculose, impétigo, pyodermite.** — *Dér.* STAPHYLOCOCCIQUE [stafilɔkɔksik]. *adj.* (1892).

STAPHYLOCOQUE [stafilɔkɔk]. *n. m.* (1891 ; lat. sc. *staphylococcus* [1882], du gr. *staphulê* « grappe de raisin » ; Cf. *-Coque*). Nom générique donné à des bactéries de forme ronde, réunies en grappes, très souvent pyogènes, agents de diverses infections (furoncles, anthrax).

STAPHYLOME [stafilom]. *n. m.* (XVIᵉ ; lat. d'o. gr. *staphyloma*). *Pathol.* Saillie de la cornée ou de la sclérotique, due à un affaiblissement local de la paroi du globe oculaire (inflammation, traumatisme, anomalie congénitale).

STAR [staʀ]. *n. f.* (v. 1919 ; au théâtre, 1844 ; mot angl., proprem. « étoile »). *Anglicisme.* Célèbre vedette de cinéma. V. **Étoile** (ne se dit plus que des actrices). « *Les stars déterminent souvent l'existence et la fabrication des films* » (E. MORIN).

STARETS [staʀɛts] ou **STARIETS** [staʀjɛts]. *n. m.* (1922 ; *staretz, strietz*, 1849 ; mot russe « vieillard »). *Didact. (Hist.).* Nom donné en ancienne Russie à certains ermites ou pèlerins, considérés comme thaumaturges ou prophètes, et souvent choisis comme maîtres spirituels. Cf. **Gourou.**

STARIE. V. ESTARIE.

STARISER [staʀize] ou **STARIFIER** [staʀifje]. *v. tr.* (1967,-1957 ; de *star*, et *-iser* ou *-ifier*). *Fam.* Transformer qqn (*spécialt.* une actrice) en star, en vedette. « *Ce poste [de ministre de l'Information] offre l'avantage de 'stariser' son titulaire* » (*Le Monde*, 9-4-1967).

STARLETTE [staʀlɛt]. *n. f.* (1922 ; francisation de l'angl. *starlet*, dimin. de *star*). Jeune actrice de cinéma qui rêve d'une carrière de star. On écrit *aussi* STARLET. *Des « mannequins avides de devenir des starlets* » (BEAUVOIR).

STAROSTE [staʀɔst(ə)]. *n. m.* (1606 ; polonais *starosta*).

un domaine de la couronne (*une starostie* [staʀɔsti]) et en percevait les revenus, à charge de verser une redevance au roi.

STAR-SYSTEM [staʀsistɛm]. *n. m.* (1952; mot angl.). *Anglicisme*. Organisation de la production et du commerce cinématographiques basée sur la publicité et sur le culte de la vedette.

STARTER [staʀtɛʀ]. *n. m.* (1862; mot angl., de *to start* « faire partir »). ♦ 1° Celui qui est chargé de donner le départ d'une course de chevaux. *Les chevaux sont sous les ordres du starter*, le départ va être donné. ◇ *Par anal.* Personne chargée de donner aux coureurs le signal du départ (généralement par un coup de pistolet). ♦ 2° (1932). Dispositif spécial incorporé au carburateur, destiné à faciliter le démarrage du moteur d'une automobile. *Starter automatique. Des starters.*

STARTING-BLOCK [staʀtiŋblɔk]. *n. m.* (v. 1950; mot angl., proprem. « bloc pour partir »). *Sport. Anglicisme* (souvent francisé en *bloc de départ*) désignant les cales sur lesquelles les coureurs de vitesse mettent leurs pieds, au départ. *Des starting-blocks.*

STARTING-GATE [staʀtiŋgɛt]. *n. m.* (1906; mot angl., proprem. « barrière pour partir »). Anglicisme. *(Turf)*. Sorte de barrière faite de rubans élastiques tendus, qu'on relève au départ d'une course devant les chevaux. *Des starting-gates.*

STASE [staz]. *n. f.* (1741; gr. *stasis*). *Méd.* Arrêt ou ralentissement considérable dans la circulation du sang, ou l'écoulement d'un liquide organique. V. **Congestion**. *Stase papillaire*, stase veineuse au niveau de la papille optique, en général due à une hypertension intracrânienne.

-STAT. Élément, du gr. *statos* « stable » (ex. : aérostat, thermostat).

STATÈRE [statɛʀ]. *n. m.* (1376; bas lat. *stater*, mot gr.). *Antiq. gr.* Monnaie d'argent valant de deux à quatre drachmes. *Statère d'or*, étalon monétaire valant de vingt à vingt-huit drachmes. ◇ Poids de valeur variable, de 8 à 12 grammes.

STATHOUDER [statudɛʀ] ou **STADHOUDER** [stadudɛʀ]. *n. m.* (fin XVIIᵉ; mot néerl., proprem. « lieutenant »). *Hist.* Gouverneur de province, dans les Pays-Bas espagnols; dans les Provinces-Unies, Titre porté par les chefs de l'exécutif (notamment les princes d'Orange-Nassau).

STATHOUDÉRAT [statudeʀa]. *n. m.* (1701; de *stathouder*). *Hist.* Titre, fonctions de stathouder.

STATICE [statis]. *n. m.* (1615; mot lat., gr. *statikê*, proprem. « qui arrête, astringent »). Plante herbacée à fleurs roses *(Plombaginacées)*, cultivée notamment pour faire des bordures.

STATION [stɑ(s)jɔ̃]. *n. f.* (fin XIIᵉ; lat. *statio*, de *stare* « se tenir debout, s'arrêter »).
I. *(Arrêt).* ♦ 1° Fait de s'arrêter au cours d'un déplacement. V. **Arrêt, halte, pause**. « *Mes plus longues stations..., je les faisais devant les librairies* » (Bosco). — *Spécialt. Stations de la croix*, les arrêts de Jésus, pendant la montée au Calvaire. V. **Croix** (chemin de). *Par ext.* Chacune des images représentant ces arrêts et devant lesquelles on récite des prières. ♦ 2° *Astron.* (1671). Arrêt apparent d'une planète qui passe du mouvement direct au mouvement rétrograde.
II. *(Lieu d'arrêt).* ♦ 1° (1552; *estacion*, XIIᵉ). *Relig.* Autel devant lequel on s'arrête pour prier, au cours d'une procession; cérémonie au cours de laquelle on fait ce genre de prières. Église désignée pour ces prières (V. **Pèlerinage**). ◇ *Vx.* Chaire accordée à un prédicateur; suite de sermons (pour l'Avent, le Carême, etc.). ♦ 2° (1690). *Mod.* Endroit où l'on se place pour effectuer des observations. *Station géodésique, de nivellement. Station d'observation, de recherche*, ensemble d'installations scientifiques. *Stations d'études biologiques. Stations agronomiques. Station météorologique.* ◇ Centre de production de courant électrique. V. **Centrale**. — *Station radiophonique. Station d'émission*, ensemble des installations d'un émetteur de radio, de télévision. *Station-pirate*. Station spatiale*, située sur un engin spatial ou sur un astre. *Station radar*. ♦ 3° (1761). *Cour.* Endroit aménagé pour l'arrêt des véhicules; bâtiments et installations qu'il comporte. *Station de métro, d'autobus. Vous descendrez à la prochaine station.* — *Station de taxis*, emplacement réservé aux taxis, où ils attendent les clients. — *Station de chemin de fer*, gare de peu d'importance. *Ils « attendaient le passage des trains aux petites stations* » (Zola). ♦ 4° *Mar.* (1773). Étendue de mer où des bâtiments de guerre se tiennent pour exercer la police maritime; ensemble des bâtiments chargés d'un tel service. *Relever la station.* ♦ 5° (1860). *Vx. Stations thermales*, installations établies près des sources thermales et permettant de suivre un traitement. ◇ *Mod.* Lieu de séjour où l'on prend les eaux. « *Une grande représentation... réunissait tous les baigneurs du lieu avec ceux des stations voisines* » (Maupass.). *Par anal. Station balnéaire, climatique, de sports d'hiver.* ♦ 6° (1812). *Sc. nat.* Lieu où vit une espèce végétale ou animale. — (mil. XXᵉ). Espace quelconque, généralement restreint, présentant un ensemble déterminé de conditions d'existence. ◇ Lieu où l'on observe

des vestiges d'un séjour humain. *Station préhistorique.* ♦ 7° Installation fixe ou mobile, à un ou plusieurs usages. *Station de lavage, de graissage*, installation destinée au lavage ou au graissage des véhicules moteurs dans un garage ou une station-service*. ◇ (mil. XXᵉ). Astronaut. *Station spatiale*, « engin spatial ne disposant pas de moyens autonomes de propulsion limités et destiné à assurer une mission déterminée pendant une certaine permanence » (J. O.). *Station spatiale habitée, automatique. Station orbitale*, station spatiale sur orbite.
III. (1810). Le fait de se tenir (de telle façon) et *spécialt.* de se tenir debout, droit. V. **Attitude, posture**. « *L'introduction de la station hanchée dans la statuaire* » (Richer). *Station verticale.* V. **Orthostatique**. ◇ Fait de rester (debout). « *Je ne peux plus supporter ces stations debout* » (Proust).

STATIONNAIRE [stasjɔnɛʀ]. *adj. et n. m.* (mil. XIVᵉ; lat. *stationarius*).
I. *Adj.* ♦ 1° *Didact.* Qui reste un certain temps à la même place. *Planète stationnaire*, qui fait une station. *Ondes stationnaires.* ♦ 2° (XVIᵉ). Qui demeure un certain temps dans le même état, qui ne change, n'évolue pas. V. **Étale, invariable**. « *Le Berry est resté stationnaire,... c'est le pays le plus conservé qui se puisse trouver* » (Sand). — *Maladie stationnaire*, dont l'évolution est insensible. *État stationnaire*, qui n'évolue plus. ♦ 3° *Sc.* Qui conserve la même grandeur, les mêmes propriétés physiques. — *Math.* Se dit d'une suite dans laquelle on retrouve toujours le même élément à partir d'un certain rang. — *Phys. États stationnaires*, correspondant à des niveaux d'énergie caractéristiques de l'état d'un atome. ◇ *Phys. nucl.* Se dit d'un réacteur thermonucléaire dont la réaction n'est ni instantanée ni explosive (*opposé à* impulsionnel).
II. *N. m.* (fin XVIIᵉ; lat. *stationarius* « qui est de garde », du sens « poste de garde », de *statio*). ♦ 1° *Antiq. rom.* Soldat d'un poste de police. ♦ 2° (1803). Navire désigné pour exercer une surveillance. « *Le stationnaire anglais le Deerhound, qui se promène dans les eaux du Bosphore* » (Loti).
◇ ant. *Variable.*

STATIONNARITÉ [stasjɔnaʀite]. *n. f.* (v. 1969; de *stationnaire*). *Didact.* État d'un facteur, d'un phénomène, d'un processus stationnaire. *Stationnarité démographique. Stationnarité économique.*

STATIONNEMENT [stasjɔnmɑ̃]. *n. m.* (1835; de *stationner*). ♦ 1° Fait de stationner sur la voie publique (en parlant de véhicules). « *Loin du centre où le stationnement est interdit* » (Duham.). *Disque* de stationnement.* « *Le stationnement payant*, qualifié, aujourd'hui, du terme à la mode de ' dissuasion ' » (A. Sauvy). *Parc* de stationnement. Compteur de stationnement.* V. **Parcmètre**. *Stationnement unilatéral*. Stationnement en bataille*.* — Au Canada, *Parc de stationnement. Mettre sa voiture au stationnement.* V. **Parking**. ♦ 2° *Dr.* Fait d'occuper un emplacement sur le domaine public. *Droit de stationnement des riverains.*

STATIONNER [stasjɔne]. *v. intr.* (1828; tr. « placer », 1596; de *station*). Faire une station, rester à la même place. « *D'élégantes voitures... stationnaient depuis le café de Paris jusqu'à la rue Le Pelletier* » (Barbey). « *Toute la journée, c'est un bruit sec et pressé de pas,... personne ne stationne* » (Zola). ◇ *Au p. p.* (emploi critiqué, le v. étant intrans.) En stationnement. « *Un cabriolet... s'arrêta derrière plusieurs équipages stationnés à la grille* » (Balz.). ◇ ant. *Circuler.*

STATION-SERVICE [stasjɔsɛʀvis]. *n. f.* (1938; calque de l'angl. *service station*). Poste d'essence auquel sont généralement adjoints des ateliers pour l'entretien des automobiles. V. **Garage**. Partie d'un garage, d'un atelier de réparations, consacrée à l'entretien des véhicules (vidange, graissage, vérifications courantes). *Des stations-service.* ♦ STATION LIBRE-SERVICE [stasjɔ̃libʀəsɛʀvis]. *n. f.* Station-service où l'on peut se servir soi-même.

STATION-WAGON [stasjɔ̃vagɔ̃]. *n. f.* (v. 1968; mot amér., de *wagon* « voiture »). *Américanisme*. Voiture à grande capacité, dont la carrosserie est partiellement en bois. « *Une voiture pratique, tour à tour familiale ou petite ' station-wagon '* » (*L'Express*, 28-4-1969). *Des stations-wagons.*

STATIQUE [statik]. *n. f. et adj.* (1634; gr. *statikos*).
I. *N. f.* *(Sc.)* Partie de la mécanique qui étudie les systèmes de points matériels soumis à l'action de forces, quand elles ne créent aucun mouvement. « *Archimède, le fondateur de la statique* » (A. Comte). ◇ (1803) *Chim.* Étude des conditions d'équilibre.
II. *Adj.* (mil. XIXᵉ). ♦ 1° *Didact.* Relatif à l'équilibre des forces, aux états d'équilibre. *Force statique*, exercée sur un corps par les autres corps avec lesquels il se trouve en équilibre. *Électricité* statique.* ♦ 2° Qui est fixé, qui n'évolue pas. « *Il y a une morale statique,... elle s'est fixée dans les mœurs, les idées, les institutions* » (Bergson). *Un art statique et hiératique.* — (ant. **Dynamique**).

STATIQUEMENT [statikmɑ̃]. *adv.* (1910; de *statique*). *Didact.* D'un point de vue statique, d'une manière statique. ◇ ant. *Dynamiquement.*

STATISME [statism(ə)]. *n. m.* (mil. XXᵉ; de *statique*, d'apr. *dynamisme*). *Didact.* État de ce qui est statique. ◇ ANT. *Dynamisme.*

STATISTICIEN, IENNE [statistisjɛ̃, jɛn]. *n.* (1834; de *statistique*). *Sc.* Spécialiste qui élabore et analyse des statistiques.

STATISTIQUE [statistik]. *n. f.* et *adj.* (v. 1785; all. *Statistik*, 1749; lat. mod. *statisticus* [XVIIᵉ] « relatif à l'État », du lat. *status*, probabl. d'apr. l'it. *statista* « homme d'État »).
I. *N. f.* ♦ 1° *Vx.* Étude méthodique des faits sociaux, par des procédés numériques (classements, dénombrements, inventaires chiffrés, recensements), destinée à renseigner et aider les gouvernements. ◇ *Mod.* (1832) Ensemble de techniques d'interprétation mathématique appliquées à des phénomènes pour lesquels une étude exhaustive de tous les facteurs est impossible, à cause de leur grand nombre ou de leur complexité. *La statistique met en œuvre la notion de probabilité et la loi des grands nombres.* V. *Stochastique.* — Variable aléatoire obtenue à partir d'un échantillon tiré au hasard dans une population. On dit aussi VARIABLE STATISTIQUE. ◇ *Phys.* Loi décrivant à l'aide des techniques statistiques le comportement de certaines particules. *Statistique classique, appliquée aux gaz parfaits. Statistique quantique, appliquée aux particules de spin entier, demi-entier.* ♦ 2° Ensemble de données numériques concernant une catégorie de faits (et utilisable selon ces méthodes d'interprétation). *Statistiques démographiques, économiques. Statistiques de natalité, de morbidité.* « *La statistique annuelle du ministère de la Justice* » (HUGO). ◇ *Phys.* Données numériques résultant de la mécanique statistique. *Statistiques quantiques.*
II. *Adj.* ♦ 1° (1833). Relatif à la statistique. *Analyses, méthodes, rapports, théories statistiques.* ♦ 2° Qui concerne les grands nombres, les phénomènes complexes. « *Les lois de l'hérédité n'autorisent ici que les prévisions de l'ordre statistique, fondées sur la loi des grands nombres* » (J. ROSTAND). — *Phys. Mécanique statistique,* destinée à prédire le comportement moyen ou la plus probable des molécules.

STATOKINÉSIMÈTRE [statɔkinezimɛtʀ(ə)]. *n. m.* V. STABILIMÈTRE.

STATOR [statɔʀ]. *n. m.* (1901; du lat. *status* « fixé »). *Techn.* Partie fixe d'un générateur, d'un moteur électrique (*opposé à rotor*).

STATORÉACTEUR [statɔʀeaktœʀ]. *n. m.* (1949; du lat. *status* « fixé », et *réacteur*). *Aviat.* Réacteur sans organe mobile, composé d'un diffuseur, d'une chambre de combustion et d'une tuyère. V. *Pulsoréacteur.*

STATTHALTER [statalteʀ ou ʃtatalteʀ]. *n. m.* (1877; mot all.). *Germanisme.* Gouverneur allemand, *spécialt.* en Alsace-Lorraine, de 1879 à 1918.

STATUAIRE [statɥɛʀ]. *n.* et *adj.* (1495; lat. *statuarius*). ♦ 1° *N. Littér.* Sculpteur qui fait des statues. ♦ 2° *N. f.* (1569). Art de représenter en ronde-bosse la figure humaine ou animale. V. *Sculpture.* « *De la résurrection de la sculpture antique date la fin de la grande statuaire occidentale* » (MALRAUX). ♦ 3° *Adj.* (1552). Qui consiste en statues, est destiné à faire des statues. *Marbre statuaire.*

STATUE [staty]. *n. f.* (1120; lat. *statua*). Ouvrage de sculpture en ronde-bosse représentant en entier un être vivant. V. *Atlante, cariatide, colosse, gisant, idole, image, orant, statuette.* « *Et ses myriades de statues... à genoux, en pied, équestres, hommes, femmes, enfants, rois, évêques, gendarmes, en pierre, en marbre, en or, en argent, en cuivre, en cire même* » (HUGO). — *Droit, immobile comme une statue :* absolument immobile. ◇ *Fig.* Personne figée dans une attitude et qui semble représenter (un sentiment). « *Cette statue de la douleur qui présidait la table, Mᵐᵉ Agathe* » (MAURIAC). ◇ HOM. *Statut.*

STATUER [statɥe]. *v.* (1230; lat. *statuere*). ♦ 1° V. tr. *Vx.* Décider, ordonner, avec l'autorité que confère la loi ou la coutume. V. *Établir, ordonner.* « *Le parlement statua des règlements* » (VOLT.). ♦ 2° V. intr. *Mod.* Prendre une décision (sur un cas, une affaire). *La Cour de cassation ne statue pas sur le fond.* — Fig. « *Une volonté grave et prudente statuait sur l'état de chacun* » (DUHAM.).

STATUETTE [statɥɛt]. *n. f.* (1800; de *statue*). Statue de très petite taille. « *Une statuette modelée en cires colorées* » (FRANCE).

STATUFIER [statyfje]. *v. tr.* (1888; de *statue*, et *-fier*). ♦ 1° *Fam.* Représenter (qqn) par une statue, élever une statue à (qqn). — STATUFIÉ, ÉE. *p. p. adj.* Représenté par une statue, un buste. « *La situation dans laquelle se trouvait le personnage statufié et l'inscription qui ornait le socle intriguèrent Valentin...* » (QUENEAU). ♦ 2° (Sujet de chose). Rendre semblable à une statue. « *Un silence de mort statufiait les convives* » (COCTEAU).

STATU QUO [statykwo]. *n. m.* (1764; de la loc. lat. *in statu quo ante* « dans l'état où [les choses étaient] auparavant »). État actuel des choses. « *Le statu quo européen, déjà vermoulu et lézardé, craque du côté de Constantinople* »

(HUGO). — *Dr. Statu quo ante bellum :* état de fait et de droit tel qu'il existait avant les hostilités.

STATURE [statyʀ]. *n. f.* (XVᵉ; *estature*, XIIᵉ; lat. *statura*). Le corps considéré dans sa taille. « *Il était court de stature mais large de carrure* » (ROUSS.). « *Sa haute stature un peu voûtée* » (ARAGON). ◇ *Fig.* Importance (de qqn). *C'est un écrivain, un homme d'État d'une tout autre stature.*

STATUT [staty]. *n. m.* (v. 1250; bas lat. *statutum*, de *statuere*. V. *Statuer*). ♦ 1° *Dr. Vx.* Ce qui a été statué; décision juridique. — *Mod.* Ensemble des lois qui concernent l'état et la capacité d'une personne *(statut personnel)*, les biens individuels *(statut réel)*. — Textes qui règlent la situation d'un groupe; cette situation. *Statut des fonctionnaires du corps préfectoral.* « *Donner un statut légal et administratif nettement défini aux malheureux qui pensent !* » (VALÉRY). ♦ 2° *Dr., Sociol.* État, situation de fait, dans la société *(opposé à* contrat*). Le statut de la femme mariée.* — *Cour.* (sens critiqué) Situation de fait, position. « *L'insolite vocation de mon père s'explique, je crois, par son statut social* » (BEAUVOIR). ♦ 3° (1653). STATUTS, *plur.* : suite d'articles définissant une société et réglant son fonctionnement. V. *Règlement. Les statuts d'une société commerciale. Rédiger, déposer les statuts.* ◇ HOM. *Statue.*

STATUTAIRE [statytɛʀ]. *adj.* (1582; de *statut*). Conforme aux statuts (3°). *Répartition statutaire d'un dividende. Gérant statutaire,* désigné dans les statuts. ◇ Conforme à une règle. « *Les contemporains croyaient de bonne foi ce régime normal, statutaire* » (SIEGFRIED).

STATUTAIREMENT [statytɛʀmɑ̃]. *adv.* (1869; de *statutaire*). *Dr.* Par des statuts, conformément aux statuts.

STAUR(O)-. Élément de mots didactiques, tiré du gr. *stauros* « croix ». *Ex.* : Staurophore. *adj.* et *n.* (1875; V. *-Phore*). Porte-croix. — Staurothèque. *n. f.* (1923; V. *-Thèque*). Reliquaire contenant un morceau de la vraie Croix.

STAWUG [stavyg]. *n.* (v. 1972; mot norv.). *Ski.* Technique du ski de fond qui consiste à combiner le stakning* avec les pas alternatifs.

STAYER [stejœʀ]. *n. m.* (1895; mot angl., de *to stay* « soutenir l'allure », de l'a. fr. *étai*). ♦ 1° *Turf.* Cheval apte aux courses sur longue distance. ♦ 2° *Cycl.* Coureur de demi-fond derrière moto.

STEAK [stɛk]. *n. m.* (1925; mot angl.). *Anglicisme.* Tranche de bœuf grillée ou à griller. V. *Bifteck* (que *steak* tend à remplacer). *Steak frites, avec des frites. Steak salade. Commander un steak saignant. Acheter du steak dans le filet.* — *Steak haché* ou *hamburger*.* — *Steak tartare*.* — Pl. *Des steaks.*

STEAMER [stimœʀ]. *n. m.* (1829; mot angl., de *steam* « vapeur »). *Vieilli.* Bateau à vapeur. V. *Navire, vapeur.* « *Je me suis dirigé vers le steamer, qui fumait déjà* » (NERVAL).

STÉAR(O)-, STÉAT(O)-. Éléments, du gr. *stear, steatos* « graisse ».

STÉARATE [stearat]. *n. m.* (1842; de *stéar-*, et *-ate*). *Chim.* Sel ou ester de l'acide stéarique.

STÉARINE [stearin]. *n. f.* (1814; de *stéar-*, et *-ine*). *Chim. Biochim.* Ester de l'acide stéarique* et du glycérol. — *Cour.* Corps solide, blanc, dur obtenu par saponification des graisses naturelles. *Bougie, cierge en stéarine.*

STÉARINERIE [steaʀinʀi]. *n. f.* (1872; de *stéarine*). *Techn.* Fabrique de stéarine.

STÉARINIER [steaʀinje]. *n. m.* (1872; de *stéarine*). *Techn.* Fabricant de stéarine; ouvrier travaillant dans une stéarinerie.

STÉARIQUE [steaʀik]. *adj.* (1819; de *stéar-*, et *-ique*). *Biochim. Acide stéarique :* acide gras saturé, abondant dans le suif de bœuf et de mouton, présent en plus faibles quantités dans d'autres graisses animales et huiles végétales. *Les phospholipides de l'organisme humain sont riches en acide stéarique.*

STÉARYLE [steaʀil]. *n. m.* (XXᵉ; de *stéaro-*, et *-yle*). *Chim.* Radical univalent résultant de la suppression de l'hydroxyle de l'acide stéarique. *Chlorure de stéaryle.* — *Dér.* STÉARYLIQUE [steaʀilik], *adj.*

STÉATITE [steatit]. *n. f.* (1752; lat. *steatitis*, mot gr.). *Minér.* Silicate de magnésium compact, de constitution identique à celle du talc, onctueux au toucher, dit *craie de Briançon.*

STÉATOME [steatɔm]. *n. m.* (XVIᵉ; lat. *steatoma*, mot gr.). *Méd.* (*Vieilli*). Kyste sébacé ou lipome de consistance dure.

STÉATOPYGE [steatɔpiʒ]. *adj.* (1842; de *stéato-*, et *-pyge* « fesse »). *Didact.* Dont le tissu adipeux est très développé au niveau des fesses; qui a de très grosses fesses. « *Son corset descendant très bas, dans le mode, la faisait paraître stéatopyge* » (APOLLINAIRE). *La Vénus hottentote est stéatopyge.* V. aussi *Callipyge.* (Dér. *Stéatopygie* [steatɔpiʒi]).

STÉATOSE [steatoz]. *n. f.* (1865; de *stéat-*, et *-ose*). *Pathol.* Accumulation anormale de graisses dans les cellules (infiltration simple ou processus dégénératif). *Stéatose du foie due à l'alcoolisme.* V. **Cirrhose.**

STEEPLE-CHASE [stipəlʃɛz] ou **STEEPLE** [stipl(ə)]. *n. m.* (1828,-1866; angl. « course [*chase*] au clocher [*steeple*] ») *Anglicisme.* (Francisation orthographique proposée : STIPLE). ♦ 1° Course d'obstacles pour les chevaux comportant haies, murs, fossés. ♦ 2° STEEPLE : course de fond (3 000 m) dans laquelle les coureurs ont à franchir divers obstacles dispersés sur la piste. Appos. *Courir le 3 000 mètres steeple.*

STÉGANOPODES [steganɔpɔd]. *n. m. pl.* (1842; gr. *steganopous* « dont les pieds [*pous*] sont recouverts d'une membrane »). *Zool.* Ordre d'oiseaux *(Palmipèdes)*, caractérisés par un sac membraneux dilatable sous le bec, et par la membrane qui réunit leurs quatre doigts (*ex. :* pélicans, cormorans).

STÉGO-. Élément, du gr. *stegos* « toit ».

STÉGOCÉPHALES [stegɔsefal]. *n. m. pl.* (1902; « sorte de crustacés », 1842; de *stégo-*, et *-céphale*). *Paléont.* Ordre d'amphibiens fossiles, comprenant des formes géantes, qui apparaissent au dévonien et disparaissent au trias. — Ils sont aussi appelés LABYRINTHODONTES* et STÉRÉOSPONDYLES. — Dér. STÉGOCÉPHALIEN, IENNE [stegɔsefaljɛ̃, jɛn], *adj.*

STEGOMYIE [stegɔmii] ou **STEGOMYIA** [stegɔmija]. *n. f.* (1907; lat. *stegomya;* Cf. *Stégo-*, et gr. *muia* « mouche », à cause de sa forme). *Zool.* Moustique des régions chaudes qui transmet la fièvre jaune, la filariose.

STÉGOSAURE [stegɔsɔʀ] ou **STEGOSORUS** [stegɔsɔʀys]. *n. m.* (1922; de *stégo-*, et *saure*). *Paléont.* Grand reptile dinosaurien du crétacé d'Amérique, qui présente sur le dos de larges plaques osseuses.

STEINBOCK ou **STEENBOCK** [stejnbɔk]. *n. m.* (1791; anc. haut all. *steinboc;* Cf. Bouquetin; mot repris à l'afrikaans). Petite antilope à oreilles noires, d'Afrique australe.

STÈLE [stɛl]. *n. f.* (1694; lat. *stela*, gr. *stêlê*). Monument monolithe (colonne, cippe, pierre plate) qui porte une inscription, des ornements sculptés. *Stèle commémorative, funéraire.* « *C'était une de ces spacieuses sépultures familiales... Une huitaine d'inscriptions couvraient la stèle* » (DUHAM.).

STELLAGE [ste(ɛl)laʒ]. *n. m.* (1907; de l'all. *stellen* « être ferme, élevé »). *Bourse.* Marché à terme, où l'acheteur a la faculté de choisir entre l'achat ou la vente à des cours différents.

STELLAIRE [ste(ɛl)lɛʀ]. *adj.* et *n. f.* (1812; bas lat. *stellaris*, de *stella*). ♦ 1° Des étoiles, relatif aux étoiles. V. **Astral.** *Influences stellaires. Rayonnements stellaires hertziens.* ♦ 2° *N. f.* (1781; *stellaria*, 1695). *Bot.* Plante *(Caryophyllacées),* dont une variété est le mouron* des oiseaux.

STELLÉRIDES [ste(ɛl)leʀid]. *n. m. pl.* (1808; lat. sav. de *stella* « étoile »). *Zool.* Animaux métazoaires échinodermes marins, appelés couramment *étoiles de mer* (V. **Astérie.**

STELLIONAT [ste(ɛl)ljɔna]. *n. m.* (1577; lat. *stellionatus*, de *stellio* « lézard de couleur changeante », en lat. pop. « fourbe »; Cf. Caméléon). *Dr.* Fraude consistant à vendre ou hypothéquer un même bien à plusieurs personnes, ou à vendre un bien dont on n'est pas propriétaire. V. **Escroquerie.**

STELLIONATAIRE [ste(ɛl)ljɔnatɛʀ]. *n.* et *adj.* (1655; de *stellionat*). *Dr.* Personne coupable de stellionat. V. **Escroc.**

STELLITE [stɛlit]. *n. m.* (1923; nom déposé, probabl. du lat. *stella*, et *-ite*). *Techn.* Alliage à haute teneur en cobalt (plus de 40 %), contenant du chrome, du tungstène, etc. *Les stellites sont utilisés pour recouvrir les pièces soumises à la chaleur et à l'usure.* — Dér. STELLITER [stelite]. *v. tr.* Techn. Recouvrir (une pièce métallique) d'un revêtement de stellite. *Aciers stellités.*

STEM ou **STEMM** [stɛm]. *n. m.* (mil. XXe, -1924; mot norv., dans *stemm-bogen, stem-christiania*). *Ski.* Virage vers l'aval de 180°. (On dit aussi *Stem-christiania*). Dér. STEMMER [steme]. *v. intr.* (1930). *Ski.* Freiner.

STEMMATE [ste(ɛm)mat]. *n. m.* (1839; gr. *stemma, -atos* « couronne »). *Zool.* Œil simple des insectes. V. **Ocelle.**

STENCIL [stɛnsil]. *n. m.* (1915; angl. *stencil* « pochoir », du v. *to stencil* « enluminer », du fr. *étinceler*). Papier paraffiné perforé à la main ou à la machine à écrire, et servant de pochoir, de cliché, pour la polycopie. *Des stencils.*

STENCILISTE [stɛnsilist(ə)]. *n.* (1950; de *stencil*). *Techn.* Personne qui prépare les stencils.

STENDHALIEN, IENNE [stɛ̃daljɛ̃, jɛn]. *adj.* (1890; de *Stendhal*, romancier fr.). *Littér.* Relatif à Stendhal. *Le culte stendhalien de l'énergie.* *Subst.* Spécialiste ou admirateur de Stendhal.

1. **STÉNO** [steno]. *n. m.* et *f.* (abrév.). V. STÉNOGRAPHE, STÉNOGRAPHIE.

2. **STÉNO-.** Élément, du gr. *stenos* « étroit », ou de *sténographe, -graphie.*

STÉNODACTYLO [stenɔdaktilo]. *n.* [*rare* au m.] *(Sténodactylographe*, 1907; de *sténo-*[*graphe*], et *dactylographe*).

Personne qui pratique la sténodactylographie à titre professionnel; dactylo qui connaît la sténographie. *Engager une sténodactylo.*

STÉNODACTYLO(GRAPHIE) [stenɔdaktilɔ(gʀafi)]. *n. f.* (1907; de *sténo-*[*graphie*], et *dactylographie*). Emploi combiné de la sténographie et de la dactylographie (On emploie surtout *sténodactylo*).

STÉNOGRAMME [stenɔgʀam]. *n. m.* (déb. XXe; de *sténo-*, et suff. *-gramme*). *Rare* ou *Techn.* Tracé qui note en sténographie une syllabe ou un mot. ◇ Texte écrit en sténographie. « *Corriger le sténogramme, cela demande plus de temps que d'écrire* » (DUHAM.). V. **Sténographie** (3°).

STÉNOGRAPHE [stenɔgʀaf]. *n.* (1792; de *sténo-*, et suff. *-graphe*). *Rare.* Personne qui pratique à titre professionnel la sténographie. V. **Sténodactylo(graphe).** — Cour. *N. f.* UNE STÉNO. *Dicter du courrier à une sténo.*

STÉNOGRAPHIE [stenɔgʀafi]. *n. f.* (1792; « reproduction résumée », *h. 1572;* de *sténo-*, et *-graphie*). ♦ 1° Écriture abrégée et simplifiée, formée de signes conventionnels qui permettent de noter à la parole à la vitesse de prononciation normale (V. **Sténotypie**). « *L'imprimerie et la sténographie, qui n'ont ni créé ni suppléé la littérature* » (BAUDEL.). — Cour. STÉNO. *Apprendre la sténo. Prendre le texte d'une conférence en sténo.* ♦ 2° Le métier de sténographe. *Sténographie commerciale.* ♦ 3° Compte rendu obtenu par le moyen de la sténographie (1°). « *Des sténographies reproduisent... les idées des causeurs* » (GONCOURT). V. **Sténogramme.** — Cour. STÉNO. *n. f.* « *Le sous-ingénieur principal* [...] *exigeait en effet que l'on prît une sténo intégrale des débats* » (VIAN).

STÉNOGRAPHIER [stenɔgʀafje]. *v. tr.* (1792; de *sténographie*). Noter par la sténographie. *Sténographier une conversation.* — Au p. p. *Discours sténographié.*

STÉNOGRAPHIQUE [stenɔgʀafik]. *adj.* (1812; de *sténographie*). Relatif à la sténographie. *Signes sténographiques.* ◇ Qui a été recueilli par la sténographie. « *La publication exacte... de procès-verbaux, de comptes rendus sténographiques* » (PÉGUY).

STÉNOGRAPHIQUEMENT [stenɔgʀafikmɑ̃]. *adv.* (1843; de *sténographique*). Au moyen de la sténographie.

STÉNOPÉ [stenɔpe]. *n. m.* (déb. XXe; de *sténo-*, et gr. *ôps* « œil »). *Didact. (Phot.).* Trou d'épingle faisant l'office d'objectif photographique.

STÉNOSAGE [stenozaʒ]. *n. m.* (1949; de *sténo-* « étroit », et suff. *-age*). *Techn.* Traitement des fibres cellulosiques par le formol pour les durcir (les « rétrécir ») et les insolubiliser.

STÉNOSE [stenoz]. *n. f.* (1842; gr. *stenôsis;* Cf. Sténo-). *Pathol.* Rétrécissement d'un canal ou d'un orifice. *Sténose du pylore. Sténose mitrale* (des valvules mitrales du cœur).

STÉNOTYPE [stenɔtip]. *n. f.* (1909; de *sténo-*, et *-type*). Appareil qui sert à sténographier mécaniquement. *Clavier, touches d'une sténotype.*

STÉNOTYPIE [stenɔtipi]. *n. f.* (1909; de *sténotype*). ♦ 1° Sténographie mécanique. ♦ 2° Le métier de sténotypiste. *Apprendre la sténotypie.*

STÉNOTYPISTE [stenɔtipist(ə)]. *n.* (1909; de *sténotype*). Personne qui sténographie au moyen d'une sténotype.

STENTOR [stɑ̃tɔʀ]. *n. m.* (1610, cris de Stentor, 1576; de *Stentor*, personnage de l'Iliade).

I. *Voix de stentor :* voix forte, retentissante. — Par ext. *Un stentor :* un homme à la voix forte.

II. (1902). *Zool.* Protozoaire d'eau douce *(Hétérotriches)* en forme de trompe.

STEPPAGE [stɛpaʒ]. *n. m.* (1907; de l'angl. *to step* « trotter »). *Méd.* Démarche où le malade est obligé de lever très haut la jambe à chaque pas pour éviter de heurter le sol, la flexion du pied sur la jambe étant impossible, et le pied étant constamment abaissé.

STEPPE [stɛp]. *n. f.* (*Step*, 1679; russe *step*). Grande plaine inculte, sans arbres, au climat sec, à la végétation pauvre et herbeuse. *La steppe russe. Steppes d'Asie centrale. Steppes d'Amérique du Sud* (V. **Pampa**), *du Nord* (V. **Prairie**), *d'Afrique australe* (V. **Veld**). — Archéol. et Hist. *Art, civilisation, peuple des steppes*, des plaines de la Russie méridionale, à l'époque protohistorique.

STEPPER ou **STEPPEUR** [stɛpœʀ]. *n. m.* (1842; mot angl., de *to step* « trotter »). *Anglicisme. Hippol.* Cheval de trot à l'allure vive, qui lève haut et lance bien en avant ses membres antérieurs.

STEPPIQUE [stepik]. *adj.* (1932; de *steppe*). *Didact.* ♦ 1° Des steppes, de la steppe. *Flore steppique, plaines steppiques.* ♦ 2° Qui habite les steppes. « *Invasions de rongeurs et d'oiseaux steppiques* » (De MARTONNE).

STÉRADIAN [steʀadjɑ̃]. *n. m.* (mil. XXe; du gr. *stereos* « solide » [Cf. Stéréo-], et *radian*). *Sc.* Unité d'angle solide (symb. *sr*) : angle ayant son sommet au centre d'une sphère et découpant sur sa surface une aire égale à celle d'un carré qui aurait pour côté le rayon de la sphère.

STERCORAIRE [stɛʀkɔʀɛʀ]. *n.* et *adj.* (1760; lat. *stercorarius*, de *stercus, stercoris* « excrément; fumier »). ◆ 1º N. m. *Zool.* Oiseau palmipède, appelé *mouette pillarde*, qui attaque les oiseaux de mer et les oblige à dégorger le poisson qu'ils viennent de saisir. ◆ 2º *Adj.* (1803). *Méd.* Relatif aux excréments. V. **Stercoral.** ◇ (1768) *Sc. nat.* Qui croît, qui vit sur les excréments; qui s'en nourrit. *Plante, insecte stercoraire* (V. **Scatophile**).

STERCORAL, ALE, AUX [stɛʀkɔʀal, o]. *adj.* (1795; de *stercor[aire]*). *Sc., Méd.* Relatif aux excréments. (On dit aussi parfois *stercoraire*). *Fistule stercorale. Matières stercorales.*

STERCORITE [stɛʀkɔʀit]. *n. f.* (1873; de *stercor[aire]*, et *-ite*). *Chim.* Phosphate naturel d'ammonium et de sodium extrait des guanos.

STERCULIACÉES [stɛʀkyljase]. *n. f. pl.* (1817; de *sterculie* « plante à odeur stercorale », et *-acée*). *Bot.* Famille de plantes *(Dicotylédones dialypétales)* des régions tropicales (arbres, arbustes, herbes et lianes), du même ordre que les *malvacées.*

STÈRE [stɛʀ]. *n. m.* (1794; gr. *stereos* « solide »; Cf. Stéréo-). ◆ 1º Unité de mesure (abrév. *st*), égale à 1 mètre cube, qui est utilisée pour les bois de chauffage et de charpente. *Un stère de bois.* « *Tu sais, un stère et un mètre cube, c'est la même chose, ça sert à mesurer le bois* » (Bosco). ◆ 2º *Techn.* Dispositif qui sert à mesurer le bois.

1. **STÉRÉO** [stereo]. *n.* et *adj. invar.* (abrév.).
I. N. m. *Imprim.* V. **Stéréotype.**
II. *Adj. invar.* (1957). V. **Stéréophonique.** *Disque stéréo* (opposé à *mono*). — N. m. *Cour.* Récepteur stéréophonique (opposé à *mono*). « *Je vous conseille le mono plutôt qu'un médiocre stéréo* » (Beauvoir).
III. *N. f.* V. **Stéréophonie.** *Émission en stéréo* (opposé à *mono*).

2. **STÉRÉO-.** Élément, du gr. *stereos* « solide » (I, 1º et 2º).

STÉRÉOBATE [stereɔbat]. *n. m.* (1676; lat. *stereobata*). *Archit.* Soubassement sans moulure, portant le plus souvent des colonnes sans base.

STÉRÉOCHIMIE [stereɔʃimi]. *n. f.* (v. 1889, « chimie dans l'espace »; de *stéréo-*, et *chimie*). *Didact.* Étude, science de la disposition dans l'espace des atomes d'une molécule, en relation avec les propriétés optiques et chimiques de cette molécule.

STÉRÉOCHROMIE [stereɔkʀɔmi]. *n. f.* (1874; de l'all. *Stereochromie;* Cf. Stéréo-, et -chromie). *Techn.* Procédé de peinture murale, fixation chimique des couleurs.

STÉRÉOCOMPARATEUR [stereɔkɔ̃paʀatœʀ]. *n. m.* (1923; de *stéréo-*, et *comparateur*). *Topogr.* Comparateur utilisé par la photographie dans les levés de plans, pour déduire la position de points topographiques à partir de mesures de coordonnées effectuées sur les clichés.

STÉRÉODUC [stereɔdyk]. *n. m.* (1971; de *stéréo-*, et du lat. *ductus* « conduire », d'apr. *aqueduc, oléoduc,* etc.). *Techn.* Transporteur de matières solides. V. **Convoyeur.**

STÉRÉOGNOSIE [stereɔgnozi]. *n. f.* (mil. XXᵉ; *stéréognostique,* 1906; de *stéréo-*, et *-gnosie*). *Physiol.* Sens de la perception de la forme et de la consistance des corps.

STÉRÉOGRAMME [stereɔgʀam]. *n. m.* (1894; de *stéréo-*, et *-gramme*). *Sc.* Épreuve photographique double, destinée à la vision stéréoscopique. ◇ Graphique à plus de deux dimensions.

STÉRÉOGRAPHIE [stereɔgʀafi]. *n. f.* (1721; lat. mod. *stereographia,* du gr. *stereos*). *Sc.* Art de représenter les solides par projection sur un plan.

STÉRÉOGRAPHIQUE [stereɔgʀafik]. *adj.* (1613; de *stéréographie*). *Sc.* Qui appartient à la stéréographie. *La projection stéréographique est utilisée en cartographie.*

STÉRÉOMÉTRIE [stereɔmetʀi]. *n. f.* (1560; lat. mod. *stereometria,* mot gr.). *Sc.* Géométrie pratique qui a pour objet la mesure des solides naturels (Cf. Cubage, jaugeage, métrage).

STÉRÉOMÉTRIQUE [stereɔmetʀik]. *adj.* (1812; de *stéréométrie*). *Sc.* Qui appartient à la stéréométrie. *Opérations stéréométriques.*

STÉRÉOPHONIE [stereɔfɔni]. *n. f.* (1949; de *stéréo-*, et suff. *-phonie*). *Cour.* Ensemble des procédés d'enregistrement, de reproduction et de diffusion permettant de donner l'impression du relief acoustique (*opposé à* monophonie). *Émission en stéréophonie* (abrév. V. **Stéréo** 1).

STÉRÉOPHONIQUE [stereɔfɔnik]. *adj.* (1940; de *stéréophonie*). *Cour.* Qui appartient à la stéréophonie (*opposé à* monophonique, 2º). *Audition stéréophonique,* obtenue à l'aide de deux haut-parleurs distincts. *Effet stéréophonique.* *Prise de son stéréophonique* (abrév. V. **Stéréo** 1).

STÉRÉOPHOTOGRAPHIE [stereɔfɔtɔgʀafi]. *n. f.* (1923; de *stéréo* [scopique], et *photographie*). *Techn.* Photographie stéréoscopique.

STÉRÉORADIOGRAPHIE [stereɔʀadjɔgʀafi]. *n. f.* (1970; de *stéréo[scopique]*, et *radiographie*). *Techn. (Méd.).* Radiographie stéréoscopique.

STÉRÉORÉGULARITÉ [stereɔʀegylaʀite]. *n. f.* (1973; de *stéréo-*, et *régularité*). *Chim.* Caractère d'une polymérisation à structure géométrique régulière.

STÉRÉOSCOPE [stereɔskɔp]. *n. m.* (1842; angl. *stereoscope* [1838]; de *stéréo-*, et suff. *-scope*). *Sc.* Instrument d'optique où l'observation des deux images simultanées prises par deux objectifs parallèles (dont la distance est voisine de celle des yeux) donne la sensation de la profondeur et du relief à des images à deux dimensions. *Ils « se penchaient sur les trous du stéréoscope comme sur les lucarnes de l'infini »* (Baudel.).

STÉRÉOSCOPIE [stereɔskɔpi]. *n. f.* (1857; de *stéréoscope*). *Sc.* Procédés permettant d'obtenir l'impression de relief; cette impression.

STÉRÉOSCOPIQUE [stereɔskɔpik]. *adj.* (1859; de *stéréoscope*). *Sc.* Relatif au stéréoscope et à la stéréoscopie. *Vision stéréoscopique :* du relief.

STÉRÉOSPÉCIFICITÉ [stereɔspesifisite]. *n. f.* (1973; de *stéréo-*, et *spécificité*). *Chim.* Propriété des catalyseurs qui entraînent la formation d'un isomère spécifique à structure régulière.

STÉRÉOSPONDYLES [stereɔspɔ̃dil]. *n. m. pl.* (déb. XXᵉ; de *stéréo-*, et *spondyle*). *Paléont.* V. **Labyrinthodonte, stégocéphales.**

STÉRÉOTAXIE [stereɔtaksi]. *n. f.* (1964; de *stéréo-*, et *-taxie*). *Méd.* Technique radiologique de repérage des structures intercrâniennes au moyen d'un dispositif placé à l'extérieur du crâne.

STÉRÉOTOMIE [stereɔtɔmi]. *n. f.* (1691; de *stéréo-*, et suff. *-tomie;* p.-ê. par le lat. mod.). *Techn.* Taille et coupe (des pierres et matériaux de construction). *Stéréotomie de la pierre, du bois.*

STÉRÉOTOMIQUE [stereɔtɔmik]. *adj.* (1842; de *stéréotomie*). *Techn.* Qui appartient à la stéréotomie.

STÉRÉOTYPE [stereɔtip]. *adj.* et *n. m.* (1797; de *stéréo*, et *type*). ◆ 1º *Adj.* Typogr. *(Vx).* Qui est imprimé avec des planches stéréotypées, clichées. ◆ 2º *N. m. Mod.* et *littér.* (XXᵉ). Opinion toute faite, cliché*.

STÉRÉOTYPÉ, ÉE [stereɔtipe]. *adj.* (1845; p. p. de *stéréotyper* « clicher », 1797). Qui paraît sortir d'un moule; tout fait, figé. « *Ces sottises stéréotypées à l'usage des débutantes* » (Balz.). « *L'orthodoxie,... pétrifiée, stéréotypée dans ses formes* » (Renan).

STÉRÉOTYPIE [stereɔtipi]. *n. f.* (1923; « clichage », 1797; de *stéréotype*). *Psycho., Méd.* Tendance à conserver la même attitude, à répéter le même mouvement ou les mêmes paroles. *Stéréotypie des schizophrènes.*

STÉRER [steʀe]. *v. tr.;* conjug. *céder* (1873; de *stère*). *Techn.* Mesurer (du bois) au stère.

STÉRIDE [steʀid]. *n. m.* (1953; de *stér[ol]*, et suff. *-ide*). *Biochim.* Substance lipidique, ester d'un acide gras et d'un stérol. *Les stérides sont des constituants normaux des tissus animaux.*

STÉRILE [steʀil]. *adj.* (1370; lat. *sterilis*).
I. ◆ 1º Inapte à la génération, à la reproduction. V. **Infécond; stérilité.** *Homme stérile,* dont le sperme ne contient pas de spermatozoïdes (distinct de *impuissant**). *Femme stérile,* qui ne produit pas d'ovules ou dont les ovules ne sont pas fécondables. *Fleur stérile,* impropre à la fécondation. ◇ (1490; du sol) Qui ne produit pas. V. **Aride, désertique, improductif, inculte, infertile.** *Terre, sol stérile.* « *La province d'Espagne la plus désolée et la plus stérile* » (Gautier). ◆ 2º *Fig.* (XVIᵉ). Qui ne produit rien, ne donne naissance à aucune création, à aucun résultat positif. V. **Infertile.** *Pensées stériles.* « *Les vérités découvertes par l'intelligence demeurent stériles. Le cœur est seul capable de féconder ses rêves* » (France). *Sujet stérile.* ◇ Qui est inutile. V. **Inefficace, vain.** *Effort stérile. Discussion stérile.* V. **Oiseux.** « *Le stérile plaisir d'un contact mondain...?* » (Proust).
II. (1897). Exempt de tout germe microbien (V. **Stérilisation,** II). *Milieu stérile.* V. **Axène.**
◈ Ant. (de I) Fécond, fertile, généreux, prolifique ; efficace, fructueux, utile. — (de II) Contaminé, pathogène.

STÉRILEMENT [steʀilmɑ̃]. *adv.* (XVIᵉ; de *stérile*). *Littér.* D'une manière stérile (2º). V. **Inutilement, vainement.** « *Cette forme d'intelligence... stérilement calculatrice* » (Duham.).

STÉRILET [steʀilɛ]. *n. m.* (av. 1960; de *stérile*). Dispositif anticonceptionnel destiné à être introduit dans l'utérus pour assurer une stérilité permanente mais réversible. V. **Contraceptif.**

STÉRILISANT, ANTE [sterilizɑ̃, ɑ̃t]. adj. et n. m. (1859; sterilizant « qui rend impuissant », 1495; de stériliser). **I.** ♦ 1° Qui rend stérile* (I, 1°). Technique stérilisante. — N. m. (av. 1973). Pharm. Produit pharmaceutique pouvant provoquer la stérilité* (I, 1°). « Le stérilisant masculin, éternellement annoncé, semble cette fois plus près de voir le jour » (A. SAUVY). ♦ 2° Fig. « Qu'est-ce que la vertu sans imagination? quelque chose de dur, de cruel, de stérilisant » (BAUDEL.). **II.** Qui stérilise* (II).

STÉRILISATEUR [sterilizatœR]. n. m. (1894; de stériliser). Appareil à stériliser. Stérilisateur à biberons.

STÉRILISATION [sterilizasjɔ̃]. n. f. (1869, « stérilisation du sol »; de stériliser). ♦ 1° Suppression définitive, accidentelle ou intentionnelle, de la capacité de procréer, par des agents chimiques ou physiques, par l'excision des gonades, par la ligature des trompes utérines ou des canaux déférents. V. Stériliser. Stérilisation chirurgicale. ♦ 2° (Fin XIXᵉ). Opération qui consiste à détruire les germes. V. Antisepsie, asepsie, désinfection. Stérilisation du lait, des boissons. V. Pasteurisation. Stérilisation par le chauffage (autoclaves, étuves, stérilisateurs), l'ébullition, le flambage, les antiseptiques, les filtres.

STÉRILISER [sterilize]. v. tr. (fin XVIIIᵉ; stérilizer [un homme], h. 1495; de stérile). **I.** ♦ 1° Rare. Rendre stérile (le sol). V. Appauvrir, épuiser. « Ce sable stérilise tout ce qu'il touche » (SAND). — Par métaph. « La vraie intelligence doit féconder la vie, non la stériliser » (MONTHERLANT). ♦ 2° Vieilli. Rendre (qqn) stérile. V. Castrer, châtrer, émasculer. ♦ 3° Rendre stérile* (I, 1°). « Cet appareil [stérilet] stérilise une femme pour un temps indéfini » (A. SAUVY). — Méd. Pratiquer une stérilisation (chirurgicale). **II.** Cour. (v. 1876). Opérer la stérilisation* (II) de (qqch.). Stériliser un instrument, un pansement. V. Aseptiser, désinfecter, étuver. — Au p. p. Lait stérilisé. V. Pasteurisé. « Une nourriture de régime, insipide, stérilisée, pasteurisée » (SARRAUTE).

STÉRILISTE [sterilist(ə)]. n. (1973; de stérile, I, 1°). Partisan de la stérilisation* (I, 1°).

STÉRILITÉ [sterilite]. n. f. (1332; lat. sterilitas). 1° Incapacité pour un être vivant de procréer. V. Infécondité. « Il la mena en vain aux sources réputées merveilleuses contre la stérilité » (APOLLINAIRE). Stérilité d'une femme, d'un homme (différente de l'impuissance), provenant d'une lésion organique de l'appareil génital, ou d'une stérilisation* (I, 2°) volontaire, définitive ou réversible. Stérilité de nombreux hybrides. ◇ État de ce qui ne donne pas de fruits, de production végétale. V. Aridité, pauvreté. « L'âpreté et la stérilité du paysage » (VERHAEREN). ♦ 2° Absence de micro-organismes sur un objet, dans une matière biologique, ou en un lieu). ♦ 3° Fig. (XVIᵉ). Caractère de ce qui est stérile (2°). Stérilité des idées. Stérilité d'un écrivain. — Inefficacité, inutilité. « Il frappa cette Restauration de stérilité » (CHATEAUB.). ◇ ANT. Conception, fécondité; fertilité; abondance; efficacité.

STÉRIQUE [sterik]. adj. (mil. XXᵉ; de stéréo-). Chim. Relatif à la configuration d'un composé chimique dans les trois dimensions de l'espace.

STERLET [sterlɛ]. n. m. (1575; russe sterlyadi). Variété d'esturgeon de la mer du Nord, de la mer Noire et des fleuves russes. Œufs de sterlet. V. Caviar. « Pour une fourchette délicate, le sterlet du Volga (sic) vaut le voyage » (GAUTIER).

STERLING [sterliŋ]. adj. invar. (1690; a. fr. esterlin, sterlin; mot angl., o. i.). Livre sterling, monnaie de compte anglaise (2,48828 g. d'or fin). « Ces pipes de racine qui coûtent douze livres sterling » (DUHAM.).

STERNAL, ALE, AUX [sternal, o]. adj. (1842; de sternum). ♦ 1° Anat. Qui a rapport au sternum. Côtes sternales. Fourchette* sternale. ♦ 2° Zool. Syn. de ventral.

STERNE [stern(ə)]. n. f. (1808; « étourneau », XVIᵉ; lat. sav. sterna [XVIᵉ], de l'a. angl. stern). Ornith. Oiseau communément appelé hirondelle de mer (famille des mouettes).

STERNO-. Élément, tiré de sternum.

STERNO-CLÉIDO-MASTOÏDIEN [sternɔkleidɔmastɔidjɛ̃]. adj. et n. m. (1740; de sterno-, du gr. kleis, kleidos « clavicule », et mastoïdien). Anat. Se dit d'un muscle qui s'insère sur le sternum, la clavicule et l'apophyse mastoïde.

STERNUM [sternɔm]. n. m. (1555; lat. méd. sternum, gr. sternon). Os plat, allongé, situé au milieu de la face antérieure du thorax, s'articulant avec les sept dernières paires de côtes et, par son segment supérieur (manubrium), avec les deux clavicules. Appendice xiphoïde du sternum. Sternum de l'oiseau. V. Bréchet. ◇ Sternum d'un insecte, région ventrale de chacun des anneaux thoraciques.

STERNUTATION [sternytasjɔ̃]. n. f. (1765; sternutacion, 1495; lat. sternutatio, de sternutare, de sternuare. V. Éternuer). Méd. Éternuements répétés.

STERNUTATOIRE [sternytatwaR]. adj. (1429; subst.

esternuatoire, h. XIIIᵉ; de sternutation). Méd. Qui provoque l'éternuement. Poudre, médicament sternutatoire.

STÉROÏDE [sterɔid]. adj. et n. m. (mil. XXᵉ; de stérol, du gr. stéros « solide » [V. Stéréo-], et -ide). Biochim. Substance dont la structure de base comporte un stérol. — Spécialt. Hormone de structure stéroïdique (hormone stéroïde ou stéroïde hormonal). V. Corticostéroïde.

STÉROL [sterɔl]. n. m. (1933; abrév. de cholestérol). Biochim. Nom d'ensemble des alcools polycycliques de poids moléculaire élevé, très répandus dans les règnes animal et végétal où ils jouent un rôle important (ex. : cholestérol, ergostérol). — Dér. STÉROLIQUE [sterɔlik], adj.

STERTOREUX, EUSE [stertɔRø, øz]. adj. (1819; du lat. stertere « ronfler »). Méd. Respiration stertoreuse (ou stertor, n. m.), respiration bruyante accompagnée de ronflement.

STÉTHO-. Élément, du gr. stêthos « poitrine ».

STÉTHOSCOPE [stetɔskɔp]. n. m. (1819; de stétho-, et -scope). Instrument destiné à l'auscultation des bruits à travers les parois du corps. Stéthoscope biauriculaire comportant une plaque réceptrice où convergent deux tubes flexibles qui s'introduisent dans les oreilles.

STEWARD [stjuwaRd; cour. stiwaRt]. n. m. (1846, « majordome »; mot angl.). Maître d'hôtel ou garçon de service à bord d'un paquebot, d'un avion. « Le stewart (sic) avait disposé la table et placé trois couverts » (J. VERNE). Des stewards. — Arg. de métier. Le stew [stju].

STHÈNE [stɛn]. n. m. (1923; gr. sthenos « force »). Phys. Unité de force du système M.T.S. (abrév. Sn), force qui, appliquée à une masse de 1 tonne, lui communique une accélération de un mètre/seconde par seconde (1 m/s/s). 1 sthène = 10^3 dynes.

STHÉNIE [steni]. n. f. (1839; « puissance d'une fonction », gr. sthenos « force »). Didact. (Physiol.). État caractérisé par la pleine activité physiologique (opposé à asthénie). — Dér. STHÉNIQUE [stenik]. adj. (1839).

-STHÉNIE. Élément, du gr. sthenos « force ». V. Asthénie.

STIBIÉ, ÉE [stibje]. adj. (1707; du lat. stibium « antimoine »). Pharm. Qui contient de l'antimoine. Médicament stibié.

STIBINE [stibin]. n. f. (1872; de stibi[é]). Chim. Sulfure naturel d'antimoine Sb_2S_3.

STICHOMYTHIE [stikɔmiti]. n. f. (1866; du gr. stikhos « vers », et muthos « récit »). Hist. litt. Poème, dialogue de tragédie où les interlocuteurs se répondent vers pour vers.

1. STICK [stik]. n. m. (1795; mot angl.). Anglicisme. ♦ 1° Sorte de canne mince et souple. V. Badine, baguette, cravache. Des sticks. « Tenant contre son dos un stick » (GONCOURT). ♦ 2° (1894). Sports. Crosse de hockey. ♦ 3° (1969). Bâtonnet de fard, de rouge à lèvres, etc. Stick de fard à paupières. — Déodorant solidifié sous forme de bâton.

2. STICK [stik]. n. m. (1964; mot angl.). Anglicisme. Milit. Équipe de parachutistes sautant du même avion. Un stick de dix hommes.

STIGMATE [stigmat]. n. m. (1406; lat. stigmata, plur. de stigma, mot gr. « piqûre »). **I.** ♦ 1° Plur. Blessures, cicatrices, marques miraculeuses, disposées sur le corps comme les cinq blessures du Christ. Les stigmates de saint François d'Assise. « La force de leur piété faisait apparaître sur leurs mains les stigmates miraculeux » (BOURGET). ♦ 2° Marque laissée sur la peau par une plaie, une maladie. V. Cicatrice, marque. Les stigmates de la petite vérole. Un stigmate. ◇ Méd. Signe clinique permanent, permettant de poser le diagnostic d'un morbide. Stigmates de dégénérescence. ♦ 3° Anciennt. (XVIᵉ). Marque au fer rouge, punition corporelle. V. Flétrissure. ♦ 4° Péj. Marque, signe. « Le visage marqué de tous les stigmates de la stupidité » (QUENEAU). « Tous les stigmates de cette civilisation dévorante » (DUHAM.). V. Empreinte, trace.
II. Sc. nat. Orifice. ♦ 1° (1690). Chez les Articulés, spécialt. les insectes, Chacun des orifices de la région latérale du corps par où l'air pénètre dans les trachées. ♦ 2° Bot. (1749). Orifice du pistil, partie terminale d'un carpelle qui retient le grain de pollen et où il germe (Cf. Tube pollinique). Stigmates distincts; soudés.

STIGMATEUR [stigmatœR]. n. m. (1974; du gr. stigma « point »). Opt. Dispositif destiné à compenser l'influence des défauts de construction d'un microscope électronique sur la qualité de l'image.

STIGMATIQUE [stigmatik]. adj. (1808; du gr. stigma « point »). Opt. Qui présente la qualité de stigmatisme* (opposé à astigmatique).

STIGMATISATION [stigmatizasjɔ̃]. n. f. (1846; de stigmatiser). ♦ 1° Relig. Le fait de recevoir les stigmates (1°). ♦ 2° Littér. Action de stigmatiser, de flétrir.

STIGMATISÉ, ÉE [stigmatize]. adj. (1752; « qui porte

les marques de cicatrices », 1532 ; de *stigmatiser*). *Relig.* Qui a reçu les stigmates (1°). Subst. *Un stigmatisé, une stigmatisée.*

STIGMATISER [stigmatize]. *v. tr.* (1611 ; p. p., 1532 ; de *stigmate*). ♦ 1° *Ancienn.* Marquer des stigmates (3°). ♦ 2° *Fig.* et *mod.* (1793). Noter d'infamie, condamner définitivement et ignominieusement. *Stigmatiser la conduite de qqn.* « *Il avait stigmatisé tour à tour les responsabilités de tous les gouvernements européens* » (MART. du G.). V. **Blâmer, condamner, flétrir.** ♦ 3° *Méd.* Marquer de stigmates (2°), laisser des traces (en parlant d'une maladie).

STIGMATISME [stigmatism(ə)]. *n. m.* (1949 ; du gr. *stigma* « point ». V. **Astigmate**). *Opt.* Qualité d'un système optique qui donne une image nette d'un point objet (*opposé à* astigmatisme).

STIL-DE-GRAIN [stildəgʀɛ]. *n. m.* (1664, aussi *stil de grun ;* du holl. *schijtgroen* « vert » [*groen*], « d'excrément » [*schijt*]). Techn. *(Peint.).* Colorant d'un jaune verdâtre.

STILLATION [sti(l)lasjɔ̃]. *n. f.* (xvᵉ ; lat. *stillatio,* de *stillare ;* Cf. Distiller). *Didact.* Écoulement d'un liquide qui tombe goutte à goutte. *Formation des stalactites par stillation de l'eau calcaire.*

STILLATOIRE [sti(l)latwaʀ]. *adj.* (1605 ; de *stillation*). *Didact.* Qui tombe goutte à goutte.

STILLIGOUTTE [sti(l)ligut]. *n. m.* (1903 ; de *stil[lation*], et *goutte*). *Didact.* Compte-gouttes. *Un « nez au bout duquel il semblait que l'on eût adjoint... un stilligoutte* » (HUYSMANS).

STIMUGÈNE [stimyʒɛn]. *adj.* et *n. m.* (1973 ; de *stimuler,* et *-gène*). *Méd., pharm.* Se dit d'un produit stimulant servant à augmenter les défenses naturelles de l'organisme. *Stimugène atoxique.*

STIMULANT, ANTE [stimylɑ̃, ɑ̃t]. *adj.* et *n. m.* (1752 ; de *stimuler*). ♦ 1° Qui accroît l'activité physique ou psychique. V. **Vivifiant.** *Médicament stimulant.* V. **Analeptique, dopant, excitant, fortifiant, remontant ; psychotonique, tonique.** *Stimulant de l'activité mentale.* V. **Psychoanaleptique.** ◊ *N. m.* (1765). *Un stimulant.* « *L'air vif est un stimulant délicieux* » (DUHAM.). ♦ 2° (1772). Qui stimule, augmente l'énergie, l'ardeur de qqn. V. **Encourageant, exaltant.** *Une émulation stimulante.* ◊ *N. m.* Ce qui stimule, excite. « *La libre concurrence, le stimulant ancien des affaires* » (ARAGON). ◈ ANT. *Décourageant.*

STIMULATEUR [stimylatœʀ]. *adj.* et *n. m.* (1549, « personne qui excite à faire quelque chose » ; repris en 1803 comme adj. ; du rad. lat. de *stimuler*). ♦ 1° Adj. *Littér.* Qui stimule. V. **Excitateur, stimulant.** ♦ 2° N. m. *Méd.* Appareil électrique implanté dans l'organisme pour suppléer une commande nerveuse déficiente. *Stimulateur cardiaque,* prothèse cardiaque électronique. V. **Pace maker** (anglicisme).

STIMULATION [stimylasjɔ̃]. *n. f.* (déb. xvᵉ ; lat. *stimulatio*). ♦ 1° Action de stimuler (1°). ♦ 2° (1833). *Méd.* Action des stimulants. V. **Excitation** (Cf. Coup de fouet). ♦ 3° *Physiol.* Action d'un stimulus sur une structure excitable. *Stimulation de l'œil par la lumière.*

STIMULER [stimyle]. *v. tr.* (1356 ; lat. *stimulare,* de *stimulus* « aiguillon »). ♦ 1° Augmenter l'énergie, l'activité de qqn ; inciter, inviter, pousser à faire qqch. *Stimuler les hésitants.* V. **Encourager, exciter.** « *Les espérances... stimulèrent son amour-propre sans lui donner l'orgueil* » (BALZ.). V. **Animer, enflammer, éveiller.** « *Il faudrait stimuler son zèle* » (STENDHAL). ♦ 2° (xvıᵉ). Augmenter l'activité (des fonctions organiques). V. **Accélérer, activer.** *Le grand air stimule l'appétit.* V. **Aiguiser.** Redonner des forces, de l'ardeur à. V. **Doper, réconforter, remonter** (Cf. Donner un coup de fouet). « *Stimulé par ce bain de lumière, par ces odeurs de végétations naissantes* » (FROMENTIN). ◈ ANT. *Apaiser, calmer, endormir.*

STIMULINE [stimylin]. *n. f.* (1919 ; de *stimul*[er], et *-ine*). *Physiol.* Substance capable d'accroître l'activité d'un organe ou d'un tissu. *Les hormones sécrétées par l'hypophyse sont des stimulines* (stimulant le fonctionnement d'autres glandes endocrines).

STIMULUS [stimylys]. *n. m.* (1795 ; lat. sc. ; Cf. a. fr. *Stimule* « aiguillon », et *fig.* xvıᵉ ; de *stimuler*). *Physiol.* Agent externe ou interne capable de provoquer la réaction d'un système excitable. V. **Excitant.** « *Lorsque tel organe se contracte ou frémit sous le stimulus* » (MAINE DE BIRAN). V. **Stimulation.** Plur. *des stimulus ;* plus cour. *des stimuli. Stimuli sensoriels et stimuli psychiques.*

STIPE [stip]. *n. m.* (1778 ; lat. *stipes* « tige, souche »). *Bot.* Tige ligneuse de plantes arborescentes (*palmier nain, cocotier*) et des fougères, sans rameaux inférieurs.

STIPENDIÉ, ÉE [stipɑ̃dje]. *adj.* (fin xvıᵉ ; V. Stipendier). *Littér.* Acheté, corrompu. — Subst. « *Les banques entendent soutenir la politique du ministre qui a été leur stipendié* » (GIRAUDOUX).

STIPENDIER [stipɑ̃dje]. *v. tr.* (1581 ; « prendre à sa solde », 1479 ; lat. *stipendiari,* de *stipendium* « solde »). Vx. Payer pour une besogne méprisable, ignoble. « *Les gla-*

diateurs stipendiés par le tribun » (GAUTIER). ◊ *Mod.* et *littér.* Corrompre pour de l'argent. V. **Acheter ; stipendié.**

STIPITÉ, ÉE [stipite]. *adj.* (1803 ; de *stipe*). *Bot.* Qui est porté par une sorte de pied.

STIPLE [stipl(ə)]. *n. m.* Francisation orthographique proposée pour l'anglicisme STEEPLE, abrév. de STEEPLE-CHASE.

STIPULAIRE [stipylɛʀ]. *adj.* (1839 ; de *stipule*). *Bot.* Stipulé. — Qui est le produit de stipules. *Vrilles, épines stipulaires.*

STIPULATION [stipylasjɔ̃]. *n. f.* (1231 ; lat. *stipulatio*). Clause, condition, convention (énoncée dans un contrat). *Stipulation pour autrui.* — Précision donnée expressément.

STIPULE [stipyl]. *n. f.* (1749 ; dimin. lat. *stipula*). *Bot.* Chacun des deux organes foliacés insérés à la base du pétiole d'une feuille. *Une stipule.*

STIPULÉ, ÉE [stipyle]. *adj.* (1803 ; de *stipule*). *Bot.* Muni de stipules. ◈ HOM. *Stipuler.*

STIPULER [stipyle]. *v. tr.* (1289 ; lat. jur. *stipulare,* lat. *stipulari ;* p.-ê. de « rompre la paille », *stipula ;* Cf. Stipe, stipule). ♦ 1° *Dr.* Énoncer comme condition dans un contrat, un acte. *Stipuler des avantages particuliers, un dédit. Le contrat stipule que les associés sont solidaires.* ♦ 2° *Cour.* Faire savoir expressément. « *L'Autriche stipule ouvertement ses intentions* » (MART. du G.). « *Comment stipuler que ladite compensation pourra varier ?* » (ROMAINS). *Il est stipulé dans l'annonce qu'il faut écrire au journal.* V. **Spécifier, préciser.** ◈ HOM. *Stipulé.*

STOCHASTIQUE [stɔkastik]. *adj.* et *n. f.* (mil. xxᵉ ; du gr. *stokhastikos* « conjectural »). *Didact.* ♦ 1° Qui est le fruit du hasard, au moins en partie. *Phénomènes stochastiques,* dont le déterminisme* n'est pas absolu, et pouvant être étudiés par la statistique* (*opposé à* déterministe). ♦ 2° *Math., statist.* Qui comporte la présence d'une variable aléatoire. ♦ 3° *N. f.* Calcul des probabilités appliqué au traitement des données statistiques.

STOCK [stɔk]. *n. m.* (*h.* 1656 ; rare av. fin xıxᵉ ; mot angl. « souche »). ♦ 1° Quantité de marchandises en réserve. *Stocks d'un magasin.* Constituer, renouveler un stock. V. **Approvisionnement.** *Être en rupture de stock.* « *Se débarrasser de son stock à bas prix* » (ROBBE-GRILLET). « *Les stocks de sécurité prévus par l'administration française compensaient les sécheresses* » (CAMUS). V. **Provision, réserve.** *Stock invendable.* V. **Surplus.** *Faire diminuer les stocks.* V. **Déstocker.** ◊ *Compt.* Ensemble des produits finis non vendus, des produits semi-œuvrés, des matières premières, détenu par une entreprise à une date donnée. *La rotation des stocks dans un cycle de fabrication.* ♦ 2° *Fam.* Choses en réserve. *Un petit stock de cigarettes.* — Choses possédées en grande quantité. *Gardez-le, j'en ai tout un stock, un vrai stock.* Fig. « *Tout un stock de ce genre de facéties* » (BLOY). « *Son stock d'infamies* » (MIRBEAU). ♦ 3° *Biol.* Ensemble des animaux issus de la même souche par croisements consanguins. ◊ *Stock chromosomique,* ensemble des chromosomes portés par un gamète normal. V. **Génome, haplome.**

STOCKAGE [stɔkaʒ]. *n. m.* (fin xıxᵉ ; de *stocker*). Action de stocker. *Stockage de marchandises en magasin.* — *Techn.* (Manutention*). *Stockage dynamique,* équipement et techniques assurant le transport des objets stockés. — *Stockage tournant,* équipement de stockage sur plate-forme tournante. ◈ ANT. *Déstockage, écoulement.*

STOCK-CAR [stɔkkaʀ]. *n. m.* (mil. xxᵉ ; mot angl. « voiture de série »). *Anglicisme.* Course où de vieilles automobiles de série, munies de dispositifs de sécurité, se heurtent à des obstacles, font des carambolages. « *La position d'un garçon livreur de tartelettes pris au milieu d'une course de stock-cars* » (Cl. SIMON). — Véhicule de série aménagé pour de telles courses.

STOCKER [stɔke]. *v. tr.* (fin xıxᵉ ; de *stock*). Mettre en stock, faire une réserve de (qqch.). *Stocker des marchandises en magasin.* V. **Emmagasiner.** — Absolt. *Stocker pour spéculer.* ◈ ANT. *Déstocker, écouler.*

STOCKFISCH [stɔkfiʃ]. *n. m.* (1723 ; *stocqvisch,* 1387 ; moy. néerl. *stocvisch* « poisson [*visch*] séché sur des bâtons [*stoc*] »). Morue séchée à l'air. Poisson salé et séché. *Un stockfisch ;* du *stockfisch.* « *Un panier de stock-fish* (sic) *et de bœuf fumé* » (HUGO).

STOCKISTE [stɔkist(ə)]. *n. m.* (1923 ; de *stock*). Commerçant, industriel qui détient en magasin le stock disponible d'un fabricant. Agent qui détient en dépôt les pièces détachées de machines, de véhicules d'un constructeur. V. **Dépositaire.**

STOCK-SHOT [stɔkʃɔt]. *n. m.* (1952 ; mot angl.). Anglicisme. *Film.* V. **Document** [d'archives] (*recomm. offic.*).

STŒCHIOMÉTRIE [stekjɔmetʀi]. *n. f.* (1846 ; *stœcologie* « recherche et explication des éléments » en physique, 1740 ; du gr. *stoekheion* « élément », et *-métrie*). *Chim.* Étude des proportions suivant lesquelles les corps chimiques réagissent. — *Dér.* STŒCHIOMÉTRIQUE [stekjɔmetʀik]. *adj.*

STOÏCIEN, IENNE [stɔisjɛ̃, jɛn]. *adj. et n.* (v. 1300; du lat. *stoicus*, gr. *stoikos*, de *stoa* « portique » [du Pécile], lieu où enseignait Zénon). ♦ 1° Adj. *Philo. anc.* Qui suit la doctrine de Zénon (V. **Stoïcisme**). *Sage stoïcien.* ◇ (1669) Qui appartient au stoïcisme. « *Une impassibilité plus stoïcienne que chrétienne* » (BOSS.). *La maxime stoïcienne : Supporte et abstiens-toi.* ♦ 2° N. (1592). Philosophe, disciple de Zénon, qui professe le stoïcisme. *Le stoïcien Épictète. L'ataraxie du stoïcien.* ◇ (1694) Littér. Personne stoïque.

STOÏCISME [stɔisism(ə)]. *n. m.* (1688; de *stoïque*). ♦ 1° *Philo.* Doctrine de Zénon et de ses disciples, selon laquelle le bonheur est dans la vertu, et qui professe l'indifférence devant ce qui affecte la sensibilité. ♦ 2° *Cour.* Courage pour supporter la douleur, le malheur, les privations, avec les apparences de l'indifférence. V. **Courage, héroïsme**. *Supporter la douleur avec stoïcisme.* « *Dans son stoïcisme de paysan qui accepte la mort* » (ZOLA). « *Une forme de refus... qui porte, je crois, le nom de stoïcisme* » (BERNANOS).

STOÏQUE [stɔik]. *adj. et n.* (1488; lat. *stoicus*). ♦ 1° *Vx.* Stoïcien. *Les préceptes stoïques.* ♦ 2° *Mod.* Qui a du stoïcisme (2°). V. **Courageux, dur, ferme, héroïque, impassible, inébranlable**. « *Stoïque, impassible, silencieux* » (HUGO). *Rester stoïque devant le danger. Il « restait stoïque sous les injures* » (ZOLA). — « *Jusqu'à ce haut degré de stoïque fierté* » (VIGNY). ◇ N. Personne stoïque. *C'est un stoïque.* « *Qu'un stoïque aux yeux secs vole embrasser la mort* » (CHÉNIER).

STOÏQUEMENT [stɔikmã]. *adv.* (1555; de *stoïque*). D'une manière stoïque (2°), avec un grand courage. V. **Courageusement, héroïquement**. « *Nous allons... partager stoïquement le sort de nos pauvres soldats* » (SAND).

STOKER [stɔkœʀ]. *n. m.* (1946; mot angl.). Anglicisme. *Techn.* Appareil qui approvisionne automatiquement les locomotives à vapeur.

STOKES [stɔks]. *n. m.* (1953; nom d'un physicien). *Phys.* Unité C.G.S. de viscosité, quotient de la viscosité absolue par la densité du fluide à la température considérée. V. **Poise**. Abrév. *Sk.*

STOL [stɔl]. *adj. et n. m.* (1964; sigle angl., de Short Taking-Off and Landing). *Techn.* Se dit d'un avion susceptible de décoller ou d'atterrir sur une distance très courte. Équivalent recommandé : ADAC (avion à décollage et à atterrissage courts).

STOLON [stɔlɔ̃]. *n. m.* (1808; « rejeton d'un noisetier », 1549; lat. *stolo, stolonis*). ♦ 1° *Bot.* Tige provenant d'un bourgeon axillaire, qui croît couché sur le sol et s'enracine en produisant de nouveaux individus. *Multiplication végétative du fraisier par stolons.* ♦ 2° *Biol.* Long cordon, tube stomacal du pneumatophore, à partir duquel bourgeonnent les polypes ou nouveaux individus des colonies de siphonophores. — *Dér.* STOLONIAL, IALE, IAUX [stɔlɔnjal, jo], *adj.* (1933).

STOLONIFÈRE [stɔlɔnifɛʀ]. *adj.* (1803; de *stolon*). *Bot.* Qui produit des stolons. *Plante stolonifère.*

STOMACAL, ALE, AUX [stɔmakal, o]. *adj.* (XVIe; « salutaire à l'estomac », 1425, pour *stomachal; du lat. *stomachus*). *Méd.* (Vieilli). Relatif à l'estomac. V. **Gastrique**. *Colique stomacale.*

STOMACHIQUE [stɔmaʃik]. *adj.* (1694; « de l'estomac », 1537; lat. *stomachicus*, de *stomachus*). *Méd.* Qui facilite la digestion gastrique. — *Subst. L'eau de mélisse est un stomachique.*

STOMAT(O)-. (1836). Élément, du gr. *stoma, -atos* « bouche ». (On dit aussi **Stom**[o]-).

STOMATE [stɔmat]. *n. m.* (1817; nom d'un mollusque, 1803; de *stoma*). *Bot.* Ouverture naturelle sur l'épiderme de la tige ou de la feuille, qui assure des échanges avec le milieu extérieur (respiration, excrétion). V. **Pore**. *L'épicéa « boit avidement le soleil par ses quatre rangs de stomates* » (MICHELET).

STOMATITE [stɔmatit]. *n. f.* (1836; de *stoma*). *Méd.* Inflammation de la muqueuse buccale. *Stomatite localisée aux gencives.* V. **Gingivite**.

STOMATOLOGIE [stɔmatɔlɔʒi]. *n. f.* (1859; de *stomato-*, et suff. *-logie*). *Didact.* Partie de la médecine qui traite des maladies de la bouche et des dents. V. **Dentisterie**.

STOMATOLOGISTE [stɔmatɔlɔʒist(ə)]. *n.* (1933; de *stomatologie*). *Méd.* Médecin spécialisé en stomatologie* ou chirurgien-dentiste qualifié pour exercer la stomatologie (On dit aussi *stomatologue* [stɔmatɔlɔg(ə)]).

STOMATOPLASTIE [stɔmatɔplasti]. *n. f.* (1855; de *stomato-*, et *-plastie*). *Chir.* ♦ 1° Intervention de chirurgie plastique sur le col utérin, ayant pour but d'en élargir l'orifice externe. ♦ 2° Réfection par autoplastie* des malformations (congénitales ou accidentelles) de la cavité buccale.

STOMATORRAGIE [stɔmatɔʀaʒi]. *n. f.* (1843; de *stomato-*, et *-rragie*). *Méd.* Hémorragie buccale. — *Dér.* STOMATORRAGIQUE [stɔmatɔʀaʒik], *adj.*

STOMATOSCOPE [stɔmatɔskɔp]. *n. m.* (1846; de *stomato-*, et suff. *-scope*). *Méd.* ♦ 1° Instrument assurant l'ouverture de la bouche durant un examen ou une intervention.

♦ 2° Instrument muni d'une source lumineuse, qui permet l'examen de la bouche.

STOMOXE [stɔmɔks(ə)]. *n. m.* (*Stomox*, 1785; du gr. *stoma* « bouche », et *oxus* « aigu »). *Zool.* Mouche susceptible de transmettre le bacille du charbon *(mouche charbonneuse).*

STOP! [stɔp]. *interj. et n. m.* (1792, mar.; mot angl. « arrêt »). ♦ 1° Commandement ou cri d'arrêt. *Il « arrêta la nage en criant : « Stop! »* (MAUPASS.). ♦ 2° Mot employé dans les télégrammes pour séparer nettement les phrases. ♦ 3° N. m. Arrêt. « *Un véritable stop du cœur* » (ROMAINS). ◇ Spécialt. Signal de stop ou *stop* : feu arrière des automobiles, qui s'allume quand on freine; signal routier obligeant à marquer un temps d'arrêt. ◇ *Par appos.* (Bourse). *Ordre stop*, ordre d'achat à la hausse ou de vente à la baisse. ♦ 4° *Fam.* Auto-stop. « *Je lui demandai ce qu'il faisait... — Du stop..., me répondit-il. Je fais le monde en stop* » (DANINOS). ◇ *Par appos.* V. **Auto-stop**. — En parlant de tout moyen de transport accordé gratuitement. *Cargo-stop. Camion-stop. Bateau-stop.* Par plaisant. *Chameau-stop*, etc.

STOPPAGE [stɔpaʒ]. *n. m.* (v. 1900; de *stopper* 2). Opération par laquelle on stoppe. V. **Raccommodage, rentrayage**.

1. STOPPER [stɔpe]. *v.* (1847; angl. *to stop*). **A** *V. tr.* ♦ 1° *Mar.* Faire s'arrêter (un navire, une machine...). *Stopper l'ancre.* ♦ 2° *Cour. Fig.* Arrêter, juguler; empêcher de se continuer. « *L'invasion des rats était stoppée* » (CAMUS). — **B** *V. intr.* S'arrêter (en parlant de navires, de véhicules). « *Le train... repartit pour stopper une seconde fois, en pleine montagne* » (LOUŸS). ◇ *Fig.* S'arrêter (de parler, etc.). « *Les paroles se bloquaient dans sa gorge, il stoppait net* » (MART. du G.).

2. STOPPER [stɔpe]. *v. tr.* (v. 1900; du v. région. *estauper*, 1780; *restauper*, 1730; de l'a. fr. *estoper*; néerl. *stoppen* « étouper »). Réparer (une déchirure) en refaisant la trame et la chaîne. V. **Raccommoder**. *Stopper un accroc; par ext. un vêtement.* « *J'avais donné ma veste à stopper* » (DUHAM.).

1. STOPPEUR, EUSE [stɔpœʀ, øz]. *n.* (v. 1900; de *stopper* 2). Personne qui stoppe les étoffes, dont le métier est de stopper.

2. STOPPEUR, EUSE [stɔpœʀ, øz]. *n.* (mil. XXe; de *stop*, 4°). *Fam.* V. **Auto-stoppeur**.

STORAX [stɔʀaks]. *n. m.* (XVIe; *storiaus* XIIIe; de *styrax*). *Vx. et didact.* Résine du styrax. V. **Styrax** 2°. Par appos. *Baume storax*, contenant cette résine.

STORE [stɔʀ]. *n. m.* (1544; *estore*, n. f., 1559; *estueyra* « natte », XVe; it. *stora*, ibid. plur. *stuoja*, lat. *storea* « natte »). Rideau ou assemblage souple d'éléments, qui s'enroule ou se replie à son extrémité supérieure devant une ouverture (fenêtre, porte-fenêtre). *Store d'étoffe, stores en bambou. Baisser, lever un store.* « *Une voiture à stores tendus* » (FLAUB.). *Stores vénitiens, à lamelles orientables.* — (1949) *Grand rideau, à la devanture d'un magasin.* — *Rideau intérieur à coulisse horizontalement.*

STORISTE [stɔʀist(ə)]. *n.* (1972; de *store*). Fabricant ou commerçant de stores et dispositifs analogues.

STOÛPA ou **STÛPA** [stupa]. *n. m.* (1868; mot hindi). *Archit.* Monument funéraire, aux Indes, etc. « *Sur les hauteurs, les stûpas et monastères bouddhistes* » (LÉVI-STRAUSS). — *Stoûpa javanais, indochinois.*

STOUT [stawt ou stut]. *n. m. ou f.* (1854; mot angl. « épais »). Bière brune, épaisse et forte, voisine du porter. « *Ils ronflent même certains* [...] *c'est la fatigue et puis la fumée et la Stout qu'est assoupissante* » (CÉLINE).

STRABISME [stʀabism(ə)]. *n. m.* (1660; *strabismus*, 1566; gr. *strabismos*, de *strabos* « louche »). Défaut de parallélisme des axes de fixation des deux yeux, se traduisant par la déviation de l'un ou des deux yeux. (V. **Loucher**). *Strabisme convergent, divergent.* « *Un rien de strabisme dans le regard* » (GONCOURT). *Affecté de strabisme :* STRABIQUE [stʀabik] *(adj. et n.)*.

STRADIOT, STRADIOTE. V. **ESTRADIOT**.

STRADIVARIUS [stʀadivaʀjys]. *n. m.* (1831; nom propre). Violon, alto ou violoncelle fabriqué par le célèbre luthier Antonio Stradivari. *Jouer sur un stradivarius.*

STRAMONIUM [stʀamɔnjɔm] ou **STRAMOINE** [stʀamwan]. *n. m.* (1602,-1776; *stramonia*, 1572; lat. bot., o. i.). *Bot.* Variété de datura dont les feuilles contiennent plusieurs alcaloïdes toxiques, certains étant employés en thérapeutique (hyoscyamine, scopolamine) pour leurs propriétés sédatives et antispasmodiques. « *Un homme de deux qui, las de la vie, a pris une dose de stramonium* » (STENDHAL). — On dit aussi **Pomme épineuse**.

STRANGULATION [stʀãgylasjɔ̃]. *n. f.* (1549; lat. *strangulatio*, de *strangulare*). *Didact.* Le fait d'étrangler qqn. V. **Étranglement**. *Asphyxie par strangulation.* « *La gorge était stigmatisée par des meurtrissures noires et de profondes traces d'ongles, comme si la mort avait eu lieu par strangulation* » (BAUDEL.).

STRANGULER [stʀãgyle]. *v. tr.* (1867; lat. *strangulare*). *Plais.* Étrangler.

STRAPONTIN [stʀapɔ̃tɛ̃]. *n. m.* (XVIe; d'abord « hamac »; *strampontin*, XVe; it. *strapontino; de strapunto* « matelas », var. de *trapunto* « piqué à l'aiguille », de *puntare* « piquer »).
I. ♦ 1° Siège à abattant (dans une voiture, une salle de spectacle). « *Nous nous assîmes sur l'étroit strapontin* » (GAUTIER). ♦ 2° (1967). *Fig.* Place d'importance secondaire et souvent éphémère (dans une assemblée, une conférence, un organisme). « *Peu de place pour* [les poètes] *dans les quotidiens, de rares apparitions dans les hebdomadaires, un strapontin à la télévision* » (*Le Monde*, 23-11-1968).
II. *Hist. du vêtement.* Coussinet que les femmes attachaient par derrière, à la taille, et qui faisait bouffer la robe. « *Les coussins, le 'strapontin' de l'affreuse 'tournure'* » (PROUST).

STRASS ou **STRAS** [stʀas]. *n. m.* (1746; de *Stras*, le nom de l'inventeur). Silico-borate de plomb artificiel imitant certaines pierres précieuses. « *Son épingle* (pouvait être) *en strass du Rhin; mais l'effet en était assez riche aux lumières* » (NERVAL). — *Fig.* Ce qui brille d'un éclat trompeur. V. **Clinquant, toc.** ◇ HOM. Strasse.

STRASSE [stʀas]. *n. f.* (1690; it. *straccio* « chiffon »). *Techn.* Bourre, rebut de soie. ◇ HOM. Strass.

STRATAGÈME [stʀataʒɛm]. *n. m.* (1564; *strategeme* « ruse de guerre », XVe; *strategemmate, stragemmate*, lat. *strategema*, mot gr.; Cf. Stratège). Ruse habile, bien combinée. V. **Subtilité, tour.** « *Personnage fertile en fourberies, ruses et stratagèmes* » (GAUTIER).

STRATE [stʀat]. *n. m.* (1805; *strata*, 1765; lat. *stratum* « chose étendue », de *sternere* « étendre »). *Géol.* Chacune des couches de matériaux qui constituent un terrain, *spécialt.* un terrain sédimentaire. V. **Assise, banc, couche, lit.** ◇ Biol. *Strates de cellules.*

STRATÈGE [stʀatɛʒ]. *n. m.* (1721; gr. *stratêgos* « chef d'armée, général », de *stratos* « armée », et *agein* « conduire »). ♦ 1° *Hist. gr.* Dans diverses cités et, notamment, à Athènes, Magistrat chargé de toutes les questions militaires. ♦ 2° (1845; répandu 1914-18). Général en chef d'une armée importante, qui conduit des opérations de grande envergure. *Les grands stratèges français de la première guerre mondiale.* — Iron. « *Il était de ces stratèges en chambre qui expliquent Austerlitz et corrigent Waterloo* » (R. ROLLAND). ◇ Spécialt. (*Opposé à* tacticien) Celui qui est spécialisé en stratégie (1°). « *L'antiquité n'a connu que la tactique. Annibal seul est stratège* » (SUARÈS).

STRATÉGIE [stʀateʒi]. *n. f.* (1803; « gouvernement militaire », 1562; gr. *stratêgia*. V. **Stratège**). ♦ 1° (*Opposé à* tactique). Art de faire évoluer une armée sur un théâtre d'opérations jusqu'au moment où elle entre en contact avec l'ennemi. « *La tactique ruine la stratégie. La bataille d'ensemble gagnée sur la carte est perdue en détail sur les coteaux* » (VALÉRY). ◇ Partie de la science militaire qui concerne la conduite générale de la guerre et l'organisation de la défense d'un pays (opérations de grande envergure, élaboration des plans). *Cours de stratégie à l'École de guerre. Stratégie atomique, nucléaire. Stratégie navale, aérienne.* ♦ 2° *Fig.* Ensemble d'actions coordonnées, de manœuvres en vue d'une victoire. *Stratégie électorale, parlementaire.* V. **Tactique.** ◇ (1973). Écon., comm. *Stratégie défensive,* politique de production consistant pour une firme à adopter la gamme de produits la plus complète possible afin de satisfaire toutes les catégories de distributeurs et de consommateurs (*opposé à* stratégie offensive). — *Stratégie de communication,* base schématique servant à l'élaboration du texte et de l'image en publicité.

STRATÉGIQUE [stʀateʒik]. *adj.* (1819; gr. *stratêgikos*). ♦ 1° (*Opposé à* tactique). Qui concerne la stratégie (1°). *Aviation stratégique,* destinée à bombarder les arrières de l'ennemi. *Objectif stratégique d'une opération.* ♦ 2° *Cour.* (1872). Relatif à l'art de la guerre; qui présente un intérêt militaire (*opposé à* politique, économique). V. **Militaire, tactique.** *Voies stratégiques. Position stratégique.* « *Sa situation* (de la ville) *en faisait jadis un point stratégique* » (BALZ.).

STRATÉGIQUEMENT [stʀateʒikmã]. *adv.* (1846; de *stratégique*). Selon les règles de la stratégie; du point de vue de la stratégie, de l'art militaire. « *On peut être battu stratégiquement* » (ARAGON).

STRATÉGISTE [stʀateʒist(ə)]. *n. m.* (1831; de *stratégie*). Vieilli.

STRATIFICATION [stʀatifikasjɔ̃]. *n. f.* (1620, chim.; lat. des alchim. *stratificatio, -onis*). Disposition des matériaux par strates (dans des terrains sédimentaires); processus géologique par lequel les matériaux se sont ainsi disposés. *Stratification concordante*, discordante*, entrecroisée, horizontale, inclinée.* ◇ Biol. (1872) Disposition des cellules en couches régulières. ◇ *Fig.* Disposition en couches superposées. *Stratification des souvenirs.*

STRATIFIÉ, ÉE [stʀatifje]. *adj.* (fin XVIIIe; V. **Stratifier**). ♦ 1° Qui est disposé en couches superposées, en strates. [illisible] (V. Stratification). — Biol. Épithélium

stratifié. ♦ 2° *Techn.* Se dit d'une matière rigide et légère qui est constituée par des couches alternées de plastique et de textile ou de fibre de verre. *Polyester stratifié.* Subst. *Du stratifié.*

STRATIFIER [stʀatifje]. *v. tr.* (1675, chim.; lat. alchim. *stratificare*). *Sc.* Disposer des substances en couches superposées.

STRATIGRAPHIE [stʀatigʀafi]. *n. f.* (av. 1850; du rad. de *stratifier*, et suff. *-graphie*). ♦ 1° *Sc. Ancienn.* Étude des couches sédimentaires qui se sont déposées à la surface de la Terre. — *Mod.* Étude de la succession chronologique des roches de l'écorce terrestre. ♦ 2° *Méd.* Procédé de tomographie* où le tube émetteur reste fixe, le sujet et le film se déplaçant autour de deux axes parallèles.

STRATIGRAPHIQUE [stʀatigʀafik]. *adj.* (1862; de *stratigraphie*). *Géol.* Relatif à la stratigraphie ou aux strates.

STRATIOME [stʀatjɔm] ou **STRATIOMYS** [stʀatjɔmis]. *n. m.* (1839-1875; lat. mod., du gr. *stratiôtês* « soldat » [à cause de l'aiguillon], et *muia* « mouche »). *Zool.* Mouche à l'abdomen large et aplati, qui vit parmi les plantes aquatiques.

STRATO-. Élément, du latin *stratum* « chose étendue ».

STRATO-CUMULUS [stʀatokymylys]. *n. m.* (1894; *cumulo-stratus*, 1803; de *strato-*, et *cumulus*). *Didact.* Couche nuageuse sombre ou ensemble de bancs nuageux minces et d'épaisseur égale situés à une altitude moyenne de 2 000 m (*opposé à* altocumulus). V. **Status.**

STRATOPAUSE [stʀatopoz]. *n. f.* (v. 1960; de *strato-*, et du gr. *pausis* « cessation, fin »). *Sc.* Limite supérieure de la stratosphère.

STRATOSPHÈRE [stʀatosfɛʀ]. *n. f.* (1898; de *strato-*, et *sphère*). *Cour.* Couche de l'atmosphère comprise entre la troposphère (6 à 17 km d'altitude) et la mésosphère (50 km d'altitude).

STRATOSPHÉRIQUE [stʀatosfeʀik]. *adj.* (1931; de *stratosphère*). Relatif à la stratosphère. *Température, air stratosphérique.* ◇ Qui sert à explorer la stratosphère, qui peut s'y déplacer. *Ballon-sonde, fusée stratosphérique.*

STRATOVISION [stʀatovizjɔ̃]. *n. f.* (v. 1960; de *strato-*, et *vision*). *Techn.* Technique de diffusion d'émissions de télévision à partir d'avions volant à haute altitude (projet remplacé par l'utilisation des satellites artificiels).

STRATUM [stʀatɔm]. *n. m.* (XVIIIe, chim.; mot lat. « couche »). *Didact.* Mot latin employé dans quelques expressions, en méd. *Stratum lucidum. Stratum intermedium* de la pulpe dentaire.

STRATUS [stʀatys]. *n. m.* (1830; mot lat. « étendu ». V. **Strate**). *Didact.* Nuage qui présente l'aspect d'un voile continu. *Cirro-status* (ou *cirrostratus*); *alto-status* (ou *altostratus*). V. **Strato-cumulus.** — *Des stratus.*

STREPTO-. Élément, du gr. *streptos* « contourné, recourbé ».

STREPTOBACILLE [stʀeptobasil]. *n. m.* (fin XIXe; de *strepto-*, et *bacille*). *Bactér.* Bacille qui forme des colonies en chaînes.

STREPTOCOCCIE [stʀeptokoksi]. *n. f.* (1897; de *streptocoque*). *Méd.* Infection par des streptocoques (érysipèle, etc.). — Dér. STREPTOCOCCIQUE [stʀeptokoksik], *adj.*

STREPTOCOQUE [stʀeptokɔk]. *n. m.* (1890; *streptococcus*, 1883; de *strepto-*, et *-coque*). Nom générique de bactéries, de forme arrondie, groupées en chaînettes. *Pasteur « dessina le microbe en grains de chapelet... et dit : « Tenez, voici sa figure ». C'était le streptocoque* » (MONDOR).

STREPTOMYCÈTE [stʀeptomisɛt]. *n. m.* (1971; de *strepto-*, et *mycète*). *Microbiol.* Genre de micro-organisme d'aspect filamenteux appartenant au règne des bactéries. *Streptomycètes pathogènes, saprophytes.*

STREPTOMYCINE [stʀeptomisin]. *n. f.* (1944; de *strepto-*, *-myce*, et *-ine*). Antibiotique produit par un actinomycète (*streptomyces griseus*), actif sur un grand nombre de bactéries, en particulier sur le bacille de la tuberculose.

STRESS [stʀes]. *n. m.* (apr. 1950 [H. Selye]; mot angl. « effort intense, tension »). *Anglicisme. Didact.* (*Biol., psycho.*). Réponse de l'organisme aux facteurs d'agression* physiologiques et psychologiques ainsi qu'aux émotions (agréables ou désagréables) qui nécessitent une adaptation (élément de la théorie du syndrome d'adaptation). — *Cour.* Action brutale sur un organisme (choc infectieux ou chirurgical, décharge électrique, traumatisme psychique). *Réponse préparatoire au stress,* ou *réaction d'alarme.*

STRESSANT, ANTE [stʀesã, ãt]. *adj.* (1967; de *stresser*). *Anglicisme. Didact.* (*Biol., psycho.*). Qui provoque un stress. *Agent, facteur stressant. Situation stressante.*

STRESSER [stʀese]. *v. tr.* (mil. XXe; de *stress*). *Anglicisme.* Causer un stress à l'organisme. — P. p. Être stressé.

STRETCH [stʀetʃ] ou **STRECH** [stʀeʃ]. *n. m.* et adj. invar. (1963; nom déposé, mot angl. de *to stretch* « étendre »). *Américanisme. Techn.* Procédé de traitement des tissus les rendant élastiques dans le sens horizontal. — *Par* *ext. Le tissu ainsi traité. Du stretch.* — Par appos. *Anorak en lycra stretch. Pantalon en velours stretch.*

STRETTE [sʀɛt]. *n. f.* (1831 ; it. *stretta* « étreinte, resserrement » ; « attaque rapide », *h. XVI*e). *Mus.* Partie d'une fugue qui précède la conclusion et dans laquelle le sujet et la réponse se poursuivent avec des entrées de plus en plus rapprochées. « *La strette de l'Ave Maria, qui éclate et pétille* » (Hugo).

STRIATION [stʀijasjɔ̃]. *n. f.* (1873 ; de *strier*). *Didact.* Disposition par stries parallèles. Opération qui consiste à tracer des stries sur une surface. — Ensemble de stries sur qqch. ◇ *Phys. Technique de striation :* méthode pour rendre visibles les ondes sonores. ◇ Défaut des matériaux optiques.

STRICT, STRICTE [stʀikt(ə)]. *adj.* (1752, répandu XIXe ; attesté par l'adv. *strictement*, 1503 ; lat. *strictus* « serré, étroit ; rigoureux »). ♦ 1° Qui laisse très peu de liberté d'action ou d'interprétation. V. **Astreignant, étroit.** *Morale stricte. Principes stricts.* V. **Sévère.** *Donner une interprétation stricte de la loi.* « *Les exigences d'une stricte prosodie* » (Valéry). ◇ Rigoureusement conforme aux règles, à un modèle. V. **Exact.** *La stricte observation du règlement.* V. **Rigoureux.** *C'est la stricte vérité.* « *La cohérence et la vraisemblance stricte importent peu* » (Romains). *Inégalité stricte,* excluant l'égalité éventuelle. ♦ 2° (*Personnes ;* 1829). Qui ne tolère (pour soi-même ou pour les autres) aucun relâchement, aucune négligence, aucune infraction. *Il est très strict sur la discipline.* V. **Autoritaire, rigide, sévère.** ♦ 3° (*Choses*). Qui constitue le minimum permis ou exigible. *C'est son droit strict, le plus strict.* ◇ Réduit à la plus petite valeur. *Le strict nécessaire.* Se borner au strict minimum. *Dans la plus stricte intimité.* — *Sens strict d'un mot :* le sens qui a la plus petite extension. V. **Fort, littéral, propre.** *Au sens strict.* V. **Stricto sensu.** ♦ 4° (*Choses*). Très correct et dépourvu d'ornements ; qui est conforme à un type classique et un peu sévère. *Tenue très stricte. Langue stricte, épurée.* ⬦ Ant. *Lâche, large; approximatif.*

STRICTEMENT [stʀiktəmɑ̃]. *adv.* (1503 ; de *strict*). D'une manière stricte. V. **Rigoureusement.** *Affaire strictement personnelle. Strictement confidentiel.* « *On s'est borné strictement aux citations* » (Renan). V. **Étroitement, uniquement.** — *Nombres strictement positifs,* où le zéro est exclu. ◇ D'une manière stricte (4°). *Strictement vêtu.* « *Elle avait des cheveux châtains, strictement coupés* » (Beauvoir).

STRICTION [stʀiksjɔ̃]. *n. f.* (1761 ; lat. *strictio, -onis* « pression »). ♦ 1° *Méd.* Constriction, resserrement. ♦ 2° *Phys.* Resserrement, diminution de section (d'un fluide en écoulement, d'une pièce métallique soumise à une traction, d'un plasma soumis à des forces électromagnétiques).

STRICTO SENSU [stʀiktɔsɛ̃sy]. *adv.* (attesté xxe ; mots lat.). Au sens strict. V. **Proprement.** ⬦ Ant. *Lato sensu.*

STRIDENCE [stʀidɑ̃s]. *n. f.* (1883 ; de *strident*). *Littér.* et *rare.* Bruit strident. « *La stridence des sabres cognant les éperons et les étriers* » (P. Adam).

STRIDENT, ENTE [stʀidɑ̃, ɑ̃t]. *adj.* (1529, rare av. déb. XIXe ; lat. *stridens, -entis,* de *stridere*). (*D'un bruit, d'un cri,* etc.). Qui est à la fois aigu et intense. V. **Perçant, sifflant.** *Grincement strident.* « *Le sifflet strident d'une locomotive* » (Maupass.). *Rire strident.* V. **Éclatant.** « *Des clameurs stridentes de jeune cochon qu'on égorge* » (Courteline).

STRIDOR [stʀidɔʀ]. *n. m.* (1914 ; du lat. *stridor* « sifflement »). *Méd.* Bruit strident lors de l'inspiration, parfois provoqué par une obstruction partielle du larynx ou de la trachée.

STRIDULANT, ANTE [stʀidylɑ̃, ɑ̃t]. *adj.* (1842 ; n. m. pl. « insectes du genre cigale », 1839 ; du lat. *stridul*[us]). *Didact.* Qui produit un bruit strident ; qui a un cri perçant. *Insectes stridulants.*

STRIDULATION [stʀidylasjɔ̃]. *n. f.* (1838 ; du lat. *stridulus*). *Didact.* Bruit strident que produisent certains insectes. *La stridulation des cigales, des grillons.* V. **Cri, chant.** ◇ *Méd.* Sifflement strident survenant au cours de la respiration. V. **Stridor.**

STRIDULER [stʀidyle]. *v. intr.* (1846 ; du rad. lat. *stridulus*). *Didact.* ou *littér.* Produire une stridulation. *La cigale stridule.* — Au p. p. « *La locomotive qui se met en marche, le sifflement saccadé de ses jets, ses cris stridulés* » (Huysmans).

STRIDULEUX, EUSE [stʀidylø, øz]. *adj.* (1778 ; de *striduler*). *Méd.* Qui a un son aigu et sifflant. *Respiration striduleuse. Laryngite striduleuse.*

STRIE [stʀi]. *n. f.* (1545, rare av. XVIIe ; lat. *stria* « rainure »). ♦ 1° (Rare au sing.). *Stries :* petits sillons parallèles, séparés par des arêtes saillantes. *Stries d'une coquille; d'une lime.* V. **Rainure, sillon.** *Marqué de stries profondes.* V. **Strié.** ◇ (1872) Rayure d'une roche, due à l'action glaciaire. ♦ 2° (1779). *Stries :* petites lignes parallèles qui se détachent sur un fond. — Au sing. *Des « pièces d'argent... se détachant sur une strie rouge* » (Gautier). ♦ 3° (1771). *Archit.* Listel. — *Plur.* Cannelures parallèles.

STRIÉ, ÉE [stʀije]. *adj.* (1534 ; lat. *striatus*). ♦ 1° Cou-

vert, marqué de stries, de raies. *Colonne, coquille, tige striée.* ◇ *Géol. Roche striée,* qui porte des stries dues à l'action glaciaire. ♦ 2° *Anat. Muscles striés,* qui présentent, outre les stries longitudinales dues aux fibrilles musculaires, des stries transversales résultant de la succession alternante de disques sombres et de disques clairs qui sont les éléments contractiles du muscle. *Muscles striés,* de la vie de relation (mouvements volontaires), *à la différence des muscles lisses* (viscéraux) *dont la contraction échappe à la volonté.* ◇ *Corps strié* (1751) : structure constituée par les trois amas de substance grise du cerveau : *le noyau caudé,* qui s'enroule autour de la couche optique, *le noyau lenticulaire,* situé en dehors du noyau caudé et de la couche optique, et *l'avant-mur,* mince lame grise à la face externe du noyau lenticulaire. *Aire striée,* du cortex occipital, qui est la zone de projection visuelle de la rétine.

STRIER [stʀije]. *v. tr.* (av. 1854 ; de *strie*). Couvrir, marquer, orner de stries, de raies. V. **Bretter, rayer, vermiculer.** « *Des bandes violettes striaient les rougeurs du couchant* » (Nerval). *La fenêtre* « *que la lumière électrique... striait de haut en bas de barres d'or parallèles* » (Proust).

STRIGE ou **STRYGE** [stʀiʒ]. *n. f.* (1868,-1534 ; lat. *striga,* de *strix, strigis,* gr. *strigx, striggos*). *Littér.* Vampire tenant de la femme et de la chienne. « *Ce pullulement de démons, larves, follets, stryges, goules, vampires* » (Henriot).

STRIGIDÉS [stʀiʒide]. *n. m. pl.* (1839 ; de *strix*). *Zool.* Famille d'oiseaux qui comprend tous les rapaces nocturnes (On dit aussi *Budonidés*).

STRIGILE [stʀiʒil]. *n. m.* (1544, rare av. XVIIIe ; lat. *strigilis.* V. **Étrille**). *Didact.* ♦ 1° *Antiq.* Racloir dont les anciens se servaient pour nettoyer et frictionner leur corps. ♦ 2° *Archéol.* (1872). Cannelure en forme de S. *Les strigiles, motif décoratif des sarcophages antiques.*

STRIOSCOPIE [stʀijɔskɔpi]. *n. f.* (mil. XXe ; de *strio-,* de *strie,* et suff. *-scopie*). *Sc.* Méthode photographique pour étudier les ondes de choc produites par exemple dans l'air par un projectile, ou par un profil d'aile d'avion dans une soufflerie.

STRIOSCOPIQUE [stʀijɔskɔpik]. *adj.* (mil. XXe ; de *strioscopie*). *Sc.* Qui est relatif à la strioscopie. *Méthode strioscopique.*

STRIPAGE [stʀipaʒ]. *n. m.* (1969 ; d'apr. l'angl. *stripping*). *Phys. nucl.* « Réaction nucléaire dans laquelle un nucléon est arraché d'un noyau projectile et capté par le noyau cible. Le nucléon arraché fusionne avec la cible, tandis que le projectile continue sa course pratiquement dans sa direction initiale » (J. O.). V. **Stripping** (3°).

1. **STRIPPER** [stʀipœʀ]. *n. m.* (mil. XXe ; mot angl. de *to strip* « dépouiller » ; Cf. Strip-tease). *Anglicisme. Chir.* Instrument utilisé en chirurgie pour dénuder les veines, dans le traitement contre les varices. *Recomm. offic.* Tire-veine.

2. **STRIPPER** [stʀipe]. *v. tr.* (mil. XXe ; de l'angl. *to strip*). *Anglicisme. Techn.* Dépouiller (un liquide) de ses fractions trop volatiles (opération de distillation).

STRIPPING [stʀipiŋ]. *n. m.* (mil. XXe ; mot angl.). *Anglicisme.* ♦ 1° *Techn.* Entraînement des fractions trop volatiles d'un liquide. ♦ 2° *Chir.* Méthode d'ablation chirurgicale des varices. Équivalents recommandés : Éveinage, phlébectomie, tringlage. ♦ 3° *Phys. nucl.* V. **Stripage** (*recomm. offic.*).

STRIP-TEASE [stʀiptiz]. *n. m.* (v. 1950 ; mot angl., de *to strip* « déshabiller », et *to tease* « agacer, taquiner »). *Anglicisme.* ♦ 1° Spectacle de cabaret au cours duquel une ou plusieurs femmes se déshabillent progressivement, en musique. V. **Effeuillage** (2°). *Numéro de strip-tease.* — *Par ext.* L'endroit même où a lieu le strip-tease. « *J'irai partout, sur les plages de milliardaires, chez les derniers Indiens, dans les strip-teases minables* » (F. Reichenbach). ♦ 2° *Fig.* Confidences, aveux complaisants, comportement exhibitionniste. V. **Déballage** (2°). « *Cette époque de strip-tease politique, social, vestimentaire* [...]. *Cette ère de déballage universel* » (Daninos).

STRIP-TEASEUSE [stʀiptizøz]. *n. f.* (v. 1950 ; de *strip-tease*). Celle qui exécute un numéro de strip-tease. V. **Effeuilleuse.**

STRIURE [stʀijyʀ]. *n. f.* (1751 ; *strieure,* 1567 ; du lat. *striatura*). Disposition par stries parallèles ; manière dont une chose est striée. *Striure d'une colonne.*

STRIX [stʀiks]. *n. m.* (1765, rapace nocturne ; mot lat. V. **Strige**). *Zool.* Nom générique de divers rapaces nocturnes (V. **Chouette, effraie, hulotte**).

STROBILE [stʀɔbil]. *n. m.* (1798 ; lat. *strobilus,* gr. *strobilos* « toupie »). ♦ 1° *Bot.* Épi porteur de sporanges (chez les fougères, etc.). — Inflorescence mâle des conifères. ♦ 2° *Zool.* Chaîne d'anneaux (proglottis) qui forme le corps des ténias.

STROBO-. Élément, du gr. *strobos* « rotation, tournoiement ».

STROBOPHOTOGRAPHIE [stʀɔbɔfɔtɔgʀafi]. *n. f.* (1974 ; de *strobo-,* et *photographie*). *Didact.* (*Phot.*). Procédé de filmage qui permet de régler le nombre de photos par seconde.

STROBORAMA [stʀɔbɔʀama]. *n. m.* (mil. xxᵉ; de *strobo-*, et *-orama*). *Techn.* Appareil stroboscopique extrêmement rapide.

STROBOSCOPE [stʀɔbɔskɔp]. *n. m.* (1890; de *strobo-*, et *-scope*). ♦ 1° *Ancienn.* Appareil rotatif (disque, cylindre) donnant l'illusion de mouvement par une suite d'images. *Le stroboscope, ancêtre du cinéma, des dessins animés.* ♦ 2° *Phys.* Instrument destiné à faire apparaître immobiles ou animés d'un mouvement lent des objets animés d'un mouvement périodique rapide. ♦ 3° *Méd.* Appareil qui émet des éclairs lumineux de fréquence réglable, employé dans l'étude des crises convulsives des épileptiques. — Dér. STROBOSCOPIQUE [stʀɔbɔskɔpik], *adj.*

STROBOSCOPIE [stʀɔbɔskɔpi]. *n. f.* (1890; de *stroboscope*). *Phys.* Méthode d'observation des objets animés d'un mouvement périodique rapide.

STROMA [stʀɔma]. *n. m.* (1846; gr. *strôma* « tapis, couverture »). ♦ 1° *Histol.* Tissu qui constitue la charpente d'un organe, d'une structure anatomique. *Stroma choroïdien, iridien.* — Spécialt. *(Pathol.).* Tissu conjonctif constituant la charpente d'une tumeur cancéreuse. ♦ 2° *Bot.* Mycélium massif des thallophytes (*Syn.* PLECTENCHYME [plɛktɑ̃ʃim]).

STROMBE [stʀɔ̃b]. *n. m.* (1808; lat. bot. *strombus*, gr. *strombos* « toupie »). *Zool.* Mollusque gastéropode de grande taille, dont la coquille porte une large fente.

STROMBOLIEN, ENNE [stʀɔ̃bɔljɛ̃, ɛn]. *adj.* (1874; de *Stromboli*). Du Stromboli. — *Géol.* Volcan du type strombolien, caractérisé par une lave très fluide et des éruptions violentes avec projection de bombes et de petites pierres.

STRONGLE [stʀɔ̃gl(ə)] ou **STRONGYLE** [stʀɔ̃ʒil]. *n. m.* (1700; gr. *stroggulos* « rond »). *Zool.* Long ver cylindrique (*Nématodes*) parasite des mammifères.

STRONGYLOSE [stʀɔ̃ʒiloz]. *n. f.* (1897; *strongillose*, 1906; de *strongle*). *Vétér.* Maladie parasitaire des animaux domestiques, due au strongle.

STRONTIANE [stʀɔ̃sjan]. *n. f.* (1795; de *strontium*). *Chim.* Hydroxyde de strontium. — *Jaune de strontiane*, couleur minérale.

STRONTIUM [stʀɔ̃sjɔm]. *n. m.* (1829; mot angl. [1807, Davy], de *strontianite* [1791], de *Strontian*, village d'Écosse). *Chim.* Élément (n° at. 38; masse at. 87,63; symb. *Sr*), métal alcalino-terreux (dens. 2,6; temp. de fusion 771 °C), blanc argent, mou comme le plomb. *L'isotope du strontium, de masse 90, est un des plus dangereux parmi les « retombées radioactives ». Les sels de strontium sont utilisés en pyrotechnie.*

STROPHANTE [stʀɔfɑ̃t] ou **STROPHANTUS** [stʀɔfātys]. *n. m.* (1808; lat. bot. *strophanthus*, 1802; du gr. *strophos* « torsade », et *anthos* « fleur »). *Bot.* Liane (*Apocynacées*) d'Afrique tropicale, dont les graines renferment des glucosides à propriétés cardiotoniques (*Strophantosides*, et leurs dérivés *strophantidines*). V. **Ouabaïne.**

STROPHANTINE [stʀɔfātin]. *n. f.* (1890; de *strophante*). *Chim.* L'un des glucosides extraits des divers strophantes. V. **Ouabaïne.**

STROPHE [stʀɔf]. *n. f.* (1550; lat. *stropha*, gr. *strophê* « évolution du chœur », de *strephein* « tourner »). ♦ 1° *Antiq. gr.* Première des trois parties d'une pièce lyrique chantée par le chœur. *Strophes, antistrophes et épodes.* ♦ 2° (Rare av. xviiiᵉ; on disait plutôt *stance*). Ensemble formé par plusieurs vers, avec une disposition déterminée de mètres et de rimes qui assure sa cohésion. V. **Quatrain, sixain, septain.** *Poème divisé en strophes. Strophes d'une chanson.* V. **Couplet.** *« Pour qu'une strophe existe il faut... qu'on ne puisse pas en séparer les parties sans la... détruire complètement »* (BANVILLE).

STRUCTURABLE [stʀyktyʀabl(ə)]. *adj.* (1967; de *structurer*). *Didact.* Qui peut être structuré. Le « *non-structuré* [a sa place] *à côté du structurable* » (DUVIGNAUD).

STRUCTURAL, ALE, AUX [stʀyktyʀal, o]. *adj.* (1877; de *structure*). *Didact.* ♦ 1° De la structure, quant à la structure (2° et 3°). *État structural d'un organe* (opposé à fonctionnel). *Coupe, carte structurale.* *Écon.* V. **Structurel.** ♦ 2° Qui étudie les structures (3°), en analyse les éléments. *Psychologie structurale*, qui résout les phénomènes en leurs éléments. ♦ 3° (1929). *Mod.* Qui étudie les structures (4°), qui relève du structuralisme*. *Phonologie structurale. Linguistique structurale, fonctionnelle.* (V. **Structuralisme.**) « *L'objet de l'analyse structurale comparée n'est pas la langue française ou la langue anglaise, mais un certain nombre de structures que le linguiste peut atteindre à partir de ces objets empiriques* » (LÉVI-STRAUSS). *Description structurale*, en grammaire générative. V. **Structurel.**

STRUCTURALISME [stʀyktyʀalism(ə)]. *n. m.* (v. 1945; de *structural*). *Didact.* Théorie selon laquelle l'étude d'une catégorie de faits doit envisager principalement les structures (4°). V. **Structural** (3°). *Le structuralisme de la psychologie* de la forme, de la linguistique moderne, des sciences humaines. « *Fonctionnalisme et structuralisme ne sont pas des points contradictoires, ni même divergents* » (A. MARTINET).

STRUCTURALISTE [stʀyktyʀalist(ə)]. *adj.* et *n.* (mil. xxᵉ; de *structuralisme*). *Didact.* Partisan du structuralisme.

STRUCTURANT, ANTE [stʀyktyʀɑ̃, ɑ̃t]. *adj.* (v. 1969; de *structurer*). *Didact.* Qui favorise, détermine une structuration.

STRUCTURATION [stʀyktyʀasjɔ̃]. *n. f.* (mil. xxᵉ; de *structurer*). *Didact.* Le fait de donner ou d'acquérir une structure. *Structuration de comportement.*

STRUCTURE [stʀyktyʀ]. *n. f.* (1528; « construction », xivᵉ; lat. *structura*, de *struere* « construire »). ♦ 1° *Vieilli.* Manière dont un édifice est construit; agencement des parties d'un bâtiment. « *L'immobile structure des cathédrales* » (HUYSMANS). ◇ *Fig.* (1560) Disposition, arrangement des parties (d'une œuvre). V. **Agencement, composition.** ◇ Mod. *Conception* ou *étude des structures*, disposition et calcul de la structure des constructions. ♦ 2° (Fin xviᵉ; en parlant des organismes vivants, 1560). Manière dont un ensemble concret, spatial, est envisagé dans ses parties, dans son organisation; forme observable et analysable que présentent les éléments d'un objet. V. **Constitution, contexture, disposition, forme, ordre.** *Structure homogène, hétérogène.* — *Math.* Manière d'envisager un ensemble en fonction des lois de composition définies sur lui. *Ensemble à structure de groupe.* — *Biol.* *Structure d'un tissu, d'un organe, d'une cellule.* — *Géol.* *Structure de l'écorce terrestre, des couches géologiques...* ◇ *Chim., Phys.* Groupement de différentes parties d'un ensemble ou de points qui en permettent la cohésion. *Structure de l'atome, du noyau. Structure moléculaire.* ♦ 3° (xixᵉ; infl. de l'angl.). Disposition des « parties » d'un ensemble abstrait, d'un phénomène ou d'un système complexe, généralement envisagée comme caractéristique de cet ensemble et comme durable. *Structure d'un État, de l'industrie française.* V. **Armature; régime.** « *Notre langue... est fameuse pour la clarté de sa structure* » (VALÉRY). — *Écon.* (v. 1936) *Structures de production et d'échange* (opposé à *conjoncture*). — Organisation complexe et importante, envisagée dans ses éléments essentiels. *Les grandes structures administratives. Réformes de structure* (V. aussi **Infrastructure**). ◇ (v. 1966). *Structure(s) d'accueil*, ensemble de services d'accueil variés (ravitaillement, dépannage pour les voyageurs; orientation, documentation pour les touristes; activités culturelles, équipements sportifs pour la population). ♦ 4° (v. 1921). *Philo., Sc.* Ensemble, système formé de phénomènes solidaires, tels que « *chacun dépend des autres et ne peut être ce qu'il est que dans et par sa relation avec eux* » (LALANDE). V. **Forme.** *La structure, conçue comme ensemble organisé de rapports. Structures mathématiques, psychiques. Structures sociales.* — *Ling.* (1905) Agencement interne des unités qui forment un système linguistique. « *Décrire le langage comme étant essentiellement une entité autonome de dépendances internes, ou en un mot, une* « *structure* » (HJELMSLEV). *Structure profonde*, dans une grammaire générative « standard », se dit de la structure des suites produites par les règles de réécriture, que les transformations* feront passer au niveau des *structures de surface* (ou *superficielles*), manifestées dans les phrases observables. *Certains chercheurs rapprochent les structures profondes des structures logiques étudiées par la logique des prédicats* (sémantique générative). — Techn. *Structure logique*, organisation des éléments d'un ordinateur.

STRUCTURÉ, ÉE [stʀyktyʀe]. *adj.* (av. 1868; de *structurer*). *Didact.* Qui a une structure propre; qui peut être défini par une structure (opposé à « amorphe » ou « astructuré »). — (mil. xxᵉ). *Organisé. Mouvement, parti (peu, fortement) structuré.* — Subst. (Rare) *Le structuré.*

STRUCTUREL, ELLE [stʀyktyʀɛl]. *adj.* (v. 1960; de *structure*). ♦ 1° *Écon.* Des structures* (3°). *Déséquilibre structurel* (opposé à *conjoncturel**). ♦ 2° *Ling.* Qui a une structure* (4°), qui concerne la structure* (4°). V. **Structural.** *Changement structurel; analyse, description structurelle*, en grammaire générative. — Dér. STRUCTURELLEMENT [stʀyktyʀɛlmã], *adv.*

STRUCTURER [stʀyktyʀe]. *v. tr.* (av. 1868; de *structure*). ♦ 1° *Didact.* Donner une structure à (qqch.). ♦ 2° SE STRUCTURER : acquérir une structure.

STRUCTUROLOGIE [stʀyktyʀɔlɔʒi]. *n. f.* (1969; de *structure*, 2°, en géol.). *Géol.* Étude de la structure des roches et de leurs déformations.

STRUME [stʀym]. *n. f.* (v. 1150, « bosse »; région. *estrume* « tumeur », xiiᵉ; lat. *struma* « scrofule »). *Méd.* Vx. Scrofule. — Mod. *(Rare).* Goitre*.

STRUTHIONIDÉS [stʀytjɔnide]. *n. f. pl.* (1848; lat. scient. *struthioidæ*). *Zool.* Famille de ratites comprenant le seul genre *autruche* (*struthio*, Linné).

STRUTHIONIFORMES [stʀytjɔnifɔʀm(ə)]. *n. m. pl.* (déb. xxᵉ; de *struthio*, et *-forme*). *Zool.* Ordre d'oiseaux

(Ratites) comprenant les *autruches, émeus, casoars, nandous.*

STRYCHNÉES [stʀikne], *n. f. pl.*, ou **STRYCHNOS** [stʀiknos]. *n. m. pl.* (1839,-1857; lat. bot. *strychnos*, mot gr. « vomiquier »). *Bot.* Arbres ou lianes des régions tropicales *(Loganiacées)*, dont plusieurs variétés contiennent des alcaloïdes toxiques (V. **Curare, strychnine, upas**). *Le vomiquier fait partie des strychnos, des strychnées.* — Au sing. *Une strychnée, un strychnos.*

STRYCHNINE [stʀiknin]. *n. f.* (1819; du lat. bot. *strychnos*). Alcaloïde toxique extrait de certaines strychnées ou obtenu par synthèse. *À faible dose, la strychnine stimule le système nerveux. 50 mg de strychnine suffisent à entraîner la mort d'un adulte.*

STRYGE. V. **Strige.**

STUC [styk]. *n. m.* (1546; *estucq*, 1524; it. *stucco*, mot germ. longobard °*stukki*). Composition de plâtre ou de poussière de marbre gâché avec une solution de colle forte, formant un enduit qui imite le marbre. V. **Aggloméré**; et aussi **Staff.** *Décoration en stuc. Enduire de stuc.* V. **Stucateur, stuquer.** « *Une espèce de stuc ou de marbre d'une solidité et d'un brillant singuliers* » (GAUTIER). ◇ *Par ext.* Motif décoratif en stuc. *De beaux stucs.*

STUCAGE [stykaʒ]. *n. m.* (1898; de *stuc*). *Techn.* Application de stuc; son résultat.

STUCATEUR [stykatœʀ]. *n. m.* (1641; de *stuquer*). *Techn.* Spécialiste qui prépare, applique ou travaille le stuc. Artiste sculpteur sur stuc (ornemaniste).

STUD-BOOK [stœdbuk]. *n. m.* (1840; mot angl., de *stud* « haras », et *book* « livre »). Registre portant les noms, les généalogies, les victoires des chevaux pur-sang.

STUDETTE [stydɛt]. *n. f.* (1969; dimin. irrég. de *studio*). *Fam.* Petit studio (2°).

STUDIEUSEMENT [stydjøzmɑ̃]. *adv.* (1541; *studiousement*, 1190; de *studieux*). D'une manière studieuse, appliquée et sérieuse. « *Des choses qu'il avait studieusement préparées* » (ROMAINS).

STUDIEUX, EUSE [stydjø, øz]. *adj.* (1380; *estudius*, v. 1120; lat. *studiosus*, de *studium* « étude, zèle »). ♦ 1° Qui aime l'étude, le travail intellectuel; qui travaille avec application. V. **Appliqué.** *Élève studieux.* « *L'aîné de ces enfants, né grave et studieux, Lisait et méditait sans cesse* » (FLORIAN). *Jeunesse studieuse.* — Qui atteste le goût de l'étude. *Air studieux et attentif.* ♦ 2° Favorable ou consacré à l'étude. *Une retraite studieuse. De studieuses vacances.* ◈ ANT. *Dissipé, oisif, paresseux.*

STUDIO [stydjo]. *n. m.* (1829; angl. *studio*, de l'it. *studio* « atelier d'artiste », lat. *studium* « étude »). ♦ 1° Atelier d'artiste. — Atelier de photographe d'art. ◇ (1923) Ensemble des locaux aménagés pour les prises de vue cinématographiques. *Tourner en studio* (Cf. En intérieur* *) *ou en extérieur.* Plateaux, équipement électrique, sonore d'un studio. — Local aménagé pour les enregistrements destinés à la radiodiffusion, à la télévision. *Studio insonorisé.* ♦ 2° (Déb. xxᵉ). Pièce servant de salon, de salle à manger et de chambre à coucher (V. **Living-room**). « *C'est le studio qui vous impressionne?... Mais il ne vous paraît grand que parce que l'autre pièce est toute petite* » (ROMAINS). — Logement formé d'une seule pièce principale (V. **Garçonnière**). *Petit studio.* V. **Studette.** ♦ 3° Salle de spectacle de petite dimension où l'on passe des films pour les connaisseurs. *Studios d'art et d'essai* (ou cinémas d'essai).

STÛPA. V. **Stoûpa.**

STUPÉFACTION [stypefaksjɔ̃]. *n. f.* (v. 1370, méd.; du lat. *stupefactus*. V. **Stupéfait**). ♦ 1° État d'une personne stupéfaite. V. **Étonnement, stupeur, surprise.** « *Un air de surprise qui devint bientôt de la stupéfaction* » (MUSS.). ♦ 2° (1590). État d'une personne stupéfiée (1°). V. **Engourdissement.** « *Dans un état de stupéfaction léthargique qui la rendait presque insensible* » (MART. du G.).

STUPÉFAIRE [stypefɛʀ]. *v. tr.*; conjug. *faire*, seult. 3ᵉ pers. sing. prés. et temps comp. (mil. xixᵉ; de *stupéfait*, d'apr. *faire*). Frapper de stupeur. V. **Étonner, stupéfier.** « *On l'eût stupéfaite en prononçant le mot* » (ROMAINS). « *Cette plate nullité qu'il avait un jour stupéfait de sa grandiloquence* » (MAURIAC).

STUPÉFAIT, AITE [stypefɛ, ɛt]. *adj.* (1663; lat. *stupefactus*, de *stupefieri*, passif de *stupefacere*). Étonné au point de ne pouvoir agir ou réagir. V. **Interdit, surpris.** « *Oui, je suis stupéfait de ce dernier prodige* » (MOL.). « *Immobile et stupéfait,... il semblait frappé de la foudre* » (VIGNY). « *Stupéfaite de le voir en pantoufles dans la rue* » (ZOLA).

STUPÉFIANT, ANTE [stypefjɑ̃, ɑ̃t]. *adj.* et *n. m.* (v. 1600; de *stupéfier*). ♦ 1° Qui stupéfie (1°). « *Une poudre stupéfiante qui passait pour magique et qui supprimait la douleur* » (HUGO). — *N. m.* (déb. xixᵉ). Toute substance toxique agissant sur le système nerveux, soit comme narcotique*, soit comme euphorisant*, et dont l'usage abusif provoque des perturbations graves, physiques et mentales,

et un état de dépendance et d'accoutumance. V. **Pharmacodépendance, toxicomanie.** *L'opium et ses dérivés, la cocaine, le chanvre indien sont des stupéfiants.* V. **Haschisch, marijuana, narcotique.** *Trafic de stupéfiants.* « *Le tabac, ce stupéfiant* » (GONCOURT). Fig. « *Le travail aussi est un stupéfiant* » (MAURIAC). ♦ 2° (1842). Qui stupéfie (2°). V. **Étonnant.** *Nouvelle stupéfiante.* V. **Extraordinaire.** « *L'abbaye..., stupéfiante comme un palais de rêve* » (MAUPASS.). ◈ ANT. (du 1°) *Stimulant.*

STUPÉFIER [stypefje]. *v. tr.* (1478, méd.; *stupefar*, xivᵉ; du lat. *stupefacere*, d'apr. les v. en -*fier*). ♦ 1° *Littér.* Engourdir par une sorte d'inhibition des centres nerveux. — Au p. p. « *Abruti par le salicylate,... il se plaint d'avoir le cerveau encore stupéfié* » (GIDE). V. **Paralysé.** — (Sens affaibli) V. **Accabler, atterrer, consterner, étourdir.** « *Toujours le froid l'avait stupéfiée* » (MONTHERLANT). ♦ 2° (1732). *Cour.* Rendre stupéfait (1°). V. **Étonner.** « *Le travail fourni par le maître dépassait l'imagination et stupéfiait tous ceux qui l'approchaient* » (MADELIN). ◈ ANT. (du 1°) *Stimuler.*

STUPEUR [stypœʀ]. *n. f.* (1333; lat. *stupor*). ♦ 1° *Méd.* État d'inertie et d'insensibilité profondes lié à un engourdissement général. V. **Anéantissement.** « *La stupeur, qui l'envahissait de plus en plus, lui ôtait jusqu'à la sensation de la souffrance* » (ZOLA). ◇ *Psychiatr.* Cet état, traduit par l'immobilité du visage et le mutisme. *Stupeur observée dans les cas de mélancolie aiguë.* V. **Hébétude.** ♦ 2° Étonnement profond. *Frappé de stupeur : étonné, médusé, stupéfait.* « *Écroulement... qui, à la grande stupeur des rois, a entraîné tous les royaumes* » (HUGO). « *La stupeur de se trouver là* » (HUGO).

STUPIDE [stypid]. *adj.* (1599; méd., « engourdi, paralysé », 1377; lat. *stupidus*). ♦ 1° *Littér.* Frappé de stupeur (2°), paralysé d'étonnement. V. **Étonné, hébété, interdit.** « *Il était stupide de surprise, dans un abime d'étonnement* » (FRANCE). *Ils « restaient béants, attendris et stupides en face de la Vierge de Murillo* » (ZOLA). ♦ 2° (1592). *Cour.* Qui est atteint d'une sorte d'inertie mentale; dont rien ne semble pouvoir éveiller l'intelligence ou la sensibilité; dénué d'intelligence. V. **Abruti, borné, inintelligent.** « *La jeune recrue avait l'air tout à fait stupide* » (SARTRE). ◇ V. **Bête, idiot, imbécile.** « *Je ne serai... pas assez stupide pour demander à une gitane de me révéler mon avenir* » (MAC ORLAN). — *Par ext.* Mener une vie stupide. « *Le stupide XIXᵉ siècle* » phrase de Balzac, reprise par L. Daudet. ♦ 3° (1654). Absurde, inepte, insensé (d'un comportement, d'un propos...). *Obstination stupide. C'est stupide.* — *Par ext.* Accident stupide, que rien ne laissait prévoir, qui aurait dû être évité. ◈ ANT. *Animé.* — *Fin, intelligent, judicieux.*

STUPIDEMENT [stypidmɑ̃]. *adv.* (1592; de *stupide*). D'une manière stupide (2°). V. **Bêtement, sottement.** *Employer stupidement son temps.* « *Tu es... un débauché qui as mangé stupidement ta fortune* » (BALZ.).

STUPIDITÉ [stypidite]. *n. f.* (1541; lat. *stupiditas*). ♦ 1° Nature ou caractère d'une personne stupide (2°). V. **Bêtise, crétinisme, idiotie.** « *La férocité du duc... s'explique par sa stupidité. C'était une bête* » (HUGO). — *(Choses)* V. **Absurdité, ineptie.** « *La stupidité de l'opinion impose un modèle aux personnes* » (VALÉRY). ♦ 2° (1835). Une stupidité, action ou parole stupide. V. **Ânerie, balourdise**; Cf. *vulg.* Couillonnade. « *Voilà un quart d'heure perdu à des stupidités* » (ZOLA). ♦ 3° *Vx* (1611). Stupeur (2°). ◈ ANT. *Intelligence; finesse.*

STUPRE [stypʀ(ə)]. *n. m.* (1764; « viol », 1378; lat. *stuprum*). *Rare* et *littér.* Débauche honteuse, humiliante. V. **Luxure.** « *L'atmosphère invite aux voluptés sommaires, aux jeux, aux stupres* » (GIDE).

STUQUER [styke]. *v. tr.* (1867, 1855 au p. p.; de *stuc*). Enduire de stuc. — Au p. p. « *Les colonnes, stuquées et polies, jouaient le marbre à s'y méprendre* » (GAUTIER).

STURNIDÉS [styʀnide]. *n. m. pl.* (1875; dér. sav. du lat. *sturnus* « étourneau »). *Zool.* Famille d'oiseaux de l'ordre des passereaux, comprenant principalement l'étourneau*, le mainate*, le martin* et le pique*-bœuf.

STYLE [stil]. *n. m.* (v. 1400; *estilh*, 1350; « manière de parler », xivᵉ; « formule de procédure », 1346; lat. *stilus*, proprem. « poinçon servant à écrire »).

I. *(Abstrait).* **A** *(Dans le langage).* ♦ 1° Aspect de l'expression chez un écrivain, dû à la mise en œuvre de moyens d'expression dont le choix résulte, dans la conception classique, des conditions du sujet et du genre, et dans la conception moderne, de la réaction personnelle de l'auteur en situation. V. **Écriture, expression, langage, langue.** « *Le style est l'homme même* » (BUFF.). « *On reconnaît souvent un excellent auteur, au mouvement de sa phrase et à l'allure de son style* » (JOUBERT). « *Le style résulte d'une sensibilité spéciale à l'égard du langage. Cela ne s'acquiert pas; mais cela se développe* » (VALÉRY). *Étude, science du style.* V. **Rhétorique, stylistique.** — Hist. litt. *Style familier, noble.* « *Le style familier, qui est si voisin du style simple et naïf* » (VOLT.).

Style burlesque, précieux, didactique, épistolaire, oratoire, narratif, historique, tragique, comique, épique, lyrique. — *Style, ton* d'un écrivain. Le style de Rabelais. Imiter le style d'un auteur* (V. **Pastiche**). « *Ce style bizarre, excessif, incohérent, surchargé, est celui de la nature elle-même* » (TAINE). *Style inégal, négligé, incorrect. Style plat, pompeux, emphatique. Style académique. Mauvais style.* V. **Charabia, cacographie, galimatias.** *Style clair, correct, pur.* « *Un style qui serait beau,... et qui serait rythmé comme le vers, précis comme le langage des sciences... un style qui vous entrerait dans l'idée comme un coup de stylet* » (FLAUB.). ◇ *Absolt.* Bon style, style original, présentant des qualités artistiques. « *Le style rend singulières les choses les plus communes* » (VOLT.). « *On n'arrive au style qu'avec un labeur atroce* » (FLAUB.). *Exercice de style. Écrivain qui manque de style,* ♦ 2º *Ling.* (1872). « *L'aspect de l'énoncé qui résulte du choix des moyens d'expression déterminé par la nature et les intentions du sujet parlant ou écrivant* » (GUIRAUD). *Classification* (psychologique, sociologique, chronologique, etc.) *des styles. Style parlé et écrit, familier et soutenu. Style populaire. Le style du Palais. Clause* de style. Style publicitaire.* V. **Phraséologie, terminologie.** « *Style de 1750* » (STENDHAL). — (Gram.) *Style direct*, indirect*. Style indirect libre.* V. **Discours.** Ⓑ *(Dans les arts de l'espace et du temps).* ♦ 1º (1699). Manière particulière (personnelle ou collective) de traiter la matière et les formes en vue de la réalisation d'une œuvre d'art ; ensemble des caractères d'une œuvre qui permettent de la classer avec d'autres dans un même constituant un type esthétique. *Style d'un peintre, d'une école.* V. **Facture, faire** (2), genre, goût, manière, touche. *Style d'un tableau.* « *Toute la pensée d'alors est écrite en effet dans ce sombre style roman* » (HUGO). *Style Louis XIII, rocaille, 1900. Meubles de style anglais.* — *Les styles en musique.* « *On dit en France le style de Lully, de Rameau* » (ROUSS.). *Style d'un ballet, d'un film.* — **DANS LE STYLE DE...** *Des robes dans le style du Second Empire.* V. **Mode.** — **DE STYLE** : se dit d'un objet d'art appartenant à un style ancien bien défini. *Meubles de style.* — Se dit parfois de ce qui est exécuté de nos jours dans un style ancien. *Reliure de style.* ♦ 2º *Absolt.* « *Qualité supérieure de l'œuvre d'art, celle qui lui permet d'échapper au temps* » (FOCILLON). « *Les maisons sont trop basses pour avoir du style* » (STENDHAL). « *À* : « *Qu'est-ce que l'art ?* » *nous sommes portés à répondre* : « *Ce par quoi les formes deviennent style* » (MALRAUX). Ⓒ (Fin XIVᵉ ; *estile*, 1290). Manière personnelle d'agir, de se comporter, jugée d'après des critères de valeur. *C'est bien là son style. Style de vie, d'action. Se distinguer* « *moins par son niveau de vie que par son style de vie* » (Th. MAULNIER). — *De grand style,* mettant en œuvre de puissants moyens d'action. *Opération, offensive de grand style.* ◇ *Spécialt.* Manière personnelle de pratiquer un sport, tendant à l'efficacité et la beauté. *Style d'un coureur.* Absolt. *Nageur qui a du style.* « *Le style est la caresse du sport* » (MONTHERLANT).

II. *Didact.* (Concret). ♦ 1º (1546 ; *stile*, 1380). *Antiq.* Poinçon de fer ou d'os, dont une extrémité, pointue, servait à écrire sur la cire des tablettes, et l'autre, aplatie, à effacer. V. **Stylet.** ◇ *Techn.* Tige pointue et articulée servant à tracer une courbe sur un cylindre enregistreur. ♦ 2º (1561). Tige verticale d'un cadran solaire, faisant ombre sur une surface plane. ♦ 3º *Bot.* (1749). Partie allongée du pistil (et du carpelle), entre l'ovaire et le ou les stigmates. *Ovaire à deux styles.*

STYLÉ, ÉE [stile]. *adj.* (XVᵉ ; de *style*). *Vieilli.* Formé, habitué à se conduire selon les règles qui conviennent. ◇ *Mod.* Qui accomplit un service dans les formes. *Domestique stylé.*

STYLER [stile]. *v. tr.* (fin XVᵉ ; de *style, stylé*). Rendre stylé. *Il aura du mal à styler sa bonne.*

STYLET [stilɛ]. *n. m.* (1586 ; it. *stiletto,* de *stilo* « poignard », lat. *stilus* « poinçon » ; d'apr. *style*). ♦ 1º Poignard à lame mince et très pointue. « *Stylets à section triangulaire, avec une seule arête amincie et coupante* » (ROBBE-GRILLET). — *Chir.* Petite tige métallique dont une extrémité est parfois percée d'un chas, destinée à explorer les canaux naturels ou accidentels (plaies). ♦ 2º *Zool.* Pièce buccale pointue, de certains insectes piqueurs et suceurs. V. **Rostre.**

STYLISATION [stilizasjɔ̃]. *n. f.* (1907 ; de *styliser*). Action de styliser, le fait d'être stylisé. « *Un effet de stylisation qui ajoutait encore à l'interprétation du chanteur* » (CAMUS).

STYLISER [stilize]. *v. tr.* (1907 ; *styliser* [qqn] « l'éduquer, le styler », 1700 ; de *style*). Représenter (un objet naturel) en simplifiant les formes en vue d'un effet décoratif. — Au p. p. *Fleurs stylisées.* — Représenter avec une volonté de style. « *La recherche de qualité que tout art porte en lui, le pousse bien plus à styliser les formes qu'à se soumettre à elles* » (MALRAUX).

STYLISME [stilism(ə)]. *n. m.* (1846 ; de *style*).
I. Littér. Souci exagéré du style, de la forme.

II. (mil. XXᵉ). *Mode.* Activité, profession de styliste* (II).
V. **Design.** « *Cette association est un pas important qui fait du stylisme une veritable profession* » (*Nouv. Obs.*, 21-2-1968).

STYLISTE [stilist(ə)]. *n.* (1836 ; de *style*).
I. Écrivain remarquable par son style, son culte du style. « *Le styliste* (Buffon) *ne m'(a) jamais plu* » (BARBEY).
II. Spécialiste de l'esthétique industrielle. V. **Designer** (anglicisme). ◇ (mil. XXᵉ). *Mode.* Celui, celle qui a pour tâche d'adapter un style d'habillement (choix des tissus, forme des vêtements) à un marché. « *Le styliste n'invente pas. Il conseille, il sélectionne, il 'coordonne'* » (*Entreprise*, 13-4-1968).

STYLISTICIEN, IENNE [stilistisjɛ̃, jɛn]. *n.* (XXᵉ ; de *stylistique*). Spécialiste des études stylistiques. *Bally, Spitzer..., célèbres stylisticiens.*

STYLISTIQUE [stilistik]. *n. f.* et *adj.* (1872 ; all. *Stylistik,* fin XVIIIᵉ). ♦ 1º N. f. *Vieilli.* Connaissance pratique des particularités de style (figures, idiotismes, etc.) propres à une langue. *Stylistique latine.* ◇ Mod. (1902) *Ling.* Étude scientifique du style (I, A, 2º), des procédés, de ses effets. *Stylistique comparée.* ♦ 2º *Adj.* (1905). Relatif au style et à la stylistique. *Étude, analyse stylistique.* — Qui appartient à l'expressivité, à l'aspect non logique de l'expression. *Emplois stylistiques et emplois grammaticaux.*

STYLITE [stilit]. *n. m.* (1608 ; gr. *stulites* « de colonne »). *Didact.* Solitaire qui vivait au sommet d'une colonne ou d'une tour. « *Je me ferai stylite sur tes colonnes* » (RENAN). « *Je reste debout, comme un stylite* » (BEAUVOIR).

STYLO. *n. m.* V. **STYLOGRAPHE.**

STYLOBATE [stilɔbat]. *n. m.* (1545 ; lat. *stylobata,* gr. *stulobatēs*). *Archit.* Soubassement continu, orné de moulures, supportant une colonnade.

STYLOGRAPHE [stilɔgraf] *(vx)* ou **STYLO** [stilo]. *n. m.* (1907 ; angl. *stylograph,* 1882 ; du lat. *stylus,* pour *stilus* « poinçon à écrire », et suff. *-graphe*). ♦ 1º Porte-plume à réservoir d'encre. *Stylo à cartouche.* ◇ *Stylo à bille* ou *Stylo(-)bille* : stylo à encre épaisse, où la plume est remplacée par une bille de métal. V. **Bic.** ♦ 2º *Fig.* Caméra*-stylo.

STYLOGRAPHIQUE [stilɔgrafik]. *adj.* (XXᵉ ; de *stylo* ; de précéd.). Destiné au stylographe. *Encre stylographique.*

STYLOÏDE [stilɔid]. *adj.* (XVIIIᵉ ; gr. *stuloeidēs* « qui ressemble à une colonne »). *Anat.* Se dit de certaines apophyses allongées. *Apophyse styloïde du cubitus, du péroné, de l'os temporal.* — (En composés) *Stylo-auriculaire, stylomastoïdien,* etc., qui est commun à une apophyse styloïde et à l'organe désigné par le second terme du composé. — Adj. *Styloïdien, -ienne.*

STYLOMINE [stilɔmin]. *n. m.* (XXᵉ ; de *stylo*[graphe] et *mine ;* marque déposée). Porte-mine (d'une marque qui porte ce nom).

STYPTIQUE [stiptik]. *adj.* (XVIᵉ ; *stiptique,* 1300 ; *stitique,* 1265 ; lat. *stypticus,* gr. *stuptikos,* de *stuphein* « contracter »). *Méd.* Astringent. Subst. *Un styptique.*

STYRAX [stiraks]. *n. m.* (1762 ; antér. V. **Storax**; lat. *styrax,* gr. *sturax* « arbre », « baume »). ♦ 1º *Bot.* Nom scientifique de l'aliboufier *(Styracées)* dont certaines espèces fournissent des baumes. *Styrax benjoin et tonkinois,* dont on tire le benjoin. *Styrax officinal,* dont on tirait le baume storax*. ♦ 2º Nom d'ensemble des baumes extraits des arbres du genre liquidambar et styrax (aliboufiers), employés en parfumerie et en pharmacie (Syn. vx. **Storax**).

STYRÈNE [stirɛn] ou **STYROLÈNE** [stirɔlɛn]. *n. m.* (mil. XXᵉ-1867 ; *styrol,* 1874 ; de *styrax*). *Chim.* Hydrocarbure benzénique ($C_6H_5CH = CH_2$), entrant dans la composition de nombreuses matières plastiques. V. **Polyvinylique.** « *Le styrène autrefois s'extrayait du benjoin Provenant de styrax, arbuste indonésien* » (QUENEAU).

SU, SUE [sy]. *adj.* et *n. m.* (XIIᵉ ; de *savoir*). ♦ 1º Qui est connu et de ce qu'on a appris, ou dont on a été informé. V. **Savoir.** *Leçon bien sue, mal sue.* — *La nouvelle à peine sue.*— ♦ 2º *N. m.* (XIIᵉ). *Le su* : la connaissance que l'on a d'une chose (ne s'emploie que dans l'express. : *au su (de qqn). Elle* « *vit au su de tout Combray avec un certain monsieur de Charlus* » (PROUST). *Au vu* et au su de tout le monde.*

1. SUAGE [sчaʒ]. *n. m.* (1679 ; *souage,* 1332 ; de l'a. fr. *soue* « corde », bas lat. *soca*). *Techn.* Petit ourlet sur le bord d'un plat, d'une assiette d'étain. — Partie carrée du pied d'un flambeau.

2. SUAGE [sчaʒ]. *n. m.* (1773 ; « action de suer », 1611 ; de *suer*). *Mar.* Humidité qui sort des bois d'un vaisseau neuf. ◇ (1836) *Techn.* Eau qui suinte (du bois chauffé, etc.).

SUAIRE [sчɛr]. *n. m.* (1150 ; lat. *sudarium* « linge pour essuyer la *sueur* du visage »). ♦ 1º *Littér.* Linceul. « *La neige, sur la plaine où les morts sont couchés, comme un suaire étend au loin ses nappes blanches* » (LEC. DE LISLE). *Spécialt.* Linceul blanc avec lequel on se représente les revenants, les fantômes. ♦ 2º *Saint suaire* (1636), relique sacrée, linceul dans lequel le Christ aurait été enseveli. *Le saint suaire de Turin.*

SUANT, ANTE [sɥɑ̃, ɑ̃t]. *adj.* (v. 1160; de *suer*). ♦ 1° *Fam.* En sueur, qui sue. « *Spectateurs crottés, poudreux, soûls, suants* » (CHATEAUB.). ♦ 2° *Pop.* Qui fait suer, qui ennuie. V. **Chiant.**

SUAVE [sɥav]. *adj.* (1541; attesté par l'*adv.* en 1503; réfection de l'a. fr. *soef*, 1120; lat. *suavis*). Qui a une douceur délicieuse. V. **Agréable, bon, délicieux, doux, exquis.** *Parfum suave. Musique suave.* « *Nous aimons mieux les figures douces et suaves* » (SAND). V. **Délicat, gracieux, harmonieux.** — *(Abstrait)* Doux, agréable. « *La tentation la plus... suave, la plus parée de tous les attraits : celle de se venger* » (COLETTE). ◊ ANT. **Acide, âcre, amer, désagréable, fétide, rude.**

SUAVEMENT [sɥavmɑ̃]. *adv.* (1503; de *suave*). *Littér.* D'une manière suave.

SUAVITÉ [sɥavite]. *n. f.* (1512; *souaviteit* « joie céleste », 1190; lat. *suavitas*). Qualité de ce qui est suave, douceur délicieuse. *Suavité des lotus. Suavité des formes.* V. **Délicatesse, grâce.** Par ext. *(Littér.)* Impression douce et agréable. « *Des suavités de romance* » (ZOLA). ◊ ANT. **Acidité, âcreté, aigreur, amertume.**

SUB-. Préfixe, du lat. *sub* « sous », qui exprime la position en dessous (V. **Hypo-, infra-, sous-**), *au fig.* le faible degré et l'approximation.

SUBAÉRIEN, IENNE [sybaɛrjɛ̃, jɛn]. *adj.* (1872; de *sub-*, et *aérien*). *Didact.* Qui est au contact de la couche inférieure de l'atmosphère. *Plantes subaériennes.* — *Dépôts subaériens,* formés à l'air libre.

SUBAIGU, UË [sybegy]. *adj.* (1833; de *sub-*, et *aigu*). *Pathol.* Dont les caractères sont intermédiaires entre l'état aigu et l'état chronique. *Inflammation, maladie subaiguë.*

SUBALPIN, INE [sybalpɛ̃, in]. *adj.* (1843; de *sub-*, et *alpin*). *Géogr.* Qui est situé au pied des Alpes.

SUBALTERNE [sybaltɛrn(ə)]. *adj.* et *n.* (1476; lat. *subalternus*, de *alternus*, rac. *alter* « autre »). ♦ 1° Qui occupe un rang inférieur, est dans une position subordonnée laissant peu de part à l'initiative. *Officier, employé subalterne.* V. **Inférieur.** — *(Choses)* Qui caractérise une position subordonnée. « *Ce qui le maintient dans des emplois subalternes* » (DUHAM.). Par ext. *Un rôle subalterne.* V. **Secondaire.** ♦ 2° *N.* (XVIIe). Personne subalterne. *Être le subalterne de qqn.* « *Le nom d'ami donné par un supérieur à son subalterne* » (DIDER.). V. **Inférieur, second, sous-fifre** *(fam.)*, **sous-ordre, subordonné.** « *Le subalterne est courtisan* » (ALAIN). ◊ ANT. **Chef, maître, supérieur.**

SUBANTARCTIQUE [sybãtarktik]. *adj.* (av. 1967; de *sub-*, et *antarctique*). *Didact.* Situé légèrement au nord de l'Antarctique. V. **Antarctique.** *Les îles subantarctiques.*

SUBAQUATIQUE [sybakwatik]. *adj.* (1872; de *sub-*, et *aquatique*, d'apr. l'angl.). *Didact.* Qui a lieu sous l'eau. *Plongée subaquatique.* V. **Sous-marin.**

SUBARCTIQUE [sybarktik]. *adj.* (av. 1970; de *sub-*, et *arctique*). Qui est situé ou qui concerne les régions situées immédiatement au sud de l'Arctique. V. **Arctique.** *Les zones subarctiques, l'écologie subarctique.*

SUBATOMIQUE [sybatɔmik]. *adj.* (mil. XXe; de *sub-*, et *atomique*). *Phys.* Inférieur au niveau atomique. *Particules subatomiques,* situées à l'intérieur de l'atome, et notamment du noyau.

SUBCARPATIQUE [sybkarpatik]. *adj.* (XXe; de *sub-*, et *carpatique*). *Géogr.* Situé au pied des Carpates. *L'Ukraine subcarpatique.*

SUBCONSCIENT, ENTE [sy ɔ̃ksjɑ̃, ɑ̃t]. *adj.* et *n. m.* (1897; de *sub-*, et *conscient*). ♦ 1° Faiblement conscient. V. **Subliminal.** « *La partie subconsciente et créatrice de son esprit* » (JARRY). ♦ 2° Se dit d'un phénomène inconscient qui intervient comme élément de processus mentaux actifs. ♦ 3° *N. m.* (1933). *Vieilli.* Inconscient. *Libérer son subconscient.* Ce qui est subconscient. *Syn.* vieilli. **SUBCONSCIENCE** [sypkɔ̃sjɑ̃s], *n. f.*

SUBDÉLÉGATION [sybdelegasjɔ̃]. *n. f.* (1510; de *subdéléguer*). Action de subdéléguer. Fonction d'un subdélégué.

SUBDÉLÉGUER [sybdelege]. *v. tr.; conjug. céder* (1381, *un subdélégué;* de *sub-*, et *déléguer*). Déléguer (qqn) dans une fonction pour laquelle on a été délégué soi-même (surtout p. p. ou pass.). *Être subdélégué.* Subst. *Un subdélégué* (ou sous-délégué).

SUBDÉSERTIQUE [sybdezɛrtik]. *adj.* (mil. XXe; de *sub-*, et *désertique*). *Géogr.* Dont les conditions biogéographiques sont voisines de celles du désert. V. **Semi-aride.** *Climat subdésertique.*

SUBDIVISER [sybdivize]. *v. tr.* (1375; *sous-diviser*, 1314; de *sub-*, et *diviser*). Diviser (un tout déjà divisé, une partie d'un tout divisé). *Subdiviser un lot en parts, un chapitre en fragments.* — Au p. p. « *Des fermes de trente mille hectares, divisées en sections, subdivisées en lots* » (ZOLA). ◊ *Pronom.* SE SUBDIVISER : être divisé en de nombreuses parties. « *De menues tranches, lesquelles se subdivisèrent à l'infini* » (MIRBEAU).

SUBDIVISION [sybdivizjɔ̃]. *n. f.* (1314; lat. *subdivisio*). ♦ 1° Action de subdiviser, de se subdiviser. *La subdivision de la matière en corps isolés.* ♦ 2° Partie obtenue en subdivisant; partie de ce qui se subdivise. V. **Division.** *Les races et les variétés, subdivisions de l'espèce.* V. **Ramification.** *Subdivision militaire* (Cf. Circonscription), *administrative.* ♦ 3° *(Concret).* *Subdivisions d'un classeur.* V. **Case, compartiment.**

SUBDIVISIONNAIRE [sybdivizjɔnɛr]. *adj.* (1872; de *subdivision*). *Admin.* Relatif (ive) à une subdivision.

SUBÉQUATORIAL, ALE, AUX [sybɛkwatɔrjal, o]. *adj.* (1925; de *sub-*, et *équatorial*). *Géogr.* Qui est proche de l'équateur; dont les caractères biogéographiques sont proches de ceux de l'équateur. *Climat subéquatorial.*

SUBER [sybɛr]. *n. m.* (1765; *sieure*, 1374, région.; mot lat.). *Bot.* ♦ 1° Liège. ♦ 2° (1922; *subier*, 1611). Nom spécifique du chêne-liège.

SUBÉREUX, EUSE [sybərø, øz]. *adj.* (1798; de *suber*). *Bot.* Qui est de la nature du liège. *Partie subéreuse de l'écorce des arbres. Assise subéreuse de la racine.*

SUBÉRINE [sybərin]. *n. f.* (1839; de *suber*). *Chim.* Matière imperméable du liège, provenant d'une transformation de la cellulose.

SUBFÉBRILE [sybfebril]. *adj.* (mil. XXe; de *sub-*, et *fébrile*). *Méd.* Qui est légèrement supérieur à la température normale. *État subfébrile.*

SUBINTRANT, ANTE [sybɛ̃trã, ãt]. *adj.* (1478; repris 1751; lat. *subintrans*, de *subintrare* « entrer dessous »). *Méd.* Se dit d'accès (de fièvre, de convulsions) dont l'un commence avant que le précédent soit terminé. *Crises épileptiques subintrantes.*

SUBIR [sybir]. *v. tr.* (1481; lat. *subire* « aller [*ire*] sous »). ♦ 1° Être l'objet sur lequel s'exerce (une action, un pouvoir qu'on n'a pas voulu). *Subir un joug.* V. **Soumettre (se), supporter.** *Subir qqch. avec calme.* V. **Accepter, résigner (se).** *Subir un interrogatoire. Subir sa peine dans une prison.* V. **Purger.** *Subir des violences.* V. **Écoper, prendre, trinquer.** *Subir des affronts.* V. **Essuyer.** *Subir le charme de qqn.* — Au p. p. « *La douleur acceptée, consentie, subie* » (MAURIAC). — *Spécialt.* Avoir une attitude passive envers. « *Le fort fait ses événements, le faible subit ceux que la destinée lui impose* » (VIGNY). — *Absolt. Il faut faire, agir, et non subir.* ♦ 2° Se soumettre volontairement à (un traitement, un examen). *Malade qui subit une opération chirurgicale :* patient. *Subir la visite médicale.* V. **Passer.** *Il « leur annonçait le succès de ses examens au fur et à mesure qu'il les subissait* » (MUSS.). ♦ 3° *Subir qqn,* endurer son autorité, son joug. *Fam.* Supporter effectivement (une personne qui déplaît, ennuie, agace). « *Il ne l'acceptait pas encore, mais il le subissait* » (ZOLA). *Loc. On subit sa famille, on choisit ses amis.* ♦ 4° *(Choses).* Être l'objet d'une action, d'une opération. *Corps qui subit l'action du feu. Faire subir une opération à la matière.* V. **Soumettre.** ◊ Être l'objet de (une modification). V. **Éprouver.** *Subir des pertes. Couleur qui subit une altération.* « *Il faudra d'abord que tout... subisse un travail intérieur* » (THIBAUDET). ◊ ANT. **Imposer; agir, faire.** — HOM. (du p. p.) **Subit.**

SUBIT, ITE [sybi, it]. *adj.* (XIIe, aussi adv. jusqu'au XVIe; lat. *subitus;* de *subire*). Qui arrive, se produit en très peu de temps, de façon soudaine. V. **Brusque, soudain.** *Mal subit. Changement subit de situation.* « *La mort est presque subite au milieu... des gaz délétères* » (LAUTRÉAMONT). V. **Immédiat, instantané.** ◊ ANT. **Graduel, progressif.**

SUBITEMENT [sybitmã]. *adv.* (v. 1190; de *subit*). D'une manière subite. V. **Instantanément** (Cf. Tout à coup). *Réveillé subitement,* en sursaut. *S'arrêter subitement.* V. **Court.** *Partir subitement,* à l'improviste. *Partir subitement.* V. **Brusquement, subito.** *Disparaître subitement,* comme par enchantement*. Subitement, il éclata en invectives. Mourir subitement.* ◊ ANT. **Graduellement, peu (peu à peu).**

SUBITO [sybito]. *adv.* (1509; mot lat.). *Fam.* Subitement. *Partir subito. Subito presto*. « *La confondre subito en lui étalant sous les yeux des lettres de sa main* » (HENRIOT).

SUBJACENT, ENTE [sybʒasã, ãt]. *adj.* (XVIe, repris 1839; de *sub-*, et *jacent*). *Littér.* Sous-jacent. « *La sensation, presque physique, d'un autre monde subjacent* » (BOSCO).

SUBJECTIF, IVE [sybʒɛktif, iv]. *adj.* (1350; repris XVIIIe; lat. scolast. *subjectivus*). ♦ 1° *Log.* Qui appartient à un sujet d'attributs ou de prédicats. *Syn.* **Ligne.** Relatif au sujet. *Sens subjectif des adjectifs possessifs.* ♦ 2° Qui concerne le sujet en tant qu'être conscient; qui est du domaine du psychisme. *La pensée est un phénomène subjectif. Subjectif et objectif* (V. **Objet**). ♦ 3° Propre à un ou plusieurs sujets déterminés (et non aux les autres); qui expose sur l'affectivité du sujet. *Les goûts sont subjectifs.* V. **Individuel, personnel.** *Une vision subjective du monde. Méthode subjective :* subjectivité. « *Ces fameuses réactions « subjectives », haine, amour, crainte, sympathie* » (SARTRE). — *Opinions, critiques subjectives :* personnelles et partiales. ◊ Qui ne correspond pas à un objet extérieur, apparent, illusoire. « *Les créations purement subjectives, impuissantes, illusoires de mon tempérament* » (PROUST). ♦ 4° Méd. *Troubles subjectifs* (V. **Symptôme**). ◊ ANT. *Objectif.*

SUBJECTILE [sybʒɛktil]. *n. m.* (mil. XXᵉ; du lat. *subjectus* « placé dessous », et -*ile*). *Peint.* Surface servant de support (mur, panneau, toile) à une peinture.

SUBJECTIVEMENT [sybʒɛktivmɑ̃]. *adv.* (1610; méd. « de soi-même, sans influence extérieure », 1495; de *subjectif*). ♦ 1° *Didact.* D'une manière subjective (2°), d'après les données psychiques. *Les états de conscience expriment subjectivement l'émotion.* ♦ 2° *Cour.* D'une façon subjective (3°), toute personnelle. *Envisager les choses trop subjectivement.* ◊ ANT. *Objectivement.*

SUBJECTIVISME [sybʒɛktivism(ə)]. *n. m.* (1872; de *subjectif*). *Philo.* ♦ 1° Tendance ou théorie qui ramène l'existence à celle du sujet ou de la pensée (métaphysique), les jugements de valeur, les certitudes à des états de conscience, à des assentiments individuels (logique, morale, esthétique). *Subjectivisme poussé jusqu'au solipsisme.* ♦ 2° Attitude de celui qui ne tient compte que de ses sentiments et opinions individuels, qui refuse, méprise ou ignore la réalité objective. ◊ ANT. *Objectivisme.*

SUBJECTIVISTE [sybʒɛktivist(ə)]. *adj.* et *n.* (XXᵉ; de *subjectivisme*). Du subjectivisme. *Attitude subjectiviste.* — Partisan de cette doctrine.

SUBJECTIVITÉ [sybʒɛktivite]. *n. f.* (1812; all. *Subjecktivität* [Cf. *Subjectiveté*], 1803; de *subjectif*). ♦ 1° *Philo.* Caractère de ce qui appartient au sujet, est *spécialt.* au sujet seul (à l'individu ou à plusieurs), au *Éliminer la subjectivité en réduisant le monde, avec l'homme dedans, à un système d'objets* » (SARTRE). — *Spécialt.* État de celui qui considère les choses d'une manière subjective en donnant la primauté à ses états de conscience. ♦ 2° Domaine des réalités subjectives; la conscience, le moi. « *Je ne peux pas non plus saisir autrui dans son être vrai, c'est-à-dire dans sa subjectivité* » (SARTRE). ◊ ANT. *Objectivité.*

SUBJONCTIF, IVE [sybʒɔ̃ktif, iv]. *adj.* et *n. m.* (XVIIᵉ; adj., 1530; lat. *subjunctivus* « attaché sous..., subordonné »). *Mode subjonctif*, et n. m. LE SUBJONCTIF : mode personnel du verbe, considéré d'abord comme propre à exprimer une relation de dépendance, et de nos jours, comme mode de la tension psychologique (volonté, sentiment) et de la subjectivité (doute, incertitude). V. *aussi* **Potentiel**). *Un verbe au subjonctif.* « *Le véritable génie du subjonctif est d'indiquer une action ou une chose comme terme d'une volonté* » (BESCHERELLE). *Les temps du subjonctif : Subjonctif présent* (présent aussi bien le futur que le présent) *ex.* : je veux que tu *viennes* me voir demain. *Le subjonctif présent s'emploie couramment à la place de l'imparfait du subjonctif* (*ex.* : je craignais qu'il ne se *fâche*, pour : je craignais qu'il ne se *fâchât*). — *Passé, plus-que-parfait du subjonctif* (marquent une antériorité par rapport au présent, à l'imparfait du v. de la principale) *ex.* : je veux que tu *aies* terminé à temps; je voulais que tu *eusses* terminé. ◊ *Le subjonctif est surtout le mode de la subordonnée.* — *Complétives* introduites par *que*, placées avant (*ex.* : « *Que Jacques fût* vivant ne le surprenait guère » [MART. du G.]), après les verbes de volonté, de sentiment, ou exprimant le doute, une ignorance (*ex.* : j'ordonne que vous vous *taisiez*. Je craignais que mon absence *fût* dénoncée » [H. BORDEAUX]. Je ne crois pas qu'il en *soit* capable) après des locutions impers. (*ex.* : il est impossible qu'il ne le *sache* pas). — *Circonstancielles* : introduites par des loc. conjonctives exprimant le temps, la cause, la concession, le but, etc. (*ex.* : sortez avant qu'il [ne] *pleuve*. Ce n'était pas qu'il *cherchât* les disputes. « *Bien qu'on ait du cœur à l'ouvrage* » [BAUDEL.]. Elle minaude pour qu'on la *flatte*). — *Relatives* (*ex.* : « Est-il un trésor qui *vaille* le sommeil ? » [FRANCE]. Le livre le plus beau que j'*aie* jamais lu). — *Le subjonctif dans la principale exprime le souhait, le regret, l'ordre, la défense, l'exhortation, l'éventualité, la concession* (*ex.* : *plût* au ciel qu'il soit heureux. *Vive* la France. *Advienne* que pourra. « *Que chacun se retire* et qu'aucun n'*entre* ici » [CORN.]. — *Dussé*-je après dix ans voir mon palais en cendre » [RAC.]. « Je ne *sache* pas que vous ayez rien à vous reprocher » [MARIVAUX]).

SUBJUGUER [sybʒyge]. *v. tr.* (XIIᵉ; bas lat. *subjugare* [IVᵉ] « faire passer sous le joug », *jugum*). ♦ 1° *Vieilli.* Réduire par les armes à la soumission complète; mettre sous le joug. V. **Asservir, conquérir, dompter**. *Les Spartiates « subjuguèrent les Messéniens* » (TAINE). ♦ 2° *Vieilli* ou *littér.* Mettre (qqn) dans l'impossibilité de résister, par l'ascendant, l'empire qu'on exerce sur lui. V. **Dominer, imposer** (à). *Subjuguer les esprits.* — (Sujet de chose) « *Nos sens nous subjuguent toujours* » (ROUSS.). ♦ 3° *Cour.* Séduire vivement. V. **Conquérir, charmer, enchanter, envoûter, gagner**. *Orateur habile qui subjugue son auditoire.* « *Ces hommes... furent subjugués par l'admirable éloquence...* » (BALZ.). ◊ ANT. [illegible]

SUBLIMATION [syblimasjɔ̃]. *n. f.* (XIVᵉ, sens lat. « élévation »; lat. alchim. *sublimatio*, de *sublimare*, V. **Sublimer**). ♦ 1° (XVᵉ). *Alchim.* Épuration d'un corps solide qu'on transforme en vapeur en le chauffant. V. **Distillation, vaporisation, volatilisation.** — *Chim.* Passage de l'état solide à l'état gazeux sans passage par l'état liquide. ♦ 2° (Aussi « vertu sublime », 1486; repris XIXᵉ). *Fig.* et *littér.* Action de purifier, de transformer en élevant. V. **Exaltation, purification.** *Sublimation des instincts*, leur dérivation vers des buts altruistes, spirituels. « *La sublimation n'est pas toujours la négation d'un désir... Elle peut être une sublimation pour un idéal* » (BACHELARD). — *Psychan.* Transformation des pulsions inacceptables, occasionnant des conflits intérieurs, en valeurs socialement reconnues.

SUBLIME [syblim]. *adj.* et *n. m.* (1461; « sublimé », T. d'alchim., v. 1400; lat. *sublimis* « élevé dans les airs, haut »). **I.** *Adj.* ♦ 1° Qui est très haut, dans la hiérarchie des valeurs (morales, esthétiques); qui mérite l'admiration. V. **Beau, divin, élevé, extraordinaire, noble, parfait, transcendant.** *De sublimes beautés. Paysages, ruines sublimes.* « *Ce qu'il y a de plus sublime dans les œuvres de l'esprit humain est peut-être aussi ce qu'il y a de plus naïf* » (HUGO). ♦ 2° (*Personnes*). Dont le mérite est immense, qui fait preuve de génie ou d'une vertu exceptionnelle. « *Ce grand, ce sublime Corneille* » (VOLT.). *Solange « a été sublime, et moi j'ai dû l'être aussi* » (MONTHERLANT). *Une âme sublime. Un homme sublime de dévouement.* **II.** *N. m.* ♦ 1° (1680). Ce qu'il y a de plus élevé dans l'ordre moral, esthétique, intellectuel. V. **Grandeur.** « *Le sublime, c'est l'inutile* » (MICHELET). « *Le sublime vient du cœur, l'esprit ne le trouve pas* » (BALZ.). ♦ 2° *Hist. litt.* (1690). Dans l'esthétique classique, Le style, le ton qui est propre aux sujets élevés. *Les romantiques ont préconisé le mélange du grotesque, du vulgaire et du sublime.* ◊ ANT. *Bas, vil, vulgaire.*

SUBLIMÉ, ÉE [syblime]. *adj.* et *n. m.* (1314; V. **Sublimer**). ♦ 1° *Adj.* Produit par une sublimation. *Métaux sublimés.* ♦ 2° *N. m.* (XVᵉ). UN SUBLIMÉ : solide obtenu par condensation directe d'un solide vaporisé sans passage par l'état liquide (*spécialt.* composés du mercure obtenus par sublimation). *Sublimé corrosif* ou *sublimé* (bichlorure de mercure), antiseptique.

SUBLIMEMENT [syblimmɑ̃]. *adv.* (1564; de *sublime*). *Rare.* D'une manière sublime.

SUBLIMER [syblime]. *v. tr.* (1314, alchim.; « élever, exalter », 1300; lat. *sublimare* « élever », de *sublimis*. V. **Sublime**). ♦ 1° *Alchim.* Opérer la sublimation de. — *Chim.* Faire passer de l'état solide à l'état gazeux (V. **Gazéifier**). ♦ 2° *Fig.* (XVIIIᵉ). Épurer, raffiner. *Michel-Ange « ne représente pas, il sublime* » (MALRAUX). ♦ 3° *Psychan.* (v. 1935). *Intrans.* Transposer les pulsions sur un plan supérieur de réalisation (de façon consciente ou non). V. **Sublimation.**

SUBLIMINAL, ALE, AUX [sybliminal, o] ou **SUBLIMINAIRE** [sybliminɛʀ]. *adj.* (v. 1910,-mil. XXᵉ; calque de l'all.; de *sub*-, et lat. *limen*, -*inis* « seuil »). *Psycho.* Qui est inférieur au seuil de la conscience (On dit aussi *infraliminal* ou *infraliminaire*). V. **Subconscient.** *Perception subliminale* (ou *subliminaire*).

SUBLIMITÉ [syblimite]. *n. f.* (1212; lat. *sublimitas*). *Littér.* ♦ 1° Caractère de ce qui mérite une admiration enthousiaste (par sa beauté, sa perfection, sa valeur morale). « *Le vrai héros fait sa belle action sans se douter qu'elle est belle (du moins sans lui croire ce degré de sublimité que la postérité lui assigne)* » (STENDHAL). ♦ 2° *Littér.* Pensée ou action sublime. « *Au lieu des sublimités qu'il attendait, il ne rencontra que des platitudes* » (FLAUB.).

SUBLINGUAL, ALE, AUX [syblɛ̃gwal, o]. *adj.* (XVIᵉ; de *sub*-, et *lingual*). *Anat.* Qui est sous la langue. *Artère, glande salivaire sublinguale.* — *Méd. Comprimé sublingual*, à faire fondre sous la langue.

SUBLUNAIRE [syblynɛʀ]. *adj.* (1548; de *sub*-, et *lunaire*). *Vx.* Situé plus bas que la Lune, entre la Terre et la Lune. — *Plais.* et *vx.* De la terre, d'ici-bas. « *Notre boule sublunaire* » (GAUTIER) : la Terre.

SUBMERGER [sybmɛʀʒe]. *v. tr.*; conjug. *bouger* (1393; *somerger*, v. 1190; lat. *submergere*, de *sub* et *mergere* « plonger »). ♦ 1° Recouvrir complètement (en parlant d'un liquide); mettre complètement dans un liquide (en parlant d'une cause naturelle). V. **Couvrir, engloutir, inonder, noyer.** *L'inondation, le fleuve, la marée submergea les terres.* « *Puis, ce furent des pluies battantes qui la submergeaient* (la Cité) » (ZOLA). — Au p. p. *Récifs submergés.* ◊ *Fig. Pays submergé par l'ennemi.* « *Tout de suite, il fut entraîné, submergé, tel un fétu dans une cataracte* » (DUHAM.). ♦ 2° (*Abstrait*; 1557). Envahir, emplir complètement, en supprimant les autres émotions. « *Il sentit une ivresse le submerger* » (FLAUB.). « *Je fus submergé de pressentiments* » (MAURIAC). *Être submergé par la douleur* (Cf. Plongé* dans sa douleur). — *Spécialt. (pass. ou p. p.) Être submergé de travail* (Cf. Être débordé, ne savoir où donner de la tête). *Il est complètement submergé, dépassé.* « *Ma mère, complètement submergée, éberluée...* » (GIDE).

SUBMERSIBLE [sybmɛrsibl(ə)]. *adj.* et *n. m.* (1798; de *submersus*, p. p. de *submergere*). ♦ 1° *Bot.* Qui s'enfonce dans l'eau après la floraison. *Certaines plantes aquatiques sont submersibles.* ♦ 2° (1845). *Géogr.* Qui peut être submergé. *Terrains submersibles.* ♦ 3° (1899). Cour. *Navire submersible,* et n. m. *Submersible,* variété de sous-marin à ballasts extérieurs, conçu pour mieux naviguer en surface. *Mod.* Sous-marin. ◊ ANT. *Insubmersible.*

SUBMERSION [sybmɛrsjɔ̃]. *n. f.* (1458; somersion, v. 1170; lat. *submersio*). *Didact.* Le fait de submerger ou d'être submergé. *Submersion d'une terre.* V. **Inondation.** « *La submersion des plaines par les eaux de vidange* » (ZOLA). — *Asphyxie, mort par submersion.* V. **Noyade.**

SUBNARCOSE [sybnarkoz]. *n. f.* (1959; de *sub-,* et *narcose*). *Méd.* Narcose incomplète obtenue au moyen de barbituriques. V. **Narco-analyse, sérum** (de vérité).

SUBODORER [sybodɔRe]. *v. tr.* (1648; lat. *subodorari,* de *sub,* et *odorari*). ♦ 1° *Vx.* Flairer *(fig.),* deviner, soupçonner. « *Une sensibilité... qui subodore en quelque sorte les défauts des autres mieux qu'eux-mêmes* » (STE-BEUVE). ♦ 2° (1829). *Rare.* Flairer (une odeur), sentir de loin à la trace.

SUBORDINATION [sybɔrdinasjɔ̃]. *n. f.* (1610; lat. médiév. *subordinatio*. V. **Subordonner**). ♦ 1° *Subordination à...,* le fait d'être soumis à l'autorité de (qqn). V. **Assujettissement, dépendance, tutelle.** *La subordination des fonctionnaires les uns aux autres :* hiérarchie. — Absolt. « *La subordination de l'épouse* » (RESTIF). ◊ Soumission à (une chose). « *Une subordination inintelligente au réalisme* » (GIDE). ♦ 2° Le fait de subordonner une chose à une autre; position inférieure d'un élément par rapport à un autre dans un ensemble. Absolt. « *Toute hiérarchie et toute subordination disparaissent* » (BAUDEL.). ♦ 3° *Gram.* (opposé à *juxtaposition* et à *coordination*). Construction dans laquelle une proposition est subordonnée à une autre; emploi de cette construction. V. **Subordonné.** *Conjonctions*, locutions conjonctives de subordination.* ◊ ANT. *Autorité. Autonomie. Insubordination.*

SUBORDONNANT, ANTE [sybɔrdɔnɑ̃, ɑ̃t]. *adj.* et *n. m.* (1873; de *subordonner*). *Gramm.* Qui établit un lien de subordination* entre deux propositions. *Conjonction subordonnante.* — Subst. *Un subordonnant.*

SUBORDONNÉ, ÉE [sybɔrdɔne]. *adj.* et *n.* (1690; V. **Subordonner**). ♦ 1° Qui est dans un état de dépendance; qui est soumis à une autorité. V. **Dépendant, inférieur, sujet.** « *Toutes choses sont liées et subordonnées dans ce monde* » (GIDE). ♦ 2° (1770). Gram. (*opposé à* proposition indépendante, proposition principale) *Proposition subordonnée :* qui est dans une relation de dépendance syntaxique (marquée explicitement par la présence d'un mot subordonnant ou par le mode) par rapport à une autre (dite *proposition principale*), et qui ne pourrait former sans cette principale une phrase complète du point de vue grammatical et formel. N. f. *Une subordonnée. Subordonnées classées selon le mot qui les introduit* (interrog. indir., relatives), *selon leur fonction* (complétives, circonstancielles), *selon le mode du verbe qu'elles contiennent* (subordonnées infinitives, participiales). ♦ 3° *N.* (1829). Personne placée sous l'autorité d'une autre (quand on la considère du point de vue de sa dépendance hiérarchique). V. **Adjoint, inférieur, subalterne.** « *Le subordonné est tenu de se courber toujours,... il ne doit ni désobéir, ni blâmer, ni discuter* » (HUGO). ◊ ANT. *Dominant, supérieur; autonome, indépendant.* — (du subst.) *Chef, directeur, supérieur* (n. m.).

SUBORDONNER [sybɔrdɔne]. *v. tr.* (1496; subordiner, 1596; rare av. XVIIIe francisé d'apr. *ordonner*. Lat. médiév. *subordinare*). ♦ 1° Placer (une personne, un groupe) sous l'autorité de qqn, dans un ensemble hiérarchisé. V. **Soumettre.** *L'interne qui est subordonné à un chef de service dans un hôpital.* — Pronom. « *Aimer, c'est avoir pour but le bonheur d'un autre, se subordonner à lui* » (TAINE). ♦ 2° Donner à (une chose) une place inférieure ou une importance secondaire. « *Matière et couleur sont ici subordonnées... à des préoccupations de forme* » (FROMENTIN). V. **Soumettre.** « *Voué sans réserve à son idée, il y a subordonné toute chose* » (RENAN). ♦ 3° Faire dépendre (une chose) de l'accomplissement d'une condition. *La victoire finale est subordonnée au succès de l'opération.* V. **Attacher.**

SUBORNATION [sybɔrnasjɔ̃]. *n. f.* (1310; lat. médiév. *subornatio*). *Dr.* Action de suborner (un témoin). *La subornation de témoins est punie des mêmes peines que le faux témoignage.*

SUBORNER [sybɔrne]. *v. tr.* (1278; lat. *subornare*). *Vx.* Détourner du droit chemin, du devoir. *Suborner les serviteurs d'une maison,* les corrompre. — (Littér.) *Suborner une jeune fille.* V. **Séduire.** « *Le perfide, l'infâme, Tente le noir dessein de suborner ma femme* » (MOL.). ◊ Mod. *Subor-*

ner un témoin : l'inciter à mentir par intérêt (en l'achetant, etc.). V. **Corrompre.** « *Le père Voisin suborna des témoins* » (GAUTIER).

SUBORNEUR, EUSE [sybɔrnœr, øz]. *n.* et *adj.* (1488, « trompeur »; de *suborner*). ♦ 1° *Rare.* Personne qui a suborné un témoin. « *On l'a condamnée comme suborneuse* » (ACAD.). ♦ 2° N. m. (1538). *Vieilli ou plais.* Celui qui a séduit une jeune fille, une femme. V. **Séducteur.** « *S'il peut rester dans l'âme d'un suborneur quelque sentiment d'honneur et d'humanité* » (ROUSS.). *Vil suborneur!*

SUBRÉCARGUE [sybRekarg(ə)]. *n. m.* (1704; *soubrescart,* 1666; esp. *sobrecargo* « qui est en surcharge »). *Mar.* Agent embarqué sur des intérêts de l'armateur ou de l'affréteur et veille à la gestion de la cargaison.

SUBREPTICE [sybRɛptis]. *adj.* (1346; *surreptice,* XIIIe; lat. *subrepticius* « clandestin », de *subrepere* « ramper dessous »). ♦ 1° *Dr.* Qu'on a obtenu illicitement par un faux exposé, en surprenant la bonne foi de l'autorité sollicitée. ♦ 2° *Cour.* Qui est obtenu, qui se fait par surprise, à l'insu de qqn et contre sa volonté. V. **Caché, clandestin, furtif, sournois, souterrain.** *Par un moyen, par une manœuvre subreptice.* « *Étendue sous de subreptices baisers, dans l'ombre* » (HUYSMANS). ◊ ANT. *Ostensible.*

SUBREPTICEMENT [sybRɛptismɑ̃]. *adv.* (1391; *suprectissement,* 1355; de *subreptice*). Par surprise, sans bruit; d'une manière dissimulée, furtive. V. **Clandestinement.** « *Briser le cachet d'une lettre ou... la lire subrepticement* » (BALZ.). « *Une pièce fausse... que le charbonnier lui avait subrepticement passée ce jour même* » (FRANCE). ◊ ANT. *Ostensiblement.*

SUBREPTION [sybRɛpsjɔ̃]. *n. f.* (1341; lat. jur. *subreptio*). *Dr. canon.* Le fait d'obtenir une grâce, un privilège d'une manière frauduleuse par la dissimulation de ce qui s'y opposerait.

SUBROGATEUR [sybRɔgatœr]. *adj. m.* et *n. m.* (1803; « créancier qui en subroge un nouveau », 1765; de *subroger*). *Dr.* ♦ 1° Adj. *Acte subrogateur,* qui subroge un rapporteur ou un tuteur à un autre. V. **Subrogatoire.** ♦ 2° N. (1836). Deuxième rapporteur.

SUBROGATIF, IVE [sybRɔgatif, iv]. *adj.* (1872; de *subrogat[ion]*). *Dr.* Qui produit ou constitue une subrogation.

SUBROGATION [sybRɔgasjɔ̃]. *n. f.* (1401; lat. *subrogatio*). *Dr.* Substitution d'une personne à une autre dans une relation juridique *(subrogation personnelle);* transmission à une chose des qualités juridiques de celle qu'elle remplace dans un patrimoine ou une universalité *(subrogation réelle). Subrogation conventionnelle* (consentie par le créancier ou par le débiteur). *Subrogation légale. Acte de subrogation.*

SUBROGATOIRE [sybRɔgatwar]. *adj.* (1838; de *subrogat[ion]*). *Dr.* Qui produit subrogation. *Acte subrogatoire.* V. **Subrogateur.**

SUBROGÉ, ÉE [sybRɔʒe]. *adj.* (1690; de *subroger*). *Dr.* *Subrogé tuteur* ou *subrogé-tuteur :* personne choisie par le conseil de famille dans une ligne autre que celle du tuteur pour représenter les intérêts du pupille et pour surveiller la gestion du tuteur. « *Dans toute tutelle, il y aura un subrogé tuteur ou une subrogée tutrice* » (CODE CIV.). — N. *Un, une subrogé(e) :* personne qui en remplace une autre par subrogation.

SUBROGER [sybRɔʒe]. *v. tr.;* conjug. *bouger* (1355; subroguer, 1332; lat. *subrogare* « proposer un magistrat à la place d'un autre »). ♦ 1° *Vx.* Mettre à la place d'un autre. V. **Substituer.** « *Jésus-Christ,... subroge les prêtres en sa place* » (BOSS.). ♦ 2° (1690). *Mod.* (Dr.) *Subroger un rapporteur :* nommer (un juge) à la place d'un autre, comme rapporteur. — Substituer (une personne, une chose) à une autre par subrogation.

SUBSÉQUEMMENT [sypsekamɑ̃]. *adv.* (dès 1260). *Vx* ou *Dr.* Après cela; en conséquence de quoi. V. **Après, ensuite.** « *Rancé subséquemment jeta au feu ce qui lui restait du tirage de l'Anacréon* » (CHATEAUB.).

SUBSÉQUENT, ENTE [sypsekɑ̃, ɑ̃t]. *adj.* (1370; lat. *subsequens, -entis,* p. prés. de *subsequi* « suivre de près »). ♦ 1° *Vx* ou *littér.* Qui suit (la chose dont on parle), qui vient après, dans le temps. « *J'étais resté sous le joug des faits subséquents* » (CHATEAUB.). — *Mod. Dr.* Qui vient immédiatement après, du point de vue de la succession dans le temps ou du rang dans une série. *Le degré subséquent de parenté.* ♦ 2° *Géogr.* Dans un « relief de côte », se dit d'une rivière qui longe le pied de la côte. *Rivière subséquente.* ◊ ANT. *Antécédent, précédent.*

SUBSIDE [sypsid]. *n. m.* (1370; « impôt », 1314; *succide,* 1220; lat. *subsidium* « renfort, ressources »). Somme versée à un particulier ou à un groupement à titre d'aide, de subvention, en rémunération de services. V. **Aide, allocation, don, subvention.** *Solliciter un subside. Vivre des subsides de* *qqn. Couper les subsides.* V. **Vivre(s).** — Somme accordée par un État à un autre, à titre d'aide ou de prêt.

SUBSIDENCE [sypsidɑ̃s, sybzidɑ̃s]. *n. f.* (1875; « sédiment, dépôt », méd. 1557; lat. *subsidentia*, p.-ê. par l'angl.). *Géol.* et *Géogr.* Affaissement lent d'une partie de l'écorce terrestre sous le poids des sédiments.

SUBSIDIAIRE [sypsidjɛʀ; sybzidjɛʀ]. *adj.* (XVIᵉ; « de renfort », 1352; lat. *subsidiarius* « de réserve », de troupes). ♦ 1° Qui constitue un élément accessoire, qui doit venir à l'appui d'une chose plus importante. *Motif, raison subsidiaire. Question subsidiaire, destinée à départager les gagnants d'un concours.* ♦ 2° (1694). *Dr. Conclusions subsidiaires,* conclusions qu'on prend avec les conclusions principales. ◈ ANT. *Dominant, principal.*

SUBSIDIAIREMENT [sypsidjɛʀmɑ̃, sybzidjɛʀmɑ̃]. *adv.* (XVIᵉ; de *subsidiaire*). *Littér.* ou *Dr.* De manière subsidiaire, accessoire; en second lieu.

SUBSISTANCE [sybzistɑ̃s]. *n. f.* (XVIIᵉ; d'un édifice, 1514; de *subsister*). ♦ 1° Le fait de subsister, de pourvoir à ses besoins; ce qui sert à assurer l'existence matérielle. *Contribuer à la subsistance du ménage.* « *On me condamna... à pourvoir à la subsistance et à l'éducation d'un enfant* » (DIDER.). « *Assurer à leurs familles des moyens de subsistance complémentaires* » (AYMÉ). — (D'une collectivité) Approvisionnement, ravitaillement. « *Sa subsistance* (de Paris)... *dépendait de tel arrivage d'un convoi de la Beauce* » (MICHELET). ♦ 2° *Vieilli* (XVIIIᵉ). *Les subsistances,* ensemble des vivres et des objets qui permettent de subsister (2°). « *La question des subsistances est trop vitale, trop poignante pour être proprement une question sociale* » (JAURÈS). ◇ *Mod.* Milit. (1730) *Service des subsistances,* service de l'Intendance chargé de fournir ce qui est nécessaire à la nourriture des troupes. ♦ 3° *Militaire en subsistance,* rattaché administrativement à une unité autre que la sienne pour la nourriture et la solde.

SUBSISTANT, ANTE [sybzistɑ̃, ɑ̃t]. *adj.* et *n.* (1691; « qui existe de façon permanente », 1375; de *subsister*). ♦ 1° Qui existe encore, après la disparition des autres éléments. *La partie subsistante.* ♦ 2° *N. m.* (Milit.). *Un subsistant* : un militaire en subsistance. ◇ *Par ext.* Assuré social qui perçoit ses prestations de la caisse de sa résidence accidentelle.

SUBSISTER [sybziste]. *v. intr.* (1375; lat. *subsistere* « s'arrêter; rester »). ♦ 1° *(Choses).* Continuer d'exister, après élimination des autres éléments, ou malgré le temps. V. **Conserver** (se), **demeurer, durer, maintenir** (se), **persister, rester, survivre.** « *Les expériences spirites pas plus que les dogmes religieux n'apportent de preuve que l'âme subsiste* » (PROUST). « *Sans vertus militaires, un peuple ne subsiste pas; elles ne suffisent pas à le faire subsister* » (BAINVILLE). — Impers. « *Il subsistait, en effet, un bout d'inscription* » (ROMAINS). ♦ 2° *(Personnes;* 1541). Entretenir son existence, pourvoir à ses besoins. V. **Survivre.** *Subsister tant bien que mal.* V. **Vivoter.** *Donner de l'argent à qqn pour lui permettre de subsister.* « *La priant de lui prêter Quelque grain pour subsister* » (LA FONT.). *Il n'a pour subsister que son métier.* ◈ ANT. *Changer, devenir. Disparaître, périr.*

SUBSONIQUE [sypsɔnik]. *adj.* (v. 1950; de *sub-,* et *sonique*). Techn. *(Aviat.).* Inférieur à la vitesse du son. *Vitesse subsonique.* — Par ext. *Avion subsonique.* ◈ ANT. *Sonique, supersonique.*

SUBSTANCE [sypstɑ̃s]. *n. f.* (XIIᵉ, « être spirituel »; *sustance* « ce qu'on possède », 1120; lat. philo. *substantia,* de *substare* « se tenir [*stare*] dessous »). ♦ I. (Partie essentielle). ♦ 1° (1532; *sustance,* 1270). *Philo.* Ce qui est permanent dans un sujet susceptible de changer (*opposé à* accident). V. **Essence, nature, substrat substantiel.** *Substance et apparence.* V. **Réalité.** *Le temps n'a ni forme, ni substance.* « *On conçoit (sans imaginer) la substance comme le sujet identique et permanent de tous les modes composés et variables* » (MAINE DE BIRAN). « *Il y a... non point une substance soutenant ses qualités comme de moindres êtres, mais un être qui est existence de part en part* » (SARTRE). ♦ 2° (v. 1450; région., 1306). *Cour.* Ce qu'il y a d'essentiel dans une pensée, un discours, un écrit. V. **Essentiel** *(n. m.),* **fond, principal.** *Voici en quelques lignes la substance de cette discussion.* V. **Objet, sujet.** — EN SUBSTANCE : pour ne donner que l'idée essentielle, pour s'en tenir au fond : en gros, en résumé, sommairement. V. **Substantiellement.** *Voilà ce qu'ils auraient dit, en substance.*

♦ II. ♦ 1° *Philo.* Ce qui existe par soi-même (n'étant ni un attribut, ni une relation). V. **Être** (Cf. La chose en soi). *Substance matérielle, immatérielle. La substance infinie* (Dieu). « *Je connus que j'étais une substance dont toute l'essence ou la nature n'est que de penser* » (DESCARTES). — Théol. *Changement de substance du pain et du vin.* V. **Transsubstantiation.** « *L'unité parfaite du Père et du Fils... en substance* » (BOSS.). V. **Consubstantiel.** ♦ 2° (XVᵉ; *sustance,* XIIIᵉ). Substance matérielle. V. **Matière.** *La substance même des objets. Substance organique, vivante. Les chirurgiens « mettent les*

yeux et les mains dans la substance palpitante de nos êtres » (VALÉRY). — Chir. *Plaie avec perte de substance* (lorsqu'il manque une partie des tissus). *Greffe pour réparer une perte de substance.* ♦ 3° *Substance d'une chose abstraite* : ce qui la constitue; sa matière, son contenu. *Plaisir riche de substance. La littérature a pour substance et pour agent la parole.* « *On n'a pas à demander aux poètes de séparer leurs œuvres de leurs passions; celles-ci sont la substance de celles-là* » (BENDA). ◇ *Ling.* Ce qui est mis en œuvre par la forme*. *Substance de l'expression* (les sons), *du contenu* (les concepts) — [opposé à *forme*]. ♦ 4° UNE SUBSTANCE : une matière caractérisée par ses propriétés. V. **Corps.** *Il « prend la seringue, l'enfonce dans la chair, y décharge la substance* » (QUENEAU). « *La Nuit est de la nuit, la nuit est la nuit, la nuit est la matière nocturne* » (BACHELARD). — Anat. *Substance blanche des centres nerveux :* constituée par des fibres nerveuses à myéline (à la périphérie de la moelle épinière et au centre du cerveau). *Substance grise des centres nerveux,* représentée par les corps des cellules nerveuses (au centre de la moelle épinière, à la surface du cerveau et à sa partie centrale sous forme de noyaux gris). V. **Matière** (grise).

♦ III. *Vx* (« Substance », v. 1450). Ce qui nourrit l'esprit, les sentiments. V. **Aliment, nourriture** *(fig.).* « *La moelle et la substance* (d'une leçon) » (MONTAIGNE). ◈ ANT. *Accident, apparence, attribut; forme.*

SUBSTANTIALISME [sypstɑ̃sjalism(ə)]. *n. m.* (1875; du lat. *substantialis).* *Philo.* Doctrine qui admet l'existence d'une substance (I, 1° ou II, 1°). ◈ ANT. *Phénoménisme.*

SUBSTANTIALISTE [sypstɑ̃sjalist(ə)]. *adj.* et *n.* (1874; du lat. *substantialis).* *Philo.* Qui se rapporte au substantialisme. Partisan du substantialisme.

SUBSTANTIALITÉ [sypstɑ̃sjalite]. *n. f.* (1706; *substancialité* « nécessaire à la substance », 1532; du lat. *substantialis).* *Philo.* Caractère de ce qui est une substance.

SUBSTANTIEL, ELLE [sypstɑ̃sjɛl]. *adj.* (*Substanciel,* 1265; du lat. *substantialis).* ♦ 1° *Vx.* Essentiel. ♦ 2° *Didact.* (1531). Qui appartient à la substance (I, II, 1°), à l'essence, à la chose en soi. « *Les qualités originales ou substantielles, qui donnent l'être aux qualités sensibles* » (DIDER.). ♦ 3° *Où il y a beaucoup de matière, de contenu. Phrase nerveuse, substantielle.* ♦ 4° (1600). *Cour.* Qui nourrit beaucoup. « *Faire un goûter champêtre aussi substantiel que le dîner* » (STAËL). V. **Nourrissant, nutritif, riche.** ◇ Fig. *Une lecture substantielle.* — (XXᵉ) *Des avantages substantiels :* importants.

SUBSTANTIELLEMENT [sypstɑ̃sjɛlmɑ̃]. *adv.* (XIVᵉ; de *substantiel).* ♦ 1° *Philo.* Quant à la substance, à ce qui est substantiel (1°, 2°). ♦ 2° *Rare.* En substance, pour ne dire que l'essentiel.

SUBSTANTIF, IVE [sypstɑ̃tif, iv]. *n. m.* et *adj.* (1550; *h. XIVᵉ;* adj., philo., XIVᵉ; lat. gram. *substantivum,* dans *verbum substantivum).* ♦ 1° *N. m.* Unité du lexique (mot ou groupe de mots) qui peut se combiner avec divers morphèmes exprimant des modalités particulières (articles; pronoms démonstratifs, possessifs; marques du genre et du nombre, etc.) et qui correspond à une substance (être ou classe d'êtres, choses, notions). V. **Nom** (III, 1°). *Substantif masculin, singulier. Faire un substantif d'un adjectif.* V. **Substantiver.** *Substantif verbal,* nom dérivé d'un verbe. *Substantif sujet, complément, en apposition.* ♦ 2° *Adj.* Qui a rapport au nom. Gram. *Proposition substantive; relative substantive,* à valeur de nom. *Style substantif,* où dominent les noms employés au lieu de verbes ou d'adjectifs.

SUBSTANTIFIQUE [sypstɑ̃tifik]. *adj.* (1534; du lat. *substantia).* *Vx* ou *allus. littér.* « *La substantifique moelle* » (RABELAIS) : ce qu'il y a de plus riche en substance (III), dans un écrit.

SUBSTANTIVATION [sypstɑ̃tivasjɔ̃]. *n. f.* (XXᵉ; de *substantiver).* *Ling.* Transformation en substantif.

SUBSTANTIVEMENT [sypstɑ̃tivmɑ̃]. *adv.* (1660; de *substantif).* En tant que substantif. *Adjectif pris substantivement.*

SUBSTANTIVER [sypstɑ̃tive]. *v. tr.* (1380; du lat. *substantivus* « substantif »). *Gram.* Transformer en nom, en substantif. *Substantiver un adjectif, un infinitif. Adjectif, participe passé substantivé.*

SUBSTITUER [sypstitɥe]. *v. tr.* (1318; *sustituer,* 1270; lat. *substituere* « mettre sous »). ♦ 1° Mettre (qqch., qqn) à la place (de qqch., qqn d'autre), pour faire jouer le même rôle. V. **Changer** (se), **remplacer, subroger.** *Substituer un mot à un autre. Substituer une peine plus faible à une première peine.* V. **Commuer.** « *Et si vous détruisez la religion, que lui substituerez-vous?* » (DIDER.). « *Substituant partout aux choses le symbole* » (VIGNY). ♦ 2° (v. 1355). *Dr.* Appeler (qqn) à une succession en remplacement d'un autre (V. **Héritage).** *Substituer qqn à son héritier principal.* — Laisser en héritage par substitution (1°). *Substituer un legs.* ♦ 3° SE SUBSTITUER ... : se mettre à la place de (qqn), dans la même situation en l'évinçant, le remplaçant, ou en s'identifiant à lui. « *C'était m'écarter encore de l'affaire, me réduire à zéro, et, en un certain sens, me substituer à moi* » (CAMUS).

SUBSTITUT [sypstity]. *n. m.* (1332; lat. *substitutus;* de *substituere.* V. **Substituer**). ♦ 1° *Dr. pén.* Magistrat du ministère public, chargé de suppléer un autre magistrat, en cas d'absence ou d'empêchement. « *Ce jeune avocat... (fut) nommé substitut du procureur général à Paris* » (BALZ.). ♦ 2° *Didact.* Ce qui tient lieu d'autre chose, ce qui remplace, joue le même rôle. — Signe, image, notation, en tant qu'objet de pensée suppléant le signifié. — *Ling.* Se dit pour Pronom*.

SUBSTITUTIF, IVE [sybstitytif, iv]. *adj.* (1846; lat. *substitivus*). *Didact.* Qui peut remplacer, tenir lieu de (qqch.). *Objet substitutif.* ◇ *Méd.* Se dit d'un traitement destiné à suppléer à une déficience fonctionnelle ou organique.

SUBSTITUTION [sypstitysjɔ̃]. *n. f.* (1377; *sustitution, h. XIII* e; lat. *substitutio*). Action de substituer; opération par laquelle on substitue. ♦ 1° *Dr.* Disposition par laquelle on désigne une personne qui recueillera le don ou le legs au cas où le donataire, le légataire ne le recueillerait pas. V. **Donation, héritage.** ◇ Délégation de pouvoirs ou de fonctions. *Faculté de substitution du mandataire.* ♦ 2° *Cour.* (1538). Le fait de substituer; son résultat. V. **Changement, commutation, remplacement.** « *Nos guerres, nos mœurs, nos arts, sont à présent soumis à un régime de substitutions très rapides* » (VALÉRY). « *L'ivresse n'est jamais qu'une substitution du bonheur* » (GIDE). — *Substitution d'enfant* : fait de mettre un enfant à la place d'un autre dont il prend l'état civil. ♦ 3° (1872). *Chim.* Remplacement, dans un composé, d'atomes ou de radicaux par d'autres atomes ou radicaux, sans changement de constitution (V. **Permutation**). *Réaction de substitution. Dérivé de substitution.* « *Des substitutions chimiques où des corps analogues peuvent tour à tour remplir les mêmes cadres* » (RENAN). — *Math.* (XVIII e) Remplacement d'un élément d'un ensemble par un autre, d'une variable par une expression, une fonction la représentant. Passage d'une permutation* (2°) à une autre. Application biunivoque d'un ensemble sur lui-même. — *Ling.* Phénomène par lequel un élément de la langue (phonème, mot) prend la place d'un autre de même nature et le remplace (*opposé à* permutation).

SUBSTRAT [sypstRa] ou **SUBSTRATUM** *(vieilli)* [sypstratɔm]. *n. m.* (1888, –1745 ; lat. *substratum*, de *substernere* « étendre sous »). ♦ 1° *Philo.* « *Ce qui sert de support à une autre existence* » (LALANDE), *ce sans quoi une réalité* (conçue comme un mode, un accident) *ne saurait subsister*. V. **Substance; essence, fond.** *Cette phénoménologie « dont la matière vivante... est le substrat* » (DUHAM.). *Ce sur quoi s'exerce une action.* « *Un substrat solide au développement des ambitions qu'il pouvait concevoir* » (QUENEAU). « *La terre fournit le substratum, le champ de la lutte et du travail; l'homme fournit l'âme* » (RENAN). ♦ 2° *(Concret).* fin XIX e). *Géol.* (1890). Élément sur lequel repose une couche géologique. ◇ *Biochim.* Substance sur laquelle agit un enzyme en déterminant sa transformation. ♦ 3° *Ling.* (1820,–1882). Parler supplanté par un autre parler (nettement distinct du premier) sur un territoire donné, dans des conditions telles que son influence est perceptible dans le second parler. *Le substrat gaulois en France. Étude des substrats dans les noms de lieux.* — *Substrat et superstrat.*

SUBSUMER [sypsyme]. *v. tr.* (1877 ; lat. mod. *subsumere*, de *sub*, et *sumere* « prendre »). *Philo.* Penser (un objet individuel) comme compris dans un ensemble (un individu dans une espèce, une espèce dans un genre). « *La manie du commun dénominateur... subsume tous les individus sous le même genre* » (W. JANKÉLÉVITCH).

SUBTERFUGE [syptɛRfyʒ]. *n. m.* (1316; bas lat. *subterfugium*, de *subterfugere* « fuir [*fugere*] en cachette »). Moyen habile et détourné pour échapper à une situation, pour se tirer d'embarras. V. **Détour, échappatoire, faux-fuyant.** *Subterfuges de conscience* (restrictions mentales, faux prétextes). ◇ *Artifice*, ruse (de quelque nature que ce soit). « *Un gouvernement... résolu à entraîner son peuple dans la guerre, trouve toujours un subterfuge pour être attaqué* » (MART. du G.).

SUBTIL, ILE [syptil]. *adj.* (1380 ; réfection de l'a. fr. *soutil*, 1165 ; lat. *subtilis* « fin, délié »). I. *(Abstrait).* ♦ 1° *(Personnes).* Qui a de la finesse, qui est habile à percevoir, à sentir des différences, des rapports que la plupart ne discernent pas, ou à agir avec une ingéniosité raffinée. V. **Adroit, habile, fin, perspicace, sagace.** « *Le subtil Ulysse, l'homme avisé, prévoyant, rusé, fertile en expédients, inépuisable en mensonges* » (TAINE). « *Robespierre était à la fois trop méfiant et trop subtil pour trouver la vérité* » (MICHELET). — *Esprit subtil, intelligence subtile.* V. **Délié, fin, pénétrant.** ♦ 2° *Vieilli* (1636; *soutil*, XIV e). Qui perçoit, qui sent avec acuité. V. **Aigu.** « *Le goût n'est que le plus subtil de tous les sens* » (STE-BEUVE). ♦ 3° *Choses* (1350, « raffiné »; *soutil*, XIII e). Qui est dit ou fait avec finesse, habileté. V. **Délicat, ingénieux, raffiné.** « *Une opinion subtile et nuancée emporte toujours quelque vague soupçon d'hypocrisie* » (PAULHAN). *Argumentation trop subtile.* V. **Alambiqué** (Cf. Tiré par les cheveux).

II. Ⓐ *(Concret).* ♦ 1° *Vx* (1564). Léger, menu. — *Vx* (ou *hist. sc.*) Se disait d'une substance très légère, presque imperceptible. *Fluide subtil* (V. **Éther**). ◇ Très fluide. *Un sang trop subtil.* ♦ 2° *Vieilli* ou *littér.* (1530). Aigu, pointu, fin. « *Leurs crêtes les plus subtiles* (des coquilles) » (CUVIER). ♦ 3° (XVI e). Qui s'insinue, pénètre facilement. *Parfum subtil. Odeur subtile.* Ⓑ *(Abstrait).* Qui est difficile à percevoir, à définir ou à préciser, par suite de son caractère délicat, fugitif ou indiscernable. « *Les lois ne doivent point être subtiles : elles sont faites pour des gens de médiocre entendement* » (MONTESQ.). *Différence, nuance subtile.* V. **Ténu.** *C'est très subtil; c'est trop subtil pour moi.*

⊗ ANT. Balourd, grossier, lourd; épais; évident, facile.

SUBTILEMENT [syptilmã]. *adv.* (1538; *sutilment*, XII e; de *subtil*). ♦ 1° D'une manière subtile, avec finesse; en faisant preuve de subtilité. *Pensée exprimée subtilement.* V. **Délicatement.** ♦ 2° *Vieilli.* De façon légère, subtile (II). *Vapeurs qui s'élèvent subtilement.* ♦ 3° *Vx.* En s'insinuant. *Reptile qui « s'insinue et se coule subtilement* » (BOURDALOUE). ♦ 4° *Mod.* D'une manière difficile à saisir, à définir. « *Même la peau de son crâne chauve participait subtilement aux incidents de sa pensée* » (ROMAINS). V. **Imperceptiblement.**

SUBTILISATION [syptilizasjɔ̃]. *n. f.* (1566; de *subtiliser*). ♦ 1° *Rare.* Action de subtiliser (II); son résultat. ♦ 2° (XIX e). Vol, escamotage.

SUBTILISER [syptilize]. *v.* (1480; de *subtil;* Cf. **Soutillier, sotillier,** en a. fr.). I. *V. tr.* ♦ 1° *Vx.* Rendre subtil (II, 1°). — Fig. et littér. « *La maladie avait subtilisé et comme extasié ses traits* » (GIDE). V. **Affiner.** ♦ 2° (1784). *Fam.* Dérober avec adresse; s'emparer avec habileté de (qqch.). V. **Escamoter, étouffer.** *Subtiliser une lettre.* « *Subtiliser les votes des électeurs* » (DAUD.). II. *V. intr. Péj.* (XVI e; « réfléchir », 1380). Raffiner à l'extrême, à l'excès (dans le raisonnement, la pensée, le style). Cf. **Couper les cheveux* en quatre.** « *Une foule de soi-disant grammairiens ont subtilisé sur les mots et les tours de phrase* » (RENAN).

SUBTILITÉ [syptilite]. *n. f.* (1538; *soutilleté, sutilitet,* XII e; *subtiliteit,* 1190; lat. *subtilitas,* de *subtilis.* V. **Subtil**). Ⓐ *La subtilité.* ♦ 1° *(Abstrait).* Caractère d'une personne subtile; aptitude à penser, à parler ou à agir avec finesse et habileté. V. **Adresse, délicatesse, finesse, raffinement.** *Les gamins « remplissent avec exactitude, parfois avec subtilité, des missions qui ne sont pas toujours commodes* » (ROMAINS). *Subtilité d'esprit.* « *Sa subtilité à discuter* (les matières) *les plus délicates* » (DIDER.). ◇ Caractère de ce qui est subtil (I, 3°). *Subtilité d'une analyse, d'un stratagème.* ♦ 2° *(Concret). Littér.* Caractère d'une substance subtile (II); fluidité extrême. *Subtilité d'une odeur.* Ⓑ *Une, des subtilité(s).* Pensée, parole ou action subtile (habile et fine ou difficile à percevoir, à comprendre). *Subtilités de langage, de raisonnement.* V. **Abstraction, argutie, artifice, chicane.** *Disputer sur des subtilités.* V. **Subtiliser.** « *En homme qui se juge affranchi des subtilités de la courtoisie* » (DUHAM.). ⊗ ANT. Bêtise, balourdise, épaisseur, lourdeur.

SUBTROPICAL, ALE, AUX [syptRɔpikal, o]. *adj.* (1876; de *sub*, et *tropical*). *Géogr.* Situé sous le tropique (de l'hémisphère nord). *Partie subtropicale de l'Égypte.* ◇ Intertropical. *Zone tempérée et zone subtropicale.*

SUBULÉ, ÉE [sybyle]. *adj.* (1749; du lat. *subula* « alène », poinçon »). *Sc. nat.* Se dit d'un organe allongé qui s'effile en pointe (comme une alène). V. **Aigu, pointu.** *Antenne, feuille subulée. À feuilles subulées* (subulifolié) ; *à bec subulé* (subulirostre).

SUBURBAIN, AINE [sybyRbɛ̃, ɛn]. *adj.* (1380, repris 1801; lat. *suburbanus* « sous la ville »). Qui est près d'une grande ville, qui l'entoure (V. **Banlieue, faubourg**). « *Des sorties fréquentes dans les squares et les bois suburbains* » (MIRBEAU). « *Cette commune passablement suburbaine* » (QUENEAU).

SUBURBICAIRE [sybyRbikɛR]. *adj.* (1704; lat. *suburbicarius,* de *Urbs* « la ville » [de Rome]). *Relig. cathol.* Qui appartient aux sept diocèses qui entourent Rome. *Évêques suburbicaires.*

SUBVENIR [sybvəniR]. *v. tr. indir.;* conjug. *venir;* auxil. *avoir* (1533; v. tr., 1380; *sovenir* « aider », 1270; lat. *subvenire* « venir au secours de »; Cf. **Souvenir**). SUBVENIR À : fournir en nature, en argent, ce qui est nécessaire à. V. **Pourvoir, satisfaire.** « *Les moyens de subvenir aux frais du ministère* » (CHARDONNE). *L'État subvient aux besoins de certains groupements.* V. **Subventionner.** « *Dès que le besoin d'y subvenir ne nous oblige plus, nous ne savons que faire de notre vie* » (GIDE).

SUBVENTION [sybvãsjɔ̃]. *n. f.* (v. 1330; *subvencion,* 1214; bas lat. *subventio* [VI e], de *subvenire.* V. **Subvenir**). ♦ 1° *Vx.* Subside demandé ou exigé par l'État pour subvenir à une dépense imprévue (emprunt, impôt). ♦ 2° *Mod.* (1776). Aide que l'État, qu'une association (de droit public ou privé) accorde à un groupement, à une personne. V. **Don**, **subside**. *Subventions accordées aux théâtres*. V. **Encouragement**, **secours**. *Subventions aux communes sinistrées. Voter une subvention*. « *Nous voudrions obtenir une subvention de l'État* » (ZOLA).

SUBVENTIONNEL, ELLE [sybvɑ̃sjɔnɛl]. *adj.* (1842; *subventionnal*, 1775; de *subvention*). *Dr.*, *Fin.* Qui constitue une subvention; d'une subvention. *Aide subventionnelle*.

SUBVENTIONNER [sybvɑ̃sjɔne]. *v. tr.* (1832; de *subvention*). Aider financièrement, soutenir par une subvention. *Subventionner une commune sinistrée*. « *Un théâtre que l'État subventionne!* » (GIDE). — Au p. p. *Théâtres subventionnés*.

SUBVERSIF, IVE [sybvɛʀsif, iv]. *adj.* (1780; *subvertif*, 1455; du lat. *subversum*, de *subvertere*. V. **Subvertir**). Qui renverse, détruit l'ordre établi; qui est susceptible de menacer les valeurs reçues. V. **Destructeur**. « *En haine des idées subversives, l'élite des bourgeois parisiens saccagea deux imprimeries* » (FLAUB.). *Opinions subversives*.

SUBVERSION [sybvɛʀsjɔ̃]. *n. f.* (1190; lat. *subversio*, de *subvertere*). *Littér.* Bouleversement des idées et des valeurs reçues, renversement de l'ordre établi, surtout dans le domaine de la politique. *Tentative de subversion de l'État*. *Subversion et révolte*. — « *Le surréalisme... a voulu trouver dans la démence et la subversion une règle de construction* » (CAMUS). ◇ ANT. **Appui**, **construction**.

SUBVERSIVEMENT [sybvɛʀsivmɑ̃]. *adv.* (1877; de *subversif*). *Littér.* D'une manière subversive; par la subversion.

SUBVERTIR [sybvɛʀtiʀ]. *v. tr.* (1295; lat. *subvertere*, de *vertere;* Cf. Version). *Didact.* Bouleverser, renverser (un ordre). « *Il aurait fallu, pour cela, subvertir la destinée* » (FLAUB.). (V. **Subversion**).

SUC [syk]. *n. m.* (1488; lat. *sucus, succus;* Cf. Succulent, sucer; et Essuyer). ♦ **1°** *Vx.* Liquide contenu dans certaines structures organiques, et qui était considéré comme leur partie la plus substantielle, la plus agissante (sève, humeurs). — *Mod.* Liquide susceptible d'être extrait des tissus animaux ou végétaux. « *Fabriquer des sucs de viandes, des essences de légumes, du sublimé d'aliments* » (GONCOURT). *Sucs végétaux utilisés en pharmacie*. — *Physiol.* Tout produit de sécrétion liquide. *Sucs digestifs : suc gastrique, pancréatique. Suc intestinal.* V. **Chyle**. « *L'estomac sur les sécrétions duquel ils prélèvent un peu de suc gastrique* » (PROUST). ♦ **2°** *Fig.* Ce qu'il y a de plus substantiel. V. **Nourriture** (de l'esprit), **quintessence** (2°), **substance** (III). « *Je relisais vos pages,... m'appliquant... à m'en assimiler tout le suc* » (BOURGET).

SUCCÉDANÉ [syksedane]. *n. m.* et *adj.* (1835; adj., 1690; lat. *succedaneus*, de *succedere* « remplacer ». V. **Succéder**). ♦ **1°** *Méd.* Substance qui peut remplacer une autre, que ce soit un produit alimentaire (Cf. *ci-dessous* 2°) ou une préparation pharmaceutique. *Succédané du plasma sanguin*. ♦ **2°** (1812). *Cour.* Produit qui peut en remplacer un autre. V. **Ersatz** (Cf. Produit de remplacement*). ♦ **3°** *Fig.* Ce qui peut remplacer, suppléer (une chose absente, insuffisante). « *Injures, quolibets, etc... sont marques d'impuissance, et même de lâchetés, étant des succédanés pour des meurtres* » (VALÉRY). — Péj. « *Les sous-Rembrandt et les succédanés de Michel-Ange* » (MALRAUX).

SUCCÉDER [syksede]. *v. tr. indir.;* conjug. *céder* (1375, tr.; repris XVIᵉ; lat. *succedere* « venir sous, à la place de »). **I.** SUCCÉDER À. ♦ **1°** (v. 1400). Venir après (qqn) de manière à prendre sa charge, sa place (V. **Successeur**). *Succéder à qqn dans son emploi. Roi, chef d'État qui succède à un autre. Succéder à son père à la direction d'une usine :* prendre la suite de son père dans cette direction. ♦ **2°** Recueillir par succession le patrimoine de (qqn). V. **Hériter**. ♦ **3°** *Vx.* Parvenir à une dignité, une place, après la personne qui avait cette dignité, cette place. *Succéder à la couronne*. — Spécial. Obtenir par droit de succession. *Le roi « va autoriser par une ordonnance mon frère à succéder aux noms, titres et armes des Lenoncourt-Givry* » (BALZ.). ♦ **4°** *(Choses)*. Arriver, se produire, venir après, dans l'ordre chronologique. V. **Remplacer, suivre**. « *La nuit morne succède au sombre crépuscule* » (HUGO). « *Aux bravades succède l'inquiétude, puis le découragement* » (MÉRIMÉE). ♦ **5°** *(Choses)*. Être situé, venir après, dans l'espace. *Des champs succédaient aux vignes*.

II. SE SUCCÉDER. *v. pron.* ♦ **1°** Venir l'un à l'autre. (*Ils se sont succédé*, invar.) « *Tous les gouvernements qui se sont succédé depuis soixante ans* » (STE-BEUVE). « *Les Baillehache de père en fils s'étaient succédé à Cloye* » (ZOLA). ♦ **2°** Se produire, venir l'un après l'autre (en parlant de phénomènes, d'événements distincts). V. **Enchaîner** (s'), **suivre** (se). *Des semaines se succédèrent :* passèrent. « *Les crises commencèrent à se succéder presque sans trêve* » (MART. du G.). ♦ **3°** *(Dans l'espace)*. Être à la suite l'un (les uns) de l'autre (des autres). « *D'un bout à l'autre de l'immense*

paroi blanche, les inscriptions se succédaient » (LOUŸS). ◇ ANT. **Accompagner**, **coexister;** devancer.

SUCCENTURIÉ [syksɑ̃tyʀje]. *adj. m.* (1830; *succenturier*, 1690; lat. *succenturiatus* « qui remplace »; d'abord milit.; de *sub.*, et *centuria* « centurie »). *Zool. Ventricule succenturié :* renflement de l'œsophage des oiseaux.

SUCCÈS [syksɛ]. *n. m.* (1546; lat. *successus*, p. p. de *succedere*). ♦ **1°** *Vx.* Ce qui arrive de bon ou de mauvais à la suite d'un acte, d'un fait initial. V. **Issue; fortune**. « *Les mauvais succès sont les seuls maîtres qui peuvent nous reprendre utilement* » (BOSS.). ♦ **2°** (XVIIᵉ). *Mod.* Heureux résultat (d'une décision, d'une entreprise, d'une suite d'événements); caractère favorable de ce qui arrive. V. **Réussite**. *Succès d'une entreprise* (Cf. Mener à bien*). *Tentative couronnée de succès :* réussite. *Employer avec un égal succès divers moyens*. V. **Bonheur**. *Sans succès :* sans résultat, sans y parvenir. « *Demain je dirai la messe pour le succès de la bonne cause!* » (BALZ.). ♦ **3°** *Le fait, pour qqn, d'obtenir ce qu'il a cherché, de parvenir à un résultat souhaité* (V. **Réussir**). *Être sur le chemin du succès* (Cf. Avoir le vent* en poupe). *Succès en affaires.* V. **Prospérité, réussite**. « *On imagine difficilement À quel point le succès rend les gens stupides et tranquilles* » (APOLLINAIRE). ♦ **4°** *Un, des succès :* événement particulier, circonstance qui constitue un résultat très heureux pour qqn. *Obtenir, remporter des succès. Succès militaires, sportifs.* V. **Victoire**. *Un beau succès.* V. **Exploit, performance**. « *Les grands succès rendent modeste, s'ils ne rendent sot* » (ALAIN). ♦ **5°** *(Plus. cour.).* Le fait d'obtenir une audience nombreuse et favorable, d'être connu du public. *Succès d'un auteur, d'une pièce. Avoir du succès, beaucoup de succès* (Cf. Faire fureur). *Fam. Succès bœuf. Succès brutal.* V. **Boum**. « *Ces artistes qui ont un succès fou* » (STE-BEUVE). — Absolt. « *Le succès est la loi; et quand le succès dure, il n'y a qu'à s'incliner* » (R. ROLLAND). — À succès : qui a du succès *(un écrivain à succès)*; qui procure le succès *(un rôle à succès)*. ◇ *Fam. Un succès :* ce qui a du succès (pièce de théâtre, film, chanson). *Les succès du jour. Le dernier succès de X... Un succès de librairie.* ♦ **6°** Le fait de plaire; le fait de séduire une femme. *Succès féminins : bonne fortune.* « *Les succès que lui avaient valu ses grands yeux bleus* » (STENDHAL). ◇ ANT. **Insuccès**. Déconfiture, échec, fiasco, four, revers.

SUCCESSEUR [syksesœʀ]. *n. m.* (1380; *successor*, 1174; lat. *successor*, de *succedere*. V. **Succéder**). ♦ **1°** Personne qui succède ou doit succéder (à qqn). V. **Continuateur, remplaçant**. *Le successeur d'un chef d'État, d'un roi.* V. **Dauphin**. *Elle sera bientôt son successeur. Désigner son successeur. Par ext.* « *Le capitaine... passa les consignes à son successeur* » (MAC ORLAN). — Celui qui continue l'œuvre de. « *Il passait... pour un grand naturaliste, pour le successeur de Buffon* » (BALZ.). « *Un des artistes est le précurseur, et... l'autre est le successeur* » (TAINE). ♦ **2°** *Dr.* et *cour.* Personne appelée à recueillir une succession. *Héritiers et successeurs irréguliers.* — Personne qui prend la place d'une autre dans une commerce, une fonction. ◇ ANT. **Devancier**, prédécesseur.

SUCCESSIBILITÉ [syksesibilite]. *n. f.* (1792; de *successible*). *Dr.* Droit à la succession. — *Polit. Ordre de successibilité au trône*.

SUCCESSIBLE [syksesibl(ə)]. *adj.* (1771; du lat. *successum*). *Dr.* ♦ **1°** Qui est apte à recueillir une succession. *Donataires successibles. Prince successible.* V. **Héréditaire**. — Subst. *Les successibles :* les héritiers* présomptifs. ♦ **2°** Qui donne droit à la succession. *Parent au degré successible*.

SUCCESSIF, IVE [syksesif, iv]. *adj.* (1372, didact. jusqu'au XIXᵉ; lat. *successivus*). ♦ **1°** *Vieilli.* Qui est formé d'une suite de termes entre lesquels il n'y a pas d'interruption. V. **Continu**. « *Ce qu'il y a d'élémentaire dans les pensées, et de successif dans leur développement...* » (STAËL). ♦ **2°** (Répandu fin XVIIIᵉ). Qui succède à d'autres; qui se succèdent, présentent un rapport de succession. « *On voit que les demandes successives ont entraîné des sacrifices successifs* » (BEAUMARCH.). « *Notre moi est fait de la superposition de nos états successifs* » (PROUST). ◇ ANT. **Simultané**.

SUCCESSION [syksesjɔ̃]. *n. f.* (1200; lat. *successio* « fait de venir à la place »; V. **Succéder**). **I.** ♦ **1°** Transmission du patrimoine laissé par une personne décédée (l'auteur) à une ou plusieurs personnes vivantes (les ayants cause); manière dont se fait cette transmission. V. **Héritage, legs; testament. Droit de succession. Ordre* de succession. Léguer, recevoir par voie de succession** (hériter). *Ouverture, liquidation d'une succession. Succession vacante, que personne ne réclame* (V. **Déshérence**). *Répudier une succession.* ◇ *Patrimoine transmis par une personne décédée à ses successeurs.* V. **Bien, héritage, propriété**. *Accepter une succession sous bénéfice* d'inventaire. Actif, passif d'une succession. Parts de succession.* ♦ **2°** (1559). Le fait de succéder à qqn, et *spécial.* d'obtenir le pouvoir d'un prédécesseur; transmission du pouvoir politique selon les règles. *Succession par ordre de primogéniture.* « *L'ordre de*

succession est fondé, dans les monarchies, sur le bien de l'État » (MONTESQ.). *Guerre de la Succession d'Espagne.*
II. (1275, « série »). ♦ 1° Ensemble de termes (événements, phénomènes) qui occupent dans le temps des moments voisins mais distincts, de manière à présenter un ordre ; rapport qui existe entre ces termes. V. **Enchaînement, ordre, série, suite.** *Une succession ininterrompue.* — (Personnes) *Succession de visiteurs, d'importuns.* V. **Défilé, procession.** ♦ 2° Suite, série de choses rapprochées dans l'espace, entre lesquelles on peut établir un ordre. « *Si l'on établit un ordre dans le successif, c'est que la succession devient simultanéité et se projette dans l'espace* » (BERGSON). — Suite ordonnée de termes. *La succession des nombres.*
◇ ANT. Coexistence, simultanéité.

SUCCESSIVEMENT [syksesivmɑ̃]. *adv.* (1314 ; *succes-sivamen*, 1281 ; de *successif*). Selon un ordre de succession, par éléments successifs (Cf. Par degrés*, au fur* et à mesure ; l'un après l'autre). « *Successivement elle reçut l'odeur de l'herbe, l'odeur de l'eau, l'odeur de la terre* » (MONTHERLANT). — *La femme galante* « *passe successivement d'un engagement à un autre* » (LA BRUY.). — *Successivement furieux, radouci...* V. **Tantôt** (... tantôt), **tour** (à tour). ◇ ANT. Fois (à la), simultanément.

SUCCESSORAL, ALE, AUX [syksesɔral, o]. *adj.* (1819 ; du lat. *successor.* V. **Successeur**). *Dr.* Relatif aux successions (I). *Droits successoraux.*

SUCCIN [syksɛ̃]. *n. m.* (1663 ; lat. *succinum*, var. de *sucinum*). *Didact.* Ambre jaune. — HOM. **Succinct.**

SUCCINCT, INCTE [syksɛ̃ ; ɛ̃t ; *parfois* syksɛ̃kt, ɛ̃kt(ə)]. *adj.* (1491 ; lat. *succinctus* « court-vêtu », de *succingere* « retrousser »). Qui est dit, écrit en peu de mots. V. **Bref, court, schématique, sommaire.** « *L'auteur y mêlait au récit succinct du mouvement quelques détails pittoresques* » (MADE-LIN). *Dresser un tableau succinct.* ◇ Par ext. Qui s'exprime brièvement. V. **Bref, concis, laconique.** *Soyez succinct.* ◇ Fig. Par plaisant. *Un dîner succinct*, peu abondant. ◇ ANT. **Long, verbeux. Prolixe. Abondant.** — HOM. **Succin.**

SUCCINCTEMENT [syksɛ̃tmɑ̃ ; *parfois* syksɛ̃ktəmɑ̃]. *adv.* (XIVᵉ ; de *succinct*). D'une manière succincte. V. **Brièvement, compendieusement, sommairement.** *Exprimer succinctement sa pensée.* ◇ ANT. **Longuement.**

SUCCINIQUE [syksinik]. *adj.* (1800 ; de *succin*). *Chim.* *Acide succinique*, acide organique blanc et cristallisé, décou-vert dans les produits de la distillation du succin, qui existe à l'état naturel dans certaines plantes (laitue, haricots verts).

SUCCION [syksjɔ̃]. *n. f.* (1314 ; pour *suction*, du lat. *suctum*, de *sugere* « sucer »). *Didact.* Action de sucer (I), d'attirer un fluide dans la bouche en y faisant le vide. *Absor-ber par succion. Bruit de succion.* — *Techn.* Aspiration au moyen d'appareils de succion qui créent un vide partiel (trompes à eau, à mercure ; vases de dépression). — Par compar. « *Les ponts sont de singuliers appareils de succion qui aspirent la population* » (HUGO).

SUCCOMBER [sykɔ̃be]. *v. intr.* (1356 ; lat. *succumbere*, proprem. « tomber sous »). ♦ 1° Être vaincu dans une lutte ; subir une défaite. « *Quand un être faible succombe, qui s'en aperçoit ? Mais quand un être fort succombe, le spectacle est inouï* » (MICHAUX). *Sa foi a succombé.* ◇ (1512) Vieilli. *Femme qui succombe*, qui se donne après avoir résisté. ♦ 2° (1375). Mourir. *Le blessé succomba aussitôt.* ♦ 3° S'affaisser (sous un poids trop lourd). *Succomber sous un fardeau.* — Fig. (XVIIᵉ). *Succomber sous le poids de ses fautes.* ♦ 4° (1680). SUCCOMBER À... : se laisser aller à..., ne pas résister à... V. **Abandonner** (s'), **céder** (à). *Succomber au som-meil.* — *Succomber à la tentation* : se laisser séduire, tenter. « *Je succombai au désir d'aller consoler l'impatient prisonnier* » (LACLOS). ◇ ANT. **Résister.**

SUCCUBE [sykyb]. *n. m.* (XIVᵉ ; lat. *succuba* « concubine », de *sub* « sous », et *cubare* « coucher »). *Relig. chrét.* Démon femelle (V. **Diablesse**) qui vient la nuit s'unir à un homme. *Les incubes et les succubes.*

SUCCULENCE [sykylɑ̃s]. *n. f.* (1769 ; de *succulent*). *Littér.* Caractère de ce qui est succulent. V. **Délicatesse, saveur.** *La succulence d'un mets.* ◇ Fig. « *Son langage... conserva la succulence faubourienne* » (BLOY).

SUCCULENT, ENTE [sykylɑ̃, ɑ̃t]. *adj.* (v. 1500 ; lat. *suc-culentus*, de *sucus* « suc »). ♦ 1° *Vx.* Qui contient beaucoup de suc. *Fruit succulent.* V. **Juteux.** — Par ext. *(Vx)* Nour-rissant, riche. ♦ 2° (XVIIIᵉ). *Mod.* Qui a une saveur déli-cieuse. V. **Délicieux, excellent, savoureux.** *Elle* « *le choyait, lui faisait des soupers succulents* » (R. ROLLAND). ♦ Fig. « *Le soir... lui ajutait les choses les plus succulentes* » (BAUDEL.). ◇ ANT. **Mauvais.**

SUCCURSALE [sykyrsal]. *adj. et n. f.* (1675 ; du lat. médiév. *succursus* « secours », de *succurrere* « aider, secou-rir »). ♦ 1° *Relig. Église succursale*, qui supplée à l'insuffi-sance de l'église paroissiale. *Subst. La succursale.* ♦ 2° *N. f.* (1818). *Cour.* Établissement, *spécialt.* Commerce qui dépend d'un autre, mais qui jouit d'une certaine autonomie.

V. **Annexe, comptoir, dépendance, dépôt, filiale.** *Succursale d'une banque. Magasin à succursales multiples.* « *J'aurai une succursale sous le nom de Popinot* » (BALZ.).

SUCCURSALISME [sykyrsalism(ə)]. *n. m.* (1963 ; de *succursale* 2°). *Comm.* Mode d'organisation commerciale par magasins à succursales* multiples. « *Les grands du succursalisme alimentaire* » (L'*Express*, 12-5-1960).

SUCCURSALISTE [sykyrsalist(ə)]. *adj. et n.* (1963 ; de *succursalisme*). *Comm.* Organisé selon les méthodes du succursalisme. « *Un certain style de commerce succursaliste* » (*Entreprise*, 2-5-1970). — N. « *Le commerce concentré com-prend* [...] *les grands magasins, les succursalistes, les 'supe-rettes' et les supermarchés* » (Le *Figaro*, 12-11-1966).

SUCEMENT [sysmɑ̃]. *n. m.* (*Succement*, 1314 ; de *sucer*). *Rare.* Action de sucer (II). *Sucement du pouce, chez les enfants.* V. **Succion.**

SUCER [syse]. *v. tr.* ; conjug. *placer* (1175 ; *sucier*, 1120 ; lat. pop. °*suctiare*, class. *sugere*, rac. *succus* « suc »).
I. ♦ 1° Aspirer au moyen des lèvres, en faisant le vide dans la bouche (la partie liquide que renferme un corps solide). V. **Absorber.** *Sucer le jus d'une orange. Sangsue qui suce le sang de sa victime.* V. **Boire.** — Vx. *Enfant qui suce le lait* : qui tète. Fig. *Sucer qqch. avec le lait* : l'apprendre dès sa plus tendre enfance. ♦ 2° *(Plantes, animaux).* Aspirer (un liquide nutritif) au moyen d'un organe qui pompe (suçoir).
II. ♦ 1° Exercer une pression et une aspiration avec les lèvres, la langue, pour faire fondre (une substance) et en tirer le liquide. *Sucer une sucette ; médicament à sucer.* — Pron. *passif.* Devoir être sucé. *Pastilles qui se sucent.* ◇ Fig. (1636) *Sucer qqn jusqu'à la moelle, jusqu'au dernier sou...*, lui sou-tirer progressivement toute son énergie, tout son argent. « *Elle finit Steiner, elle le rendit au pavé, sucé jusqu'aux moelles* » (ZOLA). ♦ 2° Exercer une succion sur (un corps que l'on a dans la bouche, que l'on porte à la bouche). *Sucer son pouce. Le bébé* « *rampe. Il rencontre un caillou : bon à sucer* » (DUHAM.). Fam. *Se sucer la poire*, s'embrasser. ◇ Vulg. *Sucer qqn.* V. **Fellation.**

SUCETTE [sysɛt]. *n. f.* (1907 ; « appareil aspirateur », 1869 ; de *sucer*). ♦ 1° Bonbon fixé à l'extrémité d'un bâton-net. *Sucette au citron, au caramel.* ♦ 2° Petite tétine qu'on donne au bébé pour l'empêcher de sucer son pouce.

SUCEUR, EUSE [sysœr, øz]. *n.* (1764 ; « personne qui suce les plaies pour les guérir », XVIᵉ ; de *sucer*). ♦ 1° Fig. *Suceur de sang*, celui qui vit des autres en les exploitant (Cf. **Vampire, sangsue,** *fig.*). ♦ 2° *Zool.* (1834). *Les suceurs* ou adj. *insectes suceurs*, se dit des insectes qui aspirent leur nourriture avec une trompe, sans piquer (papillons) ou en piquant (hémiptères, diptères). ♦ 3° Embout cylindrique qui s'adapte à l'extrémité d'un aspirateur. « *Le choc du suceur butant contre les plinthes* » (BAZIN). ♦ 4° *N. f. Techn.* SUCEUSE : machine agricole servant à aspirer les grains.

SUÇOIR [syswar]. *n. m.* (1765 ; de *sucer*). *Sc.* ♦ 1° Trompe d'un insecte suceur. ♦ 2° Organe des plantes parasites qui s'implante et se ramifie dans les hôtes dont elles se nour-rissent.

SUÇON [sysɔ̃]. *n. m.* (1690 ; de *sucer*). Légère ecchymose qu'on fait à la peau en la suçant, par des baisers appuyés. *Elle* « *osait dire que ce n'était pas un suçon ! oui, elle appelait ça un bleu, tout simplement...* » (ZOLA).

SUÇOTER [sysɔte]. *v. tr.* (1560 ; de *sucer*). Sucer longue-ment et délicatement. *Suçoter un bonbon.* « *Un petit morceau qu'elle suçotait avec des lenteurs gourmandes* » (GONCOURT).

SUCRAGE [sykraʒ]. *n. m.* (1876 ; de *sucrer*). *Rare.* Action de sucrer. *Spécialt.* Dans la fabrication des vins, Addition de sucre au moût avant la fermentation, soit pour augmenter la teneur en alcool, soit pour que tout le sucre ne se trans-forme pas en alcool. V. **Chaptalisation.**

SUCRANT, ANTE [sykrɑ̃, ɑ̃t]. *adj.* (1964 ; de *sucrer*). Qui sucre, en parlant d'une substance. *Pouvoir sucrant de la saccharine. Matière sucrante.*

SUCRASE [sykraz]. *n. f.* (1904 ; de *sucre*). *Biochim.* Syn. d'*Invertase**.

SUCRATE [sykrat]. *n. m.* (av. 1864 ; de *sucre*). *Biochim.* Composé d'un sucre avec un oxyde basique. V. **Saccharate.**

SUCRE [sykr(ə)]. *n. m.* (XIIᵉ ; ital. *zucchero*, de l'arabe *sukkar*, d'une langue indienne, sanscrit °*çarkarā*, proprem. « grain », d'où lat. *saccharum*). ♦ 1° Produit alimentaire, substance blanche, de saveur très douce, soluble dans l'eau, fabriquée industriellement avec la plante dite *canne à sucre* ou la betterave sucrière. *Sucre de canne* (V. *aussi* **Cassonade**), *de betterave. Sucre raffiné. Pain de sucre. Sucre en morceaux.* « *Les femmes qui mettent les morceaux de sucre en paquets* » (ALAIN). *Sucre cristallisé, sucre semoule ; sucre en poudre, sucre glace. Sucre vanillé. Pince à sucre. Sucre fondu dans l'eau.* V. **Sirop.** *Succédané du sucre.* V. **Saccharine.** *Friandise à base de sucre.* V. **Confiserie, sucrerie ; bonbon, caramel.** *Confiture pur sucre.* — *Au sucre*, servi avec du sucre en poudre. *Fraises au sucre.* — *Vin de sucre*, vin de qualité inférieure obtenu en ajoutant du sucre dans un marc épuisé. ◇ Loc. fig. *Casser* du sucre sur le dos de qqn. Être tout sucre tout miel**. ♦ 2° Fam. *Un sucre*, un morceau de sucre (V. **Canard**). *Mettre deux sucres dans son café. Chien qui fait le beau pour avoir un sucre.* ♦ 3° En confiserie, Sucre parfumé, coloré..., avec quoi sont faits certains bonbons, certaines friandises. *Bonhomme en sucre.* Fig. et fam. *Cet enfant peut bien vous aider, il n'est pas en sucre !* il n'est pas si fragile. — *En sucre*, terme d'affection. *Mon petit lapin en sucre.* — SUCRE D'ORGE (1644) : sucre cuit avec une décoction d'orge ou tout autre parfum. *Bâton de sucre d'orge. Par ext.* Le bâton lui-même. *Acheter des sucres d'orge.* — SUCRE DE POMME : sucre cuit et parfumé à la pomme. — SUCRE CANDI*. ♦ 4° Chim. Saccharose ; saccharol (en pharmacie). V. **Saccharo-**. *Inversion* du sucre.* ◇ *Au sens large.* Nom générique des substances qui possèdent plusieurs fonctions alcool avec au moins une fonction aldéhyde ou cétone, et qui ont au moins 4 atomes de carbone dans leur molécule. *Sucre d'amidon*, glucose dextrogyre. *Sucre de fruits.* V. **Fructose, lévulose**. *Sucre de lait.* V. **Lactose**. *Sucre de malt.* V. **Maltose**. *Sucre de miel, de raisin.* V. **Glucose**. — *Transformation des sucres en alcool et en gaz carbonique.* V. **Fermentation** (alcoolique). — Méd. *Sucre dans les urines* (V. **Glycosurie**), *dans le sang* (V. **Glycémie**).

SUCRÉ, ÉE [sykʀe]. adj. (XIIIᵉ ; de *sucre*). ♦ 1° Qui a le goût du sucre ; se dit d'une des saveurs fondamentales, douce et agréable. *Fruit mûr, bien sucré. Un vin sucré* (V. **Doux**), *très sucré* (V. **Sirupeux**). — Additionné de sucre. *Lait concentré non sucré. Elle « prépara en silence un verre d'eau sucrée à la fleur d'orange... »* (HUYSMANS). ◇ Subst. *La saveur sucrée. Le sucré et le salé.* ♦ 2° Fig. et péj. D'une douceur affectée. V. **Doucereux, hypocrite.** *Un petit air sucré.* — Subst. *Faire le sucré*, se montrer aimable avec affectation. ◇ ANT. *Aigre, amer ; sec* (vin).

SUCRER [sykʀe]. v. tr. (XVᵉ ; p. p., *sucré*, XIIIᵉ ; de *sucre*). I. ♦ 1° Additionner de sucre, ou d'une matière sucrante. V. **Adoucir, édulcorer.** *Sucrer son café. « Le ‹ sucrez à volonté › revient dans mainte recette ancienne de viandes braisées et mijotées »* (COLETTE). *Sucré au miel.* V. **Miellé.** ◇ Fig. et fam. *Sucrer les fraises*.* ♦ 2° Absolt. Donner une saveur sucrée, en parlant d'une substance. *La saccharine sucre beaucoup plus que le sucre, à poids égal.* ♦ 3° Pop. (« arrêter » qqn, 1901). Milit. *Sucrer une permission* : la supprimer. — *Sucrer une réplique, un passage* (théâtral) : le supprimer. II. SE SUCRER. v. pron. ♦ 1° Très fam. (1872). Se servir en sucre (pour le café, le thé). *Sucrez-vous.* ♦ 2° (1926). Fig. et fam. Se servir amplement, faire de gros bénéfices (au détriment des autres). *« Il a déjà revendu le lot entièrement et il a dû se sucrer confortablement »* (AYMÉ).

SUCRERIE [sykʀəʀi]. n. f. (1654 ; de *sucre*). ♦ 1° Usine où l'on fabrique le sucre de canne, de betterave ; spécialt. Local où le jus sucré est traité, à l'exclusion de la râperie et de la raffinerie. ◇ *Par ext.* Raffinerie. (Au Québec). *Fabrique de sucre d'érable. Sucrerie d'érablière*.* ♦ 2° (XVIIᵉ). Friandise à base de sucre, ou mets très sucré (*général.* plur.). *Aimer les sucreries. « L'attrait des pruneaux, des gâteaux... et des sucreries translucides »* (COLETTE).

SUCRIER, IÈRE [sykʀije, ijɛʀ]. adj. et n. m. (1555 ; de *sucre*). ♦ 1° Adj. Qui produit du sucre. *Betterave sucrière. Région sucrière.* — Industrie sucrière, de la fabrication du sucre. ♦ 2° N. m. (1611 ; « confiseur », 1596). Récipient, pièce de vaisselle ou d'orfèvrerie où l'on met le sucre. *« Un sucrier en cristal taillé et la pince à prendre le sucre »* (BALZ.). *Sucrier verseur.* V. **Saupoudreuse.**

SUCRIN [sykʀɛ̃]. n. m. (1558 ; adj., « sucré », 1554 ; de *sucre*). Variété de melon très sucré. Appos. *Melons sucrins.*

SUD [syd]. n. m. (XIIᵉ ; de l'a. angl. *suth*). ♦ 1° Celui des quatre points cardinaux qui est diamétralement opposé au Nord, direction de l'un des pôles. *Se diriger vers le sud.* V. **Descendre.** *Mettre le cap au sud. Vent du sud. Façade exposée au sud.* V. **Midi.** *Au sud de..., dans une région située du côté du sud par rapport à la latitude d'un lieu. Au sud de la Loire.* V. **Dessous** (au-, en). ◇ Adj. (*invar.*) Qui se trouve au sud. *Pôle sud.* V. **Antarctique.** *Hémisphère sud.* V. **Austral.** *Côté sud.* ♦ 2° (*Sud*, avec majuscule). Ensemble des régions situées (au moins en majeure partie) dans l'hémisphère sud. *Amérique, Afrique du Sud. Les mers du Sud, le Pacifique Sud.* ◇ Région sud d'un pays. *Dans le Sud de l'Europe. Sud de la France.* V. **Midi.** ◇ ANT. *Nord.*

SUD-AFRICAIN, AINE [sydafʀikɛ̃, ɛn]. adj. (déb. XXᵉ ; de *sud*, et *africain*). Qui appartient à l'Afrique du Sud ; spécialt. à l'*Union sud-africaine.* — Subst. Habitant de l'Afrique du Sud. *Des Sud-Africains.*

SUD-AMÉRICAIN, AINE [sydameʀikɛ̃, ɛn]. adj. (1878 ; de *sud*, et *américain*). Qui appartient à l'Amérique du Sud. *Les républiques sud-américaines.* — Subst. Habitant de l'Amérique du Sud. *Des Sud-Américains.*

SUDATION [sydasjɔ̃]. n. f. (v. 1370 ; repris 1838 ; lat. *sudatio ;* de *sudare* « suer »), ♦ 1° Transpiration abondante,

physiologique (effort physique, chaleur) ou pathologique (maladie fébrile, hypoglycémie). *Sudation provoquée* (bains de vapeur, sauna...). *Éruption cutanée due à la sudation* (miliaire, suette). ♦ 2° Transpiration. *Sudation insuffisante.*

SUDATOIRE [sydatwaʀ]. adj. (1842 ; lat. *sudatorius*). Didact. Qui s'accompagne de sudation.

SUD-CORÉEN, ENNE [sydkɔʀeɛ̃, ɛn]. adj. (v. 1955 ; de *sud*, et *coréen*). Qui appartient à la Corée du Sud. — Subst. Habitant de la Corée du Sud. *Des Sud-Coréens.*

SUD-EST [sydɛst]. n. m. (XVᵉ ; de *sud*, et *est*). Point de l'horizon situé à égale distance entre le sud et l'est (abrév. S.-E.). *Maison exposée au sud-est. Le sud-sud-est*, entre le sud et le sud-est. ◇ *Partie d'un pays située dans cette direction. Le Sud-Est asiatique.* — Adj. (*invar.*) *Région sud-est.* ◇ *Mar.* On écrit et prononce SUET [sųɛt]. *Un vent de suet.*

SUDISTE [sydist(ə)]. n. et adj. (v. 1861-1865 ; de *sud*). Partisan de l'esclavagisme et de l'indépendance des États du Sud, aux États-Unis, pendant la guerre de Sécession. V. **Sécessionniste.** *Armée sudiste* (dite *confédérée*).

SUDORAL, ALE, AUX [sydɔʀal, o]. adj. (mil. XXᵉ ; du lat. *sudor* « sueur »). Méd. Relatif à la sueur. *Sécrétion sudorale.*

SUDORIFÈRE [sydɔʀifɛʀ]. adj. (1732 ; du lat. *sudor*, et suff. *-fère*). Anat. Qui conduit la sueur. V. **Sudoripare.** *Conduit sudorifère.*

SUDORIFIQUE [sydɔʀifik]. adj. (XVIᵉ ; du lat. *sudor* « sueur »). Méd. Qui provoque la sudation. V. **Diaphorétique.** *Plantes sudorifiques.* ◇ Subst. *Un sudorifique.*

SUDORIPARE [sydɔʀipaʀ]. adj. (1855 ; du lat. *sudor*, et suff. *-pare*). Anat. Qui sécrète la sueur ; qui donne passage à la sueur (V. **Sudorifère**). *Glande sudoripare. Pore sudoripare* (ou *sudorifère*).

SUD-OUEST [sydwɛst]. n. m. (XVᵉ ; de *sud*, et *ouest*). Point de l'horizon situé à égale distance entre le sud et l'ouest (abrév. S.-O.). *Se diriger vers le sud-ouest. Vent du sud-ouest. Le sud-sud-ouest*, entre le sud et le sud-ouest. ◇ *Partie d'un pays située dans cette direction. Le Sud-Ouest de la France*, et ellipt. le *Sud-Ouest. « À Bergerac, ...ils avaient tous l'accent du Sud-Ouest... »* (ROMAINS). Adj. invar. *Région sud-ouest.*

SUD-VIETNAMIEN, IENNE [sydvjɛtnamjɛ̃, jɛn]. adj. (1955 ; de *sud*, et *vietnamien*). De la république du Vietnam du Sud. Subst. Habitant du Vietnam du Sud. *Les Sud-Vietnamiens.*

SUÈDE [sųɛd]. n. m. (1846 ; de *Suède*, le pays). Peau dont le côté grainé est à l'extérieur, employée surtout en ganterie. *« Ses hauts gants de suède fauves »* (HUYSMANS).

SUÉDÉ, ÉE [sųede]. adj. et n. m. (XXᵉ ; de *suède*). ♦ 1° Se dit d'une peau, d'un cuir dont le côté chair est à l'extérieur. *Cuir suédé.* V. **Daim**, *veau* (retourné). ♦ 2° Qui imite l'aspect du suède. *Tissu suédé.* V. **Suédine.** ♦ 3° *Du suédé*, cuir ou tissu suédé.

SUÉDINE [sųedin]. n. f. (v. 1935 ; de *suède*). Tissu suédé, imitant le suède, le daim. *Blouson de suédine.*

SUÉDOIS, OISE [sųedwa, waz]. adj. et n. (XVIᵉ ; de *Suède*, adapt. de l'angl. *Sweden* ou de l'all. *Schweden*). ♦ 1° De Suède (V. **Scandinave**). *Le peuple suédois. Mobilier suédois.* — Spécialt (1892). *Gymnastique suédoise*, méthode de gymnastique due au Suédois Ling (1776-1839), comportant une série de mouvements simples et rationnels. — *Allumettes suédoises*, allumettes de sûreté (fabriquées selon le procédé dû au Suédois Lundstrom). ♦ 2° N. Habitant de la Suède. *Les Suédois.* ◇ N. m. *Le suédois*, langue du groupe germanique nordique parlée en Suède et sur la côte de Finlande.

SUÉE [sųe]. n. f. (1550 ; de *suer*). Fam. Transpiration abondante sous l'effet d'un travail, d'une inquiétude. *Prendre une suée. « De là à penser que son père était un salaud. Très honnêtement il en avait la suée »* (ARAGON).

SUER [sųe]. v. (XIIᵉ ; *suder*, 980 ; lat. *sudare*). I. V. intr. ♦ 1° Rendre beaucoup de sueur, être en sueur. V. **Transpirer.** *Suer à grosses gouttes. « L'attelage suait, soufflait, était rendu »* (LA FONT.). *Suer d'angoisse. Remède qui fait suer* (V. **Sudorifique**). *« Quelque liqueur à or qui fait suer »* (RIMBAUD). ◇ *Par ext.* (1538) Se fatiguer, se donner beaucoup de mal. V. **Peine, travailler.** *« Nous suons, nous peinons, comme bêtes de somme »* (LA FONT.). — Fam. *Faire suer le burnous* (1911), se disait de colons européens d'Afrique du Nord accusés d'exploiter la main-d'œuvre indigène. ♦ 2° FAIRE SUER. Fam. (1678). Fatiguer, embêter (qqn). *« Ce qu'ils me faisaient suer leur petite femme, et leur gros bébé »* (MIRBEAU). *« Ne commence pas à nous faire suer, dit Suzanne »* (QUENEAU). ◇ *Se faire suer*, s'ennuyer. ♦ 3° Dégager de l'humidité, se couvrir d'humidité. *Bois vert qui sue sous la flamme. Les plâtres suent.* V. **Suinter.** — Cuis. *Faire suer des légumes, de la viande*, leur faire rendre de l'eau, le premier jus, par une première cuisson. II. V. tr. ♦ 1° Rendre par les pores de la peau. V. **Dégoutter, exsuder.** *« Et n'aï-je pas sué la sueur de tes nuits »* (VER-

LAINE). *Suer le sang.* V. **Sueur.** Fig. (1588) *Suer sang et eau,* faire de grands efforts, se donner beaucoup de peine. ◇ Par anal. « *Les boiseries suaient l'humidité par toutes leurs fentes* » (ZOLA). ♦ 2° Exhaler. *Ce lieu sue l'ennui.* « *Sa physionomie sinistre qui suait le crime* » (BALZ.). « *Cependant, tout ce passage sue la véracité...* » (MART. du G.). *Il sue la bêtise.* ♦ 3° Pop. (1888). *En suer une* (*proprem.* exécuter en suant), faire une danse, danser au bal.

SUET. V. SUD-EST.

SUETTE [sɥɛt]. *n. f.* (XVIe ; de *suer*). Méd. *Suette miliaire* :* maladie fébrile contagieuse, de cause inconnue, caractérisée par une sudation abondante et une éruption cutanée de petites vésicules blanchâtres, succédant à une rougeur diffuse de la peau. « *Surpris par une sueur étrange et annonçant peut-être la suette* » (BALZ.).

SUEUR [sɥœʀ]. *n. f.* (1380 ; *suor*, v. 1160 ; *sudor*, 980 ; lat. *sudorem*, de *sudor*). ♦ 1° Physiol. Produit de la sécrétion des glandes sudoripares, liquide légèrement trouble, d'odeur plus ou moins forte, de saveur salée, essentiellement composé d'eau, de chlorure de sodium, d'autres sels et d'acides gras, qui, dans certaines conditions (chaleur, travail, émotion, etc.)., au lieu de se vaporiser au contact de l'air. (V. **Perspiration**), s'amasse à la surface de la peau, sous forme de gouttes ou de gouttelettes. V. **Sudation, transpiration.** « *Quelques gouttes de sueur perlaient sur son front* » (CAMUS). *Mouillé, trempé, baigné, ruisselant de sueur. En sueur, couvert de sueur.* V. **Eau** (en), **nage** (en). « *Une sueur d'effroi couvrit tout son corps...* » (BARRÈS). *Sueur de l'agonie. Sueur froide,* accompagnée d'une sensation de froid et de frisson, dans certains états émotifs ou pathologiques. — Loc. *Gagner son pain à la sueur de son front,* le gagner durement par son travail, allusion à la malédiction prononcée par Dieu après la faute d'Adam. ♦ 2° Par ext. *Sueur de sang,* hématidrose. — (Spécial.) *La sueur de sang du Christ.* ♦ 3° UNE, DES SUEUR(s) : le fait de suer. V. **Suée, transpiration.** « *J'avais des sueurs et des crachements de sang* » (CHATEAUB.). *Sueurs abondantes.* — Fam. *Cela me donne des sueurs froides,* me fait peur, m'inquiète vivement. ♦ 4° *Par métaph. et fig.* La sueur, symbole du travail et de l'effort. « *Oisifs et jouisseurs engraissés de la sueur du peuple* » (MART. du G.).

SUFFÈTE [syfɛt]. *n. m.* (XVIIe ; lat. *sufes, sufetis,* mot punique ; Cf. hébreu *Schôfet* « juge »). Antiq. À Carthage, Chacun des deux premiers magistrats de la République revêtus du pouvoir exécutif et du commandement des armées.

SUFFIRE [syfiʀ]. *v. tr. indir.* : *je suffis, nous suffisons ; je suffisais ; je suffis ; je suffirai ; je suffirais ; suffis, suffisons, suffisez ; que je suffise ; que je suffisse ; suffisant ; suffi* (1170 ; *soufire,* 1120) ; réfection de l'a. fr. d'apr. le lat. *sufficere,* intr. « supporter, résister ».

I. (*Choses*). ♦ 1° SUFFIRE À : avoir juste la quantité, la qualité, la force nécessaire à... pour (qqch.). « *Je dissipe... le bien modeste... qui pouvait suffire à ma vie* » (NERVAL). *Cela suffit à mon bonheur.* PROV. *À chaque jour suffit sa peine.* ◇ SUFFIRE À..., POUR..., (et l'inf.). « *Il faut un siècle pour construire ce qu'un jour suffit à détruire* » (R. ROLLAND). « *Une goutte d'eau suffit pour le tuer* » (PASC.). — SUFFIRE POUR QUE... (et subj.). « *Les moutons sont... timides... le moindre bruit extraordinaire suffit pour qu'ils se précipitent* » (BUFF.). ♦ 2° Être de nature à contenter (qqn) sans qu'il ait besoin de plus ou d'autre chose. *Cela me suffit.* « *Votre signature et vos promesses leur suffiront* » (BALZ.). ♦ 3° Absolt. Être suffisant. « *Tout effort suffit lorsque le flot vous porte* » (GIDE). *Un seul peut suffire. Cela ne suffit pas.* — *Ça suffit !* Fam. *Ça suffit comme ça !* expressions exclamatives pour dire qu'on en a assez, qu'on est excédé (Cf. *J'en ai assez,* ça va comme ça !...). ♦ 4° *Impers.* IL SUFFIT À (qqn) DE... *Il lui suffit de vivre en paix,* il se contente de. *Il vous suffira de le lui dire.* V. **Avoir** (n'avoir plus qu'à...). « *Il ne leur a pas suffi d'exporter du coton, du cuivre* » (SIEGFRIED). V. **Content** (non content de). « *Ne te suffit-il pas de m'avoir tourmentée ?* » (LACLOS). ◇ Absolt. IL SUFFIT DE. *Il suffirait d'une seule goutte d'eau pour faire déborder le vase, une seule goutte suffirait pour...* « *Il suffit... d'une modification infime pour que ces profits... s'évanouissent* » (ROMAINS). *Il suffit d'une fois !* (Avec l'inf.) « *Il ne suffit pas de posséder une vérité, il faut que la vérité nous possède* » (MAETERLINCK). — (Avec le subj.) « *L'auteur... n'est pas tenu d'avoir du talent, il suffit qu'il soit exactement informé* » (HENRIOT). — Vieilli. (IL) SUFFIT : cela suffit, c'est assez. « *L'honneur parle, il suffit* » (RAC.). « *Suffit sur ce sujet, n'est-ce pas* » (GIDE).

II. (*Personnes*). SUFFIRE À. ♦ 1° Être capable de fournir ce qui est nécessaire à..., de satisfaire à (qqch.). *Il pouvait désormais suffire à tous ses besoins.* (Avec l'inf.) *Ils* « *ne suffisaient plus à servir les narguilés* » (LOTI). *Je n'y suffis plus,* je suis débordé. ♦ 2° (*Compl. de personne*). Être pour qqn tel qu'il n'ait pas besoin d'une autre personne. *Sa famille lui suffit, il ne voit personne.* ♦ 3° *v. pron.* SE SUFFIRE : avoir en soi-même, trouver par ses propres moyens de quoi satisfaire à ses besoins matériels ou ses aspirations morales.

« *Pour se suffire, le paysan doit produire de tout* » (ZOLA). *Pays qui se suffit à lui-même.* V. **Autarcie,** vivre (sur soi-même). — *Par ext.* (Choses) « *La beauté pure n'a besoin d'aucun ornement et se suffit à elle-même* » (LOUŸS). ◇ (Récipr.) « *Ils se suffisaient, ils pensaient à deux la même pensée* » (HUGO).

SUFFISAMMENT [syfizamɑ̃]. *adv.* (1462 ; *souffisamment,* 1230 ; de *suffisant*). En quantité suffisante, d'une manière suffisante (1°). V. **Assez.** — *Vous n'avez pas affranchi suffisamment votre lettre. Une* « *progéniture... suffisamment forte pour se pourvoir elle-même* » (BAUDEL.). « *Aucune de mes convictions n'est solide suffisamment pour que la moindre objection aussitôt ne l'ébranle* » (GIDE). ◇ *Suffisamment de...,* assez de. « *Il a suffisamment de bien pour vivre* » (ACAD.). *Nous en avons suffisamment.* ◇ ANT. **Insuffisamment.**

SUFFISANCE [syfizɑ̃s]. *n. f.* (XVe ; *suffisanche,* XIIe ; de *suffisant*). ♦ 1° *Vx* ou *région.* Quantité suffisante (à qqn). *J'en ai ma suffisance* (Cf. Avoir son content*). « *Parce que, lui, il en a à sa suffisance* (des lièvres, des lapins) ; *il en mange tant qu'il le veut* » (GIONO). Absolt. *Plus cour. Vin en suffisance.* ♦ 2° (1640). Caractère, esprit suffisant (2°). V. **Fatuité, orgueil, présomption, satisfaction, vanité.** « *Avec quel ton de suffisance il parlerait du précepteur de ses enfants !...* » (STENDHAL). ◇ ANT. **Insuffisance** ; *bonhomie, familiarité, modestie.*

SUFFISANT, ANTE [syfizɑ̃, ɑ̃t]. *adj.* (v. 1407 ; *soffeisanz,* 1190 ; de *suffire*). ♦ 1° (*Choses*). Qui suffit (I). V. *Vx. Suffisant à.* Mod. SUFFISANT POUR. « *Une milice... plus que suffisante pour la défense de l'État* » (ROUSS.). — *Une machine* « *suffisante pour imprimer une feuille entière* » (DUHAM.). *Pour que...* (et subj.) *C'est suffisant pour qu'il se mette en colère.* ◇ Absolt. *En quantité suffisante.* « *Je n'ai pas la place, la somme suffisante.* « *Tout ce qui n'est que suffisant ne suffit jamais* » (MARIVAUX). *C'est plus que suffisant, amplement suffisant, bien suffisant.* V. **Assez.** — *Résultats suffisants, assez bons.* V. **Honnête, honorable, satisfaisant.** — (Philo.) *Condition suffisante,* qui suffit à elle seule pour entraîner une conséquence. *Condition nécessaire et suffisante.* — Théol. *Grâce suffisante et grâce efficace*.* ◇ Subst. (Région.) *Avoir son suffisant,* son content. V. **Suffisance.** ♦ 2° (XVIe-XVIIe ; *suffisanz* « satisfait », 1120). Qui a une trop haute idée de soi et tranche sur tout sans douter de rien. V. **Arrogant, fat, glorieux, prétentieux, vaniteux.** « *Un homme qui réduisait au silence les plus suffisants des clercs* » (MICHELET). — *Faire le suffisant,* l'important. — *Air, ton suffisant.* V. **Avantageux, fier, pédant, satisfait.** ◇ ANT. **Insuffisant, modeste.**

SUFFIXAL, ALE, AUX [syfiksal, o]. *adj.* (fin XIXe ; de *suffixe*). Ling. Relatif au suffixe ; qui constitue ou utilise un suffixe. *Élément suffixal. Dérivation suffixale.*

SUFFIXATION [syfiksasjɔ̃]. *n. f.* (1876 ; de *suffixe*). Ling. Dérivation par suffixe.

SUFFIXE [syfiks(ə)]. *n. m.* (1838 ; lat. *suffixus* « fixé dessous, après » ; Cf. Affixe, infixe). Gram., Ling. Élément de formation placé après une racine, un radical, un thème, pour former un dérivé. V. **Terminaison.** *Suffixe thématique, flexionnel* (V. **Désinence**). — *Spécial.* (à l'exclusion des désinences) *Dérivation par suffixe.* V. **Suffixation.** *Suffixes diminutifs* (ex. : *-et, jardin — jardinet*), *péjoratifs* (ex. : *-aille, fer — ferraille*). *Suffixe populaire, savant.*

SUFFIXER [syfikse]. *v. tr.* (1876, p. p. ; de *suffixe*). Ling. Pourvoir d'un suffixe. — Au p. p. *Mot suffixé.*

SUFFOCANT, ANTE [syfɔkɑ̃, ɑ̃t]. *adj.* (1690 ; de *suffoquer*). ♦ 1° Qui suffoque, qui gêne ou empêche la respiration. V. **Accablant, asphyxiant, étouffant.** *Fumées suffocantes. Atmosphère suffocante. Chaleur suffocante.* ◇ Rare. Où l'on suffoque. « *Un escalier suffocant* » (BLOY). ♦ 2° Fig. Qui suffoque d'étonnement et d'indignation. V. **Étonnant, irritant.**

SUFFOCATION [syfɔkasjɔ̃]. *n. f.* (1380 ; lat. *suffocatio*). ♦ 1° Le fait de suffoquer ; impossibilité ou difficulté de respirer. V. **Étouffement, oppression.** « *Dans le couloir, la suffocation augmentait encore* » (ZOLA). ♦ 2° État pathologique dans lequel l'accès normal de l'air dans les poumons est empêché ; asphyxie causée par un obstacle mécanique (à l'intérieur des voies respiratoires ; sur la bouche ou le nez). V. **Asphyxie, étranglement, étouffement.** *Une attaque, une crise de suffocation.* V. **Asthme.** « *Elle avait... des suffocations, pendant lesquelles elle croyait qu'elle allait mourir* » (R. ROLLAND).

SUFFOQUER [syfɔke]. *v. tr.* (1380 ; lat. *suffocare*). I. *V. tr.* ♦ 1° (*Sujet de chose*). Empêcher (qqn) de respirer, rendre la respiration difficile, par manque d'oxygène, par modification du rythme respiratoire. V. **Étouffer, oppresser.** *Une* « *convulsion de joie délirante menaçant réellement de la suffoquer* » (NODIER). « *La voilà fondant en pleurs et suffoquée par ses sanglots* » (DIDER.). — *Une odeur, une fumée qui suffoque.* V. **Suffocant.** ◇ Vx (*Sujet de personne*) Tuer en empêchant de respirer. V. **Étouffer.** « *Fauste... fut suffoquée dans le bain* » (BOSS.). ♦ 2° Fig. (XVIIIe) « *causer une gêne* », XVIIe). Remplir d'une émotion vive qui « *coupe le souffle* ». « *Une colère confuse et une telle émotion le suf-*

foquaient... » (MAUPASS.). « *Retenant sa colère, suffoqué par le sentiment de son impuissance* » (FLAUB.). ◇ *(Sujet de personne)* Étonner vivement. V. **Estomaquer, souffler.** *Il m'a suffoqué, avec ses déclarations.*
II. *V. intr.* ♦ 1° Respirer avec difficulté, perdre le souffle. V. **Étouffer.** « *Elle suffoque, sans arriver à se délivrer par un sanglot* » (ROMAINS). ◇ *Méd.* Éprouver la suffocation. ♦ 2° *Fig.* (1762). Être étouffé, oppressé par une émotion vive. *Suffoquer de colère, d'indignation, de surprise.*

SUFFRAGANT, ANTE [syfʀagɑ̃, ɑ̃t]. *adj. et n.* (v. 1180; lat. relig. *suffraganeus,* du lat. *suffragari* « voter pour, favoriser »). ♦ 1° Adj. m. *Dr. canon.* Se dit d'un évêque dépendant (de tel archevêque). *Évêque suffragant de l'archevêque de Tours.* Subst. « *Il ne s'agit que d'un suffragant de Paris* » (ROMAINS). — Se dit d'un ministre protestant qui assiste un pasteur. ♦ 2° *N. m.* et *f.* Personne qui a droit de suffrage dans une assemblée, un jury de thèse.

SUFFRAGE [syfʀaʒ]. *n. m.* (1355; *suffrages d'oraison* « prières », 1289; lat. *suffragium* « tesson avec lequel on votait », de *frangere* « briser »). ♦ 1° Acte par lequel on déclare sa volonté, son opinion (favorable), dans un choix, une délibération, une désignation, *spécialt.* dans le domaine juridique, politique. V. **Élection, scrutin, vote.** *Droit de suffrage :* droit d'exprimer sa volonté, dans les décisions politiques. — Dr. constit. *Suffrage restreint,* système où le droit de suffrage est réservé à certains citoyens. *Suffrage censitaire.* V. **Cens.** *Suffrage universel,* dans lequel l'électorat n'est pas restreint par des conditions de fortune, de capacité, d'hérédité, mais qui peut comporter des exclusions (d'âge, de sexe, d'indignité...). « *On ne saurait fonder le suffrage universel sur autre chose que sur cette faculté universellement répandue de dire non ou de dire oui* » (SARTRE). *Suffrage direct,* Système dans lequel les électeurs désignent les élus sans intermédiaire, par oppos. à *suffrage indirect,* où le corps électoral désigne les électeurs du second degré (grands électeurs). — *Manière dont s'exerce le suffrage* (V. **Représentation, scrutin**). ◇ Voix. *Le suffrage d'un électeur; un suffrage. Briguer les suffrages des électeurs :* solliciter les électeurs. *Suffrages exprimés,* par oppos. aux *abstentions* et aux *bulletins nuls.* « *Beaucoup plus de suffrages qu'il ne comptait. Il n'avait jamais sérieusement pensé être élu* » (ARAGON). ♦ 2° *Littér.* opinion, avis favorable. V. **Approbation.** « *Le suffrage d'un sot Fait plus de mal que sa critique* » (FLORIAN). *Accorder son suffrage.* V. **Adhésion, concours.** — *Par ext.* (Choses) *Un nouveau modèle qui mérite tous les suffrages.*

SUFFRAGETTE [syfʀaʒɛt]. *n. f.* (1907; mot angl. [1906]; de *suffrage*). Anglaise militante qui réclamait le droit de voter. « *Catherine ne réclamait pas le droit de vote pour les femmes, comme les suffragettes anglaises* » (ARAGON).

SUFFUSION [syfyzjɔ̃]. *n. f.* (1478; *suffision,* v. 1370; lat. *suffusio,* de *sub* « sous », et *fundere* « verser »). *Méd.* Infiltration diffuse des tissus par un liquide organique (sang, sérosité). V. **Épanchement.**

SUGGÉRER [sygʒeʀe]. *v. tr.;* conjug. *céder* (XVe; *suggerir,* 1380; lat. *suggerere* « porter [*gerere*] sous »). ♦ 1° *(Sujet de personne).* Faire concevoir, penser (qqch.) sans exprimer ni formuler. V. **Insinuer, inspirer, souffler, sous-entendre.** « *On vous aura dit que je suggérais tes réponses aux autres* » (BEAUMARCH.). V. **Dicter.** « *Rien de tel que lui suggérer qu'elle* (la guerre) *ressemble à un match de boxe* » (MAUROIS). ◇ *Spécialt.* Présenter (une idée, un projet) en tant que suggestion, conseil. *Ils s'ennuyaient, je leur ai suggéré d'aller au cinéma.* V. **Conseiller, proposer.** ♦ 2° *(Sujet de chose).* Faire naître (une idée, un sentiment...) dans l'esprit. « *Toute bonne musique suggère les sentiments qu'elle veut suggérer* » (BAUDEL.). « *Toute sa personne enfin suggérait l'idée d'une origine exotique* » (BAUDEL.). V. **Donner.** — *Par ext.* Susciter l'idée ou l'image de... (qqch.); faire penser à (qqch.). *Mot qui en suggère un autre* (V. **Analogie**). « *La sculpture suggère le mouvement, la peinture suggère la profondeur ou la lumière* » (SARTRE). ◇ *Absolt.* Évoquer. « *Ma phrase... suggère plutôt qu'elle n'affirme, et procède par insinuations* » (GIDE). ♦ 3° Faire penser ou exécuter (qqch.) par suggestion (2°). « *L'hypnotiseur peut lui suggérer, à distance, certains actes à accomplir* » (CARREL).

SUGGESTIBILITÉ [sygʒɛstibilite]. *n. f.* (1900; de *suggestible*). *Didact.* Caractère suggestible.

SUGGESTIBLE [sygʒɛstibl(ə)]. *adj.* (1890; du lat. *suggestio*). *Didact.* Qui accepte facilement les suggestions, est influençable par suggestion (3°).

SUGGESTIF, IVE [sygʒɛstif, iv]. *adj.* (1857; angl. *suggestive,* de *to suggest* « suggérer »). ♦ 1° Qui a le pouvoir de suggérer des idées, des images, des sentiments. V. **Évocateur.** *Une musique suggestive.* « *Delacroix est le plus suggestif de tous les peintres, celui dont les œuvres... font le plus penser* » (BAUDEL.). ♦ 2° (1889). Qui suggère des idées érotiques. *Une tenue très suggestive.*

SUGGESTION [sygʒɛstjɔ̃]. *n. f.* (XIIIe; lat. *suggestio*).

♦ 1° Action de suggérer. « *La suggestion... qui consiste à faire dans l'esprit des autres une petite incision où l'on met une idée à soi...* » (HUGO). ◇ *Dr.* Le fait d'influencer qqn, de lui dicter sa conduite pour en tirer profit. ♦ 2° Ce qui est suggéré; idée, image, projet que l'esprit reçoit de l'extérieur. V. **Inspiration.** « *Les suggestions du démon* » (BOSS.). ◇ *Spécialt.* Idée, projet que l'on propose, en laissant la liberté d'accepter, de faire sien ou de rejeter. V. **Conseil, proposition.** « *Le général... adressait au gouvernement des suggestions, mais sur un ton si impérieux qu'elles semblaient des ordres* » (MADELIN). ♦ 3° *Psycho.* Le fait d'avoir une croyance, une idée, un désir, lorsque cette croyance, cette idée, ce désir a son origine dans une autre conscience et que le sujet ne reconnaît pas l'influence qu'il subit; *par ext.* Idée, croyance, désir suggéré. « *Il est possible d'évoquer chez un sujet hypnotisé, par simple suggestion, des visions hallucinatoires* » (BERGSON). (1884). *Suggestion, suggestion mentale :* état du sujet hypnotisé. — (V. *aussi* **Autosuggestion**).

SUGGESTIONNER [sygʒɛstjɔne]. *v. tr.* (1838; de *suggestion,* 3°). Influencer, faire penser ou faire agir par la suggestion (1°, 3°). ◇ Pronom. *Se laisser suggestionner.* ◇ *Se suggestionner,* s'imposer une idée fixe, se faire des idées. « *Es-tu bien sûr de ne t'être pas suggestionné,...* » (HUYSMANS).

SUGGESTIVITÉ [sygʒɛstivite]. *n. f.* (1904; de *suggestif*). *Rare.* Caractère de ce qui est suggestif.

SUICIDAIRE [sɥisidɛʀ]. *adj. et n.* (1901; *suicidant,* 1855; de *suicide*). ♦ 1° Du suicide; qui mène, qui tend au suicide. *Tendances suicidaires.* « *Cette chambre basse et humide* (constituait) *un séjour suicidaire* » (HUYSMANS). ♦ 2° Qui, par sa psychologie, semble prédisposé au suicide. *Dépressif, mélancolique suicidaire.* ◇ N. *Un, une suicidaire.* ♦ 3° *Fig.* Qui mène à l'échec, à la faillite. « *Entreprise intellectuelle suicidaire* » (*L'Express,* 12-4-1971).

SUICIDE [sɥisid]. *n. m.* (1739; du lat. *sui,* et suff. *-cide,* d'apr. *homicide*). Le fait de se tuer, de se donner la mort. ♦ 1° Action de causer volontairement sa propre mort (ou de la tenter), pour échapper à une situation psychologique intolérable, lorsque cet acte, dans l'esprit de celui qui le commet, doit entraîner à coup sûr la mort. *Suicide rituel* (ex. : hara-kiri). *Projet, tentative de suicide.* « *Le suicide est un crime religieux et social* » (VIGNY). *Fam. Candidat au suicide :* celui qui tente de se suicider. ◇ *Mort par suicide. Meurtre maquillé en suicide.* ♦ 2° *Par ext.* Le fait de risquer sa vie sans nécessité. *Rouler à cent à l'heure sur une telle route, c'est un suicide !* ♦ 3° *Fig.* Action de se détruire, de se nuire. « *Hitler a voulu le suicide général, la destruction matérielle et politique de la nation allemande* » (CAMUS). ♦ 4° *En appos.* Qui comporte des risques mortels. *Opération, mission(-)suicide.* — *Avion-suicide,* dont le pilote est sacrifié (Cf. japonais Kamikaze).

SUICIDÉ, ÉE [sɥiside]. *adj. et n.* (1830; V. **Suicider**). Qui s'est tué volontairement. *On refuse la sépulture chrétienne aux personnes suicidées.* ◇ N. *Un, une suicidé(e).* V. **Désespéré** (1°, *spécialt.*).

SUICIDER (SE) [sɥiside]. *v. pron.* (1795; de *suicide*). Se tuer par suicide. V. **Détruire** (se), **supprimer** (se). *Se suicider d'un coup de revolver, de fusil.* V. **Flinguer** (se). (Cf. Se brûler la cervelle*. *Pop.* Se faire sauter le caisson*). « *Des personnes qui se suicident, les unes se font violence; les autres au contraire cèdent à elles-mêmes* » (VALÉRY).

SUIDÉS [sɥide]. *n. m. pl.* (1883; du lat. *sus* « porc »). *Zool.* Famille de mammifères ongulés non ruminants, à corps lourd, à pattes courtes à quatre doigts, à museau allongé terminé par un boutoir, un groin, à peau couverte de soies dures (ex. : babiroussa, pécari, porc, phacochère, sanglier).

SUIE [sɥi]. *n. f.* (1160; mot gallo-rom., probabl. du gaul. °*sudia;* Cf. vieil irlandais *Suide*). Noir de fumée mêlé d'impuretés, que produisent les combustibles qui ne brûlent qu'incomplètement. *Dépôt de suie dans une cheminée.* « *Les fleurs sont rares dans ce faubourg souillé par la suie des usines* » (FRANCE). *Enlever, racler la suie* (V. **Ramoner**). — *Suie de bois,* substance noire, obtenue lors de la pyrogénation du bois, utilisée comme engrais, comme vigoureux (V. **Bistre**). — *Noir comme de la suie.* V. **Fuligineux.** ◇ HOM. *Suis* (forme du v. *être*).

SUIF [sɥif]. *n. m.* (v. 1268, *f* comme dans *soif,* ajouté par anal. de *sue,* fin XIIe; puis *sieu, sui;* lat. *sebum.* V. **Sébum**). ♦ 1° Graisse animale, composée de plusieurs glycérides, *spécialt.* Cette graisse fondue. *Suif de mouton, de bœuf,* composés de stéarine, margarine et oléine. *Chandelle de suif. Suif utilisé dans la préparation des savons* (savon animal), *dans le traitement des cuirs.* ◇ *Corps gras végétal. Arbre à suif.* — *Suif minéral :* variété de cire fossile. ◇ *Péj.* Graisse humaine. « *Boule de suif* » (MAUPASS.). ♦ 2° *Arg.* Chercher *du suif à qqn,* lui chercher querelle. (Cf. Des crosses [2]). — *Il va y avoir du suif, de la bagarre, du scandale.*

SUIFFER ou *(vx)* **SUIFER** [sɥife]. *v. tr.* (1643; *suiver,* 1636; *siuver,* 1537; de *sieu, suif.* V. **Suif**). Enduire de suif.

V. **Graisser.** « *As-tu suifé les gonds de la porte pour qu'ils ne fassent pas de bruit ?* » (HUGO).

SUIFFEUX, EUSE [sɥifø, øz]. *adj.* (av. 1846; de *suif*). ♦ 1° De la nature du suif. *Matière grasse, suiffeuse.* ♦ 2° *Péj.* Très gras.

SUI GENERIS [sɥiʒeneʀis]. *loc. adj.* (1777; mots lat. « de son espèce »). Propre à une espèce, à une chose, qui n'appartient qu'à elle. V. **Spécial.** « *C'est un humoriste qui mérite une place à part; il y a là une saveur* sui generis, *un goût fin qui se distingue de tous autres* » (BAUDEL.). — *Spécialt. Odeur* sui generis (par euphém.), mauvaise odeur.

SUINT [sɥɛ̃]. *n. m.* (1309; *suin*, 1302; de *suer*). ♦ 1° Matière sébacée que sécrète la peau du mouton, et qui se mêle à la laine; ensemble des matières grasses que contient la laine. *Le suint est un mélange de sels de potasse et d'acides gras.* — *Laine en suint*, non dessuintée. ♦ 2° *Techn.* Scorie qui surnage sur le verre en fusion (var. *Suin*).

SUINTANT, ANTE [sɥɛ̃tɑ̃, ɑ̃t]. *adj.* (1845; de *suinter*). Qui suinte (2°). *Pierres, roches suintantes.* V. **Humide.**

SUINTEMENT [sɥɛ̃tmɑ̃]. *n. m.* (1722; de *suinter*). Écoulement lent d'un liquide, goutte à goutte. V. **Exsudation, suage.** « *Le suintement des eaux le long des parois et sur le plafond des galeries* (d'une caverne) » (MARTONNE). — Liquide, humidité qui suinte. *Des* « *suintements... sur les parois* » (HUGO). ◊ *Méd. Suintement d'une plaie, d'un ulcère.*

SUINTER [sɥɛ̃te]. *v. intr.* (1553; de *suint*). ♦ 1° S'écouler très lentement, sortir goutte à goutte. V. **Dégoutter, exsuder.** « *Il dégelait; l'eau suintait au long des murs, tombait des toits* » (MORAND). *Il* « *retire l'aiguille..., essuie la place gonflée où suinte une perle rose* (de sang) » (MART. du G.). V. **Perler.** ♦ 2° Produire un liquide qui s'écoule goutte à goutte. *Murailles qui suintent.* « *La montagne, pleine de sources, continue de suinter goutte à goutte dans la citerne* » (HUGO). *La vigne suinte.* V. **Pleurer.** — *Plaie qui suinte.* ◊ *Fig. Trans.* V. **Suer.** « *Une filandreuse chronique suintant la suffisance repue...* » (VILLIERS).

SUISSE [sɥis]. *adj.* et *n.* (attesté XVIᵉ; all. *Schweiz*). **I.** De la Suisse. *Les Alpes suisses. La Confédération suisse est formée de cantons.* V. **Helvétique.** *Le peuple suisse.* **Helvète.** — *Franc suisse.* — Hist. *Régiments suisses*, qui servaient en France sous l'Ancien Régime. *Les cent-suisses.* ◊ **N.** *Un Suisse, une Suissesse.* — REM. Au fém. *Suissesse*, qui a pris une valeur ironique, est aujourd'hui remplacé par l'adj. (*une dame suisse*). *Les Suisses parlent le français* (V. **Romand**), *l'allemand, l'italien et le romanche.* **II.** (1635). ♦ 1° *Vx.* Portier, concierge d'un hôtel particulier, aux XVIIᵉ et XVIIIᵉ s. (son costume rappelait celui des mercenaires suisses). « *Point d'argent, point de Suisse* » (RAC.). ◊ *Loc. mod.* (1829, de *boire avec son Suisse*) *Manger ou boire en suisse* : tout seul, sans inviter les amis. « *On sait que* 'je bois' — tout seul, en cachette — *les jeunes gens disent en suisse* » (BERNANOS). ♦ 2° *Mod.* Employé chargé de la garde de l'église, de l'ordonnance des processions, des cérémonies. V. **Bedeau, gardien.** « *Le suisse,... se tenait sur le seuil, au milieu du portail... plumet en tête, rapière au mollet, canne au poing* » (FLAUB.). ♦ 3° Soldat de la garde suisse, au Vatican. **III.** *N. m.* (1791; au Canada, 1632; de *suisse* II, 3). Écureuil rayé (sur la longueur) qui vit en Russie et en Amérique du Nord (*chipmunk*). Syn. de *tamia* « *Elle avait aussi adopté les tamias, les* 'suisses' *au dos si joliment rayé* » (RINGUET). **IV.** (1872). *Suisse*, abrév. fam. de *petit-suisse*. V. **Petit-suisse.** *Acheter des suisses.*

SUITE [sɥit]. *n. f.* (XVIᵉ; *siute* « poursuite en justice », 1080; anc. p. p. de *suivre;* lat. pop. *sequitus*). **I.** Ⓐ (Action de poursuivre). ♦ 1° *Dr. Droit de suite,* droit qui permet au créancier hypothécaire de suivre l'immeuble hypothéqué dans les mains de tout détenteur et d'exiger de lui le paiement de la somme due. Droit par lequel un artiste peut prélever une certaine somme sur le produit de la vente publique de ses œuvres. ♦ 2° *Chasse* (1778). Poursuite du gibier. *La suite du limier.* Ⓑ (Fin XIVᵉ). ♦ 1° (*Vx*). Action de suivre. ♦ 2° Situation de ce qui suit, vient après (dans des express.). *Prendre la suite de qqn*, lui succéder. — FAIRE SUITE À... (Dans le temps) V. **Succéder, suivre.** *Le vote qui fit suite à cette proposition.* — (Dans l'espace) V. **Prolonger.** « *On déjeunait dans un appartement faisant suite à la laiterie* » (FLAUB.). ◊ (1665). À LA SUITE DE (*Dans l'espace*) : en suivant derrière, en se faisant suivre par derrière. *Les bateaux pêcheurs* « *se rassemblaient à la suite de ce croiseur* » (LOTI). *Entraîner qqch. à sa suite* : après soi. — Derrière, en considérant un ordre donné. V. **Après, derrière.** *Se mettre à la suite d'une file d'attente* (Cf. À la queue). — (*Dans le temps*) Après, en suivant. V. **Après.** *Trois coups furent tirés à la suite.* V. **Successivement.** — *Spécialt.* (l'événement suivant sa cause) V. **Cause** (à cause de). *Il* « *s'était fait prêtre, à trente-deux ans, à la suite d'un chagrin d'amour* » (MAUPASS.). ♦ 3° Ordre de ce qui se

suit en formant un sens. V. **Liaison, lien.** *La suite d'un raisonnement, de la conversation.* V. **Cours, déroulement, fil.** — *Plus cour.* (emplois négatifs) *Propos, mots sans suite*, incohérents, incompréhensibles. « *Il divaguait maintenant, causait tout haut de choses qui n'avaient guère de suite* » (ZOLA). ◊ *Spécialt.* Le fait de suivre la même idée, le même projet. *Vx* ou *littér. Étudier, lire avec suite* : persévérance. « *La société ne donne rien à celui qui ne demande rien, j'entends avec constance et suite* » (ALAIN). *Mod.* et *cour.* ESPRIT DE SUITE : aptitude à suivre une direction avec constance (dans le raisonnement ou l'action). — *Avoir de la suite dans les idées*, se dit d'une personne persévérante, et *iron.* d'une personne entêtée dont on ne vient pas à bout. « *Ce que Richelieu nommait l'esprit de suite, ou mieux, de la suite dans les idées* » (BALZ.). ♦ 4° (1538). DE SUITE : en suivant exactement; à la suite les uns des autres, sans interruption (surtout avec un numéral : *deux, trois... de suite*, et dans *ainsi de suite*). « *Ce premier manuscrit était écrit de suite, sans section* » (CHATEAUB.). *Il* « *ne pouvait pas dire trois mots de suite sans y ajouter : C'est bien le cas de le dire...* » (DAUD.). — ET AINSI DE SUITE : en continuant de la même façon. « *Leur flot* (des Barbares) *entra... et, après le premier flot, un autre, puis encore un autre, et ainsi de suite pendant cinq cents ans* » (TAINE). ♦ 5° (1549). TOUT DE SUITE : sans délai, sans plus attendre. V. **Illico, immédiatement, incessamment, instant** (à l'instant). *Venez tout de suite!* « *Il a, d'ailleurs, cédé tout de suite, sans discussion* » (BERNANOS). — *Par ext.* (exprimant la proximité) Immédiatement. « *À Saint-Ouen, tout de suite après la barrière, à main droite* » (DUHAM.). ◊ *Vx, région.* ou *fam.* (emploi critiqué) DE SUITE : immédiatement, incontinent. « *Il recommença de suite* » (FLAUB.). *La concierge revient de suite.* « *Afin de savoir de suite à qui ils avaient à faire* » (PROUST).

II. Ce qui suit, ce qui se suit. ♦ 1° (1538; *sieute*, 1450). Personnes qui se déplacent avec une autre dont elles sont les subordonnées. V. **Appareil, cortège, équipage, escorte, train.** « *Il part, c'est quelqu'un de ma suite. — Oui, de ta suite, ô roi! de ta suite!* — *J'en suis!* » (HUGO). ◊ (1559) Domestiques* qui accompagnent leur maître. V. **Gens.** « *Sa suite se composait d'un valet de chambre, de deux gardes-malades, et de sa gouvernante* » (LARBAUD). ♦ 2° (Fin XVIᵉ). Ce qui suit qqch.; ce qui vient après qqch., ce qui n'était pas terminé, entier. « *C'est la suite du discours qui fit seulement comprendre...* » (CAMUS). — *La suite au prochain numéro* (du journal). V. **Suivre** (à suivre). Au *fig.* (*Fam.*) En voilà assez pour l'instant, nous reprendrons cela plus tard. — *La suite à demain! Suite et fin*, se dit qui termine l'histoire. — *La suite d'un repas*, les derniers plats qu'on va servir. « *Valentin enlève les assiettes et va chercher la suite* » (QUENEAU). ◊ *Comm. Article sans suite*, dont l'approvisionnement n'est pas renouvelé. ♦ 3° Temps qui vient après le fait ou l'action dont il est question. *Attendons la suite.* — DANS LA SUITE : dans la période qui a suivi, après cela. V. **Depuis.** *Le chef* « *ne demandait pas une réponse vraie mais une réponse convenable; j'en eus mille preuves dans la suite* » (ALAIN). — *Plus cour.* (1739) PAR LA SUITE : dans la période qui a suivi ou qui suivra. « *Les ouvrages qu'il m'a été donné de composer par la suite* » (DUHAM.). V. **Ensuite, tard** (plus tard). ♦ 4° (au plur. ou dans les loc.) Ce qui résulte (de qqch.). V. **Aboutissement, conséquence, effet, résultat.** *La suite normale de ma démarche. Les suites d'une affaire.* V. **Développement, prolongement.** « *Un éclat qui aurait eu de fâcheuses suites* » (LESAGE). V. **Contrecoup, lendemain.** — Accidents, troubles de santé qui se manifestent quand la cause a cessé d'agir. *Les suites d'une maladie.* V. **Séquelle.** *Suites de couches* (V. **Puerpéral**). — DONNER SUITE À un projet, une demande, poursuivre son action pour lui donner un aboutissement. *Nous sommes sans nouvelles, ils n'ont pas donné suite.* *Comm. Suite à...* (votre lettre, votre demande), comme suite à, en réponse à. ◊ PAR SUITE DE... : à cause* de, en conséquence de. V. **Grâce** (à). « *Par suite d'un refroidissement il lui vint une angine* » (FLAUB.). ♦ 5° (v. 1640). Ensemble de choses, de personnes qui se suivent. *Suite de personnes.* V. **Chaîne, file, procession, ribambelle.** « *Toute la rue semblait une suite de mairies, de sous-préfectures, de musées municipaux* » (ROMAINS). ◊ (1538) Personnes, choses qui se succèdent dans le temps. V. **Succession.** *Une longue suite de descendants.* V. **Postérité.** « *Presque toute l'histoire n'est qu'une suite d'horreurs* » (CHAMBORT). « *Une suite d'échos parlés,... une succession de racontars, une enfilade de petits récits* » (GONCOURT). ◊ (1727) *Math.* Ensemble de termes qui se présentent dans un ordre tel que celui des nombres entiers (V. **Progression, série**). *La suite des nombres naturels, des nombres premiers. Suite infinie.* ◊ *Ling.* Succession d'éléments. V. **Séquence** (4°). ♦ 6° *Spécialt.* Ensemble de gravures d'un ouvrage. *Une double suite sur japon.* ◊ *Arts décor.* Tenture composée de plusieurs tapisseries dont chacune représente un épisode d'une histoire. ♦ 7° (1842). *Mus.* Composition musicale faite de plusieurs pièces de même tonalité. *Suite instrumentale comprenant prélude, allemande,* *courante, sarabande, gigue, pavane, menuet, passacaille...* — *Suite d'orchestre,* composition de forme voisine. ♦ 8° (XXᵉ). Appartement de plusieurs pièces en enfilade, loué à un seul client, dans un hôtel de luxe. « *J'ai, au Carlton, une suite de dix fenêtres sur l'Arno* » (LARBAUD).

SUITÉE [sµite]. *adj. fém.* (1872 ; de *suite*). *Élevage, Chasse.* Se dit d'une jument suivie de son poulain, d'une laie suivie de ses marcassins.

1. **SUIVANT, ANTE** [sµivã, ãt]. *adj.* et *n.* (1477 ; *sivant*, 1295 ; *sywant*, 1276 ; p. prés. du v. *suivre*).

I. ♦ 1° Qui vient immédiatement après. ◇ (Dans un ordre) *L'échelon, le grade suivant.* Subst. *Dans ces pages et dans les suivantes. Page 150 et suiv.* ou *sqq.* (abrév. du lat. *sequantiaque*). — *(Personnes)* Qui vient tout de suite après une autre, à son tour. *Le médecin dit : la personne suivante, s'il vous plaît.* Subst. *Au suivant !* au tour du suivant. *Le suivant !* Ellipt. : « — *Suivant, dit l'homme* » (LE CLÉZIO). ◇ (Dans le temps) *Les années suivantes.* V. Futur. « *Nous attendons sans cesse l'heure suivante, le jour suivant, l'année suivante. Il nous faut à la fin une vie suivante* » (SENANCOUR). *La fois suivante.* V. Autre, prochain. *Je suis pris dimanche prochain, remettons cela au dimanche suivant.* ♦ 2° Qui va suivre (dans un énoncé, une énumération). *L'exemple suivant, cidessous, ci-après.*

II. Qui suit qqn. ♦ 1° Adj. *Vx.* Qui suit en qualité de domestique. ◇ N. f. (1635) *Autrefois,* Dame de compagnie. « *La Suivante* », comédie de Corneille. ♦ 2° *Littér.* Personne qui en accompagne une autre pour la servir. « *Le prêtre, ses suivants...* » (CAMUS).

◇ ANT. Avant (d'), précédent.

2. **SUIVANT** [sµivã]. *prép.* (1459 ; du p. prés. de *suivre*). ♦ 1° (1538). Conformément à... ; en suivant (III)... V. Selon. *Suivant la loi, l'usage, la coutume. Suivant son habitude. Suivant un plan, un programme. Suivant la formule, l'expression consacrée :* d'après. *Suivant tel auteur :* suivant son opinion, ce qu'il dit. — REM. On ne peut pas dire : *suivant moi.* V. Selon. ♦ 2° (1690). En fonction* de. *Suivant une proportion géométrique, une progression.* V. Proportion (à), raison (à). ♦ 3° Conformément à (des circonstances qui changent). « *Suivant le jour, l'heure et le vent, le lac ressemblait à une vitre ternie de buée ou à un marbre vert et noir* » (CHARDONNE). ♦ 4° (1662), SUIVANT QUE (*loc. conj.*) : dans la mesure où..., selon que... « *C'est curieux comme le point de vue diffère suivant qu'on se le fruit du crime ou de la légitimité* » (GIDE).

SUIVANTE. *n. f.* V. SUIVANT 1 (II, 1°).

SUIVEUR [sµivœr]. *n. m.* (1853 ; *suiveur de lopins* « escroc », 1604 ; a. fr. *siwor*, v. 1190 ; de *suivre*). ♦ 1° Homme qui suit les femmes, dans la rue. « *Passer droit son malheureux chemin et être pris pour un suiveur, pour un de ces imbéciles qui vont à la piste. Ah ! non !* » (DUHAM.). ◇ Personne qui suit une course, à titre officiel (observateur, journaliste). *La caravane des suiveurs du Tour de France.* ♦ 2° *Fig.* (1872). Celui qui s'inspire d'autrui, sans esprit critique, ne fait que suivre (un mouvement intellectuel, etc.). V. Imitateur. Par appos. « *Tous les faibles timorés et suiveurs* » (LECOMTE).

SUIVEZ-MOI-JEUNE-HOMME [sµivemwaʒœnɔm]. *n. m.* (1866 ; de *suivre, moi,* et *jeune homme*). *Fam.* Pans d'un ruban de chapeau de femme, qui flottent sur la nuque.

SUIVI, IE [sµivi]. *adj.* et *n. m.* (V. Suivre). ♦ 1° (1681). Qu'on suit (II, 3°), qui se fait d'une manière continue. *Des habitudes suivies.* V. Régulier. *Un travail suivi. Il commença* « *avec elle une conversation suivie* » (MÉRIMÉE). ◇ Comm. (1923) *Article suivi,* dont la vente est suivie, continue (*opposé à* sans suite). *Qualité suivie,* toujours égale à elle-même. ♦ 2° (1681). Qui se suit (I, B, 1°), dont les éléments s'enchaînent pour former un tout. « *Moins qu'une histoire suivie, le Livre des Juges est une suite d'apologues* » (DANIEL-ROPS). *Un raisonnement suivi,* logique, ordonné. ♦ 3° *N. m.* Action de suivre, de surveiller, pendant une période prolongée, en vue de contrôler. *Être assidu dans le suivi d'une affaire. Le suivi d'un produit.* — ANT. Inégal, irrégulier ; décousu.

SUIVISME [sµivism(ə)]. *n. m.* (1927 ; de *suiveur*). Attitude du suiveur (2°) ; le fait d'imiter un initiateur ou de suivre une consigne, une ligne politique, un programme sans examen. « *La soumission aveugle à l'autorité, le suivisme* » (*L'Express*, 17-11-1969).

SUIVISTE [sµivist(ə)]. *adj.* et *n.* (mil. XXᵉ ; de *suivisme*). Caractérisé par le suivisme. *Attitude, politique suiviste.* Subst. *Les suivistes.*

SUIVRE [sµivʀ(ə)]. *v. tr.* : *je suis, tu suis, il suit, nous suivons, vous suivez, ils suivent ; je suivais ; je suivis ; je suivrai ; je suivrais ; que je suive ; que je suivisse, qu'il suivît ; suis, suivons, suivez ; suivant ; suivi* (Sivre, 1080 ; *suivre,* id. ; refait sur *il suit,* métathèse de *siut* ; lat. pop. *sequit, sequere,* class. *sequi*).

I. Venir après. **Ⓐ** Avec mouvement. ♦ 1° Aller derrière (qqn qui marche, qqch. qui avance). *Suivre qqn de près* (V. Talonner), *pas à pas.* V. Emboîter (le pas). « *Vous me suivez de trop près, monsieur Marius. Laissez-moi aller devant,*

et suivez-moi comme cela, sans faire semblant » (HUGO). — *Suivre une procession, un convoi. Suivez le guide ! Suivre une femme dans la rue.* V. Suiveur. — Absolt. Passer derrière, après qqn (*opposé à* précéder). — Pronom. *Se suivre à la file, à la queue leu leu.* ◇ (Sujet de chose : 1636) Être transporté après (qqch). *Bagages qui suivent un voyageur. Faire suivre,* mention portée sur l'enveloppe d'une lettre afin que celle-ci puisse suivre le destinataire à sa nouvelle adresse. — Loc. fig. *Nos actes nous suivent* (titre d'un roman de P. Bourget) : nous subissons les conséquences de nos actes. ◇ *Par ext.* Arriver derrière, après (qqn, qqch.). « *Vous êtes venu seul ? — Non, ma femme me suit* ». ♦ 2° Aller derrière pour rejoindre, rattraper. V. Poursuivre. *Suivre une bête,* et fig. *qqn à la trace*, à la piste. *Malfaiteur suivi par un policier.* — (Pour surveiller) V. Filer. *Faire suivre un suspect par un policier.* ♦ 3° Aller avec (qqn qui a l'initiative d'un déplacement). V. Accompagner. « *Si vous voulez me suivre par ici... nous serons beaucoup mieux... pour parler d'affaires* » (BALZ.). *Suivre qqn partout* (Cf. Être à la remorque, aux trousses de qqn). *Suivre qqn comme un caniche, un mouton, comme son ombre.* Loc. prov. *Qui m'aime me suive !* (mot attribué à Philippe VI de Valois, que ses barons hésitaient à suivre dans son expédition en Flandre). ♦ 4° *Par ext. Suivre des yeux, du regard :* accompagner par le regard (ce qui se déplace). « *Et je suis longtemps, avec ma jumelle, les nuages roses et blancs* » (MAUPASS.). ♦ 5° Loc. fam. *Suivre le mouvement :* aller avec les autres ; *fig.* Faire comme eux. **Ⓑ** Sans mouvement (XVIᵉ). ♦ 1° Être placé ou considéré après, dans un ordre donné. *La maison qui suit la mienne.* — Absolt. *Je passe les pages qui suivent* (V. Suivant). *Suivait une explication.* — Pour annoncer, présenter ce qui va venir. *On le verra dans l'exemple qui suit.* Impers. *Comme suit.* ◇ SE SUIVRE. *v. pron.* Se présenter dans un ordre, sans qu'il manque un élément. *Nos numéros ne suivent. Cartes qui se suivent :* séquence, suite. ♦ 2° (1549). Venir, se produire après, dans le temps. V. Succéder (à). « *Une chaleur orageuse suivait ces brusques ondées* » (CAMUS). — Absolt. *Le jour qui suit.* V. Lendemain. ◇ SE SUIVRE. V. Succéder (se). *Événements qui se suivent.* PROV. *Les jours se suivent et ne se ressemblent* pas. ♦ 3° (1640). Venir après comme effet, être produit par (V. Conséquence, résultat, suite). « *Je crains qu'un prompt effet n'ait suivi la menace* » (RAC.). — Intrans. SUIVRE DE... *Vx.* Être la conséquence de. V. Ensuivre (s'). Mod. (Littér.) Impers. (Pour exprimer une conséquence logique, dans un raisonnement) *Il suit de là que ; d'où il suit que... Il s'en suit, il s'en est suivi que...* V. Ensuivre (s').

II. (Garder une direction). ♦ 1° (XIIᵉ). Aller dans une direction, une voie). V. Parcourir ; emprunter, prendre. *Suivre un chemin.* « *Elle suivit la rue jusqu'au bout, en prit une autre* » (GREEN). *Suivre un fleuve* (V. Descendre, remonter). *Suivre la piste, les traces de qqn.* « *Elle venait de pleurer, ayant appris le matin que depuis quinze jours la police suivait tous ses pas* » (FLAUB.). ◇ *Par métaph. Suivre la filière. Suivre le fil de ses idées.* « *Il nous est difficile, à nous, hommes politiques,... de suivre longtemps une ligne d'action* » (ROMAINS). — SUIVRE SON COURS : évoluer dans la même direction, continuer, se développer normalement. *Maladie qui suit son cours. L'affaire, l'enquête suit son cours.* ♦ 2° Aller le long de. V. Longer. *Suivez la rivière jusqu'au pont.* — (Choses) « *Une délicieuse route qui suit tout le cours de la Meuse depuis Givet* » (HUGO). ♦ 3° (Abstrait). Garder (une idée, etc.) avec constance. *Suivre son idée.* V. Suite (suite dans les idées, esprit de suite). *Suivre sa pensée.* ◇ S'occuper régulièrement à (qqch.). *Suivre un cours,* assister aux leçons qu'il comporte. — Au p. p. *Des cours très suivis,* très fréquentés. — *Suivre un traitement, un régime,* pratiquer régulièrement certains soins, prendre assidûment des remèdes. — Jeu. *Suivre un numéro à la roulette, un cheval aux courses,* jouer toujours sur le même. — *Au poker.* Absolt. *Suivre,* miser pour rester dans le jeu. ◇ À SUIVRE : mention indiquant qu'un récit se poursuivra dans d'autres numéros d'un périodique. ◇ Comm. (Emploi critiqué) *Suivre un produit, un article,* se réapprovisionner régulièrement (V. Suivi).

III. Se conformer à... ♦ 1° (XIIᵉ). Aller dans le sens de (ses mouvements intérieurs, son destin) ; obéir à (une force, une impulsion). V. Abandonner (s'). *Suivre le caprice du moment.* V. Obéir (à). *Suivre son premier mouvement, son penchant.* « *Vous suivez votre haine, et non pas votre amour* » (RAC.). ♦ 2° Penser ou agir selon (les idées, la conduite de qqn). V. Imiter. *Exemple à suivre. Suivre l'opinion commune.* V. Adhérer (à), embrasser. « *Dans l'action, il faut suivre la coutume. L'individu ne peut pas tout remettre en question* » (MAUROIS). *Suivre la mode.* V. Sacrifier (à). — Faire comme (qqn). V. Joindre (se joindre à). « *Caillaux, Clemenceau avaient marché contre leur ancien collaborateur. Mais Perchot, Herriot... ne les avaient pas suivis* » (ARAGON). *Ne plus pouvoir suivre.* V. Essouffler (s'). ◇ Se montrer apte à poursuivre (des études). *Suivre aisément sa classe.* — Absolt. *Il ne pourra pas suivre en troisième.* ♦ 3° (Choses). Faire la même chose. *Si les prix augmentent, les salaires doivent suivre.* ♦ 4° Se conformer à (un ordre, une recommandation). V. **Obéir.** *Les consignes n'ont pas été suivies.* V. **Respecter.** — (Choses) « *L'étendue, les forces, la durée, toutes les propriétés des choses naturelles ne suivent-elles pas la loi des nombres?* » (SENANCOUR). ♦ 5° Se conformer à (un projet, un modèle abstrait conçu comme une ligne, un chemin). « *Suivre en toute recherche la méthode des mathématiciens* » (TAINE). V. **Observer.** *Suivre une politique. La marche* à suivre.*

IV. Porter son attention sur. ♦ 1° (1694). Rester attentif à (un énoncé). *Suivre un discours. Suivre le fil de la conversation* (opposé à *perdre le fil**). — Spécialt. Lire des yeux et simultanément (ce qui est lu à voix haute, ou joué). *Suivre une symphonie sur la partition.* Absolt. *Cet élève ne suit pas* (la lecture). ♦ 2° Observer attentivement et continûment dans son cours (l'évolution d'une action). *Suivre la messe.* « *Rieux suivait seulement les phases du combat aux yeux de son ami* » (CAMUS). — (En prenant connaissance des états successifs, en se tenant au courant) *Suivre une intrigue, une affaire. Affaire à suivre,* dont les suites peuvent être intéressantes. ◇ *Suivre qqn :* être attentif à son comportement, pour le surveiller, le diriger. *Professeur qui suit un élève. Médecin qui suit un malade.* ♦ 3° (1284). Comprendre dans son déroulement (un énoncé). V. **Comprendre.** *Suivre une démonstration. Je ne suis pas votre raisonnement.* — Par ext. *Suivre qqn. Vous me suivez?*

◇ ANT. Devancer, précéder; diriger. Écarter (s'), éloigner (s'), fuir. Opposer (s'). — HOM. Suie. Suis (forme du v. être).

1. **SUJET, ETTE** [sуʒɛ, ɛt]. *adj.* (1170; *sugez* « soumis », 1120; lat. *subjectus,* de *subjicere* « mettre sous »). ♦ 1° *Vieilli* (1393). Qui est dans la dépendance d'une autorité supérieure. V. **Soumis.** Vx. *Sujet à..., de... :* assujetti à... (par conquête). ♦ 2° *Vx* ou *Dr.* Soumis à une nécessité, à une loi. V. **Astreint, dépendant** (de), **obligé** (de). *Sujet à un droit, à une obligation.* — Loc. Cour. *Sujet à caution*.* ♦ 3° (XVe). Cour. Exposé à. V. **Susceptible** (de). *Être sujet au mal de mer, au vertige.* « *Les hommes les plus fermes... sont sujets à changer* » (LESAGE). ◇ ANT. Autonome, gouvernant.

2. **SUJET, ETTE** [sуʒɛ, ɛt]. *n.* (Sorgeiz, v. 1190; du précéd.). ♦ 1° Personne soumise à une autorité souveraine (V. **Gouverné, inférieur**). *Les sujets et le souverain.* « *Pour les rois, le monde est très simplifié. Tous les hommes sont des sujets* » (ST-EXUP.). *Sujets d'une démocratie, d'une république.* « *La France contient trente-six millions de sujets, sans compter les sujets de mécontentement* » (H. ROCHEFORT). ♦ 2° Ressortissant d'un État. *Il est sujet britannique.* ◇ ANT. Maître, souverain; gouvernement.

3. **SUJET** [sуʒɛ]. *n. m.* (1361; lat. *subjectum* « ce qui est soumis, subordonné à », distingué de *objectum.* V. **Objet**). I. ♦ 1° (XVIe). Ce qui est soumis à l'esprit, à la pensée; ce sur quoi s'exerce la réflexion. — REM. Le *sujet* d'une discussion « s'est simplement ce dont elle traite; l'*objet* est le but qu'on s'est proposé en l'instituant » (LALANDE). *Des sujets de méditation, de pensée, de discussion.* — Ce dont il s'agit, dans la conversation, dans un écrit. V. **Matière, point, question.** « *La marquise et le jeune homme... abordèrent en un moment une multitude de sujets : la peinture, la musique, la littérature, la politique, les hommes, les événements et les choses* » (BALZ.). *Passer d'un sujet à un autre. Revenir à son sujet* (Cf. À ses *moutons*). *Entrer dans le cœur, dans le vif* du sujet. Discussion qui porte sur tel sujet.* — Par ext. *Sur le sujet de...; sur ce sujet.* V. **Article, chapitre.** *Au sujet de... :* à propos de. ♦ 2° (1533). Ce qui, dans une œuvre littéraire, constitue le contenu de pensée sur lequel s'est exercé le talent créateur de l'auteur. V. **Fond, idée, thème.** *Sujet de roman. Un bon sujet; un sujet en or.* « *Les sujets proposent le style; mais ils ne le commandent pas* » (SARTRE). ♦ 3° Ce sur quoi s'applique la réflexion, dans un travail scientifique, une œuvre didactique. V. **Problème, question** (2°). *Bibliographie par sujets. Traiter un sujet.* ♦ 4° Thème ou motif principal, *spécialt.* dans la musique contrapuntique. *Sujet et contre-sujets d'une fugue.* ♦ 5° Ce qui est représenté ou évoqué dans une œuvre graphique, plastique; *spécialt.* Représentation d'un motif anecdotique, littéraire, d'une action; ce motif (opposé à *paysage, nature morte*). *Sujet de tableau.* V. **Motif.** « *Gervaise demanda le sujet des* Noces de Cana *; c'était bête de ne pas écrire les sujets sur les cadres* » (ZOLA). *Étude des sujets :* iconographie.

II. (XVIe). *Dans les express.* Ce qui fournit matière, occasion à (un sentiment, une action). V. **Motif, occasion, raison.** *Sujet de chagrin, de mécontentement.* « *C'était son éternel sujet de plaintes* » (ZOLA). *Sujet de dispute.* ◇ *Avoir sujet de...* (suivi de l'inf.). *Je n'ai pas sujet de me plaindre.* — *Sans sujet :* sans raison.

III. ♦ 1° *Log.* Dans une proposition attributive, L'être auquel est attribué le prédicat, l'attribut. ♦ 2° Terme considéré comme le point de départ de l'énoncé, que l'on définit d'une manière logique (terme à propos duquel on exprime

qqch.) ou formelle (terme qui régit le verbe). *Le sujet d'une proposition. Sujet, verbe et complément. Inversion du sujet.* Par appos. *Nom, pronom sujet. Phrases sans sujet.*

IV. (*Personnes*). ▲ ♦ 1° *Vx* (fin XVIe). Être individuel, personne considérée comme le support d'une action, d'une influence. « *Vos inclinations se tournaient... sur un sujet digne, sur un homme rempli de vertus...* » (LA BRUY.). ◇ *Mod.* **BON SUJET** : qui se conduit bien. « *Sois certain que je t'estime, car tu me sembles un bon sujet et un travailleur* » (ZOLA). **MAUVAIS SUJET** : qui se conduit mal. — Spécialt. *Un brillant sujet, un sujet d'élite,* un très bon élève. ♦ 2° (1560). Être vivant soumis à l'observation; individu présentant tel ou tel caractère. *Sujet d'étude, d'expérience.* V. **Cobaye** (fig.). « *Vous ne voyez donc pas que vous êtes de simples sujets d'expériences extravagantes, qu'on essaie sur vous mille actions et mille substances inconnues?* » (VALÉRY). « *Un médecin qui voit tant de sujets dans sa journée* » (BALZ.). V. **Malade, patient.** *Le sujet parlant,* en linguistique (le locuteur). ♦ 3° *Danse* (D'abord « danseur », 1754). *Petits, grands sujets :* nom donné à certains danseurs de ballet, dans la hiérarchie de l'Opéra. ♦ 4° *Dr. Sujet de droit,* titulaire (d'un droit); personne considérée comme le support d'un droit. ▣ *Philo., Psycho.* (empr. all. Kant). Être pensant, considéré comme le siège de la connaissance (opposé à *objet*). V. **Esprit, personne.** *Du sujet.* V. **Subjectif** (II) ; et *aussi* solipsisme.

SUJÉTION [sуʒesjɔ̃]. *n. f.* (*Subjection,* 1155; *sujétion* [1465], d'apr. *sujet;* lat. *subjectio* « soumission », de *subjicere.* V. **Sujet** 1). ♦ 1° Situation de celui qui est soumis à une autorité, une domination souveraine. V. **Assujettissement, dépendance, soumission; chaîne** (fig.), joug. *Maintenir dans la sujétion.* V. **Oppression.** — État d'un pays soumis (par conquête, etc.). *Rendre* « *l'Italie indépendante de l'Allemagne, après sept cents ans de sujétion, ou d'esclavage, ou de soumission* » (VOLT.). ♦ 2° *Littér.* État, situation de celui qui est astreint à une nécessité, qui n'est pas libre d'agir à sa guise. V. **Assujettissement, contrainte.** Fig. *La sujétion aux passions.* ◇ Cour. Obligation pénible, contrainte; situation qui en résulte. *La sujétion d'habiter loin de son lieu de travail.* V. **Gêne, incommodité.** *Les enfants en bas âge sont pour la mère une sujétion de tous les instants.* ♦ 3° Action de soumettre, autorité qui opprime. V. **Oppression.** « *Un des ennuis de Gervaise,... était de retomber sous la sujétion de quelque mauvaise bête* » (ZOLA). ◇ ANT. Indépendance.

SULCATURE [sуlkatуR]. *n. f.* (1871; du lat. *sulcare* « sillonner », de *sulcus* « sillon »). *Géol.* Trace en forme de sillon.

SULCIFORME [sуlsifɔRm(ə)]. *adj.* (1842; du lat. *sulcus,* et *-forme*). *Didact.* Qui a la forme d'un sillon, d'une rainure linéaire.

SULF(O)-. Élément, du lat. *sulfur, sulfuris* « soufre ». V. **Thio-.**

SULFAMIDE [sуlfamid]. *n. m.* (1865 ; « sulfate d'ammoniaque anhydre », 1878 ; de *sulf-,* et *amide*). Nom générique des composés qui contiennent le groupe SO_2NH_2 ou ses dérivés. *Les sulfamides, médicaments utilisés dans le traitement de nombreuses maladies infectieuses* (dér. SULFAMIDÉ, ÉE [sуlfamide]. *adj.,* 1948).

SULFATAGE [sуlfataʒ]. *n. m.* (1872; de *sulfater*). Opération qui consiste à sulfater. Traitement des cultures au sulfate de cuivre. *Sulfatage des bois, de la vigne.*

SULFATE [sуlfat]. *n. m.* (1787; de *sulf-,* et *-ate*). Sel ou ester de l'acide sulfurique. V. **Couperose** (vx), vitriol (vx). *Sulfates acides.* V. **Bisulfate.** *Sulfates et persulfates. Sulfates naturels de plomb, de calcium hydraté* (gypse). *Sulfate de cuivre, utilisé pour sulfater les vignes* (bouillie bordelaise). Absolt. « *La pluie va me laver tout mon sulfate de ce matin. Autant de bouillie perdue que de peine!* » (J. PEYRÉ).

SULFATÉ, ÉE [sуlfate]. *adj.* (1802; de *sulfate*). ♦ 1° *Chim.* Se dit d'une base transformée en sel (sulfate) par combinaison avec l'acide sulfurique. ◇ Qui contient un sulfate. *Eau minérale sulfatée. Source sulfatée.* ♦ 2° Cour. (de *sulfater*). *Vignes sulfatées.*

SULFATER [sуlfate]. *v. tr.* (1872; de *sulfate*). ♦ 1° Enduire de sulfate de cuivre (le bois); traiter (le vin, le moût) en y ajoutant du plâtre. ♦ 2° Traiter (la vigne) en pulvérisant sur ses tiges et ses feuilles une bouillie à base de sulfate de cuivre (et *par ext.* d'un autre sel de cuivre), afin de la protéger contre les maladies cryptogamiques. — *Sulfater des grains; un champ* (dans un autre sens).

SULFATEUR, EUSE [sуlfatœR, øz]. *n.* (1886; autre sens, 1872; de *sulfater*). Ouvrier agricole qui procède au sulfatage de la vigne.

SULFATEUSE [sуlfatøz]. *n. f.* (XXe ; du précéd.). Appareil qui sert à pulvériser le sulfate de cuivre sur la vigne. V. **Pulvérisateur.** ◇ *Arg. milit.* (1948) Mitraillette.

SULFHÉMOGLOBINE [sуlfemɔglɔbin]. *n. f.* (1953; de *sulf*[o]-, et *hémoglobine*). *Biol.* Combinaison irréversible de l'hémoglobine du sang avec l'hydrogène sulfuré lors d'une intoxication par ce gaz (sulfhydrisme). *adj. m.* (1834; de *sulf-*, et *-hydrique*). Chim. *Acide sulfhydrique* : hydracide (H_2S), sulfure d'hydrogène, qui se présente sous l'aspect d'un gaz incolore, soluble dans l'eau, à odeur caractéristique d'œuf pourri.

SULFINISATION [sylfinizɑsjɔ̃]. *n. f.* (1954; d'un rad. chim. *sulfin-*, du lat. *sulfur*. V. Soufre). Métall. Cémentation (des alliages ferreux) par diffusion superficielle de soufre (pour en améliorer les propriétés de frottement).

SULFITAGE [sylfitaʒ]. *n. m.* (déb. XXᵉ; de *sulfite*). Agric. Traitement (des moûts) au bisulfite de potasse (colorant) ou à l'anhydride sulfureux.

SULFITE [sylfit]. *n. m.* (1787; de *sulf-*, et *-ite*). Chim. Sel ou ester de l'acide sulfureux. *Sulfites acides*. V. Bisulfite. *Sulfites et hyposulfites* (désignés aujourd'hui sous le nom de *thiosulfates*).

SULFO-. V. Sulf-.

SULFOCARBONATE [sylfɔkaʀbɔnat]. *n. m.* (1846; de *sulfo-*, et *carbonate*). Chim. Se dit des sels et des esters dérivés des carbonates par substitution du soufre à l'oxygène (On dit aussi *thiocarbonate*).

SULFOCARBONIQUE [sylfɔkaʀbɔnik]. *adj.* (1872; de *sulfo-*, et *carbonique*). Chim. Se dit des acides dérivant de l'acide carbonique par diverses substitutions du soufre à l'oxygène.

SULFONE [sylfɔn]. *n. m.* (1890; de l'all.; Cf. *Sulf-*). Chim. Nom générique des composés renfermant le groupement SO_2 dans leur molécule.

SULFONÉ, ÉE [sylfɔne]. *adj.* (1875; de *sulf-*, et *-oné*). Chim. Se dit d'un dérivé renfermant le radical SO_3H dans sa molécule. *Dérivé sulfoné du noyau*, dérivé d'un noyau cyclique où un atome d'hydrogène du noyau a été remplacé par SO_3H.

SULFOSEL [sylfɔsɛl]. *n. m.* (1836; de *sulfo-*, et *sel*). Chim. Se dit des sels complexes renfermant le groupe SO_4 dans l'anion.

SULFOVINIQUE [sylfɔvinik]. *adj.* (1846; de *sulfo-*, et *vinique*). Chim. *Acide sulfovinique* : acide ($SO_4H-C_2H_5$) qui résulte de l'action de l'acide sulfurique sur l'alcool éthylique.

SULFURAGE [sylfyʀaʒ]. *n. m.* (déb. XXᵉ; de *sulfurer*). Agric. Destruction des parasites de la vigne (phylloxéra, etc.) par injection de sulfure de carbone dans le sol.

SULFURATION [sylfyʀɑsjɔ̃]. *n. f.* (1842; de *sulfure*). Chim. Combinaison d'une substance avec le soufre; transformation d'un corps en sulfure.

SULFURE [sylfyʀ]. *n. m.* (1787; de *sulf-*, et suff. *-ure*). composé du soufre avec un métal ou un cation complexe, sel de l'acide sulfhydrique. V. aussi Bisulfite, persulfure, polysulfure. *Le sulfure de carbone est employé dans la lutte contre le phylloxéra* (V. Sulfurage), *dans la vulcanisation du caoutchouc. De nombreux minerais sont des sulfures simples ou complexes* : alabandine (manganèse), blende (zinc), chalcopyrite (cuivre et fer), galène (plomb), mispickel (arséniosulfure de fer), marcassite, pyrite (fer). — *Objet en cristal, décoré dans la masse.*

SULFURÉ, ÉE [sylfyʀe]. *adj.* (1512; *eau sulfurée* « sulfureuse », v. 1370, lat. *sulfuratus*; de *sulfure*). ♦ 1° Chim. Combiné avec le soufre; qui est à l'état de sulfure. *Hydrogène sulfuré* : acide sulfhydrique. ♦ 2° Qui est traité par le soufre.

SULFURER [sylfyʀe]. *v. tr.* (1856; de *sulfuré*). ♦ 1° Chim. Combiner avec le soufre. ♦ 2° Recouvrir de soufre. Vitic. Traiter (une vigne) au sulfure de carbone pour la débarrasser du phylloxéra (V. Sulfurage).

SULFUREUX, EUSE [sylfyʀø, øz]. *adj.* (1265; *sulfurieus*, XVᵉ; lat. *sulfurosus*). ♦ 1° Qui contient du soufre libre ou à l'état d'ion sulfure, qui est relatif au soufre. *Vapeurs, exhalaisons sulfureuses*. « *Le rayon sulfureux qu'en des songes funèbres Il nous apporte de l'enfer!* » (HUGO). ♦ 2° (1765; acide). Chim. *Anhydride sulfureux* ou *gaz sulfureux* : composé binaire du soufre et du soufre (SO_2), gaz incolore, d'odeur suffocante, très soluble dans l'eau et très facilement liquéfiable, utilisé dans la fabrication de l'acide sulfurique, les industries de blanchiment, etc. ◊ *Acide sulfureux* : acide (H_2SO_3) connu seulement en solution. *Sels de l'acide sulfureux* : V. Bisulfite, sulfite. ♦ 3° Cour. *Eau sulfureuse*, qui contient et dégage de l'acide sulfhydrique. · *Les eaux sulfureuses d'Enghien. Bains sulfureux* (contre l'eczéma, etc.).

SULFURIQUE [sylfyʀik]. *adj.* (1787; « qui produit des émanations sulfureuses », 1585; de *sulfure*). *Acide sulfurique* (H_2SO_4) : acide correspondant à l'anhydride sulfurique SO_3, déshydratant énergique, oxydant, corrosif, attaquant les métaux (sauf l'or et le platine). V. Vitriol. *Acides sulfuriques fumants* : liquides huileux, très épais, d'un brun jaunâtre, renfermant un excès d'anhydride sulfurique dissous dans l'acide par H_2SO_4. V. Oléum. *L'acide sulfurique est utilisé dans la fabrication des engrais superphosphates, de produits chimiques, d'explosifs. — Anhydride sulfurique .*

anhydride solide (SO_3), cristallisant en longues aiguilles blanches, soluble dans le sulfure de carbone, qui se combine énergiquement à l'eau pour donner de l'acide sulfurique.

SULFURISÉ, ÉE [sylfyʀize]. *adj.* (1907; de *sulfure*). Traité à l'acide sulfurique. — Cour. *Papier sulfurisé* : rendu imperméable par un trempage dans l'acide sulfurique dilué (On dit aussi *papier-parchemin*). *Papier sulfurisé servant à envelopper des denrées alimentaires.*

SULKY [sylki]. *n. m.* (1860; mot angl., de l'adj. *sulky* « boudeur », parce que cette voiture n'a qu'une place). Turf. Voiture légère à deux roues, sans caisse, utilisée pour les courses au trot attelé.

SULPICIEN, IENNE [sylpisjɛ̃, jɛn]. *adj. et n.* (1732; de saint *Sulpice*). ♦ 1° De la congrégation de Saint-Sulpice, congrégation de prêtres voués à l'instruction des jeunes ecclésiastiques, fondée par le P. Olier en 1644. ◊ *N.* Membre de cette congrégation; élève, ancien élève du séminaire Saint-Sulpice. ♦ 2° (Fin XIXᵉ). Propre aux boutiques d'art religieux du quartier qui environne l'église Saint-Sulpice à Paris. *Imagerie sulpicienne*, dont l'idéalisation et le bariolage sont de mauvais goût (On dit aussi *saint-sulpicien*).

SULTAN [syltɑ̃] *n. m.* (1540; *soltan*, 1298; var. *soudan*, XVᵉ-XVIIIᵉ; arabo-turc *soltân*). Souverain de l'empire ottoman. V. Padischah. — Princes de certains pays musulmans tels que le Maroc. « *Je me plaisais à le considérer comme un Sultan au milieu de son sérail* » (LACLOS).

SULTANAT [syltana]. *n. m.* (1842; de *sultan*). Dignité, règne d'un sultan. État sous l'autorité d'un sultan. *Le sultanat de Zanzibar.*

SULTANE [syltan]. *n. f.* (1561; *soultane*, 1541; de *sultan*). ♦ 1° Chacune des femmes du sultan turc; *spécialt.* la *sultane favorite* ou *sultane régnante*. « *Au pays féerique où les blanches sultanes Baignent leurs corps polis...* » (BANVILLE). ♦ 2° (1686). *Mar.* Ancien vaisseau de guerre turc. V. Galère. ♦ 3° (1671). Appos. *Poule sultane*, oiseau échassier (*Rallidés*). ♦ 4° Canapé formé d'une banquette et de deux dossiers latéraux.

SUMAC [symak]. *n. m.* (XIIIᵉ; arabe *soummâk*). Plante dicotylédone (*Térébinthacées*), arbuste aux nombreuses variétés. *Sumac des teinturiers*, ornemental (V. Fustet). *Sumac fournissant une gomme-résine utilisée pour les vernis, la tannerie* (appelé *vernis du Japon*).

SUMÉRIEN, IENNE [symeʀjɛ̃, jɛn]. *adj. et n.* (1872; de *Sumer*, du babylonien *Sumeru*, p.-ê. même pays que l'hébreu *Sinear*). Hist. Relatif au pays de Sumer et à son peuple, qui s'installa vers le 5ᵉ millénaire dans le sud de la Babylonie. *Art sumérien. Écriture sumérienne*, cunéiforme. — *N.* Les Sumériens. — N. m. Le *sumérien*, la langue sumérienne, la plus vieille langue écrite de l'humanité.

SUMMUM [sɔm(m)ɔm]. *n. m.* (1806; mot lat., neutre substant. de *summum* « le plus haut »). Le plus haut point, le plus haut degré. V. Apogée, comble, faîte, sommet. « *Toutes les œuvres du génie sont le summum d'une civilisation* » (BALZ.).

SUNLIGHT [sœnlajt]. *n. m.* (1923; mot anglo-américain, proprem. « lumière [*light*] du soleil [*sun*] »). Anglicisme. Projecteur puissant utilisé dans les studios cinématographiques. *Des sunlights.*

SUNNA [syn(n)a] ou **SOUN(N)A** [sun(n)a]. *n. f.* (1740; mot arabe). Relig. Orthodoxie musulmane.

SUNNITE [syn(n)it]. *adj.* (1740; de *sunna*). Relig. Qui se conforme à la sunna. Subst. *Les sunnites.*

1. SUPER [sype]. *v.* (1732; angl. *to sup* « aspirer »). ♦ 1° *V. tr.* (Dial.; mot normand). Aspirer, gober. « *Ils suppèrent* (sic) *alors leur apéro, à petits coups* » (QUENEAU). ◊ Mar. (En parlant d'une pompe) Aspirer, pomper. ♦ 2° V. intr. *(Mar.).* Se sucer, s'obstruer. *La voie d'eau a supé.* ♦ 3° Au p. p. (1836) *Navire supé*, retenu et comme aspiré par la vase.

2. SUPER [sypɛʀ]. *n. m.* (mil. XXᵉ). ♦ 1° Abrév. fam. de *supercarburant. Prendre vingt litres de super à la station-service.* ♦ 2° (De *super-*). Adj. fam. Supérieur. « *C'était super et chérot* » (QUENEAU). V. Extra. *Une nénette super. Il est super, ce mec!* (intensif à la mode, 1968). ◈ HOM. Supère.

SUPER-. [sypɛʀ]. ♦ 1° Élément, du lat. *super* « au-dessus, sur » (V. aussi Supra-, sus-). ♦ 2° Préfixe de renforcement, marquant le plus haut degré ou la supériorité. Très productif, il sert à former de nombreux noms et adjectifs, surtout dans le domaine technologique (ex. : *superciment*, *supersonique*), publicitaire (ex. *supermarché*, *superproduction*) et des mots fam. (*superchic...)*. V. aussi Hyper-, sur-

1. SUPERBE [sypɛʀb(ə)]. *n. f.* (1120; lat. *superbia* « orgueil »). ♦ 1° *Vx.* « Vanité qui rend orgueilleux » (FURET.). V. Orgueil. « *Si l'on se connaît plein de superbe, d'ambition...* » (PASC.). ♦ 2° (Repris XIXᵉ). Littér. Assurance orgueilleuse, qui se manifeste par l'air, le maintien. V. Fierté. *Il n'a rien perdu de sa superbe.* « *Vient-il avec cette assurance et cet air glorieux m'annoncer qu'il dépose son bilan?... Cette superbe est bien déplacée* » (MAUROIS). ◈ ANT. Humilité.

2. **SUPERBE** [sypɛʀb(ə)]. *adj.* (1120, n.; lat. *superbus* « orgueilleux », « magnifique »). ◆ 1° *Vx* ou *littér.* Orgueilleux. « *L'histoire rend les nations amères, superbes, insupportables et vaines* » (VALÉRY). — (Des choses humaines) Qui marque l'orgueil. *Air superbe.* V. **Glorieux.** ◆ 2° (1573). *Vx* ou *littér.* Qui est plein de magnificence, donne une impression de grandeur et de luxe. V. **Imposant, magnifique, somptueux.** « *Souvent, ce cabinet superbe et solitaire...* » (RAC.). ◇ *Cour.* (v. 1760) Très beau, d'une beauté éclatante. V. **Splendide.** « *L'une de ces superbes créatures... d'une beauté si réelle et si sûre d'être cultivée qu'elles ne la font point voir* » (BALZ.). — *Superbe de...*, qui tire sa beauté, son éclat de... *Elle était superbe d'indifférence...* Iron. *Il est vraiment superbe d'inconscience.* ◇ (Sans valeur esthétique) Excellent, remarquable. *Une position, une situation superbe.* ◇ ANT. Humble; affreux, laid.

SUPERBEMENT [sypɛʀbəmã]. *adv.* (1552; de *superbe*). ◆ 1° *Vx.* Orgueilleusement. ◆ 2° Magnifiquement. « *Voici le régiment De mes hallebardiers qui va superbement* » (HUGO). *Il était superbement habillé.*

SUPERBÉNÉFICE [sypɛʀbenefis]. *n. m.* (1954; de *super-*, et *bénéfice*). Bénéfice très élevé. V. **Superprofit.** « *Le capital des monopoles, en quête de superbénéfices* » (*La Croix*, 31-1-1969).

SUPERBOMBE [sypɛʀbɔ̃b]. *n. f.* (1949; de *super-*, et *bombe*). Bombe atomique de grande puissance (bombe H). « *Les États-Unis fabriquent la* superbombe *atomique* » (M. GALLIOT).

SUPERCARBURANT [sypɛʀkaʀbyʀã]. *n. m.* (av. 1939; de *super-* [2°], et *carburant*). Carburant de qualité supérieure, à indice d'octane plus élevé que l'essence ordinaire (Abrév. fam. *Super* 2°).

SUPERCARRÉ [sypɛʀka(ɑ)ʀe]. *n. m.* (v. 1960; de *super-*, et *carré*). *Techn., Comm.* Se dit d'un moteur dont les pistons ont un alésage supérieur à la course.

SUPERCHAMPION, ONNE [sypɛʀʃɑ̃pjɔ̃, ɔn]. *n.* (mil. XXᵉ, p.-ê. trad. it. *campionissimo;* de *super-*, et *champion*). Champion célèbre qui obtient de nombreuses victoires. « *Un champion cycliste domine-t-il nettement ses rivaux?* [...] *il est sacré* superchampion » (M. GALLIOT).

SUPERCHERIE [sypɛʀʃəʀi]. *n. f.* (1566, « insulte »; it. *soperchieria* « excès, affront », de *soperchio* « surabondant »; lat. pop. *°superculus*). Tromperie qui implique généralement la substitution du faux à l'authentique (en matière d'intérêt, de droit, de commerce, d'art). V. **Fraude.** *Supercheries des faussaires.* « *En découvrant près de mon soulier Blondine* (une poupée)... *je savais plutôt gré à mes parents de leur supercherie* » (BEAUVOIR).

SUPERCIMENT [sypɛʀsimã]. *n. m.* (1949; de *super-* (2°), et *ciment*). *Techn.* Ciment artificiel à haute résistance initiale, à durcissement rapide.

SUPÈRE [sypɛʀ]. *adj.* (1770; lat. *superus* « qui est au-dessus »). *Bot.* Se dit de l'ovaire d'une fleur, quand il s'attache au sommet du pédoncule floral au-dessus des autres parties de la fleur. *Ovaires supères du lis, de l'œillet* (V. Superovarié). ◇ ANT. Infère. — HOM. Super (2).

SUPÉRETTE ou **SUPERETTE** [sype(ɛ)ʀɛt]. *n. f.* (v. 1959; mot amér., de *super*[market], et suff. *-ette*). *Comm.* (seul *supermarché* est du lang. courant). Magasin d'alimentation en libre-service d'une superficie comprise entre 120 et 400 m². V. **Libre-service, supermarché.** « *L'édification d'une* superette *dont l'ouverture est très prochaine* » (*Le Monde*, 3-11-1959).

SUPERFÉCONDATION [sypeʀfekɔ̃dasjɔ̃]. *n. f.* (déb. XXᵉ; du lat. *super* « en plus », et *fécondation*). *Physiol.* Fécondation de plusieurs ovules par plusieurs coïts dans la même période d'ovulation.

SUPERFÉTATION [sypeʀfetasjɔ̃]. *n. f.* (1560; lat. médiév. *superfetatio*, de *superfetare* « concevoir de nouveau », rad. *fetus.* V. **Fœtus**). ◆ 1° *Biol.* Fécondation de deux ovules, lors de deux ovulations successives (phénomène dont la réalité n'a pas été confirmée scientifiquement). ◆ 2° *Fig.* (fin XVIIᵉ). *Didact.* Production superfétatoire, addition inutile. « *Elle en découvrait assez pour que tout nouveau malheur ne lui parût qu'une superfétation* » (ROMAINS).

SUPERFÉTATOIRE [sypeʀfetatwaʀ]. *adj.* (1903; du lat. *superfetatio;* Cf. le précéd.). *Littér.* Qui s'ajoute inutilement (à une autre chose utile). V. **Superflu.** *Des accessoires « dont il ignorait l'usage et qu'il jugea par conséquent superfétatoires* » (ROBBE-GRILLET).

SUPERFICIALITÉ [sypeʀfisjalite]. *n. f.* (1530; de *superficiel*). *Didact.* Caractère superficiel (2°). « *La décrépitude de ses principes, la superficialité de ses efforts* » (BLOY).

SUPERFICIE [sypeʀfisi]. *n. f.* (v. 1270; *superfice*, 1130; lat. *superficies*, de *super* « sur », et *facies* « face »). ◆ 1° *Didact.* Surface d'un corps, considérée surtout dans son étendue et dans son caractère extérieur. « *Le toucher n'est que d'un contact de superficie* » (BUFF.). ◇ Nombre caractérisant l'étendue d'une surface. V. **Aire** (II). *Calculer, mesurer la superficie d'un terrain, d'une exploitation. Mesures, unités de superficie.* ◆ 2° *Fig.* et *littér.* Aspect superficiel (opposé à *fond*). V. **Surface.** *Ce n'est ainsi qu'en superficie.* ◇ ANT. Fond, profondeur.

SUPERFICIEL, ELLE [sypɛʀfisjɛl]. *adj.* (1314; lat. imp. *superficialis*). ◆ 1° *Didact.* Relatif ou propre à la surface d'un corps. *Tension superficielle.* ◇ Qui n'appartient qu'à la surface (du corps envisagé), n'intéresse que la surface. *Zone, couches superficielles de l'écorce terrestre.* « *Des phénomènes de diffraction correspondant à un réseau à deux dimensions, à un réseau purement superficiel* » (L. de BROGLIE). *Sensibilité superficielle.* — Cour. *Plaies, blessures, brûlures superficielles.* ◆ 2° (Abstrait). *Cour.* (1361). Qui n'est ni profond ni essentiel. V. **Apparent.** « *Ce qui le séparait de son ami... ce n'était pas cette mésentente superficielle* » (MART. du G.). ◇ Qui, dans l'ordre de la connaissance, ne fait qu'effleurer sans approfondir. *Esprits superficiels.* V. **Frivole, futile, léger.** « *Les gens superficiels l'accusent de froideur* » (BALZ.). *Elle est gentille, mais un peu superficielle.* — *Idées, vues superficielles.* « *L'admiration absolue est toujours superficielle* » (RENAN). ◇ ANT. Profond.

SUPERFICIELLEMENT [sypɛʀfisjɛlmã]. *adv.* (1314; de *superficiel*). ◆ 1° D'une manière superficielle. *Il a été blessé superficiellement.* ◆ 2° (Abstrait). Connaître, savoir superficiellement qqch. ◇ ANT. Profondément; fond (à).

SUPERFIN, INE [sypɛʀfɛ̃, in]. *adj.* (1688; de *super-* [2°], et *fin*). *Comm.* Extrêmement fin; d'une qualité supérieure. V. **Surfin.** *Miel, beurre superfin.* « *Un de ces dîners superfins que Mathurine cuisinait pour son évêque* » (BALZ.).

SUPERFINITION [sypɛʀfinisjɔ̃]. *n. f.* (mil. XXᵉ; de *super-* [2°], et *finition*). *Techn.* Polissage très poussé (d'une pièce), allant au delà de la simple finition.

SUPERFLU, UE [sypɛʀfly]. *adj.* (h. XIIIᵉ; 1549; lat. imp. *superfluus*, du class. *superfluere* « déborder », de *fluere* « couler »). ◆ 1° Qui est en plus de ce qui est nécessaire, qui n'est pas strictement nécessaire. *Biens superflus.* V. **Superfétatoire, surabondant.** — Par euphém. *Poils superflus*, des aisselles, des jambes, du visage, que les femmes font disparaître. ◇ Subst. « *Le superflu, chose très nécessaire* » (VOLT.). « *Le superflu!... c'est la moitié du commerce des États, comme il est l'élégance de la vie* » (BALZ.). ◆ 2° Qui est en trop (discours, manifestations... signes). V. **Inutile, oiseux, vain.** *Propos, discours superflus. Développements superflus.* V. **Redondant.** « *Il se montra parfait de tact, évitant même de se répandre en explications superflues* » (COURTELINE). *Précautions superflues. Il est superflu d'insister.* « *Il me paraît superflu que vous me consultiez* » (É. AUGIER). ◇ ANT. Essentiel, indispensable, nécessaire, obligatoire, utile.

SUPERFLUIDE [sypɛʀflyid]. *adj.* et *n. m.* (v. 1960; de *super-* [2°], et *fluide*). *Phys.* De viscosité nulle. — N. m. *L'hélium liquide est un superfluide.*

SUPERFLUITÉ [sypɛʀflyite]. *n. f.* (1180; lat. imp. *superfluitas*). ◆ 1° *Vx* ou désuet. Abondance où il y a du superflu. V. **Surabondance.** ◆ 2° *Littér.* Une, des superfluité(s) : chose superflue, bien superflu. V. **Luxe.** « *Marguerite retrancha les superfluités de la table, devint d'une parcimonie digne d'un avare* » (BALZ.).

SUPERFORTERESSE [sypɛʀfɔʀtəʀɛs]. *n. f.* (v. 1942; trad. angl.; Cf. *Super-* [2°], et *forteresse* [type d'avion : « forteresse volante »]). Avion de bombardement américain (Boeing B 29, 36 et 50).

SUPER-GRAND [sypɛʀgʀã]. *n. m.* (mil. XXᵉ; de *super-*, et *grand*). *Fam.* (Presse). Les grandes puissances qui dominent le monde (généralement, en parlant des États-Unis et de l'U.R.S.S.). V. **Grand, super puissance.** *Les super-grands.* « *Le troisième super-grand de notre planète, la Chine communiste* » (*Le Monde*, 2-10-1966).

SUPERHÉTÉRODYNE [sypɛʀeteʀɔdin]. *adj.* et *n. m.* (1932; de *super-* [1°], et *hétérodyne*). *Techn.* Se dit d'un récepteur de radio dans lequel les oscillations de haute fréquence venant de l'onde reçue sont combinées avec celles d'un oscillateur local, de manière à obtenir des oscillations de moyenne fréquence, qu'on amplifie et qu'on détecte. — N. m. *Un superhétérodyne.*

SUPER-HUIT [sypɛʀɥit]. *adj.* et *n. m.* invar. (1965; de *super-*, et *huit* [millimètres]). *Techn.* et cour. Format de film et de caméra d'amateur intermédiaire entre le huit millimètres standard et le seize. *Caméra super-huit. Filmer en super-huit. Les super-huit.*

SUPÉRIEUR, EURE [sypeʀjœʀ]. *adj.* et *n.* (*Superior*, 1160; *supereor*, 1195; lat. *superior*, compar. de *superus* « qui est en haut »). REM. On ne peut dire « plus, moins supérieur »; mais très, si, le plus supérieur sont possibles. « *Les talents les plus supérieurs* » (VOLT.).

I. (*Concret*). ◆ 1° Qui est plus haut, au-dessus, en haut. *La partie supérieure d'un objet.* V. **Sommet.** *Les étages supérieurs d'un immeuble. Pont supérieur d'un navire. La mâchoire, la lèvre supérieure.* ◆ 2° Dont l'altitude est plus grande;

plus haut. *Cours supérieur d'un fleuve.* ♦ 3° *Planètes supérieures :* plus éloignées du Soleil que la Terre.
II. *(Abstrait).* ♦ 1° (1611). Qui a une valeur plus grande ; occupe une place, un degré au-dessus dans une hiérarchie. SUPÉRIEUR À. « *On a fait croire au public que le pain blanc est supérieur au brun* » (CARREL). « *Les symphonies de Rameau sont supérieures à celles de Lulli et semblent moins faciles* » (VOLT.). « *La vérité est... supérieure à toutes les fictions* » (RENAN). V. **Dépasser, emporter** (l'), **surpasser, valoir** (mieux). « *Les unes se croient supérieures aux autres en naissance, en fortune, en grâce* » (BALZ.). *Être supérieur à qqn par une qualité.* — *Absolt.* Qui est au-dessus des autres. V. **Suprême.** *Des intérêts supérieurs.* « *Cet accord* (entre le gouvernement et les gouvernés) *doit se faire, au nom d'un principe supérieur. Ce principe, pour nous, est la justice* » (CAMUS). *Qualité supérieure.* V. **Excellent, incomparable ;** et *aussi* **Extra-, super-.** « *L'intelligence supérieure qui permet d'embrasser de grands desseins* » (MADELIN). V. **Éminent, transcendant, unique** (Cf. Hors ligne*, hors pair). *Les hommes supérieurs.* « *On n'est tout à fait supérieur qu'à cette condition d'avoir en soi ce qui transforme et renouvelle* » (STE-BEUVE). — *Personne supérieure à (qqch.) :* qui domine qqch. *Il est supérieur à la situation, à sa tâche.* ♦ 2° Plus grand que. 8 *est supérieur à 7. Température supérieure à 0° :* positive. *Note supérieure à la moyenne.* ♦ 3° Plus avancé dans une évolution. *Animaux supérieurs,* nom donné également aux vertébrés. *Végétaux supérieurs,* nom donné généralement aux « plantes compliquées qui constituent la végétation la plus aisément visible des prairies, des champs et des jardins » (F. MOREAU). ♦ 4° (1587). Plus élevé dans une hiérarchie politique, administrative, sociale. *Les classes dites supérieures de la société.* V. **Dominant, prééminent, prépondérant.** *Conseil supérieur de la magistrature. Enseignement* supérieur. Mathématiques supérieures. École normale supérieure* (arg. scol. *Normale Sup* [nɔrmalsyp] ; Cf. *Sup Aéro* [sypaero] : École supérieure d'Aéronautique). — *Cadres, officiers supérieurs.* V. [Au Québec]. *Faculté des Études supérieures* [1972] ou *Études avancées* [1968] : Structure regroupant les enseignements des facultés, écoles et départements de l'Université pour les études de deuxième et troisième cycles. ♦ 5° (XVIe). *N. m.* LE SUPÉRIEUR DE *qqn :* personne hiérarchiquement placée au-dessus d'autres qui sont sous ses ordres. « *Prendre place dans la société : avoir des supérieurs, avoues pour tels, afin d'avoir des inférieurs à mépriser* » (SENANCOUR). *Obéir, désobéir à ses supérieurs. Ses supérieurs hiérarchiques.* ♦ 6° *N. m. et f.* (v. 1510). Religieux ou religieuse assurant la direction d'une communauté ou d'un couvent. V. **Directeur, doyen, gardien, général, prieur.** « *La Supérieure... est l'âme de la maison et le chef de tous les membres qui la composent* » (STE-BEUVE). Par appos. *Le Père supérieur, la Mère supérieure.* ♦ 7° (Fin XIXe). Qui témoigne d'un sentiment de supériorité. V. **Arrogant, condescendant, dédaigneux, fier.** *Air, ton, sourire supérieur. Il continuait « à se dandiner d'un air goguenard et supérieur* » (ZOLA).
◇ ANT. **Bas, dessous** (au-), **inférieur ; moindre ; médiocre, mineur ; subalterne ; humble.**

SUPÉRIEUREMENT [syperjœrmã]. *adv.* (1607 ; de *supérieur*). D'une manière supérieure (II). V. **Éminemment, excellemment, parfaitement.** « *Son style* (de Montaigne) *peint supérieurement son caractère* » (STENDHAL). Fam. *Supérieurement ennuyeux.* V. **Très.**

SUPÉRIORITÉ [syperjɔrite]. *n. f.* (v. 1450 ; lat. médiév. *superioritas*). ♦ 1° Fait d'être supérieur (II). V. **Prééminence, suprématie.** « *Les Américains... ne veulent se risquer qu'une fois assurés d'une supériorité numérique écrasante* » (GIDE). *Supériorité intellectuelle, d'esprit. C'est une supériorité qu'il a sur moi. Grande, écrasante, évidente supériorité.* — (Gram.) *Comparatif* de supériorité.* V. **Plus** (1). ♦ 2° *Absolt.* Qualité d'une personne supérieure. V. **Excellence, transcendance.** « *Les grands hommes ne s'abusent point sur leur supériorité* » (ROUSS.). *Avoir le sentiment de sa supériorité. Sentiment,* et abusiv. *complexe de supériorité.* — *Air, sourire de supériorité,* supérieur (II, 7°). V. **Condescendance, orgueil.** « *Ses premiers airs de supériorité, loin de créer l'enthousiasme, seraient couverts de ridicule* » (STENDHAL). ◇ ANT. **Infériorité, insuffisance.**

SUPERLATIF, IVE [syperlatif, iv]. *adj.* et *n. m.* (v. 1280 ; « supérieur, suprême » ; bas lat. *superlativus,* de *superlatum,* supin de *superferre* « porter [*ferre*] au-dessus »).
I. *Adj.* ♦ 1° (1550). *Gram.* Qui exprime le degré supérieur d'une qualité, défini absolument ou par rapport à un ensemble. *Préfixes superlatifs* (Cf. Archi- ; extra- ; super-, sur-, ultra-). ♦ 2° *Fig.* et *vieilli.* Extrême. « *Un ennui superlatif* » (ACAD.). — *Exagéré, excessif, hyperbolique. Des compliments superlatifs.*
II. *N. m.* ♦ 1° Terme qui exprime le degré supérieur d'une qualité. *Superlatifs italiens en -issime.* ◇ Terme exagéré, hyperbolique. *Les « superlatifs qui chargeaient sa conversation ou les moindres choses prenaient des proportions gigan-*

tesques » (BALZ.). ♦ 2° *Le superlatif :* l'ensemble des procédés grammaticaux qui expriment la qualité au degré le plus élevé. *Le positif, le comparatif et le superlatif. En français, le superlatif relatif est formé du comparatif précédé de l'article défini* (le plus, le moindre, le meilleur, le pire, le premier, le dernier). ◇ Fig. (1694) « *Le superlatif de ses espérances* » (BALZ.), le sommet, le maximum. *Au superlatif :* extrêmement, au plus haut degré. *Il m'ennuie au superlatif.*

SUPERLATIVEMENT [syperlativmã]. *adv.* (1564 ; de *superlatif*). *Fam.* et *vieilli.* Extrêmement. « *Un immense chapeau... à bords superlativement larges* » (BAUDEL.).

SUPER-LÉGER [syperleʒe]. *adj.* et *n. m.* (mil. XXe ; de *super-*, et *léger*). *Sports.* Catégorie de boxeurs pesant entre 60 et 63,5 kg. — Boxeur de cette catégorie. *Des super-légers.*

SUPERMALLOY [sypermelɔj, sypermalwa]. *n. m.* (mil. XXe ; nom déposé, de *su*[per], et *permalloy**). *Techn.* Alliage de nickel, molybdène et fer.

SUPERMAN [syperman]. *n. m.* (mil. XXe ; mot amér., « surhomme » ; nom d'un héros de bandes dessinées). ♦ 1° Personnage fantastique doué d'une force colossale et de pouvoirs surhumains. « *Le héros* [...] *est un exemplaire flagrant du Superman des neiges* » (*Temps modernes,* janv. 1954). ♦ 2° *Fam.* (souvent *iron.*). Homme supérieur. *Des supermen* [sypermɛn]. *Jouer les supermen.*

SUPERMARCHÉ [sypermarʃe]. *n. m.* (v. 1960 ; francisation de l'angl. *supermarket*). Vaste magasin (de 400 à 2 500 m²) vendant en libre*-service des denrées alimentaires et des produits d'achat courant. « *La mère sortit faire quelques courses au supermarché du coin* » (LE CLÉZIO). V. *aussi* **Supérette ; hypermarché.**

SUPERNOVA [sypernɔva]. *n. f.* (XXe ; de *super-* (2°), et *nova*). *Astron.* Nova de très forte magnitude.

SUPEROVARIÉ, ÉE [syperɔvarje]. *adj.* (1838 ; de *supère,* et *ovarié*). *Bot.* Dont l'ovaire est supère. *Les gentianacées, les géraniacées, familles de plantes superovariées.*

SUPERPHOSPHATE [syperfɔsfat]. *n. m.* (1858 ; de *super-* [2°], et *phosphate*). *Chim.* Engrais artificiel composé de phosphate et de sulfate de calcium.

SUPERPOSABLE [syperpozablə)]. *adj.* (av. 1877 ; de *superposer*). Que l'on peut superposer à... V. **Applicable** (sur). *Figures superposables.* « *Tous ces romans superposables, les uns aux autres, comme les maisons verticalement entassées en hauteur* » (PROUST).

SUPERPOSÉ, ÉE [syperpoze]. *adj.* (1808 ; V. **Superposer**). Placé au-dessus (*spécialt.* de manière à recouvrir exactement). « *Les rangées superposées de cartons verts* » (COURTELINE). — Fig. « *Le palimpseste de la mémoire..., avec couches superposées de sentiments défunts* » (BAUDEL.).

SUPERPOSER [syperpoze]. *v. tr.* (1762 ; lat. *superponere,* d'apr. *poser*). ♦ 1° Mettre, poser au-dessus, par-dessus ; disposer l'un au-dessus de l'autre. « *On superposa la pierre à la pierre* » (HUGO). *Superposer les livres, des pavés.* V. **Amonceler, entasser.** — *Par ext.* (Sujet de chose) « *Deux étages qui superposent leurs terrasses* » (CLAUDEL). ◇ *Géom., Dessin.* Placer (une figure) au-dessus d'une autre, pour en constater ou en vérifier l'égalité. V. **Appliquer.** ♦ 2° *Fig.* Mettre en plus. V. **Accumuler.** « *Cette administration militaire qui... superpose les consignes aux consignes* » (ALAIN). ♦ 3° SE SUPERPOSER. v. pron. « *Les nuages... se superposaient, empressés, rapides, obscurcissant tout* » (LOTI). — *Fig.* S'ajouter. « *Lorsque ces deux forces, l'intelligence et le pouvoir, se superposent* » (HUGO).

SUPERPOSITION [syperpozisjɔ̃]. *n. f.* (1613 ; lat. médiév. *superpositio*). ♦ 1° Action de superposer ; l'état de ce qui est superposé. *Mécanismes combinés par superposition.* V. **Assemblage.** *Superposition partielle.* V. **Chevauchement.** *Superposition des couches géologiques, des strates.* V. **Stratification.** ◇ *Géom.* Application de deux figures l'une sur l'autre, pour les faire coïncider. V. **Coïncidence.** ◇ *Sc.* Le fait, pour plusieurs systèmes physiques, de coexister en un même point de l'espace. *Action globale qui résulte de la superposition des influences agissant sur un système, ou la superposition des forces agissant sur une particule ou sur un point matériel* (résultante). ♦ 2° Ensemble de choses superposées. « *Un alcazar moresque... avec une superposition de terrasses* » (GAUTIER). — *Fig.* « *Notre Moi est fait de la superposition de nos états successifs* » (PROUST).

SUPERPRÉFET [syperprefɛ]. *n. m.* (1948 ; de *super-* [2°], et *préfet*). Nom sous lequel on désigne parfois les inspecteurs généraux de l'administration en mission extraordinaire. V. **Igame.**

SUPERPRODUCTION [syperprɔdyksjɔ̃]. *n. f.* (1930 ; mot angl.). Film, et *par ext.* Spectacle réalisé à grands frais. « *Une sorte de « Quo Vadis », superproduction en technicolor avec martyrs, fauves et bains de dames* » (BUTOR).

SUPERPROFIT [syperprɔfi]. *n. m.* (1964 ; de *super-*, et *profit*). Profit, bénéfice particulièrement important. V. **Superbénéfice.**

SUPERPUISSANCE [sypɛʀpµisãs]. *n. f.* (1963; de *super-*, et *puissance* III, 4°). Puissance, État qui surpasse les autres par son importance (politique ou économique). *Les superpuissances américaine et soviétique.* V. **Puissance** (grande); **super-grand.**

SUPERRÉACTION [sypɛʀʀeaksjõ]. *n. f.* (mil. xxe; de *super-* [2°], et *réaction*). *Radio.* Phénomène par lequel une réaction est poussée jusqu'à l'amorçage d'oscillations à très haute fréquence, d'amplitude croissante (On dit aussi SUPER-GÉNÉRATION [sypɛʀʒenɛʀasjõ]). *Montage à superréaction.*

SUPERSONIQUE [sypɛʀsɔnik]. *adj.* (v. 1945; de *super-*, et *son*). ♦ 1° *Phys.* Se dit d'une fréquence qui se trouve au-dessus des fréquences audibles. *Ondes supersoniques.* ♦ 2° *Cour.* Se dit d'une vitesse supérieure à celle du son, et *par ext.* des phénomènes propres à ces vitesses. V. **Sonique.** — Par ext. *Avion supersonique,* subst. *Un supersonique.* V. **Ultra-sonique.**

SUPERSTAR [sypɛʀstaʀ]. *n. f.* (1971; mot amér., de *super-*, et *star**). *Anglicisme.* Vedette très célèbre. « *Elle accède d'emblée au rang de superstar* » (*Nouv. Obs.*, 17-7-1972). *Des superstars.*

SUPERSTITIEUSEMENT [sypɛʀstisjøzmã]. *adv.* (1516; de *superstitieux*). D'une manière superstitieuse. « *Daudet dit superstitieusement, que la pierre précieuse est dangereuse...* » (GONCOURT).

SUPERSTITIEUX, EUSE [sypɛʀstisjø, øz]. *adj. et n.* (1375; lat. *superstitiosus*, de *superstitio*). ♦ 1° Qui a de la superstition. *Croyants superstitieux.* ◇ *Cour.* Qui voit des signes favorables ou néfastes dans certains faits. « *Elle était follement superstitieuse, elle voyait des signes partout; à table, les couteaux, les fourchettes en croix, le nombre des convives, la salière renversée* » (R. ROLLAND). ◇ N. (1589) *Un superstitieux.* ♦ 2° (1377). Où entre de la superstition. *Pratiques superstitieuses.*

SUPERSTITION [sypɛʀstisjõ]. *n. f.* (1375, « religion des idolâtres, culte des faux dieux »; lat. *superstitio*, probabl. de *superstes* « survivant », de *superstare* « se tenir dessus », pour désigner ceux qui prient pour que leurs enfants leur survivent). ♦ 1° Comportement irrationnel, généralement formaliste et conventionnel, vis-à-vis du sacré; attitude religieuse considérée comme vaine. « *La superstition semble n'être autre chose qu'une crainte mal réglée de la Divinité* » (LA BRUY.). « *La superstition consiste toujours... à expliquer des effets véritables par des causes surnaturelles* » (ALAIN). ◇ *Hist.* (au xviiie s.) Ensemble des traditions religieuses, des préjugés contraires à la raison (*opposé à* la philosophie). « *La superstition, cette infâme* » (VOLT.). ♦ 2° *Plus cour.* Le fait de croire que certains actes, certains signes entraînent, d'une manière occulte et automatique, des conséquences bonnes ou mauvaises (Cf. Porter bonheur*, malheur*); croyance aux présages, aux signes. ♦ 3° Attitude irrationnelle, magique, en quelque domaine que ce soit. « *Il numérotait tous les actes qu'il entendait accomplir... La superstition de l'ordre le torturait sans relâche* » (DUHAM.). ♦ 4° *Une, des superstition(s) :* croyance ou pratique particulière dictée par la superstition religieuse ou profane. — *La superstition des reliques, du mauvais œil, du chiffre 13.*

SUPERSTRAT [sypɛʀstʀa]. *n. m.* (1938; de *super-*, d'apr. *substrat*). *Ling.* Langue parlée par un peuple, considérée du point de vue de son influence sur la langue du lieu de son nouvel établissement, lorsque cette dernière est conservée par les autochtones et adoptée par les nouveaux venus. ◇ ANT. *Substrat.*

SUPERSTRUCTURE [sypɛʀstʀyktyʀ]. *n. f.* (1764, « élément inutile »; de *super-*, et *structure*). ♦ 1° (1872). Partie (d'une construction) située au-dessus du sol, d'un niveau. *Superstructure d'un pont.* — Ensemble des travaux exécutés hors de terre. *Superstructures d'une voie de chemin de fer.* — *Mar.* Ensemble des constructions situées au-dessus du pont d'un navire. ♦ 2° *Philo.* (trad. all.). *Dans le vocab.* marxiste, Système d'institutions, d'idées..., correspondant à une forme déterminée de conscience sociale et dépendant d'une « base », d'une structure économique. « *Les marxistes font de la superstructure une synthèse qui émane certes des conditions de production et de vie matérielle, mais dont la nature et les lois de développement ont une réelle indépendance* » (SARTRE). ◇ ANT. *Fond, fondation. Infrastructure.*

SUPERTANKER [sypɛʀtãkœʀ]. *n. m.* (1964; mot angl.; de *super-*, et *tanker*). *Anglicisme. Techn.* Pétrolier* de très grande capacité (plus de 100 000 t). « *Cette nouvelle génération de supertankers* » (*Le Figaro*, 16-3-1968).

SUPERVISER [sypɛʀvize]. *v. tr.* (1921, cin.; angl. *to supervise*; du bas lat. *supervidere* « inspecter »). Contrôler (un travail), sans entrer dans les détails. « *Sa secrétaire... lui apporte factures, commandes, correspondance, registres, dossiers d'assurance... Il signe, il supervise, il dicte* » (R. PINGET).

SUPERVISEUR [sypɛʀvizœʀ]. *n. m.* (fin xve, « contrôleur »; repris xxe, angl. *supervisor*). Celui qui supervise. ◇

Inform. Programme superviseur, qui commande le déroulement des programmes en cours d'exécution.

SUPERVISION [sypɛʀvizjõ]. *n. f.* (1921; empr. angl. V. **Superviser**). Le fait de superviser.

SUPERWELTER [sypɛʀwɛltœʀ]. *adj. et n. m.* (mil. xxe; de *super-*, et *welter**). *Sports.* Boxeur pesant entre 67 et 71 kg.

SUPIN [sypɛ̃]. *n. m.* (xiiie; lat. scolast. *supinum*, de *supinus* « renversé en arrière »). *Gram. lat.* Substantif verbal de formation analogue à celle des noms à thème en *-u*, (*cantus, -us*, chant). *Le supin est l'un des temps primitifs du verbe latin; c'est sur son radical qu'est formé le participe passé en* -us.

SUPINATEUR [sypinatœʀ]. *n. m. et adj.* (1560; du lat. *supinare* « mettre sur le dos »). *Anat.* Muscle déterminant la supination. *Muscles court supinateur* (subst. *le court supinateur*) *et long supinateur* (*le long supinateur*) *de l'avant-bras.*

SUPINATION [sypinasjõ]. *n. f.* (1654; lat. *supinatio*). *Physiol.* Mouvement de rotation que la main et l'avant-bras exécutent de dedans en dehors sous l'action des muscles supinateurs; position de la main après ce mouvement (*opposé à* pronation). Par ext. *Supination du pied :* mouvement par lequel le bord interne du pied se relève, la plante étant tournée du côté interne.

SUPPLANTER [syplãte]. *v. tr.* (xive; « renverser », v. 1220; lat. *supplantare* « faire un croc-en-jambe à qqn »; « évincer », en lat. ecclés.). ♦ 1° Passer devant (qqn), prendre la place de (qqn) en lui faisant perdre son crédit auprès de qqn. V. **Évincer** (Cf. Couper l'herbe* sous les pieds de qqn). « *Toujours prêt... à trahir l'un, à supplanter l'autre* » (BOURDALOUE). — Spécialt. *Être supplanté par qqn dans le cœur d'une femme.* — Pronom. « *Les deux fils... avaient aussitôt commencé la courtiser, moins par désir de lui plaire que par envie de se supplanter* » (MAUPASS.). ♦ 2° (*Sujet de chose*), Éliminer (une chose) en la remplaçant dans la faveur du public, dans l'esprit de qqn. *Cette nouvelle danse a supplanté toutes les autres.*

SUPPLÉANCE [sypleãs]. *n. f.* (1791; de *suppléer*). ♦ 1° Le fait de suppléer (I, 3°) qqn; fonction de celui qui supplée. *La suppléance d'un professeur. Obtenir une suppléance.* Spécialt. (*opposé à* délégation) : remplacement temporaire d'un agent empêché ou absent, selon le mode prévu par la loi. ♦ 2° Le fait de suppléer qqch.

SUPPLÉANT, ANTE [sypleã, ãt]. *adj. et n.* (1789; de *suppléer*). ♦ 1° Qui supplée qqn ou est chargé de le suppléer dans ses fonctions. V. **Adjoint.** ◇ N. V. **Remplaçant.** *Le juge ou ses suppléants.* V. **Assesseur.** « *S'il parvient à obtenir un poste de suppléant, de lecteur...* » (SARRAUTE). *Elle n'est pas titulaire, mais suppléante.* ♦ 2° *Gram.* Se dit d'un terme qui en supplée un autre, en remplace un autre. *Faire, verbe suppléant.*

SUPPLÉER [syplee]. *v. tr.* (1305; de l'a. fr. *souploier*, v. 1200; lat. *supplere* « remplir, compléter », par confusion avec une var. de *supplier*). **I.** *V. tr. dir. Littér.* ♦ 1° Mettre à la place de (ce qui est insuffisant); mettre en plus pour remplacer (ce qui manque). *Les procédés par lesquels on supplée la gravure.* V. **Remplacer.** — Spécialt. *Suppléer un terme sous-entendu.* ♦ 2° Combler, en remplaçant, en ajoutant. *Suppléer une lacune.* — Remédier à. *Suppléer un manque, un défaut.* ♦ 3° Se mettre où être mis à la place de... pour remplacer (ce qui manque) ou renforcer (ce qui est insuffisant). *Suppléer qqn,* remplir ses fonctions, sa place, tenir lieu de qqn. V. **Suppléance.** *Il « suppléa de plus en plus son beau-père dans la direction de l'entreprise* » (ROMAINS). ◇ Remplacer, jouer le rôle de (qqch.). « *Le poêle, quelque bien chauffé qu'il soit, supplée toujours imparfaitement le soleil* » (GAUTIER). **II.** (1559). *Cour. V. tr. indir.* SUPPLÉER À... ♦ 1° Apporter ce qu'il faut pour remplacer ou pour fournir (ce qui manque). « *La volonté puissante de Pierre* (le Grand) *suppléa à tout ce qui manquait* » (MÉRIMÉE). ♦ 2° Remédier à (un défaut, une insuffisance) en remplaçant, en compensant. Réparer (3°). « *Il ne disposait que d'un vocabulaire très pauvre et suppléait à cette indigence par l'image,... par l'accent* » (MAURIAC). — (*Sujet de chose*) Remédier à (un manque), en prenant la place de, en se substituant à (qqch.). ♦ 3° Avoir la même fonction, la même utilité que. V. **Remplacer.** « *Aucun enseignement ne saurait suppléer chez l'homme à l'inspiration de sa nature* (de l'âme) » (RENAN).

SUPPLÉMENT [syplemã]. *n. m.* (1361; *supploiement,* 1313; lat. *supplementum,* même rad. que *suppléer*). ♦ 1° *Rare.* Ce qu'on fournit, ce qui est ajouté à (qqch.) pour compléter (V. **Complément**), rendre égal. ♦ 2° (xvie). *Vx.* Ce qui supplée, remplace, joue le rôle de (en complétant). V. **Suppléer** (II). « *Bien que supplément obligé nous lois..., le duel est affreux* » (CHATEAUB.). ♦ 3° *Cour.* Ce qui est ajouté à une chose déjà complète; addition extérieure (à la différence du *complément*). V. **Rabiot, surplus.** *Ajouter un supplément de cent mille francs à une somme. Supplément d'information. Un supplément de travail.* V. **Surcroît.** ♦ 4° (1680). Ce qui est ajouté (à un livre, à une publication), d'abord pour suppléer ce qui manquait, et *par ext.* pour toute autre raison. V.

Addenda, appendice. *Supplément illustré à un journal, une revue.* — *Supplément d'un dictionnaire.* ♦ 5° (1765). *Géom.* Ce qu'il faut ajouter à un angle pour égaler deux angles droits. ♦ 6° (1835). Dans un tarif (transports, théâtre, etc.), Somme payée en plus pour obtenir un bien ou un service supplémentaire, pour passer à une classe supérieure, etc.; titre (billet, ticket) qui atteste le paiement d'un tel supplément. *Supplément de première classe, en chemin de fer. Supplément pour excédent de bagages.* — *Supplément au menu dans un restaurant.* ♦ 7° EN SUPPLÉMENT : en plus, en sus (d'un nombre prescrit, fixé, indiqué; d'une quantité). *Vin en supplément* (au restaurant). ◇ ANT. Remise; réduction.

SUPPLÉMENTAIRE [syplemãtɛʀ]. *adj.* (1790; de *supplément*). ♦ 1° *Vx* ou *Dr.* Qui supplée. *Jurés supplémentaires* (V. **Auxiliaire, supplétif**). ♦ 2° *Cour.* Qui est en supplément. V. **Accessoire.** *Crédits, dépenses supplémentaires. Demander un délai supplémentaire :* une prolongation. *Heures supplémentaires,* heures de travail faites en plus d'un horaire normal. *Mus. Lignes supplémentaires,* ajoutées à la portée. ♦ 3° *Géom. Angles supplémentaires,* dont l'un est le supplément de l'autre. *Dièdres, trièdres supplémentaires.* ♦ 4° *Math. Espaces vectoriels supplémentaires,* n'ayant en commun que le vecteur nul.

SUPPLÉMENTAIREMENT [syplemãtɛʀmã]. *adv.* (1845; de *supplémentaire*). En s'ajoutant, en formant un supplément. ◇ En plus. « *Supplémentairement, il faisait un froid de canard* » (AYMÉ).

SUPPLÉMENTER [syplemãte]. *v. tr.* (1845; repris fin XIX° de *supplément*). Charger d'un supplément à payer. *Le contrôleur supplémente les voyageurs de première qui n'ont qu'un billet de seconde.* — Par ext. « *Cette cabine est trop petite, dit France... On pourrait faire supplémenter les billets* » (SARTRE).

SUPPLÉTIF, IVE [sypletif, iv]. *adj.* et *n.* (1539; lat. médiév. *suppletivus,* de *supplere*). Qui supplée, complète. *Vx. Articles supplétifs d'un traité.* — Mod. « *Les forces supplétives devaient se rassembler* » (MAC ORLAN). — N. m. *Un supplétif :* soldat des forces supplétives (*ex.* : *harki* musulman).

SUPPLÉTOIRE [sypletwaʀ]. *adv.* (1790; lat. médiév. *suppletorius*). *Dr.* Qui est déféré pour suppléer les preuves insuffisantes. *Serment supplétoire.*

SUPPLIANT, ANTE [syplijã, ãt]. *adj.* et *n.* (XIV°, de *supplier*). ♦ 1° *Adj.* Qui supplie. « *L'étranger suppliant* » (CHÉNIER). Fig. « *Cette superbe raison humiliée est suppliante* » (PASC.). ◇ Qui exprime la supplication. *Air, regard suppliant. Attitude, voix suppliante.* V. **Implorant.** « *Elle rampait vers lui, ses cheveux dénoués, ses mains jetées en avant, plus suppliante encore que ses yeux pâlis d'angoisse* » (BERNANOS). ♦ 2° *N.* Personne qui supplie. *Une suppliante.*

SUPPLICATION [syplikasjɔ̃]. *n. f.* (1160; lat. *supplicatio.* V. **Supplier**). ♦ 1° Prière faite avec instance et soumission. V. **Adjuration, imploration.** « *On me mit à la porte... malgré les supplications de mes parents* » (APOLLINAIRE). « *La face levée, les mains ouvertes à la hauteur des épaules, dans l'attitude de la supplication* » (MAUPASS.). ♦ 2° *Relig.* Prière solennelle. V. **Déprécation, obsécration.** ♦ 3° *Hist.* Remontrances que le parlement pouvait adresser au roi.

SUPPLICE [syplis]. *n. m.* (1480; lat. *supplicium* « supplication », d'où « sacrifice religieux célébré à l'occasion d'une exécution, pour laver le sang versé », par euphém. « supplice »). ♦ 1° Peine corporelle grave, mortelle ou affreuse, infligée par la justice à un condamné. *Les supplices des martyrs.* V. **Martyre** (1°). *Supplices infligés par l'Inquisition. Atroces supplices. Personne qui applique le supplice* (bourreau), *qui le subit* (patient, supplicié). *Instruments de supplice :* brodequin, bûcher, cangue, carcan, chevalet, corde, croix, estrapade, fouet, garrot, gibet, knout, pal, pilori, potence, roue, tenaille. V. *aussi* **Autodafé, crucifiement, décollation, écartèlement, écorchement, empalement, flagellation, lapidation.** — *Supplice chinois :* supplice, en *fig.* Tourment particulièrement cruel et raffiné. ◇ *Spécial.* (en particulier depuis la suppression des châtiments corporels graves autres que la peine capitale) *Le dernier supplice,* et absolt. *Le supplice :* la peine de mort. V. **Décapitation, échafaud, exécution, guillotine; électrocution, fusillade; gaz** (chambre à gaz); **pendaison.** *Conduire qqn au supplice. Les passions* « *qui peuvent le précipiter dans un cachot, le conduire à la torture ou au supplice* » (TAINE). ♦ 2° Souffrances infligées par les dieux, par Dieu, en punition des fautes humaines. *Le supplice de Prométhée, rongé par un vautour. Le supplice de Tantale; fig.* (sous l'infl. de *tenter*) Situation où l'on est proche de l'objet de ses désirs, sans pouvoir l'atteindre. ◇ *Relig. chrét.* Les souffrances du purgatoire, de l'enfer. V. **Damnation.** *Fig. Un supplice de damné.* ♦ 3° Souffrance très vive (douleur physique ou, plus souvent, souffrance morale). V. **Calvaire, martyre, tourment.** « *Les supplices moraux surpassent les douleurs physiques de toute la hauteur qui existe entre l'âme et le corps* » (BALZ.). « *Les choses m'avaient toujours été un supplice* »

(RADIGUET). — ÊTRE AU SUPPLICE : souffrir beaucoup; *au fig.* Être dans une situation très pénible (inquiétude, agacement, colère réprimée, gêne, timidité). « *J'étais excessivement ému... J'étais au supplice* » (ROUSS.).

SUPPLICIER [syplisje]. *v. tr.* (v. 1580; de *supplice*). ♦ 1° Livrer au supplice; mettre à mort par un supplice. V. **Exécuter, martyriser, torturer.** *Supplicier un condamné.* — Au p. p. subst. « *La nuit de l'exécution, en se partageant les dépouilles des suppliciés... les bourreaux... se battirent* » (ZOLA). ♦ 2° *Fig.* et *littér.* Mettre au supplice (3°). *La jalousie le suppliciait. Elle était* « *suppliciée par les souvenirs qu'il évoquait et qui venaient l'atteindre jusque dans la chair de sa chair* » (BOURGET).

SUPPLIER [syplije]. *v. tr.* (1360; réfection étym. de *souploier* [XII°], *souplier* [XIII°]; du lat. *supplicare* « se plier [sur les genoux] », avec infl. de *ploier* [ployer]). Prier (qqn) en demandant qqch. comme une grâce, avec une insistance humble et soumise. V. **Adjurer, conjurer, implorer; supplication.** *Supplier qqn à genoux* (Cf. Tomber, se jeter aux genoux de qqn). « *Souffrez qu'ici je me jette à vos pieds pour vous supplier d'une chose* » (MOL.). « *Je la suppliais de m'aimer quand même* » (RADIGUET). *Faites-le, je vous en supplie.* — *Supplier que* (et subj.). « *Elle a même supplié qu'on ne lui écrivît pas* » (MAURIAC). ◇ *Par exagér.* Prier instamment. *Je vous supplie de vous taire.* V. **Prier.**

SUPPLIQUE [syplik]. *n. f.* (1578; it. *supplica;* du lat. *supplicare.* V. **Supplier**; Cf. a. fr. *Supplie,* du lat. [1340].) Demande par laquelle on sollicite une grâce, une faveur d'un supérieur. V. **Requête.**

SUPPORT [sypɔʀ]. *n. m.* (1466; de *supporter* 1). ♦ 1° *Vx.* Le fait, l'action de supporter, d'aider. V. **Soutien.** ◇ Le fait de subir. « *Le support des imperfections d'autrui* » (FÉN.). V. **Supporter.** ♦ 2° *Mod.* (XVI°). Ce qui supporte; ce sur quoi une chose repose; *spécial.* Appui ou soutien d'une chose pesante. *Les supports, en architecture, en construction.* V. **Colonne, pilier, pylône; base, socle.** *Supports de charpente* (chantignole, chevalet, cintre, étai, poutre). ◇ *Assemblage,* objet manufacturé destiné à recevoir un objet, un instrument (V. **Chevalet, chèvre, trépied;** et le *préf.* **Porte-**). *Support à fourche, à pince, à plateau; support universel,* utilisés dans les laboratoires. ♦ 3° *Didact.* Élément concret, matériel, qui sert de base à une œuvre graphique. V. **Subjectile.** *Support d'un dessin :* le papier, le carton sur lequel il est fait. *Inform. Support d'une information* ou absolt. *support,* la carte perforée, la bande magnétique ou toute sorte de mémoire* recevant, conservant et restituant des informations, dans un calculateur électronique. — *Math. Support d'un vecteur :* la droite qui le porte. ♦ 4° (*Abstrait*). *Littér.* Substrat matériel. *Le signe, le symbole, support de l'idée, du concept.* « *La vie, les êtres, les objets ont toujours un support arithmétique* » (AYMÉ). — (v. 1964). *Support publicitaire :* moyen matériel (affiches, journaux, etc.) par lequel se fait une publicité ou se diffuse un message.

SUPPORTABLE [sypɔʀtabl(ə)]. *adj.* (1420; de *supporter*). ♦ 1° Qu'on peut supporter (II). *Douleur, peine supportable, légère.* V. **Tolérable.** ♦ 2° Qu'on peut tolérer. V. **Excusable.** *Sa conduite n'est pas supportable.* — Qui est acceptable, qui peut passer. V. **Passable.** « *Un acteur supportable* » (VOLT.). ◇ ANT. **Insupportable, intolérable.**

SUPPORT-CHAUSSETTE [sypɔʀʃoset]. *n. m.* (XX°; de *support,* et *chaussette*). Bande élastique qui entoure la jambe au-dessus de la chaussette et la soutient. *Des supports-chaussettes.* V. **Fixe-chaussette.**

1. **SUPPORTER** [sypɔʀte]. *v. tr.* (1398; *sorporter* « endurer, emporter, entraîner », 1190; lat. chrét. *supportare,* en lat. class. « porter »). I. ♦ 1° Recevoir le poids, la poussée de (qqch.) sur soi. V. **Soutenir; porter.** « *Seule, la lampe avait changé... une colonne d'albâtre supportait le réservoir de cristal* » (MAURIAC). ◇ *Fig.* Constituer le support (5°), le substrat de. *Les cas* « *où soi-même idée implique de soi l'illusion, et pour ainsi dire, point d'autre contenu* » (PAULHAN). ♦ 2° Avoir (qqch.) comme charge, comme obligation; être assujetti à. *Supporter une responsabilité* (V. **Assumer**), *des risques. Vous en supporterez les conséquences. Supporter une dépense, un impôt, des frais.*

II. (XV°; *sorporter,* XII°). ♦ 1° Subir, éprouver les effets pénibles de (qqch.) sans faiblir. V. **Souffrir; accepter, endurer.** *Supporter une épreuve, un malheur.* « *Nous avons tous assez de force pour supporter les maux d'autrui* » (LA ROCHEF.). « *Elle supporta avec un courage d'héroïne d'abominables tortures* » (MAUPASS.). « *Qu'il nous aide seulement à supporter la vie, et l'art mérite encore notre gratitude* » (DUHAM.). *Chose difficile, impossible à supporter :* insupportable. ◇ *Éprouver* avec plus ou moins de patience, de courage. « *Plus l'existence est difficile, mieux on supporte les peines* » (ALAIN). « *Comme un taureau... supporte avec impatience la piqûre du taon* » (CHATEAUB.). ♦ 2° Subir de la part d'autrui, sans réagir, sans se rebeller ou sans interdire. *Supporter un affront, une*

injure, des grossièretés. V. **Digérer, encaisser.** *Supporter par faiblesse, par indulgence* (V. **Passer** [sur], **permettre, tolérer).** *Tout supporter de qqn* : tout lui passer. « *Il le harcelait de taquineries stupides, que l'autre supportait avec son inaltérable tranquillité* » (R. ROLLAND). — *Supporter que* (et subj.) « *Il ne supporterait pas plus longtemps qu'on se fichât de lui* » (GIDE). ♦ 3° *Supporter qqn* : admettre, tolérer sa présence, son comportement. *Il ne peut plus le supporter* : il l'a en aversion (Cf. *fam.* Il ne peut plus le voir en peinture*). « *Après les avoir adorés le premier jour, supportés le second, maudits le troisième...* » (MAUROIS). — *Pronom* (Récipr.) *Il faut se supporter quand on vit en commun.* ♦ 4° Subir sans dommage (une action physique). V. **Résister.** *Hiver dur à supporter* : rigoureux. « *Ce qui me manque, tu vois, c'est de pouvoir supporter la boisson* » (CÉLINE). V. **Tenir.** — (Sujet de chose) *Son estomac ne supporte aucune nourriture solide. Plat, verre qui supporte le feu* : qui va au feu. ◇ *Fig.* Résister à une épreuve. *Cette thèse ne supporte pas l'examen.* V. **Résister (à), soutenir.** ♦ 5° Admettre, considérer comme acceptable. *Je ne supporte plus cette sorte de paradoxe.* — Trouver mangeable, buvable (la nourriture, la boisson). « *Aimez-vous les épinards? — Avec des petits croûtons, je les supporte* » (QUENEAU).
III. (v. 1965 ; de *supporter* 2, d'apr. l'angl. *to support* « soutenir »). Anglicisme. *(Sports.)* Encourager, soutenir (un sportif, une équipe sportive).

2. SUPPORTER [syporter]. *n. m.* (v. 1920 ; angl. « celui qui supporte »). *Anglicisme* (parfois francisé : SUPPORTEUR [syportœr]). Partisan (d'un sportif, d'une équipe), qui manifeste son appui. *Les supporters d'un coureur, d'un champion.* « *Il passait détaché avec cinq minutes d'avance sur le peloton... des millions de supporters lui criaient* : « *Vas-y Gégène!* » (J. CAU).

SUPPOSABLE [sypozabl(ə)]. *adj.* (1835 ; de *supposer*). *Rare.* Qui peut être supposé. *Toutes les qualités supposables.* V. **Imaginable.**

SUPPOSÉ, ÉE [sypoze]. *adj.* (attesté XVIIᵉ ; V. **Supposer).** ♦ 1° Admis comme hypothèse. — Considéré comme probable. *Le nombre supposé des victimes.* « *L'auteur supposé des Lettres de la religieuse portugaise.* » ♦ 2° Qui n'est pas authentique (V. **Supposer, III).** *Testament supposé.* V. **Apocryphe.** *Sous un nom supposé.* V. **Faux.**

SUPPOSER [sypoze]. *v. tr.* (1265 ; francis., d'apr. *poser*, du lat. *supponere* « mettre sous, substituer » ; sens mod. d'apr. lat. scolast. *suppositivus* « hypothétique », calque du gr. *hypothetikos*).
I. ♦ 1° Poser à titre d'hypothèse n'impliquant aucun jugement et servant seulement de point de départ (V. **Imaginer).** « *On doit supposer* (en géométrie) *les idées abstraites de surface plane et de ligne droite* » (D'ALEMB.). — (Suivi d'un attribut du compl.) *Supposer le problème résolu. La température étant supposée constante.* — SUPPOSER QUE (avec le subj.). « *Supposez qu'on ait un pépin...* » (AYMÉ). « *Supposez que vous ayez une maladie grave* » (CAMUS). *En supposant qu'il y arrive. « Et à supposer même qu'elle m'eût permis...* » (PROUST). — *(Avec l'ind.)* Poser en principe (pour une démonstration). « *Supposons donc maintenant que nous sommes endormis* » (DESCARTES). ♦ 2° Penser, admettre comme chose probable ou comme explication plausible, sans pouvoir affirmer de façon positive. V. **Conjecturer, présumer.** « *Il y a ce que l'on sait...* (et) *ce que l'on ignore. Entre les deux, il y a ce que l'on suppose* » (GIDE). « *Une classe d'hommes qui possèdent, à ce qu'on suppose,... cet art mystérieux* » (NERVAL). — *Supposer à qqn, chez qqn (qqch.)*, supposer en lui l'existence de qqch. « *Le goût que je suppose à mon élève pour la campagne...* » (ROUSS.). — (Suivi d'un attribut du compl.). V. **Croire.** *Pourquoi le supposer infidèle ?* — (Avec un participe) « *Les élégances dont nous supposons doués les conquérants de cœurs féminins* » (MAUPASS.). *On la supposait menant joyeuse vie.* — *Supposer que...* suivi de l'ind. (ou du subj. en phrase interrog. ou négative). *Je suppose qu'il est, qu'il était présent. Churchill ne supposait pas que la ligne Maginot eût cette force...* » (DORGELÈS).
II. (1361 ; sujet de chose). Comporter comme condition nécessaire. V. **Réclamer.** *Tout achat suppose une vente préalable.* — Comporter comme nécessairement lié. V. **Impliquer.** « *Un message suppose un expéditeur, un messager et un destinataire* » (SARTRE). — *Réussir suppose qu'on a essayé. Cette détermination suppose un grand courage.*
III. (1539). *Vx.* « Mettre une chose à la place d'une autre par fraude et tromperie » (FURET.). V. **Substituer, supposition** (II). « *On dira à l'audience qu'elle a supposé son enfant* » (SÉV.). ◇ *Vén.* Donner le change* en lançant sur la voie. ◇ Dr. Donner pour authentique, en trompant. *Supposer un testament, une signature.* V. **Supposé** (2°).

SUPPOSITION [sypozisjɔ̃]. *n. f.* (1370 ; « soumission », T. de dr., 1291 ; lat. *suppositio*, de *supponere*. V. **Supposer).**
I. Action de supposer, ce qu'on suppose (I). ♦ 1° *Littér.* Hypothèse de l'esprit. « *Un point géométrique est une supposition, une abstraction de l'esprit* » (VOLT.). *Dans cette supposition* : en supposant... ◇ Ellipt. et fam. *Une supposition (que)...* : supposons (que)... « *Une supposition qu'on lui aurait donné une chiquenaude, à coup sûr, il ne se serait pas relevé* » (ZOLA). ♦ 2° *Cour.* Conjecture de l'esprit qui suppose (I, 2°) sans pouvoir affirmer. *Ce n'est pas une supposition gratuite, une simple supposition.* — *Une supposition très vraisemblable me traversa l'esprit ; celle qu'un de mes amis était venu pour me voir* » (MAUPASS.). « *La jalousie qui passe son temps à faire des petites suppositions dans le faux, a peu d'imagination quand il s'agit de découvrir le vrai* » (PROUST).
II. (Déb. XVIIᵉ). *Vx.* Action de supposer (II) ; substitution frauduleuse (du faux à l'authentique). V. **Fraude.** *Supposition de testament.* — Mod. Dr. *Supposition d'enfant ou de part*, attribution à une femme d'un enfant dont elle n'est pas accouchée.

SUPPOSITOIRE [sypozitwaʀ]. *n. m.* (XIIIᵉ ; lat. *suppositorium*, de *supponere* « mettre au-dessous »). Préparation pharmaceutique, de consistance solide, de forme conique que l'on introduit dans l'anus. — Abrév. fam. *Un, des suppo(s).*

SUPPÔT [sypo]. *n. m.* (fin XIIIᵉ ; lat. *suppositus* « placé au-dessous »). ♦ 1° *Vx.* Employé subalterne. « *Suppôt de justice* » (BOIL.). ♦ 2° *Mod. et littér.* (XVIIᵉ). Partisan (d'une personne nuisible). *Les suppôts d'un tyran*, et par ext. de la tyrannie. V. **Agent, partisan, serviteur.** — Loc. cour. *Suppôt de Satan, du diable* : démon ; personne méchante.

SUPPRESSION [sypʀesjɔ̃]. *n. f.* (v. 1380 ; lat. *suppressio* de *suppressum*, supin de *supprimere*). Action de supprimer son résultat. ♦ 1° Dr. Le fait de cacher. *Suppression de part, d'enfant*, consistant à faire disparaître la preuve de son existence sur l'état civil. *Suppression d'état*, par laquelle on prive un enfant de son véritable état civil. ◇ *Cour.* Le fait de supprimer (2°). V. **Abandon, abolition, abrogation, annulation.** *Suppression d'une disposition légale.* « *Une révolution ne vaut la peine qu'on meure pour elle que si elle assure sans délai la suppression de la peine de mort* » (CAMUS). ♦ 2° Le fait de détruire. *Suppression d'une chose matérielle* (V. **Destruction),** *d'un phénomène ou de ses effets* (V. **Cessation).** *Suppression des libertés.* ◇ *Spécialt.* Le fait d'enlever, de retrancher. V. **Diminution, mutilation, retranchement.** *Il a fait de nombreuses suppressions dans son texte.* ◇ ANT. *Addition, adjonction, ajout, maintien.*

SUPPRIMABLE [sypʀimabl(ə)]. *adj.* (1842 ; de *supprimer).* Qu'on peut supprimer.

SUPPRIMER [sypʀime]. *v. tr.* (v. 1380 ; lat. *supprimere* « enfoncer, étouffer », rac. *premere* « presser »). ♦ 1° *Vx.* Empêcher de se manifester, en cachant, en n'exprimant pas. « *Le semblant suffoque et supprime les facultés de notre âme* » (MONTAIGNE). V. **Bâillonner.** ♦ 2° (1481). *Mod.* Rendre sans effet légal ; enlever de l'usage. V. **Abolir, abroger, annuler, casser.** *Supprimer une loi, une institution.* ♦ 3° *Cour.* Faire disparaître, faire cesser d'être en altérant profondément, en défaisant. V. **Détruire ; anéantir, annihiler.** « *En supprimant un autre mur, il agrandit son parc* » (BALZ.). *Supprimer des difficultés, des obstacles. On procéda supprimerait des opérations inutiles.* V. **Épargner, éviter.** *Supprimer la douleur, le mal.* V. **Arrêter, empêcher, inhiber.** « *La brutalité du mariage... supprime la volonté, tue le choix* » (HUGO). « *Même un mauvais sommeil, s'il ne supprime pas la douleur, la dissimule* » (ROMAINS). — *Par exagér.* Réduire considérablement. *L'avion supprime les distances.* V. **Rapprocher.** ◇ Faire cesser d'être dans (un ensemble), avec (qqch.). V. **Amputer, éliminer, ôter, rayer, retirer, retrancher.** *Supprimer un mot, un passage (d'une œuvre, dans une œuvre).* V. **Barrer, biffer, déléaturer, effacer.** *Il y a beaucoup à supprimer dans ce texte.* « *Ce mot... devrait être supprimé du dictionnaire de la critique* » (BAUDEL.). — *Supprimer qqch. à qqn.* V. **Enlever, ôter ; priver (de).** ♦ 4° *Supprimer qqn* : faire disparaître en tuant. « *La seule personne qu'il se devait de descendre était Barnabe. En supprimant Barnabe, Simon réduisait à néant sa filature* » (CARCO). ◇ SUPPRIMER. *v. pron.* Se tuer. V. **Suicider** (se). ◇ ANT. *Instituer, maintenir, proroger. Additionner, adjoindre, introduire. Faire, former.*

SUPPURANT, ANTE [sypyʀã, ãt]. *adj.* (1846 ; de *suppurer).* Qui suppure. *Plaie suppurante.* V. **Purulent.**

SUPPURATIF, IVE [sypyʀatif, iv]. *adj.* (av. 1478 ; du lat. *suppurare).* *Méd.* Qui facilite l'écoulement du pus. — *Subst.* *Un suppuratif.*

SUPPURATION [sypyʀasjɔ̃]. *n. f.* (av. 1478 ; lat. *suppuratio*, de *suppurare).* Production et écoulement de pus. V. **Pyorrhée.**

SUPPURER [sypyʀe]. *v. intr.* (1560 ; *suppurer*, 1515 ; *souperer*, XIIIᵉ ; lat. *suppurare*, de *pus, puris* « pus »). Laisser écouler du pus ; produire du pus. *La plaie suppure. Qui fait suppurer.* V. **Pyogène.** — *Par métaph.* « *Toutes les plaies de l'âme suppurent...* » (BERNANOS).

SUPPUTATION [sypytasjɔ̃]. *n. f.* (1532 ; lat. *supputatio,*

1° Estimation numérique. *Spécialt.* Calculs chronologiques (sur le calendrier). ♦ 2° Appréciation, estimation généralement appliquée à l'avenir). *Ils renonçaient « aux upputations, aux prévisions prudentes »* (ROMAINS).

SUPPUTER [sypyte]. *v. tr.* (1552; lat. imp. *supputare*, de *putare* « calculer »). ♦ 1° Évaluer indirectement, par un calcul. V. **Calculer, évaluer.** *« La raison ose à peine supputer es sommes que représentent ces magnificences »* (GAUTIER). *Ils « supputaient, à un sou près,... quelle allait être la situation écuniaire »* (ZOLA). ◇ Estimer la valeur de... *« Un tailleur, en vous voyant, suppute instinctivement l'étoffe de votre habit »* PROUST). ♦ 2° Évaluer empiriquement; apprécier (les hances, la probabilité). V. **Examiner.** *« Il supputait ses hances »* (MART. du G.).

1. **SUPRA** [sypra]. *adv.* (mot lat. « au-dessus »). Sert à envoyer à un passage qui se trouve avant, dans un texte. V. **Haut** (plus haut); **dessus** (ci-dessus).

2. **SUPRA-.** Élément, du lat. *supra* « au-dessus », employé u fig. « qui est au-dessus, au delà ». *« Une musique supraaturelle »* (BARRÈS). *« Ses dons supranormaux »* (DANIEL-ROPS). *« Cette réalité suprahumaine »* (BEAUVOIR).

SUPRACONDUCTIVITÉ [syprak5dyktivite]. *n. f.* 1936; de *supra-*, et *conductivité*). *Phys.* Phénomène par lequel a résistivité de certains métaux, alliages dits *supraconducteurs*, près avoir décru régulièrement à mesure que leur température s'abaissait, tombe brusquement à une valeur proche le zéro. — *Syn.* **SUPRACONDUCTIBILITÉ** [syprak5dyktibilite], **SUPRACONDUCTION** [syprak5dyksj5].

SUPRALIMINAIRE [sypraliminɛr]. *adj.* (v. 1960; de *upra-*, et *liminaire*). *Psycho.* et *physiol.* Supérieur au seuil. *Stimulus supraliminaire* (capable d'éveiller une sensation).

SUPRANATIONAL, ALE, AUX [sypranasjɔnal, o]. *adj.* (1946; de *supra-*, et *national*). *Dr.* Placé au-dessus des nstitutions nationales. *Organisme supranational.* Par ext. *Décision supranationale.*

SUPRANATIONALISME [sypranasjɔnalism(ə)]. *n. m.* 1964; de *supranational*). *Polit.* Doctrine ou tendance à défendre ou privilégier les institutions supranationales. — *Dér.* SUPRANATIONALISTE [sypranasjɔnalist(ə)]. *adj.* et *n.*

SUPRANATIONALITÉ [sypranasjɔnalite]. *n. f.* (1963; de *supranational*). *Polit.* Caractère de ce qui est supranational. *Le privilège de supranationalité.*

SUPRASEGMENTAL, ALE, AUX [syprasɛgmɑ̃tal, o]. *adj.* (v. 1960; de *supra-*, et *segmental*, d'apr. l'amér.). *Ling.* Caractéristique (phonique) affectant plusieurs segments* d'un énoncé. *L'intonation, l'accent et la durée, traits suprasegmentaux.* ◇ ANT. Segmental.

SUPRASENSIBLE [syprasɑ̃sibl(ə)]. *adj.* (1872; de *supra-*, et *sensible*). Qui n'est pas accessible aux sens; qui est considéré comme supérieur à la réalité sensible. V. **Surnaturel.**

SUPRATERRESTRE [sypratɛr(r)ɛstr(ə)]. *adj.* (1889; de *supra-*, et *terrestre*). De l'au-delà. *« Un monde supraterrestre »* FOULQUIÉ).

SUPRÉMATIE [sypremasi]. *n. f.* (1651, hist. relig.; angl. *supremacy*, de *supreme* [du franç. *suprême*]). ♦ 1° *Hist.* Situation dominante, suprême (en matière politique, religieuse). V. **Hégémonie, prééminence, primauté; omnipotence.** 2° (1803). Supériorité active. V. **Ascendant, domination, maîtrise, supériorité.** *« La suprématie de l'esprit »* (FLAUB.). *Le jeune ambitieux était excédé de la suprématie que son ollègue exerçait en Lorraine »* (BARRÈS).

SUPRÊME [syprɛm]. *adj.* et *n. m.* (v. 1500; lat. *supremus*, uperl. de *superus*. V. **Supérieur**). I. *Adj.* ♦ 1° Qui est au-dessus de tous, dans son genre, ans son espèce. V. **Supérieur.** *Autorité suprême.* V. **Souveraineté, suprématie.** *La Cour suprême*, organe juridictionnel plus élevé, aux États-Unis. *Le Soviet suprême.* — *Spécialt.* relig. *L'Être suprême.* *Le principe suprême.* V. **Divin.** ◇ Le lus élevé en valeur. *Bonheur suprême.* *« La mission du prolétariat : faire surgir la suprême dignité de la suprême humiation »* (CAMUS). — Très grand. *Une suprême habileté. Une suprême grossièreté »* (RENAN). — *Loc. Au suprême egré* : au plus haut, au dernier degré. V. **Extrêmement,** suprêmement. ♦ 2° Le dernier (avec une idée de solennité u de tragique). *Le matin suprême; le jour, l'instant suprême* : e la mort. *« La garde, espoir suprême et suprême pensée ! »* HUGO). *Suprême effort.* V. **Désespéré.**
II. *N. m.* Blancs de volaille préparés en chaud-froid. ▸ Filets de gibier, de poisson, servis avec un velouté à la rème *(sauce suprême).*
◇ ANT. (de I) Inférieur, infime; prime.

SUPRÊMEMENT [syprɛmmɑ̃]. *adv.* (1575; de *suprême*). u suprême degré; extrêmement. *Suprêmement belle.* V. *iivinement.* *« Ses toilettes suprêmement chic... »* (GONCOURT).

1. **SUR** [syr]. *prép.* (1080; *sovre*, Xᵉ; *sore*, 980; la forme ur vient d'un croisement avec *sus*; lat. *super* ou *supra*).
I. Marquant la position « en haut » ou « en dehors ».
1° (Devant un complément désignant une surface ou une

---

chose qui en porte ou en soutient une autre). *Poser un objet sur une table.* *« J'enlevai le linge de sur les meubles »* (GIDE). *S'asseoir sur une chaise. Le terrain sur lequel on a construit.* V. **Où.** *Sur la place, sur place. Sur les lieux. Déjeuner sur l'herbe. Marcher, passer sur* (un chemin, une route, etc.). *Sur la terre, sur terre et sur mer. Monter sur un âne, un chariot, une bicyclette.* — *Avoir un chapeau sur la tête. Avoir qqch. sur les bras*, *sur le cœur*. *Sauter sur ses pieds. Sur pied.* *« Un énorme cheval brabançon... sur ses pattes, comme une maison sur ses quatre murs »* (MICHAUX). — *Les uns sur les autres.* Par exagér. *Vivre les uns sur les autres*, à l'étroit. — *Entasser décrets sur décrets. Recevoir visite sur visite*, des visites ininterrompues. *Coup sur coup*. ◇ Contre (une surface verticale). *Épingler une carte sur un mur. La clef est sur la porte.* — *Un doigt sur les lèvres.* — *Spécialt. Sur soi* : avec soi, sur le corps, dans sa poche. — *Un carnet qu'il avait sur lui.* ♦ 2° Par anal. *S'étendre sur... couvrir* (telle distance). *Sur huit mètres de longueur. Sur telle longueur d'onde.* ♦ 3° (1440, *frapper sur*). Avec l'idée de mouvement (devant un complément désignant une surface ou une chose atteinte, modifiée). *Frapper, peser, presser sur. Appuyer sur un bouton.* Par anal. *Tirer* sur. — *Coup sur la tête. Tomber, retomber sur qqch.* — (Abstrait) *Rejeter une faute sur qqn. Agir, influer sur* (qqn, qqch.). — *Spécialt. Écrire, graver sur un registre, sur la pierre. Laisser sur qqn une empreinte.* — (En lisant) *Vérifier sur la carte. Fam. C'est sur le journal* (V. **Dans**). ◇ En enlevant, en ôtant à (ce qui subit l'action). *Un parasite vivant sur l'homme.* V. **Dépens** (aux). *Prélever sur. Empiéter, mordre sur.* — (Marquant une proportion) *« Sur onze compagnons qu'ils étaient... il ne reste que trois hommes »* (BARBUSSE). *Un jour sur deux. Une fois sur mille. Un cas sur cent.* V. **Parmi.** *Mériter dix sur dix* (note). ♦ 4° (Devant un complément désignant une chose qui est dominée par une autre sans être en contact avec elle). V. **Dessus** (au-dessus de). *Les nuages qui passent sur nos têtes. Les ponts sur la Moselle. Se pencher sur qqch.* ◇ Par ext. (Dans le voisinage immédiat) V. **Près.** *Bar-sur-Aube. Boulogne-sur-Mer.* ♦ 5° (Le complément désignant une direction). *Sur votre droite.* V. **À.** *Sur le côté. Donner, s'ouvrir sur un jardin. Avoir pignon* sur rue.* — (Avec un verbe de mouvement) V. **Vers.** *Fondre, foncer, se jeter sur qqn.* Par métaph. *Elle allait sur ses vingt ans*, elle allait bientôt avoir vingt ans.
II. (*Abstrait*). ♦ 1° (Avec un compl. désignant ce qui sert de base, de fondement). V. **Cause** (à cause de), **considération** (en considération de), **raison** (en raison de). *Juger les gens sur la mine, sur les apparences.* V. **D'après.** *« Que le monde juge sur les faits »* (STENDHAL). — *Sur un signe, sur une remarque du chef, il obéit.* ◇ (Avec l'idée de garantie. Cf. S'appuyer, se reposer sur...) *Compter sur qqn, qqch. Assurer, jurer sur son honneur.* — *« Sur votre tête ! sur ma tête ! sur mes yeux ! sur ceux de ma mère, de mon père »* (GOBINEAU). *Être sur sa parole. Sur sa bonne mine, on lui a prêté cent francs.* ◇ (Avec l'idée de conformité, d'étalon, de modèle). V. **Après** (d'après), **conformément** (à). *Se régler sur qqn, sur un modèle. Sur mesure*. ◇ Relativement à (une matière, un sujet, un propos). V. **De, propos** (à propos), **quant** (à), **sujet** (au sujet). *Apprendre qqch. sur qqn. Dire qqch., s'exprimer, parler sur un sujet. Gémir sur ses malheurs. Sur cette matière, sur ce sujet, sur ce point.* V. **Dessus** (là-dessus). *Essai, pensées, réflexions, propos sur...* — *Spécialt.*, pour désigner le sujet d'une occupation. *Je suis sur ce travail depuis une semaine.* ♦ 2° (*Valeur temporelle*). Immédiatement après, à la suite de... *Sur le coup, sur le moment, sur l'heure. Sur le champ. Être pris sur le fait*. *« Sur ce, nous allons vous laisser coucher... »* (HUYSMANS). *« Ravie à l'idée de boire de la bière sur de la bénédictine. »* (QUENEAU). ◇ (Approximation temporelle) V. **Environ, vers.** *Sur les onze heures. Sur le soir. Être sur son départ, sur le retour*, près de partir, de revenir. — *Sur le point de...* ♦ 3° (Pour marquer une supériorité). *Avoir, remporter l'avantage* sur qqn, qqch. Enchérir sur...* *Commander, régner sur. Avoir des droits sur qqn.* ♦ 4° (Dans des loc. marquant un état, une situation, une manière). *Rester, se tenir sur la défensive. Être sur ses gardes.* — *Sur ce ton.* *« Tout en chantant sur le mode mineur... »* (VERLAINE).
◇ ANT. Dessous (au-dessous de), sous. — HOM. Sur (2), sûr.

2. **SUR, SURE** [syr]. *adj.* (1160; mot religion., répandu XIXᵉ; frq. °*sur*; Cf. all. *Sauer*). Qui a un goût acide, légèrement aigre. V. **Acide, aigrelet; suret.** *Pommes sures. Soupe qui devient sure.* V. **Surir.** ◇ ANT. Doux. — HOM. Sur (1), sûr.

SÛR, SÛRE [syr]. *adj.* (*Seür, segur*, 1080; lat. *securus* « libre de souci », *sine cura*).
I. (*Sens subjectif; Personnes*). SÛR DE... ♦ 1° Qui envisage les événements avec une confiance tranquille, sereine; qui tient pour assuré (un événement). V. **Assuré, certain, convaincu; confiant.** *Être sûr du résultat, du succès.* V. **Compter** (sur). *Loc. Être sûr de son coup* : du succès de son entreprise. — *Sûr de gagner, de réussir. Il n'est pas sûr d'y arriver.* — (Avec un temps passé, pour parler d'un événement que l'on prévoyait) *Ça y est, j'en étais sûr...* ◇ *Être sûr de qqn, d'un*

ami : avoir confiance en lui, être assuré de sa fidélité. — **SÛR DE SOI :** assuré de ce qu'on fera dans telle ou telle circonstance, de ses réactions futures. *Par ext.* Qui se comporte avec assurance. « *Mais j'étais sûr de moi, sûr de tout* » (CAMUS). — *Par ext. Être sûr de ses moyens, de ses réflexes.* ♦ *2° (Segur, 1190).* Qui sait avec certitude, qui est assuré de ne pas se tromper. *Être sûr de qqch.* Loc. *Sûr de son fait :* de ce qu'on pense, de ce qu'on dit. — *Sûr de...* (avec un inf.). « *Quand on est sûr de s'aimer... quelle sérénité dans l'âme* » (MUSS.). — « *Je crois, je suis sûr que beaucoup d'hommes n'engagent jamais leur être* » (BERNANOS). « *Il n'était pas sûr que tout fût faux dans ce qu'enseignait l'Église* » (MAURIAC). — *Fam.* (redondance critiquée) *J'en suis sûr et certain.*
II. *(Sens objectif).* SÛR. Ⓐ ♦ 1° (XIVe). Où l'on ne risque rien ; où une personne, une chose est à l'abri du danger (V. **Sécurité, sûreté**). *Endroit, lieu sûr. Le quartier n'est pas très sûr, la nuit.* Loc. *En lieu sûr. Mettre qqch. en lieu sûr :* cacher, ranger. — (En attribut) *Ce sera plus sûr :* cela constituera une sécurité, une garantie. — Loc. *Le plus sûr, le mieux, le parti le meilleur. Le plus sûr est de ne pas trop compter sur les autres.* ♦ 2° (XIIe). En qui l'on peut avoir confiance ; qui ne saurait décevoir, tromper. V. **Bon**, éprouvé. *Un ami sûr.* V. **Fidèle**. *Des hommes sûrs.* ♦ 3° Sur quoi l'on peut compter. V. **Fiable, solide.** « *Cette époque fabuleuse où un homme prudent tablait sur des valeurs sûres* » (MAURIAC). *Raisonner sur des bases peu sûres.* ◊ Qui produit les résultats escomptés ; qui est propre à réussir. *Moyen sûr.* V. **Immanquable, infaillible.** — *Loc.* À COUP SÛR : sans risque d'échec ; immanquablement, infailliblement. ♦ 4° Qui agit, fonctionne avec efficacité et exactitude, sans erreur. « *Comme une sentinelle à l'œil perçant et sûr* » (BAUDEL.). *Un projectile lancé d'une main sûre. — Un instinct, un goût très sûr.* V. **Infaillible.** — *Par ext.* Qui se fait avec assurance, exactitude. *Un diagnostic sûr.* Ⓑ *(Abstrait ;* v. 1180). ♦ 1° Dont on ne peut douter, dont on est convaincu ; qui est considéré comme vrai ou inéluctable (surtout avec un nom indéterminé : *chose, etc.* ; ou un impersonnel). V. **Assuré, authentique, avéré, certain, établi, évident, exact, indubitable, vrai.** *La chose est sûre, semble sûre. Tenir pour sûr. Cela n'a encore rien de sûr. Ce qui est sûr, c'est que je n'irai pas.* — *Fam. Ça, c'est sûr, c'est sûr et certain. Ce n'est pas si sûr.* ♦ 2° Loc. adv. BIEN SÛR ! : c'est évident, cela va de soi (Cf. Bien entendu*). *Bien sûr que oui ; oui bien sûr.* « *Bien sûr qu'il n'irait pas troubler leur bonheur !* » (R. ROLLAND). — (Pour introduire une concession) « *Bien sûr, il y a les possibilités nucléaires. Mais l'atome...* » (MAULNIER). ♦ 3° *Vx* ou *pop.* POUR SÛR : certainement. « *Elle n'est pas meublée, pour sûr, comme à Paris...* » (MIRBEAU). « *Pour sûr que les anges applaudissent là-haut !* » (GIDE). ♦ 4° Adv. *Fam.* **Sûrement** : « *Tu crois qu'il viendra ? — Pas sûr... »* : peut-être pas. « *Sûr que j'ai quelque chose de brûlé dans l'intérieur* » (FRANCE).
◊ ANT. (de I) *Méfiant, sceptique ; défiant, incertain.* — (de II) *Dangereux ; infidèle. Aventureux, chanceux, illusoire, incertain, problématique ; trompeur. Douteux, faux, inexact.* — HOM. *Sur* (1 et 2).

SUR-. Élément, du lat. *super* (d'abord *sour-, sor-*, puis *sur-* par attract. de *sus*), employé au sens local ou temporel de « au-dessus » *(surmonter, surlendemain)* ou pour marquer l'excès *(surabonder, surchauffer ; surenchère, surproduction ; suraigu, surfin).* V. **Hyper-, super-, sus-.**

SURABONDAMMENT [syʀabɔ̃damã]. *adv. (Sourha-,* v. 1350 ; de *surabondant). Littér.* D'une manière très abondante, plus que suffisamment. V. **Excessivement, trop.** *Démontrer, expliquer surabondamment.*

SURABONDANCE [syʀabɔ̃dɑ̃s]. *n. f. (Sourhabondance,* 1350 ; de *sur-,* et *abondance ;* lat. impér. *superabundantia). Abondance extrême.* V. **Excès, profusion.** *Surabondance de produits sur le marché.* V. **Pléthore.** *Une surabondance de couleurs, de détails, d'ornements.* V. **Débauche, exubérance, surcharge.** — (Abstrait) « *Les inconvénients de Madame de Chateaubriand, si elle en a, découlent de la surabondance de ses qualités* » (CHATEAUB.). ◊ ANT. *Insuffisance, pénurie.*

SURABONDANT, ANTE [syʀabɔ̃dɑ̃, ɑ̃t]. *adj. (Seur-* ou *sorhabondant,* v. 1200 ; de *sur-,* et *abondant ;* lat. imp. *superabundans).* Qui existe en quantité plus grande qu'il n'est nécessaire. V. **Abondant, excessif.** *Production, récolte surabondante.* « *À la source de la révolte, il y a... un principe d'activité surabondante d'énergie* » (CAMUS). ◊ ANT. *Manquer.*

SURABONDER [syʀabɔ̃de]. *v. intr. (Sor-, seurhabonder,* 1190 ; de *sur-,* et *abonder ;* lat. imp. *superabundare).* ♦ 1° Exister en quantité plus grande qu'il n'est nécessaire. **Abonder.** « *Les Américains y abondent et les Allemands y surabondent* » (à Capri) » (GIDE). ♦ 2° Avoir en surabondance. V. **Déborder** (se), regorger (de). *La région surabonde de richesses.* ◊ ANT. *Manquer.*

SURACTIVÉ, ÉE [syʀaktive]. *adj.* (mil. XXe ; de *sur-,* et *activer).* Traité pour avoir une activité augmentée (chim., pharm.). *Sérum suractivé.*

SURACTIVITÉ [syʀaktivite]. *n. f.* (1872 ; de *sur-,* e *activité). Sc.* Activité supérieure à la normale. *Une suractivit mentale.*

SURAH [syʀa]. *n. m.* (1883 ; de *Surate,* centre textile d l'Inde). Étoffe de soie croisée, légère et souple. « *Des foulard d'une finesse de nuée, des surahs plus légers que les duvet envolés des arbres* » (ZOLA).

SURAIGU, UË [syʀegy]. *adj.* (1727 ; de *sur-,* et *aigu)* Très aigu. *Cri, son suraigu.* « *Le bruit suraigu d'un outil qu frappe sur une pierre* » (ALAIN). « *Les uns chantent d'une voi. de tête suraiguë* » (THARAUD).

SURAJOUTER [syʀaʒute]. *v. tr.* (1314 ; *sorajoustemen* XIIIe ; de *sur-,* et *ajouter).* Ajouter à ce qui est déjà complet ajouter après coup. Au p. p. *Ornements surajoutés.* Fig « *Des besoins surajoutés* » (TAINE).

SURALIMENTATION [syʀalimɑ̃tasjɔ̃]. *n. f.* (1891 ; d *sur-,* et *alimentation).* Alimentation plus riche, plus abon dante que la « ration d'entretien ». *Le médecin* « *voulait du calme, de la détente, de la suralimentation* » (COCTEAU) ◊ *Par ext.* Introduction d'une quantité de combustibl supérieure à la normale dans un moteur. *Suralimentatio par surcompression.* ◊ ANT. *Sous-alimentation.*

SURALIMENTER [syʀalimɑ̃te]. *v. tr.* (1919 ; de *sur-,* e *alimenter).* Alimenter au delà de la normale. V. **Suralimen tion.** — Au p. p. (1899). « *Ces dégoûts des gens gavés, surali mentés* » (SARRAUTE). — *Par ext.* Suralimenter un moteur ◊ ANT. *Sous-alimenter.*

SURANNÉ, ÉE [syʀane]. *adj.* (XIIIe, « qui a plus d'un an » de *sur-, an,* et suff. *-é).* ♦ 1° (XVIe). *Vx. Dr.* Qui a cessé d'êtr valable, dont le délai est expiré. ♦ 2° (1661). *Mod.* Qui a cessé d'être en usage, qui évoque une époque révolue. V **Antique, démodé, désuet, vieilli, vieillot.** *Il a des idées suran nées.* V. **Archaïque, arriéré, attardé.** « *Une mère d'espri suranné, tout imbu de vieilles choses* » (MICHELET). « *C quartier, qui avait plutôt l'air suranné qu'antique* » (HUGO) ♦ 3° (Personnes). *Vx.* Qui est trop vieux pour le personnag qu'il joue. « *Galants surannés* » (ROUSS.). — *Littér.* Qui a un caractère vieillot. ◊ ANT. *Actuel, neuf, nouveau.*

SURARBITRE [syʀaʀbitʀ(ə)]. *n. m.* (XVIIe ; de *sur-,* e *arbitre). Dr.* Arbitre choisi pour trancher, en cas de contes tation entre arbitres.

SURARMEMENT [syʀaʀməmɑ̃]. *n. m.* (1939 ; de *sur-,* et *armement).* Armement excessif. « *Une course effrénée a surarmement* » (*Le Monde,* 23-3-1969).

SURATE [syʀat] ou **SOURATE** [suʀat]. *n. f. (Sura,* 1647 ou *surate,* 1732 ; mot arabe). Chapitre du Coran.

SURBAISSÉ, ÉE [syʀbese]. *adj.* (1611 ; de *sur-,* et *baisser)* Archit. *Arc surbaissé,* dont la hauteur est inférieure à la moitié de la largeur. *Voûte, dôme surbaissés.* — Auto. *Voitur surbaissée,* d'une hauteur inférieure à la moyenne, très basse ◊ ANT. *Surhaussé ; surélevé.*

SURBAISSEMENT [syʀbesmɑ̃]. *n. m.* (1704 ; de *surbaissé)* Archit. Caractère d'un arc surbaissé, d'une voûte surbaissée cet arc, cette voûte. ◊ Différence entre la hauteur d'un ar surbaissé et la moitié de sa largeur.

SURBAISSER [syʀbese]. *v. tr.* (1732 ; de *surbaissé)* Archit. Rendre surbaissé.

SURBOUM [syʀbum]. *n. f.* (v. 1945 ; de *surprise-partie* et *boum).* Fam. Surprise-partie (2°). V. **Surpatte.**

SURCAPACITÉ [syʀkapasite]. *n. f.* (mil. XXe ; de *sur-* et *capacité). Écon.* Capacité de production supérieure au besoins.

SURCAPITALISATION [syʀkapitalizasjɔ̃]. *n. f.* (mil XXe ; de *sur-,* et *capitalisation). Écon.* Valeur de capital attri buée à une entreprise au-delà de sa valeur réelle ; différence entre ces deux valeurs. ◊ SYN. *Surinvestissement.*

SURCHARGE [syʀʃaʀʒ(ə)]. *n. f.* (1500 ; de *surcharger).* **I.** ♦ 1° Charge ajoutée à la charge ordinaire. ◊ *Spécialt* (Turf). Surplus de poids imposé à un cheval. V. **Handicap** ◊ *Fig.* V. **Surcroît, surplus.** *Surcharge de dépenses, de travail* — *Spécialt.* Impôt qui s'ajoute à une charge. ♦ 2° Charge qu excède la charge permise. *Surcharge de bagages.* V. **Excédent** ♦ 3° Le fait de surcharger, d'être surchargé. *La surcharge de. voitures est dangereuse. Prendre des voyageurs en surcharge* ◊ *Méd.* Présence en excès d'une substance dans les cellules où on la trouve en plus petite quantité. *Surcharge du foie en glycogène. Surcharge ventriculaire :* hypertrophie ou dilatation des ventricules cardiaques. ♦ 4° *(Abstrait).* Excès, surabondance. « *La chapelle est décorée avec une surcharge de colifichets, de fanfreluches et de dorures inimaginable* » (GAUTIER). « *Une surcharge fatigante d'observations techniques* » (BACHELARD). **II.** ♦ 1° Substitution d'un mot à un autre en surchargeant. *Par ext.* Mot écrit au-dessus d'un autre raturé. *Les seules corrections du manuscrit étaient quelques surcharges.* ◊ Inscription imprimée en recouvrant une autre, et ajoutée après coup. *Surcharge d'un timbre-poste, qui en modifie la valeur.* ♦ 2° *Peint.* Morceau peint ou dessiné par-dessus un autre (retouche ou effet spécial).

SURCHARGÉ, ÉE [syrʃarʒe]. *adj.* (XVIᵉ; V. Surcharger) ♦ 1° Qui est trop chargé. — Qui a pris en charge un poids trop lourd. *Autobus surchargé.* V. **Complet.** ◇ Qui a trop d'ornements. *Décoration surchargée.* ♦ 2° Qui a trop d'occupations, de travail. *Être surchargé.* V. **Occupé.** Par ext. *Emploi du temps, programme scolaire surchargé.* ♦ 3° Qui porte une surcharge (II, 1°). *Brouillons surchargés.*

SURCHARGER [syrʃarʒe]. *v. tr.*; conjug. *charger.* V. **Bouger** (fin XIIᵉ; de *sur-*, et *charger*).
I. ♦ 1° Charger d'un poids qui excède la charge ordinaire; charger à l'excès. *Les bagages surchargent la voiture.* V. **Alourdir.** « *Elle fit tomber les Fondements de la Morale qui surchargeaient un faible guéridon* » (BEDEL). ◇ Fig. *Surcharger sa mémoire.* V. **Charger, encombrer.** *Surcharger une décoration.* ♦ 2° Charger (qqn) d'impôts nouveaux. V. **Grever, imposer.** *Être surchargé d'impôts,* avoir de lourds impôts à payer. V. **Accabler.** — Par ext. *Être surchargé de soucis, de travail.* « *Cette enfant... est surchargée de travail* » (FRANCE).
II. ♦ 1° Écrire un mot sur (un autre), pour corriger un texte. Par ext. Ajouter des mots au-dessus des ratures d'un texte. ♦ 2° Peint. Recouvrir, reprendre par une surcharge. ◇ ANT. (du I) Alléger, décharger.

SURCHAUFFE [syrʃof]. *n. f.* (1877; de *surchauffer*). ♦ 1° Techn. Opération qui consiste à chauffer la vapeur dégagée par l'eau chaude, lorsqu'elle est isolée de ce liquide. ◇ Phys. État d'un liquide chauffé au-dessus de sa température d'ébullition sans qu'il se vaporise. ♦ 2° (1963). État de tension excessive dans l'activité économique.

SURCHAUFFÉ, ÉE [syrʃofe]. *adj.* (XXᵉ; V. Surchauffer) ♦ 1° Si dit de l'air, et *par ext.* d'un lieu chauffé ou chaud au delà de ce qui convient. « *Le wagon cahoteux, surchauffé, où il était resté, sans changer de place* » (MART. du G.). ♦ 2° Fig. Exalté. *Une imagination, un esprit surchauffés.*

SURCHAUFFER [syrʃofe]. *v. tr.* (1676, d'apr. le dér. *surchauffure*; de *sur-*, et *chauffer*). Chauffer à l'excès. ◇ Techn. Réchauffer (ce qui était déjà chaud). *Surchauffer la vapeur d'eau pour en augmenter la tension.* V. **Surchauffe.** Phys. Porter (un liquide) au-dessus de son point d'ébullition sans qu'il se vaporise.

SURCHAUFFEUR [syrʃofœr]. *n. m.* (1873; de *surchauffer*). Techn. Appareil à surchauffer la vapeur. *Surchauffeur de locomotive.*

SURCHOIX [syrʃwa]. *n. m.* (1816; de *sur-*, et *choix*). Comm. Premier choix, première qualité. *Viande de surchoix* (vx). — Mod. Adj. *Un produit surchoix.*

SURCLASSÉ, ÉE [syrklase]. *adj.* (1908; de *sur-*, et *classé*). Se dit d'un cheval qui court avec des chevaux d'une classe supérieure à la sienne. — V. Surclasser (2°).

SURCLASSER [syrklase]. *v. tr.* (1918; du précéd.). ♦ 1° Se dit d'un cheval qui domine ses adversaires en les faisant apparaître comme surclassés. — Sports. Avoir une incontestable supériorité de classe sur. *Coureur qui en surclasse un autre.* ♦ 2° Être supérieur à. V. **Surpasser.** « *Les anciens dispositifs oscillographiques... sont nettement « surclassés » par les oscillographes à électrons* » (L. de BROGLIE).

SURCOMPENSATION [syrkɔ̃pɑ̃sasjɔ̃]. *n. f.* (mil. XXᵉ; de *sur-*, et *compensation*). ♦ 1° Écon. Égalisation du rapport des charges et des recettes de plusieurs caisses. ♦ 2° Psycho. Conduite par laquelle une personne, surmontant une déficience, une infériorité, réussit particulièrement dans le domaine qui lui semblait interdit.

SURCOMPOSÉ, ÉE [syrkɔ̃poze]. *adj.* (1749; de *sur-*, et *composé*). Gram. Se dit d'un temps composé où l'auxiliaire est lui-même à un temps composé. *Passé surcomposé. Les temps surcomposés sont généralement employés en subordonnée lorsque le verbe de la principale est à un temps composé* (ex. : Je suis parti quand j'ai eu terminé. Il serait arrivé quand j'aurais été parti).

SURCOMPRESSION [syrkɔ̃presjɔ̃]. *n. f.* (1935; de *sur-*, et *compression*). Augmentation de la compression d'un gaz, spécial. du mélange gazeux d'un moteur à explosion.

SURCOMPRIMER [syrkɔ̃prime]. *v. tr.* (1964 de *sur-*, et *comprimer*). Augmenter la compression de (un gaz déjà comprimé). V. **Compresseur.** Par ext. Au p. p. *Moteur surcomprimé,* dont le mélange gazeux subit la surcompression (On dit abusiv. **Surcompressé** ou Surcompressé).

SURCONSOMMATION [syrkɔ̃sɔmasjɔ̃]. *n. f.* (1955; de *sur-*, et *consommation*). Consommation excessive. « *Si cette surconsommation de produits compromet le patrimoine naturel commun...* » (A. SAUVY).

SURCONTRE [syrkɔ̃tr(ə)]. *n. m.* (1932; du suiv.). Au bridge, Le fait de surcontrer.

SURCONTRER [syrkɔ̃tre]. *v. tr.* (1932; de *sur-*, et *contrer*). Au bridge, Se dit d'un joueur qui contre l'adversaire qui vient de contrer.

SURCOSTAL, ALE, AUX [syrkostal, o]. *adj.* (1743, n. m.; de *sur-*, et *costal*). Anat. Qui est situé sur les côtes. *Muscles surcostaux.* N. m. *Les surcostaux.*

SURCOT [syrko]. *n. m.* (Iʳᵉ moitié XIIIᵉ; *Sourcot*, XIIᵉ; de *sur-*, et *cotte*). Archéol. Vêtement du moyen âge porté sur la cotte.

SURCOUPER [syrkupe]. *v. tr.* (1802; de *sur-*, et *couper*). Aux cartes, Couper avec un atout supérieur à celui avec lequel un autre joueur (dit alors « en surcoupe ») vient de couper.

SURCREUSEMENT [syrkrøzmɑ̃]. *n. m.* (1923; de *sur-*, et *creusement*). Géol. Creusement des fonds de vallée au-dessous de leurs profils limites.

SURCROÎT [syrkrwa(t)]. *n. m.* (XIIIᵉ; de *surcroître* [vx], « croître au delà de la mesure ordinaire »; de *sur-*, et *croître*). Ce qui apporte un accroissement, ce qui vient s'ajouter à ce qu'on a déjà. « *L'élégance du jeune Tiercelin, sa maîtrise de soi-même... lui valaient un surcroît de considération* » (AYMÉ). — Loc. adv. DE SURCROÎT (XVᵉ), PAR SURCROÎT (1787) : en plus, en outre. « *La stupide pécore, impertinente par surcroît, qui se moquait de son accent* » (R. ROLLAND). V. **Encore, outre** (en), **plus** (en). *Être donné, venir par surcroît,* comme un supplément naturel, nécessaire.

SURDENT [syrdɑ̃]. *n. f.* (1160; de *sur-*, et *dent*). Rare. Dent surnuméraire, ou dent nouvelle qui pousse avant que la dent temporaire ne soit tombée. — Vétér. Chez le cheval, Dent plus longue que les autres.

SURDÉTERMINANT, ANTE [syrdetɛrminɑ̃, ɑ̃t]. *adj.* (1937; de *sur-*, et *déterminer*, d'apr. *surdétermination*). Didact. Qui produit (ou concourt à) un surdéterminant. « *Ces deux livres semblent bien [...] avoir joué un rôle surdéterminant des plus décisifs* » (BRETON).

SURDÉTERMINATION [syrdetɛrminasjɔ̃]. *n. f.* (1931; P. Guillaume; de *sur-*, et *détermination*). ♦ 1° Psycho. Caractère d'une conduite déterminée par plusieurs motivations concourantes; d'une image évoquée par des actions concourantes. ♦ 2° Psychan. (1956; all. *Überdeterminierung*, Freud, 1895). Formation de l'inconscient (rêve, fantasme, symptôme) renvoyant à plusieurs facteurs déterminants (par condensation, etc.). ♦ 3° Ling. Restriction du sens d'un terme par un contexte.

SURDÉTERMINÉ, ÉE [syrdetɛrmine]. *adj.* (1926; en all. 1900, Freud; de *sur-*, et *déterminé*). Psychan. Qui contribue ou tend à provoquer un phénomène de surdétermination. « *Chacun des éléments du contenu manifeste du rêve est surdéterminé, il est représenté plusieurs fois dans les pensées latentes du rêve* » (trad. de FREUD).

SURDÉVELOPPÉ, ÉE [syrdevlɔpe]. *adj.* (1967; de *sur-*, et *développé*). Écon. Dont le développement est extrême ou excessif (par rapport au contexte géographique). « *Un pays sous-développé dans un ensemble surdéveloppé* » (*Le Monde,* 27-7-1967). ◇ ANT. Sous-développé. — Dér. SURDÉVELOPPEMENT [syrdevlɔpmɑ̃], *n. m.*

SURDI-MUTITÉ [syrdimytite]. *n. f.* (mil. XIXᵉ; de *surdité,* et *mutité,* d'apr. *sourd-muet*). Didact. État du sourdmuet.

SURDITÉ [syrdite]. *n. f.* (XIVᵉ; lat. *surditas*). Affaiblissement ou abolition complète du sens de l'ouïe (V. Sourd). *Surdité partielle* (Cf. Être dur* d'oreille), *complète. Surdité congénitale, entraînant la mutité.* V. **Surdi-mutité.** ◇ Méd. *Surdité verbale,* impossibilité de comprendre le sens des mots dont on perçoit le son, due à une lésion du cortex cérébral du lobe temporal.

SURDORER [syrdɔre]. *v. tr.* (1361, *surdoré;* de *sur-*, et *dorer*). Dorer en revêtant d'une double couche d'or. — Au p. p. « *Des reliures surdorées* » (GONCOURT).

SURDOS [syrdo]. *n. m.* (1680; de *sur-*, et *dos*). Techn. Pièce de harnais, bande de cuir qui sert à retenir les traits.

SURDOSAGE [syrdozaʒ]. *n. m.* (1964; de *sur-*, et *dosage*). Méd. Présence dans l'organisme d'une dose excessive de médicament.

SURDOUÉ, ÉE [syrdwe]. *adj.* (1975; de *sur,* et *doué*). Enfant d'un niveau mental très supérieur à la moyenne (Q. I. supérieur à 170).

SUREAU [syro]. *n. m.* (1545; a. champenois *suraut,* 1360; de *seür,* 1105, altér. de *seü,* lat. *sabucus, sambucus*). Arbre ou arbrisseau (*Caprifoliacées*) dont le bois très léger renferme un large canal médullaire et dont la fleur odorante donne des fruits en grappes de boules rouges (*sureau rouge*) ou noires (*sureau noir*). « *Un vieux sureau laisse mûrir au soleil des myriades de baies noires et brillantes* » (GENEVOIX). *Confiture de sureau. Évider une tige de sureau pour faire une sarbacane, un mirliton.* ◇ HOM. Suros.

SURÉLÉVATION [syrelevasjɔ̃]. *n. f.* (1846; de *surélever*). Action de surélever; accroissement en hauteur. V. **Exhaussement.**

SURÉLEVER [syrɛlve]. *v. tr.*; conjug. *lever* (v. 1400; de *sur-*, et *élever*). Accroître la hauteur, donner plus de hauteur à. V. **Exhausser, hausser, surhausser.** *Surélever une maison ancienne d'un étage.* — Au p. p. *Rez-de-chaussée surélevé, qui n'est pas de plain-pied. L'hôtel particulier « avec son rez-de-chaussée surélevé où l'on accédait par un perron double »* (ARAGON). ◇ ANT. *Abaisser.*

SURELLE [syʀɛl]. *n. f.* (XIIᵉ, *surele;* dimin. de *sur* [2] « acide »). *Dial.* Oseille.

SÛREMENT [syʀmɑ̃]. *adv.* (1080; de *sûr*). D'une manière sûre. ♦ 1° En sûreté. *Qui va lentement va sûrement.* « *Paris est encore le seul endroit de la France où l'on puisse cacher sûrement un homme* » (BALZ.). ♦ 2° D'une manière sûre, qui ne saurait manquer (Cf. À coup sûr*, sans faute*). « *L'expérience instruit plus sûrement que le conseil* » (GIDE). ♦ 3° (Adv. de phrase, modifiant tout l'énoncé). D'une manière sûre, certaine, évidente. V. **Certainement, certes.** « *Cette femme assassinée, on allait sûrement l'identifier* » (ARAGON). *Tu connais sûrement des gens influents.* — Absolt. *Vous pensez venir nous voir?* — *Sûrement!* V. **Assurément.** *Sûrement pas.* Fam. « *Mais sûrement qu'elle ne les emportait pas avec elle, ses mille francs* » (ZOLA).

SURÉMINENT, ENTE [syʀeminɑ̃, ɑ̃t]. *adj.* (1657; *suréminent*, XVᵉ; de *sur-*, et *éminent*). *Littér.* Très éminent. *Qualités suréminentes.*

SURÉMISSION [syʀemisjɔ̃]. *n. f.* (1866; de *sur-*, et *émission*). *Fin.* Émission exagérée de papier-monnaie. *Surémission entraînant l'inflation.*

SUREMPLOI [syʀɑ̃plwa]. *n. m.* (1963; de *sur-*, et *emploi*). *Écon.* Emploi excessif de la main-d'œuvre disponible par suite du manque d'ouvriers sur le marché du travail. « *Il y a même suremploi dans certains secteurs* » (*Le Monde*, 12-10-1966). ◇ ANT. *Sous-emploi; chômage.*

SURENCHÈRE [syʀɑ̃ʃɛʀ]. *n. f.* (1569; de *sur-*, et *enchère*). ♦ 1° *Dr.* Enchère, offre d'un prix supérieur au prix déjà obtenu dans la vente ou l'adjudication d'un immeuble, d'un fonds de commerce. V. **Suroffre.** ◇ *Cour.* Enchère plus élevée que l'enchère précédente. *Des surenchères successives.* ♦ 2° *Fig.* Promesse, offre supérieure. *La surenchère électorale.* ◇ Action de renchérir. *Une surenchère de violences, de menaces :* des violences, des menaces sans cesse plus grandes « *Le sensationnel, la surenchère et l'audace* » (PAULHAN).

SURENCHÉRIR [syʀɑ̃ʃeʀiʀ]. *v. intr.* (1560; de *surenchère*). ♦ 1° *Dr.* Faire une surenchère, une offre plus élevée; augmenter l'offre. *Surenchérir dans une adjudication.* ♦ 2° Devenir encore plus cher (V. **Enchérir**).

SURENCHÉRISSEMENT [syʀɑ̃ʃeʀismɑ̃]. *n. m.* (1792; de *surenchérir*, 2°). Enchérissement nouveau. V. **Renchérissement; augmentation.** « *La hausse des salaires ne correspondant pas au surenchérissement de la vie* » (GONCOURT).

SURENCHÉRISSEUR, EUSE [syʀɑ̃ʃeʀisœʀ, øz]. *n.* (1806; de *surenchérir*, 1°). *Dr.* Personne qui fait une surenchère, une offre supérieure dans une adjudication.

SURENCOMBRÉ, ÉE [syʀɑ̃kɔ̃bʀe]. *adj.* (v. 1970; de *sur-*, et *encombré*). Très encombré. *Rues surencombrées de voitures.*

SURENCOMBREMENT [syʀɑ̃kɔ̃bʀəmɑ̃]. *n. m.* (1901; de *sur-*, et *encombrement*). Encombrement extrême. « *Surencombrement des wagons* » (JARRY).

SURENTRAÎNEMENT [syʀɑ̃tʀɛnmɑ̃]. *n. m.* (1935; de *sur-*, et *entraînement*). Entraînement exagéré, qui risque de surmener l'athlète, le coureur.

SURENTRAÎNER [syʀɑ̃tʀene]. *v. tr.* (1911; de *sur-*, et *entraîner*). Entraîner d'une manière trop poussée (par l'entraînement proprement dit, par des épreuves trop fréquentes). — Au p. p. *Athlète surentraîné.*

SURÉQUIPEMENT [syʀekipmɑ̃]. *n. m.* (1955; de *suréquiper*). Équipement supérieur aux besoins. ◇ ANT. *Sous-équipement.*

SURÉQUIPER [syʀekipe]. *v. tr.* (mil. XXᵉ; de *sur-*, et *équiper*). Équiper au delà des besoins. — Au p. p. *Usine suréquipée.* — (ANT. *Sous-équipé*).

SURÉROGATION [syʀeʀɔgasjɔ̃]. *n. f.* (1610; de *supérerogation* [1374]; lat. jur. *supererogatio*, de *supererogare* « payer en plus »). *Vx* ou *littér.* Ce qu'on fait au delà de ce qui est dû ou obligé.

SURÉROGATOIRE [syʀeʀɔgatwaʀ]. *adj.* (fin XVIᵉ; lat. scolast. *supererogatorius*). *Littér.* Qui est fait en surérogation, en plus de ce qu'on est tenu de faire. ◇ (1793) Supplémentaire. « *Une discrimination surérogatoire entre l'essentiel et le superflu* » (HENRIOT).

SURESTARIE [syʀestaʀi]. *n. f.* (1846; esp. *sobrestaria*, de *sobre* « sur », et *estar* « se tenir ». V. **Estarie**). *Dr. mar.* Temps pendant lequel un navire a été retenu pour le chargement ou le déchargement au delà des estaries stipulées par la charte-partie. *Par ext.* Indemnité que l'affréteur doit payer à l'armateur, pour ce délai.

SURESTIMATION [syʀɛstimasjɔ̃]. *n. f.* (1867; de *surestimer*). Le fait de surestimer; son résultat. V. **Majoration;** exagération. ◇ ANT. *Sous-estimation.*

SURESTIMER [syʀɛstime]. *v. tr.* (v. 1600; de *sur-*, et *estimer*). ♦ 1° Estimer, évaluer au delà de sa valeur, et spécialt. de son prix. *L'expert a surestimé ce tableau.* ♦ 2° Apprécier, estimer au delà de son importance, de sa valeur. *Surestimer l'importance d'un événement.* V. **Exagérer, gonfler.** « *Vos réformistes se trompent... parce qu'ils surestiment le prolétariat... parce qu'ils surestiment le capital* » (MART. du G.). — Pron. *Il se surestime!* ◇ ANT. *Sous-estimer.*

SURET, ETTE [syʀɛ, ɛt]. *adj.* (1280; de *sur* 2). Un peu sur. V. **Acidulé, aigrelet.** *Pommes surettes. Un goût suret.*

SÛRETÉ [syʀte]. *n. f.* (1498; *seurté, seürté* [XIIᵉ], « gage, promesse; assurance, absence de crainte »; de *seur, sûr*, d'apr. lat. *securitas*).

I. ♦ 1° Ce par quoi une personne est rendue sûre (I, 1°) de qqn ou de qqch.; ce qui garantit qu'une chose est sûre (II). V. **Assurance, caution, garantie.** *Donner des sûretés à qqn. Dr.* Garantie fournie pour l'exécution d'une obligation. *Sûreté personnelle. Sûreté réelle,* droit réel du créancier sur des biens du débiteur (V. **Gage, hypothèque, nantissement, privilège, warrant**). ♦ 2° *Vx.* Mesure de précaution. PROV. *Deux sûretés* (ou deux précautions) *valent mieux qu'une.*

II. ♦ 1° *Vieilli.* État, situation de celui qui n'est pas en danger, qui ne risque rien. V. **Sécurité.** *Je te prie « de veiller à ta sûreté »* (LACLOS). PROV. *Prudence est mère de sûreté.* — *Dr. Sûreté individuelle,* garantie contre les arrestations, les détentions arbitraires (V. **Habeas corpus**). ◇ *Mod.* EN SÛRETÉ. V. **Abri** (à l'), **couvert** (à), **sécurité** (en). « *Si vous avez tué un homme, allez dans le maquis de Porto-Vecchio, et vous y vivrez en sûreté* » (MÉRIMÉE). *Mettre qqn en sûreté,* à l'abri du danger. Par ext. *Mettre qqch. en sûreté :* cacher. — DE SÛRETÉ : qui est destiné à assurer une protection, à éviter un danger. *Serrure, verrou de sûreté. Chaîne, fermeture de sûreté. Soupape* de sûreté. *Épingle de sûreté (ou de nourrice) :* qui se ferme, la pointe rentrée dans un étui métallique. — Loc. *Pour plus de sûreté :* par un surcroît de précautions. ◇ *Une sûreté :* un dispositif de sûreté (chaîne, fermeture, cran d'arrêt). — *Mettre un pistolet à la sûreté.* ♦ 2° Situation d'un groupe social qui est à l'abri du danger (ou des membres du groupe). V. **Sécurité; ordre.** *La sûreté publique. Dr. Attentat, complot contre la sûreté de l'État. Dr. pén. Maison de sûreté* (vx) : prison. *Chambre de sûreté* où sont maintenus les individus arrêtés avant leur transfert. ♦ 3° (1867, Sûreté). *Sûreté générale* (jusqu'en 1934), *nationale,* et absolt. *Sûreté :* direction du ministère de l'Intérieur, service d'information et de surveillance policière. *Services, agents de la Sûreté.* V. **Police.** — Bâtiments où se tiennent les services de sûreté. *Se rendre à la Sûreté.*

III. ♦ 1° Caractère de ce qui est sûr (II). *La sûreté des routes.* ◇ Caractère de ce qui ne risque pas d'échouer, de décevoir. « *La précision, la sûreté et l'aisance de ses coups* » (d'un matador) » (GAUTIER). ♦ 2° Efficacité. *Sûreté de main.* V. **Précision.** *Sûreté du coup d'œil.* « *Combien me plaît la façon d'écrire de Colette! Quelle sûreté dans le choix des mots!* » (GIDE).

IV. Caractère de celui qui est certain, confiant. « *Elle a acquis une sorte de force, de sûreté d'elle-même* » (MAUROIS). ◇ ANT. *Danger, détresse, péril.*

SURÉVALUER [syʀevalɥe]. *v. tr.* (1935; de *sur-*, et *évaluer*). Évaluer au-dessus de la valeur. *L'Enseignement a surévalué ce domaine.* V. **Surestimer.** — *Dér.* SURÉVALUATION [syʀevalɥasjɔ̃], *n. f.* ◇ ANT. *Sous-évaluer.*

SUREXCITABLE [syʀɛksitabl(ə)]. *adj.* (1872; de *surexciter*). Susceptible d'être surexcité. *Enfant surexcitable. Imagination surexcitable.*

SUREXCITANT, ANTE [syʀɛksitɑ̃, ɑ̃t]. *adj.* (1876; de *surexciter*). Qui surexcite. V. **Excitant.** « *Une littérature... surexcitante et énervante* » (GONCOURT).

SUREXCITATION [syʀɛksitasjɔ̃]. *n. f.* (1830; de *sur-*, et *excitation*). État d'excitation, de nervosité extrême. V. **Énervement, exaltation.** « *Il avait... dans un état de surexcitation, et son cœur battait à grands coups* » (AYMÉ). « *Cette surexcitation de la tête par le cœur* » (GONCOURT). ◇ ANT. *Abattement, apaisement, calme.*

SUREXCITÉ, ÉE [syʀɛksite]. *adj.* (mil. XIXᵉ; V. **Surexciter**). Qui est dans un état d'excitation, d'agitation extrême. *Une imagination surexcitée.* V. **Enflammé, exalté.** *Elle était « brisée de fatigue et surexcitée pourtant »* (ZOLA). *Les enfants étaient surexcités. Les esprits sont surexcités.* V. **Survolté.** ◇ ANT. *Calme.*

SUREXCITER [syʀɛksite]. *v. tr.* (1832; de *sur-*, et *exciter*). Exciter à l'extrême; mettre dans un état d'exaltation, de nervosité extrême. V. **Enfiévrer, exalter, exciter.** *Surexciter qqn.* « *Aucun sous-entendu ne surexcitait la curiosité, aucune attente ne tenait en éveil l'intérêt* » (MAUPASS.). ◇ ANT. *Apaiser, calmer.*

SUREXPLOITER [syʀɛksplwate]. *v. tr.* (1963; de *sur-*, et *exploiter*). Exploiter outre mesure. (Surtout au p. p.). *Terre surexploitée.* ◇ *Fig.* « *La misère croupissante d'une* *large partie de la population surexploitée* » (*L'Humanité*, 28-11-1963).

SUREXPOSER [syʀɛkspoze]. *v. tr.* (fin XIXᵉ; de *sur-*, et *exposer*). *Phot.*, *cour.* Exposer la surface sensible plus long-temps que la normale; donner un temps de pose anormale-ment élevé à. *Surexposer un cliché par erreur de mise au point; pour obtenir un effet artistique.* — Au p. p. *Photo surexposée, trop claire.* (Abrév. fam. *Surex*). ◇ ANT. *Sous-exposer.*

SUREXPOSITION [syʀɛkspozisjɔ̃]. *n. f.* (fin XIXᵉ; du précéd.). *Phot.* Le fait de surexposer; son résultat. ◇ ANT. *Sous-exposition.*

SURF [sœʀf]. *n. m.* (1939,-1963; mot amér. *surf-board*, de *surf* « ressac », et *board* « planche »). Sport nautique, d'origine polynésienne, qui consiste à se déplacer sur des vagues, debout sur une planche. V. **Monoski.**

SURFAÇAGE [syʀfasaʒ]. *n. m.* (XXᵉ; de *surfacer*). *Techn.* Polissage par bandes. V. **Surfacer.**

SURFACE [syʀfas]. *n. f.* (1611; *superface*, 1521; lat. *superficies.* V. **Surface**; de *sur-*, et *face*). ♦ 1° *Cour.* Partie extérieure d'un corps, qui le limite en tous sens; *spécialt.* Face apparente, visible. V. **Face.** *La surface de la Terre,* terrestre. *La surface de l'eau, de la mer. À la surface du sol. Poissons qui nagent en surface, près de la surface. Sous-marin qui fait surface, qui émerge.* « *L'homme n'était pas remonté à la surface. Il avait disparu dans la mer sans y faire un pli* » (HUGO). ◇ *Par métaph.* (*opposé à* fond, profondeur) V. **Dehors, extérieur, superficie.** « *Nous ne connaissons que la surface et l'écorce des choses* » (NICOLE). « *L'esprit qui tra-vaille en surface a certainement beaucoup plus d'idées que celui qui travaille en profondeur...* » (BENDA). — Pop. *En boucher une surface à qqn* : l'étonner énormément, le laisser stupéfait (Cf. Boucher* un coin). ◇ *Aire, superficie.* V. **Étendue.** *Trente-cinq mètres carrés de surface.* — *Dr. Surface corrigée* : surface réelle d'un local, compte tenu de certaines conditions (situation, confort, luminosité, etc.). GRANDE SURFACE, magasin vendant en libre*-service, sur une vaste superficie, une grande variété de produits. V. **Hypermarché, supérette, supermarché.** ♦ *Fig. et fam.* Moyens, ressources, crédit reconnu. « *Il* (Claudel) *a plus de base et de surface... que moi* » (GIDE). ♦ 2° *Géom.* Figure géométrique à deux dimensions de l'espace qui peut être considérée, soit comme engendrée par le déplacement d'une courbe, soit comme l'ensemble des points de l'espace satisfaisant à une loi déter-minée. *Surface plane* (V. **Plan**), *courbe. Surface réglée*, *déve-loppable*. *Surfaces algébriques,* définies par une équation algébrique (relation entre les 3 coordonnées *x, y et z* d'un de ses points). ♦ 3° *Phys.* Limite entre deux milieux diffé-rents. *Surface de séparation. Tension de surface.* V. **Super-ficiel.** *Ondes de surface,* ondes de distorsion à la surface libre séparant deux phases fluides. — Techn. (1866). *Surface de chauffe*. ◇ ANT. *Fond, profondeur.*

SURFACER [syʀfase]. *v. tr. et intr.*; conjug. *placer* (XXᵉ; de *surface*). *Techn.* Polir mécaniquement (une surface) en opérant par bandes successives.

SURFACEUSE [syʀfasøz]. *n. f.* (1933; de *surfacer*). *Techn.* Machine à surfacer.

SURFAIRE [syʀfɛʀ]. *v. tr.*; conjug. *faire*; rare sauf inf. et prés. ind. (XIIᵉ; de *sur-*, et *faire*). *Littér.* Estimer ou proposer à un prix exagéré. — *Fig.* Apprécier, vanter exagérément. V. **Surestimer.** « *L'homme flatte l'objet désiré... et surfait ses charmes* » (MONTHERLANT).

SURFAIT, AITE [syʀfɛ, ɛt]. *adj.* (*Sourfait* « excessif, immodéré », 1170; V. **Surfaire**). *Cour.* (1872). Trop apprécié, estimé; inférieur à sa réputation. *Auteur, ouvrage surfait.* ◇ HOM. *Surfaix.*

SURFAIX [syʀfɛ]. *n. m.* (1542; de *sur-*, et *faix*). *Techn.* Pièce du harnais, sangle servant à maintenir une charge sur le dos d'une bête. ◇ HOM. *Surfait.*

SURFIL [syʀfil]. *n. m.* (XXᵉ; de *surfiler*). *Cout.* Action de surfiler (1°).

SURFILAGE [syʀfilaʒ]. *n. m.* (1877; de *surfiler*, 2°). ♦ 1° *Techn.* Supplément de torsion donné au fil. ♦ 2° *Cout.* (de *surfiler*, 1°). Surfil.

SURFILER [syʀfile]. *v. tr.* (1873; de *sur-*, et *filer*). ♦ 1° *Cout.* Passer un fil sur chevauche le bord de (un tissu) pour l'empêcher de s'effilocher. *Surfiler les dépassants d'une couture,* par ext. *une couture, un vêtement.* — Adj. *Ourlet surfilé.* ♦ 2° *Techn.* (1877). Augmenter la torsion de (un fil).

SURFIN, INE [syʀfɛ̃, in]. *adj.* (1828; de *sur-*, et *fin*). Superfin. *Qualité surfine.*

SURFONDU, UE [syʀfɔ̃dy]. *adj.* (1867; de *sur-*, et *fondre*). *Sc.* En surfusion.

SURFUSION [syʀfyzjɔ̃]. *n. f.* (1859; de *sur-*, et *fusion*). *Sc.* État d'une substance qui reste liquide au-dessous de son point de cristallisation. *La surfusion est un état de faux équi-libre* (« *métastable* »).

SURGÉLATEUR [syʀʒelatœʀ]. *n. m.* (v. 1966; de *sur-geler*, d'apr. *congélateur*). *Techn.* Appareil servant à la sur-

gélation. Cf. Congélateur. — Adj. « *Bateaux surgélateurs* » (*Le Figaro*, 4-11-1966).

SURGÉLATION [syʀʒelasjɔ̃]. *n. f.* (1964; de *surgeler*, d'apr. *congélation*). *Techn.* Congélation* très rapide, à basse température.

SURGELER [syʀʒəle]. *v. tr.* (v. 1964, d'abord au p. p.; de *sur-*, et *geler*). Traiter par surgélation*. — SURGELÉ, ÉE. *p. p.* et *adj.* (v. 1960). Congelé rapidement et à très basse température. *Aliments surgelés.* — Subst. *Les surgelés,* les produits surgelés.

SURGÉNÉRATEUR, TRICE [syʀʒeneʀatœʀ, tʀis]. *adj.* (v. 1970; de *sur-*, et *générateur*). *Techn.* Qui produit plus de noyaux fissibles qu'il n'en consomme. *Réacteur surgénéra-teur.* V. **Surrégénérateur.**

SURGEON [syʀʒɔ̃]. *n. m.* (1549; « source », XVᵉ; altér., d'apr. lat. *surgere*, de l'a. fr. *sorjon* [XIIᵉ], de *sourjant*, p. prés. de *sourdre*). *Arbor.* Drageon. *Surgeons d'un rosier.* « *Elle* (la grêle) *frappe la vie en ses tendres surgeons* » (ARA-GON).

SURGEONNER [syʀʒɔne]. *v. intr.* (XVIᵉ; de *surgeon*). *Arbor.* Pousser, produire des surgeons, des drageons.

SURGIR [syʀʒiʀ]. *v. intr.* (1808; lat. *surgere* « se lever, s'élever », pour remplacer *sourdre*). ♦ 1° Apparaître ou naître brusquement en s'élevant, en sortant de. V. **Jaillir.** « *Un immense rocher qui surgit du milieu de la mer* » (GAU-TIER). *Le soleil surgit.* — (*Êtres vivants*) Se montrer brusque-ment. *Elle avait été saisie de le voir brusquement surgir dans l'embrasure de la porte* » (MART. du G.). — (Avec l'aux. *avoir*) *Il a surgi de l'ombre.* (Être) *Littér.* « *Il est surgi... une théorie de petits champignons...* » (GAUTIER). — Au p. p. « *Cinquante girls, surgies dans une lumière de féerie* » (DUHAM.). ♦ 2° (*Abstrait*). Se manifester brusquement. V. **Naître.** « *Un dilemme qui venait de surgir dans son esprit* » (HUGO). *Des problèmes, des difficultés surgissent de toutes parts.* « *Lors-que surgissait un conflit ou un procès de fait* » (GIRAUDOUX).

SURGISSEMENT [syʀʒismɑ̃]. *n. m.* (1872; de *surgir*). *Littér.* Le fait de surgir; brusque apparition.

SURHAUSSÉ, ÉE [syʀose]. *adj.* (XVIIᵉ; V. **Surhausser**). *Archit.* Dont la hauteur est supérieure à la moitié de la lar-geur. *Arc, cintre surhaussé. Voûte, ogive surhaussée.* ◇ ANT. *Surbaissé.*

SURHAUSSEMENT [syʀosmɑ̃]. *n. m.* (1578; de *surhaus-ser*). *Archit.* Augmentation de la hauteur; état de ce qui est surhaussé. ◇ ANT. *Surbaissement.*

SURHAUSSER [syʀose]. *v. tr.* (XIIᵉ; de *sur-*, et *hausser*). *Rare.* Surélever. V. **Exhausser.**

SURHOMME [syʀɔm]. *n. m.* (1895; *superhomme*, 1893; trad. all. *Uebermensch*). ♦ 1° *Philo.* (Chez Nietzsche). Type d'homme supérieur que doit engendrer l'humanité quand elle se développera selon la « volonté de puissance » après avoir rejeté la « morale des esclaves ». « *Le fascisme veut instaurer l'avènement du surhomme nietzschéen* » (CAMUS). ♦ 2° Homme mythique, supérieur en tous genres à l'homme actuel. V. **Superman.** *Je ne suis pas un surhomme.* ◇ Homme supérieurement doué, génie qui semble dépasser les limites des facultés humaines. V. **Géant.** *Balzac* « *ce surhomme, par endroits presque monstrueux, hors de toute proportion com-mune* » (HENRIOT). ◇ ANT. *Sous-homme.*

SURHUMAIN, AINE [syʀymɛ̃, ɛn]. *adj.* (1578; de *sur-*, et *humain*). Qui, dans le monde humain, apparaît au-dessus des forces et des aptitudes normales. *Effort, travail surhu-main. Intelligence surhumaine.* « *Alors Tubalcaïn... Construisit une ville énorme et surhumaine* » (HUGO). « *Le héros de* Vol de Nuit, *non déshumanisé, certes, s'élève à une vertu surhu-maine* » (GIDE). — Subst. « *Un surhumain que reconnaissent les humains* » (MALRAUX).

SURHUMAINEMENT [syʀymɛnmɑ̃]. *adv.* (1899; de *surhumain*). *Littér.* D'une manière surhumaine. « *Je ne sais rien de plus... surhumainement beau* » (MIRBEAU).

SURHUMANITÉ [syʀymanite]. *n. f.* (XXᵉ; de *surhumain*, d'apr. *humanité*). *Littér.* Condition surhumaine, état du surhomme. « *L'imagination... est une faculté de surhumanité* » (BACHELARD).

SURI, IE [syʀi]. *adj.* (XIXᵉ; de *surir*). Aigri (V. **Sur** 2). *Soupe surie.* — *Fig.* « *Elle semblait confite dans une innocence surie* » (MAUPASS.).

SURICATE ou **SURIKATE** [syʀikat]. *n. m.* (1765; mot indigène d'Afrique du Sud). *Zool.* Mammifère carnivore (*Viverridés*), voisin de la mangouste.

SURIMPOSER [syʀɛ̃poze]. *v. tr.* (1674; de *sur-*, et *impo-ser*). ♦ 1° Frapper d'un impôt supplémentaire, imposer à l'excès. V. **Surtaxer.** ♦ 2° (1766). *Vieilli.* Placer par-dessus. ♦ 3° Au p. p. SURIMPOSÉ, ÉE. (XXᵉ; angl. *superimposed*) *Cours d'eau surimposés* : creusés par épigénie.

SURIMPOSITION [syʀɛ̃pozisjɔ̃]. *n. f.* (1611; de *surim-poser*). ♦ 1° Surtaxe, surcroît d'impôt. ♦ 2° *Géol.* (XXᵉ). Épigénie. *Surimposition glaciaire.*

SURIMPRESSION [syʀɛ̃pʀesjɔ̃]. *n. f.* (1908; de *sur-*, et *impression). Photo.* Impression de deux ou plusieurs images sur une même surface sensible. *Le cinéma emploie la surimpression pour certains effets spéciaux.* ◊ Fig. *En surimpression,* se dit de ce qui est perçu en même temps qu'autre chose.

SURIN [syʀɛ̃]. *n. m.* (1827; var. *sourin, chourin; tzigane tchouri*). Arg. *Vieilli.* Couteau, poignard. V. **Eustache.** « *Il a fui le temps des apaches Plus de surins et plus d'eustaches* » (ARAGON).

SURINER [syʀine]. *v. tr.* (1827; de *surin*). *Pop.* et *vx.* Frapper d'un coup de surin (On a dit *chouriner.* V. **Surin,** étym.).

SURINFECTION [syʀɛ̃fɛksjɔ̃]. *n. f.* (1926; de *sur-*, et *infection*). *Méd.* Infection surajoutée, par des germes différents, survenant au cours d'une maladie infectieuse. *Surinfection bactérienne au cours de la grippe.*

SURINTENDANCE [syʀɛ̃tɑ̃dɑ̃s]. *n. f.* (1556; *superintendance*, 1491; V. **Surintendant**). Charge, fonction, résidence du surintendant. — Direction, surveillance générale.

SURINTENDANT [syʀɛ̃tɑ̃dɑ̃]. *n. m.* (1556; de *sur-*, et *intendant;* francisation de *superintendant* [fin XIVᵉ]; lat. médiév. *superintendens*). *Ancienn.* Nom de divers officiers chargés de la haute surveillance d'une administration. *Surintendant des finances,* ou absolt. *surintendant.*

SURINTENDANTE [syʀɛ̃tɑ̃dɑ̃t]. *n. f.* (XVIᵉ; de *surintendant*). ♦ 1° *Ancienn.* Femme du surintendant des finances; dame placée à la tête de la Maison de la Reine. ♦ 2° *Mod.* Titre de la directrice d'une maison d'éducation de la Légion d'honneur. ◊ *Surintendante d'usine,* assistante sociale.

SURINTENSITÉ [syʀɛ̃tɑ̃site]. *n. f.* (mil. XXᵉ; de *sur-*, et *intensité*). *Électr.* Intensité anormalement forte (d'un courant).

SURIR [syʀiʀ]. *v. intr.* (déb. XIXᵉ; de *sur* 2). Devenir sur, un peu aigre. V. **Aigrir.** *Ce vin a un peu suri.* V. **Suri.**

SURJALER [syʀʒale]. *v. intr.* (1694; de *sur-*, et *jouail,* lat. *jugum* « joug ». V. **Jas**). *Mar.* Être engagé sous le jas et faire un tour par-dessus (en parlant de la chaîne de l'ancre). — Au p. p. *Ancre surjalée.*

SURJECTION [syʀʒɛksjɔ̃]. *n. f.* (mil. XXᵉ; d'apr. *injection, bijection*). *Math.* Application (dite *surjective*) des éléments d'un ensemble vers tous les éléments d'un autre.

SURJET [syʀʒɛ]. *n. m.* (1660; *sourget*, 1390; de *surjeter*). *Cout.* Point serré, exécuté de droite à gauche en chevauchant deux bords de tissu, et servant à assembler deux lisières, ou un tissu et une dentelle. *Point de surjet.* ◊ *Chir.* Suture réalisée au moyen d'un seul fil passé à la manière d'un surjet de couture le long des deux bords d'une plaie.

SURJETER [syʀʒəte]. *v. tr.;* conjug. *jeter* (1660; de l'a. v. *sourgeter,* XIIIᵉ « jeter par-dessus », de *sour* [V. **Sur-**], et *geter, jeter*). *Cout.* Coudre en surjet.

SUR-LE-CHAMP. V. **Champ** (II, 2°).

SURLENDEMAIN [syʀlɑ̃dmɛ̃]. *n. m.* (av. 1735; de *sur-*, et *lendemain*). Jour qui suit le lendemain (V. **Après-demain**). *Il revint le lendemain et le surlendemain. Le surlendemain de son arrivée. De l'avant-veille au surlendemain.*

SURLONGE [syʀlɔ̃ʒ]. *n. f.* (1393; de *sur-*, et *longe* 1). Morceau de l'échine du bœuf (à la hauteur des trois premières vertèbres dorsales), utilisé pour les ragoûts et les pot-au-feu. V. **Flanchet.**

SURLOYER [syʀlwaje]. *n. m.* (1963; de *sur-*, et *loyer*). *Comm.* Indemnité d'occupation versée par le locataire d'un appartement, en plus du loyer. *Surloyer payé par certains locataires de H.L.M.*

SURMENAGE [syʀmənaʒ]. *n. m.* (1858; de *surmener*). Le fait de surmener qqn, de se surmener. *Surmenage des écoliers. Méd.* Ensemble des troubles résultant d'un exercice excessif, d'un excès de travail de l'organisme. *Surmenage intellectuel.*

SURMENANT, ANTE [syʀmənɑ̃, ɑ̃t]. *adj.* (1876; de *surmener*). Qui surmène, qui fatigue à l'excès. *Travail surmenant.*

SURMENÉ, ÉE [syʀməne]. *adj.* (1762; V. **Surmener**). Fatigué à l'excès; en état de surmenage. — Par ext. « *Une âme et une intelligence moins surmenées* » (TAINE).

SURMENER [syʀməne]. *v. tr.;* conjug. *mener.* V. **Lever** (XIVᵉ; répandu XIXᵉ; de *sourmener* « entraîner », 1160; de *sur-*, et *mener*). ♦ 1° Fatiguer outre mesure (un cheval, une bête de somme). V. **Forcer.** « *Une jument noire que Châteaufort avait un peu surmenée et qui était menacée de devenir poussive* » (MÉRIMÉE). ♦ 2° Excéder de fatigue (qqn). V. **Éreinter, fatiguer.** *Surmener les élèves, des écoliers.* — Pronom. *Il se surmène trop.*

SUR-MOI ou **SURMOI** [syʀmwa]. *n. m.* (XXᵉ; trad. all. *ueberich* [1923, Freud, de *ueber* « sur », et *ich* « je, moi »). *Psychan.* Élément de la structure psychique agissant inconsciemment sur le moi* comme moyen de défense contre les pulsions susceptibles de provoquer une culpabilisation, et qui se développe dès l'enfance par identification avec l'imago parentale. *Le sur-moi, le moi et le ça sont les trois instances*

de la personnalité. Le sur-moi est le fondement du sens moral. « *Je dois à mon éducation catholique un sur-moi fortement développé* » (BEAUVOIR).

SURMONTABLE [syʀmɔ̃tabl(ə)]. *adj.* (1420; de *surmonter*). *Rare.* Qu'on peut surmonter, dominer. *Difficultés, obstacles difficilement surmontables.* ◊ ANT. *Insurmontable.*

SURMONTER [syʀmɔ̃te]. *v. tr.* (fin XIVᵉ; *sormonter* [1119], « vaincre, surpasser », et intr. « être supérieur »; de *sur-*, et *monter*).

I. *(Concret).* ♦ 1° *Vx.* Monter au-dessus de (en parlant de liquides). — Terrasser, mettre (son adversaire) à terre. ♦ 2° *Mod.* Être placé, situé au-dessus de. « *Une porte de bois... qu'une croix de fer surmonte* » (SUARÈS). *La chapelle est surmontée d'un dôme.*

II. *(Abstrait).* ♦ 1° *Vx.* Surpasser, se montrer supérieur à. « *Le scandale de ce procès surmonta... l'intérêt prodigieux des dernières élections* » (BALZ.). ◊ Dominer (qqn ou qqch.) par une influence irrésistible. « *Une espèce d'infini qui m'étonne et qui me surmonte* » (FÉN.). ♦ 2° *Mod.* Aller au delà de, laisser derrière soi (ce qui gênait, constituait un obstacle) par un effort victorieux. V. **Franchir, vaincre, venir** (à bout). « *Quelles difficultés avez-vous eues à vaincre? quels obstacles à surmonter?* » (LACLOS). ◊ Vaincre par un effort volontaire (une difficulté psychologique). V. **Dominer, dompter** (se). *Surmonter sa peur, sa timidité.* « *J'ai surmonté ma répugnance et suis allé voir maître Mouche* » (FRANCE). ♦ 3° SE SURMONTER. *v. pron.* Vaincre, dépasser par la volonté ses penchants. « *Il a trop à faire de lutter contre soi-même, de se surmonter* » (BERNANOS). — Pass. Pouvoir être surmonté. « *Il n'est pas de destin qui ne se surmonte par le mépris* » (CAMUS).

SURMONTOIR [syʀmɔ̃twaʀ]. *n. m.* (apr. 1965; de *surmonter* I, 2°). *Public.* Élément publicitaire placé au-dessus d'un produit mis en vedette.

SURMORTALITÉ [symɔʀtalite]. *n. f.* (1963; de *sur-*, et *mortalité*). *Démogr.* Supériorité du taux de mortalité par rapport à un autre. « *La surmortalité masculine, observée dans tous les pays* » (A. SAUVY).

SURMOULAGE [syʀmulaʒ]. *n. m.* (av. 1791; de *surmouler*). *Techn.* « Moulage pris sur un moulage » (FALCONET). — Action de surmouler. *Moule en plâtre obtenu par surmoulage.*

SURMOULE [syʀmul]. *n. m.* (1808; de *surmouler*). *Techn.* Moule pris sur un moulage, et servant à fabriquer des copies.

SURMOULER [syʀmule]. *v. tr.* (av. 1791; de *sur-*, et *mouler*). *Techn. (Sculpture).* Mouler dans un moule obtenu sur un moulage (et non sur le modèle ou sur l'œuvre originale). — Au p. p. *Statues, médailles surmoulées.*

SURMULET [syʀmylɛ]. *n. m.* (*Sormulés,* XIIIᵉ; de *sur-*, et *mulet* 2). Nom d'une variété de rouget. « *L'honneur exquis des tables normandes, le surmulet* » (BARBEY).

SURMULOT [syʀmylo]. *n. m.* (1758; de *sur-*, et *mulot*). Rat commun (qui s'est répandu en Europe et en Amérique au XVIIIᵉ s.). *Le surmulot,* appelé *rat gris, rat d'égout, est un rat de grande taille, robuste et vorace.*

SURMULTIPLICATION [syʀmyltiplikasjɔ̃]. *n. f.* (av. 1947; du suiv., d'apr. *multiplication*). Dispositif d'un changement de vitesse qui permet d'obtenir une vitesse surmultipliée.

SURMULTIPLIÉ, ÉE [syʀmyltiplije]. *adj.* (av. 1947; de *sur-*, et *multiplié*). Se dit d'un dispositif permettant de donner à l'arbre de transmission une vitesse supérieure à celle du moteur (opposé à *démultiplié,* en prise directe). *Vitesse surmultipliée.*

SURNAGER [syʀnaʒe]. *v. intr.;* conjug. *nager.* V. **Bouger** (1390; a. fr. *sornoer;* de *sur-*, et *nager*). ♦ 1° Se soutenir, rester à la surface d'un liquide (surtout en parlant de ce qui pourrait couler ou se dissoudre; alors que *flotter* s'est d'un emploi plus général). « *La Matutina s'en allait au hasard des vagues;... elle ne voguait plus, elle surnageait* » (HUGO). *Versé dans de l'eau, le pétrole surnage.* ♦ 2° (1684). Fig. Subsister, se maintenir (parmi ce qui disparaît). « *Un reste de fierté qui surnageait dans sa détresse* » (MAUPASS.). ◊ ANT. *Enfoncer, noyer, plonger.*

SURNATALITÉ [syʀnatalite]. *n. f.* (1963; de *sur-*, et *natalité*). *Démogr.* Taux de natalité supérieur à l'accroissement des biens de consommation. *Surnatalité et surpopulation*.*

SURNATURALISME [syʀnatyʀalism(ə)]. *n. m.* (1855; de *surnaturel*). *Didact.* Acceptation du surnaturel. *Rare.* Le surnaturel. « *Et qu'est-ce que le surnaturalisme? C'est la partie de la nature qui échappe à nos organes* » (HUGO).

SURNATUREL, ELLE [syʀnatyʀɛl]. *adj.* et *n. m.* (1552; *supraturel,* 1464; de *sur-*, et *naturel*). ♦ 1° *Relig.* Se dit de ce qui, procédant d'une condescendance gratuite de Dieu, élève la créature intelligente à un état... qui ne saurait être ni réalisé, ni mérité, ni même conçu expressément par aucune force *naturelle* » (M. BLONDEL). V. **Divin.**

Impulsion surnaturelle : grâce. *Événement surnaturel :* miracle. ♦ 2° Qui ne relève pas des lois naturelles. V. **Extraordinaire, merveilleux, prodigieux.** « *Si je croyais à ce que vous me dites, je croirais donc à la sorcellerie, à un pouvoir surnaturel* » (BALZ.). *Apparitions, visions surnaturelles. Les êtres surnaturels :* démons, esprits, fées, génies. ♦ 3° *Par ext.* Qui semble inexplicable, trop grand, trop intense pour être naturel. V. **Extraordinaire.** « *Elle me semblait plus belle que le rêve et d'un éclat surnaturel* » (FRANCE). « *Les détails apparaissent... avec une netteté surnaturelle* » (GAUTIER). ♦ 4° *N. m.* (1747). LE SURNATUREL (au sens 1°) : la grâce. ◇ (Au sens 2°) Le sacré, le religieux ; la magie. *Croire au surnaturel.* ◇ Le fantastique. « *Si mon esprit ennuyé du terre à terre de la vie, a besoin d'une distraction dans le surnaturel, dans le fantastique, c'est chez Poe, que je la trouve* » (GONCOURT). ◇ ANT. *Naturel ; commun.*

SURNATURELLEMENT [syʀnatyʀɛlmã]. *adv.* (1554 ; de *surnaturel*). *Rare.* D'une manière surnaturelle. « *Dieu nous ayant surnaturellement éclairés...* » (DESCARTES).

SURNOM [syʀnɔ̃]. *n. m.* (1380 ; *sournon*, 1125 ; de *sur-*, et *nom*). ♦ 1° *Ancienn.* Nom ajouté au nom de baptême d'une personne, pour la distinguer par un caractère particulier, une circonstance. « *Comme on appelle moi et mes frères les Estiennes, du surnom de notre père* » (H. ESTIENNE). ◇ *Mod.* Nom ajouté, lorsqu'il ne s'agit pas du nom de famille, du nom patronymique. « *Ces fiers surnoms, le grand, le beau, le fort, le juste* » (HUGO). *Le Bien-Aimé, surnom de Louis XV.* ♦ 2° *Cour.* Désignation caractéristique que l'on substitue au véritable nom d'une personne. *Le surnom n'a pas de valeur juridique. Surnoms plaisants, moqueurs* (V. **Sobriquet**).

SURNOMBRE [syʀnɔ̃bʀ(ə)]. *n. m.* (1872 ; de *sur-*, et *nombre*). *Rare.* Quantité qui dépasse un nombre fixé. ◇ *Cour.* EN SURNOMBRE : en excédent, en trop. *Être en surnombre* (V. **Surnuméraire**). « *Il avait voyagé en surnombre dans un compartiment* » (MART. du G.).

SURNOMMER [syʀnɔme]. *v. tr.* (1160, « appeler, nommer » ; de *surnom*). Désigner par un surnom. « *Elle venait de la Suisse allemande, ce qui l'avait fait surnommer,* « *la Prussienne* » (LARBAUD). — Au p. p. *Guillaume, surnommé le Conquérant.* V. **Dit.**

SURNUMÉRAIRE [syʀnymeʀɛʀ]. *adj.* et *n.* (1636 ; de *sur-*, altér. de *supernuméraire* [1564] ; lat. *supernumerarius*, de *numerus* « nombre »). ♦ 1° Qui est en surnombre, en trop. *Doigt surnuméraire* (V. **Polydactyle**), *organes surnuméraires* (en tératologie). ♦ 2° *Admin.* (1817). Se disait (jusqu'en 1948) d'employés de grade inférieur, non titularisés. *N.* (1817 ; dès 1718, « employé en surnombre ») « *Le surnuméraire est à l'Administration ce que l'enfant de chœur est à l'Église, ce que l'enfant de troupe est au Régiment...* » (BALZ.).

SUROFFRE [syʀɔfʀ(ə)]. *n. f.* (1872 ; de *sur-*, et *offre* ou de *suroffrir* (fin XVII°). *Dr.* Offre supérieure à une offre précédente. V. **Surenchère.**

SUROÎT [syʀwa]. *n. m.* (1823 ; *syroest*, 1483 ; du normand *surouet, surouest,* altér. de *sud-ouest* d'apr. *norois*). ♦ 1° *Mar.* Vent du sud-ouest. ♦ 2° *Vx.* Vareuse de marin. ◇ *Mod.* Chapeau imperméable dont le bord descend en arrière sur la nuque. *Suroît de pêcheur.*

SUROS [syʀo]. *n. m.* (1393 ; *soros*, 1160 ; de *sur-*, et *os*). *Vétér.* Tumeur osseuse du canon du cheval. V. **Exostose.** ◇ HOM. *Sureau.*

SUROXYDER [syʀɔkside]. *v. tr.* (déb. XIX° ; de *sur-*, et *oxyder*). *Chim.* Oxyder au maximum ; transformer en peroxyde (SUROXYDATION [syʀɔksidɑsjɔ̃], *n. f.* ; v. 1800).

SUROXYGÉNÉ, ÉE [syʀɔksiʒene]. *adj.* (1789 ; de *sur-*, et *oxygéné*). *Chim.* Oxygéné en excès.

SURPASSEMENT [syʀpasmã]. *n. m.* (1931 ; de *surpasser*). *Littér.* Action de surpasser (2°). « *Ce surpassement de soi qu'obtient la volonté tendue* » (GIDE).

SURPASSER [syʀpase]. *v. tr.* (1530 ; « enfreindre », 1340 ; de *sur-*, et *passer*). ♦ 1° *Vieilli.* Dépasser, excéder. « *Une entreprise qui surpasse les forces de l'esprit humain* » (TAINE). ♦ 2° *Mod.* Faire mieux que. *Surpasser qqn.* V. **Dépasser, emporter** (l'emporter sur), **dominer.** *Surpasser en habileté, en connaissance, en mérite.* V. **Battre, enfoncer** *(fam.),* **surclasser.** *Ces peuples* « *surpassent en bon sens et en courage ceux...* » (ROUSS.). ◇ SE SURPASSER. *v. pron.* (XVII°) Faire mieux qu'à l'ordinaire. « *En cette circonstance la ménagère avait tenu à se surpasser* » (HUYSMANS). *Iron.* « *Il inventait de nouvelles histoires, il se surpassait, on ne pouvait plus l'arrêter, ses exploits tenaient du délire* » (CÉLINE).

SURPATTE [syʀpat]. *n. f.* (1959 ; de *surp[rise-partie]*, et *patte*). *Fam.* Surprise-partie. V. **Surboum.**

SURPAYE [syʀpɛj ; syʀpɛ]. *n. f.* (1559 ; de *sur-*, et *paye*). ♦ 1° *Vx.* Paye supplémentaire ; gratification. ♦ 2° *Comm.* Action de surpayer.

SURPAYER [syʀpeje]. *v. tr. ;* conjug. *payer* (1570 ; de *sur-*, et *payer*). Payer (qqn) au-dessus de ce qu'il mérite. Acheter (qqch.) trop cher.

SURPEUPLÉ, ÉE [syʀpœple]. *adj.* (1876 ; de *sur-*, et *peuplé*). Se dit d'une région où la population est trop nombreuse. *Le Japon, pays surpeuplé.* ◇ Où les occupants sont trop nombreux. *Taudis surpeuplé.* « *Le jeune Français doit se frayer un chemin pénible dans des écoles maussades et surpeuplées* » (GIRAUDOUX). ◇ ANT. *Dépeuplé, désert, vide.*

SURPEUPLEMENT [syʀpœpləmã]. *n. m.* (déb. XX° ; de *surpeuplé*). État d'une région surpeuplée (V. **Surpopulation**) ; *par ext.* d'un local surpeuplé.

SURPLACE ou **SUR-PLACE.** *n. m.* V. **PLACE** (II, 1°).

SURPLIS [syʀpli]. *n. m.* (*Sorpliz*, v. 1170 ; adapt. lat. médiév. *superpellicium* « ce qui est sur la pelisse »). Vêtement de lin à manches larges, souvent plissé, que les prêtres portent sur la soutane, et qui descend à mi-jambes. *Surplis de prélat.* V. **Rochet.**

SURPLOMB [syʀplɔ̃]. *n. m.* (1691 ; de *surplomber*). ♦ 1° *Archit.* Partie qui surplombe, est en saillie par rapport à la base. ♦ 2° *Cour.* EN SURPLOMB. *Mur en surplomb,* qui penche. *Ascension d'une paroi en surplomb. Étages, balcons en surplomb.* V. **Encorbellement.** — *Falaise en surplomb,* dont la base est creusée par l'action des vagues.

SURPLOMBANT, ANTE [syʀplɔ̃bã, ãt]. *adj.* (1848 ; de *surplomber*). Qui surplombe, fait saillie vers le haut. « *Les parois du bloc forment des murs gigantesques surplombants* » (CHATEAUB.).

SURPLOMBEMENT [syʀplɔ̃bmã]. *n. m.* (1696 ; de *surplomber*). Fait de surplomber. *Le surplombement d'un mur.*

SURPLOMBER [syʀplɔ̃be]. *v.* (1694 ; a. prov. *sobreplombar,* 1447 ; de *sur-*, et *plomb*). ♦ 1° *V.* intr. *Techn.* Dépasser par le sommet la ligne de l'aplomb. *Mur qui surplombe, qui n'est pas d'aplomb, qui penche.* ♦ 2° *V. tr. Cour.* Dominer en se trouvant au-dessus et en surplomb ; faire saillie au-dessus de. *Les rochers qui surplombent la mer :* sont en surplomb. *Le premier étage surplombe la rue.* « *Ses arcades sourcillières surplombaient deux cavités...* » (MART. du G.).

SURPLUS [syʀply]. *n. m.* (v. 1090 ; de *sur-*, et *plus*). ♦ 1° Ce qui excède la quantité voulue. V. **Excédent, excès, reste.** *Le surplus d'une somme d'argent. En surplus.* V. **Supplément.** ◇ (v. 1939) Stock invendable qui tend à faire baisser les cours. *Surplus agricoles, surplus de produits fabriqués* (V. **Surproduction**). — *Surplus américains,* stocks de matériel militaire écoulés après la guerre de 1939-45. « *Un blouson des surplus américains... ces stoks dont la guerre elle-même n'avait plus voulu* » (Cl. SIMON). ♦ 2° *Vx.* Ce qui vient s'ajouter à ce qui a déjà été mentionné. V. **Reste.** « *Elle a lu dans mon cœur ; vous savez le surplus* » (CORN.). ◇ (v. 1330) *Mod.* AU SURPLUS (*loc. adv.* ou *conj.*) : au reste, d'ailleurs, mais aussi. « *Au surplus, mon devoir est ici...* » (DUHAM.).

SURPOPULATION [syʀpɔpylɑsjɔ̃]. *n. f.* (1910 ; de *sur-*, et *population*). *Géogr.* Population trop nombreuse par rapport à l'accroissement de la production. V. **Surpeuplement.** *Surpopulation résultant de la surnatalité*, d'une immigration massive.

SURPRENANT, ANTE [syʀpʀənã, ãt]. *adj.* (1644 ; de *surprendre*). ♦ 1° Qui surprend (6°), étonne. — En arrivant à l'improviste) *Apparition surprenante.* V. **Inattendu, inopiné.** — (En étant autre que ce qu'on attend) *L'effet est plus surprenant que douloureux.* V. **Déconcertant, étonnant, saisissant.** *Nouvelle surprenante. Une histoire surprenante. Ça, c'est surprenant.* V. **Bizarre, curieux, drôle, étrange.** ♦ 2° Remarquable, étonnant (hyperbolique). « *Ses progrès en musique ont été surprenants* » (GIDE). *Son esprit* « *donnait une vie surprenante à tout ce qu'elle racontait* » (RENAN).

SURPRENDRE [syʀpʀãdʀ(ə)]. *v. tr.;* conjug. *prendre* (1549 ; *sorprendre,* 1160 ; de *sur-*, et *prendre*). ♦ 1° *Vx.* Prendre, saisir à l'improviste. V. **Saisir.** — En arrivant à..., se laisser prendre inopinément à. ♦ 2° *Vx* ou *littér.* Gagner artificieusement, obtenir par fraude. *Surprendre la confiance de qqn.* — *Vx.* Abuser, tromper (qqn). *Mod. Surprendre la bonne foi de qqn.* « *De cette façon, la bonne foi... de la Bourgeoisie ne serait pas surprise* » (VILLIERS). ♦ 3° *Cour.* Prendre sur le fait. *Surprendre un voleur.* V. **Pincer.** « *Il avait surpris un soir les deux amoureux derrière une meule* » (ZOLA). ♦ 4° (Mil. XVII°). Découvrir (ce que qqn cache). *Surprendre un secret,* le découvrir par hasard. « *J'étais là à guetter le moment de surprendre leurs manigances* » (ROMAINS). ◇ *Par ext.* Apercevoir, déceler. « *Il crut surprendre dans sa voix un léger trouble* » (MART. du G.). ◇ *Pronom.* (1688) SE SURPRENDRE À *(et inf.)* : se prendre soi-même sur le fait, constater soudain qu'on fait (ce qu'on ne pensait pas, ce qu'on ne voulait pas faire). « *On se surprend... à soutenir une opinion qui n'est pas la sienne* » (STENDHAL). ♦ 5° Se présenter inopinément à, chez (qqn). *Surprendre qqn chez lui.* « *Elle ne m'entendit point venir... j'allais la surprendre* » (BARBEY). *Attaquer par surprise. Surprendre l'ennemi.* ◇ (Choses) *La pluie m'a surpris.* « *Il ne se laissait pas surprendre par la marée* » (HUGO). ♦ 6° Frapper l'esprit en se présen-[...]

dait. V. **Déconcerter, ébahir, étonner** (Cf. *fam.* Épater, estomaquer). *Vous me surprenez, cela semble incroyable.* « *Rappelez-vous qu'on ne me prend pas au dépourvu, ne venez pas vous vanter de m'avoir surpris* » (SARTRE). *Cela me surprendrait :* je ne crois pas que ce soit possible. ◇ *(Passif)* ÊTRE SURPRIS : être frappé ou troublé, faute de préparation, d'imagination. V. **Baba** (1), déconcerté, désorienté, ébahi, ébaubi, épaté, étonné, stupéfait. « *Il fut surpris de l'étendue de son savoir* » (STENDHAL). *Vous m'en voyez surpris.* — (Avec l'inf.) « *Je suis surpris de trouver une chose que j'attendais si peu de vous* » (VOLT.). *Être agréablement surpris.* — (Suivi de *que* et du subj. « *Il fut presque surpris qu'elle parlât, qu'elle pensât* » (FRANCE).

SURPRESSION [syʀpʀesjɔ̃]. *n. f.* (1959 ; de *sur-*, et *pression*). Techn. Pression supérieure à la normale. — Fig. « *Un art où se manifeste la « surpression » de la vie moderne* » (G. BESSON).

SURPRIME [syʀpʀim]. *n. f.* (1874 ; de *sur-*, et *prime*). Comm. « Prime supplémentaire d'assurance due en cas d'aggravation du risque couvert ou de garantie d'un risque nouveau auquel doit s'étendre la police » (CAPITANT).

SURPRIS. V. SURPRENDRE.

SURPRISE [syʀpʀiz]. *n. f.* (XVIe ; « impôt extraordinaire », 1294 ; de *surprendre*). ♦ 1° *Vx.* Action par laquelle on prend ou l'on est pris à l'improviste. « *La Surprise de l'amour* », comédie de Marivaux. ♦ 2° *Vx.* Action d'attaquer à l'improviste. ◇ *Mod.* (1549) PAR SURPRISE : par une attaque brusque, à l'improviste. *Attaquer qqn par surprise.* « *Ne jamais vous laisser arracher une décision par surprise* » (MAUROIS). ♦ 3° (v. 1650). *Cour.* État de celui qui est surpris (6°), émotion provoquée par qqch. d'inattendu. V. **Étonnement; ébahissement, stupéfaction, stupeur.** « *Cette surprise qui avertit d'un bonheur auquel on ne croyait pas, ou qu'on n'attendait pas* » (SENANCOUR). « *Il me regarda d'un air de surprise et de reproche qui me fendit le cœur* » (FRANCE). *Surprise agréable, désagréable. Cri, exclamation de surprise* (oh!, par exemple!, pas possible!, ça alors!, mon sang blague!...). *Elle n'avait eu la surprise de découvrir...* » (MART. du G.). *À ma grande surprise...* « *À la surprise de tout Limoges, madame Graslin refusa...* » (BALZ.). ♦ 4° Ce qui surprend ; chose inattendue. « *Ces régions inexplorées... pleines de dangers neufs, de surprises* » (GIDE). *Une mauvaise surprise l'attend. Un voyage sans surprise*, qui se passe normalement, sans rien d'insolite. — (1842) *Boîte à surprise(s)*, qui projette, quand on l'ouvre, une figure grotesque, un objet inattendu. — *Pochette surprise*, cornet de friandises contenant un petit cadeau inattendu. ◇ *-surprise*, deuxième élément de substantifs composés, avec une valeur d'adjectif : inattendu, soudain, brusque. *Attaque-surprise, visite-surprise.* — *Grève*-surprise.* ♦ 5° (1782). Plaisir ou cadeau fait à qqn de manière à le surprendre agréablement. *Il veut vous faire une surprise. Ne regardez pas encore, c'est une surprise*

SURPRISE-PARTIE ou **SURPRISE-PARTY** [syʀpʀiz paʀti]. *n. f.* (1882 ; mot angl.). ♦ 1° *Vieilli.* Réunion de personnes qui s'invitent (en principe à l'improviste) chez qqn en apportant les éléments du repas (On disait *Piquenique*). ♦ 2° (v. 1940). Soirée ou après-midi dansante de jeunes gens, qui a lieu chez l'un d'entre eux. V. **Surboum, surpatte** *(fam.).* Être invité à une surprise-partie. *Des surprises-parties.*

SURPRODUCTEUR, TRICE [syʀpʀɔdyktœʀ, tʀis]. *adj.* (1963 ; de *sur-*, et *producteur*, d'apr. *surproduction*). Qui produit en excès. « *La productivité du monde paysan a fait de la France un pays surproducteur* » (*Le Figaro*, 28-11-1966).

SURPRODUCTION [syʀpʀɔdyksjɔ̃]. *n. f.* (1867 ; de *sur-*, et *production*). Production excessive dans un équilibre économique donné. *Crise de surproduction.* ◈ ANT. *Sous-production.*

SURPRODUIRE [syʀpʀɔdɥiʀ]. *v. tr.;* conjug. *produire.* V. **Conduire** (1897 ; du précéd., d'apr. *produire*). Produire en excès. *Votre but est « de posséder, de surproduire et de vendre »* (P. ADAM).

SURPUISSANT, ANTE [syʀpɥisɑ̃, ɑ̃t]. *adj.* (v. 1968 ; de *sur-*, et *puissant*). Très puissant. *Moteur surpuissant.* — On trouve aussi SURPUISSANCE [syʀpɥisɑ̃s], *n. f.*

SURRÉALISME [syʀʀealism(ə)]. *n. m.* (v. 1920 ; du suiv.). Ensemble de procédés de création et d'expression utilisant toutes les forces psychiques (automatisme, rêve, inconscient) libérées du contrôle de la raison et en lutte contre les valeurs reçues ; mouvement intellectuel révolutionnaire affirmant la supériorité de ces procédés. *Le surréalisme, suite du mouvement dada*. *Les manifestes du surréalisme*, d'A. Breton. ◈ ANT. *Naturalisme, réalisme; rationalisme.*

SURRÉALISTE [syʀʀealist(ə)]. *adj. et n.* (1920 ; « surnaturaliste », 1917 ; de *sur-*, et *réaliste*). Du surréalisme. *Les images, les techniques surréalistes* (ex. : écriture automatique). *Poème, tableau, film; objet surréaliste.* — *Peintre, poète surréaliste.* N. *Les surréalistes.* ◇ *Fam.* Se dit de ce qui évoque l'art surréaliste (par l'étrangeté, la bizarrerie).

SURRÉALITÉ [syʀʀealite]. *n. f.* (1924 ; de *sur-*, et *réalité*, d'apr. *surréalisme*). *Littér.* Ce qui dépasse la réalité courante. « *Je crois à la résolution future de ces deux états* [...] *que sont le rêve et la réalité, en une sorte de réalité absolue, de ' surréalité ', si l'on peut ainsi dire* » (BRETON).

SURRECTION [syʀʀɛksjɔ̃]. *n. f.* (1905 ; « résurrection », XIIe ; lat. *surrectio*, de *surgere* « surgir »). *Géol.* Le fait de se soulever; soulèvement en bloc d'une zone de l'écorce terrestre.

SURRÉEL, ELLE [syʀʀeel]. *adj.* (1928 ; de *sur-*, et *réel*). *Littér.* Qui est au delà du réel. — Subst. *Le surréel.*

SURRÉGÉNÉRATEUR [syʀʀeʒeneʀatœʀ]. *n. m.* (v. 1970 ; de *sur-*, et *régénérateur*). *Techn.* Réacteur surgénérateur. *La technique des surrégénérateurs a été développée particulièrement en France.*

SURRÉNAL, ALE, AUX [syʀʀenal, o]. *adj.* (1765 ; de *sur-*, et *rénal*. Placé au-dessus du rein. *Région surrénale.* — Spécialt. *Capsules, glandes surrénales*, et subst. *Les surrénales :* glandes endocrines situées sur le sommet des reins, constituées de deux parties distinctes : corticosurrénale* et médullosurrénale*. *Par ext.* Relatif aux glandes surrénales (du point de vue anatomique). — Dér. SURRÉNALIEN, IENNE [syʀʀenaljɛ̃, jɛn], *adj.* (mil. XXe). Qui concerne la glande surrénale, surtout du point de vue fonctionnel. *Hormones surrénaliennes. Cachexie surrénalienne.*

SURRÉNALITE [syʀʀenalit]. *n. f.* (1923 ; de *surrénale*, et *-ite*). *Méd.* Inflammation des glandes surrénales pouvant survenir comme complication d'une maladie infectieuse.

SURSALAIRE [syʀsalɛʀ]. *n. m.* (1925 ; de *sur-*, et *salaire*). *Écon.* Supplément au salaire normal. *La convention « stipulait, en plus du paiement du caoutchouc... ce qu'on nommait un « sursalaire »* (GIDE).

SURSATURANT, ANTE [syʀsatyʀɑ̃, ɑ̃t]. *adj.* (XXe ; de *sursaturé*). *Sc.* Qui cause la sursaturation. *Vapeur sursaturante.*

SURSATURATION [syʀsatyʀasjɔ̃]. *n. f.* (1864 ; de *sursaturé*, d'apr. *saturation*). *Sc.* État de faux équilibre d'une solution contenant une quantité de substance dissoute supérieure à celle qui est normalement nécessaire à la saturation de la solution. *L'addition à la solution d'une parcelle solide (germe) de la substance en sursaturation suffit à faire cesser le phénomène et à produire la cristallisation.* ◇ État d'un gaz contenant une quantité de vapeur supérieure à celle qui serait nécessaire pour le saturer.

SURSATURÉ, ÉE [syʀsatyʀe]. *adj.* (1787 ; de *sur-*, et *saturé*). ♦ 1° *Sc.* Qui est dans un état de sursaturation. *Solution sursaturée.* ♦ 2° *Cour.* Saturé (2°) à l'extrême. « *Mathieu était sursaturé de réalité, de vérité, transi par l'esprit de la Troisième République* » (SARTRE).

SURSAUT [syʀso]. *n. m.* (*En sorsaut*, XIIe ; de *sur-*, et *saut*. V. Soubresaut). ♦ 1° EN SURSAUT *(loc. adv.)* : d'une manière brusque, par un mouvement brusque (avec une idée de surprise et d'émotion). « *Le malade, qui visiblement venait de s'éveiller en sursaut* » (MART. du G.). *Il se dressa en sursaut, étendit les bras* » (HUGO). ♦ 2° (XIVe-XVe). Mouvement brusque, réaction physiologique subite par laquelle on se dresse ou on se redresse brusquement (V. Frisson, haut-le-corps). « *Mme Roland, toujours si calme, eut un sursaut qui révéla le trouble de ses nerfs au docteur* » (MAUPASS.). ♦ 3° *Fig.* Regain subit (d'un sentiment conduisant à une réaction vive). *Dans un dernier sursaut.* V. **Effort.** « *Le sursaut d'indignation que donne à tout homme le spectacle d'une scandaleuse injustice...* » (PÉGUY). « *Phèdre éprouve un sursaut d'énergie pour rire d'elle-même* » (GIDE).

SURSAUTER [syʀsote]. *v. intr.* (1554 ; répandu XIXe ; de *sursaut*). Avoir un mouvement brusque, un sursaut; réagir par un sursaut. V. **Sauter, tressauter.** « *Des sortes de rires atrocement exagérés, pas loin dans la nuit, me firent sursauter* » (CÉLINE).

SURSÉANCE [syʀseɑ̃s]. *n. f.* (XVe ; de *surseoir*, et *séance*). *Vx.* Le fait de surseoir, délai pendant lequel on sursoit. « *Faire surséance à une exécution* » (MOL.).

SURSEMER [syʀsəme]. *v. tr.;* conjug. *semer.* V. **Lever** (*h. XIIe*; *sorsemer*, 1530 ; de *sor-*, *sur-*, et *semer*). *Agric.* Semer dans une terre déjà ensemencée.

SURSEOIR [syʀswaʀ]. *v. tr. : je sursois, tu sursois, il sursoit, nous sursoyons, vous sursoyez, ils sursoient; je sursoyais, nous sursoyions; je sursis, nous sursîmes; je surseoirai; je surseoirais; sursois, sursoyons, sursoyez; que je sursoie; que je sursisse; sursoyant; sursis* (fin XIe, « s'abstenir, se dispenser de »; de *sur-*, et *seoir*, d'apr. lat. *supersedere*). ♦ 1° V. tr. (dir.). *Vx.* Remettre pour un temps. V. **Différer, suspendre.** ♦ 2° V. tr. indir. *Dr. ou littér.* (1636). SURSEOIR À : attendre l'expiration d'un délai pour procéder à. V. **Différer, reculer, remettre.** *Surseoir à l'exécution, au jugement, aux poursuites. Il venait « me prier de surseoir à la publication de certain livre... »* (GIDE). ◈ ANT. *Avancer.*

SURSIS [syʀsi]. *n. m.* (1690 ; adj. « échappé », XIIIe ; de *surseoir).* ♦ 1° Ajournement, remise à une date postérieure *Sursis à l'exécution des peines, des poursuites,* accordé sous condition par le tribunal au délinquant qui n'a pas subi de condamnation antérieure. *Trois ans de prison avec sursis.* — *Sursis d'appel, d'incorporation :* remise de l'incorporation sous les drapeaux à une date postérieure à la date normale. V. **Sursitaire.** ♦ 2° Délai par lequel on sursoit à qqch. « *Un sursis de départ de deux jours* » (LOTI). ◇ *Cour.* Période de répit, délai. *Un condamné, un mort en sursis.* « *Cette année d'étude n'était pour elle qu'un sursis* » (BEAUVOIR).

SURSITAIRE [sуʀsitɛʀ]. *adj.* et *n.* (1923 ; de *sursis*). Qui bénéficie d'un sursis. *Condamnés sursitaires.* ◇ Qui bénéficie d'un sursis d'incorporation. *Les appelés sursitaires. Étudiant sursitaire.* — *Un, des sursitaire(s).*

SURSOLIDE [sуʀsɔlid]. *n. m.* (1637 ; lat. *surde solidum* « solide de façon non énonçable, muette »). *Hist. sc.* (XVIIe-XVIIIe). Cinquième puissance. Adj. *Problèmes sursolides,* du 5e degré.

SURSOUFFLAGE [sуʀsufla3]. *n. m.* (v. 1960 ; de *sur-,* et *soufflage*). *Techn.* Alimentation forcée en air soufflé (des convertisseurs, lors de l'affinage de l'acier).

SURTAUX [sуʀto]. *n. m.* (1611 ; de *sur-,* et *taux*). *Dr.* Taux excessif. *Se plaindre d'un surtaux.*

SURTAXE [sуʀtaks(ə)]. *n. f.* (1798 ; de *sur-,* et *taxe*) ♦ 1° *Admin., Comm.* Taxe excessive illégale. ♦ 2° *Cour.* Majoration d'une taxe ; droit perçu en même temps qu'une autre taxe. *Surtaxe à l'importation. Surtaxes locales,* pour le remboursement des emprunts des collectivités locales. *Surtaxe progressive* (1948) : impôt personnel sur les revenus.

SURTAXER [sуʀtakse]. *v. tr.* (XVIe ; de *sur-,* et *taxer*). ♦ 1° Taxer excessivement. ♦ 2° Frapper d'une surtaxe (2°).

SURTENSION [sуʀtɑ̃sjɔ̃]. *n. f.* (1907 ; de *sur-,* et *tension*). ♦ 1° *Électr.* Élévation, supérieure à la normale, de la différence de potentiel appliquée à un appareil. ♦ 2° *Littér.* Tension extrême. « *Cette surtension d'esprit* » (GIDE).

SURTONDRE [sуʀtɔ̃dʀ(ə)]. *v. tr.* ; conjug. *tondre.* V. **Rendre** (1765 ; de *sur-,* et *tondre*). *Techn.* Couper les extrémités de la laine, du poil, après le lavage des peaux.

SURTONTE [sуʀtɔ̃t]. *n. f.* (1808 ; du précéd., d'apr. *tonte*). *Techn.* Opération par laquelle on surtond les peaux ; laine ainsi obtenue.

1. **SURTOUT** [sуʀtu]. *adv.* (1539 ; Cf. a. fr. *Seur-, sor-, sourquetot* ; de *sur-,* et *tout*). ♦ 1° *Vieilli.* Par-dessus tout, plus que tout autre chose. « *J'aime surtout les vers...* » (MUSS.). Cf. Avant tout. ◇ *Mod.* (Renforçant un conseil, un ordre...) « *Ils enverront des motards en reconnaissance. Surtout ne tirez pas dessus* » (SARTRE). « *Ah! non! pas de lettre, surtout!... Ce sont toujours les lettres qui nous perdent* » (MAURIAC). ♦ 2° Plus particulièrement (qualifie un élément plus important parmi plusieurs). « *Adroite, soigneuse, diligente et surtout fidèle* » (MOL.). — (Introduisant une circonstance ou condition privilégiée) V. **Principalement.** « *Les femmes ont toutes l'art de parler avec fureur, surtout quand elle est vive* » (ROUSS.). V. **Particulièrement, spécialement.** ♦ 3° *Fam. (emploi critiqué).* SURTOUT QUE... : d'autant plus que. « *Il eut le temps de lire... deux journaux. Surtout que c'était gai de lire ces journaux : on rappelait les permissionnaires...* » (E. TRIOLET).

2. **SURTOUT** [sуʀtu]. *n. m.* (1684 ; de *sur-,* et *tout*). ♦ 1° *Vx.* Vêtement de dessus, cape ou grand manteau ample. V. **Caban, casaque.** *Deux officiers* « *dont l'uniforme était caché par des surtouts en drap* » (BALZ.). ♦ 2° (1694). Pièce de vaisselle ou d'orfèvrerie décorative, qu'on place sur une table (On dit aussi Milieu* de table).

SURVEILLANCE [sуʀvɛjɑ̃s]. *n. f.* (1663 ; de *surveiller*). ♦ 1° Le fait de surveiller ; ensemble des actes par lesquels on exerce un contrôle suivi. V. **Garde** (1), **inspection, vigilance.** *Éviter, tromper la surveillance des hommes de garde. Surveillance attentive, inquiète.* — *Être sous la surveillance de qqn :* être surveillé par lui. — *La surveillance des travaux* (V. **Conduite, contrôle, direction**), *d'une opération technique,* « *La surveillance de l'étude était confiée, pour la première fois, à un jeune répétiteur* » (LARBAUD). — Spécialt. *Surveillance militaire.* V. **Guet, sentinelle.** *Poste, ronde* (V. **Patrouille**), *service de surveillance. Régime de surveillance policière.* — Spécialt. *Bâtiment, navire, avion en surveillance,* qui effectue une mission de surveillance. *Surveillance à distance.* V. **Télésurveillance.** — *Direction de la surveillance du territoire* (D.S.T.), dépendant de la Sûreté générale et chargée de la répression de l'espionnage. — *Dr. Surveillance légale :* garde judiciaire. ♦ 2° Situation de celui qui est surveillé. *Surveillance médicale. Surveillance électronique, des maladies graves,* grâce à un appareillage électronique qui enregistre toutes les fonctions importantes. V. **Moniteur.**

SURVEILLANT, ANTE [sуʀvɛjɑ̃, ɑ̃t]. *n.* (1535, « celui qui veille sur ; qui a soin de » ; aussi adj. jusqu'au XVIIIe ; de *surveiller*). ♦ 1° Personne qui surveille ce dont elle a la responsabilité, la charge. V. **Argus, garde, gardien.** « *Cent cinquante mille ouvriers, sous la férule de trois mille six cents*

surveillants, s'affairèrent » (DANIEL-ROPS). — Spécialt. *Surveillants d'une prison, du bagne* (anciennt.). V. **Argousin** *(vx),* **garde-chiourme, gardien.** ◇ *Techn.* Se dit d'agents de maîtrise, de contremaîtres, d'ouvriers qualifiés chargés de surveiller des travaux. *Surveillant technique. Surveillant de travaux* (V. aussi **Conducteur**), *de mine (porion) ; de gare, de la voie.* ♦ 2° (1875). Personne chargée de la discipline, dans un établissement d'enseignement, une communauté. *Surveillant d'étude, d'internat.* V. **Maître ; pion, répétiteur.** « *Les surveillantes ne réussissaient pas à nous faire tenir tranquilles* » (BEAUVOIR). ◇ *Surveillant(e) général(e)* chargé(e) de l'administration intérieure, de la discipline, etc., dans un établissement d'enseignement (arg. scol. *surgé* [sуʀ3e] (1920), *surpète* [sуʀpɛt], [1934]).

SURVEILLÉ, ÉE [sуʀveje]. *adj.* (1762 ; V. **Surveiller**). Spécialt. *Externe surveillé :* élève externe qui reste aux études surveillées. — *Liberté surveillée,* situation des délinquants qui ne sont pas en prison mais doivent se présenter régulièrement à la police pour rendre compte de leurs activités.

SURVEILLER [sуʀveje]. *v. tr.* (1586, répandu XIXe [plutôt *surveiller à...* dans la langue classique] ; de *sur-,* et *veiller*). ♦ 1° Observer avec une attention soutenue, de manière à exercer un contrôle, une vérification. V. **Contrôler, examiner.** — *Surveiller qqn :* observer son comportement pour vérifier qu'il ne manque pas à son devoir, pour l'empêcher de mal faire. *Il* « *la surveillait du matin au soir, exigeant d'elle l'emploi de chacune de ses minutes* » (ZOLA). *Surveiller de près* (Cf. Avoir l'œil sur, avoir à l'œil*, avoir dans son collimateur). *Surveiller un prisonnier, des enfants.* — Par ext. *Surveiller ce qu'on fait.* V. **Épier.** *Surveiller du coin de l'œil.* ♦ 2° Suivre avec attention (un travail) de manière à constater si tout se déroule comme il faut. V. **Contrôler, inspecter.** *Surveiller des réparations, la construction d'une maison.* « *Au bruit du marteau..., il sortait pour surveiller les emballages* » (FLAUB.). ♦ 3° Observer attentivement, fixer son attention sur, pour éviter ou prévenir un danger, une action. *Animal qui surveille sa proie* (pour l'empêcher de s'enfuir). « *Malgré Anna... et son regard froid qui le surveillait, il s'est mis à pleurer* » (MART. du G.). ♦ 4° Exercer une surveillance militaire sur (qqch., qqn), par l'observation, les moyens de défense. V. **Guetter.** — (Sports) *Surveiller l'adversaire.* ♦ 5° Être attentif à (ce que l'on fait, ce que l'on dit). *Surveiller son langage. Surveiller ses expressions, ses sentiments.* — *Surveiller sa santé, sa ligne.* ♦ SE SURVEILLER. *v. pron. (Réfl.)* Être attentif à ce qu'on dit, à ce qu'on fait. V. **Observer** (s').

SURVENANCE [sуʀvənɑ̃s]. *n. f.* (XVe ; de *survenir*). *Dr.* (1740). Le fait de survenir. V. **Apparition, création.**

SURVENIR [sуʀvəniʀ]. *v. intr. ;* conjug. *venir* (XIIe, *sorvenir ;* de *sur-,* et *venir*). ♦ 1° *Vx* ou *Dr.* SURVENIR À : venir après, par surcroît, s'ajouter à. « *Les améliorations survenues à l'immeuble...* » (CODE CIV.). ♦ 2° *Cour.* Arriver, venir à l'improviste, brusquement. *Personne qui survient quand on parle d'elle* (Cf. Quand on parle du loup on en voit la queue). *Changements qui surviennent dans une société.* V. **Apparaître, manifester (se), produire (se).** *Quand survint la Révolution. Au moindre tracas qui survient.* V. **Advenir, arriver, intervenir.** — Impers. *S'il survenait quelque importun.* V. **Présenter (se).**

SURVENTE [sуʀvɑ̃t]. *n. f.* (1640 ; de *sur-,* et *vente*). *Comm.* Vente à un prix trop élevé. « *La survente des vieux brouillons, les prix académiques* » (BLOY).

SURVENUE [sуʀvəny]. *n. f.* (XVe, repris XIXe ; de *survenir,* et *venue*). *Littér.* Action de survenir, d'arriver à l'improviste. « *Il y a toujours, après la mort de quelqu'un, comme une stupéfaction qui se dégage, tant il est difficile de comprendre cette survenue du néant* » (FLAUB.).

SURVÊTEMENT [sуʀvɛtmɑ̃]. *n. m.* (mil. XXe ; « vêtement mis sur un autre », 1829 ; de *sur-,* et *vêtement*). Blouson, pantalon molletonné que les sportifs passent sur leur tenue de sport lorsqu'ils interrompent leurs exercices.

SURVIE [sуʀvi]. *n. f.* (1670 ; *sourvie,* 1604 ; de *sur-,* et *vie*). ♦ 1° *Dr.* État de celui qui survit à qqn. *Présomption de survie,* établie sur l'âge et le sexe lorsque plusieurs personnes appelées à une même succession périssent dans un accident sans qu'on puisse savoir l'ordre de leur décès (théorie des comourants ou *comorientes*). ♦ 2° Vie qui continue après la mort (relig.). *Croire à la survie de l'homme. Ceux* « *qui espèrent alternativement soit une survie incompréhensible..., soit un néant rassurant...* » (PROUST). « *Je ne crois pas à une autre survie, que celle dans la mémoire des hommes* » (GIDE). V. **Immortalité.** — Fig. *J'entretenais* « *la survie pénible d'une ou deux liaisons fatiguées* » (CAMUS). ♦ 3° Le fait de survivre, de se maintenir en vie. « *Quelle survie puis-je espérer? Dix secondes? Vingt secondes?* » (ST-EXUP.). *Équipements* * de survie.* — (1872) *Table de survie,* tableau statistique établi d'après la table de mortalité et qui donne, dans un pays, le nombre de personnes en vie (survivants) à chaque âge.

SURVIRAGE [sуʀviʀa3]. *n. m.* (mil. XXe ; de *sur-,* et *virage*). *Auto.* Fait de survirer. (Opposé à *sous-virage*).

« *Tenue de route incroyable* [...] *aucune tendance au surivrage* » (*Le Monde*, 16-6-1966).

SURVIRER [sʏʀviʀe]. *v. intr.* (mil. xxᵉ; de *sur-*, et *virer*). *Auto.* Déraper par l'arrière, l'axe médian du véhicule s'orientant vers l'intérieur du virage. (Opposé à *sous-virer*).

SURVIREUR, EUSE [sʏʀviʀœʀ, øz]. *adj.* (mil. xxᵉ; de *sur-*, et *vireur*). *Auto.* Se dit d'un véhicule qui a tendance au survirage. (Opposé à *sous-vireur*). *Voiture survireuse.*

SURVIVANCE [sʏʀvivɑ̃s]. *n. f.* (1549, dr.; de *survivre*). ♦ 1° *Littér.* (1770). Survie (2°). *Survivance de l'âme*. V. **Immortalité**. ♦ 2° (1845). Ce qui survit, ce qui subsiste d'une chose disparue. *L'anoblissement, survivance de la chevalerie du moyen âge*. ♦ 3° *Littér.* Le fait de continuer à vivre, de se maintenir en vie. V. **Survie** (3°). « *Vivre, survivre... le besoin de survivance est si vif chez nous, femmes* » (COLETTE).

SURVIVANT, ANTE [sʏʀvivɑ̃, ɑ̃t]. *adj. et n.* (1125, subst.; 1538, adj.; de *survivre*). ♦ 1° Qui survit à qqn, à d'autres. *L'époux survivant*. N. « *La survivante ne parle... de la morte qu'avec... des réticences perfides* » (BARBEY). *Dr. La totalité de la communauté appartiendra au survivant*. ♦ 2° Qui survit à l'époque, à la société à laquelle il appartenait. « *Seul survivant d'une époque révolue* » (DUHAM.). ◇ Qui subsiste, en parlant d'une chose. « *Fragment survivant d'une vie disparue...* » (PROUST). ♦ 3° Qui a échappé à la mort là où d'autres sont morts. V. **Rescapé**. *Les passagers survivants d'un accident ferroviaire*. — N. (Cour.) *Il n'y a pas de survivants, tous sont morts*.

SURVIVRE [sʏʀvivʀ(ə)]. *v.; conjug. vivre* (1080; de *sur-*, et *vivre*).
I. *V. tr. dir.* Vx. *Survivre qqn*, demeurer en vie après qu'il est mort. « *Le roi ne survécut guère le prince son fils* » (Mᵐᵉ de LA FAYETTE).
II. *V. tr. indir.* *Mod.* SURVIVRE À (1538). ♦ 1° Demeurer en vie, vivre après la mort de (qqn). *Il a survécu à tous les siens*. V. **Enterrer** (*fam.*). « *Songez à ménager votre vie, car je ne vous survivrai pas d'une heure* » (STENDHAL). ◇ Vivre encore après (un temps révolu, une chose passée, disparue). *Survivre à une époque, à une génération*. — Fig. « *Il y a de grands hommes qui survivent à leur génie* » (R. ROLLAND). ♦ 2° (v. 1580; *choses*). Exister encore après qu'une personne, une chose a disparu; durer plus longtemps que. « *Nous, nous changeons dans des villes immuables et nos maisons, nos quartiers nous survivent* » (SARTRE). « *Le buste Survit à la cité* » (GAUTIER). ♦ 3° (xvıᵉ). Continuer à vivre après (une chose insupportable : perte, chagrin, humiliation). *Survivre à la honte, à l'humiliation. Je n'y survivrai pas* (Cf. J'en mourrai). ♦ 4° Échapper à (une mort violente et collective). *Elle survécut à l'exécution de tous les siens. Survivre à une catastrophe*. V. **Survivant**. ♦ 5° Résister à (ce qui fait disparaître). « *Le christianisme survivait, plus fort que jamais, à l'entreprise philosophique* » (MADELIN).
III. *V. intr.* ♦ 1° Continuer à vivre après une cause de mort, rester en vie. *L'espoir de survivre*. ♦ 2° (Choses). V. **Conserver** (se), **demeurer, subsister**. « *Rien ou à peu près ne survivait du beau fonctionnement d'une maison sagement ordonnée naguère* » (COURTELINE).
IV. SE SURVIVRE. *v. pron.* ♦ 1° Vivre encore (dans qqch.) après sa mort. *Se survivre dans ses enfants, dans la mémoire des hommes*. V. **Perpétuer** (se). ♦ 2° (1718, *se survivre à soi-même*). Vivre encore alors qu'on n'est plus soi-même, qu'on a perdu sa force, ses qualités. *Cet auteur se survit, il n'écrit plus rien de bon*. ♦ 3° Vivre encore alors qu'on a failli mourir ou que l'on estime sa vie achevée. « *Les journaux font grand bruit de mon testament : ça me donne comme l'impression de me survivre* » (GONCOURT).

SURVOL [sʏʀvɔl]. *n. m.* (1911; de *survoler*). ♦ 1° Action de survoler. *Le survol d'une ville*. ♦ 2° *Fig.* Action de survoler (2°).

SURVOLER [sʏʀvɔle]. *v. tr.* (xvᵉ, fig. « dépasser »; de *sur-*, et *voler*). ♦ 1° (xvıᵉ). Voler au-dessus de (en parlant d'un oiseau). ◇ (1911) Voler, passer au-dessus de (en parlant d'un avion). « *Je survole dans de routes noires... (le monde)* » (ST-EXUP.). ♦ 2° *Fig.* Passer rapidement sur, lire ou examiner de façon superficielle. *Survoler une question; un article.*

SURVOLTAGE [sʏʀvɔltaʒ]. *n. m.* (1908; de *sur-*, et *voltage*). *Électr.* Action d'augmenter le potentiel (voltage) électrique. V. **Surtension**. ◈ ANT. **Dévoltage**.

SURVOLTÉ, ÉE [sʏʀvɔlte]. *adj.* (1938; V. **Survolter**). ♦ 1° *Courant survolté, lampe survoltée* : dont le potentiel est anormalement élevé. ♦ 2° *Fig.* Très excité. V. **Surexcité**. *Les esprits étaient survoltés.*

SURVOLTER [sʏʀvɔlte]. *v. tr.* (1908; de *survoltage*). *Électr.* Augmenter le voltage de. ◈ ANT. **Dévolter**.

SURVOLTEUR [sʏʀvɔltœʀ]. *n. m.* (1908; de *survolter*). *Électr.* Appareil destiné à survolter le courant. Appos. *Transformateur survolteur.*

SURVOLTEUR-DÉVOLTEUR [sʏʀvɔltœʀdevɔltœʀ]. *n. m.* (1932; du précéd., et *dévolteur*, de *dévolter*). *Électr.* Transformateur qui augmente ou diminue à volonté la tension.

SUS [sy(s)]. *adv.* (xᵉ; du lat. *susum*, var. de *sursum* « en haut »). ♦ 1° Vx. *Courir sus à l'ennemi*, l'attaquer. — Ellipt. *Sus! sus donc!*, allons! *Sus à l'ennemi*! ♦ 2° Loc. adv. EN SUS (*vieilli*) : en plus, par-dessus le marché. *Ces animaux ont des yeux* « *sans compter..., en sus, des antennes d'une sensibilité prodigieuse* » (GIDE). — Loc. prép. *Mod.* (dr., admin.) « *L'honoraire est ce que le client doit, en sus des frais, à son avoué...* » (BALZ.).

SUS-. Élément, de l'adv. *sus*, avec le sens de « au-dessus », « ci-dessus, plus haut ».

SUSCEPTIBILITÉ [syseptibilite]. *n. f.* (1752; de *susceptible*). ♦ 1° *Vieilli*. Le fait d'être susceptible; vive sensibilité. « *Suivant le tempérament des individus et leur susceptibilité nerveuse* » (BAUDEL.). ♦ 2° *Mod.* Caractère d'une personne dont l'amour-propre est très sensible. V. **Susceptible** (II, 2°), **délicatesse**. *Blesser, choquer, ménager... la susceptibilité de qqn*. ◇ Domaine, occasion où se manifeste ce caractère. « *Vous froissiez une susceptibilité familiale* » (CHARDONNE). ♦ 3° *Phys.* *Susceptibilité magnétique*, constante de proportionnalité entre la magnétisation et le champ magnétisant.

SUSCEPTIBLE [syseptibl(ə)]. *adj.* (1372; méd., 1520; répandu xvııᵉ; bas lat. *susceptibilis*, de *susceptum*, supin de *suscipere* « prendre par-dessous, subir », de *sub* « sous », et *capere* « prendre »).
I. SUSCEPTIBLE DE. ♦ 1° Qui peut éprouver (un sentiment), présenter (un caractère), recevoir (une impression). V. **Capable** (*vx*). « *Les vérités primitives... ne sont pas susceptibles de démonstration* » (STAËL). V. **Souffrir**. *Travail susceptible d'améliorations*. « *Une femme rendue méfiante par les malheurs n'est pas susceptible de cette révolution de l'âme* (le coup de foudre) » (STENDHAL). — (Suivi d'un inf.) Qui peut. V. **Sujet** (à). *Les villes susceptibles d'être évacuées*. ♦ 2° (*Avec l'inf.*). Qui a la capacité de, une capacité latente, une possibilité d'utilisation occasionnelle (alors que *capable* implique une capacité permanente et reconnue). V. **Apte, capable**. « *Joseph avait un chauffeur et un valet de pied susceptible lui aussi de tenir le volant* » (DUHAM.). *Des propositions susceptibles de vous intéresser.*
II. *Absolt.* (1760, « *susceptible d'impressions vives* »). ♦ 1° *Vx*. Sensible. *Une* « *délicatesse trop susceptible* » (LACLOS). ♦ 2° *Mod.* Particulièrement sensible dans son amour-propre; qui se vexe, s'offense facilement. V. **Chatouilleux, ombrageux**. « *Très fière, très susceptible, jetant à la tête de tout le monde son ancienne position de femme établie* » (ZOLA). « *D'ailleurs susceptible, incapable de souffrir la plus légère moquerie* » (MAURIAC).

SUSCITER [sysite]. *v. tr.* (1279; « ressusciter », xᵉ; lat. *suscitare*, de *subs*, *sub* « sous », et *citare*, de *ciere* « mouvoir »). ♦ 1° *Littér.* Faire naître (qqn, qqch.) pour aider ou pour contrecarrer. *Dieu a suscité à son peuple tantôt des prophètes, tantôt des ennemis. Susciter des querelles, des troubles*. V. **Fomenter**. « *Avant même qu'il* (Hercule) *fût né, elle* (Junon) *lui suscita un rival futur* » (HENRIOT). ♦ 2° *Cour.* Faire naître (un sentiment, une idée). V. **Éveiller**. *Susciter l'admiration*. V. **Soulever**. « *L'affaire suscitait... un intérêt profond* » (AYMÉ). ◇ Produire, faire apparaître en tant que cause ou occasion déterminante. V. **Causer, créer, occasionner, provoquer**. « *Cette femme n'a fait que susciter... mille éléments de tendresse existant en nous à l'état fragmentaire* » (MAUROIS). ◈ ANT. **Détruire**.

SUSCRIPTION [syskʀipsjɔ̃]. *n. f.* (h. 1215; xvıᵉ; de *sus-*, bas lat. *superscriptio*). *Admin.* Adresse d'une lettre, écrite sur le pli extérieur ou sur l'enveloppe. « *Un rectangle de papier vert dont il relut plusieurs fois la suscription* » (AYMÉ).

SUSDIT, DITE [sysdi, dit]. *adj. et n.* (1318; de *sus-*, et *dit*). *Dr.* Dit, mentionné ci-dessus. V. **Susmentionné**.

SUS-DOMINANTE [sysdɔminɑ̃t]. *n. f.* (1812; de *sus-*, et *dominante*). *Mus.* Sixième degré de la gamme diatonique. ◈ ANT. **Sous-dominante**.

SUS-HÉPATIQUE [syzepatik]. *adj.* (1843; de *sus-*, et *hépatique*). *Anat.* Qui est au-dessus du foie, qui concerne la partie supérieure du foie. *Secteurs sus-hépatiques. Scissure sus-hépatique.*

SUS-MAXILLAIRE [sysmaksi(l)lɛʀ]. *adj.* (1843; de *sus-*, et *maxillaire*; Cf. **Sous-maxillaire**). *Anat.* De la mâchoire supérieure.

SUSMENTIONNÉ, ÉE [sysmɑ̃sjɔne]. *adj.* (xvᵉ; de *sus-*, et *mentionné*). *Admin.* Mentionné plus haut. V. **Susdit**.

SUSNOMMÉ, ÉE [sysnɔme]. *adj. et n.* (1514; de *sus-*, et *nommé*). *Admin.* Nommé plus haut. V. **Prénommé**.

SUSPECT, ECTE [syspɛ(kt), ɛkt(ə)]. *adj. et n.* (1355; lat. *suspectus* « suspect », de *suspicere* « regarder de bas en haut »). ♦ 1° Qui est soupçonné ou prête au soupçon, éveille les soupçons. « *Un être étrange, inquiétant, suspect à tous* » (FRANCE). *Ils me sont suspects. Individus suspects*. V. **Douteux, équivoque, interlope, louche**. « *Deux hommes qui jasent sont moins suspects qu'un seul qui se promène* » (BEAUMARCH.). « *Si même il est reconnu innocent, il demeure toujours suspect* » (NERVAL). — N. *Les suspects d'une enquête policière.*

— SUSPECT DE... : qu'on soupçonne de... « *Suspect d'anglo-philie... il eut bientôt la nation contre lui* » (MORAND). ◇ *Spécialt.* (aux yeux du pouvoir) *Devenir, se rendre suspect.* — N. *Un suspect.* — Hist. *La loi des suspects,* votée par la Convention le 17 septembre 1793. ♦ 2º *(Choses).* Qui *éveille les soupçons ;* dont la valeur, l'intérêt, la sûreté sont douteux. « *Toute pensée non conforme devient suspecte et est aussitôt dénoncée* » (GIDE). *Témoignage suspect.* V. **Douteux.** « *Toute histoire qui n'est pas contemporaine est suspecte...* » (PASC.). *Les douaniers* « *fouillent une voiture suspecte à la frontière* » (BALZ.). — *Suspect à qqn.* SUSPECT DE : « *Les journaux, peu suspects de puritanisme...* » (MADELIN). ♦ 4º (*Personnes*). *Méd.* Qui est susceptible d'avoir une maladie contagieuse (d'après les symptômes, etc.). *Malades suspects.* ◇ ANT. *Certain, sûr.*

SUSPECTER [syspɛkte]. *v. tr.* (v. 1500, repris 1726 ; de *suspect*). Tenir pour suspect (une personne ou une chose). *V.* **Cause** (mettre en), **incriminer, soupçonner** (REM. *Suspecter est nettement plus péjoratif que soupçonner*). — « *Delhomme déclarait que le tirage avait eu lieu honnêtement, et Grosbois, très blessé, parlait de s'en aller, si l'on suspectait sa bonne foi* » (ZOLA). *Suspecter de...* (qqch.), *faire qqch.*). Pronom. « *On se blâme, on s'accuse, on se suspecte* » (DIDER.).

SUSPENDRE [syspɑ̃dʀ(ə)]. *v. tr.* ; conjug. *pendre.* Rendre (v. 1460 ; de *sus-,* et *pendre ;* de l'a. fr. *soupendre,* *soupendre* « interrompre, arrêter », 1190 ; lat. *suspendere*). **I.** *(Sens temporel).* Rendre pour un temps immobile, inactif ; supprimer pour un temps. ♦ 1º Interrompre (une action). V. **Arrêter.** « *Ô temps, suspends ton vol...* » (LAMART.). *Les narrateurs qui* « *suspendent une narration à l'endroit le plus intéressant, afin que la foule revienne le lendemain* » (NERVAL). ♦ 2º Mettre un terme aux activités, aux effets de. *V.* **Couper** (court à), **interdire.** *Suspendre la constitution, les garanties constitutionnelles.* ◇ *Suspendre un journal.* ◇ *Suspendre qqn* : le destituer provisoirement (Cf. Mettre à pied). ♦ 3º Remettre, reporter à plus tard. V. **Surseoir.** *Suspendre son jugement* : attendre pour juger d'avoir pu se former une opinion. **II.** Faire pendre. ♦ 1º Tenir ou faire tenir (une chose, une personne), de manière à ce qu'elle pende. V. **Fixer, pendre** (II, 1º). *Suspendre un lustre au plafond* (V. **Suspension**). *Suspendre à* (ou *par*) *un crochet* (accrocher), *un clou. Suspendre des vêtements à un porte manteau, dans une penderie.* ♦ 2º *Vx.* Faire tenir dans une position élevée (V. **Suspendu**). « *Les pêcheurs du Pausilippe, qui suspendent leurs cabanes à ses rochers* » (LAMART.). ♦ 3º SE SUSPENDRE. *v. pron.* Se pendre, se tenir pendu. — Par ext. « *Les enfants se suspendaient aux jupons de leurs mères* » (BAUDEL.). V. **Accrocher** (s'). ♦ 4º *Être suspendu aux lèvres de qqn* : l'écouter avec avidité (Cf. Boire ses paroles).
◇ ANT. *Continuer, prolonger ; maintenir. Décrocher, dépendre.*

SUSPENDU, UE [syspɑ̃dy]. *adj.* (XVIᵉ ; V. **Suspendre**). **I.** Momentanément arrêté. Littér. « *Retenant notre haleine Et le pas suspendu...* » (VIGNY). — Cour. *Séance suspendue.* ◇ À qui on a interdit l'exercice de ses fonctions. *Magistrat suspendu.* — Remis à plus tard. *Jugement suspendu.* **II.** ♦ 1º Attaché, soutenu de manière à pendre. *Suspendu..., par...* (ce qui sert à tenir). *Objet, ornement suspendu à un fil, par une chaîne.* « *Une gourde... suspendue par une ficelle à leur cou* » (BALZ.). — *Suspendu en l'air, dans le vide.* (1859) *Pont suspendu* : dont le tablier est « suspendu », soutenu par des chaînes, des câbles dont le point de fixation est aux deux extrémités du pont. ◇ *Voiture suspendue,* dont le corps, le châssis ne porte pas sur les essieux, mais repose sur des ressorts (V. **Suspension**). — *Voiture bien, mal suspendue* : dont la suspension est plus ou moins souple. ♦ 2º Qui tient ou se tient à une certaine hauteur, et semble être accroché. *Les jardins suspendus de Babylone* : en terrasses. « *Ces olivettes suspendues sur les rives de torrents sans eau* » (DUHAM.).

SUSPENS [syspɑ̃]. *adj. et n. m.* (1377 ; lat. *suspensus,* de *suspendere.* V. **Suspendre,** II). ♦ 1º Adj. m. *Dr. canon.* Se dit d'un ecclésiastique qui a été suspendu de ses fonctions. *L'abbé n'est pas interdit, il n'est que suspens.* ♦ 2º EN SUSPENS. *loc. adv.* (XVᵉ). Dans l'incertitude, l'indécision. *Être, demeurer, rester en suspens* : irrésolu (V. **Balancer, hésiter**). « *Son art de brouiller l'intrigue,... de tenir le lecteur en suspens* » (HENRIOT). ◇ Arrêté momentanément. *La question reste en suspens.* — Remis à plus tard. *Affaires, projets en suspens* (Cf. En plan, en souffrance). « *La question du partage entre ces deux sœurs, laissée en suspens* » (ZOLA). ♦ 3º EN SUSPENS (XIXᵉ ; de *suspendre,* II, 1º). Suspendu, en suspension. « *Une fine fumée flotte encore, mêlée à de la poussière en suspens* » (ROMAINS). — Fig. « *Une seconde encore il lui sembla qu'il restait en suspens dans le vide avec une intolérable impression de liberté* » (SARTRE). ♦ 4º SUSPENS. *n. m.* (1886, Mallarmé ; pourrait remplacer l'anglicisme *suspense*). Littér. Suspense. ◇ (De *en suspens*) Attente, incertitude. « *Elle-même n'était rien qu'attente, suspens* » (SARRAUTE).

1. **SUSPENSE** [syspɑ̃s]. *n. f.* (1312, *suspense* « suspension de droits » ; *indécision, délai, suspens* », en a. fr. ; de *suspendre,* I). *Dr. canon.* Censure ecclésiastique par laquelle un clerc, un prêtre est privé de son bénéfice et parfois aussi de ses pouvoirs. V. **Suspens.** *Interdiction et suspense.*

2. **SUSPENSE** [syspens]. *n. m.* (v. 1955 ; empr. angl. *suspense ;* du fr. *suspens*). Anglicisme. Dans un film, et *par ext.* un spectacle, un récit, Moment ou passage de nature à faire naître un sentiment d'attente angoissée ; caractère de ce qui est susceptible de provoquer ce sentiment. « *J'insistais pour que Sartre introduisît dans son récit un peu du suspense qui nous plaisait dans les romans policiers* » (BEAUVOIR). ◇ Dans la vie courante, Situation d'attente angoissée. « *Nous avons vécu un fameux suspense* » (CAU). — V. **Suspens,** 4º.

SUSPENSEUR [syspɑ̃sœʀ]. *adj. m. et n. m.* (v. 1560 ; bas lat. *suspensor*). *Anat.* Qui soutient. *Ligaments suspenseurs* (du foie, de l'œsophage, de l'ovaire, de la thyroïde...). ◇ N. m. *(Bot.)* Nom des cellules allongées qui surmontent les cellules embryonnaires de l'étage inférieur, dans le développement de l'embryon (plantule) des spermatophytes.

SUSPENSIF, IVE [syspɑ̃sif, iv]. *adj.* (1355, gram. ; lat. scolast. *suspensivus*). Qui suspend (II). *Dr.* (XVIᵉ) Qui constitue ou qui provoque la suspension (I). *Appel suspensif. Veto suspensif.* — Vx. *Points suspensifs,* de suspension.

SUSPENSION [syspɑ̃sjɔ̃]. *n. f.* (*Suspenciun* « délai, incertitude », 1170 ; lat. *suspensio,* de *suspendere*). **I.** Le fait de suspendre (I), d'interrompre ou d'interdire ; son résultat. ♦ 1º Interruption ou remise à plus tard (*vx* ou *Dr.,* sauf dans quelques express.). *Suspension des hostilités.* V. **Abandon, arrêt, cessation.** *Suspension d'armes :* arrêt concerté, local et momentané, des opérations. V. **Trêve.** — *Dr. Suspension d'audience :* son interruption par le président du tribunal. Absolt. « *Après cinq minutes de suspension pendant lesquelles mon avocat m'a dit que tout allait pour le mieux...* » (CAMUS). *Suspension de prescription. Suspension des poursuites.* — *Suspension de paiements* (V. **Moratoire**). ◇ Fait de retirer ses fonctions (à un agent, à un magistrat, à un fonctionnaire) à titre de sanction disciplinaire. *Suspension d'un maire par le préfet.* ♦ 2º *Vx.* Figure de style qui consiste à tenir les auditeurs en suspens. Interruption du sens. — Loc. mod. *Points de suspension* (...) : qui remplacent une partie de l'énoncé ou interrompent l'énoncé. *Les points de suspension* « *tiennent une chose ce qui ne doit pas être dit explicitement* » (BACHELARD). **II.** ♦ 1º (1718). Manière dont un objet suspendu est maintenu en équilibre stable. *Point de suspension d'une balance. Suspension au balancier. Suspension du tablier d'un pont.* ◇ Appui élastique d'un véhicule (châssis, coque) sur ses roues ; et des roues sur le sol (par les pneumatiques). *Ressorts de suspension* : ressorts à lames, barres de torsion, ressorts hélicoïdaux. *Suspension à roues indépendantes. Suspension hydro-pneumatique* (ou *oléo-pneumatique*). — Ensemble des pièces (amortisseurs, ressorts, jumelles, joints) assurant la liaison élastique du véhicule et des roues. ♦ 2º *Rare.* Le fait d'être suspendu, l'action de suspendre. « *La vertigineuse horreur... qu'inspire la suspension au-dessus d'un gouffre* » (GAUTIER). ♦ 3º EN SUSPENSION : se dit d'une substance formée de particules solides finement divisées dans un liquide ou dans un gaz (milieu dispersif). *Colloïde en suspension.* — Chim. Système à deux ou plusieurs phases formé par une ou plusieurs phases en suspension dans un milieu dispersif. V. **Colloïde, suspensoïde.** ♦ 4º (1867). *Vx.* Support suspendu au plafond. *Suspension contenant des fleurs.* — Mod. Appareil d'éclairage muni de lampes et d'un abat-jour (V. **Lustre**). « *Une suspension de cuivre rabattait les lueurs de la lampe sur la table* » (HUYSMANS).
◇ ANT. *Continuité.*

SUSPENSOÏDE [syspɑ̃sɔid]. *adj.* (1933 ; du rad. de *suspension,* et suff. *-oïde*). *Chim.* Se dit d'une classe de colloïdes (dits irréversibles) qui, après évaporation de la solution colloïdale, ne reprennent pas l'état colloïdal quand ils se trouvent de nouveau au contact du liquide.

SUSPENSOIR [syspɑ̃swaʀ]. *n. m.* (*Suspensoire,* 1314 ; lat. scolast. *suspensorium*). ♦ 1º (1716). Bandage, dispositif destiné à soutenir un organe, et *spécialt.* le scrotum, les testicules. ♦ 2º *Mar.* Crochet, sangle. *Suspensoir des marchepieds de vergues.*

SUSPENTE [syspɑ̃t]. *n. f.* (1803 ; *surpente,* 1680 ; var. de *soupente,* de l'a. v. *suspendre*). ♦ 1º *Mar.* Cordage ou chaîne qui entoure un mât et sert à supporter la basse vergue. ♦ 2º Corde attachant la nacelle au filet d'un ballon. ♦ 3º Élément reliant la voiture d'un parachute au harnais.

SUSPICIEUSEMENT [syspisjøzmɑ̃]. *adv.* (XXᵉ ; de *suspicieux*). Avec suspicion. « *Après avoir reniflé suspicieusement son assiette* » (QUENEAU).

SUSPICIEUX, EUSE [syspisjø, øz]. *adj.* (XXᵉ ; 1314, « suspect » de *suspicion*). Plein de suspicion. V. **Soupçonneux.** *Des regards suspicieux.*

SUSPICION [syspisjɔ̃]. *n. f.* (XIIᵉ ; lat. *suspicio,* de *suspi-*

cere. V. Soupçon). Le fait de tenir pour suspect, de ne pas avoir confiance. V. **Défiance, méfiance**. *Avoir de la suspicion à l'égard de qqn.* — Littér. *Tenir en suspicion.* « *M. Gosselin, opposé à tous les excès, en suspicion contre les singularités et les nouveautés* » (RENAN). — *Rare.* Fait d'être suspect ou soupçonné ; soupçon. « *Nous ne pouvons nous débarrasser de deux suspicions auprès du public : la suspicion de la richesse et de la noblesse* » (GONCOURT). ◇ *Dr.* Crainte légitime qu'un tribunal puisse juger avec partialité. *Renvoi pour cause de suspicion.* ◈ ANT. *Confiance.*

SUSTENTATEUR, TRICE [systãtatœʀ, tʀis]. *adj.* (1909 ; du lat. *sustentare*). Qui assure la sustentation. *Surfaces sustentatrices* (ailes...) *d'un avion*, sur lesquelles s'exerce la portance.

SUSTENTATION [systãtasjɔ̃]. *n. f.* (XIIIᵉ, rare av. XVIᵉ ; lat. *sustentatio*). *Didact.* ◆ 1° *Vx.* Fait de nourrir, de sustenter. — *Méd.* (mod.). *Sustentation d'un malade*, par un régime et un traitement appropriés. ◆ 2° *Mod.* (1842). Fait de soutenir, de maintenir en équilibre. *Base* ou *polygone de sustentation* : polygone que l'on obtient en joignant les points d'appui les plus extérieurs d'un corps posé sur une surface et à l'intérieur duquel doit se trouver la projection du centre de gravité du corps pour qu'il y ait équilibre stable. ◇ Maintien en équilibre d'un appareil volant. V. **Portance**. *Rotor assurant la sustentation d'un hélicoptère.*

SUSTENTER [systãte]. *v. tr.* (XIIᵉ ; rare av. XVIᵉ ; lat. *sustentare*, de *sustinere*. V. **Soutenir**). ◆ 1° *Didact. (Vieilli).* Soutenir les forces de (qqn) par la nourriture. V. **Alimenter, nourrir**. « *Faute d'une bouchée de pain pour sustenter leurs expirants nourrissons* » (CHATEAUB.). ◆ 2° SE SUSTENTER. v. pron. *Fam.* Se nourrir. V. **Manger, restaurer** (se).

SUS-TONIQUE [systɔnik]. *n. f.* (1831 ; de *sus-*, et *tonique*). *Mus.* Deuxième degré de la gamme diatonique.

SUSURRANT, ANTE [sysyʀã, ãt]. *adj.* (1879 ; de *susurrer*). Qui susurre. *Voix susurrante.*

SUSURRATION [sysyʀasjɔ̃]. *n. f.* (1797 ; h. XVIᵉ, « médisance » ; bas lat. *susurratio*). *Rare.* Bruit de ce qui susurre. *La susurration des moustiques.*

SUSURREMENT [sysyʀmã]. *n. m.* (1829 ; de *susurrer*). Action de susurrer ; bruit de ce qui susurre. V. **Murmure**. « *C'est autour de moi un susurrement à voix basse de gens qui se demandent et se promettent des places pour les amis* » (GONCOURT).

SUSURRER [sysyʀe]. *v.* (1539 ; bas lat. *susurrare*, onomat.). ◆ 1° *V. intr.* Murmurer doucement. V. **Chuchoter**. « *Sa voix fade susurrait, comme un ruisseau qui coule* » (FLAUB.). ◆ 2° *V. tr. Il lui susurrait des mots doux à l'oreille.*

SUSVISÉ, ÉE [sysvize]. *adj.* (XXᵉ ; de *sus-*, et *visé*). *Admin.* Visé plus haut.

SÛTRA. V. **SOÛTRA**.

SUTURAL, ALE, AUX [sytyʀal, o]. *adj.* (1803 ; de *suture*). *Didact.* Relatif à une suture (en anatomie, en sciences naturelles).

SUTURE [sytyʀ]. *n. f.* (1540 ; lat. méd. *sutura*, de *suere* « coudre »). ◆ 1° *Chir. et cour.* Réunion, à l'aide de fils, de parties divisées (lèvres d'une plaie, extrémités d'un tendon coupé). *Faire une suture. Points de suture. Suture en surjet.* ◆ 2° *Anat.* Articulation immobile caractérisée par deux surfaces articulaires réunies par du tissu fibreux. *Sutures dentées. Sutures du crâne.* ◆ 3° *Sc.* Ligne apparente constituant la jonction entre deux organes, deux parties. *Suture d'un fruit déhiscent :* de ses valves.

SUTURER [sytyʀe]. *v. tr.* (1842 ; suturé, 1846 ; de *suture*). Réunir par une suture (1°). *Suturer les bords d'une plaie.* V. **Coudre, recoudre**.

SUZERAIN, AINE [syzʀɛ̃, ɛn]. *n.* (av. XIVᵉ ; pour *suserain*; de l'adv. *sus* « au-dessus », d'apr. *souverain*). Dans le système féodal, Seigneur qui était au-dessus de tous les autres, dans un territoire donné. *Spécialt.* Seigneur qui a concédé un fief à un vassal. *Le vassal et son suzerain, sa suzeraine.* — Appos. *Dame suzeraine.*

SUZERAINETÉ [syzʀɛnte]. *n. f.* (*Suserenete*, 1306 ; de *suzerain*). Qualité de suzerain. *Droit de suzeraineté. Reconnaître la suzeraineté d'un seigneur.* ◇ Fig. et littér. *Suzeraineté d'un État sur un autre.* « *Il vous a reconnu de son propre chef une autorité, une espèce de suzeraineté* » (ROMAINS). V. **Souveraineté**.

SVASTIKA [svastika] ou **SWASTIKA** [swastika]. *n. m.* (1828 ; mot sanscrit de « bon augure », de *svasti* « salut »). Nom indien d'un symbole sacré en forme de croix à branches coudées. — *Le svastika, emblème du parti nazi.* V. **Gammée** (croix).

SVELTE [svɛlt(ə)]. *adj.* (1642 ; répandu XVIIIᵉ ; it. *svelto*, de *svellere, svegliere* « arracher, dégager »). Qui produit une impression de légèreté, d'élégance, par sa forme élancée, sa finesse (d'abord T. d'Arts). V. Dégagé, fin, léger. « *Dôme svelte* » (VOLT.). ◇ *Du corps humain ou animal* Mince et souple. *Une svelte jeune fille. Formes sveltes.* V. **Élancé**. *Taille svelte.* « *Elle est si svelte, si légère, si vaporeuse, qu'elle*

doit être diaphane » (BALZ.). ◇ ANT. *Épais, lourd, massif*

SVELTESSE [svɛltɛs]. *n. f.* (1843 ; peint., 1765 ; it. *svel-tezza*, de *svelto*). Caractère de ce qui est svelte. V. **Élégance** « *J'admirais... la sveltesse de son corps enfantin* » (GIDE)

S.V.P. [ɛsvepe]. Abrév. de *S'il vous plaît.*

SWAHÉLI ou **SWAHILI**. V. **SOUAHÉLI**.

SWAP [swap]. *n. m.* (1963 ; mot angl. « troc, échange ») Anglicisme. *Fin.* Accord de crédit réciproque. V. **Report** « *Le swap, troc portant sur des monnaies différentes et effectué entre banques par un jeu croisé d'écritures* » (France-Soir 5-1-1974).

SWASTIKA. V. **SVASTIKA**.

SWEATER [switœʀ]. *n. m.* (1910 ; mot angl., de *to sweat* « suer »). *Vieilli.* Tricot de sportif pour l'entraînement. ◇ *Par ext.* Gilet de laine, de coton, à manches longues. « *Marie Laurencin exquise dans une sorte de sweater très ouvert, gris et vert-artichaut* » (GIDE).

SWEAT(-)SHIRT [switʃœʀt]. *n. m.* (1946 ; mot angl « survêtement d'athlète », de *sweat* « sueur », et *shirt* « che mise »). Pull-over de sport en coton molletonné ou en tissu éponge, ras le cou ou à col montant, avec découpe en V, serré à la taille et aux poignets. « *Elle portait [...] un sweat-shirt blanc et une jupe jaune* » (VIAN). *Des sweat-shirts.*

SWEEPSTAKE [swipstɛk]. *n. m.* (1827 ; vulgarisé v. 1934 ; mot angl., de *to sweep* « enlever, rafler », et *stake* « enjeu »). *Turf.* Sorte de loterie par souscription entre les propriétaires des chevaux engagés dans une course. — *Par anal.* Loterie (où l'attribution des prix dépend à la fois d'un tirage et du résultat d'une course. *Un billet de sweepstake.*

SWING [swiŋ]. *n. m.* (1895 ; mot angl., de *to swing* « balancer »). ◆ 1° *(Boxe).* Coup de poing donné en ramenant horizontalement ou obliquement le bras, de l'extérieur à l'intérieur. « *Joe Mitchell, d'un furieux swing du droit, fendi l'arcade sourcilière de son adversaire* » (HÉMON). ◇ *(Golf.* Mouvement de balancement du joueur qui frappe la balle ◆ 2° (v. 1940 ; repris amér.). *Cour.* Danse, manière de danser sur une musique très rythmée, inspirée du jazz américain à la mode entre 1940 et 1945. Musique de jazz plus ou moins abâtardie. « *Les danseurs de swing s'arrêtaient* » (AYMÉ) *Orchestre de swing.* — Par ext. *N. et adj.* A désigné la mode et les habitudes de la jeunesse, de 1940 à 1945, avec le sens de « dynamique, à la page ». « *Les gens swing* » (AYMÉ) ◆ 3° *Jazz* (v. 1950). Qualité rythmique propre à la musique de jazz*. V. **Rythme**. *Son swing discret soumis à la discipline du contrepoint* » (L'Express, 27-9-1965).

SWINGUER [swiŋge]. *v. intr.* (v. 1950 ; de *swing*). *Jazz* Jouer avec swing (3°) ; avoir du swing. *Ça swingue* (Cf. arg *mus.* Ça chauffe).

SYBARITE [sibaʀit]. *n. et adj.* (1530 ; lat. *sybarita*, mot gr. « habitant de *Sybaris* », vivant dans le luxe et la mollesse). *Littér.* Personne qui recherche les plaisirs de la vie dans une atmosphère de luxe et de raffinement. V. **Délicat, jouisseur, sensuel, voluptueux**. ◇ ANT. *Ascète.*

SYBARITIQUE [sibaʀitik]. *adj.* (1842 ; lat. *sybariticus*). *Rare.* Propre aux sybarites.

SYBARITISME [sibaʀitism(ə)]. *n. m.* (1829 ; de *sybarite*). *Littér.* Goût, vie de sybarite. V. **Indolence, mollesse, sensualité**. *Il* « *s'attarde à sa toilette avec sybaritisme* » (J.-R. BLOCH). ◇ ANT. *Ascétisme.*

SYCOMORE [sikɔmɔʀ]. *n. m.* (*Sicamor*, 1160 ; lat. *sycomorus*, mot gr., de *sukon* « figue », et *moron* « mûre »). ◆ 1° Figuier originaire d'Égypte, aux fruits comestibles, au bois très léger et incorruptible. ◆ 2° (XVIᵉ). Nom d'une espèce d'érable *(acer pseudoplatanus)*, dite *érable sycomore, faux platane.*

SYCOPHANTE [sikɔfãt]. *n. m.* (XVᵉ ; lat. *sycophanta* mot gr., proprem. « dénonciateur des voleurs de figues », *sukon*). *Littér. et vieilli.* Délateur, mouchard, et *par ext.* espion, fourbe. « *Guillot le sycophante approche doucement* » (LA FONT.).

SYCOSIS [sikozis]. *n. m.* (*Sycose*, 1752 ; gr. *sukôsis* « tumeur en forme de figue », *sukon*). *Méd.* Folliculite suppurée des poils de la barbe et de la moustache, provoquée par des staphylocoques.

SYÉNITE [sjenit]. *n. f.* (1765 ; *siénite*, 1611 ; lat. *syenites* mot gr. « de Syène », anc. nom d'Assouan). *Sc.* Roche plutonique grenue, composée de feldspaths alcalins, de mica brun (biotite) ou hornblende verte, sans quartz.

SYLLABAIRE [si(l)labɛʀ]. *n. m.* (1752 ; de *syllabe*). *Vieilli.* Manuel, livre élémentaire de lecture présentant les mots décomposés en syllabes (Cf. A b c).

SYLLABATION [si(l)labasjɔ̃]. *n. f.* (1872, « lecture par syllabes » ; de *syllabe*). *Ling.* « Répartition d'un système d'articulations en syllabes, soit opérée spontanément par le sujet parlant, soit reconnue par le phonéticien d'après la définition qu'il adopte de la syllabe » (MAROUZEAU).

SYLLABE [si(l)lab]. *n. f.* (1174 ; *silebe*, 1160 ; lat. *syllaba* mot gr., de *sullambanein* « rassembler »). Unité phonétique fondamentale, groupe de consonnes et de voyelles qui se prononcent d'une seule émission de voix. « *Cette façon tendre... de prononcer : « Ma - man », en détachant les syllabes* » (MART. du G.). *Mot d'une syllabe* (monosyllabe). *Vers de huit syllabes* (octosyllabe). *Syllabe initiale, finale d'un mot.* *Syllabe muette**. Phonét. *Syllabe ouverte,* terminée par une voyelle ; *fermée,* terminée par une consonne. ◇ *Ne pas prononcer une syllabe :* un mot, une parole. « *Jeanne écoutait sans perdre une syllabe* » (ROMAINS).

SYLLABIQUE [si(l)labik]. *adj.* (1529 ; de *syllabe*). Qui a rapport à la syllabe. *Écriture syllabique,* où chaque syllabe est représentée par un seul signe. *Voyelle portant l'accent syllabique. Vers syllabique,* qui se mesure par le nombre de syllabes (vers français).

SYLLABISME [si(l)labism(ə)]. *n. m.* (1872 ; de *syllabique*). Ling. Système d'écriture syllabique (Cf. Idéographie).

SYLLABUS [si(l)labys]. *n. m.* (1865 ; mot lat. ecclés. « sommaire, table », altér. de *syllibus* ou *sillybus* ; gr. *sillubos* « bande portant le titre d'un volume »). Relig. Liste de propositions émanant de l'autorité ecclésiastique. — Spécialt. *Le Syllabus,* document publié par Pie IX en 1864, ensemble des propositions condamnées par le pape.

SYLLEPSE [si(l)lɛps(ə)]. *n. f.* (1660 ; lat. *syllepsis* ; gr. *sullêpsis,* proprem. « compréhension »). *Gram.* Accord selon le sens et non selon les règles grammaticales. *Syllepse de nombre* (ex. : minuit sonnèrent). *Syllepse de genre* (ex. : « C'est la sentinelle qui le premier s'inquiète » (PERRET).

SYLLEPTIQUE [si(l)lɛptik]. *adj.* (1765 ; de *syllepse*). *Gram.* Relatif, propre à la syllepse.

SYLLOGISME [si(l)lɔʒism(ə)]. *n. m.* (XIVe ; *silogime,* 1265 ; lat. *syllogismus,* mot gr., proprem. « calcul, raisonnement »). ◆ 1° *Log.* Tout raisonnement déductif rigoureux qui ne suppose aucune proposition étrangère sous-entendue. V. **Déduction, démonstration, raisonnement.** — *(Log. form.)* Opération par laquelle, du rapport de deux termes avec un même troisième appelé moyen terme, on conclut à leur rapport mutuel. *Prémisses (majeure et mineure) et conclusion d'un syllogisme* (ex. : Tous les hommes sont mortels [majeure], or je suis un homme [mineure], donc je suis mortel [conclusion]). ◆ 2° Péj. et cour. Raisonnement purement formel, étranger au réel.

SYLLOGISTIQUE [si(l)lɔʒistik]. *adj.* (1551 ; lat. *syllogisticus*). *Didact.* Qui concerne le syllogisme, procède par syllogisme. *Méthode syllogistique.* « *Lui, un esprit précis, concret, syllogistique* » (GONCOURT). ◇ *Subst. La syllogistique,* la partie de la logique qui traite du syllogisme.

SYLPHE [silf(ə)]. *n. m.* (*Sylfe,* 1604 ; du lat. des inscriptions *sylphus* « génie », p.-ê. o. gaul.). Génie de l'air de la mythologie gauloise et germanique. V. **Elfe.** *Ariel, le célèbre sylphe de* La Tempête *de Shakespeare.* « *Je suis l'enfant de l'air, un sylphe, moins qu'un rêve* » (HUGO). ◇ HOM. Silphe.

SYLPHIDE [silfid]. *n. f.* (1670 ; de *sylphe*). Génie aérien féminin plein de grâce. *Elle danse comme une sylphide. Avoir une taille de sylphide,* très mince. ◇ *Fig.* Femme mince et gracieuse ; créature féminine de rêve.

SYLV-. Élément, du lat. *silva* « forêt ».

SYLVAIN [silvɛ̃]. *n. m.* (*Sylvain,* 1488 ; lat. *silvanus,* de *silva* « forêt »). *Didact.* Divinité des forêts, dans la mythologie latine. V. **Dryade, faune.** « *Le faune aux doigts palmés, le sylvain aux yeux verts* » (HUGO).

SYLVE [silv(ə)]. *n. f.* (*Les Sylves,* 1846 ; *silve, selve,* en a. fr. ; lat. *silva* « forêt »). *Poét.* Forêt, bois. « *Les anneurs... donnaient à cette sylve abandonnée l'aspect d'une forêt mystérieuse* » (BOSCO).

SYLVESTRE [silvɛstʀ(ə)]. *adj.* (*Silvestre,* XIVe ; lat. *silvestris*). Propre aux forêts, aux bois. V. **Forestier.** « *Le vieux forestier... sait fort bien déchiffrer les bruits humains des rumeurs sylvestres* » (PERGAUD). ◇ *Pin sylvestre :* espèce de pin commun et résistant, au tronc orangé vers la cime.

SYLVICOLE [silvikɔl]. *adj.* (1616, n. ; repris 1827 ; lat. *silvicola* « qui habite [*colere*] la forêt [*silva*] »). ◆ 1° Vieilli. Qui vit dans les bois (en parlant de plantes, d'oiseaux). ◆ 2° Techn. Relatif à la sylviculture. V. **Forestier.** *Problèmes sylvicoles.*

SYLVICULTEUR [silvikyltœʀ]. *n. m.* (1872 ; de *sylvi-,* de *silva* « forêt », et *-culteur*). Exploitant de forêts. V. **Arboriculteur, forestier.**

SYLVICULTURE [silvikyltyʀ]. *n. f.* (1835 ; de *sylvi-,* de *silva* « forêt », et *culture*). Exploitation rationnelle des arbres forestiers (conservation, entretien, régénération, reboisement, etc.).

SYLVINITE [silvinit]. *n. f.* (XXe ; de *sylvine,* minerai tiré de *Sylvius,* nom latinisé de Jacques Dubois). Techn. Minerai de potassium constitué d'un mélange de chlorure de potassium et de chlorure de sodium, utilisé comme engrais.

SYM-. V. SYN-.

SYMBIOSE [sɛ̃bjoz]. *n. f.* (1890 ; gr. *sumbiôsis,* de *sumbioun* « vivre [*bioun*] ensemble [*sun*] », par l'angl. ou l'all.). Biol. Association durable et réciproquement profitable entre deux organismes vivants. V. **Commensalisme, mutualisme.**

Algue et champignon vivant en symbiose (V. Lichen). ◇ *Fig.* et littér. Étroite union. « *Ainsi vivions-nous, elle* (ma mère) *et moi, en une sorte de symbiose* » (BEAUVOIR).

SYMBIOTE [sɛ̃bjɔt]. *n.* (1906 d'abord adj. ; de *symbiose*). Sc. Chacun des êtres associés en symbiose.

SYMBIOTIQUE [sɛ̃bjɔtik]. *adj.* (XXe ; de *symbiose*). Sc. Relatif à la symbiose, caractérisé par la symbiose.

SYMBOLE [sɛ̃bɔl]. *n. m.* (1380 ; lat. chrét. *symbolum* « symbole de foi », class. *symbolus* « signe de reconnaissance », du gr. *sumbolon,* d'abord morceau d'un objet partagé entre deux personnes pour servir entre elles de signe de reconnaissance).

I. *Relig. cathol.* Formule dans laquelle l'Église résume sa foi. V. **Credo.** *Symbole des apôtres, de Nicée.*

II. Ce qui représente autre chose en vertu d'une correspondance. ◆ 1° Objet ou fait naturel de caractère imagé qui évoque, par sa forme ou sa nature, une association d'idées « naturelle » (dans un groupe social donné) avec qqch. d'abstrait ou d'absent. V. **Attribut, emblème, insigne, représentation.** *La colombe, symbole de la paix.* « *Vieil océan, tu es le symbole de l'identité. Toujours égal à toi-même* » (LAUTRÉAMONT). *La Pavane* « *est devenue pour nous le symbole de toute une époque* » (MIOMANDRE). ◇ Objet ou image ayant une valeur évocatrice, magique et mystique. *Mythes et symboles.* « *Ces symboles* (les masques nègres) *sont chargés de pouvoirs* » (HENRIOT). *Symboles solaires, lunaires. Symboles de la libido dans le rêve.* ◇ Élément ou énoncé descriptif ou narratif qui est susceptible d'une double interprétation, sur le plan réaliste et sur le plan des idées. V. **Allégorie, comparaison, figure, image, métaphore.** *Les symboles dans la poésie symbolique.* « *Un SYMBOLE est, en somme, une comparaison prolongée dont on ne nous donne que le second terme* » (J. LEMAITRE). ◇ Ling. *Le symbole opposé au signe par Saussure.* REM. L'emploi 2°, ci-dessous, domine en sémiotique. ◆ 2° Ce qui, en vertu d'une convention arbitraire, correspond à une chose ou à une opération qu'il désigne. V. **Algorithme, alphabet, notation, signe.** *Symboles alphanumériques, algébriques, logiques. Symbole d'opérateur.* Sémiot. Signe établissant un rapport non causal (à la diff. de l'*indice*) et non analogique (à la diff. de l'*icône*) [s'oppose dans cet emploi au sens 1°]. — *Symbole chimique,* constitué par une lettre majuscule (ou deux lettres dont la première est une majuscule) représentant un élément, un corps simple (ex. : O pour l'oxygène). ◇ Techn. Graphisme utilisé dans un organigramme pour représenter une opération de décision. — *Symbole graphique,* représentant des machines, des appareils. — Numism. Marque d'atelier. ◆ 3° Personne qui incarne, qui personnifie de façon exemplaire. V. **Personnification.** « *Piero* (della Francesca) *est le symbole même de la sensibilité moderne* » (MALRAUX).

SYMBOLIQUE [sɛ̃bɔlik]. *adj.* et *n.* (1552 ; lat. imp. *symbolicus* ; gr. *sumbolikos*).

I. *Adj.* ◆ 1° Qui constitue un symbole (II), repose sur des symboles. V. **Allégorique, emblématique, figuratif.** *Objets, figures, peintures symboliques.* « *Un mythe est... une fable symbolique* » (D. de ROUGEMONT). « *Le lien, le vase, le tissu, l'outil, la roue, l'arme, tous ces objets essentiels ont, outre leur signification matérielle, une signification symbolique ou spirituelle* » (DUHAM.). — Spécialt. *Écriture symbolique,* pictographique. *Pensée symbolique,* qui procède par images, par analogies (*opposé à* pensée logique). *Logique symbolique.* V. **Logistique.** ◆ 2° (XXe). Qui, tout en étant réel, n'a pas d'efficacité ou de valeur en soi, mais en tant que signe d'autre chose. *Geste symbolique, purement symbolique. Obtenir le franc symbolique de dommages et intérêts. Une augmentation toute symbolique des salaires.*

II. *N. f.* Didact. ◆ 1° (Fin XVIIe ; de *symbole,* II, 2°). Logique symbolique. ◆ 2° (1825 ; all. *Symbolik,* 1810). Science, théorie générale des symboles (II, 1°), spécialt. en histoire des religions, mythologie, sociologie. *La symbolique des rêves, chez Freud.* ◆ 3° *La symbologie de... :* système de symboles relatif à un domaine déterminé, un peuple, une époque, à un système éthique ou politique. « *La symbolique gaulliste : la croix de Lorraine, la Commémoration du 18 juin, le Compagnonnage, l'idée gaulliste de l'honneur politique* » (*L'Express,* 27-11-1967). « *La symbolique du* » (MICHELET). *La symbolique romane,* propre à l'art roman. ◆ 4° *N. m.* (de I, 1°). *Le symbolique :* le domaine des symboles (II, 1°) et, *par ext.* des signes arbitraires, notamment, acceptés et véhiculés par la culture (peut s'opposer à *sémiotique*). ◇ Spécialt. Psychan. « *L'ordre des phénomènes auxquels la psychanalyse a à faire en tant qu'ils sont structurés comme un langage* » (LACAN).

SYMBOLIQUEMENT [sɛ̃bɔlikmɑ̃]. *adv.* (1561 ; de *symbolique*). D'une manière symbolique. « *Il écrit ces lignes... pour immoler quelqu'un symboliquement, sur l'autel de la colère* » (DUHAM.).

SYMBOLISATION [sɛ̃bɔlizasjɔ̃]. *n. f.* (1827 ; « fait d'être en relation d'analogie », 1374 ; de *symboliser*). ◆ 1° Action de

symboliser. « *La littérature n'est pas en effet autre chose que...
la symbolisation de l'idée au moyen de héros imaginaires* »
(GOURMONT). ◇ *Psychan.* Élaboration des symboles du
rêve. ♦ 2° Fait d'utiliser des symboles (II, 2°). *Symbolisation
en mathématiques, en logique.* V. **Formalisation.**

SYMBOLISER [sɛ̃bɔlize]. *v. tr.* (1796; intr., « être en
rapport avec qqch. », XIVᵉ; lat. scolast. *symbolizare*, du
grec *sumballein* « joindre, rapprocher »; Cf. Symbole).
♦ 1° Représenter, exprimer ou matérialiser par un symbole.
« *L'idée de symboliser l'amour involontaire, irrésistible et
éternel par ce breuvage* (le philtre de « Tristan et Iseult ») »
(G. PARIS). ♦ 2° Être le symbole de. « *Notre-Dame de Reims...
couverte plus qu'aucune autre des emblèmes du sacerdoce...
symbolise l'alliance du roi et du prêtre* » (MICHELET).

SYMBOLISME [sɛ̃bɔlism(ə)]. *n. m.* (1831; de *symbole*).
♦ 1° Emploi de symboles; figuration par des symboles
(II); système de symboles. *Symbolisme religieux, chrétien.*
« *Quand un symbolisme puise ses forces dans le cœur même,
combien grandissent les visions!* » (BACHELARD). — *Symbolisme de...*, signification symbolique de, ensemble des symboles rattachés à (tel objet, telle figure). « *Symbolisme du
cercle et de la coupole* », ouvrage de L. Hautecœur. ♦ 2° *Philo.*
Théorie des symboles; interprétation symbolique des événements de l'histoire. ♦ 3° *Hist. litt.* (v. 1886). Mouvement
littéraire et poétique français qui, en réaction contre le naturalisme et le Parnasse, s'efforça de fonder l'art sur une vision
symbolique et spirituelle du monde, traduite par des moyens
d'expression nouveaux (Verlaine, Rimbaud, Mallarmé).
Par ext. *Le symbolisme dans la peinture, la musique.* « *Le mot
symbolisme fait songer les uns d'obscurité, d'étrangeté, de
recherche excessive dans les arts; d'autres y découvrent je ne
sais quel spiritualisme esthétique, ou quelle correspondance
des choses visibles avec celles qui ne le sont pas* » (VALÉRY).

SYMBOLISTE [sɛ̃bɔlist(ə)]. *adj. et n.* (v. 1885; de *sym-
bolisme,* 3°). Propre au symbolisme, partisan du symbolisme.
Mouvement, poésie symboliste. Peintre symboliste. — N.
Les symbolistes, les auteurs symbolistes.

SYMÉTRIE [simetʀi]. *n. f.* (1530, archit.; lat. *symmetria,*
mot gr. « juste proportion », de *sun* « avec », et *metron*
« mesure »).
I. ♦ 1° *Vx.* Juste proportion, accord des parties d'un
bâtiment entre elles et avec l'ensemble, qui concourt à la
beauté de l'architecture. V. **Harmonie, régularité.** « *Ceux
qui font de fausses fenêtres pour la symétrie* » (PASC.). *Symétrie des volumes.* V. **Équilibre.** ♦ 2° *Littér.* Régularité et
harmonie, dans les parties d'un objet ou dans la disposition
d'objets semblables. *Se répéter avec symétrie.* « *Il y a en
architecture, comme en musique, des rythmes d'une symétrie
harmonieuse qui charment l'œil et l'oreille* » (GAUTIER).
II. *Mod.* (XVIIIᵉ). ♦ 1° Correspondance exacte en forme,
taille et position de parties opposées; distribution régulière
de parties, d'objets semblables de part et d'autre d'un axe,
autour d'un centre. « *Symétrie veut dire aujourd'hui, dans le
langage des architectes, non pas une pondération, un rapport
harmonieux des parties d'un tout, mais une similitude des
parties opposées* » (VIOLLET-LE-DUC). *Symétrie des deux ailes
d'un château, des parterres séparés par une allée centrale.
Vases, flambeaux disposés avec symétrie. Vx. Faire symétrie
à...* V. **Pendant.** ◇ Similitude des deux moitiés (d'une chose).
Symétrie d'un bâtiment, d'un vêtement, d'un ornement. —
Par ext. Similitude (entre deux phénomènes, deux situations).
V. **Concordance, correspondance.** ♦ 2° *Géom. Symétrie de
deux figures; symétrie de deux points par rapport à un troisième :* lorsque celui-ci est au milieu du segment qui joint
les deux points; *par rapport à une droite, un plan :* lorsque
celle-ci, celui-ci est la médiatrice, le plan médiateur du
segment qui joint les deux points. *Symétrie de deux figures
par rapport à un point, une droite ou un plan,* symétrie entre
tous les points des deux figures. ◇ *Symétrie d'une figure,*
caractère d'une figure géométrique telle qu'il y ait symétrie
entre ses parties, par rapport à un point, une droite ou un
plan appelés *centre, axe, plan de symétrie.* ♦ 3° *Sc. nat.*
(Zool.). *Symétrie bilatérale des artiozoaires,* dont le corps
peut être divisé par un plan en deux moitiés semblables.
Organes impairs coupés par le plan de symétrie. — (Bot.)
Chez les plantes vasculaires, *symétrie axiale de la tige et de
la racine. Symétrie radiaire (d'une fleur, d'une étoile de mer).*
— (Cristall.). Mode de répartition dans l'espace des éléments semblables d'un cristal. *Éléments de symétrie,* axes,
centres et plans de symétrie d'un cristal.
◇ ANT. *Désordre, irrégularité. Asymétrie, dissymétrie.*

SYMÉTRIQUE [simetʀik]. *adj.* (*Symmétrique,* 1530; de
symétrie). ♦ 1° *Vx* ou *littér.* Qui a de la symétrie (I). V.
Régulier. *Dans ces lettres,* « *tout est mesquin, symétrique et
rabougri* » (GAUTIER). ♦ 2° Qui a de la symétrie (II). Se dit
de deux choses semblables et opposées. *Ailes symétriques d'un
bâtiment. Dessins symétriques obtenus par calque. Les deux
mains sont symétriques.* ◇ Se dit d'une de ces choses par rapport à l'autre. *L'œil droit est à peu près symétrique du gauche.*

— Subst. masc. « *Des systèmes de muscles et de nerfs complexes
jouissent d'un repos absolu, il me semble, pendant que leur
« symétrique » travaille* » (JARRY). ◇ (*Abstrait*) Qui corres-
pond(ent) point par point. *Considérer deux systèmes, deux
théories comme symétriques.* ♦ 3° *Géom.* Se dit de deux
figures en rapport de symétrie. *Figures symétriques par rapport
à un point, une droite, un plan.* — Subst. *Une figure plane est
égale à sa symétrique.* ◇ Qui a un axe de symétrie. *Le triangle
isocèle est symétrique.* ♦ 4° *Alg. Fonction symétrique,* fonction qui reste sans changement quand ses variables s'échangent par paires. ♦ 5° *Math. Éléments symétriques,* éléments
qui, associés dans une loi de composition, forment l'élément
neutre (V. **Inverse, opposé**). ◇ ANT. *Asymétrique, dissymétrique,
irrégulier.*

SYMÉTRIQUEMENT [simetʀikmɑ̃]. *adv.* (1530; de
symétrie). Avec symétrie (II). *Objets disposés symétriquement.*
Géom. *Points symétriquement opposés par rapport à un point,
une droite.*

SYMPA [sɛ̃pa]. *adj. invar.* (1906; de *sympathique,* II).
Très fam. Sympathique. *Un gars sympa. Ils sont très sympa.*
◇ (*Choses*) Agréable. « *J'ai été au théâtre... C'est ça qui est
sympa* » (ARAGON). *Vachement sympa.*

SYMPATHIC(O)-. Élément savant tiré de *sympathique*
(I).

SYMPATHICECTOMIE [sɛ̃patisɛktɔmi] ou **SYMPA-
THECTOMIE** [sɛ̃patɛktɔmi]. *n. f.* (XXᵉ; de *sympathic-,*
et *ectomie*). *Méd.* Résection d'un nerf, d'un ganglion ou
d'une chaîne de ganglions du système sympathique.

SYMPATHICOTONIE [sɛ̃patikɔtɔni]. *n. f.* (XXᵉ; de
sympathico-, et *-tonie*). *Physiol.* Sensibilité spéciale de l'orthosympathique, propre aux individus appelés SYMPATHICO-
TONIQUES [sɛ̃patikɔtɔnik]. ◇ ANT. *Vagotonie.*

SYMPATHIE [sɛ̃pati]. *n. f.* (1420; lat. *sympathia* « fait
d'éprouver les mêmes sentiments »; gr. *sumpathia* « participation à la souffrance d'autrui »). ♦ 1° *Vx.* Affinité morale,
similitude de sentiments entre deux ou plusieurs personnes.
« *À une anecdote, il leur arrivait de rire au même endroit...
Pour tout exprimer par un bon vieux mot, il y avait entre eux
sympathie* » (MUSS.). — « *J'avais été entraîné vers Pierre
par cette sympathie d'âge qui rapproche si vite les jeunes gens* »
(NODIER). ◇ *Hist. sc.* Affinité. « *L'harmonie, l'accord mutuel
qui règne entre diverses parties du corps humain* » (ENCYCL.).
♦ 2° *Mod.* Relations entre personnes qui, ayant des affinités, se conviennent, se plaisent spontanément. *La sympathie qui existe entre eux.* « *Il n'était point en sympathie
avec les habitants de la ville. Faute de pouvoir sentir et comprendre comme eux, il était retranché de la communion
humaine* » (FRANCE). ♦ 3° *Cour.* Sentiment chaleureux et
spontané, qu'une personne éprouve (pour une autre). *Avoir
de la sympathie pour qqn.* V. **Inclination, penchant.** « *Les deux
jeunes gens ressentaient l'un pour l'autre une sympathie assez
vive* » (ROMAINS). *Montrer, témoigner de la sympathie à qqn.*
V. **Amitié, bienveillance, cordialité.** *Attirer, inspirer la sympathie : être sympathique.* « *Il avait toujours eu la sympathie de
ses camarades, la confiance de ses maîtres* » (MART. du G.).
◇ Bonne disposition (à l'égard d'une action, d'une production humaine). *Accueillir une idée, un projet avec sympathie.* ♦ 4° *Littér.* (*du sens gr.*). Participation à la douleur
d'autrui, fait de ressentir tout ce qui le touche. *Être en sympathie avec le malheureux.* — *Cour.* (formule de politesse)
Croyez à toute ma sympathie (V. **Condoléance**). ◇ ANT.
*Disparité, opposition; animosité, antipathie, aversion; prévention;
indifférence.*

SYMPATHIQUE [sɛ̃patik]. *adj. et n. m.* (1590, méd.;
de *sympathie*).
I. (*Vx* ou *spécialt.*). ♦ 1° *Vx.* Qui est en relation, en
affinité avec (autre chose); qui sont liés par une affinité.
« *L'intelligence et le cœur sont deux régions sympathiques et
parallèles* » (HUGO). ♦ 2° *Vx.* Qui agit par « sympathie »,
peut guérir à distance (en parlant de remèdes). *Poudre sympathique.* — Loc. mod. *Encre sympathique,* qui reste incolore
et donc invisible tant qu'on ne la soumet pas à l'action
d'un corps avec lequel elle est « en sympathie ». ♦ 3° *Méd.*
(*Vx*). *Affection, trouble sympathique,* qui provoque des
troubles, des douleurs en un autre endroit. ◇ Mod. *Ophtalmie
sympathique :* inflammation grave de l'œil sain, survenant
comme complication d'une blessure importante de l'autre
œil. ♦ 4° *Physiol.* et *anat.* (Sens étroit). Syn. d'*Orthosympathique. Nerf, ganglion sympathique.* — (Sens large). Relatif
au système nerveux végétatif (ou *neuro-végétatif**). — N. m.
LE SYMPATHIQUE, ou (*vx*) *le grand sympathique :* le système
orthosympathique*. — *Adj.* Du sympathique. *Cellule, nerf,
ganglion sympathique.* ♦ 4° *Littér.* Relatif aux affinités
morales. « *Les liens sympathiques, les affinités morales qui...
m'unissent avec ce qui est aimable et beau* » (LOTI). ◇ *Didact.*
(XIXᵉ) Qui fait participer aux souffrances et *(par ext.)* à
tous les sentiments d'autrui. « *Plaisirs égoïstes et plaisirs
sympathiques* » (RIBOT).
II. (*Personnes*). ♦ 1° (1853). *Vieilli.* Qui a de la sympa-

thie (3ᵉ) pour qqn. V. **Amical**. « *Les cinq hommes s'appro-chèrent, affables, contents, sympathiques au prêtre* » (MAU-PASS.). ◇ Qui a de la sympathie (pour qqch.). V. **Favorable**. « *Les femmes sont toujours sympathiques aux sentiments pas-sionnés* » (HERMANT). ♦ 2° *Mod. et cour.* (1851). Qui inspire la sympathie. V. **Aimable, agréable, plaisant**. *Trouver qqn sympathique. Sympathique à qqn et antipathique à d'autres. Des « types qu'on a rencontrés la veille, et à qui on trouve une gueule sympathique* » (ROMAINS). V. **Sympa**. ◇ Par ext. *Un comportement, un geste sympathique.* ♦ 3° (Choses). *Fam.* Très agréable. V. **Sympa** (Cf. Chouette, épatant). *Une petite plage sympathique. « On réserve à Bibi — tu piges? — cette très sympathique cabine* » (MORAND).

◈ ANT. *Indifférent. Malveillant; hostile. Antipathique, désa-gréable, déplaisant.*

SYMPATHIQUEMENT [sɛpatikmɑ̃]. *adv.* (1655; de *sympathique*). Avec sympathie, d'une façon sympathique (II). *Accueillir sympathiquement qqn*, amicalement, chaleu-reusement, favorablement. « *Il n'y a pas de nom qui soit plus sympathiquement attendu* » (ROMAINS).

SYMPATHISANT, ANTE [sɛpatizɑ̃, ɑ̃t]. *adj. et n.* (XVIᵉ; de *sympathiser*). ♦ 1° Vx. *Sympathisant avec.* Qui sympathise (1°) avec, a les mêmes goûts. « *Je le crois fort sym-pathisant Avec messieurs les rats* » (LA FONT.). ♦ 2° *Mod.* (1872; sans compl.). Qui, sans appartenir à un parti, en adopte les vues, approuve l'essentiel de sa politique. V. **Adepte**. — N. « *On demande tout à un homme du parti. On peut demander plus que tout à un sympathisant* » (DUHAM.). *Sympathisant communiste.*

SYMPATHISER [sɛpatize]. *v. intr.* (mil. XVIᵉ; de *sympa-thie*). ♦ 1° Être en affinité morale, avoir les mêmes goûts. *Sympathiser avec qqn.* « *Nous sympathisons vous et moi* » (MOL.). — *Par ext.* S'entendre bien dès la première rencontre. *Ils ont tout de suite sympathisé.* ♦ 2° *Didact.* Participer par sympathie, s'identifier à. « *Cette imagination* (de Michelet) *sympathise avec la vie des siècles comme avec la vie des indi-vidus* » (TAINE).

SYMPHONIE [sɛ̃fɔni]. *n. f.* (XIIIᵉ; « instrument de musique », XIIᵉ; lat. *symphonia*, du gr. *sumphônia* « accord, ensemble de sons »). ♦ 1° *Vx.* Ensemble de sons consonants. V. **Consonance, homophonie**. — Ensemble de sons musicaux. V. **Polyphonie; concert**. « *La symphonie* (d'un air de Qui-nault) *est toute de basses* » (SÉV.). ♦ 2° (XVIIᵉ). *Hist. mus.* Morceau de musique ancienne pour un ensemble d'instru-ments; pièce d'orchestre. *Les symphonies de Lulli.* — On dit aussi SINFONIA [sɛ̃fɔnja]. ♦ 3° *Mod.* (XVIIIᵉ). Composition musicale assez ample à plusieurs mouvements (allegro; andante, adagio ou largo; menuet; finale), construite sur le plan de la sonate et exécutée par un nombre important d'ins-trumentistes. *Symphonies de Mozart. Les neuf symphonies de Beethoven* (symphonie héroïque, pastorale, neuvième sym-phonie avec chœurs...). *La symphonie inachevée, de Schubert. Symphonie fantastique* (Berlioz). — *Par ext. Symphonie concer-tante : concerto à plusieurs solistes.* ♦ 4° *Fig. et littér.* Ensem-ble de choses qui concourent à un effet. V. **Chœur, harmonie**. « *Cette grande symphonie aurorale que les vieux poètes appe-laient le renouveau* » (HUGO). « *Symphonie en blanc majeur* » (GAUTIER).

SYMPHONIQUE [sɛ̃fɔnik]. *adj.* (XVIIIᵉ, « consonant »; de *symphonie*). ♦ 1° (1872; all. *symphonische Dichtung*, 1848). *Poème symphonique :* composition musicale assez ample, écrite pour tout l'orchestre (en général), et illustrant un « programme ». « *Le sujet de ce poème symphonique* (le Rouet d'Omphale) *est la séduction féminine* » (SAINT-SAËNS). ♦ 2° De la symphonie, de la musique classique pour grand orchestre. *Orchestre symphonique*, comportant la plus grande variété instrumentale et de nombreux exécutants. V. **Phil-harmonie**. *Concert symphonique. Œuvres symphoniques.*

SYMPHONISTE [sɛ̃fɔnist(ə)]. *n.* (1678; de *symphonie*). ♦ 1° *Vx.* Musicien compositeur. ♦ 2° Auteur de symphonies. ♦ 3° Musicien exécutant d'un orchestre symphonique.

SYMPHORINE [sɛ̃fɔʀin]. *n. f.* (1846; *symphorée, -phori-carpe*, 1839; du lat. bot. *symphoricarpos;* du gr. *symphoros* « qui accompagne »). Arbuste buissonnant (*Caprifoliacées*), à petites fleurs roses. *Symphorine à fruits blancs*, ou boule de cire, boule de neige.

SYMPHYSE [sɛ̃fiz]. *n. f.* (1560; gr. *sumphusis*, proprem. « union, complexe »). ♦ 1° *Anat.* Articulation peu mobile (ou amphiarthrose). *Symphyse pubienne.* ♦ 2° *Méd.* Adhé-rence de deux feuillets d'une séreuse. *Symphyse cardiaque, pleurale, rénale* (adj. SYMPHISAIRE [sɛ̃fizɛʀ]).

SYMPLECTIQUE [sɛ̃plɛktik]. *adj.* (1842, minér.; lat. sc. *symplecticus;* gr. *sumplektikos* « qui entrelace »). *Sc. nat.* Qui est entrelacé (avec un autre corps, une autre partie).

SYMPOSIUM [sɛ̃pozjɔm]. *n. m.* (v. 1955; mot angl., 1711, empr. lat., gr. *symposion* « banquet »; T. d'antiq., 1875). Publication, et *par ext.* Congrès scientifique réunissant un nombre restreint de spécialistes et traitant un sujet parti-culier. V. **Colloque, forum, séminaire**.

SYMPTOMATIQUE [sɛ̃ptɔmatik]. adj. (1600; *hippo* ;

1478; lat. *symptomaticus*, du gr. V. **Symptôme**). ♦ 1° *Méd.* Qui constitue un symptôme. *Fièvre, douleur symptomatique de telle maladie. Maladie symptomatique*, qui est la consé-quence d'une autre, dont elle constitue le signe. ◇ Qui concerne les symptômes, vise à supprimer des symptômes. *Médication, thérapeutique symptomatique. Guérison sympto-matique :* disparition des symptômes. ♦ 2° *Cour.* (1800). Qui fait prévoir (un état ou un processus caché). V. **Carac-téristique**. « *Des effets... symptomatiques des événements futurs* » (CHATEAUB.). « *Ça n'est rien... Mais c'est tout de même symptomatique* » (SARTRE).

SYMPTOMATIQUEMENT [sɛ̃ptɔmatikmɑ̃]. *adv.* (av. 1936; de *symptomatique*). D'une manière symptomatique, par un symptôme.

SYMPTOMATOLOGIE [sɛ̃ptɔmatɔlɔʒi]. *n. f.* (1765); du gr. *sumptôma, -atos* [V. Symptôme], et -*logie*). *Méd.* Étude des symptômes des maladies. V. **Sémiologie** (1°) ◇ Ensemble des symptômes étudiés. *La symptomatologie d'une maladie.* — Adj. SYMPTOMATOLOGIQUE [sɛ̃ptɔmatɔlɔʒik].

SYMPTÔME [sɛ̃ptom]. *n. m.* (1538; *sinthome*, v. 1370; lat. méd. *symptoma;* gr. *sumptôma*). ♦ 1° Phénomène, carac-tère perceptible ou observable lié à un état ou à une évolu-tion (le plus souvent morbide) qu'il permet de déceler. V. **Indice, signe**. *Symptômes subjectifs :* troubles perçus et signa-lés par le patient. *Symptômes objectifs*, découverts par le médecin. V. **Signe**. *Ensemble de symptômes.* V. **Syndrome**. *Symptôme avant-coureur.* V. **Prodrome**. « *Une migraine, n'est pas une maladie, c'est un symptôme...* » (MART. du G.). *Symptôme pathognomonique, caractéristique d'une maladie.* ♦ 2° Ce qui manifeste, révèle ou permet de prévoir (un état, une évolution). V. **Marque, présage, signe**. « *Les symptômes de l'admiration et du plaisir viennent se mêler sur mon visage avec ceux de la joie* » (DIDER.). « *Les symptômes avant-coureurs d'une crise* » (TAINE). — *Ling. Fonction de symptôme du signe.*

SYN- (SY-, SYL-, SYM-). Élément, de la prép. gr. *sun* « avec » qui marque l'idée de réunion dans l'espace ou le temps. V. **Ensemble** (I).

SYNAGOGUE [sinagɔg]. *n. f.* (*Sinagoge*, 1080; lat. chrét. *synagoga;* gr. *sunagôgê* « assemblée, réunion »). ♦ 1° Édi-fice consacré au culte israélite. *Le rabbin d'une synagogue.* « *Cette synagogue a l'air d'une tombe, où dort voilé le vieux rouleau de parchemin qui est une admirable thora* » (APOLLI-NAIRE). — Hist. (Dans l'antiquité, en Palestine et dans les pays où les Juifs se trouvaient dispersés) Édifice qui servait à une communauté juive de lieu de prière et de réunion, de centre d'enseignement religieux, etc. ♦ 2° Hist. (Antiq.). Communauté juive comprenant les fidèles d'un village, d'une ville ou d'un quartier. ♦ 3° *Didact.* L'ensemble des fidèles juifs; la religion juive. *Le livre des Psaumes « est devenu le livre de prières par excellence de la Synagogue...* » (DUPONT-SOMMER).

SYNALÈPHE [sinalef]. *n. f.* (XVᵉ; lat. gram. *synalœpha;* gr. *sunaloiphê*). *Gram.* Fusion de deux ou de plusieurs syllabes en une seule, par élision, synérèse ou contraction.

SYNALLAGMATIQUE [sinalagmatik]. *adj.* (1603; gr. *sunallagmatikos*, de *sunallagma* « contrat »). *Dr.* Qui comporte obligation réciproque entre les parties. V. **Bilatéral** (2°), **réciproque**. *Acte, convention synallagmatique.* ◈ ANT. *Uni-latéral.*

SYNANTHÉRÉ, ÉE [sinɑ̃teʀe]. *n. f. pl. et adj.* (1827; de *syn-*, et *anthère*). *Bot.* ♦ 1° N. f. pl. *Vx.* Composacées. ♦ 2° Adj. (1846; *synanthérique*, 1803). *Étamines synanthérées*, soudées par leurs anthères. — *Plante synanthérée*, qui a les étamines ainsi soudées.

SYNAPSE [sinaps(ə)]. *n. f.* (1897; angl. *synapsis;* gr. *sunapsis* « liaison; point de jonction »). ♦ 1° *Anat.* Région de contact de deux neurones (ou *synapse neuro-myonique*, entre un neurone et le muscle qu'il innerve). ♦ 2° (1924, *synapsis*). *Biol.* Stade de la maturation des gamètes pendant lequel les chromosomes se réunissent au même point du noyau.

SYNAPTASE [sinaptaz]. *n. f.* (1872; du rad. gr. de *sunaptein* « joindre, unir », et [*diast*]*ase*). *Chim.* Synonyme d'émulsine.

SYNARCHIE [sinaʀʃi]. *n. f.* (1873; gr. *sunarkhia;* Cf. *Syn-*, et -*archie*). *Didact.* Gouvernement d'un État, autorité exercée par plusieurs personnes ou plusieurs groupements à la fois.

SYNARTHROSE [sinaʀtʀoz]. *n. f.* (1560; gr. *sunarthrôsis*, de *arthron* « articulation »). *Anat.* Articulation fixe de deux os, qui ne permet pas le mouvement. V. **Synchondrose**.

SYNASE [sinaz]. *n. f.* (1971; de *syn-*, et [*diast*]*ase*). *Biochim.* Enzyme favorisant la liaison entre deux carbones, participant ainsi à la synthèse de diverses substances orga-niques.

SYNCHONDROSE [sɛ̃kɔ̃dʀoz]. *n. f.* (XVIᵉ; gr. *sugkhon-drôsis*, de *khondros* « cartilage »). *Anat.* Articulation fixe de

SYNCHONDROSE [sɛ̃kɔ̃dʀoz]. *n. f.* (1600; *ehiphe* ; d'un os réunis par un cartilage (type de synarthrose).

SYNCHROCYCLOTRON [sɛ̃kʀɔsiklɔtʀɔ̃]. *n. m.* (v. 1950; de *synchrone*, et *cyclotron*). *Phys.* Cyclotron dans lequel le synchronisme des corpuscules avec la tension haute fréquence est obtenu par une modulation de fréquence de cette tension.

SYNCHRONE [sɛ̃kʀɔn]. *adj.* (1743; lat. tardif *synchronus* « contemporain »; gr. *sugkhronos*). *Didact.* Qui se produit dans le même temps ou à des intervalles de temps égaux; qui a la même période, la même vitesse. V. **Simultané, synchronique.** *Mouvements, oscillations synchrones.* « *Un souffle lent, qui n'était pas synchrone avec les battements du cœur* » (ARAGON). — *Électr. Moteur synchrone,* dont la vitesse de rotation est telle qu'il tourne en synchronisme avec la fréquence du courant. ◇ ANT. **Asynchrone.**

SYNCHRONIE [sɛ̃kʀɔni]. *n. f.* (v. 1906-1911; « art de comparer les dates », 1827; de *synchronique*). *Ling.* Ensemble des faits linguistiques considérés comme formant un système à un moment déterminé de l'évolution d'une langue (*opposé à* diachronie).

SYNCHRONIQUE [sɛ̃kʀɔnik]. *adj.* (1750; lat. mod., de *synchronus*. V. **Synchrone**). ♦ 1° *Vx.* Synchrone. ♦ 2° Qui étudie ou présente des événements survenus à la même époque mais dans des lieux différents, des domaines séparés; relatif aux aspects différents d'un même ensemble à un même moment d'une évolution. — *Linguistique synchronique* (ou descriptive). V. **Synchronie.** *Étude, perspective synchronique.* ◇ ANT. **Diachronique.**

SYNCHRONIQUEMENT [sɛ̃kʀɔnikmã]. *adv.* (1876; de *synchronique*). *Didact.* De manière synchronique; dans le même temps.

SYNCHRONISATION [sɛ̃kʀɔnizasjɔ̃]. *n. f.* (1888; de *synchroniser*). Opération qui consiste à synchroniser; le fait d'être synchronisé. V. **Concordance.** *Synchronisation de deux pendules. Synchronisation de l'image en télévision. Bonne, mauvaise synchronisation.* — (Cin.) *Synchronisation des images avec le son.* V. **Sonorisation.** *Synchronisation d'un film doublé.* V. **Postsynchronisation.** ◇ *Par ext.* Service, spécialistes de la synchronisation. Abrév. *Synchro* [sɛ̃kʀo].

SYNCHRONISÉ, ÉE [sɛ̃kʀɔnize]. *adj.* (1909; V. **Synchroniser**). Rendu synchrone. *Opérations parfaitement synchronisées.* — *Vitesse synchronisée :* combinaison de certains changements de vitesse qui permet d'éviter le choc des engrenages. — *Feux de signalisation synchronisés :* dont le fonctionnement est coordonné avec celui des autres signaux, de manière à assurer une circulation régulière. ◇ *Cour.* Qui se fait en même temps. « *Avec ensemble, dans un acquiescement rapide, identique et parfaitement synchronisé, elles inclinent toutes les trois la tête* » (ROBBE-GRILLET).

SYNCHRONISER [sɛ̃kʀɔnize]. *v. tr.* (1890; « reconnaître une chose comme contemporaine », 1865; de *synchronique*). *Techn.* Rendre synchrones (des phénomènes, des mouvements, des mécanismes). *Synchroniser deux alternateurs.* — (Cin.) Mettre en concordance la piste sonore et la bande des images d'un film. ◇ *Cour.* Faire se produire ou s'accomplir simultanément (plusieurs faits, plusieurs actions appartenant à des séries différentes).

SYNCHRONISEUR, EUSE [sɛ̃kʀɔnizœʀ, øz]. *n.* (v. 1930; de *synchroniser*). ♦ 1° *N. m. Électr.* Système qui permet de coupler automatiquement deux alternateurs au moment où ils sont en synchronisme. ◇ Dispositif de vitesses synchronisées (abrév. fam. *synchro*, n. m.). ♦ 2° *N. f.* (1952). Techn. *Synchroniseuse :* appareil qui synchronise l'image et le son dans un film.

SYNCHRONISME [sɛ̃kʀɔnism(ə)]. *n. m.* (1752; lat. mod.; gr. *sugkhronismos*). *Techn.* Caractère de ce qui est synchrone*; fait de se produire en même temps, à la même vitesse (de phénomènes périodiques). *Synchronisme des oscillations de deux pendules.* ◇ (En parlant d'événements historiques) Coïncidence de dates, identité d'époques. V. **Concordance, correspondance, simultanéité.** ◇ *Cour.* Caractère de ce qui est synchronisé. *Ils se levèrent tous ensemble, avec un synchronisme parfait.*

SYNCHROTRON [sɛ̃kʀɔtʀɔ̃]. *n. m.* (v. 1950; de *synchro*[*ne*], et de la finale de *cyclotron*). *Phys.* Cyclotron dans lequel l'augmentation de la masse relativiste des particules est compensée par une variation du champ magnétique. *Synchrotron à électrons, à particules lourdes* (ou cosmotron, SYNCHROPHASOTRON [sɛ̃kʀɔfazɔtʀɔ̃]). — Adj. SYNCHROTRONIQUE [sɛ̃kʀɔtʀɔnik].

SYNCLINAL, ALE, AUX [sɛ̃klinal, o]. *n. m. et adj.* (1873; mot angl., du gr. *sun* « avec », et *klinein* « incliner », plier »). ♦ 1° (Géol. et Géogr.). *N. m.* Pli qui présente une concavité (auge, géosynclinal). *Flancs, axe, charnière d'un synclinal.* ♦ 2° *Adj.* Qui appartient à un *synclinal;* qui constitue un *synclinal.* *Pli synclinal. Charnière synclinale.* ◇ ANT. **Anticlinal.**

SYNCOPAL, ALE, AUX [sɛ̃kɔpal, o]. *adj.* (1495; de *syncope*). *Méd.* Relatif à la syncope (1°); qui s'accompagne de syncopes fréquentes. *Fièvre syncopale.*

SYNCOPE [sɛ̃kɔp]. *n. f.* (*Sincope*, 1314; lat. *syncopa;* gr. *sugkopê*, de *sugkoptein* « briser »). ♦ 1° Arrêt ou ralentissement marqué des battements du cœur, accompagné de la suspension de la respiration et de la perte de la conscience. V. **Arrêt** (du cœur), **éblouissement, étourdissement, évanouissement.** *Avoir une syncope, tomber en syncope :* s'évanouir, se trouver mal. « *À ce cri de détresse de son père, il s'exagère encore le danger et tombe en une syncope dont on ne put le faire revenir que le soir* » (JOUHANDEAU). ♦ 2° (1380). *Didact.* (*Gram. anc.*) Suppression d'une lettre ou d'une syllabe à l'intérieur d'un mot (*ex. :* l'orthographe *dénoûment* pour *dénouement*). ♦ 3° (1631). *Mus. et cour.* Prolongation sur un temps fort d'un élément accentué d'un temps faible. V. **Anacrouse, contretemps** (2°). *Importance de la syncope dans le jazz traditionnel.*

SYNCOPÉ, ÉE [sɛ̃kɔpe]. *adj.* (XVIIᵉ; V. **Syncoper**). ♦ 1° Antiq. *Vers syncopé :* vers dans lequel deux demi-pieds sont remplacés par une longue. ♦ 2° *Mus.* (1690). Caractérisé par un emploi systématique de la syncope. *Musique syncopée. Le rythme syncopé du jazz.* ◇ *Cour.* (abusif en mus.) Fortement accentué, au rythme marqué. ♦ 3° *Fam. Je suis syncopé,* stupéfait.

SYNCOPER [sɛ̃kɔpe]. *v.* (1385; de *syncope*). I. *V. tr.* ♦ 1° (Gram.). *Vx.* Retrancher par syncope (2°). ♦ 2° *Mus.* Unir (une note à la note suivante) en formant une syncope. II. *V. intr.* (*Mus.*). Former une syncope (3°). *Notes qui syncopent.*

SYNCRÉTIQUE [sɛ̃kʀetik]. *adj.* (av. 1872; de *syncrétisme*). *Didact.* ♦ 1° Relatif au syncrétisme (1°). ♦ 2° Qui forme un ensemble, perçu globalement. « *Complexes syncrétiques globalement identifiés* » (PIÉRON).

SYNCRÉTISME [sɛ̃kʀetism(ə)]. *n. m.* (1611; gr. *sugkrêtismos* « union des Crétois »). *Didact.* ♦ 1° (1687). Combinaison peu cohérente (à la différence de l'éclectisme); mélange de doctrines, de systèmes. « *C'est donc l'esprit de syncrétisme qui a engendré les sectes juives, jusqu'en Palestine... Par lui, les croyances diverses tendent à se rapprocher, à se combiner* » (GUIGNEBERT). — *Ethnol.* Fusion de deux éléments culturels différents. — *Hist. relig.* Œcuménisme (2° (XIXᵉ). Appréhension globale et plus ou moins confuse d'un tout. ◇ *Psycho.* Appréhension globale et indifférenciée qui précède la perception et la pensée par objets nettement distincts les uns des autres.

SYNCRÉTISTE [sɛ̃kʀetist(ə)]. *n. et adj.* (XVIIIᵉ; de *syncrétisme*). *Didact.* ♦ 1° *N. m.* Partisan d'un syncrétisme (1°) philosophique ou religieux. ♦ 2° *Adj.* Qui approuve, qui a adopté le syncrétisme. *Philosophe, secte syncrétiste.* — Relatif au syncrétisme (1°); qui constitue un syncrétisme. *Doctrine syncrétiste.*

SYNCRISTALLISER [sɛ̃kʀistalize]. *v. intr.* (1923; de *syn-*, et *cristalliser*). *Chim.* Cristalliser ensemble (phénomène de la SYNCRISTALLISATION [sɛ̃kʀistalizasjɔ̃]).

SYNDACTYLE [sɛ̃daktil]. *adj.* (1827; de *syn-*, et *dactyle*). *Biol.* Qui a les doigts soudés entre eux. V. **Syndactylie.**

SYNDACTYLIE [sɛ̃daktili]. *n. f.* (1827; de *syn-*, et *-dactyle*). *Pathol.* Malformation caractérisée par la soudure de deux ou plusieurs doigts ou orteils. V. **Syndactyle.**

SYNDERME [sɛ̃dɛʀm(ə)]. *n. m.* (av. 1947; de *synthétique*, et gr. *derma* « peau »). *Techn.* Cuir synthétique formé par des fibres de cuir agglomérées par du latex.

SYNDIC [sɛ̃dik] *n. m.* (*Sindic*, 1318; lat. tardif *syndicus*; gr. *sundikos* « celui qui assiste qqn en justice »). ♦ 1° *Hist.* Dans une *ville franche* ou *ville de syndicat,* Chacun des représentants des habitants auprès du seigneur suzerain de la ville. — Dans une paroisse rurale, Chacun des habitants élus pour faire exécuter les décisions de l'assemblée générale de la paroisse. — REM. On disait aussi dans ce sens *procureur, procureur-syndic.* ◇ *Les Syndics des drapiers,* toile de Rembrandt représentant l'assemblée des « régents » d'une corporation. ♦ 2° *Mod.* Membre du bureau du conseil municipal de Paris chargé de l'aménagement et de la surveillance des locaux réservés au conseil, de l'organisation des fêtes et des réceptions. ◇ *Syndic des gens de mer :* représentant de l'Inscription maritime. ◇ Membre d'une chambre de discipline chargé de surveiller les officiers ministériels. *Syndic d'une chambre d'avoués, de notaires.* ♦ 3° *Dr. comm.* Représentant légal, désigné par le tribunal, de la masse des créanciers du failli, dont il gère et liquide les biens et au nom duquel il agit en justice. *Syndic provisoire, définitif, de l'union.* ♦ 4° (Dans un immeuble en copropriété). Mandataire choisi par les copropriétaires pour faire exécuter les décisions de l'assemblée.

SYNDICAL, ALE, AUX [sɛ̃dikal, o]. *adj.* (1697; n. m., « procès verbal », v. 1400; de *syndic*). ♦ 1° Relatif à un association professionnelle, à un syndicat (II, 2°). *Chambre syndicale :* syndicat patronal au XIXᵉ s., l'expression s'appliquait aussi aux syndicats ouvriers). ♦ 2° *Cour.* Relatif à un syndicat de salariés, au syndicalisme. *Action syndicale;*

mouvement, droit syndical. Délégué, leader syndical. V. **Syndicaliste.** *Carte syndicale. Fédération, union, organisation syndicale. Confédération ou centrale syndicale* (ex. : Confédération générale du travail [C.G.T.]). *Réunion syndicale. Revendications syndicales.* — *Tarif syndical :* fixé par le syndicat.

SYNDICALISATION [sɛ̃dikalizasjɔ̃]. *n. f.* (1963; de *syndical*). Fait d'adhérer ou d'appartenir à un syndicat. *Taux de syndicalisation dans une profession, une entreprise.*

SYNDICALISME [sɛ̃dikalism(ə)]. *n. m.* (1894; de *syndical*). ◆ 1° Le mouvement syndical, le fait social et politique que représentent l'existence et l'action des syndicats de travailleurs salariés; doctrine sociale, économique et politique de ces syndicats. *Syndicalisme anarchiste* (anarcho-syndicalisme), *révolutionnaire, réformiste, chrétien. Syndicalisme d'État.* ◇ *Syndicalisme patronal, agricole.* ◆ 2° Activité exercée dans un syndicat. *Faire du syndicalisme. C'est le syndicalisme qui l'a formé à la politique.*

SYNDICALISTE [sɛ̃dikalist(ə)]. *n. et adj.* (1875; de *syndical*). ◆ 1° N. Partisan du syndicalisme. — *Cour.* Personne qui fait partie d'un syndicat et y joue un rôle actif (permanent, secrétaire, dirigeant). *Syndicalistes révolutionnaires, réformistes.* ◆ 2° Adj. Relatif aux syndicats, au syndicalisme. V. **Syndical.** *Chefs syndicalistes. Doctrine, idéal, esprit, mouvement syndicaliste.*

SYNDICAT [sɛ̃dika]. *n. m.* (xvᵉ; de *syndic*). I. ◆ 1° *Hist.* Fonction de syndic; sa durée. ◇ *Régime administratif auquel étaient soumises les paroisses rurales représentées par des syndics* (1°). ◆ 2° *Mar. Syndicat ou sous-quartier :* subdivision d'une région maritime, administrée par un syndic (2°).

II. (xixᵉ). *Mod.* Association qui a pour objet la défense d'intérêts communs. ◆ 1° *Syndicat financier,* constitué pour étudier les possibilités de création d'une société, placer des titres. — *Syndicat de propriétaires,* qui a pour objet la réalisation de travaux d'utilité générale intéressant plusieurs propriétés. ◇ *Dr. admin. Syndicat de communes, syndicat interdépartemental,* qui gère des services communs. ◇ SYNDICAT D'INITIATIVE : organisme destiné à développer le tourisme dans une localité; service qui en dépend et auprès duquel les touristes peuvent se renseigner sur les transports, les hôtels. ◆ 2° *Cour.* Association qui a pour objet la défense d'intérêts professionnels (amélioration des conditions de production, d'exploitation, d'achat, de vente; relations entre employeurs et salariés; salaires, conditions de travail, etc.; représentation auprès des pouvoirs publics). V. **Groupement.** *Syndicat patronal; syndicat de producteurs* (comptoir d'achat, consortium, chambre syndicale, trust). ◇ *Spécialt.* (1839) *Syndicat groupant uniquement des salariés. Syndicats ouvriers* (V. **Syndicalisme**). *Syndicat de mineurs, de fonctionnaires. Les syndicats C.G.T., chrétiens. Syndicat anglais.* V. **Trade-union.** *Adhérents* (V. **Syndiqué**), *militants, responsables, délégués, dirigeants d'un syndicat.* V. **Permanent, syndicaliste.** « *Les syndicats continuent de se grouper : par régions, en Bourses du travail; par catégories professionnelles, en Fédérations* » (ROMAINS). *Grève, manifestation organisée par un syndicat.*

SYNDICATAIRE [sɛ̃dikatɛʀ]. *n. et adj.* (1868; de *syndicat,* II, 1°). *Dr.* Membre d'un syndicat financier, d'un syndicat de propriétaires. *Adj.* Qui est relatif à un tel syndicat; qui en fait partie.

SYNDIQUÉ, ÉE [sɛ̃dike]. *adj.* (1894; V. **Syndiquer**). Qui fait partie d'un syndicat. *Ouvriers syndiqués. Camarades syndiqués !* — *Subst. Les syndiqués.*

SYNDIQUER [sɛ̃dike]. *v.* (1768; « critiquer, censurer », 1546; de *syndicat*). ◆ 1° *V. tr.* Grouper (des personnes), organiser (une profession) en syndicat. V. **Associer.** ◆ 2° SE SYNDIQUER. *v. pron.* (1783). Se grouper en une association, en un syndicat professionnel. ◇ Adhérer à un syndicat.

SYNDROME [sɛ̃dʀo(ɔ)m]. *n. m.* (1836; gr. *sundromê* « réunion »). *Méd.* Association de plusieurs symptômes, signes ou anomalies constituant une entité clinique reconnaissable, soit par l'uniformité de l'association des manifestations morbides, soit par le fait qu'elle traduit l'atteinte d'un organe ou d'un système bien défini. V. **Affection, maladie.** *Syndrome de Down* (V. **Mongolisme**). *Syndrome commotionnel.*

SYNECDOQUE [sinɛkdɔk]. *n. f.* (*Sinodoche,* 1521; lat. *synecdoche;* gr. *sunekdokhê* « compréhension simultanée »). *Didact.* Figure de rhétorique qui consiste à prendre le plus pour le moins, la matière pour l'objet, l'espèce pour le genre, la partie pour le tout, le singulier pour le pluriel ou inversement (ex. : *les mortels pour les hommes; un fer pour une épée; une voile pour un navire*). V. **Métonymie.**

SYNÉCHIE [sinefi]. *n. f.* (1808; du gr. *sunekheia* « continuité »). *Pathol.* Fusion de deux tissus contigus qui sont normalement séparés.

SYNÉRÈSE [sineʀɛz]. *n. f.* (1540; lat. *synæresis;* gr. *sunairesis* « rapprochement »). ◆ 1° *Phonét.* Prononciation

groupant en une seule syllabe deux voyelles contiguës d'un même mot (ex. : *violon* [vjɔlɔ̃], prononc. cour., alors que [vijɔlɔ̃] est poétique). V. **Contraction.** ◆ 2° (xxᵉ). *Chim.* Agrégation spontanée des particules d'un gel. ◇ ANT. (du 1°) *Diérèse.*

SYNERGIE [sinɛʀʒi]. *n. f.* (xviiiᵉ; gr. *sunergia* « coopération »). *Didact.* Action coordonnée de plusieurs organes, association de plusieurs facteurs qui concourent à une action, à un effet unique. *Synergie musculaire :* contraction coordonnée de plusieurs muscles pour l'exécution d'un mouvement. *Synergie médicamenteuse* (par effet additif ou potentialisation*). « *Aucun sport n'exige une telle économie des mouvements, ni une telle synergie fonctionnelle* (que la boxe) » (MONTHERLANT). ◇ ANT. *Antagonisme.*

SYNERGIQUE [sinɛʀʒik]. *adj.* (1843; de *synergie*). *Biol.* Relatif à la synergie. *Muscles synergiques.*

SYNESTHÉSIE [sinɛstezi]. *n. f.* (1865; *synesthétique,* 1872; gr. *sunaisthêsis* « perception simultanée »). *Méd.* Trouble de la perception sensorielle caractérisé par la perception d'une sensation supplémentaire à celle perçue normalement, dans une autre région du corps ou concernant un autre domaine sensoriel. V. **Synopsie.** — REM. Ne pas confondre avec *Cénesthésie.*

SYNGNATHE [sɛ̃gnat]. *n. m.* (1803, n. m. pl.; lat. sav., gr. *sun* « avec », et *gnathos* « mâchoire »). *Zool.* Poisson de mer (*Lophobranches*), au corps long et grêle, au museau allongé, qu'on appelle aussi *aiguille, trompette* ou *serpent de mer.*

SYNODAL, ALE, AUX [sinɔdal, o]. *adj.* (1315; lat. tardif *synodalis*). Relatif à un synode; qui constitue un synode. *Assemblée, réunion synodale.*

SYNODE [sinɔd]. *n. m.* (1511, fém.; lat. *synodus;* gr. *sunodos* « assemblée »). *Relig. Vx.* Concile. — *Mod.* Assemblée d'ecclésiastiques convoquée par l'évêque ou l'archevêque pour délibérer sur les affaires du diocèse ou de la province. — (Dans certaines Églises protestantes) Réunion de pasteurs. V. **Consistoire.** — (Dans l'Église orthodoxe) *Le saint-synode :* le conseil suprême de l'Église russe.

SYNODIQUE [sinɔdik]. *adj.* (1556; lat. *synodicus;* gr. *sunodikos*). ◆ 1° *Astron.* Relatif à une conjonction d'astres. *Révolution, période synodique d'une planète :* temps qui sépare deux conjonctions consécutives de cette planète avec le Soleil. — *Mois synodique :* révolution synodique de la Lune (V. **Lunaison**). — *Année synodique :* temps que met la Terre pour revenir à la longitude d'une planète déterminée. ◆ 2° (1721). *Relig.* Relatif au synode. ◇ *Subst.* Ouvrage dans lequel sont recueillies les décisions des synodes.

SYNONYME [sinɔnim]. *adj. et n. m.* (xiiᵉ; lat. gram. *synonymus;* gr. *sunônumos*). ◆ 1° *Adj.* Se dit de mots ou d'expressions qui ont le même sens ou une signification très voisine. *Mots, termes synonymes.* ◇ Fig. *Être synonyme de,* évoquer une notion équivalente, correspondre à... *Le « fox-trot qui, là-bas, est synonyme de débauche capitaliste et occidentale* » (P. MORAND). ◆ 2° *N. m.* Mot ou expression synonyme (d'une autre). *Chercher un synonyme à un terme,* pour éviter une répétition. *Synonymes distingués par une différence d'intensité* (fatigué, épuisé; aimer, adorer), *d'emploi ou d'affectation* (salaire, traitement, appointements), *de niveau social ou stylistique* (ennuyer, embêter; voiture, bagnole). *Synonymes partiels* (magazine, *synonyme de revue, seulement quand ce mot désigne un périodique*). « *Des synonymes comme* redouter, craindre, avoir peur *n'ont de valeur propre que par leur opposition; si* redouter *n'existait pas, tout son contenu irait à ses concurrents* » (SAUSSURE). ◇ ANT. *Antonyme, contraire.*

SYNONYMIE [sinɔnimi]. *n. f.* (1582; lat. gram. *synonymia;* gr. *sunônumia*). Relation entre deux mots ou deux expressions synonymes; fait linguistique que constitue l'existence de mots synonymes.

SYNONYMIQUE [sinɔnimik]. *adj.* (1801; de *synonymie*). *Vx. Mots synonymiques :* synonymes. — *Mod.* Relatif aux synonymes, à la synonymie. *Série synonymique. Rapports synonymiques.*

SYNOPSE [sinɔps(ə)]. *n. f.* (1873; gr. *sunopsis* « vue d'ensemble »). *Relig.* Livre qui présente les Évangiles de manière parallèle, en rapprochant autant que possible les passages relatifs aux mêmes événements. V. **Synoptique** (2°).

SYNOPSIE [sinɔpsi]. *n. f.* (1893; de *syn-,* et *opsie*). *Méd.* Variété de synesthésie appelée aussi *audition colorée* (un sujet perçoit un son, une voyelle comme étant d'une couleur déterminée).

SYNOPSIS [sinɔpsis]. *n. f.* (1842; mot lat. V. **Synopse**). I. *Didact.* Vue générale, tableau synoptique d'une science, d'une question.

II. (1919; mot amér.). *Cin.* Récit très bref qui constitue un schéma de scénario. « *Même des auteurs célèbres... fournissent d'abord un résumé, un synopsis* » (ROMAINS). — Parfois masc. *Un synopsis.*

SYNOPTIQUE [sinɔptik]. *adj.* (1610; gr. *sunoptikos* « qui embrasse d'un coup d'œil ». ◆ 1° *Didact.* Qui permet de voir un ensemble d'un seul coup d'œil, qui donne une vue générale. « *Un tableau synoptique du mouvement de la main-d'œuvre* » (AYMÉ). ◆ 2° *Relig.* Les *Évangiles synoptiques,* ou subst. Les *synoptiques :* les trois Évangiles (de saint Matthieu, de saint Marc, de saint Luc) dont les plans sont à peu près semblables, ce qui permet une comparaison entre les relations qu'ils donnent d'un même événement (V. **Concordance, synopse**).

SYNOSTOSE [sinɔstoz]. *n. f.* (1872 ; de *syn-,* et gr. *osteon* « os »). ◆ 1° *Anat.* Soudure intime de deux os primitivement séparés. *Les sutures de la voûte du crâne sont des synostoses.* ◆ 2° *Méd.* Malformation caractérisée par la soudure de deux ou plusieurs os.

SYNOVIAL, ALE, AUX [sinɔvjal, o]. *adj.* (1735 ; de *synovie*). *Anat.* Relatif à la synovie, qui contient, sécrète la synovie. *Capsule synoviale. Membrane synoviale,* ou subst. *Synoviale :* membrane séreuse qui tapisse l'intérieur des cavités des articulations mobiles, sauf sur les surfaces articulaires. *Gaine synoviale* (d'un ligament, d'un tendon).

SYNOVIE [sinɔvi]. *n. f.* (1694 ; lat. mod. *synovia* [XVIᵉ] ; o. i.). *Physiol.,* *méd.* Liquide d'aspect filant qui est sécrété par les synoviales et qui lubrifie les articulations mobiles. Cour. *Épanchement de synovie* (au genou). V. **Hydarthrose.** « *Mon genou est douloureux, je crains d'avoir un épanchement de synovie* » (MONTHERLANT).

SYNOVITE [sinɔvit]. *n. f.* (1833 ; de *synovie*). *Méd.* Inflammation d'une membrane synoviale ou d'une gaine synoviale. *Synovite du genou, du poignet.*

SYNTACTICIEN, IENNE [sɛ̃taktisjɛ̃, jɛn]. *n.* (XXᵉ ; de *syntactique*). *Didact.* Linguiste spécialiste de la syntaxe (V. **Grammairien**).

1. **SYNTACTIQUE.** V. SYNTAXIQUE.

2. **SYNTACTIQUE** [sɛ̃taktik]. *n. f.* (1861 ; empr. all.). *Log.* « Science des combinaisons et de l'ordre » (COURNOT) ; syntaxe ou syntagmatique logique.

SYNTAGMATIQUE [sɛ̃tagmatik]. *adj.* et *n. f.* (1906-1911 ; de *syntagme*). *Ling.* Du syntagme. *Rapports syntagmatiques* (dans le discours) *et rapports associatifs* ou *paradigmatiques.* — En grammaire générative, *Règles syntagmatiques* ou de réécriture d'une catégorie linguistique sous la forme d'une structure formelle (arbre) rendant compte de ses constituants*. Grammaire syntagmatique,* ensemble ordonné des règles syntagmatiques. ◇ N. f. *La syntagmatique :* l'étude des syntagmes. « *La syntaxe, c'est-à-dire, selon la définition la plus courante, la théorie des groupements de mots, rentre dans la syntagmatique* » (SAUSSURE). — Énoncé, en tant que résultat de rapports syntagmatiques.

SYNTAGME [sɛ̃tagm(ə)]. *n. m.* (v. 1910 ; « ordre, disposition », 1699 ; gr. *suntagma.* V. **Syntaxe**). *Ling.* Groupe de morphèmes ou de mots qui se suivent avec un sens (ex. : *relire, crayons rouges, sans s'arrêter*). — Spécialt. Ce groupe formant unité dans une organisation hiérarchisée de la phrase. V. **Constituant** (immédiat). *Syntagme verbal, nominal* (abrév. SV, SN).

SYNTAXE [sɛ̃taks(ə)]. *n. f.* (mil. XVIᵉ ; lat. *syntaxis,* mot gr., de *taxis* « ordre, arrangement »). ◆ 1° *Gram.* Étude des relations entre les formes élémentaires du discours (mot, syntagme). Cour. Étude des règles qui président à l'ordre des mots et à la construction des phrases, dans une langue ; ces règles. *Respecter la syntaxe. Les mots* « *sont esclaves et libres, soumis à la discipline de la syntaxe, et tout-puissants par leur signification naturelle* » (STAËL). ◇ Étude descriptive des relations existantes entre les unités linguistiques (dans le discours) et des fonctions qui leur sont attachées. *La distinction traditionnelle de la syntaxe et de la morphologie est considérée comme arbitraire par de nombreux linguistes. Syntaxe et syntagmatique*. ◇ Ouvrage de synthèse. V. **Grammaire**. *La syntaxe de Sandfeld, de G. et R. Le Bidois.* ◇ En Belgique, Première année du « secondaire supérieur » (*opposé à* rhétorique* et à poésie*). ◆ 2° Relations qui existent entre les unités linguistiques, considérées abstraitement (dans la langue) ou concrètement (dans la parole, le discours). « *Je crois que le premier peuple du monde est celui qui a la meilleure syntaxe* » (FRANCE). *Étudier la syntaxe d'un tour, d'une expression, d'une phrase.* V. **Construction**.

SYNTAXIQUE [sɛ̃taksik] ou **SYNTACTIQUE** [sɛ̃taktik]. *adj.* (1818,-1872 ; de *syntaxe*). De la syntaxe ; qui concerne les relations entre unités linguistiques, la construction grammaticale. *Procédés syntaxiques. Analyse syntactique* (dite « logique », dans les écoles). ◇ HOM. *Syntactique* (2).

SYNTHÈSE [sɛ̃tɛz]. *n. f.* (1607 ; gr. *sunthesis* « réunion, composition »).
I. Ensemble qui procède du simple au composé, de l'élément au tout. Ⓐ (Activité de l'esprit). ◆ 1° *Log.* et *Philo.* Suite d'opérations mentales qui permettent d'aller des notions ou propositions simples aux composés (*opposé à* analyse). V. **Association, combinaison** (des concepts, des idées). « *Il est admis en général que la synthèse reconstitue*

ce que l'analyse avait séparé, et qu'à ce titre la synthèse vérifie l'analyse » (Cl. BERNARD). ◆ 2° *Sc.* Démarche de l'esprit qui va de propositions certaines (le plus simple étant considéré, au XVIIᵉ s., comme le plus certainement connu) à des propositions qui en sont la conséquence. V. **Déduction.** *Démonstration par synthèse.* ◆ 3° Opération intellectuelle par laquelle on rassemble les éléments de connaissance concernant un objet de pensée en un ensemble cohérent ; vue d'ensemble. *Esprit de synthèse :* tendance à envisager un objet d'étude comme un tout. « *L'effort de synthèse, c'est une activité dirigée ; ce n'est pas une réalisation prématurée* » (H. BERR). Ⓑ (Fusion, réunion d'éléments concrets ou abstraits en un tout). ◆ 1° Formation d'un tout matériel au moyen d'éléments. V. **Composition, reconstitution, réunion.** *Synthèse totale* (les éléments étant considérés comme « simples ») ; *synthèse partielle* (les éléments provenant eux-mêmes d'une synthèse). — *Chim.* Préparation (d'un composé) à partir des éléments constituants ou d'un composé de formule plus simple. V. **Combinaison.** *Faire la synthèse d'un composé organique. Produits de synthèse.* V. **Synthétique.** *Synthèse d'une substance dans l'organisme.* ◆ 2° *Psycho.* Réunion d'éléments psychiques en un tout structuré, présentant des qualités ou des valeurs nouvelles par rapport aux éléments. *Synthèse mentale.*
II. Ensemble complexe des éléments réunis ; résultat d'une synthèse (I). ◆ 1° Ensemble complexe d'objets de pensée. « *La philosophie n'est pas une synthèse des sciences particulières* » (BERGSON). — Spécialt. Exposé d'ensemble. *Une vaste synthèse.* ◆ 2° *Philo.* Notion ou proposition qui réalise l'accord de la thèse et de l'antithèse en les faisant passer à un niveau supérieur ; réalité nouvelle qui embrasse la thèse et l'antithèse en un tout (V. **Dialectique**). « *Il y a toujours plus dans la synthèse que dans la thèse et dans l'antithèse réunies* » (SARTRE). ◇ ANT. *Analyse. Dissociation, dissolution. Élément.*

SYNTHÉTIQUE [sɛ̃tetik]. *adj.* (1602 ; gr. *sunthetikos*). ◆ 1° Qui constitue une synthèse ou provient d'une synthèse. *La fin est l'unité synthétique des moyens employés.* — *Log.* *Jugement, proposition synthétique,* qui fait une synthèse du sujet et du prédicat et ne peut être vrai que par rapport aux faits (ex. : Paul est à Paris). V. **Empirique** (*opposé à* analytique). ◇ *Par ext.* Qui envisage la totalité. « *Certaines théories modernes — comme celle d'Einstein — sont synthétiques... Chaque réalité se définit par rapport à l'univers* » (SARTRE). ◆ 2° (1866). Produit par synthèse chimique, artificiellement. *Caoutchouc, résines synthétiques. Fibres, textiles synthétiques* (*opposés à* artificiels). *Parfums synthétiques.* ◇ Artificiel, fabriqué par l'homme. *Sons synthétiques* (de la « *musique synthétique* »). ◆ 3° *Ling.* (empr. all.). *Langue synthétique,* où une seule forme, un seul élément linguistique correspond à plusieurs éléments conceptuels et où les rapports grammaticaux se marquent par des modifications internes. V. **Polysynthétique.** — *Comparatifs synthétiques* (meilleur, mieux, moindre, pire, plus supérieur) : ceux qui joignent en un seul mot le sens d'un adjectif et le degré de comparaison. ◆ 4° Qui est apte à la synthèse (I, A). *Esprits synthétiques et esprits analytiques.* ◇ ANT. *Analytique.*

SYNTHÉTIQUEMENT [sɛ̃tetikmɑ̃]. *adv.* (1762 ; de *synthèse*). Par une synthèse (I, A ou B). « *Reconstituer synthétiquement l'organisme total par les réunions... de ces organismes élémentaires* » (Cl. BERNARD).

SYNTHÉTISANT, ANTE [sɛ̃tetizɑ̃, ɑ̃t]. *adj.* (XXᵉ ; de *synthétiser*). *Didact.* Qui synthétise, fait la synthèse. « *La puissance synthétisante des formes mathématiques* » (L. de BROGLIE).

SYNTHÉTISER [sɛ̃tetize]. *v. tr.* (1833 ; de *synthétique*). Associer, combiner, réunir (des éléments concrets ou abstraits) par une synthèse. *Synthétiser les éléments d'une théorie.*

SYNTHÉTISEUR [sɛ̃tetizœːr]. *n. m.* (v. 1972 ; de *synthétiser*). *Techn.* Appareil électro-acoustique capable de transformer et de faire la synthèse d'éléments sonores (langage humain, motifs musicaux, bruits) à partir de leurs constituants. *Synthétiseur de parole,* recomposant le langage humain. « *Le synthétiseur [...] sorte de super-orgue électronique aux mille possibilités d'invention sonore* » (*Nouv. Obs.,* 26-3-1973).

SYNTONE [sɛ̃tɔn]. *adj.* (XXᵉ ; gr. *suntonos ;* Cf. angl. *syntonic,* 1892). ◆ 1° *Phys.* (*Rare*). Qui est en syntonie. ◆ 2° *Psycho.* (déb. XXᵉ). Dont les sentiments, les tendances sont en harmonie.

SYNTONIE [sɛ̃tɔni]. *n. f.* (1907 ; du gr. *suntonos*). ◆ 1° *Phys.* Égalité de fréquence des oscillations libres (de deux ou plusieurs circuits) ; état de systèmes susceptibles d'émettre et de recevoir des ondes radioélectriques de même fréquence. *Circuits en syntonie,* accordés sur la même longueur d'ondes. ◆ 2° *Psycho.* Caractère du sujet syntone.

SYNTONISATION [sɛ̃tɔnizasjɔ̃]. *n. f.* (1901 ; de *syntone*). *Phys.* Accord de deux circuits oscillants. Réglage de résonance qui assure le rendement maximum (On emploie aussi le v. *syntoniser* [sɛ̃tɔnize]).

SYPHILIGRAPHE [sifiligʀaf] ou **SYPHILOGRAPHE** [sifilɔgʀaf]. *n.* (1843, *syphilio-;* de *syphili*[o]*graphie*). *Didact.* Spécialiste de la syphilis.

SYPHILIGRAPHIE [sifiligʀafi] ou **SYPHILOGRAPHIE** [sifilɔgʀafi]. *n. f.* (1842; de *syphilis,* et *-graphie*). Étude de la syphilis (On dit aussi *syphilologie*).

SYPHILIS [sifilis]. *n. f.* (1659, méd.; le mot normal était *vérole;* répandu v. 1868; lat. mod. *syphilis,* de *Syphilus,* n. pr., altér. de *Sipylus,* personnage d'Ovide). Maladie vénérienne contagieuse et inoculable causée par le tréponème, appelée aussi *luès,* (vx ou pop.) *vérole. Accident primaire de la syphilis :* chancre. *Stade secondaire* (V. **Roséole**), *stade tertiaire de la syphilis* (V. **Gomme**). *Syphilis nerveuse.* V. **Paralysie** (générale), **tabès**. *Syphilis congénitale* appelée autrefois [incorrectement] *hérédosyphilis*). *Thérapeutiques de la syphilis* par le mercure, aux XVIIIe et XIXe s., l'arsenic et ses composés, puis les sels de bismuth, la pénicilline.

SYPHILITIQUE [sifilitik]. *adj.* et *n.* (1664; répandu déb. XXe; de *syphilis*). ♦ 1o Relatif à la syphilis. *Aortite, méningite syphilitique.* — N. *Un, une syphilitique.* V. **Avarié** (3o).

SYRIAQUE [siʀjak]. *n. m.* (av. 1672; lat. *syriacus,* du gr.). *Ling.* L'un des parlers du groupe araméen (Syrie, Arabie, Palestine), en usage à Édesse, puis devenu langue littéraire chrétienne (du IIIe au XIIIe s.). Adj. *Langue syriaque.*

SYRIEN, ENNE [siʀjɛ̃, ɛn]. *adj.* et *n.* (1210; *sulian,* 1080; de *Syrie,* nom de pays). De Syrie, pays du Proche-Orient méditerranéen. *Églises syriennes.* — N. *Un (une) Syrien(ne).* — *Le syrien :* l'arabe parlé en Syrie.

SYRING(O)-. Élément, du gr. *surigx* « canal, tuyau ».

SYRINGE [siʀɛ̃ʒ]. *n. f.* (« Syrinx », 1808; lat. *syringæ, syringes;* gr. *surigx*). *Archéol.* Nom grec des tombes royales d'Égypte pharaonique, creusées dans le roc en forme de « tuyau ».

SYRINGOMYÉLIE [siʀɛ̃gɔmjeli]. *n. f.* (1873; de *syringo-,* et gr. *muelos* « moelle »). *Méd.* Affection chronique de la moelle épinière, caractérisée par la formation d'une cavité allongée siégeant près du canal central.

SYRINX [siʀɛ̃ks]. *n. m.* ou *f.* (1752; gr. *surigx* « tuyau »). ♦ 1o Flûte de Pan. *Pan et la Syrinx,* de Laforgue. ♦ 2o *Zool.* Larynx inférieur des oiseaux.

SYRO-. Élément qui signifie « qui appartient à la fois à la Syrie (et à un autre pays) » *(syro-arabe, syro-chaldaïque, syro-irakien, syro-grec*).

SYRPHE [siʀf(ə)]. *n. m.* (1803; gr. *surphos* « mouche »). *Zool.* Genre d'insectes diptères, aux antennes courtes (comme les mouches), à abdomen jaune et noir, au vol rapide.

SYRTE [siʀt(ə)]. *n. f.* (XIIIe; lat. *syrtes;* gr. *surtis* « sables mouvants », de *surein* « entraîner, balayer »). ♦ 1o Vx *(au plur.).* Banc de sables mouvants. ♦ 2o Région côtière sablonneuse (appliqué à deux golfes de Libye : *la Grande et la Petite Syrte,* et employé poétiq.). *Le rivage des Syrtes,* roman de J. Gracq.

SYSTÉMATICIEN, IENNE [sistematisjɛ̃, jɛn]. *n.* (mil. XXe; de *systématique,* II). *Sc. nat.* Spécialiste de la systématique, de la classification. *Isoler « des types ou espèces qui paraissaient répondre à des groupes d'individus bien définis... Ce fut l'œuvre des grands systématiciens »* (J. ROSTAND).

SYSTÉMATIQUE [sistematik]. *adj.* et *n. f.* (1552; répandu XIXe; lat. *systematicus;* gr. *sustematikos*). **I.** *Adj.* ♦ 1o *Didact.* Qui appartient à un système (I), est intégré dans un système. *Opinion systématique.* ◇ Qui constitue un système. *« Dès que l'esprit commence à se faire une représentation systématique de la nature »* (FRANCE). ♦ 2o Relatif à un système (II). *Méd. Affections systématiques,* limitées à un système de fibres de même fonction. *Lésion systématique.* — Qui forme un système abstrait. *Raisonnement systématique. Délire systématique.* V. **Systématisé**. ♦ 3o *Cour.* Qui procède avec méthode, dans un ordre défini, pour un but déterminé. V. **Méthodique, réglé**. *Un travail, une discussion systématique* (XXe; souvent *péj.*). *Cohérent, soutenu;* qui ne se dément pas. *Intention, volonté systématique de nuire. Une exploitation, un vol systématique.* V. **Organisé**. *Un refus systématique, entêté. Soutien systématique à une politique :* absolu, inconditionnel. *Représentant qui prospecte un village « de façon systématique »* (ROBBE-GRILLET). — Fam. *C'est systématique.* V. **Habituel, invariable.** ♦ 4o Qui pense ou agit selon un système. *« Esprit essentiellement systématique... il* (P. Duhem)... *apprécie la solidité et la rigueur »* (L. de BROGLIE). V. **Déductif, logique, méthodique.** — *Péj.* Qui est péremptoire et dogmatique, préfère son système à toute autre raison. V. **Doctrinaire, entêté**.

II. *N. f.* (Déb. XXe). *Didact.* Science des classifications des formes vivantes. *« La systématique cherche à établir une classification naturelle reposant sur la phylogénèse »* (A. TÉTRY). V. **Taxinomie.** ◇ Ensemble de vues et de méthodes relevant d'un système de pensée.

Ⓤ ʌʏʏ. **Emplelgun**

SYSTÉMATIQUEMENT [sistematikmɑ̃]. *adv.* (1752; de *systématique,* I). ♦ 1o D'une manière systématique; selon un système (I). ♦ 2o *Cour.* D'une manière constante, suivie. *« Mais je n'eus pas assez de bon sens pour arranger systématiquement ma vie »* (STENDHAL). *« Un gouvernement ne doit ni résister systématiquement à l'opinion ni la suivre aveuglément »* (RENAN).

SYSTÉMATISATION [sistematizɑsjɔ̃]. *n. f.* (1824; de *systématiser*). *Didact.* Réunion en un système (surtout abstrait). *La systématisation d'une théorie.*

SYSTÉMATISÉ, ÉE [sistematize]. *adj.* (V. **Systématiser**). Qui forme un système (I ou II). — *Pathol. Délire systématisé,* où les idées délirantes sont ordonnées.

SYSTÉMATISER [sistematize]. *v. tr.* (1756; de *systématique*). ♦ 1o Réunir (plusieurs éléments) en un système (I). *« Ce plan généralisait, systématisait les mesures que la nécessité avait imposées »* (MICHELET). ♦ 2o *(Au pass.* ou *au pron.).* Constituer un système (II). *Délire qui se systématise.*

SYSTÈME [sistɛm]. *n. m.* (1552; repris v. 1650, répandu XIXe; gr. *sustêma* « assemblage, composition »).

I. Ensemble organisé d'éléments intellectuels. ♦ 1o *Hist. sc.* Ensemble conçu par l'esprit (à titre d'hypothèse, de croyance) d'objets de pensée reliés par une loi. V. **Théorie**. *Les divers systèmes du monde, de la nature, élaborés dans l'antiquité. Le système astronomique de Ptolémée. Les systèmes médicaux, chimiques,* aux XVIIe et XVIIIe s. ◇ *Spécialt.* Distribution d'un ensemble d'objets de connaissance selon un ordre qui en rend l'étude plus facile; classification qui en résulte. V. **Méthode** *(vieilli). Le système de Linné (Systema naturæ).* ♦ 2o Ensemble d'idées, logiquement solidaires, considérées dans leurs relations; construction théorique que forme l'esprit sur un vaste sujet (philosophique, scientifique). V. **Doctrine, idéologie, opinion, philosophie, théorie, thèse.** *Le système philosophique de Descartes* (cartésianisme), *de Kant* (criticisme, kantisme). *« Mon système de l'harmonie préétablie »* (LEIBNIZ). *Système des beaux-arts,* ouvrage d'Alain. ♦ 3o (XVIIe). Ensemble coordonné de pratiques tendant à obtenir un résultat (V. **Manière, méthode, moyen, plan**) ou présentant simplement une certaine unité. *« Un système de vie, où la règle primordiale serait de ne se dérober à aucune entreprise »* (ROMAINS). *Le système de défense d'un accusé.* ◇ *Fam.* Moyen habile. V. **Combinaison, combine.** *Je connais le système. Un bon système. Le système débrouille, le système D*.* ♦ 4o (XVIIIe). Ensemble de pratiques, de méthodes et d'institutions formant à la fois une construction théorique et une méthode pratique. *Système de législation, d'enseignement.* V. **Politique.** *Système syndical. Système politique, économique, social.* V. **Régime.** *Système fédéral.* — *Absolt.* L'armature économique, politique, morale d'une société donnée (le plus souvent la société capitaliste) sentie comme une contrainte. *Être dans le système.* V. **Intégré.** *Sortir du système.* V. **Marginal** (II). *À bas le système !* — *Hist. Le Système :* le système financier de Law. ♦ 5o *Absolt.* Tendance à penser, agir, écrire selon un système. V. **Systématique.** *« Il y a une part de passion dans la tenace volonté... de l'auteur »* (MAUROIS). *Agir par système :* de parti pris. — ESPRIT DE SYSTÈME : attachement aux systèmes, tendance à organiser, à relier les connaissances particulières en ensembles cohérents. *« Les bons esprits ont à la fois l'esprit de finesse et l'esprit de système »* (BENDA). — *Péj.* Tendance à faire prévaloir la cohérence interne, l'intégration à un système, sur la juste appréciation du réel.

II. (1690). Ensemble possédant une structure (2o, 3o ou 4o), constituant un tout organique. ♦ 1o Ensemble structuré d'éléments naturels de même espèce ou de même fonction. *Le matérialisme réduit le monde « à un système d'objets reliés par des rapports universels »* (SARTRE). *La langue peut être considérée comme un système de signes.* V. **Code** 5o. — *Sc.* Région de la matière contenant une quantité définie de substance; *ou* plan d'arrangement des termes d'un ensemble matériel. *Système planétaire, solaire, galactique. Système de forces, de vecteurs. Systèmes cristallins,* caractérisés par l'ensemble des directions des forces. *Corps qui cristallise dans tel système. Systèmes moléculaires, atomiques.* — *Géol.* Ensemble de terrains appartenant à une période. ◇ *Anat.* Ensemble d'organes ayant une structure analogue (en langage courant, on appelle aussi *systèmes* divers *appareils anatomiques*). *Système nerveux* (V. **Nerf**), central et périphérique. *Système neuro-végétatif (parasympathique)* et *orthosympathique).* — *Cour. Système vasculaire* (artériel, veineux, lymphatique). *Système respiratoire. Système pileux* (V. **Pilosité**). — *Absolt.* et fam. *Le système :* les nerfs (dans quelques expressions). *Courir, porter sur le système :* énerver. *La question... recommence à me taper sur le système »* (FLAUB.). ♦ 2o *Sc.* Appareil, dispositif formé par une réunion d'organes, d'éléments analogues constituant un ensemble cohérent. *Système articulé :* assemblage de solides liés deux à deux. *Systèmes antiques. Systèmes électriques, électroniques. Système dyna-*

mique, où intervient la notion du temps (*opposé à* statique). *Systèmes asservis.* — *Système de traitement de l'information, système d'exploitation.* V. **Programme.** ◇ *Cour.* Appareil plus ou moins complexe. *Un « système compliqué de béquilles et de jambes de bois »* (Hugo). — *Mar.* Tolets mobiles d'une embarcation à avirons. — *Spécialt.* Dispositif de fixation. *« Une cravate-plastron, à système »* (Romains). ◆ 3° Ensemble structuré (de choses abstraites). *Un système de concepts, de notions, de relations. Système consistant**. « *Une religion est un système solidaire de croyances, de pratiques... »* (Durkheim). — Sc., math. *Système d'équations.* — *Système d'unités* : ensemble d'unités choisies de manière à pouvoir exprimer les mesures de grandeurs physiques rationnellement et simplement. *Système décimal. Système C.G.S. Système métrique, M.K.S. Système pratique*, en électricité (avec des unités multiples des unités C.G.S.). — *Système de coordonnées, système de référence** (V. **Repère**).

SYSTÉMICIEN, IENNE [sistemisjɛ̃, jɛn]. *n. m.* et *f.* (v. 1970 ; de *systémique*). *Didact., techn.* Spécialiste de la systémique. — Adj. *Ingénieur systémicien.*

SYSTÉMIQUE [sistemik]. *adj.* et *n. f.* (v. 1970 ; angl. *systemic*). *Didact.* ◆ 1° *Adj.* Qui se rapporte ou affecte un système dans son ensemble. ◇ *Spécialt.* Relatif à la circulation sanguine générale. *Insecticide systémique*, qui agit sur un système vivant déterminé. ◆ 2° N. f. *La systémique*, technique des systèmes complexes.

SYSTOLE [sistɔl]. *n. f.* (1541 ; lat. *systole*, mot gr. « contraction »). *Physiol.* Contraction du cœur par laquelle le sang est chassé dans les artères, qui commence par la contraction simultanée des deux oreillettes (systole auriculaire), suivie de celle des deux ventricules (systole ventriculaire).

SYSTOLIQUE [sistɔlik]. *adj.* (mil. XVIᵉ ; de *systole ;* var. *Systaltique* [1741], du gr.). *Physiol.* Relatif à la systole. *Bruit systolique* (« premier bruit ») correspondant à la fermeture des valvules entre les oreillettes et les ventricules correspondants. — Méd. *Souffle systolique.*

SYSTYLE [sistil]. *n. m.* et *adj.* (1694 ; lat. *systylos*, mot gr. « aux colonnes rapprochées »). *Archit.* Ordonnance où les entre-colonnements sont de deux diamètres de colonnes (quatre modules). Adj. *Temple, péristyle, portique systyle.*

SYZYGIE [siziʒi]. *n. f.* (1584 ; lat. *syzygia*, mot gr. « assemblage, réunion »). *Astron.* Position de la Lune (et *par ext.* d'une planète) en conjonction ou en opposition avec le Soleil (nouvelle lune et pleine lune). « *À l'époque des syzygies,... la mer est prise soudain d'une tranquillité étrange »* (Hugo).

T

T [te]. *n. m.* ♦ 1° Vingtième lettre et seizième consonne de l'alphabet, servant à noter une occlusive dentale sourde [t]. *Barre de t*. « *Et, qui plus est, vous ne barrez point vos t* » (FRANCE). — *T euphonique intercalé* : entre le verbe et le sujet (*ex.* : arrive-t-on, aime-t-il) ; ou dans *Voilà-t-il pas*. V. **Ti.** ◇ *Par anal.* Forme du T. majuscule. *Bandage, antenne en T.* — *Par ext.* Objet qui a cette forme. V. **Té.** « *La place Royale, espèce de T ou plutôt de maillet à manche tronqué* » (NERVAL). ♦ 2° T, symbole de *téra* (métrol.) ; du *tesla* (phys.) ; du *tritium* (chim.) ; de *tous* ou *tutti* (mus.). ◇ t, abrév. de *tome*; de *tonne* (métrol.). ⊗ HOM. Té, thé.

T'. V. **TE.**

Ta Symbole chimique du *tantale*.

TA. V. **TON.**

1. TABAC [taba]. *n. m.* (1599 ; *tabacco*, 1555 ; esp. *tabaco*, du haïtien *tsibatl*). ♦ 1° Plante *(Solanacées)* originaire d'Amérique, haute et à larges feuilles, qui contient un alcaloïde toxique, la nicotine. *Le tabac fut introduit en France par Jean Nicot sous François II. Pied, champ de tabac. La mosaïque* du tabac.* ♦ 2° (1665). Produit manufacturé, vendu sous diverses formes, fait de feuilles de tabac séchées et préparées, pour priser, chiquer, fumer. V. **Pétun** *(vx)* ; *perlot (fam.). Tabac brun (ou noir) et fort ; blond (ou d'Orient) et léger. Tabacs étrangers.* V. **Havane, maryland, virginie.** *Tabac à mâcher, à chiquer.* V. **Chique.** *Tabac à priser.* « *Levant le nez pour humer une prise de tabac* » (FRANCE) *Tabac découpé pour fumer.* V. **Scaferlati.** *Tabac gris.* V. **Caporal.** *Du tabac pour bourrer sa pipe, rouler des cigarettes. Blague*, pot* à tabac.* « *Un bon tabac dans ma tabatière* » (chans. pop.). *Tabac dénicotinisé. Fumée de tabac.* « *L'intoxication chronique par le tabac* » (POROT). V. **Nicotinisme, tabagisme.** *Débit de tabac ou bureau* de tabac.* — *N. m. pl.* Administration de la *Régie française des tabacs (Service d'exploitation industrielle des tabacs et des allumettes* [Sigle : S.E.I.T.A.]). *Entrer aux Tabacs.* ◇ (1888) *Loc. fam. et fig. C'est toujours le même tabac,* c'est toujours la même chose. « *Quelle vie. Toujours la même histoire. Toujours le même tabac* » (QUENEAU). ◇ *Couleur de tabac, couleur tabac,* et par ext. *Tabac,* d'un brun roux. ♦ 3° *Subst. Un tabac,* un bureau de tabac. *Café-tabac,* café qui fait bureau de tabac. « *Dans un café-tabac, aux agréments ordinaires des bars s'ajoute celui d'un va-et-vient perpétuel* » (ROMAINS). « *Un tabac et un P.M.U. y attiraient un supplément de clientèle* » (QUENEAU).

2. TABAC [taba]. *n. m.* (1802, arg. ; répandu 2ᵉ moitié XIXᵉ ; de *tabasser,* d'apr. *tabac* 1). *Fam.* et *vx.* Bataille, volée de coups. *Donner du tabac,* battre. — *Mod. Passage à tabac* (1888), violences sur une personne qui ne peut se défendre. *Passer qqn à tabac.* ◇ *Coup de tabac* (1864), tempête, mauvais temps. *Fig.* (Arg. théâtre, 1901) *Avoir le gros tabac,* un grand succès.

TABACOMANIE [tabakɔmani]. *n. f.* (1923 ; de *tabac,* et -*manie*). *Didact.* Abus du tabac. V. **Nicotinisme.**

TABACULTEUR, TRICE [tabakyltœʀ, tʀis]. *n.* (1973 ; de *tabac,* et *culteur,* d'apr. *agriculteur*). *Agric.* Cultivateur spécialisé dans la culture du tabac.

TABAGIE [tabaʒi]. *n. f.* (1603 ; mot algonquin « festin », rattaché à *tabac* au XVIIIᵉ). *Vx* (1700). Sorte d'estaminet où l'on allait fumer. *Mod.* Endroit mal aéré où l'on a fumé beaucoup. *Ce bureau est une tabagie. Quelle tabagie, chez vous !*

TABAGIQUE [tabaʒik]. *adj.* (1877 ; de *tabagie).* ♦ 1° *Vx.* Relatif à la tabagie. ♦ 2° *Mod. (Méd.).* Relatif au tabagisme. *Intoxication tabagique.*

TABAGISME [tabaʒism(ə)]. *n. m.* (1896 ; de *tabagie).* *Méd.* Intoxication aiguë ou chronique, ensemble de troubles physiologiques et psychiques provoqués par l'abus du tabac. V. **Nicotinisme.** Toxicomanie de ceux qui abusent du tabac.

TABARD ou **TABAR** [tabaʀ]. *n.* (XIIᵉ ; o.i.). Au moyen âge, Manteau court, ample, à manches formant ailerons et à fentes latérales, porté sur l'armure.

TABASSÉE [tabase]. *n. f.* (XXᵉ ; de *tabasser).* *Pop.* Bagarre ; raclée. *Il a reçu une de ces tabassées !*

TABASSER [tabase]. *v. tr.* (1918, très antér. région. ; d'un rad. *tabb-,* idée de « frapper »). *Pop.* Battre, rouer de coups, passer à tabac. *Tabasse-le. Ils se sont tabassés.* « *Il boira du punch au lieu d'acheter de l'essence et tabassera sa famille* » (Cl. COURCHAY). — Dér. TABASSAGE [tabasaʒ], *n. m.* (mil. XXᵉ). *Fam.* Action de tabasser, de se tabasser ; bagarre.

TABATIÈRE [tabatjɛʀ]. *n. f.* (1666 ; *tabaquière,* 1650 ; de *tabac).* ♦ 1° Petite boîte à couvercle dans laquelle on mettait le tabac à priser, et qu'on emportait dans sa poche. « *Il prisait dans une tabatière d'or* » (BALZ.). ♦ 2° *Par anal.* (1867). Vitre d'une lucarne à charnière. *Fenêtre, châssis à tabatière. Par ext.* La lucarne. « *Une tabatière s'ouvrait sur un carré de ciel* » (MART. du G.). ♦ 3° *Anat. Tabatière anatomique,* dépression de la partie postéro-latérale du poignet, formée par la saillie des tendons des muscles extenseurs long et court du pouce, lorsque ces derniers se contractent (on déposait les poudres à priser dans cette dépression).

TABELLAIRE [tabe(ɛl)lɛʀ]. *adj.* (1836 ; de *tabelle* [vx], lat. *tabella* « tablette »). *Typogr. Impression tabellaire,* qui se faisait avec des planches gravées, avant l'invention des caractères mobiles.

TABELLION [tabeljɔ̃]. *n. m.* (1260, « notaire subalterne » ; lat. jur. *tabellio,* proprem. « qui écrit sur des tablettes »). ♦ 1° *Vx.* Officier qui délivrait les grosses des actes reçus en minutes par les notaires. Officier public qui remplissait les fonctions de notaire dans les juridictions subalternes. ♦ 2° (1875). *Plaisant., littér.* et *péj.* Notaire.

TABERNACLE [tabɛʀnakl(ə)]. *n. m.* (1120 ; lat. *tabernaculum* « tente »). ♦ 1° *Relig.* Tente des juifs de l'antiquité. *Fête des tabernacles,* célébrée après la moisson sous des abris de feuillage. — *Spécialt.* Tente où était enfermée l'Arche d'alliance et les objets sacrés, avant la construction du temple. ♦ 2° (1160). Petite armoire fermant à clé, qui occupe le milieu de l'autel d'une église et contient le ciboire. ♦ 3° *Techn.* (1842). Espace libre maçonné autour d'un robinet souterrain.

TABES ou **TABÈS** [tabɛs]. *n. m.* (1874, repris à l'all. ; lat. *tabes dorsalis* [1827], de *tabes* « écoulement », fig. « langueur, consomption », 1520). *Méd.* Forme tardive nerveuse de syphilis par atteinte dégénérative des cordons postérieurs de la moelle épinière et des racines nerveuses rachidiennes qui en émergent, caractérisée par une hypotonie et une incoordination des mouvements (ataxie* locomotrice), de violentes douleurs (gastriques, vésicales, intestinales ou oculaires) et des troubles trophiques cutanés, articulaires ou osseux. V. *aussi* **Paralysie** (générale).

TABÉTIQUE [tabetik]. *adj.* (1880 ; de *tabès).* *Méd.* Qui appartient au tabès. *Démarche tabétique.* ◇ *Subst.* Malade atteint du tabès. *Un, une tabétique.*

TABLATURE [tablatyʀ]. *n. f.* (*Tabulature,* 1529 ; lat. médiév. *tabulatura ;* de *tabula,* francisé d'après *table).* *Mus.* Figuration graphique des sons musicaux propres à un instrument. *Tablature d'orgue, de luth, de guitare. Tablature alphabétique* (lettres), *chiffrée.*

TABLE [tabl(ə)]. *n. f.* (1050 ; var. *taule,* XIIIᵉ ; V. **Tôle**). lat. *tabula* « planche, tablette »).

I. Objet formé essentiellement d'une surface plane horizontale, généralement supportée par un pied, des pieds, sur lequel on peut poser des objets. ♦ 1° Surface plane dressée à une hauteur convenable pour recevoir tout ce qu'on rapporte aux repas ; *spécialt.,* de nos jours, Meuble sur pieds construit pour cet usage. *Table de bois. Table ronde, ovale, rectangulaire ; à rallonges. Mar. Table à roulis.* V. **Violon.** — *Le haut bout, le bas bout de la table. Disposer un couvert, servir un plat sur la table.* — *Par ext.* Dresser, mettre la table, disposer sur la table tout ce qu'il faut pour manger. « *Le maître d'hôtel avait dressé la table dans le salon, une table où tenaient vingt-cinq couverts, un peu serrés* » (ZOLA). — DE TABLE : qui sert au repas, qui se met sur la table. *Ustensiles de table* (vaisselle, couverts, verres). *Linge de table* : nappe, serviette, set*. *Service de table. Tapis, jeté de table.* ◇ *Table d'hôte*.* ◇ (1549) Repas pris sur une table. *Domestique qui*

TABLEAU — 1912 — **TABLEAU**

fait le service de la table, qui sert à table. — *Aller, s'asseoir, se mettre à table* : s'attabler pour manger. *À table!* mettez-vous, mettons-nous à table. *Passons à table.* *Être à table* : en train de manger. *Inviter, recevoir à sa table. Se tenir* bien *à table,* s'y comporter selon les usages. « *Même si on se tient bien à table, manger à sa faim en temps de disette c'est bâfrer* » (BEAUVOIR). Vieilli. *Tenir table ouverte,* inviter tous ceux qui se présentent. Loc. prov. *Il se tient mieux à table qu'à cheval* : c'est un gros mangeur. — *Se lever de table, quitter la table.* — *Places à table.* V. **Couvert.** — *Raisins de table,* destinés à être mangés (et non à faire le vin). *Bière, vin de table,* de qualité courante, destinés aux repas familiaux. *Eau de table,* bonne eau potable. ◇ Loc. fig. et pop. (1845) *Se mettre à table* : avouer, dire ce qu'on a sur la conscience. V. **Parler.** « *Interrogé,* « *il se met tout de suite à table* » *et donne tous les renseignements qu'on pense à lui demander* » (DUHAM.). ♦ 2° (*Taub,* XIIIᵉ). *La table* : la nourriture servie à table. *Le logement, le gîte et la table. Plaisir de la table.* « *Le nombre des gens que la table a ruinés...* » (BALZ.). *Bonne table.* V. **Chère.** ◇ Ceux qui prennent leur repas, qui sont à table. V. **Tablée.** *Présider la table.* « *Cette table, assez nombreuse, était très gaie, sans être bruyante* » (ROUSS.). ♦ 3° (*Taule,* XIIIᵉ). Meuble formé d'une surface plane supportée par des pieds, et servant à d'autres usages que les repas. *Table basse, haute. Petite table décorative.* V. **Console,** guéridon. *Table de jardin, en rotin, en métal. Tables gigognes*.* *Table pliante, escamotable. Table roulante.* V. **Desserte.** *Table de télévision,* qui supporte l'appareil. — *Table de menuisier.* V. **Établi.** *Table de travail.* V. **Bureau.** *Tables d'école* (V. **Pupitre**). — *Table à dessin.* — *Table d'opérations.* V. **Billard.** — *Table à repasser,* planche de forme spéciale, munie d'une jeannette et montée sur pieds pliants, servant à repasser le linge. — *Table de jeu, table à jouer. Table de bridge,* légère, à pieds pliants, recouverte de drap vert. Loc. fig. *Jouer cartes sur table* : ne rien dissimuler. — *Table de ping-pong. Tennis de table* (de l'angl.), le ping-pong. — (1854) Spiritisme. *Tables tournantes,* dont les mouvements sont censés transmettre un message des esprits. « *Ils m'ont dit de ne pas croire au miracle, sur les tables tournent c'est que quelqu'un les pousse du pied* » (ARAGON). « *Hugo vint. Aussitôt la table craqua, tressaillit, se mit en mouvement* » (MAUROIS). — TABLE RONDE. V. **Table ronde.** ◇ DESSOUS DE TABLE. V. **Dessous** (2, 2°). ♦ 4° *Par ext.* Objet mobilier d'usage domestique comprenant, outre un support plat, différentes parties (tiroirs, coffre, tablettes) et pouvant constituer un meuble fermé. — TABLE DE NUIT (1717) : petit meuble placé au chevet du lit où l'on range les objets nécessaires pour la nuit. On dit aussi *Table de chevet.* — TABLE À OUVRAGE : travailleuse, tricoteuse. — TABLE DE TOILETTE : comportant un emplacement pour une cuvette et un pot, surmonté d'une glace, de tablettes. — TABLE-ÉVIER : bloc sanitaire comportant un évier et un égouttoir. — TABLE DE CUISSON : plaque servant de support pour les brûleurs à gaz ou les plaques électriques, encastrée indépendamment du four dans un bloc-cuisson. ♦ 5° TABLE D'ORIENTATION : table circulaire de pierre, sur laquelle sont figurés les directions des points cardinaux et les principaux accidents topographiques visibles du lieu où elle se trouve. ♦ 6° Relig. chrét. Partie supérieure de l'autel. *La sainte table* (XVIᵉ) : l'autel. *S'approcher de la sainte table* : communier.

II. (1431). Surface plane. V. **Planche, plaque, plateau, tableau** (II), **tablette, tablier** (I). Techn. *Plomb, ardoise, marbre en table.* *Diamant en table* : taillé de façon à présenter une facette horizontale supérieure, dite *table.* *Table de machine-outil. Table de foyer. Table de roulement* : surface de roulement d'un rail. — Partie plane de l'enclume. — Plateau de fonte sur lequel se fait la coulée du verre. — Surface plane sur laquelle on coule le plomb. ◇ (1611) Partie plane ou légèrement incurvée qu'un instrument de musique sur laquelle les cordes sont tendues. *Table d'harmonie* ou simplement *Table,* sur laquelle repose le chevalet. *La table et le fond sont réunis par des éclisses.* ◇ *Tableau. Table interurbaine d'un standard.* Par ext. *Table d'écoute,* poste d'écoute qui permet d'entendre les communications téléphoniques à l'insu des usagers. ◇ Surface plane naturelle. *Table de roc.* *Table calcaire, glacière.* V. **Tabulaire.** ◇ Astronaut. *Table de lancement* : « dispositif assurant le support et le maintien d'un véhicule spatial et permettant un décollage vertical ou voisin de la verticale » (J.O.).

III. (1190, « tablettes »). ♦ 1° (Dans quelques emplois). Surface plane sur laquelle on peut écrire, graver. Loc. (1314) TABLE RASE (lat. *tabula rasa*) : chez Aristote, Leibniz, Locke, État de l'esprit « vierge », avant toute représentation. Fig. *Faire table rase des anciennes institutions, du passé,* les considérer comme inexistantes, nulles. ◇ *Les Tables de la Loi.* V. **Décalogue.** Fig. *Ce sont ses tables de la loi,* son évangile. — Antiq. rom. *Les Douze Tables,* publiée vers 450 av. J.-C., par les décemvirs. ♦ 2° (1549 ; v. 1310, « registre »). Présentation méthodique, sous forme de liste, d'un

ensemble de données, d'informations. V. **Index.** *Table alphabétique, analytique, méthodique. Table des chapitres, des matières,* dans un livre, énumération des chapitres, des questions traitées (dans un ordre déterminé). V. **Inventaire, répertoire, sommaire.** — Ensemble de données dont chaque article peut être identifié sans ambiguïté au moyen d'un ou plusieurs arguments (abscisse, ordonnée ; figures, symboles). V. **Table** (III, 2°). *Table de contingence, de corrélation. Tables chronologiques, généalogiques, démographiques (table de mortalité, de natalité, de morbidité...).* ◇ Inform. *Table de symboles* : liste de correspondance entre deux ou plusieurs ensembles de symboles. *Table traçante* : unité de sortie d'un ordinateur qui donne le tracé des courbes d'une ou de plusieurs variables en fonction d'une ou de plusieurs autres variables. — ◇ Sc. (1690) Recueil d'informations, de données (numériques, expérimentales), groupées de façon systématique, en vue d'une consultation aisée. *Tables astronomiques* : éphémérides, annuaire du Bureau des longitudes. — *Tables de multiplication*.* Absolt. et fam. *Il sait sa table par cœur.* — *Table de logarithmes.* — Log. *Table de vérité,* tableau formé de cases indiquant par « vrai » ou « faux » le résultat d'une opération logique sur des propositions selon tous les cas possibles où chacune d'elles est vraie ou fausse. *Table de décision,* table de vérité portant sur des choix. — *Table de Pythagore,* tableau donnant les composés d'une loi à l'intersection des lignes et des colonnes représentatives des composants. — Chim. *Table de constantes* : recueil de données numériques relatives aux propriétés physiques, chimiques et mécaniques des corps simples. — *Tables de tir,* contenant les éléments de calcul de trajectoires, pour une bouche à feu. — Sports. Tableau de cotation des différentes performances athlétiques, métriques ou chronométriques, indiquant les équivalences conventionnelles en points. *La « table finlandaise » est remplacée par la « table internationale » en particulier pour les classements du pentathlon*.* et du décathlon*.* — *Tables de Bacon* : recueil systématique d'exemples concernant un phénomène ou une qualité dont on veut découvrir l'essence.

TABLEAU [tablo]. *n. m.* (*Tableau*« panneau de bois, de métal... portant des inscriptions, des images », 1285 ; de *table*).

I. ♦ 1° (1355, « toile pour peinture »). Œuvre picturale (V. **Peinture**) exécutée sur un support rigide et autonome (V. **Panneau, toile**). *Tableau de chevalet*.* *Tableau à plusieurs volets.* V. **Diptyque, triptyque.** *Tableau sur bois, toile, carton, isorel,* etc. *Tableau peint à l'huile, à la gouache, au pastel. Nettoyer, restaurer, revernir, rentoiler, maroufler un tableau.* « *Un tableau est un espace à émouvoir* » (GIDE). *Un bon, un mauvais tableau* (V. **Croûte**). *Tableaux religieux, d'église, d'autel.* V. **Prédelle, retable.** *Tableau abstrait, non figuratif. Tableau de maître. Tableau de musée* : digne d'un musée. — *Exposer ses tableaux. Marchand de tableaux. Galerie de tableaux.* — *Accrocher, pendre un tableau au mur, à une cimaise. Faire encadrer un tableau.* — Par ext. *Tableau se dit parfois d'images encadrées* (lithographies, reproductions, gravures). *Tableau de fleurs.* ♦ 2° (1872). *Par ext.* (Spectacle) *Tableau vivant* : groupe de personnes disposées sur la scène de manière à reproduire ou à évoquer un tableau célèbre ; groupe de personnages immobiles. ♦ 3° Fig. *Vieux tableau* (1889) : vieille coquette « peinte », fardée. *Par ext.* Terme de dérision à l'égard d'un vieillard ridicule. ♦ 4° Fig. (XVIᵉ). Image, scène réelle qui évoque une représentation picturale. *La plaine « Dont le tableau changeant se déroule à mes pieds »* (LAMART.). « *L'étonnante mélancolie de ce tableau* » (CHATEAUB.). — Fam. et iron. *Vous voyez d'ici le tableau!* la scène. ◇ Spécialt. TABLEAU DE CHASSE : ensemble des animaux abattus, rangés par espèces. — Fig. *Aviateur qui a un beau tableau de chasse,* qui a abattu des avions. — *Le tableau de chasse d'un Don Juan* : ses conquêtes féminines. ♦ 5° (1612). Description ou évocation imagée, par la parole ou par écrit. V. **Image, récit.** « *Quel tableau Bourdaloue ne fait-il point de l'ambition!* » (CHATEAUB.). *Tableaux de la vie militaire. Brosser un tableau de la situation,* en faire une rapide description. — Fig. *Pour achever le tableau* : pour comble. ♦ 6° (1842). Subdivision d'un acte qui correspond à un changement de décor, au théâtre. *Drame, opérette en vingt tableaux.*

II. Panneau plat. ♦ 1° (*Taveliau,* 1351). Panneau destiné à recevoir une inscription, une annonce ; *par ext.* Cadre de bois où l'on affiche une feuille d'avis, etc. *Tableau d'affichage. Tableau des départs, des arrivées,* dans une gare. ♦ 2° (XVIᵉ). Techn. Parois latérales encadrant une baie de porte ou de fenêtre. — Partie de l'épaisseur du mur entre la feuillure et le parement extérieur. (On dit aussi *Tableau de baie*). ♦ 3° Mar. (1701). Partie plate de la poupe d'un navire en bois. *Le tableau portait le nom du navire.* ♦ 4° (XVIIIᵉ). *Vx.* À certains jeux d'argent. Surface, emplacement où l'on mise. — Mod. Loc. fig. *Jouer, miser ; gagner sur les deux tableaux, sur tous les tableaux.* « *Gagner à tout coup, tantôt sur l'un, tantôt sur l'autre tableau* » (MONTHERLANT). ♦ 5° (1835).

TABLEAU NOIR, et *absolt.* TABLEAU : panneau teinté en noir (ou en vert foncé) sur lequel on écrit à la craie dans une salle de classe. *Démonstration au tableau. Aller, passer au tableau* : se faire interroger. ♦ 6° (1890). Support plat réunissant plusieurs objets ou appareils. *Tableau des clés, des sonneries,* dans un hôtel. — *Électr.* Support des appareils de commande, de mesure d'un réseau électrique. *Tableau de distribution. Tableau indicateur. Tableau d'une installation téléphonique,* etc. *Tableau de commande* (d'un appareil ménager : cuisinière, machine à laver, lave-vaisselle, sécheuse, etc.). *Tableau de contrôle* (d'une machine, d'une installation, d'un réseau), réunissant les appareils de commande, de réglage et de sécurité. ♦ 7° TABLEAU DE BORD (1914) : panneau où sont réunis les instruments de bord. *Tableau de bord d'un avion, d'une automobile, d'un bateau à moteur.*
III. Ce qui est écrit sur un tableau. ♦ 1° (1549). Liste par ordre des personnes appartenant à une compagnie, à un corps. *Tableau de l'ordre des avocats. Inscription au tableau; être rayé du tableau.* — *Tableau d'avancement* : liste des personnes prévues pour un avancement hiérarchique, par ordre de préférence. *Tableau d'honneur* : liste des élèves les plus méritants. *Être inscrit au tableau d'honneur.* ◇ Liste de prescriptions, de renseignements, affichée ou consultable. *Tableau de service. Tableau de marche des trains.* ♦ 2° (v. 1790). Série de données, de renseignements, disposés en lignes et en colonnes, d'une manière claire et ordonnée, parfois figurée, pour faciliter la consultation. *Tableau d'un inventaire, d'une comptabilité, de prix* (V. **Tarif**). *Tableau entrées-sorties. Tableau des opérations financières. Tableau des emplois et des ressources. Tableau de bord, tableau de marche,* présentation des principaux renseignements représentatifs de la marche d'une entreprise, de la situation économique d'une nation. *Tableau chronologique. Tableau statistique. Tableau généalogique. Tableau des conjugaisons. Tableau synchronique, synoptique.* V. **Table** (III, 2°). *Tableau de Boole,* table* de vérité.

TABLEAUTIN [tablotɛ̃]. *n. m.* (1823; de *tableau*). Tableau de petite dimension. — *Fig.* « *De légers tableautins dans la manière de Verlaine et de M. Coppée* » (MAURRAS).

TABLÉE [table]. *n. f.* (XIIIᵉ; de *table*). Ensemble des personnes assises à une même table, qui prennent ensemble leur repas, « *Tablée vulgaire de n'importe quelle hôtellerie provinciale* » (BLOY).

TABLER [table]. *v. intr.* (v. 1290, « se mettre à table » ; de *table*). ♦ 1° *Vx.* Être, rester à table. ♦ 2° (Ancien terme de trictrac). Caser (1°). ◇ Mod. (1690) *Tabler sur qqch.* V. **Compter**. — *Spécialt.* Baser une estimation, un calcul sur (ce qu'on croit sûr).

TABLE RONDE [tabləʀɔ̃d]. *n. f.* (1955; de *table,* et *ronde* [au pr.], d'apr. l'angl. *Round table* [*conference*]). *Fig.* Réunion, caractérisée par le principe d'égalité entre participants à l'image de la table ronde autour de laquelle peuvent s'asseoir les convives, sans hiérarchie ni préséance, pour discuter de questions d'intérêt commun, généralement litigieuses, d'ordre international (V. **Conférence, congrès**), politique (V. **Assemblée** [2°], **congrès, meeting, réunion** [II, 3°]), scientifique, professionnel, syndical, etc. (V. **Colloque, congrès, journée** [d'étude], **séance** [de travail], **séminaire** [2°], **symposium**). *La Conférence (internationale) de la Table ronde de 1956.*

TABLETIER, IÈRE [tablətje, jɛʀ]. *n.* (v. 1260; de *table* « échiquier, damier »). Ouvrier spécialiste du travail de certains bois, du corozo, de l'os, de l'ivoire pour la fabrication des articles de jeu (damiers, échiquiers...), des « articles de Paris », etc.

TABLETTE [tablɛt]. *n. f.* (1220; de *table*).
I. *Vx.* Petite table (III, 1°); planchette ou petite surface plane destinée à recevoir une image, ou plus souvent une inscription. — Archéol. *Tablette à écrire, tablette de cire des anciens.* ◇ *Fig.* et mod. (Au plur.) *Je l'écris, je le marque sur mes tablettes, j'en prends note. Ce qui est écrit sur mes tablettes* : je ne l'ai pas noté, et *fig.* je ne m'en souviens pas.
II. (*Tavelette,* 1460). Petite planche horizontale. V. **Planchette**. *Les tablettes d'une armoire, d'un meuble de rangement* (V. **Rayon**), *d'un bureau.* « *Mathias en rabat la tablette* (du secrétaire) » (ROBBE-GRILLET). *Tablette à glissière. Tablette chargée de livres.* ◇ Plaque d'une matière dure, servant de support, d'appui, d'ornement. *Tablette d'une cheminée* : plaque posée sur les montants. *Tablette recouvrant un radiateur de chauffage central. Tablette de lavabo.* — Dalle mince couvrant l'appui d'une fenêtre. — Appui d'un balustre, d'une balustrade.
III. (XVIᵉ). Médicament, et *par ext.* Produit alimentaire solide, solidifié, présenté en petites plaques de forme rectangulaire. *Tablette de kola.* — *Tablette de chocolat* (V. **Plaque**), *de chewing-gum.* « *La tablette de potage salé* » (DORGELÈS). ◇ *Par ext. Tablettes de combustible* (métaldéhyde). ◇ *Chim.* et *Cristallogr.* Cristal dont l'une des dimensions est très faible par rapport aux deux autres.

TABLETTERIE [tablɛtʀi]. *n. f.* (1429; de *tabletier*). Métier; commerce du tabletier. *La tabletterie utilise le placage* (comme l'ébénisterie), *l'incrustation* (comme la marqueterie), *la sculpture,* etc. ◇ *Par ext.* (1694) Objets de tabletterie (coffrets, étuis, échiquiers, damiers; éventails, peignes; objets pour fumeurs). *Tabletterie de laque.*

TABLIER [tablije]. *n. m.* (1160; de *table* [II]).
I. ♦ 1° *Ancienn.* Surface plane sur laquelle se jouent certains jeux (échecs, dames, trictrac). ♦ 2° (1872; « partie d'un pont-levis », 1793). Plate-forme qui constitue le plancher d'un pont. « *Grâce au toit du pont, il n'y avait pas de neige sur le tablier* » (HUGO).
II. ♦ 1° (1530; « toile qui protège la table », XIIᵉ). *Cour.* Vêtement de protection constitué par une pièce de matière souple maintenue par des attaches, qui garantit le devant du corps. *Tablier à bavette. Tablier de boucher. Tablier de cuir.* — *Tablier de franc-maçon.* Loc. *Ceindre le tablier* : devenir franc-maçon. ◇ *Spécialt. Tablier de domestique.* « *Deux garçons en tablier blanc* » (GREEN). Loc. *Rendre son tablier* : refuser de servir plus longtemps, et *fig.* Se démettre, démissionner. ◇ *Par ext.* Blouse de protection se boutonnant par derrière. *Tablier d'écolier. Robe-tablier,* qui en a l'usage et la forme. ♦ 2° *Techn.* (1875). Dispositif (plaque ou assemblage de plaques) servant à protéger. *Tablier de laminoir.* Plus cour. : « *Il essaya vainement de lever le tablier rouillé de la cheminée* » (ALAIN-FOURNIER). V. **Rideau**. « *Tous les magasins ont baissé leurs tabliers de fer* » (SARTRE). ◇ *Auto.* Séparation du compartiment moteur et de l'intérieur de la carrosserie. *Le tableau de bord est monté sur le tablier.* — Sur un scooter, un vélomoteur, pièce de métal qui sépare le conducteur de la roue avant et se prolonge horizontalement pour servir d'appui.

TABLOÏD ou **TABLOÏDE** [tablɔid]. *adj.* et *n. m.* (mil. XXᵉ; mot angl. [nom déposé, 1884]). ♦ 1° Anglicisme. *Pharm.* (Rare). V. **Comprimé**. ♦ 2° Américanisme. Se dit des journaux d'un format inférieur de moitié au format habituel (répandus d'abord aux États-Unis). *Format tabloïd.* — *Par ext.* Périodique de petit format.

TABOR [tabɔʀ]. *n. m.* (1912; mot marocain). *Ancienn.* Bataillon formé de soldats des goums marocains, encadrés par des gradés français.

TABOU [tabu]. *n. m.* et *adj.* (1822; *taboo,* 1785, dans une trad. du voyage de Cook [1777]; angl. *taboo,* du polynésien *tapu* « interdit, sacré »). ♦ 1° *N. m.* Système d'interdictions de caractère religieux appliquées à ce qui est considéré comme sacré ou impur; interdiction rituelle. « *Le tabou se présente comme un impératif catégorique négatif* » (CAILLOIS). *Adj.* Qui est soumis au tabou, exclu de l'usage commun par le tabou. *Des armes taboues.* ♦ 2° *Fig.* Ce sur quoi on fait silence, par crainte, pudeur. « *Les tabous sexuels* » (BEAUVOIR). — *Adj.* (accordé ou invar.) V. **Interdit**. « *On doit réfléchir avant de parler. Il y a des sujets tabous* » (SARRAUTE). « *Une maison d'édition dont tous les auteurs sont tabou* » (GIRAUDOUX). « *Les choses de la chair restaient taboues pour moi* » (BEAUVOIR).

TABOUISER [tabuize] ou **TABOUER** [tabue]. *v. tr.* (XXᵉ,-1822; de *tabou*). *Didact.* Déclarer, rendre tabou (dans nos sociétés), ou encore conférer un caractère sacré à (qqch., qqn). — Dér. TABOUISATION [tabuizasjɔ̃]. *n. f.* ◊ ANT. Détabouiser; détabouisation.

TABOURET [tabuʀɛ]. *n. m.* (1525; « pelote à aiguilles », 1442; de l'a. fr. *tabour* [V. **Tambour**], à cause de la forme ronde de ce siège). Siège sans bras ni dossier, à pied(s). *Tabouret de cuisine, en bois; tabouret paillé, en cuir. Tabouret de piano,* monté sur vis pour en régler la hauteur. *Tabouret de bar,* assez haut pour que les consommateurs assis soient au niveau du bar. — *S'asseoir; monter, grimper; être juché sur un tabouret.* ◇ *Par ext.* Petit meuble où l'on pose les pieds, lorsqu'on est assis.

TABULAIRE [tabylɛʀ]. *adj.* (v. 1493, « inscrit sur une table » ; 1355, « caissier, dans la Rome antique » ; du lat. *tabularius,* n. m., et *tabularis,* adj.). ♦ 1° *Sc.* (1829). Disposé en tables, en tableaux. *Logarithmes tabulaires.* ♦ 2° (1829). *Didact.* En forme de table. *Géogr.* Se dit d'un relief relativement plat qui domine les environs. *Massif tabulaire.*

TABULATEUR [tabylatœʀ]. *n. m.* (1914; de *tabulaire*). *Techn.* Dispositif d'une machine de bureau (à écrire, à calculer), permettant d'aligner les signes (chiffres, etc.) en colonnes, de manière à former des tables, des tableaux.

TABULATRICE [tabylatʀis]. *n. f.* (1921; de *tabulaire*). Machine utilisant les cartes perforées. ◇ Imprimante* fonctionnant ligne par ligne.

TAC [tak]. *n. m.* et *interj.* (1587; dans *tic-tac,* 1552; onomat.). Bruit sec. — *Tac, tac, tac, tac!...* bruit de mitrailleuse. *Tacatac,* bruit de tir ininterrompu. — *N. m.* (1877) *Escr.* Bruit du fer frappant le fer. *Parade de tac. Riposter du tac au tac,* riposter du tac au tac. — *Fig.* et cour. (1903) *Répondre, riposter du tac au tac,* répondre à un mot désagréable en rendant aussitôt la pareille.

TACAUD [tako]. *n. m.* (fin XVIIIᵉ; o. i.). Poisson, gade* de petite taille, commun sur les côtes de l'Atlantique. ◊ HOM. *Tacot.*

TACCA [taka]. *n. m.* (1827; malais *takah* « dentelé »). *Bot.* Plante herbacée tropicale, à grandes feuilles découpées, dont les tubercules fournissent une fécule comestible.

TACET [taset]. *n. m.* (1622; *faire le tacet* « ne rien dire », 1613; mot lat. « il se tait »). *Mus.* Silence d'un instrument, d'une voix, pendant une partie d'un morceau, indiqué sur la partition par le mot *tacet.*

TACHE [taʃ]. *n. f.* (*Teche* « caractère, qualité », 1080; « nævus », XIIᵉ; probabl. du got. *taikns* « signe »). **I.** Petit espace de couleur différente dans un ensemble de couleur uniforme. ◆ 1º (XIIᵉ). Altération à la surface d'une substance, petite étendue de couleur, d'aspect différent du reste. *Taches de rousseur, de son.* V. **Éphélide.** *Tache de vin.* V. **Envie, nævus.** *Taches provenant d'un coup.* V. **Bleu; ecchymose.** *Taches des ongles.* V. **Albugo.** — *Taches auditives,* formations blanchâtres sur la surface intérieure de l'utricule et du saccule de l'oreille interne, où se termine le nerf auditif. V. **Macule** (*méd.*). ◆ 2º (1550). Marque colorée naturelle sur le poil, les plumes, le tégument des êtres vivants. *Taches du léopard. Taches du plumage d'un oiseau.* V. **Maille.** « *Une salamandre noire, marbrée de taches orangées* » (GENEVOIX). *Semis de taches.* V. **Moucheture, tacheture, tiqueture.** — Relig. jud. *Animal sans tache offert en holocauste.* Fig. *L'Agneau sans tache :* Jésus-Christ. ◊ Anat. *Tache jaune de l'œil,* partie de la rétine où la vision atteint le maximum de netteté. V. **Macula.** ◊ Astron. (1671) *Taches solaires* (V. **Macule**) : zones relativement sombres qui apparaissent à la surface du Soleil et dont le nombre et l'importance varient selon un cycle de onze ans. ◆ 3º (Mil. XIXᵉ). Élément coloré qui apparaît dans le champ visuel sur un fond de couleur plus ou moins uniforme. « *Quelques joncs verts faisaient une tache crue* » (MAUPASS.). « *Le soleil... jetait des taches d'or* » (FLAUB.). ◊ *Peint.* (XVIIIᵉ; d'abord péj.) « *Le tableau n'est qu'un amas de taches* » (DIDER.). — (v. 1890) Petit élément d'un tableau dont la couleur tranche sur le reste. « *Noircures vagues çà et là piquées d'une tache vive* » (TAINE). — *(Depuis les impressionnistes)* Chacune des touches de couleur uniforme, juxtaposées dans un tableau (V. **Tachisme**). « *Insoucieux du relief, il* (le Japonais) *ne peint que par le contour et la tache* » (CLAUDEL). **II.** (XVIᵉ). ◆ 1º Surface salie par une substance étrangère; cette substance. V. **Éclaboussure, salissure, souillure.** *Tache d'huile, de graisse, de cambouis, d'encre, de rouille.* Par ext. *Tache de doigts gras; de brûlure.* V. **Marque.** « *Son uniforme..., quoique râpé n'avait pas une tache* » (BOSCO), *était immaculé. Écriture avec des ratures et des taches.* V. **Bavure, pâté.** — *Enlever, ôter les taches* (V. **Détacher, détachant**). ◊ FAIRE TACHE (1830) : rompre une harmonie de couleurs ou tout autre harmonie. *Ce vase fait tache dans le salon.* Fig. « *Cet homme fait tache dans une société si élégante* » (ACAD.). — FAIRE TACHE D'HUILE*. ◆ 2º Fig. (1559). Souillure morale. V. **Déshonneur, tare.** *Naissance sans tache. C'est une tache à sa réputation.* — (1560) *Chose impure, contraire à la religion.* V. **Impureté, péché.** *La tache originelle,* le péché originel. « *L'innocence, une pureté sans tache* » (VAUVEN.). Spécialt. *Pur(e) et sans tache,* vierge.

TÂCHE [taʃ]. *n. f.* (*Tasche,* 1175; « travail rémunéré », v. 1420; du lat. médiév. *taxa* « prestation rurale »). V. **Taux, taxe**.) ◆ 1º Travail déterminé qu'on doit exécuter. V. **Besogne, ouvrage.** *Assigner à chacun sa tâche.* « *On cherchait... à lui faciliter la tâche* » (MART. du G.). *Accomplir sa petite tâche quotidienne.* « *Le lundi matin, d'où le Français embrasse la tâche de la semaine* » (GIRAUDOUX). *S'acquitter d'une tâche; remplir une tâche. S'atteler à une tâche.* PROV. *À chaque jour suffit sa tâche,* supportons les maux d'aujourd'hui, sans nous préoccuper de l'avenir. — À LA TÂCHE (1606) : se dit des ouvriers, des artisans qui sont payés selon l'ouvrage exécuté (et non à l'heure ou à la journée). *Travailler à la tâche.* — Fig. et fam. *Je ne suis pas à la tâche,* laissez-moi prendre mon temps pour faire ce que j'ai à faire (Cf. *Je ne suis pas aux pièces*). ◊ Fig. et littér. (1640) *Prendre à tâche de...,* s'efforcer de, avoir à cœur de... « *Elles semblent avoir pris à tâche de justifier cette réputation qu'on nous fait à l'étranger* » (GIDE). ◆ 2º Ce qu'il faut faire; conduite commandée par une nécessité ou dont on se fait une obligation. V. **Devoir, mission, rôle.** « *La noble tâche d'encourager les jeunes talents* » (HUGO). « *La tâche de l'historien consiste essentiellement à abréger* » (BAINVILLE).

TACHÉ, ÉE [taʃe]. *adj.* (1450; *tachié,* fig., fin XIIᵉ; de *tache*). ◆ 1º Sali d'une tache, de plusieurs taches. V. **Maculé.** *Un gilet taché.* « *Ces bancs taché d'encre* » (FRANCE). ◆ 2º (1791; *takié,* 1311). Qui porte naturellement une tache (I, 1º, 2º), des taches (V. **Tacheté**). *Corps blanc taché de brun du gerfaut. Marbres tachés de gris.* « *De ces mains tachées de son* » (CHARDONNE). — *Fruits tachés.* V. **Tavelé.** ◊ ANT. *Immaculé, propre, uni.*

TACHÉO-. Élément, du gr. *takheos* « rapide ».

TACHÉOGRAPHE [takeɔgraf]. *n. m.* (1906; de *tachéo-,* et *-graphe*). *Techn.* Appareil de visée inventé en 1898, utilisé en planimétrie et altimétrie (levée des cartes et plans).

TACHÉOMÈTRE [takeɔmɛtʀ(ə)]. *n. m.* (1875; inventé, 1835; de *tachéo-,* et *mètre*). *Techn.* Instrument dérivé du théodolite, permettant de lever rapidement un plan nivelé.

TACHÉOMÉTRIE [takeɔmetri]. *n. f.* (1858; de *tachéomètre*). *Techn.* Méthode de levée des plans nivelés au tachéomètre.

TACHER [taʃe]. *v. tr.* (1530; de *tache*). **I.** ◆ 1º Salir en faisant une tache, des taches. V. **Maculer, salir, souiller; taché.** — (Sujet de personne) *Tacher ses vêtements, un meuble, un livre.* ◊ *(Sujet de chose)* Absolt. *Le vin rouge tache.* ◆ 2º Vx (h. XIIIᵉ). Souiller au moral, ternir (l'honneur, la réputation). « *Si de mes libertés j'ai taché votre nom* » (MOL.). ◆ 3º Colorer d'une tache (I, 3º). « *Cailloux qui tachaient le sol à perte de vue* » (MAC ORLAN). **II.** SE TACHER. *v. pron.* (1829). ◆ 1º Faire des taches sur soi, sur ses vêtements. ◆ 2º Recevoir des taches, se salir, en parlant d'une chose. *Une nappe blanche se tache vite.* ◆ 3º Se couvrir de taches (I, 1º, 2º). *Les bananes se tachent de points noirs en mûrissant.* ◊ ANT. *Détacher.*

TÂCHER [taʃe]. *v.* (v. 1460; de *tâche*). ◆ 1º V. tr. indir. Faire des efforts, faire ce qu'il faut pour... V. **Efforcer (s'), essayer.** — *(Avec l'inf.)* TÂCHER À... (vx ou littér.). « *Tâcher à convaincre quelqu'un d'ignorance* » (DUHAM.). — Mod. TÂCHER DE... (1538), « *Les orgueilleux tâchent d'abaisser tous les autres hommes* » (DESCARTES). « *Tâche de venir vers le Toussaint* » (FLAUB.). ◊ À l'impér., par euphém., pour donner un ordre. « *Tâchez de parler de votre maître avec un peu plus de ménagement !* » (MARIVAUX). — Pop. *Tâcher moyen* (par croisement de *tâcher de...* et *trouver moyen*). « *C'est vrai qu'il faudrait 'tâcher moyen' de penser à autre chose qu'à ça* » (MAURIAC). ◆ 2º V. tr. dir. TÂCHER QUE... (1549) : faire en sorte que. « *Tâchons seulement qu'elle ne nous joue pas les mêmes tours* » (DAUD.). ◆ 3º V. intr. Littér. Péj. Travailler. « *Au temps où il tâchait dans les maisons de passe de la presse* » (HUYSMANS). ◊ ANT. Éviter.

TÂCHERON [taʃʀɔ̃]. *n. m.* (1506, repris fin XIXᵉ; de *tâche*). ◆ 1º *Techn.* Sous-entrepreneur du bâtiment à qui l'entrepreneur cède sa tâche moyennant un prix forfaitaire. *Ouvrier agricole à la tâche.* ◆ 2º Cour. Personne qui travaille avec assiduité et application. ◊ *Péj.* Personne qui effectue sans initiative des besognes de commande, des travaux ingrats. « *Des tâcherons... de simples salariés* » (DUHAM.).

TACHETÉ, ÉE [taʃte]. *adj.* (1538; *tachelé,* XIIᵉ; de l'a. fr. *tachele, tachete* « petite tache »). Qui présente de nombreuses petites taches (I, 2º). *Chiens à robe blanche tachetée de brun. Bananes des Canaries tachetées de noir.* V. **Tigré.** ◊ Coloré de taches (I, 3º) par endroits. « *Gras pâturages tachetés de bestiaux* » (GAUTIER). ◊ Orné de petites taches de couleur. *Papier, tissu, linoléum... tacheté de points multicolores.* V. **Marqueté, moucheté.**

TACHETER [taʃte]. *v. tr.; conjug. jeter* (1538; de *tacheté*). Marquer, couvrir de nombreuses petites taches (I). V. **Marqueter, moucheter.**

TACHETURE [taʃtyr]. *n. f.* (1611; de *tacheter*). Marques de ce qui est tacheté; aspect tacheté.

TACHINE [takin] *n. m.,* parfois *n. f.* (1839; lat. zool. *tachina,* du gr. *takinos* « rapide »). *Zool.* Grosse mouche, qui vit sur les fleurs et dont les larves sont parasites des chenilles. ◊ HOM. *Taquine* (fém. de *taquin*).

TACHISME [taʃism(ə)]. *n. m.* (1906; de *tache*). ◆ 1º Vieilli. *Dans la peinture figurative,* Façon de peindre par taches de couleur uniformes juxtaposées. V. **Pointillisme.** ◆ 2º *Dans la peinture abstraite,* Façon de peindre par éléments colorés de forme imprécise.

TACHISTE [taʃist(ə)]. *adj. et n.* (1888; de *tache*). ◆ 1º Relatif au tachisme (1º ou 2º). *Abstraction tachiste.* ◆ 2º N. Peintre qui fait du tachisme (1º ou 2º). V. **Pointilliste.**

TACHISTOSCOPE [takistɔskɔp]. *n. m.* (mil. XXᵉ; de *tach[eo]-,* gr. *-istos* « le plus », *-scope*). *Techn.* Appareil de projection pour l'exposition d'images lumineuses à différentes vitesses, utilisé pour l'entraînement à la lecture rapide et pour les recherches commerciales de mesure de la perception. — Dér. TACHISTOSCOPIQUE [takistɔskɔpik] ou TACHISCOPIQUE [takiskɔpik], *adj.*

TACHY-. Élément, du gr. *takhus* « rapide ». V. **Tachéo-.**

TACHYARYTHMIE [takiaʀitmi]. *n. f.* (1922; de *tachy-* [cardie], *et arythmie*). *Méd.* Accélération et irrégularité des battements du cœur.

TACHYCARDIE [takikardi]. *n. f.* (1871; du lat. mod. *tachycardia* [1882]; de *tachy-,* et *-cardie*). *Méd.* Accélération du rythme des battements du cœur. ◊ ANT. *Bradycardie.*

TACHYGENÈSE [takiʒənɛz]. *n. f.* (1896; de *tachy-,*

et -*genèse*). *Biol.* Accélération embryogénique chez certains crustacés et insectes, du fait de l'absence de certains stades ancestraux et adaptatifs. — Dér. TACHYGÉNÉTIQUE [takiʒe netik], *adj.* ◇ ANT. Bradygenèse.

TACHYGRAPHE [takigʀaf]. *n. m.* (1881; de *tachy*-, et -*graphe*). *Techn.* Appareil enregistreur de vitesse.

TACHYMÈTRE [takimɛtʀ(ə)]. *n. m.* (1839; de *tachy*-, et -*mètre*). *Phys.*, *Mécan.* Appareil de mesure des vitesses de rotation (d'un moteur, etc.). V. **Compte-tours**. — Dér. TACHYMÉTRIE [takimetʀi], *n. f.*

TACHYON [takjɔ̃]. *n. m.* (1970; de *tachy*-, et suff. -*on*). *Phys.* Particule inobservable, de vitesse supérieure à celle de la lumière.

TACHYPHAGIE [takifaʒi]. *n. f.* (1908; de *tachy*-, et -*phagie*). *Méd.* Action de manger trop vite. *La tachyphagie peut être cause d'aérophagie, de dyspepsie.*

TACHYPHÉMIE [takifemi]. *n. f.* (1969; de *tachy*-, et gr. *phêmê* « parole »). *Didact.* Trouble de la parole caractérisé par l'accélération du rythme d'émission des mots. — Syn. TACHYLALIE, TACHYLOGIE, TACHYPHASIE, TACHYPHRASIE. ◇ ANT. Bradyphémie.

TACHYPHYLAXIE [takifilaksi]. *n. f.* (mil. XXᵉ; de *tachy*-, et [pro]*phylaxie*). *Méd.* Immunisation rapide contre l'action d'une dose mortelle de poison, par inoculation préalable d'une dose non mortelle du même poison. — Syn. SKEPTOPHYLAXIE.

TACITE [tasit]. *adj.* (1466, « muet »; gasc. « sous-entendu », 1286; lat. *tacitus*, de *tacere* « se taire »). Non exprimé, sous-entendu entre plusieurs personnes. V. **Implicite**, **inexprimé**. *Approbation, consentement, reconnaissance tacite.* « *De furtives et tacites connivences les liaient* » (MART. du G.). — Dr. (XVIᵉ) *Convention tacite. Tacite reconduction.* ◇ ANT. Exprimé, formel, manifeste (1).

TACITEMENT [tasitmɑ̃]. *adv.* (1512; de *tacite*). De façon tacite. V. **Implicitement**. « *N'étions-nous pas tacitement convenus de...* » (FRANCE).

TACITURNE [tasityʀn(ə)]. *adj.* (1530; « où il y a peu de bruit », 1485; lat. *taciturnus*). Qui par nature parle peu, reste silencieux. *Guillaume le Taciturne ou le Taiseux*, Guillaume Iᵉʳ d'Orange. « *Comme les vrais hommes d'action, il est le plus souvent taciturne* » (DUHAM.). ◇ *Plus cour.* Qui n'est pas d'humeur à faire la conversation. V. **Morose**, **sombre**. « *Taciturne et triste* » (DAUD.). « *Une femme sérieuse qui, avec l'âge, devient taciturne, impérieuse, austère et brusque* » (SENANCOUR). ◇ ANT. Communicatif, disert, parleur.

TACITURNITÉ [tasityʀnite]. *n. f.* (1486; « silence »; lat. *taciturnitas*). *Littér.* Comportement, humeur ou caractère d'une personne taciturne. « *Je me réfugiais dans une taciturnité profonde* » (B. CONSTANT).

TACON ou **TAQUON** [takɔ̃]. *n. m.* (1558; base lat. *tec[c]o*, VIᵉ, probabl. mot gaul.). Jeune saumon avant sa descente en mer. — Syn. **TOCAN**.

TACONEOS [takɔneɔs]. *n. m. pl.* (mil. XXᵉ; mot esp., de *taconear* « frapper du talon »). *Didact.* Rythme de martèlement des talons, dans le flamenco.

TACOT [tako]. *n. m.* (1905, voiture; 1803, T. de métier à tisser; de *tac*). *Fam.* Vieille voiture automobile qui n'avance pas. V. **Chignole**, **guimbarde**. « *Leur camionnette est un tacot* » (QUENEAU). ◇ HOM. Tacaud.

TACT [takt]. *n. m.* (1375; lat. *tactus*, de *tangere* « toucher »). ♦ 1° *Vx*. Toucher. « *Le plaisir du tact* » (VOLT.). ◇ *Mod. Physiol.* Sens du toucher* permettant d'apprécier les divers stimuli mécaniques qui s'exercent sur la peau et les muqueuses (contact léger, pression, traction). ♦ 2° *Fig.* (1762). *Vx*. Intuition (de qqch.). « *Le tact de ce qui est décent* » (FRANCE). ◇ *Mod.* (1835) *Absolt.* Appréciation intuitive, spontanée et délicate, de ce qu'il convient de dire, de faire ou d'éviter dans les relations humaines. V. **Délicatesse**, **doigté**. *Avoir du tact, agir avec tact et circonspection.* « *Il se reprochait d'avoir manqué de réflexion, et presque de tact* » (ROMAINS).

TACTICIEN, **IENNE** [taktisjɛ̃, jɛn]. *n.* (1758; de *tactique*). Personne qui a l'art de la tactique (1° et 2°).

TACTILE [taktil]. *adj.* (1541; lat. *tactilis*). ♦ 1° *Didact.* Qui est perçu par le toucher. *Corps tactile*. V. **Palpable**. ♦ 2° (1762). Qui concerne le tact. *Corpuscules tactiles. Perceptions tactiles.* Zool. *Poils tactiles*, qui chez certains animaux servent au tact (*ex.* : moustaches du chat). V. **Vibrisse**.

TACTIQUE [taktik]. *n. f.* et *adj.* (1690; gr. *taktikhê* [*tekhnê*] « art de ranger, de disposer »).

I. *N. f.* ♦ 1° Art de combiner tous les moyens militaires (troupes, armements) au combat; exécution locale, adaptée aux circonstances, des plans de la stratégie. *Tactique d'infanterie. Tactique aérienne, navale.* — *Par anal.* (*Sports*) *Tactique d'une équipe de football, d'un boxeur.* ♦ 2° *Fig.* (1791). Ensemble des moyens coordonnés que l'on emploie pour parvenir à un résultat. V. **Plan**, **stratégie**. « *Tactique parle-*

mentaire » (MIRABEAU). « *L'ordinaire tactique de son père était de la ramener ainsi à la maison* » (ZOLA). II. *Adj.* (1872). Relatif à la tactique. *Aviation, arme atomique tactique.* — (Au sens large) V. **Stratégique**. *Un plan tactique d'ensemble.*

TACTISME [taktism(ə)]. *n. m.* (1904; du lat. *tactus*). Réaction d'orientation des cellules ou des organismes unicellulaires mobiles sous l'effet de divers facteurs physiques ou chimiques. V. **Taxie**. *Tactismes et tropismes.* — REM. Employé surtout comme suffixe (*chimiotactisme, phototactisme*).

TADORNE [tadɔʀn(ə)]. *n. m.* (1465; du lat. *anas tadorna*). *Zool.* Oiseau palmipède (*Anatidés*), grand canard migrateur.

TÆDIUM VITÆ [tedjɔmvite]. *n. m.* (1969; loc. lat., « dégoût de la vie »). *Pathol.* État permanent de lassitude, de manque d'appétence, sans cause observable, chez des sujets lucides menant une vie sociale et professionnelle assez normale. V. **Mélancolie**, **spleen**.

TAEL ou **TAËL** [taɛl]. *n. m.* (1732; du malais *tahil, tail*, par le port.). Ancienne monnaie de compte chinoise, qui équivalait à 36 grammes d'argent.

TÆNIA. V. **TÉNIA**.

TAFFETAS [tafta]. *n. m.* (*Taphetas*, 1314; it. *taffeta*, du turco-persan *taftâ* « tissé »). ♦ 1° Tissu de soie à armure unie. *Taffetas ordinaire*, aux deux faces semblables. *Taffetas changeant*, dont la chaîne et la trame sont de nuances différentes. « *Une grande robe en taffetas flambé, qui criait du froissement de ses plis* » (NERVAL). *Ruban de taffetas.* ♦ 2° *Taffetas anglais, taffetas gommé* : morceau de tissu de fil recouvert d'une gaze, enduit d'une substance agglutinative, qu'on applique sur les petites plaies, les coupures. — Dér. TAFFETATIER, IÈRE [taftatje, jɛʀ], *n.* [1611].

TAFIA [tafja]. *n. m.* (1659; mot créole. V. **Ratafia**). *Vieilli.* Eau-de-vie des mélasses de canne à sucre (la plupart des eaux-de-vie vendues sous le nom de rhum sont des tafias).

TAGAL [tagal], *n. m.* (*Tagale*, adj. fém., 1846; du malais *taga* « indigène »). ♦ 1° *Ling.* Langue malayo-polynésienne, parlée par les Tagals, peuple de l'île de Luçon (Philippines). ♦ 2° (XXᵉ). Fibre végétale tirée de certains palmiers. *Chapeaux de femme en tagal.*

TAGÈTE ou **TAGETTE** [taʒɛt]. *n. m.* (1765; du lat. bot. *tagetes* [XVIᵉ], de *Tages*, divinité étrusque). *Bot.* Plante (*Composacées*) ornementale, appelée communément œillet, rose d'Inde, à fleurs orangées ou jaunes.

TAGLIATELLES [taljatɛl]. *n. f. pl.* (mil. XXᵉ; *tagliati*, 1874; it. *tagliatelli* « petites tranches », de *tagliare*, même origine que le fr. *tailler*). Pâtes alimentaires coupées en minces rubans assez larges. « *Ils mangeaient des tagliatelles et buvaient du chianti dans des fiasques entourés de paille* » (DUTOURD).

TAHITIEN, **ENNE** [taisjɛ̃, ɛn]. *adj.* et *n.* (*Taïtien*, XVIIIᵉ; de *Tahiti*). De Tahiti, île principale de l'archipel de la Société (Océanie). « *Leur déguisement tahitien* » (COLETTE). N. *Les Tahitiens.*

TAÏAUT! **TAYAUT!** [tajo]. *interj.* (1661; *Taho*, v. 1300; onomat.). Dans la chasse à courre, cri du veneur pour signaler la bête.

TAIE [tɛ]. *n. f.* (*Teie*, XIIᵉ; du lat. *theca*, gr. *thêkê* « étui, fourreau »). ♦ 1° Enveloppe de tissu destinée à recouvrir un oreiller. *Taie d'oreiller. Taies brodées assorties aux draps.* ♦ 2° (XIVᵉ). *Méd.* et *cour.* Tache opaque de la cornée, constituée par une cicatrice à la suite d'une inflammation, d'un traumatisme ou de lésions dégénératives. V. **Albugo**, **leucome**, **néphélion**. — *Fig.* et *littér. Avoir une taie sur l'œil* : être aveuglé (par les préjugés, etc.).

TAÏGA [tajga]. *n. f.* (1908; mot russe). Forêt de conifères qui borde la toundra en Amérique septentrionale et en Asie.

TAILLABLE [tɑ(a)jabl(ə)]. *adj.* (1238; de *taille*). *Hist.* Qui est soumis à l'impôt de la taille. *Les serfs étaient taillables et corvéables à merci*, étaient soumis à la taille selon un taux que le seigneur fixait arbitrairement. ◇ *Fig. Être taillable et corvéable* : être bon pour toutes les corvées, être destiné à payer, à être exploité.

TAILLADE [tɑ(a)jad]. *n. f.* (1532; « sorte d'épée pour frapper de taille », XVᵉ; it. *tagliata*, même rac. que *tailler*). ♦ 1° Coupure faite dans les chairs avec un instrument tranchant. V. **Balafre**, **entaille**, **estafilade**. ◇ *Par ext. Taillade dans un tronc d'arbre* : incision. ♦ 2° (XVIᵉ). *Ancient.* Ouverture allongée faite dans l'étoffe d'un vêtement pour laisser apparaître la doublure ou un vêtement de dessous. *Manches à taillades.* V. **Crevé**.

TAILLADER [tɑ(a)jade]. *v. tr.* (1532; de *taillade*). Faire des taillades (1°) dans les chairs, sur la peau. *Il s'est taillé le menton en se rasant.* V. **Balafrer**, **entailler**. ◇ *Par ext. Taillader sa table avec un canif.* ◇ *Par métaph.* Couper. « *Ce vent glacé qui lui tailladait le visage* » (MART. du G.). ◇ TAILLADÉ, ÉE : orné de taillades (2°). *Pourpoint taillé.*

TAILLAGE [tɑ(a)jaʒ]. *n. m.* (*Tailliage* « coupe » [des arbres], 1289; *tailage*, 1233; de *tuille*). *Techn.* (1907). Découppage de la terre à briques en tranches minces. ◇ Usinage spécial de certaines pièces métalliques. *Taillage d'une roue dentée.*

TAILLANDERIE [ta(a)jɑ̃dʀi]. *n. f.* (1485; de *taillandier*). Commerce, métier de taillandier; fabrication des outils et fers tranchants et de certains outils agricoles ou de terrassement (bêches, etc.). ◇ Ensemble des articles fabriqués par le taillandier.

TAILLANDIER [ta(a)jɑ̃dje]. *n. m.* (1213; de *tailler*). Artisan, ouvrier qui fabrique les outils et fers tranchants utilisés par les cultivateurs et certains artisans. — *Par appos. Ouvrier taillandier.*

TAILLE [taj]. *n. f.* (1160; de *tailler*).
I. ♦ 1° Opération qui consiste à tailler (3°) qqch.; manière particulière de tailler; forme qu'on donne à une chose en la taillant. ◇ (1387) *Taille des pierres. Pierre de taille,* taillée. « *Un gros mur en pierre de taille* » (BALZ.). — Sculpt. *Taille de la pierre, du bois.* — Grav. *Taille d'épargne*. Taille douce.* — *Taille d'un diamant, d'une pierre précieuse par un lapidaire. Taille en brillant, en étoile, en rose.* ◇ (1562) *Taille des arbres, des arbustes, de la vigne.* V. **Élagage, émondage, ravalement.** *Taille au sécateur. Taille d'hiver, d'été* (ou *taille en vert*). *Taille en berceau, en boule, en cône, en espalier, en rideau.* ◇ *Par ext.* Bois, rameau coupé et qui commence à repousser. V. **Taillis.** « *Les gardes et les chiens vont dans les jeunes tailles* » (FLORIAN). ♦ 2° (XIIIᵉ). Opération qui consiste à faire des incisions dans une matière; son résultat. — *Spécialt.* Chacune des incisions faites avec le burin dans le cuivre, en gravure. ◇ *Techn.* La manière dont une lime est striée. *Taille simple, croisée, douce, ronde, bâtarde.* ♦ 3° (1636). *Chir.* Incision d'un organe creux (surtout la vessie) pour en extraire un calcul. V. **Cystotomie.** ♦ 4° (1765). Galerie où l'on extrait, où l'on « taille » la houille ou un minerai. « *La taille s'ouvrait, montait ainsi qu'une large cheminée* » (ZOLA). *Base, tête, front de taille.* — *Chargeur aux tailles :* aide-mineur. ♦ 5° (XIIᵉ-XIIIᵉ; *opposé à* pointe). Tranchant de l'épée, du sabre, qui sert à tailler (1°). *Recevoir un coup de taille.* « *Le sabre gaulois ne frappait que de taille* » (MICHELET). « *Il frappait d'estoc et de taille* » (VIGNY). ♦ 6° (XIIᵉ). Hist. *Taille seigneuriale :* redevance payée au seigneur par les serfs et les roturiers. — *Taille royale :* impôt direct au profit du trésor royal, payé principalement par les roturiers. *Le receveur, le collecteur des tailles.* ♦ 7° (Fin XIVᵉ). Mus. *(Vx)* Partie intermédiaire entre la basse et la haute-contre. — *Vx.* Voix de ténor; chanteur qui a cette voix.

II. ♦ 1° (1538; « forme du corps humain », dès 1200). Hauteur du corps humain, debout et droit, mesurée du sol au sommet du crâne. V. **Stature.** *Mensuration de la taille avec une toise. Une taille de 1,75 m.* « *Des nations d'hommes d'une taille gigantesque* » (ROUSS.). *Taille ordinaire, moyenne, médiocre. Homme de très petite taille.* V. **Nabot, nain.** *Avoir la taille requise pour être soldat.* « *Sans perdre une ligne de sa haute taille* » (RENAN). *Se redresser de toute sa taille.* ◇ *Fig. Un conquérant de la taille d'Alexandre.* V. **Envergure.** — À LA TAILLE DE... DE LA TAILLE DE... : en rapport avec. « *Un sujet à sa taille, à la taille de son génie* » (GIDE). « *La providence ne leur donne jamais* (aux grands hommes) *à gouverner que des événements de leur taille* » (HUGO). ◇ (1666) ÊTRE DE TAILLE À... *(et inf.)* : avoir la force suffisante, avoir les qualités nécessaires pour... V. **Capable** (de). « *De taille à se défendre hardiment* » (LA FONT.). « *Je me sens de taille à mener la barque tout seul* » (MAUROIS). — *Absolt.* (Négatif) *Il n'est pas de taille* (Cf. Il ne fait pas le poids*). ♦ 2° Grandeur, grosseur et conformation du corps, par rapport aux vêtements. *Cette veste n'est pas à ma taille.* ◇ Chacun des types standard dans une série de confection. *Grande taille; taille courante. Taille 40. Il faudrait la taille au-dessus.* ♦ 3° *Par ext.* Grosseur ou grandeur. V. **Dimension, grandeur.** *Une pierre de grande, de belle taille. Taille d'un cigare.* V. **Grosseur, longueur.** *Photo de la taille d'une carte de visite.* V. **Format.** — *Fig. Une erreur de cette taille.* V. **Importance.** — *Fam.* DE TAILLE : très grand, très important. *Il est de taille, votre parapluie. C'est une erreur de taille.* ♦ 4° *Vx.* Formes du corps humain, *spécialt.* du buste (1656). « *Les bossus sont des gens de vilaine taille* » (FURET.). « *J'ai bon air, bonne mine, les dents belles surtout et la taille fort fine* » (MOL.) : je suis mince. *Elle est bien prise dans sa taille.* — *Mod. Avoir la taille bien prise, avoir la taille* (5°) *fine.* ♦ 5° (XVIIIᵉ). *Mod.* Partie plus ou moins resserrée du tronc entre les côtes et les hanches. *Entrer dans l'eau jusqu'à la taille. Taille cambrée* (dans le dos). *Taille longue, courte. Avoir la taille épaisse, fine.* Loc. *Taille de guêpe* (1840), très fine. *N'avoir pas de taille,* ne pas avoir la taille fine. *Tour de taille,* mesuré à la ceinture. *Se serrer la taille dans un corset, une ceinture. Un « habit boutonné, serré et pincé à la taille* » (HUGO). *Prendre qqn par la taille,* se tenir par la taille. ♦ 6° Partie plus ou moins resserrée d'un vêtement à cet endroit du corps. *Manteau à taille marquée, pincée, ajustée, montée.*

Robe à taille haute (sous la poitrine), *basse* (sur les hanches). « *Une robe tombante sans taille, semblable à une tunique* » (GONCOURT). ♦ 6° *Vx* ou *dial.* Corsage d'une robe de femme. — *Mod.* (1877) *En taille :* sans manteau, sans pardessus. *Sortir en taille.*

TAILLÉ, ÉE [taje]. *adj.* (XIIᵉ; V. Tailler). ♦ 1° Fait (du corps humain). *Il est taillé en Hercule, en athlète; en force.* V. **Bâti.** *Visage taillé à coups de serpe*.* — Fig. *Être taillé pour,* être fait pour, apte à. ♦ 2° Coupé, rendu moins long. *Moustache taillée. Ongles bien taillés.* — Élagué. *Arbres taillés.* ◇ TAILLÉ EN : qu'on a taillé en donnant la forme de. *Cheveux taillés en brosse. Bâton taillé en pointe. Arbre taillé en cône.* ◇ *Cote* mal taillée.*

TAILLE-CRAYON ou **TAILLE-CRAYONS** [tajkʀɛjɔ̃]. *n. m.* (1838; de *tailler,* et *crayon*). Petit instrument avec lequel on taille les crayons, en les faisant tourner dans une cavité conique comportant une lame.

TAILLE-DOUCE [tajdus]. *n. f.* (XVᵉ, rare av. 1666; de *taille,* et *doux*). Tout procédé de gravure en creux, et *spécialt.* (par oppos. à *l'eau-forte*) Gravure sur cuivre au burin; planche ainsi gravée. *Graveur en taille-douce.* ◇ *Par ext. Estampe tirée au moyen d'une telle planche. Ouvrage orné de tailles-douces.*

TAILLER [taje]. *v. tr.* (*Taill*[*i*]*er* [sens 3°], 1050; du lat. pop. *taliare,* de *talea* « bouture, scion »). ♦ 1° *Vx* (1080). Trancher, couper net. Fig. et mod. *Tailler des croupières* à qqn.* ◇ Frapper avec une arme tranchante. — *Par ext. Mod. Tailler une armée en pièces.* — *Vx.* Frapper de taille (*opposé à* pointer). ♦ 2° *V. intr.* Faire une incision, une entaille (dans les chairs). « *Les chirurgiens... taillaient à même la chair* » (DUHAM.). *Tailler dans la chair vive, dans le vif.* ♦ 3° Couper, travailler (une matière, un objet) avec un instrument tranchant, de manière à lui donner une forme déterminée. *Tailler en pointe, en biseau. Tailler une pièce de bois.* V. **Chantourner, équarrir.** *Tailler la pierre.* V. **Épanneler.** *Tailler un diamant en brillant, en table.* V. **Polir.** *Tailler un crayon,* le tailler en pointe pour dégager la mine. « *Du linge que nous taillons en carré... pour nos pansements* » (DUHAM.). *Vieilli. Se tailler les moustaches, les ongles.* V. **Couper.** ◇ (1283) *Tailler un arbre, un arbuste :* en couper certains bourgeons, rameaux ou branches pour le débarrasser d'un excès de feuillage, lui donner une forme régulière, améliorer la production des fruits. V. **Élaguer, émonder, ravaler.** *Tailler la vigne au sécateur. Tailler un arbre en cône. Tailler une haie.* ♦ 4° (XVIᵉ). Confectionner, obtenir (une chose) en *taillant* (3°), en découpant une matière et en retranchant ce qui est inutile. « *Celui qui taille les colonnes* » (FÉN.). « *C'est avec son couteau qu'il se taillait des bâtons de voyage* » (FRANCE). *Tailler des tartines. Tailler des torchons dans un drap usagé.* — *Tailler un vêtement :* découper les morceaux que l'on coud ensuite pour faire le vêtement. V. **Couper.** « *Corsages taillés d'après les plus récentes fantaisies de la saison* » (LOTI). — Fig. « *On a taillé sur ce patron plusieurs millions d'êtres absolument semblables* » (TAINE). — *Fam. Tailler une bavette*.* ◇ *Par ext. Se tailler la part du lion*. Se tailler un empire colonial.* — *Fig.* Obtenir. *Se tailler un franc succès.* ♦ 5° SE TAILLER. *v. pron.* (XXᵉ). *Pop.* Partir, s'enfuir. V. **Casser** (se), tirer (se). « *En auto, en moto, ils se sont tous taillés* » (SARTRE). *Taillons-nous!*

TAILLE-RACINES [tajʀasin]. *n. m. invar.* (1875; de *tailler,* et *racine*). Ustensile ménager qui sert à découper en spirale certains légumes pour en faire des garnitures de plats.

TAILLERIE [tajʀi]. *n. f.* (1867; « métier de tailleur », 1293; « boutique de tailleur », 1304; de *taille*). Atelier où l'on taille des pierres précieuses ou semi-précieuses. ◇ Industrie, art de la taille des pierres.

TAILLEUR [tajœʀ]. *n. m.* (1170; de *tailler*). ♦ 1° Artisan, ouvrier qui fait des vêtements sur mesure pour hommes; personne qui exploite et dirige l'atelier où on les confectionne, ainsi que le magasin où l'on reçoit les clients. *Tailleur en chambre. Tailleur civil et militaire. Se faire faire un costume chez un tailleur. Tailleur qui prend les mesures du son client, coupe, bâtit, fait essayer, coud, pique, retouche un vêtement.* — En appos. *Maître tailleur.* — *Par ext. Tailleur pour dames,* qui fait des vêtements de femme de même coupe. ♦ 2° EN TAILLEUR (par allus. à la manière dont les tailleurs d'autrefois s'asseyaient pour travailler). *S'asseoir en tailleur :* par terre, les jambes à plat sur le sol et repliées, les genoux écartés. ♦ 3° (1933). *Un costume tailleur* (vieilli), ou ellipt. *Un tailleur :* costume de femme, composé d'une jaquette (ou veste) et d'une jupe de même tissu. *Tailleur sport, habillé.* — (1969). *Tailleur-pantalon,* composé d'un pantalon et d'une veste assortie. *Des tailleurs-pantalons.* ♦ 4° (XVᵉ, « sculpteur »; *tailliere,* XIIᵉ). TAILLEUR DE... : ouvrier qui taille (3°), qui façonne (qqch.) par la taille (I, 1°). *Vx. Tailleur d'images :* imagier; sculpteur. ◇ *Mod.* (1170) *Tailleur de pierre(s) :* ouvrier qui taille les pierres à bâtir. — *Tailleur de pavés.* — (1534) *Tailleur de diamants, de pierres précieuses.* V. **Lapidaire.** *Tailleur de verres d'optique.* — *Tailleur de bouchons* *de liège...* ◇ Ouvrier agricole qui taille les arbres, les plantes. *Tailleur de haies, de vignes.*

TAILLEUSE [tɑjøz]. *n. f.* (1731 ; fém. de *tailleur*). *Vx* ou *région.* Couturière.

TAILLIS [taji]. *n. m.* (1215 ; de *tailler*). Partie d'un bois ou d'une forêt où il n'y a que des arbres de faible dimension issus de souches et de drageons et qu'on coupe à intervalles rapprochés ; ces arbres eux-mêmes. *Taillis et futaie. Taillis composé* ou *taillis sous futaie,* où sont réservés certains arbres au milieu des coupes (*opposé à* taillis simple). *Battre, fouiller les taillis.* — Adj. (1538) *Bois taillis.*

TAILLOIR [tɑ(a)jwaʀ]. *n. m.* (1175 ; de *tailler*, 2°). ♦ 1° *Archéol.* ou *région.* Plat de bois ou de métal sur lequel on découpait la viande avant de la servir. ♦ 2° (1520). *Archit.* Partie supérieure d'un chapiteau, tablette carrée ou polygonale sur laquelle repose la retombée des voûtes. — Syn. *Abaque.*

TAILLOLE ou **TAYOLE** [tajɔl]. *n. f.* (1665 ; du prov. *talhola,* xvᵉ, lat. *taliare* « tailler »). *Région.* Ceinture de laine enroulée plusieurs fois à la taille.

TAIN [tɛ̃]. *n. m.* (v. 1200 ; altér. d'*étain*). ♦ 1° Amalgame métallique (étain ou mercure) qu'on applique derrière une glace pour qu'elle puisse réfléchir la lumière. *Le tain d'un miroir. Glace sans tain.* ♦ 2° *Techn.* Bain d'étain dans lequel on plonge un métal, pour l'étamer. ◇ HOM. *Teint, thym; tins, tint* (formes du v. *tenir*).

TAIRE [tɛʀ]. *v. tr.; conjug. plaire,* sauf *il tait,* sans accent circonflexe, et p. p. fém. *tue* (980 ; réfection de *taisir* [xiᵉ-xvᵉ] ; du lat. *tacere*).
I. SE TAIRE. *v. pron.* ♦ 1° Rester sans parler, s'abstenir de parler. « *Il est bon de parler et meilleur de se taire* » (LA FONT.). *Spécialt.* Ne pas exprimer qqch. « *Quand on manque de preuves, on se tait* » (MUSS.). — Loc. fam. *Il a manqué, perdu une belle occasion de se taire :* il a parlé mal à propos. — Ne pas exprimer sa douleur, son chagrin. *Souffrir et se taire :* ne pas se plaindre. — Celer (un secret, etc.). *Savoir se taire :* être discret. — *Se taire sur qqch. :* à propos de qqch. « *Celui qui ne sait pas se taire sur un secret* » (FÉN.). *Je préfère me taire là-dessus.* ◇ *Fig.* Être silencieux. « *L'affreuse immensité se tait lugubrement* » (HUGO). ♦ 2° Cesser de parler (ou de crier, de pleurer). *Brusquement, elle se tut. Il a fini par se taire. Faites-les taire. Taisez-vous ! V.* **Chut, silence.** — *Allez-vous vous taire?* — (Avec ellipse de *se*) FAIRE TAIRE : empêcher de parler, de crier, de pleurer ; forcer à se taire. *Faites-les taire. Faire taire les récriminations,* les faire cesser. Fig. *Faire taire l'opposition.* V. **Museler.** — Trans. et pop. (xiiiᵉ) *Taire sa langue. Taire sa gueule :* se taire. « *La tairas-tu? dit-il. La tairas-tu ta grande gueule?* » (SARTRE). ◇ *Fig.* Ne plus se faire entendre. V. **Éteindre** (s'). « *Les bruits de la rue se sont tus* » (BARRÈS). *L'orchestre s'était tu.* V. « *L'inflexion des voix chères qui se sont tues* » (VERLAINE).
II. *v. tr.* (xviᵉ). *Moins cour.* Ne pas dire ; s'abstenir ou refuser d'exprimer. V. **Cacher, celer.** *Taire ses raisons.* « *Taire la vérité, n'est-ce pas déjà mentir?* » (PÉGUY). « *À quelqu'un dont je tairai le nom* » (MOL.). ◇ *Littér.* Ne pas laisser paraître. *Taire son chagrin, sa douleur.*
◇ ANT. Dire, parler. Bavarder. Confesser, publier. HOM. *Ter, terre.*

TAISEUX, EUSE [tɛzø, øz]. *n.* (d. i. ; Cf. a. fr. *taisi,* adj. ; de *taire,* du lat. *tacere*). [*Belgique*]. Personne qui ne parle guère. Cf. Taciturne.

TAKE(-)OFF [tekɔf]. *n. m.* (v. 1962 ; mot angl., de *to take off* « décoller » [en parlant d'un avion]. Américanisme. *Écon.* Départ, démarrage, essor d'une entreprise, d'une unité sociale). V. **Décollage** (2°, *fig.*); décoller (III, 3°). — *Par ext.* Dans d'autres domaines. « *La linguistique a réalisé au XXᵉ siècle ce ' take off ' [...] qui fut celui de la physique au XVIIᵉ siècle, de la chimie au XVIIIᵉ, de la biologie au XIXᵉ* » (*L'Express,* 25-3-1968).

TALA [tala]. *adj. et n.* (1883 ; p.-ê. abrév. iron. de *tala-poin;* on a proposé aussi [ceux qui vont] *à la* [messe]). *Arg. de l'École norm. sup.* Catholique militant(e). « *Elles sortaient ensemble, buvaient du vin rouge, jouaient de mauvais tours aux ' talas ' et aux ' réacs ' et défiaient les autorités* » (BEAUVOIR).

TALC [talk]. *n. m.* (1518 ; arabe *talq*). Silicate naturel de magnésium ; poudre de cette substance. *Le talc, onctueux au toucher, est utilisé en pharmacie. Saupoudrer de talc.* V. **Talquer.**

TALÉ, ÉE [tale]. adj. (*Taulé* « broyé », v. 1330 ; repris 1860 ; V. **Taler**). Meurtri, en parlant des fruits. *Pêches talées.* ◇ HOM. *Taller.*

TALENT [talɑ̃]. *n. m.* (*Talant* « état d'esprit », 980 ; lat. *talentum,* gr. *talanton* « plateau de balance »).
I. *Antiq.* (1170). Poids de 20 à 27 kg, dans la Grèce antique. — *Par ext.* Monnaie de compte équivalant à un talent d'or ou d'argent.
II. (xviiiᵉ) Don, aptitude. ♦ 1° *Vieilli.* Toute disposition

naturelle ou acquise « pour réussir en quelque chose » (FURET.). V. **Aptitude, capacité, don.** « *Être franc et sincère est mon plus grand talent* » (MOL.). « *Ne forçons point notre talent...* » (LA FONT.). *Exercer un talent, son talent.* « *Il avait en outre le talent de prédire l'avenir par la cartomancie* » (NERVAL). ◇ *Mod.* (1624) Aptitude particulière, dans une activité. « *Celui qui se fait connaître par quelque talent* » (CHAMFORT). Fam. *Montrez-nous vos talents,* ce que vous savez faire. *Talent de société,* qui intéresse, divertit en société. *Talent d'amateur. Talent littéraire. Talent de virtuose.* ♦ 2° *Absolt.* LE TALENT : aptitude remarquable dans le domaine intellectuel ou artistique. *Avoir du talent.* « *Le génie est peut-être au talent ce que l'instinct est à la raison* » (RENARD). « *Sans travail, le talent est un feu d'artifice* » (MART. du G.). « *La facilité... c'est le talent tourné contre lui-même* » (SARTRE). « *Un écrivain de grand talent* » (ZOLA). *Le talent d'un peintre estimé.* « *Ce talent qui ne fut ni très élevé, ni très énergique, ni très étendu* » (STE-BEUVE). ◇ Personne qui a un talent particulier (artistique, littéraire, politique, etc.), qui a du talent. « *Encourager les jeunes talents* » (HUGO). — (Collectif) *Le talent :* les gens de talent.

TALENTUEUSEMENT [talɑ̃tɥøzmɑ̃]. *adv.* (xxᵉ; de *talent*). Avec talent.

TALENTUEUX, EUSE [talɑ̃tɥø, øz]. *adj.* (1876 ; *talentueux,* 1857 ; de *talent*). Qui a du talent. *Un « talentueux paysagiste »* (GONCOURT).

TALER [tale]. *v. tr.* (xviᵉ ; *tauler* « broyer », v. 1330 ; du germ. °*tâlôn.* V. **Taloche**). Fouler, meurtrir (*spécialt.* les fruits). ◇ *Fig. et région.* Importuner. « *Sa conscience ne le talait presque plus* » (AYMÉ). ◇ HOM. *Taller.*

TALETH, TALLETH [talet] ou (*vx*) **TALED** [taled]. *n. m.* (1732 ; mot hébreu *tallith,* de *tatal* « couvrir »). *Relig.* Châle rituel en soie blanche à franges, dont les juifs se couvrent les épaules pour prier.

TALION [taljɔ̃]. *n. m.* (1486 ; lat. *talio*). *Anc. dr.* Châtiment qui consiste à infliger au coupable le traitement même qu'il a fait subir à sa victime. *La loi du talion :* l'institution de telles peines. ◇ *Fig.* Le fait de rendre la pareille, de se venger avec rigueur (Cf. Œil pour œil, dent pour dent). « *Tu m'as pris Josépha, j'ai ta femme!... C'est la vieille loi du talion!* » (BALZ.).

TALISMAN [talismɑ̃]. *n. m.* (1637 ; arabe *tilsam, tilasm,* du bas gr. *telesma* « rite religieux »). Objet (pierre, anneau, etc.) sur lequel sont gravés ou inscrits des signes consacrés, et auquel on attribue des vertus magiques de protection, de pouvoir. V. **Amulette.** « *Certains talismans qui les protégeaient contre la colère des dieux* » (NERVAL). ◇ *Par ext.* Objet ou image porte-bonheur. ◇ *Fig.* Ce qui a un effet souverain, merveilleux. « *Elle croyait... sa beauté un talisman auquel rien ne pouvait résister* » (MUSS.).

TALISMANIQUE [talismanik]. *adj.* (1625 ; de *talisman*). *Didact.* Qui figure sur les talismans. « *Caractère talismanique* » (LESAGE). — Qui a le pouvoir d'un talisman, et *par ext.* un pouvoir surnaturel.

TALITRE [talitʀ(ə)]. *n. m.* (1811 ; lat. scient. *talytrus,* 1806, de *talistrum* « chiquenaude », à cause du saut de l'animal). *Zool.* Petit crustacé sauteur qui vit au bord des plages, appelé communément *puce de sable, puce de mer.*

TALKIE-WALKIE [tɔkiwɔlki ou talkiwalki]. *n. m.* (v. 1954 ; empr. à l'amér. [d'un mot de pidgin des Indes occ.]; de *talkee-*[*talkee*] « bavardage », et *walk* « promenade »). *Américanisme.* Petit poste émetteur-récepteur portatif de radio, à faible portée. V. **Walkie-talkie.** *Utilisation du talkie-walkie par l'armée et la police.* « *Trois terroristes ont été arrêtés. Ils étaient en possession de trois cents grenades et de plusieurs 'talkies-walkies'* » (*Le Monde,* 16-1-1968).

TALLAGE [talaʒ]. *n. m.* (1872 ; de *taller*). ♦ 1° *Agric.* Ensemble des talles ; quantité des tiges adventices produites par un pied (d'une plante herbacée). *Le tallage d'une variété de blé.* ♦ 2° *Agric.* Production des talles. — *Par ext.* Phase de la pousse des céréales qui se termine à l'apparition des talles. — Spécial. *Provoquer le tallage du gazon au rouleau.*

TALLE [tal]. *n. f.* (h. 1488 ; 1611 ; lat. *thallus,* gr. *thallos.* V. **Thalle**). *Agric.* Tige adventice au collet d'une plante. V. **Rejeton.** *Pousser des talles :* taller. ◇ HOM. *Thalle.*

TALLER [tale]. *v. intr.* (*Thaller,* 1549 ; de *talle*). *Agric.* Émettre des tiges secondaires à la base de sa tige. *Plus le blé talle, plus il produit.* — Spécialt. Émettre un grand nombre de talles ramifiées qui s'étendent sur le sol. *Faire taller le gazon au rouleau.* ◇ HOM. *Talé, taler.*

TALLIPOT [talipo]. *n. m.* (1683 ; angl. *talipot;* du malayalam *talipat,* hindi *talpat*). *Bot.* Palmier à larges feuilles en éventail qui pousse dans le sud de l'Inde, à Ceylan.

TALMOUSE [talmuz]. *n. f.* (*Talemouse,* 1398 ; p.-ê. de *taler* « battre », et *mouse* « museau »). ♦ 1° *Vx.* Pâtisserie triangulaire au fromage. ♦ 2° *Fam.* et *vieilli* (xviᵉ). Coup au visage ; gifle.

TALMUD [talmyd]. *n. m.* (*Thalmud,* attesté 1611 ; mot hébreu « étude, doctrine », de *lamad* « apprendre »). Recueil des enseignements des grands rabbins, conservés dans deux collections inégales dites *Talmud de Jérusalem* et *Talmud de Babylone.*

TALMUDIQUE [talmydik]. *adj. (h. 1546; 1721; de talmud).* Relatif au Talmud; du Talmud. *Recueil talmudique.* « *Les compilateurs talmudiques...* » (GUIGNEBERT). — Dér. TALMUDIQUEMENT [talmydikmã], *adv.* [1888].

TALMUDISTE [talmydist(ə)]. *n. m.* (1534; de *talmud*). Érudit qui étudie les textes du Talmud. ◊ Auteur, compilateur du Talmud.

1. **TALOCHE** [talɔʃ]. *n. f.* (1606; de *taler*, et suff. pop. -*oche*). *Fam.* Gifle (surtout à un enfant). *Donner, flanquer, recevoir une taloche.*

2. **TALOCHE** [talɔʃ]. *n. f.* (1846; spécialisation de l'a. fr. *taloche* « bouclier » [XIVᵉ]; p.-ê. d'o. gaul., avec infl. de *taloche* 1). *Techn.* Planche munie d'un manche sur une de ses faces servant à étendre un enduit (plâtre, mortier...). ◊ Petite pelle avec laquelle on frappe les meules de culture des champignons (opération dite de TALOCHAGE [talɔʒaʒ]).

TALOCHER [talɔʃe]. *v. tr.* (1808; « caresser », 1546; de *taloche*). *Fam.* Donner une taloche à (qqn). *Talocher un enfant.*

TALON [talɔ̃]. *n. m. (Talun,* 1170; lat. pop. °*talo, -onis,* class. *talus).*
I. ♦ 1° Partie postérieure du pied de l'homme, dont la face inférieure touche le sol pendant la marche. *Talon et pointe du pied. Os du talon :* calcaneum*. *Cavalier au talon armé d'un éperon. Presser son cheval du talon. Mercure porte des ailes aux talons. — « Des manteaux... qui leur tombaient sur les talons* » (DAUD.). *S'asseoir, être accroupi sur ses talons. Joindre les talons pour saluer. Pivoter sur ses talons.* — *Allus. myth. Le talon d'Achille,* le seul endroit où Achille ne fût pas invulnérable. *Fig.* (XVIIIᵉ) Point vulnérable. *C'est son talon d'Achille.* ◊ Loc. (XVIᵉ) *Marcher, être sur les talons de qqn,* le suivre de très près. *La police était sur ses talons.* — *Montrer, tourner les talons,* s'en aller, partir, s'enfuir. — *Avoir l'estomac dans les talons,* avoir grand-faim. ♦ 2° *Hipp.* Partie du pied du cheval, en arrière de la fourchette et opposée à la pince. — *Par ext.* Chacune des deux extrémités du fer à cheval. ♦ 3° (1530). Partie d'un bas, d'une chaussette, etc., qui enveloppe le talon. *Bas à talons renforcés. Chaussette reprisée au talon.* ♦ 4° Pièce rigide et saillante qui pose sur le sol et qui exhausse le derrière d'une chaussure. *Talon de bois, de cuir. Talons plats. Talons hauts.* « *Une fille perchée sur de hauts talons* » (HENRIOT). *Talons aiguilles,* hauts et fins; *talons bottier,* moyens et larges. « *En fait Salomé, bien reconnaissable au piquetage de ses talons aiguilles, est rentrée à six heures...* » (BAZIN). *Talons éculés, usés.* ◊ Partie rapportée (en cuir, en caoutchouc, etc.) de cette pièce qui touche le sol. *Faire remettre des semelles et des talons à ses chaussures.* — *Fig.* (1758, « soulier à talon rouge de la noblesse ») TALON ROUGE : nom donné aux nobles élégants du XVIIᵉ s. qui portaient de hauts talons rouges. — *Fig.* et *vx* ou *littér.* Personne élégante et aux belles manières. Adj. « *Il est très talon rouge* » (ACAD.).
II. ♦ 1° Extrémité inférieure et postérieure de certains objets. — (1643) *Mar. Talon de quille :* extrémité postérieure de la quille sur laquelle repose l'étambot. — *Talon de lame* (d'un couteau, etc.), partie opposée à la pointe, qui s'appuie sur le manche ou y pénètre. V. **Soie** (2). — *Talon d'archet,* partie par laquelle on le tient. — *Talon de pipe,* saillie à la partie inférieure de certaines pipes. — *Ski.* Extrémité arrière du ski (*opposé à* spatule). ♦ 2° (1694). Reste, bout d'un pain, d'un fromage, où il y a beaucoup de croûte. *Par ext.* Croûton du pain. — Extrémité d'un jambon. ♦ 3° (1660). Ce qui reste d'un jeu de cartes après la première distribution. *Piocher dans le talon.* « *Les véritables patiences se font généralement sans talon. C'est-à-dire que, lorsque la distribution est achevée, toutes les cartes sont étalées sur la table* » (TROYAT). ♦ 4° (1835). Partie d'une feuille de carnet, de registre, qui demeure fixée à la souche après qu'on en a ôté la partie détachable (volant), et qui porte les mêmes mentions. *Le talon du chèque fait foi.* ♦ 5° *Décor.* Moulure à profil alternativement concave et convexe de haut en bas.

TALONNAGE [talɔnaʒ]. *n. m.* (1783; de *talonner*). ♦ 1° Action de talonner (II). *Talonnage d'un navire.* ♦ 2° (XXᵉ). *Rugby.* Action de talonner le ballon.

TALONNEMENT [talɔnmã]. *n. m.* (1559; de *talonner*). Action de talonner (un cheval). ◊ *Fig.* Harcèlement.

TALONNER [talɔne]. *v.* (1461, « renverser du pied »; *taluner* « frapper d'un coup », 1190; de *talon*).
I. *V. tr.* ♦ 1° (1573). Suivre ou poursuivre de très près. *Ses poursuivants le talonnent.* V. **Serrer** (de près). — *Fig.* « *Quand on se sent, certains jours, talonné par la mort* » (GONCOURT). ♦ 2° (1538). Presser (un cheval) du talon, de l'éperon pour le faire avancer. ◊ *Fig.* (1588) Presser vivement et sans relâche. V. **Harceler.** *Ses créanciers le talonnent.* — (Choses) « *Il était talonné par ses autres engagements* » (R. ROLLAND). ♦ 3° Frapper du talon. « *Les pieds talonnaient la route* » (DORGELÈS). — (Rugby) *Talonner le ballon,*

et absolt. *Talonner :* lors d'une mêlée, envoyer le ballon dans son camp d'un coup de talon. — *(Football)* Faire une passe en arrière d'un coup de talon.
II. *V. intr. Mar.* (1773). Toucher, heurter le fond par l'arrière. « *En retombant le brick talonna* » (BAUDEL.).

TALONNETTE [talɔnɛt]. *n. f.* (1836; de *talon*). ♦ 1° *Vx.* Morceau de tricot qui renforce le talon d'un bas. ♦ 2° Lame de liège que l'on place sous le talon dans la chaussure. ♦ 3° Ruban très résistant, cousu à l'extrémité intérieure des jambes d'un pantalon, afin d'en éviter l'usure. *Poser, coudre une talonnette.*

TALONNEUR [talɔnœr]. *n. m.* (XXᵉ; de *talonner*). Joueur de rugby chargé de talonner.

TALONNIÈRE [talɔnjɛr]. *n. f.* (1510; de *talon*). ♦ 1° *Icon.* Aile que Mercure porte à chaque talon. ♦ 2° (1875). *Arts.* Petite cale de bois que l'on place sous le talon du modèle vivant pour l'aider à tenir la pose. ◊ *Méd.* Sorte d'étrier adapté à la table d'opération et servant à immobiliser le pied du malade.

TALPACK [talpak]. *n. m.* (1906, mot turc). Bonnet d'astrakan porté, sous le Second Empire, par les chasseurs à cheval de l'armée française.

TALQUER [talke]. *v. tr.* (XXᵉ; de *talc*). Enduire, saupoudrer de talc. — Au p. p. *Gants de caoutchouc talqués.*

TALQUEUX, EUSE [talkø, øz]. *adj.* (1732; de *talc*). *Minér.* Formé de talc. *Schiste talqueux* ou *talcschiste* [talkʃist(ə)].

TALURE [talyr]. *n. f. (Tallure,* 1636; « meurtrissure », 1297; de *taler).* Meurtrissure d'un fruit.

1. **TALUS** [taly]. *n. m.* (1573; *tallut,* 1467; *talu* « étançon », 1156; lat. *talutium,* du gaul. *talo* « front »). ♦ 1° *Vx* ou *Techn.* Pente, inclinaison. « *Les pylônes* (égyptiens) *aux angles en talus* » (GAUTIER). *Tailler en talus,* en biseau, obliquement. ♦ 2° (1467). Terrain à forte pente. *Le double talus d'un ravin.* ◊ *Géogr.* Terrain en pente modérée. *Escarpements et talus. Talus d'éboulis. Talus continental.* ♦ 3° Terrain en pente très inclinée, aménagé par des travaux de terrassement. *Talus de déblai,* qui borde une excavation. *Talus de remblai,* fait de terre rapportée et qui s'élève au-dessus du sol. *Les talus qui bordent un chemin, les côtés d'une voie de chemin de fer. Talus herbeux, gazonné.* ◊ Ouvrage de fortifications. *Talus avancé.* V. **Glacis.** « *Gardes nationaux tués sur le talus de la redoute* » (HUGO).

2. **TALUS** [talys]. *adj. m.* (1872; mot lat.). *Pathol. Pied talus,* pied bot* dont le seul point d'appui est le talon, le reste du pied remontant vers la jambe.

TALWEG. V. **THALWEG.**

TAMANDUA [tamãdɥa]. *n. m. (Tamendoa,* 1603; mot tupi, par le port.). Mammifère édenté, voisin du tamanoir mais plus petit, qui vit en Amérique du Sud.

TAMANOIR [tamanwar]. *n. m.* (1763; de *tamanoa,* mot caraïbe, même rac. que *tamandua).* Mammifère *(Édentés)* communément appelé *grand fourmilier,* qui peut atteindre 2,50 m dont la bouche sans dents est munie d'une langue effilée et visqueuse, qui lui sert à capturer les fourmis dont il se nourrit.

1. **TAMARIN** [tamarɛ̃]. *n. m.* (XVᵉ; *tamarandi,* 1298; lat. médiév. *tamarindus,* arabe *tamar hindi* « datte de l'Inde »). ♦ 1° Fruit du tamarinier, gousse dont la pulpe (*on tamar*) est utilisée comme laxatif. ◊ *Par ext.* Tamarinier. « *De jeunes plants... de tamarins* » (BERNARD. de ST-P.). ♦ 2° Tamaris (arbre).

2. **TAMARIN** [tamarɛ̃]. *n. m.* (1745; *tamary,* 1614; d'une langue indienne de l'Amazone). *Zool.* Singe de petite taille *(Callithricidés)* qui vit en Amérique du Sud. « *L'ouistiti est encore plus petit que le tamarin* » (BUFF.).

TAMARINIER [tamarinje]. *n. m.* (1733; *tamarindier,* 1604; de *tamarin* 1). Grand arbre exotique *(Légumineuses-Césalpinées)* à fleurs en grappes, qui pousse dans les régions tropicales. « *Pendant le parfum des verts tamariniers...* » (BAUDEL.).

TAMARIS [tamaris] ou **TAMARIX** [tamariks]. *n. m.* (XIIIᵉ; *thamarisque,* 1213; du bas lat. *tamariscus,* probabl. rac. arabe *tamar,* comme *tamarin* 1). Arbrisseau *(Tamariscinées)* originaire d'Orient, à petites feuilles en écailles, à petites fleurs roses en épi, très décoratif, qui croît dans les sables du littoral (appelé aussi *Tamarin*). *Allée de tamaris.* — *Tamaris à manne,* tamaris exotique qui donne une exsudation sucrée.

TAMBOUILLE [tãbuj]. *n. f.* (1866; p.-ê. abrév. de *pot-en-bouille,* var. de *pot-bouille*). ♦ 1° *Fam.* Plat grossier, grosse cuisine médiocre. V. **Ratatouille.** ♦ 2° *Pop.* Cuisine (2°). « *Les cuistots y faisaient leur tambouille* » (DORGELÈS).

TAMBOUR [tãbur]. *n. m.* (fin XIIᵉ; *tabour,* 1080 [V. **Tabouret**]; p.-ê. du persan *tabir,* nasalisé sous l'infl. de l'arabe *at-tambour,* instrument à cordes).
I. ♦ 1° Instrument à percussion, formé de deux peaux tendues sur un cadre cylindrique (V. **Caisse**) et que l'on fait résonner à l'aide de baguettes. *Tambour militaire. Tambour*

plat, ou caisse* claire. *Battement, roulement de tambour. Batteries de tambour.* — *Clairons et tambours d'un régiment.* V. **Clique, fanfare.** ◇ *Par ext.* Bruit, son du tambour. « *Nous fûmes réveillés par les tambours de la mobilisation* » (MAU-ROIS). ◇ Loc. *Tambour battant*.* — *Battre* le tambour. Au son du tambour* : bruyamment, indiscrètement. — *Sans tambour ni trompette* : sans attirer l'attention. — Fig. et fam. *Raisonner* (résonner) *comme un tambour*, très mal. ♦ 2° *Par ext.* Celui qui bat le tambour. *Les tambours du régiment.* « *Précédés de quatre tambours et d'un drapeau* » (MART. du G.). « *Trois jeunes tambours* », chans. pop. *Tambour major.* V. **Tambour-major.** *Tambour de ville*, garde champêtre qui fait des annonces au son du tambour. ♦ 3° *Par ext.* Tout instrument à percussion à membrane tendue. V. **Timbale.** *Tambour de basque* : petit cerceau de bois muni d'une peau tendue et entouré de grelots. V. **Tambourin.** *Tambours africains.* V. **Tam-tam.** *Tambour arabe.* V. **Darbouka.** ◇ *Mus.* Tout instrument à percussion formé d'une cavité résonante quelle qu'en soit la matière et la forme. *Tambour de bois* (Afrique, Extrême-Orient). *Tambour d'eau* (où l'eau forme caisse de résonance). *Tambour de bronze d'Extrême-Orient*, où la membrane est remplacée par une plaque de bronze. II. *Par anal. de forme.* ♦ 1° (1630). Petite entrée à double porte (comme un sas), servant à mieux isoler l'intérieur d'un édifice. *Tambour d'église.* — *Par ext.* Sorte de tourniquet formé de quatre portes vitrées, en croix, à l'entrée d'un édifice public, d'un hôtel. *Tambour cylindrique.* ♦ 2° (1630). Cylindre sur lequel s'enroulait la chaîne d'une horloge; boîtier de ressort d'une montre. ♦ 3° (1732). Assise cylindrique d'un fût de colonne. ◇ *Soubassement cylindrique d'une coupole.* ♦ 4° (1765). Métier circulaire pour broder à l'aiguille. *Broderie au tambour.* ♦ 5° Techn. (XVIIIe). Cylindre d'un treuil. *Câble enroulé sur le tambour. Tambour de remorque. Tambour de moulinet* (pêche). — Cylindre de certaines machines. *Tambour laveur.* — Typogr. *Tambour de justification*, utilisé en monotype. — Poulie large à jante non bombée. — Roue de loterie. — Inform. *Tambour magnétique*, mémoire d'ordinateur en forme de cylindre. ♦ 6° (XXe). Bouton gradué permettant d'effectuer des mesures. *Tambour de frein* : pièce cylindrique solidaire de la roue, à l'intérieur de laquelle frottent les segments. *Bicyclette munie de freins à tambour.* ♦ 7° Pêche. Engin de pêche cylindrique (en filet, en fil de fer), sorte de verveux à deux ouvertures.

TAMBOURIN [tɑ̃buRɛ̃]. *n. m.* (XVe [d'abord *tabourin*]; de *tabour* « tambour »). ♦ 1° Cour. Tambour de basque. « *Elle faisait tourner son tambourin à la pointe de son doigt, et le jetait en l'air en dansant des sarabandes* » (HUGO). ◇ *Par anal.* Cercle de bois tendu de peau, sur lequel on fait rebondir une balle, un volant; jeu qui se joue avec cet instrument. ♦ 2° (1765). Mus. Tambour haut et étroit, que l'on bat d'une seule baguette (l'autre main étant libre pour jouer d'un instrument à vent). *Tambourin provençal.*

TAMBOURINAGE [tɑ̃buRinaʒ] ou **TAMBOURINE-MENT** [tɑ̃buRinmɑ̃]. *n. m.* (1556 [*Tabourinage*],-1870; de *tambouriner*). ♦ 1° Action de tambouriner. ♦ 2° Roulement de tambour (tambourinement). « *Un tambourinement lointain ébranlait le sol* » (MART. du G.).

TAMBOURINAIRE [tɑ̃buRinɛR]. *n. m.* (1876; de *tambourin*). ♦ 1° Joueur de tambourin (2°) provençal. ♦ 2° Tambour de ville. *Les annonces du tambourinaire.* ♦ 3° Joueur de tambour d'Afrique noire.

TAMBOURINER [tɑ̃buRine]. *v.* (1680; *tabouriner*, XVe; de *tambour*). I. *V. intr.* ♦ 1° *Vx.* Jouer du tambour, du tambourin. ♦ 2° *Mod.* Faire un bruit de roulement, de batterie, avec un objet dur, avec ses poings, ses doigts. *Tambouriner contre une vitre.* Par anal. « *La pluie tambourine sur nos tentes* » (LOTI). II. *V. tr.* ♦ 1° Jouer (un air), sur un tambour, un tambourin. *Tambouriner une marche.* Au p. p. *Langages tambourinés d'Afrique.* ♦ 2° *Vieilli.* Annoncer, publier au son du tambour. ◇ Fig. *Tambouriner une nouvelle*, la publier bruyamment.

TAMBOURINEUR, EUSE [tɑ̃buRinœR, øz]. *n. (Ta-*, 1514, -1549; de *tambouriner*). ♦ 1° *Rare.* Personne qui joue du tambourin. V. **Tambourinaire.** ♦ 2° Joueur de tambour, de tam-tam, etc. en Afrique et en Asie. — Celui qui transmet un message en langage tambouriné.

TAMBOUR-MAJOR [tɑ̃buRmaʒɔR]. *n. m.* (1651; repris XXe; de *tambour* et *major*). Sous-officier, du grade de sergent-major, qui commande les tambours et les clairons d'un régiment. *Des tambours-majors.*

TAMIER [tamje]. *n. m.* (*Taminier*, 1812; du lat. *taminia* [*uva*] « raisin sauvage », par confus. avec le gr. *thamnium* « tamier »). Bot. Plante *(Dioscorées)*, vivace, grimpante, à baies rouges, commune dans les haies, les bois.

TAMIL. V. **Tamoul.**

TAMIS [tami]. *n. m.* (1197; lat. pop. °*tamisium*, probabl. d'o. gaul.). ♦ 1° Instrument formé d'un réseau plus ou moins serré (toile, vannerie) ou d'une surface percée de petits

trous, et d'un cadre, qui sert à maintenir la substance à passer et à séparer les éléments d'un mélange, selon la dimension des particules. V. **Crible, sas.** Secouer un tamis. *Tamis à farine* (V. **Blutoir**), *à sable, à plâtre* (en tissu de crin). *Tamis de cuisinière* (V. **Chinois, passoire**). ◇ *Par ext.* Sc. *Tamis moléculaire*, constitué d'une substance poreuse, dont les pores ont des dimensions de l'ordre des diamètres [moléculaires]. ♦ 2° Fig. (1718, *passer par le tamis*). Passer au tamis : trier, ne conserver que certains éléments. « *Des organisations... dont les recrues ne peuvent pas être passées au tamis* » (ROMAINS).

TAMISAGE [tamizaʒ]. *n. m.* (1832; h. 1356, *tamisaige;* de *tamiser*). Passage au tamis; opération par laquelle on tamise. *Tamisage de la farine.* V. **Blutage.**

TAMISER [tamize]. *v.* (1165; de *tamis*). ♦ 1° *V. tr.* Trier au tamis, faire passer par le tamis. V. **Cribler, sasser.** *Tamiser de la farine.* V. **Bluter.** — Au p. p. « *Une légère couche de sable de mer soigneusement tamisée* » (GAUTIER). ♦ 2° V. tr. (XIXe). Laisser passer (la lumière) en partie. V. **Voiler.** « *Son ombrelle rouge, tamisant la lumière...* » (BAUDEL.). — Au p. p. (déb. XIXe) *Lumière tamisée* : filtrée; douce, voilée. « *Une lumière tamisée venant on ne sait d'où... joue avec discrétion sur les vastes surfaces unies* » (SARRAUTE). ♦ 3° V. intr. Techn. Passer par un tamis; être tamisé. *Poudre qui tamise bien.*

TAMISERIE [tamizRi]. *n. f.* (1872; de *tamiser*). Techn. Fabrique de tamis, cribles, sas. — Commerce, fabrication de ces instruments.

TAMISEUR, EUSE [tamizœR, øz]. *n.* (1360; fém. 1534; de *tamiser*). Techn. ♦ 1° Personne qui tamise certaines substances (en verrerie, droguerie, meunerie, etc.). ♦ 2° N. m. (1875). Tamis grossier, crible pour les cendres du foyer. ♦ 3° N. f. TAMISEUSE (1907) : machine à tamiser (industries alimentaires).

TAMISIER, IÈRE [tamizje, jɛR]. *n.* (1793; *tamissier*, 1422; de *tamiser*). Techn. Fabricant, commerçant spécialisé en tamiserie.

TAMOUL [tamul] ou **TAMIL** [tamil]. *adj.* et *n. m.* (1740; de *davila*, en pali; *dramila*, en sanscr. V. **Dravidien**). ◇ *N. m.* La plus importante des langues dravidiennes. ◇ *Des Tamouls*, peuples du Sud-Est de l'Inde.

TAMPICO [tɑ̃piko]. *n. m.* (1875; nom d'une ville du Mexique). Crin végétal provenant d'un agave du Mexique.

TAMPON [tɑ̃pɔ̃]. *n. m.* (1430; var. nasalisée de *tapon*, frq. °*tappo* [V. **Taper** (1)], du frq. °*tappon*). ♦ 1° Petite masse dure ou d'une matière souple, pressée, qui sert à boucher un trou, à empêcher l'écoulement d'un liquide. V. **Bouchon.** *Tampon de liège, de bois, de tissu.* — Spécialt. Bonde d'un étang. ◇ Cylindre servant à calibrer les trous. ♦ 2° (1676). Cheville qu'on plante dans un mur, dans un trou, pour y fixer un clou, une vis. ♦ 3° *Par ext.* (XVIIIe). Techn. Plaque métallique servant à fermer une ouverture. *Tampon d'écubier.* — Couvercle, dalle qui ferme un puisard, un égout. ♦ 4° (1676). Petite masse formée de tissu entortillé, roulé en boule ou pressé, et *par ext.* Masse garnie d'une matière souple, servant à étendre un liquide. *Vernir un meuble au tampon.* — Par anal. *Tampon à nettoyer. Tampon métallique à récurer*, formé d'une masse de fils métalliques. ◇ (1907) *Tampon encreur* : coussinet imprégné d'encre, servant à encrer un timbre; la boîte qui le contient. ◇ *Tampon buvard* : objet de bureau, formé d'un support courbe muni d'une poignée, et recouvert d'une feuille de buvard. ♦ 5° (v. 1820). Petite masse de gaze, d'ouate, de charpie roulée en boule, servant à étancher le sang, à nettoyer la peau, etc. *Tampon imbibé d'éther.* ◇ (mil. XXe). *Tampons hygiéniques* ou *périodiques*, introduits dans le vagin pendant les règles. ◇ EN TAMPON : froissé en boule (papier, tissu). *Elle « mordit son mouchoir qu'elle avait roulé en tampon* » (GREEN). V. **Tapon.** ♦ 7° (1856). Plateau métallique vertical destiné à recevoir et à amortir les chocs. *Tampons d'un wagon, d'une locomotive. Tampon d'un butoir.* Coup de tampon : choc des tampons. « *Les tampons de quarante ou cinquante wagons, percutés l'un après l'autre, créaient une suite de chocs métalliques* » (BOSCO). ◇ Fig. Ce qui amortit les chocs, empêche les heurts (dans un sens concret ou abstrait). *Servir de tampon entre deux personnes qui se disputent.* — (av. 1906) *État tampon*, dont la situation intermédiaire entre autres États empêche les conflits directs. *Zone tampon*, zone de protection (V. **Couverture**). ◇ *Solution** (II, 3°) *tampon.* — Par ext. Physiol. Substance alcaline (spécialt. le bicarbonate de sodium) assurant la stabilité de l'équilibre acide-base du sang. V. **Réserve** (alcaline). ◇ Cybernétique. Dispositif placé entre deux organes associés et destiné à réduire leurs interactions. En appos. *Circuit tampon, mémoire tampon.* ♦ 8° (mil. XXe). Timbre (qu'on encre sur un tampon encreur) qui sert à marquer, à oblitérer. *Apposer le tampon sur une lettre.* — Cachet, oblitération. *Le tampon de la poste sert à dater les lettres.* ♦ 9° Par anal. de forme (1904). Fam. et vx. Casquette basse, à fond plat, telle qu'en portaient les ordonnances en civil. ◇ *Par ext.* Ordonnance (d'un officier). *Le tampon du colonel.*

TAMPONNADE [tɑ̃pɔnad]. *n. f.* (1968; d'après l'all. [*herz*]*tamponade*). *Méd.* Compression brutale du cœur par épanchement péricardique et pouvant provoquer une mort subite. V. **Tamponnement** (du cœur).

TAMPONNAGE [tɑ̃pɔnaʒ]. *n. m.* (1969; de *tampon*). ♦ 1° *Chim.* Action de tamponner* (5°) une solution. ♦ 2° *Méd.* Action de passer un liquide approprié sur une partie du corps à l'aide d'un tampon* (4°) d'étoffe. V. **Tamponnement** (1°).

TAMPONNEMENT [tɑ̃pɔnmɑ̃]. *n. m.* (1771; de *tamponner*). ♦ 1° Le fait de tamponner (1°, 2°); son résultat. V. **Tamponnage** (2°). — *Méd.* Introduction de tampons très serrés dans une cavité où s'est produite une hémorragie. *Tamponnement des fosses nasales pour arrêter un épistaxis. Tamponnement du cœur.* V. **Tamponnade**. ♦ 2° (1890). Le fait de heurter avec les tampons. « *Ils entendaient les coups de sifflet et le bruit des tamponnements qui roulait jusqu'au bout des rames* » (NIZAN). *Par ext.* Accident résultant du heurt de deux trains.

TAMPONNER [tɑ̃pɔne]. *v. tr.* (1547; h. XVᵉ; de *tampon*). ♦ 1° *Vieilli.* Boucher avec un tampon. — *Techn.* Placer des tampons, des chevilles dans (un mur). ♦ 2° Étendre un liquide à l'aide d'un tampon (4°). ♦ (1845) Essuyer, étancher, nettoyer avec un tampon (5°). « *Un gosse pleurait, sa mère lui tamponnait les yeux, avec un mouchoir* » (SARTRE). ◇ Fig. et fam. *S'en tamponner le coquillard* (l'œil) : s'en moquer. Absolt. « *Il s'en tamponnait, du second bachot* » (ARAGON). ♦ 3° (1872). Heurter avec les tampons (7°). *Ne pas tamponner* (inscription sur certains wagons). ◇ *Par ext.* Heurter violemment (en parlant de véhicules). — Pronom. « *Les autos électriques commençaient à se tamponner sur la piste* » (QUENEAU). ♦ 4° (XXᵉ). Timbrer. *Faire tamponner une autorisation.* ♦ 5° (1969). Chim. *Tamponner une solution,* ajouter une solution tampon a un liquide pour en maintenir le pH.

TAMPONNEUR, EUSE [tɑ̃pɔnœr, øz]. *adj.* et *n.* (1900; de *tamponner*). ♦ 1° Se dit d'un véhicule qui en tamponne un autre. *Le train tamponneur.* — (1972) AUTOS TAMPONNEUSES : attraction foraine où de petites voitures électriques, protégées par un bourrelet de caoutchouc, circulent et se heurtent sur une piste. « *La foire..., son train des fantômes,... ses autos tamponneuses* » (BUTOR). ♦ 2° N. Celui, celle qui tamponne (des papiers, etc.).

TAMPONNOIR [tɑ̃pɔnwar] ou **TAMPONNIER** [tɑ̃pɔnje]. *n. m.* (1907; de *tamponner*). Mèche d'acier avec laquelle on perce les murs, les cloisons pour y placer un tampon, une cheville, un taquet.

TAM-TAM [tamtam]. *n. m.* (1773; onomat. créole [Cf. angl. *tom-tom*, 1693], « tambour indien »). ♦ 1° *Rare.* Sorte de tambour en usage dans l'Inde et l'océan Indien. ◇ *Mus.* (1791) Tambour de bronze ou gong d'Extrême-Orient. V. **Gong**. — *Par ext.* Sorte de gong utilisé dans les orchestres classiques. ♦ 2° *Cour.* (1896). Tambour en usage en Afrique noire comme instrument de musique et pour la transmission de messages. ◇ *Par ext.* Séance de tam-tam; chants, danses au son du tam-tam. ♦ 3° *Fig.* (1881). Charivari. — *Fig.* Bruit, publicité tapageuse, scandale bruyant. *Faire du tam-tam autour d'un événement.*

TAN [tɑ̃]. *n. m.* (XIIIᵉ; p.-ê. gaul. *°tann-* « chêne » [Cf. breton *Tann*]). Écorce de chêne pulvérisée utilisée pour la préparation des cuirs (V. **Tanin, tanner**). *Moulin à tan.* ◇ HOM. *Taon; tant, temps.*

TANAGRA [tanagra]. *n. m.* ou *f.* (av. 1872; nom d'un bourg de Béotie en Grèce). Statuette, figurine en terre cuite de Tanagra, d'une grâce simple. ◇ *Fig.* Jeune fille, jeune femme fine et gracieuse. *Une vraie tanagra.*

TANAISIE [tanezi]. *n. f.* (*Tanesie*, h. XIIᵉ; 1561; lat. pop. *°tanacita*, de *tanacetum*). *Bot.* Plante des talus (*Composacées*), à fleurs jaunes (appelée communément Barbotine, Herbe aux coqs, aux mites).

TANCER [tɑ̃se]. *v. tr.*; conjug. *placer* (*Tencer*, 1080; lat. pop. *°tentiare*, de *tentus*, p. p. de *tendere* « tendre »; combattre »). Littér. Réprimander. V. **Admonester, morigéner**. « *Sa colère fut grande et il tança vertement son fils* » (MÉRIMÉE).

TANCHE [tɑ̃ʃ]. *n. f.* (*Tenche*, XIIIᵉ; bas lat. *tinca*, mot gaul.). Poisson (*Cyprinidés*) vivant dans les eaux douces, à peau sombre et gluante, à chair délicate. « *Des tanches d'un vert sombre et sonore, dégouttelantes de la vase où elles se tenaient blotties* » (GENEVOIX).

TANDEM [tɑ̃dɛm]. *n. m.* (1816; mot angl., du lat. *tandem* « enfin », pris au sens de « à la longue, en longueur »). ♦ 1° *Vx.* Cabriolet à deux chevaux en flèche. — *Attelage en tandem,* en flèche. ◇ *Techn.* (1887) Cylindres en tandem, l'un derrière l'autre, en ligne. ♦ 2° (1886). Bicyclette à deux sièges et deux pédaliers placés l'un derrière l'autre. « *Des couples, montés sur des tandems, qui pédalaient vers les portes de Paris* » (BEAUVOIR). ♦ 3° Fig. et fam. (1962). Se dit de deux personnes associées, d'un couple. — À propos d'une personne et d'une chose qui lui est bien adaptée. *Le tandem voiture-conducteur.* — Ensemble composé de deux éléments complémentaires. « *Le 'tandem cheval-épée' a été l'instrument des grandes invasions* » (P. SUDREAU).

TANDIS QUE [tɑ̃dik(ə)]. *loc. conj.* (1170; du lat. *tamdiu* « aussi longtemps », avec *s* adverbial). ♦ 1° Pendant le temps que, dans le même moment que... (marquant la simultanéité). V. **Alors (que), comme, cependant (que), pendant** (que). *Des « impressions anciennes nous revenaient en mémoire, tandis que lentement nous regagnions la maison »* (ALAIN-FOURNIER). ♦ 2° (Marquant l'opposition dans la simultanéité, et *par ext.* l'opposition). V. **Alors** (que). *Tandis que l'un travaille, l'autre se repose.* « *Plaire n'est pour lui qu'un moyen de succès; tandis que pour elle, c'est le succès même* » (LACLOS).

TANGAGE [tɑ̃gaʒ]. *n. m.* (1643; de *tanguer*). ♦ 1° Mouvement alternatif d'un navire dont l'avant et l'arrière plongent successivement. *Le tangage et le roulis. Il y a du tangage.* — Par anal. *Tangage d'un avion.* ♦ 2° *Astronaut.* Déplacement angulaire d'un engin spatial autour d'un axe défini comme étant son axe transversal (*opposé à* roulis et à lacet).

TANGARA [tɑ̃gara]. *n. m.* (1614; mot tupi). Oiseau passereau *(Tanagridés)* d'Amérique du Sud, à couleurs brillantes. *Le 'tangara fastueux' est le plus célèbre des tangaras par sa beauté.*

TANGENCE [tɑ̃ʒɑ̃s]. *n. f.* (1815; de *tangente*). *Géom.* Position de ce qui est tangent. *Point de tangence,* où deux lignes, deux surfaces sont tangentes.

TANGENT, ENTE [tɑ̃ʒɑ̃, ɑ̃t]. *adj.* et *n. f.* (1626, n. f.; lat. *tangens, -entis*; de *tangere* « toucher »).
I. *Adj.* ♦ 1° *Géom.* (1705). Qui touche, sans la couper, une ligne, une surface en un seul point. *Plan tangent à une surface,* ensemble des tangentes en un point à cette surface, formant généralement un plan. *Courbe tangente à une autre, à un plan.* « *Le disque* (du Soleil) *est tangent à l'horizon* » (VALÉRY). ♦ 2° (1906, « candidat presque admis »). *Fig.* Qui se fait de justesse. *Il a été reçu au bachot, mais c'était tangent* (Cf. *fam.* C'était moins une). — *Par ext. Le candidat était tangent.*
II. *N. f.* ♦ 1° *Géom. Tangente à une courbe :* droite qui touche une courbe en un seul point et qu'on peut considérer comme la limite d'une sécante passant par ce point lorsqu'un second point d'intersection tend vers celui-ci. *Tangente à un cercle,* perpendiculaire au rayon qui aboutit au point. *Mener d'un point extérieur à une courbe les tangentes à cette courbe.* — *Tangente à une surface,* tangente, en un point de cette surface, à une courbe tracée sur la surface. V. **Trigon.** *Tangente (tg) d'un arc ou d'un angle :* rapport du sinus au cosinus de cet arc, de cet angle. ♦ 2° (1867; *arg. de l'X*). Épée de polytechnicien. ◇ *Arg. d'école.* Huissier de faculté. V. **Appariteur.** — (1907) Surveillant d'un examen écrit. ♦ 3° *Loc. fig.* (1870). *Prendre la tangente,* se sauver sans être vu. V. **Esquiver** (s'), **filer.** — *Fig. Prendre la tangente, s'échapper par la tangente,* se tirer d'affaire adroitement en éludant la difficulté par un faux-fuyant.
◇ ANT. (de I) *Distant, sécant.*

TANGENTIEL, IELLE [tɑ̃ʒɑ̃sjɛl]. *adj.* (1816; de *tangente*). *Géom.* Qui est tangent, a rapport aux tangentes. *Coordonnées tangentielles,* système dans lequel les courbes (les surfaces) sont définies par leurs tangentes (leurs plans tangents). ◇ *Mécan.* (1872) *Force tangentielle,* exercée dans le sens de la tangente à une courbe. *Géol.* Force horizontale qui produit des plis couchés, des nappes de charriage.

TANGENTIELLEMENT [tɑ̃ʒɑ̃sjɛlmɑ̃]. *adv.* (XVIIIᵉ-XIXᵉ; de *tangentiel*). *Sc.* D'une façon tangentielle.

TANGIBILITÉ [tɑ̃ʒibilite]. *n. f.* (1800; de *tangible*). *Didact.* Caractère de ce qui est tangible.

TANGIBLE [tɑ̃ʒibl(ə)]. *adj.* (XIVᵉ; bas lat. *tangibilis,* de *tangere* « toucher »). ♦ 1° Qui tombe sous le sens du tact, que l'on peut connaître en touchant. *La réalité tangible.* V. **Palpable.** « *De visibles et tangibles spectres* » (HUYSMANS). — *Par ext. Des plaisirs plus tangibles.* V. **Charnel, matériel.** ◇ Subst. « *Le visible et le tangible* » (HUGO). ♦ 2° *Fig.* (1502). Dont la réalité est évidente, qu'on peut « toucher du doigt », saisir. « *... Nous en avons des preuves tangibles* » (DUHAM.). *Un fait tangible.* V. **Significatif.**

TANGIBLEMENT [tɑ̃ʒiblemɑ̃]. *adv.* (1876; de *tangible*). *Littér.* D'une manière tangible (1° et 2°).

TANGO [tɑ̃go]. *n. m.* (1864; mot esp. d'Amérique, répandu en France en 1912). ♦ 1° Danse originaire de l'Argentine, sur un rythme assez lent à deux temps. *Un tango langoureux.* ◇ *Par ext.* La musique de cette danse. *Jouer un tango.* ♦ 2° (1914). *N.* et *adj. invar.* Couleur mise à la mode lors de la vogue du tango. Orange très vif, orange foncé. V. **Orangé.** « *Son grand sac de toile brodé tango* » (ARAGON).

TANGON [tɑ̃gɔ̃]. *n. m.* (1797; p.-ê. du moy. néerl. *tange;* Cf. a. fr. *Tanque,* 1448). *Mar.* Poutre mobile établie horizontalement à l'extérieur du navire à la hauteur du pont supérieur et perpendiculairement à la coque, sur laquelle on amarre les embarcations lorsque le navire est à l'ancre. ◇ Sur les thoniers, Longue perche au pied du grand mât, s'abaissant à l'horizontale, et à laquelle on attache les lignes.

TANGUE [tɑ̃g]. *n. f.* (XVIe; *tangoour*, XIVe; de l'a. nord. *tang*, même sens). Sable vaseux, calcaire, très fin, grisâtre, sur le littoral de la Manche, qu'on utilise comme engrais.

TANGUER [tɑ̃ge]. *v. intr.* (1643; *tangueur*, 1611; p.-ê. de l'a. nord. *tangi* « pointe »; Cf. a. fr. *Tangre*). Se balancer par un mouvement de tangage (bateau). *Navire qui roule et qui tangue. Ça tangue !* ◇ *Par ext.* Remuer par un mouvement alternatif d'avant en arrière, et *abusiv.* par un mouvement latéral. « *Un autorail qui suivait une voie tortueuse, en tanguant dangereusement* » (BEAUVOIR). *Tout tanguait autour de lui.*

TANGUIÈRE [tɑ̃gjɛʀ]. *n. f.* (1872; de *tangue*). *Région.* Sablière où l'on prend la tangue.

TANIÈRE [tanjɛʀ]. *n. f.* (XVe; *tainiere*, v. 1190; lat. pop. *taxonaria*, du gaul. *taxo* « blaireau »). ♦ 1o Retraite d'une bête sauvage (caverne, lieu abrité ou souterrain). V. **Antre, gîte, repaire, terrier.** « *Une bête cernée au fond de sa tanière* » (GREEN). ◇ *Par ext.* Habitation sordide. « *Ils se retirent la nuit dans des tanières où ils vivent de pain noir* » (LA BRUY.). ♦ 2o *Plaisant.* Logis dans lequel on s'isole, on se cache. *Faire sortir un malfaiteur de sa tanière.* — Fig. « *Je rentrerai dans ma tanière* » (FLAUB.)., je retournerai à ma solitude.

TANIN ou **TANNIN** [tanɛ̃]. *n. m.* (1797; de *tan*). *Chim.* Substance d'origine végétale, rendant les peaux imputrescibles. *Tanin d'écorce de chêne* (V. **Tan**), *de châtaignier, de saule.* *Absolt. Le tanin, tanin de chêne ou acide tannique, utilisé en tannerie.* ◇ *Tanin de noix de galle,* utilisé en pharmacie comme remède hémostatique, astringent et tonique. ◇ *Plus cour. Tanin du vin,* tanin provenant des rafles du raisin, qui entre dans la composition des vins rouges. *Ajouter du tanin à un moût.* V. **Taniser.**

TANISAGE ou **TANNISAGE** [tanizaʒ]. *n. m.* (1877; de *taniser*). *Techn.* ♦ 1o Action de taniser (1o). ♦ 2o Addition de tanin à un moût.

TANISER ou **TANNISER** [tanize]. *v. tr.* (1877; de *tan*). *Techn.* ♦ 1o Ajouter du tan à... ♦ 2o Ajouter du tanin à (un moût, un vin).

TANK [tɑ̃k]. *n. m.* (1857; repris à l'angl. *tank* « réservoir »; *tanque* « citerne pour se baigner, aux Indes », 1617; mot port.). ♦ 1o Citerne d'un navire pétrolier. — Cylindre métallique de grandes dimensions utilisé comme réservoir dans certaines industries. ◇ Petit réservoir métallique pour l'eau, utilisé par les campeurs. ♦ 2o (1916, par anal. d'aspect et nom de code). *Vieilli* (comme T. *milit.*) Char d'assaut. « *C'était un tank allemand très rapide et très mobile* » (MALRAUX). *Fam.* Grosse automobile.

TANKER [tɑ̃kœʀ]. *n. m.* (1945; mot angl., de *tank.* V. **Tank,** 1o). *Anglicisme.* Bateau-citerne transportant des produits pétroliers. *Recomm. offic.* V. **Navire-citerne, pétrolier;** et *aussi* **Butanier, méthanier.**

TANKISTE [tɑ̃kist(ə)]. *n. m.* (v. 1940-1945; de *tank* [2o]). Soldat d'une unité de tanks, de blindés.

TANNAGE [tanaʒ]. *n. m.* (1370; de *tanner*). Action de tanner les peaux; ensemble des opérations qu'on fait subir aux peaux pour en faire des cuirs, avant le corroyage. *Tannage au tan* (de chêne), *aux extraits tanniques* (d'autres plantes). *Tannage rapide à l'alun de chrome. Tannage des peaux fines à l'alun et au sel, à l'huile de poisson* (V. **Chamoisage**).

TANNANT, ANTE [tanɑ̃, ɑ̃t]. *adj.* (1762; de *tanner*). ♦ 1o *Fig.* et *fam.* Qui tanne (2o), lasse. *Il est tannant avec ses questions.* V. **Fatigant, importun, lassant** (Cf. *fam.* Barbant, rasant, rasoir). « *Ah ! qu'elle est tannante !* » (MIRBEAU). ♦ 2o (1835). *Techn.* Qui tanne. *Substances tannantes,* produits autres que le tan et qui ont la même action sur les peaux : tanin, extraits tanniques, alun de chrome, naphtol.

TANNE [tan]. *n. f.* (1600; de *tanner*). ♦ 1o *Techn.* Marque brune qui reste sur une peau après le tannage. ♦ 2o *Méd.* Kyste sébacé formé par la rétention de sébum dans un conduit pilo-sébacé de la peau. (On dit *aussi* **Loupe**.)

TANNÉ, ÉE [tane]. *adj.* et *n. m.* (1294; de *tan*). ♦ 1o *Vx.* D'une couleur brun clair (comme celle du tan). *Subst.* « *Les robes mi-parties rouge et tanné...* » (HUGO). ◇ (*De la peau*) De couleur brun clair, brun roux. « *Les Indiens méridionaux ne sont pas tannés* » (BUFF.). V. **Basané, bistre.** « *Une vieille ridée, tannée, momifiée en quelque sorte* » (GAUTIER). *Un vieux loup de mer au visage tanné* (compris aujourd'hui au sens 2o). ♦ 2o Qui a subi le tannage. *Peaux tannées.* ◇ Fig. (mil. XXe) Qui a pris l'aspect du cuir. *Avoir la peau tannée, abusiv. le cuir tanné.* ◈ HOM. **Tannée, tanner.**

TANNÉE [tane]. *n. f.* (1680; de *tanner*). ♦ 1o *Techn.* Résidu du tan, qui ne contient plus de tanin. *La tannée est utilisée en jardinage pour faire des couches.* ♦ 2o (1906). *Pop.* Volée de coups, raclée. *Donner une tannée.* — *Fig.* Lourde défaite.

TANNER [tane]. *v. tr.* (1260; *tenner* « fatiguer », 1195; de *tan*). ♦ 1o Préparer (les peaux) avec du tan pour les rendre imputrescibles et en faire du cuir. *Abusiv. Tanner le cuir.*

— *Par ext.* Préparer (les peaux) avec d'autres produits (tanin, extraits tanniques, alun de chrome, naphtol), pour en faire du cuir. V. **Mégisser.** ◇ (1872) *Pop. Tanner le cuir à qqn,* le rosser. ♦ 2o (XIIIe; repris XIXe). *Fig.* et *fam.* Agacer, importuner. *Tu nous tannes ! Il tanne son père pour avoir de l'argent.* ♦ 3o (D'après *tanné, ée* [1o]). Rendre tanné, hâlé, brun. « *Les climats perdus me tanneront* » (RIMBAUD). « *Le vent tanna sa peau* » (FLAUB.). ◈ HOM. **Tanné, tannée.**

TANNERIE [tanʀi]. *n. f.* (1216; de *tanner*). ♦ 1o Établissement où l'on tanne les peaux. *Les foulons des tanneries.* ♦ 2o Opérations par lesquelles on tanne les peaux. *La tannerie et le corroyage.*

TANNEUR [tanœʀ]. *n. m.* (v. 1226; de *tanner*). Ouvrier, artisan qui tanne les peaux. *Couteau de tanneur.* ◇ Celui qui possède une tannerie et vend des cuirs.

TANNIN. V. **Tanin.**

TANNIQUE [tanik]. *adj.* (1855; de *tan*). *Techn.* Constitué par le tanin. ◇ *Chim. Acide tannique,* solide blanc amorphe qu'on extrait de la noix de galle.

TANNISER. V. **Taniser.**

TANREC ou **TENREC** [tɑ̃ʀɛk]. *n. m.* (1761; de *tandraka,* var. dial. de *trandraka,* nom malgache de cet animal). *Zool.* Mammifère insectivore, à museau pointu, à corps couvert d'un mélange de poils et de piquants, qui vit à Madagascar.

TAN-SAD ou **TANSAD** [tɑ̃sad]. *n. m.* (1919; abrév. angl. *tandem saddle* « selle en tandem »). *Anglicisme.* Selle pour passager, derrière la selle d'une motocyclette. *Des tan-sads.* *Syn. francisé :* **Selle biplace.**

TANT [tɑ̃]. *adv.* et *nominal* (1050, adj., « si nombreux »; *tan,* Xe, adv.; lat. *tantum*).

I. *Adv.* de quantité, marquant l'intensité. Ⓐ Avec QUE, servant à marquer qu'une action ou une qualité portée à un très haut degré devient la cause d'un certain effet. ♦ 1o (1080). TANT QUE. V. **Tellement.** « *Je souffre tant que je ne peux pas me relever* » (SAND). — *Loc. prov.* (avec l'inversion du sujet) *Tant va la cruche* à l'eau qu'à la fin elle casse.* ♦ 2o TANT DE... QUE... : une si grande quantité, un si grand nombre de... que... « *Elle éprouvait... tant de rancœur qu'elle souhaita de mourir* » (MART. DU G.). — *Absolt.* Tant de choses. « *On a tant rendu à César qu'il n'y en a plus que pour lui* » (GIDE). « *J'ai tant fait que nos gens sont enfin dans la plaine* » (LA FONT.). *Il fit tant et si bien que toute la cour de garde.* « *Tant et si bien que les assaillants se retirèrent en déroute* » (BARRÈS). — *Littér. À tant faire que de...* : si l'on fait tout ce qu'il faut pour. *Plus cour. Tant qu'à faire* (Cf. ci-dessous, III, 5o). Ⓑ (Sans QUE). V. **Tellement.** ♦ 1o (Avec le verbe). « *Votre oncle Adolphe qui vous aimait tant* » (PROUST). « *Mais je voudrais tant avoir fini ce roman* » (FLAUB.). « *Oh ! argent que j'ai tant méprisé* » (CHATEAUB.). ♦ 2o TANT DE : une si grande, une telle quantité de. « *Cet homme... qui était le centre de tant de choses* » (SÉV.). « *Seigneur, tant de prudence entraîne trop de soin* » (RAC.). *Celui-là est tant d'autres. Tant de fois. Des gens comme il y en a tant. Ne faites pas tant de façons.* « *À quoi bon tant de haine, Et faire tant de mal, et prendre tant de peine ?* » (HUGO). *Fam. Vous m'en direz tant !* je ne suis plus étonné après ce que vous m'avez dit. ◇ TANT SOIT PEU : si peu que ce soit (que la quantité que vous imaginez soit aussi petite que possible). *S'il est tant soit peu délicat, il comprendra.* — TANT S'EN FAUT : il s'en faut* de beaucoup. ♦ 3o *Littér.* (Introduisant la cause). « *Rien ne touche son goût, tant il est difficile* » (MOL.). « *Les armées... furent dans l'inaction, tant le froid fut violent* » (VOLT.). ◇ *Loc. Tant il est vrai que...,* introduit une vérité qui découle de ce qui vient d'être dit.

II. (XIVe). *Nominal* exprimant une quantité qu'on ne précise pas mais qui est supposée définie. *Être payé à tant par mois, à tant la page. Demander tant d'une chose :* tel prix, telle somme. *Fam. Ça fait tant.* — *Tant pour cent.* — TANT DE. « *Tu mesures tant de centimètres, tu pèses tant de kilogrammes, tu as tant de litres de sang, etc.* » (AYMÉ). ◇ LE TANT : le jour du mois. V. **Quantième.** ◇ TANT ET PLUS : la quantité dont on parle et plus encore. « *J'eus aussi des visites de Genève tant et plus* » (ROUSS.). ◇ ENTRE TANT (*vx*) : devenu *entre-temps*.*

III. Exprimant une comparaison. ♦ 1o TANT... TANT..., marquant l'égalité (le plus souvent avec *Valoir*). « *Tant valait l'instituteur primaire, tant vaudrait l'enseignement* » (ZOLA). ♦ 2o TANT... QUE : marquant l'égalité, dans les propositions négatives ou interrogatives. V. **Autant.** « *Vous ne me plaisez pas tant qu'elle* » (BUSSY-RABUTIN). « *L'intimité n'est pas tant le bonheur parfait que le dernier pas pour y arriver* » (STENDHAL). ◇ TANT QUE..., en phrase affirmative. V. **Autant.** « *Tant qu'il vous plaira* » (MOL.). *Il frappe tant qu'il peut. Par ext.* (*fam.*) *Tant que...* (et le v. *pouvoir*) : beaucoup, énormément. « *Myope tant qu'il pouvait* » (CÉLINE). *Abusiv. Tant que ça peut.* — *Tant que ça :* tellement. « *Dis-moi pourquoi tu tiens à lui tant que ça* » (SARTRE). ◇ SI TANT EST QUE... (et *subj.*) : supposition qu'on fait avec l'arrière-pensée qu'elle n'est guère acceptable. « *Voilà de* *l'argent qui n'est guère propre, si tant est qu'il y en ait qui le soit* » (MIRBEAU). — TOUS TANT QUE (et verbe *être* au plur.) : tous, autant qu'il y en ait. « *Quelle idée vous faites-vous de nos devoirs, à tous tant que nous sommes ?* » (VIGNY). ♦ 3° (Déb. XVIIe ; du lat. *in tantum quantum*). EN TANT QUE... : dans la mesure où... « *La loi est la raison humaine, en tant qu'elle gouverne tous les peuples de la terre* » (MONTESQ.). ◇ Considéré comme. « *Le cinéma... en tant qu'art* » (MALRAUX). *En tant que Français, je suis d'un tout autre avis.* ♦ 4° TANT... QUE... : aussi bien que. « *La liberté, tant civile que politique* » (ROUSS.). « *Tant secoureurs que secourus* » (GIDE). — (1872) TANT BIEN QUE MAL (suivi d'un v. d'action) : ni bien ni mal, médiocrement. « *Les choses vont ainsi, tant bien que mal et plutôt bien que mal* » (DUHAM.). *Il s'y efforce tant bien que mal.* ♦ 5° TANT QU'À... et *l'inf.* (déb. XXe) : puisqu'il faut... (Remplace dans l'usage courant *À tant faire que de...*). « *Tant qu'à m'ennuyer..., je préfère que ce ne soit pas avec M...* » (GIDE). *Tant qu'à faire, faites-le bien.* ♦ 6° TANT MIEUX, TANT PIS : locutions exprimant la joie ou le dépit. « *J'ai retrouvé mon argent.* — *Tant mieux!* ». *Il n'est pas là, tant pis, je reviendrai. Tant pis pour vous,* c'est dommage, mais c'est votre faute. ◇ Fam. *Le docteur Tant-Pis, Tant-Mieux,* se dit d'un médecin trop pessimiste, trop optimiste.

IV. (v. 1180). TANT QUE... : aussi longtemps que. « *Il soutenait ses ministres, tant qu'ils avaient la majorité* » (CHATEAUB.). « *Et nul ne se connaît tant qu'il n'a pas souffert* » (MUSS.). — Fam. *Tant qu'il y a de la vie, il y a de l'espoir.* ◇ Pop. « *Jusqu'à tant qu'elle devienne sa veuve* » (HENRIOT), jusqu'à ce que. — *Tant que tu y es, que vous y êtes :* pendant que... « *Et des leçons de danse, tant que tu y es!* » (MAURIAC) : et tu pourrais aussi demander des leçons de danse ! (*s.-ent.* ce serait le comble).
◈ HOM. *Tan, taon, temps.* Formes du v. *tendre.*

TANTALE [tɑ̃tal]. *n. m.* (XVIIe ; « celui qui a des désirs irréalisables ». V. **Supplice** [de *tantale*] ; lat. *tantalus*).
I. (1770 ; du lat. zool. *tantalus loculator*). *Zool.* Oiseau échassier voisin des cigognes, vivant en Amérique centrale.
II. *Chim.* (*Tantalum*, 1802, par allusion à la difficulté d'en préparer des composés). Métal (n° at. 73 ; masse at. 180,88), d'aspect analogue à celui de l'argent ou du platine, mais légèrement bleuté, d'une grande densité (16,6), très réfractaire (temp. de fusion voisine de 3 000 °C). *Le tantale* (symb. Ta) *accompagne le niobium dans ses minerais.*

TANTE [tɑ̃t]. *n. f.* (1214 ; altér. de *ante*, XIIe [*ta ante* ; Cf. M'*amie*] ; lat. *amita* « tante paternelle »). ♦ 1° Sœur du père ou de la mère, et *par ext.* Femme de l'oncle (*lang. enfant.* **Tata, tantine**). *Les tantes font partie des parents collatéraux. Tante paternelle, maternelle.* « *Ma tante Mathilde* » (DUHAM.). « *Ni son oncle, ni sa tante* » (MAURIAC). ◇ (1538) *Grand-tante :* sœur du grand-père ou de la grand-mère ; femme du grand-oncle. — *Tante à la mode de Bretagne :* cousine germaine du père ou de la mère. ♦ 2° (1827 ; fém. d'*oncle* « prêteur sur gage », Belgique, 1642). Fam. *Ma tante :* le mont-de-piété, le prêteur sur gages (« terme ironique à l'adresse de ceux qui déguisent la source d'un emprunt en disant qu'ils en ont eu recours à leur famille » [L. LARCHEY]). ♦ 3° (1834). *Pop.* et *vulg.* Homosexuel. V. **Pédéraste** (Cf. *pop.* **Tantouse, tata**). « *Je fais mon numéro habillé en femme dans une boîte de tantes mais ça veut rien dire* » (QUENEAU).
◈ HOM. *Tente;* formes du v. *tenter.*

TANTIÈME [tɑ̃tjɛm]. *adj. et n. m.* (*h.* XVe ; 1743 ; de *tant*). ♦ 1° Adj. *Vx.* Qui représente une fraction déterminée mais non précisée d'une grandeur. *La tantième partie du nombre.* — Adj. ordinal. *Le tantième jour,* et n. m. (*tantiesme,* 1562). *Le tantième courant* (style commercial). ♦ 2° *N. m.* (1829). Pourcentage d'un tout. — *Spécialt.* Quote-part de bénéfice net annuel d'une entreprise allouée aux administrateurs.

TANTINE [tɑ̃tin]. *n. f.* (*Antine,* 1133 [V. **Tante**] ; repris XXe ; dimin. de *tante*). *Dans le lang. enfantin.* Ma tante (1°), en s'adressant à elle. *Bonjour, tantine.*

TANTINET [tɑ̃tinɛ]. *n. m.* (*Un tantinot,* 1452 ; de *tant*). ♦ 1° *Un tantinet de,* un tout petit peu de. *Donnez-moi un tantinet de pain.* ♦ 2° *Loc. adv.* Un petit peu, passablement. « *Des petites histoires d'enfance, insignifiantes et un tantinet ridicules* » (R. ROLLAND).

TANT MIEUX. V. TANT (III, 6°).

TANTÔT [tɑ̃to]. *adv. et n. m.* (*Tantost* « aussitôt », 1160 ; de *tant,* et *tôt*). ♦ 1° *Vx.* Dans un temps prochain, un proche avenir. V. **Bientôt.** « *Vous en verrez tantôt la suite* » (LA FONT.). ◇ *Vx.* À peu près (dans le passé). « *Il y a bien tantôt trois semaines de cela* » (GAUTIER). ◇ *Vx.* Presque (avec un état). « *Vous n'avez tantôt plus que la peau sur les os* » (RAC.). ♦ 2° *Vx* ou *région.* Dans peu de temps (futur) ou peu de temps auparavant (passé), dans une même journée. « *Un ressentiment de l'affaire de tantôt* » (MOL.). *À tantôt,* au revoir. ♦ 3° *Mod.* Cet après-midi. *Venez tantôt prendre le thé.* « *On fait donc des visites tantôt ?* » (DAUD.). *À tantôt.* N. m. (*Sur le tantôt,* 1872) *Fam.* et *région.* Après-midi. *Lundi tantôt.* « *Ils sont restés encore, comme ce tantôt, la bouche*

pleine, à écouter » (GIONO). ♦ 4° (*Tantost,* 1507). TANTÔT... TANTÔT... (Souvent répété plusieurs fois) : à tel moment..., à un autre moment (pour exprimer des états différents d'une même chose). V. **Parfois.** « *Une Allemagne tantôt envahissante, tantôt envahie* » (SIEGFRIED). *Tantôt bien, tantôt mal.* « *Tantôt à pied, tantôt avec toute la vitesse de son automobile* » (PROUST).

TANTOUSE ou **TANTOUZE** [tɑ̃tuz]. *n. f.* (XXe ; de *tante,* 3°). *Pop.* et *vulg.* Homosexuel (Cf. *pop.* et *vulg.* **Tante, tata**). V. **Pédéraste.**

TANT PIS. V. TANT (III, 6°).

TANTRISME [tɑ̃tʀism(ə)]. *n. m.* (1906 ; de *tantra,* mot sanscr. « doctrine, règle »). *Relig.* Forme de l'hindouisme, religion inspirée des *Tantras* (livres sacrés), dont les fidèles s'adonnent au culte des Çaktis ou épouses des dieux.

TAÔISME [taoism(ə)] ou **TAOÏSME** [taɔism(ə)]. *n. m.* (1906 ; *taossisme,* 1846 ; du chinois *tao* « raison, être suprême »). Religion populaire d'Extrême-Orient, fondée par le Chinois Lao-Tseu au VIe siècle av. J.-C., qui est un mélange de sa philosophie et de croyances, de pratiques plus populaires.

TAÔISTE [taoist(ə)] ou **TAOÏSTE** [taɔist(ə)]. *n.* (1906 ; *taosse,* 1846 ; V. **Taoïsme**). Personne qui a pour religion le taoïsme. Adj. *Prêtre taoïste.*

TAON [tɑ̃]. *n. m.* (1175 ; du bas lat. *tabô, -ônis,* class. *tabanus*). Insecte piqueur et suceur (*Tabanidés*), grosse mouche trapue dont la femelle seule se nourrit du sang des animaux. « *L'air bourdonne de taons* » (COLETTE). « *Nos mains saignent sous la morsure des taons* » (GENEVOIX). ◈ HOM. *Tan, tant, temps;* formes du v. *tendre.*

TAPAGE [tapaʒ]. *n. m.* (1695 ; de *taper*). ♦ 1° Bruit violent, confus, désordonné produit par un groupe de personnes. V. **Boucan, chahut, potin, ramdam, raffut, vacarme; bordel** (fam.). *Un tapage effroyable, infernal.* « *Au commencement de la classe, il se faisait un grand tapage* » (DAUD.). — Dr. *Tapage injurieux ou nocturne :* consistant à troubler la tranquillité des habitants en faisant du bruit, sans motif légitime. « *Noll avait été arrêté pour de mauvaises raisons, une histoire de tapage nocturne et de cris séditieux* » (ARAGON). ♦ 2° *Fig.* (1695). V. **Éclat, esclandre, scandale.** « *Le discours de réception de La Bruyère, qui fit bruit et même tapage* » (STE-BEUVE). *On a fait beaucoup de tapage autour de ce divorce.* ◇ *Littér.* Éclat, contraste violent de couleurs (V. **Tapageur**). « *Un tapage de toilettes claires, bleues et roses* » (ZOLA). ◈ ANT. **Silence.**

TAPAGER [tapaʒe]. *v. intr.;* conjug. *bouger* (1844 ; de *tapage*). Rare. Faire du tapage. « *Les députés se lèvent, tapagent* » (BARRÈS).

TAPAGEUR, EUSE [tapaʒœʀ, øz]. *adj.* (1743 ; de *tapage,* d'abord n. m.) ♦ 1° Qui fait du tapage. *Un enfant tapageur.* Par ext. « *Des cafés tapageurs aux lustres éclatants* » (RIMBAUD). ◇ *Subst. Un tapageur,* celui qui fait du bruit pour un rien. ♦ 2° (1771). Qui fait du tapage, du bruit, du scandale. *Publicité tapageuse.* ◇ Qui se fait remarquer par l'outrance, le contraste des couleurs. V. **Criard, voyant.** *Toilette tapageuse.* « *Il gardait une certaine élégance tapageuse* » (MAUPASS.). *Luxe tapageur.* ◈ ANT. **Discret.**

TAPAGEUSEMENT [tapaʒøzmɑ̃]. *adv.* (1876 ; de *tapageur*). D'une manière tapageuse.

TAPANT, ANTE [tapɑ̃, ɑ̃t]. *adj.* (1900 ; de *taper*). À l'instant même où sonne telle ou telle heure. *À midi tapant.* « *À neuf heures tapantes, Léonie est à son poste* » (QUENEAU). V. **Pétant, sonnant.** — (Aussi *neuf heures tapant,* verbal).

1. TAPE [tap]. *n. f.* (1840 ; a. prov. *tap* « bouchon » ; de *taper* 1). *Mar.* Bouchon servant à boucher les écubiers ; — Bouchon pour fermer la bouche d'un canon.

2. TAPE [tap]. *n. f.* (1360 ; de *taper* 2). ♦ 1° Coup donné avec le plat de la main. *Donner des tapes. Tape sur la figure.* V. **Calotte, claque, gifle, taloche.** « *La vieille lui appliqua légèrement une tape sur le derrière* » (BALZ.). V. **Fessée.** — *Tape amicale, petite tape. Une grande tape dans le dos.* ♦ 2° *Fam.* et *vieilli.* Échec, insuccès. *Ramasser une tape.*

TAPÉ, ÉE [tape]. *adj.* (1694 ; V. **Taper** 2). ♦ 1° S'est dit de fruits que l'on aplatit et que l'on fait sécher au four. *Des poires tapées.* — *Mod.* Trop mûr, pourri par endroits. *Pommes tapées pour la compote.* ◇ *Fig.* et *pop.* Se dit d'un visage aux traits marqués par l'âge, la fatigue. « *De ses joues tapées et bises* » (CÉLINE). Par ext. *Elle est un peu tapée.* ♦ 2° *Fam.* BIEN TAPÉ : réussi, bien fait. *Une réponse bien tapée,* bien envoyée. — Bien servi. *Un demi bien tapé.* ♦ 3° *Fam.* Fou (Cf. Cinglé).

TAPE-À-L'ŒIL [tapalœj]. *adj. et n. m. invar.* (1907 ; « celui qui a une petite tache péichié sur l'œil », 1867 ; de *taper,* et *œil*). Qui attire l'attention par des couleurs voyantes, un luxe tapageur. *Une décoration un peu tape-à-l'œil.* ◇ N. m. invar. *C'est du tape-à-l'œil,* cela fait beaucoup d'effet mais a peu de valeur. « *Je déteste le tape-à-l'œil, mais j'aime qu'un peu de soie rhabille un tiroir propre* » (BAZIN).

TAPECUL ou **TAPE-CUL** [tapky]. *n. m.* (1453 ; de *taper* 2, et *cul*). ♦ 1° Bascule à contrepoids fermant l'entrée d'une barrière. ♦ 2° Balançoire rudimentaire formant bascule et qui « tape le cul » en touchant le sol. ♦ 3° *Mar.* Petite voile à l'arrière de certaines embarcations, pour résister à la dérive. V. **Ketch.** ♦ 4° (1798). Voiture à cheval mal suspendue. « *Une petite voiture à une place, une sorte de petit tape-cul* » (GIDE). — *Par ext.* Toute voiture mal suspendue. ♦ 5° (1883). *Équit.* Faire du tape-cul, se dit du cavalier qui tape du derrière contre le dos du cheval à chaque trot. ◇ Brimade consistant à soulever un enfant par les pieds et les épaules et à lui taper le derrière par terre. ♦ 5° *Arg. des ch. de fer.* Autorail omnibus.

TAPÉE [tape]. *n. f.* (*Tapée de coups*, 1791; de *taper* 2). *Fam.* Grande quantité. V. **Chiée.** *Une tapée d'enfants. Des tapées d'ennuis.* « *Il paraît qu'il y a eu des tapées d'arrestations* » (NIZAN).

TAPEMENT [tapmã]. *n. m.* (1569, repris 1823; de *taper*). Action de taper. *Des tapements de pieds.* Le bruit ainsi produit. *Un tapement sourd.*

1. **TAPER** [tape]. *v. tr.* (1723; a. prov. *tapar* [XIVᵉ], d'un germ. °*tappon*, néerl. *tap* « bouchon »). *Techn., Mar.* Boucher. *Taper les écubiers.*

2. **TAPER** [tape]. *v.* (1181; onomat., ou du moyen néerl. *tappe* « patte », ou du germ. °*tappon*). I. *V. tr.* ♦ 1° Frapper du plat de la main; *par ext.* Frapper, claquer. *Taper un enfant.* « *Elle sortit en tapant la porte* » (MAUPASS.). — *Taper des tapis*, les battre. — Fig. et fam. *Se taper les cuisses de contentement.* ◇ Pop. (1880) *Il y a de quoi se taper le derrière par terre*, c'est une chose risible, grotesque. — Fam. *C'est à se taper la tête contre les murs*, c'est une situation révoltante et sans issue. — Pop. (1894) *Se taper la cloche**. ♦ 2° Produire (un bruit) en tapant (II). *Taper trois coups à la porte.* Péj. *Taper un air sur un piano*, le jouer médiocrement. V. **Tapoter.** ◇ (1923) Écrire (un texte) au moyen de la machine à écrire. V. **Dactylographier ; frappe.** *Faire taper une lettre.* « *Des ordres que j'ai tapés moi-même* » (SARTRE). « *Tapez-les en double* » (ANOUILH). ♦ 3° (1866; *tappé* « grugé », 1650). *Fam.* Emprunter de l'argent à. « *Nous décidâmes d'aller taper notre ancien patron* » (CÉLINE). *Je l'ai tapé de cent francs.* II. *V. intr.* ♦ 1° Donner une tape. « *Quelqu'un qui lui tapait sur l'épaule* » (SAND). — Donner un coup, des coups. *Taper des mains, des poings, des pieds. Taper comme un sourd. Taper sur qqn*, le frapper. *Taper sur un piano*, en jouer brutalement. « *Un quadrille où l'on tapait dans ses mains* » (ZOLA). *Bateau qui tape*, dont le fond heurte chaque lame. — Fig. et fam. *Taper sur qqn*, dire du mal de lui en son absence. V. **Critiquer, médire.** ◇ Loc. fam. *Taper sur le ventre de qqn*, le traiter avec une familiarité excessive. — *Taper sur les nerfs*, agacer. — *Taper dans l'œil de qqn*, lui plaire vivement. — *Taper dans le mille*, réussir; deviner juste. ♦ 2° *Par ext.* Écrire au moyen d'une machine. *Taper à la machine. Une dactylo qui tape bien.* Faute faite en tapant, faute de frappe. ♦ 3° *(Fig.* de *Taper sur la tête).* Se dit du vin qui monte* à la tête. *Un vin qui tape.* ◇ *Par ext. Pop.* Sentir mauvais. *Ça tape ici !* ◇ *Le soleil tape dur*, chauffe très fort. ♦ 4° *Fam. Taper dans*, prendre dans, se servir de. *Ils ont déjà tapé dans les provisions. Tapez dans les tas ! Tapez dedans !* III. SE **TAPER.** *v. pron.* ♦ 1° *Récipr.* Se frapper l'un l'autre. ♦ 2° *(Réfl.). Pop.* (1804). Manger, boire (qqch.). V. **Enfiler** (s'), **envoyer** (s'). « *Elle se tape encore son kil de rouge dans la journée* » (SARTRE). ◇ *Par ext. Vulg. Se taper un homme, une femme.* — *Ce qu'il croyait savoir des pédérastes : s'il était vrai que Nono se le tapait, Querelle était 'de la pédale'* » (J. GENET). ♦ 3° *Fam.* Faire (une corvée). *Se taper tout le travail. Il s'est tapé le travail à pied.* ♦ 4° (1888). *Pop.* Se priver de qqch. *Il peut toujours se taper !* il peut toujours attendre.

TAPETTE [tapɛt]. *n. f.* I. (1562; de *taper* 1). *Techn.* Palette de bois pour enfoncer les bouchons. *Tapette de tonnelier.* V. **Batte.** ◇ Tampon de graveur. II. (De *taper* 2). ♦ 1° Sorte de raquette d'osier pour battre les tapis ; pour tuer les mouches. ♦ 2° Jeu de billes dans lequel la bille doit toucher les autres après avoir tapé contre un mur. — Jeu de ballon où l'on lance la balle contre le mur. ♦ 3° (1867). *Fam.* Langue (qui parle). *Avoir une fière tapette. Il a une de ces tapettes !* il est très bavard. — *Par ext. Quelle tapette, cette concierge !* ♦ 4° (1859). *Pop.* et *vulg.* Pédéraste passif. V. **Tante.** « *Scandaleux et provocants comme des tapettes* » (SARTRE).

TAPEUR, EUSE [tapœʀ, øz]. *n.* (1866; de *taper*, II, 4°). Personne qui emprunte souvent de l'argent. « *Un traîne-misère, ou un tapeur professionnel venait nous demander cent sous* » (BEAUVOIR).

TAPHOPHILIE [tafɔfili]. *n. f.* (1969; du gr. *taphos* « tombeau », et -*philie*). *Psychiatr., psychan.* Attrait pathologique pour les tombes et les cimetières.

TAPI, IE [tapi]. *adj.* (XVIIᵉ; V. Tapir [se]). ♦ 1° Caché, dans une posture ramassée. *Une pauvre alouette tapie dans [...]* » (HUGO). *Fig.* « *La France, tapie derrière la ligne*

Maginot » (SARTRE). — *Par anal.* « *Les yeux tapis sous les sourcils* » (MART. du G.). ♦ 2° *(Abstrait).* Caché, d'une manière plus ou moins menaçante. V. **Embusqué.** « *Un mal guettait Joseph, déjà tapi en lui* » (MAURIAC). ◇ HOM. *Tapis.*

TAPIN [tapɛ̃]. *n. m.* (XVIIIᵉ; de *taper* 2). ♦ 1° *Fam.* et *vx.* Celui qui bat du tambour. « *Une école de tapins* » (GONCOURT). ♦ 2° (1837). *Fig.* et *arg.* Racolage de prostituée. *Faire le tapin.* V. **Trottoir.** « *Il t'accusait bien de faire le tapin, répliqua Gabriel à l'intention de Zazie* » (QUENEAU).

TAPINER [tapine]. *v. intr.* (1920; de *tapin*, 2°). *Arg.* Racoler ; faire le tapin.

TAPINOIS (EN) [ɑ̃tapinwa]. *loc. adv.* (1470; de l'a. fr. *en tapin*, même rac. que *se tapir*). En se cachant, à la dérobée, avec dissimulation. V. **Catimini** (en), **sournoisement.** « *Un monsieur à lorgnon s'était approché en tapinois d'un de ces appareils* » (SARTRE).

TAPIOCA [tapjɔka]. *n. m.* (1783; *tapiocha*, 1651; mot port., du tupi-guarani *tipioca*, de *tipi* « résidu », et *ok*- « presser »). Fécule amylacée, extraite de la racine de manioc, cuite, concassée en flocons et séchée. *Potage au tapioca*, ou ellipt. *un tapioca.*

TAPIR (SE) [tapiʀ]. *v. pron.* (1160; frq. °*tappjan* « fermer »). Se cacher, se dissimuler en se blottissant. « *Hannibal* (le chat) *s'alla tapir sous une bibliothèque* » (FRANCE). ◇ *Fig.* (XIVᵉ). Se cacher. « *Cette profondeur, où se tapit un orgueil de père et de Dieu* » (BALZ.). ◇ HOM. Formes du v. *Tapir.*

TAPIR [tapiʀ]. *n. m.* (*Tapihire*, 1558; mot tupi). ♦ 1° Mammifère ongulé *(Tapiridés)*, herbivore d'assez grande taille (jusqu'à 2 m), bas sur pattes, dont le nez se prolonge en une courte trompe préhensile. ♦ 2° (1896). *Arg. École normale.* Élève qui prend des leçons particulières (métaph. plaisante, le *tapir* étant un animal sédentaire, apprivoisable, comestible).

TAPIS [tapi]. *n. m.* (*Tapiz*, 1160; gr. byzantin *tapétion*, dimin. de *tapês, -etos* « couverture, tapis »). ♦ 1° Ouvrage de fibres textiles, destiné à être étendu sur le sol pour s'asseoir, s'agenouiller *(tapis de prière)*, en Orient ; et en Occident, pour décorer le sol des maisons, étouffer les bruits, les pas. *Tapis à points noués. Tapis de haute laine. Tapis ras. Tapis anciens. Tapis d'Orient, de Perse. Tapis des Gobelins, d'Aubusson..., provenant de ces fabriques.* — *Dessins d'un tapis* (V. **Fleurage**). — *Nettoyer ; battre, brosser, secouer les tapis. Tapis cloué.* V. **Moquette.** *Tapis de couloir, d'escalier* (V. **Chemin**). *Tapis de chœur*, dans une église. — Spécialt. *Marchand de tapis* : marchand ambulant, souvent Africain du Nord. *Fig.* et *péj.* Celui qui a les manières d'un marchand oriental. ◇ *(Sens collectif) Du tapis.* « *Un carré de tapis* » (COCTEAU). ♦ 2° *Par ext.* Revêtement souple de sol. *Tapis de sparterie* (alfa, jonc, etc.). V. **Natte.** *Tapis de caoutchouc, de linoléum. Tapis de sol*, dans une tente de camping. — TAPIS-BROSSE : paillasson. — (1933). *Boxe. Aller au tapis ; envoyer son adversaire au tapis :* au sol. ◇ *Par ext.* TAPIS ROULANT : dispositif formé d'une surface plane animée d'un mouvement de translation et servant à transporter des personnes, des marchandises. « *On usait de patients trafics d'influence pour sauver une face cadastrale, et cette énergie suffisait à porter les gosses comme sur un tapis roulant* » (Cl. COURCHAY). — *Techn.* TAPIS DIPLODOCUS : tapis roulant pour la livraison des bagages dans une aérogare. — TAPIS SURFACE-GRIFFE : tapis transporteur muni de griffes. ♦ 3° *Fig.* (XVIᵉ). Couche, surface qui évoque un tapis par sa matière, son aspect. *Tapis de gazon, de fleurs, de feuilles mortes. Tapis de mousse. Tapis de neige.* ♦ 4° Pièce de tissu recouvrant un meuble, une table. *Tapis de table.* V. **Dessus** (de table). *Tapis de billard.* ◇ *Tapis d'une table de jeu.* Absolt. *Mettre un enjeu sur le tapis.* — *Par ext.* Le jeu (de hasard). « *Un joueur qui couvre... les cases du tapis* » (ROMAINS). Loc. *Le tapis brûle*, se dit lorsqu'un joueur a oublié de déposer sa mise avant que les jeux soient faits. ◇ *Tapis vert d'une table de conseil d'administration, d'un bureau.* — Loc. fig. *Mettre une affaire, une question sur le tapis :* la faire venir en discussion. *Être sur le tapis :* être l'objet de la conversation. — *Amuser le tapis :* l'assemblée. ◇ HOM. *Tapi.*

TAPISSER [tapise]. *v. tr.* (XVᵉ; de *tapis*, au sens *vx* de « tenture, étoffe »). ♦ 1° Couvrir de tapisseries, tentures, étoffes, etc., pour orner. *Tapisser un mur, une paroi, par ext. une chambre.* V. **Tendre.** *Voiture tapissée de cuir. Tapisser un mur de papier peint.* Absolt. *Rouleau** *de papier à tapisser.* ◇ *Par ext. Tapisser sa chambre de photos, d'affiches.* ♦ 2° *(Sujet de chose).* Recouvrir (un mur, une paroi) en manière d'ornement. *Tenture qui tapisse un mur.* ♦ *Par anal.* Recouvrir parfaitement. « *Vallons que tapissait le givre du matin* » (LAMART.). *Lierre qui tapisse un mur. Grotte tapissée de mousse.* — *Muqueuse qui tapisse un organe.*

TAPISSERIE [tapisʀi]. *n. f.* (1690; « ce qui tapisse », 1347; de *tapis* « tenture »). ♦ 1° Tenture d'ameublement, généralement de tapisserie (2° ou 3°); tissu dont elle est faite. « *Une petite porte battante, masquée par une tapisserie* » (MUSS.). ◇ Loc. fig. *L'envers de la tapisserie :* la réalité cachée derrière une apparence flatteuse. *Être derrière la tapis-*

serie : connaître les dessous d'une affaire. ◊ (1806) *Faire tapisserie :* être le long du mur, sans bouger. « *Les maîtres d'hôtel et les valets vont faire tapisserie* » (PINGET). Spécialt. *Faire tapisserie, dans un bal :* se dit d'une jeune fille, d'une femme qui n'est pas invitée à danser. ♦ 2° *Ouvrage d'art en tissu,* effectué au métier, dans lequel le dessin résulte de l'armure même et qui est destiné à former des panneaux verticaux ; un de ces panneaux. *Tapisserie de haute lice, de basse lice. Carton de tapisserie,* œuvre d'art d'après laquelle la tapisserie est exécutée. *Tapisseries des Flandres. Tapisseries des Gobelins, de Beauvais, d'Aubusson.* — Abusiv. *La « tapisserie » de Bayeux est une broderie.* ◊ *Par ext.* Art de ces ouvrages ; ces ouvrages. « *La tapisserie est un art perdu* » (GONCOURT). ♦ 3° *Ouvrage de dame à l'aiguille, dans lequel un canevas est entièrement recouvert par des fils de laine, de soie. Faire une tapisserie.* « *Des pantoufles de tapisserie* » (GAUTIER). *Bergères recouvertes de tapisserie.* ◊ L'art de fabriquer ces ouvrages. *Points de tapisserie. Métier à tapisserie :* cadre mobile sur lequel est tendu le canevas. « *Ma vocation pour la tapisserie n'est pas récente* » (COLETTE).

TAPISSIER, IÈRE [tapisje, jɛʀ]. *n.* (1226, fém. 1636; *tapiciere,* 1297; de *tapis,* 1°). ♦ 1° Personne qui exécute à la main des tapis sur métier, des tapisseries (2° et 3°). ♦ 2° *N. m.* Celui qui tapisse (1°) une pièce, une maison, pose les papiers peints. *Tapissier-décorateur. Peintres et tapissiers.* ♦ 3° *N. m.* Celui qui vend et qui pose les tissus, les cuirs utilisés dans la fabrication de certains meubles (lits, sièges), et dans la décoration. *Tapissier qui capitonne, rembourre, recouvre un siège.*

TAPISSIÈRE [tapisjɛʀ]. *n. f.* (1834; de *tapissier*). Ancienn. Voiture hippomobile, couverte d'un toit, mais ouverte sur les côtés, qui servait aux tapissiers (3°) pour le transport des meubles.

TAPON [tapɔ̃]. *n. m.* (1690; « bouchon », 1382; frq. **tappo.* V. **Tampon**). *Vieilli.* Étoffe, papier... roulé en boule, chiffonné. V. **Tampon.** « *Non sans lui avoir... enfoncé un petit tapon d'herbe fraîche dans la bouche* » (R. ROLLAND). « *Quelques effets roulés en tapon* » (MART. du G.).

TAPOTEMENT [tapɔtmɑ̃]. *n. m.* (1868; de *tapoter*). Le fait de tapoter; son résultat. « *Tournant dans leur danse, au tapotement du piano* » (GONCOURT). ◊ (1907) Massage par petits coups légers à l'aide des doigts ou du bord de la main.

TAPOTER [tapɔte]. *v. tr.* (v. 1270; de *taper* 2). Frapper légèrement à petits coups répétés. *Tapoter une cigarette, pour faire tomber la cendre. Tapoter la joue d'un enfant.* — Intrans. *Tapoter sur la table.* V. **Tambouriner.** ◊ (1867) Jouer mal ou négligemment (du piano). *Tapoter une sonate.* Absolt. « *Paule ne pouvait souffrir d'entendre « tapoter » son mari* » (MAURIAC). — Dér. TAPOTAGE [tapɔtaʒ], *n. m.* [1855].

TAQUER [take]. *v. tr.* (1762; p.-ê. de *tac,* onomat.). Imprim. Mettre de niveau (les caractères) avec le taquoir (opération dite TAQUAGE [takaʒ], *n. m.* [1878]).

TAQUET [takɛ]. *n. m.* (1643; *taque,* 1392, rare av. XIXᵉ; de l'a. norm. [es] *taque,* frq. **stakka* « poteau »). ♦ 1° Pièce de bois qui soutient l'extrémité d'un tasseau. Coin de bois pour caler un meuble. *Piquet qu'on enfonce en terre pour servir de repère.* — Morceau de bois qui tourne autour d'un axe et sert à maintenir une porte fermée. V. **Loquet.** — Bouton qui cale la portière d'une voiture. — Butée métallique servant à régler les arrêts du chariot d'une machine à écrire. ◊ *Mar.* « *Morceau de bois dur ou de métal portant deux cornes, fixé en divers endroits du navire pour y tourner des cordages, etc.* » (GRUSS). ◊ Ch. de fer. *Taquet d'arrêt,* pièce de charpente mobile placée à une bifurcation pour arrêter un wagon. ♦ 2° *Taquet d'escalier,* ensemble composé de deux pièces en équerre, dont l'une est réglable à hauteur voulue pour les travaux dans les escaliers. — *Taquet d'échelle,* ensemble comprenant deux pièces métalliques articulées et fixées sur les barreaux d'une échelle pour y monter et travailler. ♦ 3° *Pop. et vieilli.* Coup donné dans la figure.

TAQUIN, INE [takɛ̃, in]. *adj.* (1442, « homme violent, querelleur »; *tacain* « gueux », 1411; de l'a. fr. *taquehain* « émeute », 1244, du moy. néerl. *takehan.* [1855]). Qui prend plaisir à contrarier autrui dans les petites choses et sans désir de nuire. *Un enfant taquin.* « *Elle me faisait faire des châteaux de cartes... Mon oncle, qui était taquin, se retournait pour souffler dessus* » (SAND). Par ext. *Caractère taquin.* — Subst. *Un taquin, une taquine.* ⊙ HOM. (du fém.) *Tachine.*

TAQUINER [takine]. *v. tr.* (2ᵉ moitié XIXᵉ; « chicaner pour des riens », 1798; « lésiner », 1660; de *taquin*). ♦ 1° S'amuser à contrarier dans de petites choses, sans y mettre de méchanceté. V. **Asticoter, enrager** (faire). « *Jean la taquinait parfois, mentant exprès, soutenant des choses injustes, pour s'amuser à la voir s'étrangler de colère* » (ZOLA). — Pronom. « *On se lance des petites pointes très légères pour s'émoustiller, pour se taquiner un peu* » (SARRAUTE). ♦ 2° *(Sujet de chose).* Être la cause de petites contrariétés, d'une douleur légère. « *Ces petites misères qui taquinent le génie* » (GAUTIER). V. **Inquiéter.** *J'ai une dent qui me taquine.* V. **Agacer.** ♦ 3° *Loc. fam.* « *Taquiner le goujon :* pêcher à la ligne » (COURTELINE). *Taquiner la muse,* faire des vers.

TAQUINERIE [takinʀi]. *n. f.* (fin XIXᵉ; « caractère querelleur », 1762; « avarice », 1553; de *taquin*). ♦ 1° Caractère d'une personne taquine. ♦ 2° Action de taquiner; parole taquine. *Harceler de taquineries.* « *C'est surtout de la taquinerie* » (BOURGET).

TAQUOIR [takwaʀ]. *n. m.* (1762; de *taquer*). *Imprim.* Outil en bois servant à taquer.

TÂRA [taʀa]. *n. m.* (mil. XXᵉ; mot africain). En Afrique noire, lit bas fait de fibres végétales. « *Mor Lame était étendu sur son târa, son lit de branches et de fibres d'écorces* » (B. DIOP).

TARABISCOT [taʀabisko]. *n. m.* (1808; o. i.). Menuis. *Vx.* Petite cavité qui sépare une moulure d'une partie lisse ou d'une autre moulure. ◊ *Par ext.* Outil servant à creuser cette cavité.

TARABISCOTAGE [taʀabiskɔtaʒ]. *n. m.* (1906; de *tarabiscoter*). Caractère de ce qui est tarabiscoté. « *Dans leur tarabiscotage abstrait* » (HENRIOT).

TARABISCOTÉ, ÉE [taʀabiskɔte]. *adj.* (1848; de *tarabiscot*). ♦ 1° Qui comprend beaucoup de tarabiscots, de moulures, et *par ext.* d'ornements. « *Leurs anciens plafonds fouillés, tarabiscotés, pleins d'amours, de chicorées et de rocailles* » (GAUTIER). ♦ 2° *(Sens abstrait).* Affecté, contourné. *Style tarabiscoté.*

TARABISCOTER [taʀabiskɔte]. *v. tr.* (1866; de *tarabiscoté*). ♦ 1° *Rare.* Rendre tarabiscoté, charger d'ornements compliqués. *Tarabiscoter un panneau décoratif.* ♦ 2° *(Sens abstrait).* Raffiner, contourner avec préciosité.

TARABUSTER [taʀabyste]. *v. tr.* (v. 1540, « faire du bruit »; de *tarabustis* « désordre, querelle », 1387, prov. *tarabustar,* croisement de *tabustar* « faire du bruit », et *rabasta* « querelle, bruit »). Importuner par des paroles, des interventions renouvelées. V. **Houspiller, tourmenter, tracasser.** « *Mes patrons me tarabustaient pour que j'accepte enfin de partir en congé* » (P. BENOIT). ◊ *(Sujet de chose)* Causer de la contrariété, de l'inquiétude, de l'agitation. « *Toujours une idée qui me tarabuste* » (DUHAM.).

TARAGE [taʀaʒ]. *n. m.* (1875; de *tarer*). Comm. Opération qui consiste à tarer un récipient ou un emballage avant de le remplir.

TARARAGE [taʀaʀaʒ]. *n. m.* (1973; de *tarare*). *Agric.* Action de nettoyer les grains après le battage, à l'aide d'un tarare.

TARARE [taʀaʀ]. *n. m.* (1785; p.-ê. onomat. du bruit de la machine). *Agric.* Appareil qui sépare les grains de la balle, par ventilation. *Trémie, grilles, cribles d'un tarare.*

TARASQUE [taʀask(ə)]. *n. f.* (1655; du prov. *tarasco* 1369, de *Tarascon,* nom de ville). ♦ 1° Animal fabuleux, sorte de dragon des légendes provençales; mannequin le représentant que l'on promène en procession dans certaines villes méridionales. — *Par ext.* Monstre sculpté, sorte de gargouille. ♦ 2° *Fig. et littér.* Danger fabuleux. « *On a pris l'habitude de considérer la grève générale un peu comme la tarasque* » (ARAGON).

TARATATA! [taʀatata]. *interj.* (1876; *tariatare,* 1493; onomat.). Onomatopée exprimant l'incrédulité, la défiance, le mépris. « *' TARATATA ' ou ' TATATATA '. Plus risqué que le précédent, car allant plus loin dans l'incrédulité. Parlez toujours. Ce serait trop commode. À d'autres!* » (DANINOS).

TARAUD [taʀo]. *n. m.* (var. *Tarault,* 1538; altér. de **tareau,* var. de *tarel,* de *tarere.* V. **Tarière**). *Techn.* Outil d'acier à main ou à machine servant à faire des pas de vis. ◊ HOM. *Tarot.*

TARAUDAGE [taʀodaʒ]. *n. m.* (1842; de *tarauder*). ♦ 1° Action de tarauder; son résultat. *Taraudage en grande série, à la machine* (perceuse* [2°], tour* [2, 1°]) *à décolleter, machine à tarauder). Taraudage unitaire ou en petite série* (à la main, avec un tourne-à-gauche). V. **Filetage.** ♦ 2° Filetage intérieur d'un trou cylindrique.

TARAUDANT, ANTE [taʀodɑ̃, ɑ̃t]. *adj.* (XXᵉ; de *tarauder*). *Littér.* Qui taraude (3°), transperce. « *De taraudantes inquiétudes* » (DUHAM.).

TARAUDER [taʀode]. *v. tr.* (1690; de *taraud*). ♦ 1° Creuser, percer (une matière dure) pour y pratiquer un filetage, à l'aide du taraud ou d'une tarière. *Tarauder un écrou, une planche.* — Par ext. *Tarauder un écrou.* ◊ Abusiv. *Tarauder une vis.* V. **Fileter.** « *Les taraudeuses... taraudant les boulons et leurs écrous* » (ZOLA). ♦ 2° *Par anal.* Percer avec une tarière. *Insectes qui taraudent le bois.* ♦ 3° *Fig. et littér.* Percer, transpercer. « *Des scrupules taraudent l'adolescente* » (JAMMES).

TARAUDEUR, EUSE [taʀodœʀ, øz]. *n. et adj.* (1787, n. f.; de *tarauder*). ♦ 1° *N. m.* Ouvrier qui taille des filets en creux. *Taraudeur fileteur à la main. Taraudeur à la machine.* ◊ *N. f.* TARAUDEUSE : machine-outil servant à tarauder (et à fileter). ♦ 2° *Adj.* Qui taraude, transperce. *Insecte taraudeur.* — Fig. « *Torturé par mille pensées taraudeuses* » (DUHAM.). V. **Taraudant.**

TARAVELLE [taʀavɛl]. *n. f.* (XVIᵉ; du lat. *terebellum*).

Région. Plantoir en forme d'étrier, employé par les viticulteurs du Bordelais et des Charentes, pour planter la vigne (Syn. HAQUE, *n. f.*).

TARBOUCH(E) [taʀbuʃ]. *n. m.* (1849 ; mot turc). Coiffure orientale, bonnet rouge cylindrique portant un gland de soie.

TARD [taʀ]. *adv.* (XIVᵉ ; *tart*, 1050 ; lat. *tarde* « lentement », d'où « tardivement »). ♦ 1° Après le moment habituel ; après un temps considéré comme long. *Se lever tard.* « *Je ne me suis mis à l'anglais que très tard* » (GIDE). — PROV. *Mieux vaut tard que jamais.* — (1530) TÔT OU TARD : inévitablement, mais à un moment qu'on ne peut prévoir avec certitude. « *On a beau déguiser la vérité là-dessus, elle se venge tôt ou tard* » (MARIVAUX). — UN PEU TARD, BIEN TARD, TROP TARD : après un temps trop long, après le moment convenable. « *Le corbeau, honteux et confus, Jura, mais un peu tard, qu'on ne l'y prendrait plus* » (LA FONT.). *Votre lettre est arrivée trop tard, j'étais déjà parti.* « *Je suis venu trop tard dans un monde trop vieux* » (MUSS.). — (Avec être). *Il est trop tard,* PROV. *Il n'est jamais trop tard pour bien faire.* Ellipt. « *Trop tard, les amis !* » (LOTI). LE PLUS TARD. « *De toutes les facultés de l'homme, la raison est celle qui se développe le plus difficilement et le plus tard* » (ROUSS.). *Le plus tard possible.* — (16**3**6) *Au plus tard* : en prenant le délai le plus long, qu'on puisse admettre comme vraisemblable. « *J'aurai achevé dans un mois au plus tard* » (STE-BEUVE). — PLUS TARD : dans l'avenir. V. **Ultérieurement.** *Ce sera pour plus tard. Remettre à plus tard. Sans attendre plus tard. Quelques minutes plus tard.* V. **Après.** « *Il faut y aller, pourtant. Mieux vaut plus tôt que plus tard* » (MAUPASS.). — *Il me l'a encore affirmé pas plus tard qu'hier,* tout récemment. ♦ 2° À la fin d'une période, d'un temps, *spécial.* à une heure avancée du jour ou de la nuit. *Tard dans la saison. Tard dans la matinée, dans la soirée.* « *Il la vit seule le soir très tard* » (FLAUB.). *Tard dans la nuit. Rentrer tard.* ◇ Adj. (XVIIᵉ) *Il est, il se fait tard :* l'heure est avancée. ♦ 3° *Subst.* SUR LE TARD (1376) : *vx,* À la fin de la journée ; *mod.* À un âge considéré comme avancé. « *Nous devenons imaginatifs sur le tard* » (COLETTE). ◇ ANT. **Tôt.** — HOM. **Tare.**

TARDER [taʀde]. *v. intr.* (XIIᵉ ; *targer*, 1080 ; lat. *tardare*). ♦ 1° Se faire attendre ; être lent à venir. « *Je languis après une lettre qui tarde* » (APOLLINAIRE). *Ça n'a pas tardé !* ♦ 2° (XIIᵉ). Mettre beaucoup de temps, être lent à faire qqch. ; rester longtemps avant de commencer à agir. *Ne tardez pas, décidez-vous.* ◇ TARDER À (et l'inf.). « *Mais pourquoi tant tarder à m'ouvrir cette porte ?* » (HUGO). « *Un homme qui... ne tarderait guère à découvrir la fourberie* » (LESAGE). ♦ 3° TARDER À QQN : *vx,* Sembler long à venir, être attendu avec impatience. « *Que ton retour tardait à mon impatience !* » (RAC.). — *Mod.* (Avec un pron.) *Le temps me tarde d'arriver chez vous.* ◇ *Mod. Impers. (avec l'inf.)* Exprimant l'impatience de faire, de voir se produire qqch. *Il me tarde d'avoir les résultats.* — (Avec *que* et subj.) « *Il me tarde que ce cahier soit achevé* » (GIDE). ◇ ANT. **Hâter** (se).

TARDIF, IVE [taʀdif, iv]. *adj.* (1160 ; bas lat. *tardivus,* de *tarde*). ♦ 1° *Vx.* Lent à agir. ◇ *Vx* ou *poét.* Qui est long à venir. « *Ô toi tardive aurore Viens-tu !* » (CHÉNIER). — Qui va lentement. « *Les nuages tardifs s'en vont comme en rêvant* » (HUGO). ♦ 2° *Cour.* (XVIᵉ). Qui apparaît qui a lieu tard, vers la fin d'une période, d'une évolution. *Maturité tardive. Apparition tardive de la dent de sagesse.* « *Mon goût tardif des déplacements et du voyage* » (COLETTE). — Qui a lieu tard dans la journée, la matinée ou la soirée. *Repas tardif. Heure tardive.* V. **Avancé.** « *Malgré l'heure tardive, la jeune femme étant encore au lit* » (GREEN). *Mes rentrées tardives, les soirs où j'étais allé retrouver mon amie* » (ROMAINS). ◇ Qui vient, qui se fait trop tard, quand il n'est plus temps. *Remords tardifs.* ♦ 3° *Mod.* (Opposé à *précoce*). Qui se forme, se développe plus lentement ou plus tard que la moyenne, après la pleine saison. *Fruit tardif.* ◇ ANT. **Anticipé. Hâtif, précoce.**

TARDIGRADE [taʀdigʀad]. *adj.* et *n.* (1615, « nom savant de la tortue » ; rare av. XVIIIᵉ ; lat. *tardigradus* « qui marche lentement »). I. (1803). N. m. pl. *Zool.* TARDIGRADES. ♦ 1° *Vx.* Division des mammifères édentés qui comprend les animaux appelés *paresseux.* — Au sing. *Un tardigrade.* ♦ 2° *Mod.* Arachnides au corps minuscule et vermiforme pourvu de quatre paires de pattes non articulées. « *Les rotifères et les tardigrades peuvent être chauffés à une température voisine de l'ébullition, sans perdre nécessairement leur vitalité* » (LAUTRÉAMONT). II. *Adj.* (1842 ; d'un animal). *Didact.* et *vx.* Qui marche lentement. — *Fig.* « *Quelque vieux lord tardigrade s'en allant pesamment* » (HUGO).

TARDILLON, ONNE [taʀdijɔ̃, ɔn]. *n.* (1907 ; « des animaux de la ferme », 1842 ; dimin. de *tard*). *Fam.* et *région.* Dernier-né venu au monde longtemps après ses frères et

TARDIVEMENT [taʀdivmɑ̃]. *adv.* (1320 ; *tardiement,* v. 1200 ; de *tardif*). D'une manière tardive, à une période ou à une heure tardive. V. **Tard.** *Elle « s'en avisait tardivement* » (HENRIOT). *Rentrer tardivement.* ◇ ANT. **Hâtivement, précocement.**

TARDIVETÉ [taʀdivte]. *n. f.* (1377 ; *tardivetiet,* 1190 ; de *tardif*). *Rare.* Caractère tardif.

TARE [taʀ]. *n. f.* (*Taure,* 1318 ; it. *tara,* de l'arabe *tarha* « déduction, décompte »). ♦ 1° *Comm.* et *cour.* Poids de l'emballage, du récipient pesé avec une marchandise, et qu'il faut déduire pour obtenir le poids net. — Poids non marqué (grenaille de plomb, etc.) qu'on place sur le plateau d'une balance pour faire équilibre à un objet (récipient, etc.) placé sur l'autre plateau et qu'on ne veut pas compter dans le poids total. *Faire la tare :* mettre dans un plateau le poids équivalent de celui du récipient placé sur l'autre plateau. ♦ 2° *Comm.* Défaut qui diminue la valeur de l'objet d'une transaction commerciale. *Tares d'un cheval.* ♦ 3° (XVᵉ). *Fig.* Ce qui diminue la valeur, le mérite de qqn ; grave défaut d'une personne, d'une société, d'une institution. « *Les ridicules et les tares humaines* » (LÉAUTAUD). « *La tare du monde moderne,... c'est que... l'argent seul ait valeur d'estime* » (DANIEL-ROPS). ♦ 4° Défectuosité héréditaire susceptible de provoquer des troubles fonctionnels ou de diminuer la résistance de l'organisme à diverses maladies. « *Par l'application de la stérilité eugénique on pourrait... raréfier considérablement les tares dominantes* » (J. ROSTAND). ◇ HOM. **Tard.**

1. **TARÉ, ÉE** [taʀe]. *adj.* (1545, fig. ; de *tare*). ♦ 1° *Comm.* Affecté d'une tare (2°). ♦ 2° *Fig.* Affecté de tares (3°). *Politicien taré. Régime taré.* ♦ 3° Atteint d'une tare (4°). « *Détruire les sujets tarés* » (DUHAM.).

2. **TARÉ** [taʀe]. *adj. m.* (*Tarrer,* 1690 ; de *tare* « grille du casque »). *Blas.* Tourné. *Casque taré de trois quarts, de profil, de front.*

TARENTE [taʀɑ̃t]. *n. f.* (1732 ; « tarentule », XIIᵉ ; lat. *tarentum*). Nom donné au gecko dans le midi de la France.

TARENTELLE [taʀɑ̃tɛl]. *n. f.* (1787 ; « tarentule », 1762 ; it. *tarantella* « danse de *Tarente* »). Danse du sud de l'Italie sur un air au rythme très rapide. ◇ *Par ext.* Cet air lui-même.

TARENTULE [taʀɑ̃tyl]. *n. f.* (XVIᵉ ; *tarantule,* 1307 ; it. *tarantola,* de *Taranto* « Tarente »). Grosse araignée commune dans la région de Tarente. — *Fig.* (XVIIIᵉ) *Être piqué, mordu de la tarentule :* être dans une grande excitation ; éprouver un goût très vif pour une chose.

TARER [taʀe]. *v. tr.* (1765 ; de *tare*). *Comm.* Peser (un emballage ou un récipient) avant de le remplir afin de pouvoir déduire son poids du poids brut.

TARET [taʀɛ]. *n. m.* (1756 ; probabl. de *tar*[ière]). Mollusque (*Lamellibranches*), au corps vermiforme, à coquille très réduite, qui creuse des galeries dans les bois immergés (pilotis, carènes, etc.). *On protège le bois contre les tarets en l'imprégnant de créosote.*

TARGE [taʀʒ(ə)]. *n. f.* (1080 ; frq. °*targa.* V. aussi **Targuer**). *Didact.* Petit bouclier en usage au moyen âge.

TARGETTE [taʀʒɛt]. *n. f.* (1611 ; « petite targe », 1322 ; « ornement », 1301 ; de *targe*). Petit verrou, généralement à tige plate, que l'on manœuvre en poussant ou en tournant un bouton. *Mettre la targette.*

TARGUER (SE) [taʀge]. *v. pron.* (XVIIᵉ ; « se protéger, se garantir contre », XVIᵉ ; *se targer de qqn* « se mettre sous la protection de qqn », XIVᵉ ; de l'a. fr. *se targer,* littéral. « se couvrir d'une *targe* », et par métaph. « [se] défendre, [se] protéger », ainsi que *se targer de* « s'appuyer sur »). *Littér.* Se prévaloir (de qqch.) avec ostentation, se vanter de... « *Certes, vous vous targuez d'un bien faible avantage* » (MOL.). « *La seule vertu dont je me targue : le scrupule* » (COLETTE). (Suivi d'un inf.) *Il se targue d'y parvenir. Se targuer de ce que...*

TARGUI, IE [taʀgi]. *n.* et *adj.* (1857 ; mot arabe). Forme masculin singulier de TOUAREG, en arabe. V. **Touareg.**

TARI, IE [taʀi]. *adj.* (1694 ; V. **Tarir**). Sans eau ; qui ne peut plus couler ; épuisé. *Rivière tarie.* V. **Sec** (à). « *Aux Borisols, la source était presque tarie* » (BOSCO).

TARICHEUTE [taʀikøt]. *n. m.* (1858 ; gr. *tarikheutês*). *Hist.* Embaumeur de l'ancienne Égypte.

TARIÈRE [taʀjɛʀ]. *n. f.* (XIIIᵉ ; *tarere,* fin XIIᵉ ; n. m., devenu *tarière,* sous l'infl. de l'a. v. *tarier* « forer » ; du lat. *taratrum,* d'o. gaul.). ♦ 1° *Techn.* Grande vrille pour percer des trous dans le bois. V. **Queue-de-cochon, taraud.** ◇ *Instrument qui sert à faire des forages dans le sol. Tarière de mine.* ◇ *Chir.* Instrument en forme de vrille servant à percer des trous dans les os. ♦ 2° (1835). Prolongement de l'abdomen, sorte de tube qui sert à la femelle de certains insectes (V. **Térébrant**) à creuser des trous pour y déposer ses œufs. V. **Oviscapte.**

TARIF [taʀif]. *n. m.* (1695 ; *tariffe,* 1572 ; it. *tariffa,* de l'arabe *ta'rif* « notification »). ♦ 1° Tableau qui indique le montant des droits à acquitter, les prix fixés pour certaines marchandises ou certains services; l'ensemble de ces prix. *Tarif d'un impôt.* V. **Taux** (1º), **taxe.** *Tarif douanier. Tarif des chemins de fer. Tarif réduit.* V. **Demi-tarif.** *Tarifs postaux.* — *Tarif de responsabilité,* barème pour le calcul des prestations versées par la Sécurité sociale. — *Tarif des consommations dans un café.* — (En parlant des salaires) *Tarif syndical,* fixé par un syndicat. ♦ 2º Le prix tarifé ou usuel d'une marchandise déterminée, d'un travail. V. **Barème, taux** (2º). *Il faut compter dans les cinq ou six mille francs, c'est le tarif.* — Fig. et fam. *Il aura deux mois de prison, c'est le tarif. Absolt.* La punition, la peine maxima. « *Si vous vous faites paumer, ça sera le plein tarif!...* » (R. VERCEL).

TARIFAIRE [taʀifɛʀ]. *adj.* (1919; de *tarif*). *Comm.* Relatif à un tarif. *Dispositions tarifaires.*

TARIFER [taʀife] ou **TARIFIER** [taʀifje]. *v. tr.* (1762; *tariffer,* 1733; de *tarif*). ♦ 1º Rare. Soumettre (qqn) à un tarif (pour le paiement des impôts, etc.). ♦ 2º Fixer à un montant, à un prix déterminé (les droits à payer, la valeur d'une marchandise, d'une chose). — *Au p. p.* TARIFÉ, ÉE : dont le prix est déterminé selon un tarif.

TARIFICATION [taʀifikasjɔ̃]. *n. f.* (1842; de *tarif*). *Comm.* Fixation selon un tarif précis (des droits à acquitter, du prix de marchandises).

1. **TARIN** [taʀɛ̃]. *n. m.* (av. 1350; p.-ê. onomat. d'apr. le chant de l'oiseau). Petit oiseau passereau, chardonneret jaune, vert et noir qui vit surtout dans l'Europe septentrionale.

2. **TARIN** [taʀɛ̃]. *n. m.* (1904; o. i.). *Pop.* Nez. « *Gabriel extirpa de sa manche une pochette de soie couleur mauve et s'en tamponna le tarin* » (QUENEAU)

TARIR [taʀiʀ]. *v.* (1240; frq. *°tharrjan* « sécher »). I. *V. intr.* ♦ 1º Cesser de couler, s'épuiser. *Source qui tarit.* « *Les yeux troublés par les larmes, qui ne tarissaient plus* » (APOLLINAIRE). ◇ *Fig.* et *littér.* Cesser. « *Ce jour que la pitié dans les cœurs ne tarisse* » (HUGO). ♦ 2º *Fig.* (XIIIe). *L'entretien, la conversation tarit,* s'arrête parce qu'on n'a plus rien à se dire. — NE PAS TARIR : ne pas cesser de dire, de parler. *Il ne tarit pas sur ce sujet,* il ne cesse d'en parler. V. **Intarissable.** « *Il ne tarissait pas de détails sur la vie de la petite malade* » (MART. du G.). *Il ne tarit pas d'éloges sur vous.* II. (1584). *V. tr.* Faire cesser de couler; mettre à sec. V. **Assécher, épuiser.** *Tarir une source, un fleuve, un puits.* — Pronom. *La source s'est tarie.* — Littér. *Tarir les larmes de qqn.* : le consoler. ◇ Par métaph. « *L'individualisme ne tarit d'abord que la source des vertus publiques* » (TOCQUEVILLE). *Fig.* « *Le contact avec la misère avait comme tari son imagination* » (CHARDONNE). — Pronom. *Sa veine poétique s'est tarie.* V. **Épuiser (s').**

TARISSABLE [taʀisabl(ə)]. *adj.* (XVIe; de *tarir*). *Rare.* Qui peut être tari. *Source tarissable.* ◇ ANT. **Intarissable.**

TARISSEMENT [taʀismɑ̃]. *n. m.* (1585; de *tarir*). Le fait de tarir; état d'une source, d'une rivière, etc., qui est tarie. ◇ *Fig. Le tarissement des ressources.* V. **Épuisement.**

TARLATANE [taʀlatan]. *n. f.* (1752; *tarnadane,* 1701; port. *tarlatana,* altér. de *tiritana,* issu du fr. *tiretaine*). Étoffe de coton très légère, très peu serrée, très chargée d'apprêt. V. **Singalette.** *Jupe de danseuse en tarlatane.*

TARMACADAM [taʀmakadam]. *n. m.* (1909; mot angl.; de *tar* « goudron », et *macadam*). *Vx.* Macadam goudronné. V. **Macadam.** — Dér. TARMACADAMISER [taʀmakadamize], *v. tr.*; TARMACADAMISAGE [taʀmakadamizaʒ], *n. m.* ou TARMACADAMISATION [taʀmakadamizɑsjɔ̃], *n. f.* (1909).

TARO [taʀo]. *n. m.* (1872; mot polynésien du *colocasia antiquorum*). *Didact.* (*Bot.*). Plantes tropicales de la famille des aracées cultivées pour leurs tubercules alimentaires. V. **Colocase.**

TAROT *(n. m.)* ou **TAROTS** [taʀo]. *n. m. pl.* (*Tarau,* 1534; it. *tarocco,* d'o. i.). Cartes à jouer plus longues que les cartes ordinaires et portant des figures différentes, utilisées surtout en cartomancie. *Un jeu de tarots* (ou ellipt. *un tarot*) *comprend soixante-dix-huit cartes.* ◇ Jeu qui se joue avec ces cartes. *Tarot à deux, à trois.* ◇ HOM. **Taraud.**

TAROTÉ, ÉE [taʀote]. *adj.* (*Tarotté,* 1642; de *tarot*). Jeu. *Cartes tarotées* : dont le dos est marqué de compartiments en grisaille comme celui des tarots.

TARPAN [taʀpɑ̃]. *n. m.* (v. 1776; mot kirghize). Cheval retourné à l'état sauvage, dans les steppes de l'Asie occidentale, et formant une race particulière.

TARPON [taʀpɔ̃]. *n. m.* (1923; mot angl., d'o. i.). Gros poisson (*Physostomes, Clupéidés*) qui vit près de l'embouchure des rivières des États-Unis (Floride), et qui est recherché pour ses écailles.

TARSE [taʀs(ə)]. *n. m.* (1560; *talse,* av. 1478; gr. *tarsos* « claie », d'où « plat du pied »). ♦ 1º Partie du squelette du pied constituée par une double rangée d'os courts située au-dessous de la jambe. *Tarse antérieur* (cuboïde, scaphoïde et les trois cunéiformes), *tarse postérieur* (astragale et calcanéum). ◇ *Tarse palpébral* : lame de tissu conjonctif assez dense formant le bord libre de la paupière. — Dér. TARSIEN,

IENNE (V. *ci-dessous*). ♦ 2º *Zool.* (1812) Troisième article du pied d'un oiseau. — (1762) Partie terminale de la patte des insectes, formée de plusieurs articles. — Dér. TARSAL, ALE, AUX [taʀsal, o], *adj.*

TARSECTOMIE [taʀsɛktɔmi]. *n. f.* (1890; de *tarse,* et *-ectomie*). *Méd.* ♦ 1º Ablation totale ou partielle des os du tarse. ♦ 2º Excision d'une partie du tarse palpébral.

TARSIEN, IENNE [taʀsjɛ̃, jɛn]. *adj.* et *n. m.* (1792; de *tarse*). I. Adj. *Anat.* Relatif au tarse, qui constitue le tarse. *Articulation tarsienne. Os tarsiens.* ◇ Relatif au tarse palpébral. *Conjonctive tarsienne.* II. *N. m.* pl. TARSIENS. Sous-ordre de primates de très petite taille, à tête arrondie et grands yeux globuleux au tarse très développé, vivant dans les arbres (le seul type actuel est le tarsier*).

TARSIER [taʀsje]. *n. m.* (1765; de *tarse*). Mammifère (*Tarsiens,* II) de la taille d'un rat, vivant en Malaisie, qui se nourrit d'insectes.

TARTAN [taʀtɑ̃]. *n. m.* (1792; mot angl., d'o. i.). ♦ Étoffe de laine à bandes de couleur se coupant à angle droit, que portent les montagnards d'Écosse. — Vêtement fait de cette étoffe. ◇ Dessin particulier à chaque clan écossais. ♦ 2º *Par ext.* Tissu écossais de laine ou de coton. *Imperméable doublé de tartan.*

TARTANE [taʀtan]. *n. f.* (1622; it. *tartana,* p.-ê. de la prov. *tartana* « buse »). Petit navire de la Méditerranée, portant un grand mât avec antenne, un beaupré, parfois un tapecul, et utilisé pour la pêche et le cabotage.

TARTARE [taʀtaʀ]. *n.* et *adj.* (*Tartare,* XIIIe; mot d'o. turco-mongole, altéré sous l'infl. du lat. *tartarus*). Se disait des populations d'Asie centrale (Turcs et Mongols). ◇ Mod. (fin XVIIIe). *Sauce tartare* : mayonnaise aux câpres et à la moutarde. ◇ *Un steak tartare,* ou subst. *un tartare* : viande de bœuf ou de cheval crue et hachée, mêlée d'une sauce tartare. « *La vogue du steak tartare* [...] *est une opération d'exorcisme contre l'association romantique de la sensibilité et de la maladivité* : *il y a dans cette préparation tous les états germinants de la matière* : *la purée sanguine et le glaireux de l'œuf, tout un concert de substances molles et vives* [...] » (BARTHES).

TARTARIN [taʀtaʀɛ̃]. *n. m.* (de *Tartarin,* personnage d'A. Daudet, 1872). *Fam.* Fanfaron, vantard.

TARTE [taʀt(ə)]. *n. f.* et *adj.* (XIIIe; *tarta,* dial., 1163; p.-ê. var. de *tourte,* par infl. du lat. médiév. *tartarum* [V. Tartre]). ♦ 1º Pâtisserie formée d'un fond de pâte entouré d'un rebord et garni (de confiture, de fruits, de crème). *Tarte aux fruits. Tarte aux pommes. Tarte à la crème.* ◇ *Fig.* (allus. à Molière) *Tarte à la crème* : formule vide et prétentieuse par laquelle on prétend avoir réponse à tout. « *On lui sert de la tarte aux cerises et, sans perdre une bouchée, elle nous rembourse d'une tarte à la crème* : *nul ne communique* » (BAZIN). ◇ (1950). Loc. fig. et fam. *C'est de la tarte,* c'est facile (Cf. C'est du tout cuit*, du gâteau*). *C'est pas de la tarte,* ce n'est pas facile (Cf. II.faut le faire*). « *Pour fabriquer une bombe ' A ' Mes enfants croyez-moi c'est vraiment de la tarte* » (VIAN). ♦ 2º (1895). *Pop.* Coup, gifle. « *Bien sûr qu'il aurait pu foutre une tarte qui lui aurait fait sauter deux ou trois dents, à la mouflette* » (QUENEAU). ♦ 3º Adj. (*Arg.,* v. 1900). *Fam.* Laid; sot et ridicule, peu dégourdi. V. **Cloche.** « *Il les trouvait toujours soit trop dindes, soit trop tartes* » (QUENEAU). « *Les gens sont tartes de s'acharner à conserver des objets. Chaque dix ans, au plus (et au moins) faudrait détruire ou bazarder ce qu'on a* » (SAN ANTONIO). Sans accord : « *Ce qu'ils sont tarte, tout de même, ces provinciaux!* » (ARAGON). — (D'une chose) *Il est un peu tarte, son chapeau!* V. **Mochard** (Var. très fam. *Tartignolle* [taʀtiɲɔl], 1925).

TARTELETTE [taʀtəlɛt]. *n. f.* (1349; de *tarte*). Petite tarte individuelle. V. *aussi* **Barquette.**

TARTEMPION [taʀtɑ̃pjɔ̃]. *n. pr.* et *n. m.* (1906; nom burlesque, de *tarte,* et *pion*). *Péj.* Nom donné à un homme quelconque (REM. *Dupont, Durand* sont utilisés pour désigner un individu moyen, sans nuance péjorative). V. **Tel** (On). « *Roberti devient sous-secrétaire d'État sans portefeuille dans le cabinet Tartempion qui dure une semaine* » (DUTOURD). *C'est un tartempion quelconque.*

TARTINE [taʀtin]. *n. f.* (v. 1500; de *tarte*). ♦ 1º Tranche de pain recouverte de beurre, de confiture... ou destinée à l'être. *Faire des tartines. Tartines grillées.* V. **Rôtie, toast.** *Tartine de pain beurré.* Étaler du beurre sur une tartine. *Par ext. Tartine de confiture.* ♦ 2º (1823). *Fam.* Développement interminable sur un sujet quelconque. V. **Laïus, tirade.** *Il a fait là-dessus toute une tartine.*

TARTINER [taʀtine]. *v. tr.* (1884; « faire une tartine » (2º), 1845; de *tartine*). Étaler (du beurre, etc.) sur une tranche de pain pour faire une tartine (1º). — *Comm. Fromage à tartiner* : fromage mou, facile à étendre sur du pain.

TARTIR [taʀtiʀ]. *v. intr.* (1827; de l'arg. *tarter,* anc. *tartie*).

♦ 1° *Arg.* Déféquer (Cf. *vulg.* Chier). ♦ 2° *Fig.* et pop. *Envoyer tartir quelqu'un*, l'envoyer promener. *Faire tartir quelqu'un*, l'ennuyer. V. **Emmerder.** « *Ça me faisait salement tartir d'abandonner le coin, pour longtemps peut-être, sans m'être farci cette poupée* » (A. SIMONIN). — Pronom. *Se faire tartir*, s'ennuyer. « *Si on doit se faire tartir, par ici, dites donc* » (AYMÉ).

TARTON [taʀtɔ̃]. *n. m.* (1974; nom déposé). *Techn.* Revêtement des pistes d'athlétisme, composé de matières plastiques, d'amiante et de caoutchouc.

TARTRATE [taʀtʀat]. *n. m.* (1809; de *tartre*). *Chim.* Sel ou ester des acides tartriques.

TARTRE [taʀtʀ(ə)]. *n. m.* (fin XIVe, var. *tartare;* lat. médiév. *tartarum*, crois. de *Tartarus* « Enfer », et arabe *durdî*). ♦ 1° Dépôt qui se forme dans les récipients contenant du vin *(bitartrate de potassium)*. ♦ 2° (1765). Dépôt de matières organiques, de phosphates et de carbonates qui se forme sur les dents, surtout au niveau des collets. « *Il avait des dents brunies et haut cerclées de tartre verdâtre* » (CÉLINE). ♦ 3° (1907). Croûte calcaire qui se forme, pendant l'ébullition, sur les parois des chaudières, des bouilloires. *Rincer le radiateur d'une auto pour enlever le tartre.* V. **Détartrer.**

TARTRÉ, ÉE [taʀtʀe]. *adj.* (mil. XXe; *tartrer*, 1908; pron. et p. p. [des dents], 1845; de *tartre*). *Techn.* Additionné de tartre (1°).

TARTREUX, EUSE [taʀtʀø, øz]. *adj.* (1750; *tartareux*, 1620; d'apr. le rad. du bas lat. *tartarum*). Relatif au tartre; constitué par du tartre; qui contient du tartre. *Croûte tartreuse.*

TARTRIQUE [taʀtʀik]. *adj.* (1824; *tartarique*, 1787; de *tartre*). *Acide tartrique :* acide-alcool extrait du tartre (1°), utilisé pour la fabrication des levures chimiques, des sels effervescents. V. *de l'acide tartrique.* V. **Tartrate.**

TARTUFE ou **TARTUFFE** [taʀtyf]. *n. m.* et *adj.* (h. 1609, 1669; de *Tartufo*, personnage de la comédie italienne repris par Molière en 1664). *Vieilli.* Faux dévot. — *Mod.* Personne hypocrite. V. **Hypocrite, imposteur** ◇ Adj. *Il est un peu tartuffe.* — Dér. TARTUFFARD, ARDE [taʀtyfaʀ, aʀd(ə)], *adj.* (1963). *Péj. (Rare).* Tartuffe.

TARTUFERIE ou **TARTUFFERIE** [taʀtyfʀi]. *n. f.* (1669; de *tartufe*). Conduite de tartufe. V. **Hypocrisie.** *Sa tartufferie me révolte. La tartuferie de son procédé.* ◇ ANT. Loyauté.

TARZAN [taʀzɑ̃]. *n. m.* (v. 1935; personnage de roman et de film américain, homme de la nature élevé dans la brousse par une guenon, ami des bêtes sauvages). *Fam.* et *plaisant.* Bel athlète. *Elle n'aime que les Tarzans. Il joue les Tarzans sur la plage.*

TAS [tɑ]. *n. m.* (1155; frq. °*tas*, Cf. néerl. *tas* « tas de blé »). ♦ 1° Amas (de matériaux, de morceaux, d'objets) s'élevant sur une large base. V. **Amas, monceau.** *Tas de pierres, de gravats. Tas d'ordures. Tas de sable, de charbon. Tas de foin. Mettre en tas.* V. **Entasser.** ♦ 2° *Fig.* Grande quantité, grand nombre (de choses). « *Ce garçon emmagasine un tas de curiosités à bon marché* » (BALZ.). « *Un tas de détails inutiles* » (RENARD). *S'intéresser à des tas de choses.* V. **Masse.** *Fam. Un tas de trucs.* « *Je me lançais dans des tas de commentaires* » (CÉLINE). *Fam. Il y en a des tas et des tas.* V. **Beaucoup.** *Taper* * *dans le tas.* ◇ (1155) *Péj.* ou *fam.* Grand nombre (de gens). V. **Multitude.** « *Un tas d'hommes perdus de dettes et de crimes* » (CORN.). « *Un tas de péquenots* » (BERNANOS). « *J'ai ainsi eu, au cours de ma vie, des tas de contacts avec des tas de gens sérieux* » (ST-EXUP.). *Un tas de gens*, beaucoup de gens. *Dans le tas*, dans le grand nombre de gens en question. *Tirer dans le tas :* dans un groupe, sans viser précisément qqn. — *Exclam.* (Injure à un groupe) *Tas de salauds!* ♦ 3° *(Archit.).* Bâtisse en construction, chantier à pied d'œuvre. *Tailler les pierres sur le tas*, à l'endroit même où on les emploie (et non à la carrière). — Par ext. (1923) *Sur le tas*, sur le lieu du travail, au travail. *Grève sur le tas. Fam. Formation sur le tas.* ♦ 4° (1567). *Tas de charge*, masse de pierre en forme de coussinet où prennent naissance les arcs doubleaux, les formerets et les ogives. ◇ ANT. Éparpillement.

TASSAGE [tasaʒ]. *n. m. (Tassaige*, dial., 1422; repris XXe; de *tasser*). *Sport.* Action de tasser* un adversaire.

TASSE [tɑs]. *n. f.* (1150; rare av. XIVe; arabe *tâssa*). Petit récipient à anse ou à oreille, servant à boire. *Tasse de faïence, de porcelaine. Tasse d'argent.* V. **Tâte-vin.** *Tasses à thé, à café.* ◇ Contenu d'une tasse. *Prendre une tasse de thé.* « *Il dînait d'une tasse de café au lait bouillant* » (MAUROIS). ◇ *Fig.* (Fam.) *Boire une tasse*, la tasse, avaler involontairement de l'eau en se baignant.

TASSÉ, ÉE. *p. p.* et *adj.* V. **Tasser.**

TASSEAU [taso]. *n. m.* (1676; *tassiaul*, 1410; *tassel* « plaque qui maintient les agrafes d'un manteau », 1155; lat. pop. °*tassellus*, crois. de *taxillus* « dé à jouer » puis « tasseau » et *tessella* « cube, dé »). Petite pièce de bois ou de métal destinée à soutenir l'extrémité d'une tablette. V. **Support.** *Tasseaux soutenus par des taquets* *. « *Une planche,*

supportée par deux tasseaux, placée contre le mur* » (CHATEAUB.).

TASSEMENT [tasmɑ̃]. *n. m.* (1801; v. 1370, « palissade »; de *tasser*). ♦ 1° Action de tasser; fait de se tasser. V. **Affaissement.** *Tassement de vertèbres. Tassement provoquant des ruptures dans un bâtiment. — Tassement du sol. Tassement des neiges. Sédiments consolidés par tassement.* ♦ 2° (1964). *Fig.* Perte de vitesse dans un mouvement d'accélération économique, etc. « *Ce tassement du rythme de progression est sans doute imputable au plan de stabilisation* » (*Le Monde*, 19-7-1964).

TASSER [tase]. *v. tr.* (v. 1190 [des personnes]; de *tas*). ♦ 1° Comprimer le plus possible, en tapant, poussant, serrant. *Tasser du foin, de la neige. Tasser la terre dans un pot de fleurs. Tasser le tabac dans la pipe.* V. **Bourrer.** *Tasser le contenu d'une valise.* — *Fam.* BIEN TASSÉ (1903) : qui remplit bien le verre. *Un demi bien tassé.* V. **Tapé.** — *Un café, un pastis bien tassé*, avec peu d'eau, bien fort. *Fig.* (Avec un numéral). Au moins, pour le moins. « *À Paris, de la marée des premiers livres, je n'ai extrait que le plus gros de tous — quinze cents pages bien tassées —* » (MAURIAC). — *(Abstrait).* Bien envoyé, féroce. « *Ah! vous pouvez ridiculiser les gaullistes de gauche par une caricature que je saurais illustrer d'une légende bien tassée, je vous le jure, si vous n'étiez pas mes amis!* » (MAURIAC). — Pronom. *(Pop.)* S'envoyer. *Qu'est-ce qu'on s'est tassé comme petits fours!* V. **Taper** (se). ◇ (Compl. de personnes) *Tasser des prisonniers dans un wagon.* « *On était si tassé qu'on avait peine à remuer les coudes* » (FLAUB.). — *Sport.* Serrer irrégulièrement (un adversaire) contre le bord de la piste ou contre d'autres coureurs, en ne conservant pas sa ligne. ♦ 2° (1694, *adj.*). SE TASSER : s'affaisser sur soi-même. *Sols, terrains qui se tassent.* — P. p. TASSÉ, ÉE. « *Façades tassées, affaissées sur elles-mêmes* » (BOURGET). — (En parlant de personnes) *Elle était tassée, avachie.* « *Tassé au creux de sa chaise* » (CAMUS). V. **Recroqueviller.** ◇ *Fig. (Fam.)* Revenir, après quelque incident, à un état normal (avec un sujet impersonnel). V. **Arranger** (s'). *Il y a des difficultés; ça se tassera! Les choses vont se tasser.* ♦ 3° *Intrans.* (En parlant des végétaux). Croître en s'épaississant, pousser en touffe compacte. *L'oseille commence à tasser.*

TASSETTE [taset]. *n. f.* (1400; dimin. de l'a. fr. *tasse* « poche, bourse »; Cf. all. *Tasche*). *Archéol.* Plaque d'acier articulée qui, dans les armures, protégeait le haut des cuisses.

TASSILI [tasili]. *n. m.* (1907; mot berbère « plateau »). *Géogr.* Au Sahara, Plateau de grès, surtout au Nord.

TASTE-VIN [tastəvɛ̃] ou **TÂTE-VIN** [tatvɛ̃]. *n. m. invar.* (1517,-1872; « ivrogne », 1490; de *tâter* « goûter », et *vin*). Petite tasse d'argent, ou pipette servant aux dégustateurs de vin. *Chevaliers du taste-vin*, confrérie bourguignonne de connaisseurs en vins.

T.A.T. [teate] ou **TAT** [tat]. *n. m.* (1969; sigle anglais : *Thematic Apperception Test* [Murray]). *Psycho., psychan., psychiatr.* Test thématique d'aperception. V. **Projectif** (test).

TATA [tata]. *n. f.* (1875; var. *tatan*, 1800; formation enfant. à redoublement; de *tante;* Cf. Tonton). *Lang. enfant.* et *pop.* Tante. *Tata Marie.* ◇ *Pop.* (1881) Tante (3°). *Une tata.* « *— Le tonton est une tata. — C'est pas vrai, gueula Gridoux, c'est pas vrai, je vous défends de dire ça* » (QUENEAU).

TATANE [tatan]. *n. f.* (1916; var. de *titine* « bottine »). *Fam.* Chaussure. « *J'enfile les tatanes, je cache les vieilles mules bleues* » (A. SARRAZIN).

TATAR, ARE [tataʀ]. *n.* et *adj.* (1756; p.-ê. d'apr. le russe. V. **Tartare**). Se disait des populations d'Asie centrale (Mongols) et de Russie orientale. ◇ *N. m.* Langue turque parlée en U.R.S.S.

TA, TA, TA...! [tatata]. *interj.* (onomatopée; V. **Taratata**). Exprime le dédain, la défiance ou le désir d'écarter un argument. « *Douvrin eut un geste de défi. — Ta, ta, ta!*, reprit Nodiard. *Je crois que tu te fais une idée fausse des brigades centrales* » (ROMAINS). V. aussi **Tss-tss.**

TÂTER [tate]. *v. tr.* (*Taster*, 1120; lat. pop. °*tastare*, class. *taxare*, de *tangere* « toucher »). ♦ 1° Toucher attentivement avec la main, afin d'explorer, d'éprouver, de reconnaître. V. **Manier, palper.** « *Je tâte votre habit; l'étoffe en est moelleuse* » (MOL.). « *Tâtant les murs pour essayer de retrouver mon chemin* » (DAUD.). *Tâter les mains, le pouls* * *d'un malade.* — Par ext. « *Un pied... qui tâte l'eau d'une source* » (ZOLA). *Mulet qui tâte le chemin.* ◇ *Fig.* (XVIIIe) *Tâter le terrain*, le reconnaître; s'assurer, avec précaution, des possibilités d'action. *Je ne sais s'il acceptera, il faut tâter le terrain :* s'assurer de ses intentions, de ses dispositions. ♦ 2° *Fig.* (XIIIe). Chercher à connaître les forces ou les dispositions (de qqn), en le questionnant avec prudence. V. **Sonder.** *Tâter l'ennemi, l'adversaire. Tâter l'opinion.* ♦ 3° (1276). *Intrans.* (Vx ou littér.) *Tâter de...*, goûter de... « *Jupiter... reprendrait l'appétit en tâtant d'un tel mets* » (LA FONT.). ◇ *Fig.* et *mod.* Faire l'expérience de... V. **Essayer.** « *J'ai tâté un peu de l'agonie* » (VOLT.). *Tâter de la prison.* — *Pop.*

Y tâter, se livrer par moments à une activité, un jeu... « *Après avoir tâté d'une infinité de professions inconnues et excentriques* » (GONCOURT). ♦ 4° SE TÂTER *(fig.)* : s'étudier avec attention ; s'interroger longuement, hésiter. « *Il a beau se tâter : il ne se trouve nulle part du courage* » (ROMAINS). *Il n'a rien décidé, il se tâte.*

TÂTEUR [tɑtœʀ]. *n. m.* et *adj.* (1967 ; « personne qui tâte », 1372 ; de *tâter*). *Techn.* Organe de contrôle d'une décolleteuse, d'une planteuse.

TÂTE-VIN. V. TASTE-VIN.

TATILLON, ONNE [tatijɔ̃, ɔn]. *adj.* (1695 ; de *tâter*). Exagérément minutieux, exigeant, attaché aux détails des règlements. *Un bureaucrate tatillon.* « *Un esprit quinteux, tatillon* » (JALOUX). ◊ *Subst. Un tatillon, une tatillonne.*

TÂTONNANT, ANTE [tɑtɔnɑ̃, ɑ̃t]. *adj.* (1885 ; de *tâtonner*). Qui tâtonne. « *D'un geste tâtonnant* » (MAURIAC). ◊ *Fig.* « *Un effort de mémoire... beaucoup plus tâtonnant* » (ROMAINS).

TÂTONNEMENT [tɑtɔnmɑ̃]. *n. m.* (XVᵉ ; de *tâtonner*). ♦ 1° Action de tâtonner. ♦ 2° *Fig.* (XVIIᵉ-XVIIIᵉ). Essai hésitant et renouvelé pour trouver qqch. « *Expérience de tâtonnement* » (Cl. BERNARD). « *Peut-être, après bien des tâtonnements infructueux, reviendra-t-on à nos modestes solutions empiriques* » (RENAN).

TÂTONNER [tɑtɔne]. *v. intr.* (XVIᵉ ; *tastoner* « toucher, caresser », v. 1150 ; de *tâter*). ♦ 1° Tâter plusieurs fois le sol, les objets autour de soi, pour se diriger ou trouver qqch. dans l'obscurité. « *Il se mit à tâtonner le long des murs sans pouvoir retrouver son lit* » (ZOLA). ♦ 2° *Fig.* Hésiter, faute de compréhension suffisante. « *Le lecteur qui hésite et tâtonne* » (PAULHAN). ◊ (1640) Faire divers essais en divers sens afin de trouver sa voie, de découvrir la solution. V. *Essayer.* — Dér. TÂTONNEUR, EUSE [tɑtɔnœʀ, øz]. *adj.* et *n.*

TÂTONS (À) [atɑtɔ̃]. *loc. adv. (À tastons,* 1175 ; de *tâter).* ♦ 1° En tâtonnant (1°). V. Aveuglette (à l'). *Avancer à tâtons dans l'obscurité.* « *Il avait cherché l'interrupteur à tâtons* » (MALRAUX). ♦ 2° *Fig.* (XVIᵉ). Au hasard, sans méthode.

TATOU [tatu]. *n. m.* (1553 ; tupi *tatu*). Petit mammifère édenté xénarthre, au corps recouvert d'une carapace, qui habite l'Amérique méridionale. *Grand tatou, Tatou géant.* V. **Priodonte.** *Le « grand tatou — cet animal fouisseur dont la taille dépasse un mètre* » (LÉVI-STRAUSS).

TATOUAGE [tatwaʒ]. *n. m.* (1778 ; de *tatouer*). Action de tatouer. ◊ Signe, dessin exécuté en tatouant la peau.

TATOUER [tatwe]. *v. tr.* (1769 ; de l'angl. *to tattoo,* tahitien *tatou*). ♦ 1° Marquer, orner (une partie du corps) d'inscriptions ou de dessins indélébiles en introduisant au moyen de piqûres des matières colorantes sous l'épiderme. *Marin qui se fait tatouer la poitrine.* ♦ 2° *Par ext.* Exécuter (un dessin) par tatouage. « *Une ancre tatouée sur l'avant-bras gauche* » (SARTRE).

TATOUEUR [tatwœʀ]. *n. m.* (1846 ; de *tatouer*). Celui qui pratique l'art du tatouage.

TAU [to]. *n. m.* (mot gr.). ♦ 1° Nom d'une lettre grecque correspondant au t (T). ♦ 2° (1671). *Blas.* Figure en forme de T appelée aussi croix de Saint-Antoine. ◊ Bâton pastoral en forme de potence ou de béquille. ◊ HOM. *Taud, taux, tôt.*

TAUD [to] *(n. m.)* ou **TAUDE** [tod]. *n. f.* (1825 ; *tialz,* XIIᵉ ; de l'anc. norm. *tjald* « tente »). *Mar.* Abri de toile goudronnée, qu'on établit sur le pont d'une embarcation lorsqu'il pleut. ◊ Étui pour protéger les voiles serrées. — Dér. TAUDER [tode], v. tr. (1836 ; *teolder,* XXᵉ). Couvrir avec un taud. ◊ HOM. *Tau, taux, tôt.*

TAUDIS [todi]. *n. m.* (1611 ; « abri de fortification », 1309 ; de l'a. fr. se *tauder* « s'abriter », de l'a. norm. *tjald*). Logement misérable qui ne satisfait pas aux conditions de confort et d'hygiène indispensables. V. **Galetas.** « *Le taudis où son regard plongeait en ce moment était abject* » (HUGO). *Les taudis des rues misérables. Lutte contre les taudis.* ◊ *Par ext.* (1690) Maison mal tenue. *C'est un vrai taudis*

TAULARD, ARDE [tolaʀ, aʀd(ə)]. *n.* (1940 ; de *taule,* 2°). *Arg.* Prisonnier. « *Je connais bien la taule, je ne connais pas bien les taulards* » (A. SARRAZIN). — *Par ext.* Celui, celle qui a l'habitude de la taule, de la prison. *Un taulard impénitent.* — Adjectiv. *(Rare).* Qui se rapporte à la taule.

TAULE ou **TÔLE** [tol]. *n. f.* (1800-1830 ; de *tôle* « fer en lames », les deux graphies étant des formes dial. de *table*). ♦ 1° *Pop.* Chambre ; chambre d'hôtel. *Louer une taule.* « *Il n'y a pas d'électricité dans cette taule* » (MAC ORLAN). V. **Piaule.** ♦ 2° *Arg.* (1837). Prison. *Aller en taule, faire de la tôle.* ◊ HOM. *Tôle.*

TAULIER, IÈRE ou **TÔLIER, IÈRE** [tolje, jɛʀ]. *n.* (1928,-1889 ; de *taule*). *Pop.* Propriétaire ou gérant d'un hôtel. *Le taulier lui a réclamé la note.*

TAUPE [top]. *n. f.* (fin XIIIᵉ ; lat. *talpa*).
I. ♦ 1° Petit mammifère insectivore *(Talpinés)*, aux yeux très petits, à beau poil sombre, dont les membres antérieurs aux doigts réunis par une membrane forment une sorte de pelle, et qui vit sous terre en creusant de longues galeries décelables à la surface du sol par des monticules de terre rejetée. *La taupe vit dans l'obscurité, mais n'est pas aveugle : elle n'a pas de sommeil hibernal et chasse toute l'année dans ses galeries ; elle détruit quantité d'insectes, de vers blancs, de rongeurs.* ◊ Loc. *Myope comme une taupe,* très myope. — *Noir comme une taupe,* très noir. — *Vivre comme une taupe,* sans sortir de chez soi. — Fig. *Vieille taupe,* vieille femme désagréable. ♦ 2° Fourrure à poil court et soyeux de cet animal. *Col, bonnet de taupe.* ♦ 3° Poisson (squale) pélagique, mesurant entre 1,30 m et 3 m, et que l'on pêche dans l'Atlantique. ♦ 4° (1973). *Techn.* Engin de génie civil servant à creuser des tunnels.
II. (1932, refait sur *taupin ;* 1888, « ensemble des taupins »). *Arg. scol.* Dans les lycées, Classe de mathématiques préparant aux grandes écoles, à Polytechnique. *Être en taupe.*

TAUPÉ, ÉE [tope]. *adj.* (XXᵉ ; de *taupe*). Se dit d'un feutre à poils dépassants, qui rappelle la fourrure de la taupe. *Feutre taupé.* ◊ *Subst.* Chapeau de feutre taupé. *Chasseur qui porte un taupé vert.*

TAUPE-GRILLON [topgʀijɔ̃]. *n. m.* (fin XVIIᵉ ; lat. sav. *grillo talpa*). Autre nom de la courtilière. *Des taupes-grillons.*

TAUPIER [topje]. *n. m.* (1690 ; de *taupe*). *Agric.* Ouvrier à la tâche chargé de détruire les taupes.

TAUPIÈRE [topjɛʀ]. *n. f.* (1600 ; de *taupe*). *Agric.* Piège à taupes.

TAUPIN [topɛ̃]. *n. m.* (*Topin,* 1521 ; de *taupe*). ♦ 1° *Vx.* Soldat qui pose des mines sous terre. S'est dit aussi des francs archers, au XVᵉ s. ♦ 2° (Fin XVIIIᵉ). Nom donné aux Élatéridés (insectes). ♦ 3° (1848). Élève qui se prépare à Polytechnique (d'où sortent les officiers du Génie, qui font les galeries de mines) ; par ext. Tout élève de mathématiques spéciales (taupe).

TAUPINIÈRE [topinjɛʀ] ou **TAUPINÉE** *(vx)* [topine]. *n. f.* (h. XIIIᵉ,-1671 ; de *taupe*). Monticule de terre formé par les rejets de la taupe lorsqu'elle creuse ses galeries. « *La moindre taupinée étant mont à ses yeux* » (LA FONT.). ◊ *Par ext.* Galeries et chambres creusées par une taupe. *Vivre comme une taupe dans sa taupinière.* ◊ Par métaph. *Les égouts,* « *taupinière titanique* » (HUGO).

TAURE [toʀ]. *n. f.* (XVIᵉ ; lat. *taura,* fém. de *taurus* « taureau »). *Dial.* Génisse. ◊ HOM. *Tors, tort ; tord, tords* (formes du v. *tordre*).

TAUREAU [toʀo]. *n. m.* (*Toriau,* 1177 ; de l'a. fr. *tor ;* du lat. *taurus,* gr. *taurós*). ♦ 1° Mammifère ruminant domestique *(Bovidés.* V. **Bœuf**), mâle de la vache, apte à la reproduction. *Le veau qui après le sevrage n'a pas subi la castration devient jeune taureau vers un an* (V. **Taurillon**) *et sert plusieurs années à la reproduction. Taureaux qui mugissent, beuglent. Le taureau est un animal puissant et irritable ; on dit qu'il est excité par la couleur rouge.* « *Un taureau furieux, cornes en avant, et qui grattait le sable avec son pied* » (FLAUB.). *Mener une vache au taureau.* — *Le Minotaure, homme à tête de taureau. Taureaux ailés de l'art assyrien.* ◊ Loc. *Un cou de taureau,* épais et puissant. *Fort comme un taureau.* — Fig. *Prendre le taureau par les cornes*.* ◊ TAUREAU DE COMBAT : taureau sélectionné d'élevages spéciaux (V. **Ganaderia**), destiné à être opposé à des hommes (V. **Torero**) pour un combat lors des *courses de taureaux* (V. **Corrida** ; **taurin, tauromachie.** *La course de taureaux a lieu aux arènes : elle comprend les jeux de cape* (V. **Péon**), *la pique* (V. **Picador**), *la pose des banderilles, les passes de cape et de muleta et la mise à mort* (V. **Matador**). ♦ 2° *Constellation du Taureau,* parcourue par le Soleil du 20 avril au 20 mai. ◊ Deuxième signe du zodiaque.

TAURIDES [toʀid]. *n. f. pl.* (1877 ; de *taureau*). *Astron.* Groupe d'étoiles filantes qui semblent sortir de la constellation du Taureau. ◊ HOM. *Torride.*

TAURILLON [toʀijɔ̃]. *n. m.* (*Torillon,* XIVᵉ ; dimin. de *taureau*). Jeune taureau qui ne s'est pas encore accouplé.

TAURIN, INE [toʀɛ̃, in]. *adj.* (1515, repris 1842 ; de *taureau,* d'apr. *bovin*). Relatif au taureau, spécialt. au combat de taureaux. « *Un véritable musée taurin* » (MONTHERLANT).

TAUROBOLE [toʀɔbɔl]. *n. m.* (1721 ; lat. *taurobolium,* gr. *taurobolos* « où l'on frappe le taureau »). *Relig. anc.* Sacrifice expiatoire, dans les cultes de Cybèle et de Mithra, où le prêtre se faisait arroser du sang d'un taureau égorgé.

TAUROMACHIE [toʀɔmaʃi]. *n. f.* (v. 1830 ; de *taureau*). ♦ 1° *Vx.* Course de taureaux. *Les tauromachies de Goya,* suite d'eaux-fortes. ♦ 2° Art de combattre les taureaux dans l'arène. *Les lois, les règles de la tauromachie.*

TAUROMACHIQUE [toʀɔmaʃik]. *adj.* (1836 ; de *tauromachie*). Relatif à la tauromachie. *Les lois tauromachiques. Histoire tauromachique.*

TAUTO-. Élément, du gr. « le même ».

TAUTOCHRONE [totɔkʀɔn]. *adj.* (1771 ; de *tauto-,*

et -*chrone*). *Phys.* Qui a lieu dans des temps égaux. V. Iso-chrone. *Vibrations tautochrones.*

TAUTOLOGIE [tɔtɔlɔʒi]. *n. f.* (1596; bas lat. *tautologia*, mot gr.). ♦ 1° Vice logique consistant à présenter, comme ayant un sens, une proposition dont le prédicat ne dit rien de plus que le sujet. *La tautologie est un truisme.* ♦ 2° (XXᵉ). *Log. mod.* Proposition complexe qui reste vraie en vertu de sa forme seule, quelle que soit la valeur de vérité des pro-positions qui la composent. *La tautologie est le fondement des lois logiques.*

TAUTOLOGIQUE [tɔtɔlɔʒik]. *adj.* (1721; de *tautologie*). ♦ 1° Qui a le caractère d'une tautologie. *Un raisonnement tautologique.* ♦ 2° *Log.* Se dit de toute relation ou expression logique qui peut se réduire par analyse à une tautologie; qui est toujours vrai. V. **Analytique** (II, 1°). — *Science tauto-logique.* V. **Logique** (I).

TAUTOLOGUE [tɔtɔlɔg]. *n.* (1956; de *tautologie*). *Didact.* Personne qui étudie, qui pratique la tautologie* (2°). « *Nos tautologues des maîtres qui tirent brusque-ment sur la laisse du chien : il ne faut pas que la pensée prenne trop de champ* » (BARTHES).

TAUTOMÈRE [tɔtɔmɛʀ]. *adj.* (1907; de *tauto-*, et *-mère*). *Didact.* ♦ 1° *Anat.* Se dit des organes entièrement situés du même côté du corps. — *Neurone tautomère.* ♦ 2° *Chim.* Qui est caractérisé par la tautomérie. V. **Isomère.**

TAUTOMÉRIE [tɔtɔmeʀi]. *n. f.* (1949; de *tauto-*, et *-mérie*). *Chim.* Propriété de certains corps d'exister sous plusieurs formes en équilibre plus ou moins stable. V. **Iso-mérie.**

TAUX [to]. *n. m.* (1320; de l'a. fr. *tauxer*, var. de *taxer*). ♦ 1° Pourcentage appliqué à la base imposable pour déter-miner le montant de l'impôt dû pour chaque contribuable. V. **Taxe.** *Taux de l'impôt.* « *Le taux augmente en même temps qu'augmente la quantité de matière imposable* » (DUVERGER). — *Élément d'un tarif* (1°) ou d'un barème*. Le taux de 35 % du barème d'imposition à l'impôt sur le revenu.* ♦ 2° Montant d'un prix fixé par l'État. « *Le taux de la journée de travail* » (GIDE), *du S.M.I.G.* (V. **Salaire**). — *Taux du change*, prix d'une monnaie étrangère dans un pays donné. V. **Cours, pair** (1, 3°). ◇ Montant des valeurs de bourse. *Le taux de la rente.* ◇ *Taux de marque*, rapport entre le prix d'achat et le prix de vente exprimé en pourcentage. ♦ 3° (1690). Montant de l'intérêt annuel produit par une somme de cent francs (Symb. : %). V. **Pourcentage.** *Un taux de 4 %* (quatre pour cent). *Taux d'un prêt.* « *Las de prêter à un taux assez bas...* » (TOULET). *Taux usuraire.* ♦ 4° *Par ext.* (1923). Proportion dans laquelle intervient un élément variable. *Math.* *Taux d'accroissement d'une fonction.* *Méd.* *Taux d'urée sanguin.* « *Taux de cicatrisation d'une plaie* » (CARREL). *Taux d'invalidité, d'infirmité des mutilés.* ◇ *Démogr.* Pourcentage. « *Taux de mortalité générale appelé parfois simplement morta-lité* » (SAUVY). *Sociol.* *Taux de scolarisation d'un pays.* ◇ *Techn.* *Taux de défaillance d'un matériel.* V. **Fiabilité.** *Taux de compression* (dans un moteur à explosion). *Électronique.* *Taux de distorsion* (2°). *Recomm. offic. : Taux d'harmo-niques.* ◇ HOM. *Tau, taud, tôt.*

TAUZIN [tozɛ̃]. *n. m.* (av. 1828; o. i.). Chêne du Sud-Ouest de la France, à feuilles cotonneuses (*quercus tozza*).

TAVAÏOLLE [tavajɔl]. *n. f.* (1571; it. *tovagliola* « ser-viette », dimin. de *tovaglia*, cf. *touaille, toaille*). *Litur. cathol.* Linge d'église garni de dentelles, servant à présenter une offrande, un enfant au baptême.

TAVELÉ, ÉE [tavle]. *adj.* (v. 1300; de l'a. fr. *tavel*, n. m., *tavelle*, n. f., « ruban »; du lat. *tabella* « planchette ». V. **Tablette**). Marqué de petites taches. « *Un visage... tavelé d'éphélides* » (GENEVOIX). *Fruit tavelé.*

TAVELER [tavle]. *v. tr.*; conjug. *appeler* (1556; de *tavelé*). Rendre tavelé. V. **Moucheter, tacheter.** Pronom. *Fruit qui se tavelle.*

TAVELURE [tavlyʀ]. *n. f.* (1564; de *taveler*). Tache de ce qui est tavelé. *Tavelures de la peau; d'une poire.* ◇ Maladie cryptogamique des feuilles et des fruits du pommier et du poirier.

TAVERNE [tavɛʀn]. *n. f.* (fin XIIᵉ; lat. *taberna*). ♦ 1° Lieu public où l'on mangeait et l'on buvait en payant. V. **Auberge.** « *Un coureur de tavernes* » (ROUSS.). ♦ 2° Petit café, gargote ou restaurant populaire, dans certains pays (Grèce, Turquie...). — Au Canada, établissement de boissons réservé aux hommes (*opposé à* brasserie). « *Il lui serra la main dans un élan de vive sympathie comme il eût fait en rencontrant un ami dans une taverne montréalaise* » (M.-C. BLAIS). ◇ Café-restaurant de genre ancien et rustique (V. **Hostellerie**).

TAVERNIER, IÈRE [tavɛʀnje, jɛʀ]. *n.* (v. 1200; du lat. *tabernarius*). *Ancien.* ou *plaisant.* Cafetier, restaurateur tenant une taverne.

TAXABLE [taksabl(ə)]. *adj.* (XVIIIᵉ; de *taxer*). Qui peut être taxé, soumis à une taxe (3°). V. **Imposable, taxatif.**

TAXACÉES [taksase] ou **TAXINÉES** [taksine]. *n. f. pl.* (*Néol.*,-1839; du lat. *taxus.* « if »), *Bot.* Famille de plantes gymnospermes (*Conifères*) dont le genre principal est l'if.

TAXATEUR [taksatœʀ]. *n. m.* et *adj.* (1704; de *taxer*). ♦ 1° *Dr.* Celui qui fixe la taxe. *Taxateur des dépens.* Adj. *Le juge taxateur.* ♦ 2° Celui qui détermine une imposition; qui impose une taxe. Adj. « *Des jurys taxateurs* » (MADELIN).

TAXATIF, IVE [taksatif, iv]. *adj.* (1846; de *taxer*). *Dr.* Taxable.

TAXATION [taksasjɔ̃]. *n. f.* (*Taussacion*, 1283; lat. *taxatio*). Le fait de taxer (I); son résultat. ♦ 1° Fixation à une somme déterminée. *Procéd.* Fixation ou contrôle de l'état des frais. ◇ Fixation des prix par l'autorité publique. *La taxation constitue le mode d'intervention le plus direct de l'État sur les échanges économiques. Taxation de la viande.* ♦ 2° Le fait de soumettre à une imposition, à une taxe. (2° ou 3°). *Taxation d'office :* détermination de l'assiette de l'impôt par le fisc en l'absence d'une déclaration par le contribuable. ◇ ANT. *Détaxation.*

TAXE [taks(ə)]. *n. f.* (1378; lat. médiév. *taxa.* V. **Tâche, taux**). ♦ 1° Prix fixé d'une manière autoritaire. « *Un bou-langer qui vend plus cher que la taxe* » (FURET.). ◇ *Dr.* Fixa-tion, contrôle, ou révision de l'état des frais. *La taxe des dépens.* V. **Taxation.** ♦ 2° Part d'imposition que doit payer un particulier; somme fixée pour l'imposition. V. **Contri-bution, impôt.** « *Le privilège évite ou repousse la taxe* » (TAINE). ♦ 3° *Fin.* Procédé de répartition des charges publiques pro-portionnellement aux services rendus; somme établie par ce procédé, et que doit payer le bénéficiaire d'une presta-tion fournie par l'autorité publique. *Services payants, financés par des taxes administratives. Taxe de séjour*, perçue à rai-son du séjour dans une station thermale, touristique. ◇ Impo-sition obligatoire, qui, lorsqu'elle correspond à un service, n'est pas proportionnelle à ce service. *Taxes locales : taxe sur les domestiques, taxe d'enlèvement des ordures ménagères.* — *Taxe de luxe.* — *Taxe sur le chiffre d'affaires*, groupant les impôts sur le chiffre d'affaires des entreprises commer-ciales et industrielles; *taxe sur la valeur ajoutée* qui remplace *la taxe à la production* (V. **T.V.A.**); *taxe parafiscale; taxe sur les prestations de service; taxe locale* (sur le chiffre d'affaires), etc. ◇ ANT. *Détaxe, remise.*

TAXER [takse]. *v. tr.* (*Tausser*, 1283; lat. *taxare*, du gr. *taxis*, de *tassein* « ranger, fixer »).
I. ♦ 1° Fixer à une somme déterminée (en parlant de l'État; d'un tribunal). *Taxer la valeur, le prix d'une chose à tant. Prix taxés. Taxer les dépens.* ♦ 2° Soumettre à une imposition, à une taxe (2°). ♦ 3° Frapper (un service, une transaction, et *par ext.* ce qui en fait l'objet) d'une taxe (3°); percevoir une taxe sur... V. **Imposer.** *Taxer les objets de luxe, les boissons.* « *On taxe tout, hormis l'air...* » (BAINVILLE).
II. *Fig.* (1538; lat. *taxare* « frapper ; blâmer », de *tangere* « toucher »). TAXER QQN DE... : accuser de. *Taxer qqn de méchanceté, de négligence, de vanité.* ◇ *Par ext.* Qualifier (une personne, une chose) de. V. **Appeler.** « *Ces révoltes contre la froide raison que les esprits médiocres taxent de folie* » (RENAN). « *Toute musique qui voulait dire quelque chose était taxée d'impure* » (R. ROLLAND).

TAXI [taksi]. *n. m.* (1906, abrév. de *taximètre*). ♦ 1° Voi-ture automobile de place, munie d'un compteur qui indique, le prix de la course. V. **Taximètre; bahut** (arg.). *Héler, appeler, arrêter, prendre un taxi. Hep taxi !* — *Taxi à radio.* V. **Radio-taxi.** — *Chauffeur de taxi*, personne qui conduit un taxi, employée par une compagnie de taxis ou possédant sa voiture personnelle. *Station de taxis. Taxi en stationnement, en maraude, qui prend un client* (V. **Course**, II, 1°). — *Allus. hist. Les taxis de la Marne :* les taxis parisiens réquisitionnés par Gallieni pour transporter des renforts en septembre 1914. ◇ *Par anal. Avion-taxi* ou *Taxi aérien*, avion (hélicoptère, etc.) qu'on peut louer pour un déplacement. ♦ 2° *Fam.* (T. de métier). Chauffeur de taxi. *Il, elle fait le taxi. Elle est taxi.* — Le métier de chauffeur de taxi. « *Un homme qu'a un métier. Un bon métier, car c'est bon, le taxi, pas vrai?* » (QUENEAU).

TAXI-, TAXO-, -TAXIE. Éléments, du gr. *taxis* « arrange-ment, ordre », et *spécialt.* « fixation d'une imposition » (V. **Taxe**).

TAXIDERMIE [taksidɛʀmi]. *n. f.* (1806; de *taxi-*, et gr. *derma* « peau »). *Didact.* Art de préparer (*spécialt.* d'empail-ler) les animaux morts pour les conserver avec l'apparence de la vie. V. **Empaillage, naturalisation** (II). — *Dér.* TAXI-DERMISTE [taksidɛʀmist(ə)], *n.* V. **Empailleur** (2°), naturaliste (I, 2°).

TAXIE [taksi]. *n. f.* (v. 1900; du gr. *taxis*, « arrangement, ordre »). *Biol.* Réaction de locomotion orientée des orga-nismes animaux mobiles et *spécialt.*, réaction d'orientation et de mouvement des cellules mobiles déclenchée par divers agents physiques et chimiques. V. **Tactisme;** et *aussi* Tro-pisme.

TAXI-GIRL [taksigœʀl]. *n. f.* (1963; de l'anglo-amér. *taxi danseur ou taxi girl « jeune femme attachée à un dancing* et payée en tickets par les clients pour danser avec eux »). *Américanisme*. Jeune femme qui loue ses services comme partenaire de danse, dans un bar, un cabaret. V. **Entraîneuse**. « *Les taxi-girls n'avaient guère de clients et dansaient entre elles le plus souvent* » (Cl. COURCHAY).

TAXIMÈTRE [taksimɛtʀ(ə)]. *n. m.* (1905; *taxamètre*, 1901 all. *Taxameter* [1890], refait d'apr. *taxi*, et *-mètre*). Compteur de taxi qui enregistre le temps écoulé et la distance. et détermine ainsi la somme à payer. ◊ *Par ext.* et *vx*. Voiture hippomobile ou automobile munie d'un tel compteur. V. **Taxi** (mod.).

TAXINÉES. *n. f. pl.* V. TAXACÉES.

TAXINOMIE. *n. f.* V. TAXONOMIE. — **TAXINOMIQUE.** *adj.* V. TAXONOMIQUE.

TAXIPHONE [taksifɔn]. *n. m.* (1936; marque déposée, de *taxi-*, et [télé] *phone*). Téléphone public où l'on obtient la communication en introduisant un jeton, une pièce dans l'appareil.

TAXIWAY [taksiwɛ]. *n. m.* (1969; mot anglo-amér.). Américanisme. *(Techn.)*. Dans un aéroport, voie de circulation des avions, chemin de roulement. *Il est interdit de décoller ou d'atterrir sur les taxiways*.

TAXODIUM [taksɔdjɔm], **TAXODIER** ou **TAXAUDIER** [taksɔdje]. *n. m.* (1839, *taxodion;* taxodier, 1874; lat scient. *taxodium*, L. C. Richard, 1826, du gr. *taxos* « if »). *Bot.* Grand arbre, conifère originaire des marais du sud des États-Unis. *Le taxodier est aussi appelé* cyprès chauve.

TAXON [taks5] ou **TAXUM** [taksɔm]. *n. m.* (1964,-1972; de *taxonomie*). Didact. *(Sc.)*. Unité systématique telle qu'une famille, un genre, une espèce, etc. V. **Groupe** (5°). *Spécialt.* Unité taxinomique reconnue par les codes internationaux. *Des taxons, des taxums ou des taxa*.

TAXONOMIE [taksɔnɔmi] ou **TAXINOMIE** [taksinɔmi]. *n. f.* (1813,-1842; de *taxi-*, *taxo-*, et *nomie*). ♦ 1° Didact. Science des lois de la classification des formes vivantes. V. **Systématique** (II). — *Par ext.* Science des lois de la classification. ♦ 2° Classification d'éléments. *Taxinomie botanique*. V. **Terminologie**. — REM. L'emploi de *taxonomie* est déconseillé.

TAXONOMIQUE [taksɔnɔmik] ou **TAXINOMIQUE** [taksinɔmik]. *adj.* (1842; de *taxo*[*taxi*]*nomie*). Didact. De la classification. REM. *Taxonomique* est déconseillé.

TAXONOMISTE [taksɔnɔmist(ə)] ou **TAXINOMISTE** [taksinɔmist(ə)]. *n.*(1897; de *taxo*[*taxi*]*nomie*). Didact. Spécialiste en taxinomie. — REM. L'emploi de *taxonomiste* est déconseillé.

TAYLORISATION [tɛlɔʀizasjɔ̃]. *n. f.* (v. 1920; de *tayloriser*). Écon. Application du taylorisme (à une production, à un atelier, à un travail). « *La taylorisation de l'usine* » (ARAGON).

TAYLORISER [tɛlɔʀize]. *v. tr.* (v. 1920; de *taylorisme*). Écon. Appliquer le taylorisme à. — *Ici, la production reste parcellaire, taylorisée à l'extrême* » (*Nouv. Obs.*, 17-3-1975).

TAYLORISME [tɛlɔʀism(ə)]. *n. m.* (v. 1918; amér. *taylorism*, de l'ingénieur F. *Taylor* [1856-1915]). Méthode d'organisation scientifique du travail industriel, par l'utilisation maximale de l'outillage, la spécialisation stricte et la suppression des gestes inutiles, appelé aussi *système Taylor*.

Tb Symbole chimique du *terbium*.

Tc Symbole chimique du *technétium*.

TCHADANTHROPE [tʃadɑ̃tʀɔp]. *n. m.* (1961; de *Tchad*, n. de pays, et *-anthrope*). Paléont. Hominien fossile découvert au nord du Tchad.

TCHAO! *interj.* (*tchaû*, v. 1905). V. CIAO!

TCHARCHAF [tʃaʀʃaf]. *n. m.* (1906; mot turc). Voile noir avec lequel les femmes turques se cachaient le visage.

TCHÉCOSLOVAQUE [tʃekɔslɔvak]. *adj.* (après 1918; de *tchèque*, et *slovaque*). Qui appartient à la Tchécoslovaquie.

TCHÈQUE [tʃɛk]. *adj.* et *n.* (1846; tchèque *cezky*). De la partie de la Tchécoslovaquie comprenant la Bohème et la Moravie-Silésie. Langue, littérature *tchèque*. — *Les Tchèques*. — *Le tchèque*, langue du groupe slave occidental.

TCHÉRÉMISSE [tʃeʀemis]. *n. et adj.* (1846; *Czérémisses*, 1701; mot russe). D'un peuple (les Marii) appartenant au groupe finnois oriental, qui vit dans la région de la Haute-Volga, entre Kazan et Nijni-Novgorod. — *Le tchérémisse*, groupe de langues finno-ougriennes des Tchérémisses. — Adj. *Les langues tchérémisses*.

TCHERNOZIOM [tʃɛʀnozjɔm]. *n. m.* (*Tchernozom*, 1883; mot russe « terre noire »). *Géogr.* Type de sol russe très fertile caractérisé par sa couleur noire et l'abondance de carbonate de chaux.

TCHERVONETS [tʃɛʀvɔnjɛts]. *n. m.* (xxᵉ; mot russe). Ancienne monnaie russe, reprise en U.R.S.S. en 1922 avec valeur de 10 roubles or, puis remplacée par le nouveau rouble. — *Le tchervontsy*.

TCHIN(-)TCHIN! [tʃintʃin]. *interj.* (1935; du pidgin-english de Canton *tsing-tsing* « salut »; 1902 dans la marine).

Fam. Mot que prononcent les gens qui trinquent ensemble (Cf. À votre bonne santé, prosit). « *Tchin'Tchin' — Tchin' Tchin'*, répéta Cuivre, et ils vidèrent leurs verres tous les trois » (VIAN). — Subst. « *Pour ce verre-là, je veux attendre le tchin-tchin de nos retrouvailles* » (A. SARRAZIN).

TCHITOLA [tʃitɔla]. *n. m.* (1964; mot africain). *Techn.* Bois d'Afrique, résineux et grossier, brun-rouge, utilisé en menuiserie et pour le contre-plaqué.

TE [t(ə)]. *pron. pers.* (xᵉ; de l'accus. lat. *te*. V. **Toi**, **tu**). Pronom personnel de la deuxième personne du singulier des deux genres, employé comme complément. — REM. *s'élide en* t' devant une voyelle ou un *h* muet. ♦ 1° (Objet direct ou attribut). « *Je t'ai prise avec plaisir, je te quitte sans regret* » (LACLOS). « *De quel nom te nommer?* » (HUGO). *Tu t'habilleras toi-même. Cela va te rendre malade*. ♦ 2° (*Compl. indir.*). Énonçant un rapport d'attribution, de destination, d'intérêt, d'appartenance : à toi. « *Je te donnerai quinze cents francs* » (BALZ.). « *Je vais te faire une redingote* » (VALLÈS). — *Par ext.* Fam. *Elle te court après*, après toi. *Ils te tombèrent dessus*, sur toi. ◊ (Compl. de l'attribut) *Cela peut t'être utile. Elle t'est devenue étrangère*. — (Marquant un rapport de possession) *Les enfants te cassent la tête. Si cela te vient à l'esprit*. ◊ *Fam.* (Explétif et emphatique) *Et je te frotte et je te brique* : je frotte et je brique tant que je peux. « *Si c'était mon fils, je te le dresserais* » (MAURIAC). ♦ 3° Avec un verbe de forme pronominale. *Tu te perdras. Tu t'en souviens. Ne t'en fais pas.* ♦ 4° Avec voici, voilà. « *Te voici, François* » (BARRÈS). « *Te voilà encore à regarder tes vieux bibelots* » (HUYSMANS).

Te Symbole chimique du *tellure*.

1. TÉ [te]. *n. m.* (1704; nom de la lettre T). *Techn.* Nom donné à divers objets, instruments et pièces ayant la forme du T majuscule ou dont la section est en T. — *Spécialt.* Règle plate, faite de deux branches en équerre, destinée au dessin sur la planchette. — *Té d'atterrissage*, té placé à côté d'une piste en vue d'indiquer au pilote d'un avion la direction de l'atterrissage. — (Constr.) *Fer en té*, à double té, employés en construction. — (*Menuis.*) Ferrure ou équerre permettant de consolider des assemblages. ◊ HOM. *T*, té! (1), thé.

2. TÉ! [te]. *interj.* (xIxᵉ; déform. phonét. de *tiens!*). Exclamation méridionale marquant généralement la surprise. « *Té! vé!... c'est Tartarin* » (DAUD.). ◊ HOM. *T*, té (1), thé.

TEA-GOWN [tigawn]. *n. f.* (1893; mot angl. « robe [*gown*] pour le thé [*tea*] II). Anglicisme. (*Vieilli*). Robe d'intérieur assez élégante, mais plus sobre que la robe d'hôtesse ». « *Meubles de chez Ruhlmann, verrerie Lalique* [...], *tea-gowns Chanel* » (ARAGON).

TEAM [tim]. *n. m.* (1892; mot angl. « attelage »). Sport (*Vieilli*). Équipe.

TEA-ROOM [tiʀum]. *n. m.* (1899; mot angl.). Anglicisme. Salon de thé.

TEC [tɛk]. *n. m. invar.* (1969; sigle de *tonne-équivalent-charbon*). Métrol. Unité de mesure thermique correspondant aux thermies produites par une tonne de charbon (1 000 thermies).

TECHNÈME [tɛknɛm]. *n. m.* (1972, Baudrillard; de *technique*, d'apr. *phonème*, *morphème*, etc.). Didact. Élément technique minimum.

TECHNÉTIUM [tɛknesjɔm]. *n. m.* (1949; appelé *masurium* à sa découverte, 1925; du gr. sav. *tekhnêtos* « artificiel ») *Chim.* Élément radioactif artificiel (masse at. env. 98; nᵒ at. 43; symb. Tc).

TECHNÉTRONIQUE [tɛknetʀɔnik]. *adj.* (v. 1969; de *techn*[*ologie*], et [*élec*]*tronique*). Didact. Qui est fondé à la fois sur la technologie et sur l'électronique. Cf. Post-industriel. *Société, civilisation, ère technétronique*.

TECHNICIEN, IENNE [tɛknisjɛ̃, jɛn]. *n.* (1836; de *technique*, sur le modèle de *physicien*). ♦ 1° Personne qui possède, connaît une technique particulière. V. **Professionnel**, **spécialiste**. *Technicien de...* « *Découvrir en Balzac, sous le romancier, un technicien parfait de toutes les questions traitées* » (HENRIOT). « *Agacement du technicien devant le profane* » (MAUROIS). — En appos. *Ministres techniciens*, qui connaissent les questions techniques (finances, marine, etc.) mieux que les questions politiques. — (1965). Milit. *Officier technicien*, officier de l'armée de terre ou de l'air appartenant au *corps de spécialistes des officiers techniciens*. ♦ 2° (*Par oppos. au* théoricien qui s'adonne à la recherche pure). Personne qui connaît et contrôle professionnellement telle ou telle des applications pratiques des diverses sciences dans le domaine de la production et de l'organisation économique. *Pays qui a besoin de techniciens*. ♦ 3° Agent spécialisé qui travaille sous les ordres directs de l'ingénieur dans une industrie, une entreprise.

TECHNICISER [tɛknisize] ou **TECHNISER** [tɛknize]. *v. tr.* (v. 1964; de *technique*). Didact. Rendre technique; pourvoir de moyens techniques. « *La mémoire est le type* *du processus cumulatif et par conséquent l'organe essentiel des machines (ordinateurs) qui·matérialisent et technicisent le processus considéré* » (H. LEFEBVRE). — P. p. et adj. *Agriculture développée et technicisée.* « *Un environnement où l'ordre abstrait technisé a remplacé l'ordre organique* » (*Le Monde*, 6-12-1969). — Dér. TECHNICISATION [tɛknisizasjɔ̃] ou TECHNISATION [tɛknizasjɔ̃], *n. f.*

TECHNICITÉ [tɛknisite]. *n. f.* (1859; de *technique*). ♦ 1° Caractère technique (I, 1°). *Technicité d'un terme, d'un exposé. Travail d'une haute technicité.* ♦ 2° (1970). *Néol.* critiqué. L'art, l'habileté du technicien. V. **Technique**. « *Il y a* [...] *deux sortes de tertiaires : des hommes de valeur, hautement productifs, en avant-garde, et d'autres chassés du secondaire ou le fuyant, sans avoir les technicités ou l'utilité requises* » (A. SAUVY).

TECHNICO-COMMERCIAL, ALE, AUX [tɛkni kokɔmɛʀsjal, o]. *adj.* (1964; de *technico-*, et *commercial*). *Didact.* Qui relève à la fois des domaines commercial et technique. « *Le service technico-commercial [d'une grande entreprise]* » (*Le Monde*, 17-5-1966). — *Agent, personnel technico-commercial*, possédant des connaissances techniques sur la marchandise à vendre.

TECHNICOLOR [tɛknikɔlɔʀ]. *n. m.* (mil. XXᵉ; nom déposé). Procédé de cinéma en couleurs. *Film en technicolor.* — Par ext. et fam. *En technicolor*, en couleurs, de couleurs vives. *Un paysage en technicolor.*

-TECHNIE, -TECHNIQUE. Éléments, du gr. *tekhnê* « art, métier », et *tekhnikos* (*ex.* : zootechnie, polytechnique).

TECHNIQUE [tɛknik]. *adj.* et *n.* (1750; *grammairien technique* « qui enseigne les principes de la grammaire », 1684; lat. *technicus*, gr. *teknikos*; de *tekhnê* « art, métier »). I. *Adj.* ♦ 1° (*Opposé à* commun, général, courant). Qui appartient à un domaine particulier, spécialisé, de l'activité ou de la connaissance. V. **Spécial**. « *C'est un ouvrage technique* » (VOLT.). *Revues techniques. Mots techniques*, qui ne sont employés que par les techniciens, les spécialistes. ♦ 2° (*Opposé à* esthétique). Qui, dans le domaine de l'art, concerne les procédés de travail et d'expression plus que l'inspiration. *Habileté technique. Pianiste qui maîtrise parfaitement les difficultés techniques.* ♦ 3° Qui concerne les applications de la connaissance théorique, dans le domaine de la production et de l'économie. « *L'industrie française est moins évoluée au point de vue technique* » (P. GEORGE). *Agent technique.* V. **Technicien**. *Enseignement technique*, et subst. *Le technique. Collèges techniques. Conseillers techniques d'un ministère.* ◇ Qui concerne les objets, les mécanismes nécessaires à une action. *Incident technique*, dû à une défaillance du matériel. *Escale technique*, effectuée pour des raisons de ravitaillement, de réparation et non pour embarquer ou débarquer des passagers.
II. *N. f.* (1846). ♦ 1° Ensemble de procédés employés pour produire une œuvre ou obtenir un résultat déterminé. V. **Art, méthode, métier, procédé**. *La technique du théâtre, du cinéma.* « *Trouver... des techniques nouvelles* » (SARTRE). *Technique de la fresque.* « *La technique de Chopin* » (GIDE). *Musicien qui manque de technique.* ◇ *Fam.* Manière de faire. *N'avoir pas la bonne technique, la technique*, ne pas savoir s'y prendre. ♦ 2° Ensemble de procédés méthodiques, fondés sur des connaissances scientifiques, employés à la production. « *L'homme crée... les industries et les techniques* » (J. ROSTAND). « *La technique radioélectrique* » (L. de BROGLIE). ◇ *Absolt. La technique*, l'ensemble des procédés ordonnés, scientifiquement mis au point, qui sont employés à l'investigation et à la transformation de la nature. *Technique et machinisme.*

TECHNIQUEMENT [tɛknikmɑ̃]. *adv.* (1790; de *technique*). Selon des procédés techniques, du point de vue technique.

TECHNO-. Premier élément de mots savants tirés du gr. *tekhnê* « métier, procédé ».

TECHNO-BUREAUCRATIQUE [tɛknɔbyʀokʀatik]. *adj.* (1968; de *techno-*, et *bureaucratique*). *Didact.* Qui est caractérisé à la fois par la bureaucratie et la technique. « *La révolution de Mai a réfuté [...] le despotisme de la rationalité techno-bureaucratique de la 'société industrielle'* » (*L'Express*, 12-5-1968).

TECHNOCRATE [tɛknɔkʀat]. *n. m.* (v. 1920; repris mil. XXᵉ; de *technocratie*). *(Souvent péj.).* Ministre, haut fonctionnaire technicien (1°) (V. **Énarque**), tendant à faire prévaloir les conceptions techniques d'un problème au détriment des conséquences sociales et humaines. V. **Technocratie**. « *Voués au service de l'État, 'les technocrates' s'imposent par leur compétence au monde politique et tendent à se confondre avec lui* » (*Entreprise*, 17-4-1971).

TECHNOCRATIE [tɛknɔkʀasi]. *n. f.* (1934: de *techno-*, et *-cratie*, par interm. de l'angl. *technocracy*, 1919). Système politique dans lequel les techniciens (V. **Technocrate**) ont un pouvoir prédominant (au détriment de la vie politique proprement dite).

TECHNOCRATIQUE [tɛknɔkʀatik]. *adj.* (v. 1960; de

technocratie). Propre à la technocratie, aux technocrates.

TECHNOCRATISER [tɛknɔkʀatize]. *v. tr.* (v. 1965; de *technocratie*). *Didact.* Rendre technocratique; soumettre à l'autorité des technocrates. « *Le gouvernement veut technocratiser la Sécurité sociale* » (*L'Express*, 17-7-1967). — Dér. TECHNOCRATISATION [tɛknɔkʀatizasjɔ̃], *n. f.*

TECHNOCRATISME [tɛknɔkʀatism(ə)]. *n. m.* (1968; de *technocratie*). *Polit.* Système qui préconise ou favorise la technocratie*. « *Ce 'technocratisme' libéral et 'privé' qui caractérise toujours la pensée politique et économique britannique, par opposition au 'technocratisme' d'État en faveur dans d'autres pays* » (*Le Monde*, 15-6-1968).

TECHNO-ÉCONOMIQUE [tɛknɔekɔnɔmik]. *adj.* (mil. XXᵉ; de *techno-*, et *économique*). *Didact.* À la fois technique et économique. « *On sait que le statut techno-économique des sociétés commande la densité des groupes* » (LEROI-GOURHAN).

TECHNOLOGIE [tɛknɔlɔʒi]. *n. f.* (1896; « traité des arts en général », 1750; « terminologie », 1656; gr. *tekhnologia*. V. **Techno-**). Étude des techniques, des outils, des machines, des matériaux, des composants électroniques. — *Technologie alimentaire* : emploi des techniques scientifiques pour la préparation industrielle, la conservation et l'amélioration de la valeur nutritive des aliments.

TECHNOLOGIQUE [tɛknɔlɔʒik]. *adj.* (1795; gr. *teckhnologikos*). Qui appartient à la technologie. *Vocabulaire technologique.* V. **Technique**.

TECHNOLOGUE [tɛknɔlɔg] ou **TECHNOLOGISTE** [tɛknɔlɔʒist(ə)]. *n.* (1872-1877; de *technologie*). Spécialiste de la technologie.

TECHNOPHILE [tɛknɔfil]. *adj.* (1973; de *techno-*, et *-phile*). *Biol.* Se dit des espèces animales qui s'adaptent bien à la civilisation technique. Dér. TECHNOPHILIE [tɛknɔfili], *n. f.* « *On a parlé [pour les mouettes] d'espèces 'technophiles'. Si tant est, la technophilie assure l'avenir des espèces qui en sont douées, à moins que l'homme n'intervienne* » (*Science et Vie*, juil. 1973).

TECHNOSTRUCTURE [tɛknɔstʀyktyʀ]. *n. f.* (1969; de *techno-*, et *structure*, d'apr. l'amér. [Galbraith]). *Écon., polit., sociol.* Ensemble des technocrates de l'administration, des techniciens des commissions scientifiques, des grandes entreprises industrielles, commandant le processus de prise de décision. « *M. décrivait récemment le glissement du pouvoir réel, échappant de plus en plus aux gouvernants nominaux et aux élus, entre les mains des membres de ce qu'il nommait la 'technostructure'* » (*Le Monde*, 7-10-1969).

TECK ou **TEK** [tɛk]. *n. m.* (1772-1782; *teca*, 1614; port. *teca*, de *tekku*, mot de Malabar). Bois brunâtre, dur, très dense, imputrescible, provenant surtout d'un arbre des régions tropicales (le *tectona*). *Le teck est employé dans la construction navale.*

TECKEL [tekɛl]. *n. m.* (*Tekel*, 1923; mot all. « chien pour la chasse au blaireau », dimin. de *Dachs* « blaireau »). Basset allemand, à pattes très courtes.

TECTONIQUE [tɛktɔnik]. *n. f.* et *adj.* (fin XIXᵉ, n. f.; all. *Tektonik*, gr. *tektonikos* « propre au charpentier » [*tektôn*]). *Didact. N. f.* Partie de la géologie qui traite de la structure de l'écorce terrestre, telle qu'elle résulte des déformations orogéniques (dislocations, plissements); *par ext.* cette structure. V. **Orogénie**. ◇ *Adj.* Qui concerne la tectonique (étude de structure). *Dislocations, déformations tectoniques.*

TECTRICE [tɛktʀis]. *adj.* et *n. f.* (1808; du lat. *tectus* « couvert »). *Zool.* Se dit des plumes du dos des oiseaux.

TEDDY(-)BEAR [tedibɛʀ]. *n. m.* (1964; de l'anglo-amér., *Teddy*, dimin. de *Theodore* [Roosevelt], chasseur d'ours célèbre, et *bear* « ours »). *Américanisme.* Ours* en peluche ou en tissu synthétique imitant la fourrure. — *Des teddy-bears.*

TE DEUM [tedeɔm]. *n. m. invar.* (déb. XVᵉ; du cantique *Te Deum laudamus* « nous te louons, Dieu »). Chant latin de louange et d'action de grâces; cérémonie qui l'accompagne. « *Tandis que les deux rois faisaient chanter des Te Deum* » (VOLT.). — *Par ext.* Composition musicale pour cette cérémonie. *Le Te Deum de Berlioz.*

TEE [ti]. *n. m.* (1898; mot angl., o. i.). Anglicisme *(Sports).* Petit socle sur lequel on place une balle de golf afin de la lancer.

TEENAGER ou **TEEN-AGER** [tinedʒœʀ]. *n.* (1962; mot anglo-amér. de *teen*, de *teen*, V. l'âge de l'adolescence d'apr. la finale des nombres de « thirteen » à « nineteen » [de 13 à 19 ans], et *age* « âge »). *Américanisme.* Adolescent(e), jeune de 13 à 19 ans. « *Le succès de l'émission est immense chez les décagénaires — comment traduire teen-agers?* » (*Le Monde*, 6-7-1963).

TEE(-)SHIRT ou **T(-)SHIRT** [tiʃœʀt]. *n. m.* (1963; mot anglo-amér., *T*[ee] « T », et *shirt* « chemise » [chemise en forme de « T »], marque déposée). *Américanisme.* Sous-vêtement en coton à manches courtes, en forme de T (porté à l'origine (par les joueurs de base-ball). — *Par ext.* Pull-over en jersey de coton, à taille souple. « *Cent mille 'hippies', garçons et filles aux cheveux longs et aux tee-shirts constellés d'étranges déclarations...* » (*L'Express* 17-7-1967).

TÉFLON [tefl5]. *n. m.* (1948; nom déposé, d'après *té*[tra]*fl*[uoroéthylène], et suff. *-on* des matières plastiques). Matière plastique dérivée de l'éthylène et du fluor, dont on fait les joints et les garnitures, très résistante aux agents chimiques et à la température.

TÉFLONISÉ, ÉE [teflɔnize]. *adj.* (1963; de *téflon*). Recouvert de téflon. *Poêle téflonisée* (dans laquelle les aliments n'attachent pas, même sans matière grasse).

TÉGÉNAIRE [teʒenɛr]. *n. f.* (1861; *tégénerie*, 1846; lat. zool. *tegenaria*, 1805, d'apr. lat. médiév. *tegenarius*, de *tegetarius* « fabricant de nattes, couvertures »). *Zool.* Araignée sédentaire (*Tubitèles*) qui tend ses vastes toiles dans les greniers, les caves.

TÉGUMENT [tegymã]. *n. m.* (1539; « couverture », 1294; lat. *tegumentun*, de *tegere* « couvrir »). *Anat.* Tissu différencié (peau, carapace, écailles...) couvrant le corps d'un animal. ◊ *Bot.* Enveloppe protectrice. *Tégument de l'ovule, de la graine.*

TÉGUMENTAIRE [tegymãtɛr]. *adj.* (1835; de *tégument*). *Sc.* Propre aux téguments; de la nature des téguments, qui sert de tégument. *Membrane tégumentaire.*

TEIGNE [tɛɲ]. *n. f.* (*Taigne*, 1265; lat. *tinea*). ♦ 1° Nom donné communément à divers petits papillons (*Tinéidés*) de nombreuses espèces, dont la mite. *Teigne des jardins.* ♦ 2° Nom de diverses affections du cuir chevelu causées par des champignons microscopiques, pouvant entraîner la chute des cheveux. V. **Favus, pelade**. *Avoir la teigne.* ◊ Fig. (1867) *Méchant, mauvais comme une teigne. C'est une teigne, une vraie teigne* : une personne méchante, hargneuse. V. **Gale, peste**.

TEIGNEUX, EUSE [tɛɲø, øz]. *adj.* (*Tigneus*, 1255; lat. *tineosus*). Qui a la teigne. Subst. *Un teigneux.*

TEILLAGE [tɛjaʒ] ou **TILLAGE** [tijaʒ]. *n. m.* (1808; de *teille*). *Techn.* Opération consistant à *teiller* (le chanvre, le lin).

TEILLE [tɛj] ou **TILLE** [tij]. *n. f.* (*Tille* « planche de tilleul débité », 1204; lat. *tilia* « écorce de tilleul », et par ext. « écorce »). ♦ 1° *Techn.* Liber du tilleul, dont on fait des cordes, des nattes. ♦ 2° Écorce de la tige de chanvre.

TEILLER [teje] ou **TILLER** [tije]. *v. tr.* (XIVᵉ; de *teille*). *Techn.* Débarrasser (le chanvre, le lin) de la teille, séparer les parties ligneuses de la fibre.

TEILLEUR, EUSE [tɛjœr, øz] ou **TILLEUR, EUSE** [tijœr, øz]. *n.* (1808; *tellier*, XVIᵉ; de *teiller*). *Techn.* Ouvrier, ouvrière qui teille, capable d'assurer les opérations de rouissage et de teillage. ◊ *N. f.* (1874) Machine à teiller.

TEINDRE [tɛ̃dr(ə)]. *v. tr.*; conjug. *peindre* (1080 [sens 2°]; du lat. *tingere*). ♦ 1° (1160). Imprégner d'une substance colorante par teinture. *Substance qui sert à teindre.* V. **Tinctorial**. *Faire teindre un vêtement en noir. — Teindre ses cheveux.* « *Il devait se teindre les moustaches* » (CÉLINE). ◊ SE TEINDRE. *v. pron.* Teindre ses cheveux. ♦ 2° *Littér.* Colorer. V. **Teinter**. « *Jonque de nuages teinte d'un violet épais* » (COLETTE). — Pronom. « *Les sainfoins se teignaient d'amarante* » (FROMENTIN).

TEINT [tɛ̃]. *n. m.* (1160; « peinture », 1080; de *teindre*). ♦ 1° Manière de teindre, couleur obtenue par la teinture, dans les express. : *Tissu bon teint, grand teint*, dont la teinture résiste au lavage et à la lumière. — *Fig.* et *par plaisant.* BON TEINT : qui ne change pas, solide. « *Son socialisme n'était pas encore de très bon teint* » (ARAGON). *Un catholique bon teint.* ♦ 2° (XVIᵉ). Nuance ou aspect particulier de la couleur du visage. V. **Carnation**. *Teint clair. Un teint de blonde. Teint basané, cuivré, foncé, olivâtre. Teint mat; teint chaud, coloré. — Avoir le teint frais, éblouissant, éclatant. Teint pâle, bilieux, blafard, brouillé, cireux, terreux. Un teint vif, sain, un peu rouge, un teint de plein air* » (COLETTE). ◊ *Fond de teint* (V. **Fond**, I, 5°). ◊ HOM. *Tain, thym, tin.* Formes du v. *tenir.*

TEINT, TEINTE [tɛ̃, tɛ̃t]. *adj.* (1080, « pâle, pâli »). V. **Teindre**. *Qu'on a teint. Laine teinte. Cheveux teints.* — Fam. *Elle est teinte*, ses cheveux sont teints.

TEINTANT, ANTE [tɛ̃tã, ãt]. *adj.* (1967; de *teinter*). Qui sert à teinter. V. **Colorant**. *Crème teintante.*

TEINTE [tɛ̃t]. *n. f.* (1260 [sens 2°]; rare av. XVIIᵉ; repris alors par l'interm. de l'it. *tinta*; de *teindre*). ♦ 1° Couleur complexe obtenue par mélange. V. **Nuance, ton**. *Les* « *huit cent dix-neuf teintes de la palette* » (DIDER.). « *Les teintes, les demi-teintes* » (ROLLIN). *Teinte plate*.* — (En parlant d'étoffes teintes) *Toilette aux teintes vives, sombres, chaudes.* ♦ 2° (*Dans la nature*). Couleur plus ou moins mêlée, plus ou moins intense; nuance d'une couleur. « *La teinte rougeâtre des chênes* » (NERVAL). « *Le ciel prenait la teinte des ardoises* » (FLAUB.). ♦ 3° *Fig.* (XVIIIᵉ). Apparence peu marquée; petite dose. « *Ces chagrins d'enfance qui laissent une teinte de sauvagerie difficile à effacer* » (VIGNY). « *Légère teinte de rigorisme* » (STE-BEUVE).

TEINTÉ, ÉE [tɛ̃te]. *adj.* (1752; V. Teinter). Légèrement coloré. *Lunettes à verres teintés.*

TEINTER [tɛ̃te]. *v. tr.* (XVIᵉ; repris XVIIIᵉ, « teindre » ; lat. médiév. *tinctare*, class. *tingere*). Couvrir uniformément d'une teinte légère, colorer légèrement. *Teinter un papier.* — Pronom. « *Les dorades... se teintaient d'une pointe de carmin* » (ZOLA). ◊ *Au p. p.* (emploi le plus fréquent) *Blanc teinté de rose.* — *Fig.* Revêtir d'une teinte (3°). « *Notre littérature teintée d'espagnolisme* » (GIDE). ◊ HOM. Tinter.

TEINTURE [tɛ̃tyr]. *n. f.* (*Tainture*, 1209; lat. *tinctura*, de *tingere* « teindre »). ♦ 1° Action de teindre, de fixer une matière colorante (sur une matière). *Teinture du coton, de la laine, de la fourrure, du cuir. Bain de teinture. Accident de teinture*, défaut d'uniformité dans la teinte d'un tissu, d'un cuir. Spécialt. *Teinture des cheveux.* V. **Coloration, couleur**. ◊ Résultat de cette action. *Teinture solide.* V. **Teint** (1°). ♦ 2° *Fig.* (XVIᵉ). TEINTURE DE... : connaissance superficielle. V. **Vernis**. « *Ils ont quelque teinture de cette science* » (PASC.). ♦ 3° Substance colorante, végétale ou synthétique, servant à cette opération. V. **Colorant**. « *Les teintures dont on les imprègne* (les cuirs) » (ROMAINS). « *Les Vénitiennes se trempaient les cheveux dans une teinture blonde* » (FRANCE). ♦ 4° *Pharm.* Préparation à base d'alcool où l'on a incorporé une ou plusieurs substances médicamenteuses. *Teinture d'iode. Teinture d'arnica.*

TEINTURERIE [tɛ̃tyrri]. *n. f.* (1260; de *teinture*). ♦ 1° Industrie de la teinture, métier de teinturier (1°). ♦ 2° Boutique de teinturier, de teinturière (2°). *Donner un complet à la teinturerie.* V. **Pressing**.

TEINTURIER, IÈRE [tɛ̃tyrje, jɛr]. *n.* (1244,-1404 [*taintenière*]; de *teinture*). ♦ 1° *N. m. Techn.* Celui qui assure les diverses opérations de la teinture. *Teinturier en cuirs et peaux.* ♦ 2° *N. Cour.* Personne dont le métier est d'entretenir les vêtements (nettoyage, dégraissage, repassage, et *aussi* teinture). *Boutique de teinturier. Porter un costume, des cravates, des soieries chez le teinturier.*

TEL, TELLE [tɛl]. *adj., pron.* et *nominal* (*Tiel*, fin Xᵉ; lat. *talis*).

I. (Marquant la ressemblance, la similitude). ♦ 1° Semblable, du même genre. V. **Pareil**. *Je suis étonné qu'il tienne de tels propos.* « *Il n'y a rien de tel dans le manuscrit conservé à Rome* » (MADELIN). — (Appos.) *Littér.* Le livre « *demeurait aux mains d'une élite fort étroite. Tel, il assurait... non sans fautes, la conservation de la connaissance* » (DUHAM.). — (Attribut) « *Une âme atroce connue pour telle* » (BEAUMARCH.). *S'ils ne sont pas avares, ils passent pour tels.* (En tête de la propos., avec inversion du sujet) « *Telle est la loi de progression* » (GAUTIER). « *Tel j'étais au grand séminaire, tel je suis resté* » (BERNANOS). — COMME TEL : en cette qualité, à ce titre. — EN TANT QUE TEL. « *La qualité en tant que telle* » (SARTRE). ◊ (Redoublé et représentant deux personnes ou deux choses différentes) *Tel père, tel fils*, le père et le fils sont semblables. *Tel maître, tel valet.* ♦ 2° TEL QUE... : comme (suivi d'un nom ou d'un pron.). *Une femme telle que sa mère.* « *Un ami tel que lui* » (DIDER.). — Servant à présenter un exemple ou une énumération. « *Ces déités impalpables,... telles que les Fées, les Gnomes* » (BAUDEL.). ◊ (Suivi d'un verbe à l'ind.) « *Si vos fautes sont telles que vous dites* » (FRANCE). « *S'accepter tel qu'on est* » (MART. du G.). « *Tel qu'il est... il est encore plus beau* » (SAND). ♦ 3° *Littér.* (Pour introduire un compar.). Comme. « *Le fjord dort entre les monts à pic, tel un long lac tortueux* » (SUARÈS). ♦ 4° TEL QUEL (*tieus quieus*, 1209) : sans arrangement; sans modification. « *La nature telle qu'elle* » (VALÉRY). *Laisser les choses telles quelles*, telles qu'elles sont, en l'état (Pop. et incorrect). *Laissez-les telles quelles.*

II. (*Exprimant l'intensité*). Si grand, si fort, qui atteint un degré si élevé. V. **Pareil, semblable**. *Je n'ai jamais eu une telle peur.* « *Qui se hasarderait contre un tel adversaire ?* » (CORN.). — *À tel point.* V. **Tellement**. — RIEN DE TEL : rien de si efficace. — (Introduisant une conséquence) *J'ai eu une peur telle que je me suis enfui.* — (Avec le subj. à la négative) *Je n'en ai pas un besoin tel que je ne puisse attendre.*

III. (*Indéf.*). Un... particulier. ♦ 1° (*Adj.*, sans article). « *L'homme en général, et non tel homme* » (TAINE). « *Que m'importe que tel ou tel numéro sorte de l'urne* » (VALÉRY), un numéro ou un autre. ◊ (Désignant une chose précise qu'on ne nomme pas) *Telle quantité de.* V. **Tant**. *Il faut telle longueur de fil.* « *Il fut convenu que je prendrai le train tel jour, à telle heure, pour telle gare* » (MIRBEAU). ♦ 2° (Pron.). *Littér.* Certain, quelqu'un. « *Tel consent à être trompé pourvu qu'on le lui dise, tel autre qu'on le lui cache* » (PROUST). — PROV. « *Tel est pris qui croyait prendre* » (LA FONT.). ◊ *Mod.* UN TEL : tenant lieu d'un nom propre. *Monsieur Un tel, Madame Une tel.* V. **Tartempion**. — (En un seul mot et avec une majuscule) *La famille Untel. Les Untel.* ◊ HOM. **Tell**.

TÉLAMON [telamɔ̃]. *n. m.* (1611; lat. *telamon*, mot gr., de *talân* « supporter »). *Archit.* Statue qui supporte une corniche, un entablement. V. **Atlante.**

TÉLÉ-. ♦ 1° Élément savant signifiant « au loin, à distance », tiré du gr. *têle* « loin » (*ex. :* télévision). ♦ 2° Élément correspondant au préfixe tiré de « télévision » (ex. : *Télé-jeux, téléreportage, télé-théâtre; télé-caméra.* ♦ 3° Préf. tiré de *téléphérique* (ex. : *télésiège*).

TÉLÉ [tele]. *n. f.* (v. 1952). *Abrév. fam.* de Télévision. *Regarder la télé. Une émission de télé.* ◇ *Une télé couleur. Des télés :* des postes récepteurs de télévision. V. **Téléviseur.**

TÉLÉASTE [teleast(ə)]. *n.* (1963; de *télé-* [2°], d'après *cinéaste*). *Rare.* Réalisateur d'émissions de télévision.

TÉLÉBENNE [teleben] *n. f.;* **TÉLÉCABINE** [telekabin]. *n. f.* (v. 1920; de *télé[férique]*, et *benne, cabine.* V. **Télé-** [1°]). Téléférique à un seul câble et à plusieurs petites cabines; chacune de ces cabines.

TÉLÉCINÉMA [telesinema]. *n. m.* (1935; de *télé-* [2°], et *cinéma*). Appareil servant à transmettre par télévision un film de cinéma; service de projection et de transmission des films, à la télévision.

TÉLÉCOMMANDE [telekɔmɑ̃d]. *n. f.* (1945; de *télé-* [1°], et *commande*). Transmission à distance d'un signal déclenchant l'exécution d'un ordre par un dispositif. *Télécommande des aiguillages, des machines-outils, des avions* V.) Téléguidage). — *Par ext.* L'équipement assurant cette transmission. *Antenne de télécommande.*

TÉLÉCOMMANDER [telekɔmɑ̃de]. *v. tr.* (1945; de *télé-* [1°], et *commander*). Commander à distance (une opération). *Télécommander la mise à feu d'une fusée.* — (1967). Fig. *La manœuvre a été télécommandée de l'étranger.* V. **Téléguider.**

TÉLÉCOMMUNICATION [telekɔmynikasjɔ̃]. *n. f.* (1904; de *télé-* [1°], et *communication*). Ensemble des procédés de transmission d'informations à distance. V. **Radio-communication, télégraphe, téléphone, télévision.** *Ministère des Postes et des Télécommunications* (V. **Poste**). *Satellite artificiel utilisé comme relais en télécommunications.*

TÉLÉCOPIE [telekɔpi]. *n. f.* (1973; de *télé-* [1°], et *copie*). *Didact.* Procédé de télégraphie analogique consistant à émettre l'analyse de la surface d'un document et à produire à la réception, sur un support d'enregistrement, un document géométriquement semblable à l'original. (Terme recomm. pour désigner l'ensemble des techniques connues sous le nom de *télégraphie fac-similé* et de *phototélégraphie.*)

TÉLÉCRAN [telekrɑ̃]. *n. m.* (1956; de *télé-* [2°], et *écran*). *Techn.* Écran de télévision pour une grande salle.

TÉLÉDÉTECTION [teledetɛksjɔ̃]. *n. f.* (v. 1960; de *télé-* [1°], et *détection*). *Didact.* Science et techniques de la détection à distance.

TÉLÉDICTAGE [telediktaʒ]. *n. m.* (1973; de *télé-* [1°], et *dicter*). *Techn.* Mode de transmission par ondes courtes vers des centres éloignés d'informations dictées, destinées à la presse locale pour une parole. On emploie aussi TÉLÉ-DICTÉ, *adj.,* dans *Bulletin télédicté.* Cf. **Dépêche.**

TÉLÉDIFFUSER [teledifyze]. *v. tr.* (v. 1960; de *télé-* [2°], et *diffuser,* d'apr. *radiodiffuser*). *Techn.* (surtout au p. p. adj.). Diffuser par la télévision. V. **Téléviser.**

TÉLÉDIFFUSION [teledifyzjɔ̃]. *n. f.* (v. 1960; de *télé-* [2°], et *diffusion,* d'apr. *radiodiffusion*). *Techn.* Diffusion par télévision. *Télédiffusion par satellites.*

TÉLÉDISTRIBUTION [teledistribysjɔ̃]. *n. f.* (v. 1960; de *télé-* [2°], et *distribution*). *Techn.* Procédé de distribution de programmes télévisés par câbles ou par relais hertziens, utilisé pour la retransmission d'enregistrements vidéo en circuit fermé à l'intention d'un réseau d'abonnés, de plusieurs salles de projection, etc. — *Télédistribution avec voie de retour vidéo* ou *Télévision interactive.*

TÉLÉDYNAMIE [teledinami]. *n. f.* (1923; de *télédyna-mique*). *Techn.* Transmission de la force à distance (*spécialt.* de la force électrique).

TÉLÉDYNAMIQUE [teledinamik]. *adj.* (1875; de *télé-* [1°], et *dynamique*). *Techn.* Qui transmet une force à distance.

TÉLÉENSEIGNEMENT ou **TÉLÉ-ENSEIGNEMENT** [teleɑ̃sɛɲmɑ̃]. *n. m.* (v. 1960; de *télé-* [2°], et *enseignement*). *Techn.* Mode d'enseignement utilisant le support de la télévision.

TÉLÉFÉRIQUE ou **TÉLÉPHÉRIQUE** [teleferik]. *adj.* et *n. m.* (1923; de *téléphér[age]*). ♦ 1° *Techn.* Relatif au téléphérage. *Appareils, câbles de téléphérage.* ◇ *N. m.* (1924) Câble de transport par téléphérage. ♦ 2° *N. m.* (v. 1930). Dispositif de transport par cabine suspendue à un câble, en montagne surtout. *Station, ligne de téléphérique. Ils ont pris le téléférique. Téléphérique sous-marin.* V. **Téléscaphe.**

TÉLÉGA [telega] ou **TÉLÈGUE** [telɛg]. *n. f.* (1859; mot russe). Charrette à quatre roues, utilisée en Russie.

TÉLÉGÉNIE [teleʒeni]. *n. f.* (v. 1965; de *télégénique*). Qualité de ce qui est télégénique*.

TÉLÉGÉNIQUE [teleʒenik]. *adj.* (1961; de *télé-* [2°], d'apr. *photogénique*). *Techn.* Qui fait bel effet, est flatté à la télévision. *Chanteur télégénique.*

TÉLÉGESTION [teleʒɛstjɔ̃]. *n. f.* (1966; de *télé-* [1°], et *gestion*). *Inform.* Mode de traitement des informations à distance au moyen d'un système de téléinformatique*. V. **Télétraitement.**

TÉLÉGRAMME [telegram]. *n. m.* (1859; de *télé-* [1°], et *-gramme*). Communication transmise par le télégraphe ou par radiotélégraphie; contenu de cette communication; feuille sur laquelle est inscrite. V. **Câblogramme** (*abrév.* Câble), **dépêche.** *Écrire, téléphoner, envoyer un télégramme.*

TÉLÉGRAPHE [telegraf]. *n. m.* (1792; de *télé-* [1°], et *-graphe*). Appareil permettant de communiquer à distance. *Télégraphe aérien, télégraphe de Chappe :* appareil transmettant des signaux par une combinaison de bras mobiles. V. **Sémaphore.** ◇ (1842) *Télégraphe électrique, télégraphe (de) Morse,* et absolt. *Télégraphe :* système de transmission par une ligne électrique, où l'information est transformée en signaux électriques par modulation et restitué par des organes appropriés (V. **Émetteur, manipulateur, récepteur, relais, transmetteur**). *Télégraphe sous-marin.*

TÉLÉGRAPHIE [telegrafi]. *n. f.* (1803; de *télégraphe*). ♦ 1° *Vx.* Construction et mise en œuvre des télégraphes aériens. ◇ *Télégraphie optique :* ensemble des procédés et des techniques de transmission à distance au moyen de signaux conventionnels. ♦ 2° *Didact.* Technique, science de la transmission par télégraphe électrique. V. **Communication, émission, transmission.** *Le principe de base de la télégraphie est l'interruption et le rétablissement du courant électrique. Alphabet morse utilisé en télégraphie.* ♦ 3° (1884). Vx ou Admin. *Télégraphie sans fil.* V. **T.S.F.**

TÉLÉGRAPHIER [telegrafje]. *v. tr.* (1842; de *télégra-phie*). ♦ 1° Transmettre par télégraphe. *Télégraphier une dépêche, une nouvelle.* V. **Câbler.** ◇ *Absolt.* Envoyer un télégramme. *Il faut lui télégraphier.* ♦ 2° Faire connaître par télégramme. *Télégraphier une nouvelle à un ami.*

TÉLÉGRAPHIQUE [telegrafik]. *adj.* (1798; de *télé-graphe*). ♦ 1° Du télégraphe. *Fils, poteaux télégraphiques. Alphabet, code télégraphique.* ♦ 2° Expédié par télégraphe ou sous forme de télégramme. *Message, mandat, réponse télégraphique.* ♦ 3° (1923). *Style télégraphique :* abrégé comme dans les télégrammes (sans article, sans pronom, sans préposition chaque fois que cette omission ne nuit pas au sens).

TÉLÉGRAPHIQUEMENT [telegrafikmɑ̃]. *adv.* (1829; de *télégraphique*). Par télégraphie; par télégramme. *Prévenir qqn télégraphiquement.*

TÉLÉGRAPHISTE [telegrafist(ə)]. *n.* (1801; de *télé-graphe*). ♦ 1° Spécialiste de la transmission et de la réception des messages par télégraphe électrique ou sans fil *(radio-télégraphiste).* ♦ 2° Personne (souvent jeune garçon) qui délivre les télégrammes et autres messages urgents. *Un petit télégraphiste à bicyclette.*

TÉLÉGUIDAGE [telegidaʒ]. *n. m.* (1949; de *télé-* (1°), et *guidage*). Ensemble des procédés de guidage à distance d'un véhicule ou d'un engin, sans intervention d'un pilote.

TÉLÉGUIDER [telegide]. *v. tr.* (1949; de *téléguid[age]*). Diriger par téléguidage. Au p. p. *Char, avion téléguidé. Fusées téléguidées.* ◇ *Fig.* et *fam.* Inspiré et conduit par une influence lointaine, occulte. V. **Télécommander.**

TÉLÉIMPRIMEUR [teleɛ̃primœr]. *n. m.* (1948; de *télé-* [1°], et *imprimeur*). *Techn.* Appareil télégraphique qui permet l'envoi direct d'un texte par clavier dactylographique et son inscription au poste de réception. V. **Téléscripteur, télétype, télex.**

TÉLÉINFORMATIQUE [teleɛ̃fɔrmatik]. *n. f.* et *adj.* (v. 1968; de *télé-* [1°], et *informatique*). Informatique faisant appel à des moyens de transmission à distance. V. **Télé-communication, télétraitement.** — Adj. *Une unité de recherche téléinformatique.*

TÉLÉKINÉSIE [telekinezi]. *n. f.* (1933; de *télé-* [1°], et gr. *kinesis* « mouvement »). *Didact.* Mouvement d'objet sans contact.

TÉLÉMAINTENANCE [telemɛ̃tnɑ̃s]. *n. f.* (v. 1970; de *télé-* [1°], et *maintenance*). *Techn.* « Maintenance à distance d'un véhicule spatial au moyen de liaisons de ' télé-mesure ' et de ' télécommande ' » (J.O.).

TÉLÉMANIPULATEUR [telemanipylatœr]. *n. m.* (1969; de *télé-* [1°], et *manipulateur*). *Techn.* Dispositif permettant de manipuler derrière un écran de protection des substances radioactives.

TÉLÉMANIPULATION [telemanipylasjɔ̃]. *n. f.* (1974;

de *télé-* [1º], et *manipulation). Techn.* Manipulation à distance des substances radioactives.

TÉLÉMARK [telemaʀk]. *n. m.* (1931 ; nom d'une localité de Norvège). *Ski.* Virage accompli en fente avant prononcée (un genou près du sol).

TÉLÉMÉCANICIEN [telemekanisjɛ̃]. *n. m.* (v. 1910 ; de *télémécanique). Techn.*, sc. *(Rare).* Spécialiste de télémécanique.

TÉLÉMÉCANIQUE [telemekanik]. *n. f.* (1905 ; de *télé-* [1º], et *mécanique).* Sc. *(Rare).* Transmission à distance de l'énergie, du mouvement, par télégraphie sans fil ; et *par ext.* par tout autre procédé.

TÉLÉMESURE [teleməzyʀ]. *n. f.* (1949 ; de *télé-* [1º], et *mesure). Techn.* Transmission à distance d'un signal porteur d'un résultat de mesure. *Télémesure de maintenance. Émetteurs de télémesure conçus pour les vols spatiaux.*

TÉLÉMÈTRE [telemɛtʀ(ə)]. *n. m.* (1836 ; de *télé-* [1º], et *-mètre).* Appareil de mesure des distances par procédés acoustiques, optiques ou radioélectriques. *Télémètre d'artillerie, de marine.* « *Télémètre de tourelle..., de blockhaus* » (FARRÈRE). — Phot. *Télémètre couplé* (à l'objectif).

TÉLÉMÉTREUR [telemetʀœʀ]. *n. m.* (1923 ; de *télémètre). Techn.* Celui qui mesure des distances au télémètre ; spécialiste des mesures au télémètre. — Adj. *Pointeur télémétreur.*

TÉLÉMÉTRIE [telemetʀi]. *n. f.* (1842 ; de *télémètre). Techn.* Mesure des distances par procédé optique, acoustique ou radioélectrique. — Dér. TÉLÉMÉTRIQUE [telemetʀik], *adj.*

TÉLENCÉPHALE [telɑ̃sefal]. *n. m.* (1904 ; du gr. *tel[os]* « fin », et *encéphale). Anat.* Partie du cerveau qui provient de la vésicule cérébrale antérieure de l'embryon, formée par les deux hémisphères cérébraux.

TÉLÉO-, TÉLO-. Éléments, du gr. *telos, teleos* « fin », but », et du gr. *teleios* « complet, achevé ».

TÉLÉOBJECTIF [teleɔbʒɛktif]. *n. m.* (1906 ; de *télé-* [1º], et *objectif).* Objectif photographique à longue focale et de faible ouverture, capable d'agrandir l'image et servant à photographier des objets éloignés. *Détail d'architecture pris au téléobjectif.*

TÉLÉOLOGIE [teleɔlɔʒi]. *n. f.* (1765 ; de *téléo-*, et *-logie). Philo.* Étude de la finalité. Science des fins de l'homme. V. Téléonomie, télénomie. « *Il* [l'exemple de Hegel] *nous permet de dissocier téléologie et finalité, du moins au sens des causes finales critiquées par Spinoza et par Bergson* » (RICŒUR). — *Spécialt.* Doctrine qui considère le monde comme un système de rapports entre moyens et fins.

TÉLÉOLOGIQUE [teleɔlɔʒik]. *adj.* (1812 ; de *téléologie). Philo.* Relatif à la téléologie ; qui constitue un rapport de finalité. *Argument,* « *preuve* » *téléologique de l'existence de Dieu.* V. Physico-théologique. « *Les figures, dans la dialectique téléologique, ne sont pas des causes finales, mais des significations* [...] » (RICŒUR).

TÉLÉONOMIE [teleɔnɔmi] ou **TÉLÉNOMIE** [telenɔmi]. *n. f.* (1972 ; de *télé[o]-*, et *nomo-). Biol., philo.* Étude des lois de la finalité. V. Téléologie. « *La seule hypothèse considérée comme acceptable aux yeux de la science moderne est que l'invariance précède nécessairement la téléonomie* » (J. MONOD). « *S'il est dans toute la nature un objet qui semble matérialiser une intention, un projet, une finalité enfin, ou, si l'on préfère d'user d'un terme plus savant et moins compromis, d'une* ' *téléonomie* ', *c'est, à coup sûr, le germe, ce* ' *comprimé d'avenir* ' » (J. ROSTAND).

TÉLÉOPÉRATEUR [teleɔpeʀatœʀ]. *n. m.* (1973 ; de *télé-* [1º], et *opérateur). Techn.* Véhicule tout-terrain téléguidé, équipé de télémanipulateurs et de caméras de télévision.

TÉLÉOSAURE [teleɔsɔʀ]. *n. m.* (1842 ; lat. scient. *teleosaurus ; Cf. téléo-,* et *-saure). Paléont.* Crocodile fossile de l'ère secondaire.

TÉLÉOSTÉENS [teleɔsteɛ̃]. *n. m. pl.* (1873 ; du lat. zool. *teleostei,* du gr. *teleios* « achevé », et *osteon* « os »). *Zool.* Poissons osseux (les plus nombreux) dont le squelette est complet (à la différence des *Ganoïdes).* — Au sing. *Un téléostéen.*

TÉLÉPATHE [telepat]. *n.* et *adj.* (xxᵉ ; de *télépathie).* Personne qui a le sentiment d'une communication à distance extra-sensorielle. *Médiums et télépathes.*

TÉLÉPATHIE [telepati]. *n. f.* (fin xixᵉ ; angl. *telepathy* [1882], d'apr. *télé-* [1º], et *-pathie).* Sentiment de communication à distance par la pensée ; communication réelle extra-sensorielle. V. Transmission (de pensée).

TÉLÉPATHIQUE [telepatik]. *adj.* (fin xixᵉ ; de *télépathie).* Relatif à la télépathie.

TÉLÉPHÉRAGE [telefeʀaʒ]. *n. m.* (1884 ; *telphérage,* 1885 ; angl. *telpherage* [1883] ; du gr. *pherein* « porter ». V. Télé-, 1º). *Techn.* Procédé de transport par des véhicules suspendus et portés par des câbles aériens. *Téléphérage du*

charbon, de passagers dans des bennes (V. Télébenne, téléférique).

TÉLÉPHÉRIQUE. V. TÉLÉFÉRIQUE.

TÉLÉPHONAGE [telefɔnaʒ]. *n. m.* (déb. xxᵉ ; de *téléphoner).* ♦ 1º *Rare.* Le fait de téléphoner. V. Appel (téléphonique), coup (de fil, de téléphone). ♦ 2º *Techn.* Transmission des télégrammes par téléphone.

TÉLÉPHONE [telefɔn]. *n. m.* (1834, « appareil acoustique » ; répandu v. 1880 ; de *télé-* [1º], et *-phone).* ♦ 1º Instrument qui permet de transmettre à distance des sons, par l'intermédiaire d'un dispositif approprié, suivi d'un circuit électrique et d'un récepteur. — *Par ext.* Ensemble des procédés et des dispositifs permettant la liaison d'un grand nombre de personnes au moyen de cet appareil (systèmes d'appel, d'interconnexion) ; réseau téléphonique. *Téléphone manuel, automatique* (ellipt. *l'automatique).* Les *abonnés du téléphone :* personnes disposant d'un appareil téléphonique à domicile. *Numéro de téléphone :* indicatif d'un abonné. « *Bergamot vous donnera mon adresse et mon numéro de téléphone* » (ROMAINS). *Annuaire du téléphone :* liste des abonnés. *Appeler qqn au téléphone* (V. Appel ; allo!). — *Sonnerie du téléphone.* — Fam. *Coup de téléphone.* V. Fil (coup de). ♦ 2º (1876). Appareil constitué d'un combiné microphone-récepteur qui repose sur un support. *Téléphone de campagne* (milit.). *Téléphone automatique à cadran mobile. Téléphone en dérangement. Téléphone public.* V. Taxiphone. *Jeton de téléphone.* ♦ 3º Par ext. *(au plur.).* Organisation ou service qui assure les liaisons téléphoniques. *L'administration des téléphones.* V. Télécommunication. Ancienn. *Postes, Télégraphes et Téléphones* (P.T.T. ; V. Poste). ♦ 4º (attesté 1967). Fig. *Téléphone arabe ; téléphone de brousse,* transmission rapide des nouvelles par des relais de messagers ou d'informateurs.

TÉLÉPHONER [telefɔne]. *v.* (1885 ; de *téléphone).* ♦ 1º *V. tr.* Communiquer, transmettre par téléphone. *Téléphoner une nouvelle à qqn.* « *Téléphone-lui de venir* » (MAURIAC). — Au p. p. (1892) *Message téléphoné* ◇ Fig. *(Sports).* Faire connaître, faire prévoir par une préparation trop visible. *Il ne téléphone pas ses coups.* — Au p. p. « *Tes crochets sont encore trop larges, trop* ' *téléphonés* ' » (CAU). ♦ 2º *V. tr. indir.* et *intr.* Se mettre, être en communication par téléphone. *Téléphoner à, chez qqn* (Cf. Donner, passer un coup de fil*). *Téléphonez-moi demain.* V. Appeler. *Il est en train de téléphoner.* « *Il ignorait qu'on peut téléphoner dans tous les cafés* » (MONTHERLANT).

TÉLÉPHONIE [telefɔni]. *n. f.* (1836 ; de *téléphone).* ♦ 1º *Didact.* Technique de la transmission des sons à distance ; correspondance par un système de sons. ♦ 2º (1857). *Techn.* Ensemble des connaissances, des techniques et des opérations concernant le téléphone (1º) électrique et notamment la transmission de la parole (par modulation). *Téléphonie automatique.* Par ext. *Téléphonie sans fil.* V. Radiotéléphonie.

TÉLÉPHONIQUE [telefɔnik]. *adj.* (1838 ; de *téléphone).* Relatif au téléphone (appareil, réseau de liaison ou organisation). *Ligne, réseau ; central, standard téléphonique. Liaison téléphonique. Communication ; appel, conversation téléphonique. Appareil, cabine téléphonique. Répondeur téléphonique. Redevance téléphonique.*

TÉLÉPHONIQUEMENT [telefɔnikmɑ̃]. *adv.* (1883 ; de *téléphonique). Rare.* Par téléphone.

TÉLÉPHONISTE [telefɔnist(ə)]. *n.* (1880 ; de *téléphone).* Personne chargée d'assurer les liaisons, les transmissions téléphoniques. *Téléphoniste d'un standard.* V. Standardiste.

TÉLÉPHOTOGRAPHIE [telefɔtɔgʀafi]. *n. f.* (1890 ; de *télé-* [1º], et *photographie).* ♦ 1º *Techn.* Transmission des images par l'intermédiaire d'un courant électrique ; cette transmission. V. Bélinographe. ♦ 2º *Techn.* (1907). Technique de la photographie des objets éloignés par un montage optique approprié (téléobjectif). ◇ *Par ext.* Cliché pris selon cette technique.

TÉLÉPOINTAGE [telepwɛ̃taʒ]. *n. m.* (1948 ; de *télé-* [1º], et *pointage). Milit.* Dispositif qui permet le pointage à distance des canons d'un navire de guerre, à partir d'un poste central de tir.

TÉLÉRADAR [teleʀadaʀ]. *n. m.* (1964 ; de *télé-* [2º], et *radar). Techn.* Technique d'émission ou de réception d'une image radar au moyen de la télévision.

TÉLÉRADIOGRAPHIE [teleʀadjɔgʀafi] ou **TÉLÉRADIO** [teleʀadjo]. *n. f.* (1953 ; de *télé-* [1º], et *radiographie). Méd.* Radiographie effectuée à une distance d'au moins 1,50 m, donnant une image grandeur nature de l'organe et supprimant la déformation conique de l'image.

TÉLÉREPORTAGE [telen(ə)pɔʀtaʒ]. *n. m.* (mil. xxᵉ ; de *télé-* [2º], et *reportage).* Reportage télévisé.

TÉLÉSCAPHE [teleskaf]. *n. m.* (1966 ; de *télé[phérique]* et rad. *-scaphe ; Cf.* Naviscaphe). *Techn.* Téléférique sous-marin composé de cabines de plexiglas transparent soutenues par des câbles.

TÉLESCOPAGE [telɛskɔpaʒ]. *n. m.* (1898; de *télescoper*). Le fait de télescoper, de se télescoper *(au pr.* ou *au fig.).*

TÉLESCOPE [telɛskɔp]. *n. m.* (1611; it. *telescopio* ou lat. mod. *telescopium* [1611], formé sur le gr.; Cf. Télé-, et -scope). ♦ 1° Instrument d'optique destiné à l'observation des objets éloignés, et *spécialt.* des astres. V. **Lunette** (astronomique). *Lentilles, miroirs de télescope.* ♦ 2° Instrument d'optique astronomique utilisant un ou plusieurs miroirs (le terme de lunette est réservé aux instruments à lentilles). *Pouvoir amplifiant, grossissement d'un télescope. Télescope électronique.* V. **Radiotélescope.**

TÉLESCOPER [telɛskɔpe]. *v. tr.* (1873, v. pron.; amér. *to telescope,* de l'angl. *telescope* «lunette d'approche à tubes emboîtés»). Rentrer dans, enfoncer par un choc violent (de deux véhicules). V. **Heurter, tamponner.** *Le train a télescopé la voiture au passage à niveau.* ◇ Pronom. *Wagons qui se télescopent.* — *Fig.* S'interpénétrer. «*Certains souvenirs chevauchent, se télescopent, se juxtaposent*» (GIDE).

TÉLESCOPIQUE [telɛskɔpik]. *adj.* (1666; de *télescope*). ♦ 1° Qui se fait à l'aide du télescope. *Observations télescopiques.* Par ext. *Planètes, astéroïdes télescopiques :* invisibles à l'œil nu. ◇ Du télescope. *Miroir télescopique.* ♦ 2° (De l'angl. *telescopic,* 1846). Dont les éléments s'emboîtent les uns dans les autres, comme les éléments du tube d'une lunette d'approche, d'une longue-vue. *Trépied, canne à pêche, antenne télescopique.*

TÉLESCRIPTEUR [telɛskriptœr]. *n. m.* (1898; de *télé-* [1°], et lat. *scriptor*). *Techn.* et *cour.* Appareil de transmission électrique des dépêches par un procédé quelconque. V. **Téléimprimeur, télétype.** *Les téléscripteurs d'une agence de presse, d'un journal.*

TÉLÉSIÈGE [telesjɛʒ]. *n. m.* (v. 1940; de *télé*[férique], et *siège*). Téléférique constitué par une série de sièges suspendus à un câble unique.

TÉLÉSIGNALISATION [telesiɲalizasjɔ̃]. *n. f.* (1966; de *télé-* [1°], et *signalisation*). *Techn.* Signalisation à distance, par câbles ou par voie hertzienne, pouvant servir à déclencher l'alarme ou à communiquer des informations codées.

TÉLÉSKI [teleski]. *n. m.* (1936; comp. hybride de *télé* [férique], et *ski*). Remonte-pente pour les skieurs. V. **Tire-fesses.**

TÉLÉSPECTATEUR, TRICE [telespɛktatœr, tris]. *n.* (1949; de *télé-* [2°], et *spectateur*). Spectateur et auditeur de la télévision. «*Un intérêt éveillé chez quelques téléspectateurs*» (MAURIAC).

TÉLESTHÉSIE [telɛstezi]. *n. f.* (xxᵉ; angl. *telæsthesia,* 1882; Cf. Télé- [1°], et *-esthésie*). *Didact.* V. **Télépathie.**

TÉLÉSURVEILLANCE [telesyrvɛjɑ̃s]. *n. f.* (1968; de *télé-* [1°], et *surveillance*). *Techn.* Surveillance effectuée à distance (notamment à l'aide de moyens électroniques). «*On assurerait ainsi des liaisons techniques entre les infrastructures de télédistribution et de télésupervision (télérelevé des compteurs, télésurveillance des logements...)*» (*Le Monde,* sept. 1973).

TÉLÉTHÈQUE [teletɛk]. *n. f.* (1967; de *télé-* [2°], et *-thèque*, d'apr. *bibliothèque, discothèque,* etc.). *Didact.* Endroit où l'on conserve des documents d'archives de télévision. «*Chacun pourra avoir à côté de sa bibliothèque, de sa discothèque et de ses bandes magnétiques, sa 'téléthèque' éducative ou distrayante*» (*Le Monde,* 21-2-1969).

TÉLÉTOXIQUE [teletɔksik]. *adj.* (mil. xxᵉ; de *télé-* [1°], et *toxique*). *Biol., méd.* Se dit des insecticides et des produits toxiques sécrétés par les êtres vivants, qui se répandent dans le milieu ambiant. V. **Systémique.**

TÉLÉTRAITEMENT [teletrɛtmɑ̃]. *n. m.* (v. 1950; de *télé-* [1°], et *traitement*). *Inform.* Traitement (d'une information) à distance éloignée de l'unité centrale d'un ordinateur. V. **Télégestion, téléinformatique.** «*Vous pouvez [...] tailler votre réseau de télétraitement à la mesure de votre entreprise*» (*L'Express* [public.], sept. 1972).

TÉLÉTYPE [teletip]. *n. m.* (1923; marque déposée; mot angl., de *teletype*[*writer*] «machine à écrire [*typewriter*] à distance»). *Anglicisme.* V. **Imprimante, téléimprimeur, téléscripteur.**

TÉLÉVISÉ, ÉE [televize]. *adj.* (mil. xxᵉ; de *téléviser*). Transmis par la télévision. *Journal télévisé. Jeux télévisés. Spectacles télévisés. Enseignement télévisé* (V. **Télé-enseignement**).

TÉLÉVISER [televize]. *v. tr.* (v. 1930, p. p.; de *télévision*). Transmettre (des images, un spectacle, une émission) par télévision. V. **Télévisé.**

TÉLÉVISEUR [televizœr]. *n. m.* (1935; de *télévision*).

Poste récepteur de télévision (Cf. Le petit écran*, *fam.).* V. **Télé.** Appos. *Téléviseur couleur,* en couleurs.

TÉLÉVISION [televizjɔ̃]. *n. f.* (1913, dans l'usage scient.; en techn. v. 1925-30; répandu apr. 1945; «transmission de l'image à distance», 1900; 1909, en angl.; de *télé-*, et *vision*). ♦ 1° Ensemble des procédés et techniques employés pour la transmission des images instantanées d'objets fixes ou en mouvement, après analyse et transformation en ondes hertziennes (abrév. fam. *Télé,* anglicisme *Tévé*). *Caméra de télévision,* caméra dans laquelle l'image optique, située sur un écran photoélectronique, reçoit un faisceau d'électrons émis par un tube cathodique. *Station émettrice, station de réception de télévision. Télévision en couleurs* (NTSC, Pal, Secam*). *Émission de télévision retransmise par satellite. Télévision en circuit fermé* (V. **Télédistribution**). *Télévision interactive,* télédistribution avec voie de retour vidéo (Syn. *Télévision avec voie de retour*). ◇ *Par ext.* Ensemble des activités et des services assurant l'élaboration et la diffusion (par des techniques de transmission des images et des sons) d'informations et de spectacles, à un grand nombre de personnes; art et technique de mise en œuvre de ces programmes. *Studios, plateaux de télévision. Chaîne, canal de télévision. Émissions de télévision « en direct »* (diffusion immédiate des images enregistrées) ou «*en différé*» (images enregistrées par le cinéma, le magnétoscope). *Programmes de télévision. Réalisateur, opérateur, cadreur, présentateur, scripte, annonceur, producteur de télévision. — Télévision scolaire, médicale, scientifique,* etc. — (Au Québec). *Télévision communautaire,* temps de télévision et moyens de réalisation mis à la disposition de collectivités, de groupes, pour la présentation de certaines émissions. ♦ 2° *Fam.* Poste récepteur de télévision. V. **Téléviseur.** *Rester des heures devant la télévision.*

TÉLÉVISUEL, ELLE [televizɥɛl]. *adj.* (1963; de *télévision* et *visuel*). *Didact.* De la télévision, en tant que moyen d'expression (artistique surtout).

TÉLEX [telɛks]. *n. m.* (mil. xxᵉ; de *télé-* [1°]). Service de dactylographie à distance avec le téléimprimeur. *Les abonnés du télex. Par télex.* — Par appos. *Communications télex. Service télex. Service d'ordinateur-télex. Ordres-télex.*

TÉLEXISTE [telɛksist(ə)]. *n.* (1972; de *télex*). *Techn.* Personne chargée d'assurer les liaisons par télex.

TELL [tel]. *n. m.* (1890; mot arabe «colline»). *Archéol.* Colline artificielle, tertre ou tumulus formé par des ruines. «*Les 'tells' d'argile*» (DANIEL-ROPS). ◇ HOM. *Tel.*

TELLEMENT [tɛlmɑ̃]. *adv.* (v. 1250; de *tel*). ♦ 1° *Vx* ou *littér.* D'une manière telle (que); de telle façon que. ♦ 2° *Mod.* (Exprimant l'intensité). À un degré si élevé. V. **Aussi, si.** «*Ce livre si fort, tellement historique*» (MICHELET). «*Un être tellement au-dessus de moi*» (BOURGET). — *Fam. Pas tellement, plus tellement,* pas autant qu'on pourrait le penser, pas très, pas beaucoup. «*Sans barbe, tu n'es plus* TELLEMENT *respectable*» (GIDE). *Vous aimez ça? Pas tellement.* ◇ (Suivi d'une propos. de conséquence) TELLEMENT... QUE... *Il allait tellement vite qu'il ne nous a pas vus.* V. **Si.** «*Les feux chauffaient tellement la pièce qu'on laissait larges ouvertes les deux fenêtres et la porte*» (ZOLA). Cf. Au point*, à tel point... que... — (Avec le subj., à la négative) *Il n'est pas tellement vieux qu'il ne puisse travailler.* ◇ (Devant un compar.) *Ce serait tellement mieux ! «Oriane était tellement plus intelligente, tellement plus riche, surtout tellement plus à la mode que ses sœurs*» (PROUST). ♦ 3° *Fam.* TELLEMENT DE... V. **Tant.** *J'ai tellement de soucis, de travail.* ♦ 4° (Suivi d'une propos. de cause). Tant. «*On aurait dit que leur peau allait craquer, tellement elle était tendue*» (DAUD.). ♦ 5° *Vx* ou *littér.* TELLEMENT QUELLEMENT : tant bien que mal. «*La fumée... nous garantissait tellement quellement de la piqûre des maringouins*» (CHATEAUB.).

TELLIÈRE [teljɛr]. *n. m.* (À *la Tellière,* 1723; du nom du chancelier *Le Tellier* [1603-1685], qui imposa ce format). Format de papier (34 × 44). *Papier tellière* ou *Tellière. Le papier ministre est une variété de tellière.*

TELLURATE [te(ɛ)lyrat]. *n. m.* (1836; de *tellure*). *Chim.* Sel ou ester de l'acide tellurique.

TELLURE [te(ɛ)lyr]. *n. m.* (1800; lat. mod. *tellurium,* de *tellus* «terre»). *Chim.* Métalloïde (masse at. 127,60; n° at. 52; dens. 6,24, temp. de fusion env. 450 °C) assez rare, qui se rencontre à l'état natif et surtout combiné à des métaux lourds ou précieux (or), d'aspect métallique, cassant. *Le tellure est utilisé pour améliorer les propriétés de certains métaux ou alliages; c'est un semi-conducteur.*

TELLUREUX, EUSE [te(ɛ)lyrø, øz]. *adj.* (1865; de *tellure*). *Chim.* Se dit d'un acide dérivé du tellure H_2TeO_3.

TELLURHYDRIQUE [te(ɛ)lyridrik]. *adj.* (1842; de *tellure,* et *-hydrique*). *Chim.* Se dit d'un acide H_2Te, appelé *aussi* Hydrure de tellure.

1. **TELLURIQUE** [te(ɛ)lyrik] ou **TELLURIEN, IENNE** [te(ɛ)lyrjɛ̃, jɛn]. *adj.* (1836-1839; du lat. *tellus, -uris* «terre»),

Sc. De la terre ; qui provient de la terre. *Secousse tellurique,* tremblement de terre, séisme. — *Raies telluriques,* dues à l'atmosphère terrestre, et non à la source astronomique dont on étudie le spectre. — Électr. *Courant tellurique,* qui circule dans le sol. — Géogr. *Eaux telluriques :* souterraines.

2. **TELLURIQUE** [te(ɛl)lyrik]. *adj.* (1836 ; de *tellure*). Chim. Se dit d'un anhydride (TeO₃) et d'un acide (H₂TeO₄) dérivés du tellure.

TELLURISME [te(ɛl)lyrism(ə)]. *n. m.* (1846 ; de *tellurique*). Didact. Influence de la terre, du sol sur les êtres qui y vivent, et *spécialt.* sur les mœurs de l'homme en société.

TELLURURE [te(ɛl)lyryr]. *n. m.* (1836 ; de *tellure*). Chim. Combinaison de tellure avec des éléments. Sel ou ester de l'acide tellurhydrique.

TÉLO-. V. TÉLÉO-.

TÉLOLÉCITHE [telɔlesit] ou **TÉLOLÉCITHIQUE** [telɔlesitik]. *adj.* (1900 ; *télolécithal,* 1884 ; de *télo-,* et gr. *lekithos* « jaune d'œuf »). Biol. *Œuf télolécithe ou télolécithique,* œuf caractérisé par un volume considérable de vitellus localisé à l'un des pôles (reptiles, oiseaux). — On dit aussi *Œuf* **MÉGALÉCITHE** (ou **MÉGALÉCITHIQUE**) ou **POLYLÉCITHE** (ou *polylécithique*). ◊ ANT. *Oligolécithe* (ou *oligolécithique*).

TÉLOPHASE [telɔfaz]. *n. f.* (1897 ; de *télo-,* et *phase*). Biol. Dernière phase de la mitose où les chromosomes déplacés aux deux pôles du fuseau reprennent par fusion la forme de deux réseaux de chromatine séparés par une membrane nucléaire. V. **Anaphase, métaphase, prophase.** — Syn. *(Rares).* TÉLOCINÈSE (ou TÉLOKINÈSE).

TELSON [telsɔ̃]. *n. m.* (1890 ; en angl., 1855 ; mot gr. « limite »). Zool. Dernier anneau de l'abdomen, qui ne porte aucun appendice, chez les arthropodes.

TÉMÉRAIRE [temerɛr]. *adj.* (1361 ; lat. *temerarius* « accidentel », d'où « inconsidéré »). ♦ 1° Hardi à l'excès, avec imprudence. V. **Audacieux, aventureux, imprudent ; présomptueux.** *Un enfant téméraire. Téméraire dans ses jugements, ses raisonnements.* ◊ *(Sans valeur péj.,* dès le XVᵉ*)* Très hardi. *Charles le Téméraire.* ♦ 2° *Plus cour.* Qui dénote une hardiesse imprudente *(choses). Entreprise téméraire.* V. **Aventuré, hasardé, hasardeux.** *Jugement téméraire,* porté à la légère, sans base solide. Impers. « *Il est téméraire de poser des bornes au pouvoir réformateur de la raison* » (RENAN). ◊ ANT. *Lâche, peureux, timoré. Réfléchi ; prudent, sage.*

TÉMÉRAIREMENT [temerɛrmɑ̃]. *adv.* (1512 ; de *téméraire*). Littér. Avec une hardiesse inconsidérée, imprudente. « *Des voyages entrepris témérairement* » (AUBIGNY). *Décider, juger témérairement :* à la légère. V. ANT. *Prudemment.*

TÉMÉRITÉ [temerite]. *n. f.* (1380 ; lat. *temeritas*). Disposition à oser, à entreprendre sans réflexion ou sans prudence. V. **Audace, imprudence, hardiesse.** *Une folle témérité.* « *Une témérité qui nous porte au delà de nos forces* » (ROUSS.). « *Intelligence... audacieuse parfois jusqu'à la témérité* » (MADELIN). « *Tu seras châtié de ta témérité* » (LA FONT.). ◊ ANT. *Circonspection, prudence.*

TÉMOIGNAGE [temwaɲaʒ]. *n. m.* (*Tesmoignage,* 1190 ; de *témoigner*). ♦ 1° Déclaration de ce qu'on a vu, entendu, perçu, servant à l'établissement de la vérité. V. **Attestation, rapport.** *Écouter, recevoir un témoignage. Invoquer un témoignage* (pour prouver). *D'après, selon, sur le témoignage de qqn.* « *Je n'entends, par ce mot histoire, rien autre chose que les actes du temps, les témoignages sérieux* » (MICHELET). *Témoignage irrécusable. Critique des témoignages* (en histoire, en psycho.). — *Par ext. Écrivain qui porte un témoignage sur son temps.* ◊ *Spécialt.* Témoignage favorable. *Témoignage d'innocence, de vertu, de bonne conduite.* (V. **Attestation**). « *Si... j'avais besoin d'un témoignage de probité* » (BEAUMARCH.). *Rendre témoignage à la vérité :* lui rendre hommage en la respectant toujours. *Rendre témoignage à, pour qqn :* témoigner en sa faveur. ♦ 2° « Donnée d'une fonction intuitive de connaissance » (FOULQUIÉ). *Le témoignage des sens.* ♦ 3° Déclaration d'un témoin. V. **Déposition.** « *Produisez vos témoignages* » (MAUROIS). *Témoignages écrasants. Faux témoignage :* témoignage inexact d'un témoin de mauvaise foi. « *C'est le crime de faux témoignage... cinq ans de prison, peut-être plus* » (ROMAINS). ♦ 4° (1209). Le fait de donner des marques extérieures, de témoigner (I, 2°) par des paroles ou des actes ; ces marques (paroles ou actes). V. **Démonstration, manifestation, marque, preuve.** *Témoignages d'affection, de reconnaissance.* — « *En témoignage de mon amour et de ma piété* » (FRANCE). V. **Gage.** ◊ *(D'une chose)* Ce qui constitue la preuve, la marque (d'une chose, d'un être). *Acceptez ce modeste témoignage de ma reconnaissance.*

TÉMOIGNER [temwaɲe]. *v. tr.* (*Tesmoignier,* 1131, refait sur *témoin ; testimonier* « porter témoignage contre », 1120 ; lat. *testimonium* « témoignage »).

I. *V. tr. dir.* ♦ 1° Certifier qu'on a vu ou entendu ; attester la vérité ou la véracité de (avec QUE ou qu'*ind.*). V. **Attester.** *Il a témoigné qu'il l'a vu, l'avoir vu.* ◊ Déclarer en justice, en tant que témoin. « *Alors tu veux que j'aille témoigner que*

j'étais à La Veilleuse avec vous ? » (ROMAINS). *Absolt.* Déposer en tant que témoin. *Témoigner en justice. Témoigner en faveur de qqn, contre qqn.* ◊ *Par ext.* Attester par son comportement ; porter témoignage. « *Je meurs pour témoigner qu'il est impossible de vivre* » (SARTRE). ♦ 2° Exprimer, faire connaître ou faire paraître. V. **Manifester, montrer.** *Témoigner ses sentiments par des paroles, des actes.* « *Je lui témoignais de la froideur* » (BOSCO). « *Elle désirait... témoigner au prochain... qu'elle ne le méprisait pas* » (PROUST). ◊ *3°* (*Choses*). Être l'indice, la preuve, le signe de... V. **Attester, montrer, révéler.** Vx « *Je n'en trouve aucun* (vice) *qui témoigne tant de lâcheté* » (MONTAIGNE). — Mod. et littér. (avec *que, combien*) *Ce geste témoigne qu'il vous est attaché, combien il vous est attaché.*

II. (XVIIᵉ). *V. tr. indir.* TÉMOIGNER DE : confirmer la vérité, la valeur de (qqch.) ; par des paroles, des déclarations ou simplement par ses actes, son existence même. V. **Témoin ; témoignage.** *Il était d'accord, je peux en témoigner. Ces martyrs témoignent de leur Dieu.* « *Ses œuvres témoigneront de ce qu'il fut* (l'écrivain) » (CAMUS). — *Par ext.* Manifester. « *Les gardes de nuit qui marchaient en laissant traîner derrière eux leurs bâtons ferrés... pour témoigner de leur vigilance* » (GAUTIER). ◊ Mil. XIXᵉ *(Sujet de chose)* Être le témoignage de. « *Des projets, des compositions qui témoignent d'une imagination variée et féconde* » (GAUTIER).

TÉMOIN [temwɛ̃]. *n. m.* (*Tesmoing* « témoignage », XIᵉ ; lat. *testimonium,* de *testis* « témoin »).

I. *Vx.* Témoignage. — Loc. *Mod.* PRENDRE À TÉMOIN (invar.) : invoquer le témoignage de. « *Ô fleuves... Je vous prends à témoin que cet homme est méchant* » (HUGO). — Parfois accordé, par confusion, avec témoin (II) « *Vous preniez les passants à témoins de votre misère* » (DUHAM.).

II. (v. 1200). Personne qui témoigne, fait un témoignage. ♦ 1° Personne qui peut certifier qqch., qui peut en témoigner. « *L'histoire ayant pour matière* (ce) *qui a pu tomber sous le sens de quelque témoin* » (VALÉRY). *Témoin auriculaire, oculaire, témoin direct. Témoin indirect, médiat,* qui ne sait que par l'intermédiaire d'autres personnes. *Témoin impartial.* ♦ 2° *Spécialt.* Personne en présence de qui s'est accompli un fait et qui est appelée à l'attester en justice. *Assignation, comparution, déposition de témoins. Audition des témoins. Elle est témoin à charge* * ; *à décharge* *. *Confrontation de témoins. Faux témoin,* personne qui fait un faux témoignage. — *Preuve par témoins.* V. **Testimonial.** ◊ *Par métaph. Témoin muet :* pièce à conviction, preuve. ♦ Personne qui doit certifier les identités, l'exactitude des déclarations, dont un acte est dressé. *Les témoins d'un mariage, d'une vente.* ◊ Personne chargée de régler les conditions d'un duel. ◊ *Témoin de moralité,* qui atteste la bonne moralité d'une personne. ♦ 3° *Littér.* Personne qui porte témoignage (1°), affirme une croyance ou atteste une vérité par ses déclarations, ses actes, son existence. « *L'époque la plus médiocre a toujours possédé quelques témoins qui, par leur seule présence, ont élevé une protestation* » (DANIEL-ROPS). *Les Témoins du Christ, de Jéhovah,* nom de sectes religieuses. ♦ 4° Personne qui assiste à un événement, un fait, et le perçoit (sans qu'elle soit forcément amenée à en témoigner). V. **Spectateur.** *J'ai été témoin de l'accident, une dispute. Elle est témoin qu'il a refusé de m'écouter, elle l'a vu. Parler devant témoins :* devant des tiers. *Faire qqch. sans témoins :* seul. *Criminel qui se débarrasse d'un témoin gênant.* — Fig. « *Ces bois témoins de mon bonheur* » (MUSS.). ◊ *(Opposé à* acteur) Simple spectateur, qui n'intervient pas. « *L'homme n'est qu'un témoin frémissant d'épouvante* » (HUGO).

III. Ce qui sert de preuve, atteste, manifeste. ♦ 1° Témoignage, preuve (*mod.,* seulement en tête de phrase). ◊ preuve. « *Une religion chargée de beaucoup de pratiques attache plus à elle qu'une autre qui l'est moins... : témoin l'obstination tenace des mahométans et des juifs* » (MONTESQ.). « *Témoin trois procureurs* » (RAC.). ♦ 2° Didact., littér. Chose qui, par sa présence, son existence, atteste, permet de constater, de vérifier... « *Certains êtres sont les derniers témoins d'une forme de vie que la nature a abandonnée* » (PROUST). ◊ *(Rel.)* Feuillet non rogné, laissé intact par le relieur, attestant que les marges ont été épargnées au maximum. ◊ Petits débris (tuiles, ardoises) enfouis sous les bornes d'une propriété, pour vérifier par la suite leur emplacement. ◊ Objet (piquet, taquet, etc.) qui sert à marquer un emplacement, en arpentage. ◊ Hauteur, butte laissée intacte au cours de fouilles, d'excavations. — Géol. *Butte-témoin* qui a échappé à l'érosion. ◊ Espace non nettoyé, après la restauration d'un tableau, etc. ◊ *Sport.* Bâtonnet que doivent se passer les coureurs de relais. *Travailler le passage du témoin.* ◊ *Sc.* (1884) Élément qui sert de repère, de point de comparaison (dans une expérience, un essai). Appos. *Animaux, plantes, sujets témoins,* sur lesquels on n'a pas fait d'expérience et que l'on compare à ceux sur lesquels on en a fait. — Chose servant de point de repère, de modèle. *Appartement-témoin.* « *L'industrie automobile, secteur-témoin de toute la production* *industrielle française* » (*Le Monde*, 19-7-1964). — Dispositif de contrôle. « *Un tableau signalant certains défauts de fonctionnement par allumage de lampes témoins* » (*La Vie du rail*, 29-3-1970). V. **Voyant.**

1. TEMPE [tɑ̃p]. *n. f.* (1530 ; *temple*, 1080 ; lat. pop. °*tempula*, class. *tempora*, plur. de *tempus*). Région latérale de la tête, entre le coin de l'œil et le haut de l'oreille, correspondant à la fosse temporale du crâne. *Le méplat des tempes.* « *Sous la peau mince des tempes, les veines se dessinèrent* » (BOSCO). *Tempes grisonnantes.*

2. TEMPÉ [tɑ̃p]. *n. f.* (1765 ; p.-ê. de *templum*, au sens de « traverse »). *Techn.* Morceau de bois au moyen duquel le boucher tient ouvert le ventre d'un animal.

TEMPERA (A) [atɑ̃peʀa]. *loc. adj.* (1892 ; mots it. « à détrempe »). *Peint.* Se dit d'une couleur délayée dans de l'eau additionnée d'un agglutinant (gomme, colle, œuf), et du procédé de peinture avec cette couleur. V. **Détrempe I.** — Loc. adv. *Peindre a tempera.* — On écrit aussi : *À la tempera.* « *Une peinture à la tempera de Derain* » (*Le Monde*, 25-3-1969).

TEMPÉRAMENT [tɑ̃peʀamɑ̃]. *n. m.* (h. *XIIIᵉ* ; 1478 ; lat. imp. *temperamentum* « juste proportion », d'où « action de tempérer », de *temperare* « adoucir »).

I. ♦ **1°** *Vx.* (1636). Équilibre d'un mélange, d'une composition. « *Ce tempérament de mes tendances* » (VALÉRY). ♦ **2°** *Vx.* Mesure dans les jugements, la conduite. « *Une hardiesse qui se maintienne dans un juste tempérament* » (GAUTIER). ◇ *Vieilli.* Solution mesurée, moyen terme. « *Nous trouvâmes un tempérament raisonnable, qui fut de louer une maison* » (Abbé PRÉVOST). ♦ **3°** (Repris au lat.). *Didact.* Modification qui tempère, mitige. V. **Adoucissement, atténuation.** « *Quand l'absolutisme devient intolérable, on poignarde le souverain. Voilà le seul tempérament politique que l'on y connaisse* » (RENAN). ◇ *Mus.* (1690). Organisation de l'échelle des sons, qui donne une valeur commune, dans les instruments à son fixe, au dièse d'une note et au bémol de la note immédiatement supérieure (*par ext.* sol dièse et la bémol) par le partage égal de l'intervalle qui les sépare. V. **Enharmonique** ; **tempéré** (2°). ◇ *Cour.* Vente à tempérament (1867), rendue plus aisée par la répartition du prix en plusieurs paiements partiels. *Achats à tempérament, à crédit.* « *Deux traitements et un cœur, ça finit par donner un 404 et un appartement. Le tout à tempérament* » (Cl. COURCHAY).

II. ♦ **1°** (1537). Type d'organisme considéré dans les caractères généraux congénitaux de son fonctionnement, expliqués à l'origine par le dosage des quatre humeurs selon Hippocrate. *Tempérament lymphatique, nerveux, sanguin.* « *Le sage médecin étudie le tempérament du malade* » (ROUSS.). V. **Idiosyncrasie.** « *Des tempéraments auxquels le lait ne convient point* » (ROUSS.). — Fam. *Se tuer, s'esquinter le tempérament,* la santé. ♦ **2°** (1649). Caractère d'une personne. V. **Naturel** (III). « *Elle était d'un tempérament romanesque* » (LARBAUD). « *Le Français est tempérament de tempérament. On ne va pas contre sa nature* » (AYMÉ). ◇ *Plus cour.* Ensemble de caractères innés chez une personne, complexe psychophysiologique qui détermine ses comportements. V. **Nature.** *Un tempérament actif, ardent, combatif, fougueux, froid. « Le tempérament de chaque artiste* » (BAUDEL.). « *J'ai voulu étudier des tempéraments et non des caractères* » (ZOLA). V. **Personnalité.** — Absolt. *C'est un tempérament,* c'est une forte personnalité. ♦ **3°** (XVIIIᵉ). Constitution, quant aux appétits sexuels. *Être de tempérament amoureux, ardent, froid.* « *Un tempérament très exigeant* » (ROUSS.). ◇ *Absolt.* (1762). Appétit sexuel, propension à l'amour. V. **Salacité, sensualité.** « *Il indiqua les symptômes auxquels on reconnaissait qu'une femme avait du tempérament* » (FLAUB.).

TEMPÉRAMENTAL, ALE, AUX [tɑ̃peʀamɑ̃tal, o]. *adj.* (1846 ; de *tempérament* II). *Didact.* Qui a trait, se rapporte au tempérament constitutionnel d'un individu. *Dominantes tempéramentales qui différencient les réactions.*

TEMPÉRANCE [tɑ̃peʀɑ̃s]. *n. f.* (h. XIIIᵉ ; 1549 ; lat. *temperantia*). ♦ **1°** *Didact.* Modération dans tous les plaisirs des sens. V. **Continence.** *La tempérance, vertu cardinale.* ♦ **2°** *Cour.* (1611). Modération dans le boire et le manger. V. **Frugalité, sobriété.** *Spécialt.* Modération dans la consommation des boissons alcoolisées. « *La vraie qualité d'un mécanicien, après la tempérance...* » (ZOLA). *Sociétés de tempérance au Canada, aux États-Unis.* ◇ ANT. *Excès, intempérance ; gourmandise ; alcoolisme.*

TEMPÉRANT, ANTE [tɑ̃peʀɑ̃, ɑ̃t]. *adj.* (1553 ; lat. *temperans*). ♦ **1°** *Didact.* Qui a de la tempérance (1° et 2°). V. **Continent, sobre.** ♦ **2°** *Méd. Vx* (1752). Qui a la vertu de tempérer, de modérer l'activité trop grande de la circulation. ◇ ANT. *Intempérant.*

TEMPÉRATURE [tɑ̃peʀatyʀ]. *n. f.* (1562 ; « tempérament », 1538 ; lat. *temperatura, de temperare*) ♦ **1°** Degré de chaleur ou de froid de l'atmosphère en un lieu, lié à la sensation éprouvée par le corps. *La température, facteur*

du climat, est fonction de la latitude, de l'altitude, de l'insolation, de la situation géographique, des courants marins. *Moyennes de température, courbes des températures.* V. **Isotherme.** *Température en hausse, en baisse. Température qui s'adoucit.* V. **Redoux.** ◇ *Par ext.* L'air d'un lieu considéré dans son état thermique. *La température ambiante. Température rendue égale et agréable par la climatisation, le conditionnement.* ♦ **2°** Degré de chaleur du corps. *Animaux à température fixe (à sang chaud), variable (à sang froid). Prendre sa température avec un thermomètre.* « *Auprès de maman dont la température montait en flèche* » (H. BAZIN). *Courbe, feuille de température. Qui abaisse la température :* antipyrétique, antithermique. ◇ *Absolt.* Température au-dessus de la normale. V. **Fièvre.** *Avoir, faire de la température.* ◇ *Fig.* (1929). *Prendre la température d'une assemblée, d'un groupe,* etc. : prendre connaissance de son état d'esprit. « *Quand il y avait des élections... la température montait* » (ARAGON). ♦ **3°** *Phys.* Manifestation de l'énergie cinétique moyenne de translation des molécules d'une substance, due à l'agitation calorifique. *On doit se référer à certaines propriétés physiques* (dilatation, changement de résistance électrique, variation de pression des gaz ou des vapeurs, modification dans la viscosité des fluides, etc.), *afin de définir une échelle arbitraire de température* (abrév. $t°$), *grâce à laquelle on peut repérer la température d'un corps.* Abusiv. *Mesure d'une température,* son rapport à une échelle arbitraire (V. **Thermomètre**). *Température exprimée en degrés Celsius* (centigrades), *Fahrenheit, Réaumur* (vx), avec des degrés en dessous du point choisi comme zéro. *Température thermodynamique, en degrés absolus ou degrés Kelvin,* échelle à partir du zéro* absolu, et qui ne comporte pas de degrés négatifs. *Abaissement ; élévation, augmentation de température. Quantité de chaleur* (mesurée en calories, thermies) *nécessaire pour augmenter la température. Température d'ébullition, de fusion d'un corps.* V. **Point.** *Température critique** (3°) *d'un gaz.*

TEMPÉRÉ, ÉE [tɑ̃peʀe]. *adj.* (*Tempered,* 1119 ; V. **Tempérer**). ♦ **1°** *Vx* ou *littér.* Modéré, ée. « *Un esprit tempéré* » (GAUTIER). « *Un modernisme bien tempéré* » (VALÉRY). ◇ *Géogr.* (v. 1375). *Climat tempéré,* ni très chaud, ni très froid. V. **Doux.** *Zone tempérée,* où règne ce climat. *Les pays tempérés.* ◇ *Monarchie tempérée,* constitutionnelle. ♦ **2°** *Mus.* (v. 1745). *Gamme tempérée* (V. **Tempérament**). Par ext. « *Le clavecin bien tempéré* », suite de préludes et fugues de J.-S. Bach. ◇ ANT. *Excessif, extrême.*

TEMPÉRER [tɑ̃peʀe]. *v. tr.* ; conjug. *céder* (1155, fig. ; lat. *temperare* « mélanger », fig. « adoucir, modérer ». V. **Tremper.** ♦ **1°** *Vx* (XVIᵉ). Modérer par quelque mélange la force de (un fluide). *Tempérer sa boisson.* V. **Couper.** ◇ *Fig. et pronom.* (Littér.) « *Un mélange ethnique... dont les éléments se complètent et se tempèrent* » (VALÉRY). ♦ **2°** Adoucir l'intensité (du froid, de la chaleur). « *Les vents... tempèrent la rigueur des hivers* » (FÉN.). ♦ **3°** *Fig. et littér.* Adoucir, modérer. « *Tempérer les douleurs de l'absence* » (ROUSS.). V. **Atténuer.** « *Tempérer son ardeur combative* » (R. ROLLAND). — *Allus. littér.* « *Le gouvernement de la France était une monarchie absolue, tempérée par des chansons* » (CHAMFORT). ◇ *Pronom.* « *Un sourire où se tempérait de pitié* » (ROMAINS). ◇ ANT. *Exciter, renforcer.*

TEMPÊTE [tɑ̃pɛt]. *n. f.* (*Tempeste,* 1080 ; lat. pop. °*tempesta* « temps », *par ext.* « mauvais temps », class. *tempestus* « qui vient à temps », de *tempus* « temps »). ♦ **1°** Violente perturbation atmosphérique près du centre d'une aire cyclonique ; vent rapide qui souffle en violentes rafales, souvent accompagné d'orage et de précipitations. V. **Bourrasque, cyclone, ouragan, tourmente.** — *Spécialt.* Ce temps sur mer, qui provoque l'agitation des eaux et met les navires en péril. V. **Coup** (de chien), **houle, temps** (gros temps). *Tempête qui se lève, souffle, se déchaîne, fait rage. Affronter, essuyer les tempêtes.* « *La tempête allait commencer ses attaques, et déjà le ciel s'obscurcissait* » (LAUTRÉAMONT). *Tempête de neige,* chutes de neige avec un vent violent. *Tempête de sable,* vent violent qui soulève le sable en tourbillons. ◇ (En composition) *Lampe-tempête, briquet-tempête,* dont la flamme protégée ne s'éteint pas par grand vent. « *Il allume une lanterne-tempête* » (J.-R. BLOCH). ♦ **2°** *Par métaph. et fig.* Agitation. *Une tempête dans un verre d'eau :* beaucoup d'agitation pour rien. « *Une tempête qui s'éleva dans mon sang* » (ROUSS.). « *Une tempête sous un crâne* » (HUGO). ◇ *Trouble,* difficultés qui mettent en péril. « *Je m'assure un port dans la tempête* » (RAC.). ◇ Agitation dans l'opinion ; mécontentement, protestations. *Cette loi va déchaîner la tempête, des tempêtes.* — PROV. « *Qui sème le vent récolte la tempête* », celui qui incite à la violence, à la révolte, s'expose à de grands périls. ♦ **3°** *Fig.* Bruit violent qui rappelle celui de la tempête. « *On n'entend plus les tempêtes des grandes orgues* » (HUYSMANS). *Une tempête d'applaudissements, d'acclamations, de vivats ; d'injures.* ◇ ANT. *Bonace, calme, embellie, sérénité.*

TEMPÊTER [tɑ̃pete]. *v. intr.* (fin XIIᵉ; *tempester* « faire de la tempête », 1156; de *tempête*). Manifester à grand bruit son mécontentement, sa colère. V. **Fulminer, gueuler** (pop.). « *Le patron et ses deux acolytes juraient, tempêtaient* » (GAUTIER). *Tempêter contre qqn, qqch.*

TEMPÉTUEUX, EUSE [tɑ̃petɥø, øz]. *adj.* (v. 1300; *tempestous* « orageux », fin XIIᵉ; bas lat. *tempestuosus*). *Vx* ou *littér.* Où les tempêtes sont fréquentes. ◇ *Fig.* (XVIᵉ-XVIIᵉ) Plein d'agitation, de trouble. « *Dans le courant tempétueux de la vie* » (TAINE). ◈ ANT. *Calme.*

TEMPLE [tɑ̃pl(ə)]. *n. m.* (*Temple de Salomon*, 1080; lat. *templum*). ♦ 1° *Didact.* (1170). Tout édifice public consacré au culte d'une divinité. V. *aussi* **Église, mosquée, pagode, synagogue.** « *La crainte a élevé des temples* » (VALÉRY). *Consacrer, profaner un temple.* ♦ 2° *Cour.* (*Opposé à* église, etc.). Édifice public consacré à (un certain culte). *Temple égyptien à salle hypostyle; à pylônes. Temple grec, romain. Temple de Vénus, de tous les dieux.* V. **Panthéon.** ◇ *Le temple de Jérusalem, de Salomon*, et absolt. *le Temple*, construit par Salomon sur l'ordre de Jahvé, détruit par les Chaldéens, rebâti au VIᵉ s. av. J.-C., et qui fut anéanti à la prise de Jérusalem (en 70). *Le saint* des saints du Temple. Portiers du Temple.* Évang. *Jésus chassant les marchands du Temple.* ◇ (1535). Édifice où les protestants célèbrent leur culte. *Aller au temple.* « *Pasteur... nommé au temple de l'Oratoire* » (CHARDONNE). ♦ 3° *Ordre du Temple*, et absolt. *Le Temple*, ordre fondé lors des premières croisades (1118) près de l'emplacement du Temple, pour la défense du Saint-Sépulcre (V. **Templier**). ◇ *Par ext.* Nom donné à un ancien monastère fortifié des Templiers, à Paris. *Louis XVI et sa famille furent détenus au Temple, dans la tour du Temple.* ♦ 4° *Vx* ou *littér.* Lieu où l'on rend un culte. *Temple de Thémis*, le palais de justice. « *Votre maison... est pour moi le temple de la vertu* » (ROUSS.). « *Ce temple de l'amour* » (LACLOS). « *Le temple du goût* », de Voltaire.

TEMPLIER [tɑ̃plije]. *n. m.* (*Tramplier*, 1205; de *temple*). Chevalier de l'ordre religieux et militaire du Temple, qui fut supprimé en 1312 à la suite d'un procès célèbre.

TEMPO [tɛmpo; tɛ̃po]. *n. m.* (1842; *tempo di gavotta, di minuetto*, 1771; mot it., de *tempus* « temps »). ♦ 1° *Mus.* Notation d'un mouvement qui n'est pas précisé par l'indication du nombre de battements du métronome. *Tempo agitato.* ◇ Vitesse d'exécution, dans la musique de jazz. *Un tempo trop lent, trop rapide.* ♦ 2° Par ext. (v. 1952). Allure, rythme qu'un auteur donne au déroulement d'une action. *Tempo d'un roman, d'un film.* — Rythme d'une action. « *Vie exténuante [...]. Mais c'est ce 'tempo' qui, pour l'instant, le rend invulnérable* » (MAURIAC).

TEMPORAIRE [tɑ̃pɔʀɛʀ]. *adj.* (1556, rare av. XVIIIᵉ, relig.; répandu fin XVIIIᵉ, admin.; du lat. *temporarius;* de *tempus* « temps »). Qui ne dure ou ne doit durer qu'un temps limité. V. **Momentané, passager, provisoire.** *Fonctions, pouvoirs temporaires. Nomination à titre temporaire.* ◇ Qui n'exerce ses activités que pour un temps. « *Pour exercer les fonctions... d'auxiliaire municipal temporaire* » (CAMUS). ◈ ANT. *Définitif, durable.*

TEMPORAIREMENT [tɑ̃pɔʀɛʀmɑ̃]. *adv.* (1801; de *temporaire*). À titre temporaire, pour un temps. V. **Momentanément.**

TEMPORAL, ALE, AUX [tɑ̃pɔʀal, o]. *adj.* (1520; *timporal*, v. 1370, bas lat. *temporalis*, de *tempus, -oris* « tempe »). *Anat.* Qui appartient aux tempes. *Région temporale. Os temporal*, ou subst. *Le temporal*, os formant les parties latérales et inférieures du crâne. *L'écaille, le rocher et le mastoïde sont les trois parties du temporal.*

TEMPORALITÉ [tɑ̃pɔʀalite]. *n. f.* (1906; *temporaliteiz* « caractère temporel [1°] », 1190; lat. ecclés. *temporalitas*, de *temporalis*). *Gram.* Caractère temporel, valeur temporelle. ◇ *Philo.* (1939). Caractère de ce qui est dans le temps; le temps vécu, conçu comme une succession. « *Nous confondons la temporalité avec la chronologie* » (SARTRE).

TEMPOREL, ELLE [tɑ̃pɔʀɛl]. *adj.* (v. 1170; *temporal* « époque », v. 1150; lat. ecclés. *temporalis* « du monde », class. « temporaire »). ♦ 1° *Relig.* Qui est du domaine du temps, des choses qui passent (*opposé à* éternel). « *Son propre destin, reflet temporel de son éternité* » (DANIEL-ROPS). « *Cet espoir du bonheur temporel* » (ROUSS.). ◇ *Par ext.* Qui est du domaine des choses matérielles (*opposé à* spirituel, I, 3°). V. **Séculier, terrestre.** *Biens temporels. Puissance temporelle de l'Église.* ◇ Subst. *Saint Louis « c'est aussi un prince... un administrateur du temporel* » (BERNANOS). ♦ 2° *Gram.* (1798). Qui concerne, qui marque le temps, les temps. *Subordonnées temporelles*, propositions circonstancielles de temps. ♦ 3° *Philo.* Relatif au temps; situé dans le temps (*surtout opposé à* spatial). « *Mesurer* (une œuvre) *selon sa nature, spatiale ou temporelle* » (VALÉRY). V. **Spatio-temporel.** *Déroulement temporel.* ◈ ANT. *Éternel, spirituel.*

TEMPORELLEMENT [tɑ̃pɔʀɛlmɑ̃]. *adv.* (1560; *temporelment*, opposé à *éternellement*, v. 1190; de *temporel*). ♦ 1° Dans l'ordre temporel (*opposé à* spirituellement). ♦ 2° (XXᵉ). *Philo.* Relativement au temps.

TEMPORISATEUR, TRICE [tɑ̃pɔʀizatœʀ, tʀis]. *n.* et *adj.* (1788; *temporiseur*, 1552; de *temporiser*).

I. Personne qui temporise, à l'habitude de temporiser. — Adj. *Politique temporisatrice.*

II. *N. m.* (v. 1950). Appareil commandant le changement d'opération d'un dispositif électrique au temps voulu. *Les temporisateurs entrent dans la composition des appareils électroménagers.*

TEMPORISATION [tɑ̃pɔʀizasjɔ̃]. *n. f.* (1780; *temporisement*, 1468; de *temporiser*). Action, habitude de temporiser. V. **Attentisme.** — *Méd.* Attitude d'attente et d'observation d'une maladie avant d'adopter une thérapeutique appropriée.

TEMPORISER [tɑ̃pɔʀize]. *v. intr.* (XVᵉ; « durer, vivre », 1395; lat. médiév. *temporizare* « passer le temps », de *tempus, -oris* « temps »). Différer d'agir, par calcul, dans l'attente d'un moment plus favorable. V. **Attendre.** « *J'ai forcé à combattre l'ennemi qui ne voulait que temporiser* » (LACLOS). ◈ ANT. *Hâter (se).*

TEMPS [tɑ̃]. *n. m.* (*h. fin Xᵉ;* XIVᵉ; *tens, tans* en a. fr.; *tems*, aux XVIIᵉ et XVIIIᵉ; lat. *tempus*).

I. Milieu indéfini où paraissent se dérouler irréversiblement les existences dans leur changement, les événements et les phénomènes dans leur succession. Ⓐ Considéré dans sa durée (chronométrie). ♦ 1° Durée globale. « *Il devait encore s'écouler du temps* » (SAND). « *Il faut du temps à l'âme pour s'accoutumer à la douleur* » (R. ROLLAND). *Avoir encore du temps, du temps de reste, du temps libre. Perdre, gagner du temps. Gain, perte de temps. Rattraper le temps perdu.* « *Faire une cour en règle prendrait trop de temps* » (MAUROIS). « *Que peu de temps suffit pour changer toutes choses!* » (HUGO). *Peu de temps avant, après. À peu de temps de là. Dans, sous peu de temps.* V. **Prochainement.** *En peu de temps.* V. **Rapidement.** *Un laps, un bout de temps. En un rien* de temps. Avec le temps.* V. **Long** (à la longue). ◇ (Considéré comme une grandeur mesurable) *Mesure du temps*, traditionnellement fondée sur l'hypothèse de la constance de la vitesse de rotation de la Terre. *Temps atomique*, basé sur certaines constantes de la physique atomique (Symb. TA). *Unités de temps.* V. **Jour, heure, minute, seconde.** *Instruments anciens* (V. **Clepsydre, sablier**), *modernes* (V. **Chronomètre, horloge, pendule**) *servant à mesurer le temps. Division du temps.* V. **Calendrier, chronologie; année, mois, semaine, siècle.** ♦ 2° Portion limitée de cette durée globale; espace de temps (1°). V. **Moment, période.** *Un temps long, court. Trouver le temps long. Le temps lui dure. Emploi du temps. Travailler à plein temps, à mi-temps. Temps d'arrêt.* V. **Pause.** *Soldat qui a fini son temps (de service).* — (Théâtre) *Unité* de temps.* — *Durant, pendant ce temps, tout ce temps.* « *Ces empoisonnements qui n'agissent qu'au bout d'un certain temps* » (PROUST). *Pendant, depuis quelque temps. Quelque temps après.* « *À quelque temps de là* » (LA FONT.). *Pour un temps. N'avoir qu'un temps*, être éphémère, provisoire. *Condamnation, travaux forcés... à temps :* pour un temps limité, fixé (*opposé à :* à perpétuité, à vie). — Loc. conj. *Depuis le temps que... Voilà, il y a beau temps que... :* il y a longtemps que... ◇ Employé comme *adv.* (sans prépos.) *Il attendit un temps, un certain temps, quelque temps*, pendant quelque temps. *C'est comme cela la plupart, la moitié du temps. Tout le temps* (1869) : continuellement. ◇ LE TEMPS DE... *(suivi de l'inf.) :* le temps nécessaire pour... *Avoir, n'avoir pas le temps de s'amuser. Trouver, prendre le temps de se reposer.* Ellipt. *Vous avez tout le temps.* — *Le temps de...* (et inf.), *le temps que...* (et subj.), locutions introduisant une proposition qui précise une durée antérieure, une durée d'attente. « *Je repris haleine une minute... juste le temps d'inventer une histoire* » (DAUD.). *Le temps de mettre mon manteau et j'arrive.* ◇ MON, SON TEMPS... *Passer, employer, occuper, consacrer, donner... son temps à un travail. Perdre son temps.* V. **Glander** (pop.). « *Ceux qui payent de leur temps et de leur personne* » (BALZ.). *Le plus clair de son temps. Nous avons tout notre temps :* nous ne sommes pas pressés. *Prendre son temps, tout son temps*, ne pas se presser. — *Avoir fait son temps*, avoir terminé sa carrière; être hors d'usage. *Ce vêtement a fait son temps.* — Fig. *La libre concurrence a fait son temps*, est dépassée, périmée. ◇ *Spécialt.* Espace de temps mesuré. *Temps qu'un mobile emploie à parcourir un espace. Variable de temps.* ◇ *Au plur.* Durée mesurée de travail. *Les temps humains, technico-humains* (homme et machine). ♦ 3° (1677). Chacune des divisions égales de la mesure. *Une noire, une croche par temps. Temps fort*, qui doit être fortement accentué. *Temps faible*, qui ne doit pas être accentué. *Temps d'une danse :* les temps musicaux et les pas correspondants. ◇ *Gym.* et *Escr.* Chacun des mouvements simples, d'une certaine durée, qui interviennent dans l'exécution d'un mouvement ou d'un exercice composé. Loc. fam. *En deux temps, trois mouvements*, très rapidement (par allusion à la rapidité d'un maniement d'armes). ♦ 4° *Mécan.*

Chacune des phases dont l'ensemble constitue le cycle de fonctionnement d'un moteur. *Moteur à quatre temps* (admission ou aspiration — compression — combustion ou explosion — échappement), *à deux temps* (où ces quatre phases sont réalisées en deux courses de piston). Subst. *Un deux temps.* ♦ 5° *Sports* (1920). Durée chronométrée d'une course. *Réaliser le meilleur temps. Faire un bon temps* ou *un bon chrono.* TEMPS MORT : pendant lequel l'arbitre interrompt un match, et qui s'ajoute à la durée totale prévue. — *Fig.* Temps d'inactivité. ♦ 6° *Inform.* (v. 1960). *Temps partagé* ou *partage de temps* (trad. angl. *time-sharing*). Découpage du temps permettant à un ordinateur d'exploiter périodiquement plusieurs voies à un rythme assez rapide pour donner à leurs utilisateurs l'impression d'un traitement simultané. — *Temps réel* (angl. *real time*), intervalle de temps compatible avec le rythme réel d'arrivée des données et à l'intérieur duquel un ordinateur peut effectuer les traitements nécessaires. Ⓑ Considéré dans une succession (chronologie). ♦ 1° Point repérable dans une succession par référence à un « avant » et un « après ». V. **Date, époque, moment**; et *aussi* **Passé, présent, avenir, futur.** « *Il me souvient d'un temps fort éloigné* » (VALÉRY). *En ce temps-là. Depuis ce temps-là* : depuis lors. *En temps utile* [ɑ̃tazytil], *voulu. En temps et lieu.* — *Loc. Chaque chose en son temps,* on ne peut s'occuper de tout en même temps. — *Gram. Adverbes, compléments de temps,* marquant un temps. *Subordonnées de temps.* V. **Temporel.** ◇ *Astron.* Ce point déterminé par le calcul. *Temps solaire vrai,* angle horaire du soleil à l'instant considéré. *Temps sidéral,* angle horaire du point vernal à l'instant considéré. *Temps moyen* ou *astronomique,* temps solaire vrai, dépouillé de ses inégalités séculaires ou périodiques (la différence constitue l'équation* du temps). *Temps civil,* temps moyen avancé de 12 heures. *Temps universel* (T. U.), temps civil du méridien d'origine. (REM. Comme il s'agit du temps civil et non du temps moyen de Greenwich, l'expression *Temps moyen de Greenwich,* TMG [ou GMT] est proscrite). *Temps légal,* pour un État, temps universel corrigé du nombre entier d'heures le plus voisin de sa longitude moyenne. V. **Fuseau** (horaire). ♦ 2° *(Dans l'histoire).* V. **Ère, époque, siècle.** *Ce temps,* le temps dont il est question. *Notre temps,* le temps où nous vivons. *Être de son temps,* en avoir les mœurs, les idées. Fam. *Par le temps qui court,* les choses de ce temps étant ce qu'elles sont. *Le temps passé; l'ancien, le bon vieux temps.* « *Ballade des dames du temps jadis* » (VILLON). « *Le bon historien n'est d'aucun temps ni d'aucun pays* » (FÉN.). *De tous les temps.* — *Du temps de Charlemagne, des crinolines.* — *Temps de...,* occupé, caractérisé par... *En temps de paix, de guerre. En temps normal,* en un temps sans événements exceptionnels. — LES TEMPS (avec une nuance d'indétermination). *Les temps les plus reculés. Temps héroïques, fabuleux. Se perdre dans la nuit des temps. Les temps modernes, futurs. La suite des temps. Autres temps, autres mœurs.* « *Dans les derniers temps de l'Empire* » (RENAN). « *Ô temps! ô mœurs!* » (LA FONT.). — *(Dans le lang. biblique)* Ce qui a été prophétisé. *Les temps approchent. La consommation des temps. Signe* des temps.* — Employé comme adv. *Je l'ai vu ces derniers temps,* cette année. « *Il est un peu fatiguée ces temps-ci.* » ♦ 3° Époque (de la vie). V. **Âge.** « *Les histoires de mon jeune temps* » (DUHAM.). — *(Avec un poss.) Temps où l'on est jeune et actif, bel âge. De mon temps, quand j'étais jeune.* — BON TEMPS : moments agréables, de plaisir. *Se donner, se payer, prendre du bon temps,* s'amuser, profiter des plaisirs de la vie. ◇ (Dans l'année) Saison. *Le temps des moissons, des vendanges.* « *Le temps des lilas approchait de sa fin* » (PROUST). *Le temps des vacances.* — (Année liturgique) *Le saint temps de carême. Les quatre temps. Le propre* du temps.* ◇ LE TEMPS DE... *(et inf.)* : le temps où il convient de... « *Ai-je passé le temps d'aimer?* » (LA FONT.). *Le temps est venu de prendre des décisions.* « *Il serait toujours temps d'aviser* » (PROUST). *Il n'en est plus temps. Il est temps que...* (et subj., avec une idée d'urgence) « *Il était temps que le secours arrive* » (HUGO). Absolt. *Il était temps!* ♦ 4° *Loc. adv.* À TEMPS : juste assez tôt; à point nommé. « *Nous arrivâmes à temps pour voir rentrer la procession* » (DAUD.). — EN MÊME TEMPS : simultanément. *Ils arrivèrent en même temps.* À la fois. « *Le père... était en même temps juge et maître* » (FUSTEL). Aussi bien. « *Eugène Delacroix était, en même temps qu'un peintre épris de son métier, un homme d'éducation générale* » (BAUDEL.). — ENTRE TEMPS. V. **Entre-temps.** — DE TEMPS EN TEMPS [d(ə)tɑ̃zɑ̃tɑ̃], DE TEMPS À AUTRE [d(ə)tɑ̃zaotʀ(ə)] : à des intervalles de temps plus ou moins longs et irréguliers. V. **Parfois, quelquefois.** — DE TOUT TEMPS : depuis toujours. — EN TOUT TEMPS : pas plus à une époque qu'à une autre, toujours. — DANS LE TEMPS (1831; fam.) : autrefois, jadis. « *C'est sans doute pour cela,... dans le temps qu'a refusé de m'épouser* » (STENDHAL). — *Loc. conj.* (XVIIᵉ) DU TEMPS QUE... : lorsque. « *Du temps qu'Arcachon n'était qu'un village* » (MAURIAC). DANS LE TEMPS, AU TEMPS,

DU TEMPS OÙ... : alors que... quand. ♦ 5° *Gram.* (XVᵉ). Forme verbale particulière à valeur temporelle. *Temps et modes. Temps simples* : présent, imparfait, passé simple, futur. *Temps composés,* formés avec les auxiliaires de temps : futur antérieur, passé composé, passé antérieur, plus-que-parfait. *Temps surcomposés*. Concordance* des temps.* Ⓒ LE TEMPS *(abstrait).* ♦ 1° LE TEMPS : entité (souv. personnifiée) représentative du changement continuel de l'univers. « *Rien ne peut arrêter le temps* » (FÉN.). « *...le temps n'a point de rive. Il coule et nous passons!* » (LAMART.). *Écoulement, fuite du temps. L'action, les injures, les outrages du temps.* « *Le temps guérit les douleurs* » (PASC.). *Tromper le temps, tuer le temps,* échapper à l'ennui, en s'occupant ou en se distrayant avec peu de chose. ♦ 2° (XVIIᵉ). Catégorie fondamentale de l'entendement, objet de la réflexion philosophique et scientifique lié à l'expérience de la durée. « *L'erreur de Kant a été de prendre le temps pour un milieu homogène* » (BERGSON). *Le temps et l'espace. L'espace-temps, dans la théorie de la relativité.* V. **Espace** (II, 3°). *Hors du temps. Temps réel, vécu,* opposé au *temps objectif, mesurable, opératoire.* V. **Durée, temporalité.** « *Donner l'impression vraie du temps* » (MAUROIS).
II. (1160). État de l'atmosphère à un moment donné considéré surtout dans son influence sur la vie et l'activité humaines (V. **Air, ciel, température, vent**). *Temps chaud, froid; sec, pluvieux. Le beau temps. Il fait beau temps. Temps superbe, magnifique.* — *Mauvais temps. Vilain temps. Temps affreux, épouvantable.* Mar. *Gros temps.* V. **Tempête**, *temps calme.* V. **Bonace.** *Loc. fam. Un temps de saison,* un temps considéré comme normal pour une saison. — (Aspect du ciel) *Temps couvert, bouché, gris. Temps clair, serein.* — (Impression produite sur l'homme) *Temps lourd, mou, maussade, triste, détraqué, pourri, incertain. Un temps de chien*.* — *Le temps se gâte, menace, est au beau, au froid; se rafraîchit, se radoucit, s'éclaircit. Sortir par tous les temps.* — *Étude et prévision scientifiques du temps.* V. **Météorologie**; *baromètre.* ◇ *Loc. Vivre de l'air* du temps. La pluie* et le beau temps.* PROV. *Il faut prendre le temps comme il vient, savoir s'accommoder aux circonstances avec philosophie.*

◈ HOM. *Tan. Tant. Taon.* Formes du v. *tendre.*

TENABLE [t(ə)nabl(ə)]. *adj.* (XIIᵉ, « que l'on peut tenir »; de *tenir*). Où l'on ne peut se tenir, demeurer (en emploi négatif). « *Ce n'est plus tenable, nous grillons* » (ZOLA). V. **Supportable.** ◈ ANT. **Intenable.**

TENACE [tənas]. *adj.* (1501; lat. *tenax, -acis,* de *tenere* « tenir »). ♦ 1° *Vieilli* ou *didact.* Qui tient, demeure avec autre chose en y adhérant, s'y accrochant. V. **Adhérent.** *Colle tenace.* « *Le sec et tenace chiendent* » (CLAUDEL). ◇ Par anal. *Odeur, parfum tenace,* qui persiste pendant longtemps. ♦ 2° *Fig.* (XVIᵉ). Difficile à détruire. *Une douleur tenace.* « *Espoir tenace de survivre toujours* » (BARBUSSE). *Préjugés tenaces.* V. **Durable.** « *Les illusions de l'esprit sont tenaces* » (PAULHAN). ♦ 3° *Personnes* (1762). Qui tient avec opiniâtreté à ses opinions, à ses décisions. V. **Entêté, ferme, obstiné.** « *Un solliciteur trop tenace* » (ROMAINS). V. **Crampon.** *Un travailleur tenace et appliqué.* — Par ext. Qui implique la ténacité, l'obstination. « *Tenace volonté* » (MAUROIS). *Résistance tenace.* ◈ ANT. **Fugace, changeant, versatile.**

TENACEMENT [tənasmɑ̃]. *adv.* (1611; de *tenace*). Avec ténacité, opiniâtreté. « *Ce siècle s'est plu tenacement à confondre science et sagesse* » (DUHAM.).

TÉNACITÉ [tenasite]. *n. f.* (1370; lat. *tenacitas*). Caractère de ce qui est tenace. ♦ 1° *Didact.* Caractère gluant, visqueux. *Ténacité du gluten* (dans la préparation de la pâte à pain). — Solidité. *Ténacité d'un alliage mesurée par la charge, la limite de rupture.* ◇ Cour. Caractère persistant. *Ténacité d'une odeur.* ♦ 2° *Fig.* Caractère tenace (2°). *Ténacité d'un souvenir, d'un espoir, d'un préjugé.* ♦ 3° Caractère d'une personne tenace, attachement opiniâtre à une idée, un projet, une volonté. V. **Fermeté, obstination, opiniâtreté, persévérance.** « *Douée d'une ténacité à toute épreuve* » (MART. du G.). « *Avec le courage et la ténacité d'un désespéré* » (PERGAUD). ◈ ANT. **Fragilité, versatilité.**

TENAILLANT, ANTE [tənɑjɑ̃, ɑ̃t]. *adj.* (fin XIXᵉ; de *tenailler*). Qui tenaille (2°), fait souffrir. *Une faim tenaillante.* « *Quelque chose de plus pénible et de plus tenaillant que tout ce qu'il avait ressenti* » (MAUPASS.).

TENAILLE [t(ə)nɑj]. *n. f.* (*Tenaile,* v. 1145; du bas lat. *tenacula,* pl. neutre fém. de *tenaculum* « lien, attache », de *tenere* « tenir »). ♦ 1° *(Surtout au plur.)* Outil de métal, formé de deux pièces assemblées en croix, dont une extrémité sert de manche et l'autre forme mâchoire. *Tenailles de charpentier, de menuisier,* à mâchoires courbes. *Arracher un clou avec des tenailles.* « *Le maréchal se saisit du fer rouge avec de grandes tenailles* » (ARAGON). — Par ext. *Tenaille à vis,* étau à main de serrurier. ◇ *Ancienn.* Instrument de supplice en forme de tenailles. ◇ *Fig.* Ce qui serre, étreint. V. **Tenailler.** « *Les tenailles de l'imagination* » (FRANCE).

♦ 2° *Fortif.* Ouvrage présentant un angle rentrant (face à l'ennemi).

TENAILLEMENT [tənɑjmã]. *n. m.* (1611; de *tenailler*). ♦ 1° *Ancienn.* Supplice des tenailles. ♦ 2° *Fig.* Action de tenailler (2°). *Le tenaillement du remords.*

TENAILLER [tənɑje]. *v. tr.* (1549; de *tenaille*). ♦ 1° *Vx.* Supplicier, torturer avec des tenailles rougies. « *Damiens fut tenaillé avec de grosses pinces ardentes* » (VOLT.). — *Par anal.* Serrer, pincer comme avec des tenailles. *Il « me tenailla de ses doigts de fer* » (FRANCE). ♦ 2° *Mod.* (XVI°). Faire souffrir moralement ou physiquement. V. **Torturer, tourmenter.** *La faim le tenaille. Il est tenaillé par les remords.*

TENANCIER, IÈRE [tənɑsje, jɛʀ]. *n.* (1490,-1690; de l'a. fr. *tenance* « propriété, tenure »; de *tenir*). ♦ 1° *Féod.* Personne qui tenait en roture des terres dépendant d'un fief. ◇ (1690) *Mod.* Personne qui tient une exploitation, et *spécialt.* une petite métairie dépendant d'une plus grosse ferme. ♦ 2° Personne qui dirige, qui gère un établissement soumis à une réglementation ou à une surveillance des pouvoirs publics. *Tenancier d'un hôtel.* V. **Patron.** — (1906) *Tenancier d'une maison de jeux. Tenancière d'une maison de prostitution.*

TENANT, ANTE [tənã, ãt]. *adj. et n.* (1160), « stable, ferme »; XIII°, « tenace »; de *tenir*).
I. *Adj.* ♦ 1° Qui « se tient », ne s'interrompt pas (seulement dans : *Séance tenante*, sur-le-champ). *Il accepta séance tenante.* ♦ 2° (mil. XX°). *Chemise à col tenant*, qui tient, n'est pas séparé (*opposé à* faux col, col dur).
II. *N.* ♦ 1° *(Dans quelques emplois).* Personne qui tient. N. m. *Ancienn.* Tenancier de terres en roture. — N. *Mod.* Sports. *Le tenant, la tenante du titre*, celui, celle qui le détient. ◇ N. m. *Féod.* Chevalier, combattant dans un tournoi, qui entreprenait de tenir contre tout assaillant. ◇ *Fig. N. m.* (av. 1685) Personne qui tient pour, qui soutient. V. **Adepte, champion, défenseur, partisan.** *Les tenants d'une doctrine, d'une opinion, d'un parti. Les tenants d'un homme.* V. **Disciple.** ♦ 2° N. m. *Blas.* Figure qui tient, soutient l'écu. ♦ 3° N. m. (1160). Ce qui n'est pas séparé, forme un ensemble qui se tient; seulement dans les express. : *D'un tenant, d'un seul tenant.* « *Ces deux hectares d'un seul tenant !* » (ZOLA). *Tout d'un tenant.* ◇ *Dr. Les tenants* : les terres qui bornent une propriété ; *spécialt.* ses dépendances. *Les tenants et aboutissants d'une pièce de terre.* — Cour. et *Fig.* (XIV°) *Connaître les tenants et les aboutissants* de l'affaire.*
◈ ANT. Adversaire.

TENDANCE [tãdãs]. *n. f.* (XIII°, « inclination amoureuse »; rare av. 1734; de *tendre* 1). ♦ 1° *Phys. (Vx.)* Attraction des corps. ♦ 2° (Répandu XIX°). *Cour.* Ce qui porte à être, à agir, à se comporter de telle ou telle façon. V. **Inclination, penchant, disposition, pente** *(fig.)*, **prédisposition, propension.** *Les tendances égoïstes. Tendances opposées, qui se contredisent.* « *Cet équilibre entre nos tendances profondes* » (SARTRE). « *Roberti a des tendances au sadisme* » (J. DUTOURD). — AVOIR TENDANCE À... *(et inf.)* : être enclin à. « *On a tendance à se flatter* » (GIDE). *J'ai plutôt tendance à grossir qu'à maigrir.* ◇ *Psycho.* (1896) Principe dynamique, considéré comme la cause de l'orientation des activités humaines. « *La tendance n'est jamais que l'orientation spontanée d'un certain nombre de besoins vers les objets qui en assurent la satisfaction* » (PRADINES). Psychan. *Tendances inconscientes.* V. **Pulsion.** *Tendances refoulées.* ♦ 3° *Par ext.* (fin XVIII°). Orientation commune à une catégorie de personnes. *À quelle tendance politique appartient-il ? Tendance artistique ou intellectuelle. Il faut que le critique « accepte toutes les tendances... et admette les recherches d'art les plus diverses* » (MAUPASS.). ♦ 4° *(Rare av. XIX°).* Évolution (de qqch.) dans un même sens. V. **Direction, orientation.** *Tendances du cinéma.* « *Les tendances profondes du langage* » (Ch. BALLY). ◇ *Statist. Tendance fondamentale*, ou de fond, tendance durable pouvant être explicitée graphiquement. — *Les prix ont tendance à monter. Tendance à la hausse.* ◇ *Spécialt. La tendance d'un livre, d'un discours :* son intention, son orientation intellectuelle. *Faire à qqn un procès de tendance :* le juger sur les intentions qu'il a ou qu'on lui prête, sans attendre les actes.

TENDANCIEL, IELLE [tãdãsjɛl]. *adj.* (1874; de *tendance*). *Didact.* Qui marque une tendance, une orientation déterminée (dans une évolution, un phénomène). *Loi tendancielle.*

TENDANCIEUSEMENT [tãdãsjøzmã]. *adv.* (av. 1922; de *tendancieux*). D'une manière tendancieuse. « *Un évangile tendancieusement interprété* » (MADELIN).

TENDANCIEUX, IEUSE [tãdãsjø, jøz]. *adj.* (1906; de *tendance*). *Péj.* Qui manifeste ou trahit une tendance intellectuelle, idéologique inexprimée. *Interprétation tendancieuse. Récit tendancieux* : peu objectif (avec une intention cachée). *Faits réels, exacts, présentés d'une manière tendancieuse.*
◈ ANT. Objectif.

TENDELLE [tãdɛl]. *n. f.* (1875; du v. *tendre* [un piège]). *Chasse.* Collet pour prendre les grives.

TENDER [tãdɛʀ]. *n. m.* (1837; mot angl., proprem. « ser-viteur », de *to tend* « servir » [qqn], même rad. qu'*attendre*). Wagon auxiliaire qui suit une locomotive à vapeur et contient le combustible et l'eau nécessaires à son approvisionnement; partie arrière de certaines machines *(locomotives-tenders)* qui joue le même rôle. « *Debout sur la plaque de tôle qui reliait la machine au tender* » (ZOLA).

TENDERIE [tãdʀi]. *n. f.* (1555, rare av. XVIII° ; *tendrie* « action de tendre », XIV° ; de *tendre* 1). Chasse où l'on tend les pièges; terrain où l'on a tendu des pièges.

TENDEUR, EUSE [tãdœʀ, øz]. *n.* (1262; de *tendre* 1). ♦ 1° Personne qui tend qqch. *Spécialt. Tendeur de tapisseries, de tentures. Tendeur de pièges.* ♦ 2° (1877). Appareil, dispositif servant à tendre, à maintenir tendue une chose souple. *Tendeurs de fils métalliques.* — Dispositif pour tendre les gants, certains vêtements. — Pièce qui tend la chaîne d'une bicyclette. ◇ V. **Sandow.**

TENDINEUX, EUSE [tãdinø, øz]. *adj.* (XVI° ; du lat. *tendinis*). ♦ 1° *Anat.* Des tendons. *Fibre, gaine tendineuse.* ♦ 2° Qui contient beaucoup de tendons. *Viande tendineuse.*

TENDINITE [tãdinit]. *n. f.* (mil. XX° ; du rad. de *tendineux*, et suff. *-ite*). *Pathol.* Inflammation d'un tendon. *Tendinite rhumatismale, traumatique.* — On dit aussi **TÉNOSITE.**

TENDOIR [tãdwaʀ]. *n. m.* (1765; de *tendre*). *Vieilli.* Dispositif pour étendre le linge. — Pièce d'un métier à tisser qui maintient la poitrinière.

TENDON [tãdɔ̃]. *n. m.* (1536; « mauvaise herbe », XIV° ; du lat. médiév. *tendo, -inis*, p.-ê. du gr. *tenón, -ontos* avec infl. de *tendre*). Structure conjonctive fibreuse, d'un blanc nacré, par laquelle un muscle s'insère sur un os. V. **Nerf** (I, 1° *vx*). « *Sa nuque était délicate, montrant à peine les deux tendons sous les courts cheveux clairs* » (LARBAUD). *Tendon d'Achille*, réunion des tendons terminaux des muscles jumeaux (de la jambe) et du muscle soléaire, qui s'insèrent sur la face postérieure du calcanéum. — *Tendon claqué.* V. **Claquage.**

1. TENDRE [tãdʀ(ə)]. *v.;* conjug. *rendre* (980; du lat. *tendere*).
I. *V. tr.* ♦ 1° Tirer sur (une chose souple ou élastique) en la rendant droite. V. **Bander, raidir.** *Tendre une chaîne, un lien. Tendre un arc. Le vent tend les voiles.* « *Le poids du seau tendait et roidissait ses bras* » (HUGO). — *Tendre un ressort en remontant un mécanisme.* — *Tendre ses muscles*, les raidir. *Tendre le jarret.* ♦ *Par ext.* Déployer en allongeant en tous sens. « *Quatre femmes tendent un châle par les quatre bouts* » (LOUŸS). — Spécialt. *Tendre un filet*, pour prendre du gibier. *Araignée qui tend sa toile, ses fils.* ◇ *Par ext.* (au pr. et au fig.) *Tendre un piège. Tendre une embuscade, une souricière.* V. **Dresser.** ◇ Disposer en étendant. *Tendre une tapisserie*, l'installer. ♦ 2° *Rare.* Décorer en tendant une tapisserie, etc. V. **Tapisser.** *Tendre un mur, une salle.* ♦ 3° *Fig.* Pronom. Menacer de rompre, devenir tendu (liens, rapports). « *Les rapports de Sartre et d'Olga se tendirent. Ils eurent quelques sérieuses disputes* » (BEAUVOIR). ♦ 4° (XIII°). *Tendre le cou, pour mieux voir. Chien qui tend l'oreille* : qui la dresse. *Fig. Tendre l'oreille*, s'efforcer d'entendre. — *Tendre le bras*, pour saluer, tenir, présenter, prendre. *Tendre les bras*, pour accueillir, embrasser; pour appeler, invoquer. — *Tendre la main* : pour prendre (une autre main); pour saluer; pour demander l'aumône, et *fig.* pour aider, secourir. *Tendre une main secourable.* ◇ *Par ext.* Présenter (qqch.) à qqn. *Tendre un paquet de cigarettes, un stylo à qqn. Tendre la perche*.* ◇ *Spécialt.* Présenter, offrir (aux coups, aux mauvais traitements), livrer sans se défendre. *Tendre la gorge au couteau. Tendre le dos.*
II. (980). *V. tr. indir.* (À, VERS). ♦ 1° *Vieilli.* Diriger. *Des gens « qui couraient sans savoir où tendaient leurs pas* » (FÉN.). ♦ 2° (XV°). Avoir tel but, telle fin et s'en rapprocher, d'une manière délibérée. V. **Viser** (À). *Tendre à la perfection, vers la perfection.* « *Selon que l'âme... tend vers l'idéal* » (HUGO). ◇ *(D'un sentiment, d'un acte volontaire)* Aller intentionnellement vers (tel but). *Activités, décisions, paroles qui tendent à..., vers...* V. **Orienter** (s'). « *Tout doit tendre au bon sens* » (BOIL.). *Efforts qui tendent au même résultat* (Vx). **Concourir, contribuer**). — Spécialt. « *Son premier acte dans l'assemblée fut de déposer un projet « tendant » à l'érection d'un monument expiatoire* » (FRANCE). ♦ 3° *(Choses).* Avoir tendance à, évoluer de façon à (et inf.). « *La force des choses tend à détruire l'égalité* » (ROUSS.). — *Sc.* Être capable de subir, de produire un certain effet par la seule suppression d'un obstacle. *Les corps pesants tendent à tomber.* ◇ *(Sens affaibli)* Conduire, mener à... (tel effet) sans le réaliser pleinement. « *Ce qui tendrait à prouver... qu'il y a une chance pour les fous, un Dieu pour les téméraires* » (LOTI). ♦ 4° Être de plus en plus voisin d'une valeur limite.
◈ ANT. Détendre, relâcher.

2. TENDRE [tãdʀ(ə)]. *adj. et n. m.* (v. 1050; lat. *tener, -eri*). ♦ 1° Qui se laisse facilement entamer, qui oppose une résistance relativement faible. V. **Mou.** *Chair, peau tendre.* — *(Des choses comestibles) Des haricots verts très* *tendres. Viande tendre* (V. **Tendreté**). *Tendre comme la rosée. Pain tendre,* tout frais. « *L'herbe tendre* » (LA FONT.). ◇ Moins dur, moins résistant que d'autres, dans son genre. *Roche tendre.* ♦ 2° *Vieilli.* Qui peut être très éprouvé par les actions physiques (V. **Délicat, fragile**) parce qu'il est au début de son développement. *Bourgeon tendre.* « *Un enfant, dont les organes encore tendres sont vivement frappés* » (MONTESQ.). — Par méton. *Âge tendre. Tendre enfance.* ◇ *Fig. et vieilli.* Qui ressent vivement, peut être blessé. ♦ 3° (1385). *Personnes.* Porté à la sensibilité, aux affections (V. **Tendresse**); très accessible aux émotions et aux sentiments d'attachement. V. **Sensible.** *Un cœur, une âme tendre.* « *La plus tendre des mères* » (ROUSS.). V. **Affectueux, aimant, doux.** *Tendre épouse.* « *Plus voluptuese que tendre* » (BALZ.). Subst. *C'est un tendre.* ◇ Qui manifeste la tendresse. *Il devient tendre avec moi.* V. **Câlin.** Par ext. *Il a le vin tendre,* la boisson le rend tendre. — Fam. *N'être pas tendre pour qqn* : être sévère, impitoyable. ♦ 4° Qui présente un caractère de douceur et de délicatesse (d'un sentiment affectueux). *Une tendre affection, amitié. Amour tendre,* où le sentiment d'affection domine. « *Deux pigeons s'aimaient d'amour tendre* » (LA FONT.). — Psycho. « *L'émotion tendre* » (RIBOT) : la tendance altruiste fondamentale. V. **Tendresse.** ◇ *Par ext.* Qui manifeste l'affection, l'amour tendre. *Tendre aveu. Les Méditations de Lamartine,* « *épanchements tendres et mélancoliques* » (E. DE GENOUDE). « *Ses lettres devinrent moins tendres* » (STAËL). — *Regard, air tendre.* V. **Caressant, doux, langoureux.** ♦ 5° *Vx.* Qui suscite une émotion. V. **Touchant.** *Le tendre Racine.* V. 6° Doux, atténué (couleur). *Couleurs, coloris tendres.* V. **Pastel.** *Bleu, rose, vert tendre.* ♦ 7° N. m. *Vx.* Les sentiments, les émotions tendres (emploi à la mode au XVIIe s.). *Le pays, le royaume de Tendre,* conçu par Mlle de Scudéry, qui en imagina la carte, dite *carte de Tendre.* ◇ ANT. *Coriace, dur, cruel, froid, sec.*

TENDREMENT [tɑ̃drəmɑ̃]. *adv.* (1155; de *tendre*). Avec tendresse. *Aimer, embrasser tendrement. Ménage tendrement uni.*

TENDRESSE [tɑ̃drɛs]. *n. f.* (XVIIe; « caractère tendre [2°] », 1319; de *tendre* 2). ♦ 1° Sentiment tendre pour qqn. V. **Affection, attachement.** « *La tendresse est le repos de la passion* » (JOUBERT). *Avoir de la tendresse pour qqn. Élan de tendresse.* V. **Effusion, épanchement.** « *Un regard si chargé de tendresse* » (GAUTIER). « *Rêves de tendresse partagée* » (PROUST). *Tendresse maternelle.* ◇ *Par ext.* Sentiment fondamental de sympathie, d'altruisme. « *Le lait de la tendresse humaine* » (trad. de SHAKESPEARE). ♦ 2° *(Au plur.).* Expressions, témoignages de tendresse. *Mille tendresses* (au bas d'une lettre). ♦ 3° *Fam.* Préférence complaisante. V. **Faible** (avoir un...). « *Garder des tendresses orléanistes* » (ZOLA). *Je n'ai aucune tendresse pour ce genre de procédé, cela me déplaît.* ◇ ANT. *Dureté, froideur.*

TENDRETÉ [tɑ̃drəte]. *n. f.* (*Tanreté,* XIIe, critiqué au XVIIe, repris XVIIIe; de *tendre* 2). Caractère de ce qui est tendre (1°). « *Tendreté des tiges du blé* » (BERNARD. DE ST-P.). *Tendreté de la viande.* ◇ ANT. *Dureté.*

TENDRON [tɑ̃drɔ̃]. *n. m.* (*Tendrum,* 1175; lat. pop. °*tenerumen,* de *tener* « tendre », d'apr. l'adj. *tendre*). ♦ 1° *Vx.* Partie molle, tendre, cartilage. — Mod. *Tendrons de veau* : morceaux de viande constituant la paroi inférieure du thorax. Au sing. *Du tendron.* ♦ 2° (XIIe; « bourgeon, rejeton »). *Fam. et vieilli.* Très jeune fille en âge d'être aimée, relativement à un homme plus âgé. *Il lui plaît ce tendron.*

TENDU, UE [tɑ̃dy]. *adj.* (*Nerfs tendus,* XIe-XIIe; V. **Tendre** 1). ♦ 1° Rendu droit par traction. *Corde tendue.* — *Toiles tendues sur un châssis. Muscles tendus. Jarret tendu.* ◇ *Ressort tendu,* remonté. ◇ *Tir tendu,* dont la trajectoire, ou une partie, est proche d'une droite (opposé à *courbe*). ♦ 2° *Tapissé.* « *Chambre tendue d'un papier historié* » (FRANCE). ♦ 3° Fig. (XVIIe). *Esprit tendu, volonté tendue* : qui s'applique avec effort à un objet. — Dans un état de tension morale. « *Il est tellement préoccupé, tendu, irritable* » (AYMÉ). *Vous êtes tout tendu, détendez-vous! Visages silencieux et tendus.* ♦ 4° Qui menace de se dégrader, de rompre. V. **Difficile.** *Avoir des rapports tendus avec qqn. Situation politique tendue.* ♦ 5° Que l'on tend, que l'on avance. « *Le doigt tendu vers moi* » (CAMUS). *Main tendue.* V. **Figure.** *Politique de la main* tendue.* Loc. *À bras tendus* : à bout de bras. *Poings tendus* : levés. ♦ 6° *Phonol.* Se dit d'un phonème dont l'articulation se caractérise par une déformation plus grande de l'appareil vocal (opposé à *lâche*) par rapport à sa position de repos. ◇ ANT. *Ballant, flasque, lâche. Décontracté, détendu.*

TÉNÈBRES [tenɛbr(ə)]. *n. f. pl.* (1080; lat. *tenebræ*). ♦ 1° Obscurité profonde, considérée le plus souvent comme un milieu matériel. « *Sombre nuit, aveugles ténèbres* » (RAC.). *Dans les ténèbres d'un cachot.* V. **Obscurité, ombre**; *noir.* « *Les ténèbres s'épaississent autour de lui* » (MART. du G.). — *Ténèbres de la mort,* obscurcissement de la vue à l'approche de la mort. ♦ 2° *Relig.* (*Opposé à* la lumière de

Dieu). *Le prince des ténèbres.* V. **Démon.** *Empire des ténèbres,* l'enfer. ♦ 3° *Abstrait* (v. 1230). Obscurité de ce qui est difficile à connaître, à comprendre, de ce qu'on ne peut élucider. « *Ce n'était qu'une lueur dans les ténèbres* » (FRANCE). « *Une pensée enfouie... dans les ténèbres de l'inconscient* » (MART. du G.). ◇ Ce qui n'a pas été touché par les lumières de la raison, du progrès. « *L'homme montant des ténèbres à l'idéal* » (HUGO). « *Les ténèbres de la barbarie se dissipent* » (CHATEAUB.). V. **Obscurantisme.** ◇ ANT. *Lumière.*

TÉNÉBREUSEMENT [tenebrøzmɑ̃]. *adv.* (XVIIe; « sans lumière », déb. XVIe; de *ténébreux*). *Rare.* De façon ténébreuse, perfide.

TÉNÉBREUX, EUSE [tenebrø, øz]. *adj.*(*Tenebrus,* 1080; lat. *tenebrosus*). ♦ 1° *Littér.* (le plus souv. avec une valeur morale). Où il y a de l'obscurité, où il fait noir. V. **Obscur.** *Bois ténébreux.* « *Ma jeunesse ne fut qu'un ténébreux orage* » (BAUDEL.). ♦ 2° Qui est dans le mal en se cachant. « *Le labyrinthe des consciences les plus ténébreuses* » (BALZ.). ◇ Qui se cache, se trame dans l'ombre. *Une ténébreuse intrigue. Ténébreux desseins.* ♦ 3° Obscur pour l'esprit, difficile à comprendre, à élucider. V. **Incompréhensible, mystérieux, secret.** « *Poètes... soyez ténébreux* » (DIDER.). « *Une ténébreuse affaire* » (BALZ.). ♦ 4° *(Personnes).* Sombre et mélancolique. Subst. « *Je suis le ténébreux, le veuf, l'inconsolé* » (NERVAL). — Hist. litt. « *Le Beau Ténébreux* », surnom d'Amadis de Gaule qui, repoussé de celle qu'il aimait, se retira dans un ermitage. — Par plaisant. *Un beau ténébreux,* un bel homme à l'air sombre et profond. ◇ ANT. *Brillant, clair, lumineux.*

TÉNÉBRION [tenebrijɔ̃]. *n. m.* (1781; « lutin des ténèbres », 1546; lat. *tenebrio* « ami des ténèbres »). *Zool.* Insecte coléoptère (*Ténébrionidés*) d'un noir profond, qui habite les lieux sombres et dont les larves vivent dans la farine (*vers de farine*).

TÈNEMENT [tɛnmɑ̃]. *n. m.* (XIe; de *tenir*). ♦ 1° *Féod.* Terre tenue d'un seigneur. V. **Tenure.** ♦ 2° *Dial.* Réunion de propriétés contiguës. « *La Jassine et Théotime formeraient désormais un seul tènement dans les mains du dernier héritier de la race* » (BOSCO).

TÉNESME [tenɛsm(ə)]. *n. m.* (1554; *tenasmon,* v. 1370; lat. *tenesmus,* mot gr., de *teinein* « tendre »). *Méd.* Tension douloureuse avec sensation de brûlure et envies continuelles d'aller à la selle ou d'uriner.

1. TENEUR [tənœr]. *n. f.* (XIIe; lat. jur. *tenor* « contenu [d'un acte] », class. « continuité », de *tenere* « tenir »). ♦ 1° Contenu exact, texte littéral (d'un écrit officiel ou important). *La teneur d'un article, d'une lettre.* « *Des alliances dont vous ignoriez la teneur* » (MART. du G.). ♦ 2° (1872). « Quantité de matière solide, liquide ou gazeuse, rapportée à une masse ou à un volume d'autres matières dans lesquelles elle est en mélange, suspension ou dissolution » (AFNOR). V. **Concentration** (degré de); *titre. Teneur en or d'un minerai. La teneur du sang en hémoglobine.* — *Teneur isotopique,* rapport du nombre des atomes d'un isotope d'un élément chimique au nombre total des atomes de l'élément contenus dans une matière. — *Teneur moléculaire* ou *Molalité.*

2. TENEUR, EUSE [tənœr, øz]. *n.*(*Teneor* « possesseur », XIIe; de *tenir*). *Vx.* Personne qui tient. ◇ *Mod.* (1670). *Teneur, teneuse de livres,* personne qui tient les livres de comptabilité. — (1876). *Imprim. Teneur de copie,* celui qui lit l'original d'un texte pendant que le correcteur suit sur l'épreuve imprimée. Personne qui fait la teneur (3°) de copie.

TENEURMÈTRE [tənœrmɛtr(ə)]. *n. m.* (1973; de *teneur* 1, 2°, et *mètre*). *Techn.* « Dispositif de mesure comportant une source de rayonnements ionisants et destiné à mesurer la teneur en un ou plusieurs composants d'une substance gazeuse, liquide ou solide, par la détermination des caractéristiques, donc une géométrie bien définie, du rayonnement résultant du processus utilisé » (J.O.).

TÉNIA ou **TÆNIA** [tenja]. *n. m.* (*Tynia,* XVe; lat. *tænia,* gr. *tainia,* proprem. « bandelette »). Ver plathelminthe (*Cestodes*), parasite de l'intestin des mammifères, au corps formé d'un grand nombre d'anneaux plats, muni de ventouses ou de crochets de fixation. V. **Bothriocéphale.** *Le ténia de l'homme ou ver solitaire, long de 4 à 12 mètres, vit dans l'intestin.* — REM. Dans les noms lat. de variétés, on emploie l'orthogr. *tænia : tænia saginata* (provenant de la viande de bœuf infestée), *tænia solium* (provenant du porc). — *L'échinocoque, ténia du chien* (6 mm). — *Ténia du mouton* (V. **Cénure**).

TÉNIFUGE [tenifyʒ]. *adj.* (1833; de *téni[a],* et *-fuge*). *Méd.* Qui provoque l'expulsion des ténias. *Remède ténifuge.* Subst. *Un ténifuge.*

TENIR [t(ə)nir]. *v.;* conjug. *venir* (X[e]; lat. pop. °*tenire,* class. *tenere*). I. *V. tr.* ♦ 1° Avoir (un objet) avec soi en le serrant afin qu'il ne tombe pas, ne s'échappe pas. V. **Avoir.** *Tenir son chapeau à la main.* « *Il tenait un luth d'une main, De l'autre un bouquet d'églantine* » (MUSS.). « *À cause du verre qu'il tenait* *entre ses mains* » (FLAUB.). « *Sous le bras, elle tenait son para-pluie* » (SUARÈS). *Tenir qqn dans ses bras.* V. **Embrasser, étreindre, serrer.** « *Maître corbeau... Tenait en son bec un fromage* » (LA FONT.). — Par ext. *Ma main tenait la sienne.* ◇ Avoir (un objet) à la main, dans les mains en serrant. « *Il n'avait déjà plus la force de tenir son verre* » (LACLOS). *Tenir les rênes d'un cheval, la laisse d'un chien; la rampe d'un escalier. Tenir le bon bout*.* Par ext. *Se tenir le ventre* (de douleur), presser ses mains contre. — *Tenir un enfant par la main*, tenir sa main. *Il la tient par la taille.* ♦ 2° (*Choses*). Faire rester en place. V. **Retenir.** « *Les rouleaux des amarres qui le tenaient* (le chalut) » (MAUPASS.). *De* « *simples semelles tenues par des courroies* » (DANIEL-ROPS). — *Fig.* Conserver, garder. « *Ses cheveux tenaient la frisure* » (BALZ.). *Piano qui tient l'accord.* ◇ (Personnes) *Il sait tenir sa langue*. Fig. Je ne pouvais tenir mon sérieux.* ♦ 3° Faire rester (en telle situation, tel état) pendant un certain temps. V. **Maintenir.** *Il lui a tenu la tête sous l'eau. Le médecin m'a tenu là pendant une demi-heure.* V. **Garder.** *Tenir qqn en respect* avec un revolver. Tenir qqn en échec*. Il tenait les yeux baissés. Ces travaux me tiennent occupé jusqu'en juillet. Un vêtement qui tient chaud.* « *L'espérance les tient en haleine* » (MARIVAUX). — *Tenir une porte fermée. Tenir un plat chaud.* — *Tenir une note*, en prolonger le son. ♦ 4° Saisir (ce qui s'échappe), s'emparer de. *Tenir qqn*, être maître de lui, de sa liberté, de son indépendance. V. **Maîtriser.** *Nous tenons les voleurs.* « *On le tient cette fois... on va lui casser les reins* » (PÉGUY). *Si je le tenais!* (il verrait cela). ♦ 5° Résister à (dans quelques express.). *Un navire qui tient bien la mer*, qui ne risque pas de chavirer. — Par métaph. (Arg. auto.). *Tenir la mer*, être très stable dans les virages, sur une mauvaise route (d'après *tenir la route*). — *Tenir le vin*, être capable de boire beaucoup sans être ivre. — Fam. *Tenir bon. Tenir le coup*.* — *Tenir tête à.* V. **Tête.** ♦ 6° Avoir en sa possession (surtout abstrait). V. **Avoir, détenir, posséder.** « *À mon avis, vous tenez un filon* » (ROMAINS). « *Le bonheur... lorsqu'on le tient, ce n'est plus rien de bon* » (ALAIN). « *La certitude qu'ils tiennent la vérité* » (FRANCE). — Milit. *Tenir un territoire, une position*, en être maître. — PROV. *Mieux vaut tenir que courir* : il vaut mieux avoir effectivement qqch. qu'entretenir de grands espoirs. — *Un tiens vaut mieux que deux tu l'auras*, mieux vaut avoir effectivement un bien, que la promesse de deux biens (ou d'un plus grand bien). ♦ Fam. *Tenir une bonne cuite. Je tiens un de ces rhumes. Quelle couche il tient!* comme il est bête. ◇ **FAIRE TENIR QQCH. À QQN** (*littér.*) : faire parvenir. « *Une petite fille nommée Carmen, à qui je fis tenir... une lettre dans laquelle je lui exprimais mon amour* » (RADIGUET). *TIENS, TENEZ!* prends, prenez. « *Tiens, mon ami, en voilà un autre* » (VOLT.). *Tenez, voilà votre argent.* « *Il gifla le gosse.* « *Tiens, ça t'apprendra!* » (ARAGON). (Pour présenter qqch.) *Tenez, je l'ai vu hier. Tenez, cela m'écœure.* — *TIENS!* (pour marquer l'étonnement). *Tiens! je ne l'aurais pas pensé.* V. **Té!** *Tiens, tiens! C'est bien étrange.* ◇ **TENIR EN** : avoir en. *Tenir qqn en estime.* ♦ 7° **TENIR QQCH. DE QQN** : l'avoir par lui. « *Tu tiens les nouvelles de mon oncle* » (MOL.). *De qui tenez-vous ce renseignement?* ◇ Spécialt. *Fig.* Avoir par hérédité. *Il tient cela de son père.* « *Je tenais de ma grand-mère d'être dénué d'amour-propre* » (PROUST). Cf. *aussi* III, 3°. ♦ 8° Occuper (un certain espace). « *La fosse à fumier, qui tenait un tiers de la cour* » (ZOLA). « *L'enseigne, qui tenait toute la largeur de la boutique* » (FLAUB.). — *Bouteille qui tient le litre.* V. **Contenir.** *La voiture est trop petite pour nous tenir tous.* « *Ces questions d'intérêts... qui tiennent une si grande place dans la vie* » (LOTI). ♦ 9° Occuper (un lieu), sans s'en écarter. *Conducteur qui tient sa droite. Tenir le haut du pavé** (fig.). — Mar. *Tenir le large* : rester loin de terre. — Par ext. Ne pas quitter. *Malade condamné à tenir la chambre.* — *Fig.* Tenir une place éminente dans la société. *Tenir son rang.* — Loc. *Tenir lieu* de...* ♦ 10° Remplir (une activité). V. **Exercer.** *Tenir une charge, un emploi, un poste. Tenir son rôle.* — Avoir sous sa direction, sous son autorité... V. **Diriger, gérer.** *Tenir un hôtel, un café.* « *Ce logis tenu par deux femmes* » (HUGO). *Tenir boutique.* Par ext. « *Elle... tenait l'orgue pour un cachet minime* » (P. VIALAR). *Le greffier tient les notes d'audience. Tenir un registre, un journal. Tenir la caisse, la comptabilité. Tenir compte* de.* ◇ Présider (une réunion), prendre part à. *Tenir une assemblée, un concile, une conférence... Tenir conseil, séance.* V. **Délibérer, discuter.** ♦ 11° Considérer, regarder comme. *Tenir un langage, des discours, des propos* (et adj. ou déterminatif), s'exprimer (de telle façon). Pronom. « *Le discours intérieur qu'elle se tenait à elle-même* » (BOURGET). Vx. « *Je tiens leur culte impie* » (CORN.). Loc. mod. *Tenir quitte*.* — *Tenir comme... V. Je... le tiens comme mon propre frère* » (MOL.). — Mod. *TENIR... POUR* (1050) : considérer, croire. *Tenir un fait pour assuré, certain.* « *Il tenait... l'existence d'un principe créateur pour assez probable* » (MOL.). « *On le tient pour un esprit fameux* » (ROMAINS). *Tenez-vous-le pour dit.* V. **Dire** (II). ♦ 12° Observer fidèlement (ce qu'on a promis). *Tenir parole, sa parole, ses engagements, ses pro-*

messes, une gageure, un pari, un serment. Absolt. *Promettre et tenir sont deux.* — (*Au jeu*) Mettre un enjeu équivalent. *Je tiens! Pari tenu.*
II. *V. intr.* ♦ 1° (Fin XIIᵉ). Être attaché, fixé, se maintenir dans la même position. « *Des lunettes qui tiennent sur le bout des narines* » (BALZ.). *Je ne tiens plus debout* (de fatigue). *Fig. Votre histoire ne tient pas debout*, est invraisemblable. *Il ne peut tenir en place*. Un échafaudage qui tient en équilibre, tient tout seul.* ◇ Par ext. Être contigu. *Le jardin tient à la maison.* ◇ Fig. « *Je tiens encore par mille liens au monde dans lequel j'ai vécu* » (FRANCE). *Cela n'a tenu qu'à un fil*, un cheveu*.* ♦ 2° *Choses* (1155). Être solide, ne pas céder, ne pas rompre. *Faites un double nœud, cela tiendra mieux.* « *Des chaînes qu'on croit rompues et qui tiennent toujours* » (MAUPASS.). « *L'écrou ne tenait plus* » (HUGO). *Tenir bon*, bien résister. « *L'arbre tient bon, le roseau plie* » (LA FONT.). « *Il n'y a pas de raison qui tienne* : qui puisse s'opposer à... Par ext. Fam. *Il n'y a pas de bal qui tienne*, tu n'iras pas au bal. ◇ Ne pas se défaire. *Coiffure qui ne tient pas. Un plissé qui tient.* ◇ Résister à l'épreuve du temps; rester valable. V. **Durer.** « *Le marché ne tint pas* » (LA FONT.). *Cette pièce n'a pas tenu, un four! Leur union tient toujours. Fam.* (en parlant d'une invitation, d'un projet) *Cela tient toujours pour jeudi?* ♦ 3° (*Personnes*). Résister. *Tenir ferme contre l'ennemi. Tenir bon*, ne pas céder. « *Quelques carrés de la garde... tinrent jusqu'à la nuit* » (HUGO). « *Il a fallu tenir dix jours* » (DORGELÈS). « *Je tiendrai bien jusqu'à demain soir... Tu est trop longue, tu ne tiendras pas. Ton courage t'abandonnera tout d'un coup* » (SARTRE). ◇ *Ne plus pouvoir tenir*, ne pouvoir y tenir, être au comble de l'impatience, à bout, hors de soi. « *Je n'y puis plus tenir, j'enrage* » (MOL.). *N'y tenant plus, il est parti en claquant la porte.* ◇ Par ext. *Tenir pour qqn* (vieilli) : ne pas abandonner son parti. V. **Soutenir.** « *Les médecins qui tenaient pour les anciens intentèrent un procès* » (VOLT.). Mod. *Tenir pour une opinion* : la soutenir. ♦ 4° Être compris, contenu dans un certain espace. *Tous mes livres tiennent dans cette armoire.* V. **Entrer.** *Nous ne tiendrons pas tous dans la voiture.* « *Les trente lettres et dépêches où tenait tout le projet de l'opération* » (MADELIN).
III. *V. tr. indir.* ♦ 1° (1237). **TENIR À QQN, À QQCH.** : y être attaché par un sentiment durable. « *Il doit tenir à cette femme-là* » (BALZ.). « *Je ne tiens plus à personne* » (LOTI). *Je tiens à ce bibelot comme à la prunelle* de mes yeux. Tenir à la vie, à la liberté.* ◇ (*Avec une propos.*) Vouloir absolument. *J'ai tenu à les inviter.* « *Ils tiennent à ne pas se mettre mal avec la police* » (ROMAINS). « *M'accompagnez-vous? — Si vous y tenez.* » *Je n'y tiens pas. Je tiens à ce que je vienne* » (MOL.). ♦ 2° (*Choses*). **TENIR À QQCH.** : avoir un rapport de dépendance, d'effet à cause. V. **Provenir, résulter.** « *La force des peuples barbares tient à leur jeunesse et disparaît avec elle* » (HUGO). « *À quoi donc tient son illusion?* » (PAULHAN). « *Cela tient à ce que nous n'avons pas la même nature* » (FRANCE). Impers. *Il ne tient qu'à moi qu'il obtienne satisfaction*, il ne dépend que de moi. *S'il ne tenait qu'à moi... Qu'à cela ne tienne!* peu importe, que cela ne soit pas un obstacle. ♦ 3° (1580). **TENIR DE QQN, DE QQCH.** : avoir des rapports de filiation, de parenté, d'analogie qui amènent une ressemblance. « *Il tenait de sa mère et de sa grand-mère* » (STE-BEUVE). V. **Ressembler** (à). *Il a de qui tenir*, ses parents ont bien ce trait qu'il possède. ◇ Participer de la nature de (qqch.) *Cela tient du miracle, du prodige.*
IV. **SE TENIR** (1080). *v. pron.* Ⓐ *Réfl.* ♦ 1° **SE TENIR À QQCH.** : tenir qqch. afin de ne pas tomber, de ne pas changer de position. V. **Accrocher** (s'), **agripper** (s'), **cramponner** (se), **retenir** (se). « *La corde à laquelle il se tenait d'une main* » (HUGO). *Le blessé se tenait au mur.* V. **Appuyer** (s'). ♦ 2° Être, demeurer (en telle position). *Se tenir debout. Se tenir penché, les bras croisés, à genoux, agenouillé. Se tenir immobile, sans bouger. Tiens-toi droit! Façon de se tenir.* V. **Maintien, tenue.** *Savoir se tenir à cheval* : avoir une bonne assiette (en parlant d'un cavalier). ◇ *Fig. et absolt.* Être formé d'éléments cohérents qui entraînent la vraisemblance. *C'est peut-être un mensonge mais cela se tient. Son histoire, son raisonnement se tient.* ♦ 3° Par ext. Être (quelque part). « *Pablo se tenait au milieu de la chambre* » (SARTRE). *La pièce dans laquelle on se tient d'ordinaire. Se tenir près, auprès de qqn.* « *Elle se tenait à l'écart modestement* » (FLAUB.). — *Choses* (1559) *Lieux où se tiennent les foires.* V. **Lieu** (avoir lieu). ♦ 4° Être et rester (d'une certaine manière, dans un certain état). *Se tenir caché, à carreau*, sur la réserve*, sur ses gardes. Se tenir tranquille, ne pas bouger; par ext.* Ne pas agir; *fig.* Rester sage. — *Se tenir à quatre*, se retenir fortement. *Se tenir bien, se tenir mal* : se conduire en personne bien, mal élevée. — Absolt. *Se tenir* : se tenir bien. *Il sait se tenir en société. Se tenir bien à table*.* ♦ 5° **NE POUVOIR SE TENIR DE...** (*Vx ou littér.*) : ne pouvoir s'empêcher; se retenir* de (faire telle chose). « *Ses voisins de dortoir,... ne pouvaient se tenir de rire* » (MAUPASS.). ♦ 6° **SE TENIR À QQCH.** (*Littér.*) : observer, pratiquer fidèlement et exclusivement. « *Tu parles*

d'or, maman, et je me tiens à ton avis » (BEAUMARCH.). ◇
Cour. S'EN TENIR À QQCH : ne pas aller au delà, ne vouloir
rien de plus. V. **Borner** (se). « *Ils s'en tenaient aux lieux communs* » (FLAUB.). *S'en tenir là*, s'arrêter. *Tenez-vous-en-là.* —
Savoir à quoi s'en tenir : être fixé, informé. « *J'en suis malade,
à la fin de ne pas savoir à quoi m'en tenir. Il me faut un oui ou
un non* » (ZOLA). ♦ 7° SE TENIR POUR... : se considérer comme.
« *Un mot de plus, et je me tiens pour insulté* » (GOBINEAU).
Ⓑ *Récipr.* ♦ 1° Se tenir l'un l'autre. *Se tenir par la main,
le bras, la taille.* ♦ 2° Être dans une dépendance réciproque.
« *Ces choses complexes où tout se tient, où les qualités sortent
des défauts, et où l'on ne peut rien changer sans faire crouler
l'ensemble* » (RENAN).
◇ ANT. Lâcher, laisser, quitter. Abandonner, capituler, céder,
fléchir. — Branler, chanceler. Manquer (à).

TENNIS [tenis]. *n. m.* (*Lawn-tennis*, 1880; « jeu de
paume », 1836; mot angl. « jeu de paume », du fr. *tenez*
[*tenetz*, en angl. 1400], exclamation du joueur lançant la
balle).
I. ♦ 1° Sport dans lequel deux ou quatre joueurs se renvoient alternativement une balle, à l'aide de raquettes, de
part et d'autre d'un filet, selon des règles précises et sur un
terrain de dimensions déterminées (V. **Court**). *Jouer au tennis. Une partie de tennis. Coups au tennis :* lob, smash, volée;
drive, coup droit, revers; service. *Chaussures, jupe de tennis.*
♦ 2° *Par ext.* (v. 1900). Terrain de tennis, comprenant le
court proprement dit et une enceinte aménagée. *Les tennis
d'un club sportif.* ♦ 3° Cotonnade d'armure sergée. ◇
Chaussures basses en toile, à semelles de caoutchouc. — *Dér.*
TENNISTIQUE [tenistik]. *adj.* (1935).
II. (Angl. *table tennis*). *Tennis de table.* V. **Ping-pong**.

TENNISMAN [tenisman]. *n. m.* (1934; pseudo-angli-
cisme sur le modèle de *sportsman*, etc.; de *man* « homme »).
Vx. Joueur de tennis. Pl. *Des tennismen* [tenismɛn].

TENON [tənɔ̃]. *n. m.* (1380; *tenoun*, XIIIe; de *tenir*). *Techn.*
Partie saillante (mâle) ménagée à l'extrémité d'une pièce de
bois, de pierre, de métal destinée à s'ajuster dans une partie
creuse correspondante (V. **Mortaise**). *Tenon en queue d'aronde,
en cheville. Tenons croisés* (chaque pièce portant côte à côte
un tenon et une mortaise). ◇ *Archit.* Crampon métallique
qui relie les assises d'une construction. ◇ *Chir. dent.* Fil
métallique destiné à la fixation d'une couronne ou d'une
dent artificielle. V. **Pivot**. *Dent à tenon* ou *dent à pivot.*

TENONNER [tənɔne]. *v. tr.* (1874; de *tenon*). *Techn.*
Pratiquer un tenon sur (une pièce de bois).

TENONNEUSE [tənɔnøz]. *n. f.* (1923; de *tenonner*).
Techn. Machine-outil pour faire les tenons de bois.

TÉNOR [tenɔʀ]. *n. m.* (1444, rare av. XVIIIe; it. *tenore;*
du lat. *tenor*, de *tenere* « tenir »). ♦ 1° Voix d'homme la plus
aiguë (a remplacé *Taille*). Personne qui a ce type de voix.
Voix de ténor. Ténor léger, ténor lyrique, fort ténor. ♦ *Adj.*
Se dit des instruments dont l'étendue correspond à celle de
la voix de ténor. *Saxophone ténor*, et subst. *Un ténor.* ♦
2° (1933). *Par ext.* Personnage très en vue dans l'activité
qu'il exerce. *Les grands ténors de la politique, du sport.*

TÉNORINO [tenɔʀino]. *n. m.* (1879; mot it. dimin. de
tenore). *Mus.* Ténor très léger, qui doit utiliser la voix de tête
dans l'aigu.

TÉNORISANT, ANTE [tenɔʀizɑ̃, ɑ̃t]. *adj.* (1872; de
ténor). *Mus.* Qui est proche de la voix de ténor. *Baryton ténorisant.*

TÉNORISER [tenɔʀize]. *v. intr.* (1770, au fig.; de *ténor*).
Mus. Chanter comme un ténor, dans le registre du ténor.

TÉNORITE [tenɔʀit]. *n. f.* (1848; de G. *Tenore*, naturaliste it.). *Minér.* Oxyde naturel de cuivre. ◇ SYN. *Mélaconite.*

TÉNOTOMIE [tenɔtɔmi]. *n. f.* (1836; du gr. *tenôn*
« tendon », et *-tomie*). *Chir.* Section d'un tendon; *par ext.*
et *abusiv.* Section des brides fibreuses cicatricielles.

TENREC. *n. m.* V. **TANREC.**

TENSEUR [tɑ̃sœʀ]. *n. m.* et *adj.* (1843; du lat. *tensum*,
de *tendere* « tendre »). ♦ 1° Muscle qui tend, produit une
tension. *Tenseur*, ou *adj. Muscle tenseur du fascia lata*, à la
face externe de la cuisse, qui tend l'aponévrose fémorale et
participe aux mouvements d'extension et d'abduction de la
cuisse. ♦ 2° *Mécan.* (1877). Tendeur. *Par appos. Poids tenseur.* ♦ 3° *Math.* (v. 1900, angl. *tensor*). Être mathématique
constituant une généralisation du vecteur, défini dans un
espace à *n* dimensions par n^k composantes (*k* étant l'*ordre* du
tenseur) et dont les propriétés sont indépendantes du système
d'axes de coordonnées choisi. *Un vecteur est un tenseur
d'ordre 1. Utilisation des tenseurs pour représenter des
contraintes mécaniques. Relatif aux tenseurs.* V. **Tensoriel**.

TENSIO-ACTIF, IVE [tɑ̃sjɔaktif, iv]. *adj.* et *n. m.* (mil.
XXe; du lat. *tensio*, et *actif*). *Chim.* ♦ 1° Susceptible d'augmen-
ter les propriétés d'étalement, de « mouillage » d'un liquide.
Agent, produit tensio-actif. ♦ 2° N. m. *Les tensio-actifs se
classent en trois types :* anioniques, cationiques et non ioniques.
— On dit aussi SURFACTIF, *adj.* et *n. m.*

TENSIOMÈTRE [tɑ̃sjɔmɛtʀ(ə)]. *n. m.* (1949; du lat.
tensio, et *-mètre*). ♦ 1° *Sc.* Appareil de mesure des déformations d'un corps soumis à des contraintes mécaniques.
♦ 2° *Méd.* Syn. de *Sphygmomanomètre**.

TENSION [tɑ̃sjɔ̃]. *n. f.* (1490; lat. *tensio*).
I. (*Concret*). ♦ 1° *Physiol.* État d'un tissu, d'un organe
distendu. — Résistance opposée par une paroi organique
aux liquides, aux gaz contenus dans la cavité qu'elle limite.
Tension de la paroi abdominale. ♦ 2° (XVIIe). État d'une
substance souple ou élastique tendue. *Tension d'un élastique,
d'une courroie. Régler la tension d'une corde d'instrument.
Corde de tension* (d'une scie). ◇ État des muscles contractés.
V. **Contraction**. — *Phonét.* Effort des muscles, lors de l'émission d'un phonème. — Première phase de l'articulation
d'un phonème. ♦ 3° *Phys.* Toute force qui agit de manière
à écarter, à séparer les parties constitutives d'un corps
(*opposé à* pression). — *Tension superficielle*, force, due aux
interactions moléculaires, qui s'exerce à la surface d'un
liquide au contact d'un autre fluide. *C'est par la tension
superficielle que les liquides ont tendance à présenter une surface sphérique* (formation des gouttes, ménisques). ◇ *Mécan.*
Force interne ou contrainte qui agit dans un corps en équilibre. *Étude des tensions* (V. **Tensoriel**). ♦ 4° (1846). *Phys.*
Pression. *Tension de vapeur* : pression à une température
donnée à laquelle la phase solide (ou liquide) est en équilibre thermodynamique avec la phase vapeur. *Mesure des
tensions.* V. **Manomètre**. — *Tension osmotique.* ◇ *Cour.*
(1859) *Tension artérielle, veineuse* : pression du sang. *Prendre
la tension de qqn au sphygmomanomètre. Tension supérieure*
(V. **Hypertension**), *inférieure à la normale* (V. **Hypotension**).
— *Absolt.* Hypertension. *Avoir de la tension.* ♦ 5° (1864; dès
1802 en it.). *Électr.* Différence de potentiel : *Haute tension* :
tension élevée (plusieurs milliers de volts). *Basse tension.* —
Par métaph. « *Un courant de haute tension la faisait frémir*
(la foule) » (MART. du G.).
II. (*Abstrait*). ♦ 1° (XVIIe). Effort intellectuel; application soutenue. V. **Contention, concentration**. *Tension d'esprit.*
« *Il en faut de la volonté et de la tension pour ne jamais être
distrait !* » (CAMUS). ♦ 2° (1907). État de ce qui menace de
rompre. *Tension des relations, d'une situation.* ◇ (1963).
Sociol. Tension raciale, situation de conflit entre deux groupes
raciaux. ♦ 3° *Psycho.* Tout état psychique où le besoin d'une
détente se fait sentir; force psychique considérée comme
menant à une modification, en l'absence d'empêchement.
« *Un sentiment... est une tension de l'âme* » (SARTRE).
(Psychan.) *Pulsions et tension.* Cour. *Tension nerveuse*, énervement. ♦ 4° (De *tendre*). *Didact.* Le fait de se diriger vers,
de tendre à... « *Cette foi, qui n'était qu'une pure tension vers
le royaume à venir* » (CAMUS).
◇ ANT. Laxité, relâchement. Abandon, détente.

TENSON [tɑ̃sɔ̃]. *n. f.* (mil. XVe; « querelle », XIIe; V. **Tancer**). *Hist. litt.* Genre poétique dialogué du moyen âge, où les
interlocuteurs s'opposent sur un sujet donné.

TENSORIEL, ELLE [tɑ̃sɔʀjɛl]. *adj.* (mil. XXe; de *tenseur*).
Didact. Grandeur tensorielle, ensemble des nombres formant
un système, utilisé pour représenter les tensions à l'intérieur
d'un solide déformé. ◇ *Math.* Qui concerne les tenseurs.
Calcul tensoriel. Analyse, algèbre tensorielle.

TENTACULAIRE [tɑ̃takylɛʀ]. *adj.* (1797; de *tentacule*).
♦ 1° *Zool.* Des tentacules. *Appendice tentaculaire.* ♦ 2° (1895).
Qui se développe dans toutes les directions. *Les villes tentaculaires*, de Verhaeren.

TENTACULE [tɑ̃takyl]. *n. m.* (1767; lat. mod. *tentaculum*,
de *tentare* « tâter, palper »). *Zool.* Appendice allongé et
souple, servant généralement au tact et à la préhension (chez
les invertébrés, chez les mollusques); chez certains poissons.
◇ *Cour.* Bras des
céphalopodes (poulpes, calmars), organes allongés munis
de ventouses. *Les tentacules d'une pieuvre.* — Fig. *Ville dont
étend des tentacules.* V. **Tentaculaire**.

TENTANT, ANTE [tɑ̃tɑ̃, ɑ̃t]. *adj.* (1530; de *tenter* 1).
♦ 1° Qui tente (3°), inspire ou excite le désir. V. **Alléchant**,
séduisant. *Un menu tentant.* ♦ 2° Que l'on peut envier. *Une
situation assez tentante.*

TENTATEUR, TRICE [tɑ̃tatœʀ, tʀis]. *n. et adj.* (1536;
temptateur, 1496; lat. *temptator* « séducteur »). ♦ 1° *Relig.*
N. m. Celui qui tente les hommes, les induit au mal. V.
Démon. — Adj. *L'esprit tentateur.* ♦ 2° (Déb. XVIe). N.
Personne qui cherche à tenter, à séduire. « *La grande sainte
devenait courtisane et se faisait tentatrice* » (GAUTIER). —
Adj. *Beauté tentatrice.*

TENTATION [tɑ̃tasjɔ̃]. *n. f.* (*Temptacium*, 1120; lat.
ecclés. *temptatio* « tentative »). ♦ 1° Ce qui porte à enfreindre une loi religieuse, morale; impulsion qui pousse au péché,
au mal, en éveillant le désir. *La tentation, les tentations de
la chair. Succomber à la tentation; résister à la tentation.*
◇ Action du tentateur. *La tentation de Jésus dans le désert*,
par le démon. *La tentation de saint Antoine*, par les démons
(motif qui a inspiré de nombreux peintres, et œuvre de
Flaubert). ♦ 2° (1690). Ce qui incite à (une action) un éveil

lant le désir. Tendance qui se manifeste alors (V. Envie; désir). « *Ne cède point à la tentation de briller, garde le silence* » (STENDHAL).

TENTATIVE [tãtativ]. *n. f.* (XVIIe; « épreuve de théologie », 1546; lat. scolast. *tentativa*, de *tentare* « tenter »). Action par laquelle on s'efforce d'obtenir un résultat (quand ce résultat est ou douteux ou nul). V. **Essai**. *Faire une tentative auprès de qqn*, essayer d'obtenir de lui qqch. V. **Démarche**. *Tentative d'évasion. Tentative de suicide*. « *La tentative des réformateurs politiques de 89* » (RENAN). « *Leurs vaines tentatives pour combattre ces barbares* » (MICHELET). *Dernière, suprême tentative*. ◇ *Dr*. Volonté de commettre une infraction, manifestée par un commencement d'exécution interrompu, non par un désistement volontaire de son auteur, mais par suite de circonstances indépendantes de sa volonté. *Tentative d'homicide. Tentative de conciliation.*

TENTE [tãt]. *n. f.* (1150; de *tenta* [ou *tandita*], fém. de *tentus* [ou *°tenditus*], p. p. de *tendere*). ♦ 1° Abri provisoire et transportable fait d'une matière souple tendue sur des supports rigides (mâts, piquets). V. **Pavillon** (*vx*). *Tente de toile. Monter une tente, planter sa tente quelque part. Tente de plage; de camping. Tente de soldats.* V. **Guitoune**. *Tente d'un cirque.* V. **Chapiteau**. *Tente des peuples nomades.* « *Le douar ne comptait pas plus de quinze ou vingt tentes* » (FROMENTIN). *Vivre sous la tente.* — *Loc. fig. Se retirer sous sa tente*, se tenir à l'écart, abandonner une cause par dépit (*par allus.* à Achille qui, irrité contre Agamemnon, se tint à l'écart des combats [*Iliade*]). ♦ 2° *Mar*. Toile que l'on tend au-dessus du pont. V. **Taud**. *Tente de gaillard d'avant*. ♦ 3° *Anat*. Prolongement de la dure-mère, entre le cerveau et le cervelet *(tente du cervelet)*; repli de la dure-mère recouvrant l'hypophyse *(tente hypophysaire)*. ◇ HOM. **Tante**.

TENTE-ABRI [tãtabʀi]. *n. f.* (v. 1840; de *tente*, et *abri*). *Tente légère individuelle. Des tentes-abris* [tãtabʀi].

TENTER [tãte]. *v. tr.* (*Tenter Dieu*, 1120; « sonder une plaie », 1250; lat. *temptare*, confondu avec *tentare* « agiter », fréquentatif de *tendere* « tendre »). ♦ 1° *Vx*. Faire apparaître par une épreuve les qualités et les défauts, la valeur de (qqn). V. **Éprouver**. « *Dieu tenta Abraham* » (BIBLE), il mit sa fidélité à l'épreuve. — *Absolt*. « *Dieu tente, mais il n'induit pas en erreur* » (PASC.). ◇ *Loc. mod*. (Littér.) *Vous tentez Dieu*, vous vous exposez à de grands dangers (comme si vous demandiez à Dieu de faire pour vous un miracle). *Cour. Tenter le diable* : s'exposer à la tentation ou y exposer qqn en le prenant par son point faible. ♦ 2° (*Tempter*, 1112). Essayer d'entraîner au mal, au péché. *Le démon tenta Ève*. — « *Ce qui nous est défendu n'est pas ce qui tente le plus, mais de nous laisser vaincre aux tentations* » (ROUSS.). ◇ Constituer une tentation, une incitation au péché, en éveillant le désir. *La pomme qui tenta Ève*. « *Un dindon... dont le fumet aurait tenté un saint* » (BRILLAT-SAV.). ♦ 3° (XIIIe). Éveiller le désir, l'envie de (qqn). V. **Allécher, séduire**. « *Ce ruban... me tenta, je le volai* » (ROUSS.). *Ça ne me tente guère.* V. **Plaire**. — *Se laisser tenter par...*, céder à (une envie, un désir). « *Laissez-vous tenter par la fortune de chaque jour* » (LOUŸS). Au p. p. *Être tenté, très tenté*, avoir envie (d'une chose), *spécialt*. avoir envie de l'acheter. ♦ (*Sens affaibli*) Avoir envie de, tendance à. « *Les identifications qu'on pourrait être tenté d'établir* » (RENAN). *Être tenté de croire, de penser...* ♦ 4° Éprouver (les chances de réussite); commencer, en vue de réussir (V. **Essayer; tentative**). *Tenter une action téméraire*. V. **Oser**. *Tenter le tout pour le tout*, risquer de tout perdre pour tout gagner. *Il a tout tenté pour réussir*. « *La démarche que je tente auprès de vous* » (ROMAINS). — *Tenter de...* (et inf.). V. **Chercher** (à), essayer (de). « *A-t-elle jamais tenté de s'enfuir?* » (VILLIERS). *Il a tenté de se suicider*. ◇ *Loc.* (XVIe) *Tenter sa chance*, tenter de gagner, de réussir.

TENTHRÈDE [tãtʀɛd]. *n. f.* (1803; lat. sc. *tenthredo* [1748], du gr. *tenthrêdôn* « sorte de guêpe »). *Zool*. Insecte hyménoptère (*Tenthrédinidés*), appelé « mouche à scie ». *Les tenthrèdes mangent les feuilles des végétaux.*

TENTURE [tãtyʀ]. *n. f.* (1538; réfection, d'apr. *tente*, de l'a. fr. *tendeüre*, de *tendre*). ♦ 1° *Collect*. Ensemble des éléments destinés à recouvrir et décorer les murs d'une pièce, d'une salle. *Tenture formée d'une suite de tapisseries*. ♦ 2° (1589). Pièce de tissu, et *par ext*. de cuir, de papier, servant d'élément de décoration murale. V. **Tapisserie**. *Cordon retenant une tenture. Tentures de cretonne, de velours*. « *Elle souleva la tenture* (d'une portière) » (BOSCO). *Tentures pour les services funèbres*, tentures noires qu'on pose à la porte du décédé, dans l'église.

TENU, UE [t(ə)ny]. *p. p.* et *adj*. (1283; de *tenir*). ♦ 1° (*Pass*.). ÊTRE TENU À : être obligé à (une action). *Le médecin est tenu au secret professionnel*. *Loc. prov. À l'impossible nul n'est tenu*. — (Avec l'inf.) « *Le prince était tenu à ne point quitter le sol de l'Inde* » (LOTI). ◇ ÊTRE TENU DE... (*Dr.*) : être responsable de. « *Le preneur est tenu des dégradations* » — (Avec l'inf.) Être obligé de. « *Il est tenu de faire, tous les ans... un inventaire de ses effets mobiliers et*

immobiliers » (CODE COMM.). ◇ *Langage tenu*, de bonne tenue, soigné, relevé. V. **Soutenu**. ♦ 2° *Bien tenu* : en bon état de propreté, en bon ordre, bien arrangé, entretenu, soigné. *Maison bien tenue, mal tenue*. ♦ 3° (1907). *Bourse*. Dont le cours est ferme. *Valeurs bien tenues*, ou absolt. *tenues*. ♦ 4° *Note tenue*, note de musique dont on prolonge la durée. ♦ 5° N. m. *Sports*. Faute qui consiste à immobiliser trop longtemps le ballon (basket-ball, hand-ball, rugby).

TÉNU, UE [teny]. *adj*. (1515; lat. *tenuis* [V. **Atténuer, exténuer**]). Très mince, très fin, de très petites dimensions. *Fil ténu. Particules ténues*. Par ext. *Brume ténue, légère. Voix ténue*, de peu d'ampleur, de force. Fig. « *Des causes si diverses, si multiples et si ténues* » (GIDE). « *Des nuances si ténues de sentiment* » (RIBOT). V. **Subtil**. ◇ ANT. **Épais, gros**.

TENUE [t(ə)ny]. *n. f.* (1156, « tenure »; de *tenir*). ♦ 1° *Vx* (XVIe). Continuité, durée, suite. « *Une tenue incroyable dans les idées* » (DIDER.). *Tout d'une tenue, d'une seule tenue* (1636, *d'une tenue*), sans interruption. ◇ (1690). *Mus*. Émission prolongée d'un son. « *La tenue des trémolos de violon* » (PROUST). *Les tenues d'un chanteur*. ◇ (*Bourse*) Fermeté du cours d'une valeur boursière. ◇ (*Turf*) Qualité d'un cheval capable de soutenir un effort prolongé. *Cheval de tenue*. ♦ 2° *Didact*. Le fait de tenir séance; la durée d'une audience, d'une séance, d'une réunion. *Tenue des assises*. ♦ 3° (XIXe). Le fait, la manière de tenir (I, 10°), de gérer (un établissement, etc.); la manière dont la discipline, l'économie, y sont assurées. V. **Ordre**. *Veiller à la bonne tenue d'un établissement*. — *La tenue de la maison*, son entretien et l'organisation de la vie domestique. ◇ *La tenue de la comptabilité, des livres de comptes*, le fait de s'en occuper. *Tenue de copie*, sa préparation pour l'envoi à l'imprimerie. ♦ 4° (XVIe). Action de se tenir à cheval; assiette du cavalier. *Avoir de la tenue*. ♦ 5° Action de se tenir. — (1835) Dignité de la conduite, correction des manières. *Avoir de la tenue. Manquer de tenue. Un peu de tenue!*, tenez-vous bien, surveillez vos manières. — (Dans le domaine littéraire, intellectuel) Refus de céder à la vulgarité, à la facilité. *Quotidien qui manque de tenue*. ◇ Manière de se conduire, de se tenir. *Bonne tenue en classe, à table*. « *Elle faisait exprès de parler haut et d'avoir une mauvaise tenue* » (LARBAUD). — Attitude du corps. V. **Maintien**. *Mauvaise tenue d'un écolier courbé sur son cahier*. ♦ 6° (1798). *Cour*. Manière dont une personne est habillée : son aspect, sa « présentation ». V. **Allure, équipage, mise**. *Tenue débraillée, négligée*. « *Que rien ne clochât dans ma tenue* » (PROUST). *Quelle tenue!* ◇ Ensemble des vêtements et des accessoires qui constituent l'habillement particulier (à une profession, à une activité quelconque); le costume qu'on revêt en certaines circonstances. V. **Costume**. *Tenue de voyage. Tenue de sport. Tenue de ville. Changer de tenue pour sortir. — Tenue de soirée* : habit ou smoking. — Fam. *Petite tenue, tenue légère*, d'une personne peu vêtue. ◇ *Spécialt*. *Tenue militaire*. V. **Uniforme**. *Militaire en tenue* (opposé à : en civil). *Tenue de service, de sortie, de cérémonie, de combat*, de campagne*. Tenue de vol d'un aviateur. Se mettre en grande tenue. Se mettre en tenue*, revêtir la tenue exigée pour le service ou le travail ordonné. ♦ 7° (XXe). *Tenue de route*, aptitude d'un véhicule à se maintenir dans la direction commandée par le conducteur, manière dont une voiture tient la route. *Bonne, mauvaise tenue de route d'une automobile.*

TÉNUIROSTRES [tenyiʀɔstʀ(ə)]. *n. m. pl.* (1800; lat. *tenuis* « fin », et *-rostre*). *Zool*. Sous-ordre de passereaux à bec fin et long. — Adj. *Oiseau ténuirostre*.

TÉNUITÉ [tenyite]. *n. f.* (1377; *tenveté, tenvieté*, XIIe; lat. *tenuitas*). *Littér*. Caractère de ce qui est ténu. ◇ Fig. « *Une grande finesse d'observation qui va parfois jusqu'à la ténuité* » (BAUDEL.).

TENURE [tənyʀ]. *n. f.* (1156, *teneüre*; de *tenir*). *Féod*. et *Dr. anc*. Mode de concession d'une terre; cette terre ellemême. *Tenure noble, féodale*, concédée par un seigneur à un autre (V. **Fief**). *Tenure roturière, servile*. ◇ Relation de dépendance (d'un fief par rapport à un autre). V. **Mouvance**. *Cette terre était dans la tenure, de la tenure de tel comté*. ◇ ANT. **Franc-alleu**.

TENUTO [tenuto]. *adv*. (1788; mot it. « tenu »). *Mus*. Mot indiquant que les sons doivent être soutenus pendant toute la durée de leur émission (Abrév. *ten*).

TÉOCALLI [teɔkali]. *n. m.* (1846; mot mexicain, de *teotl* « dieu », et *calli* « maison »). *Archéol*. Chez les Aztèques, Pyramide tronquée à quatre côtés, portant un temple et un autel sur son sommet.

TÉORBE. V. **Théorbe**.

TEPHILLIM ou **THÉPHILLIM** [tefi(l)lim]. *n. m. pl.* (*Téphilin*, 1904; hébreu *t'phillim*, plur. de *t'phillah* « prière »). *Relig*. Bandes de cuir qui contiennent des versets de la Bible et que les juifs portent à leur front et à leur bras lors de pendant leurs prières.

TÉPHROSIE [tefʀozi]. *n. f.* (1827; lat. bot. *tephrosia*, du gr. *tephra* « cendre », à cause de l'aspect cendré de cette plante). *Bot.* Plante exotique *(Légumineuses, Papilionacées)*, dont une espèce fournit un indigo et une autre un insecticide.

TEPIDARIUM ou **TÉPIDARIUM** [tepidaʀjɔm]. *n. m.* (1765 ; mot lat., de *tepidus* « tiède »). *Antiq.* Chez les Romains, Partie des bains dans laquelle on maintenait une température modérée et qui servait de transition entre le *caldarium* et le *frigidarium.*

TEQUILA [tekila]. *n. m.* (mil. XXᵉ ; de [*l'agave] tequilana*, du district de *Tequila* au Mexique). Alcool d'agave du Mexique. *On boit le tequila avec une pincée de sel.*

TER [tɛʀ]. *adv.* et *adj.* (1842 ; mot lat. « trois fois »). ♦ 1° Adv. *(Mus.).* Indique qu'un passage, un refrain... doit être exécuté trois fois. ♦ 2° *Adj.* (1854). Se place après un numéro pour indiquer que celui-ci est précédé de deux autres numéros semblables (Cf. Bis). *Le douze ter de la rue Émile-Zola.* ◇ HOM. *Taire, terre.*

TÉRA- *Sc.* Élément, du gr. *teras* (V. Térato-) qui indique la multiplication par un million de millions (10¹²). Cf. Méga-.

TÉRASPIC [teʀaspik]. *n. m.* (1769 ; altér. de *thlaspi*, 1553 ; d'apr. *aspic).* *Bot.* Ibéride (plante).

TÉRATO-. Élément, du gr. *teras, teratos* « monstre ».

TÉRATOGÈNE [teʀatɔʒɛn]. *adj.* (1904 ; *tératogénie*, 1842 ; de *térato-*, et *-gène).* *Méd.* Qui, par son action sur l'embryon, peut produire un monstre. *Médicament tératogène.*

TÉRATOGENÈSE [teʀatɔʒənɛz]. *n. f.* (1897 ; de *térato-*, et *-genèse).* *Biol.* Formation et développement in utero d'anomalies aboutissant à des malformations ou à des monstruosités. « *C'est à vous* [É. Wolff] *qu'il était réservé de mener la tératogenèse à ce point de perfection et de commander ainsi à la monstruosité, jusqu'alors si capricieuse* » (J. ROSTAND). — On dit aussi TÉRATOGÉNIE [teʀatɔʒeni], *n. f.* (1842).

TÉRATOLOGIE [teʀatɔlɔʒi]. *n. f.* (1752 ; de *térato-*, et *-logie).* *Didact.* Science qui a pour objet l'étude des anomalies et des monstruosités des êtres vivants. *Tératologie expérimentale* (par action sur l'embryon d'un animal).

TÉRATOLOGIQUE [teʀatɔlɔʒik]. *adj.* (1832 ; de *tératologie).* *Didact.* Relatif à la tératologie. *Anatomie tératologique.* — Qui relève de la tératologie. *Cas, espèce tératologique.*

TÉRATOLOGISTE [teʀatɔlɔʒist(ə)] ou **TÉRATOLOGUE** [teʀatɔlɔg]. *n. m.* (1846 ; de *tératologie).* *Didact.* Spécialiste de la tératologie.

TERBIUM [tɛʀbjɔm]. *n. m.* (1873 ; mot créé par le Suédois Mosander [1843] ; de *Ytterby*, nom de la localité suédoise où fut découvert le minerai contenant l'oxyde de ce métal [*terbine*]). *Chim.* Métal du groupe des terres rares (masse at. 159 ; n° at. 65 ; symb. Tb).

TERCER, TERSER [tɛʀse]. V. TIERCER.

TERCET [tɛʀsɛ]. *n. m.* (1674 ; *tiercet*, v. 1500 ; it. *terzetto*, de *terzo* « troisième, tiers »). Couplet, strophe de trois vers. *Les deux quatrains et les deux tercets d'un sonnet.*

TÉRÉBELLE [teʀebɛl] *n. f.,* **TEREBELLUM** ou **TÉRÉBELLUM** [teʀebe(ɛl)lɔm]. *n. m.* (*Terebelle* « mollusque », 1808 ; lat. mod. *terebella [-bellum]*, dimin. de *terebra [terebrum]* « tarière »).
I. (1808,-1875). TÉRÉBELLE, *n. f.* ou TEREBELLUM (TÉRÉ-). *n. m. Zool.* Mollusque *(Gastéropodes)* vivant dans l'océan Indien et communément appelé *tarière.*
II. (1846). TÉRÉBELLE. n. f. *Zool.* Ver marin *(Annélides)* dont le corps est enfermé dans un tube fait de sable aggluliné et dont une extrémité porte des branchies rouges et des tentacules, l'autre étant plongée dans le sable.
III. (1855). TEREBELLUM (TÉRÉ-). n. m. *Anc. méd.* Instrument de chirurgie utilisé jadis en obstétrique pour percer les os du crâne du fœtus au cours d'une embryotomie.

TÉRÉBENTHÈNE [teʀebɑ̃tɛn]. *n. m.* (1855 ; de *térébenthine).* *Chim.* Carbure terpénique (C₁₀H₁₆) qui constitue le principe actif de l'essence de térébenthine.

TÉRÉBENTHINE [teʀebɑ̃tin]. *n. f.* (XIVᵉ ; *terbentine*, 1160 ; lat. *terebinthina [resina]* « [résine] de térébinthe », du gr. V. Térébinthe). Nom générique des résines semi-liquides, qu'on recueille par l'incision ou la perforation de certains végétaux (conifères, térébinthacées). *Térébenthine de Bordeaux* (V. *Galipot). Térébenthine de Venise* ou *de Briançon* (extraite du pin *laricio* ou du mélèze), *de Chypre* ou *de Chio* (extraite du térébinthe). *Odeur de térébenthine.* — *Essence de térébenthine,* essence obtenue par distillation de térébenthines, utilisée pour délayer les vernis, mélanger les couleurs, etc.

TÉRÉBINTHACÉES [teʀebɛ̃tase]. *n. f. pl.* (1803 ; de *térébinthe).* *Bot.* Famille de plantes phanérogames angiospermes *(dicotylédones dialypétales),* appelées aussi *Anacardiacées,* qui comprend des arbres et des arbrisseaux lactescents ou résineux (anacardier ; lentisque, manguier, pistachier, térébinthe).

TÉRÉBINTHE [teʀebɛ̃t]. *n. m. (Val de terebinte,* 1170 ; lat. *terebinthus,* mot gr.). Pistachier résineux *(Térébinthacées),* toujours vert, qui donne une résine dite *térébenthine de Chio.*

TÉRÉBIQUE [teʀebik]. *adj.* (1875 ; de *téréb[enthine]*, et suff. *-ique).* *Chim. Acide térébique :* acide qui résulte de l'oxydation de l'essence de térébenthine par l'acide nitrique.

TÉRÉBRANT, ANTE [teʀebʀɑ̃, ɑ̃t]. *adj.* (1823 ; lat. *terebrans,* de *terebrare* « percer avec une tarière [*terebrum*] »). ♦ 1° *Zool.* (De certains animaux). Qui perce les trous, creuse des galeries. *Insecte térébrant.* V. **Perforant.** « *Bestioles piquantes, suçantes ou térébrantes, rougets, taons, guêpes, frelons, mille-pattes, fourmis, perce-oreilles* [...] » (BAZIN). *Coquille térébrante :* coquille bivalve des mollusques qui ont la faculté de faire des trous dans la pierre. ♦ 2° *Méd.* (1835). Qui tend à pénétrer profondément dans les tissus. *Ulcération térébrante.* — *Douleur térébrante,* qui donne l'impression qu'une pointe s'enfonce dans la partie douloureuse. ◇ *Fig.* et *littér.* Aigu. V. **Taraudant.** « *D'autres brûlent d'un térébrant désir...* » (DUHAM.).

TÉRÉBRATULE [teʀebʀatyl]. *n. f.* (1769 ; *térébratulite,* 1765 ; lat. mod. *terebratula* [1699], à cause du crochet perforé de la valve ventrale). *Zool.* Animal marin *(Brachiopodes)* à coquille ovale et lisse.

TÉRÉPHTALATE [teʀeftalat]. *n. m.* (1874 ; de *téréphtalique).* *Chim.* Polyester obtenu par l'action de l'acide téréphtalique sur le diéthylène-glycol, produit très résistant utilisé comme textile (notamment le tergal).

TÉRÉPHTALIQUE [teʀeftalik]. *adj.* (1874 ; de *téré-[benthine],* et *phtalique).* *Chim. Acide téréphtalique,* isomère de l'acide phtalique, de formule C₆H₄(CO₂H)₂.

1. **TERGAL, ALE, AUX** [tɛʀgal, o]. *adj.* (1846 ; du lat. *tergum,* « dos »). Rare. *(Zool.).* Relatif au dos, à la région dorsale. V. **Dorsal** (1°).

2. **TERGAL** [tɛʀgal]. *n. m,* (1958 : d'apr. le nom de l'acide téréphtalique). *Nom déposé.* Étoffe synthétique fabriquée en France. V. **Dacron.** *Pantalon de tergal.*

TERGIVERSATION [tɛʀʒiveʀsasjɔ̃]. *n. f.* (1300 ; lat. *tergiversatio).* Le fait de tergiverser ; attitude, système, conduite de qqn qui tergiverse (employé le plus souvent au pluriel). V. **Atermoiement** (2°), **faux-fuyant, hésitation.** *Assez de tergiversations !*

TERGIVERSER [tɛʀʒiveʀse]. *v. intr.* (1532 ; lat. *tergiversari,* littéral. « tourner [*versare*] le dos [*tergum*] »). *Littér.* User de détours, de faux-fuyants pour éviter de donner une réponse nette, pour retarder le moment de la décision. V. **Atermoyer.** « *Trop de projets. Ne sachant auquel donner le pas, je tergiverse et le temps fuit* » (GIDE). *Cour. Sans tergiverser,* sans hésiter.

TERLENKA [tɛʀlɛnka]. *n. m.* (v. 1960 ; nom déposé). Fibre et fil synthétiques fabriqués aux Pays-Bas.

TERMAILLAGE [tɛʀmajaʒ]. *n. m.* (1974 ; de *ter[me]*, et *maille,* d'apr. l'angl. *leads and lags). Fin.* « Changement dans le rythme des règlements internationaux, caractérisé par une accélération et un retard, en sens inverse, du recouvrement des créances et du paiement des dettes » (J.O.). *Recomm. offic.* On dit aussi *Jeu des termes de paiement.*

TERME [tɛʀm(ə)]. *n. m.* (v. 1050, lat. *terminus,* proprem. « borne »).
I. ♦ 1° (XVIIᵉ). Limite fixée. *Vx* (Dans l'espace). « *La nature a donné à des termes à la stature d'un homme bien conformé* » (ROUSS.). V. **Borne.** — *Mod.* (Dans le temps) « *Les hommes « énergiques » ont coutume de se fixer ainsi un terme pour le succès de leurs entreprises* » (ROMAINS). *Passé ce terme.* Mettre un terme à, faire cesser. ♦ 2° *Dr.* (XIIIᵉ). Date limite à laquelle une obligation, *spécial.* une dette, est retardée par contrat ou par la loi et doit être exécutée *(terme suspensif) ;* date à laquelle est fixée l'extinction d'une obligation *(terme extinctif). Le terme est l'expiration d'un délai.* « *Tout ce qui est payable par année ou à des termes périodiques plus courts* » (CODE CIV.). *Terme de grâce,* délai supplémentaire accordé parfois au débiteur par le juge, pour le paiement de sa dette. — À TERME (1283) : dont l'exécution ou l'extinction correspond à un terme fixé. *Vente, achat à terme (opposé à :* au comptant*).* V. **Crédit** (à). *Emprunt à court terme.* ◇ *Fig. À court terme,* à brève, longue échéance]. *À moyen terme.* ◇ *(Bourse)* Date qui correspond aux époques de liquidation, et qui est imposée pour la livraison des titres et des paiements. *Marché, opérations à terme.* ♦ 3° (1690). Époque fixée pour le paiement des baux (à loyer ou à ferme). V. **Délai, échéance.** « *Mon terme était échu* » (BEAUMARCH.). « *Au terme d'octobre, elle... se trouvait en retard d'un jour sur son loyer* » (ZOLA). ◇ *Par ext.* Période (généralement de trois mois) qui s'achève au terme. ◇ *Par ext.* Somme due au terme. *Payer son terme.* « *Son propriétaire, à qui il devait trois termes, le menaçait d'une saisie* » (AYMÉ). ♦ 4° *Littér.* Dernier élément, dernier stade de ce qui a une durée. V. **Bout, fin.** *Le terme de la vie,* la mort. « *Elle touchait enfin au terme de ses tribulations* »

(Mart. du G.). *Mener une œuvre à terme,* l'accomplir jusqu'au bout. « *Une période dont il n'apercevait pas le terme* » (Camus). « *Au terme de l'analyse qu'il a fait porter sur l'humour...* » (Breton). ◇ Cour. *Terme (de l'accouchement),* temps normal de la naissance, neuf mois après la conception, chez la femme. *Accoucher, mettre au monde à terme; avant terme. Enfant né avant terme.* V. **Prématuré.** ♦ 5° (1468; plur.). *Vx.* Disposition (bonne, mauvaise...) envers qqn. « *Je crois être rentré à votre égard dans les termes d'une indépendance respectueuse* » (Ste-Beuve). Mod. *Être en bons termes, en mauvais termes avec qqn.* V. **Rapport, relation.** *En quels termes étiez-vous avec lui ?*

II. (1370 ; lat. médiév. *terminus* « ce qui limite le sens »). ♦ 1° Mot ou expression. *Le sens d'un terme. Dans toute la force du terme. Le terme exact.* — Spécialt. Unité de dénomination (V. **Nom**) appartenant à une terminologie* (1°). ◇ *(Toujours plur.)* Ensemble de mots et d'expressions choisis pour faire savoir qqch. ; manière de s'exprimer. *Les termes d'un contrat.* V. **Formule.** « *Aux termes du Code il restait honnête homme* » (Balz.). *En ces termes. En d'autres termes :* pour donner une équivalence à l'aide d'autres mots. *Termes choisis, respectueux, voilés.* « *Ah ! qu'en termes galants...* » (Mol.). ♦ 2° Mot appartenant à un vocabulaire spécial, qui n'est pas d'un usage courant dans la langue commune. *Termes régionaux. Terme technique.* V. **Terminologie.** *Terme scientifique. Terme philosophique, didactique, judiciaire. Terme de palais; d'atelier.* ♦ 3° *Log.* Chacun des éléments simples entre lesquels on établit une relation. *Les termes d'une proposition. Les trois termes d'un syllogisme.* — Fig. *Moyen terme,* solution, situation intermédiaire. ◇ *Par ext.* Gram. *Les termes de la proposition. Le second terme d'une comparaison.* ♦ 4° *Math.* (1740, géom. et alg.). Élément simple (nombre ou lettre) en relation avec d'autres. *Terme d'une série, d'une progression,* quantité déterminée correspondant à l'un des éléments d'une série, d'une progression. *Les deux termes d'une fraction,* son numérateur et son dénominateur. ◇ *Alg.* Monôme en relation avec d'autres. *Les termes d'une somme, d'un polynôme, d'une équation.*

III. (1571). Statue dont la partie inférieure est terminée en gaine (comme celles du dieu latin *Terminus* qui servaient de bornes).

◈ ANT. *Commencement, début, départ.* — HOM. *Thermes.*

TERMINAISON [tɛʀminɛzɔ̃]. *n. f.* (1370, sens 3° ; *termineison* « mort », v. 1160 ; de *terminer,* d'apr. lat. *terminatio*). ♦ 1° *Rare.* Action de mettre fin à... *Pour la terminaison de cette affaire.* V. **Conclusion.** ♦ 2° *Rare.* Action de se terminer. de prendre fin. *Méd.* Manière dont une maladie se termine. « *Les chirurgiens... déploraient des terminaisons si funestes* » (Mondor). ♦ 3° *Rare.* Ce qui termine qqch. V. **Fin.** — (Dans l'espace) V. **Bout, extrémité.** Anat. *Terminaison d'un nerf. Terminaisons nerveuses des organes des sens.* (Dans le temps) *La terminaison d'une vie, d'une carrière.* ♦ 4° *Cour.* (1550). Fin d'un mot considéré sous un aspect quelconque (phonique, graphique, morphologique). V. **Finale.** *Terminaisons des mots en fin de vers.* V. **Assonance, consonance, rime.** ◇ *Spécialt.* Dernier élément d'un mot qui s'ajoute au radical, à la racine. V. **Désinence, suffixe.** *Terminaisons des formes conjuguées d'un verbe. La terminaison « -age » de breuvage.* ◈ ANT. *Commencement, début.*

1. TERMINAL, ALE, AUX [tɛʀminal, o]. *adj.* et *n. f.* (1763, bot. ; « qui peut se terminer », v. 1530 ; lat. *terminalis*). *Didact.* Qui termine, qui forme l'extrémité de qqch. *Bourgeon terminal,* qui se développe à l'extrémité de la tige. — *Partie terminale d'un organe. Anneau terminal d'une chaîne.* ◇ *Cour.* (fin XIXᵉ) Qui forme le dernier élément, la fin. V. **Final.** *Formule terminale d'une lettre. Phase terminale d'une maladie. Classes terminales des lycées et collèges,* où l'on prépare le baccalauréat. — Subst. *Les programmes de terminale.* ◈ ANT. *Initial, premier.*

2. TERMINAL, AUX [tɛʀminal, o]. *n. m.* (v. 1950; mot angl. « terminus »). Anglicisme. Élément final, point d'aboutissement (d'une ligne de communication). ♦ 1° (Lieux) Ensemble des installations pour le déchargement des pétroliers et le stockage des produits pétroliers, à l'extrémité d'un pipe-line. *Terminal maritime.* ◇ (v. 1970). Lieu équipé pour la réception et l'expédition des conteneurs. *Terminal intérieur, maritime.* ◇ (v. 1970). Gare, aérogare* urbaine servant de point de départ et d'arrivée pour les passagers. *Un service de cars relie l'aérodrome au terminal.* ♦ 2° (v. 1960). Inform. Organe d'entrée et de sortie associé à un ordinateur*, et recueillant des données ou des résultats. *Terminal cathodique; imprimante* d'un terminal.* V. **Console, périphérique.**

TERMINER [tɛʀmine]. *v. tr.* (1370; « destiner qqch. à qqn », 1155; lat. *terminare,* de *terminus* « fin »). I. ♦ 1° *(Vieilli).* Arrêter (dans l'espace) en faisant limite. V. **Borner, limiter.** « *De grandes bruyères terminées par des forêts* » (Chateaub.). ◇ *Mod.* Faire cesser (dans le temps) par une décision. *Terminer une séance, un débat.* V. **Clore, clôturer, fermer, lever.** « *L'air de quelqu'un qui termine une*

méditation... » (Green). ♦ 2° Faire arriver à son terme, mener à terme (ce qui est fait en grande partie). V. **Achever, finir.** *Terminer un travail, une œuvre commencée.* « *Ce barrage fut terminé vers le milieu du mois d'août* » (Balz.). — *En avoir terminé avec un travail :* avoir enfin fini. *La hâte d'en avoir terminé avec une tâche fastidieuse.* ◇ Passer la dernière partie (d'un temps). *Nous terminerons la soirée au cinéma.* ◇ *Terminer une chose par..,* lui donner comme fin... « *C'était toujours par la saline qu'il terminait son inspection* » (Zola). « *La morale par laquelle on termine la plupart des fables* » (Rouss.). ♦ 3° Constituer, former le dernier élément de (qqch.). — (Dans l'espace ; se dit d'une chose qui a un sens, un ordre) *Un revers termine la manche. L'élément qui termine la série. Phrase terminée par un point.* ◇ (Dans le temps) « *Des vivats et des fanfares terminèrent cette singulière cérémonie* » (Loti).

II. SE TERMINER (XVIᵉ-XVIIᵉ). *v. pron.* ♦ 1° Prendre fin. — (Dans l'espace) *Rue qui commence à la Seine et se termine au boulevard Saint-Germain.* ◇ (Dans le temps) « *Le déjeuner venait de se terminer* » (Céline). *Se terminer bien, mal.* « *Ainsi se termina cette échauffourée* » (Vigny). ♦ 2° SE TERMINER PAR... *(Dans l'espace) :* avoir pour dernier élément, pour extrémité. « *Les manches non coudées* (des marionnettes) *se terminent par des mains de bois* » (G. Baty). *Les mots qui se terminent par un x ne prennent pas l's du pluriel.* ◇ (Dans le temps) Avoir pour dernier moment, dernière phase ou pour conclusion. « *La soirée se termine par un petit bal* » (Gautier). « *Ces luttes... qui ne se peuvent terminer que par l'écrasement du vaincu* » (Madelin). ♦ 3° SE TERMINER EN... *(Dans l'espace) :* avoir (telle forme) à son extrémité. *Clocher qui se termine en pointe, terminé en pointe. Les verbes qui se terminent en -ER* ◇ *(Dans le temps)* Prendre (tel aspect) à sa fin. *L'histoire se termine en queue de poisson.* « *Une comédie d'alcôve se terminant en drame* » (Faguet).

◈ ANT. *Ouvrir. Amorcer, engager, commencer, continuer, durer.*

TERMINOLOGIE [tɛʀminɔlɔʒi]. *n. f.* (1801 ; du lat. *terminus* « mot », et *-logie*). ♦ 1° Ensemble des mots techniques appartenant à une science, un art, à un chercheur ou un groupe de chercheurs. V. **Nomenclature, vocabulaire.** *La terminologie de la médecine ; de la critique cinématographique. Terminologie grammaticale. Choisir, créer une terminologie. Dans la terminologie française, anglaise (d'une science). La terminologie de Leibniz, de Martinet.* ◇ Vocabulaire didactique d'un groupe social. « *La vieille terminologie humanitaire et libérale de 1848* » (Mart. du G.). ♦ 2° Étude systématique des « termes » ou mots et syntagmes spéciaux servant à dénommer classes d'objets et concepts (V. **Lexicographie**) ; principes généraux qui président à cette étude. *La terminologie relève largement de la lexicologie*.* « *La création, dans chaque ministère, des commissions de terminologie* » (J. Chirac).

TERMINOLOGIQUE [tɛʀminɔlɔʒik]. *adj.* (1836; de *terminologie*). *Didact.* De la terminologie. *Études terminologiques. Distinction terminologique.*

TERMINOLOGUE [tɛʀminɔlɔg]. *n.* (mil. XXᵉ ; au Québec ; de *terminologie*). *Didact.* Spécialiste de la terminologie (2°) [Cf. Lexicographe].

TERMINUS [tɛʀminys]. *n. m.* (1842; mot angl., du lat. *terminus* « fin »). Dernière gare ou station d'une ligne de transports. *Aller jusqu'au terminus.* Par appos. *Gare terminus. Station terminus.* Exclam. *Terminus ! Tout le monde descend.* ◈ ANT. *Tête (de ligne).*

TERMITE [tɛʀmit]. *n. m.* (1795; mot angl., du bas lat. *termes, termitis,* class. *tarmes*). Insecte archiptère (à quatre ailes, à pièces buccales broyeuses, à métamorphoses incomplètes) appelé aussi *fourmi blanche,* qui vit en société et ronge les pièces de bois par l'intérieur. *Chaque colonie de termites a une femelle féconde* (reine), *des ouvrières et des soldats* (stériles) *et un mâle ailé.* — Fig. *Travail de termite,* travail de destruction lent et caché. ◈ HOM. *Thermite.*

TERMITIÈRE [tɛʀmitjɛʀ]. *n. f.* (1830; de *termite*). Nid de termites, monticule de terre durcie provenant des rejets des termites, pouvant atteindre 2 m et percé de galeries. — Fig. « *Dans cette termitière qu'est l'usine* » (Mart. du G.). V. **Fourmilière** *(fig.).*

TERNAIRE [tɛʀnɛʀ]. *adj.* (v. 1390; lat. *ternarius,* de *terni* « par trois; trois »). *Didact.* Composé de trois éléments, de trois unités. *Nombre ternaire.* ◇ *Chim.* Se dit des composés minéraux formés de trois éléments. *Le carbonate de calcium* (CO_3Ca), *la soude* ($NaOH$) *sont des composés ternaires.* ◇ (1690) Qui se compose de trois éléments rythmiques (musique, poésie). *Mesure, rythme ternaire.*

1. TERNE [tɛʀn(ə)]. *adj.* (1533 (d'une personne), rare av. XVIIIᵉ ; de *ternir*). ♦ 1° Qui manque de brillant, qui reflète peu ou mal la lumière ; sans éclat. *Coloris, couleurs ternes.* V. **Éteint, fade.** *Blanc terne, sale.* — *Teint pâle et terne.* V. **Blafard, blême.** *Œil, regard terne :* sans éclat ni expression. ♦ 2° *(Abstrait).* Qui n'attire ni ne retient l'intérêt ; que son manque de caractère rend ennuyeux. *Style terne. Conversation*

terne et languissante. — Vie terne et grise; journées ternes.
V. **Morne.** « *Tout devient terne, et la mer, et le ciel, et nos cœurs* » (LOTI). ◇ *(Personnes)* Falot, insignifiant. « *Gens... insipides et ternes* » (TAINE). ◈ ANT. *Brillant, éclatant, étincelant, frais, luisant, radieux. Expressif, intéressant.*
2. TERNE [tɛʀn(ə)]. *n. m.* (1155; lat. *ternas,* fém. plur. de *terni.* V. **Ternaire**). ♦ 1° *Jeu.* Coup où chacun des deux dés amène un trois. *Amener un terne ou un quaterne. — Au loto,* Groupe de trois numéros sortis sur une même ligne. ♦ 2° *Ancienn.* (1790). À la loterie, Groupe de trois numéros qui devaient sortir au même tirage pour gagner (Cf. *mod.* Tiercé). ♦ 3° *Électr.* (1949). Ensemble des trois câbles de transport d'un courant triphasé.

TERNIR [tɛʀniʀ]. *v. tr.* (1389; probabl. d'o. germ.; Cf. a. haut all. *tarnjan* « cacher, obscurcir »). ♦ 1° Rendre terne. « *La vapeur des chaudières qui ternissait les vitres du bureau* » (MAUROIS). « *Pas un grain de poussière ne ternissait les meubles* » (ZOLA). — Pronom. *L'argenterie se ternit.* — Au p. p. *Miroir terni.* V. **Terne.** ♦ 2° (XVIᵉ). Porter atteinte à la valeur (morale, intellectuelle) de... V. **Flétrir.** *Ternir la mémoire, la réputation, l'honneur de qqn. Le* « *jugement dont il osa ternir, à l'étourdie, l'auguste mémoire de mon père* » (VILLIERS). — Au p. p. *Réputation ternie.* ◈ ANT. Aviver, polir. *Briller.* — (du p. p.) *Brillant, éclatant, net.*
TERNISSEMENT [tɛʀnismɑ̃]. *n. m.* (1585; de *ternir*). *Rare.* Action de ternir.
TERNISSURE [tɛʀnisyʀ]. *n. f.* (1542; de *ternir*). *Techn.* État de ce qui est terni; endroit où qqch. est terni. *La ternissure d'une glace, d'une vitre.*

TERPÈNE [tɛʀpɛn]. *n. m.* (fin XIXᵉ; all. *Terpene* [1866], de *terpentin* « térébenthine »). *Chim.* Se dit des produits hydrocarbonés (V. **Hydrocarbure**), de formule générale (C_5H_8)n, qui se rencontrent dans les essences naturelles, ou dans l'extrait de diverses parties des végétaux.
TERPÉNIQUE [tɛʀpenik]. *adj.* (XXᵉ; de *terpène*). *Chim.* Se dit des terpènes et de leurs dérivés de substitution. *Composés terpéniques.*
TERPINE [tɛʀpin]. *n. f.* (av. 1848; de l'angl. *turp[ent]ine* « térébenthine »). *Chim., Pharm.* Dérivé d'hydrocarbure de la famille des terpènes utilisé en pharmacie pour régler la sécrétion bronchique.
TERPINOL [tɛʀpinɔl] ou **TERPINÉOL** [tɛʀpineɔl]. *n. m.* (*Terpinole,* 1872; de *terpine*). *Chim., Techn.* Composé de la terpine. *Le terpinéol est appelé* « *essence de muguet* ».
TERRAFUNGINE [tɛ(ʀʀ)afʒin]. *n. f.* (mil. XXᵉ; du lat. *terra* « terre », et *fungus* « champignon »). *Méd.* Antibiotique (oxytétracycline) utilisé dans de nombreuses infections. *Syn.* TERRAMYCINE.
TERRAGE [tɛʀaʒ]. *n. m.* (1225; de *terre*). *Féod.* Synonyme de *Champart* (1°), redevance féodale.
TERRAIN [tɛʀɛ̃]. *n. m.* (1155; du lat. *terrenum,* de l'adj. *terrenus* « formé de terre »).
I. ♦ 1° Étendue de terre (considérée dans son relief ou sa situation). V. **Sol.** *Terrain plat, accidenté. Accident, plis de terrain, du terrain. La route épouse tous les mouvements du terrain.* ◇ (Considéré dans sa nature, son état) *Bon terrain, terrain fertile. Terrain boisé. Terrain argileux, calcaire; compact, léger; perméable, imperméable. Glissement de terrain. L'état du terrain* (en hippisme, en football). *Terrain lourd, sec.* Loc. adj. TOUT TERRAIN : se dit d'un véhicule capable de rouler hors des routes, sur toutes sortes de terrains (fortes déclivités, sol meuble, détrempé, etc.). *Des voitures tout terrain* (On écrit aussi *tous terrains*). ◇ (Collectif, dans sa mesure pour l'appropriation) *Acheter du terrain, deux hectares de terrain.* V. **Terre.** *Le prix du terrain à Paris.* ♦ 2° (1830). *Géogr., Géol.* (généralement au plur.) Portion plus ou moins étendue et épaisse de l'écorce terrestre, considérée quant à sa nature (V. **Roche**), sa structure, son âge ou son origine. V. **Formation.** *Terrains primaires, secondaires, tertiaires, quaternaires. Terrains glaciaires, alluviaux, volcaniques.* ♦ 3° (1690). *Au sing.* Lieux où se déroulent des opérations militaires. *Disputer le terrain. Avoir l'avantage du terrain,* de la situation, de l'emplacement. *Reconnaître le terrain,* le champ de bataille. *Le terrain conquis, perdu, repris.* — *Spécialt.* Lieu où se déroule un duel. *Aller sur le terrain.* Loc. *Sur le terrain,* en se rendant sur les lieux mêmes du combat, et *par ext.* sur place. ◇ *Fig.* (Dans une lutte, une compétition, une rivalité) *Gagner, perdre du terrain.* V. **Avancer, reculer.** *Regagner le terrain perdu,* reprendre l'avantage. *Être sur son terrain,* dans un domaine familier, où l'on est à l'aise. *Je ne vous suivrai pas sur ce terrain,* dans ce domaine, dans vos jugements. *Chercher, trouver un terrain d'entente,* une base, un sujet sur lequel on s'entende, lorsqu'on s'oppose. *Reconnaître, préparer, sonder, tâter le terrain,* la situation, l'état des choses et des esprits, avant d'agir. ♦ 4° *Méd.* État d'un organisme, quant à sa résistance aux agents pathogènes ou à sa prédisposition à diverses affections. *Terrain psychopathique.*
II. ♦ 1° (v. 1160) UN (DES) TERRAIN(s), Espace, étendue *de terres de forme et de dimensions déterminées ﬂchﬁﬄ,*

---

vendre un terrain. Un terrain cultivé, laissé en friche. « *Un petit terrain humide et bas* » (BALZ.). *Niveler un terrain. Terrain cadastré, borné, clos. Spécialt.* Fonds sur lequel on construit, on peut construire. *Terrains à bâtir, à lotir. Terrain viabilisé. Spéculation sur les terrains. — Terrain vague :* vide de cultures et de constructions, dans une ville, un faubourg. — *Terrain militaire :* appartenant au domaine militaire. ♦ 2° Emplacement aménagé ou disposé pour une activité particulière. *Terrain de jeu, de sport, de camping. Terrain d'exercice, de tir* (V. **Polygone**). — *Terrain de chasse.* — *Terrain d'aviation.*
TERRAMARE [tɛʀamaʀ]. *n. f.* (1867, mot it., de *terra* « terre », et *amara* « amère »). ♦ 1° *Agric.* Terre ammoniacale utilisée comme engrais. ♦ 2° *Sc.* Butte de terre constituant un type d'habitat préhistorique, en haute Italie.
TERRAPLANE [tɛ(e)ʀaplan]. *n. m.* (v. 1960; nom déposé; de terre, d'apr. *aquaplane*). *Techn.* Véhicule à coussin d'air qui se déplace au-dessus du sol. Cf. Aéroglisseur, naviplane. « *Pour le terraplane* [...] *toutes les pistes qui sillonnent les nations de cette partie du Tiers Monde sont praticables à volonté* » (O. WILLANE).
TERRAQUÉ, ÉE [tɛʀake]. *adj.* (1747; bas lat. *terraqueus,* de *terra,* et *aqua* « eau »). *Vx* ou *littér.* Composé de terre et d'eau, en parlant de notre monde. *Le globe terraqué, la planète terraquée :* la Terre. — *Terraqué,* recueil de poèmes de Guillevic (1942).
TERRARIUM [tɛ(e)ʀaʀjɔm]. *n. m.* (1873; de *terre,* d'apr. *aquarium*). *Techn.* Terrain, emplacement aménagé pour l'élevage, l'entretien et l'observation de divers animaux (reptiles, batraciens, araignées, etc.).
TERRASSE [tɛʀas]. *n. f.* (XIIᵉ, var. *terrace* « sol; torchis »; de *terre*).
I. (Sens spéciaux issus de l'a. fr.). *Blas.* Sol ondulé, montagne. ◇ *Archit., Sculpt.* (1380) Surface d'un socle plat; ce socle. *Terrasse d'une statue, d'une pièce d'argenterie.* ◇ *Techn.* Surface d'un bloc de marbre, d'une pierre précieuse qui ne prend pas le poli.
II. *Cour.* (1295; *terrace,* 1165; a. prov. *terrassa,* de *terra*). ♦ 1° Levée de terre formant plate-forme, ordinairement soutenue par de la maçonnerie. *Les terrasses d'un jardin, d'un parc.* « *Une superposition de terrasses* » (GAUTIER). *Balustrade, parapet d'une terrasse. — Alpin.* Large replat horizontal. ◇ *Cultures en terrasses,* sur des terrains en pente, cultures en étages, soutenues par de petits murs. ◇ *Par ext.* Terrain, espace en gradins. *Terrasse fluviale,* fond de vallée entaillé par une rivière. ♦ 2° Plate-forme en plein air d'un étage de maison en retrait sur l'étage inférieur. *Appartement au 5ᵉ étage avec terrasse. Par ext.* Balcon en saillie de grandes dimensions. — *Toiture plate,* accessible, parfois aménagée, d'une maison. *Terrasse avec piscine. Toiture en terrasse,* plate. ♦ 3° (1883). Emplacement sur le trottoir d'une voie publique, où l'on dispose des tables et des chaises pour les consommateurs, devant un café. *Terrasse en plein air; couverte l'hiver. Les Parisiens attablés aux terrasses des cafés.*
III. Métier, travail de terrassier. « *Ouvrier tourneur, il était devenu terrassier depuis la crise et se plaisait mieux maintenant dans la terrasse qu'à l'usine* » (NAVEL).
TERRASSEMENT [tɛʀasmɑ̃]. *n. m.* (1543; de *terrasser,* I). Opération par laquelle on creuse, on remue, on déplace ou on transporte la terre; travaux destinés à modifier la forme naturelle du terrain. *Travaux de terrassement. Outils* (pelles, pioches). *Engins de terrassement.* V. **Bouteur, décapeuse, défonceuse, dragline, dumper, excavateur.** ◇ *Par ext.* Terres, matériaux résultant et disposés par des travaux de terrassement. *Les terrassements d'une voie ferrée.*
TERRASSER [tɛʀase]. *v. tr.* (1547, *terracer;* de *terrace, terrasse*).
I. *Vx.* Soutenir par une masse de terre. *Terrasser un mur.* ◇ *Mod. Agric., Techn.* Creuser, remuer la terre de... « *Terrasser un arpent de vigne* » (P.-L. COUR.). *Absolt. Ouvriers en train de terrasser. — Région.* Recouvrir (la neige) de cendres et de terre pour la faire fondre. *Terrasser la neige pour labourer.*
II. (« Battre, vaincre », XVIᵉ; p.-ê. de *terrasse,* T. de fortif.). ♦ 1° (1552). Abattre, renverser (qqn), mettre ou jeter à terre dans une lutte. *Terrasser son adversaire.* « *Il fut colleté, terrassé, garrotté* » (HUGO). ♦ 2° (1690). (Sujet de chose). Abattre, rendre incapable de réagir, de résister. « *La puissante fatigue enfin le terrassa* » (MAUPASS.). « *La violence du venin... me terrasse* » (RIMBAUD). V. **Foudroyer.** *Être terrassé par la maladie. Terrassé par l'émotion.*
TERRASSIER [tɛʀasje]. *n. m.* (1690; *tarracier,* XVIᵉ; de *terrasser*). Ouvrier ou manœuvre employé aux travaux de terrassement. *Terrassiers qui creusent, fouillent, comblent, remblayent.*
TERRE [tɛʀ]. *n. f.* (1050; *terra,* 980; lat. *terra*).
I. L'élément solide qui supporte les êtres vivants et les ouvrages, et où poussent les végétaux. ♦ 1° Toute surface *sur laquelle l'homme, les animaux se tiennent et marchent.*

Jeter, lancer, mettre à terre, par terre : renverser ; et *au fig.* Anéantir, détruire. *Tomber à terre, par terre. Face contre terre.* — *Sauter à terre. Mettre pied à terre* : descendre de cheval, de voiture, du lit, etc. *Se coucher par terre. Laver par terre. Mettre un genou en terre. Toucher terre, la terre.* V. **Sol**. *À fleur, à ras de terre.* « *Il saluait... Il s'inclinait jusqu'à terre* » (HUGO). — Loc. *Courir ventre à terre* (d'abord en parlant d'un cheval) : très vite. — *Entre ciel* et terre. Soulever de terre. Sous la terre, sous terre,* sous le niveau du sol naturel (V. **Souterrain**). Fig. *Vouloir rentrer sous terre* (de honte). *Avoir les pieds sur terre,* être réaliste. *Revenir sur terre,* sur le plan des réalités concrètes et non de l'imagination. — *Terre à terre* : voir à l'ordre alphab. ♦ 2° Matière qui forme la couche superficielle de la croûte terrestre. « *La terre des allées, détrempée par la pluie* » (CHATEAUB.). V. **Boue**. *Chemin de terre,* non revêtu. « *Le sol de terre battue* » (CLAUDEL). *Élévation, monticule de terre.* V. **Levée, remblai, tumulus**. *Terre pulvérulente.* V. **Poussière**. *Mottes de terre. Creuser, remuer la terre. Cacher dans la terre.* V. **Enterrer**. *Mettre, porter un mort en terre.* « *Et son ombre sera légère à la terre où je dormirai* » (MUSS.). *Ver* de terre. Charbon de terre,* la houille (*opposé à* charbon de bois). ◊ *(Au plur.)* Quantité de terre. *Enlever les terres :* déblayer. *Terres rapportées.* ♦ 3° *Spécialt.* (*Tarre,* 1252). L'élément où poussent les végétaux ; étendue de cet élément. *La terre et la roche, et le sous-sol. Terre aride, inculte, stérile.* V. **Terrain**. *Terre fertile, bonne terre. Terre arable, cultivée. Terre légère; compacte* (V. **Glaise**) *; calcaire. Terre de bruyère*. Terre végétale.* V. **Humus, terreau**. *Terre noire.* V. **Tchernoziom.** *Coin, lopin, lot, parcelle, pièce de terre. Labourer, retourner, cultiver, travailler la terre* (V. **Agriculture**). *Façons* (1, 3°) *données à la terre. Les fruits, les produits de la terre.* « *Vous oubliez que les fruits sont à tous, et que la terre n'est à personne !* » (ROUSS.). — *La terre s'épuise, s'appauvrit. Terre usée. Amender, fertiliser la terre,* par des engrais. *Laisser reposer la terre. Terre en jachère.* — Loc. EN PLEINE TERRE : se dit des plantes, des arbres qui poussent dans une terre qui n'est pas dans un contenant. *Culture de pleine terre ou de plein champ.* ◊ Étendue indéterminée de terrain où poussent les végétaux. *Terres incultes. Terres à blé, à céréales, à pâturages; à vignes* : propres à ces usages, à ces cultures. *Terres cultivées, labourées.* V. **Labour**. *Défricher les terres vierges.* — *Politique de la terre brûlée,* de destruction des récoltes et des villages (dans une retraite militaire...). ◊ *Par ext.* LA TERRE : symbole des activités de la campagne, de la vie paysanne V. **Glèbe**. *Aimer la terre; avoir le goût, la passion de la terre.* — *Le retour à la terre,* à la culture, aux activités agricoles. ♦ 4° (v. 1170). Étendue limitée, bornée, de surfaces cultivables, considérée comme objet de possession. V. **Bien, domaine, héritage, propriété**. *Acquérir, acheter, vendre... une terre; affermer une terre.* « *Un rabais sur le prix de cette terre* » (STENDHAL). « *Petite terre et de maigre rapport* » (JALOUX). *Fonds de terre,* propriété. — Féod. *La terre d'un seigneur, la terre seigneuriale.* « *Appeler chacun par le nom de sa terre* » (MONTAIGNE). PROV. *Qui terre a guerre* a.* — (Au plur.) *Vivre de ses terres. Propriétaire de terres.* V. **Terrien**. *Partage des terres. Se retirer sur ses terres.* ♦ 5° (1080). Vaste étendue de la surface solide du globe. V. **Territoire, zone**. *Terres arctiques, australes, boréales... Terre d'élection. La terre des dieux* : la Grèce. « *Grèce, ô mère des arts, terre d'idolâtrie...* » (MUSS.). — *La Terre promise* : la Palestine ; *au fig.* Pays d'abondance. *Terre Sainte* : lieux où vécut le Christ, selon les Évangiles. ♦ 6° LA TERRE, LES TERRES, opposée(s) à un autre élément : à la mer, aux eaux, ou limitées par elles. V. **Continent, île**... « *Homme qui court la terre et les mers* » (LA ROCHEF.). « *La ligne idéale qui sépare... sur les cartes, la terre ferme de la mer* » (MARTONNE). *La fin des terres* (Cf. Finistère). *La terre ferme* (Cf. *Le plancher** des vaches). *Transports par air, par mer et par terre. L'armée de terre* (*opposé à* la marine, l'aviation). *Un village breton dans les terres,* éloigné du rivage, de la côte. « *Balbec-en-terre* (et) *Balbec-plage* » (PROUST). (D'un bateau) *Prendre, toucher terre.* V. **Aborder**. *Aller à terre.* V. **Débarquer**. *Terre !* exclamation poussée par la vigie ou par le premier qui aperçut la terre. — (D'un avion) *Une terre, prendre terre, prendre terre.* V. **Atterrir**. ◊ Arts (Peint.) Le sol, dans un paysage (*opposé à* ciel, eaux). « *Le point précis où commençait le ciel et où finissait la terre* » (GAUTIER). ◊ Géom. descriptive. *Ligne de terre,* intersection des plans de projection horizontal et vertical. ♦ 7° La croûte terrestre (considérée dans son ensemble ou dans un lieu déterminé). *La terre tremble, gronde. Tremblement de terre.* V. **Séisme**. *Les secousses de la terre.* V. **Tellurique**. ♦ 8° *Électr.* Le sol, considéré comme ayant un potentiel électrique égal à zéro. *Prise de terre.* — *Par ext.* Réseau de conducteurs enterré, à potentiel constant. *Mettre à la terre* : relier à la terre par un conducteur. *Par anal.* Toute masse tenant lieu d'un circuit électrique le même rôle que le sol. V. **Masse**. ◊ *Par ext.* Conducteur allant de l'appareil à la terre.

II. Le milieu où vit l'humanité, dans son ensemble ; notre monde. V. **Monde**. ♦ 1° L'ensemble de tous les lieux où l'homme peut aller (avant les voyages spatiaux), considérés à l'échelle humaine. « *Cet homme... qui avait parcouru vingt-cinq ans la terre entière* » (FRANCE). « *Dieu créa le Ciel et la Terre* » (GENÈSE). ♦ 2° Le milieu où vit l'humanité, considéré d'une manière abstraite et générale. « *Tant qu'il y aura des hommes sur la terre* » (FRANCE). « *Terre des hommes* » (ST-EXUP.). « *La vie... telle qu'elle se manifeste sur la terre* » (FRANCE). *Être seul sur la terre,* au monde. « *Ces gens-là, les plus malheureux de la terre* » (MONTESQ.). V. **Monde** (au). — LA TERRE : lieu et symbole de la vie. « *L'homme vit un jour sur la terre* » (LAMART.). *Rester sur terre,* vivre ; *quitter la terre,* mourir. *Être sur terre.* V. **Exister, vivre**. ◊ *Relig.* lieu où l'homme passe sa vie matérielle, charnelle (*opposé à* ciel, à vie éternelle). V. **Terrestre**. *La terre et le ciel.* « *Paix sur la terre aux hommes de bonne volonté* » (ÉVANG. St. LUC). *Le pape, représentant de Dieu sur la terre.* — Par ext. *Le paradis sur la terre.* — Loc. *Le sel* de la terre. Remuer ciel et terre* (pour obtenir qqch.), se démener, s'adresser à tous ceux qu'on connaît. ♦ 3° (XVIᵉ) : retour à l'hypothèse grecque de la sphéricité de la Terre. Notre monde considéré comme un astre, un corps sphérique. V. **Globe**. « *Pythagore disait que la terre était ronde* » (FÉN.). *Faire le tour de la terre.* ◊ *Spécialt. Astron.* et *cour.* (1543) Planète appartenant au système solaire, animée d'un mouvement de rotation sur elle-même et de révolution autour du Soleil. *L'équateur de la Terre. La Lune, satellite de la Terre. Clair* de la Terre. Mouvements de la Terre et mesure du temps. Âge de la Terre* (quatre à cinq milliards d'années). *Noyau interne de la Terre. Les entrailles, le centre de la Terre.* « *Voyage au centre de la Terre* » (J. VERNE). — *Parties superficielles :* solide (V. **Lithosphère**), liquide (V. **Hydrosphère**) *et gazeuse* (V. **Atmosphère**), *de la Terre.* ◊ *Spécialt.* L'ensemble formé par la lithosphère (écorce terrestre) et l'hydrosphère, étudié par la géographie et la géologie. — *Représentation de la Terre.* V. **Cartographie**. *Coordonnées d'un point de la Terre* (V. **Latitude, longitude**).

III. ♦ 1° *Philo.* et *Sc., Techn.* Matière, substance particulière extraite du sol ou considérée comme caractéristique de l'élément solide de notre globe (dans l'ancienne science). ◊ L'un des quatre éléments, chez Empédocle, Aristote et dans la science médiévale. *Anc. chim.* L'un des principes ou éléments constitutifs de toutes les substances. ◊ *Chim. mod.* TERRES RARES : oxydes métalliques, à propriétés très voisines, existant en proportion variable dans les minerais disséminés, rarement en quantité suffisante pour être exploitables. — *Par ext.* Les métaux correspondant à ces oxydes (de n° at. 57 à 71). *Le lanthane, l'europium, le terbium sont des terres rares.* ♦ 2° Se dit de diverses matières pulvérulentes dans la composition desquelles entre généralement l'argile, et qui servent à fabriquer des objets. *Terre à porcelaine* (V. **Kaolin**), *à briques. Terre à potier,* utilisée en céramique, en poterie. *Terre anglaise,* mélange d'argile plastique et de quartz (pour la faïence). *Terre de pipe,* terre anglaise additionnée de chaux. Absolt. *Pipe en terre. Terre à foulon*. Terre glaise.* ◊ TERRE CUITE : argile ordinaire ferrugineuse durcie par la chaleur ; produits céramiques formés de cette substance. *Briques, tuiles, carreaux, poteries de terre cuite; casseroles, cruches, statuettes en terre cuite.* Absolt. « *Le pot* de fer et le pot de terre* » (LA FONT.). *Plat de terre vernie.* — Par ext. *Une terre cuite,* statuette, médaillon, modèle, etc., en terre cuite. ◊ Nom de différents colorants (couleurs minérales). *Terre de Sienne* ou *terre d'ombre*,* colorants bruns. V. **Ocre**. *Terre verte,* à base de carbonate de cuivre hydratée.

◊ HOM. *Taire, ter.*

TERRE À TERRE ou **TERRE-À-TERRE** [tɛʀatɛʀ]. *loc. adj.* (XVIIᵉ ; *loc. adv.,* « sans s'élever du niveau commun », XVIᵉ ; de *terre*). Matériel et peu poétique. *Un esprit terre à terre, terre-à-terre.* « *La bourgeoisie des habitudes, la vie terre à terre* » (HUGO). V. **Matériel, positif**. *Les préoccupations terre-à-terre du ménage.*

TERREAU [tɛʀo]. *n. m.* (1611 ; de *terre*). Engrais naturel, formé d'un mélange de terre végétale et de produits de décomposition. V. **Humus**. *Terreau de couche ; de feuilles. L'odeur du terreau. Acheter du terreau.* « *Les salades... grasses encore de terreau* » (ZOLA). ◊ (1765) Humus d'un sous-bois. « *Nos pas s'étouffent dans un terreau noir* » (GENEVOIX).

TERREAUTAGE [tɛʀotaʒ]. *n. m.* (1869 ; de *terreauter*). Hortic. Amélioration d'un sol par addition de terreau. Opération par laquelle on couvre de terreau les semis.

TERREAUTER [tɛʀote]. *v. tr.* (1796 ; *terroter,* 1732 ; de *terreau*). Hortic. Couvrir de terreau. Améliorer (un sol, une terre) avec du terreau.

TERRE-NEUVAS [tɛʀnœva] ou **TERRE-NEUVIER** [tɛʀnœvje]. *adj.* et *n. m.* (1691,-1612 ; de *Terre-Neuve*). 1° Adj. (1904). Qui participe à une campagne de pêche (à la morue) sur les bancs de Terre-Neuve, et *par ext.* sur d'autres lieux de pêche. *Navire, pêcheur terre-neuvier, terre-neuvas* (On dit aussi *Terre-neuvien*). ♦ 2° N. m. (1691). Navire qui pêche à Terre-Neuve. ◊ Marin, professionnel de la grande pêche à Terre-Neuve. *Des terres-neuvas.*

TERRE-NEUVE [tɛʀnœv]. *n. m. invar.* (1840; ellipse de *chien de Terre-Neuve*, île d'Amérique du Nord). Gros chien à tête large, à longs poils, dont la race est originaire de Terre-Neuve. *Des terre-neuve.* ◇ *Fig.* et *par plaisant.* (1896) Personne très dévouée, toujours prête à aider, à sauver les autres. *C'est un vrai terre-neuve.*

TERRE-NEUVIEN, IENNE [tɛʀnœvjɛ̃, jɛn]. *adj.* et *n.* (1845; de *Terre-Neuve*). ♦ 1° *Adj.* De Terre-Neuve et notamment de la province canadienne de Terre-Neuve (1949) comprenant l'île de Terre-Neuve et une partie du Labrador. Subst. *Les Terre-Neuviens.* ♦ 2° *N. m.* Syn. rare de *terre-neuva, terre-neuvier.*

TERRE-PLEIN [tɛʀplɛ̃]. *n. m.* (1561; it. *terrapieno* « rempli de terre »; de *pieno* « plein », attract. de sens de *plain* « plat »). ♦ 1° *Fortif.* Partie horizontale d'un rempart, d'une batterie. ♦ 2° Plate-forme, levée de terre généralement soutenue par une maçonnerie. *Le terre-plein d'une terrasse, d'une route en surplomb.*

TERRER [tɛʀe]. *v. tr.* (XIIᵉ; de *terre*). ♦ 1° *Hortic.* Mettre de la nouvelle terre, une terre d'engrais au pied de (une plante, un arbre). *Terrer une vigne, un pied d'œillet.* — Répandre de la terre sur. *Terrer une pelouse.* ◇ (1752) *Techn.* Enduire (une étoffe) de terre à foulon, pour la dégraisser. *Terrer le drap.* ♦ 2° *V. pron.* (1694). *Cour.* SE TERRER : se cacher dans un terrier ou se blottir contre terre (en parlant d'un animal). Par métaph. « *Si nous ne nous étions pas terrés comme des cloportes sous une pierre* » (JALOUX). ◇ Se mettre à l'abri, se cacher dans un lieu couvert, souterrain. « *Gagner le métro, s'y terrer* » (MART. du G.). *Il se terre chez lui, il ne se montre plus. Fugitif, criminel qui se terre. Terré dans la cave.*

TERRESTRE [tɛʀɛstʀ(ə)]. *adj.* (1050; lat. *terrestris*). ♦ 1° (*Opposé* à *céleste*). Du monde où vit l'homme; d'ici-bas. « *Au terrestre séjour* » (LAMART.). *Le paradis* * *terrestre. La vie terrestre. Les choses terrestres,* temporelles, matérielles. « *La parfaite abnégation des avantages terrestres nécessaires à un prêtre* » (STENDHAL). ◇ Laïc, profane (*opposé à* religieux). « *Inspiré par toutes les vertus terrestres* » (PASTEUR). ♦ 2° De la planète Terre. *Le globe terrestre* : la Terre. — *La croûte, l'écorce, la surface terrestre.* — *Magnétisme* * *terrestre.* ♦ 3° Des terres. *Habitat terrestre.* ◇ (XVIᵉ) Qui vit sur la terre ferme (*opposé à* aquatique, marin). *Animaux, oiseaux terrestres. La flore terrestre.* ◇ Qui est, qui se déplace sur le sol (*opposé à* aérien, maritime). *Locomotion, transport terrestre.* ◈ ANT. *Céleste, religieux, spirituel. Aquatique, marin; aérien.*

TERREUR [tɛʀœʀ]. *n. f.* (1355; *terror*, XIIIᵉ; lat. *terror, terroris*). ♦ 1° Peur extrême qui bouleverse, paralyse. V. **Effroi, épouvante, frayeur.** *Terreur affreuse, folle. Terreur panique. Être glacé, muet de terreur. Vivre dans la terreur. Inspirer de la terreur à qqn* V. **Terrifier, terroriser.** *Une nouvelle qui sème la terreur. La terreur de... inspirée par... La terreur des gendarmes. Avoir la terreur d'être assassiné.* ◇ (*Au plur.*) V. **Alarme.** *Vaines, fausses terreurs.* ◇ *Par ext.* Vive angoisse. « *Je voyais avec terreur que ma paresse allait être impunie* » (RADIGUET). — Psycho., méd. *Terreurs nocturnes,* cauchemars chez l'enfant, suivis d'une angoisse intense. ♦ 2° (Depuis 1789). Peur collective qu'on fait régner dans une population, un groupe pour briser sa résistance; régime, procédé politique fondé sur cette peur, sur l'emploi des mesures d'exception et de la violence. V. **Terrorisme.** *Gouverner par la terreur.* « *Dénoncer le régime de terreur, d'exception, de délation* » (STENDHAL). — *Hist.* Ensemble des mesures d'exception prises par le gouvernement révolutionnaire (depuis la chute des Girondins [juin 1793] jusqu'à celle de Robespierre [27 juillet 1794, 9-Thermidor]). « *La terreur n'est autre chose que la justice prompte, sévère, inflexible* » (ROBESPIERRE). — Cette période. *Pendant la Terreur.* — *Terreur blanche :* nom donné aux deux périodes de terreur que les royalistes firent régner en France, la première en 1795, la seconde en 1815. ♦ 3° (*Avec un compl.*). Être ou chose qui fait régner, qui inspire la terreur. « *Attila... La terreur des mortels et le fléau de Dieu* » (CORN.). ◇ Absolt. *Pop.* (1749, arg.) Individu dangereux qui fait régner la terreur autour de lui. *Jouer les terreurs.* V. **Dur.** — (Dans un surnom) *Jo la Terreur.*

TERREUX, EUSE [tɛʀø, øz]. *adj.* (*Tiereus* « recouvert de terre », v. 1180, bas lat. *terrosus*). ♦ 1° (1265). Qui appartient à la terre, qui est de la nature de la terre (I, 2°). *Substance terreuse. Goût terreux. Odeur terreuse.* ♦ 2° (1412). Mêlé, souillé de terre. *Sable terreux, Mains, chaussures terreuses. Salade terreuse,* mal lavée. ◇ V. *aussi* **Cul-terreux.** ♦ 3° (1690). D'une couleur (grisâtre, jaunâtre ou brunâtre) dépourvue d'éclat et de fraîcheur. « *L'uniformité terreuse du vaste ciel* » (ZOLA). — Spécialt. « *Les malades aux physionomies terreuses et verdâtres* » (GAUTIER). *Figures terreuses. Teint terreux.* V. **Blafard.**

TERRI. *n. m.* V. **Terril.**

TERRIBLE [tɛʀibl(ə)]. *adj.* (1160; lat. *terribilis*). ♦ 1° (*Choses*). Qui inspire de la terreur (1°), qui amène ou peut amener de grands malheurs. V. **Effrayant, terrifiant.**

Arme terrible. Cauchemar terrible. V. **Affreux** (1°). « *Un mal soudain et terrible* » (MAUROIS). *Une terrible catastrophe.* V. **Effroyable, épouvantable, tragique.** « *L'année terrible* » (HUGO), l'hiver 1870-71, pendant la guerre. ◇ (Personnes) *Vx.* Sans pitié. *Subst.* Loc. mod. *Ivan le Terrible.* ♦ 2° (1587). *Sens affaibli.* Très pénible, très grave, très fort. — (En parlant d'une chose) *Vent, froid terrible.* V. **Excessif.** *Une terrible sécheresse. Il est d'une humeur terrible aujourd'hui,* de très mauvaise humeur. *Coups terribles. Bruit terrible.* V. **Infernal.** *Le terrible punch d'un boxeur.* V. **Foudroyant.** *C'est terrible de ne pouvoir compter sur lui.* V. **Désolant.** — *Subst.* Ce qui est terrible. *Voilà le terrible.* ◇ *En parlant d'une personne* (1690, « fatigant »). Agressif, turbulent, très désagréable... *Il est terrible avec sa manie de s'occuper de ce qui ne le regarde pas.* — *Enfant terrible,* très turbulent, difficile à élever. *Par anal. Les parents terribles.* — *Fig. Enfant terrible,* personne qui se fait remarquer par sa turbulence. *C'est l'enfant terrible de son parti. L'enfant terrible du romantisme.* ♦ 3° (1664). Extraordinaire, grand. V. **Formidable.** « *C'est un terrible avantage de n'avoir rien fait, mais il ne faut pas en abuser* » (RIVAROL). *Une envie, un appétit terrible.* ◇ *Fam.* Imbattable, remarquable, excellent. *Il a une collection de disques terrible. Un truc terrible. Ce film n'a rien de terrible.* — (*D'une personne*) Fam. *C'est un type terrible, très fort.* V. **Étonnant.** — *Adv.* (v. 1960). *Très fam.* Très bien. V. **Formidablement.** *Ça chauffe terrible* (d'une musique de danse rythmée et excitante). *Ça pousse terrible* (d'une voiture dont les accélérations sont très fortes). ◈ ANT. **Débonnaire.**

TERRIBLEMENT [tɛʀibləmɑ̃]. *adv.* (XIVᵉ; de *terrible*). ♦ 1° *Vieilli.* D'une manière terrible (1°); dangereusement. ♦ 2° (1470). D'une manière très dure, très violente, très intense; à l'extrême. V. **Diablement** *(fam.)*, drôlement, énormément, extrêmement, formidablement, rudement; salement, vachement. « *Il faisait terriblement chaud* » (ZOLA). « *La nuit leur semblait terriblement longue* » (ZOLA). *C'est terriblement cher.*

TERRICOLE [tɛ(ʀ)ʀikɔl]. *adj.* (1836; lat. *terra* « terre », et *-cole*). *Zool.* Se dit de certains animaux (annélides, etc.) qui vivent dans la terre ou dans la vase. — Subst. *Un terricole.*

TERRIEN, IENNE [tɛʀjɛ̃, jɛn]. *adj.* et *n.* (1210; « terrestre », 1190; de *terre*). ♦ 1° Qui possède des terres. *Propriétaire terrien.* V. **Foncier.** ♦ 2° (XIXᵉ). Qui concerne la terre, la campagne, qui est propre aux paysans (*opposé à* citadin). *Ascendance terrienne.* V. **Paysan.** « *Les plus vieilles vertus terriennes* » (THARAUD). *Subst. Buteau... « était un vrai terrien, attaché au sol,... n'ayant rien vu, au delà du plat horizon de la Beauce* » (ZOLA). ♦ 3° *N.* (XXᵉ; « homme », 1270). Habitant de notre planète (*opposé aux* habitants supposés des autres planètes, *à* martien). ♦ 4° (1904). Qui vit dans l'intérieur des terres (I, 6°) et non sur les côtes (*opposé à* marin, maritime). « *Il a toujours été difficile d'intéresser le Français terrien aux choses de la mer* » (BAINVILLE). *Subst.* Mar. *Les terriens,* tous ceux qui ne sont pas des gens de mer.

1. TERRIER [tɛʀje]. *n. m.* (1375; *terrer* « rempart, levée de terre », 1170; de *terre*). Trou, galerie ou ensemble de galeries que certains animaux creusent dans la terre et qui leur sert d'abri et de retraite. V. **Tanière.** « *Comme un furet attaque le lapin au plus profond du terrier* » (MAURIAC). *Faire sortir un animal de son terrier :* le débusquer.

2. TERRIER, ÈRE [tɛʀje, ɛʀ]. *n.* (1838; *chien terrier,* 1375; de *terrier* 1). Nom désignant diverses races de chiens qu'on utilisait pour la chasse des animaux à terrier. V. **Bull-terrier, fox-terrier, scottish-terrier.** *Les terriers sont de bons chiens de garde.* « *Ma petite terrière briançonne* » (COLETTE).

TERRIFIANT, ANTE [tɛ(ʀ)ʀifjɑ̃, ɑ̃t]. *adj.* (1538; de *terrifier* ou du lat. *terrificare*). Qui terrifie, qui est propre à inspirer de la terreur, de l'horreur. V. **Effrayant, terrible.** *Cris terrifiants.* « *Les masques terrifiants ou hilares* » (CARPOCINO). ◇ *Par ext.* Très intense, très grand, très remarquable. V. **Terrible** (2° et 3°). *Il est terrifiant comme il a vieilli !*

TERRIFIER [tɛ(ʀ)ʀifje]. *v. tr.* (1794; lat. *terrificare*). Frapper de terreur, d'une vive crainte. V. **Effrayer, terroriser.** *Leurs cris terrifiaient l'enfant.* ◈ ANT. **Rassurer.**

TERRIGÈNE [tɛ(ʀ)ʀiʒɛn]. *adj.* (1843; « né de la terre », v. 1370; lat. *terrigena*). *Géol.* Se dit des dépôts près des côtes, apportés à la mer par les fleuves.

TERRIL ou **TERRI** [tɛʀi(l)]. *n. m.* (XXᵉ,-1885; mot du Nord-Est; de *terre*). Grand tas de déblais au voisinage d'une mine. V. **Crassier.**

TERRINE [tɛʀin]. *n. f.* (1549; *therine,* 1412; fém. subst. de l'*adj. terrin* « de terre », du lat. pop. °*terrinus*). ♦ 1° Récipient de terre (et *par ext.* de métal) en forme de tronc de cône évasé vers le haut; contenu de ce récipient. « *Une grande terrine à fond d'émail vert* » (SAND). ♦ 2° (1413). Récipient de terre, assez profond, muni d'un couvercle, où l'on fait cuire et l'on conserve certaines viandes; son contenu. *Terrine de pâté de foie. Terrine de canard. La terrine* *du chef.* V. **Pâté.** ◆ 3° *Pop.* Tête. *Il a une drôle de terrine.*

TERRIR [tɛʀiʀ]. *v. intr.* (fin XVIᵉ; de *terre*). Vx *(Mar.).* Arriver à terre. ◇ *Mod.* (Pêche) *Poissons qui terrissent,* viennent près des côtes.

TERRITOIRE [tɛʀitwaʀ]. *n. m.* (1380; *terretoire,* 1278, rare av. XVIIᵉ; lat. *territorium;* V. **Terroir**). ◆ 1° Étendue de la surface terrestre sur laquelle vit un groupe humain, et *spécialt.* une collectivité politique nationale. *Le territoire national, français. Territoire enclavé. — Défendre le territoire de son pays. Conquête, occupation d'un territoire.* « *Nous ne céderons ni un pouce de notre territoire...* » (J. FAVRE). *En territoire ennemi. Défense, sécurité, surveillance du territoire* (D.S.T.). « *Le libérateur du territoire* » : nom donné à Thiers, en 1873. ◇ *Dr. Le territoire,* élément constitutif de la collectivité ou limite de compétence. — *Écon. Aménagement du territoire,* politique qui tend à distribuer les activités économiques selon un plan régional. *Territoires d'outre-mer* (abrév. T.O.M.). ◇ *Par ext. Territoire maritime* d'un État, les mers territoriales. ◆ 2° Étendue de pays sur laquelle s'exerce une autorité, une juridiction. *Le territoire d'un évêque, d'un juge.* — Surface (d'une subdivision administrative). *Le territoire de l'arrondissement, du canton, de la commune.* ◇ *Spécialt.* Étendue de pays qui jouit d'une personnalité propre mais ne constitue pas un État souverain. *Territoires coloniaux, d'outre-mer. Territoires sous mandat, sous tutelle, associés. — Territoires assignés aux Indiens.* V. **Réserve.** ◆ 3° *Méd.* Zone, région précisément déterminée. *Douleurs dans le territoire d'un nerf.* ◆ 4° *Zool.* Zone qu'un animal se réserve et dont il interdit l'accès à ses congénères.

TERRITORIAL, ALE, AUX [tɛʀitɔʀjal, o]. *adj.* (1748; lat. *territorialis*). ◆ 1° Qui consiste en un territoire, le concerne. *Intégrité territoriale. Modifications territoriales.* — *Puissance territoriale et puissance maritime d'un État.* ◇ *Vx.* Qui consiste en terre. « *L'antique fortune territoriale de la famille* » (BALZ.). ◆ 2° *Dr.* Dont la qualité, l'existence juridique dépend du territoire. *Compétence territoriale* (*opposé à* personnel, matériel). *Mer territoriale :* zone d'eau, intermédiaire entre la côte et la haute mer, sur laquelle s'exerce la souveraineté d'un État riverain. *Eaux territoriales.* ◆ 3° Qui concerne la défense du territoire national. *Armée territoriale,* et subst. *La territoriale :* troupes mobilisables des classes les plus anciennes. ◇ *Par ext.* De l'armée territoriale. *Soldats, volontaires territoriaux.* — Subst. *Les territoriaux.* « *L'adjudant commandant le détachement des territoriaux* » (BARBUSSE).

TERRITORIALEMENT [tɛʀitɔʀjalmɑ̃]. *adv.* (1872; de *territorial*). *Rare.* Du point de vue du territoire.

TERRITORIALITÉ [tɛʀitɔʀjalite]. *n. f.* (1845; de *territorial*). *Dr.* Qualité juridique tenant au territoire. *Territorialité ou personnalité du droit. Territorialité d'un impôt, d'une loi.*

TERROIR [tɛʀwaʀ]. *n. m.* (1246; *tieroer,* 1198; lat. pop. °*terratorium,* altér. gallo-rom. de *territorium.* V. **Territoire**). ◆ 1° Étendue limitée de terre considérée du point de vue de ses aptitudes agricoles. V. **Sol, terrain.** — *Spécialt.* Sol apte à la culture d'un vin. *Terroir produisant un grand cru. Vin qui a un goût de terroir,* un goût particulier tenant à la nature du sol où pousse la vigne. ◆ 2° *Fig.* (XIXᵉ). Région rurale, provinciale, considérée comme influant sur ses habitants. « *Famille... solidement enracinée dans ce terroir* » (MAUROIS). *Il sent son terroir,* il est bien de sa province. — (En parlant des faits de langue ou de culture) « *Idiotismes qui sentent leur terroir* » (GAUTIER). *Accent du terroir. Poètes du terroir.*

TERRORISER [tɛʀɔʀize]. *v. tr.* (XIXᵉ; « frapper de mesures d'exception », sous la Terreur, 1796; de *terreur*). ◆ 1° *Hist.* (Sous la Révolution française). Frapper de crainte (au moyen des mesures d'exception prises par le gouvernement révolutionnaire). V. **Terreur.** — *Intrans.* Appliquer ou préconiser la politique de *terreur,* à l'époque de la Révolution française. ◆ 2° *Cour.* Frapper de terreur, faire vivre dans la crainte. V. **Effrayer, épouvanter, intimider, terrifier.** *La maffia qui terrorisait la Sicile. Un jeune élève terrorisé par son professeur, son examinateur.*

TERRORISME [tɛʀɔʀism(ə)]. *n. m.* (1794; de *terreur*). ◆ 1° *Hist.* Mot employé dans la période qui suivit la chute de Robespierre pour désigner la politique de *terreur* des années 1793-94. V. **Terreur.** ◆ 2° (1922). *Cour.* Emploi systématique de mesures d'exception contre la violence pour atteindre un but politique (prise, conservation, exercice du pouvoir...), et *spécialt.* Ensemble des actes de violence (attentats individuels ou collectifs, destructions) qu'une organisation politique exécute pour impressionner la population et créer un climat d'insécurité. « *Le terrorisme peut être une méthode de gouvernement* » (ROMAINS). *Le terrorisme russe de 1905* (nihilisme). *Victimes du terrorisme. Terrorisme et contre-terrorisme.*

TERRORISTE [tɛʀɔʀist(ə)]. *n. et adj.* (1794; de *terreur*). I. *Subst.* ◆ 1° N. m. *(Hist.).* S'est dit après la chute de Robespierre de ceux qui avaient soutenu ou appliqué la politique de *terreur.* ◆ 2° (v. 1920). *N.* Membre d'une organisation politique qui use du terrorisme comme moyen d'action, qui exécute des actes de terrorisme. *Un, une terroriste. Terroristes et contre-terroristes. Un commando de terroristes.* II. *Adj.* ◆ 1° *Hist.* Relatif au terrorisme (1°), à la *Terreur.* « *Benjamin Constant,... à égale distance du despotisme monarchique et du despotisme terroriste* » (HENRIOT). ◆ 2° (v. 1940). *Cour.* Relatif au terrorisme (2°); qui utilise le terrorisme comme moyen d'action. *Attentat terroriste.* ◇ *Par ext. Les activités* « *terroristes* » *se multiplièrent en dépit des répressions; les collaborateurs se déchaînèrent* » (BEAUVOIR). *Organisation, groupe terroriste.*

TERSER. *v. tr.* V. **TIERCER.**

TERTIAIRE [tɛʀsjɛʀ]. *adj. et n.* (1786; lat. *tertiarius* « d'un tiers », de *tertius* « troisième », sur le modèle de *primaire*).
I. *Adj.* ◆ 1° *Géol.* Ère tertiaire, ou subst. *Le tertiaire,* ère géologique (environ 70 millions d'années) qui a succédé à l'ère secondaire et précédé l'ère quaternaire. V. **Néozoïque.** *Les plissements alpins datant du tertiaire.* ◇ *Par ext.* De l'ère tertiaire. *Terrains tertiaires. Faune tertiaire,* caractérisée par l'abondance des nummulites et l'épanouissement des mammifères. ◆ 2° *Méd.* (Mil. XIXᵉ). Qui constitue la troisième phase d'une évolution. *Accidents tertiaires de la syphilis* (« tertiarisme »). ◆ 3° *Écon.* (v. 1950). *Secteur tertiaire,* secteur comprenant toutes les activités non directement productrices de biens de consommation. V. **Service** (II, 4°). « *Les biens tertiaires... sont en général fournis par le commerce, l'administration, les professions libérales, l'artisanat, etc.* » (FOURASTIÉ). ◇ *Subst.* « *Le tertiaire recouvre les services, les administrations* » (*Le Monde,* 4-10-1967). — Personne qui a une activité tertiaire. « *Il y a* [...] *deux sortes de tertiaires : des hommes de valeur, hautement productifs, en avant-garde et d'autres chassés du secondaire ou le fuyant* » (A. SAUVY).
II. *N.* (1812; *tierçaire,* 1690; lat. ecclés. *tertiarius,* de *tertius* (ordo) « troisième (ordre) »). *Relig. cathol.* Membre d'un tiers ordre*.

TERTIARISATION [tɛʀsjaʀizɑsjɔ̃] ou **TERTIAIRISATION** [tɛʀsjɛʀizɑsjɔ̃]. *n. f.* (v. 1970; de *tertiaire* I, 3°). *Écon.* Développement du secteur tertiaire. « *Bureaux d'études, laboratoires de recherches prolifèrent* [...] : 'tertiairisation de l'industrie' disent dans leur jargon, les économistes* » (*L'Express,* 29-3-1971).

TERTIO [tɛʀsjo]. *adv.* (1833; mot lat.). En troisième lieu (après *primo, secundo*). V. **Troisièmement.**

TERTRE [tɛʀtʀ(ə)]. *n. m.* (1080; lat. pop. °*termes,* crois. de *termen, inis* (de *terminus* « borne ») avec *limes, itis* « limite »). Petite éminence isolée à sommet aplati. V. **Butte, monticule.** « *Elle... gagna le sommet du tertre* » (GAUTIER). *Maison sur un tertre.* ◇ (v. 1650) *Tertre* ou *tertre funéraire,* élévation de terre recouvrant une sépulture. V. **Tumulus.**

TÉRYLÈNE [teʀilɛn]. *n. m.* (1950; de *ter-*[ephtalique], et [éth]*ylène*). Fibre synthétique de fabrication anglaise (marque déposée).

TERZA RIMA [tɛʀts(dz)aʀima]. *n. f.* (1845; mots it., proprem. « troisième rime »). *Hist. litt.* Type de poème composé de tercets dont le premier et le troisième vers riment ensemble, tandis que le second fournit les rimes extrêmes du tercet suivant (a, b, a, — b, c, b, — c, d, c, etc.).

TERZETTO [tɛʀtsetto; tɛʀdzeto]. *n. m.* (1846; en angl., 1724; mot it.). *Mus. Rare.* Petit trio vocal ou instrumental.

TES. V. **TON.**

TESLA [tɛsla]. *n. m.* (mil. XXᵉ; « dispositif de couplage », 1930; nom d'un physicien yougoslave [1857-1943]). *Phys.* Unité d'induction magnétique (production d'un flux de 1 weber sur 1 m² par une induction uniforme). Symb. T.

TESSÈRE [tesɛʀ]. *n. f.* (1765; lat. *tessera,* probabl. abrév. du gr. *tessaragônos* « carré »). *Antiq. rom.* Nom de tablettes et jetons employés à divers usages. *Tessère frumentaire,* bon de distribution de blé. *Tessère de théâtre,* jeton d'entrée. *Tessère militaire,* portant le mot d'ordre ou les ordres.

TESSITURE [tesityʀ]. *n. f.* (fin XIXᵉ; it. *tessitura,* proprem. « texture, trame », de *tessere* « tisser »). *Mus.* Échelle des sons qui peuvent être émis par une voix sans difficulté. V. **Registre.** ◇ *Par ext.* Échelle des sons d'un instrument.

TESSON [tesɔ̃]. *n. m.* (1283; de *têt*). Débris d'un objet de verre ou d'une poterie. *Tessons de bouteille.* « *L'enceinte hexagonale de la Prison... son haut rempart à la cime hérissée de tessons* » (BUTOR).

1. TEST [tɛst]. *n. m.* (XVIᵉ; lat. *testa* « coquille dure »; V. **Tête**). *Zool.* Enveloppe calcaire ou chitineuse (coquille, coque, carapace) qui protège le corps de certains mollusques, de certains crustacés, etc. (V. **Testacé**). *Test globuleux de l'oursin.*

2. TEST [tɛst]. *n. m.* (1895; angl. *mental test,* 1890 [Mc K. Cattell]; proprem. « épreuve psychologique », de l'a. fr. *test, têt,* du lat. *testum* « pot de terre »; Cf. **Têt** [1°,

Alchim.]). *Anglicisme*. (critiqué sauf en psychologie). Procédé d'évaluation quantitative ou typologique des caractéristiques d'une substance, d'un corps, d'un organisme ou d'une fonction. V. **Épreuve, essai, réaction.** — *Techn.* Essai partiel de fonctionnement. V. **Mesure, vérification.** — *Statist.* Épreuve de validité*. ♦ 1° *Test (psychologique)*, épreuve définie, impliquant une tâche à remplir, identique pour tous les sujets examinés, avec une technique précise pour l'appréciation du succès ou de l'échec, et pour la notation numérique de la réussite. *Soumettre qqn à un test. Administrer, faire passer un test. Tests individuels ou collectifs. Tests verbaux; tests non verbaux* ou *de performance. Test d'âge* (ou *échelle de développement*); *test d'aptitude(s). Test analytique, synthétique, analogique, de réussite, d'observation de comportement.* — *Test d'efficience* (intellectuelle, sensorimotrice) ou *test psychométrique*, suite d'opérations normalisées destinées à mesurer le rendement d'un sujet pour évaluer soit le niveau général du fonctionnement mental (quotient intellectuel), soit des fonctions particulières (mémoire, raisonnement, attention, concentration, etc.). V. **Épreuve.** « *La méthode des 'tests', appliquée aux enfants, a permis de se faire une idée nette et objective de l'inégalité de leurs aptitudes intellectuelles* » (J. ROSTAND). — *Test de personnalité, test de projection* ou *projectif*, par questionnaire, par stimulus expérimental destiné à évaluer le comportement dans une situation donnée, par technique projective visant à révéler un mode de réaction, une structure. ◇ *Test pédagogique* ou *scolaire*, procédé psychométrique (*opposé à* examen, concours) de contrôle des connaissances. V. **Docimologie.** ◇ *Test d'orientation scolaire, professionnelle*, utilisation d'une batterie de tests pour déterminer les aptitudes du sujet, le choix d'un métier, d'une carrière, et le mode de formation générale et professionnelle le plus approprié. ◇ *Test sociométrique*, diagramme des choix préférentiels et discriminatoires de chacun des membres du groupe parmi les autres membres. ◇ Examen, contrôle périodique. *Moniteur faisant passer des tests d'aptitude au pilotage.* ♦ 2° Par ext. *(Méd.)* Se dit de diverses biopsies, de divers essais de laboratoire et d'un grand nombre d'épreuves biologiques et chimiques. ♦ 3° *Cour.* Épreuve ou expérience décisive, opération ou fait-témoin permettant de juger (Cf. Critère), de confronter un fait avec une hypothèse, une idée a priori. *Le test de la bonne foi.* Cf. **Pierre*** de touche. V. **Critérium.** ◇ *Par appos.* Fait, lieu, chose servant de référence, constituant une expérience. V. **Essai, expérience, expérimentation.** *Zone-test. Départements-tests.* « *Cette grève est un conflit-test pour les imprimeries* » (*Le Monde*, 16-2-1967).
3. **TEST.** V. **Têt.**

TESTABILITÉ [tɛstabilite]. *n. f.* (1906; du lat. *testabilis* « apte à témoigner »). *Psycho.* Caractère d'un fait plus ou moins propre à devenir objet de témoignage.

TESTABLE [tɛstabl(ə)]. *adj.* (v. 1900; de *tester* 2). Qui peut être testé, mesuré, évalué, contrôlé; qui peut être éprouvé.

TESTACÉ, ÉE [tɛstase]. *adj. et n. m. pl.* (1578, n. f.; lat. *testaceus*, de *testa* « terre cuite, coquille ». V. *Test* 1). *Zool.* Couvert d'une coquille, d'un test. — N. m. pl. *Les testacés*, ordre de mollusques, dans l'ancienne classification de Cuvier.

TESTACELLE [tɛstasɛl]. *n. f.* (1803; lat. sc. *testacella*, de *testa*). *Zool.* Mollusque gastéropode, pourvu d'une petite coquille à l'arrière du corps, qui vit généralement enfoui dans le sol, et se nourrit de vers. *Les testacelles sont souvent confondues avec les limaces.*

TESTAGE [tɛstaʒ]. *n. m.* (mil. XXᵉ; de *test* 2). *Zootechn.* Méthode de jugement génotypique des reproducteurs d'après la valeur de leurs descendants. *Le testage des mâles destinés à l'insémination artificielle est obligatoire.* — Se dit aussi des plantes cultivées.

TESTAMENT [tɛstamɑ̃]. *n. m.* (1120; lat. ecclés. *testamentum*, pour traduire le gr. *diathêkê* « disposition testamentaire, convention », et pour traduire l'hébr. *berith* « alliance »).
I. *Relig. chrét.* ♦ 1° *Vx.* Alliance. « *Ils ne sont point demeurés dans mon testament, et moi je les ai rejetés* » (BOSS.). ♦ 2° (*Avec majuscule*). Nom des deux parties de l'Écriture sainte (livres de l'ancienne et de la nouvelle alliance). *L'Ancien et le Nouveau Testament.* V. **Bible.**
II. (1213; *tintaument*, 1133; lat. *testamentum*, de *testari*). ♦ 1° *Dr. et cour.* Acte unilatéral et solennel, révocable jusqu'au décès de son auteur, par lequel celui-ci dispose de tout ou partie des biens qu'il laissera en mourant (V. **Héritage, succession**). *Testament olographe*. Testament authentique* ou *par acte public*, dicté par le testateur à un notaire en présence d'un second notaire et de deux ou quatre témoins. *Testament mystique*, écrit par le testateur, ou par un tiers, et signé par le testateur, remis clos et scellé à un notaire qui, en présence de deux témoins, rédige sur l'enveloppe un acte de suscription. « *La principale disposition de son testament par laquelle il institue votre fils... son légataire universel* » (MAU-

PASS.). *Clauses, codicille d'un testament. Léguer par testament.* V. **Legs.** *Mettre, coucher qqn sur son testament*, l'y inscrire comme légataire. *Révoquer un testament. Ouverture, lecture d'un testament. Ceci est mon testament.* V. **Volonté** (dernière). *Décédé sans testament.* V. **Ab intestat.** *Loc. fam. Il peut faire son testament*, il n'en a plus pour longtemps à vivre. ♦ 2° *Testament politique*, écrit politique posthume attribué à un homme d'État, exposé de ses principes et projets politiques, explication de ses actes, etc. *Le testament politique de Richelieu.* ◇ *Fig.* Dernière œuvre d'un artiste, quand elle apparaît comme la suprême expression de sa pensée et de son art. « *Nous regardons ses dernières figures* (du Greco) *comme un testament* » (MALRAUX).

TESTAMENTAIRE [tɛstamɑ̃tɛr]. *adj.* (1435; *testamentari*, 1300; lat. *testamentarius*). Qui se fait par testament, se rapporte à un testament. *Dispositions testamentaires. Donation entre vifs ou testamentaire.* V. **Legs.** *Héritier testamentaire*, institué par testament. *Exécuteur* testamentaire. Succession testamentaire* (par oppos. à *succession légale*).

TESTATEUR, TRICE [tɛstatœr, tris]. *n.* (XIIIᵉ; lat. *testator*). *Dr.* Auteur d'un testament.

1. **TESTER** [tɛste]. *v. intr.* (1406; « témoigner », 1290; lat. *testari* « prendre à témoin, témoigner »). Disposer de ses biens par testament, faire un testament. « *Le droit de tester, c'est-à-dire de disposer de ses biens après sa mort* » (FUSTEL).

2. **TESTER** [tɛste]. *v. tr.* (mil. XXᵉ; de *test* 2). ♦ 1° Soumettre à un test, à des tests. *Tester des élèves.* « *Pour éprouver ou 'tester' chaque animal, on lui faisait exécuter une vingtaine d'essais* » (J. ROSTAND). — *Zootechn.* Soumettre au testage*. ♦ 2° *Par ext.* Contrôler, éprouver, essayer, expérimenter. « *Ce produit a été 'testé', depuis un an dans un département pilote* » (*Le Figaro*, 1-5-1968).

TESTEUR [tɛstœr]. *n. m.* (mil. XXᵉ; de *test* 2). ♦ 1° Personne qui administre les tests. ♦ 2° *Techn.* Appareil de contrôle pour l'observation de certains phénomènes.

TESTICULAIRE [tɛstikylɛr]. *adj.* (1812; de *testicule*). Qui concerne les testicules. *Atrophie testiculaire. Hormones testiculaires.*

TESTICULE [tɛstikyl]. *n. m.* (1495; *testicul*, XIVᵉ; lat. *testiculus*, de *testis*). Gonade mâle, glande productrice des spermatozoïdes. — (*Chez l'homme*) Cet organe et ses enveloppes. V. **Bourse** (Cf. *pop.* Burettes, couilles, roubignoles, roupettes, roustons). *Les 'deux testicules.* « *Les testicules et les ovaires... donnent naissance aux cellules mâle ou femelle dont l'union produit le nouvel être humain* » (CARREL). *Ablation des testicules.* V. **Castration.** *Inflammation du testicule.* V. **Orchite.**

TESTIMONIAL, ALE, AUX [tɛstimɔnjal, o]. *adj.* (1274; lat. *testimonialis*, de *testimonium*). *Dr.* *Témoin.* *Preuve testimoniale*, preuve qui repose sur des témoignages.

TESTOLOGIE [tɛstɔlɔʒi]. *n. f.* (mil. XXᵉ; de *test* 2, et *-logie*). *Didact.* (*Physiol., psycho.*). Science qui a pour objet la conception et l'interprétation des tests psychométriques, projectifs et cliniques. « *Il* [Alfred Binet] *fut le fondateur de la testologie clinique* » (J. DELAY).

TESTON [tɛstɔ̃]. *n. m.* (1513; it. *testone*, de «tête », d'apr. l'effigie). *Archéol.* Ancienne monnaie d'argent, frappée à l'effigie des rois de France, qui eut cours de 1513 jusqu'au règne de Louis XIII.

TESTOSTÉRONE [tɛstɔstɛrɔn]. *n. f.* (1935; de *test*[icule], *stér*[ol], et [*horm*]*one*). *Biochim.* Hormone mâle sécrétée par les testicules, qui stimule le développement des organes génitaux mâles et détermine l'apparition des caractères sexuels mâles secondaires. V. **Androgène.** *Préparations naturelles et synthétiques de la testostérone employées en thérapeutique.*

TÊT [tɛ] ou **TEST** [tɛst]. *n. m.* (XIIIᵉ; *tez*, *tes*, plur., 1130; lat. *testum*). ♦ 1° *Vx.* Tesson; pot de terre. Spécialt. (*Alchim.*) Pot servant à l'essai de l'or. ♦ 2° *Mod.* (Chim.). Têt à rôtir, petite capsule, en terre réfractaire employée pour la calcination ou l'oxydation de certaines substances. V. **Coupelle.** *Têt à gaz*, support en terre cuite destiné à soutenir une éprouvette à gaz. ◇ HOM. *Taie.*

TÉTANIE [tetani]. *n. f.* (1852; de *tétanos*). *Méd.* Excitabilité neuro-musculaire anormalement élevée se traduisant par des accès de contractures ou de spasmes musculaires, causée par un manque de calcium ou une alcalose* respiratoire.

TÉTANIQUE [tetanik]. *adj.* (1554; gr. *tetanikos*). *Méd.* ♦ 1° Propre au tétanos, de la nature du tétanos. *Rigidité, convulsions tétaniques.* ◇ Atteint de tétanos. Subst. « *L'épouvantable simagrée du trisme des tétaniques* » (BLOY). *Par ext.* Se dit de la contraction musculaire persistante provoquée expérimentalement par des stimulations nerveuses répétées et fréquentes.

TÉTANISATION [tetanizasjɔ̃]. *n. f.* (1872; de *tétanos*). *Physiol.* et *méd.* Fait de provoquer des contractures tétaniques. *Tétanisation utérine* (complication au cours de l'accouchement).

TÉTANISER [tetanize]. *v. tr.* (1862 ; de *tétanos*). *Physiol.* Mettre en état de tétanos (2°).

TÉTANOS [tetanos]. *n. m.* (v. 1560 ; *tetanus*, 1541 ; mot gr., proprem. « tension, rigidité », de *teinein* « tendre »). ♦ 1° Maladie infectieuse grave causée par le bacille tétanique (de Nicolaier) introduit dans l'organisme par une blessure et qui produit une toxine agissant sur le système nerveux, caractérisée par des contractures douloureuses des muscles masticateurs (V. Tismus), puis de tous les muscles. ♦ 2° *Physiol.* Contracture tétanique (V. **Tétanique** 2°), appelée aussi *tétanos physiologique.*

TÊTARD [tɛtaʀ]. *n. m.* (1690 ; *testard*, 1611 ; adj., *testard* « à grosse tête » ou « têtu », 1303 ; de *tête*). ♦ 1° Larve de batracien, à grosse tête prolongée par le corps, à respiration branchiale. *Têtard qui devient grenouille.* ♦ 2° *Arbor.* (1765). Arbre écimé et taillé de façon à favoriser le développement des repousses supérieures. *Saules taillés en têtards.* ♦ 3° *Arg.* Enfant.

TÊTE [tɛt]. *n. f.* (*Teste, test* « crâne », opposé à l'a. fr. *chef* « tête », 1050 ; lat. médic. *testa* « boîte crânienne », sens spécialisé de « coquille dure ». V. **Test** 1).

I. ♦ 1° Partie, extrémité antérieure (et supérieure chez les animaux à station verticale) du corps des artiozoaires, qui porte la bouche et les principaux organes des sens, ainsi nommée lorsque cette partie est distincte et reconnaissable (on dit autrement [*zool.*] « région, extrémité céphalique »). V. **Céphalo-.** *Animal à tête entourée de tentacules.* V. **Céphalopode.** *Tête et thorax d'un insecte.* V. **Céphalothorax.** *Tête de poisson ; de sanglier* (V. **Hure**) *; tête de cheval. Monstre sans tête* (V. **Acéphale**), *à plusieurs têtes* (V. **Polycéphale**). — *Mythol. Le Minotaure, homme à tête de taureau. Tête de Méduse.* ◇ Cette partie d'un animal préparée pour la consommation. *Tête de cochon, de veau. Fromage* de tête* ou [Belgique] *Tête pressée.* ♦ 2° Partie supérieure du corps de l'homme contenant le cerveau et les principaux organes des sens, qui est de forme arrondie et tient au tronc par le cou. V. **Chef** (*vx*). *Sommet* (V. **Sinciput**), *derrière* (V. **Occiput**), *devant* (V. **Face**), *côtés* (V. **Tempe**) *de la tête. Squelette de la tête.* V. **Crâne.** — *Forme de la tête.* V. -**Céphale** (brachy-céphale, dolichocéphale). « *Sa tête plutôt enfoncée, grosse, sans être énorme, et d'une forme très singulière : peu de menton, peu de crâne* » (ROMAINS). — *Des pieds à la tête* (Cf. De pied en cap*). *De la tête aux pieds,* et *fig.* V. **Pied.** *Le chapeau sur la tête.* — Partie de la tête où poussent les cheveux : cuir chevelu. *Tête chauve.* V. **Caillou.** *Se gratter la tête. Laver* la tête à qqn. Faire dresser les cheveux* sur la tête. Tête nue, nu-tête. Mal de tête, tête.* V. **Céphalée, céphalalgie, migraine** (Cf. Mal de crâne*). *Tête lourde. Crier à tue-tête.* V. **Tue-tête.** *La tête lui tourne.* V. **Étourdissement, vertige.** *Vin qui monte* à la tête.* — *Voix de tête,* voix de registre aigu, spécialt. chez l'homme, voix de fausset. V. **Haute-contre.** — *Port* de tête. La tête haute,* relevée par rapport à la poitrine. *La tête basse*,* penchée sur la poitrine (et *fig.*). V. **Confus, honteux.** *Baisser*, courber* la tête* (et fig.). *Renverser la tête. Tourner, détourner la tête.* « *Tête (à) gauche ! tête (à) droite !* », commandements militaires pour tourner la tête. *Hocher la tête. Acquiescer de la tête. Signe de tête.* « *Dans son inquiétude, il regarde, met la tête à la portière* » (MICHELET). *La tête en bas. Tomber sur la tête* (et fig. : Cf. III, 3°). *Piquer* une tête. Tomber, se jeter la tête la première*. Se taper la tête contre les murs*. Donner tête baissée dans...,* se jeter sur qqch. *Fig. Se jeter naïvement, imprudemment dans un piège.* — *Fig.* (1611) *Ne savoir où donner de la tête,* ne savoir que faire, avoir trop d'occupations. V. **Occupé, submergé.** *Fig. En avoir par-dessus* la tête.* V. **Assez.** *Jeter* qqch. à la tête de qqn.* — *Fig. Se jeter à la tête de qqn,* se présenter à lui brusquement, *fig.,* lui faire des avances (V. **Offrir** [s']). *Donner un coup sur la tête.* V. *pop.* **Caboche, cafetière, carafe, carafon, cassis, citron, citrouille, coloquinte, tirelire...** *Casser* la tête.* V. **Casse-tête.** — *Couper la tête* (Cf. Couper cabèche*). *Trancher la tête* (ou le cou). V. **Décapiter, guillotiner ; décollation.** *Fig. Donner sa tête à couper*.* « *Le corps d'un côté, et la tête dans le panier de son* » (ROMAINS). *Tête réduite* d'Indien.* — **Faire tête** (1560 ; chasse, à propos des bêtes qui luttent tête contre tête) : faire front, s'opposer efficacement à. « *Il faisait tête, comme un gibier courageux qui cherche où rendre les coups dont il saigne* » (TOULET). **Tenir tête** (1560 ; *chasse*) : résister (à l'adversaire). *Tenir tête à l'ennemi.* — S'opposer avec fermeté à la volonté de qqn. *Tenir tête à son père, à l'opinion.* « *Il avait aussitôt pris la résolution de tenir tête aux pouvoirs* » (MART. du G.). ♦ 3° *Par ext.* (la tête étant considérée comme la partie vitale). V. **Vie.** « *Sur la tête de mes enfants, je jure que je vous ai dit la vérité* » (MAUPASS.). « *Nous réclamons la tête de cet homme ! Le sang appelle le sang !* » (J. GENET) : l'échafaud, la peine de mort. *L'accusé a sauvé sa tête. Mettre à prix* la tête de qqn. Risquer sa tête.* ♦ 4° (1330, *teste*). Le visage, quant aux traits et à l'expression. V. **Face, figure ; gueule** (*pop.*). « *Belle tête, dit-il, mais de cervelle point* » (LA FONT.). *Une tête sympa-*

thique. Une sale tête. Avoir une tête comique, bizarre. V. **Bille, binette, terrine, trombine, tronche.** *Avoir une bonne tête,* qui inspire confiance. V. **Bouille.** *Avoir une tête à gifles*, à claques. Se payer* la tête de qqn. Quelle tête il a !* se dit d'une personne qui a un air défait, fatigué. — (Quant à l'humeur manifestée par l'expression) *Faire une drôle de tête.* V. **Mine,** et *fam.* **Bobine, poire.** *Faire une tête de six pieds de long,* être triste, maussade. *Une tête d'enterrement*.* — *Absolt.* FAIRE LA TÊTE (1907). V. **Bouder** (Cf. Faire la gueule, *pop.*). *Sa maîtresse* « *lui faisait presque la tête* » (AYMÉ). ♦ 5° Représentation de cette partie du corps de l'homme, des animaux supérieurs. *Tête sculptée, peinte.* « *Une tête gothique est rarement plus belle que brisée* » (MALRAUX). — *Tête d'une médaille ; côté tête.* V. **Avers, face.** — TÊTE DE PIPE : tête formant le fourneau d'une pipe. *Fig.* et *fam.* Se dit d'une personne. — TÊTE DE TURC (1866) : sorte de dynamomètre sur lequel on s'exerçait dans les foires en frappant sur une tête représentant une tête coiffée d'un turban. — *Fig. Être la tête de Turc, servir de tête de Turc,* être sans cesse en butte aux plaisanteries, aux railleries de qqn. « *Les têtes de Turc, par-dessus lesquelles il tape sur ses contemporains* » (GONCOURT). ♦ 6° *Mesure.* Hauteur d'une tête d'homme. « *Des enfants debout sur une chaise, fiers de dépasser d'une tête les grandes personnes* » (RADIGUET). *Il a une tête de plus qu'elle.* ◇ Longueur d'une tête de cheval, dans une course. *Cheval qui gagne d'une tête, d'une courte tête.* ♦ 7° (1888). Se dit *absolt.* de la tête qu'on a grimée et parée pour se divertir. « *Chacun semblait s'être 'fait une tête', généralement poudrée* » (PROUST). *Par ext.* Personne ainsi grimée. *Un bal de têtes. Le dîner de têtes,* poème de Prévert. ♦ 8° *Par ext.* Chaque tête d'un chou où l'on pose la tête. V. **Chevet.** « *Un lit de fer... avec à la tête un numéro 7, et la pancarte* » (ARAGON). ♦ 9° *Vén.* Bois ou cornes des bêtes fauves (cerf, daim, chevreuil). *Cerf qui fait sa tête,* dont le bois pousse. ♦ 10° *Football.* Coup de tête dans la balle. *Joueur qui fait une tête.*

II. TÊTE DE MORT (1562). ♦ 1° *Fam.* Crâne, os provenant de la tête d'un mort. « *Une tête de mort véritable, avec ses trous, ses sutures, ses apophyses* » (DUHAM.). ♦ 2° Emblème de la mort, représentation de ce squelette en métal. etc., ou de la face de ce squelette sur papier, sur tissu. *Pavillon à tête de mort des pirates. Appos. Sphinx* tête-de-mort.* ♦ 3° (1872 ; récemment écrit *tête de Maure*). Fromage de Hollande en forme de boule. *Acheter de la tête de mort* (Cf. Croûte rouge). « *Des hollande ronds comme des têtes coupées, barbouillées de sang séché, avec cette dureté de crâne vide qui les fait nommer têtes-de-mort* » (ZOLA).

III. LA TÊTE : considérée chez l'homme comme siège de la pensée. V. **Cerveau, cervelle.** ♦ 1° (XVIᵉ). Le siège des idées, de la mémoire, du jugement. *Une tête qui pense.* « *Choisir un conducteur* (précepteur) *qui eût plutôt la tête bien faite que bien pleine..* » (MONTAIGNE). *N'avoir rien dans la tête, ni idées, ni jugement.* — (Dans le même sens) *Avoir une petite tête. Par ext.* Se dit familièrement de qqn. *Faut voir plus loin que le bout de son nez, petite tête !* — *Avoir une tête sans cervelle, une tête d'oiseau, de linotte*, une tête en l'air, folle,* être étourdi, léger. *Avoir, mettre du plomb* dans la tête.* — *Loc. pop. Avoir la (une) grosse tête,* avoir des prétentions. Cf. Enfler* (avoir la tête enflée). *Depuis qu'il a réussi son coup, il a la grosse tête !* *Fam. Une grosse tête,* un cerveau trop sûr de son pouvoir. — *Tête d'œuf* (v. 1965 ; trad. de l'amér. *egghead*). *Fig.* et *péj.* Intellectuel. — *Absolt. Avoir de la tête,* du jugement et de la mémoire. *Il n'a pas de tête,* il est écervelé, oublie tout. *Un homme, une femme de tête* (1440), qui a de la tête. — (*Opposé à* cœur) V. **Raison, réflexion.** « *On n'écrit pas avec son cœur, mais avec sa tête, encore une fois* » (FLAUB.). — *De tête* (XVIIIᵉ) : mentalement. *Calculer de tête.* — *Avoir dans la tête,* en tête. « *Moi, je crois... que vous avez quelque nouvel amour en tête* » (MOL.). *N'avoir qu'une idée, qu'un souci en tête,* ne penser qu'à cela. — *N'avoir dans la tête, ses idées, ses intentions.* V. **Esprit.** *Il a une idée derrière la tête,* une intention cachée. *Avoir la tête,* ne plus pouvoir réfléchir, se souvenir. *Mettre, fourrer qqch. dans la tête.* V. **Apprendre.** *Idée qui passe* par la tête.* — *Se mettre dans la tête, en tête de..., que...,* décider de..., que... et ne pas en démordre. *Il s'est mis dans la tête de vous attendre, qu'il vous attendrait. S'imaginer, se persuader que. Elle s'est mis dans la tête que vous viendriez la voir.* — *Chercher dans sa tête.* V. **Mémoire.** *Se creuser*, se casser* la tête.* V. *fam.* **Ciboulot.** *Cassement* de tête.* ♦ 2° Le siège des états psychologiques. — (Caractère) *Avoir la tête chaude*, près du bonnet*. Avoir la tête froide. Avoir la tête dure*, avoir une tête de cochon*,* être têtu. *Avoir* la tête près du bonnet*.* — (De la personne) *C'est une tête de lard*, de mule*, de pioche** (aussi injure, en interjection). — *Une tête brûlée*.* — *Une forte tête* (1907 ; « esprit plein de jugement », 1690), une personne qui s'oppose aux autres et fait ce qu'elle veut. V. **Indiscipliné.** — *Une mauvaise tête* (1538), une personne obstinée, querelleuse, boudeuse. « *Les mauvaises têtes agissent souvent en héros* » (ALAIN). ◊ (États passagers) *Se monter* la tête.* V. **Bobèche, bourrichon.** *Se mettre martel* en tête.* « *Yves, — auquel ce pays de plaisir tourne un peu la tête* » (LOTI). « *L'idée de devoir me déguiser me mit la tête à l'envers* » (GIDE). V. **Égarer, griser, séduire** (Cf. Rendre fou). *Perdre la tête* (XVIIᵉ), perdre son sang-froid. V. **Boule, boussole; affoler** (s'). *Examiner à tête reposée*. Avoir la tête à ce qu'on fait,* y appliquer son esprit, son attention. *Avoir la tête ailleurs,* penser à autre chose, être dans la lune. « *Mais elle n'avait pas la tête à cela, elle se taisait, elle ne lâchait que des paroles brèves* » (ZOLA). *N'en faire qu'à sa tête* (XVᵉ), agir selon son idée, sa fantaisie, selon l'humeur du moment. « *Fais à ta tête, Père Ubu, il t'en cuira* » (JARRY). — *Un* COUP DE TÊTE (1440) : une décision, une action inconsidérée, irréfléchie. ♦ 3° *(En loc.).* Symbole de l'état mental. *Avoir la tête fêlée, être tombé sur la tête,* être un peu fou, déraisonner. — *Perdre la tête,* devenir fou ou gâteux. *Le vieux perdait la tête.* V. **Raison.** *Tu as perdu la tête!* (Cf. C'est de la folie). *N'avoir plus sa tête à soi. Avoir toute sa tête.* V. **Lucidité, sens** (bon sens).

IV. Ⓐ *(La tête représentant une personne).* ♦ 1° *Attirer la haine sur sa tête :* sur soi. V. **Soi.** *Prendre une chose sur sa tête,* en prendre la responsabilité. *Faute qui retombe sur la tête.* ◊ La personne elle-même. *Une tête couronnée. Mettre un nom sur une tête.* — Dr. *Partage par tête,* personnel (*opposé à* par souche). ♦ 2° PAR TÊTE (1283) : par personne, individu. « *Bonnes gens donc, qui journellement dinez à trente francs par tête* » (NERVAL). Hist. *Vote par ordre ou par tête.* Fam. *Par tête de pipe.* ♦ 3° Personne qui conçoit et dirige (comme le cerveau fait agir le corps). « *Sire, j'en suis la tête, il n'en est que le bras* » (CORN.). *C'est à la tête qu'il faut frapper.* V. **Chef.** Ⓑ *Animal d'un troupeau. Cent têtes de bétail.* V. **Pièce.**

V. *(Par anal. de situation et de forme;* Cf. Tête, I). ♦ 1° (1560). Partie supérieure (d'une chose), notamment lorsqu'elle est arrondie. *La tête des arbres.* V. **Cime.** *Couper la tête d'un arbre.* V. **Étêter.** *Ce tableau est accroché la tête en bas.* — Rel. *Tranche supérieure. Tête dorée.* — T. de Billard. *Frapper, prendre la bille en tête,* au milieu vers le haut. Fig. et fam. *Faire une chose bille en tête,* avec franchise et décision. — Auto. *Moteur à soupapes en tête,* qui s'ouvrent à la partie supérieure du cylindre. ♦ 2° Partie terminale, extrémité (d'une chose, grosse et arrondie). *Tête du fémur.* — *Tête d'ail,* nom courant du bulbe de l'ail. *Tête de champignon.* V. **Chapeau.** — *Tête d'épingle, de clou. Tête de bielle.* — *Tête de lecture d'un pick-up,* extrémité du bras qui porte l'aiguille, le saphir.

VI. *(Par anal.* avec la tête qui se présente en premier dans le sens de la marche.) ♦ 1° Partie antérieure (d'une chose qui se déplace). *Tête d'un engin propulsé, d'un missile; tête nucléaire, thermonucléaire.* V. **Ogive.** *Fusée à tête chercheuse* (1954), à tête munie d'un dispositif pouvant modifier sa trajectoire vers l'objectif. Inform. *Tête chercheuse,* dispositif d'un classeur électronique destiné à la recherche des informations. Fig. Personne ou groupe qui a un rôle d'information. « *Les groupes de pression sont munis* [...] *de têtes chercheuses* » (Petite Encyclopédie politique, 1969). — *Virer tête à queue, tête sur queue,* se dit d'un véhicule qui pivote entièrement. V. **Tête-à-queue.** — *Par ext.* Fam. *Faire tête sur queue, revenir tête sur queue,* s'en retourner sitôt après être arrivé. « *Ils ont trouvé visage de bois... Bref, les Laharanne ont fait tête sur queue* » (TOULET). ◊ (XVIᵉ) Premier(s) élément(s) (d'un ensemble de véhicules, d'un groupe de personnes qui se déplacent). *La tête d'un train.* « *La tête du cortège était déjà entrée dans le cimetière* » (FRANCE). Fig. *La tête d'une classe,* les meilleurs élèves. ◊ Partie antérieure (d'une chose orientée), ou première partie (de ce qui se présente dans un ordre). *Tête de ligne* (1869), station, gare de chemin de fer, de métro, d'autobus... où commence la ligne; point de départ. *Tête de pont* (à l'origine, partie d'un pont du côté ennemi). V. **Pont.** *Tête de chapitre. Tête de liste,* premier nom d'une liste. *Par ext.* La personne elle-même. *Élire une tête de liste. Tête d'affiche.* Par ext. *C'est ce chanteur qui est la tête d'affiche.* — *Sans queue ni tête.* V. **Queue.** ♦ 2° Place de ce qui est à l'avant (surtout : *de, en* tête). V. **Avant.** *Wagon de tête. Sortie de queue et de tête ou en queue. Prendre la tête d'un cortège* (Cf. Ouvrir* la marche). *Musique en tête. Faites-le passer en tête.* V. **Devant, premier** (le). *Coureur en tête du peloton.* V. **Mener.** ◊ *Par ext.* Première place dans un classement, une compétition quelconque. *La France* « *est, je le crois, à la tête du monde par ses artistes* » (BALZ.). *Être à la tête de sa classe,* être le premier, le meilleur élève. « *Barbentane en tête... Il y aura ballottage* » (ARAGON). ◊ Place de ce qui est en avant, devant, au début. *Article de tête d'un journal. Mot en tête de phrase.* (1892). Chim. industr. *Produits de tête et de queue de la distillation du petrole* (dans l'ordre de leur apparition). ◊ Fig. (1660) Place de celui qui dirige, commande (dans *prendre la tête; être à la tête*). *Il fut tué à la*

tête de ses troupes. Prendre la tête d'un mouvement. Personne à la tête d'une entreprise. V. **Chef, directeur.** — *Par anal. Se trouver à la tête d'une fortune,* être en mesure d'en disposer. V. **Posséder.**

◊ ANT. *Pied, queue. Arrière, fin.* — HOM. *Tette. Formes du v. téter.*

TÊTE À QUEUE ou **TÊTE-À-QUEUE** [tɛtakø]. *n. m. invar.* (1906; de *tête,* et *queue*). Mouvement du cheval qui pivote brusquement sur lui-même et se retourne complètement. « *Et soudain, un terrible écart, un tête-à-queue... Le cheval part et le cavalier roule sur le sol* » (MONTHERLANT). ◊ Volte-face d'un véhicule. *L'automobile a dérapé et fait un dangereux tête à queue. Des tête-à-queue.*

TÊTE À TÊTE ou **TÊTE-A-TÊTE** [tɛtatɛt]. *loc. adv.* et *n. m. invar.* (1560,-*[teste-à-teste]* 1549; de *tête,* IV, 1°). **I.** *Adv.* ♦ 1° Face à face, en parlant de gens qui se rencontrent. V. **Nez** (à nez), **vis-à-vis.** ♦ 2° Ensemble et seuls (en parlant de deux personnes); seul (avec qqn). V. **Seul** (à seul). « *Le petit entretien que vous avez eu tête à tête avec lui* » (MARIVAUX). « *Le père et le fils, tête-à-tête dans la salle à manger* » (MART. du G.). **II.** *N. m.* ♦ 1° (1636). Situation de deux personnes qui se trouvent seules ensemble, et *spécial.* qui s'isolent ensemble (Toujours *Tête-à-tête,* en ce sens). *Un tête-à-tête amoureux. Elle essaya de nous ménager un tête-à-tête.* V. **Entrevue.** « *J'évite le tête-à-tête avec cette comtesse ridicule* » (MOL.). ◊ (XVIIIᵉ) EN TÊTE À TÊTE ou EN TÊTE-À-TÊTE *(loc. adv.) :* dans la situation de deux personnes qui se trouvent seules ensemble ou qui s'isolent. « *Il demande... à Suzon ce qu'elle faisait en tête-à-tête avec le plus débauché des garçons du village* » (DIDER.). *Laissons ces amoureux en tête à tête!* ♦ 2° *Un tête-à-tête* (1780). Petit canapé à deux places (pour rester en tête à tête). ♦ 3° *Un tête-à-tête* (1896). Service à thé, à café pour deux personnes. *Offrir un tête-à-tête à de jeunes mariés.*

TÊTEAU [tɛto]. *n. m.* (1777; de *tête*). Arbor. Extrémité d'une maîtresse branche. « *Les branches épaisses et encore fraîches d'un têteau de chêne* » (SAND).

TÊTE-BÊCHE [tɛtbɛʃ]. *loc. adv.* (1820; altér. de *à tête béchevet,* renforcement de *béchevet,* proprem. « double tête », de *bes, bis* « deux fois », et *chevet,* qui n'était plus compris). Dans la position de deux personnes dont l'une a la tête du côté où l'autre a les pieds; parallèlement et en sens inverse, opposé. *Il fallait coucher tête-bêche pour y loger tous. Tailler les panneaux d'une jupe tête-bêche. Timbres tête-bêche.*

TÊTE-CHÈVRE [tɛtʃɛvʀ(ə)]. *n. m.* (fin XVIIᵉ; proprem. « qui tète les chèvres », anc. croyance pop.). Région. Un des noms populaires de l'engoulevent. *Des tête-chèvres.*

TÊTE-DE-CLOU [tɛtdəklu]. *n. m.* (1827; autre sens, 1795; de *tête* [V, 2°], et *clou*). Archit. Petite pyramide à quatre faces qui sert d'ornement. *Têtes-de-clou d'un portail roman.*

TÊTE-DE-LOUP ou **TÊTE DE LOUP** [tɛtdəlu]. *n. f.* (1862; par anal. d'aspect avec la *tête* velue du *loup*). Brosse ronde munie d'un long manche, pour nettoyer les plafonds. *Des têtes-de-loup.*

TÊTE DE MAURE [tɛtdəmɔʀ]. *n. f.* (mil. XXᵉ; de *tête,* et *Maure,* à cause de la couleur). Syn. de *Tête de mort* (fromage). V. **Tête** (II, 3°).

TÊTE-DE-MOINEAU ou **TÊTE DE MOINEAU** [tɛtdə mwano]. *n. m.* (1877; par anal. de taille avec la *tête* de *moineau*). Sorte de charbon pour le chauffage domestique; houille en petits morceaux, de la grosseur d'une noix. *Des têtes-de-moineau.*

TÊTE-DE-MORT. V. TÊTE, II.

TÊTE-DE-NÈGRE [tɛtdənɛgʀ(ə)]. *adj.* et *n. m. invar.* (1836; par anal. d'aspect avec la *tête* d'un *nègre*). De couleur marron foncé. ◊ N. m. « *D'un brun tirant sur le tête-de-nègre et le chocolat* » (ROBBE-GRILLET).

TÉTÉE [tete]. *n. f.* (Tettée, 1611; de *téter*). ♦ 1° Action de téter. ♦ 2° Repas du nourrisson, quantité de lait qu'il absorbe en un de ces repas (V. **Allaitement**). *Donner six tétées par jour. Heure de la tétée.*

TÉTER [tete]. *v. tr.;* conjug. *céder* (1190; de *tette*). ♦ 1° Se dit de l'enfant, du jeune animal qui boit (le lait) par succion répétée sur le mamelon, et *par ext.* sur une tétine. *Téter le lait.* — Sucer (le mamelon, le sein) de manière à boire le lait. Par ext. *Téter sa mère.* ◊ Absolt. « *Estelle s'était mise à téter... elle n'avait plus qu'un petit bruit goulu des lèvres* » (ZOLA). *Donner à téter à son enfant.* V. **Allaiter, nourrir, sein** (donner le). ♦ 2° Par ext. *(Fam.).* Sucer. *Enfant qui tète son pouce. Téter sa pipe, son cigare.* V. **Téteur** [tetœʀ], *n. m.* (1929).

TÉTERELLE [tetʀɛl]. *n. f.* (1851; de *téter*). Méd. Petit appareil qu'on applique au bout du sein pour faciliter l'allaitement de l'enfant (surtout en cas de crevasses du mamelon).

TÊTIÈRE [tɛtjɛʀ]. *n. f.* (Testière, XIIᵉ; de *tête*). ♦

1° *Ancienn.* Pièce d'armure couvrant entièrement la tête du cheval. — *Mod.* (*Testière*, XIIIᵉ) Partie inférieure de la bride (V. **Caveçon**) qui passe derrière les oreilles et soutient le mors. V. **Frontail.** ◆ 2° (*Testière*, 1639). Garniture ou petit coussin, qu'on fixe au dossier d'un fauteuil, d'un divan, à l'endroit où on appuie la tête. « *Je confectionnai une douzaine de têtières* » (BEAUVOIR). ◆ 3° (1771). *Mar.* Partie supérieure d'une voile carrée. *Ralingue de têtière.* ◆ 4° *Typogr.* Garniture que l'on place en tête des pages à l'imposition.

TÉTIN [tetɛ̃], *n. m.* (XVᵉ-XVIᵉ; « sein », 1398; de *tette*). *Vieilli.* Mamelon du sein. ◇ Tétine. « *Et des truies aux tétins roses comme des lobes* » (APOLLINAIRE).

TÉTINE [tetin]. *n. f.* (1393; « sein », 1165; de *tétin*). ◆ 1° (XIVᵉ). Nom donné à la mamelle de certains mammifères, notamment de la vache et de la truie. V. **Pis.** — *Tétine de vache*, ou absolt. *Tétine*, morceau de triperie vendu cuit à l'eau. ◇ Péj. (*Pop.*) Sein. ◆ 2° (1834; « bout de sein artificiel, téterelle », XVIᵉ). Embouchure de caoutchouc d'un biberon, que tète le nourrisson. *Percer une tétine. Stérilisation des tétines.* ◇ Pièce de caoutchouc semblable, sans biberon, qu'on donne aux enfants pour les occuper. V. **Sucette** (3°).

TÉTON [tetɔ̃]. *n. m.* (1493; de *tét[ine]*). ◆ 1° *Fam.* (surtout de la femme). « *L'un des seins est voilé, l'autre découvert... quel téton!* » (FLAUB.). *Elle n'a ni fesses ni tétons.* ◆ 2° *Techn.* Petite saillie sur une pièce métallique, permettant de l'assujettir à une autre pièce.

TÉTONNIÈRE [tetɔnjɛʀ]. *n. f.* (1835; « sorte de soutien-gorge », 1701; de *téton*). *Fam.* Femme qui a une grosse poitrine.

TÉTRA-. Élément, du gr. *tetra-*, de *tettara* « quatre ».

TÉTRACHLORURE [tetraklɔʀyʀ]. *n. m.* (1878; de *tétra-*, et *chlorure*). *Chim.* Nom de diverses combinaisons de chlore (4 atomes) avec un autre corps simple. *Tétrachlorure de carbone* (CCl_4), employé comme détachant.

TÉTRACORDE [tetrakɔʀd(ə)]. *n. m.* (1361; de *tétra-*, et *corde*, d'apr. lat. *tetrachordon*, mot gr.). ◆ 1° *Mus.* Système coordonné de quatre sons conjoints, dont les deux extrêmes sont à distance de quarte juste. *Les cinq tétracordes* (échelle tétracordale) *de la musique antique.* ◆ 2° (XVIᵉ). Lyre à quatre cordes.

TÉTRACYCLINE [tetrasiklin]. *n. f.* (v. 1960; de *tétra*, *cycle*, et suff. *-ine*). *Méd.* Antibiotique à large spectre d'action, produit par une espèce de streptomycète ou obtenu par synthèse et dont les dérivés sont utilisés en thérapeutique.

TÉTRADACTYLE [tetradaktil]. *adj.* (1808; de *tétra-*, et *-dactyle*). *Zool.* Qui a quatre doigts au pied.

TÉTRADE [tetrad]. *n. f.* (1546; du gr. *tetras, tetrados* « groupe de quatre »). *Didact.* Groupe de quatre éléments. *Spécialt.* ◆ 1° *Bot.* Ensemble formé par quatre grains de pollen issus de la même cellule et collés ensemble. ◆ 2° *Biol.* (1897). Ensemble formé par une paire de chromosomes dédoublés, lors de la méiose. V. **Diade.** ◆ 3° *Méd.* (1888). *Tétrade de Fallot*, forme typique de la maladie bleue*, qui comporte quatre malformations associées. V. **Tétralogie** (de Fallot).

TÉTRAÈDRE [tetraɛdʀ(ə)]. *n. m.* (1690; *tetraedron*, 1542; de *tétra-*, et *-èdre*). *Géom.* Polyèdre à quatre faces triangulaires. V. **Pyramide** (triangulaire). *Tétraèdre régulier*, dont les quatre faces sont des triangles équilatéraux. ◇ Adj. *Figure tétraèdre.* V. **Tétraédrique.**

TÉTRAÉDRIQUE [tetraedrik]. *adj.* (1846; de *tétraèdre*). *Géom.* Relatif au tétraèdre. En forme de tétraèdre. V. **Pyramidal.**

TÉTRAGONE [tetragɔn]. *n. f.* (1808; *tetragonia*, 1765; géom., adj. « qui a quatre angles », 1361; lat. *tetragonus*, mot gr. [à cause de la forme de ses graines]). Plante (*Ficoïdées*) herbacée, annuelle, à feuilles épaisses et comestibles, appelée parfois *épinard d'été.*

TÉTRAHYDRONAPHTALINE [tetraidrɔnaftalin] ou **TÉTRALINE** [tetralin]. *n. f.* (1948; de *tétra-*, *hydro-*, et *naphtaline*). *Chim.* Hydrocarbure, $C_{10}H_{12}$, solvant peu volatil qui peut servir de carburant pour les moteurs à injection.

TÉTRALOGIE [tetralɔʒi]. *n. f.* (1752; gr. *tetralogia*). *Antiq. gr.* Ensemble de quatre pièces que les premiers poètes grecs présentaient aux concours dramatiques des Dionysies. ◇ *Par ext.* (1861) Se dit des quatre opéras de Wagner constituant l'*Anneau des Niebelungen*. « *Quatre autres opéras formant une tétralogie, dont le sujet est tiré des* Niebelungen » (BAUDEL.). — *Littér.* Ensemble de quatre œuvres distinctes présentant une certaine unité d'inspiration. — *Méd. Tétralogie de Fallot.* V. **Tétrade** (3°). *Ellipt.* (dans le langage des spécialistes). « *La réparation complète de la tétralogie ne peut donc être tentée* [...] » (Cl. d'ALLAINES).

TÉTRAMÈRE [tetʀamɛʀ]. *adj. et n.* (1839; gr. *tetramerês*). *Zool.* Se dit des insectes dont les tarses sont composés de quatre articles.

TÉTRAMÈTRE [tetʀametʀ(ə)]. *n. m.* (1587; lat. gram. *tetrametrus*, mot gr.) *Prosod.* Vers grec composé de quatre groupes de deux pieds (quatre mètres).

TÉTRAPHONIE [tetrafɔni]. *n. f.* (v. 1970; de *tétra-*, et *-phonie*). *Techn.* Technique de reproduction des sons faisant appel à quatre canaux. — Dér. **TÉTRAPHONIQUE** [tetrafɔnik], *adj.* (1972). *Premiers disques tétraphoniques. Reproduction tétraphonique.*

TÉTRAPLÉGIE [tetrapleʒi]. *n. f.* (1904; de *tétra-*, et *-plégie*). *Méd.* Paralysie des quatre membres (On dit aussi *Quadriplégie*).

TÉTRAPLOÏDE [tetraplɔid]. *adj.* (1948; du gr. *tetraplous* « quadruple »; Cf. **Diploïde**). *Génét.* Se dit d'une cellule somatique qui a quatre stocks de chromosomes (ou génomes) au lieu de deux. *Noyau tétraploïde. Embryon tétraploïde. Plantes tétraploïdes.* — Dér. **TÉTRAPLOÏDIE** [tetraplɔidi], *n. f.* (mil. XXᵉ). *Génét.* État tétraploïde.

TÉTRAPODE [tetrapɔd]. *adj. et n. m.* (1803; gr. *tetrapous*, *podos*).

I. *Zool.* ◆ 1° *Vx.* Qui a quatre pieds, quatre pattes. V. *aussi* **Quadrupède.** ◆ 2° N. m. pl. *Mod.* (mil. XXᵉ). LES TÉTRAPODES : ensemble de vertébrés dont le squelette comporte deux paires d'appendices de structure semblable appelés membres, que ces membres soient apparents ou non (batraciens, reptiles, oiseaux, mammifères). *Les vertébrés comprennent les poissons et les tétrapodes.* Adj. *Animal tétrapode.*

II. *Techn.*, *tr. pub.* (marque déposée). Bloc de béton à quatre pieds, utilisé dans la construction des barrages, digues et jetées de protection, pour briser l'action des vagues.

TÉTRAPTÈRE [tetrapter]. *adj. et n.* (1762; gr. *tetrapteros*). *Zool.* Se dit des insectes à deux paires d'ailes.

TÉTRARCHAT [tetrarka]. *n. m.* (1750; de *tétrarque*). *Didact.* Fonctions, dignité de tétrarque; durée de ces fonctions.

TÉTRARCHIE [tetrarʃi]. *n. f.* (1450; de *tétrarque*). *Hist. anc.* Partie d'une province sous l'autorité d'un tétrarque. ◇ Organisation de l'Empire romain sous Dioclétien, en un gouvernement collégial de quatre empereurs.

TÉTRARQUE [tetrark(ə)]. *n. m.* (v. 1624; *tetrarche*, 1213; lat. *tetrarches*, mot gr.). *Hist. anc.* Gouverneur d'une partie d'une province divisée en quatre régions. *Hérode était tétrarque de Galilée.*

TÉTRAS [tetra]. *n. m.* (1770; *tetrax*, 1752; lat. *tetrax, tetrao*, mot gr.). *Zool.* Oiseau gallinacé (*Tétraonidés*), de grande taille, qui vit en compagnies dans les forêts et les prairies montagneuses. *Le grand tétras*, grand coq de bruyère. V. **Grouse.** *Le tétras-lyre, coq des bouleaux, coq de montagne* ou *petit coq de bruyère.*

TÉTRASTYLE [tetrastil]. *adj.* (1740; n. m., 1676; lat. *tetrastylus*, mot gr.). *Archit.* Dont la façade présente quatre colonnes de front. *Un temple tétrastyle*, et subst. *Un tétrastyle.*

TÉTRASYLLABE [tetrasi(l)lab] ou **TÉTRASYLLABIQUE** [tetrasi(l)labik]. *adj.* (1611,-1836; lat. gram. *tetrasyllabus*, mot gr.). *Didact.* Qui a quatre syllabes. *Mot, vers tétrasyllabique.* Subst. *Un tétrasyllabe*, un mot, un vers tétrasyllabe.

TÉTRATOMIQUE [tetratɔmik]. *adj.* (1923; de *tétra-*, et *atome*). *Chim.* Se dit d'un corps qui contient quatre atomes par molécule. — Dér. **TÉTRATOMICITÉ** [tetratɔmisite], *n. f. Chim.* Caractère d'un corps tétratomique.

TÉTRODON [tetrɔdɔ̃]. *n. m.* (1803; de *tétra-*, et *odous, odontos* « dent »). ◆ 1° *Zool.* Poisson plectognathe (*Gymnodontes*) au corps ovale, massif (qui peut augmenter de volume à volonté). Syn. **COFFRE, OSTRACION**, dans les mers chaudes et dans certains fleuves. *Tétrodon du Nil* (hérisson de mer). ◆ 2° Par anal. (*Arch.*). Construction modulaire susceptible d'agrandissement.

TETTE [tɛt]. *n. f.* (XIIᵉ; germ. occid. °*titta;* Cf. all. *Zitze*, angl. *teat.* V. **Téter.**) *Zool.* Bout de la mamelle, chez les animaux. ◇ HOM. **Tête.**

TÊTU, UE [tety]. *adj.* (*Testu*, 1265; de *tête*). Qui est par nature, par caractère, attaché à ce qu'il a en tête (III), au point que rien ne peut l'en faire démordre. V. **Entêté** (Cf. Avoir la tête* dure). « *On est ferme par principe, et têtu par tempérament* » (JOUBERT). *Têtu comme une mule*. — Subst. « *Ce têtu, qui dira toujours non* » (ZOLA). ◇ ANT. *Obéissant, souple.*

TEUF-TEUF [tœftœf]. *n. m.* (1899; onomat.). Bruit du moteur à explosion. ◇ *Par ext.* Se dit familièrement des premières automobiles. *Course de teuf-teuf* (invar.) ou *de teufs-teufs.* V. **Tacot.**

-TEUR, -TRICE. Suffixe, de l'accus. lat. *-torem, -tricem* (*ex.* : protecteur, protectrice). V. **-Ateur, -atrice.**

TEUTON, ONNE [tøtɔ̃, ɔn]. *adj. et n.* (XVIIᵉ; de *Teutons*, lat. *Teutoni* ou *Teutones*, nom d'une peuplade de la Germanie du Nord). Relatif aux anciens Teutons ou aux anciens peuples de la Germanie. V. **Germain.** ◇ *Péj.* Allemand, germanique. — N. *Les Teutons.*

TEUTONIQUE [tøtɔnik]. *adj.* (XVIIᵉ; *n.* 1512; lat. *teutonicus*). *Hist.* Qui appartient au pays des anciens Teutons, à la Germanie. *Ordre teutonique, des chevaliers teutoniques,* ordre de chevalerie fondé en 1128, disparu au XVIᵉ s. après sa sécularisation. ◇ *Péj.* Relatif aux Allemands. V. **Teuton.** « *Dans l'ivresse de la fureur teutonique* » (ROMAINS).

TEUTONISME [tøtɔnism(ə)]. *n. m.* (v. 1660; de *teuton*). *Ling.* V. **Germanisme.**

TEXTE [tɛkst(ə)]. *n. m.* (1265; « évangéliaire, missel », 1175; lat. *textus* « tissu, trame »; d'où « enchaînement d'un récit, texte »; de *texere* « tisser »). ♦ 1º LE TEXTE DE, UN TEXTE : les termes, les phrases qui constituent un écrit ou une œuvre. *Le texte, opposé aux commentaires, aux notes. Le texte, opposé à la traduction ou à la paraphrase.* V. **Original.** *Lire Platon dans le texte.* « *D'ailleurs le texte de l'histoire du petit poucet n'est pas encore bien établi* » (PÉGUY). *Restituer un texte. Variantes d'un texte. Se reporter au texte. Texte d'une pièce. Apprendre son texte, son rôle. Texte manuscrit, imprimé, tapé, polycopié.* — Transcription écrite des paroles d'un enregistrement sonore. ◇ *Texte d'une loi, d'une constitution.* V. **Rédaction, teneur.** *Texte d'un acte.* V. **Formule, libellé.** ◇ *Le texte d'une chanson, d'un opéra* (opposé à musique). V. **Livret, parole.** ◇ *Typogr.* La composition, la page imprimée. *Les marges et le texte. Illustration dans le texte* (opposé à hors-texte). ♦ 2º UN TEXTE, DES TEXTES : écrit considéré dans sa rédaction originale et authentique. *Édition des textes. Vieux textes conservés dans les archives.* V. **Document.** *Textes hiéroglyphiques, cunéiformes. Solliciter les textes.* — *Textes juridiques, législatifs.* — *Œuvre littéraire. Texte bien écrit.* ♦ 3º *Relig.* Passage de l'Écriture sainte qu'un prédicateur cite au début d'un sermon et qui lui sert de sujet, ou qu'il cite au cours de son sermon pour appuyer un développement. ◇ *Cour.* Sujet. *Le texte d'un devoir, d'une dissertation.* V. **Énoncé.** *Cahier de textes,* cahier où l'élève inscrit les sujets des divers exercices et devoirs de la semaine. ♦ 4º Page, fragment d'une œuvre, caractéristique de la pensée ou de l'art de l'auteur. *Choix de textes, textes choisis. Morceau. Explication de textes.* « *Citer, d'une voix creuse, un texte de Jaurès sur les dangers de la diplomatie secrète* » (MART. du G.). V. **Citation.** *Tiré du texte.* V. **Textuel.** ♦ 5º Tout document écrit prévoyant un ordre déterminé d'opérations à la radio, à la télévision, au cinéma et au théâtre. V. **Conducteur, découpage** (technique), **plan** (de travail), **scénario, synopsis.**

TEXTILE [tɛkstil]. *adj.* et *n.* (1752; lat. *textilis,* de *texere* « tisser »). ♦ 1º Susceptible d'être tissé; d'être divisé en fils que l'on peut tisser. *Matières textiles végétales (ex. :* chanvre, coton, jute, lin, raphia, etc.), *minérales (ex. :* amiante), *synthétiques (ex. :* nylon), *animales* (laine, poil, soie...). *Longueur, élasticité, finesse, résistance d'une fibre textile. Plantes, végétaux textiles,* dont on tire des fibres textiles. ◇ *N. m.* Fibre, matière textile. *Traitement, battage, cordage, peignage, étirage d'un textile. Textiles chimiques artificiels* (fibranne, rayonne) *ou synthétiques* (nylon, tergal). ♦ 2º (1864). Qui concerne la fabrication des tissus, depuis la préparation de la matière première jusqu'à la vente du produit fini. *Industries textiles.* V. **Filature, tissage.** — Par ext. *Machine, usine textile.* — N. *m. Il travaille dans le textile.*

TEXTUEL, ELLE [tɛkstɥɛl]. *adj.* (1444; *de texte*). ♦ 1º *Didact.* Qui est tiré du texte, figure dans le texte. *Passage textuel.* ♦ 2º *Cour.* (1812). Conforme au texte. *Copie textuelle.* V. **Exact.** *Traduction textuelle.* V. **Mot** (mot à mot); **littéral.** ◇ Par ext. *Voilà ce qu'il a dit, c'est textuel,* ce sont ses propres mots. Iron. *Textuel!* (amusement, indignation). ♦ 3º *Littér.* Du texte. *Analyse textuelle.*

TEXTUELLEMENT [tɛkstɥɛlmã]. *adv.* (1491; de *textuel*). D'une manière exactement conforme (au texte, aux paroles). V. **Mot** (à mot). *Rapporter textuellement les paroles de qqn. Il m'a dit textuellement ceci.*

TEXTURANT [tɛkstyRã]. *n. m.* (v. 1970; de *texture*). *Techn.* Produit ajouté aux aliments pour leur donner une texture déterminée. *Utilisation des colorants, texturants, aromatisants,... dans les industries alimentaires.*

TEXTURE [tɛkstyR]. *n. f.* (1380; lat. *textura*). *Didact.* ♦ 1º *Vx.* Disposition des fils (d'une chose tissée). V. **Tissage.** ◇ *Par anal.* (1503) Arrangement, disposition (des éléments d'une matière). V. **Contexture, constitution, structure.** *Texture spongieuse des matériaux volcaniques. Texture des sols.* — Se dit aussi d'une composition liquide. *Texture d'une crème, d'un lait de beauté. Chim.* Arrangement de la matière et des pores à l'intérieur des grains d'un solide divisé ou poreux. ♦ 2º *Fig.* (1590). Agencement des parties, des éléments d'une œuvre, un tout).

TEXTURISER [tɛkstyRize] ou **TEXTURER** [tɛkstyRe]. *v. tr.* (mil. XXᵉ; de *texture*). *Techn.* Appliquer aux fils de matières synthétiques des procédés propres à différencier leurs caractéristiques et leurs usages (fibres mousse, fibres

frisées, fibres gonflées, etc.). — Au p. p. et adj. « *Bas texturés avec des mailles en relief* » (*Noir et Blanc,* sept. 1967). — Dér. TEXTURISATION [tɛkstyRizasjɔ̃] ou TEXTURATION [tɛkstyRasjɔ̃], *n. f.*

TÉZIGUE [tezig]. *pron. pers.* 2ᵉ pers. (1830; formé avec *tes,* d'après *mézigue*). *Pop.* Toi. « *Tes petits mitrailleurs et tézigue, vaudrait mieux vous déguiser en clandestins* » (A. SIMONIN).

T.G.V. [teʒeve]. *n. m.* (v. 1970; sigle). Train à grande vitesse.

Th Symbole chimique du *thorium.*

th Symbole de la *tangente hyperbolique.* ◇ Abrév. de *thermie.*

THAÏ [tai]. *adj.* et *n. m. invar.* (1878; mot indigène). ♦ 1º *Adj.* Se dit de langues de l'Asie du Sud-Est, parlées par les Thaïlandais, les Laotiens et les populations de la Birmanie et du Sud de la Chine. *Langues thaï, groupe thaï.* — Se dit des populations dont la langue est le thaï. Cf. Thaïlandais. ♦ 2º *Subst. Le thaï,* les langues du groupe thaï. — Personne du groupe linguistique thaï. — REM. On peut aussi franciser *thaï* en marquant l'accord en genre et en nombre. *Les Thaïs. La puissance thaïe.*

THAÏLANDAIS, AISE [tajlɑ̃dɛ, ɛz]. *adj.* et *n.* (1939; de *Thaïlande,* du thaï *Muang Thaï* « pays des hommes libres »). Relatif à la Thaïlande; de Thaïlande. — N. *Un Thaïlandais, une Thaïlandaise.* V. **Siamois.**

THALAMIQUE [talamik]. *adj.* (1905; de *thalamus*). *Anat.* et *méd.* Du thalamus. *Faisceau* (nerveux) *thalamique. Hémorragie thalamique.*

THALAMUS [talamys]. *n. m.* (1892; lat. sav. *thalami nervorum opticorum* [1704], « lits [couches] des nerfs optiques », du gr. *thalamos* « lit »). *Anat.* Les deux gros noyaux sensitifs de substance grise situés de part et d'autre du troisième ventricule cérébral, subdivisés chacun en trois groupes de noyaux par une lame de substance blanche, et jouant un rôle de relais pour les voies sensitives. **Syn.** Couche optique.

THALASSÉMIE [talasemi]. *n. f.* (1959; du gr. *thalassa* « mer », et suff. *-émie*). *Méd.* Forme grave d'anémie, répandue surtout dans le bassin méditerranéen, et due à une perturbation héréditaire de la synthèse de l'hémoglobine.

THALASSO-. Élément, du gr. *thalassa* « mer ».

THALASSOTHÉRAPIE [talasɔteRapi]. *n. f.* (1867; de *thalasso-,* et *-thérapie*). *Didact.* Usage thérapeutique des bains de mer, du climat marin. — Dér. THALASSOTHÉRAPEUTE [talasɔteRapøt], *n.* Spécialiste de la thalassothérapie.

THALASSOTOQUE [talasɔtɔk]. *adj.* (1927; de *thalasso-,* et gr. *tokos* « frai »). *Zool.* Se dit d'un poisson migrateur qui vit en eau douce et se reproduit en mer. **Syn.** CATADROME. — Substant. *Un thalassotoque.* ◇ ANT. Anadrome, potamotoque.

THALER [taleR]. *n. m.* (1556; mot all., de *Joachimsthal,* abrév. de *Joachimsthaler* [V. **Dollar**]). Ancienne monnaie allemande d'argent.

THALIDOMIDE [talidɔmid]. *n. f.* (v. 1960; nom déposé, tiré de acide [N-ph] *thal*[y]-glutamique], de *-ide* et *imide*). *Méd.* Nom d'un tranquillisant qui s'est révélé tératogène (v. 1961). « *L'affaire de la thalidomide (1962) a rappelé à chacun avec quelle prudence il faut prescrire durant la grossesse* » (*Science et Vie,* 1967).

THALLE [tal]. *n. m.* (1827; gr. *thallos* « rameau, pousse »). *Bot.* Appareil végétatif des plantes inférieures sans feuille, tige, ni racine, dites *thallophytes,* constitué par un tissu plus ou moins différencié, non vascularisé. *Thalle des algues, des champignons, des lichens.* ◇ HOM. **Talle.**

THALLIUM [taljɔm]. *n. m.* (1861; angl. *thallium,* 1861; du gr. *thallos* « rameau vert », à cause de la raie verte caractéristique de son spectre). Chim. Métal (masse at. 204,39; nº at. 81; symb. *Tl*) blanc bleuâtre (temp. de fusion 303 ºC; dens. 11,8), plus mou que le plomb, très malléable.

THALLOPHYTES [ta(l)lɔfit]. *n. f. pl.* (1890, n. m.; adj., 1884; de *thalle,* et *-phyte*). *Bot.* Plantes inférieures, sans feuilles, tiges ni racines. V. **Algue, bactérie, champignon, cyanophycées** (ou cyanophytes). *Thallophytes unicellulaires.* V. **Protophytes.** — (*Aussi* au masc.) Sing. *Un, une thallophyte.*

THALWEG [talvɛg]. *n. m.* (XVIIᵉ, *dr. pub.*; all. *Thal* « vallée », et *weg* « chemin »). *Géogr., Milit.* Ligne de plus grande pente d'une vallée, suivant laquelle se dirigent les eaux. *Patrouille qui progresse le long d'un thalweg.*

THANATO-. Élément, du gr. *thanatos* « mort » (*thanatophobie,* etc.).

THANATOLOGIE [tanatɔlɔʒi]. *n. f.* (mil. XXᵉ; de *thanatos-,* et *-logie*). *Didact.* ♦ 1º *Biol., sociol., démogr.* Étude des différents aspects biologiques et sociologiques de la mort. ♦ 2º Étude médico-légale des circonstances ayant entraîné la mort. — Dér. THANATOLOGUE [tanatɔlɔg], *n.* Personne qui étudie la mort.

THANATOS [tanatɔs]. *n. m.* (déb. XXᵉ; mot gr. « mort », nom du dieu grec de la mort, fils de la Nuit et frère d'Hypnos).

Psychan. Ensemble des pulsions de mort (*opposé à* eros* : pulsion de vie).

THANE [tan]. *n. m.* (1775; *thain* ou *than*, 1740; mot angl., a. angl. *thegn* « soldat, héros », a. teuton *thegno*, du gr. *teknos* « enfant »). *Hist.* En Écosse, Titre que le roi accordait à certains nobles, à certains hommes d'armes, et qui plus tard, fut assimilé au titre de baron. *Macbeth, thane de Cawdor.*

THAUMATURGE [tomatyʀʒ(ə)]. *adj. et n. m.* (1610; gr. *thaumatourgos* « faiseur de miracles », de *thauma*). *Littér.* Qui fait des miracles. « *L'Orient... fait peu de cas d'un sage qui n'est pas thaumaturge* » (RENAN). « *Je ne crois pas à l'existence du romancier thaumaturge qui tire tout du néant* » (DUHAM.). — *N. m.* (XVIIe) Faiseur de miracles. V. **Magicien.** « *Un thaumaturge de nos jours... est odieux car il fait des miracles sans y croire; il est un charlatan* » (RENAN).

THAUMATURGIE [tomatyʀʒi]. *n. f.* (1831; de *thaumaturge*). *Didact.* Magie, pouvoir des thaumaturges (*adj.* Thaumaturgique, 1625).

THÉ [te]. *n. m.* (*Tay*, 1652; *cia*, 1589; du chinois dial. ou malais *teh*, par le néerl.; la forme *thé* [1657] vient du lat. mod.). ♦ 1° Arbre ou arbrisseau *(Ternstrœmiacées)*, à fleurs blanches, à feuilles persistantes, originaire d'Extrême-Orient, cultivé pour ses feuilles qui contiennent un alcaloïde, la théine (caféine du thé). V. **Théier.** *Culture, cueillette du thé.* ◊ Feuilles de thé, cueillies jeunes, séchées *(thé vert)* ou fermentées et séchées *(thé noir)*. *Sachet de thé. Thé de Ceylan. Les* « *thés de Chine qui gardent un fin parfum de laque, ceux de Formose, presque incolores* » (CHARDONNE). — *Arbre à thé* : le thé ou théier. ♦ 2° *Par ext.* Boisson préparée avec le thé du commerce, infusé. *Faire du thé.* V. **Théière; samovar; passe-thé.** *Thé léger, fort. Thé au lait, au citron. Thé à la menthe, au jasmin, à la bergamote. Une tasse de thé.* ◊ Collation où l'on boit du thé. *Service à thé. Prendre le thé. Salon de thé. Le thé de cinq heures* (V. **Five o'clock**, goûter). — (XVIIIe) Réunion où l'on sert du thé, des gâteaux. *Il « était très content d'aller à un thé »* (QUENEAU). *Thé dansant :* réunion dansante à l'heure du thé. V. **Dancing.** ♦ 3° *Par anal. Thé du Brésil.* V. **Maté.** ♦ 4° *Par appos. Rose thé* ou *rose-thé* (de la couleur de la boisson). « *Le ciel était jaune de la nuance jaune rosée d'une rose thé...* » (GONCOURT). ◊ HOM. **T, Té** (1 et 2).

THÉATIN [teatɛ̃]. *n. m.* (v. 1642; ordre fondé en 1524 par P. Carrafa, évêque de *Theato*). Religieux de l'ordre fondé par Gaétan de Tiene et P. Caraffa, pour réformer les mœurs du clergé.

THÉÂTRAL, ALE, AUX [teatʀal, o]. *adj.* (1520; lat. *theatralis*, de *theatrum*. V. **Théâtre**). ♦ 1° Qui appartient au théâtre; de théâtre (II, 1°). V. **Dramatique.** *Représentation théâtrale.* « *L'art théâtral* » (VOLT.). — *Spéciat.* Du théâtre (II, 3°), genre littéraire. *Œuvre théâtrale.* ◊ Qui concerne le théâtre. *La censure théâtrale. Chronique théâtrale.* — *Par ext. Saison théâtrale*, l'époque de l'année où les théâtres jouent régulièrement. ♦ 2° Qui a les caractères spécifiques du théâtre. *Situation, intrigue théâtrale.* V. **Scénique, spectaculaire.** « *Certes, la littérature est faite pour nous embarrasser si elle est littéraire, le roman s'il est romanesque ou le théâtre théâtral* » (PAULHAN). ♦ 3° *Fig. et péj.* Qui a le côté artificiel, emphatique, outré du théâtre. « *Un petit effet, déclamatoire et théâtral, contraire à la vraie harmonie* » (STE-BEUVE). — (Des personnes) *Un personnage théâtral.* — **Subst.** « *Le théâtral est la caricature du sublime* » (MALRAUX).

THÉÂTRALEMENT [tea(a)tʀalmã]. *adv.* (1764; de *théâtral*). ♦ 1° Conformément aux lois, aux règles du théâtre. ♦ 2° *Fig.* D'une manière théâtrale (3°). *S'exprimer, gesticuler théâtralement.*

THÉÂTRALISER [teatʀalize]. *v. tr. et intr.* (mil. XXe; de *théâtre*). *Didact. (Théâtre).* Donner le caractère de théâtralité* à. *Théâtraliser un roman pour la scène.* « *À trop vouloir 'théâtraliser', la danse ne fait plus le poids* » (*Le Monde*, 18-11-1966). — Dér. THÉÂTRALISATION [teatʀalizasjɔ̃], *n. f.*

THÉÂTRALISME [tea(a)tʀalism(ə)]. *n. m.* (mil. XXe; h. 1845; de *théâtral*). *Psychiatr.* Tendance aux manifestations émotives spectaculaires » (PIÉRON). *Le théâtralisme est fréquent dans l'hystérie.* ◊ *Par ext. Littér.* Attitude théâtrale (3°).

THÉÂTRALITÉ [teatʀalite]. *n. f.* (mil. XXe; de *théâtral*). *Didact. (Théâtre).* Conformité d'une œuvre (dramatique, musicale, etc.) aux exigences fondamentales de la construction théâtrale. *La théâtralité de cet opéra devrait en assurer le succès.*

THÉÂTRE [teatʀ(ə)]. *n. m.* (v. 1200; lat. *theatrum*; gr. *theatron*).

I. (Édifice). ♦ 1° *Antiq.* Construction en amphithéâtre généralement adossée à une colline creusée en hémicycle et comprenant quatre parties : le « *theatron* » (enceinte destinée au spectateur), l'hyposcénium, le proscenium et l'orchestre. *Théâtres grecs d'Épidaure, de Delphes.* — *Spéciat.* Le

« *theatron* ». ◊ (XIIIe) *Mod.* Construction ou salle destinée aux spectacles se rattachant à l'art dramatique. *Un grand, un petit théâtre. Disposition, aménagements* (V. **Scénographie**), *parties, éléments d'un théâtre.* V. **Salle, scène;** *et aussi* **Avant-scène, baignoire, balcon, cintre, corbeille, coulisse, fauteuil, foyer, galerie, loge, manteau** (d'Arlequin), **orchestre, paradis, parterre, planche, plateau, poulailler, projecteur, promenoir, rampe, rideau, trou** (du souffleur). ♦ 2° *Spéciat.*, et *vx* (1616). L'endroit où les acteurs jouent. V. **Scène.** « *Le théâtre peut être... éclairé avec des bougies* » (VOLT.). — *Spéciat.* Sorte de scène mobile construite sur des tréteaux (utilisée au moyen âge, par les troupes ambulantes). « *La charrette-théâtre existe encore. C'est sur des théâtres roulants de ce genre qu'au seizième et au dix-septième siècle on a joué* » (HUGO). ♦ 3° *Spéciat.* (1636, « représentation »). Cette construction, cette salle lorsqu'un spectacle est présenté au public; le spectacle auquel on assiste. *Aller au théâtre.* V. **Spectacle.** « *J'étais seul, l'autre soir, au théâtre français...* » (MUSS.). *La sortie des théâtres. Prendre un billet pour aller au théâtre. Agence de théâtre. Jumelles de théâtre.* ♦ 4° Entreprise de spectacles dramatiques, généralement attachée à une salle (théâtre, 1°). V. *aussi* **Troupe.** *L'Illustre théâtre. Théâtre de France, de l'Odéon. Théâtre National Populaire* (T.N.P.). *Le théâtre de l'Opéra. Les théâtres subventionnés.* V. *aussi* **Café-théâtre.** — *Théâtre aux Armées :* spectacle en tournée, réservé aux soldats de la zone de combat. — *Théâtre qui joue, qui donne, monte une pièce, un spectacle.* V. **Matinée, première, représentation, séance; reprise, saison, soirée.** *Répertoire d'un théâtre. Théâtre qui fait relâche. Clôture d'un théâtre pour répétitions. Directeur, troupe et personnel d'un théâtre.* V. **Accessoiriste, acteur, comédien, costumier, décorateur, figurant, habilleur, machiniste, maquilleur, metteur en scène, ouvreuse, placeur, régisseur, revuiste, souffleur.** *Un homme, une femme de théâtre. Partir en tournée avec un théâtre.* ♦ 5° *Par anal.* Construction, petite scène, écran où l'on donne un spectacle sans acteurs. *Théâtre d'ombres, de marionnettes.* ♦ 6° (1671). *Par anal.* (de I, 2°) *Théâtre d'eau*, théâtre de verdure, aménagement artistique dans un parc de pièces d'eau, d'arbres et de plantes. ♦ 7° *Fig.* (XVe). *Littér.* Le cadre, le lieu où se passe un événement. « *J'ai abandonné deux théâtres... celui de la comédie française et celui du monde* » (VOLT.). *Cette plaine a été le théâtre de nombreux combats* (Cf. Elle a vu de nombreux combats). « *Ce que dans la langue du ministère public on nomme le théâtre du crime* » (BALZ.). — *Milit. Théâtre d'opérations*, zone d'opérations militaires. *Théâtre d'opérations extérieur*, situé hors de France (abrév. T.O.E.).

II. (XVIe). ♦ 1° Art visant à représenter devant un public, selon les conventions qui ont varié avec les époques et les civilisations, une suite d'événements (V. **Action**) où sont engagés des êtres humains agissant et parlant. V. **Scène, spectacle.** *Du théâtre.* V. **Dramatique, scénique, théâtral.** « *Nous concevons le théâtre comme une véritable opération de magie* » (A. ARTAUD). *Roman adapté pour le théâtre.* V. **Adaptation.** *Personnages, rôles de théâtre.* « *Ce qu'on m'a rapporté des fastes japonais, chinois ou balinais..., me rend trop grossière la formule du théâtre occidental* » (J. GENET). *Théâtre total. Accessoires, costumes, décors de théâtre.* V. **Décor.** *Grimage, maquillage, masques de théâtre*, procédés par lesquels l'apparence physique du comédien est modifiée de façon à réaliser le personnage. *Artifices, trucs de théâtre.* V. **Machine** (II, 9°). — *Critique de théâtre*, qui juge les spectacles. — PIÈCE DE THÉÂTRE : texte littéraire qui expose une action dramatique, généralement sous forme de dialogue entre des personnages. V. **Comédie, drame, farce, livret, mélodrame, opéra, revue, saynète, sketch, tragédie, tragicomédie, vaudeville.** — *Parties, éléments d'une pièce de théâtre.* V. **Acte, scène, dialogue, intrigue, monologue, prologue, réplique, rôle, situation, sujet, tirade.** *Théâtre improvisé* (Cf. Commedia dell'arte). *Théâtre filmé*, ou *par ext.* d'un film dont la mise en scène est théâtrale (caméra peu mobile, jeu des acteurs, etc.). ◊ COUP DE THÉÂTRE : rebondissement, retournement brutal d'une situation dans une pièce, destiné à accroître l'intérêt de l'action. V. **Péripétie.** « *Un incident imprévu qui se passe en action, et qui change subitement l'état des personnages, est un coup de théâtre* » (DIDER.). *Fig.* (1762) *Brusque changement imprévu. La déposition du nouveau témoin fut un coup de théâtre.* ♦ 2° *Fig.* (Vieilli). *Digne du théâtre*, théâtral (3°). *Une voix de théâtre.* ♦ 3° Genre littéraire; ensemble des textes destinés à être représentés en action devant un public. V. **Comédie, drame, tragédie.** « *Il y a le vrai théâtre, l'étude des mœurs, la peinture des caractères, la satire des tares et des travers humains, ce grand théâtre comique* » (LÉAUTAUD). ♦ 4° (1610). Ensemble des œuvres dramatiques présentant des caractères communs, une origine commune. V. **Œuvre.** *Le théâtre d'Eschyle, de Shakespeare, de Corneille.* — *Le théâtre antique. Le théâtre espagnol. Le théâtre japonais* (V. **Nô**). *Le théâtre religieux du moyen âge.* V. **Miracle, mystère.** *Théâtre profane. Théâtre élisabéthain, classique, réaliste.* « *Plusieurs auteurs reviennent au théâtre* *de situation. Plus de caractères : les héros sont les libertés prises au piège, comme nous tous* » (SARTRE). *Théâtre à thèse.* — *Théâtre de boulevard,* genre de théâtre léger, facile, commun sur les théâtres des Boulevards, à Paris, depuis la fin du XIXᵉ s. ♦ 5° Activités de l'acteur; profession de comédien de théâtre. *Cours de théâtre,* d'art dramatique. *Faire du théâtre.* V. Jouer.

THÉÂTREUSE [teɑtRøz]. *n. f.* (v. 1900; de *théâtre*). *Vieilli.* Jeune personne sans talent qui s'exhibe au théâtre. « *Une petite théâtreuse d'une vingtaine d'années* » (COURTELINE).

THÉÂTROTHÉRAPIE ou **THÉÂTRO-THÉRAPIE** [teɑtRɔteRapi]. *n. f.* (mil. XXᵉ; de *théâtre,* et *thérapie*). Didact. *(Psycho.).* Thérapie à base d'inspiration théâtrale. *Psychodrame et sociodrame sont deux formes de théâtrothérapie.*

THÉBAÏDE [tebaid]. *n. f.* (1674; lat. *Thebais,* contrée, voisine de *Thèbes,* dans laquelle vécurent beaucoup de pieux solitaires). *Littér.* Lieu isolé et sauvage, endroit retiré et paisible où l'on mène une vie austère, calme, solitaire. V. Désert, retraite, solitude.

THÉBAÏNE [tebain]. *n. f.* (1837; de *thébaïque*). *Sc.* Alcaloïde très toxique extrait de l'opium. — *Syn.* PARAMORPHINE.

THÉBAÏQUE [tebaik]. *adj.* (1833; *pierre thébaïque* « granit d'Égypte », 1776; lat. *thebaïcus,* mot gr. de *Thèbes* [Égypte], autrefois centre important du commerce de l'opium). *Didact.* Relatif à l'opium, qui contient de l'opium. *Extrait, sirop, poudre thébaïque. Pilules thébaïques.*

THÉBAÏSME [tebaism(ə)]. *n. m.* (1898; de *thébaïque*). *Didact.* Intoxication due à l'opium V. Opiomanie).

-THÉE. Élément, du gr. *theos* « dieu ».

1. **THÉIER, IÈRE** [teje; jɛR]. *adj.* (1872; de *thé*). *Rare.* Relatif au thé, à son commerce. *Port théier. Industrie théière.*

2. **THÉIER** [teje]. *n. m.* (1936; de *thé,* sur le modèle de *caféier*). Arbre à thé. V. Thé (1°).

THÉIÈRE [tejɛR]. *n. f.* (1723; aussi *thétière,* 1715; de *thé*). Récipient dans lequel on fait infuser le thé. *Théière d'argent, de porcelaine.* « *Les tasses, la théière et le plateau léger* » (NOAILLES).

THÉINE [tein]. *n. f.* (1842; de *thé*). *Didact.* Caféine* contenue dans les feuilles de thé.

1. **THÉISME** [teism(ə)]. *n. m.* (1756; angl. *theism,* rad. gr. *Theos* « Dieu »). *Didact.* Doctrine indépendante de toute religion positive qui admet l'existence d'un Dieu unique, personnel, distinct du monde mais exerçant une action sur lui (V. **Déisme**). « *Ce théisme a fait depuis des progrès prodigieux dans le reste du monde* » (VOLT.). ◈ ANT. Athéisme (plus cour.).

2. **THÉISME** [teism(ə)]. *n. m.* (1871; de *thé*). *Méd.* Ensemble des accidents aigus ou chroniques dus à l'abus de la consommation de thé. ◈ HOM. Théisme 1.

-THÉISME, -THÉISTE. Éléments, du gr. *Theos* « Dieu » *(monothéisme, polythéiste).*

THÉISTE [teist(ə)]. *n. et adj.* (dès 1705; angl. *theist*). *Didact.* ♦ 1° Personne qui professe le théisme. « *On ne saurait trop respecter ce grand nom de théiste* » (VOLT.). — Adj. *Philosophe théiste.* V. **Croyant, déiste.** ♦ 2° Relatif, conforme au théisme. *Théorie théiste.* ◈ ANT. Athée.

THÉMATIQUE [tematik]. *adj. et n. f.* (1836; « relatif au thème [1°] », 1572; gr. *thematikos*).
I. *Adj.* ♦ 1° *Mus.* Relatif à un thème (3°) musical. ◇ *Catalogue, table thématique,* dans un recueil d'airs d'opéra, etc., Table qui contient les premières mesures de chaque morceau. ♦ 2° *Ling.* (1872). *Voyelle thématique,* voyelle qui s'ajoute à la racine pour constituer le thème (5°) avant les désinences. — *Par ext.* Se dit des formations qui comportent cette voyelle. ◇ Se dit d'un lexème qui appartient à un thème de pensée, à une terminologie, et ne peut guère se trouver dans un contexte où ce thème n'est pas présent. (ANT. Athématique). ♦ 3° *Philo.* Qui pose ou qui est posé comme objet de l'activité mentale. V. **Thétique.** ♦ 4° *Littér.* Critique thématique, qui s'attache à la présence dans une œuvre de thèmes constants (dérivant souvent des expériences de l'enfance).
II. *N. f.* (1936). Ensemble, système organisé de thèmes (conscients et inconscients). *La thématique d'une œuvre, d'une époque; d'un programme.* « *Chaque ensemble de symboles se lie à une thématique* » (H. LEFEBVRE). « *La manière dont la philosophie procède et enchaîne est seule pertinente; son arbitraire commente sa thématique* » (RICŒUR).

THÉMATISME [tematism(ə)]. *n. m.* (mil. XXᵉ; de *thème,* et *-isme*). *Philo.* Rapport d'un thème aux phénomènes qu'il dirige. Caractère des phénomènes dirigés par un thème. *Thématisme affectif inconscient des associations d'idées.*

THÈME [tɛm]. *n. m.* (1538; *tesme,* 1265; lat. *thema,* mot gr., littéral. « ce qui est posé » : surtout didact. jusqu'au

XIXᵉ). ♦ 1° Sujet, idée, proposition qu'on développe (dans un discours, un ouvrage didactique ou littéraire). V. **Fond, idée, sujet.** *Thème d'un discours. Thèmes lyriques.* « *Tout écrivain a ses thèmes personnels* » (MAUROIS). — Par anal. *Thème de composition d'un peintre.* V. Sujet. — Idée, pensée qui constitue le sujet des propos d'une personne, le centre de ses préoccupations; ce sur quoi s'exerce la réflexion ou l'activité. V. **Objet, sujet.** *Les grands thèmes directeurs de l'attitude révolutionnaire.* — Psychopathol. *Thèmes délirants.* — Milit. *Thème tactique.* ♦ 2° (1690; « composition d'écolier », 1580). Exercice scolaire qui consiste à traduire un texte de sa langue maternelle dans une langue étrangère (V. Traduction); ce texte lui-même. *Thème et version.* V. **Thème.** *Au collège, prouve l'application, comme la version prouve l'intelligence* » (FLAUB.). — UN FORT EN THÈME *: un très bon élève,* et *péj.* un élève, une personne de culture essentiellement livresque. « *Les polissons l'emportent toujours sur les forts en thème* » (COCTEAU). ♦ 3° (1835). Dessin mélodique qui constitue le sujet d'une composition musicale et qui est l'objet de variations. V. *aussi* Motif; sujet. *Répétition d'un thème* (V. Leitmotiv). *Thème et variations.* — Par métaph. « *Les mimes... brodaient des variations imprévues sur le thème qu'ils avaient annoncé* » (CARCOPINO). ♦ 4° Astrol. (1690). *Thème astral, généthliaque*, de nativité*,* représentation symbolique de l'état du ciel au moment de la naissance de qqn, permettant de déduire son horoscope. ♦ 5° (1842). Ling. Dans certaines langues à flexion, partie du mot composée de la racine, élargie parfois d'un élément dit thématique, à laquelle on ajoute les désinences. V. **Radical.** *Thèmes nominaux, verbaux. Mots latins à thème en -i* (civis), *en -u* (manus).

THÉNAR [tenaR]. *n. m.* (*Tenar,* XVIᵉ; gr. *thenar* « paume »). Anat. *Éminence thénar,* saillie formée sur la paume de la main par les muscles courts du pouce. V. **Hypothénar.**

THÉO-. Premier élément, du gr. *theos* « dieu ».

THÉOBROMINE [teɔbRɔmin]. *n. f.* (1843; de *théobroma* [1765] « mets des dieux », nom sc. du cacaoyer, du gr. *theos* « dieu », et *brôma* « nourriture »). Chim. Alcaloïde extrait du cacao qui existe aussi dans le thé. *La théobromine est un diurétique, un cardiotonique et un vasodilatateur des artères coronaires.*

THÉOCRATIE [teɔkRasi]. *n. f.* (1679; gr. *theocratia*). Didact. Mode de gouvernement dans lequel l'autorité, censée émaner directement de la Divinité, est exercée par une caste sacerdotale ou par un souverain considéré comme le représentant de Dieu sur la terre (parfois même comme un dieu incarné : *la théocratie, telle qu'elle s'exerce au Tibet*). « *Dans la haute antiquité, la force était dans la théocratie; le prêtre tenait le glaive et l'encensoir* » (BALZ.). ◇ Par ext. Régime où l'Église, les prêtres jouent un rôle politique important.

THÉOCRATIQUE [teɔkRatik]. *adj.* (1701; de *théocratie*). Didact. Relatif à la théocratie, qui est de la nature de la théocratie. « *Le royaume de Neustrie était réellement une république théocratique* » (MICHELET).

THÉODICÉE [teɔdise]. *n. f.* (1710; mot de Leibniz, d'apr. *théo-,* et gr. *diké* « justice »). Didact. ♦ 1° Justification de la bonté de Dieu par la réfutation des arguments tirés de l'existence du mal. ♦ 2° Vx (1839). L'une des quatre parties (avec la psychologie, la morale et la logique) de la philosophie telle qu'on l'enseignait alors dans les lycées et les collèges. — Théologie naturelle (ou rationnelle). V. *aussi* Métaphysique.

THÉODOLITE [teɔdɔlit]. *n. m.* (1704 « instrument d'arpentage »; lat. sc. *theodelitus,* 1571; o. i.). Sc. Appareil, instrument de visée muni d'une lunette, qui sert en géodésie à mesurer les angles horizontaux et verticaux, à lever des plans, et en astronomie à déterminer l'azimut et la hauteur apparente d'un corps céleste. V. Cercle (1, 4°).

THÉOGONIE [teɔgɔni]. *n. f.* (1680; gr. *theogonia*). Didact. Dans les religions polythéistes, Système, récit qui explique la naissance des dieux et leur généalogie. V. Mythologie. « *Théogonies phéniciennes, persanes, syriennes, indiennes, égyptiennes* » (VOLT.).

THÉOGONIQUE [teɔgɔnik]. *adj.* (1839; de *théogonie*). Didact. Relatif à une théogonie, qui constitue une théogonie. *Système théogonique.*

THÉOLOGAL, ALE, AUX [teɔlɔgal, o]. *adj. et n. m.* (1375; de *théolog[ie]*). ♦ 1° Adj. (Relig. cathol.). *Vertus théologales,* vertus qui ont Dieu lui-même pour objet et qui sont les plus importantes pour le salut. *Les trois vertus théologales sont la foi, l'espérance et la charité.* ♦ 2° N. m. Chanoine du chapitre d'une cathédrale chargé d'enseigner la théologie. *Des théologaux.*

THÉOLOGIE [teɔlɔʒi]. *n. f.* (v. 1270; lat. chrétien *theologia;* gr. *theologia;* Cf. suff. -Logie). ♦ 1° Étude des questions religieuses fondée principalement sur les textes sacrés, les dogmes et la tradition (V. Révélation). *Théologie scolastique ou spéculative :* systématisation rationnelle des données fournies par la *théologia positiva* (connaissance des dogmes d'après l'Écriture sainte, les Pères de l'Église). *Théologie dogmatique* ou *morale*. V. *aussi* **Casuistique**. — *Théologie polémique*. V. **Apologétique**. *Importance de la théologie au moyen âge*. V. **Scolastique** (II, 1°). *Théologie fondamentale* ou *générale*. *Théologie inductive. Faculté, professeur, études de théologie*. ♦ 2° (Avec un déterminant). Doctrine de l'Église, étude théologique portant sur un point déterminé de dogme, de morale, etc. *La théologie sacramentaire*. ◇ Manière particulière d'aborder et de traiter les problèmes de théologie. « *Cette ancienne et bonne théologie des Bossuet, des Arnauld, des Fleury* » (STENDHAL). ♦ 3° *Spécialt*. Traité de théologie. ♦ 4° *Études de théologie* (1°). *Faire sa théologie*. ♦ 5° *Par anal*. (d'une religion autre que le christianisme). *La théologie juive*.

THÉOLOGIEN [teɔlɔʒjɛ̃]. *n. m.* (1370; de *théolog[ie]*). Spécialiste de théologie (I, 1°). V. **Docteur**, et *aussi* **Casuiste**. « *Théologiens, physiciens, métaphysiciens... ont écrit à ce propos un grand nombre de thèses* » (AYMÉ).

THÉOLOGIQUE [teɔlɔʒik]. *adj.* (1375; lat. tardif *theologicus*, mot gr.). De théologie, relatif à la théologie (I, 1°). *Études théologiques. Preuves théologiques de l'existence de Dieu*. ◇ *Philo*. (chez A. Comte) *État théologique* ou *fictif*, état le plus primitif du développement de l'esprit humain, dans lequel « il se représente les phénomènes comme produits par l'action directe et continue d'agents surnaturels » (COMTE). *Étapes de l'état théologique* : fétichisme, polythéisme, monothéisme.

THÉOLOGIQUEMENT [teɔlɔʒikmɑ̃]. *adv.* (1586; de *théologique*). *Didact*. Selon les principes de la théologie; du point de vue théologique.

THÉOPHILANTHROPE [teɔfilɑ̃trɔp]. *n. m.* (v. 1796; formation défectueuse, pour « ami de Dieu et des hommes »; de *théo-*, *-phile*, et *anthrope*). *Hist*. Adepte de la *théophilanthropie*, système philosophique et religieux d'inspiration déiste qui prétendait remplacer le catholicisme et fut à la mode entre 1796 et 1801. « *Lui, il était plutôt théophilanthrope... il était contre les figurations de la divinité* » (ARAGON).

THÉOPHYLLINE [teɔfilin]. *n. f.* (1889; de *thé*, gr. *phyllon* « feuille », et suff. *-ine*). *Chim*. Principal alcaloïde des feuilles de thé, obtenu également par synthèse. *La théophylline est un diurétique, un vasodilatateur des coronaires et un dilatateur des bronches*.

THÉORBE ou **TÉORBE** [teɔrb(ə)]. *n. m.* (XVIIe; *tuorbe*, fin XVIe; it. *tiorba*, o. i.). *Ancient*. Sorte de luth à deux manches, à son plus grave que celui du luth ordinaire... « *Ces joueurs de théorbe...* » (ROSTAND).

THÉORÉMATIQUE [teɔrematik]. *adj.* (1901; gr. *theorēmatikos*). *Didact*. Qui a le caractère d'un théorème. *Sciences théorématiques*, énonçant des lois (*opposé à sciences historiques, normatives*).

THÉORÈME [teɔrɛm]. *n. m.* (1538; lat. *theorema*, mot gr. « objet d'étude, principe », de *théôrein*. V. **Théorie**). Proposition démontrable qui résulte d'autres propositions déjà posées (*opposé à* définition, axiome, postulat, principe). *Démontrer un théorème*. V. **Démonstration**. *Théorème de géométrie, de mathématique*. « *Tout ce qui précédait n'avait été dit que pour en venir là; c'était comme une espèce de théorème : C.Q.F.D.* » (LARBAUD).

THÉORÉTIQUE [teɔretik]. *adj. et n. f.* (1721; lat. *theoreticus*). *Didact*. ♦ 1° *Hist. philo*. (Aristote). Qui vise à la connaissance et non à l'action. V. **Théorique**. ◇ *Spécialt*. Qui a pour objet la théorie. *Doctrine théorétique*. ♦ 2° *N. f.* Étude de la connaissance qui « voit l'absolu dans la connaissance » [et renonce aux considérations ontologiques] (G. BERGER).

THÉORICIEN, IENNE [teɔrisjɛ̃, jɛn]. *n.* (1550; rare av. XIXe; de *théorie*). ♦ 1° Personne qui connaît la théorie, les principes d'un art, d'une science. V. *L'expérimentateur doit être à la fois théoricien et praticien* » (Cl. BERNARD). ♦ 2° Personne qui élabore, professe, défend une théorie sur un sujet. « *Pisarev, théoricien du nihilisme russe* » (CAMUS). ♦ 3° *(Sans compl.)*. Personne qui, dans un domaine déterminé, se préoccupe surtout de connaissance abstraite et spéculative, souvent organisée en système, et non de la pratique, des applications. *Théoriciens et techniciens*. « *Ce n'était pas* (Solon) *un de ces théoriciens qui ont rêvé dans le silence du cabinet la transformation du monde, mais un homme d'expérience et de pratique* » (FUSTEL).

THÉORIE [teɔri]. *n. f.* (1496; « science de la contemplation », 1380; rare av. XVIIe; lat. ecclés. *theoria*, mot gr. « observation, contemplation », de *théôrein*, « observer »).
I. ♦ 1° Ensemble d'idées, de concepts abstraits, plus ou moins organisés, appliqué à un domaine particulier. V. **Spéculation**; conception, doctrine, opinion, système, thèse. *Bâtir une théorie. Théories artistiques. Les théories politiques*. « *Si une théorie me convainquait... elle changeait mon rapport au monde, elle colorait mon expérience* » (BEAUVOIR). « *Un homme à théories, sans bon sens, sans réalisme* » (MADELIN).

« *Mon bon ami, toute théorie est sèche* » (NERVAL, trad. GŒTHE). « *Dans les arts, les théories ne valent pas grand-chose...* » (VALÉRY). *Mettre une théorie en application*. ◇ *Absolt*. LA THÉORIE : opposée à la pratique. « *Le savant complet est celui qui embrasse à la fois la théorie et la pratique expérimentale* » (Cl. BERNARD). — EN THÉORIE : en envisageant la question d'une manière abstraite, spéculative (V. **Principe** [en]), *par ext. et péj*. d'une manière irréalisable, inapplicable. *C'est très beau en théorie, mais en fait il en est autrement*. ♦ 2° Construction intellectuelle méthodique et organisée, de caractère hypothétique (au moins en certaines de ses parties) et synthétique. V. **Hypothèse, système**. — *Théorie des ensembles**. *Théorie de la relativité**. *Théorie (du champ) unitaire*, qui ferait la synthèse des théories sur les interactions nucléaires, électromagnétiques et de gravitation. « *La théorie n'est que l'idée scientifique contrôlée par l'expérience* » (Cl. BERNARD). — Éléments de connaissance organisés en système (dans un but didactique). *La théorie musicale*. V. **Règle(s)**. « *En solfège, je ne mordais qu'à la théorie* » (BEAUVOIR). ◇ *Milit*. (1636) Les principes de la manœuvre. *Cours de théorie*.

II. (XVIIIe; gr. *theôria* « procession »). ♦ 1° *Antiq*. Députation envoyée par une ville à une fête solennelle, à un grand temple. *Procession solennelle*. ♦ 2° *Par ext*. (1907). *Littér*. Groupe de personnes qui s'avancent les unes derrière les autres. V. **Cortège**, *défilé*, **procession**. « *Des théories de femmes* » (CAMUS). — *En parlant des choses*. Suite, file. « *Notre théorie de camions réquisitionnés s'ébranlait* » (GUTH).

THÉORIQUE [teɔrik]. *adj.* (1380, n. f.; « théorie », 1256; lat. *theoricus*, mot gr.). ♦ 1° Qui consiste en connaissance abstraite, en spéculations. V. **Théorie** (I, 1°); **spéculatif**. *Jugement théorique et jugement pratique*. — Qui élabore des théories, des spéculations. *Physique théorique et physique appliquée. La raison théorique et la raison pratique* (Kant). ♦ 2° (Souvent *péj*.). Qui est conçu, considéré, défini, étudié d'une manière abstraite et souvent incorrecte (*opposé à* expérimental, réel, vécu). « *Une égalité théorique recouvre des inégalités de fait* » (CAMUS). *Une décision toute théorique, irréalisable, sans rapport avec la réalité*. ◇ *Phys*. *Rendement théorique d'une machine*. V. **Idéal**. ◇ ANT. *Pratique; clinique, empirique, expérimental; agissant, efficace, réel*.

THÉORIQUEMENT [teɔrikmɑ̃]. *adv.* (1557, répandu XXe; de *théorique*). ♦ 1° Par la théorie, la spéculation abstraite. V. **Spéculativement**. *Justifier théoriquement une œuvre, par une théorie*. — *Sc*. En théorie; envisagé par la théorie. ♦ 2° D'après une conception, une décision abstraite, générale, qui ne tient pas compte de la réalité. V. **Principe** (en). Cf. *Sur le papier**. « *Cet idéal internationaliste auquel on adhère théoriquement* » (MART. du G.). *Théoriquement, vous avez raison*. ◇ ANT. *Pratiquement*.

THÉORISER [teɔrize]. *v. tr. et intr.* (1829; de *théorie*). *Didact*. ♦ 1° V. *intr*. Émettre, présenter une théorie. *Théoriser sur un problème*. ♦ 2° V. *tr*. (1907). Mettre en théorie. *Théoriser une opinion* (politique, scientifique, philosophique), etc.). — *Dér*. THÉORISATION [teɔrizasjɔ̃]. *n. f.* (1891).

THÉOSOPHE [teɔzɔf]. *n.* (1704; gr. *theosophos* « qui connaît les choses divines »). *Didact*. Adepte de la théosophie. *Swedenborg, théosophe célèbre. Une théosophe*.

THÉOSOPHIE [teɔzɔfi]. *n. f.* (1765; gr. *theosophia*). *Didact*. Nom générique sous lequel on groupe diverses doctrines, mystiques, qui visent à la connaissance de Dieu par l'approfondissement de la vie intérieure et à l'action sur l'univers par des moyens surnaturels. V. **Cabale, gnose, magie, occultisme, spiritisme**. « *La Théosophie, qui attend et reçoit communication d'une lumière immédiate* » (VALÉRY).

-THÈQUE. Élément, du gr. *thêkê* « loge, réceptacle, armoire » (*ex.* : bibliothèque, cinémathèque, discothèque, phonothèque, sonothèque, etc.).

THÈQUE [tɛk]. *n. f.* (1839, au pl.; du gr. *thêkê*; Cf. *-thèque*). ♦ 1° *Bot*. Réceptacle contenant les spores de divers champignons. V. *aussi* **Oothèque**. ♦ 2° *Sc. nat*., *anat*. Enveloppe; gaine. *Thèque du follicule ovarien*. ♦ 3° *Arg*. Nom générique des tissus dont le nom se termine en *-thèque*.*

THÉRAPEUTE [terapøt]. *n.* (1704; gr. *therapeuthês*, de *therapeuein* « soigner »). ♦ 1° *Anciennt*. Ascète juif (homme ou femme) de l'Antiquité qui vivait en communauté non loin d'Alexandrie. ♦ 2° (1886). *Didact*. Personne qui soigne les malades (V. **Thérapeutique**; *guérisseur, médecin*). « *Le thérapeute des salons, l'exorciste délicat des petites névroses distinguées* » (BLOY). — *Spécialt*. *Ellipt*. pour *Psychothérapeute*.

THÉRAPEUTIQUE [terapøtik]. *adj. et n. f.* (*Thérapeutice*, av. 1478; gr. *therapeutikos*. V. **Thérapeute**). ♦ 1° *Adj*. Qui concerne l'ensemble des actions et pratiques destinées à guérir, à traiter les maladies; apte à guérir. V. **Curatif, médical, médicinal**. « *L'action thérapeutique sur l'organisme des agents anormaux ou médicaments* » (Cl. BERNARD). *Procédés* (V. **Remède**), *substances thérapeutiques* (V. **Médicament**).

♦ 2° *N. f.* Partie de la médecine qui étudie et met en application les moyens propres à guérir et à soulager les malades. **V. Médecine; chirurgie, médication, soin, traitement; allopathie, homéopathie et -thérapie.** — Par anal. *Thérapeutique des animaux* (V. **Vétérinaire**), *des chevaux* (V. **Hippiatrie**). ◇ *Spécialt.* Ensemble de procédés concernant un traitement déterminé (Syn. *Thérapie*). *Thérapeutique hygiénique.* **V. Traitement.** *Une thérapeutique nouvelle.*

THÉRAPIE [teʀapi]. *n. f.* (1669; repris 1866; de l'all. *Therapie;* gr. *therapeia* « soin, cure »). *Didact.* Synonyme de *Thérapeutique* (2°). — *Psychiatr. Thérapie de comportement,* méthode de conditionnement et de déconditionnement utilisée dans le traitement de certaines névroses ou troubles du comportement. *Thérapie psychanalytique.* **V. Analyse, psychanalyse.**

-THÉRAPIE. Élément, du gr. *therapeia* (*ex.* : électrothérapie, héliothérapie, psychothérapie).

THÉRIAQUE [teʀjak]. *n. f.* (1478; *tiriaque,* XIIe; lat. méd. *theriace;* gr. *thêriakê,* de *thêrion* « bête sauvage »; a. fr. *triacle*). *Méd. Ancienn.* Électuaire contenant de nombreux principes actifs (dont l'opium), qui était employé contre la morsure des serpents (V. **Mithridatisme**). « *Ma langue est une vipère qui porte le venin et la thériaque tout ensemble...* » (CYR. de BERGERAC).

THÉRIDION [teʀidjɔ̃] ou **THERIDIUM** [teʀidjɔm]. *n. m.* (1839; gr. *thêridion,* dimin. de *thêrion*). *Zool.* Genre d'araignée comprenant de nombreuses espèces de petite taille, à toile irrégulière.

-THÉRIUM. Élément de mots de paléontologie, du gr. *thêrion* « bête, animal sauvage » (*ex.* : dinothérium, mégathérium).

THERM(O)-. Premier élément, du gr. *thermos* « chaud », ou *thermon* « chaleur ».

THERMAL, ALE, AUX [teʀmal, o]. *adj.* (1625; de *thermes*). ♦ 1° Qui a une température élevée à la source et des propriétés thérapeutiques (V. **Thermes**). *Eaux thermales chargées de principes minéralisateurs.* **V. Minéral.** *Émanations thermales,* sources, geysers, salses, solfatares. ♦ 2° *Par ext.* Où l'on utilise les eaux médicinales (eaux minérales chaudes ou non). *Établissement thermal.* **V. Hydrominéral.** *Station thermale,* où l'on vient prendre les eaux thermales. *Cure thermale.*

THERMALISME [teʀmalism(ə)]. *n. m.* (1845; de *thermal*). *Didact.* Science de l'utilisation et de l'exploitation des eaux minérales. ◇ *Par ext.* Tout ce qui concerne l'organisation, l'aménagement et l'exploitation des stations thermales.

THERMALITÉ [teʀmalite]. *n. f.* (1834; de *thermal*). *Didact.* Propriété d'une eau naturelle qui sort de la source à une température relativement élevée (plus de 20-25 °C).

THERMES [teʀm(ə)]. *n. m. pl.* (1213; lat. *thermæ* « bains chauds »; gr. *therma*). ♦ 1° *Ancienn.* ou *Archit.* Établissement de bains publics de l'Antiquité. **V. Bain.** *Thermes de Caracalla, de Dioclétien,* à Rome. *Hypocauste des thermes.* ♦ 2° *Mod.* Établissement thermal. ◇ HOM. *Therme.*

THERMICIEN, IENNE [teʀmisjɛ̃, jɛn]. *n.* (mil. XXe; de *thermique*). *Didact.* (*Sc., techn.*). Spécialiste de l'énergie thermique.

THERMICITÉ [teʀmisite]. *n. f.* (v. 1950; de *thermique*). *Phys.* Le fait d'avoir un effet thermique.

THERMIDOR [teʀmidɔʀ]. *n. m.* (1793; du gr. *thermon* « chaleur estivale », et *dôron* « présent », l'*i* d'apr. *Fructidor*). Onzième mois du calendrier républicain (18 juillet-18 août). *Hist. Le 9-Thermidor* (An II; 27 juillet 1794) et ellipt. *thermidor,* journée de la chute et de l'arrestation de Robespierre. ◇ *Par appos. Style thermidor,* style à l'antique, à la mode après thermidor et jusqu'au Directoire.

THERMIDORIEN, IENNE [teʀmidɔʀjɛ̃, jɛn]. *adj.* et *n.* (1795; de *thermidor*). *Hist.* ♦ 1° Relatif à la coalition qui renversa Robespierre le 9-Thermidor. *Le parti thermidorien.* — *Période thermidorienne de la Révolution :* du 9 thermidor à la fin de la Convention. ♦ 2° N. *Les thermidoriens,* les coalisés, députés faisant partie de la coalition de thermidor.

THERMIE [teʀmi]. *n. f.* (1920; de *therm[o]-,* d'apr. *calorie*). *Phys.* Unité de quantité de chaleur dans le système M.T.S., égale à un million de petites calories. Abrév. *th.* — *Thermie-gaz.* Quantité de chaleur égale à une thermie et produite par différents combustibles : gaz, fuel, etc.

-THERMIE (-IQUE), -THERMANE. Éléments, du gr. *thermos* « chaud », ou *thermainein* « chauffer » (*ex.* : athermane, diathermie, endothermique).

THERMIQUE [teʀmik]. *adj.* (1847; du gr. *thermos* « chaud »). *Phys.* Relatif à la forme d'énergie appelée chaleur, qui se traduit par des sensations spécifiques chez l'homme (V. **Chaud, froid** 2) et par des phénomènes physiques, et à laquelle correspond la température. *Effet thermique* (ou *calorifique*), émission ou absorption d'énergie, par contact, convection, ou rayonnement. *Sensation, sensibilité thermique,* sensibilité générale superficielle de chaud et de froid. *Énergie*

thermique (chaleur). *Conductibilité thermique* (calorifique). *Barrière* thermique, bouclier* thermique.* ◇ *Par ext.* Cour. *Moteurs thermiques,* qui transforment l'énergie thermique en énergie mécanique (machine à vapeur, moteur à explosion, à réaction). *Propulsion thermique.* **V. Thermopropulsion.** *Centrale* (électrique) *thermique,* utilisant des moteurs thermiques pour produire l'énergie électrique. *Phys.* Qui concerne l'étude des phénomènes thermiques. *Science thermique.* **V. Thermodynamique.** *Analyse thermique,* enregistrement continu, en fonction du temps, de la variation de température d'un système.

THERMISATION [teʀmizasjɔ̃]. *n. f.* (v. 1960; de *thermique,* et *-isation*). *Techn.* Traitement thermique doux que l'on fait subir au lait de fromagerie pour en réduire la flore microbienne. — Dér. THERMISÉ, ÉE [teʀmize], adj. *Lait thermisé.*

THERMISTANCE [teʀmistãs]. *n. f.* (mil. XXe; de *thermo-,* d'apr. [rés]*istance*). *Phys.* Résistance électrique qui varie en sens inverse de la température.

THERMISTOR [teʀmistɔʀ] ou **THERMISTEUR** [teʀmistœʀ]. *n. m.* (1956; de *thermo-,* d'apr. [trans]*istor*). Instrument pour la mesure de l'énergie rayonnante, composé d'une petite quantité de substance semi-conductrice placée entre deux fils d'adduction de courant.

THERMITE [teʀmit]. *n. f.* (1907; du gr. *thermê,* et suff. *-ite*). *Techn.* Mélange pulvérisé d'aluminium et d'oxyde ferrique utilisé en aluminothermie. ◇ HOM. *Termite.*

THERMOCAUTÈRE [teʀmɔkɔ(o)tɛʀ]. *n. m.* (1875; de *thermo-,* et *cautère*). *Méd., Chir.* Instrument formé d'une tige creuse en platine maintenue incandescente par un courant d'air carburé et utilisé pour cautériser par la chaleur. « *Le docteur... apporta son thermocautère et commença de s'en servir aussitôt* » (GIDE).

THERMOCHIMIE [teʀmɔʃimi]. *n. f.* (1865; de *thermo-,* et *chimie*). *Sc.* Partie de la chimie physique relative à l'étude des relations entre les phénomènes physiques ou les réactions chimiques et les échanges thermiques qui les accompagnent. — Dér. THERMOCHIMIQUE [teʀmɔʃimik], adj. (1889).

THERMOCOUPLE [teʀmɔkupl(ə)]. *n. m.* (1936; de *thermo-,* et *couple*). *Phys.* Couple thermoélectrique*, instrument qui permet de repérer des hautes températures et mesurer l'énergie rayonnante.

THERMODURCISSABLE [teʀmɔdyʀsisabl(ə)]. *adj.* (XXe; de *thermo-,* et *durcissable*). *Techn.* Se dit des matières plastiques auxquelles un échauffement prolongé fait perdre leur plasticité (*ex.* : la bakélite). — Subst. *Un thermodurcissable.* ◇ ANT. *Thermoplastique; thermoplaste.*

THERMODYNAMICIEN, IENNE [teʀmɔdinamisjɛ̃, jɛn]. *n.* (mil. XXe; de *thermodynamique*). *Sc.* Spécialiste de la thermodynamique.

THERMODYNAMIQUE [teʀmɔdinamik]. *n. f.* (1867; angl. *thermodynamics,* v. 1850; d'apr. *dynamique*). *Sc.* Branche de la physique et de la chimie qui étudie les relations entre l'énergie thermique (chaleur) et mécanique (travail), et les lois générales des phénomènes impliquant des échanges ou des transformations thermiques. *L'équivalence des formes d'énergie et leur hiérarchie constituent les deux principes de la thermodynamique.* — Adj. *Température* thermodynamique.*

THERMOÉLECTRICITÉ [teʀmɔelektʀisite]. *n. f.* (*Thermo-électricité,* 1842; de *thermo-,* et *électricité*). *Sc.* ♦ 1° Énergie électrique produite par la conversion directe d'énergie thermique. ♦ 2° Étude des relations entre les phénomènes thermiques et électriques.

THERMOÉLECTRIQUE [teʀmɔelektʀik]. *adj.* (*Thermo-électrique,* 1836; de *thermoélectricité*). Relatif à la thermoélectricité. *Effet thermoélectrique,* production de courant électrique dans un circuit comprenant deux conducteurs différents dont les deux soudures sont à des températures différentes (On forme ainsi un *couple thermoélectrique* ou *thermocouple**). *Pile thermoélectrique,* composée d'une série rangées de soudures entre des éléments différents et produisant un courant lorsque l'une de ces rangées reçoit un rayonnement électromagnétique.

THERMOÉLECTRONIQUE [teʀmɔelektʀɔnik]. *n. f.* et *adj.* (1949; de *thermo-,* et *électronique*). *Phys. Effet thermoélectronique* ou improprement *thermoionique,* émission d'électrons par une cathode sous l'effet de la chaleur. **V. Filament.**

THERMOGÈNE [teʀmɔʒɛn]. *adj.* (1836, « qui produit de la chaleur »; de *thermo-,* et *-gène*). *Phys.* Qui engendre la chaleur. *Ouate thermogène,* coton rubéfiant dont le principe est une teinture de poivre d'Espagne.

THERMOGÉNÈSE [teʀmɔʒenɛz]. *n. f.* (1890; de *thermo-,* et *-génèse*). *Didact.* (*Biol.*). Production continue et régulière de la chaleur chez les êtres vivants. **V. Calorification, chaleur** (animale). — On écrit aussi *thermogénèse.*

THERMOGÉNIE [teʀmɔʒeni]. *n. f.* (1877; de *thermo-,* et *-génie*). *Phys.* Ensemble des techniques ayant pour objet la production d'énergie calorifique. — Dér. THERMOGÉNIQUE [tɛRmɔʒenik], adj. Appareil thermogénique.

THERMOGRAPHE [tɛRmɔgRaf]. n. m. (1866; de thermo-, et suff. -graphe). Sc., Techn. Thermomètre enregistreur, appareil qui inscrit les variations de température. ◇ Syn. Thermométrographe. — Dér. THERMOGRAPHIQUE [tɛRmɔgRafik], adj. (1896); THERMOGRAPHIE [tɛRmɔgRafi], n. f.

THERMOGRAVIMÉTRIE [tɛRmɔgRavimetRi]. n. f. (v. 1960; de thermo-, et gravimétrie). Phys. Technique consistant à enregistrer les variations de masse d'un échantillon (solide ou liquide) en fonction de la température et du temps. — Dér. THERMOGRAVIMÉTRIQUE [tɛRmɔgRavimetRik], adj.

THERMOIONIQUE [tɛRmɔjɔnik]. adj. (1933; de thermo-, et ionique 2). Phys. V. **Thermoélectronique**.

THERMOLABILE [tɛRmɔlabil]. adj. (1914; de thermo-, et labile). Sc. Qui subit des modifications ou qui perd de ses propriétés lorsqu'une élévation de température déterminée s'est produite. Le complément (alexine) est thermolabile à 56 °C. — Dér. THERMOLABILITÉ [tɛRmɔlabilite], n. f. ◇ ANT. Thermostable.

THERMOLUMINESCENCE [tɛRmɔlyminesɑ̃s]. n. f. (1933; de thermo-, et luminescence). Sc. Luminescence thermique. V. **Phosphorescence**.

THERMOLYSE [tɛRmɔliz]. n. f. (1948; de thermo-, et -lyse) ♦ 1° Chim. Décomposition d'un corps par la chaleur (Pyrolyse). ♦ 2° Physiol. Déperdition de chaleur par l'organisme, faisant partie du mécanisme normal de thermorégulation*.

THERMOMAGNÉTIQUE [tɛRmɔmaɲetik]. adj. (1842; de thermo-, et magnétique). Phys. Qui concerne le magnétisme lié à la température. — Dér. THERMOMAGNÉTISME [tɛRmɔmaɲetism(ə)], n. f.

THERMOMÈTRE [tɛRmɔmɛtR(ə)]. n. m. (1626; de thermo-, et -mètre). ♦ 1° Instrument destiné à la mesure des températures, généralement grâce à la dilatation d'un liquide (mercure, alcool, toluène, pentane) ou d'un gaz (hélium, hydrogène, azote) contenus dans un réservoir que l'on plonge dans le milieu dont on désire connaître la température. Thermomètre à mercure, à alcool, à gaz, à résistance. Thermomètre thermoélectrique. V. aussi **Pyromètre**. — Thermomètre gradué (V. **Graduation**) en degrés centigrades, Réaumur, Fahrenheit. Thermomètre différentiel; à maxima et minima [1830] (où les températures extrêmes restent indiquées). Thermomètre médical, destiné à repérer la température interne du corps. « Enfin, au grand scandale de M. le curé, ils avaient pris la mode nouvelle d'introduire des thermomètres dans les derrières » (FLAUB.). ◇ Par ext. Le thermomètre monte, descend, la colonne de liquide. ♦ 2° (1694). Fig. Indice qui permet de déterminer, d'évaluer (qqch.). « La table est le plus sûr thermomètre de la fortune dans les ménages parisiens » (BALZ.). Cf. Prendre la température (fig.).

THERMOMÉTRIE [tɛRmɔmetRi]. n. f. (1842; de thermomètre). Sc. Mesure des températures au moyen de points fixes (ébullition, fusion, solidification de certaines substances dans des conditions déterminées); constitution d'une échelle internationale et d'une échelle thermodynamique des températures.

THERMOMÉTRIQUE [tɛRmɔmetRik]. adj. (1754; de thermomètre). Sc. Du thermomètre et de la détermination des températures. Degrés de l'échelle thermométrique.

THERMONUCLÉAIRE [tɛRmɔnykleɛR]. adj. (1953; de thermo-, et nucléaire). Phys. Se dit des phénomènes qui concernent la condensation (ou « fusion ») de noyaux d'isotopes légers en noyaux plus lourds, qui se produisent à des millions ou des dizaines de millions de degrés et s'accélèrent considérablement avec l'élévation de la température. Dans une réaction thermonucléaire l'énergie nécessaire est fournie par la collision des particules soumises à une agitation thermique. Bombe thermonucléaire, bombe atomique à hydrogène (cour. Bombe H).

THERMOPLASTIQUE [tɛRmɔplastik]. adj. (1956; de thermo-, et plastique). ♦ 1° Phys. Se dit d'une substance qui devient plastique sous l'effet de la chaleur. ♦ 2° Techn. Se dit d'une matière plastique que l'on peut fondre ou amollir par la chaleur sans modifier ses propriétés. V. aussi **Thermorésistant**. — Subst. Un thermoplastique ou un thermoplaste. ◇ ANT. Thermodurcissable.

THERMOPOMPE [tɛRmɔpɔp]. n. f. (1875; de thermo-, et pompe). Techn. Générateur d'énergie calorifique dont le fonctionnement est semblable à celui d'une machine frigorifique.

THERMOPROPULSION [tɛRmɔpRɔpylsjɔ̃]. n. f. (XXᵉ); de thermo-, et propulsion). Sc. Propulsion d'un mobile obtenue directement par l'énergie thermique d'une combustion, sans transformation en travail mécanique par un moteur. V. **Statoréacteur**. — On emploie aussi les termes : thermopropulsé, et thermopropulsif, ive).

THERMORÉGULATEUR, TRICE [tɛRmɔRegylatœR, tRis]. adj. et n. m. (1874; de thermo-, et régulateur). Sc. Qui concerne la thermorégulation. Centres thermorégulateurs de l'organisme. — N. m. Appareil permettant de régler la chaleur dans les fourneaux sécheurs, et dans divers autres appareils.

THERMORÉGULATION [tɛRmɔRegylasjɔ̃]. n. f. (1906; de thermo-, et régulation). Biol. Mécanisme régulateur par lequel la température interne du corps des animaux homéothermes (mammifères et oiseaux) se maintient constante.

THERMORÉSISTANT, ANTE [tɛRmɔRezistɑ̃, ɑ̃t]. adj. (v. 1968; de thermo-, et résistant). ♦ 1° Techn. Se dit d'une matière plastique qui, après avoir été soumise à la chaleur ou à la pression, ne se déforme plus par la chaleur. ♦ 2° Biol. Se dit d'un organisme qui résiste à des températures élevées.

THERMOS [tɛRmos]. n. m. ou f. (1914; nom déposé). Bidon métallique isolant qui maintient durant quelques heures la température du liquide qu'il contient. Mettre du café dans un thermos. « Le panier, le cabas, le thermos » (COLETTE). Des thermos. Par appos. « Elle ouvrit son panier et elle en retira... une bouteille thermos enveloppée dans une serviette » (SARTRE).

THERMOSCOPE [tɛRmɔskɔp]. n. m. (1836; « thermomètre », 1765; de thermo-, et -scope). Phys. Appareil servant à indiquer une variation de température (sans la mesurer). — Dér. THERMOSCOPIQUE [tɛRmɔskɔpik], adj. (1867).

THERMOSIPHON [tɛRmɔsifɔ̃]. n. m. (1857; de thermo-, et siphon). Techn. Appareil de chauffage à circulation naturelle d'eau chaude. Le thermosiphon et le calorifère (à eau ou à air) sont fondés sur le même principe.

THERMOSPHÈRE [tɛRmɔsfɛR]. n. f. (1894; de thermo-, et sphère). Sc. Couche de l'atmosphère située au-dessus de la mésosphère, caractérisée par une augmentation continue de la température avec l'altitude.

THERMOSTABLE [tɛRmɔstabl(ə)]. adj. (1914; thermo-, et stable). Sc. Se dit d'un composé qui, dans des conditions déterminées, est stable sous l'action de la chaleur. V. **Réfractaire**. ◇ ANT. Thermolabile.

THERMOSTAT [tɛRmɔsta]. n. m. (1890; autre sens, 1846; de thermo-, et du rad. gr. de istanai « fixer »). Appareil ou dispositif qui permet d'obtenir une température constante dans une enceinte fermée, en interrompant l'arrivée de la chaleur quand une limite supérieure de température est atteinte et en la rétablissant pour une limite inférieure. Thermostat électrique. Four à thermostat. Thermostat pour le froid. — Dér. THERMOSTATIQUE [tɛRmɔstatik], adj.; THERMOSTATER [tɛRmɔstate], v. tr.

THERMOTHÉRAPIE [tɛRmɔteRapi]. n. f. (1876; de thermo-, et -thérapie). Méd. Emploi thérapeutique de la chaleur.

THÉSARD, ARDE [tezaR, aRd(ə)]. n. (mil. XXᵉ; de thèse). Fam. (arg. universitaire). Personne qui prépare une thèse (de doctorat). « Elle [la thèse] condamne le ' thésard ' à ne pas avoir, durant une ou deux décennies, de vie de famille » (Le Monde, 19-9-1968).

THÉSAURISATION [tezɔRizasjɔ̃]. n. f. (1719; de thésauriser). Didact. Action de thésauriser. V. **Capitalisation**. ◇ (Écon.) Fait de ne pas dépenser le revenu disponible et de l'affecter à des valeurs stables.

THÉSAURISER [tezɔRize]. v. (1350; bas lat. thesaurizare, de thesaurus « trésor »). Littér. ♦ 1° V. intr. Amasser de l'argent pour le garder, sans le faire circuler ni l'investir. Capitaliser, économiser, entasser. « Le paysan a de l'argent, mais la campagne n'achète jamais; elle thésaurise » (MAUROIS). ♦ 2° V. tr. Amasser (de l'argent) de manière à se constituer un trésor. V. **Épargner**. « Il a trouvé le moyen,... de thésauriser quarante écus de vingt francs » (GIDE). ◇ ANT. Dépenser.

THÉSAURISEUR, EUSE [tezɔRizœR, øz]. n. (1764; de thésauriser). Littér. Personne qui thésaurise. V. **Avare** (On trouve aussi Thésaurisateur).

THÉSAURUS [tesɔRys]. n. m. invar. (1904; mot lat. « trésor »). Didact. ♦ 1° Recueil ou lexique de philologie ou d'archéologie. ♦ 2° (mil. XXᵉ; sous l'infl. de l'angl.). Docum., ling. Répertoire alphabétique de termes normalisés pour l'analyse de contenu et le classement des documents d'information. Les thésaurus techniques. — On écrit aussi THESAURUS.

THÈSE [tɛz]. n. f. (1579; lat. rhét. thesis, mot gr., proprem. « action de poser » [tithenai]). ♦ 1° Proposition ou théorie particulière qu'on tient pour vraie et qu'on s'engage à défendre par des arguments. Avancer, soutenir, défendre une thèse. Réfuter la thèse adverse. À l'appui de cette thèse. Thèses économiques, philosophiques. V. **Doctrine, opinion**. — Littér. Pièce, roman à thèse, qui illustre une thèse (philosophique, morale, politique, etc.) que l'auteur propose au public. « Toute cette littérature est à thèse puisque ces auteurs, bien qu'ils protestent avec virulence du contraire, défendent tous des *idéologies* » (SARTRE). ♦ 2° *Ancienn.* (1680). Proposition ou série de propositions que le candidat à un grade de bachelier, de licencié, de docteur, etc., s'engageait à soutenir. « *La thèse pour son baccalauréat* » (GIDE). — (Depuis le XIXᵉ) Ouvrage présenté pour l'obtention du doctorat (*opposé à* mémoire). *Thèse principale, complémentaire* (du doctorat d'État). *Thèse de troisième cycle* ou *thèse de recherche*, préparée en deux ou trois ans, après le deuxième cycle d'études universitaires. *Préparer, soutenir une thèse de doctorat. Soutenance de thèse.* — *Par ext.* La thèse imprimée. *Envoyer sa thèse à un collègue.* ◇ Soutenance de la thèse devant un jury. *Aller, assister à la thèse d'un ami.* ♦ 3° (1904). *Philo.* (Hegel). Premier moment de la démarche dialectique auquel s'oppose l'*antithèse*, jusqu'à ce que ces contraires soient conciliés par la *synthèse.* ◇ (*Phénoménologie*) Simple position par la pensée de quelque réalité ou vérité, qui n'implique pas une affirmation. ◇ ANT. Antithèse.

THESMOPHORIES [tɛsmɔfɔʀi]. *n. f. pl.* (1721 ; gr. *thesmophoria*, de *thesmophoros* « législateur », appellation de Déméter). *Antiq. gr.* Fêtes en l'honneur de Déméter, célébrées par les femmes.

THESMOTHÈTE [tɛsmɔtɛt]. *n. m.* (XVIIᵉ ; gr. *thesmothetès*, proprem. « qui propose » [*tithenai*] « les lois » [*thesmos*]). *Antiq. gr.* Magistrat athénien chargé chaque année de réviser les lois.

THÊTA [tɛta]. *n. m.* (mot gr.). Huitième lettre de l'alphabet grec (θ) à laquelle correspond *th*, dans les mots français issus du gr.

THÉTIQUE [tetik]. *adj.* (fin XIXᵉ, *opposé à* antithétique ; lat. *theticus*, mot gr.). *Philo.* Qui concerne une thèse (3°). *Termes, jugements thétiques.* ◇ Synonyme de *thématique, existentiel. Conscience thétique, non thétique.*

THÉURGIE [teyʀʒi]. *n. f.* (1375 ; lat. tardif *theurgia* ; gr. *theourgia*, proprem. « opération divine »). *Didact.* Magie faisant appel aux divinités célestes et aux esprits surnaturels dont l'homme utilise les pouvoirs. V. **Théosophie.** « *Si le thaumaturge eût effacé dans Jésus le moraliste et le réformateur religieux, il fût sorti de lui une école de théurgie* » (RENAN).

THÉURGIQUE [teyʀʒik]. *adj.* (1375 ; bas lat. *theurgicus* ; gr. *theourgikos*). *Didact.* Relatif, propre à la théurgie.

THIAMINE [tjamin]. *n. f.* (mil. XXᵉ ; de *thi*[*o*]-, et *amine*). *Biochim.* Vitamine B₁, à action antibéribérique. *Administration de thiamine dans le traitement des polynévrites.*

THIBAUDE [tibod]. *n. f.* (1830 ; de *Thibaud*, nom traditionnel de berger). Molleton de tissu grossier ou de feutre qu'on met entre le sol et les tapis. *Clouer une thibaude. Il « avait mis... une thibaude et un tapis très épais dans la chambre »* (BALZ.). *Moquette sur thibaude.*

THIO-. Premier élément, du gr. *theion* « soufre » (*ex. :* acide thiocarbonique HCO₃SH).

THIOALCOOL [tjoalkɔl] ou **THIOL** [tjɔl]. *n. m.* (1906 ; de *thio*-, et [*alco*]*ol*). *Chim.* Nom des alcools et phénols sulfurés. V. **Mercaptan.**

THIONATE [tjɔnat]. *n. m.* (1872 ; de *thionique*). *Chim.* Sel d'un acide de la série thionique.

THIONINE [tjɔnin]. *n. f.* (1924 ; de *thio*-, *n* et -*ine*). *Chim.* Matière colorante, dite aussi *violet de Lauth*, dérivée du gaïacol.

THIONIQUE [tjɔnik]. *adj.* (1858 ; de *thio*-, *n* et -*ique*). *Chim.* Qui concerne le soufre. *Série thionique*, série des acides oxygénés du soufre.

THIO-URÉE [tjoyʀe]. *n. f.* (1933 ; de *thio*-, et *urée*). *Chim.* Composé NH₂-CS-NH₂ qui dérive de l'urée par substitution de soufre à l'oxygène.

THIXOTROPIE [tiksɔtʀɔpi]. *n. f.* (1933 ; du gr. *thixis* « action de toucher », et -*tropie*). *Chim.* Propriété qu'ont certains gels (dits *thixotropes*) de se liquéfier par agitation et de se régénérer au repos. — Dér. THIXOTROPIQUE [tiksɔtʀɔpik], *adj.*

THLASPI [tlaspi]. *n. m.* (1533 ; lat. *thlaspi*, mot gr.). *Bot.* Plante des lieux incultes (*Cruciféracées*) à fleurs en grappes. ◇ Ibéride ornementale. V. **Corbeille** (d'or).

THOLOS [tɔlɔs]. *n. f.* (1876 ; *tholus*, en XVIIᵉ ; *thole* « voûte », 1627 ; mot gr.). *Didact.* ♦ 1° Sépulture préhistorique, à rotonde et coupole. ♦ 2° Temple grec circulaire.

THOMAS [tɔma]. *n. m.* (1837 ; du nom propre). *Pop.* et *vx.* Vase de nuit ; baquet où urinaient les soldats. V. **Jules.**

THOMISE [tɔmiz]. *n. m.* (1829 ; lat. zool. *thomisus* [1805], du lat. *thomix*, gr. *thômigx* « corde, fil »). *Zool.* Araignée vagabonde (*Thomisidés*) à marche oblique, dite *araignée-crabe*, qui tend des fils isolés, sans faire de toile.

THOMISME [tɔmism(ə)]. *n. m.* (XVIIIᵉ ; de *thom*[*iste*]). *Philo.* Système théologique et philosophique de saint Thomas exposé dans la « Somme théologique ». V. **Scolastique.** ◇

Doctrine, mouvement philosophique qui s'en inspire à l'époque moderne (On dit aussi *Néo-thomisme*).

THOMISTE [tɔmist(ə)]. *n. et adj.* (1606 ; de saint *Thomas* d'Aquin). *Philo.* ♦ 1° *N.* Partisan du thomisme. ♦ 2° *Adj.* Relatif, propre au thomisme.

THON [tɔ̃]. *n. m.* (1393 ; a. prov. *ton* ; lat. *thunnus*, gr. *thunnos*). Poisson de grande taille (*Scombridés*) qui vit dans l'Atlantique et la Méditerranée. *Thon rouge, thon blanc* (ou *germon, albacore*), *bonite, thonine. Pêche au thon. Thon frais. Thon en conserve* (au naturel, à l'huile). *Ouvrir une boîte de thon.* ◇ HOM. Ton (1 et 2).

THONAIRE [tɔnɛʀ]. *n. m.* (1680 ; de *thon*). *Pêche.* Série de filets amarrés bout à bout, dont une extrémité est fixée à la côte et l'autre au bateau. ◇ HOM. Tonnerre.

THONIER [tɔnje]. *n. m.* (fin XIXᵉ ; de *thon*). Navire pour la pêche au thon.

THONINE [tɔnin]. *n. f.* (*Tonnine*, 1552 ; de *thon*). *Pêche.* Petit thon propre à la Méditerranée.

THORA ou **TORAH** [tɔʀa]. *n. f.* (1846 ; mot hébreu « doctrine, enseignement, loi »). *Relig.* Nom que les juifs donnent au Pentateuque, et *plus spécialt.* à la loi de Moïse (On écrit aussi *Tora*). « *Les Lévites... toujours passionnément attachés... au texte de la torah* » (DANIEL-ROPS). — Rouleau de parchemin enroulé autour de deux baguettes, portant le texte du Pentateuque copié à la main, selon des rites stricts. « *La Thora ainsi parée, il la plaça debout, sur un rayon de l'armoire grande ouverte* » (THARAUD).

THORACENTÈSE [tɔʀasɑ̃tɛz] ou **THORACOCENTÈSE** [tɔʀakɔsɑ̃tɛz]. *n. f.* (1846 ; de *thora*[*co*]-, et -*centèse*). *Chir.* Ponction de la paroi thoracique, destinée à évacuer une collection liquide de la plèvre. V. **Empyème.**

THORACIQUE [tɔʀasik]. *adj.* (1560 ; gr. *thôrakikos*). Qui appartient au thorax. *Cage* thoracique* [1856]. *Cavité thoracique.* Partie médiane de la cavité thoracique. V. **Médiastin.**

THORAC(O)-, -THORAX. Élément, du gr. *thôrakos* « thorax ».

THORACOPLASTIE [tɔʀakɔplasti]. *n. f.* (1890 ; de *thoraco*-, et suff. -*plastie*). *Chir.* Résection d'une ou plusieurs côtes, ou parties de côtes, pratiquée dans certains cas de tuberculose pulmonaire, pour provoquer l'affaissement du poumon malade, qui cesse alors de fonctionner. Abrév. fam. *Il a subi une thoraco* [tɔʀako].

THORAX [tɔʀaks]. *n. m.* (1478 ; *thorace*, n. f. 1300 ; mot lat., du gr. *thôrax, thôrakos*). *Chez l'homme*, Partie supérieure du tronc limitée par le diaphragme (qui la sépare de l'abdomen), délimitée en arrière par la colonne vertébrale dorsale, en avant par le sternum et latéralement par les arcs dorsaux, et dont l'intérieur constitue la cavité thoracique* où sont logés le cœur et les poumons. « *Le poil qui dessinait une palme régulière de l'abdomen au thorax* » (ARAGON). V. **Poitrine, torse.** — *Chez les vertébrés*, Partie antérieure du tronc qui fait immédiatement suite à la tête, sans être nettement séparée de l'abdomen (sauf chez les mammifères). ◇ Partie du corps de l'insecte portant les organes locomoteurs. V. **Céphalothorax, écusson** (3°), **mésothorax, métathorax, prothorax** (ou **corselet**).

THORINE [tɔʀin]. *n. f.* (1817 ; du suéd. *Thor* [dieu scand.]). *Chim.* ♦ 1° *Vx.* V. **Thorium.** ♦ 2° Oxyde de thorium ThO₂.

THORITE [tɔʀit]. *n. f.* (1872 ; de *thorium*). *Minér.* Silicate hydraté de thorium (SlO₄Th), voisin du zircon.

THORIUM [tɔʀjɔm]. *n. m.* (1846 ; mot suéd. [Berzelius, 1828], de *thorjord* « terre [minerai, roche], de *Thor* [dieu scandinave] », a remplacé *thorine* [1817]). *Chim.* Élément (masse at. env. 232 ; n° at. 90 ; symb. Th) qu'on extrait de la monazite, métal gris (dens. 11,6 ; temp. de fusion 1 700 °C), radioactif.

THORON [tɔʀɔ̃]. *n. m.* (mil. XXᵉ ; de *thor*-, et suff. chim. -*on* ; Cf. Argon, radon). *Chim.* Émanation du thorium*, isotope du radon*. *Utilisation du thoron en radiothérapie.*

THRÈNE [tʀɛn]. *n. m.* (1516 ; bas lat. *threnus*, mot gr.). *Antiq. gr.* Chant funèbre accompagné de danses, en l'honneur d'un défunt illustre. ◇ HOM. Traîne.

THRÉONINE [tʀeɔnin]. *n. f.* (apr. 1935 ; angl. *threonin*, de *thre*- ou *threo*- [préf. chimique, probabl. anagramme de *erythr*-, et *ose*] et suff. -*ine*). *Biochim.* Acide aminé entrant dans la constitution des protéines organiques, indispensable à l'alimentation de l'homme.

THRILLER [sʀilœʀ]. *n. m.* (1927 ; mot angl. ; en amér. *thriller-diller*). *Anglicisme.* Film (policier, fantastique), roman, pièce qui procure des sensations fortes. « *C'est la réalité vue à travers l'œil d'un veau qui aurait été nourri de thrillers, aurait lu Kafka en diagonale* [...] » (A. FERMIGIER).

THRIDACE [tʀidas]. *n. f.* (1842 ; lat. *thridax*, mot gr. « laitue »). *Pharm.* Extrait sec préparé avec le suc de laitue, employé comme calmant (*lactucarium*).

THRIPS [tʀips]. *n. m.* (1765 ; mot gr.). *Zool.* Insecte archiptère (*Corrodants*), de petite taille, qui s'attaque notamment à la vigne, aux céréales, à certaines fleurs.

THROMB(O)-. Élément, du gr. *thrombos* « caillot ».

THROMBINE [tʀɔ̃bin]. *n. f.* (1906; de *thromb-*, et suff. *-ine*). *Biochim.* Enzyme provenant de la prothrombine, provoquant la transformation du fibrinogène en fibrine. *La thrombine, facteur de la coagulation sanguine.* ◇ HOM. *Trombine.*

THROMBOCYTE [tʀɔ̃bɔsit]. *n. m.* (1904; de *thrombo-*, et *-cyte*). *Méd.* Plaquette* du sang.

THROMBOPHLÉBITE [tʀɔ̃boflebit]. *n. f.* (1933; de *thromb[o]-*, et *phlébite*). *Méd.* Inflammation des parois d'une veine, compliquée de thrombose.

THROMBOPLASTINE [tʀɔ̃bɔplastin]. *n. f.* (1926; de *thrombo-*, et *plaste*). *Chim.* Enzyme protéolytique sécrété par les plaquettes sanguines.

THROMBOSE [tʀɔ̃boz]. *n. f.* (1836; lat. mod., du gr. *thrombôsis* « coagulation »). *Méd.* Formation d'un caillot dans un vaisseau sanguin ou dans une des cavités du cœur chez un être vivant.

THROMBUS [tʀɔ̃bys]. *n. m.* (1539; *trumbe*, v. 1370; mot lat., du gr. *thrombos*). *Méd.* Masse sanguine coagulée dans un vaisseau, où elle détermine une thrombose.

THULIUM [tyljɔm]. *n. m.* (fin XIXe; nom donné par le chimiste suédois Clève, 1879, du lat. *Thule*, gr. *Thoulê*, nom de la Scandinavie). *Chim.* Élément (masse at. 168,9; n° at. 69; symb. Tm) du groupe des terres rares, métal blanc argenté (dens. 9,3; temp. de fusion 1 500 °C environ).

THUNE [tyn]. *n. f.* (1800, arg.; « aumône », 1628; probabl. de *T[h]unes*, forme a. f. de *Tunis*, le « roi des gueux » étant appelé par dérision *roi de Thunes*). *Pop.* Pièce de cinq francs. « *Le petit dada sur lequel il risquera deux thunes* » (QUENEAU).

THURIFÉRAIRE [tyʀifeʀɛʀ]. *n. m.* (1690; lat. ecclés. *thuriferarius*, lat. *t[h]urifer*, proprem. « qui porte [*ferre*] l'encens [*tus, turis*] »). ◆ 1° *Liturg.* Clerc chargé de l'encensoir. — (Dans divers cultes) Porteur d'encensoir. « *Les thuriféraires, qui, marchant à reculons, balançaient dans les airs leurs encensoirs* » (NERVAL). ◆ 2° *Fig.* et *littér.* (1801). Encenseur, flatteur, laudateur. V. **Flagorneur.** « *Ils étaient... d'aussi intrépides thuriféraires que quiconque; — leur manière de louer a même quelque chose d'effrontément naïf* » (GAUTIER).

THUYA [tyja]. *n. m.* (1553; gr. *thuia*). Arbre *(Conifères; Cupressinées)* d'origine exotique, proche du genévrier et du cyprès, dont une espèce fournit la sandaraque.

THYADE [tjad]. *n. f.* (1546; lat. *thyas, thyadis*, gr. *thuias*). *Myth. gr.* Bacchante.

THYLACINE [tilasin]. *n. m.* (1846; lat. zool. *thylacinus* [1827]; du gr. *thulakos* « poche, bourse », et suff. lat. *-inus*). *Zool.* Mammifère de Tasmanie, de l'ordre des marsupiaux, carnivore, vivant le jour dans les grottes et chassant la nuit.

THYM [tɛ̃]. *n. m.* (*Tym*, XIIIe; lat. *thymum*, gr. *thumon*). Plante *(Labiacées)*, sous-arbrisseau aromatique des régions tempérées, abondant dans les garrigues et les maquis. *Thym commun*, employé comme aromate, assaisonnement, condiment. V. **Farigoule.** « *De la maison venait une odeur exquise de thym, de céleri, d'aubergine. On cuisinait* » (BOSCO). *Thym sauvage.* V. **Serpolet.** ◇ HOM. *Tain, teint, tin.* Formes des v. *tenir* et *teindre*.

THYMIE [timi]. *n. f.* (mil. XXe; des mots en *-thymie*). *Psycho.* (*Rare*) Humeur, disposition affective de base.

-THYMIE. Élément, tiré du gr. *-thumia*, de *thumos* « cœur, affectivité » (*ex.* : *cyclothymie*).

THYMINE [timin]. *n. f.* (1877; de *thymus*, et suff. *-ine*). *Biochim.* Substance basique dérivée de la pyrimidine et entrant dans la constitution des acides désoxyribonucléiques de la cellule vivante.

1. **THYMIQUE** [timik]. *adj.* (1964; de *thymie*). *Psycho.* Qui concerne les thymies, l'humeur en général. *Fonction thymique*, dont dépendrait la régulation de l'humeur.

2. **THYMIQUE** [timik]. *adj.* (1611; de *thymus*). *Méd.* Qui appartient au thymus. *Veines thymiques. Loge ou capsule thymique*, enveloppe du thymus. ◇ Du thymus. *Involution thymique* : régression physiologique du thymus chez l'adulte.

THYMOL [timɔl]. *n. m.* (v. 1860; de *thym*, et [*crés*]*ol*). *Chim.* Crésol*, d'odeur agréable, qui se trouve dans les essences de thym, de serpolet et d'une ombellifère de l'Inde. *Le thymol est employé comme antiseptique.*

THYMUS [timys]. *n. m.* (1541; mot lat., du gr. *thumos*, méd., « excroissance charnue »). *Anat.* Organe glandulaire situé à la partie inférieure du cou, composé de deux lobes, très développé pendant l'enfance et régressant après la puberté. *Rôle du thymus dans les processus immunitaires.* — *Thymus du veau.* V. **Ris** (3).

THYRATRON [tiʀatʀɔ̃]. *n. m.* (v. 1939; marque déposée; gr. *thura* « porte », et suff. phys. *-tron*, *d'électron*). *Phys.* Tube triode à gaz dont le courant électronique ionise les molécules gazeuses lorsque la tension entre les électrodes est suffisante. *Les thyratrons sont utilisés comme relais, redresseurs, changeurs de fréquence.*

THYRÉO-, THYRO-. Élément signifiant « thyroïde ».

THYRÉOTROPE [tiʀeɔtʀɔp]. *adj.* (mil. XXe; de *thyréo-*, et *-trope*). *Méd.* Se dit d'une substance qui possède une activité stimulante sur la sécrétion de la glande thyroïde. *Hormone thyréotrope* ou *thyrotrope*.

THYRISTOR [tiʀistɔʀ]. *n. m.* (v. 1960; de *thyr* [ation], et [*trans*]*istor*). *Phys.* Élément à semi-conducteurs à électrode de commande, dont l'emploi et le fonctionnement sont voisins de ceux du thyratron. — *Dér.* THYRISTORISÉ, ÉE [tiʀistɔʀize], *adj.* Muni d'un thyristor.

THYROGLOBULINE [tiʀɔglɔbylin]. *n. f.* (XXe; en all. [Oswald], 1901; de *thyro-*, et *globuline*). *Biochim.* Protéine isolée des vésicules thyroïdiennes et dont dérivent par hydrolyse les hormones thyroïdiennes (V. **Thyroxine**).

THYROÏDE [tiʀɔid]. *adj.* (1560; calque du gr. *thureoeidês* « en forme de porte », altér. de *thureoeidês* « en forme de bouclier »). ◆ 1° *Anat. Cartilage thyroïde*, cartilage du larynx, situé à la partie antérieure supérieure du cou, constitué de deux lames dont la réunion sur la ligne médiane peut former une saillie (pomme* d'Adam). ◆ 2° *Par ext.* (1721). *Corps, glande thyroïde*, ou subst. (1876) *La thyroïde*, glande endocrine, située à la partie antérieure et inférieure du cou, comprenant deux lobes réunis par un isthme, composée de vésicules remplies d'une substance visqueuse *(la colloïde)* qui contient la thyroglobuline* dont proviennent les hormones thyroïdiennes (V. **Thyroxine**). *Action de la thyroïde sur la croissance, sur les métabolismes, sur le système nerveux, etc. Troubles dus à une sécrétion insuffisante* (hypothyroïdie). *V. aussi* Crétinisme, myxœdème) *ou excessive* (hyperthyroïdie) *de la thyroïde. Tumeur de la thyroïde.* V. **Goitre.**

THYROÏDECTOMIE [tiʀɔidɛktɔmi]. *n. f.* (1890; de *thyroïd[e]*, et *-ectomie*). *Chir.* Extirpation totale ou partielle de la thyroïde.

THYROÏDIEN, IENNE [tiʀɔidjɛ̃, jɛn]. *adj.* (1765; *thyroïdienne* [*glande*]; de *thyroïde*). *Anat., Méd.* Qui appartient, est relatif à la thyroïde. *Veines thyroïdiennes. Insuffisance thyroïdienne. Hormone thyroïdienne.*

THYROÏDISME [tiʀɔidism(ə)]. *n. m.* (1894; de *thyroïde*, et suff. *-isme*). *Méd.* Accidents causés par intoxication thyroïdienne, à la suite de l'ingestion trop importante d'extraits thyroïdiens.

THYROÏDITE [tiʀɔidit]. *n. f.* (1846; de *thyroïde*, et suff. *-ite*). *Méd.* Inflammation de la glande thyroïde (*Syn.* GOITRE INFLAMMATOIRE). *Thyroïdite infectieuse, parasitaire.*

THYROTROPHINE [tiʀɔtʀɔfin]. *n. f.* (v. 1970; angl. *thyrotrophin;* de *thyro[ïde]*, rad. gr. *troph*, de *trophê* « nourriture » ; *Cf. Tropho-*, et suff. *-ine*). *Biochim.* Hormone du lobe antérieur de l'hypophyse qui stimule la production des hormones de la glande thyroïde. V. **Thyroxine.**

THYROXINE [tiʀɔksin]. *n. f.* (XXe; mot angl. [1915], de *thyr[oïde]*, et du rad. de *oxyde*). *Biochim.* L'une des principales hormones thyroïdiennes, libérée dans le sang par l'hydrolyse de la thyroglobuline*, et contenant de l'iode. *La thyroxine augmente le métabolisme de base.*

THYRSE [tiʀs(ə)]. *n. m.* (fin XVe; lat. *thyrsus*, mot gr.). ◆ 1° *Antiq.* Attribut de Bacchus, bâton entouré de feuilles de lierre ou de vigne, et surmonté d'une pomme de pin, que portaient les bacchantes. ◆ 2° *Bot.* (1742). Inflorescence pyramidale en grappe composée. *Thyrses de lilas.*

THYSANOURES [tizanuʀ]. *n. m. pl.* (1827; lat. zool. *thysanuros*, XVIIIe, du gr. *thusanos* « frange », et suff. *-oure*). *Zool.* Groupe d'insectes aptères, de petite taille, sans métamorphoses, vivant dans les endroits humides. V. **Lépisme.**

Ti Symbole chimique du *titane*(*o*).

TI [ti]. Particule interrogative du langage pop., tirée du *t* de la 3e pers. verbale combiné avec le pronom *il* (du type *vient-il ?*). Ex. : *J'y va-ti, j'y va-ti pas ?*

TIAN [tijã]. *n. m.* (XXe, en fr. central; *tron* [1803]; dans un sens technique; du gr. *teganon*). *Région.* (Provence). Récipient de terre cuite (écuelle, plat, etc.). « *Renée entassait sa vaisselle dans un tian* » (CENDRARS). — Plat provençal (sorte de pâté de légumes) cuit dans un tian.

TIARE [tjaʀ]. *n. f.* (1382; lat. *tiara*, o. pers.). ◆ 1° Coiffure circulaire, entourée de trois couronnes, portée par le pape dans certaines circonstances solennelles. *Tiare pontificale.* — *Ceindre, coiffer, porter la tiare*, devenir, être pape. — *Par métaph.* (1680) Dignité papale. ◆ 2° (1511). Coiffure de forme conique portée par certains dignitaires, dans l'Orient antique.

TIBÉTAIN, AINE [tibetɛ̃, ɛn]. *adj.* et *n.* (*Tibetin*, 1765; de *Tibet*). Du Tibet. *Le lamaïsme tibétain.* Subst. *Les Tibétains.* — *Ling.* *Le tibétain*, langue littéraire, du même groupe que le birman (langues *tibéto-birmanes*), dont l'écriture est empruntée à l'Inde du Nord.

TIBIA [tibja]. *n. m.* (1541; lat. *tibia* « flûte »; « os »). Le plus gros des deux os de la jambe, en forme de prisme triangulaire. *Tibia et péroné. Fracture du tibia.* — Partie antérieure de la jambe, où se trouve le tibia. *Tibias protégés* *par des jambières.* « *Trompe-la-Mort envoya dans le tibia de Paccard un coup de pied à le lui casser* » (BALZ.). — Cet os, dessiné, symbole de mort. *Tibias croisés et tête de mort du drapeau des pirates.* ◇ *Zool.* (1872) Troisième article (insectes), cinquième division (arachnides) de la patte.

TIBIAL, ALE, AUX [tibjal, o]. *adj.* (1690; lat. *tibialis*). *Anat.* et *méd.* Du tibia. *Nerfs tibiaux. Artère tibiale antérieure, postérieure. Ponction tibiale.*

TIC [tik]. *n. m.* (*Ticq*, 1611; formation onomatopéique; Cf. it. *Ticchio* « caprice »). ♦ 1° Chez le cheval, Déglutition ou régurgitation spasmodique d'air, accompagnée de contraction de certains muscles. ♦ 2° (Fin XVIIe). *Cour.* Mouvement convulsif, geste bref automatique, répété involontairement sans but fonctionnel. « *Cette espèce de tic qui faisait trembler sa lèvre inférieure sans qu'il pût rien faire pour l'empêcher* » (Cl. SIMON). « *Possédé d'un tic nerveux, il roulait des yeux terribles et remuait le nez de la racine aux ailes* » (FRANCE). — *Par ext.* Geste, attitude habituels, que la répétition rend plus ou moins ridicule. « *Assis, il avait le tic de prendre les basques de son habit, et de les croiser sur ses cuisses* » (DIDER.). ♦ 3° *Fig.* Habitude, manie. « *Un petit artifice qui est à la longue devenu un tic et une manie* » (STE-BEUVE). « *Certains tics du style contemporain* » (A. ARTAUD). ⊗ HOM. Tique.

TICKET [tikɛ]. *n. m.* (*Ticket*, 1727; mot angl., de l'a. fr. *estiquet* « billet de logement », XVe; V. **Étiquette**). ♦ 1° Billet, rectangle de carton, de papier, donnant droit à un service, à l'entrée dans un lieu, etc. *Ticket de bagages* (Ch. de fer. V. **Bulletin**), *ticket de quai.* « *Billet d'autobus ou ticket de tramway* » (QUENEAU). *Ticket de métro, carnet de tickets. Ticket poinçonné. Composteur à tickets.* ◇ *Spécialt. Tickets de rationnement.* « *Un ticket de cent grammes de pain* » (AYMÉ). *Sans tickets,* en vente libre. — *Pop. Tickson* [tiks5], 1907. ♦ 2° *Ticket modérateur,* quote-part de frais laissée à la charge du malade, dans les Sociétés de secours mutuel, la Sécurité sociale. ♦ 3° *Pop.* (1937). Billet de mille anciens francs. ♦ 4° *Pop.* (1950). Invite galante. V. **Touche.** *Avoir un ticket, le ticket,* plaire manifestement à qqn.

TIC-TAC ou **TIC TAC** [tiktak]. *interj.* et *n. m.* invar. (1552; onomat.). Bruit sec et uniformément répété d'un mécanisme, surtout d'un mécanisme d'horlogerie. *Faire tic tac.* « *Des tic tac* » (ROMAINS), *des tic-tac.* « *Il y a un réveille-matin; la petite s'en plaint; elle dit que le tic-tac l'empêche de dormir* » (GIDE).

TICTAQUER [tiktake]. *v. intr.* (1908; de *tic tac*). Faire entendre un bruit régulier, un tic-tac. « *Sur la table, la montre tictaquait imperturbablement* » (TROYAT).

TIÉDASSE [tjedas]. *adj.* (*Néol.*; de *tiède,* et suff. péj. *-asse*). D'une tiédeur désagréable. *Boisson tiédasse.*

TIÈDE [tjɛd]. *adj.* (v. 1380; *tieve,* v. 1172; du lat. *tepidum*). ♦ 1° Qui procure une sensation thermique modérée, entre le chaud et le froid. — *Spécialt.* Légèrement chaud. *Devenir, rendre tiède,* moins chaud ou moins froid. V. **Attiédir, tiédir.** *Eau tiède. Café tiède,* refroidi. *Vent tiède. Température tiède et agréable.* V. **Doux.** *Fam. Il fait tiède.* « *On était aux beaux jours de la tiède saison* » (HUGO). — *Adv. Boire tiède.* ♦ 2° *Fig.* (XIVe). Qui a peu d'ardeur, de zèle; sans ferveur. V. **Indifférent, nonchalant.** « *Son devoir était de réchauffer le zèle de ce chrétien si tiède* » (LARBAUD). *Communiste tiède.* — *Sentiment tiède.* ◇ *Subst.* Personne peu zélée. « *Les saintes effusions des mystiques dont les tièdes se scandalisent* » (MAURIAC). ♦ 3° *Littér.* Doux et agréable, comme une légère chaleur. « *Les tièdes voluptés des nuits mélancoliques* » (MUSS.). ⊗ ANT. *Brûlant; frais, froid. Ardent, chaleureux, fanatique, fervent.*

TIÈDEMENT [tjɛdmã]. *adv.* (h. XIVe; de *tiède*). D'une manière tiède (2°), nonchalante ou indifférente, sans ardeur.

TIÉDEUR [tjedœr]. *n. f.* (1538; *tevor,* région., XIIe au sens 2°; de *tiède*). ♦ 1° État, température de ce qui est tiède; chaleur modérée. « *La molle tiédeur du bain* » (GAUTIER). *Plur. Littér. Les premières tiédeurs du printemps.* ♦ 2° *Fig.* Défaut d'ardeur, de passion, de zèle. V. **Indifférence, nonchalance.** « *La tiédeur des vieilles gens* » (LA ROCHEF.). ♦ 3° *Fig.* Douceur agréable. *La tiédeur de l'amour maternel.* ⊗ ANT. *Fraîcheur, froid. Ardeur, chaleur, ferveur, zèle.*

TIÉDIR [tjedir]. *v. intr.* (v. 1380; de *tiède*). ♦ 1° Devenir tiède (1°). *Faire tiédir l'eau.* V. **Attiédir.** « *Une sorte de buffet chauffant où l'on mettait tiédir les assiettes* » (ROMAINS). ♦ 2° *Fig.* (*Rare*). Devenir tiède (2°). « *L'ardeur des citoyens à se régénérer tiédit avec le temps* » (FRANCE). ♦ 3° *V. tr.* Rendre tiède (1°). « *L'air tiédi par un petit poêle* » (CHARDONNE). ⊗ ANT. *Refroidir.*

TIÉDISSEMENT [tjedismã]. *n. m.* (*Néol.;* de *tiédir*). Le fait de tiédir.

TIEN, TIENNE [tjɛ̃, tjɛn]. *adj.* et *pron. poss.* de la deuxième pers. du sing. (XIIIe; lat. *tuum,* devenu *toon, toen, tuen,* puis *tien.* V. **Mien, sien).**

I. *Adj. poss. Vx* ou *littér.* (épithète). De toi. V. **Ton.** *Un tien parent.* — (*Attribut*) *Littér.* « *Je suis tien, tien de l'ongle à la prunelle* » (R. ROLLAND), je t'appartiens, je suis à toi. II. *Pron. poss. Le tien, la tienne, les tiens, les tiennes,* l'objet ou l'être lié à la deuxième personne par un rapport. « *Voilà mon excuse, à moi, j'attends la tienne* » (BALZ.). « *Voilà ce qui arrive quand le bon Dieu se mêle de nos affaires. Et toi, mêle-toi des tiennes!* » (CLAUDEL). — *Fam. À la tienne!* à ta santé! *Plais.* (pour l'assonance). *À la tienne, Étienne!* — (*Attribut*) *Ce n'est pas le tien, c'est le mien.* III. *Subst.* ♦ 1° LE TIEN (*opposé à :* le mien) : ce qui est à toi, ta propriété; ce qui est à autrui. « *J'aimerais mieux tout céder que de disputer sur le tien et le mien* » (SAND). ♦ 2° DU TIEN (*partitif*). *Il faut y mettre du tien,* il faut que tu fasses un effort. ♦ 3° DES TIENNES : des folies, des fredaines (V. Sien). *Tu as encore fait des tiennes!* ♦ 4° LES TIENS : tes parents, tes amis, tes partisans. « *Tu fais pour elle ce que tu n'aurais fait pour aucun des tiens* » (GIDE). « *On dirait qu'il n'y a que toi et les tiens au monde* » (MAURIAC). ⊗ HOM. Tiens (forme du v. tenir).

TIERCE [tjɛrs(ə)]. *n. f.* (1119, « 3e heure du jour »; fém. subst. de *tiers*). ♦ 1° *Liturg. cathol.* (XVe). Petite heure* de l'office, qui se récite après prime à la troisième heure de la computation juive (vers 9 h). « *Les carillons chantant les heures canoniales, les primes et les tierces* » (HUYSMANS). ♦ 2° *Féod.* (1252). Droit d'un tiers perçu par le seigneur sur les fruits de la terre. ♦ 3° *Mus.* Troisième degré de la gamme diatonique. V. **Médiante.** *Intervalle de tierce* ou *Tierce :* intervalle de trois degrés (*ex.* : do-mi). *Tierce majeure, mineure. Tierce augmentée, diminuée.* ♦ 4° *Escr.* (1643). Troisième garde; position du poignet en dedans, horizontalement, permettant la riposte ou l'attaque en ligne basse. « *Un dégagé de quarte en tierce* » (BARBEY). ♦ 5° *Cartes* (1677). Trois cartes de même couleur qui se suivent. *Tierce majeure,* commençant par la carte la plus forte. ♦ 6° *Imprim.* Troisième et dernière épreuve d'un travail avant tirage; première feuille sortie de machine après calage de la forme. ♦ 7° *Métrol.* Soixantième partie de la seconde.

TIERCÉ, ÉE [tjɛrse]. *adj.* (*Tiercé* « soumis au droit de tierce », 1283; de *tiercer*). ♦ 1° *Agric.* Qui a subi un troisième labour. *Champ tiercé.* ♦ 2° (1545). *Blas.* Divisé en trois. *Tiercé en bande, en pal...* ◇ (1545) *Rime tiercée* ou *tierce rime* (la *terza rima* italienne) ; rimes ordonnées par groupe de trois vers. ♦ 3° (1954). *Cour. Pari tiercé,* et subst. *Le tiercé :* forme de pari mutuel où l'on parie sur trois chevaux, dans une course. *Tiercé dans l'ordre,* si l'on a désigné le gagnant et les deux chevaux placés*, dans l'ordre. *Tiercé dans le désordre. Rapport du tiercé.* — *Par ext.* Ce rapport. *Un beau tiercé; toucher le tiercé.*

TIERCEFEUILLE [tjɛrsəfœj]. *n. f.* (1690; de *tierce,* et *feuille*). *Blas.* Figure décorative représentant une fleur à trois pétales.

TIERCELET [tjɛrsəlɛ]. *n. m.* (1316; dimin. de l'a. fr. *terçuel* [XIIIe], lat. pop. °*tertiolus,* de *tertius* « tiers »). *Fauconn.* Mâle de certains oiseaux de proie plus petit d'un tiers que la femelle. *Tiercelet de faucon, d'épervier.* — *Absolt.* Faucon mâle.

TIERCER [tjɛrse]. *v. tr.; conjug. placer* (XVe-XVIe; *terchier* « soumettre au droit de tierce », 1283; de *tierce*). *Agric.* Donner un troisième labour, une troisième façon à (une terre). *Tiercer une vigne* (var. *Tercer, terser*).

TIERCERON [tjɛrsərɔ̃]. *n. m.* (1490; autre sens a. fr.; de *tiers*). *Archit.* Nervure supplémentaire de certaines voûtes gothiques, unissant l'extrémité de la lierne aux angles de la voûte.

TIERS, TIERCE [tjɛr, tjɛrs(ə)]. *adj.* et *n.* (1149, « troisième »; du lat. *tertius*).
I. *Adj.* ♦ 1° *Vx.* Troisième. *Le Tiers Livre,* de Rabelais. « *Je vous défendrais de le voir, soit dans ma maison, soit dans une maison tierce* » (MUSS.). ♦ 2° *Loc. mod. Une tierce personne,* une troisième personne, et *par ext.* Un étranger. — *Dr. Tiers arbitre* ou *tiers-arbitre,* celui qui a mission de départager les arbitres en désaccord. V. **Surarbitre.** *Tierce opposition,* exercée par une personne sur un jugement qui porte préjudice à ses droits (mais où elle n'a pas été appelée). *Tiers porteur d'un effet de commerce,* celui à qui l'effet est transmis par endossement. ◇ *Tiers État*; ellipt. *Le Tiers.* — *Tiers ordre.* V. **Ordre.** — *Imprim. Tierce épreuve.* V. **Tierce.** ◇ (1952). « *Ce Tiers monde ignoré, exploité, méprisé comme le Tiers-État* » (A. SAUVY). *Tiers monde,* le troisième groupe de nations, les pays neutralistes qui n'appartiennent ni au monde « occidental » ni au camp socialiste. « *La diversité des pays englobés dans la même expression commode de 'tiers monde' et de 'pays pauvres'* » (A. SAUVY) [souvent *Tiers-Monde*]. ◇ *Fièvre tierce* (1538), qui revient. Forme fébrile du paludisme à accès se reproduisant chaque troisième jour.
II. *N. m.* ♦ 1° Troisième personne. *Un couple et un tiers.* — « *Mon ami m'accompagnait; le sieur Santerre était en*

tiers » (BEAUMARCH.). — *Le tiers et le quart* (1656), la troisième, la quatrième personne quelconque ; n'importe qui. Loc. fam. *Se moquer, se ficher du tiers comme du quart*, des uns comme des autres. « *Il racontait de vieilles histoires, se moquait du tiers et du quart, faisait de bons mots* » (BEAUVOIR). ◇ *Dr.* Personne qui n'est et n'a pas été partie à un contrat, à un jugement. — Ayant cause à titre particulier. *Un testament fait à un tiers.* ◇ *Par ext.* Personne étrangère (à une affaire, à un groupe). V. **Étranger, inconnu.** « *Je me refuse à... voter la mort, fût-ce d'une seule personne, devant un tiers qui nous écoute* » (GIRAUDOUX). ♦ 2º Troisième terme, troisième élément. *Principe du tiers exclu.* V. **Milieu** (II, 2º). ♦ 3º La troisième partie d'un tout ; fraction d'un tout divisé en trois parties égales. « *Description trop longue au moins d'un tiers* » (CHATEAUB.). Cf. D'un bon tiers. *Les deux tiers* (d'un tout). *Les deux premiers tiers du XIVᵉ siècle.* — Loc. *Tiers consolidé**. ◇ *Dr. fisc. Tiers provisionnel*, acompte que doit verser aux mois de février et de mai, toute personne assujettie à l'impôt sur le revenu, et qui est égal au tiers de l'imposition de l'année précédente. ◇ *Législ. soc. Tiers payant*, modalité d'application des assurances (maladie, maternité, accidents du travail) selon laquelle l'organisme assureur paie directement le praticien traitant, l'établissement d'hospitalisation, etc.
III. *N. f.* V. **Tierce.**
TIERS-POINT [tjɛʀpwɛ̃]. *n. m.* (1611 ; de *tiers*, et *point*). ♦ 1º *Archit.* Sommet d'un triangle équilatéral. *Arc en tierspoint*, inscrit dans un triangle équilatéral (arc brisé équilatéral. V. **Ogive**, abusiv.). ♦ 2º *Techn.* (1765). Lime, poinçon à section triangulaire. ♦ 3º *Mar.* (1740). Voile triangulaire.
TIF ou **TIFFE** [tif]. *n. m. pl.* (1883 ; de l'a. fr. *tifer* [1170 ; du germ. *tipfon*] « parer, orner », et spécialt. [1789] « coiffer » ; a. fr. *tiffeure* « parure ; coiffure », xiiᵉ ; V. **Attifer**). *Pop.* Cheveux. « *Les tifs non pas coupés mais taillés* » (Cl. SIMON).
TIGE [tiʒ]. *n. f.* (1080 ; du lat. *tibia* [V. **Tibia**] « tige », en lat. pop.).
I. ♦ 1º Partie allongée des plantes vasculaires à symétrie axiale, qui naît au-dessus de la racine, croît en sens contraire de la racine, et porte les feuilles. *Mouvement de la sève dans la tige. Tige feuilletée, qui se ramifie* (V. **Branche**). *Tige qui naît de la souche.* V. **Rejet.** *Tige des plantes bacées* (V. **Herbe**) ; *tige souterraine* (V. **Rhizome**). *Tige aérienne. Tige ligneuse* (V. **Stipe**, tronc). *Écorce, bois, liber de la tige. Tige médulleuse**. — *Sylvic.* et *Agric. Arbre de haute tige*, ellipt. *Haute tige*, dont on laisse la tige s'élever. *Arbre de basse tige*, ellipt. *Basse tige.* ♦ 2º *(Cour.)*. Cette partie chez les plantes herbacées, lorsqu'elle n'est pas ligneuse (V. **-Caule**). *Tige droite, épineuse. Tige qui prend racine. Tige des céréales.* V. **Chaume, paille, tuyau** (2º) ; **éteule.** *Tige qui porte la fleur.* V. **Hampe, pédoncule, queue.** ♦ 3º *Arbor.* Jeune plant d'un arbre à une seule tige. *Pépiniériste qui fournit trois cents tiges.*
II. *Fig.* ♦ 1º (xviᵉ). *Tige de l'arbre généalogique*, personne dont sont issues les branches d'une famille. *Faire tige.* V. **Lignée, souche.** « *Les marquis de Lusace ont une tige... Ils ont pour père Antée, ancêtre d'Attila* » (HUGO). ♦ 2º *Zool.* Axe d'une plume d'oiseau, au-dessus du tuyau. ♦ 3º Partie d'une chaussure, au-dessus de la botte qui est au-dessus du pied, couvre la jambe. *Bottines à tige.* ♦ 4º Partie mince et allongée. *Tige d'une colonne.* V. **Fût.** — Pièce allongée droite et mince. V. **Barre, tringle.** « *Une lampe-tempête énorme, d'ordinaire accrochée à une tige de fer* » (BOSCO). *Tige de crémone. Tige d'une pompe. Tige de démarreur.* « *Dans mon ciment je noie des tiges* » (ROMAINS). ♦ 5º *Fig.* et *fam. Les Vieilles Tiges* : les premiers pilotes d'avion.
TIGELLE [tiʒɛl]. *n. f.* (1815 ; de *tige*). *Bot.* Partie de l'embryon comprise entre la radicule et le(s) cotylédon(s), et qui devient la tige.
TIGETTE [tiʒɛt]. *n. f.* (1549, « petite tige » ; dimin. de *tige*). *Archit.* (1676). Tige ornée de feuilles en volutes, du chapiteau corinthien.
TIGLON. V. **Tigron.**
TIGNASSE [tiɲas]. *n. f.* (1690 ; « vilaine perruque », 1680 ; de *tigne*, dial. de *teigne*, par compar. avec la chevelure du *teigneux*). Chevelure touffue, rebelle, mal peignée. « *Les doigts enfoncés dans sa tignasse rouquine* » (DUHAM.). ◇ *Fam.* Chevelure, cheveux. « *Il l'avait prise par la tignasse et lui martelait la figure à coups de poing* » (CARCO).
TIGRE [tigʀ(ə)]. *n. m.*, **TIGRESSE** [tigʀɛs]. *n. f.* (1165 ; fém. 1546 [avant, *une tigre*] ; lat. *tigris*, mot gr., o. iranienne). ♦ 1º *Vx.* Nom des félins à robe tachetée (léopard, panthère, etc.) ou rayée (V. **Tigré**). ♦ 2º *Mod.* Mammifère *(Félidés)* de grande taille, au pelage jaune roux rayé de bandes noires transversales, félin d'Asie et d'Indonésie ; carnassier cruel, qui chasse la nuit. *Tigre royal* ou *du Bengale. Tigresse avec ses petits. Le tigre feule, râle, rauque. Chasse au tigre. Peau de tigre*, utilisée comme tapis, descente de lit. ♦ 3º *Vx* ou *littér.* (xviᵉ). Personne cruelle, impitoyable. « *Tigre altéré de sang qui me défends les larmes* » (CORN.). *Une tigresse*, une femme très agressive, très jalouse. *Jaloux** *comme un*

tigre. ♦ 4º (Danse). *Tigre*, danseuse du corps de ballet, au-dessus du rat. ♦ 5º (1680 ; par anal. d'aspect du *tigre*, 1º). *Punaise tigre*, ou *tigre du poirier*, insecte hémiptère, aux élytres tachés de brun, qui s'attaque aux feuilles du poirier.
TIGRÉ, ÉE [tigʀe]. *adj.* (xviiᵉ ; de *tigre*, 1º). ♦ 1º Marqué de taches arrondies. V. **Moucheté, tacheté.** « *Un épouvantable banquier tigré de petite vérole* » (HUGO). *Bananes tigrées des Canaries. Cheval tigré*, tacheté de sombre (taches intermédiaires entre le « pommelé » et le « moucheté »). ♦ 2º (xixᵉ ; de *tigre*, 2º). Qui est marqué de bandes foncées. V. **Rayé, zébré.** « *Un gros chat tigré, accroupi sur un angle du comptoir la regardait dormir* » (ZOLA).
TIGRIDIE [tigʀidi]. *n. f.* (1839 ; *tigridia*, 1805 ; du lat. *tigris*). *Bot.* Plante herbacée, bulbeuse, à sépales violets mouchetés de jaune et de rouge, dite aussi *œil-de-paon*.
TIGRON [tigʀɔ̃] ou **TIGLON** [tiglɔ̃]. *n. m.* (v. 1937 ; raccourci de *tigre*, et de *lion*). *Zool.* Félin, hybride d'une lionne et d'un tigre.
TILBURY [tilbyʀi]. *n. m.* (1820 ; mot angl., nom d'un carrossier). *Ancienn.* Voiture à cheval, cabriolet à deux places, découvert et léger. *Des tilburys.* ◇ *Agric.* Charrue à siège qui se manœuvre au moyen de leviers.
TILDE [tild(ə) ; tilde]. *n. m.* (1839 ; mot esp. fém.). Signe en forme de S couché (∼) qui se met au-dessus de *n* en espagnol, lorsque *ce n* se prononce [ɲ]. *Mettre des tildes.*
TILIACÉES [tiljase]. *n. f. pl.* (1798 ; du lat. *tilia*). *Bot.* Famille de plantes à fleurs *(Dicotylédones dialipétales)*, comprenant des arbres et arbrisseaux *(ex. :* tilleul, jute).
TILLAC [tijak]. *n. m.* (1382 ; de l'a. scand. *thilja* « planche au fond d'un bateau »). *Mar. Ancienn.* Pont supérieur d'un navire.
TILLAGE. V. **Teillage.**
TILLANDSIE [tijɑ̃dsi]. *n. f.* (1846 ; lat. sav. *tillandsia*, du nom d'un botaniste suédois Elias *Tillands*). *Bot.* Plante *(Broméliacées)* aux variétés nombreuses, le plus souvent épiphytes, d'Amérique tropicale. *Une tillandsie est utilisée comme crin végétal.*
TILLE. V. **Teille. — TILLER.** V. **Teiller.**
TILLEUL [tijœl]. *n. m.* (*Tilluel*, xiiiᵉ ; lat. pop. °*tiliolus*, du lat. *tilia.* V. **Teil**). ♦ 1º Grand arbre *(Tiliacées)* à feuilles alternes simples, stipulées, à fleurs blanches ou jaunâtres, très odorantes et disposées en cymes. *Tilleul des bois, tilleul argenté, de Hongrie.* « *Une longue allée de tilleuls... formant percée, sur de gras pâturages* » (GAUTIER). *Liber de tilleul.* V. **Teille.** ◇ *Vert tilleul*, et par ext. *Tilleul*, couleur d'un vert clair, très doux. *Des gants tilleul.* « *Elle est vêtue d'une robe d'un vert tilleul passé* » (HUYSMANS). ♦ 2º (1855). La fleur et les stipules de cet arbre, séchées pour faire des infusions. *Le tilleul est un calmant.* — (1872) Cette infusion. *Une tasse de tilleul.* ◇ Le bois de cet arbre, tendre et léger, utilisé surtout en tabletterie, et par les luthiers. *Table de tilleul.*
TILT [tilt(ə)]. *n. m.* (av. 1970 ; de l'angl. *tilt* « action de basculer »). *Anglicisme.* Signal de fin de partie au billard électrique. *Faire tilt*, déclencher ce signal (qui marque l'échec). « *J'ai eu peur de faire tilt* » (LE CLÉZIO). ◇ Loc. *Faire tilt :* a) échouer ; b) [1972] déclencher un mécanisme, donner une inspiration subite. *Cette phrase a fait tilt dans son esprit. Faire mouche.* « *Mise en scène vivante* [...], *interprétation qui fait tilt* » (*L'Express*, avr. 1973). — Exclam. *Tilt !*
TIMBALE [tɛ̃bal]. *n. f.* (1492 ; altér., d'apr. *cymbale*, de *tamballe* [1471], lui-même altér. de l'esp. *atabal* [mot arabopersan], d'ap. *tambour*). ♦ 1º *Mus.* Instrument à percussion, sorte de tambour formé d'un bassin hémisphérique en laiton couvert d'une peau tendue (dont la tension est réglable par des vis) sur laquelle on frappe avec des baguettes, et qu'on utilise généralement par paires accordées à des sons différents. *Timbales d'orchestre qui font partie de la batterie.* « *Ces timbales étincelantes Qui, sous sa main puissante, ou frappées, ou tremblantes, Sonnent et font bondir le cœur !* » (HUGO). ♦ 2º (1771, par anal. d'aspect). *Cour.* Gobelet de métal de forme cylindrique, sans pied. *Une timbale en argent. Par ext.* Son contenu. *Il « renverse sur la nappe sa timbale toute pleine* » (DUHAM.). — *Par ext. Fam. Décrocher la timbale* (proprem., La timbale accrochée au mât de cocagne), obtenir une chose disputée, un résultat important. Se dit aussi par antiphrase d'un ennui attiré à force de maladresse. ♦ 3º *Cuis.* Moule de forme circulaire. ◇ Préparation culinaire (viande, crustacés, pâtes, etc., en sauce) entourée d'une pâte et cuite dans ce moule. V. **Vol-au-vent.** *Une timbale de queues d'écrevisses.*
TIMBALIER [tɛ̃balje]. *n. m.* (1671 ; de *timbale*). Cavalier qui bat les timbales. « *La fiancée du timbalier* », poème de Hugo. « *Le timbalier marchait en tête* » (GAUTIER). — Musicien aux timbales, dans un orchestre. V. **Percussionniste.**
TIMBRAGE [tɛ̃bʀaʒ]. *n. m.* (fin xviiiᵉ ; *timbraige*, blason, 1575 ; de *timbre*). ♦ 1º Opération qui consiste à timbrer un document. *Spécialt.* Oblitération par le timbre de la poste. ♦ 2º *Techn.* Apposition d'un poinçon sur une chaudière à vapeur, pour indiquer qu'elle a subi avec succès les épreuves de pression.

TIMBRE [tɛ̃bR(ə)]. *n. m.* (XIVe; « sorte de tambour », XIIe; gr. byzantin *tumbanon*, gr. class. *tumpanon*. V. Tympan).

I. ♦ 1° Cloche immobile frappée par un marteau. *Timbres d'un carillon.* — Calotte de métal qui, frappée par un petit marteau ou un vibreur, joue le rôle d'une sonnette. *Timbre d'appartement.* « *J'entends un timbre; c'est un bruit net, sec, mécanique qui dit qu'on sonne et non qui sonne* » (GONCOURT). *Timbre d'une machine à écrire, qui tinte lorsque la frappe est sur le point d'atteindre la fin de la ligne. Timbre de bicyclette. Timbre électrique.* V. Sonnerie, sonnette. ◇ (1608) *Fig.* et *fam.* (Vieilli) *Avoir le timbre brouillé, un peu fêlé,* être un peu fou, un peu dérangé. V. Timbré. ♦ 2° (XVIIe). Qualité spécifique des sons produits par un instrument, indépendante de leur hauteur, de leur intensité et de leur durée. V. Sonorité. *Le timbre de la flûte. Le timbre d'un son est caractérisé par l'intensité relative de ses harmoniques.* — Par anal. *Le timbre de la voix.* V. Son. « *Enfin sa voix avait un timbre qui donnait à son chant d'irrésistibles séductions* » (BALZ.). — Absolt. *Voix qui a du timbre :* dont la sonorité est pleine, riche (Cf. Voix cuivrée, bien timbrée). — *Phonét.* « Qualité spécifique du son, qui nous permet... de distinguer par exemple... un *a* d'un *o,* un *e* ouvert [ɛ] d'un *e* fermé [e] » (MAROUZEAU). ♦ 3° (1680). *Timbre ou corde de timbre,* corde à boyau tendue en double contre la peau inférieure d'un tambour *(peau de timbre)* pour augmenter sa résonance.

II. ♦ 1° (Par anal. de forme avec le tambour ou la cloche.) *Vx.* Partie du casque qui protégeait le crâne. ◇ (XIVe) *Blas.* Casque, ornement (couronne, tiare, mitre, mortier) placé au-dessus des armoiries pour indiquer la qualité de celui qui le porte. ♦ 2° (XVIIe). *Mod.* Marque, cachet que doivent porter certains documents à caractère officiel, et qui donne lieu à la perception d'un droit au profit de l'État; ce droit. *Le droit de timbre est recouvré par l'Enregistrement. Acte soumis à l'obligation du timbre fiscal.* ◇ Marque qu'une administration, un établissement public, une entreprise privée appose sur un document ou un objet pour en garantir l'origine. V. Cachet, marque, tampon. « *Eusèbe prenait une enveloppe... imprimait sur le coin le timbre de la maison* » (AYMÉ). *Timbre humide,* marqué à l'encre. *Timbre sec,* marqué par la pression d'une estampe métallique, sans encre. ◇ *Techn.* Poinçon ou plaque qu'on appose sur une chaudière à vapeur pour indiquer la pression maximale qu'elle peut supporter; le chiffre qui exprime cette pression. ♦ 3° Instrument qui sert à imprimer la marque appelée timbre. V. Cachet, tampon. *Timbre de cuivre, de caoutchouc. Timbre dateur, horodateur.* ♦ 4° (1802, spécialt. du précéd.). *Anciennt.* Marque postale, cachet que la poste apposait sur une lettre pour indiquer le bureau d'origine et certifier que le port avait été payé par l'expéditeur. « *Des timbres oblongs, carrés, triangulaires, rouges, bleus, apposés sur une lettre* » (BALZ.). — *Mod.* Cachet sur une lettre, un colis postal, etc., qui indique le lieu, la date et l'heure du départ (On dit plutôt *cachet*). ♦ 5° (1848: mis en vente le 1er janv. 1849). *Cour.* Petite vignette, au verso enduit de gomme, vendue par l'administration des Postes et qui, collée sur un objet confié à la poste, a une valeur d'affranchissement égale au prix marqué sur son recto (On dit aussi TIMBRE-POSTE). *Un timbre-poste de quinze centimes. Carnet, feuille de timbres. Acheter des timbres à la poste, au bureau de tabac. Surcharge d'un timbre-poste. Timbre oblitéré. Collection de timbres* (V. Philatélie). *Album de timbres. Marché aux timbres.* « *Ayant la veille vendu mes timbres-poste les plus rares à la Bourse aux timbres* » (RADIGUET). ◇ (1858). *Timbre-taxe :* timbre indiquant le port à percevoir du destinataire pour une correspondance insuffisamment affranchie ou non acquittée. ◇ *Dr. fiscal.* Vignette gommée représentant une valeur déterminée, que l'on colle sur un acte pour attester le paiement du droit de *timbre* [II, 2°] (On dit parfois *timbre mobile,* par oppos. au *papier timbré*). *Timbre de quittance* ou *timbre-quittance,* sur une quittance, un reçu, une décharge. *Des timbres-quittance.* ◇ Vignette qui atteste le paiement d'une cotisation et que l'on colle sur une carte d'adhérent. ◇ Vignettes vendues au profit d'œuvres. *Timbres antituberculeux.*

TIMBRÉ, ÉE [tɛ̃bRe]. *adj.* (XVIIe, *cerveau bien, mal timbré;* de *timbre*). ♦ 1° *Fam.* (D'une personne. Cf. Timbre, II, 1°). Un peu fou. V. Piqué. « *Le brave homme est un peu timbré; c'est le malheur et le chagrin* » (MÉRIMÉE). Subst. *Un timbré.* ♦ 2° Qui a un beau timbre (I, 2°); qui a du timbre. « *Une voix d'homme chaude et grave, bien timbrée quoique sourde* » (MART. du G.). ♦ 3° (1690). *Acte timbré,* marqué d'un cachet, d'un timbre (II, 2°), du timbre fiscal. *Cour. Papier timbré :* papier émis par le gouvernement, destiné à la rédaction d'actes civils ou judiciaires soumis au droit de timbre* (II, 2°), et portant une vignette de valeur déterminée correspondant au montant du droit à acquitter (opposé à *papier libre*). ♦ 4° *(Lettre).* Qui porte un timbre (II, 5°). *Joindre une enveloppe timbrée pour la réponse.* V. Affranchir, timbrer, 5°.

TIMBRE-POSTE, TIMBRE-QUITTANCE, TIMBRE-TAXE. V. TIMBRE.

TIMBRER [tɛ̃bRe]. *v. tr.* (v. 1350; « battre du timbre » XIIe; de *timbre*). ♦ 1° *Blas. Timbrer un écu,* mettre un timbre au-dessus de lui. — (Surtout p. p.) *Armoiries timbrées d'une couronne comtale.* ♦ 2° *Timbrer un document, un acte,* mettre en haut de la feuille la date et le sommaire du contenu. ♦ 3° Marquer (un acte, un document) du timbre fiscal. *Faire timbrer un effet de commerce à l'Enregistrement.* ♦ 4° Marquer (un document, un objet) d'un cachet, d'un timbre. V. Estampiller, marquer, tamponner. « *L'heure de vérifier la pression et de timbrer les chaudières...* » (J.-R. BLOCH). ◇ *Spécialt.* « *Le directeur des postes reçoit ici, depuis un an, des timbres timbrés d'Odessa* » (BALZ.), qui portent le timbre de la poste d'Odessa. ♦ 5° *Timbrer une lettre, un envoi postal,* y coller un ou plusieurs timbres dont la valeur représente le prix du port. V. Affranchir.

TIMIDE [timid]. *adj.* (1528; « craintif », 1518; lat. *timidus,* de *timere* « craindre »). ♦ 1° *Vieilli.* Qui manque d'audace et de décision. V. Hésitant, indécis, pusillanime, timoré. « *Racine, à travers lui, paraît, malgré lui, gris, timide, étriqué* » (GIDE). — *Cour. Une timide démarche, protestation.* ♦ 2° *Mod.* Qui manque d'aisance et d'assurance dans ses rapports avec autrui. « *Le jeune homme est souvent son ef timide* » (ROMAINS). « *Ah! Qu'il était passionné et timide* » (MAUROIS). *Amoureux timide.* V. Transi. — *Subst.* « *Le timide s'évade souvent de sa faiblesse par quelque manifestation de violence* » (DUHAM.). — *Par ext. Manières timides.* V. Embarrassé, gauche, humble. *Voix timide.* ◇ ANT. **Brave, courageux, fort. Audacieux, énergique, entreprenant, hardi. Assuré, cynique, effronté, outrecuidant.**

TIMIDEMENT [timidmɑ̃]. *adv.* (1549; de *timide*). D'une manière timide, avec timidité. V. Mollement. « *Les premiers jours, il heurtait la porte timidement, et demandait avec insistance : Je ne vous ennuie pas?* » (MAURIAC). *Il exposa timidement sa requête.* ◇ ANT. **Audacieusement, bravement, carrément, délibérément, franchement, hardiment, hautement.**

TIMIDITÉ [timidite]. *n. f.* (v. 1400; « peur, crainte »; lat. *timiditas*). ♦ 1° *Vieilli.* Manque d'audace et de décision dans l'action ou la pensée. V. Pusillanimité. « *Il cherchait les voies moyennes, par timidité plus encore que par sagesse* » (JAURÈS). *Par ext. La timidité d'une réaction.* — ♦ 2° *Mod.* Manque d'aisance et d'assurance en société; comportement, caractère du timide. V. Confusion, embarras, gaucherie, gêne, honte, modestie. *Il n'a pas osé, par timidité. Surmonter sa timidité.* ◇ ANT. **Audace, hardiesse. Aplomb, culot** (fam.), **cynisme, outrecuidance.**

TIMON [timɔ̃]. *n. m.* (XIIe; lat. pop. *timo, timonis,* lat. *temo*). ♦ 1° Longue pièce de bois disposée à l'avant d'une voiture ou d'une charrue, selon son axe longitudinal, et de chaque côté de laquelle on attelle une bête de trait. V. Flèche, palonnier. *Timon articulé à l'armon d'un carrosse.* ♦ 2° *Vx. Mar.* Gouvernail. *Timon d'un navire.*

TIMONERIE [timɔnRi]. *n. f.* (1791; de *timonier*). **I.** *Mar.* ♦ 1° Fonction, spécialité de timonier; service dont sont chargés les timoniers (1°). *Chef, quartier-maître de timonerie. Journal de la timonerie.* ♦ 2° Ensemble des matelots affectés à ce service. ♦ 3° Partie du navire qui abrite la roue du gouvernail et les divers appareils de navigation. « *Il y avait là, comme en haut, un compas, un chadburn, une boîte de morse, et un second poste de timonerie* » (VERCEL). **II.** *Techn.* Ensemble des organes de transmission qui servent à commander la direction et les freins d'une automobile, à appliquer sur les gouvernes les ordres donnés aux commandes de vol d'un avion. ◇ *Par ext. La timonerie d'un piano.*

TIMONIER [timɔnje]. *n. m.* (XIIIe; *tomonier,* XIIe; de *timon*). ♦ 1° *Mar.* Celui qui tient le *timon* (2°), la barre du gouvernail (Cf. Homme de barre*); chacun des matelots ou des gradés qui s'occupent de la surveillance de la route, de la direction du navire, de la sonde, des signaux, de la transmission des ordres. ♦ 2° Chacun des chevaux attelés de part et d'autre du timon (*opposé à* chevaux de volée*).

TIMORÉ, ÉE [timɔRe]. *adj.* (1578; lat. *timoratus* « qui craint Dieu », de *timor* « crainte »). ♦ 1° (D'abord *relig.*) Scrupuleux à l'extrême. « *Vos scrupules proviennent d'une délicatesse trop grande. Votre conscience est timorée* » (JAMMES). ♦ 2° (XVIIIe). *Cour.* Qui est trop méfiant, trop attaché à ses habitudes, qui craint le risque, les responsabilités, l'imprévu. V. Craintif, indécis, pusillanime, timide. *Caractère timoré.* « *Elle était trop timorée, attachée à sa petite ville, à son église, à sa maison, elle avait peur des voyages* » (R. ROLLAND). — *Subst. Les timorés, un timoré.* ◇ ANT. **Courageux, effronté, entreprenant, téméraire.**

TIN [tɛ̃]. *n. m.* (1465; du moy. fr. *tin, tind;* o. i.). *Mar.* Pièce de bois qui supporte la quille d'un navire en construction. V. Béquille, billot, chantier. *Tin de ber.* ◇ HOM. **Tain, teint, thym.** — (Cf. Formes des v. tenir et teindre).

TINAMOU [tinamu]. *n. m.* (1741; de *tinamu,* mot des

Caraïbes). *Zool.* Oiseau gallinacé à ailes réduites et à queue très courte, qui niche sur le sol et vit en Amérique du Sud, où on le chasse.

TINCAL [tɛ̃kal]. *n. m.* (*Tinkal*, 1765; malais *tingkal*). *Chim.* Forme impure du borax (borate de soude).

TINCTORIAL, ALE, AUX [tɛ̃ktɔʀjal, o]. *adj.* (1796; du lat. *tinctorius*, rac. *tingere* « teindre »). *Didact.* Qui sert à teindre. *Plantes, matières tinctoriales.* V. **Colorant, teinture.** — Relatif à la teinture. *Opérations tinctoriales.*

TINÉIDÉS [tineide]. *n. m. pl.* (fin XIXᵉ; *tinéites*, 1839, de *tinea* « teigne »). *Zool.* Famille d'insectes lépidoptères comprenant des papillons minuscules communément appelés *mites* ou *teignes.* Sing. *Un tinéidé.*

TINETTE [tinɛt]. *n. f.* (XIIIᵉ; dimin. de *tine* « tonneau, baquet », 1231; lat. *tina* « vase pour le vin »). ♦ 1° *Techn.* Tonnelet dont le fond est plus large que le haut, pour le transport du beurre fondu. ♦ 2° (XIXᵉ). Baquet servant au transport des matières fécales, qui supplée à l'absence de fosse d'aisances. « *Ceux qui vident les poubelles et ceux qui promènent dans la nuit nauséabonde les énormes tinettes* » (ARAGON). *Corvée de tinettes.* ◇ *Fam.* Lieux d'aisances.

TINTAMARRE [tɛ̃tamaʀ]. *n. m.* (1490; de *tinter*, et suff. obscur). Grand bruit discordant. *Le tintamarre des klaxons. Faire du tintamarre.* V. **Tapage.** « *Nous remplir la tête... de tintamarre et de galimatias* » (HUGO). ◈ ANT. **Calme.**

TINTEMENT [tɛ̃tmɑ̃]. *n. m.* (1490; de *tinter*). Bruit (de ce qui tinte). *Tintement de cloche.* « *Une sonnette dont le tintement aigu annonçait l'entrée des clientes* » (ZOLA). V. **Carillon.** — *Par ext.* Bruit semblable provoqué par des objets frappés, heurtés, qui résonnent. ◇ (1501) *Tintement d'oreilles,* bourdonnement analogue à celui d'une cloche qui tinte. « *Sans écouter ni les tintements de mon oreille, ni les battements précipités de mon cœur* » (BALZ.).

TINTER [tɛ̃te]. *v. intr.* (*Ne tinter mot*, 1080; « résonner », 1190; bas lat. *tinnitare*, fréquentatif de *tinnire*). ♦ 1° Produire des sons aigus qui se succèdent lentement (Se dit d'une cloche dont le battant ne frappe qu'un côté). V. **Résonner, sonner.** « *J'entendis le son lointain d'une cloche qui tintait : elle appelait les fidèles à la prière* » (CHATEAUB.). — *Trans.* Faire tinter. « *Vous tintez le glas pour le traître Et pour le brave le tocsin* » (HUGO). ♦ 2° Produire des sons clairs, aux harmonies aiguës. « *Le trousseau de clefs qu'il avait tiré de sa poche tinta gaiement* » (MART. du G.). — *Les oreilles me tintent.* V. **Tintement.** *Fig. Les oreilles ont dû vous tinter,* se dit à une personne dont on a beaucoup parlé en son absence. ◈ HOM. **Teinter.**

TINTIN [tɛ̃tɛ̃]. *n. m.* (XIIIᵉ, « bruit des verres qui s'entrechoquent »; onomat.). *Fig.* et *pop. Faire tintin,* être privé de qqch. (Cf. Se mettre la ceinture*). *Ellipt.* « *Tintin, conclut-elle en se tapant le menton avec l'index et le médius de la main droite* » (QUENEAU) : rien du tout (Cf. La peau!). *C'est, ça va être tintin* : c'est, cela ne sera pas possible.

TINTINNABULANT, ANTE [tɛ̃tinabylɑ̃, ɑ̃t]. *adj.* (1867; de *tintinnabuler*). *Littér.* Qui tintinnabule. *Des voitures tintinnabulantes.* « *Réveille-matin à sonnerie opiniâtrement tintinnabulante* » (GAUTIER).

TINTINNABULER [tɛ̃tinabyle]. *v. intr.* (1839; aussi *tintinnuler;* lat. *tintinnabulum* « clochette », même rac. que *tinter*). *Littér.* Se dit d'une clochette, d'un grelot qui sonne, et *par ext.* de ce qui tinte comme un grelot. « *Un paquet de breloques tintinnabulant* » (BALZ.).

TINTOUIN [tɛ̃twɛ̃]. *n. m.* (1490; fig.; de *tinter* ou *tintin*), ♦ 1° *Fam.* Bruit fatigant, vacarme. *Quel tintouin dans la rue!* ♦ 2° *Fig.* Fam. Souci, tracas. « *Quel tintouin, ces gosses* » (AYMÉ). *Avoir du tintouin.*

TIPULE [tipyl]. *n. f.* (v. 1600; lat. *tippula* « araignée d'eau »). *Zool.* Insecte (*Tipulidés*), mouche de grande taille à longues pattes grêles dont les larves rongent les racines des plantes.

TIQUE [tik]. *n. f.* (1464; moy. néerl. *tike*, p.-ê. par l'angl. *tick*). Acarien* (*Ixodidés*) parasite des animaux se nourrissant de sang, pouvant aussi piquer l'homme et transmettre diverses maladies infectieuses. — *Spécialt.* Genre de tiques (*Ixode*) vivant fixé sur la peau de divers animaux domestiques ou sauvages dont il suce le sang. *Ce chien a des tiques.* ◈ HOM. **Tic.**

TIQUER [tike]. *v. intr.* (1664; de *tic*). ♦ 1° *Vétér.* Avoir le tic (1°), en parlant du cheval. « *Dans l'écurie on entendait Bayard tirer sa chaîne et tiquer contre sa mangeoire* » (GAUTIER). ♦ 2° (Fin XIXᵉ). *Rare.* Avoir un tic. ♦ 3° *Fig.* et *cour.* Manifester par la physionomie ou par un mouvement involontaire, son mécontentement, sa désapprobation, son dépit. *Ma proposition l'a fait tiquer.* V. **Indisposer.** « *Le curé tiquait bien un peu sur ces plaisanteries* » (CÉLINE). V. **Rechigner.**

TIQUETÉ, ÉE [tikte]. *adj.* (*Ticqueté*, 1578; du néerl. *tik* « piqûre légère, point »). Marqué de petites taches. V. **Piqueté, tacheté.** « *La peau épaisse et tiquetée sur un fond de hâle* » (GONCOURT). « *Ceux qui récoltent dans les brous-*

sailles les œufs tiquetés de vert » (SAINT-JOHN PERSE).

TIQUETURE [tiktyʀ]. *n. f.* (1846; de *tiqueté*). *Didact.* État de ce qui est tiqueté. *La tiqueture d'une fleur.*

TIQUEUR, EUSE [tikœʀ, øz]. *adj.* (1664; de *tiquer*). ♦ 1° *Vétér.* Qui tique (1°). *Cheval tiqueur.* ♦ 2° *Subst. Psychiatr.* Personne qui a un tic. *Un tiqueur, une tiqueuse.*

TIR [tiʀ]. *n. m.* (1660; *vol à tir* [à tire-d'aile], h. XIIIᵉ; de *tirer,* III).
I. ♦ 1° Le fait de tirer (IV), de lancer une arme de trait ou des projectiles (à l'aide d'une arme; *spécialt.* d'une arme à feu); l'art et la manière de tirer. *Tir à l'arc, au fusil. Tir au vol* (des oiseaux). *Concours, champion de tir.* — *Exercices de tir,* dans l'armée. *Faire du tir. Champ, polygone, stand de tir.* — *Tir à blanc*. Mettre une pièce en position de tir.* V. **Batterie (en).** ◇ *Ligne de tir,* droite passant par l'axe de la bouche à feu indéfiniment prolongée. *Angle de tir,* angle de la ligne de tir avec le plan horizontal. *Plan de tir,* plan vertical mené par la ligne de tir. — *Tir* (1959). Lancement (d'une fusée, d'un engin). *Tir planétaire, lunaire.* ♦ 2° Direction selon laquelle une arme à feu lance ses projectiles; leur trajectoire. *Tir précis. Régler le tir.* V. **Hausse, mire** (ligne de); **pointer, viser.** *Tir direct, de plein fouet*. Tir courbe, d'écharpe* (oblique), *d'enfilade, à revers.* ♦ 3° Série de projectiles envoyés par une ou plusieurs armes (considérée dans ses effets). *Tir de mitrailleuse, d'artillerie.* V. **Coup, salve, rafale.** *Offrir une cible au tir ennemi.* V. **Feu.** *Tir de barrage,* tir d'artillerie effectué en avant des troupes ennemies pour arrêter leur attaque, leur interdire le débouché. « *Le tir, d'abord bloqué devant le bois, s'était élargi sur toute la ligne ennemie* » (DORGELÈS). *Préparation du tir,* calcul des trajectoires (*tables de tir*). — *Puissance de tir d'une arme, d'une unité* : quantité de projectiles d'une puissance donnée qu'elles peuvent lancer dans un temps déterminé. ♦ 4° Manière dont une arme envoie ses projectiles. *Armes à tir automatique, semi-automatique. Canon à tir rapide.* ♦ 5° Le fait de tirer (IV, 4°), au jeu de boules. *Les règles de tir sont différentes à la pétanque.* — *Football.* Shoot. *Tir au but.*
II. Emplacement aménagé pour s'y exercer au tir à la cible. V. **Stand.** *Tir forain.* « *Il se passionna pour un niais à faire des cartons au Tir Universel* » (ARAGON). — TIR AU PIGEON, dispositif pour s'exercer au tir des oiseaux au vol (oiseaux vivants ou projection de simulacres); emplacement où l'on s'exerce à ce tir. ◈ HOM. **Tire** (1 et 2).

TIRADE [tiʀad]. *n. f.* (1610; h. XVᵉ; de *tirer*). ♦ 1° Développement continu et assez long (d'une même idée). « *Des tirades d'amour conjugal* » (LACLOS). — Développement littéraire. ♦ 2° (1672). Longue suite de phrases, de vers, récitée sans interruption par un personnage de théâtre. « *Considérer les longues tirades de Phèdre, tout indépendamment de l'ensemble, comme des poèmes* » (GIDE). *La tirade du nez,* dans le *Cyrano* de Rostand. — *Par anal.* (*souv. péj.*) Longue phrase emphatique. « *Je vois, lui répondit sa femme en l'interrompant au milieu d'une tirade* » (BALZ.).

TIRAGE [tiʀaʒ]. *n. m.* (av. 1600; « halage », v. 1498; de *tirer*).
I. Le fait de tirer (I); son résultat. ♦ 1° (v. 1600). Allongement, étirage. *Tirage de la soie,* afin de former le fil. — *Métall. Tirage des métaux* (à la filière, etc.). V. **Étirage, tréfilage.** — *Tirage des étoffes.* ♦ 2° Déplacement. V. **Traction.** Vx. *Le tirage d'un bateau.* V. **Halage.** *Chevaux de tirage,* de halage. Mod. *Tirage d'un cordon, d'une corde,* etc., pour déclencher un mécanisme. *Cour.* « *Le cordon de tirage... fit résonner une petite sonnette* » (BALZ.). ♦ 3° *Fig.* et *fam.* (1844). *Il y a du tirage,* des difficultés, des frottements. ♦ 4° (De *tirer,* I, B, 2°). Attraction par le foyer de l'oxygène nécessaire à une combustion; mouvement de l'air qui en résulte. *Tirage d'une cheminée. Régler le tirage.* « *Le chauffeur venait aussi de lever la tige du cendrier, ce qui activait le tirage* » (ZOLA).
II. (1680; de *tirer,* III, 2°). ♦ 1° Le fait d'imprimer, de reproduire par impression. V. **Impression; imprimerie.** *Tirage à la main, à la presse mécanique, à la rotative.* ♦ 2° Ce qui est ainsi imprimé. *Un beau tirage sur papier glacé.* ◇ Ensemble des exemplaires, quantité d'exemplaires imprimés, sortis de presse en une fois. *Premier tirage. Tirage limité. Tirages* (ou *tirés*) *à part* (d'un article de revue). *Par ext.* (d'un exemplaire) *Tirage de luxe, numéroté, sur alfa...* V. **Édition.** — Quantité totale d'exemplaires. *Journal à grand, gros, fort tirage.* ♦ 3° (1680). Opération par laquelle on reproduit sous un aspect définitif une planche, etc. (une œuvre gravée). V. **Gravure.** *Tirage d'une estampe, d'une planche.* ◇ *Phot.* (1858). Opération par laquelle on obtient une image positive (épreuve), soit en transmettant l'image négative sur une émulsion positive (*tirage par contact*), soit en transformant chimiquement le négatif (*tirage par inversion*). *Développement et tirage. Le tirage d'un film.*
III. ♦ 1° (1752). Désignation par le sort; fait de tirer (V) au hasard un ou plusieurs numéros. *Tirage d'une loterie.*

Demain le tirage! Tirage au sort*. ♦ 2° Le fait de tirer le vin. *Le bouchon « indiquait d'une manière certaine qu'il y avait longtemps que le tirage avait eu lieu »* (BRILLAT-SAV.). ♦ 3° Émission (d'une lettre de change, d'un chèque). *Tirage en l'air* (d'une traite qui ne correspond à aucune créance du tireur sur le tiré). *Droits de tirages spéciaux.*

TIRAILLEMENT [tiʀɑjmɑ̃]. *n. m.* (xvie ; de *tirailler*). ♦ 1° (De *tirailler*, I). Le fait de tirer à plusieurs reprises, en divers sens. ♦ 2° *Fig.* Le fait d'être tiraillé, tourmenté, ballotté (entre divers sentiments, désirs, etc.). « *L'ère des doutes, tiraillements de la pensée qui provoquent les crampes d'estomac* » (FLAUB.). ◇ Difficulté résultant de volontés ou d'intérêts contradictoires. V. **Conflit** (2°), **désaccord.** « *Tiraillements, entre l'autorité nationale et l'administration* » (MIRABEAU). ♦ 3° (1721). Sensation douloureuse de tension variable ; spasme qui donne cette sensation (V. **Crampe**). *Tiraillement d'estomac, d'intestin.* « *Les tiraillements douloureux des plaies qui se cicatrisent* » (MAUPASS.).

TIRAILLER [tiʀɑje]. *v.* (1542 ; de *tirer*, I).
I. *V. tr.* ♦ 1° Tirer à plusieurs reprises, en diverses directions. « *Toute une légion de monstres se suspendent à son manteau et le tiraillent de tous côtés pour lui faire perdre l'équilibre* » (MUSS.). — *Tirailler qqn par le bras, par la manche.* ♦ 2° *Fig.* Agir d'une manière fréquente et importune sur..., en sollicitant contradictoirement. V. **Harceler, houspiller, importuner.** « *Un de ces conseils contradictoires qui tiraillaient la volonté du roi* » (CHATEAUB.). V. **Ballotter, écarteler.** « *Il établit le pour et le contre, changeant à tout moment de résolution, combattu, malheureux, tiraillé par les raisons les plus contraires* » (MAUPASS.). — *Pronom.* S'entendre mal. « *Si nous nous tiraillons un peu trop avec Anne, je me marierai un peu plus tôt* » (SAGAN).
II. (xviie ; de *tirer*, IV). *V. intr.* Tirer souvent, irrégulièrement, en divers sens. *Des chasseurs qui tiraillaient dans les bois.* ◇ *Spécialt.* Faire un tir irrégulier, à volonté. *Tirailler sur l'ennemi, pour le harceler.* V. **Tirailleur.**

TIRAILLERIE [tiʀɑjʀi]. *n. f.* (1757 ; de *tirailler*). ♦ 1° *Rare.* Tiraillements (1°) répétés. ♦ 2° (1812). Feu de tirailleurs.

TIRAILLEUR [tiʀɑjœʀ]. *n. m.* (1740 ; « celui qui tire en tous sens », 1578; de *tirailler*). ♦ 1° Soldat détaché pour tirer à volonté sur l'ennemi. *Francs-tireurs et tirailleurs. En tirailleurs,* se dit d'une formation en lignes espacées, de faible densité et sans profondeur. « *Toute la journée ils avaient été en tirailleurs dans les jardins* » (MÉRIMÉE). — *Fig.* Personne qui agit, se bat isolément, en franc-tireur. ♦ 2° *Ancien.* Soldat de certaines troupes d'infanterie, hors du territoire métropolitain, formées d'autochtones, encadrés par des Français. *Tirailleurs algériens, sénégalais. Chéchia de tirailleur. Le troisième régiment de tirailleurs,* et ellipt. *Le troisième tirailleurs.*

TIRANT [tiʀɑ̃]. *n. m.* (1300, « corde pour tirer »; de *tirer*, I). ♦ 1° Ce qui sert à tirer. *Spécialt.* (1573) *Les tirants d'une bourse.* V. **Cordon.** ◇ (1660) Pièce de cuir, de tissu, servant à chausser les bottes (en la tirant). *Tirants d'une chaussure, d'un soulier,* les parties qui sont de chaque côté, sur le cou-de-pied, et qui portent les attaches (œillets, crochets, etc.). ♦ 2° (1335). *Archit., Techn.* Pièce, généralement horizontale, soumise à un effort de traction. *Tirant d'une ferme de comble.* V. **Entrait.** *Tirants sous les arcades* (pour en empêcher l'écartement). ♦ 3° (1677). *Mar.* Quantité, volume d'eau que déplace, « tire » un navire ; distance verticale entre la ligne de flottaison et la quille. V. **Calaison.** *Tirant avant, arrière.* — *Plus cour.* TIRANT D'EAU (même sens). ♦ 4° *Tirant d'air :* hauteur maximale entre la flottaison et les superstructures. *Par ext.* Hauteur libre d'un pont. ♦ 5° *Bouch.* Tendon. ⊕ HOM. *Tyran.*

TIRASSE [tiʀas]. *n. f.* (1379 ; de *tirer*, I ; Cf. a prov. *Tirassar* « traîner par terre »). ♦ 1° *Chasse.* Filet pour prendre certains oiseaux (cailles, perdrix). ♦ 2° (1808). *Mus.* Dans un orgue, Combinaison de leviers qui permettent d'accoupler le pédalier aux claviers manuels, ou bien les claviers manuels entre eux ; commande de ce dispositif. V. **Pédale.**

1. **TIRE** [tiʀ]. *n. f.* (1690 ; *teire, tiere* « rangée, file », xiie ; aussi *à tire, d'une tire* « sans interruption » ; du frq. *°tori,* avec infl. de *tire* [2]). *Blas.* Trait ou rangée horizontale du vair.

2. **TIRE** [tiʀ]. *n. f.* (*Jouer à la tire,* déb. xvie ; de *tirer).* ♦ 1° *Pop. Vol à la tire,* en tirant qqch. de la poche, du sac de qqn. *Voleur à la tire* (V. **Pickpocket**). ♦ 2° *Arg.* (« route », 1837; de *tirer* « aller »). Voiture automobile. « *Charles avait trouvé une place pour garer sa tire* » (QUENEAU). ⊕ HOM. *Tir.*

3. **TIRE** [tiʀ]. *n. f.* (1810 ; de *tirer*). *Canada.* Sirop* d'érable très épaissi, ayant la consistance du miel. *Tire en boîte.* « *Sur la table reposait un grand baquet de neige ; on y jetait du sirop qui durcissait aussitôt et devenait une belle tire odorante et couleur de miel* » (G. ROY). — Confiserie à la mélasse ou au sirop d'érable.

TIRE-. Premier élément de composés du v. *tirer.*

TIRÉ, ÉE [tiʀe]. *adj.* (1534 ; de *tirer).* ♦ 1° Qui a été tiré, tendu, ajusté. « *Ses cheveux étaient bien reluisants, bien peignés, bien tirés en alignement* » (SAND). Par ext. *Être tiré à quatre épingles*.* ◇ *Par ext.* Allongé, amaigri par la fatigue. « *La petite figure maigre et tirée du neveu* » (STENDHAL). *Les traits tirés.* V. **Fatigué.** ♦ 2° Qui a été tiré (I, A, 2°). *« Le verrou tiré, il se crut imprenable »* (HUGO). Loc. fig. *Tiré par les cheveux*.* ♦ 3° Qui a été tiré (III), tracé, imprimé. *Exemplaires tirés à part.* Subst. *Un tiré à part.* ♦ 4° Qui est tiré (IV). *Coups de mousquet tirés au hasard.* ◇ Subst. (Chasse) UN TIRÉ : chasse au fusil. « *Il n'y a pas de tiré plus difficile* » (BUFF.). — Lieu d'un terrain de chasse réservé au tir. *Layons pratiqués dans un tiré.* ♦ 5° Qui est tiré, que l'on a tiré (V) d'un lieu, d'un ensemble, et *fig.* d'une situation. *Sujet de roman tiré d'un fait divers.* — (Personnes) *Tiré du danger, de l'indécision.* Loc. *Tiré d'affaire*.* ◇ Loc. *Être à couteaux* tirés* (rare au sing.) : « *Je déteste Poirier et j'ai toujours été à couteaux tiré avec lui* » (AYMÉ). ♦ 6° *Chèque tiré sur qqn,* émis de façon à prélever une somme sur le crédit de son compte. Par ext. *La personne tirée,* et subst. LE TIRÉ : la personne désignée comme devant effectuer le payement à l'échéance. V. **Chèque, lettre** (de change).

TIRE-AU-CUL [tiʀoky] *(pop.),* ou *(fam.)* **TIRE-AU-FLANC** [tiʀoflɑ̃]. *n. m. invar.* (1887-1918 ; de *tirer* [au flanc], et *cul, flanc*). *Dans l'armée,* Soldat qui tire au flanc, cherche à se « défiler », à échapper aux travaux, aux corvées, etc. V. **Paresseux, simulateur** (On écrit aussi, sans trait d'union. *Tire au cul, tire au flanc*).

TIRE-BALLE ou **TIRE-BALLES** [tiʀbal]. *n. m.* (xvie ; de *tirer* [V] « extraire », et *balle*). *Chir.* Ancien instrument servant à extraire une balle, un projectile d'une plaie profonde.

TIRE-BONDE [tiʀbɔ̃d]. *n. m.* (1836 ; de *tirer* [V], et *bonde*). *Techn.* Outil servant à retirer la bonde d'un tonneau. *Des tire-bondes.*

TIRE-BOTTE [tiʀbɔt]. *n. m.* (1690 ; de *tirer* [I et V], et *botte*). ♦ 1° (De *tirer*, I). Crochet que l'on passe dans le tirant d'une botte (pour la mettre). ♦ 2° (De *tirer*, V). Planchette présentant une entaille où peut s'emboîter le talon, qui sert à se débotter. *Des tire-bottes.* « *Il nous semblait à chaque pas qu'un tire-botte invisible empoignait nos chaussures par le talon* » (GAUTIER).

TIRE-BOUCHON [tiʀbuʃɔ̃]. *n. m.* (1718 ; de *tirer* [V], et *bouchon*). ♦ 1° Instrument, formé d'une hélice de métal et d'un manche, qu'on enfonce en tournant dans le bouchon d'une bouteille pour le tirer. *Tire-bouchon à vis. Des tire-bouchons.* ♦ 2° *En tire-bouchon :* en hélice (circulaire), en « spirale ». *Queue en tire-bouchon* (des cochons). « *Un escalier en tire-bouchon menait au premier* » (J.-R. BLOCH). — *Cheveux frisés en tire-bouchons.* ♦ 3° Mèche de cheveux frisés en hélice (boucle, anglaise). « *Porter de longs tire-bouchons tordus très fins et abondants sur les tempes* » (NERVAL).

TIRE-BOUCHONNER ou **TIREBOUCHONNER** [tiʀbuʃɔne]. *v.* (1869 ; de *tire-bouchon*). ♦ 1° *Rare. V. tr.* Mettre en tire-bouchon, en spirale. « *Ces bourrelets de plis, que Gavarni tirebouchonne au bas de ses pantalons d'inventeurs* » (GONCOURT). ◇ *Au p. p.* Cour. *Pantalons tirebouchonnés.* ♦ 2° *V. pron.* Se tortiller. « *Tenez, en y pensant, je me tords, je me tirebouchonne, je vais crever de rire !* » (LARBAUD).

TIRE-BOUTON [tiʀbutɔ̃]. *n. m.* (1680 ; de *tirer* [I], et *bouton*). *Vieilli.* Crochet servant à boutonner chaussures, guêtres, gants (en tirant la boutonnière). *Des tire-boutons.*

TIRE-BRAISE [tiʀbʀɛz]. *n. m. invar.* (1828 ; prov. *tira-brasa,* xive ; de *tirer* [V], et *braise*). *Techn.* Ringard de boulanger, servant à retirer la braise du four.

TIRE-CLOU [tiʀklu]. *n. m.* (1676 ; de *tirer* [V], et *clou*). *Techn.* Outil d'une tige plate et dentée, pour arracher les clous. *Des tire-clous de couvreur.*

TIRE-D'AILE (À) [atiʀdɛl]. *loc. adv.* (À *tire d'aile,* 1532 ; avec trait d'union, xviie ; « le fait de voler » [xvie], crois. entre *tire* (II), et *tire* 1 [du frq], et *aile ;* Cf. anc. fr. *Voler à tire,* de sens « s'arrêter »). Avec des coups d'ailes, des battements rapides et ininterrompus. *Oiseaux qui volent, filent, partent à tire-d'aile.* « *Des oiseaux qui, deux à deux, passaient à tire-d'aile* » (FROMENTIN). *Fig.* Très vite, comme un oiseau. V. **Rapidement.** ◇ On écrit parfois À TIRE D'AILES.

TIRÉE [tiʀe]. *n. f.* (1927 ; *tout d'une tirée* « sans interruption », 1596 ; « ligne qu'on tire », 1573 ; de *tirer*. V. **Tire** 1). *Fam.* Longue distance pénible à parcourir. ◇ *Fig. Il y en a toute une tirée :* une tapée.

TIRE-FESSES [tiʀfɛs]. *n. m.* (v. 1960 ; de *tirer* [I], et *fesse*). *Fam.* Téléski, remonte-pente.

TIRE-FILET [tiʀfilɛ]. *n. m.* (1765 ; de *tirer* [III], et *filet*). *Techn.* Outil pour tracer des traits fins sur bois ou sur métal. *Des tire-filets.*

TIRE-FOND [tiʀfɔ̃]. *n. m. invar.* (1549 ; prov. 1405 ; de *tirer* [I], et *fond*). ♦ 1° Longue vis dont la tête est un anneau. *Tire-fond fixé dans un plafond pour y suspendre un lustre.*

V. **Suspension.** ♦ 2° Longue vis à bois, à tête carrée, servant à divers assemblages. — Ch. de fer (1890). *Tire-fond fixant un coussinet, un rail à la traverse.*

TIRE-JUS [tiʀȝy]. *n. m. invar.* (1805; de *tirer* [V], et *jus*). *Pop.* Mouchoir. « *Il arrivait... sans mouchoir; mon Dieu! oui, il avait perdu son tire-jus* » (ZOLA).

TIRE-LAINE [tiʀlɛn]. *n. m. invar.* (1611; de *tirer* [V] *la laine* « voler les vêtements »). *Vx.* Voleur, rôdeur qui détroussait les passants. « *Comme nous passions,... sur le Pont-Neuf..., nous fûmes attaqués par cinq ou six tire-laine* » (SCARRON).

TIRE-LAIT [tiʀlɛ]. *n. m. invar.* (1924; de *tirer* [V], et *lait*). Petit appareil permettant d'aspirer le lait du sein.

TIRE-LARIGOT (À) [atiʀlaʀigo]. *loc. adv.* (1536; de *tirer* [V] « aspirer », et *larigot**). Beaucoup, en quantité. « *Deviens gras, mon Antoine, bois et mange à tire-larigot. Que tu vives au moins le dernier* » (JOUHANDEAU). V. **Gogo (à).**

TIRE-LIGNE [tiʀliɲ]. *n. m.* (1680; de *tirer* [III], et *ligne*). Petit instrument de métal dont l'extrémité est formée de deux becs serrés par une vis, et servant à tracer des lignes de largeur constante. *Compas à tire-ligne. Utiliser un tire-ligne et de l'encre de Chine. Des tire-lignes.*

TIRELIRE [tiʀliʀ]. *n. f.* (XIIIᵉ; probabl. même mot que *tire-lire*, refrain de chansons, onomat. désignant le chant de l'alouette, p.-ê. à cause du bruit que font les pièces de monnaie). ♦ 1° Petit récipient percé d'une fente par où on introduit les pièces de monnaie. V. **Cagnotte, caisse.** *Casser la tirelire, pour avoir les pièces de monnaie. Mettre des sous, ses économies dans une tirelire.* — *Par anal. Fam.* « *Bouche fendue en tirelire* » (GAUTIER). ♦ 2° *Fig. Pop.* Estomac, ventre. *Qu'est-ce qu'il s'est collé dans la tirelire!* V. **Manger.** ◇ *Tête. Il a reçu un coup sur la tirelire.*

TIRE-L'ŒIL [tiʀlœj]. *n. m. inv.* (1886; de *tire,* et *l'œil*). *Vieilli.* Ce qui attire l'attention. « *Un homme comme tout le monde, sans une tare, une bosse, un tire-l'œil* » (VALLÈS).

TIRE-PIED [tiʀpje]. *n. m.* (1611; de *tirer* [I], et *pied*). *Techn.* Courroie, lanière de cuir dont se servent les cordonniers pour fixer l'ouvrage sur leurs genoux.

TIRER [tiʀe]. *v.* (*Tirer* [« tourmenter »] *sa barbe,* 1080; p.-ê. réduction de l'a. fr. *martirier* « torturer » [V. **Martyre**], dans : *le martirans* « le bourreau » [*mar* = mal, adv.]).
I. Exercer un effort sur..., de manière à allonger, à tendre, ou à faire mouvoir. ☒ *V. tr. (dir.).* ♦ 1° Amener vers soi une extrémité, ou éloigner les extrémités de (qqch.), de manière à étendre, à tendre. V. **Allonger, distendre, étendre, étirer, raidir,** une corde. *Tirer sa jupe vers le bas.* « *Il jeta vers la glace un bref regard d'ensemble, et tira ses manchettes* » (MART. du G.). *Tirer ses chaussettes.* — *Vx.* Loc. fig. *Tirer ses chausses, ses grègues :* fuir. — *Tirer les cheveux. Tirer les oreilles. Fig. Se faire tirer l'oreille,* se faire prier. — *Tirer la chaîne d'une sonnette. Tirer la sonnette d'alarme. Tirer les fils des marionnettes.* — *Loc. fig. Tirer les cordes, les ficelles,* faire agir, manœuvrer. *L'Allemagne* « *tire les ficelles et fait agir l'Autriche* » (MART. du G.). — (Sujet de chose) « *Le sparadrap, collé sur sa joue, en tirait obliquement la peau tendue* » (FLAUB.). ◇ *Techn.* Étirer. *Tirer du métal en fils* (V. **Ductile.**) ◇ *Spécialt.* (h. XIIᵉ, « torturer »). *Tirer un supplicié à quatre chevaux.* V. **Écarteler.** — *Loc. fig.* (du sens « étirer, allonger ») *Tirer (qqch.) en longueur,* faire durer à l'excès. V. **Allonger.** ♦ 2° (v. 1150). Faire aller dans une direction, en exerçant une action, une force sur la partie qu'on amène vers soi (tout en restant immobile). V. **Attirer.** *Tirer un tiroir,* pour l'ouvrir. *Tirer un fardeau vers soi. Tirer l'échelle, le haut de l'échelle, qui est appuyée (contre un mur, etc.).* Loc. fig. *Après celui-là, il faut tirer l'échelle :* il n'y a plus rien à faire, à espérer. — *Tirer une porte derrière soi, après soi.* V. **Fermer.** *Tirer la porte sur soi.* — *Tirer l'aiguille,* l'amener, la ramener vers soi; *par ext.* Travailler à l'aiguille, coudre. — TIRER (QQCH.) À SOI : vers soi; le prendre. *Tirer la couverture à soi.* « *Ursus, se mettant de moitié dans le succès de Gwynplaine, et tirant la nappe à lui, comme on dit en langue cabotine* » (HUGO). — *Fig. Tirer (qqch.) à soi.* V. **Amener, attirer.** *Tirer un auteur, un texte à soi* (en l'expliquant), le solliciter, lui faire dire ce qu'on veut. ◇ *Faire* mouvoir latéralement pour ouvrir, fermer. « *Les Turcs se couchent avec le soleil et tirent les verrous sur leurs portes* » (LOTI), *Tirer les rideaux.* ◇ *Loc. fig. Tirer le diable** par la queue.* ♦ 3° Faire avancer, mouvoir; déplacer derrière soi. V. **Traîner; entraîner.** « *Six forts chevaux tiraient un coche* » (LA FONT.). *Tirer un navire, une remorque.* V. **Haler, remorquer, touer.** ◇ *(Tirer du pied* « boiter », *vieilli). Tirer la jambe.* V. **Traîner.** « *Tirant la jambe comme un insecte blessé, il arpenta la chambre* » (MART. du G.). ♦ 4° *Fig. Attirer. Tirer l'attention, le regard.* « *Rien ne tirait l'œil; mais la veste noire était de soie* » (MART. du G.). ☒ *V. tr. indir.* ou *intr.* ♦ 1° TIRER SUR... exercer une traction, faire effort sur..., pour tendre ou pour amener vers soi. *Tirer sur une ficelle.* Loc. fig. *Tirer sur la ficelle,* exagérer, aller trop loin. — *Tirer sur les rênes,* pour arrêter un cheval. ◇ Intrans. « *Ses crocs s'enfon-*

çaient dans le cuir de ma veste. Il tirait, glissait, tirait encore » (BOSCO). *Tirer de toutes ses forces. Cheval qui tire à hue, à dia* (vers la gauche, vers la droite). ♦ 2° (*Tirer son haleine* « respirer », 1530). TIRER SUR : exercer une forte aspiration sur. V. **Aspirer.** « *Tirer tant qu'on veut sur le tuyau de sa pipe et amener à soi toute la quantité de fumée qu'on veut* » (RAMUZ). ◇ *Intrans.* (av. 1850) Avoir une bonne circulation d'air. *Poêle qui tire bien.* V. **Tirage.** ♦ 3° *V. intr.* Subir une tension, éprouver une sensation de tension. *La peau lui tire.*
II. Se mouvoir, aller dans une direction ou le long de; avancer, progresser dans le temps. ☒ *V. intr.* ♦ 1° TIRER À (1170, « tendre vers »). *Vx.* Aller vers... — Loc. pop. (1881-1883) *Tirer au flanc* [se dérober sur le côté], *au cul* [en arrière] : chercher à échapper à un travail, à une corvée. V. **Tire-au-cul, tire-au-flanc.** ◇ *Tirer à sa fin* (1669; *tirer à fin,* XVᵉ), approcher de la mort, être à l'agonie. — (D'une chose) Approcher de sa fin. V. **Toucher.** *Le spectacle tire à sa fin.* « *Ce que nous avons tiré à sa fin* » (DIDER.). ◇ *Fig. Cela ne tire pas à conséquence :* n'est pas grave. ♦ 2° *Fig.* TIRER À *(vx),* VERS, SUR, APRÈS (fin XVᵉ, *vx* ou *région.* [Belgique]) : se rapprocher de (qqch.), avoir un rapport (de ressemblance, d'évocation). V. **Ressembler** (à). *Un or* « *tirant un peu sur le beige* » (SARRAUTE). ☒ Trans. dir. (*Tirer la voie* « s'acheminer », 1210). ♦ 1° *Mar. Tirer des bordées** (et *fig.*) ◇ Vieilli. *Tirer l'eau,* déplacer une certaine masse d'eau (en parlant d'un navire). V. **Tirant,** 3°. ♦ 2° (1789). *Fam.* Passer péniblement (une durée, un laps de temps). *Tirer six mois de prison.* V. **Faire.** « *Il pensait : Il a de la chance; moi, j'ai encore un an à tirer* » (SARTRE). « *C'était toujours un dimanche de tiré* » (CAMUS).
III. *V. tr.* ♦ 1° (1538). Allonger sur le papier (une figure) en écrivant, en dessinant, en gravant. *Tirer une ligne* (V. **Tire-ligne**), *un trait. Tirer une perpendiculaire,* abaisser. — *Tirer une allée au cordeau.* — *Techn.* Tracer sur le terrain, en creusant, etc. *Tirer des canaux.* — Par ext. *Tirer un plan,* le tracer; et *fig.* l'élaborer. *Tirer des plans sur la comète**. — *Tirer l'horoscope,* l'établir (V. **Astrologie**). ♦ 2° *Vx* ou *plaisant.* Représenter ou reproduire graphiquement. « *Diderot fut victime d'un petit accident... Garand en profita pour tirer son portrait à l'huile* » (BILLY). *Se faire tirer le portrait,* dessiner, peindre, *puis* photographier. — (1898). *Tirer une épreuve* (gravure, litho). *Tirer des épreuves photographiques.* V. **Tirage.** ◇ *Spécialt.* Imprimer. *Tirer un livre à tant d'exemplaires. Par anal.* Fabriquer en plusieurs exemplaires. *Absolt.* BON À TIRER : mention portée sur les épreuves corrigées, bonnes pour l'impression. *Subst. Les bons à tirer :* ces épreuves. — *Journal qui tire à trente mille,* qui imprime trente mille exemplaires.
IV. (*Tirar,* prov., 1280). ♦ 1° Envoyer au loin (une arme de trait, un projectile) au moyen d'une arme. V. **Tir.** *Tirer une flèche, une balle.* — *Tirer un coup de revolver; de fusil, de canon. Tirer un coup de feu sur qqn.* — (De l'arme) « *C'était encore la petite pièce de canon, elle tirait cinq coups par minute* » (STENDHAL). ◇ *V. intr.* Envoyer un projectile avec une arme. « *On le fait... coucher en joue, tirer* » (VOLT.). *Tirez!* V. **Feu.** *Allus. hist. Messieurs les Anglais, tirez les premiers! :* paroles des soldats français à Fontenoy (1745). — *Par ext.* Se servir plus ou moins bien d'une arme à feu. *Apprendre à tirer. Tirer bien, mal. Il tire comme un pied* (fam.), il ne sait pas tirer. *Tirer dans toutes les directions.* V. **Canarder, tirailler.** *Se tirer dessus. Tirer à vue. Tirer sur une cible, à la cible; tirer au but,* faire mouche. — Loc. fam. *Ne tirez pas sur le pianiste :* soyez indulgents. « *Une ville du Texas, avec ses lieux de plaisir, où on lit sur une pancarte : Prière de ne pas tirer sur le pianiste qui fait de son mieux* » (GONCOURT). — *Tirer dessus.* — *Tirer contre* (un objectif). — *Tirer dans le dos* (fig.), *dans les pattes**, *dans les jambes* (fig.). — *Tirer à bout** portant sur qqn (au pr. et au fig.). — *Tirer dans le tas.* ◇ TIRER À : avec (telle arme). *Tirer à l'arc, au fusil.* — Employer une arme (avec tel projectile). *Des compagnies de gardes françaises qui tiraient, à poudre d'abord, puis à balles* » (MICHELET). *Tirer en l'air. Tirer à blanc. Tirer à boulets** *rouges sur qqn.* ♦ 2° (1490). Faire partir (une arme à feu), faire exploser. V. **Décharger.** *Tirer le canon.* — *Tirer des fusées. Tirer un feu d'artifice* (V. **Pyrotechnie**). Loc. *Tirer sa poudre aux moineaux.* ♦ 3° (1490). Tirer un coup de feu, ou décocher un trait, de façon à atteindre, abattre (une personne, un animal). *Tirer un oiseau au vol.* « *Un talent naturel et singulier pour tirer les perdrix et les lièvres* » (STENDHAL). « *Mais oui, j'ai tiré vingt parachutistes et tu as arrêté un tank à toi tout seul* » (SARTRE). V. **Descendre** (*fam.*). ♦ 4° *Par anal. (Boules).* Lancer (la boule) de manière à heurter le cochonnet ou une autre boule. *Tirer la boule,* et absolt. *Tirer.* (*Football*) Shooter. *Tirer au but.*
V. (1080). Faire sortir. ☒ ♦ 1° Faire sortir (une chose) d'un contenant. V. **Extraire, retirer.** *Tirer un mouchoir de sa poche, de son sac.* V. **Prendre, sortir.** « *Quelle heure est-il? Tenez. Tirez ma montre de mon gousset* » (ROMAINS). — *Tirer des seaux d'eau du puits.* V. **Puiser.** — *Tirer les marrons du*

feu (au fig. V. **Marron**). — *Tirer qqn du lit*, le forcer à se lever. — *Tirer la langue*, l'allonger hors de la bouche. *Tirer la langue de soif*. Fig. *Tirer la langue :* avoir très soif; manquer cruellement de ce qu'on souhaite. — *Tirer une plante de terre* (V. **Arracher**). Loc. fig. *Tirer les vers du nez*. V. **Ver** (2°). — Loc. *Tirer une épine* du pied. Tirer son épingle* du jeu.* — Littér. *Tirer qqch. des mains de qqn*, enlever, arracher. ◇ Faire sortir, faire couler (un liquide) en le faisant monter, en l'exprimant (V. **Exprimer**, **extraire**). *Tirer le jus d'un citron. Tirer le vin* (du tonneau). Loc. prov. *Quand le vin est tiré, il faut le boire :* il faut supporter les conséquences de ses actes. — Loc. *Tirer au clair*.* — *Tirer des larmes à qqn*, le faire pleurer. ♦ 2° Montrer. « *Tenez,... je viens de trouver... cet éventail!... Et il me tire cette petite boîte en bois...* » (BALZ.). ♦ 3° Spécialt. *Tirer l'épée du fourreau*. V. **Dégainer**. Par ext. *Tirer l'épée*, se battre à l'épée. *Tirer le couteau*. — *Tirer des armes, les armes*, faire de l'escrime. Absolt. *Il va tirer à la salle d'armes*. « *Moi qui tirais très mal* » (GONCOURT). ♦ 4° (Des express. *Tirer une carte du jeu, un billet d'un chapeau*, etc.). Choisir parmi d'autres, dans un jeu de hasard. *Tirer une carte, un numéro de loterie. Tirer le bon, le mauvais numéro*. — *Tirer les cartes*, dire la bonne aventure, prédire l'avenir à l'aide des cartes, des tarots (V. **Cartomancie**). — *Tirer la fève*. Par ext. *Tirer le gâteau des rois*, et ellipt. *tirer les rois*, à l'Épiphanie. — Désigner, faire désigner ou être désigné par (un procédé de hasard). *Tirer les lots au sort*. V. **Sort** (4°). *Tirer au sort* ou *à la circonscription* (1843). [1840] *Tirer à la courte paille*.* ♦ 5° Enlever, ôter (un vêtement, un ornement). *Tirer son chapeau** (pour saluer). « *Je lui tire tout de même ma casquette* » (ARAGON). ♦ 6° *(Avec un compl. de personne)*. Faire cesser d'être (dans un lieu, une situation où l'on est retenu). V. **Délivrer**. *Tirer des blessés des décombres*. V. **Dégager**. *Tirer qqn de prison*. Littér. *Tirer qqn de la boue*, extraire qqn d'une condition vile. — (D'une situation dangereuse) *Tirer du danger. Tirer d'affaire, d'embarras, d'un mauvais pas*. V. **Dépêtrer**, **sortir**. « *Il les tire du sale pétrin où ils venaient de se fourrer* » (CÉLINE). — « *Ce succès qui le tirait de l'obscurité* » (GAUTIER). ◇ Fig. Faire cesser d'être dans un état. *Tirer qqn du sommeil :* réveiller. — *Tirer qqn du doute, de l'erreur :* détromper. Ⓑ Spécialt. Obtenir en séparant, en sortant de. ♦ 1° Obtenir (un produit) en utilisant une matière première, une source, une origine. *Tirer de l'huile des olives*. V. **Extraire**. *L'opium est tiré d'un pavot*. V. **Provenir**. *Tirer des sons d'un instrument*. V. **Produire**. « *Un cabanon... qui tire son jour de ces petites cours intérieures* » (BALZ.). ♦ 2° Obtenir (qqch.) d'une personne ou d'une chose. V. **Gagner**, **obtenir**, **recevoir**, **recueillir**. « *Savoir tirer de l'instant qui passe toutes les joies qu'il peut donner* » (LOUŸS). — *Tirer avantage, parti, profit de...* V. **Profiter**. *Tirer vanité de*, s'enorgueillir, se prévaloir de. « *Il tirait argument et avantage de ce qu'il m'en coûtait de céder à mon désir* » (GIDE). ◇ Obtenir (des paroles, des renseignements) de qqn. « *Il interrogeait un député, dont il tâchait de tirer adroitement des nouvelles* » (ZOLA). *On ne peut rien en tirer*, il reste muet. « *Il m'est impossible de rien tirer d'elle. Elle est plus fermée qu'une jeune fille, qu'un prêtre* » (P. MORAND). ◇ Obtenir (tel comportement, telle action) de qqn. *On ne peut rien en tirer, il n'y a pas grand-chose à en tirer*. ♦ 3° Obtenir (de l'argent, un avantage matériel). V. **Retirer**. *Tirer de l'argent de qqn, d'un capital, d'une terre*. V. **Percevoir**, **soutirer**. *Il « tirait des appointements convenables de sa collaboration à la revue d'art* » (MART. du GARD). V. **Gagner**. ◇ Fin. *Tirer une lettre de change, un chèque*, de manière à prélever une somme sur le crédit d'un compte. V. **Chèque**; **tireur**, **tiré**. — Ellipt. *Tirer sur le compte de qqn, sur qqn*. ♦ 4° *(Abstrait)*. Faire venir (une chose) de. V. **Dégager**; **déduire**, **inférer**. *Tirer des conséquences d'une formule. Tirer des conclusions*. V. **Conclure**. ♦ 5° Emprunter (son origine, sa raison d'être de qqch.). V. **Prendre**. *Tirer son origine, sa source de*, descendre, venir de. V. **Provenir**. « *Un héros. De lui la tribu tirait son nom* » (FUSTEL). ◇ Dégager d'un ensemble (un élément) pour l'utiliser. V. **Prendre**, **puiser**. « *Tirer de tout ce qui passe dans la société matière à roman* » (STE-BEUVE). — (Choses) *Les langues romanes tirent la plupart de leurs mots du latin*. V. **Emprunter**. ◇ Élaborer, faire, en utilisant des éléments que l'on a extraits. *Tirer une morale d'une doctrine*. V. **Dégager**, **interpréter**. « *L'esprit philosophique sait tirer philosophie de toute chose* » (RENAN).

VI. SE TIRER. v. pron. (1265, « se rendre quelque part »). ♦ 1° Pop. Partir, s'en aller; s'enfuir. « *Ah! sur ce, je me tire... il est grand temps...* » (SARRAUTE). *Je me suis tiré en douce. Se tirer des flûtes*.* « *Reprends ton billet et tire-toi, avant que je me fiche en colère* » (SARTRE). ♦ 2° Fam. (1835). En parlant d'une durée qui s'écoule lentement, d'une tâche fastidieuse qui tire à sa fin. *Ça se tire*. ♦ 3° SE TIRER DE... : échapper, sortir de... (un lieu où l'on est retenu, une situation fâcheuse). *Se tirer d'un endroit par miracle*. V. **Sortir**. *Se tirer des pattes* de qqn*. V. **Échapper**. *Se tirer d'affaire, d'un mauvais pas, d'une maladie, du pétrin* (fam.). V. **Sortir** (s'en).

◇ Venir à bout de... (une chose difficile). V. **Dépêtrer** (se), sortir (se). *Se tirer avec habileté d'un sujet épineux*. ♦ 4° S'EN TIRER : en réchapper, en sortir indemne; réussir une chose délicate, difficile. *Il s'en est tiré à bon compte. Il s'en est bien tiré*. V. **Réussir**. « *Ma famille n'était pas riche. On s'en tirait, voilà tout* » (MAUPASS.). « *Vivre seule, on s'en tire, on s'y fait* » (COLETTE). ◇ *S'en tirer à telle condition*, en être quitte pour... « *Avec de la protection, tu t'en tireras avec dix-huit mois de service* » (ARAGON).

⊗ ANT. Détendre, relâcher. Pousser. Éloigner, repousser. Entrer, enfoncer.

TIRE-SOU [tiʀsu]. *n. m.* (1836; « usurier », 1704; de *tirer* [V], et *sou*). Vx. Homme avide de gains mesquins.

TIRET [tiʀɛ]. *n. m.* (1554; 1611, en typo.; de *tirer*, III). Petit trait que l'on place après un mot interrompu en fin de ligne, faute d'espace, pour renvoyer à la fin du mot, au début de la ligne suivante. V. **Division**. — Trait un peu plus long qui sépare d'un contexte une proposition, une phrase pour les détacher, ou qui indique un changement d'interlocuteur dans un dialogue. ◇ Trait* d'union. « *Il y aurait, gravées sur sa tombe, deux dates côte à côte, 1876-1925, séparées par un tiret. Ce tiret était sa vie* » (GIRAUDOUX).

TIRETAINE [tiʀtɛn]. *n. f.* (1245, probabl. de l'a. fr. *tiret* [1138], de *tire* « étoffe de soie », du bas lat. *tyrius* « étoffe de Tyr », suff. *-aine* comme *futaine*). Ancienn. Étoffe grossière en laine ou en laine et coton, et lin. V. **Drap**. « *Tous rapiécés, la plupart vêtus d'une tiretaine sous couleur* » (ARAGON).

TIRETTE [tiʀɛt]. *n. f.* (XIXᵉ; « tiroir », 1589; de *tirer*, I). ♦ 1° Vx. Cordon pour tirer. ♦ 2° (1812). Pièce métallique mobile servant à obturer le tuyau de cheminée de certains fours. ♦ 3° (1923). Planchette mobile adaptée à certains meubles. *Table, bureau à tirette*. V. **Tablette**. ♦ 4° Région. [Belgique]. Fermeture éclair.

TIREUR, EUSE [tiʀœʀ, øz]. *n.* (*Tireor*, 1220; de *tirer*). ♦ 1° (De *tirer*, I). Rare. Personne qui tire. — Techn. (1485). Étireur. *Tireur d'or, d'argent*. ♦ 2° (De *tirer*, III). Personne qui effectue le tirage. *Tireur de copies. Photographe tireur développeur*. ♦ 3° (1447; de *tirer*, IV). Personne qui se sert d'une arme à feu (V. **Tir**). *Tireur d'élite. Tireur au fusil, au pistolet-mitrailleur*. — Milit. Parmi les servants d'une pièce automatique, d'un canon, celui qui est chargé de déclencher le feu. ◇ *Au jeu de boules*, Joueur chargé spécialement de tirer (*opposé à* pointeur). ♦ 4° *(Dans quelques express.).* Personne qui extrait, sort qqch. de... *Le tireur d'épine*, monté d'un bronze antique. ◇ Techn. (Noms de métiers) *Tireur de bois flotté*. « *Le louchet est une caisse sans couvercle, que le tireur* (de tourbe) *enfonce sous l'eau, sous le sol* » (ARAGON). ◇ (Escrime) *Tireur d'épée*, d'armes. ◇ *Tireuse de cartes*, cartomancienne. ♦ 5° N. m. Personne qui tire une lettre de change, une traite, un chèque (V. **Émetteur**). *Le tireur et le tiré* (V. **Tirer**), le bénéficiaire.

TIREUSE [tiʀøz]. *n. f.* (XXᵉ; de *tirer*). Techn. ♦ 1° Appareil servant à remplir les bouteilles. ♦ 2° Appareil effectuant le tirage des films positifs.

TIRE-VEILLE(S) [tiʀvɛj]. *n. m.* (1701; altér. de *tirevieille* [1678], ancienne plaisanterie de marins; de *tirer*, et *veille*). Mar. Corde, filin bordant l'échelle de coupée d'un navire, et servant de rampe. — Chacun des deux filins reliés au gouvernail et permettant de le manœuvrer.

TIRE-VEINE [tiʀvɛn]. *n. m.* (av. 1975; de *tire*, et *veine*). Méd. Appareil utilisé pour l'ablation d'un segment de veine.

TIROIR [tiʀwaʀ]. *n. m.* (*Tirouer*, 1530; *tyroire* « outil de tonnelier », XIVᵉ; de *tirer*, I, A, 2°). ♦ 1° Compartiment coulissant emboîté dans un emplacement réservé (d'un meuble, etc.). *Ouvrir, tirer; fermer, pousser un tiroir*. « *Les cinq grands tiroirs de la commode se laissent manœuvrer sans plus de résistance* » (ROBBE-GRILLET). *Tiroir à secret, tiroir secret. Mettre, ranger dans un tiroir*. Loc. *Avoir un polichinelle* dans le tiroir. Fond de tiroir*, ce qu'on met au fond d'un tiroir, ce qu'on y oublie, et *par ext*. Chose vieille, sans valeur. *Auteur qui publie ses fonds de tiroirs*. — *Racler ses fonds de tiroirs*. ◇ *Par métaph*. Case, casier. « *Il a parlé lui-même des tiroirs de son cerveau* » (MADELIN). — Littér. *Pièce à tiroirs* (1752), dont l'intrigue comprend des scènes étrangères à l'action principale, intercalées et comme emboîtées dedans. *Roman à tiroirs*. — Fam. *Nom à tiroirs* (Cf. À rallonges). ♦ 2° (1854). Mécan. Dans une machine à vapeur, dispositif destiné à distribuer la vapeur dans le cylindre (alternativement, de part et d'autre du piston). V. **Recouvrement**. *Tiroir de Watt, à garnitures. Arbre, tige, boîte de tiroir*.

TIROIR-CAISSE [tiʀwaʀkɛs]. *n. m.* (1935; de *tiroir*, et *caisse*). Caisse où l'argent est renfermé dans un tiroir qu'un mécanisme peut ouvrir lorsqu'un crédit est enregistré. *Tiroir-caisse d'un magasin. Le contenu du tiroir-caisse*.

TISANE [tizan]. *n. f.* (1690; *tisaine* « décoction d'orge mondé », XIIIᵉ; bas lat. *tisana*, lat. *ptisana*, gr. *ptisanê*, proprem. « orge mondé »). **I.** ♦ 1° Boisson contenant une faible proportion d'une substance médicamenteuse végétale (obtenue par macération, solution, infusion ou décoction de plantes dans de l'eau). V. **Décoction, infusion; bourrache, menthe, tilleul, verveine,** etc. « *Des tisanes d'herbes, toutes fleuries et qui descendaient en moi, chaudes, parfumées* » (GIONO). *Tisane des quatre fleurs.* ♦ 2° *Tisane de champagne,* champagne léger et sucré. *Cour.* Mauvais champagne. « *C'est méchant sur le Pernod, le champagne. Même celui-là, de la tisane* » (ARAGON). II. *Pop.* (1830; p.-ê. de *tiser* « administrer des coups »; du rad. de *tison, tisonnier* (Cf. Attiser). Coup, correction, raclée. *Il lui a passé une tisane. Recevoir une bonne tisane.*

TISANIÈRE [tizanjɛʀ(ə)]. *n. f.* (v. 1800; repris mil. XXᵉ; de *tisane*). Pot à infusion, parfois posé sur une veilleuse et permettant de garder la tisane chaude toute la nuit.

TISON [tizɔ̃]. *n. m.* (1190, « morceau de bois »; lat. *titio, -onis.* V. Attiser). Reste d'un morceau de bois, d'une bûche dont une partie a brûlé. « *Quelques tisons rougeoyaient encore dans la cheminée* » (MAURIAC). PROV. *Noël au balcon, Pâques au tison,* quand il fait beau à Noël, il fait froid à Pâques. — *Allumette tison :* allumette de grande taille, que le vent ne peut éteindre. — Fig. et vx. *Tison* (brandon*) *de discorde.*

TISONNÉ, ÉE [tizɔne]. *adj.* (XVIᵉ; de *tisonner*). *Hippol.* Se dit d'un cheval à la robe semée de taches noires allongées. V. **Tacheté.** *Cheval; poil tisonné.*

TISONNER [tizɔne]. *v. tr.* (XIIIᵉ; de *tison*). Remuer les tisons, la braise de (un foyer, un feu) pour attiser, faire tomber la cendre. *Tisonner le feu avec un ringard, un tisonnier.* « *Marthe s'était de nouveau étendue le long de la cheminée, tisonnant la braise* » (RADIGUET). V. **Fourgonner.**

TISONNIER [tizɔnje]. *n. m.* (1640; *tisenier*, 1417; de *tison*). Instrument pour attiser le feu, longue barre de fer à extrémité un peu relevée, avec laquelle on remue les tisons, la braise. V. **Fourgon, ringard.** *Coup de tisonnier.* « *Elle remit en place le tisonnier avec lequel elle n'avait cessé, depuis un moment, de tracasser le feu* » (P. BENOIT).

TISSAGE [tisaʒ]. *n. m.* (h. 1262; rare av. XIXᵉ [repris 1812]; de *tisser*). Action de tisser; ensemble d'opérations consistant à entrelacer des fils textiles pour produire des étoffes ou tissus. *Opérations de tissage :* entrecroisement des fils de chaîne et des fils de trame, par le passage d'un fil de trame (V. **Duite**) dans l'espace formé par la séparation des fils de chaîne en deux nappes, l'une levée et l'autre baissée. *Tissage des tapis, des tapisseries.* V. **Lice.** ◇ Établissement, ateliers où s'exécutent ces opérations.

TISSER [tise]. *v. tr.* (1361; réfection de l'a. fr. *tistre* [1150], *titre,* dont le p. p. *tissu, ue* est encore usité au fig.; du lat. *texere* var. du XVᵉ; *tischer*). ♦ 1° (*Au p. p.* Tissé). Fabriquer (un tissu) par tissage. *Tisser une toile.* — Transformer (un textile) en tissu. *Tisser de la laine.* Absolt. *Métier à tisser.* — *Par métaph.* Former, élaborer, constituer en entrelaçant. « *Le vêtement que les siècles lui avaient tissé et dont la civilisation l'avait revêtue* » (TAINE). — Par anal. *Araignée qui tisse sa toile.* ♦ 2° Fig. (*Au p. p.* Tissu et Tissé). Former, élaborer, disposer les éléments de (qqch.) comme par tissage. V. **Ourdir, tramer.** *Tisser des intrigues compliquées.* « *Une de ces tristesses... dont ma vie d'enfant était tissée* » (LOTI). — Littér. « *Une grammaire surprenante, compliquée, tissue de règles strictes et d'exceptions à la règle* » (DUHAM.). « *De tout ce que cet homme avait tissu autour de lui durant soixante années* » (MONTHERLANT).

TISSERAND, ANDE [tisʀɑ̃, ɑ̃d]. *n.* (au fém., 1297; *tesserande,* v. 1250; *toisserand,* 1224; de *tisser*). Ouvrier qui fabrique des tissus sur métier à bras ou qui surveille la marche des métiers à tisser Jacquard. « *Les tisserands de village, ceux qui travaillent sur des machines qu'on leur fournit* » (ARAGON).

TISSERIN [tisʀɛ̃]. *n. m.* (1817; de *tisser*). Oiseau passeriforme exotique (*Plocéidés*) de l'Afrique équatoriale, qui construit de remarquables nids tissés en feuilles de palmier.

TISSEUR, EUSE [tisœʀ, øz]. *n.* (1567; *tissur,* 1170; de *tisser*). Nom de divers ouvriers sur métier à tisser. *Tisseur de lisses.* V. **Licier.** *Tisseur d'Aubusson, des Gobelins. Tisseur de tapis.* V. *aussi* **Tisserand.**

TISSU [tisy]. *n. m.* (XIIIᵉ; p. p. subst. de l'a. v. *tistre.* V. **Tisser**). ♦ 1° Surface souple et résistante constituée par un assemblage régulier de fils textiles entrelacés, soit tissés (V. **Tissage**), soit maillés (V. **Maille, tricot**). V. **Filet, réseau, tulle; étoffe, tapis, tapisserie.** *Tissus de laine* (V. **Drap, lainage**), *de soie* (V. **Soierie**), *de lin et de chanvre* (V. **Toile**), *de coton* (V. **Cotonnade**), *Tissus de fibres synthétiques.* (V. **Acrylique, banlon, dacron, lycra, nylon, orlon, perlon, rhovyl, rilsan, tergal, térylène**) *tissu feutré* (V. **Feutrine**). *Armures des tissus. Tissus chinés, brochés. Fond, dessins d'un tissu. Tissu imprimé.* — *Tissu de crin, de jonc.* V. **Sparterie.** *Tissus élastiques* (V. **Stretch**), *plastiques, imperméables. Tissu-éponge. Tissu imitant le cuir* (V. **Skaï**). — *Tissu lâche, serré. Tissu irrétrécissable, infroissable, grand teint. Tissu fragile, tissu fin d'un tissu.* V. **Biais,** fil (droit fil) ; et *aussi* **Coupon, chute, métrage, recoupe, retaille.** ♦ 2° *Fig.* (V. **Tisser,** 2°). Suite ininterrompue (de choses regrettables ou désagréables). V. **Enchaînement,**

enchevêtrement, mélange. *Un tissu d'horreurs, d'incohérences, d'inepties.* « *Le tissu de puérilités et même d'absurdités qu'était leur religion* » (BERGSON). ♦ 3° *Biol.,* anat. et histol. (1751, *tissu cellulaire ;* lat. sav. [1744]; absolt. en 1800, Bichat). Ensemble des cellules ayant une même morphologie et remplissant une même fonction. V. **Histochimie, histologie.** *Tissus organiques. Tissus épithélial, glandulaire, conjonctif, osseux, cartilagineux, musculaire, nerveux.* Par ext. *Tissu sanguin* (V. **Sang**). *Formation, destruction des tissus.* V. **Histogène, histogénèse, histolyse.** *Calcification, sclérose, dégénérescence, régénération d'un tissu.* « *Les divers tissus d'un même organe peuvent être isolément malades* » (COMTE). *Culture de tissus. Tissus animaux et tissus végétaux. La cellulose est le constituant fondamental des tissus végétaux. Tissu libérien* (bois). *Tissus conducteurs et tissus de soutien* (V. **Parenchyme, sclérenchyme**). ♦ 4° *Sociol.* (v. 1968). Ensemble d'éléments de mêmes fonctions, organisés en un tout homogène. *Tissu industriel. Le tissu urbain est de plus en plus dense dans le centre des villes.*

TISSU, UE. p. p. de TISSER*.

TISSULAIRE [tisylɛʀ]. *adj.* (1872; de *tissu,* 3°). *Biol.* Relatif aux tissus. *Culture tissulaire. Respiration tissulaire.*

TISSURE [tisyʀ]. *n. f.* (1501; *tisture,* a. fr.; de *tisser*). *Vieilli.* Tissage, considéré dans sa manière, son résultat. *Étoffe à tissure serrée, lâche.* — Fig. et littér. Agencement, contexture.

TITAN [titɑ̃]. *n. m.* (XVᵉ; lat. *Titan,* mot gr.). ♦ 1° *Mythol.* Nom des enfants d'*Ouranos* (le Ciel) et de *Gaia* (la Terre), dont l'aîné était *Titan* et le dernier *Kronos* (Saturne), qui furent vaincus par Zeus. ♦ 2° *Fig.* et littér. (1831). Géant. *Une œuvre, un travail de Titan.* V. **Titanesque.** « *Ce Titan de l'Art* (Michel-Ange) *avait entassé le Panthéon sur le Parthénon, et fait Saint-Pierre de Rome* » (HUGO).

TITANE [titan]. *n. m.* (1803; lat. mod. *titanium,* 1795; de *Titan,* d'apr. *uranium*). *Chim.* Élément (masse at. 47,90; n° at. 22; symb. Ti), métal blanc brillant (dens. 4,5; température de fusion 1 675 °C), qui se rencontre dans la plupart des roches ignées ou sédimentaires. *Le titane est employé en métallurgie, en peinture* (blanc de titane).

TITANESQUE [titanɛsk(ə)] ou **TITANIQUE** (*vieilli*) [titanik]. *adj.* (1842,-XVIᵉ; de *Titan*). Gigantesque, démesuré. V. **Colossal.** *Orgueil, entreprise titanesque.*

TITI [titi]. *n. m.* (1837; *terme pr.,* 1834; mot pop. de formation enfantine). Gamin déluré et malicieux. V. **Gavroche.** *Titi parisien.* « *Cette drôlerie qui tient lieu d'esprit aux titis mâles et femelles éclos sur le pavé de Paris* » (MAUPASS.).

TITILLATION [titi(l)lɑsjɔ̃, *cour.* titijasjɔ̃]. *n. f.* (1327; lat. *titillatio*). Littér. ou *plaisant.* Action de titiller, sensation qu'elle provoque. V. **Chatouillement.** Fig. « *Cette âme, fière et dure, était plus sensible aux titillations de la haine qu'elle ne l'avait été naguère aux caresses de l'amour* » (BALZ.).

TITILLER [titi(l)le; *cour.* titije]. *v. tr.* (*Tetiller,* 1190; rare av. fin XVIIIᵉ; lat. *titillare*). Littér. ou *plaisant.* Chatouiller de manière à provoquer une démangeaison légère et agréable. — Fig. Caresser. V. **Chatouiller.** « *L'œil allumé par la convoitise, les doigts titillés par d'irrésistibles envies* » (GAUTIER).

TITRAGE [titʀaʒ]. *n. m.* (1841; de *titre*). ♦ 1° *Chim.* Opération par laquelle on procède au dosage volumétrique des solutions. *Titrage des alcools.* ♦ 2° Action de titrer un film. ♦ 3° *Techn.* Opération qui a pour objet de déterminer le titre (d'un film).

TITRE [titʀ(ə)]. *n. m.* (*Title,* XIIᵉ; lat. *titulus* « inscription », titre d'honneur »).

I. ♦ 1° Désignation honorifique exprimant une distinction de rang, une dignité. *Titres de noblesse, titres nobiliaires* (V. **Noble, noblesse**). *Titres de fonctions. Nom de terre attaché à la possession d'un titre. Porter, prendre un titre. Conférer un titre* (V. **Titrer**). — *Titres de souverains* (empereur, président, prince, roi). *Grades et titres. Le titre de maréchal, de grand amiral.* « *Comme tu es bien ainsi ! tu as l'air d'un vrai gentleman. Il ne te manque qu'un titre ! ajouta-t-elle, avec une nuance de regret* » (PROUST). ◇ Appellation d'une personne qui a un titre, ou à qui l'on veut marquer du respect en ne la vouvoyant pas (*ex. :* altesse, éminence, excellence, grâce (votre), grandeur, hautesse, honneur, révérend, sainteté, seigneur). ♦ 2° Nom de charge, de fonction, de grade. *Le titre de directeur, de président, de docteur, de professeur. Candidat à un titre. Titres universitaires.* « *Le titre le plus mince, et pourtant le plus long à prononcer, y est donné et répété vingt fois dans le même repas* » (STAËL). « *Monsieur le commissaire, dis-je alors (parce qu'il faut toujours donner leurs titres aux personnes)* » (NERVAL). ◇ EN TITRE : qui a effectivement le titre de la fonction qu'il exerce (*opposé à* auxiliaire, suppléant). *Professeur en titre.* V. **Titulaire.** — *Par ext.* Qui est reconnu pour tel à l'exclusion d'autres ayant le même emploi. *Fournisseur en titre d'une maison.* V. **Attitré.** « *On ne lui connaissait pas de maîtresse en titre* » (GAUTIER). ♦ 3° Qualité de gagnant, de champion (dans une compétition). *Disputer, remporter un titre dans un championnat* (jeux, sports). *Tenir, détenir le titre.* « *Après avoir battu Tony Daniels, alors tenant du titre* » (P. MORAND). *Match qui met un titre en jeu. Concourir pour le titre.* ♦ 4° Littér. Nom qui qualifie. **V. Nom, qualification.** « *J'ai donc refusé la précieuse amitié et m'en suis tenu à mon titre d'Amant* » (LACLOS). *Le titre de citoyen américain.* « *J'achevai le reste de mes études à Charlemagne, en qualité d'externe libre, titre dont j'étais extrêmement fier* » (GAUTIER). ♦ 5° À TITRE; À TITRE DE *(loc. prép.)* : en tant que, comme. — (D'une personne) « *Il est presque impossible à l'homme d'agir uniquement à titre d'individu* » (MART. du G.). « *Il entra chez un marchand de toile, à titre de commis* » (ZOLA). — (D'une chose) *Argent remis à titre d'indemnité. À titre d'essai, de curiosité, d'exemple.* — *À ce titre,* pour cette qualité, cette raison (le titre donnant un droit). « *Suis-je son parent et puis-je, à ce titre, provoquer son internement dans une maison de santé ?* » (COURTELINE). ◇ AU MÊME TITRE : de la même manière. *Une hypothèse, un postulat sont au même titre des principes du raisonnement.* — *Au même titre que* (loc. conj.), de la même manière que, de même que. *Cette comédie* « *il la croyait nécessaire pour les débuts, au même titre qu'une publicité de lancement* » (ROMAINS). À TITRE : *avec adj.* (valeur d'adv. de manière). *À titre amical,* amicalement. *À titre temporaire, exceptionnel, personnel.* « *Mon compatriote à double titre* » (CHATEAUB.). *À aucun titre. À plus d'un titre, à plusieurs titres,* pour plusieurs raisons.

II. (Cause qui établit un droit). ♦ 1° Écrit qui établit le droit à un titre (I, 1°) de noblesse, à une dignité, à une fonction. **V. Brevet, parchemin; diplôme, patente.** ◇ (1283, « acte juridique ») *Dr.* et *cour.* Écrit qui constate un acte juridique ou un acte matériel pouvant produire des effets juridiques. **V. Acte, certificat, document, instrument, papier, pièce.** *Authenticité d'un titre. Droit de titre.* — *Titres de propriété. En fait de meubles**, *possession vaut titre.* — *Titres de transport,* billet, carte, ticket. — *Titres-restaurant :* billets échangeables contre des repas ou des plats cuisinés, fournis par certains employeurs, qui en paient une partie, aux salariés de leur entreprise. — *Titre de crédit, de créance.* **V. Billet, effet, warrant.** — (Titre de monnaie, mil. XVIᵉ) *Certificat représentatif d'une valeur de bourse* (*titre de rente,* action, obligation, part de fondateur). **V. Valeur.** *Titre nominatif, à ordre. Titre au porteur.* « *Évidemment, le vieux avait des titres cachés, dont il touchait les coupons, chaque trimestre* » (ZOLA). *Vendre des titres.* ♦ 2° Loc. fig. *À juste titre,* à bon droit, avec fondement, raison. *L'Anglais* « *considère, à juste titre, le jeu des idées comme une acrobatie spirituelle* » (MAUROIS). Cf. Il est fondé à... ♦ 3° Modalité d'un droit, manière d'aliéner et d'acquérir. *Acquérir à titre universel* (succession), *à titre particulier* (achat, etc.). *Acquérir à titre lucratif* (don), *ou onéreux* (paiement). *Contrat à titre gratuit. À titre révocable; à titre précaire. Chose remise à titre de louage.* ♦ 4° Littér. Qualité ou service qui donne droit à qqch. « *Acquérir de nouveaux pouvoirs, ou même des titres à la considération publique* » (DUHAM.).

III. (Désignation d'une proportion). ♦ 1° Proportion d'or ou d'argent contenue dans un alliage. **V. Aloi; fin** (II, 1°). *Or au titre* (autorisé par la loi). *Titre d'une monnaie. Reconnaître le titre par la pierre de touche.* **V. Touchau.** ♦ 2° Chim. Rapport de la masse d'une substance dissoute à la masse ou au volume de solvant ou de solution. **V. Degré, titrage.** « *Une solution de salicylate de soude dont il venait de modifier le titre avec soin* » (ROMAINS). ♦ 3° Techn. (filature). Grosseur d'un fil exprimée par un numéro.

IV. (Désignation d'un sujet). ♦ 1° Désignation du sujet traité (dans un livre) : nom donné (à une œuvre littéraire) par son auteur, et qui évoque plus ou moins clairement son contenu. « *Les titres des livres sont souvent d'effrontés imposteurs* » (BALZ.). « *Des romanciers, qui se croient tenus, quand ils ont leur titre, d'écrire en supplément le roman lui-même* » (GIRAUDOUX). « *Nous rassemblons sous ce titre* : *Histoires extraordinaires, divers contes... de Poe* » (BAUDEL.). *Deuxième titre d'un ouvrage.* **V. Sous-titre.** — Imprim. et Rel. *Page de titre,* qui porte le titre entier, le sous-titre, le nom de l'auteur, etc. Par ext. *Le titre,* cette page elle-même. — *Faux-titre,* titre simple sur la page précédant la page de titre. — *Titre courant,* titre imprimé en bas ou en haut de chaque page. *Grand titre d'un ouvrage.* **V. Frontispice.** ♦ 2° Nom d'un poème, placé en tête de la pièce. — Nom d'une chanson, d'un film, d'une émission radiophonique, télévisée. — *(Moins cour.)* Nom d'une œuvre musicale ou picturale. ♦ 3° Expression, phrase, généralement en gros caractères, qui présente un article de journal. **V. Rubrique.** *Titre sur cinq colonnes à la une.* **V. Manchette.** *En première page, en gros titre* » (SARRAUTE). — (Sur une affiche, un prospectus) « *Une affiche avec un gros titre : CANAILLES !* » (ARAGON). ♦ 4° Dr. Subdivision du livre dans un recueil juridique, portant souvent un chiffre romain. *Livres, titres, chapitres, sections et articles des codes français.* « *Je suis au titre XIV du IIᵉ livre des Institutes* » (FLAUB.).

V. Techn. Signe d'abréviation. Petit trait horizontal au-dessus d'un mot écrit en abrégé (Cf. Tilde, même étym.).

TITRER [titʀe]. *v. tr.* (XIIIᵉ; au sens 2°, XVIᵉ; de *titre*). ♦ 1° Vx. Qualifier d'un titre (I, 1°). ♦ 2° Conférer un titre de noblesse à (qqn). Pronom. « *Une gueuse... qui... se titrera marquise* » (CORN.). — Au p. p. « *Les femmes les plus titrées de France* » (MAUPASS.). *Terre titrée,* à laquelle est attaché un titre. ♦ 3° Déterminer le titre (III), la proportion de. *Titrer un alliage, une solution.* —(1875). Avoir (tant de degrés) pour titre. *Les liqueurs doivent titrer 15 degrés minimum.* Au p. p. *Liqueur titrée,* dont le titre est parfaitement déterminé (utilisée comme réactif). ♦ 4° (XIXᵉ). Donner un titre (IV, 3°) à... V. Intituler. « *Que de fois j'ai eu envie d'écrire un petit livre, titré* « *Sur la Seine* » (MAUPASS.). — *Titrer un film,* y joindre les textes de présentation des séquences, *par ex.* dans les films muets (V. Sous-titre).

TITREUSE [titʀœz]. *n. f.* (1936; de *titrer*). Techn. ♦ 1° Cin. Appareil permettant de filmer titres et sous-titres. ♦ 2° Imprim. Machine utilisée pour composer les gros titres.

TITUBANT, ANTE [titybɑ̃, ɑ̃t]. *adj.* (XVIᵉ; de *tituber*). Qui titube. **V. Chancelant, vacillant.** *Un ivrogne titubant.* « *Le manège en s'arrêtant déversa toute sa troupe titubante* » (ARAGON). — Par ext. *Jambes titubantes. Démarche titubante.*

TITUBATION [titybasjɔ̃]. *n. f.* (1377; lat. *titubatio*). Rare. Action, état de celui qui titube; démarche chancelante.

TITUBER [titybe]. *v. intr.* (1446, rare av. fin XVIIIᵉ; lat. *titubare*). Vaciller sur ses jambes, aller de droite et de gauche en marchant. **V. Chanceler.** *Un ivrogne, un malade qui titube.* « *Tituber sur le pont à la manière d'un homme ivre* » (GAUTIER). « *Il tituberait jusqu'à son lit et s'y laisserait tomber* » (SARTRE).

TITULAIRE [titylɛʀ]. *adj.* et *n.* (1502; du lat. *titulus.* V. Titre). ♦ 1° Rare. Qui est revêtu d'un titre (I, 1°). ♦ 2° Relig. Qui donne son nom à une église. *Patron titulaire d'une église.* Subst. *Le titulaire d'une église,* le personnage, saint dont l'église porte le nom (*ex.* : église Notre-Dame). ♦ 3° Relig. Qui n'a que le nom d'un diocèse ou d'une église, sans avoir de pouvoir juridictionnel. *Évêques titulaires.* ♦ 4° Cour. Qui a une fonction, une charge pour laquelle a été personnellement nommé, en vertu d'un titre (II). *Professeur titulaire. Rendre titulaire.* **V. Titulariser.** Subst. *Le titulaire d'un poste.* ♦ 5° Qui possède juridiquement. *Être titulaire d'un droit. Les personnes titulaires du permis de conduire.* N. *Le, la titulaire d'un droit, d'un marché public.* ◇ ANT. (du 4°) Auxiliaire; adjoint, suppléant, surnuméraire.

TITULARISATION [titylaʀizasjɔ̃]. *n. f.* (v. 1857; de *titulariser*). Action de titulariser. *Demande de titularisation.* « *Il avait accepté cet emploi, on lui avait fait espérer, disait-il, une 'titularisation' rapide* » (CAMUS).

TITULARISER [titylaʀize]. *v. tr.* (v. 1857; de *titulaire*). Rendre (une personne) titulaire (4°) d'une fonction, d'une charge que remplit. *Titulariser un fonctionnaire, un instituteur. Passer un examen pour être titularisé.*

Tl Symbole chimique du *thallium**.

Tm Symbole chimique du *thulium**.

TMÈSE [tmɛz]. *n. f.* (*Tmesis,* 1540; lat. gram. *tmesis,* mot gr., rac. *temnein* « couper »). Rhét. Figure de construction, « *Cas particulier de disjonction, qui apparaît comme une coupure entre deux éléments habituellement liés* » (MAROUZEAU). Ex. : *lors...que* : lorsque, 3°.

T.N.T. [teɛnte]. *n. m.* Abrév. de TRINITROTOLUÈNE.

TOARCIEN, IENNE [tɔaʀsjɛ̃, jɛn]. *adj.* et *n. m.* (1842; de *Thouars* [lat. *Toarcium*], ville des Deux-Sèvres). Géol. Qui appartient à un étage du jurassique (liasique supérieur). *Roches toarciennes.* N. m. *Le toarcien.*

TOAST [tost]. *n. m.* (XIXᵉ; *toste,* 1750; angl. *toast* « pain grillé », rac. *toste,* de l'a. fr. *toster* « griller », lat. *tostus,* p. p. de *torrere* « griller ». V. Torréfier). ♦ 1° Action (fait de lever son verre) ou discours par quoi l'on propose de boire en l'honneur de qqn ou de qqch.; fait de boire à la santé de qqn, à l'accomplissement d'un vœu, etc. *Porter un toast. Toast de bienvenue.* « *Il commanda le champagne, balbutia un toast* » (ROMAINS). ♦ 2° (1769; répandu fin XIXᵉ). Tranche de pain de mie grillée. **V. Rôtie** (Cf. Pain grillé). *Du thé et des toasts beurrés.* « *Je vais lui donner un petit morceau de toast trempé dans le thé* » (ROMAINS).

TOASTEUR [tostœʀ]. *n. m.* (1964; de *toast*). Rare. Ustensile électrique pour griller les toasts. **V. Grille-pain.**

TOBOGGAN [tɔbɔgɑ̃]. *n. m.* (*Tabagane,* 1691; mot d'o. algonquine « traîne », repris au canadien, 1890). ♦ 1° Traîneau à longs patins métalliques. *Piste de toboggan.* — [Au Canada]. Traîneau sans patins, fait de planches minces recourbées à l'avant, appelé aussi abusiv. *Traîne sauvage* [1894]. ◇ Piste où l'on fait des descentes et qui est utilisée comme jeu (dans les foires et les parcs d'attractions pour enfants). ♦ 2° Glissière. Spécialt. Appareil de manutention formé d'une glissière. ♦ 3° (1974). Voie de circulation automobile (viaduc métallique démontable) qui enjambe un carrefour.

TOC [tɔk]. *interj.*, *n. m.* et *adj.* (1697, onomat. V. **Toquer**). ♦ 1° Onomatopée d'un bruit, d'un heurt (souv. répété). « *J'ai frappé à la porte, carrément. Toc, toc! Qui est là?* » (MIRBEAU). ♦ 2° (1835). *N. m.* Objet faux; imitation d'une matière précieuse, d'un objet ancien. *C'est du toc!* V. **Camelote**. *Bijou en toc. Fig.* Ce qui est sans valeur. « *Des livres... je juge qu'ils sont faux et en toc* » (MIRBEAU). ◇ *Adj.* (1835). *Fam.* Sans valeur; faux et prétentieux. *Un « mobilier toc »* (ROMAINS). « *C'est toc et province, quoi!* » (MIRBEAU). ♦ 3° Adj. *(Fam.). Toc* ou *Toctoc, toc-toc* [tɔktɔk]. V. **Toqué**. « *Son voisin nous fit un clin d'œil et se toucha le front.* « *Il est toc toc!* » *dit-il entre ses dents* » (BEAUVOIR).

TOCADE. V. **TOQUADE**.

TOCANTE ou **TOQUANTE** [tɔkãt]. *n. f.* (1832,-1725; de *toc* ou du v. *toquer* « heurter »). *Fam.* Montre. « *Le temps passait, passait. De temps en temps, il regardait sa petite tocante en plaqué or* » (AYMÉ).

TOCARD, ARDE [tɔkaʀ, aʀd(ə)]. *adj.* et *n. m.* (1855; de *toc*, 2°). ♦ 1° Adj. *Fam.* Ridicule, laid. « *Cette poignée hideuse... qui donne à la porte... cet air faux, tocard* » (SARRAUTE). ♦ 2° (1884; normand *toquart* « tête »; de *toquer*). N. m. *Turf.* Mauvais cheval, aux performances irrégulières. « *Le joueur sérieux ne joue pas le tocard* » (AYMÉ). ◇ *Pop.* Personne incapable, sans valeur. « *L'autre, qui n'était pas un tocard...* » (QUENEAU).

TOCCATA [tɔkata]. *n. f.* (1703; it., p. p. fém. de *toccare* « [pièce de musique à] toucher »; Cf. Sonate). *Mus.* Pièce instrumentale sans structure précise, écrite pour le clavier, ou organisée à la manière d'un mouvement perpétuel. *Toccata servant de prélude. Toccatas et fugues de J.-S. Bach.*

-TOCIE; TOCO-. Éléments, du gr. *tokos* « accouchement » (ex. : *dystocie* « accouchement difficile »).

TOCOPHÉROL [tɔkɔfeʀɔl]. *n. m.* (1948; du gr. *tokos* « accouchement », rad. de *pherein* « transporter », et suff. *-ol*). *Biochim.* Alcool organique entrant dans la composition de la vitamine E (de fertilité) présente dans les huiles végétales, les salades vertes et les germes de blé.

TOCSIN [tɔksɛ̃]. *n. m.* (*Touquesain*, 1379; a. prov. *tocasenh*, de *tocar* « toucher », *senh* « la cloche », du lat. *signum*). Sonnerie de cloche répétée et prolongée, pour donner l'alarme. V. **Signal**. *Sonner le tocsin* (pour signaler un incendie, une émeute, la guerre). *Ils « sonnèrent furieusement le tocsin. Toute la banlieue l'entendait... Est-ce le feu? est-ce l'ennemi?* » (MICHELET). « *Trois heures du matin. Je suis réveillé par le tocsin* » (GONCOURT). — *Fig.* Vx. *Sonner le tocsin;* exciter, ameuter. « *Mon livre était le tocsin de l'anarchie* » (ROUSS.).

TOGE [tɔʒ]. *n. f.* (1213, *togue;* lat. *toga*). *Antiq.* Ample pièce d'étoffe sans coutures dans laquelle les Romains se drapaient. *Toge prétexte*, toge virile*.* V. **Robe**. ◇ *Mod.* Habit long, robe de cérémonie, dans certaines professions. *Toge et épitoge de professeur, de magistrat, d'avocat.*

TOGOLAIS, AISE [tɔgɔlɛ, ɛz]. *adj.* et *n.* (xxᵉ; de *Togo*, pays d'Afrique). Du Togo. — *N.* Habitant du Togo.

TOHU-BOHU [tɔybɔy]. *n. m.* (1765, adj.; *toroul boroul*, xiiiᵉ; Cf. *Les isles de tohu et bohu* [RABELAIS, 1552]; trad. de la loc. hébraïque *tohou oubohou* « le chaos »). ♦ 1° *Didact.* État de la terre, dans le chaos primitif. « *Le cosmos est sorti du chaos. L'ère du tohu-bohu est close* » (R. CAILLOIS). ♦ 1° (1819). *Cour.* Désordre, confusion de choses mêlées. « *Un tohu-bohu de fioles* » (HUYSMANS). ◇ Bruit confus, tumulte bruyant. « *Nous nous disons adieu au milieu du tohu-bohu des visites et de l'appareillage* » (LOTI). *Le tohu-bohu des voitures.*

TOI [twa]. *pron. pers.* et *nominal* (v. 1170; *tei*, xiiᵉ; lat. *te*, en position accentuée. V. **Te**). Pronom personnel (forme tonique) de la 2ᵉ pers. du sing. et des deux genres, qui représente la personne à qui l'on s'adresse. V. **Tu**; **tézigue** (pop.). **I.** Ⓐ *Sans prépos.* (sujet ou compl.). ♦ 1° Compl. d'un verbe (pronom.) à l'impér. « *Aide-toi, le ciel t'aidera* » (LA FONT.). *Dépêche-toi. Dépêche-t'en.* REM. Devant en et y, *toi* s'élide en *t'*. V. **Te**. *Garde t'en bien. Mets t'y* (Pop. : *mets-toi-z'y*). ♦ 2° Suivi d'un verbe à l'inf. (« vocatif »). *Toi, nous quitter ce moment?* (ACAD.). — Sujet d'un participe. « *Toi parti, j'ai couru ici pour te revoir encore* » (H. BORDEAUX). — (Sujet d'une propos. elliptique) « *C'est moi.* — *Qui, toi?* » (ZOLA). « *Moi d'abord, toi ensuite* » (MÉRIMÉE). ♦ 3° Sujet ou complément, coordonné à un nom, un pronom. — (Sujet) *Toi au moi* (nous) *irons; toi ou lui* (vous) *irez. Nous deux, toi et moi...* « *Il n'y a que toi pour y voir clair* » (GIDE). — (Compl.) *Il invitera tes parents et toi.* — (Dans une phrase comparative) *Il est plus gentil que toi. Un autre que toi.* ♦ 4° Renforçant le pronom. « *Et toi, tu n'as pas le droit de me juger* » (SARTRE). « *De quelle école sors-tu donc toi?* » (BALZ.). — (Compl.) Renforçant le pron. compl. TE. « *T'épouser, toi, mais tu es folle!* » (COCTEAU). ♦ 5° TOI QUI..., suivi du verbe à la deuxième personne du singulier. « *Toi qui sèches les pleurs des moindres graminées* » (ROSTAND). — TOI QUE... « *Ô toi que j'eusse aimée, ô toi qui le savais* » (BAUDEL.). « *Dis, qu'as-tu fait, toi que voilà, De ta jeunesse?* » (VERLAINE). — *Toi dont, à qui, pour qui...* ♦ 6° (En fonction de vocatif). *Et toi, viens avec moi.* « *Toi Louis! il t'arrivera malheur* » (APOLLINAIRE). « *Et maintenant, toi, Hortense, couche-toi!* » (COURTELINE). ♦ 7° TOI, attribut. « *Oui, te voilà, c'est toi, ma blonde, C'est toi, ma maîtresse et ma sœur!* » (MUSS.). — *Si j'étais toi...,* à ta place. — (Suivi d'une relative) « *Hippolyte? Grands dieux!* — *C'est toi que l'as nommé* » (RAC.). Ⓑ Précédé d'une préposition. *Prends garde à toi. Malheur à toi.* — *Être à tu* et à toi avec qqn.* — *Après, avant toi. Chez toi. Je suis content de toi.* « *Sous tous ces noms divers, je crois en toi, Seigneur* » (LAMART.). — Renforçant le possessif TON. « *Tes questions à toi* » (ROMAINS). — *Sans toi.* Ⓒ (Renforcé). TOI-MÊME. *Connais-toi toi-même.* — TOI SEUL... « *Toi seule es jeune, ô Cora; toi seule es pure, ô Vierge* » (RENAN). *Toi aussi. Toi non plus.* **II.** *N. m.* « *Au diable ton 'moi'! Pense donc un peu au 'toi'!* » (R. ROLLAND), à autrui. ◇ HOM. *Toit.*

TOILE [twal]. *n. f.* (xiiᵉ; *teile*, 1149; lat. *tela*, de *texere* « tisser »). **I.** Ⓐ *(Sens général).* ♦ 1° Tissu de l'armure la plus simple (armure unie), fait de fils de lin, de coton, de chanvre, etc. *Tisser la toile, une toile. Toiles de coton.* V. **Coutil, indienne, mousseline, shirting, vichy, zéphir**. *Toile de chanvre, d'étoupe de chanvre* (V. **Serpillière**). *Toile de jute. Toile de lin, de fil* (de lin). V. **Batiste, hollande, linon**. *Toile pur chanvre, pur lin, métisse.* — *Grosse toile,* tissée lâche. *Toile fine,* serrée. *Toile écrue*.* — *Toile à matelas, à draps, à torchons. Toile d'emballage; toile à sac, à bâches. Toile à voile. Toile d'avion* (utilisée dans la fabrication des ailes d'avions légers). *Toile à patrons. Toiles (pour) doublure.* « *Les draps de toile étaient fins et frais* » (BOSCO). *Housse de toile. Pantalon, robe de toile.* ◇ *Toile caoutchoutée, cirée, plastifiée, vernie* (V. **Linoléum, moleskine**). *Toile émeri*,* servant d'abrasif. — *Papier-toile,* toile fine collée sur papier fort (pour la peinture). ◇ *Par ext.* (Tissus analogues) *Toile de laine,* tissu de laine à armure unie (mousseline de laine, certains draps). *Toile de soie.* — *Toile d'amiante. Toile métallique.* ◇ *Hist. litt.* CHANSON* DE TOILE. ♦ 2° Tissu décoratif utilisé comme tenture; pièce de ce tissu. *Toiles imprimées à dessins.* V. **Indienne, perse, rouennerie**. *Toile de Jouy,* toile imprimée fabriquée depuis 1760 (d'abord à Jouy-en-Josas) pour concurrencer les indiennes importées. ♦ 3° *Une,* des *toile(s).* Pièce de toile. *Toile de tente.* Transporter des livres dans une toile. *Toile à laver.* V. **Serpillière, wassingue**. — *Toile cirée,* pièce de toile vernie servant de nappe, de revêtement. « *On étend une épaisse couverture sous la toile cirée pour protéger la table...* » (CHARDONNE). — Spécialt. et fam. *Les toiles,* les draps. *Se mettre dans les toiles.* V. **Coucher** (se). — Myth. *La toile de Pénélope* (se dit *au fig.* d'une entreprise interminable). « *Sur cette immense toile, elle* (Pénélope) *passait les jours. La nuit, elle venait... la défaire* » (BÉRARD). Ⓑ ♦ 1° Spécialt. (1604). Pièce de toile, d'abord maroufflée sur bois, puis montée sur un châssis, poncée et enduite d'un côté, pour servir de support pour une œuvre peinte. *Au XVIᵉ s., la toile l'a emporté sur le panneau de bois. Fixer sur la toile :* peindre. « *Votre style est plat comme votre toile* » (DIDER.). *Changer, restaurer la toile d'un tableau.* V. **Rentoiler**. ◇ (1729). Œuvre peinte sur toile. V. **Peinture, tableau**. « *Ses perpétuels achats de meubles, de bibelots et de toiles de maître* » (HENRIOT). ◇ *Décor de théâtre.* « *La crudité criarde des toiles foraines et des peintures de paravent* » (HUGO). — Loc. fig. *Toile de fond,* toile verticale, au fond de la scène, représentant les derniers plans des décors; *au fig.* Ce sur quoi se détache une description, etc. ♦ 2° (1718). *Vieilli.* Rideau de théâtre (toile représentant un rideau, etc.). « *La toile tombait au milieu d'une salve prolongée d'applaudissements* » (ZOLA). ♦ 3° (Fin xiiiᵉ). *Mar.* Ensemble des voiles déployées d'un navire. *Faire de la toile,* mettre beaucoup de voiles. *Navire chargé de toiles,* ayant toutes voiles dehors. *Réduire la toile.* **II.** ♦ 1° (xiiiᵉ). Réseau de fils que font les araignées. *Araignée qui file, tisse sa toile.* — *Fig.* Réseau auquel on se prend comme les mouches dans la toile de l'araignée; piège. « *Et le garçon veut de toutes ses forces se prendre à sa toile et s'y empêtrer* » (MAURIAC). ♦ 2° *Bot.* Maladie de certaines plantes en semis ou en bouture, formation d'un réseau de filaments produits par un champignon.

TOILERIE [twalʀi]. *n. f.* (1636; *telerie*, 1409; de *teile, toile*). Fabrication, commerce des toiles de lin, coton, chanvre. — Atelier, fabrique de toiles.

TOILETTAGE [twalɛtaʒ]. *n. m.* (mil. xxᵉ; de *toiletter*). Soins de propreté donnés aux animaux d'appartement.

TOILETTE [twalɛt]. *n. f.* (fin xivᵉ; *tellete*, 1352; de *toile*). **I.** (Petite toile). ♦ 1° Vx. Petite pièce de toile. — *Vieilli.* Pièce dans laquelle certains artisans ou commerçants enveloppaient leur marchandise. « *Défaisant les quatre oreilles de la toilette, il découvrit un tas de petits livres* » (FRANCE). — Loc. (Ancienn.) *Marchande, revendeuse à la toilette,* qui vendait des vêtements, des objets de parure (d'occasion), et qui, souvent, pratiquait l'usure. « *C'était une ancienne revendeuse à la toilette et prêteuse sur gages* » (NERVAL). ◇ *Techn.* Emballage fait de roseaux fendus, assemblés en claies, en caissettes. ♦ 2° *Bouch.* Membrane (crépine) dont on se sert en boucherie, en charcuterie, pour envelopper certains morceaux.

II. (Fin XVIe). ♦ 1° *Vx.* Objets de parure (disposés sur une « toilette, I »). ◇ *Mod.* (1749). Meuble (table, console, etc.) sur lequel on place ce qui est nécessaire à se parer. V. *Coiffeuse, poudreuse.* « *Une toilette de l'ancien modèle, haute avec des tiroirs et des portes, un plateau et une étagère de marbre* » (ROMAINS). ♦ 2° (XVIIe-XVIIIe). Action de se préparer, de s'apprêter pour paraître en public (de se peigner, se farder, s'habiller). Loc. *Meuble, table de toilette. Produits de toilette,* cosmétique, crème, fard, parfum, poudre. *Être à sa toilette.* « *La mariée faisait sa toilette de nuit* » (ZOLA). — Spécial. *Toilette des condamnés,* dernière toilette à laquelle on soumet le condamné à mort, avant de le conduire à l'échafaud. ♦ 3° Le fait de s'habiller et de se parer. V. *Ajustement, habillement. Avoir le goût de la toilette,* être coquet. « *Jamais... madame ne s'est donné tant de soins pour sa toilette ; elle change de robes deux ou trois fois par jour* » (STENDHAL). ◇ (Fin XVIIIe) L'habillement, la manière dont une femme est vêtue et appréciée. V. *Mise, parure, vêtement. Être en grande toilette, en toilette de bal. Elle porte bien la toilette. Les femmes aiment à parler toilette.* V. *Chiffon.* ◇ UNE TOILETTE : les vêtements que porte une femme. *Une toilette élégante, tapageuse...* ♦ 4° (XIXe). Ensemble des soins de propreté du corps. *Faire sa toilette avant de s'habiller.* « *La jeune fille ouvrait sa fenêtre, prenait une serviette... et, à pleins seaux d'eau, elle se faisait une longue toilette* » (GIONO). Par anal. et fam. *Le chat fait sa toilette,* il se lèche pour se nettoyer. *Faire un brin de toilette, une toilette rapide. Linge, serviette, gant de toilette. Trousse de toilette. Savon de toilette* (V. *Savonnette*). ◇ (1765). CABINET DE TOILETTE : petite pièce où est aménagé ce qu'il faut pour se laver, s'apprêter (cuvette, broc, pot à eau et, de nos jours, lavabo, douche, etc.). V. *aussi* Salle (de bains, d'eau). ♦ 5° Par euphém. *Les toilettes.* V. *Cabinet* (d'aisances), **w.-c.**; *lavabo.* « *Venez avec moi aux toilettes, la dame des lavabos va vous panser* » (SARTRE). ♦ 6° Le fait de nettoyer, d'apprêter (une chose). V. *Astiquage.* « *Il approche la toilette du « perco »* (percolateur) *tous les soins qu'il marchande à la sienne* » (DABIT). ◇ *Toilette d'un texte,* préparation d'un manuscrit pour l'édition.

TOILETTER [twalete]. *v. tr.* (1834 ; de *toilette*). Faire la toilette de (un animal d'appartement). V. **Toilettage.**

TOILEUSE [twaløz]. *n. f.* (1955 ; de *toile*). *Techn.* Piqueuse à la machine qui travaille les toiles.

TOILIER, IÈRE [twalje, jɛʀ]. *n. et adj.* (1280 ; *telere,* XIIe; *tel[l]ière,* 1237 ; *toillière,* 1594 ; de *toile*). *Techn.* ♦ 1° *N.* Personne qui fabrique ou vend de la toile. ♦ 2° *Adj.* Qui concerne la toile, sa fabrication. *Industrie toilière* (tissage).

TOISE [twaz]. *n. f.* (mil. XIIe, var. *teise* ; lat. médiév. *tensa, teisia* « étendue », du p. p. de *tendere* « tendre »). ♦ 1° *Ancienn.* Mesure de longueur valant six pieds (soit près de deux mètres) ; longueur de six pieds. ◇ *Loc.* (Vieilli) *Mesurer à sa toise,* juger d'après soi, d'après ses conceptions personnelles. ♦ 2° *Mod.* Tige verticale graduée, munie d'une coulisse horizontale, qui sert à mesurer la taille. *Passer des conscrits, des soldats à la toise. Se mettre sous la toise,* sous la coulisse de la toise.

TOISÉ [twaze]. *n. m.* (1644 ; de *toiser*). *Techn.* Mesurage à la toise. — Évaluation de travaux (V. **Métré**).

TOISER [twaze]. *v. tr.* (*Toisier,* 1260 ; *teser,* XIIe; de *toise*). ♦ 1° *Vieilli.* Estimer à la vue (une quantité). « *Il avait fini par toiser d'un coup d'œil le prix d'une page* » (BALZ.). ♦ 2° *Fig. et mod.* (XVIIIe). Regarder avec défi, au plus souvent, avec dédain, mépris. « *Elle le couvrit de son mépris en le toisant des pieds à la tête* » (BALZ.). — Pronom. « *Ils se toisèrent. Même rage froide, même rancune* » (MART. du G.).

TOISON [twazɔ̃]. *n. f.* (XIIe ; bas lat. *tonsio, -onis,* de *tondere.* V. **Tondre**). ♦ 1° Pelage laineux des ovidés, ensemble des poils mêlés de suint de ces animaux. V. **Lainage** (1°). *Toisons des brebis, des moutons.* ◇ Ce pelage, enlevé par la tonte ; peau de mouton préparée avec ses poils. « *Les toisons se présentaient sous forme de paquets de laine grasse, comprimés par le séjour dans une balle* » (MAUROIS). ◇ *Myth.* (XIIIe) *La Toison d'or,* toison d'un bélier fabuleux, que Jason et les Argonautes allèrent conquérir en Colchide. — Ordre de chevalerie institué en 1420 ; collier que portent les membres de l'ordre. ♦ 2° (Mil. XIXe). Chevelure très fournie ou d'apparence laineuse. « *Ô toison, moutonnant jusque sur l'encolure !* » (BAUDEL.). — Poils abondants de certains animaux ou de l'homme. « *Sur ses épaules nues, il y avait une toison fauve* » (ARAGON).

TOIT [twa]. *n. m.* (XIIe ; lat. *tectum*). ♦ 1° Surface supérieure d'un édifice, inclinée ou horizontale ; agencement

approprié de matériaux recouvrant une construction et la protégeant contre les intempéries. V. **Couverture** (1°), **toiture.** *Toit de tuiles, d'ardoises. Toit de zinc, de tôle. Toit vitré.* V. **Verrière.** *Arbalétrier, chanlattes, charpente, chéneaux, crête, faîtage, gouttières, rampants, solives, voliges d'un toit. Saillie d'un toit.* V. **Auvent, avant-toit.** *Toit pointu, en poivrière. Toit en pente. Maison à toit plat,* faiblement incliné, ou horizontal. V. **Terrasse.** *Les toits de Paris.* « *Quarante maisons... avec de vastes toits en pente douce, de vieux toits d'argile cuite, roux et mauves* » (BOSCO). « *Le ciel est, par-dessus le toit, Si bleu, si calme !* » (VERLAINE). — *Habiter, loger sous le toit, sous les toits,* au dernier étage d'un immeuble, dans une mansarde. ◇ *Fig.* (Mil. XVIe) expression empruntée au langage biblique, d'apr. l'usage des Orientaux qui montent sur les terrasses pour converser d'une maison à l'autre). *Crier, publier qqch. sur les toits.* V. **Divulguer, répandre.** — Loc. fig. (1887). *Le toit du monde,* la région du Pamir, en Asie centrale ; le Tibet. ♦ 2° Par méton. (XIVe). Maison, abri où l'on peut vivre. V. **Domicile, habitation, logement.** *Posséder un toit. Sous le toit de...,* dans la maison de... V. **Chez.** *Recevoir qqn sous son toit.* « *Il offrait son toit par orgueil, en comptant bien que le père refuserait* » (ZOLA). ♦ 3° (1765). Paroi supérieure, plafond d'une galerie de mine. ♦ — Géol., géogr. *Toit d'une nappe aquifère, d'une salle souterraine.* ◇ *Anat. Toit de la caisse,* paroi supérieure de la caisse du tympan. *Toit du quatrième ventricule.* ◇ *Cour.* Paroi supérieure (d'un véhicule). *Toit d'un wagon, d'une automobile.* ◈ HOM. *Toi.*

TOITURE [twatyʀ]. *n. f.* (1788 ; « toit », 1594 ; de *toit*). Ensemble constitué par la couverture d'un édifice et son armature. *La maison « n'avait encore ni auvent, ni plancher, ni toiture* » (LOTI).

TOKAI, TOKAY [tɔkɛ] ou **TOKAÏ** [tɔkaj]. *n. m.* (1740 ; de *Tokay,* région de Hongrie). Vin de liqueur de Hongrie. — Par ext. Vin obtenu en Alsace et dans le Midi de la France avec le même cépage. ◈ HOM. *Toquet ;* formes du v. *toquer.*

TOKHARIEN, IENNE [tɔkaʀjɛ̃, jɛn]. *n. m. et adj.* (1914 ; du gr. *Tokharoi,* désignant un peuple d'Asie centrale). *Ling.* Langue du groupe indo-européen, ancienne parlée au VIIe s. dans le Turkestan et dont on a retrouvé quelques textes.

TOLBUTAMINE [tɔlbytamin]. *n. f.* (v. 1960 ; de *tol[yle], but[yl],* et *amine*). *Méd.* Sulfamide à action hypoglycémiante, administré par voie buccale dans le traitement du diabète.

1. TÔLE [tol]. *n. f.* (1642 ; *fer en taule,* XVIe ; région. ; forme dial. de *table*). Feuille de fer ou acier obtenue par laminage *(une tôle) ;* fer ou acier laminé *(la tôle). Grosses tôles. Tôles et feuillards. Tôle étamée* (V. **Fer-blanc**), galvanisée, émaillée. *Découper, souder une tôle. Tôle emboutie, profilée.* — Loc. cour. *Tôle ondulée,* qui sert à couvrir des hangars, des bâtiments industriels, etc. *Toit en tôle ondulée. Fig.* Sol, revêtement de route qui forme des plis transversaux. — Par ext. *Tôle d'aluminium, de métal léger.* ◈ HOM. *Taule.*

2. TÔLE. V. **Taule.**

TÔLÉE [tole]. *adj. f.* (XXe ; de *tôle* (1) « neige durcie » ; arg. des skieurs, 1924). *Neige tôlée :* neige qui a regelé après un début de fusion et qui est particulièrement dangereuse pour les skieurs.

TOLÉRABLE [tɔlerabl(ə)]. *adj.* (1355 ; lat. *tolerabilis*). ♦ 1° Qu'on peut tolérer, considérer avec indulgence, excuser. V. **Admissible, excusable.** « *Une négligence continuelle n'est pas tolérable...* » (VOLT.). ♦ 2° (Fin XVIe). Qu'on peut supporter. V. **Supportable.** « *Tout le monde... est assommant. Il n'y a de tolérables que les gens qui me plaisent* » (MAUPASS.). ◇ ANT. *Impossible, intolérable.*

TOLÉRANCE [tɔleʀɑ̃s]. *n. f.* (h. 1361 ; 1561 ; lat. *tolerantia*). ♦ 1° Le fait de tolérer, de ne pas interdire ou exiger, alors qu'on le pourrait ; liberté qui résulte de cette abstention. *Ce n'est pas un droit, c'est une tolérance.* « *Jusqu'à quel point tiendrait, devant l'abus, une tolérance faite, en partie, d'inertie et d'habitude prise* » (COURTELINE). *Dr. Jour[s] de tolérance* (ou de souffrance). — *Tolérance orthographique, grammaticale,* liberté de ne pas appliquer la règle stricte, dans certains cas. ◇ Ancienn. (1840). *Maison de tolérance,* maison de prostitution (qui était tolérée par la loi avant 1946). ♦ 2° Attitude qui consiste à admettre chez autrui une manière de penser et d'agir différente de celle qu'on adopte soi-même. V. **Compréhension, indulgence.** *Faire preuve d'intelligence et de tolérance* (Cf. Avoir l'esprit large*). « *L'Angleterre, dans une de ces crises d'incohérente vertu qui succèdent chez elle à la plus surprenante tolérance* » (MAUROIS). ♦ 3° *Hist. relig.* (fin XVIe). *Tolérance théologique, ecclésiastique, religieuse,* indulgence à l'égard de l'opinion d'autrui sur les points de dogme que l'Église ne considère pas comme essentiels. — Liberté de pratique religieuse *(tolérance civile).* — Hist. *Édit de tolérance,* qui accordait aux protestants le libre exercice de leur culte (1562). ◇ *Cour.* (1681). Le fait de respecter la liberté d'autrui en matière de religion, d'opinions philosophiques, politiques. « *J'observerai ici que la* *tolérance, la liberté des opinions et des croyances est toujours fort tardive* » (VALÉRY). ♦ 4° *Méd.* Aptitude de l'organisme (variable suivant les sujets et les circonstances) à supporter sans symptômes morbides l'action d'un médicament, d'un agent chimique ou physique déterminé, etc. ♦ 5° *Techn.* Limite de l'écart admis entre les caractéristiques réelles d'un objet fabriqué ou d'un produit et les caractéristiques prévues. *Marge de tolérance.* ◈ ANT. *Défense; intolérance.*

TOLÉRANT, ANTE [tɔleʀɑ̃, ɑ̃t]. *adj.* (1544; lat. *tolerans*). ♦ 1° Qui fait preuve de tolérance (2°). V. **Compréhensif.** *Ses parents sont très tolérants.* V. **Indulgent.** ♦ 2° Qui fait preuve de tolérance en matière d'opinion. *Doctrine, religion tolérante.* — Subst. *Les tolérants.* ◈ ANT. *Borné, dogmatique, intolérant.*

TOLÉRANTISME [tɔleʀɑ̃tism(ə)]. *n. m.* (1721; de *tolérant*). ♦ 1° *Hist. relig.* Opinion, attitude de ceux qui poussent trop loin la tolérance théologique. ♦ 2° *Vieilli.* Tolérance religieuse.

TOLÉRER [tɔleʀe]. *v. tr.;* conjug. *céder* (1393; lat. *tolerare*). ♦ 1° Laisser se produire ou subsister (une chose qu'on aurait le droit ou la possibilité d'empêcher). V. **Autoriser, permettre.** « *Sachant tolérer, quand il le fallait, les petits vols des clients riches* » (ZOLA). *Ils n'auraient pas toléré qu'on fermât ce cercle* (de jeu) » (MORAND). ◇ *Considérer avec indulgence* (une chose qu'on n'approuve pas et qu'on pourrait blâmer). V. **Excuser, pardonner.** « *Il voulait bien tolérer certains vices du régime, passer l'éponge sur certains scandales* » (MART. du G.). « *S'il fallait tolérer aux autres tout ce qu'on se permet à soi-même* » (COURTELINE). ♦ 2° Supporter avec patience (ce qu'on trouve désagréable, injuste). V. **Endurer, supporter.** *Une douleur qu'on ne peut tolérer.* V. **Intolérable.** ♦ 3° (1689). *Tolérer qqn,* admettre sa présence à contrecœur. — Supporter (qqn) malgré ses défauts. Pronom. « *Ils semblaient s'accepter, se tolérer, comme des malades éprouvant une pitié secrète pour leurs souffrances communes* » (ZOLA). ♦ 4° (Mil. XIXᵉ). Supporter sans réaction fâcheuse (en parlant de l'organisme). *Tolérer un médicament.* ◈ ANT. *Défendre, interdire, réprimer.*

TÔLERIE [tolʀi]. *n. f.* (1771; de *tôle*). ♦ 1° Fabrication, travail ou commerce de la tôle. ♦ 2° Atelier où l'on travaille la tôle. *Envoyer une voiture accidentée à la tôlerie.* ♦ 3° (Collectif). Articles en tôle; ensemble des tôles d'un ouvrage. *La tôlerie d'une automobile, d'un réservoir.*

TOLET [tɔlɛ]. *n. m.* (*Thollet,* 1611; mot normand; de l'a. scand. *thollr*). Cheville de fer ou de bois enfoncée dans la toletière, qui sert de point d'appui à l'aviron. « *Il reprit ses avirons; et le claquement des tolets coupait la clameur de la tempête* » (FLAUB.).

TOLETIÈRE [tɔltjɛʀ]. *n. f.* (1812; *touletière,* 1679; *toltière,* 1773; de *tolet*). *Techn.* Pièce plate fixée sur le plat-bord d'une embarcation et dans laquelle s'enfoncent les tolets.

1. **TÔLIER** [tolje]. *n. m.* (1836; de *tôle*). Celui qui fabrique, travaille ou vend la tôle. *Tôlier de bâtiment. Tôlier en voitures,* travaillant aux carrosseries métalliques d'une automobile. ◈ HOM. *Taulier.*

2. **TÔLIER** V. **TAULIER.**

TOLITE [tɔlit]. *n. f.* (1923; de *toluène*). *Techn.* Trinitro-toluène (dit aussi T.N.T.).

TOLLÉ [tɔ(l)le]. *n. m.* (1690; 1560, *crier tollé;* de l'a. fr. *tolez,* impér. de *toldre* « ôter »; lat. *tollere,* devenu un cri de protestation, d'apr. lat. *tolle hunc* « enlève-le, prends-le »). Clameur de protestation; mouvement collectif d'indignation. V. **Clameur, huée.** *Un tollé général. Des tollés.* « *Le tollé général qui s'élèvera contre vous dans les journaux libéraux* » (BALZ.). ◈ ANT. *Acclamation.*

TOLU (BAUME DE) [bomdɔtɔly]. *n. m.* (1598; du nom de *Tolu,* ville de Colombie). *Baume de Tolu,* tiré du myroxyle, et utilisé en pharmacie comme expectorant.

TOLUÈNE [tɔlyɛn]. *n. m.* (1855; de *tolu,* et suff. chim. *-ène*). Hydrocarbure de la série benzénique ($C_6H_5CH_3$), liquide incolore, inflammable, à odeur forte (obtenu par distillation sèche du *baume de Tolu,* de nos jours par rectification du benzol brut des goudrons de houille), employé notamment comme solvant.

TOLUIDINE [tɔlyidin]. *n. f.* (1855; de *toluène*). *Chim., techn.* Nom des trois amines aromatiques isomères obtenues par réduction des nitrotoluènes correspondants.

TOLUOL [tɔlyɔl]. *n. m.* (1858; de *toluène*). Nom commercial du toluène brut.

TOMAHAWK [tɔmaok; *souvent* tɔmawak *(fautif)*]. *n. m.* (*Tomahauk,* 1707; mot angl., d'une langue du groupe algonquin). Hache de guerre dont se servaient les Indiens de l'Amérique du Nord. « *Au lieu de tomawaks* (sic) *et de masques indiens on vend des lampes à pétrole* » (BEAUVOIR).

TOMAISON [tɔmɛzɔ̃]. *n. f.* (1829; de *tome*). *Imprim.* Indication du numéro du tome (sur les pages de titre, au dos des reliures).

TOMAN [tɔmɑ̃]. *n. m.* (XIIIᵉ; de l'arabo-persan *tûmân* « dix mille »). Ancienne monnaie d'or de la Perse (encore utilisée comme monnaie de compte).

TOMATE [tɔmat]. *n. f.* (h. 1598; mil. XVIIIᵉ; esp. *tomata,* mot d'o. aztèque). ♦ 1° Plante herbacée, annuelle (*Solanacées*), cultivée pour ses fruits. *Planter des tomates.* ♦ 2° Fruit sphérique, rouge, de cette plante. — *Tomate rouge, oblongue.* V. **Olivette.** *Tomates crues, en salade, cuites* (à la provençale, farcies, etc.). *Sauce tomate. Jus de tomates,* boisson. — Par compar. *Être rouge comme une tomate,* très rouge (de honte, de timidité). ◇ (Servant de projectile lancé par des manifestants) *Recevoir des tomates. Recevoir qqn à coups de tomates.* ♦ 3° *Fam.* Apéritif anisé à base de grenadine.

TOMBAC [tɔ̃bak]. *n. m.* (*Tombacque,* 1664; *tambagle,* 1604; siamois *tambac* ou *tambaga* « cuivre »). *Techn.* Nom donné à différents alliages de cuivre et de zinc (laitons) contenant plus de 60 % de cuivre, et pouvant renfermer de petites quantités d'étain.

TOMBAL, ALE, ALS [tɔ̃bal]. *adj.* (1836; de *tombe*). Qui appartient à une tombe, aux tombes. *Pierre tombale,* dalle qui recouvre une tombe. *Inscriptions tombales.*

TOMBANT, ANTE [tɔ̃bɑ̃, ɑ̃t]. *adj.* (XVIᵉ; de *tomber*). ♦ 1° *Rare.* Qui tombe (I, B, 2°). « *Lumières mobiles, tombantes, tournantes* » (MORAND). *Cour. À la nuit tombante,* au crépuscule. ♦ 2° Qui s'étend de haut en bas, pend. *Draperies tombantes. Épaules tombantes. Moustaches tombantes à la gauloise.* V. **Pendant.**

TOMBE [tɔ̃b]. *n. f.* (XIIᵉ; lat. ecclés. *tumba;* gr. *tumbos*). ♦ 1° Lieu où l'on ensevelit un mort, fosse recouverte d'une dalle (parfois d'un monument). V. **Sépulture, tombeau.** *Descendre un cercueil dans une tombe. Tombes d'un cimetière, d'une nécropole.* « *La tombe... présentait une dalle de pierre dure à double pente, une stèle au fond, surmontée d'une croix, une grille,... »* (ROMAINS). — *Se recueillir devant, sur la tombe de qqn.* « *L'œil était dans la tombe et regardait Caïn* » (HUGO). *Goût des tombes.* V. **Taphophilie.** — *S'il pouvait voir une chose pareille, il se retournerait dans sa tombe,* se dit d'un défunt qu'on imagine bouleversé, soulevé d'indignation par qqch. — Par compar. *Silencieux, froid, triste... comme une tombe.* ♦ 2° Pierre tombale; monument funéraire. *Commander une tombe chez le marbrier.* ♦ 3° *Par métaph. et fig.* (symbole de la mort). *Être au bord de la tombe, avoir déjà un pied dans la tombe,* être près de mourir. *Descendre dans la tombe, mourir. Suivre qqn dans la tombe,* mourir peu après lui. « *La tombe finit toujours par avoir raison* » (HUGO). — *Les Mémoires d'Outre-tombe,* de Chateaubriand, destinés à être publiés après la mort de l'auteur.

TOMBÉ, ÉE [tɔ̃be]. *adj.* (XVIIᵉ; de *tomber*). ♦ 1° Qui est tombé (I, B). *Fruits tombés,* détachés de l'arbre avant maturité. ♦ 2° Déchu. « *L'homme est un dieu tombé qui se souvient des cieux* » (LAMART.). ♦ 3° (XXᵉ). *Coup de pied tombé,* donné en frappant le ballon après qu'il ait rebondi (Cf. Drop).

TOMBEAU [tɔ̃bo]. *n. m.* (*Tombel,* 1160; de *tombe*). ♦ 1° Monument funéraire servant de sépulture pour un ou plusieurs morts. V. **Caveau, hypogée, mastaba, mausolée, sarcophage, sépulcre, tombe;** *et aussi* **Cénotaphe, cippe, koubba, stèle.** « *À la tête du tombeau, une effigie d'Osiris... semblait veiller sur le sommeil du mort* » (GAUTIER). *Ensevelir dans un tombeau, mettre au tombeau.* « *Le cadavre embaumé* (de Cromwell)... *fut enterré dans le tombeau des rois* » (VOLT.). — *Mise au tombeau :* représentation de l'ensevelissement du Christ. ◇ *Tech. Lit* (en) *tombeau,* lit à colonnes, très drapé, carré et lourd. « *Un immense meuble de marqueterie hollandaise, aux tiroirs en tombeaux* » (GONCOURT), aux tiroirs galbés. ♦ 2° *Fig. et littér.* Lieu clos, sombre, d'aspect funèbre. *Cette pièce, cette maison est un vrai tombeau.* ◇ *Par métaph.* (Symbole de la mort) V. **Tombe** (3°). *Descendre au tombeau, mourir.* « *Le bien a pour tombeau l'ingratitude humaine* » (MUSS.). ◇ *Loc. cour.* À TOMBEAU OUVERT, *proprem. :* avec une telle vitesse qu'on risque un accident mortel. *Rouler à tombeau ouvert.* « *La vitesse vertigineuse des escortes lancées à fond de train et des carrosses courant à tombeau ouvert* » (TAINE). ♦ 3° *Le tombeau de... :* composition poétique, œuvre musicale en l'honneur de (qqn). *Le Tombeau d'Edgar Poe, de Charles Baudelaire...,* par Mallarmé. *Le Tombeau de Couperin,* par Ravel.

TOMBÉE [tɔ̃be]. *n. f.* (1477; *tumée, tumeie,* XIIIᵉ; de *tomber*). ♦ 1° *Tombée de la neige, de la pluie,* chute. « *Regardant la tombée muette et sans fin des flocons* » (ZOLA). ♦ 2° *Tombée de la nuit, du jour,* moment où la nuit tombe, où le jour tombe. V. **Crépuscule.** « *À la tombée d'un beau jour d'été* » (FRANCE). « *Ces grandes dunes où parfois j'attendais la tombée du soir* » (GIDE). ♦ 3° *Imprim.* Chute, déchet récupérable des feuilles massicotées (rognées). ◈ HOM. *Tomber.*

TOMBELLE [tɔ̃bɛl]. *n. f.* (1808; de *tombe*). *Archéol.* Petite butte funéraire.

1. **TOMBER** [tɔ̃be]. *v.* (XVᵉ; *tumber,* XIIᵉ; probabl. for-

mation expressive, avec infl. de l'a. fr. *tumer* « danser, gambader, culbuter », frq. *°tûmon*).

I. *V. intr.* (Aux. *être*). **A** Être entraîné à terre en perdant son équilibre ou son assiette. ♦ 1° (Êtres vivants). « *Elle se cramponnait pour ne pas tomber* » (BLOY). Trébucher, vaciller avant de tomber. *Tomber par terre, à terre.* V. **Choir** (vx.); Cf. Se casser* la figure, se fiche* par terre, prendre un billet de parterre*, ramasser une bûche, un gadin, une pelle. *Tomber de tout son long*, à la renverse, les quatre fers* en l'air, la tête la première* ! Faire tomber qqn. V. **Renverser**. « *Elle se laissa tomber en arrière* » (MAUROIS). *Tomber dans les pommes*. Tomber mort, raide mort. — Par exagér. *Tomber de fatigue, de sommeil,* avoir du mal à se tenir debout. Fig. *Tomber de son haut*. ◇ (Sans aller à terre) Se laisser aller, choir. *Tomber sur un divan, un fauteuil.* « *D'elle-même, elle s'était laissée tomber sur la paille,... comme brisée de fatigue* » (ZOLA). *Tomber dans les bras de qqn.* ◇ Spécialt. *Tomber mort*, mortellement blessé. V. **Mourir**, **succomber**. *Ils sont tombés au champ d'honneur.* « *L'aide de camp... venait de tomber à côté de lui* » (HUGO). ◇ (Abstrait) Faire une chute, avoir une défaillance d'ordre moral. V. **Pécher**. « *Oh! n'insultez jamais une femme qui tombe !* » (HUGO). ♦ 2° (Choses). Crouler. V. **Affaisser** (s'), **écrouler** (s'). « *À la septième fois, les murailles tombèrent* » (HUGO). — TOMBER EN (*ruine, poussière...*) : tomber en se réduisant à l'état de... ♦ 3° Fig. ◇ (Personnes) Cesser de régner, être déchu, renversé. « *Un ministère qu'on soutient est un ministère qui tombe* » (TALLEYRAND). « *Le gouvernement est tombé. Le régime est tombé* » (ROMAINS). ◇ (Choses) Être détruit ou disparaître. V. **Effondrer** (s'). *L'obstacle, l'objection, la difficulté tombe.* — Échouer. *La pièce est tombée, tombée à plat*. « *Presque toujours la scène neuve fait tomber une pièce* » (GAUTIER). ♦ 4° Perdre de sa force, ne pas se soutenir. V. **Affaiblir** (s'), **diminuer**. *Le jour tombe.* V. **Décliner**. « *Les restes d'une voix qui tombe et d'une ardeur qui s'éteint* » (BOSS.). « *Elle se retrouva seule en face d'elle-même, et son assurance tomba* » (MART. du G.). *Son exaltation, sa colère étaient tombées.* V. **Apaiser**, **calmer** (se). **B** (Fin XVᵉ). Descendre rapidement en étant entraîné. ♦ 1° Être entraîné vers le sol, d'un lieu élevé à un lieu bas ou profond, quand ce qui retenait ou soutenait vient à manquer. V. **Dégringoler**. *Tomber dans un abîme, un gouffre.* V. **Abîmer** (s'), **dévaler**, **rouler**. *Tomber sur ses pieds*, terminer sa chute sur ses pieds. V. **Retomber**. « *Nous eûmes le malheur de perdre un homme qui tomba à la mer* » (BAUDEL.). *Tomber de cheval.* — Loc. fig. *Tomber des nues*, de la lune. ◇ (Choses) *Corps qui tombe en chute libre.* V. **Graviter**. « *Une énorme tuile arrachée par le vent, tombe et assomme un passant* » (BERGSON). *La foudre est tombée. L'avion tombe en flammes.* V. **Abattre** (s'), **piquer**. *Eau, ruisseau qui tombe en cascade.* « *Un liquide sombre tombait de sa main fermée; goutte à goutte d'abord...* » (LOTI). — Spécialt. (Précipitations atmosphériques) *La pluie, la neige, la grêle tombe.* Impers. « *Il tombait de ces pluies dont on ne devrait pas dire qu'elles tombent, car elles semblent sourdre de l'air...* » (DUHAM.). — Se détacher, cesser d'être tenu. *Feuilles, fruits qui tombent des arbres.* — *Ses cheveux tombent*, il devient chauve. *La plume me tombe des mains, je lâche la plume d'ennui, de fatigue.* Loc. *Le journal tombe* (des presses) à cinq heures. *Un télégramme vient de tomber.* ◇ LAISSER TOMBER : laisser échapper. V. **Lâcher**, **répandre**, **droper**, **larguer**. « *Il ouvre un large bec, laisse tomber sa proie* » (LA FONT.). — Fig. et fam. *Laisser tomber qqch.*, ne plus s'en occuper, ne pas y donner suite. V. **Abandonner**, **négliger**. *Laisser tomber qqn*, ne plus s'intéresser à lui, l'oublier. « *Laisser tomber quelqu'un, c'est l'expression à la mode,... On laisse tomber un parent qu'on ne revoit plus, un ami à qui on refuse un service d'argent* » (BAINVILLE). Pop. *Laisse, laissez tomber*, invitation à abandonner (un projet, une attitude). « *Tu es ridicule de te comporter comme ça... laisse donc tomber, ne te fatigue pas* » (SARRAUTE). ♦ 2° Par anal. (lumière, son, paroles, etc.). Arriver, parvenir du haut. V. **Frapper**. « *Le soleil donc un rayon lui tombait sur les yeux* » (BALZ.). « *Cette obscure clarté qui tombe des étoiles* » (CORN.). — *La nuit, le soir tombe.* — « *Des glas... lugubres, dont les notes tombaient une à une* » (DAUD.). *Mots, paroles qui tombent de la bouche, des lèvres de qqn. Ce n'est pas tombé dans l'oreille* d'un sourd. « *Parole fatale, qui ne tomba pas en vain dans l'oreille du jeune roi* » (MICHELET). ♦ 3° Baisser (de façon mesurable). V. **Descendre**. « *La laine était tombée à huit sous la livre* » (ZOLA). *Cours, prix qui tombent. Sa température est tombée de cinq dixièmes. Tomber à rien, à zéro.* V. **Réduire** (se). ♦ 4° Fig. Être en décadence. V. **Déchoir**, **dégénérer**. « *C'est être d'autant plus misérable qu'on est tombé de plus haut* » (PASC.). *Il est tombé bien bas.* ♦ 5° (Choses). S'abaisser en certaines parties, tout en restant suspendu ou soutenu. V. **Pendre**. « *De charmants lustres... tombent des nervures de la voûte* » (GAUTIER). « *Une forêt de grands cheveux noirs... qui lui tombaient au jarret* » (ROUSS.). *Manteau qui tombe jusqu'aux talons.* — Spécialt. *Robe, veste qui tombe bien*, dans un mouvement souple, en s'adaptant aux lignes du corps. ◇ Donner

l'impression de s'affaisser. *Épaules qui tombent.* V. **Tombant**. *Les bras lui tombent de fatigue.* Fig. *Les bras* m'en tombent. ♦ 6° S'incliner fortement. V. **Descendre**. « *Une large casquette lui tombait sur les yeux* » (GREEN). « *Les toits à pente rapide tombaient bien bas sur les fenêtres* » (GREEN). — Mar. *Navire qui tombe sur l'avant, sur l'arrière,* qui cale plus d'eau qu'il ne devrait à l'avant, à l'arrière. **C** ♦ 1° TOMBER SUR (Par anal. avec la rapidité, la brutalité de la chute) : s'élancer de sa force, et en exploitant l'effet de la surprise, sur..., contre... V. **Attaquer**, **charger**, **foncer**, **fondre**, **jeter** (se), **précipiter** (se). *Tomber sur qqn à bras* raccourcis. « *Pour les empêcher* (les ennemis) *de nous tomber dessus* » (MART. du G.). Fam. *Ils vont nous tomber sur le dos, le paletot*, le poil*. — Fig. *Tomber sur*, l'accuser ou le critiquer sans ménagement, l'accabler. « *Ce serait sur lui qu'on tomberait pour se débarrasser d'un témoin gênant* » (ZOLA). — (Choses) « *L'opprobre et les malheurs tombent sur moi comme d'eux-mêmes* » (ROUSS.). ♦ 2° TOMBER EN... DANS *un état* : se trouver, généralement de façon soudaine, entraîné dans une situation fâcheuse. *Tomber dans l'abattement, le désespoir. Tomber en syncope, en enfance. Tomber dans un piège, une embuscade. Tomber entre, dans les mains, au pouvoir de qqn. Tomber en disgrâce*. — *Chien qui tombe en arrêt,* qui se met brusquement en arrêt. *Tomber en panne.* — *Tomber dans une erreur, un excès...* « *Les énormes bévues dans lesquelles tombait le prince* » (STENDHAL). — *Tomber d'un excès dans un autre.* V. **Aller**, **passer**. « *D'un mal il tomba dans un pire* » (LA FONT.). — (Choses) *Notre projet est tombé dans le lac, à l'eau,* a échoué. *Un acte qui tombe sous le coup* de la loi. ♦ 3° (XVIᵉ). En fonction de verbe d'état, suivi d'un attribut : Être, devenir (après une évolution rapide). *Tomber malade. Tomber amoureux.* Pop. *Il est tombé fou.* — Loc. *Il est tombé d'accord* pour... **D** (Par anal. avec le caractère inattendu de la chute) ♦ 1° Arriver ou se présenter inopinément par l'effet du hasard, à tel endroit ou tel moment. V. **Survenir**. *Tomber dans, en...* « *Avant-hier tombe ici, pour m'emmener dîner chez lui, Verdurin,...* » (PROUST). *Tomber en pleine réunion.* ◇ TOMBER SUR... (qqn, qqch.) : rencontrer ou toucher par hasard. Fam. *Tomber sur un bec*, un manche, un os*. ◇ TOMBER SOUS... : se présenter à portée de (la main). *Il attrape tout ce qui lui tombe sous la main, il mange ce qui lui tombe sous la dent.* — Fig. *Tomber sous le sens,* être compréhensible, évident. ◇ TOMBER BIEN, MAL (Choses, personnes) : arriver à propos ou non. « *Il fut charmant, confus d'être si mal tombé...* » (COURTELINE). « *Elle raffolait des fêtes foraines... ça tombait bien !* » (CÉLINE). *Tomber à point*, à propos, à pic, pile, être très à propos. ♦ 2° Arriver, par une coïncidence remarquable. « *La paye de la grande quinzaine qui tombait ce samedi-là* » (ZOLA). « *Le dimanche suivant tombait le premier novembre* » (ZOLA). *Fêtes tombant le même jour,* occurrentes. *Tomber juste.*

II. *V. tr.* Aux. *avoir* (XIIIᵉ; cour. en a. fr.; repris XIXᵉ). ♦ 1° Sport (Lutte). Vaincre (l'adversaire) en le faisant tomber et en lui faisant toucher simultanément les deux épaules pendant quelques secondes. « *Un pari à qui tomberait l'autre* » (GONCOURT). ◇ (Pop.) *Tomber une femme,* la séduire, faire sa conquête. V. **Tombeur**. ♦ 2° Fam. *Tomber la veste,* l'enlever. Cf. Se mettre en bras de chemise*.

◈ ANT. (du I) *Relever* (se); *monter*, *remonter*.

2. TOMBER [tɔ̃be]. *n. m.* (1876; subst. du précéd.). Rare. Tombée. « *Je pris donc l'habitude de l'aller voir, au tomber du jour* » (JALOUX). — Sport. Action de tomber un adversaire. ◈ HOM. *Tombé*, *tombée*.

TOMBEREAU [tɔ̃bʁo]. *n. m.* (XVᵉ; *tumiarius*, XIIIᵉ; de *tomber*). Voiture de charge, faite d'une caisse montée sur deux roues, susceptible d'être déchargée en basculant à l'arrière. V. **Banne**. « *Le faubourg secoué par les lourds tombereaux* » (BAUDEL.). ◇ Contenu de cette voiture. *Un tombereau de sable.*

TOMBEUR [tɔ̃bœʁ]. *n. m.* (1845; de *tomber*). Lutteur qui tombe (son adversaire). — Fig. et fam. *Tombeur de femmes,* séducteur aux nombreuses conquêtes. Absolt. *C'est un vrai tombeur.* V. **Don Juan**, **séducteur**.

TOMBOLA [tɔ̃bɔla]. *n. f.* (1835; it. *tombola*, proprem. « culbute », puis « loto »). Loterie de société où chaque gagnant reçoit un lot en nature. *Organiser, tirer une tombola. Les « lots » d'une tombola artistique à laquelle tous les peintres du pays s'étaient intéressés* » (NERVAL).

TOMBOLO [tɔ̃bɔlo]. *n. m.* (1927; en angl., 1899; mot it. « tumulus, tertre »). Géogr. Cordon littoral constitué par une levée de sable, reliant une île à un continent.

TOME [tɔm]. *n. m.* (1530; lat. *tomus*, gr. *tomos*, proprem. « portion »). Division d'un ouvrage, prévue (comme le livre ou le chapitre) par l'auteur ou l'éditeur, et ne correspondant pas forcément au volume (V. **Tomaison**). *L'édition originale de La Princesse de Clèves, divisée en quatre tomes, se trouve habituellement en deux volumes. Tome I, II,* premier, second. ◇ Volume. « *Il ouvrait sur la table, un tome pesant du dictionnaire de Littré* » (DUHAM.). ◈ HOM. *Tomme.*

-TOME, -TOMIE. Éléments, du gr. *-tomos*, et *-tomia*, rad. *temnein* « couper, découper » (*ex.* : anatomie, dichotomie ; atome).

TOMENTEUX, EUSE [tɔmɑ̃tø, øz]. *adj.* (1801 ; du lat. *tomentum* « bourre, duvet »). *Didact.* Couvert de poils ou d'un duvet. *Des feuilles « épaisses, tomenteuses (je veux dire couvertes d'une épaisse peluche) »* (GIDE).

TOMER [tɔme]. *v. tr.* (1801 ; de *tome*). Techn. *(Édition).* Diviser en tomes ; marquer de l'indication du tome.

TOMETTE ou **TOMMETTE** [tɔmɛt]. *n. f.* (1877 ; du dauphinois *tometa*, de *toma* « fromage plat » ; V. **Tomme**). Petite brique de carrelage, généralement hexagonale et de couleur rouge sombre, employée en Dauphiné, en Provence, et dont l'usage s'est répandu. — On écrit parfois *Tomète*.

TOMME [tɔm]. *n. f.* (1581 ; a. prov. *toma*, XIIIe ; lat. pop. *°toma*, probabl. d'o. prélatine). Fromage de Savoie, fermenté, à pâte pressée et persillée. *Tomme ordinaire ; aux raisins, au fenouil.* ◇ HOM. Tome.

TOMMY [tɔmi]. *n. m.* (1901 ; mot angl., dimin. de *Thomas Atkins*, nom traditionnel du simple soldat, 1815). Soldat anglais. Plur. *Des tommies.*

TOMOGRAPHIE [tɔmɔgrafi]. *n. f.* (v. 1930 ; du gr. *tomos* « morceau coupé », et [*radio*]*graphie*). *Méd.* Procédé d'exploration radiologique ayant pour but d'obtenir la radiographie d'une mince couche d'organe à une profondeur voulue. *Tomographie pulmonaire* (Abrév. fam. *Tomo* [tɔmo]).

TOM-POUCE [tɔmpus]. *n. m.* (1872 ; trad. angl. *Tom Thumb*, nain des contes, XVIe). ♦ 1° *Fam.* Homme de très petite taille, nain*. ♦ 2° (v. 1930). Petit parapluie à manche court.

1. TON [tɔ̃], **TA** [ta], **TES** [te]. *adj. poss.* (*Ta*, fin XIe ; formes atones des adj. lat. *tuum, tua.* V. **Tien**).

I. *(Sens subjectif).* ♦ 1° Qui est à toi, t'appartient. « *Poète, prends ton luth* » (MUSS.). « *Mon amour, c'est seulement ton bonheur* » (APOLLINAIRE). « *Tu rateras ton avenir, toi* » (MAUPASS.). — Arg. *Ta pomme*, toi. ♦ 2° *(Devant un nom de personne).* TON marquant des rapports de parenté, d'amitié, de vie sociale. *Ton père et le mien.* « *Tu dis toujours ' ton fils', quand tu as à te plaindre de lui* » (GÉRALDY). ♦ 3° *Par ext.* Marque l'« intérêt personnel » ou des rapports d'appropriation très larges (emplois stylistiques). « *Ton Pierre, mais il n'est pas célèbre du tout* » (JAMMES). — *Ferme donc ta porte.* « *Tu ne veux pas me jouer ton Prélude ? Pour M*ᵐᵉ *d'Hocquinville, Chopin n'avait écrit qu'un Prélude... et il était devenu ton Prélude, parce qu'elle l'associait à sa petite-fille* » (MAUROIS).

II. *(Sens objectif).* *Ton juge*, celui qui te juge. *Ta condamnation. À ta vue. Tes lecteurs.*

◇ HOM. (du masc.) Thon, ton (2). — (du plur.) T, té, thé.

2. TON [tɔ̃]. *n. m.* (XIIe ; lat. *tonus*, gr. *tonos*).

I. **Ⓐ** *(Cour.).* ♦ 1° Hauteur de la voix à un moment donné ; hauteur moyenne de la voix. *Ton aigu, élevé ; bas, grave.* V. **Voix.** « *Il prenait une voix de tête, des tons aigus, nasillards, martelés, solennels* » (R. ROLLAND). *Changement de ton, inflexion.* — *Par ext.* Qualité sonore de la voix (timbre, etc.). *Ton criard, nasillard. Spécialt.* Inflexions, intonations dans l'énoncé. *Ton égal, uniforme ; montant, descendant.* ♦ 2° (v. 1200). Qualité de la voix humaine, en hauteur (*ton* proprem. dit), en timbre et en intensité, caractéristique de l'expression des états psychologiques et du contenu du discours. V. **Accent, expression, intonation.** *Ton de voix familier, simple. Ton détaché, froid, dédaigneux. Déclarer d'un ton, sur un ton convaincu, passionné... Avoir, adopter, garder un certain ton.* « *Ce petit ton sec que les femmes seules savent prendre entre elles* » (GAUTIER). *Dire sur le ton de la conversation, sur un ton calme, de bonne compagnie.* « *Il avait élevé le ton ; sa voix vibrait de plaisir et de défi* » (MART. du G.). ◇ *Loc.* (XVIIe) *Ne le prenez pas sur ce ton*, de si haut. *Hausser le ton. Faire baisser le ton à* (qqn), forcer qqn à parler avec moins d'arrogance (Cf. Rabattre le caquet*). *Changer de ton.* — *Dire, répéter sur tous les tons :* de toutes les manières. ♦ 3° (Mil. XVIIe). Manière de s'exprimer, dans un écrit. *Le ton d'une lettre.* V. **Forme, manière, style.** — *Spécialt.* Manière individuelle d'écrire (indépendamment du genre qu'on adopte). *Le style et le ton d'un auteur.* « *Ce qui frappe le plus dans une page de Stendhal, c'est le Ton. Il possède, et d'ailleurs affecte, le ton le plus individuel qu'il soit en littérature* » (VALÉRY). ♦ 4° *Littér.* Manière de parler et de se comporter en société ; manière d'être (d'une action) quant aux convenances. « *Je parle si souvent... du genre d'esprit de la province, du ton provincial* » (STENDHAL). « *Le ton où il avait placé leurs relations, le parti pris d'élégance...* » (ROMAINS). — *Loc. cour.* DE BON TON : qui a des manières considérées comme bonnes, raffinées (Cf. Comme il faut). *Une élégance de bon ton.* V. **Goût.** — (1751). Absolt. *Le bon ton*, les manières correctes, reçues ou qui prévalent (dans un milieu donné). ◇ *Être, se mettre dans le ton*, au diapason. V. **Note.** *Ne pas être dans le ton.* V. **Détonner** *(fig.). Donner le ton :* fixer, par ses propres manières, le ton admis, reçu

dans une société. *Juliette Récamier « fêtée, applaudie, donnant le ton à la mode »* (STE-BEUVE). **Ⓑ** ♦ 1° *Phonét.* Hauteur (et *par ext.* changement de hauteur) du son de la voix, à un moment donné ; son particulier prononcé sur une note plus élevée (accent de hauteur). V. **Tonique.** *Ling. Langues à ton* où la hauteur d'une syllabe est un trait pertinent (*ex.* : chinois). *Ton haut, bas, montant, descendant. Ton ou ton aigu*, en grec, Élévation de la voix sur un son. — *Ton frappé :* accent de hauteur sur le début de l'émission vocalique. ♦ 2° *Mus.* (1578). Intervalle fondamental, qui s'exprime par le rapport des fréquences de 8 à 9 (*ton majeur :* do-ré ; fa-sol) ou de 9 à 10 (*ton mineur :* ré-mi ; la-si) et correspond à la seconde majeure (intervalle de la quarte à la quinte). *Échelle musicale divisant l'octave en sept échelons* (V. **Note**) *et procédant par tons et demi-tons* (V. **Diatonique** ; *gamme*) *ou en douze échelons tempérés* (V. **Chromatique**). *Quart de ton. Par ext.* Chaque degré de l'échelle diatonique. ♦ 3° *Mus.* Hauteur absolue d'une échelle de sons musicaux (réglée par le diapason) ; échelle musicale d'une hauteur déterminée (désignée par le nom de sa tonique) et possédant la même structure interne (à la différence des *modes*). *Passage d'un ton à un autre :* modulation. *Ton principal d'un morceau.* — *Le ton de si bémol majeur, mineur :* la modalité majeure, mineure du ton de si bémol. — *Hist. mus.* (antiq.) *Ton phrygien*, etc. *Abusiv.* Mode (2, 2°) de la musique médiévale. ♦ 4° *Cour.* Hauteur des sons émis par la voix dans le chant ou par un instrument, définie par un repère. *Donner le ton :* entonner. *Sortir du ton :* détonner. *Se mettre dans le ton :* s'accorder. ♦ 5° *Mus.* Instrument (sorte de sifflet à coulisse) servant à donner le ton (comme le diapason). ♦ 6° *Chasse.* Se dit de certaines sonneries, définies par leur ton, leur hauteur. *Tons de chasse. Ton de quête* (recherche du gibier).

II. (1669). Couleur, considérée sous sa force, son intensité ; degré d'une couleur. V. **Teinte, nuance.** *Tons purs. Tons criards, ternes.* « *Je mets du blanc dans tous mes tons* » (COROT). « *Leurs couleurs ne sont pas tout à fait des couleurs de fleurs ordinaires... ce sont des tons brisés,... des tons passés...* » (GONCOURT). *Ton sur ton*, dans une même couleur nuancée.

III. (1771 ; gr. *tonos* « tension », d'apr. *tonique*). *Méd.* (vx). État normal d'élasticité et de fermeté des tissus. V. **Tonicité, tonus.**

◇ HOM. Thon, ton (1).

TONAL, ALE, ALS [tɔnal]. *adj.* (v. 1830 ; de *ton*, I, B). ♦ 1° Qui concerne ou définit un ton, une hauteur caractéristique. *Hauteur tonale des sons musicaux.* ♦ 2° Qui concerne la tonalité (I, 2°), qui est organisé selon ses principes. *Système tonal, musique tonale*, où l'harmonie et la mélodie sont réglées par l'obligation de respecter un ton principal. — (ANT. **Atonal**).

TONALITÉ [tɔnalite]. *n. f.* (1828 ; de *tonal*).

I. *Mus.* ♦ 1° *Vx.* Tout système musical défini par l'ordre des intervalles dans l'échelle des sons (modes et *tons* proprem. dits). ♦ 2° Organisation de l'ensemble des sons musicaux selon une échelle type, où les intervalles (tons et demi-tons) se succèdent dans le même ordre, et où le premier degré de chaque gamme (V. **Tonique**) se trouve au centre de deux quintes caractéristiques. *La tonalité s'est dégagée à la Renaissance du système modal.* ♦ 3° *(Emploi critiqué).* Ton (I, B, 3°). *L'armature de la clef donne la tonalité principale du morceau.* II. *Cour.* **Ⓐ** ♦ 1° Ensemble des caractères (hauteur, timbre) d'un ensemble de sons, d'une voix. « *Des inflexions vocales, une sorte de tonalité chantante* » (DUHAM.). *La tonalité d'un récepteur de radio.* ♦ 2° Valeur moyenne, impression générale produite par un ensemble de tons (II), de nuances. « *Il n'y a en peinture que la tonalité et la beauté de la pâte* » (GONCOURT). ♦ 3° *(Abstrait).* Impression générale « coloration » particulière qui distingue un état affectif. « *L'ivresse* (du haschisch)*... gardera toujours sa tonalité particulière de l'individu* » (BAUDEL.). **Ⓑ** Son émis par un téléphone avant la composition du numéro d'appel.

TONDAGE [tɔ̃daʒ]. *n. m.* (1303 ; de *tondre*). ♦ 1° *Techn.* Opération par laquelle on égalise les poils d'un drap. V. **Apprêt.** ♦ 2° (1845). Le fait de tondre le poil (de certains animaux). *Tondage du cheval.*

TONDAILLE [tɔ̃daj]. *n. f.* (1500 ; de *tondre*). Vx ou région. (*plur.*). Époque de la tonte des moutons ; fête qui accompagne la tonte.

TONDAISON [tɔ̃dɛzɔ̃]. *n. f.* (*Tondison*, 1284 ; de *tondre*). *Vx.* Tonte.

TONDEUR, EUSE [tɔ̃dœʀ, øz]. *n.* (1247, « tondeur de drap » ; de *tondre*). Personne dont le métier est de tondre (le drap, les animaux). Ancienn. *Tondeur de chiens.* — *Mod.* (Techn.). *Tondeuse en chapellerie. Tondeurs de draps* (à la main, à la machine). *Tondeur de moutons.*

TONDEUSE [tɔ̃døz]. *n. f.* (1836 ; du précéd.). ♦ 1° *Techn.* Machine ou instrument destiné à couper court, et d'une manière égale, les poils de certains tissus (draps). ♦ 2° Instrument formé de deux lames agissant par va-et-vient, et destiné à tondre le poil des animaux, les cheveux de l'homme.

Le coiffeur passe la tondeuse sur le cou. ♦ 3° *Tondeuse à gazon,* petite faucheuse rotative. « *Le cliquetis exaspérant de la tondeuse à gazon* » (MART. du G.). *Tondeuse à main, mécanique.*

TONDRE [tɔ̃dʀ(ə)]. *v. tr.;* conjug. *rendre* (XIIᵉ; lat. pop. °*tondere* [e bref], lat. class. *tondere* [e long]). ♦ 1° Couper à ras (les poils, et *spécialt.* la laine). *Tondre la toison d'un mouton, le poil d'un chien.* — *Tondre les cheveux,* les couper très courts, sans toutefois les raser. — Loc. fig. *Tondre la laine sur le dos de qqn,* le dépouiller, le voler. ♦ 2° Dépouiller (un animal) de son pelage, de sa toison, en coupant les poils ras. *Tondre les moutons, un caniche.* — Fam. *Se faire tondre,* se faire couper les cheveux très courts. ◊ Fig. (XIIᵉ) *Tondre qqn,* le dépouiller. « *Il y a pourtant un art de tondre le contribuable sans le faire crier* » (FRANCE). Loc. *Il tondrait un œuf:* il ferait n'importe quoi pour satisfaire son avarice, son avidité. ♦ 3° (XIIIᵉ). Couper à ras; égaliser en coupant. *Tondre le drap, le feutre,* couper l'extrémité des poils pour le rendre uni. *Tondre le gazon,* le couper à la tondeuse. Plaisant. « *Le pré est tondu par le mouton, le mouton est tondu par le berger* » (HUGO).

TONDU, UE [tɔ̃dy]. *adj.* (XIIIᵉ; V. **Tondre**). Coupé à ras. *Pré tondu,* récemment fauché. *Poils, cheveux tondus.* « *Les moines tondus se promènent* » (A. BERTRAND). ◊ Subst. *Un tondu. Le Petit Tondu,* surnom du général Bonaparte. — *Quatre pelés* et *un tondu.*

TONÉTIQUE [tɔnetik]. *n. f.* (v. 1950; de *ton,* d'apr. *phonétique*). *Didact.* Partie de la phonétique qui s'attache à l'étude des tons.

TONICARDIAQUE [tɔnikaʀdjak]. *adj.* (1959; de *toni[que],* et *cardiaque*). *Méd.* Qui exerce un effet tonique sur le cœur. — Subst. *L'huile camphrée est un tonicardiaque.* ⟨ʘ⟩ SYN. *Cardiotonique.*

TONICITÉ [tɔnisite]. *n. f.* (1803; de *tonique*). ♦ 1° *Physiol.* Tonus* musculaire. *Absence, insuffisance, excès de tonicité.* V. **Atonie, hypertonie, hypo-.** ♦ 2° Caractère de ce qui est tonique, stimulant. « *La tonicité salée de la Méditerranée* » (MICHELET).

TONIE [tɔni]. *n. f.* (v. 1970; de *ton*). *Physiol.* Caractère de la sensation auditive, dépendant de la fréquence de la vibration.

-TONIE. Élément, du gr. *tonos* « tension ».

TONIFIANT, ANTE [tɔnifjɑ̃, ɑ̃t]. *adj.* et *n. m.* (v. 1860; de *tonifier*). Qui tonifie. *Lotion tonifiante.* « *Les forêts de pins rivalisent avec la mer en émanations salubres. Les leurs, toutes résineuses, sont tonifiantes comme elles* » (MICHELET). — N. m. Remède tonique.

TONIFIER [tɔnifje]. *v. tr.* (av. 1867; du rad. de *tonique,* et *-fier*). ♦ 1° Rendre plus élastique, plus tonique (I, 1°). « *Mon père s'aspergeait d'eau froide, pour tonifier l'épiderme* » (DUHAM.). ♦ 2° *Par ext.* Avoir un effet tonique (I, 2°) sur. *Tonifier l'organisme.* V. **Fortifier.** *Bergson dit qu' « il n'est pas d'œuvre d'art vraiment grande qui n'exalte et ne tonifie l'âme* » (MAUROIS).

1. TONIQUE [tɔnik]. *adj.* et *n. m.* (1538 « qui présente de la force, de l'élasticité » [*méd.*]; gr. *tonikos* « qui se tend », de *tonos.* V. **Ton**). I. *Méd.* ♦ 1° *Physiol.* Relatif au tonus* musculaire. — *Par ext.* Se dit d'une contraction musculaire anormale prolongée, se traduisant par une rigidité des muscles atteints. *Convulsion tonique. Spasme tonique.* ♦ 2° (1762). Qui fortifie, stimule les forces de l'organisme. *Médicament tonique.* V. **Réconfortant, reconstituant.** — Subst. *Un tonique.* V. **Fortifiant, remontant, stimulant** (*ex.* : les amers, le kola, etc.). « *Votre petite fille est-elle peureuse ? traitez-la par des toniques plutôt que par des sermons* » (BENDA). — *Les toniques du cœur,* les cardiotoniques, qui régularisent les contractions du cœur. ♦ 3° *Par ext.* Qui stimule, augmente la force vitale, rend plus vif. « *Un froid sec, piquant, tonique* » (DUHAM.). — (Abstrait) « *Cette idée que tout est dit n'est point déprimante; bien au contraire, tonique* » (ALAIN). II. ♦ 1° *Mus.* (1762). Vx. *Note tonique,* la tonique. ♦ 2° (1842). *Phonét.* Qui porte le ton. *Voyelle, syllabe tonique.* Par ext. *Formes toniques et formes atones des pronoms.* — Qui marque le ton. *Accent* tonique.* ◊ ANT. *Amollissant, débilitant. Atone.*

2. TONIQUE [tɔnik]. *n. f.* (1762; pour *note tonique*). *Mus.* Note fondamentale, premier degré de l'échelle des sons dans le système tonal, dont la hauteur caractérise le ton qu'elle établit.

TONITRUANT, ANTE [tɔnitʀyɑ̃, ɑ̃t]. *adj.* (1876; du lat. *tonitruare* « tonner »). *Fam.* Qui fait un bruit de tonnerre, énorme. *Voix tonitruante.* V. **Tonnant.** — Par ext. « *Le gros, l'épais... le tonitruant Balzac* » (HENRIOT), le bruyant Balzac.

TONITRUER [tɔnitʀye]. *v. intr.* (1884; lat. *tonitruare*). Faire un bruit de tonnerre; parler, crier d'une voix tonitruante. « *De vastes obus qui tonitruent de temps en temps en nous secouant dans notre sous-sol* » (BARBUSSE).

TONKA ou **TONCA** [tɔ̃ka]. ⟨...⟩ (*Fève de tonka,* 1823;

mot guyanais). Fruit du *coumarou* (V. **Coumarine**). Appos. *Fève tonka.*

TONLIEU [tɔ̃ljø]. *n. m.* (XIVᵉ; altér. de *tolneu,* XIIᵉ; lat. *teloneum,* gr. *telônion* « bureau du percepteur »). Impôt ou taxe que l'on percevait sur les marchandises transportées. Droit payé par les marchands pour étaler dans les foires et marchés.

TONNAGE [tɔnaʒ]. *n. m.* (1656; mot angl., de l'a. fr. [1300], « droit sur le vin en tonneau »; de *tonne,* 1°). ♦ 1° *Mar.* Droit payé par un navire d'après sa capacité. V. **Jauge.** ♦ 2° *Cour.* Capacité de transport d'un navire de commerce (évaluée par son volume intérieur dont l'unité de mesure est le tonneau). V. **Jauge.** *Tonnage brut,* capacité intérieure totale; *tonnage net,* capacité pour un contenu commercial (marchandises, passagers). *Bâtiment d'un gros, d'un fort tonnage.* ◊ *Statist.* Capacité des navires marchands entrant dans un port ou en sortant; de tous les navires de commerce d'un pays.

TONNANT, ANTE [tɔnɑ̃, ɑ̃t]. *adj.* (mil. XIIᵉ; de *tonner*). ♦ 1° Qui tonne (1°). *Jupiter tonnant.* ♦ 2° (Déb. XVIᵉ). Qui fait un bruit de tonnerre. *Voix tonnante.* V. **Éclatant, retentissant, tonitruant.** « *Une acclamation tonnante partit jusqu'aux nues* » (STE-BEUVE). ♦ 3° Chim. *Gaz tonnant,* mélange tonnant, mélange d'hydrogène et d'oxygène dans la proportion volumétrique de 2 à 1.

TONNE [tɔn]. *n. f.* (1285; bas lat. d'o. celt. *tunna, tonna*). ♦ 1° Techn. (*Agric.* et *pêche*). Grand récipient, plus large que le tonneau, fait de douves assemblées au moyen de cerceaux. « *Le vin de Moselle me paie tous les jours en d'immenses tonnes, comme celles d'Heidelberg et d'autres lieux* » (NERVAL). « *Comme des harengs dans une tonne* » (NERVAL). (Par anal. de forme). *Mar.* Bouée arrondie, en bois ou en fer. *Tonnes et balises. Droit de tonnes,* perçu pour l'entretien des bouées. ◊ *Zool.* Coquille univalve arrondie. ♦ 2° (1845; « mesure de capacité », 1681). *Mar.* Unité de poids de 1 000 kilogrammes servant à évaluer le déplacement ou le port en lourd d'un navire. *Un paquebot de 16 000 tonnes.* ◊ *Cour.* Unité de masse, mesure valant 1 000 kilogrammes (abrév. *t*). « *Il brûlait à quoi... des tonnes et des tonnes de charbon* » (VERCEL). *Par exager.* Énorme quantité (de choses). « *Elles aidaient leur mère et leur grand-mère à mettre en bocaux des tonnes de fruits et de légumes* » (BEAUVOIR). — *Statist. Tonne kilométrique,* unité de calcul du prix de transport des marchandises par voie ferrée (transport d'une tonne sur un kilomètre). ◊ *Mesure du poids des véhicules, spécialt.* des poids lourds. *Un camion de 7 tonnes,* et subst. *Un 7 tonnes. Pont interdit aux véhicules de plus de 3 tonnes.* ⟨ʘ⟩ HOM. Formes du v. *tonner.*

TONNEAU [tɔno]. *n. m.* (XIIIᵉ; *tonnel,* 1190; de *tonne,* 1°). I. ♦ 1° Grand récipient cylindrique, en bois, renflé au milieu, fait de douves assemblées et cerclées, fermé par deux fonds de bois. V. **Baril, barrique, feuillette, foudre** (2), **fût** (4°), **fûtaille*** (1°), **muid, pièce** (II, B, 2°), **quartaut, tonnelet.** *Bonde, cannelle, cerceau, chantepleure, douve, fonçailles, fond, jable, panse, robinet... d'un tonneau. Mettre en tonneau, entonner. Tonneau de vin, de bière, de poudre.* ◊ Absolt. *Tonneau de vin. Mettre un tonneau en perce. Ouiller, embouger un tonneau. Vin au tonneau* (opp. à *vin en bouteille*). *Fond de tonneau,* ce qui reste au fond du tonneau, où il y a de la lie; mauvais vin; *fig.* Résidu. *Rinçure de tonneau,* mauvais vin. — Allus. myth. *Le tonneau des Danaïdes :* le tonneau percé que les filles de Danaos étaient condamnées à remplir sans fin. Fig. *C'est le tonneau des Danaïdes :* une tâche infinie, interminable. ◊ Récipient de métal monté sur roues dont on distribue le contenu en divers lieux. *Tonneau d'arrosage,* pour arroser les voies publiques. ♦ 2° Voiture à cheval découverte, à deux roues, dans laquelle on pénètre par derrière. ♦ 3° Coffre (d'abord *tonneau*) dont le dessus est percé de trous (affectés d'un chiffre) dans lesquels le joueur s'efforce de lancer un palet de métal. — *Par ext.* Le jeu lui-même. *Jouer au tonneau.* ♦ 4° Mouvement d'acrobatie aérienne; tour complet de l'appareil autour de son axe longitudinal. *Le pilote a exécuté une série de tonneaux. Demi-tonneau,* demi-tour. ◊ Accident par lequel une automobile fait un tour complet en pivotant autour de son axe longitudinal. *La voiture a fait plusieurs tonneaux sur la pente du ravin.* II. *Mar.* (XVIᵉ, « tonne », néerl.). Unité internationale de volume employée pour déterminer la capacité des navires (V. **Jauge, tonnage**), et valant 2,83 mètres cubes. « *En 1845, l'archipel possédait quatre cent quarante navires jaugeant quarante-deux mille tonneaux* » (HUGO).

TONNELAGE [tɔnlaʒ]. *n. m.* (1765; « droit pour la mise en tonneaux du vin », 1334; de l'a. fr. *tonnel* « tonneau »). Comm. *Marchandises de tonnelage,* qu'on met en tonneaux.

TONNELET [tɔnlɛ]. *n. m.* (1355; dimin. de l'a. fr. *tonnel* « tonneau »). Petit tonneau, petit fût. V. **Baril.** *Un tonnelet d'eau-de-vie.*

TONNELIER [tɔnəlje]. *n. m.* (1255; de l'a. fr. *tonnel* « tonneau »). Artisan, ouvrier qui fabrique et répare les tonneaux et récipients en bois. *Outils de tonnelier,* davier, doloire ; jabloir, plane, rouanne, serre-joint, tire-fond. « *Tout le jour, dans le chantier des tonneliers, retentit un tintamarre caverneux* » (CHARDONNE).

TONNELLE [tɔnɛl]. *n. f.* (1340 ; de *tonne*). ♦ 1° Petite construction circulaire à sommet arrondi, faite de lattes en treillis soutenues par des cerceaux, sur laquelle on fait grimper des plantes et qui sert d'abri. V. **Charmille, gloriette, pavillon** (de verdure). « *Nous goûtions sous une tonnelle d'aristoloche, de chèvrefeuille, de vigne vierge* » (RADIGUET). ♦ 2° *Chasse* (déb. XVᵉ). Filet pour la chasse aux perdrix. ♦ 3° (1906). *Archéol.* Partie de l'armure du cheval qui recouvrait la croupe.

TONNELLERIE [tɔnɛlʀi]. *n. f.* (1295 ; de *tonnelier*). Métier, atelier, industrie, commerce du tonnelier. — Articles fabriqués par le tonnelier.

TONNER [tɔne]. *v. intr.* (1160 ; lat. *tonare*). ♦ 1° *Rare.* Faire éclater le tonnerre. *Jupiter tonne.* V. **Tonnant.** ♦ 2° *Impers. Cour.* Éclater (du tonnerre). « *Sans s'inquiéter s'il pleut ou s'il vente, s'il grêle ou s'il tonne* » (FLAUB.). ♦ 3° Faire un bruit de tonnerre. « *Une artillerie plus puissante, celle de la presse, tonnait désormais à l'oreille du peuple* » (MICHELET). ♦ 4° (Mil. XVIIᵉ ; trans., v. 1550). Exprimer violemment sa colère en parlant très fort. V. **Crier, fulminer, gronder.** « *Robespierre tonnait... contre ceux qui voulaient... affamer le peuple* » (BRUNOT).

TONNERRE [tɔnɛʀ]. *n. m.* (1560 ; *tuneire*, 1080 ; lat. *tonitrus*). ♦ 1° Bruit de la foudre, accompagnant l'éclair (perçu plus ou moins longtemps après lui, et plus ou moins violent selon l'éloignement du phénomène par rapport à l'observateur). *Coup, fracas de tonnerre.* « *Un tonnerre inouï, dont nul fracas terrestre ne saurait donner l'idée, déchira, accabla toutes les oreilles alentours* » (FARRÈRE). ♦ 2° *Vx* ou *littér.* Foudre. (Cf. Paratonnerre.) « *Le tonnerre tombe où il veut, et quand il veut. Mais les sommets l'attirent* » (R. ROLLAND). ◇ Faisceau enflammé qui représente la foudre. ♦ 3° *Fig.* et *cour.* (1644). COUP DE TONNERRE : événement brutal et imprévu. « *Cette vie tranquille fut troublée par un coup de tonnerre : Mina perdit sa mère* » (STENDHAL). « *La mobilisation du 2 août 1914 nous réveilla de notre songe. Ce coup de tonnerre interrompit des milliers de drames particuliers* » (MAURIAC). ♦ 4° *De tonnerre*, se dit de bruits semblables au tonnerre. « *Un lointain grondement de tonnerre ébranla toute la mine... Il avait vu que la galerie s'effondrait...* » (ZOLA). *Une voix de tonnerre.* V. **Tonitruant, tonnant.** ◇ *Fam. Du tonnerre*, s'emploie avec une valeur de superlatif exprimant l'admiration. V. **Formidable, terrible.** *Une fille du tonnerre.* « *Il faisait très beau, un soleil du tonnerre* » (ZOLA). — (Mêmes emplois) *Du tonnerre de Dieu. La voiture a marché le tonnerre, très bien, à toute allure.* ♦ 5° *(Exclam.).* — En interjection pour exprimer la violence, la menace. « *Tonnerre de Dieu, n'allons pas fumer sur le tonneau de poudre, citoyens !* » (BALZ.). *Tonnerre ! Mille tonnerres ! Tonnerre de Brest* (juron de marins, à l'origine). ◇ *En appos.* pour qualifier ce qui est terrible, ce qu'on maudit. *Les « vices que j'ai contractés dans ce tonnerre de Dieu de pays-là* » (BALZ.). ♦ 6° *Fig.* assourdissant. « *Les laitiers faisaient un tonnerre de fer-blanc sur les pavés* » (ARAGON). — Manifestation bruyante (d'approbation ou de désapprobation). *Un tonnerre d'acclamations.* V. **Tempête.** « *Le discours de Mirabeau fut accueilli d'un tonnerre d'indignation, d'une tempête d'imprécations et d'insultes* » (MICHELET).

TONOMÉTRIE [tɔnɔmetʀi]. *n. f.* (1903 ; du gr. *tonos* « tension », et *métrie*). *Sc.* Détermination de masses moléculaires par abaissement de la tension de vapeur des solutions diluées (à l'aide d'un appareil appelé *tonomètre* [tɔnɔmɛtʀ(ə)]). — *Méd.* Mesure des tensions (artérielle, veineuse, oculaire).

TONSURE [tɔ̃syʀ]. *n. f.* (1245 ; lat. *tonsura*). ♦ 1° Petit cercle rasé au sommet de la tête des ecclésiastiques. *Porter la tonsure.* — *Fam.* Calvitie circulaire au sommet de la tête. ♦ 2° *Première tonsure* ou *tonsure*, cérémonie par laquelle l'évêque donne à qqn le premier degré de la cléricature en lui coupant une mèche de cheveux au sommet de la tête.

TONSURER [tɔ̃syʀe]. *v. tr.* (fin XIVᵉ ; de *tonsure*). Conférer la tonsure à (un clerc). « *Si vous n'êtes monsieur l'abbé que pour avoir été tonsuré...* » (VOLT.). — TONSURÉ, ÉE, *adj.* Qui porte la tonsure. *Clerc tonsuré.* Subst. *Un tonsuré.*

TONTE [tɔ̃t]. *n. f.* (1387 ; fém. subst. de l'a. p. p. de *tondre*). ♦ 1° Action de tondre. *Tonte des moutons.* — *Tonte des gazons.* ♦ 2° (1694). Laine obtenue en tondant les moutons. ♦ 3° (1690). Époque où l'on tond les moutons. V. *(vx* ou *région.)* **Tondailles, tondaison.**

TONTINE [tɔ̃tin]. *n. f.* (1652 ; du nom de *Tonti*, inventeur de ce système). ♦ 1° *Dr.* Association de personnes qui mettent leur capital en commun pour jouir d'une rente viagère ; cette rente elle-même (reportée, à chaque décès, sur l'ensemble des survivants). ♦ 2° (1752). *Anciennt.* Jeu de cartes réunissant de nombreux joueurs dont finalement un seul, après élimination des concurrents, raflait tous les enjeux. ◇ (1876). Corbillon où les joueurs déposaient ces enjeux. ♦ 3° (1906). Techn. *(Hortic.).* Corbeille de mousse ou paillon servant à protéger un arbuste emmotté pendant le transport.

TONTINER [tɔ̃tine]. *v. tr.* (1906 ; de *tontine*, 3°). *Hortic.* Garnir d'une tontine. *Plant tontiné.*

TONTISSE [tɔ̃tis]. *adj.* (1690 ; *tondiche*, XIIIᵉ ; d'un a. p. p. de *tondre*). *Techn.* Qui vient de la tonture du drap. *Bourre tontisse*, poussière de laine faite des poils des draps rasés. *Toile, papier tontisse*, toile et papier à tapisser sur lesquels on applique de la *bourre tontisse*, pour leur donner un aspect velouté.

TONTON [tɔ̃tɔ̃]. *n. m.* (1712 ; formation enf. à redoublement, de *tante, tantine*, d'apr. *oncle*). Oncle (lang. enfantin). *Tonton Pierre. Mon tonton.* Pop. *Le tonton et la tata.*

TONTURE [tɔ̃tyʀ]. *n. f.* (XIIIᵉ ; de *tonte*). ♦ 1° *Techn.* Action de tondre les draps ; le poil tondu. ♦ 2° (1643 ; du sens anc. « élagage, émondage »). *Mar. (Vx)* Plancher de revêtement des préceintes ; manière dont les préceintes se relèvent. ◇ *Mod.* Courbure des ponts des navires, légèrement relevés aux extrémités.

TONUS [tɔnys]. *n. m.* (1865 ; en angl., 1871 ; du gr. *tonos* « tension »). ♦ 1° *Physiol. Tonus musculaire*, état de légère tension des muscles vivants au repos, résultant d'une stimulation continue réflexe de leurs nerfs moteurs (Syn. *Tonicité*). *Tonus nerveux*, excitabilité des nerfs, propriété latente du tissu nerveux. ♦ 2° (Mil. XXᵉ). *Cour.* Énergie, dynamisme. *Manquer de tonus.*

TOP [tɔp]. *n. m.* (1877 ; onomat.). ♦ 1° Signal sonore ou électrique qu'on donne pour déterminer ou enregistrer avec précision le début ou la fin d'une opération. « *Si vite que courent les ondes, je n'entends toujours pas le « Top » au moment même où il est envoyé* » (ALAIN). — Signal bref donné par la T.S.F. à ses auditeurs pour leur permettre d'avoir l'heure exacte à la seconde. *Au quatrième top, il sera exactement 8 heures 12 minutes.* (On dit dans ce sens : *top naturel).* ♦ 2° *Top artificiel* : repère silencieux (par ex., visuel). ♦ 3° Audio-visuel. (1973). *Top (départ)* : signal sonore ou visuel indiquant le début d'un enregistrement. ♦ 4° Toute impulsion électrique de synchronisation. ◇ HOM. *Tope* (de *toper*).

TOPAZE [tɔpaz]. *n. f.* (1080 ; lat. *topazus*, gr. *topazos*, nom d'une île de la mer Rouge). Pierre (5°) fine (silicate), pâle ou jaune, transparente. V. **Chrysolithe.** *Topaze du Brésil. Topaze brûlée*, topaze devenue rose par chauffage. — *Une topaze*, une pierre taillée, montée en bijou. « *Quant aux topazes, brûlées ou crues, ce sont des pierres à bon marché, chères à la petite bourgeoisie* » (HUYSMANS). ◇ *Par ext.* Nom donné à d'autres pierres jaunes. *Topaze dorée*, *topaze d'Espagne*, quartz chauffé. *Topaze d'Orient*, alumine cristallisée, corindon jaune. ◇ *Couleur topaze*, d'un jaune vif et transparent. « *Les ales d'or et le whisky, couleur topaze* » (VERHAEREN).

TOPE ! [tɔp]. *interj.* (1640 ; esp. *topo*, rad. express. *topp-*, présent en de nombreuses langues). Interjection marquant qu'on accepte un défi, qu'on est d'accord avec une proposition. ◇ HOM. *Top.*

TOPER [tɔpe]. *v. intr.* (1659 ; de *tope !* ; « appliquer en jetant », XIIᵉ ; rad. *topp-*). Accepter un défi, un enjeu ; taper dans la main, heurter le verre... (du partenaire) pour signifier qu'on accepte, qu'on conclut le marché. « *Qui tope à tout, disait le vieux Séchard, ne paie rien* » (BALZ.). « *Topez là !... Il n'y a point d'affaire conclue quand les parties n'ont pas trinqué* » (FRANCE).

TOPETTE [tɔpɛt]. *n. f.* (1874 ; *topete*, 1821 ; mot dial. ; var. *méridien. topin, topin... ;* frq. *°toppin* « pot »). Petite bouteille longue et étroite. « *Nous vidions la topette de vin nichée dans le filet* » (HUYSMANS).

TOPHACÉ, ÉE [tɔfase]. *adj.* (1803 ; du *tophus*, d'apr. le lat. *tofaceus*). Relatif au tophus ; qui constitue un tophus. *Concrétion tophacée.*

TOPHUS [tɔfys]. *n. m. invar.* (1765 ; *tophe*, 1560 ; lat. *tofus* ou *tophus*. V. Tuf). *Méd.* Chacune des concrétions d'urate de sodium ou de calcium que se forment, chez les goutteux, aux articulations et parfois au bord du pavillon de l'oreille. « *La craie des tophus perçait partout sous la peau, en pointes blanchâtres* » (ZOLA).

TOPINAMBOUR [tɔpinãbuʀ]. *n. m.* (1680 ; plur. *toupinambaux*, XVIᵉ ; de *Topinambous*, 1578, peuplade du Brésil [V. Tupi]). ♦ 1° Nom courant de l'hélianthe* tubéreux. *Cultiver des topinambours.* ♦ 2° Les tubercules de cette plante utilisés pour la nourriture du bétail et comme aliment de remplacement dans les périodes de restrictions. « *On leur servit..., contre un ticket de cent grammes de pain, un sandwich aux topinambours* » (AYMÉ). *Topinambours et rutabagas.*

TOPIQUE [tɔpik]. *adj. et n.* (1380 ; lat. *topicus*, gr. *topikos*, de *topos* « lieu » ; Cf. Topo-). ♦ 1° *Hist. philo.* Relatif aux lieux communs (tradition aristotélicienne). Subst. *Un* *topique* : un lieu commun. — *La topique* : théorie des catégories générales. ◆ 2° (1538). Méd. *Médicament topique,* ou subst. *Un topique,* médicament qui agit à l'endroit où il est appliqué, sur la peau ou une muqueuse (pommade, collyre, teinture, etc.). ◆ 3° (1697). Vx. Relatif à un lieu donné. *Divinité topique,* qui règne sur un lieu, le protège. ◆ 4° (1865). Didact. Qui se rapporte exactement au sujet dont on parle. *Argument topique.* V. **Caractéristique, typique.** « *Les citations qu'il fait pourraient être mieux choisies, plus topiques* » (GIDE).

TOPO [tɔpo]. *n. m.* (1866; « topographie », 1855, à St-Cyr; abrév. de *topographie*). Fam. ◆ 1° Vx. Croquis, plan. ◇ (*Alpin.* [*Randonnée*]). Description, illustrée de plans, d'un itinéraire, avec mention de la longueur des étapes. ◆ 2° Discours; exposé. V. **Laïus.** *Faire un petit topo sur une question.* « *Te rappelles-tu les topos de Brunetière... sur l'opéra...?* » (ROMAINS). — *C'est toujours le même topo* : c'est la même histoire.

TOPO-, -TOPE. Élément, gr. *topo-,* de *topos* « lieu ».

TOPOGRAPHE [tɔpɔgRaf]. *n. m.* (1757; « celui qui décrit les pays étrangers », 1580; de *topographie*). Spécialiste de la topographie.

TOPOGRAPHIE [tɔpɔgRafi]. *n. f.* (1544; bas lat. *topographia,* mot gr.). ◆ 1° Rare. Description de la configuration (d'un lieu, d'un pays). « *Il se lança dans une topographie touffue...* » (COURTELINE). ◆ 2° (1757). Technique du levé des cartes et des plans de terrains assez étendus (diff. de *planimétrie* à échelle relativement petite et en supposant la Terre plane (diff. de *géodésie*). V. **Cartographie, géodésie, nivellement, planimétrie, triangulation.** *Topographie maritime* (du fond des mers). V. **Hydrographie.** ◇ Représentation graphique (d'un terrain, d'une portion de territoire), avec l'indication de son relief. ◆ 3° Configuration, relief (d'un lieu, terrain ou pays). « *Ils habitaient le hameau, dont la topographie n'était guère compliquée* » (ROBBE-GRILLET).

TOPOGRAPHIQUE [tɔpɔgRafik]. *adj.* (1757; dans un sens plus vague, 1567; de *topographie*). ◆ 1° Relatif à la topographie. *Levés topographiques. Carte topographique,* carte très détaillée d'une partie de territoire avec des indications précises sur les cotes de nivellement. ◆ 2° Sc. *Anatomie topographique,* qui étudie les relations et les connexions entre les organes.

TOPOGRAPHIQUEMENT [tɔpɔgRafikmɑ̃]. *adv.* (1836; de *topographique*). Du point de vue de la topographie.

TOPOLOGIE [tɔpɔlɔʒi]. *n. f.* (déb. xxᵉ; angl. *topology,* 1883; autre sens au xixᵉ [relig.]; Cf. *Topo-,* et *-logie*). Math. Étude des propriétés invariantes dans la déformation géométrique des objets et dans les transformations continues appliquées à des êtres mathématiques. — *Structure où* interviennent ces propriétés dans un ensemble. *La topologie a d'abord été appelée géométrie de situation ou analysis situs. Topologie générale* (ou *des ensembles*), *combinatoire* (ou *algébrique*).

TOPOLOGIQUE [tɔpɔlɔʒik]. *adj.* (xxᵉ; « relatif aux lieux », 1846; V. **Topologie.** Math. Relatif à la topologie. *Structure topologique des éléments d'un ensemble. Espace topologique,* ensemble sur lequel on a défini une topologie.

TOPOMÉTRIE [tɔpɔmetRi]. *n. f.* (v. 1900; de *topo-,* et *-métrie*). Ensemble des travaux effectués sur le terrain pour procéder aux relevés métriques nécessaires à l'établissement d'une carte.

TOPONYME [tɔpɔnim]. *n. m.* (1876; du suiv.). Ling. Nom de lieu.

TOPONYMIE [tɔpɔnimi]. *n. f.* (1873; de *topo-,* et *-onymie*). Ling. ◆ 1° Ensemble des noms de lieux (d'une région, d'une langue). *Toponymie de la France* (couche pré-indo-européenne, couche italo-celtique, gauloise, romaine). ◆ 2° Partie de la linguistique qui étudie les noms de lieux. *La toponymie et l'anthroponymie forment l'onomastique.*

TOPONYMIQUE [tɔpɔnimik]. *adj.* (1873; de *toponymie*). Ling. Relatif aux noms de lieux, à la toponymie.

TOPONYMISTE [tɔpɔnimist(ə)]. *n. m.* (1939; de *toponymie*). Ling. Spécialiste de la toponymie.

TOQUADE [tɔkad]. *n. f.* (1850; de *se toquer*). Fam. Goût très vif, généralement passager, souvent bizarre et déraisonnable, pour une chose ou pour une personne. V. **Caprice, engouement, manie.** *C'est sa nouvelle toquade.*

TOQUANTE. V. **Tocante.** ◆ **Toquard.** V. **Tocard.**

TOQUE [tɔk]. *n. f.* (1462; esp. *toca/* do. i.). ◆ 1° Coiffure en usage aux xvᵉ et xviᵉ s. *Toque de page.* ◆ 2° Coiffure sans bords ou à très petits bords, de forme cylindrique ou tronconique. *Toque de juge.* « *Le magistrat l'avait reçu debout... hermine à l'épaule et toque en tête* » (FLAUB.). *Toque de fourrure.* « *Cuisinier, il s'affublait... d'une toque blanche monumentale en calicot* » (JOUHANDEAU). ◇ HOM. Toc; formes des v. toquer.

TOQUÉ, ÉE [tɔke]. *adj.* et *n.* (1829; de *toquer* 1; Cf. Avoir le timbre fêlé). Fam. Un peu fou, bizarre. V. **Cinglé, timbré.** « *Thénardier s'exclama : Êtes-vous fou! êtes-vous toqué!* »

(HUGO). N. « *Les filles ne sont supportables qu'à la condition d'être des folles créatures, des toquées, des extravagantes* » (GONCOURT). ◇ (1847) *Toqué de...,* amoureux fou de... « *Puisque j'en suis folle, moi, de cet homme-là, pourquoi donc les autres n'en seraient-elles pas aussi toquées?* » (MAUPASS.).

1. **TOQUER** [tɔke]. *v. intr.* (xvᵉ, tr.; du rad. expressif *tokk-.* V. **Toucher**). Dial. ou fam. Frapper légèrement, discrètement. « *Cependant, l'on toque à la porte* » (QUENEAU).

2. **TOQUER (SE)** [tɔke]. *v. pron.* (1853; de *toqué* ou de *toque;* Cf. Se *coiffer* de). Fam. *Se toquer de...,* avoir une toquade pour (qqn). V. **Amouracher** (s'), **engouer** (s'). « *Un homme si respectable, qui se toquait d'une petite coureuse* » (ZOLA).

TOQUET [tɔke]. *n. m.* (xviᵉ; de *toque*). Vieilli. Petite toque. V. **Bonnet.** « *Coiffée au haut de la tête d'un petit toquet d'astrakan* » (GONCOURT).

TORAH. V. **Thora.**

TORCHE [tɔRʃ(ə)]. *n. f.* (xivᵉ; *torce, torque,* déb. xiiᵉ; lat. pop. °*torca,* class. *torques* « torsade, collier »). ◆ 1° Techn. Bouchon fait d'un tortis de paille qui protège les arêtes des pierres de taille pendant leur transport. — Bord d'osier roulé d'ouvrages de vannerie. ◇ Rouleau de fil (de fer, de cuivre). V. **Torque.** ◇ Aéron. *Mise en torche* : ouverture incomplète d'un parachute, qui se met en torsade au lieu de se déployer. ◆ 2° Cour. Flambeau grossier (d'abord matière inflammable, tortillée, puis bâton de bois résineux, etc.). *Torche de paille.* V. **Brandon** (1°). « *Elle avait allumé... une de ces torches de résine semblables à celles que les pêcheurs penchent la nuit au bord de leurs barques* » (BARBEY). — Par métaph. *Être transformé en torche vivante,* brûler vif. ◆ 3° *Torche électrique,* lampe électrique de poche, de forme cylindrique. « *Il portait à la main une torche électrique, dont il dirigea le faisceau puissant vers la forêt* » (HENRIOT). ◇ HOM. Formes du v. torcher.

TORCHÉ, ÉE [tɔRʃe]. *adj.* (1767; de *torcher,* 2°). Peint. avec vigueur, bien enlevé. *Ça, c'est un morceau torché!* — *Bien torché,* réussi. « *Vous avez trouvé que c'était joli, bien torché* » (AYMÉ). ◇ Bâclé; fait trop vite (V. **Torchonner**).

TORCHE-CUL [tɔRʃəky]. *n. m.* (1489; de *torcher,* et *cul*). Vx (Vulg.). Linge, papier avec lequel on s'essuie après être allé à la selle. « *Comment Grandgousier connut l'esprit merveilleux de Gargantua à l'invention d'un torchecul* » (RABELAIS). ◇ Fig. et vulg. Écrit méprisable, livre, journal sans valeur; texte très mal présenté. « *Il tâchait de me faire aimer ces fadaises... Pour lui complaire, je prenais ces précieux torcheculs* » (ROUSS.).

TORCHÉE [tɔRʃe]. *n. f.* (1735; mot dial. *torche, torchon,* xvᵉ; de *torcher,* 3°). Pop. Volée de coups, correction. « *Les torchées que je lui ai flanquées* » (AYMÉ).

TORCHER [tɔRʃe]. *v. tr.* (xvᵉ; *torchier,* mil. xiiᵉ; de *torche,* 1°). ◆ 1° Vx. Essuyer avec un bouchon de paille, du papier, un torchon. ◇ Mod. Fam. « *Les assiettes furent si proprement torchées qu'on n'en changea pas* » (ZOLA), essuyées avec du pain. « *Petit-Pouce venait de torcher la dernière goutte de jus* » (QUENEAU). ◇ Pop. *Torcher le derrière d'un enfant, torcher un enfant.* « *Aie donc des mioches, torche-les, mouche-les* » (HUGO). — Pronom. Vulg. *Se torcher le cul, le derrière,* ou absolt. *Se torcher.* Fig. *Je m'en torche, je m'en fiche totalement.* ◆ 2° (xiiiᵉ). Techn. Construire (un mur, etc.) en torchis. V. **Bousiller.** ◇ Fig. et cour. Bâcler, faire vite et mal. V. **Gâcher, torchonner.** *Torcher son travail.* « *Pour ce qui est de torcher un papier* (un article), *ça s'apprend vite* » (BEAUVOIR). ◆ 3° (xiiiᵉ). Pop. et vieilli. Battre.

TORCHÈRE [tɔRʃɛR]. *n. f.* (1653; de *torche*). ◆ 1° Grand chandelier recevant de gros flambeaux de cire. *Une paire de torchères Louis XIV.* ◇ Grand vase métallique dans lequel on fait brûler des matières combustibles pour éclairer une rue, une place (au cours d'une fête, d'une cérémonie funèbre). ◆ 2° Candélabre monumental; applique qui porte plusieurs sources lumineuses. « *Aux murs, des torchères de zinc singeaient le bronze* » (COURTELINE). *Torchère électrique.*

TORCHIS [tɔRʃi]. *n. m.* (xivᵉ; *torcheïs,* xiiiᵉ; de *torcher*). Terre grasse argileuse, malaxée avec de la paille hachée ou du foin (utilisée pour lier les pierres d'un mur, pour former le hourdis d'une construction en colombage). V. **Bousillage, mortier.** « *Ses murs de torchis, épaulés de poutres, badigeonnés de chaux* » (ARAGON).

TORCHON [tɔRʃɔ̃]. *n. m.* (fin xiiᵉ; de *torcher*). ◆ 1° Techn. Torche (1°). ◆ 2° Cour. Morceau de toile qui sert à essuyer la vaisselle, les meubles. V. **Essuie-verres, serpillière, wassingue.** *Donner un coup de torchon sur la table.* « *La femme les prit l'un après l'autre* (les verres) *pour les essuyer d'un coup de torchon rapide* » (ROBBE-GRILLET). — Spécialt. [Belgique]. Serpillière. ◇ *Papier torchon,* papier spécial, fait avec certains chiffons, pour le dessin, l'aquarelle, la gouache. ◇ Loc. fam. *Il ne faut pas mélanger les torchons et les serviettes,* il faut séparer, traiter différemment les gens selon leur condition sociale, les choses selon leur valeur. — (1798; probabl. d'un anc. sens de *torchon,* « torche », xvᵉ) *Le torchon* *brûle*, il y a une querelle, un désaccord entre les personnes dont on parle. ◇ (1869; d'abord arg. milit.) *Coup de torchon*, coup dur; bagarre, vive altercation. — *Coup de balai*, épuration. « *Un fameux nettoyage, un coup de torchon comme il n'y en a jamais eu!* » (ZOLA). ♦ 3° *Fig. et fam.* Écrit sans valeur; texte très mal présenté. V. **Torche-cul.** ♦ 4° *Pop. et vieilli* (1718). Souillon. « *Elle battit le pavé de ses anciennes savates de petit torchon* » (ZOLA).

TORCHONNER [tɔʀʃɔne]. *v. tr.* (1872; « bouchonner », 1564; de *torchon*). ♦ 1° *Rare.* Essuyer, frotter avec un torchon. ♦ 2° *Fig. et fam.* Exécuter (un travail) rapidement et sans soin. V. **Bâcler, torcher.** — Au p. p. *Du travail torchonné*, bâclé.

TORCOL [tɔʀkɔl] ou *(rare)* **TORCOU** [tɔʀku]. *n. m.* (1564,-1555; de *tordre*, et *col*). Oiseau grimpeur, à cou flexible, appelé aussi *torticolis*.

TORDAGE [tɔʀdaʒ]. *n. m.* (1723; autre sens, 1333; de *tordre*). *Techn.* Opération qui consiste à joindre bout à bout en les tordant les fils d'une chaîne nouvelle à ceux d'une chaîne terminée. *Tordage de la soie.*

TORDANT, ANTE [tɔʀdɑ̃, ɑ̃t]. *adj.* (1896; de *tordre*). *Fam.* Très drôle, très amusant. V. **Comique; bidonnant, marrant** (pop.), **poilant, roulant** (fam.). *C'est une histoire tordante* (Cf. Il y a de quoi se tordre).

TORD-BOYAUX [tɔʀbwajo]. *n. m.* (1855; de *tordre*, et *boyau*). *Fam.* Eau-de-vie très forte, de mauvaise qualité. « *Avalant le bon petit tord-boyaux de notre honnête camarade* » (BAUDEL.).

TORDEUR, EUSE [tɔʀdœʀ, øz]. *n.* (XVᵉ; de *tordre*). ♦ 1° *Techn.* Moulineur, retordeur; préposé au tordage. ◇ TORDEUSE, *n. f.* (1872). Machine qui sert à tordre les fils de fer pour en faire des câbles. ♦ 2° *N. f.* (1877). Nom de divers papillons *(Tortricidés*)* dont la chenille roule les feuilles des plantes en cornets pour s'en faire un étui protecteur.

TORD-NEZ [tɔʀne]. *n. m.* (1839; de *tordre*, et *nez*). *Vétér.* Serre-nez. V. **Moraille** (1°).

TORDOIR [tɔʀdwaʀ]. *n. m.* (1259; de *tordre*). ♦ 1° *Vx.* Moulin à huile. ♦ 2° (XIVᵉ). *Techn.* Bâton qui sert à tordre et à serrer une corde (pour assujettir une charge sur une voiture). — *Appareil à tordre le linge.* — *Machine à tordre les fils.*

TORDRE [tɔʀdʀ(ə)]. *v. tr.* (XIIᵉ; lat. pop. °*torcere*, class. *torquere*).

I. **Ⓐ** ♦ 1° Déformer par torsion, enrouler en torsade. « *Elle releva et tordit ses cheveux à la diable* » (MAUPASS.). — *Spécialt.* Enrouler (plusieurs brins) les uns autour des autres (pour en faire une seule corde, un seul câble). V. **Câbler, retordre.** ♦ 2° (XIIIᵉ). Soumettre (un membre, une partie du corps) à une torsion. *Tordre le bras, les poignets à qqn.* « *Je pourrais te prendre les bras, les tordre comme un linge lavé dont on exprime l'eau...* » (LAUTRÉAMONT). — *Tordre le cou à un poulet*, pour le tuer. Fam. *Tordre le cou :* faire un mauvais parti, tuer. « *Prends l'éloquence et tords-lui son cou!* » (VERLAINE). ◇ *Fig.* « *L'angoisse lui tordait l'estomac* » (MALRAUX). V. **Serrer.** Fam. *Tordre les boyaux*, donner des coliques (V. **Tord-boyaux**). **Ⓑ** Déformer par flexion; plier. ♦ 1° V. **Courber, gauchir.** *Tordre une barre de fer.* « *Une mauvaise rafale de montagne tordait les branches des arbres* » (LOTI). ♦ 2° Plier brutalement (une articulation, en la forçant). *Se tordre le pied, le poignet* (V. **Entorse**). ♦ 3° Tourner de travers, en déformant. « *La contrariété lui tordait la bouche, d'un mauvais sourire* » (SUARÈS). Fig. et fam. *Tordre le nez*, prendre un air mécontent ou dégoûté.

II. **SE TORDRE.** *v. pron.* ♦ 1° Se plier en deux (sous l'effet de la douleur, d'une émotion vive). *Se tordre de douleur.* « *Huit jours que nous sommes malades avec des crises où l'on se tord sur soi-même* » (GONCOURT). *Se tordre de rire*, ou absolt. *Se tordre. Il y a de quoi se tordre* (V. **Tordant**). « *Oui, dit-il* (Gavroche), *je pouffe, je me tords* » (HUGO). ♦ 2° Se plier, se courber dans tous les sens. V. **Replier** (se), **tortiller** (se). « *De gigantesques cactus... aux tronçons difformes, se tordent hideusement comme des boas monstrueux* » (GAUTIER).

TORDU, UE [tɔʀdy]. *adj.* (1845; V. **Tordre**). ♦ 1° Qui est dévié, tourné de travers; qui n'est pas droit, suit une ligne sinueuse. *Règle tordue. Jambes tordues.* V. **Cagneux, tors.** « *La bouche fine et légèrement tordue* » (ARAGON). Pop. *Avoir la gueule tordue*, être très laid. Subst. *Un tordu*, un homme mal bâti. ♦ 2° *Fig. Avoir l'esprit tordu*, bizarre, mal tourné. ◇ Fam. *Il est complètement tordu*, fou. — Subst. *Un tordu*, un fou. — T. d'injure. *Va donc, eh, tordu! C'est une vraie tordue.*

TORE [tɔʀ]. *n. m.* (1596; lat. *torus*). ♦ 1° *Archit.* Moulure ronde, demi-cylindrique, qui entoure la base d'une colonne, d'un pilier. V. **Boudin** (et *aussi* **Scotie**). ♦ 2° (1842). *Géom.* Surface de révolution engendrée par une circonférence qui tourne autour d'un axe situé dans son plan et ne passant pas par son centre. ♦ 3° Petit anneau constituant, grâce à ses propriétés magnétiques, certaines mémoires d'ordinateur. *Tore de ferrite.* ◇ HOM. *Taure, tors, tort;* formes du v. *tordre.*

TORÉADOR [tɔʀeadɔʀ]. *n. m.* (1659; *tauréador*, XVIIIᵉ; mot esp. qui ne s'emploie plus dans ces sens). *Vx.* Torero, matador. — REM. Ce mot est encore employé par les personnes ignorant tout de la tauromachie. « *Tous les mêmes ces Français : des 'toréadors' et des joueuses de castagnettes, voilà ce qu'ils demandaient à l'Espagne!* » (MONTHERLANT).

TORÉER [tɔʀee]. *v. intr.* (1926; esp. *torear*). Combattre, « travailler » le taureau, selon les règles de la tauromachie.

TORERO [tɔʀeʀo]. *n. m.* (1840; mot esp.). Homme qui affronte le taureau, dans une corrida. V. **Banderillero, espada, matador, picador, puntillero, quadrille.** « *On ne dit pas... toreador, mais bien* torero » (GAUTIER). — *Spécialt.* Le matador.

TOREUTIQUE [tɔʀøtik]. *n. f.* (1812; gr. *toreutikê* [tekné] « art de graver » [*toreuein*]). *Didact. et vx.* Art de ciseler, de graver, de sculpter sur métaux, sur ivoire.

TORGNOLE [tɔʀɲɔl]. *n. f.* (1773; de l'a. fr. *to[u]rniole*, « mouvement circulaire », XIIIᵉ, de *tornier, tournoyer*; Cf. Tournée). Coup, gifle (qui fait tournoyer). « *Nana recevait sa raclée. Quand le père était las de la battre, la mère lui envoyait des torgnoles* » (ZOLA).

TORII [tɔʀij]. *n. m.* (1930; mot jap.). *Arts.* Portique ornemental des temples japonais du shintoïsme.

TORIL [tɔʀil]. *n. m.* (1840; mot esp.). Enceinte où l'on tient enfermés les taureaux, avant la corrida. « *L'alguazil... qui devait porter au garçon de combat les clefs du toril...* » (GAUTIER).

TORIQUE [tɔʀik]. *adj.* (1890; de *tore*). *Géom.* Qui a la forme d'un tore; relatif au tore.

TORMENTILLE [tɔʀmɑ̃tij]. *n. f.* (XVᵉ; *tormentine*, fin XIIIᵉ; lat. médiév. *tormentilla*, de *tormentum* « tourment »). Variété de potentille *(Rosacées)*, dont le rhizome était employé comme astringent.

TORNADE [tɔʀnad]. *n. f.* (1656; *tornado*, 1663; esp. *tornado* [par l'angl., au XVIIᵉ] de *tornar* « tourner »). Mouvement tournant de l'atmosphère, effet local violent de certaines perturbations tropicales. V. **Bourrasque, cyclone, ouragan.** « *Les fureurs de la tornade équatoriale* » (CÉLINE). — *Par compar. Il est entré comme une tornade*, en coup de vent.

TORON [tɔʀɔ̃]. *n. m.* (1677; du lat. *torus* « corde »). Réunion de fils de caret* tordus ensemble.

TORONNEUSE [tɔʀɔnøz]. *n. f.* (1949; de *toronner* [1889], « mettre en torons »). *Techn.* Machine qui tord les torons.

TORPÉDO [tɔʀpedo]. *n. f.* (v. 1910; mot angl., de lat. par l'esp., proprem. « torpille »). *Vieilli.* Automobile décapotable de forme allongée (en torpille fusiforme). *Torpédo grand sport.* « *Nous avons vu la torpédo soulever en poussière la route de Ravenne* » (LARBAUD).

TORPEUR [tɔʀpœʀ]. *n. f.* (1470; repris XVIIIᵉ; lat. *torpor*). Ralentissement des fonctions vitales, diminution de la sensibilité, de l'activité (sans perte de conscience). V. **Assoupissement, engourdissement, léthargie.** « *Une sorte de torpeur... engourdissait son jeune corps* » (LOTI). « *Dans l'état de demi-torpeur qui précède le grand sommeil* » (R. ROLLAND). V. **Somnolence.** ◇ Ralentissement de l'activité psychique. V. **Abattement, dépression, inaction.** *Faire sortir, tirer qqn de sa torpeur.* « *Une torpeur résignée appesantissait cette foule perdue* » (DUHAM.). ◇ ANT. Activité, animation.

TORPIDE [tɔʀpid]. *adj.* (1531; lat. *torpidus*). *Didact.* ♦ 1° Qui est dans un état de torpeur; qui a le caractère de la torpeur. « *Il retombait dans un engourdissement torpide* » (GIDE). ♦ 2° *Méd.* (1923). Qui ne manifeste aucune tendance à l'amélioration ni à l'aggravation. *Lésion, plaie, ulcère torpide.*

TORPILLAGE [tɔʀpijaʒ]. *n. m.* (1915; de *torpiller*). Action de torpiller; son résultat. *Le torpillage du Lusitania.* — *Fig. Le torpillage d'un plan de paix.*

TORPILLE [tɔʀpij]. *n. f.* (*Torpile*, 1538; prov. *torpio*, du lat. *torpedo*, avec suff. provençal). ♦ 1° Poisson sélacien, voisin des raies, au corps presque circulaire et plat, à la queue courte, et qui possède à la base de la tête des organes capables de produire une décharge électrique. Par appos. *Poisson torpille.* ♦ 2° (1812; pour trad. l'angl. *torpedo*). Engin de guerre rempli d'explosifs, utilisé sous l'eau. *Torpilles fixes* (appelées plus souvent *Mines*), *dérivées* (flottantes à la dérive), *portées, remorquées.* ◇ Se dit de l'engin automobile lancé d'un navire pour frapper un objectif sous l'eau (V. **Lance-torpilles**). ◇ *Par anal. Torpille aérienne*, bombe à ailettes.

TORPILLER [tɔʀpije]. *v. tr.* (1906; « miner », 1872; de *torpille*). ♦ 1° Attaquer, faire sauter à l'aide de torpilles, et *spécialt.* de torpilles automobiles. *Sous-marin qui torpille un navire et le fait couler.* ♦ 2° *Fig.* (1917). Attaquer sournoisement, faire échouer par des manœuvres occultes. « *La caste militaire essaie de torpiller la paix* » (MART. du G.).

TORPILLERIE [tɔʀpijʀi]. *n. f.* (1907; de *torpille*). *Mar.* Soute à torpilles; compartiment de lancement des torpilles.

TORPILLEUR [tɔʀpijœʀ]. *n. m.* (1872; de *torpille*).

♦ 1° *Vx.* Marin, officier chargé de la manœuvre des torpilles.
♦ 2° (1876; appellation abandonnée depuis quelques années).
Bâtiment de surface de faible tonnage (jusqu'à 2 000 t)
destiné d'abord à porter les torpilles fixes; puis à combattre
en lançant des torpilles automobiles. *Torpilleurs d'escadre*
(de moins de 1 000 t). *Torpilleurs et contre-torpilleurs d'une
flotte.*

TORQUE [tɔʀk(ə)]. *n. m.* et *f.* (XIIIe; lat. *torques*. V.
Torche). ♦ 1° N. m. *(Archéol.).* Collier métallique des Gaulois, puis des soldats romains. ♦ 2° N. f. (1467). *Techn.*
Rouleau de fil de fer. ◇ (1690). *Blas.* Bourrelet d'étoffe tortillée figurant le cimier sur un heaume.

TORRÉFACTEUR [tɔʀ(ʀ)efaktœʀ]. *n. m.* (1858; du rad.
de *torréfaction*). *Techn.* Appareil servant à torréfier certaines
substances. V. **Brûloir.** *Torréfacteur à tabac, à café.*

TORRÉFACTION [tɔʀ(ʀ)efaksjɔ̃]. *n. f.* (1576; lat. sav.
torrefactio, de *torrefacere.* V. **Torréfier**). Vx. *Torréfaction
des minerais,* grillage. ◇ *Mod.* Début de calcination à feu
nu, que l'on fait subir à certaines matières organiques (pour
éliminer un principe nuisible, provoquer la dessiccation,
faire apparaître des essences aromatiques...). *Torréfaction
du tabac; du cacao, du café.*

TORRÉFIER [tɔʀ(ʀ)efje]. *v. tr.* (déb. XVIe; lat. *torrefacere*). Soumettre à la torréfaction. *Torréfier du café, du
malt.*

TORRENT [tɔʀɑ̃]. *n. m.* (XIIe; rare av. XVe; lat. *torrens,*
n. m., du p. prés. de *torrere* « brûler », au sens de « dévorant,
impétueux »). ♦ 1° Cours d'eau à forte pente, à rives encais-
sées, à débit rapide et irrégulier. V. **Gave.** « *Sur le bord du
torrent qui jaillit en blanche écume* » (A. BERTRAND). *Torrent
impétueux, rapide. — Géogr.* Cours d'eau à forte déclivité qui
coule sur des pentes assez fortes pour entraîner toutes les
eaux de pluie. *Cône de déjection d'un torrent.* ♦ 2° (1788).
Écoulement rapide et brutal (V. **Torrentiel**). « *Des torrents
d'eau s'écoulaient en tourbillonnant comme au débouché
d'une écluse* » (CHATEAUB.). *Il pleut à torrents,* abondamment.
V. **Cataracte,** verse (à). Par ext. « *L'énorme tuyau de la
machine... crachait des torrents d'une fumée noire* » (DAUD.).
♦ 3° *Fig.* (XIIe). Grande abondance (de ce qui afflue violemment). *Torrents de larmes.* V. **Déluge.** « *Des torrents de lumière
inondaient le cirque* » (GAUTIER). ◇ *Torrent d'injures.* V.
Débordement, flot.

TORRENTIEL, ELLE, ELS [tɔʀɑ̃sjɛl]. *adj.* (1836; de
torrent). ♦ 1° *Géogr.* D'un torrent; qui caractérise les torrents. *Cours d'eau d'allure torrentielle. Régime torrentiel*
(des eaux). ♦ 2° (1872). *Cour.* Qui coule à flot, comme un
torrent. « *Il tombait une pluie torrentielle* » (BARBUSSE). V.
Diluvien.

TORRENTIELLEMENT [tɔʀɑ̃sjɛlmɑ̃]. *adv.* (1877; de
torrentiel). Comme l'eau d'un torrent, à flots torrentiels.

TORRENTUEUX, EUSE [tɔʀɑ̃tɥø, øz]. *adj.* (1823; de
torrent). *Littér.* ♦ 1° Qui forme, constitue un torrent. *Ruisseau torrentueux.* ♦ 2° *Fig.* Impétueux, mouvementé. « *Emportés par leur existence torrentueuse* » (BALZ.).

TORRIDE [tɔʀid]. *adj.* (1495; lat. *torridus,* de *torrere*
« brûler »; cf. *Torréfier*). Où la chaleur est extrême. V.
Brûlant, chaud. *Climat torride.* « *Les examens avaient lieu
en juillet, pendant les jours les plus torrides de l'année* » (R.
ROLLAND). — Par ext. *Chaleur torride,* extrême. ◇ ANT.
Froid. — HOM. *Taurides.*

1. TORS, TORSE [tɔʀ, tɔʀs(ə)] ou *(rare)* **TORTE**
[tɔʀt(ə)]. *adj.* (XIIe; a. p. p. de *tordre*). ♦ 1° Qui est tordu
(matière souple). *Fil tors. Soie torse,* organsin. — *Archit.*
(1671). *Colonne torse,* à fût contourné en spirale. ♦ 2° Qui est
tordu, présente des courbes anormales (parties du corps).
V. **Difforme, tordu.** *Jambes arquées et torses.* « *Danton, la
bouche torse... dans sa laideur royale* » (MICHELET). ◇ *Littér.*
Tortueux. « *Des rues tortes, des places de guinguois* » (HEN-
RIOT). ◇ HOM. *Taure, tore, tort.* — (du fém.) Torse.

2. TORS [tɔʀ]. *n. m.* (1754; « torsade », v. 1180; du précéd.). *Techn.* Torsion donnée aux brins pour former un fil,
une corde. *Tors droit, gauche.* ◇ HOM. V. **Tors** (1).

TORSADE [tɔʀsad]. *n. f.* (1615, repris 1818; de *tors* 1).
♦ 1° Rouleau de fils, cordons tordus en hélice, en spirale,
pour servir d'ornement. *Torsade retenant une tenture. Rideau
à torsades.* « *Une embrasse en torsade* » (MAUROIS). — *Torsade de cheveux,* cheveux longs réunis et tordus ensemble.
« *Une grande jeune femme, à la torsade de cheveux noirs un
peu dénouée* » (GONCOURT). ♦ 2° *Archit.* Motif ornemental
imitant une frange torse. *Colonne à torsades.*

TORSADER [tɔʀsade]. *v. tr.* (1845, v. et p. p.; de *torsade*).
Rouler, de manière à faire une torsade. *Torsader une frange,
des cheveux.* — Au p. p. adj. Qui forme une torsade.

TORSE [tɔʀs(ə)]. *n. m.* (1676; it. *torso;* du lat. *tursus,*
forme parlée de *thyrsus.* V. **Thyrse**). ♦ 1° Figure humaine
tronquée, sans tête ni membres. « *Devant un torse grec, sans
tête, sans bras et sans jambe, divin fragment qui chante l'hymne
de la forme pure* » (GAUTIER). — Par ext. Buste d'une statue
[...]. ♦ 2° (Déb. XIIIe). Buste, poitrine. « *Le torse moulé*

dans un maillot de coton... » (MAC ORLAN). *C'était* « *Fouil-
lade, le torse nu, qui se lavait à grande eau* » (BARBUSSE).
Mon père, qui « *plastronnait, bombait le torse* » (DUHAM.).
◇ HOM. Fém. de *tors.*

TORSEUR [tɔʀsœʀ]. *n. m.* (1904; de *tors* 1). Ensemble
d'un glisseur* et d'un couple dont le moment a la même
direction que celui-ci. *Torseur équivalent à un système de
glisseurs.*

TORSION [tɔʀsjɔ̃]. *n. f.* (déb. XIVe; *torcion* « colique »,
XIIIe; bas lat. *tortio*). ♦ 1° Action de tordre (I); déformation
que l'on fait subir à un solide en imprimant à l'une de ses
parties un mouvement de rotation transversal (les autres
parties restant fixes ou étant soumises à un mouvement de
sens contraire). *Procéder à la torsion des fils de caret pour
faire un toron.* ◇ *Barre de torsion :* type de ressort utilisant
la force d'une barre élastique. *Phys. Couple de torsion,* couple
d'élasticité tendant à ramener le corps à sa forme primitive. —
« *S'arc-boutant des pieds,... (il) se renversait avec une torsion
de la taille* » (FLAUB.). ◇ *Physiol.* Mouvement conjugué de
rotation des deux yeux autour de l'axe de fixation artéro-
postérieur des globes oculaires, s'effectuant du côté interne
ou externe (appelé aussi *Giration*). ♦ 2° État, position de ce
qui subit déformation, de ce qui est tordu. V. **Courbure, distorsion.** *Torsion de la bouche, des traits,* dans une
grimace. V. **Contraction.** — *Torsion du pied, de la cheville*
(prise de catch).

TORT [tɔʀ]. *n. m.* (980; lat. pop. *tortum,* neutre subst.
de *tortus* « tordu, de travers », de *torquere* « tordre »). **A** (En
loc., sans article). ♦ 1° AVOIR TORT : ne pas avoir le droit,
la raison de son côté (*opposé à* raison). « *Prouver que j'ai
raison serait accorder que je puis avoir tort* » (BEAUMARCH.).
V. **Tromper** (se). Cf. Être dans l'erreur. « *D'ordinaire, on ne
crie que quand on a tort* » (GIDE). *Il n'avait pas tort; pas
tout à fait tort.* PROV. *Les absents* sont toujours tort. — AVOIR
TORT DE... « *On aurait tort de croire qu'il* (ce travail de la
mémoire) *est involontaire, automatique* » (DUHAM.). « *Elle
avait tort de tant fumer, elle s'intoxiquait !* » (MAURIAC), elle
n'aurait pas dû tant fumer. ◇ (1787). DONNER TORT À :
décider, déclarer que (qqn) a tort. V. **Accuser, désapprouver.**
« *Je serais bien embarrassé de donner tort ou raison à quelqu'un* » (SAND). — (Sujet de chose) *Les faits vous ont donné
tort,* ont montré que vous aviez tort. ♦ 2° (1549). À TORT
(*loc. adv.*) : pour de mauvaises, de fausses raisons; d'une
manière erronée, en se trompant. V. **Faussement, indûment,
injustement.** *Soupçonner, condamner à tort.* « *Ceux qu'elle
regarde à tort, je le sais, comme ses meurtriers* » (MÉRIMÉE).
C'est à tort qu'on a prétendu cela (*opposé à* avec raison, à
bon droit). ◇ À TORT OU À RAISON : sans motifs ou avec de
justes motifs. « *Je passe à tort ou à raison pour un esprit
fort* » (BERNANOS). ◇ À TORT ET À TRAVERS : sans raison
ni justesse. V. **Inconsidérément** (Cf. À la légère, sans discernement). *Dépenser à tort et à travers.* « *Ces petits garçons,
bavards comme on l'est au comble de la fatigue, avaient
parlé à tort et à travers* » (ARAGON), avaient dit n'importe
quoi, bavardé hors de propos. ♦ 3° (1671). DANS SON TORT... :
dans la situation de celui qui a tort (relativement à la loi,
à un autre); *opposé à* dans son droit. « *Le personnage racinien
parle constamment pour mettre l'adversaire dans son tort* »
(PÉGUY). *Le piéton qui traverse hors des clous est, se met
dans son tort.* « *Les effrayés se sentent dans leur tort d'avoir
été effrayés* » (HUGO). V. **Coupable.** ◇ EN TORT (XXe).
êtes en tort et passible d'amende. **B** (XIIe). ♦ 1° (*Un, des
torts; le tort de...*) : action, attitude blâmable (envers qqn).
Avoir des torts envers qqn. Il n'a aucun tort, il est sans reproche. *Chercher des torts à qqn.* « *La conduite de son mari à
l'Opéra mettait le comble à tous ses torts, et lui semblait
exiger une séparation immédiate* » (MÉRIMÉE). *Divorce
prononcé aux torts du mari, aux torts exclusifs, réciproques.*
— Action, attitude qui constitue une erreur, une faute que
l'on blâme. « *Il avait le tort de dire un peu trop qu'il était
simple et sincère* » (R. ROLLAND). V. **Défaut.** « *Notre tort est
de présenter les choses telles qu'elles sont* » (PROUST). *Vous
faites comme ceci ! C'est un tort.* ♦ 2° Dommage causé
indûment. V. **Outrage, préjudice; responsabilité.** *Demander
réparation d'un tort* (Cf. Demander justice, raison). *Redresseur
de torts.* ◇ *Vieilli.* FAIRE TORT À... : léser, nuire. « *Si j'ai fait
tort à quelqu'un... je suis prêt à lui faire justice* » (BEAUMARCH.).
— (Sujet de chose) *Il sentait que* « *tôt ou tard, cette aventure
lui ferait tort* » (LACLOS). *Mod.* FAIRE DU TORT À... *Il nous a
fait du tort.* « *Sans que cela lui fasse du tort* » (HUGO). « *Ça
les regarde, ça ne fait du tort à personne* » (ZOLA). ◇ ANT.
Droit, raison. Bienfait. ◇ HOM. *Taure, tore, tors;* formes
du v. **tordre.**

TORTE. V. **Tors** (1).

TORTICOLIS [tɔʀtikɔli]. *n. m.* (1562; *tortycolly* « qui
a le cou de travers », 1532, probabl. création plaisante : lat.
fictif *tortum collum*). ♦ 1° Torsion du cou avec inclinaison
de la tête accompagnée de sensations douloureuses dans
les muscles. *Avoir, attraper un torticolis.* — Par ext. *(Fam.)*
Douleur, gêne provenant d'une position pénible du cou.

Nous avions une loge de côté, cela nous donnait le torticolis.
♦ 2° Torcol (oiseau).

TORTIL [tɔʀtil]. *n. m.* (1582; forme de *tortis*). *Blas.*
Ruban, collier de perles qui s'enroule autour d'une couronne
de baron. *Par ext.* Cette couronne. « *Une main aristocratique,
où l'on voyait une bague avec un tortil de baron* » (ARAGON).

TORTILLAGE [tɔʀtijaʒ]. *n. m.* (1677; de *tortiller*). ♦
1° *Vx.* Entortillage (2°). ♦ 2° (1812). *Rare.* Action de tortiller, de se tortiller; aspect de ce qui est tortillé. « *Le tortillage d'une vigne aux sarments maigres* » (GONCOURT).

TORTILLARD [tɔʀtijaʀ]. *adj. et n. m.* (1700; de *tortiller*).
♦ 1° *Adj. m.* Région. *Orme tortillard* ou *tortillart*, variété
d'orme à fibres contournées. ♦ 2° *N. m.* (Fin XIXᵉ). *Vx.*
Petite voie de chemin de fer qui fait de nombreux détours.
◇ *Mod.* Train d'intérêt local sur une voie de ce genre. « *Le
petit chemin de fer d'intérêt local... On l'appelait... le Tortillard, à cause de ses innombrables détours* » (PROUST).

TORTILLE [tɔʀtij]. *n. f.* (1836; *tortillère*, 1437; de *tortiller*). *Vx.* Allée étroite et tortueuse dans un parc, un jardin.

TORTILLEMENT [tɔʀtijmã]. *n. m.* (1547; de *tortiller*).
Action de tortiller, de se tortiller. *Elle marchait avec un léger
tortillement des hanches.*

TORTILLER [tɔʀtije]. *v.* (déb. xvᵉ; probabl. réduction de
entortiller).
I. *V. tr.* ♦ 1° Tordre à plusieurs tours (une chose souple),
notamment par nervosité. *Tortiller ses cheveux.* « *Je restai
debout au milieu de la pièce, en tortillant mon chapeau entre
mes doigts* » (DAUD.). — *Tortiller ses doigts*, les remuer en
les tordant. ♦ 2° (1821). *Fig. et pop.* Manger complètement
et rapidement (V. **Tortorer**, pop.). *Le rôti a été vite tortillé.*
◇ *Vaincre rapidement. Il s'est fait tortiller en deux rounds.*
II. *V. intr.* ♦ 1° Se remuer en ondulant. « *Ces jolies
personnes qui vont trottant menu... et tortillant un peu des
hanches* » (BEAUMARCH.). V. **Balancer, remuer.** ♦ 2° Fig.
Il n'y a pas à tortiller, à prendre des détours, à hésiter. « *Il
lui faut son argent, il n'y a pas à tortiller* » (BALZ.).
III. (Déb. XIXᵉ). SE TORTILLER. *v. pron.* Se tourner de côté
et d'autre sur soi-même. *Se tortiller comme un ver.* « *Il se
tortillait comme une anguille... mais je l'avais bien bâillonné* »
(MAUPASS.). « *Les balcons, les grilles, les frises, rien n'est
droit, tout se tortille, se contourne* » (GAUTIER). — Fig. « *Nos
artistes se tortillent à chercher du nouveau* » (ALAIN), font
des efforts embarrassés.
◇ ANT. **Détortiller.**

TORTILLON [tɔʀtijɔ̃]. *n. m.* (1402; de *tortiller*). Chose
tortillée (tissu, papier...). *Le bonbon « était enveloppé d'un
papier bleu... il défit le tortillon* » (ROBBE-GRILLET). — *Spécialt.* Linge roulé en bourrelet qu'on met sur la tête comme
coiffure ou pour porter un fardeau. ♦ *Petit fuseau de papier
enroulé en spirale, qui sert à estomper.*

TORTIONNAIRE [tɔʀsjɔnɛʀ]. *adj. et n.* (1412; lat.
médiév. *tortionarius* « injuste », du bas lat. *tortionare* « tourmenter »). ♦ 1° *Vx.* Inique et violent. « *Une autorité tortionnaire de vendeur d'esclaves* » (BLOY). ♦ 2° *N. m.* Bourreau
chargé de torturer les condamnés. *Les tortionnaires de
l'Inquisition.* ◇ Personne qui fait subir des tortures (1°, *mod.*).
Les tortionnaires des résistants. Adj. *Policiers tortionnaires.*

TORTIS [tɔʀti]. *n. m.* (1740; adj., « tordu », XIIᵉ; de
tort(e), a. p. p. de *tordre*). *Techn.* Assemblage de plusieurs
fils tordus ensemble. *Tortis de chanvre.*

TORTORER [tɔʀtɔʀe]. *v. tr.* (1866; du prov. *tourtoura*
« tordre ». V. **Tortiller**). *Pop.* Manger.

TORTRICIDÉS [tɔʀtʀiside]. *n. m. pl.* (*Tortricides*, 1875;
du lat. zool. *tortrix*, *-icis* « torseuse »). *Zool.* Famille d'insectes lépidoptères, papillons aux ailes antérieures presque quadrangulaires, et dont certaines chenilles (V. **Tordeuse**, 2°)
vivent dans des feuilles qu'elles roulent en étui (*ex.* : la
pyrale de la vigne, la teigne de la grappe).

TORTU, UE [tɔʀty]. *adj.* (v. 1230; de *tort(e)*, a. p. p. de
tordre). *Vx ou littér.* Tordu, tortueux. « *Le chemin du Nord
est un chemin tortu, bossu, qui fait un coude considérable* »
(NERVAL). ◇ *Fig.* Qui manque de justesse ou de droiture.
V. **Retors, tortueux.** *Il faut être « bien ennemi de la nature,
bien aveugle et d'esprit tortu... »* (MICHELET). ◇ ANT. **Droit.**
— HOM. **Tortue.**

TORTUE [tɔʀty]. *n. f.* (v. 1190; lat. pop. *°tartaruca* [bes-
tia], de *°tartarucus*, class. *tartareus* « du Tartare, infernal »).
♦ 1° Reptile (*Chéloniens*), à quatre pattes courtes, à corps
enfermé dans une carapace, à tête munie d'un bec corné,
à marche lente. *Tortues terrestres, d'eau douce, marines.*
V. **Caret, cistude, trionyx.** — *Fausse tortue* ou *tortue-luth*.
— *Le lièvre et la tortue*, fable de La Fontaine. ◇ *Par compar.*
Marcher d'un pas de tortue, avancer comme une tortue, très
lentement. « *Cette pauvre petite est à m'obéir d'une lenteur
de tortue* » (BALZ.). *Fig. Quelle torture, c'est une vraie tortue!*
se dit d'une personne très lente. ♦ 2° (XVIᵉ; par anal. avec
la carapace protectrice). Sorte de toit que les soldats romains
formaient avec leurs boucliers levés, afin de s'abriter des
projectiles des assiégés. Machine de guerre couverte. ◇
HOM. **Tortu.**

TORTUEUSEMENT [tɔʀtyøzmã]. *adv.* (1361; de *tortueux*). D'une manière tortueuse.

TORTUEUX, EUSE [tɔʀtyø, øz]. *adj.* (1685; *tortuous*,
fin XIIᵉ; lat. *tortuosus*, de *tortus*, de *torquere* « tordre »).
♦ 1° Qui fait des tours et des détours, présente des courbes
irrégulières. V. **Sinueux.** « *Un labyrinthe de ruelles emmêlées,
tortueuses* » (MAUPASS.). ♦ 2° *Fig.* Plein de détours, qui ne
se manifeste pas franchement. *Des manœuvres tortueuses.*
V. **Oblique.** « *Une allure tortueuse, des mouvements sournois
de sacristain* » (MIRBEAU). ◇ ANT. **Droit. Direct, franc, net.**

TORTURANT, ANTE [tɔʀtyʀã, ãt]. *adj.* (h. 1480; 1845;
de *torturer*). Qui fait subir une torture morale. *Un remords
torturant.* « *Une passion brûlante, torturante* » (MAUPASS.).

TORTURE [tɔʀtyʀ]. *n. f.* (1459; « *tort* », fin XIIᵉ; « *torsion* », XIIIᵉ; « *injustice* », 1190; bas lat. *tortura*). ♦ 1° *Ancienn.*
Peine grave, supplice pouvant entraîner la mort. « *Tout ce
qu'ils [les pèlerins] pouvaient trouver de juifs, ils les faisaient
périr dans les tortures* » (MICHELET). *Torture destinée à
arracher des aveux.* V. **Question.** *Instruments, chambre de
torture.* ◇ *Mod.* Souffrances physiques infligées à qqn pour
lui faire avouer ce qu'il refuse de révéler. « *Quant à la torture,
elle est née de la partie infâme du cœur de l'homme, assoiffé
de voluptés* » (BAUDEL.). « *La torture est d'abord une entreprise d'avilissement* » (SARTRE). *Parler sous la torture.* ♦
2° *Loc. fig.* *Instruments de torture*, se dit d'instruments,
d'objets qui font souffrir. *Les instruments de torture du dentiste.* — *Mettre qqn à la torture*, le mettre au supplice, l'embarrasser ou le laisser dans l'incertitude. *Se mettre l'esprit à la
torture :* se creuser la tête, faire des efforts pénibles pour se
rappeler, pour combiner qqch. ♦ 3° (1647). Souffrance
physique ou morale intolérable. V. **Martyre, tourment.**
« *Dévoré par la gangrène et souffrant d'atroces tortures* »
(BLOY). *La torture de la soif.* « *J'ai trop cruellement pensé à toi
dans les tortures de l'absence* » (FRANCE).

TORTURER [tɔʀtyʀe]. *v. tr.* (1480; de *torture*). ♦ 1° Infliger la torture (1°) à (qqn). *Torturer un condamné.* V. **Supplicier.** ◇ *Faire subir des tortures à.* « *L'esclave fidèle était
torturé contre son maître, la femme contre son mari* » (MICHE-
LET). ♦ 2° Faire beaucoup souffrir. V. **Martyriser.** « *Cet
esprit triomphait dans l'art de torturer les amours-propres et
de leur infliger des blessures cruelles* » (STENDHAL). — *Se torturer le cerveau, l'esprit*, le mettre à la torture. — *Pronom.*
(Récipr.) « *Ils se torturaient jusque dans leurs caresses* »
(DAUD.). — (Sujet de chose) « *Il souffrait moins du froid, la
faim surtout le torturait* » (ZOLA). — *La jalousie, le doute le
torturait.* V. **Tourmenter.** « *C'est cette idée fixe qui revenait
sans cesse, qui le torturait, qui lui mordait la cervelle* » (HUGO).
♦ 3° Faire grimacer. « *Les expressions les plus violentes de la
joie et de la douleur ont pu faire grimer, torturer ses traits* »
(BALZ.). V. **Ravager.** — Au p. p. « *Ce visage torturé* »
(DUHAM.). ◇ *Transformer par force. Torturer son style*, le
plier à des formes peu naturelles. *Torturer un texte*, l'altérer
en le transformant. V. **Forcer** (I, 7°).

TORVE [tɔʀv(ə)]. *adj.* (1532, « louche »; repris 1846; lat.
torvus). Se dit d'un œil qui regarde de travers, dont le regard
est oblique, menaçant. V. **Farouche, louche.** « *Ses yeux torves
roulaient des lueurs fauves* » (FRANCE). — *Par ext. Regard
torve.*

TORY [tɔʀi]. *n. m.* (1712; mot angl.). *Hist.* Nom donné en
Angleterre aux adversaires du bill d'exclusion du trône,
voté contre le catholique duc d'York (1680), puis aux partisans de l'autorité royale, et (*mod.*) aux membres du parti
conservateur. *Les tories.* — Adj. *Le parti tory.*

TORYSME [tɔʀism(ə)]. *n. m.* (1771; du précéd.). Système,
mouvement politique conservateur des tories.

TOSCAN, ANE [tɔskã, an]. *adj. et n. m.* (*Tuscan*, 1549;
it. *toscano*, lat. *tuscanus* « étrusque, toscan »). De la Toscane.
(Archit.) *Ordre toscan*, ou ellipt. *Le toscan*, un des cinq ordres
de l'architecture classique (forme simplifiée du dorique grec).
Basilique de style toscan. — N. m. Ling. *Le toscan*, dialecte
du groupe italien, parlé à Florence et dans la Toscane, qui
est devenu la base essentielle de l'italien.

TÔT [to]. *adv.* (*Tost*, Xᵉ; probabl. lat. pop. *°tostum*, neutre
adverbial de *tostus* « grillé, brûlé », de *torrere* comme dans
« *brûler*, *griller une étape* »). ♦ 1° *Vx.* Rapidement. ◇ *Dépê-
chez.* — *Faites tôt et hâtez nos plaisirs* » (MOL.). ◇ *Mod.*
Avoir tôt fait de, vite fait de... « *Deux Européens perdus au
milieu de ces maisons aveugles et muettes... ont tôt fait de
s'associer* » (BARRÈS). ♦ 2° *Mod.* Au bout de peu de temps
et sensiblement avant le moment habituel ou normal. « *Le
soleil ride et confit... la grappe tôt mûrie* » (COLETTE). *Très
tôt. Trop tôt.* *Tôt ou tard** [to(t)yʀaʀ]. « *Il est déjà un peu tard
pour aller dîner en ville, encore trop tôt pour se rendre au
spectacle* » (ROMAINS). ◇ PLUS TÔT (XIIIᵉ) : avant le moment
où l'on se dont en parle. V. **Auparavant, avant.** *Beaucoup
plus tôt*, bien avant. *Un peu plus tôt ou un peu plus tard; un
jour plus tôt, un jour plus tard. Il est arrivé plus tôt que moi,
plus tôt que je ne pensais.* ◇ *Pas de si tôt* (mieux que *pas de
sitôt*), pas dans un proche avenir et peut-être même jamais.
— Adj. (en tour impers.) *Il est trop tôt, un peu tôt pour manger.*

— *Ne... pas plus tôt... que...* (loc. conj. de temps) : à peine...
que... « *Cette idée n'eut pas plus tôt surgi en moi qu'une autre
évidence m'est apparue* » (BOURGET). « *Nous n'étions pas plus
tôt rentrés à Paris qu'une dépêche rappelait ma mère au
Havre !...* » (GIDE). ◊ LE (AU) PLUS TÔT... (1549). *Le plus
tôt que vous pourrez, le plus tôt possible,* dès que vous pourrez.
Subst. *Le plus tôt sera le mieux.* — *Au plus tôt,* le plus tôt
possible, dans un délai aussi court que possible. *Revenez au
plus tôt.* — *(Dans un autre sens)* En prévoyant le délai le
plus court, en admettant la date la plus avancée. *Mon travail
sera terminé dans quinze jours au plus tôt.* ♦ 3° (v. 1180).
Au commencement d'une portion déterminée de temps,
et *spécialt.* de la journée. *Se lever tôt,* de bonne heure. « *Le
soleil était déjà installé sur les toits comme un couvreur matinal
qui commence tôt son ouvrage* » (PROUST). ◊ ANT. *Tard.* —
HOM. *Tau, taud, taux.*

TOTAL, ALE, AUX [tɔtal, o]. *adj.* et *n.* (1361; lat.
médiév. *totalis,* du class. *totus* « tous »). ♦ 1° *Adj.* (Actions).
Qui affecte toutes les parties, tous les éléments (de la chose ou
de la personne considérée). V. **Complet, général; molaire.**
Destruction totale. Éclipse totale. Guerre totale. « *Toute grande
cause qui fût vraiment digne d'un sacrifice total* » (MART.
du G.). « *Une séparation aussi totale n'est pas compréhensible* »
(ROMAINS). — (État, sentiment) Qui n'est réduit, altéré,
entamé par rien. V. **Absolu.** « *Dans le silence et l'obscurité
totale* » (DUHAM.). V. **Plein.** *Confiance totale.* V. **Entier, parfait.**
« *Une expression d'abandon, de sécurité totale* » (MART.
du G.). ◊ (Surtout après un subst. précédé de l'art. défini)
Pris dans son entier, dans la somme de toutes ses parties. *Le
nombre total, la somme totale. La hauteur, la longueur, la
quantité totale. Le dixième de la production totale. Le revenu
total.* V. **Global.** ♦ 2° *N. m.* (XVIᵉ). Nombre total, quantité
totale. V. **Montant, somme.** *Faire le total de la population. Faire
le total,* additionner le tout. « *Un total impressionnant de
plusieurs millions* » (HENRIOT). ◊ AU TOTAL : en additionnant,
en comptant tous les éléments. *Au total : cent mille francs.* —
Ellipt. « *Perte d'hommes... A Waterloo, Français, cinquante-
six pour cent; alliés, trente et un. Total pour Waterloo :
quarante et un pour cent.* » (HUGO). Fig. *Au total,* tout compte
fait, tout bien considéré, somme toute. V. **Somme** (en);
ensemble (dans l'). « *Au total, les mœurs valaient mieux sous
cette Régence, que sous les deux régences du XVIIᵉ siècle* »
(MICHELET). — Pop. (1854). *Total,* en tête de phrase, pour
introduire une conclusion, un résultat final. « *Tu as voulu
jouir de la vie, et total, ton pays se trouve dans la détresse* »
(AYMÉ). ◊ ANT. *Fractionnaire, fragmentaire, partiel.*

TOTALEMENT [tɔtalmɑ̃]. *adv.* (1361; de *total*). D'une
manière totale. V. **Complètement, entièrement.** *Une espèce
totalement disparue. Il est totalement guéri.* V. **Parfaitement,
tout** (à fait). *Il en est totalement incapable.* V. **Absolument.**
◊ ANT. *Partiellement.*

TOTALISANT, ANTE [tɔtalizɑ̃, ɑ̃t]. *adj.* (1946; de *totaliser*). *Philo.* Qui synthétise. *Proposition totalisante,* proposition universelle dont la vérité se fonde sur l'observation
antérieure de chacun des individus qu'on y réunit dans une
même assertion. « *Le progrès dialectique est totalisant : à
chaque nouvelle étape il se retourne sur l'ensemble des positions dépassées et les embrasse toutes en son sein* » (SARTRE).

TOTALISATEUR, TRICE [tɔtalizatœr, tris]. *adj.* et
n. m. (1869; de *totaliser*). Se dit d'appareils à la fois enregistreurs et compteurs, donnant le total d'une série d'opérations.
Appareil totalisateur, machine totalisatrice. — N. m. *Un
totalisateur.*

TOTALISATION [tɔtalizasjɔ̃]. *n. f.* (1836; de *totaliser*).
Opération consistant à totaliser. ◊ ANT. *Soustraction.*

TOTALISER [tɔtalize]. *v. tr.* (1802; de *total*). ♦ 1° Réunir, compter en un seul total. V. **Additionner** *(plus cour.).*
♦ 2° Compter au total. *L'équipe qui totalise le plus grand
nombre de points.* ◊ ANT. (du 1°) *Soustraire.*

TOTALITAIRE [tɔtaliter]. *adj.* (v. 1930; de *totalité*).
♦ 1° *Didact.* Qui englobe ou prétend englober la totalité des
éléments d'un ensemble donné. *Philosophie, religion totalitaire.* ♦ 2° *Cour.* (d'abord en parlant du fascisme italien)
Régime totalitaire, régime à parti unique, n'admettant aucune
opposition organisée, dans lequel le pouvoir politique dirige
souverainement et même tend à confisquer la totalité des
activités de la société qu'il domine. V. **Absolu.** *États totalitaires.* « *La chrétienté n'avait pas été totalitaire : les États
totalitaires sont nés de la volonté de trouver une totalité sans
religion* » (MALRAUX). ◊ ANT. *Libéral.*

TOTALITARISME [tɔtalitarism(ə)]. *n. m.* (1940; de
totalitaire, 2°). Système politique des régimes totalitaires.

TOTALITÉ [tɔtalite]. *n. f.* (1375; de *total*). ♦ 1° *Cour.*
Réunion totale des parties ou éléments constitutifs (d'un
ensemble, d'un tout). V. **Ensemble, entièreté, intégralité,
masse, total, universalité.** « *Elle léguait la totalité de ses biens
à l'hôpital* » (BALZ.). « *Il se mit directement en rapport avec
la totalité de ses élèves* » (RENAN). — *En totalité.* V. **Bloc** (en),

complet (au), **intégralement, totalement.** *Dans sa totalité.* —
« *Une immense part, la presque totalité de la masse humaine...* »
(DANIEL-ROPS). ♦ 2° *Philo.* (Kant). Une des catégories de
l'entendement faisant la synthèse de l'unité et de la pluralité.
◊ (Dans les théories de la forme) *Principe de totalité,* d'après
lequel un tout organisé (ou *totalité organique*) agit comme
un tout, a des propriétés qui manquent à ses éléments constitutifs. « *Le ressort de toute dialectique, c'est l'idée de totalité...* » (SARTRE). V. **Structure.** ◊ ANT. *Fraction, partie.*

TOTEM [tɔtɛm]. *n. m.* (*totam,* 1794); angl. *totem* [1776],
d'un mot indien de la famille Algonquin). *Ethnol.* et *sociol.*
Animal (quelquefois végétal, et très rarement chose) considéré comme l'ancêtre et par suite le protecteur d'un clan,
objet de tabous et de devoirs particuliers. — *Totem personnel,*
avec lequel chaque individu a des rapports analogues à ceux
du clan et du totem.

TOTÉMIQUE [tɔtemik]. *adj.* (fin XIXᵉ; de *totem*). *Ethnol.*
Où intervient, où apparaît un totem, le culte du totem. *Clan
totémique. Mât totémique,* portant l'emblème du totem.
◊ Propre au totémisme. *Système totémique.*

TOTÉMISME [tɔtemism(ə)]. *n. m.* (1833; de *totem,* d'apr.
angl. *totemism*). Organisation sociale, familiale fondée sur
les totems et leur culte. — *Par ext.* Théorie d'après laquelle
le culte du totem constitue la forme primitive de la religion
(DURKHEIM), et les tabous, dont le totem est l'objet, la forme
primitive de la morale (FREUD).

TÔT-FAIT [tofɛ]. *n. m.* (1872; de *tôt,* et *fait*). Pâtisserie
d'une préparation simple et rapide (farine, sucre, œufs et
beurre). *Des tôt-faits.*

TOTO [tɔto]. *n. m.* (1902; mot champenois répandu en
1914-1918; formation pop. par redoublement). *Arg.* Pou.
« *As-tu des totos? demande l'infirmier en le déshabillant* »
(DUHAM.).

TOTON [tɔtɔ̃]. *n. m.* (1680; *totum,* 1611; mot lat. « tout
[l'enjeu] », marqué T sur une face du dé). Dé traversé par
une cheville pour qu'on puisse le faire tourner sur lui-même.
Par ext. Petite toupie que l'on fait tourner en prenant la tige
supérieure entre le pouce et l'index. *Tourner comme un toton.*

TOUAGE [twaʒ]. *n. m.* (*Thouage,* XIIIᵉ; de *touer*). Action
de touer; système de traction, au moyen d'un dispositif spécial *(tambours de touage),* sur une chaîne immergée; remorquage des navires par un remorqueur *(toueur)* muni de ce
dispositif. V. **Toue.**

TOUAILLE [twaj]. *n. f.* (XIIᵉ, « linge, nappe »; frq.
°*thwahlja;* Cf. angl. *Towel*). *Vx.* Essuie-main suspendu à un
rouleau de bois.

TOUAREG *adj.* et *n. invar.* ou **TOUAREG, ÈGUE, EGS**
[twareg]. *adj.* et *n.* (*touariks,* 1839; de l'arabe *targui,* fém.
targuia, fém. plur. *targuiat,* masc. plur. *touareg,* francisé
au sing.). Relatif à une population nomade du Sahara, de race
blanche, parlant une langue berbère (le *tamahaq*). *La langue
touareg* ou *touarègue.* — *Poésies touarègues* » (Ch. de FOUCAULT). — *Un Touareg* (V. *Targui*);
des Touareg (ou *Touaregs*). *Les Touareg sont parfois appelés
« Hommes bleus ».* *Le litham* des Touaregs. Une Touareg* (ou
Touarègue; forme arabe : *une Targuia*). — *Le touareg,* la
langue des Touaregs.

TOUBIB [tubib]. *n. m.* (1863; *tabib,* h. 1617; arabe d'Algérie *tbib* « sorcier, guérisseur ») *Fam.* Médecin. *C'est un bon
toubib.* — Adj. *Il, elle est toubib.*

TOUCAN [tukɑ̃]. *n. m.* (1557; mot tupi [Brésil]). Oiseau
grimpeur, au plumage éclatant, et bec énorme, qui vit dans les
régions montagneuses de l'Amérique du Sud.

1. TOUCHANT [tuʃɑ̃]. *prép.* (XIVᵉ; p. prés. de *toucher*).
Vx ou *littér.* Au sujet de... V. **Concernant, sur.** *Le propriétaire
exprime « toutes sortes de doléances touchant la consommation d'eau* » (DUHAM.).

2. TOUCHANT, ANTE [tuʃɑ̃, ɑ̃t]. *adj.* (mil. XVIIᵉ; p.
prés. de *toucher*). *Littér.* Qui touche, qui fait naître de la
pitié, de la compassion. V. **Attendrissant, émouvant.** « *Ces
paroles touchantes et d'une compassion douloureuse* » (MICHE-
LET). Subst. *Le touchant et le sublime.* ◊ *Cour.* Qui émeut,
attendrit d'une manière douce et agréable. « *Lui jetant un
regard empreint d'une touchante reconnaissance* » (BALZ.).
(Avec une légère ironie) « *Une docilité d'esprit presque
touchante* » (LEMAITRE). « *Son touchant désir de tout comprendre* » (GONCOURT). ◊ *(Personnes)* Attendrissant (iron.).
Il est touchant de maladresse.

TOUCHAU [tuʃo]. *n. m.* (1399; de *toucher*). *Techn.*
Ensemble de petites plaques d'alliage d'or ou d'argent de
titres différents, disposées sur un support en étoile, permettant de déterminer le titre d'un bijou, en comparant les
empreintes laissées sur la pierre* de touche.

TOUCHE [tuʃ]. *n. f.* (1260; de *toucher*).
I. (Action, manière de toucher). ♦ 1° Épreuve, essai de
l'or et de l'argent (au moyen de la *pierre* de touche,* du touchau) ♦ 2° *Vx* (v. 1310). Coup léger, simple contact. —
Mod. (1585; escr.). Fait de toucher l'adversaire. *Remporter
l'assaut par cinq touches à quatre* — *Pêche.* Action du pois-

son qui touche, qui mord à l'hameçon. *Pas la moindre touche aujourd'hui, je n'ai rien pris.* ◇ *Par métaph.* (1925) Fam. *Faire une touche,* rencontrer qqn qui répond à une invite galante plus ou moins nette. « *Chaque fois qu'il vient de faire une touche sur les boulevards* » (MONTHERLANT). *Avoir la touche, une touche,* plaire manifestement à qqn. ♦ 3° (Fin XVIIᵉ). Action, manière de poser la couleur, les tons sur la toile. « *Que le dessin est beau! Que la touche est fière!* » (DIDER.). — Couleur posée d'un coup de pinceau. « *La puissance d'une touche mise à sa place* » (GAUTIER). ◇ *Par compar.* « *Je voudrais trouver des touches de phrases, semblables à des touches de peinture dans une esquisse* » (GONCOURT). ◇ Fig. *Mettre une touche de gaieté, une touche exotique* (dans un décor, une toilette, une description, etc.). ♦ 4° *Pop.* (1872). Aspect d'ensemble. V. **Allure, dégaine, tournure.** *Une drôle de touche.* « *Nous avions toute la touche de sortir d'un orphelinat de province* » (LARBAUD). ♦ 5° *Pop.* (1870). *La sainte touche,* le fait de toucher (sa paye). ♦ 6° (Fin XIXᵉ; angl. *touch*). Au rugby, au football, *Ligne de touche,* ou *touche,* chacune des limites latérales du champ de jeu, perpendiculaire aux lignes de but. *Sortie du ballon en touche. Rentrée en touche,* remise en jeu faite à partir de la touche. *Juge de touche,* chargé de désigner les points de sortie en touche, de signaler les hors-jeu, etc. *Remplaçant qui reste sur la touche.* — (1927). Fig. *Être, rester, être mis sur la touche,* dans une position de non-activité, de non-intervention. ◇ *Sortie du ballon en touche. Il y a touche. Jouer la touche.* — Remise en jeu du ballon à partir de la ligne de touche. *Touche longue, courte.*

II. (v. 1310). Chacun des petits leviers blancs, noirs, qui constituent un clavier. V. **Note.** *Un enfant « qui s'émerveille lorsque, en frappant des touches, il réussit à produire un accord* » (LARBAUD). « *Il ouvre son piano, et fait courir ses doigts effilés sur les touches d'ivoire* » (LAUTRÉAMONT). ◇ (Dans les instruments à cordes pincées ou frottées) Pièce d'ébène collée sur le manche où appuient les doigts, pour raccourcir la corde; touchette. *Touches d'une guitare.*

TOUCHE-À-TOUT [tuʃatu]. *n. m. invar.* (1836; de *toucher à tout*). Personne (et particulièrement enfant) qui touche à tout. ◇ *Fig.* Personne qui se disperse en activités multiples. « *L'homme, un enragé d'activité, mais un peu brouillon, comme tous les trop actifs, et un touche-à-tout tyrannique* » (GONCOURT).

1. **TOUCHER** [tuʃe]. *v. tr.* (XIIᵉ; *tucher, tuchier,* 1080; lat. pop. *°toccare,* rad. onomat. *tokk-*).

I. Trans. dir. ⓐ (Entrer en contact, avec mouvement). ♦ 1° *(Êtres vivants).* Entrer en contact avec (qqn, qqch.) en éprouvant les sensations du toucher. *Toucher un objet.* V. **Palper.** « *Elle va toucher le radiateur... le fer est froid* » (PLISNIER). « *Suivez-moi, dit Antoine, en lui touchant doucement l'épaule* » (MART. du G.). *Je n'ai jamais touché une carte, jamais joué.* ◇ *Toucher du bois* (pour conjurer le sort). *Spécialt.* (pour jouer d'un instrument de musique; Cf. a. fr. et prov. *Tocar, touchier* « jouer, sonner »). « *Le prince touchait languissamment les cordes de sa guitare* » (VIGNY). V. **Vibrer** (faire). *Toucher le clavier, le piano.* V. **Jouer.** — *Toucher une personne, un animal. La chatte se dérobait « à la seconde juste où j'allais la toucher* » (COLETTE). V. **Atteindre, attraper.** « *À l'école, souvent, il* (Gandhi) *touchait les intouchables* » (R. ROLLAND). *Toucher la main,* pour dire bonjour. — (En indiquant la partie du corps qui touche) *Toucher du doigt. Anne « toucha l'écuelle avec le dos de sa main* » (MART. du G.). *Toucher du bout des doigts.* V. **Effleurer.** « *Pour retrouver l'équilibre, il suffit parfois de toucher le mur, une seconde, avec l'ongle du petit doigt* » (DUHAM.). *Toucher à pleines mains.* V. **Manier.** *Lutteur qui touche le sol des deux épaules. Se prosterner en touchant le sol du front.* « *Les vieillards ont besoin de toucher quelquefois, de leurs lèvres, le front d'une femme ou la joue d'un enfant* » (MAETERLINCK). ◇ *Spécialt.* Avoir, mettre le pied sur. *Toucher le fond,* avoir pied*. *Nous marchions « avec tant de vitesse et de légèreté, qu'à peine touchions-nous la terre* » (LESAGE). ◇ (En parlant d'un contact violent) *Boxeur qui touche son adversaire au menton.* V. **Frapper.** *Absolt.* « *Il a feinté, mais j'ai deviné et touché* » (J. PRÉVOST). ◇ (Sans contact direct du corps) *Toucher qqn, qqch. avec un bâton. Je ne voudrais pas le toucher avec des pincettes. Toucher* (avec le fleuret, le sabre) *l'adversaire.* V. **Touche.** *Toucher les bœufs* : faire avancer les bêtes en les piquant légèrement de l'aiguillon. — *Toucher la balle de sa raquette. Il n'a pas touché une balle,* se dit d'un joueur de tennis qui a très mal joué. — (Avec un projectile) V. **Atteindre.** *Il tira et toucha son adversaire à l'épaule.* V. **Blesser.** *Toucher la cible, le but.* ◇ *Fig.* Joindre, arriver à rencontrer (qqn), par un intermédiaire (lettre, téléphone). V. **Atteindre.** *Où peut-on vous toucher?* ♦ 2° *(Choses).* Entrer en contact avec (qqn, qqch.) au terme d'un mouvement. V. **Atteindre.** *Le bruit commun « à la cuiller qui touche l'assiette et au marteau qui frappe sur la roue* » (PROUST). *Être touché par une balle,* blessé. « *L'ombre ne touchait pas encore les hautes*

terres » (BOSCO). ◇ *Mar. Toucher le port,* faire escale, mouiller. « *La Romania, un cargo mixte qui venait d'Ostende, touchait le Havre vers 5 heures du matin* » (MART. du G.). *Toucher* (absolt.) se dit du navire qui entre légèrement en contact avec le fond, ou le quai, ou un autre navire, etc. V. **Heurter.** ♦ 3° (1585). Entrer en possession de, prendre livraison de (une somme d'argent). V. **Recevoir.** *Toucher de l'argent.* V. **Palper.** *Toucher un traitement, des mensualités.* « *Un légionnaire touchant... au service du roi 4 pesetas 10 par jour* » (MAC ORLAN). V. **Gagner.** *En outre de la modique pension qu'il touchait, il continuait à récolter quelques petites sommes* » (R. ROLLAND). *Toucher une prime, le tiercé. Toucher le gros sac*. Toucher un chèque.* V. **Encaisser.** — (Turf) *Toucher un gagnant, un placé, le tiercé.* — Absolt. « *Vouloir toucher à deux guichets... vouloir cumuler les avantages les plus contradictoires* » (PÉGUY). ◇ Percevoir (autre chose que de l'argent). « *D'autres, qui ont déjà touché les nouvelles capotes bleu horizon, font les farauds* » (DORGELÈS). ♦ 4° *(Abstrait;* dans le domaine affectif). *Vx* (XIIᵉ) Affecter, faire une impression sur... « *Nous serions cruellement touchés de le perdre* (ce que nous avons obtenu) » (LA ROCHEF.). ◇ *Mod.* Procurer une émotion à (qqn), faire réagir en suscitant l'intérêt affectif. V. **Émouvoir, intéresser.** « *Pour plaire aux autres, il faut parler de ce qu'ils aiment et de ce qui les touche* » (LA ROCHEF.). « *Il aime encore tout ce qui touche plus particulièrement les sens, la musique, les fleurs, les beaux habits, la chasse, les beaux chevaux* » (GAUTIER). *Ce reproche l'a touché,* il y est sensible. « *L'éloge leur plaît autant qu'à d'autres; mais le blâme les touche au vif* » (ALAIN). ◇ *Plus cour.* (1610). Émouvoir en excitant la compassion, la sympathie et une certaine tendresse. V. **Attendrir.** « *Certains mots venus du cœur toucheraient le lecteur davantage que tous ces raisonnements* » (GIDE). *Rien « n'était plus propre à me toucher que cette émotion contenue* » (GIDE). — *Nous sommes très touchés de votre sympathie.* ♦ 5° *Fig. Vieilli.* Prendre en passant comme objet de réflexion, de travail. V. **Aborder, effleurer.** *J'ai déjà touché ce sujet.* ◇ *Mod. Toucher qqch., un mot de...,* dire un mot de... « *Faut-il vendre, faut-il pas vendre? Si demain matin j'en touchais un mot au père Deutsch?* » (COLETTE). **ⓑ** (1080). Sans mouvement. ♦ 1° Se trouver en contact avec; être tout proche de... *Qui touche une surface.* V. **Tangent.** « *La maison de Mᵐᵉ Loiseau, qu'elle* (l'église) *touchait sans aucune séparation* » (PROUST). V. **Contigu.** ♦ 2° *Fig.* Avoir des rapports de parenté avec. *Toucher de près qqn, une famille.* « *La plupart de ceux qui touchaient la mort même de loin furent nommés l'un après l'autre* » (TOULET). ♦ 3° Concerner; avoir un rapport avec. V. **Regarder.** « *Une chose qui leur est si importante et qui les touche de si près* » (PASC.). — Pronom. *(Récipr.)* Être en rapport étroit. *Les extrêmes se touchent.* « *Nous nous touchons par tant de points!* » (BALZ.), nous avons tant d'affinités.

II. Trans. indir. (XIIᵉ). TOUCHER À... **ⓐ** Entrer en contact avec... ♦ 1° *(Êtres vivants).* Porter la main sur, pour prendre, utiliser. — REM. Cet emploi est plus abstrait que le trans. dir.; il exclut la sensation de celui qui touche. « *N'y touchez pas : il est brisé!* » (SULLY-PRUDHOMME). « *Ne pas toucher aux objets exposés* » (SARTRE). « *Il défendit expressément qu'on touchât à rien, qu'on n'entretînt ni qu'on réparât rien...* » (FRANCE). *Cet enfant touche à tout.* V. **Touche-à-tout.** *Pop. Pas touche, bébé,* n'y touche pas. *Je te défends d'y toucher!* — (1636). *Toucher à un plat, à la nourriture.* V. **Manger, prendre.** *Ne pas toucher à son capital.* V. **Entamer.** *Il n'a jamais touché à une arme, à un volant* : il n'a jamais tiré avec une arme; jamais conduit. ◇ *(Abstrait;* 1538) Se mêler, s'occuper de (qqch.). « *Le journalisme touche à tout dans cette époque, à l'industrie, aux intérêts publics et privés, aux entreprises nouvelles* » (BALZ.). « *Qu'il est délicat de toucher à ce sujet!* » (MAURIAC). V. **Aborder.** — S'en prendre (à qqch.), pour modifier, corriger. *Personne n'ose toucher à cette coutume.* — (En attaquant) « *Toucher à cette légende, c'est s'attaquer à la religion de la monarchie* » (MICHELET). — Y TOUCHER *(vieilli)* : être mêlé à qqch., y avoir part ou en être responsable. « *Dirait-on qu'elle y touche avec sa mine froide?* » (MOL.). — Mod. *Un air de ne pas y toucher,* faussement ingénu (Cf. Sainte nitouche). ♦ 2° *Littér.* ou *didact.* Atteindre, arriver à (un point qu'on touche ou dont on approche). *Toucher au port.* « *Ils s'approchent sans cesse mais n'y touchent jamais* » (HUGO). — (À un point dans le temps) *Toucher à son terme, à sa fin.* — *Nous touchons ici à...,* formule par laquelle un auteur signale qu'à ce point de son exposé il se trouve en présence de tel problème, qu'il est amené à le considérer. « *Et nous touchons ici à une des lacunes de la radio...* » (DUHAM.). **ⓑ** ♦ 1° Être en contact avec. « *Des poutres..., qui touchent presque aux façades des maisons* » (SARTRE). ♦ 2° *(Abstrait).* Concerner. « *Il me semble, en effet, que cette question de la prohibition touche au centre même de l'âme américaine* » (DUHAM.). ♦ 3° Avoir presque le caractère de. V. **Confiner.** « *La maison, dont la simplicité touchait au dénuement* » (ROBBE-GRILLET).

2. TOUCHER [tuʃe]. *n. m.* (1361; *toukier*, 1226; de *toucher*). ♦ 1° Un des cinq sens* traditionnels, correspondant à la sensibilité cutanée qui intervient dans l'exploration des objets par palpation. V. **Tact.** « *Le toucher n'est qu'un contact de superficie* » (Buff.). « *Mais rien ne remplace le toucher, la palpation, la main qui passe dans les plis et replis d'un quartier comme dans ceux d'un velours* » (Romains). ♦ 2° Action ou manière de toucher. V. **Attouchement, contact.** *Doux, rude au toucher.* — Littér. « *Jouir... du toucher d'une chose agréable* » (Goncourt). ◇ *Mus.* Manière de jouer, d'appuyer sur les touches, qui fait la qualité de la sonorité. ◇ *Méd.* et *Chir.* Mode d'exploration consistant à introduire un ou plusieurs doigts dans une cavité naturelle. V. **Palpation.** ♦ 3° Qualité que présente un corps pour la main qui le touche. « *Cela avait le toucher de la soie tricotée que du dur à l'intérieur* » (Aragon).

TOUCHE-TOUCHE (À) [atuʃtuʃ]. *loc. adv.* (1920; de *toucher*). *Fam.* En se touchant presque; en se suivant de près (de véhicules; de personnes réunies...). « *Les trains se succèdent à touche-touche* » (Grandjouan, in D.D.L.).

TOUCHETTE [tuʃɛt]. *n. f.* (1844; de *touche*). *Mus.* Chacune des petites pièces incrustées dans le manche d'une guitare, d'une mandoline, qui permettent de produire les demi-tons.

TOUCHEUR [tuʃœr]. *n. m.* (1611; de *toucher*). Techn. *Toucheur de bestiaux, de bœufs,* chargé de conduire les bêtes en les touchant de l'aiguillon.

TOUE [tu]. *n. f.* (*Tirer à toue*, 1469; de *touer*). Mar. ♦ 1° Touage. « *La procession des navires remorqués par la marée comme sur une chaîne de toue* » (Claudel). ♦ 2° Bateau plat, à une voile et servant de bac. — Barque à fond plat qui fait la navette entre la terre et un navire au mouillage. ◇ hom. Tout, toux.

TOUÉE [twe]. *n. f.* (1415; de *touer*). Mar. ♦ 1° Câble, chaîne servant à touer. — Longueur de remorque servant au halage. ♦ 2° Par ext. Longueur de chaîne filée en mouillant l'ancre. *Fig.* Longueur d'un chemin à parcourir.

TOUER [twe]. *v. tr.* (fin XVIe; « remorquer », XIIIe; frq. °*togôn*). Faire avancer (un navire, une embarcation) en tirant à bord sur une amarre. *Touer à bras, au cabestan.* — Haler par traction sur un câble, une chaîne fixée (à une amarre ou mouillée au fond de l'eau (V. **Touage, touée.** Pronom. *Navire qui se toue.*

TOUEUR [twœr]. *n. m.* (1643; de *touer*). Remorqueur qui avance par touage et tire des péniches (qui ne sont pas reliées à la chaîne immergée). « *Le toueur enroulant sa chaîne Et le remorqueur jamais las* » (H. de Régnier).

TOUFFE [tuf]. *n. f.* (XIIIe; *tofe*, v. 1180; probabl. a. alémanique °*topf*). Assemblage naturel de plantes, de poils, de brins..., rapprochés par la base. V. **Bouquet, épi, houppe.** *Touffe d'herbe.* « *C'était une guirlande de roses autour d'une touffe de violettes* » (Muss.). « *Des touffes de cresson ou de menthe...* » (Radiguet). — Littér. Groupe serré (de grands végétaux). V. **Bouquet.** « *Une maison presque enfouie dans une touffe de luxuriante végétation* » (Gautier). — Cour. *Touffe de poils, de cheveux.* V. **Épi, mèche, toupet.** « *Une touffe de poil blanc au front d'un cheval dénote la pureté du sang* » (Barrès).

TOUFFEUR [tufœr]. *n. f.* (v. 1620; aphérèse d'*étouffeur*, dial., « chaleur étouffante »; de *étouffer*). Vx ou littér. Atmosphère étouffante et chaude. « *Une touffeur d'orage pesait sur ce Paris des fins de juillet* » (Mart. du G.).

TOUFFU, UE [tufy]. *adj.* (1438; de *touffe*). ♦ 1° Qui est en touffes, qui est épais et dense. V. **Dru, fourni, luxuriant.** « *Une haie touffue où se mêlaient des mûriers, des noisetiers...* » (P. Benoit). « *Des grappes de glycines touffues* » (Maurois). — *Poil touffu en désordre.* V. **Hirsute.** ♦ 2° Qui présente des formes compliquées, exubérantes. « *Le produit multiforme, touffu, hérissé, efflorescent de l'ogive* » (Hugo). ♦ 3° Fig. Qui présente en trop peu d'espace des éléments abondants et complexes. V. **Chargé, compliqué, dense.** « *Ce livre abondant et touffu* » (Barthou). ◇ ANT. *Clairsemé, maigre; concis, simple.*

TOUILLAGE [tujaʒ]. *n. m.* (1793; de *touiller*). *Fam.* Action de touiller.

TOUILLE [tuj]. *n. m.* (1765; *toil*, 1285; o. i.; Cf. *Touille bœuf* [de mer] qui touille, remue l'eau »). Un des noms de la lamie *(Squale).*

TOUILLER [tuje]. *v. tr.* (1421; *toailler, toeiller,* XIIe; lat. *tudiculare* « piler, broyer »). ♦ 1° Fam. Remuer, agiter (une pâte, un liquide). *Touiller l'eau, la lessive.* ♦ 2° Par. ext. *Touiller les cartes,* les battre, les mêler. *Touiller la salade.* Techn. (1842) Brasser, agiter pour épurer. *Touiller la fécule.*

TOUJOURS [tuʒur]. *adv.* de temps (*Tuzjurs,* 1080; de *tous* [tout], et *jour*[s]). ♦ 1° Dans la totalité du temps. V. Éternellement, perpétuellement (Cf. Sans fin). « *L'Être éternel est toujours, s'il est une fois* » (Pasc.). ♦ 2° Dans la totalité du temps considéré (*ex. ;* la vie, le souvenir) ou pendant tout un ensemble d'instants discontinus; à chaque instant considéré, sans exception. V. **Constamment, continuellement** (Cf. Sans cesse*, à toute heure*, en tout temps*). « *Ce qui a été par tous, et toujours, et partout, a toutes les chances d'être faux* » (Valéry). Loc. *Les absents* ont toujours tort.* « *Tu crois que tu m'aimeras toujours, enfant. Toujours! quelle présomption dans une bouche humaine!* » (Flaub.). — (Marquant la coïncidence avec une circonstance) *Il grognait toujours, quand...* (Cf. Chaque fois* que...). — *Il est en retard, lui toujours ponctuel.* V. **Généralement.** *Il arrive toujours à cinq heures.* V. **Invariablement.** ◇ (Qualifiant un adj., un participe) « *La vie... se déroule toujours pareille, avec la mort au bout* » (Maupass.). — (Entre l'article et l'adj. épithète) « *La toujours placide Ligeia* » (Baudel.). — Littér. (Après l'adjectif) « *La tristesse, éloquente toujours, impérieuse toujours...* » (Alain). — *Toujours plus..., toujours moins* (et adj.) : de plus en plus, de moins en moins. « *Toujours plus nombreux sont ceux qu'assomment le vacarme des autobus et des taxis...* » (Mauriac). ◇ **COMME TOUJOURS :** de même que dans tous les autres cas, les autres occasions. « *Pensant à elle comme toujours, je l'aperçus* » (Stendhal). — **PRESQUE TOUJOURS :** très fréquemment, très souvent. V. **Habituellement, ordinairement.** — **NE PAS... TOUJOURS :** pendant une partie seulement d'une durée ou pendant certains instants et pas à d'autres. *On ne vivra pas toujours.* « *Nous n'aimons pas toujours ceux que nous admirons* » (La Rochef.). — **DE TOUJOURS :** qui est toujours le même. *Le public de toujours.* — **DEPUIS TOUJOURS** (Cf. De tout temps). — **POUR TOUJOURS** (Cf. À jamais*, sans retour*). « *Leur fuite peut-être pour toujours* » (Proust). ♦ 3° (Indiquant la persistance d'un état jusqu'à un moment donné). *Encore maintenant, encore au moment considéré.* « *Ou plutôt je sentis que je l'aimais toujours* » (Rac.). « *La guerre est finie et ils attendent toujours* » (Sartre). *Il court toujours.* — *On ne démarrait toujours pas.* « *Albertine, toujours pas venue...* » (Proust). ♦ 4° En tout cas, de toute façon, quelles que soient les circonstances. V. **Cependant.** « *Il vient toujours une heure dans l'histoire où celui qui ose dire que deux et deux font quatre est puni de mort* » (Camus). Loc. *C'est toujours ça de pris* sur l'ennemi.* Fam. *Il peut toujours courir, se fouiller... :* quoi qu'il fasse, il n'aura rien. *C'est toujours pas toi qui l'auras. Cause toujours!* ◇ *Interj.* (À la fin d'une phrase négative) « *Où est-elle cette preuve? — Pas dans ma poche, toujours!* » (Daud.). ◇ **TOUJOURS EST-IL (QUE) :** sert à introduire un fait ou un jugement que l'on pose comme certain, en opposition avec d'autres qui viennent d'être présentés sous le signe de l'hésitation, ou de la probabilité. ◇ ANT. *Jamais; parfois; exceptionnellement.*

TOULOUPE [tulup]. *n. f.* (*Touloppe,* 1768; mot russe). Peau d'agneau ou de mouton; veste en peau de mouton, portée par les paysans russes. « *La touloupe se met la laine en dedans, et quand elle est neuve, la peau tannée est d'une couleur saumon pâle* » (Gautier).

TOUNDRA [tundra]. *n. f.* (1876; russe *tundra;* mot lapon). Steppe de la zone arctique, dont le sol est gelé en profondeur une partie de l'année, et qui est caractérisée par des associations végétales de mousses et de lichens, des bruyères et quelques herbacées. *La toundra sibérienne.*

TOUNGOUZE [tunguz]. *adj.* et *n.* (1765; nom indigène de peuple). Nom de certaines langues de l'Eurasie et de l'Asie septentrionale, parmi lesquelles le mandchou (langue parlée en Mandchourie).

TOUPET [tupɛ]. *n. m.* (v. 1145; de l'a. fr. *top,* frq. °*top* « sommet, pointe »). ♦ 1° Touffe (de cheveux). V. **Houppe.** *Toupet de cheveux.* — Absolt. Touffe de cheveux sur le sommet du crâne. « *Se coiffer en toupet* » (Sév.). ♦ 2° Fig. et fam. (1808). Hardiesse, assurance effrontée. V. **Aplomb, audace, culot** *(fam.),* **effronterie.** « *Il avait un sacré aplomb, un toupet du tonnerre* » (Zola). *Vous avez un certain toupet! Il ne manque pas de toupet.*

TOUPIE [tupi]. *n. f.* (1530; *tourpie,* XIVe; *topoie,* 1205; anglo-norm. *topet* [1060], de l'angl. *top;* frq. °*top.* V. **Toupet**). ♦ 1° Jouet d'enfant, formé d'une masse conique, sphéroïdale, munie d'une pointe sur laquelle elle peut se maintenir en équilibre en tournant. V. **Sabot;** et aussi **Toton.** Lancer, fouetter une toupie. *Toupie à musique.* — Par compar. « *Il s'était mis à tourner sur lui-même, comme une toupie, d'une allure de plus en plus rapide* » (Mart. du G.). ♦ 2° (1876). Techn. Outil rotatif de plombier, de menuisier, pour faire des moulures. — Sorte de tour; organe de machine-outil, pour creuser, évider (le bois, le métal). ◇ Pied de meuble, tourné et évasé (style Louis XVI). — Arbor. Quenouille surbaissée. ♦ 3° Fig. (1774). Vx. Femme peu vertueuse. Mod. Terme d'injure à l'adresse d'une femme sotte et affectée, ridicule et désagréable. *Quelle vieille toupie!*

TOUPILLER [tupije]. *v.* (1548; de l'a. fr. *toupier, topier,* 1288; de *toupie*). ♦ 1° Fam. et vx. Tourner comme une toupie. ♦ 2° V. tr. (1907). Techn. Travailler, évider avec la toupie (2°). *Toupiller le bois.*

TOUPILLEUR [tupijœʀ]. *n. m.* (1907 ; de *toupiller*). *Techn.* Ouvrier du bois travaillant à la toupie.

TOUPILLEUSE [tupijøz]. *n. f.* (v. 1960 ; de *toupiller*). *Techn.* Tour, machine-outil munie d'une toupie* (2°).

TOUPILLON [tupijɔ̃]. *n. m.* (1414 ; de *toupet*). *Vx.* Petit toupet. — Petite touffe, bouquet de branches. Touffe de poils de la queue de bovidés.

TOUPINER [tupine]. *v. intr.* (v. 1250 ; de *toupin*, var. de *toupie*). *Région.* Tourner comme une toupie. « *Vers la fin de la danse elle commença de toupiner...* » (GIDE). ◇ Se dit d'une bête attachée qui s'enroule.

TOUQUE [tuk]. *n. f.* (av. 1925 ; probabl. prov. *tuc*; var. mérid. *tuco* « courge, gourde », rad. prélatin °*tukka* « courge »). Récipient métallique pour la conservation et le transport des poudres, pâtes, liquides (eau douce, sur les navires ; produits pétroliers, etc.). « *Ces touques de fer blanc sont soigneusement soudées* » (GIDE).

1. **TOUR** [tuʀ]. *n. f.* (XIIᵉ ; *tur*, 1080 ; lat. *turris*). ♦ 1° Bâtiment construit en hauteur, dominant un édifice ou un ensemble architectural (souvent destiné à la protection militaire). *Tour ronde, quadrangulaire. Tour d'un château.* V. **Donjon.** *Enceinte de tours.* « *La tour, prends garde De te laisser abattre* » (chans. pop.). *Tour de guet.* V. **Beffroi.** *La Tour de Nesle,* où Marguerite de Bourgogne, selon une tradition populaire, recevait ses amants avant de les jeter dans la Seine. — *La Tour de Londres,* le château bâti près de la Tamise par Guillaume le Conquérant. ◇ *Tours d'église.* (V. **Campanile**). « *Ses deux tours de pierre brune, inégales et carrées, qui dressaient... leurs silhouettes anciennes plus pareilles à des défenses de château fort, qu'à des clochers de monument sacré* » (MAUPASS.). *Tours de beffroi.* « *Médine aux mille tours, d'aiguilles hérissées, Avec ses flèches d'or* » (HUGO). *Tour d'une mosquée.* V. **Minaret.** *La tour penchée de Pise,* le campanile. *Les tours de Notre-Dame* (de Paris). — *La tour de Babel,* élevée par les fils de Noé et dont le sommet devait atteindre le ciel (orgueil que Dieu punit par la confusion des langues). *Fig. Une tour de Babel,* un lieu où l'on parle toutes les langues. ◇ Bâtiment indépendant de grande hauteur, à usage d'habitation ou de bureaux. V. **Immeuble.** (Ce mot tend à remplacer *gratte-ciel**). *La tour Montparnasse. Les tours de la Défense. Il habite au 25ᵉ étage d'une tour.* ♦ 2° *Archéol.* Machine de guerre, haute construction mobile servant à assiéger des remparts. V. **Hélépole.** « *Toute l'armée attaqua : la tour de Godefroi fut approchée des murs* » (MICHELET). ◇ (Aux échecs ; a remplacé *roc.* V. **Roquer**) Pièce en forme de tour crénelée, placée au départ à l'angle de l'échiquier et qui avance en droite ligne (horizontale ou verticale). ♦ 3° (1830 ; d'apr. le lat. chrét. *turris eburnea*). *Tour d'ivoire* : retraite pure et hautaine ; position indépendante et solitaire de celui qui refuse de s'engager, de se compromettre. « *Il ne nous restait pour asile que cette tour d'ivoire des poètes, où nous montions toujours plus haut pour nous isoler de la foule* » (NERVAL). ♦ 4° Construction en hauteur. *Tour métallique. La tour Eiffel* (construite à Paris de 1887 à 1889). — *Tour de contrôle,* local surélevé d'où s'effectue le contrôle des activités d'un aérodrome, d'une piste. *Tour d'un derrick,* ou *tour de forage. Tour de lancement* (pour fusées, engins). ♦ 5° *Fig.* et *fam.* Personne grosse, massive.

2. **TOUR** [tuʀ]. *n. m.* (XIVᵉ ; « treuil », XIIᵉ ; var. *torn, tor;* lat. *tornus,* gr. *tornos* « tour de tourneur »). ♦ 1° Dispositif (de nos jours, machine-outil) qui sert à façonner des pièces en leur imprimant un mouvement de rotation. *Banc, chariot, poupée, touret d'un tour. Travailler au tour.* V. **Tourner, tourneur.** *Tour de potier.* « *Une motte de pâte tourbillonnant sur un tour* » (CHARDONNE). *Techn. Tour à aléser, à décolleter, à fileter, à tarauder...* (aléseuse, décolleteuse, fileteuse...). ◇ *Fig.* (Vieilli) *Fait au tour,* bien fait (V. **Beau**). « *C'était une grande fille faite au tour* » (DIDER.). ♦ 2° (1549). Armoire cylindrique tournant sur pivot. *Les tours des couvents et des hospices* (V. **Tourier**). — *Tour pour passer les plats de la cuisine à la salle à manger,* Cf. **Passe-plats.**

3. **TOUR** [tuʀ]. *n. m.* (XIIᵉ ; *tor* « volte-face », 1080 ; de *torner, tourner*).

I. ♦ (Ligne courbe fermée ; mouvement qui la décrit). ♦ 1° Limite d'un corps, d'un lieu circulaire. V. **Circonférence.** « *Une piste de cent mètres de tour* » (ZOLA). *Avoir soixante centimètres de tour de taille. Prendre son tour de poitrine, de hanches.* ◇ Ligne extérieure, courbe fermée qui limite une surface. V. **Bordure, contour, pourtour.** *Le tour des yeux. Le tour du visage,* l'ovale. — *Loc.* (1885) *Tour de ville,* promenade, boulevard circulaire autour de la ville. ♦ 2° (1373). Chose qui en recouvre une autre en l'entourant (vêtements, garnitures). *Tour de cou* (fourrure, foulard...). — *Tour de lit,* draperie, bordure d'étoffe qui entoure un lit. ♦ 3° (Fin XVIᵉ). FAIRE LE TOUR (de qqch.) : aller autour (d'un lieu, d'un espace). « *Les concurrents... font à pied le tour de la piste* » (MORAND). « *J'ai fait trois fois le tour de la cour* » (SARTRE). *Faire le tour du monde ; par ext.* Voyager dans le monde entier. *Faire le tour du propriétaire*.* ◇ *Fig.* Passer en revue. « *Le temps de faire le tour de la situation,*

d'envisager le pire » (ROMAINS). ◇ (Choses) « *Le drapeau tricolore a fait le tour du monde* » (LAMART.). *L'aiguille fait le tour du cadran.* Fig. V. **Cadran.** — (1690) Entourer en s'étendant autour. « *J'avais autrefois un royaume tellement grand qu'il faisait le tour presque complet de la Terre* » (MICHAUX). ♦ 4° (1226). FAIRE UN, DES TOUR(S) : un déplacement bref (où l'on revient en principe au point de départ). « *Ma commère la carpe y faisait mille tours* » (LA FONT.). V. **Allée** (allées et venues). « *Il fit un tour de promenade, en attendant* » (MUSS.). — FAIRE UN TOUR (1660) : sortir pour revenir bientôt, faire une petite sortie. « *Un dimanche, comme elle était allée faire un tour aux Champs-Élysées pour se délasser des besognes de la semaine...* » (MAUPASS.). ♦ 5° TOUR DE... : parcours, voyage où l'on revient au point de départ. V. **Circuit, périple, tournée...** *Un officier « lui avait promis de la faire embarquer... pour un tour du monde de dix mois* » (LOTI). « *Le tour du monde en quatre-vingts jours* », œuvre de Jules Verne. — *Le tour de France des compagnons* (2°), au temps des anciennes corporations. — *Le Tour de France,* course cycliste disputée (depuis 1903) chaque année, par étapes, sur un long circuit de routes françaises. *L'organisation du Tour de France;* ellipt., *du Tour. Par ext.* Les coureurs du Tour, la caravane qui le suit. « *Il fallait les voir quand passait le Tour de France* » (ARAGON). ◇ Circuit bouclé par un athlète, un coureur, sur une longueur de piste. « *Elle parcourut son premier tour en trois secondes de plus que la recordwoman de France* » (MONTHERLANT). Ⓑ (XVIᵉ ; *tor,* XIIᵉ, « coude d'une rue ; angle »). Ligne sinueuse. V. **Détour.** *La route, la rivière fait des tours et des détours.*

II. Mouvement sur soi-même (V. **Retourner**). ♦ 1° Mouvement giratoire. V. **Révolution, rotation.** *Tours de roue.* « *Le rayon d'une roue était cassé et frottait un peu, à chaque tour, contre la fourche* » (GASCAR). *Tour de manivelle. Moteur qui part au quart de tour* : à la première impulsion donnée par le démarreur. *Fig. Partir au quart de tour* : immédiatement et sans difficulté (fonctionnement, etc.). *Compteur de tours* (V. **Compte-tours**). *Prendre des tours* : monter à son régime maximum (moteur). — *Donner un tour de vis, de clef. S'enfermer, fermer la porte à double tour* : en donnant deux tours de clé ; hermétiquement. ◇ *Tour d'une personne sur elle-même* (V. **Demi-tour**). *Tour ou suite de tours d'un danseur, d'un acrobate.* V. **Pirouette, virevolte.** *Tour de valse. Quarante-cinq tours, trente-trois tours,* disques microsillons. ♦ 2° (v. 1510). À TOUR DE BRAS (le bras décrivant un tour, pour prendre de l'élan) : de toute la force du bras. « *La balle, lancée à tour de bras... rebondit* » (LOTI). *Frapper à tour de bras sur l'enclume. Fig.* « *Il peut, tant qu'il voudra, Rimer à tour de bras* » (MUSS.), avec acharnement. — (1640) EN UN TOUR DE MAIN : très vite. V. **Tournemain.** — *Tour de main.* Mouvement adroit qu'accomplit la main, et que l'apprentissage et l'aptitude permettent d'exécuter. *Tour de main d'un artisan.* V. **Adresse, habileté, métier, savoir-faire.** « *On me jette à l'eau avec les poignets liés, sans m'apprendre le tour de main qui me permettrait de me dégager* » (MONTHERLANT). ♦ 3° (1640). *Tour de rein,* torsion, faux mouvement dans la région des lombes ; douleur qui en résulte.

III. (XIIᵉ, « trait d'habileté » ; fig. de II ; Cf. **Tour de main**). Ⓐ ♦ 1° Mouvement, exercice difficile à exécuter, montré en spectacle pour étonner le public. *Tours d'un acrobate, d'un jongleur, d'un prestidigitateur. Tours d'adresse, d'agilité. Tours de passe-passe*. — *Tours de cartes,* tours d'adresse faits avec les cartes, tels ceux d'un prestidigitateur. ◇ TOUR DE FORCE : exercice qui exige de la force. « *On fit des tours de force, on portait des poids* » (FLAUB.). — *Par ext.* Action difficile accomplie avec une habileté remarquable. *Il a réussi ce tour de force : il m'a protégé de l'isolement sans me priver de la solitude* » (BEAUVOIR). *C'est un vrai tour de force.* V. **Exploit.** ♦ 2° Action ou moyen d'action qui suppose de l'adresse, de la malice, de la ruse. *Avoir plus d'un tour dans son sac*.* « *C'était un vieux routier, il savait plus d'un tour* » (LA FONT.). V. **Artifice, combine, stratagème, truc.** ◇ (XVᵉ) FAIRE, JOUER (un, des...) TOUR(S), au détriment de qqn. « *Faire un mauvais tour, qui est la même chose qu'un bon tour* » (HUGO). « *Il ne songeait qu'à... taquiner, à jouer de mauvais tours à tout le monde* » (SAND). — *Méfiez-vous, cela vous jouera des tours,* cela vous nuira. — *Le tour est joué,* c'est accompli, terminé. — *Il lui a joué un tour pendable*; un tour de cochon*.* V. **Crasse, vacherie.** Ⓑ (XVIIᵉ). Aspect que présente une chose selon la façon dont elle est faite, la manière dont elle évolue. V. **Tournure ; allure, façon, forme.** « *Elle affectait de donner à nos entretiens un tour plus solennel* » (NODIER). *Observer le tour des événements.* V. **Direction, évolution.** « *L'affaire prend un tour romanesque* » (AYMÉ). — TOUR DE PHRASE : manière de présenter la pensée selon l'agencement des mots dans un énoncé. « *Le tour de phrase de La Fontaine est une nouveauté... au XVIIᵉ siècle* » (FAGUET). *Un tour de phrase,* une expression syntactique. *Ce tour de phrase appartient à la langue juridique.* — *Absolt.* V. **Tournure.** « *Il a des tours neufs, des expressions hardies* » (LESAGE). « *Soyons classiques dans les expressions*

et les tours » (STENDHAL). ◇ (1659) TOUR D'ESPRIT : manière d'être, caractéristique d'un certain esprit. V. **Tournure**. « *Elle avait surtout un tour d'esprit, une façon d'observer et de retenir, qu'il appréciait* » (MART. du G.).
IV. (*Tor* « fois », XIIᵉ). *Vx* (sauf en loc.). Moment auquel (ou durant lequel) une personne se présente, accomplit qqch. dans un ordre, une succession d'actions du même genre. *Chacun parlera à son tour.* « *C'était au tour de Stéfany d'assurer la permanence* » (MART. du G.). « *Il se défendit en l'accusant à son tour...* » (MAUPASS.). Fam. « *Grossier plus souvent qu'à son tour* » (CÉLINE), plus souvent qu'il ne conviendrait. — *Attendre, passer son tour.* — *Prendre son tour de semaine.* — *Chacun son tour,* à son tour. *Les gens* « *attendaient le tramway. Chacun son tour* » (ARAGON). — *Tour de faveur,* tour dont on bénéficie par faveur spéciale, sans y avoir expressément droit. V. **Priorité**. — *Tour de chant,* série de morceaux interprétés par un chanteur, une chanteuse. — *Tours de scrutin,* chaque scrutin effectué en une fois (quand l'élection est décomposée). ◇ *Loc.* (1538) TOUR À TOUR : l'un, puis l'autre (l'un après l'autre) « *Nous lisions haut et tour à tour* » (LAMART.). — D'abord telle chose, puis une autre. V. **Alternativement, successivement.** *Émouvoir et faire rire tour à tour. La France,* « *montrant tour à tour la fierté, la résignation, l'insouciance, l'ardeur...* » (VALÉRY). — (Avec alternance dans la qualité ou l'état du sujet) « *La comtesse... se montrra tour à tour, souple, fière, caressante, confiante...* » (BALZ.). ◇ À TOUR DE RÔLE. V. **Rôle.**
◇ HOM. *Tour* (1 et 2), *tourd.*

TOURAILLE [tuʀaj]. *n. f.* (1597 ; *toraille,* XIIIᵉ ; du lat. *torrere* « rôtir, brûler »). *Techn.* Étuve dans laquelle on sèche l'orge germée (touraillon), pour arrêter la germination (opération du *touraillage* [tuʀajaʒ], effectuée par le *tourailleur* [tuʀajœʀ] ; l'orge ainsi séchée.

TOURANIEN, IENNE [tuʀanjɛ̃, jɛn]. *adj.* (1845 ; du persan *Turan* [opposé par Firdousi à *Iran*], terme vague désignant les pays d'Asie centrale). *Ling.* Se dit des langues ouralo-altaïques, considérées comme les rameaux d'une même famille linguistique (théorie contestée). *Subst. Le touranien.*

1. TOURBE [tuʀb(ə)]. *n. f.* (XVIᵉ ; *torbe,* XIᵉ ; lat. *turba*). *Péj.* et *vieilli.* La foule, la multitude. V. **Peuple, populace.** « *Je me figurais au milieu d'une foule turbulente, grossièrement ambitieuse... et il fallait se mêler à cette tourbe* » (RENAN). — *Ramassis.* « *Toute une tourbe de socialistes dilettantes, de petits arrivistes* » (R. ROLLAND).

2. TOURBE [tuʀb(ə)]. *n. f.* (1200 ; frq. °*turba;* Cf. Turf). Matière combustible spongieuse et légère, qui résulte de la décomposition de végétaux à l'abri de l'air. *Tourbe mousseuse, superficielle* (à filaments végétaux apparents), *feuilletée; compacte* ou *noire.* — *Tourbe limoneuse,* formant une boue noirâtre que l'on extrait à la drague.

TOURBER [tuʀbe]. *v. intr.* (1248 ; de *tourbe*). *Techn.* Extraire la tourbe.

TOURBEUX, EUSE [tuʀbø, øz]. *adj.* (1752 ; de *tourbe*). Qui est de la nature de la tourbe. *Boue tourbeuse.* — Qui contient de la tourbe. *Terrains, sols tourbeux* (cultivables après assainissement). ◇ Qui croît dans les tourbières. *Plantes tourbeuses.*

TOURBIER, IÈRE [tuʀbje, jɛʀ]. *n. et adj.* (XIIIᵉ, repris 1832 ; de *tourbe*). ♦ 1° *N.* Ouvrier, ouvrière qui travaille à l'extraction, à la préparation de la tourbe. ♦ 2° *Propriétaire, exploitant d'une tourbière.* ♦ 2° *Adj.* (1832). Qui contient suffisamment de tourbe pour qu'on l'exploite. *Terrain tourbier.*

TOURBIÈRE [tuʀbjɛʀ]. *n. f.* (XIIIᵉ, repris 1765 ; de *tourbe*). ♦ 1° *Géogr.* Association végétale décomposée qui forme une certaine épaisseur de tourbe. *Tourbières noires et rouges d'Irlande.* ♦ 2° *Cour.* Gisement de tourbe en quantité exploitable.

TOURBILLON [tuʀbijɔ̃]. *n. m.* (XVᵉ ; *torbeillon,* XIIᵉ ; lat. pop. °*turbiculus,* du lat. *turbo, inis*). ♦ 1° Masse d'air qui tournoie rapidement. V. **Cyclone.** « *Soudain, un tourbillon de vent souleva la poussière, tordit les arbres, les fouetta furieusement* » (R. ROLLAND). ♦ 2° Mouvement tournant et rapide (en hélice) d'un fluide, ou de particules entraînées par l'air. *Tourbillon de poussière.* « *Le vent qui soufflait très fort, chassait des tourbillons de sable* » (FLAUB.). ◇ Masse d'eau animée d'un mouvement hélicoïdal rapide et formant un creux. V. **Maelstrom, vortex.** *Tourbillons d'une rivière.* « *Un chapelet d'entonnoirs dans les bas-fonds produit dans les vagues un chapelet de tourbillons* » (HUGO). ♦ 3° Tournoiement rapide. « *Elle exécuta autour de moi, en me tenant la main, un tournoiement plein de grâce dans le tourbillon duquel je sentais emporté* » (PROUST). ◇ *Fig.* et *littér.* Agitation ; groupe en mouvement rapide. « *D'horribles escadrons, tourbillons d'hommes fauves* » (HUGO). ♦ 4° *Hist. sc.* Système matériel animé d'un mouvement de rotation. *Newton ruina la théorie des tourbillons de Descartes.* ♦ 5° *Fig.* et *littér.* Ce qui emporte, entraîne dans un mouvement rapide, irrésis-

tible. *Le tourbillon du monde. Il* « *fut entraîné dans un courant invincible dans un tourbillon de plaisirs et de travaux faciles* » (BALZ.).

TOURBILLONNAIRE [tuʀbijɔnɛʀ]. *adj.* (1842 ; de *tourbillon*). Qui forme, constitue un, des tourbillon(s). *Mouvement tourbillonnaire de l'air, de l'eau. Filets de fluide tourbillonnaires.* V. **Turbulent** (4°).

TOURBILLONNANT, ANTE [tuʀbijɔnɑ̃, ɑ̃t]. *adj.* (1788 ; de *tourbillonner*). *Didact.* Qui forme un, des tourbillons. « *Des mouvements circulaires et des impulsions tourbillonnantes* » (BUFF.) ◇ *Cour.* Tournoyant. *Jupes tourbillonnantes d'une danseuse.*

TOURBILLONNEMENT [tuʀbijɔnmɑ̃]. *n. m.* (1767 ; de *tourbillonner*). Mouvement de ce qui tourbillonne, de ce qui forme un tourbillon. *Un tourbillonnement rapide.*

TOURBILLONNER [tuʀbijɔne]. *v. intr.* (1529 ; de *tourbillon*). ♦ 1° Former un tourbillon ; aller ou être emporté en un tournoiement rapide. V. **Tourner, tournoyer.** « *La poussière de neige qui tourbillonnait autour de lui* » (MAC ORLAN). — Par ext. « *Un long vol de corbeaux tourbillonnait dans l'air* » (LEC. DE LISLE). ♦ 2° *Fig.* Être agité par un mouvement rapide, irrésistible. « *Tout tourbillonnait dans sa tête* » (R. ROLLAND). « *Ses pensées tourbillonnaient comme des feuilles dans un cyclone* » (MAURIAC).

TOURD [tuʀ]. *n. m.* (fin XIVᵉ ; lat. *turdus*). ♦ 1° *Vx.* Nom de certaines grives et, notamment, de la Litorne. ♦ 2° (1606). Labre (poisson de mer). ◇ HOM. *Tour* (1, 2 et 3).

TOURDILLE [tuʀdij]. *adj. masc.* (1664 ; esp. *tordillo,* proprem. « couleur de grive », de *tordo,* lat. *turdus.* V. **Tourd**). *Hippol. Gris tourdille,* couleur gris-jaune de la robe d'un cheval.

TOURELLE [tuʀɛl]. *n. f.* (XIIᵉ ; de *tour* 1). ♦ 1° Petite tour, sur fondations ou en encorbellement. « *Le château,... flanqué d'une tourelle à chaque angle* » (FRANCE). *Tourelle ronde, à plusieurs pans. Tourelle ajourée* (surmontant un dôme, un comble, etc.). V. **Lanterne.** ♦ 2° *Techn.* (*Mus.*) Faisceau de tuyaux sur la façade d'un buffet d'orgue. ♦ 3° Abri blindé, fixe ou mobile, contenant une ou plusieurs pièces d'artillerie. *Tourelles d'une ligne fortifiée, d'un blockhaus.* V. **Casemate.** *Tourelle mobile d'un char d'assaut.* — *Tourelles d'un navire* (croiseur, cuirassé). *Tourelle de télé-pointage.* ♦ 4° *Techn.* (*Cin.*). *Monture* circulaire et tournante portant plusieurs objectifs et permettant d'en changer rapidement. *Caméra à tourelle.*

TOURET [tuʀɛ]. *n. m.* (1240 ; *toret,* XIIᵉ ; de *tour* 2 « treuil »).
I. ♦ 1° *Vx.* Nom donné à divers rouets, dévidoirs, moulinets, etc. ♦ 2° *Techn.* (1676). Petit tour de graveur en pierres fines. ◇ Petite machine-outil agissant par la rotation de meules ou de disques de feutre. *Touret à meuler, à polir.*
II. (de *tour* 3). *Vx. Touret de nez,* petit loup (5°).

TOURIE [tuʀi]. *n. f.* (1773 ; o. i., p.-ê. du rad. lat. *torrere* [Cf. Touraille « étuve »] ou *torus* [Cf. Tore, toron]). *Techn.* Grande bouteille, bonbonne entourée de paille, d'osier. *Tourie de verre, de grès,* servant au transport des acides.

TOURIER, IÈRE [tuʀje, jɛʀ]. *adj. et n.* (XIIIᵉ ; fém., 1549 ; de *tour* 2). Se dit du religieux (ou de la religieuse) non cloître, chargé de faire passer au tour des choses apportées au couvent, et *par ext.* qui s'occupe des relations avec l'extérieur. *Frère tourier; sœur tourière.* — *N.* « *Une grosse tourière qu'on voyait toujours se hâter dans les corridors avec son trousseau de clefs* » (HUGO).

TOURILLON [tuʀijɔ̃]. *n. m.* (1680 ; *torrillon,* XIIᵉ ; de *tour* 2). *Techn.* Pièce cylindrique servant d'axe ; *spécialt.* Partie d'un axe qui tourne dans un support. — Gros pivot. *Tourillons de porte cochère.* — Axe ou pivot d'une arme lourde (canon, etc.).

TOURILLONNEUSE [tuʀijɔnøz]. *n. f.* (XXᵉ ; de *tourillon*). *Techn.* Machine-outil dont les outils de coupe sont disposés en couronne.

TOURISME [tuʀism(ə)]. *n. m.* (1841 ; angl. *tourism* [1811]. V. **Touriste**). Le fait de voyager, de parcourir pour son plaisir un lieu autre que celui où l'on vit habituellement (même s'il s'agit d'un petit déplacement ou si le but principal du voyage est autre). *Profiter d'un voyage d'affaires pour faire du tourisme.* ◇ Ensemble des activités liées aux déplacements des touristes, et *par ext.* (dans les statistiques, en T. d'Admin., etc.) aux séjours des étrangers. *Le tourisme, considéré comme une industrie, une* « *exportation invisible* ». *Office du tourisme. Agence de tourisme.* — *Avion, voiture de tourisme,* destinés aux déplacements privés et non utilitaires. « *Tout croisement est difficile... au passage d'un car, même pour la plus étroite des voitures de tourisme* » (DUHAM.). *Tourisme à bicyclette.* V. **Cyclotourisme.**

TOURISTE [tuʀist(ə)]. *n.* (1816 ; angl. *tourist* [1800], de *tour* « voyage », du fr. *tour* 3). Personne qui se déplace, voyage pour son plaisir. « *Aix-la-Chapelle, pour le malade, c'est une fontaine minérale... pour le touriste, c'est un pays de redoutes et de concerts* » (HUGO). *Touristes étrangers.*

Groupe de touristes d'un voyage organisé. Touristes et vacanciers. Séjourner en touriste dans une ville, pour la visiter. « *Les voitures des touristes, des types pourvus de casquettes blanches, de chemises à carreaux, d'appareils de photos et de compagnes en shorts* » (Cl. SIMON). ◇ *Classe touriste,* classe intermédiaire entre la première classe et les classes populaires (en bateau, avion). V. **Touristique** *(spécialt.)*.

TOURISTIQUE [tuʀistik]. *adj.* (v. 1830; de *touriste*). ♦ 1° Qui concerne les voyages, les déplacements des touristes. *Guide touristique.* ♦ 2° Relatif au tourisme. *Activités touristiques,* hôtellerie, agences de voyage, guides, etc. *Renseignements touristiques,* donnés par les syndicats d'initiative. ◇ Spécialt. *Menu touristique, prix touristiques,* destinés en principe aux touristes. ♦ 3° Qui attire les touristes, les visiteurs. *Ville touristique.*

TOURLOUROU [tuʀluʀu]. *n. m.* (1834; probabl. emploi fig. de *tourlourou* « crabe rouge », 1686; mot antillais, à cause de la couleur de l'uniforme). *Vx* ou *plais.* Soldat. V. **Bidasse, pioupiou, troufion.**

TOURMALINE [tuʀmalin]. *n. f.* (1759; *tourmalin,* 1758; du cingalais *toromalli*). Pierre précieuse, silicate et borate naturel d'alumine (V. **Rubellite**).

TOURMENT [tuʀmɑ̃]. *n. m.* (XIIᵉ; *torment,* fin Xᵉ; lat. *tormentum,* de *torquere* « tordre »). ♦ 1° *Vx.* Supplice, torture. « *Disloquer les membres d'un citoyen... par le tourment de la question* » (VOLT.). ♦ 2° *Littér.* (XIIᵉ). Très grande douleur physique; vive souffrance morale. V. **Affres, déchirement, martyre, peine, supplice, torture.** « *L'incertitude est de tous les tourments le plus difficile à supporter* » (MUSS.). « *Quel tourment de se taire en voyant ce qu'on aime!* » (RAC.). ◇ Personne qui cause de grands soucis, de graves ennuis. « *Pourquoi... suis-je devenu pour toi un tourment, un fléau, un spectre?* » (SAND). — Ce qui est l'objet d'une curiosité, d'une recherche, d'une incertitude angoissée. « *Ô mystère! ô tourment de l'âme forte et grave!* » (VIGNY). « *Ce qu'il y a de meilleur dans la conscience moderne est le tourment de l'infini* » (G. SOREL). ◇ ANT. **Consolation, plaisir.**

TOURMENTANT, ANTE [tuʀmɑ̃tɑ̃, ɑ̃t]. *adj.* (1538; de *tourmenter*). *Vx.* Qui cause du tourment. « *Cette plénitude de vie, à la fois tourmentante et délicieuse* » (ROUSS.).

TOURMENTE [tuʀmɑ̃t]. *n. f.* (1530; *turmente,* 1155; lat. pop. *°tormenta,* plur. neutre de *tormentum,* pris comme fém. sing.). ♦ 1° *Vx* ou *littér.* Tempête soudaine et violente. V. **Bourrasque, orage, ouragan.** *Une tourmente de neige.* « *Pendant la tourmente, La mer écumante Grondait à nos yeux* » (MUSS.). ♦ 2° *Fig.* Troubles (politiques ou sociaux) violents et profonds. V. **Révolution.** « *Puis était venue la grande tourmente révolutionnaire...,* elle avait secoué de fond en comble tout le vieil édifice de la nation française » (L. de BROGLIE).

TOURMENTÉ, ÉE [tuʀmɑ̃te]. *adj.* (1465; V. **Tourmenter**). ♦ 1° Qui est en proie aux tourments, aux soucis, déchiré par les scrupules, l'angoisse. V. **Anxieux, inquiet.** *Un être tourmenté.* « *Les scrupules qui harcèlent les consciences tourmentées* » (MAURIAC). « *Cette femme, au visage tourmenté, aux larmes dévorées* » (BARBEY). ♦ 2° En proie à une violente agitation. *Mer tourmentée,* mer très grosse, où les vagues se heurtent violemment, le tumulte. *Vie tourmentée.* V. **Agité.** ♦ 3° (XVIIIᵉ). De forme très irrégulière. *Branches tordues aux formes tourmentées.* « *Les côtes tourmentées, les arêtes gigantesques des montagnes* » (LOTI). ◇ Spécialt. Trop chargé d'ornements, qui sent trop la recherche ou l'effort. « *Villa prétentieuse... aux balcons tourmentés* » (MAUROIS). V. **Tarabiscoté.** ◇ ANT. **Calme (2); égal; simple.**

TOURMENTER [tuʀmɑ̃te]. *v. tr.* (1380; *tormenter,* 1120; de *tourment*). I. ♦ 1° *Vx.* Supplicier, torturer. ♦ 2° Affliger de souffrances physiques ou morales; faire vivre dans l'angoisse, être un objet de vives préoccupations pour (qqn). « *Ces maîtresses emportées et difficiles... : qui tourmentent leurs domestiques* » (LESAGE). V. **Maltraiter, martyriser** (2°), **tarabuster.** « *Je le tourmentais de questions et de reproches* » (MAUROIS). V. **Assaillir, harceler, importuner.** — *(Sujet de chose)* Faire souffrir. « *Il n'y a que la faim qui me tourmente un peu* » (SAND). *Être tourmenté par la jalousie, les remords, les scrupules.* V. **Déchirer, ronger, torturer.** « *Le plus lancinant des soucis qui tourmentaient sa femme* » (MAURIAC). V. **Obséder, tracasser.** ♦ 3° *Littér.* En parlant d'un besoin, d'un désir. Exciter vivement. « *L'ambition littéraire est, de toutes celles qui tourmentent le cœur des hommes...* » (DUHAM.). V. **Agiter, dévorer, travailler.** « *L'idée qui me tourmentait de composer une comédie* » (DUHAM.). II. SE TOURMENTER. *v. pron.* ♦ 1° Se faire des soucis, éprouver de l'inquiétude, de l'angoisse, des scrupules. V. **Inquiéter** (se), **tracasser** (se). « *Que c'est donc bête, vieux, de vous tourmenter comme ça!* » (ZOLA). « *Ne vous tourmentez pas pour si peu.* » « *Il se tourmentait de mille scrupules, qu'une nature plus énergique eût rejetés* » (R. ROLLAND). ♦ 2° *Vx* ou

littér. S'agiter dans tous les sens, se remuer avec une sorte d'impatience. « *Au bout de ses bras un peu grêles se tourmentaient deux mains déliées* » (FRANCE).

TOURMENTEUR, EUSE [tuʀmɑ̃tœʀ, øz]. *n.* (XIIᵉ; de *tourmenter*). ♦ 1° *Vx.* Bourreau. ♦ 2° *Littér.* Personne qui tourmente, persécute qqn. V. **Persécuteur.** — *Fig.* « *Mon ennemi, mon tourmenteur, l'amour* » (COLETTE).

TOURMENTIN [tuʀmɑ̃tɛ̃]. *n. m.* (1678; de *tourmente*). ♦ 1° *Mar.* Ancien nom du perroquet de beaupré. ◇ Petit foc en toile très résistante qu'on utilise par gros temps. ♦ 2° (1765). L'un des noms du pétrel (oiseau).

TOURNAGE [tuʀnaʒ]. *n. m.* (1588; de *tourner*). ♦ 1° Action de façonner au tour (2). *Tournage sur bois, sur métaux.* « *Le tournage d'un vilebrequin de moteur quatre-cylindres est un travail qui comporte relativement beaucoup de phases* » (ROMAINS). ♦ 2° *Mar.* (1773). Cabillot, taquet. ♦ 3° (1918). Action de tourner un film, de mettre le scénario en images. V. **Réalisation.** *Le tournage de ce film a duré près d'un an.*

TOURNAILLER [tuʀnaje]. *v. intr.* (1792; « tergiverser », fin XVIᵉ; de *tourner,* et suff. *-ailler,* péj.). Tourniquer. « *Fargue, je le verrai toujours tournailler autour de sa lampe, autour de sa table en désordre* » (Fr. JOURDAIN).

TOURNANT, ANTE [tuʀnɑ̃, ɑ̃t]. *adj.* (1385; *tornant* « changeant », XIIᵉ; de *tourner*). ♦ 1° Qui tourne (II), pivote sur soi-même. *Plaque tournante. Scène tournante d'un théâtre.* — *Feu tournant* (d'un phare, etc.). Par métaph. « *Les feux tournants de la jalousie* » (PROUST). — Spécialt. *Tables* tournantes.* ♦ 2° Qui contourne, prend à revers. *Mouvement tournant,* pour contourner l'ennemi, le cerner, le couper de ses arrières. *Fig.* Manœuvre pour circonvenir qqn. ◇ *Grève* tournante.* ♦ 3° Qui fait des détours, présente des courbes. V. **Sinueux.** « *Ce célèbre labyrinthe aux couloirs tournants, retournants* » (HENRIOT). *Escalier tournant,* en colimaçon.

TOURNANT [tuʀnɑ̃]. *n. m.* (1671; « pivot, meule », 1272; de *tournant,* adj.). ♦ 1° Endroit où une voie tourne (V. **Angle, coin**); portion plus ou moins courbe d'une rue, d'une route. V. **Coude.** « *Les rues étroites, inégales, sinueuses, pleines d'angles et de tournants* » (HUGO). *Les tournants d'une route en lacet, en zigzag. Tournant relevé. Tournant dangereux, en épingle à cheveux. Automobiliste qui prend bien, mal son tournant.* V. **Virage.** *Prendre un tournant à la corde*. Fig.* et *fam. Avoir, rattraper qqn au tournant,* se venger, exercer des représailles dès que l'occasion s'en présente. *Je l'attends au tournant.* ◇ *Fig.* Moment où ce qui évolue change de direction, devient autre. *Il est à un tournant de sa carrière.* « *Roulé et volé à tous les tournants de sa vie* » (MAURIAC). *Marquer un tournant,* manifester un changement important. « *Sauf pour quelques familles privilégiées, la quarantaine marque un tournant décisif* » (L'Express, 12-9-1966). *Prendre le* (son, un) *tournant,* opérer une reconversion. ♦ 2° *Tech.* (1798). Roue motrice d'un moulin à eau. « *Les hautes constructions en bois d'un moulin à plusieurs tournants* » (BALZ.).

1. **TOURNE** [tuʀn(ə)]. *n. f.* (XXᵉ; « carte qu'on retourne », 1690; autres sens, de l'a. fr.; de *tourner* [une page]). *Techn.* Suite d'un article dans le même numéro d'un journal. *Débuter à la une et la tourne en page six.*

2. **TOURNE** [tuʀn(ə)]. *n. f.* (1878; de *tourner*). *Techn.* Action de tourner (II, B, 3°), de s'altérer. *La tourne du lait. Tourne du vin,* altération due à des bactéries.

TOURNÉ, ÉE [tuʀne]. *adj.* (fin XIIIᵉ; V. **Tourner**). ♦ 1° Fait (de telle manière). « *Une petite brune bien tournée* » (ARAGON). V. **Roulé** *(fam.).* « *Un mollet parfaitement tourné* » (GAUTIER). V. **Tour** (fait au). *Mal tourné,* laid. — *Fig. Article mal tourné. Vers bien, mal tournés.* — (1694) *Avoir l'esprit mal tourné,* disposé à prendre les choses en mauvaise part, et *spécialt.* à les interpréter d'une manière défavorable, scabreuse. ♦ 2° Aigri. *Lait, vin tourné.*

TOURNE-À-GAUCHE [tuʀnagoʃ]. *n. m.* (1676; de *tourner,* et *à gauche*). *Techn.* Outil formé d'un levier, simple ou double, et creusé d'un œil ou d'une encoche, servant à ployer, à tordre, à faire tourner une pièce.

TOURNEBOULER [tuʀnəbule]. *v. tr.* (XVIᵉ; de l'a. fr. *torneboele* « culbute », XIIᵉ, proprem. « tourne boyau », avec infl. de *boule*). *Fam.* Mettre l'esprit à l'envers, bouleverser. *Cette nouvelle l'a tournebouté.* « *La politique est en train de tournebouler la cervelle* » (DUHAM.). — P. p. *Elle était toute tournebouléе.*

TOURNEBRIDE [tuʀnəbʀid]. *n. m.* (1798; « volte-face », 1611; de *tourner,* et *bride*). *Vx.* Auberge proche d'un château (destinée aux domestiques et aux chevaux des visiteurs).

TOURNEBROCHE [tuʀnəbʀɔʃ]. *n. m.* (1581; *tournebrocque,* 1461; de *tourner,* et *broche*). ♦ 1° Mécanisme servant à faire tourner une broche. V. **Rôtissoire.** ♦ 2° *Vx.* Jeune garçon qui tourne la broche. *Chien mis dans une roue pour faire tourner la broche.*

TOURNE-DISQUE [tuʀnədisk(ə)]. *n. m.* (mil. XXᵉ; de *tourner,* et *disque*). ♦ 1° Appareil électrique qui est composé d'un plateau tournant sur lequel on met un disque, d'une tête de lecture, et qu'on branche sur un amplificateur et un haut-parleur. ♦ 2° *Cour.* Ensemble formé par cet appareil et le dispositif d'amplification. V. **Électrophone, pick-up.** Appos. « *Il écoutait des javas et des valses musettes, accoudé à un meuble tourne-disque* » (GENET). *Des tourne-disques.*

TOURNEDOS [turnədo]. *n. m.* (1864 ; de *tourner*, et *dos*, selon Littré parce qu'à l'origine le plat circulait derrière les convives). Tranche de filet de bœuf. *Des tournedos bien tendres.*

TOURNÉE [turne]. *n. f.* (1680 ; « voyage », XIIIᵉ ; de *tourner*). ♦ 1° Voyage à itinéraire fixé, comportant des arrêts, des visites déterminées. *Tournée d'inspection. Tournée électorale d'un député. Voyageur de commerce en tournée.* — *Tournée théâtrale, dramatique...*, voyage d'une compagnie d'acteurs, d'artistes qui donnent des représentations en province, à l'étranger ; cette compagnie. « *La maman de Dolly est une célèbre actrice américaine ;... elle était en tournée au Canada* » (LARBAUD). ◊ Tour dans lequel on visite des endroits de même sorte. V. **Tour, virée.** *Faire la tournée des cafés.* Loc. fam. *Faire la tournée des grands-ducs*.* ♦ 2° *Fam.* (1828). Ensemble des consommations offertes par qqn, au café. « *Il avait payé les repas et quatre tournées de pastis* » (SARTRE). *C'est ma tournée. La tournée du patron.* ♦ 3° *Pop.* (1790). Volée de coups, raclée. *Recevoir une tournée.* « *Oui, oui... elle a eu une tournée. Et quand je tape, moi, je tape* » (ARAGON).

TOURNE-FEUILLE [turnəfœj]. *n. m.* (1836 ; de *tourner*, et *feuille*). Petit instrument pour tourner aisément les pages d'un cahier de musique, d'une partition, pendant que l'on joue. *Des tourne-feuilles.*

TOURNEMAIN (EN UN) [ɑ̃nœturnəmɛ̃]. *loc. adv.* (1566 ; temps qu'il faut pour *tourner* la *main*). En un instant. « *Il espère chiper l'héritage en un tournemain* » (ROMAINS). Cf. En un tour (3, II) de main.

TOURNE-PIERRE [turnəpjɛr]. *n. m.* (1780 ; de *tourner*, et *pierre*, d'apr. l'angl. *turnstone*). Oiseau échassier (*Charadriidés*), qui se nourrit de petits animaux qu'il trouve sous les pierres. *Les tourne-pierres sont des oiseaux de rivage.*

TOURNER [turne]. *v.* (980 ; lat. *tornare* = façonner au tour, *tourner* »). I. *V. tr.* ♦ 1° (Mil. XIIIᵉ). Façonner au tour (2). *Tourner le buis, l'ivoire.* — *Fig.* (XVIᵉ) Agencer, arranger (les mots) d'une certaine manière, selon un certain style. *Tourner un compliment.* « *Le bon duc tournait assez joliment les vers* » (FRANCE). ♦ 2° (XIIIᵉ). Faire mouvoir autour d'un axe, d'un centre ; imprimer un mouvement de rotation à (qqch.). *Tourner une manivelle.* « *Félicité, qui tournait son rouet dans la cuisine* » (FLAUB.). — *Tourner la clef, la poignée. Tourner et retourner,* manier en tous sens. « *Yves est là, qui tourne, retourne sa cuiller* » (LOTI). *Fig.* Examiner sous toutes ses faces. « *Tournant et retournant dans son cœur l'insoluble problème* » (MART. du G.). — *Se tourner les pouces*.* ◊ Agiter, remuer (pour délayer, mélanger, etc.). *Tourner une pâte, une sauce.* ◊ (1640) *Ça vin lui tourna la tête,* l'étourdit, le grise. *Fig. Cette fille lui a tourné la tête,* l'a rendu fou tant il est amoureux d'elle. — Fam. *Tourner le sang, les sangs,* bouleverser. « *Les sachets de naphtaline et la senteur poivrée lui tournait le cœur* » (MART. du G.), lui soulevait le cœur, l'écœurait. ♦ 3° (1530). Mettre à l'envers. V. **Retourner.** *Il dut « tourner et retourner le fourrage vert pour l'aider à se sécher* » (TAILLEMAGRE). *Tourner les feuillets, la page*, les pages d'un livre.* ♦ 4° (1080). Mettre, présenter (qqch.) en sens inverse, sur une face opposée ou en accomplissant dans une certaine direction un mouvement approprié (demi-tour, mouvement latéral). *Tourner bride*, tourner casaque*. Tourner le dos à qqn, à qqch. Tourner les talons.* ♦ 5° (980). Diriger, par un mouvement approprié. *Tourner le canon dans la direction de l'objectif* (V. **Braquer**). *Plante qui tourne ses feuilles vers la lumière.* « *Je l'interpellai, rien que pour lui faire tourner la tête de mon côté...* » (CÉLINE). *Tourner les yeux, son regard vers, sur qqn :* se mettre à le regarder. Littér. *Tourner ses pas vers...* (V. **Aller**). ◊ (Abstrait) *Tourner toutes ses pensées vers...* V. **Appliquer.** « *Peut-être pourrais-je tourner mes idées d'un autre côté* » (P.-L. COUR.). *L'homme « tourne les trois quarts de son effort vers l'acquisition du bien-être* » (TAINE). V. **Orienter.** ♦ 6° (XIIᵉ). *En loc.* Transformer (qqn ou qqch.) en donnant un aspect, un caractère différent. *Tourner (une personne ou une chose) en ridicule*, en dérision.* *Tourner une chose en plaisanterie.* « *J'entends tourner tout à profit* » (GIDE). « *La fortune tourne tout à l'avantage de ceux qu'elle favorise* » (LA ROCHEF.). ♦ 7° (1680 ; « faire le tour de », XIVᵉ). Suivre, longer en changeant de direction. *Tourner le coin de l'avenue.* — *Tourner les positions de l'ennemi, l'ennemi.* V. **Déborder.** — *Fig.* (En évitant, en éludant) *Tourner l'obstacle, la difficulté, les règlements.* « *C'était à qui contrarierait ses instructions ou tournerait sournoisement les ordres qu'il donnait* » (DORGELÈS). ♦ 8° (1904), *absolt ; par allus. à la manivelle des premières*

caméras). *Tourner un film,* faire un film. *Tourner une scène.* V. **Filmer.** Absolt. *Silence, on tourne !*

II. *V. intr.* Ⓐ (Être en rotation). ♦ 1° (Fin Xᵉ). Se mouvoir circulairement (exécuter un mouvement de rotation, de giration) ou décrire une ligne courbe (autour de qqch.). *La Terre tourne autour du Soleil.* V. **Graviter.** « *On voyait une lente fumée s'élever en tournant* » (VIGNY). V. **Tourbillonner, tournoyer.** — (Par une illusion) *Voir tout tourner,* avoir le vertige. « *Je vis tout tourner, je fus obligé de m'appuyer...* » (DAUD.). ◊ (Personnes) Décrire une courbe, un cercle. « *Des écuyers prestes tournèrent sur la piste* » (MAURIAC). V. **Évoluer.** « *Il s'ennuie, il tourne autour de la maison comme une bête en cage* » (MAUROIS). « *Il tourne en rond et rôde par les ruelles* » (MART. du G.). ◊ *Par ext.* TOURNER AUTOUR : évoluer sans s'éloigner. « *Les gamins qui tournent autour du défilé, comme des mouches* » (MAUPASS.). — *Tourner autour d'une femme,* rester auprès d'elle, la suivre, et *fig.* lui faire la cour. « *Où as-tu traîné...? Sur la Piazza à tourner autour des filles* » (ROMAINS). — Loc. fam. *Tourner autour du pot*.* — (*Choses*) Avoir pour centre d'intérêt. « *La seconde partie de l'entrevue tourna autour de la confection du thé* » (ROMAINS). ◊ Spécialt. (*Théâtre, Comm.*) Faire une tournée. *Il est représentant de commerce et, en ce moment, il tourne dans telle région.* ♦ 2° (Abstrait ; XIIᵉ). Changer (sans cesse). *Tourner autour d'un axe, d'un pivot. Tourner sur soi-même comme une toupie.* « *Je vis et flairais le rôti tournant à la broche* » (ROUSS.). *Faire tourner les tables. Tourner un disque.* ◊ Se mouvoir autour d'un axe fixe. « *La porte qui tourna aussitôt sur ses gonds rouillés* » (BALZ.). « *L'aiguille tourne et le temps grince* » (ARAGON). ♦ 3° Fonctionner, en parlant de mécanismes dont une ou plusieurs pièces ont un mouvement de rotation. *Le moulin tourne.* « *Tu n'entends pas le moteur, comme il tourne régulier* » (SARTRE). *Tourner rond*. Tourner à vide.* ◊ *Par ext. Faire tourner une usine, une entreprise,* la faire marcher. ♦ 4° (*Choses*). S'enrouler, être disposé en rond. « *La gaze enveloppait la tête et tournait autour du cou* » (ARAGON). ♦ 5° (1606). Loc. *La tête lui tourne,* il est étourdi, perd le sens de l'équilibre. *Ça me fait tourner la tête, ça m'étourdit, me donne le vertige.* — *Tourner de l'œil*.* Ⓑ (1080 ; changer). ♦ 1° Changer de direction. *Tourner dans une rue, par la rue X. La voiture a tourné court*.* V. **Virer.** (En parlant d'une voie) *Angle où l'avenue tourne.* V. **Tournant.** ♦ 2° (Abstrait ; XIIᵉ). Changer. Vx. *Il tourne à tout vent, au moindre vent,* il est changeant, versatile. Mod. *La chance a tourné.* ◊ TOURNER EN, EN... : changer d'aspect, d'état, pour aboutir à (tel résultat). V. **Transformer** (se). « *Une grippe, voilà qui tourne facilement à la pneumonie* » (DUHAM.). V. **Dégénérer.** « *Elle tournait à l'obésité* » (MADELIN). *Le temps tourne au froid.* — *Tourner à l'aigre*, au vinaigre.* « *La discussion tournait au vilain* » (ZOLA), tendait à s'envenimer. « *Jamais amourette n'a si promptement tourné en mariage d'inclination* » (BALZ.). — *Il nous fera tourner en bourrique*.* V. **Marcher.** « *Elle n'a jamais l'idée que les choses puissent tourner mal* » (MART. du G.). V. **Gâter** (se). « *Combien disent : Si pourtant les choses avaient tourné autrement !* » (ALAIN). — (Personnes) *Tourner mal,* se dit de qqn dont la conduite devient condamnable. « *Mon frère tourna si mal, qu'il s'enfuit et disparut tout à fait* » (ROUSS.). *Elle a mal tourné.* ♦ 3° (XVIIᵉ ; *se tourner*, 1393). Devenir aigre. *La cuisinière « avait laissé tourner le lait* » (ARAGON).

III. (Fin Xᵉ). SE TOURNER. *v. pron.* ♦ 1° Aller, se mettre en sens inverse ou dans une certaine direction. « *La jeune fille se tourna tout d'une pièce comme sur un tabouret de piano* » (TOULET). V. **Retourner** (se). *Se tourner vers qqn.* « *Tournez-vous un peu plus de profil, voulez-vous ?* » (MAUROIS). *Se tourner d'un autre côté.* V. **Détourner** (se). ◊ *Fig.* Se diriger. *Elle « s'était tournée vers la couture pour dames* » (PROUST). *Se tourner vers l'avenir. Se tourner contre qqn,* changer d'attitude en prenant parti contre lui. ♦ 2° Changer de position. V. **Retourner** (se). « *J'entends Yves dans son lit qui se tourne, se vire, comme il dit* » (LOTI). ♦ 3° Vx ou littér. Se changer (en), passer (d'un état à un autre). « *L'enthousiasme... se tourna en un pessimisme amer* » (SEIGNOBOS).

TOURNESOL [turnəsɔl]. *n. m.* (1291 ; it. *tornasole,* ou esp. *tornasol* « qui se tourne vers le soleil »). ♦ 1° Colorant bleu tiré du croton (ancien. appelé *Heliotropium tricoccum*). *Chim.* Substance d'un bleu-violet qu'on tire de certaines plantes (croton, orseille), qui vire au rouge sous l'action des acides et au bleu sous celle des bases. *Papier de tournesol,* réactif. ◊ Nom donné aux plantes qui produisent cette substance. *Le tournesol des teinturiers, ou tournesolle,* le croton. ♦ 2° (1383). Nom de plantes dont la fleur se tourne vers le soleil (héliotrope, hélianthe). — *Spécialt.* Grand soleil (cultivé pour ses graines oléagineuses). « *Les tournesols cernaient d'une crinière d'or leur grande tonsure monastique noire* » (HUYSMANS). *Huile de tournesol.*

TOURNETTE [turnɛt]. *n. f.* (1381 ; de *tourner*). ♦ 1° Vx ou *Techn*. Dévidoir tournant sur un pivot vertical. ◇ (1803) Cage tournante d'un écureuil. ♦ 2° *Techn*. (1872). Instrument des vitriers, des relieurs (V. **Roulette**), fait d'un manche et d'une petite roue très coupante.

TOURNEUR [turnœr]. *n. m.* (1234; de *tourner*). ♦ 1° Artisan, ouvrier qui travaille au tour (à main ou automatique). *Tourneur sur bois, sur métaux, sur ivoire.* « *Le plus gros travail du tourneur est de dégager au crochet les copeaux qui sortent brûlants de la coupe* » (P. HAMP). ◇ (1397) Celui qui tourne une meule, un rouet, un cylindre... *Tourneur de corderie.* ♦ 2° Adj. (1835). *Derviche tourneur*, qui tourne sur lui-même en dansant (pratique religieuse).

TOURNEVIS [turnəvis]. *n. m.* (1676; de *tourner*, et *vis*). Outil pour tourner les vis, fait d'une tige d'acier emmanchée à une extrémité, et aplatie à l'autre afin de pénétrer dans la fente d'une tête de vis. *Serrer, desserrer une vis avec un tournevis.*

TOURNICOTER [turnikɔte]. *v. intr.* (1939; de *tourniquer*). *Fam*. Tourner, tourniquer. « *Devant le petit tableau lumineux où tournicotaient les ombres chinoises de dames en corset* » (ARAGON).

TOURNIOLE [turnjɔl]. *n. f.* (1812; de *tourner*. V. **Torgnole**). *Fam*. Panaris* siégeant au pourtour de l'ongle.

TOURNIQUER [turnike]. *v. intr.* (1910; de *tourner*, d'après *tourniquet*). Tourner, aller et venir sur place, sans but. V. **Tournailler, tournicoter.**

TOURNIQUET [turnike]. *n. m.* (1575; de *tourner*). ♦ 1° Appareil formé d'une croix horizontale tournant autour d'un pivot vertical, placé à l'entrée d'un chemin ou d'un édifice afin de livrer passage aux personnes chacune à son tour. *Passer dans un tourniquet.* — *Porte à tambour.* ♦ 2° *Techn*. (1680). Morceau de bois tournant qui sert à soutenir un châssis à coulisse, une partie pliante. ♦ Lame de fer en S, mobile sur un pivot, qui sert de fermeture à une fenêtre, ou à maintenir un volet ouvert. ◇ *Mar*. (1836) Rouleau mobile sur un pivot. V. **Moulinet.** — **Treuil** de mine. ◇ Cylindre métallique à volets, tournant sur un pivot, et servant à présenter les cartes postales, des cravates, etc. V. **Présentoir**. « *Un tourniquet de cartes postales grinçait sur son axe lorsqu'on le poussait du doigt* » (GREEN). ♦ 3° (1752). *Chir*. Garrot servant à arrêter une hémorragie. ♦ 4° *Tourniquet hydraulique*, récipient auquel la force de l'eau, sortant par deux issues recourbées en sens contraire, imprime un mouvement rotatoire. — *Tourniquet de jardinier*, arroseur qui tourne selon le même principe. ♦ 5° (1769). Nom courant du gyrin (insecte). ♦ 6° (*Arg*., 1888). Conseil de guerre. *Passer au tourniquet.*

TOURNIS [turni]. *n. m.* (1812; *tourneis*, adj., « qui tourne, a le vertige », XIIIᵉ; de *tourner*). Maladie des bêtes à cornes (surtout du mouton), provoquée par la présence du cénure du ténia dans l'encéphale, et qui se manifeste notamment par le tournoiement de la bête atteinte. « *La brebis qui, poussée par le tournis, se brise la tête contre un arbre* » (BALZ.). — *Fig. et fam*. Vertige. « *Ne vous retournez pas tout le temps comme ça, à droite et à gauche ; vous me donnez le tournis* » (SARTRE).

TOURNISSE [turnis]. *n. f.* (1765; de l'a. fr. *tourn[e]is*, adj., « qui tourne »). *Techn*. Pièce de charpente servant de remplissage entre les poteaux d'une cloison.

TOURNOI [turnwa]. *n. m.* (XIIIᵉ; *tornoi, tornei*, XIIᵉ; de *tournoyer*). ♦ 1° Combat courtois entre plusieurs chevaliers par couples en champ clos. *Tournois et joutes.* ♦ 2° *Fig*. et *littér*. Lutte d'émulation. V. **Assaut, concours.** *Un tournoi d'éloquence.* ♦ 3° Concours, compétition à plusieurs séries d'épreuves ou de manches. *Tournoi de bridge, d'échecs. Tournoi de tennis.* ◇ HOM. Tournois.

TOURNOIEMENT [turnwamɑ̃]. *n. m.* (XVIᵉ; « tournoi; circuit », XIIᵉ; de *tournoyer*). Action de tournoyer, mouvement de ce qui tournoie. *Des tournoiements de feuilles mortes.* « *Des tournoiements de spirales blêmes qui étaient des tourbillons de neige* » (HUGO). « *Le vent... lançait les vieilles girouettes en des tournoiements de toupie* » (MAUPASS.).

TOURNOIS [turnwa]. *adj. invar.* (1160; *tornaï*, déb. XIIIᵉ; lat. *turonensis* « monnaie frappée à *Tours* »). *Ancien*. Se dit d'une monnaie frappée à Tours, devenue par la suite monnaie royale. *Livre, denier tournois et parisis.* ◇ HOM. Tournoi.

TOURNOYANT, ANTE [turnwajɑ̃, ɑ̃t]. *adj.* (1538; de *tournoyer*). Qui tournoie, tourbillonne. « *Le mouvement tournoyant des valses* » (MAUPASS.).

TOURNOYER [turnwaje]. *v. intr.; conjug. noyer* (XIIIᵉ; *torneier, tournier..., XIIᵉ*; de *tourner*). ♦ 1° Décrire des courbes, des cercles inégaux sans s'éloigner. « *Un peuple d'hirondelles sans cesse tournoyait autour de la maison* » (GIDE). ♦ 2° *Ancienn*. Combattre en tournoi. ♦ 3° Tourner sur soi (V. **Pivoter**) ou tourner en spirale, en hélice (V. **Tourbillonner**). « *Une fumée blanche, qui quelquefois s'élevait dans le ciel en tournoyant* » (STENDHAL). « *Il repartit, faisant tournoyer sa canne* » (DUHAM.). « *Les vents soufflèrent de tous les côtés, la barque tournoya comme une toupie* » (BALZ.).

1. TOURNURE [turnyr]. *n. f.* (déb. XVIᵉ; « objet façonné au tour », XIIIᵉ; lat. médiév. *tornatura*, de *tornare*. V. **Tourner**).

I. Forme donnée à l'expression, quant à la construction et la syntaxe. *La tournure d'une phrase. Tournure impersonnelle. Il « retenait une question... Il en cherchait péniblement la tournure* » (ROMAINS). ◇ Expression, groupe de mots d'une construction déterminée. V. **Tour** (3; III). « *Dans les phrases les plus banales, il introduisait une tournure précieuse* » (DUTOURD).

II. ♦ 1° (1512). *Vieilli*. Forme, maintien du corps. V. **Allure, port.** « *Une figure aimable, une tournure élégante, un port de tête assuré* » (STE-BEUVE). ♦ 2° *Mod*. Air, apparence (d'une chose). « *En un tour de main, le cabinet eut une autre tournure* » (ZOLA). ♦ 3° *Fig*. (1773) Aspect général que prend une évolution. *La tournure des événements.* V. **Cours.** « *Cette affaire... prenait une mauvaise tournure* » (BEAUMARCH.). *Le projet commence à prendre tournure*, à se dessiner. ♦ 4° (1701). *Tournure d'esprit*, manière d'envisager, de juger les choses. « *Vous acquérez ainsi une certaine tournure d'esprit* » (LOTI).

III. (1828; du sens II, 1°). *Ancien*. Rembourrage porté sous la robe, au bas du dos. *Syn*. Faux cul* (2°).

2. TOURNURE [turnyr]. *n. f.* (XIIIᵉ, « objet façonné au tour »; de *tourner* I, 1°). ♦ 1° *Techn*. Fragment métallique détaché par l'outil d'un tour. *Tournure de fer, de cuivre.* ♦ 2° *Cuis*. (1767). Ce que l'on enlève aux fruits pour distiller ou confiner.

TOURON [turɔ̃]. *n. m.* (1715; esp. *turron*, du lat. *torrere* « griller »). Confiserie aux amandes, aux noisettes, sorte de nougat très tendre. « *Je mangeais des pavés de touron et de pâte de coing* » (BEAUVOIR).

TOURTE [turt(ə)]. *n. f.* (XIIIᵉ; lat. ecclés. *torta*). ♦ 1° *Dial*. Pain rond. ♦ 2° *Cour*. (1611). Pâtisserie de forme ronde (à la viande, au poisson...) « *Je veux manger encore une fois de la tourte à la viande* » (JOUHANDEAU). ♦ 3° Adj. (1879). *Pop*. Peu intelligent. « *Une très belle fille, riche, élégante, mais plutôt tourte* » (AYMÉ). V. **Bêta, gourde, noix.**

1. TOURTEAU [turto]. *n. m.* (XIIIᵉ; de *tourte*). ♦ 1° *Agric*. Résidu de graines, de fruits oléagineux dont on a extrait l'huile, gâteau cylindrique fait de ce résidu, servant d'aliment pour le bétail ou d'engrais. *Tourteaux de colza, de lin, d'olives* (V. **Pain**). ♦ 2° *Blas*. (v. 1230). Figure circulaire en émail (analogue au *besant**).

2. TOURTEAU [turto]. *n. m.* (1611; de l'a. fr. *tort, tourt* « tordu ». V. **Tordre**). Gros crabe de l'Atlantique, à chair très estimée. « *Des pêcheurs de tourteaux, ces crabes à carapace lisse, encore appelés dormeurs* » (ROBBE-GRILLET).

TOURTEREAU [turtəro]. *n. m.* (du suiv.). ♦ 1° *Rare*. Jeune tourterelle. ♦ 2° *Fig*. (déb. XIXᵉ). *Des tourtereaux*, de jeunes amoureux. « *Les tourtereaux finissaient par être ennuyeux, tant ils s'embrassaient* » (ZOLA).

TOURTERELLE [turtərɛl]. *n. f.* (XIIIᵉ; *turtrele*, 1050; lat. pop. °*turturella*, class. *turturilla*, de *turtur*). Oiseau voisin du pigeon, mais plus petit. *La tourterelle roucoule, gémit.* « *Les tourterelles au bec écarlate, grasses du jabot... bombant leur gorge grise et rose sous leur collerette précieuse, noire et blanche* » (GENEVOIX). — *Appos*. Gris tourterelle (très doux, comme le plumage d'une tourterelle).

TOURTIÈRE [turtjɛr]. *n. f.* (1573; de *tourte*). ♦ 1° Ustensile de cuisine pour faire des tourtes. Moule à tarte. ♦ 2° *Région*. [Canada, 1894]. Tourte* (2°) au porc. « *L'heure était venue d'apporter la jarre de beignets blanchis de sucre fin, le ragoût où les boulettes reposent dans une sauce onctueuse, les tourtières fondant dans la bouche* » (G. GUÈVREMONT).

TOUSELLE [tuzɛl]. *n. f.* (*Touzelle*, 1552; a. prov. *tosela*. du lat. *tonsus* « tondu »). Variété de blé sans barbes, précoce, cultivé dans le Midi.

TOUSSAILLER [tusaje]. *v. intr.* (1877; de *tousser*, et *-ailler*). Tousser un peu et souvent.

TOUSSAINT [tusɛ̃]. *n. f.* (XIIIᵉ; de *tous* [les] *saints*). Fête catholique en l'honneur de tous les saints, le 1ᵉʳ novembre (confonde pratiquement avec la *fête des morts* du lendemain). *Aller au cimetière à la Toussaint. Un temps de Toussaint*, gris et froid. « *La Toussaint de cette année-là ne fut pas ce qu'elle était d'ordinaire... cette année-là, personne ne voulait plus penser aux morts...* » (CAMUS).

TOUSSER [tuse]. *v. intr.* (1534; *toussir*, fin XIIIᵉ; lat. *tussire* (de *toux*). ♦ 1° Avoir un accès de toux. V. **Toussailler, toussoter.** « *Sur un petit coup de froid... je me suis mis à tousser sans arrêt* » (CÉLINE). « *Vous parlez trop vivement, et puis vous sortez vos bras du lit, et cela vous fait tousser* » (HUGO). ◇ *Moteur qui tousse*, qui a des ratés. ♦ 2° Se racler la gorge, volontairement (pour éclaircir sa voix avant de parler ou faire signe à qqn l'avertir). Elle « *toussa comme font souvent les personnes qui parlent seules... pour faire croire... qu'elles s'éclaircissent la gorge* » (GREEN).

TOUSSERIE [tusri]. *n. f.* (1404; de *tousser*). *Vieilli*. Toux prolongée, fatigante.

TOUSSEUR, EUSE [tusœr, øz]. *n.* (XVᵉ; de *tousser*). Personne qui tousse. « *Un tousseur continuel irrite mon poumon et mon gosier* » (MONTAIGNE).

TOUSSOTEMENT [tusɔtmã]. *n. m.* (1845; de *toussoter*). Action de toussoter. « *Un mince cri, semblable à un toussotement* » (P. BENOIT).

TOUSSOTER [tusɔte]. *v. intr.* (1845; de *tousser*). Tousser (1º et 2º) d'une petite toux peu bruyante.

TOUT [tu]; **TOUTE** [tut]; **TOUS** [tu] *(adj.)* ou [tus] *(pron.)*; **TOUTES** [tut]. *adj., pron., adv.* et *n.* (Xᵉ; bas lat. *tottus*, forme expressive de *totus*).
I. *Adj.* **Ⓐ** (Fin Xᵉ). TOUT, TOUTE, adjectif qualificatif. Complet, entier (avec une valeur moins nette, plus grammaticale). ♦ 1º (Devant un nom précédé d'un article, d'un possessif, démonstr.). TOUT LE, LA, LES (et nom). *Tout le jour, toute la nuit. Tout le temps.* V. **Toujours.** — TOUT LE MONDE : l'ensemble des gens (selon le contexte); chacun d'eux. *Tout le reste,* l'ensemble des choses qui restent à mentionner. — *Tout le village est venu* (*par exagér.* : il y a eu grande affluence). — *C'est toute la question. C'est tout le portrait de son père.* ◇ TOUT UN, UNE. « *Il a passé tout un hiver à rêver seul et en silence* » (DUHAM.). « *Toute une nuit j'ai cru que mon âme était morte* » (ARAGON). « *C'est tout un roman, toute une affaire, toute une histoire,* une véritable, une grave affaire. « *C'était toute une science* » (HUGO). Rare. « *C'est tout une histoire* » (FRANCE). REM. Devant un titre, *tout* est invariable. *Lire tout* « *Une ténébreuse affaire* » de Balzac; *tout* « *Leurs figures* » *de Barrès; tout* (ou *toute)* la « *Chartreuse de Parme* ». ◇ TOUT MON, TON, SON... *Tout son soûl*. *J'ai tout mon temps. Toute sa petite famille. — De tout mon cœur.* ◇ TOUT CE, CET... *Tout cet été. — Tout ceci, cela.* « *Que tout ce qu'on entend, l'on voit ou l'on respire, Tout dise :* « *Ils ont aimé!* » » (LAMART.). — (Désignant des personnes) « *Tout ce que la paroisse pouvait fournir de prêtres et d'enfants de chœur précédait le char* » (MAURIAC). — TOUT CE QU'IL Y A DE... (suivi d'un nom pluriel) [Accord facultatif du verbe]. « *Tout ce qu'il y avait de gens éclairés l'accueillirent* » (STE-BEUVE). « *Tout ce qu'il y a de grands hommes çà et là étouffés me semble composer... un cœur mystérieux* » (STE-BEUVE). — Fam. *Tout ce qu'il y a de plus...* (et adj. ou subst. adjectivé) : très. « *Sérieux, alors?... — Tout ce qu'il y a de plus sérieux?* » (DAUD.). [Accord facultatif de l'adj.]. « *Des embuscades tout ce qu'il y a de plus classiques* » (J. PERRET). « *Des gens tout ce qu'il y a de plus honorable* » (ROMAINS). — *Part* peut toujours rester au présent : « *C'était un bel et bon chalet, tout ce qu'il y a de plus suffisant* » (RAMUZ). ♦ 2º Devant un nom sans article. — (En loc.) *Avoir toute liberté*. *Donner toute satisfaction.* V. **Plein.** *Avoir tout intérêt* : un intérêt évident et grand. *Tout compte fait.* — *À toute force*. *À toute extrémité*. *À toute allure, à toute vitesse* : à la vitesse la plus grande possible. — *De tout temps. De toute beauté,* très beau. *De tout cœur.* — *En toute franchise. En tout bien** *tout honneur. En toute hâte. En toute simplicité. Selon toute apparence* : d'une manière très probable. — « *La solitude est tout mouvement et toute harmonie* » (CHATEAUB.), est entièrement faite de..., elle est le mouvement et l'harmonie même. *Cet homme « était envers moi toute simplicité et bienveillance* » (ROMAINS). ◇ Fam. C'EST TOUT (et nom) : la collection entière (désignée par ce) présente tel caractère. « *À les prendre un à un, remarquez, c'est tout bons garçons* » (AYMÉ). ◇ POUR TOUT (*et subst. sans article)* = en fait de..., sans qu'il y ait rien d'autre. *Pour tout potage.* « *Ils avaient pour tout domestique une servante* » (HUGO). ◇ (Devant le nom d'un auteur) *Lire tout Racine* : toute l'œuvre de Racine. — Devant un nom de ville. *Il « voyait tout Nagasaki* » (FARRÈRE), toute la ville. *« Tout Rognes fauchait* » (ZOLA), tous ses habitants. — (v. 1820) TOUT-PARIS, LE TOUT-PARIS : les personnes les plus notables, tout ce qui compte à Paris. « *Je n'avais aucune envie de faire partie du Tout-Paris et de parader en vêtements de fête* » (BEAUVOIR). ♦ 3º Employé en apposition : entièrement; tout entier. *Elle était toute à son travail* : entièrement absorbée par son travail. « *Ma mère, toute à son fardeau, toute à la fièvre sacrée de ses devoirs* » (DUHAM.). — *Tout, toute de...* : entièrement (fait[e]) de... *Une existence « toute de conquête spirituelle* » (MAURIAC). ♦ 4º SOMME* TOUTE. **Ⓑ** *(Adj. indéf.).* ♦ 1º TOUS [tu], TOUTES : l'ensemble, la totalité de, sans excepter une unité; *par ext.* le plus grand nombre de. *Tous les hommes. Tous les autres.* V. **Tutti quanti.** « *La chair est triste, hélas, et j'ai lu tous les livres* » (MALLARMÉ). *Tous les moyens sont bons. Toutes les fois que...,* chaque fois que. *Tous nos amis. Tous ces gens-là.* « *Toutes les affections, haines, curiosités* » (LANSON) : toutes les affections, toutes les haines, etc. « *Tous les instincts et les sens de l'homme primitif* » (MAUPASS.). ◇ (Devant un nom sans article) *N'importe quel vivant... est un récepteur admirable de toutes ondes, sons, lumières, chaleur...* » (ALAIN). « *Que peu de temps suffit pour changer toutes choses!* » (HUGO). *Toutes sortes de...* Cesser *toutes relations. Avoir tous pouvoirs sur qqn.* — (Devant un nom de nombre, avec ou sans article) *Tous deux, tous trois.* « *Elle nous aimait tant à tous les deux* » (MAURIAC). — *Tous*

toutes suivi d'un nom (sans article) et d'un participe ou d'un adjectif. *Toutes affaires cessantes.* « *Le train... remontait, tous feux éteints, dans la nuit d'automne* » (DUHAM.). *Toutes proportions gardées.* — (Dans des tours prépositionnels, avec ou sans article) *À tous les coins de rue. À tous les coups. À tous égards. À toutes jambes. — De tous côtés, les côtés. De toutes les façons. De toutes parts. Dans tous les cas. — Dans tous les sens. En toutes lettres**. ♦ 2º Littér. TOUS, TOUTES, employé devant un nom sans article, pour récapituler une suite de termes, sans en excepter un. V. **Autant** (de). « *Novepont, Clairefontaine, Martinville-le-Sec... toutes terres vassales de Guermantes* » (PROUST). « *Un petit bordeaux, un petit bourgogne... enfin tous vins qui t'iront droit au cœur* » (VILDRAC). ♦ 3º Marquant la périodicité. V. **Chaque.** *Tous les jours, tous les ans,* une fois par jour, par an. *Tous les matins.* — « *La plate-bande dont elle cueillait les fleurs, tous les premiers vendredis de chaque mois* » (FLAUB.). *Tous les trente-six du mois,* jamais. *Tous les combien? Toutes les cinq, les dix minutes,* à chaque instant. — *Une borne tous les kilomètres.* ♦ 4º TOUT, TOUTE *(suivi d'un nom sans article)* : un quelconque, n'importe quel; un individu pris au hasard parmi la totalité des individus semblables. « *Tout Français jouira des droits civils...* » (CODE CIV.). *Toute personne...* V. **Quiconque.** *Toute peine mérite salaire. Toute sorte de... —* (Avec une prépos.) *À tout âge. À toute heure. À tout hasard**. *À toute épreuve**. *Contre toute attente**. *— De tout côté. De toute façon**. *En tout cas. En tout état de cause,* quelle que soit la situation. — *Avant toute chose, sur toute chose,* avant tout, plus que tout (premièrement, préférablement). ◇ Loc. (XVIIᵉ) *Tout un chacun,* chaque homme, tout le monde. — ◇ (V. 1200) TOUT AUTRE... « *Tout autre que mon père l'éprouverait sur l'heure* » (CORN.). « *Toute autre se serait rendue à leurs discours* » (RAC.).
II. *Pron.* (XIᵉ). ♦ 1º TOUS [tus], TOUTES : représentant un ou plusieurs noms, pronoms, exprimés avant. « *Ils ne mouraient pas tous, mais tous étaient frappés* » (LA FONT.). « *Elles se gênaient et les intimidaient... Si railleuses, toutes* » (LOTI). « *La première, la dernière de toutes. Une fois** *par toutes.* « *Alors, il se livra aux sports, avec fureur. Il essaya de tous, il les pratiqua tous* » (R. ROLLAND). — *Tous ensemble,* en masse. *Tous peine mérite salaire.* « *Cette part de l'autre sexe que nous contenons tous, et toutes* » (LARBAUD). (Avec un impér.) *Regardez tous!* « *Vous tous, soyez témoins!* » (HUGO). — Récapituler une énumération. « *Vieillards, hommes, femmes, enfants, tous voulaient me voir* » (MONTESQ.). — *Nous tous.* ♦ 2º TOUS [tus], TOUTES *(en emploi nominal)* : tous les hommes, tout le monde (et par ext. Une collectivité entière). « *À ce mot, tous s'inclinèrent* » (FLAUB.). *Envers** *et contre tous.* « *Elle dînait chez toutes* » (FRANCE). — « *Comment parler en leur nom à tous* » (SARTRE). ♦ 3º TOUT, pronom ou nominal (neutre ou collectif) : l'ensemble des choses dont il est question (soit toutes choses); ex. : « *Le temps qui détruit tout* » [LA FONT.); soit la plupart des choses en question; ex. : « *Je consens qu'une femme ait des clartés de tout* » [MOL.]). *Tout* (*opposé à rien). « *Tout est quelque chose. Rien n'est rien* » (HUGO). — « *Un seul être nous manque et tout est dépeuplé* » (LAMART.). *Tout va bien.* Loc. prov. *Tout est bien qui finit bien* : ce qui finit bien peut être considéré comme entièrement bon, heureux (malgré les difficultés passagères). — *Tout est là,* là réside tout le problème ; il n'y a rien d'autre. — *Il sait tout.* « *Elle a tout ressenti, tout supporté, tout souffert, tout perdu, tout pleuré* » (HUGO). *Pour tout dire,* en somme. — *À tout faire,* utilisable en toutes circonstances, pour toutes sortes de choses. Spécial. *Bonne** *à tout faire.* — *À tout prendre,* tout bien considéré. — *Il faut de tout pour faire un monde. On s'habitue à tout.* — (Souvent péj.) *N'importe quoi. Capable de tout.* — TOUT, résumant une série de termes. « *Court de bras, de jambes, de cou, de nez, de tout* » (MAUPASS.). « *Il fallait tout oser, pour empêcher la guerre, tout!* » (DORGELÈS). — TOUT, attribut. *Être tout pour* (*qqn),* avoir une extrême importance. — (XVIIᵉ) C'EST TOUT : marque la fin d'une énumération ou d'une déclaration catégorique. *Et c'est tout. Ce sera tout pour aujourd'hui. Un point, c'est tout.* — *Ce n'est pas tout,* il reste encore qqch. — (1668) *Ce n'est pas tout de...,* c'est pas assez. « *Ce n'est pas tout de boire, il faut sortir d'ici* » (LA FONT.). Fam. *Ce n'est pas tout de s'amuser, c'est pas tout ça,* il y a autre chose à faire. — (1784) VOILÀ TOUT s'emploie dans le même sens, pour marquer que ce qui est ainsi fini, borné, n'était pas très important. — *Après** *tout.* — *Malgré tout.* — *Avant tout. Par-dessus tout* (V. **Surtout).** *Au-dessus de tout.* — *Comme** *tout,* extrêmement. — EN TOUT : *a)* De tout point, à tous égards, complètement. « *Mon exposé était en tout conforme aux dépositions des témoins* » (BEAUMARCH.). — *b)* Au total : « *En tout, douze serviteurs* » (ZOLA). *Il y avait en tout et pour tout trois personnes. — Fam. Et tout, et le reste. Et tout et tout.* « *Moi qu'étais si heureuse, si contente et tout...* » (QUENEAU). ◇ TOUT DE... *Il ignore tout de cette affaire, de vous.* — Fam. (fin XIXᵉ)

Avoir tout de..., avoir toutes les qualités, les caractéristiques... de. « *Pour Fanny, elle avait tout d'une mère, la patience infatigable, l'inquiétude...* » (DAUD.). ♦ 4° *Vieilli.* TOUT (nominal) : tout le monde. « *Tout dormait dans la voiture* » (MICHELET). — *Mod.* (énumération) « *Les femmes en sabots cirés, les paysans en blouse neuve, les petits enfants qui sautillaient nu-tête devant eux, tout rentrait chez soi* » (FLAUB.).

III. *N. m.* (XIIIe). Ⓐ LE, UN TOUT (*plur.* TOUTS). Collection, ensemble. V. **Totalité.** ♦ 1° L'ensemble dont les éléments viennent d'être désignés. « *Il montra son passeport, sa lettre de mission. Il prépara quelques autres papiers... Le fonctionnaire examina le tout...* » (ROMAINS). *Vendez le tout. Risquer le tout pour le tout* (risquer de tout perdre pour pouvoir tout gagner). ♦ 2° L'ensemble des choses dont on parle ; l'unité qu'elles forment. *Le tout et la partie. Former un tout. L'intégrité du tout.* « *L'homme est un tout indivisible, un tout à l'égard du néant* » (PASC.). *Il* « *avait envie de penser à lui-même et à son existence comme à des touts* » (ROMAINS). ◇ *Spécialt. Blas.* L'ensemble de l'écu. *Brochant* sur le tout.* — (1842) Le mot d'une charade. *Mon premier, mon second... ; mon tout.* ♦ 3° L'ensemble de toutes choses. *Le tout, le grand tout* (souvent écrit avec la majuscule). V. **Univers.** « *Il faut dans le grand tout tôt ou tard s'absorber* » (HUGO). ♦ 4° Ce qu'il y a de plus important, d'essentiel ; le point capital. *Le tout est de...* Fam. *C'est pas le tout de rigoler.* ♦ 5° (XVIe). *Vx* ou *littér.* Ce qui compte le plus pour qqn ; son seul centre d'intérêt. « *Enfin il en est fou, c'est son tout, son héros* » (MOL.). Ⓑ (1213 ; *del tut,* 1080). DU TOUT. ♦ 1° *Vx* ou *littér.* Complètement, absolument. *Il doit veiller* « *à ce que le fait soit du tout semblable à ce qu'il veut prouver* » (PAULHAN). — (1694) Mod. *Du tout au tout,* complètement, en parlant d'un changement (toutes les circonstances envisagées étant modifiées en leur inverse). *Changer du tout au tout. Différence du tout au tout.* ♦ 2° (XIIe). PAS DU TOUT renforce la négation, *du tout* jouant le rôle d'un adverbe (absolument pas). *Il ne fait pas froid du tout. Plus du tout. Rien du tout.* « *Je commençai chaque phrase sans du tout savoir comment je la finirais* » (GIDE). Ellipt. « *Croyez-vous que je le blâme ? du tout* » (BALZ.), pas du tout.

IV. *Adv. de quantité.* Entièrement, complètement ; d'une manière absolue, intégrale. V. **Absolument, bien, exactement, extrêmement** (avec une valeur moins précise que ces adverbes). ♦ 1° (XIe). Devant quelques adjectifs courants, des participes présents et passés, et devant les autres adj., avec une valeur littéraire. *Tout jeune. Tout ému. Tout entière. Tout fait, tout préparé. Tout petit. Un tout petit. Tout enfant* et fam. *Tout gosse. Tout seul. C'est tout naturel.* — *Une toute jeune fille ; une toute petite mare.* — *Tout autre,* entièrement autre, complètement différent. *C'est une tout autre affaire.* « *Dire tout autre chose que ce que nous voulions dire* » (SARTRE). — *Tout l'un ou tout l'autre.* — *Le tout premier, la toute première, celui, celle qui est exactement, réellement le premier.* « *Il fit ses toutes premières classes au collège Louis-le-Grand* » (STE-BEUVE). « *Les tout derniers chapitres me paraissent beaucoup moins bons* » (GIDE). ◇ TOUT EN, à, etc. « *Il y avait de grands espaces pleins de bruyères tout en fleurs* » (FLAUB.). *Être tout en larmes.* — *Elle est tout à ses projets,* entièrement en ses projets. ◇ (Dès 980) TOUT, invariable, devant un adverbe ou une préposition. *Tout autrement. Tout simplement. Tout doucement. Tout autant, tout aussi peu. À tout jamais*. Tout bas, tout haut. Tout juste.* — *Tout ensemble. Je vous le dis tout net. Tout près. Tout autour. Tout en haut, en bas. Tout droit. Tout de travers.* — Loc. *Tout à coup, tout d'un coup.* V. **Coup.** — *Tout à l'heure.* V. **Heure.** — *Tout au moins. Tout au plus* : renforce *au plus* (Cf. Au grand maximum). — *Tout d'abord.* — *Pour tout de bon. Tout de même.* V. **Même.** *Tout de suite.* V. **Suite.** — *Tout le premier, le premier, avant tout le monde. C'est tout le contraire.* ◇ TOUT À FAIT (renforce l'anc. loc. *à fait* « à mesure que... »). V. **Absolument, complètement, entièrement, pleinement, totalement.** *Ce n'est pas tout à fait pareil.* V. **Exactement.** *Il est tout à fait soûl.* V. **Fin** *(adv.)*. ◇ REM. sur l'ACCORD DE TOUT : adv. *Vx.* Jusqu'au XVIIe, *tout* était normalement accordé, en tant qu'adjectif. « *Une chose qui vous est toute acquise* » (MOL.). « *Divers stratagèmes tous prêts à se produire* » (MOL.). — *Mod.* 1. *Tout* est invariable au masculin, et devant les adj. fém. commençant par une voyelle ou un h « muet ». « *Ces vers tout remplis d'elle* » (ARVERS). « *Tout enfant elle s'escrimait à faire des vers* » (MÉRIMÉE). « *Une certaine licence, tout humble, toute plébéienne* » (BARRÈS). 2. *Tout* est variable en genre et en nombre devant les adj. fém. commençant par une consonne ou par un h « aspiré » : *Toute belle. Portes qui s'ouvrent toutes grandes. Elle est toute honteuse.* ♦ 2° TOUT EN... suivi d'un part. prés. (gérondif) : marque la simultanéité. « *Tout en chantant sur le mode mineur* » (VERLAINE). — (Marquant l'oppos.) « *Tout en me souhaitant du génie, elle se réjouissait que je fusse sans esprit* » (FRANCE). — Région. *Elle arriva tout courant, en courant.* ♦ 3° (XVe). TOUT... (nom ou adj. attribut) QUE... exprime la concession (Cf. Quelque... que ; si... que). « *Tout riche que je suis* » (MOL.) :

bien que riche. « *Toute dépaysée et terrifiée qu'elle était, elle goûtait le soulagement...* » (ROMAINS). — (Avec le subj.) « *Tout formidable que soit ce sublime* » (CHATEAUB.). ♦ 4° *Fam.* (Modifiant un verbe). *Je me suis tout brûlé la main.* ♦ 5° *Littér.* Renforçant un nom épithète ou attribut. « *Ces deux existences, celle du comte, tout action, tout agitation, tout émotion ; celle de la comtesse, tout passivité, tout inactivité, tout immobilité* » (BALZ.). REM. Avec un nom fém., l'usage moderne préfère la caractérisation par l'adj. V. *ci-dessus* I, A, 2°. — Loc. cour. *Il était tout yeux tout oreilles. Je suis tout ouïe*.* — Comm. *Cravate tout soie.* « *Ce n'est pas tout laine* » (VALLÈS). V. **Pur.**

◇ ANT. *Aucun, nul, rien. Division, élément, fraction, lot, morceau, partie, pièce.* — HOM. *Toue, toux.*

TOUT-À-L'ÉGOUT [tutalegu]. *n. m.* (1886 ; de *tout,* nominal, et *égout*). Système de vidange qui consiste à envoyer directement à l'égout les eaux ménagères, résiduelles, les matières fécales, en faisant circuler de l'eau dans les canalisations.

TOUTE-BONNE [tutbɔn]. *n. f.* (1740 ; de *tout,* et *bon*). Variété de sauge. ◇ Variété de poire. *Des toutes-bonnes.*

TOUTE-ÉPICE [tutepis]. *n. f.* (1808 ; de *tout,* et *épice*). Nom donné à la nigelle (ou nielle), au myrte* piment. Plur. *Des toutes-épices* [tutepis].

TOUTEFOIS [tutfwa]. *adv.* (1456 ; de *tout,* et *fois*). En considérant toutes les raisons, toutes les circonstances (qui pourraient s'y opposer), et malgré elles. V. **Cependant, néanmoins, pourtant.** — (En tête de phrase ou de proposition) « *Toutefois, il convient que la raison entreprenne sur le sentiment* » (FRANCE). — (Après le verbe) « *Je ressentis toutefois ces événements...* » (VALÉRY). — (En fin de phrase) « *Il vous regarde avec confiance, sans naïveté toutefois* » (ROMAINS). ◇ « *À condition toutefois qu'on ne fasse pas de mélodrame* » (DUHAM.). *Excepté toutefois.* « *Sans toutefois que la France renonçât à ses droits* » (MICHELET). *Si toutefois...*

TOUTE-PUISSANCE [tutpɥisɑ̃s]. *n. f.* (1580 ; de *tout,* et *puissance*). Puissance, autorité absolue. V. **Omnipotence.** *La Toute-puissance de Dieu.* — Par ext. « *La raison du plus fort..., la toute-puissance de l'épée* » (ZOLA).

TOUT-FAIT. V. **Fait** (1, 3°).

TOUT-FOU [tufu]. *adj. m.* et *n.* (XXe ; de *tout,* adv., et *fou*). *Fam.* Très excité, un peu fou. V. **Écervelé.** *Ils sont tout-fous.*

TOUTIM(E) [tutim]. *n. m.* (1596 ; de *tout*). *Arg.* (Le) tout, tout le reste.

TOUTOU [tutu]. *n. m.* (1640 ; mot expressif de formation enfantine). Chien, bon chien, chien fidèle. « *Un caniche très maigre vint à passer. Gavroche s'apitoya. — Mon pauvre toutou, lui dit-il...* » (HUGO). — Par compar. *Suivre qqn comme un toutou.*

TOUT-PETIT [tup(ə)ti]. *n. m.* (1936 ; de *tout,* adv., et *petit*). Très jeune enfant ; bébé. *Les tout-petits.* « *L'être moral du tout-petit est sans proportions avec sa taille minuscule* » (R. ROLLAND).

TOUT-PUISSANT, TOUTE-PUISSANTE [tupɥisɑ̃, tut pɥisɑ̃]. *adj.* (XIIe ; de *tout,* et *puissant*). Qui peut tout, dont la puissance est absolue, illimitée. V. **Omnipotent.** « *Un être suprême, intelligent, tout-puissant* » (VOLT.). *Le Père tout-puissant.* — *Par ext.* Qui a un très grand pouvoir. « *Le prince, tout-puissant pour faire le bien, a les mains liées pour faire le mal* » (VOLT.). « *Un lien invisible et tout-puissant les rivait l'un à l'autre* » (PERGAUD). ◇ Subst. *Le Tout-Puissant,* Dieu. « *Josué s'avançait pensif et pâlissant, Car il était déjà l'élu du Tout-Puissant* » (VIGNY).

TOUT-VENANT [tuvnɑ̃]. *n. m.* (1837 ; de *tout,* et *venir*). ♦ 1° *Techn.* Houille non triée, mêlée de poussier. ♦ 2° (XXe). *Cour.* Tout ce qui se présente (sans triage, sans classement préalable). « *Il y avait des colonels, des généraux... Mais le tout-venant, grenadiers, mousquetaires, gendarmes...* » (ARAGON).

TOUX [tu]. *n. f.* (XIIe ; lat. *tussis*). Expulsion bruyante d'air à travers la glotte rétrécie, due le plus souvent à une irritation des muqueuses des voies respiratoires (V. **Tousser**). *Toux grasse ou sèche,* avec ou sans expectoration. *Accès, quintes de toux.* « *Ceux qui se livrent aux accès de toux avec une espèce de fureur espèrent bien qu'ils vont se soulager d'un petit chatouillement dans la gorge* » (ALAIN). *Toux nerveuse. Petite toux.* V. **Toussotement.** ◇ HOM. *Toue, tout.*

TOXÉMIE [tɔksemi]. *n. f.* (1855 ; du rad. de *toxique,* et *-émie*). *Méd.* Présence de toxines dans le sang. *Toxémie endogène,* par suite d'un trouble de l'élimination des produits toxiques résultant du métabolisme. *Toxémie exogène.* V. **Empoisonnement, intoxication.**

TOXICITÉ [tɔksisite]. *n. f.* (1869 ; de *toxique*). Caractère toxique. *Coefficient de toxicité,* ou ellipt, *Toxicité,* dose mortelle minimale d'une substance toxique.

TOXICO-. Élément, du lat. *toxicum* « poison ». V. **Toxique.**

TOXICODERMIE [tɔksikɔdɛʀmi] ou **TOXIDERMIE** [tɔksidɛʀmi]. *n. f.* (mil. XXe-1907 ; de *toxico-, toxi[que]* et

-dermie). *Méd.* Affection cutanée provoquée par des médicaments.

TOXICOLOGIE [tɔksikɔlɔʒi]. *n. f.* (1803; de *toxico-*, et *-logie*). *Didact.* Science qui étudie les poisons (détection, effets, remèdes). *Toxicologie appliquée à la criminologie. Traité de toxicologie.*

TOXICOLOGIQUE [tɔksikɔlɔʒik]. *adj.* (1836; du précéd.). *Méd.* Qui appartient à la toxicologie. *Recherche, expérimentation toxicologique.*

TOXICOLOGUE [tɔksikɔlɔg]. *n.* (1842; de *toxicologie*). *Méd.* Spécialiste en toxicologie.

TOXICOMANE [tɔksikɔman]. *adj. et n.* (1923; de *toxico-*, et *-mane*). *Méd.* Atteint de toxicomanie. V. **Drogué, intoxiqué**; cocaïnomane, éthéromane, héroïnomane, morphinomane, opiomane.

TOXICOMANIE [tɔksikɔmani]. *n. f.* (1914; de *toxico-*, et *-manie*). *Méd.* État d'intoxication* engendré par la prise répétée de substances toxiques (V. **Stupéfiant**), créant un état de dépendance psychique et physique à l'égard de ses effets. V. *aussi* **Accoutumance**; cocaïnomanie, opiomanie.

TOXICOSE [tɔksikoz]. *n. f.* (déb. XXᵉ; de *toxico-*, et suff. méd. *-ose*). *Méd.* Intoxication endogène. *Toxicose aiguë du nourrisson*, altération brutale et très grave de l'état général, due à une infection intestinale avec diarrhée entraînant une déshydratation aiguë.

TOXI-INFECTION [tɔksiɛ̃fɛksjɔ̃]. *n. f.* (1923; de *toxi*[*que*], et *infection*). *Méd.* Infection compliquée d'intoxication, due à des toxines produites par des germes pathogènes.

TOXINE [tɔksin]. *n. f.* (1894; all. *Toxin* [1887]; du rad. de *toxique*). *Méd.* Substance toxique élaborée par un organisme vivant, en particulier par les micro-organismes pathogènes, et agissant comme antigène (en provoquant la production d'anticorps). — *Adj.* **TOXINIQUE** [tɔksinik].

TOXIQUE [tɔksik]. *n. m. et adj.* (1584; *tosique*, XIIᵉ; lat. *toxicum*, gr. *toxikon* « poison pour flèches », de *toxon* « arc, flèche »). ♦ 1° N. m. (*Chim., Biol.*). Poison. *Toxiques gazeux* ou *volatils, minéraux, organiques.* ♦ 2° Adj. (1845). Qui agit comme un poison. *Substance toxique. Gaz toxiques.* V. **Délétère**. « *Les agents toxiques... peuvent être envisagés comme des instruments physiologiques plus délicats que les moyens mécaniques...* » (Cl. BERNARD). *Supprimer les effets toxiques.* V. **Détoxiquer**.

TOXOPLASME [tɔksɔplasm(ə)]. *n. m,* (1908; du gr. *toxon* « arc », et *-plasme*). Microbiol. Genre de sporozoaires en forme de croissant, vivant en parasite dans les cellules du système lymphatique et de divers organes (V. **Toxoplasmose**).

TOXOPLASMOSE [tɔksɔplasmoz]. *n. f.* (XXᵉ; de *toxoplasme*, et *-ose*). *Méd.* Maladie parasitaire causée par les toxoplasmes. *Toxoplasmose congénitale ou acquise.*

TRABE [tʀab]. *n. f.* (1690; « poutre », déb. XVIᵉ; lat. *trabs, trabis* « poutre »). Blas. Hampe d'une bannière.

TRABÉE [tʀabe]. *n. f.* (1611; lat. *trabea*). Antiq. rom. Toge de pourpre, ornée ou bandes de pourpre horizontales.

TRABOULE [tʀabul]. *n. f.* (déb. XXᵉ; de *trabouler*). Région. (à Lyon). Allée qui traboule. « *Juliette s'enfonçait... dans une traboule de la maison d'en face* » (E. TRIOLET).

TRABOULER [tʀabule]. *v. intr.* (1894; probabl. lat. pop. °*trabulare*, de transambulare, de *trans* « à travers », et *ambulare* « aller »). Se dit à Lyon d'un passage qui traverse un pâté de maisons.

TRAC (TOUT À) [tutatʀak]. *loc. adv.* (1549; *tout d'un trac* « sans s'arrêter », 1493; de *trac*, n. m., déb. XVᵉ, « trace, piste ». V. **Traquer**). *Vieilli.* En s'exprimant d'une façon brusque, en disant les choses sans préparation. « *Ne se gênant pas pour dire tout à trac... ce qui lui passait par la tête* » (HENRIOT).

TRAC [tʀak]. *n. m.* (1830; du même rad. que *traquer*; Cf. Tracasser). *Fam.* Peur, frousse. « *Vous lui avez tellement fichu le trac* » (ROMAINS). ◇ Peur ou angoisse irraisonnée que l'on ressent avant d'affronter le public, de subir une épreuve, d'exécuter une résolution, et que l'action dissipe généralement. « *Elle attendait le trac qui ne venait pas. Pourtant tous les bons comédiens l'ont* » (SAGAN). ◇ HOM. **Traque**.

TRAÇAGE [tʀasaʒ]. *n. m.* (1876; de *tracer*). *Techn.* Opération consistant à exécuter sur le bloc brut le tracé de la pièce qui sera soumise à l'ajustage.

TRAÇANT, ANTE [tʀasɑ̃, ɑ̃t]. *adj.* (1694; de *tracer*). *Bot.* Se dit d'une racine qui s'étend horizontalement entre deux terres. ◇ (1949) Se dit d'un projectile garni au culot d'une composition combustible qui laisse derrière lui un sillage lumineux. *Balle traçante* (ou *traceuse**).

TRACAS [tʀaka]. *n. m.* (1588; *traquas*, XVIᵉ; de *tracasser*). *Vieilli (au sing.).* Embarras, agitation où mettent les affaires. *Se donner bien du tracas.* ◇ *Mod.* Souci ou dérangement causé par des préoccupations d'ordre matériel, harcelantes sinon graves. V. **Aria, difficulté, ennui.** « *Leur déchéance... me consolait un peu de mes tracas personnels* » (CÉLINE).

TRACASSER [tʀakase]. *v. tr.* (1580; « traquer », XVᵉ; du rad. de *traquer*). Tourmenter avec insistance, physiquement ou moralement, de façon plus agaçante que douloureuse. V. **Obséder**. « *Les petits manquements ne la tracassaient pas moins que les gros péchés* » (ROMAINS). ◇ Pronom. Se donner du tracas, s'inquiéter. *Ne vous tracassez pas.*

TRACASSERIE [tʀakasʀi]. *n. f.* (1580; de *tracasser*). Difficulté ou ennui qu'on suscite à quelqu'un par des chicane et de vexation mesquine. « *Exposé comme je l'étais... aux soupçons et aux tracasseries de la police* » (CHATEAUB.). *Les tracasseries de l'administration.*

TRACASSIER, IÈRE [tʀakasje, jɛʀ]. *adj.* (1680; de *tracasser*). Qui se plaît à tracasser les gens, à leur faire mille tracasseries. « *Méticuleux... et tracassier, l'effroi de ses employés* » (BALZ.). « *... bureaucratie tracassière* » (A. SAUVY). Subst. *Un tracassier.*

TRACASSIN [tʀakasɛ̃]. *n. m.* (1933 de *tracasser*). *Fam.* Humeur inquiète, chagrine. — Souci. « *Il s'inquiéta pour l'usine... Il lui fallait un tracassin et toujours se tourmenter pour quelque chose* » (P. HAMP).

TRACE [tʀas]. *n. f.* (déb. XIIᵉ; de *tracer*). ♦ 1° Suite d'empreintes ou de marques que laisse le passage d'un être ou d'un objet; chacune de ces empreintes, de ces marques. « *La trace de vos pas... n'était... pas effacée* » (MUSS.). *Perdre, retrouver la trace d'un fugitif.* V. **Piste**. « *Des traces de pas sur la neige conduisaient à un pavillon* » (CARCO). *Les traces d'une bête.* V. **Foulée, pas, passée.** *Suivre un gibier à la trace, en se guidant sur les traces.* — Sports. *Trace directe*, position (et mouvement) du skieur en descente. V. **Descente, schuss.** ◇ Math. (1799,-1800). *Trace d'une droite sur un plan, d'un plan sur un plan,* leur point d'intersection. ◇ Loc. fig. *Suivre les traces, marcher sur les traces de qqn,* suivre son exemple. ♦ 2° Marque laissée par une action quelconque. « *Il n'y avait nulle trace d'effraction* » (RENAN). « *Il portait... les traces d'une longue fatigue* » (COLETTE). *Traces de freinage.* — *Traces de sang, d'encre,* que laisse une chose tachée de sang, d'encre. V. **Tache**. ◇ Ce à quoi on reconnaît que qqch. a existé, ce qui subsiste d'une chose passée. V. **Reste, vestige.** « *La pioche minutieuse des archéologues découvre, couche par couche, la trace émouvante des civilisations* » (DANIEL-ROPS). « *Il ne restera peut-être plus trace du vaincu sur la terre* » (BERGSON). ♦ 3° Très petite quantité perceptible. « *La plupart des médecins qui firent l'autopsie trouvèrent des traces indubitables de poison* » (MICHELET). — Fig. « *Sans éprouver nulle trace d'ennui* » (ROMAINS).

TRACÉ [tʀase]. *n. m.* (1798; *tracée*, mil. XIVᵉ; de *tracer*). Ensemble des lignes constituant le plan d'un ouvrage à exécuter et art de reporter ces lignes sur le terrain. V. **Graphique, plan.** « *M. Caillié a donné... le tracé des routes* » (BALZ.). ◇ Ligne continue, dans la nature. « *L'action des forces responsables du tracé de la côte* » (MARTONNE). — Contours d'un dessin au trait, d'une écriture. V. **Graphisme.**

TRACEMENT [tʀasmɑ̃]. *n. m.* (1636; de *tracer*). *Rare.* Action de tracer (une ligne, un dessin).

TRACER [tʀase]. *v.; conjug. placer* (XVᵉ; *tracier*, XIIᵉ; lat. pop. °*tractiare*, lat. class. *trahere* « tirer, traîner »). **I.** V. tr. ♦ 1° Vx. Suivre à la trace, poursuivre. ♦ 2° (Mil. XVIᵉ). Indiquer et ouvrir plus ou moins (un chemin) en faisant une trace. V. **Frayer**. « *Des pistes tracées par les troupes et les convois* » (BARBUSSE). — Fig. *Tracer le chemin, la voie,* indiquer la route à suivre, donner l'exemple. ◇ Par ext. Faire, ouvrir (une voie) quelque part. « *Des champs à travers lesquels on trace les routes* » (Ch.-L. PHILIPPE). ♦ 3° (1637). Mener (une ligne) dans une certaine direction en marquant sur le papier ou sur le terrain; former ou présenter (une telle ligne). « *En ne traçant que des lignes droites et des cercles* » (DESCARTES). « *Des éclairs traçaient une raie violâtre* » (ZOLA). ◇ Former, en faisant plusieurs traits. V. **Dessiner**. « *Le triangle que vous tracez au tableau* » (GOBLOT). « *Lui-même traça le plan de la ville* » (VOLT.). Fig. *Le tableau qu'en trace cet écrivain.* ◇ Former par les traits de l'écriture. V. **Écrire**. « *Au bas de la lettre Balzac avait tracé ces mots* » (GAUTIER). ♦ 4° Vieilli. Représenter au moyen de traits, d'un dessin au trait. V. **Dessiner**. « *Ils savent tracer... les yeux fermés... une tête de Christ ou le chapeau de l'empereur* » (BAUDEL.). **II.** V. intr. ♦ 1° (XIIIᵉ). *Dial.* ou pop. Aller vite, courir. *Ils ont dû drôlement tracer pour arriver avant nous.* ♦ 2° Bot. (1694). Être traçant. *Racine qui trace.*

TRACERET [tʀasʀɛ]. *n. m.* (1676; de *tracer*). *Techn.* Traçoir (de charpentier, etc.); instrument de précision servant à tracer les divisions sur les appareils de mesure.

TRACEUR, EUSE [tʀasœʀ, øz]. *n.* (1582; de *tracer*). ♦ 1° Techn. Nom de divers spécialistes exécutant des tracés, ou chargés des opérations de traçage et d'ajustage. — Celui qui établit le tracé d'un parcours de compétition ou d'une piste de ski. ♦ 2° (1958) Sc. Isotope radioactif dont l'évolution peut, dans certains phénomènes, être suivie par les méthodes de détection de rayonnement. *Les traceurs sont* *utilisés pour le dépistage de certaines maladies.* ◇ *Adj.* Qui laisse une trace. *Balle traceuse* (ou *traçante**).* ♦ 3° Mécan. *Traceur de courbes,* machine représentant des informations sous forme de courbes à deux dimensions.

TRACHÉAL, ALE, AUX [tʀakeal, o]. *adj.* (1765; de *trachée*). *Anat.* Qui appartient à la trachée. *Muscle trachéal. Intubation trachéale.*

TRACHÉE [tʀaʃe]. *n. f.* (fin XIVe; bas lat. d'o. gr. *trachia.* V. Trachée-artère). ♦ 1° *Anat.* et *cour.* Portion du conduit aérifère comprise entre l'extrémité inférieure du larynx et l'origine des bronches. ♦ 2° (1734). *Zool.* Chez les insectes, les myriapodes et certains arachnides, Chacun des très nombreux petits tubes rigides qui pénètrent dans tous les organes pour y porter directement l'air qui est entré par les stigmates. ◇ *Bot.* (1748) Nom sous lequel on réunit les vaisseaux annelés et spiralés.

TRACHÉE-ARTÈRE [tʀaʃeaʀtɛʀ]. *n. f.* (av. 1478; gr. *artéria trakheia,* proprem. « conduit respiratoire raboteux »). *(Vx).* Trachée. *Des trachées-artères*

TRACHÉEN, ENNE [tʀakeɛ̃, ɛn]. *adj.* (1838; de *trachée*). *Zool.* Relatif aux trachées. *Respiration trachéenne des insectes.*

TRACHÉITE [tʀakeit]. *n. f.* (1836; de *trachée*). Inflammation de la trachée, parfois associée à une bronchite. V. Trachéo-bronchite.

TRACHÉO-BRONCHITE [tʀakeobʀɔ̃ʃit]. *n. f.* (1855; de *trachée, bronche,* et suff. *-ite*). *Méd.* Inflammation simultanée de la trachée et des bronches.

TRACHÉOSTOMIE [tʀakeɔstɔmi]. *n. f.* (av. 1953; de *trachée,* et gr. *stoma* « bouche »). *Chir.* Trachéotomie* avec suture des lèvres de la plaie à la peau pour faciliter l'introduction d'une canule.

TRACHÉOTOMIE [tʀakeɔtɔmi]. *n. f.* (1772; de *trachée,* et *-tomie*). *Méd.* Ouverture chirurgicale de la trachée à travers la peau de la région antérieure du cou, destinée à rétablir le passage de l'air en cas d'obstruction et permettant d'introduire une canule (V. Intubation; trachéostomie).

TRACHOME [tʀakom]. *n. m.* (1752; gr. *trakhôma,* proprem. « aspérité »). *Méd.* Conjonctivite granuleuse contagieuse et chronique, d'origine virale, endémique dans certains pays chauds, pouvant entraîner la cécité par l'atteinte secondaire de la cornée avec formation de cicatrices plaques.

TRACHYTE [tʀakit]. *n. m.* (1801; du gr. *trakhus* « raboteux »). *Minér.* Lave, de type porphyroïde, rude au toucher. V. Obsidiane.

TRAÇOIR [tʀaswaʀ]. *n. m.* (1676; de *tracer*). Poinçon servant à faire des tracés sur le bois, le métal, etc. — Outil de jardinier servant à tracer les limites des massifs, des semis, etc.

TRACT [tʀakt]. *n. m.* (1832; mot angl., abrév. de *tractate* « traité »). Petite feuille ou brochure gratuite de propagande religieuse, politique, etc. *Distribuer, lancer, afficher des tracts.*

TRACTABLE [tʀaktabl(ə)]. *adj.* (v. 1965; de *tracter*). Qu'on peut tracter. « *Voilier tractable derrière une voiture* » (*Nouv. Obs.,* 20-1-1968).

TRACTATION [tʀaktasjɔ̃]. *n. f.* (1872; « négociation », XVe; lat. *tractatio*). *Péj. (Surtout au plur.).* Négociation de caractère officieux et occulte, où interviennent des manœuvres et des marchandages. « *Épouvanté que l'Empereur pût savoir les tractations... de Marmont... avec les Autrichiens* » (Aragon).

TRACTÉ, ÉE [tʀakte]. *adj.* (1949; du rad. de *tracteur*). *Milit.* Tiré par un tracteur (et non par des chevaux). *Artillerie tractée.*

TRACTER [tʀakte]. *v. tr.* (1965; de *tracté*). Tirer au moyen d'un véhicule (tracteur, auto, camion) ou d'un procédé mécanique (remonte-pente). *Tracter une caravane avec une voiture, un skieur en haut d'une piste.*

1. TRACTEUR [tʀaktœʀ]. *n. m.* (1876; du lat. *tractum.* supin de *trahere* « tirer »). Véhicule automobile (originairement, à vapeur) destiné à tirer un ou plusieurs véhicules, en particulier des remorques ou des engins roulants (*tracteurs d'artillerie lourde*), ou des instruments et machines agricoles. V. Locotracteur. *Tracteurs à roues, à chenilles.* — Agric. *Tracteur-navette,* qui peut travailler dans les deux sens.

2. TRACTEUR, TRICE [tʀaktœʀ, tʀis]. *adj.* (v. 1950; rad. de *tracteur* 1, *tracter*). Capable de tracter. *Voiture tractrice d'une caravane.* ◇ Hydrogr. *Force tractrice d'un cours d'eau,* sa capacité à entraîner avec lui des matériaux solides.

TRACTIF, IVE [tʀaktif, iv]. *adj.* (1836; rad. lat. *tractum;* Cf. Tracteur). *Didact.* Qui exerce une traction. *Forces tractives.*

TRACTION [tʀaksjɔ̃]. *n. f.* (1503; bas lat. *tractio,* de *trahere.* V. Tracteur). Action de tirer; son effet. ♦ 1° *Techn.* Action de tirer en tendant, en étendant; force longitudinale provoquant l'allongement ou l'extension. *Résistance des matériaux à la traction. Force de traction* (ou *tractive*). ♦ 2° Action de tirer en amenant vers soi sans se déplacer. *Tractions rythmées de la langue,* pratiquées en cas d'asphyxie.

— Mouvement de gymnastique consistant à tirer le corps (suspendu à une corde, à des anneaux, etc.) en amenant les épaules à la hauteur des mains, ou à relever le corps (étendu à terre, bras repliés sur les avant-bras) en tendant et raidissant les bras. *Faire des tractions pour développer les biceps.* ♦ 3° Action de traîner, d'entraîner. V. Remorquage. *Traction animale, mécanique. Traction à vapeur, électrique.* V. Locomotion. *Service du matériel et de la traction,* un des grands services d'une région ferroviaire. — TRACTION AVANT (1934), dispositif dans lequel la transmission de l'effort moteur est répartie entre les roues avant de l'automobile. — *Voiture équipée de ce dispositif.* — Abrév. TRACTION, nom fam. des anciennes 11 CV et 15 CV Citroën. « *La camionnette du boucher,* [...] *la traction du maire* » (R. Fallet). ◇ ANT. *Compression, poussée.*

TRACTIONNAIRE [tʀaksjɔnɛʀ]. *n. m.* (1961; de *traction*). *Ch. de fer.* Membre du service de la traction (3°).

TRACTORISTE [tʀaktɔʀist(ə)]. *n.* (1964; de *tracteur* 1). Conducteur, conductrice de tracteur.

TRACTUS [tʀaktys]. *n. m.* (1867; mot lat. « traînée »). *Anat.* Faisceaux de fibres (nerveuses, musculaires, conjonctives). *Tractus uvéal.* V. Uvée.

TRADESCANTIA [tʀadɛskɑ̃sja]. *n. m.* (1902; *tradescante,* 1839; mot lat. bot., 1718; de *Tradescant,* botaniste hollandais). *Bot.* Plante herbacée, exotique, ornementale, à feuilles colorées (une variété est appelée *éphémère de Virginie*).

TRADE-UNION [tʀɛdynjɔ̃; tʀɛdjunjɔn]. *n. f.* (1876; mot angl., de *trade* « métier », et *union* « union »). En Grande-Bretagne, Syndicat ouvrier groupant les professionnels d'une même branche d'activité. *Les trade-unions.* — *Dér.* TRADE-UNIONISME [tʀɛdynjɔnism(ə)], *n. m.;* TRADE-UNIONISTE [tʀɛdynjɔnist(ə)], *adj.* et *n.* ◇ HOM. *Trait d'union.*

TRADITEUR [tʀaditœʀ]. *n. m.* (fin XVIIe; « traître », 1487; lat. *traditor*). *Hist. relig.* Chrétien qui, durant les persécutions des premiers siècles, livrait aux païens les livres et les vases sacrés pour échapper au supplice.

TRADITION [tʀadisjɔ̃]. *n. f.* (1291; lat. *traditio,* de *tradere* « remettre, transmettre »).
I. *Dr.* Remise matérielle (d'une chose mobilière) en vue d'en transférer la propriété ou d'exécuter une obligation de délivrance. V. Délivrance, livraison.
II. (Transmission non matérielle). ♦ 1° (1488). Doctrine, pratique religieuse ou morale, transmise de siècle en siècle, originellement par la parole ou l'exemple. « *Non sur des croyances et des traditions populaires, mais sur la révélation d'une vérité* » (Seignobos). — Ensemble de doctrines et pratiques ainsi transmises. *La tradition juive* (Kabbale, Talmud), *islamique* (hadits). — *Spécialt.* (Relig. cathol.) *Traditions divines,* relatives à la foi et aux mœurs (considérées comme fondées par Jésus-Christ). *Traditions ecclésiastiques,* coutumes pieuses (souvent passagères). — *La Tradition* (par oppos. et parallèlement à l'Écriture), ensemble des manifestations de la pensée et de la vie chrétienne depuis les premières communautés fondées par les Apôtres. ♦ 2° Information, plus ou moins légendaire, relative au passé, transmise d'abord oralement de génération en génération; ensemble d'informations de ce genre. V. Légende, mythe. « *Vers l'an 750, selon quelques traditions, on faisait usage d'un papier de coton* » (Balz.). *La tradition populaire.* V. Folklore. ♦ 3° Manière de penser, de faire ou d'agir, qui est un héritage du passé. V. Coutume, habitude. « *Cette peinture... rompait... avec les traditions académiques* » (Gautier). « *Ce socialisme... était dans la tradition française* » (Péguy). *Loc. adj. De tradition,* traditionnel.

TRADITIONALISME [tʀadisjɔnalism(ə)]. *n. m.* (1851; de *traditionaliste*). ♦ 1° *Théol.* Doctrine d'après laquelle l'homme ne peut rien connaître que par une révélation primitive et par la tradition de l'Église. *Le traditionalisme de Bonald.* ◇ *Philo.* Doctrine d'après laquelle il faut conserver les formes politiques et religieuses traditionnelles comme l'expression naturelle des besoins d'une société, même si la raison ne peut les justifier. ♦ 2° *Cour.* Attachement aux notions et aux techniques traditionnelles. V. Conformisme, conservatisme.

TRADITIONALISTE [tʀadisjɔnalist(ə)]. *adj.* et *n.* (1849; de *traditionnel*). Propre au traditionalisme; partisan du traditionalisme. V. Conformiste, conservateur. « *Les traditionalistes pour lesquels un abus a force de loi parce qu'il s'est éternisé* » (Barbusse).

TRADITIONNAIRE [tʀadisjɔnɛʀ]. *adj.* et *n.* (1696; de *tradition*). *Relig. juive.* Qui interprète la Bible selon la tradition talmudique.

TRADITIONNEL, ELLE [tʀadisjɔnɛl]. *adj.* (1722; de *tradition*). Qui est fondé sur la tradition, correspond à une tradition (religieuse, politique, etc.). V. Orthodoxe. « *Une interprétation... déterministe conforme... aux conceptions traditionnelles de la physique* » (L. de Broglie). ◇ D'un usage ancien et familier, consacré par la tradition. V. Habituel. « *La morne table que recouvre le traditionnel tapis vert* » (Courteline).

TRADITIONNELLEMENT [tʀadisjɔnɛlmã]. *adv.* (1784; de *traditionnel*). D'une manière traditionnelle, conformément à une tradition.

TRADUCTEUR, TRICE [tʀadyktœʀ, tʀis]. *n.* (1540; de *traduire*, d'apr. le lat. *traductor*). ♦ 1° Auteur d'une traduction. « *Le traducteur est un peseur perpétuel d'acceptions* » (HUGO). — *Les Septante, traducteurs de la Bible*. — *Traducteur-interprète*, professionnel chargé de traduire des textes oralement et par écrit. Dr. *Traducteur expert*. ♦ 2° *Techn.* (1860). Nom de divers dispositifs servant à transformer un courant électrique en impressions lumineuses ou des variations de courant ou impressions sonores.

TRADUCTION [tʀadyksjɔ̃]. *n. f.* (1530; « livraison », XIIIᵉ; de *traduire*, du lat. *traductio*). ♦ 1° Action, manière de traduire. « *Sa traduction peut paraître très exacte et fidèlement calquée sur l'original* » (STE-BEUVE). *Traduction littérale*. V. **Littéral** 2°; **calque**. *Traduction fidèle. Traduction libre*. V. **Adaptation, paraphrase.** — *Traduction automatique*, opérée par des machines électroniques. ◇ Texte ou ouvrage donnant dans une autre langue l'équivalent du texte original qu'on a traduit. V. **Version.** *La traduction de la Bible en latin.* V. **Vulgate.** — *Se servir d'une traduction pour faire un devoir* (arg. scol. *traduc*, 1888). « *Des traductions d'Edgar Poe... tellement excellentes qu'elles semblent des œuvres originales* » (GAUTIER). « *Une comparaison entre deux traductions, anglaises ou françaises, d'un même texte* » (LARBAUD). ♦ 2° *Fig.* (fin XVIIIᵉ). Expression, transposition. « *Porel, en cet Odéon, est vraiment admirable pour la traduction des intentions de l'auteur* » (GONCOURT).

TRADUIRE [tʀaduiʀ]. *v. tr.* (1480; lat. *traducere*, proprem. « faire passer »).
I. *Dr.* Citer, déférer. V. **Passer** (faire). *Traduire qqn en justice*. « *Il fut traduit en police correctionnelle* » (FRANCE). *Le président des États-Unis peut être traduit devant le Sénat*.
II. ♦ 1° (1520). Faire que ce qui était énoncé dans une langue le soit dans une autre, en tendant à l'équivalence sémantique et expressive des deux énoncés. V. **Rendre.** *Traduire un texte en français.* « *Un terme traduit de l'anglais* » (PROUST). — « *Il a réussi à bien traduire son auteur* » (STE-BEUVE). *Machine* * *à traduire.* ♦ 2° (Fin XVIIᵉ; répandu XIXᵉ). Exprimer, de façon plus ou moins directe, en utilisant les moyens du langage ou d'un art. « *Traduisant par les mille combinaisons du son tes tumultes de l'âme* » (BAUDEL.). « *Les mots qui doivent traduire votre pensée* » (DUHAM.). *Pronom.* (Sens passif) « *La joie des spectateurs se traduisait en exclamations* » (GAUTIER). ♦ 3° Manifester aux yeux d'un observateur (un enchaînement, un rapport). « *Les mythes traduisent les règles de conduite d'un groupe social* » (D. de ROUGEMONT). — *Pronom.* (Sens passif) « *Cette haine... se traduisait par un vague... désir de nuire* » (HUGO).

TRADUISIBLE [tʀaduizibl(ə)]. *adj.* (1725; de *traduire*). Qui peut être traduit. *Ce jeu de mots n'est guère traduisible*. ◇ ANT. **Intraduisible.**

TRAFIC [tʀafik]. *n. m.* (1339; it. *traffico*; o. i.). ♦ 1° Vieilli. Commerce. *Faire trafic de*, négocier. ◇ Mod. *(Péj.)* Commerce plus ou moins clandestin, honteux et illicite. *Trafic des bénéfices*. V. **Simonie.** « *L'effroyable trafic de chair humaine qui si longtemps ravagea les côtes de l'Afrique* » (JAURÈS). *Trafic des stupéfiants.* Plaisant. *Faire trafic de ses charmes*, se livrer à la prostitution. Dr. *Trafic d'influence*, fait d'agréer des offres ou de recevoir des présents pour faire obtenir de l'autorité publique un avantage quelconque. **Concussion, malversation, prévarication.** ♦ 2° (Mil. XIXᵉ; angl. *traffic*). Mouvement général des trains; fréquence des convois sur une même ligne. *Un trafic intense.* — Par anal. *Trafic maritime, routier, aérien.* ◇ Circulation des véhicules.

TRAFICOTER [tʀafikɔte]. *v. intr.* (v. 1960; de *trafiquer*). *Fam.* et *péj.* Trafiquer (2°).

TRAFIQUANT, ANTE [tʀafikã, ãt] ou **TRAFIQUEUR, EUSE** [tʀafikœʀ, øz]. *n.* (1585,-XVᵉ; de *trafiquer*). *Péj.* Commerçant. « *Les affaires se traitent à demi-voix, avec... les cachotteries du trafiquant arabe* » (FROMENTIN). *Personne malhonnête qui trafique de tout.* « *Dans un système politique libéral réglé par le marchandage... tout appartient aux trafiquants* » (BARRÈS).

TRAFIQUER [tʀafike]. *v. tr.* (XVᵉ; it. *trafficare*). ♦ 1° Faire trafic de..., acheter et vendre (en réalisant des profits illicites). Trans. dir. « *J'allais trafiquer avec eux des ivoires,... des oiseaux* » (CÉLINE). — Trans. indir. « *Un cadet de famille trafiquait d'un régiment ainsi que d'une marchandise* » (ZOLA). — Absolt. « *Quand M. de Talleyrand ne conspire pas, il trafique* » (CHATEAUB.). ♦ 2° Pop. Se livrer à diverses manipulations (sur un objet, un produit), en vue de tromper sur la marchandise. *Trafiquer un vin.* V. **Frelater.** *Voiture d'occasion dont le moteur a été trafiqué.*

TRAGÉDIE [tʀaʒedi]. *n. f.* (déb. XIVᵉ; lat. d'o. gr. *tragœdia*). ♦ 1° Dans la Grèce antique, Œuvre lyrique et dramatique en vers, née du dithyrambe, représentant quelque grand malheur arrivé à des personnages célèbres de la légende ou de l'histoire, et propre à exciter la terreur ou la pitié; genre dramatique auquel appartient ce type de pièce. *Melpomène, muse de la tragédie. Tragédies d'Eschyle, de Sophocle, d'Euripide*. V. **Trilogie.** *Tragédies latines*, pour la plupart, adaptations des tragédies grecques. ◇ *Hist. litt. fr.* (1549) Œuvre dramatique en vers, présentant une action tragique (1°) dont les événements, par le jeu de certaines règles ou bienséances se traduisent essentiellement en conflits intérieurs chez des personnages illustres aux prises avec un destin exceptionnel; le genre auquel appartient ce type de pièce (V. **Drame**). *Tragédies de Corneille, de Racine. L'exposition, le nœud, l'action, le dénouement d'une tragédie.* « *Nous avons en France des tragédies estimées, qui sont plutôt des conversations qu'elles ne sont la représentation d'un événement* » (VOLT.). ♦ 2° *Fig.* (1552). Événement ou ensemble d'événements tragiques (2°). « *Lamentable tragédie que la vie d'Edgar Poe !* » (BAUDEL.). ◇ ANT. **Comédie.**

TRAGÉDIEN, IENNE [tʀaʒedjɛ̃, jɛn]. *n.* (1372; au fém., 1764; de *tragédie*). Acteur, actrice qui joue spécialement les rôles tragiques (tragédie ou drame). « *Mˡˡᵉ Rachel... cette jeune tragédienne... ne déclame point, elle parle* » (MUSS.).

TRAGI-COMÉDIE [tʀaʒikɔmedi]. *n. f.* (1545; d'apr. le lat. *tragi[co] comœdia*). *Hist. litt.* Tragédie dont l'action est romanesque et le dénouement heureux (*ex. :* Le Cid). ◇ *Fig. (Cour.)* Événement, situation où le comique se mêle au tragique.

TRAGI-COMIQUE [tʀaʒikɔmik]. *adj.* (1624; de *tragi-comédie*, d'apr. *comique*). *Hist. litt.* Qui appartient à la tragi-comédie. — ◇ *(Cour.)* Où le tragique et le comique se mêlent. *Aventure tragi-comique.*

TRAGIQUE [tʀaʒik]. *adj.* (déb. XVᵉ; lat. d'o. gr. *tragicus*). ♦ 1° De la tragédie (1°). *Le genre tragique. Les personnages tragiques. Auteur, poète tragique.* Subst. *Les tragiques*, les poètes tragiques. ◇ Qui est propre à la tragédie, évoque une situation où l'homme prend douloureusement conscience d'un destin ou d'une fatalité qui pèse sur sa vie, sa nature ou sa condition même. *L'action tragique.* « *Les héros poursuivis par la fatalité tragique* » (DUHAM.). — Subst. *Le tragique et le comique.* ♦ 2° (1596). Qui inspire une émotion intense, par son caractère effrayant ou funeste. V. **Dramatique, émouvant, terrible.** « *On ne peut quand même pas l'abandonner dans cette situation tragique* » (DUHAM.). « *Il a une fin tragique. Une tragique méprise.* — *Fam. Ce n'est pas tragique,* ce n'est pas bien grave. — Subst. « *Il y a un tragique quotidien* » (MAETERLINCK). *Prendre une chose au tragique,* la considérer comme tragique, s'en alarmer à l'excès. « *Il faut tout prendre au sérieux, mais rien au tragique* » (THIERS). — *La situation tourne au tragique.* ◇ ANT. **Comique.**

TRAGIQUEMENT [tʀaʒikmã]. *adv.* (1549; de *tragique*). D'une manière tragique (2°). « *Son rôle devient assez beau, avant de tourner si tragiquement* » (HENRIOT).

TRAGUS [tʀagys]. *n. m.* (1751; latinisation du gr. *tragos*). *Anat.* Saillie aplatie triangulaire à la partie antérieure de la conque de l'oreille, au-dessous de l'hélix.

TRAHIR [tʀaiʀ]. *v. tr.* (1080; lat. *tradere*, proprem. « livrer »). ♦ 1° Livrer, ou abandonner (celui à qui l'on doit fidélité). V. **Dénoncer, donner, vendre.** « *Judas fut celui qui le trahit* » (ÉVANG. MATTH.). — Absolt. Abandonner son camp, son armée; passer à l'ennemi. V. **Déserter.** « *Capable de tout pour sauver sa peau, de fuir, de trahir* » (SARTRE). ♦ 2° Cesser d'être fidèle à (qqn auquel on est lié par une parole donnée ou une solidarité). « *Si le vizir vous sert ou vous trahit* » (RAC.). « *Il a... constamment trahi Alexandre au profit de Napoléon* » (SARTRE). — Par ext. *Il l'accusa d'avoir trahi sa confiance* » (MUSS.). ◇ *(Sujet de chose)* Desservir par son caractère révélateur. « *Toute fille amoureuse commet une imprudence qui la trahit* » (BALZ.). ♦ 3° Abandonner (une personne aimée) pour une autre. V. **Tromper.** « *À vingt et un ans... Augustine se vit trahie pour une femme de trente-six ans* » (BALZ.). ♦ 4° *(Sujet de chose).* Lâcher, cesser de seconder. « *Mes nerfs m'ont trahi* » (BOURGET). ◇ Exprimer infidèlement. « *Le sentiment que les mots m'entraînaient..., trahissaient ma vraie pensée...* » (MART. du G.). ♦ 5° Livrer (un secret). V. **Divulguer, révéler.** « *Il trahit, au cours de libations trop capiteuses..., le secret de la négociation* » (MADELIN). ◇ Laisser voir (ce qu'on veut cacher). « *De peur de trahir l'émotion trop vive* » (MUSS.). ◇ *(Sujet de chose)* Être le signe, l'indice... (d'une chose peu évidente ou dissimulée). V. **Déceler, dénoncer, manifester, révéler.** « *Une contraction, vite réprimée, du petit visage trahit la déception de l'enfant* » (MART. du G.). ♦ 6° Pronom. Laisser apparaître, laisser échapper ce qu'on voulait cacher. *Il s'est trahi par cette question.* « *Je me trahirais; je ne pourrais retenir l'expression du dédain qu'ils m'inspirent* » (STENDHAL). ◇ *(Sujet de chose)* Se manifester, se révéler. « *C'est par lui* (l'amour) *que se trahit la faiblesse des êtres* » (FRANCE). ◇ ANT. **Seconder, servir; cacher.**

TRAHISON [tʀaizɔ̃]. *n. f.* (1080; de *trahir*). ♦ 1° Crime d'une personne qui trahit, passe à l'ennemi. V. **Défection, désertion.** « *On peut décider a priori que les trahisons sont* *toujours motivées par l'intérêt et l'ambition* » (SARTRE). ◊ *Haute trahison,* intelligence avec une puissance étrangère ou ennemie, en vue de guerre ou en cours de guerre. — Manquement grave, de la part du président de la République, aux devoirs de sa charge. ♦ 2° Action de trahir (2°), de manquer au devoir de fidélité. V. **Déloyauté, félonie, parjure, perfidie, traîtrise.** *Payer « de quelque trahison... une tranquillité précaire* » (PÉGUY). ♦ 3° Grave infidélité en amour. « *Les réciproques trahisons Font qu'on se quitte un jour, sans larmes* » (Ch. CROS). ◊ ANT. Fidélité.

TRAILLE [tʀaj]. *n. f.* (1409 ; lat. *tragula*). Câble tendu d'une rive à l'autre le long duquel se déplace une embarcation servant de bac ; ce bac lui-même.

TRAIN [tʀɛ̃]. *n. m.* (XIIᵉ ; de *traîner*).
I. ♦ 1° *Vieilli.* File de bêtes de somme qui suivent qqn. *Train de mulets.* ◊ File de choses traînées ou entraînées. « *Un train de péniches derrière un remorqueur* » (VERCEL). *Train de bois de flottage**, troncs d'arbres réunis et remorqués. « *Il avait rencontré un train de tombereaux chargés de pierre* » (LARBAUD). *Train routier,* tracteur entraînant plusieurs remorques. — (v. 1960). *Train spatial,* ensemble de capsules ou modules circulant soit arrimés ensemble, soit séparément, lors d'une expédition interplanétaire. — Phys. *Train d'ondes**. ◊ Techn. Suite ou ensemble de choses semblables qui fonctionnent en même temps. *Train de roues d'engrenage. Train de pneus,* ensemble de pneus d'une automobile. *Train de décrets. Train de laminoirs**. *Train de roulement. Train de forage* (de sonde), ensemble du trépan et des tiges de forage. ♦ 2° *Milit. Train d'artillerie, train des équipages :* ancien. Attelages chargés de conduire les approvisionnements, les munitions ; *de nos jours,* Matériel de transport des unités non autonomes de l'armée. *Train de combat.* — Absolt. *Le Train. Unités, soldats du Train.* ♦ 3° *Vx.* Ensemble de domestiques, chevaux, voitures qui accompagnent une personne. V. **Équipage, suite.** — *Mod.* (Fam.) *C'est le diable et son train,* c'est s'exposer à toute une série d'ennuis, c'est très difficile. — *Train de maison* (VX), domestiques qui servent dans une maison ; *mod.* Domesticité, commodités, dépenses d'une maison. « *Il prit un train de maison, voiture, table ouverte et le petit hôtel de la Chaussée d'Antin* » (MICHELET). *Mener grand train,* vivre sur un grand pied, dans le luxe. ♦ 4° *Vieilli* (1772). Grande agitation, grand bruit. V. **Tapage.** « *Et le jour de la fête... c'est là que nous avons été beaux !... Nous avons fait du train...* » (GONCOURT). — Loc. fam. *Être dans le train,* à la mode*, à la page*, dans le vent*. ♦ 5° (v. 1965). *Train de* (et subst.), séries d'actes de caractère administratif, social, politique, émanant du gouvernement. *Train de mesures, de décisions, de réformes,* etc. *Train d'ordonnances :* ensemble de décrets faisant partie d'une législation nouvelle dans un domaine déterminé.
II. (1829 ; emploi absolu de I, 1°). La locomotive et l'ensemble des wagons qu'elle traîne. V. **Convoi, rame.** *Le train de Paris,* qui va à Paris, ou qui vient de Paris. *Chef de train. Prendre le train de 6 h 50,* qui part à 6 h 50. *Le train de 8 h 47,* de Courteline. *Avoir, manquer son train. Train à vapeur, électrique. Train à turbine.* V. **Turbotrain.** *Train omnibus, direct, express, rapide.* (Cf. Un omnibus, un express, un rapide...). *Train de marchandises. Train blindé de l'armée.* — *Train de neige,* train de voyageurs qui vont faire des sports d'hiver. *Train-autos-couchettes,* formé de voitures-lits et de wagons porte-voitures à étage. *Train mixte,* transportant à la fois des voyageurs et des marchandises. *Train postal.* — Loc. *Comme une vache regarde passer un train,* avec un air passif, abruti. ◊ Loc. fig. *Prendre (monter dans) le train en marche,* s'associer à une action déjà en cours ; assumer la continuité d'une entreprise. ◊ *Le train,* moyen de transport ferroviaire. *Voyager par le train.* V. **Chemin de fer, rail.** ◊ *Par anal.* Jouet d'enfant représentant un train en miniature, avec sa voie ferrée. *Offrir un train électrique à un enfant.*
III. ♦ 1° *Vieilli* (XIIᵉ). Manière d'aller, d'évoluer, marche (des choses). « *Leur existence avait pris le train actif et monotone des campagnes* » (ZOLA). « *Une histoire si étrangère au train accoutumé de sa pensée...* » (BOURGET). *Mod.* « *Au train dont va la science* » (BERGSON). *Du train où vont les choses,* si les choses continuent comme cela. *Aller son train,* continuer sa marche, sa progression de la même manière V. **Cours** (suivre son). ◊ TRAIN DE VIE *(vieilli)* : genre de vie, manière de vivre. « *Tu vas mener un train de vie bien différent* » (BEAUMARCH.). *Mod.* Manière de vivre, relativement aux dépenses de la vie courante que permet la situation des gens. « *Son train de vie de grand seigneur* » (ROMAINS). ♦ 2° Allure du cheval, d'une monture, et *par ext.* d'un véhicule ou d'un coureur, d'un marcheur. « *Quatre chevaux qu'il ne pouvait retenir accéléraient leur train* » (FLAUB.). « *Nous lançons nos chevaux à fond de train* » (FLAUB.), nous les lançons au galop, à fond. *Aller à fond de train, un train d'enfer,* à toute vitesse. — (Dans une course) *Le train est rapide, soutenu,* l'allure du peloton de tête est rapide, soutenue.

Course sans train, qui se réduit à un sprint final. *Mener, suivre la train. Faux train,* allure qui donne l'illusion d'être rapide, mais laisse à celui qui mène assez de ressources pour accélérer. ◊ 3° *Loc. adv.* (1636). EN TRAIN : en mouvement, en action, ou en humeur d'agir. « *Ce qui mettrait un autre hors de combat ne fait que le mettre, lui, plus en train* » (STE-BEUVE). *Je ne suis pas en train,* je ne me sens pas bien disposé. *Il « sut mettre en train tous les convives* » (BALZ.), les mettre de bonne humeur, les inciter à la gaieté. V. **Bouten-train.** ◊ (Choses) *Mettre un travail en train,* commencer à l'exécuter. V. **Chantier** (en). *Mise en train,* début d'exécution, travaux préparatoires. ♦ 4° *Loc. prép.* (1666). EN TRAIN DE... *(en tour négatif)* : disposé à. *Elle n'est pas en train de s'amuser.* ◊ (1735 ; pour marquer l'action en cours, l'aspect duratif du verbe) *Il est en train de travailler,* il travaille en ce moment. « *Il le trouva à la porte du camp en train de faire le pitre* » (MAC ORLAN).
IV. (Partie qui traîne). ♦ 1° (1467). Partie qui porte le corps d'une voiture et à laquelle sont attachées les roues. *Train avant, arrière d'une automobile,* ensemble des roues avant et de l'essieu avant, des roues arrière et du pont arrière. — (1912). *Train d'atterrissage,* parties d'un avion destinées à être en contact avec le sol. ♦ 2° (XVIᵉ). Partie de devant, de derrière des animaux de trait, des quadrupèdes. *Train de devant* (V. **Avant-train**), *de derrière du cheval* (V. **Arrière-train**). « *L'animal... traînant dans la poussière son train de derrière brisé* » (MART. du G.). ◊ *Pop. Derrière. Je vais te botter le train ! Se manier le train. Filer le train à qqn,* le suivre de près. ♦ 3° (1680). Techn. *Ancien.* Partie d'une presse d'imprimerie sur laquelle on posait la forme. *Mod. Mise en train* (à l'origine, action de mettre la forme sur le *train*) : réglage de la pression sur les divers éléments de la forme, par égalisation des niveaux (éléments d'impression et éléments de la machine) et réglage des pressions nuancées selon les parties de la composition *(mise en train de puissance)*. ◊ HOM. **Trin.**

TRAÎNAGE [tʀɛnaʒ]. *n. m.* (1531 ; de *traîner*). Transport par traîneaux. — Dans les mines, les carrières, Transport des matériaux dans les chariots tirés par un câble.

TRAÎNAILLER [tʀɛnaje]. *v.* (1877 ; de *traîner*). Var. de *traînasser.*

TRAÎNANT, ANTE [tʀɛnɑ̃, ɑ̃t]. *adj.* (XIIᵉ ; de *traîner*). ♦ 1° Qui traîne par terre, qui pend. « *Des couvertures traînantes et souillées* » (BAUDEL.). « *Cet oiseau... à l'aile traînante un peu* » (ALAIN). ♦ 2° (1580). Se dit de la voix, des intonations qui traînent.

TRAÎNARD, ARDE [tʀɛnar, ard(ə)]. *n.* (1611 ; de *traîner*). Personne qui traîne, reste en arrière d'un groupe en marche (*spécialt.* d'une troupe). « *Cette route du malheur, semée de traînards, de chevaux morts* » (ARAGON). ◊ Personne trop lente dans son travail. V. **Lambin.**

TRAÎNASSER [tʀɛnase]. *v.* (fin XVᵉ ; de *traîner*). ♦ 1° V. tr. (Vx). Péj. Traîner. « *Traînassant ta faiblesse et ta simplicité* » (VERLAINE). ♦ 2° V. intr. (1845). Traîner, être trop long (à faire qqch.). V. **Lambiner.** ◊ Errer inoccupé. *Traînasser dans les cafés.*

TRAÎNE [tʀɛn]. *n. f.* (À *traîne* « en traînées irrégulières », XIIᵉ ; de *traîner*). ♦ 1° Loc. adv. À LA TRAÎNE : en amarrant à l'arrière (ce qu'on traîne). « *En remorquant notre trophée à la traîne* » (BAUDEL.). ◊ En arrière d'un groupe de personnes qui avance. « *Tirant la jambe, inquiets d'être à la traîne* » (MART. du G.). ◊ En désordre, comme qqch. qui traîne à l'abandon. « *Une poignée de cravates à la traîne sur la barre de cuivre du lit* » (Cl. SIMON). ♦ 2° (1553). Filet. V. **Senne.** « *Tirer sur les sables... la traîne pleine de poissons* » (HUGO). *Pêche à la traîne.* ◊ *Mar.* Objet qu'on file à l'arrière à l'aide d'un filin. ♦ 3° (1867). Bas d'un vêtement qui traîne à terre derrière une personne qui marche. V. **Queue.** *Robe de mariée à traîne.* « *On releva donc la traîne par un ruban à la ceinture* » (LOTI). ♦ 4° *Dial.* (1841). Haie ou buisson bordant un chemin ; chemin creux. « *Quelques traînes semblables à celles... du Berry indiquaient les cours d'eau* » (BALZ.). ◊ HOM. **Thrène.**

TRAÎNEAU [tʀɛno]. *n. m.* (1549 ; traneau, 1227 ; de *traîner*). ♦ 1° Véhicule à patins servant au transport du bois (V. **Schlitte**), du charbon dans les mines, etc. ◊ (Fin XVIᵉ). Voiture à patins que l'on traîne (ou pousse) sur la neige. V. **Luge, troïka.** *Traîneau tiré de deux chevaux, des rennes, des chiens. La neige « était merveilleusement glissante et fuyait sous les patins du traîneau* » (HÉMON). ♦ 2° (Fin XIIIᵉ). Grand filet de pêche ou de chasse que l'on traîne. V. **Senne.**

TRAÎNE-BÛCHES [tʀɛnbyʃ]. *n. m.* (1923 ; de *traîner,* et *bûche*). Nom dont les pêcheurs désignent la larve aquatique de la phrygane. *Des traîne-bûches.*

TRAÎNE-BUISSON [tʀɛnbɥisɔ̃]. *n. m. invar.* (1778 ; de *traîner,* et *buisson*). Nom régional de la fauvette d'hiver. « *Un traîne-buisson voletait de broussaille en broussaille* » (GENEVOIX).

TRAÎNÉE [tʀene]. *n. f.* (1375 ; de *traîner*).
I. ♦ 1° Longue trace laissée sur le sol ou toute autre surface par une substance répandue. *Traînées de sang.* — *Traînée de poudre*, poudre à canon répandue selon une ligne, pour communiquer le feu à l'amorce. — Fig. « *La contagion gagnera aussitôt comme une traînée de poudre* » (MART. du G.), très rapidement de proche en proche. ♦ 2° (1701). Ce qui suit un corps en mouvement et semble émaner de lui. *Traînée lumineuse d'une comète.* « *La Circé s'en allait... laissant derrière elle... son éternelle traînée bruissante* » (LOTI). ◇ Bande allongée de matière, de couleur différente, sur une surface ou dans l'espace. « *Quelques minces traînées de vapeur... au-dessus de l'horizon* » (FROMENTIN). ♦ 3° (1872). Longue ligne de fond. ♦ 4° (1949). *Techn.* Composante des forces aérodynamiques sur le vecteur vitesse ; résistance à l'avancement. *Coefficient de traînée* (abrév. Cx).
II. *Pop.* (fin xvᵉ). Femme de mauvaise vie (qui « traîne » avec tous les hommes). V. **Prostituée**. « *Elle serait la dernière des dernières, une traînée, si elle ne vous aimait pas* » (BALZ.).
◇ ANT. (de I). Poussée.

TRAÎNEMENT [tʀenmɑ̃]. *n. m.* (1501 ; de *traîner*). Action de traîner (les pieds, la jambe). « *Le traînement de jambe du cavalier* » (GAUTIER).

TRAÎNE-MISÈRE [tʀenmizɛʀ]. *n. m. invar.* (1664,-1907 ; de *traîner*, et *malheur, misère*). Personne qui traîne partout sa misère. V. **Gueux, miséreux**. « *Souvent un ivrogne, un traîne-misère... venait nous demander cent sous* » (BEAUVOIR).

TRAÎNER [tʀene]. *v.* (*Traîner*, xIIᵉ ; lat. pop. °*traginare*, de °*tragere*. V. **Traire**).
I. *V. tr.* ♦ 1° Tirer après soi (un véhicule ou un objet quelconque). « *Le fardier... que cinq vigoureux chevaux avaient de la peine à traîner* » (ZOLA). ◇ Déplacer en tirant derrière soi sans soulever. « *Je traînai une chaise-longue près de la cheminée* » (BOSCO). — Par ext. *Traîner la jambe, la patte*, avoir de la difficulté à marcher. *Traîner les pieds*, marcher sans soulever les pieds du sol. « *Le Turc partit en traînant majestueusement ses babouches* » (CHATEAUB.). *Traîner la semelle*, vivre misérablement. (Cf. *Traîne-semelles*). *Fam. Traîner ses bottes, ses guêtres quelque part.* (V. *ci-dessous* II, 6°). — Fig. *Traîner qqn dans la boue**. ◇ **Entraîner** dans sa marche (une entrave). *Traîner un boulet* (au fig. V. **Boulet**). ♦ 2° Forcer à aller (quelque part). « *On vous traîne au supplice* » (MUSS.). « *Elle traînait mon gré, mal gré, son mari à ces divertissements* » (MAUPASS.). ♦ 3° Amener, avoir partout avec soi par nécessité (les gens ou les choses dont on voudrait pouvoir se libérer). V. **Trimbaler**. « *Je traînai... cette tristesse de rue en rue... sans pouvoir te secourir* » (LAMART.). ◇ **Supporter** (une chose pénible qui se prolonge). « *Elle traîna sa misérable vie quatre ans* » (R. ROLLAND). ♦ 4° Faire durer, faire se prolonger. *Traîner ses choses en longueur.* V. **Éterniser**. « *Sa façon dormante et voluptueuse de traîner la fin des phrases...* » (HUGO).
II. *V. intr.* ♦ 1° (Début xIIᵉ). Pendre à terre en balayant le sol. *Attention, vos lacets traînent par terre.* ◇ **Pendre**. « *Une lévite longue à souhait, traînant jusqu'aux pieds* » (JOUHANDEAU). ♦ 2° Être étendu. « *Les goémons traînant à terre* » (LOTI). ◇ S'étendre comme une traînée. « *Le ciel pâle où traînent des nuées transparentes* » (MAUROIS). ◇ *Fig.* « *Des restes de barbarie traînent encore... dans la civilisation moderne* » (FRANCE). ♦ 3° (xvᵉ). Durer trop longtemps, ne pas finir. V. **Éterniser** (s'). « *Quand une chose est décidée, je n'aime pas qu'elle traîne* » (ROMAINS). *Ça n'a pas traîné !* ç'a été vite fait. V. **Tarder**. *Faire traîner qqch.* — (ant. Expédier). ◇ (*Voix*). Émettre des sons anormalement lents et bas. « *Sa voix s'habitua à traîner et prit un accent gnian-gnian* » (GONCOURT). ♦ 4° (Fin xvIᵉ). Être posé ou laissé sans être rangé. « *Des savates traînaient sur le tapis, des vêtements sur les fauteuils* » (FLAUB.). — *Fig.* « *Des vieilleries qui traînent depuis quinze cents ans dans les écoles de la Grèce* » (CHATEAUB.). *Ça traîne partout, c'est rebattu, usé.* ♦ 5° (1718). Rester en arrière d'un groupe qui avance. *Des enfants traînaient à quelque distance.* ◇ *Aller trop lentement, s'attarder. Ne traîne pas en rentrant de l'école.* — *Agir trop lentement.* « *Il était lancé, il ne voulait pas traîner...* » (NIZAN). ♦ 6° *Péj.* (1640). Aller sans but ou rester longtemps (en un lieu peu recommandable ou peu intéressant). V. **Errer, vagabonder**. « *Et jusqu'au soir s'en aller traîner par les rues* » (COURTELINE). *Fam. Traîner les rues. Elle... « avait... un peu traîné avec de petits jeunes gens mal élevés* » (FRANCE).
III. *V. pron.* ♦ 1° (xIIᵉ). Avancer, marcher avec peine (par infirmité, maladie, fatigue). « *Il lui fallut une canne pour se traîner dans la salle à manger* » (ZOLA). « *Des chameaux... trop las et qui ne pouvaient plus se traîner* » (GIDE). *Voiture qui se traîne*, qui avance lentement. — Fig. « *Sa vie se traînait inoccupée* » (ZOLA). ♦ 2° (1538). Avancer à plat ventre ou à genoux. — Fig. *Se traîner aux pieds de qqn*, le supplier humblement, s'abaisser à des humiliations. ♦ 3° S'étirer

en longueur, dans le temps. *La journée se traîne.* « *Puis la conversation reprit, faible et languissante, et se traîna en propos intimes* » (FRANCE).
◇ ANT. (du I) Pousser, soulever. — (du II) Élever (s'), monter, planer. Dépêcher (se). — (du III) Courir.

TRAÎNE-SEMELLES [tʀɛnsəmɛl] ou **TRAÎNE-SAVATES** [tʀɛnsavat]. *n. m.* (xxᵉ ; de *traîner*, et *semelle* ou *savate*). *Fam.* Personne vivant dans l'oisiveté et l'indigence. « *Saint-Flébène [...] était la ville [...] des gagne-petit de tout poil, des traîne-semelles, des tourne-pouces [...]* » (R. FALLET).

TRAÎNEUR, EUSE [tʀenœʀ, øz]. *n.* (mil. xvᵉ ; de *traîner*). ♦ 1° Personne qui traîne (qqch.). *Traîneur de chariot.* Fig. *Traîneur de sabre**. ♦ 2° (xvIIᵉ). *Vx.* Traînard. ♦ 3° (Fin xIxᵉ). *Traîneur de cafés, de rues...*, personne qui a l'habitude de traîner dans les cafés...

TRAINGLOT. V. **TRINGLOT.**

TRAINING [tʀeniŋ]. *n. m.* (1872 ; mot angl. « éducation, entraînement »). *Anglicisme.* Entraînement (sportif). ◇ *Psycho. Training (autogène)*, méthode de relaxation par autosuggestion. *Inspiré du yoga, le training constitue une psychothérapie des états anxieux.*

TRAIN-TRAIN [tʀɛtʀɛ]. *n. m.* (fin xvIIIᵉ ; altér. d'apr. *train*, de *trantran*, 1680, d'o. onomat.). Marche régulière sans imprévu. V. **Routine**. « *Rien qui sort du train-train des événements ordinaires* » (GONCOURT).

TRAIRE [tʀɛʀ]. *v. tr.* : *je trais, il trait, nous trayons, ils traient ; je trayais, nous trayions.* — Pas de passé simple. — *je trairai ; je trairais ; trais, trayez ; que je traie.* — Pas d'imparf. du subj. — *trayant ; trait, traite* (xIIᵉ ; lat. pop. °*tragere*, class. *trahere*). ◇ *Mod.* (Au p. p.) *Or trait*, passé à la filière. ♦ 2° (1292). Tirer le lait de (la femelle de certains animaux domestiques) en pressant le pis ou mécaniquement. *Traire une vache.* « *Pour traire les chèvres et les brebis...* » (SAND). Par ext. *Un lait qu'on avait trait pour nous* » (GIDE). — Au p. p. (Rare) *Vache, brebis traite.*

TRAIT [tʀɛ]. *n. m.* (déb. xIIᵉ ; lat. *tractus*, et, pour certains sens, substantivation du p. p. de *traire* « tirer »).
I. ♦ 1° *En (loc.).* Fait d'aspirer d'une manière continue pour boire. « *Marcelle... but à longs traits* » (SARTRE). « *Un petit verre d'alcool qu'il sécha d'un trait* » (CARCO). V. **Coup**. ◇ Fig. (1305) « *Il dormit d'un trait jusqu'au lendemain* » (R. ROLLAND). ♦ 2° (Déb. xIIᵉ). *Vieilli.* Projectile lancé à la main (javelot, lance) ou à l'aide d'une arme (flèche). *Décocher, lancer un trait.* — *Mod. Filer, partir comme un trait, comme une flèche.* — *Fig.*, littér. « *Les traits du céleste courroux* » (LA FONT.). V. **Jet**. ◇ (Déb. xIIIᵉ) Action d'envoyer un projectile. *Armes de trait.* V. **Jet**. ◇ *Trait de feu, de lumière*, rayon. « *Un fulgurant trait de soleil* » (DUHAM.). ◇ Par anal. *Avoir le trait*, jouer le premier coup d'une partie aux échecs et aux dames. Fig. *Ce fut pour moi un trait de lumière.* ♦ 3° (Fin xIIᵉ). *Vx.* Traction. — *Mod.* (1564) *Cheval, bête de trait*, destinés à tirer les voitures. *Pêche au trait*, avec un engin de capture remorqué. ◇ (xIIIᵉ) *Corde, lanière servant à tirer une voiture.* « *Les canonniers coupèrent les traits des attelages* » (GOBINEAU). ◇ Par anal. *Longe* à laquelle est attaché un limier. ♦ 4° (xIIIᵉ). Action de dessiner une ligne ou un ensemble de lignes. *Dessin au trait*, sans ombres ni modelé, constitué seulement par des lignes. — *Esquisser à grands traits*, en traçant rapidement les linéaments. Fig. *Décrire, raconter à grands traits*, sans entrer dans le détail. ◇ Marque allongée, exécutée dans une direction déterminée (ligne droite ou courbe ouverte), surtout quand on la forme sans lever l'instrument (crayon, pinceau, plume...). V. **Ligne**. « *Avec un crayon à mine dure... il obtenait un trait net et bien noir* » (ROBBE-GRILLET). *Faire, tirer, tracer un trait. Barrer d'un trait.* Fig. « *Vingt-deux ans de guerres... étaient rayés d'un trait de plume* » (MADELIN), supprimés brutalement comme s'ils n'avaient pas été. Par compar. « *La ligne plate de l'horizon gardait sa netteté d'un trait d'encre* » (ZOLA). *Les traits qui composent une écriture, un dessin. Copier, reproduire trait pour trait*, avec une parfaite exactitude. — *Trait de scie*, marque, repère. — *Absolt.* LE TRAIT : l'élément purement graphique. V. **Contour**. « *La hardiesse du trait, l'éclat de la couleur* » (GAUTIER). ◇ *Techn.* (xIVᵉ) Tracé préparatoire (d'une taille de pierres, d'une construction, d'un assemblage...). *Assemblage à trait de Jupiter*, selon une ligne brisée (celle de la foudre, attribut de Jupiter). ♦ 5° *Au plur.* (1573 ; au sing., 1538). Les lignes caractéristiques de la face humaine ; l'aspect général du visage. V. **Physionomie**. *Traits réguliers, fins, délicats.* « *Pâle et les traits tirés* » (HUYSMANS). « *Des traits qui avaient encore toute la naïveté... de l'enfance* » (STENDHAL).
II. *Fig.* ♦ 1° (Mil. xIIIᵉ). Acte, fait qui constitue une marque, un signe (d'une qualité ou d'une capacité). « *Un fantastique trait de bravoure que je m'étais attribué* » (CÉLINE). *Un trait d'esprit*, une parole, une remarque vive et spirituelle. *Trait de génie*, idée remarquable et soudaine. V. **Illumination**. — *Absolt.* (Vieilli) « *Beaucoup d'anecdotes qu'il appelle, selon l'usage, des traits* » (BERNANOS). ♦ 2° (1579 ; de l'a. fr.

traire à « ressembler à », 1080 ; Cf. *Tirer*). *Loc. verb.* AVOIR TRAIT À : se dit d'une chose qui se rapporte à..., est relative à... (une autre). *Tout ce qui a trait à cette période de notre histoire.* ♦ 3º (XVIIᵉ). Élément caractéristique qui permet d'identifier, de reconnaître... V. **Caractère, caractéristique.** *Trait dominant, essentiel, saillant, caractéristique. Trait pertinent* (didact.). « *Des traits communs qui forment les écoles, et des traits distinctifs qui caractérisent les individus* » (TAINE). *Trait de caractère. Des traits de ressemblance.* ♦ 4º (XVIIᵉ). Acte ou parole qui manifeste un esprit médisant ou piquant. « *Elle nous piquait sans cesse par les traits d'une ironie mordante* » (BALZ.). *Les traits de la satire, de la calomnie.* V. **Brocard, épigramme, flèche, raillerie, sarcasme.** ◇ Expression heureuse et spirituelle, dans la conversation ou dans le style. V. **Mot, pointe, saillie.** « *De belles pensées, de jolis traits* » (STE-BEUVE). ◇ *Mus.* Passage brillant formé d'une suite de notes rapides. *Elle* « *avait du mécanisme, perlait les traits* » (PROUST). ♦ 5º *Liturg.* (lat. *tractus* « [chanté] d'un trait »). Psaume chanté après le graduel.

◇ HOM. *Très;* formes du v. *traire.*

TRAIT, TRAITE. *p. p.* V. **TRAIRE.**

TRAITABLE [tʀɛtabl(ə)]. *adj.* (déb. XIIIᵉ; lat. *tractabilis,* d'apr. *traiter*). *Littér.* Qu'on peut influencer, apprivoiser. V. **Accommodant, facile, maniable.** *J'espère que mon créancier sera plus traitable.* ◇ ANT. *Inflexible, intraitable.*

TRAITANT [tʀɛtã]. *n. m.* et *adj.* (1628 ; de *traiter*). ♦ 1º N. m. *(Hist.).* Financier qui, ayant fait un « traité » avec le roi, obtenait le droit de lever certains droits et impôts. *Traitants et fermiers généraux.* ♦ 2º (1872). Se dit du médecin qui traite les malades d'une manière suivie. *Médecin consultant* et médecin traitant.* — (Choses). Qui traite (A, 3º et B, 2º). *Teinture traitante. Crème de beauté traitante.*

TRAIT D'UNION [tʀɛdynjɔ̃]. *n. m.* (1754 ; de *trait,* et *union*). Signe écrit ou typographique, en forme de petit trait horizontal, servant de liaison notamment entre les éléments de certains composés (arc-en-ciel) et entre le verbe et le pronom postposé (Crois-tu ? Prends-le...). ◇ *Fig.* (mil. XIXᵉ) Personne, chose qui sert d'intermédiaire, de pont entre deux êtres ou objets. ◇ HOM. *Trade-union.*

TRAITE [tʀɛt]. *n. f.* (déb. XIVᵉ; substantivation au fém. du p. p. de *traire* « tirer » et nombreux sens dér. en a. fr.). I. ♦ 1º *Vx.* Action de faire venir, de transporter. V. **Transport.** ◇ *Mod.* (1690) *Traite des nègres, des noirs* (anciern.), commerce et transport des esclaves noirs. — Par anal. *Traite des blanches,* délit consistant à entraîner ou détourner des femmes en vue de la prostitution. « *La traite des noirs nous émeut à bon droit... Mais sachons mettre à nu aussi un autre ulcère... la traite des blanches* » (HUGO). ♦ 2º (1679). *Vx.* Action de retirer (de l'argent, par lettre de change). ◇ *Mod.* (1723) Lettre de change; billet, effet (de commerce). *Tirer une traite. Escompter une traite.* « *Il y avait des traites harcelantes des achats dits à tempérament* » (DUHAM.). II. (XVᵉ). Trajet effectué sans s'arrêter. V. **Chemin, parcours.** « *Il ne comptait pas faire une longue traite* » (BALZ.). « *Il reprit sa course, arriva d'une traite rue d'Amsterdam* » (DAUD.). *Fig. D'une (seule) traite,* sans interruption. III. (1538). Opération par laquelle on trait les vaches, les femelles d'animaux domestiques. V. **Mulsion.** *Traite mécanique.*

◇ HOM. Formes du v. *traire.*

TRAITÉ [tʀɛte]. *n. m.* (1300 ; de *traiter*). ♦ 1º Dr. *(Vieilli).* Convention entre des particuliers, ou entre un particulier et une autorité. V. **Contrat.** ♦ 2º (1370 ; lat. *tractatus*). Ouvrage didactique, où est exposé d'une manière systématique un sujet ou un ensemble de sujets concernant une matière. V. **-Graphie, -logie.** « *Traité de l'éducation des filles* » (FÉN.). « *Traité de radioactivité* » (Marie CURIE). ♦ 3º (Fin XIVᵉ). Acte juridique par lequel des gouvernements d'États compétents établissent des règles ou des décisions. V. **Accord, engagement, entente, pacte.** *Traité d'alliance, de paix. Traité de commerce. Conditions, clauses, articles d'un traité. Négocier, conclure, signer, ratifier un traité. Le respect des traités. Le traité de Versailles* (1919). ◇ HOM. *Traiter.*

TRAITEMENT [tʀɛtmã]. *n. m.* (déb. XVIᵉ; « négociation, traité », XIIIᵉ; de *traiter*). ♦ 1º Comportement à l'égard de qqn ; actes traduisant ce comportement. « *Je jouis d'un traitement de faveur* » (DUHAM). *Le traitement indigne qu'ils réservent aux prisonniers.* Spécialt. *Mauvais traitements, coups, sévices.* ♦ 2º (1549). *Vx.* Action de nourrir, de soigner (qqn). ◇ *Mod.* (1636) Ensemble des moyens (médicaments, prescriptions hygiéniques et diététiques) employés pour guérir ou atténuer une maladie ou une manifestation morbide. V. **Cure, médication, soin(s), thérapeutique.** *Le traitement ordonné, prescrit par le médecin. Suivre un traitement.* ♦ 3º (1582). Rémunération d'un fonctionnaire (payable par douzièmes mensuels) ; *par ext.* Gain attaché à un emploi régulier d'une certaine importance sociale. « *Tu touches à dates fixes un traitement assez rondelet* » (SARTRE). ♦ 4º (1783).

Manière de traiter (une substance); opération, procédé permettant de modifier (une matière). *Traitement du minerai. Traitement thermique d'un métal. Traitement de surface d'une pièce métallique. Traitement du bois, de l'eau. Traitement des déchets radioactifs.* V. **Retraitement.** ◇ Par anal. *Traitement de l'information.* Déroulement systématique d'une suite d'opérations logiques et mathématiques effectuées par des moyens automatiques (V. **Calculateur, ordinateur**) sur des données pour les exploiter selon un programme. *Traitement intégré*. Traitement de données en temps* réel, en temps* partagé. Traitement à distance.* V. **Télétraitement.**

TRAITER [tʀɛte]. *v.* (XIIᵉ; lat. *tractare*). I. *V. tr.* Ⓐ *(Compl. de personne).* ♦ 1º Agir, se conduire envers (qqn) de telle ou telle manière. « *Les domestiques sont traités avec une douceur familière* » (GAUTIER). *Traiter qqn très mal, comme un chien.* V. **Maltraiter.** Vieilli. *Traiter qqn de haut en bas,* avec un mépris hautain. *Traiter qqn d'égal à égal.* « *La traitant en gamine* » (ZOLA), comme une gamine. ♦ 2º *Littér.* (1538). Convier ou recevoir à sa table. « *J'ai mon club, c'est là que je traite mes amis* » (DUHAM.). *Traiter qqn en lui offrant un bon repas.* V. **Régaler.** ◇ (1640) *Vx.* Loger, nourrir pour de l'argent. ♦ 3º (1636). Soumettre à un traitement médical. « *Recevoir les malades..., les examiner et les traiter* » (DUHAM.). V. **Soigner.** ♦ 4º (1643). Qualifier, appeler (de tel ou tel nom). « *Il me traita d'Excellence* » (FRANCE). Péj. « *Le baron m'a traitée de pécore, hier soir* » (MUSS.). *Il l'a traité de tous les noms.* Pronom. (Récipr.). *Ils se sont traités d'idiots.* Ⓑ *(Compl. de chose).* ♦ 1º (Déb. XIIIᵉ). Régler (une affaire) en discutant, en négociant. « *L'habitude de traiter des affaires* » (BALZ.). *Pronom.* (Sens pass.) « *Les affaires se traitent à demi-voix* » (FROMENTIN). ♦ 2º (1765). Soumettre (une substance) à l'action d'agents physiques ou chimiques, de manière à modifier. *Il* « *traitait par le froid la lessive des cendres* » (ZOLA). *Traiter un minerai* (pour obtenir le métal qu'il contient). ♦ 3º (Déb. XIIIᵉ). Soumettre (un objet) à la pensée en vue d'étudier, d'exposer. V. **Aborder, examiner.** *Traiter une question, un problème.* V. **Agiter, discuter.** « *Assortir toujours son style à la matière qu'on traite* » (VOLT.). *L'élève n'a pas traité le sujet.* ◇ (Dans l'art) Mettre en œuvre de telle ou telle manière. « *La même scène traitée tour à tour par... Vinci, Michel-Ange et Corrège* » (TAINE). « *L'hôtel et l'établissement hydrominéral étaient traités dans un style tout différent* » (ROMAINS). II. *V. intr.* ♦ 1º (XIIᵉ). Vieilli. Disserter, exposer ses vues sur (une science, un sujet). *Montesquieu* « *se contenta de traiter du droit positif des gouvernements établis* » (ROUSS.). — « *Les livres qui traitent de notre maladie* » (COCTEAU). V. **Parler.** ♦ 2º (Déb. XIIIᵉ). Entrer en pourparlers, pour régler une affaire, conclure un marché. V. **Négocier, parlementer.** *Je ne peux pas traiter avec vous sur cette base-là.* « *J'ai traité pour trente mille francs comptant* » (BALZ.). « *Les nations...* ne peuvent plus traiter entre elles, *parce que leurs signatures sont absolument sans valeur* » (BERNANOS). ◇ HOM. *Traité.*

TRAITEUR [tʀɛtœʀ]. *n. m.* (1648 ; « négociateur », 1275 ; de *traiter*). *Vx.* Restaurateur. ◇ *Mod.* Celui qui prépare des repas, des plats à emporter à consommer chez soi. *S'adresser à un traiteur pour organiser un buffet.* — Adj. *Charcutier(-) traiteur.*

TRAÎTRE, TRAÎTRESSE [tʀɛtʀ(ə), tʀɛtʀɛs]. *n.* et *adj.* (1080 ; lat. *traditor*). I. *N.* ♦ 1º Personne qui trahit, se rend coupable d'une trahison. V. **Délateur, judas, parjure, renégat, transfuge.** « *Le véritable traître... c'est celui qui vend sa foi, qui vend son âme* » (PÉGUY). — Loc. *En traître.* « *Je ne vous prenais pas en traître* » (DUHAM.), je n'usais pas de traîtrise envers vous. ♦ 2º Par exagér. *(Vieilli).* Perfide, scélérat. « *Traître, tu me gardais ce trait pour le dernier* » (MOL.). II. *Adj.* ♦ 1º (XIIᵉ). Qui trahit ou est capable de trahir. *On l'accusa d'être traître à sa patrie, à sa cause,* d'avoir trahi sa patrie. V. **Déloyal, faux, félon, fourbe, infidèle.** ◇ Qui marque la traîtrise. « *Couvrir leur animosité d'un masque ricaneur et traître* » (ROUSS.). ♦ 2º (1680). Qui est dangereux sans le paraître, sans qu'on s'en doute. « *La nappe d'eau traîtresse qui déjà imbibe tout le sol* » (MAUROIS). « *C'est traître le soleil d'aujourd'hui, disait la concierge... et on risque d'attraper du mal* » (SARRAUTE). ◇ Loc. *fam.* (1798) « *Vous ne direz rien, pas un traître mot* » (ROMAINS), pas un seul mot. ◇ ANT. *Fidèle, loyal.*

TRAÎTREUSEMENT [tʀɛtʀøzmã]. *adv.* (déb. XIVᵉ; de l'a. fr. *traîtreux,* XIIIᵉ; de *traître*). Avec traîtrise, en prenant en traître. V. **Perfidement, sournoisement.** *Ils ont été traîtreusement attaqués pendant la trêve.*

TRAÎTRISE [tʀɛtʀiz]. *n. f.* (1810 ; de *traître*). ♦ 1º Caractère, comportement de traître. V. **Déloyauté, fourberie.** « *J'ai une preuve de ta traîtrise* » (RADIGUET). V. **Traître, coup fourré*.** « *Une perfidie préméditée..., une traîtrise* » (VILLIERS). ♦ 2º Danger que présente ce qui est traître. « *L'eau-forte est un art profond et dangereux, plein de traîtrises* » (BAUDEL.).

TRAJECTOGRAPHIE [tʀajɛktɔgʀafi]. *n. f.* (1963; de *traject*[oire], et *-graphie*). *Astronaut.* Technique de l'étude de la trajectoire des engins spatiaux. *Calculs de trajectographie.* — Adj. TRAJECTOGRAPHIQUE [tʀajɛktɔgʀafik].

TRAJECTOIRE [tʀaʒɛktwaʀ]. *n. f.* (1747; « conduit, tube », v. 1370, méd. ; lat. sc. *trajectoria*, de *trajectus* « traversée, trajet »). ♦ 1° *Mécan.* Courbe décrite par le centre de gravité d'un mobile. — *Astron. Trajectoire d'une planète*, son orbite. ◇ Ligne (parabole) décrite par un projectile, après sa projection hors de l'arme. ♦ 2° *Géom.* (1765). Courbe ayant une propriété donnée. *Trajectoire isogonale*, courbe qui coupe les courbes planes d'une même famille selon un angle constant (qui peut être un angle droit, *trajectoire orthogonale*).

TRAJET [tʀaʒɛ]. *n. m.* (1553; it. *tragetto*, lat. *trajectus* « traversée »). ♦ 1° *Vx.* Espace à traverser. ♦ 2° Le fait de parcourir un certain espace, pour aller d'un lieu à un autre ; le chemin ainsi parcouru. V. **Parcours, voyage.** « *Nous fîmes le trajet en calèche* » (GAUTIER). « *Les trajets sont étonnamment plus rapides qu'hier* » (SIEGFRIED). « *Durant le trajet de l'hôpital à la maison...* » (AYMÉ). ♦ 3° *Anat.* Parcours linéaire (d'un nerf, d'un vaisseau, d'un conduit organique). *Le trajet d'une artère.*

TRALALA [tʀalala]. *n. m.* (1860; d'un refrain de chanson, 1833; onomat.). *Fam.* Luxe recherché et voyant (dans qques express.). V. **Fla-fla.** *Recevoir à dîner en grand tralala.* « *Aujourd'hui les Delisle... ont des châteaux, avec le luxe, la chasse, tout le* tra la la *de l'aristocratie* » (GONCOURT).

TRAM [tʀam]. *n. m.* (1829; abrév. de *tramway*). Tramway. « *Ils prirent donc le tram de Sérianne dans la baladeuse* » (ARAGON). ◈ HOM. Trame.

TRAMAIL [tʀamaj] ou **TRÉMAIL** [tʀemaj]. *n. m.* (fin XIIᵉ,-XVᵉ; lat. médiév. *tremaculum*, proprem. « à trois mailles »). Grand filet de pêche formé de trois nappes superposées. Pl. *Des trémails.*

TRAME [tʀam]. *n. f.* (1549; *traime*, XIIᵉ; lat. *trama*). I. ♦ 1° Ensemble des fils passés au travers des fils de chaîne, dans le sens de la largeur, pour constituer un tissu. *Tapis qui montre la trame, usé jusqu'à la trame.* V. **Corde.** — *Fil de trame*, ou ellipt. *Trame*, fil qui sert à former les duites. *Envider, dévider la trame.* ♦ 2° (1764). *Sc.* Structure d'un réseau. *Trame broncho-vasculaire du poumon.* ◇ *Techn.* Fin quadrillage sur verre, interposé entre l'original et la couche sensible dans les procédés de reproduction en relief (photogravure). ◇ *Techn.* Ensemble des lignes d'une image télévisée décrites au cours d'un balayage vertical unique. II. *Fig.* ♦ 1° (XVIᵉ). *Vx.* Ce qui se déroule comme un fil. « *Comment se noue et se dénoue la trame de nos destinées* » (MARMONTEL). ◇ (Fin XVIᵉ) *Vx.* Intrigue, complot. « *Des intrigues qui s'élaborent..., des trames qui s'ourdissent* » (BALZ.). ♦ 2° *Mod.* (1829). Ce qui constitue le fond et la liaison d'une chose organisée. V. **Texture.** « *Ces petits faits insignifiants et délicieux qui forment le fond même, la trame de l'existence* » (MAUPASS.). ◈ HOM. Tram.

TRAMER [tʀame]. *v. tr.* (XIIIᵉ; lat. pop. °*tramare*, de *trama*. V. **Trame**). ♦ 1° Former (un tissu) en croisant les fils de trame avec les fils tendus de la chaîne. V. **Tisser.** — Former avec le fil de trame (des dessins, des rayures). ◇ *Phot.* Obtenir avec une trame. — Adj. *Clichés tramés*, ou subst. *Tramés.* ♦ 2° *Fig.* (XVIᵉ). Élaborer par des manœuvres cachées. V. **Combiner, machiner, ourdir.** « *L'évasion fut tramée chez un Portugais, dirigée par un Suédois* » (MICHELET). — Pronom. (Sens pass.) « *Vous me tiendrez au courant de ce qui pourrait se tramer contre moi* » (MAURIAC).

TRAMEUR, EUSE [tʀamœʀ, øz]. *n.* (1723; de *tramer*). ♦ 1° Ouvrier du tissage, chargé de préparer et disposer les fils de trame. ♦ 2° *N. f.* (1836). Machine de filature, produisant les fils de trame.

TRAMINOT [tʀamino]. *n.* (1930; de *tram*, d'apr. *cheminot*). Employé de tramway.

TRAMONTANE [tʀamɔ̃tan]. *n. f.* (1549; *tresmontaigne*, déb. XIIIᵉ; it. *tramontana* [stella], proprem. « [étoile] qui est au delà des monts », lat. *transmontanus*). ♦ 1° *Vx.* Étoile polaire. Loc. fig. *Perdre la tramontane*, être désorienté, perdre le nord. ♦ 2° (Déb. XIVᵉ). Vent du nord (sur la côte méditerranéenne), ou Vent qui vient d'au delà des montagnes (Alpes, Pyrénées). « *Un rempart de cyprès qui m'abritent du mistral et de la tramontane* » (COLETTE).

TRAMP [tʀap]. *n. m.* (1949; mot angl., proprem. « vagabond »). *Mar.* Cargo non affecté à une ligne régulière et qui touche tous les ports où il peut trouver du fret (système de navigation dit *tramping* [tʀapiŋ]). ◈ HOM. Trempe.

TRAMWAY [tʀamwɛ]. *n. m.* (1818; mot angl.). Chemin de fer à rails plats servant surtout aux transports urbains ; voiture qui circule sur ce type de rails. *Tramway électrique à trolley.* « *Armand apprit à conduire un tramway. On le mit sur une des motrices..., à côté du wattman* » (ARAGON).

TRANCHAGE [tʀɑ̃ʃaʒ]. *n. m.* (1863; de *trancher*). *Techn.* Opération par laquelle on débite le bois destiné aux placages. ◇ Découpage des métaux au tranchet.

TRANCHANT, ANTE [tʀɑ̃ʃɑ̃, ɑ̃t]. *adj. et n. m.* (1080; de *trancher*). I. *Adj.* ♦ 1° Qui est dur et effilé, peut diviser, couper. V. **Coupant.** *Instrument tranchant*, comportant une ou plusieurs lames, et destiné à couper (ciseaux, couteau, hache, sabre). « *Leur lame... était épaisse du côté non tranchant* » (ROBBE-GRILLET). ◇ (1530) *Ancien.* Se disait de l'écuyer chargé de découper les viandes. ♦ 2° *Fig.* (XIIIᵉ). Qui tranche, décide d'une manière péremptoire. V. **Affirmatif, cassant, dogmatique.** « *J'aime les gens tranchants* » (FLAUB.). « *Vous avez eu... un ton tranchant en lançant votre arrêt* » (BALZ.). ◇ (1667) *Vx.* Tranché. — (ANT. [de 1°] Contondant, émoussé.)

II. *N. m.* (XIIᵉ). ♦ 1° Côté mince, destiné à couper, d'un instrument tranchant. V. **Fil, taille.** *Pointe et tranchant d'un sabre. Couteau, hache à deux tranchants, à double tranchant. Fig. À double tranchant*, se dit d'un argument, d'un procédé dont l'emploi peut provoquer des effets opposés (et se retourner contre celui qui les emploie). ◇ Par anal. « *Léon balaya la table du tranchant de la main* » (COLETTE), avec le côté de la main tendue opposé au pouce. ♦ 2° Nom de certains instruments formés d'une lame et d'un manche. *Tranchant d'apiculteur, de tanneur.* ♦ 3° (1538). *Fig.* Caractère tranchant, incisif. *Tant de réprimandes perdent tout leur tranchant* » (GIDE).

TRANCHE [tʀɑ̃ʃ]. *n. f.* (1213; de *trancher*). Ce qui est coupé, tranché. **Ⓐ** *Sens propre.* ♦ 1° Morceau coupé assez mince, sur toute la largeur d'une chose comestible. *Distribuer à chacun une tranche de gâteau.* V. **Part, portion.** *Tranches de pain*, tartine. *Tranche de bœuf*, bifteck ; *de veau*, escalope ; *de jambon.* — Fam. « *Félicité retirait de son cabas des tranches de viande froide* » (FLAUB.). *Tranche ronde.* V. **Rond, rondelle.** *Tranche de poisson, de colin*, darne. *Couper en tranches très minces. Cake vendu en tranches.* ◇ *Tranche napolitaine*, glace ayant la forme d'une tranche (de gâteau). ♦ 2° (1680). *Bouch.* Partie moyenne de la cuisse de bœuf, au-dessus du gîte. *Bifteck dans la tranche. Tranche grasse*, située en avant de la cuisse. ♦ 3° (XVᵉ). Partie des feuillets d'un livre qui est rognée, « tranchée », pour présenter une surface unie. *Tranche supérieure* (ou *tête*), *latérale, inférieure. Livre doré sur tranches. Fig. et fam.* (Vieilli) *Un garçon doré sur tranche(s)*, très riche. ♦ 4° (1690). Tour d'une pièce de monnaie. *Faire rouler une pièce sur sa tranche.* ♦ 5° Bord mince, de faible épaisseur. *Des tables « portant sur la tranche de nombreuses morsures de canif* » (ROMAINS). V. **Bord, côté.** — *Artill. Tranche de la bouche d'un canon, tranche de culasse* (sections perpendiculaires à l'axe de la bouche à feu). ♦ 6° (1845). Terre que la charrue soulève en traçant le sillon, en « tranchant » la terre (V. **Ados**). ♦ 7° Représentation graphique, dessin de la partie d'un objet comprise entre deux plans parallèles rapprochés. V. **Coupe 2.** **Ⓑ** *(Abstrait).* ♦ 1° (1771). *Arithm.* Séries de chiffres. *On divise habituellement les nombres en tranches de trois chiffres* (3 000 000). ♦ 2° (1871). Partie séparée arbitrairement (dans le temps) d'une opération de longue haleine. *Tranches d'émission d'une loterie.* « *J'ai reçu, ce matin même, une première tranche, la moitié. Le reste viendra ces jours-ci* » (DUHAM.). ◇ *Tranche de temps.* « *La pensée réclame de larges tranches de temps* » (RIMBAUD). *Une tranche de vie*, scène réaliste dans le goût du théâtre libre d'Antoine. — Fam. *S'en payer une tranche* (de bon temps), s'amuser beaucoup. ♦ 3° Partie séparée arbitrairement (d'un objet, d'un concept). *Tranches de livraison d'une fourniture. Tranches d'imposition du revenu.*

TRANCHÉ, ÉE [tʀɑ̃ʃe]. *adj.* (XVᵉ; *tranchié* « en pente », XIIᵉ; V. **Trancher**). ♦ 1° Coupé, sectionné. ◇ *Blas. Écu tranché*, divisé par une diagonale de droite à gauche. *Subst. Cette division. Tranché crénelé.* ♦ 2° *Fig.* (1765; *mot tranché*, XVᵉ). Nettement séparé des choses semblables ou comparables ; qui se distingue par des caractères très apparents. V. **Net, séparé; différent.** *Des espèces tranchées.* V. **Distinct.** « *Il n'y a pas de ligne de démarcation tranchée entre l'instinct de l'animal et le travail organisateur de la matière vivante...* » (BERGSON), apparente, nette. *Couleurs tranchées.* V. **Franc** (2°), **net** (3°). « *Deux partis bien nets, bien tranchés* » (STENDHAL). « *Les natures absolues ont besoin de ces partis tranchés* » (RENAN). ◇ *Spécialt.* Qui est bien net, qui est affirmé avec franchise, catégoriquement. *Opinion tranchée.* ◈ ANT. Confus, indistinct.

TRANCHÉE [tʀɑ̃ʃe]. *n. f.* (XIIIᵉ; *tranchie*, XIIᵉ; de *trancher*). I. ♦ 1° Excavation pratiquée en longueur dans le sol. V. **Cavité, fossé, sillon.** *Creuser, faire, ouvrir une tranchée. Tranchées creusées pour enfouir des conduites, des câbles. Tranchées de drainage, d'écoulement* (V. **Canal**). — *Constr. Tranchées de fondation.* ◇ Fouille en longueur, généralement aménagée (par des murs de soutènement, etc.) pour donner passage à une voie de communication (route, canal, voie

ferrée). « *Cette route était et est encore une tranchée dans la plus grande partie de son parcours ; tranchée creuse quelquefois d'une douzaine de pieds* » (HUGO). ♦ 2° *Ancien.* (1530). Fossé allongé creusé pour s'approcher à couvert d'une place, dans la guerre de siège. V. **Circonvallation, fortification, retranchement, sape.** *Parapet d'une tranchée. Tête de tranchée,* partie la plus rapprochée de la place à assiéger. ◇ *Mod.* Dispositif allongé, creusé à proximité des lignes ennemies, et où la troupe demeure à couvert. *Guerre de tranchées* (opposé *à guerre de mouvement*), s'est dit *spécialt.* de la guerre de 1914-18, après la bataille de la Marne. *Abri de tranchée,* cagna. *Réseau, ligne de tranchées.* V. **Boyau, parallèle.** « *Sur les vingt-cinq kilomètres de largeur qui forment le front de l'armée, il faut compter mille kilomètres de lignes creuses, tranchées, boyaux, sapes* » (BARBUSSE). — *Loc.* Nettoyer *la tranchée, une tranchée,* la prendre, en tuant ou en chassant ses occupants. ♦ 3° (1872). Chemin ouvert dans une forêt, et formant comme un fossé entre les arbres. ♦ 4° *Techn.* (1699). Entaille creusée en longueur dans un mur (pour recevoir une solive, etc.).
II. (1538). Au plur. *Tranchées utérines,* contractions douloureuses de l'utérus après l'accouchement, faisant évacuer les lochies*.

TRANCHÉE-ABRI [tʀɑ̃ʃeabʀi]. *n. f.* (1907 ; de *tranchée,* et *abri*). Tranchée aménagée, couverte pour servir d'abri. « *Il paraît que les Allemands se sont marrés quand ils ont vu nos tranchées-abris* » (BEAUVOIR).

TRANCHEFILE [tʀɑ̃ʃfil]. *n. f.* (1611 ; *trenquefille, tranchefille...* [xvᵉ et xviᵉ] ; « corde, chaînette, etc. » ; probabl. impér. de *trancher,* et *filer*). *Techn.* ♦ 1° Petit bourrelet entouré de fils, qui garnit et renforce le haut et le bas du dos d'une reliure, pour maintenir les cahiers assemblés. ♦ 2° Couture formant bordure, à l'intérieur des souliers.

TRANCHEFILER [tʀɑ̃ʃfile]. *v. tr.* (1680 ; « épisser des cordages », xviᵉ ; de *tranchefile*). *Techn. (Rel.).* Garnir (un livre) d'une tranchefile.

TRANCHE-MONTAGNE [tʀɑ̃ʃmɔ̃taɲ]. *n. m.* (1608 ; sobriquet en 1398 ; de *trancher* « traverser », et *montagne*). *Vx* ou *littér.* Fanfaron qui se vante d'exploits fabuleux. V. **Matamore, vantard.** « *Ce n'était pas non plus un violent, un tranche-montagne... Il était pacifiquement professeur agrégé d'histoire* » (DORGELÈS).

TRANCHER [tʀɑ̃ʃe]. *v.* (v. 1380 ; *trencher,* 1080 ; lat. pop. °*trinicare* « couper en trois » [lat. *trini*] ; Cf. pour le sens, *Écarter, esquinter*).
I. *V. tr. dir.* ♦ 1° Diviser, séparer (une chose en parties, deux choses unies) d'une manière nette, au moyen d'un instrument dur et fin (instrument *tranchant*). V. **Couper, tailler** (1°). *Trancher une corde.* « *Un matelot prit une hache pour trancher le câble d'amarre. « Pas vite, signe de hâte ; quand on a le temps, on dénoue* » (HUGO). « *Il les tranchait* (*des mouillettes de pain*) *d'un coup de dents net* » (GENEVOIX). ◇ *Spécialt. Trancher la tête de qqn,* le tuer en détachant la tête du tronc. V. **Décapiter, guillotiner ; décollation.** « *Envoie-moi à la guillotine, moi aussi, fais-moi trancher la tête !* » (FRANCE). *Trancher la gorge,* égorger. « *Il tira de sa poche son couteau ouvert et il trancha la carotide au matelot* » (J. GENET). ♦ 2° *Loc. métaph.* Couper, diviser net. V. **Interrompre.** *La mort, la Parque tranche le fil des jours. Trancher le nœud* * *gordien.* — « *Tu as tranché tes attaches bourgeoises* » (SARTRE). ♦ 3° *Fig.* (1565). *Vx.* Mettre brutalement fin à (qqch.) ; abréger, couper court à. *Trancher son discours, le trancher en un mot, d'un mot.* « *Pour le trancher net* » (MOL.). « *Le premier Consul savait le résumer* (*la discussion*), *la trancher d'un seul mot* » (THIERS). Absolt. *Tranchons là.* V. **Briser.** ◇ *Mod.* Terminer par une décision, un choix ; résoudre en terminant (une affaire, une question). V. **Résoudre** (I). *Trancher une difficulté.* « *Nous ne tranchions pas la question* » (BERGSON). « *Des paysans venaient en foule le supplier de trancher des procès vieux de vingt ans. Il les tranchait en contentant les deux parties* » (GIRAUDOUX). ◇ *Littér.* Se décider à employer (un mot). *Il vaut mieux trancher le mot,* s'exprimer, dire avec franchise.
II. *V. intr.* ou *absolt.* (xiiᵉ, « être tranchant », en parlant d'une lame). ♦ 1° *Vx.* Couper. ◇ *Loc. mod.* (1872) *Trancher dans le vif,* couper dans la chair encore saine, pour empêcher la gangrène de s'étendre ; *fig.* Employer les grands moyens. ♦ 2° Décider d'une manière franche, catégorique. *Il faut trancher sans plus hésiter.* « *Elle parle haut, affirme et tranche ; n'hésite jamais* » (LARBAUD). ♦ 3° (v. 1475). *Vx* ou *littér.* TRANCHER DU..., DE LA... : prendre d'une manière absolue, prétentieuse, les manières, le personnage de... *Trancher du seigneur, de l'important,* affecter un tel personnage. « *Il recevait grandement... il tranchait du prince* » (BALZ.). ♦ 4° (1690). Se distinguer avec netteté ; former un contraste, une opposition (*choses*). V. **Contraster, détacher** (se), **ressortir.** *Couleur qui tranche sur un fond.* « *La pâleur de son visage, qui tranchait en blanc sur le fond noir de la nuit* » (FLAUB.). « *Le site un peu romantique tranchait sur la mollesse uniforme de la contrée* » (GIDE). — *Trancher avec...* Le « *ton*

singulier... *qui tranche si prodigieusement avec celui du précédent* » (ROUSS.).

TRANCHET [tʀɑ̃ʃɛ]. *n. m.* (1364 ; de *trancher*). Outil formé d'une lame plate, sans manche, et qui sert à couper le cuir. *Tranchet de bourrelier, de sellier.* ◇ Outil de plombier, de serrurier pour couper le plomb, le métal chauffé.

TRANCHEUR, EUSE [tʀɑ̃ʃœʀ, øz]. *n.* (xvᵉ ; *trancheor* « sapeur », déb. xiiiᵉ ; de *trancher*). ♦ 1° *Techn.* (1876). Mineur qui travaille en galerie et détache le minerai. ♦ 2° *Mar.* (1765). Matelot qui ouvre les morues et les prépare, au moyen d'un couteau spécial. ◇ 3° Ouvrier chargé d'opérations de tranchage. *Trancheuse,* ouvrière qui effectue certains découpages à la machine (confection). ♦ 4° N. f. *Techn.* Machine pour l'extraction de la pierre. ◇ Machine à trancher le bois. ◇ « *Engin de terrassement destiné à creuser des tranchées* » (J.O., 18-1-1973).

TRANCHOIR [tʀɑ̃ʃwaʀ]. *n. m.* (1300 ; *tranchor, -cheor,* 1206 ; de *trancher*).
I. ♦ 1° Plateau de bois sur lequel on place la viande à découper. V. **Tailloir.** ◇ Planchette, natte sur laquelle on coupe le fromage. ♦ 2° *Techn.* Palette de bois utilisée en teinturerie pour placer la chaux, la cendre destinée à être mise dans la cuve.
II. (xiiiᵉ). ♦ 1° Instrument tranchant, sorte de couteau, de hachoir. ♦ 2° *Par anal.* (1876). Poisson à corps mince, en forme de faucille.

TRANQUILLE [tʀɑ̃kil]. *adj.* (1460 ; lat. *tranquillus*). ♦ 1° Où règnent des conditions relativement stables ; où se manifestent un ordre et un équilibre qui ne sont affectés par aucun changement soudain ou radical (mouvement, bruit...). V. **Immobile, silencieux.** REM. *Calme* est plus objectif que *tranquille* qui implique une idée de paix et de sécurité. *Mer tranquille.* « *C'était l'heure tranquille où les lions vont boire* » (HUGO). *Un endroit, un coin tranquille. Quartier, rues tranquilles.* ◇ *Que rien ne vient troubler.* « *Une impression de chez-soi, un tranquille bien-être* » (LOTI). *Sommeil tranquille.* — (*Mouvements*). Qui s'effectue sans agitation, de façon régulière. *Un pas tranquille.* « *Un grand navire fait... une entrée tranquille et silencieuse* » (ROMAINS). ◇ (*Êtres vivants*) Qui est, par nature, peu remuant, n'éprouve pas le besoin de mouvement, de bruit. V. **Paisible.** « *Une vieille femme tranquille qui tricotait toujours* » (CHATEAUB.). *Voisins tranquilles.* Fam. *Un père tranquille.* — Qui est momentanément en repos, qui ne bouge pas. V. **Coi.** « *Il se tenait bien droit et tranquille* » (GENEVOIX). *Les enfants, restez tranquilles.* V. **Gentil, sage.** — Par métaph. « *Sois sage, ô ma Douleur et tiens-toi plus tranquille* » (BAUDEL.). ♦ 2° (*Moral*). Qui éprouve un sentiment de sécurité, de paix. « *Fernand pouvait dormir tranquille : il n'avait jamais été trahi* » (MAURIAC). « *Je ne puis être tranquille quand tu seras inquiète* » (LACLOS). *Soyez tranquille,* ne vous inquiétez pas. *Par antiphr.* (Formule de menace) *Soyez tranquille, nous nous retrouverons !* — (1808) *Tranquille comme Baptiste* (type comique de niais, au calme imperturbable). — *Laisser qqn tranquille,* s'abstenir ou cesser de l'inquiéter, de le tourmenter. *Laissez-moi tranquille avec cette affaire,* cessez de m'en parler (Cf. *fam.* Fichez-moi la paix*). — *Laisse ça tranquille,* n'y touche pas, ne t'en occupe plus. — *Laissez donc tout ça tranquille... Le nécessaire est fait* » (MONTHERLANT). « *Je lui ai dit de me laisser travailler tranquille* » (LE CLÉZIO). ◇ *Avoir l'esprit, la conscience tranquille,* n'avoir rien à se reprocher. *Assurance, conviction tranquille.* V. **Serein.** *Courage tranquille.* ♦ 3° (xixᵉ). Fam. Qui ne se pose pas de problème quant à la réalité de la chose en question, qui est sûr de ce qui a été dit. *Il ne reviendra pas ; je suis tranquille,* j'en suis certain. *Vous pouvez être tranquille qu'il n'est pas chez lui à cette heure-ci.* ♦ 4° *Pharm.* Baume tranquille, qui tranquillise. ⊗ ANT. *Agité, bruyant, furieux; anxieux, inquiet, tourmenté, troublé.*

TRANQUILLEMENT [tʀɑ̃kilmɑ̃]. *adv.* (1549 ; de *tranquille*). ♦ 1° D'une manière tranquille (V. **Calmement, paisiblement**) ; sans agitation. « *Tranquillement installée dans un coin du salon, elle les laissait venir...* » (R. ROLLAND). ♦ 2° Sans émotion, sans inquiétude. « *La petite Fadette parlait humblement et tranquillement de sa laideur* » (SAND). *Spécialt.* Sans l'émotion qui serait naturelle en pareil cas, avec audace ou inconscience. « *Il vit tranquillement dans les ignominies* » (HUGO). ⊗ ANT. *Anxieusement.*

TRANQUILLISANT, ANTE [tʀɑ̃kilizɑ̃, ɑ̃t]. *adj. et n. m.* (1788 ; de *tranquilliser*).
I. Qui tranquillise. V. **Rassurant.** *Des nouvelles tranquillisantes.*
II. *N. m.* (Mil. xxᵉ ; adapt. angl. *tranquillizer*). Médicament qui agit comme calmant global (V. **Neuroleptique**) ou en faisant disparaître l'état d'angoisse (V. **Anxiolytique,** et *aussi* **Antidépresseur**). « *Elle se gave de tranquillisants, décontractants et d'harmonisateurs* » (BEAUVOIR). — Adj. *Médicament tranquillisant.*

TRANQUILLISER [tʀɑ̃kilize]. *v. tr.* (1420 ; du lat. *tranquillus*. V. **Tranquille**). Rendre tranquille ; délivrer de l'inquiétude. V. **Calmer, rassurer.** « *Cette idée... me console, me* *tranquillise, et m'aide à me résigner* » (ROUSS.). « *Elle se contraignait à sourire afin de le tranquilliser plus vite* » (MART. du G.). — Pronom. *Tranquillisez-vous,* rassurez-vous. — Au p. p. *Je suis tranquillisé.* ◇ ANT. *Affoler, alarmer, angoisser, effrayer, inquiéter.*

TRANQUILLITÉ [trãkilite]. *n. f.* (1190 ; lat. *tranquillitas*). ♦ 1° État stable, constant, ou modifié régulièrement et lentement. *Rien ne troublait la tranquillité de son sommeil.* « *Cette tranquillité très particulière des soirs où la mer se calme* » (LOTI). V. **Calme.** — *Troubler la tranquillité publique. En toute tranquillité,* sans être dérangé. ♦ 2° Stabilité morale ; état tranquille (2°). V. **Calme, paix, quiétude, repos, sérénité.** « *Une existence pathétique... plutôt que la tranquillité* » (GIDE). *Défendre sa tranquillité. Tranquillité matérielle,* absence de souci d'ordre matériel. *Tranquillité d'esprit.* « *J'aurais détesté la grande réputation : j'aime trop ma tranquillité* » (LÉAUTAUD). ◇ *(Sens politique)* Ordre, paix dans les rapports humains, dans une société. « *La base sur laquelle repose la tranquillité des peuples* » (MONTESQ.). ◇ ANT. *Agitation, angoisse, appréhension, inquiétude ; désordre, trouble.*

TRANS-. Préfixe, du lat. *trans* « par delà », prép. et préverbe, qui a en français le sens de « au delà de » *(transalpin),* « à travers » *(transpercer),* et qui marque le passage ou le changement *(transition, transformation).* V. *aussi* **Travers,** traverser, trépas, trépasser.

TRANSACTION [trãzaksjɔ̃]. *n. f.* (1298, « transfert d'un bien » ; lat. *transactio,* de *transigere.* V. **Transiger**). ♦ 1° Dr. (1343). Acte par lequel on transige. Contrat par lequel les contractants terminent ou préviennent une contestation en renonçant chacun à une partie de leurs prétentions. V. **Composition, concordat.** « *La plus mauvaise transaction... est meilleure que le meilleur procès* » (BALZ.). — *Législ. fin.* Convention par laquelle une administration fiscale consent, au cas d'infraction, à n'exercer aucune poursuite moyennant une amende. ◇ Cour. (déb. XIXe) Arrangement, compromis. « *La conseillère qui pousse aux abaissements, aux platitudes, aux lâchetés, à toutes les petites misérables transactions de la conscience* » (GONCOURT). ♦ 2° Écon. (1837). Contrat entre un acheteur et un vendeur. — Opération effectuée dans les marchés commerciaux, dans les bourses de valeurs. V. **Échange.** *Activité, sécurité des transactions. Taxe sur les transactions.*

TRANSACTIONNEL, ELLE [trãzaksjɔnɛl]. *adj.* (1823 ; de *transaction*). Qui concerne une transaction, a le caractère d'une transaction (1°). *Règlement transactionnel. Formule transactionnelle.*

TRANSAFRICAIN, AINE [trãzafrikɛ̃, ɛn]. *adj.* (déb. XXe ; de *trans-,* et *africain*). Qui traverse l'Afrique. *Chemin de fer transafricain,* du Cap au Caire.

TRANSALPIN, INE [trãzalpɛ̃, in]. *adj.* (1546 ; lat. *transalpinus*). Qui est au delà des Alpes. *Gaule cisalpine et Gaule transalpine* (par rapport à l'Italie).

TRANSANDIN, INE [trãzãdɛ̃, in]. *adj.* (1891 ; de *trans-,* et *andin*). Qui traverse les Andes. *Chemin de fer transandin.*

TRANSAT. *n. m.* V. **TRANSATLANTIQUE** (2°).

TRANSATLANTIQUE [trãzatlãtik]. *adj. et n. m.* (1839 ; de *trans-,* et *atlantique*). ♦ 1° Qui traverse l'Atlantique. *Paquebot transatlantique.* ◇ N. m. (1874) *Un transatlantique,* paquebot faisant le service entre l'Europe et l'Amérique. ◇ Par ext. *Compagnie générale transatlantique* (abrév. fam. *La Transat* [la trãzat]). *Lignes transatlantiques. Câble transatlantique.* ♦ 2° N. m. (1933). *Un transatlantique,* fam. TRANSAT [trãzat], Chaise longue, fauteuil pliant en toile, d'abord en usage sur les ponts des paquebots, employé ensuite sur les plages, les terrasses, dans les jardins. « *Elle passe la nuit sur un transat* » (GIDE).

TRANSBAHUTER [trãsbayte]. *v. tr.* (1883 ; de *trans-,* et *bahuter,* dér. vx de *bahut*). Fam. Transporter, déménager. *Transbahuter une armoire. Se transbahuter,* se déplacer. — (Dér. TRANSBAHUTEMENT [trãsbaytmã], TRANSBAHUTAGE [trãsbaytaʒ], *n. m.*).

TRANSBORDEMENT [trãsbɔrdəmã]. *n. m.* (1792 ; de *transborder*). Action de transborder ; son résultat. *Transbordement de marchandises, de passagers.*

TRANSBORDER [trãsbɔrde]. *v. tr.* (1792 ; de *trans-,* et *bord*). Faire passer d'un bord, c.-à-d. d'un navire, à un autre, et *par ext.* d'un train, d'un wagon à un autre.

TRANSBORDEUR [trãsbɔrdœr]. *n. m.* (fin XIXe ; de *transborder*). Vx. *Ferry-boat.* — (1898) *Transbordeur* ou *pont transbordeur,* pont mobile, plate-forme qui glisse le long d'un tablier.

TRANSCANADIEN, IENNE [trãskanadjɛ̃, jɛn]. *adj.* et *n. f.* (déb. XXe ; mot canadien, de *trans-,* et *Canada*). Qui traverse le Canada d'un océan à l'autre. *La route transcanadienne.* Subst. *La Transcanadienne.*

TRANSCASPIEN, IENNE [trãskaspjɛ̃, jɛn]. *adj.* (1877 ; de *trans-,* et *Caspienne*). Qui est au delà de la mer Caspienne. *Chemin de fer transcaspien.*

TRANSCAUCASIEN, IENNE [trãsko(ɔ)kazjɛ̃, jɛn]. *adj.]* (1922 ; de *trans-,* et *Caucasien*). Qui est au delà du Caucase.

TRANSCENDANCE [trãsãdãs]. *n. f.* (1640 ; de *transcendant*). ♦ 1° Caractère de ce qui est transcendant. — Philo. *Transcendance de Dieu,* par rapport au monde et aux consciences. *Transcendance du monde* (par rapport aux consciences). *La transcendance,* l'existence de réalités transcendantes (Dieu — substances permanentes et choses en soi — rapports de droit ou de vérité immuables indépendants des faits — objets extérieurs aux consciences, d'apr. SARTRE). ♦ 2° Action de transcender ou de se transcender. *Morale de la transcendance,* plaçant la moralité dans le fait de se transcender. ♦ 3° Cour. et *vieilli* (1735). Supériorité, qualité éminente. V. **Excellence.** ◇ ANT. *Immanence.*

TRANSCENDANT, ANTE [trãsãdã, ãt]. *adj.* (*Transcendent,* 1405 ; lat. *transcendens,* de *transcendere,* de *trans,* et *ascendere* « monter »). ♦ 1° Qui s'élève au-dessus d'un niveau donné, ou au-dessus du niveau moyen. V. **Sublime, supérieur.** « *Il fallait ses lumières transcendantes de martyr et d'ascète pour découvrir...* » (RENAN). — Fam. *Il n'est pas transcendant* (Cf. Ce n'est pas un aigle). ♦ 2° Philo (1538, log.). Vx. Se disait des termes qui sont d'une signification si universelle qu'ils dépassent toutes les catégories (*par ex.* Un, Être, Vrai, etc.). ◇ Mod. Qui dépasse un ordre de réalités déterminé, « ne résulte pas du jeu naturel d'une certaine classe d'êtres ou d'actions, mais suppose l'intervention d'un principe extérieur et supérieur à celle-ci » (LALANDE). « *Un ensemble de croyances exprimant la valeur transcendante de la vie* » (RENAN). *Transcendant à...,* d'une nature radicalement supérieure à... ou (en phénoménologie) extérieure à... *Le phénomène, l'objet conçus comme transcendants* (à la conscience). Subst. *Le transcendant.* ♦ 3° Math. (1704). Non algébrique. *Équation, courbe transcendante.* — *Nombre transcendant,* nombre irrationnel qui n'est pas racine d'aucune équation algébrique à coefficients entiers (*ex.* : π). *Fonction transcendante* (*ex.* : fonctions trigonométriques et logarithmiques). — Vx. *Géométrie transcendante* (D'ALEMB.), *analyse transcendante* (A. COMTE). — ◇ ANT. *Élémentaire ; immanent ; algébrique.*

TRANSCENDANTAL, ALE, AUX [trãsãdãtal, o]. *adj.* (1503 ; lat. scolast. *transcendentalis,* de *transcendens.* V. **Transcendant**). ♦ 1° Vx (Log., Métaphys. et Mathém.). Transcendant. *Relation transcendantale,* chez les scolastiques, *Relation essentielle.* ♦ 2° (Chez Kant). Qui constitue ou exprime une condition a priori de l'expérience. *Esthétique transcendantale. Idéalisme transcendantal.* ♦ 3° *Le moi,* le sujet transcendantal, chez Kant, « principe d'activité connaissante unifiant le divers de l'expérience interne » ; chez les phénoménologues, « la conscience pure, c.-à-d. dégagée de toutes les données de l'expérience soit externe, soit interne » (FOULQUIÉ), seule réalité irréductible.

TRANSCENDANTALISME [trãsãdãtalism(ə)]. *n. m.* (1803 ; de *transcendental*). Philo. Système admettant des formes et concepts a priori dominant l'expérience. ◇ ANT. *Immanentisme.*

TRANSCENDER [trãsãde]. *v. tr.* (1903 ; du rad. de *transcendant ;* déb. XIVe, « transgresser » ; lat. *transcendere*). Dépasser en étant supérieur ou d'un autre ordre, se situer au delà de... « *Quelque lié qu'il soit à la civilisation où il naît, l'art la déborde souvent — la transcende peut-être* » (MALRAUX). — Pronom. *Se transcender,* se dépasser, aller au delà des possibilités apparentes de sa propre nature.

TRANSCODAGE [trãskɔdaʒ]. *n. m.* (1966 ; de *trans-* et *codage*). Traduction (d'une information) dans un code différent. — *Spécialt.* Dans un calculateur électronique, transcription des instructions du programme dans un code interne. — Par ext. Transposition des images télévisées en couleurs d'un système à un autre. « *Un appareil de transcodage des signaux de télévision en couleurs* » (Le Monde, 21-4-1967).

TRANSCODER [trãskɔde]. *v. tr.* (v. 1960 ; de *trans-,* et *coder*). Techn. Effectuer un transcodage*.

TRANSCODEUR [trãskɔdœr]. *n. m.* (1967 ; de *transcoder*). Techn. Appareil capable d'opérer un transcodage*. *Transcodeur d'un ordinateur.*

TRANSCONTINENTAL, ALE, AUX [trãskɔ̃tinãtal, o]. *adj.* (1872 ; de *trans-,* et *continental*). Qui traverse un continent d'un bout à l'autre. *Chemin de fer transcontinental.*

TRANSCRIPTEUR [trãskriptœr]. *n. m.* (1556 ; du rad. de *transcription*). Personne, appareil qui transcrit.

TRANSCRIPTION [trãskripsjɔ̃]. *n. f.* (1518 ; lat. *transcriptio,* de *transcribere.* V. **Transcrire**). ♦ 1° Action de transcrire ; son résultat. V. **Copie, enregistrement, report.** *Transcription à l'état civil. Transcription hypothécaire,* « formalité consistant dans le dépôt au bureau de la conservation des hypothèques d'un exemplaire de tous actes translatifs, déclaratifs ou modificatifs de propriété » (CAPITANT). *Droit de transcription.* ♦ 2° Notation des mots d'une langue dans un autre alphabet. V. **Translit(t)ération.** *Transcription phonétique,* notation permettant aux lecteurs de prononcer correctement le mot. V. **Alphabet** (phonétique). ♦ 3° (1828) Arrangement d'une œuvre musicale pour un ou plusieurs instruments ou voix autres que ceux pour lesquels elle a été écrite. ◆ 4° (1964). *Transcription génétique*, par laquelle l'information génétique est transportée des chromosomes de la cellule sur l'acide ribonucléique messager.

TRANSCRIRE [trãskrir]. *v. tr.* (1234; lat. *transcribere*, finale d'apr. *écrire*). ◆ 1° Copier très exactement, en reportant. V. **Copier, enregistrer.** *Transcrire un acte, des contrats.* « *Il n'y en a pas un* (de mes manuscrits) *qu'il ne m'ait fallu transcrire quatre ou cinq fois* » (Rouss.). « *Vous vous occuperez, M. Paul et toi, de transcrire sur le registre d'entrées les cinq ou six affaires que nous avons pointées* » (Romains). — (Fin xixe) Effectuer la transcription de... *Transcrire un texte grec en caractères latins.* ◆ 2° (1823). Opérer la transcription de (une œuvre musicale). *Liszt a transcrit pour le piano des pièces d'orgue de Bach.*

TRANSDUCTEUR [trãsdyktœr]. *n. m.* (xxe; de *trans-*, et [con]*ducteur*, d'apr. l'angl. *transducer*). *Techn.* Organe convertissant à l'émission ou à la réception un phénomène physique en vue de sa transmission. V. **Capteur.** *Les microphones et haut-parleurs sont des transducteurs.*

TRANSDUCTION [trãsdyksjɔ̃]. *n. f.* (apr. 1952; de *trans-*, d'apr. *conduction*). *Biol.* Transfert génétique entre bactéries s'effectuant sous l'action d'un bactériophage.

TRANSE [trãs]. *n. f.* (fin xvie; « agonie », xie; de *transir*). ◆ 1° (*Vx* ou *littér.* au sing.). Inquiétude ou appréhension extrêmement vive. V. **Affres, crainte.** *Être dans les transes, dans des transes mortelles.* « *J'aime mieux mettre la clef sous la porte... que de continuer à vivre des transes pareilles* » (Zola). *Être dans les transes de...* (et inf.), *dans une transe que...* (et subj.) « *Christophe fut dans des transes qu'un article nouveau n'éveillât la susceptibilité de Georges* » (R. Rolland). ◆ 2° (1891; *trance*, 1884; angl. *trance* « exaltation, transport »). *Spiritisme.* État du médium dépersonnalisé comme si l'esprit étranger s'était substitué à lui. *Cour.* En transe. *Médium qui entre en transe.* V. **Hypnose.** « *L'apparition est formée par le fluide dégagé du médium en transe* » (Huysmans). — Par ext. *Être, entrer en transe, s'énerver, être hors de soi.* « *Ma belle-mère n'abordait jamais ce sujet de sang-froid... elle entrait aussitôt en transe* » (Mauriac).

TRANSEPT [trãsɛpt]. *n. m.* (1823; angl. *transept* [xvie]; du lat. *trans-*, et *sæptum* « enclos »). *Archit.* Nef transversale qui coupe la nef maîtresse d'une église et lui donne la forme symbolique d'une croix. *Croisée du transept. Églises rhénanes à deux transepts.*

TRANSFÉRABLE [trãsferabl(ə)]. *adj.* (1596, repris 1819; de *transférer*). *Dr.* Qui peut être transféré. *Valeur transférable.* V. **Cessible, négociable.**

TRANSFÈREMENT [trãsfɛrmã]. *n. m.* (1704; de *transférer*). Action de transférer (un prisonnier ou une personne assimilée). *Transfèrement cellulaire, en voiture cellulaire.* V. **Translation** (3°).

TRANSFÉRENTIEL, IELLE [trãsferãsjɛl]. *adj.* (1955; de *transfert*). *Psychan.* Relatif au transfert.

TRANSFÉRER [trãsfere]. *v. tr.;* conjug. *céder* (1356; lat. *transferre*). ◆ 1° Transporter en observant les formalités prescrites. *Transférer un prisonnier. Transférer le corps, les cendres d'un mort.* « *Il* (un prêtre) *serait transféré dans une paroisse meilleure* » (Huysmans). — *Transférer une assemblée, le siège d'une organisation, etc., dans tel endroit.* ◇ *Dr.* (1550). Transmettre la propriété d'un bien ou d'un droit d'une personne à une autre selon les formalités requises. *Transférer une obligation, des titres de propriété.* ◆ 2° (*Abstrait*). Étendre (un sentiment) à un autre objet, par un transfert (3°). « *L'amant transfère le sentiment causé d'abord par la personne de sa maîtresse, à ses vêtements, ses meubles, sa maison* » (Th. Ribot). ◇ ANT. Fixer.

TRANSFERT [trãsfɛr]. *n. m.* (1724; lat. *transfert* « il transfère »; de *transferre.* V. **Transférer**). Action de transférer. ◆ 1° (Déplacement d'une personne à une autre). *Dr.* Acte par lequel une personne transmet un droit à une autre. *Transfert de propriété.* V. **Aliénation, cession, translation, transmission.** *Transfert dit translatif de propriété. Transfert des valeurs mobilières.* — *Législ. fin.* Substitution du nom du nouveau contribuable sur le rôle des contributions directes à la suite d'un changement de propriété. *Transfert de l'impôt.* V. **Répercussion.** ◇ *Écon.* « Changement d'affectation de ressources » (Romeuf). *Le budget de l'État, la Sécurité sociale et les Allocations familiales sont les principales sources de transfert.* ◆ 2° (1874). Déplacement d'un lieu à un autre. V. **Translation, transport.** *Le transfert des cendres de Napoléon.* — *Transfert de capitaux d'un pays à un autre. Transfert de populations,* déplacement massif et forcé (V. **Migration**). ◇ *Mécan.* Passage automatique de chacune des pièces en cours de fabrication d'un poste de travail au suivant. *Machine à transfert, ou machine-transfert,* machine-outil à postes multiples, dans laquelle les pièces à usiner, qui demeurent fixes pendant l'usinage, se déplacent ensuite automatiquement d'un poste

de travail au suivant pour les opérations intermédiaires. ◇ *Inform.* Déplacement (d'une information) d'un organe à un autre en vue de son traitement*. *Fonction de transfert d'un système,* correspondance mathématique entre le signal de sortie et le signal d'entrée définissant l'opération qu'effectue ce système. ◆ 3° *Psycho.* (1879; trad. angl. *transference of feeling,* 1892). Phénomène par lequel un état affectif éprouvé pour un objet est étendu à un objet différent, normalement en vertu d'une association. *Transfert des sentiments.* V. *aussi* **Identification, projection.** — *Psychan.* (Déb. xxe, trad. all. *Uebertragung*) Acte par lequel un sujet, au cours de la cure, reporte sur le psychanalyste soit une affection *(transfert positif),* soit une hostilité *(transfert négatif)* qu'il éprouvait primitivement, surtout dans l'enfance, pour une autre personne (père, mère, etc.). *Transfert et contre-transfert.* — *Psychotechn.* « Phénomène par lequel les progrès obtenus au cours de l'apprentissage d'une certaine forme d'activité entraînent une amélioration dans l'exercice d'une activité différente, plus ou moins voisine » (Piéron). ◆ 4° *Fig.* (xxe). Passage d'un ordre de choses à un autre.

TRANSFIGURATEUR, TRICE [trãsfigyratœr, tris]. *adj.* (1859; lat. eccl és. *transfigurator*). *Littér.* Qui transfigure, est capable de transfigurer. « *Ces visions sont quelquefois transfiguratrices* » (Hugo).

TRANSFIGURATION [trãsfigyrasjɔ̃]. *n. f.* (1265; lat. *transfiguratio*). ◆ 1° *Relig. chrét.* Changement miraculeux dans l'apparence du Christ transfiguré. *Fête de la Transfiguration.* ◆ 2° Action de transfigurer, état de ce qui est transfiguré. « *À partir de ce moment... il fut un autre homme... Ce fut plus qu'une transformation, ce fut une transfiguration* » (Hugo).

TRANSFIGURER [trãsfigyre]. *v. tr.* (xiie; pron.; lat. *transfigurare,* du rad. *figura* « forme, figure »). ◆ 1° Transformer en revêtant d'un aspect éclatant et glorieux. *Jésus fut transfiguré sur le mont Thabor.* ◆ 2° Transformer en donnant une beauté et un éclat inhabituels. V. **Embellir.** « *Le soleil, qui est le grand magicien de ce pays, et qui transfigure toutes choses* » (Loti). « *L'exercice des vertus..., la pureté de la pensée avaient transfiguré mon oncle, qui de laid devint très beau* » (Balz.). ◇ (*Abstrait*) Transformer en améliorant. « *Je subis cette influence profonde qui amena dans mon être une complète transformation. M. Dupanloup m'avait à la lettre transfiguré* » (Renan).

TRANSFILER [trãsfile]. *v. tr.* (1836; var. de *tranchefiler,* par infl. de *trans-*). *Mar.* Joindre (deux toiles) bord à bord en passant un bout de ligne dans les œillets de l'une et de l'autre alternativement. ◇ **Filer,** laisser glisser (une amarre) sur le treuil.

TRANSFINI, IE [trãsfini]. *adj.* (1890; all. *transfinit* [G. Cantor, 1883]; lat. *trans-,* et *finitus* « fini »). *Math.* Nombre transfini ou cardinal infini, nombre d'éléments d'un ensemble infini, qu'on ne peut compter.

TRANSFIXION [trãsfiksjɔ̃]. *n. f.* (1872; du lat. *transfixum,* supin de *transfigere* « transpercer »). *Chir.* Procédé d'amputation qui consiste à traverser d'un coup, avec le couteau ou le bistouri, la partie que l'on veut amputer et à couper les chairs de dedans en dehors.

TRANSFO. *n. m.* V. **Transformateur.**

TRANSFORMABLE [trãsfɔrmabl(ə)]. *adj.* (1587, repris xixe; de *transformer*). Qui peut être transformé, qui peut prendre une autre forme, une autre position. V. **Métamorphosable.** *Ensemble transformable. Siège, fauteuil transformable* (en lit).

TRANSFORMATEUR [trãsfɔrmatœr]. *n. m.* (1842; de *transformer,* 1616; de *transformer*). *Électr.* Appareil servant à modifier la tension, l'intensité ou la forme d'un courant électrique (*abrév. fam.* Transfo [trãsfo]). V. **Convertisseur, élévateur** (de tension). *Transformateur d'un chemin de fer électrique miniature.*

TRANSFORMATEUR, TRICE [trãsfɔrmatœr, tris]. *adj.* (1876; de *transformer*). Qui transforme. *Action transformatrice, pouvoir transformateur.*

TRANSFORMATION [trãsfɔrmasjɔ̃]. *n. f.* (1375; lat. *transformatio*). ◆ 1° Action de transformer, opération par laquelle on transforme. V. **Conversion.** *La transformation des matières premières. Industrie de transformation.* « *Un de ces théoriciens qui ont rêvé... la transformation du monde* » (Fustel). *Faire des transformations dans une maison.* V. **Amélioration, rénovation.** ◇ *Alg. Transformation algébrique,* opération qui consiste à changer la forme d'une équation dans un calcul algébrique. *Géom.* Correspondance permettant de passer d'une figure à une autre par un processus de construction déterminé (homothétie, inversion, rotation, translation). *Transformation ponctuelle,* où la correspondance s'obtient en passant d'un point à un autre. — Fonction définissant cette correspondance. ◇ Action de transformer en... *Machine qui effectue la transformation de la chaleur en travail. Rapport de transformation* (des tensions au secondaire et au primaire d'un transformateur). ◇ (*Au rugby*) Action de transformer un essai (en points). « *On manque la transfor-mation. Trois points seulement de regagnés* » (J. PRÉVOST). ♦ 2° Le fait de se transformer ; modification qui en résulte. V. **Changement.** *Transformation de l'œuf, d'un organisme,* développement, différenciation. *Transformation de l'énergie* (II). « *Plus même qu'à l'art de l'acteur, c'était à celui de cer-tains prodigieux mimes..., que faisaient penser ces fabuleuses transformations* » (PROUST). *Transformation lente* (V. **Tran-sition**), *brutale* (V. **Révolution**). ◇ Chim. *Transformation chimique,* modification d'un corps ou d'un système de corps à la suite d'une ou plusieurs réactions chimiques. *Transfor-mation physique,* modification d'un corps ou d'un système de corps qui n'est le siège d'aucune réaction chimique (*ex.* : fusion, vaporisation, allotropie). ◇ Action de se transfor-mer en... ; passage d'une forme à une autre. *Transformation de mouvement en chaleur, d'une substance chimique en une autre.* ◇ Ling. En grammaire générative, toute opération (permutation, suppression, addition, déplacement, substi-tution) permettant le passage de la structure* profonde des phrases à leur structure superficielle. ◈ ANT. *Maintien. Fixité, permanence.*

TRANSFORMATIONNEL, ELLE [tʀɑ̃sfɔʀmasjɔnɛl]. *adj.* (v. 1960 ; de *transformation*). Ling. Qui relève des trans-formations. *Grammaire transformationnelle,* ensemble des règles de réécriture régissant les transformations.

TRANSFORMER [tʀɑ̃sfɔʀme]. *v. tr.* (v. 1295 ; lat. *trans-formare* « former [*formare*] au delà » [*trans*]). I. ♦ 1° Faire passer d'une forme à une autre, donner un autre aspect, d'autres caractères formels à. V. **Changer, modifier, renouveler.** *Transformer une maison. Transformer une matière première.* V. **Élaborer, traiter.** *Transformer en améliorant, en altérant.* — (Chose) « *L'art n'épuise rien : il transforme tout ce qu'il touche, il ajoute aux choses* » (FRO-MENTIN). ◇ (Au rugby) *Transformer un essai,* envoyer le ballon, qu'on a posé au sol, entre les poteaux du but adverse. *L'essai transformé vaut six points.* ♦ 2° TRANSFORMER EN... : faire prendre la forme, l'aspect, la nature de. V. **Changer, convertir, métamorphoser.** *Transformer le plomb en or.* V. **Transmuer.** « *Il n'y avait plus... un seul lieu public qui ne fût transformé en hôpital ou en lazaret* » (CAMUS). (*Choses*) Être la cause d'une transformation ou y contribuer fortement. « *Les herses de cierges qui transformaient l'abside en un buisson ardent* » (MART. du G.). — « *Transformer l'inconnu en connu* » (GREEN). II. SE TRANSFORMER. *v. pron.* ♦ 1° Prendre une autre forme, un autre aspect. *Animaux à métamorphoses qui se transforment au cours de leur vie.* ◇ Devenir différent. V. **Changer, évoluer.** « *Il n'est pas dans la nature du droit d'être absolu et immuable ; il se modifie et se transforme, comme toute œuvre humaine* » (FUSTEL). ♦ 2° SE TRANSFORMER EN... : devenir différent ou autre en prenant la forme, l'aspect, la nature de. « *Un gland se transforme en chêne, un œuf en oiseau..., le bois se change en feu et en cendre* » (VOLT.). « *Un mariage de raison qui s'était transformé... en mariage d'amour* » (MAUROIS). V. **Tourner** (à). ◈ ANT. *Maintenir. Rester* (le même).

TRANSFORMISME [tʀɑ̃sfɔʀmism(ə)]. *n. m.* (1867 ; de *transformer*). *Sc.* Théorie de l'évolution selon laquelle les espèces dérivent les unes des autres par des transformations successives (V. **Évolutionnisme**) expliquées de diverses façons. V. **Darwinisme, lamarckisme ; mutationnisme.** ◈ ANT. *Fixisme.*

TRANSFORMISTE [tʀɑ̃sfɔʀmist(ə)]. *n. et adj.* (1867 ; du précéd.). *Sc.* Partisan du transformisme. *Théories transfor-mistes.* V. **Évolutionniste.** ◈ ANT. *Fixiste.*

TRANSFUGE [tʀɑ̃sfyʒ]. *n.* (*h. 1355* ; 1611 ; lat. *transfuga*, rad. *fugere* « fuir »). ♦ 1° *N. m.* Militaire qui déserte en temps de guerre pour passer à l'ennemi. V. **Traitre.** ♦ 2° Personne qui abandonne son parti pour rallier le parti adverse ; per-sonne qui trahit sa cause, sa mission. V. **Dissident.** *Les trans-fuges du parti socialiste. Qu'était-ce après tout que Lord Clan-charlie ? un transfuge. Il avait quitté son camp, l'aristocratie* » (HUGO). ◈ ANT. *Fidèle.*

TRANSFUSER [tʀɑ̃sfyze]. *v. tr.* (1668, méd. ; de *trans-fusum,* supin de *transfundere* « répandre [*fundere*] au delà » [*trans*]). ♦ 1° Faire passer (du sang d'un individu) dans le corps d'un autre. V. **Transfusion.** — Au p. p. adj. *Sang transfusé.* — Subst. (1882) *Le transfusé,* le receveur du sang transfusé (*opposé à* donneur). ♦ 2° (D'apr. *transfusion,* 1°). Faire passer (un liquide) d'un récipient dans un autre. V. **Transvaser.** ◇ *Fig.* Faire passer (à, dans...). Pronom. « *Une vie se transfusait en lui et ajoutait ses forces aux siennes* » (J.-R. BLOCH).

TRANSFUSEUR [tʀɑ̃sfyzœʀ]. *n. m.* (1765 « partisan de la transfusion » ; de *transfuser*). Techn. Appareil servant à la transfusion directe du sang d'un donneur à un receveur. — Dispositif mécanique de l'appareillage employé pour la transfusion de sang conservé.

TRANSFUSION [tʀɑ̃sfyzjɔ̃]. *n. f.* (1561 ; « changement », 1307 ; lat. *transfusio* « transvasement », de *transfundere.* V.

Transfuser). ♦ 1° *Vx.* Action de faire passer un liquide d'un récipient dans un autre. V. **Transvasement.** ♦ 2° (v. 1665). Opération qui consistait à faire passer dans une veine d'un malade (généralement après saignée) une certaine quantité de sang animal. *La transfusion de sang animal fut interdite en 1668.* ◇ (De nos jours, depuis 1865) *Transfusion sanguine,* injection de sang humain qui passe de la veine du donneur à celle du receveur (de bras à bras), ou encore introduction dans le bras du patient de sang préalablement donné et conservé (V. **Perfusion**). — Adj. TRANSFUSIONNEL, ELLE [tʀɑ̃sfyzjɔnɛl].

TRANSGRESSER [tʀɑ̃sgʀese]. *v. tr.* (1385 ; du rad. de *transgression*). Passer par-dessus (un ordre, une obligation, une loi). V. **Contrevenir** (à), **désobéir** (à), **violer.** *Transgresser des ordres.* « *Presque tous les poètes ont fait des vers admirables en transgressant les règles* » (ARAGON).

TRANSGRESSEUR [tʀɑ̃sgʀesœʀ]. *n. m.* (1370 ; lat. eccl. *transgressor*). Littér. Celui qui transgresse. *Transgresseur de la loi.* « *La puissance sinistre dont a fait preuve le transgres-seur des règles sacrées* » (CAILLOIS).

TRANSGRESSIF, IVE [tʀɑ̃sgʀesif, iv]. *adj.* (1842 ; de *transgression,* d'apr. *progressif*). Qui transgresse. ◇ Géol. (1872). Qui résulte d'une transgression (2°). — *Eaux trans-gressives,* eaux chaudes remontant des zones tropicales vers le nord.

TRANSGRESSION [tʀɑ̃sgʀesjɔ̃]. *n. f.* (1174 ; lat. *trans-gressio,* de *transgredi* « passer outre »). ♦ 1° Action de trans-gresser. V. **Désobéissance** (à), violation. *Transgression de la loi, d'une interdiction.* V. **Contravention.** — Ethnol. Le fait de transgresser un interdit, un rite. ♦ 2° (1907, sens étym.). Géol. *Transgression marine,* mouvement de la mer qui déborde sur les aires continentales avoisinantes ou sur les bords des géosynclinaux (mouvements épirogéniques ou variations du niveau de la mer). ◈ ANT. *Régression.*

TRANSHUMANCE [tʀɑ̃zymɑ̃s]. *n. f.* (1823 ; de *transhu-mer*). Migration périodique du bétail de la plaine, qui change de pacage en été et s'établit en montagne.

TRANSHUMANT, ANTE [tʀɑ̃zymɑ̃, ɑ̃t]. *adj.* (dès 1803 ; de *transhumer*). Qui transhume. *Troupeaux transhumants.* — Subst. *Les transhumants.*

TRANSHUMER [tʀɑ̃zyme]. *v.* (1823 ; esp. *trashumar,* du lat. *trans* « au delà », et *humus* « terre »). ♦ 1° *V. tr.* Mener (les troupeaux) paître en montagne pendant l'été. ♦ 2° *V. intr.* Se dit des troupeaux transhumants.

1. **TRANSI** [*vx* tʀɑ̃si ; *cour.* tʀɑ̃zi]. *n. m.* (XXᵉ ; a. fr. *transi* « mort », XIIᵉ. V. **Transir**). Archéol. Figure sculptée du moyen âge ou de la Renaissance, représentant un cadavre rongé de vers.

2. **TRANSI, IE** [*vx* tʀɑ̃si ; *cour.* tʀɑ̃zi]. *adj.* (XIVᵉ ; V. **Transir**). Pénétré, engourdi de froid (V. **Gelé, morfondu**) ou d'un sentiment qui paralyse. *Je suis transi.* — « *Il ne pro-féra pas une parole, mais ses dents claquaient. Il était transi de peur* » (BALZ.).

TRANSIGER [tʀɑ̃ziʒe]. *v. intr.* (1342 ; lat. *transigere,* de *agere* « mener »). ♦ 1° Faire des concessions réciproques, de manière à régler, à terminer un différend. V. **Arranger** (s'), composer ; transaction. *Dr.* Faire une transaction avec l'autre partie. *Mieux vaut transiger que plaider.* « *Que faire, mon-sieur le comte ?... Il n'y a qu'un moyen, transiger* » (BALZ.). ♦ 2° Se prêter à des accommodements, céder, faire des concessions. « *Il fallut transiger avec elle* » (SAND). ◇ *Fig.* Ne pas se montrer ferme, céder ou faire des concessions, par faiblesse. *Transiger sur l'honneur.* « *Il n'y a rien à gagner à transiger avec l'erreur ou l'injustice* » (E. de GIRARDIN). V. **Pactiser.** *Transiger avec sa conscience, son devoir.* « *Cette noble créature ne savait pas transiger avec la probité* » (BALZ.). « *Les intérêts transigent plus facilement que les sentiments !* » (MART. du G.). ◈ ANT. *Entêter* (s'), opiniâtrer (s').

TRANSIR [tʀɑ̃siʀ ; *cour.* tʀɑ̃ziʀ]. *v. inus.,* sauf au prés. ind., temps composés et inf. (1580 ; [« mourir », déb. XIIᵉ ; lat. *transire,* proprem. « aller au delà »]; de *transi*). ♦ 1° V. tr. (*Littér.*). Pénétrer en engourdissant, transpercer (en parlant d'une impression, d'une sensation, spécialt. [XVIIᵉ] du froid). V. **Glacer, saisir.** « *Un air inerte, qui sans effroi nous transit* » (GENEVOIX). ◇ *Fig.* Glacer, pénétrer. « *La peur avait transi leur âme et ôté le mouvement à leurs bras* » (LAMEN-NAIS). ♦ 2° V. intr. (*Vx* ou *littér.*). Être pénétré d'une sen-sation, d'un sentiment qui glace, engourdit. « *Je sentis tout mon corps et transir et brûler* » (RAC.).

TRANSISTOR [tʀɑ̃zistɔʀ]. *n. m.* (1953 ; mot angl., de *transfer resistor* « résistance de transfert »). ♦ 1° *Sc.* Compo-sant électronique associant en deux jonctions* trois semi-conducteurs* munis d'électrodes (V. **Triode**) et utilisé comme redresseur, amplificateur ou interrupteur de courants élec-triques. *Par leurs commodités exceptionnelles* (robustesse, dimension réduite, faible consommation d'énergie, durée d'emploi) *les transistors ont largement remplacé les tubes* électroniques.* ♦ 2° Cour. Poste récepteur portatif de radio équipé de ces dispositifs et alimenté par des piles. « *Des* *promeneurs qui ont apporté leur transistor dans leur voiture et qui souillent le silence »* (DUHAM.).

TRANSISTORISATION [trᾱzistɔrizasjɔ̃]. *n. f.* (1964; de *transistoriser*). *Techn.* Action de transistoriser; équipement avec des transistors. *Transistorisation et miniaturisation d'un circuit électronique.*

TRANSISTORISER [trᾱzistɔrize]. *v. tr.* (v. 1960; de *transistor*). *Techn.* Équiper de transistors. — TRANSISTORISÉ, ÉE, *p. p.* et *adj.* Muni de transistors. *Téléviseur portatif transistorisé.*

TRANSIT [trᾱzit]. *n. m.* (1663; it. *transito*, lat. *transitus* « passage »). ♦ 1° *Comm.* Dérogation au paiement des droits (de douane, d'octroi), accordée à une marchandise qui ne fait que traverser un lieu; passage en franchise. *Marchandises en transit. Documents de transit.* V. **Acquit-à-caution, passavant.** *Port de transit.* ♦ 2° (1835). Passage, transport de marchandises (indépendamment de leur situation douanière); marchandises transportées. ◇ Situation de voyageurs à une escale (aérienne, maritime,...), lorsqu'ils ne franchissent pas les contrôles de police, de douane. *Les salles de transit d'Orly. Passagers en transit.* ♦ 3° *Physiol.* Passage des aliments à travers les voies digestives. — *Méd. Transit baryté :* examen radiologique du tube digestif après l'ingestion d'une bouillie contenant du sulfate baryté (opaque aux rayons X). ♦ 4° *Phys.* Déplacement (des électrons) d'un point à un autre. *Temps de transit.*

TRANSITAIRE [trᾱzitɛr]. *adj.* et *n.* (1838; de *transit*). ♦ 1° *Adj.* Où s'effectue le transit. *Pays transitaire.* ◇ Qui se fait en transit. *Commerce transitaire.* ♦ 2° *N.* Commerçant, courtier en marchandises qui s'occupe des opérations de transit. V. **Commissionnaire, consignataire.**

TRANSITER [trᾱzite]. *v. tr.* et *intr.* (1835; de *transit*). ♦ 1° Faire passer (des marchandises etc.) en transit. ♦ 2° Passer, voyager en transit.

TRANSITIF, IVE [trᾱzitif, iv]. *adj.* (1550, « passager, changeant », XIIIᵉ; lat. *transitivus*, de *transire* « passer »). ♦ 1° (Lat. *verbum transitivum*). *Ancienn.* Se dit d'un verbe qui régit son complément sans intermédiaire, par un passage direct du sujet à l'objet. ◇ Se dit de tout verbe dont l'énoncé appelle un complément d'objet. *Verbes transitifs directs. Verbes transitifs indirects,* dont le complément est construit avec une préposition *(à, de).* ♦ 2° *Philo., Log.* Qui modifie, agit sur autre chose que l'agent. *Action, causalité transitive.* — *Log.* Se dit d'une opération ou d'une relation qui, lorsqu'elle lie un premier terme à un second, et ce dernier à un troisième, lie de la même façon le premier terme au troisième (et ainsi de suite). Ex. : *Dans A = B et B = C, la relation égale est transitive,* et *A = C. Les relations* égale, plus grand, plus petit que..., antérieur, postérieur à..., implique... *sont transitives. Relations réflexives, symétriques, transitives.* V. **Équivalence.** ◇ ANT. **Intransitif,** neutre.

TRANSITION [trᾱzisjɔ̃]. *n. f.* (1501, « procédé rhétorique »; lat. *transitio*, proprem. « passage »). ♦ 1° Manière de passer de l'expression d'une idée à une autre; de lier les parties d'un discours. V. **Passage.** *L'art « consiste à user de précautions et de préparations, à ménager des transitions savantes et dissimulées »* (MAUPASS.). — *Mus.* Élément servant de passage entre deux thèmes (V. **Pont**). — *Cin.* Passage d'un plan à un autre (notamment par fondu). *Peint.* Manière de passer progressivement d'un ton à un autre. ♦ 2° (1807). *Littér.* Passage d'un état à un autre, d'une situation à une autre. *Transition brutale, rapide. « La transition de l'habit ecclésiastique à l'habit laïque est comme le changement d'état d'une chrysalide »* (RENAN). ◇ *Mod.* Passage lent, graduel, d'une transformation progressive. V. **Changement, évolution.** *« Ce fut d'abord de larges gouttes... puis sans transition, un déluge »* (COURTELINE). ◇ *De transition :* qui constitue un intermédiaire; envisagé comme simple passage entre deux états. V. **Transitoire.** *Régime de transition entre deux constitutions. « Notre-Dame de Paris... est un édifice de la transition... Ces édifices de la transition du roman au gothique... »* (HUGO). ♦ 3° *Sc.* (XVIIIᵉ). Passage d'une planète (dans le « ciel » de l'horoscope). — *Phys.* Passage d'un état stationnaire à un autre. *Chaleur, énergie de transition.* — Passage d'un électron d'un niveau d'énergie quantifiée à un autre. ♦ 4° Ce qui constitue un état intermédiaire, ce qui conduit d'un état à un autre. *« La plus délicate des transitions, l'adolescence »* (HUGO).

TRANSITIONNEL, ELLE [trᾱzisjɔnɛl]. *adj.* (1865; de *transition*). Qui marque une transition; qui a un caractère de transition. V. **Transitoire,** 2°. *« De ces êtres nuancés et transitionnels, on ne trouve aucune trace »* (J. ROSTAND).

TRANSITIVEMENT [trᾱzitivmᾱ]. *adv.* (1845; de *transitif*). D'une manière transitive, avec la construction d'un verbe transitif direct. *Employer transitivement un verbe intransitif (ex. : dormez votre sommeil; vivre sa vie).*

TRANSITIVITÉ [trᾱzitivite]. *n. f.* (mil. XXᵉ; de *transitif*). *Didact.* Caractère de ce qui est transitif. *Transitivité d'un verbe, d'une relation logique.*

TRANSITOIRE [trᾱzitwar]. *adj.* (1170; lat. *transitorius*, du rad. de *transitio.* V. **Transition**). ♦ 1° Qui passe, ne dure pas. V. **Fugitif, passager.** *Subst. « La modernité, c'est le transitoire, le fugitif, le contingent »* (BAUDEL.). ♦ 2° (1798). Qui constitue une transition, qui remplit l'espace de temps entre deux états. *Régime* transitoire, *dispositions transitoires.* V. **Provisoire.** *Fonction, charge transitoire.* V. **Intérimaire.** *« Je suis maintenant dans une époque transitoire et je suis curieux de voir... comment j'en sortirai »* (FLAUB.). ◇ ANT. **Durable, permanent.**

TRANSITOIREMENT [trᾱzitwarmᾱ]. *adv.* (1530; de *transitoire*). *Rare.* D'une manière passagère ou provisoire.

TRANSLATIF, IVE [trᾱslatif, iv]. *adj.* (1373; lat. *translativus*). *Dr.* Par lequel on cède, on transfère à qqn. *Acte, contrat translatif de propriété :* cession, donation, vente.

TRANSLATION [trᾱslasjɔ̃]. *n. f.* (déb. XIIIᵉ; « traduction », 1170; lat. *translatio*, de *transferre*). ♦ 1° *Littér.* Le fait de transporter (les restes, le corps d'une personne). V. **Transfert.** *« La translation des restes de Napoléon est une faute contre la renommée »* (CHATEAUB.). ♦ 2° (1363). *Dr.* Le fait de transférer d'une personne à une autre. *Translation de propriété. « Translation d'un fief »* (MONTESQ.). ♦ 3° (1474). *Dr.* Le fait de transporter d'un lieu à un autre (un dignitaire, une juridiction). *Translation d'un tribunal, d'un évêque.* — (v. 1665) Transport d'un prisonnier. V. **Transfèrement.** ♦ 4° *Liturg.* (1680). Remise (d'une fête) à une date ultérieure. ♦ 5° *Sc.* (1796). Déplacement, mouvement (d'un corps, d'une figure) au cours duquel les positions d'une même droite liée à la figure ou au corps restent parallèles. *Mouvement de translation uniforme. « Ces images fixes projetées sur écran, tirées sur le côté par translation, l'une chassant l'autre »* (Cl. SIMON). — *Géom.* Transformation ponctuelle faisant correspondre à chaque point de l'espace un autre point par un vecteur fixe.

TRANSLIT(T)ÉRATION [trᾱsliterasjɔ̃]. *n. f.* (1874; de *trans-*, d'apr. *transcription,* et lat. *littera* « lettre »). *Ling.* Transcription lettre par lettre, dans laquelle on fait correspondre à chaque signe d'un système d'écriture un signe dans un autre système. *Translittération du russe, de l'hébreu, en caractères latins.*

TRANSLIT(T)ÉRER [trᾱsliterer]. *v. tr.; conjug. céder* (v. 1950; du précéd.). *Ling.* Faire correspondre à (un signe d'une écriture) un signe d'une autre écriture.

TRANSLOCATION [trᾱslɔkasjɔ̃]. *n. f.* (1941; empr. à l'angl.; de *trans-,* et lat. *locatio*). ♦ 1° *Chir.* Modification du trajet d'un tendon pour en changer la fonction. ♦ 2° *Biol.* Anomalie génétique due à la cassure d'un segment de chromosome puis à son transfert sur un chromosome non homologue.

TRANSLUCIDE [trᾱslysid]. *adj.* (1556, rare av. 1803; lat. *translucidus*). *Didact.* Qui est perméable à la lumière, la laisse passer, mais ne permet pas de distinguer nettement les objets. V. **Diaphane.** ◇ ANT. **Opaque.**

TRANSLUCIDITÉ [trᾱslysidite]. *n. f.* (1567; de *translucide*). *Didact.* État, caractère d'un corps translucide. *« L'eau passe de la transparence à la translucidité... (devient) doucement opaque »* (BACHELARD). ◇ ANT. **Opacité.**

TRANSMETTEUR [trᾱsmetœr]. *n. m.* et *adj.* ♦ 1° (v. 1450; de *transmettre*). *Vx* ou *littér.* Celui qui transmet. ◇ ♦ 2° (1860). *Télégr., Téléph.* Appareil qui sert à transmettre les signaux. — *Mar. Transmetteur d'ordres* (du capitaine au mécanicien), dispositif mécanique ou électrique.

TRANSMETTRE [trᾱsmetr(ə)]. *v. tr.* (v. 1170; *tramettre* « envoyer », Xᵉ; lat. *transmittere*, d'apr. *mettre*). Faire passer d'une personne à une autre, d'un lieu à un autre (le plus souvent lorsqu'il y a un ou plusieurs intermédiaires). ♦ 1° *(Dr.).* Faire passer d'une personne à une autre par une voie légale (V. **Transmission**). *Transmettre un héritage.* V. **Léguer.** — Pronom. *La propriété s'acquiert et se transmet par succession.* — Par ext. *Transmettre son autorité, son pouvoir à qqn.* V. **Déléguer.** — Pronom. (passif) *« Le pouvoir peut bien se transmettre mais non pas la volonté »* (ROUSS.). ◇ Faire passer (un objet matériel) d'une personne à une autre. *Joueur qui transmet (le ballon), au rugby.* V. **Passer.** *Transmettre un flambeau.* ♦ 2° *Spécialt.* Faire passer, laisser à ses descendants, à la postérité (un bien matériel ou moral). *Transmettre un nom, des traditions.* ♦ 3° Faire passer d'une personne à une autre (un écrit, des paroles, etc.); faire changer de lieu, en vue d'une utilisation. *Transmettre un message à qqn.* V. **Parvenir** (faire). *« Le conducteur-chef attendait l'ordre du départ, qu'il transmit »* (ZOLA). *Transmettre une information, une nouvelle.* V. **Communiquer, répercuter.** — (Dans une formule de politesse) *Transmettez mon souvenir, mes amitiés à M. X.* — (En parlant du moyen de transmission) *« J'ai appris que la poste de Senlis avait mis dix-sept heures pour vous transmettre une lettre »* (NERVAL). ◇ *Spécialt.* Faire connaître, diffuser par radio. ♦ 4° Faire connaître; faire passer à un autre ou à d'autres (des connaissances). *Une* recette « *dont le secret était transmis de mère à fille* » (CHAR-DONNE). ♦ 5° (XVIIe). Faire parvenir (un phénomène physique) d'un lieu à un autre. V. **Conduire.** *Milieu qui transmet le son, l'électricité...* V. **Propager.** *Transmettre un mouvement. Corps qui transmettent l'électricité* (V. **Conductibilité**). *Dispositif qui transmet des informations, des signaux sous forme d'impulsions électriques* (V. **Transmission**). ◇ *Physiol.* Faire passer d'un point à un autre d'un organisme (les effets psychophysiologiques d'une excitation). *L'excitation de la rétine est transmise par le nerf optique.* ♦ 6° Faire passer (un germe pathogène) d'un organisme à un autre. *Parasite, insecte qui transmet un microbe, une maladie.* V. **Véhiculer.** *Transmettre une maladie.* V. **Contaminer, donner.** Pronom. *La maladie se transmet.* V. **Propager** (se). ◇ ANT. *Acquérir, garder, hériter, recevoir.*

TRANSMIGRATION [tʀɑ̃smigʀasjɔ̃]. *n. f.* (v. 1190; lat. *transmigratio*). ♦ 1° *Rare.* Déplacement d'un peuple qui passe de son pays dans un autre. V. **Migration.** ♦ 2° (1519). *Relig.* Passage (d'une âme) d'un corps dans un autre. *Croyance dans la transmigration successive des âmes.* V. **Métempsycose.**

TRANSMIGRER [tʀɑ̃smigʀe]. *v. intr.* (1767; « émigrer », 1546; lat. *transmigrare*). *Relig.* Passer d'un corps dans un autre. *Les pythagoriciens croyaient que les âmes transmigrent.*

TRANSMISSIBILITÉ [tʀɑ̃smisibilite]. *n. f.* (1789; de *transmissible*). *Didact.* Qualité, caractère de ce qui est transmissible.

TRANSMISSIBLE [tʀɑ̃smisibl(ə)]. *adj.* (1583; lat. *transmissum,* supin de *transmittere*). *Didact.* ♦ 1° Qui peut être transmis. *Patrimoine, droit transmissible. Titres transmissibles aux descendants.* ◇ *Méd. Maladie transmissible,* causée par un agent infectieux ou le produit toxique qu'il élabore, soit directement d'un sujet à un autre, soit par l'intermédiaire d'un hôte, d'un vecteur biologique ou d'un milieu inanimé. V. **Contagieux, infectieux.** ♦ 2° (Abstrait; 1690). « *Le principe juif et chrétien repose précisément sur l'idée contraire. Le péché y est transmissible. Le mérite aussi* » (MICHELET). ◇ ANT. *Incommunicable, intransmissible.*

TRANSMISSION [tʀɑ̃smisjɔ̃]. *n. f.* (XIVe; répandu XVIIIe-XIXe; lat. *transmissio*).
I. Fait, manière de transmettre, de se transmettre. ♦ 1° Action de transmettre (1°). *Transmission d'un bien, d'un droit... à une autre personne.* V. **Cession.** *La transmission des pouvoirs.* V. **Passation.** ♦ 2° Le fait de laisser à ses descendants, à la postérité. « *La transmission constante, de père en fils, du patrimoine et du nom* » (BAUDEL.). « *Plus de transmission du mérite, abolition de la noblesse* » (MICHELET). ◇ *Biol.* (1793) *La transmission des caractères.* V. **Hérédité** (II). ◇ *Méd. Transmission d'une maladie.* V. **Contagion, infection.** ♦ 3° Action de faire connaître. *Transmission d'un message, d'un ordre. Erreur de transmission.* ◇ *Transmission des connaissances, des idées...* V. **Communication.** *Transmission de pensée,* télépathie. ♦ 4° *Sc.* (1765). Déplacement d'un phénomène physique ou de ses effets (V. **Propagation**), lorsque ce déplacement implique un ou plusieurs facteurs intermédiaires, capable d'affecter le phénomène. *Transmission de la lumière. Coefficient* (ou *facteur*) *de transmission,* rapport de l'intensité du rayonnement qui a traversé un milieu avec l'intensité initiale. *Transmission du son par l'électricité.* V. **Télégraphie, téléphone, T.S.F.** *Transmission d'ondes sonores.* V. **Diffusion, émission, sonar.** *Transmission d'ondes électromagnétiques* (V. **Antenne, radar**), *d'informations* (V. **Télécommunication**) *par fil, par câble, par voie hertzienne, par radiodiffusion. —* Mécan. et cour. *Transmission du mouvement dans une machine, dans une automobile. Organes, arbre, chaine, courroie de transmission.*
II. Ce qui transmet ou sert à transmettre. ♦ 1° *Mécan.* Organe ou ensemble d'organes servant à transporter la puissance d'un producteur d'énergie (moteur) au mécanisme utilisateur. *Transmission flexible.* « *Il préféra descendre pour inspecter la transmission* » (ROBBE-GRILLET). ♦ 2° *Au plur.* (XXe). Ensemble des moyens destinés à transmettre les informations (renseignements, troupes). *Services des transmissions* (hommes de liaison, signaux, téléphone, radio, etc.). *Troupes spécialisées qui mettent en œuvre ces moyens. Servir dans les tansmissions.*

TRANSMODULATION [tʀɑ̃smɔdylasjɔ̃]. *n. f.* (1948; de *trans-,* et *modulation*). *Radio.* Effet indésirable de modulation résultant d'une interférence entre l'onde sur laquelle on est récepteur et accordé et l'onde modulée d'un émetteur voisin.

TRANSMUABLE [tʀɑ̃smɥabl(ə)] ou **TRANSMUTABLE** [tʀɑ̃smytabl(ə)]. *adj.* (v. 1300,-1812; de *transmuer, transmuter*). *Rare.* Qui peut être transmué.

TRANSMUER [tʀɑ̃smɥe] ou **TRANSMUTER** [tʀɑ̃smyte]. *v. tr.* (XIIIe,-mil. XIXe; lat. *transmutare*). *Littér.* ♦ 1° Transformer (une substance) en altérant profondément sa nature. V. **Changer, convertir.** *La pierre philosophale passait pour transmuer les métaux vils en métaux nobles. Cette liqueur* « *tournera au rouge et acquerra la vertu de transmuer l'argent*

en or » (FRANCE). ♦ 2° *(Abstrait).* Changer en une autre chose. « *La sorcellerie qui transmute les signes imprimés en récit* » (BEAUVOIR). Pronom. « *Il n'est rien en nous, même le pire (surtout le pire), qui ne doive se transmuer en richesse* » (MAURIAC).

TRANSMUTABILITÉ [tʀɑ̃smytabilite]. *n. f.* (1762; du lat. *transmutare*). *Rare.* Propriété de ce qui est transmuable.

TRANSMUTABLE. V. **TRANSMUABLE.**

TRANSMUTANT, ANTE [tʀɑ̃smytɑ̃, ɑ̃t]. *adj.* (XXe; de *transmuter*). *Sc.* Qui peut provoquer une transmutation atomique.

TRANSMUTATION [tʀɑ̃smytasjɔ̃]. *n. f.* (v. 1165; lat. *transmutatio*). ♦ 1° Changement d'une substance en une autre, et *spécialt.* d'un corps chimique en un autre. *Les alchimistes cherchaient à réussir la transmutation des métaux.* ◇ *Phys.* (XXe) Toute modification d'un corps simple ayant pour résultat un changement du numéro atomique. *La transmutation des atomes. Un grand nombre de transmutations s'accompagnent des phénomènes radioactifs.* ♦ 2° *Littér.* Changement de nature, transformation totale. « *Quelle singulière transmutation des commerces, et quelle bizarre transfiguration des boutiques!* » (GONCOURT).

TRANSMUTER. V. **TRANSMUER.**

TRANSNATIONAL, ALE, AUX [tʀɑ̃snasjɔnal, o]. *adj.* (1920, Prélot, répandu v. 1965 avec infl. de l'angl.; de *trans-,* et *national,* d'apr. *international*). *Didact.* Qui dépasse le cadre national, concerne plusieurs nations (en parlant notamment d'institutions non étatiques, non gouvernementales [Cf. Intergouvernemental] et non lucratives [Cf. Multinational, 2°]). V. **International.** « *Organisme ' transnational '* *(c'est le nouveau mot à la mode), la Commission européenne* [...] » (*Le Monde,* 22-7-1965). « *Seront dites transnationales toutes les associations (de ce type) non gouvernementales et non lucratives* » (A. DOPPAGNE).

TRANSOCÉANIEN, IENNE [tʀɑ̃zɔseanjɛ̃, jɛn] ou **TRANSOCÉANIQUE** [tʀɑ̃zɔseanik]. *adj.* (1846,-1872; de *trans-,* et *océanien, océanique*). *Didact.* Qui est au delà de l'océan. *Région transocéanienne.* ◇ Qui se fait à travers l'océan. *Navigation, télégraphie transocéanique.*

TRANSPARAÎTRE [tʀɑ̃spaʀɛtʀ(ə)]. *v. intr.;* conjug. *connaître* (1640, repris XIXe; *transparoir,* 1573; de *trans-,* et *paraître*). ♦ 1° Se montrer au travers de qqch. V. **Apparaître, paraître.** *La forme du corps transparait au travers d'un voile.* « *Le jour transparaissait à travers les rideaux* » (MART. du G.). ♦ 2° *Fig.* Apparaître, se montrer. *Un contrepoint déclamatoire* « *qui ne laisse pas transparaître un atome du poème...* » (BLOY).

TRANSPARENCE [tʀɑ̃spaʀɑ̃s]. *n. f.* (v. 1380; de *transparent*). ♦ 1° Qualité d'un corps transparent. *La transparence du cristal.* « *Le sable fin brillait à travers la transparence d'une eau profonde* » (LAMART.). V. **Limpidité.** « *Ces climats où l'atmosphère, entièrement vidée d'humidité, reste d'une transparence parfaite* » (GAUTIER). ♦ 2° Phénomène par lequel les rayons lumineux visibles sont perçus à travers certaines substances. *Par transparence :* à travers un milieu transparent ou translucide. *Effets par transparence,* derrière un écran, une substance translucide, porcelaine (V. **Lithophanie**), verre dépoli. *Un écran éclairé par transparence.* ◇ *Techn.* (Cin.) *Une transparence :* projection d'un film sur un écran transparent, servant de décor devant lequel évoluent les personnages réels. ♦ 3° Translucidité (ce dernier mot étant plus rare). « *Un peigne en écaille blonde d'une transparence rare* » (LOTI). — Par ext. *La transparence du teint :* clarté et finesse. Par exagér. « *La transparence maladive de ses mains* » (DAUD.). ♦ 4° *Littér.* Qualité de ce qui laisse paraître la réalité tout entière, de ce qui exprime la vérité sans l'altérer V. **Limpidité.** « *Toute la personne de Cosette était... ingénuité, transparence, blancheur, candeur...* » (HUGO). « *L'âme s'y montre avec tant de transparence, une sincérité si touchante y respire (dans ses œuvres)...* » (R. ROLLAND). ◇ ANT. *Opacité.*

TRANSPARENT, ENTE [tʀɑ̃spaʀɑ̃, ɑ̃t]. *adj.,* et *n. m.* (1361; *tresparent,* XIIIe; lat. médiév. *transparens,* rad. *parere* « *paraître* »).
I. *Adj.* ♦ 1° Qui laisse passer la lumière et paraître avec netteté les objets qui se trouvent derrière. « *L'onde était transparente ainsi qu'aux plus beaux jours* » (LA FONT.). V. **Cristallin, limpide.** « *Chaque aéroport vantait son temps clair, son ciel transparent* » (ST-EXUP.). — *Tissus transparents,* assez fins pour qu'on y puisse voir au travers. V. **Vaporeux.** « *Des mousselines de Dacca... transparentes comme le jour* » (BERNARD. de ST-P.). *Papiers transparents :* calque, papier cristal. ◇ *Sc. Corps, milieu transparent :* doué d'un coefficient de transmission voisin de l'unité. — *Anat. Milieux transparents de l'œil.* ♦ 2° *Par ext.* Translucide, diaphane. « *Les feuilles printanières, raides et transparentes comme des lames de jade sous le soleil* » (COLETTE). — *Teint transparent :* clair et délicat. *Peau transparente.* ♦ 3° Qui laisse voir clairement la réalité psychologique. « *Son âme était transparente et pure*

comme son teint » (FRANCE). — « *C'était un homme assez transparent... On lisait facilement dans sa pensée* » (ROMAINS). ◇ (v. 1790) Qui laisse voir le sens. *Allégorie, allusion transparentes.* V. **Clair, évident.** — (ANT. *Opaque, trouble; brumeux. Épais. Caché, obscur*). **II.** *N. m.* ♦ 1° (1664; *h. XVIᵉ*). Panneau de matière très fine, peint ou non, derrière lequel on dispose des lumières pour produire un effet décoratif par transparence (2°). ♦ 2° *Archit., Sculpt.* Motif décoratif sculpté à jour et destiné à être éclairé par derrière (dans le gothique flamboyant, le baroque). ♦ 3° (1718). Feuille de papier réglée que l'on met sous une autre feuille pour écrire droit (par transparence).

TRANSPERCEMENT [trɑ̃spɛrsəmɑ̃]. *n. m.* (1845; de *transpercer*). *Rare.* Le fait de transpercer; état de ce qui est transpercé. « [...] *et les poumons que ça vous saccage d'un vif atroce transpercement!* [...] » (CÉLINE).

TRANSPERCER [trɑ̃spɛrse]. *v. tr.; conjug. percer.* V. **Placer** (v. 1210; *trespercier*, 1138; de *trans-*, et *percer*). ♦ 1° Percer de part en part. « *Il plongea l'épée, c'était une douce chair, facile à transpercer comme l'agneau* » (GIRAUDOUX). — Par métaph. « *Le soleil direct vous transperce le crâne, comme avec des vrilles ardentes* » (FROMENTIN). ◇ *Fig.* (1393) Atteindre profondément, en faisant souffrir. V. **Percer.** *La douleur transperce le cœur.* ♦ 2° (1690). Pénétrer; passer au travers. *La pluie a transpercé mes vêtements.*

TRANSPHRASTIQUE [trɑ̃sfrastik]. *adj.* (v. 1960; de *trans-*, et *phrastique*). *Ling.* Qui concerne les unités de discours d'un niveau supérieur à la phrase. *Sémantique transphrastique.*

TRANSPIRANT, ANTE [trɑ̃spirɑ̃, ɑ̃t]. *adj.* (v. 1930; de *transpirer*). Qui transpire. V. **Suant, sueur** (en). « *Ces livres épais* [...], *souillés par des doigts transpirants* » (LE CLÉZIO).

TRANSPIRATION [trɑ̃spirasjɔ̃]. *n. f.* (1503; lat. médiév. *transpiratio*). ♦ 1° Excrétion de la sueur par les glandes sudoripares de la peau. V. **Diaphorèse, moiteur, sudation.** *Transpiration provoquée par la chaleur, l'effort, l'émotion... Être en transpiration :* être couvert de sueur (Cf. En nage). V. **Transpirer.** « *On n'avait que sa chemise sur le corps, pourtant on était en transpiration* » (RAMUZ). ♦ 2° Sueur. « *Mouillé par ma transpiration comme s'il eût plu à verse* » (GAUTIER). ♦ 3° (1764). *Bot. Transpiration végétale :* évacuation dans l'atmosphère de l'eau excédentaire des plantes, à l'état de vapeur.

TRANSPIRER [trɑ̃spire]. *v.* (1503; lat. médiév. *transpirare*, de *trans-*, et *spirare* « respirer, exhaler »). **I.** *V. intr.* ♦ 1° *Vx.* Sortir à la surface de la peau sous forme de liquide; s'exhaler. ♦ 2° *Fig.* et mod. (XVIIᵉ). *Littér.* Paraître au jour, finir par être connu. *La nouvelle a transpiré.* « *Ce projet accompli si mystérieusement ne transpira que la veille du jour où l'exécution devait avoir lieu* » (BALZ.). ♦ 3° *Cour.* Éliminer la sueur par les pores de la peau. V. **Suer.** *Transpirer des pieds.* « *Il transpirait abondamment des paumes* » (DUHAM.). « *Brunet se sent sale et moite : il a transpiré pendant la nuit* » (SARTRE). ◇ *Absolt. (Fam.)* Travailler dur. *Il a transpiré sur ses devoirs, sur sa composition.* **II.** *V. tr.* Exhaler (un liquide) par transpiration. « *Il transpirait de si grosses gouttes...* » (BALZ.).

TRANSPLANT [trɑ̃splɑ̃]. *n. m.* (1964; « action de transplanter », 1556; de *transplanter*). *Biol.* Organe, tissu transplanté. V. **Greffon, transplantation.**

TRANSPLANTABLE [trɑ̃splɑ̃tabl(ə)]. *adj.* (1600; de *transplanter*). Qui peut être transplanté.

TRANSPLANTATION [trɑ̃splɑ̃tasjɔ̃]. *n. f.* (1556; de *transplanter*). ♦ 1° Action de transplanter (une plante, un arbre). V. **Plantation.** ◇ *Biol.* Greffe* d'un organe entier provenant d'un donneur, avec rétablissement de ses connections vasculaires. *Transplantation cardiaque, rénale, hépatique.* ♦ 2° *Fig.* (1768). Déplacement (de personnes, d'animaux) de leur lieu d'origine dans un autre lieu. *Des chevaux « excellents aux lieux où ils naissent, et sujets à changer par leur transplantation* » (BALZ.).

TRANSPLANTEMENT [trɑ̃splɑ̃tmɑ̃]. *n. m.* (1600; de *transplanter*). *Vx.* Transplantation.

TRANSPLANTER [trɑ̃splɑ̃te]. *v. tr.* (*h. 1373;* 1528; lat. *transplantare*). ♦ 1° Sortir de la terre pour replanter ailleurs. *Transplanter un jeune arbre, des fleurs.* V. **Dépoter, repiquer.** ◇ *Biol.* Opérer la transplantation de (un organe...). ♦ 2° (XVIᵉ). *Fig.* Transporter (qqn) dans un autre, d'un milieu dans un autre. « *Probus fut obligé de transplanter de la Germanie des hommes et des bœufs pour cultiver la Gaule* » (MICHELET). — Pronom. « *À nos âges, on ne se plaît pas facilement* » (SARRAUTE). — Au p. p. *(adj. et n.)* Transplanté, installé (dans un autre pays). Cf. **Déraciné.**

TRANSPLANTEUR [trɑ̃splɑ̃tœr]. *n. m.* et *adj.* (1606; de *transplanter*). *Rare.* Celui qui transplante. Adj. *Jardinier transplanteur.*

TRANSPLANTOIR [trɑ̃splɑ̃twar]. *n. m.* (1796; de *transplanter*). *Agric.* Outil employé pour la transplantation.

TRANSPOLAIRE [trɑ̃spɔlɛr]. *adj.* (1954; de *trans-*, et *polaire*). Qui passe par le pôle. *Ligne aérienne transpolaire.*

TRANSPORT [trɑ̃spɔr]. *n. m.* (1312; de *transporter*). **I.** ♦ 1° *Dr.* Cession (d'un droit, d'une créance). « *L'endossement opère le transport* » (CODE COMM.). ♦ 2° (1538). Le fait de porter pour faire parvenir en un autre lieu; manière de déplacer ou de faire parvenir par un procédé particulier (véhicule, récipient, etc.). *Transport d'un colis, d'une marchandise... Transport à la main, à dos d'homme* (portage). *Transport par bêtes de somme.* — *Transport d'un blessé sur un brancard, en ambulance.* « *Le malade fut enfermé dans un énorme appareil de plâtre qui devait permettre le transport sans trop de souffrance et de danger* » (DUHAM.). ◇ *Spécialt.* Déplacement de choses ou de personnes sur une assez longue distance et par des moyens spéciaux (le plus souvent par un intermédiaire; ou à des fins commerciales, économiques. V. **Circulation.** *Transport de marchandises de l'expéditeur au destinataire.* V. **Factage.** *Transport des lettres.* V. **Poste.** *Marchandises détériorées pendant le transport. Cadres, caisses pour le transport du mobilier.* V. **Déménagement.** Par anal. *Transport du courant électrique.* — *Transport des voyageurs.* « *Le morcellement, en multipliant les transports, détériorait les chemins, augmentait les frais de production* » (ZOLA). — *Transports par terre, par voie de terre; par chemin de fer, par route. Transport à petite, à grande vitesse* (V. **Messagerie**). — *Transports automobiles* (par camion, autobus, car...). — *Transport par voie d'eau.* V. **Batellerie, navigation.** *Navires* de transport.* — *Avion de transport.* — *Matériel de transport et de manutention :* matériel roulant, navigant et aérien; ensemble des dispositifs servant à déplacer marchandises et voyageurs. *Moyen de transport :* matériel utilisé pour transporter les marchandises ou les personnes (*spécialt.* véhicules, avions, navires). — *Entreprise, entrepreneur de transports.* V. **Transporteur, voiturier.** *Frais de transport.* V. **Fret, port.** — *Transports en commun :* transport des voyageurs dans des véhicules publics. *Transports urbains, métropolitains* (V. **Métro**). ◇ *Les transports :* ensemble des moyens employés pour transporter les marchandises et les personnes. V. **Communication(s).** *Développement des transports aériens, maritimes, routiers... dans un pays :* des infrastructures (voies; aérodromes, ports, gares) et du matériel (véhicules). ◇ (1787) Ce qui sert à transporter des marchandises, des voyageurs (navire; voitures). *Un transport de troupes.* « *Le transport continuait sa route à travers l'océan Indien* » (LOTI). ♦ 3° (1560). *Sc.* Le fait de déplacer ou d'être déplacé, par une cause naturelle. V. **Mouvement.** *Géol. Terrains de transport.* ◇ *Cour.* (XVIᵉ) *Transport au cerveau :* congestion cérébrale. ♦ 4° *Dr.* (1668). Le fait de se transporter sur les lieux, pour procéder à une mesure d'instruction *(transport de justice). Transport sur les lieux,* constatation, saisies, reconstitution opérées par le procureur, le juge d'instruction, en matière répressive.

II. *Fig.* (1614). *Littér.* ♦ 1° Vive émotion, sentiment passionné (qui émeut, entraîne); état de celui qui l'éprouve. V. **Agitation, élan, enthousiasme, exaltation, ivresse.** « *L'orateur est celui qui sait se mettre à volonté dans un état de transport, et le poète aussi* » (CLAUDEL). — *Un, des transport(s). Transports de colère.* V. **Emportement.** *Transports de joie, de reconnaissance.* « *La vue de la campagne sembla nouvelle à madame de Rênal; son admiration allait jusqu'aux transports* » (STENDHAL). — *Transports amoureux, ivresse sentimentale ou sensuelle.* ♦ 2° *Vx* ou *littér.* Manifestation de passion. *Si la main était nue, « Marie, au passage, en baisait le bout des doigts devant les passants qui s'étonnaient de ce transport* » (JOUHANDEAU).

TRANSPORTABLE [trɑ̃spɔrtabl(ə)]. *adj.* (1758; de *transporter*). Qui peut être transporté (dans certaines conditions). *Marchandise, matière transportable par train, par avion.* *Spécialt. Malade transportable :* qui peut supporter sans danger un transport. ◇ ANT. *Intransportable.*

TRANSPORTATION [trɑ̃spɔrtasjɔ̃]. *n. f.* (*h. 1519;* XVIIᵉ; lat. *transportatio* « émigration »). ♦ 1° *Vx.* Déportation, exil forcé (d'un peuple, d'un groupe). ♦ 2° *Dr.* Institution par laquelle les condamnés aux travaux forcés étaient transportés dans une colonie pour y subir leur peine (V. **Bagne**) et y demeurer pendant un temps égal (doublage) ou à perpétuité. V. **Relégation.** *La déportation, à la différence de la transportation, est une peine politique.*

TRANSPORTÉ, ÉE [trɑ̃spɔrte]. *adj.* (1549; V. **Transporter**). Qu'un sentiment violent transporte. V. **Enivré,** éperdu, ivre. *Transporté d'admiration, de joie.* « *J'étais beaucoup plus qu'heureuse, j'étais transportée. Jamais rien ne m'a donné une extase comparable* » (J.-R. BLOCH).

TRANSPORTER [trɑ̃spɔrte]. *v. tr.* (v. 1180; lat. *transportare*, de *portare* « porter »). **I.** Faire changer de place. **Ⓐ** *(Compl. concret).* ♦ 1° Déplacer d'un lieu à un autre en portant. *Transporter un* *colis chez qqn. Transporter un blessé. Transporter des marchandises, des voyageurs* (Se dit du moyen de transport : animal, véhicule, ou des personnes qui organisent le transport). *Transporter en camion, en voiture.* V. **Camionner, voiturer.** *Transporter par terre, par eau.* — *Transporter l'énergie à distance,* au moyen des lignes à haute tension. — Par métaph. « *Lorsque le rêve nous transporte dans une autre planète* » (GAUTIER). Pronom. *Transportez-vous par la pensée à Pékin; en 1789...* ♦ 2° (1748 ; « déporter », 1564) Obliger (qqn) à aller dans un autre lieu. « *Théophile fut arrêté... et transporté à la Conciergerie* » (GAUTIER). — *Dr.* Faire subir la peine de la transportation ; condamner au bannissement. V. **Déporter.** ♦ 3° Faire passer d'un point à un autre. V. **Transmettre.** *Les ondes transportent l'énergie à distance.* — *Géol.* Amener (des matériaux géologiques) d'un point à un autre (*ex. :* terrains de transport). ⊕ *(Compl. abstrait).* ♦ 1° (Fin XIII°). *Dr.* Céder (un droit). ♦ 2° *Vx* ou *Didact.* Faire passer (un pouvoir, une juridiction...) d'un lieu à un autre (V. **Translation**). ♦ 3° (XVII°). Faire passer à un autre endroit, dans un autre contexte. *Transporter un thème, une idée... dans une œuvre.* V. **Introduire.** *Transporter l'intrigue d'un roman, un fait divers sur la scène :* l'adapter au théâtre. « *La gravure est une véritable traduction, c'est-à-dire l'art de transporter une idée d'un art dans un autre* » (GAUTIER). V. **Transposer.** ⊖ SE TRANSPORTER (1356) : se déplacer, aller. Spécialt. *Le procureur s'est transporté sur les lieux.* **II.** (v. 1290). Agiter (qqn) par un sentiment violent; mettre hors de soi. V. **Enivrer, exalter, ravir.** « *Certains cours me transportent : je crois qu'il est impossible de ne pas éprouver une espèce de vertige à ces premiers contacts avec la science* » (MART. du G.). V. **Électriser, enthousiasmer.**

TRANSPORTEUR [trɑ̃spɔrtœr]. *n. m.* (1380, repris XVI° ; de *transporter*). ♦ 1° Celui qui transporte. Par appos. *Voiturier transporteur.* V. **Roulier.** ♦ 2° (1869). Celui qui se charge de transporter (des marchandises ou des personnes) par un contrat de transport; entrepreneur de transports. ♦ 3° (1906). Appareil, dispositif (comportant une infrastructure fixe et des éléments mobiles) servant à transporter des marchandises d'un point à un autre. *Transporteur automatique.* V. **Convoyeur.** *Les transporteurs sont des appareils de manutention continue :* tapis, chemins roulants, téléfériques. ♦ 4° *Sc.* Élément intermédiaire capable de faire passer (une substance), de transmettre. *Transporteurs d'hydrogène :* corps capables de passer de la forme oxydée à la forme réduite et inversement, et de capter ou de restituer ainsi l'hydrogène aux cellules. — *Biol. Transporteur mécanique :* hôte qui transmet l'infection sans subir d'évolution (*opposé à* vecteur).

TRANSPOSABLE [trɑ̃spozabl(ə)]. *adj.* (1829 ; de *transposer*). ♦ 1° Qui peut être changé de place, interverti. *Propositions transposables, dans une phrase.* ♦ 2° Qui peut être transposé en autre chose. *Les résultats transposables d'un domaine à un autre.* ♦ 3° *Mus.* Qui peut être transposé (dans tel ou tel ton [I, 3°]).

TRANSPOSER [trɑ̃spoze]. *v. tr.* (1350 ; *tresposer* « transférer », 1265 ; de *trans-*, et *poser*).
I. ♦ 1° *Vx.* Faire passer ailleurs, à l'opposé. « *Un éclat de colère à propos dégage la responsabilité, et quelquefois la transpose* » (HUGO). ♦ 2° Mod. (1606 ; *avec un compl. plur. ou collectif*). Placer en intervertissant l'ordre. V. **Intervertir.** *Transposer les mots d'une phrase. L'Orient « transpose, il intervertit tout ; il renverse les harmonies dont le paysage a vécu depuis des siècles* » (FROMENTIN). ♦ 3° Faire changer de forme ou de contenu en faisant passer dans un autre domaine. « *Un monde visible de courbes,... de diagrammes qui transposent les propriétés en figures* » (VALÉRY). « *Pour Flaubert, le style consiste à... transposer la nature des choses en des natures de phrases* » (THIBAUDET).
II. *Mus.* (1684). Faire passer (une structure musicale) dans un autre ton sans l'altérer.

TRANSPOSITEUR, TRICE [trɑ̃spozitœr, tris]. *n.* (1835 ; de *transposer*). ♦ 1° *Rare.* Personne qui transpose. ♦ 2° Dispositif adapté à un instrument, qui transpose la musique dans plusieurs tons. Adj. *Piano, harmonium transpositeur.*

TRANSPOSITION [trɑ̃spozisjɔ̃]. *n. f.* (v. 1370 ; de *transposer*). ♦ 1° Changement de place, et spécialt. (XVI°) Interversion. « *Par une transposition de sens, M. de Cambremer vous regardait avec son nez* » (PROUST). « *Chacun d'eux donnait le bras à la femme de l'autre. Au dire de la chronique scandaleuse, cette transposition était complète* » (BALZ.). — Pathol. *Transposition vasculaire :* anomalie congénitale dans laquelle les gros vaisseaux du cœur (aorte et artère pulmonaire) se trouvent en position inversée par rapport à leur situation normale. ♦ 2° (1647) Déplacement ou interversion dans l'ordre des éléments de la langue. *Transposition de phonèmes, de lettres, de syllabes* (dans les mots). V. **Anagramme, métathèse.** *Transposition des mots d'une phrase.* — *Math., Log.* Permutation. ♦ 3° Le fait de transposer, de faire passer dans un autre domaine. *Transposition de la réalité* (dans un livre).

♦ 4° *Mus.* (1694). Le fait de transposer un morceau de musique (ou un fragment) en modifiant la hauteur des degrés de la gamme d'après laquelle il est composé. — Art de transposer. ◇ *Morceau transposé. Transposition pour baryton d'un lied pour ténor.*

TRANSPYRÉNÉEN, ENNE [trɑ̃spireneɛ̃, ɛn]. *adj.* (fin XIX° ; de *trans-*, et *pyrénéen*). *Géogr.* Situé au delà des Pyrénées.

TRANSSAHARIEN, IENNE [trɑ̃s(s)aarjɛ̃, jɛn]. *adj.* et *n. m.* (1878 ; de *trans-*, et *saharien*). Qui traverse le Sahara. *N. m.* Chemin de fer qui devait réunir la Méditerranée au Niger.

TRANSSEXUALISME [trɑ̃ssɛksɥalism(ə)]. *n. m.* (1956 ; de l'angl. *transsexualism*). *Psychiatr.* Sentiment délirant d'appartenir au sexe opposé, malgré une morphologie sexuelle normale, le plus souvent associé au désir de changer de sexe.

TRANSSEXUEL, ELLE [trɑ̃ssɛksɥɛl]. *adj.* (v. 1965 ; angl. *transsexual*, de *trans-*, et *sexuel*). *Psychiatr.* Se dit d'un sujet atteint de transsexualisme. « *On ne peut assimiler transsexuels et homosexuels* » (*Le Monde*, 30-9-1969).

TRANSSIBÉRIEN, ENNE [trɑ̃s(s)iberjɛ̃, ɛn]. *adj.* (1889 ; de *trans-*, et *sibérien*). *Géogr.* Situé au delà de la Sibérie. — Qui traverse la Sibérie. *Chemin de fer transsibérien,* et subst. *Le Transsibérien.*

TRANSSONIQUE [trɑ̃ssɔnik]. *adj.* (1953 ; de *trans-*, et *son*). *Phys.* Se dit des vitesses voisines de celle du son (en deçà ou au delà).

TRANSSUBSTANTIATION [trɑ̃ssypstɑ̃sjasjɔ̃]. *n. f.* (1495 ; *transustanciation*, 1374 ; lat. eccl. *transsubstantiatio*, de *substantia*). *Relig. chrét.* Changement de toute la substance du pain et du vin (V. **Espèce**) en toute la substance du corps et du sang de Jésus-Christ. V. **Eucharistie.** *Les protestants n'acceptent pas le dogme de la transsubstantiation.* ◇ *Didact.* Changement complet d'une substance en une autre.

TRANSSUDAT [trɑ̃ssyda]. *n. m.* (1933 ; de *transsudation*, d'apr. *exsudat*). *Méd.* Liquide séreux, pauvre en albumine, accumulé dans une cavité ou un tissu par transsudation*.

TRANSSUDATION [trɑ̃ssydasjɔ̃]. *n. f.* (1763 ; de *transsuder*). *Didact.* ou *littér.* ♦ 1° Action de transsuder. V. **Exsudation, suintement.** *Transsudation de l'eau au travers d'un vase.* — *Méd.* Passage de liquide séreux du plasma à travers les parois vasculaires intactes, à la suite d'une stase sanguine ou d'une modification de la pression osmotique du plasma. ♦ 2° Fig. « *Une vague transsudation de clarté se dégage parfois d'un entassement fermé et sombre* » (HUGO).

TRANSSUDER [trɑ̃ssyde]. *v. intr.* et *tr.* (1700 ; du lat. *trans,* et *sudare* « suer », en a. fr. *tressuer* [XII°]). *Didact.* ou *littér.* ♦ 1° *V. intr.* Passer au travers des pores, sortir des pores d'un corps en fines gouttelettes (comme fait la sueur). V. **Filtrer.** Fig. « *De toute cette figure transsudait, au contraire, une bonté joyeuse et active* » (BLOY). ◇ *Méd.* Passer par transsudation*. ♦ 2° *V. tr.* (1779). Émettre en laissant passer par les pores.

TRANSURANIEN, ENNE [trɑ̃zyranjɛ̃, ɛn]. *adj.* (1949 ; de *trans-*, et *uranium*). *Chim.* Se dit de tout élément de nombre atomique supérieur à celui de l'uranium* (92). *Les éléments transuraniens (neptunium, plutonium, etc.), instables, radioactifs*, sont obtenus à partir de noyaux lourds par capture de particules.

TRANSVASEMENT [trɑ̃svazmɑ̃]. *n. m.* (1611 ; *transvasation*, 1570). Action de transvaser.

TRANSVASER [trɑ̃svaze]. *v. tr.* (1570 ; de *trans-*, et *vase*). Verser, faire couler d'un récipient dans un autre. *Transvaser du vin.* V. **Soutirer.** ◇ Fig. (Plaisant.) « *Deux heures plus tard, nous sommes encore transvasés dans une nouvelle pataple* » (NERVAL).

TRANSVERSAL, ALE, AUX [trɑ̃svɛrsal, o]. *adj.* (1534 ; prov., XIII° ; du lat. *transversus;* Cf. **Traverse**). *Didact.* Qui traverse une chose en la coupant perpendiculairement à sa plus grande dimension (longueur ou hauteur). *Coupe transversale et coupe longitudinale. Stries transversales.* — (1721) *Anat. Artère, veine transversale de la face. Sillon transversal de la nuque.* V. **Transverse.** *Géogr. Vallée transversale,* qui coupe une large vallée. ◇ *Cour.* Qui traverse, est en travers. « *Son front, plein de rides transversales* » (BALZ.). « *Les rues transversales ne servent guère qu'à marquer la limite des immeubles entre les avenues* » (SARTRE).

TRANSVERSALEMENT [trɑ̃svɛrsalmɑ̃]. *adv.* (1490 ; de *transversal*). Dans une position transversale, horizontalement. « *Des jardins aux clôtures de planches posées transversalement* » (GAUTIER).

TRANSVERSE [trɑ̃svɛrs(ə)]. *adj.* (1503 ; lat. *transversus* « tourné en travers »). *Anat.* Qui est en travers. *Apophyses transverses des vertèbres. Côlon transverse.*

TRANSVESTISME *n. m.* Psychiatr. Syn. de TRAVESTISME.

TRANSVIDER [trɑ̃svide]. *v. tr.* (1829 ; mot dial. ; de *trans-*, et *vider*). Faire passer (un contenu) dans un autre *récipient. Transvider le sucre d'un paquet dans le sucrier. Transvider un liquide*, le transvaser.

TRANSYLVAIN, AINE [tʀɑ̃silvɛ̃, ɛn]. *adj.* (1845; du lat. médiév. *Transylvania*, la Transylvanie, proprem. « le pays au delà de la forêt »). De la Transylvanie, propre à la Transylvanie.

TRANTRAN ou **TRAN-TRAN** [tʀɑ̃tʀɑ̃]. *n. m.* (1680; « sonnerie de cor », 1618; formation express.). *Vx* ou *littér.* V. **Train-train**. « *Comme si le monde n'attendait que la paix pour reprendre, tel quel, son trantran d'autrefois* » (MART. du G.).

TRAPÈZE [tʀapɛz]. *n. m.* (1542; lat. *trapezium*, gr. *trapezion*, de *trapeza* « table à quatre pieds »). ♦ 1° *Géom.* Quadrilatère dont deux côtés sont parallèles (*spécialt.* lorsqu'ils sont inégaux). *Petite et grande base d'un trapèze :* les côtés parallèles. *En forme de trapèze, en trapèze.* V. **Trapézoïdal.** — (Mode) *Ligne trapèze.* ◇ *Anat.* (1765) *Muscle trapèze*, et absolt. *Trapèze*, muscle plat qui occupe la partie postérieure et supérieure du tronc. — *Hippol.* Partie du cheval entre l'encolure et le garrot. ♦ 2° (1879). Appareil de gymnastique, d'acrobatie; barre horizontale suspendue par les extrémités à deux cordes. *Trapèze d'un portique* (V. **Agrès**). *Faire des exercices au trapèze. Faire du trapèze; du trapèze volant* (sauter d'un trapèze à l'autre en se balançant). *Je regardais les acrobates* « *saisir un trapèze indocile, au vol* » (BOSCO).

TRAPÉZISTE [tʀapezist(ə)]. *n.* (1879; de *trapèze*, 2°). Gymnaste, acrobate spécialisé dans les exercices du trapèze. « *Tous les acrobates, gymnastes, trapézistes* » (GONCOURT). *Une trapéziste de cirque.*

TRAPÉZOÈDRE [tʀapezɔɛdʀ(ə)]. *n. m.* 1846; de *trapèze* [1°], et -*èdre*). *Géom.* et *Minér.* Solide à faces trapézoïdales.

TRAPÉZOÏDAL, ALE, AUX [tʀapezɔidal, o]. *adj.* (1839; *trapézoïde*, 1652; gr. *trapezoeidês*). En forme de trapèze. *Prisme à bases trapézoïdales.*

TRAPÉZOÏDE [tʀapezɔid]. *adj.* (1652; gr. *trapezoeidês*). *Didact.* Qui ressemble à un trapèze. — *Anat. Os trapézoïde*, de la rangée inférieure du carpe* (compris entre le trapèze et le grand os). *Corps trapézoïde*, faisceau de fibres nerveuses en avant de la protubérance annulaire.

1. **TRAPPE** [tʀap]. *n. f.* (XIIᵉ; frq. °*trappa*). ♦ 1° *Chasse.* Piège pour prendre des bêtes, formé d'un trou recouvert de branchages ou d'une bascule. V. **Chausse-trappe.** « *L'animal qui la veut saisir* (l'amorce) *s'introduit sous la planche, tire à soi l'appât, abat la trappe, est écrasé* » (CHATEAUB.). ♦ 2° (1260). *Cour.* Ouverture à abattant pratiquée dans un plancher ou dans un plafond, pour donner accès à une cave, ou à un grenier, une terrasse. « *On grimpait sur les toits, on passait par... toutes les trappes* » (GIDE). *Trappe de départ d'un avion*, par laquelle sautent les parachutistes. — Partie mobile du plancher d'une scène. « *La trappe des apparitions féeriques s'ouvrit sous ses pieds* » (M. BEDEL). *Techn.* Tablier de cheminée. — Châssis d'une fenêtre à coulisse.

2. **TRAPPE** [tʀap]. *n. f.* (attesté XVIIᵉ; de *Notre-Dame-de-la-Trappe* fondée en 1140). Ordre religieux des trappistes (V. **Trappiste**). « *La Trappe est l'ordre le plus rigide qui ait été imposé aux hommes* » (HUYSMANS). « *Il fit vœu de quitter le monde et se retira à la Trappe* » (NERVAL). — *Par ext.* (Prend généralement une majuscule pour la Maison mère, une minuscule pour les autres maisons.) *Maison de trappistes. Franchir la clôture d'une trappe.*

TRAPPEUR [tʀapœʀ]. *n. m.* (1833; angl. *trapper* « qui chasse à la trappe » de *to trap*; Cf. a. fr. *Trapper*, 1530). Chasseur professionnel du Nord des États-Unis et du Canada qui fait commerce des fourrures.

TRAP(P)ILLON [tʀapijɔ̃]. *n. m.* (1772; de *trappe* 1). ♦ 1° *Vx* Ce qui tient fermée une trappe. ♦ 2° *Théâtre.* Ouverture dans le plancher de la scène pour livrer passage aux fermes* (3, 2°).

TRAPPISTE [tʀapist(ə)]. *n. m.* (1803; de *Trappe* 2). Moine cistercien qui observe la règle réformée de la Trappe instituée en 1664 par Rancé. « *Des officiers qui s'enfermaient dans un silence de trappiste* » (VIGNY).

TRAPPISTINE [tʀapistin]. *n. f.* (1844; du précéd.). ♦ 1° Religieuse qui suit la règle cistercienne réformée de Rancé (ordre fondé en 1827). ♦ 2° Liqueur fabriquée par les trappistes.

TRAPU, UE [tʀapy]. *adj.* (1584; *trap*[p]*e*, XVᵉ; o. i.). ♦ 1° Qui est court et large, ramassé sur soi-même (souvent avec l'idée de robustesse, de force). « *Cet homme trapu, robuste, vivace* » (GAUTIER). « *Enfants trapus et comme tassés* » (SAND). ◇ *(Choses)* Ramassé, massif. « *Il en possédait* (des couteaux de peintre) *de longs et flexibles, de larges et trapus* » (ZOLA). « *Toute la bâtisse avait l'air de se ramasser sous l'orage. Jamais je ne l'avais vue si large, si trapue* » (BOSCO). ♦ 2° *Arg. scol.* (1886). Fort. *Un élève, un candidat trapu.* ◇ Difficile. *Problème trapu.* ⊗ ANT. **Élancé.**

TRAQUE [tʀak]. *n. f.* (1798; de *traquer*). *Chasse.* Action de traquer le gibier. *Les jours, les nuits* « *qu'ils passaient dans la forêt, à la traque, à l'affût, à la piste...* » (GENEVOIX). ◇ HOM. *Trac.*

TRAQUENARD [tʀaknaʀ]. *n. m.* (1622; « amble, ambleur », 1532; du rad. de *traquer*). Piège pour prendre des animaux nuisibles, sorte de trébuchet. V. **Traquet** (1). — *Fig.* Piège. « *Un machiavélique traquenard que les généraux de Berlin tendent à la Russie* » (MART. du G.). « *Le français... est une langue très difficile, pleine de menus traquenards* » (GIDE). V. **Embûche.**

TRAQUER [tʀake]. *v. tr.* (1743; « s'emparer de [qqn] » mil. XVᵉ; de l'a. fr. *trac* « piste », Cf. *Tout à trac*; probabl. rad. express. *trak-*). ♦ 1° Poursuivre (le gibier d'un bois) en resserrant toujours le cercle qu'on fait autour de lui. V. **Forcer.** — Au p. p. *Un air de bête traquée.* ♦ 2° Poursuivre (qqn), le forcer dans sa retraite. « *On a beau vanter la pêche et la chasse, traquer l'homme dans Paris est une partie bien plus intéressante* » (BALZ.). « *Traqué par les siens; traqué par la société, par les conditions de la vie...* » (MART. du G.).

1. **TRAQUET** [tʀakɛ]. *n. m.* (1694; de *traquer*; Cf. Traquenard). *Chasse.* Piège qu'on tend aux bêtes puantes.

2. **TRAQUET** [tʀakɛ]. *n. m.* (fin XVᵉ; aussi « crécelle »; rad. express. *trak-*). ♦ 1° *Techn.* Morceau de bois qui passe au travers de la trémie d'un moulin et dont le mouvement fait tomber le blé sous la meule. V. **Battant.** ♦ 2° (1555). Oiseau passereau, appelé aussi *Cul-blanc, motteux.*

TRAQUEUR [tʀakœʀ]. *n. m.* (1798; de *traquer*). *Chasse.* Chasseur qu'on emploie pour traquer le gibier.

TRATTORIA [tʀatɔʀja]. *n. f.* (1847; mot it. Cf. Traiteur). Petit restaurant bon marché, en Italie. *Des trattorias.*

TRAUMA [tʀoma]. *n. m.* (1890; gr. *trauma* « blessure »). *Didact. Méd.* Lésion, blessure locale produite par un agent extérieur agissant mécaniquement. — *Psycho.* Émotion violente qui modifie la personnalité d'un sujet en la sensibilisant aux émotions de même nature. (Cet emploi est critiqué.)

TRAUMATIQUE [tʀomatik]. *adj.* (1810; « vulnéraire », 1549; lat. *traumaticus*, gr. *traumatikos*, de *trauma* « blessure »). *Didact.* Qui a rapport aux plaies, aux blessures. *Hémorragie, tétanos traumatique. Choc traumatique*, ébranlement de l'organisme après blessure grave, une opération.

TRAUMATISANT, ANTE [tʀomatizɑ̃, ɑ̃t]. *adj.* (1926; de *traumatiser*). *Psychan.* et *méd.* Qui traumatise. « *Expériences traumatisantes* » (J. DELAY). — *Occlusion traumatisante des dents* (provoquant des lésions des dents et des tissus environnants).

TRAUMATISER [tʀomatize]. *v. tr.* (1922; de *traumatique*, d'apr. le gr. *traumatizein*). *Didact.* Provoquer un traumatisme. *Méd. Cet accident l'a traumatisé.* V. **Choquer.** — *Psychan. Être traumatisé par une horrible découverte.* « *Le peuple, traumatisé par la mort de César* » (BARTHES).

TRAUMATISME [tʀomatism(ə)]. *n. m.* (1855; gr. *traumatismos*). ♦ 1° *Méd.* Ensemble des troubles physiques ou psychiques provoqués dans l'organisme par le trauma*. *Traumatismes crâniens* (avec ou sans plaie). ♦ 2° *Psycho.* et *cour. Traumatisme* (ou abusiv. *trauma*) *psychique* : ensemble des perturbations résultant d'un violent choc émotionnel. — *Psychan.* Événement déclenchant chez un sujet un afflux d'excitations dépassant le seuil de tolérance de son appareil psychique.

TRAUMATOLOGIE [tʀomatɔlɔʒi]. *n. f.* (av. 1836; du rad. de *traumatique*, et -*logie*). *Méd.* Branche de la médecine qui traite des accidents (accidents du travail, de la circulation, soins d'urgence aux blessés, etc.). *Service de traumatologie d'un hôpital.*

TRAUMATOLOGIQUE [tʀomatɔlɔʒik]. *adj.* (1845; de *traumatologie*). *Méd.* Relatif à la traumatologie, et *par ext.* aux traumatismes. *Chirurgie traumatologique.*

TRAUMATOLOGISTE [tʀomatɔlɔʒist(ə)] ou **TRAU-MATOLOGUE** [tʀomatɔlɔg]. *n.* (1965; de *traumatologie*). Médecin spécialiste de la traumatologie*.

TRAVAIL, AUX [tʀavaj, o]. *n. m.* (XIᵉ; de *travailler*). I. ♦ 1° *Vx.* État de celui qui souffre, qui est tourmenté; activité pénible. « *Les grands travaux que Notre-Seigneur a soufferts* » (BOSS.). ◇ (1160) Fatigue. « *Les voyages ont leurs travaux comme leurs plaisirs; mais les fatigues qui se trouvent dans cet exercice...* » (REGNARD). (XIIᵉ). Spécialt. *(Physiol.)*. Période de l'accouchement pendant laquelle se produisent les contractions utérines aboutissant à l'expulsion du fœtus (Cour. *Douleurs de l'enfantement*). V. **Accouchement.** *Femme en travail.* « *La montagne en travail enfante une souris* » (LA FONT.). — *Méd. Salle de travail* d'accouchement.

II. *Mod.* (1471). ⒜ ♦ 1° Ensemble des activités humaines coordonnées en vue de produire ou de contribuer à produire ce qui est utile; état, situation d'une personne qui agit en suite en vue d'obtenir un tel résultat. V. **Action, activité, labeur.** *Le travail et le repos.* « *Le travail est beau et noble. Il donne une fierté et une confiance en soi que ne peut donner* la richesse héréditaire » (VIGNY). « Le travail est bon à l'homme. Il le distrait de sa propre vie » (FRANCE). Application, assiduité au travail. Se mettre au travail : commencer à travailler. Être au travail. — Excès de travail. Se tuer de travail. — Cabinet de travail. Table de travail (ne se dit que d'un travail intellectuel. V. Bureau). Méthode, plan de travail. — Séance de travail. Groupe de travail. V. Atelier, séminaire. Langues de travail, utilisées dans les séances de travail d'une réunion ou d'une organisation internationale. — Travail manuel, physique. Rééducation par le travail. V. Ergothérapie. Travail intellectuel. Travail créateur, personnel. Travail scolaire. V. Étude(s); devoir (2, 4º). ◇ Spécialt. Activité nécessaire à l'accomplissement d'une tâche. Entreprise qui demande beaucoup de travail. Être surchargé de travail. ♦ 2º Le travail de (qqch.) : action ou façon de travailler (I) une matière; de manier un instrument. Le travail de la pâte (en peinture). Le travail du bois, du marbre (en sculpture). ♦ 3º Un travail; le travail de qqn : ensemble des activités manuelles ou intellectuelles exercées pour parvenir à un résultat utile déterminé (œuvre, ouvrage, production). V. Ouvrage; boulot (fam.). Travail imposé (V. Besogne [2º], tâche), forcé (V. Corvée). Commencer, entreprendre un travail. Mettre un travail en chantier. Accomplir, faire un travail. Il « abattait à lui seul le travail de dix journaliers » (DAUD.). — Loc. Un travail de Romain : long et dur. — Travail de longue haleine. Petits travaux manuels. Chacun vaquait à ses travaux. Travaux de l'esprit. Travail de bénédictin : travail intellectuel, long, difficile et minutieux. ♦ 4º LES TRAVAUX. Vx ou littér. (du sens I) Entreprises difficiles et glorieuses. « Et ne suis-je blanchi dans les travaux guerriers... » (CORN.). — Les douze travaux d'Hercule. ◇ Mod. et cour. Suite d'entreprises, d'opérations exigeant l'activité physique suivie d'une ou de plusieurs personnes (travail professionnel, organisé ou non) et l'emploi de moyens particuliers (technique). Les travaux des champs (V. Agriculture, culture). Travaux domestiques, ménagers, qu'exige la bonne tenue du ménage. Gros travaux : pénibles et n'exigeant pas une habileté particulière. — Travaux de dames, travaux d'aiguille. V. Ouvrage. — Travaux d'amateur, en photographie. — Imprim. Travaux de ville* et labeur*. — Travaux d'urbanisme. Pendant la durée des travaux, le magasin reste ouvert. V. Réparation. Travaux d'entretien, de réfection des routes. Attention! ralentir, travaux! — Travaux de construction. — GRANDS TRAVAUX : travaux d'importance nationale (grands chantiers) dans le domaine des transports (routes et autoroutes; ouvrages d'art : ponts, viaducs, tunnels; travaux maritimes : ports, canaux, phares; aéroports) ou dans celui de la production d'énergie (barrages), ou de l'aménagement des terres (assèchements, drainages, irrigation). Surveiller des travaux. Conducteurs de travaux. — Par plaisant. Inspecteur des travaux finis : paresseux, qui se contente de regarder les autres travailler. ◇ (XVIIIe) TRAVAUX PUBLICS : ancien. Travaux d'utilité générale; mod. Travaux immobiliers d'utilité générale faits pour le compte d'une personne morale administrative. Chantier de travaux publics. — Les Travaux publics : l'administration, le ministère des Travaux publics. V. aussi Pont (ponts et chaussées). — École des Travaux publics. Ellipt. Être reçu à Travaux publics. — Milit. (XVIIe) Opérations (spécialt. terrassements) par lesquelles on établit les lignes, les fortifications. Travaux de défense; d'approche. Travaux de siège. — Par métaph. Travaux d'approche*. ◇ (Fin XVIIIe) TRAVAUX FORCÉS : peine de droit commun, afflictive et infamante, qui s'exécutait dans les bagnes, puis par la transportation, et de nos jours par la réclusion de plus de dix ans. Travaux forcés à perpétuité, à temps. ◇ Suite de recherches dans un domaine intellectuel, scientifique. Les « travaux scientifiques de la marquise du Châtelet » (HENRIOT). « Les travaux (de Max Planck) sur le rayonnement noir » (L. DE BROGLIE). — Travaux scolaires. Travaux pratiques*. Travaux dirigés, en application d'un cours magistral. ◇ Délibérations, discussions suivies (d'une assemblée, d'une réunion), devant aboutir à une décision. L'assemblée poursuit ses travaux. Travaux préparatoires d'une assemblée. ♦ 5º (1690). Manière dont un ouvrage, une chose créée par l'homme, ont été exécutés. V. Facture, façon. Un beau travail. « Ce napperon... ce n'est pas du travail fin, mais c'est gentil... » (COLETTE). Travail soigné. C'est du travail d'amateur; du travail mal fait ou peu soigné (propre et fig.). — Iron. C'est du beau travail! Regardez-moi ce travail! V. Bricolage. Quel travail! Ce travail! ♦ 6º Ouvrage. « Si ce remarquable travail de peinture sur la lave eût décoré une chapelle... » (GAUTIER). Travaux d'art (au sens I, 3º d'art), constructions de travaux publics (ponts, viaducs, etc.). ◇ Ouvrage de l'esprit (considéré comme le résultat d'une suite d'opérations intellectuelles faites avec méthode). V. Étude, livre, œuvre, ouvrage. Un travail consciencieux. « Je n'avais pas le travail des Chérin (des généalogistes) sur ces titres de l'ordre de Malte » (CHA-TEAUB.). ⊖ Spécialt. (Bien développé au XIXe) Cette activité

organisée à l'intérieur du groupe social et exercée d'une manière réglée. ♦ 1º Activité laborieuse professionnelle et rétribuée. V. Emploi, fonction, gagne-pain, métier, profession, spécialité (Cf. pop. Boulot, job, turbin). Avoir un travail régulier, un bon travail. Travail à mi-temps, à plein temps. Travail facile et bien payé (Cf. Sinécure ; pop. Filon, planque). Interruption de travail (pour cause de maladie, de chômage). Cessation concertée du travail. V. Grève. Arrêt de travail, grève momentanée, débrayage; interruption de travail pour cause de maladie. « Le travail avait cessé. Celui qui n'a que ses bras, son travail du jour pour nourrir le jour, allait chercher du travail, n'en trouvait pas » (MICHELET). Être sans travail. V. Chômeur, sans-travail. « Il fallait proclamer le droit au travail. Ils ont proclamé le droit au fusil » (HUGO). ◇ Exercice effectif de l'activité professionnelle. Aller au travail. Il est interdit de fumer pendant le travail. V. Service. Heure de travail. Travail payé à l'heure, aux pièces. Travail continu, exécuté sans interruption par une équipe. Travail à domicile (exécuté en chambre). « Les employés d'une maison de commerce sont attachés par le cœur à la maison, et fort peu à leurs compagnons de travail » (CHARDONNE). Lieu de travail. V. Atelier, bureau, chantier, local, usine; et fam. Boîte, boutique. — Vêtement de travail, utilisé dans l'exercice des activités professionnelles. Bleu de travail. V. Combinaison, cotte, salopette. Instruments de travail. — Dr. Législation, droit du travail. Code du travail. Accident de travail : survenu par le fait ou à l'occasion du travail, donnant lieu à des réparations. Inspecteur, inspection du travail. Médecine du travail. Carte de travail (pour les travailleurs immigrés). — Contrat de travail : convention par laquelle une personne s'engage à exercer pendant un certain temps, et moyennant salaire, son activité professionnelle au profit et sous la direction d'une autre personne (l'employeur). — Convention collective de travail : accord relatif aux conditions de travail, conclu entre employeurs et salariés (syndicats, groupements), et qui détermine les conditions d'application du contrat de travail. Travail noir, exercé dans des conditions illégales. ♦ 2º Écon. Activité économique des hommes (aidés ou non par les machines), productrice d'utilité sociale. V. Emploi (écon.). Le travail, facteur de production. Travail et capital. Analyse, mesure, organisation scientifique du travail. V. Taylorisme; et aussi Rendement, productivité. Division* du travail. Travail à la chaîne. ♦ 3º L'ensemble des travailleurs considérés dans le groupe social (« population active »), et spécialt. Les travailleurs salariés des secteurs agricole et industriel. V. Ouvrier, paysan, prolétariat; main-d'œuvre. Le monde du travail. Association capital-travail. Il parle « du temps prochain, où le capital sera l'esclave du travail » (GONCOURT). — Bourse* du travail. Confédération générale du travail. V. C.G.T. — Ministère du Travail (dont l'administration centrale comprend les directions du travail, de la main-d'œuvre et de la Sécurité sociale). ⊖ (XVIIIe). Par anal. ♦ 1º Action continue, progressive (d'une cause naturelle), aboutissant à un effet constatable; cet effet. Le travail de la fermentation. « Le travail des eaux » (BUFF.), de l'érosion. — Effet de certaines contraintes. Le travail du bois. V. Gauchissement. — (Abstrait) Élaboration ou modification progressive. « La magie et la sorcellerie... suppriment le travail du temps » (BAUDEL.). Le travail de l'inconscient. ♦ 2º (1790). Le fait de produire un effet utile, par son activité. V. Fonctionnement, force. Travail d'une machine, d'un mécanisme. — Travail musculaire : quantité de travail (au sens 3º, ci-dessous) fournie par l'ensemble des muscles d'un organisme, qui s'ajoute au métabolisme basal et au fonctionnement organique pour définir la dépense énergétique totale. ♦ 3º Phys. (XIXe; on disait Force). Produit d'une force (IV, 1º) par le déplacement de son point d'application (égale suivant la direction de la force). La notion d'énergie* (II) recouvre celles de force et de travail. Unités de travail. V. Erg (2), joule, kilogrammètre, kilojoule; kilowatt-heure. Quantité de travail que peut fournir une machine par unité de temps. V. Puissance.

◇ ANT. Inaction, oisiveté, repos; loisir, vacances; chômage.

2. TRAVAIL, AILS [travaj]. n. m. (v. 1210; bas lat. trepalium, var. de tripalium « instrument de torture », du lat. class. tripalis « à trois pieux »). Techn. Dispositif servant à immobiliser les grands animaux (chevaux, bœufs) pour pratiquer sur eux certaines opérations. « On ne les ferre (les chevaux) ... que dans un travail des plus solides non en chêne, mais en granit » (HUGO).

TRAVAILLÉ, ÉE [travaje]. adj. (1559; « très fatigué », 1080. V. Travailler). Ouvragé. « Des donjons travaillés comme de la dentelle » (GOBINEAU). ◇ Exécuté, élaboré avec le plus grand soin. « Poèmes en prose, mais en prose rythmée, travaillée et polie » (GAUTIER). « Dans les passages travaillés, le travail reste trop visible » (THIBAUDET).

TRAVAILLER [travaje]. v. (1080; lat. pop. °tripaliare « torturer avec le tripalium ». V. Travail 2).

I. V. tr. ⋒ ♦ 1º Vx (sauf dans quelques emplois). Faire

souffrir, tourmenter, torturer. *Littér.* (douleur, gêne physique). « *La goutte me travaille les membres* » (FRANCE). ◇ *Mod.* Inquiéter en obsédant « *Fouan ne put rester au lit, tellement ce qu'il avait vu lui travaillait le crâne* » (ZOLA). « *Il se reconnut travaillé et tourmenté d'irrésistibles envies de contradiction* » (GONCOURT). ♦ 2° *Vx.* Préoccuper. « *Et de tous les pensers qui travaillent son âme...* » (MALHERBE). ◇ *Mod.* et *fam. Ça le travaille, cette histoire.* ♦ 3° *Littér.* Agiter, troubler. *Travailler les esprits* : les pousser au mécontentement, à la révolte. V. **Exciter.** Ils « *travaillaient le peuple par leurs brochures, par leurs agents* » (MICHELET). ♦ 4° *Pop.* Battre, malmener. « *Au premier flic qui me travaille, je me dégonfle* » (CÉLINE). — (Boxe) *Travailler son adversaire au corps.* « *Au troisième round ils travaillent au corps tous les deux* » (QUENEAU). ⓑ *Mod.* (XVIᵉ). Modifier par le travail (II). ♦ 1° Soumettre à une action suivie, pour donner forme (ou changer de forme), rendre plus utile ou utilisable. *Travailler une matière première.* V. **Élaborer.** *Le maréchal-ferrant « regardait... le morceau de fer qu'il avait travaillé* » (ALAIN-FOURNIER). V. **Façonner.** — *Travailler la terre.* V. **Cultiver.** « *Ils disaient plus simplement : J'va travailler la vigne. Tout ce qu'on faisait à la vigne s'appelait travailler* » (PÉGUY). ♦ 2° (1636). Soumettre à un travail intellectuel, pour améliorer. *Travailler son style.* V. **Ciseler, fignoler, peigner.** *Elle « regardait pendant de longues soirées son mari travailler des phrases. Elle haussait les épaules à la vue de ses hésitations* » (HUYSMANS). ♦ 3° Chercher à acquérir ou perfectionner, par l'exercice, l'étude, la connaissance ou la pratique de (telle science, tel art). *Travailler la philosophie, les sciences.* V. **Bûcher** (4°), piocher (2°), potasser. — *Travailler un morceau de piano.* Par ext. *Travailler son piano.* — Sport. *Travailler son revers, le passage du témoin...* ♦ 4° (À l'origine, au sens 1°). Soumettre à un exercice, à un entraînement. *Travailler un cheval.* — *Travailler le taureau* : lui faire accomplir les mouvements requis par les règles de la corrida. ♦ 5° (1798). Soumettre à des influences concertées, de manière à faire agir de telle ou telle façon. *Il « travaillait l'opinion dans un département du Midi* » (GIDE). ♦ 6° (Tennis) *Travailler une balle* : la couper, la « lifter », etc., pour que le rebond surprenne l'adversaire. ♦ 7° *Trans. indir.* (XIIIᵉ). TRAVAILLER À... (*suivi d'un complément ou de l'inf.*) : faire tous ses efforts pour obtenir (un résultat), en vue de... « *Travaillons à ce que nous croyons utile et bon* » (FRANCE). *Travailler à la perte de qqn.* « *Travaillons donc à bien penser* » (PASC.). V. **Efforcer** (s'), **tâcher, tendre.** ◇ Consacrer son activité, apporter ses soins à (un ouvrage). *Il travaille à un exposé qu'il doit faire le mois prochain.* V. **Préparer.** *Travailler à l'œuvre commune.* V. **Collaborer.**

II. *V. intr.* ⓐ ♦ 1° (1538). Agir d'une manière suivie, avec plus ou moins d'effort, pour obtenir un résultat utile. V. **Besogner, œuvrer;** *fam.* et *pop.* **Bosser, boulonner, bûcher, chiader, gratter, marner, trimer, turbiner.** « *Travaillez, prenez de la peine* » (LA FONT.). « *Travailler est moins ennuyeux que s'amuser* » (BAUDEL.). *Travailler dur, d'arrache-pied* (Cf. Avoir du cœur* à l'ouvrage, en mettre un coup*). *Travailler comme un esclave, un forçat, un nègre, un bœuf, une bête de somme* : travailler à des ouvrages pénibles, en se fatiguant beaucoup. V. **Crever** (se). *Travailler mollement, sans se presser.* V. **Travailloter.** *Il ne travaille pas* (Cf. Il n'en fiche pas une rame, une secousse). V. **Faire, ficher** (il ne fait, ne fiche rien). ◇ (Travail intellectuel) « *Je travaille savamment, longuement, avec des attentes infinies des moments les plus précieux; avec des choix jamais achevés* » (VALÉRY). *Fam.* Faire travailler sa matière grise (son esprit). — Faire les exercices intellectuels (au cours des études). V. **Apprendre, étudier.** *Finis de jouer et va travailler! Élève qui ne travaille pas,* paresseux. « *En ce moment, même Lévêque boulonne, Darseval bosse, Vigerie gratte, Mollard chiade* » (G. CESBRON). ♦ 2° Exercer une activité professionnelle, un métier. « *Quand on naît pauvre, il faut travailler;... mais quand on a des rentes, sacristi! il faudrait être jobard pour s'esquinter le tempérament* » (MAUPASS.). « *Il travaille... Aujourd'hui un jeune homme doit gagner son pain* » (ARAGON). *Il travaille depuis l'âge de seize ans* (Cf. Il gagne sa vie, sa croûte). *Faire travailler des ouvriers, du personnel.* V. **Employer.** *Travailler pour un patron, pour son propre compte. Travailler en usine, à l'atelier; aux champs; dans un bureau.* « *Il n'eût pas considéré comme une élévation de travailler à heures fixes..., même au prix d'un traitement princier* » (DUHAM.). *Travailler aux pièces.* — *Pop.* Exercer une activité profitable tolérée ou interdite par la société. *Spécialt.* (1623) Voler. Pratiquer la prostitution. ♦ 3° (1859). S'exercer; effectuer un exercice. *Acrobates qui travaillent sans filet** (au fig. V. **Filet**). « *Il (un boxeur) travaillait avec régularité. Il portait ces coups durs, appuyés... des poids lourds* » (MORAND). ♦ 4° (XVIIᵉ). Agir. *Travailler pour qqn* (V. **Servir**), *contre qqn, contre ses intérêts* (V. **Desservir**). « *La rapidité du temps, qui travaille autant contre nous que pour nous* » (SÉV.). — *Loc. prov. Travailler pour le roi* de Prusse.* ♦ 5° *Par anal.* (XVIᵉ). Produire un revenu. *Faire travailler l'argent.* V. **Produire, rendre.** ♦ 6° (1846). *Rare.* Effectuer

un travail (II, C, 2°) utile. *Moteur qui travaille.* ♦ 7° (1723). Fonctionner pour la production. *Industrie qui travaille pour une clientèle. Travailler à perte, en dessous du prix de revient.* ⓑ *(Choses).* Subir une force, une action. ♦ 1° (1690). Subir une ou plusieurs forces (pression, traction, poussée) et se déformer sous une telle action. *Cordage, poutre qui travaille. Panneau de bois qui travaille.* V. **Déformer** (se), **gondoler.** *Maçonnerie qui travaille* : s'affaisse, se tasse. ◇ Fermenter, subir une action interne. *Le vin travaille. La pâte travaille* : lève. ♦ 2° *Fig.* Être agité. *Son imagination, son esprit travaille.* V. **Fermenter.** ◇ *Fam.* (Personnes) *Travailler du chapeau* : être fou. « *Faites pas attention, dit Martin, Il travaille de la visière* » (AYMÉ).

◇ ANT. Amuser (s'), chômer, flâner, reposer (se).

TRAVAILLEUR, EUSE [tʀavajœʀ, øz]. *n.* et *adj.* (1552; *travailleor* « celui qui fait souffrir, bourreau », XIIIᵉ; de *travailler*).

I. *N.* Personne qui travaille. ♦ 1° (*Qualifié*). Personne qui travaille (de telle façon). « *Les bons travailleurs ont toujours le sentiment qu'ils pourraient travailler davantage* » (GIDE). *C'est un grand travailleur, un travailleur.* ♦ 2° (1606). Personne qui travaille, fait un travail physique ou intellectuel. « *L'angoisse de la mort est un luxe qui touche beaucoup plus l'oisif que le travailleur, asphyxié par sa propre tâche* » (CAMUS). « *Les écrivains sont les travailleurs du progrès* » (HUGO). ♦ 3° *Spécialt.* (XVIIIᵉ, « personne qui exerce une profession pénible »). Personne qui exerce une profession, un métier. *Travailleurs manuels.* V. **Ouvrier.** « *Mains gourdes et gonflées des travailleurs de force* » (MONTHERLANT). — Dr. *Travailleurs maritimes.* V. **Marin.** — *Travailleurs intellectuels. Travailleurs indépendants,* non salariés. *Travailleurs migrants. Intéressement des travailleurs à l'entreprise.* — REM. Dans ce sens le féminin est plus rare. *Travailleuse familiale,* aidant à domicile les mères de famille. ◇ *Absolt.* (mil. XIXᵉ) *Les travailleurs* : les salariés, et *spécial.* Les ouvriers de l'industrie. V. **Prolétaire.** *La condition des travailleurs.*

II. *Adj.* (fin XVIIᵉ). ♦ 1° Qui aime le travail. V. **Laborieux.** *Élève travailleur* (V. **Appliqué, consciencieux; bûcher**). « *Une brave petite âme, honnête et travailleuse* » (R. ROLLAND). ♦ 2° *Littér.* Qui est caractérisé par le travail. « *Des rues ouvrières, travailleuses...* » (BALZ.). ♦ 3° Des travailleurs (I, 3°). *Les masses travailleuses,* laborieuses.

◇ ANT. Inactif, oisif; fainéant, paresseux.

TRAVAILLEUSE [tʀavajøz]. *n. f.* (1833; de *travailleur*). Petit meuble, table à ouvrage (pour les travaux de dames). « *Une travailleuse en bois de merisier déteint remplissait l'embrasure* » (BALZ.).

TRAVAILLISME [tʀavajism(ə)]. *n. m.* (1964; de *travailliste*). Doctrine politique et sociale du Labour party (parti du *Travail*). V. **Socialisme.**

TRAVAILLISTE [tʀavajist(ə)]. *n.* et *adj.* (1923; « socialiste russe », 1907; de *travail*). Membre du Labour party (parti du *Travail*), en Grande-Bretagne. V. **Socialiste.** — Adj. *Député, gouvernement travailliste.*

TRAVAILLOTER [tʀavajɔte]. *v. intr.* (1906; de *travailler,* et dimin. *-oter*). Travailler peu, sans se fatiguer.

TRAVÉE [tʀave]. *n. f.* (1356; de l'a. fr. *tref;* lat. *trabs, trabis* « poutre »). ♦ 1° *Techn.* Portée d'une poutre (de plafond, de plancher). ◇ Portion de voûte, de comble, de pont... comprise entre deux points d'appui (colonne, piles, piliers, etc.). *Les travées d'une nef.* « *Chaque travée, chaque cellule de la nef, fortement rythmée, se répercute dans les travées des nefs latérales* » (FOCILLON). *Nef à cinq travées.* ♦ 2° Partie d'un édifice, d'un local, comprise entre deux supports, ou séparée d'une autre par un cloisonnement. ♦ 3° (1835). *Vx.* Tribune. « *J'étais monté dans les travées,... puis dans les combles* » (HUGO). ♦ 4° Rangée de tables, de bancs placés les uns derrière les autres. *Les travées d'un amphithéâtre.* — Ensemble des rayons d'une bibliothèque compris entre deux montants.

TRAVELAGE [tʀavlaʒ]. *n. m.* (1949; de *traveau, travel,* var. anc. de *travée*). Ch. de fer. Ensemble des traverses d'une voie ferrée; nombre de traverses au kilomètre.

TRAVEL(L)ING [tʀavliŋ]. *n. m.* (1927; mot angl. « fait de voyager »). Cin. Mouvement de la caméra placée sur un chariot qui glisse sur des rails disposés selon les besoins. *Travelling avant, arrière, latéral.* Dispositif permettant ce mouvement. — *Travelling optique,* effet identique au travelling, obtenu par la variation de la distance focale.

TRAVELLER'S CHECK ou **TRAVELLER'S CHÈQUE** [tʀavlœʀ(s)ʃɛk]. *n. m.* (1963; mot angl. de *traveller* ou *traveler* [amér.], et *check* « chèque de voyageur »). Anglicisme. Chèque de voyage, payable en espèces dans tout établissement bancaire du pays où l'on se rend. « *La méfiance à l'égard du touriste [...] son viatique en traveller's chèques* » (*Le Figaro,* 20-8-1963). REM. Le français *chèque de voyage* est rare.

TRAVELO [tʀavlo]. *n. m.* (v. 1970; de *travesti,* et suff. pop. *-lo*). *Fam.* Travesti 2°. « *Tu ne crois pas qu'il sentait un peu le travelo, ton cardinal?* » (SAN ANTONIO). *Bar de travelos.*

TRAVERS [travɛr]. *n. m.* (v. 1150; *en traver* « directement », 1080; lat. *tra[ns]versus* « transversal, oblique »). **I.** *Loc. adv.*, *adj.* et *prép.* ♦ 1° EN TRAVERS : dans une position transversale par rapport à un axe de position ou de direction habituel. V. **Transversalement.** « *Sur le lit... il vit l'habillement qu'on lui avait vu la veille, posé en travers en façon de couvre-pied* » (BALZ.). *En travers de...* « *Il gisait..., les bras écartés, en travers du lit* » (MART. du G.). Fig. et littér. *Se mettre, se jeter en travers de :* s'opposer, faire obstacle à. « *Il ne faut pas, pour nos goûts personnels,... nous mettre en travers de ce que fait notre temps* » (RENAN). ◇ (XVᵉ; « de travers », XIIᵉ) À TRAVERS : par un mouvement transversal d'un bout à l'autre d'une surface ou d'un milieu (avec l'idée d'un obstacle passé). *À travers qqch.* « *Entre, milieu* (au), *par, parmi. Passer à travers champs, à travers la foule :* couper, traverser. « *Tes traîtres yeux, Brillant à travers leurs larmes* » (BAUDEL.). *Voir, distinguer à travers un verre, à travers le prisme** *de...* « *Quels cheveux sans couleur... On dirait que le jour passe à travers* » (STENDHAL). — Fig. *À travers les âges.* « *L'art ne naît de la vie qu'à travers un art antérieur* » (MALRAUX). ◇ (v. 1210) AU TRAVERS : en passant d'un bout à l'autre; de part en part. « *Lunettes noires ou mélancolie éteignent les couleurs du monde; mais, au travers, le soleil et la mort se peuvent regarder fixement* » (COCTEAU). Fig. *Passer au travers,* échapper à un danger, à une punition. — *Au travers de...,* en passant de part en part (d'un obstacle). « *Elle regardait au travers de la grille blonde de ses cils* » (HUYSMANS). ♦ 2° *Mar.* EN, PAR LE TRAVERS : dans une direction, une position oblique par rapport à l'axe longitudinal du navire; sur le côté du bâtiment. *Apercevoir un phare par le travers bâbord. Aller par le travers,* dériver. *Bâtiment en travers,* que le vent, le courant frappe sur le côté. *Être en travers à la lame,* présenter le côté à la lame. *S'échouer en travers,* sur le flanc. « *Les deux bâtiments s'approchent..., se mettent en travers* » (CHATEAUB.). ♦ 3° (v. 1150). DE TRAVERS *(loc. adv.)* dans une direction, une position oblique par rapport à la normale; qui n'est pas droit, qui est placé ou dirigé autrement qu'il ne faut. *Avoir le nez de travers.* V. **Dévié.** *Mettre sa casquette de travers,* sur l'œil. V. **Traviole** (de). *Avaler** *de travers. Les maisons « s'éparpillent joyeusement dans la plaine, sans ordre et tout de travers* » (HUGO). V. **Désordre** (en). « *Les paysans..., tous ivres, vont de travers, de gauche à droite, de droite à gauche...* » (JOUHANDEAU). ◇ Fig. *Regarder qqn de travers :* avec animosité, suspicion. — *Raisonner, comprendre, entendre de travers, tout de travers.* V. **Mal.** « *Encore un quiproquo! tout allait de travers comme il faut* » (SUPERVIELLE). ♦ 4° À TORT ET À TRAVERS : *vx* (1485), Dans tous les sens, en long et en large; *mod.* À mauvais escient, sans réflexir. V. **Tort.**

II. UN, DES TRAVERS. Ⓐ (1545). Vieilli. Étendue transversale, largeur. *Un travers de doigt.* Mod. (Cuis.) *Travers de porc,* côtes coupées en travers. Mar. *Vent de travers,* perpendiculaire à la route suivie par un bateau. Ⓑ *Mod.* (1637). Défaut qui fait qu'on ne réagit pas correctement, qu'on s'écarte du bon sens. « *Elle avait de grandes qualités, malgré ses travers* » (MART. du G.). « *Montrer les travers, les ridicules et les tares humaines, pour se moquer d'elles* » (LÉAUTAUD).

TRAVERSABLE [travɛrsabl(ə)]. *adj.* (1819; de *traverser*). Qui peut être traversé. *Rivière traversable à gué.*

TRAVERSE [travɛrs(ə)]. *n. f.* (À *traverse,* XIIᵉ; lat. pop. °*traversa,* fém. substant. de *tra[ns]versus.* V. **Travers**). ♦ 1° À LA TRAVERSE, *loc. adv.* et *prép. Vx.* De travers, de côté. ◇ (XIIIᵉ) *Vx* ou *littér.* En travers, en faisant obstacle, opposition. « *Les rivaux qui se jettent à la traverse d'une inclination établie* » (MOL.). « *Encore un rêve qui vient à la traverse des autres!* » (FLAUB.). ♦ 2° DE TRAVERSE, *loc. adj. Vx.* Qui est en travers, dans le sens de la largeur. ◇ Mod. *Chemin de traverse,* ou ellipt. *Traverse* (région.) : chemin qui coupe. V. **Direct, raccourci.** « *Par la traverse il y a trois lieues et demie* » (ALAIN-FOURNIER). ♦ 3° (1387). Barre ou pièce de bois, de fer, disposée en travers, servant à assembler ou à consolider des montants, des barreaux. V. **Barlotière, traversine.** *Traverses d'une fenêtre.* « *Un assemblage de planches vermoulues, grossièrement reliées par des traverses* » (HUGO). ◇ Pièce de bois (ou de fer, de béton) placée en travers de la voie pour maintenir l'écartement des rails et transmettre les charges du rail au ballast. ◇ Mar. *Traverses de baux.* V. **Traversin** (2°). ♦ 4° Fig. (1495). *Vx* ou *littér.* Difficulté ou obstacle qu'on trouve en travers de sa route, de ses projets. V. **Contrariété, épreuve, revers.** « *Je regrette pour vous de vous voir partager notre mauvaise fortune, mais ce sont traverses passagères* » (GAUTIER).

TRAVERSÉE [travɛrse]. *n. f.* (1678; de *traverser*). ♦ 1° Action de traverser la mer (ou une grande étendue d'eau). V. **Voyage.** *La traversée de Calais à Douvres. Longue, bonne traversée.* « *Un navire qui fait une traversée est une armée qui livre une bataille* » (HUGO). ♦ 2° *Par ext.* (1848). Action de traverser (un espace quelconque) d'un bout à l'autre. V. **Passage.** « *Pendant sa traversée de la France, on ne permit pas*

à Pie VII de descendre de voiture » (CHATEAUB.). *La traversée du Sahara. La traversée d'une ville en voiture. La première traversée de la Manche* (Blériot), *de l'Atlantique* (Lindbergh) *en avion.* ◇ Fig. *Traversée du désert,* disparition plus ou moins longue d'un homme politique hors de la vie publique. (D'abord à propos du général de Gaulle, de 1946 à 1958). « *Une traversée du désert qui allait durer douze ans* » (*Le Monde,* 30-3-1969).

TRAVERSER [travɛrse]. *v. tr.* (980; lat. pop. °*traversare,* class. *transversare,* de *transversus.* V. **Travers**). **I.** ♦ 1° Passer, pénétrer de part en part, à travers (un corps, un milieu interposé). V. **Percer, transpercer.** « *Il faut* (pour creuser un puits) *traverser trois couches de terre et deux couches d'eau* » (GIDE). *Radiation qui traverse un milieu.* — *L'eau traverse la toile.* V. **Filtrer.** — Fig. « *Une douleur fulgurante... le traverse d'une épaule à l'autre* » (BERNANOS). ♦ 2° Se frayer un passage à travers (des personnes rassemblées). « *Pour arriver seulement à la porte, les magistrats municipaux devaient d'abord, au péril de leur vie, traverser la foule ameutée* » (MICHELET).

II. ♦ 1° (1080). Parcourir (un espace) d'une extrémité, d'un bord à l'autre. V. **Franchir, parcourir.** « *Il allait par monts et par vaux..., il traversait d'antiques forêts, de vastes bruyères* » (CHATEAUB.). *Traverser l'eau, un gué. Traverser une ville.* ◇ Couper (une voie de communication), aller d'un bord à l'autre. *Traverser la rue, la route.* Absolt. « *Des gens attendaient cinq minutes avant de pouvoir traverser, tant la queue des voitures s'allongeait* » (ZOLA). — *Traverser un pont :* aller d'un bout à l'autre du pont. « *Je traversais le pont d'Iéna* » (CHATEAUB.). ◇ (en parlant de choses mobiles) *Le train traverse une plaine. Les bateaux traversent l'estuaire.* — (Cours d'eau) *Une rivière traverse le parc.* V. **Arroser.** ♦ 2° (Choses; sans mouvement). Être, s'étendre, s'allonger au travers de... *Route qui traverse une montagne.* « *Les sentiers qui traversaient l'enclos* » (CHATEAUB.). *La route traverse la voie ferrée.* V. **Croiser.** ◇ (Au pass.) *Front « traversé d'une profonde balafre* » (MART. du G.). V. **Barrer.** ♦ 3° Aller d'un bout à l'autre de (un espace de temps), dépasser (un état durable). *Traverser une période, une époque.* « *Ô malheureux! vos noms traverseront l'histoire* » (HUGO). ♦ 4° (Fin XVIᵉ). (*Dans l'ordre psychologique*) Passer par. « *Une supposition très vraisemblable me traversa l'esprit* » (MAUPASS.). V. **Présenter.** « *Des théories analogues ont plusieurs fois traversé l'imagination des hommes* » (TAINE).

III. ♦ 1° (XIIᵉ). *Équit.* Mettre de travers. *Traverser le cheval.* Pronom. *Cheval qui se traverse.* ♦ 2° *Vx* (XIVᵉ). Être ou se mettre en travers de... en faisant obstacle. V. **Empêcher, opposer** (s'). « *Mille obstacles divers m'ont même traversé* » (RAC.). — Au p. p. « *On n'imagine rien de plus traversé que ces amours de Pierre et d'Angélique, depuis les Montaigu et les Capulet* » (ARAGON). V. **Contrarier.**

TRAVERSIER, IÈRE [travɛrsje, jɛr]. *adj.* et *n.* (XIIIᵉ; lat. pop. *traversarius,* class. *transversarius* « transversal »). **I.** ♦ 1° Adj. (*Rare ou en loc.*) Dirigé, disposé en travers. *Rue traversière,* de traverse. « *On découvrait, traversière, large et semée d'arbres... la vallée de la Somme* » (ARAGON). — Mar. *Navire traversier,* qui coupe la route que l'on suit. — Mus. *Flûte traversière* (ainsi appelée parce qu'on la tient horizontalement, en travers) : la grande flûte habituellement employée dans les orchestres symphoniques (par oppos. à la *flûte douce*). ♦ 2° N. m. TRAVERSIER (1691). Mar. Traversin (2°) d'une embarcation. — Techn. (T.S.F.) Câble transversal tendu horizontalement entre les extrémités des mâts ou des pylônes et soutenant les brins d'une antenne. ◇ N. f. TRAVERSIÈRE (1771) Mar. Fort cordage dont l'un des bouts se fixe autour du collet d'une ancre de bossoir. **II.** ♦ 1° Adj. (1607; de *traverse* « traversée »). Mar. Qui sert à traverser, à faire une traversée. *Barque traversière,* faisant le va-et-vient entre deux points peu éloignés. ♦ 2° N. m. TRAVERSIER (1880). Canada. Bâtiment servant à assurer la traversée des véhicules d'une rive à l'autre d'un lac, d'un fleuve, d'un bras de mer. V. **Bac, ferry-boat.** *Le traversier de Lévis, face à Québec.*

TRAVERSIN [travɛrsɛ̃]. *n. m.* (1368; sens divers en a. fr.; de *traversain* « qui est en travers », XIIᵉ; de *travers*). ♦ 1° Long coussin de chevet qui tient toute la largeur du lit. V. **Polochon.** « *Elle se tournait... dans son lit, cherchant sur le traversin un endroit que le poids de sa tête n'eût pas encore creusé* » (GREEN). ♦ 2° (1396). *Vx* ou *techn.* Traverse (3°). *Les traversins d'une embarcation. Traversins de hune,* sur lesquels reposent les hunes. *Traversin de baux* (entre les baux). — Traverse renforçant le fond d'un tonneau. ◇ (1671) Fléau de balance.

TRAVERSINE [travɛrsin]. *n. f.* (1752; de l'a. adj. *traversain.* V. **Traversin**). Techn. Traverse reliant des pilotis. Traverse reliant les éléments d'un train de bois flotté. ◇ Traverse d'une palissade, d'un grillage. ◇ Planche servant à passer d'un bateau à un autre.

TRAVERTIN [travɛrtɛ̃]. *n. m.* (1611; it. pop. *travertino,* de *tivertino ; lat. tiburtinus* « de Tibur » [Tivoli]). Roche calcaire déposée en lits irréguliers avec de petites cavités inégalement réparties. « *Le Colisée est bâti presque en entier de blocs de travertin, assez vilaine pierre remplie de trous comme le tuf* » (STENDHAL).

1. TRAVESTI, IE [tʀavɛsti]. *adj. (Transvesti,* 1569 ; V. Travestir). ♦ 1° Revêtu d'un déguisement. *Un acteur travesti,* ou subst. *Un travesti,* un acteur qui se travestit, et *spécialt.* qui joue un rôle féminin. — *Rôle travesti,* joué par un acteur travesti. ◇ (XIXᵉ) *Bal travesti,* costumé, masqué. « *Une fête travestie* » (PROUST). ♦ 2° (mil. XXᵉ). *n. m.* Homosexuel habillé (fardé) comme une femme et qui a parfois des caractères sexuels secondaires féminins, naturels ou provoqués. V. Travelo, travestisme. *Spectacle de travestis d'une boîte de nuit.* ♦ 3° *Vx* ou *hist. litt.* (XVIIᵉ). Transposé en vers burlesques. *Le Virgile travesti,* de Scarron.

2. TRAVESTI [tʀavɛsti]. *n. m.* (1907 ; de *travesti* 1). Déguisement pour une mascarade, un bal masqué.

TRAVESTIR [tʀavɛstiʀ]. *v. tr.* (1580 ; *transvesti,* 1569 ; it. *travestire,* de *tra-* [lat. *trans*], et *vestire* « vêtir »). ♦ 1° Déguiser pour une fête ou un rôle de théâtre. — *Pronom.* (Emploi le plus fréquent) *Se travestir pour un bal costumé. Spécialt.* (1669) Se déguiser pour prendre l'apparence de l'autre sexe. ♦ 2° (*Abstrait ;* mil. XVIIᵉ). Transformer en revêtant d'un aspect mensonger qui défigure, dénature. V. **Déformer, fausser.** « *Quand on le surprend en flagrant délit d'arrangement, ce n'est pas un fourbe qu'on arrête, en train de travestir le réel* » (HENRIOT). *Travestir la pensée de qqn* : en donner une expression fausse. V. **Falsifier.** « *Nous travestissons en calculs et en systèmes nos impuissances ou nos faiblesses...* » (B. CONSTANT).

TRAVESTISME [tʀavɛstism(ə)]. *n. m.* (mil. XXᵉ ; h. *1845 ;* de *travesti,* d'apr. l'all.). *Psychiatr.* Adoption habituelle, par un inverti, des vêtements et des habitudes de l'autre sexe. On dit aussi **TRANSVESTISME** [tʀãsvɛstism(ə)].

TRAVESTISSEMENT [tʀavɛstismã]. *n. m.* (1692 ; de *travestir*). ♦ 1° Action ou manière de travestir, de se travestir. V. **Déguisement.** *Goût du travestissement.* « *L'évêque d'Autun, le sabre au côté, était coiffé d'un chapeau à la Henri IV : les événements forçaient de prendre au sérieux ces travestissements* » (CHATEAUB.). *Pièce, rôle à travestissement,* où l'acteur se travestit plusieurs fois pour jouer plusieurs personnages. ◇ *Psychiatr.* Utilisation par un individu des vêtements propres à des personnes d'une autre condition ou d'un autre sexe. ♦ 2° (*Abstrait*). Déformation, parodie. « *L'hypocrisie ne saurait être poussée plus loin, ni le mensonge avec plus d'impudence. C'est un monstrueux travestissement de la vérité* » (GIDE).

TRAVIOLE (DE) [d(ə)tʀavjɔl]. *loc. adv.* (1866 ; altér. de *de travers*). *Pop.* De travers. *Le chat* « *poussa du museau contre sa toque, qu'il mit tout de traviole* » (MONTHERLANT).

TRAYEUR, EUSE [tʀɛjœʀ, øz]. *n.* (Déb. XVᵉ ; de *traire*). Personne chargée de traire. ◇ **TRAYEUSE.** *n. f.* (1923) Petite machine effectuant la traite mécanique.

TRAYON [tʀɛjɔ̃]. *n. m.* (1583 ; *traion,* 1551 ; *treon,* XIIIᵉ ; de *traire*). Chacune des tétines depuis la partie inférieure du pis, correspondant à une glande mammaire. *Il* « *s'assura de la longueur des pis et de l'élasticité des trayons, placés carrément et bien percés* » (ZOLA).

TRÉBUCHANT, ANTE [tʀebyʃã, ãt]. *adj.* (1539 ; de *trébucher*). ♦ 1° Qui trébuche ; chancelant. *Ivrogne trébuchant. Démarche trébuchante.* ◇ *Fig.* Qui hésite à chaque difficulté, dont le cours est incertain. « *Les notes trébuchantes d'un piano désaccordé* » (THARAUD). ♦ 2° *Vx* (1557). Se disait d'une pièce qui a le poids requis. *Loc. mod.* (Plais.) *Espèces sonnantes et trébuchantes,* argent liquide.

TRÉBUCHEMENT [tʀebyʃmã]. *n. m.* (XIIᵉ, « chute », faute » ; de *trébucher*). *Rare.* Le fait de trébucher. « *À force de temps, de retours, de trébuchements* » (J.-R. BLOCH).

TRÉBUCHER [tʀebyʃe]. *v.* (1080 ; de *tres-* « au delà » [V. Trans-], et a. fr. *buc* « tronc du corps », frq. **bûk*). ♦ 1° V. intr. *Vx.* Tomber. ◇ *Mod.* Perdre soudain l'équilibre, faire un faux pas*. V. **Chanceler.** « *Parfois un homme trébuchait et s'abattait de tout son long* » (DORGELÈS). *Trébucher contre, sur qqch.* V. **Broncher, buter.** « *On y marchait et on y trébuchait sur de vieilles femmes à genoux* » (BARBEY). ◇ *Fig.* Être arrêté par une difficulté, faire une erreur. « *La mémoire des acteurs et des actrices, à tout moment, trébuche sur votre prose* » (GONCOURT). « *Ma mémoire même trébuche dès les premières mesures du morceau que je sais le mieux* » (GIDE). ♦ 2° V. tr. (1329). *Techn.* Peser au trébuchet. *Trébucher des pièces d'or.*

TRÉBUCHET [tʀebyʃɛ]. *n. m.* (XIIᵉ ; de *trébucher*). ♦ 1° Piège à prendre les petits oiseaux, cage dont le haut est muni d'une bascule sur laquelle on met des grains. « *Après avoir risqué à la glu de la mare, au trébuchet de l'oiseleur* » (PERGAUD). ♦ 2° (Déb. XIVᵉ). Petite balance à plateaux pour peser les monnaies d'or, d'argent. — Petite balance de laboratoire pour les pesées délicates.

TRÉCHEUR. V. TRESCHEUR.

TRÉFILAGE [tʀefilaʒ]. *n. m.* (déb. XXᵉ ; de *tréfiler*). Opération consistant à tréfiler (un métal).

TRÉFILER [tʀefile]. *v. tr.* (1800 ; de *tréfilerie*). Étirer (un métal) en le faisant passer au travers des trous d'une filière pour obtenir des fils de la grosseur requise. *Tréfiler du fer, du laiton.* V. Fileter.

TRÉFILERIE [tʀefilʀi]. *n. f.* (Mil. XIIIᵉ ; de l'a. fr. *trefilier* « tréfileur » ; de *tré-, tres-* « à travers » [Cf. Trans-], et *fil, filière*). Atelier, usine où se fait le tréfilage des métaux. *Les tréfileries du Havre.*

TRÉFILEUR [tʀefilœʀ]. *n. m.* (1800 ; de *tréfiler*). *Techn.* Ouvrier employé au tréfilage.

TRÉFILEUSE [tʀefiløz]. *n. f.* (XXᵉ ; de *tréfileur*). *Techn.* Banc d'étirage. V. Étireuse.

TRÈFLE [tʀɛfl(ə)]. *n. m.* (1530 ; *tresfle,* 1314 ; du gr. de Marseille *triphullon* « à trois feuilles »). ♦ 1° Plante herbacée, aux feuilles composées de trois folioles, aux fleurs groupées en capitules ou en épis, qui pousse dans les prairies des régions tempérées. *Trèfle blanc,* ou *rampant. Trèfle des prés* ou *trèfle rouge* (à fleurs roses, mauves). *Trèfle incarnat* ou *trèfle anglais.* V. Farouch. *Trèfle jaune.* V. **Anthyllis.** « *Le troupeau mangeait dans les jachères, dans les trèfles et les luzernes* » (ZOLA). ◇ Nom de plantes dont la feuille a trois folioles. *Trèfle cornu.* V. Lotier. *Trèfle d'eau.* V. **Ményanthe.** ♦ 2° Feuille à trois folioles de cette plante. — *Trèfle à quatre feuilles,* feuille de trèfle qui comporte anormalement quatre folioles (certaines en ont 5, 6 et 7) et que l'on considère comme un porte-bonheur. *Chercher des trèfles à quatre feuilles.* ♦ 3° Forme, motif décoratif évoquant cette feuille ; ornement à jour présentant cette forme. « *Les volets, percés de trèfles et de cœurs* » (BEAUVOIR). ◇ (1694) *Archit.* Ornement trilobé. « *La haute et frêle galerie d'arcades à trèfle* » (HUGO). ♦ 4° (1552). *Aux cartes,* Couleur noire représentant un trèfle. *Roi, valet de trèfle. Jouer trèfle. Part et.* Carte de cette couleur. *Avoir trois trèfles en main.* ◇ *As de trèfle, croisement en trèfle* ou *trèfle,* croisement de grandes routes, à niveaux séparés, à raccords courbes. ♦ 5° *Pop.* et *vx* (1865). Argent. ◇ (1725) Tabac.

TRÉFLÉ, ÉE [tʀefle]. *adj.* (1629 ; de *trèfle*). *Didact.* En forme de trèfle. *Église à plan tréflé,* dont le chevet présente trois absides en éventail. — *Blas. Croix tréflée,* aux extrémités trilobées. — *Numism. Pièce, médaille tréflée,* qui porte la marque arrondie de plusieurs frappes irrégulières.

TRÉFLIÈRE [tʀeflijɛʀ]. *n. f.* (1872 ; *tréflier,* 1842 ; de *trèfle*). Champ semé de trèfle (On dit *tréflerie* en Normandie).

TRÉFONDS [tʀefɔ̃]. *n. m.* (XIIIᵉ ; de *tres-* [lat. *trans*], et *fonds*). ♦ 1° *Dr. (Vieilli).* Sous-sol possédé comme un fonds. ♦ 2° (Par attract. de *fond*). *Littér.* Ce qu'il y a de plus profond, de plus secret. « *Le tréfonds de la femme ressemble à ces abîmes de la mer...* » (GONCOURT). « *Il se sentait atteint jusqu'au tréfonds : atteint dans sa confiance en lui* » (MART. du G.).

TRÉHALOSE [tʀealoz]. *n. m.* (1857 ; de *tréhala* « galle de plantes épineuses d'Asie Mineure », turc *tigalah,* et suff. *-ose* 1). Sucre de certains champignons, notamment basidiomycètes (découvert d'abord par Berthelot dans le *tréhala*).

TREILLAGE [tʀɛjaʒ]. *n. m.* (1600 ; de *treille*). Assemblage de lattes, d'échalas posés parallèlement ou croisés, dans un plan vertical. *Treillage d'un espalier. Treillage en voûte.* V. Berceau, tonnelle. ◇ (1611) Clôture à claire-voie. V. Treillis. *Le domaine était clos* « *de haies très épaisses ou d'un treillage* » (ROMAINS).

TREILLAGER [tʀɛjaʒe]. *v. tr. ;* conjug. *bouger* (1767 ; de *treillage*). Garnir ou protéger d'un treillage. *Treillager un mur. Treillager une fenêtre.* ◇ *Fig.* Recouvrir de choses entrelacées comme les mailles d'un filet. « *Tous les magasins des rues avoisinant la place Vendôme ont leurs glaces treillagées de bandes de papier* » (GONCOURT).

TREILLAGEUR [tʀɛjaʒœʀ]. *n. m.* ou **TREILLAGISTE** [tʀɛjaʒist(ə)]. *n. m.* (1767,-1877 ; de *treillager, treillage*). Ouvrier qui fait les treillages. *Treillageur en bois, en métal.*

TREILLE [tʀɛj]. *n. f.* (1131 ; aussi « treillage, grillage », en a. fr. ; lat. *trichila*). ♦ 1° Berceau de ceps de vigne soutenus par un treillage ; tonnelle où grimpe la vigne. « *Un sorbet mousseux et frais qu'on prendrait en été sous la treille* » (STE-BEUVE). ♦ 2° (Déb. XIIIᵉ). Vigne que l'on fait pousser contre un support (treillage, mur, espalier...), *spécialt.,* pour la production du raisin de table. « *La façade prend un peu d'ombre d'une treille où pendent quelques grappes de muscat* » (BOSCO). — *Fam. Le jus de la treille,* le vin. ♦ 3° *Techn.* Maille du tulle.

1. TREILLIS [tʀɛji]. *n. m.* (*Treilliz,* XIVᵉ ; de l'a. adj. *treliz* [XIIᵉ] ; lat. pop. **trilicius,* de *trilix* « à trois fils », de *licium.* V. Lice 2). Toile de chanvre très résistante. *Pantalon de treillis.* ◇ *Par ext.* (XXᵉ) Tenue militaire d'exercice ou de combat. *Mettre son treillis.*

2. TREILLIS [tʀeji]. *n. m.* (*Treilleiz*, 1283; de *treille*). Entrecroisement de lattes, de fils métalliques formant clairevoie. V. **Treillage**. *Treillis métallique d'un garde-manger.* — *Spécialt.* Armature d'un vitrail, d'une verrière, faite de croisillons de fer. — *Blas.* Ensemble des frettes, lorsque les croisements des pièces sont ornés d'un clou. ◇ *Archit.* Assemblage de poutrelles métalliques entrecroisées et maintenues par des rivets. *Pont en treillis.*

TREILLISSER [tʀejise]. *v. tr.* (1497; au p. p., 1374; de *treillis* 2). Garnir d'un treillis. *Treillisser une fenêtre.* — *Au p. p.* Ajouré en treillis. *Corbeille de faïence à bord treillissé.*

TREIZE [tʀɛz]. *adj. num.* et *n. m.* (*Treze*, XIIᵉ; lat. *tredecim*). ♦ 1° *Adj. num.* cardinal (13 ou XIII). Dix plus trois; douze et un. *Treize mois. Garçon de treize à quatorze ans. Treize cents* ou *mille trois cents* (1300). — Loc. *Treize à la douzaine*, treize choses pour le prix de douze (coutume qui existe encore pour les œufs, les huîtres). *Être treize à table* (circonstance qui passe pour porter malheur, d'après une tradition qui remonterait à un passage des Évangiles, le treizième de la Cène étant Judas). ♦ 2° *Adj. num. ordinal.* *Treizième. Louis treize* (XIII). *Tome treize. Treize heures, ou une heure de l'après-midi.* — *Vendredi treize*, jour qui passe pour porter malheur, et pour certains, bonheur. ♦ 3° *N. m.* Le nombre, le numéro treize. *Treize est un nombre entier.*

TREIZIÈME [tʀɛzjɛm]. *adj. num. ordin.* (XIVᵉ; *treizime*, v. 1150; de *treize*). Adjectif ordinal de *treize.* ♦ 1° Qui vient après le douzième. *Entrer dans sa treizième année. Le treizième arrondissement. Le treizième siècle.* Subst. *Être le treizième.* ♦ 2° Se dit d'une fraction d'un tout également partagé en treize. *La treizième partie.* Subst. *Un treizième de la somme.*

TREIZIÈMEMENT [tʀɛzjɛmmã]. *adv.* (1636; de *treizième*). En treizième lieu.

TREIZISTE [tʀɛzist(ə)]. *n. m.* (1964; de *treize*). *Sports.* Joueur de rugby à treize.

TRÉLINGAGE [tʀelɛ̃gaʒ]. *n. m.* (1678; it. *trinlingaggio*). *Mar.* Cordage, filin qui attache les bas haubans de bâbord avec ceux de tribord.

TRÉMA [tʀema]. *n. m.* (1762; *points trema*, 1600; gr. *trêma* « trou », points sur un dé »). *Gram.* Signe formé de deux points juxtaposés que l'on met sur les voyelles *e*, *i*, *u*, pour indiquer que la voyelle qui précède doit être prononcée séparément (Cf. *aussi* Aigu, *fém.* : aiguë [egy]; naïf [naif], maïs [mais]).

TRÉMAIL. V. TRAMAIL.

TRÉMATAGE [tʀemataʒ]. *n. m.* (1872; de *trémater*). *Mar.* Droit de priorité accordé à certains bateaux pour passer les écluses.

TRÉMATER [tʀemate]. *v. tr.* (1415; p.-ê. du bas lat. *trema*, class. *trames* « sentier »). *Mar.* Dépasser (un bateau) sur une voie fluviale.

TRÉMATODES [tʀematɔd]. *n. m. pl.* (1839; gr. *trêmatôdês* « troué », de *trêma* « trou »). *Zool.* Ordre de vers plathelminthes parasites, à corps non segmenté, possédant des ventouses. Au sing. *Un trématode* (ex. : bilharzie, douve). V. **Distomatose**.

TREMBLAIE [tʀãblɛ]. *n. f.* (1294; de *tremble*). *Région.* Terrain planté de trembles. V. **Peupleraie**.

TREMBLANT, ANTE [tʀãblã, ãt]. *adj.* (fin XIIᵉ; de *trembler*).
I. ♦ 1° Qui tremble. « *J'étais ému, tremblant, palpitant* » (RIVAROL). « *Elle rentre en hâte, les jambes tremblantes, à bout de souffle* » (MAURIAC). V. **Chancelant**. — (Choses) « *L'anémone sauvage aux corolles tremblantes* » (MUSS.). « *Des remous propagés et tremblants comme une clarté* » (PROUST). *Lueur tremblante.* V. **Vacillant**. *Voix tremblante et cassée.* V. **Chevrotant**. ♦ 2° Qui n'est pas solide, tremble à la moindre impulsion. « *On passe sur un pont de bois tremblant et déjeté* » (GIDE). ◇ (*Abstrait*) Chancelant, fragile. « *Et vous, l'un des soutiens de ce tremblant État* » (RAC.). ♦ 3° Qui tremble (4°), craint..., qui a peur. V. **Craintif**. *Il se sentait* « *lâche et un peu tremblant* » (COLETTE).
II. (1855; « qui fait trembler », XVᵉ). *Maladie tremblante des moutons*, ou subst. TREMBLANTE : prurigo lombaire des ovins, caractérisé par des troubles neuro-moteurs (démangeaisons, tremblements).
◇ ANT. *Ferme, immobile, stable; hardi.*

TREMBLE [tʀãbl(ə)]. *n. m.* (1138; bas lat. *tremulus*, proprem. « le tremblant »). Peuplier à écorce lisse, à tige droite, dont les feuilles à minces pétioles frissonnent au moindre souffle. « *C'étaient des trembles. Ils déroulaient des montagnes de feuillages qu'argentait l'éclatante lumière de la lune* » (BOSCO).

TREMBLÉ, ÉE [tʀãble]. *adj.* et *n. m.* (1765; V. **Trembler**). ♦ 1° Tracé par une main tremblante. *Dessin tremblé; écriture tremblée.* ◇ (1829) *Typogr.* se dit d'un filet sinueux, alternativement gras et maigre. — N. m. *Un tremblé.* ♦

2° (XIXᵉ). Qui tremble (son; voix). « *Une voix... un peu tremblée* » (CHARDONNE).

TREMBLEMENT [tʀãbləmã]. *n. m.* (XIIᵉ; de *trembler*). ♦ 1° *Littér.* État de peur ou d'angoisse intense. « *Se mortifier, jeûner, prier avec tremblement* » (TAINE). ♦ 2° (1361). Oscillations, secousses répétées qui agitent une chose solide jusque-là fixe, immobile (V. **Trembler**, 3°). *Tremblement des vitres, du sol... après une explosion.* V. **Ébranlement**. ◇ TREMBLEMENT DE TERRE (express. courante correspondant au mot savant *séisme*) : ensemble des phénomènes liés à la déformation de l'écorce terrestre en un lieu, dans la mesure où ils sont perçus par l'homme. « *Un pays qui ne connaît guère les tremblements de terre, les cyclones, les raz-de-marée* » (NIZAN). ◇ (Déb. XVIᵉ) Mouvement, oscillations de ce qui tremble. *Le tremblement des feuilles, des joncs. La main « tremble d'une façon à peine perceptible : le tremblement d'une aiguille aimantée* » (MART. du G.). — *Tremblement d'une lumière, d'une lueur, des reflets. Tremblement d'un son, d'une note; de la voix* (V. **Chevrotement**). « *Avec un tremblement d'émotion inaccoutumée et sympathique dans la voix* » (JOUHANDEAU). ♦ 3° (1549). Agitation du corps ou d'une partie du corps par petites oscillations rapides, involontaires. V. **Trémulation**. *Tremblement léger.* V. **Frémissement**. *Tremblement convulsif, violent* (V. **Convulsion, spasme**). — *Tremblement de fièvre, de froid* (V. **Frisson**) : causé par la fièvre, le froid. *Tremblement de peur, de colère, de fatigue.* « *Que lui est-il arrivé? dit la pauvre mère saisie d'un tremblement qui la secoua comme une feuille est secouée par le vent d'automne* » (BALZ.). ♦ 4° Loc. fam. (1828). *Et tout le tremblement :* et tout le reste (avec l'idée d'excès). « *Une forte tornade* (*avec éclairs, tonnerre et tout le tremblement*) » (GIDE). « *Quand ils viennent nous causer honneur, loyauté et tout le tremblement* » (AYMÉ). ◇ ANT. *Fermeté, immobilité.*

TREMBLER [tʀãble]. *v. intr.* (v. 1120; lat. pop. *tremulare*, de *tremulus* « tremblant », de *tremere* « trembler »). ♦ 1° Être agité par une suite de petites contractions involontaires des muscles, pour une cause physique (froid, fièvre) ou psychique (émotion). V. **Frémir, frissonner**. « *Ses dents claquent, tout son corps tremble* » (THARAUD). « *Son corps tremblait de froid, de fatigue et de fièvre* » (BERNANOS). V. **Grelotter**. Loc. *Trembler comme une feuille :* beaucoup. — *Trembler de peur, de colère.* « *Voilà ce que ceux qui tremblent de vieillesse enseignent à ceux qui tremblent de peur !* » (HUGO). ◇ *Trans.* (Vx) *Trembler le frisson.* « *Je les laisse trembler leurs fièvres* » (HUGO). ♦ 2° (Déb. XIIIᵉ; *choses*). Être agité de petits mouvements, autour d'une position d'équilibre. V. **Agiter** (s'), **frémir, frissonner, remuer**. « *Sous le long rideau blanc qui tremble et se soulève* » (RIMBAUD). « *Une bonne sauce jaune qui tremblait comme une gelée* » (ZOLA). V. **Trembloter**. — Produire une image vacillante; varier rapidement d'intensité. *Lumière, reflet qui tremble.* V. **Tremblant**. ◇ Ne pas conserver la même hauteur ou la même intensité. *Son, voix qui tremble.* V. **Chevroter**. ♦ 3° Faire une suite d'oscillations. *La terre tremble.* V. **Tremblement** (de terre). « *La lointaine canonnade fait trembler le sol* » (GIDE). V. **Ébranler**. « *Il attaque le grand air de Boris Godounov, les vitres tremblèrent* » (BEAUVOIR). V. **Vibrer**. ♦ 4° *Fig.* (1382). Éprouver une violente émotion, un trouble intense sous l'effet de la peur (accompagnée ou non d'un tremblement physique). *Un lieu « où l'on n'ose se hasarder qu'en tremblant* » (GAUTIER). « *Lorsque tout tremble devant le tyran...* » (CHATEAUB.). — *Trembler pour* (qqn ou qqch.) : craindre un malheur, un danger pour. « *Je tremble à cette idée horrible que je pourrais perdre sa trace* » (LOTI). — *Trembler de...* (et l'inf.). V. **Appréhender, craindre, peur** (avoir). « *Je tremble toujours de n'avoir écrit qu'un soupir, quand je crois avoir noté une vérité* » (STENDHAL). *Je tremble qu'il ne l'apprenne.*

TREMBLEUR, EUSE [tʀãblœʀ, øz]. *n.* et *adj.* (h. XVᵉ; « quaker », 1657; de *trembler*).
I. *N.* ♦ 1° *Rare.* Personne extrêmement peureuse ou timide. « *Je ne m'en irai pas comme un trembleur* » (M. ACHARD). ♦ 2° *N. m.* (1861). *Techn.* Dispositif animé d'une vibration. ◇ (1867) Sonnerie sans marteau ni timbre, où un bras vibre au passage du courant. V. **Vibreur**.
II. *Adj.* (*Rare*). Tremblant. « *Mon verre est plein d'un vin trembleur comme une flamme* » (APOLLINAIRE).

TREMBLEUSE [tʀãbløz]. *n. f.* (1872; de *trembleur*). Petite tasse retenue dans une soucoupe (par un évidement). ◇ *Pêche. Pêche à la trembleuse*, où l'on agite la ligne.

TREMBLOTANT, ANTE [tʀãblɔtã, ãt]. *adj.* (1553; de *trembloter*). Qui tremblote. « *Nous trouvons ce pauvre vieillard... Tout branlant, les mains tremblotantes* » (GONCOURT). — *Voix tremblotante.* V. **Chevrotant**. *Lumière tremblotante.*

TREMBLOTE [tʀãblɔt]. *n. f.* (1894; de *trembloter*). *Fam.* Tremblement de froid, de fièvre, de peur... Spécialt. *Avoir la tremblote*, avoir peur.

TREMBLOTEMENT [tʀãblɔtmã]. *n. m.* (1553; de *trembloter*). Léger tremblement.

TREMBLOTER [tʀɑ̃blɔte]. v. intr. (1555; de trembler). Trembler légèrement. *Mains qui tremblotent.* « *Un lorgnon qui tremblote toujours* » (DUHAM.). — *Voix qui tremblote.*

TRÉMELLE [tʀemɛl]. n. f. (1765; lat. bot. *tremella* [1741], de *tremulus* « tremblant »). Bot. Champignon basidiomycète à réceptacle gélatineux et irrégulier.

TRÉMIE [tʀemi]. n. f. (1538; *tremuie*, XIe; lat. *trimodia* « récipient contenant trois *muids* »). ♦ 1° Sorte de grand entonnoir en forme de pyramide renversée, où l'on déverse des substances qui doivent subir un traitement (broyage, concassage, tamisage). V. **Auge.** *Trémie à blé, trémie de moulin,* dans laquelle on met le blé qu'un auget déverse sur la meule. *Trémie d'un concasseur, d'un égrappoir...* ◇ Techn. Crible à orifice pyramidal. — Mangeoire pour les oiseaux, la volaille. — Entonnoir en planches servant à couler le mortier, le béton. — Pièce où l'on déverse le minerai, dans un haut fourneau, le combustible dans certains fours. ♦ 2° (Tremuye, 1437). Techn. Espace réservé dans un plancher, pour recevoir l'âtre d'une cheminée. ♦ 3° Sc. Mâcle de cristallisation du sel marin (en forme de pyramide creuse).

TRÉMIÈRE [tʀemjɛʀ]. adj. f. (1581; *rose de trémière*, 1690; altér. de *rose d'outremer* [1500]). *Rose trémière :* variété de guimauve à très haute tige, bisannuelle, très décorative. V. **Passe-rose** *(région.),* primerose.

TREMOLO ou **TRÉMOLO** [tʀemɔlo]. n. m. (1830; mot it; du lat. *tremulus* « tremblant »). ♦ 1° Mus. Mouvement de vibration (« tremblement » de la main de l'instrumentiste) produisant un battement continu sur un son, par des répétitions très rapprochées, ou sur deux sons ou accords; émission sonore ainsi produite. *Trémolo de violon. Trémolo constant de l'orgue électronique* (orgue de cinéma). ♦ 2° Cour. Tremblement d'émotion (souvent affecté et outré) dans la voix. *Déclamer avec des trémolos dans la voix.* — Fig. « *Ne me demandez point de fausser ma voix et d'introduire dans mes écrits des trémolos par opportunisme* » (GIDE).

TRÉMOUSSEMENT [tʀemusmɑ̃]. n. m. (1573; de *trémousser*). Agitation, mouvement d'une personne qui se trémousse. V. **Tortillement.** « *Ces gros reins cambrés de goule qu'agitaient des trémoussements lascifs* » (LOTI).

TRÉMOUSSER (SE) [tʀemuse]. v. pron. (Fin XVIe; intr., *trémousser,* 1532; de *tré-* [lat. *trans*], et *mousse* « écume »). S'agiter avec de petits mouvements vifs, rapides et irréguliers. V. **Frétiller, gigoter, remuer.** *Enfant qui se trémousse sur sa chaise.* Avancer, marcher *en se trémoussant.* V. **Dandiner** (se), **tortiller** (se). « *Ça joue de la prunelle, ça se trémousse du derrière* » (MIRBEAU).

TREMPAGE [tʀɑ̃paʒ]. n. m. (1836; de *tremper*). Techn. Action de tremper, de faire tremper. *Trempage des semences* (avant de les semer). *Trempage du grain,* une des opérations du maltage (brasserie). — *Trempage du papier,* opération qui consiste à l'humecter d'eau pour le rendre propre à l'impression. — Cour. *Trempage du linge,* dans l'eau ou la lessive.

TREMPE [tʀɑ̃p]. n. f. (h. XVe; 1545; de *tremper*). ♦ 1° Immersion dans un bain froid (d'un métal, d'un alliage chauffé à haute température). *Trempe de l'acier. La trempe a pour effet de maintenir la structure moléculaire acquise à chaud.* ◇ Par ext. Qualité qu'un métal acquiert par cette opération. *Une arme de bonne trempe* « *La trempe élastique et souple de l'acier lui permit de supporter cette épreuve sans se rompre* » (GAUTIER). ♦ 2° Fig. (2e moitié XVe). *Vx.* Qualité d'âme. — *Vieilli* (v. 1570) Qualité d'âme ou de corps considérée dans sa vigueur, sa résistance. « *On n'a jamais mieux senti qu'en lisant d'Antin et que c'est proprement que la trempe de l'âme* » (STE-BEUVE). — Mod. *De... trempe. Ils ne sont pas de la même trempe,* ils n'ont pas la même nature, la même valeur. *Des gens de cette trempe.* « *Un gars de sa trempe ne se laisse pas cravater sans preuves* » (CARCO). V. **Caractère, énergie.** ♦ 3° (1803; « détremper », peint., 1676). Techn. Trempage (des papiers, des peaux...). ♦ 4° (1867) Pop. Volée de coups. V. **Raclée.** « *Si j'te filais une trempe?* » (CARCO). ◇ HOM. Tramp.

TREMPÉ, ÉE [tʀɑ̃pe]. adj. (*Trempé,* 1170; V. **Tremper**). ♦ 1° Durci par la trempe. *Acier trempé, verre trempé.* ◇ Fig. et littér. *Caractère bien trempé,* aguerri, énergique. « *Les hommes trempés comme Tartarin ne se laissent pas facilement abattre* » (DAUD.). ♦ 2° Imbibé; très mouillé. « *L'herbe, trempée de rosée, est tendre à couper* » (ZOLA). *Visage trempé de larmes.* V. **Inondé, ruisselant.** — (1669) Très mouillé par la pluie. *Trempé jusqu'aux os*. *Trempé comme une soupe* (fam.). « *Presque chaque jour la pluie me surprenait... trempé, je rentrais me sécher devant le feu de la cuisine!* » (GIDE).

TREMPÉE [tʀɑ̃pe]. n. f. (1842; « trempe », 1723; de *tremper*). ♦ 1° Techn. Façon donnée à une chose en la trempant dans un liquide. ♦ 2° *Vieilli.* Volée de coups. V. **Trempe** (4°).

TREMPER [tʀɑ̃pe]. v. (déb. XIIIe; altér. de *temprer* « mélanger », XIIe; lat. *temperare*. V. **Tempérer**).

I. V. tr. ♦ 1° Vx. Modérer par un mélange. Mod. *Tremper son vin,* le mélanger avec de l'eau. V. **Couper.** ♦ 2° (v. 1300; *temprer,* XIIIe). Techn. Imbiber d'un liquide. V. **Imprégner, mouiller.** *Tremper des couleurs.* V. **Détremper.** ◇ Cour. Imbiber, mouiller (en parlant d'un liquide). *Sueur qui trempe la chemise.* « *Une averse, la veille, avait trempé le parquet* » (MART. du G.). ♦ 3° Cour. (1530; *temprer,* 1216). Faire entrer (un solide) dans un liquide pour imbiber, enduire. V. **Plonger.** *Tremper une compresse dans l'eau. Tremper dans l'eau bouillante* (ébouillanter, échauder). *Tremper sa plume dans l'encre, dans l'encrier.* « *Un gaillard, en blouse, trempe de grosses tranches de pain dans sa soupe, comme un roulier* » (ROMAINS). ◇ Baigner, immerger. « *Trempez-le dans la mare, pour le baptiser, votre enfant...* » (ZOLA). *Se tremper la tête dans l'eau. Tremper ses lèvres dans une boisson :* commencer à la boire, y goûter. — Pronom. SE TREMPER : se mettre dans l'eau, un liquide; *spécial.* Prendre un bain rapide. V. **Trempette.** ♦ 4° Techn. Plonger (l'acier porté à une haute température) dans un bain froid. V. **Trempe** (1°). ◇ Fig. et littér. Douer d'une qualité morale. V. **Trempe,** 2°). V. **Aguerrir, endurcir, fortifier.** « *L'humilité trempe les forts* » (BERNANOS). *L'expérience l'a trempé.*

II. V. intr. (1549; *trempar,* v. 1220). ♦ 1° Rester plongé dans un liquide. *Fleurs qui trempent dans l'eau d'un vase,* par ext. *dans un vase.* « *J'irai cueillir des fleurs, je les mettrai tremper pour empêcher qu'elles se fanent* » (RAMUZ). *Faire tremper du linge, mettre du linge à tremper,* le laisser plusieurs heures dans l'eau ou la lessive avant de le frotter. *Faire tremper des aliments.* V. **Macérer, mariner.** ♦ 2° Fig. (v. 1600). *Tremper dans...* (une affaire malhonnête, un crime...), y participer, en être complice. « *Il serait fort étrange que ma fille eût trempé dans ce crime* » (MOL.). « *N'avait-il pas trempé dans une affaire de drogues...?* » (ARAGON).

TREMPETTE [tʀɑ̃pɛt]. n. f. (1611; de *tremper*). ♦ 1° Faire *trempette :* tremper du pain dans un aliment liquide, du sucre dans une boisson, une liqueur avant de le manger. ♦ 2° (Déb. XXe). Faire trempette, prendre un bain (de mer, rivière...) hâtif sans entrer complètement dans l'eau. « *Il n'y plonge que par les pieds, en rechignant comme une baigneuse qui fait trempette* » (SARTRE). *Nous avons fait une bonne trempette, une petite trempette.*

TREMPEUR [tʀɑ̃pœʀ]. n. m. (1846; de *tremper*). Techn. Ouvrier qui trempe l'acier; qui trempe le papier.

TREMPLIN [tʀɑ̃plɛ̃]. n. m. (1680; it. *trampolino,* de *trampolo* « échasse », d'o. germ.). Planche élastique sur laquelle on prend élan pour sauter. *Tremplins d'un gymnase, d'une piscine.* Fig. « *Le grand artiste est celui à qui l'obstacle sert de tremplin* » (GIDE).

TRÉMULATION [tʀemylasjɔ̃]. n. f. (1873; du lat. *tremulus* « tremblant »). Méd. Tremblement à secousses rapides et peu accusées. « *Ces trémulations involontaires des mandibules que l'on voit aux moribonds* » (DUHAM.).

TRÉMULER [tʀemyle]. v. (1801; lat. *tremulare*). Rare. ♦ 1° V. intr. Trembler. « *Le tintement du grelot trémula dans le silence nocturne* » (GENEVOIX). ♦ 2° V. tr. Agiter d'un mouvement semblable au tremblement. *Trémuler les doigts.*

TRENAIL [tʀənaj]. n. m. (fin XIXe; angl. *treenail* « cheville », de *tree* « arbre », et *nail* « clou »). Techn. Cheville servant à mettre le tire-fond dans les traverses des voies. Pl. *Des trenails.*

TRENCH-COAT [tʀɛnʃkot]. n. m. (v. 1925; mot angl. « manteau [*coat*] de tranchée [*trench*] »). Imperméable à ceinture. « *Des hommes en trench coats entraient tête nue* » (CHARDONNE).

TRENTAIN [tʀɑ̃tɛ̃]. n. m. (1472; « mesure de capacité », 1398; de *trente*). ♦ 1° Relig. Série de trente messes dites pour un défunt pendant trente jours consécutifs. ♦ 2° (1676). Ancien. Drap de luxe dont la chaîne était composée de trente centaines de fils.

TRENTAINE [tʀɑ̃tɛn]. n. f. (XIIe; de *trente*). Nombre de trente, d'environ trente. « *Il y avait bien une trentaine de plats à table* » (FLAUB.). *Une trentaine d'années.* — Absolt. Âge de trente ans. « *Nous avions... franchi la trentaine d'assez loin déjà* » (CÉLINE).

TRENTE [tʀɑ̃t]. adj. num. (XIe; *trenta,* 980; lat. pop. °*trinta,* class. *triginta*). ♦ 1° Adj. numér. cardinal (30, XXX). Trois fois dix. *Mois de trente jours.* « *La femme de trente ans* », roman de Balzac. *La guerre de Trente Ans* (1618-1648). ◇ TRENTE-SIX, nombre utilisé familièrement pour désigner un grand nombre indéfini. *Il y en a trente-six sortes.* V. **Beaucoup, cent.** « *Lequel? — Il n'y en a pas trente-six!* ». *En voir trente-six chandelles*. ♦ 2° Adj. numér. ordinal. Qui suit le vingt-neuvième. V. **Trentième.** *Numéro trente, page trente. Les années trente. Du premier janvier au trente et un décembre,* toute l'année. Loc. fam. *Être au trente-sixième dessous*. V. **Dessous** 2, 5°. *Trente-trois du mois,* à peu près jamais. — *Disque trente-trois tours,* microsillon* effectuant 33 tours par minute, *trente centi-*

mètres, d'un diamètre de 30 cm. — Subst. *Des trente-trois tours.* ♦ 3° *N. m.* Numéro trente. *Le trente, un trente.* ♦ 4° (1867). *Se mettre, être sur son trente et un*, ou (vx) *sur son trente-six* (1833), mettre ses plus beaux habits. « *Vous mettrez des bottines vernies!... mais vous aurez l'air d'un* étudiant *sur son* trente-deux (sic) *!* » (GONCOURT). « *Des soldats sur leur trente et un...* » (DORGELÈS).

TRENTE ET UN [tʀɑ̃teœ̃]. *n. m.* (1464; de *trente, et, un*). ♦ 1° Jeu de cartes où il faut faire 31 points avec 3 cartes, pour gagner. ♦ 2° *Se mettre sur son trente et un.* V. **Trente** (4°).

TRENTE-ET-QUARANTE [tʀɑ̃tekaʀɑ̃t]. *n. m.* invar. (1648; de *trente, et, quarante*). Dans certains casinos, Jeu de cartes et d'argent où le banquier aligne deux rangées de cartes dont les points doivent être entre 31 et 40.

TRENTENAIRE [tʀɑ̃tnɛʀ]. *adj.* (1495; de *trente*, d'apr. *centenaire*). *Rare.* Qui dure trente ans. — *Dr. Prescription trentenaire.*

TRENTE-SIX. V. TRENTE.

TRENTIÈME [tʀɑ̃tjɛm]. *adj. num. ordin.* (1538; *trentisme*, 1119; de *trente*). ♦ 1° Ordinal de trente. *Le trentième jour du mois.* Subst. *Être le trentième.* ♦ 2° Se dit de chacune des parties d'un tout également divisé en trente. *Trentième partie.* Subst. *Un trentième de ses revenus.*

TRÉPAN [tʀepɑ̃]. *n. m.* (1490; *trepane*, av. 1478; lat. médiév. *trepanum*; gr. *trupanon* « tarière, trépan »). ♦ 1° Instrument de chirurgie en forme de vilebrequin, destiné à percer les os (*spécialt.* ceux du crâne). ♦ 2° (1611). Vilebrequin pour forer. V. **Drille, foreuse.** *Trépan de sonde*, outil qu'on ajuste à la dernière allonge d'une sonde et qui, par percussion verticale, s'enfonce dans le sol. — *Spécialt.* Ce même outil commandé du derrick. ◇ HOM. *Trépang.*

TRÉPANATION [tʀepanasjɔ̃]. *n. f.* (v. 1490; de *trépaner*). *Chir.* Opération qui consiste à pratiquer un trou dans un os. *Spécialt.* et *cour.* Ouverture pratiquée dans la boîte crânienne.

TRÉPANER [tʀepane]. *v. tr.* (av. 1478; de *trépan*). Effectuer une trépanation sur (un patient). *Trépaner un malade atteint d'une tumeur au cerveau.* — Au p. p. *Malade trépané.* — Subst. *Un trépané.*

TRÉPANG. V. TRIPANG.

TRÉPAS [tʀepɑ]. *n. m.* (XIII°; *trespus* « passage », XII°; subst. verb. de *trépasser*). *Vx* ou *littér.* Mort (d'un homme). V. **Décès, mort.** « *Le trépas vient tout guérir* » (LA FONT.). — Loc. mod. *Passer de vie à trépas* : mourir. « *Quand nous disons* : « *Ce pauvre Untel* », *tout le monde comprend qu'il est passé de vie à trépas* » (HERMANT).

TRÉPASSER [tʀepase]. *v. intr.* (XII°; *trespasser* « dépasser en marchant », 1080; de *passer*, et préf. *tres-*, du lat. *trans*). *Vx* ou *littér.* V. **Mourir**; décéder. *Il avait trépassé; il était trépassé.* « *Il était arrivé au vieil absent... diverses choses dont la principale était qu'il était trépassé* » (HUGO). ◇ Au p. p. Mort. — Subst. *Les trépassés*, les morts. *La fête des Trépassés. La baie des Trépassés*, sur les côtes de Bretagne. « *Dans la plupart des hameaux de la Bretagne, c'est ordinairement à la pointe du jour que l'on sonne pour les trépassés* » (CHATEAUB.).

TRÉPHOCYTE [tʀefɔsit]. *n. m.* (mil. XX°; du rad. de *tréphone*, et *-cyte*). *Méd.* Leucocyte qui élabore des tréphones*.

TRÉPHONE [tʀefɔn]. *n. f.* (1924, Carrel; du gr. *trephô* « je nourris »). *Biol.* Substance nutritive des extraits embryonnaires, capable de stimuler la croissance cellulaire.

TRÉPIDANT, ANTE [tʀepidɑ̃, ɑ̃t]. *adj.* (1881; de *trépider*). ♦ 1° Qui trépide, est agité de petites secousses ou oscillations rapides. ♦ 2° Agité. *Danse trépidante.* « *Le front plissé, haletante, trépidante...* » (MIRBEAU). — Fig. *La vie trépidante des grandes villes*, la vie agitée des gens pressés. ◇ ANT. *Immobile; calme.*

TRÉPIDATION [tʀepidasjɔ̃]. *n. f.* (1290; lat. *trepidatio*). ♦ 1° *Vx.* Tremblement. « *Il éprouva une trépidation involontaire : il... tressaillait* » (BALZ.). ♦ 2° (1788; du sol). Agitation de ce qui subit de petites oscillations ou secousses rapides. *Trépidation d'un navire, d'une automobile au ralenti.* « *La trépidation du moteur nous martèle les oreilles* » (BARBUSSE). ◇ *Méd.* Tremblement à secousses rapides bien marquées. V. **Trémulation.** — Fig. Agitation (V. **Trépidant**). « *Dans ce bruit et cette trépidation de la vie parisienne...* » (GONCOURT).

TRÉPIDER [tʀepide]. *v. intr.* (1801; « s'agiter », 1495; lat. *trepidare*). Être agité de petites secousses ou oscillations rapides. *La margelle « trépidait comme le plancher d'un train »* (HUYSMANS).

TRÉPIED [tʀepje]. *n. m.* (*Trespieds*, 1375; *trepez*, v. 1200; lat. *tripes, -pedis* « à trois pieds »). ♦ 1° Support à trois pieds. *Trépied d'une lampe.* « *Une glace ovale... montée sur tige de métal à trépied* » (GIDE). *Trépied télescopique d'un*

appareil photographique. — *Vx.* Support métallique pour mettre un ustensile de cuisine au feu. « *Une vieille femme venait de poser sur le trépied ardent une poêle...* » (HUGO). ♦ 2° Meuble à trois pieds (guéridon, tabouret, sellette). « *Sur le trépied en rotin trône un pot de fleur enrubanné* » (ROMAINS). *Spécialt.* Siège à trois pieds où la Pythie rendait l'oracle d'Apollon. *Le trépied, motif décoratif des styles Directoire et Empire.*

TRÉPIGNEMENT [tʀepiɲmɑ̃]. *n. m.* (1552; de *trépigner*). Action de trépigner, mouvement de celui qui trépigne. « *Les cris, les rires, le trépignement de ces mille pieds faisaient un grand bruit* » (HUGO).

TRÉPIGNER [tʀepiɲe]. *v. intr.* (1461; de l'a. fr. *treper* [XII°], « frapper du pied, sauter, danser »; frq. *°trippôn* « sauter »). Frapper des pieds contre terre à plusieurs reprises d'un mouvement rapide, en restant sur place. *Danseur espagnol qui trépigne.* « *La foule trépignait d'enthousiasme* » (HUGO). « *Et nous étions là, tous deux, forcés de rester à table, trépignant d'impatience!* » (ALAIN-FOURNIER). ◇ Trans. (1867; *trépigner la terre*, XVI°) *Rare.* Piétiner avec violence. « *Je l'ai vu rouer sa négresse de coups de cravache, la jeter par terre, la trépigner* » (DAUD.).

TRÉPIGNEUSE [tʀepiɲøz]. *n. f.* (1907; de *trépigner*). *Agric.* Manège à plan incliné et tablier roulant, actionné par des chevaux, des bœufs qui marchent dessus.

TRÉPOINTE [tʀepwɛ̃t]. *n. f.* (1408; de l'a. fr. *trépoindre* « piquer [poindre] au travers »). Bande de cuir entre deux cuirs cousus ensemble, pour renforcer la couture. *Spécialt.* Petite bande de cuir cousue le long du bord de l'empeigne d'une chaussure, pour consolider la semelle.

TRÉPONÉMATOSE [tʀepɔnematoz]. *n. f.* (XX°; de *tréponème*). *Méd.* Maladie infectieuse et contagieuse causée par des tréponèmes (syphilis, pian, etc.).

TRÉPONÈME [tʀepɔnɛm]. *n. m.* (1909; *treponema*, 1905; du gr. *trepô* « je tourne », et *nêma* « fil »). *Biol.* Genre de micro-organisme mobile (*Spirochètes*) présentant des spires, parasite de l'homme et des animaux, comprenant plusieurs espèces pathogènes, dont le *tréponème pâle* (treponema pallidum), agent de la syphilis.

TRÈS [tʀɛ]. *adv.* (1080; du lat. *trans*, prononcé *tras* « au delà de »; par ext. « de part en part, complètement »; d'où son emploi comme adv. superlatif). *Adverbe d'intensité marquant le superlatif absolu.* À un haut degré. V. **Bien, fort.** ♦ 1° (Devant un adj.). « *Pour avoir de beaux chevaux, il faut être ou très riche ou très gentil* » (FRANCE). *Très gentil.* V. **Plein** (tout). *Il n'est pas très spirituel. C'est très clair.* V. **Parfaitement.** *Les rois très chrétiens. Le Très-Haut. C'est très drôle.* V. **Rien** (pop.), **trop.** Fam. *Je suis très content.* « *Le superflu, chose très nécessaire* » (VOLT.). *Supposition très vraisemblable.* V. **Hautement.** *Très supérieur* (mais on dit : bien* meilleur, bien pire...). — Devant une expression employée adjectivement. *Un monsieur très comme il faut. Un objet très bon marché.* « *Quand il roule l'R, il est très en colère* » (ROSTAND). *Très au courant, très en avance.* « *Un chapeau vert-bouteille très sur l'œil* » (AYMÉ). — Devant un subst. employé adjectivement. *Elle est très femme. Très fin de siècle, très 1900.* « *Un vieil émigré français très aimable, très sourd, très dix-huitième siècle* » (GONCOURT). « *Des costumes clairs, très dernière mode* » (ARAGON). ♦ 2° (Devant un p. p. à valeur d'adj.). *Air très connu. Opinion très répandue. Très doué.* V. **Follement, rudement.** « *Je suis moi-même très gêné* » (DUHAM.). — (Devant un p. p. gardant sa valeur verbale de passif) « *Gênes était toujours très menacé par les Piémontais* » (VOLT.). « *Le grand-duc Michel... est très aimé dans le monde et très haï des soldats* » (HUGO). ◇ Avec un v. pron. ou actif (XIII°; incorrect de nos jours) « *Je lis dans les Phoinissiennes, traduites par Leconte de Lisle* : « *Ils ont très irrité le malheureux homme* », *qui me paraît inadmissible...* » (GIDE). ♦ 3° (Devant un adv.). « *Elle lisait bien,... très bien même* » (MAUPASS.). V. **Drôlement, joliment.** *Très mal. Très peu. Très souvent. Très tôt, très tard. Très volontiers. Fam. Très bientôt, à très bientôt.* « *Villiers nous promet une grande édition de ses œuvres complètes, six volumes,... et quels! pour très bientôt* » (VERLAINE). — (Devant une loc. adv. ou prép.) *Arriver très en avance.* « *Cette lettre vint très à propos pour eux* » (RAC.). ♦ 4° (1370). Dans des locutions verbales d'état, composées des verbes *faire* et *avoir* et d'un substantif. — (Adj. substantivés : chaud, froid, mal, etc.) *Il faisait très chaud* (V. **Bigrement**). *Avoir très froid.* « *Elle s'était fait très mal* » (R. ROLLAND). — (Devant d'autres subst.; emploi critiqué mais cour.) *Avoir très faim, très soif. Avoir très peur. Faire très attention.* « *Il ne trouvait de très libre que quand il avait très envie d'une chose* » (PROUST). ♦ 5° Absolt. (XV°). Fam. *Êtes-vous satisfait?* — *Très. Vous avez passé de bonnes vacances?* — *Non, pas très* : pas très bonnes. ◇ ANT. *Faiblement, guère, légèrement, pas, peu.* — HOM. *Trait.*

TRÉSAILLE [tʀezaj]. *n. f.* (1765; *tréseille*, 1680; de l'a.

fr. *teseiller*, de *teser* « tendre » ; lat. pop. °*tensare*. V. **Étré-sillon**). *Techn.* Pièce de bois horizontale qui maintient les ridelles d'une charrette.

TRESCHEUR ou **TRÉCHEUR** [tʀeʃœʀ]. *n. m.* (1648 ; *tre*[*s*]*choir*, 1276 ; de *treceor*, *treçoir* « galon, ruban de tête ». V. **Tresse**). *Blas.* Modification de l'orle (pièce plus étroite).

TRÉSOR [tʀezɔʀ]. *n. m.* (1080 ; lat. *thesaurus* ; gr. *thésau-ros*).

I. ♦ 1° Réunion de choses précieuses amassées pour être conservées (généralement en les cachant). « *Les coups de bêche d'un chercheur de trésors* » (BARRÈS). — *L'île au trésor* », roman de Stevenson. « *Il ouvrit le coffre : c'était le trésor à partager, pêle-mêle des vases sacrés,... une pluie de perles et une rivière de diamants* » (A. BERTRAND). ◇ *Dr.* « Chose cachée ou enfouie, sur laquelle personne ne peut justifier de sa propriété et qui est découverte par le seul effet du hasard » (CODE CIV.). *Inventeur* (II) *d'un trésor.* ◇ *Par métaph.* Chose précieuse (que l'on amasse, que l'on cache, ou que l'on peut découvrir). « *Je tirais de mon havresac le manuscrit de mon voyage en Amérique... Puis je serrais mon trésor* » (CHA-TEAUB.). « *Une honnête femme est un trésor caché* » (LA ROCHEF.). « *Chercher les trésors obscurs de sa mémoire* » (THIBAUDET). ♦ 2° (*Souvent plur.*). Grandes richesses concrètes ; masse monétaire importante. V. **Argent**, **fortune**, **magot**. (V. *aussi* **Thésauriser**). « *Inconcevable dissipation par la main gauche des trésors péniblement gagnés par la main droite* » (DUHAM.). — *Trésors artistiques* : ensemble, collection d'œuvres particulièrement précieuses. *Les trésors des musées du Louvre, du Prado... Les trésors de l'art italien.* ♦ 3° (XII°). *Hist.* L'ensemble des ressources financières dont disposait un souverain (le Trésor du roi et le Trésor de l'État étaient plus ou moins confondus). V. **Épargne**. *Le trésor particulier du roi était appelé cassette royale.* ◇ *Écon.* Ensemble des moyens financiers dont dispose un État. *Trésor public. La situation du Trésor, le déficit du Trésor* (ou *du tré-sor*). — *Par ext.* Service financier d'exécution du budget, assurant la corrélation des dépenses et des recettes publiques. V. **Finance**. *Direction du Trésor*, au ministère des Finances. *Recettes du Trésor.* V. **Fisc.** *Bons du Trésor*, « employés par l'État pour faire rentrer dans ses caisses une partie des billets en circulation » (ROMEUF). ♦ 4° *Par ext.* (XIV°). Endroit, lieu où les trésors sont gardés. *Il ne faut pas que l'or dorme* « *dans les urnes et dans les ténèbres du trésor* » (VALÉRY). ◇ Musée attenant à une église et contenant des objets précieux (appelés également de ce nom). *Le trésor de la Sainte-Chapelle, de Notre-Dame.*

II. *Fig.* ♦ 1° Un, des trésors de : accumulation de (choses utiles, belles ou précieuses). « *L'immense trésor de dévoue-ment et d'amour que les femmes aimantes ont dans le cœur* » (BALZ.). « *Ma mère épuisait des trésors de patience et d'éner-gie* » (DUHAM.). ◇ Accumulation d'œuvres humaines, considérées comme un « trésor » voué aux générations futures. « *C'est par goût pour le trésor spirituel de la France... que des étrangers de tous pays apprennent la langue française* » (DUHAM.). ◇ Titre d'ouvrages célèbres, notamment d'ency-clopédies et de dictionnaires. *Le trésor de Brunetto Latini* (v. 1262). ♦ 2° Ce qui peut être exploité, employé utile-ment (et ne doit pas être dilapidé). « ...*Que le travail est un trésor* » (LA FONT.). ♦ 3° Personne comparée à une chose précieuse. — T. d'affection. *Mon trésor.*

TRÉSORERIE [tʀezɔʀʀi]. *n. f.* (XIII° ; de *trésorier* ; a rem-placé *trésorie*, de *trésor*). ♦ 1° *Vx.* Lieu où l'on garde un trésor, et spécialt. le trésor d'un prince, d'un État. ♦ 2° Administration du Trésor (I, 3°), ses bureaux ; ses services. — Par ext. *Trésorerie aux armées. La trésorerie d'une asso-ciation.* ♦ 3° État et gestion des fonds, des ressources. *Tré-sorerie publique, de l'État.* V. **Finance**(s), **trésor**. — *Moyens de trésorerie*, par lesquels le Trésor se procure les ressources nécessaires à ses opérations financières (emprunts, avances, émissions de bons). ◇ *Trésorerie d'une entreprise privée, d'une société. Difficultés de trésorerie*, insuffisance de ressources pour faire face aux dépenses. « *J'étais prêt à la payer. Dans la mesure où me permettait ma trésorerie* » (ROMAINS). V. **Disponibilité**(s). ♦ 4° Charge, fonction de trésorier (1°).

TRÉSORIER, IÈRE [tʀezɔʀje, jɛʀ]. *n. m.* et *f.* (1080 ; de *trésor*, d'apr. bas lat. *thesaurarius*). ♦ 1° Personne chargée de l'administration des finances (d'un prince, d'une organi-sation publique ou privée). V. **Argentier**, **caissier**. *Le trésorier d'une association, d'un parti... Secrétaire-trésorier d'une société. Spécialt.* Fonctionnaire du Trésor. *Trésorier-payeur général*, chargé de la gestion du Trésor public dans un dépar-tement. ♦ 2° *Relig.* Celui qui a la garde du trésor d'une église.

TRESSAGE [tʀesaʒ]. *n. m.* (1874 ; de *tresser*). Action de tresser. V. **Nattage**. *Tressage de la paille ; d'une corbeille.*

TRESSAILLEMENT [tʀesajmɑ̃]. *n. m.* (mil. XVI° ; de

tressaillir). Secousse brusque du corps sous l'effet d'une émotion vive ou d'une sensation inattendue. « *Un secret tressaillement de joie l'avertit* » (GIDE). — Brusque frémisse-ment, sursaut machinal. V. **Frisson**. « *Laulerque cligne des paupières. De légers tressaillements parcourent ses narines* » (ROMAINS).

TRESSAILLIR [tʀesajiʀ]. *v. intr. ;* conjug. *assaillir* (1138 ; « franchir », 1080 ; de *tres-*, du lat. *trans* [V. **Très**], et *saillir*). ♦ 1° Éprouver des secousses musculaires, un tressaillement. — (Sous l'effet d'une émotion vive, agréable ou désagréable). *Tressaillir d'aise, de joie.* V. **Frémir**, **frissonner**. « *La nation entière tressaillit d'une émotion presque sacrée* » (JAURÈS). — (Sous l'effet d'une sensation qui surprend). V. **Bondir**, **sursauter**. « *Aussi la pauvre Isabelle tressaillait-elle au plus léger bruit* » (GAUTIER). « *Il tressaillit comme s'il eût été frappé au visage* » (MART. du G.). ♦ 2° Être agité de brusques secousses, remuer de façon désordonnée. « *Son tremblement nerveux la faisait toujours tressaillir* » (BALZ.). — « *Les muscles tressaillaient sous la finesse de la peau* » (MART. du G.). — (Choses) *L'express passa*, « *et toute la vieille maison tressaillit : les planchers frémirent* » (MAURIAC).

TRESSAUTEMENT [tʀesotmɑ̃]. *n. m.* (1569 ; de *tres-sauter*). *Littér.* Le fait de tressauter ; tressaillement. « *Dans le tressautement d'une existence nerveuse* » (GONCOURT).

TRESSAUTER [tʀesote]. *v. intr.* (mil. XIV° ; de *tres-*, du lat. *trans* [V. **Très**], et *sauter*). Tressaillir, sursauter (en parti-culier sous l'effet de la surprise). *Ce cri l'a fait tressauter.* ◇ Tressaillir (2°), sauter. « *Moi traîné par lui, tressautant sur la route dans son char léger* » (LOTI).

TRESSE [tʀes]. *n. f.* (1212 ; *trece*, 1155 ; probabl. lat. pop. °*trichia* ; gr. tardif *trikhia* « filasse pour cordage », rad. *thrix*, *trikhos* « cheveu, crin »). ♦ 1° Assemblage de trois longues mèches de cheveux entrecroisées à plat et retenues par une attache. V. **Cadenette**, **natte**. « *Ses cheveux, nattés en petites tresses...* » (CHATEAUB.). *Tresses pendantes, roulées, en dia-dème, en chignon. Longues, lourdes tresses.* ♦ 2° (1561). Cordon plat fait de fils entrelacés. *Galon tissé plat ou fait de plusieurs cordons.* « *C'est très chic une tresse autour d'un feutre mou au lieu de ruban* » (QUENEAU). *Tresse d'une four-ragère.* ◇ *Archit.* Motif ornemental, plat ou convexe, figu-rant des bandelettes entrelacées.

TRESSER [tʀese]. *v. tr.* (1611 ; *trecier*, 1160 ; de *tresse*). ♦ 1° Assembler, arranger en tresses. V. **Natter**. *Tresser du fil, de la soie.* V. **Cordonner**. « *Elle tressait en guirlandes des coquelicots* » (HUGO). ◇ Entrelacer (des brins de paille, de jonc), de manière à former un réseau fait de tresses. — Au p. p. *Natte de joncs tressés.* ♦ 2° Faire (un objet) en entrelaçant des fils, des brins. *Tresser des corbeilles. Tresser un câble.* Absolt. *Métier à tresser.* — Fig. *Tresser des cou-ronnes à qqn*, le louer, le glorifier.

TRESSEUR, EUSE [tʀesœʀ, øz]. *n.* (1680 ; de *tresser*). Ouvrier, ouvrière exécutant des travaux de tressage. *Tresseur de corbeilles.* V. **Vannier**. *Techn. Tresseur de cordons, de câbles électriques.*

TRÉTEAU [tʀeto]. *n. m.* (*Tresteau*, XIII° ; *trestel*, fin XII° ; du lat. *transtillum*, de *transtum* « traverse »). ♦ 1° Pièce de bois longue et étroite posée sur quatre pieds, servant de support (à une table, une estrade, un étalage). V. **Chevalet**. « *Il y avait installé son établi, un large volet sur deux tréteaux* » (ZOLA). ♦ 2° *Les tréteaux* : ce support et la surface qu'ils supportent. *Spécial.* (À cause de l'aménagement sommaire de ces scènes ou estrades dressées en plein air) *Vieilli.* Théâtre de foire, où l'on donne des pièces populaires, des farces ; estrade de jongleurs, d'acrobates, de camelots. *Monter sur les tréteaux.* V. **Scène**. « *Nous avons eu des tréteaux et un parade* » (CHATEAUB., à propos du sacre de Charles X). « *Quand on veut éviter d'être charlatan, il faut fuir les tré-teaux ; car, si l'on y monte, on est bien forcé de charlatan* » (CHAMFORT).

TREUIL [tʀœj]. *n. m.* (XIV° ; *truil* « pressoir », XIII° ; lat. *torculum* « pressoir », de *torquere* « tordre »). ♦ 1° *Vx* ou *dial.* Pressoir. ♦ 2° *Cour.* (1611 ; *tueil*, 1376 ; du type de pressoir à corde s'enroulant un cylindre). Appareil de levage et de chargement, composé d'un arbre ou tambour qu'on fait tourner sur son axe à l'aide d'une manivelle et autour duquel s'enroule une corde, un câble. V. **Cabestan**, **cric**, **pouliot** (2). *Treuil à main.* V. **Winch**. *Treuil simple. Treuil à engrenages, à vis sans fin* (systèmes multiplicateurs).

TREUILLAGE [tʀœjaʒ]. *n. m.* (mil. XX° ; de *treuil*). Uti-lisation d'un treuil pour soulever une charge (et *spécialt.* pour lancer un planeur).

TRÊVE [tʀɛv]. *n. f.* (déb. XIII° ; *true*, *trive*, XII° ; frq. °*treuwa* « contrat, traité »). ♦ 1° Cessation provisoire des combats, pendant une guerre, par convention des belligé-rants ; interruption des hostilités. V. **Cessez-le-feu**. *Demander, accepter une trêve.* « *La véritable paix, la paix finale, est peut-être encore éloignée ; mais une trêve est vraisemblable-ment assez proche* » (MART. du G.). — *Féod. Trêve de Dieu*, cessation des combats imposée par l'Église aux princes combattants (pendant l'Avent, le Carême et Pâques). ◇ *Par ext.* Interruption dans une lutte quelconque. *Trêve politique.* — *Trêve des confiseurs*, arrêt de l'activité politique, diplomatique, pendant les fêtes de Noël, du Nouvel An. ♦ 2° *Fig.* Arrêt de ce qui est pénible, dangereux. V. **Relâche**, **répit**. *S'accorder une trêve. Tous « faisant encore trêve à leurs haines, se promirent union et fraternité »* (MICHELET). *La vie,* « *bataille sans trêve et sans merci* » (R. ROLLAND). *N'avoir ni paix ni trêve*, n'avoir pas un moment de repos, de tranquillité. ◇ SANS TRÊVE *(loc. adv.)* : sans arrêt, sans interruption. « *Elle nous suivit sans trêve pendant plus d'une heure* » (LOTI). ◇ Vx. TRÊVE À... *(loc. prép.)* : assez de... « *N'y songeons plus, et trêve aux rêvasseries!* » (DAUD.). — Mod. TRÊVE DE... *(loc. prép.)* : assez de. *Trêve de plaisanterie!* cessez de plaisanter. « *Allez! Trêve de sous-entendus. Tu as encore fait une bêtise* » (ANOUILH). ◇ ANT. Continuité, occupation.

TRÉVIRE [tʀeviʀ]. *n. f.* (1776; de *trévirer*, mar.). *Mar.* Cordage amarré à un corps-mort au haut d'un plan incliné et que l'on file pour amener au bas de ce plan un objet cylindrique (barrique, fût).

TRÉVIRER [tʀeviʀe]. *v. tr.* (1870; autre sens; 1694, *tresvirer* « faire tourner », 1165; de *tré-* [*trans-*], et *virer*). *Mar.* Affaler ou hisser le long d'un plan incliné (un corps cylindrique).

TRI [tʀi]. *n. m.* (1761; *trie*, n. f., v. 1580; *a tri* « d'une manière choisie, excellente », 1280; de *trier*). Action de trier. *Faire le tri du grain.* V. **Triage**. — « *Se pourrait-il que nous fassions... le tri de ses paroles et de ses gestes* » (MAURIAC). ◇ *Spécialt.* Répartition. *Le tri des lettres, des fiches mécanographiques* (V. **Trieuse**). — *Tri des informations*, leur classement, avant traitement dans un calculateur.

TRI-. Préfixe, du lat. et du gr. *tri-* « trois » (en chimie, signifie « trois atomes, molécules, éléments »; Cf. Triacide, trinitrate).

TRIACIDE [tʀiasid]. *n. m.* (1872; de *tri-*, et *acide*). *Chim.* Acide possédant trois atomes d'hydrogène acide, pouvant donner trois séries de sels.

TRIADE [tʀijad]. *n. f.* (1564; bas lat. *trias, triadis*; gr. *trias, triados*). *Didact.* Groupe de trois personnes ou choses. *Triade de divinités* (ex. : Brahma, Vichnou, Çiva). — *Hist. litt.* Ensemble de la strophe, de l'antistrophe et de l'épode, dans les odes pindariques.

TRIAGE [tʀijaʒ]. *n. m.* (1317; de *trier*). ♦ 1° Le fait de trier, de choisir dans un ensemble ou de répartir; son résultat. V. **Tri**, **choix**. *Il « fit un soigneux triage de sa monnaie »* (BAUDEL.). « *Le triage* (du linge) *dura une grosse demi-heure. Gervaise... jetait ensemble... les mouchoirs, les chaussettes, les torchons* » (ZOLA). *Triage de la houille, des graines.* V. **Criblage**. ◇ Séparation et regroupement des wagons pour former des convois. *Gare de triage.* ♦ 2° *Par anal. Géol.* Séparation naturelle d'éléments; répartition. *Dépôt de sédiments accompagné de triage.* ♦ 3° Dispositif, lieu où l'on trie. « *L'odeur de la laine grasse dans les triages* » (MAUROIS). ◇ ANT. Mélange.

TRIAIRE [tʀijɛʀ]. *n. m.* (fin XIII°; lat. *triarius*). *Antiq. rom.* Soldat de la troisième ligne, dans la légion romaine. *Les triaires étaient les vétérans de l'armée.* ◇ HOM. **Trière**.

TRIALCOOL [tʀialkɔl] ou **TRIOL** [tʀijɔl]. *n. m.* (1946; de *tri-*, et *alcool*). *Chim.* Corps possédant trois fois la fonction alcool (ex. : glycérine).

TRIANDRIE [tʀi(j)ɑ̃dʀi]. *n. f.* (1800; lat. sav.; de *tri-*, et *-andrie*). *Hist. sc.* Classe de Linné renfermant des plantes à trois étamines. ◇ (Fin XIX°) Caractère d'une plante à trois étamines (plante *triandre* [tʀi(j)ɑ̃dʀ(ə)]).

TRIANGLE [tʀijɑ̃gl(ə)]. *n. m.* (v. 1270; lat. *triangulum*). ♦ 1° Figure géométrique, polygone à trois côtés. *Les trois côtés, les trois sommets, les trois angles d'un triangle. Triangle quelconque, scalène, isocèle, équilatéral. Triangle rectangle*, qui a un angle droit. *Hauteurs, bases, médianes, médiatrices d'un triangle. Détermination des éléments d'un triangle.* V. **Trigonométrie**. — *Triangle curviligne*, dont les côtés sont des courbes. *Triangle sphérique.* — *En triangle*, en forme de triangle. V. **Triangulaire**. « *Son visage chafouin, qui s'amincissait en triangle jusqu'au menton* » (MART. du G.). ◇ Forme triangulaire. « *À l'horizon, des voiles maltaises découpent leurs triangles blancs* » (FROMENTIN). — Se dit en anatomie d'espaces triangulaires compris entre les organes, des parties du corps. *Le triangle occipital.* ♦ 2° Instrument de musique à percussion, fait d'une tige d'acier repliée en triangle (les deux extrémités restant libres), sur laquelle on frappe avec une baguette du même métal.

TRIANGULAIRE [tʀijɑ̃gylɛʀ]. *adj.* (1361; lat. *triangularis*). ♦ 1° En forme de triangle. *Faces triangulaires d'une pyramide. Base, section triangulaire. Voile triangulaire.* « *Une figure presque triangulaire commencée par un large front...* » (BALZ.). ♦ 2° *Dont la base ou la section est triangulaire. Prisme, pyramide triangulaire.* ♦ 3° *Fig.* Qui met en jeu trois éléments. *Élection triangulaire, à trois candidats.*

TRIANGULAIREMENT [tʀijɑ̃gylɛʀmɑ̃]. *adv.* (1803; de *triangulaire*). *Rare.* En triangle.

TRIANGULATION [tʀijɑ̃gylɑsjɔ̃]. *n. f.* (1819; bas lat. *triangulatio*). Ensemble des opérations géodésiques consistant à diviser un terrain en triangles (canevas) dont on opère successivement la résolution, à partir d'un côté directement mesuré (base) en utilisant le nivellement trigonométrique.

TRIANGULER [tʀijɑ̃gyle]. *v. tr.* (1829; de *triangulation*). *Sc. (Géod.).* Faire la triangulation de... *Trianguler une région.*

TRIAS [tʀijas]. *n. m.* (1845; all. *Trias*, 1834; du bas lat. *trias* « triade »). *Géol.* Terrain sédimentaire dont les dépôts comprennent trois parties : le grès bigarré, le calcaire coquillier, les marnes irisées. — *Par ext.* Période géologique la plus reculée de l'ère secondaire (où se sont déposées ces roches).

TRIASIQUE [tʀijazik]. *adj.* (1845; de *trias*). *Géol.* Qui appartient au trias.

TRIATHLON [tʀi(j)atl5]. *n. m.* (mil. XX°; de *tri-*, d'apr. *pentathlon*). *Sports.* Épreuve d'athlétisme comportant trois parties (course, saut et lancer, le plus souvent).

TRIATOMIQUE [tʀiatɔmik]. *adj.* (1876; de *tri-*, et *atomique*). *Chim.* Vx. V. **Trivalent**. ◇ Mod. Qui a trois atomes. *Molécule triatomique.*

TRIBADE [tʀibad]. *n. f.* (1568; lat. *tribas*, mot gr., de *tribein* « frotter »). *Vx* ou *littér.* Femme homosexuelle. V. **Lesbienne**.

TRIBAL, ALE, AUX [tʀibal, o]. *adj.* (1872; de *tribu*, p.-ê. d'apr. l'angl. *tribal* [1632]). *Sociol.* De la tribu. *L'organisation tribale.* « *Les jeux tribaux* » (CAILLOIS). ◇ HOM. **Triballe**.

TRIBALISME [tʀibalism(ə)]. *n. m.* (XX°; de *tribal*). *Sociol.* Organisation sociale par tribus.

TRIBALLE [tʀibal]. *n. f.* (1757; de *triballer*). *Techn.* Tringlette de fer pour battre les peaux. ◇ HOM. **Tribal**.

TRIBALLER [tʀibale]. *v. tr.* (1757; spécialisation de l'a. fr. *tribaler*. V. **Trimballer**). *Techn.* Assouplir (les peaux) en les battant avec la triballe.

TRIBART [tʀibaʀ]. *n. m.* (déb. XVIII°; « gourdin », 1532; mot angevin; o. i.). *Techn.* ou *région.* Bâton ou ensemble de bâtons qu'on attache au cou de certains animaux pour les empêcher de passer au travers des haies.

TRIBASIQUE [tʀibazik]. *adj.* (1842; de *tri-*, et *base*). *Chim.* Qui possède trois fois la fonction base.

TRIBO-. Élément, du gr. *tribein* « frotter ».

TRIBO-ÉLECTRICITÉ [tʀibɔelɛktʀisite]. *n. f.* (mil. XX°; de *tribo-*, et *électricité*). *Sc.* Électricité statique produite par frottement.

TRIBO-ÉLECTRIQUE [tʀibɔelɛktʀik]. *adj.* (mil. XX°; de *tribo-*, et *électrique*). *Sc.* Relatif à la tribo-électricité. *Phénomène tribo-électrique.*

TRIBOLOGIE [tʀibɔlɔʒi]. *n. f.* (1972; de *tribo-*, et *-logie*). *Mécan.* Étude du frottement et de ses effets.

TRIBOLUMINESCENCE [tʀibɔlyminesɑ̃s]. *n. f.* (av. 1946; de *tribo-*, et *luminescence*). *Sc.* Propriété des corps (*triboluminescents*) qui deviennent lumineux par frottement, écrasement ou rupture des cristaux.

TRIBOMÈTRE [tʀibɔmɛtʀ(ə)]. *n. m.* (1765; de *tribo-*, et *mètre*). *Sc.* Instrument pour mesurer la force d'un frottement.

TRIBOMÉTRIE [tʀibɔmetʀi]. *n. f.* (1922; de *tribomètre*). *Sc.* Science de la mesure des frottements.

TRIBORD [tʀibɔʀ]. *n. m.* (1484; moy. néerl. *stierboord*, proprem. « bord [*boord*] du gouvernail [*stier*] »). *Mar.* et *cour.* Côté droit du navire (qu'on a à sa droite quand on regarde vers l'avant, la proue). *Le bateau pencha à tribord. Bordée de tribord.* V. **Tribordais**. « *Tout navire cède le passage à qui lui arrive ayant le vent à tribord... c'est l'adage célèbre* : Tribord amure, roi des mers » (J.-R. BLOCH). *Adj. Le « grand hunier tribord* » (HUGO) : de tribord. ◇ ANT. **Bâbord**.

TRIBORDAIS [tʀibɔʀdɛ]. *n. m.* (1704; de *tribord*). *Mar.* Matelot faisant partie de la bordée de tribord.

TRIBOULET [tʀibulɛ]. *n. m.* (1611; a. prov. *tribolet*, 1498; de l'a. fr. *tribo[u]ler* « agiter, secouer »; lat. *tribulare*). *Techn.* Outil d'orfèvre servant à arrondir. — Tige servant à mesurer le diamètre des bagues.

TRIBU [tʀiby]. *n. f.* (1355; lat. *tribus*). ♦ 1° *Antiq.* Division topographique du peuple romain (quatre *tribus urbaines* ou quartiers; trente et une *tribus rustiques*). *Les tribus étaient divisées en curies.* — (Trad. lat. du gr. *phulê*) Subdivision ethnique des peuples grecs (*phulê*), formée d'hommes prétendant descendre d'un ancêtre commun, et divisée en phratries. ◇ *Antiq. jud.* (lat. ecclés. *tribus*). Chaque groupe ethnique qui s'estimait issu d'un des douze fils de Jacob (les patriarches). *Les douze tribus d'Israël, la tribu de Juda* (V. **Juif**), *de Lévi* (*la tribu sacrée*, vouée au culte). ♦ 2° (1798). Groupe social et politique fondé sur une parenté ethnique réelle ou supposée, chez les peuples à organisation primitive. V. **Groupe**, **société**; **tribal**. *Divisions ethniques d'une tribu, d'un groupe de tribus : clan, phratrie. Tribus nomades.*

— Les membres d'une telle tribu, alors même qu'ils ne sont plus groupés. *Travailleurs, dockers de telle ou telle tribu.* ◇ Littér. et péj. *La tribu :* la société. « *Donner un sens plus pur aux mots de la tribu* » (MALLARMÉ). ♦ 3° *Fig.*, *péj.* ou *iron.* Groupe nombreux ; grande et nombreuse famille. V. **Smala.** *Il est arrivé avec toute sa tribu.* ♦ 4° *Biol.* (1836). Subdivision de la sous-famille correspondant à un groupe supérieur au genre. *Tribus d'animaux, de bactéries.* ⊗ HOM. **Tribut.**

TRIBULATION [tʀibylɑsjɔ̃]. *n. f.* (v. 1120 ; lat. ecclés. *tribulatio* « tourment », de *tribulare*, proprem. « battre avec le *tribulum*, herse à battre le blé »). ♦ 1° *Relig.* Tourment moral, souvent considéré comme une épreuve. « *Pie VII, pâle, triste et religieux, était le vrai pontife des tribulations* » (CHATEAUB.). ♦ 2° *Cour.* (XIVᵉ). Adversité, épreuve physique ou morale (*vx* au sing.). V. **Ennui.** — *Fam.* Aventures plus ou moins désagréables. *Il n'est pas au bout de ses tribulations.* V. **Peine.** « *C'est alors seulement que j'irai vous conter toutes mes petites tribulations* » (STE-BEUVE).

TRIBUN [tʀibœ̃]. *n. m.* (1213 ; lat. *tribunus*, à l'orig. « magistrat de la tribu »). ♦ 1° *Hist. rom.* Officier ou magistrat romain. *Tribun militaire :* l'un des six officiers, nommés par les consuls, puis élus (dans les comices de tribus) qui commandaient la légion romaine. — *Tribun de la plèbe, du peuple :* l'un des magistrats élus pour défendre les intérêts des plébéiens. ♦ 2° (1649). *Vx* et péj. « *Démagogue, factieux* » (LITTRÉ). ♦ 3° *Mod.* (1823 ; *tribun du peuple*, 1789 ; infl. de *tribune*). Défenseur éloquent (d'une cause, d'une idée), et *spécialt.* Orateur qui s'érige en défenseur du peuple. *Lassalle,* « *entraîneur d'hommes, poète et tribun* » (HENRIOT). « *Une sorte de tribun des idées nouvelles* » (STE-BEUVE). ♦ 4° *Hist.* Membre du Tribunat, dans la constitution de l'An VIII. *Les tribuns étaient élus par le Sénat.*

TRIBUNAL, AUX [tʀibynal, o]. *n. m.* (XVᵉ ; « siège d'un juge », fin XIIᵉ ; lat. *tribunal*, de *tribunus* « tribun »). ♦ 1° Lieu où l'on rend la justice. V. **Palais** (de justice), **prétoire.** *Dans l'enceinte du tribunal. La barre, le parquet ; le greffe du tribunal.* ♦ 2° (1670 ; répandu 1789). Magistrat ou corps de magistrats exerçant une juridiction (V. **Juge, juridiction, justice ; chambre, conseil, cour**). *Spécialt.* (*Dr.*) Juridiction inférieure (*opposé* à chambre, cour). *Tribunaux administratifs* (Conseil d'État et toutes juridictions qui en dépendent) *et tribunaux judiciaires. Tribunal des conflits. Tribunaux de droit commun et tribunaux d'exception* (V. **Commission, II**). *Tribunal répressif,* chargé de punir. *Tribunal de commerce. Tribunaux maritimes, militaires.* — *Tribunal d'instance* (autrefois *justice de paix*) ; *tribunal de police,* formé d'un juge du tribunal d'instance, d'un officier du ministère public, d'un greffier. *Tribunal de grande instance* (autrefois, *de première instance*) *ou d'arrondissement,* compétent pour les affaires civiles qui dépassent la compétence du tribunal d'instance ou de police (Cour d'assises, d'appel, de cassation, Haute Cour de justice, Cour de sûreté de l'État). — *Tribunal jugeant les différends d'ordre professionnel.* V. **Prud'homme**[s] (conseil des). *Tribunaux pour enfants,* chargés de juger les enfants et les adolescents délinquants. — *Compétence** (1°) d'un tribunal. Tribunal des conflits :* chargé de régler les conflits d'attribution entre l'autorité administrative et l'autorité judiciaire. — *Saisir un tribunal d'une affaire, la porter devant les tribunaux. Porter une cause d'un tribunal à un autre.* V. **Évoquer.** *Session d'un tribunal. Vacances, vacation ; rentrée des tribunaux. Séance d'un tribunal :* audience, débats. *Délibérations, décisions d'un tribunal* (V. **Justice ; délibéré, jugement, statuer**). — *Compte rendu des décisions des tribunaux* (chronique judiciaire). *Gazette des tribunaux.* ♦ 3° (1677). Justice (de Dieu). *Le tribunal de Dieu. Comparaître devant le tribunal suprême.* — *Le tribunal de la pénitence.* V. **Confession.** ◇ Littér. Jugement moral. *Le tribunal de l'histoire. On reconnut « en elle (l'Académie française) la régulatrice de la langue et du bel usage, et même un tribunal souverain du goût* » (STE-BEUVE).

TRIBUNAT [tʀibyna]. *n. m.* (1521 ; lat. *tribunatus*). ♦ 1° *Hist. rom.* Charge de tribun ; son exercice ; la durée de son exercice. ◇ Institution politique (ou militaire) par laquelle les tribuns exerçaient leur pouvoir. *Le tribunat de la plèbe.* ♦ 2° *Hist.* (fin XVIIIᵉ) ; assemblée proposée par Sieyès pour servir de « *tribune de proposition* »). Assemblée instituée par la constitution de l'An VIII, chargée de discuter les projets de loi devant le Corps législatif (qui ne faisait que voter).

TRIBUNE [tʀibyn]. *n. f.* (*Trebune*, 1409 ; lat. médiév. *tribuna*, lat. class. *tribunal.* V. **Tribunal**). ♦ 1° Emplacement élevé où sont réservées des places, dans une église (galerie pratiquée au-dessus des bas côtés ; plate-forme du jubé). V. **Ambon.** *Tribunes d'une chapelle, d'une église.* — *Tribune d'orgue,* galerie où se trouve le buffet d'orgue. — *Tribune de la lanterne d'un dôme* (balcon, galerie). ◇ *Archit.* Au moyen âge, L'étage situé au-dessus des bas côtés et qui épaule le mur de la nef. V. *aussi* **Triforium.** ◇ (Dans un édifice profane) *Les tribunes du public, de la presse,* dans une assemblée.

◇ *Spécialt.* (1872) Emplacement en gradins, généralement couvert, dans un champ de courses, des arènes, un stade. « *Les tribunes étageaient leurs gradins chargés de foule* » (ZOLA). — Place dans les tribunes. *Louer une tribune.* ♦ 2° (1606, *T. d'antiq.*). Emplacement élevé ou surélevé, estrade d'où l'orateur s'adresse à une assemblée. *Tribune aux harangues,* sur le forum. V. **Rostre**(s). — *Mod.* (Dans une assemblée politique, au Parlement) *Orateur qui monte à une tribune. La tribune de la Chambre.* — *Par ext.* L'éloquence parlementaire, politique ; l'art des débats publics. « *Ce grand concile des intelligences où se débattent de la presse à la tribune tous les intérêts généraux de la civilisation* » (HUGO). ♦ 3° *Fig.* Lieu d'où l'on s'exprime (par des discours, et *par ext.* par tout autre moyen). « *L'éloquence n'a plus de tribune, mais la chaire en est une encore pour cette morale sublime...* » (MARMONTEL). ◇ (XXᵉ) Manifestation orale ou écrite par laquelle qqn s'adresse au public. *Tribune libre d'un journal. Tribune des critiques,* à la radio, à la télévision. *Organiser une tribune sur un sujet d'actualité.* — Titre de certaines publications.

TRIBUNITIEN, IENNE [tʀibynisjɛ̃, jɛn]. *adj.* (XIVᵉ ; lat. *tribunicius.* *Antiq.* Du tribun, du tribunat. *Le pouvoir tribunitien.* — *Didact.* Du tribun, de l'orateur populaire. « *Lamartine, pendant ses trois mois de dictature oratoire et tribunitienne* » (HENRIOT).

TRIBUT [tʀiby]. *n. m.* (1463 ; *trebu*, XIVᵉ ; *tribut*, en prov., mil. XIIᵉ ; lat. *tributum*, proprem. « impôt perçu par tribu »). ♦ 1° Contribution forcée, imposée au vaincu par le vainqueur, ou payée par un État à un autre, en signe de dépendance, de soumission. *Payer tribut à l'envahisseur.* « *Minos exigea des Athéniens... un tribut annuel de sept garçons et de sept filles que dévorait le Minotaure* » (HENRIOT). ♦ 2° Contribution payée à un supérieur (Seigneur féodal, État). V. **Imposition, impôt.** « *Il n'est plus question, en notre temps, de lever tribut sur les populations sans leur rendre en services publics l'équivalent de ce qu'elles paient* » (ALAIN). *Le tribut de l'impôt et du sang.* V. **Obligation.** — Somme des impositions destinées à un même usage. ♦ 3° (1662). *Fig.* et *littér.* Ce qu'on est obligé d'accorder, de supporter (pour des raisons morales). V. **Hommage.** « *Pour recueillir... le tribut d'étonnement que lui devaient des provinciaux* » (BALZ.). — *Payer tribut à la nature :* mourir. ⊗ HOM. **Tribu.**

TRIBUTAIRE [tʀibytɛʀ]. *adj.* (XIIᵉ ; lat. *tributarius*). ♦ 1° *Vx* ou *Hist.* Qui paye tribut à un seigneur, à un souverain, à un État. *Fiefs tributaires d'un suzerain.* — *Par ext.* Assujetti à (un pouvoir). V. **Dépendant, soumis.** « *Rendez de mon pouvoir Athènes tributaire* » (RAC.). ♦ 2° *Fig.* et *vx.* Qui rend un tribut (3°), un hommage. — *Subst.* Sujet. « *Chez nous cette déesse* (la discorde) *a plus d'un tributaire* » (LA FONT.). ♦ 3° *Mod.* Qui dépend (d'un autre pays). *L'Europe est tributaire des pays tropicaux pour un certain nombre de denrées.* ♦ 4° *Géogr.* (XVIIIᵉ). Qui se jette dans un cours d'eau plus important. V. **Affluent.** « *Mille autres fleuves tributaires du Meschacebé* (Mississippi) » (CHATEAUB.).

TRIC. V. **Trick.**

TRICENNAL, ALE, AUX [tʀisɛnnal, o]. *adj.* (1842 ; *tricennales,* n. f., 1740 ; bas lat. *tricennalis*). *Didact.* Qui couvre trente ans, porte sur trente ans.

TRICENTENAIRE [tʀisɑ̃tnɛʀ]. *n. m.* et *adj.* (v. 1950 ; de *tri-.* et *centenaire*). ♦ 1° *N. m.* Troisième centenaire. *Fêter le tricentenaire d'un grand écrivain.* ♦ 2° *Adj.* (*Rare*). Qui a trois cents ans. *Bâtiment tricentenaire.*

TRICÉPHALE [tʀisefal]. *adj.* (1808 ; gr. *trikephalos ;* Cf. -*Céphale*). *Didact.* Qui a trois têtes. *Cerbère, monstre tricéphale.*

TRICEPS [tʀisɛps]. *adj.* et *n. m.* (1560 ; lat. *triceps* « à trois têtes, triple »). *Anat.* Se dit d'un muscle constitué à l'une de ses extrémités par trois portions distinctes s'insérant à des points osseux différents. *Muscle triceps brachial, crural.* *Subst.* *Le triceps brachial.*

TRICÉRATOPS [tʀiseʀatɔps]. *n. m.* (1891 ; de *tri-.* et gr. *kéras, keratos* « corne » et *ôps* « face »). *Paléont.* Grand reptile fossile de l'ordre des *Dinosauriens,* à tête munie de trois cornes.

TRICH-, TRICHO-. Premier élément, du gr. *thrix, trikhos* « poil, cheveu ».

TRICHE [tʀiʃ]. *n. f.* (1660 ; « tromperie », v. 1180 ; de *tricher*). *Fam.* Tromperie au jeu ; action de tricher. *C'est de la triche* (Cf. Ce n'est pas de jeu [II, 1°]).

TRICHER [tʀiʃe]. *v. intr.* (fin XIIᵉ ; var. *trichier, trechier,* en a. fr. ; lat. pop. °*triccare,* bas lat. *tricare,* class. *tricari* « chicaner »). ♦ 1° *Vx.* Tromper. ◇ *Mod.* (XVIIᵉ) Enfreindre les règles d'un jeu en vue de gagner. *Tricher au jeu, aux cartes.* « *Si on ne peut plus tricher avec ses amis, ce n'est plus la peine de jouer aux cartes* » (PAGNOL). ♦ 2° Enfreindre une règle, un usage en affectant de les respecter. *Tricher aux examens* (en copiant, etc.). *Tricher sur les prix, la qualité, le poids.* V. **Frauder.** ♦ 3° Se conduire avec mauvaise foi, trahir ce que l'on affecte de servir, de respecter. « *Il ne joue pas le jeu* » disent les Anglais d'un homme qui triche en amour, *en affaires, en politique* » (MAUROIS). ♦ 4° (1835). Dissimuler un manque, un défaut dans la confection d'un ouvrage matériel. *Il a fallu tricher pour allonger cette robe.*

TRICHERIE [tʀiʃʀi]. *n. f.* (1120, « mensonge »; de *tricher*). ♦ 1° *Vx.* Mensonge. ◇ *Mod.* (1690) Tromperie au jeu. V. **Triche.** *Gagner par tricherie.* ♦ 2° Tromperie ou mauvaise foi de celui qui triche (2° ou 3°). V. **Filouterie, friponnerie.** « *L'envie... de se distinguer du commun de ses semblables n'est le plus souvent qu'une tricherie commise envers la société* » (FROMENTIN). ♦ 3° Le fait de dissimuler un défaut ou de produire une illusion. « *J'ai toujours eu le plus grand mal à maquiller la vérité. Même changer la couleur des cheveux me paraît une tricherie* » (GIDE).

TRICHEUR, EUSE [tʀiʃœʀ, øz]. *n.* (XIIᵉ; de *tricher*). ♦ 1° *Vx.* Trompeur. ◇ *Mod.* (1694) Personne qui triche au jeu. *Tricheur professionnel.* V. **Filou, maquilleur** (de cartes). ♦ 2° Personne qui triche (2° ou 3°).

TRICHIASIS [tʀikjazis]. *n. m.* (1765; *trichiase*, 1611; mot bas lat., gr. *trikhiasis*). *Méd.* Déviation des cils vers le globe oculaire, pouvant provoquer une irritation de la conjonctive et de la cornée. « *Il* (le poêle) *laisse échapper des bouffées de fumée à vous donner la* (sic) *trichiasis* » (HUGO).

TRICHINE [tʀikin]. *n. f.* (1845; lat. mod. *trichina*, du gr. *trikhinos* « de poils »). *Didact.* Ver filiforme *(Nématodes)* à peine visible à l'œil nu, dont la forme adulte est parasite de l'intestin grêle de divers animaux (porcs, rongeurs) et la forme larvaire s'enkyste dans les muscles (V. **Trichinose**).

TRICHINÉ, ÉE [tʀikine]. *adj.* (1866; de *trichine*). *Méd.* Qui est envahi de trichines. *Muscle trichiné.*

TRICHINEUX, EUSE [tʀikinø, øz]. *adj.* (1872; de *trichine*). *Didact.* Relatif à la trichine *(Syn.* TRICHINAL, ALE, AUX [tʀikinal, o]).

TRICHINOSE [tʀikinoz]. *n. f.* (1864; de *trichine*). *Méd.* Maladie provoquée par les larves de trichines* introduites dans l'organisme (par consommation de viande de porc infestée et mal cuite) et disséminées dans le tissu musculaire.

TRICHITE [tʀikit]. *n. f.* (1765; du gr. *trikhitis* « chevelu »). *Minér.* Groupe de cristaux dont l'assemblage ressemble à des paquets de fils.

TRICHLORACÉTIQUE [tʀiklɔʀasetik]. *adj.* (XXᵉ; de *tri-, -chlore*, et *acétique*). *Chim.* Se dit d'un acide organique (CCl₃CO₂H) dérivant de l'acide acétique par remplacement de 3 atomes d'hydrogène par 3 atomes de chlore.

TRICHLORÉTHYLÈNE [tʀiklɔʀetilɛn]. *n. m.* (XXᵉ; de *tri-, -chlore*, et *éthylène*). *Chim.* Produit de substitution chloré de l'éthylène, utilisé pour la dissolution des corps gras.

TRICHO-. V. TRICH-.

TRICHOCÉPHALE [tʀikɔsefal]. *n. m.* (1819; de *tricho-*, et *-céphale*). *Zool.* Ver parasite *(Nématodes)*, à extrémité céphalique très fine, qui vit dans l'intestin de l'homme et de certains animaux et pouvant provoquer divers troubles, surtout digestifs *(trichocéphalose)*.

TRICHOLOME [tʀikɔlɔm]. *n. m.* (1846; de *tricho-*, et gr. *lôma* « frange »). *Bot.* Champignon de la famille des Agaricinées, assez gros et charnu, à lamelles échancrées.

TRICHOMA [tʀikɔma] ou **TRICHOME** [tʀikom]. *n. m.* (1808; gr. *trikhôma* « touffe de poils »). *Méd.* Syn. de **Plique***.

TRICHOMONAS [tʀikɔmɔnas]. *n. m.* (1837; de *tricho-*, et gr. *monas* « unité »). *Zool.* Protozoaire à plusieurs flagelles et à membrane ondulante comme, parasite de l'homme et de certains animaux.

TRICHOPHYTON [tʀikɔfitɔ̃]. *n. m.* (1855; lat. sav., du gr. *; Cf. Tricho-*, et *-phyte)*. *Bot.* Champignon ascomycète, parasite qui prend naissance et se développe dans les cheveux, sur la peau, les ongles, produisant une sorte de teigne (TRICHOPHYTIE [tʀikɔfiti]).

TRICHROME [tʀikʀom]. *adj.* (1902; gr. *trikhrômos*; Cf. *-Chrome)*. *Techn.* Relatif au procédé photographique appelé *trichromie.*

TRICHROMIE [tʀikʀɔmi]. *n. f.* (1898; de *trichrome)*. *Techn.* Procédé photographique basé sur la séparation des couleurs fondamentales : bleu, rouge, jaune. *Applications de la trichromie : typographie, offset, phototypie, héliogravure.* V. **Gravure.**

TRICK ou **TRIC** [tʀik]. *n. m.* (1772; mot angl., proprem. « ruse, stratagème », du norm. *trikier* [V. Tricher]). *Jeu.* Au whist, au bridge, La septième levée, qui est la première (après le « devoir ») à compter un point. ◇ HOM. **Trique.**

TRICLINIQUE [tʀiklinik]. *adj.* (1872; de *tri-*, et gr. *klinein* « pencher »). *Sc.* Se dit de l'un des systèmes cristallins, dont le seul élément de symétrie est le centre.

TRICLINIUM [tʀiklinjɔm]. *n. m.* (1765; mot lat. d'o. gr., proprem. « lit de table pour trois »). *Antiq. rom.* Salle à manger à lits en pente, autour d'une table ronde ou carrée.

TRICOISES [tʀikwaz]. *n. f. pl.* (XIVᵉ; altér. de *turcoise*, anc. fém. de *turc*, proprem. « [tenailles] turques »). *Techn.* Tenailles utilisées pour le travail du bois et par le maréchalferrant.

TRICOLORE [tʀikɔlɔʀ]. *adj.* (1789; *tricolor*, 1695; lat.

tricolor). ♦ 1° *Rare.* Qui est de trois couleurs. ♦ 2° *Cour.* Des trois couleurs adoptées pour le drapeau français en 1789 : le bleu, le blanc et le rouge, ou pour un drapeau analogue (belge, italien, etc.). « *Le drapeau tricolore a fait le tour du monde avec le nom, la gloire et la liberté de la Patrie* » (LAMART.). *La cocarde tricolore.* — Subst. *Il s'était orné de tricolore.* ♦ 3° (En style journalistique). Français. *L'équipe tricolore.* Subst. *Victoire des tricolores.*

TRICORNE [tʀikɔʀn(ə)]. *adj.* et *n. m.* (1836; lat. *tricornis)*. ♦ 1° *Adj.* *Vx.* Qui a trois cornes. *Un chapeau tricorne.* ♦ 2° *N. m.* *Mod.* Chapeau porté du XVIIᵉ au XIXᵉ s., originairement à trois cornes formées par ses bords plus ou moins larges. « *Le fameux tricorne municipal, qui dans quelques provinces se retrouve encore sur la tête du tambour de la ville* » (BALZ.).

TRICOT [tʀiko]. *n. m.* (1666; « aiguille à tricoter », 1660; de *tricoter)*. ♦ 1° Tissu formé d'une matière textile disposée en mailles et confectionné avec des aiguilles. *Tricot plat* (à deux aiguilles, avec endroit et envers). *Tricot rond* (à trois ou quatre aiguilles). *Industrie du tricot.* V. **Bonneterie.** *Vêtements en tricot.* « *Un gros gilet de tricot* » (GONCOURT). *Un maillot en tricot de soie.* ♦ 2° (av. 1713). Action de tricoter; ouvrage d'une personne qui tricote. *Faire du tricot. Points de tricot :* point de jersey, point mousse. *Tricot jacquard*.* « *Ces femmes, qui ont toujours un tricot entre les doigts, ne cessent de remuer sans trêve les aiguilles* » (R. ROLLAND). ♦ 3° (1886). Objet, vêtement tricoté. V. **Chandail, gilet, pull-over, sweater.** *Un tricot qui bouloche*. *Un tricot de peau, de corps.* V. **Maillot.** « *Il m'a demandé si je portais un tricot, un bon tricot bien chaud* » (GREEN).

TRICOTAGE [tʀikɔtaʒ]. *n. m.* (1680; de *tricoter)*. Action, manière de tricoter. *Le tricotage des bas. Tricotage de la laine à la machine.*

TRICOTÉ, ÉE [tʀikɔte]. *adj.* (XVIIIᵉ; V. **Tricoter**). Fait de tricot. *Laine tricotée. Une devanture où « s'entassaient... des vêtements tricotés en laines pâles* » (GREEN).

TRICOTER [tʀikɔte]. *v. tr.* (1560; « battre », XVᵉ; de *tricote* [1457]; *triquot* [1413] « bâton »; frq. °*strikan* « caresser, frotter ». V. **Trique**).

I. Exécuter au tricot. *Tricoter un vêtement, de la layette.* « *Grand'mère tricotait des bas... Elle tricotait tout le long du jour, à la manière d'un insecte* » (GIDE). — Par ext. *Tricoter une maille*, faire passer le fil dans cette maille en la changeant d'aiguille, afin de former une maille au-dessus de la première. ◇ *Intrans.* Exécuter à la main, avec des aiguilles, ou au métier, un tissu à mailles (V. **Tricot**), avec de la laine, du coton, de la soie... *Apprendre à tricoter. Tricoter serré, lâche. Aiguille* à tricoter. *Machine, métier à tricoter. Laine à tricoter.*

II. *Fig.* ♦ 1° (XVᵉ). *Intrans.* (Pop.). Tricoter (*des jambes)* : *vx*, Danser, gigoter; *mod.* S'enfuir. — (1899) Pédaler. ♦ 2° *Trans.* (1790; reprise de l'anc. emploi). Pop. et vieilli. *Tricoter les côtes à qqn*, le rosser.

TRICOTETS [tʀikɔtɛ]. *n. m. pl.* (1637; de *tricoter*, II). *Hist. mus.* Danse ancienne, gaie et rapide. Musique sur laquelle on exécutait cette danse. *Les tricotets de Rameau, de Couperin.*

TRICOTEUR, EUSE [tʀikɔtœʀ, øz]. *n.* (*Triquoteuse,* 1585; de *tricoter)*. ♦ 1° Personne qui tricote. *Tricoteuse au crochet. Tricoteur de filets.* Spécial. *Les tricoteuses :* pendant la Révolution, Les femmes qui assistaient en tricotant aux délibérations de la Convention. ♦ 2° *N. f.* TRICOTEUSE (1845) : machine, métier à tricoter. ♦ (1884) Table à ouvrage munie de rebords qui empêchent la pelote de glisser.

TRICOUNI [tʀikuni]. *n. m.* (1941; marque déposée). Clou à pointes, antidérapant, utilisé pour les semelles des chaussures d'alpinisme.

TRICOURANT [tʀikuʀɑ̃]. *adj. invar.* (mil. XXᵉ; de *tri-*, et *courant)*. Capable de fonctionner avec trois types de courant électrique. *Locomotives tricourant.*

TRICTRAC [tʀiktʀak]. *n. m.* (XVᵉ; onomat., d'abord « bruit de choses heurtées »). Jeu de dés, où l'on fait avancer des pions (dames) sur un tablier à deux compartiments (ou jans) comportant chacun six cases triangulaires (ou flèches). V. **Jacquet.** — Par ext. *Faire un trictrac*, une partie à ce jeu. ◇ *Damier sur lequel on y joue.* « *Sur ces commodes, des marchandises...; deux trictracs* » (DIDER.).

TRICUSPIDE [tʀikyspid]. *adj.* (1654; lat. *tricuspis, -idis* « à trois pointes »). *Sc. nat.* Qui présente trois pointes. *Valvule tricuspide :* la valvule qui fait communiquer l'oreillette et le ventricule droits.

TRICYCLE [tʀisikl(ə)]. *n. m.* (1890; « voiture publique à trois roues », 1834; de *tri-*, et *cycle)*. Cycle à trois roues. *Tricycle de livreur.* V. **Triporteur.** ◇ *Adj.* (XXᵉ) *Train d'atterrissage tricycle.*

TRIDACNE [tʀidakn(ə)]. *n. m.* (*Tridacnis*, 1839; lat. d'o. gr. *tridacna*, proprem. « à mordre trois fois »). *Zool.* Mollusque lamellibranche dont les valves égales portent des ondulations rayonnantes formées de lamelles imbriquées. **Tridacne géant.** V. **Bénitier.**

TRIDACTYLE [tʀidaktil]. *adj.* (1803; gr. *tridaktulos;* Cf. *Tri-,* et *-dactyle*). *Didact.* Qui a trois doigts.

TRIDENT [tʀidɑ̃]. *n. m.* (XIIIᵉ; lat. *tridens,* proprem. « à trois dents »). ♦ 1° Fourche à trois dents, à trois pointes (attribut traditionnel de Neptune, dieu de la mer). « *Le trident de Neptune est le sceptre du monde* » (LEMIERRE) : la puissance maritime. ♦ 2° (1611). Tout instrument à trois dents. — *Spécialt.* (1757) Engin de pêche, harpon à trois pointes. ♦ 3° Instrument agricole, bêche ou fourche à trois pointes.

TRIDENTÉ, ÉE [tʀidɑ̃te]. *adj.* (1803; de *tri-,* et *dent*). *Sc. nat.* Qui présente trois dents (II). *Feuille tridentée et tricuspide.*

TRIDI [tʀidi]. *n. m.* (1793; de *tri-,* et lat. *dies* « jour »). *Hist.* Troisième jour de la décade, dans le calendrier républicain.

TRIDIMENSIONNEL, ELLE [tʀidimɑ̃sjɔnɛl]. *adj.* (1957; angl. *tridimensional,* 1875; Cf. *Tri-,* et *dimension*). Qui a trois dimensions *(espace tridimensionnel)* ; qui se développe dans un espace à trois dimensions *(figure tridimensionnelle).*

TRIÈDRE [tʀi(j)edʀ(ə)]. *adj.* et *n. m.* (1793; de *tri-,* et *-èdre*). *Géom.* Qui a trois faces planes. *Pyramide, prisme trièdre.* — *Angle trièdre,* et *n. m. Un trièdre,* figure formée par trois plans qui se coupent deux à deux ou par trois demi-droites, de même origine, non coplanaires. *Sommet, arêtes, faces d'un trièdre. Trièdre trirectangle*.*

TRIENNAL, ALE, AUX [tʀi(j)ɛ(n)nal, o]. *adj.* (1352; lat. *triennalis*). ♦ 1° Qui a lieu tous les trois ans. *Prix triennal. Nomination triennale.* — (1872) *Assolement triennal* : à alternance de trois cultures (ou de deux cultures et une année de jachère), sur une même sole (3). « *Il avait dû adopter... l'assolement triennal, sans jachères* » (ZOLA). ♦ 2° (1549). Qui dure trois ans. *Charge, fonction triennale; plan triennal.* ◊ (1594) Élu, nommé pour trois ans. *Supérieur triennal* (d'un couvent).

TRIER [tʀije]. *v. tr.* (1170; probabl. bas lat. *tritare* « broyer », du class. *terere*). ♦ 1° Choisir parmi d'autres; extraire d'un plus grand nombre, après examen. *Trier des semences une à une.* — *Trier sur le volet*.* Fig. « *On restreint le nombre des nouveaux arrivants, on les trie sur le volet* » (DUHAM.). ♦ 2° Séparer, dans un ensemble (un certain nombre de choses homogènes) d'avec ce qui était mêlé. V. **Démêler.** « *Les cribles qui triaient le grain,... ne laissant que le rebut* » (MICHELET). *Trier des lentilles,* éliminer les grains non comestibles, les matières étrangères. V. **Nettoyer; émonder.** *Trier les laines.* — *Par anal.* Secrétaire chargé de trier les *missives.* V. **Calibrer.** ♦ 3° Répartir (un ensemble de choses) en plusieurs groupes sans rien éliminer. V. **Arranger, classer.** « *Tout en parlant, Jallez rangeait ses papiers, les triait* » (ROMAINS). *Trier les fruits selon leur grosseur.* V. **Triage.** *Trier les wagons* (V. **Triage**). *Trier les lettres.* ⊗ ANT. **Mélanger, mêler.** — HOM. **Triller.**

TRIÉRARQUE [tʀi(j)eʀaʀk(ə)]. *n. m.* (*Trierarche,* 1370; lat. d'o. gr. *trierarchus;* Cf. *Trière,* et *-arque*). *Didact.* (*Hist.*). Commandant d'une trière; chef de son équipage. — Citoyen athénien tenu d'armer et d'équiper une trière à ses frais.

TRIÈRE [tʀi(j)eʀ]. *n. f.* (1872; *trierie,* 1370; lat. *trieris;* gr. *triērēs*). *Didact.* (*Hist.*). Navire grec à trois rangs de rames. V. **Galère, trirème.** ⊗ HOM. **Triaire.**

TRIEUR, TRIEUSE [tʀijœʀ, øz]. *n.* (v. 1550; de *trier*). ♦ 1° Personne qui trie. *Spécialt.* Ouvrier chargé d'une opération de triage, d'un tri. *Trieur de minerai. Trieur de légumes, dans une conserverie.* ♦ 2° *N. m.* (1857; adj., *van trieur,* 1615). Appareil servant au triage. *Trieur de graines.* V. **Décuscuteuse.** — *Trieuse* (1° ou 2°).

TRIEUSE [tʀijøz]. *n. f.* (1845; de *trier*). ♦ 1° Machine à trier, à éplucher les laines. ♦ 2° (1875). *Métall.* Machine servant à séparer des scories les fragments de coke utilisables, à classer par grosseur des morceaux. V. **Crible.** ♦ 3° (1953). Machine mécanographique capable de classer rapidement des cartes perforées.

TRIFIDE [tʀifid]. *adj.* (1783; lat. *trifidus,* rad. *findere.* V. **Fendre**). *Sc. nat.* Partagé en trois divisions par des fentes profondes (environ la moitié de la longueur totale). *Organe trifide.*

TRIFOLIOLÉ, ÉE [tʀifɔljɔle]. *adj.* (1872; de *tri-,* et *foliole*). *Bot.* Dont le pétiole se termine par trois folioles.

TRIFORIUM [tʀifɔʀjɔm]. *n. m.* (1831; mot angl., 1703; empr. lat. médiév.; de l'a. fr. *trifoire* « ouvrage ciselé », du lat. *transforare* « percer à jour »). *Archit.* Ouverture par laquelle la galerie ménagée au-dessus des bas-côtés d'une église s'ouvre sur l'intérieur; cette galerie. *Le triforium remplace les anciennes tribunes.*

TRIFOUILLER [tʀifuje]. *v.* (1808; crois. pop. de *fouiller,* et *tri-,* de *tripoter;* Cf. Tripatouiller). ♦ 1° *V. tr. Fam.* Mettre en désordre, en remuant; remuer d'une manière incohé-rente. V. **Tripoter.** *Trifouiller des papiers.* « *Quelques nègres incohérents qui trifouillaient les cendres du bout de leur lance* » (CÉLINE). ♦ 2° *V. intr.* Farfouiller. « *On cherche, on fouille, l'on trifouille* » (VERLAINE). *Ne viens pas trifouiller dans mes affaires!*

TRIGÉMELLAIRE [tʀiʒeme(ɛl)lɛʀ]. *adj.* (1875; de *tri-,* et *gémellaire*). *Méd. Grossesse trigémellaire,* où se forment trois embryons (V. **Triplé[s]**).

TRIGÉMINÉ, ÉE [tʀiʒemine]. *adj.* (1846; de *tri-,* et *géminé*). ♦ 1° *Minér.* Qui présente trois couples de formes cristallines (six groupées deux à deux). ♦ 2° *Méd. Pouls trigéminé,* caractérisé par la succession de trois pulsations suivies d'une pause.

TRIGLE [tʀigl(ə)]. *n. m.* (1791; *treille,* 1507; gr. *trigla* « rouget »). *Zool.* Grondin ou rouget.

TRIGLYPHE [tʀiglif]. *n. m.* (1545; lat. d'o. gr. *triglyphus.* V. **Glyphe**). *Archit.* Ornement de la frise dorique, composé de deux glyphes et de deux demi-glyphes (sur les bords), qui alterne avec les métopes*.

TRIGONE [tʀigɔn]. *adj.* et *n. m.* (1534; « triangle », XIVᵉ; lat. d'o. gr. *trigonus;* Cf. *-Gone* 1). ♦ 1° *Adj.* (*Rare*). Triangulaire. ♦ 2° *N. m.* (1836). *Anat.* Nom de divers espaces ou régions triangulaires. V. **Triangle.** *Trigones fibreux* (du cœur). *Trigone cérébral* : lame triangulaire de substance blanche, située entre les deux hémisphères cérébraux au-dessous du corps calleux*.

TRIGONELLE [tʀigɔnɛl]. *n. f.* (1765; lat. bot. *trigonella,* de *trigonus.* V. **Trigone**). *Bot.* Plante dicotylédone (*Papilionacées*) herbacée, annuelle ou vivace, dont les variétés les plus connues sont le *fenugrec* et le *mélilot bleu.*

TRIGONOCÉPHALE [tʀigɔnɔsefal]. *n. m.* (1839; lat. zool. *trigonocephalus;* Cf. *Trigone,* et *-céphale*). *Zool.* Reptile ophidien (*Solénoglyphes*), grand serpent venimeux à tête triangulaire, voisin des crotales. *Trigonocéphales d'Amérique, d'Asie.*

TRIGONOMÉTRIE [tʀigɔnɔmetʀi]. *n. f.* (1613; lat. sc. *trigonometria,* 1595; Cf. *Trigone,* et *-métrie*). ♦ 1° *Sc.* Branche des mathématiques dont le principal objet est l'application du calcul à la détermination des éléments des triangles, au moyen des fonctions circulaires ou lignes trigonométriques (V. **Sinus et cosinus; tangente et cotangente; sécante et cosécante**). ♦ 2° *Par ext.* (*Cour.*). Étude des fonctions circulaires et de leurs propriétés. *Trigonométrie rectiligne; sphérique. Application de la trigonométrie à la géodésie* (V. **Triangulation**). — *Étudier la trigonométrie* (arg. scol. *trigo*).

TRIGONOMÉTRIQUE [tʀigɔnɔmetʀik]. *adj.* (1719; de *trigonométrie*). *Sc.* Qui concerne la trigonométrie; qui est utilisé en trigonométrie. *Lignes trigonométriques :* les fonctions circulaires définies par leur projection sur un axe. *Calculs, tables trigonométriques. Équations, rapports trigonométriques.*

TRIGONOMÉTRIQUEMENT [tʀigɔnɔmetʀikmɑ̃]. *adv.* (1762; de *trigonométrique*). *Sc.* Par la trigonométrie.

TRIJUMEAU [tʀiʒymo]. *adj.* et *n. m.* (1765; de *tri-* et *jumeau*). *Anat. Nerf trijumeau,* et *n. m. Le trijumeau* : cinquième nerf crânien qui innerve la peau de la figure, la langue, les dents et se divise en trois branches, nerf ophtalmique, nerfs maxillaires supérieur et inférieur. *Névralgies du trijumeau.*

TRILATÉRAL, ALE, AUX [tʀilateʀal, o]. *adj.* (1721; var. *trilatère,* 1765; du bas lat. *trilaterus;* Cf. *Tri-,* et *-latère*). *Vx.* Qui a trois côtés.

TRILINGUE [tʀilɛ̃g]. *adj.* (1535; lat. *trilinguis,* de *tri-,* et *lingua* « langue »). *Didact.* ♦ 1° Qui est en trois langues. *Inscription trilingue.* ♦ 2° Qui sait trois langues. *De nombreux Suisses sont trilingues.*

TRILIT(T)ÈRE [tʀiliteʀ]. *adj.* (1845; de *tri-,* et lat. *littera* « lettre »). *Ling.* Qui comporte trois consonnes servant de support aux éléments vocaliques. *Racines trilitères des langues sémitiques* (arabe, hébreu). *Mot trilittère.* — *Par ext. Langue trilitère,* à racines trilitères.

TRILLE [tʀij]. *n. m.* (1753; it. *trillo,* onomat.). Battement rapide et ininterrompu sur deux notes voisines. *Trilles de flûte, sur la flûte.* « *Le trille rauque... que jette, dès février, un gosier d'oiseau* » (COLETTE).

TRILLER [tʀije]. *v.* (1836; de *trille*). *Littér.* ♦ 1° *V. tr.* Orner de trilles. « *Un oiseau qui part trillant son motet* » (VERLAINE). ♦ 2° *V. intr.* Faire un trille. « *La sonnette trille* » (COLETTE). ⊗ HOM. **Trier.**

TRILLION [tʀiljɔ̃]. *n. m.* (1484; de *tri-,* sur le modèle de *million*). *Ancienn.* Mille milliards (soit 10^{12}). — (Depuis 1948) Un milliard de milliards (soit 10^{18}).

TRILOBÉ, ÉE [tʀilɔbe]. *adj.* (1783; de *tri-,* et *lobe*). *Sc. nat.* Qui a trois lobes. *Feuille trilobée.* ◊ *Archit.* (1838) En forme de trèfle, à trois lobes. V. **Tréflé.** « *Le style flamboyant et les ogives trilobées* » (STENDHAL).

TRILOBITES [tʀilɔbit]. *n. m. pl.* (1812; lat. mod. *trilobites* [1771]; Cf. *Trilobé*). *Zool.* Crustacés fossiles de l'époque primaire, dont le tégument dorsal est divisé en trois lobes. — Sing. *Un trilobite.*

TRILOCULAIRE [trilɔkylɛʀ]. *adj.* (1797; de *tri-*, et lat. *loculus* « loge »). *Didact.* Divisé en trois loges. *Ovaire triloculaire, cœur triloculaire.*

TRILOGIE [trilɔʒi]. *n. f.* (1765; gr. *trilogia*). ♦ 1° *Antiq. gr.* Ensemble de trois tragédies sur un même thème. *L'Orestie d'Eschyle* (Agamemnon; les Choéphores; les Euménides), *seule trilogie qui nous soit parvenue complète.* ♦ 2° Groupe de trois pièces de théâtre, et *par ext.* de trois œuvres dont les sujets se font suite. *La trilogie de Beaumarchais* (Barbier de Séville; Mariage de Figaro; Mère coupable). *La trilogie de Vallès* (L'Enfant; le Bachelier; l'Insurgé). ◇ Par ext. « *Analyste, programmeur, opérateur, voilà la trilogie nouvelle des serviteurs des nouvelles machines* » (*Le Monde*, 5-2-1966).

TRIMARAN [trimaʀɑ̃]. *n. m.* (v. 1960; de *tri-*, et d'apr. *catamaran*). *Mar.* Bateau formé d'une coque centrale flanquée de deux petites coques parallèles réunies transversalement par une armature rigide.

TRIMARD [trimaʀ]. *n. m.* (1566; probabl. du rad. de *trimer*). *Arg.* ou *pop.* (*Vieilli*). Route, chemin. « *Il reprit le trimard et, sur le coup de six heures, il était arrivé à la place d'Italie* » (QUENEAU).

TRIMARDER [trimaʀde]. *v.* (1628; de *trimard*). *Pop.* ♦ 1° *V. intr.* Cheminer, vagabonder sur les routes. ♦ 2° *V. tr.* Transporter, trimballer. « *C'étaient les mères, qui venaient trimarder elles aussi les sacs de palmistes* » (CÉLINE).

TRIMARDEUR [trimaʀdœʀ]. *n. m.* (1894; « voleur de grand-route », 1712; de *trimarder*). *Pop.* Nomade, vagabond. « *Un trimardeur, un de ceux dont l'aspect farouche met le remords au cœur des uns, la peur aux tripes des autres* » (Fr. JOURDAIN).

TRIMBA(L)LAGE [tʀɛ̃balaʒ] ou **TRIMBAL(L)EMENT** [tʀɛ̃balmɑ̃]. *n. m.* (1836,-1845; de *trimballer*). *Fam.* Le fait de trimbaler (qqch. ou qqn); transport difficile ou pénible. « *L'hébétement des bestiaux à la fin d'un long trimballement en chemin de fer* » (GONCOURT). « *Ils en avaient souvent pour deux ou trois jours de trimballage* » (MART. du G.).

TRIMBA(L)LER [tʀɛ̃bale]. *v. tr.* (1790; altér. de *tribaler*, 1532; probabl. var., d'apr. *baller*, de l'a. fr. *triboler* « agiter, tourmenter »; lat. *tribulare*. V. **Tribulation**). *Fam.* Mener, porter partout avec soi (souvent avec l'idée de peine, de difficulté). V. **Traîner**, **transporter**. « *Cette cage en osier, là, tenez je l'ai trimballée des îles Canaries* » (SARRAUTE). « *Il fallait trimballer Mᵐᵉ Beurdeley dans les thés, danser avec elle* » (ARAGON). — Pronom. « *Se trimballer en voiture* » (ZOLA). ◇ Pop. (1937) *Qu'est-ce qu'il trimballe!* comme il est bête! (Cf. Qu'est-ce qu'il tient comme couche*).

TRIMER [tʀime]. *v. intr.* (1754; « cheminer », 1619; p.-ê. altér. de l'a. fr. *trumer* « courir » [XIVᵉ], de *trumel* « mollet ». V. **Trumeau**). Travailler avec effort, à une besogne pénible. V. **Besogner**, **peiner**. « *Quand on a trimé toute une vie, pensez qu'à treize ans j'étais déjà en atelier...* » (AYMÉ). *Trimer comme un nègre.*

TRIMÈRE [tʀimɛʀ]. *adj.* (1839; de *tri-*, et du gr. *mêros* « partie »). ♦ 1° *Biol., bot.* Formé de trois parties semblables. *Coléoptères trimères, plantes trimères.* ♦ 2° *N. m. Chim.* Polymère* dont la masse moléculaire est le triple de celle du monomère. *Le benzène, trimère de l'acétylène.*

TRIMESTRE [tʀimɛstʀ(ə)]. *n. m.* (1718; *adj.*, « trimestriel », 1564; lat. *trimestris*, rad. *mensis* « mois »). ♦ 1° Durée de trois mois. *Le premier..., le quatrième trimestre de l'année.* ◇ *Spécialt.* Division de l'année scolaire (en France). *Premier trimestre*, de la rentrée scolaire aux vacances de Noël. *Second trimestre*, de Noël à Pâques. *Troisième trimestre*, jusqu'aux grandes vacances. « *Je mesure combien m'avait pesé l'austérité des deux premiers trimestres* » (BEAUVOIR). ♦ 2° *Par ext.* Somme payée ou allouée tous les trois mois. V. **Quartier**. *Toucher son trimestre.* « *Voilà le dernier trimestre de votre rente* » (ZOLA).

TRIMESTRIEL, IELLE [tʀimɛstʀijɛl]. *adj.* (1831; de *trimestre*). ♦ 1° Qui dure trois mois. *Fonction, charge trimestrielle.* ♦ 2° Qui a lieu, qui paraît tous les trois mois. *Revue, publication trimestrielle. Examen, bulletin trimestriel.*

TRIMESTRIELLEMENT [tʀimɛstʀijɛlmɑ̃]. *adv.* (1845; de *trimestriel*). Une fois par trimestre; tous les trois mois.

TRIMÈTRE [tʀimɛtʀ(ə)]. *n. m.* (1701; lat. d'o. gr. *trimetrus*. V. **Mètre**, I). *Prosod. anc.* Vers composé de trois mètres. *Trimètre iambique*, vers des parties parlées de la tragédie grecque. ◇ *Par anal.* Nom donné parfois à l'alexandrin ternaire.

TRIMMER [tʀimœʀ]. *n. m.* (1877; mot angl., de *to trim* « équiper, arrimer »). *Pêche* (*Anglicisme*). Engin formé d'un flotteur circulaire sur lequel est enroulé le fil (le poisson qui a pris l'hameçon déroule le fil).

TRIMOTEUR [tʀimɔtœʀ]. *n. m.* (1931; de *tri-*, et *moteur*). Avion à trois moteurs.

TRIN, TRINE [tʀɛ̃, tʀin]. *adj.* (XIIIᵉ; lat. *trinus* « triple ». V. **Tri-**). ♦ 1° *Relig.* (V. **Trinité**). Divisé en trois. ♦ 2° *Astrol.*

Trin, trine aspect, aspect de deux planètes séparées d'un tiers de cercle. ◇ HOM. *Train*.

TRINERVÉ, ÉE [tʀinɛʀve]. *adj.* (1799; de *tri-*, et rad. de *nervure*). *Bot.* Qui présente trois nervures. *Feuilles trinervées.*

TRINGLE [tʀɛ̃gl(ə)]. *n. f.* (1459; altér. de *tingle*, 1328; néerl. *tingel*). ♦ 1° *Vx.* Baguette équarrie. ◇ *Mod.* (1611) Tige métallique servant de support, d'élément d'un mécanisme (poussoir, tirette) ou d'outil. V. **Barre**, **broche**. *Tringle à rideaux*, sur laquelle sont enfilés les anneaux supportant des rideaux. « *Anneaux de bois enfilés dans des tringles* » (FRANCE). *Suspendre des cintres à une tringle.* « *On en avait enlevé le tapis* (de l'escalier), *mais il y restait quelques tringles de cuivre* » (BOSCO). — *Tringles d'une machine. Tringle de commande.* ◇ Outil de zingueur. — Mince cylindre de métal servant de matière première dans la fabrication des clous, etc. ♦ 2° (1676). *Archit.* Moulure plate à la partie inférieure d'un triglyphe. *Par anal.* Moulure analogue. ♦ 3° *Fam.* (1892, *la tringle* : « rien du tout »). *Se mettre la tringle* : se priver (Cf. Se mettre la ceinture).

TRINGLER [tʀɛ̃gle]. *v. tr.* (XVIᵉ; 1328, *tringler*; de *tringle*). ♦ 1° *Techn.* Tracer une ligne droite sur une pièce de bois ou de tissu à l'aide d'une ficelle (ou d'un cordeau) enduite de craie. ♦ 2° *Vulg.* Posséder sexuellement (surtout employé avec *se faire*). « *Oh! tu sais, des femmes qui aiment se faire tringler, je suis sûre qu'il n'y en a pas une sur cent* » (BEAUVOIR).

TRINGLOT ou **TRAINGLOT** [tʀɛ̃glo]. *n. m.* (1863; var. *tringlos*; de *train*, par attract. plaisante de *tringle* « fusil »). Soldat du train des équipages. « *Le dragon s'estime supérieur au cavalier du train et le tringlot... se juge fort au-dessus du fantassin* » (HUYSMANS).

TRINITAIRE [tʀinitɛʀ]. *adj. et n.* (1541; de *trinité*). ♦ 1° *Théol.* Relatif à la Trinité; qui croit à la Trinité. ♦ 2° (1714). *N.* Religieux, religieuse de deux ordres fondés en 1198 sous l'invocation de la Trinité.

TRINITÉ [tʀinite]. *n. f.* (v. 1172; *trinitad*, 980; lat. ecclés. *trinitas*, de *trinus* « triple »). ♦ 1° Dans la doctrine chrétienne, Dogme et mystère du Dieu unique en trois personnes coexistantes, consubstantielles, coéternelles; ce Dieu unique en trois personnes. V. **Père**; **fils**; **esprit** (Saint Esprit), et *aussi* **Hypostase**. *La Sainte Trinité. Triangle mystique symbolisant la Trinité.* ◇ *Fête* en l'honneur du mystère de la Trinité, qui a lieu le premier dimanche après la Pentecôte. — Loc. fam. *A Pâques* ou à la Trinité. ◇ Église, ordre religieux (V. Trinitaire) consacré à la Trinité. *La Trinité*, à Paris. ♦ 2° *Par anal.* Groupe de trois dieux ou divinité triple. V. **Triade**. Groupe de trois principes (ou de trois objets plus ou moins sacralisés). « *Il existe dans l'homme une trinité sainte : La volonté, l'amour et l'esprit sont en nous* » (VIGNY).

TRINITROBENZÈNE [tʀinitʀɔbɛzɛn]. *n. m.* (1933; de *tri-*, et *nitrobenzène*). *Chim.* Dérivé isomère du benzène $C_6H_3 (NO_2)_3$, utilisé comme explosif.

TRINITROTOLUÈNE [tʀinitʀɔtɔlɥɛn]. *n. m.* (1874; de *trinitré* [1907; de *tri-*, et *nitré*], et *toluène*). *Techn.* Explosif nitré dérivé du toluène, corps solide cristallisé, de formule $C_6H_2(NO_2)_3$. On dit aussi *T.N.T.* (ou *tolite*).

TRINÔME [tʀinom]. *n. m.* (1613; de *tri-*, d'apr. *binôme*). *Alg.* Polynôme à trois termes. *Trinôme du second degré* ($ax^2 + bx + c$). *Trinôme bicarré.*

TRINQUART [tʀɛ̃kaʀ]. *n. m.* (1765; o. i.; p.-ê. rapport avec *trinquet*). *Mar.* Petit bâtiment de forme lourde, employé pour la pêche au hareng.

TRINQUEBALLE. V. **TRIQUEBALLE**.

TRINQUER [tʀɛ̃ke]. *v. intr.* (1546; all. *trinken*). ♦ 1° *Pop.* Boire; et *spécialt.* Boire avec excès. « *Quand il avait bu un peu, et ça lui arrivait. Il était même noté pour trinquer, c'était son faible* » (CÉLINE). ♦ 2° (1690). Boire en même temps que qqn, après avoir choqué les verres (en signe de souhait, de gage d'amitié, etc.). V. **Santé** (porter une), **toast**; **prosit**, **tchin-tchin**. « *Il n'y a point d'affaire conclue quand les parties n'ont pas trinqué en signe d'accord* » (FRANCE). *Trinquer à* (qqch.) : boire, lever son verre à... ♦ 3° Se choquer, se heurter. « *Les pots trinquaient* » (HUGO). « *Les bateaux dansent dans la baie, au bout de leurs amarres, et trinquent du ventre* » (COLETTE). — *Pop.* (1876) Éprouver, subir des désagréments, des pertes. V. **Écoper**, **recevoir**. « *Si nous ne sommes pas rendus à notre poste..., et que nous trinquions de quinze jours de prison, qui c'est qui les fera?* » (COURTELINE).

TRINQUET [tʀɛ̃kɛ]. *n. m.* (v. 1500; it. *trinchetto*, d'ab. « voile triangulaire », probabl. de *trini* « par trois »). *Mar.* Mât de misaine des bâtiments portant les voiles latines (à antennes). *Trinquet d'une galère.*

TRINQUETTE [tʀɛ̃kɛt]. *n. f.* (v. 1500; de *trinquet*). *Mar.* Foc le plus proche du grand mât ou de la misaine.

TRINQUEUR [tʀɛ̃kœʀ]. *n. m.* (1640; de *trinquer*). *Vieilli.* Grand buveur.

TRIO [tʀijo]. *n. m.* (fin XVIᵉ; mot it.). ♦ 1° *Mus.* Morceau pour trois instruments ou trois voix. *Trio pour piano, violon* *et violoncelle. Trio vocal.* V. **Chant.** ◇ Par ext. (XXᵉ) Formation de trois musiciens. *Trio à cordes* (violon, alto, violoncelle), *trio d'anches* (clarinette, hautbois, basson). *Trio de jazz.* ♦ **2°** *Mus.* Seconde partie du menuet dans le troisième mouvement de la forme sonate. ♦ **3°** (1668). *Cour.* Groupe de trois personnes (généralement par plaisanterie ou en mauvaise part). *Ils font un joli trio! Joyeux trio.* « *Au lieu d'un couple, nous serions désormais un trio* » (BEAUVOIR).

TRIODE [tʀi(j)ɔd]. *n. f.* (1923 ; de *tri-*, d'apr. *diode*). *Phys.* Tube électronique à trois électrodes (grille placée entre l'anode, ou plaque, et la cathode, ou filament) contenues dans une lampe où le vide est poussé. *Remplacer une triode par un transistor* (transistoriser). Par appos. *La lampe triode.*

TRIOL. V. **TRI-ALCOOL.**

TRIOLET [tʀijɔlɛ]. *n. m.* (1488 ; emploi métaph. de *triolet*, var. dial. de *trèfle*). ♦ **1°** *Hist. litt.* Poème à forme fixe, de huit vers sur deux rimes, dont le 1ᵉʳ, le 4ᵉ et le 7ᵉ sont semblables. ♦ **2°** (1839 ; avec infl. de *trio*). *Mus.* Groupe de trois notes d'égale valeur qui se jouent dans le temps de deux, lorsqu'elles sont surmontées du chiffre trois. V. *aussi* **Sextolet.** *Un triolet de croches vaut une noire.*

TRIOMPHAL, ALE, AUX [tʀijɔfal, o]. *adj.* (1534 ; *trionfal*, mil. XIIᵉ ; lat. *triumphalis*). ♦ **1°** Propre ou relatif à un triomphe (1, 2°). *Couronne triomphale. Arcs triomphaux :* de triomphe. — *Marche triomphale*, jouée pour un triomphe ; *par ext.* Marche de caractère solennel et joyeux. ◇ Qui a les caractères d'un triomphe, qui est accompagné d'honneurs, d'acclamations. *Un accueil triomphal. Faire une entrée triomphale dans un salon.* ♦ **2°** (1907). Qui constitue un triomphe, une grande victoire, une grande réussite. *Succès triomphal d'un artiste, d'un sportif.* V. **Éclatant.** *Une élection triomphale.*

TRIOMPHALEMENT [tʀijɔfalmɑ̃]. *adv.* (déb. XVIᵉ ; de *triomphal*). ♦ **1°** D'une manière triomphale, en triomphe. *Il a été triomphalement accueilli.* ♦ **2°** (1876). D'un air de triomphe, d'une manière triomphante. *Il nous annonce triomphalement qu'il a été élu.*

TRIOMPHALISME [tʀijɔfalism(ə)]. *n. m.* (1962 ; de *triomphe*). Attitude d'un groupe (ou d'une personne) assuré d'avoir raison. « *S'élever contre ce que Mgr de Smedt a appelé la trilogie du cléricalisme, du juridisme et du triomphalisme* » (*Le Monde*, 4-12-1962).

TRIOMPHALISTE [tʀijɔfalist(ə)]. *adj. et n.* (1966 ; de *triomphalisme*). Qui fait preuve du triomphalisme. *Attitude, comportement triomphaliste.*

TRIOMPHANT, ANTE [tʀijɔfɑ̃, ɑ̃t]. *adj.* (mil. XVᵉ ; V. **Triompher**). ♦ **1°** Qui triomphe, qui a remporté une éclatante victoire. V. **Victorieux.** « *Je sortis de cette cruelle épreuve en pièces mais triomphant* » (ROUSS.). *L'Église triomphante :* l'ensemble des élus. — Par anal. « *Les propagandes triomphantes,... les inondaient de publications copieuses* » (DUHAM.). ♦ **2°** (1624). Qui exprime le triomphe, qui est plein d'une joie éclatante, assurée. V. **Heureux, jubilant, radieux.** « *Il... se mit à marcher... d'un pas rapide et triomphant* » (MAUPASS.). « *Quand on est jeune on a des matins triomphants* » (HUGO). « *Wilde commença de rire, d'un rire éclatant, non tant joyeux que triomphant* » (GIDE).

TRIOMPHATEUR, TRICE [tʀijɔfatœʀ, tʀis]. *n.* (1370 ; lat. *triumphator, trix*). ♦ **1°** Personne qui triomphe, remporte une éclatante victoire. V. **Vainqueur.** *Les triomphateurs de la journée* (aux élections). « *Et son ami Canalis dormait, du sommeil des triomphateurs, le plus doux des sommeils après celui des justes* » (BALZ.). ♦ **2°** (1690). *Antiq. rom.* Général à qui l'on faisait les honneurs du triomphe. *Le quadrige du triomphateur.* « *Près du triomphateur un esclave... répétait sans arrêt :* « *Souviens-toi que tu n'es qu'un homme!* » (DUHAM.).

1. TRIOMPHE [tʀijɔf]. *n. m.* (1530 ; *triumphe*, XIIᵉ ; lat. *triumphus*). ♦ **1°** Victoire éclatante à l'issue d'un combat militaire (*vx*), d'une lutte, d'une rivalité quelconque. « *La fameuse journée des dupes, qui assura le triomphe de Richelieu sur ses adversaires* » (GAXOTTE). ◇ (XVIIᵉ ; *choses*) Établissement, avènement éclatant (de ce qui était en opposition, en lutte avec autre chose). V. **Victoire.** *Le triomphe d'une cause.* « *Le triomphe de l'amour* », de Marivaux. — Ce qui représente, illustre éminemment un avènement de ce genre. « *La révolution de Juillet est le triomphe du droit terrassant le fait* » (HUGO). « *En hauteur, New York est le triomphe de l'individualisme* » (SARTRE). V. **Consécration.** ♦ **2°** (1265). *Antiq. rom.* Honneur décerné à un général qui avait remporté une grande victoire : entrée solennelle du vainqueur dans la ville. V. **Ovation.** *Le sénat décernait le triomphe, les honneurs du triomphe. Arc de triomphe.* — Par anal. Honneur semblable rendu à certaines personnes dans l'antiquité ou en d'autres temps. V. **Apothéose.** « *Le retour de Voltaire, son triomphe, l'Académie en corps venant le recevoir* » (TAINE). — EN TRIOMPHE : avec les honneurs et les acclamations du triomphe. *Porter qqn en triomphe*, le hisser au-dessus de la foule pour le faire acclamer. ♦ **3°** (1673). Par ext. Joie rayonnante que

donne la victoire ; grande satisfaction. « *Pauline avait arboré un air de triomphe qui manquait de mesure et de tendresse* » (MAUROIS). V. **Triomphant** (2°). *Cri de triomphe.* ♦ **4°** (XVIᵉ). Réussite éclatante. V. **Réussite, succès.** « *Il avait... persévéré voilà tout. Secret de tous les triomphes* » (HUGO). ♦ **5°** Approbation enthousiaste du public. *Il a eu, il a remporté un vrai triomphe*, on lui a fait une ovation. ◇ Par ext. Action, représentation qui déchaîne l'enthousiasme du public. *Ce spectacle est un triomphe.* — Production dans laquelle qqn excelle. « *Son triomphe était le flamenco* » (LOUŸS). « *Norma est le triomphe de Julia Grisi* » (GAUTIER). ◇ ANT. **Chute.** *Déconfiture, défaite, déroute.*

2. TRIOMPHE [tʀijɔf]. *n. f.* (XVᵉ ; du précéd.). Ancien jeu de cartes (voisin de la belote) ; nom de l'atout à ce jeu. — Jeu voisin de l'écarté.

TRIOMPHER [tʀijɔfe]. *v.* (v. 1260 ; lat. *triumphare*). **I.** *V. tr. indir.* TRIOMPHER DE..., vaincre (qqn) avec éclat à l'issue d'une lutte, d'un jeu, d'un match. *Triompher de son adversaire.* V. **Battre, dominer.** « *Le meilleur moyen de triompher de son adversaire, c'est de lui survivre* » (COLETTE). — Par ext. Venir à bout de (qqch.). *Triompher de la résistance de qqn. Triompher d'une difficulté.* V. **Surmonter.** « *L'on ne triomphe des passions qu'en les opposant l'une à l'autre* » (ROUSS.). V. **Dompter.** — Par anal. (Sujet de chose) « *La science et la paix triompheront de l'ignorance et de la guerre* » (PASTEUR). « *Il avait toujours pensé que l'obstination finit par triompher de tout* » (CAMUS). **II.** *V. intr.* ♦ **1°** (1538). *Antiq. rom.* Avoir un triomphe. ♦ **2°** (1553). Remporter une éclatante victoire. « *À vaincre sans péril on triomphe sans gloire* » (CORN.). *Le parti qui triomphe aux élections.* V. **Emporter** (l'). — Avoir raison d'une façon éclatante, définitive. « *L'habileté de l'avocat, qui espérait faire triompher son client* » (MAUROIS). — (Choses) S'imposer, s'établir de façon éclatante. « *Nous vivons en un temps où le jargon international triomphe* » (DUHAM.). V. **Dominer.** « *Pour faire triompher leurs convictions, ils ne reculent devant rien* » (MART. du G.). ♦ **3°** (1550). Éprouver un sentiment de triomphe. V. **Applaudir** (s'), **jubiler** (Cf. Chanter, crier victoire*). « *Ne triomphez point tant : vous ne tarderez guère à me faire avoir ma revanche* » (MOL.). ♦ **4°** Par ext. Réussir brillamment. V. **Exceller.** « *Je veux des maladies d'importance :... c'est là que je me plais, c'est là que je triomphe* » (MOL.). — Être l'objet des acclamations, de l'enthousiasme du public. *Acteur qui triomphe dans un rôle.*

TRIONIX [tʀi(j)ɔniks]. *n. m.* (1827 ; de *tri-*, et gr. *onux* « ongle », ainsi nommé parce qu'il n'a d'ongles qu'à trois doigts). *Zool.* Grande tortue carnassière d'eau douce, qui vit dans les régions chaudes du globe.

TRIP [tʀip]. *n. m.* (v. 1970 ; mot amér. « voyage »). *Pop.* Absorption de substances hallucinogènes (notamment de L.S.D.) ; l'état particulier qui en résulte chez le sujet. « *C'est incroyable comme le monde n'a pas changé quand vous redescendez d'un trip* » (*Nouv. Obs.*, 21-8-1972). — Dér. TRIPER [tʀipe]. *v. intr.*; TRIPEUR [tʀipœʀ], n.

TRIPAILLE [tʀipaj]. *n. f.* (XVᵉ ; de *tripe*). *Fam.* Amas de tripes et entrailles. « *Un peuple de boyaudiers pour laver toute la tripaille!* » (DUHAM.).

TRIPALE [tʀipal]. *adj.* (1960 ; de *tri-*, et *pale*). *Mécan.* À trois pales. *Hélice tripale.*

TRIPANG [tʀipɑ̃] ou **TRÉPANG** [tʀepɑ̃]. *n. m.* (1770 ; mot malais). Nom commercial d'une grosse holothurie comestible, très appréciée en Extrême-Orient. ◇ HOM. *Trépan.*

TRIPARTI, IE [tʀipaʀti] ou **TRIPARTITE** [tʀipaʀtit]. *adj.* (1533 ; *trespartite*, XIVᵉ ; *trisparti*, 1460 ; lat. *tripartitus*. Cf. *Tri-*, et *parti*). ♦ **1°** *Didact.* Divisé en trois parties. *Hist. Chambre tripartie :* chambre du Parlement (2/3 de catholiques, 1/3 de protestants). — *Feuille tripartie. Calice partie.* ♦ **2°** Qui réunit trois éléments, trois parties (II) ou partis. « *Négocier un pacte tripartite entre l'Union soviétique, la Grande-Bretagne et la France* » (DE GAULLE). *Accord tripartite. Commission tripartite. Gouvernement tripartite*, où sont représentés trois partis politiques associés.

TRIPARTISME [tʀipaʀtism(ə)]. *n. m.* (1948 ; de *triparti*). Système de gouvernement tripartite.

TRIPARTITION [tʀipaʀtisjɔ̃]. *n. f.* (1765 ; lat. *tripartitio*). *Didact.* Division (d'une quantité) en trois parties égales, (d'un ensemble) en trois parties.

TRIPATOUILLAGE [tʀipatujaʒ]. *n. m.* (v. 1880 ; de *tripatouiller*). *Fam.* Action de tripatouiller (un texte, des écritures, des chiffres). ◇ Modification malhonnête. *Tripatouillages électoraux.*

TRIPATOUILLER [tʀipatuje]. *v. tr.* (v. 1880 ; var. pop. de *tripoter*). ♦ **1°** Remanier sans scrupule (un texte original) en ajoutant, retranchant, etc. *Il « a fortement tripatouillé les textes* » (HENRIOT). ◇ Altérer, truquer (des écritures, des comptes). — *Absolt.* Tripoter (1). ♦ **2°** *(Concret).* Tripoter. V. **Patouiller.**

TRIPATOUILLEUR, EUSE [tʀipatujœʀ, øz]. *n.* (XXᵉ ;

de *tripatouiller*). *Fam.* Personne qui tripatouille, aime à tripatouiller. « *Les jaspineurs publics, tripatouilleurs d'abstractions et prophètes à cachet* » (J. PERRET).

TRIPE [tʀip]. *n. f.* (1280; esp. *tripa* ou it. *trippa*). ♦ 1° *(Au plur.).* Boyaux d'un animal, et *spécialt.* Boyaux (et estomacs) de ruminants préparés pour être consommés. V. **Gras-double**. *Tripes à la mode de Caen, à la lyonnaise.* ♦ 2° Par anal. *(Au sing.).* Intérieur d'un cigare. ♦ 3° Par ext. (Au plur.). *Pop.* Intestin de l'homme; ventre. « *La mer bougeait, et j'ai commencé à rendre tripes et boyaux* » (BEAUVOIR), à vomir tout le contenu de l'estomac. « *Je te mettrai les tripes à l'air et je te couperai les oreilles* » (ARAGON), je t'ouvrirai le ventre. — PROV. « *Et tout pour la tripe* » (RABELAIS), toutes les activités humaines et animales tendent à satisfaire la « tripe ». ◇ *Fig.* (souvent *sing.*) Entrailles *(fig.).* *Avoir la tripe républicaine,* être républicain jusqu'aux entrailles. « *L'homme de ce temps a le cœur dur et la tripe sensible* » (BERNANOS). « *Mes tripes me disaient que tout n'était pas fini* » (DORGELÈS). « *C'est le mal du pays qui me saisit aux tripes* » (QUENEAU).

TRIPERIE [tʀipʀi]. *n. f.* (1393; de *tripe*). Boutique ou commerce du tripier. « *Il passa au carreau de la triperie* » (ZOLA).

TRIPETTE [tʀipɛt]. *n. f.* (XVᵉ; de *tripe*). *Vx.* Petite tripe. ◇ *Loc. mod.* *Ça ne vaut pas tripette,* cela ne vaut rien.

TRIPHASÉ, ÉE [tʀifaze]. *adj.* (1892; de *tri-*, et *phase*). *Électr.* À trois phases. *Courant, alternateur triphasé,* dont les trois phases sont deux à deux décalées de 1/3 de période. V. **Polyphasé.**

TRIPHÉNYLMÉTHANE [tʀifenilmetan]. *n. m.* (1876; de *tri-*, rad. de *phénol,* et *méthane*). *Chim.* Hydrocarbure cristallisé de la série aromatique $(C_6H_5)_3CH$, dont dérivent de nombreux colorants (fuchsine, vert* malachite, violet de méthyle).

TRIPHTONGUE [tʀiftɔ̃g]. *n. f.* (1550; de *tri-*, d'apr. *diphtongue*). *Phonét.* Union dans une même syllabe de trois voyelles (phonétiquement parlant et non graphiquement; *eau* n'est pas une *triphtongue*). *Il existait des triphtongues en ancien français.*

TRIPIER, IÈRE [tʀipje, jɛʀ]. *n.* (XIIIᵉ; de *tripe*). Commerçant, boucher qui vend des abats (tripes, etc.).

TRIPLACE [tʀiplas]. *adj.* (XXᵉ; de *tri-*, et *place*). À trois places. *Avion de tourisme triplace.*

TRIPLAN [tʀiplɑ̃]. *n. m.* (1908; de *tri-*, et *plan*). Ancienn. Avion à trois plans de sustentation.

TRIPLE [tʀipl(ə)]. *adj.* (1380; *treble, trible,* XIIᵉ-XIIIᵉ; lat. *triplus,* var. de *triplex*). ♦ 1° Qui équivaut à trois, se présente comme trois. *Triple rang, trois rangs. Triple menton.* « *Peintre, poète et musicien, il saisit tout sous un triple aspect* » (GAUTIER). « *Il faut que la femme soit triple en une, épouse, sœur et maîtresse* » (J.-R. BLOCH). « *Les naissances triples.., développement simultané de trois œufs distincts... ou d'un seul œuf partagé en trois* » (J. ROSTAND). V. **Triplés.** — *Mus.* (1740). *Triple croche.* ◇ Qui concerne trois éléments. *Polit.* *La Triple Entente,* entente de trois puissances (France, Angleterre, Russie, en 1914). ◇ (XVIIIᵉ) Vieilli. *Triple sot,* grand sot. — *Au triple galop,* au grand galop. ♦ 2° Trois fois plus grand. *Prendre triple dose.* « *Mon ordinaire était si frugal que lorsque j'en avais l'occasion, je mettais les bouchées triples* » (BEAUVOIR). — Subst. *Le triple,* quantité trois fois plus grande. *Neuf est le triple de trois. J'en donnerais bien le triple. Augmenter du triple.*

TRIPLÉ [tʀiple]. *n. m.* (1934; de *triple*). ♦ 1° *Sports.* Dans une rencontre sportive entre trois nations, arrivée simultanée de trois concurrents. ◇ *Turf.* Combinaison, faite sur le champ de courses, de trois chevaux gagnants. ♦ 2° (mil. XXᵉ) TRIPLÉS, *n. pl.* Les trois enfants nés d'une même grossesse. V. **Jumeau.** (On écrit aussi *triplets*).

1. **TRIPLEMENT** [tʀipləmɑ̃]. *adv.* (1380; de *triple*). Trois fois, de trois façons. *Il a triplement raison.*

2. **TRIPLEMENT** [tʀipləmɑ̃]. *n. m.* (1515; de *tripler*). Action de tripler, augmentation du triple.

TRIPLER [tʀiple]. *v.* (1304; de *triple*). ♦ 1° *V. tr.* Rendre triple, multiplier par trois. *Tripler sa fortune.* « *Il lui fallut augmenter sa ration de poison. Il doubla, il tripla la dose* » (GONCOURT). ♦ 2° *V. intr.* (1690). Devenir triple, être multiplié par trois. *Le prix de cet article a presque triplé en deux ans. Les terrains ont triplé de valeur.*

TRIPLÉS, ÉES [tʀiple]. *n. plur.* (v. 1950; de *triple*). Jumeaux, jumelles provenant de naissances triples.

TRIPLET [tʀiplɛ]. *n. m.* (1875; de *triple*). ♦ 1° *(Au plur.).* Triplés, triplées. ♦ 2° *Opt.* (1891). Combinaison de trois lentilles (microscopes, objectifs photographiques). ◇ *Raie spectrale triple.* ♦ 3° *Math.* Association ordonnée de trois éléments appartenant respectivement à trois ensembles. (V. *aussi* **Couple.**)

TRIPLETTE [tʀiplɛt]. *n. f.* (1892; de *triple*). ♦ 1° *Ancienn.* Cycle analogue au tandem, mais à trois places. ♦ 2° *Mod.*

Équipe de trois joueurs (aux boules, à la pétanque). — (Football) *Triplette centrale,* l'avant-centre et les deux intérieurs.

TRIPLEX [tʀiplɛks]. *n. m.* (1949; de *triple*). Marque déposée de verre de sécurité (formé de trois feuilles).

TRIPLICATA [tʀiplikata]. *n. m.* (1758; lat. *triplicatus,* d'apr. *duplicata*). *Admin.* Troisième copie, second double (d'un acte, d'une pièce). *Délivrer un triplicata.*

TRIPLOÏDE [tʀiplɔid]. *adj.* (mil. XXᵉ; du gr. *triplous* « triple »). *Biol.* Se dit d'un individu dont les cellules ont 3n chromosomes au lieu de 2n (diploïde*). — Dér. TRIPLOÏDIE [tʀiplɔidi], *n. f.*

TRIPLURE [tʀiplyʀ]. *n. f.* (v. 1960; de *triple*, d'apr. *doublure*). *Cout.* Tissu en armure toile, très apprêté, que l'on met entre la doublure et le tissu pour renforcer et soutenir le vêtement. *Triplure pour cols de chemises.*

TRIPODE [tʀipɔd]. *adj.* (fin XIXᵉ; gr. *tripous, tripodos* « à trois pieds »). *Mar.* Se dit d'un mât métallique en forme de trépied.

TRIPODIE [tʀipɔdi]. *n. f.* (fin XIXᵉ; gr. *tripodia*). *Métr. anc.* Réunion de trois pieds métriques.

TRIPOLI [tʀipɔli]. *n. m.* (1508; de *Tripoli,* ville de la Tripolitaine). Roche siliceuse d'origine organique *(Diatomées),* farineuse, de couleur grise ou jaune pâle, employée au polissage du verre et des métaux. V. **Kieselguhr.**

TRIPORTEUR ou **TRI-PORTEUR** [tʀipɔʀtœʀ]. *n. m.* (1906; de *tri-*, abrév. de *tricycle,* et *porteur*). Tricycle muni d'une caisse pour le transport des marchandises légères (Abrév. pop. *Tri*). « *De son tri-porteur, Barque, garçon livreur, faisait des acrobaties entre les tramways* » (BARBUSSE).

TRIPOT [tʀipo]. *n. m.* (1460; « manège, intrigue », fin XIIᵉ; probabl. de l'a. fr. *treper, tripper* « frapper du pied, sauter ». V. **Trépigner**). ♦ 1° *Ancienn.* Enclos aménagé pour le jeu de paume. ♦ 2° (1726). *Péj.* Maison de jeu. *Tenir tripot. Le « café, dont une petite salle, au fond, se changeait peu à peu en un véritable tripot : on y jouait maintenant de grosses sommes, à l'écarté* » (ZOLA).

TRIPOTAGE [tʀipɔtaʒ]. *n. m.* (1482, repris XIXᵉ; de *tripoter*). Arrangement, combinaison louche. V. **Tricotage, intrigue, manigance, trafic.** « *Le souvenir de ses tripotages dans les gouvernements républicains lui nuisit* » (BALZ.). *Tripotages électoraux.* V. **Cuisine, fraude, manipulation.**

TRIPOTÉE [tʀipɔte]. *n. f.* (1843; de *tripoter*). *Fam.* Raclée, volée. « *Ce Bismarck va nous flanquer une jolie tripotée* » (ZOLA). ◇ (1867) Grand nombre. *Avoir une tripotée d'enfants. Il y en a des tripotées.*

TRIPOTER [tʀipɔte]. *v.* (attesté 1582, mais antérieur [V. Tripotage]; de l'anc. sens de *tripot*).
I. *V. tr.* ♦ 1° *Vx.* Manigancer, embrouiller (une affaire). ◇ *Mod.* Manier (des fonds, de l'argent) à son profit, faire valoir par diverses combinaisons. « *Tout le monde fait valoir son argent et le tripote de son mieux* » (BALZ.). ♦ 2° *Par ext.* (1843). Manier, tâter avec insistance et sans délicatesse. *Ne tripotez pas ces fruits.* « *J'aime... tripoter les lingeries, les chapeaux* » (MIRBEAU). Manier machinalement. *Tripoter sa barbe.* — *Vulg.* *Tripoter une femme* (V. Peloter).
II. *V. intr.* ♦ 1° (1611). S'occuper à remuer et manier diverses choses. V. **Patouiller, tripatouiller.** *Ne tripote pas dans mon tiroir, dans mes affaires.* V. **Trifouiller.** « *Un enfant qui se délecte à tripoter dans l'eau sale* » (R. ROLLAND). ♦ 2° *Fig.* Se livrer à des opérations et combinaisons peu avouables, malhonnêtes. V. **Fricoter, spéculer, trafiquer.** *Il a tripoté dans pas mal d'affaires.*

TRIPOTEUR, EUSE [tʀipɔtœʀ, øz]. *n.* (1802; celui qui brouille les choses, 1582; de *tripoter*). ♦ 1° Personne qui se livre à des tripotages. V. **Fricoteur, spéculateur, trafiquant.** ♦ 2° Frôleur, peloteur. Adj. *Des mains tripoteuses.*

TRIPOUS ou **TRIPOUX** [tʀipu]. *n. m. pl.* (attesté 1909; « boudin », 1655; dér. région. de *tripe*). Tripes accompagnées de pieds de mouton et de fraise de veau, cuisinés à la mode auvergnate.

TRIPTYQUE [tʀiptik]. *n. m.* (1838; gr. *triptukhos* « plié en trois, triple »). ♦ 1° *Arts.* Ouvrage de peinture ou de sculpture composé d'un panneau central et de deux volets mobiles susceptibles de se rabattre sur le panneau et le recouvrant exactement. *Prédelle et couronnement d'un triptyque. Retable en forme de triptyque.* — *Fig.* Œuvre littéraire en trois tableaux ou récits (V. Trilogie). *Un récit « s'ajoutant aux deux autres, comme le troisième volet d'un triptyque* » (GIDE). ♦ 2° Titre de mouvement (sous la forme d'un document en trois feuillets) permettant l'importation temporaire de certains objets, en particulier des automobiles, à charge de réexportation. « *J'ai même pris, en vue du transit, une permission spéciale, un triptyque* » (HENRIOT).

TRIQUE [tʀik]. *n. f.* (1690; *jouer aux triques,* 1385; du frq. °*strikan*). Gros bâton, et *spécialt.* Bâton utilisé comme arme pour frapper. V. **Gourdin, matraque** (1°). *Mener les hommes à coups de trique.* « *Vlan! Et qu'il nous fasse marcher tout ce monde-là à la trique !* » (ROMAINS). *Maigre sec comme* *un coup de trique* : très maigre, sec (Cf. Comme un clou, un cotret). ◇ HOM. **Trick.**

TRIQUEBALLE [tʀikbal] ou **TRINQUEBALLE** [tʀɛ̃kbal]. *n. m.* (XVᵉ; o. i.; probabl. à rapprocher de *trimballer*). Chariot à deux ou quatre roues employé au transport d'objets allongés et lourds (troncs d'arbres...). V. **Fardier.**

TRIQUE-MADAME [tʀikmadam]. *n. f. invar.* (1545; var., d'apr. *trique*, de *tripe-madame*, 1547; de l'a. fr. *triper* « sauter ». V. **Tripot**). Nom local de l'*orpin blanc*. « *Il avait vu des trique-madame en fleur, chose rare pour la saison* » (HUGO).

TRIQUER [tʀike]. *v. tr.* (1842; de *trique*). Pop. Battre à coups de trique. *Triquer un âne.*

TRIQUET [tʀikɛ]. *n. m.* (1676; de *trique*). Techn. Échafaudage de couvreur. ◇ (1872). Échelle double.

TRIRECTANGLE [tʀiʀɛktɑ̃gl(ə)]. *adj.* (1875; de *tri-*, et *rectangle*). Géom. Qui a trois angles droits. *Trièdre trirectangle.*

TRIRÈGNE [tʀiʀɛɲ]. *n. m.* (1690; it. *triregno*, de *regno* « règne, pouvoir », lat. *regnum*). Didact. Nom donné à la tiare du pape, ou triple couronne, symbolisant les trois pouvoirs, impérial, royal et sacerdotal. « *Ici, le Père, couronné ainsi qu'un Pape du trirègne* » (HUYSMANS).

TRIRÈME [tʀiʀɛm]. *n. f.* (XIVᵉ; lat. *triremis*). Antiq. Navire de guerre des Romains, des Carthaginois, etc., rapide et léger, à trois rangées de rames superposées. V. **Galère, trière.**

TRISAÏEUL, EULE [tʀizajœl]. *n.* (1552; de *tri-*, et *aïeul*, d'apr. *bisaïeul*). Père, mère du bisaïeul ou de la bisaïeule. Plur. *Trisaïeuls* ou *trisaïeux* [tʀizajø]. « *Quant à la trisaïeule, elle était droite, mince, propre et active* » (SAND).

TRISANNUEL, ELLE [tʀizanɥɛl]. *adj.* (1771; de *tri-*, et *annuel*, d'apr. *bisannuel*). ♦ 1° *Rare.* Qui a lieu tous les trois ans. *Fête trisannuelle.* ♦ 2° Bot. Qui dure trois ans. *Plante trisannuelle.*

TRISECTEUR, TRICE [tʀisɛktœʀ, tʀis]. *adj.* (1843; de *tri-*, et *secteur*). Géom. Qui divise en trois parties. *Courbe trisectrice.*

TRISECTION [tʀisɛksjɔ̃]. *n. f.* (1691; de *tri-*, et *section*). Géom. Division d'une grandeur en trois parties égales. *La trisection de l'angle.*

TRISMÉGISTE [tʀismeʒist(ə)]. *adj. m.* (XVIᵉ; du gr. *tris* « trois fois », et *megistos* « très grand »). Didact. Surnom donné au dieu Thôt par les Grecs d'Égypte, qui sous le nom d'*Hermès Trismégiste* en firent un ancien roi ou sage d'Égypte, fondateur légendaire de la doctrine alchimique, déposée dans les écrits hermétiques.

TRISMUS [tʀismys] ou **TRISME** [tʀism(ə)]. *n. m.* (*Trismos*, 1765; *trisme*, 1819; gr. *trismos* « petit bruit aigu », de *trizein* « grincer »). Didact. (*Méd.*). Spasmes des muscles masticateurs rendant difficile l'ouverture de la bouche. « *L'épouvantable simagrée du trismus des tétaniques* » (BLOY). — Adj. TRISMIQUE [tʀismik].

TRISOC [tʀisɔk]. *n. m.* (1872; de *tri-*, et *soc*). Agric. Charrue à trois socs. Adj. *Charrue trisoc.*

TRISOMIE [tʀizɔmi]. *n. f.* (v. 1960; de *tri-*, et du gr. *sôma* « corps »). Biol., méd. Anomalie génétique due à la présence dans une paire chromosomique d'un chromosome surnuméraire. *La trisomie 21, responsable du mongolisme.* — Adj. et n. TRISOMIQUE [tʀizɔmik].

1. **TRISSER** [tʀise]. *v. intr.* (1839; lat. *trissare*, gr. *trizein*, onomat.). *Rare.* Crier (en parlant de l'hirondelle).

2. **TRISSER** [tʀise]. *v. tr.* (1853; de *tri-*, d'apr. *bisser*). *Rare.* Répéter ou faire répéter trois fois de suite (un morceau) au concert, au théâtre. « *Non, ai-je dit deux fois. Faut-il donc que je trisse?* » (ROSTAND). — Par ext. *Trisser un acteur, un chanteur.*

3. **TRISSER** [tʀise]. *v. intr.* (1905; *trisser* ou *trincer*, déjà dial.; de *jaillir* »; de l'all. *stritzen*, a. var. onomat. de *spritzen* « jaillir »). Pop. Partir. « *Un flicard trissa derrière le truand* » (QUENEAU). — Pronom. *Se trisser* : se sauver, s'en aller. V. **Débiner** (se).

TRISTE [tʀist(ə)]. *adj.* (XIIᵉ; *trist*, Xᵉ; lat. *tristis*). I. ♦ 1° *Qui est dans un état de tristesse.* V. Abattu, affligé, chagrin, découragé, morose, sombre. *Être triste, tout triste.* « *Seul, triste, amer, songeant à la patrie perdue* » (HUGO). « *Seuls le désir et l'oisiveté nous rendent tristes* » (FRANCE). *Triste comme une porte de prison*, comme un bonnet* de nuit. « *Ô triste, triste était mon âme À cause, à cause d'une femme* » (VERLAINE). ♦ 2° *Qui, par nature, présente les caractères extérieurs de cet état; qui ne rit pas, n'est pas gai.* V. Mélancolique, morose, taciturne. « *Certaines femmes timides et tristes s'épanouissent à la chaleur de l'admiration* » (MAUROIS). *Clown triste. Les gens tristes sont peu appréciés en société.* V. Éteignoir, rabat-joie, trouble-fête. Subst. *Les tristes, les gens tristes.* « *Ils n'ont pas de tendresse pour les tristes* » (MAUROIS). ♦ 3° (1213). *Par ext.* Qui exprime cet état. V. Éploré, funèbre, malheureux, maussade, rembruni. sombre. « *L'air triste ne peut être de bon ton* » (STENDHAL). *Visage triste. Faire triste mine. Figure triste* (Cf. *fam.* Figure

de croque-mort*, tête d'enterrement*). *Le chevalier à la triste figure* : Don Quichotte. — *Regard, sourire triste.* — (Sentiments, idées) « *Une résignation plus triste que le désespoir* » (R. ROLLAND). *Rouler de tristes pensées.* V. **Sombre.** — Fam. *Avoir le vin triste*, l'ivresse triste. ♦ 4° (1636). *Par ext.* Qui est comme imprégné de tristesse, répand la tristesse. V. Lugubre, morne, sinistre. « *Une espèce de triste mélopée, où un cœur semblait pleurer* » (GONCOURT). *Tristes accents.* V. **Élégiaque.** « *Le printemps est triste en Lorraine ou du moins sévère* » (BARRÈS). *Robe, couleur triste.* V. **Sévère, sombre, terne.** « *Bâtiments nus et tristes, lézardés de toutes parts* » (ZOLA).

II. (*Choses*). ♦ 1° (v. 1160). Qui fait souffrir, fait de la peine. V. Accablant, affligeant, affreux, attristant, cruel, douloureux, funeste, grave, navrant, pénible, rude, tragique. « *J'appréhende au retour cette triste nouvelle* » (MOL.). *Triste sort, triste destinée.* — *Où l'on souffre. Les jours tristes que nous avons passés.* V. **Difficile.** ♦ (1628) Qui raconte ou montre des choses pénibles. « *Les meilleurs* (romans) *sont tristes... Non pas tristes par les événements, mais par ce rabâchage sur soi-même* » (ALAIN). *Ce film est trop triste.* ♦ 2° Vx. Qui fait pitié. V. **Malheureux.** « *Pour mes tristes enfants quel affreux héritage* » (RAC.). ♦ 3° (*Généralement avant le nom*). Qui suscite des pensées, des jugements pénibles, qui afflige. V. **Déplorable.** « *L'argent était comme une triste nécessité de la vie* » (STENDHAL). « *C'est une triste chose quand l'amour... en devient la calamité* (de la vie) » (GIDE). — *Malade dans un triste état.* V. **Mauvais, piteux.** — (En attribut) *C'est bien triste.* V. **Dommage, fâcheux.** ♦ 4° *Péj.* (1683) *toujours devant le nom*). Dont le caractère médiocre ou odieux afflige. V. **Lamentable, misérable.** *Une triste affaire.* V. **Sombre.** *Quelle triste époque! Un bien triste sire*. ◇ ANT. Content, gai, joyeux, réjoui, rieur. Amusant, comique, drôle, riant. Heureux, réconfortant, réjouissant. Beau, bon.

TRISTEMENT [tʀistəmɑ̃]. *adv.* (1175; de *triste*). ♦ 1° En étant triste, d'un air triste. « *Au coucher du soleil tristement je m'assieds* » (LAMART.). *Baisser la tête tristement.* ♦ 2° D'une manière qui incite à la tristesse. « *Deux tisons fumaient... tristement* » (HUGO). ♦ 3° D'une manière pénible, affligeante. V. **Cruellement.** *C'est tristement vrai.* ◇ ANT. Gaiement, joyeusement. Drôlement.

TRISTESSE [tʀistɛs]. *n. f.* (1180; de *triste*). ♦ 1° État affectif pénible, calme et durable; envahissement de la conscience par une douleur, une insatisfaction, ou par un malaise dont on ne démêle pas la cause, et qui empêche de se réjouir du reste. V. Dépression, ennui, mélancolie; et aussi Abattement, affliction, amertume, cafard (*fam.*), peine. « *J'ai des idées noires, de la tristesse et de l'ennui* » (DIDER.). Cf. *Avoir la mort* dans l'âme. « *Mais la tristesse en moi monte comme la mer* » (BAUDEL.). *Être enclin à la tristesse. Tristesse maladive.* V. **Neurasthénie.** « *La tristesse n'est... qu'une forme de la fatigue* » (GIDE). « *J'ai le spleen, tristesse physique, véritable maladie* » (CHATEAUB.). — Air triste d'une personne (attitude abandonnée, traits affaissés, regard sans éclat...). *Sourire avec tristesse.* ♦ 2° Moment où l'on est dans cet état; cause de tristesse (1°). V. **Chagrin.** « *La religion chrétienne,... est la religion des tristesses de la vie, des malheurs, des chagrins* » (GONCOURT). « *La fin de la vie d'Émile Zola aura été une des tristesses de notre histoire* » (ARAGON). ♦ 3° Caractère de ce qui exprime cet état. *La tristesse de nos adieux.* ◇ Caractère de ce qui incite à cet état. *La tristesse de sa vie.* V. **Grisaille.** « *La tristesse de la nuit lui entra dans le cœur* » (FRANCE). « *La tristesse qui se dégage des choses tombées en désuétude est infinie* » (JAMMES). ◇ ANT. Allégresse, enjouement, entrain, euphorie, gaieté, joie. Plaisir, satisfaction. Drôlerie.

TRISYLLABE ou **TRISSYLLABE** [tʀisi(l)lab]. *adj. et n. m.* (1529; lat. d'o. gr. *trisyllabus*). Didact. Qui a trois syllabes. *Un mot trissyllabe.* — Subst. *Un trisyllabe. Le mot* Écouter *est un trissyllabe.*

TRISYLLABIQUE ou **TRISSYLLABIQUE** [tʀisi(l)labik]. *adj.* (1550; de *trisyllabe*). Didact. Qui est formé de trois syllabes, relatif aux trois syllabes. *Un pied, un vers trisyllabique.*

TRITICALE [tʀitikal]. *n. m.* (1974; du lat. *triti*[cium] « blé », et [*se*]*cale* « seigle »). Agric. Hybride de blé et de seigle. « *Les triticales vont représenter un apport important à la production alimentaire mondiale* » (*Science et Vie*, févr. 1974).

TRITIUM [tʀitjɔm]. *n. m.* (1949; du gr. *tritos* « troisième », d'apr. *deutérium*). Chim. Le plus lourd des isotopes connus de l'hydrogène (symb. T = ³H), radioactif par émission d'un électron, dont la vie moyenne est de 12,26 années et qui donne l'isotope 3 de l'hélium. *Noyau de tritium.* V. **Triton** (3).

1. **TRITON** [tʀitɔ̃]. *n. m.* (1512; lat. *Triton*, gr. *Tritôn*, nom du fils de Neptune et d'Amphitrite). ♦ 1° *Myth.* Divinité de la mer à figure humaine à queue de poisson dont l'attribut est une conque dont un son retentissant. « *Les Tritons font sonner leurs trompes en nageant* » (SAMAIN). ◇ Plaisant. *Nageur.* ♦ 2° Zool. (1803). Mollusque gastéropode (*Prosobranches, Monotocardes*) de très grande taille (dont la

coquille servait de trompette aux Romains, et est encore utilisée de nos jours par des bergers, des pêcheurs). ◇ (1828) Batracien urodèle aquatique, proche de la salamandre, à queue aplatie, et qui présente une crête dorsale chez certains mâles.

2. **TRITON** [tʀitɔ̃]. *n. m.* (1629; *trite*, 1615; lat. médiév. *tritonum*, gr. *tritonon*). *Mus.* Intervalle de trois tons, et *spécialt.* La quarte augmentée.

3. **TRITON** [tʀitɔ̃]. *n. m.* (v. 1960; de *tritium*, d'apr. *électron*, *neutron*, etc.). *Chim.* Noyau de l'atome de tritium.

TRITURABLE [tʀityʀabl(ə)]. *adj.* (XVIᵉ; de *triturer*). Qui peut être trituré (1°).

TRITURATEUR [tʀityʀatœʀ]. *n. m.* (1873; du rad. de *trituration*). *Sc.*, *Techn.* Instrument ou appareil servant à la trituration des substances.

TRITURATION [tʀityʀɑsjɔ̃]. *n. f.* (XIIIᵉ; bas lat. *trituratio*). *Didact.* Action de triturer (1°); broyage par friction. *Trituration du camphre dans un mortier. Trituration des aliments.* « *La marne... provenant de la trituration de squelettes d'organismes* » (HAUG). — *Fig.* (Vieilli) « *Il sait maintenant la trituration de la chose* » (GONCOURT), la pratique. ◇ *Physiol. Trituration des aliments par les dents* (au cours de la mastication).

TRITURER [tʀityʀe]. *v. tr.* (1611; « battre [le blé] », 1529; bas lat. *triturare*). ♦ 1° Réduire en poudre ou en pâte en écrasant par pression et frottement. V. **Broyer, piler, pulvériser.** *Triturer du sel.* V. **Égruger.** — *Aliment « trituré par les molaires* » (BRILLAT-SAV.). ♦ 2° (XIXᵉ). *Par ext.* Manier à fond pour pétrir ou mêler. V. **Malaxer, pétrir.** *Triturer les chairs en les massant.* « *Je le vois... triturer l'herbe et la paille, et... avaler le tout* » (THARAUD). — *Fam. Se triturer les méninges, la cervelle,* se mettre l'esprit à la torture en cherchant qqch., en se faisant du souci. « *Tu te tritures les méninges et tu t'ingénies à le persuader que tu es un vieux jeton* » (AYMÉ). — *Par ext.* Manier brutalement. « *De poudreux registres... fiévreusement triturés* » (COURTELINE). *Fig.* « *La presse officielle n'a pas cessé de triturer l'opinion* » (MART. du G.). V. **Travailler.**

TRIUMVIR [tʀijɔmviʀ]. *n. m.* (1534; mot lat., du génitif *trium virum* « de trois hommes »). *Antiq.* Magistrat, commissaire romain chargé, conjointement avec deux collègues, d'une branche de l'administration. ◇ *Spécialt.* Chacune des trois personnalités chargées d'organiser le gouvernement (*ex. :* Lépide, Antoine, Octave).

TRIUMVIRAL, ALE, AUX [tʀijɔmviʀal, o]. *adj.* (1579; de *triumvir*). *Didact.* (*Hist. antiq.*). Qui appartient aux triumvirs. *Pouvoirs triumviraux.*

TRIUMVIRAT [tʀijɔmviʀa]. *n. m.* (1560; lat. *triumviratus*). ♦ 1° *Antiq.* Fonction de triumvir; durée de cette fonction. ◇ Association de trois personnes qui exerçaient le pouvoir. *Le premier triumvirat* (Pompée, César, Crassus) *et le second triumvirat* (Octave, Antoine, Lépide). — *Durée de ce gouvernement.* ♦ 2° *Littér.* Association de trois personnes qui exercent un pouvoir, une influence. « *Ces messieurs formaient avec M. Maslon un triumvirat qui, depuis nombre d'années, tyrannisait la ville* » (STENDHAL).

TRIVALENT, ENTE [tʀivalɑ̃, ɑ̃t]. *adj.* (1908; de *tri-*, et *valence*, d'apr. *équivalent*). *Chim.* Qui possède la triple valence (*trivalence* [tʀivalɑ̃s]).

TRIVALVE [tʀivalv(ə)]. *adj.* (1808; de *tri-*, et *valve*). *Sc. nat.* Qui a trois valves. *Coquille trivalve.*

TRIVIAL, ALE, AUX [tʀivjal, o]. *adj.* (1690; « connu de tous », 1550; lat. *trivialis* « commun, banal », proprem. « de carrefour » [*trivium :* trois voies]). ♦ 1° *Vieilli* ou *littér.* Qui est devenu ordinaire, plat et commun. « *Une sorte de bien-être inférieur, d'agrément trivial qui m'irritent* » (MORAND). « *Un univers intérieur trop riche m'empêche de m'intéresser à ces détails triviaux* » (SARRAUTE). « *Ces objets triviaux du genre poêle à frire ou édredon* » (Cl. SIMON). — *Hist.* litt. *Le style trivial* (opposé à noble, sublime). ◇ *Math., sc.* Banal, évident. *La solution triviale.* ♦ 2° *Cour.* Qui est caractéristique des éléments les plus bas, les plus décriés de la société; qui est contraire aux bons usages, aux bienséances. V. **Bas, choquant, sale, vulgaire.** *Des plaisanteries triviales.* « *Libertés de désinvolture ou de langage... jamais triviales, jamais communes, jamais peuple* » (LOTI). — *Spécialt.* (dans le langage) Qui désigne, ouvertement et d'une manière populaire, des réalités que le bon ton passe sous silence. V. **Grossier, obscène, poissard.** *Langage trivial.* ◇ ANT. *Exceptionnel, rare. Distingué, noble, sublime. Correct.*

TRIVIALEMENT [tʀivjalmɑ̃]. *adv.* (1680; de *trivial*). ♦ 1° *Vieilli* ou *littér.* D'une manière banale, commune. ♦ 2° *Mod.* D'une manière grossière, vulgaire.

TRIVIALITÉ [tʀivjalite]. *n. f.* (1611; de *trivial*). 1° *Vieilli* ou *littér.* Caractère de ce qui est banal, plat. « *Une trivialité de style de premier ordre, une infâme banale par excellence* » (VILLIERS). ◇ *Par ext.* Chose, parole banale. V. **Banalité.** ♦ 2° *Mod.* et *cour.* Caractère de ce qui est grossier, vulgaire. *Une plaisanterie d'une trivialité choquante.* ◇ *Par*

ext. Parole, plaisanterie vulgaire et grossière. V. **Obscénité.** ◇ ANT. *Élévation, noblesse.*

TROC [tʀɔk]. *n. m.* (1636; *troche*, 1434; *troque*, 1530; de *troquer*). Échange direct d'un bien contre un autre. *Faire un troc avec qqn. Faire le troc d'une chose avec une autre, de deux choses.* V. **Troquer.** — Système économique primitif, excluant l'emploi de monnaie. *Économie de troc. Accord de troc.* « *Un retour tout à fait inattendu au système primitif, au système des sauvages, au troc* » (VALÉRY). ◇ HOM. *Troque.*

TROCART [tʀɔkaʀ]. *n. m.* (*Troquart*, 1694; altér. de *trois-quarts*). *Chir.* Tige métallique pointue coulissant à l'intérieur d'une canule, servant à faire des ponctions évacuatrices. V. **Paracentèse.**

TROCHAÏQUE [tʀɔkaik]. *adj.* (1551; lat. *trochaicus*, gr. *trokhaïkos*). *Prosod. ant.* Dont le pied fondamental est le trochée. *Rythme, vers trochaïque.*

TROCHANTER [tʀɔkɑ̃tɛʀ]. *n. m.* (1541, var. *trocanter* au XVIᵉ; gr. *trokhantêr*, de *trokhazein* « courir »). ♦ 1° *Anat.* Chacune des deux apophyses de l'extrémité supérieure du fémur. *Grand trochanter. Petit trochanter.* ♦ 2° *Zool.* Premier ou second article des pattes de derrière des insectes. — Adj. TROCHANTÉRIEN, IENNE [tʀɔkɑ̃tɛʀjɛ̃, jɛn].

TROCHE [tʀɔʃ] ou **TROQUE** [tʀɔk]. *n. f.* (1770,-1842; lat. *trochus*, gr. *trokhos* « roue »). Nom donné à des coquillages univalves en forme de toupie. ◇ HOM. *Troches.* — *Troc.*

1. **TROCHÉE** [tʀɔʃe]. *n. m.* (1551, lat. *trochaeus*, gr. *trokhaios*, proprem. « coureur », de *trokhos* « course »). *Poés. ant.* Pied formé de deux syllabes, une longue et une brève (V. **Choriambe**). — *Par anal.* Mod. « *Les pieds employés, qui sont des trochées, consistent en une syllabe longue suivie d'une brève* » (BAUDEL.).

2. **TROCHÉE** [tʀɔʃe]. *n. f.* (1820; « bouquet de fruits », 1561; de *troches*). *Arbor.* Faisceau de bourgeons, de rameaux, qui poussent d'un arbre coupé.

TROCHES [tʀɔʃ]. *n. f. plur.* (1690; sing., 1561; « touffe, grappe... », en a. fr.; lat. pop. °*traduca*, class. *tradux* « sarment qu'on fait passer [*traducere*] d'un cep à l'autre »). *Vén.* Fumées* (4°) à demi formées. ◇ HOM. *Troche.*

TROCHET [tʀɔʃɛ]. *n. m.* (mil. XVIᵉ; du rad. de *troches*). *Bot.* Groupe de fleurs, de fruits. V. **Bouquet.** *Mode d'inflorescence en trochets. Trochet de noisettes.*

TROCHILE [tʀɔkil]. *an. m.* (1904; lat. zool. *trochilus*, du class. *trochilus*, gr. *trokhilos* « roitelet », d'où *trochile*, 1611, en ce sens). *Zool.* Colibri, oiseau-mouche (*Trochilidés*).

TROCHILIDÉS [tʀɔkilide]. *n. m. pl.* (1839; du lat. zool. *trochilus*. V. **Trochile**). *Zool.* Famille d'oiseaux d'Amérique (*Passereaux*), petits, à plumage multicolore, à bec arqué (colibris) ou droit (oiseaux-mouches).

TROCHIN [tʀɔʃɛ̃]. *n. m.* (av. 1828, Chaussier; gr. *trokhos* « roue »; Cf. Trochanter, trochiter). *Anat.* Petite tubérosité de l'extrémité supérieure de l'humérus, située en dedans du trochiter.

TROCHISQUE [tʀɔʃisk(ə)]. *n. m.* (XVIᵉ; *trocisque*, 1425; du lat méd. *trochiscus*, gr. *trokhiskos* « petite roue; pastille »). *Pharm.* Médicament composé de substances sèches pulvérisées, et moulées en forme de cônes, destiné aux fumigations par combustion.

TROCHITER [tʀɔkitɛʀ]. *n. m.* (déb. XIXᵉ; var. arbitraire de *trochanter*. V. aussi Trochin). *Anat.* Grosse tubérosité de l'extrémité supérieure de l'humérus, saillie située en dehors de la tête de cet os.

TROCHLÉE [tʀɔkle]. *n. f.* (1842; autre sens, 1721; lat. d'o. gr. *trochlea* « poulie »). *Anat.* Nom de certaines surfaces articulaires en forme de poulie. *Trochlée fémorale. Trochlée humérale.* — Adj. (1875). TROCHLÉEN, ENNE [tʀɔkleɛ̃, ɛn]. *Articulation trochléenne.*

TROCHURE [tʀɔʃyʀ]. *n. f.* (XIVᵉ; du rad. de *troches*). *Vén.* Quatrième andouiller du cerf.

TROÈNE [tʀɔɛn]. *n. m.* (1545; *tronne*, XIVᵉ; frq. °*trugil*). Plante dicotylédone (*Oléacées*), arbuste à feuilles presque persistantes, à baies noires. *Haie de troènes.* « *Des aubépines et des troènes qui croissaient à leur pied* » (SAND).

TROGLOBIE [tʀɔglɔbi]. *adj.* (1923; de *troglo-*, et -*bie*). *Biol.* Qui vit en permanence dans les profondeurs souterraines. — N. m. *Les troglobies,* les êtres troglobies. **Cavernicole.**

TROGLODYTE [tʀɔglɔdit]. *n. m.* (1721; n. pr. de peuple, XIIᵉ; lat. *troglodyta*, peuple sauvage d'Afrique; gr. *trôglodutês*, proprem. « qui entre dans des trous »). ♦ 1° Habitant d'une excavation naturelle (caverne, grotte), et *par ext.* d'une demeure aménagée dans la terre, le roc. *Par anal.* Personne qui vit, travaille sous terre. ♦ 2° (1778). Oiseau (*Passereaux*) de petite taille, au corps ramassé, à queue courte et relevée. *Le troglodyte est insectivore; il est parfois confondu avec le roitelet.*

TROGLODYTIQUE [tʀɔglɔditik]. *adj.* (1846; de *troglodyte*). *Didact.* Des troglodytes. *Habitations troglodytiques.*

TROGNE [tʀɔɲ]. *n. f.* (1580; *trongne*, fin XVᵉ; « fausse apparence », fin XIVe; gaul. °*trugna*). *Fam.* Visage grotesque ou plaisant, et *spécialt*. Figure rubiconde d'un gros mangeur, d'un buveur. « *Sa trogne enluminée par le soleil et par le vin* » (GAUTIER).)« *Et te voilà maintenant affligé d'une trogne de saoulaud* » (QUENEAU).

TROGNON [tʀɔɲɔ̃]. *n. m.* (1660; *troignon* 1393; de l'a. fr. *estro[i]gner*, var. de *estronchier* « élaguer »; lat. *truncare*. V. **Tronquer**). ♦ 1° Ce qui reste d'un fruit, d'un légume, quand on en a relevé la partie comestible. *Trognon de pomme, de chou*. « *Trois grandes filles croquant des pommes, crachant les trognons* » (ZOLA). — Loc. fig. et pop. *Jusqu'au trognon* : jusqu'au bout, complètement (Cf. Jusqu'à l'os*). « *Ah çà, les patriotes... ridiculisé jusqu'au trognon* » (BERNANOS). « *Ah çà, les Tuileries, il les ont eues, ils les ont eues jusqu'au trognon* » (ARAGON). ♦ 2° *Pop.* (1640). Terme d'affection désignant un enfant, une jeune fille... « *Un petit trognon comme toi* » (MIRBEAU). — *Adj.* Mignon. *Ce qu'il est trognon!* (Cf. **Chou**).

TROÏKA [tʀɔika]. *n. f.* (1859; mot russe). ♦ 1° Grand traîneau attelé à trois chevaux de front. « *La troïka est un grand traîneau qui peut contenir quatre personnes se faisant face, plus le cocher* » (GAUTIER). ♦ 2° Groupe de trois dirigeants politiques, de trois entreprises, etc. (d'abord en parlant du groupe formé par Staline, Zinoviev et Kamenev en 1922, en opposition à Trotski). « *Hitler avait chargé Skorzeny de 'liquider la troïka' Roosevelt, Staline, Churchill au cours de la conférence de Téhéran, en novembre 1943* » (*Le Monde*, 24-8-1965).

TROIS [tʀwa]. *adj. numér.* (XIIe; *treis*, 980; lat. *tres*). ♦ 1° *Adj. numér.* cardinal (3, III). *Deux plus un. Les trois Grâces. Les trois Mousquetaires.* — « *Que vouliez-vous qu'il fît contre trois?* » (CORN.). « *Deux amis se promènent. Deux et non pas trois, car à trois on ne sait plus ce que l'on dit* » (PÉGUY). *Ménage à trois* (V. **Trio**). — *La règle des trois unités. Les trois dimensions.* — *Un enfant de trois ans.* Ellipt. *Un bail trois-six-neuf* (ans). — *Espace de trois mois.* V. **Trimestre**. *Dix heures moins trois* (minutes). Ellipt. *Et de trois!* cela en fait déjà trois! — *Frapper les trois coups*, qui, au théâtre, précèdent le lever du rideau. *En deux temps, trois mouvements*. *Haut* comme trois pommes. — *Trois dizaines.* V. **Trente**. *Trois cents.* « *Nous nous vîmes trois mille en arrivant au port* » (CORN.). *Les trois quarts.* — Ellipt. *Règle de trois*, par laquelle on cherche le quatrième terme d'une proportion, quand les trois autres sont connus. — *Deux ou trois, trois ou quatre* : un très petit nombre. — Par ext. (Approximatif) *Trois* : très peu de... *J'arrive dans trois minutes* (V. **Deux**). Loc. *En trois (deux) coups de cuiller* à pot. ♦ 2° *Adj. numér. ordinal.* Troisième. *Henri trois* (Henri III). *Page trois. Il est trois heures.* — Fam. « *C'est la trois ou quatrième fois que...* » (SÉV.). ♦ 3° *Subst. masc. Trois et un, quatre. Multiplier par trois* (V. **Tripler**). PROV. *Jamais deux* sans trois. — *Un, deux, trois, partez!* — *Trois pour cent* (3 %). ◇ Le chiffre, le numéro trois. *Écrire un trois en chiffres arabes* (3). ◇ Carte marquée de trois signes. *Le trois de carreau.* ◇ Face d'un dé marquée de trois points. *Le double trois est sorti.* — (Sens de l'ordinal) Troisième jour du mois. *Il est arrivé le trois.* Maison qui porte le numéro trois. *Il habite au trois, rue du Bac.*

TROIS-DEUX [tʀwadø]. *n. m.* (1765; de *trois*, et *deux*). *Mus.* Mesure à trois temps qui a la blanche pour unité.

TROIS ÉTOILES [tʀwazetwal]. *loc. nominale* et *adj.* (1694; de *trois*, et *étoile* au sens de « astérisque »). ♦ 1° S'emploie pour désigner une personne dont on veut respecter l'anonymat. *Monsieur trois étoiles* (M***). « *La comtesse de... trois étoiles. C'est ainsi, je crois que vous dites en français quand vous ne voulez pas nommer les gens* » (SAND). ♦ 2° *Hôtel ou restaurant réputé.* V. **Palace**. *Il ne descendait que dans les hôtels trois étoiles, dans les trois étoiles.*

1. **TROIS-HUIT** [tʀwaɥit]. *n. m.* (1768; de *trois*, et *huit*). *Mus.* Mesure à trois temps qui a la croche pour unité.

2. **TROIS-HUIT** [tʀwaɥit]. *n. m. pl.* (v. 1960; de *trois*, et *huit*). ♦ 1° Système de travail continu qui nécessite la succession de trois équipes travaillant chacune huit heures. *Faire les trois-huit dans une imprimerie.* ♦ 2° Répartition du temps de la journée en trois périodes de huit heures (travail, loisir, sommeil).

TROISIÈME [tʀwazjɛm]. *adj.* et *n.* (1539; *troisime*, XIIe; de *trois*). ♦ 1° Adjectif ordinal de trois. V. **Ter, tiers**. *La troisième fois.* — *À la troisième personne. Le troisième étage*, et subst. *Au troisième sur la cour.* — *En troisième vitesse*, et subst. *Passer en troisième. Un élève de troisième* (classe). ♦ 2° *N. m.* et *f.* Dans un classement. *Le (la) troisième, le vingt-troisième.* ♦ 3° *Rare.* Qui est contenu trois fois dans un tout. *La troisième partie d'un tout.* V. **Tiers** (*n. m.*).

TROISIÈMEMENT [tʀwazjɛmmɑ̃]. *adv.* (1680; de *troisième*). En troisième lieu, en ce qui concerne le troisième point. V. **Tertio**.

TROIS-MÂTS [tʀwamɑ]. *n. m. invar.* (1835; de *trois*, et

mât). *Mar.* Navire à voiles à trois mâts. *Trois-mâts carré* (ou « *franc* »), *à voiles carrées. Trois-mâts goélette*, dont la misaine seule a des voiles carrées.

TROIS-POINTS [tʀwapwɛ̃]. *loc. adj. invar.* (1933; de *trois*, et *points*). *Fam. Les frères trois-points* : les francs-maçons (à cause des *trois points* [∴] symbole de la franc-maçonnerie).

TROIS-PONTS [tʀwapɔ̃]. *n. m. invar.* (1843; de *trois*, et *pont*, II). *Mar anc.* Navire à trois ponts, à trois batteries superposées.

TROIS-QUARTS [tʀwakaʀ]. *n. m. invar.* (1872; de *trois*, et *quart*). ♦ 1° *Mus.* Petit violon pour enfants (dont la dimension est des trois quarts d'un violon). ♦ 2° Manteau, vêtement trois-quarts. (V. **Quart**). ♦ 3° (1908). *Au rugby*, Joueur de la ligne placée entre les demis et l'arrière. « *La souplesse du trois-quarts centre qui est capitaine* » (J. PRÉVOST).

TROIS-QUATRE [tʀwakatʀ(ə)]. *n. m.* (1765 [3/4]; de *trois* et *quatre*). *Mus.* Mesure à trois temps, avec la noire pour unité.

TROIS-SIX [tʀwasis]. *n. m.* (fin XVIIIe; de *trois*, et *six*). *Vx* ou *région.* Alcool rectifié à degré élevé (plus de 85°), trois mesures de cet alcool ajoutées à trois mesures d'eau fournissant six mesures d'alcool à boire. « *De simples matelots... qui se grisent d'un verre de trois-six* » (MIRBEAU).

TROLL [tʀɔl]. *n. m.* (1878; mot scand.). Esprit, lutin des légendes scandinaves. ◇ HOM. **Trolle**.

TROLLE [tʀɔl]. *n. f.* (1751; de *troller*, XIIe, encore dial. *trôler* « traînasser »; lat. pop. °*tragulare*, rad. *trahere* « traîner »). *Chasse.* Manière de chasser au hasard du lancer, après avoir découplé les chiens, si on n'a pu détourner le cerf avec le limier. ◇ HOM. **Troll**.

TROLLEY [tʀɔlɛ]. *n. m.* (1893; mot angl., de *to troll* « rouler »). Dispositif composé d'une perche fixée au véhicule et d'un organe mobile de contact, servant à transmettre le courant d'un câble conducteur (V. **Caténaire**) au moteur d'un véhicule. *Tramway à trolley.* « *Les autos* (tamponneuses) *se cognaient avec énergie, les trolleys crépitaient* » (QUENEAU). ◇ *Fam.* **Trolleybus**.

TROLLEYBUS [tʀɔlɛbys]. *n. m.* (v. 1930, à Liège; de *trolley*, et *bus*). Autobus à trolley. *Des trolleybus.*

TROMBE [tʀɔ̃b]. *n. f.* (1611; *trompe*, 1606; it. *tromba*, proprem. « trompe, canal d'une pompe »). ♦ 1° Cyclone tropical déterminant, de la masse nuageuse à la mer, la formation d'une sorte de colonne nébuleuse tourbillonnante qui soulève la surface des eaux. « *... La trombe aux ardentes serres* » (HUGO). ♦ 2° Par ext. *Trombe d'eau*, pluie torrentielle (qui se déverse comme retombe l'eau d'une trombe). V. **Cataracte, déluge**. « *Il y vit un violent orage. Il y vit une trombe d'eau venir de plus de six lieues* » (ZOLA). — Par anal. « *Une si épaisse trombe de feu et de gravier, de bois et de métal enflammés* » (BAUDEL.). ◇ *Par compar.* (Pour désigner un mouvement rapide et violent) « *Un bolide lumineux passait en trombe à travers le feuillage* » (MART. du G.). *Il est entré comme une trombe* (dans la pièce). V. **Tornade**.

TROMBIDION [tʀɔ̃bidjɔ̃]. *n. m. invar.* (1803; lat. zool. *trombidium*, du rad. de *trompe*). *Zool.* Acarien* dont les larves (*aoûtats* ou *rougets*) piquent l'homme et provoquent une éruption très prurigineuse (appelée *trombidiose* [1923] ou *trombiculose*). — REM. On écrit aussi **THROMBIDION**, p.-ê. sous l'infl. du gr. *thrombos*; Cf. Thromb[o]-).

TROMBINE [tʀɔ̃bin]. *n. f.* (1836; probabl. du rad. de *trompe*; Cf. it. *Tromba*). *Pop.* Tête, visage. V. **Binette**. « *Je compte revoir et baiser ta gentille petite trombine* » (FLAUB.). « *Linaire fait alors une drôle de trombine* » (QUENEAU). ◇ HOM. **Thrombine**.

TROMBLON [tʀɔ̃blɔ̃]. *n. m.* (1803; altér. de *trombon*. V. **Trombone**). ♦ 1° *Ancienn.* Arme à feu portative dont le canon évasé en entonnoir pouvait recevoir une charge de plusieurs balles. V. **Espingole**. « *Un tromblon tout chargé, s'ouvrant comme un cratère* » (HUGO). ◇ Sorte d'entonnoir qu'on adaptait au canon du fusil Lebel, pour le lancement de grenades spéciales. ♦ 2° Par anal. *Chapeau tromblon*, ou *tromblon*, ancien haut-de-forme évasé au sommet. « *Les gens coiffés de chapeaux tromblons* » (GAUTIER). ◇ *Pop.* Chapeau.

TROMBONE [tʀɔ̃bɔn]. *n. m.* (1703; *trombon* [XVIe]; it. *trombone*; de *tromba* « trompe »). ♦ 1° Instrument à vent à embouchure, qui fait partie des cuivres. « *On dansait toujours, Clou enflait les accompagnements de son trombone* » (ZOLA). *Trombone à coulisse*, dont le tube replié forme une longue coulisse pouvant être allongée ou raccourcie (sept positions) de manière à produire des sons différents. — *Trombone à pistons*, où la longueur du tube varie par l'effet du jeu des pistons. ◇ *Par méton.* Joueur de trombone. — (On a dit aussi *tromboniste* [1843]). ♦ 2° *Par anal.* (de forme). Petite agrafe de fil de fer repliée en deux boucles, servant à retenir plusieurs feuillets. « *Une attache de bureau dite trombone* » (RENÉE PIERRE-GOSSET).

TROMMEL [tʀɔmɛl]. *n. m.* (1843; mot all., proprem.

« tambour »). *Techn.* Trieur rotatif, servant à classer les minerais et les cailloux, selon leur grosseur.

TROMPE [tʀɔ̃p]. *n. f.* (fin XIIᵉ; frq. °*trumba, trumpa,* p.-ê. d'o. expressive). ♦ 1° Tout instrument à vent à embouchure, formé d'un simple tube évasé en pavillon (cor, olifant, schofar, et *spécialt.* trompette). *Sonner de la trompe. Proclamer à son de trompe,* se disait des proclamations publiques précédées de coups de trompette. *Fig. Mod. À son de trompe,* se dit de ce qu'on proclame bien haut, à grand fracas, de façon publicitaire. « *Ces renseignements qu'elle annonçait à grands sons de trompe* » (BARBEY). ◇ (XVIᵉ) *Trompe de chasse,* ou *trompe,* cor simple. — Petit instrument à vent très sommaire, servant à appeler. V. **Corne, cornet.** *Berger qui sonne de la trompe.* — *Ancienn.* Avertisseur (d'auto, de bicyclette) « *Il fourbissait d'une peau de daim la trompe de sa bicyclette* » (COURTELINE). — *Mar. Trompe de brume,* appareil sonore utilisé comme signal en cas de brume. ♦ 2° (1538). *Par anal.* (de forme). Chez les proboscidiens (éléphant), etc., prolongement musculeux de l'appendice nasal, constituant un organe à la fois tactile et préhensile, ainsi qu'un tube de pompage et de refoulement. *Trompe du tapir* (courte et non préhensile). ◇ *Par exagér. (Pop.) Nez* proéminent. ◇ (1685) Organe buccal de certains insectes, mollusques, vers..., très développé servant surtout de tube de pompage. V. **Suçoir.** ♦ 3° *Anat.* (1690). *Trompe de Fallope,* ou *utérine* : conduit qui va de chaque côté de l'utérus vers l'ovaire respectif, se terminant par un entonnoir pourvu de franges (pavillon de la trompe). *Inflammation des trompes.* V. **Salpingite.** ◇ (1765). *Trompe d'Eustache,* canal qui relie au rhinopharynx la partie antérieure de la caisse du tympan. ♦ 4° *Archit.* (1567). Section de voûte formant saillie et supportant la poussée verticale d'un élément de construction en encorbellement. *Trompe supportant une tourelle en encorbellement. Coupole sur trompes. Petite trompe.* V. **Trompillon.** ♦ 5° *Techn.* (1526). Machine pneumatique servant, comme la pompe, à aspirer ou à refouler mais utilisant l'écoulement d'un liquide qui entraîne l'air. *Trompe à eau, à mercure.*

TROMPE-LA-MORT [tʀɔ̃plamɔʀ]. *n. invar.* (1835; de *tromper,* et *mort*). Personne qui échappe à la mort, que la mort semble ne pouvoir atteindre. « *Dans huit jours, ce jeune trompe-la-mort sera sur pied* » (DAUD.).

TROMPE-L'ŒIL [tʀɔ̃plœj]. *n. m. invar.* (1803; de *tromper,* et *œil*). ♦ 1° Peinture visant essentiellement à créer, par des artifices de perspective, l'illusion d'objets réels en relief. « *Panneaux réclame non pas plats ou même peints en trompe-l'œil, mais compliqués de... perspectives* » (DUHAM.). *Décor en trompe-l'œil. Fig.* (1876). Apparence trompeuse, chose qui fait illusion. V. **Façade.** « *La* « *psychologie* » *qu'un romancier met dans ses bouquins,... on sait ce que c'est : de a à z, du trompe-l'œil* » (MONTHERLANT).

TROMPER [tʀɔ̃pe]. *v. tr.* (fin XIVᵉ; probabl. emploi fig. de *tromper,* 1217; « jouer de la trompe »; [Cf. *Se tromper de quelqu'un,* XIVᵉ; « se jouer de lui »]).

I. *V. tr.* ♦ 1° Induire (qqn) en erreur quant aux faits ou quant à ses intentions, en usant de mensonge, de dissimulation, de ruse. V. **Abuser, attraper, berner, blouser, duper, jobarder, leurrer, mystifier, piper;** Cf. En faire accroire*, donner le change*, en conter, dorer* la pilule; et les *fam.* ou *pop.* Arnaquer, avoir, couillonner, ficher, fourrer, mettre dedans*, faire marcher*, posséder. *Tromper (qqn dans un marché.* V. **Escroquer, flouer, voler;** et les *fam.* ou *pop.* **Entôler, pigeonner, rouler.** « *Il a été trompé... il a failli devenir victime d'un abus de confiance* » (BALZ.). « *Car c'est son double plaisir de tromper le trompeur* » (LA FONT.). — *Absolt.* « *L'art de plaire est l'art de tromper* » (VAUVEN.). V. **Feindre, mentir.** — *Spécialt.* (Dans la vie amoureuse et conjugale) *Être infidèle à... Tromper son amant, son mari, sa femme.* « *Une femme qu'on aime suffit rarement à tous nos besoins et on la trompe avec une femme qu'on n'aime pas* » (PROUST). — *Au p. p. Mari trompé.* V. **Cocu.** ◇ *Échapper à* (une poursuite, une surveillance...). « *Tromper les chasseurs et les chiens* » (HUGO). *Tromper la vigilance de la police.* V. **Déjouer, endormir.** ♦ 2° *(Choses).* Faire tomber dans l'erreur, l'illusion, du fait des choses ou sans intervention d'autrui. « *La raison nous trompe plus souvent que la nature* » (VAUVEN.). « *L'analogie... pourrait tromper le spectateur* » (BAUDEL.). « *Un de ces pressentiments qui ne la trompaient pas* » (BAINVILLE). « *Ce qui vous trompe, c'est que le corps de droite est construit en pierres* » (GIRAUDOUX). *C'est ce qui vous trompe, c'est en quoi vous faites erreur. Cela ne trompe personne.* ♦ 3° Ne pas répondre..., être inférieur à... (ce qu'on attend, ce que l'on souhaite). V. **Décevoir, frustrer.** « *Les bords de la Brenta trompèrent mon attente* » (CHATEAUB.). « *Mais elle est comme toutes les autres, qui n'aiment pas être trompées dans leur attente* » (DIDER.). — *Au p. p.* « *Espoir toujours renaissant quoique toujours trompé* » (BALZ.). ♦ 4° Donner une satisfaction illusoire ou momentanée à (un besoin, un désir). *Tromper la faim.* « *Petites baies qui, faute de mieux, trompent la soif* » (FROMENTIN). — *Par ext.* Faire diversion à... « *Un*

plan très compliqué qui avait au moins le mérite de tromper la tristesse de mes adieux* » (ROMAINS).

II. SE TROMPER. *v. pron.* ♦ 1° Commettre une erreur. V. **Abuser (s'), blouser (se), égarer (s'), errer, faillir, illusionner (s'), méprendre (se), tort (avoir);** et Cf. les *pop.* Se fiche dedans, se gourer, se mettre le doigt dans l'œil*. « *Se tromper est la rançon de penser* » (ALAIN). « *Ils* (les rois) *peuvent se tromper comme les autres hommes* » (CORN.). « *Je suis un vieil homme qui a beaucoup vécu, qui s'est souvent trompé et qui, depuis quelques années, se trompe un petit peu moins souvent* » (SARTRE). *Tout le monde peut se tromper,* est faillible. *C'est en quoi je me trompais.* « *On se trompe gravement sur la Nature humaine* » (FUSTEL). « *Ma froide et tutoyeuse cordialité, à laquelle ils* (mes amis) *ne se trompent pas* » (COLETTE), qui ne les abuse pas, qu'ils ne confondent pas avec la vraie. « *On pourrait aisément s'y tromper* » (LA FONT.). *Ne t'y trompe pas.* V. **Prendre** (se laisser). *Il lui ressemble à s'y tromper. Se tromper de cent francs dans un compte,* faire une erreur de cent francs. — (1798) *Se tromper de...* (suivi d'un subst. sans article), faire une confusion de... V. **Confondre.** *Se tromper de route,* prendre la mauvaise route, faire fausse route. *Se tromper d'adresse. Fig.* Ne pas s'adresser à la personne qui convient. *Se tromper de date.* — *Loc. Si je ne me trompe,* sous réserve d'erreur, sauf erreur. *À moins que je ne me trompe; je me trompe fort,* ou... sert à introduire un énoncé que, sauf erreur improbable, on donne comme vrai. « *Je me trompe fort, ou la beauté de ce diamant fera un effet admirable* » (MOL.). « *Voilà une histoire morale, ou je me trompe fort* » (SARTRE). ♦ 2° *(Sens réfl.).* Se mentir. « *Et l'amour-propre engage à se tromper soi-même* » (MOL.). ♦ 3° *(Récipr.).* « *Le mari et la femme que nous montre M. Sacha Guitry... manquent de bien peu de se tromper mutuellement* » (LÉAUTAUD).

◇ ANT. **Désabuser, détromper, instruire.** — **Raison** (avoir).

TROMPERIE [tʀɔ̃pʀi]. *n. f.* (XIVᵉ; de *tromper*). ♦ 1° Le fait de tromper (I°), d'induire volontairement en erreur; moyen utilisé dans cette intention (paroles, actes); comportement de celui qui trompe ou cherche à tromper. V. **Artifice, bluff, duperie, feinte, foi** (mauvaise)**, fourberie, imposture, mensonge, mystification, tricherie; arnaque** (fam.). *Tromperie en affaires, dans le commerce.* V. **Dol, escroquerie, falsification, fraude, supercherie.** « *Dès que la jalousie est découverte, elle est considérée par celle qui en est l'objet comme une défiance qui autorise la tromperie* » (PROUST). ♦ 2° *Vieilli.* Fausse apparence; illusion qu'elle détermine. V. **Leurre, semblant.** « *Un soleil de matin, apportant cette tromperie éternelle des renouveaux terrestres* » (LOTI).

TROMPETER [tʀɔ̃p(ə)te]. *v.;* conjug. *jeter* (1339; de *trompette*). ♦ 1° *V. intr. (Vx).* Jouer de la trompette. ◇ Se dit de l'aigle qui fait entendre son cri. V. **Glatir.** ♦ 2° *V. tr. (Vx).* Annoncer (une nouvelle), appeler (qqn) à son de trompe. *Fig.* Publier bien haut, partout. V. **Crier** (sur les toits). « *Ce n'était pas un mufle d'homme qui se serait sacrifié comme ça, sans le trompeter* » (ZOLA).

TROMPETTE [tʀɔ̃pɛt]. *n. f.* et *m.* (1339; dimin. de *trompe*).

I. *N. f.* ♦ 1° Instrument à vent à embouchure, qui fait partie des cuivres. V. **Buccin, bugle, cornet.** « *On entendait les trompettes turques, au timbre grave, qui sonnaient* » (LOTI). *Trompette simple,* dite *Trompette de cavalerie.* V. **Clairon.** *Trompette d'harmonie,* à pistons. *Trompette basse,* au tube plus long, permettant des notes plus graves. — *Trompette bouchée,* dont le pavillon a été muni d'une sourdine. *Jouer de la trompette. Improviser à la trompette* (jazz). *Sonnerie, fanfare de trompettes.* — *Loc. fig.* (Vieilli) *La trompette de la Renommée. Entonner, emboucher la trompette,* prendre le ton épique, sublime. *Mod. Partir, déloger sans tambour* et *trompette.* ◇ *Par comar.* EN TROMPETTE. *Nez en trompette,* retroussé. *La queue en trompette,* relevée. ♦ 2° (1670). *Trompette marine,* ancien instrument à archet, composé d'une table d'harmonie, sur laquelle était tendue une corde (autrefois utilisée dans la marine anglaise). ♦ 3° (XVIIIᵉ). Nom courant de certains coquillages (buccins, tritons, etc.). ◇ (1845) *Trompette de la mort* (ou *des morts*), nom courant de la craterelle (champignon). ◇ *Appos. Oiseau-trompette.* V. **Agami.**

II. *N. m.* (1365). Joueur de trompette. *Un des trompettes de l'escadron.* — Musicien professionnel qui joue de la trompette. V. **Trompettiste.** *Le trompette d'un orchestre de jazz.*

TROMPETTISTE [tʀɔ̃petist(ə)]. *n.* (1830; de *trompette*). Musicien qui joue de la trompette dans un orchestre.

TROMPEUR, EUSE [tʀɔ̃pœʀ, øz]. *adj.* (XIIIᵉ; de *tromper*). ♦ 1° *(Personnes).* Qui trompe (1°), aime à tromper, est capable de tromper par mensonge, dissimulation. V. **Artificieux, déloyal, fourbe, hypocrite, perfide.** « *Les méchants sont trompeurs... adroits à dissimuler* » (FÉN.). *Subst.* V. **Menteur.** « *Un trompeur en moi trouve un trompeur et demi* » (CORN.). — PROV. *À trompeur, trompeur et demi; un trompeur* en trouve toujours un autre pour le tromper. *Promesses trompeuses.* V. **Fallacieux, mensonger.** ♦ 2° *(Choses).* Qui trompe (2°), induit en erreur. « *Les apparences sont trompeuses* » (Sév.). « *Les puissances trompeuses* » (Pasc.). « *Chacun imaginait dans ce silence trompeur quelque renversement* » (Alain). « *Apparente et trompeuse stupidité qui est l'annonce des âmes fortes* » (Rouss.). « *Un avantage trompeur et faux* » (Maurras). V. **Illusoire.** « *Un air de perversité, trompeur comme un éclairage de théâtre* » (Romains). ◇ ANT. **Sincère, vrai.**

TROMPEUSEMENT [tʀɔ̃pøzmɑ̃]. *adv.* (XVIᵉ; de *trompeur*). D'une manière qui induit en erreur.

TROMPILLON [tʀɔ̃pijɔ̃]. *n. m.* (1676; de *trompe*). *Archit.* Petite trompe. *Trompillon de voûte.*

TRONC [tʀɔ̃]. *n. m.* (XIIᵉ; lat. *truncus*). ♦ 1° Partie inférieure et dénudée de la tige (de certains arbres), entre les racines et les branches maîtresses, constituée d'un tissu ligneux au centre (bois; duramen) et de tissus mous formant l'écorce. « *Le tronc d'arbre mouillé, glissant* » (Loti). « *Les troncs rouges des pins* » (Ramuz). « *Les troncs se dressaient droits, innombrables* » (Zola). — *Troncs d'arbres débités, coupés.* V. **Madrier, poutre, rondin.** — Par anal. (1636) *Tronc de colonne* : fût ou partie d'un fût de colonne. ◇ *Fig.* (Néol.) *Tronc commun* : partie commune appelée à se diviser, à se différencier. *Spécialt.* Unification partielle de l'enseignement court (collège moderne) et de l'enseignement long (lycées) pour les premières années. ♦ 2° (XIIIᵉ). Sorte de boîte percée d'une fente où l'on dépose aumônes et offrandes, dans les églises. « *Un nocturne spoliateur du tronc des pauvres, accoutumé à dévaliser les églises* » (Bloy). ◇ *Fig. et pop.* (1926) Tête (Cf. Tirelire). « *Faut pourtant bien se mettre ça dans le tronc* » (Aymé). ♦ 3° (1300). *Anat.* Partie principale (d'un nerf, d'un vaisseau : artère, veine). *Tronc et ramifications. Tronc artériel, veineux.* — *Tronc cérébral,* formé du bulbe rachidien, de la protubérance annulaire et du mésencéphale. ♦ 4° (1559). Partie du corps humain où sont fixés la tête et les membres (thorax; abdomen). *Partie supérieure* (V. **Buste, torse**), *inférieure du tronc* (V. **Bassin**). ◇ (1611) Chez les vertébrés (*Mammifères*), Partie principale du corps où sont fixés la tête, les membres et la queue. ♦ 5° *Géom.* (1875). Partie comprise entre la base et une section plane parallèle (d'une figure solide). *Tronc de cône.* V. **Tronconique.** *Troncs de pyramide, de prisme.*

TRONCATURE [tʀɔ̃katyʀ]. *n. f.* (1842; « endroit où un objet est tronqué », 1813; du lat. *truncatus,* p. p. de *truncare.* V. **Tronquer**). *Minér.* Remplacement d'un angle ou d'une arête par une facette. *La troncature d'un cristal.*

TRONCHE [tʀɔ̃ʃ]. *n. f.* (XVIᵉ; « bûche », 1304; de *tronc*). ♦ 1° *Techn.* Arbre de futaie dont on coupe les branches périodiquement. — Bille de bois. ♦ 2° *Pop.* (1596). Tête. *Avoir une drôle de tronche.* « *On ne dit pas la tête, cria Gavroche, on dit la tronche* » (Hugo).

TRONCHET [tʀɔ̃ʃɛ]. *n. m.* (mil. XIIᵉ; de *tronc*). *Techn.* Gros billot de bois à trois pieds dont se servent les tonneliers.

TRONÇON [tʀɔ̃sɔ̃]. *n. m.* (XIIᵉ; *trunçun,* 1080; du lat. pop. *°trunceus,* class. *truncus* « tronqué »). ♦ 1° Partie d'un objet plus long que large qui a été coupé ou cassé. V. **Morceau, fragment.** *Couper qqch. en plusieurs tronçons.* V. **Tronçonner.** « *Cinq ou six difformes tronçons de bois noueux* » (Hugo). — (1701) *Tronçon de colonne* : morceau taillé formant le fût d'une colonne. *Colonne en tronçons.* ◇ (1240) Morceau coupé (de certains animaux cylindriques : poissons, reptiles, vers). *Tronçons d'anguille.* « *Le coup... sépara en trois tronçons une vipère repliée sur elle-même* » (Aymé). ♦ 2° *Par anal.* Partie (d'une voie, d'une distance déterminée). « *Tronçons successifs de chaussée, reliés par des ponts en dos d'âne* » (Mart. du G.). « *Mermoz... fut chargé d'étudier le tronçon de Buenos Aires à Santiago* » (St-Exup.). *Tronçon de chemins de fer.* — Partie d'une file de personnes. « *Les tronçons d'arrière de la colonne* » (Barbusse). ♦ 3° *Fig.* (1690). Partie, fragment (d'une phrase, d'un texte, etc.). « *Sa phrase s'était débitée en trois tronçons* » (Romains). ◇ ANT. **Bloc.**

TRONCONIQUE [tʀɔ̃kɔnik]. *adj.* (1872; de *tronc,* et *cône*). *Géom.* Constituant un tronc de cône. *Segment tronconique.* — En forme de tronc de cône. « *L'abat-jour tronconique de la lampe* » (Robbe-Grillet).

TRONÇONNAGE [tʀɔ̃sɔnaʒ]. *n. m.* (1933; *tronchonnage* « sciage », 1421; de *tronçonner*). Action de tronçonner, de débiter en tronçons (le bois, les métaux).

TRONÇONNEMENT [tʀɔ̃sɔnmɑ̃]. *n. m.* (1600; « mutilation », 1559; de *tronçonner*). *Rare.* Action de tronçonner, son résultat.

TRONÇONNER [tʀɔ̃sɔne]. *v. tr.* (1393; intr. « se briser », XIIᵉ; de *tronçon*). Couper, diviser en tronçons. *Scie à tronçonner.* Au p. p. « *Des vers de terre tronçonnés et hachés* » (Giono). Fig. *Phrases tronçonnées.*

TRONÇONNEUR [tʀɔ̃sɔnœʀ]. *n. m.* (1933; adj., « qui

coupe en morceaux », 1606; de *tronçonner*). *Techn.* Ouvrier chargé de la conduite d'une tronçonneuse.

TRONÇONNEUSE [tʀɔ̃sɔnøz]. *n. f.* (1933; de *tronçonner*). *Techn.* Machine-outil servant à découper en tronçons circulaires du bois, du métal, etc.

TRONCULAIRE [tʀɔ̃kylɛʀ]. *adj.* (1897; du lat. *trunculus* « petit tronc », de *truncus*). *Anat. et méd.* Relatif à un tronc nerveux ou vasculaire. *Anastomose tronculaire,* entre le tronc de la veine porte et la veine cave. — *Chir. dent. Anesthésie tronculaire,* anesthésie de l'arcade dentaire du maxillaire inférieur [par injection dans le nerf dentaire inférieur]. — Subst. *On lui a fait une tronculaire.*

TRÔNE [tʀon]. *n. m.* (XIIᵉ; lat. *thronus,* gr. *thronos* « siège »). ♦ 1° Siège élevé sur lequel prennent place souverains et personnalités dans des circonstances solennelles. *Le trône d'un roi. Le trône pontifical. Trône placé sous un dais, couronné d'un baldaquin. Les marches du trône. La salle du trône. La Place du Trône* (qui doit son nom au trône élevé en 1660 pour l'arrivée de Louis XIV et Marie-Thérèse). *La Foire du Trône,* « foire aux pains d'épices », qui se tenait sur cette place. — Par métaph. *Placer qqn sur un trône : le porter au pinacle.* ◇ *Fam. et iron.* Siège des cabinets d'aisances. ♦ 2° Symbole de la puissance d'un souverain. V. **Souveraineté.** « *L'élévation du duc d'Anjou sur le trône de Charles-Quint* » (Raynal). *Placer qqn sur le trône.* V. **Introniser.** *Perdre son trône. Chasser qqn de son trône.* V. **Détrôner.** *Trône héréditaire. L'héritier du trône. Les prétendants au trône.* « *Il revient pour reprendre le trône de son père, pour m'empêcher d'être régent, vous d'être reine* » (Giraudoux). — *Le Trône et l'Autel :* la puissance du roi et de l'Église. « *Ceux qui contraignirent Descartes à s'exiler voyaient juste; sa physique a ébranlé « le trône et l'autel »* » (R. Vailland). ♦ 3° *Théol.* (XIIIᵉ; *au pl.*). Un des trois ordres parmi les trois chœurs de la hiérarchie des anges. *Séraphins, chérubins et trônes.*

TRÔNER [tʀone]. *v. intr.* (1801; de *trône*). ♦ 1° *Vx.* Régner. ◇ *Mod.* Siéger sur un trône. « *Dans un temple trône un Bouddha géant* » (Loti). ♦ 2° *Cour.* Être comme sur un trône, occuper la place d'honneur. « *Il ne se glissa à table que lorsque déjà y trônaient sa tante et Fernand cravatés de serviettes* » (Mauriac). *Par ext.* Être bien en évidence. « *Ce service à thé qui trônait sur un bureau désaffecté* » (Mart. du G.). ♦ 3° *Péj.* (1839). Faire l'important; s'étaler avec orgueil. « *Il trônait dans les salons* » (Michelet).

TRONQUÉ, ÉE [tʀɔ̃ke]. *adj.* (XVIᵉ; V. **Tronquer**). Dont on a retranché quelque partie. *Colonne tronquée,* fût privé de sa partie supérieure. — *Cône tronqué,* tronc de cône.

TRONQUER [tʀɔ̃ke]. *v. tr.* (1538; « élaguer », 1495; *tronkier, tronchier,* XIIIᵉ; lat. *truncare*). ♦ 1° *Vieilli.* Couper en retranchant une partie importante. *Tronquer un arbre, une statue.* V. **Amputer.** « *Un coup de sabre avait tronqué son nez* » (Balz.). « *C'était l'époque où l'on tronquait les familles encombrantes et réfractaires* » (Hugo). — Au p. p. « *Trois colonnes tronquées subsistaient debout* » (Nerval). ♦ 2° *Fig. et péj.* (1607). Retrancher qqch. de (un ouvrage, une chose abstraite). *Tronquer un texte.* V. **Altérer, estropier, mutiler.** *Tronquer une citation.* — Retrancher. « *L'histoire et les mémoires contemporains ont tronqué... certains détails de l'arrivée de l'empereur à Paris* » (Hugo).

TROP [tʀo]. *adv. et nominal* (XIᵉ; frq. *°throp* « village, troupeau, tas »; Cf. lat. médiév. *Troppus*).

I. Adv. ♦ 1° D'une manière excessive, abusive; plus qu'il ne faudrait. V. **Excès** (à l'), **excessivement, surabondamment.** — (Modifiant un adj.) « *L'amour est trop fort! L'amour est trop dur, l'amour est trop triste, l'amour est trop âpre* » (Gobineau). « *Il a des redingotes trop neuves. Trop neuves;... des cravates trop blanches* » (Mirbeau). *Trop cher. C'est trop fort!... Il est trop bon.* — « *Ils (les raisins) sont trop verts* » (La Font.). — (Modifiant un adv.) *Trop près, trop loin.* « *On se levait trop tard, on se couchait trop tôt* » (La Font.). — *Trop peu :* insuffisamment, pas assez. « *En amour, assez est trop peu* » (Bussy-Rab.). — (Modifiant une prép.) *Je suis trop en colère* (une loc. verbale; emploi contesté). V. **Très.** « *On a, tout le temps, trop chaud, trop froid, trop soif, trop faim, et tout le temps, on est trop mal couché, trop mal servi* » (Goncourt). — (Modifiant un verbe) V. **Beaucoup.** *S'estimer trop.* « *Elle aimait trop le bal, c'est ce qui la tua* » (Hugo). *Trop charger* (V. **Surcharger**), *trop produire* (V. **Surproduction**). *Il a trop bu.* ◇ *Trop...* **POUR** : le rapport pour exclure une conséquence. « *Trop bête pour être inconstant Et trop laid pour être infidèle* » (Muss.). PROV. *Trop poli* pour être honnête. C'est trop beau pour être vrai :* on n'ose y croire. *Il a trop menti pour qu'on le croie :* on ne le croit plus. « *Son trouble était trop grand pour qu'elle pût dormir* » (Maurois). — (Avec subordonnée négative, sens positif) « *Les convictions sont trop rares pour n'en pas tenir compte* » (Chateaub.) : si rares qu'on ne peut pas ne pas en tenir compte. — *Trop,* modifié par un adv. *Un peu trop. Bien trop jolie. Beaucoup trop.* — *Littér.* PAR TROP. V. **Par.** « *Le hasard*

est par trop moqueur ce soir » (BARBEY). — *(Avec la négation)*
Pop. *De trop* : trop. — *Pas trop* : un peu, suffisamment.
« *Il passait aussi, on le comprend, pour magicien ; un peu,
pas trop* » (HUGO). ♦ 2° (1080 ; *mod.* surtout en loc. et
formules de politesse). *Très suffisamment.* V. **Beaucoup,
bien, fort, très.** *Vous êtes trop aimable, trop bon.* « *Ils se retiraient sur la pointe des pieds en murmurant que j'étais trop
mignon, que c'était trop charmant* » (SARTRE). — *Ne... que
trop..., d'une manière déjà plus que suffisante. Cela n'a que
trop duré.* « *Elle ne serait sans doute que trop sensible, confiante
comme elle est, aux premières paroles d'amour qu'elle entendrait* » (GIDE). — (Avec une négation) *Je ne sais pas trop :
pas bien, guère. Sans trop comprendre.* « *Attends, je ne me
rappelle plus trop. C'est si vieux* » (MAUPASS.). — *Pas trop :
médiocrement.* « *Les finances ne vont pas trop bien, je crois.
— Pas trop* » (RAMUZ).

II. ♦ 1° *Nominal.* Une quantité excessive, plus que suffisante. V. **Excès.** — *(Sujet)* Dans des loc. prov. « *Trop
ne vaut rien* » (NERVAL) : l'excès n'est pas bon. « *Assez,
c'est bien, mais trop c'est trop* » (AYMÉ). — *(Compl. d'objet)
Il mange trop.* PROV. *Qui trop embrasse* mal étreint.* —
C'est trop ! (♦ en réponse à un compliment, un remerciement
pour un cadeau). — Vieilli. *C'est trop que..., que de..., il
y a excès, abus à...* « *C'est déjà trop pour moi que de vous
écouter* » (RAC.). — *De trop, en trop* s'emploient avec un nom,
un pronom, une expression numérale, « pour exprimer la
mesure de l'excès » (GREVISSE). *Je l'ai payé dix francs de trop.*
« *Garde donc ton argent ! Si tu en as de trop, ce trop m'appartient !* » (BALZ.). *Fam. Vous le trouvez intelligent ? Oh ! rien
de trop !* pas beaucoup. *Boire un coup de trop. Un verre de
trop. Avoir des bagages en trop.* V. **Excédent, surplus.** —
DE TROP *(en attribut)* : superflu. *Huit jours de travail ne seront
pas de trop pour terminer cet ouvrage.* — *Être de trop, en
trop* : imposer une présence inutile ou inopportune (V.
Gêner ; importun, indésirable, indiscret). *Restez, vous ne serez
pas de trop.* « *Les maisons où l'on est entré soi, j'y suis de
trop* » (HUGO). — TROP DE *(suivi d'un nom)* : une quantité
ou une intensité excessive de... « *Trop de bruit nous assourdit,
trop de lumière éblouit* » (PASC.). « *Trop de bonté est cruelle
à la vanité d'autrui* » (VERCORS). *Faire trop d'honneur.* —
Sans trop de peine. — *Ne... que trop de... :* plus qu'il n'en faut.
« *Paresse de penser incurable, qui n'avait que trop d'excuses* »
(R. ROLLAND). — (Attribut) *C'en est trop* : c'est assez, ce
n'est plus supportable. — Vx. TROP DE... suivi d'un complément qui exprime la quantité en excès. « *Nous sommes trois
chez vous ! C'est trop de deux, madame !* » (HUGO). ♦
2° Employé comme nom. — *(Sujet)* « *Ce qui arrive sur vous,
c'est le trop de lumière, qui est l'aveuglement* » (HUGO). —
(Compl.) « *Je veux du superflu, de l'inutile... du trop* » (HUGO).
◇ HOM. **Trot.**

TROPE [tʀɔp]. *n. m.* (1554 ; lat. *tropus*, gr. *tropos* « tour,
manière »). Didact. *(Hist. litt., Rhét.).* Figure par laquelle
un mot ou une expression sont détournés de leur sens propre.
V. **Figure** (ex. : antonomase, catachrèse, métaphore, métonymie, synecdoque). « *Et sur l'académie, aïeule et douairière,
Cachant sous ses jupons les tropes effarés,... Je fis souffler
un vent révolutionnaire* » (HUGO).

-TROPE, -TROPIE, -TROPISME. Éléments tirés du
gr. *tropos* « tour, direction », de *trepein* « tourner » (ex :
allotropie [-tropique], héliotrope, isotrope, somatotrope,
zootrope).

TROPHÉE [tʀɔfe]. *n. m.* (1488 ; bas lat. *trophæum*, lat.
class. *tropæum*, gr. *tropaion*, de *tropê* « fuite, déroute »).
♦ 1° *Antiq.* Dépouille d'un ennemi vaincu (cuirasse,
armes...). ◇ (1509) Réunion des marques tangibles d'une
victoire (prises de guerre, captures, etc.) destinée à attester et
à commémorer. *Ériger, élever un trophée. Un trophée d'armes,
de drapeaux.* ◇ (1857) Objet attestant une victoire, un
succès quelconque. *Trophée de chasse :* tête empaillée de
l'animal abattu. « *Tête de cerf faisant trophée contre la
muraille* » (FLAUB.). *Trophée d'un sportif, coupes, médailles.*
♦ 2° *Par métaph. et fig.* Signe, témoignage d'une victoire,
d'un triomphe. « *Montrer sa maîtresse, sous l'aspect d'un trophée
de sept étages* » (ROMAINS). ♦ 3° *Art.* Monument antique
représentant un trophée (1°). *Le trophée d'Auguste, à la Turbie.*
◇ Motif décoratif formé d'armes, de drapeaux, etc., groupés
autour d'une armure, d'un casque. « *Arc de triomphe, avec
des trophées et d'autres ornements héroïques* » (GAUTIER).
◇ *Par anal.* (1564) Groupe décoratif d'attributs divers servant d'ornement (instruments de musique, emblèmes...).
Trophées révolutionnaires. ◇ Sorte de panoplie d'armes.
« *Il y avait là un trophée d'armes formé d'espadons en bois,
de cannes, de bâtons et de fleurets* » (HUGO).

TROPHIQUE [tʀɔfik]. *adj.* (1842 ; du gr. *trophê* « nourriture »). Biol. Qui concerne la nutrition des tissus. *Troubles
trophiques (dystrophies). Centres, nerfs trophiques,* qui règlent
la nutrition des organes.

TROPHO-, -TROPHIE. Éléments, du gr. *trophê* « nourriture » (ex. : atrophie, hypertrophie).

TROPHOBLASTE [tʀɔfɔblast]. *n. m.* (1906 ; de *tropho,*
et *blaste*). *Embryol.* Feuillet mince, formé de petites cellules
hexagonales, qui se fixe au tissu utérin et joue un rôle nourricier.

TROPHO-MICROBIEN, IENNE [tʀɔfɔmikʀɔbjɛ̃, jɛn].
(déb. XXᵉ ; de *tropho-*, et *microbien*). *Biol.* Dû à des facteurs
trophiques et microbiens. *Théorie tropho-microbienne des
caries.*

TROPHONÉVROSE [tʀɔfɔnevʀoz]. *n. f.* (1878 ; de
tropho-, et *névrose*). *Méd.* Affection caractérisée par des
troubles trophiques qu'on ne peut rattacher à une lésion
nerveuse.

TROPICAL, ALE, AUX [tʀɔpikal, o]. *adj.* (1824 ; de
tropique). ♦ 1° *Géogr.* et *cour.* Qui concerne les tropiques,
la zone intertropicale, les régions situées autour de chaque
tropique, de part et d'autre de la zone équatoriale proprement dite. V. **Équatorial.** *Région, zone tropicale. Climat
tropical :* type de climat chaud à faible variation annuelle de
température, à forte variation du régime des pluies, qui règne
de part et d'autre de chaque tropique. *Pluies tropicales.
Faune, végétation tropicale.* ♦ 2° (1872). Se dit d'une chaleur
très forte, d'une température très élevée. « *L'église de Fort-
Gono si chaude celle-là, sous les tôles ondulées,... plus tropicale
que les tropiques* » (CÉLINE). ♦ 3° Par ext. *(Néol.).* Destiné
aux tropiques, au climat tropical. *Costume tropical.*

TROPICALISER [tʀɔpikalize]. *v. tr.* (v. 1900 ; de *tropical*). Techn. Rendre (un matériau, un matériel) résistant
à l'action du climat tropical, chaud et humide. (N. f. TRO-
PICALISATION [tʀɔpikalizasjɔ̃]).

TROPIQUE [tʀɔpik]. *n. m. et adj.* (1377 ; lat. *tropicus*, gr.
tropikos).
I. *N. m.* ♦ 1° Chacun des deux petits cercles de la sphère
terrestre, parallèles à l'équateur dont ils sont distants de
23°27′ et qui correspondent au passage du Soleil au zénith,
à chacun des solstices. *Tropique du cancer* (hémisphère nord),
du capricorne (sud). *Région située entre les tropiques* (V.
Équatorial, intertropical, subtropical), caractérisée par la
faible inclinaison des rayons solaires (zone torride). — *Franchir, passer le tropique. Baptême du tropique,* analogue au
baptême de la ligne. ♦ 2° *Le tropique* (vx), *les tropiques*
(mod.) : la région intertropicale. *Le soleil des tropiques.*
« *Des tropiques de rêve... ; des grèves de sable fin, bordées
de cocotiers* » (LÉVI-STRAUSS).
II. *Adj.* ♦ 1° (1691, *an tropique*). Didact. *Année tropique :*
intervalle moyen de deux retours consécutifs du Soleil à l'équinoxe de printemps. ♦ 2° Didact. Relatif au trope, à la figure
de rhétorique.

TROPISME [tʀɔpism(ə)]. *n. m.* (déb. XXᵉ ; de l'élément
-tropisme [V. -Trope] de mots antérieurs, *héliotropisme, géotropisme, phototropisme,* etc.). Biol. Réaction d'orientation
ou de locomotion orientée (mouvement), causée par des
agents physiques ou chimiques. *Spécialt.* Réaction d'orientation des organismes végétaux ou animaux fixés, sous l'effet
d'agents physiques ou chimiques (distinct de *tactisme** ou
taxie*). — ◇ *Fig. et littér.* (1957) Réaction élémentaire à
une cause extérieure ; acte réflexe très simple. *Tropismes*
(œuvre de Nathalie Sarraute).

TROPO-. Élément, du gr. *tropos* « tour ».

TROPOPAUSE [tʀɔpopoz]. *n. f.* (1936 ; de *tropo* [sphère],
et gr. *pausis* « cessation »). Sc. Limite supérieure de la troposphère.

TROPOSPHÈRE [tʀɔpɔsfɛʀ]. *n. f.* (1915 ; de *tropo-*,
[atmo]*sphère*). Sc. Partie de l'atmosphère comprise entre le
sol et la stratosphère. — Adj. TROPOSPHÉRIQUE [tʀɔpɔsfeʀik].

TROP-PERÇU [tʀɔpɛʀsy]. *n. m.* (1908 ; de *trop,* et *perçu,*
de *percevoir*). Ce qui a été perçu en sus de ce qui était dû,
Dr. fisc. « *Perception par suite de faux ou de double
emploi* » (CAPITANT). ◇ ANT. *Moins-perçu.*

TROP-PLEIN [tʀɔplɛ̃]. *n. m.* (1671 ; de *trop,* et *plein*).
♦ 1° *(Sens abstrait).* Ce qui est en trop, ce qui excède la
capacité, les possibilités. *Épancher le trop-plein de son cœur,
de son âme :* exprimer les sentiments que l'on ne peut garder
en soi. « *Répands alors le trop-plein de ton amour, la surabondance de ta charité* » (ARNOUX). *Un trop-plein de vie :* une
surabondance de vie, d'énergie qui veut s'être employée.
♦ 2° (1743). Ce qui excède la capacité d'un récipient, d'un
contenant ; ce qui déborde. *Vider le trop-plein d'un vase.
Fermes* « *qui recevaient le trop-plein des eaux des domaines
de madame Graslin* » (BALZ.). ♦ 3° (1863). Techn. Dispositif
servant à évacuer, réservoir destiné à recevoir un liquide en
excès (lorsqu'il atteint un niveau déterminé. V. **Déchargeoir,
déversoir, puisard.** *Le trop-plein d'un barrage... Des trop-
pleins.*

TROQUE. V. **Troche.**

TROQUER [tʀɔke]. *v. tr.* (1549 ; *troch[i]er,* XIVᵉ ; lat.
médiév. *trocare,* 1257 ; o. i.). Donner en troc. V. **Échanger.**
« *Les caravanes de Maures qui vont... troquer du sel contre
de l'or* » (MONTESQ.). *Des armures...* « *il en troque, il en
échange contre des croquis* » (GAUTIER). — (Sans idée de

transaction commerciale) Changer, faire succéder à. « *Elle avait troqué... sa courte robe de petite fille contre une jupe longue* » (COLETTE). « *Dans bien des moments de notre vie nous troquerions tout l'avenir contre un pouvoir en soi-même insignifiant* » (PROUST).

TROQUET [tʀɔkɛ]. *n. m.* (1877, abrév. de *mastroquet**). *Pop.* ♦ 1° *Vx.* Tenancier de café, mastroquet. « *Il va chez le troquet plus souvent que d'habitude* » (FRANCE). ♦ 2° *Mod.* Café. *Aller prendre un pot au troquet du coin.*

TROQUEUR, EUSE [tʀɔkœʀ, øz]. *n.* (1586; *trocheur*, v. 1550; de *troquer*). *Rare.* Personne qui fait ou aime à faire des trocs, des échanges.

TROT [tʀo]. *n. m.* (XIIᵉ; subst. verb. de *trotter*). ♦ 1° Une des allures naturelles du cheval et de quelques quadrupèdes, intermédiaire entre le pas et le galop, et dans laquelle les membres oscillent par paires croisées (*par ex.* : l'antérieur gauche avec le postérieur droit). *Trot de manège. Trot de course* (V. *Trotteur*). *Petit trot, grand trot. Prendre le trot.* « *Le cheval, la croupe abaissée, partit au trot* » (CHARDONNE). — *Trot assis* (où le cavalier reste assis), *enlevé* (où il s'enlève sur ses étriers un temps sur deux). — Turf. *Courses de trot monté* (où le trotteur est monté; *attelé*, où il est attelé à un sulky. ♦ 2° (XIIIᵉ). *Fam. Aller au trot à tel endroit*, en marchant rapidement, sans traîner. *Allez-y, et au trot !* ◇ HOM. *Trop.*

TROTSKISTE ou **TROTSKYSTE** [tʀɔtskist(ə)]. *n.* (1926; de *Trotski* [parfois écrit *Trotsky*], pseudonyme de Lev Bronstein). Partisan de Trotski et de ses doctrines (le TROTSKISME ou TROTSKYSME [tʀɔtskism(ə)]), notamment la théorie de la révolution permanente. *Les trotskistes se sont réunis en 1938 dans la IVᵉ Internationale.* — Adj. *Groupe trotskiste.* Cf. Gauchiste.

TROTTE [tʀɔt]. *n. f.* (1680; de *trotter*). *Fam.* Chemin assez long à parcourir à pied. « *Grégoire, qui faisait chaque jour de grandes trottes dans Paris, à pied* » (DUHAM.). « *Ça fait une trotte... Je suis pas champion de cross, moi* » (QUENEAU).

TROTTE-MENU [tʀɔtməny]. *adj. invar.* (1488; de *trotter*, et *menu*). Vx ou plais. « *La gent trotte-menu* » (LA FONT.), l'espèce qui trotte à petits pas, les souris.

TROTTER [tʀɔte]. *v.* (XIIᵉ; frq. °*trottôn*, forme intensive de *treten* « marcher »).
I. *V. intr.* ♦ 1° Aller au trot. *Cheval qui trotte.* « *Ils vont* (les chiens), *ils viennent, ils trottent* » (BAUDEL.). — *Cavalier qui trotte*, qui fait trotter son cheval. ♦ 2° (De l'homme et de quelques animaux). Marcher rapidement à petits pas. « *Sans cesse affairée, elle trottait d'un pas menu d'un bout à l'autre de la maison* » (GIDE). *Souris qui trotte* : va rapidement à son allure naturelle. ◇ *Faire de nombreuses allées et venues.* V. *Courir.* « *Ces fines et laborieuses filles de Paris, qui trottent au matin par les rues, en allant à des besognes honnêtes* » (MAUPASS.). ♦ 3° *Fig.* (XVIIᵉ). Courir, passer rapidement. « *Rien n'est propre comme les réticences de la pudeur pour faire trotter l'imagination* » (HENRIOT). *Une idée, un air qui vous trotte par la tête.* V. *Préoccuper.*
II. *V. pron.* (XVᵉ). *Pop.* Se trotter, se sauver, partir.

TROTTEUR, EUSE [tʀɔtœʀ, øz]. *n.* (1690; « vagabond », XVᵉ; de *trotter*). ♦ 1° Cheval dressé à trotter. *Un bon trotteur.* — *Spécialt.* Demi-sang entraîné pour les courses au trot. ♦ 2° *N. m. pl.* et *adj.* (Modes). Chaussure de ville caractérisée par un talon large et bas. *Des trotteurs. Un talon trotteur.*

TROTTEUSE [tʀɔtøz]. *n. f.* (1936; de *trotter*). Aiguille des secondes. *Trotteuse d'un chronomètre.*

TROTTIN [tʀɔtɛ̃]. *n. m.* (1856; « laquais qui fait les courses », 1652; « lapin », 1598; de *trotter*). *Vieilli.* Jeune employée d'une modiste, d'une couturière..., chargée de faire les courses en ville. V. *Midinette.*

TROTTINEMENT [tʀɔtinmɑ̃]. *n. m.* (1869; *trotinement*, 1845; de *trottiner*). Action de trottiner. « *L'on n'entendait que le trottinement des souris* » (FLAUB.).

TROTTINER [tʀɔtine]. *v. intr.* (XIIᵉ; dimin. de *trotter*). ♦ 1° Aller avec un trot très court. Ânes qui trottinent. ♦ 2° Marcher à petits pas courts et pressés. « *Il marchait à petits pas pressés, ou, plus exactement, il trottinait auprès de moi* » (GIDE).

TROTTINETTE [tʀɔtinɛt]. *n. f.* (1902; de *trottiner*). Jouet d'enfant composé d'une planchette montée sur deux roues et d'une tige de direction. V. *Patinette.* ◇ *Fam.* (1952) Petite automobile.

TROTTOIR [tʀɔtwaʀ]. *n. m.* (1577; de *trotter*). ♦ 1° *Vx.* Piste où l'on fait trotter les chevaux. ♦ 2° *Ancienn.* (XVIIᵉ). Chemin élevé le long des quais et des ponts. V. *Allée.* « *Les trottoirs garnis d'arbres, qui courent le long du Rhône* » (STENDHAL). ◇ *Mod.* (1835) Chemin surélevé réservé à la circulation des piétons (sur les côtés d'une rue). V. *Accotement, banquette. Se promener sur les trottoirs.* « *L'absence complète de trottoirs étonnait; la chaussée... arrivait au ras des maisons* » (ROBBE-GRILLET). — *Spécialt. Faire le trottoir* : se dit d'une prostituée. ♦ 3° (1907). *Trottoir roulant*, plate-forme qui roule sur des rails ou des galets, et sert à transporter des

personnes ou des marchandises. « *Je monterai... au troisième étage, je prendrai le trottoir roulant* » (LÉAUTAUD).

TROU [tʀu]. *n. m.* (mil. XIIIᵉ; *trau*, XIIᵉ; lat. pop. °*traucum*, lat. médiév. attesté *traugum*, probabl. d'o. prélatine). Ⓐ ♦ 1° Abaissement ou enfoncement (naturel ou artificiel) de la surface extérieure d'un corps. V. *Cavité, creux, excavation.* « *L'attrait qu'ont toujours eu pour lui les trous dans les montagnes, les entrées de cavernes, les cratères* » (GONCOURT). *Le fond d'un trou. Tomber dans un trou.* Par anal. *Trou d'air*, courant atmosphérique descendant qui fait que l'avion s'enfonce brusquement. — *Creuser un trou dans la terre.* V. *Fosse. Trous d'un terrain de golf*, où le joueur doit introduire la balle. ♦ 2° Abri naturel ou creusé. *Soldats qui se creusent un trou, s'abritent dans des trous d'obus. Animal se réfugiant dans son trou.* V. *Terrier. Trou de souris**. *Fig.* « *Il faut trouver sa place et faire son trou* » (VIGNY), une place solide. ◇ (1845) *Trou du souffleur* : loge sur le devant de la scène, où se tient le souffleur. ♦ 3° *Loc. fig. Boucher un trou*, régler une dette parmi d'autres. *Faire un trou à la lune* (vieilli), s'enfuir sans payer ses créanciers, faire faillite. *Il y a un trou dans sa comptabilité*, des sommes d'argent qui ont disparu sans trace comptable. ◇ *Avoir un trou de mémoire*, une lacune. Fam. *Avoir un trou.* V. *Oubli.* — « *Soudain un trou mental, le vide, l'abolition* » (COLETTE). *Il y a un trou dans son emploi du temps*, un espace de temps inoccupé. *C'est le trou noir*, le fond du désespoir, la dépression. — (1867) *Faire le trou normand*, boire un verre d'alcool entre deux plats pour « creuser » l'estomac. ◇ *Sport* (1942, au rugby) *Faire le trou*, creuser une distance entre soi et les poursuivants. *Dans le trou, l'espace qui s'ouvre entre des joueurs.* ♦ 4° (v. 1525; de *trou* « terrier »). *Fam.* Modeste retraite campagnarde où l'on se réfugie. — *Petit village perdu, retiré.* V. *Bled, coin.* « *Au fond de ce trou perdu, à la lisière de la triste Beauce* » (ZOLA). *N'être jamais sorti de son trou*, ne rien connaître du monde. *Un petit trou pas cher*, une petite localité où l'on peut passer des vacances à bon marché. ♦ 5° *Pop.* (1725, arg.). *Être au trou* : en prison. Ⓑ ♦ 1° Ouverture pratiquée de part en part dans une surface ou un corps solide (Cf. *techn.* Bonde, boulin, dalot, forure, œillet, perce...). *Des murs « percés, en guise de portes, de trous carrés* » (FROMENTIN). *La belette « Entra dans un grenier par un trou fort étroit* » (LA FONT.). *Trou d'aération. Trou d'une aiguille**. V. *Chas.* « *L'eau tombait du plafond comme des trous d'un crible* » (HUGO). Par métaph. *Boire comme un trou.* — *Le trou de la serrure*, l'orifice par lequel on introduit la clé. *Regarder par le trou de la serrure.* ◇ *Spécialt.* (Passages) *Mar.* (1842) *Trou du chat*, sur les grands voiliers, ouverture permettant d'accéder à la hune. — (1840) *Trou d'homme*, ouverture arrondie. V. *Regard.* ♦ 2° Solution de continuité produite involontairement (du fait de l'usure, d'une brûlure, d'un choc, etc.). *Trous d'un vêtement.* « *La serviette grise... avec un trou et des taches de rouille* » (ROMAINS). ♦ 3° *Fam.* Se dit de certains orifices ou cavités. *Trous de nez.* V. *Narine. N'avoir pas les yeux en face des trous*, des orbites. Vulg. *Trou du cul, trou de balle*, anus (et T. d'injure : imbécile). ◇ (XVIIIᵉ) *Anat.* Nom de certains orifices de l'organisme donnant accès à une cavité ou laissant passage à des nerfs et à des vaisseaux. *Trous olfactifs, trou occipital, trous vertébraux.*

TROUBADE [tʀubad]. *n. m.* (1860; de *troubadour* « troupier » [1833], et *troupier*). *Pop.* et *vieilli.* Troupier, soldat. V. *Troufion.*

TROUBADOUR [tʀubaduʀ]. *n. m.* (1575; de l'a. prov. *trobador* « trouveur », de *trobar* « trouver, composer »). ♦ 1° Poète lyrique courtois de langue d'oc aux XIIᵉ et XIIIᵉ siècles. V. *Jongleur, ménestrel, trouvère.* « *Cette divinisation de la femme, d'où procède l'inspiration des troubadours* » (A. BERRY). ♦ 2° *En appos.* (Hist. litt. et art). *Genre, style troubadour*, genre littéraire (imitation de la poésie chevaleresque et courtoise), style artistique (néo-gothique) du XIXᵉ s.

TROUBLANT, ANTE [tʀublɑ̃, ɑ̃t]. *adj.* (1581, repris 1850; de *troubler*). ♦ 1° *Vieilli.* Qui crée des troubles. « *Le haschisch est... beaucoup plus véhément que l'opium,... beaucoup plus troublant* » (BAUDEL.). ♦ 2° *Mod.* Qui rend perplexe, embarrasse en inquiétant quelque peu. V. *Déconcertant. Question troublante. Ressemblance troublante*, qui fait douter de l'identité de la personne. « *Un mystère presque aussi troublant que celui de la mort* » (PROUST). V. *Inquiétant.* ♦ 3° Qui excite le désir, l'amour. *Un déshabillé troublant.* ◇ ANT. *Clamant. Rassurant.*

1. **TROUBLE** [tʀubl(ə)]. *adj.* (1160; lat. pop. °*turbulus*, crois. de *turbidus* « agité » et *turbulentus* [V. **Turbulent**]. ♦ 1° Se dit d'un liquide qui n'est pas limpide, qui contient des particules en suspension (V. *Boueux, vaseux*). *Eau trouble.* « *Ce blanc laiteux à peine bleuâtre, un peu trouble, qui tenait des eaux de riz* » (HUYSMANS). *Vin trouble.* — *Loc. Pêcher** en eau trouble.* ◇ *Dont la transparence est altérée ou insuf-*

fisante. « *Un gros verre ancien, un peu trouble...* » (COLETTE).
— *Par ext.* Qui n'est pas net, qui ne se voit pas nettement.
Images troubles. « *Une lueur trouble et malheureuse dénaturait
son regard* » (DUHAM.). — Par méton. *Avoir la vue trouble :*
voir les images troubles. ♦ 2° *Fig.* (Avec infl. du v. *troubler*).
Qui contient des éléments obscurs, équivoques, plus ou moins
inavouables ou menaçants. *Désirs troubles.* « *Nos bonnes
actions sont souvent plus troubles que nos péchés* » (AYMÉ).
« *Une période absolument trouble, équivoque* » (CÉLINE).
◇ ANT. Clair, transparent; net. Distinct, évident, pur.

2. TROUBLE [trubl(ə)]. *n. m.* (1283, dr.; de *troubler*).
🅐 *(Concret).* ♦ 1° *Littér.* État de ce qui cesse d'être en ordre ;
agitation confuse qui en résulte. V. **Bouleversement, confusion, désordre, remue-ménage, tumulte.** « *Il avait profité du
trouble, du tumulte, de l'encombrement... pour s'élancer par
la fenêtre* » (HUGO). *Jeter, porter, semer le trouble dans une
famille.* ◇ *Cour. (Au plur.)* Ensemble d'événements caractérisés par le désordre, l'agitation. Opposition plus ou moins
violente d'un groupe à l'intérieur d'une société. V. **Désordre,
émeute, insurrection, manifestation, révolte, soulèvement.**
Troubles sanglants. Troubles politiques, sociaux. « *Des vols,
d'autres crimes ordinaires, des pillages de gens affamés, des
meurtres d'accapareurs... la résistance à main armée. Tout
cela sous le mot* troubles » (MICHELET). — *Fauteur de troubles*
(Cf. Trublion). *Réprimer les troubles.* ♦ 2° *Dr.* Atteinte
à l'exercice d'un droit sur une chose. *Trouble de la possession. Trouble de fait* (par usurpation, etc.). 🅑 *(Abstrait).*
♦ 1° *Littér.* Perte de la lucidité; état anormal d'agitation.
V. **Confusion, désordre, égarement.** « *Tout entier encore confus
et se heurtait dans son cerveau : le trouble y était tel qu'il
ne voyait distinctement la forme d'aucune idée* » (HUGO). ♦
2° *Cour.* (XVIᵉ). État affectif pénible, fait d'angoisse et
d'une activité mentale excessive, incontrôlée (V. **Agitation,
émotion, fièvre, inquiétude**). « *L'éveil ardent de son imagination...* (la jetait) *dans un trouble mêlé de désirs et de craintes* »
(FRANCE). « *Point de désespoir, point de cris; remettez-vous de
votre trouble* » (DIDER.). « *L'idée de la mort provoquait chez
elle ce trouble qui est un des signes de la jeunesse du cœur* »
(GREEN). ◇ État, attitude de celui qui manifeste son trouble
(rougeur, tremblements; altération de la voix). *Le trouble
de la honte. Son trouble l'a trahi.* — *Spécialt.* État, attitude
de celui qui est violemment ému et privé de ses moyens.
V. **Confusion.** *Le trouble et les balbutiements d'un candidat
timide.* ♦ 3° Émotion tendre; désir amoureux. « *Le trouble
de l'amour naissant est toujours doux* » (ROUSS.). 🅒 *Sc.* (XIXᵉ).
Modification pathologique des activités de l'organisme
ou du comportement de l'être vivant (physique ou mental).
V. **Dérèglement, désordre, désorganisation, perturbation.**
Troubles fonctionnels. Troubles de la vision, de la vue (éblouissements, etc.). — *Troubles psychiques. Troubles névrotiques.
Troubles de la personnalité.* ◇ ANT. Apaisement, calme, équilibre, ordre, paix, repos; équilibre, sérénité, tranquillité.

3. TROUBLE. V. TRUBLE.

TROUBLÉ, ÉE [truble]. *adj.* (XIIᵉ; V. Troubler). ♦
1° Rendu trouble. V. **Brouillé.** *Eau troublée.* ♦ 2° (1170).
Agité de troubles. *Une des périodes plus troublées de notre
histoire.* ♦ 3° Qui n'a plus sa lucidité normale. « *J'avais la
tête tellement troublée que je crus entendre les trois coups* »
(VILLIERS). ♦ 4° *(Personnes).* Qui est dans un état affectif
de trouble. V. **Ému.** *Le candidat est troublé.* — Perplexe,
embarrassé. ◇ ANT. Clair, pur, paisible, tranquille.

TROUBLEAU. V. TRUBLE.

TROUBLE-FÊTE [trubləfɛt]. *n.* (v. 1300; de *troubler* et
fête). Personne qui trouble des réjouissances; qui empêche
qqn de se réjouir. V. **Importun.** « *Sa gloire dura sans aucun
échec jusqu'à ce que Boileau y vînt porter atteinte, en vrai
trouble-fête qu'il était* » (STE-BEUVE). *Je ne voudrais pas jouer
les trouble-fête*, déranger votre bien-être, votre satisfaction.

TROUBLER [truble]. *v. tr.* (1080; lat. pop. °*turbulare*
[class. *turbare*]; de °*turbulus*. [V. Trouble 1]). 🅐 ♦ 1° Modifier en altérant la clarté, la transparence. « *Troubler l'eau d'un
ruisseau en le faisant bouillonner à l'aide d'une grosse branche
d'arbre* » (BALZ.). *Un ciel bleu que rien ne troublait.* V. **Obscurcir.** — Pronom. « *Les ondes de l'Elbe... se troublent facilement
par l'orage* » (STAËL). ◇ Rendre moins net. « *L'émotion
lui troublait la vue* » (GREEN). ♦ 2° *Littér.* Modifier en touchant à l'ordre, à l'équilibre; rendre agité, confus. V. **Bouleverser, déranger, perturber.** « *L'intempérie des éléments
qui troublent perpétuellement ce bas monde* » (STE-BEUVE).
Cour. Troubler la paix des ménages. Troubler l'ordre public.
♦ 3° Empêcher (un état calme, paisible) de se continuer.
Troubler le silence. Troubler le sommeil de qqn, le rendre agité
ou l'interrompre. *Troubler le repos, la tranquillité.* « *Rien ne
trouble sa fin, c'est le soir d'un beau jour* » (LA FONT.). « *Rien
ne troublait la monotone tranquillité de notre vie* » (LAMART.).
♦ 4° Interrompre ou gêner le cours normal de... V. **Dérégler,
désorganiser.** « *Mais quelqu'un troubla la fête* » (LA FONT.).
V. **Trouble-fête.** *La représentation a été troublée par des manifestants. Troubler les plans, les projets de qqn. Troubler la*

digestion. 🅑 *(Sens moral).* ♦ 1° Priver de lucidité. V. **Égarer.**
« *Le vin trouble les facultés mentales, tandis que l'opium y
introduit l'ordre suprême* » (BAUDEL.). « *Sa tendresse pour moi
allait jusqu'à troubler sa raison* » (FRANCE). « *Sa vanité, qui
était forte, troubla son jugement, qui était faible* » (FRANCE).
♦ 2° *Troubler qqn* : susciter chez lui un état émotif, une activité psychique anormale ou pénible qui compromet le contrôle
de soi. V. **Agiter, bouleverser, inquiéter.** *Rien ne trouble le
sage.* V. **Atteindre, toucher.** « *Il avait le visage tranquille et
volontaire de ceux qui ne permettent pas à la vie de les troubler* »
(GREEN). ◇ Déconcerter en créant une impression d'insécurité. V. **Démonter, désarçonner, désorienter, impressionner.**
Examinateur sévère qui trouble les candidats. — Pronom.
« *Il fallait... avoir toujours l'esprit présent, être toujours de
sang-froid, ne jamais me troubler* » (ROUSS.). ◇ Rendre
perplexe. V. **Embarrasser, gêner.** *Il y a un détail qui me trouble.*
V. **Troublant.** « *Ta remarque me trouble* » (ROMAINS). ♦
3° Mettre dans le trouble en suscitant une émotion amoureuse. V. **Émouvoir.** « *Le charme de sa personne lui troublait
le cœur plus que les sens* » (FLAUB.). ◇ ANT. Clarifier, purifier.
Calmer; apaiser, tranquilliser.

TROUÉ, ÉE [true]. *adj.* (fin XIVᵉ; V. Trouer). Qui est
percé d'un trou, de trous. V. **Percé.** *Bas troué. Guenilles
trouées.* « *Ton feutre humble et troué s'ouvre à l'air de la
mouille* » (HUGO). *Être troué comme une écumoire.*

TROUÉE [true]. *n. f.* (1611; *trauwée*, fin XVᵉ; de *trouer*).
♦ 1° Large ouverture qui permet le passage. *Trouée dans
une haie.* « *Une petite clairière que prolongeait... une longue
trouée entre les arbres* » (ROMAINS). — Espace entre des nuages
découvrant le bleu du ciel. V. **Déchirure, échappée.** « *Le ciel,
semé de nuages, avec des trouées d'un bleu sombre* » (FRO-
MENTIN). ♦ 2° (1798). Ouverture faite dans les rangs de
l'armée ennemie. V. **Brèche, percée.** *Ils se «fondirent sur... la
cavalerie ennemie, et, faisant une large et sanglante trouée,
passèrent au travers* » (VIGNY). ♦ 3° *Géogr.* (attesté 1907).
Large passage naturel dans une chaîne de montagnes, entre
deux massifs. *La trouée de Belfort* (entre les Vosges et le
Jura).

TROUER [true]. *v. tr.* (XIIᵉ; de *trou*). ♦ 1° Faire un trou,
des trous dans. V. **Percer, perforer.** *Trouer un vêtement* (par
usure, brûlure). Absolt. « *Je parie que tu as encore un trou à
ta culotte... Je raccommode et monsieur troue! Il troue en
haut, il troue au genou, il troue sur la cuisse, il
troue au derrière!* » (BOSCO). — Loc. fam. *Se faire trouer la
peau* : se faire tuer par des balles. « *Des élancements
violents lui trouaient le crâne* » (SARTRE). ♦ 2° Faire une
trouée dans. « *Des rayons de soleil trouaient çà et là ces
ténèbres vertes* » (HUGO). ♦ 3° *(Choses).* Former une ouverture dans. *Le mur « que troue... une petite porte à secret* »
(GIDE). ◇ Par anal. Former une tache, des taches qui rappellent des trous. V. **Piquer, tacher.** « *Toutes ces figures
osseuses et trouées d'ombre* » (MORAND).

TROUFIGNON [trufiɲɔ̃]. *n. m.* (Trouffignon, 1873; *troufignon*, XVIᵉ; de *trou* et *fignon*, dimin. dial. de *fin*; Cf. Fignoler, *fion*). *Vulg.* Anus. *Par ext.* Derrière.

TROUFION [trufjɔ̃]. *n. m.* (1894; probabl. altér. de *troupier*). *Pop.* Simple soldat. V. **Troubade.** « *Une houppelande en
lambeaux dont on découvrait au peu qu'elle avait dû être
une capote de troufion* » (JOURDAIN).

TROUILLARD, ARDE [trujar, ard(ə)]. *adj.* et *n.*
(av. 1756; de *trouille*). *Pop.* Heureux, poltron. *Un gosse
trouillard. Quelle trouillarde!*

TROUILLE [truj]. *n. f.* (1891; « excrément, colique »,
XVᵉ; o. i.; p.-ê. altér. de *drouille*, dial.; du néerl. *drollen*
« aller à la selle »). *Pop.* Peur. « *Tu as eu les jetons?* — Tu
parles. Jamais eu une telle trouille de ma vie » (QUENEAU).
Il lui a fichu, flanqué la trouille.

TROUILLOMÈTRE [trujɔmɛtr(ə)]. *n. m.* (v. 1940; formation plaisante, de *trouille*, et *-mètre*). *Pop. Avoir le trouillomètre à zéro*, avoir très peur. « *Des pétochards... qui couraient sur les routes avec le trouillomètre à zéro* » (SARTRE).

TROU-MADAME [trumadam]. *n. m.* (1611; « arcade
de ce jeu », 1571; de *trou*, et *madame*). Ancien jeu d'adresse,
consistant à faire rouler treize petites boules sous des arcades
numérotées. *Des trous-madame.*

TROUPE [trup]. *n. f.* (1477; *trope*, fin XIIᵉ; du rad. de
troupeau*). ♦ 1° Réunion de gens qui vont ensemble, ou
qui agissent de concert (vieilli). V. **Bande, groupe.** « *Une
troupe de paysans, hommes, femmes et enfants* » (NERVAL).
V. **Cortège.** « *Une troupe d'étrangers sortit de l'hôtel* » (APOL-
LINAIRE). — *En troupe*, à plusieurs, tous ensemble. « *On ne
voulait partir qu'en masse, en troupe* » (MICHELET). — Groupe
d'animaux de même espèce vivant naturellement ensemble.
V. **Troupeau.** *Animaux en troupe.* V. **Grégaire.** « *Une troupe
de singes, qui se sont enfuis à notre approche* » (GIDE). ♦
2° (1477). Groupe régulier et organisé de soldats. V. **Unité**
(ex. : bataillon, escouade, régiment, section...). « *La troupe
de légionnaires qui, par principe, est composée d'aventuriers* »
(MAC ORLAN). *Troupe de partisans, de maquisards.* V. **Com-**

mando, détachement, guérilla. *Rejoindre le gros de la troupe.* — Fam. *En route, mauvaise troupe! allons, avançons!* ◇ Au plur. *Les troupes.* V. **Armée, force** (forces armées). *Lever, mobiliser des troupes. Troupes de choc, de débarquement. Le chef, à la tête de ses troupes. Le gros des troupes. Masser des troupes.* ◇ (*Sing. collectif*) LA TROUPE : l'armée, les armées. *Corps de troupe.* — Spécialt. La force armée, la force publique chargée de réprimer les émeutes. *La troupe dut intervenir.* — L'ensemble des soldats (*opposé à* officiers). *Le moral de la troupe. Homme de troupe :* simple soldat. V. **Troupier** (Cf. Homme du rang*). *Enfant* de troupe.* — Par appos. *Gauloises troupe,* cigarettes de l'armée. — Ellipt. *Fumer des troupes.* ♦ 3° (1664). Groupe de comédiens, d'artistes qui jouent ensemble. *Troupe de théâtre.* « *Cette troupe s'était vue contrainte... de rejouer son spectacle* » (CAMUS). *Troupe de chanteurs, de danseurs. Troupe en tournée.* « *La troupe n'est pas payée et prend des libertés avec ses rôles* » (ARAGON).

TROUPEAU [tʀupo]. *n. m.* (1530; *tropel,* fin XIIIe; « troupe », mil. XIIe; du frq. °*thorp.* V. **Trop**). ♦ 1° Réunion d'animaux domestiques qu'on élève, nourrit ensemble. *Troupeau de cent têtes de bétail. Troupeau de taureaux, de chevaux* (V. **Manade**). « *Un énorme troupeau de moutons et de chèvres noires* » (FROMENTIN). *Troupeau d'oies. Migrations de troupeaux* (transhumance). — Par compar. *Piétinement de troupeau d'une foule.* ◇ Spécialt. Troupeau de moutons. « *Un troupeau traversait les guérets. Deux chiens le flanquaient. Le berger marchait en avant* » (BOSCO). ♦ 2° (1530). Troupe (de bêtes sauvages). *Troupeau de buffles, d'éléphants.* ♦ 3° Troupe nombreuse de personnes (assimilées par leur nombre et leur passivité à des animaux). « *Je hais tout ce qui porte l'homme à se mettre en troupeau* » (MUSS.). « *Ils appartenaient au grand troupeau des hommes. Les résignés* » (R. ROLLAND). « *Le soir, à la gare d'Orsay, perdue dans le troupeau que parquait une barrière* » (MAURIAC). V. **Foule.** ♦ 4° (XVIe). Relig. (de la parabole du bon pasteur). *Le troupeau du Seigneur,* les fidèles, l'Église. ◇ (1687) Vieilli. *Les gens d'un diocèse, d'une paroisse* (pour l'évêque ou le curé). *Ce prélat a quitté la cour pour s'abandonner entièrement au zèle qu'il a pour son troupeau* » (LESAGE).

TROUPIALE [tʀupjal]. *n. m.* (1760; probabl. de *troupe*). Zool. Oiseau exotique (*Passereaux*) qui vit en troupes et bâtit des nids aussi remarquables que ceux du tisserin. *Troupiale babillard. Troupiale à épaulettes rouges.*

TROUPIER [tʀupje]. *n. m.* (1821; de *troupe*). Vieilli. Homme de troupe, soldat. V. **Troufion.** « *C'était la légende, le troupier français parcourant le monde, entre sa belle et une bouteille de bon vin* » (ZOLA). Loc. mod. *Boire, fumer, jurer comme un troupier.* Adj. *Comique troupier,* genre comique grossier, à base d'histoires de soldats, à la mode vers 1900. V. **Tourlourou.**

TROUSSAGE [tʀusaʒ]. *n. m.* (1875; autre sens, v. 1390; de *trousser*). Cuis. Action de trousser une volaille.

TROUSSE [tʀus]. *n. f.* (XIIIe; *torse,* v. 1210; de *trousser*). ♦ 1° Vx. Botte, faisceau (de foin, fourrage). ♦ 2° Ancienn. Haut-de-chausses court et relevé. « *Son costume de troubadour est varié d'une trousse dans le goût du XVIIe siècle* » (NERVAL). ◇ Loc. mod. (v. 1500) AUX TROUSSES (DE...). *Avoir qqn à ses trousses,* qqn qui vous suit ou vous poursuit. *Avoir la police à ses trousses.* « *La meute acharnée de ses créanciers* (de Balzac), *à ses trousses depuis sa jeunesse* » (HENRIOT). *Il « vous heurte en son passage, comme s'il avait le feu aux trousses* » (HENRIOT). Cf. Au derrière. ♦ 3° (1660; « valise », poche de selle », XIIIe). Poche, étui à compartiments pour ranger un ensemble d'objets. *Trousse de médecin, de chirurgien,* contenant ses instruments. *Trousse à outils. Trousse à aiguilles* (V. **Aiguiller**), à couture. *Trousse à ongles,* contenant les instruments utilisés pour les soins des ongles. *Trousse de toilette, de voyage,* contenant des objets de toilette. *Trousse d'écolier,* contenant des plumes, crayons, règles.

TROUSSEAU [tʀuso]. *n. m.* (XIVe; *torsel, trossel,* XIIe; de *trousse*). ♦ 1° Vx. Paquet, faisceaux. — Mod. (1636) *Trousseau de clefs* : réunion de plusieurs clefs attachées ensemble, maintenues dans un anneau, un porte-clef. « *M. de Coëtquidan sortit un trousseau de clefs, attachées... par une ficelle et ouvrit la porte de la grille* » (MONTHERLANT). ♦ 2° (Fin XIVe). Habits, linge, parures qu'emporte une jeune fille qui se marie (ou qui entre en religion). « *Les plus luxueux trousseaux de femmes, les chemises de noces des jeunes filles* » (GONCOURT). ◇ (Déb. XIXe) Vêtements et linge que l'on donne à un enfant qui quitte ses parents pour entrer en pension, en apprentissage, etc. « *Il fut décidé qu'on mettrait Hippolyte en pension à Paris... On lui fit donc un trousseau* » (SAND).

TROUSSE-GALANT [tʀusgalã]. *n. m.* (v. 1500; de *trousser,* et *galant,* n. m.). Vx et fam. Maladie foudroyante (qui *trousse,* enlève le galant, le jeune homme); choléra. V. **Trousser** (I, 3°).

TROUSSE-PET [tʀuspɛ]. *n. m.* (1872; var. *trousse-pète,*

1798; de *trousser,* et *pet*). ♦ 1° Fam. et vx. Petit garçon, petite fille. V. **Morveux.** ♦ 2° N. m. (XXe). *Fam.* Petite veste très courte. V. **Rase-pet.** *Des trousse-pets.*

TROUSSE-PIED [tʀuspje]. *n. m.* (1812; de *trousser,* et *pied*). Techn. Lien qui maintient replié le pied d'un animal domestique qu'on soigne, qu'on ferre. *Des trousse-pieds.*

TROUSSE-QUEUE [tʀuskø]. *n. m.* (1553; de *trousser,* et *queue*). Pièce de harnais, morceau de cuir dans lequel on passe la queue d'un cheval pour la relever. *Des trousse-queues.*

1. **TROUSSEQUIN** [tʀuskɛ̃]. *n. m.* (1677; dér. dial. de *trousse,* et suff. picard). Techn. Arcade postérieure relevée de l'arçon de la selle.

2. **TROUSSEQUIN.** V. **Trusquin.**

TROUSSER [tʀuse]. *v. tr.* (fin XIIe; *trusser,* XIIe; « charger », 1080; bas lat. °*torsare,* de *torsus,* p. p. en bas lat. de *torquere* « tordre »). ♦ 1° Vx. Mettre en faisceau, en botte. *Trousser du foin.* ◇ Cuis. (1732) *Trousser une volaille,* replier ses membres et les lier au corps avant de la faire cuire. ♦ 2° (Fin XIVe). Vieilli. Relever (un vêtement qui pend). V. **Retrousser.** « *La vieille madame de Courtrai,... troussant sa robe, se chauffait les mollets* » (FRANCE). — Fam. *Trousser les jupes d'une femme.* Pronom. « *Les femmes se troussaient* » (ZOLA), relevaient leurs jupes. *Par ext.* « *Un môme brutal, habitué à trousser les filles* » (ZOLA). ♦ 3° (1583) Vieilli. Relever, redresser. « *Il troussa sa moustache en croc et la caressa* » (HUGO). ♦ 3° (Fin XVIe; de l'a. sens « enlever rapidement »). Cf. **Trousse-galant.** Faire, expédier rapidement et habilement. « *Le Père Dubaton souhaiterait que je lui trousse un petit cantique de Noël* » (ANOUILH). — (Au p. p. adj.). Fait, tourné. *Un compliment bien, joliment troussé.*

TROUSSEUR [tʀusœʀ]. *n. m.* (1908; de *trousser*). Fam. *Un trousseur de jupons,* un coureur, un débauché.

TROU-TROU [tʀutʀu]. *n. m.* (*Néol.*; de *trou*). Ornement de lingerie composé de petits trous alignés, dans lesquels on passe un ruban. *Dentelle, jupon à trou-trou, à trou-trous.*

TROUVABLE [tʀuvabl(ə)]. *adj.* (XIVe; de *trouver*). Qui peut être trouvé, découvert ou rencontré. « *L'issue est invisible, mais trouvable* » (HUGO). ◇ ANT. **Introuvable.**

TROUVAILLE [tʀuvaj]. *n. f.* (1658; *trovaille* « épave », 1174; de *trouver*). ♦ 1° Fait de trouver avec bonheur. *Il eut « un pressentiment de l'opportunité de cette trouvaille* » (BALZ.). — Chose trouvée heureusement. V. **Découverte.** « *Quelle charmante propriété vous avez là... — Une occasion, une trouvaille* » (ZOLA). ♦ 2° (Déb. XXe). Le fait de découvrir (une idée, une image, etc.) par l'esprit et d'une manière heureuse; idée originale, intéressante. V. **Création, idée.** « *En quelques minutes, le lecteur* (d'un poème) *recevra le choc de trouvailles, de rapprochements... accumulés pendant des mois de recherche* » (VALÉRY). Iron. *Quelle est encore sa dernière trouvaille?* V. **Invention.** ◇ ANT. **Banalité, cliché, lieu** (commun).

TROUVÉ, ÉE [tʀuve]. *adj.* (XIIe; V. **Trouver**). En loc. *Qu'on a trouvé* (II). *Enfant trouvé. Objets trouvés.* ◇ (XVIIe) *Qui constitue une trouvaille.* V. **Heureux, neuf.** *Formule bien trouvée.* Iron. « *Ah! vraiment, voilà qui est bien trouvé* » (ZOLA), voilà une belle trouvaille!

TROUVER [tʀuve]. *v. tr.* (fin XIIe; *truver,* 1080; lat. pop. °*tropare* « composer (un air, un poème) » [Cf. Troubadour], puis « inventer, découvrir » [Cf. lat. médiév. *Contropare,* V. **Controuver**]).

I. ♦ 1° Apercevoir, rencontrer, toucher (ce que l'on cherchait ou ce que l'on souhaitait avoir). V. **Découvrir,** et fam. **Dégoter, dénicher.** *Chercher qqch. jusqu'à ce qu'on le trouve.* « *Il en est de la lecture comme des auberges espagnoles... On n'y trouve que ce qu'on y apporte* » (MAUROIS). — *Mots que l'on trouve dans un dictionnaire.* — Trouver à se procurer; parvenir à avoir, à obtenir. *Trouver un appartement, des capitaux. Trouver une situation, du travail.* — *Ne pouvoir trouver le sommeil. Trouver asile, refuge auprès de qqn. Trouver sa voie. Trouver grâce devant qqn.* — *Trouver son intérêt dans une affaire. Il y a trouvé son compte.* ♦ 3° Parvenir à rencontrer, à être avec (qqn). *Où peut-on vous trouver?* V. **Atteindre, joindre.** ◇ (v. 1200) *Aller trouver qqn :* aller le voir, lui parler. « *Il vint trouver votre père, l'accabla de reproches* » (MUSS.). ◇ Obtenir (qqn) pour son service. *Trouver une bonne, un secrétaire. Il va falloir lui trouver une femme.*

II. Découvrir, rencontrer (qqn, qqch.), sans avoir cherché. V. **Tomber** (sur). « *Il avait trouvé sur le banc... un mouchoir* » (HUGO). — (Abstrait) *Trouver une difficulté sur son chemin. Trouver la mort* : mourir. — (Avec *on, nous, vous*) Pouvoir trouver, constater l'existence de. « *Vous trouverez plus de vices dans les climats du nord des peuples qui ont peu de vices* » (MONTESQ.). — Rencontrer au cours d'une lecture. *Un mot qu'on trouve dans Corneille.* « *Vous ne trouverez jamais, chez Hugo, le moindre impropriété de langage* » (GIDE). ◇ (Compl. de personne) « *Dans ce petit cabaret, je trouvai trois braves* » (VIGNY). *Trouver son maître. Trouver à qui parler.* ◇

(Sujet de chose) « *Chaque mauvaise nouvelle trouve aussitôt son messager* » (MAUROIS).

III. *(Abstrait).* ♦ 1° Découvrir par un effort de l'esprit, de l'attention, de l'imagination. V. **Imaginer, inventer.** *Trouver (le) moyen* de... Il faut trouver un biais, un prétexte. Trouver un plan.* « *La dernière chose qu'on trouve en faisant un ouvrage est de savoir celle qu'il faut mettre la première* » (PASC.). *Trouver un prétexte, des raisons. Ne pas trouver ses mots :* avoir du mal à s'exprimer. *Trouver la clef d'une énigme, la solution d'un problème.* V. **Deviner.** « *À l'auscultation, ceux qui me soignent affirment qu'ils ne trouvent rien* » (MART. du G.). V. **Déceler.** « *Ils avaient trouvé le secret de l'équilibre* » (DUHAM.). *J'ai trouvé que x est égal à 0.* ◇ Absolt. « *Inventer, c'est trouver, en bon français* » (R. ROLLAND). *J'ai trouvé.* V. **Eurêka !** ◇ Fam. *Où avez-vous trouvé cela ?* qu'est-ce qui vous fait croire cela ? ♦ 2° Pouvoir disposer de (temps, occasion, etc.). « *Je ne trouve pas le temps de la regarder* (la nature) *par les yeux des autres* » (LOUŸS). *Trouver l'occasion. la possibilité de faire qqch.* « *Sans trouver la force d'articuler une seule parole* » (FROMENTIN). ◇ (v. 1250) TROUVER À... *(et inf.) :* trouver le moyen de... « *Dès qu'il y aura du danger, nous trouverons bien à vous faire sauver par là-haut* » (ZOLA). « *J'aurais bien fini par trouver à gagner ma vie* » (GIDE). TROUVER À (et un v. exprimant la critique). V. **Avoir** (à). *Trouver à redire*, à reprendre à qqch. :* critiquer*, désapprouver*. ♦ 3° TROUVER (tel sentiment, tel état d'âme) DANS, À, etc. : éprouver. « *Je trouvais dans une tendresse infinie... l'apaisement de mes souffrances* » (PROUST). *Trouver du plaisir à parler avec qqn.* « *Comme un curé de village trouve joie à parcourir chaque soir les étroites allées de son jardin* » (MAUROIS).

IV. Voir (qqn, qqch.) se présenter d'une certaine manière. ♦ 1° (XIIᵉ ; avec un compl. et un attribut du compl.). *Trouver la porte fermée.* « *Je doute que vous la trouviez vivante* » (BALZ.). — (Avec un objet direct qualifié par un compl. ou une propos.) *Trouver qqn au lit. Je l'ai trouvé fouillant dans mon tiroir.* V. **Surprendre.** « *Il la trouva qui mettait des cataplasmes à une vieille dame* » (FRANCE). ♦ 2° (XIIᵉ). TROUVER (un caractère, une qualité) À (qqn, qqch.) : lui attribuer, lui reconnaître un caractère, une qualité. *Je lui trouve mauvaise mine.* « *Hélène trouvait à son mari une chose ou ne lui déplaisait pas* » (FRANCE). « *Je trouvais à cela une grande poésie* » (MAURIAC). ♦ 3° (XIIIᵉ). TROUVER *(qqn, qqch.) et attribut :* estimer, juger que (qqn, qqch.) est... V. **Juger, regarder** (comme), **tenir** (pour). *Trouver qqn gentil.* « *Il craignait que je ne la trouve moche* » (MONTHERLANT). « *Je ne trouve pas bien ce que vous faites* » (MAUROIS). « *Swann trouva délicieuse sa simplicité* » (PROUST). *Il a trouvé ce film excellent.* — *Trouver le temps long.* Fam. *La trouver mauvaise*, saumâtre.* — (1538) TROUVER BON, MAUVAIS QUE... V. **Approuver, désapprouver.** « *Trouveriez-vous mauvais qu'on protège les arts ?* » (AUGIER). ♦ 4° (1636). TROUVER QUE... juger, penser que... « *Elle trouve que son mari ne s'occupe pas d'elle* » (MAUROIS), elle estime que... « *Mais trouvez-vous que ce soit bien héroïque ?* » (MÉRIMÉE). — *Vous trouvez ?* vous croyez ? « *Il est rudement joli garçon — Tu trouves ?* » (MAUPASS.).

V. SE TROUVER. *v. pron.* ♦ 1° Être en présence de soi-même, découvrir sa véritable personnalité. « *Maintenant je me cherche et ne me trouve plus* » (RAC.). « *Uni à d'autres hommes... l'homme se trouve lui-même en s'oubliant* » (MAUROIS). ♦ 2° Être en un endroit, en une circonstance, en présence de tel ou tel...). *Les personnes qui se trouvaient là. Il se trouvait alors en Italie.* — *Se trouver à...* « *Je me trouvais, un matin, à jouer avec deux nouveaux* » (BOURGET). — *Se trouver tête à tête, nez à nez avec son père.* « *Nous nous trouvions quarante millions d'agriculteurs face à quatre-vingts millions d'industriels !* » (ST-EXUP.). « *Il ne faisait pas bon se trouver sur son chemin* » (HAMILTON). — (Choses) « *Il prit un dossier... qui se trouvait sous un serre-papier* » (BALZ.). *Son nom ne se trouve pas sur la liste.* V. **Figurer.** — Loc. prov. *Cela ne se trouve pas sous les pieds, sous le sabot, dans le pas d'un cheval :* c'est très difficile à trouver. ♦ 3° Être (dans un état, une situation). *Les circonstances où nous nous trouvons. Se trouver dans une situation difficile.* « *La nécessité dans laquelle Napoléon s'était trouvé de lui donner un titre* » (BALZ.). *Je me trouve dans l'impossibilité de vous aider. Il ne s'est jamais trouvé à pareille fête.* ♦ 4° SE TROUVER ÊTRE, AVOIR... : être, avoir, par une rencontre fortuite de circonstances. « *Sans avoir cherché à savoir vos secrets je me trouve les avoir appris en partie* » (MÉRIMÉE). « *Le secrétaire se trouvait être un assez mauvais sujet* » (GONCOURT). — (Avec un attribut) « *Elle se trouvait donc libre pour la semaine entière* » (MAUPASS.), elle se trouvait être libre. ♦ 5° Impers. IL SE TROUVE... : il existe, il y a. « *Malgré les précautions prises par le notaire, il se trouva des témoins* » (BALZ.). V. **Rencontrer** (se). « *Il se trouvera des hommes qui, au milieu du... chaos, auront une pensée désintéressée* » (RENAN). — IL SE TROUVE QUE... : il arrive que, il se fait que... « *Il se*

trouva que les plus beaux rêves, transportés dans le domaine des faits, avaient été funestes* » (RENAN) : il s'avéra que... « *Cette jeune fille qui vous dérange... il se trouve que c'est moi* » (MARIVAUX). — Pop. *Si ça se trouve,* se dit pour présenter une chose qui peut très bien arriver. ♦ 6° *(Avec un attribut).* Se sentir (en tel ou tel état). *Se trouver dépaysé, embarrassé.* — « *Alors... vous vous trouvez bien, dans votre bastide ?* » (MAUPASS.). *Comment vous trouvez-vous ce matin ?* comment vous sentez-vous ? Spécialt. SE TROUVER MAL : s'évanouir. — SE TROUVER BIEN, MAL (DE QQCH.) : en tirer un avantage, en éprouver du désagrément. « *Un remède dont beaucoup de gens se sont bien trouvés* » (MOL.). « *Notre globe s'en trouverait fort mal* » (CHARDONNE). « *Tous ses amis se sont si bien trouvés de s'être fiés à lui...* » (SÉV.). ◇ Se croire, se juger. *Se trouver malheureux.*

TROUVÈRE [tʀuvɛʀ]. *n. m.* (1690 ; adapt. de *troverre,* cas sujet de *troveor* [1160], « trouveur ». V. **Trouver ; troubadour.** Au moyen âge, Poète et jongleur de la France du Nord (Normandie, Champagne, Flandre, Picardie, Artois), s'exprimant en langue d'oïl.

TROUVEUR, EUSE [tʀuvœʀ, øz]. *n.* (XVᵉ ; *troveur,* 1380 ; *troveor* « auteur », XIIᵉ ; de *trouver*). Rare. Personne qui trouve, invente. « *Terpsichore, trouveuse de la danse !* » (CLAUDEL).

TROYEN, ENNE [tʀwajɛ̃, ɛn]. *n. et adj.* (XIIᵉ ; lat. *trojanus,* de *Troja,* Troie). De Troie, ville d'Asie mineure qui fut en guerre avec les Grecs.

TRUAND, ANDE [tʀyɑ̃, ɑ̃d]. *n.* (XIVᵉ ; *truant,* XIIᵉ ; du gaul. °*trugant ;* Cf. irland. *truag* « misérable »). ♦ 1° Vieilli. Vagabond ; mendiant professionnel. « *La loi que vous* (les bourgeois) *faites aux truands, les truands vous la font* » (HUGO). ♦ 2° (1906). Mod. *(N. m.)* Homme du « milieu », souteneur ou voleur.

TRUANDER [tʀyɑ̃de]. *v.* (XIIᵉ ; de *truand*). ♦ 1° V. intr. *(Vx.)* Vivre en truand (1°). ♦ 2° V. tr. *(Néol.)* Voler, escroquer. *Se faire truander.*

TRUANDERIE [tʀyɑ̃dʀi]. *n. f.* (XIIIᵉ ; de *truand*). Vieilli. État de truand ; ensemble des truands (1°). *Rue de la Truanderie,* à Paris. « *Toute la truanderie turque est aujourd'hui sur pied ; je distribue des aumônes à tout ce monde* » (LOTI).

TRUBLE [tʀybl(ə)] ou **TROUBLE** [tʀubl(ə)]. *n. f.* (1260, -1704 [sous l'infl. de *troubler*] ; « pelle », en Normandie, XIIᵉ ; gr. *trublé* « bol »). Filet de pêche en forme de poche, ajusté à un cerceau muni d'un manche. V. **Balance, caudrette.** *Truble à crevettes.* V. **Crevettier, épuisette.** (On dit aussi TROUBLEAU.)

TRUBLION [tʀyblijɔ̃]. *n. m.* (1901, créé par A. France ; lat. *trublium* « écuelle » [V. **Truble**], par allus. au sobriquet de *Gamelle* donné au duc d'Orléans ; et d'après le sens du v. *troubler*). Fauteur de troubles, agitateur. ◇ Homme brouillon et importun.

1. TRUC [tʀyk]. *n. m.* (déb. XIIIᵉ, repris fin XVIIIᵉ ; « coup », XIIᵉ ; prov. *truc,* du v. *trucar* « cogner », lat. pop. °*trudicare,* de *trudere* « pousser »). ♦ 1° Fam. Façon d'agir qui requiert de l'habileté, de l'adresse. V. **Astuce, combine, moyen, procédé, ruse, stratagème, tour.** « *Imaginez un truc pour nous voir un peu longtemps* » (FLAUB.). *Trouver le truc. C'est un bon truc.* — Spécialt. Procédé habile et plus ou moins caché pour obtenir un effet particulier (dans un art d'adresse, un métier, etc.). *Les trucs d'un prestidigitateur.* (V. **Ficelle**). ♦ 2° (1803). Moyen concret, machine ou dispositif scénique destiné à créer une illusion. V. **Truquage.** *Trucs de cinéma* (son, lumière). *Film à trucs.* ♦ 3° Fam. (1886). Chose quelconque, qu'on ne veut désigner. V. **Chose, gadget,** et *(fam. et pop.)* **Bidule, fourbi, machin, trucmuche.** « *Qu'est-ce que c'est que ce truc jaunâtre là-bas ? — De la ratatouille niçoise* » (TROYAT). « *Et puis le truc à z'yeux* [...], *la poudre foncée...* » (COLETTE). ◇ *Dire en face des trucs désagréables* » (SARTRE). « *Le cinéma, la télé, l'électronique, des trucs comme ça* » (QUENEAU).

2. TRUC ou **TRUCK** [tʀyk]. *n. m.* (1843 ; mot angl. « chariot »). Chariot à plate-forme. ◇ Wagon de chemin de fer à plate-forme. ◇ HOM. *Truc.*

TRUCAGE. V. **TRUQUAGE.**

TRUCHEMENT [tʀymɑ̃]. *n. m.* (XIVᵉ ; *drugement,* XIIᵉ ; arabe *tourdjouman.* V. **Drogman**). ♦ 1° Vx. Interprète (2°). « *Dès ce moment je lui servis de truchement* » (ROUSS.). ◇ Littér. Personne qui parle à la place d'une autre, exprime sa pensée. V. **Porte-parole, représentant.** « *Il a été le fils aimé de l'Église, son truchement, celui qu'Elle chargeait d'exprimer ses pensées* » (HUYSMANS). ♦ 2° Fig. et littér. (XVIᵉ). Ce qui exprime, fait comprendre les pensées, les sentiments. V. **Interprète** (fig.). « *La musique... fut le truchement de leurs idées* » (BALZ.). ◇ Cour. *Par le truchement de qqn,* par l'entremise, l'intermédiaire de qqn.

TRUCIDER [tʀyside]. *v. tr.* (1485 ; repris fin XVIIIᵉ, puis fin XIXᵉ par plaisant.). lat. *trucidare* « massacrer »). Fam. Tuer*. V. **Occire.**

TRUCMUCHE [tʀykmyʃ]. *n. m.* (1914 ; de *truc* [1, 3°],

et suff. argot. -*muche*). *Pop.* Truc, machin. « *Un tas d'autres trucmuches de la même farine* » (QUENEAU).

TRUCULENCE [tʀykylɑ̃s]. *n. f.* (1629; de *truculent*). ♦ 1º *Vx.* Apparence farouche, terrible. ♦ 2º *Mod.* Caractère de ce qui est truculent (2º). « *La truculence de la langue dont il dispose* » (HENRIOT).

TRUCULENT, ENTE [tʀykylɑ̃, ɑ̃t]. *adj.* (fin XVᵉ; repris XVIIIᵉ; lat. *truculentus* « farouche, cruel »). ♦ 1º *Vx.* Qui a ou qui veut se donner une apparence farouche, terrible. « *Des gaillards à mine truculente... frappaient sur les tables des coups de poing à tuer des bœufs* » (GAUTIER). ♦ 2º *Mod.* (XXᵉ). Haut en couleur, qui étonne et réjouit par ses excès. *Un personnage truculent.* V. **Pittoresque**. — (Choses) « *La plaisanterie truculente et poivrée* » (DUHAM.). *La prose truculente de Rabelais.*

TRUDGEON [tʀœdʒɔn]. *n. m.* (1923; angl. *trudgen*, *trudgeon*, 1893; du nom de *Trudgen*, qui importa cette nage d'Amérique du Sud). *Vieilli.* Nage qui consiste en un tirage alternatif des bras avec oscillation du torse et coup de ciseaux des jambes.

TRUELLE [tʀyɛl]. *n. f.* (XIIIᵉ; bas lat. *truella*, class. *trulla*). ♦ 1º Outil de maçon, formé d'une lame à bout arrondi ou en trapèze, reliée à un manche par une tige coudée. *Étendre le mortier avec une truelle.* « *Et le maçon m'a dit : Prends la truelle en main* » (SULLY PRUDHOMME). — *Travailler à la truelle*, se dit d'un peintre qui procède par empâtements, au couteau. V. **Truelle**. ♦ 2º (1783). Spatule coupante servant à découper et à servir le poisson. *Truelle à poisson en argent.*

TRUELLÉE [tʀyele]. *n. f.* (1344; de *truelle*). Quantité (de plâtre, de mortier) prise en une fois sur la truelle. *Étaler une truellée de plâtre.*

TRUFFE [tʀyf]. *n. f.* (1344; a. prov. *trufa*; lat. pop. *tufera*, de *tufer*, forme dial. du class. *tuber* « tubercule »). ♦ 1º Tubercule souterrain que forme le réceptacle de certains champignons et qui constitue un mets très recherché. *Faire déterrer les truffes par les porcs, les chiens.* V. **Truffier**. « *La truffe est le diamant de la cuisine* » (BRILLAT-SAV.). « *La truffe noire, grenue, froide, la surprenante chose qui pousse sans racines... qui semble aussi étrangère au sol que le silex rond, son voisin* » (COLETTE). *Dinde, foie gras aux truffes.* V. **Truffé**. ◇ Par anal. *Truffes en chocolat, truffes* : confiserie faite d'une pâte chocolatée. ♦ 2º *Bot.* Champignon ascomycète, dont le réceptacle, surtout dans certaines variétés, forme le tubercule appelé truffe (1º). ♦ 3º (1843). *Par anal.* (du sens 1º). *Arg.* Nez gros et rond. — Extrémité du museau, chez le chien. ♦ 4º *Fam.* *Quelle truffe!* quel idiot!

TRUFFÉ, ÉE [tʀyfe]. *adj.* (1825; V. **Truffer**). Garni de truffes. *Dinde truffée.* — *Fig.* Rempli. « *Mes genoux truffés de « bleus »* » (COLETTE). *Précieux exemplaire truffé d'autographes* : enrichi d'autographes.

TRUFFER [tʀyfe]. *v. tr.* (1825; de *truffe*). ♦ 1º Garnir de truffes. ♦ 2º *Fig.* (1845). Remplir (de choses disséminées en abondance). « *Les mines dont les Allemands ont truffé les terrains qu'ils abandonnaient* » (GIDE). *Truffer un discours de citations.* V. **Farcir, larder**.

TRUFFICULTURE [tʀyfikyltyʀ]. *n. f.* (1875; de *truffe*, et *culture*). *Agric.* Production méthodique des truffes.

TRUFFIER, IÈRE [tʀyfje, jɛʀ]. *adj.* (1867; « chercheur de truffes », 1801; de *truffe*). Où poussent les truffes. *Terrains truffiers.* Par ext. *Chêne truffier*, au voisinage duquel se développent les truffes. ◇ Dressé à la recherche des truffes. *Chien truffier.*

TRUFFIÈRE [tʀyfjɛʀ]. *n. f.* (1749; prov. mod. *trufiero*). Terrain où poussent les truffes.

TRUIE [tʀɥi]. *n. f.* (XIIᵉ; bas lat. *troia*; p.-ê. de *porcus troianus* « porc farci », allus. plaisante au cheval de Troie). ♦ 1º Femelle du porc, du verrat. V. **Coche** (2º). *Peau de truie.* V. **Porc**. ♦ 2º (1803). *Truie de mer* : nom d'un scorpène (poisson).

TRUISME [tʀɥism(ə)]. *n. m.* (1829; angl. *truism*, de *true* « vrai »). Vérité d'évidence. V. **Banalité, évidence, lapalissade, tautologie**.

TRUITE [tʀɥit]. *n. f.* (XIIᵉ; bas lat. *tructa*). Poisson physostome *(Salmonidés)*, qui vit surtout dans les eaux pures et vives et se nourrit de proies vivantes. « *La véritable truite des lacs et des torrents, la petite truite bleue tachetée* » (NERVAL). *Truite saumonée*, à chair rougeâtre comme celle du saumon. — *Truite de mer*, très semblable au saumon, qui vit dans les mers du Nord et remonte au printemps les fleuves. — *Truite arc-en-ciel*, à reflets irisés. *Pêche à la truite. Manger une truite meunière, au bleu.* ◇ Par ext. *Truite saumonée*, jeune saumon qui remonte pour la première fois en eau douce. V. **Tacon**. *Truite noire des lacs* : saumon lacustre.

TRUITÉ, ÉE [tʀɥite]. *adj.* (1680; de *truite*). ♦ 1º Au pelage marqué de petites taches rougeâtres, brunes ou noires. *Cheval, chien truité.* ♦ 2º *Techn.* *Porcelaine, poterie truitée*, dont la surface est couverte d'un réseau de fentes. V. **Craquelé, fendillé**. — *Fonte truitée*, mélange de fonte grise et de fonte blanche.

TRUITICULTURE [tʀɥitikyltyʀ] ou **TRUTTICULTURE** [tʀytikyltyʀ]. *n. f.* (mil. XXᵉ; de *truite*, et *culture*). *Didact.* Élevage des truites.

TRULLO, *plur.* **TRULLI** [tʀyl(l)o, tʀyl(l)i]. *n. m.* (mil. XXᵉ; mot it.). *Géogr.* Construction conique d'Italie du Sud (Pouilles).

TRUMEAU [tʀymo]. *n. m.* (XIVᵉ; *trumel*, XIIᵉ; du frq. °*thrum* « morceau »). ♦ 1º *Vx.* Gras de la jambe. — *Mod.* (*Trumel*, 1423) *Bouch.* Jarret de bœuf. ♦ 2º (1624; Cf. l'évolution de sens de *Jambage*). Partie d'un mur, d'une cloison comprise entre deux ouvertures verticales; panneau, revêtement (de menuiserie, de glace) qui l'occupe. *Trumeau orné de moulures, de sujets décoratifs.* — Par ext. Panneau de glace ou peinture d'un dessus de cheminée. ◇ *Archéol.* Pilier qui supporte en son milieu le linteau d'un portail. *Trumeau gothique sculpté.*

TRUQUAGE ou **TRUCAGE** [tʀykaʒ]. *n. m.* (1872,-XXᵉ; de *truquer*). ♦ 1º *Vieilli.* Le fait de truquer, de falsifier (des meubles, des objets d'art...). V. **Contrefaçon**. Par ext. *Le truquage des élections.* ♦ 2º Au spectacle, Tout procédé d'illusion comportant l'emploi de trucs (2º). *Spécialt.* Procédé employé au cinéma pour créer l'illusion d'une réalité impossible, fantastique. *Truquages optiques* : du mouvement (accéléré, ralenti), de la perspective (surimpression, caches, fondus). *Truquages de laboratoire* (au tirage, etc.).

TRUQUER [tʀyke]. *v. intr.* et *tr.* (v. 1840; de *truc*). ♦ 1º *V. intr.* User de trucs, de coups malhonnêtes. V. **Tricher**. « *On assurait qu'il volait, truquait, escamotait à lui seul bien plus que tous ses autres employés réunis* » (CÉLINE). ♦ 2º *V. tr.* (1885). Changer pour tromper, donner une fausse apparence. V. **Altérer, falsifier, maquiller**. *Truquer un tableau, un meuble* (pour le faire apparaître ancien, etc.). *Truquer les dés* (V. **Piper**), *les cartes. Truquer un dossier, un texte...* : en modifier la teneur. — Au p. p. *Élections truquées*, dont les résultats sont faussés, ou dans lesquelles la liberté de l'électeur n'est pas respectée. *Combat de boxe truqué*, arrangé d'avance. — *Scène truquée* : où l'on emploie des truquages.

TRUQUEUR, EUSE [tʀykœʀ, øz]. *n.* (1840; de *truquer*). ♦ 1º Personne qui truque, fait des contrefaçons, triche, etc. « *Cette espèce de truqueur. — Est-ce que vous vous figurez qu'il accepterait seulement de monter sur un cheval sans savoir d'avance qui sera le vainqueur?* » (Cl. SIMON). ♦ 2º Technicien du trucage en laboratoire. *Syn.* **Truquiste**. ♦ 3º *Arg.* Homme qui se prostitue à des hommes et pratique contre eux un chantage. V. **Lope**.

TRUQUISTE [tʀykist(ə)]. *n. m.* (1973; de *truquer*). *Cin.* Spécialiste du truquage. (Mot proposé pour remplacer l'anglicisme *trucman*).

TRUSQUIN [tʀyskɛ̃] ou **TROUSSEQUIN** [tʀuskɛ̃]. *n. m.* (1676,-mil. XVIIIᵉ; mot wallon, altér. de *crusquin*, flamand *kruisken* « petite croix »). *Techn.* Outil de menuisier servant à tracer une ligne parallèle à l'arête d'une pièce de bois. — Appareil d'ajustage en métal, servant à tracer des lignes parallèles.

TRUSQUINER [tʀyskine]. *v. tr.* (1845; de *trusquin*). *Techn.* Tracer au trusquin.

TRUST [tʀœst]. *n. m.* (1888; mot anglo-amér., de *to trust* « confier », à cause des pleins pouvoirs confiés aux dirigeants par les membres). ♦ 1º *Écon.* Combinaison financière réunissant plusieurs entreprises sous une direction unique (V. **Holding**). *Trust visant au monopole d'une marchandise; trust de l'acier, du pétrole.* ♦ 2º *Cour.* Entreprise assez puissante pour exercer une influence prépondérante dans un secteur économique. *Les grands trusts internationaux.*

TRUSTE [tʀyst(ə)]. *n. f.* (*Trustis*, 1874; V. **Antrustion**). *Hist.* Serment prêté par l'antrustion; ensemble des hommes liés par ce serment.

TRUSTER [tʀœste]. *v. tr.* (1911; de *trust*). Accaparer, monopoliser, comme le font les trusts. *Truster un produit pour en faire monter les prix.* ◇ *Fig.* et *fam.* Accaparer. « *Le vice et la vertu passent entièrement sous notre contrôle. Nous les trustons* » (ROMAINS).

TRUSTEUR [tʀœstœʀ]. *n. m.* (1906; de *trust*). Organisateur d'un trust. ◇ *Fig.* et *fam.* Celui qui truste, accapare qqch.

TRYPANOSOME [tʀipanozɔm]. *n. m.* (1843; du gr. *trupanon* « tarière », et *sôma* « corps »). *Méd.* Genre de protozoaires flagellés, fusiformes, parasites du sang. « *Quelques peuplades moisies, décimées, abruties par le trypanosome* » (CÉLINE).

TRYPANOSOMIASE [tʀipanozɔmjaz]. *n. f.* (1905; de *trypanosome*). Nom générique des maladies humaines (maladie du sommeil...) ou épizootiques (maladie de la tsé-tsé, dourine...) dues aux diverses variétés de trypanosomes.

TRYPSINE [tʀipsin]. *n. f.* (1890; du gr. *tripsis* « frottement », ou *thrupsis* « broiement », d'apr. *pepsine*). *Biochim.* Enzyme du suc pancréatique provenant de l'activation du trypsinogène par l'entérokinase intestinale, qui hydrolyse certaines chaînes peptidiques.

TRYPSINOGÈNE [tripsinɔʒɛn]. *n. m.* (1904; de *trypsine*, et -*gène*). *Biochim.* Précurseur de la trypsine sécrété par le pancréas, et transformé en trypsine sous l'action de l'entérokinase intestinale.

TRYPTOPHANE [triptɔfan]. *n. m.* (1933; du rad. gr. de *trypsine*, et -*phane*). *Biochim.* Un des acides aminés indispensables à l'organisme et dont dérivent plusieurs composés biologiques importants (sérotonine, certains nucléotides).

TSAR [tsar; *cour.* dzar]. *n. m.* (1607; *czar* [1561], forme polonaise; mot slave, du lat. *Cæsar*, comme l'all. *Kaiser*). Nom donné aux anciens empereurs de la Russie et aux anciens souverains serbes et bulgares. — On écrit aussi Tzar.

TSARÉVITCH [tsarevitʃ; dzarevitʃ]. *n. m.* (XIXᵉ; *czarovitz*, XVIIIᵉ; et *czaroidg* [1679], forme polonaise; mot russe). Fils aîné du tsar de Russie.

TSARINE [tsarin; dzarin]. *n. f.* (1717; var. *czarine*; all. *Zarin*). Femme du tsar. Impératrice de Russie.

TSARISME [tsarism(ə); dzarism(ə)]. *n. m.* (déb. XXᵉ; de *tsar*). Régime autocratique des tsars; période de l'histoire russe où ont régné les tsars.

TSARISTE [tsarist(ə); dzarist(ə)]. *adj.* (déb. XXᵉ; de *tsar*). Propre au tsarisme. *Bureaucratie tsariste. Époque tsariste.*

TSÉ-TSÉ [tsetse]. *n. f.* (1857; mot d'un dial. bantou). Mouche d'Afrique, du genre glossine, dont plusieurs espèces sont les agents de transmission de diverses trypanosomiases (*maladie du sommeil* pour l'homme, *maladie de la tsé-tsé* pour les chevaux, les ruminants, les chiens). — *Plus cour.* (appos.) *Mouche tsé-tsé.*

T.S.F. [teɛsɛf]. *n. f.* (1909; abrév. de *Télégraphie Sans Fil*). ♦ 1° Émission, par procédés radio-électriques, de signaux en morse. V. **Radiotélégraphie.** « *L'opérateur de T.S.F. nous remit enfin un télégramme* » (St-Exup.). ♦ 2° Radiodiffusion. V. **Radiophonie, radio.** Écouter *la T.S.F.* — Spécialt. et vieilli (*Radio* se dit davantage) *Poste de T.S.F.*, et absolt. *Une T.S.F.* : poste récepteur. « *Le premier soir, nous étions groupés autour de la T.S.F., le père de famille manœuvrait les boutons de l'appareil* » (Sartre).

T-SHIRT. V. **Tee-shirt.**

TSIGANE [tsigan] (*didact.*), ou **TZIGANE** (*cour.*) [dʒigan]. *n. et adj.* (1843; *Tchingueniennes*, 1664; *Cigain*, XVᵉ; all. *Tzigeuner*, hongr. *Czigany*, probabl. du gr. byzantin *Atsinganos*, prononc. pop. de *Athinganos* « qui ne touche pas », désignant une secte de manichéens venus de Phrygie). ♦ 1° N. et adj. *Les Tziganes*, nom d'un peuple (qui s'appelle lui-même *Rom*) venu de l'Inde, apparu d'abord en Grèce et en Europe orientale vers la fin du XIIIᵉ s. et au XVᵉ s. en Europe occidentale, qui a mené une existence de nomades (V. **Romanichel**) exerçant divers petits métiers. V. **Bohémien, égyptien, gitan, zingaro.** Adj. *La langue tsigane* (romani), issue du groupe indien du Nord-Ouest, avec de nombreux éléments pris au grec, puis aux diverses langues de l'Europe. ♦ 2° *Musique tzigane*, musique populaire de Bohême et de Hongrie, adoptée et adaptée par les musiciens tsiganes depuis le XVIIᵉ s. (d'où la fausse appellation de « musique tzigane » donnée à la musique populaire hongroise). *Violonistes tziganes*, jouant dans les grands cafés, les cabarets. « *Les cafés gonflés de fumée Orient tout l'amour de leurs tziganes* » (Apollinaire).

TSOIN-TSOIN ou **TSOUIN-TSOUIN!** [tswɛ̃tswɛ̃]. *interj. et adj.* (1917; formation express.). *Pop.* Interjection comique à la fin d'un couplet (imitant un bruit d'instrument). — *Adj.* (infl. de *soin*) Soigné, réussi. « *Bourrage de crâne tsoin-tsoin* » (in Esnault).

TSS-TSS [voir description ci-dessous]. *Onomat.* exprimant le scepticisme, la perplexité, la désapprobation. V. **Ta, ta, ta.** — N. m. « *Il frappe avec force ses dents de devant avec la pointe de sa langue pour produire ces tss... tss... de désapprobation, agacés* » (Sarraute).

TSUNAMI [tsynami]. *n. m.* (1915; mot jap. « vague d'orage »). *Géogr.* Raz de marée des côtes du Pacifique. Vague séismique.

TU [ty]. *pron. pers.* (IXᵉ; lat. *tu*, cas nominatif et vocatif). Pronom personnel sujet de la deuxième personne du singulier et des deux genres. — REM. *Tu* est étroitement conjoint au verbe devant ou derrière lequel il se place, sauf en phrase négative (*tu ne veux pas*). ♦ 1° *Pronom* (devant le verbe). « *Tu fais le mystérieux... tu as tort* » (Fromentin). « *Tu as vingt ans, tu n'as dix-je, et tu n'en profites pas* » (Jouhandeau). — *Pop.* (élidé en *t'* devant voyelle et *h* muet) « *T'as la vue trouble... t'as la barlue* (berlue) » (Mol.). ◇ (Après le verbe, en inversion) Dans une interrogation. « *Viens-tu du ciel profond ou sors-tu de l'abîme?* » (Baudel.). *As-tu dormi? — Dans une exclamation.* « *Non, mais, crois-tu que j'ai été bête!* » (Gide). ♦ 2° (Emploi nominal). *Dire tu à qqn.* V. **Tutoyer.** *Être à tu et à toi avec qqn*, être tellement lié avec qqn qu'on le tutoie et qu'on est tutoyé par lui. « *Ce soir, nous serons à tu et à toi* » (Balz.). ◇ HOM. Formes du v. *tuer.* P. p. de *taire.*

TUABLE [tɥabl(ə)]. *adj.* (XVIᵉ; de *tuer*). Qu'on peut tuer. « *Nous étions la gent corvéable, taillable et tuable à volonté* » (P.-L. Cour.).

TUAGE [tɥaʒ]. *n. m.* (XIXᵉ; de *tuer*). *Rare.* Abattage des bestiaux, prix de cet abattage.

TUANT, ANTE [tɥɑ̃, ɑ̃t]. *adj.* (XVIIᵉ; de *tuer*, 4°). Épuisant, fatigant. *Travail tuant.* « *La soutenir ainsi à bout de bras, c'était tuant!* » (Montherlant). ◇ Énervant, importun. V. **Assommant.** *Ce gosse est tuant!*

TUB [tœb]. *n. m.* (1884; *tob*, 1878; mot angl. « cuve, baquet »). Large cuvette où l'on peut prendre un bain sommaire. V. **Bassin.** Par ext. *Prendre un tub* : un bain dans un tub. « *La fraîcheur du tub* » (Mart. du G.).

1. TUBA [tyba]. *n. m.* (fin XIXᵉ; *basse-tuba, basse-tube*, 1849; all. *Bass-tuba*, lat. *tuba* « trompette »). Instrument à vent à trois pistons et embouchure (catégorie des cuivres), basse de la famille des saxhorns.

2. TUBA [tyba]. *n. m.* (v. 1950; du lat. *tuba* « trompette »). *Techn., sports.* Tube respiratoire pour nager avec la tête sous l'eau.

TUBAGE [tybaʒ]. *n. m.* (1818; de *tuber*). ♦ 1° *Méd.* (1858). Introduction d'un tube (de métal, de caoutchouc, de matière plastique) dans un conduit ou un organe (pour faciliter le passage de l'air, effectuer un sondage*, etc.) *Tubage du larynx.* V. **Intubation.** *Tubage gastrique*, pour prélever des échantillons de suc gastrique, ou faire un lavage. — Méthode d'alimentation des malades par tube. ♦ 2° *Techn.* Fixation des tubes dans une chaudière. ◇ Pose de tubes.

TUBAIRE [tybɛr]. *adj.* (1836; du lat. *tubus*). *Méd.* ♦ 1° Relatif aux trompes* de Fallope. *Grossesse tubaire.* ♦ 2° Relatif aux trompes d'Eustache. V. **Salping(o)-.**

TUBARD. V. **Tuberculeux.**

TUBE [tyb]. *n. m.* (1611; « voûte », mot région. [Nord], 1453; lat. *tubus*). ♦ 1° Appareil de forme cylindrique, ou conduit à section circulaire, généralement rigide (verre, quartz, plastique, métal), ouvert à une extrémité ou aux deux. *Calibre d'un tube. Tube d'un canon*. *Tubes de verre.* TUBE À ESSAI, cylindrique et fermé à un bout. V. **Éprouvette.** *Tube compte-gouttes ouvert aux deux bouts.* V. **Pipette.** *Tube gradué. Tube capillaire d'un baromètre.* — (Méd.). *Tube à injection.* V. **Canule, drain, sonde.** ◇ Tuyau de métal. *Tubes d'une canalisation* (V. **Canal, conduite, pipeline**). *Tubes d'une machine, d'une chaudière* (tubulaire). V. **Tubulure.** — (1935) Loc. fig. *À pleins tubes* : avec toute la puissance du moteur. ◇ Cylindre métallique pour le lancement des fusées, des torpilles. *Tubes lance-torpilles, lance-fusées.* ◇ *Tubes électroniques, tubes à vide*, à deux ou plusieurs électrodes (diode, triode, pentode, etc.) où la cathode émet des électrons par effet thermoélectronique. V. *aussi* **Transistor.** *Tubes amplificateurs, oscillateurs.* V. **Klystron, magnétron.** *Tube à décharges électriques*, muni d'électrodes, contenant un gaz ou une vapeur à une pression convenable. *Tube lumineux, fluorescent*, pour l'éclairage. *Tube au néon. Tube à décharge*, ne laissant passer le courant que dans certaines conditions bien définies et pouvant servir de régulateur. *Tubes redresseurs, régulateurs de potentiel. Tube cathodique*, où les pinceaux d'électrons déviés par un champ électrique visualisent un signal par fluorescence sur un écran. V. **Oscillographe.** *Tube de Crookes*, où les rayons cathodiques provoquent l'émission de rayons X. *Tube à image* « *orthicon* », *tube iconoscope.* V. **Télévision.** — *Tube de Pitot*, servant à mesurer les vitesses d'écoulement des fluides. ◇ *Pop.* Téléphone. *Coup de tube.* — *Turf.* (1901) *Tuyau* (4°). — (v. 1967) *Arg. mus.* Chanson, disque à succès; succès durable (chanson, théâtre). ♦ 2° (1611). Organe creux et allongé. *Tube digestif*, ensemble des conduits de l'appareil digestif (bouche, pharynx, œsophage, estomac, intestin grêle, gros intestin, anus) par lesquels passent et sont assimilés les aliments. *Tubes urinifères.* — *Bot. Tube criblé*, petit conduit de la sève élaborée, chez les plantes vasculaires. V. **Vaisseau.** *Tube pollinique* : prolongement qu'émet le grain de pollen tombé sur le stigmate et par lequel il atteint l'ovule. ♦ 3° Emballage formé d'un tube (1°) de verre ou de métal fermé par un bouchon (pour contenir des solides, des poudres). *Tube d'aspirine. Tube de safran, de vanille. Tube de rouge à lèvres*, l'étui cylindrique qui protège le bâton, le crayon*. ◇ Emballage cylindrique souple à petit goulot fileté pour recevoir un bouchon à vis, au fond formé d'un repli plat, destiné à contenir une matière pâteuse qui sort sous la pression des doigts. *Tube de dentifrice, de lait condensé.* « *Mathieu pressa sur un tube et un cylindre de pâte rose sortit en chuintant* » (Sartre). ♦ 4° (1878). *Ancien.* Chapeau d'homme dont la calotte est en forme de tube. V. **Haut-de-forme, tuyau** (de poêle).

TUBER [tybe]. *v. tr.* (*Fer tubé*, 1489; repris 1842; de *tube*). *Techn.* Garnir de tubes (un trou de sonde). — *Dans le forage d'un puits de pétrole*, Poser des tubes d'acier vissés les uns à la suite des autres au moyen de filetages coniques.

TUBÉRACÉ, ÉE [tyberase]. *adj.* (1839; lat. sc., du lat. *tuber* « truffe »). *Bot.* Qui ressemble à la truffe.

TUBERCULE [tybɛʀkyl]. *n. m.* (1541; lat. méd. *tuberculum* « petite bosse », de *tuber* « truffe, excroissance »). ♦ 1° *Anat.* Petit nodule arrondi à la surface d'un os ou d'un organe. *Tubercules des dents molaires. Tubercules quadrijumeaux* (du mésencéphale*). ♦ 2° *Pathol.* (1741). *Vx.* Petite tumeur. ◇ *Mod.* Petite masse arrondie constituée par une agglomération de cellules diverses, d'aspect et de localisation variables selon la maladie qui en est la cause (syphilis, lèpre, tuberculose, etc.). — *Spécialt.* Petit nodule tuberculeux situé sous la peau ou dans un organe interne, dont le centre se nécrose, prenant un aspect caséeux. *Tubercule miliaire* (ou granulation tuberculeuse). ♦ 3° (1703). Excroissance arrondie d'une racine, d'une tige souterraine (rhizome) ou parfois aérienne, qui est une réserve nutritive de la plante. *Tubercules comestibles* : crosne, igname, patate, pomme de terre, topinambour. ◇ *Agric.* Racine pivotante très renflée de certaines plantes (carotte, betterave, navet, salsifis), parfois appelée *faux tubercule.*

TUBERCULEUX, EUSE [tybɛʀkylø, øz]. *adj. et n.* (1570, *éminence tuberculeuse* « qui forme un tubercule » [1°]; de *tubercule*). ♦ 1° (1765; de *tubercule* 2°). Qui s'accompagne de tubercules pathologiques, ou qui en présente. *Phtisie tuberculeuse* ou *pulmonaire* (vx). *Lèpre tuberculeuse.* ♦ 2° Relatif à la tuberculose ou qui en est atteint. *Bacille tuberculeux* (ou bacille de Koch), responsable de la tuberculose. *Foyer tuberculeux. Méningite tuberculeuse* (1835). ◇ *Malade tuberculeux.* — *Subst.* Un tuberculeux, une tuberculeuse. V. **Phtisique** *(vx)*, **poitrinaire** *(vx).* « *N'allez pas croire que je suis tuberculeux. Je peux vous rassurer...* » (DUHAM.). — *Abrév. pop.* **TUBARD, ARDE** [tybaʀ, aʀd(ə)] (1920). ♦ 3° (1808). *Bot.* Qui produit des tubercules (3°). *Racine, tige, plante tuberculeuse.* V. **Tubéreux.**

TUBERCULIDE [tybɛʀkylid]. *n. f.* (1896, Darier; de *tubercule*, et suff. *-ide*). *Méd.* Lésion cutanée d'aspect variable (surtout papuleux) due à une sensibilisation de l'organisme à la tuberculose, mais dans laquelle on ne trouve pas de bacilles tuberculeux. *Tuberculides miliaires, en plaques.*

TUBERCULINATION [tybɛʀkylinasjɔ̃] ou **TUBERCULINISATION** [tybɛʀkylinizasjɔ̃]. *n. f.* (1907; de *tuberculin[is]er). Méd.* et *vétér.* Injection de tuberculine (pour diagnostiquer la tuberculose).

TUBERCULINE [tybɛʀkylin]. *n. f.* (1891, d'abord appelé *lymphe de Koch*, 1890; de *tuberculeux*). *Méd.* Substance extraite de cultures de bacilles tuberculeux qui, injectée à un sujet atteint de tuberculose, provoque une réaction caractéristique (V. **Cutiréaction**).

TUBERCULINIQUE [tybɛʀkylinik]. *adj.* (1912; de *tuberculine). Méd.* Relatif à la tuberculine. *Cutiréaction, hypersensibilité tuberculinique.*

TUBERCULISATION [tybɛʀkylizasjɔ̃]. *n. f.* (1842; de *tuberculiser). Méd.* Envahissement de l'organisme par les bacilles tuberculeux. — Production de tubercules au cours d'une tuberculose.

TUBERCULISER (SE) [tybɛʀkylize]. *v. pron.* (1842, intr.; de *tubercule). Méd.* Subir une tuberculisation. *Un sujet tuberculisé présente des réactions à la tuberculine.*

TUBERCULOSE [tybɛʀkyloz]. *n. f.* (1854, « écrouelles »; sens mod. v. 1865, précisé par Koch, 1882; de *tubercule*, et suff. *-ose*). Maladie infectieuse et contagieuse, inoculable, causée par le bacille de Koch, commune à l'homme et à certains animaux (Bovidés), dont la lésion caractéristique est le tubercule (2°), et qui affecte le plus souvent le poumon. V. **Bacillose; tuberculeux.** *Tuberculose générale à petits tubercules*, dite *tuberculose miliaire.* V. **Granulie.** *Tuberculoses localisées. Tuberculose pulmonaire.* V. **Phtisie**, vx). *Tuberculose osseuse.* V. **Coxalgie.** *Tuberculose cutanée* (V. **Lupus**). *Tuberculose du larynx* (laryngite tuberculeuse), *des méninges* (méningite tuberculeuse); *tuberculose rénale, intestinale.* — *Première lésion de la tuberculose.* V. **Primo-infection.** *Diagnostic de la tuberculose.* V. **Cutiréaction.** *Vaccination contre la tuberculose par le B.C.G.* (bacille bilié de Calmette-Guérin). — *Spécialt.* Cour. *Tuberculose pulmonaire. Traitement de la tuberculose avancée* (V. **Pneumothorax, thoracoplastie**). — *Tuberculose bovine, aviaire* (due à des variétés particulières de bacilles tuberculeux).

TUBÉREUSE [tybeʀøz]. *n. f.* (1630; de *tubéreux*). Plante *(Amaryllidacées)*, herbacée, vivace, à hautes tiges florales, portant des grappes de fleurs blanches très parfumées. — La fleur de cette plante (utilisée en parfumerie). « *Quand les tubéreuses se décomposent, elles ont une odeur humaine* » (ZOLA). — *Tubéreuse bleue.*

TUBÉREUX, EUSE [tybeʀø, øz]. *adj.* (1520; *tuberoux*, 1490; lat. *tuberosus* « garni de protubérances »). *Bot.* Qui présente des tubercules. V. **Tuberculeux.** *Tige, racine tubéreuse.*

TUBÉRIFORME [tybeʀifɔʀm(ə)]. *adj.* (1842; de *tuber* « truffe », et *-forme). Bot.* Se dit d'un champignon qui a l'aspect de la truffe.

TUBÉRISATION [tybeʀizasjɔ̃]. *n. f.* (1915; du lat. *tuber*

« truffe »). *Bot.* Transformation totale ou partielle (d'une tige ou d'une racine) en tubercule. *Tubérisation de la tige souterraine du plant de pomme de terre.*

TUBÉRISÉ, ÉE [tybeʀize]. *adj.* (v. 1960; de *tubérisation*). *Bot.* Transformé en tubercule. *Tige tubérisée.*

TUBÉROSITÉ [tybeʀozite]. *n. f.* (1478; lat. *tuberositas*). ♦ 1° *Anat.* Partie proéminente et arrondie, protubérance. *Tubérosité d'un os.* V. **Apophyse, tubercule.** ♦ 2° *Bot.* Racine pivotante très renflée (carotte, navet).

TUBI-. Élément, du lat. *tubus* « tube ».

TUBICOLE [tybikɔl]. *adj.* (1839; *tubulicole*, 1808; de *tubi-*, et *-cole). Zool.* Qui vit dans un tube qu'il construit. *Annélides tubicoles.*

TUBIFEX [tybifɛks]. *n. m.* (1839; de *tubi-*, et suff. lat. *-fex* « qui fait »). *Zool.* Petit ver annélide tubicole *(Oligochètes).*

TUBIPORE [tybipɔʀ]. *n. m.* (1791; de *tubi-*, et *pore). Zool.* Genre de Coralliaires présentant un polypier calcaire formé de tubes juxtaposés rappelant des tuyaux d'orgue. V. **Orgue** (de mer).

TUBISTE [tybist(ə)]. *n. m.* (1907; de *tube). Techn.* ♦ 1° Ouvrier qui travaille en caisson, sous l'eau. ♦ 2° Ouvrier qui fabrique des tubes de métal, des tubes électroniques.

TUBITÈLES [tybitɛl]. *n. m. pl.* (1839; de *tubi-*, et lat. *tela* « toile »). *Zool.* Araignées qui tissent une toile horizontale munie d'un tube de fils de soie, où elles se mettent à l'affût. — Sing. *Un tubitèle.*

TUBUL-. Élément, du lat. *tubulus* « petit tube ».

TUBULAIRE [tybylɛʀ]. *n. et adj.* (mil. XVIIIe; du lat. *tubulus*).
I. *N. f.* (1755; *tubularia*, XVIIe). *Zool.* Animal cœlentéré *(Hydraires)*, polype de grande taille porté sur un long pédoncule et muni de deux couronnes de tentacules.
II. (1766, *chaudière tubulaire). Adj.* ♦ 1° Qui a la forme d'un tube. V. **Cylindrique.** *Lampe, conduit tubulaire.* ♦ 2° Qui est fait de tubes métalliques. *Chaudière tubulaire. Échafaudage tubulaire. Meubles tubulaires.*

TUBULÉ, ÉE [tybyle]. *adj.* (1743; du lat. *tubulus). Sc. nat.* Qui présente un tube, plusieurs petits tubes. *Fleur tubulée.* — Qui présente un ou plusieurs tubulures (1°). *Flacon tubulé.*

TUBULEUX, EUSE [tybylø, øz]. *adj.* (1763; du lat. *tubulus). Sc. nat.* En forme de tube. *Corolle tubuleuse.*

TUBULIFLORE [tybyliflɔʀ]. *adj.* (1842; de *tubul[i]-*, et *-flore). Bot.* Dont toutes les fleurs du capitule sont tubuleuses (chardon, bleuet).

TUBULURE [tybylyʀ]. *n. f.* (1762; du lat. *tubulus). ♦ 1° Techn.* Ouverture cylindrique d'un récipient destiné à recevoir un bouchon percé d'un trou par lequel passe un tube. ♦ 2° (1898). Tube métallique d'un ensemble tubulaire (conduits, pièces de construction). *Tubulure d'admission des gaz.* « *Les orgues bombaient leurs tubulures de métal* » (HENRIOT).

TUDESQUE [tydɛsk(ə)]. *adj.* (1512; lat. médiév. *theudiscus*, a. haut all. *diutisc*; all. mod. *deutsch). Vx.* Propre aux anciens Allemands, aux Allemands. ◇ *Vieilli* et *péj.* Germanique, teuton.

TUDIEU! [tydjø]. *interj.* (1537; abrév. de [*par la*] *vertu* [*de*] *Dieu*). Ancien juron familier (XVIe-XVIIe s.).

TUE-CHIEN [tyʃjɛ̃]. *n. m. invar.* (1544; de *tuer*, et *chien). Région.* Colchique d'automne.

TUE-DIABLE [tydjabl(ə)]. *n. m. invar.* (fin XIXe; de *tuer*, et *diable). Pêche.* Appât (chenille ou poisson artificiel) à plusieurs hameçons, pour la pêche à la truite.

TUE-LOUP [tylu]. *n. m. invar.* (1765; de *tuer*, et *loup). Bot.* Aconit (plante).

TUE-MOUCHE [tymuʃ]. *n. m. et adj.* (1839; de *tuer*, et *mouche*). ♦ 1° *N. m. invar.* Fausse oronge, champignon vénéneux. ♦ 2° *Adj. Papier tue-mouche, tue-mouches* : papier imprégné d'une substance poisseuse et empoisonnée, qui sert à engluer et tuer les mouches.

TUER [tɥe]. *v. tr.* (XIIe; o. i., p.-ê. lat. pop. °*tutare*, class. *tutari* « protéger », en lat. médiév. « éteindre », ex. : *tutare candelam* « tuer la chandelle »; mais en a. fr. *tuer* signifie d'abord « frapper, assommer », comme le lat. *tundere*).
I. ♦ 1° Faire mourir (qqn) de mort violente. V. **Assassiner, expédier, occire** *(vx)*; et les pop. **Bousiller, crever, descendre, étendre, liquider, nettoyer, zigouiller** (Cf. **Envoyer ad patres**, dans l'autre monde; avoir, faire la peau). *Tuer qqn avec une épée* (V. **Pourfendre**), *un poignard* (V. **Poignarder**), *à coups de pierre* (V. **Lapider**), *par le poison* (V. **Empoisonner**), *en asphyxiant* (V. **Étouffer, étrangler, noyer**). *Tuer un criminel après jugement.* V. **Exécuter.** *Tuer un adversaire en duel. Est-ce que ce n'est pas à les tuer?; ils mériteraient qu'on les tue; ils sont à tuer* : formules exprimant l'exaspération ou l'indignation. — *Absolt.* Causer la mort de son prochain. *Tu ne tueras point* (un des dix commandements de Dieu). « *Tuer sans que rien ne compense cette perte de vie, c'est le Mal, Mal absolu* » (GENET). ◇ Faire mourir au combat,

à la guerre. « *On leur tua beaucoup de monde* » (RAC.). V. **Anéantir, décimer, exterminer, massacrer.** — (Passif) *Être tué à l'ennemi.* — P. p. *Soldats tués au combat.* Subst. *Il y a eu dix mille tués et cinquante mille blessés.* V. **Mort.** — Absolt. « *Mon métier est de tuer et d'être tué pour gagner ma vie* (dit le soldat) » (VOLT.). ◊ Donner involontairement la mort à (qqn). *Tuer qqn au cours d'une partie de chasse, en nettoyant une arme. Piéton tué par un automobiliste.* V. **Écraser.** ♦ 2° Faire mourir volontairement (un animal). *Tuer un animal à la chasse. Le matador tue le taureau. Tuer des bêtes à l'abattoir.* V. **Abattre.** Loc. *Un coup, une gifle à tuer un bœuf :* très violents. *Tuer le veau* gras, la poule* aux œufs d'or.* — Fam. *Tuer le ver,* en buvant à jeun un petit verre d'alcool (auquel une tradition populaire attribue des propriétés vermifuges). « *Il avait conservé l'habitude militaire de tuer le ver chaque matin* » (MAUPASS.). ♦ 3° (*Choses*). Causer la mort de. « *Le boulet qui me tuera n'est pas encore fondu* » (NAPOLÉON). « *Cette petite bombe qui peut tuer cent mille hommes d'un coup* » (SARTRE). « *Le nombre infini des maladies qui nous tuent* » (VOLT.). V. **Emporter.** « *Ou la maladie vous tuera, ou ce sera le médecin* » (BEAUMARCH.). « *Elle aimait trop le bal, c'est ce qui l'a tuée* » (HUGO). — Absolt. *Poison, dose qui tue.* V. **Mortel.** *La route qui tue.* V. **Meurtrier** (II). — *Substance qui tue les insectes* (insecticide), *les parasites* (parasiticide), *les... microbes* (bactéricide). ♦ 4° *Fig.* Causer la disparition de..., faire cesser plus ou moins brutalement. V. **Ruiner, supprimer.** « *Congédier la passion et la raison, c'est tuer la littérature* » (BAUDEL.). « *L'abus des livres tue la science* » (ROUSS.). « *Chez Plon, on disait ces jours-ci, que la bicyclette tuait la vente des livres* » (GONCOURT). « *La contrainte tue le désir* » (GIRAUDOUX). *Tuer dans l'œuf :* étouffer (qqch.) avant tout développement. — *Tuer le temps :* l'occuper, le passer en évitant de s'ennuyer (quand on n'a aucune occupation). « *Elle boit par désœuvrement, pour tuer le temps et l'ennui* » (COLETTE). « *De cigarette en cigarette, je finirai bien par le tuer, ce dimanche sans soleil !* » (DAUD.). « *Les gens se donnent beaucoup de mal pour tuer leur vie heure à heure* » (MONTHERLANT). ◊ (*Sujet de chose*) Détruire l'effet, la qualité de... *Cette couleur tue les autres. Cette table dans le décor, ça va tout tuer* (V. **Bousiller, gâcher**). ♦ 5° (*Sujet de chose ; pron. pers. compl.*). Lasser, épuiser en brisant la résistance. V. **Abattre, démolir, éreinter, exténuer, user.** *Ce bruit, ces escaliers me tuent.* ◊ Plonger dans un désarroi ou une détresse extrême. V. **Désespérer, peiner.** « *Je demeure immobile et mon âme abattue Cède au coup qui me tue* » (CORN.). « *La grossièreté de ces gens-là me tuerait* » (STENDHAL). II. SE TUER. ♦ 1° (*Réfl.*). Mourir par suicide. V. **Suicider** (se). Cf. *Mettre fin à ses jours.* « *Mourir est passivité, mais se tuer est acte* » (MALRAUX). *Se tuer en se tirant une balle dans la tête* (Cf. Se faire sauter* la cervelle). ◊ Être victime d'un accident mortel (surtout quand la personne a une part de responsabilité dans l'accident). « *Au risque de se tuer, il se laissa tomber* » (ZOLA). *Se tuer au volant de sa voiture.* ♦ 2° *Fig.* User ses forces, compromettre sa santé. V. **Nuire** (se). *Se tuer de travail.* « *Ils se tuaient à la peine comme les galériens* » (R. ROLLAND). ◊ Se fatiguer, se donner beaucoup de mal. « *Je me tue à vous le répéter.* » ♦ 3° (*Récipr.*). Se tuer les uns les autres. V. **Entretuer** (s').

◊ ANT. *Épargner, sauver.*

TUERIE [tyʀi]. *n. f.* (1350; de *tuer*). ♦ 1° *Techn.* Abattoir particulier chez un boucher de village. ♦ 2° (XVᵉ). *Cour.* Action de tuer en masse, sauvagement. V. **Boucherie, carnage, hécatombe, massacre.** *Les affreuses tueries des guerres modernes.* « *On n'entre point dans les raisons de cette grande tuerie* [la fin de *Bajazet*, de Racine] » (SÉV.).

TUE-TÊTE (À) [atytɛt]. *loc. adv.* (XVIᵉ; de *tuer*, et *tête*). D'une voix qu'on ne casse la tête, qu'on étourdit. *Crier, chanter à tue-tête.*

TUEUR, EUSE [tyœʀ, øz]. *n.* (XIIIᵉ; de *tuer*). ♦ 1° Personne qui tue. V. **Assassin, meurtrier.** « *Tous assassins, tueurs d'enfants* » (AYMÉ). Spécialt. *Tueur à gages* ou *Tueur,* meurtrier appointé, sorte de professionnel du meurtre. « *Pendant des mois, à Majorque, les équipes de tueurs ont froidement abattu, au vu de tous, des milliers d'individus jugés suspects* » (BERNANOS). ◊ *Tueur de :* personne qui tue (telle espèce d'animaux). *Tartarin, le tueur de lions.* ♦ 2° *Techn.* Professionnel qui tue, abat les bêtes dans un abattoir, une « tuerie » (1°).

TUF [tyf]. *n. m.* (1407; it. *tufo* ; lat. *tofus*). ♦ 1° Roche de porosité élevée et de faible densité, souvent pulvérulente. *Tufs calcaires* (dépôts de sources). *Tufs d'origine volcanique. Tufs basaltiques, porphyriques, siliceux.* ♦ 2° *Fig.* et *littér.* (XVIIᵉ). L'élément originel que l'on découvre en profondeur (comme le tuf sous le sol cultivable). *Creuser pour trouver le tuf.* « *Nous touchons le tuf, le sol primitif, la sincérité profonde* » (STE-BEUVE).

TUFEAU ou **TUFFEAU** [tyfo]. *n. m.* (1466; de *tuf*).

Variété de tuf calcaire poreux et tendre, qui durcit à l'air, et est utilisé dans la construction. « *La maison... était bâtie en tuffeau blanc* » (BALZ.).

TUFIER, IÈRE [tyfje, jɛʀ]. *adj.* (1694; n. m., 1407; de *tuf*). *Rare.* Qui est de la nature du tuf. *Terrain tufier. Terre tufière.*

TUILE [tɥil]. *n. f.* (*Tuille,* 1333; altér. de *tieulle* v. 1290, *tiule* v. 1170; lat. *tegula,* de *tegere* « couvrir »). ♦ 1° Plaque de terre cuite servant à couvrir certains édifices. « *Des maisons à toitures rouges, composées de tuiles plates et rondes semblables à des écailles de poisson* » (BALZ.). « *Chaque tuile était étudiée individuellement; celle-ci était rouge, celle-là rose, et l'autre plus ancienne ou plus cuite, prenait des tons de bistre* » (GAUTIER). *Tuiles plates, rondes; tuile romaine, creuse, faîtière. Tuiles mécaniques ou à emboîtement :* faites à la machine et s'emboîtant peu profondément pour peser moins. *Tuiles imbriquées, qui chevauchent.* ◊ (Sens collectif) *Préférer la tuile à l'ardoise.* ♦ 2° (1721) Plaque d'une autre matière mais de même forme et destinée au même usage. *Tuiles de pierre, de marbre, d'ardoise.* ♦ 3° *Techn.* et *vx* (1723). Panneau de bois utilisé par les drapiers pour coucher le poil du drap (V. **Tuiler**). *Passer la tuile sur le drap.* ♦ 4° *Pâtisserie,* petit four sec moulé en forme de tuile sur un rouleau à pâtisserie. *Tuiles aux amandes.* ♦ 5° *Fig.* et *fam.* (1784). Désagrément inattendu (comparé à une tuile qui tombe sur la tête de qqn). V. **Accident, malchance.** « *Zut, je l'ai rendue trop amoureuse, et elle me propose le mariage. Quelle tuile !* » (DUTOURD).

TUILEAU [tɥilo]. *n. m.* (1611; *tuilliau* 1377; de *tuile*). *Techn.* Fragment de tuile.

TUILER [tɥile]. *v. tr.* (1723; de *tuile*). *Ancienn.* Passer la tuile (3°) sur le drap.

TUILERIE [tɥilʀi]. *n. f.* (*Tuillerie,* 1287; *teulerie,* 1264; de *tuile*). ♦ 1° Fabrique de tuiles; four où elles sont cuites. ♦ 2° LES TUILERIES : palais édifié sur l'emplacement d'une ancienne tuilerie en 1564 par Catherine de Médicis et détruit en 1871 par un incendie. Aujourd'hui, à Paris, *Le jardin* qui s'étend de l'emplacement de l'ancien palais des Tuileries jusqu'à la place de la Concorde.

TUILETTE [tɥilɛt]. *n. f.* (1573; *tiulete,* v. 1190; de *tuile*). Petite tuile.

TUILIER, IÈRE [tɥilje, jɛʀ]. *n.* et *adj.* (1287; *tiulier,* 1200; de *tuile*). N. Ouvrier, ouvrière qui fait les tuiles. — *Adj.* Relatif à la fabrication des tuiles. *L'industrie tuilière.*

TULARÉMIE [tylaʀemi]. *n. f.* (1911; du nom du comté de *Tulare,* en Californie). *Méd.* Maladie infectieuse fébrile due au *Francisella* ou *Pasteurella tularensis,* transmise des rongeurs sauvages à l'homme par des tiques et pouvant revêtir des formes variées (gonflement et ulcérations des ganglions lymphatiques, de la bouche et du pharynx, conjonctivite nodulaire ulcérée, forme typhoïde).

TULIPE [tylip]. *n. f.* (1611; *tulipan,* 1600; turc *tülbend* « [plante] turban ». V. **Turban**). ♦ 1° Plante (*Liliacées*) à haute tige, à racines bulbeuses, aux feuilles allongées et dont la fleur renflée à la base est évasée à l'extrémité. *Oignon, bulbe de tulipe. Tulipes sauvages; cultivées; tulipes doubles, panachées « perroquet », flamboyantes, noires. La Hollande, centre de la culture des tulipes.* ♦ 2° Objet dont la forme rappelle celle d'une tulipe (verre à boire; globe électrique, lampe, etc.). « *La tulipe de verre suspendue au plafond et où brûlait une étoile de gaz* » (COURTELINE). ♦ 3° *La tulipe,* surnom donné, sous l'Ancien Régime, aux soldats gais et pleins d'entrain. *Fanfan* (enfant) *la Tulipe,* héros populaire.

TULIPIER [tylipje]. *n. m.* (1751; de *tulipe*). Arbre originaire d'Amérique du Nord (*Magnoliacées*), dont la fleur ressemble à une tulipe. « *La lune passe derrière le grand tulipier qui se découpe en noir sur le ciel bleu sombre* » (FLAUB.).

TULLE [tyl]. *n. m.* (1765; *point de Tulle,* XVIIᵉ; du nom de la ville). Tissu léger, formé d'un réseau de mailles rondes ou polygonales. *Le tulle diffère de la dentelle, en ce que les fils ne sont pas arrêtés. Métier à tulle. Robe de tulle. Rideaux, voiles de tulle. Tulle servant de fond de dentelle, de broderie* (« filet »). *Tulle illusion,* très fin et transparent. — *Tulle gras,* employé dans les pansements.

TULLERIE [tylʀi]. *n. f.* (1872; de *tulle*). Industrie; commerce du tulle. — Atelier, fabrique de tulle.

TULLIER, IÈRE [tylje, jɛʀ]. *adj.* (1868, fém.; de *tulle*). Du tulle. *Industrie tullière.*

TULLISTE [tylist(ə)]. *n.* (1842; de *tulle*). Personne qui fabrique du tulle, propriétaire ou directeur d'une fabrique de tulle. *Un riche tulliste.* — Ouvrier, ouvrière de l'industrie du tulle.

TUMÉFACTION [tymefaksjɔ̃]. *n. f.* (XVIᵉ; lat. mod. *tumefactio,* de *tumefacere.* V. **Tuméfier**). ♦ 1° Augmentation de volume (d'une partie du corps ou d'un organe) due en général à une inflammation ou à une infiltration œdémateuse. V. **Enflure, gonflement, intumescence, œdème.** *Tuméfaction des chairs.* ♦ 2° Partie tuméfiée. « *Une tuméfaction livide s'étendait sur la jambe* » (FLAUB.). V. **Tumeur.**

TUMÉFIÉ, ÉE [tymefje]. *adj.* (v. 1560; V. Tuméfier).
♦ 1° Qui présente une tuméfaction. « *Philippe parlait difficilement à cause de sa lèvre tuméfiée* » (SARTRE). « *L'œil
droit tuméfié, énorme* » (DUHAM.). ♦ 2° Bouffi, boursouflé.
◇ (Abstrait) « *Esprit tuméfié de prétentions* » (HUGO).
TUMÉFIER [tymefje]. *v. tr.* (v. 1560; du lat. *tumefacere*).
Causer une tuméfaction sur (une partie du corps). V. Enfler,
gonfler. *Les engelures ont tuméfié ses doigts.* ◇ *Pronom.*
S'enfler, grossir anormalement. « *Le nez qui déjà se tuméfie,
bourgeonne* » (ROMAINS). ◈ ANT. Dégonfler, déprimer.
TUMESCENCE [tymesɑ̃s]. *n. f.* (1839; du lat. *tumescens*,
de *tumescere* « s'enfler »). Didact. (*Anat., Méd.*). Gonflement des tissus (V. Intumescence, turgescence). *Tumescence
pathologique.* V. Tuméfaction, tumeur. ◇ *Spécialt.* État
d'excitation érotique qui précède la satisfaction sexuelle,
suivie de la *détumescence.*
TUMESCENT, ENTE [tymesɑ̃, ɑ̃t]. *adj.* (1839; lat.
tumescens). Didact. Qui s'enfle, se gonfle, grossit (tissus
vivants). *Organe tumescent.*
TUMEUR [tymœʀ]. *n. f.* (1398; lat. *tumor*, de *tumere*
« enfler ». ♦ 1° *Au sens large* (*Vx* en méd.). Tout gonflement pathologique (V. Tuméfaction) formant une « éminence
circonscrite » (LITTRÉ), une saillie anormale : enflure, excroissance, grosseur, intumescence (Cf. *suff.* -Cèle). *Tumeur
inflammatoire. Tumeur furonculeuse.* ◇ *Tumeur blanche,*
arthrite tuberculeuse chronique, accompagnée d'un gonflement des tissus. — *Tumeurs des régions articulaires, chez le
cheval* (capelet, éparvin, javart, suros). ♦ 2° *Spécialt.* Production pathologique non inflammatoire constituée par un
tissu de formation nouvelle (néoplasme). *Tumeur bénigne,*
bien circonscrite, formée de cellules normales de divers
types. V. Adénome, fibrome, lipome, molluscum, papillome,
polype, verrue. *Tumeur maligne* (cancéreuse), à cellules
monstrueuses, envahissant les tissus voisins, se disséminant
à distance (V. Métastase) et ayant tendance à récidiver.
V. Carcinome, épithéliome, sarcome, squirrhe. *Tumeurs
congénitales.* V. Angiome, nævus.
TUMORAL, ALE, AUX [tymɔʀal, o]. *adj.* (xxᵉ; de
tumeur). Didact. D'une tumeur. *Nodule tumoral.*
TUMULAIRE [tymylɛʀ]. *adj.* (1771; de *tumulus*). Didact.
D'une tombe. V. Tombal. *Pierre, colonne tumulaire.* « *J'ai
remarqué deux inscriptions tumulaires en forme d'autel* »
(STENDHAL).
TUMULTE [tymylt(ə)]. *n. m.* (1238; *temulte*, xiiᵉ; lat.
tumultus « soulèvement », de *tumere*. V. Tumeur). ♦
1° Désordre bruyant; bruit confus que produisent des personnes assemblées. V. Agitation, brouhaha, chahut, charivari,
hourvari, tohu-bohu, vacarme. « *Tout à coup il entendit derrière
lui un tumulte, des pas précipités, des cris aux armes !* »
(HUGO). « *Un tumulte d'acclamations, d'applaudissements, de
trépignements, d'interpellations bruyantes se prolongea* »
(MADELIN). — Vieilli. *En tumulte :* en désordre et bruyamment. Mod. *Dans le tumulte.* ◇ Agitation bruyante et incessante. *Le tumulte de la rue, de la ville.* — *Par ext.* (Littér.) *Le
tumulte des flots, de l'orage.* « *Le tumulte orageux et inconscient, le plissement indéfini des eaux farouches* » (HUGO).
♦ 2° Activité excessive, désordonnée. *Le tumulte des affaires.*
◇ Agitation, désordre, dans la vie psychique. « *Bouillonnement, effervescence, trouble. La justice « a peine à se faire
entendre dans le tumulte des passions* » (MONTESQ.). « *Quelque
prix que l'homme passionné puisse attacher aux tumultes des
sentiments* » (BALZ.). ◈ ANT. Calme, ordre, paix, silence,
tranquillité.
TUMULTUEUSEMENT [tymyltɥøzmɑ̃]. *adv.* (xivᵉ; de
tumultueux). Littér. ♦ 1° En tumulte. *Les assistants* « *se
dispersèrent tumultueusement* » (LOTI). ♦ 2° Dans une agitation désordonnée; avec trouble. « *Ces émotions délicieuses
qui s'élèvent si subitement... si tumultueusement au fond de
nos âmes* » (DIDER.).
TUMULTUEUX, EUSE [tymyltɥø, øz]. *adj.* (1355; lat.
tumultuosus). ♦ 1° Littér. Qui se fait avec tumulte; agité,
et bruyant. « *De soins tumultueux un prince environné* »
(RAC.). *La discussion, la séance fut tumultueuse.* V. Orageux.
◇ Où règne le tumulte. *Foule, rue tumultueuse.* ♦ 2° Agité,
furieux, violent. *Flot tumultueux.* V. Bouillonnant. « *Le
bouleversement tumultueux de l'onde* » (HUGO). « *Elle avait
la peau brûlante, les battements du sang tumultueux et saccadés* » (MAUPASS.). — Qui donne une impression de désordre
menaçant, d'instabilité (V. Chaotique). « *C'est une composition tumultueuse, désordonnée* » (GAUTIER). ♦ 3° Plein
d'agitation, de trouble. V. Agité, orageux. *Jeunesse, vie
tumultueuse.* ◇ Qui apporte du désordre, du trouble dans la
vie morale; où règne le désordre. « *Une mémoire encombrée
de souvenirs tumultueux* » (FROMENTIN). *Passion tumultueuse.*
◈ ANT. Calme, silencieux, tranquille.
TUMULUS [tymylys]. *n. m.* (1811; mot lat. « tertre »).
Archéol. Tertre artificiel; amas de terre, de pierres, élevé au-
dessus d'une tombe. V. Cairn, galgal, mound.
TUNE. V. THUNE.

TUNER [tynɛʀ ou, à l'angl., tjunœʀ]. *n. m.* (v. 1960;
mot angl., de *to tune* « accorder »). Anglicisme. Amplificateur de haute fréquence accordé utilisé dans les récepteurs de
radio (particulièrement de modulation de fréquence) et de
télévision. — *Par ext.* Récepteur de modulation de fréquence,
notamment récepteur sans amplificateur ni système acoustique, destiné à être branché sur une chaîne de haute fidélité.
TUNGAR [tœ̃gaʀ]. *n. m.* (1948; de *tung*[stène] et
ar[gon]). Électr. Redresseur de courants alternatifs, permettant le passage de grandes intensités.
TUNGSTATE [tœ̃kstat]. *n. m.* (1789; de *tungstène*).
Chim. Nom des sels renfermant l'anion WO_4. *Tungstate de
sodium* (Na_2WO_4). V. Wolfram.
TUNGSTÈNE [tœ̃kstɛn]. *n. m.* (1765, *tungsteen*, nom
suédois du minerai; suédois *tungsten* « pierre [*sten*] lourde
[*tung*] »). Chim., Techn. Corps simple (symb. W; V. Wolfram
[on a employé au xixᵉ s. et au début du xxᵉ le symbole Tu];
masse at. 183,85; n° at. 74], métal gris qui, fondu, a l'aspect
du platine poli, fusible à 3 482 °C, de densité 19,3, un peu
moins dur que l'acier, ne se déformant que très peu sous
l'action des efforts mécaniques, même à température élevée.
*Le tungstène sert à faire des filaments de lampes à incan-
descence. Aciers au tungstène* (utilisés en astronautique).
Carbure de tungstène, corps très dur.
TUNGSTIQUE [tœ̃kstik]. *adj.* (1789; de *tungstène*). Chim.
Se dit de l'acide, de l'oxyde et de l'anhydride dérivés du
tungstène. *Anhydride tungstique :* trioxyde de tungstène,
auquel correspondent plusieurs *hydrates tungstiques.*
TUNICELLE [tynisɛl]. *n. f.* V. TUNIQUE (I, 1° : vêtement
liturgique).
TUNICIERS [tynisje]. *n. m. pl.* (1827; du lat. *tunica*.
V. Tunique). Zool. Embranchement d'animaux de l'embranchement
des Procordés. *Les tuniciers vivent d'abord sous une forme
larvaire, voisine de l'Amphioxus, puis se fixent en dégénérant*
(forme adulte des Ascidies). — Au sing. *Un tunicier.*
TUNIQUE [tynik]. *n. f.* (xiiᵉ; lat. *tunica*).
I. ♦ 1° *Dans l'antiquité,* Vêtement de dessous, chemise
longue, avec ou sans manches. *Tunique grecque, romaine,
orientale.* V. Angusticlave, chiton, dalmatique, laticlave.
« *Dans la Grèce ancienne, une tunique courte et sans manches
pour l'homme, pour la femme une longue tunique* » (TAINE). —
Myth. *La tunique de Nessus :* la tunique empoisonnée qui
causa la mort d'Hercule. ◇ Vêtement ample, évoquant la
tunique (V. Robe, kimono; boubou). *Tunique de danse rythmique.* — Litur. cathol. Vêtement liturgique en soie que certains prélats portent sous la chasuble ou la chape, dans les
cérémonies solennelles (On dit *aussi* TUNICELLE). V. Dalmatique. — Vêtement porté par le sous-diacre sur l'aube.
♦ 2° Ancienn. Vêtement couvrant le buste (veste, redingote).
Tunique d'armes : veste d'armure, en mailles d'acier. ◇
(xixᵉ) Veste ou redingote d'uniforme (V. Dolman). Spécialt.
Veste des collégiens et lycéens. ♦ 3° Pièce du vêtement
féminin (analogue au corsage ou à la redingote). « *Le petit
corsage et la tunique de soie bleue collant sur le corps* » (ZOLA).
II. Sc. nat. ♦ 1° Membrane formant enveloppe ou tissu
de protection. *Tunique de l'œil.* V. Choroïde, cornée, rétine,
sclérotique. *Tunique vaginale :* enveloppe séreuse la plus
interne du testicule. — Bot. Enveloppe adhérente. *Tuniques
d'un bulbe.*
TUNIQUÉ, ÉE [tynike]. *adj.* (1808; de *tunique*, II). Sc.
nat. Enveloppé d'une ou de plusieurs tuniques. *Bulbe tuniqué.*
TUNISIEN, IENNE [tynizjɛ̃, jɛn]. *adj.* et *n.* (attesté xviiiᵉ;
de *Tunisie*). De Tunisie. *Climat tunisien. L'arabe tunisien,*
parlé en Tunisie. *Frontière algéro-tunisienne.* — N. *Les
Tunisiens.*
TUNNEL [tynɛl]. *n. m.* (1825, à propos de l'Angleterre;
angl. *tunnel*, du fr. *tonnelle* [xviᵉ], « longue voûte en berceau »). ♦ 1° Galerie souterraine destinée au passage d'une
voie de communication (sous un cours d'eau, un bras de mer;
à travers une élévation de terrain). *Tunnel routier.* — Spécialt.
Tunnel de chemin de fer (1836, en France). *Percer un tunnel.
Sortir d'un tunnel. Les tunnels du Métro. Tunnel sous le
mont Blanc. Projet de tunnel sous la Manche.* — Loc. plais.
Un combat de nègres dans un tunnel : une scène trop sombre
où on ne distingue rien. ♦ 2° *Par anal.* Galerie souterraine.
« *Toutes ces fourmis dans les tranchées et les tunnels de la
fourmilière* » (SUARÈS). — Techn. Salle d'expérimentation
obscure et de forme allongée. *Tunnel aérodynamique.* V.
Soufflerie. *Four, séchoir à tunnel.* Effet tunnel, phénomène
par lequel des électrons franchissent une barrière de potentiel.
♦ 3° *Fig.* Période obscure, pénible. V. Souterrain. « *Elle
plongeait soudain dans un brusque tunnel d'inconscience* »
(JALOUX). *Arriver au bout du tunnel :* sortir d'une période
difficile, pénible.
TUPAÏA ou **TUPAJA** [typaja]. *n. m.* (*Tupai*, 1846; mot
malais). Zool. Mammifère insectivore de l'Asie tropicale.
Les tupaïas ressemblent aux écureuils.
TUPI [typi]. *adj.* et *n. invar.* (déb. xxᵉ; mot indigène;
V. Topinambour). D'un groupe ethnique du Brésil et du

Paraguay, dont les parlers appartiennent, avec ceux du groupe guarani, à la même famille linguistique à laquelle les langues romanes (français, portugais, espagnol) ont fait des emprunts. — Subst. *Le tupi* (langue). — *Les Tupi, très nombreux au XVIe s., n'ont plus que de rares descendants.*

TUPINAMBIS [typinãbis]. *n. m.* (1794; mot lat., d'apr. le nom des *Tupinambas* ou Indiens *tupi*). *Zool.* Reptile saurien d'Amérique tropicale, grand lézard carnassier.

TUQUE [tyk]. *n. f.* (Canada, 1659; o. i.; Cf. Toque). *Canada.* Bonnet de laine à bords roulés en forme de cône surmonté d'un gland ou d'un pompon. « *Tuques* [...] *Pour hommes et femmes. Pour avoir les oreilles bien au chaud sur les pentes de ski* » (*La Presse* [public.], 15-11-1972). « *La seule coiffure rationnelle, la ' tuque' de nos pères ou à tout le moins le bonnet de fourrure* » (RINGUET).

TURBAN [tyrbã]. *n. m.* (1538; d'apr. it. *turbant, tourban,* 1540; altér. de *tulbáṇ, tolliban* [1490], turc *tülbend,* mot persan. V. **Tulipe**). ◆ 1° Coiffure d'homme faite d'une longue bande d'étoffe enroulée autour de la tête. « *Ils* (des Kurdes) *ont la tête prise dans le monumental turban de leur nation — deux châles croisés sur une sorte de panière en forme de ruche* » (J.-R. BLOCH). *Turban à aigrette. Maharajah « en turban de soie blanche* » (LOTI). ◇ *Chèche enroulé en turban* (Afrique du Nord). ◇ *Motif funéraire en forme de turban, dans certains pays d'Islam.* ◆ 2° *Coiffure de femme évoquant le turban oriental* (à la mode pendant le Premier Empire, et vers 1940-45). « *Une mise en plis devenait toute une affaire, aussi les turbans étaient-ils à la mode* (en 1941) : *ils tenaient lieu à la fois de chapeau et de coiffure* » (BEAUVOIR). ◆ 3° *Tout ce qui est enroulé autour de la tête. Un turban « de ouate et de linge* » (MART. du G.). ◆ 4° *Nom donné à des fleurs* (Cf. **Tulipe**, *étym.*), à des coquillages qui rappellent la forme d'un turban. — Appos. *Lis turban* ou *turban.*

TURBE [tyrb(ə)]. *n. f.* (1361; lat. *turba* « foule ». V. **Tourbe** 1). *Hist. Dr. Enquête par turbe(s),* faite en prenant le témoignage des habitants pour établir un point de droit coutumier.

TURBÉ [tyrbe] ou **TURBEH** [tyrbɛ]. *n. m.* (XVIIe; arabe *turbeh* « tombe »). *Arts.* Édifice funéraire musulman, formé d'un cube surmonté d'une coupole basse. V. **Marabout.**

TURBELLARIÉS [tyrbe(ɛl)larje]. *n. m. pl.* (1876; du lat. *turbella,* de *turba* « agitation », à cause du mouvement des cils vibratiles). *Zool.* Classe de Plathelminthes, vers plats à épiderme cilié, à bouche ventrale (*syn.* **PLANAIRES**).

TURBIDE [tyrbid]. *adj.* (1538, « tempétueux »; repris XXe; lat. *turbidus*). *Littér.* Troublé, agité. « *Les fleuves équatoriaux entraînent dans leur flot turbide des mondes confus d'arbres et d'herbes* » (CLAUDEL).

TURBIDITÉ [tyrbidite]. *n. f.* (1909; du lat. *turbidus*). *Sc.* État d'un liquide trouble (mesuré par la *turbidimétrie* [tyrbidimetri]).

TURBIN [tyrbɛ̃]. *n. m.* (1821; de *turbiner*). *Pop.* Travail, et *spécialt.* Métier rémunéré. « *C'est un bon turbin, pas fatigant* » (BLOY).

TURBINAGE [tyrbinaʒ]. *n. m.* (1872; de *turbine*). *Vx.* Fonctionnement d'une turbine. ◇ (1923) *Mod. Techn.* Essorage du sirop de sucre par rotation.

TURBINE [tyrbin]. *n. f.* (1823; lat. *turbo, inis* « tourbillon, toupie »; 1532, « tourbillon, roue de fuseau »). Dispositif rotatif, destiné à utiliser la force vive d'un fluide et à transmettre le mouvement au moyen d'un arbre (pour qu'il soit utilisé ou transformé en une autre forme d'énergie). *Partie mobile* (rotor), *aubes,* « *aubage* » *d'une turbine. Turbines hydrauliques,* à *réaction* (fonctionnant sous pression) *ou à impulsion. Turbines d'une centrale hydro-électrique. Turbines à vapeur. Turbine à gaz,* où la turbine proprement dite est couplée à un compresseur (*turbocompresseur*). — *Cour.* Ensemble formé par les injecteurs, la chambre de combustion, le turbocompresseur (*techn.* turbomoteur).

TURBINÉ, ÉE [tyrbine]. *adj.* (1541; lat. *turbinatus,* de *turbo*). *Sc. nat.* En forme de toupie, de cône. *Racine turbinée. Coquille turbinée.* ◇ HOM. *Turbiner.*

TURBINELLE [tyrbinɛl]. *n. f.* (1808; lat. *turbinella,* de *turbo*). *Zool.* Mollusque gastéropode (*Prosobranches*) à coquille épaisse, en forme de toupie.

1. **TURBINER** [tyrbine]. *v. intr.* (1800; créé en argot, d'apr. le fr. ou le lat., au sens de « tourbillon, toupie »). *Pop.* Travailler dur, trimer. ◇ HOM. *Turbiné.*

2. **TURBINER** [tyrbine]. *v. tr.* (1891; de *turbine*). *Techn.* ◆ 1° Faire passer dans une turbine pour purifier. *Turbiner le sucre.* V. **Essorer.** ◆ 2° Utiliser l'eau pour actionner une turbine. *Turbiner 10 m³/sec.*

TURBITH [tyrbit]. *n. m.* (*Turbit,* XIIIe; arabe *turbid*). *Pharm.* Jalap de l'Inde, utilisé comme purgatif. — *Bot.* Plante fournissant cette racine purgative. V. **Ipomée.**

TURBO [tyrbo]. *n. m. invar.* (1846; lat. *turbo*). *Zool.* Mollusque gastéropode (*Prosobranches*) dont la coquille épaisse et ronde présente une large ouverture circulaire. ◇ HOM. *Turbot.*

TURBO-. Premier élément, du lat. *turbo.* V. **Turbine.**

TURBO-ALTERNATEUR [tyrboalternatœr]. *n. m.* (1923; de *turbo-,* et *alternateur*). *Techn.* Groupe électrogène composé d'une turbine et d'un alternateur montés sur le même axe.

TURBOCOMPRESSEUR [tyrbokɔ̃presœr]. *n. m.* (1923; de *turbo-,* et *compresseur*). *Techn.* Organe mécanique constitué par une turbine et un compresseur montés sur le même axe.

TURBOFILTRE [tyrbofiltr(ə)]. *n. m.* (v. 1960; de *turbo-,* et *filtre*). *Techn.* Procédé de filtrage qui utilise un système rotatif.

TURBOMACHINE [tyrbomaʃin]. *n. f.* (1900; de *turbo-,* et *machine*). *Didact.* Tout appareil agissant sur un fluide au moyen d'un système rotatif (par réception : turbines; par génération : pompes, ventilateurs, hélices).

TURBOMOTEUR [tyrbomɔtœr]. *n. m.* (1890; de *turbo-,* et *moteur*). *Techn.* Turbine à vapeur. — Moteur dont l'élément principal est une turbine (*cour.* turbine).

TURBOPOMPE [tyrbopɔ̃p]. *n. f.* (1923; de *turbo-,* et *pompe*). *Techn.* Dispositif formé d'une turbine à vapeur et d'une pompe centrifuge.

TURBOPROPULSEUR [tyrbopropylsœr]. *n. m.* (1948; de *turbo-,* et *propulseur*). *Techn.* Moteur d'avion dans lequel une turbine à gaz fait tourner une ou deux hélices.

TURBORÉACTEUR [tyrboreaktœr]. *n. m.* (1948; de *turbo-,* et *réacteur*). Moteur à réaction dans lequel la turbine à gaz n'absorbe, de l'énergie de la détente, que ce qui est nécessaire pour alimenter les compresseurs, le reste passant dans les tuyères.

TURBOSOUFFLANTE [tyrbosuflãt]. *n. f.* (v. 1960; de *turbo-,* et *soufflante*). *Techn.* Soufflante à grande vitesse de rotation.

TURBOT [tyrbo]. *n. m.* (1393; *tourbout,* XIIe; scand. °*thorn* [« épine »] -*butr*). Poisson à corps plat et ovale, dont un côté est coloré (celui où se trouvent les deux yeux). *La chair du turbot est très estimée.* ◇ HOM. *Turbo.*

TURBOTIÈRE [tyrbotjɛr]. *n. f.* (1803; de *turbot*). Récipient en losange destiné à la cuisson des poissons plats (turbots, soles...). V. **Poissonnière.**

TURBOTIN [tyrbotɛ̃]. *n. m.* (1694; de *turbot*). Jeune turbot.

TURBOTRAIN ou **TURBO-TRAIN** [tyrbotrɛ̃]. *n. m.* (1968; de *turbo-,* et *train*). Train mû par des turbines à gaz. *Le turbo-train Paris-Cherbourg.*

TURBULENCE [tyrbylãs]. *n. f.* (1495; repris 1646; lat. *turbulentia.* V. **Turbulent**). ◆ 1° Agitation désordonnée, bruyante. *Ils semblent « pleins de vigueur* (les oiseaux), *d'animation et de turbulence joyeuse* » (GAUTIER). ◆ 2° Caractère d'une personne turbulente. V. **Dissipation, pétulance, vivacité.** « *Cette vivacité d'esprit gascon, cette aimable turbulence qui distingue les Français du Nord* (les Polonais) » (BALZ.). ◆ 3° (1956). *Sc.* Formation de tourbillons, dans un fluide. *Turbulence d'un courant fluvial, d'une masse d'air. Étude des turbulences* (en mécanique statistique). ◇ ANT. *Calme, tranquillité; sagesse.*

TURBULENT, ENTE [tyrbylã, ãt]. *adj.* (fin XIIe, repris 1532; lat. *turbulentus,* rad. *turbare* « troubler »). ◆ 1° *Vx.* Agité et violent. « *Ces gens turbulents Dont l'imprudent chagrin va tempête et qui gronde...* » (MOL.). ◆ 2° *Mod.* Qui est porté à s'agiter physiquement, qui est souvent dans un état d'excitation bruyante. *Enfant, élève turbulent.* V. **Diable** (*adj.*), **dissipé, insupportable.** *Turbulent et malicieux.* V. **Espiègle.** « *Des corps turbulents, de dix à treize années environ* » (MORAND). « *Son activité turbulente de petit chien* » (COURTELINE). ◆ 3° *Vx* ou *littér.* Qui aime le trouble, le désordre et qui cherche à les exciter. « *La disposition turbulente des populations* » (STE-BEUVE). ◇ *Littér.* (XVIe) Qui est caractérisé par l'agitation, le trouble. V. **Troublé, tumultueux.** « *Ces grandes passions, je ne dis pas les turbulentes...* » (FLAUB.). ◆ 4° *Sc. Régime turbulent* (*opposé* à laminaire 2) dans l'écoulement des fluides, régime caractérisé par l'interaction des filets fluides, la formation de systèmes tourbillonnaires et une faible viscosité. — *Couche turbulente,* au voisinage immédiat de la surface d'un mobile (*par ex. :* d'une aile d'avion dans l'air). ◇ ANT. *Calme, paisible, silencieux, tranquille; discipliné, sage.*

1. **TURC, TURQUE** [tyrk(ə)]. *adj.* et *n.* (*Turs,* v. 1300; gr. byzantin *Tourkos,* mot persan et arabe, de *Türküt,* mot mongol). ◆ 1° De l'empire ottoman (1300-1919), fondé par les peuples *turcs* d'Asie centrale (Cf. *ci-dessous,* 3°). *Empire turc, gouvernement turc.* V. **Croissant** (1, 2°), **divan, porte** (II, 4° : la **Sublime-Porte**); **sultan.** ◇ De la Turquie ottomane ou moderne. *Cafetan, turban turc. Pipe turque :* chibouque, narghilé. *Sabre turc :* yatagan. *Chevaux turcs,* d'une race intermédiaire entre les chevaux arabes et persans. — *Café turc :* noir et fort, servi avec le marc dans une très petite tasse. — *Tapis turc,* s'est dit de tous les tapis d'Orient et de

haute laine. — *Bain turc* : bain de vapeur suivi de massages.
V. **Hammam**. ◊ *Loc.* À LA TURQUE : à la manière des Turcs.
Assis, accroupi à la turque : en tailleur. — *Cabinets à la
turque* : sans siège. « *Des latrines à la turque, comme dans les
casernes* » (R. VAILLAND). ◊ *Mus. À la turque* (it. *alla turca*),
se dit d'un morceau à 2/4, très rythmé. *Marche turque* :
« *rondo alla turca* » d'une sonate de Mozart. ◊ *N.* (Rare
au fém.) *Les Turcs. Croisades contre les Turcs.* —
Jeunes Turcs : les révolutionnaires qui prirent le pouvoir en
1908. *Fig. Jeunes turcs* : dans un parti, Les éléments jeunes,
qui souhaitent une évolution. — *Le Grand Turc* : le sultan,
empereur des Turcs. — *Loc. Fort comme un Turc* : très fort.
— *Tête de Turc.* V. **Tête**. ♦ 2° *Vx* (XVIIᵉ). Musulman, sectateur de Mahomet. *Fig.* et *péj.* Homme dur, cruel (On
employait aussi *Arabe*, dans ce sens). V. **Turquerie**. ♦
3° *Ethnol.*, *Hist.* D'un peuple d'Asie centrale, dont les divers
éléments parlent des langues apparentées au groupe ouralo-
altaïque, et dont les migrations conquérantes aboutirent au
Xᵉ siècle au Moyen-Orient et en Anatolie (Turquie moderne),
où furent fondés les empires seldjoukide et ottoman. — *Ling.*
Se dit d'une des langues d'un groupe important, apparentée
aux langues ouralo-altaïques, qui sont parlées en Sibérie
(yakoute, tatar), dans l'Altaï, en Asie centrale (kazakhe,
kirghiz, ouzbek, turkmène), dans le Caucase et enfin dans
l'Anatolie et les Balkans (*turc* proprement dit). — *Spécialt.*
La langue turque parlée en Turquie. *Mots français empruntés
au turc* (*ex.* : bergamote, cafetan, chacal, chagrin (3), cravache, kiosque, odalisque, pacha, sérail, tulipe, turban).
2. **TURC** [tyʁk]. *n. m.* (1688 ; p.-ê. métaph. plais. du
précéd., parce qu'il attaque les poiriers de *bon-chrétien*).
Vieilli. Larve qui s'attaque à certains fruits. ◊ Larve de
hanneton ou ver blanc.

TURCIQUE [tyʁsik]. *adj.* (1839 ; lat. mod. *turcicus*
« turc » : selle turque). *Anat. Selle turcique* : face supérieure
du corps de l'os sphénoïde, en forme de selle, où est logée la
glande hypophyse.

TURCO [tyʁko]. *n. m.* (1857 ; mot du sabir algérien, it.
turco « turc », l'Algérie étant restée sous la domination turque
jusqu'en 1830). *Vieilli.* Tirailleur algérien.

TURCO-. Élément de mots comp. : TURCOPHILE [tyʁkɔfil]
(1839) « qui aime les Turcs » ; TURCOPHOBE [tyʁkɔfɔb] (1877) ;
etc.

TURCO-MONGOL, OLE [tyʁkɔm5gɔl]. *adj.* et *n. m.*
(XXᵉ ; de *turco-*, et *mongol*). *Ling.* Ensemble formé par les
langues turque et mongole.

TURCO-PERSAN, ANE [tyʁkɔpɛʁsɑ̃, an]. *adj.* (XXᵉ ;
de *turco-*, et *persan*). *Ling.* Se dit des mots empruntés au
persan par le turc.

TURDIDÉS [tyʁdide]. *n. m. pl.* (*Turdoïdes*, 1846 ; du lat.
turdus « grive »). Famille d'oiseaux (*Passereaux*) comprenant les grives, les merles, le rossignol, le rouge-gorge, le
traquet.

TURF [tyʁf]. *n. m.* (1828 ; angl. *turf* « pelouse ». V. **Tourbe**).
Terrain où se disputent les courses de chevaux. ◊ Ce qui
concerne les courses de chevaux, leur préparation (entraînement) et les activités qui en dépendent (paris, etc.). V. **Cheval,
course, hippisme**. « *Le Paris de la fashion, celui du turf* »
(BALZ.).

TURFISTE [tyʁfist(ə)]. *n.* (1854 ; de *turf*). Personne qui
fréquente les courses de chevaux, qui parie. V. **Parieur**.

TURGESCENCE [tyʁʒesɑ̃s]. *n. f.* (1752 ; lat. sav. *tur-
gescentia*, de *turgere* « se gonfler »). *Physiol.* Augmentation
de volume par rétention de sang veineux. V. **Congestion,
gonflement, tumescence**.

TURGESCENT, ENTE [tyʁʒesɑ̃, ɑ̃t]. *adj.* (1823 ; lat.
turgescens). *Physiol.* Qui se gonfle, enflé par turgescence. —
Littér. Gonflé. « *Les fragiles, turgescents et impérieux bourgeons* » (Cl. SIMON).

TURGIDE [tyʁʒid]. *adj.* (XVIᵉ, repris déb. XIXᵉ ; lat.
turgidus). *Littér.* Gonflé, enflé, boursouflé. « *Ses mains si
molles, si blanches, devenaient rouges et turgides* » (BALZ.).

TURION [tyʁjɔ̃]. *n. m.* (1554 ; lat. *turio* « jeune pousse »).
Bot., *Agric.* Bourgeon souterrain ou formé à fleur de terre
par une plante vivace. *Turions d'asperge.*

TURKMÈNE [tyʁkmɛn]. *adj.* et *n.* (XXᵉ ; *turcoman*, 1697 ;
turckmanns, 1765 ; mot persan). Du Turkménistan (U.R.S.S.).
— *N. m.* Langue du groupe turc, parlée surtout en U.R.S.S.
(Turkménie, Ouzbékie).

TURLUPINER [tyʁlypine]. *v. intr.* et *tr.* (1615 ; de *tur-
lupin*). ♦ 1° *Vx.* Faire des farces, des turlupinades. ♦ 2° *V.
tr. Mod.* et *fam.* Tourmenter. « *Assez débonnaire, turlupiné
par sa femme* » (ARAGON). — *Ça le turlupine* : le tracasse.

TURLURETTE [tyʁlyʁɛt]. *n. f.* (*Turluete* « flageolet de
berger », XIIᵉ ; *turelurete* « cornemuse », XIVᵉ ; rad. onomat.
lur-. V. **Luron**). ♦ 1° *Vx.* Flageolet ; cornemuse ; vielle.
♦ 2° *Vx.* Refrain de chanson (V. **Turlutaine**).

TURLUTAINE [tyʁlytɛn]. *n. f.* (1854 ; « serinette », 1803 ;
du rad. *lur-*. V. **Turlurette**). Propos sans cesse répété. V.

Manie, marotte. *Si elle « s'imaginait m'atteindre par de semblables turlutaines!* » (CÉLINE).

TURLUTTE [tyʁlyt]. *n. f.* (1878 ; o. i.). *Techn.* Engin de
pêche, constitué par une tige de plomb armée d'hameçons
disposés en couronne.

TURLUTUTU! [tyʁlytyty]. *exclam.* (1839 ; onomat. et
nom dial. de la flûte, 1654 ; rad. *lur-*). Exclamation moqueuse.
Turlututu chapeau pointu.

TURNE [tyʁn(ə)]. *n. f.* (1800 ; alsacien *türn* « prison »,
all. *Turm* « tour »). *Pop.* Chambre ou maison sale et sans
confort. V. **Taudis**. « *Une turne misérable, dans le quartier
de l'usine* » (ARAGON). *Spécialt.* Lieu de travail. ◊ *Arg. scol.*
(1854) TURNE ou THURNE : chambre. *De « pauvres diables en
train de piocher dans les thurnes* » (ROMAINS).

TURNEP ou **TURNEPS** [tyʁnɛp(s)]. *n. m.* (1764 ; angl.
turnep, de *to turn* « tourner », et a. angl. *naep* « navet », lat.
napus). *Agric.* Variété de navet fourrager. V. **Chou-rave**.
« *Ici, dit le comte, je sème des turneps* » (FLAUB.).

TURONIEN, IENNE [tyʁɔnjɛ̃, jɛn]. *adj.* et *n. m.* (1842 ;
du lat. *Turonia* « Touraine »). *Géol.* Se dit d'un des étages
du système crétacé qui correspond à la craie marneuse du
bassin de Paris.

TURPIDE [tyʁpid]. *adj.* (1830 ; de *turpitude*, lat. *turpis*
« laid, honteux »). *Littér.* Qui a une certaine laideur morale.
V. **Turpitude**. ◊ ANT. *Honnête; beau.*

TURPIDEMENT [tyʁpidmɑ̃]. *adv.* (1844 ; de *turpide*).
Littér. D'une façon turpide. « *Elle trouvait... la fortune des
Nucingen trop turpidement ramassée* » (BALZ.).

TURPITUDE [tyʁpityd]. *n. f.* (XIVᵉ ; lat. *turpitudo*, de
turpis « honteux »). ♦ 1° Caractère de bassesse, d'infamie.
V. **Déshonneur, honte, ignominie, infamie**. « *J'ai souvent dit
le mal dans leur turpitude* » (ROUSS.). ♦ 2° Une, des
turpitudes : action, parole, idée basse, honteuse. V. **Bassesse,
horreur**. « *Toutes les turpitudes quotidiennes qui sont la pâture
des imbéciles* » (FLAUB.). ◊ ANT. *Honnêteté, honneur.*

TURQUERIE [tyʁk(ə)ʁi]. *n. f.* (1579 ; de *turc*, *turque*).
♦ 1° *Vx.* Caractère « turc », dur, impitoyable. *Il est « d'une
turquerie à désespérer tout le monde* » (MOL.). ♦ 2° *Mod.*
Objet, composition artistique ou littéraire d'origine, de goût
ou d'inspiration turcs, orientaux.

TURQUETTE [tyʁkɛt]. *n. f.* (1733 ; de *turc*). *Région.* Herniaire (plante).

TURQUIN [tyʁkɛ̃]. *adj. m.* (1471 ; it. *turchino* « turquoise »,
proprem. « de Turquie »). *Littér.* D'un bleu foncé. — *Spécialt.
Marbre turquin* (bleu). « *La cheminée de marbre turquin* »
(GAUTIER).

TURQUOISE [tyʁkwaz]. *n. f.* et *adj.* (XIIIᵉ ; de l'adj. *tur-
quois* « turc », var. *turquesse, turquesque*). ♦ 1° *N. f.* Pierre
fine d'un bleu tirant sur le vert (phosphate d'alumine hydraté).
— Cette pierre taillée et montée ; bijou dont la partie principale est une turquoise. ♦ 2° *Adj. invar.* Qui a la couleur
de la turquoise. *Couleur bleu turquoise*. V. **Turquin**. *Subst.
m. Cette année le turquoise est à la mode.*

TURRICULÉ, ÉE [tyʁ(R)ikyle]. *adj.* (1842 ; de *turricule*
« coquillage en forme de tour », lat. *turricula* « petite tour »).
Zool. En forme d'une petite tour. *Coquilles, coquillages
turriculés.*

TURRITELLE [tyʁ(R)itɛl]. *n. f.* (1808 ; lat. mod. *turritella*
[1739], de *turris* « tour »). *Zool.* Mollusque gastéropode (*Prosobranches*) à coquille allongée et pointue.

TUSSAH [tysa]. *n. m.* (1857 ; angl. *tussah*, altér. de *tussar*
[V. **Tussor**], indoustani *tasar*). Soie sauvage indienne produite par la chenille d'un lépidoptère (bombyx de l'ailante
ou attacus). *Le tussah a un aspect scintillant. Étoffe de tussah.*
V. **Tussor; shantung**. — V. aussi **Tussah**.

TUSSILAGE [tysilaʒ]. *n. m.* (1671 ; lat. *tussilago*, de *tussis*
« toux »). Plante herbacée et vivace (*Composacées*) appelée
communément *pas-d'âne*. *Les fleurs du tussilage font partie
des espèces pectorales.*

TUSSOR ou (*vieilli*) **TUSSORE** [tysɔʁ]. *n. m.* (1877
-1844 ; angl. *tussore*, de l'hindoustani *tasar*). Étoffe de tussah,
et par ext. Étoffe légère de soie, analogue au foulard (V.
Shantung). « *J'arrivai parfois sans m'être changée, en robe
de tussor blanc* » (BEAUVOIR).

TUTÉLAIRE [tytelɛʁ]. *adj.* (1552 ; lat. imp. *tutelaris*,
de *tutela*. V. **Tutelle**). ♦ 1° *Littér.* Protecteur (se dit d'une
divinité). *Dieu, déesse tutélaire. Ange tutélaire* (vieilli) : ange
gardien. « *La succession par ordre de primogéniture, loi
fondamentale et tutélaire du royaume* » (BAINVILLE). *Présence,
amitié tutélaire.* ♦ 2° *Dr.* Qui concerne la tutelle. *Gestion
tutélaire.* — *Puissance tutélaire*, chargée d'un territoire sous
tutelle.

TUTELLE [tytɛl]. *n. f.* (1437 ; lat. *tutela*, de *tutus*, p. p.
de *tueri* « regarder, surveiller »). ♦ 1° *Dr.* Institution conférant à un tuteur, assisté d'un conseil de famille et d'un
subrogé tuteur, le pouvoir de prendre soin de la personne
et des biens d'un mineur ou d'un interdit ; autorité du tuteur.
Tutelle des enfants légitimes. Tutelle légale des père et mère,
en cas de décès de l'un d'eux. *Conseil* de tutelle. ◊ *Tutelle*

administrative : ensemble des moyens de contrôle dont dispose le gouvernement (ou ses représentants) sur les collectivités publiques et les établissements privés d'intérêt public. *Ministère de tutelle. Pouvoir de tutelle* (opposé à *pouvoir hiérarchique*). — Dr. intern. (1946) *Régime de tutelle,* prévu par la Charte des Nations Unies (en remplacement du mandat), pour des *territoires* dits *sous tutelle.* ◊ *Tutelle pénale* (1970), mesure remplaçant la relégation et tendant au reclassement des délinquants récidivistes. ♦ 2° État de dépendance d'une personne soumise à une surveillance gênante. V. **Contrainte.** *Une tutelle pesante, pénible.* « *Le désir de me protéger contre moi-même, de me maintenir en tutelle* » (GIDE). « *Mettre le vieux continent sous la tutelle américaine* » (MART. du G.). V. **Direction.** — Protection vigilante. *Être sous la tutelle des lois.* V. **Sauvegarde.** « *Pour les conseils techniques et l'espèce de tutelle scientifique qu'il nous accordera* » (ROMAINS). ◊ ANT. Autonomie, indépendance.

TUTEUR, TRICE [tytœʀ, ʀɪs]. *n.* (XIII⁽ᵉ⁾ ; lat. *tutor, tutrix,* de *tueri.* V. **Tutelle**).
I. *Dr.* et *cour.* Personne chargée de veiller sur un mineur ou un interdit, de gérer ses biens et de le représenter dans les actes juridiques. *Tuteur légal,* père mère *(tutrice),* ascendant. *Tuteur testamentaire* (désigné par un testament), *datif* (2). *Tuteur de fait,* assurant une tutelle sans avoir juridiquement la qualité de tuteur. *Subrogé* tuteur. Tuteur ad hoc,* chargé de représenter le mineur dont les intérêts sont en conflit avec ceux de son tuteur. *Autorisation du tuteur. Le tuteur et sa pupille*.* — Fig. *Du Camp* « *veut continuer ce rôle de tuteur, régenter Flaubert, l'obliger à produire, à publier* » (THIBAUDET).
II. (1740). *N. m.* Tige, armature de bois ou de métal fixée dans le sol pour soutenir ou redresser des plantes. V. **Échalas, perche, rame.** « *Comme une plante trop faible, dont un jardinier relève la taille en l'appuyant contre un tuteur* » (GOBINEAU).

TUTEURER [tytœʀe]. *v. tr.* (1909 ; de *tuteur,* II). Hortic. Munir d'un tuteur (opération du TUTEURAGE [tytœʀaʒ]).

TUTHIE ou **TUTIE** [tyti]. *n. f.* (XIV⁽ᵉ⁾ ; arabe *tutijâ*). Chim., Alchim. (vx). Oxyde de zinc qui se produit dans la calcination de certains minerais.

TUTOIEMENT [tytwamᾶ]. *n. m.* (1636 ; de *tutoyer*). Action, habitude de tutoyer. « *Elle adopta le tutoiement réciproque* » (COCTEAU).

TUTOYER [tytwaje]. *v. tr. ;* conjug. *noyer* (1394 ; *tutayer* jusqu'au XVII⁽ᵉ⁾ ; de *tu, toi*). S'adresser à (qqn) en employant la deuxième personne du singulier (V. **Te, toi, ton, tu**). Cf. **Vouvoyer.** *En règle générale, on se tutoie de nos jours les personnes auxquelles on est uni par des liens étroits de parenté, d'amitié ou de camaraderie.* — REM. 1. On *tutoie* plus volontiers dans les milieux populaires que dans les milieux bourgeois. — 2. Les adultes ont tendance à *tutoyer* les enfants. — 3. Il y a un *tutoiement* « de classe », de supérieur à inférieur, ou injurieux (mépris, colère). — 4. Dans le style élevé, on *tutoyait* Dieu ou les grands ; dans les prières, les protestants utilisent encore aujourd'hui le *tutoiement.* — « *La vérité est : les enfants aiment-ils mieux leurs parents aujourd'hui qu'ils ne les tutoient et ne les craignent plus?* » (CHATEAUB.). « *[Bas, à son mari] Surtout ne me tutoie pas devant cette dame... C'est commun... c'est bourgeois!* » (LABICHE). — Pronom. *Ils se tutoient depuis le collège.* — *Par métaph.* Être familier avec. « *Tutoyer les chefs-d'œuvre* » (DUHAM.).

TUTOYEUR, EUSE [tytwajœʀ, øz]. *n.* et *adj.* (1752 ; de *tutoyer*). Rare. Personne qui a l'habitude de tutoyer. Adj. *Il est un peu trop tutoyeur.*

TUTRICE. V. **TUTEUR.**

TUTTI [tu(t)ti]. *n. m. inv.* (1765 ; mot it. « *tous* »). Mus. Signe (T) sur une partition, indiquant que tous les instruments doivent jouer. ◊ Morceau exécuté par l'orchestre tout entier. *Des tutti.*

TUTTI FRUTTI [tuttifʀutti]. *loc. adj. inv.* (1899 ; mots it. « *tous les fruits* »). Composé ou parfumé avec des fruits variés (mets, glaces, etc.). — *Subst.* Glace aux fruits variés.

TUTTI QUANTI [tu(t)tikwᾶti]. *loc. nomin.* (1676 ; mots it. « *tous tant qu'ils sont* »). *À la fin d'une énumération de noms de personnes :* et tous les gens de cette espèce. « *Étaient de ce festin : Henri de Régnier, Desvallières, Besnard, Suarès, Saglio, Marcel, Ernest Charles, et tutti quanti* » (GIDE).

TUTU [tyty]. *n. m.* (1881 ; déform. enfant. de *cucu* « petit cul » ; d'abord « caleçon collant »). Jupe de gaze courte et évasée, portée par les danseuses de ballet. *Des tutus.*

TUYAU [tɥijo]. *n. m.* (1337 « ornement » ; 1530, au sens 1° ; *tuel,* XII⁽ᵉ⁾ ; *tuiel,* v. 1100 ; frq. °*thûta,* gotique *thut-haurn* « cor à sonner »). ♦ 1° Canal fermé, conduit à section circulaire ou arrondie (en matière rigide, flexible ou souple) destiné à faire passer un liquide, un gaz. V. **Buse, conduite, tube.** *Tuyau de plomb, de fer, de fonte, de caoutchouc, de ciment, de terre cuite, de poterie* (aludel, boisseau), *de toile*

(manche). *Section, ouverture d'un tuyau. Aboucher, ajointer des tuyaux. Tuyau crevé. Tuyaux des installations hydrauliques.* V. **Canalisation, tuyauterie.** *Tuyau de descente* (ou *descente*,* III, 2°). *Tuyau d'arrosage. Tuyau pour le transport à longue distance.* V. **Pipeline.** *Tuyau de pompe. Tuyau d'admission, d'échappement* (tuyère), *de refoulement. Tuyau d'échappement d'une automobile, muni d'un silencieux.* — *Tuyau de pipe*. Tuyaux sonores,* tuyaux dans lesquels une colonne d'air résonne à certaines fréquences. *Tuyau d'orgue*.* ◊ (Tuiel 1304) TUYAU DE CHEMINÉE : partie extérieure du conduit de cheminée, qui évacue la fumée. ◊ TUYAU DE POÊLE : ensemble de tuyaux de tôle ajointés qui relient un poêle à la cheminée. *Coudes d'un tuyau de poêle.* — Fam. *Chapeau en tuyau de poêle, tuyau de poêle* (1833), sorte de chapeau haut de forme (tube). « *Il est un habit noir et en chapeau tuyau de poêle* » (GONCOURT). ♦ 2° Conduit ; cylindre creux. *Tuyau de plume,* axe creux à la base de la plume. *Tuyau de tige,* et absolt. *Tuyau,* tige creuse des céréales. ◊ Techn. *Tuyau acoustique,* qui est utilisé pour porter le son à distance. ◊ Fam. (1798) *Le tuyau de l'oreille,* le conduit auditif. *Dire, raconter qqch. dans le tuyau de l'oreille,* confier tout bas, de bouche à oreille. ♦ 3° Pli ornemental en forme de tube que l'on fait au linge au moyen d'un fer spécial. V. **Godron, tuyauter.** « *Ce peuple en veste brodée, en jupon plissé à gros tuyaux* (fustanelle)... » (NERVAL). ♦ 4° Fam. (1877 ; du *tuyau* [2°] de l'oreille). Indication confidentielle pour le succès d'une opération. V. **Indication, information, renseignement.** *Avoir, obtenir un bon tuyau aux courses, à la Bourse. Un tuyau crevé* (par attract. de *tuyau,* 1°), un mauvais tuyau. « *Il y a des tuyaux qui sont bons ; il y a des tuyaux qui sont crevés* » (CENDRARS).

TUYAUTAGE [tɥijotaʒ]. *n. m.* (1872 ; de *tuyauter*). ♦ 1° Action de tuyauter (1°) ; son résultat. « *Son bonnet dont le tuyautage éclatant et fixe avait l'air d'être en biscuit* » (PROUST). ♦ 2° Fam. Le fait de donner des renseignements.

TUYAUTER [tɥijote]. *v.* (1822 ; de *tuyau*). ♦ 1° *V. tr.* Orner (du linge) de tuyaux (3°) en le repassant avec un fer cylindrique dit *fer à tuyauter* (syn. Cylindrer). *Tuyauter un bonnet.* — *Au p. p.* (plus cour.) « *Des bonnets de tulle tuyautés à deux ou trois francs pièce* » (ZOLA). — Subst. *Un tuyauté,* ensemble des tuyaux juxtaposés faits au fer à tuyauter ; manière de tuyauter. V. **Tuyautage.** ♦ 2° *Fam.* (1899). Donner un tuyau (4°), des tuyaux à (qqn). V. **Renseigner.** *Je vais vous tuyauter là-dessus. Se faire tuyauter sur un champ de courses.* ♦ 3° *V. intr.* (1872). Didact. Se former en tuyau, pousser sa tige, en parlant des céréales. *Le blé commence à tuyauter.*

TUYAUTERIE [tɥijotʀi]. *n. f.* (1845 ; de *tuyau*). ♦ 1° *Vx.* Fabrique de tuyaux métalliques. ♦ 2° *Mod.* Ensemble des tuyaux (d'une machine, de conduites d'eau, de gaz). V. **Canalisation.** ♦ 3° Ensemble des tuyaux d'un orgue.

TUYAUTEUR, EUSE [tɥijotœʀ, øz]. *n.* (1906 ; de *tuyauter*). Fam. Personne qui vend les tuyaux, aux courses ; qui donne un tuyau à qqn.

TUYÈRE [ty(ɥi)jɛʀ]. *n. f.* (1450 ; *toiere* « ouverture où aboutit un tuyau de soufflerie », 1389 ; de *tuyau*). ♦ 1° Large tuyau d'admission ou de refoulement des gaz, dans une machine ; conduit conique qui amène le vent d'un soufflet dans un four, une forge, un haut fourneau. ♦ 2° (XX⁽ᵉ⁾). Tuyau d'admission de la vapeur dans une turbine. *Tuyère (d'éjection),* canal d'éjection des gaz qui, après avoir été brûlés dans la chambre à combustion d'un réacteur, d'une fusée, sont accélérés pour créer par réaction la force d'avancement.

T.V.A. [tevea]. *n. f.* Sigle et acronyme de *Taxe à la valeur ajoutée.* V. **Taxe.**

TWEED [twid]. *n. m.* (1844, « vêtement » ; mot angl. altér. de l'écoss. *tweel,* angl. *twill* « étoffe croisée », probabl. sous l'infl. de *Tweed,* fleuve côtier entre l'Angleterre et l'Écosse). Tissu de laine cardée (d'abord fabriqué en Écosse), avec armure en toile ou sergé. *Tailleurs, manteaux, vestes de tweed. Des beaux tweeds.*

TWIN-SET [twinsɛt]. *n. m.* (v. 1950 ; mot angl., de *twin* « jumeaux », et *set* « ensemble »). Anglicisme. Ensemble formé d'un chandail et d'une veste de tricot assortis.

TWIST [twist]. *n. m.* (1690 ; angl. *to twist* « tordre, tourner »). Danse d'origine américaine, sur un rythme rapide, caractérisée par un mouvement de rotation des jambes et du bassin (dér. TWISTER [twiste], *v. intr.,* « danser le twist »; TWISTEUR, EUSE [twistœʀ, øz], *n.,* « danseur, danseuse de twist »).

TYLENCHUS [tilɛkys]. *n. m.* (déb. XX⁽ᵉ⁾ ; du gr. *tulos* « bosse », et *egkhelus* « anguille »). Zool. Animal némathelminthe (*Nématodes*), qui s'attaque à plusieurs plantes cultivées et notamment au blé (maladie dite *nielle du blé*). V. **Anguillule.**

TYMPAN [tɛ̃pᾶ]. *n. m.* (XII⁽ᵉ⁾, « tambourin »; lat. *tympanum,* du gr. *tumpanon* « tambourin »). ♦ 1° Archit. (1506). Espace triangulaire entre la corniche et les deux rampants d'un fronton. — Dans les églises romanes ou gothiques, Espace compris entre le linteau et l'archivolte d'un portail. ♦ 2° (XVII°). Membrane fibreuse translucide qui sépare le conduit auditif externe de l'oreille moyenne. *Dans l'audition, le tympan se comporte comme une membrane non tendue qui transmet les vibrations sonores à l'oreille moyenne.* — *Par exagér.* (à propos d'un bruit assourdissant) *Crever, déchirer, rompre le tympan.* ♦ 3° Techn. (XVII°). *Imprim.* Dans les presses à bras, Châssis tendu d'étoffe sur lequel on place la feuille à imprimer. ◇ *Mécan.* Roue hydraulique élévatoire. ◇ Pignon enté sur un arbre et qui engrène sur une roue dentée. *Tympan d'une horloge.*

TYMPANAL, AUX [tɛ̃panal, o]. *adj.* et *n. m.* (1872; de *tympan*). Anat. *Os tympanal; le tympanal,* le plus petit des trois os du temporal, en forme de gouttière, constituant les parois antérieure, inférieure et postérieure du conduit auditif externe.

1. **TYMPANIQUE** [tɛ̃panik]. *adj.* (1843; de *tympan*). *Anat.* Du tympan, qui a rapport au tympan. *Cavité tympanique. Artère tympanique.*

2. **TYMPANIQUE** [tɛ̃panik]. *adj.* (1837; du gr. *tumpanon* « tambour »). Méd. *Son tympanique,* sonorité particulière à timbre aigu que manifestent à la percussion certaines régions du corps.

TYMPANISER [tɛ̃panize]. *v. tr.* (XVI°; du lat. *tympanizare,* gr. *tumpanizein* « tambouriner »). *Vx.* Critiquer, ridiculiser publiquement (qqn).

TYMPANISME [tɛ̃panism(ə)]. *n. m.* (1872; de *tympanique*). *Méd.* ♦ 1° Son tympanique. ♦ 2° (Du gr. *tumpanos*). État de l'abdomen quand l'intestin est distendu par des gaz. V. **Gonflement, météorisme.**

TYMPANON [tɛ̃panɔ̃]. *n. m.* (*Timpanon,* 1680; gr. *tumpanon*). Mus. Instrument composé de cordes tendues sur une caisse trapézoïdale, dont on joue en frappant sur les cordes avec deux petits maillets.

TYNDALLISATION [tɛ̃dalizasjɔ̃]. *n. f.* (1901; du nom de *Tyndall*). Chim., Techn. Procédé de stérilisation consistant à porter plusieurs jours de suite une substance putrescible à une température de 60 à 80 degrés et à la laisser chaque fois refroidir, de façon à détruire les micro-organismes sans altérer la composition chimique du milieu.

TYPE [tip]. *n. m.* (1495; lat. *typus* « modèle, symbole », du gr. *tupos* « empreinte, marque; caractère d'écriture », de *tuptein* « appliquer, frapper »).

I. *Techn.* Pièce portant une empreinte destinée à reproduire des empreintes semblables; l'empreinte. ♦ 1° (XVI°). *Vx.* Caractère d'imprimerie (V. **Typographie**). ◇ *Mod.* Modèle de caractère; ensemble des caractères de hauteur, largeur et dessin déterminés. *Corps d'un type; type de tant de points. Type romain, elzévir, Didot.* ♦ 2° *Numism.* Figure représentée sur une ou plusieurs séries de médailles (effigie, symbole). *Monnaie au type de César.*

II. ♦ 1° *Didact.* Élément figuré (image) ou fait (narration) que l'on considère comme l' « empreinte », le « reflet » d'un concept (spécialt. en *T. de Relig.* d'un concept qui n'est pas encore révélé). *L'Ancien Testament contient les types des mystères.* V. **Figure, symbole.** « *J'appelle miracles typiques ceux qui sont évidemment le type, le symbole de quelque vérité morale* » (VOLT.). ♦ *Philo.* Modèle idéal déterminant la forme d'une série d'objets; concept abstrait et générique considéré comme un tel modèle. V. **Archétype, étalon, prototype.** ♦ 2° *Cour.* (XVIII°). Concept abstrait, considéré comme exprimant l'essence d'une réunion d'objets réels (ou de personnes) et comme un modèle à imiter; ensemble d'images qui correspond plus ou moins exactement à un tel concept. « *Le miracle grec... un type de beauté éternelle* » (RENAN). V. **Canon** (2, 4°). *Un certain type du beau.* V. **Idéal.** « *Les amants, le père, l'avare, tous les grands types peuvent donc toujours être renouvelés* » (TAINE). « *Peindre des caractères, c'est-à-dire des types généraux* » (BERGSON). « *On aime un type, c'est-à-dire la réunion dans une seule personne (de) qualités humaines* » (MAUPASS.). — « *Ma sœur... réalise le type de la vieille fille dans sa funeste perfection* » (FRANCE). ♦ 3° *Sc.* Ensemble des caractères organisés en un tout, constituant un instrument de connaissance par « abstraction rationnelle » (COURNOT) et permettant de distinguer des catégories d'objets, d'individus et de faits (V. **Classe, espèce, genre, modèle**). *Sans type déterminé.* V. **Atypique.** — *Biol.* Spécimen permettant de faire la description d'un type taxonomique (taxon*), d'une espèce. — *Spécialt.* Schéma ou modèle de structure. *Utilisation des types.* V. **Classification, division, typologie.** *Le type, opposé à l'individu.* — *Cour. Types humains,* considérés du point de vue ethnique, sexuel, esthétique. *Type provençal. Elle a le type nordique, latin : elle présente les caractères de ce type.* — *Types psychologiques, de caractères,* étudiés par la typologie (1°), la caractérologie. ◇ *Du type...* (suivi d'un adj. ou d'un nom) *Des savanes du type jungle.* — *Fam. Le type de qqn :* le type physique, esthétique, qui l'attire. *Ce n'est pas son type.* V. **Genre.** « *M*me *de Passelieu lui plaisait* *infiniment... elle était tout à fait son type* » (HERMANT). ♦ 4° Ensemble des caractères, des propriétés (d'une série d'objets concrets fabriqués), tel qu'il a été défini avant leur fabrication, leur production (notamment dans l'industrie). V. **Modèle, norme, standard.** *Objet conforme au type réglementaire.* « *Il avait critiqué le montage d'une pompe à huile du type B. 6, la confondant avec une pompe à huile du type B. 4* » (ST-EXUP.). ♦ 5° Personne ou chose qui réunit les principaux éléments d'un type abstrait, et qui peut être donné en exemple (exemple typique). V. **Modèle, personnification, représentant.** *Des types observés.* « *Certains prodigieux mimes, dont Frégoli reste le type* » (PROUST). « *C'est le type de l'affaire à tout casser* » (ROMAINS). — En appos. *C'est l'intellectuel type.* « *Il ne lui manquait, pour être une provinciale type, que l'esprit de dénigrement* » (COLETTE). — (Choses) « *Le caractère type* (de l'entreprise moderne), *qui est le machinisme* » (Ch. GIDE). *Cas* type. *Des objets types.* ♦ 6° (1861, arg.), *Fam.* et *vieilli.* Personnage remarquable, soit parce qu'il incarne visiblement les caractères d'un type (humain, littéraire), soit parce qu'il se rapproche d'un type pittoresque. V. **Original.** « *Le père Mongilet passait pour un type. C'était un vieil employé bon enfant* » (MAUPASS.). ◇ (1881) *Mod.* (*Fam.* ou *pop.*) Individu quelconque. V. **Bonhomme, coco, garçon, gars, gonze, homme, individu, mec, zèbre, zigue.** *Un type à moustache. Un brave, un chic type. Un type épatant. Pauvre type.* « *Un fleuve de types, flanqués de leurs bonnes femmes* » (BEAUVOIR). V. **Typesse.** « *Les petits types dans mon genre* » (CÉLINE). ◇ *Pop.* Amant; « homme ». *Elle se promène avec son type.*

-TYPE, -TYPIE. Seconds éléments, du gr. *tupos* « empreinte; modèle » (V. **Type**). *Ex.* Archétype, contretype, linotype, prototype.

TYPÉ, ÉE [tipe]. *adj.* (1844; de *type*, II). Formé, élaboré d'après un type, un modèle. *Personnage typé, fortement typé.* ◇ Qui présente nettement les caractères d'un type. *Ma chienne « que les éleveurs estiment un sujet bien typé »* (COLETTE).

TYPER [tipe]. *v. tr.* (1873; de *type*). ♦ 1° Techn. Marquer du type (I), d'une marque, d'une empreinte. ♦ 2° Donner à (une création) les caractères apparents d'un type. *Ce dramaturge a fortement typé son personnage.*

TYPESSE [tipɛs]. *n. f.* (1879; de *type* [II, 6°]). Pop. et péj. Femme, fille. « *N'écoute pas cette sale typesse. Elle nous embête* » (COCTEAU).

TYPHA [tifa]. *n. m.* (1784; du lat. mod., gr. *tuphê,* même sens). Bot. Plante herbacée, aquatique, communément appelée *massette*, *roseau des étangs.*

TYPHACÉES [tifase]. *n. f. pl.* (1839; de *typha*). Bot. Famille de plantes phanérogames angiospermes *(Monocotylédones),* comprenant des herbes aquatiques, vivaces, à rhizome rampant, à tiges droites, à fleurs en épis ou en chatons au sommet d'une hampe (V. **Typha**).

TYPHIQUE [tifik]. *adj.* et *n.* (1836; de *typhus*). Du typhus (particult. exanthématique) ou de la fièvre thyphoïde (V. **Typhoïdique**). *Bacille typhique,* de la typhoïde. ◇ *N.* (1855). Malade atteint de la typhoïde ou du typhus exanthématique.

TYPHL(O)- Premier élément, du gr. *tuphlos* « aveugle », appliqué au cæcum « intestin aveugle ».

TYPHLITE [tiflit]. *n. f.* (1855; du gr. *tuphlos.* V. **Typhl[o]-,** et suff. *-ite*). Méd. Inflammation du cæcum. V. **Pérityphlite.**

TYPH(O)-. Premier élément, du gr. *tuphos* « fumée », torpeur ».

TYPHO-BACILLOSE [tifobasi(l)loz]. *n. f.* (1883; Landouzy; de *typho-,* et *bacillose*). Méd. Forme de primo-infection tuberculeuse, accompagnée d'une fièvre élevée et continue rappelant celle de la fièvre typhoïde.

TYPHOÏDE [tifoid]. *adj.* et *n. f.* (*Typhodes,* 1660; d'abord adj. « qui ressemble au typhus »; lat. sav., de *tuphôdês,* de *tuphos,* « torpeur ». V. **Typho-**). Méd. et cour. (1828). *Fièvre typhoïde* ou *typhoïde* (n. f.) : maladie infectieuse, contagieuse et souvent épidémique, due au bacille typhique *(bacille d'Eberth* ou *Salmonella typhi),* caractérisée par une fièvre élevée « en plateau », un état de stupeur *(tuphos)* et des troubles digestifs graves. V. aussi **Paratyphoïde.** — *N. f.* (plus cour.). *Attraper la typhoïde.*

TYPHOÏDIQUE [tifoidik]. *adj.* (1877; de *typhoïde*). *Méd.* De la fièvre typhoïde.

TYPHOMYCINE [tifomisin]. *n. f.* (mil. XX°; du rad. de *typhoïde,* et suff. de *streptomycine*). Méd. Nom d'un antibiotique, le chloramphénicol.

TYPHON [tifɔ̃]. *n. m.* (*Tiffon,* 1531; *tifon,* 1571 [d'apr. it. *tifone*]; chinois dial. *t'ai-fung* « grand vent », par le port. *tufáo,* arabe *tufân; typhon* en 1643, par confusion avec *typhan* [1504], du gr. *tuphon* « tourbillon »). Cyclone des mers de Chine et de l'océan Indien. V. **Ouragan.**

TYPHOSE [tifoz]. *n. f.* (1906; de *typho-,* et *ose*). Vétér.

Maladie contagieuse des oiseaux de basse-cour (état fébrile d'abattement). *La typhose est causée par un autre bacille que celui de la typhoïde.*

TYPHUS [tifys]. *n. m.* (1667; lat. méd. *typhus*, gr. *tuphos*. V. Typh[o]-). Nom donné à plusieurs maladies infectieuses : leptospirose* ictéro-hémorragique *(typhus hépatique)*, fièvre jaune, purpura *(typhus « angiohématique »).* ◇ Plus cour. *Typhus* ou *typhus exanthématique* (1760), maladie infectieuse, contagieuse et épidémique causée par une rickettsie et transmise par les poux, caractérisée par une fièvre intense à début brutal, un exanthème purpurique généralisé et un état de stupeur *(tuphos)* pouvant aller jusqu'au coma.

-TYPIE. V. Type-.

TYPIQUE [tipik]. *adj. et n. f.* (1495, « qui réalise un type » [de l'Ancien Testament]; lat. ecclés. *typicus*, gr. *tupikos* « symbolique, exemplaire »).
I. *Adj.* **A** ♦ 1° *Relig.* Qui constitue un type (II, 1°), un symbole. V. **Allégorique, symbolique.** — *Didact.* Qui constitue un modèle idéal. ♦ 2° *(Déb. XIXe).* Cour. Qui constitue un type (II, 2°, 3°), un exemple caractéristique. V. **Caractéristique, distinctif, original, remarquable.** *Caractère, cas, exemple typique.* — *Typique de... :* caractéristique de... « *Le dévouement social s'exprimant dans la réalisation matérielle est typique du protestantisme américain* » (SIEGFRIED). ♦ 3° Sc. *(Fièvre typique*, 1765). Qui caractérise un type (II, 3°) et lui seul; qui présente suffisamment les caractères d'un type pour servir d'exemple, de repère (dans une classification). *Caractères typiques et atypiques, en biologie.* V. **Spécifique.** *Sociol. Ressemblances, différences typiques.* « *Discordances typiques* (qui touchent) *à la structure même de la société* » (LÉVI-STRAUSS). **B** *(De l'esp. tipico).* Musique typique : musique de caractère sud-américain (danse, variétés). Subst. *Orchestre de typique.*
II. *N. f.* Philo. *Typique du jugement* (Kant) : procédé par lequel on détermine si une action particulière est ou non conforme au concept du bien moral (idées ou types du bien et du mal). ◇ V. **Typologie** (I).

TYPIQUEMENT [tipikmɑ̃]. *adv.* (XVIIe; de *typique*). Cour. D'une manière typique. V. **Spécifiquement.** « *L'acte typiquement humain... semble bien être l'acte du langage* » (A. MARC). *Un comportement typiquement anglais.*

TYPO. *n. m.* V. **Typographe.**

TYPO-. Premier élément, du gr. *tupos* « marque, caractère ». V. **Type** ; et suff. **-Type, -typie.**

TYPOCHROMIE [tipɔkrɔmi]. *n. f.* (1846; de *typo-*, et *-chromie*). Techn. Impression typographique en couleurs. V. **Chromotypographie.**

TYPOGRAPHE [tipɔgraf]. *n. (Tipographe*, 1554; de *typo-*, et *-graphe).* Professionnel qui exerce une des spécialités de la typographie, metteur (en pages), imposeur, minerviste. *Spécialt.* Compositeur à la main. *Abrév. fam.* UN TYPO (fém. *Typote*, en arg. de métier).

TYPOGRAPHIE [tipɔgrafi]. *n. f.* (1557; de *typo-*, et *-graphie*). ♦ 1° Ensemble des techniques et des procédés permettant de reproduire des textes par l'impression d'un assemblage de caractères en relief (imprimerie typographique; *par oppos.* aux procédés par report : lithographie, offset); *spécialt.* Les opérations de composition. *Opérations, travaux de typographie.* V. **Imprimerie** ; et aussi **Bilboquet** (3°), **clichage, composition, correction, distribution** (2°), **tirage.** ♦ 2° Manière dont un texte est imprimé (quant au type des caractères, à la mise en pages, etc.). « *La typographie des en-têtes* » (MAUROIS).

TYPOGRAPHIQUE [tipɔgrafik]. *adj.* (1560; de *typographie*). De l'impression par caractères mobiles en relief. *Matériel, caractères, signes typographiques. Composition typographique. Fautes typographiques* (coquilles, doublons [2], mastics). ◇ *Des typographes.* Argot typographique.

TYPOGRAPHIQUEMENT [tipɔgrafikmɑ̃]. *adv.* (1812; de *typographique*). Par la typographie. — En ce qui concerne la typographie.

TYPOLITHOGRAPHIE [tipɔlitɔgrafi]. *n. f.* (1846; de *typo-*, et *lithographie*). Techn. Utilisation conjointe de la typographie et de la lithographie pour l'impression (texte et illustrations, etc.).

TYPOLOGIE [tipɔlɔʒi]. *n. f.* (1841; de *typo-*, et *-logie*).
I. *Didact.* ♦ 1° Science des types humains, considérés du point de vue des rapports entre les caractères organiques et mentaux. *Typologie anthropologique*, de Wechniakoff (1897). ♦ 2° Science de l'élaboration des types, facilitant l'analyse d'une réalité complexe et la classification (V. **Systématique**). *Typologie des structures sociales, économiques.* ◇ Systèmes de types. *Une typologie des régimes politiques* (On dit parfois une TYPIQUE).
II. *Art, Relig.* « *Concordance de l'Ancien et du Nouveau Testament qui est à la base de l'iconographie chrétienne du moyen âge* » (RÉAU).

TYPOLOGIQUE [tipɔlɔʒik]. *adj.* (1915; de *typologie*). *Didact.* Qui appartient à la typologie; est fondé sur une typologie. *Classification typologique des langues.*

TYPOMÈTRE [tipɔmɛtʀ(ə)]. *n. m.* (1907; de *typo-*, et *-mètre*). Techn. *(Imprim.).* Règle divisée en cicéros, demi-cicéros et quarts de cicéros (trois points), pour évaluer les compositions typographiques.

TYPTO-. Élément, du gr. *tuptein* « frapper ».

TYPTOLOGIE [tiptɔlɔʒi]. *n. f.* (1876; de *typto-*, et *-logie*). *Didact.* Communication des esprits frappeurs*.

TYRAN [tiʀɑ̃]. *n. m. (Tiran*, 980; lat. *tyrannus*, gr. *turannos* « maître »).
I. ♦ 1° *Hist.* Chez les Grecs, Celui qui s'emparait du pouvoir par la force. *Pisistrate, tyran d'Athènes.* ◇ *Didact.* (Au XVIIIe) Usurpateur de l'autorité royale, du pouvoir. « *Tyran et usurpateur sont deux mots parfaitement synonymes* » (ROUSS.). ♦ 2° *Cour.* Celui qui, ayant le pouvoir suprême, l'exerce de manière absolue, oppressive. V. **Autocrate, despote, oppresseur.** « *Et les peuples... Oubliant le tyran* (Napoléon) *s'éprirent du héros* » (HUGO). « *Tyrans, descendez au cercueil* » (Chant du départ). « *La terreur est le régime de tous les tyrans* » (SUARÈS). ♦ 3° *Fig. (Littér. ou plais.).* Personne autoritaire qui impose sa volonté, abuse de son pouvoir (Cf. Despote, dictateur, *fig.*). *C'est un vrai tyran.* « *Mariée avec un vaurien de bonnes manières, un de ces tyrans domestiques devant qui tout doit céder et plier* » (MAUPASS.). « *L'homme, tyran goulu, paillard, dur et cupide* » (BAUDEL.).
II. *Zool.* (1775). Oiseau dentirostre *(Passereaux)*, gobemouches d'Amérique tropicale.
◇ ANT. (du I) Libérateur, protecteur. Esclave. — HOM. Tirant.

TYRANNEAU [tiʀano]. *n. m.* (1578; dimin. de *tyran*) *Littér.* Petit tyran, tyran subalterne. « *Des généraux et des tyranneaux politiques* » (CENDRARS).

TYRANNICIDE [tiʀanisid]. *n.* (1487; Cf. Tyran, et *-cide*). *Littér.*
I. *N. m.* et *f.* (lat. *tyrannicida*). Personne qui tue un tyran.
II. *N. m.* (XVIe; du lat. *tyrannicidium*). Meurtre d'un tyran.

TYRANNIE [tiʀani]. *n. f.* (1155; de *tyran*). ♦ 1° *Hist. antiq.* Usurpation et exercice du pouvoir par un tyran (1°). *Tyrannie grecque et dictature romaine.* ♦ 2° Gouvernement absolu et oppressif du tyran (2°) considéré surtout dans ce qu'il a d'injuste, d'arbitraire, de cruel. V. **Autocratie, despotisme, dictature.** « *Contre nous de la tyrannie L'étendard sanglant est levé* » (Marseillaise). « *Les excès de la tyrannie ne mènent qu'à la tyrannie; celle-ci en nous dégradant nous rend incapables d'indépendance* » (CHATEAUB.). ◇ Se dit aussi de la Dictature oppressive d'un groupe. « *Les âmes brisées après la Terreur, de dégoût et de remords, se jetèrent à l'aveugle sous la tyrannie militaire* » (MICHELET). V. **Dictature.** *Se libérer de la tyrannie d'un père. Exercer sa tyrannie sur qqn.* V. **Tyranniser.** « *La tyrannie de l'homme, qui a converti la possession de la femme en une propriété* » (DIDER.). ◇ *(Choses)* Contrainte impérieuse. *La tyrannie des passions. Tyrannie de l'opinion, de la mode.* V. **Influence, servitude.** ◇ ANT. Liberté. Dépendance, esclavage, servilité, soumission.

TYRANNIQUE [tiʀanik]. *adj.* (v. 1370; lat. *tyrannicus*, gr. *tyrannikos).* ♦ 1° Qui tient de la tyrannie (2°). *Pouvoir tyrannique.* V. **Absolu, arbitraire, despotique.** *Régime tyrannique.* V. **Autocratique, oppressif.** « *La force sans la justice est tyrannique* » (PASC.). ♦ 2° Autoritaire, injuste et violent. « *Un homme d'État... entier et tyrannique comme M. Clemenceau* » (MART. du G.). ♦ 3° *Littér.* Qui contraint impérieusement et péniblement; à quoi on ne peut se dérober. *Loi tyrannique. La mode est tyrannique.* V. **Assujettissant.** ◇ ANT. Libéral. Débonnaire, doux.

TYRANNIQUEMENT [tiʀanikmɑ̃]. *adv.* (XVe; de *tyrannique*). D'une manière tyrannique, avec tyrannie. *Abuser tyranniquement de son pouvoir.*

TYRANNISER [tiʀanize]. *v. tr.* (1370; de *tyran*). ♦ 1° Traiter (qqn) avec tyrannie (3°); abuser de son pouvoir ou de son autorité. V. **Opprimer, persécuter.** *Les hobereaux « petits seigneurs qui tyrannisaient les paysans* » (BUFF.). « *La femme qui aime plus qu'elle n'est aimée sera nécessairement tyrannisée* » (BALZ.). ♦ 2° *(Choses)*. Contraindre impérieusement. *Se laisser tyranniser par de fausses obligations.* ◇ ANT. Affranchir, protéger.

TYRANNOSAURE [tiʀanozɔʀ]. *n. m.* (v. 1890; lat. sav. *tyrannosaurus*, du gr. *turannos* « maître », et *sauros* « lézard »). *Paléont.* Reptile fossile du crétacé supérieur, carnivore, mesurant jusqu'à 15 m de long.

TYR(O)-. Élément, du gr. *turos* « fromage ».

TYROLIEN, IENNE [tiʀɔljɛ̃, jɛn]. *adj. et n.* (attesté déb. XIXe; de *Tyrol*, région d'Autriche). Du Tyrol. *Population tyrolienne.* — *Chapeau tyrolien* (d'homme, de femme).

TYROLIENNE [tiʀɔljɛn]. *n. f.* (1816; de *tyrolien*). Chant montagnard à trois temps, originaire du Tyrol, caractérisé par le passage rapide de la voix de poitrine à la voix de tête et vice versa (V. **Jodler**).

TYROSINASE [tiʀozinɑz]. *n. f.* (xxᵉ ; de *tyrosine*, et -*ase*). *Biochim.* Enzyme qui active l'oxydation de la tyrosine, aboutissant à la production de mélanine.

TYROSINE [tiʀozin]. *n. f.* (1855; de *tyr[o]*-, et -*ine*). *Biochim.* Acide aminé essentiel très répandu dans la nature (graines de céréales, pommes de terre, fruits mûrs), jouant un rôle important grâce aux composés organiques qui en dérivent (mélanine, adrénaline, dérivés iodés de la glande thyroïde).

TYROTHRICINE [tiʀɔtʀisin]. *n. f.* (1939 ; de *tyrothrix* [1906], nom d'une bactérie, de *tyro*-, et gr. *thrix* « cheveu, filament »). *Méd.* Antibiotique extrait des cultures du *bacillus brevis*, employé en applications locales dans diverses affections bactériennes de la peau, de la bouche et du pharynx.

TZAR. V. Tsar. — **TZIGANE.** V. Tsigane.

U

U [y]. *n. m.* Vingt et unième lettre de l'alphabet ; la cinquième des voyelles. U *majuscule* ; u *minuscule. Le u note la voyelle palatale antérieure arrondie* [y]. *U tréma* ou *ü* (le tréma se met sur le *u* placé après une voyelle, pour indiquer que les deux voyelles se prononcent : *Ésaü*). *Groupe* AU, EAU [o]. *Groupe* EU *ou* ŒU [ø] *ou* [œ]. *Groupe* OU [u]. *Groupe* UN [œ̃], voyelle nasale. ◇ *En U :* en forme de U. *Tube en U.* ◇ *Chim.* U, symbole de l'*uranium.* ◈ HOM. Formes du v. *avoir.*

UBAC [ybak]. *n. m.* (attesté XXᵉ ; en a. prov., XVᵉ ; lat. *opacus* « sombre »). Versant d'une montagne exposé au nord (*opposé à* adret).

UBIQUISTE [ybikɥist(ə)]. *adj. et n.* (1808 ; théol., 1585 ; du lat. *ubique* « partout »). *Didact.* Qui est présent partout à la fois. V. **Omniprésent.**

UBIQUITÉ [ybikɥite]. *n. f.* (1808 ; théol., 1548 ; du lat. *ubique* « partout »). ♦ 1° Attribut de Dieu, présent partout dans un même instant. ♦ 2° Possibilité d'être présent en plusieurs lieux à la fois. « *Elle était une force diffuse, qui avait l'ubiquité de la lumière, de l'air* » (NIZAN). — (1878) *Avoir le don d'ubiquité (par exagér.* se dit de qqn que l'on voit partout).

UBUESQUE [ybyɛsk(ə)]. *adj.* (XXᵉ ; de *Ubu roi,* pièce d'A. Jarry). Qui ressemble au personnage d'Ubu roi par un caractère comiquement cruel et couard. « *L'ampleur paradoxale du cynisme ubuesque* » (Fr. JOURDAIN).

UHLAN [ylɑ̃]. *n. m.* (Houlan et hulan, 1748 ; mot all., du polonais, tartare *oglan* « enfant »). Cavalier, mercenaire des armées de Pologne, de Prusse, d'Autriche et d'Allemagne. — Par ext. « *Le jour où le premier uhlan paraîtra sur la frontière* » (MART. du G.). *Plur. Les uhlans* [ylɑ̃].

UKASE [ykaz] ou **OUKASE** [ukaz]. *n. m.* (1775 ; du russe *oukazat'* « publier »). ♦ 1° Édit promulgué par le tsar. ♦ 2° *Fig.* Décision arbitraire, ordre impératif. « *Mais vous n'en faites... qu'à votre tête, et ne traitez que par ukases et décrets* » (COLETTE).

UKRAINIEN, IENNE [ykʀɛnjɛ̃, jɛn]. *adj. et n.* (1731 ; de *Ukraine,* du russe *oukraïna* « frontière »). De l'Ukraine. *République ukrainienne.* — *Ling.* Langue slave parlée en Ukraine.

ULCÉRATIF, IVE [ylseʀatif, iv]. *adj.* (1495 ; de *ulcérer*). *Méd.* Qui a trait à l'ulcération ; qui produit une ulcération.

ULCÉRATION [ylseʀasjɔ̃]. *n. f.* (1314 ; a. prov. *ulceratio,* 1300 ; lat. *ulceratio,* de *ulcus, eris*). ♦ 1° Formation d'un ulcère. *Début d'ulcération. Ulcération rapide.* ♦ 2° La perte de substance (V. Ulcère) en voie de constitution. *Ulcérations cancéreuses, tuberculeuses, syphilitiques.*

ULCÈRE [ylsɛʀ]. *n. m.* (Ulcère, 1314 ; a. prov. *ulcera,* v. 1300 ; lat. *ulcus, eris*). ♦ 1° Perte de substance de la peau ou d'une muqueuse, sous forme de plaie qui ne cicatrise pas normalement, qui a une évolution chronique. *Ulcères tuberculeux, variqueux. Ulcère de l'estomac, à l'estomac.* ♦ 2° (1812). *Arbor.* Plaie (d'une plante) causée par irritation locale ou maladie infectieuse, et qui ne se cicatrise pas.

ULCÉRÉ, ÉE [ylseʀe]. *adj.* (1546 ; V. Ulcérer). ♦ 1° Qui éprouve un violent ressentiment. « *Leurs cœurs ulcérés se soulageaient, ils alternent les litanies de leurs récriminations* » (ZOLA). ♦ 2° *Méd.* Qui est le siège d'une ulcération. *Lésion ulcérée de la peau.*

ULCÉRER [ylseʀe]. *v. tr. ; conjug. céder* (1314, v. pron. ; lat. *ulcerare,* de *ulcus* « ulcère »). ♦ 1° (1500). Produire un ulcère sur. ♦ 2° *Fig.* (1611). Blesser (qqn) profondément, en l'irritant. *Ce manque de confiance l'a ulcéré.* V. Ulcéré.

ULCÉREUX, EUSE [ylseʀø, øz]. *adj.* (v. 1370 ; 1546, « couvert d'ulcères » ; lat. *ulcerosus,* de *ulcus* « ulcère »). ♦ 1° Qui a la nature de l'ulcère ou de l'ulcération. *Plaie, lésion ulcéreuse.* ♦ 2° Qui souffre d'un ulcère de l'estomac ou du duodénum. — Subst. *Un ulcéreux, une ulcéreuse.*

ULCÉROÏDE [ylseʀɔid]. *adj.* (1878 ; de *ulcère,* et -*oïde*). *Méd.* Qui ressemble à un ulcère. *Plaie ulcéroïde.*

ULÉMA [ylema] ou **OULÉMA** [ulema]. *n. m.* (1765 ; arabe *oulamâ,* plur. de *ôlim* « savant »). Docteur de la loi,

théologien musulman, dans les pays arabes. « *Les ulémas en turban blanc à bandelettes d'or* » (LOTI).

ULIGINAIRE [yliʒinɛʀ] ou **ULIGINEUX, EUSE** [yliʒinø, øz]. *adj.* (1803,-1546 ; lat. *uliginosus,* de *uligo* « humidité »). *Didact.* ♦ 1° Humide. *Terrains uligineux.* ♦ 2° Qui vit dans l'humidité. *Plantes uliginaires, uligineuses.*

ULLUQUE [y(l)lyk]. *n. m.* (1875 ; esp. *ulluco,* quichua *ullucu*). *Bot.* Plante herbacée *(Salsolacées)* d'Amérique du Sud, vivace, à tubercules comestibles.

ULMACÉES [ylmase]. *n. f. pl.* (1828 ; du lat. *ulmus* « orme »). *Bot.* Famille de plantes dicotylédones apétales (orme, micocoulier).

ULMAIRE [ylmɛʀ]. *n. f.* (1583 ; lat. bot. *ulmaria,* de *ulmus* « orme »). *Bot.* Spirée. V. **Reine-des-prés.**

ULNAIRE [ylnɛʀ]. *adj.* (1843 ; du lat. *ulna* « avant-bras »). *Anat. (Rare).* Qui a trait au cubitus. V. **Cubital.**

ULSTER [ylstɛʀ]. *n. m.* (v. 1872 ; angl. *Ulster,* province d'Irlande). *Vx.* Manteau d'homme, chaud et confortable.

ULTÉRIEUR, EURE [ylteʀjœʀ]. *adj.* (1531 ; lat. *ulterior,* de la famille de *ultra* « au delà »). ♦ 1° *Géogr.* Qui est au delà par rapport à une ligne donnée. *Calabre ultérieure.* ♦ 2° *Cour.* Qui sera, arrivera dans le futur. V. **Futur, postérieur.** « *Ils vont chercher dans les générations ultérieures... un acquittement* » (PÉGUY). ◇ ANT. Antécédent, antérieur.

ULTÉRIEUREMENT [ylteʀjœʀmɑ̃]. *adv.* (1570 ; de *ultérieur*). Plus tard. V. **Après, ensuite.** *Nous reparlerons de cette question ultérieurement.* ◇ ANT. Antérieurement.

ULTIMATUM [yltimatɔm]. *n. m.* (1792 ; « décision irrévocable », 1740 ; lat. médiév. *ultimatus,* de *ultimus* « dernier »). Les dernières conditions présentées par un État à un autre et comportant une sommation. *Adresser, envoyer un ultimatum.* « *L'éventualité d'un ultimatum agressif adressé à la Serbie par l'Autriche...* » (MART. du G.). *Des ultimatums.* ◇ Exigence impérative. V. **Sommation.** « *La sentinelle lui présenta sa baïonnette en manière d'ultimatum* » (BALZ.).

ULTIME [yltim]. *adj.* (1834 ; h. XIIIᵉ ; lat. *ultimus* « dernier »). Dernier, final (dans le temps). « *Toutes les maladies mortelles présentent le même phénomène ultime, l'arrêt du cœur* » (BERNANOS).

ULTIMO [yltimo]. *adv.* (1842 ; mot lat., de *ultimus* « dernier »). *Didact. et rare.* En dernier lieu (*après* primo, secundo, etc.).

ULTRA [yltʀa]. *n.* (1792 ; lat. *ultra* ou ellipse de *ultra-royaliste*). *Vx.* Personne qui pousse à l'extrême une opinion, et spécial. une position politique (Cf. Extrémiste). ◇ *Mod.* Réactionnaire extrémiste. ◇ Adj. « *Être ultra, c'est aller au delà. C'est attaquer le sceptre au nom du trône et la mitre au nom de l'autel* » (HUGO).

ULTRA-. Élément, du lat. *ultra* « au delà », qui exprime l'excès, l'exagération. V. **Extra-** 2, **hyper-, super-** (ex. : ultrachic, ultramoderne).

ULTRACENTRIFUGATION [yltʀasɑ̃tʀifygasjɔ̃]. *n. f.* (1949 ; de *ultra-,* et *centrifugation*). *Sc.* Centrifugation obtenue à l'aide d'une centrifugeuse dont la vitesse angulaire est très élevée (ULTRACENTRIFUGEUSE [yltʀasɑ̃tʀifyʒøz]. *n. f.*).

ULTRA-CHIC [yltʀaʃik]. *adj.* (1900 ; de *ultra-,* et *chic*). *Plaisant.* Très élégant. « *Les gens qui ne pratiquent point le vice par passion, s'y adonnent par snobisme... C'est ultrachic* » (MIRBEAU).

ULTRA-COURT, -COURTE [yltʀakuʀ, kuʀt(ə)]. *adj.* (1933 ; de *ultra-,* et *court*). Se dit des ondes électromagnétiques de très grande fréquence (longueur d'onde de quelques centimètres), utilisées en télévision, radar.

ULTRAFILTRATION [yltʀafiltʀasjɔ̃]. *n. f.* (1908 ; de *ultra-,* et *filtration*). *Sc.* Méthode de filtration très fine.

ULTRA(-)MARIN, INE [yltʀamaʀɛ̃, in]. *adj.* (av. 1871 ; de *ultra-,* et *marin*). ♦ 1° *Littér.* Couleur outre-mer. « *Les cieux ultramarins* » (RIMBAUD). ♦ 2° *Rare.* Des pays d'outre-mer. « *L'intégration ultramarine des entreprises* » (Le Figaro, 16-3-1974).

ULTRAMICROSCOPE [yltʀamikʀɔskɔp]. *n. m.* (1906 ; de *ultra-,* et *microscope*). *Sc.* Microscope optique où un éclairage spécial permet de voir des particules très petites qui apparaissent comme des points brillants sur fond noir.

ULTRAMICROSCOPE [yltʀamikʀɔskɔpi]. *n. f.* (1906; de *ultramicroscope*). *Sc.* Techniques et recherches concernant les objets trop petits pour être examinés au microscope ordinaire et que l'on effectue à l'aide de l'ultramicroscope.

ULTRAMICROSCOPIQUE [yltʀamikʀɔskɔpik]. *adj.* (1876; de l'angl.). *Sc.* Relatif à l'ultramicroscopie; qui ne peut être examiné qu'à l'ultramicroscope.

ULTRAMODERNE [yltʀamɔdɛʀn(ə)]. *adj.* (1902; de *ultra-*, et *moderne*). *Cour.* Très moderne.

ULTRAMONTAIN, AINE [yltʀamɔ̃tɛ̃, ɛn]. *adj.* (1323; lat. médiév. *ultra-montanus*, de *ultra*, et *mons*, *montis* « montagne »). ♦ 1° *Vx.* Qui est au delà des montagnes, et *spécialt.* des Alpes (par rapport à la France). ♦ 2° Qui soutient la position traditionnelle de l'Église italienne (pouvoir absolu du pape), *opposé à* gallican*. « *Il employa la plus belle latinité... à flatter et à établir les prétentions les plus ultramontaines...* » (ST-SIM.). ◇ Subst. *Les ultramontains.* ◇ ANT. (du 2°) *Gallican.*

ULTRAMONTANISME [yltʀamɔ̃tanism(ə)]. *n. m.* (1739; de *ultramontain*). *Relig.* Doctrines favorables à l'autorité absolue du pape à la primauté de l'Église romaine (*opposé à* gallicanisme).

ULTRA-PETITA [yltʀapetita]. *adv.* (1846; mots lat.). *Dr.* Au delà de ce qui a été demandé. *Juge, tribunal qui statue ultra-petita.* — *N. m.* Le fait de statuer sur une chose non demandée, d'adjuger plus qu'il n'a été demandé.

ULTRA-PRESSION [yltʀapʀesjɔ̃]. *n. f.* (1949; de *ultra-*, *pression*). *Phys.* Pression extrêmement élevée (de l'ordre de plusieurs milliers, ou même de centaines de milliers d'atmosphères).

ULTRA-ROYALISTE [yltʀawajalist(ə)]. *adj.* et *n.* (1798; de *ultra-*, et *royaliste*). Partisan extrémiste des principes de l'Ancien Régime (royauté absolue, de droit divin), sous la Restauration. V. **Ultra.**

ULTRA-SENSIBLE [yltʀasɑ̃sibl(ə)]. *adj.* (1855; de *ultra-*, et *sensible*). Sensible à l'extrême. *Balance; pellicule ultra-sensible* (On écrit aussi : *ultrasensible*).

ULTRA-SON ou **ULTRASON** [yltʀasɔ̃]. *n. m.* (1936; de *ultra-*, et *son*). *Phys.* Vibration sonore de fréquence supérieure à 20 000 hertz, qui n'est pas perceptible par l'oreille humaine. *Sondeur sous-marin à ultrasons.*

ULTRA-SONIQUE ou **ULTRASONIQUE** [yltʀasɔnik]. *adj.* (1955; de *ultra-son* ou *ultrason*). *Phys.* Qui se rapporte aux ultrasons. *Fréquences ultrasoniques.* V. *aussi* **Supersonique.**

ULTRA-VIOLET ou **ULTRAVIOLET, ETTE** [yltʀavjɔlɛ, ɛt]. *adj.* et *n.* (1864; de *ultra-*, et *violet*). Se dit des radiations électromagnétiques dont la longueur d'onde se situe entre celle de la lumière visible (extrémité violette du spectre) et celle des rayons X; *par ext.* Qui correspond à ces radiations. *Le domaine ultraviolet se caractérise par des effets photographiques, photo-électriques, et par des effets ionisants.* ◇ N. m. *Le visible et l'ultraviolet.*

ULTRAVIRUS [yltʀaviʀys]. *n. m.* (1921; de *ultra-* marquant l'extrême petitesse, et *virus*). *Microbiol.* (Vieilli). Virus.

ULULEMENT, ULULER. V. **Hululement, Hululer.**

ULVE [ylv(ə)]. *n. f.* (1808; *ulva*, 1765; mot lat.). *Bot.* Algue verte *(Chlorophycées)* qui croît en eau salée. *L'ulve est appelée laitue de mer.*

UN, UNE [œ̃, yn]. *adj. numér.* et *indéf.* (xe; lat. *unus*).
I. Numéral, expression de l'unité. ♦ 1° (Adj. cardinal). *Quatre hommes et un caporal. Une* ou *deux fois. Une fois par mois. Une fois* pour toutes. En un mot*. En un instant* [ɑ̃nœ̃ nɛstɑ̃]. — Loc. pop. *Sans un* (SOU). « *Un t'me feras pas croire qu'il te laissait sans un?* » (AYMÉ). — *Il était moins* une. *Vingt et un ans. Les Mille et Une Nuits. Trois voix contre une.* « *Elle se présente avec deux bouteilles de champagne, une dans chaque main* » (DIDER.). — (Avec le pronom *en*) « *Et s'il n'en reste qu'un, je serai celui-là,* » (HUGO). — *Un seul...! pas un seul.* — *Plus d'un... Pas un...,* aucun, nul. ◇ *Un à un, une à une :* à tour de rôle et un seul à la fois. — (Dans le même sens) *Un par un.* ♦ 2° (Nominal). Une unité; le chiffre notant l'unité. *Un et un* [œ̃eœ̃] *font deux. Je pose neuf et je retiens un. Plus un* (+ 1), *moins un* (— 1). — (Dans une énumération) *Et d'un! — Fam. Et d'une!* « *Ceux qui ne sont pas de la compagnie n'ont qu'à la boucler et d'une...* » (DOR-GELÈS). ♦ 3° Une seule et même chose ou personne (dans les express. suivantes). NE FAIRE QU'UN AVEC... : se confondre avec... *Lui et son frère ne font qu'un; ils n'en font qu'un : ils sont très unis.* — C'EST TOUT UN. *Sans (SOU).* « *Être exacte, être prête, être en règle, c'est tout un* » (COLETTE). — *Par ext.* C'est sans importance. ♦ 4° (Ordinal). *Premier. Livre un, chapitre un. La page un.* V. **Une.** — *Il est une heure.* — (Pour marquer le premier temps d'un mouvement, d'une sommation) *Une!... deux!...* — *Fam. Ne faire ni une ni deux,* agir sans hésitation. « *Oh! oh! je n'en ai fait ni une ni deux, je me suis rafistolé, requinqué* » (BALZ.). ♦ 5° (Adj. qualificatif; après le nom ou attribut). Qui n'a pas de parties et ne peut être divisé. « *Le Dieu d'Israël, le Dieu un et indivisible* » (BOSS.). ◇ Qui, tout en pouvant avoir des parties, forme un tout organique. « *Cette grande figure une et multiple,... fatale et sacrée, l'homme* » (HUGO). ◇ Qui constitue un ensemble uni, harmonieux. « *Tout produit doit être un : on n'a rien fait si on n'a pas mis d'ensemble à ce qu'on a fait* » (SENANCOUR). REM. Dans cet emploi, UN a un plur. « *Les mondes monstrueux et beaux, uns et divers* » (HUGO).

II. Indéfini. ♦ 1° *Article* (880). — REM. *Un, une* sont absents dans des locutions figées, des phrases négatives, devant un attribut énonçant une condition sociale, une caractérisation, ou devant une apposition (ex. : *être médecin; La Règle du jeu, film de Jean Renoir*). « *Mais ce n'est pas un coupable qu'il nous faut! C'est le coupable* » (HUGO). *Un jour, une fois*. *Un peu. Un rien. Un autre..., un certain..., un tel...* ◇ (Avec le pronom *en*) « *Quand on est sans caractère... (et) dès qu'on en a un* » (VOLT.). *Fam. En pousser une* (chanson). — Avec *en*, désignant un homme en général. « *En voilà un qui ne manque pas de toupet!* » (DAUD.). — *Pop.* (avec un subst. précédé de *de*) « *J'en ai trouvé une gentille de bonne* » (MAUPASS.). ◇ (En phrase exclamative, avec une valeur emphatique ou intensive) « *Il y a un monde!... un monde!* » (FLAUB.), beaucoup de monde. « *Swann change, dit ma grand'tante, il est d'un vieux!* » (PROUST). ◇ *(Devant un nom propre)* Une personne telle que... *Moi* « *aller chez un Merval!* » (DIDER.). — Un certain, un nommé. « *Qu'est-ce que c'est qu'un M. Dalens...* » (MUSS.). — Une personne comparable à. « *Ô ciel! serait-il un Danton...* » (STENDHAL). — Une personne de (telle famille). *C'est une Saint-Simon.* ♦ 2° (En fonction de pronom). ◇ UN, UNE. « *Un des hommes les plus remarquables de ce temps* » (BALZ.). *Un de ces jours.* — *Un, une des... qui...; Un, une des... que...* (suivi d'un verbe au pluriel, accordé avec le complément de un.) « *Un des ouvrages qui contribuèrent le plus à former le goût de la nation* » (VOLT.). — Suivi d'un verbe au sing. (accordé avec l'indéfini). *Ma pièce* « *m'apparaît une des meilleures choses que j'aie écrite* » (GIDE). ◇ L'UN, L'UNE... « *L'un des auteurs les plus célèbres de ce temps* » (BALZ.). — *Une des pièces du devant était ainsi devenue libre* » (ROMAINS). — *L'un(e), l'autre; les uns..., les autres. Ni l'un ni l'autre.* V. **Autre.** ♦ 3° (Nominal). *Un homme, une femme; qqn.* « *Un que je plains de tout mon cœur... c'est Gaspard Hénin* » (DAUD.). *Une qui était contente, c'était la petite.*

◇ ANT. (du I) *Multiple; divers, varié.*

UNANIME [ynanim]. *adj.* (h. 980; 1530; lat. *unanimus*, de *unus*, et *animus* « esprit »). ♦ 1° *Au plur.* Qui ont tous la même opinion, le même avis. « *Des témoins venaient d'être entendus, ils avaient été unanimes* » (HUGO). *Être unanimes à penser, pour penser que...* ♦ 2° (1534). Qui exprime un avis commun à plusieurs. V. **Commun, général.** *Approbation, consentement unanime.* « *Un mouvement si vaste,... si peu préparé, et néanmoins unanime!* » (MICHELET). ◇ Qui est fait par tous, en même temps. « *Un éclat de rire unanime, universel* » (STENDHAL). ◇ (1908) *Spécialt. La vie unanime* (ROMAINS), en accord profond avec le sentiment du collectif. V. **Unanimisme.** ◇ ANT. *Contradictoire, partagé.*

UNANIMEMENT [ynanimmɑ̃]. *adv.* (1467; de *unanime*). Par tous; d'un commun accord. *Attester, dire unanimement. Décider, déclarer unanimement* (Cf. En chœur*, faire chorus).

UNANIMISME [ynanimism(ə)]. *n. m.* (v. 1910; de *unanime*). *Littér.* Doctrine littéraire d'après laquelle le créateur doit exprimer la vie unanime, les états d'âme collectifs.

UNANIMISTE [ynanimist(ə)]. *adj.* et *n.* (1910; de *unanime*). Partisan de l'unanimisme. *Le groupe unanimiste.*

UNANIMITÉ [ynanimite]. *n. f.* (1361; lat. *unanimitas*, de *unanimus*. V. **Unanime**). ♦ 1° Conformité d'opinion ou d'intention entre tous les membres d'un groupe. V. **Accord, consentement.** *Il y a unanimité dans cette assemblée pour dire...* ◇ Expression de la totalité des opinions dans le même sens. *Décision votée à l'unanimité. Être élu à l'unanimité moins trois voix.* ♦ 2° Caractère unanime d'un sentiment, d'une action. *Accoutumer* « *la jeunesse à l'obéissance militaire et l'unanimité dans l'action* » (VALÉRY). ◇ ANT. *Contradiction, discorde; minorité, partage.*

UNAU [yno]. *n. m.* (1614; d'une langue indienne du Brésil). *Mammifère d'Amérique tropicale; variété de paresseux.*

UNCI-. Élément, du lat. *uncus* « crochet ».

UNCIFORME [5sifɔʀm(ə)]. *adj.* (1808; de *unci-*, et *-forme*). *Didact. (Anat.)*. En forme de crochet. *Os unciforme du carpe.*

UNCINÉ, ÉE [5sine]. *adj.* (1808; de *uncus* « crochet »). *Bot.* Qui porte un crochet, se termine en crochet, par des crochets.

UNDÉCI-. Élément, du lat. *undecim* « onze ».

UNDERGROUND [œndəgʀawnd; œdɛʀgʀawnd]. *adj.* et *n. m. invar.* (1967; mot anglo-amér., proprement « souterrain »). *Américanisme.* Se dit d'un mouvement artistique indépendant des circuits normaux du commerce et de la diffusion. « *Un film underground* » (*L'Express*, 20-11-1972). *La bande dessinée underground.* — N. m. « *L'internationale clinquante de l'underground artiste* » (*Nouv. Obs.*, 17-7-1972).

UNE [yn]. *n. f.* (1890; fém. de *un*). La première page d'un journal. *Cinq colonnes à la une.* ◊ HOM. *Hune.*

UNGU(I)-. Élément, du lat *unguis* « ongle ».

UNGUÉAL, ALE, AUX [ɔ̃gɥeal, o]. *adj.* (*Onguéal*, 1812; du lat. *unguis*). *Didact.* Relatif à l'ongle. *Phalange unguéale. Sillon unguéal.*

UNGUIFÈRE [ɔ̃gɥifɛʀ]. *adj.* (1842; de *ungui-*, et *-fère*). *Didact.* Qui porte un ongle.

UNGUIS [ɔ̃gɥis]. *n. m.* (1721; mot lat. « ongle »). *Anat.* Mince lamelle osseuse à la partie antérieure de la paroi interne de l'orbite (os lacrymal).

UNI, UNIE [yni]. *adj.* (xe; V. Unir).
I. ♦ 1° Qui est avec (*uni à, avec*) ou qui sont ensemble (*unis*) de manière à former un tout ou à être en union, en association. V. **Confondu.** *L'homme est « une nature intelligente unie à un corps »* (BOSS.). *Cœurs unis* (par le sentiment, l'amour). *Unis par le mariage. Unis comme les deux doigts de la main.* V. **Intime.** ◊ *Spécialt.* (Groupes, États, sociétés) *Les Provinces-Unies. Les États-Unis d'Amérique. Les Nations Unies.* ♦ 2° Qui est en communication; joint, réuni. (*Concret*) « *Les talons unis, le corps droit* » (MAUPASS.). « *Les deux aiguilles, unies à minuit* » (CHATEAUB.). — (*Abstrait*) « *En associant ces deux noms si souvent unis* » (STE-BEUVE). ♦ 3° Qui est formé d'éléments liés; qui constitue une unité. *Présenter, opposer un front uni. Le Royaume-Uni.* ♦ 4° En bonne entente; qui est dans la concorde. *Couple uni.* « *Une famille vivant unie de corps et d'esprit est une rare exception* » (BALZ.).
II. (*Oni, onni*, xiie). Dont les éléments sont semblables; qui ne présente pas d'inégalité, de variation apparente. V. **Cohérent, homogène.** ♦ 1° (D'une surface). Sans aspérités. V. **Égal, lisse.** « *Sable uni et fin* » (GAUTIER). *Mer unie, mer d'huile.* ◊ De couleur, d'aspect uniforme. *Couleur unie.* « *Le bleu uni du ciel inaltérable* » (PROUST). — *Étoffe unie, tissu uni* : non ouvré et d'une seule couleur. Subst. *De l'imprimé et de l'uni.* ◊ *Spécialt.* Sans ornement (qui romprait l'uniformité d'aspect). « *Un tailleur tout uni, qui la faisait grande, mince* » (MART. du G.). ♦ 2° *Vx* ou *littér.* Qui s'écoule sans changement notable. V. **Calme, monotone, tranquille, uniforme.** « *Un bonheur tout uni nous devient ennuyeux* » (MOL.). « *Ma vie est la plus unie du monde, et rien n'en vient couper la monotonie* » (GAUTIER).
◊ ANT. *Accidenté, inégal, rugueux. Bigarré, orné.*

UNI-. Élément, du lat. *unus* « un ». V. **Mono-.**

UNIATE [ynjat]. *n.* et *adj.* (1876; russe *ounyiat*, de *ounyia* « union »; lat. ecclés. *unio*). *Relig.* Se dit de chacune des Églises chrétiennes orientales qui acceptent les dogmes du catholicisme, reconnaissent l'autorité du pape, tout en conservant leur liturgie et leur organisation. *Patriarcats uniates d'Antioche* (Syrie, Liban).

UNIAXE [yniaks(ə)]. *adj.* (1908; de *uni-*, et *axe*). *Sc.* Qui n'a qu'un axe. *Cristaux biréfringents uniaxes.*

UNICAULE [ynikol]. *adj.* (1846; lat. *unicaulis*, de *caulis* « tige »). *Bot.* Qui n'a qu'une tige (opposé à *multicaule*).

UNICELLULAIRE [ynise(ɛl)lylɛʀ]. *adj.* (1838; de *uni-*, et *cellulaire*). *Biol.* Formé d'une seule cellule. V. **Monocellulaire.** *Organismes unicellulaires* : *plantes* (protophytes, cyanophycées), *bactéries, algues, champignons*, ou « *animaux* » (protozoaires). — *Les unicellulaires.* V. **Protiste.**

UNICITÉ [ynisite]. *n. f.* (1730; de *unique*). *Didact.* Caractère de ce qui est unique. *L'unicité d'un cas, d'un exemple.*
◊ ANT. *Multiplicité, pluralité.*

UNICOLORE [ynikɔlɔʀ]. *adj.* (1846; lat. *unicolor*). *Didact.* D'une seule couleur. V. **Uni.** ◊ ANT. *Multicolore.*

UNICORNE [ynikɔʀn(ə)]. *n. m.* (1120; lat. *unicornis*). *Myth.* Licorne. ◊ *Vx.* Narval.

UNIDIRECTIONNEL, ELLE [ynidiʀɛksjɔnɛl]. *adj.* (xxe; de *uni-*, et *direction*). *Sc.* Qui se propage, qui reçoit ou propage selon une direction déterminée. *Faisceau, émetteur, récepteur unidirectionnel.* ◊ ANT. *Omnidirectionnel.*

UNIÈME [ynjɛm]. *adj.* numér. ordinal (*Unime*, 1240; de *un*). (*Après un numéral*). Qui vient en premier, immédiatement après une dizaine (sauf soixante-dix, quatre-vingt-dix), une centaine, un millier. *Vingt, trente... et unième. Cent unième. Le trois cent soixante et unième jour de l'année. La mille et unième nuit.*

UNIÈMEMENT [ynjɛmmã]. *adv.* (1718; de *unième*). Adverbe correspondant à *unième* et s'employant dans les mêmes conditions. *Vingt et unièmement.*

UNIFICATEUR, TRICE [ynifikatœʀ, tʀis]. *adj.* (1907; de *unifier*). Qui unifie, qui contribue à unifier. « *Ce mouvement unificateur qui fond dans l'unité organique d'un seul mythe une pluralité de thèmes critiques et constructeurs* » (SARTRE).

UNIFICATION [ynifikasjɔ̃]. *n. f.* (1838; de *unifier*). Le fait d'unifier (plusieurs éléments; un ensemble d'éléments), de rendre unique et uniforme; le fait de s'unifier. V. **Intégration.** *Unification d'un pays. Unification des esprits.* ◊ ANT. *Schisme, séparation; fédéralisme.*

UNIFIER [ynifje]. *v. tr.* (*Unifaiz* [p. p.], 1380; repris xixe; lat. médiév. *unificare*). ♦ 1° Faire de (plusieurs éléments) une seule et même chose; rendre unique, faire l'unité de. V. **Unir.** *Unifier des régions* (en un seul pays), *des classes sociales.* V. **Fusionner, mêler; réunifier.** ♦ 2° Rendre semblables (divers éléments que l'on rassemble). V. **Uniformiser.** *Unifier l'orthographe d'un texte ancien. Unifier des programmes scolaires.* ♦ 3° Rendre homogène, cohérent; faire l'unité morale de. « *Unifier la résistance dans tous les pays d'Europe* » (MART. du G.). *Unifier un parti.* — Au p. p. *Parti unifié.* Substant. *Les unifiés* : membres du parti socialiste unifié de 1905. ♦ 4° S'UNIFIER. *v. pron.* Se fondre en un tout (de plusieurs éléments). ◊ *Devenir uns.* « *L'Être suprême, et... ceux qui s'unifient à lui* » (R. ROLLAND). ◊ ANT. *Désunir, séparer; différencier, diversifier, opposer* (s').

UNIFILAIRE [ynifilɛʀ]. *adj.* (xxe; de *uni-*, et *filaire*, de *fil*). *Techn.* Qui ne comprend qu'un fil électrique. *Circuit unifilaire.*

UNIFLORE [yniflɔʀ]. *adj.* (1783; de *uni-*, et *-flore*). *Bot.* Qui ne porte qu'une fleur.

UNIFOLIÉ, ÉE [ynifɔlje]. *adj.* (1846; de *uni-*, et *folié*). *Bot.* Qui ne porte qu'une feuille.

UNIFORME [ynifɔʀm(ə)]. *adj.* et *n. m.* (*Mouvement uniforme*, 1361; lat. *uniformis*, de *unus*, et *forma.* V. **Forme**).
I. Adj. ♦ 1° Qui présente des éléments tous semblables, dont toutes les parties sont identiques ou perçues comme telles. *Mouvement uniforme, d'un corps qui parcourt des espaces égaux dans des temps égaux.* V. **Régulier.** *Accélération uniforme. Une avance régulière et uniforme.* « *Nous allons d'un pas égal, par un mouvement uniforme et si doux, si bien le même...* » (BALZ.). ♦ 2° Qui ne varie pas ou varie peu. *Une « vie uniforme, mais pleine »* (HUGO). ◊ Dont les caractères, l'aspect restent les mêmes d'un bout à l'autre. *Ciel uniforme et gris.* — *Pays plat et uniforme.* V. **Monotone** (3°). « *Sous l'apparence d'une rumeur uniforme, (les bruits)... recèlent toutes sortes d'irrégularités* » (ROMAINS). V. **Homogène.** « *La loi est uniforme, les mœurs, les terres, les intelligences ne le sont pas* » (BALZ.). ♦ 3° Qui ressemble beaucoup aux autres. V. **Même, pareil** (I, 1°). *Caractères, choses uniformes.* « *Nous avons des manières uniformes de sentir et de voir* » (ROUSS.). ◊ *Spécialt. Vx.* Habit uniforme (V. *ci-dessous*, II ; *un uniforme*). ♦ 4° *Math.* Caractère d'une fonction pour laquelle à chaque valeur de x correspond une seule valeur de y. ◊ *Univoque.*
II. N. m. (1709). ♦ 1° Costume dont la forme, le tissu, la couleur sont définis par un règlement pour tous les hommes d'une même unité militaire. *Uniforme d'officier, de soldat; d'aviateur, de marin. En uniforme ou en civil. En grand uniforme* : en uniforme de cérémonie. ◊ *L'uniforme* : la tenue, l'habit militaire (symbole de l'armée). *Le prestige de l'uniforme.* « *Ils haïssaient particulièrement l'uniforme qui donne à tous le même aspect et soumet les esprits à l'habit et non à l'homme* » (VIGNY). ♦ 2° (1831). Habit, vêtement déterminé, obligatoire pour un groupe (professionnel, etc.). *Uniforme d'huissier, de lycéen* (anciennt.), *de pensionnat. Casquette d'uniforme.* « *Les élèves du lycée portaient un uniforme : veste croisée à boutons dorés, casquette et capote* » (DUHAM.). ♦ 3° *Fig.* Aspect extérieur, vêtement semblable pour tous. « *Sous l'uniforme social du moderne américain* » (SIEGFRIED).
◊ ANT. *Changeant, divers, inégal, irrégulier.*

UNIFORMÉMENT [ynifɔʀmemã]. *adv.* (1507; *uniforméement*, v. 1380; de *uniforme*). ♦ 1° D'une manière uniforme (I, 1°). Par un mouvement régulier. *Orbites décrites uniformément.* ◊ Proportionnellement au temps. *Mouvement uniformément accéléré; retardé.* ♦ 2° De la même façon dans toute sa durée; sans varier. *Vie, existence qui s'écoule uniformément.* ◊ De la même façon dans toute son étendue. « *La couleur dont elle est peinte uniformément* » (PROUST). V. **Régulièrement.** *Campagnes uniformément riches.* ♦ 3° Comme tous les autres; tous de la même façon. « *La mort n'atteint pas uniformément tous les hommes* » (PROUST). *Des femmes « vêtues de noir uniformément* » (VIGNY).

UNIFORMISATION [ynifɔʀmizasjɔ̃]. *n. f.* (1824; de *uniformiser*). Le fait de rendre uniforme; son résultat. « *La simplification,... l'uniformisation partielle (des formes)* » (GIDE).

UNIFORMISER [ynifɔʀmize]. *v. tr.* (1725; de *uniforme*). ♦ 1° Rendre uniforme. *Uniformiser une teinte, une couleur.* ♦ 2° Rendre semblables ou moins différents. *Uniformiser les programmes, les types de production.* V. **Standardiser.**

UNIFORMITÉ [ynifɔʀmite]. *n. f.* (1361; bas lat. *uniformitas*, de *uniformis.* V. **Uniforme**). ♦ 1° Caractère de ce qui est uniforme. *Uniformité d'un mouvement.* ♦ 2° Absence de changement, de variété. V. **Égalité, régularité.** *Uniformité du ciel. Uniformité des costumes, des mœurs.* V. **Ressem-**

UNIFICATION [ynifikasjɔ̃]. *n. f.* (1838; de *unifier*). Le...

blance. ♦ 3° *Spécialt.* Monotonie de ce qui ne varie pas. *Fastidieuse uniformité. Voir « l'uniformité la plus désespérante envahir l'univers sous je ne sais quel prétexte de progrès. Quand tout sera pareil, les voyages deviendront complètement inutiles »* (GAUTIER). *« L'ennui naquit un jour de l'uniformité »* (LA MOTTE-HOUDARD). ◇ ANT. *Diversité, inégalité, variété; contraste.*

UNIJAMBISTE [yniʒɑ̃bist(ə)]. *n.* et *adj.* (1914; de *uni-*, et *jambe*). Personne qui a été amputée d'une jambe.

UNILATÉRAL, ALE, AUX [ynilateʀal, o]. *adj.* (1778; de *uni-*, et lat. *latus, eris.* V. **Latéral.** ♦ 1° *Bot.* Disposé ou situé d'un seul côté. *Fleurs unilatérales.* ◇ (Déb. XIXᵉ) Qui ne se fait que d'un seul côté. *Appui unilatéral, dans la marche.* — Cour. *Stationnement unilatéral :* autorisé d'un seul côté d'une voie. ♦ 2° *Dr.* Qui n'engage qu'une seule partie. *Contrat unilatéral. Engagement unilatéral (opposé à synallagmatique).* ♦ 3° Qui provient d'un seul, n'intéresse qu'un seul (lorsque deux personnes, deux éléments sont concernés). *Dénonciation unilatérale d'un traité. Décision unilatérale,* prise sans consulter le ou les partenaires. — *Méd.* Qui ne concerne qu'un seul côté (du corps, d'un organe). *Strabisme unilatéral. Épilepsie unilatérale.* ◇ ANT. *Réciproque.*

UNILATÉRALEMENT [ynilateʀalmɑ̃]. *adv.* (1778; de *unilatéral*). D'une manière unilatérale. *S'engager unilatéralement :* sans réciprocité.

UNILINÉAIRE [ynilineɛʀ]. *adj.* (XXᵉ; de *uni-*, et *linéaire*). *Didact.* Se dit d'un mode de filiation ne reconnaissant qu'une seule ligne, patrilinéaire* ou matrilinéaire*.

UNILINGUE [ynilɛ̃g]. *adj.* (1872; de *uni-*, et lat. *lingua*). *Didact.* Qui est en une seule langue. V. **Monolingue.** — Qui parle, écrit une seule langue. V. **Monolingue.**

UNILOBÉ, ÉE [ynilɔbe]. *adj.* (1839; de *uni-*, et *lobé*). *Sc. nat.* Qui n'a qu'un seul lobe.

UNILOCULAIRE [ynilɔkylɛʀ]. *adj.* (1771; de *uni-*, et *loculaire*). *Sc. nat.* Qui ne comprend qu'une seule loge; qui n'est pas divisé en compartiments. *Capsule, ovaire uniloculaire.*

UNIMENT [ynimɑ̃]. *adv.* (*Uniement*, 1120; de *uni*). D'une manière unie. ♦ 1° Semblablement; avec régularité. V. **Également, régulièrement.** *Tout aurait été uniment.* « *L'auto roule uniment* » (BEAUVOIR). ♦ 2° (XVIIᵉ). Tout uniment, avec simplicité. V. **Franchement, simplement.** « *Une déclaration nette est nécessaire. Permettez-moi, madame, de la faire tout uniment* » (FRANCE).

UNINOMINAL, ALE, AUX [yninɔminal, o]. *adj.* (1874; de *uni-*, et *nominal*). Qui porte sur un seul nom. *Scrutin, vote uninominal (opposé à « de liste »).*

1. UNION [ynjɔ̃]. *n. f.* (v. 1225, « unité [de Dieu en trois personnes] »; lat. ecclés. *unio* « union »; « perle » en lat. class. V. **Union 2**).

I. (*Relations*). ♦ 1° Relation qui existe entre deux ou plusieurs personnes ou choses considérées comme formant un ensemble organique (V. **Assemblage, association, réunion; fusion, unité** [Cf. **Unité, I**], *union* est plutôt dynamique et désigne un caractère [Cf. **Unité, I**], *union* est plutôt dynamique et désigne les relations résultant d'un processus). « *La société est l'union des hommes, et non pas les hommes* » (ROUSS.). *Union étroite, solide. Union plus ou moins étroite, intime, entre les éléments d'un tout composé* (de la simple jonction à la fusion). V. **Alliance, cohérence, ensemble, liaison.** *Union des couleurs, des sons musicaux.* « *La sépulture avait établi l'union indissoluble de la famille avec la terre* » (FUSTEL). ◇ Philo., relig. *Union hypostatique.* « *L'Union du verbe à l'homme* (dans le Christ) » (PASC.). *Union mystique,* de l'âme à Dieu. ♦ 2° Relation réciproque qui existe entre deux ou plusieurs personnes; sentiments réciproques et relations suivies : vie en commun, liens de parenté. V. **Accord (I), amitié, attachement, fraternité.** *Union des cœurs, des âmes.* Spécialt. *L'union de l'homme et de la femme dans le couple. Union conjugale, légitime* (mariage), *illégitime. Union libre :* vie en couple hors des règles légales (V. **Concubinage**). *Les anarchistes préconisaient l'union libre.* ◇ Spécialt. *Union charnelle dans le mariage.* « *L'union d'animaux d'espèces différentes...* » (BUFF.). V. **Accouplement.** ♦ 3° *Dr.* Régime contractuel ou état dans lequel se trouvent des personnes (physiques ou morales) liées par un accord ou par des intérêts communs. *Union des créanciers :* leur état à l'égard d'un failli, lorsqu'il n'y a pas de concordat. — *Union douanière :* régime contractuel entre États qui supprime réciproquement leurs frontières douanières. ♦ 4° (XVᵉ). Entente entre plusieurs personnes, plusieurs groupes. V. **Concorde, entente, harmonie.** *Resserrer l'union entre deux personnes. Union de personnes qui ont un but commun.* V. **Accord, concert.** *L'union qui doit régner entre les hommes.* V. **Fraternité.** « *Cette chose triste, étrange à dire, et pourtant vraie, que l'union trop souvent diminue dans l'unité* » (MICHELET). — PROV. *L'union fait la force :* l'entente, la communauté de vues et d'action engendrent la force. — *Ministère d'union nationale. L'union sacrée* (termes employés par R. POINCARÉ en 1914 en parlant de l'union de tous les Français contre l'ennemi).

II. (1343). Ensemble de ceux qui sont unis; groupe d'individus ou de collectivités associés. V. **Association, groupement, entente, ligue.** *Former une union. Union de partis.* V. **Bloc, rassemblement.** Au Québec, *Parti de l'Union nationale*.* ◇ *Union ouvrière,* calque de l'angl. *trade union,* employé vers 1870 au sens de syndicat. *Union de syndicats :* groupement de plusieurs syndicats similaires ou connexes ou de syndicats d'une ville (Bourse du travail), d'une région. V. **Confédération, fédération.** ◇ *Union d'États :* association, confédération, fédération. *Union des républiques socialistes soviétiques* (U.R.S.S.). — Spécialt. *Dr.* Union d'États qui conservent leur autonomie complète mais obéissent à un même souverain (*union personnelle*), ou qui s'associent sous une même autorité en perdant leur capacité et leur personnalité internationales (*union réelle*). *Le message du Président aux États de l'Union* (des États-Unis d'Amérique). — Hist. *L'Union française,* groupant, sous la IVᵉ République, la France métropolitaine, les départements et territoires d'outre-mer ainsi que les départements et territoires associés.

III. (1636). ♦ 1° Le fait d'unir, de combiner (des éléments concrets ou abstraits). V. **Réunion.** *Union de deux domaines, de deux terres.* — *Union de deux ou plusieurs atomes.* ♦ 2° Loc. *Trait d'union.* V. **Trait d'union.**

◇ ANT. *Désunion; division, séparation; discorde, dissension, divorce, opposition, rupture.*

2. UNION [ynjɔ̃]. *n. f.* (1532; lat. class. *unio, onis* « plante à bulbe unique » [V. **Oignon**], et « perle unique, très grosse »). Grosse perle.

UNIONISME [ynjɔnism(ə)]. *n. m.* (1836; de *union*). ♦ 1° *Vx.* Doctrine politique des unionistes. ♦ 2° (1870). *Vx.* Système des unions ouvrières. V. **Syndicalisme.** ♦ 3° Doctrine des partisans d'une union (internationale, économique); type d'intégration économique.

UNIONISTE [ynjɔnist(ə)]. *n.* et *adj.* (1836; de *union*). ♦ 1° *Hist.* Partisan de l'union politique, de l'unité (à propos de l'Amérique du Nord; du groupe politique anglais qui s'allia aux conservateurs pour refuser le Home Rule à l'Irlande, etc.). ◇ [Au Québec]. Membre du parti de l'Union nationale*. ♦ 2° (v. 1870). *Vx.* Membre d'une union ouvrière, syndicaliste ouvrier.

UNIOVULÉ, ÉE [yniɔvyle]. *adj.* (mil. XXᵉ; de *uni-*, et *ovule*). *Biol.* Qui ne possède qu'un ovule.

UNIPARE [ynipaʀ]. *adj.* (1836; de *uni-*, et *-pare* 1). *Biol.* Se dit des femelles des mammifères lorsqu'elles ne donnent généralement naissance qu'à un seul petit à chaque grossesse. ◇ Se dit de la femme qui n'a eu qu'un seul enfant. V. aussi **Primipare** (S'oppose à **Multipare**).

UNIPERSONNEL, ELLE [ynipɛʀsɔnɛl]. *adj.* et *n. m.* (1819; de *uni-*, *personne*, et suff. *-el*). *Ling.* Se dit des verbes qui ne peuvent être employés qu'à la 3ᵉ pers. du sing. (du point de vue conceptuel, ce sont des verbes impersonnels).

UNIPOLAIRE [ynipɔlɛʀ]. *adj.* (1846; de *uni-*, et *polaire*). Qui ne concerne qu'un de deux pôles (électr., etc.).

UNIPRIX [ynipʀi]. *n. m.* (mil. XXᵉ; nom déposé; de *uni-*, et *prix*). Prisunic. V. **Monoprix.**

UNIQUE [ynik]. *adj.* (1480; lat. *unicus*, de *unus* « un »).
I. (*Sens quantitatif*). ♦ 1° (*Avant ou après le nom*). Qui est un seul, n'est pas accompagné d'autres du même genre. — REM. *Unique* a plus de force placé après le nom; il ne peut alors être remplacé par *seul. Enfant unique; fils, fille unique. Son unique fils. Élément unique dans un ensemble.* V. **Singleton.** « *L'unique chaise qui meublait sa cellule* » (MAC ORLAN). *Rue à sens unique. Voie*, rail unique. Régime de parti unique. Un cas unique.* V. **Isolé.** *Allocation de salaire* unique,* perçue par un couple marié où une seule personne est salariée. — « *Rome, l'unique objet de mon ressentiment* » (CORN.). *C'est son unique souci.* V. **Exclusif.** — (Renforçant *seul*) *Une seule et unique observation.* « *Il deviendrait seul et unique propriétaire de l'imprimerie* » (BALZ.). ♦ 2° (*Généralement après le nom*). Qui est un seul, qui répond seul à sa désignation et forme une unité. *La Trinité des catholiques, Dieu unique en trois personnes.* « *Deux aspects d'un même univers* » (GIDE). ◇ Qui est le même* pour plusieurs choses, plusieurs cas. « *Y a-t-il un principe unique des choses? Y en a-t-il deux ou plusieurs?* » (ROUSS.). « *Foch reçut enfin le commandement unique des armées alliées* » (BAINVILLE). — *Magasin à prix unique.* Abrév. fam. *Un prix unique.* (Cf. Prisunic, mot déposé; uniprix, monoprix).

II. (*Sens qualitatif*). REM. Dans ce sens, le comparatif et le superlatif sont possibles. « *Je verrai mon amant, mon plus unique bien* » (CORN.). ♦ 1° (*Généralement après le nom*). Qui est le seul de son espèce ou qui dans son espèce présente des caractères dont aucun autre ne possède; qui n'a pas son semblable. V. **Singulier.** « *L'individu est un exemplaire unique... de l'espèce* » (J. ROSTAND). *Le mot juste, le mot unique.* « *Une de ces situations uniques, auxquelles on n'a rien éprouvé qui soit semblable* » (Abbé PRÉVOST). ♦ 2° Au sens fort (*après* *le nom*). Qui est ou qui paraît foncièrement différent des autres. V. **Irremplaçable ; exceptionnel.** *Le Talmud, « ce livre unique »* (RENAN). *« Edgar Poe est unique dans son genre »* (BAUDEL.). *« Ce n'était qu'un renard semblable à cent mille autres. Mais j'en ai fait mon ami, et il est maintenant unique au monde »* (ST-EXUP.). ◇ *Cour.* Supérieur, remarquable. V. **Incomparable, transcendant.** *« Il n'y a point d'homme comme vous ; vous êtes unique ; vous valez cent fois mieux que moi »* (DIDER.). *Un talent unique,* d'exception. *« Ce siècle unique* (le XVIIIe s.) *»* (MICHELET). — *Avec une patience unique, unique en son genre :* extraordinaire. *Attraction sensationnelle, unique au monde !* ◇ *Fam.* Qui étonne beaucoup (en bien ou en mal). V. **Curieux, extravagant, inouï.** *Un type unique ; il est vraiment unique !*

◈ ANT. (du I) **Multiple, plusieurs ; différent, divers.** — (du II) **Commun, habituel.**

UNIQUEMENT [ynikmɑ̃]. *adv.* (XVe ; de *unique*). 1° À l'exclusion des autres. V. **Exclusivement, seul.** *« Le but, le succès nécessaire comptait uniquement à ses yeux »* (CHARDONNE). ◆ 2° (Restreignant l'objet, un compl. indir., un attribut). *« Il se proposera uniquement de la rendre heureuse »* (CHARDONNE). V. **Seulement.** *« Je les considérerai uniquement, MM. Villemain et Cousin, comme critiques littéraires »* (STE-BEUVE). V. **Strictement.** *Uniquement pour les faire enrager.* V. **Rien (que), simplement.** — *Pas uniquement :* pas seulement.

UNIR [ynir]. *v. tr.* (v. 1190 ; lat. *unire*, de *unus* « un »).
I. ⒜ Mettre avec ou mettre ensemble de manière à former un tout. ◆ 1° Mettre ensemble (les éléments d'un tout [*rare* en emploi concret]). V. **Agréger, assembler, confondre, fondre, fusionner, mêler, réunir, souder.** *Unir une province à un pays.* V. **Annexer.** *La conquête peut attacher ensemble, enchaîner des parties hostiles, mais jamais les unir »* (MICHELET). ◆ 2° Faire exister, vivre ensemble (des personnes). *« La destinée unit brusquement... ces deux existences déracinées »* (HUGO). — *Spécialt.* (XVIIe) *Unir deux jeunes gens. C'est le prêtre qui les a unis.* V. **Marier.** ◇ Constituer l'élément commun, la cause de l'union entre (des personnes). V. **Assortir, joindre, lier, rapprocher, rassembler.** *Ce qui unit :* affinité, lien, rapport. *Sentiment qui unit :* affection, amitié, amour. *L'amitié « qui m'unissait à Pierre Louÿs »* (GIDE). *Parenté qui unit.* — *« Les choses qui unissent les citoyens, et entre eux et avec leur patrie »* (BOSS.). *« La grandeur d'un métier est peut-être... d'unir des hommes »* (MAUROIS). *« Une pauvre méthode trop connue : « Retenons ce qui nous unit ; oublions ce qui nous divise »* (ALAIN). ◆ 3° (XVIIe) Associer par un lien politique, économique. *Unir deux États, deux pays, deux provinces...* ◇ Constituer un principe d'union. *« Le lien fédéral qui unit les parties d'un vaste empire »* (BRISSOT). ◆ 4° Mettre en communication ; faire se toucher. V. **Joindre, rapprocher, réunir.** — (*Rare* en emploi concret). *Unir des mots pour former des phrases.* ◇ Constituer un élément de liaison. *« D'énormes trottoirs à planches les unissent* (les maisons) *les unes aux autres »* (GOBINEAU). ◆ 5° *Spécialt.* Relier par un moyen de communication. V. **Desservir.** *Ligne aérienne qui unit deux continents.* ⒝ Avoir, posséder à la fois (deux ou plusieurs caractères nettement différents et souvent en opposition). V. **Ajouter, allier, associer, joindre.** *« Le drame, unissant les qualités les plus opposées »* (HUGO). *« Cette façon de dire... facile, heureuse, unissant le familier au rare »* (DUHAM.). ⒞ (1539 ; de *uni*). *Rare.* Rendre uni. V. **Aplanir** (1°), **égaliser** (2°), **polir.** *Unir une surface, une terre.*
II. S'UNIR. *v. pron.* ⒜ (*Récipr.*). ◆ 1° Ne plus former qu'un tout. V. **Fondre** (se), **joindre** (se), **mêler** (se). *« Une foule d'organismes élémentaires distincts, qui s'unissent, se soudent et se groupent »* (Cl. BERNARD). *Rivières qui s'unissent en mêlant leurs eaux.* ◆ 2° (Personnes). Vx. Former une union. *S'unir, puis se désunir.* Spécial. *Je suis ravi de vous soyez unis ensemble. Je la félicite d'avoir... un mari comme vous »* (MOL.). ◇ *Cour.* Faire cause commune. V. **Associer** (s'), **coaliser** (se), **solidariser** (se). *« Prolétaires de tous les pays, unissez-vous »* (Manif. communiste). — *S'unir contre l'envahisseur.* ◆ 3° S'associer politiquement, économiquement. *États, nations qui s'unissent.* ⒝ (*Pass.*). ◆ 1° Se trouver ensemble, de manière à former un tout. V. **Joindre** (se) ; **adhérer.** *« Les cellules fixes, qui s'unissent pour former les organes »* (CARREL). *Couleurs qui s'unissent harmonieusement.* V. **Associer** (II). ◆ 2° (Abstrait). *Sujets, idées qui s'unissent sans peine.* V. **Enchaîner** (s'), **marier** (se). ⒞ (*Réfl.*). S'UNIR À..., AVEC... ◆ 1° S'unir à, avec qqn. *« Chacun s'unissant à tous »* (ROUSS.). ◆ 2° Se trouver uni, en même temps que. *Les acteurs, « dont l'art difficile s'unit à celui du poète dramatique »* (VIGNY) *« L'intérêt s'unissait à l'humanité pour conseiller des concessions »* (FUSTEL).

◈ ANT. **Désunir ; disjoindre, diviser, isoler, opposer, séparer.**

UNISEXUALITÉ [yniseksɥalite]. *n. f.* (début XXe ; de *unisexuel* [V. **Unisexué**], d'apr. *sexualité*). *Bot.* Caractère d'une fleur unisexuée. — *Biol.* Caractère d'un individu unisexué.

UNISEXE [yniseks]. *adj.* (XXe ; de *uni-*, et *sexe*). Destiné indifféremment aux hommes et aux femmes (en parlant d'habillement, de coiffure). *Mode unisexe.*

UNISEXUÉ, ÉE [yniseksɥe]. *adj.* (1846 ; *unisexuel*, 1794 ; de *uni-*, et *sexuel, sexué*). *Bot.* Se dit d'une fleur qui n'a qu'un seul sexe, mâle ou femelle. *Fleurs unisexuées des plantes dioïques* (fleurs mâles ou fleurs femelles), *monoïques* (fleurs mâles et fleurs femelles). — *Biol.* (1890). Qui n'a qu'un seul sexe. *Les animaux supérieurs sont unisexués.* V. **Bisexué, hermaphrodite.**

UNISSON [ynisɔ̃]. *n. m.* (1372 ; lat. médiév. *unisonus* « d'un seul son »). ◆ 1° *Mus.* Son unique produit par plusieurs voix ou instruments. V. **Consonance.** *Chanter, jouer à l'unisson. « Les voix mâles* (masculines) *et féminines entonnent naturellement l'octave, croyant entonner l'unisson »* (RAMEAU). *« La note à l'unisson des norias qui montent l'eau dans les champs »* (CLAUDEL). ◆ 2° *Fig.* Accord de pensées, de sentiments entre personnes. V. **Accord, harmonie.** *L'unisson de leurs pensées. Nos cœurs à l'unisson.* ◈ ANT. **Polyphonie. Désaccord.**

UNITAIRE [yniter]. *n. et adj.* (1688, *n.* ; de *unité*).
I. N. *Relig. chrét.* Protestant, protestante qui nie la Trinité. V. **Unitarien** (V. *aussi* **Socinianisme**). ◇ Adj. (1845) *Églises protestantes unitaires d'Angleterre.*
II. Adj. ◆ 1° *Sc.* (1803). Qui forme une unité. V. **Simple.** — *Vecteur unitaire,* de longueur unité (II, 4°). *Théorie* du champ unitaire. — *Monstre unitaire,* qui ne présente que les éléments d'un seul individu. ◆ 2° (1830). *Polit.* Qui forme une unité (II, 5°) politique ; concerne cette unité. *« Les innombrables débris d'une grande organisation sociale unitaire »* (BALZ.). *Confédération générale du travail unitaire* (C.G.T.U., 1922-36). ◆ 3° Relatif à l'unité (II, 1°), à un seul objet d'un ensemble. *« Mathias supposa un prix moyen unitaire de deux cents couronnes »* (ROBBE-GRILLET).

◈ ANT. **Double, multiple ; global, total.**

UNITARIEN, IENNE [ynitarjɛ̃, jɛn]. *n.* (angl. *unitarian*, du lat. *unitas* ; *unitairien*, 1842 ; de *unitaire*). *Relig. chrét.* V. **Unitaire** (I). Adj. *Doctrine unitarienne.*

UNITARISME [ynitarism(ə)]. *n. m.* (1872 ; *unitarianisme*, 1838 ; de *unitaire*, ou angl. *unitarism*). ◆ 1° *Relig.* Doctrine des unitaires. ◆ 2° *Polit.* Théorie unitaire ; des unitaires.

UNITÉ [ynite]. *n. f.* (XIIIe ; lat. *unitas*, de *unus* « un »).
I. Caractère de ce qui est un. ◆ 1° Caractère de ce qui est unique (I, 1°), non multiple (sens numérique). *Unité et pluralité. « L'unité et la multiplicité* (d'un) *symbole »* (BACHELARD). — *Hist. litt. Unité d'action, de lieu, de temps d'une pièce,* dans une pièce de théâtre qui montre une seule action se déroulant dans un seul lieu, et en moins de vingt-quatre heures. *La règle des trois unités.* Aristote par Scaliger (XVIe), *fut suivie par les auteurs du XVIIe s. « Le romantisme ou la déroute des trois unités »* (STENDHAL). *« ... la fameuse règle des unités, si conforme aux exigences de l'attention, et si favorable à la solidité, à la densité de l'action dramatique ? »* (VALÉRY). ◇ *Unité de... :* caractère unique, identité, unité de... *La latinité possède « une incontestable unité de culture »* (SIEGFRIED). *Unité de vues dans le gouvernement.* V. **Communauté, conformité.** *Ne se soucier « d'aucune unité de sentiment et de style »* (R. ROLLAND). *« Établir en France l'unité des mesures et des poids, comme il* (Louis XI) *y avait établi déjà l'unité du pouvoir »* (BALZ.). — *Unité d'action :* principes d'action commune entre des groupes politiques distincts. ◆ 2° *Didact.* Caractère de ce qui n'a pas de parties, ne peut être divisé. *L'unité d'une classe d'êtres, d'une espèce. Le sujet « est un être considéré dans son unité intégrale et permanente »* (E. BOIRAC). *L'unité indivisible de la France.* ◇ *Cour.* État de ce qui forme un tout organique, dont les parties sont unies par des caractères communs, par leur concours au fonctionnement de l'ensemble. *« La concordance des choses entre elles, l'unité... n'est-elle pas la plus simple expression de l'ordre ? »* (BALZ.). *Faire, maintenir... briser, rompre l'unité. Unité nationale, politique. Formation de l'unité italienne, allemande.* ◆ 3° Cohérence interne. V. **Cohésion, homogénéité.** *Mouvement d'ensemble exécuté avec unité.* V. **Ensemble.** *Unité d'inspiration. Elle « donnait à mes vouloirs cette unité sans laquelle les forces de la jeunesse se dépensent inutilement »* (BALZ.). *L'unité d'une œuvre.* V. **Harmonie.**
II. Chose qui est une. ◆ 1° Élément simple d'un ensemble homogène. *Le département, unité administrative, résultat d'un découpage arbitraire de la France. La phrase, unité syntactique. Le gène, « unité héréditaire »* (GUYÉNOT). *Compartiment ayant une certaine autonomie. Usine ayant plusieurs unités de production.* V. **Centre.** *Pharm. Unités physiologiques ou biologiques* (d'insuline, de pénicilline, etc.) définies d'une manière arbitraire, *par ex.* d'après la quantité de la substance considérée qui arrête la croissance ou le développement de tel ou tel micro-organisme. *Antibiotique à 500 000 unités.* ◇ *Objet fabriqué en série. Une commande de tant d'unités. Usine qui sort tant d'unités par jour.* ◇ *Fam.* (1929, arg.). *Million* (d'anciens francs). *Ça vaut au moins trois unités !* V.

Brique (arg.). ♦ 2º Formation militaire ayant une composition, un armement, des fonctions déterminées et spécifiques. *Petites unités* (bataillon, compagnie, groupe, régiment, section), *grandes unités* (armée, corps, division). *Rejoindre son unité.* ◇ Bâtiment de guerre d'une flotte. ♦ 3º Élément arithmétique qui forme les nombres. *Collection d'unités.* V. **Nombre.** *Mesure des unités.* V. **Quantité.** *Spécialt.* Dans les nombres de 2 chiffres et plus, *le chiffre des unités*, placé à droite de celui des dizaines, des centaines *(par ex. :* dans 325, le chiffre 5 est celui des *unités). Parties aliquotes de l'unité.* ◇ *Le nombre un.* ♦ 4º « Grandeur finie servant de base à la mesure des autres grandeurs de même espèce » (LALANDE). V. **Étalon.** *Unités de mesure. Objets mesurés avec la même unité.* « *Le système des unités c. g. s. qui prend le centimètre comme unité de longueur, le gramme comme unité de masse, la seconde comme unité de temps. Ces trois unités ont l'avantage d'être pour nous relativement petites tout en étant directement perceptibles* » (L. de BROGLIE). — *Unité monétaire.* V. **Monnaie.** — *Agric. Unité fourragère* (énergie utile d'un kilogramme de grains). ◇ (1968) UNITÉ DE VALEUR ou U.V. [yve], unité d'enseignement universitaire exprimée par l'unité de temps consacrée à un sujet dans un domaine déterminé et sanctionnée par le contrôle des connaissances. ♦ 5º *Didact.* Chose qui a de l'unité (I), dont les éléments sont liés, unis, cohérents. « *L'organisme forme par lui-même une unité harmonique, un petit monde...* » (Cl. BERNARD). *Un public,* « *une unité organique de lecteurs* » (SARTRE). *Les grandes unités politiques.* ◇ Inform. *Unité centrale,* partie de l'ordinateur groupant les organes de calcul et la mémoire centrale, à l'exclusion des sous-ensembles périphériques* (organes d'entrée et de sortie).

◇ ANT. *Dualité, pluralité; diversité. Discordance, incohérence.*

UNITIF, IVE [ynitif, iv]. *adj.* (fém., 1429; lat. scolast. *unitivus*). ♦ 1º *Relig.* Qui unit (union* mystique). *Amour unitif, vie unitive.* ♦ 2º *Anat.* Qui unit des parties. *Fibres unitives du cœur.*

UNIVALENT, ENTE [ynivalɑ̃]. *adj.* (1890; de *uni-,* et -*valent*). ♦ 1º *Chim.* V. **Monovalent,** 1º. ♦ 2º *Math.* Se dit de la fonction d'une variable complexe qui prend une seule fois les valeurs qu'elle peut prendre, dans un domaine. V. **Monovalent,** 3º.

UNIVALVE [ynivalv(ə)]. *adj.* (1742; de *uni-,* et *valve*). *Sc. nat.* Dont la coquille n'est formée que d'une pièce. *Mollusque univalve.*

UNIVERS [yniver]. *n. m.* (v. 1530; lat. *universum,* neutre substant. de l'adj. *universus* « intégral », « tourné [*versus*] de manière à former un ensemble, un tout [*unus*] »; adj. du XIIe au XVIe, l'« *empire univers* » [RABELAIS], le « *monde univers* » [MAROT]). ♦ 1º (XVIe). *Vieilli.* La surface du globe terrestre. V. **Monde** (I), **terre** (II). « *Je vais errer dans l'univers sans trouver un lieu pour y poser mon cœur* » (ROUSS.). *Faire* « *le tour de l'univers* » (DIDER.). « *Une ample comédie à cent actes divers, Et dont la scène est l'univers* » (LA FONT.). ◇ *Mod.* L'ensemble des sociétés de la terre. *Citoyen de l'univers.* « *Voir le monde tel qu'il est. L'univers : un ensemble de forces aveugles, qui s'équilibrent par la destruction des moins résistants* » (MART. du G.). — *Par exagér.* Une grande partie de la terre. « *Je suis maître de moi comme de l'univers* » (CORN.). ♦ 2º (1553; répandu XVIIe). *Vx.* Les hommes, habitants du globe terrestre. *Cette majesté* « *dont l'éclat orgueilleux étonne l'univers* » (MALHERBE). « *Craint de tout l'univers, il vous faudra tout craindre* » (RAC.). *Aux yeux de l'univers.* « *Avec tout l'univers j'honorais vos vertus* » (RAC.). ♦ 3º (XVIIe). *Mod.* L'ensemble de tout ce qui existe, considéré selon les philosophies comme la totalité des choses créées (création), la totalité des êtres, l'ensemble des choses perçues, comprenant ou non la conscience humaine. V. **Monde; nature; tout; macrocosme.** « *Tous les êtres que nos sens peuvent apercevoir, conjointement avec ceux que leur ténuité ou leur éloignement nous rendent imperceptibles, forment dans leur ensemble ce qu'on exprime par le mot univers* » (LAMARCK). *L'Univers,* opposé à l'homme. « *Quand l'univers l'écraserait, l'homme serait encore plus noble que ce qui le tue, parce qu'il sait qu'il meurt, et l'avantage que l'univers a sur lui, l'univers n'en sait rien* » (PASC.). *Les lois de l'univers. Connaissance de l'univers.* « *L'univers n'existe que sur le papier* » (VALÉRY). ◇ *Sc.* Ensemble de la matière distribuée dans l'espace et dans le temps. *Structure de l'univers étudiée par l'astronomie. Le concept scientifique moderne d'Univers dépend de la théorie de la Relativité, qui a élaboré un modèle d'Univers non-euclidien. Modèle d'Univers statique d'Einstein. Théories de l'Univers en expansion* (fuite des galaxies). ♦ 4º Système planétaire ou galactique. V. **Monde.** *Planète,* astre. *Astron. Univers-île.* V. **Galaxie.** ♦ 5º *Fig.* (XVIIIe). Milieu réel, matériel ou moral *(univers mental). L'amour* « *se fait un autre univers* » (ROUSS.). *L'univers poétique et l'univers du rêve. L'univers de l'enfance.* « *Le sommeil possède son univers, ses géographies, ses géométries, ses calendriers* » (COCTEAU). « *Tout homme est un univers qui vaut d'être révélé* »

(Fr. JOURDAIN). ◇ Système, tout organisé. V. **Ensemble** (2, 2º, 3º). *L'univers mathématique.* Log. *L'univers du discours :* ensemble des éléments logiques impliqués dans un jugement ou un raisonnement donnés. ♦ 6º (Techn., 1907). *Grand univers :* format de papier pour impressions lithographiques (1 m sur 1,30 m).

UNIVERSALISATION [yniversalizasjɔ̃]. *n. f.* (1795; de *universaliser*). ♦ 1º Le fait de répandre largement, d'étendre à tous les hommes, à toute la terre. V. **Planétisation.** « *L'universalisation d'une culture humaine* » (PÉGUY). ♦ 2º (1876). Passage du particulier ou de l'individuel à l'universel (1º). « *L'universalisation des principes de morale* » (LÉVY-BRUHL).

UNIVERSALISER [yniversalize]. *v. tr.* (1770; du lat. *universalis*). Rendre universel. ♦ 1º Rendre commun à tous les hommes; répandre largement. V. **Diffuser,** généraliser. *Plus cour.,* pronom. *Cette coutume commence à s'universaliser.* ♦ 2º (1846). *Log.* Rendre universel, considérer sous son aspect universel (1º).

UNIVERSALISME [yniversalism(ə)]. *n. m.* (1872; de *universaliste*). ♦ 1º *Relig.* Doctrine, croyance selon laquelle tous les hommes seront sauvés. ♦ 2º Caractère d'une doctrine, d'une religion universaliste. ♦ 3º *Philo.* Doctrine qui considère la réalité comme un tout unique, dont dépendent les individus *(opposé à* individualisme, atomisme).

UNIVERSALISTE [yniversalist(ə)]. *adj. et n.* (1704; de *universel*). *Didact.* ♦ 1º *Relig.* Partisan de la doctrine suivant laquelle tous les hommes sont destinés au salut par la grâce. ♦ 2º Qui s'adresse à tous les hommes sans distinction de peuple, de race. V. **Universel** (5º). « *La religion... universaliste* » (CAILLOIS). ♦ 3º Philo. *Doctrine universaliste.* V. **Universalisme** (3º).

UNIVERSALITÉ [yniversalite]. *n. f.* (1375; lat. philo. *universalitas,* de *universalis*). I. ♦ 1º *Log., Philo.* Caractère de ce qui est universel (1º) ou considéré sous son aspect de généralité universelle. *Universalité d'un terme; d'un jugement; d'une vérité.* ♦ 2º (1601). Caractère d'un esprit universel (3º). « *L'universalité de Voltaire* » (CHAMFORT). ♦ 3º (Fin XVIIe). Caractère de ce qui concerne la totalité des hommes, de ce qui s'étend à tout le globe. « *Un vaste drame doué d'un caractère d'universalité* » (BAUDEL.). « *Cette honorable universalité de la langue française, si bien reconnue et si hautement avouée dans notre Europe, offre pourtant un grand problème...* » (RIVAROL). II. ♦ 1º *Vx* (XVIIe). Ensemble, totalité. *L'universalité des choses.* ♦ 2º *Dr.* Ensemble de biens (ou de biens et de dettes), considéré comme formant un tout soumis à des règles particulières. V. **Fonds** (de commerce), patrimoine.

UNIVERSAUX [yniverso]. *n. m. pl.* (XVIIe; lat. *universalia,* plur. neutre de *universalis*). *Hist. philo.* Les cinq concepts qui définissent les diverses manières dont un prédicat est lié au sujet par un rapport (le genre, l'espèce, la différence ou différence spécifique, le propre et l'accident). ◇ *Par ext.* Les concepts et termes universels applicables à tous les individus d'un genre ou d'une espèce. *Les universaux du langage,* ensemble de concepts, formes, relations existant dans toutes les langues du monde.

UNIVERSEL, ELLE, ELS [yniversel]. *adj. et n. m.* (v. 1265; var. *universal;* lat. *universalis* « relatif à tout, à l'ensemble ». V. **Univers).** ♦ 1º *Log.* Qui concerne la totalité des individus d'une classe *(proposition universelle),* qui est pris dans toute son extension *(sujet universel). Universel et général. Proposition universelle,* qui s'applique à chacun des individus composant l'extension du sujet. *Quantificateur* universel. Jugement universel ou particulier. Valeur universelle de la pensée :* qui vaut pour tout esprit. « *À titre de substance et de cause, notions universelles et nécessaires dont notre esprit et par suite nos langues ne peuvent se passer* » (MAINE de BIRAN). *Valeurs abstraites et universelles.* ◇ N. m. *Log.* Ce qui est exprimé par un terme général (prédicat de différents sujets); le terme lui-même (dans les théories nominalistes). V. **Universaux.** — Ce qui s'étend à tous les individus d'une classe; à tous les objets considérés. *Le particulier et l'universel. L'universel concret :* chez Hegel, « *L'unité des éléments logiques antérieurs dont le concept est la synthèse..., universelle puisqu'il est susceptible d'un nombre indéfini d'applications, et concrète* » (LALANDE). ♦ 2º (XIVe). Qui s'étend, s'applique à la totalité des objets (personnes ou choses) que l'on considère. « *Il lui portera un remède universel et éternel* » (VIGNY) : une panacée. « *Le système universel de la nature et de l'art* » (DIDER.). — *Système universel,* servant à plusieurs usages. *Moteur universel :* moteur électrique alimenté indifféremment en continu ou en alternatif. *Clé universelle :* qui s'adapte à différents types de boulons, d'écrous. *Machine universelle :* machine-outil pouvant exécuter plusieurs opérations d'usinage successives. ♦ 3º (1601; *Personnes*). Dont les connaissances, les aptitudes s'appliquent à tous les sujets. V. **Complet,** omniscient. « *Puisqu'on ne peut être universel et savoir tout ce qui se peut savoir* » (PASC.). « *Gœthe est un esprit universel* » (B. CONSTANT). — REM.

Dans ce sens, on peut dire *plus, moins, trop... universel* (de même au sens 5°). ♦ 4° (XIII°, prov.). *Dr.* À qui échoit la totalité d'un patrimoine. *Héritier, légataire universel.* ♦ 5° (XVI°). Qui concerne la totalité des hommes, le monde, ou la totalité d'un groupe. *Histoire universelle :* qui concerne tous les peuples, tous les pays. *Exposition universelle.* — *Suffrage universel :* étendu à tous les individus, sans distinction ni exclusion, sauf les exceptions prévues par la loi. ◇ Commun à tous les hommes ou à un groupe donné, qui peut s'appliquer à tous. *La science est universelle.* « *Une expérience de signification universelle* » (VALÉRY). « *Le langage le plus universel* » (ROUSS.). — « *Un cri général, un crescendo public, un chorus universel...* » (BEAUMARCH.). « *C'était son mal de se croire le centre de la risée universelle* » (MAURIAC). ♦ 6° (XVII°). Qui s'étend à toute la surface de la terre, partout (ou *par hyperb.* à une grande partie) et par suite concerne tous les hommes. V. **Mondial.** *Guerre, paix universelle.* « *Une tentative de domination universelle* » (RENAN). ◇ (XIII°) Dont la juridiction s'étend à la terre entière. *L'Église universelle.* V. **Œcuménique.** ♦ 7° *Didact.* Qui concerne le cosmos, l'univers (3°) tout entier. V. **Cosmique; céleste.** *Gravitation universelle.* « *L'universelle nuit pèse sur l'univers* » (LAMART.). ◈ ANT. Individuel, particulier, partiel.

UNIVERSELLEMENT [yniversɛlmɑ̃]. *adv.* (XIV°; *universaument* « en tout », 1265; de *universel*). ♦ 1° *Philo., Log.* Dans son universalité (1°); en tant que terme universel (1°). *Conclure, concevoir universellement.* ♦ 2° (v. 1700; « tous », XIV°). *Cour.* Par tous les hommes, sur toute la terre, et *par hyperb.* par beaucoup. V. **Mondialement.** « *Une vérité si universellement reconnue* » (BOIL.). *Il était « bien digne de la confiance dont il était universellement accablé* » (DUHAM.). ◈ ANT. Particulièrement, partiellement; individuellement.

UNIVERSITAIRE [yniversitɛr]. *adj.* et *n.* (1814, *n.;* de *université*). ♦ 1° Qui appartient, est relatif à l'Université (2°). *Le corps universitaire.* N. *Un universitaire,* un membre de l'Université, du corps enseignant (professeur, assistant, etc.). ♦ 2° Qui appartient, est propre aux universités, à l'enseignement supérieur. *Études universitaires. Diplômes, grades universitaires. Cités, restaurants universitaires,* d'étudiants. ♦ 3° Qui est pratiqué à l'université. *Critique universitaire.*

UNIVERSITÉ [yniversite]. *n. f.* (mil. XIII°; « communauté », 1218; lat. *jur. universitas* « communauté », h. lat. class. « totalité, ensemble », de *universus*). ♦ 1° *Hist.* Chacune des institutions ecclésiastiques d'enseignement secondaire et supérieur, nées, sous l'autorité papale, de la fusion des écoles cathédrales, monastiques et privées (d'abord à Bologne, Paris et Oxford). *Les quatre facultés* d'une université. Grades conférés par une université* (bachelier, licencié, maître, docteur). *L'université de Paris,* « *la fille aînée des rois de France* ». ♦ 2° (1806). Mod. *L'Université :* corps des maîtres de l'enseignement public des divers degrés (placé à l'origine sous l'autorité d'un grand maître). *Entrer dans l'Université, dans les rangs de l'Université.* V. **Alma mater.** ◇ *Une université :* établissement public d'enseignement supérieur, constitué par l'ensemble des Facultés établies dans une même Académie et administré par un *Conseil de l'université. Les universités de Paris, de Strasbourg. Campus d'université. Étudiant à l'Université. Doctorat, thèse d'université.* ◇ (1898) Par anal. *Universités populaires,* associations donnant l'instruction aux adultes des milieux populaires.

UNIVITELLIN, INE [ynivite(l)lɛ̃, in]. *adj.* (v. 1950; *uni-*, et lat. *vitellus* « jaune de l'œuf »). *Biol.* Se dit de jumeaux provenant du même œuf (*cour. :* jumeaux vrais).

UNIVOCITÉ [ynivɔsite]. *n. f.* (XX°; de *univoque*). Caractère d'un terme, d'un concept, d'une relation univoque. « *L'univocité est un principe logique suivant lequel chaque fonction grammaticale doit s'exprimer par un seul signe et chaque signe exprimer une seule fonction* » (VENDRYES).

UNIVOQUE [ynivɔk]. *adj.* (v. 1370; lat. imp. *univocus,* de *unus,* et *vox, vocis* « voix, mot »). ♦ 1° *Philo.* Se dit d'un mot, qui garde le même sens dans des emplois différents (*opposé à* équivoque). « *Un rapport univoque* [des signes] *aux idées* » (BEAUVOIR). ♦ 2° Se dit d'une correspondance, d'une relation dans laquelle un terme entraîne toujours le même corrélatif (REM. La relation est dite *biunivoque* s'il y a réciprocité). « *Correspondance univoque entre le monde et l'image que nous nous en faisons* » (L. DE BROGLIE).

UPAS [ypɑs]. *n. m.* (1808; mot malais « poison »). *Bot.* Poison végétal, utilisé par les indigènes des îles de la Sonde pour empoisonner leurs flèches.

UPÉRISATION [yperizɑsjɔ̃]. *n. f.* (v. 1960; angl. *uperization,* de *to uperize,* de *u*[ltra]-*p*[asteurize] « ultra pasteuriser », d'apr. les v. en *-erize*). Méthode de stérilisation des produits alimentaires liquides (en particulier des produits laitiers) par injection continue de vapeur très chaude (140-150 °C) dans le produit.

UPPERCUT [ypɛrkyt]. *n. m.* (1908; mot angl., de *upper*

« [du bas] vers le haut », et *cut* « coup [de couteau] »). *Boxe.* Coup porté de bas en haut. V. **Crochet.**

UPSILON [ypsilɔn]. *n. m.* (gr. *u psilon* « u mince »). Vingtième lettre de l'alphabet grec (υ).

URACILE [yrasil(ə)]. *n. m.* (1932; du rad. *ur*[o]-, *ac*[étique], et suff. *-ile*). *Biochim.* Base dérivée de la pyrimidine* qui entre dans la constitution des acides ribonucléiques cellulaires, sous forme de composés complexes, et que l'on trouve à l'état libre dans l'ergot de seigle.

URAÈTE [yrɑɛt]. *n. m.* (1908; du gr. *oura* « queue », et *aetos* « aigle »). *Zool.* Espèce d'aigles vivant en Australie.

URÆUS [yreys]. *n. m. invar.* (1858; lat. mod., du gr. *ouraios* « de la queue »). *Archéol.* Représentation du serpent naja dressé et portant sur la tête un disque solaire (emblème des pharaons). « *Une frise d'uræus dressés sur la queue et gonflant la gorge* » (GAUTIER).

URANATE [yranat]. *n. m.* (1846; de *urane,* et suff. *-ate*). Sel de l'acide uranique.

URANE [yran]. *n. m.* (1790; all. *Uran,* 1789; de la planète *Uranus;* gr. *Ouranos*). *Chim.* Ancien nom de l'oxyde d'uranium (UO_2), pris pour l'uranium jusqu'en 1841.

URANIE [yrani]. *n. f.* (1839; lat. zool. *urania* « muse de l'Astronomie »). *Zool.* Papillon de grande taille aux vives couleurs.

URANIFÈRE [yranifɛr]. *adj.* (XX°; de *urane,* et suff. *-fère*). Qui contient de l'uranium.

URANINITE [yraninit]. *n. f.* Syn. de *Pechblende*.*

URANIQUE [yranik]. *adj.* (1846; de *urane*). De l'uranium. *Acide uranique.*

URANISME [yranism(ə)]. *n. m.* (XX°; all. *Uranismus* [1860], de Aphrodite *Ourania* « la Céleste »). *Didact.* Homosexualité masculine.

URANIUM [yranjɔm]. *n. m.* (1840; « urane », 1804; de *urane*). Élément radioactif naturel (masse at. 238,03; n° at. 92; symb. U), métal gris, dur (dens. 18,95), présent dans plusieurs minerais (*ex. :* pechblende) où il est toujours accompagné de radium. V. **Radioactivité.** *Isotopes naturels* (^{234}U, ^{235}U, ^{238}U) *et artificiels* (^{233}U, ^{236}U, ^{237}U, ^{239}U) *de l'uranium. Séparé des autres isotopes, l'uranium peut donner lieu, par l'action de neutrons thermiques, au phénomène de fission* qui permet une réaction* en chaîne. De même l'uranium 238 se transforme en plutonium 239 fissile* (piles atomiques susceptibles de faire fonctionner des centrales thermiques).

URANO-. Élément, du gr. *ouranos* « ciel » et, en lat. anat. « voûte du palais ».

URANOGRAPHIE [yranɔgrafi]. *n. f.* (1762; *ouranographie,* 1694; gr. *ouranographia*). *Vx.* Description du ciel; science ayant pour objet cette description.

URANOPLASTIE [yranɔplasti]. *n. f.* (1872; du gr. *ouranos* « voûte du palais » et, *-plastie*). *Chir.* Opération destinée à restaurer le voile du palais et à obturer ses perforations.

URANOSCOPE [yranɔskɔp]. *n. m.* (1546; gr. *ouranoskopos* « qui regarde le ciel »). *Zool.* Poisson acanthoptérygien, à grosse tête plate, assez commun en Méditerranée (rascasse blanche).

URANYLE [yranil]. *n. m.* (XX°; de *uranium*). *Chim.* ♦ 1° Radical UO_2. ♦ 2° *D'uranyle :* se dit des sels renfermant le cation bivalent UO_2.

URATE [yrat]. *n. m.* (1798; du rad. de *urique,* et *-ate*). *Chim.* Sel ou ester de l'acide urique. *Dépôts d'urates.* V. **Goutte.**

URBAIN, AINE [yrbɛ̃, ɛn]. *adj.* (h. 1354; repris 1740; lat. *urbanus* « de la ville [*Urbs,* Rome] »). ♦ 1° *Antiq.* De Rome. ♦ 2° (v. 1768). Qui est de la ville, des villes (*opposé à* rural). *Voirie urbaine. Transports urbains. Populations urbaines. Communauté urbaine.* « *L'imprécis grandiose des horizons urbains* » (LARBAUD). *Paysages urbains.* ♦ 3° *Littér.* Qui témoigne, fait preuve d'urbanité. *Un homme très urbain.* ◈ ANT. Agreste, campagnard, rural.

URBANISATION [yrbanizɑsjɔ̃]. *n. f.* (v. 1960; de *urbaniser*). *Géogr.* Concentration croissante de la population dans les agglomérations urbaines.

URBANISER [yrbanize]. *v. tr.* (1873; « faire acquérir l'urbanité », 1785; du lat. *urbanus*). Donner le caractère urbain, citadin à. *Région lentement urbanisée.*

URBANISME [yrbanism(ə)]. *n. m.* (1910; « science de l'urbanité », XVIII°; de *urbanus*). Étude systématique des méthodes permettant d'adapter l'habitat urbain aux besoins des hommes; ensemble des techniques d'application de ces méthodes. *Architecture et urbanisme. Fédération internationale pour l'Habitation et l'Urbanisme* (1913).

URBANISTE [yrbanist(ə)]. *n.* (1911; de *urbanisme*). Architecte, technicien spécialisé dans les réalisations de l'urbanisme. « *La France compte encore des urbanistes et des constructeurs sans rivaux* » (GIRAUDOUX). En appos. *Architecte urbaniste.* — Adj. « *Les buildings échappent par le haut à toute réglementation urbaniste* » (SARTRE). V. **Urbain.**

URBANISTIQUE [yrbanistik]. *adj.* (1964; de *urbanisme*)

Didact. Qui a trait à l'urbanisation, à l'urbanisme. *Projet, option urbanistique.*

URBANITÉ [yʀbanite]. *n. f.* (1458; « gouvernement d'une ville », 1361; lat. *urbanitas,* de *urbanus* « de la ville, qui a les qualités de l'homme de la ville »). Politesse où entre beaucoup d'affabilité naturelle et d'usage du monde. « *Le respect d'autrui et de soi-même qui s'appelle d'ailleurs, à juste titre, l'urbanité* » (GIRAUDOUX).

URBI ET ORBI [yʀbiɛtɔʀbi]. *loc. adv.* (XIXe, fig.; mots lat. « à la ville [Rome] et à l'univers »). *Liturg. cathol.* Se dit de la bénédiction que le pape donne du haut du balcon de la Basilique Saint-Pierre. — *Fig.* Partout. *Publier, proclamer urbi et orbi.*

URCÉOLÉ, ÉE [yʀseɔle]. *adj.* (1802; du lat. *urceolus,* de *urceus* « pot »; Cf. lat. bot. *Urceolaris*). *Bot.* Renflé en forme d'outre, de grelot. *Corolle urcéolée.*

-URE. *Chim.* Suffixe indiquant que le composé (*ex. : sulfure, chlorure*) est un sel d'hydracide.

URE. V. URUS.

UR(É)-. Élément, du gr. *oûron, ourein* « urine, uriner ».

URÉDINÉES [yʀedine] ou **URÉDINALES** [yʀedinal]. *n. f. pl.* (1846,-XXe; *uredo,* 1765; du lat. *uredo* « nielle, charbon », rac. *urere* « brûler »). *Bot.* Groupe de champignons basidiomycètes, à thalle filamenteux, parasites des plantes phanérogames (rouille).

URÉDOSPORE [yʀedɔspɔʀ]. *n. f.* (1908; du lat. *uredo,* et *spore*). *Bot.* Spore de dissémination, spéciale aux urédinées.

URÉE [yʀe]. *n. f.* (1797; du rad. d'*urine*). *Biochim.* Substance cristalline constituant le produit final de décomposition des acides aminés de l'organisme, qui sont synthétisés dans le foie (uréogenèse) aux dépens de l'ammoniaque, transportée par le sang (taux normal : 0,20 à 0,40 g par litre) et éliminée par les urines (20 à 30 g par jour). *Accumulation pathologique d'urée dans le sang.* V. **Urémie.**

URÉIDE [yʀeid]. *n. m.* (1857; de *urée*). *Chim.* Composé dérivant de l'urée par la substitution, à un ou plusieurs atomes d'hydrogène, d'un nombre correspondant de radicaux acides. *Les barbituriques sont des uréides.*

URÉMIE [yʀemi]. *n. f.* (1847; de *urée,* et *-émie*). *Méd.* Ensemble de manifestations pathologiques dues à l'accumulation dans l'organisme de produits azotés (en particulier de l'urée), en général liée à une insuffisance grave de la fonction des reins. *Avoir* (fam. *faire*) *une crise d'urémie.*

URÉMIQUE [yʀemik]. *adj.* (1858; de *urémie*). Qui a rapport à l'urémie. *Accidents urémiques.*

-URÈSE, -URIE, Éléments, du gr. *ourêsis* « action d'uriner », *-ouria* (*ex. :* albuminurie, acétonurie, acidurie, diurèse, etc.).

URÉTÉRAL, ALE, AUX [yʀeteʀal, o]. *adj.* (XXe; de *uretère*). *Didact.* (*Physiol., méd.*). Qui se rapporte à l'uretère.

URETÈRE [yʀtɛʀ]. *n. m.* (1538; gr. *ourêter*). *Anat.* Canal qui conduit l'urine du rein à la vessie. *L'uretère droit et l'uretère gauche. Rétrécissement de l'uretère.*

URÉTÉRITE [yʀeteʀit]. *n. f.* (1836; *ureteritis,* 1803; de *uretère*). *Méd.* Inflammation des uretères (généralement due à une infection rénale ou vésicale).

URÉTRAL, ALE, AUX [yʀetʀal, o]. *adj.* (1796; de *urètre*). *Anat.* Qui a rapport à l'urètre. *Sphincter urétral; muqueuse urétrale.*

URÈTRE [yʀɛtʀ(ə)]. *n. m.* (1667; lat. méd. *urethra;* gr. *ourêthra*). Canal excréteur de l'urine qui part de la vessie et aboutit à l'extérieur (V. **Méat** [urinaire]). *Chez l'homme, l'urètre sert aussi de canal pour le sperme.*

URÉTRITE [yʀetʀit]. *n. f.* (1846; de *urètre*). *Méd.* Inflammation de l'urètre.

-URGE, -URGIE. Éléments, du gr. *-ourgos,* et *-ourgia;* rad. *ergo* « je fais », *ergon* « œuvre, art » (*ex. :* chirurgie; démiurge, dramaturge, liturgie, etc.).

URGENCE [yʀʒɑ̃s]. *n. f.* (1572, rare av. fin XIXe; de *urgent*). ♦ 1° Caractère de ce qui est urgent. « *Comme si l'urgence de leur besogne leur interdisait de vaines politesses* » (ROMAINS). ♦ 2° Nécessité d'agir vite. *Extrême urgence. Il y a urgence, c'est urgent. Mesures d'urgence. En cas d'urgence.* ◇ (1960). *Une urgence,* un cas urgent, un malade à opérer, à soigner sans délai. *Service des urgences dans un hôpital.* ♦ 3° D'URGENCE (*loc. adv.*) : sans délai, en toute hâte. *Opérer d'urgence.* « *Il la laisserait partir, et, d'urgence, convoquerait le mari* » (MART. du G.).

URGENT, ENTE [yʀʒɑ̃, ɑ̃t]. *adj.* (1340, méd.; répandu XIXe; lat. *urgens,* de *urgere* « pousser, presser »). Dont on doit s'occuper sans retard. *Des travaux urgents.* V. **Pressé.** « *Rien de très urgent ne l'obligeait à sortir* » (MART. du G.). *Un cas urgent. C'est urgent.* — *Besoin urgent.* V. **Pressant; important.** — *Subst.* « *L'urgent pour moi était de savoir où tu es* » (COLETTE).

URGER [yʀʒe]. *v. intr.;* conjug. *bouger* (1903; de *urgent,*

sur le modèle de *presser, pressant*). *Fam.* Être urgent, presser. *Ça urge!* « *Ce n'urge point avant samedi* » (JARRY).

URIC(O)-. Élément, de *urique* (acide urique).

URICÉMIE [yʀisemi]. *n. f.* (1868; *uricæmia,* 1867; de *uric*[o]-, et suff. *-émie*). *Méd.* Teneur du sang en acide urique. *Par ext,* (abusiv.). Accumulation de quantités excessives d'acide urique et d'urates dans le sang (le terme exact est *hyperuricémie*).

-URIE. V. URÈSE.

URINAIRE [yʀinɛʀ]. *adj.* (1556; de *urine*). Qui a rapport à l'urine, à sa production et à son élimination. *Appareil urinaire :* rein, uretère, urètre, vessie. *Voies urinaires. Appareil génital et urinaire.* V. **Génito-urinaire, urogénital.** *Lithiase urinaire.*

URINAL, AUX [yʀinal, o]. *n. m.* (1514; *orinal* « pot de chambre », XIIe; lat. *urinal*). Vase à col incliné dans lequel un malade peut uriner allongé.

URINE [yʀin]. *n. f.* (XIIe, var. *orine;* lat. pop. °*aurina,* d'apr. *aurum* « or », à cause de la couleur; lat. *urina*). Liquide organique clair et ambré, limpide, odorant, qui se forme dans le rein, séjourne dans la vessie et est évacué par l'urètre lorsque les sphincters se relâchent. V. **Pipi** (*fam.*), **pisse** (*vulg.*). *Par l'urine, l'organisme élimine de l'eau et des déchets, essentiellement les déchets du métabolisme des matières azotées* (urée, acide urique, ammoniaque). *Évacuer l'urine.* V. **Miction; pisser, uriner.** *Incontinence* d'urine.* V. **Énurésie.** *Rétention* d'urine. Excrétion d'urine :* diurèse. ◇ *Les urines,* l'urine évacuée. *Analyse d'urines. Urines claires, troubles. Présence anormale dans les urines de glucose* (glycosurie; diabète), *d'albumine* (albuminurie), *de sang* (hématurie).

URINER [yʀine]. *v. intr.* (1375; *oriner* « traiter par l'inspection des urines », XIIIe; de *urine*). (*Rare dans le lang. cour.*) Évacuer l'urine. V. **Pisser** (*pop.*); **pipi** (faire pipi).

URINEUX, EUSE [yʀinø, øz]. *adj.* (1611; de *urine*). *Méd.* Qui a rapport à l'urine. *Odeur urineuse.*

URINIFÈRE [yʀinifɛʀ]. *adj.* (1843; de *urine,* et suff. *-fère*). *Anat.* Qui conduit l'urine. *Tubes urinifères,* éléments fonctionnels du rein qui sécrètent l'urine.

URINOIR [yʀinwaʀ]. *n. m.* (1872; « urinal », 1754; de *uriner*). Petit édifice où les hommes vont uriner. V. **Pissoir, pissotière, vespasienne.** « *Je n'aime pas du tout cette façon de mettre des urinoirs dans la conversation... épargnez-moi vos grossièretés* » (PAGNOL).

URIQUE [yʀik]. *adj.* (1803; de *urine*). *Biochim. Acide urique :* substance azotée à propriétés acides, résultant de l'oxydation des bases puriques, présente dans le sang et les tissus, et éliminée par les urines (surtout sous forme d'urates). *Accumulation pathologique d'acide urique dans l'organisme* (V. **Goutte**). — *Par ext.* Qui se rapporte à l'acide urique, qui en contient. V. **Purine.**

URNE [yʀn(ə)]. *n. f.* (1487; lat. *urna*). ♦ 1° Vase qui sert à renfermer les cendres d'un mort. *Urne funéraire, cinéraire.* ♦ 2° Vase à flancs arrondis. *Les urnes et les amphores.* — *Poét.* Vase. « *Comme une onde qui bout dans une urne trop pleine* » (HUGO). ♦ 3° (Du vase où l'on déposait les suffrages, dans l'Antiquité). Boîte dont le couvercle est muni d'une fente, dans laquelle les électeurs déposent leur bulletin de vote. *Vider les urnes à la fermeture du scrutin.* « *Imagine qu'on nous ait fait voter... à bulletins secrets : Est-ce que deux ou trois noms ne seraient pas sortis des urnes?* » (ROMAINS). — *Par ext. Aller aux urnes,* aller voter. V. **Élection.** ♦ 4° (1797). *Bot.* Partie du sporange des mousses en forme d'urne, fermée par un capuchon qui se détache à maturité.

1. URO-. Élément, du gr. *oûron* « urine ».

2. URO-. Élément, du gr. *oura* « queue ». V. -Oure.

UROBILINE [yʀɔbilin]. *n. f.* (1878; de *uro-* 1, et *bile*). *Méd.* Pigment biliaire de couleur jaune orangé, résultant de la dégradation de la bilirubine dans l'intestin, et dont une petite partie passe dans l'urine (urobilinurie). *Élimination excessive de l'urobiline dans les urines :* urobilinurie*.

UROBILINOGÈNE [yʀɔbilinɔʒɛn]. *n. m.* (1971; de *urobilin*[e], et *-gène*). *Biochim.* Produit de dégradation de la bilirubine, précurseur de l'urobiline, qui se forme dans l'intestin sous l'action d'enzymes bactériens. *Élimination urinaire excessive d'urobilinogène dans les lésions du foie.*

UROBILINURIE [yʀɔbilinyʀi]. *n. f.* (1932; de *urobilin*[e], et *-urie*). *Méd.* Présence d'urobiline dans les urines. *Par ext.* Élimination excessive d'urobiline par les urines (cirrhose, hépatite, anémies hémolytiques).

UROCHROME [yʀɔkʀɔm]. *n. m.* (1865; de *uro-* 1, et *-chrome*). *Biochim.* Pigment brun-rouge.

URODÈLES [yʀɔdɛl]. *n. m. pl.* (1839; de *uro-* 2, et *dêlos* « apparent »). *Zool.* Ordre de Batraciens, à corps allongé portant des membres propres à la reptation (amblystome, axolotl, protée, salamandre, triton). Sing. *Un urodèle.*

UROGÉNITAL, ALE, AUX [yʀɔʒenital, o]. *adj.* (1846; de *uro-* 1, et *génital*). Qui a rapport aux appareils urinaire et génital. V. **Génito-urinaire**. *L'urètre, canal urogénital chez l'homme.*

UROGRAPHIE [yʀɔgʀafi]. *n. f.* (av. 1947; de *uro-* 1, et *-graphie*). *Méd.* Radiographie de l'appareil urinaire après administration par voie intraveineuse d'une substance opaque aux rayons X, qui s'élimine par les reins.

UROLAGNIE [yʀɔlagni]. *n. f.* (av. 1962; de *uro-* 1, et lat. *lagneia* « rapport sexuel »). *Didact.* Comportement sexuel déviant lié à une érotisation anormale des fonctions urinaires.

UROLOGIE [yʀɔlɔʒi]. *n. f.* (1851; de *uro-* 1, et *-logie*). *Didact.* Branche médico-chirurgicale qui traite des affections des voies urinaires et, *par ext.*, des maladies génito-urinaires chez l'homme. V. **Néphrologie.**

UROLOGUE [yʀɔlɔg]. *n.* (1860; de *urologie*). Médecin spécialiste en urologie*.

UROMÈTRE [yʀɔmɛtʀ(ə)]. *n. m.* (1872; de *uro-* 1, et *-mètre*). *Sc.* Aréomètre) servant à déterminer la densité de l'urine. *Var.* URÉOMÈTRE [yʀeɔmɛtʀ(ə)].

UROPODE [yʀɔpɔd]. *n. m.* (1908; de *uro-* 2, et *-pode*). *Zool.* Appendice abdominal des crustacés (cour. *queue*).

UROPYGIAL, IALE, IAUX [yʀɔpiʒjal, jo]. *adj.* (1846; de *uro-* 2, et *-pyge* « fesse, croupion »). *Zool.* Du croupion des oiseaux. *Plumes uropygiales.*

UROPYGIEN, IENNE [yʀɔpiʒjɛ̃, jɛn]. *adj.* (1872; V. *Uropygial*). *Zool. Glande uropygienne*, glande cutanée à la base du croupion, dont la sécrétion protège les plumes.

URSIDÉS [yʀside]. *n. m. pl.* (1846; du lat. *ursus* « ours », et suff. zool. *-idés*). *Zool.* Famille de mammifères carnivores, plantigrades, dont le type est l'ours.

URSULINE [yʀsylin]. *n. f.* (1639; de sainte *Ursule*). Religieuse d'un ordre fondé en 1537, en Italie, par sainte Angèle de Mérici, et établi en France en 1611.

URTIC(A)-. Élément, du lat. *urtica* « ortie ».

URTICACÉES [yʀtikase]. *n. f. pl.* (1907; *urticées*, 1803; de *urtic*[a]-, et suff. *-acées*). *Bot.* Famille de plantes dicotylédones apétales comprenant des herbes, des arbrisseaux et quelques arbres (artocarpe, ortie, pariétaire).

URTICAIRE [yʀtikɛʀ]. *n. f.* (1806; *urticaria*, 1795; adj., *fièvre urticaire*, 1759; du lat. *urtica*). Éruption passagère de papules rosées ou blanchâtres (semblable à des piqûres d'ortie) accompagnée de démangeaisons et d'une sensation de brûlure. *L'urticaire est souvent due à une allergie.* — *Par ext.* (*Cour.*) Tendance à cette éruption. *Ne mangez pas cela, avec votre urticaire.*

URTICANT, ANTE [yʀtikɑ̃, ɑ̃t]. *adj.* (1872; lat. mod., de *urtica*). *Didact.* Dont la piqûre ou le contact produit une urtication sur la peau humaine, une démangeaison. *Feuilles urticantes* (ortie). *Organe urticant des méduses.*

URTICATION [yʀtikasjɔ̃]. *n. f.* (1765; lat. *urticatio*; Cf. Urtica-). *Méd.* Sensation de piqûre d'ortie qui accompagne l'apparition d'une urticaire.

URUBU [yʀyby]. *n. m.* (1770; *ourou*, 1765; mot tupi). *Zool.* Vautour de petite taille, répandu dans l'Amérique tropicale.

URUS [yʀys] ou (*vx*) **URE** [yʀ]. *n. m.* (XVIᵉ; mot lat. d'o. germ.). *Zool.* Auroch; bison d'Europe. ◇ HOM. Hure.

US [ys]. *n. m. pl.* (XIIᵉ, « habitude »; du lat. *usus*, de *uti* « se servir »). *Vx.* Usage. ◇ *Mod.* et *didact.* Loc. (1170). *Les us et coutumes* : les habitudes, les usages traditionnels. « *Respecter les us et coutumes des pays où l'on voyage* » (MÉRIMÉE).

USAGE [yzaʒ]. *n. m.* (XIIᵉ; du lat. *usus*. V. **Us**). **I.** ♦ 1° (1190). Le fait d'appliquer, de faire agir (un objet, une matière), pour obtenir un effet qui satisfasse un besoin, que cet objet, cette matière subsiste (V. **Utilisation**), disparaisse (V. **Consommation**) ou se modifie (V. **Usure**). V. *aussi* **Application** : dépense, emploi*, service. *L'usage d'un outil, d'un instrument. Livres* « *brochés, tout écornés par l'usage* » (LACRETELLE). « *Un usage immodéré de l'alcool et du gibier* » (B. BENOIT). V. **Abus**. *Le bon, le mauvais usage des richesses.* ◇ *Didact.* Emploi d'un procédé, d'une technique par un groupe social. V. **Utilisation**. *L'usage de la roue*, *de la boussole.* ◇ (Avec un compl. abstrait) « *L'usage des nombres en arithmétique, en géométrie* » (VOLT.). *Prière pour le bon usage des maladies*, de Pascal. *L'usage de la force.* ♦ 2° Mise en activité effective (d'une faculté, d'une fonction physique ou mentale). V. **Activité, exercice, fonctionnement.** « *On ne doit pas juger du mérite d'un homme par ses grandes qualités, mais par l'usage qu'il en sait faire* » (LA ROCHEF.). — *L'usage des sens* : le fait de sentir, de percevoir. « *L'usage de la parole, comme celui de la main, a aidé beaucoup au développement du cerveau* » (CARREL). « *En ne parlant déjà plus qu'avec difficulté, perdant l'usage de sa langue, depuis qu'il cessait de s'en servir* » (ZOLA). ♦ 3° Loc. (Sens concret ou abstrait). FAIRE USAGE DE : se servir de. V. **Utiliser**; employer. *Faire usage de faux noms. Faire mauvais usage.* V. **Mésuser.** ◇ *À l'usage* : lorsqu'on s'en sert, lorsqu'on l'utilise. « *On*

s'aperçoit, à l'usage, que le nouveau régime crée de nouveaux abus... » (MART. du G.). ◇ *D'usage* (*vx*), *en usage* : qui est encore employé. *Dispositifs encore en usage.* ◇ *Absolt.* et *fam. Faire de l'usage*, pouvoir être utilisé longtemps sans se détériorer. V. **Durer.** ♦ 4° (XVIIᵉ). Le fait de pouvoir produire un effet particulier et voulu. V. **Fonction, utilité; service.** « *Un bizarre objet perdu dont nul ne peut dire l'usage* » (ARAGON). « *Un canif américain composé de dix à douze lames qui servent à divers usages* » (LAUTRÉAMONT). — *Valeur d'usage* : valeur, quant à l'usage qu'on peut en faire. ◇ *Hors d'usage* : qui ne peut plus être mis en œuvre, fonctionner, produire son effet. ◇ À USAGE (DE) : destiné à être utilisé (de telle ou telle façon). *Médicament à usage externe, interne.* « *À cinquante mètres, ils avaient fait édifier un vaste bâtiment à usage de collège* » (ROMAINS). ♦ 5° À L'USAGE : destiné à être utilisé (par). V. **Pour.** *Des livres à l'usage des écoles.* — *Réserver à son usage personnel* : pour soi. « *Mieux est de façonner le mal à notre usage, et même à notre commodité* » (COLETTE). ◇ *Littér.* AVOIR L'USAGE DE : pouvoir se servir de. ♦ 6° Le fait d'employer les éléments du langage, de les réaliser dans le discours, par la parole; manière dont ils sont employés. V. **Emploi.** « *Le* « *après* », *dont je fais un usage impropre et abusif* » (GIDE). « *L'Académie ne prétend pas régler l'usage de chaque mot, elle indique l'usage qu'on en fait* » (ACAD.). *Mot en usage* : usité. ◇ Mise en œuvre de l'ensemble des éléments du langage par la parole; expression verbale de la pensée dans un milieu et un temps donnés. *L'usage oral, écrit, courant, populaire.* « *L'usage contemporain est le premier et principal objet d'un dictionnaire* » (LITTRÉ). ◇ *Absolt. L'usage* : l'utilisation effective (*spécialt.* normale, correcte) du langage (dans une langue, à une époque donnés, par tous les hommes qui la parlent). « *Donner des règles pour écrire, comme s'il y avait d'autres règles pour cela que l'usage...* » (FRANCE). « *L'usage n'est pas aussi peu fondé en raison qu'ils le prétendent; il s'établit d'après ce qu'on sent* » (CONDILLAC). — *Orthographe* d'usage.*

II. ♦ (v. 1170). ♦ 1° Pratique que l'ancienneté ou la fréquence rend normale, courante, dans une société donnée. V. **Coutume, habitude, mode, mœurs, us**. *Usage ancien; bien établi, reçu. Usages qui se perdent.* « *Cette coutume est constituée par un ensemble d'usages* » (THARAUD). « *Il faut partout se conformer aux usages des peuples* » (GAUTIER). *Les usages d'une famille, de la bonne société* (V. **Manière**). — *Absolt. Les usages* : les habitudes, les comportements considérés comme les meilleurs, ou les seuls normaux dans une société. *Conforme aux usages.* V. **Classique, correct, courant, normal.** *Oublier les usages. Contraire aux usages.* V. **Inconvenant, incorrect; bizarre, excentrique.** ◇ *Habitude particulière* (dans un groupe). « *C'est un usage que les professeurs récemment nommés débutent par une première leçon de généralités* » (RENAN). — *S'autoriser d'un usage* (V. **Précédent**). — *Dr.* Règle de droit établie par une pratique ancienne. V. **Coutume**. *Usages locaux, professionnels.* ♦ 2° L'USAGE : ensemble des pratiques sociales. V. **Coutume, habitude**. *C'est l'usage, l'usage reçu...* : c'est ce qu'il convient de faire, de dire. « *Les coutumes les plus absurdes, les étiquettes les plus ridicules, sont, en France et ailleurs, sous la protection de ce mot : C'est l'usage* » (CHAMFORT). « *Je t'en félicite parce que c'est l'usage* » (ROMAINS). — *Consacré par l'usage.* « *Tout ce qui est contre l'usage est contre nature* » (VALÉRY). — *D'usage* : conforme à l'usage; habituel, normal. *La formule d'usage. Comme il est d'usage.* « *Il me reste à vous présenter les observations d'usage, ajouta le notaire* » (ZOLA). ♦ 3° *Vieilli.* Pratique particulière. V. **Habitude**. « *Son usage était de le laisser aller à sa fantaisie* » (DIDER.). ♦ 4° (XVᵉ). *Vx* ou *littér.* Pratique habituelle (d'une activité); fréquentation habituelle (d'un milieu). *Accoutumance, familiarité due à un usage mondain.* « *J'ai vu combien l'usage du monde donne d'aisance* » (BEAUMARCH.). ♦ 5° (XVIIᵉ). Mod. (*Absolt.*) Les bonnes manières que donne l'expérience de la bonne société; respect des meilleurs usages. V. **Civilité, éducation, politesse.** *Absolt.* « *Je n'osai me risquer à prendre part au festin, dans la crainte de manquer d'usage* » (NERVAL).

III. *Dr.* (« usufruit », 1255). Droit réel qui permet à son titulaire (V. **Usager**) de se servir d'une chose appartenant à autrui (V. *aussi* **Usufruit**). *Avoir l'usage d'un bien.* V. **Jouir** (*dr.*). *Propriété et usage.*

◇ ANT. Désuétude, non-usage.

USAGÉ, ÉE [yzaʒe]. *adj.* (1877; de *usage* « déchet de ce qui est usé » [1636]; Cf. *Usagié* « en usage », 1289; « qui a l'usage, l'habitude du monde », XVIIIᵉ-XIXᵉ). Qui a été longtemps en usage, qui a beaucoup servi (sans être forcément détérioré, à la différence de *usé*). *Vêtements usagés. Jupe usagée.* Fig. *Une expression usagée.* V. **Usé.** « *Un repas en commun dans une gare est prétexte seulement à vacarme, à plaisanteries usagées* » (COLETTE). ◇ HOM. Usager.

USAGER [yzaʒe]. *n. m.* (*Usagier*, 1321; de *usage*). ♦ 1° *Dr.* Qui a un droit réel d'usage (III). « *L'usager ne peut céder ni louer son droit à un autre* » (CODE CIV.) ♦ 2° (1933)

Cour. Personne qui utilise (un service public, le domaine public). *Les usagers de la route.* ◇ (1960). Utilisateur (de la langue ; V. Usage). *Les usagers du français.* ◇ HOM. *Usagé.*

USANT, ANTE [yzɑ̃, ɑ̃t]. *adj.* (XXᵉ ; « qui use » [concret], 1872 ; *les usants* « usagers », 1477 ; de *user*). Qui use la santé, les forces. *Un travail usant. Cet enfant est usant.*

USÉ, ÉE [yze]. *adj.* (1165, « accoutumé, usité » ; de *user*). ♦ 1º Altéré par un usage prolongé, par des actions physiques (frottements...). V. Détérioré ; vieux. *Vêtements, tissus usés.* V. Avachi, déchiré, déformé, défraîchi, fatigué, fripé, mûr *(fam.)*, râpé. *Usé jusqu'à la corde* : élimé. *Tapisserie usée*, passée de ton. *Chaussure, semelle usée.* V. Éculé. — *Pièces de monnaie usées.* V. Fruste. ◇ *Hors d'usage. Remplacer les pièces usées d'un moteur* (On se sert plutôt de *Vieux, hors d'usage, usagé* (et fam. *Foutu, mort*). ◇ *Sali*, souillé par l'usage. *Eaux usées.* ♦ 2º Diminué, affaibli, par une action progressive. V. Émoussé, éteint, fini. « *Tout est usé, aujourd'hui, même le malheur* » (CHATEAUB.). *Passion usée, refroidie. Théories usées.* V. Démodé. — Fam. *C'est usé !* c'est inutile, sans intérêt. ♦ 3º Dont les forces, la santé sont diminuées. V. Décrépit, épuisé. *Le duc d'Orléans* « *était usé, à cette époque, fini de corps et de cœur, très faible d'esprit* » (MICHELET). « *Ce n'est pas une vieille. C'est une femme usée, ravagée, pas une vieille* » (ARAGON). ♦ 4º Qui a perdu son pouvoir d'expression, d'évocation par l'usage courant, la répétition. V. Banal, commun, rebattu. *Termes vagues et usés.* « *Dites-moi, de grâce, un calembour usé, quelque chose de bien rebattu* » (MUSS.). *Rajeunir un sujet usé.*

USER [yze]. *v.* (*User son temps, sa vie* « consommer, achever », 1080 ; lat. pop. º*usare*, de *usus*, de *uti* « se servir de »).

I. (1267). *V. tr. indir.* USER DE. ♦ 1º *Vx* ou *didact.* Faire en sorte qu'une chose produise un effet souhaitable, profitable, soit en exerçant sur elle une action destructrice (V. Consommer, épuiser), soit en la faisant fonctionner, agir (V. Employer, servir [se], utiliser). « *Dans un grand nombre de cas, posséder un objet, c'est pouvoir en user* » (SARTRE). « *Quand c'est le faussaire lui-même qui use de la pièce, il n'encourt qu'une seule peine* » (DALLOZ). — *User de son bien* : en faire usage. — Mod. *Il en a usé et abusé*. ♦ 2º *Cour.* (Avec un compl. désignant une chose abstraite). Avoir recours à, mettre en œuvre. V. Servir (se). *User d'un droit, d'un privilège.* « *Vous pouvez l'assurer que je n'userai point à mon insu l'ennemi de l'avantage des circonstances* » (BEAUMARCH.). *La méthode de connaissance* « *dont use le détective aussi bien que le philosophe* » (PAULHAN). *User d'un stratagème.* « *Avez-vous remarqué s'ils usent de certaines précautions...?* » (ROMAINS). *Il* « *voulait qu'on priât le Roi d'user de sa puissance* » (MICHELET). ◇ Employer, se servir de (tel élément du langage). V. Usage. *Mot dont tout le monde use.* V. Usité. *User de termes ambigus.* — (Dans la création littéraire, artistique) « *On use de l'arbre, du bosquet... avec une liberté toute ornementale ou théâtrale* » (VALÉRY). ♦ 3º *Vx* ou *littér.* (*User de qqn* « se conduire de telle ou telle façon avec lui », av. 1400). EN USER... *avec qqn* (1611). *Vieilli* ou *littér.* Agir, se conduire d'une certaine manière. V. Comporter (se), traiter. « *De quelle manière en userez-vous avec un jeune cavalier...?* » (LESAGE). ◇ Se comporter. *Il* « *continuait d'en user avec la même désinvolture à l'égard de toutes les haies, barrières, clôtures...* » (R. ROLLAND).

II. *V. tr. dir.* (*User son temps* « l'épuiser », 1080 ; « se servir de », 1131). ♦ 1º Détruire par la consommation ; utiliser (qqch.) jusqu'à l'épuiser. *Ce poêle use beaucoup de charbon ; cette voiture use trop d'essence.* V. Consommer, dépenser, manger. ♦ 2º (1530). Modifier (qqch.) progressivement en enlevant certaines de ses parties, en altérant son aspect, par l'usage prolongé qu'on en fait. V. Abîmer, élimer, entamer, râper, roder, ronger. *User une pointe* (V. Émousser, épointer). *User ses vêtements, les user jusqu'à la corde* : les porter jusqu'à ce qu'ils soient inutilisables. *Une veste qu'il achevait d'user.* Loc. *User ses fonds de culottes sur les bancs* : aller à l'école. — Absolt. « *Dame ! les draps ne sont pas neufs... à la longue le frottement du corps, ça use...* » (ZOLA). — *Par anal.* (en parlant du temps, d'effets naturels ou d'une action volontaire) Altérer ou entamer (qqch.). *Terrains usés par l'érosion. Courant rapide qui use la roche.* ♦ 3º *Par métaph.* Diminuer, affaiblir (une sensation, la force de qqn...) par une action lente, progressive. « *La jouissance use les plaisirs* » (ROUSS.). V. Amoindrir. « *L'accoutumance n'avait pas encore usé sa joie* » (J.-R. BLOCH). « *Elle avait combattu pouce à pouce, usant la patience des uns, désarmant la brusquerie des autres* » (DUHAM.). *User ses forces, sa santé.* V. Miner. « *Ces vains efforts usent la vie et nous empêchent d'en user* » (ROUSS.). *User la vue, les yeux.* V. Abîmer. « *La carte d'état-major sur laquelle il s'est tant usé les yeux depuis quatre jours* » (MART. du G.). ♦ 4º Diminuer ou supprimer les forces (de qqn). V. Épuiser. *Les excès l'ont usé.* V. Consumer. Absolt. « *Une volupté intérieure qui use et*

tue » (RENAN). ♦ 5º Passer. « *Ces réunions où l'on use le temps* » (ALAIN). « *Comme onze heures sonnaient à peine, il usa encore une demi-heure çà et là* » (COLETTE).

III. S'USER. *v. pron.* (1530). ♦ 1º Se détériorer à l'usage ; perdre de son effet, de son utilité. *Tissu, instrument, machine qui s'use vite.* ♦ 2º (*Abstrait*). S'affaiblir, être diminué avec le temps. « *Mais tout s'use, et les beaux sentiments comme autre chose* » (MARIVAUX). « *Les gens qui se disent blasés n'ont jamais rien éprouvé : la sensibilité ne s'use pas* » (RENARD). ♦ 3º (*Réfl.*). Perdre sa force, sa santé. « *C'était en vain que Léontine s'était usée et dépensée à lui donner, par sa présence, un réconfort qu'il ne soupçonnait pas* » (CARCO). V. Fatiguer (se) ; épuiser (s'). — Perdre son ascendant, sa puissance, son influence. *Régime où les ministères s'usent vite.*

USINAGE [yzinaʒ]. *n. m.* (1877 ; de *usiner*). Action d'usiner. *Usinage des pièces mécaniques.*

USINE [yzin]. *n. f.* (1732, « établissement industriel muni de machines » ; « boutique, atelier », 1355 ; du lat. *officina*, par *wisine*, et *uisine* « fabrique, forge », 1274). ♦ 1º Établissement de la grande industrie destiné à la fabrication d'objets ou de produits, à la transformation ou conservation de matières premières, ou à la production d'énergie, et employant des machines qui utilisent une source importante d'énergie. V. Fabrique, industrie, manufacture. « *Ce faubourg souillé par la suie des usines* » (FRANCE). *Aller à l'usine. Entrée, sortie d'usine. Travailler dans une usine, en usine.* « *Un groupe d'immenses cheminées d'usines et de fonderies* » (MAUPASS.). *Usines automatisées.* — *Usines traitant les produits de la mine* (cockerie, laverie). *Usines de métallurgie* : aciérie, fonderie, forge. *Usine d'automobiles. Usines textiles* (filature, tissage). *Usines de produits alimentaires* (conserverie, distillerie). Par appos. *Navire-usine*, où l'on traite les produits de la mer. *Usines effectuant le raffinage.* V. Raffinerie. — *Usines génératrices d'énergie.* V. Centrale. *Usine à gaz.* ♦ 2º L'industrie qui travaille, produit, dans les usines ; la grande industrie. *L'ouvrier d'usine.* ♦ 3º Fam. Local qui, par ses dimensions, son nombreux personnel et l'importance de son rendement, évoque une usine. *Ce bureau, ce restaurant est une véritable usine.* Par plaisant. « *C'est une usine à gosses chez vous* » (DUHAM.). ♦ 4º Organisme dont les fonctions essentielles s'exercent à une échelle comparable à celle de l'industrie. *Usine à vendre* (*L'Express*, 24-2-1969), *à penser* (*L'Express*, 17-4-1967), *à idées* (*Nouv. Obs.*, 21-7-1969).

USINER [yzine]. *v. tr.* (1773, « travailler » ; de *usine*). ♦ 1º (1877). Façonner une pièce avec une machine-outil. « *Usiner, tailler et graver à la machine une tonne de marbre* » (Cl. SIMON). ♦ 2º (1918). Fabriquer dans une usine. *Usiner des produits finis.* ♦ 3º Pop. (mil. XXᵉ, *personnes* ; 1859, *choses*). Travailler dur (surtout avec un sujet impers.) *Ça usine, ici !*

USINIER, IÈRE [yzinje, jɛʀ]. *adj.* (1845 ; « celui qui exploite un atelier », h. XIVᵉ ; de *usine*). Qui a rapport à l'usine. *Industrie usinière.* « *Enclins à obéir par toute une vie usinière, ils se soumettaient* » (P. HAMP). ◇ Où il y a des usines. « *Ce faubourg usinier de la grand-ville* » (DUHAM.).

USITÉ, ÉE [yzite]. *part. passif et adj.* (1538 ; lat. *usitatus*, de *usitari*, fréquentatif de *uti* « se servir de »). ♦ 1º (*Vieilli*). Qui est en usage. « *Un supplice usité en Chine... pour les parricides* » (VOLT.). ♦ 2º *Ling.* Qui est employé, en usage. *Un mot usité.* V. Courant, usuel. *Le passé composé, temps passé le plus usité.* — *Peu usité* : rare. ♦ 3º *V. passif* (XVIᵉ). Utilisé. « *Cette façon de parler a été fort usitée autrefois par les meilleurs écrivains* » (VAUGELAS). *Living-room* « *a commencé... à être usité chez nous entre les deux guerres* » (DAUZAT).

USNÉE [ysne]. *n. f.* (1530 ; lat. médiév. *usnea*, de l'arabe *ushnah* « mousse »). *Bot.* Lichen de couleur grisâtre et à longs cils.

USTENSILE [ystɑ̃sil]. *n. m.* (1639 ; *utensile*, 1351 ; *ustencile*, 1439 ; lat. *utensilia*, de *uti* « se servir de » ; *s* d'apr. *user*). ♦ 1º Objet ou accessoire d'usage domestique, composé généralement d'une seule pièce et dont l'utilisation n'exige pas la mise en mouvement d'un mécanisme. REM. Il se dit parfois pour des *appareils* ou *instruments* d'usage très courant et de mécanisme simple. *Ustensiles de ménage. Ustensiles de cuisine* : récipients (batterie de cuisine), bouilloire, broche, casserole, cocotte, couteau, cuiller, écumoire, entonnoir, faitout, fourchette, hachoir, louche, marmite, mortier, moulin (à légumes), passoire, poêle, presse-purée, râpe. « *La vaisselle et tous les ustensiles particuliers aux petits ménages* » (BALZ.). *Ustensiles de jardinage. Ustensiles de toilette.* Fam. *Qu'est-ce que c'est que cet ustensile?* V. Engin, truc. ♦ 2º (1439). *Vx.* Tout ce qui est nécessaire dans une maison : meuble, objet, outil. « *Il vous faut être habile à vider de céans jusqu'au moindre ustensile* » (MOL.).

USTILAGINÉES [ystilaʒine]. *n. f. pl.* (1875 ; lat. tardif *ustilago* « chardon sauvage »). *Bot.* Champignons basidiomycètes qui provoquent le charbon et la carie.

USUCAPION [yzykapjɔ̃]. *n. f.* (XIIIᵉ ; lat. *usucapio*, de

capere « prendre », et *usus* « usage »). *Dr.* Prescription*
acquisitive.

USUEL, ELLE [yzɥɛl]. *adj.* (1606; *h. XVᵉ, monnaie usuale; usuau*, 1298; bas lat. *usualis*, de *usus* « usage »). Qui est utilisé habituellement, qui est dans l'usage courant. *Un objet usuel.* « *Il avait façonné des objets usuels, tout à fait réels, entre autres un échiquier* » (BEAUVOIR). V. **Commun, familier, ordinaire.** « *Parfois avec des mots usuels ainsi déformés,... il* » (l'argot) *compose des locutions pittoresques* » (HUGO). V. **Courant, fréquent.** *La langue usuelle. Expressions usuelles.* V. **Usité.** *Procédés usuels. Il est usuel de...* : il est d'usage, il est habituel de... ◇ ANT. Archaïque, désuet.

USUELLEMENT [yzɥɛlmɑ̃]. *adv.* (1507; de *usuel*). Communément. V. **Ordinaire** (d'). « *Deux objets sont du même ordre de grandeur s'ils sont mesurés usuellement avec la même unité* » (LALANDE).

USUFRUCTUAIRE [yzyfʀyktɥɛʀ]. *adj.* (1580; n. m. « usufruitier », XIIIᵉ; lat. *usufructuarius*). *Dr.* Qui a rapport à l'usufruit. *Droit usufructuaire.*

USUFRUIT [yzyfʀɥi]. *n. m.* (1276; *usufruis* et *usefruis*, XIIIᵉ; lat. *usufructus*). « *Droit réel de jouissance sur une chose appartenant à autrui... qui s'éteint nécessairement à la mort de l'usufruitier* » (PLANIOL). V. **Jouissance, possession.** « *Le défunt laissait en usufruit à Hélène Haviland... ses biens meubles et immeubles* » (FRANCE). *Extinction de l'usufruit. — Par ext.* Jouissance d'un bien par usufruit; ce bien lui-même.

USUFRUITIER, IÈRE [yzyfʀɥitje, jɛʀ]. *n.* et *adj.* (1411; de *usufruit*). ♦ 1° Personne qui détient un usufruit. ♦ 2° Adj. (1765). *Jouissance usufruitière.* V. **Usufructuaire.**

USURAIRE [yzyʀɛʀ]. *adj.* (1521; « à intérêt », 1320; lat. *usurarius* « relatif aux intérêts »). Qui a le caractère de l'usure, est propre à l'usure (2°). *Intérêt, taux usuraire. Dette usuraire.* « *Elle faisait... des prêts usuraires par l'entremise de son frère, qui passait pour un escompteur* » (BALZ.).

USURAIREMENT [yzyʀɛʀmɑ̃]. *adv.* (1584; « en stipulant des intérêts », 1448; de *usuraire*). *Rare.* D'une manière usuraire. *Prêter usurairement.*

1. USURE [yzyʀ]. *n. f.* (1138; lat. *usura* « intérêt de l'argent ») ♦ 1° *Vx.* Intérêt pris sur une somme d'argent. ♦ 2° *Mod.* Intérêt de taux excessif; le fait de prendre un tel intérêt (V. **Usurier**). *Prêter à usure. Il trouvait* « *de plus gros intérêts dans l'aspect de l'or que dans les bénéfices de l'usure* » (BALZ.). ◇ AVEC USURE (*fig.*, 1608) : au delà de ce qu'on a reçu (comme dans le prêt à usure). « *J'estime les Allemands, tout en souhaitant de leur rendre un jour, avec usure, la raclée que nous en avons reçue* » (R. ROLLAND).

2. USURE [yzyʀ]. *n. f.* (1530; rare au XIXᵉ; de *user*). ♦ 1° Détérioration par un usage prolongé, par le frottement, etc. V. **User; dégradation, éraillement.** *Résister à l'usure. Usure des roches.* V. **Érosion.** ◇ Action de ce qui use, dégrade. *L'usure du temps.* ♦ 2° Diminution ou altération (d'une qualité, de la santé). « *Mais qu'est-ce que cette sagesse, sinon l'usure de nos sentiments, et le refroidissement de notre ferveur?* » (LARBAUD). *Usure des forces, de l'énergie.* « *Vieilli avant l'âge par l'usure nerveuse...* » (THIBAUDET). V. **Fatigue.** ◇ Le fait d'user qqn. « *Guerre d'usure totale. Usure de l'homme vivant, mais aussi de tout ce qui s'attache à lui...* » (ROMAINS). — *Fam.* Avoir qqn à l'usure, prendre l'avantage sur lui en l'usant peu à peu. (Cf. Au finish*) ♦ 3° État de ce qui est altéré, détérioré par l'usage (V. **Usagé**). « *Une redingote, un pantalon noirs, abominables d'usure et de taches...* » (ZOLA). *Usure d'une monnaie* (V. **Frai 2**).

USURIER, IÈRE [yzyʀje, jɛʀ]. *n.* (1694; « celui qui prête à intérêt », 1213; *usurer*, même sens, 1170; de *usure* 1). Personne qui prête à usure. V. **Prêteur.** « *Les usuriers ne se fient à personne, ils veulent des garanties* » (BALZ.). *Un usurier rapace, sordide.* V. **Fesse-mathieu** (*vx*). « *Le seul de mes créanciers qui m'ait traité... avec la dureté, la cruauté d'un usurier de Balzac n'était point un bon ami* » (PÉGUY).

USURPATEUR, TRICE [yzyʀpatœʀ, tʀis]. *n.* (v. 1430; lat. *tardif usurpator*). Personne qui usurpe (un pouvoir, un droit; *spécialt.* la souveraineté). V. **Imposteur.** — Allus. hist. *L'usurpateur*, nom donné par les royalistes à Napoléon Iᵉʳ.

USURPATION [yzyʀpasjɔ̃]. *n. f.* (1374; lat. *usurpatio*). ♦ 1° Action d'usurper; son résultat. V. **Appropriation.** ◇ (*Dr.*) *Usurpation de pouvoir*, commise par un agent administratif qui empiète sur le domaine réservé aux autorités judiciaires. *Usurpation de fonctions. Usurpation de titre professionnel.* ♦ 2° USURPATION SUR... : empiètement. — *Fig.* « *Le mal est le plus souvent un effet de la faiblesse, une usurpation de la partie mauvaise sur la bonne* » (SUARÈS).

USURPATOIRE [yzyʀpatwaʀ]. *adj.* (1762; lat. *jur. usurpatorius*). *Dr.* Qui a un caractère d'usurpation. V. **Abusif, illégal, inique.**

USURPER [yzyʀpe]. *v.* (1340; lat. *usurpare*). ♦ 1° *V. tr.* S'approprier sans droit, par la violence ou la fraude (un pouvoir, une dignité, un bien). V. **Arroger** (s'), attribuer (s'),

emparer (s'). *Usurper un pouvoir, un titre, un nom, des honneurs.* ◇ Obtenir de façon illégitime. — Au p. p. « *Il a une réputation usurpée... quantité de gens le croient digne du ministère* » (CHAMFORT). ♦ 2° *V. intr. Littér.* USURPER SUR... : commettre une usurpation au détriment de... V. **Empiéter, envahir.** *Usurper sur les droits de qqn, sur qqn.*

UT [yt]. *n. m.* (déb. XIIIᵉ; subst., XVIIᵉ; en lat. [XIᵉ], du premier mot de l'hymne lat. à saint Jean-Baptiste : « *Ut queant laxis — Resonare fibris — Mira gestorum — Famuli tuorum — Solve polluti — Labii reatum — Sancte Joannes [si]* »). ♦ 1° *Ancien.* Première note de la gamme. V. **Do.** *Mod. Ut de poitrine* (Cf. Contre-ut). ♦ 2° *Mod.* Ton de do. *La Cinquième Symphonie de Beethoven, en ut mineur. Clef d'ut.* ◇ HOM. **Hutte.**

UTÉRIN, INE [yteʀɛ̃, in]. *adj.* (1455; lat. *jur. uterinus*). ♦ 1° *Dr.* Se dit des frères et sœurs qui ont la même mère, mais un père différent (*opposé à* frères germains). *Frères utérins ou consanguins*. V. **Demi-frère, demi-sœur.** *Sœur utérine. Noblesse utérine*, qui, dans certaines coutumes, passait de la mère aux enfants. ♦ 2° *Anat.* (XVIᵉ). Relatif à l'utérus, qui appartient à l'utérus. *Trompe, artère utérine. Grossesse utérine, extra-utérine. Hémorragie utérine.*

UTÉRUS [yteʀys]. *n. m.* (XVIᵉ; lat. *uterus*). Anat. *Chez la femme*, Organe situé dans la cavité pelvienne, entre la vessie et le rectum, destiné à contenir l'œuf fécondé jusqu'à son complet développement. Syn. **Matrice.** *Corps, col de l'utérus. Trompes de l'utérus. Affections de l'utérus* : endométrite, fibrome, métrite, prolapsus. *Hémorragie de l'utérus* : métrorragie. V. *aussi* **Menstruation.** ◇ (Chez les animaux supérieurs vivipares) Organe de la gestation chez la femelle. ◇ Chez la femelle des invertébrés, partie de l'appareil reproducteur où séjournent les œufs ou les embryons.

UTILE [ytil]. *adj.* et *n. m.* (XIVᵉ; *utle, utele,* XIIᵉ; lat. *utilis*). ♦ 1° Dont l'usage, l'emploi est ou peut être avantageux (à qqn, à la société), satisfait un besoin. V. **Bon, profitable, salutaire; indispensable, nécessaire.** UTILE À... « *J'avais lieu d'espérer faire un livre vraiment utile aux hommes* » (ROUSS.). « *Mais on dit qu'aux auteurs la critique est utile* » (DESTOUCHES). — *Apprendre ce que nous peut être utile.* V. **Servir.** *Absolt. Dépenses utiles ou inutiles. D'utiles conseils.* « *Tout ce qui est utile est laid* » (GAUTIER). — *Il est utile de...* (et l'inf.). « *Ne serait-il pas plus sage et plus utile d'employer la douceur?* » (VOLT.). *Il est utile que...* (et subj.). « *Il est très utile que nous soyons sur terre et que nous vivions* » (GAUTIER). — *Utile à...*, suivi de l'inf. : qu'il est utile de... *Ouvrages utiles à consulter.* « *Il n'y a rien pour nous d'utile à savoir que ce qui nous apprend à bien faire* » (ROUSS.). ◇ *Techn. Travail utile d'un moteur*, travail utilisable (compte tenu des résistances). V. **Efficacité.** *Charge utile d'un véhicule.* ◇ *N. m.* L'UTILE. V. **Bien, utilité.** « *L'utile est ce qui répond à la satisfaction des besoins physiologiques des hommes* » (VOLT.). ♦ 2° (En parlant des personnes). Dont l'activité est ou peut être avantageusement mise au service d'autrui. V. **Précieux.** *Tâcher d'être utile, chercher à se rendre utile.* « *C'est proprement ne valoir rien que n'être utile à personne* » (DESCARTES). — (Des animaux) *Animaux utiles* (opposé à animaux nuisibles). ♦ 3° *Dr. Jours utiles*, pendant lesquels un acte peut encore être accompli. — *En temps utile*, dans le temps prescrit; *cour.* Au moment opportun. ◇ ANT. Inefficace, inutile, superflu; nuisible.

UTILEMENT [ytilmɑ̃]. *adv.* (XVIᵉ; *utlement,* XIIᵉ; de *utile*). D'une manière utile. « *Il lui déclara son insuffisance pour le guider utilement...* » (L. BLOY). V. **Bien.** « *Chacun de nous peut méditer utilement sur cette sévère maxime* » (ALAIN). ◇ ANT. Inutilement.

UTILISABLE [ytilizabl(ə)]. *adj.* (1842; de *utiliser*). Qui peut être utilisé. « *La puissance* (mécanique) *utilisable par les hommes* » (VALÉRY). V. **Employable.** *Moyen utilisable.* V. **Bon, praticable.** ◇ ANT. Inutilisable.

UTILISATEUR, TRICE [ytilizatœʀ, tʀis]. *n.* (XXᵉ; de *utiliser*). Personne qui utilise (une machine, un appareil). « *Une machine à calculer... peut fort bien communiquer à ses utilisateurs les résultats de ses calculs...* » (L. de BROGLIE). V. **Usager.**

UTILISATION [ytilizasjɔ̃]. *n. f.* (1798; de *utiliser*). Action, manière d'utiliser. V. **Application, destination, emploi, maniement.** *Mode d'utilisation de la houille blanche.*

UTILISER [ytilize]. *v. tr.* (1792; répandu mil. XIXᵉ; de *utile*). ♦ 1° Rendre utile, faire servir à une fin précise (ce qui n'y était pas nécessairement ou spécialement destiné). V. **Exploiter, tirer** (profit, parti). « *À l'origine, on utilisait, pour faire des liens, certaines tiges souples d'osier* » (DUHAM.). « *La petite usine qui utilise le flux et le reflux du golfe de Gascogne* » (GIRAUDOUX). « *Chaque chose à sa place, l'étroit espace bien utilisé* » (TAINE). *L'art d'utiliser les restes. Il fallait, selon la formule admise,* « *utiliser toutes les compétences pour la guerre* » (DUHAM.). « *Ce fut un temps de proscription intense... la Révolution... utilisa au plus haut degré les choses et les hommes* » (JAURÈS). ♦ 2° **Employer.** V. **Prati-**

quer, servir (se), user (user de). *Utiliser un procédé, un moyen, un instrument.* ◇ ANT. *Éprouver; perdre.*

UTILITAIRE [ytilitɛʀ]. *adj. et n.* (1831; de *utilité*, par l'angl. *utilitarian*, 1781). ♦ 1° Qui professe, ou qui concerne l'utilitarisme philosophique. V. **Utilitariste.** *Morale utilitaire.* ♦ 2° Qui vise essentiellement à l'utile. *Arts utilitaires.* V. **Pratique.** — *Véhicules utilitaires,* camions, autocars, etc. *(opposé à* voiture de tourisme). ♦ 3° *(Souvent péj.).* Attaché à ce qui est utile, préoccupé des intérêts matériels. *Matérialisme purement utilitaire. Calculs, préoccupations utilitaires.* V. **Intéressé.** ◇ ANT. *Désintéressé, gratuit.*

UTILITARISME [ytilitaʀism(ə)]. *n. m.* (1831; de *utilitaire*). *Philo.* Doctrine selon laquelle l'utile est le principe de toutes les valeurs, dans le domaine de la connaissance *(pragmatisme)* et dans le domaine de l'action *(utilitarisme moral et économique).* *Cour.* Esprit utilitaire, culte de l'utile.

UTILITARISTE [ytilitaʀist(ə)]. *adj.* (xxᵉ; de *utilitarisme*). *Philo.* Qui professe, ou qui concerne l'utilitarisme philosophique. *Théories utilitaristes.* — Subst. *Un utilitariste.*

UTILITÉ [ytilite]. *n. f.* (1120; lat. *utilitas*). ♦ 1° Caractère de ce qui est utile. *Utilité d'un instrument, d'une méthode.* « *L'utilité matérielle* (d'un roman) *ce sont d'abord les quelque mille francs qui entrent dans la poche de l'auteur* » (GAUTIER). « *L'utilité directe de l'art, théorie puérile...* » (HUGO). *Être d'une grande utilité, sans utilité. Ce n'est d'aucune utilité.* V. **Secours.** *Avoir son utilité.* V. **Fonction.** — (Personnes) « *Les hommes vous estiment en raison de votre utilité, sans tenir compte de votre valeur* » (BALZ.). ◇ Absolt. *Le principe, la morale de l'utilité.* V. **Utilitarisme.** « *Voir les êtres sous l'aspect de l'utilité* » (MAURIAC). ♦ 2° *(Sens objectif).* Le bien ou l'intérêt (de qqn). *Pour mon utilité personnelle.* V. **Convenance.** — Dr. *Utilité publique,* « avantage qu'une déclaration officielle de l'autorité publique reconnaît pouvoir être procuré soit au public, soit à un service public » (CAPITANT). *Association reconnue d'utilité publique.* ♦ 3° UNE, DES UTILITÉS *(Vx)* : ce en quoi une chose est utile. V. **Avantage.** « *Le but, les utilités et les parties du poème dramatique* » (CORN.). ◇ Écon. *Bien utile.* « *Il est dans la nature de toute opération productive de créer plus d'utilités qu'elle n'en détruit* » (Ch. GIDE). ◇ (1812) Emploi subalterne d'acteur simplement utile. *Jouer les utilités.* ◇ ANT. *Futilité, gratuité, inefficacité, inutilité.*

UTOPIE [ytɔpi]. *n. f.* (1532; lat. mod. *utopia* [Th. Morus, 1516], forgé sur le gr. *ou* « non », et *topos* « lieu » : « en aucun lieu »). ♦ 1° Vx. *L'Utopie* : pays imaginaire où un gouvernement idéal règne sur un peuple heureux. ♦ 2° (1710). *Didact.* Plan d'un gouvernement imaginaire, à l'exemple de la République de Platon. *L'utopie de Fénelon dans le Télémaque.* ♦ 3° Cour. (xixᵉ). Idéal, vue politique ou sociale qui ne tient pas compte de la réalité. « *Les utopies* ' à la française ' : *paix universelle, fraternité, progrès pacifique, droits de l'homme, égalité naturelle* » (R. ROLLAND). ◇ Conception ou projet qui paraît irréalisable. V. **Chimère, illusion, mirage,**

rêve, rêverie. « *Utopie pédagogique* » (BAUDEL.). « *Une rêverie d'inventeur songe-creux, une utopie* » (HUGO).

UTOPIQUE [ytɔpik]. *adj.* (v. 1840; *utopien,* fin XVIIIᵉ; de *utopie*). Qui constitue une utopie, tient de l'utopie. V. **Chimérique, imaginaire, irréalisable.** « *Voyant* (les transformations sociales) *d'une manière un peu utopique, que vient corriger la réalité* » (ARAGON). ◇ Spécialt. *Socialisme utopique* (all., Engels 1878) : celui des saint-simoniens, de Fourier, etc., qui dérive d'un système idéal plus que de l'analyse des réalités économiques *(opposé à* socialisme scientifique).

UTOPISTE [ytɔpist(ə)]. *n.* (1792; de *utopie*). Auteur de systèmes utopiques, esprit attaché à des vues utopiques. V. **Rêveur.** « *Le rêve des utopistes de la paix, un tribunal sans armées pour appuyer ses décisions, est une chimère* » (RENAN). ◇ Adj. *Utopique.*

UTRICULAIRE [ytʀikylɛʀ]. *n. f.* (1808; lat. bot. *utricularia.* V. **Utricule.** ♦ 1° *Bot.* Plante dicotylédone herbacée, aquatique, à feuilles immergées et portant des outres qui servent à la capture de petits animaux. ♦ 2° Sc. nat. *Adj.* En forme d'utricule.

UTRICULE [ytʀikyl]. *n. m.* (1726, « vésicule du tissu cellulaire des plantes »; lat. *utriculus,* de *uter, utris* « outre »). ♦ 1° *Bot.* Chez les *Cypéracées,* Bractée qui entoure presque entièrement l'ovaire de la fleur. ◇ (1788) Chacune des petites outres que portent les rameaux immergés des utriculaires. ♦ 2° *Anat.* (1846). Vésicule occupant la partie supérieure du vestibule de l'oreille interne, dans lequel débouchent les canaux semi-circulaires.

UTRICULEUX, EUSE [ytʀikylø, øz]. *adj.* (1846; de *utricule). Bot.* Pourvu d'utricules. V. **Urcéolé.**

U.V. [yve]. *n. f.* V. **UNITÉ** (II, 4°) DE VALEUR.

UVAL, ALE, AUX [yval, o]. *adj.* (1874; du lat. *uva* « raisin »). *Didact.* Qui a rapport au raisin. *Cure uvale,* de raisin. *Station uvale,* où l'on fait cette cure.

UVA-URSI [yvayʀsi]. *n. m.* (1765; mots lat. « raisin d'ours »). *Bot.* Busserole *(Éricacées).*

UVÉE [yve]. *n. f.* (1855; « choroïde », 1495; du lat. *uva* « raisin », par anal. de couleur). *Anat.* Tunique moyenne, vasculaire, de l'œil, comprenant la choroïde, le corps ciliaire et l'iris (appelée aussi *tractus uvéal).*

UVÉITE [yveit]. *n. f.* (1855; de *uvée). Méd.* Inflammation de l'uvée.

UVULAIRE [yvylɛʀ]. *adj.* (1735; de *uvule). Anat.* Qui a rapport à la luette. ◇ *Phonét. R uvulaire* : produit par l'action de la luette vibrant contre le dos de la langue. V. **Grasseyer, R.**

UVULE [yvyl] ou **UVULA** [yvyla]. *n. f.* (1314; lat. sc. *uvula,* de *uva* « luette »). *Anat.* Luette.

UXORILOCAL, ALE, AUX [yksɔʀilɔkal, o]. *adj.* (xxᵉ; du lat. *uxor,* et -*local;* Cf. Matrilocal, patrilocal). *Didact. (Ethnol.).* Se dit du type de résidence des couples, lorsqu'elle est déterminée par la résidence de l'épouse.

V

V [ve]. *n. m.* ♦ **1°** Vingt-deuxième lettre et dix-septième consonne de l'alphabet, servant à noter la fricative labio-dentale sonore [v]. *V majuscule, v minuscule.* — *Double v* (W). ◊ *En V*, en forme de V majuscule. *Décolleté en V*, en pointe. *Moteur en V*, à deux lignes de cylindres en V. ♦ **2°** Ce qui est en forme de V. *Le V de la victoire*, signe des Alliés (1939-1945) fait avec l'index et le médius écartés. ♦ **3°** V., abrév. de *Votre* (Altesse, Excellence, etc.), ainsi que de *voir, voyez.* — *Math.* Abrév. de *volume* (v). *Électr.* Abrév. de *volt* (V); *volt-ampère* (V-A). — *Chim.* Symbole du *vanadium.* ◊ *V*, cinq en chiffres romains.

V1, V2 [veœ, vedə]. *n. m.* (v. 1944; abrév. all. *Vergeltungswaffe* « arme de représailles »). Fusée porteuse d'explosifs, à grand rayon d'action, utilisée par les Allemands contre les Alliés pendant la guerre, en 1944-45.

VA *Électr.* Symbole du *voltampère*.*

VA [va]. Troisième pers. du sing. de l'ind. prés., et première pers. de l'impér. du verbe *aller. Va pour, j'y consens. Va pour 100 francs, les voici.* ◊ En interj. *Va!* s'emploie pour encourager ou menacer. « *Va, je ne te hais point* » (CORN.). Pop. *Va donc!* s'emploie devant une injure. ◊ *À la va-vite*, rapidement et sans soin. « *Tu as dû lire ça à la va-vite!* » (COLETTE). ◊ V. aussi **Va-et-vient.**

VACANCE [vakɑ̃s]. *n. f.* (*Vacance de la foy* « manque », 1531; de *vacant*).

I. *Au plur.* **VACANCES** (de *vacant* « absent; oisif »). ♦ **1°** *Dr.* Période où les tribunaux interrompent leurs travaux. V. **Vacation.** *Vacances judiciaires.* ♦ **2°** (1623). *Cour.* Période pendant laquelle les écoles, les facultés rendent leur liberté aux élèves, aux étudiants (V. **Campos**). *Vacances scolaires. Les grandes vacances*, les deux ou trois mois d'été. *Les vacances de Pâques, de Noël. Devoirs de vacances. Colonie de vacances.* ♦ **3°** (1669). Repos, cessation des occupations, du travail ordinaires. *Vous êtes fatigué, vous avez besoin de vacances.* « *Mes vacances? C'est d'aller travailler ailleurs* » (COLETTE). ♦ **4°** (1907). Temps de repos accordé aux employés. *Depuis 1936, les vacances sont payées au salariés.* V. **Congé** (congés payés). *Prendre ses vacances en hiver.* ♦ **5°** Période annuelle d'arrêt du travail coïncidant en partie avec les vacances scolaires (vacances d'été; *vacances d'hiver*), pendant laquelle un grand nombre de personnes se déplacent. *Passer les vacances à la mer, à l'étranger. Un lieu, un pays de vacances*, où l'on va volontiers en vacances (V. **Vacancier**). *Bonnes vacances!*

II. (De *vacant* « libre, vide »). ♦ **1°** (1611). État d'une charge, d'un poste vacant. *Vacance d'une chaire de faculté, d'un fauteuil d'académie.* — *Par ext.* Poste sans titulaire, à pourvoir. « *Une vacance survint dans notre personnel et nous eûmes tout à fait besoin soudain d'une infirmière* » (CÉLINE). ◊ *Dr. Vacance de succession*, caractère d'une succession vacante. ♦ **2°** (en politique). *La vacance du pouvoir*, situation, période où les organes institutionnels du pouvoir politique ne sont pas en mesure de fonctionner. ♦ **3°** *Littér.* et *rare.* Caractère de ce qui est vacant, disponible. *Se sentir* « *en état de vacance* » (DUHAM.).
◊ ANT. Rentrée. Occupation, travail.

VACANCIER [vakɑ̃sje]. *n. m.* (v. 1925-28; de *vacances*). Personne en vacances (5°). *Les habitants de Saint-Tropez se plaignent de l'afflux des vacanciers.* V. **Estivant.**

VACANT, ANTE [vakɑ̃, ɑ̃t]. *adj.* (1207; lat. *vacans*, p. prés. de *vacare* « être vide »). ♦ **1°** Qui n'a pas de titulaire. « *Ces trônes déclarés vacants* » (CHATEAUB.). *Poste vacant, chaire vacante.* « *J'ai sollicité la place de préparateur actuellement vacante* » (DUHAM.). ♦ **2°** *Dr.* Qui n'a pas de maître, de propriétaire. *Biens vacants.* V. **Abandonné.** *Succession vacante.* ♦ **3°** *Concret* (1608). Qui n'est pas rempli, qui est libre. V. **Disponible, libre, inoccupé.** *Logement vacant.* « *Il y avait un angle vacant à côté de ma fenêtre* » (DIDER.). ♦ **4°** (xxᵉ). *Littér.* Sans occupation, disponible. *De l'esprit.* « *Ils regardaient d'un air vacant...* » (TOULET). « *Nos*

aînés écrivaient pour des âmes vacantes » (SARTRE). ◊ ANT. Occupé, pris, rempli.

VACARME [vakaʀm(ə)]. *n. m.* (*Wascarme*, 1288; moy. néerl. *wacharme* « hélas! pauvre! »). ♦ **1°** Grand bruit de gens qui crient, se querellent (sens primitif), s'amusent. V. **Clameur.** *Un vacarme d'enfer assourdissant.* V. **Chahut, chambard; boucan, tapage, tumulte.** « *Le public siffle tous les soirs tous les vers; c'est un rare vacarme, le parterre hue, les loges éclatent de rire* » (HUGO). ♦ **2°** (XIXᵉ). Bruit assourdissant. *Un vacarme de camions, de perforatrices. Le vacarme des klaxons.* V. **Boucan, bousin** (2), **tintamarre.** « *Le vacarme inhumain de l'usine* » (DUHAM.). ◊ ANT. Murmure, silence.

VACATAIRE [vakatɛʀ]. *adj.* et *n. m.* (v. 1950; de *vacation*, et suff. *-aire*). Personne affectée à une fonction précise pendant un temps déterminé. *Les vacataires cherchent à être titularisés.*

VACATION [vakasjɔ̃]. *n. f.* (1390, « occupation »; de *vaquer*, et lat. *vacatio*). *Dr.* ♦ **1°** (De *vaquer*). Temps consacré par la justice, par des experts, à l'examen d'une affaire, à l'accomplissement d'une fonction. V. **Séance.** — *Spécialt.* Vente aux enchères. « *J'aurais aimé assister à la vacation, mais c'est vraiment gênant de se voir vendre* » (GONCOURT). ◊ Honoraires, émoluments (des officiers ministériels, des experts). « *Et mes vacations, qui les paira? Personne?* » (RAC.). ♦ **2°** (1425; lat. *vacatio*). *Au plur.* Vacances judiciaires, cessation du travail des tribunaux. *Chambre des vacations.*

VACCAIRE [vakɛʀ]. *n. f.* (1861; du lat. *vacca*). *Bot.* Plante appelée aussi *saponaire des vaches.*

VACCIN [vaksɛ̃]. *n. m.* (1801; de *vaccine*). ♦ **1°** Virus de la vaccine (variole des vaches) qui, inoculé à l'homme, le préserve de la variole. ♦ **2°** (1852). Substance préparée à partir de microbes, virus ou parasites (tués, inactivés ou atténués par des procédés spéciaux), qui, inoculée à un individu, lui confère une immunité contre le germe correspondant. *Sérum et vaccin. Injection, inoculation d'un vaccin. Plume à vaccin* (vaccinostyle). *Vaccin antivariolique, antirabique.* ◊ *Fig.* Ce qui immunise contre..., préserve de... « *Un des meilleurs vaccins contre la frénésie des passions publiques est la passion 'privée'* » (R. ROLLAND).

VACCINABLE [vaksinabl(ə)]. *adj.* (1803; de *vacciner*). Qui peut être vacciné.

VACCINAL, ALE, AUX [vaksinal, o]. *adj.* (1812; de *vaccine*). ♦ **1°** *Méd.* Qui a rapport à la vaccine. *Bouton vaccinal.* ♦ **2°** Qui a trait à la vaccination, qui est causé par une vaccination. *Complication vaccinale* (V. **Vaccine** 2°). *Encéphalo-myélite vaccinale.*

VACCINATEUR, TRICE [vaksinatœʀ, tʀis]. *n. m.* et *adj.* (1801; de *vacciner*). Vieilli. Personne qui vaccine (1°). — *Adj.* Qui vaccine (2°).

VACCINATION [vaksinasjɔ̃]. *n. f.* (1801; de *vacciner*). ♦ **1°** Action de vacciner; administration d'un vaccin tiré des pustules de pis de vache ayant la vaccine d'une personne atteinte de la vaccine (*vaccination jennérienne*). ♦ **2°** (1830). Le fait de vacciner (2°); administration de vaccin. *Vaccination par scarification* (ex. : *vaccination antivariolique*), *par la bouche* (ex. : *vaccination antipoliomyélitique*), *par injection* (ex. : *vaccination antityphoïdique*). *Vaccination préventive* (contre une maladie infectieuse, microbienne ou virale, ou parasitaire). *Vaccination curative* (vaccinothérapie). *Vaccinations obligatoires à l'école, aux armées.*

VACCINE [vaksin]. *n. f.* (1749; lat. méd. *variola vaccina* « variole de la vache »). ♦ **1°** Maladie infectieuse (observée chez la vache, le cheval) due à un virus morphologiquement identique au virus de la variole humaine, et dont l'inoculation chez l'homme confère une immunité contre cette maladie (V. **Vaccination** 1°). ◊ *Par ext.* Préparation du virus de la vaccine employée pour la vaccination antivariolique. ♦ **2°** (1800, « inoculation de la vaccine, 1° »). Réaction provoquée chez l'homme par l'inoculation du vaccin* antivariolique. *Vaccine généralisée :* éruption disséminée de pustules compliquant la réaction normale. *Fausse vaccine.* V. **Vaccinelle.**

VACCINELLE [vaksinɛl]. *n. f.* (1836; de *vaccine*). *Méd.* Éruption vaccinale bénigne que l'on observe souvent chez un sujet revacciné. V. **Vaccinoïde**.

VACCINER [vaksine]. *v. tr.* (1855; de *vaccine* [1°] de *vaccine* [1°]; Cf. Vaccin*, vaccination). ♦ 1° Inoculer la vaccine à (qqn) pour immuniser contre la variole. *Vacciner un enfant.* ♦ 2° (1852). Immuniser par un vaccin (2°). V. **Vaccination.** *Vacciner qqn contre la fièvre typhoïde.* — Au p. p. *Les enfants vaccinés.* Subst. *Les vaccinés.* ◇ Fig. et fam. *Être vacciné contre qqch.*, être préservé d'une chose désagréable, dangereuse pour en avoir fait la pénible expérience. *Plus d'affaires sentimentales, je suis vacciné pour un moment.*

VACCINIDE [vaksinid]. *n. f.* (1872, « vaccinelle »; de *vaccine* ou de *vaccin*). *Méd.* Toute lésion cutanée pouvant survenir après une vaccination antivariolique (rougeurs, pustules, vésicules).

VACCINIER [vaksinje]. *n. m.* (1861; *vaccinium*, 1750; mot lat., p.-ê. du gr. *uakinthos* « jacinthe »). *Bot.* Airelle.

VACCINIFÈRE [vaksinifɛr]. *adj.* (1863; de *vaccine* [1°], et -*fère*). *Didact.* Se dit d'un animal ou d'un individu porteur de pustules de vaccine ou de variole et dont on prélève le pus pour en préparer le vaccin antivariolique.

VACCINO-. Élément, de *vaccin, vaccine, vacciner.*

VACCINOGÈNE [vaksinɔʒɛn]. *adj.* (1865; de *vaccino-*, et -*gène*). *Didact.* Se dit d'un organisme producteur de vaccin.

VACCINOÏDE [vaksinɔid]. *n. f.* et *adj.* (1836; de *vaccino-*, et -*oïde*). *Méd.* Syn. de *Vaccinelle**. — *Adj.* Qui ressemble à la vaccine. *Réaction vaccinoïde.*

VACCINOSTYLE [vaksinɔstil]. *n. m.* (1907; de *vaccino-*, et *style*, II). *Méd.* Lancette à vacciner, plume métallique très pointue.

VACCINOTHÉRAPIE [vaksinɔterapi]. *n. f.* (1913; de *vaccino-*, et -*thérapie*). *Méd.* Traitement d'une maladie infectieuse par des vaccins.

VACHARD, ARDE [vaʃar, ard]. *adj.* (XXᵉ; « paresseux », 1867; de *vache*, 4°). *Pop.* Méchant. *Une réflexion vacharde.*

VACHE [vaʃ]. *n. f.* (fin XIᵉ; lat. *vacca*). ♦ 1° Femelle du taureau. *Mamelles* (V. **Pis**), *écusson d'une vache. Bouse de vache. La vache meugle, beugle. Jeune vache.* V. **Génisse, taure.** *Vache qui vêle. Petit de la vache.* V. **Veau.** *Les vaches paissent, ruminent.* « *Des vaches rousses et blanches vaguaient,... couchées de biais dans l'herbe* » (GENEVOIX). *Étable à vaches.* V. **Vacherie** (1). *Vache laitière. Traire les vaches. Lait de vache. Vendue en boucherie sous le nom de bœuf*, la vache a la chair plus savoureuse que celui-ci.* — *Course de landaises* (V. **Vachette**). *La vache, animal sacré aux Indes. Les sept vaches grasses et les sept vaches maigres dont parle la Bible,* symbole de l'alternance de l'abondance et de la disette. — Fig. *Les vaches grasses,* l'abondance. *Les vaches maigres,* la disette. ◇ Par anal. *Vache marine.* V. **Dugon.** ♦ 2° Loc. div. *Le plancher* des vaches. Montagne* à vaches.* ◇ *Vache à lait* (XVIIᵉ), personne qu'on exploite, qui est une source de profit pour une autre. *La vache à Colas* (vx) : les protestants. — « *Pleurer comme une vache* » (RABELAIS). *Être gros comme une vache* : très gros. *Il pleut comme vache qui pisse. Comme une vache qui regarde passer les trains*.* — Loc. adj. *Queue* de vache,* roux. — *Coup de pied en vache* (1860; *ruer en vache,* 1694), Coup de pied de côté, imprévisible. Fig. *Donner des coups de pied, des coups en vache,* agir en traître, hypocritement, contre qqn. — *Manger de la vache enragée* : en être réduit à de dures privations. — *Parler français comme une vache espagnole* (1640), corrigé pour le sens en « *comme un Basque espagnol* » : parler mal le français. — PROV. *Chacun son métier, les vaches seront bien gardées,* que chacun se mêle de ses propres affaires et tout ira mieux. ♦ 3° Fig. (XVIIᵉ). *Vx.* Femme trop grosse. — *Pop.* et *vx.* Personne molle et paresseuse. Adj. « *Depuis que je fais de l'hydrothérapie, cependant, je me sens un peu moins vache...* » (FLAUB.). : veule, mou. ♦ 4° (P.-ê. de *coup de pied en vache;* Arg. 1879). Agent de police. *On accuse mon client d'avoir dit : « Mort aux vaches ! »* (FRANCE). *Vache à roulettes,* agent cycliste. V. **Hirondelle.** ◇ (1900) *Fam.* Personne méchante, qui ne passe rien, se venge ou punit sans pitié. *C'est une vieille vache, une belle vache. Ne fais pas la vache !* V. **Rosse.** *Peau de vache* (vulg.) se dit dans le même sens. — Dans un sens plus faible (en parlant d'une personne dont on a à se plaindre). *Ah ! les vaches, ils m'ont oublié ! Exclam.* Pop. *J'ai reçu un de ces coups, la vache ! — Par antiphr.* (admiratif) *Une vache de belle maison !* ◇ Adj. (1880) *Fam.* Méchant, sévère. *Il a été vache avec moi.* — (Action, chose) *C'est vache d'avoir fait cela. C'est vache* se dit aussi d'un contretemps, d'une malchance. — Très fam. (1925; *par antiphrase,* devant le nom) : Beau, bon, épatant. « *Celui qui s'en sera tiré fera un vache tombeau à l'autre, avec une vache inscription, hein ?* » (Michel de ST-PIERRE). ♦ 5° Peau de la vache (1°) apprêtée en fourrure, en cuir. *Sac en vache.* V. **Vachette.** ◇ Récipient

de toile (p.-ê. autrefois de vache) utilisé par les campeurs pour transporter et conserver l'eau. ◇ ANT. (de 4°) *Chic, gentil, indulgent.*

VACHEMENT [vaʃmã]. *adv.* (av. 1930; de *vache,* 4°). ♦ 1° Fam. (*Vieilli*). D'une manière vache (4°), méchamment, durement. « *J'ai été plaqué deux fois. Et vachement* » (MONTHERLANT). ♦ 2° Très fam. (intensif, admiratif). Beaucoup; très. V. **Drôlement, rudement.** *Elle est vachement bien. Il nous aide vachement.*

VACHER, ÈRE [vaʃe, ɛr]. *n.* (*Vachier,* 1200; *vachière,* 1348; lat. pop. *°vaccarius*). Personne qui mène paître les vaches et les soigne. « *Deux vachers,... un berger et un petit porcher* » (ZOLA). « *Aucun de mes ouvriers ne veut plus être vacher. C'est un métier assujettissant : il faut être toujours là* » (DUHAM.). — Péj. *Des manières de vacher, de vachère, de rustre.*

VACHERIE [vaʃri]. *n. f.* (*Vacerie* « troupeau de vaches », 1160; de *vacher*).
I. (1336). Étable à vaches. « *Des vacheries, des prés verts, des étangs, des ruisseaux...* » (LE CLÉZIO).
II. (XVIIIᵉ; de *vache,* 3°). ♦ 1° *Vx.* Veulerie. « *Nous périssons par l'indulgence, par la clémence, par la vacherie* » (FLAUB.). ♦ 2° (1885). Très fam. Parole, action méchante. V. **Méchanceté.** *Dire, faire des vacheries.* — Chose désagréable, pénible, injuste. V. **Saloperie.** *Quelle vacherie de temps !* ◇ Caractère vache (4°), méchant. « *Les hommes sont de plus en plus vaches. Ils s'excitent eux-mêmes au contact de leur propre vacherie* » (MAC ORLAN). ◇ ANT. *Gentillesse.*

VACHERIN [vaʃrɛ̃]. *n. m.* (1605; *fromage vachelin,* 1469; de *vache*). ♦ 1° Région. Fromage de Franche-Comté, voisin du gruyère. ♦ 2° (1906). Meringue à la crème fraîche souvent servie glacée.

VACHETTE [vaʃɛt]. *n. f.* (XIIᵉ; de *vache*). ♦ 1° Petite vache. *Courses de vachettes dont la cocarde, fixée au front, doit être arrachée par les « raseteurs »* (dans le Sud de la France). ♦ 2° (1679, *vaquette*). Cuir de jeune vache, de génisse. *Sac en vachette.*

VACILLANT, ANTE [vasijã, ãt, *vx,* vasilã]. *adj.* (*Vaxillant,* 1480; 1355, « incertain », en parlant du sort des armes; de *vaciller*). ♦ 1° Qui vacille (1°), remue par manque d'équilibre, menace de tomber. V. **Chancelant, tremblant.** *Genoux vacillants de faiblesse.* — Par ext. *Démarche vacillante.* V. **Titubant.** ◇ Qui scintille faiblement, tremble. *Flamme, lumière vacillante.* V. **Clignotant, tremblant.** ♦ 2° Fig. (XIVᵉ, « instable », puis « indécis, irrésolu »). Qui manque de fermeté, de force; sur quoi ou sur qui on ne peut compter. V. **Faible.** *Caractère, esprit vacillant.* « *Notre raison vacillante* » (BOSS.) : chancelante. ◇ ANT. *Fixe, immobile; assuré, ferme, sûr; décidé.*

VACILLATION [vasijasjɔ̃, *vx,* vasilasjɔ̃]. *n. f.* (1512, *fig.;* lat. *vacillatio,* de *vacillare.* V. **Vaciller.** Le fait de vaciller; ensemble des mouvements de ce qui vacille. V. **Balancement, oscillation, tremblement.** « *La vacillation de sa tête* » (HUGO). *Vacillation d'une flamme.*

VACILLEMENT [vasijmã, *vx,* vasilmã]. *n. m.* (1606; de *vaciller*). ♦ 1° Mouvement, oscillation de ce qui vacille. « *À voir sous la cognée tomber ces grands arbres, avec des vacillements de blessés à mort* » (GONCOURT). ♦ 2° Fig. *Vacillation* (2°). « *Un vacillement des esprits* » (COLETTE).

VACILLER [vasije, *vx,* vasile]. *v. intr.* (v. 1180; lat. *vacillare*). ♦ 1° Être animé de mouvements répétés, alternatifs, être en équilibre instable et risquer de tomber. V. **Balancer** (se), **chanceler, trembler.** *Vaciller sur ses jambes.* « *Il lui sembla que les murs vacillaient autour d'elle* » (ZOLA). ♦ 2° Trembler, être sur le point de s'éteindre, subir des variations (lumière), scintiller faiblement. V. **Trembloter.** *Bougie, flamme, lumière qui vacille.* V. **Osciller.** « *Mille lumières éparses vacillaient dans le brouillard confus de la nuit* » (HUGO). Métaph. « *Une faible lueur d'intelligence vacillait dans son âme* » (FRANCE). ♦ 3° (Personnes). *Vx.* Être incertain, irrésolu. V. **Balancer, hésiter.** ♦ 4° Fig. (du sens 1° ou 2°, métaph.). Devenir faible, incertain; manquer de solidité, de fermeté. *Mémoire, intelligence qui vacille.* V. **Vacillant; affaiblir** (s'). « *Son courage vacille* » (MART. du G.).

VACIVE [vasiv]. *n. f.* (1500, var. *vassive; prov. vacivo* « vide », lat. *vacivus*). *Agric.* Brebis de deux ans qui n'a pas encore porté.

VACUITÉ [vakɥite]. *n. f.* (1314, « espace vide »; lat. *vacuitas,* de *vacuus* « vide »). ♦ 1° *Didact.* État de ce qui est vide. V. **Vide** (n. m.). « *Calme et vacuité de la place de la Bastille* » (GONCOURT). ♦ 2° (1601, « irrésolution »). Vide moral, intellectuel; absence de valeur. *La vacuité mentale. La vacuité de ses propos.* ◇ ANT. *Plénitude.*

VACUOLAIRE [vakɥɔlɛr]. *adj.* (1877; de *vacuole*). *Didact.* Relatif aux vacuoles; qui renferme des vacuoles. *Membrane vacuolaire. Dégénérescence vacuolaire de la cellule.*

VACUOLE [vakɥɔl]. *n. f.* (1734; du lat. *vacuum*). *Didact.*

Petite cavité, intervalle vide. *Vacuoles de certaines scories, des lapilli.* — *Histol.* Espace circonscrit, parfois limité par une membrane, au sein du cytoplasme d'une cellule ou d'un organisme unicellulaire, à contenu variable.

VACUOLISATION [vakyɔlizasjɔ̃]. *n. f.* (déb. XXᵉ; de *vacuole*). *Didact.* Transformation en vacuole ou apparition de vacuoles. *Vacuolisation des éléments d'un tissu vivant.*

VACUOLISER [vakyɔlize]. *v. tr.* (XXᵉ; de *vacuole;* Cf. Vacuolisation). *Didact.* Transformer en vacuole; produire des vacuoles dans... *Se vacuoliser.*

VACUOME [vakyɔm]. *n. m.* (XXᵉ; de *vacuole*, et suff. *-ome*). *Biol.* Ensemble des vacuoles aqueuses d'une cellule végétale.

VACUUM [vakyɔm]. *n. m.* (1872; mot lat.). *Sc.* Espace vide, sans matière. V. **Vide.**

VADE-MECUM [vademekɔm]. *n. m. invar.* (1690; « ce qu'on emporte avec soi », 1465; mots lat. « viens [*vade*] avec [*cum*] moi »). *Littér.* Livre (guide, manuel, aide-mémoire, répertoire) que l'on garde sur soi pour le consulter.

VADE RETRO (SATANA) [vaderetrosatana]. *interj.* Mots latins, signifiant « retire-toi, Satan », employés pour repousser avec indignation, une tentation, une proposition. « *Fuis loin de moi, vade retro,...* » (FRANCE).

1. VADROUILLE [vadruj]. *n. f.* (1678; probabl. de *drouilles* « hardes »). ♦ 1° *Mar.* Instrument de nettoyage formé d'un tampon de cordages et d'un manche. V. **Balai, fauber.** *Nettoyer le pont d'un navire avec la vadrouille.* — *Région.* (Canada). Balai à franges. ♦ 2° (1874). Fig. et pop. (*Vx*). Femme de mauvaise vie. « *Je ne suis qu'une vadrouille* » (Ch.-L. PHILIPPE).

2. VADROUILLE [vadruj]. *n. f.* (1890; de *vadrouiller* 1). *Fam.* Promenade; action de vadrouiller. V. **Balade.** « *Une famille en vadrouille* » (CÉLINE).

VADROUILLER [vadruje]. *v. intr.* (1881; de *vadrouille* 1). *Fam.* ♦ 1° *Vx.* Traîner dans les rues. ♦ 2° Se promener sans but précis, sans raison. V. **Traînasser, traîner.**

VADROUILLEUR, EUSE [vadrujœr, øz]. *adj. et n.* (1893; de *vadrouiller*). *Fam.* Qui traînasse, vadrouille. « *De longues bandes vadrouilleuses* » (COURTELINE).

VA-ET-VIENT [vaevjɛ̃]. *n. m. invar.* (1765; de *aller*, de *venir*). ♦ 1° Dispositif servant à établir une communication en un sens et dans le sens inverse. *Mar.* Système de double cordage. *Va-et-vient utilisé entre un navire et la côte.* — Petit bac faisant l'aller et le retour. ◇ Organe qui effectue un mouvement alternatif (dans une machine, un mécanisme). — Gond de porte permettant l'ouverture dans les deux sens, et le retour à la position d'équilibre; porte munie de ce système d'ouverture. ◇ (1932) Dispositif électrique comportant deux interrupteurs (ou plus) montés en circuit, et permettant d'allumer, d'éteindre, de plusieurs endroits. ♦ 2° (1812). Mouvement alternatif; action de ce qui va et vient alternativement. *Va-et-vient d'un piston* (V. **Course**), *d'une balançoire* (V. **Balancement**). « *En s'abandonnant au va-et-vient d'un fauteuil à bascule* » (MART. du G.). ♦ 3° (1846). Déplacement de personnes ou de choses en sens inverse; allées et venues. V. **Passage.** « *Le va-et-vient bruyant de la rue* » (DAUD.). *Le va-et-vient perpétuel d'un café-tabac.*

VAGABOND, ONDE [vagabɔ̃, 5d]. *adj. et n.* (1382; bas lat. *vagabundus*, de *vagari* « errer ». V. **Vaguer**). **I.** *Adj.* ♦ 1° *Littér.* Qui mène une vie errante. *Tribus vagabondes de bohémiens. Peuples vagabonds.* V. **Nomade.** ◇ Par ext. *Une vie, une existence vagabonde,* où l'on se déplace, où l'on voyage constamment. ♦ 2° *Fig.* « *instable* »). Qui change sans cesse, n'est pas tenu par une règle ou par une disposition naturelle. « *Âmes errantes et vagabondes* » (SÉV.). *Imagination vagabonde.* V. **Désordonné, errant, flottant.** « *Humeur inquiète et vagabonde* » (GAUTIER). « *Cette fantaisie vagabonde* » (TAINE). **II.** *N.* (1530). ♦ 1° *Littér.* Personne qui se déplace sans cesse, qui erre de par le monde. V. **Aventurier, voyageur.** « *La Vagabonde* », roman de Colette. — Par métaph. « *Mon esprit est un vagabond qui se plaît à s'égarer* » (DESCARTES). ♦ 2° *Cour.* Personne sans domicile fixe et sans ressources avouables, qui erre, traîne à l'aventure. V. **Chemineau, clochard, galvaudeux** (vx), **rôdeur.** *Des vagabonds sans feu ni lieu.* « *Sans papiers et sans domicile, il n'était qu'un vagabond pour la police* » (ARAGON). *Vagabonds et mendiants.* — *Dr.* Jeune vagabond, mineur coupable du délit de vagabondage (2°).

VAGABONDAGE [vagabɔ̃daʒ]. *n. m.* (1767; de *vagabonder*). ♦ 1° Le fait ou l'habitude d'errer, d'être vagabond. V. **Course, errance.** « *Tout un décor de vagabondage et d'aventure* » (MART. du G.). ♦ 2° État de vagabond (II, 2°). *Dr.* Délit de toute personne « qui n'a ni domicile ni moyens de subsistance et n'exerce habituellement aucun métier » (CODE PÉN.). *Vagabondage de mineurs. Vagabondage et fugue.* (En raison de l'assimilation juridique des souteneurs aux vagabonds, jusqu'en 1917) *Vagabondage spécial,* délit par lequel une personne aide, assiste ou protège le racolage en vue de la prostitution, pour en tirer profit. ♦ 3° *Fig.* État

de l'imagination entraînée d'objet en objet. *Vagabondage(s) de l'imagination, de l'esprit.*

VAGABONDER [vagabɔ̃de]. *v. intr.* (1526; *vagabondant*, 1355; de *vagabond*). ♦ 1° Circuler, marcher sans but, à l'aventure, se déplacer sans cesse. V. **Errer, vaguer.** *Vagabonder sur les chemins, les routes..., en mendiant.* ◇ *Dr.* Commettre le délit de vagabondage. ♦ 2° (*Abstrait*). Errer. « *Sa pensée vagabondait sans qu'il pût la fixer sur rien* » (MART. du G.). « *Rien ne fait ainsi voyager l'esprit et vagabonder l'imagination* » (MAUPASS.).

VAGIN [vaʒɛ̃]. *n. m.* (1680; *vagina*, 1668; lat. *vagina* « gaine »). Conduit qui s'étend de l'utérus à la vulve.

VAGINAL, ALE, AUX [vaʒinal, o]. *adj. et n. f.* (1762; « en forme de gaine », 1727; de *vagin*). ♦ 1° Du vagin. *Muqueuse vaginale. Artère vaginale.* ♦ 2° *Anat.* (au sens du lat. *vagina*). *Tunique vaginale du testicule;* subst. fém. *la vaginale* (du testicule).

VAGINISME [vaʒinism(ə)]. *n. m.* (1868; de *vagin*). *Méd.* Contraction spasmodique douloureuse des muscles constricteurs du vagin, qui peut se produire au cours d'un rapport sexuel.

VAGINITE [vaʒinit]. *n. f.* (1836; de *vagin*). Inflammation de la muqueuse du vagin.

VAGIR [vaʒiR]. *v. intr.* (1555, repris XIXᵉ; lat. *vagire*). Pousser des vagissements, et par ext. de faibles cris comparables. « *Les crocodiles vagissaient entre les roseaux du fleuve, imitant le cri d'un enfant en détresse* » (GAUTIER).

VAGISSANT, ANTE [vaʒisɑ̃, ɑ̃t]. *adj.* (1845; de *vagir*). Qui vagit.

VAGISSEMENT [vaʒismɑ̃]. *n. m.* (1536, repris 1735; de *vagir*). Cri de l'enfant nouveau-né. « *Un petit cri semblable au vagissement d'un enfant nouveau-né* » (APOLLINAIRE). ◇ Cri plaintif et faible de quelques animaux.

VAGOLYTIQUE [vagɔlitik]. *adj.* (mil. XXᵉ; de *vago-*, et *-lytique*). *Physiol.* Qui paralyse le pneumogastrique ou nerf *vague.*

VAGOTONIE [vagɔtɔni]. *n. f.* (1923; de [nerf] *vague*, et *-tonie*). *Méd.* Prédominance de l'activité du système parasympathique (du nerf vague), se traduisant principalement par une lenteur du pouls, une tension artérielle basse avec tendance aux syncopes, des accès de sudation, la constipation, des crampes musculaires. ◈ ANT. *Sympathicotonie.*

VAGOTONIQUE [vagɔtɔnik]. *adj.* (1924; de [nerf] *vague*, et *tonique*). *Physiol.* Se dit de l'individu chez qui prédomine l'activité du système parasympathique (dont le nerf principal est le *pneumogastrique* ou *nerf vague*). V. **Sympathicotonique.**

1. VAGUE [vag]. *n. f.* (1150; a. scand. *vágr;* Cf. all. *Woge*). ♦ 1° Inégalité de la surface d'une étendue liquide (mer, en particulier), due aux diverses forces naturelles qui s'exercent sur le fluide en mouvement (courants, vent, etc.); masse d'eau qui se soulève et s'abaisse en se déplaçant ou en paraissant se déplacer. V. **Flot, houle, lame, moutonnement, onde, vaguelette.** *Le bruit des vagues.* — Littér. *(Sing. collectif)* Le mouvement de la surface de l'eau, le flot. « *À chaque gonflement de la vague...* » (HUGO). ◇ *Hydrogr.* Déplacement d'ensemble des particules superficielles d'un fluide (spécialt. sous l'effet de forces perturbatrices; opposé aux oscillations libres de la houle). *Hauteur, profil d'une vague. Vagues au rivage, rouleaux, barres.* V. *aussi* **Mascaret.** ♦ 2° *Fig.* Phénomène comparable (par l'ampleur, la puissance, la progression...). « *Une vague d'oubli submerge tout* » (MART. du G.). « *Une petite vague de chaleur humaine* » (MAURIAC). *Vague de fond,* qui déferle irrésistiblement (mouvement d'opinion, etc.). ◇ Masse (d'hommes, de choses) qui se répandent brusquement). *Vagues successives d'immigrants.* « *Des assauts, vague par vague, se propagent* » (BARBUSSE). — *La nouvelle vague,* la dernière génération ou tendance. ◇ Phénomène physique que se propage, envahit un lieu. « *Surpris par une vague de gaz délétère* » (DUHAM.). — *Météo. Vague de chaleur, de froid,* afflux de masses d'air chaud, froid. ♦ 3° *Surface ondulée.* « *Sur les vagues fauves des fougères* » (MAURIAC). ◇ *Archit.* Ligne ondulée figurant les flots, et servant de motif décoratif. ◇ *Large ondulation de la chevelure.*

2. VAGUE [vag]. *adj. et n. m.* (1307; *vaque*, 1266; lat. *vacuus* « vide »). *Terrain vague,* se dit d'un terrain vide de cultures et de constructions. — (N. m.) *Vx.* Espace vide. « *Le vague de l'air* » (BUFF.). ◇ *Mod.* (avec infl. de *vague* 3) Espace indéterminé, sans limite précise. *Il « regarde devant lui dans le vague* » (ROMAINS).

3. VAGUE [vag]. *adj. et n. m.* (fin XIVᵉ; lat. *vagus*). **I.** *Adj.* ♦ 1° *Vx.* Errant, vagabond ◇ *Mod.* (1690; du lat. méd.) *Anat. Nerf vague* (à cause de ses ramifications dispersées), *nerf pneumogastrique*. ♦ 2° (1531). Que l'esprit a du mal à saisir, à cause de son caractère mouvant ou de son sens mal défini, mal établi. V. **Confus, flou, imprécis, incertain, indécis, indéfini, indéterminé.** « *Esprit, mot vague auquel on a donné mille acceptions différentes* » (VOLT.). « *Les indications que j'obtiens sont vagues et contradictoires* » (LOTI). *Il est resté vague et prudent,* s'est contenté de propos vagues et prudents. — (Avant le nom, dans un sens affaibli) « *Des choses dont* *vous n'avez peut-être qu'une vague idée* » (ROMAINS). V. **Faible.** ♦ 3° Dont l'objet, la raison manquent de netteté, sont changeants. « *Une inquiétude vague l'envahissait* » (MAUPASS.). V. **Sourd.** ◊ Que le caractère lointain, indiscernable de son objet rend faible. « *Des sensations confuses, des souvenirs vagues s'éveillaient en elle* » (ZOLA). « *Une tentation commençait, d'abord lointaine et vague...* » (BOURGET). ◊ Qui exprime des pensées ou des sentiments indécis. V. **Distrait.** « *D'un air vague et rêveur, elle essayait des poses* » (BAUDEL.). ♦ 4° (Réalité sensible). Qui n'est perçu d'une manière imparfaite ; qui est reconnu sans pouvoir être analysé. V. **Indéfinissable, obscur.** « *On distinguait çà et là des formes confuses et vagues* » (HUGO). ◊ Qui n'est pas appuyé, reste vaporeux. « *La manière vague, floue... qui faisait son originalité* » (GAUTIER). — Qui n'est pas ajusté, serré. *Manteau vague.* ◊ Qu'on ne peut localiser avec précision. « *Souffrant d'un malaise général, vague et énervant* » (R. ROLLAND). ♦ 5° (Fin XIXᵉ ; toujours avant le nom). Dont l'identité précise importe peu ; quelconque, insignifiant. « *Scribouillard dans un vague état-major* » (SARTRE).

II. *N. m.* (Fin XVIIᵉ). ♦ 1° Ce qui n'est pas défini, fixé (dans le domaine intellectuel, affectif ou sensible). V. **Imprécision.** « *Besoin de rigueur, horreur du vague* » (MAUROIS). *Rester dans le vague*, ne pas préciser sa pensée, ses intentions. « *Laisser tout dans le vague* » (FLAUB.). ♦ 2° *Littér.* Caractère vague, imprécis ou indécis. « *Le mérite d'une rêverie est tout entier dans son vague* » (BALZ.). « *Le vague des passions* » (CHATEAUB.). ◊ Cour. VAGUE À L'ÂME (1830). *Avoir du vague à l'âme*, être dans un état de douce mélancolie. « *Il n'avait ni vague à l'âme, ni passion d'homme* (GAUTIER).

◊ ANT. **Défini, déterminé, distinct, précis ; précision.**

VAGUELETTE [vaglɛt]. *n. f.* (déb. XXᵉ ; de *vague*). Petite vague ; ride à la surface de l'eau. « *Une série de vaguelettes causées par l'hélice du petit vapeur* » (ROBBE-GRILLET).

VAGUEMENT [vagmɑ̃]. *adv.* (1718 ; « en errant », 1455 ; de *vague*). ♦ 1° D'une manière vague, en termes imprécis. « *Un mauvais principe qu'il ne désigne que vaguement* » (GAUTIER). ◊ En se faisant une idée vague. « *J'apercevais vaguement le lien de ses idées* » (VALÉRY). V. **Confusément.** ♦ 2° D'une manière faible, peu accentuée. « *Vaguement ému* » (MAUPASS.). V. **Peu** (un). ♦ 3° D'une manière incertaine ou douteuse. « *Un geste évasif, vaguement incrédule* » (MART. du G.). ◊ ANT. **Distinctement, nettement, précisément.**

VAGUEMESTRE [vagmɛstr(ə)]. *n. m.* (1825 ; « officier maître des équipages », 1667 ; all. *Wagenmeister*). Sous-officier chargé du service de la poste dans l'armée. — Quartier-maître ou officier marinier chargé de ce service sur un navire de guerre.

VAGUER [vage]. *v. intr.* (fin XIVᵉ ; *vajer*, XIIᵉ ; lat. *vagari*). ♦ 1° *Littér.* Aller au hasard, sans but précis. V. **Errer.** « *Aussi... ai-je vagué pendant des journées entières à travers les rues* » (BALZ.). ♦ 2° *Fig.* (Pensées, regards). Errer, ne pas se fixer. *Laisser vaguer son imagination.* « *Son mari laissait vaguer son regard au delà de la famille* » (AYMÉ).

VAHINÉ [vaine]. *n. f.* (1900 ; mot tahitien). Femme de Tahiti ; épouse, maîtresse (à Tahiti).

VAIGRAGE [vɛgraʒ]. *n. m.* (1797 ; de *vaigre*). *Mar.* Ensemble des vaigres ; bordage intérieur des membrures.

VAIGRE [vɛgr(ə)]. *n. f.* (1690 ; o. scand. ; Cf. danois *Voeger*). *Mar.* Planche de bordage qui revêt le côté intérieur des membrures d'un navire. « *Aucune vaigre n'avait cédé sous la flottaison* » (HUGO).

VAILLAMMENT [vajamɑ̃]. *adv.* (déb. XIVᵉ ; de *vaillant*). Avec vaillance. V. **Bravement, courageusement.** « *Pasteur poursuivait vaillamment sa croisade* » (MONDOR).

VAILLANCE [vajɑ̃s]. *n. f.* (mil. XIIᵉ ; de *vaillant*). 1° *Littér.* Valeur guerrière, bravoure. « *Sa vaillance sans mesure... ressemble plus souvent à l'impétuosité qu'au courage* » (GIDE). ♦ 2° Courage d'une personne que la souffrance, les difficultés, le travail n'effraient pas. « *Gervaise était alors enceinte de huit mois. Mais elle montrait une belle vaillance* » (ZOLA). ◊ ANT. **Lâcheté ; faiblesse.**

VAILLANT, ANTE [vajɑ̃, ɑ̃t]. *adj.* (1080 ; de l'a. p. prés. de *valoir*). **I.** *Loc. N'avoir pas un sou vaillant* (*proprem.* n'avoir pas un sou en fait de valeur), être pauvre, sans argent. **II.** ♦ 1° *Littér.* Brave. « *Les jeunes soldats... furent vaillants* » (HUGO). ♦ 2° (Fin XIXᵉ). Plein de vaillance (2°). « *Aussi vaillante en face de l'avenir* » (MART. du G.). ◊ Qui est en bonne santé, vigoureux. *Il est guéri, mais pas encore bien vaillant.* ◊ ANT. **Lâche. Paresseux ; faible.**

VAILLANTIE [vajɑ̃ti]. *n. f.* (1845 ; lat. bot. *vaillantia*, du nom de S. *Vaillant*). *Bot.* Plante herbacée des lieux arides (*Rubiacées*), à fleurs blanches ou jaunâtres.

VAIN, VAINE [vɛ̃, vɛn]. *adj.* (déb. XIIᵉ ; lat. *vanus*). ♦ 1° *Vx.* Vide. « *De vains tombeaux* » (CORN.), des cénotaphes. — Mod. *Vaine pâture**. ♦ 2° *Vieilli.* Qui est sans consistance, sans réalité. V. **Irréel.** « *Nous sommes abusés par de vaines images* » (FRANCE). ◊ *Littér.* Dépourvu de valeur, de

sens. V. **Dérisoire, frivole, futile, insignifiant.** « *La gloire n'est pas un vain mot pour moi* » (E. DELACROIX). ◊ Qui n'a pas de base sérieuse, qui est sans fondement. V. **Chimérique, faux, illusoire.** « *Épicure affranchit les âmes des vaines terreurs* » (FRANCE). *Un vain espoir* [vɛnɛspwar]. ◊ (*Personnes*) Léger, frivole. « *Nos prêtres ne sont point ce qu'un vain peuple pense* » (VOLT.). ♦ 3° *Cour.* (XIVᵉ). Qui est dépourvu d'efficacité, reste sans effet. V. **Inefficace, infructueux, inutile.** *Faire de vains efforts* (Cf. C'est peine* perdue). « *La lutte est vaine* » (GIDE). « *Écœuré de vaines attentes* » (COURTELINE). — *Impers.* « *Il est vain et dangereux de se proposer un objectif inaccessible* » (MAUROIS). ♦ 4° *Littér.* Fier de soi sans avoir de bonnes raisons de l'être ; qui veut se faire admirer pour des choses frivoles. V. **Glorieux, vaniteux.** « *L'histoire... rend les nations amères, superbes, insupportables et vaines* » (VALÉRY). « *Vaine de ses richesses* » (FRANCE), tirant vanité de ses richesses. ◊ ANT. **Efficace, utile.** — HOM. **Vin, vingt** ; formes des *v. vaincre, venir. Veine.*

VAIN (EN) [ɑ̃vɛ̃]. *loc. adv.* (déb. XIIᵉ ; de *en*, et *vain*). Sans obtenir de résultat, sans que la chose en vaille la peine. V. **Inutilement, vainement.** « *Ce qui est terrible, ce n'est pas... de mourir, mais de mourir en vain* » (SARTRE). « *En vain reprit-il ses arguments* » (BARRÈS). ◊ (Fin XIVᵉ) Relig. *Jurer Dieu en vain*, employer sans nécessité le nom de Dieu dans un serment.

VAINCRE [vɛ̃kr(ə)]. *v. tr.* : je vaincs, il vainc, nous vainquons, ils vainquent ; je vainquais ; je vainquis ; je vaincrai ; je vaincrais ; que je vainque ; que je vainquisse ; vainquant ; vaincu (XIIᵉ ; veintre, Xᵉ ; lat. *vincere*). ♦ 1° L'emporter par les armes sur (un ennemi public ou privé). V. **Battre, défaire, écraser.** « *Pour les vaincre, il nous faut de l'audace* » (DANTON). — Absolt. « *Sachons vaincre, ou sachons périr* » (CHANT du départ). ◊ « *À vaincre sans péril, on triomphe sans gloire* » (CORN.). ◊ Dominer et réduire à sa merci, au terme d'une lutte qui fait songer à la guerre. « *Vaincre des êtres et les conduire au désespoir* » (MAUROIS). « *Il n'était guère de maîtresse qui ne se laissât vaincre de haute lutte* » (MAURIAC). ♦ 2° L'emporter sur (un adversaire, un concurrent) dans une compétition pacifique. V. **Battre.** « *Quand Ménélas est vaincu dans la course de chars...* » (DUHAM.). ♦ 3° Être plus fort que (une force naturelle), faire reculer ou disparaître. V. **Dominer, surmonter.** « *Essayer de vaincre en nous les instincts mauvais* » (MAUROIS). « *Vaincue et comme foudroyée par le sommeil* » (SAND). — *Vaincre une résistance.* V. **Forcer.** *Ils n'ont point d'obstacle à vaincre* » (ROUSS.). — Au p. p. *Théorie esthétique de la difficulté vaincue* (d'après laquelle le mérite de l'artiste se manifeste dans son habileté à surmonter les problèmes que lui imposent la nature, les règles).

VAINCU, UE [vɛ̃ky]. *adj.* (XIIᵉ ; p. p. de *vaincre*). Qui a subi une défaite (de la part d'un ennemi, d'un rival, d'une force quelconque). *S'avouer vaincu*, reconnaître sa défaite. V. **Abandonner, rendre** (se). *Il était vaincu d'avance*, sa nature, les circonstances rendaient sa défaite inévitable. — Subst. *Malheur aux vaincus ! Une attitude de vaincu*, résignée, défaitiste. ◊ ANT. **Vainqueur.**

VAINEMENT [vɛnmɑ̃]. *adv.* (XIIᵉ ; de *vain*). En vain, inutilement. « *Ces leçons que nous nous sommes vainement épuisés à apprendre* » (PROUST).

VAINQUEUR [vɛ̃kœr]. *n. m.* (déb. XIIᵉ ; de *vaincre*). ♦ 1° Celui qui a vaincu, gagné la bataille, la guerre. « *Kellermann, le vainqueur de Valmy* » (MADELIN). — Adj. Victorieux. *Air vainqueur*, air de vainqueur, air orgueilleux et satisfait. V. **Triomphant.** ♦ 2° Gagnant. V. **Champion, lauréat.** *Le vainqueur d'une épreuve sportive. Remettre la coupe au vainqueur. Vainqueur aux points, par K. O.* (en boxe). ♦ 3° Celui qui a triomphé (d'une force, d'une difficulté naturelle). *Le vainqueur de l'Everest* (l'alpiniste qui le premier en a atteint le sommet). ◊ ANT. **Vaincu.**

VAIR [vɛr]. *n. m.* (XIIᵉ ; adj., « gris-bleu, bigarré », 1080 ; lat. *varius*). ♦ 1° *Vx.* Fourrure de petit-gris. V. **Menu-vair.** *La pantoufle de vair* (ou *de verre*, selon Perrault), dans le conte de Cendrillon. ♦ 2° (1549). Une des deux fourrures du blason, composée de petites pièces en forme de clochetons, disposées tête-bêche sur des lignes horizontales. ◊ HOM. **Ver, verre, vers, vert.**

VAIRÉ, ÉE [vɛre]. *adj.* (1581 ; *vairié*, déb. XIIIᵉ ; de *vair*). *Blas.* Chargé de vair. *Écu vairé.*

1. VAIRON [vɛrɔ̃]. *n. m.* (mil. XIIᵉ ; de *vair*, adj.). Petit poisson physostome (*Cyprinidés*), au corps presque cylindrique, vivant dans les eaux courantes. *Friture de vairons.*

2. VAIRON [vɛrɔ̃]. *adj. m.* (XVIᵉ ; de *vair*, adj.). Se dit des yeux à l'iris cerclé d'une teinte blanchâtre, ou qui ont des couleurs différentes. *De petits yeux vairons.*

VAISSEAU [vɛso]. *n. m.* (*Vaissel*, mil. XIIᵉ ; bas. lat. *vascellum*, class. *vasculum*, dimin. de *vas*). **I.** *Vx.* ♦ 1° Récipient pour les liquides. V. **Vase.** « *Quelques vaisseaux de terre* » (SAND). ♦ 2° (1314). Canal par lequel circule le sang ou la lymphe. V. **Artère, capillaire, lymphatique, veine ; vaso-.** *Vaisseaux sanguins, lymphatiques.*

Étude des vaisseaux. V. **Angiologie.** — *Bot.* (1751) Chacun des petits tubes où s'effectue la circulation de la sève. *Plantes à vaisseaux* (V. **Vasculaire**).
II. (Fin XIIᵉ). ♦ 1º *Vieilli* (sauf dans certaines loc.). Navire d'une certaine importance. V. **Bateau, bâtiment.** *Capitaine, enseigne, lieutenant de vaisseau.* — *Fig.* Brûler ses vaisseaux (*proprem.* pour s'interdire de quitter le territoire ennemi où on a débarqué) : accomplir un acte, une démarche qui ôte toute possibilité de recul ou de revirement. ◇ *Vaisseau spatial, cosmique,* véhicule des astronautes. V. **Astronef.** ♦ 2º (v. 1680). Espace allongé que forme l'intérieur d'un grand bâtiment, d'un bâtiment voûté. V. **Nef.** « *Ces massifs piliers donnent... une stabilité extraordinaire au vaisseau de la cathédrale* » (GAUTIER).
VAISSELIER [vɛsəlje]. *n. m.* (1568 ; de *vaisselle*). Meuble rustique, où l'on place la vaisselle de table. V. **Dressoir.** « *Les lits bretons, les vieilles assiettes rangées au vaisselier* » (LOTI).
VAISSELLE [vɛsɛl]. *n. f.* (XIVᵉ ; *vessele,* 1138 ; lat. pop. *vascella,* plur. de *vascellum,* pris pour un fém. sing.). ♦ 1º Ensemble des récipients qui servent à manger, à présenter la nourriture. *Pièces de vaisselle.* V. **Assiette, légumier, plat, plateau, saladier, saucière, soucoupe, soupière, sucrier, tasse.** *Vaisselle d'or, d'argent.* — *Vaisselle plate* (*proprem.* faite avec une seule lame de métal), vaisselle de métal précieux. — *Vaisselle de faïence, de porcelaine.* Pile de vaisselle. *Ranger la vaisselle dans le buffet. Étagère à vaisselle.* ♦ 2º Ensemble des plats, assiettes, ustensiles de table, etc., qui sont à laver. « *J'aidais maman à faire la vaisselle ; elle lavait les assiettes, je les essuyais* » (BEAUVOIR). « *Ma vaisselle ne peut pas traîner comme ça jusqu'à demain* » (ZOLA). — *Elle n'a pas fini sa vaisselle,* le lavage de sa vaisselle.
VAL, VAUX ou **VALS** [val, vo]. *n. m.* (1080 ; lat. *vallis*). ♦ 1º *Vx* (Sauf dans des express. toponymiques). Vallée. *Le Val de Loire,* la région qui entoure une partie de la vallée de la Loire. *Les Vaux-de-Cernay.* « *On salt la richesse... des vals de l'Etna* » (MICHELET). ♦ 2º *Loc. Par monts* et par vaux.* — *À val,* en suivant la pente de la vallée. *Vx. À vau de...,* en descendant (V. **À vau-l'eau**). ◇ HOM. *Vau, veau.* Formes du v. *valoir. Vos.*
VALABLE [valabl(ə)]. *adj.* (XIIIᵉ ; de *valoir*). ♦ 1º Qui remplit les conditions requises pour être reçu en justice. V. **Valide.** *Acte, contrat valable.* ◇ Qui remplit les conditions pour être accepté par une autorité, pour produire son effet. « *Le passeport n'est plus valable, il aurait fallu le renouveler* » (SARTRE). V. **Règle** (en). ♦ 2º À quoi on reconnaît une valeur, un fondement. V. **Acceptable, recevable, sérieux.** « *Des excuses, pourvu qu'elles soient bonnes et valables* » (MUSS.). *Ne donner aucun motif valable.* — *Par ext.* Qui est solide, bien fondé. *Un motif, un argument valable.* ♦ 3º (XIVᵉ, « qui a du mérite, une valeur » ; repris XXᵉ, sous l'infl. de l'angl. *valuable*). Qui a un effet, une valeur dans telle circonstance. « *Une connaissance n'est scientifique qu'autant qu'elle est valable pour tout esprit* » (GOBLOT). « *Les lois de la nature peuvent être valables jusqu'à une certaine limite* » (CAMUS). ◇ (*Emploi critiqué*) Qui a des qualités qu'on peut apprécier, estimer à bon droit. « *Sentiments qui sont plus valables que l'égoïsme de tant de bourgeois* » (DANIEL-ROPS). « *Des hommes... pour qui, ... le seul élément valable de la France est l'électeur...* » (GIRAUDOUX). — (Lang. polit.) *Interlocuteur* valable,* qualifié, autorisé.
VALABLEMENT [valabləmã]. *adv.* (mil. XVᵉ ; de *valable*). ♦ 1º De manière à être reçu, à produire ses effets juridiques. *Valablement autorisé.* ♦ 2º À bon droit. *Alléguer valablement que...* ◇ (dans l'emploi critiqué de *valable,* 3º). D'une manière efficace, appréciable. « *Tu ne t'es jamais demandé si mon énergie n'aurait pas pu être utilisée plus 'valublement'?* » (MALLET-JORIS).
VALDINGUER [valdɛ̃ge]. *v. intr.* (1894 ; de *valser,* et *dinguer*). *Pop.* Dinguer.
VALENÇAY [valɑ̃sɛ]. *n. m.* (XXᵉ ; nom d'une ville située aux confins de la Touraine et du Berry). Fromage de chèvre de forme pyramidale. *Des valençays.*
VALENCE [valɑ̃s]. *n. f.* (1890 ; bas lat. *valentia,* d'apr. *équivalence*). *Chim.* Nombre de liaisons chimiques qu'un atome ou un ion engage avec d'autres atomes ou ions dans une combinaison. ◇ *Psychol.* Puissance d'attraction (*valence positive*) ou de répulsion (*valence négative*), d'un objet ou d'une activité.
VALENCE-GRAMME [valɑ̃sgram]. *n. f.* (1933 ; de *valence,* et *gramme*). *Chim.* Rapport de la masse atomique (en grammes) à la valeur de la valence. *Des valence-grammes.*
VALENCIENNES [valɑ̃sjɛn]. *n. f. invar.* (1761 ; du nom de la ville). Dentelle fine, fabriquée initialement à Valenciennes, puis en Belgique. *Une collerette de valenciennes.*
VALENTINITE [valɑ̃tinit]. *n. f.* (1877 ; en all. 1845 ; du nom de l'alchimiste Basil *Valentin*). *Minér.* Oxyde naturel d'antimoine.
VALÉRIANACÉES [valeʀjanase]. *n. f. pl.* (1872 ; *valé-*

rianées, 1834 ; de *valériane*). *Bot.* Famille de plantes dicotylédones (*Gamopétales*) comprenant des herbes annuelles à racines grêles et des herbes vivaces à rhizome (mâche, valériane).
VALÉRIANE [valeʀjan]. *n. f.* (XIIIᵉ ; lat. médiév. *valeriana,* de *Valeria,* province romaine). Plante herbacée (*Valérianacées*), à fleurs roses ou blanches, à la racine très ramifiée. *Valériane officinale,* dite herbe-aux-chats. ◇ Racine de l'espèce officinale utilisée comme antispasmodique et calmant.
VALÉRIANELLE [valeʀjanɛl]. *n. f.* (1765 ; de *valériane*). *Bot.* Mâche.
VALÉRIANIQUE [valeʀjanik] ou **VALÉRIQUE** [valeʀik]. *adj.* (1846,-1855 ; de *valériane*). *Chim.* Se dit de divers composés extraits de la valériane. *Acides valériques. Aldéhyde valérique* ou *valéral* [valeʀal].
VALET [valɛ]. *n. m.* (déb. XIIᵉ ; lat. pop. °*vassellittus,* du gaul. *-vassus* « serviteur »).
I. ♦ 1º *Ancienn.* Écuyer au service d'un seigneur. ◇ Officier d'une maison princière, royale. *Premier valet de chambre du roi.* ♦ 2º (1611). Carte sur laquelle est représenté un jeune écuyer, et qui vient en général après le roi et la dame. *Un brelan de valets. Valet de pique.*
II. ♦ 1º (Fin XIIᵉ). Domestique. V. **Laquais, serviteur.** « *Maître ici, valet là, selon qu'il plaît à la fortune* » (BEAUMARCH.). *Le personnage traditionnel du valet dans la comédie.* — Péj. « *L'âme d'un valet* » (STENDHAL), servile. V. **Larbin.** — *Loc.* (Vx) *Je suis votre valet,* votre serviteur. ◇ VALET DE PIED : homme en livrée qui suivait les grands personnages. *Mod.* Domestique de grande maison, en livrée. — VALET DE CHAMBRE : autrefois, Domestique chargé du service personnel du maître. *Mod.* Domestique masculin. ♦ 2º Salarié chargé de certains travaux. *Valet de ferme,* ouvrier agricole. — *Valet de chiens, de meute.* — *Valet d'écurie,* chargé des soins des chevaux.
III. (XVᵉ). ♦ 1º *Techn.* Nom de divers appareils, pièces ou dispositifs destinés à faciliter un travail. *Valet de menuisier,* pièce de fer coudée. « *Les valets de fer massif dont on étayait les vantaux se sont abattus* » (J.-R. BLOCH). ♦ 2º Cintre monté sur pieds et pourvu d'accessoires, sur lequel on place ses vêtements quand on se déshabille.
VALETAILLE [valtaj]. *n. f.* (fin XVIᵉ ; de *valet*). Péj. Ensemble des valets d'une maison. « *Partout, une valetaille à larges galons d'or circulait* » (FLAUB.).
VALÉTUDINAIRE [valetydinɛʀ]. *adj.* et *n.* (fin XIVᵉ ; lat. *valetudinarius*). Vieilli ou littér. Dont la santé précaire est souvent altérée. V. **Égrotant, maladif.** *Vieillard valétudinaire.*
VALEUR [valœʀ]. *n. f.* (1080 ; lat. *valor*).
I. ♦ 1º Ce en quoi une personne est digne d'estime (quant aux qualités que l'on souhaite à l'homme dans le domaine moral, intellectuel, professionnel). V. **Mérite.** « *Leur valeur et leur compétence personnelle* » (VALÉRY). « *Il avait une haute conscience de sa valeur* » (HERMANT). — *Un homme de valeur,* et ellipt. *Une valeur, un homme qui a une valeur personnelle très grande.* ♦ 2º *Littér.* Bravoure. V. **Vaillance.** « *La valeur n'attend pas le nombre des années* » (CORN.).
II. ♦ 1º (XIIIᵉ). Caractère mesurable (d'un objet) en tant que susceptible d'être échangé, d'être désiré. V. **Prix.** *Valeur d'un bien, d'un terrain. Objet de valeur, de grande valeur, de peu de valeur, sans valeur. Diminution de valeur :* dépréciation. *Valeur vénale, marchande.* ◇ *Loc.* Mettre un bien, un capital en valeur, le faire valoir, le faire produire. « *L'aménagement et la mise en valeur de la station* » (ROMAINS). — *Fig.* (XVIIIᵉ) *Mettre en valeur,* faire valoir (une personne, une chose) en la montrant à son avantage ; mettre en relief, faire ressortir. « *De manière à mettre en valeur à la fois la virtuosité du fils et celle du père* » (R. ROLLAND). *Mot mis en valeur dans la phrase.* ♦ 2º *Écon.* (1705). Qualité d'une chose fondée sur son utilité objective ou subjective (*valeur d'usage*), sur le rapport de l'offre à la demande (*valeur d'échange*), sur la quantité de travail nécessaire à la production. *Valeurs ajoutée,* différence entre la valeur de la production évaluée aux prix du marché et la valeur des biens et services utilisés dans le processus de production. *Taxe à la valeur ajoutée* (T.V.A.). — *Fin. Valeur intrinsèque, extrinsèque de la monnaie. Valeur or.* ♦ 3º *Valeurs mobilières* ou *valeurs,* nom générique de tous les titres négociables cotés ou non en Bourse. V. **Action, obligation, titre.** « *Le « trois-pour-cent »,* les valeurs dites de tout repos* » (DUHAM.). ◇ Effet de commerce. V. **Billet, papier.** *Escompte d'une valeur. Valeur à recouvrer.* ♦ 4º *Dr. mar. Valeur agréée,* fixation de la valeur d'un navire.
III. ♦ 1º Caractère de ce qui répond aux normes idéales de son type, qui a de la qualité. « *L'originalité de Gavarni et la valeur de cet œuvre* » (GAUTIER). « *Ce que la proche attente de la mort donne de valeur à l'instant* » (GIDE). ♦ 2º Objet du jugement qu'on porte sur les choses. V. **Qualité.** « *La valeur d'une image se mesure à l'étendue de son auréole imaginaire* » (BACHELARD). — *Philo.* JUGEMENTS DE

VALEUR (*opposé à* jugements de réalité), par lesquels on affirme qu'un objet est plus ou moins digne d'estime. ♦ 3° Qualité de ce qui produit l'effet souhaité. V. **Efficacité, portée, utilité.** *La valeur d'une méthode.* — Spécialt. Caractère de ce qui a cours légalement. V. **Validité.** ♦ 4° Caractère de ce qui satisfait à une certaine fin. V. **Intérêt, sens.** « *Les lignes qui tracent le contour du corps ont une valeur par elle-même* » (TAINE). *La valeur expressive d'un mot.* ♦ 5° UNE VALEUR (Deuxième moitié XIXe) : ce qui est vrai, beau, bien, selon un jugement personnel plus ou moins en accord avec celui de la société de l'époque ; ce jugement. *Les valeurs morales, sociales, esthétiques.* « *Les valeurs d'une société* » (MALRAUX). « *La liberté, seule valeur impérissable de l'histoire* » (CAMUS). *Échelle des valeurs,* les valeurs classées de la plus haute à la plus faible, dans la conscience, et qui sert de référence dans les jugements, la conduite. « *Le système de valeurs* (d'une société) *reflète sa structure...* » (SARTRE). **IV.** ♦ 1° Mesure (d'une grandeur variable). « *Affirmer d'une grandeur qu'elle est mesurable, c'est affirmer qu'on peut en fixer la valeur* » (L. de BROGLIE). *Valeur numérique.* V. **Mesure.** *Valeur absolue d'un nombre réel,* ce nombre s'il est positif, son opposé s'il est négatif. ◊ *Quantité approximative.* Ajoutez *la valeur d'un litre d'eau.* ♦ 2° Mesure conventionnelle (attachée à un signe). *La valeur des différentes cartes.* ◊ (1740) Durée relative (d'une note, d'un silence), indiquée par sa figure, éventuellement modifiée par certains signes. *La valeur d'une blanche est deux noires.* ♦ 3° *Ling.* Sens (d'un mot) limité ou précisé par son appartenance à une structure (champ associatif, contexte). « *Dans la langue, chaque terme a sa valeur par son opposition avec tous les autres termes* » (SAUSSURE). ♦ 4° *Peint.* (1792). Qualité (d'un ton plus ou moins foncé ou plus ou moins saturé). « *Des écarts de valeurs plutôt que des contrastes de tons* » (FROMENTIN).
◊ ANT. *Médiocrité, nullité; lâcheté.*

VALEUREUSEMENT [valœrøzmɑ̃]. *adv.* (XVe ; de *valeureux*). *Rare.* Bravement.

VALEUREUX, EUSE [valœrø, øz]. *adj.* (déb. XVe ; de *valeur*). *Littér.* Brave, vaillant.

VALGUS [valgys]. *adj.* et *n. m. invar.* (1839 ; mot lat. « bancal »). *Méd.* Se dit du pied, du genou, de la cuisse, de la main qui sont déviés en dehors (*opposé à* varus). *Pied bot valgus.* REM. Dans les loc. lat. d'anat., l'adj. s'accorde au subst. : *Tibia valga. Genu valgum.* — Subst. *Valgus du pied :* position du pied lorsqu'il est tourné vers l'extérieur.

VALIDATION [validasjɔ̃]. *n. f.* (1600 ; du rad. de *valider*). Fait de valider, son résultat. V. **Homologation.** *Validation d'un contrat, d'une élection.* ◊ ANT. *Annulation, invalidation.*

VALIDE [valid]. *adj.* (1528 ; lat. *validus*). ♦ 1° Qui est en bonne santé, capable de travail, d'exercice. V. **Gaillard, robuste ; portant** (bien). « *Dans une armée, on n'admet que des hommes valides* » (TAINE). ♦ 2° (Fin XVIe). Qui présente les conditions requises pour produire son effet ; qui n'est entaché d'aucune cause de nullité. V. **Valable.** « *Votre passeport est vieux... Il n'a pas un an de date ; il est légalement valide* » (CHATEAUB.). ◊ ANT. *Impotent, invalide, malade. Nul, périmé.*

VALIDEMENT [validmɑ̃]. *adv.* (1636 ; de *valide*). *Dr.* Valablement.

VALIDER [valide]. *v. tr.* (1411 ; bas lat. *validare*). Rendre ou déclarer valide (2°). V. **Entériner, homologuer, ratifier.** « *Sa signature, indispensable aux termes de nos lois pour valider la vente des biens* » (BALZ.). ◊ ANT. *Annuler, invalider.*

VALIDITÉ [validite]. *n. f.* (1508 ; bas lat. *validitas*). ♦ 1° Caractère de ce qui est valide. *Validité d'un acte. Durée de validité d'un titre, d'un billet de chemin de fer.* ♦ 2° *Validité mentale :* état mental d'un individu considéré comme entièrement responsable de ses actes. ♦ 3° *Log.* Se dit d'un raisonnement qui est formellement valable, indépendamment de la vérité de ses propositions. ♦ 4° Conformité d'un élément réel avec sa représentation. *Validité d'une information. Test* de validité. ◊ ANT. *Invalidité, nullité.*

VALINE [valin]. *n. f.* (1946 ; du rad. de *valérique,* et suff. de *amine*). *Biochim.* Acide aminé indispensable à la nutrition, présent dans tous les organismes vivants, surtout sous forme combinée dans les protéines, et qui constitue une source pour la production des glucides.

VALISE [valiz]. *n. f.* (1559 ; it. *valigia* ; lat. médiév. *valisia*). ♦ 1° *Ancienn.* Long sac de cuir qui se portait en croupe. ♦ 2° (1876). Bagage de forme rectangulaire, relativement plat et assez petit pour pouvoir être porté à la main par une poignée. V. **Mallette, sac;** (fam.) **valoche.** « *Une valise de pauvre ; de la toile beige sur une carcasse de carton* » (ROMAINS). *Faire sa valise, ses valises,* y disposer ce qu'on emporte, et *par ext.* S'apprêter à partir en voyage, à déménager. ♦ 3° *Valise diplomatique :* anciennt. La valise (1°) dans laquelle les courriers de cabinet transportaient les dépêches diplomatiques. — Mod. Se dit du transport de correspondance ou d'objets sous le couvert de l'immunité diplomatique. ♦ 4° Par métaph. *Mot-valise.* V. **Mot-valise.**

VALKYRIE. V. **WALKYRIE.**

VALLÉE [vale]. *n. f.* (*Valee,* 1080 ; de *val*). ♦ 1° Espace allongé entre deux zones plus élevées (pli concave ou espace situé de part et d'autre du lit d'un cours d'eau). V. **Val, vallon,** et *aussi* **Combe, gorge, ravin.** « *La vallée... semble fermée de toutes parts, pareille à une vasque de terre cachée entre des collines boisées* » (SUARÈS). — Géogr. *Vallée jeune* (versants rocheux, irréguliers), « *mûre* » (versants régularisés). *Vallée sèche, morte* (par disparition du cours d'eau). *Vallées glaciaires* (anciens lits de glaciers). ◊ *La vallée de Josaphat, du Cédron,* lieu où, selon la Bible, les morts ressusciteront au jugement dernier. — (Dans le lang. relig.) « *Cette vallée de misère* » (CHATEAUB.), *de larmes,* la vie. ♦ 2° Région qu'arrose un cours d'eau. V. **Bassin.** *La vallée de la Loire, du Nil.* ♦ 3° En montagne, se dit des régions moins hautes (vallées proprem. dites et pentes). *Les hommes de la vallée.*

VALLEUSE [valøz]. *n. f.* (2e moitié XIXe ; mot dial., var. *avalluese, avalure,* de *avaler* « descendre »). Dans l'Ouest, Petite vallée suspendue, aboutissant à la mer et formant entaille dans une falaise.

VALLISNÉRIE [valisneri]. *n. f.* (1845 ; *vallisnère,* 1839 ; lat. bot. *vallisneria,* du nom de A. Vallisnieri). *Bot.* Plante herbacée aquatique (*Hydrocharidacées*), à longues feuilles rubanées.

VALLON [valɔ̃]. *n. m.* (1564 ; « grande vallée », 1529, sens de l'it. *vallone*). Petite dépression allongée entre deux collines, deux coteaux. V. **Vallée.** « *Coupant la plaine ainsi qu'un fossé, l'étroit vallon de l'Aigre* » (ZOLA).

VALLONNÉ, ÉE [valɔne]. *adj.* (1845 ; de *vallon*). Parcouru de vallons. *Région vallonnée.* « *Dans un coin de la Champagne vallonnée, dans le Vallage* » (BACHELARD).

VALLONNEMENT [valɔnmɑ̃]. *n. m.* (1845 ; de *vallonné*). Relief d'un terrain où il y a des vallons et des collines. *Hortic.* Ondulation du sol, dans un jardin anglais, un parc.

VALOCHE [valɔʃ]. *n. f.* (1913 ; de *valise,* et suff. arg. *-oche*). *Pop.* Valise. « *Il retrouva sa valoche avec un étonnement amusé* » (QUENEAU).

VALOIR [valwar]. *v.* : *je vaux, tu vaux, il vaut, nous vaillons, ils valent ; je valais, nous valions ; je valus, nous valûmes ; je vaudrai ; je vaudrais ; vaux, valons, valez ; que je vaille, qu'il vaille, que nous valions, qu'ils vaillent ; que je valusse ; valant ; valu* (1080 ; var. *valeir,* XIe ; lat. *valere*).
I. *V. intr.* ♦ 1° Correspondre à (une certaine valeur) ; avoir un rapport d'égalité, etc., avec (autre chose) selon l'estimation qui en est faite. V. **Coûter, faire.** « *Les gros brillants d'oreilles valent vingt mille francs* » (MAUPASS.). *Cela vaut mille francs comme un sou,* bien plus de mille francs. *C'est tout ce que ça vaut. Valoir cher*. — *Cela vaut beaucoup d'argent, de l'argent, c'est une chose de prix. Valoir de l'or, son pesant d'or*. Fig. et plaisant. *Cela vaut son pesant d'or !* (d'une chose étonnante, ridicule). ♦ 2° Correspondre, dans le jugement des hommes, à (telle qualité, tel mérite, telle utilité). « *Ne pas chercher à paraître plus qu'on ne vaut* » (GIDE). « *Pesez ce que vaut, parmi nous, cette expression* » (VIGNY), la valeur, l'importance que nous lui accordons. *Prendre une chose pour ce qu'elle vaut,* ne pas se faire d'illusions à son sujet. ♦ 3° *Absolt.* Avoir de la valeur, de l'intérêt, de l'utilité. « *L'homme vaut en proportion de sa faculté d'admirer* » (RENAN). « *La science est universelle... Ses démonstrations valent pour tous les peuples* » (JAURÈS). — *Dr. Donner et retenir ne vaut,* n'est pas valable. ◊ *Loc. Rien qui vaille,* rien de bon, rien qui soit important. « *Je n'y écris rien qui vaille* » (GIDE). *Ne faire rien qui vaille.* — *Vaille que vaille* (d'abord : que la chose vaille peu ou beaucoup) : tant bien que mal. — *À valoir,* en constituant une somme dont la valeur est à déduire d'un tout. *Verser un acompte, à valoir sur telle somme.* ◊ *Faire valoir. a)* Faire apprécier plus (souvent en exagérant). « *Un personnage qui sert à faire valoir les autres* » (VOLT.), à les mettre en vedette. *Se faire valoir,* se montrer à son avantage, faire étalage de ses mérites, de ses connaissances. V. **Mousser** (se faire). « *Elle ne cherchait jamais à paraître et à se faire valoir* » (GIDE). « *Une redingote gris perle, qui faisait valoir sa haute taille* » (PROUST). V. **Ressortir** (faire). — « *Hélène me faisait valoir que sa mère lui laissait un petit crédit* » (ROMAINS), me soulignait l'intérêt du fait que sa mère... — *b)* Rendre plus actif, plus efficace. *Faire valoir ses droits,* les exercer, les défendre. *Avoir des titres à faire valoir,* dont on peut se prévaloir. — *c)* Rendre productif (un bien). V. **Exploiter; valeur** (mettre en). *Faire valoir son domaine, ses capitaux.* ♦ 4° Être égal en valeur, en utilité, équivalent à (autre chose). « *Le jour qui va finir vaut le jour qui commence* » (HUGO). « *Il n'est pas de discours qui vaille un dessin* » (GIDE). *Cette façon de faire, qui en vaut bien une autre, qui n'est pas inférieure à une autre.* — SE VALOIR (*Récipr.*) : avoir même valeur, être équivalents. « *Tous les métiers se valent pourvu qu'on arrive à manger...* » (Ch.-L. PHILIPPE). *Fam. Ça se vaut,* ce n'est ni meilleur, ni pire. ◊

(Personnes) Avoir les mêmes qualités, le même mérite que (qqn). — Loc. *Un homme averti* en vaut deux.* « *Il y en a d'autres. Et qui te valent bien!* » (ARAGON). ◇ (En tour négatif, le second terme étant une simple référence) « *Adèle ne vaut pas la corde pour la pendre* » (ZOLA). — Fam. *Tout ça ne vaut pas un clou, pas un pet* de lapin, pas tripette.* « *Tout ça ne vaut pas l'amour* » (Refrain). ◇ *Ne rien valoir,* être sans valeur, médiocre. *Votre argument ne vaut rien. Elles ne valent rien, ces poires!* — *L'inaction ne lui vaut rien,* lui est nuisible. — Loc. *Tant*, autant vaut...* ♦ 5° *Valoir mieux que...* (suivi d'un nom). Avoir plus de valeur, être plus estimable, plus utile. « *L'honneur vaut mieux que la gloire* » (CHAMFORT). « *Un bon mot vaut mieux qu'un mauvais livre* » (RENARD). ◇ Impers. *Il vaut mieux, mieux vaut :* il est préférable, meilleur de. PROV. *Il vaut mieux tenir que courir.* « *Il vaut mieux mourir que de traîner... une vieillesse insipide* » (VOLT.). « *Il vaut mieux qu'elle écrive dix phrases inutiles que d'en omettre une intéressante* » (LACLOS). ◇ Fam. *Ça vaut mieux,* c'est préférable. « *Il ne regardait pas en face. Et ça valait mieux* » (ARAGON). *Ça vaut mieux que la pluie. Ça vaut mieux que de se casser une jambe!* ♦ 6° Être comparable en intérêt à (autre chose), mériter (tel effort, tel sacrifice). *Paris vaut bien une messe*. Cela vaut le dérangement, le voyage.* Fam. *Ça vaut le coup,* la peine. « *Cela valait-il de tant s'agiter?* » (DAUD.). « *Ce discours ne vaut pas qu'on l'écoute* » (ALAIN). ◇ (Déb. XVIIe) VALOIR LA PEINE : mériter qu'on prenne la peine de... « *Je n'ai jamais abandonné une affaire quand elle a valu la peine d'être achevée* » (CHATEAUB.). *Ça ne vaut pas la peine d'en parler, qu'on en parle,* c'est insignifiant, négligeable. « *Ne vous tourmentez plus pour ce qui n'en vaut pas la peine* » (FRANCE). *Cela vaut la peine qu'on écrive.* ♦ II. *V. tr.* Faire obtenir, avoir pour conséquence. V. **Attirer, procurer.** « *La liberté que lui valait ma maladie...* » (GIDE). « *Après cinq ans d'exil que lui avait valus sa condamnation...* » (GIRAUDOUX). *Qu'est-ce qui nous vaut cet honneur?*

VALORISATION [valɔrizasjɔ̃]. *n. f.* (1907; du lat. *valor.* V. **Valeur**). ♦ 1° Écon. Fait de valoriser. « *La valorisation de vos immeubles...* » (LYAUTEY). ♦ 2° Philo., Psycho. (1930). Fait de conférer une valeur plus grande.

VALORISER [valɔrize]. *v. tr.* (1933; du lat. *valor.* V. **Valeur**). ♦ 1° Écon. Revaloriser ; faire prendre de la valeur à... ♦ 2° Philo., Psycho. Donner de la valeur à (qqn, qqch.), en augmenter la valeur. ♦ 3° Math. Donner une, des valeurs? (IV) à (une variable, un paramètre). ◇ ANT. Dévaloriser.

VALSE [vals(ə)]. *n. f.* (1800; all. *Walzer*). ♦ 1° Danse à trois temps, où chaque couple tourne sur lui-même tout en se déplaçant. *Valse viennoise* (à pas glissés, rapides), *valse lente, anglaise* (V. **Boston**). « *Et, dans les tourbillons de nos valses joyeuses* » (MUSS.). *Valse musette.* ◇ Air, musique qui accompagne cette danse. *Les valses de Johann Strauss.* — Morceau de musique instrumentale de forme libre composé sur le rythme de cette danse. *Les Valses de Chopin.* ♦ 2° Fig. *(Fam.)* Mouvement de personnel à des postes politiques ou administratifs que les titulaires ont l'air d'échanger. *La valse des ministres, des portefeuilles.* ◇ *Valse-hésitation* (du nom d'une valse caractérisée par des pas avant puis en arrière), suite de décisions, d'actes contradictoires. « *Après la lente valse-hésitation sur l'emprunt communautaire...* » (*Le Monde,* 27-9-1974).

VALSER [valse]. *v. intr.* (1798; all. *walzen*). ♦ 1° Danser la valse, une valse. « *Les Françaises valsent, le corps tout droit* » (GONCOURT). *Valser à l'envers,* en tournant à l'envers, de droite à gauche. ♦ 2° Fam. Être projeté. *Il est allé valser sur le trottoir.* V. **Valdinguer.** — *Faire valser l'argent,* le dépenser sans compter. ◇ Fig. *Faire valser les employés,* les déplacer. *Envoyer valser,* congédier (V. **Balancer**) ou rembarrer.

VALSEUR, EUSE [valsœr, øz]. *n.* (1801; de *valser*). Personne qui valse, qui sait valser (bien ou mal). *Bon, mauvais valseur.* ◇ N. f. pl. *Vulg.* Testicules.

VALVAIRE [valvɛr]. *adj.* (1812; de *valve*). Bot. Qui appartient aux valves. *Déhiscence valvaire.*

VALVE [valv(ə)]. *n. f.* (1752; « battant de porte », 1560; sens du lat. *valva*). ♦ I. ♦ 1° Chacune des deux parties de la coquille (dite bivalve) de certains mollusques et crustacés. « *La valve rainurée d'une coquille de Saint-Jacques* » (PROUST). ◇ Bot. (1771) Fraction du péricarpe d'un fruit, qui se soulève quand se forment les fentes de déhiscence. ◇ Anat. *Valves cardiaques :* chacune des lames membraneuses qui forment les valvules cardiaques. ♦ 2° (1845). Système de régulation d'un courant de liquide ou de gaz (assurant souvent le passage du courant dans un seul sens). *Valves coulissantes. Valves rotatives* (commandées par une clé). — Soupape à clapet, servant spécialement d'obturateur de chambre à air. ◇ Appareil laissant passer le courant électrique plus facilement dans un sens que dans l'autre (ou seulement dans un sens). V. **Détecteur, diode, redresseur.**

II. *N. f. pl.* (sens étym. du lat.) [Belgique]. Tableau d'affichage, généralement sous vitrine.

VALVÉ, ÉE [valve]. *adj.* (1812; de *valve*). Bot. Muni, formé de valves.

VALVULAIRE [valvylɛr]. *adj.* (1740; de *valvule*). Anat. Qui présente des valvules, ou fait l'office d'une valvule. *Repli valvulaire.* ◇ Relatif aux valvules du cœur. *Lésion, insuffisance valvulaire.*

VALVULE [valvyl]. *n. f.* (XVIe ; lat. *valvula,* dimin. de *valva.* V. **Valve**). ♦ 1° Anat. Nom de divers replis muqueux ou membraneux qui ont pour fonction d'empêcher le reflux, de régler le cours de liquides ou de matières circulant dans les vaisseaux et conduits du corps. *Valvules auriculo-ventriculaires du cœur.* V. **Mitral, tricuspide.** *Valvules sigmoïdes* (V. **Sigmoïde**). *Valvules rectales. Valvules veineuses.* ♦ 2° Bot. (1774). Petite valve. ◇ Techn. Robinet à vanne.

VALVULECTOMIE [valvylɛktɔmi]. *n. f.* (1953; de *valvul*[e], et *-ectomie*). Chir. Excision d'une valvule cardiaque lésée, premier temps d'une valvuloplastie.

VALVULOPLASTIE [valvylɔplasti]. *n. f.* (mil. XXe ; de *valvul*[e], et *-plastie*). Chir. Opération réparatrice au niveau d'une valvule cardiaque lésée (rétrécie ou élargie). V. *aussi* **Valvulectomie.**

VALVULOTOMIE [valvylɔtɔmi]. *n. f.* (1964; de *valvul*[e], et *-tomie*). Chir. Section d'une valvule cardiaque afin d'élargir l'orifice valvulaire rétréci.

VAMP [vãp]. *n. f.* (1921; mot anglo-amér. 1918; abrév. de *vampire*). Type de femme fatale et irrésistible (*d'abord,* type du cinéma). *Des vamps. Un sourire de vamp.* « *Elle avait l'air bonne fille aujourd'hui et pas vamp du tout* » (QUENEAU).

VAMPER [vãpe]. *v. tr.* (1957; de *vamp*). Fam. Séduire par des allures de vamp. *Elle va essayer de le vamper.*

VAMPIRE [vãpiʀ]. *n. m.* (1746; all. *Vampir,* du serbe). ♦ 1° Fantôme sortant la nuit de son tombeau pour aller sucer le sang des vivants. V. **Goule, strige.** ♦ 2° Fig. (1760). Vieilli. Suceur de sang, homme avide d'argent. « *Hors du trône, tyrans! à la tombe, vampires!* » (HUGO). ◇ (1835) Assassin coupable de nombreux crimes, meurtrier cruel. ♦ 3° (1761). Grande chauve-souris de l'Amérique du Sud, surtout insectivore, qui suce aussi le sang des animaux pendant leur sommeil.

VAMPIRIQUE [vãpiʀik]. *adj.* (fin XVIIIe ; de *vampire*). Littér. Relatif aux vampires; qui ressemble aux vampires.

VAMPIRISME [vãpiʀism(ə)]. *n. m.* (1771; de *vampire*). ♦ 1° Vx. Faits attribués aux vampires, croyance à leur activité. ♦ 2° Psychiatr. (1891). Perversion sexuelle dans laquelle l'agresseur saigne sa victime.

1. **VAN** [vã]. *n. m.* (1175; lat. *vannus*). Sorte de panier à fond plat, large, muni de deux anses, qui sert à vanner. « *Françoise prenait le grand van d'osier...* » (BOSCO). ◇ HOM. V. **Van** 2.

2. **VAN** [vã]. *n. m.* (1904; mot angl.). Voiture, fourgon servant au transport des chevaux de course. ◇ HOM. **Van** (1), vent.

VANADINITE [vanadinit]. *n. f.* (1884; de *vanadium*). Minér. Combinaison naturelle du plomb avec le chlore et le vanadium.

VANADIQUE [vanadik]. *adj.* (1831; de *vanadium*). Chim. Se dit des dérivés du vanadium pentavalent.

VANADIUM [vanadjɔm]. *n. m.* (1842; lat. sc. 1830; de *Vanadis,* divinité scandinave). Chim. Métal blanc (symb. V ; n° at. 23; masse at. 50,942; dens. 6,11) relativement rare, disséminé dans un grand nombre de minéraux et de roches diverses (argiles, basaltes, etc.). *Aciers au vanadium* (*ferrovanadium*) d'élasticité et de charge de rupture élevées. *Oxyde de vanadium,* utilisé comme catalyseur dans la synthèse industrielle de l'anhydride sulfurique.

VANDA [vãda]. *n. f.* (1845; lat. bot., d'hindi). Plante épiphyte de l'Inde et de l'Océanie, orchidée à grandes fleurs bleues ou brunes, tachetées de pourpre.

VANDALE [vãdal]. *n.* (XIIIe ; lat. *Vandalus*). ♦ 1° Membre d'un peuple germanique originaire de la région de l'Oder, qui, au Ve siècle, envahit et dévasta la Gaule, l'Espagne du Sud et l'Afrique du Nord. ♦ 2° Fig. (1732). Destructeur brutal, ignorant. *La collection a été saccagée par des vandales.* — Adj. « *Le beau badigeonnage jaune dont nos vandales archevêques ont barbouillé leur cathédrale...* » (HUGO).

VANDALISME [vãdalism(ə)]. *n. m.* (1793; de *vandale*). Tendance à détruire stupidement, à détériorer, par ignorance, des œuvres d'art. *Actes de vandalisme.* « *Le vandalisme a rasé Saint-Magloire,... détruit le cloître des Jacobins* » (HUGO).

VANDOISE [vãdwaz]. *n. f.* (XIIe ; gaul. °*vindisia,* de °*vindos* « blanc »). Poisson d'eau douce très proche du chevesne. V. **Dard** (2).

VANESSE [vanɛs]. *n. f.* (1827; lat. sc. *vanessa,* o. i.). Papillon diurne aux riches couleurs, au vol rapide. V. **Morio, paon** (de jour).

VANILLE [vanij]. *n. f.* (1664; esp. *vainilla,* dimin. de *vaina,* lat. *vagina* « gaine »). ♦ 1° Fruit du vanillier, gousse très allongée qui, séchée, devient noire et aromatique. Plus cour. *Gousse de vanille.* ♦ 2° Substance aromatique contenue dans ce fruit, utilisée en confiserie et en pâtisserie. *Crème, glace à la vanille.* ♦ 3° Synonyme de *Vanillier*.

VANILLÉ, ÉE [vanije]. *adj.* (1845; de *vanille*). Aromatisé avec de la vanille naturelle. *Sucre, chocolat vanillé.*

VANILLIER [vanije]. *n. m.* (1764; de *vanille*). Plante des régions tropicales *(Orchidées)*, épiphyte, à tige grimpante, dont le fruit est la vanille. — On dit aussi *Vanille*.

VANILLINE [vanilin]. *n. f.* (1872; de *vanille*). *Chim.* Aldéhyde phénolique qui cristallise sous forme d'aiguilles blanches, présent avec d'autres parfums plus fins dans les gousses de vanille, et utilisé comme succédané de la vanille.

VANILLISME [vani(l)lism(ə)]. *n. m.* (1903; de *vanille*). *Méd.* Intoxication provoquée par la manipulation ou l'ingestion de la vanille.

VANILLON [vanijɔ̃]. *n. m.* (1845; de *vanille*). *Comm.* Variété inférieure de vanille du Mexique et des Antilles, à petites gousses.

VANITÉ [vanite]. *n. f.* (déb. XIIᵉ; lat. *vanitas*). ♦ 1° Défaut d'une personne vaine, satisfaite d'elle-même et étalant cette satisfaction. V. **Complaisance, fatuité, jactance, orgueil, ostentation, prétention, suffisance.** *Flatter, ménager la vanité de qqn.* « *On peut faire faire tout, à la plupart des hommes, en les prenant par la vanité* » (MONTHERLANT). « *Un rôle... qu'on joue jusqu'à la mort, par vanité* » (ROMAINS). « *Comme un renseigné tire vanité des secrets qu'il détient* » (PROUST), qui en tire un sujet de vanité. V. **Glorifier** (se). « *Les femmes modestes qui n'ont pas la vanité de vouloir être admirées* » (MARIVAUX). Ellipt. *Sans vanité, soit dit sans vanité, sans vouloir me vanter.* ◇ Manifestation de ce défaut. « *Ces légères vanités innocentes étaient son plus grand plaisir* » (MAUPASS.). ♦ 2° Vieilli. Caractère de ce qui est vain (2°), frivole, insignifiant; chose futile, illusoire. V. **Fragilité, frivolité, futilité, inconsistance, insignifiance, néant, vide.** « *Que je songeasse à la vanité des grandeurs humaines parmi ces tombeaux dévastés...* » (CHATEAUB.). « *Un vaste monastère... où l'on appelait vanité ce que les autres hommes poursuivent* » (RENAN). ◈ ANT. *Modestie, simplicité; utilité, valeur.*

VANITEUSEMENT [vanitøzmɑ̃]. *adv.* (1ʳᵉ moitié XIXᵉ; de *vaniteux*). Avec vanité.

VANITEUX, EUSE [vanitø, øz]. *adj.* (1743; de *vanité* [1°]). Plein de vanité (1°). V. **Infatué, orgueilleux, prétentieux, suffisant.** *Il est vaniteux comme un paon.* « *Cette raideur vaniteuse* » (STE-BEUVE). Subst. « *Le vaniteux se contente de signes menteurs* » (ALAIN). V. **Fat.** ◇ ANT. *Modeste.*

VANITY-CASE [vaniti(e)kɛz]. *n. m.* (1967; mot anglo-amér., de *vanity* « vanité », employé dans des comp. avec cette valeur, et *case* « valise »). *Américanisme.* Petite valise ou sac rigide destiné(e) aux objets de toilette féminins.

1. **VANNAGE** [vanaʒ]. *n. m.* (1293; de *vanner* 1). Action de vanner les grains.

2. **VANNAGE** [vanaʒ]. *n. m.* (1293; de *vanne* 1). Ensemble et disposition des organes mobiles ou vannes qui règlent l'écoulement des fluides.

1. **VANNE** [van]. *n. f.* (1274; lat. médiév. *venna*, p.-ê. d'o. celt.). Panneau vertical mobile disposé dans une canalisation pour en régler le débit. *Vannes d'une écluse, d'un moulin.* « *De l'eau sagement distribuée dans les rigoles maintenues par des vannes* » (BALZ.).

2. **VANNE** [van]. *n. m.* ou *f.* (1883; de *vanner* 1). *Pop.* Remarque ou allusion désobligeante à l'adresse de qqn. *Lancer des vannes.*

VANNÉ, ÉE. V. **VANNER** (1).

VANNEAU [vano]. *n. m.* (XIVᵉ; *vaniel*, déb. XIIIᵉ; de *van* 1, probabl. à cause du bruit des ailes). ♦ 1° Oiseau échassier de la taille du pigeon, à huppe noire. ♦ 2° *Fauconn.* Grandes plumes des ailes, et *spécialt.* Plumes d'essor des oiseaux de proie.

VANNELLE [vanɛl]. *n. f.* (1907; de *vanne* 1). Petite vanne d'écluse. ◇ Petite valve d'une conduite d'eau.

1. **VANNER** [vane]. *v. tr.* (1100; lat. méd. *vannare*, class. *vannere*). ♦ 1° Secouer dans un van (les grains), de façon à les nettoyer en les séparant de la paille, des poussières et des déchets. *Vanner du blé.* ♦ 2° *Fig.* (1526; « poursuivre, tourmenter, railler », en a. fr.). Accabler de fatigue. V. **Harasser.** « *Moi, la campagne, ça me vanne... Oui, mais c'est une fatigue saine!* » (COLETTE). ◇ *Au p. p.* Épuisé de fatigue. V. **Fatigué, moulu.** *Je suis vanné.*

2. **VANNER** [vane]. *v. tr.* (1694; de *vanne* 1). *Techn.* Garnir de vannes.

VANNERIE [vanri]. *n. f.* (1680; « atelier de vannier », 1642; de *vannier*). ♦ 1° Métier de vannier; industrie qui fabrique des objets tressés avec des fibres végétales, des tiges. V. **Lacerie.** ♦ 2° Objets ainsi fabriqués. *Grosse vannerie* (corbeilles, paniers, vans). *Vannerie fine, de fantaisie.*

VANNET [vane]. *n. m.* (1732; h. *venet*, a. fr., dimin. de *venne* [1437], de *venna*. V. **Vanne**). Filet de pêche qu'on tend sur le bord de la mer pour qu'il soit recouvert par le flux.

VANNEUR, EUSE [vanœr, øz]. *n.* (1538; *vanere*, 1260; de *vanner* 1). Personne qui vanne les grains. ◇ *N. f.* Tarare.

VANNIER [vanje]. *n. m.* (1530; « fabricant de *vans* », fin XIIIᵉ; de *van* 1). Ouvrier qui travaille l'osier, le rotin, etc., pour la fabrication d'objets de vannerie.

VANNURE [vanyr]. *n. f.* (1372; de *vanner* 1). Matières (balle, paille) séparées du grain par le vannage.

VANTAIL, AUX [vɑ̃taj, o]. *n. m.* (*Ventail*, déb. XIVᵉ; *ventaile* « volet », mil. XIIIᵉ; de *vent*). Panneau mobile. V. **Battant.** *Les vantaux d'une fenêtre, d'une armoire.* « *D'un côté de la galerie s'ouvrent les doubles vantaux des hautes portes* » (THARAUD).

VANTARD, ARDE [vɑ̃tar, ard(ə)]. *adj.* (1592; de *vanter*). Qui a l'habitude de se vanter. V. **Bluffeur, fanfaron, hâbleur.** *Il « était vantard, grand parleur* » (BALZ.). Subst. *Quel vantard!*

VANTARDISE [vɑ̃tardiz]. *n. f.* (1ʳᵉ moitié XIXᵉ; de *vantard*). Caractère ou propos de vantard. V. **Bluff, fanfaronnade, forfanterie.** « *Sans rodomontade et vantardise à l'espagnole ou à la gasconne* » (GAUTIER).

VANTER [vɑ̃te]. *v.* (1080, à la forme pronom.; lat. ecclés. *vanitare*, de *vanitas*. V. **Vanité**).
I. *V. tr.* Parler très favorablement de (qqn ou qqch.), en louant publiquement et avec excès. V. **Célébrer, exalter.** « *Il mettait la conversation sur les rares qualités... de Camille; il vantait sa victime* » (ZOLA). « *Les femmes dont les hommes vantent la beauté et la grâce* » (GAUTIER). « *Il lui vanta la nature et la solitude* » (FRANCE).
II. *V. pron.* ♦ 1° Absolt. Exagérer ses mérites ou déformer la vérité par vanité. « *La petite assure... qu'elle a su se défendre. Je parierais bien qu'elle se vante* » (LACLOS). Ellipt. *Sans me vanter, soit dit sans me vanter, sans vanité.* ♦ 2° *Se VANTER DE* : tirer vanité, se glorifier de (qqch. de vrai ou de faux). « *Ces fanfarons qui se vantent du bien qu'ils n'ont point fait* » (LESAGE). Fam. *Il ne s'en est pas vanté*, il l'a caché, il n'en a pas parlé. *Tu n'as pas à t'en vanter, il n'y a pas de quoi se vanter*, ce n'est pas très glorieux. *Et je m'en vante! Il se vantait d'avoir le travail facile* » (P.-L. COUR.). ◇ *Se déclarer, par vanité, capable de...* V. **Flatter** (se), **fort** (se faire), **prétendre, targuer** (se). « *Nul ne peut se vanter de se passer des hommes* » (SULLY PRUDHOMME).
◇ ANT. *Abaisser, dénigrer; excuser* (s'). — HOM. *Venter.*

VA-NU-PIEDS [vanypje]. *n. invar.* (1615; proprem. « [qui] *va nu-pieds* »). Misérable qui vit en vagabond. V. **Gueux.** « *Un bohémien, un va-nu-pieds, une espèce de mendiant dangereux* » (HUGO). *Avoir l'air d'un va-nu-pieds*, être dégue-nillé, sale. *Une va-nu-pieds.*

VAPE [vap]. *n. f.* (1935; abrév. arg. de *vapeur*). *Pop.* Hébétude due à un choc, un malaise, une drogue... *Être dans la vape, dans les vapes.*

1. **VAPEUR** [vapœr]. *n. f.* (XIIIᵉ; lat. *vapor*). ♦ 1° Amas visible, en masses ou traînées blanchâtres, de très fines et légères gouttelettes d'eau. V. **Brouillard, brume, nuage.** « *Les vapeurs revenant sur l'horizon... en amoncellement de ouates grises* » (LOTI). « *Cette vapeur menue, qui,... glissait sur les maisons et les rues à la façon d'un fleuve qui coule* » (MAUPASS.). ♦ 2° *Vapeur d'eau*, ou absolt. *Vapeur*, eau à l'état gazeux, état normal de l'eau au-dessus de son point d'ébullition. Utilisation industrielle de la vapeur comme force. *Machine à vapeur. Locomotive, bateau à vapeur.* Loc. fam. *Homosexuel à voile* et à vapeur. *Renverser la vapeur*, la faire agir sur l'autre face du piston, afin d'inverser le sens de la marche de la machine (ce qui a pour premier effet de freiner le mouvement). *Fig.* Arrêter net une action qui se développait dans un sens dangereux et la mener dans un sens opposé. — *À toute vapeur*, en utilisant toute la vapeur possible, à toute vitesse. « *Les trains... se dirigeaient à toute vapeur sur Paris* » (NERVAL). Fam. *Faire qqch. à la vapeur*, à la hâte, en se pressant. — *Bain de vapeur.* V. **Étuve.** *Pommes de terre cuites à la vapeur* (ellipt. *Pommes-vapeur*). *Repassage à la vapeur.* ♦ 3° (XVIᵉ). Vieilli. Toute espèce d'exhalaison de corps liquides ou solides. V. **Émanation, fumée, gaz.** « *Comme un encens allumé qui se dissipe en vapeur* » (FLAUB.). ◇ *Méd. anc.* (XVIIᵉ) Exhalaison provenant des humeurs. — Vieilli (Cour.). *Au plur.* Malaise supposé provenir de ces exhalaisons et montant au cerveau. *Avoir ses vapeurs.* « *Madame Prune... avait été prise de pâmoisons et de vapeurs* » (LOTI). *Vapeurs de l'ivresse.* « *Les vapeurs enivrantes de l'orgueil* » (ROUSS.). ♦ 4° *Phys.* et *Chim.* Substance à l'état gazeux au-dessous de sa température critique; en particulier, gaz dont le point de condensation, sous la pression atmosphérique, se trouve au-dessous de la température ordinaire. *Vapeur d'eau, d'essence. Pression, tension de vapeur. Vapeur saturante*. *Condensation de la vapeur. Point critique des vapeurs*, pour lequel elles présentent la même densité que le liquide. *Vapeur sèche*, sans son liquide générateur. *Densité d'un gaz* par rapport à celle de l'hydrogène ou de l'air.

2. **VAPEUR** [vapœr]. *n. m.* (1842; n. f., 1828; ellipse de *bateau à vapeur*). Bateau à vapeur. « *Quatre ou cinq*

grands vapeurs anglais chargés de charbon » (MAUPASS.).

VAPOCRAQUAGE [vapɔkrakaʒ]. *n. m.* (1973; de *vapo-*, de *vapeur*, et *craquage*). *Techn.* Craquage* d'un hydrocarbure en présence de vapeur d'eau (équivalent français de l'angl. *steam cracking*).

VAPOREUSEMENT [vapɔrøzmɑ̃]. *adv.* (1862; de *vapo-reux*). *Rare.* Avec qqch. de vaporeux. « *Je n'ai encore rien vu en peinture d'aussi vaporeusement lumineux* » (GONCOURT).

VAPOREUX, EUSE [vapɔrø, øz]. *adj.* (XIVᵉ; lat. *vaporosus*). ♦ 1º *Littér.* Où la présence de la vapeur est sensible; que des vapeurs couvrent, voilent. V. **Nébuleux.** « *Les horizons de mer légèrement vaporeux* » (CHATEAUB.). — *Peint. Lointain vaporeux*, aux contours incertains comme s'il était voilé de vapeurs. V. **Flou, fondu; sfumato.** ♦ 2º Qui est léger, fin et transparent, quasi immatériel. V. **Aérien.** « *Une folle petite tête ébouriffée en blond, toute vaporeuse dans les dentelles* » (DAUD.).

VAPORISAGE [vapɔrizaʒ]. *n. m.* (1887; de *vaporiser*). *Techn.* Opération consistant à soumettre des textiles à l'action de la vapeur, en vue de donner de l'apprêt, de fixer les couleurs, etc.

VAPORISATEUR [vapɔrizatœr, tris]. *n. m.* (1903; « inhalateur », 1824; du rad. de *vaporisation*). Petit pulvérisateur. *Vaporisateur à parfum.* V. **Atomiseur, nébuliseur.**

VAPORISATION [vapɔrizasjɔ̃]. *n. f.* (1756; du lat. *vapor*; Cf. Vaporiser). ♦ 1º *Phys.* Passage d'une substance de l'état liquide à l'état gazeux sous l'effet de la chaleur. V. **Ébullition, évaporation**; *et aussi* **Sublimation, volatilisation.** *Vaporisation dans le vide. Chaleur de vaporisation.* V. **Pulvérisation.** ♦ 2º Action de vaporiser (2º). V. **Pulvérisation.**

VAPORISER [vapɔrize]. *v. tr.* (1789; du lat. *vapor*). ♦ 1º *Didact.* Opérer la vaporisation de... V. **Gazéifier.** — *Pronom. Liquide qui se vaporise à telle température.* ♦ 2º (1866). Disperser et projeter en fines gouttelettes. V. **Pulvériser.** « *Elle vaporisait sur elle son parfum de santal* » (COLETTE). ♦ 3º *Poét.* Revêtir d'un aspect vaporeux. « *La rêverie qui multiplie et vaporise tout* » (THIBAUDET).

VAQUER [vake]. *v.* (1265; lat. *vacare*, proprem. « être vide »). ♦ 1º V. intr. *(Vieilli).* Être vacant, sans titulaire. « *Le roi percevait les fruits de la vacance, on pouvait être sûr que les sièges vaqueraient longtemps* » (MICHELET). ♦ (1636) *Admin.* Être en vacances. *Les classes vaqueront de telle date à telle date.* ♦ 2º *V. tr. indir.* (Déb. XIVᵉ) VAQUER À : s'occuper de..., s'appliquer à... « *Pour vaquer aux affaires publiques* » (ROUSS.). « *Elle vaquait aux soins du ménage* » (BALZ.).

VAR [var]. *n. m.* (1948; initiales de volt ampère réactif). *Phys.* Unité de puissance réactive, correspondant à un courant alternatif de 1 ampère sous une chute de tension de 1 volt.

VARAIGNE [varɛɲ]. *n. f.* (*Varengne*, 1580; probabl. forme dial. de *varenne*, var. de *garenne*). *Région.* Ouverture par laquelle l'eau de mer entre dans un marais salant.

VARAN [varɑ̃]. *n. m.* (1839; lat. zool. *varanus*, de l'arabe *waran*, var. de *waral* « lézard géant »). *Zool.* Reptile saurien, carnivore, de l'Afrique et de l'Asie, pouvant atteindre 2 à 3 m de long. ◇ HOM. *Warrant.*

1. VARANGUE [varɑ̃g]. *n. f.* (1382; mot germ.; Cf. néerl. *Vrang*). *Mar.* Pièce courbe ou fourchue placée sur la quille, symétriquement à l'axe du bâtiment et qui est prolongée par les allonges.

2. VARANGUE [varɑ̃g]. *n. f.* (1857; du port. *barandra*; V. **Véranda**). *Ancienn.* Sorte de véranda, en usage dans les anciens Établissements français de l'Inde, etc.

VARAPPE [varap]. *n. f.* (1925; de *varapper*). Ascension d'un couloir rocheux, d'une paroi abrupte, en montagne.

VARAPPER [varape]. *v. intr.* (1898; de *Varappe*, nom d'un couloir rocheux du Salève, près de Genève). Faire de la varappe.

VARAPPEUR [varapœr]. *n. m.* (1966; de *varappe*). Alpiniste qui fait de la varappe. « *Les varappeurs du dimanche sont à pied d'œuvre* » (*Science et Vie*, 1974).

VARECH [varɛk]. *n. m.* (1369; *warec*, *verec*, XIIᵉ; a. scand. *vagrek*). Nom des algues, goémons, fucus..., rejetés par la mer et qu'on récolte sur le rivage, notamment pour les utiliser comme engrais. ◇ Nom commun des *Phéophycées.*

VAREUSE [varøz]. *n. f.* (1784; de *varer*, var. norm. de *garer*). ♦ 1º Blouse courte en grosse toile, que mettent les marins, les pêcheurs pour protéger leurs vêtements. ♦ 2º (1872). Veste de certains uniformes. « *Un galon noir et rouge cousu sur les manches de la vareuse* » (MAC ORLAN). — Veste assez ample (d'intérieur, de sport...). V. **Caban.**

VARHEURE [varœr]. *n. m.* (v. 1960; de *var*, et *heure*). *Électr.* Unité d'énergie réactive correspondant à la mise en jeu d'une puissance de 1 var pendant une heure.

VARHEUREMÈTRE [varœrmetr(ə)]. *n. m.* (1964; de *varheure*, et *-mètre*). *Techn., Sc.* Appareil de mesure de l'énergie réactive.

VARIA [varja]. *n. m. pl.* (1872; mot lat. « choses variées »).

♦ 1º *Didact.* Recueil d'œuvres variées. ♦ 2º (1973). Article ou reportage se rapportant à des sujets variés et souvent anecdotiques (T. d'agence de presse; équivalent de l'angl. *features*).

VARIABILITÉ [varjabilite]. *n. f.* (déb. XVᵉ; *variableté*, XIVᵉ; de *variable*). ♦ 1º Caractère de ce qui est variable. *Variabilité du temps, des goûts; d'une grandeur.* ♦ 2º *Biol.* Grandeur qui mesure l'ampleur des variations d'un caractère. ◇ ANT. *Constance, immutabilité, invariabilité.*

VARIABLE [varjabl(ə)]. *adj.* (fin XIIᵉ; lat. *variabilis*), ♦ 1º Qui est susceptible de se modifier, de changer souvent au cours d'une durée. V. **Changeant, incertain, instable.** *Temps variable. Subst.* (Météo) *Le variable*, désignation sur un baromètre, des limites de pression qui correspondent en un lieu à une forte probabilité de changement rapide dans l'état de l'atmosphère. — *Vent variable*, qui change souvent de direction ou d'intensité. ◇ *Sc.* (1704) Qui prend, peut prendre plusieurs valeurs distinctes. *Grandeur, quantité variable.* — *Subst.* (1765) UNE VARIABLE : symbole ou terme auquel on peut attribuer plusieurs valeurs numériques différentes. « *Une fonction d'une variable, une correspondance entre deux variables mathématiques* » (BOUTROUX). ◇ *Statist. Variable aléatoire*, ensemble des événements élémentaires probables, exprimés par des nombres réels. — *Phys., Chim.* Facteur dont dépend l'état d'un système. *Variable de position, de tension.* ◇ *Gram.* (1798) *Mot variable*, dont la forme est susceptible de se modifier (par changement de désinence, etc.). *Mot variable en genre et en nombre.* ♦ 2º Qui prend plusieurs valeurs, plusieurs aspects, selon les cas individuels, ou selon les circonstances. « *Cette part est variable : elle peut aller, selon les maisons, de 30 à 50 %* » (DUHAM.). ♦ 3º Qui présente ou peut présenter des transformations, se réaliser diversement. « *Les règles du beau sont éternelles..., les formes en sont variables* » (E. DELACROIX). ♦ 4º Qui est conçu, fabriqué pour subir des variations. *Lentilles à foyer variable.* ◇ ANT. *Constant, immuable, invariable.*

VARIABLEMENT [varjabləmɑ̃]. *adv.* (XIVᵉ; de *variable*). *Rare.* D'une manière variable, inégale. V. **Inégalement.**

VARIANCE [varjɑ̃s]. *n. f.* (1941; de *-variant* dans *invariant, covariant*). ♦ 1º *Sc.* Nombre de conditions définissant un système physique ou chimique et que l'on peut faire varier arbitrairement sans détruire l'état d'équilibre du système. ♦ 2º *Statist.* Moyenne des carrés des écarts* [2º] (d'une grandeur par rapport à sa valeur moyenne, caractérisant sa fluctuation ou sa dispersion*). *L'écart type, racine carrée de la variance.*

VARIANTE [varjɑ̃t]. *n. f.* (1718; de *variant*, vx, 1382 « changeant », de *varier*). ♦ 1º Leçon* (III) différente de la leçon principale et admise d'un texte; différence selon les versions. *Édition critique d'un texte accompagné des variantes.* ◇ Moyen d'expression (mot, tour, prononciation) qui s'écarte d'une référence d'un type (pour des raisons stylistiques, de milieu, etc.). *Variante dialectale. Variante stylistique.* ◇ Forme ou solution légèrement différente mais voisine. « *De nouvelles expériences ne sont que des variantes des miennes* » (PASTEUR). ◇ Manière de commencer une partie, aux échecs. *Début riche en variantes.* ♦ 2º (1842). Au plur. *(Région.).* Condiments variés, pickles.

VARIATEUR [varjatœr]. *n. m.* (1904; du rad. de *variation*). *Mécan. Variateur de vitesse*, appareil permettant de transmettre le mouvement d'un arbre à un autre arbre en modifiant la vitesse de rotation de ce dernier.

VARIATION [varjasjɔ̃]. *n. f.* (1314; lat. *variatio*). ♦ 1º État de ce qui varie au cours d'une durée; suite des changements qui affectent ce qui varie. V. **Changement, évolution.** « *La variation du regard en vitesse, en direction, en durée* » (VALÉRY). « *La variation de la conduite des femmes qui ne nous aiment pas* » (PROUST). — *Biol.* « *La thèse darwiniste des variations insensibles* » (BERGSON). ◇ *Astron.* L'une des inégalités du mouvement de la Lune. — *Phys. Variation de la masse* (du corpuscule). ◇ *Mar. Variation de l'aiguille* aimantée, *du compas*, l'angle formé par l'aiguille et le méridien géographique (somme algébrique de la déviation et de la déclinaison). ♦ 2º Passage d'un état à un autre; différence entre deux états successifs. V. **Modification.** « *L'histoire, qui tient un registre si exact des variations morales* » (TAINE). — Changement d'opinion. « *Histoire des variations des Églises protestantes* » (BOSS.). ♦ 3º *Sc.* Écart entre deux valeurs numériques d'une quantité variable; modification de la valeur d'une quantité ou d'une grandeur. V. **Dispersion, variance.** *Variations de température. Variations d'intensité* (d'un courant, etc.). V. **Inégalité.** *Variations d'un champ électrique, magnétique.* — *Méthode des variations concomitantes*, par laquelle on induit, de la variation simultanée de deux phénomènes, qu'il y a une connexion causale entre eux. ◇ *Différentielle totale d'une fonctionnelle** [2º] (en général, une intégrale définie). *Calcul des variations.* ♦ 4º *Mus.* (1703). Modification d'un thème par un procédé quelconque (transposition modale, changement de rythme, modifications mélodiques). ◊ Composition formée d'un thème et de la suite de ses modifications. *Variations pour piano* (Mozart, Haydn, Beethoven...).

VARICE [vaʀis]. *n. f.* (1314; lat. *varix, icis*). Dilatation permanente d'une veine. *Varice interne*, située profondément dans les tissus. *Varices à l'anus.* V. **Hémorroïdes.** *Bas à varices. Relatif aux varices.* V. **Variqueux.**

VARICELLE [vaʀisɛl]. *n. f.* (1764; de *variole*, d'apr. les dimin. lat. en *-cellus, -cella*). Maladie infectieuse, contagieuse, d'origine virale, caractérisée par une éruption en plusieurs poussées de papules et vésicules dont le contenu devient trouble, qui s'aplatissent au centre et se couvrent de petites croûtes.

VARICOCÈLE [vaʀikɔsɛl]. *n. f.* (1716; du rad. de *varice*, et *-cèle*). Dilatation variqueuse des veines du cordon spermatique, ou des veines ovariennes.

VARIÉ, ÉE [vaʀje]. *adj.* (mil. XVIᵉ; *veirié*, XIIᵉ; de *varier*) ♦ 1° Qui présente plusieurs teintes, n'est pas de couleur unie. V. **Bigarré.** « *L'écorce variée des pastèques* » (CHATEAUB.). ◊ (XVIIᵉ) Qui présente des aspects ou des éléments distincts. V. **Divers,** et préf. **Diversi-, multi-, poly-.** « *Au répertoire varié des rapins* » (COURTELINE). « *Ta composition... est riche, plaisante, variée* » (DIDER.). — *Un programme de musique variée. Terrain varié, accidenté.* — Phys. *Mouvement uniformément varié* (accéléré ou retardé). ♦ 2° *(Au plur.).* Qui sont nettement distincts, différents les uns des autres et donnent une impression de diversité. V. **Divers, multiple.** « *S'étant lancée... dans des considérations variées* » (COURTELINE). « *Les détails... sont assez nombreux et variés* » (STE-BEUVE). *Des menus peu variés. Hors-d'œuvre variés.* ♦ 3° *Mus.* Qui comporte des variations*. *Air, thème varié.* ◊ ANT. **Monotone.**

VARIER [vaʀje]. *v.* (mil. XIIᵉ; lat. *variare*). I. *V. tr.* ♦ 1° Donner à (une seule chose) plusieurs aspects distincts, en changeant à plusieurs reprises certains de ses caractères; rendre divers. V. **Diversifier.** « *Quoiqu'on eût... cherché à varier le style* » (HUGO). Fam. *Varier la sauce*. ♦ 2° Rendre (plusieurs choses) nettement distinctes, diverses. « *Elle ne songe... qu'à varier ses plaisirs* » (GAUTIER). V. **Changer.** Iron. *Pour varier les plaisirs :* en passant d'un ennui à l'autre. **II.** *V. intr.* (Fin XIIᵉ). ♦ 1° Présenter au cours d'une durée plusieurs modifications; changer souvent. V. **Modifier** (se). « *Comme les traits du même homme varient* » (BERNARD. de ST-P.). — *(Personnes)* Ne pas conserver la même attitude, les mêmes opinions. « *Souvent femme varie* » (HUGO). ◊ *Sc.* Présenter ou plusieurs variations. *L'évaporation « varie en fonction inverse de l'humidité atmosphérique* » (MARTONNE). — *Faire varier une donnée :* en modifier la valeur, ne plus la considérer comme constante. ♦ 3° Se réaliser sous les formes différentes, diverses. *Les coutumes varient selon les lieux. Le prix varie du simple au double.* « *Les opinions d'aimer et de vivre Varient comme font les saisons* » (ARAGON). *Les opinions varient sur ce point.* V. **Différer.** ◊ ANT. **Fixer** (se).

VARIÉTAL, ALE, AUX [vaʀjetal, o]. *adj.* (XXᵉ; de *variété*; Cf. Racial). *Didact.* D'une variété, en sciences. *Caractères spécifiques* (de l'espèce) *et caractères variétaux*.

VARIÉTÉ [vaʀjete]. *n. f.* (XIIᵉ; lat. *varietas*). ♦ 1° *Vx.* Variation, changement. « *Quelque incertitude et quelque variété qui paraisse dans le monde* » (LA ROCHEF.). ♦ 2° Caractère d'un ensemble formé d'éléments variés; différences qui existent entre ces éléments. V. **Diversité.** « *Si je visite toute une galerie de coquilles, j'observe une merveilleuse variété* » (VALÉRY). « *Le machinisme travaille contre la variété* » (DANIEL-ROPS). ◊ Qualité d'une création artistique qui donne une impression de changement, de renouvellement. « *Unité dans l'aspect et variété infinie dans le détail* » (GAUTIER). ♦ 3° (1690). Subdivision de l'espèce, délimitée par la variation de certains caractères individuels. V. **Type.** « *Ne cultiver que deux variétés de pommes* » (DUHAM.). — Fig. « *Toutes les espèces du sacrilège, toutes les variétés de l'attentat* » (HUGO). V. **Forme.** ♦ 4° (1798). Au plur. Titre de divers recueils contenant des morceaux sur des sujets variés. V. **Mélange(s).** *Variétés,* de Valéry. ◊ *Théâtre des Variétés* (1807), théâtre dont le répertoire était surtout composé de bouffonneries, de vaudevilles. — (1913) *Spectacles de variétés,* comprenant des attractions variées (V. **Music-hall**). « *Je l'avais vue sur une des grandes scènes de variétés d'une capitale* » (LARBAUD). *Émission de variétés* (radio, télé), composée de chansons, saynètes, numéros variés. ♦ 5° *Math.* Ensemble des éléments d'un espace* abstrait. ◊ ANT. **Monotonie,** *uniformité*.

VARIOCOUPLEUR [vaʀjɔkuplœʀ]. *n. m.* (mil. XXᵉ; de *vario-* [Cf. Variomètre], et *coupleur*). *Électr.* Appareil formé d'enroulements à taux de couplage variable.

VARIOLE [vaʀjɔl]. *n. f.* (1761; *varioles,* XIVᵉ; bas lat. méd. *variola,* dimin. de *varus* « pustule » avec attract. de

varius « tacheté »). Maladie infectieuse, épidémique et contagieuse, grave, d'origine virale, caractérisée par une éruption généralisée qui passe rapidement par le stade de papules, vésicules et pustules dont la cicatrisation laisse des marques indélébiles. V. **Vérole** (petite); **picote** (vx). *Vaccination contre la variole.* V. **Vaccine.** *Variole des ovidés.* V. **Clavelée.**

VARIOLÉ, ÉE [vaʀjɔle]. *adj.* (1829; de *variole*). Marqué de la variole.

VARIOLEUX, EUSE [vaʀjɔlø, øz]. *adj.* (1766; de *variole*). Qui a la variole. Subst. *Salle des varioleux.*

VARIOLIQUE [vaʀjɔlik]. *adj.* (1764; de *variole*). Relatif à la variole. *Éruption variolique.*

VARIOLISATION [vaʀjɔlizasjɔ̃]. *n. f.* (1876; de *variole*). *Hist. méd.* Inoculation prophylactique de la variole, par le déclenchement d'une variole bénigne et immunisation ultérieure.

VARIOMÈTRE [vaʀjɔmɛtʀ(ə)]. *n. m.* (1924; du rad. de *varier,* et suff. *-mètre*). *Électr.* Appareil servant à la mesure des inductances (par variation entre deux limites de la self-induction). ◊ *Aviat.* Instrument de mesure des vitesses ascensionnelles.

VARIORUM [vaʀjɔʀɔm]. *adj. invar.* (1842; n. m., « édition variorum », 1721; abrév. de la loc. lat. *cum notis variorum scriptorum* « avec les notes de plusieurs commentateurs »). *Didact. Édition variorum,* avec des notes et des commentaires.

VARIQUEUX, EUSE [vaʀikø, øz]. *adj.* (1520; *variceux,* v. 1370; lat. *varicosus*). Relatif aux varices, qui présente des varices. *Ulcère variqueux.* — Qui souffre de varices *(personnes).*

VARLET [vaʀlɛ]. *n. m.* (XIIIᵉ; var. de *vaslet, valet*). *Vx* (a. et moy. fr.) ou *archaïsme.* Valet.

VARLOPE [vaʀlɔp]. *n. f.* (1660; *vrelope,* fin XVᵉ; néerl. *voorloper*). Grand rabot à poignée, qui se manie à deux mains. « *Un menuisier chantait, accompagné par les sifflements réguliers de sa varlope...* » (ZOLA).

VARLOPER [vaʀlɔpe]. *v. tr.* (1836; *vrelopper,* 1546; de *varlope*). Menuis. Travailler (dresser, planer 1) à la varlope (le bois). V. **Raboter.**

VAR(R)ON [vaʀɔ̃]. *n. m.* (1923; « bouton », 1605; mot dial., a. prov., du lat. *varus* « pustule »). *Vétér.* Tumeur avec perforation, sur la peau des bovins, provoquée par la larve de l'hypoderme; cette larve.

VARUS [vaʀys]. *adj.* et *n. m. inv.* (1839; mot lat.). *Méd.* Se dit du pied, du genou, de la cuisse, de la main, quand ils sont tournés en dedans (opposé à *valgus*). V. **Équin.** *Pied bot, tibia varus.* REM. Dans les expr. du lat. anat. *varus* s'accorde au subst. : *Tibia vara, coxa vara. Genu varum.* — Subst. *Un varus* (un pied bot varus).

VARVE [vaʀv(ə)]. *n. f.* (mil. XXᵉ; en méd., 1910; du suéd. *varv* « révolution périodique »). *Géol.* Mince lit de vase. *Dépôts à varves.*

VASARD, ADE [vɑzaʀ, aʀd(ə)]. *adj.* et *n. m.* (1694; de *vase* 2). *Région.* Formé de sable mêlé de vase. V. **Vaseux.** *Côte vasarde.* ◊ N. m. Fond de vase molle.

VASCULAIRE [vaskylɛʀ]. *adj.* (1721; du lat. *vasculum,* dimin. de *vas.* V. **Vase** 1). *Anat.* et *méd.* Relatif aux vaisseaux, qui appartient aux vaisseaux. *Système vasculaire,* ensemble des vaisseaux de l'organisme : artères*, veines*, lymphatiques*. *Nævus vasculaire :* angiome. ◊ *Bot.* (1807) *Tissu vasculaire,* dont certaines cellules sont différenciées en vaisseaux. *Plantes vasculaires,* végétaux supérieurs à tige, racine et feuilles (*opposé à* plantes cellulaires).

VASCULARISATION [vaskylaʀizasjɔ̃]. *n. f.* (1850; de *vascularisé*). *Anat., méd.* Développement de nouveaux vaisseaux dans un tissu, un organe. Disposition des vaisseaux dans un organe, dans une partie du corps.

VASCULARISÉ, ÉE [vaskylaʀize]. *adj.* (1851; de *vasculaire*). *Anat.* Qui contient des vaisseaux. *Tissu richement vascularisé.*

1. VASE [vaz]. *n. m.* (1539; *vas,* déb. XIIᵉ; lat. *vas*). **I.** ♦ 1° *Vx.* Tout récipient. « *Acheter chez une petite marchande pour deux sous de lait dans un vase de fer-blanc* » (RENAN). — Loc. prov. *La goutte d'eau qui fait déborder* le vase. ♦ 2° *Mod.* Récipient servant à des usages nobles ou ayant une valeur historique, artistique. « *Quatre vases d'albâtre oriental du galbe le plus élégant* » (GAUTIER). *Vase égyptien* (V. **Canope**). *Vases grecs* (V. **Amphore, cratère, coupe, lécythe...**). *Vases étrusques,* ainsi dit, au XIXᵉ s., de tous les vases à décor trouvés en Italie. *Vase de Saxe, de Sèvres,* en porcelaine de Saxe, de Sèvres. « *Clovis... subit l'humiliation de ne pouvoir garder un vase d'or, produit du pillage de Reims* » (NERVAL). ♦ 3° Récipient destiné à recevoir des fleurs coupées. V. **Porte-bouquet.** « *Elle avait replacé la rose dans un vase à long col* » (MAUROIS). ♦ 4° *Vases sacrés,* destinés à la célébration du saint sacrifice ou à la conservation du saint sacrement. V. **Burette, calice, ciboire, patène.** ♦ 5° Récipient de nature et de formes diverses, utilisé en chimie pour différentes opérations. *Principe des vases communicants. Vase de Mariotte,* destiné à produire

un écoulement constant. — Fig. *En vase clos.* ♦ 6° *Vase de nuit*, pot de chambre.
II. Forme en vase (I), dans la taille des arbres (buis, etc.), dans un jardin. ◇ *Partie ornée de feuilles, de volutes, dans un chapiteau corinthien.*
2. **VASE** [vɑz]. *n. f.* (1484; *voyse*, 1396; moy. néerl. *wase*. V. Gazon). Dépôt de terre et de particules organiques en décomposition, qui se forme au fond des eaux stagnantes ou à cours lent. V. **Boue, limon.** « *De vieux chalands, échoués dans la vase* » (FROMENTIN). V. **Souille** (2°). « *Jusqu'au Loir, dont les fonds de vase nourrissent de belles anguilles* » (ZOLA).
VASECTOMIE [vazɛktɔmi]. *n. f.* (1933; du lat. *vas* « canal », et *-ectomie*). *Chir.* Résection partielle du canal déférent.
VASELINE [vazlin]. *n. f.* (1877; mot angl., 1872; de *vas-*, all. *Wasser* « eau », *el-*, du gr. *elaion* « huile », et suff. *-ine*). Substance molle, onctueuse et incolore, obtenue à partir des pétroles de la série des paraffines après distillation, cristallisation de la paraffine (utilisée surtout en pharmacie comme excipient pour diverses préparations médicamenteuses à usage externe). V. **Pommade.** *Vaseline camphrée.*
VASELINER [vazline]. *v. tr.* (1907; de *vaseline*). Enduire de vaseline.
VASEUX, EUSE [vazø, øz]. *adj.* (mil. XVIᵉ; de *vase* 2). ♦ 1° *Rare.* Qui contient de la vase, est formé de vase. *Fond vaseux.* ◇ *Fig.* (fin XVIᵉ) *Vx.* De boue, vil. ♦ 2° *Mod.* (v. 1883). *Fam.* Qui se trouve dans un état de malaise, de faiblesse. V. **Abruti, fatigué.** *Je me sens vaseux ce matin.* ◇ Trouble, embarrassé, obscur. *Un raisonnement vaseux.* « *Ce fut la période la plus vaseuse de notre amitié* » (BEAUVOIR). V. **Vasouillard.**
VASIÈRE [vazjɛʀ]. *n. f.* (1765; *wazier*, n. m., XIIIᵉ; de *vase* 2). *Région.* ou *Techn.* ♦ 1° Endroit, fond vaseux. ♦ 2° Premier bassin d'un marais salant où arrive l'eau de mer. ♦ 3° Parc à moules.
VASISTAS [vazistas]. *n. m.* (1784; un *Wass-ist-dass*, 1776; all. *was ist das?* « qu'est-ce que c'est? », question posée à travers un guichet). Petit vantail mobile pouvant s'ouvrir dans une porte ou une fenêtre. « *Le cachot ne recevait de jour que par là et par le vasistas de la porte* » (HUGO).
VASO-. Élément, du lat. *vas* « récipient ». V. **Vaisseau.**
VASOCONSTRICTEUR ou **VASO-CONSTRICTEUR** [vazɔkɔ̃striktœʀ]. *adj.* et *n. m.* (1859; de *vaso-*, et *constricteur*). *Physiol.* et *méd.* Qui diminue le calibre d'un vaisseau par contraction de ses fibres musculaires (en déterminant la vasoconstriction). *Médicament vasoconstricteur.* — N. m. *L'adrénaline est un vasoconstricteur.*
VASODILATATEUR ou **VASO-DILATATEUR** [vazɔdilatatœʀ]. *adj. m.* et *n. m.* (1859; de *vaso-*, et *dilatateur*). *Physiol.* et *méd.* Qui augmente le calibre d'un vaisseau par relâchement de sa musculature (en déterminant la vasodilatation). *Nerf vasodilatateur. Agent vasodilatateur.* — N. m. *L'histamine est un vasodilatateur.*
VASOMOTEUR (ou **VASO-MOTEUR**), **TRICE** [vazɔmɔtœʀ, tʀis]. *adj.* (1861; de *vaso-*, et *moteur*). *Physiol.* et *méd.* Relatif à la contraction et à la dilatation des vaisseaux. *Nerfs vasomoteurs. Troubles vasomoteurs.*
VASO-PRESSEUR [vazɔpʀɛsœʀ]. *n. m.* (XXᵉ; de *vaso-*, press[ion], et *-eur*). *Méd.* Substance qui contracte les artères.
VASO-PRESSINE [vazɔpʀɛsin]. *n. f.* (v. 1950; de *vaso-*, press[ion], et suff. *-ine*). *Méd.* Hormone hypophysaire qui contracte les artères et élève la pression sanguine. (Syn. *Hormone antidiurétique* ou ADH).
VASOTOMIE [vazɔtɔmi]. *n. f.* (1959; du lat. *vas* « canal », et *-tomie*). *Chir.* Section du canal déférent. *Par ext.* Ligature pratiquée sur les deux canaux déférents afin d'interrompre le passage des spermatozoïdes (méthode anticonceptionnelle).
VASOUILLARD, ARDE [vazujaʀ, aʀd(ə)]. *adj.* (1916; de *vasouiller*). *Fam.* Qui vasouille, est plutôt vaseux. « *La rédaction d'un papier vasouillard sur je ne sais quelle campagne électorale* » (J. PERRET).
VASOUILLER [vazuje]. *v. intr.* (1904; dér. arg. de *vaseux*). *Fam.* Être hésitant, peu sûr de soi, maladroit. « *Je n'ai vasouillé un peu qu'au début* » (ROMAINS). V. **Merdoyer.** ◇ *Marcher mal.* « *Cet accouchement vasouille depuis le matin* » (CÉLINE).
VASQUE [vask(ə)]. *n. f.* (1826; it. *vasca*; du lat. *vascula*, plur. de *vasculum*. V. **Vasculaire**). Bassin ornemental peu profond, qui peut être aménagé en fontaine ou sur lequel on peut adapter un système d'éclairage. *Vasque de marbre.* « *Une de ces fontaines de féerie, doucement bruyantes, qui se versent de vasque en vasque* » (HUGO). ◇ Coupe large et peu profonde servant à décorer une table.
VASSAL, ALE, AUX [vasal, o]. *n.* (1080; lat. médiév. *vassallus*, du gaul. *-vassus* « Valet). *Hist. féod.* Homme lié personnellement à un seigneur, un suzerain qui lui concédait la possession effective d'un fief. V. **Feudataire.** « *Le vassal jure... de rester fidèle au seigneur* » (LAVISSE). ◇ Homme, groupe

dépendant d'un autre et considéré comme un inférieur. « *Ne soyez le vassal d'aucune âme, ne relevez que de vous-même* » (BALZ.).
VASSALISER [vasalize]. *v. tr.* (mil. XIXᵉ; de *vassal*). *Rare.* Asservir, assujettir.
VASSALITÉ [vasalite]. *n. f.* (déb. XVIIIᵉ; *vassalté*, XVᵉ; de *vassal*). Condition de dépendance du vassal envers son seigneur. ◇ *Fig.* État d'assujettissement, de subordination, de soumission. ◈ ANT. Autonomie.
VASSIVEAU [vasivo]. *n. m.* (déb. XVIIᵉ; de [bête] *vassive*, 1500; V. **Vacive**). *Dial.* Agneau de moins de deux ans.
VASTE [vast(ə)]. *adj.* (1611; « désert », 1495; *guast*, *wast* « dévasté », 1080; lat. *vastus*). ♦ 1° (*Surface*). Très grand, immense. « *Devant nous s'ouvrait une vaste étendue sablonneuse* » (FROMENTIN). ♦ 2° Très grand (d'une construction). « *C'est un vaste édifice aux piliers carrés* » (CLAUDEL). — Spacieux, ample. « *Un vaste pardessus raglan* » (ROMAINS). ◇ *Anat. Muscles vastes*, et subst. *Les vastes interne et externe*, gros muscles du triceps et du quadriceps. ♦ 3° Important en quantité, en nombre. « *Un vaste groupement de jeunes révolutionnaires* » (MART. du G.). ♦ 4° Étendu dans sa portée ou son action. « *Le vaste et puissant génie..., embrassant dans sa pensée le ciel et la terre* » (MIRABEAU). « *Posséder des connaissances scientifiques très vastes* » (L. de BROGLIE). « *La plus vaste... des entreprises* » (VIGNY). *Fam. C'est une vaste blague, une vaste plaisanterie : je n'y crois pas.* ◈ ANT. Exigu, petit.
VASTEMENT [vastəmɑ̃]. *adv.* (déb. XVᵉ; de *vaste*). *Rare.* Largement, amplement. *Fam.* (XXᵉ; arg. des écoles) Très.
VATICANE [vatikan]. *adj. f.* (1867; de *Vatican*, lat. *Vaticanus* [mons], une des sept collines de Rome). Qui a rapport, appartient au Vatican, au Saint-Siège. *La Bibliothèque vaticane* (ou la *Vaticane*).
VATICINATEUR, TRICE [vatisinatœʀ, tʀis]. *n.* (1512; lat. *vaticinator*). *Littér.* Personne qui prétend connaître l'avenir. V. **Devin, prophète.** « *Cet argot mystique... avec lequel pontifient des hommes comme Michelet, comme Hugo,... ainsi que des vaticinateurs, ayant commerce avec les dieux* » (GONCOURT).
VATICINATION [vatisinasjɔ̃]. *n. f.* (1512; lat. *vaticinatio*). *Littér.* Prédiction de l'avenir. V. **Oracle, prophétie.**
VATICINER [vatisine]. *v. intr.* (1481; lat. *vaticinari*). *Littér.* Prédire l'avenir (en parlant comme un oracle), prophétiser. ◇ S'exprimer dans une sorte de délire prophétique. « *Il vaticine, il recommence ses discours passionnés et mystérieux* » (BARRÈS).
VA-TOUT [vatu]. *n. m. sing.* (1718; de la 3ᵉ pers. du sing. de *aller*, et de *tout*). *Aux cartes*, Coup où l'on risque tout son argent. *Faire va-tout.* ◇ *Fig. et cour.* JOUER SON VA-TOUT : risquer* le tout pour le tout, prendre les derniers risques. « *Si les gouvernements sont assez fous pour jouer leur va-tout et risquer la ruine totale* » (MART. du G.).
VAU, VAUX [vo]. *n. m.* (mil. XXᵉ; graphie mod. de *veau*, 1701 en ce sens; emploi métaph. de *veau*). *Constr.* Pièce porteuse de la ferme (3), d'un cintre, utilisée pendant la construction d'une voûte. ◈ HOM. *Vaux* (pl. de *val*), *veau*, *vos.* Formes du v. *valoir.*
VAUCHÉRIE [voʃeʀi]. *n. f.* (1808; du nom de *Vaucher*, botaniste suisse). *Bot.* Algue verte filamenteuse, ramifiée, qui croît sur la terre humide ou dans les eaux douces.
VAUCLUSIEN, IENNE [voklyzjɛ̃, jɛn]. *adj.* (1906; de *Vaucluse*, n. pr.). *Géol. Sources vauclusiennes*, nom donné aux rivières souterraines qui arrivent au jour à la façon des eaux de la *Fontaine de Vaucluse.* V. **Résurgence.**
VAUDEVILLE [vodvil]. *n. m.* (*Vaul de ville*, 1507; altér. de *vaudevire* [XVᵉ], « chanson de circonstance », not. norm., probabl. de *vauder* « tourner », et *virer*). ♦ 1° *Vx.* Chanson populaire à thème satirique. « *Vaudevilles, qu'on ne chante qu'un certain temps* » (LA ROCHEF.). ♦ 2° (Fin XVIIᵉ). Pièce de théâtre mêlée de chansons et de ballets. ◇ (XIXᵉ) Comédie légère, divertissante, fertile en intrigues et rebondissements. « *Le vaudeville... est à la vie réelle ce que le pantin articulé est à l'homme qui marche* » (BERGSON). — *Fig. Cette histoire est un vrai vaudeville.*
VAUDEVILLESQUE [vodvilɛsk(ə)]. *adj.* (1907; de *vaudeville*). Qui a le caractère léger et burlesque du vaudeville. « *Cette histoire des deux nègres, aussi vaudevillesque que celle des deux sourds* » (THIBAUDET).
VAUDEVILLISTE [vodvilist(ə)]. *n. m.* (1735; de *vaudeville*). Auteur de vaudevilles (2°). « *J'ai dîné hier avec des vaudevillistes, parmi lesquels il y avait Labiche* » (GONCOURT).
1. **VAUDOIS** [vodwa]. *n.* (1285; du nom de Pierre *Valdo*). Membre d'une secte chrétienne apparue en France au XIIᵉ siècle, qui écartait tout ce qui n'était pas expressément dans la Bible. *Les vaudois sont maintenant rattachés au protestantisme.* — Adj. *L'hérésie vaudoise.*
2. **VAUDOIS, OISE** [vodwa, waz]. *adj.* (fin XVIIIᵉ; du lat. médiév. [*pagus*] *Valdensis* « pays de Vaud »). Du pays de

Vaud. *La population vaudoise. Il parle le français avec l'accent vaudois.*

VAUDOU [vodu]. *n. m.* (1864; « danse nègre », 1838; dahoméen *vodu*). Culte animiste chez les Noirs des Antilles et d'Haïti, mélange de pratiques magiques, de sorcellerie et d'éléments pris au rituel chrétien; divinité de ce culte. — *Adj.* (invar.) *Cérémonie vaudou.*

VAU-L'EAU. V. À VAU-L'EAU.

VAURIEN, ENNE [voʀjɛ̃, ɛn]. *n.* (1558; *vault rien*, déb. XVIᵉ; *rien-ne-vault*, v. 1530; de [qui ne] *vaut rien*). ♦ 1° *Vieilli.* Personne peu recommandable. « *Une vaurienne, une saltimbanque, une fille d'Opéra...* » (BALZ.). ♦ 2° Mauvais sujet, petit voyou. V. **Chenapan, galapiat, garnement, sacripant.** « *Le cadet, Ernst, avait douze ans : c'était un petit vaurien, vicieux et effronté* » (R. ROLLAND). ♦ 3° (1952). Nom donné à un petit yacht monotype à voile (dériveur gréé en sloop).

VAUTOUR [votuʀ]. *n. m.* (1564; *volt[o]ur*, XIIIᵉ; lat. *vultur*). ♦ 1° Oiseau rapace *(Valturidés)*, de grande taille, au bec crochu, à tête et au cou dénudés, qui se nourrit de charognes et de détritus. V. **Charognard, condor, griffon, gypaète, percnoptère.** « *Le grand dépeceur de charognes, le vautour maigre qui plane sur son domaine...* » (MAUPASS.). ♦ 2° *Fig.* Personnage dur et rapace. V. **Pirate.** ◇ *Spécialt.* (1967; calque de l'angl. *vulture*). Partisan des solutions de force dans un conflit. V. **Faucon** (souv. opposé à *colombe*).

VAUTRAIT [votʀɛ]. *n. m.* (1554; *vaultroy*, 1405; bas lat. *vertragus* « chien courant », mot celt.). *Chasse.* Grand équipage de chiens pour la chasse au sanglier.

VAUTRER (SE) [votʀe]. *v. réfl.* (fin XIIᵉ; lat. pop. *°volutulare*, du p. p. *volutus* du class. *volvere* « tourner, rouler »). Se coucher, s'étendre en se roulant, et *par ext.* en prenant une position abandonnée. *La bête* « *se couchait dans la boue fraîche et elle se vautrait à pleins poils* » (GIONO). « *Toute la journée vautrés sur notre tapis, nous fumons des chibouks* » (FLAUB.). ◇ *Fig. (Péj.)* Se complaire. *Ils* « *accusaient les militaires de se vautrer dans la concussion* » (CÉLINE).

VAU-VENT (À) [avovɑ̃]. *loc. adv.* (1763; *aval vent*, XIIᵉ; de *à, vau* [var. de *val*], et *vent*). *Vén.* En ayant le vent derrière soi.

VAVASSEUR [vavasœʀ]. *n. m.* (1229; *vavas[s]our*, XIᵉ; du gaul. -*vassus*. V. **Valet, vassal.** *Féod.* Arrière-vassal.

VA-VITE (À LA). V. VA.

VÉ! [ve]. *interj.* (XIXᵉ; prov. « vois ! »). Exclamation méridionale pour attirer l'attention (Cf. Té !).

VEAU [vo]. *n. m.* (déb. XIIIᵉ; *vedel, veel*, XIIᵉ; lat. *vitellus*). ♦ 1° Petit de la vache, pendant sa première année, qu'il soit mâle ou femelle. *Veau nourri au lait, au fourrage* (V. **Broutard**). *Après un an, le veau mâle s'appelle* bouvillon, taurillon, *le veau femelle* génisse*. Loc. *Tuer le veau gras* (allus. au repas et à la fête donnés en l'honneur du retour de l'enfant prodigue), faire un festin à l'occasion de réjouissances familiales. — *Pleurer comme un veau,* en sanglotant bruyamment. *Crier comme un veau* (ou *un cochon*) *qu'on égorge.* — *Le Veau d'or,* idole d'or adorée par les Hébreux. *Fig. Adorer le Veau d'or,* avoir le culte de l'argent. ◇ *Veau marin,* phoque. ♦ 2° Viande de cet animal (viande blanche), vendue en boucherie. *Morceaux de veau.* V. **Bajoue, collet** (2°), **côte, fraise** (2), **jarret, longe, noix, quasi** (2), **ris** (3), **rouelle, tendron.** *Escalope, côte, foie, pied, rôti, tête de veau. Paupiettes de veau. Veau marengo* (1°). *Blanquette de veau.* ♦ 3° Peau de cet animal (ou de génisse), tannée et apprêtée. V. **Box-calf, vélin.** *Chaussures, sacs en veau retourné* (peau suédée). ♦ 4° *Fig. (Fam.)*. Nigaud, paresseux. « *Un garçon de vingt-quatre ans qui ne fiche rien! Regardez-moi ce grand veau* » (AYMÉ). *Faire le veau,* être dans une attitude avachie. ◇ Mauvais cheval de course. Automobile peu nerveuse. ◇ HOM. V. *Vau.*

VÉCÉS [vese]. *n. m. pl.* (1946, M. Aymé; graphie pop. de la prononc. courante de *W.C.*). *Fam.* Cabinets* (I, 4°). V. **Water-closet.** « *La bonne a cassé la cuvette des vécés* » (AYMÉ). « *Il n'est pas allé aux vécés? — Non. — Pas même pour pisser?* » (QUENEAU).

VECTEUR [vɛktœʀ]. *adj. et n. m.* (1752; « conducteur », 1596; sens du lat. *vector,* de *vehere* « conduire »). ♦ 1° *Adj.* (Astron.). *Rayon vecteur,* segment de droite joignant un foyer (centre du Soleil, en général) à une planète en une position quelconque de son orbite. ◇ *Géom.* En coordonnées polaires, la coordonnée qui représente la distance de l'origine au point variable de la courbe considérée. ♦ 2° *N. m.* (1899; angl. *vector,* 1865). *Math.* Segment de droite orienté, formant un être mathématique (grandeur indicatrice d'une direction et d'une amplitude) sur lequel on peut effectuer des opérations. *Grandeur, direction, sens d'un vecteur. Vecteur libre,* défini par ses trois caractères (ou *n* caractères, dans un espace à *n* dimensions), indépendamment de son origine dans l'espace. *Vecteur lié, non lié* (à son origine). V. **Glisseur.** *Somme de vecteurs.* V. **Résultante.** *Vecteurs et tenseurs.* ◇ *Méd.* (1949). Arthropode (tique, moustique) transmettant un agent infectieux d'un sujet à un autre, directement

ou après multiplication de l'agent dans son organisme. ◇ (v. 1960). Véhicule capable de transporter une charge nucléaire (bombardier, engin, etc.).

VECTORIEL, ELLE [vɛktɔʀjɛl]. *adj.* (1903; de *vecteur*). *Math.* Relatif aux vecteurs. Qui opère sur des vecteurs. *Espace* vectoriel. *Calcul vectoriel,* étude des opérations que l'on peut effectuer sur les vecteurs; étude de grandeurs vectorielles. *Analyse vectorielle,* application du calcul différentiel et du calcul intégral aux champs de vecteurs. ◇ Que symbolise un vecteur. *Grandeur vectorielle,* grandeur physique non scalaire, ne pouvant être déterminée que par plusieurs êtres mathématiques. *Produit vectoriel.*

VÉCU, UE [veky]. *adj. et n. m.* (1874; V. Vivre, II). Qui appartient à l'expérience de la vie. V. **Réel.** *Histoire vécue.* V. **Vrai.** *Expérience vécue.* — *Philo. Durée vécue, temps vécu* (opposé à physique, objectif). V. **Psychologique.** ◇ N. m. *Le vécu :* l'expérience vécue.

VÉDA [veda]. *n. m.* (1765; *veidam* [1756], mot sanscr. « savoir »). *Didact.* Nom des textes religieux et poétiques qui forment les premiers documents littéraires de l'Inde, écrits en sanscrit archaïque. *Les trois Védas (des strophes, des formules cérémoniales, des mélodies).*

VEDETTARIAT [vədɛtaʀja]. *n. m.* (1947; de *vedette,* sur les dér. en -*ariat* des noms en -*aire;* Cf. Actuariat, etc.). Condition sociale des vedettes. « *Adamo* [...] *après dix ans de vedettariat* » (L'Express, 29-1-1973). — Attitude de vedette (Cf. Cabotinage). « *Tant est digne et dépourvue de tout 'vedettariat' l'attitude des deux chefs d'État* » (Nouv. Obs., 5-11-1973).

VEDETTE [vədɛt]. *n. f.* (1586; it. *vedetta* « observatoire », crois. prob. de *veletta,* dimin. de *vela* « voile », et de *vedere* « voir »).
I. Soldat placé en sentinelle pour observer et renseigner. « *Les insurgés posaient des vedettes au coin des carrefours* » (HUGO). *Soldat en vedette,* à un poste de vedette.
II. ♦ 1° (1786). Mettre en vedette (un nom, un titre), le détacher en gros caractères sur une seule ligne, en tête de page. ◇ *Fig.* (1855) Mettre en évidence, en valeur. « *Son amitié le poussait à mettre François en vedette* » (RADIGUET). ♦ 2° (1826). Au théâtre, le fait d'avoir son nom imprimé en gros caractères. *Avoir, partager la vedette.* — *Fig. Le congrès du parti a, tient la vedette,* est au premier plan de l'actualité. ♦ 3° (Fin XIXᵉ) Artiste qui a la vedette, et *par ext.* Personne qui jouit d'une grande renommée, dans le monde du spectacle. *Les vedettes de la scène, du cinéma.* V. **Étoile, star, superstar.** « *Des noms de vedettes se détachaient en capitales grasses sur ceux de la distribution* » (CARCO). *Situation, attitude de vedette.* V. **Vedettariat.** ◇ Personnage de premier plan, très connu. « *Vous êtes... une des plus grandes vedettes du Palais* » (AYMÉ).
III. (1828). Petit navire de guerre utilisé pour l'observation. — *Vedette lance*-torpille. ◇ (1931) Petite embarcation automobile rapide. *Vedette de la douane.*

VÉDIQUE [vedik]. *adj.* (1845; de *véda*). *Didact.* Relatif aux védas, à leurs commentaires. *Langue védique,* forme archaïque du sanscrit.

VÉDISME [vedism(ə)]. *n. m.* (1907; de *védique*). *Didact. (Relig.)* Brahmanisme primitif.

VÉGÉTAL, ALE, AUX [veʒetal, o]. *n. et adj.* (XVIᵉ; *végétable,* 1515; lat. scolast. *vegetalis,* du lat. *vegetare.* V. **Végéter**).
I. *N. m.* Être vivant caractérisé par rapport aux autres (animaux) par une motilité et une sensibilité plus faibles, une composition chimique particulière (V. **Chlorophylle, cellulose**), une nutrition à partir d'éléments simples. V. **Plante, végétation.** *Classification, étude des végétaux.* V. **Botanique, flore.** *Végétaux inférieurs* (V. **Thallophytes**), *supérieurs* (V. **Arbre, herbe, plante**). *Végétaux à feuilles, à fleurs.*
II. *Adj.* ♦ 1° Des plantes; des êtres vivants appelés végétaux. *Règne végétal* (opposé à animal et minéral). — *Biologie, histologie, physiologie,... végétale.* V. **Phyto-.** *Cellule végétale,* à vacuole centrale et à paroi cellulosique. *Tissus végétaux. Fibres végétales textiles. Géogr. Tapis végétal,* couverture du sol. par les végétaux. *Associations végétales,* groupements de végétaux relativement constants dans une aire déterminée (prairies, steppes, forêts, marais, etc.). ◇ Qui provient d'organismes de végétaux. *Huiles végétales. Crin végétal.* — *Sol végétal,* riche en éléments organiques, et, par suite, apte à la végétation. — *Aliments végétaux* (V. **Céréale, légume, fruit**). ♦ 2° Qui représente des plantes. *Chapiteau gothique à décor végétal.*

VÉGÉTALISME [veʒetalism(ə)]. *n. m.* (1890; de *végétal*). *Rare.* Régime alimentaire excluant tous les aliments qui ne proviennent pas du règne végétal. V. **Végétarisme.**

VÉGÉTARIEN, ENNE [veʒetaʀjɛ̃, ɛn]. *adj.* (1873; angl. *vegetarian,* 1842). Propre au végétarisme. *Régime végétarien.* ◇ Partisan du végétarisme. — Subst. *Un végétarien.*

VÉGÉTARISME [veʒetarism(ə)]. *n. m.* (1889; *végétarianisme*, 1877; de *végétarien*, d'apr. l'angl.). Doctrine diététique qui exclut de l'alimentation la viande, mais permet certains produits du règne animal (lait, beurre, œufs, miel) à la différence du végétalisme.

VÉGÉTATIF, IVE [veʒetatif, iv]. *adj.* (XIIIᵉ; lat. scolast. *vegetativus*, de *vegetare*. V. **Végéter**). ♦ 1° *Vx.* Qui est cause de la vie végétale. *Principe végétatif.* ♦ 2° *Vieilli* (1611). Qui concerne la vie des plantes. « *Mouvement végétatif de la plante* » (MAINE DE BIRAN). Mod. *Organes végétatifs des plantes* (*opposé à* reproducteur). *Multiplication* végétative. ♦ 3° *Physiol.* (déb. XIXᵉ). *Vx.* Qui concerne les fonctions vitales communes aux végétaux et aux animaux. ◇ *Mod.* Qui concerne les fonctions physiologiques contrôlées par le système nerveux autonome (ou *neuro-végétatif*). *Vie végétative* ou *organique* (*opposé à* vie *animale* ou *de relation*). ♦ 4° *Fig.* Qui évoque la vie des végétaux, par son inaction. V. **Inactif.** *Mener une vie végétative.*

VÉGÉTATION [veʒetasjɔ̃]. *n. f.* (1525; de *végéter*, d'apr. le bas lat. *vegetatio* « animation »). ♦ 1° *Rare.* Vie, croissance des végétaux. ♦ 2° (Fin XVIIIᵉ). Ensemble des végétaux, des plantes qui poussent en un même lieu. « *Une végétation folle et drue qui la dérobait aux regards* » (GENEVOIX). ◇ Ensemble des végétaux distribués à la surface du globe, en fonction du climat, de l'hydrographie, du sol, etc., et étudiés par la géographie botanique et l'écologie. *Zones de végétation* (glaciale arctique, tempérée, subtropicale, tropicale,...). ♦ 3° (1706). Disposition naturelle (notamment, cristallisation) reproduisant des formes végétales. V. **Arborisation.** ♦ 4° (1810). *Pathol.* Papillome de la peau ou d'une muqueuse ayant un aspect bourgeonnant. *Végétations de la muqueuse génitale* ou *anale.* V. **Condylome.** *Végétations adénoïdes*. *Fam.* *Opérer un enfant des végétations* (adénoïdes).

VÉGÉTER [veʒete]. *v. intr.;* conjug. *céder* (1375; bas lat. *vegetare* « croître », en lat. class. « vivifier »). ♦ 1° *Vx.* Accomplir les fonctions communes au végétal et à l'animal. V. **Vivre.** « *L'animal végète comme la plante* » (BALZ.). — Fig. « *Le génie ne végète puissamment que sous l'orage,...* » (RENAN). ♦ 2° (1530). *Vx* ou *poét.* Accomplir les fonctions propres au végétal. V. **Pousser.** « *On sentait sourdre, et vivre, et végéter déjà Tous les arbres futurs, pins, érables, yeuses* » (HUGO). ♦ 3° Mod. (1718). *Péj.* Avoir une activité réduite; vivre dans une morne inaction, mener une existence insipide. V. **Encroûter** (s'), **languir.** « *On ne vit qu'à Paris, et l'on végète ailleurs* » (J.-B. GRESSET). ◇ (1835) Rester dans une situation médiocre, dans la gêne ou l'obscurité. V. **Vivoter.**

VÉHÉMENCE [veemɑ̃s]. *n. f.* (1491; lat. *vehementia*). *Littér.* Force impétueuse (des sentiments ou de leur expression). V. **Ardeur, chaleur, emportement, feu, fougue, impétuosité, intensité, violence.** « *Leur passion était à son plus haut point de véhémence* » (ROUSS.). « *Elle l'embrassait avec véhémence* » (MAUPASS.). ◇ ANT. **Calme, froideur.**

VÉHÉMENT, ENTE [veemã, ɑ̃t]. *adj.* (XIIᵉ; lat. *vehemens*). *Littér.* ♦ 1° Qui a une force impétueuse. V. **Ardent, impétueux, passionné.** « *Sa déception est de nouveau si grande, son désespoir si soudain, si véhément* » (BERNANOS). ♦ 2° Qui a une grande force expressive, qui entraîne ou émeut. V. **Emporté, enflammé, entraînant, fougueux.** « *Un prêche véhément du Père Paneloux* » (CAMUS). « *L'orateur, lorsqu'il veut être entraînant et pressant...* » (MARMONTEL).

VÉHÉMENTEMENT [veemãtmã]. *adv.* (1549; *vesmentement* « fortement », 1393; de *véhément*). *Littér.* Avec véhémence. « *Yvette protesta véhémentement avec un accent de sincérité douloureuse...* » (AYMÉ).

VÉHICULAIRE [veikylɛʀ]. *adj.* (1935; « relatif aux véhicules », 1842; de *véhicule*). *Didact.* Se dit d'une langue servant aux communications entre des peuples de langue maternelle différente.

VÉHICULE [veikyl]. *n. m.* (XVIᵉ; lat. *vehiculum;* de *vehere* « transporter »). ♦ 1° *Didact.* Ce qui sert à transmettre, à faire passer d'un lieu à un autre. *L'éther considéré comme véhicule de la lumière.* *Méd.* Substance, objet servant d'intermédiaire dans la transmission d'un germe infectieux. — *Pharm.* Excipient liquide. — *Peint.* Liquide dans lequel a été délayé le pigment et qui le fixe. *Opt.* Dispositif qui redresse l'image fournie par un objectif de lunette. ♦ 2° (*Abstrait*). Ce qui sert à porter, à communiquer. « *Le culte du beau langage, véhicule de la pensée française* » (L. BERTRAND). ◇ *Hist. relig.* L'une des voies du salut, dans le bouddhisme. *Le grand véhicule* (Mahayana), *le petit véhicule* (Hinayana), les deux principales sectes du bouddhisme, aux Indes. ♦ 3° (1551). *Didact., Admin.* (ou pour éviter d'employer un autre mot). Engin à roue(s) ou à moyen de propulsion, servant à transporter des personnes ou des marchandises. V. **Autobus, autocar, autochenille, automobile, automotrice, autoneige, autorail, avion, bateau, bâtiment** (3°), **bicyclette, brouette, bulldozer, camion, caravane, char, chariot, charrette, deux-roues, diable, draisine, hélicoptère, hydravion, jeep,** locomotive, locomotrice, locotracteur, moto, motocycle, motoneige, planeur, remorque, remorqueur, semi-remorque, side-car, tank, tender, tracteur, train, tramway, vélocipède, voiture, wagon. *Véhicule à coussin d'air.* V. **Aéroglisseur,** naviplane, terraplane. — *Cour.* Moyen de transport routier. *Véhicule hippomobile, automobile, tracté. Véhicule en contravention. Abandon, vol de véhicules.* « *Ce défilé,... de véhicules de toutes sortes, fiacres, tapissières, carrioles, cabriolets, ... rigoureusement rivés les uns aux autres par les règlements de police* » (HUGO). *Véhicules utilitaires*. — *Véhicule de série aménagé* (pour une compétition). — *Véhicule spatial,* engin spatial destiné à transporter une charge utile; lanceur (par rapport au satellite qu'il propulse), satellite (par rapport aux instruments scientifiques, aux passagers qu'il transporte).

VÉHICULER [veikyle]. *v. tr.* (1856; de *véhicule*). ♦ 1° Transporter avec un véhicule. V. **Voiturer.** *Fam.* *Se véhiculer, se transporter.* ♦ 2° *Didact.* Constituer un véhicule (1°) pour (qqch.). *Le sérum sanguin véhicule divers pigments.*

VEILLE [vɛj]. *n. f.* (XIIᵉ; lat. *vigilia*). I. ♦ 1° Action de veiller (I, 1°); moment sans sommeil, généralement consacré à quelque occupation pendant le temps normalement destiné à dormir. « *Après avoir consacré de longues veilles à l'étude du derme et de l'épiderme* » (BALZ.). ♦ 2° (1596). Garde de nuit. « *Tandis que les premiers guetteurs... prenaient la veille* » (DORGELÈS). — *Mar.* *Homme, poste de veille.* — *Radar de veille,* de surveillance. II. (XVIᵉ; « fait de veiller dans la nuit qui précède une fête religieuse », XIIᵉ). Jour qui en précède un autre, qui précède celui dont il est question. « *La veille de sa mort, Danton disait...* » (STENDHAL). *La veille au soir.* « *Un pouvoir appelé Ministre qui ne sait pas la veille s'il existera le lendemain* » (BALZ.). — *Loc. fam.* *Ce n'est pas demain la veille,* ce n'est pas pour bientôt. ◇ (1636) À LA VEILLE DE (un événement) : dans la période qui précède immédiatement, juste avant. *À la veille de la Révolution française.* « *Il fallait du personnel, et l'on était toujours à la veille d'en manquer* » (CAMUS), près d'en manquer. III. (1636). État d'une personne qui ne dort pas (*opposé à* sommeil). « *Mes impressions de la veille et du sommeil se sont quelquefois confondues* » (Ch. NODIER). « *La conscience du moi dans l'état de veille* » (MAINE DE BIRAN). ◇ ANT. **Lendemain. Sommeil.**

VEILLÉE [veje]. *n. f.* (1316; de *veille*). ♦ 1° Temps qui s'écoule entre le moment du repas du soir et celui du coucher, consacré à des réunions familiales ou de voisinage (surtout dans les campagnes). V. **Soirée.** « *Je m'assieds pour écouter le conteur des veillées d'hiver* » (LOTI). « *Nous prolongions la veillée sur la terrasse* » (GIDE). ◇ *Veillée d'armes,* nuit que le futur chevalier passait à veiller avant d'être armé; *fig.* Préparation morale à une épreuve, une action difficile. ♦ 2° (1690; de *veiller*). Action de veiller un malade, un mort; nuit passée à le veiller. « *On avait interdit les veillées rituelles, si bien que celui qui était mort dans la soirée passait sa nuit tout seul* » (CAMUS).

VEILLER [veje]. *v.* (déb. XIIᵉ; lat. *vigilare*). I. *V. intr.* ♦ 1° Rester volontairement éveillé pendant le temps habituellement consacré au sommeil. « *Il regagna la chambre,... décidé à veiller jusqu'au jour* » (MUSS.). *Veiller au chevet d'un malade.* ♦ 2° Être de garde. « *Et la garde qui veille aux barrières du Louvre* » (MALHERBE). ♦ 3° Être en éveil, vigilant. « *Antoine... sous son masque débonnaire, veillait* » (MART. du G.). ♦ 3° Faire la veillée. « *Aussi l'hiver, veillait-on là... bien à l'aise* » (ZOLA). II. *V. tr.* ♦ 1° *Trans. dir.* (XVᵉ). *Vx.* Surveiller (qqn). ◇ *Mod.* Rester la nuit auprès de (un malade pour s'occuper de lui; un mort). ♦ 2° *Trans. indir.* (1538). VEILLER À qqch. : y faire grande attention et s'en occuper activement. V. **Soin** (prendre). « *Un comité permanent est nommé pour veiller, jour et nuit, à l'ordre public* » (MICHELET). *Veiller au grain* (II). — « *Le préfet... veillera à ce que l'ordre ne soit pas troublé* » (MÉRIMÉE). « *Dès que je ne veillais pas à son gneusement respirer...* » (GIDE). V. **Garde** (prendre), **songer.** ◇ (1553) *Veiller sur qqn,* prêter grande attention à ce qu'il fait, à ce qui lui arrive (pour intervenir au besoin). « *Veiller sans cesse sur un enfant en liberté* » (ROUSS.). — Vieilli. « *Victoire veillait sur son linge* » (ZOLA), s'occupait de son linge.

◇ ANT. (du I, 3°) Dormir.

VEILLEUR [vɛjœʀ]. *n. m.* (1355; de *veiller*). ♦ 1° Soldat de garde. *Il signale ainsi son approche pour éviter que le veilleur lui envoie un coup de fusil* » (THARAUD). ♦ 2° Dans certains pays, Employé municipal qui veille au calme de la ville pendant la nuit. — *Loc. cour.* *Veilleur de nuit,* gardien (d'un magasin, d'un chantier, d'une banque, etc.), qui est de service la nuit; employé d'hôtel chargé d'assurer le service et la réception pendant la nuit.

VEILLEUSE [vɛjøz]. *n. f.* (1762; du précéd.). ♦ 1° Petite lampe ou ampoule électrique éclairant peu, qu'on laisse allumée pendant la nuit ou en permanence dans un lieu sombre. « *Dans leur godet de verre... Les veilleuses s'éteignent et se raniment* » (GONCOURT). « *Un petit train noir, avec au plafond de sombres veilleuses bleues* » (BEAUVOIR). — Lanterne d'automobile. ◊ *Mettre une lampe en veilleuse*, réduire la flamme, diminuer l'éclairage. « *Il mit le gaz en veilleuse* » (MAC ORLAN). — Fig. (1935) « *Les patrons de l'entreprise vont se mettre en veilleuse* » (AYMÉ), réduire leur activité. ♦ 2° (1835). Petite mèche montée sur une rondelle de liège, qui flotte sur l'huile d'une petite lampe à huile. ◊ Petit bec d'un chauffe-eau à gaz, d'un réchaud. ♦ 3° *Techn.* (Hist. du mobilier). Canapé à dossier de fond et à dossier latéral, en usage notamment au XVIII° s. Cf. *Méridienne.*

VEINARD, ARDE [vɛnaʀ, aʀd(ə)]. *adj.* et *n.* (1854, adj.; de *veine*). *Fam.* Qui a de la veine. V. **Chanceux, verni.** ◊ Subst. (1867) *Quel veinard!*

VEINE [vɛn]. *n. f.* (1165; lat. *vena*, anat. et fig. « inspiration »).

I. ♦ 1° Vaisseau qui ramène le sang des capillaires au cœur. *Les veines et les artères. Veines de la grande circulation. Veines de la petite circulation* (*veines pulmonaires* qui portent du sang rouge au cœur gauche). *Veines caves, coronaires, porte. Étude des veines.* V. **Phlébologie.** « *Le réseau des veines chaudes de fièvre* » (HUGO). *Veines gonflées par la chaleur, par l'effort.* — *S'ouvrir les veines*, se trancher les veines du poignet pour se donner la mort. — Loc. fig. *Se saigner* aux quatre veines.* — Loc. prov. *Qui voit ses veines voit ses peines*, les travaux manuels font saillir les veines. ♦ 2° *Loc.* Les vaisseaux sanguins, conduits du sang, symbole de la vie. « *Un peu de sang étranger coulait dans ses veines* » (GREEN). — Fig. *Avoir du sang dans les veines*, du courage, de l'énergie. *N'avoir pas de sang dans les veines*, être lâche, poltron. « *À la seule idée d'assister aux fatals apprêts, je sens un frisson de mort dans mes veines* » (BALZ.).

II. ♦ 1° (1165; lat. *vena*). Inspiration de l'artiste. *La veine poétique, dramatique.* — *Être en veine*, inspiré. ♦ 2° *En veine de...* (1798), disposé à. « *Julien était en veine de courage* » (STENDHAL). ♦ 3° *Fig.* (1835; *bonne, mauvaise veine; avoir aucune veine* « de la chance », v. 1350). Hasard. — (1876) *Bonne chance, heureux hasard.* V. **Chance** (Cf. Pot [*fam.*]). *Avoir de la veine.* « *Il y a des jours où on n'a pas de veine* » (COURTELINE). *Une veine de cocu, de pendu. Ça c'est une veine! Pas de veine!* — Interj. *Veine, alors!* V. **Chic!**

III. ♦ 1° (1230). Filon mince (d'un minéral). *Veine de quartz, de houille, d'argent. Exploiter une veine dans une mine.* « *Tout ce que les veines des plus riches carrières ont pu livrer de beau* » (GAUTIER). ♦ 2° (1607). Dessin coloré, mince et sinueux (dans le bois, les pierres dures). V. **Veiné, veinure.** « *Le vert profond du marbre et ses veines dorées...* » (LARBAUD). ♦ 3° Nervures très saillantes (de certaines feuilles). *Les veines du chou.*

VEINÉ, ÉE [vene]. *adj.* (1611; de *veine*). ♦ 1° Qui présente des veines bleues apparentes sous la peau. « *Son bras pâle, veiné comme une nacre bleuâtre* » (BARBEY). ◊ Qui présente des nervures saillantes (feuilles des végétaux). ♦ 2° Qui présente des veines (III), des filons. — Qui présente des veines (bois, pierres dures). *Bois veiné.* « *Un immense bloc de marbre blanc, veiné de rose* » (FROMENTIN).

VEINER [vene]. *v. tr.* (1812; de *veine*). ♦ 1° Orner de dessins sinueux imitant les veines du bois, du marbre. *Veiner un mur pour faire du faux chêne.* ♦ 2° Orner en formant des dessins sinueux. « *Un vieux marbre roux... que veinaient de grandes branches minérales* » (BOSCO).

VEINETTE [vɛnɛt]. *n. f.* (1906; « petite veine », fin XII°; de *veine*). *Techn.* Brosse employée par les peintres pour veiner le faux bois, le faux marbre.

VEINEUX, EUSE [vɛnø, øz]. *adj.* (1545; de *veine*). ♦ 1° Qui a rapport aux veines. *Système veineux. Sang veineux*, des veines de la grande circulation, qui a perdu son oxygène, dit aussi *sang noir* (opposé à *sang artériel*). ♦ 2° Qui présente de nombreuses veines (III, 2°). *Bois veineux.*

VEINULE [venyl]. *n. f.* (1615; de *veine*). ♦ 1° Petit vaisseau veineux qui, convergeant avec d'autres, forme les veines. *Veinules et artérioles.* « *Un lacis de veinules violettes* » (GENEVOIX). ♦ 2° *Bot.* (1817). Ramification extrême des nervures des feuilles.

VEINURE [venyʀ]. *n. f.* (1949; de *veiné, ée*). Dessin des veines du bois. Aspect veiné.

VÊLAGE [vɛlaʒ] ou **VÊLEMENT** [vɛlmɑ̃]. *n. m.* (1834, -1841; de *vêler*). ♦ 1° Parturition de la vache. *On soignait davantage la vache* « *à mesure que le vêlage approchait* » (ZOLA). ♦ 2° *Géogr.* Désagrégation d'une partie de la banquise qui produit les icebergs.

VÉLAIRE [veleʀ]. *adj.* (1874; de *velum* « voile » [du palais]). *Phonét.* Se dit des phonèmes (voyelle ou consonne) dont le point d'articulation est proche du voile du palais. [k] *est une consonne vélaire.* — Subst. *Une vélaire.*

VÉLANI [velani]. *n. m.* (*Velonie*, 1553; gr. mod. *balanidi* « gland »). *Bot.* Chêne à feuilles oblongues, à gros fruits,

à cupules écailleuses, ou *vélanèdes* [velanɛd] qui sont utilisées en teinturerie.

VÉLAR [velaʀ]. *n. m.* (1545; lat. médiév. *velarum*, lat. *vela;* mot gaul.). Autre nom du *Sisymbre* (plante).

VÉLARISATION [velaʀizasjɔ̃]. *n. f.* (XX°; de *velaire*). *Phonét.* Transformation d'une palatale en vélaire.

VELARIUM ou **VÉLARIUM** [velaʀjɔm]. *n. m.* (1836; mot lat.; de *velare* « voiler »). *Antiq.* Grande toile formant tente amovible (sur un amphithéâtre, un cirque). « *Des mâts étaient disposés pour tendre un vélarium* » (FLAUB.).

VELCHE ou **WELCHE** [vɛlʃ(ə)]. *n. m.* (XVIII°; all. *Welsch* « étranger »). Étranger, pour les Allemands (surtout : Français, Italien).

VELD ou **VELDT** [vɛlt]. *n. m.* (1900; mot holl. « champ, campagne »). *Géogr.* Steppe de l'Afrique du Sud. ◊ HOM. *Velte.*

VÊLER [vele]. *v. intr.* (*Vellee*, p. p., 1328; *vesler*, fin XV°; de *veel.* V. *Veau*). Mettre bas (en parlant de la vache).

VÉLIE [veli]. *n. f.* (1839; lat. zool. *velia*, n. m.; o. i.). *Zool.* Insecte hémiptère, aquatique, qui court à la surface des eaux vives (Cour. *araignée d'eau*).

VÉLIN [velɛ̃]. *n. m.* (*Veelin;* 1380, h. XIII°; de *veel.* V. **Veau.** ♦ 1° Peau de veau mort-né, plus fine que le parchemin ordinaire. *Manuscrit, ornements sur vélin.* ◊ Cuir de veau. *Reliure de vélin.* ♦ 2° Par appos. (1798). *Papier vélin* et absolt. *vélin*, papier très blanc et de pâte très fine. *Exemplaire sur vélin.*

VÉLIQUE [velik]. *adj.* (1727; du lat. *velum* « voile »). *Mar. Point vélique*, centre de voilure (point d'application de la résultante des vents).

VÉLITE [velit]. *n. m.* (1213; lat. *veles, itis*). ♦ 1° *Hist. rom.* Soldat d'infanterie légèrement armé, chargé de harceler l'ennemi. ♦ 2° *Hist.* Soldat d'un corps de chasseurs à pied, sous le premier Empire.

VÉLIVOLE [velivɔl]. *adj.* et *n.* (1848; lat. *velivolus* « qui vole, va vite [*volare*] à la voile [*velum*] »). *Vx* ou *Poét.* Que sa voile fait voler sur l'eau. « *Le pêcheur napolitain dans sa barque vélivole* » (CHATEAUB.). ◊ *Mod.* (1939) Relatif au vol à voile; qui pratique le vol à voile. — Subst. *Un(e) vélivole. Les vélivoles et les aviateurs.*

VELLÉITAIRE [ve(ɛl)leitɛʀ]. *adj.* et *n.* (fin XIX°; de *velléité*). Qui n'a que des intentions faibles, ne se décide pas à agir. « *Par certains côtés, je suis ce qu'on appelle un velléitaire* » (ROMAINS).

VELLÉITÉ [ve(ɛl)leite]. *n. f.* (1600; lat. médiév. *velleitas*, de *velle* « vouloir »). ♦ 1° *Vieilli.* Désir, envie faible (pouvant aboutir à un acte). « *Des velléités indistinctes encore et qui m'épouvantaient* » (GIDE). ♦ 2° *Mod.* Volition faible, passagère, intention qui n'aboutit pas à une décision. — Tendance mal affirmée, tentative hésitante. « *Quelque incertaines que fussent les velléités révolutionnaires de la Gironde, Robespierre les condamnait* » (JAURÈS). ◊ Faible esquisse. « *Une velléité de sourire* » (STE-BEUVE).

VÉLO [velo]. *n. m.* (1890, abrév. de *vélocipède;* 1837, « postillon »). Bicyclette. *Acheter un vélo de course. À vélo; en vélo; sur son vélo.* « *Il s'approcha de son vélo. Le cadre était jaune. Le nickel luisait* » (J. GENET). ◊ (*Vélo-sport*, 1877) Le fait de monter, de rouler à bicyclette. *Faire du vélo, aimer le vélo.*

VÉLOCE [velɔs]. *adj.* (1765; astron., 1634; lat. *velox*). *Littér.* Agile, rapide. « *Vingt-quatre lévriers barbaresques, plus véloces que des gazelles* » (FLAUB.). *Doigts véloces d'un pianiste* (V. **Vélocité**).

VÉLOCEMENT [velɔsmɑ̃]. *adv.* (v. 1300; d'apr. it. *veloce*, lat. *velox.* V. **Véloce**). *Littér.* Avec vélocité, rapidité. « *Leur corps battant de droite à gauche, d'avant en arrière, vélocement, tel qu'un furieux balancier;...* » (GIDE).

VÉLOCIFÈRE [velɔsifɛʀ]. *n. m.* (1803; du lat. *velox*, et *-fère*). *Vx.* Voiture publique rapide. — Vélocipède ou célérifère.

VÉLOCIPÈDE [velɔsipɛd]. *n. m.* (1829; « voiture rapide », 1804; du lat. *velox*, et *-pède*). *Ancienn.* Appareil de locomotion, siège sur deux ou trois roues (mû d'abord par la pression des pieds sur le sol, puis au moyen de pédales). V. **Bicyclette, vélo.** — *Iron.* Bicyclette.

VÉLOCIPÉDIQUE [velɔsipedik]. *adj.* (1882; de *vélocipède*). *Vieilli* ou *iron.* Du vélocipède. *Le sport vélocipédique.* « *Il aperçut [...] une bicyclette d'homme et un vélo de femme enlacés [...]. Cette idylle vélocipédique...* » (FALLET).

VÉLOCITÉ [velɔsite]. *n. f.* (v. 1270; lat. *velocitas* « vitesse, rapidité »). *Rare.* Mouvement rapide, aptitude à aller vite. V. **Vitesse.** « *Un homme se glissa sous le porche avec la fantastique vélocité d'une ombre* » (BALZ.). ◊ *Cour.* Agilité, vitesse dans le jeu d'un instrument de musique. *Exercice de vélocité, au piano.*

VÉLODROME [velɔdʀɔm]. *n. m.* (1884; de *vélo*, et

-drome). Piste entourée de gradins, aménagée pour les courses de bicyclettes. — Ancienn. *Le Vélodrome d'hiver*, à Paris (pop. *Vél'd'hiv'*).

VÉLOMOTEUR [velɔmɔtœʀ]. *n. m.* (1949; de *vélo*, et *moteur*). Motocycle de cylindrée supérieure à 50 cm³ (cyclomoteurs) et inférieure à 125 cm³ (motocyclettes). *Monter sur un vélomoteur.* « *Une jeune fille en vélomoteur passa devant lui, très raide* » (LE CLÉZIO).

VÉLO-POUSSE [velɔpus]. *n. m.* (1956; de *vélo*, et *poussepousse*). En Extrême-Orient, Voiture tirée par une bicyclette.

VÉLOSKI [veloski]. *n. m.* V. SKI-BOB.

VELOT [valo]. *n. m.* (1802; « petit veau », 1611; de *veel*. V. Veau). Techn. Veau mort-né; sa peau, servant à fabriquer le vélin.

VELOURS [v(ə)luʀ]. *n. m.* (XVᵉ; de *velos*, *velous*, XIIᵉ, a. prov. *velos;* lat. *villosus* « velu »). ♦ 1º Tissu à deux chaînes superposées dont l'une produit le fond du tissu et l'autre le velouté; tissu analogue dont le velouté est produit par une trame. *Velours de coton, de soie, de rayonne,* ou absolt. *Velours. Velours uni, côtelé, façonné (broché, frappé). Costume, pantalon, veste de velours. Col de velours. Nœuds de velours dans les cheveux.* — Loc. fig. *Une main* de fer sous (ou dans) un gant de velours.* — *Fauteuils de velours, en velours, couverts de velours.* « *Les rideaux, la cheminée, les housses des tables, les fauteuils, les chaises, tout était velours cramoisi* » (HUGO). ◇ *Velours de laine,* tissu de laine pelucheux sur l'endroit, utilisé dans l'ameublement. *Tapis de velours d'une table de jeu.* Loc. *Jouer sur le velours* (1740), avec le gain, sans risquer d'entamer sa mise initiale. *Fig.* (1872) *Agir sans risques.* « *Il jouait toujours sur du velours, ce qui lui était bien agréable...* » (MONTHERLANT). ♦ 2º Ce qui est doux au toucher. « *Sur sa joue, un velours de pêche rose et blanc* » (RIMBAUD). ◇ Loc. *Chat qui fait patte de velours,* qui présente sa patte après avoir rentré ses griffes. *Fig.* (1718) *Faire patte de velours,* dissimuler un dessein de nuire sous une douceur affectée. ◇ (Par appos.) *Veau velours, peau de veau suédée.* V. Daim. ♦ 3º (XVIᵉ). Ce qui donne une impression de douceur. V. Velouté. *C'est du velours, un vrai velours, une nourriture, une boisson délectable.* — Plais. *Faire des yeux de velours,* des yeux doux. ♦ 4º *Rare* (1822). Faute de liaison. V. Cuir.

VELOUTÉ, ÉE [valute]. *adj. et n. m.* (*Veluté,* 1450; de *veloux, velous.* V. Velours).
I. *Adj.* ♦ 1º Doux au toucher comme du velours. V. Duveté. *Fruit, pêche veloutée.* ◇ Qui a l'aspect d'une chose douce au toucher. *Teint velouté.* ♦ 2º Doux et onctueux (au goût). *Potage velouté.* — *Vin velouté,* soutenu, riche et sans âcreté. ◇ « *Une voix veloutée de baryton* » (COLETTE), vibrante et douce. ♦ 3º *Étoffe veloutée,* qui porte des applications de velours (fleurs, ramages). *Satin velouté.*
II. *N. m.* LE VELOUTÉ. ♦ 1º (1767). Douceur de ce qui est velouté au toucher ou à l'aspect. *Le velouté d'une fleur, d'un fruit, de la peau.* ♦ 2º (1846). Liant onctueux pour la préparation de diverses sauces. — *Potage très onctueux. Velouté d'asperges, de volaille.*
◇ ANT. Âpre, dur, rêche.

VELOUTEMENT [valutmɑ̃]. *n. m.* (1845; de *velouter*). *Rare.* Le fait de se velouter; aspect velouté. « *Les sables avaient des veloutements dans l'ombre* » (GIDE).

VELOUTER [valute]. *v. tr.* (1680; intr., « fabriquer du velours », XVIᵉ; de *velouté*). ♦ 1º Donner à (une surface) l'apparence du velours. *Velouter du papier.* — Pronom. « *Sa joue se veloutait d'un duvet blond* » (GIONO). ♦ 2º (1737). Rendre plus doux, plus onctueux (au goût), plus agréable, plus suave (à l'ouïe). — Pronom. « *Cette voix,... se veloutait comme celle des barytons* » (BALZ.).

VELOUTEUX, EUSE [valutø, øz]. *adj.* (XXᵉ; de *velours*). Qui, au toucher, rappelle le velours. V. Velouté. *Lainage veloutteux.*

VELOUTIER [valutje]. *n. m.* (1530; de *veloux.* V. Velours). Techn. Ouvrier qui fabrique le velours (tisseur spécialisé). ◇ Ouvrier qui donne aux peaux un aspect velouté.

VELOUTINE [valutin]. *n. f.* (av. 1875; de *velouté*). ♦ 1º Poudre de toilette qui veloute la peau. ♦ 2º (XXᵉ; autre étoffe, 1876). Tissu de coton qui a été gratté pour avoir un aspect velouté (Cf. Suédine).

VELTE [vɛlt(ə)]. *n. f.* (1690; all. *Viertel, vertel* « quart »). ♦ 1º Ancienne mesure de capacité, variable selon les régions (de 7 à 8 litres). ♦ 2º Instrument, règle graduée servant à jauger les tonneaux (opérations du VELTAGE [vɛltaʒ]). ◇ HOM. *Veld.*

VELU, UE [valy]. *adj.* (v. 1150; bas lat. *villutus,* de *villus* « poil »). ♦ 1º Qui a les poils très abondants. V. Poilu. « *Tenez! dit cet homme extraordinaire en... montrant sa poitrine velue comme le dos d'un ours* » (BALZ.). ♦ 2º (1549). Garni de poils fins, serrés et plus ou moins longs (plante). *Feuille velue.* V. aussi Villeux. ◇ ANT. Lisse (1).

VELUM ou **VÉLUM** [velɔm]. *n. m.* (1272; mot lat.

« voile »). Grande pièce d'étoffe servant à tamiser la lumière ou à couvrir un espace sans toiture. « *Le velum de toile, tendu sous les vitres du plafond, tamisait le soleil* » (ZOLA). — *Des vélums.*

VELVET [vɛlvɛt]. *n. m.* (1847; angl. *velvet* « velours »). Velours de coton uni (par trame) imitant le velours de soie (à deux chaînes).

VELVOTE [vɛlvɔt]. *n. f.* (1593; de *velu*). Plante à feuilles velues (linaire, etc.).

VENAISON [vənɛzɔ̃]. *n. f.* (*Veneison,* 1138; lat. *venationem* « chasse, gibier », de *venari*). ♦ 1º Chair de grand gibier (cerf, chevreuil, daim, sanglier). « *Un parfum de chasse, comme un relent de venaison* » (JALOUX). ♦ 2º *Vén.* (XVIᵉ). Graisse du cerf, du sanglier.

VÉNAL, ALE, AUX [venal, o]. *adj.* (XIIᵉ; lat. *venalis,* de *venum* « vente »). ♦ 1º Qui se laisse acheter au mépris de la morale. V. Cupide. *Un homme vénal, qui n'agit que par intérêt.* « *Je ne suis pas une femme mauvaise, ni vénale, ni intéressée* » (BALZ.). ◇ (Choses) *Activités vénales. Amour vénal.* « *Rien de vénal et de mercantile* » (ROUSS.). ♦ 2º *Hist.* (XVIᵉ-XVIIIᵉ). Qui peut s'obtenir pour de l'argent, en payant. *Offices vénaux.* ◇ (1798) Écon. *Valeur vénale,* estimée en argent.

VÉNALEMENT [venalmɑ̃]. *adv.* (1552; de *vénal*). D'une manière vénale.

VÉNALITÉ [venalite]. *n. f.* (1573; lat. *venalitas*). ♦ 1º *Hist.* Le fait (pour une charge, une fonction) de pouvoir s'acheter, se vendre. *La vénalité des charges, des offices,* sous l'Ancien Régime, système complémentaire de l'hérédité des offices, qui donnait au titulaire la faculté d'aliéner sa charge contre une somme d'argent. ♦ 2º Le fait d'être cédé pour de l'argent au mépris des valeurs morales. ◇ (1780) Caractère ou comportement d'une personne vénale. V. Bassesse, corruption. « *Le parlement entier ne pouvait rester sous l'accusation d'une vénalité déshonorante* » (ZOLA).

VENANT, ANTE [v(ə)nɑ̃, ɑ̃t]. *n. et adj.* (*Vegnant* « montant » [flux], 1270; V. Venir). ♦ 1º N. (1380). *À tout (tous) venant(s),* à chacun, à tout le monde. « *Les sanctuaires n'ont plus de défenses et s'ouvrent à tous venants* » (LOTI). — *Rare* (Sujet) « *Une belle fleur que tout venant peut froisser* » (LARBAUD). — *Le tout-venant*.* ♦ 2º *Littér.* (XIIᵉ). Adj. et n. *Allant et venant,* qui va et vient; qui passe. Collect. « *L'allant et le venant que nous rencontrons* » (GONCOURT).

VENDABLE [vɑ̃dabl(ə)]. *adj.* (1249; de *vendre*). Qui peut être vendu. *Ces vieux livres sont encore vendables.* ◇ ANT. *Invendable.*

VENDANGE [vɑ̃daʒ]. *n. f.* (1636; *vendeignes* « raisins récoltés », 1291; lat. *vindemia,* de *vinum* « vin », et *demere* « récolter »). ♦ 1º Le fait de recueillir et de rassembler les raisins mûrs pour la fabrication du vin. « *Les vendanges, la récolte des fruits, nous amusèrent le reste de cette année* » (ROUSS.). *Commencer, faire la vendange, les vendanges.* V. Vendanger. ◇ Par ext. *Les vendanges,* l'époque des vendanges, en automne. ♦ 2º Raisin récolté pour faire le vin. V. Récolte. *Fouler, presser la vendange.*

VENDANGEOIR [vɑ̃daʒwaʀ] ou **VENDANGEROT** [vɑ̃daʒʀo]. *n. m.* (1611-1907; de *vendanger*). Techn. ou région. Hotte, panier pour la vendange.

VENDANGER [vɑ̃daʒe]. *v.;* conjug. *bouger (Vendengier,* 1213; lat. *vindemiare*). V. tr. Récolter les raisins de (la vigne). — Récolter (les raisins) pour faire le vin. ◇ V. intr. Faire la vendange, cueillir les raisins et les transporter; par ext. Fouler, presser le raisin.

VENDANGETTE [vɑ̃daʒɛt]. *n. f.* (1791; de *vendange*). Région. Grive.

VENDANGEUR, EUSE [vɑ̃daʒœʀ, øz]. *n.* (XIIIᵉ; fém., 1508 [a remplacé *vendangeresse*]; lat. *vindemiator*). ♦ 1º Personne qui récolte les raisins, fait la vendange. *Engager des vendangeurs, des ouvriers agricoles pour les vendanges.* ♦ 2º (1876). N. f. VENDANGEUSE : nom de fleurs d'automne (aster, colchique sauvage).

VENDÉEN, ENNE [vɑ̃deɛ̃, ɛn]. *adj. et n.* (de *Vendée,* n. pr.). De la Vendée, province de l'ouest de la France. ◇ *Hist.* (1793) De l'insurrection royaliste des provinces de l'Ouest, pendant la Révolution. — *Les Vendéens.* V. Chouan.

VENDÉMIAIRE [vɑ̃demjɛʀ]. *n. m.* (1793; lat. *vindemia* « vendange »). Premier mois du calendrier républicain (22 septembre-21 octobre).

VENDETTA [vɑ̃de(ɛt)ta]. *n. f.* (1803; mot it. « vengeance », repris au corse). Coutume corse, par laquelle les membres de deux familles ennemies poursuivent une vengeance réciproque jusqu'au crime. « *Le préjugé de la vendetta empêchera longtemps le règne des lois en Corse, ajouta-t-il* » (BALZ.).

VENDEUR, EUSE [vɑ̃dœʀ, øz]. *n.* (1200; *venderesse,* 1226 [encore en dr.]; *-euse,* 1552; de *vendre*). ♦ 1º Personne qui vend ou a vendu qqch. *Le vendeur et l'acheteur, et l'acquéreur.* ◇ Écon. Personne physique ou morale, privée ou publique, qui vend. ♦ 2° Personne dont la profession est de vendre (surtout lorsqu'elle ne dispose pas de local fixe comme le *commerçant*). V. **Marchand.** *Vendeur ambulant. Vendeur à la sauvette.* « *Dans les grandes artères retentissaient les cris des vendeurs de journaux...* » (Mart. du G.). ◇ Par ext. *Vendeur de...,* personne qui propose (qqch.) commercialement. ♦ 3° (Fin XIX°). Employé chargé d'assurer la vente dans un établissement commercial. *Vendeuse de grand magasin.* « *On aperçoit par la porte du magasin de chaussures de jeunes vendeuses sveltes en tablier noir* » (Romains). ♦ 4° (XX°). Personne qui connaît et applique les procédés de vente. *Ce directeur commercial est un excellent vendeur. Vendeurs d'érotisme, de santé, de rêve (Elle et Marie-Claire, in La Banque des mots).* ⊗ Ant. Acheteur, acquéreur, client, importateur.

VENDRE [vɑ̃dʀ(ə)]. *v. tr.;* conjug. *rendre* (980, « trahir »; lat. *vendere*). ♦ 1° (XI°). Céder à qqn en échange d'une somme d'argent. *Vendre ses livres, ses meubles, sa maison.* « *Pour se faire de l'argent, elle se mit à vendre ses vieux gants, ses vieux chapeaux* » (Flaub.). — « *Gardez-vous, leur dit-il, de vendre l'héritage...* » (La Font.). *Vendre une chose à tel prix; vendre tel prix, tant.* Loc. *Vendre la peau de l'ours*.* — *À vendre,* offert pour la vente. « *La maison était restée meublée de ses vieux meubles et toujours à vendre* » (Hugo). — Dr. *Vendre à réméré*, vendre aux enchères.* — Absolt. *Vendre cher, trop cher, au prix fort. Vendre à perte. Vendre à prix coûtant, sans bénéfice. Vendre au comptant*, à crédit*.* ◇ Spécialt. Faire commerce de (ce qu'on a fabriqué ou acheté). *Vendre des livres, des marchandises en gros*, au détail. Vendre en réclame, au rabais.* V. **Brader, liquider, solder.** *Vendre qqch. à la criée*.* — Pronom. *(Pass.)* Être vendu. *Cela se vend bien.* V. **Écouler** (s'), **épuiser** (s'). *Cela se vend comme des petits pains*.* ◇ Par ext. Faire acheter par un client (une chose qui appartient à qqn d'autre). *Démarcheur, placeur qui vend des valeurs financières.* — (En exerçant le métier de vendeur) *Vendre un article à un client.* ◇ Écon. Organiser, faire la vente de. *Acheter des matières premières et vendre des produits finis* (entreprise, pays; V. **Exporter**). *Vendre à l'étranger au-dessous du prix national.* V. **Dumping.** ◇ Proposer (qqch.) de manière commerciale (le compl. ne désignant pas une marchandise ni un service). *Vendre des vacances; vendre du rêve, du sensationnel, du voyage; vendre de la neige (des séjours aux sports d'hiver)* [ex. recueillis in *La Banque des mots,* n° 5]. ♦ 2° (Souvent péj.) Accorder ou céder (un avantage, un service) en faisant payer, ou contre un avantage matériel. V. **Échanger.** « *Celui-là vend son droit d'aînesse contre un plat de lentilles.* » « *Celui-là vend son fils, l'autre vend sa femme* » (Romains). ♦ 3° Exiger qqch. en échange de. *Vendre cher qqch.,* ne pas l'accorder facilement. *Vendre chèrement sa vie,* se défendre avec vaillance jusqu'à la mort. ♦ 4° Abandonner par intérêt d'argent. V. **Trahir.** *Judas vendit Jésus pour trente deniers.* — Dénoncer par intérêt. « *Je ne te vendrai pas, sois tranquille* » (Cocteau). ◇ Pronom. *(Réfl.)* Se mettre au service de qqn par esprit de lucre, au mépris de la morale. *Se vendre à un parti* (V. **Vénal**). ⊗ Ant. Acheter, acquérir, conserver, donner, garder, payer.

VENDREDI [vɑ̃dʀədi]. *n. m. (Vendresdi,* 1119; lat. *veneris dies* « jour de Vénus »). Le sixième jour de la semaine. « *Tel qui rit vendredi dimanche pleurera* » (Rac.). *Les catholiques devaient faire maigre le vendredi* (« *jour maigre* »). « *L'élection tombait un vendredi. Jour chic, mais jour maigre* » (Aragon). *Vendredi saint,* précédant le dimanche de Pâques (anniversaire de la mort du Christ). *Vendredi treize*.*

VENDU, UE [vɑ̃dy]. *adj.* (V. **Vendre**). ♦ 1° *(Choses).* Cédé pour de l'argent. V. **Acquis.** *Adjugé, vendu!* (aux enchères). *Accrocher l'écriteau « vendu » à un tableau.* ♦ 2° *(Personnes).* Qui a aliéné sa liberté, promis ses services pour de l'argent. ◇ *Juge vendu.* V. **Corrompu, vénal.** Subst. Personne qui a trahi pour de l'argent. V. **Traître.** « *Il a fallu en faire un vendu* » (Jaurès). — Crapule, homme sans honneur (T. d'injure). ⊗ Ant. Invendu; intègre, probe.

VENELLE [vənɛl]. *n. f. (Venele,* 1165; repris fin XIX°; dimin. de *veine*). Petite rue étroite. V. **Ruelle.** « *Une sordide venelle de la banlieue sud* » (Duham.).

VÉNÉNEUX, EUSE [venenø, øz]. *adj.* (1496; lat. *venenosus.* V. **Venimeux**). Qui contient un poison (V. **Vireux**); dont l'ingestion empoisonne. *Plantes vénéneuses. Certains champignons, la belladone, la ciguë... sont vénéneux.* ◇ Fig. et littér. Mauvais pour l'homme. « *La rêverie... est parfois la dilatation d'une idée vénéneuse* » (Hugo).

VÉNÉRABLE [venerabl(ə)]. *adj. et n.* (1200; lat. *venerabilis*). Littér. ou *plais.* Digne de vénération. « *Un vénérable vieillard orné d'un cornet acoustique* » (Mart. du G.). — Par ext. *D'un âge vénérable,* très vieux. V. **Respectable.** *Cette vénérable institution.* ◇ N. Celui, celle qui obtient le premier degré dans la procédure de canonisation. *Vénérable, bienheureux et saint.* — *Vénérable* (1829), président d'une loge maçonnique. — (Dér. VÉNÉRABLEMENT [venerabləmɑ̃], *adv.*).

VÉNÉRATION [venerasjɔ̃]. *n. f.* (v. 1170, relig.; lat. *veneratio*). ♦ 1° Respect religieux fait d'adoration et de crainte. *Exposer des reliques à la vénération des fidèles. Objet de vénération.* ♦ 2° (1512). Grand respect fait d'admiration et d'affection. V. **Adoration, considération, culte, dévotion.** *Sa vénération pour son père.* « *Il en parle avec tendresse, avec vénération* » (Maupass.). — (Par plaisant.) « *Une vénération presque tendre pour le fromage* » (Gautier). ⊗ Ant. Blasphème, mépris.

VÉNÉRÉOLOGIE [venereɔlɔʒi] ou **VÉNÉROLOGIE** [venerɔlɔʒi]. *n. f.* (1915, 1965; de *vénér*[*ien*], et *-logie*). Partie de la médecine qui s'occupe des maladies vénériennes. *Service de dermato-vénérologie d'un hôpital.*

VÉNÉRER [venere]. *v. tr.;* conjug. *céder* (1413; lat. *venerari*). ♦ 1° Considérer avec le respect dû aux dieux, aux choses sacrées. V. **Adorer, honorer, révérer.** *Vénérer un saint, une relique.* ♦ 2° Littér. (1528). Avoir de la vénération (2°) pour (qqn, qqch.). V. **Adorer, aimer, estimer.** « *Elle avait besoin de vénérer un être* » (Maurois). ⊗ Ant. Blasphémer. Dédaigner, mépriser.

VÉNÉRICARDE [venerikard(ə)]. *n. f.* (1842; lat. zool. *venericardium,* de *Vénus,* et *cardium,* « mollusque »). Zool. Mollusque lamellibranche, à robuste coquille côtelée.

VÉNERIE [venʀi]. *n. f.* (XII°; de *vener* « chasser à courre »; lat. *venari*). ♦ 1° Art de la chasse à courre. *Petite, grande vénerie.* ♦ 2° Administration des officiers des chasses. *Chef de la vénerie.* V. **Veneur** (grand).

VÉNÉRIEN, IENNE [veneʀjɛ̃, jɛn]. *adj. et n.* (fin XV°; du lat. *venerius* « de Vénus »). ♦ 1° Vieilli. Qui a rapport à l'amour physique. *Acte vénérien.* V. **Sexuel.** ♦ 2° (XVI°). *Maladies vénériennes,* maladies contagieuses qui sont transmises principalement par les rapports sexuels. V. **Blennorragie, chancre, syphilis.** ◇ Méd. *(Vieilli).* N. Personne atteinte d'une maladie vénérienne.

VENET [vənɛ]. *n. m.* (1681; h. *1423;* dimin. de l'a. fr. *venne* « engin de pêche », gallo-rom. *venna*). Pêche. Enceinte demi-circulaire de filets verticaux pour retenir le poisson à marée basse.

VENETTE [vənɛt]. *n. f.* (1662; en norm., XVII°; de *vesner* « vesser », lat. pop. *°vissinare,* de *vissire*). Vieilli ou région. Peur. « *Les bourgeois sont devenus sincèrement républicains : 1° par venette, 2° par nécessité* » (Flaub.).

VENEUR [vənœʀ]. *n. m.* (1345; *veneres* « chasseur », 1120; lat. *venator, oris*). Officier de la vénerie d'un prince, d'un particulier, qui s'occupe des chasses à courre. — (1474) *Grand veneur,* chef d'une vénerie. « *Le Grand-Veneur de Charles X fut le Napoléon des forêts* » (Balz.).

VENGEANCE [vɑ̃ʒɑ̃s]. *n. f. (Venjance,* 1080; de *venger*). ♦ 1° Action de se venger. ◇ (L'accent étant mis sur la réparation) Dédommagement moral de l'offensé par punition de l'offenseur. *Tirer vengeance d'un affront, d'un outrage...* « *Enfin mon père est mort, j'en demande vengeance* » (Corn.). « *La vengeance est encore la forme la plus sûre de la justice* » (Becque). ◇ (L'accent étant mis sur le châtiment) Punition de l'offenseur qui dédommage moralement l'offensé. V. **Châtiment, punition.** « *La vengeance est douce à tous les cœurs offensés* » (Marivaux). *Exercer sa vengeance sur qqn. Soif, désir de vengeance :* rancune, ressentiment. *Vengeances corses.* V. **Vendetta.** — Loc. prov. *La vengeance est un plat qui se mange froid, il faut savoir attendre pour se venger.* ♦ 2° Besoin, désir de se venger. *Esprit de vengeance.* « *L'enivrante jouissance de la vengeance satisfaite* » (Balz.). ♦ 3° Relig. Action de punir. « *Une impression éternelle de la vengeance divine* » (Boss.).

VENGER [vɑ̃ʒe]. *v. tr.;* conjug. *bouger* (1080; *vengiar,* 980; lat. *vindicare* « réclamer en justice »). ♦ 1° Dédommager moralement (qqn) en punissant son offenseur, celui qui lui a nui. *Venger qqn d'un affront.* « *Va, cours, vole et nous venge* » (Corn). — Par ext. *Venger son honneur, la mémoire d'un ami.* ◇ (Sujet de chose) Constituer une vengeance ou une compensation pour... « *Ça me vengerait de tous mes puants d'officiers !...* » (Balz.). ♦ 2° Réparer (une offense) en punissant l'offenseur. *Venger un affront dans le sang.* V. **Laver.** ♦ 3° SE VENGER. *v. pron.* Rendre une offense (à qqn) pour se dédommager moralement. *Se venger de qqn.* — Absolt. *Je me vengerai !* (Cf. *fam.* Je vous revaudrai ça...). « *Elle songea à se venger, mais à se venger d'une manière cruelle...* » (Dider.). *Il se vengea du père sur le fils :* en punissant le fils. ◇ Se dédommager (d'une offense) en punissant son auteur. *Se venger d'une insulte, d'une injure.* — Par ext. Trouver une compensation à (une humiliation, une contrainte). « *M. Godeau... se vengeait par sa morgue du tort de sa naissance* » (Muss.). ◇ *(Pass.)* Être, devoir être vengé. *Une insulte se venge.*

VENGEUR, GERESSE [vɑ̃ʒœʀ, ʒʀɛs]. *n. et adj.* (1380; *vencheur,* 1120; lat. *vindicator, oris*). ♦ 1° Personne qui venge (une personne, sa mémoire, ses intérêts...). « *Misérable vengeur d'une juste querelle* » (Corn.). ◇ Adj. Littér. ou *plais.*

Qui venge, est animé par la vengeance ou sert la vengeance. *Un bras vengeur. Un pamphlet vengeur.* ♦ 2° Personne qui venge, punit. « *La solitude... Partout apparaissait, muette vengeresse* » (HUGO).

VENIAT [venjat]. *n. m. invar.* (1690; mot lat. « qu'il vienne »). *Dr.* Ordre donné par un juge supérieur à un juge inférieur de se présenter à lui pour rendre compte de sa conduite.

VÉNIEL, ELLE [venjɛl]. *adj.* (1380; *venial*, XIIIe; lat. ecclés. *venialis*, de *venia* « pardon »). *Relig. cathol.* Péché véniel, digne de pardon (*opposé à* péché mortel). « *Le péché véniel ne fait pas perdre l'absolution* » (SAND). ◊ *Littér.* (1718) Se dit d'une faute légère. V. **Excusable, insignifiant.** *Larcin véniel.*

VÉNIELLEMENT [venjɛlmɑ̃]. *adv.* (*Venialement*, 1279; de *véniel*). *Théol.* Pécher véniellement, faire un péché véniel.

VENIMEUX, EUSE [vənimø, øz]. *adj.* (XIIIe; *venimos*, v. 1170; de l'a. fr. *venim*. V. **Venin**). ♦ 1° Qui a du venin. *Le cobra, la vipère, serpents venimeux.* — **Sangsue, araignée, venimeuse.** ◊ (D'une plante) « *Des nopals — ces paradoxales raquettes vertes, couvertes de piquants venimeux* » (GIDE). Cf. **Vénéneux.** ♦ 2° *Fig.* (XIIIe). Qui a de la haine, de la méchanceté. « *Le plus venimeux de tous vos futurs collègues* » (DUHAM.). V. **Haineux, perfide.** Par ext. *Langue venimeuse,* mauvaise langue (Cf. *Langue de vipère*). *Une haine vivace et venimeuse.* V. **Empoisonné, fielleux, méchant.** « *Tu ne te contiens plus, tu es devenu venimeux* » (MAUPASS.).

VENIMOSITÉ [vənimozite]. *n. f.* (1314; de *venimeux*). *Rare.* Caractère de ce qui est venimeux.

VENIN [vənɛ̃]. *n. m.* (v. 1240; *venim*, 1120; lat. pop. *venimen*, de *venenum*, par subst. de suffixe). ♦ 1° Substance toxique sécrétée chez certains animaux par une glande spéciale, qu'ils injectent par piqûre ou morsure. *Venin de serpent, de vipère, dans les dents ou crochets à venin.* — *Venin de scorpion, d'araignée, de crapaud. Venin de guêpe. Venin mortel pour l'homme. Sérum contre les venins.* — *Par anal.* Substance toxique des piquants de certaines plantes. ♦ 2° *Fig.* Haine, méchanceté; discours dangereux. *Répandre du venin contre qqn. Jeter, cracher son venin,* dire des méchancetés dans un accès de colère. « *Un regard chargé d'autant de venin qu'en insinue la morsure d'une vipère...* » (BALZ.).

VENIR [v(ə)niʀ]. *v. intr.* : *je viens, tu viens, il vient, nous venons, vous venez, ils viennent; je venais; je vins; je viendrai; je viendrais; que je vienne, que nous venions; que je vinsse; viens, venons, venez; venant; venu.* Aux. *être* (880; lat. *venire*). **I.** *(Sens spatial).* Marque un déplacement qui aboutit ou est près d'aboutir au lieu où on se trouve. V. **Aller, déplacer (se), rendre (se);** et *(pop.)* **Amener (s').** **A** (Sans compl. de lieu). « *Je ne t'ai pas demandé de venir* » (SARTRE). *Venez avec moi :* accompagnez-moi. V. **Marcher.** *Il peut venir d'une seconde à l'autre.* V. **Arriver.** — *Vient-il ? — N'en doutez pas, Madame, il va venir* » (RAC.). *Impers. Il en viendra d'autres.* — *Aller et venir. Fam. Je ne fais qu'aller et venir, je reviens tout de suite.* — *Faire venir qqn, le convoquer. Faire venir un livre, le commander, le faire livrer.* « *Elle les laissait venir* » (R. ROLLAND). — *Voici venir votre ami :* le voici qui vient. — *Voir venir* (fig.). *Je te vois venir, je devine tes intentions.* « *Taisez-vous... je vous vois venir* » (MOL.). *Il « commençait à la voir venir avec ses gros sabots* * » (SAND). — *Voir venir les événements,* ou ellipt. *Voir venir,* attendre prudemment en observant l'évolution des événements. **B** (Avec un compl. marquant le terme du mouvement). **VENIR À, CHEZ, DANS...** ♦ 1° *Demain vous viendrez chez moi. Venez ici. Venez près de moi.* V. **Approcher, avancer.** « *Ils aperçurent leur mère et Marie qui venaient au-devant d'eux* » (BERNARD. de ST-P.). *Venir à la rencontre de qqn.* — *Impers.* « *Il vint à Genève un charlatan italien* » (ROUSS.). *Venir à* (qqn) : aller vers lui, aller le trouver. « *Laissez venir à moi les petits enfants* » (ÉVANG.). — *Fam.* (express. de menace) *Viens-y ! —* (Choses) « *Quelques larmes qui me vinrent aux yeux* » (BALZ.). *Faire venir l'eau à la bouche**. V. **Mettre.** — *Mot qui vient aux lèvres, sous la plume.* ♦ 2° *Par métaph.* (idées, sentiments...). *Commencer à être, à se présenter. Venir à l'esprit.* V. **Entrer, présenter (se).** *Cela ne vient même pas à l'idée.* « *L'idée ne lui vint pas un instant que des doutes s'élèveraient pour moi* » (RENAN). — *Impers. Jamais il ne m'est venu dans l'idée, à l'esprit de...* ♦ 3° *Arriver à* (une limite, un niveau, atteindre. *Votre fils me vient à l'épaule.* ◊ *Parvenir à* (un but, une étape d'un développement). *Vieilli. Venir à ses fins, à son but* (V. **Arriver).** *Mod. Venir à bout de...* V. **Bout.** — *Il faudra bien qu'il y vienne,* il finira bien par s'y résoudre, par l'accepter. — *Venir à* (un sujet, une question). V. **Aborder.** « *Mais venons au sujet qui m'amène en ces lieux* » (MOL.). *Venons au fait**. ◊ **EN VENIR À** : finir par faire, par employer, après une évolution. *En venir aux extrémités. En venir aux mains, aux coups,* engager la lutte. *Où veut-il en venir ?* que veut-il, que cherche-t-il en fin de compte ? — *En venir à...* (suivi de l'inf.). « *J'en*

suis venu maintenant à regarder le monde comme un spectacle » (FLAUB.). **C** VENIR DE... ♦ 1° (Avec un compl. marquant le point de départ du déplacement, l'origine du mouvement, la provenance). « *Et lui aussi, venant du Ciel, un ange qui le réconfortait* » (ÉVANG.). *D'où venaient-ils ? « Il venait le diable sait d'où* » (DUHAM.). *Venir de la part de qqn.* — (Choses) *Les nuages viennent de l'ouest.* — *Provenir.* « *Ses lourds bracelets d'argent filigrané dont la plupart venaient de Tolède* » (MAC ORLAN). — (Héritage) *Des biens qui lui venaient de son grand-père.* ♦ 2° *(Avec un compl. d'origine).* *Provenir, sortir de.* « *Ce pelé, ce galeux d'où venait tout le mal* » (LA FONT.). « *Toute justice vient de Dieu* » (ROUSS.). V. **Émaner.** « *Les grandes pensées viennent du cœur* » (VAUVEN.). — *La plupart des mots français viennent du latin.* V. **Dériver.** ♦ 3° *(Avec un complément de cause).* Être l'effet de. V. **Découler.** « *Tout le malheur des hommes vient d'une seule chose, qui est de ne savoir pas demeurer en repos dans une chambre* » (PASC.). — *Cela vient de ce que* (avec l'ind.). « *La prétendue légèreté des femmes vient de ce qu'elles ont peur d'être abandonnées* » (STAËL). — *Impers. De là vient que... d'où vient que...,* c'est pourquoi. *Interrog. D'où vient qu'il est toujours en retard ?* « *D'où vient qu'une parole, un geste, puissent faire des ronds à n'en plus finir, dans une destinée ?* » (ST-EXUP.). V. **Pourquoi.**

II. (En fonction de semi-auxiliaire, suivi d'un inf.). ♦ 1° *(Sans prép.).* Se mettre à (faire), faire en sorte d'être dans la possibilité de. « *Viens, mon fils, viens mon sang, viens réparer ma honte* » (CORN.). *Je viens vous chercher.* « *Des images sombres et violentes venaient m'assaillir* » (FRANCE). ◊ (Pour marquer une idée d'intervention plus ou moins fortuite) « *Et vous venez prétendre ensuite que vous ne m'avez pas questionné !* » (COURTELINE). ♦ 2° (1549). VENIR À *(surtout à la 3e pers.) :* se trouver en train de (faire, subir qqch.). *S'il venait à me perdre :* au cas où il me perdrait. « *Le roi vint à passer. Impers. S'il venait à passer qqn.* — « *Lorsque les vivres viennent à leur manquer* » (CHATEAUB.). ♦ 3° (XIIIe, « revenir »). VENIR DE... *(avec l'inf.) :* avoir (fait) très récemment, avoir juste fini de... *Elle vient de sortir. Livre qui vient de paraître. Il venait de commettre une infraction.* « *La félicité que je venais d'éprouver* » (PROUST). — *(Avec que temporel)* « *Mon télégramme venait de partir que j'en reçus un* » (PROUST). Cf. *À peine était-il parti que...*

III. Arriver, se produire, survenir. ♦ 1° *(Personnes).* Arriver (dans la vie). *Venir au monde* (1560; *venir à vie,* 1250). V. **Naître.** *Littér.* « *Je suis venu trop tard dans un monde trop vieux* » (MUSS.). — *Absol.* « *Tout est dit et l'on vient trop tard...* » (LA BRUY.). *Ceux qui viendront après nous.* V. **Succéder.** « *Enfin Malherbe vint...* » (BOIL.). ◊ *(Événements)* Se produire. V. **Apparaître, arriver, survenir.** « *Si la guerre vient, on dira qu'on avait donc raison de la préparer* » (ALAIN). *Tout vient à son temps dans la vie. Prendre les choses comme elles viennent,* avec philosophie. — PROV. *Tout vient à point à qui sait attendre*. *La fortune vient en dormant**. ◊ *(Moments)* Apparaître dans le cours du temps. *L'heure est venue de réfléchir.* « *Un jour viendra où il n'y aura plus un seul coup de pouce à donner* » (ARAGON). *Quand vint son tour. Les jours, les années qui viennent.* V. **Prochain, suivant.** — Au p. p. *Le jour venu. La nuit venue :* tombée. ◊ *Loc. adv.* À VENIR : qui doit venir, qui viendra. V. **Futur.** *Les générations à venir.* « *Une aptitude merveilleuse à saisir les rapports lointains entre les faits présents et les faits à venir* » (BALZ.). ♦ 2° Naître et se développer (végétaux; tissus vivants). V. **Pousser.** *Un sol où le blé vient bien, vient mal.* « *Le blé ne peut venir sous leur ombre* (des noyers) » (STENDHAL). — *Par anal. Des boutons qui viennent sur le visage.* ♦ 3° (Productions de l'esprit, de l'art). Se manifester. « *Les idées ne venaient pas facilement* » (CÉLINE). ♦ 4° *Grav., Photogr. Estampe, épreuve qui vient bien, mal,* dont le tirage est bon, médiocre.

IV. (1080). S'EN VENIR. *Vx ou région.* Venir. « *Un homme... qui s'en venait, à petits pas* » (MAUPASS.).

VÉNITIEN, IENNE [venisjɛ̃, jɛn]. *adj. et n.* (XIIIe; it. *venetiano,* mod. *veneziano,* de *Venezia,* Venise). De la ville de Venise, de l'ancienne république de Venise. *La peinture vénitienne* (XVe et XVIe s.). — *Le dialecte vénitien.* — *Blond vénitien :* blond tirant sur le roux. — *Lanternes** vénitiennes.* — *Les Vénitiens, les Vénitiennes.*

VENT [vɑ̃]. *n. m.* (1080; lat. *ventus*). **I. A** (Déplacements naturels de l'atmosphère). ♦ 1° Le vent, les vents..., mouvement de l'atmosphère ressenti au voisinage du sol; déplacement d'air; air déplacé (V. **Alizé, aquilon, khamsin, mistral, noroît, simoun, sirocco, suroît, tramontane, zéphir.** Cf. *pop.* Zeph (*zéphyr*). *Vent doux, faible, modéré* (V. **Brise**), *fort, impétueux, violent, cinglant, chaud, froid, glacial* (V. **Bise**). *Direction du vent. Rose** des vents. Vents de mousson**. Le vent du nord :* qui vient du nord. *Vent du large. Le vent se lève, tombe. Il y a du vent, il fait du vent. Il n'y a pas un souffle, pas un brin* (fam.) *de vent. Coup, rafale de vent :* courant momentané ou augmentation, changement brusque dans les mouvements de l'air. « *Il arrivait parfois*

des rafales de vent » (FLAUB.). *Fig. Être coiffé en coup de vent :* avoir les cheveux en désordre. — *Le vent tourne :* change de direction. *Le vent gémit, hurle, siffle.* « *Le vent beugle, rugit, siffle, râle et miaule* » (LEC. DE LISLE). — *Le vent balaye, emporte les feuilles...* « *De la terre réduite en poudre, le vent soulevait sur place de minces tourbillons* » (ZOLA). *Le vent chasse, disperse les nuages. Loc. prov. Qui sème le vent récolte la tempête*. Abriter, garantir, protéger du vent. Marcher contre le vent. Énergie du vent. V. Éolien. — À vent :* mû par le vent. *Moulin à vent.* ◇ (Dans la navigation) *Direction ou aire* (V. Lit, rhumb), *force du vent.* Mar. *Bord de vent.* V. Lof. *Vent largue*. *Vent arrière. Vents contraires :* qui empêchent de suivre la route prévue. *Vent debout*. Être pris vent dessus :* être masqué, avoir ses voiles coiffées. *Avancer, marcher contre le vent. Au vent* (dans la direction du vent); *sous le vent* (dans la direction opposée). *Les îles sous le vent.* — *Venir au vent :* gouverner plus près du vent (lofer). — *Avoir le vent en poupe*. (et fig.). *Avoir du vent dans les voiles*. ◇ Chasse (1172). *Le vent,* qui porte les odeurs vers les chasseurs ou les animaux. *Chasser au vent, dans le vent. Aller à bon vent.* — *Loc. cour. Le nez au vent,* se dit du chien qui flaire le gibier. *Prendre le vent.* V. Flairer. *Fig.* « *Profites-en pour prendre le vent, regarder de près ce qui se passe* » (MART. du G.). — *Avoir vent de...,* apprendre. « *Ni Josiane, ni lord David n'eurent vent du prodigieux fait* » (HUGO). ◇ *Les quatre vents :* les quatre points cardinaux (directions des vents). *Aux quatre vents; à tous les vents :* partout, en tous sens. « *Un cabinet ouvert aux quatre vents* » (MONTESQ.). ♦ *2°* Sc. Mouvement de l'atmosphère; phénomène météorologique dû aux propriétés physiques inégales et changeantes de l'atmosphère (densité, pression, température). *Augmentation du vent avec l'altitude. Instabilité dynamique, thermique du vent.* ♦ *3° (Dans quelques express.).* L'atmosphère, l'air (généralement agité par des courants). *Flotter au vent. Voler au vent. Exposer au vent. En plein vent :* en plein air, à découvert. « *L'atelier en plein vent du charpentier* » (LOTI). — *Arbre de plein vent,* qui pousse sans être abrité. — *Mettre flambergé* au vent. Le nez au vent :* le nez en l'air, d'un air étourdi. ❸ *Loc. fig.* (fin XVIe). ♦ *1°* (*Le vent,* symbole des impulsions, des influences). *Aller contre vents et marées. Son devoir, elle l'accomplissait contre vent et marée* » (GIDE), envers et contre tout. *Avoir le vent en poupe, le vent dans le dos :* être bien parti, avoir une suite de succès. *Être dans le vent :* dans la direction générale (de la mode, etc.). *C'est une fille dans le vent.* « *Je l'ai dotée* [le personnage] *d'une mise ‘ dans le vent ' et d'un père passéiste* » (BEAUVOIR). — *Quel bon vent vous amène ?* quelle est la cause de votre venue? (formule d'accueil). *Bon vent!,* formule de souhait. (Iron.) bon débarras. ◇ *Tourner à tous les vents, au moindre vent :* être inconstant. — *Le vent tourne :* les événements vont changer. ◇ *Le vent était à l'optimisme* (Cf. Il y avait de l'optimisme dans l'air). — « *Un vent de bêtise et de folie souffle maintenant sur le monde* » (FLAUB.). ♦ *2°* (*Le vent,* symbole de vitesse). *Aller comme le vent, plus vite que le vent.* « *Cadieux... passa en coup de vent* » (MART. du G.). ♦ *3° Fig.* (1160, *de vent :* de rien). *Du vent :* des choses vaines, vides. « *La vanité et l'orgueil, qui sont proprement du vent* » (SÉV.). *C'est du vent, ce n'est que du vent,* se dit *spécialt.* de promesses faites à la légère.
II. Mouvement de l'air, dû à diverses causes. ♦ *1°* (1552). *Vx.* Courant, déplacement d'air. « *Les esprits animaux qui sont comme un vent très subtil* » (DESCARTES). *Loc. mod. Vent coulis*. Loc. fam. Faire du vent :* « déplacer de l'air », faire l'important. ♦ *2°* (1685). *Instrument* à vent. ♦ *3°* (av. 1250, *vent de cul*). Gaz intestinaux. V. Pet. « *Un verre d'eau... bue à jeun pour chasser les vents* » (ZOLA). ◇ HOM. *Van* (1 et 2).

VENTAGE [vɑ̃taʒ]. *n. m.* (1783; de *venter*). *Techn.* Vannage.

VENTAIL, AUX [vɑ̃taj, o]. *n. m.* (1314; *ventaille,* n. f., 1080; de *venter*). *Archéol.* Partie de la visière des casques clos (V. Heaume) par où passait l'air. ◇ HOM. *Vantail; venteau.*

VENTE [vɑ̃t]. *n. f.* (v. 1200; « droit, taxe », 1197; lat. pop. *vendita,* de *vendere.* V. Vendre).
I. Action de vendre. ♦ *1°* Le fait d'échanger une marchandise contre son prix, de la transmettre en toute propriété à un acquéreur en le faisant payer; activité consistant en de telles opérations. *Bureau, comptoir de vente.* — *Vente régulière* (V. Débit). — *Marchandises de vente; hors de vente :* qui se vendent bien; ne se vendent pas. — *En vente :* pour être vendu, ou disponible dans le commerce. *Mettre en vente. Médicament en vente libre.* — « *Manquer la vente en dépréciant sa marchandise* » (ROMAINS). — *Vente en gros, en demi-gros, au détail, en magasin. Vente directe, vente par correspondance, par coupons, à l'abattage*. Vente au comptant, à crédit, à tempérament. Promotion*. des ventes. Prix de vente. Service après-vente,* chargé de l'entretien après la vente. — *Promesse, engagement; acte, contrat de vente.* ♦ *2°* Dr. Contrat

par lequel une des parties (vendeur) s'engage et s'oblige à transférer la propriété d'un bien et à le livrer à l'autre partie (acheteur, acquéreur), qui s'oblige à en payer le prix. *Ratification, réalisation d'une vente. Rescision*. d'une vente.* — *Vente à l'essai,* où le contrat de vente ne devient effectif qu'après essai de la chose vendue. *Vente à terme,* où l'obligation du vendeur *(vente à livrer)* ou de l'acheteur *(vente à crédit)* n'est exigible qu'à l'expiration d'un terme. *Vente par adjudication*. — Vente publique, aux enchères. Vente à réméré*.* ♦ *3°* Réunion des vendeurs et des acquéreurs éventuels, au cours de laquelle on procède à une vente publique. *Assister à une vente, à la criée*. Salle des ventes,* où ont lieu les ventes publiques. « *Une vente de l'hôtel Drouot...* » (ROMAINS). « *La vente par voie d'affiches fut fixée au deuxième dimanche du mois* » (ZOLA). — *Vente de charité,* au cours de laquelle on vend au bénéfice d'une œuvre des objets généralement donnés.
II. (v. 1200). ♦ *1° Eaux et for.* Coupe réglée dans un bois, une forêt; partie de la forêt qui vient d'être coupée (pour être vendue). *Vente jeunes,* où le bois commence à repousser. ♦ *2° Hist. ital.* Réunion de carbonari.
◇ ANT. *Acquisition; achat.*

VENTÉ, ÉE [vɑ̃te]. *adj.* (XIXe; de *venter,* v. tr., « pousser par le vent »). *Rare.* Où il y a du vent. V. Éventé, venteux. *Une plaine ventée.* ◇ HOM. *Vanter, venter.*

VENTEAU [vɑ̃to]. *n. m.* (1568, « soupape de soufflet de forge »; de *vent*). *Techn.* Ouverture munie d'une soupape par laquelle l'air pénètre dans un soufflet, une soufflerie de forge. *Des venteaux.* ◇ HOM. Pl. de *vantail, ventail.*

VENTER [vɑ̃te]. *v. impers.* (1150; de *vent*). *Rare.* Se dit du phénomène météorologique appelé *vent. Il vente :* il fait du vent. — *Cour. en loc. Qu'il pleuve ou qu'il vente,* par tous les temps. « *Sans s'inquiéter s'il pleut ou s'il vente* » (FLAUB.). ◇ HOM. *Vanter.*

VENTEUX, EUSE [vɑ̃tø, øz]. *adj.* (1380; *venteus,* méd. XIIIe; lat. *ventosus*). *Rare.* Où il y a du vent. V. Éventé, venté. *Plaine venteuse.*

VENTILATEUR [vɑ̃tilatœr]. *n. m.* (1744; angl. *ventilator,* calque du lat. « vanneur ». V. Ventiler). ♦ *1°* Appareil, dispositif servant à brasser l'air, à renouveler, rafraîchir l'atmosphère. *Ventilateur à main* (V. Panca), *électrique,* etc. « *Les hélices des ventilateurs bourdonnaient sans répit* » (MART. du G.). ♦ *2°* Appareil produisant un courant d'air plus ou moins puissant (pour alimenter en oxygène une combustion, etc.). *Ventilateurs à force centrifuge, à hélice, à turbine.* V. Soufflerie. ◇ Mécanisme utilisé dans le refroidissement du moteur d'une automobile. *Courroie de ventilateur.*

VENTILATION [vɑ̃tilasjɔ̃]. *n. f.* (1531; lat. *ventilatio,* de *ventus* « vent ». V. Ventiler).
I. (*Rare av.* 1819). ♦ *1°* Opération par laquelle l'air est brassé, renouvelé. *Ventilation naturelle, ascendante, descendante.* V. Aération. *Techn. Ventilation thermique* (tirage d'une cheminée, etc.). ♦ *2° Techn. et didact.* Production d'un courant d'air pour permettre ou faciliter un phénomène physique ou chimique, lors d'une opération technique. *Par anal. Ventilation pulmonaire* (V. Respiration).
II. *Fig.* (1574). *Dr.* Le fait de ventiler (II). — Estimation de la valeur relative d'une partie. ◇ *Fin., Compt.* Répartition entre divers comptes, divers chapitres. *Ventilation des frais généraux.* « *Certains reports, certaines ventilations y étaient un peu arbitraires* » (ROMAINS).

VENTILER [vɑ̃tile]. *v. tr.* (1820; *venteler* « agiter en l'air », 1150; « flotter au vent », 1080; lat. *ventilare*).
I. Produire un courant d'air dans..., sur... V. Aérer. — *Au p. p.* « *Un restaurant souterrain mal éclairé, mal ventilé* » (M. BUTOR).
II. *Fig.* (1265, « examiner, plaider une cause »; lat. jur. *ventilare*). ♦ *1° Dr.* (1611). Évaluer (une ou plusieurs portions) relativement au tout, dans une vente. ◇ *Compt.* Répartir (une somme totale) entre plusieurs comptes. *Ventiler les dépenses.* ♦ *2°* Répartir en plusieurs groupes (des choses, des personnes). « *Roudax* [...] *avait ventilé les élèves de façon radicale, au niveau de la 6e* » (Cl. COURCHAY).

VENTILEUSE [vɑ̃tiløz]. *n. f.* (1901; de *ventiler,* I). *Zool.* Abeille qui bat les ailes à l'entrée de la ruche pour renouveler l'atmosphère de la ruche.

VENTIS [vɑ̃ti]. *n. m. pl.* (1829; *venti,* 1812; de *vent*). *Eaux et for.* Arbres abattus par le vent. *Faux ventis :* arbres déchaussés pour que le vent les abatte.

VENTÔSE [vɑ̃toz]. *n. m.* (1793; du lat. *ventosus* « venteux »). *Hist.* Sixième mois du calendrier républicain (du 19 ou 21 février au 19-21 mars).

1. **VENTOUSE** [vɑ̃tuz]. *n. f.* (1314; *venteuse,* 1256; lat. méd. *ventosa* [*cucurbita*] « courge pleine d'air »). ♦ *1° Méd.* Petite cloche de verre appliquée sur la peau après qu'on y a raréfié l'air, pour provoquer une révulsion. *Poser des ventouses à un malade.* ♦ *2°* (1828). Organe de succion, d'aspiration, où un vide partiel se fait. *Ventouses des céphalopodes* (pieuvres, etc.), *des vers* (sangsues, trématodes). « *Ces ven-*

touses (de la pieuvre) *sont des cartilages cylindriques, cornés, livides* » (HUGO). — Disque adhésif de certains batraciens.
◇ Par anal. *Faire ventouse :* adhérer. *Voiture ventouse,* se dit d'un véhicule automobile qui occupe pendant longtemps une place de stationnement (dans une grande ville). *La police fait enlever et mettre en fourrière les voitures ventouses.* ♦ 3° Dispositif (rondelle de caoutchouc, etc.) qui se fixe par vide partiel sur une surface plane.

2. **VENTOUSE** [vɑ̃tuz]. *n. f.* (1676; de *ventus.* V. **Vent**). Techn. *(Constr.)* Ouverture pratiquée dans une fosse, un conduit, etc. Ouverture dans un mur épais (pour l'écoulement de l'humidité). ◇ Hublot d'aération.

VENTRAL, ALE, AUX [vɑ̃tral, o]. *adj.* (av. 1520; lat. *ventralis,* de *ventris*). ♦ 1° Relatif au ventre, à l'abdomen. V. **Abdominal** (En zool., on dit aussi *sternal*). *Nageoires ventrales.* ♦ 2° Qui se porte sur le ventre. *Parachute ventral,* et subst. *le ventral* (*opposé à* dorsal). ◇ Qui se fait sur le ventre. Sport. *Rouleau* ventral.*

VENTRE [vɑ̃tr(ə)]. *n. m.* (1080; lat. *venter* « estomac »). I. *(Chez l'homme).* ♦ 1° Partie antérieure du tronc, au-dessous de la taille, correspondant à la paroi abdominale et à une partie de la cavité de l'abdomen*. *Le nombril est sur la ligne médiane du ventre. Coucher, dormir sur le ventre. À plat ventre,* allongé sur le ventre. « *Il m'arrivait... de me jeter à plat ventre dans l'herbe* » (MART. du G.). — *Loc. Fig. Se mettre à plat ventre devant qqn :* s'humilier par intérêt. *Taper* sur le ventre à qqn. Marcher, courir sur le ventre :* écraser, éliminer (qqn) pour arriver à ses fins. *Courir ventre à terre,* très vite. Par ext. *Arriver, aller ventre à terre.* ◇ BAS VENTRE (V. **Bas-ventre**); *par euphém.* Le sexe, au bas du ventre. ♦ 2° *(Animaux).* Partie analogue au ventre humain chez les mammifères, et *par ext.* Paroi inférieure du corps (*opposé à* dos). *Le ventre argenté des morues.* « *Cet oiseau... au dos brun, au ventre gris* » (ALAIN). — (D'un quadrupède *et par ext.* d'une personne) *Courir ventre à terre :* très vite. ♦ 3° Proéminence que forme la paroi antérieure de l'abdomen, de la taille au bas-ventre. V. *(fam. et pop.)* **Bedaine, bide, bidon, brioche, panse.** « *Il avait un gros ventre de boutiquier, rien qu'un ventre où semblait réfugié le reste de son corps* » (MAUPASS.). *Rentrer le ventre.* — *Avoir, prendre du ventre :* un gros ventre. ♦ 4° *Cour.* L'abdomen, en tant que siège de la digestion (estomac et intestins). *Avoir le ventre creux :* l'estomac. *Ventre affamé n'a pas d'oreilles*.* — *Se remplir le ventre :* boire, manger. *Avoir le ventre plein :* être rassasié. *Avoir les yeux plus grands que le ventre :* vouloir manger plus que son appétit ne réclame. « *Vous êtes seul, vous, vous pouvez vous serrer le ventre* » (BALZ.), vous passer de manger. *Bouder* contre son ventre.* La reconnaissance* *du ventre.* — *Avoir mal au ventre :* aux intestins. *Loc. fig. Faire mal au ventre à qqn :* lui être très désagréable. *Ça me fait, ça me ferait mal au ventre,* cela m'écœure(rait), me répugne(rait). « *Encore un pour l'Alsace-Lorraine ! Il me fait mal au ventre !* » (CÉLINE). Cf. *Faire mal au cœur,* aux seins. ♦ 5° *Cour.* et *littér.* Chez la femme, L'abdomen en tant que siège de la gestation et des organes génitaux internes. V. **Sein, utérus.** « *Je me suis ennuyé dès le ventre de ma mère* » (CHATEAUB., d'apr. STE-BEUVE). « *Yvonne avait été malade, des trucs au ventre, comme toutes les femmes* » (ARAGON). — *Dr. Curateur au ventre :* chargé de surveiller une femme veuve enceinte, en vue d'éviter une suppression ou une supposition de part, et d'administrer provisoirement la succession du père décédé. ♦ 6° *Vx.* L'intérieur du corps humain. ◇ *Loc. mod. Mettre, remettre du cœur au ventre :* de l'énergie, du courage. *Avoir qqch. dans le ventre :* avoir de la volonté, de l'énergie. « *Ne rien avoir dans le ventre,* mot consacré dans l'argot du journalisme » (BALZ.). — *Chercher à savoir ce que qqn a dans le ventre :* quels sont ses projets, ses intentions secrètes. V. **Sonder.**

II. *Par anal.* ♦ 1° (1368). Partie creuse, lorsqu'elle présente à l'extérieur un renflement. « *La cruche au large ventre est vide en un instant* » (BOIL.). « *Une petite guitare... au ventre en calebasse* » (GAUTIER), dont la caisse de résonance est renflée. V. **Panse.** ◇ (Fin XVIe) Partie bombée de la coque d'un navire. « *Des bassins, où les grosses coques, ventre à ventre, se touchaient sur quatre ou cinq rangs* » (MAUPASS.). ♦ 2° *Techn.* (1552). Renflement. *Maçon. Faire ventre :* sortir de son aplomb. « *Les plafonds faisaient ventre* » (NERVAL). ♦ 3° *Phys.* (1700). Lieu des points d'un corps en vibration où les oscillations ont la plus grande amplitude (correspond à l'élongation maximum dans un système d'ondes stationnaires). *Ventres et nœuds d'une onde* (points caractéristiques).

VENTREBLEU ! [vɑ̃trəblø]. *interj.* (1552; *ventre-Dieu,* XIVe-XVe; de *ventre,* et *bleu,* euphém. pour *Dieu*). *Vx.* Juron en usage du XVe au XVIIe s.

VENTRÉE [vɑ̃tre]. *n. f.* (1226, « nourriture »; de *ventre*). Nourriture qui remplit bien le ventre; repas au cours duquel on s'empiffre. *Je me fiche une ventrée de couleurs* » (FLAUB.).

VENTRE-SAINT-GRIS ! [vɑ̃trəsɛ̃gri]. *interj.* (XVIe; euphém. pour *ventrebleu;* de *ventre,* et *saint-Gris,* nom fantaisiste de saint). *Vx.* Juron (attribué à Henri IV).

VENTRICULAIRE [vɑ̃trikylɛr]. *adj.* (1842; de *ventricule*). Anat. et méd. Relatif à un ventricule, *spécialt.* à un ventricule du cœur ou à un ventricule cérébral. *Contraction ventriculaire. Liquide ventriculaire.*

VENTRICULE [vɑ̃trikyl]. *n. m.* (1314; lat. *ventriculus* [*cordis*] « petit ventre » [du cœur]). ♦ 1° Chacun des deux compartiments inférieurs du cœur, séparés par une cloison (*interventriculaire*). *Le sang artériel sort du ventricule gauche et passe dans l'aorte; le ventricule droit chasse le sang veineux reçu de l'oreillette droite, dans l'artère pulmonaire.* ◇ Chacune des cavités contenues dans l'encéphale. *Les deux ventricules latéraux, le troisième ventricule* (*ou ventricule moyen*) *et le quatrième ventricule.* ♦ 2° Zool. *Ventricule succenturié*.*

VENTRIÈRE [vɑ̃trijɛr]. *n. f.* (XIIe; « ceinture de l'armure »; de *ventre*). ♦ 1° (1325). Sangle du harnais du cheval qui passe sous le ventre. V. **Sous-ventrière.** ◇ Pièce de toile servant à soutenir et soulever un animal pour l'embarquer, etc. ♦ 2° (1395). Techn. Pièce qui soutient par le milieu un assemblage de charpente, de menuiserie. *Ventrière d'une écluse.* ◇ Mar. (1872) Pièce qui soutient le ventre d'un navire, avant le lancement.

VENTRILOQUE [vɑ̃trilɔk]. *n.* et *adj.* (1552; lat. *ventriloquus* « qui parle [*loqui*] du ventre »). Personne qui peut articuler sans remuer ses lèvres, d'une voix étouffée qui semble venir du ventre. *Ventriloque qui se produit dans un music-hall.* ◇ Adj. « *Ursus était ventriloque. On le voyait parler sans que sa bouche remuât* » (HUGO).

VENTRILOQUIE [vɑ̃trilɔki]. *n. f.* (1817; de *ventriloque*). Didact. Manière d'articuler du ventriloque.

VENTRIPOTENT, ENTE [vɑ̃tripɔtɑ̃, ɑ̃t]. *adj.* (1552; de *potens* « puissant » *d'apr. omnipotent*). Qui a un gros ventre. V. **Gros, ventru.** « *Ce gros cuisinier, gras et ventripotent* » (GAUTIER).

VENTRU, UE [vɑ̃try]. *adj.* (1490; *ventré,* XIIIe; de *ventre*). ♦ 1° Qui a un gros ventre. V. **Gros, pansu, ventripotent.** *Des enfants* « *gros, ventrus déjà comme des hommes...* » (ZOLA). — Subst. *Un gros ventru.* ♦ 2° *(Choses).* Renflé, bombé. *Commode ventrue.* « *Des étages ventrus qui avancent les uns sur les autres...* » (MIRBEAU).

VENTURI [vɑ̃tyri]. *n. m.* (1949; n. pr.). Techn. Appareil de mesure du débit d'un gaz. — Buse d'un carburateur.

VENU, UE [v(ə)ny]. *adj.* n. (1559; V. **Venir**). ♦ 1° Littér. (avec un adv.). *Être bien, mal venu :* arriver à propos (ou non); être bien (ou mal) accueilli. — *Être mal venu à* (vieilli, *et de* + inf.) : n'être pas fondé à. *Ils « auraient donc été mal venus de s'en plaindre* » (J.-R. BLOCH). Impers. *Il serait mal venu d'insister.* ♦ 2° N. *Le premier venu :* la première personne à se présenter; *par ext.* n'importe qui. *De nouveaux venus.* ♦ 3° Adj. *(Êtres vivants).* Qui s'est développé. *Un enfant mal venu, chétif.* — *(Choses)* Qui a été produit (bien ou mal). *Gravure bien venue. La pièce « était d'un écolier sans doute, mais prodigieusement bien venue »* (GIDE). ◇ ANT. **Départ.**

VENUE [v(ə)ny]. *n. f.* (1155; p. p. subst. de *venir*). ♦ 1° Action, fait de venir (I). V. **Arrivée.** « *En attendant la venue de l'accusé* » (ROMAINS). *Allées* et venues.* ♦ 2° Littér. Action, fait de venir (III). *Prédire le temps de la venue du Messie.* V. **Avènement.** « *Il a prédit le temps de sa venue »* (PASC.). *La venue du printemps.* ♦ 3° *(Avec de).* Manière de pousser, de se développer. V. **Croissance.** *D'une seule venue, tout d'une venue,* d'un seul jet, d'une ligne simple et unie. « *Des arbres d'une belle venue dressaient leurs troncs vigoureux* » (GAUTIER). ◇ ANT. **Départ.**

VÉNUS [venys]. *n. f.* (1674; de *Vénus,* déesse de la beauté, de l'amour). ♦ 1° Femme d'une grande beauté. *Ce n'est pas une Vénus.* ♦ 2° (1803; *conque de Vénus,* 1736). Zool. Mollusque (*Isomyaires*) à coquille arrondie dont les valves épaisses présentent des stries rayonnantes et des stries concentriques. V. **Praire** (Se dit aussi de la *clovisse,* ou *palourde*).

VÉNUSIEN, IENNE [venyzjɛ̃, jɛn]. *adj.* (1872; de *Vénus*). ♦ 1° De la planète Vénus. — Subst. *Les Vénusiens :* habitants supposés de Vénus. ♦ 2° *Psycho.* Qui a une douceur accommodante, évite les heurts.

VÉNUSTÉ [venyste]. *n. f.* (v. 1500; lat. *venustas*). Littér. Grâce, beauté*, charme digne de Vénus. « *J'aime tes yeux pour leur liesse Et ton corps pour sa vénusté »* (VERLAINE).

VÊPRES [vɛpr(ə)]. *n. f. pl.* (1636; *vespres,* fin XIIe; lat. relig. *vesperæ,* de *vespera* « soir »). Heures de l'office, dites autrefois le soir, aujourd'hui dans l'après-midi (après nones et avant complies). *Sonner les vêpres. Aller à vêpres* (vieilli), *aux vêpres.* — Hist. *Vêpres siciliennes,* massacre des Français en Sicile le jour de Pâques (1282) au premier coup de vêpres.

VER [vɛr]. *n. m.* (v. 1170; *verme* « larve », 980; lat. *vermis*). ♦ 1° VER ou VER DE TERRE : lombric terrestre (et tout annélide qui lui ressemble), petit animal allongé au corps cylindrique et mou, dépourvu de pattes. « *Il fallait le nourrir* (le rossignol) *avec des vers de terre tronçonnés et hachés* » (GIONO). *Petit ver de terre.* V. **Vermisseau.** *Ver de sable, ou des pêcheurs.* V. **Arénicole.** — Loc. fam. *Se tortiller, se tordre comme un ver.* ◊ *Fig.* et *vx.* *Être nu comme un ver* : tout nu. ◊ *Fig.* et *vx.* Personne faible et méprisable. « *Ver de terre amoureux d'une étoile* » (HUGO). « *Petit ver de terre, petit mirmidon que vous êtes* » (MOL.). ♦ 2° *Zool.* LES VERS : embranchement des métazoaires artiozoaires, au corps mou présentant des segments (annélides ; plathelminthes ; rotifères ; bryozoaires ; brachiopodes). *Les vers sont terrestres ou aquatiques, rampent, se reproduisent par des œufs ou par bourgeonnement. Cirres des vers. Vers parasites de l'homme et des animaux.* V. **Helminthe** ; ascaride, filaire, trichine. (1866). *Ver solitaire*, le ténia. *Remède pour chasser les vers.* V. **Vermifuge.** ◊ *Loc. fig.* (mil. XVII°) *Tirer les vers du nez* : faire parler, questionner habilement. « *Je vous charge d'aller chez un bonhomme lui tirer les vers du nez* » (LÉAUTAUD). ♦ 3° Larve d'insecte, de papillon. V. **Chenille.** *Ver blanc*, larve de hanneton. *Ver d'eau*, larve de phrygane (appât pour la pêche). — (1572) *Ver luisant*, larve ou femelle de lampyre (Se dit aussi de la luciole). « *Dans le creux d'une pierre... un ver luisant choyait sa goutte de lumière lunaire* » (LARBAUD). — *Ver à soie* (1538), chenille du bombyx du mûrier, qui s'enferme dans un cocon fait d'un enroulement de fils de soie. *Élevage du ver à soie dans les magnaneries* (V. **Magnanerie, sériciculture**). *Des vers à soie.* — *Vers des fruits. Fruits pleins de vers.* V. **Véreux.** *Ver de la viande, du fromage.* V. **Asticot.** « *Partout fourmillaient des vers et des insectes* » (BALZ.). « *Un meuble que rongent les vers* » (JAMMES). V. **Vermoulu.** *Mangé aux vers, piqué des vers* (au *fig.* V. **Piquer**). ♦ 4° (v. 1174). *Littér.* Vermine qui, selon la croyance populaire, ronge la chair des morts. « *Le long Remords, Qui vit, s'agite et se tortille, Et se nourrit de nous comme le ver des morts* » (BAUDEL.). « *Même chose pour tous : viande à vers* » (Cl. SIMON). ◊ HOM. *Vair, verre, vers, vert.*

VÉRACITÉ [verasite] *n. f.* (1644 ; du lat. *verax, veracis* « véridique », rac. *verus* « vrai »). ♦ 1° *Relig.* *Véracité divine*, attribut de Dieu qui garantit la vérité de notre connaissance des choses. ♦ 2° (1735). *Littér.* Qualité de celui qui dit la vérité ou croit la dire. *Décrire, raconter avec véracité.* V. **Exactitude, fidélité.** *Je ne doute pas de sa véracité.* V. **Sincérité.** « *Je n'ai de prétention à la véracité qu'en ce qui touche mes sentiments* » (STENDHAL). ♦ 3° (1752). Qualité de ce qui est rapporté avec véracité. *La véracité de son témoignage.* V. **Authenticité, sincérité, véridicité.** *Véracité d'une description.* V. **Vérité.** ◊ ANT. *Fausseté, hypocrisie, mensonge.*

VÉRAISON [verezõ] *n. f.* (1877, antér. dial. ; du varier, dial., « commencer à mûrir » ; lat. *variare*). *Agric.* Maturation des fruits, et *spécialt.* du raisin qui prend sa couleur.

VÉRANDA [verãda] *n. f.* (1758 ; mot angl. de l'Inde, du port. *varanda*, o. i.). ♦ 1° Aux Indes, Galerie légère en bois, vitrée, adossée à la façade d'une maison. V. **Varangue.** ♦ 2° Galerie vitrée contre une maison, servant généralement de petit salon. « *Une véranda projette sa cage de verre au milieu de la façade* » (BALZ.). « *Une demeure... avec double véranda et portique d'entrée* » (ROMAINS).

VÉRATRE [veratr(ə)]. *n. m.* (1564 ; lat. *veratrum* « ellébore »). *Bot.* Plante vivace, vénéneuse (*Liliacées*). *Vératre blanc* (ellébore blanc), utilisé comme émétique et purgatif.

VÉRATRINE [veratrin]. *n. f.* (1823 ; de *vératre*). *Pharm.* Mélange d'alcaloïdes extrait du rhizome et des racines de l'ellébore blanc, à action hypotensive.

VERBAL, ALE, AUX [verbal, o]. *adj.* (1337, attesté par l'adv. *verbalement* ; lat. *verbalis*, de *verbum*. V. **Verbe**). I. ♦ 1° Qui se fait de vive voix (*opposé à écrit*). V. **Oral.** *Promesse verbale. Ordres, rapports verbaux. Convention verbale. Location verbale, sans contrat.* — *Par ext.* Diplom. *Note* verbale. — Dr. civ. *Procès-verbal.* ♦ 2° (1489 ; en prov., 1300). Qui concerne les mots représentant une chose, une idée, plutôt que la chose ou l'idée. *Une explication purement verbale, peu satisfaisante.* V. aussi **Formel.** ♦ 3° (v. 1880). Qui se fait, s'exprime par des mots (et non par d'autres moyens d'expression). « *Hugo trouve satisfaction de son délire verbal* » (GIDE). « *Je n'ai aucun don naturel... pour la violence verbale* » (DUHAM.). ◊ *Des mots. Expression verbale.* V. **Violence.** *Son théâtre est « d'une splendeur verbale et poétique indéniable...* » (HENRIOT). II. (1350 ; de *verbe*). Gram. Du verbe (I) ; relatif au verbe. *Système verbal d'une langue. Formes verbales. Location verbale* (ex. : *avoir l'air, tenir lieu*). *Adjectif verbal, participe présent du verbe, adjectivé* (ex. : *tombant, apaisant*). *Syntagme* *verbal. Phrase verbale*, formée d'un syntagme verbal, sans syntagme nominal sujet (ex. : *Partez vite !*). ◊ ANT. *Écrit.*

VERBALEMENT [verbalmã]. *adv.* (1337 ; de *verbal*). ♦ 1° De vive voix et non par écrit. V. **Oralement.** ♦ 2° (1952). Par des mots. *S'exprimer verbalement. Gautier* « *a visible-*

ment tant de plaisir... à jouer des mots, à s'enivrer verbalement de l'usage du terme exact » (HENRIOT).

VERBALISATION [verbalizasjõ]. *n. f.* (1842 ; de *verbaliser*). ♦ 1° Action de verbaliser. ♦ 2° *Psychol.* Processus verbal d'expression (des conflits). « *La verbalisation est une défense du moi* » (BARDINET).

VERBALISER [verbalize]. *v.* (1668 ; « palabrer », 1587 ; de *verbal*). ♦ 1° *V. intr.* Dresser un procès-verbal (1°). *Agent de police, huissier qui verbalise.* « *Je lui intimai par trois fois l'ordre de circuler... Je l'avertis que j'allais verbaliser* » (FRANCE). ♦ 2° *V. intr.* et *tr.* *Psychol.* Exprimer, extérioriser au moyen du langage (V. **Verbalisation**).

VERBALISME [verbalism(ə)]. *n. m.* (1876 ; de *verbal*). *Péj.* Caractère verbal (2°), utilisation des mots pour eux-mêmes au détriment de l'idée. « *Le lourd verbalisme intellectuel des philosophes de profession !* » (R. ROLLAND). V. **Logomachie.**

VERBE [verb(ə)]. *n. m.* (1050, « parole » ; lat. *verbum* « parole ». V. **Verve**). I. (1170, déjà en lat.). Mot qui exprime une action, un état, un devenir, et qui présente un système complexe de formes (V. **Conjugaison**). « *Le verbe est l'âme d'une langue. C'est, comme on l'a fort bien dit, le mot par excellence* » (DUHAM.). « *Le propre du verbe est d'être sous-tendu de temps* » (G. GUILLAUME). *Formes, temps, modes, personnes du verbe. Verbe transitif, intransitif* (ou *neutre*). *Verbe pronominal (réfléchi, réciproque ou passif). Verbe personnel, impersonnel. Verbe actif, passif. Verbe performatif*. *Verbe d'action, d'état, de mouvement. Verbe auxiliaire.* V. **Auxiliaire.** *Conjuguer un verbe. Verbe régulier, irrégulier, défectif. Forme nominale du verbe.* V. **Infinitif.** *Un verbe à l'indicatif. Complément du verbe. Le verbe s'accorde en personne et en nombre avec son sujet. Verbe modifié par un adverbe. Dérivé d'un verbe.* V. **Déverbal, déverbatif.**

II. ♦ 1° (1190). *Théol. chrét.* (avec un V majuscule). Parole (de Dieu) adressée aux hommes. *Le Verbe de Dieu ; saint Jean, évangéliste du Verbe.* V. **Logos.** ◊ (1600) Dieu lui-même, en la seconde personne de la Trinité (le Fils). V. **Christ.** « *Le Verbe, image du Père* » (RAC.). ◊ *Le Verbe s'est fait chair, s'est incarné.* ♦ 2° (1050). *Vx.* Parole ou suite de paroles. *Discours. Les expressions :* « *Dont nous avons perdu l'usage et la signification, et qui sont pour nous comme des verbes morts* » (MAUPASS.). ♦ 3° *Mod.* (1740). Ton de voix. *Avoir le verbe haut*, parler, décider avec hauteur, présomption, et (1835) parler très fort. « *Quand il a bu, il a le verbe haut* » (JOUHANDEAU). ♦ 4° (1802). *Littér.* Expression verbale de la pensée (oralement ou par écrit). V. **Langage, langue.** « *Car le mot, c'est le Verbe, et le Verbe c'est Dieu* » (HUGO). « *Je me flattais d'inventer un verbe poétique* » (RIMBAUD). « *Les choses tendent d'elles-mêmes vers le Verbe* » (SARTRE). « *La magie de son verbe truculent...* » (MART. du G.).

VERBÉNACÉES [verbenase]. *n. f. pl.* (1817 ; du lat. *verbena* « verveine »). *Bot.* Famille de plantes dicotylédones gamopétales comprenant des arbres, des arbrisseaux et des herbes (*ex.* : la verveine).

VERBEUSEMENT [verbøzmã]. *adv.* (XVIII° ; de *verbeux*). D'une manière verbeuse. *S'exprimer verbeusement.*

VERBEUX, EUSE [verbø, øz]. *adj.* (1530 ; *verbos*, h. 1200 ; lat. *verbosus*, rac. *verbum* « parole »). Qui dit les choses en trop de paroles, trop de mots. *Un orateur verbeux.* V. **Bavard, prolixe.** — Par ext. *Commentaire verbeux, diffus. Style verbeux.* « *Après des crises de gaieté verbeuse, ils tombaient dans des silences profonds* » (FLAUB.). ◊ ANT. *Bref, compendieux, concis, laconique, lapidaire.*

VERBIAGE [verbjaʒ]. *n. m.* (1674 ; de *verbier* [vx], « gazouiller » ; picard *werbler*, du frq. *°werbilan, werbillon* « tourbillonner » ; rattaché plus tard à *verbe*). Abondance de paroles, de mots vides de sens ou qui disent peu de chose. V. **Bavardage, délayage, phraséologie** (2). « *Et il se lança dans un verbiage très embrouillé* » (FLAUB.). *Un verbiage creux, spécieux.* « *Le verbiage humanitaire* » (CAMUS).

VERBIGÉRATION [verbiʒerasjõ]. *n. f.* (1923 ; du lat. *verbigerare* « se quereller »). *Psychiatr.* Discours incohérents avec répétition, altérations de mots et néologismes nombreux, que font certains malades atteints de manie ou de démence.

VERBO-ICONIQUE [verbɔikɔnik]. *adj.* (mil. XX° ; de *verbo-*, lat. *verbum* « parole », et *iconique*). *Didact.* Se dit des rapports entre la parole et l'image (ou *icône*), dans les techniques audio-visuelles.

VERBOMANIE [verbɔmani]. *n. f.* (1912 ; de *verbe*, et suff. *-manie*). *Psycho.* (Rare). Tendance aux manifestations verbales excessives. V. **Logorrhée.**

VERBOQUET [verbɔkɛ]. *n. m.* (1676 ; aussi *virebouquet*, de *virer* « tourner »). *Techn.* Cordage qui sert à guider et stabiliser un fardeau que l'on hisse.

VERBOSITÉ [verbozite]. *n. f.* (1510 ; bas lat. *verbositas*). Défaut de celui, de ce qui est verbeux. « *Mme Krag avait une propension à la verbosité qui l'amenait à aborder plusieurs*

sujets à la fois » (M. Bedel). — *Verbosité d'une explication.*
◇ ant. Brièveté.

VER-COQUIN [vɛrkɔkɛ̃]. *n. m.* (1538; de *ver*, et *coquin*).
◆ 1° *Agric.* Larve parasite de la vigne. ◆ 2° (1690). Cénure du mouton, qui donne le tournis.

VERDAGE [vɛrdaʒ]. *n. m.* (1842; « légume », 1370; « fourrage vert », 1732; de *verd*. V. Vert). *Agric.* Engrais* vert.

VERDÂTRE [vɛrdɑtr(ə)]. *adj.* (1350; de *verd*, et suff. -*âtre*. V. Vert). Qui tire sur le vert, est d'un vert un peu sale et trouble. *Teinte verdâtre.* « *J'aime de vos longs yeux la lumière verdâtre* » (Baudel.). *Mer verdâtre.* V. Glauque. — *Teint verdâtre.* V. Olivâtre. « *Verdâtre, les lèvres cireuses, les paupières plombées... Le concierge étouffait sous une pesée invisible* » (Camus).

VERDELET, ETTE [vɛrdəlɛ, ɛt]. *adj.* (XIVᵉ; dimin. de *verd*. V. Vert). Vx ou région. *Vin verdelet*, un peu vert, légèrement acide.

VERDET [vɛrdɛ]. *n. m.* (XIVᵉ; de *verd*. V. Vert). *Techn.* Vert-de-gris du commerce, acétate basique de cuivre, utilisé en teinture.

VERDEUR [vɛrdœr]. *n. f.* (XVᵉ; « état d'un bois vert », XIIᵉ; var. *verdor*, *verdur*. V. Vert). ◆ 1° Vigueur de la jeunesse (surtout chez qqn qui n'est plus jeune). « *Sa grande force et sa verdeur persistante* » (Aragon). ◆ 2° (XVIIᵉ). Acidité d'un fruit vert, d'un vin trop vert. ◆ 3° *Fig.* et *vieilli*. Âpreté, rudesse de langage. ◇ *Mod.* Liberté, spontanéité savoureuse dans le langage, pouvant aller jusqu'à la crudité. « *Il me fit entendre un langage dont la vigueur et la verdeur me saisirent* » (Valéry). « *Je transcris donc ces notes telles quelles sans en adoucir la verdeur* » (Gide). ◇ ant. Débilité, faiblesse.

VERDICT [vɛrdik(t)]. *n. m.* (1669, à propos de l'Angleterre; répandu 1790; mot angl., anglo-norm. *verdit* [XIIIᵉ], du lat. médiév. *veredictum*, proprem. « véritablement dit »). ◆ 1° *Dr.* Déclaration par laquelle le jury répond, après délibération, aux questions posées par la cour. *Verdict de culpabilité* (ou *positif*), *d'acquittement* (ou *négatif*). « *Le verdict du jury déchargeait de toute accusation le nommé Champmathieu* » (Hugo). ◆ 2° Jugement rendu par une autorité. V. Décision, sentence. *Le verdict des électeurs. Les lettres chaleureuses* « *Confirmaient le verdict de la presse* » (Beauvoir). « *Une Société universelle des Nations... qui rendrait un verdict impartial* » (Mart. du G.). ◇ Jugement, et *spécialt*. Jugement sévère porté par une autorité.

VERDIER [vɛrdje]. *n. m.* (XIVᵉ; *verder*, 1285; de *verd*. V. Vert). Oiseau passereau, de la taille du moineau, à plumage verdâtre sur le dos et sur le ventre, commun dans toute l'Europe.

VERDIR [vɛrdir]. *v.* (1180; de *verd*. V. Vert). ◆ 1° *V. intr.* Devenir vert. — Au p. p. « *La soutane verdie et rapiécée* » (Jouhandeau). — *Spécialt.* (Des végétaux) Pousser, se couvrir de feuilles. « *Dans l'allée où verdit la mousse des vieux bancs* » (Verlaine). ◇ Devenir vert de peur. V. Blêmir. « *Je vous le jure, vous verdiriez, à la pensée de seulement entr'ouvrir la bouche !* » (Courteline). ◆ 2° *V. tr.* (XVIIᵉ). Rendre vert, donner une couleur verte. « *Des taches mouvantes de feuilles verdissaient les visages colorés* » (Zola).

VERDISSAGE [vɛrdisaʒ]. *n. m.* (1877; de *verdir*). Action de rendre vert. — *Spécialt.* Pigmentation des huîtres par certaines diatomées.

VERDISSANT, ANTE [vɛrdisɑ̃, ɑ̃t]. *adj.* (XVIᵉ; de *verdir*). Qui verdit, est en train de verdir. « *Les champs hersés, déjà verdissants* » (Mart. du G.).

VERDISSEMENT [vɛrdismɑ̃]. *n. m.* (1859; de *verdir*). Fait de verdir (1°).

VERDOIEMENT [vɛrdwamɑ̃]. *n. m.* (XVIᵉ; repris XXᵉ; de *verdoyer*). Fait de verdoyer.

VERDOYANT, ANTE [vɛrdwajɑ̃, ɑ̃t]. *adj.* (XIIᵉ; de *verdoyer*). Qui verdoie; où la végétation est vivace. « *Les prés verdoyants que baigne la Fontaine d'Eure* » (Gide).

VERDOYER [vɛrdwaje]. *v. intr.*; conjug. *noyer* (XIIᵉ; de *verd*. V. Vert). Se dit des végétaux, des prés, de la campagne... qui donnent à l'œil une sensation dominante de vert. « *Les feuilles verdoyaient aux branches des arbres* » (Bourget).

VERDUNISATION [vɛrdynizasjɔ̃]. *n. f.* (1916; de *Verdun*, d'abord utilisé à l'armée de Verdun). *Techn.* Mode de purification de l'eau, par incorporation de très faibles doses de chlore. V. Javellisation.

VERDURE [vɛrdyr]. *n. f.* (v. 1200; de *verd*. V. Vert). ◆ 1° Couleur verte de la végétation. « *Les allées, où tranchait, sur la verdure, le gilet rouge d'un domestique* » (Flaub.). « *Les voilà sous les sapins à la sombre verdure* » (Muss.). ◇ *Par ext.* Arbres, plantes, herbes, feuilles. V. Végétation. « *Salut ! bois couronnés d'un reste de verdure* » (Lamart.). V. Feuillage. *Rideau de verdure. Tapis de verdure*, de gazon. « *Une résidence d'été, noyée dans la verdure* » (Loti). *Théâtre* de verdure.* ◇ *Tapisserie de verdure* (ou à *verdures*), ornée d'un décor de verdure, d'un paysage où dominent les tons verts (*opposé à tapisserie à personnages*). — Ellipt. *Une verdure*

◆ 3° Plante potagère que l'on mange crue, en salade. « *Il apporta encore plusieurs verdures sur de petites assiettes* » (Nerval).

VÉRÉTILLE [veretij]. *n. f.* ou *m.* (1808; lat. *veretilla*, *veretillum*, de *veretrum* « parties sexuelles »; par anal. de forme). *Zool.* Animal *(Octocoralliaires)*, vivant dans la vase côtière en colonies, dont le polypier est un axe cylindrique.

VÉREUX, EUSE [verø, øz]. *adj.* (1372; de *ver*). ◆ 1° Qui contient un ver, est gâté par des vers. *Fruits véreux.* « *Des poires de son jardin à lui, et qui, celles-là, n'étaient pas véreuses* » (Zola). ◆ 2° *Fig.* (XVIᵉ). Foncièrement malhonnête. *Agent, financier véreux.* « *Un bookmaker véreux* » (Zola). ◇ Qui n'est pas sain. V. Douteux, louche, suspect. *Affaire véreuse.* « *Député soupçonné de tripotages véreux* » (Maupass.).

VERGE [vɛrʒ(ə)]. *n. f.* (v. 1100; lat. *virga*. V. Vergue).
I. ◆ 1° *Vx.* Baguette (de bois ou de métal). — Baguette servant à frapper, à corriger. « *On voyait passer le père Fouettard, avec son paquet de verges sous le bras* » (Alain). — Insigne d'une autorité. *Verge du bedeau, de l'huissier* (ancienn.). ◆ 2° *Techn.* Tige ou tringle métallique (de certains instruments). *Verge de l'ancre*, sa tige centrale. ◇ Ancienne mesure agraire (quart d'arpent). — *Mod.* [Au Canada, apr. 1760]. Unité de longueur valant trois pieds* ou trente-six pouces* (0,914 m). V. Yard. *Acheter du tissu à la verge.* Cf. Mètre.
II. Organe de la copulation (chez l'homme et les mammifères). V. Membre (viril), pénis, phallus. *Corps caverneux, filet, gland de la verge.*

VERGÉ, ÉE [vɛrʒe]. *adj.* (1550; région., *vergié*, 1244; *vergiet* « orné de bandes », XIVᵉ; du lat. *virgatus*). ◆ 1° *Vx.* S'est dit d'une étoffe à fils saillants. ◆ 2° (1839). Se dit du papier marqué de vergeures. *Subst. Du vergé.* ◇ hom. Verger.

VERGENCE [vɛrʒɑ̃s]. *n. f.* (1953; tiré de *convergence*, *divergence*). *Phys.* Inverse de la distance focale d'un système optique centré.

VERGEOISE [vɛrʒwaz]. *n. f.* (1762; de *verge*). *Techn.* Sucre fabriqué avec des déchets de raffinerie.

VERGER [vɛrʒe]. *n. m.* (1080; lat. *viridarium*, rad. *viridis* « vert »). Terrain planté d'arbres fruitiers. V. Jardin, ouche, plantation. « *Du verger abandonné il restait deux ou trois cognassiers, des pêchers, un abricotier sauvage* » (Bosco). ◇ hom. Vergé.

VERGERETTE [vɛrʒərɛt]. *n. f.* (XIXᵉ; de *verge*). Érigéron (plante).

VERGETÉ, ÉE [vɛrʒəte]. *adj.* (1678; de *verge*). ◆ 1° Marqué de petites raies. V. Rayé. *Peau marquetée et vergetée.* ◆ 2° *Blas.* (1762; *vergetté*, 1680). Se dit de l'écu palé dont le rebattement est plus nombreux.

VERGETIER [vɛrʒətje]. *n. m.* (1659; de *verge*). ◆ 1° *Vx.* Fabricant, marchand de vergettes, de brosses. ◆ 2° *Mod.* et *Techn.* Ouvrier préparant les tiges de fer sur le banc à étirer.

VERGETTE [vɛrʒɛt]. *n. f.* (*Vergete*, 1165; de *verge*). ◆ 1° *Petite verge. — Vx.* Petite brosse. ◆ 2° *Blas.* (1690). Pal étroit rebattu cinq fois et plus.

VERGETURE [vɛrʒətyr]. *n. f.* (1767; de *verge*). (*Surtout au plur.*) Petites raies, semblables à des cicatrices molles, qui se forment sur la peau soumise à une distension exagérée, par atrophie de son réseau élastique. *Vergetures sur le ventre d'une femme enceinte.*

VERGEURE [vɛrʒyr]. *n. f.* (1680; de *verge*). *Papet.* Fil de cuivre de la forme (V, 3°). Marque que laissent ces fils, filets blancs horizontaux qui se trouvent dans le filigrane du papier *vergé.*

VERGLACÉ, ÉE [vɛrɡlase]. *adj.* (1613; de *verglas*). Couvert de verglas. *Route verglacée, dangereuse.*

VERGLAS [vɛrɡla]. *n. m.* (XVᵉ; *verreglas*, XIIᵉ; de *verre*, et *glas*, autre forme de *glace*, proprem. « glace comme du verre »). Couche de glace, généralement très mince, qui se forme quand tombe une pluie surfondue qui vient en contact avec des corps solides au-dessous de 0°. « *On ne pouvait pas marcher à cause du verglas* » (Zola). *Accident de voiture dû au verglas.*

VERGNE [vɛrɲ(ə)]. *n. m.* (XVIᵉ; *verne*, XIIᵉ; gaul. *verne*). *Région.* Aulne.

VERGOBRET [vɛrɡɔbrɛ]. *n. m.* (1573; lat. *vergobretus*, mot gaul.). *Hist.* Chef et juge suprême chez quelques peuples gaulois.

VERGOGNE [vɛrɡɔɲ]. *n. f.* (1080; lat. *verecundia*). ◆ 1° *Vx.* Honte. « *Il entrait de la vergogne dans le sentiment qui m'avait fait effacer mon nom de l'ardoise* » (Gide). ◆ 2° *Loc. mod.* Sans vergogne : sans pudeur, sans scrupule (Cf. Dévergondé). ◇ *Bretteurs et menteurs sans vergogne...* » (Rostand). V. Effronté. « *Tout sujet y est abordé sans vergogne* » (Mauriac).

VERGUE [vɛrɡ(ə)]. *n. f.* (1240; *verge*, XIIᵉ; forme norm. ou picarde de *verge*). *Mar.* Espar disposé en croix sur l'avant des mâts et servant à porter la voile qui s'y est fixée. V. Antenne.

Cordage de vergue. V. **Balancine.** *Attacher une voile à une vergue.* V. **Enverguer, envergure.** *Grand-vergue, portant la grand-voile. Vergue de misaine, de hune.*

VÉRIDICITÉ [veʀidisite]. *n. f.* (1741; de *véridique*). Littér. Caractère véridique d'une personne, d'une chose (V. **Véracité;** et *aussi* **Exactitude, vérité.** « *La véridicité de la mémoire* » (RENOUVIER). ◇ ANT. *Mensonge.*

VÉRIDIQUE [veʀidik]. *adj.* (1456; lat. *veridicus* « qui dit la vérité »). ♦ 1° Littér. Qui dit la vérité, qui rapporte qqch. avec exactitude (V. **Véracité**). « *C'est une même chose qui... nous fait menteurs ou véridiques* » (VALÉRY). V. **Sincère.** — Qui dit habituellement la vérité, exacte. *Un homme véridique, franc, sincère.* « *Oui, nous autres nobles, c'est à nous d'être véridiques* » (MONTHERLANT). *Témoin véridique* (V. **Croyable**). ♦ 2° Cour. Conforme à la vérité, à ce qui a été éprouvé, fait, constaté. V. **Authentique, exact.** *Témoignage, récit véridique.* « *Il n'est pas de plus beau et de plus véridique tableau* » (STE-BEUVE). ♦ 3° Qui présente un caractère de vérité (1°); qui ne trompe pas. « *Un véridique et frappant caractère de bestialité* » (COLETTE). V. **Véritable, vrai.** ◇ ANT. *Faux, inexact, mensonger, trompeur.*

VÉRIDIQUEMENT [veʀidikmã]. *adv.* (1845; de *véridique*). D'une manière véridique, exacte.

VÉRIFIABLE [veʀifjabl(ə)]. *adj.* (1845; h. XIVᵉ; de *vérifier*). Qui peut être vérifié. « *Que rien ne soit admis qui ne soit humainement vérifiable* » (HUGO). *Hypothèse vérifiable.* ◇ ANT. *Invérifiable.*

VÉRIFICATEUR, TRICE [veʀifikatœʀ, tʀis]. *n.* (1631; de *vérifier*). ♦ 1° Professionnel chargé de vérifier (1°). Spécialt. Celui qui vérifie les comptes, les déclarations. V. **Contrôleur.** *Vérificateur des douanes, des poids et mesures.* ♦ 2° Personne qui vérifie (2°). Appos. *Réceptionnaire vérificateur. Vérificatrice de films.*

VÉRIFICATIF, IVE [veʀifikatif, iv]. *adj.* (1871; du rad. de *vérification*). Didact. Qui sert de vérification.

VÉRIFICATION [veʀifikasjɔ̃]. *n. f.* (1388; de *vérifier*). ♦ 1° Le fait de vérifier, opération par laquelle on vérifie. V. **Contrôle, épreuve; contre-épreuve, examen, expertise.** *Vérification d'un compte.* V. **Apurement.** *Vérification sur inventaire.* V. **Pointage, récolement.** — *Soumettre* « *toute supposition au contrôle de vérifications prolongées et méthodiques* » (TAINE). *Vérification faite... « Afin de procéder à des vérifications domiciliaires* » (CAMUS). *Vérification d'écritures,* par laquelle on vérifie si un acte sous seing privé émane bien de la personne à qui on l'attribue. V. **Reconnaissance.** — *Vérification des pouvoirs :* contrôle des pouvoirs donnés par les actionnaires absents, avant la délibération d'une assemblée générale. Opération par laquelle une assemblée vérifie si les personnes qui y siègent ont qualité pour le faire. *Commission de vérification des comptes des entreprises publiques,* organe émanant de la Cour des comptes, chargé d'examiner les comptes annuels de ces entreprises. ♦ 2° Résultat favorable d'une telle opération; constatation qu'une chose est vraie. *La vérification porte sur* « *un cas particulier, tandis que la démonstration présente un caractère général* » (POINCARÉ). ♦ 3° Le fait d'être vérifié (3°), de s'avérer exact. V. **Confirmation.** « *Un amour vécu ne serait que la vérification anxieuse de l'amour dont j'ai l'expérience intérieure* » (ROMAINS).

VÉRIFICATRICE [veʀifikatʀis]. *n. f.* (mil. XXᵉ; fém. de *vérificateur*). Techn. Machine à cartes perforées utilisée pour contrôler le travail des perforatrices.

VÉRIFIER [veʀifje]. *v. tr.* (1358; « enregistrer, homologuer », 1358; lat. tardif *verificare,* de *verus* « vrai », et *facere*). ♦ 1° Examiner la valeur de (qqch.), par une confrontation avec les faits ou par un contrôle de la cohérence interne. V. **Examiner; contrôler.** *Vérifier une déclaration, une nouvelle. Vérifier un axiome, une proposition.* « *Les récits de Marco Polo ont été vérifiés par les savants* » (BAUDEL.). « *Je rapporte un témoignage. C'est tout. Il vous incombe de le vérifier* » (MAURIAC). *Vérifier un calcul, un chiffre.* ♦ Par ext. *Vérifier l'exactitude, l'authenticité,... d'une assertion.* V. **Reconnaître.** « *Il se contenta... de vérifier, d'un coup d'œil professionnel, la ressemblance de la photo d'identité* » (MART. du G.). *Vérifier si... :* examiner de manière à constater que... « *Vérifiant si la sortie se trouvait en tête ou en queue* » (QUENEAU). V. **Assurer (s').** ♦ 2° Examiner de manière à pouvoir établir si elle est conforme à ce qu'elle doit être, si elle fonctionne correctement. *Vérifier le titre d'un alliage; un poids, une mesure* (V. **Étalonner**). *Vérifier l'ordre des cahiers d'un livre* (V. **Collationner**). « *Il vérifie le niveau d'eau de son radiateur* » (ROMAINS). ♦ 3° (Sens étym. du lat.). Reconnaître ou faire reconnaître une chose pour vraie par l'examen, l'expérience, ou en vérifiant (1°). V. **Constater, expérimenter, prouver.** « *La faillite de la science... c'est plus facile à affirmer qu'à vérifier* » (MART. du G.). « *Si l'expérience réussit, croira-t-on avoir vérifié toutes ces hypothèses à la fois* » (POINCARÉ). — *(Sujet de chose)* Constituer le signe non récusable de la vérité de (qqch.). *Les faits ont*

vérifié nos soupçons. V. **Confirmer, justifier.** — Pronom. SE VÉRIFIER : s'avérer exact, juste. « *Les tristes présages... ne se sont que trop vérifiés* » (P.-L. COUR.). ◇ ANT. *Infirmer; contredire.*

VÉRIFIEUR, EUSE [veʀifjœʀ, øz]. *n.* (mil. XXᵉ; de *vérifier*). Techn. Spécialiste chargé d'une vérification, et spécialt. de faire fonctionner une vérificatrice. Abrév. fam. *Vérif* (dans *perfo-vérif : perforatrice vérifieuse*).

VÉRIN [veʀɛ̃]. *n. m.* (*Verrin,* 1389; lat. *veruina,* dimin. de *veru* « broche, pique » [V. **Verrou**]; Cf. it. *Verrina*). Techn. Appareil de levage formé de deux vis ou d'une vis double mue par un écrou. V. **Cric.** *Vérin télescopique.* — *Vérins hydrauliques; pneumatiques, électriques.*

VÉRINE [veʀin] ou **VERRINE** [veʀin]. *n. f.* (1907; « vis en bois », 1803; de *vérin*). Mar. Bout de filin muni d'un croc ou d'une griffe, qui sert à manier les chaînes d'ancre.

VÉRISME [veʀism(ə)]. *n. m.* (1890; it. *verismo,* de *vero* « vrai »). Mouvement littéraire italien de la fin du XIXᵉ s., inspiré par le naturalisme et dirigé contre les romantiques. — Par anal. *Le vérisme dans l'opéra, le cinéma.*

VÉRISTE [veʀist(ə)]. *n. et adj.* (1890; de *vérisme*). Du vérisme. *Romans véristes et régionalistes de G. Verga.*

VÉRITABLE [veʀitabl(ə)]. *adj.* (1188; de *vérité*). ♦ 1° (*Veritaule,* 1190) Vx. (Personnes; attribut ou apr. le nom). Qui dit la vérité, qui ne cherche pas à tromper (V. **Vrai**). « *Pour vous montrer que je suis véritable...* » (MOL.). ♦ 2° Vieilli. Qui mérite l'assentiment, qui présente un caractère de vérité (conformité avec le réel, etc.). V. **Vrai; exact.** « *Ah! que je suis heureuse, si cela est véritable!* » (MOL.). ◇ Conforme à un modèle, à un type; qui s'accorde au sentiment du réel (opposé à conventionnel, faux...). V. **Naturel, vrai, vraisemblable.** *Ce drame « est si véritable, que chacun peut en reconnaître les éléments chez soi* » (BALZ.). ♦ 3° Mod. Qui a lieu; qui existe réellement, en dépit de l'apparence. V. **Réel, vrai** (opposé à Inventé, imaginé, faux, apparent...). « *Toutes les histoires de l'Astrée ont un fondement véritable* » (STE-BEUVE). « *Je feignais de la mépriser. Mais elle était bien trop jolie pour que ce mépris fût véritable* » (FRANCE). « *Que vos amis vous connaissent sous leur véritable jour* » (AYMÉ). ♦ 4° (Choses concrètes). Qui est conforme à l'apparence, qui n'est pas imité. Or véritable. Un collier en perles véritables. « *Véritable bruyère du Cap! véritable écume de Crimée!* » (DUHAM.). ♦ 5° (Choses morales ou personnes). Généralement avant le nom. Qui est conforme à l'idée qu'on s'en fait, qui mérite son nom et sa réputation. *Un véritable ami :* digne de ce nom. *Le véritable amour.* « *Il y a dans la véritable vertu une candeur, une ingénuité que rien ne peut contrefaire* » (FÉN.). « *L'Art véritable n'a que faire de tant de proclamations et s'accomplit dans le silence* » (PROUST). ♦ 6° Devant le nom. Qui est exactement nommé; qui mérite son nom. « *Tous les traités... de ces puissances sont plutôt des trêves passagères que de véritables paix* » (ROUSS.). *Une véritable canaille.* V. **Franc.** « *Il devint évident... qu'il s'agissait d'une véritable épidémie* » (CAMUS). ♦ 7° Par ext. (Pour introduire et renforcer une désignation). Un terme métaphorique ou figuré, qui n'est justement pas « véritable » mais dont on veut souligner l'exactitude. « *Deux bœufs tranquilles,... véritables patriarches de la prairie* » (SAND). « *La chambre aux machines, véritable clinique* » (DAUD.). ◇ ANT. *Faux; inexact; apparent, imaginaire, inventé. Artificiel, imaginaire.*

VÉRITABLEMENT [veʀitabləmã]. *adv.* (*Veritaulement,* 1190; de *véritable*). ♦ 1° D'une manière réelle, effective. V. **Réellement.** — « *Est-il encore là, devant moi, véritablement?* » (COLETTE). — (En tête de phrase) À la vérité. V. **Assurément; effet** (en). ♦ 2° Conformément à l'apparence, au mot qui désigne. V. **Fait** (en), **proprement, réellement, vraiment** (Cf. À la lettre, au sens propre du terme). « *Si l'on s'applique à le dessiner* (l'objet) *: on s'aperçoit qu'on... ne l'avait jamais véritablement vu* » (VALÉRY). ◇ ANT. *Faussement.*

VÉRITÉ [veʀite]. *n. f.* (XIIᵉ; a remplacé la forme francisée *verté, vertet,* 980; lat. *veritas,* de *verus* « vrai »). ♦ 1° Ce à quoi l'esprit peut et doit donner son assentiment (par suite d'un rapport de conformité avec l'objet de pensée, d'une cohérence interne de la pensée); connaissance à laquelle on attribue la plus grande valeur (opposé à erreur, illusion). « *On définit la vérité l'accord de la pensée avec la chose* » (LACHELIER). *Chercher, prétendre posséder la vérité.* « *Les vérités absolues supposent un Être absolu comme elles* » (COUSIN). « *Cette sorte de vérité imparfaite et provisoire qu'on appelle la science* » (FRANCE). *À chacun sa vérité.* ◇ Théol. Dieu, fondement du vrai. V. **Lumière, verbe.** « *Je suis la voie, la vérité, et la vie* » (ÉVANG.). ♦ 2° Cour. Connaissance conforme au réel; son expression; les faits qui lui correspondent en tant qu'ils sont exprimés, connus ou à connaître (opposé à erreur, ignorance ou à invention, mensonge). *Amour, besoin, souci de (la) vérité.* V. **Lucidité, sincérité.** *La vérité sur qqch.* —

C'est l'entière, la pure vérité ; la vérité vraie (fam.). — *Dire la vérité, toute la vérité* (*opposé à mentir*). Loc. prov. *La vérité n'est pas toujours bonne à dire.* « *Dire la vérité est utile à celui à qui on la dit, mais désavantageux à ceux qui la disent, parce qu'ils se font haïr* » (PASC.). *Cacher, taire la vérité.* « *Le monde se nourrit d'un peu de vérité et de beaucoup de mensonge* » (R. ROLLAND). — Loc. prov. *La vérité sort de la bouche des enfants :* ce que disent spontanément les enfants apprend beaucoup sur ce que leurs proches cachent. ◇ *Spécialt.* Ce qui a été effectivement perçu ou fait par celui ou ceux qui le rapportent. *Récit d'un témoin conforme à la vérité.* « *Jurez de dire la vérité, toute la vérité, rien que la vérité* ». — *La vérité historique.* — EN VÉRITÉ (*loc. adv.*), sert à renforcer une affirmation, une assertion. V. **Assurément, certainement, vraiment.** « *Il ne s'agissait plus que... de s'en faire aimer, peu de chose, en vérité* » (GAUTIER). « *En vérité je vous le dis...* », formule évangélique. — À LA VÉRITÉ : s'emploie surtout pour introduire une restriction, une mise au point, une précision. « *Je suis, à la vérité, fort loin de penser à un établissement aussi grave que le mariage* » (NODIER). ♦ 3° (*Vérité logique*). Caractère d'un fait intellectuel (jugement, pensée) qui est conforme à son objet, au réel ; valeur d'une connaissance. V. **Exactitude, justesse, valeur.** *La vérité d'un principe, d'une proposition.* — *Vérité matérielle :* conformité avec une donnée de fait (matérielle ou psychique). *Vérité formelle :* absence de contradiction. « *Ni la contradiction n'est marque de fausseté, ni l'incontradiction n'est marque de vérité* » (PASC.). — Log. *Valeur de vérité,* propriété d'une variable logique d'être vraie ou fausse. *Table* de vérité.* ◇ *Valeur,* justification de l'existence. V. **Sens.** « *La vérité de chacun est ce qui le grandit* » (MAUROIS). ♦ 4° Philo. (*Vérité ontologique*). Conformité de l'être (*ontos*), de l'objet avec un type, un idéal (pensée divine, idée platonicienne) ou avec l'idée que nous nous faisons de cet objet. ♦ 5° Caractère de ce qui s'accorde avec notre sentiment de la réalité. V. **Vraisemblance.** *Vérité d'un portrait, d'une reproduction.* V. **Ressemblance.** *La vérité d'un personnage.* V. **Justesse, naturel.** « *La grande qualité du dessin... est la vérité du mouvement* » (BAUDEL.). ♦ 6° *Une, des vérité(s) :* idée ou proposition vraie, qui mérite un assentiment entier ou qui l'emporte. V. **Certitude, conviction, croyance ; évidence.** « *Ce que l'on découvre ou redécouvre soi-même ce sont des vérités vivantes ; la tradition nous invite à n'accepter que des cadavres de vérités* » (GIDE). *Vérités éternelles. Vérité d'évangile.* V. **Dogme.** *Vérités premières, primitives :* évidentes mais indémontrables. — *Vérités positives ; d'expérience. Vérité indémontrable, a priori.* V. **Axiome, principe.** « *Vérité au deçà des Pyrénées, erreur au delà* » (PASC.) : ce qui est une vérité pour un peuple, une personne, peut être une erreur pour d'autres. ◇ *Formule qui exprime une telle certitude. Dire, énoncer des vérités. Vérité banale.* V. **Truisme.** — *Dire ses vérités, ses quatre vérités à qqn,* lui dire sur son compte des choses désobligeantes avec une franchise brutale. « *Elle brûlait de dire ses quatre vérités à cette femme honnête* » (ZOLA). ♦ 7° Le réel (*d'une manière générale*). V. **Réalité.** « *La vérité passe la renommée* » (FRANCE). « *La vérité, c'est que j'ai terriblement peur* » (MART. du G.). ◇ (*En art*) La réalité, motif de création (*opposé à l'imagination, l'invention*). V. **Nature.** « *Toutes les horreurs que les romanciers croient inventer sont toujours au-dessous de la vérité* » (BALZ.). ◇ *Une vérité :* un fait réel. « *Elle discernait toute vérité que nous voulions lui cacher...* » (PROUST). ◇ Didact. *La vérité d'un objet* : ce ou les caractères essentiels de cet objet, qui permettent de le connaître. « *La vérité, conçue comme la vérité de l'univers* » (SARTRE). « *Je vais montrer... un homme dans toute la vérité de sa nature, et cet homme, ce sera moi* » (ROUSS.). ♦ 8° *La vérité,* considérée comme un principe, personnifiée ou non (V. **Sagesse, science**). « *La vérité est en marche* » (ZOLA). *Le triomphe de la vérité* (sur l'erreur, le mensonge). *La Vérité,* personnage allégorique (femme nue tenant un miroir et sortant d'un puits). ♦ 9° L'expression sincère, sans réserves de ce qu'on sait, de ce dont on a été témoin, etc. V. **Franchise, sincérité.** *Un accent, un air de vérité qui ne trompe pas.* V. **Authenticité.** ◇ (*En art*) Sincérité, spontanéité. « *Avec une précision, une vérité et une chaleur incroyables* » (DIDER.). ◇ ANT. *Erreur, fausseté, illusion ; ignorance ; contre-vérité, mensonge. Absurdité. Bobard, conte, invention. Apparence, fiction.*

VERJUS [vɛʀʒy]. *n. m.* (XIIIᵉ ; de *vert,* et *jus*). Suc acide extrait de certaines espèces de raisin, ou de raisin cueilli vert. *Le verjus entre dans la préparation de la moutarde de Dijon.*

VERMÉE [vɛʀme]. *n. f.* (1258 ; de l'a. fr. *verm.* V. **Ver**). Pêche. Appât fait de vers enfilés à une ficelle. *Pêcher l'anguille à la vermée.*

VERM(I)-. Élément, du lat. *vermis* « ver ».

VERMEIL, EILLE [vɛʀmɛj]. *adj.* et *n. m.* (1080 ; lat. *vermiculus* « vermisseau » ; « cochenille, teinture écarlate », en bas lat.).
I. *Adj.* D'un rouge vif et léger (du teint, de la peau).

« *Gros et gras, le teint frais, et la bouche vermeille* » (MOL.). *Teint vermeil.* V. **Fleuri, rubicond.**
II. *N. m.* (1677 ; *vermeil doré,* 1656). Argent doré recouvert d'une dorure d'un ton chaud tirant sur le rouge. *Plats en vermeil.* « *Le cristal des flacons à bouchons de vermeil* » (CHARDONNE). — Cette dorure, appliquée sur l'argent.
◇ ANT. (du I) *Blafard, pâle.*

VERMET [vɛʀmɛ]. *n. m.* (1768 ; lat. zool. *vermetus* : Cf. a. fr. *vermet* [XIIᵉ] ; de *verm,* var. de *ver*). Zool. Mollusque gastéropode (*Prosobranches*) des mers chaudes ou tempérées, qui vit fixé sur les rochers.

VERMICELLE [vɛʀmisɛl]. *n. m.* (1553 ; plur. ; it. *vermicelli* « vermisseaux » ; lat. pop. °*vermicellus,* lat. *vermiculus,* dimin. de *vermis*). Pâtes à potage en forme de fils très minces enroulés ou en écheveaux (On dit aussi, au plur., *des vermicelles*). ◇ Par ext. Potage au vermicelle. *Une assiette de vermicelle.*

VERMICULAIRE [vɛʀmikylɛʀ]. *adj.* (XVIᵉ ; du lat. *vermiculus,* dimin. de *vermis*). Anat. Qui a la forme, l'aspect d'un petit ver. *Appendice vermiculaire* (ou *vermiforme*), appendice cylindrique, prolongement du cæcum. V. **Cæcal, vermiforme.** ◇ Méd. *Contraction vermiculaire,* « *contraction musculaire fibre par fibre, donnant sous la peau une impression de reptation* » (GARNIER).

VERMICULÉ, ÉE [vɛʀmikyle]. *adj.* (1380 ; lat. *vermiculatus,* de *vermiculus.* V. **Vermiculaire**). Arts. Orné d'un semis de petites stries sinueuses. *Les « pierres vermiculées de l'architecture française* » (BALZ.). *Émaux vermiculés.* « *Un chapelet dont chaque grain en bois noir était vermiculé* » (J. GENET). ◇ Qui présente de petites stries sinueuses. « *Visage tout vermiculé de rides noirâtres* » (ROMAINS). *Calcaires vermiculés.*

VERMICULURE [vɛʀmikylyʀ]. *n. f.* (1835 ; de *vermiculé*). Arts. Motif ornemental d'un ouvrage vermiculé. « *Les vermiculures en relief donnaient à l'objet l'apparence d'un jouet* » (J. GENET).

VERMIDIENS [vɛʀmidjɛ̃]. *n. m. pl.* (XXᵉ ; du lat. *vermis*). Zool. Dans certaines classifications, Embranchement comprenant divers animaux (V. **Bryozoaires**) qui présentent des affinités avec les cœlentérés ou les vers, ou les mollusques.

VERMIFORME [vɛʀmifɔʀm(ə)]. *adj.* (1532 ; de *vermi-* et *-forme*). Didact. En forme de ver. V. **Vermiculaire.**

VERMIFUGE [vɛʀmifyʒ]. *adj.* (1738 ; de *vermi-* et *-fuge*). Propre à provoquer l'expulsion des vers intestinaux (Syn. *Anthelminthique*). *Remède, poudre vermifuge.* — Subst. « *Tous les enfants avaient des vers et on les bourrait de vermifuges* » (SAND).

VERMILLE [vɛʀmij]. *n. f.* (1842 ; du lat. *vermis*). Pêche. Ligne de fond (avec hameçons et vers), pour la pêche aux anguilles.

VERMILLER [vɛʀmije]. *v. intr.* (1375 ; du lat. *vermiculus,* dimin. de *vermis*). Vén., Agric. Fouiller la terre du groin (sanglier, cochon).

VERMILLON [vɛʀmijɔ̃]. *n. m.* (Vermeillon, XIIᵉ ; de *vermeil* ; lat. *vermiculus*). ♦ 1° Poudre fine de cinabre, substance colorante d'un rouge vif tirant sur le jaune ; couleur extraite de cette substance. « *Ce vermillon qui étonne souvent chez Rubens* » (GAUTIER). ♦ 2° Couleur rouge vif. « *Le vermillon de son visage* » (FRANCE). — *Adj.* (invar.) *Robes vermillon.*

1. VERMILLONNER [vɛʀmijɔne]. *v. intr.* (1690 ; de *vermiller*). Vén. Se dit du blaireau qui fouille la terre.

2. VERMILLONNER [vɛʀmijɔne]. *v. tr.* (Vermillonné, 1380 ; de *vermillon*). Teindre de vermillon. *La figure, un peu rouge, vermillonnée par le grand air* » (MAUPASS.).

VERMINE [vɛʀmin]. *n. f.* (XIIᵉ ; lat. *vermina,* plur. de *vermen* « ver »). ♦ 1° Nom collectif désignant tous les insectes (puces, poux, etc.) parasites de l'homme et des animaux. « *Son linge fourmille de vermine, on voit grouiller une file noire dans chaque pli* » (DORGELÈS). ◇ Par métaph. (Littér.) « *Scrupules, vermine de la volonté* » (RENARD). ♦ 2° Fig. et littér. (XVᵉ). Ensemble nombreux d'individus méprisables, nuisibles à la société. V. **Canaille, racaille.** « *Un des plus décriés représentants de cette vermine* » (BLOY). — Fam. Personne méprisable, dangereuse, vaurien. V. **Peste, gale.** « *Arracher pour vos enfants, des griffes de cette vermine, une fortune* » (BALZ.).

1. VERMINEUX, EUSE [vɛʀminø, øz]. *adj.* (XIVᵉ ; de *vermine*). Rare. Couvert de vermine. V. **Pouilleux.**

2. VERMINEUX, EUSE [vɛʀminø, øz]. *adj.* (1549 ; « véreux », XIIIᵉ ; lat. *verminosus*). Méd. Relatif aux vers intestinaux. *Appendicite vermineuse. Abcès vermineux.*

VERMIS [vɛʀmis]. *n. m.* (1858 ; mot lat. « ver »). Anat. Partie médiane du cervelet, faisant une saillie allongée d'avant en arrière sur ses faces supérieure et inférieure, entre les deux hémisphères cérébelleux.

VERMISSEAU [vɛʀmiso]. *n. m.* (Vermissel, 1190 ; lat. pop. °*vermicellus* [V. **Vermicelle**], lat. *vermiculus,* de *vermis*). Petit ver, petite larve. « *Des poules en liberté picoraient de menus vermisseaux* » (PERGAUD). ◇ Par métaph. (par allus. à la faiblesse de l'homme). « *Un si chétif vermisseau* » (PASC.).

VERMIVORE [vɛʀmivɔʀ]. *adj.* (XVIIIe; de *vermi-*, et *-vore*). *Zool.* Qui se nourrit de vers.

VERMOULER (SE) [vɛʀmule]. *v. pron.* (1607; *vermoulir*, XVIe; de *vermoulu*). *Rare.* Devenir vermoulu.

VERMOULU, UE [vɛʀmuly]. *adj.* (XIIIe; de *ver*, et *moulu*, de *moudre*). Se dit du bois, d'un objet de bois rongé, mangé par les vers. V. **Piqué.** « *Un tiroir-caisse en bois vermoulu* » (AYMÉ). Par métaph. « *Exhumer cette œuvre moisie et vermoulue* » (A. BERTRAND).

VERMOULURE [vɛʀmulyʀ]. *n. f.* (XIIIe; de *vermoulu*). Fait de devenir vermoulu; piqûre, trace de vers dans le bois.

VERMOUT ou **VERMOUTH** [vɛʀmut]. *n. m.* (1798; all. *Wermut* « absinthe »). Apéritif à base de vin aromatisé de plantes amères et toniques (absinthe, gentiane, écorce d'oranges, quinquina, genièvre). *Vermouth blanc, rouge.* ◊ Verre de vermouth. « *Il retrouva Yvonne et Léonie qui buvaient des vermouths cassis* » (QUENEAU) : avec du sirop de cassis.

VERNACULAIRE [vɛʀnakylɛʀ]. *adj.* (1765, « endémique »; du lat. *vernaculus* « indigène, domestique », de *verna* « esclave né dans la maison »). *Didact.* Du pays, propre au pays. Spécialt. *Langue vernaculaire*, langue parlée seulement à l'intérieur d'une communauté (souvent restreinte, V. **Dialecte**). S'oppose à *véhiculaire*. ◊ Sc. nat. *Nom vernaculaire*, nom d'un animal ou d'une plante dans la langue courante (le nom scientifique étant donné en latin).

VERNAL, ALE, AUX [vɛʀnal, o]. *adj.* (XVIe; h. XIIe; lat. *vernalis*, de *vernus* « printanier », de *ver* « printemps »). *Didact.* De printemps. — *Astron. Point vernal*, équinoxe de printemps; intersection de l'équateur et de l'écliptique qui correspond au passage du Soleil de l'hémisphère austral à l'hémisphère boréal.

VERNALISATION [vɛʀnalizasjɔ̃]. *n. f.* (v. 1930; de *vernal*). *Agric.* Technique permettant de transformer un blé d'automne en un blé de printemps à rendement élevé qui accomplit en peu de temps toute son évolution. (Syn. *Printanisation*).

VERNATION [vɛʀnasjɔ̃]. *n. f.* (1842; lat. *vernatio*). *Bot.* Préfoliation.

VERNI, IE [vɛʀni]. *adj.* (*Vreni*, 1170; V. **Vernir**). ◆ 1° Enduit de vernis. *Chaussures vernies.* — *Vernissé**. « *Des jattes en terre vernie* » (BALZ.). ◊ *Luisant. Les feuilles vernies du houx.* ◆ 2° Fig. et fam. (1906). Qui a de la chance. V. **Chanceux, veinard.** *Vous êtes verni! Subst. C'est un verni.* ◈ HOM. *Vernis.*

VERNIER [vɛʀnje]. *n. m.* (1795; nom de l'inventeur [1580-1637]). Instrument (V. **Calibre**) formé de deux règles graduées, la plus grande fixe, l'autre mobile, servant à la mesure précise des subdivisions d'une échelle. *Vernier circulaire*, pour la mesure des arcs.

VERNIR [vɛʀniʀ]. *v. tr.* (1294; p. p., 1170; de *vernis*). ◆ 1° Enduire de vernis. *Bois verni.* ◆ 2° Littér. Revêtir d'un vernis (2°). « *Cet imperturbable sérieux dont se vernit sa pensée sceptique* » (BARRÈS).

VERNIS [vɛʀni]. *n. m.* (1131; lat. médiév. *veronice* « sandaraque »; gr. tardif *beronikê* prononcé *veronikê* [p.-ê. par l'it. *vernice*]; probabl. de *Berenikê*, ville de Cyrénaïque d'où on tirait cette résine). ◆ 1° Solution résineuse qui laisse sur le corps où on l'applique, après évaporation ou solidification, une pellicule unie et qui sert à le décorer ou à le protéger. V. **Enduit, laque.** *Vernis à l'alcool, à l'essence. Vernis gras, bitumineux, cellulosiques, synthétiques. Vernis fixateur, hydrofuge. Vernis d'un tableau.* « *Au XIXe siècle, l'accumulation du vernis protecteur allait créer un style de musée* » (MALRAUX). *Craquelures, écaillage du vernis. Vernis dur, mou*, utilisés par les graveurs, pour protéger la planche de cuivre contre l'eau-forte. — *Vernis à ongles*, et absolt. *Vernis.* « *La manucure changeait de lime, de repoussoir, de vernis* » (ARAGON). ◊ *Éclat du vernis.* « *Ses bottes d'un vernis irréprochable* » (BALZ.). ◊ *Vernis du Japon.* V. **Ailante.** ◆ 2° (*Abstrait*; 1697). Aspect séduisant et superficiel. V. **Apparence, brillant.** *L'esprit français* « *n'est pour la plupart du temps qu'une manière de vernis lustrant de banales pensées* » (GIDE). « *C'est ainsi que nous sommes, dès qu'on gratte un peu le vernis : de petits barbares* » (LOTI). ◈ HOM. *Verni.*

VERNISSAGE [vɛʀnisaʒ]. *n. m.* (1837; de *vernir*). ◆ 1° Action de vernir (un tableau, une planche de gravure, etc.), de vernisser (une poterie). ◆ 2° (1886). Jour d'ouverture d'une exposition de peinture (les artistes étaient autorisés à achever d'y vernir leurs tableaux). — Inauguration privée d'une exposition de peinture. *Être invité à un vernissage.*

VERNISSÉ, ÉE [vɛʀnise]. *adj.* (XIIe; V. **Vernisser**). ◆ 1° Enduit de vernis (poterie, faïence). V. **Verni.** *Tuiles vernissées.* ◆ 2° Brillant, luisant comme du vernis. « *Les ailes vernissées du corbeau* » (GAUTIER).

VERNISSER [vɛʀnise]. *v. tr.* (XIIe; de *vernis*). Enduire de vernis (une poterie, une faïence, etc.).

VERNISSEUR, EUSE [vɛʀnisœʀ, øz]. *n.* (1746; « objet servant à vernir », 1402; de *vernir*). Ouvrier, ouvrière spécialiste des travaux de vernissage. *Vernisseur sur cuir, en lutherie. Vernisseur au pistolet.*

VÉROLE [veʀɔl]. *n. f.* (XIIe, « maladie éruptive »; bas lat. méd. *vayrola*, var. de *variola*. V. **Variole**). ◆ 1° (Déb. XVIe). *Vx.* Toute maladie éruptive laissant des cicatrices. Spécialt. Mod. *Petite vérole* : variole. ◆ 2° (1532; *vérole de Naples*, 1501). *Vx.* Maladie vénérienne grave. ◊ Mod. et pop. Syphilis*.

VÉROLÉ, ÉE [veʀɔle]. *adj.* (1532; de *vérole*). Pop. Qui a la syphilis. V. **Syphilitique.** — (Employé comme T. d'injure). « *Enfoiré, va! Espèce de vérolé!* » (LE CLÉZIO).

VÉRONAL [veʀɔnal]. *n. m.* (1903, marque déposée; de la ville de *Vérone*). *Méd.* Barbiturique (acide diéthylbarbiturique) employé comme somnifère. *Empoisonnement au véronal.*

1. VÉRONIQUE [veʀɔnik]. *n. f.* (1545; p.-ê. de *véronique* [XIIe], « voile de sainte Véronique ». V. **Véronique 2**). Plante herbacée, à fleurs le plus souvent bleues (*Scrofulariacées*). *Véronique officinale* ou *thé d'Europe.*

2. VÉRONIQUE [veʀɔnik]. *n. f.* (1926; esp. *veronica*, du nom de sainte *Véronique*, par anal. du geste qu'elle fit pour essuyer la face du Christ). *Taurom.* Passe exécutée par le torero avec la cape.

VERRANE [vɛʀan]. *n. f.* (mil. XXe; de *verre*, et [fibr] *anne*). *Techn.* Fibre de verre discontinue, à brins de longueur variable.

VERRAT [vɛʀa]. *n. m.* (1334; de l'a. fr. *ver;* lat. *verres*). Porc mâle employé comme reproducteur.

VERRE [vɛʀ]. *n. m.* (*Voirre*, XIIe; lat. *vitrum*). ◆ 1° Substance fabriquée, dure, cassante et transparente, de structure vitreuse, essentiellement formée de silicates alcalins. *Pâte de verre*, pâte obtenue par fusion d'un mélange de silices (sable) et de carbonates. *Trempe du verre. Verre coulé, étiré, moulé, filé. Verre blanc, verre à vitre*, verre ordinaire. *Verre blanc très transparent.* V. **Crown-glass.** *Verre à bouteilles. Verres colorés, irisés, teintés. Verre craquelé. Verre dépoli, opaque; verre « cathédrale (2°) ».* — *Verre au plomb.* V. **Cristal, flint-glass, strass.** *Verre pyrex** (marque déposée). *Verre incassable*, soumis à une trempe spéciale. *Verre Sécurit* (marque déposée), qui ne se brise qu'en très petits morceaux, évitant les coupures. *Verre armé*, dans la masse duquel est incorporé un réseau de fils métalliques. *Verre Triplex* (marque déposée), feuille d'acétate de cellulose entre deux lames de verre ordinaire. — *Industries du verre* (V. **Verrerie**). *Plaque, feuille de verre* (V. **Carreau, glace, vitre; verrière**). *Loc. Se briser, se casser comme (du) verre*, très facilement, avec une cassure nette. *Bijoux, ornements de verre.* V. **Verroterie.** *Œil** *de verre.* — *Laine ou coton de verre*, matière composée de fils de verre très fins, utilisée comme filtrant ou isolant. — *Papier de verre*, où des débris de verre sont fixés au papier, à la toile (abrasif). ◊ *Absolt. Verre blanc ordinaire* (opposé à *cristal*). ◊ Par anal. *Techn.* Matières plastiques transparentes (à base de cellulose, phénol, vinyle) utilisées pour leur souplesse, leur résistance à la rupture. *Verre organique.* V. **Plexiglas.** ◆ 2° *Minér.* Substance naturelle vitreuse. *Verre de volcan*, l'obsidienne. ◆ 3° *Un, des verre(s)*, plaque, lame, morceau ou objet de verre. *Verre qui protège une image* (V. **Sous-verre**). *Verre d'une vitrine. Verre de montre*, qui en protège le cadran. *Verre de lampe* (1°). Fig. et fam. *Souple comme un verre de lampe*, très raide. — *Verres optiques, d'optique*, auxquels on a donné une forme déterminée, choisie pour ses propriétés optiques (*verres concaves, convexes, biconcaves, biconvexes, plan-convexes*). V. **Lentille, ménisque.** *Verres déformants, grossissants. Verres correcteurs de la vue.* ◊ *Absolt. Des verres*, des verres optiques que l'on porte pour mieux voir. *Porter des verres* (V. **Lorgnon, lunettes**), *des verres fumés.* « *Ma mère porte lunettes, à cause de l'âge... Quand elle veut voir bien en face, elle relève la tête pour mieux utiliser ses verres* » (DUHAM.). — *Verres de contact**, *de cornée, cornéens.* ◆ 4° Récipient à boire, en verre, en cristal. V. **Coupe, flûte, gobelet.** *Verre à pied. Verre en cristal. Verre à vin, à bière* (V. **Chope**), *à liqueur. Verre ballon**. — *Service de verres.* « *Ce couvert de campagne, ces verres propres* » (HUYSMANS). — *Emplir son verre. Boire un verre de verre.* « *On vide son verre d'un seul coup* » (GAUTIER). Cf. *Faire rubis** *sur l'ongle*, *faire cul** *sec. Lever son verre* (pour trinquer), *porter un toast.* — *Loc. prov. Qui casse** *les verres les paie.* ◊ *Verre à café.* V. **Mazagran.** — *Verre à dents* (loc. formée d'apr. *Brosse à dents*), servant à se rincer la bouche, quand on se lave les dents. — *Verre à moutarde*, verre de cuisine servant de pot à moutarde. ◊ *Comm. Les verres*, les récipients en verre. *Consigner les verres.* ◆ 5° Contenu d'un verre. *Boire un verre d'eau.* Spécialt. Boisson dans un verre, généralement alcoolisée, que l'on prend hors des repas, au café. V. **Drink, glass, godet, pot** (*pop.*). *Payer, offrir un verre* (V. aussi *Tournée*). *Prendre un verre. Un verre de bière.* V. **Bock, demi.** *Un petit verre*, un verre d'alcool, de liqueur. *Avoir un verre dans le* *nez**. — Loc. fig. *Se noyer* dans un verre d'eau.* ◇ HOM. *Vair, ver, vers* (1 et 2), *vert.*

VERRÉ, ÉE [vɛʀe]. *adj.* (1871; « vitré », v. 1180; var. *voirré,* moy. fr.; *de verre*). *Techn.* Saupoudré de verre en poudre. *Papier verré* (ou cour. *papier de verre*), *toile verrée.*

VERRERIE [vɛʀʀi]. *n. f.* (*Voirrerie, voirerie,* XIVᵉ; de *verre*). ♦ 1° (1533). Fabrique, usine où l'on fait et où l'on travaille le verre. ♦ 2° (1690). Fabrication du verre et des objets en verre. V. **Cristallerie, miroiterie, optique, vitrerie.** *Procédé traditionnel de la verrerie* (soufflage); *procédés modernes* (coulage, moulage, etc.). ♦ 3° Commerce du verre, des objets en verre. *Rayon de verrerie d'un grand magasin.* ♦ 4° (1662; *voirerie,* XIVᵉ). Objets, ouvrages de verre. « *Verreries, vaisselles, porcelaines... Tout étincelait* » (HUGO). *Les verreries d'un lustre.*

VERRIER [vɛʀje]. *n. m.* (1265; de *verre*).
I. ♦ 1° Celui qui fabrique le verre ou des objets en verre. Appos. *Artisans, ouvriers verriers.* V. *aussi* **Souffleur.** ◇ Ouvrier de la verrerie, depuis la fusion jusqu'à la décoration des objets. ♦ 2° Artiste en vitraux; peintre sur verre.
II. (*Veyrier,* 1540). *Rare.* Panier à verres (4°).

VERRIÈRE [vɛʀjɛʀ]. *n. f.* (v. 1150; de *verre*). ♦ 1° *Ancienn.* Fenêtre garnie de verre, d'une vitre. — *Spécialt.* Grande ouverture ornée de vitraux; vitrail de grande dimension. *Les verrières de la cathédrale de Chartres.* ♦ 2° *Cour.* Grand vitrage; paroi vitrée (d'une véranda, etc.). *La verrière d'une gare.* ♦ 3° *Aéron.* Dôme transparent recouvrant l'habitacle du pilote.

1. VERRINE [vɛʀin]. *n. f.* (1835; « vitrail », v. 1125; de l'adj. *verrin, ine* [XIIᵉ] « en verre », du lat. *vitrinus*). *Mar.* Lampe de timonerie, éclairant le compas de route. ◇ *Techn.* Petit globe de verre protégeant une lampe.

2. VERRINE. V. **VÉRINE.**

VERROTERIE [vɛʀɔtʀi]. *n. f.* (1657; p.-ê. de *verrot,* dimin. de *verre;* ou de *verre,* sur le modèle de *bimbeloterie*). Petit(s) ouvrage(s) de verre coloré et travaillé, dont on fait des bijoux (colliers, bracelets) et des ornements (V. **Clinquant, pacotille**). *De la verroterie. Bijoux en verroterie.* Au plur. « *Des peignes agrémentés de verroteries variées jouant les pierres fines* » (MAUPASS.).

VERROU [veʀu]. *n. m.* (*Veruil,* 1120; *rr* par attract. de *ferrum,* finale issue du plur. [Cf. Genou]; du lat. *vericulum, veruculum,* dimin. de *veru* « broche ». V. **Vérin**). ♦ 1° Système de fermeture constituée par une pièce de métal allongée qui coulisse horizontalement de manière à s'engager dans un crampon ou dans une gâchette (comme le pêne d'une serrure). V. **Targette.** *Verrou à barre, à tige, à ressort* (à pêne à ressort), *à bouton. Verrou de sûreté,* muni d'une clé qui permet de l'ouvrir du dehors. — *Pousser, tirer le verrou* (pour fermer et ouvrir lorsqu'il s'agit d'une serrure à tige). « *Tire le verrou, Christine, ouvre vite* » (LEC. DE LISLE). « *Il trouverait bien la manière de faire jouer les verrous* » (LOTI). *Mettre le verrou,* fermer. — Loc. *Mettre qqn sous les verrous :* l'enfermer, l'emprisonner. *Être sous les verrous,* en prison. « *On l'accuse d'avoir écrit un tract antimilitariste, et... il est sous les verrous* » (MART. du G.). ♦ 2° (1842, « dispositif d'un laminoir »). *Techn.* Dispositif assujettissant des éléments mobiles. *Verrou tournant,* fixant un conteneur à un châssis de transport. ◇ *Ch. de fer.* Dispositif de calage des aiguillages. ◇ Dispositif d'ouverture d'une culasse d'arme à feu. ♦ 3° *Géol.* Barre rocheuse fermant une vallée glaciaire. ♦ 4° *Milit.* Ce qui constitue un verrouillage (hommes, matériel). ◇ Système défensif ou obstacle visant à empêcher le déroulement d'une action. « *C'est ce verrou* [la motion de censure] *qui commande* [...] *la discipline de tous les élus de la majorité* » (*Nouv. Obs.,* 6-3-1968). ♦ 5° *Alpin.* Le fait de coincer une main ou un pied par torsion. *Effectuer un verrou.*

VERROUILLAGE [veʀujaʒ]. *n. m.* (XXᵉ; de *verrouiller*). ♦ 1° Le fait de verrouiller; manière dont une ouverture est verrouillée. — *Verrouillage de la culasse d'une arme à feu.* (ANT. *Déverrouillage*). ♦ 2° *Fig. Milit.* Opération défensive qui consiste à interdire le passage sur un point du front. *Verrouillage d'une brèche.* ♦ 3° *Alpin.* Action d'effectuer un verrou.

VERROUILLER [veʀuje]. *v. tr.* (*Verroillier,* v. 1190; de *verrou*). ♦ 1° Fermer à l'aide d'un verrou. *Verrouiller une porte, une fenêtre.* « *La porte charretière était close, verrouillée d'une barre de fer* » (ZOLA). — Fermer par un dispositif spécial. *Verrouiller la culasse d'un fusil.* (ANT. *Déverrouiller*). ◇ *Milit. Verrouiller une brèche* (V. **Verrouillage**). ♦ 2° *Enfermer,* mettre sous les verrous. « *Nous l'allons verrouiller dans un couvent...* » (HUGO). *Se verrouiller :* s'enfermer.

VERRUCAIRE [veʀykɛʀ]. *n. f.* (1828; « qui guérit les verrues », XVIᵉ; lat. *verrucaria*). *Bot.* Genre de lichen dont les fructifications forment des excroissances rugueuses sur le thalle.

VERRUCOSITÉ [veʀykozite]. *n. f.* (1908; du lat. *verrucosus.* V. **Verruqueux**). *Pathol.* Végétation* de la peau ou

d'une muqueuse dont la surface mamelonnée, grisâtre, est couverte d'une couche cornée dure.

VERRUE [veʀy]. *n. f.* (XIIIᵉ; *berrue,* 1220; lat. *verruca*). ♦ 1° Petite excroissance de la peau (papillome), de consistance molle (V. **Nævus**) ou recouverte d'une couche cornée épaisse plus ou moins pigmentée (Syn. fam. [vieilli] *Poireau*). *Verrue vulgaire,* due à un virus, siégeant surtout aux mains et aux pieds, souvent multiple. *Verrue sénile* (ou *séborrhéique*), petite saillie circonscrite recouverte d'un enduit corné gras (visage, dos, cou) survenant après un quarantaine. « *Une petite verrue qui joue le grain de beauté dans son visage* » (VALLÈS). *Verrue plantaire* (du pied). — Loc. *Herbe aux verrues,* chélidoine, héliotrope. ♦ 2° *Littér.* Ce qui défigure, enlaidit. « *Cette redoutable Cour des Miracles,... hideuse verrue à la face de Paris* » (HUGO).

VERRUQUEUX, EUSE [veʀykø, øz]. *adj.* (1494; lat. *verrucosus*). ♦ 1° En forme de verrue. *Excroissance verruqueuse.* ♦ 2° Qui a des verrues, est couvert de verrues. « *Une chair épaisse et verruqueuse* » (GONCOURT). ♦ 3° *Méd.* Qui s'accompagne de verrues. *Tuberculose verruqueuse.*

1. VERS [vɛʀ]. *prép.* (980; du lat. *versus,* var. *versum,* de *vertere* « tourner »). ♦ 1° En direction de. *Il « se dirigea vers la piscine* » (CHARDONNE). *Se hâter vers les portes.* « *Des camions roulaient... bruyamment vers les docks* » (MART. du G.). *Il vint vers moi. S'avancer, marcher vers l'ennemi.* V. **À, sur.** *Ils allaient l'un vers l'autre.* V. **Rencontre** (à la). — *Vers où* (tour critiqué, pour *vers lequel, laquelle*). « *La garrigue, vers où m'entraînait déjà cet étrange amour de l'inhumain* » (GIDE). — (Marquant cette direction d'un geste, d'un regard) *Tourner la tête vers qqn.* « *Soudain, tournant vers moi son regard émouvant* » (VERLAINE). « *Il s'affaiblissait, il se courbait davantage vers la terre* » (ZOLA). *Les façades « regardaient l'une au nord, vers la rivière, l'autre au sud, vers le village et la forêt* » (DUHAM.). ♦ 2° (*Abstrait;* pour marquer le terme d'une évolution ou d'une tendance). « *Le scepticisme est donc le premier pas vers la vérité* » (DIDER.). « *Une tendresse secrète le portait vers le braconnier* » (ZOLA). « *Aspiration vers l'infini* » (BAUDEL.). ◇ (Avec ellipse du verbe, dans les titres de journaux) *Vers une solution du problème.* ♦ 3° (XIIᵉ). Du côté de (sans mouvement). *Vers le nord.* « *Vers la droite... Des rossignols se mirent à chanter* » (ALAIN). ◇ Aux environs de. « *Vers Livourne, nous rencontrâmes les vingt voiles...* » (HUGO). — *Par ext.* (et abusiv.) « *Il naviguerait vers sept cents mètres* » (ST-EXUP.), à environ sept cents mètres d'altitude. ♦ 4° (XVIᵉ). À peu près (à telle époque). *Vers les cinq heures.* « *Tous ceux qui l'ont connu vers ce temps, c'est-à-dire vers l'année 1905* » (DUHAM.). « *Pour connaître un peu le mouvement néo-catholique vers 1840* » (FLAUB.). *Vers le milieu de sa vie.* — (Âge approximatif) *Vers trente-deux ans.* ◇ ANT. *Vair, ve, verre, vers* (2), *vert.*

2. VERS [vɛʀ]. *n. m.* (v. 1138; plus souvent « laisse, strophe, couplet », en a. fr.; lat. *versus* « sillon, ligne, vers »). ♦ 1° Un *vers,* fragment d'énoncé formant une unité rythmique définie par des règles concernant la quantité [vers mesurés, métriques], l'accentuation ou le nombre des syllabes (V. **Versification**). *Vers grecs, latins,* composés d'un certain nombre de mètres ou de pieds : hexamètre, pentamètre, tétramètre; septénaire... *Vers accentués de la poésie anglaise. Vers syllabiques, assonancés puis rimés, de la poésie française.* V. **Assonance, rime.** *Vers de six, sept, huit, neuf, dix, onze, douze syllabes,* etc. V. *aussi* **Alexandrin.** *Vers faux, boiteux*. Vers blanc*. Nombre* d'un vers. Coupe du vers :* césure, enjambement, rejet. *Vers réguliers,* conformes aux règles de la versification traditionnelle. « *Si on en est arrivé au vers actuel, c'est surtout qu'on est las du vers officiel* » (MALLARMÉ). *Vers libres,* suite de vers réguliers mais de longueur inégale et dont les rimes sont combinées de façon variée (dans la poésie classique); *Vers non rimés et irréguliers* (depuis les symbolistes). *Suite de vers* : laisse, strophe, tercet, quatrain, etc.; poème). *Vers de mirliton*.* ♦ 2° *Les vers,* l'écriture en vers (1°). V. **Poésie.** « *L'idée se fait jour... qu'il existe des vers qui ne sont pas de la poésie et qu'il est au contraire de la poésie en dehors des vers* » (CAILLOIS). *Composer, écrire, faire des vers,* de la poésie. « *Et Mallarmé, avec sa douce profondeur : « Mais, Degas, ce n'est point avec des idées que l'on fait des vers... c'est avec des mots* » (VALÉRY). *Faiseur de vers.* V. **Rimailleur, rimeur** (péj.), **versificateur.** *Recueil de vers. Œuvre en vers. Dire, réciter, déclamer des vers. Mettre en vers.* V. **Rimer, versifier.** *Vers de circonstance,* poèmes inspirés par l'actualité, les menus faits de la vie de l'auteur. ◇ *Littér. Le vers.* V. **Poésie.** « *En un temps où le vers ne savait plus chanter, il* (Rousseau) *a orchestré sa prose avec éclat* » (LANSON). ◇ ANT. *Prose.* — HOM. V. **Vers** (1).

VERSAILLAIS, AISE [veʀsajɛ, ɛz]. *adj.* et *n.* (de la ville de *Versailles*). De Versailles. ◇ (1871) *Hist.* Fidèle à l'Assemblée nationale qui siégeait à Versailles et combattit la Commune. *Armée versaillaise.* — N. *Les versaillais* (opposé à *communards*).

VERSANT [vɛrsã]. *n. m.* (1800; de *verser*). Chacune des deux pentes d'une montagne ou d'une vallée. « *Les bruits, recueillis et portés à vous par le double versant de la vallée* » (RAMUZ). V. **Pente.** *Versant nord* (V. **Ubac**), *sud* (V. **Adret**). ◇ Pente (d'un toit).

VERSATILE [vɛrsatil]. *adj.* (1588; *épée versatile* « à deux tranchants », xvᵉ; lat. *versatilis*, de *versare*. V. **Verser**). Sujet à changer brusquement de parti, d'opinion; exposé à des revirements soudains. V. **Changeant, inconstant, lunatique.** « *Mais cette foule est prodigieusement versatile, tracassière et frondeuse* » (THARAUD). ◇ ANT. Entêté, obstiné, opiniâtre, persévérant.

VERSATILITÉ [vɛrsatilite]. *n. f.* (1738; de *versatile*). Caractère versatile. V. **Incertitude, inconstance, mobilité.** *Versatilité des foules.* « *Ce petit... a l'esprit d'une consternante versatilité* » (GIDE). ◇ ANT. Entêtement, obstination, opiniâtreté.

VERSE [vɛrs(ə)]. *n. f.* (1680; *à la verse*, 1640; de *verser*). ♦ 1° À **VERSE** *(loc. adv.)* : se dit de la pluie qui tombe en abondance. *Il pleuvait à verse.* V. **Averse.** « *La pluie tombait à verse... mais, bravant le mauvais temps, un peuple immense s'acheminait* » (BARRÈS). ♦ 2° *Agric.* (1859). État des céréales, des légumineuses inclinées ou versées sur le sol par les pluies, la maladie, etc. *La verse des blés.*

VERSÉ, ÉE [vɛrse]. *adj.* (1607; *versé à*, 1559; lat. *versatus*, de *versari* « vivre habituellement dans, être mêlé à, s'occuper de »). *Littér. Versé dans*, qui est expérimenté et savant (en une matière), qui en a une longue expérience. *Versé dans les lettres et les arts, dans l'art de l'escrime.* « *Des messieurs qui, peu versés peut-être dans l'art de recevoir...* » (PROUST). « *L'homme le plus versé de France dans l'exégèse biblique* » (RENAN). ◇ HOM. Verser.

1. VERSEAU [vɛrso]. *n. m.* (1555; de *verse-eau*, trad. gr. *hudrokhocus* « qui verse de l'eau »). Nom d'une constellation zodiacale, et *par ext.* d'une des douze régions ou signes du zodiaque. *Être né sous le signe du Verseau; fam. être Verseau.* V. **Verso.** ◇ HOM. Verseau.

2. VERSEAU [vɛrso]. *n. m.* (1872; de *verser* « pencher ». V. **Versant**). *Archit.* Pente du dessus d'un entablement non couvert.

VERSEMENT [vɛrsəmã]. *n. m.* (1695; de *verser*). Action de verser de l'argent. V. **Paiement.** *S'acquitter en plusieurs versements.* « *Versements accumulés en un pécule* » (CARCOPINO).

VERSER [vɛrse]. *v.* (1080, « renverser »; lat. *versare*, fréquentatif de *vertere* « tourner, retourner »).
I. *V. tr.* ♦ 1° Faire basculer, faire tomber sur le côté en inclinant. V. **Renverser** (plus *cour.*). « *Rieux trouva son malade à demi versé hors du lit* » (CAMUS). « *L'orage a versé les blés.* V. **Coucher; verse.** ♦ 2° (xııᵉ). *Cour.* Faire tomber, faire couler (un liquide) d'un récipient qu'on incline. *Verser du vin dans un verre; le verser d'une bouteille dans une autre.* V. **Transvaser.** *Verser le thé, le café.* V. **Servir.** « *Versons à boire au roi de la fève* » (COLETTE). — *Se verser du champagne.* — *Absolt.* « *Elle versait trop lentement en surveillant sans cesse le niveau du liquide dans le verre* » (ROBBE-GRILLET). ◇ *Par ext.* Répandre. *Verser des larmes, des pleurs.* V. **Pleurer.** (*Plaisant.*) *Verser un pleur.* — *Verser le sang*, le faire couler, en blessant, en tuant. « *Je n'ai jamais versé le sang d'un homme qu'à mon corps défendant* » (BALZ.). *Verser son sang*, être blessé, ou mourir pour une cause. ♦ 3° (Pour tout ce qui est comparable à un liquide). V. **Déverser, épandre, répandre.** « *On versait des sacs de jeunes carpes dans les viviers* » (ZOLA). — Fig. et littér. « *Les voyageurs moroses que l'Angleterre verse sur le continent* » (STENDHAL). « *Sur les gazons, la lune versait une molle clarté* » (MAUPASS.). ◇ Donner en répandant. V. **Prodiguer.** *Verser l'or à pleines mains**. « *Toutes les religions, depuis toujours, ont eu ainsi pour première mission de verser à leurs fidèles l'apaisement, l'oubli...* » (VAN DER MEERSCH). ♦ 4° (1788). Apporter (de l'argent) à une caisse, à une personne, à titre de paiement, de dépôt, de mise de fonds. V. **Payer.** *Les sommes à verser au fisc.* « *Le reçu des trois mois d'appointements qu'on lui versait à titre d'indemnité* » (MAC ORLAN). *Verser des intérêts, des allocations.* ◇ Déposer, annexer (des documents). *Verser une pièce au dossier.* « *Je n'aurais pas eu l'audace de verser aux débats des souvenirs aussi vifs* » (ROMAINS). ♦ 5° (Fin xıxᵉ). Affecter (qqn) à une arme, à un corps. V. **Incorporer.** « *Je désirerais savoir comment on peut se faire verser dans l'Intendance?* » (MAUROIS).
II. *V. intr.* ♦ 1° Basculer et tomber sur le côté. V. **Culbuter.** « *Lorsque deux voitures traînées par des mules se rencontrent, l'une des deux doit verser* » (GAUTIER). *Dans le fossé.* — (Des céréales, des plantes à haute tige flexible) Être accidentellement couché au sol par la pluie ou le vent. V. **Verse** (2°). *Il pensait « aux champs de blé et de seigle qui risquaient de verser sous ces trombes d'eau* » (AYMÉ). ♦ 2° (*Abstrait*). VERSER DANS... : tomber. *Auteur qui verse dans la faci-*

lité. « *On verse dans le genre « roman »* » (GIDE). *Son drame verse dans le mélo.*
◇ HOM. Versé.

VERSET [vɛrsɛ]. *n. m.* (xıııᵉ; de *vers* 2). ♦ 1° Chacun des petits paragraphes traditionnellement constitués pour diviser (un texte sacré). *Versets de la Bible, d'un psaume.* « *Des versets du Koran en lettres lumineuses suspendus dans l'air* » (LOTI). ♦ 2° *Liturg.* Brève formule ou maxime, généralement tirée de l'Écriture, récitée ou chantée à l'office par un ou deux solistes, suivie du répons du chœur. V. **Graduel.** ♦ 3° (xxᵉ). *Poés.* Phrase ou suite de phrases rythmées d'une seule respiration, découpées dans un texte poétique à la façon des versets des psaumes. « *Le verset claudélien est une forme très personnelle à son auteur...* » (THIBAUDET).

VERSEUR [vɛrsœr]. *n. et adj. m.* (1567; de *verser*). ♦ 1° *Techn.* Ouvrier chargé de verser (des liquides, des solides) dans des récipients. ♦ 2° (1842). Appareil servant à verser. ♦ 3° *Adj.* Qui sert à verser. *Bec verseur, bouchon verseur* (*cour.*).

VERSEUSE [vɛrsøz]. *n. f.* (1877; de *verseur*). Cafetière en métal à poignée droite.

VERSICOLORE [vɛrsikɔlɔr]. *adj.* (1846; lat. *versicolor*). *Didact.* De couleur changeante. — Aux couleurs variées. V. **Multicolore.** *Faisan versicolore.*

VERSIFICATEUR [vɛrsifikatœr]. *n. m.* (1488; *versifieur*, xıvᵉ; lat. *versificator*). ♦ 1° Écrivain qui pratique l'art des vers. « *Versificateur étourdissant... maître impeccable de la forme...* » (HENRIOT). ♦ 2° *Péj.* (*opposé à poète*). Faiseur de vers dépourvu d'inspiration. « *Aujourd'hui, il y a encore des versificateurs, mais plus de poètes* » (GONCOURT).

VERSIFICATION [vɛrsifikasjɔ̃]. *n. f.* (1548; « œuvre en vers », v. 1500; lat. *versificatio*). ♦ 1° Technique du vers régulier (V. **Poésie**). *Les règles de la versification.* V. **Métrique, prosodie.** ♦ 2° Technique du vers propre à un poète. *La versification de Verlaine.*

VERSIFIER [vɛrsifje]. *v.* (xıııᵉ; lat. *versificare*). ♦ 1° V. *intr. Rare.* Faire des vers. V. **Rimer.** ♦ 2° *V. tr.* Mettre en vers (surtout au p. p.). « *Un drame court et non versifié* » (VOLT.).

VERSION [vɛrsjɔ̃]. *n. f.* (1596; « retournement », v. 1300; lat. *versio*, seulement dans *aversio, conversio*, etc.; de *vertere* « tourner »).
I. ♦ 1° Traduction (d'un texte ancien ou particulier). *Les versions de la Bible* (version de la Septante, en grec). *Les textes grecs furent d'abord connus dans leur version latine.* ◇ *Spécialt. Cour.* Exercice scolaire de traduction dans la langue de l'élève (*opposé au* thème). *Version latine, allemande*, traduction du latin, de l'allemand. « *Une heureuse interprétation, qui donnait à notre version une allure bien française* » (LARBAUD). ♦ 2° (xıxᵉ). Chacun des états d'un texte qui a subi des modifications. V. **Leçon** (III), **variante.** « *Nous possédons... jusqu'à sept versions de la Chanson de Roland* » (BÉDIER). ♦ *Film en version originale* (abrév. *V. O.* [veo]), avec la bande sonore originale. *Film américain en version française* : doublé (I, 4°). ♦ 3° (xvııᵉ). Manière de rapporter, de présenter, d'interpréter un fait, une série de faits. V. **Interprétation.** *Selon la version du témoin.* « *Colomba, est-ce que vous confirmez cette version des événements?* » (ROMAINS).
II. (1836; reprise du sens de l'a. fr.). *Méd.* Manœuvre effectuée au cours d'un accouchement pour modifier la position du fœtus dans l'utérus, afin d'en faciliter l'expulsion.

VERS-LIBRISME [vɛrlibrism(ə)]. *n. m.* (fin xıxᵉ; de *vers libre*). *Hist. litt.* École, mouvement des poètes symbolistes partisans du vers libre.

VERS-LIBRISTE [vɛrlibrist(ə)]. *n.* (1891; de *vers-librisme*). *Hist. litt.* Partisan du vers-librisme.

VERSO [vɛrso]. *n. m.* (1663; mot lat., ablatif de *versus* « tourné », pour *folio verso*). Envers d'un feuillet (*opposé à* recto). V. **Dos.** « *Désolée quand je m'apercevais que j'avais lu le verso avant le recto* » (GIRAUDOUX). *Les rectos et les versos.* ◇ ANT. Endroit, recto. — HOM. Verseau (1 et 2).

VERSOIR [vɛrswar]. *n. m.* (1751; de *verser*). Pièce de la charrue qui rabat la terre détachée par le soc sur le côté. V. **Oreille.** — Par anal. *Versoirs d'un chasse-neige.*

VERSTE [vɛrst(ə)]. *n. f.* (*Virst*, 1607; russe *versta*). Ancienne mesure itinéraire utilisée en Russie (1 067 mètres).

VERSUS, abrév. **VS** [vɛrsys]. *prép.* (v. 1965; empr. angl. *versus* [xvᵉ]; d'abord T. de procéd. « contre », du lat. *versus*, p. p. de *vertere* « tourner le dos à »). *Didact.* Opposé à, par opposition à (ex. : *vieux VS neuf*). — Usité surtout en abréviation.

VERT, VERTE [vɛr, vɛrt(ə)]. *adj. et n. m.* (1080; *verd*, jusqu'au xvııᵉ; lat. *viridis*).
I. *Adj.* ♦ 1° (*Couleur*). Intermédiaire entre le bleu et le jaune (radiations lumineuses dont la longueur d'onde avoisine 0,52 μ). Cf. les mots en *chloro-*. — Par ext. Tirant sur le vert. *Bleu vert, gris vert.* ◇ Qui est de la couleur verte des plantes à chlorophylle. *Les arbres deviennent verts au*

printemps. Feuillage vert, herbe verte. V. **Verdure.** *Pousses vertes,* nouvelles. — *Vert galant** (1°). — (Désignant une espèce) *Chou vert.* — *Olives vertes,* consommées vertes. — À feuilles persistantes. *Chêne vert, Plantes* vertes.* ◊ De couleur verte. *Lézard vert. Pierres vertes :* chrysoprase, émeraude, jade, péridot. — Géogr. *Roche verte :* roches métamorphiques de couleur verte, issues d'éruptions sous-marines. — *Sauce verte,* au jus d'épinards, au verjus; plus souvent, de nos jours, aux fines herbes pilées. — *L'habit* vert.* — *Feu, signaux verts,* indiquant que la voie est libre. *Fig.* (v. 1960) *Donner le feu vert à...,* permettre d'entrer en action, d'agir. ◊ Par exagér. *Teint vert d'un malade. Visages verts de froid; vert de peur.* V. **Blême, bleu.** *Il en était vert* (de peur). ♦ 2° Qui n'est pas mûr (des céréales, des fruits). *Blé vert.* « *Sa chair dure et ferme comme la pulpe d'une pêche un peu verte* » (GAUTIER). « *Ils* (les raisins) *sont trop verts, dit-il, et bons pour les goujats* » (LA FONT.). *Fig. Ils sont trop verts,* se dit d'une chose qu'on affecte de dédaigner parce qu'on ne peut l'obtenir. — Loc. *fig.* (1430, *en bailler de belles, des vertes et des mûres) En voir, en dire des vertes et des pas mûres, de vertes et de pas mûres,* dire, voir des choses scandaleuses, choquantes (Cf. En voir de toutes les couleurs*). — Par ext. *En dire de vertes,* raconter des histoires lestes, licencieuses. ◊ *Par anal.* Qui n'est pas fait, pas propre à être utilisé. *Ce vin est encore vert, il faut le laisser vieillir.* V. **Jeune.** — *Cuir vert,* non corroyé. ◊ Se dit des végétaux qui ont encore de la sève. — (*Opposé à* sec) *Odeur du foin vert. Fourrage vert. Bois vert. Légumes, haricots* verts* (consommés non séchés). ♦ 3° *(Personnes).* Qui a de la vigueur, de la verdeur. « *Une verte jeunesse* » (RONSARD). — (*Plus cour.,* en parlant des gens âgés) *Un vieillard encore vert.* V. **Gaillard, vaillant.** « *Il a eu peur, dit-il, d'un père demeuré vert, âpre à son commerce et orgueilleux* » (COLETTE). ♦ 4° *Fig.* et *vieilli.* Fort, rude (généralement av. le nom). *Une verte réprimande.* ◊ *Mod. Langue verte. Dictionnaire de la langue verte de Delvau* (1866). ♦ 5° *Dans quelques expressions,* De la nature, de la campagne. *L'Europe verte,* la Communauté européenne agricole. « *Marché commun et Europe verte* [c.-à-d. agricole] » (*L'Aurore,* 5-9-1974). *Classe* verte.*

II. *Subst.* ♦ 1° *N. m.* Couleur verte. *Le vert est complémentaire du rouge. Le vert, couleur de l'espérance.* « *Il distingua de loin le vert jaune du blé, le vert bleu de l'ivoine, le vert gris du seigle* » (ZOLA). *Vert foncé, vif; vert tendre. Vert amande, épinard, olive, pistache; vert pomme, tilleul. Vert d'eau. Vert Nil. Vert céladon. Vert absinthe, vert bouteille, vert wagon; vert émeraude, vert jade.* ◊ Colorant vert (peinture). *Vert anglais, de chrome, de cobalt, vert Véronèse. Vert émeraude :* anhydride chromique hydraté. « *Corot ne se servait jamais de vert, il obtenait ses verts au moyen du mélange des jaunes avec du bleu* » (GONCOURT). ♦ 2° *N. m.* Se dit de feuilles vertes, de verdure (dans des expressions). *Cuis. Vert d'oignon,* les feuilles. — Fourrage frais. *Mettre au vert, le nourrir au fourrage frais.* ◊ Fig. et fam. (1888) *Se mettre au vert,* prendre du repos à la campagne, pour se refaire. « *Il erre à la nuit tombante..., en quête d'une occasion d'aller au vert* » (R. PINGET). « *Je consens qu'il soit bon parfois que l'art se remette au vert* » (GIDE). ◊ Vieilli ou littér. *Prendre sans vert,* prendre au dépourvu. « *Le cas lui parut curieux, mais ne le prit pas sans vert* » (AYMÉ).

◊ ANT. Blet, mûr, passé. Desséché, sec. — HOM. *Vair, ver, verre, vers* (1 et 2).

VERT-DE-GRIS [vɛʀdəgʀi]. *n. m.* et *adj. invar.* (XIII°; *ver de grice,* 1314; altér. de *vert de Grèce*). ♦ 1° Dépôt verdâtre (carbonate basique hydraté) qui se forme à l'air humide sur le cuivre ou certains de ses alliages (bronze, par ex.). *La bonne* « *ôtait le vert-de-gris des suspensions de cuivre* » (RADIGUET). V. **Patine.** ♦ 2° Acétate de cuivre parfois utilisé comme pigment. ♦ 3° *Adj. invar.* D'un vert grisâtre. *Uniforme vert-de-gris des soldats allemands.* ♦ 4° Par anal. Verdet.

VERT-DE-GRISÉ, ÉE [vɛʀdəgʀize]. *adj.* (1834; de *vert-de-gris*). Couvert de vert-de-gris. *Fig.* Qui a l'aspect, la couleur du cuivre vert-de-grisé. « *De pâles ciguës aux rameaux vert-de-grisés* » (GAUTIER).

VERTÉBRAL, ALE, AUX [vɛʀtebʀal, o]. *adj.* (1674; de *vertèbre*). Qui appartient aux vertèbres; qui a rapport aux vertèbres. *Colonne* vertébrale. Trou vertébral,* large trou situé en arrière du corps d'une vertèbre et limité par son arc postérieur. *Arc vertébral, corps vertébral* (V. **Vertèbre**).

VERTÈBRE [vɛʀtɛbʀ(ə)]. *n. f.* (av. 1478; lat. *vertebra*). Chacun des os qui forment la colonne vertébrale (support du tronc chez les vertébrés, et spécial. chez l'homme). *Une vertèbre est formée du corps vertébral, massif, et d'un arc vertébral postérieur, où passe la moelle épinière. Vertèbres cervicales* (dont les deux premières sont l'atlas et l'axis), *dorsales* ou *thoraciques, lombaires, sacrées* ou *coccygiennes* (coccyx, sacrum). *Se déplacer une vertèbre.*

VERTÉBRÉ, ÉE [vɛʀtebʀe] *adj. et n.* (1800; de *vertèbre*).

♦ 1° Adj. *Zool.* Qui a des vertèbres, un squelette. *Animaux vertébrés et invertébrés.* ♦ 2° *N. m. pl.* (1806). LES VERTÉBRÉS : embranchement du règne animal comprenant tous les organismes possédant une colonne vertébrale constituée de vertèbres osseuses ou cartilagineuses *(Cordés). Les cinq classes des vertébrés.* V. **Poisson; batracien; reptile; oiseau; mammifère.** *Vertébrés à membres.* V. **Tétrapodes.** *Vertébrés inférieurs, supérieurs. L'amphioxus, le plus primitif des vertébrés.* ◊ ANT. Invertébré.

VERTEMENT [vɛʀtəmã]. *adv.* (*Verdement,* 1504; de *vert*). Avec vivacité, rudesse (V. **Vert** [I, 4°]). *Reprendre, tancer vertement qqn.* « *Elle aimait à le piquer, et il répliquait vertement* » (R. ROLLAND).

VERTEX [vɛʀtɛks]. *n. m.* (1740; mot lat. « sommet de la tête »). *Anat.* et *anthrop.* Point le plus élevé sur la ligne médiane de la voûte du crâne.

VERTICAL, ALE, AUX [vɛʀtikal, o]. *adj. et n.* (1587; *point vertical,* 1585; bas lat. *verticalis,* de *vertex, verticis* « sommet »). ♦ 1° *Adj.* Qui suit la direction de la pesanteur, du fil à plomb en un lieu; perpendiculaire à un plan horizontal. *Ligne verticale, plans verticaux. Position verticale.* V. **Aplomb; droit.** *Station verticale de l'homme.* V. **Debout.** — Par ext. *Écriture verticale du chinois* (de haut en bas). ◊ *Fig.* Écon. *Concentration verticale, ascendante et descendante* (tous les stades d'une fabrication, de la matière première au produit fini). — Dont la structure repose sur une hiérarchie. « *Syndicats verticaux* » (*Le Monde,* 10-1-1968). « *Mensualisation verticale* » (*L'Express,* 29-7-1970). ♦ 2° *N. f.* Position verticale. *Pendule écarté de la verticale. Falaise à la verticale.* « *Il observe à la verticale, Dutertre. Il voit des tas de choses...* » (ST-EXUP.). ◊ Ligne verticale. *Emploi des verticales dans le gothique anglais.* ♦ 3° *N. m. Astron.* Grand cercle de la sphère céleste contenant la verticale du lieu. *Tous les verticaux passent par le zénith.* ◊ ANT. Horizontal, oblique.

VERTICALEMENT [vɛʀtikalmã]. *adv.* (1546; de *vertical*). En suivant une ligne verticale. V. **Plomb** (à). *La pluie tombe verticalement. Obélisque planté verticalement.* ◊ ANT. Horizontalement, obliquement.

VERTICALITÉ [vɛʀtikalite]. *n. f.* (1752; de *vertical*). *Didact.* Caractère, position de ce qui est vertical. *Vérifier la verticalité d'un mur.* V. **Aplomb.** ◊ ANT. Horizontalité, obliquité.

VERTICILLE [vɛʀtisil]. *n. m.* (1615, archit.; bot., 1694; lat. *verticillus,* de *vertex* « sommet »). *Bot.* Groupe de plus de deux feuilles qui naissent au même niveau sur la tige, en anneau. ◊ Abusiv. Organes disposés circulairement autour de la partie centrale d'une fleur (pétales, sépales, étamines).

VERTICILLÉ, ÉE [vɛʀtisi(l)le]. *adj.* (1694; de *verticille*). *Bot.* Disposé en verticille, en anneau. *Feuilles verticillées.*

VERTIGE [vɛʀtiʒ]. *n. m.* (1611; *vertigo,* 1478; *vertigine,* v. 1370; lat. *vertigo* « mouvement tournant », de *vertere* « tourner »). ♦ 1° Impression par laquelle une personne croit que les objets environnants et elle-même sont animés d'un mouvement circulaire ou d'oscillations et qui peut s'accompagner de troubles de l'équilibre. V. **Éblouissement, étourdissement, tournis.** *Avoir, éprouver un vertige, des vertiges* (Cf. Avoir la tête qui tourne*). « *Le vertige qui nous prend sur les hauteurs est une maladie véritable. Ce mal est tout d'imagination* » (ALAIN). « *Un vertige qui faisait tourner, danser devant ses yeux maisons et passants* » (LOTI). — Fig. *À pic. le vertige,* très haut, très impressionnant. ♦ 2° *Fig.* État d'une personne qui ne sait plus ce qu'elle fait, où elle en est. V. **Égarement, folie, trouble.** « *L'empire qu'il aurait sur les choses, sur la nature, remplit l'homme d'un singulier vertige* » (DANIEL-ROPS). *Le vertige de la gloire, que donne la gloire.* V. **Fumée, ivresse.** « *Le vertige de..., la tentation de.* « *Ce vertige de la députation en avait gagné d'autres* » (FLAUB.).

VERTIGINEUSEMENT [vɛʀtiʒinøzmã]. *adv.* (1875; « avec des vertiges », 1845; de *vertigineux*). D'une manière vertigineuse (2°). *Une tour vertigineusement haute.* « *Le parfum vertigineusement doux de sa bien-aimée* » (VILLIERS). *Les prix ont monté vertigineusement.*

VERTIGINEUX, EUSE [vɛʀtiʒinø, øz]. *adj.* (1478; du lat. *vertiginosus*). ♦ 1° *Méd.* Qui s'accompagne de vertiges. « *Une ivresse vertigineuse suivie d'un nouveau malaise* » (BAUDEL.). ♦ 2° *Cour.* (1859). Qui donne le vertige (1°) ou est de nature à le donner. *Des hauteurs vertigineuses. Une chute vertigineuse. Vitesse, rapidité vertigineuse.* ◊ *Fig.* Très grand. « *La montée des taxi-autos dans Paris fut vertigineuse* » (ARAGON). « *Les prix sont encore très bas. Mais dans les semaines qui vont venir, se produira une hausse vertigineuse* » (ROMAINS).

VERTIGO [vɛʀtigo]. *n. m.* (1664; « vertige », 1575; repris au lat.). Maladie du cheval, méningo-encéphalite qui provoque des mouvements désordonnés des tournoiements. ◊ *Fig.* et *vx.* Caprice, fantaisie. « *Voyez un peu quel « vertigo » lui prend* » (MOL.).

VERTU [vɛʀty]. *n. f.* (XIᵉ, « courage, force physique, sagesse »; lat. *virtus* « mérite de l'homme [*vir*] »).
I. (XIIᵉ; *vx* ou *didact.*). **A** LA VERTU. ♦ 1º *Vx.* Énergie morale; force* d'âme. V. **Cœur, courage.** « *Sais-tu que ce vieillard fut la même vertu...* » (CORN.). « *La naissance n'est rien où la vertu n'est pas* » (MOL.). V. **Valeur.** ◇ *Courage militaire.* ♦ 2º *Vieilli* Force avec laquelle l'homme tend au bien; force morale appliquée à suivre la règle, la loi morale définie par la religion et la société. (V. **Morale**). « *La vertu est toute dans l'effort* » (FRANCE). « *La vertu, c'est ce que l'individu peut obtenir de soi de meilleur* » (GIDE). « *La vertu n'irait pas loin si la vanité ne lui tenait compagnie* » (LA ROCHEF.). « *L'hypocrisie... est un hommage que le vice rend à la vertu* » (VOLT.). — Loc. fam. *Il a de la vertu* : il a du mérite (à faire cela). ♦ 3º *Littér.* Conduite, vie vertueuse. « *Un prince... qui chérit la vertu, qui sait punir le crime* » (CORN.). ♦ 4º *Vieilli* ou *plaisant.* Chasteté d'une femme. V. **Honnêteté.** *Vertu farouche.* « *Cet infidèle mari qui semblait l'engager à commettre des fautes en taxant sa vertu d'insensibilité* » (BALZ.). Vx. *Femme de petite vertu,* de mœurs légères. ♦ 5º *(Sens objectif).* La règle morale, le principe qui pousse à la vertu (2º). « *O vertu, science sublime des âmes simples* » (ROUSS.). *Suivre le chemin, le sentier de la vertu.* **B** UNE, LES VERTU(S). ♦ 1º Disposition constante à accomplir une sorte d'actes moraux par un effort de volonté; qualité portée à un haut degré. « *C'est une grande et rare vertu que la patience* » (GIDE). « *Les vertus bourgeoises, et particulièrement le goût de la propriété et de l'épargne* » (CHARDONNE). — *Parer qqn de toutes les vertus* : lui attribuer toutes les qualités. — Loc. *Faire de nécessité* vertu. — Relig. *Les quatre vertus cardinales* : courage, justice, prudence, tempérance. *Les trois vertus théologales* : charité, espérance, foi. « *Toutes les vertus d'humilité, de pardon, de charité, d'abnégation, de dureté pour soi-même, vertus qu'on a nommées à bon droit chrétiennes* » (RENAN). ♦ 2º *Plur.* Anges du second chœur du second ordre (ou seconde hiérarchie).
II. (XIIᵉ). ♦ 1º Principe qui, dans une chose, est considéré comme la cause des effets qu'elle produit. V. **Efficacité, énergie, faculté, force, pouvoir, propriété.** *Vertu magique, occulte.* — *Vertu médicale, curative.* « *Ce je ne sais quoi de magique, où sans doute résident leurs vertus étrangement thérapeutiques* [des plantes] » (BOSCO). ♦ 2º *(Abstrait).* V. **Pouvoir.** *C'est « sur cette vertu réparatrice du temps que les romanciers et les poètes ont insisté* » (SARTRE). ♦ 3º Loc. EN VERTU DE... : par le pouvoir de. — Dr. « *Tout citoyen appelé ou saisi en vertu de la loi, doit obéir à l'instant* » (DÉCLAR. DR. HOM.). — *Cour.* Au nom de. « *Les contraintes imposées aux individus en vertu des principes... de l'hygiène, de la morale...* » (DUHAM.). *En vertu de quoi.* V. **Pourquoi** (I, 2º).
◇ ANT. Lâcheté; défaut, vice. Immoralité, imperfection. Débauche, libertinage.

VERTUBLEU! [vɛʀtyblø], **VERTUCHOU!** [vɛʀtyʃu]. *interj.* (*Vertubieu,* XVIᵉ; *vertuchoux,* 1616; altér. de *vertu Dieu.* V. **Tudieu.** *Vx.* Jurons en usage aux XVIIᵉ et XVIIIᵉ s.

VERTUEUSEMENT [vɛʀtɥøzmɑ̃]. *adv.* (XIIᵉ; de *vertueux*). D'une manière vertueuse (courageuse [*vx*] ou morale). « *Vertueusement, patriarcalement et bourgeoisement* » (GAUTIER). ◇ *Vieilli* ou *plaisant.* Chastement. « *Elle avait déjà aimé... vertueusement, platoniquement* » (BARBEY).

VERTUEUX, EUSE [vɛʀtɥø, øz]. *adj.* (*Vertuous* « courageux », XIᵉ; de *vertu*). **A** (*Personnes*). ♦ 1º *Vx.* Courageux, vaillant, noble. ♦ 2º *Vx.* ou *relig.* Qui fait habituellement le bien par volonté; qui a des vertus, des qualités morales. V. **Honnête, moral, sage.** « *Qu'est-ce donc que l'homme vertueux? C'est celui qui sait vaincre ses affections* » (ROUSS.). « *Ô ministres intègres! Conseillers vertueux...* » (HUGO). ♦ 3º *Vieilli* ou *plaisant.* (D'une femme). Qui est chaste ou fidèle. V. **Honnête, pur.** « *Elle lui parut donc si vertueuse et inaccessible que toute espérance... l'abandonna* » (FLAUB.). **B** (*Choses*). ♦ 1º *Vx.* ou *littér.* Qui a le caractère de la vertu. *Action, conduite vertueuse.* V. **Bon** (I, 5º), édifiant, méritoire, moral. « *Ses penchants étaient droits et vertueux* » (ROUSS.). ♦ 3º *Péj.* Motivé par la vertu (I, A, 2º). « *Nulle trace, en cet homme admirable, de morgue vertueuse* » (SUARÈS). « *Cette vertueuse répulsion* » (BEAUVOIR). ◇ ANT. Corrompu, débauché, dépravé, immoral, lâche, mauvais, vicieux.

VERTUGADIN [vɛʀtygadɛ̃]. *n. m.* (1611, d'apr. *vertu*; de *vertugade* [XVIᵉ], esp. *verdugado,* de *verdugo* « baguette », de *verde* « vert »). ♦ 1º Ancienn. Bourrelet, cercle qui faisait bouffer la jupe autour des hanches; robe munie de ce bourrelet. V. **Panier.** « *La bergère Astrée avec des talons hauts, un corset et un immense vertugadin...* » (VIGNY). ♦ 2º Techn. Glacis de gazon en amphithéâtre, dans un jardin à la française.

1. VERVE [vɛʀv(ə)]. *n. f.* (XVIIᵉ; « proverbe, idée », XIIᵉ; « caprice », XVᵉ; lat. pop. °*verva,* de *verba,* de *verbum.* V. **Verbe**). ♦ 1º *Vx.* Inspiration vive; fantaisie créatrice. V. **Inspiration, veine.** *Verve poétique.* « *Écrire au hasard et selon le caprice de la verve* » (TAINE). ◇ *Vieilli.* Qualité, chaleur (du style). *Abondance, liberté, verve du style.* ♦ 2º *Vieilli.* Fougue, vivacité. « *Une sorte de verve endiablée* » (BOURGET). *Elle « présidait cette gaieté avec une verve de jeune faunesse* » (HUGO). ♦ 3º *Mod.* Qualité brillante; imagination et fantaisie dans la parole. V. **Esprit; brio.** *Verve d'un orateur.* « *Toute mélancolie cédait devant la verve intarissable de quelques esprits éclatants, vifs,...* » (NERVAL). *Exercer sa verve contre qqn.* — *Être en verve* : manifester son esprit; être plus brillant qu'à l'ordinaire. ◇ ANT. Platitude; froideur.

2. VERVE. V. **Vergne.**

VERVEINE [vɛʀvɛn]. *n. f.* (XIIIᵉ; lat. pop. °*vervena,* altér. de *verbena*). ♦ 1º Plante (*Verbénacées*), dont une espèce (*verveine officinale*) a des vertus calmantes. *Propriétés stomachiques de la verveine* (appelée *Herbe aux sorcières*). *Verveine odorante,* cultivée pour son parfum (V. **Citronnelle**). — *Fausse verveine.* V. **Sauge.** ♦ 2º Infusion de verveine officinale. *Boire une tasse de verveine.* ♦ 3º Parfum de la verveine odorante. « *Elle... flaire son mouchoir où Maman a versé deux gouttes de verveine citronnelle* » (COLETTE).

VERVELLE [vɛʀvɛl]. *n. f.* (1315; *verviele* « charnière », XIIᵉ; lat. pop. °*vertibellum,* de *vertere* « tourner »). Fauconn. Anneau portant le nom, les armes du propriétaire, fixé à la patte de l'oiseau et tenant à une courroie.

1. VERVEUX [vɛʀvø]. *n. m.* (1428; *vrevieus,* 1315; finale -*eus* du plur. de *verveil,* var. de *vervelle*). Pêche. Filet de pêche monté sur des cercles et fermé au fond, en forme d'entonnoir.

2. VERVEUX, EUSE [vɛʀvø, øz]. *adj.* (1801; « capricieux », 1538; de *verve*). *Littér.* Qui a de la verve (3º), du brio, de la vivacité; qui est en verve. « *Jovialement supérieur, verveux comme toujours* » (GIDE). — Qui a de la verve (en parlant d'un écrit, d'une conversation, d'un discours). « *Discussions verveuses et paradoxales* » (GIDE).

VÉSANIE [vezani]. *n. f.* (1795; *h.* 1490; lat. *vesania,* de *vesanus* « insensé »). Méd. *(Vx.)* Aliénation, maladie mentale. V. **Folie, psychose.** — *Littér.* Aliénation, folie (au sens large). « *La guerre... cette monstrueuse vésanie* » (DUHAM.). *(Adj.* VÉSANIQUE [vezanik]).

VESCE [vɛs]. *n. f.* (*Vecce,* 1180; lat. *vicia*). ♦ 1º Bot. Nom donné parfois aux *Viciées* (*Légumineuses papilionacées*), comprenant les fèves, les lentilles et les vesces (2º). ♦ 2º Cour. Plante herbacée très commune, à feuilles pennées, à vrilles fleuries rappelant celles du pois de senteur. *Vesce des haies, vesce sauvage* (faux pois, vesceron). *Vesce cultivée* (comme fourrage vert, ou pour ses graines). ◇ *Par ext.* Fourrage vert, ou graines (généralement de *vesce cultivée*). ◇ HOM. *Vesse.*

VÉSICAL, ALE, AUX [vezikal, o]. *adj.* (1835; « en forme de bouton, d'ampoule », 1478; bas lat. *vesicalis,* de *vesica* « vessie »). Anat. et méd. Qui appartient à la vessie, qui a rapport à la vessie. *Artères vésicales. Calculs vésicaux.*

VÉSICANT, ANTE [vezikɑ̃, ɑ̃t]. *adj.* et *n. m.* (av. 1478, repris 1812; lat. *vesicans,* de *vesicare* « gonfler »). Méd. Qui détermine des ampoules sur la peau. *Cataplasme, emplâtre vésicant. Plantes à propriétés vésicantes* (ex. : l'ortie). — N. m. *Un vésicant* (V. **Vésicatoire**).

VÉSICATION [vezikasjɔ̃]. *n. f.* (av. 1478; du lat. *vesicare*). Méd. Formation d'ampoules sur la peau par l'action d'un vésicatoire*.

VÉSICATOIRE [vezikatwaʀ]. *adj.* et *n. m.* (1575; de *vésicant*). ♦ 1º Se dit d'un médicament topique qui provoque la formation d'ampoules cutanées et qui est utilisé comme révulsif. *Emplâtre vésicatoire.* — N. m. (1611). *Appliquer un vésicatoire.* ◇ *Moins cour. Vésicule provoquée par le vésicatoire* (V. **Ampoule**), plaie qui lui succède.

VÉSICULAIRE [vezikylɛʀ]. *adj.* (1743; de *vésicule*). ♦ 1º Didact. En forme de vésicule. — Qui constitue une vésicule (*cavités vésiculaires,* bot.), présente des vésicules. ♦ 2º Qui a trait aux vésicules pulmonaires. *Murmure* vésiculaire.

VÉSICULE [vezikyl]. *n. f.* (1541; lat. *vesicula,* dimin. de *vesica* « vessie »). ♦ 1º Organe en forme de petit sac. Cour. *Vésicule biliaire,* ou absolt. *la vésicule* : réservoir musculo-membraneux situé à la face inférieure du foie et qui emmagasine la bile. — Sc. *Vésicules séminales* : réservoirs musculo-membraneux dans lesquels s'accumule le sperme, situés en arrière de la vessie, au-dessus de la prostate. — *Vésicules cérébrales* : les trois dilatations du tube neural de l'embryon qui constitueront le cerveau antérieur, postérieur et moyen. ♦ Bot. Cavité close. Renflement rempli d'air (plantes aquatiques). ♦ 2º (1872). Méd. Lésion de la peau, boursouflure de l'épiderme contenant une sérosité. V. **Ampoule, bulle** (2, 2º), **cloque; bouton, pustule.** *Éruption de vésicules.*

VÉSICULEUX, EUSE [vezikylø, øz]. *adj.* (1752; de *vésicule*). Didact. En forme de vésicule. V. **Vésiculaire.** « *Des mollusques vésiculeux* » (CENDRARS).

VESOU [vəzu]. *n. m.* (*Vezou,* 1667; mot créole des

Antilles; o. i.). *Techn.* Jus de la canne à sucre écrasée.
VESPA [vɛspa]. *n. f.* (v. 1950; marque déposée, mot it.
« guêpe »). Scooter* de cette marque. *Des Vespas.*
VESPASIENNE [vɛspazjɛn]. *n. f.* (1834-35; nom donné
aux édicules créés par le préfet Rambuteau, d'après *Vespasien*,
empereur romain à qui l'on avait attribué l'établissement
d'urinoirs publics, à Rome). Urinoir public pour hommes.
V. **Pissotière** *(fam.).*
VESPÉRAL, ALE, AUX [vɛspeʀal, o]. *n. m.* et *adj.* (1812;
bas lat. *vesperalis*, de *vespera*. V. **Vêpres**). ♦ 1° N. m. *Liturg.*
rom. Livre ou partie d'un livre liturgique contenant les
prières et offices du soir. *Le diurnal et le vespéral.* ♦ 2° Adj.
(1836). *Didact.* ou *littér.* Du soir, du couchant. *Des lueurs
vespérales.* « *Le quadruple apéritif de midi, et le cinéma vespéral* » (QUENEAU).
VESPERTILION [vɛspɛʀtiljɔ̃]. *n. m.* (*Vespertille*, 1350;
lat. *vespertilio*, de *vesper* « soir »). *Zool.* Chauve-souris à
oreilles pointues, à museau conique, à ailes courtes et larges.
VESPÉTRO [vɛspetʀo]. *n. m.* (1767; de *ves*[ser], *pét*[er],
et *ro*[ter]). *Vx.* Liqueur carminative, faite d'eau-de-vie sucrée,
où ont macéré quelques ingrédients (angélique, anis, fenouil).
VESPIDÉS [vɛspide]. *n. m. pl.* (1906; *vespiens*, 1875; du
lat. *vespa* « guêpe »). *Zool.* Famille d'insectes (*Hyménoptères*) à ailes antérieures repliées, comprenant les guêpes*.
VESSE [vɛs]. *n. f.* (XVe; de l'a. v. *vessir*, du lat. *vissire*).
Vulg. et *rare.* Gaz intestinal qui sort sans bruit et répand
une mauvaise odeur. V. **Pet, vent.** ◊ HOM. **Vesce.**
VESSE-DE-LOUP [vɛsdəlu]. *n. f.* (1530; de *vesse*, et
loup). Nom de plusieurs espèces de champignons (lycoperdon,
etc.) renfermant des spores grisâtres. *Des vesses-de-loup.*
VESSER [vese]. *v. intr.* (1606; *h. XIIIe;* de *vesse*; réfection de *vessir*). *Vulg.* et *rare.* Lâcher une vesse. V. **Péter.**
VESSIE [vesi]. *n. f.* (XIIIe; lat. pop. °*vessica*, altér. de
vesica. V. **Vésical**). ♦ 1° Réservoir musculo-membraneux
dans lequel s'accumule l'urine qui arrive des reins par les
uretères. *L'urine sort de la vessie par l'orifice urétral, dont
l'ouverture est commandée par un sphincter et s'évacue
par l'urètre. Relatif à la vessie.* V. **Cysto-, cystique, vésical.**
Inflammation de la vessie : cystite. *Calculs, pierres dans la
vessie.* ♦ 2° Vessie desséchée d'un animal, formant sac.
Gonfler une vessie d'air. Vessie d'un ballon (par ext. membrane
gonflée d'air, quelle qu'en soit la matière). *Vessie gonflable*
(utilisée pour des réparations de pneumatiques). *Loc. fig.
Prendre des vessies pour des lanternes*.* ♦ 3° (Fin XVIIIe).
Chez certains poissons. *Vessie natatoire,* sac membraneux
relié à l'œsophage, qui, en se remplissant plus ou moins de
gaz, règle l'équilibre de l'animal dans l'eau.
VESSIGON [vesigɔ̃]. *n. m.* (1598; it. *vessigone* « grosse
vessie » [*vessiga*]). *Vétér.* Tumeur molle du jarret chez le
cheval.
VESTALE [vɛstal]. *n. f.* (XIVe, adj.; lat. *vestalis*, de *Vesta*,
nom d'une déesse). ♦ 1° *Antiq. rom.* Prêtresse de Vesta,
vouée à la chasteté et chargée d'entretenir le feu sacré. « *Les
vestales infidèles à leurs vœux étaient enterrées vivantes* »
(STAËL). ♦ 2° *Fig.* et *littér.* (1680). Femme d'une parfaite
chasteté. « *Elles ne passaient pas pour des vestales...* » (LESAGE).
VESTALIES [vɛstali]. *n. f. pl.* (1803; de *vestale*; *fêtes vestales*, XVIe). *Antiq. rom.* Fêtes de Vesta.
VESTE [vɛst(ə)]. *n. f.* (1578; it. *veste* « habit »; du lat.
vestis « vêtement »). ♦ 1° *Ancienn.* Tout vêtement couvrant
le torse, ouvert devant. *Veste à pans. Vestes militaires.* V.
Dolman, hoqueton, soubreveste. « *Il endosse la grande veste
de chasse, qui lui tombait sur les talons* » (SAND). ♦ 2° (v.
1830). *Mod.* Vêtement court (à la taille ou aux hanches),
avec manches, ouvert devant et qui se porte sur la chemise,
le gilet. *Veste de costume, d'habit, de complet. Veste droite,
croisée.* V. **Veston.** *Veste de costume tailleur (femmes).* V.
Jaquette. — *Vestes de sport.* V. **Blazer.** *Veste en tweed, en
daim. Porter une veste, sortir en veste.* V. **Taille** (en taille).
Enlever sa veste. Fam. Tomber la veste.* ◊ *Par anal. Chemise-
veste* (pour l'été, qui se porte à même la peau). *Veste de
pyjama :* partie du pyjama couvrant le torse. *Veste d'intérieur*
ou *d'appartement,* utilisée comme la robe de chambre. ◊ *Fig.*
et *fam.* (1867) *Remporter, ramasser, prendre une veste,* subir
un échec (p.-ê. par un jeu de mots d'apr. *capote,* terme de
jeu de cartes). ◊ *Fam.* (1888) *Retourner sa veste,* changer
brusquement d'opinion, de parti.
VESTIAIRE [vɛstjɛʀ]. *n. m.* (*Vestuaire* « lieu où l'on range
les habits sacerdotaux », v. 1200; lat. *vestiarium* « armoire
à vêtements »). ♦ 1° *Rare.* Lieu où sont déposés les vêtements
des personnes appartenant à une communauté. *Vestiaire
d'un tribunal, d'un couvent.* ♦ 2° *Cour.* (1876). Lieu où l'on
dépose momentanément vêtements d'extérieur (manteaux)
et objets (parapluies, cannes) dans certains établissements
publics. *Vestiaire d'un théâtre, d'un restaurant.* « *Il remettait
chapeau, canne et gants à la préposée au vestiaire* » (MART.
du G.). *La dame du vestiaire.* — Fig. et fam. *Au vestiaire!*
cri hostile à l'égard de joueurs, d'acteurs, etc. (Cf. Allez
vous rhabiller* !). ◊ Meuble ou endroit d'un logement amé-

nagé pour déposer les vêtements. V. **Dressing-room.** ♦ 3° *Par
ext.* Ensemble de vêtements d'une garde-robe; équipement
vestimentaire d'une personne. « *Il remue avec joie tout son
vestiaire de mascarade orientale* » (FLAUB.). « *Son vestiaire
d'été était composé de maillots de bain et de pantalons de
toile...* » (SAGAN). ◊ Les vêtements et objets déposés au
vestiaire (2°). *Réclamer son vestiaire.*
VESTIBULAIRE [vɛstibylɛʀ]. *adj.* (1836; de *vestibule*).
Anat. Qui a rapport à un vestibule (2°) et *spécialt.* au vestibule de l'oreille interne. *Appareil vestibulaire,* partie de
l'oreille interne constituée par les canaux semi-circulaires,
l'utricule (2°) et le saccule, organe de l'équilibre.
VESTIBULE [vɛstibyl]. *n. m.* (1509; *vestible,* 1350; it.
vestibulo ou *vestibolo,* du lat. *vestibulum*). ♦ 1° Pièce d'entrée
d'un édifice, d'une maison, d'un appartement. V. **Antichambre, entrée.** « *Le vestibule de son petit appartement de
célibataire* » (AYMÉ). *Introduire qqn dans le vestibule. Attendre
dans un vestibule.* — *Vestibule d'une église* (V. **Narthex**),
d'un temple (V. **Prostyle**). « *L'immense escalier... qui conduisait aux propylées, vestibule de l'Acropole* » (TAINE). ♦ 2° *Anat.*
(1690). *Vestibule (de l'oreille interne),* partie moyenne du
labyrinthe de l'oreille interne. *Vestibule osseux,* compris
entre le limaçon et les canaux semi-circulaires. *Vestibule
membraneux,* contenu dans le vestibule osseux et constitué
de deux vésicules, l'utricule (2°) et le saccule. *Le vestibule
communique avec la caisse du tympan par la fenêtre ovale.*
VESTIGE [vɛstiʒ]. *n. m.* (1377, fig.; lat. *vestigium,* proprem. « trace du pied »). REM. S'emploie surtout au plur.
♦ 1° *Concret* (1491). Ce qui demeure (d'une chose détruite,
disparue). V. **Reste.** « *Un renard, un loup empaillé... vestiges
des chasses de sa jeunesse* » (CHARDONNE). « *Des pierres cyclopéennes, vestiges encore debout des enceintes de Salomon* »
(LOTI). V. **Débris, ruine.** « *Le vestige... le plus intéressant...* »
(GAUTIER). *La place « pareille à... une ville pétrifiée par quelque
enchantement, vestige d'une civilisation disparue* » (MART.
du G.). ◊ *Par ext.* Ce qui reste (d'un groupe d'hommes,
d'une société). « *Les vestiges de notre division qui n'étaient que
vingt pour cent des hommes* » (ARAGON). ♦ 2° (1377). Ce qui
reste (d'une chose abstraite : idée, sentiment..., d'un caractère). *Vestiges de grandeur, de magnificence.* « *Sa figure...
conservait encore quelques vestiges de martialité* (caractère
martial) » (BALZ.). V. **Marque, reste, trace.**
VESTIMENTAIRE [vɛstimɑ̃tɛʀ]. *adj.* (fin XIXe; lat. *vesti-
mentarius,* de *vestimentum* « vêtement »). Qui a rapport aux
vêtements. *Dépense vestimentaire. Détail vestimentaire.*
VESTON [vɛstɔ̃]. *n. m.* (1769; de *veste*). ♦ 1° *Ancienn.*
Sorte de veste d'homme. *Domestique en veston et tablier blanc.*
♦ 2° *Mod.* Veste (2°) d'un complet d'homme, d'un smoking.
*Des complets-veston. Être en veston. Il « avait un veston noir,
avec un gilet très peu ouvert* » (ROMAINS).
VÊTEMENT [vɛtmɑ̃]. *n. m.* (*Vestiment,* XIe; de *vêtir,*
d'apr. lat. *vestimentum*). ❶ ♦ 1° *Didact.* Objets fabriqués
pour couvrir le corps humain, le cacher, le protéger, le parer
(coiffure, chaussures, linge, habits et divers accessoires).
V. **Garde-robe** (2°). « *Une petite robe de laine, un tablier, une
brassière de futaine, un jupon, un fichu, des bas de laine, des
souliers, un vêtement complet pour une fille de huit ans* »
(HUGO). ♦ 2° *Cour.* LES VÊTEMENTS : ensemble des objets
servant à couvrir le corps humain; habillement (comprenant le linge mais non les chaussures); *spécialt.* les vêtements
de dessus (opposé à sous-vêtements). V. **Ajustement, costume, habillement, habits, mise, tenue, toilette;** et *fam.* et *pop.*
Fringues, frusques, nippe. *Les vêtements de qqn.* V. **Affaires,
effets, garde-robe.** *Vêtements ridicules* (V. **Accoutrement,
affublement**). *Vêtements civils, militaires* (V. **Uniforme**).
Laver, nettoyer, raccommoder des vêtements. « *Elle aimait
les vêtements de coupe sobre* » (MART. du G.). « *Deux petits
garçons... empêtrés dans leurs vêtements raides* » (CAMUS).
Vêtements neufs, usés, en loques (V. **Guenille, haillon**). *Vêtements de deuil. Vêtements de travail, de tous les jours, du
dimanche. Vêtements habillés, de ville, de sport, de ski. Des
vêtements légers, chauds, d'hiver, d'été. Vêtements à la mode,
démodés. Mettre ses vêtements.* V. **Habiller** (s'), **vêtir** (se).
« *Il nous est aussi nécessaire de cacher notre pensée que de
porter des vêtements* » (FRANCE). *Noms de vêtements.* V.
**Anorak, bas, blouse, blouson, caleçon, cape, châle, chapeau,
chemise, collant, combinaison, corsage, corset, culotte, déshabillé, écharpe, fourrure, gant, gilet, imperméable, jaquette,
jupe, jupe-culotte, kilt, maillot, manteau, paletot, pantalon,
pardessus, peignoir, porte-jarretelles, pull-over, pyjama, robe,
salopette, short, soutien-gorge, tablier, veste, veston.** *Vêtements
assortis.* V. **Complet, ensemble, habit, tailleur.** *Vêtements
de bébé.* V. **Layette.** — *Vêtements exotiques.* V. **Burnous, gandoura, haïk, kimono, obi; paréo, poncho, pagne.** *Vêtements
sacerdotaux.* V. **Aube, chasuble, soutane, surplis.** ◊ LE VÊTE-
MENT (*sing.* collectif) : les vêtements. *Fabrication, industrie,
commerce du vêtement* (V. **Bonneterie, confection, couture,
mode; tailleur...**). *Il travaille dans le vêtement.* ♦ 3° UN
VÊTEMENT : une pièce de l'habillement de dessus (spécialt.

manteau, veste). *Monter, coudre un vêtement. Un vêtement de demi-saison. Je vais chercher un vêtement et je sors avec vous.* 🅱 *Fig.* Ce qui couvre, cache, pare, protège. V. **Enveloppe, manteau, parure.** « *La forme n'est pas... une sorte de vêtement plastique d'une pensée* » (R. HUYGHE). « *La grâce est le vêtement naturel de la beauté* » (JOUBERT).

VÉTÉRAN [veteRã]. *n. m.* (1554; adj., 1540; lat. *veteranus*, de *vetus, veteris* « vieux »). ♦ 1° *Antiq. rom.* Soldat de métier ayant de nombreuses années de service. ♦ 2° *Hist.* (1791). Soldat qui a de longs états de service. « *Fier vétéran âgé de quarante ans de guerre* » (HUGO). « *Les vétérans de la Révolution* » (ARAGON). — *Mod.* Ancien combattant. *Les vétérans de la guerre de 14.* ♦ 3° *Cour.* Personne pleine d'expérience (dans un domaine). *Un vétéran de l'enseignement.* V. **Ancien** (Cf. Un vieux routier*). ◇ ANT. *Bleu*, commençant, nouveau.

VÉTÉRINAIRE [veteRinɛR]. *adj. et n.* (1563; lat. *veterinarius*, de *veterina*, plur. neutre, « bêtes de somme »). ♦ 1° *Adj.* Qui a rapport au soin des bêtes (animaux domestiques, bétail). *Art vétérinaire. Médecine vétérinaire. Le service vétérinaire de l'armée.* ♦ 2° *N.* Un, une vétérinaire, médecin vétérinaire. « *Il avait dû faire venir deux fois le vétérinaire* » (ZOLA).

VÉTILLARD, ARDE [vetijaR, aRd(ə)]. *n. et adj.* (1640; de *vétille*). *Vx.* Personne qui vétille; chicanier. — *Adj.* « *C'était peut-être à cause de ces souvenirs-là qu'il avait tant l'air vétillard et grognon* » (CÉLINE).

VÉTILLE [vetij]. *n. f.* (1528; de *vétiller*). Chose insignifiante. V. **Bagatelle, détail, rien.** *Ergoter sur des vétilles. S'amuser à des vétilles.* « *Des querelles avaient éclaté entre elle et sa sœur, pour des vétilles* » (ZOLA). *Ils* « *se demandent comment on a osé le convoquer pour de pareilles vétilles* » (MICHAUX).

VÉTILLER [vetije]. *v. intr.* (déb. XVIe; de l'a. fr. *vette* « lien, ruban »; proprem. « s'occuper de rubans »; du lat. *vitta* « bandelette »). ♦ 1° *Vx.* S'occuper à des choses insignifiantes. ♦ 2° (1845). *Vx.* Chicaner, chercher querelle sur des riens.

VÉTILLEUX, EUSE [vetijø, øz]. *adj.* (1658; de *vétille*). *Littér.* Qui s'attache à des détails, à des vétilles. *Esprit vétilleux. Personne vétilleuse.* V. **Chicaneur, maniaque, minutieux, pointilleux.** « *Le génie français se montre vétilleux sur la répétition des termes* » (DUHAM.).

VÊTIR [vetiR]. *v. tr.* : *je vêts, tu vêts, il vêt, nous vêtons, vous vêtez, ils vêtent; je vêtais; je vêtis; je vêtirai; je vêtirais; vêts, vêtons, vêtez; que je vête; que je vêtisse* [inus.]; *vêtant; vêtu* (*Vestir*, 980; lat. *vestire* « vêtir, revêtir »). 🅰 *V. tr. Littér.* ♦ 1° Couvrir (qqn) de vêtements; mettre (le vêtement) à. *Vêtir, parer une poupée, un enfant.* V. **Habiller**, et *aussi* **Accoutrer, affubler.** ♦ 2° (XIIe). Mettre sur soi (un vêtement). V. **Revêtir.** « *Chaque femme était obligée de... vêtir une lévite blanche* » (NERVAL). 🅱 *V. pron.* SE VÊTIR (*Se vestir qqch.*, 1579) : s'habiller. V. **Couvrir** (se); *pop. ou fam.* **Fringuer** (se). *La façon de se vêtir.* — *Fig. et littér.* « *Dans la splendeur adorable du soir, de quels rayons se vêtait ma joie!...* » (GIDE). ◇ ANT. *Dépouiller, déshabiller, dévêtir.*

VÉTIVER [vetiveR]. *n. m.* (1827; du tamoul *vettiveru*). *Bot.* Plante indienne (*Graminées*) dont la racine est utilisée en parfumerie. *Parfum de la racine de cette plante.*

VETO [veto]. *n. m.* (1718; mot lat. « je m'oppose »). ♦ 1° *Hist. rom.* Formule par laquelle les tribuns du peuple pouvaient s'opposer aux décrets du Sénat, des consuls, aux actes des magistrats. ♦ 2° *Mod.* (1790). « *Institution par laquelle une autorité* (chef d'État, seconde chambre, peuple) *peut s'opposer à l'entrée en vigueur d'une loi votée par l'organe compétent* » (CAPITANT). *Veto absolu. Veto suspensif du roi, dans la constitution de 1791. Monsieur, Madame Veto,* sobriquet de Louis XVI et Marie-Antoinette sous la Révolution. — *Veto populaire,* par lequel des citoyens font soumettre une loi au référendum. *Veto du Conseil de l'O.N.U. Droit de veto. Mettre, opposer son veto à une loi.* ◇ *Fig.* Opposition, refus. *Mettre son veto à une chose,* la refuser, la repousser (Cf. Jeter, prononcer l'interdit*, l'exclusive* sur). ◇ ANT. *Assentiment.*

VÊTU, UE [vety]. *adj.* (XIVe; « qui a revêtu l'habit religieux », 1258; de *vêtir*). Qui porte un vêtement; qui a mis ou à qui l'on a mis un vêtement. *Être bien vêtu* (V. **Habillé** [plus cour.], mis), *mal vêtu, à demi-vêtu.* « *C'était une femme... vêtue avec une certaine recherche* » (ROMAINS). *Chaudement vêtu.* « *Légère et court vêtue, elle allait à grands pas* » (LA FONT.). *Vêtu de neuf. Vêtu de haillons.* « *Des jeunes filles vêtues comme des Parisiennes* » (LOTI). — *Fig.* « *Vêtu de probité candide et de lin blanc* » (HUGO). ◇ *Littér.* (En parlant des animaux, des objets, de la nature) V. **Couvert, recouvert.** « *Poussins vêtus de duvet jaune* » (MAUPASS.). *Livres vêtus de veau, de maroquin.* « *Les arbres vêtus de givre* » (MAUPASS.). ◇ ANT. *Nu.*

VÊTURE [vetyR]. *n. f.* (*Vesture* « vêtement », XIIe; « habit

monacal », XVe; de *vêtir*). ♦ 1° *Vx* ou littér. Habit, vêtement. « *Edmond les suivit des yeux, s'acharnant à penser à ce qu'il y avait de misérable dans leur vêture* » (ARAGON). *Fig.* « *La terre les portait* (les pousses vertes) *ainsi qu'une vêture délicate* » (GENEVOIX). ♦ 2° (1680). *Mod. Relig.* Cérémonie par laquelle les postulants d'un ordre religieux reçoivent l'habit avec lequel ils feront leur noviciat. V. **Prise** (d'habit, de voile). *Assister à la vêture d'un religieux.*

VÉTUSTE [vetyst(ə)]. *adj.* (1842; « antique », v. 1500; lat. *vetustus*, rac. *vetus* « vieux »). Qui est vieux, n'est plus en parfait état (choses, surtout bâtiments et installations). « *L'escalier de pierre était obscur, affaissé par endroits, odorant et vétuste* » (MART. du G.). *Bâtiment, outillage vétuste.* ◇ ANT. *Neuf.*

VÉTUSTÉ [vetyste]. *n. f.* (1406; lat. *vetustas*). *Littér.* État de ce qui est vétuste, abîmé par le temps. V. **Ancienneté, délabrement.** *La vétusté d'une construction.* « *La vieille croix,... rongée de vétusté* » (PÉGUY).

VEUF, VEUVE [vœf, vœv]. *adj. et n.* (XVIe; de *veuve*, adj. m. [1226] pris fém.; *vedve* n. f., 1050; lat. *vidua*, de *viduus* « vide, privé de ». V. **Viduité**).
I. *Adj.* Dont le conjoint est mort. *Un homme veuf, une femme veuve. Être veuf de qqn.* « *Vous aimeriez mieux, je parie, que son mari fût veuf!* » (STENDHAL). — *Fam.* Temporairement séparé de son conjoint. *Ce soir, je suis veuf.* ◇ *Fig. et littér. Veuf de...,* privé de, dépourvu de. « *Veuf de chanson* » (STE-BEUVE).
II. *N.* ♦ 1° Personne veuve. *Épouser un veuf.* « *Je suis le ténébreux, le veuf, l'inconsolé* » (NERVAL). « *La Veuve joyeuse* », opérette de Franz Lehar. *Pension, douaire de veuve* (V. **Douairière**). *Veuve qui se remarie.* — *Loc. Défenseur de la veuve et de l'orphelin,* des personnes sans appui (se dit des avocats). « *Les veuves abusives* » (DE MONZIE), les veuves d'hommes illustres qui exploitent la célébrité de leur mari. — *Dr. ou vx. Madame veuve Lorrain.* ◇ Se dit parfois d'une personne veuve alors qu'elle est remariée. « *Les veuves qui parlent toujours de leur premier mari* » (BALZ.). ♦ 2° *Arg. anc.* (*Épouser la veuve* = « être pendu », 1628; « être guillotiné », 1829). *La Veuve* [*nom plein de terrible poésie que les forçats donnent à la guillotine*] » (BALZ.). ♦ 3° *N. f.* (1768). *Zool.* Passereau d'Afrique au plumage noir et blanc.

VEUGLAIRE [vøglɛR]. *n. m.* (Weug[he]laire, 1411; o. i.). *Archéol.* Canon des XIVe et XVe s., plus long que la bombarde, qui se chargeait par la culasse.

VEULE [vøl]. *adj.* (1660; *vuele* « léger, volage », XIIe; probabl. lat. °*volus*, de *volare* « voler »). ♦ 1° Qui n'a aucune énergie, aucune volonté. V. **Avachi, faible, lâche, mou.** « *Incapable de supporter cette dure vérité : Je suis un enfant faible et veule, lâche devant mes passions* » (SARTRE). — *Par ext. Un air veule.* « *Ma nature veule* » (RADIGUET). ♦ 2° (Choses). *Didact.* Sans vigueur. *Tige veule.* — *Trop léger,* en parlant du sol. *Terre veule.* ◇ ANT. *Énergique, ferme.*

VEULERIE [vølRi]. *n. f.* (1862; de *veule*). Caractère, état d'une personne veule. V. **Apathie, faiblesse, lâcheté.** « *La fatalité... n'existe que par la veulerie des êtres* » (GIRAUDOUX). ◇ ANT. *Énergie, fermeté, volonté.*

VEUVAGE [vœvaʒ]. *n. m.* (1374, d'abord des femmes; de *veuve, veuf*). Situation d'une personne veuve et non remariée (V. **Viduité**). *Se remarier après une année de veuvage. Durant son veuvage.* « *Depuis son veuvage... il n'avait ri ni folâtré avec aucune autre* » (SAND). ◇ *Par ext.* (*Fam.*) État d'une personne provisoirement séparée de son conjoint.

VEXANT, ANTE [veksã, ãt]. *adj.* (1842, pop.; de *vexer*). ♦ 1° Qui contrarie, peine. V. **Contrariant, irritant.** *Nous avons raté le train, c'est vexant!* V. **Rageant.** ♦ 2° (XXe). Qui blesse l'amour-propre. *Une remarque, un refus vexants.* V. **Blessant, cinglant, froissant, humiliant, mortifiant.**

VEXATEUR, TRICE [veksatœR, tRis]. *n.* (1549, n. m., lat. *vexator, -oris*). *Littér.* Personne qui cause les vexations (1°). ◇ *Adj.* (1776) *Un pouvoir vexateur.*

VEXATION [veksasjɔ̃]. *n. f.* (1643; « tourment, peine », 1261; lat. *vexatio*, de *vexare* « tourmenter »). ♦ 1° *Vieilli.* Action de vexer (1°), de maltraiter; son résultat. V. **Abus** (de pouvoir), brimade, exaction, oppression, persécution. « *Les vexations qu'éprouve le malheureux peuple* » (ROUSS.). « *Je fus en butte à des vexations sans nombre* » (FRANCE). « *À Milan, la vexation pour les passeports est aussi stupide que brutale* » (CHATEAUB.). ♦ 2° (XXe). Action de vexer (2°); blessure, froissement d'amour-propre. V. **Humiliation, insulte, mortification, rebuffade.** *Essuyer des vexations. Personne susceptible qui ne supporte pas les vexations.*

VEXATOIRE [veksatwaR]. *adj.* (1783; dc *vexer*). Qui a le caractère d'une vexation (1°). *Mesure vexatoire. Procédés vexatoires envers une minorité.*

VEXER [vekse]. *v. tr.* (1669; « tourmenter », 1380; « taquiner », 1788; lat. *vexare* « tourmenter »). ♦ 1° *Vx.* Maltraiter par abus de pouvoir. « *Les seigneurs qui vexaient les Églises eurent le roi pour ennemi* » (MICHELET). ♦ 2° *Mod.* (1869, p. p.). Blesser (qqn) dans son amour-propre. V. **Désobliger, froisser, heurter, humilier, mortifier, offenser, piquer.** *Vexer qqn par une réflexion. Je ne voulais pas vous vexer.* « *C'est parce que tu as l'air d'être dégoûtée de moi, que ça me vexe* » (ZOLA). — *Au p. p.* Blessé, piqué au vif, humilié. « *Vexée de la question* » (R. ROLLAND). *Facilement vexé.* V. **Susceptible.** « *Horriblement vexée de s'appeler Queue-de-vache* » (ZOLA). ♦ 3º SE VEXER. *v. pron.* Être vexé, se piquer. *Il se vexe d'un rien.* V. **Fâcher** (se), **formaliser** (se), **froisser** (se). « *Du coup, ce fut elle qui se vexa horriblement d'être ainsi accusée d'avarice* » (ZOLA). ◇ ANT. *Flatter.*

VEXILLAIRE [vɛksi(l)lɛʀ]. *n. m.* (1803; « porte-étendard », XVIᵉ; lat. *vexillarius*). *Hist.* Porte-étendard romain. ◇ *Adj. Mar.* Signaux *vexillaires*, signaux d'enseignes, de pavillons.

VEXILLE [vɛksil]. *n. m.* (1829; *vexil* « étendard », 1527; lat. *vexillum*). ♦ 1º *Hist.* Étendard des armées romaines. ♦ 2º *Zool.* Une des deux rangées de barbes que porte le rachis des plumes d'oiseau.

VIA [vja]. *prép.* (1876; lat. *via* « voie »). Par la voie, en passant par. V. **Par.** *Aller de Paris à Alger via Marseille.* « *Une information du Maroc via Berlin* » (ROMAINS).

VIABILISER [vjabilize]. *v. tr.* (av. 1965; de *viabilité*). Rendre (un terrain) habitable, ou apte à la construction, en exécutant l'ensemble des travaux d'aménagement nécessaires (adductions, etc.). V. **Viabilité 1.** *Viabiliser un lotissement.* — Au p. p. *Terrain entièrement viabilisé.*

1. VIABILITÉ [vjabilite]. *n. f.* (1845; du bas lat. *viabilis* « où l'on peut passer », de *via* « chemin, voie »). État d'un chemin, d'une route où l'on peut circuler, carrossable. V. **Praticabilité.** ◇ *Urbanisme.* Ensemble des travaux d'aménagement (voirie, égouts, adductions) à exécuter avant toute construction sur un terrain *(terrain viabilisé).*

2. VIABILITÉ [vjabilite]. *n. f.* (1808; de *viable*). État d'un fœtus viable (dont le développement dans l'utérus est suffisant pour le rendre apte à vivre). ◇ *Fig. Viabilité d'une entreprise, d'un projet.*

VIABLE [vjabl(ə)]. *adj.* (1537; de *vie*). ♦ 1º Apte à vivre (V. **Viabilité**). *Après le 180ᵉ jour de la grossesse, l'enfant est légalement reconnu viable. Hybrides viables, mais inféconds.* ♦ 2º *Fig.* Qui présente les conditions nécessaires pour durer, se développer. V. **Durable.** *Entreprise viable.*

VIADUC [vjadyk]. *n. m.* (1838; angl. *viaduct* [du lat. *via*, et *ductus*], d'apr. *aqueduc*). Pont de grande longueur servant au passage d'une voie ferrée, d'une route. *Viaduc métallique.*

VIAGER, ÈRE [vjaʒe, ɛʀ]. *adj.* et *n.* (1417; *wiager*, dial., 1291; de *viage* « durée de vie » et, en dr., « usufruit »). *Dr.* Qui doit durer pendant la vie d'une personne et pas au delà. *Rente viagère. Revenu, intérêts viagers. À titre viager.* ◇ *N. m. Le viager*, la rente viagère. *Mettre son bien en viager.*

VIANDE [vjɑ̃d]. *n. f.* (1050; lat. pop. °*vivenda*; Cf. lat. médiév. *vivanda* « ce qui sert à la vie », de *vivere* « vivre »). ♦ 1º *Vx.* Aliment dont se nourrit l'homme. « *Un ragoût, une salade de concombre, des cerneaux, et autres sortes de viandes* » (SÉV.). *Viande creuse*, aliment insuffisant qui ne nourrit pas. *Mod.* et *fig.* Chose de peu de réalité, qui ne peut satisfaire. *Se repaître de viande creuse, d'imaginations chimériques.* ♦ 2º (XVIᵉ). Chair des mammifères et des oiseaux que l'homme emploie sa nourriture, et plus particulièrement des animaux de boucherie. *La viande, produit agricole ou produit de la chasse.* V. **Bœuf, mouton** (et **agneau**), **porc** (et **charcuterie**), **veau**; **gibier, volaille.** *Viande de cheval. Viande de boucherie. Crochet à viande. Viande rouge*, le bœuf, le cheval, le mouton. *Viande blanche*, la volaille, le veau, le porc. *Viande noire*, le sanglier, le chevreuil, le lièvre, la bécasse. *Manger de la viande.* V. **Gras** (faire gras). — *Viande maigre, grasse, persillée. Viande crue séchée, salée, fumée, congelée.* — *Désosser, découper, hacher...; barder, larder... de la viande. Viande faisandée, mortifiée, marinée. Viande bouillie, braisée, grillée, rôtie, à la broche. Viande en sauce. Jus de viande. Bouillon de viande. Plat de viande garni (de légumes). Viande froide. Assiette de viandes froides*, dite assiette anglaise. *Viande tendre, dure, filandreuse.* V. **Carne; barbaque, bidoche** (pop.). *Cuisson des viandes rouges grillées ou rôties :* à point, saignant, bleu. *Viande trop cuite, desséchée : semelle* (plaisant.). ◇ *Par anal.* Chair d'animal dont un autre animal se nourrit. *Animal qui se nourrit de viande.* V. **Carnassier, carnivore.** ♦ 3º *Pop.* et *vulg.* Chair de l'homme, corps. *Amène ta viande! viens! Montrer sa viande*, se dénuder. *Sac à viande*, lit, draps.

VIANDER [vjɑ̃de]. *v.* (1360; de *viande*).
I. *V. intr. Vén.* Pâturer, en parlant du cerf, du daim, du chevreuil. « *Toutes les bêtes... viandaient dans la nuit de printemps* » (GENEVOIX).
II. SE VIANDER. *v. pron. Pop.* Être gravement accidenté. « *Un motard venait de se viander salement* » (Cl. COURCHAY).

VIATIQUE [vjatik]. *n. m.* (1636; « voie », XIVᵉ; lat. *viaticum* « provisions, argent pour le voyage »). ♦ 1º Argent, provisions donné(es) à un religieux pour voyager, et *par ext.* à tout voyageur. ♦ 2º (1664). Communion portée à un

mourant. *Recevoir le viatique. Viatique et extrême-onction.* ♦ 3º *Fig.* et *littér.* Soutien, secours indispensable. « *Savoir est un viatique* » (HUGO). « *Ce chant fut un viatique* » (MICHELET).

VIBICES [vibis]. *n. f. pl.* (1846; du lat. *vibices*, plur. de *vibex, -icis* « meurtrissure »). *Méd.* Vergetures. — Hémorragie cutanée, formant des stries sur la peau. V. **Purpura.**

VIBORD [vibɔʀ]. *n. m.* 1690; d'un scand. *wigi-bord* [Cf. angl. *Waist-board*]). *Mar.* Partie de la muraille d'un navire qui renferme les gaillards.

VIBRAGE [vibʀaʒ]. *n. m.* (1949; de *vibrer*). *Techn.* Transmission d'une série d'impulsions, de chocs, capables de faire entrer un milieu en vibration. — *Spécialt. Vibrage du béton*, destiné à augmenter sa cohésion, sa solidité (béton *vibré* ou « *pervibré* »).

VIBRANT, ANTE [vibʀɑ̃, ɑ̃t]. *adj.* (1747; de *vibrer*). ♦ 1º Qui vibre (1º), est en vibration. *Les cordes, lames, membranes vibrantes sont étudiées en acoustique.* — Phonét. *Consonne vibrante*, et subst. *Vibrante :* consonne produite par la vibration de la langue *(1)* ou du gosier *(r)*. ♦ 2º *Cour.* Qui porte loin, est perçu avec force (du fait de ses fortes vibrations). *Son vibrant.* « *Une voix s'éleva, forte, vibrante, autoritaire* » (DUHAM.). ♦ 3º (XIXᵉ). Qui vibre (2º), exprime ou trahit une forte émotion, un sentiment violent. « *Je me sentais surexcité, vibrant...* » (MAUPASS.). *Nerfs vibrants* (métaph. du sens 1º). *Discours vibrant, pathétique.* — *Spécialt.* Émotif, sensible. *Une nature vibrante.*

VIBRAPHONE [vibʀafɔn]. *n. m.* (1935; du rad. de *vibrer*, et -*phone*). Instrument de musique formé de plaques métalliques vibrantes, que l'on frappe à l'aide de marteaux, employé surtout dans la musique de jazz.

VIBRAPHONISTE [vibʀafɔnist(ə)]. *n.* (mil. XXᵉ; de *vibraphone*). Musicien qui joue du vibraphone. *Vibraphoniste de jazz.*

VIBRATEUR [vibʀatœʀ]. *n. m.* (1877; du rad. de *vibration*). *Techn.* Appareil qui produit, qui transmet des vibrations (sonores, etc.). — Appareil à air comprimé ou électrique, utilisé pour le vibrage du béton.

VIBRATILE [vibʀatil]. *adj.* (1776; du rad. de *vibration*). *Biol.* Qui peut être animé de vibrations. *Cils, organes vibratiles des protozoaires.*

VIBRATION [vibʀasjɔ̃]. *n. f.* (1632, phys.; « lancement d'une arme de jet », 1510; lat. *vibratio*). ♦ 1º (Fin XVIIᵉ). *Cour.* Mouvement, état de ce qui vibre; effet qui en résulte (son et ébranlement). V. **Battement.** *Vibration de moteur, de machines.* « *Il se fit une très légère vibration dans les cristaux de la table... et dans les cristaux du grand lustre* » (ROMAINS). V. **Frémissement.** — *Les vibrations du sol, d'un plancher* (V. **Trépidation**). ◇ *Phys.* Mouvement de va-et-vient d'un point matériel déplacé de sa position d'équilibre et qui y est ramené par l'effet de forces complexes, analysées au moyen d'une fonction harmonique. REM. Le mot peut désigner soit une période complète du phénomène *(syn. Oscillation)*, soit le mouvement oscillatoire envisagé globalement *(système qui entre en vibration). Vibrations lumineuses, sonores, électromagnétiques. Amplitude de la vibration :* le déplacement maximum. *Vibrations fondamentales :* composantes de fréquence la plus basse (en général de la plus grande amplitude). *Ondes à vibrations longitudinales, transversales* (relativement à la direction de propagation). *Vitesse de propagation d'un ébranlement, d'une vibration.* V. **Célérité.** ♦ 2º Caractère de ce qui vibre, change rapidement et périodiquement d'intensité, tremble. V. **Tremblement.** *La vibration d'une voix.* — *Vibration de l'air, de la lumière*, impression de tremblotement que donne l'air chaud. ◇ *Méd.* Forme de massage manuel par des vibrations imprimées au moyen de pressions répétées et rapides des doigts.

VIBRATO [vibʀato]. *n. m.* (1876; mot it.). Tremblement rapide d'un son (V. **Trémolo**), utilisé dans la musique vocale ou dans la musique de jazz. *Des vibratos expressifs.*

VIBRATOIRE [vibʀatwaʀ]. *adj.* (1825; du rad. de *vibration*). ♦ 1º Formé par une série de vibrations. *Mouvement, phénomène vibratoire. Nature vibratoire de la lumière. L'énergie vibratoire d'un oscillateur est proportionnelle au carré de l'amplitude des oscillations.* ♦ 2º Qui s'effectue en vibrant, en faisant vibrer. *Massage vibratoire.* V. **Vibromasseur.**

VIBRER [vibʀe]. *v.* (1752, répandu XIXᵉ; « lancer », v. 1510; lat. *vibrare* « brandir », puis « vibrer »). ♦ 1º *V. intr.* Se mouvoir périodiquement autour de sa position d'équilibre avec une très faible amplitude et une très grande rapidité; être en vibration. *Corde, plaque, membrane qui vibre. Faire vibrer un diapason, une cloche.* « *Une petite clarine ferme et claire vibra* » (HUGO). *Vitre qui vibre.* V. **Trembler.** « *Un gros bourdon qui vous frôlait en vibrant* » (DAUD.). V. **Vrombir.** *Plancher, bateau qui vibre.* V. **Trépider.** ◇ (Déb. XIXᵉ) Avoir une sonorité tremblée (voix), qui dénote une émotion intense. « *Sa voix vibrante de plaisir et de défi* » (MART. du G.). — *(D'une émotion)* Se manifester par le tremblement de la voix. « *Cette vieille rancune d'amour qui vibrait encore* *dans sa voix* » (DAUD.). ♦ 2° *V. intr.* (XIXᵉ). *Fig.* Réagir à une émotion par une sorte de tremblement affectif ; être enflammé ou vivement ému. *Faire vibrer l'âme.* « *Elle... se sentait elle-même vibrer de tout son être* » (FLAUB.). ♦ 3° *V. tr.* Modifier dans ses propriétés physiques par une suite de vibrations. — *Béton vibré,* qui a subi le vibrage.

VIBREUR [vibʀœʀ]. *n. m.* (1907 ; de *vibrer*). Trembleur. — Élément qui produit, transmet une vibration. *Vibreur d'un haut-parleur électromagnétique.*

VIBRION [vibʀijɔ̃]. *n. m.* (1795 ; lat. sc. *vibrio,* de *vibrare* « vibrer »). ♦ 1° *Biol.* Bactérie incurvée en forme de virgule, mobile grâce à un cil situé à l'une de ses extrémités. V. **Bacille.** *Vibrion cholérique. Vibrion septique.* ♦ 2° *Fig.* et *fam.* Personne agitée. « *Remuez, remuez désespérément, vibrions tragiques voués à quelque aventure complexe* » (ARAGON).

VIBRIONNER [vibʀijɔne]. *v. intr.* (1950 ; *vibrionné* « où l'on trouve des vibrions [1°] », 1877 ; de *vibrion*). *Fam.* S'agiter sans cesse. *Qu'a-t-il à vibrionner autour de nous ?*

VIBRISSE [vibʀis]. *n. f.* (1845 ; lat. *vibrissæ*). ♦ 1° *Sc.* Poil implanté à l'intérieur des narines. ◇ Poil tactile de certains mammifères (moustaches de chat). ♦ 2° *Zool.* Plume filiforme, à barbes rares.

VIBRO-. Élément, du rad. de *vibrer*.

VIBROMASSEUR [vibʀɔmasœʀ]. *n. m.* (1914 ; de *vibro-,* et *masseur*). Appareil électrique qui produit des massages vibratoires.

VICAIRE [vikɛʀ]. *n. m.* (XIVᵉ ; *viqueire* « gouverneur », fin XIIᵉ ; lat. *vicarius* [V. **Voyer**]). ♦ 1° Suppléant. — Spécialt. *Vicaire de Dieu, de saint Pierre* : le pape. *Les rois, vicaires de Jésus-Christ.* ♦ 2° Celui qui exerce en second les fonctions attachées à un office ecclésiastique. *Vicaire apostolique, du Saint-Siège* : prélat chargé de l'administration de territoires au pouvoir des infidèles ou des hérétiques. *Grand vicaire, vicaire général* : auxiliaire de l'évêque. V. **Archidiacre.** — Plus cour. *Vicaire de paroisse, vicaire* : prêtre qui aide et remplace éventuellement le curé. « *Cet honnête ecclésiastique était un pauvre vicaire savoyard* » (ROUSS.).

VICARIAL, ALE, AUX [vikaʀjal, o]. *adj.* (v. 1580 ; de *vicaire,* d'apr. lat. *vicarius*). Relatif à la fonction de vicaire.

VICARIANT, ANTE [vikaʀjɑ̃, ɑ̃t]. *adj.* (1877 ; du lat. *vicarius* « suppléant »). *Didact.* Qui remplace, qui se substitue (à autre chose). — *Biol.* *Hôte vicariant,* hôte occasionnel d'un parasite remplaçant l'hôte habituel. — *Méd.* (Vieilli). *Rôle vicariant d'un organe ; organe vicariant.*

VICARIAT [vikaʀja]. *n. m.* (v. 1430 ; de *vicaire,* d'apr. lat. *vicarius*). *Relig.* Fonction, dignité de vicaire (*spécialt.* du vicaire de paroisse) ; durée de cette fonction. — Territoire sur lequel s'étend la compétence d'un vicaire. — Résidence d'un vicaire.

VICE [vis]. *n. m.* (1138 ; lat. *vitium*). I. ♦ 1° *Vieilli.* LE VICE : disposition habituelle au mal ; conduite qui en résulte. V. **Immoralité, mal, péché.** « *Le chemin du vice est la lâcheté* » (ROUSS.). « *L'hypocrisie est l'hommage que le vice rend à la vertu* » (LA ROCHEF.). *Inspirer l'horreur du vice.* — *Fam.* Dépravation du goût. *Il n'aime que les laiderons : c'est du vice !* ◇ Spécialt. (1694) Dérèglement dans la conduite (notamment : jeu, drogue, vie sexuelle contraire à la morale). V. **Débauche, inconduite, luxure.** « *L'ostentation et la fatuité du vice,... c'est la Régence* » (MICHELET). ♦ 2° UN VICE : mauvais penchant, défaut grave que réprouve la morale, la religion. *Il a tous les vices !* « *La ménagerie infâme de nos vices* » (BAUDEL.). « *Il n'avait pas précisément de vices, mais... une vermine de petits défauts* » (CHATEAUB.). « *Nous... nous... soutenons dans la vertu... par le contrepoids de deux vices opposés* » (PASC.). *Satisfaire ses vices.* — PROV. *L'oisiveté (la paresse) est mère de tous les vices. Pauvreté n'est pas vice.* ◇ Spécialt. (Vieilli). Pratique, goûts sexuels réprouvés par la société ; perversion sexuelle. *Vice, plaisir solitaire*. Vice contre nature.* ♦ 3° *Vx* ou *littér.* Défaut habituel, mauvaise habitude que l'on peut réprimer. « *L'affectation de style... est un vice assez ordinaire... aux beaux parleurs* » (D'ALEMB.). V. **Faible, faiblesse, travers.** « *Le vice critique* » (BERNANOS). V. **Manie ; maladie.** ◇ Habitude morbide qui donne du plaisir. *Vice du toxicomane.* « *Prenez garde à la tristesse. C'est un vice* » (FLAUB.). « *Moi qui suis gâté par toutes sortes de vices* » (DUHAM.). — *Fig.* « *Ce vice impuni, la lecture* » (LARBAUD).

II. (1260). Imperfection grave qui rend une personne, une chose plus ou moins impropre à sa destination. V. **Défaut, défectuosité.** *Vice de conformation d'un individu, d'un organe. Vice de prononciation. Vice de construction d'un bâtiment.* « *Deux vices fondamentaux qui appelaient deux réformes principales* » (TAINE). *Vice caché,* qui rend la chose achetée inutilisable et dont doit répondre le vendeur. — Dr. *Vice de forme,* défaut d'un acte juridique qui manque d'une des formalités exigées par la loi. *Le vice de forme, cause de nullité. Vice rédhibitoire*.*

◇ ANT. Vertu. — HOM. Vis.

VICE-. Du lat. *vice* « à la place de, pour » (V. **Vicomte, vidame**). Particule invariable qui se joint à quelques noms ou titres de fonctions exercées en second, à la place de qqn. V. **Adjoint, remplaçant.**

VICE-AMIRAL, AUX [visamiʀal, o]. *n. m.* (1339 ; de *vice-,* et *amiral*). *Vx.* Officier de marine servant de second à l'amiral. ◇ *Mod.* Officier de grade immédiatement inférieur à celui d'amiral (correspondant à celui de général de division).

VICE-CHANCELIER [visʃɑ̃səlje]. *n. m.* (1259 ; de *vice-,* et *chancelier*). Celui qui supplée, seconde le chancelier. *Des vice-chanceliers.*

VICE-CONSUL [viskɔ̃syl]. *n. m.* (1653 ; de *vice-,* et *consul*). *Vx.* Celui qui seconde le consul. ◇ *Mod.* Celui qui remplit les fonctions de consul dans une résidence où il n'y a pas de consul. *Des vices-consuls.*

VICE-CONSULAT [viskɔ̃syla]. *n. m.* (1718 ; de *vice-consul*). Fonction de vice-consul. *Exercer le vice-consulat.*

VICE-LÉGAT [vislega]. *n. m.* (1568 ; de *vice-,* et *légat*). *Relig.* Prêtre désigné par le pape pour suppléer le légat. *Le vice-légat d'Avignon. Des vice-légats.*

VICE-LÉGATION [vislegasjɔ̃]. *n. f.* (1636 ; de *vice-légat*). Fonction du vice-légat.

VICENNAL, ALE, AUX [vise(ɛn)nal, o]. *adj.* (XVIIᵉ ; du lat. *vicennalis,* de *vicies* « vingt fois », et *annus* « année »). *Didact.* Qui couvre une période de vingt ans. *Plan économique vicennal. Prix vicennal,* attribué tous les vingt ans.

VICE-PRÉSIDENCE [vispʀezidɑ̃s]. *n. f.* (1771 ; de *vice-président*). Fonction de vice-président, de vice-présidente. *La vice-présidence de la République, du Conseil des ministres ; d'une société.* *Être nommé à la vice-présidence.*

VICE-PRÉSIDENT, ENTE [vispʀezidɑ̃, ɑ̃t]. *n.* (1479 ; fém., déb. XXᵉ ; de *vice-,* et *président*). Personne qui seconde ou supplée le président, la présidente. *Vice-présidente d'une société. Les quatre vice-présidents de la Chambre. Vice-président des États-Unis.*

VICE-RECTEUR [visʀɛktœʀ]. *n. m.* (1872 ; de *vice-,* et *recteur*). Celui qui supplée le recteur. Titre de celui qui était à la tête de l'Académie de Paris, le *recteur* étant le ministre (av. 1922).

VICE-REINE [visʀɛn]. *n. f.* (1718 ; de *vice-,* et *reine*). ♦ 1° Épouse du vice-roi. ♦ 2° Femme qui a l'autorité d'un vice-roi.

VICE-ROI [visʀwa]. *n. m.* (1463 ; de *vice-,* et *roi*). Celui à qui un roi, un empereur a délégué son autorité pour gouverner un royaume, ou une province ayant eu titre de royaume. Ancien. *Le vice-roi des Indes. Des vice-rois.*

VICE-ROYAUTÉ [visʀwajote]. *n. f.* (1680 ; de *vice-roi*). Dignité, fonction de vice-roi. ◇ Pays gouverné par un vice-roi.

VICÉSIMAL, ALE, AUX [visezimal, o]. *adj.* (1872 ; du lat. *vicesimus* « vingtième »). *Math.* Qui a pour base le nombre vingt. *Numération vicésimale. Quatre-vingts (80), trace de la numération vicésimale dans la numération décimale.*

VICE VERSA, parfois **VICE-VERSA** [visevɛʀsa ; visvɛʀsa]. *loc. adv.* (1536 ; loc. lat. signifiant « réciproquement », proprem. « à tour » [*vice*] « renversé » [*versa*]). Réciproquement, inversement. « *Passer du blanc au tricolore, et vice-versa* » (HUGO).

VICHY [viʃi]. *n. m.* (déb. XXᵉ ; nom d'une ville du Bourbonnais). ♦ 1° Toile de coton (teinte en fil) à carreaux, rayée. *Tablier de vichy bleu et blanc.* « *Blouse en vichy* » (COLETTE). ♦ 2° Verre d'eau minérale de Vichy. *Commander un vichy. Vichy fraise,* au sirop de fraise.

VICHYSSOIS, OISE [viʃiswa, waz]. *adj.* et *n.* (déb. XXᵉ ; *vichynois,* 1875 ; de *Vichy,* ville française). ♦ 1° De Vichy. *La population vichyssoise.* ♦ 2° (v. 1940). *Hist.* Du gouvernement, du régime de Pétain, installé à Vichy.

VICIABLE [visjabl(ə)]. *adj.* (v. 1406 ; de *vicier*). *Didact.* Qui peut être vicié.

VICIATEUR, TRICE [visjatœʀ, tʀis]. *adj.* (1872 ; de *vicier*). *Didact.* et rare. Qui vicie. « *Les agents viciateurs de l'air* » (LITTRÉ).

VICIATION [visjasjɔ̃]. *n. f.* (1845 ; « corruption de quelqu'un », 1756 ; de *vicier*). *Didact.* Action de vicier (le sang, l'air) ; de se vicier. V. **Pollution.** « *Cette maladie était causée par une viciation du sang* » (BALZ.).

VICIÉ, ÉE [visje]. *adj.* (1265 ; V. **Vicier**). ♦ 1° *Dr.* Qui a un vice (II). *Acte vicié, entaché de nullité.* ♦ 2° Impur, corrompu. *Air vicié,* devenu peu propre à la respiration par défaut d'oxygène et présence de gaz carbonique. V. **Pollué.** *L'air vicié des grandes villes.* ◇ ANT. Pur, sain.

VICIÉES. *n. f. pl.* V. **Vesce** (1°).

VICIER [visje]. *v. tr.* (fin XIVᵉ ; lat. *vitiare,* de *vitium* « vice » [II]). ♦ 1° *Dr.* Rendre défectueux, affecter d'un vice (II). *Incompatibilité qui ne vicie pas l'élection.* ♦ 2° *Cour.* Corrompre, gâter. *Des fumées d'usine qui vicient l'air.* Pronom. *L'air s'est vicié.* ◇ Abstrait. *Un « faux goût qui... a vicié tant de beaux génies* » (HUGO). « *Tentative... viciée* *par le favoritisme* » (STE-BEUVE). ◊ ANT. *Purifier.* — HOM. *Vicié, viciées.*

VICIEUSEMENT [visjøzmã]. *adv.* (1226; de *vicieux*). *Rare.* D'une manière vicieuse (I ou II).

VICIEUX, EUSE [visjø, øz]. *adj.* (1190; lat. *vitiosus*; de *vitium*).
I. ♦ 1° *Vx* ou *littér.* Qui a un vice, des vices (I, 2°), de mauvais penchants. V. **Corrompu, dépravé, pervers** (1°); **mauvais**. *Néron était vicieux.* Subst. « *Indulgence* (qui)... *nous mène à traiter de même le vicieux et l'homme de bien* » (LACLOS). — (Vieilli). D'un enfant dont les mauvais penchants ne peuvent se corriger. « *Ma colonie pénitentiaire... où les enfants vicieux... sont soumis à un traitement particulièrement attentif* » (MART. du G.). ◊ (1559) Se dit d'une bête ombrageuse et rétive. *Cheval vicieux.* ◊ Par anal. *(Sports)* Qui n'est pas envoyé, exécuté franchement (pour tromper l'adversaire). *Balle vicieuse; coup vicieux.* ♦ 2° (1660). Qui a des mœurs déréglées, des habitudes sexuelles que la société réprouve, qui choquent la pudeur. V. **Cochon** *(adj.)*, **pervers** (*arg.* Vicelard). *Il est un peu vicieux.* Par ext. *Air, regard, geste vicieux.* — Subst. *Un vieux vicieux.* V. **Cochon, débauché, libertin, satyre.** « *Tourmenté du besoin de cette vicieuse* » (ZOLA). ♦ 3° *Fam.* Qui a des goûts dépravés, bizarres. *Il faut être vicieux pour aimer ça.*
II. *Didact.* Défectueux, mauvais, entaché de vices (II). *Expression vicieuse.* V. **Fautif.** *Tour vicieux. Prononciation vicieuse. Position vicieuse du corps.* ◊ *Log.* et cour. *Cercle* vicieux.*
◊ ANT. *Chaste, pur, vertueux. Bon, correct.*

VICINAL, ALE, AUX [visinal, o]. *adj.* (XVIᵉ; *voisinal*, 1373; lat. *vicinalis*, de *vicinus* « voisin », rac. *vicus* « bourg »). *Admin. Chemin vicinal,* route étroite qui met en communication des villages. *Routes départementales et chemins vicinaux.*

VICINALITÉ [visinalite]. *n. f.* (1838; de *vicinal*). *Admin., dr.* ♦ 1° État d'un chemin vicinal. ♦ 2° Ensemble des chemins vicinaux.

VICISSITUDE [visisityd]. *n. f.* (1355; lat. *vicissitudo*). ♦ 1° *Vx.* Changement, succession. V. **Instabilité.** « *Votre vie n'a plus été qu'une triste vicissitude de lumières et de ténèbres* » (MASSILLON). ♦ 2° *Littér. Au plur.* Variations dues au changement. « *La langue suit les vicissitudes des mœurs* » (ROUSS.). *Spécialt.* Choses bonnes et mauvaises, événements heureux et malheureux qui se succèdent dans une vie. « *Au milieu... de toutes les vicissitudes de mon existence* » (CHATEAUB.). V. **Tribulation.** ◊ Événements malheureux. « *Assister en paix aux vicissitudes des hommes* » (FRANCE).

VICOMTAL, ALE, AUX [vikɔ̃tal, o]. *adj.* (XIIIᵉ; de *vicomte*). Qui appartient au vicomte; du vicomte.

VICOMTE, ESSE [vikɔ̃t, ɛs]. *n.* (XVᵉ; *vezcuntes*, 1080; fém., XIIᵉ; lat. médiév. *vicecomes* [V. **Vice-**]). ♦ 1° N. m. Titre de noblesse au-dessous du comte. « *Vicomte, que distu de ces yeux?* » (MOL.). ♦ 2° N. f. Titre de noblesse au-dessous de la comtesse. *Elle est vicomtesse, c'est une vicomtesse.* ◊ Femme du vicomte.

VICOMTÉ [vikɔ̃te]. *n. f.* (1207; de *vicomte*). Titre attaché à une seigneurie appartenant à un vicomte, une vicomtesse. *Une vicomté.* — La terre de cette seigneurie.

VICTIMAIRE [viktimɛr]. *n. m.* (1556; lat. *victimarius*). *Antiq.* Prêtre qui frappait les victimes. V. **Sacrificateur.**

VICTIME [viktim]. *n. f.* (1495; lat. *victima*). ♦ 1° Créature vivante offerte en sacrifice aux dieux. V. **Hostie** (vx). *Victime propitiatoire. Immoler, égorger une victime sur l'autel d'un dieu.* « *Deux taureaux blancs qui devaient servir de victimes* » (CHATEAUB.). *Examen des entrailles des victimes. Victimes humaines.* — Par anal. *Jésus, victime volontaire.* ♦ 2° (1617, *victime de...*; 1782, *absolt.*). Personne qui subit la haine, les tourments, les injustices de qqn. « *Chacun ayant sa victime et chacun son bourreau* » (LÉAUTAUD). *Les victimes d'un tyran, d'un dénonciateur, d'un usurier.* — *Ces milliers de victimes... bannies dans tous les coins de l'Europe* » (CHATEAUB.). — (Dans la société) « *La révolte ne vient jamais des victimes* » (CHARDONNE). *Se prendre pour une victime.* ◊ *Par ext.* VICTIME DE (souvent attribut ou en apposition sans article) : personne qui souffre, pâtit (des agissements d'autrui, ou de choses, d'événements néfastes). *Victime de la calomnie.* « *Les manœuvres dont j'étais la victime* » (ROUSS.). « *Il fut victime... d'une apoplexie* » (MONDOR). *Être victime d'une hallucination* (Cf. *Être le jouet** de). « *Les femmes sont... les victimes de leur excessive sensibilité* » (BALZ.). *Victime de son dévouement.* ♦ 3° Personne tuée ou blessée. *Personne arbitrairement condamnée à mort. Les victimes de la Terreur, du nazisme.* — (XIXᵉ) Personne torturée, violentée, assassinée. *Les victimes de Landru.* « *Les restes des victimes* » (COLETTE). *Le corps de la victime.* — Personne qui meurt d'un cataclysme, d'une épidémie, d'un accident. *Le tremblement de terre a fait de nombreuses victimes.* V. **Mort.** *Les victimes d'un accident d'automobile. On déplora plusieurs victimes.*
— *Personne tuée dans une émeute, une guerre. Les victimes*

de la fusillade du Champ-de-Mars. Les victimes de la guerre. ◊ ANT. *Bourreau.*

VICTOIRE [viktwar]. *n. f.* (1155; *victorie*, 1080; lat. *victoria*). ♦ 1° Succès obtenu dans un combat, une bataille, une guerre. « *Le capitaine qui remporte une victoire* » (MAETERLINCK). *Trophée d'une victoire. Victoire éclatante. Foi en la victoire finale. Les lauriers, la palme de la victoire. Victoire navale, aérienne. Fêter une victoire. La fête nationale de la victoire* (de 1918), le 11 novembre. *Victoire des Alliés en 1945.* — Fig. *Victoire à la Pyrrhus,* trop chèrement obtenue. ◊ Par ext. *La Victoire,* divinité allégorique représentée par une femme ailée. *Les ailes de la Victoire.* — (Sans majuscule) « *La victoire, en chantant, nous ouvre la carrière* » (Chant du départ). *Masséna, l'enfant chéri de la victoire.* — Statue de cette divinité. *La Victoire de Samothrace.* ♦ 2° Heureuse issue d'une lutte, d'une opposition, d'une compétition... (pour celui qui a eu l'avantage). V. **Triomphe.** *Victoire diplomatique.* « *En amour notre vanité dédaigne une victoire trop facile* » (STENDHAL). — *Crier, chanter victoire,* se glorifier d'une réussite. ◊ Situation de celui qui gagne contre qqn (sports, jeux). *Victoire d'une équipe sportive. Victoire aux points*,* par K.-O., en boxe. ◊ *Victoire* (morale) *sur soi-même,* sur la tentation, quand la volonté triomphe des instincts, des passions. « *Conservez à jamais ma dernière victoire!* » (CORN.). ◊ (Choses) *Victoire du catholicisme sur l'hérésie.* ◊ ANT. *Défaite, déroute. Échec.*

VICTORIA [viktɔrja]. *n. f.* (de *Victoria,* qui régna de 1837 à 1901 en Angleterre).
I. *Bot.* (1846). *Victoria* ou *Victoria regia,* plante aquatique exotique (*Nymphéacées*), à fleurs rouges et blanches, et dont les immenses feuilles rondes flottent sur l'eau. *La Victoria fut dédiée à la reine par Lindley.*
II. (1863; en angl., 1844). Ancienne voiture découverte à quatre roues. « *La victoria fort élégante, attelée de deux superbes chevaux noirs* » (MAUPASS.).

VICTORIEN, IENNE [viktɔrjɛ̃, jɛn]. *adj.* (1922; de *Victoria,* reine d'Angleterre). Relatif à la reine Victoria, à son règne (1837-1901). *La réserve, le puritanisme de l'époque victorienne. Style victorien. Poésie victorienne.*

VICTORIEUSEMENT [viktɔrjøzmã]. *adv.* (1356; de *victorieux*). D'une manière victorieuse, en remportant la victoire. « *Notre marche jusqu'alors victorieusement progressive...* » (LECOMTE). *Réfuter victorieusement des objections.*

VICTORIEUX, EUSE [viktɔrjø, øz]. *adj.* (1265; bas lat. *victoriosus*). ♦ 1° Qui a remporté une victoire (1°). V. **Vainqueur** *(adj.). Général victorieux. Sortir victorieux d'un combat. Armée, troupes victorieuses.* ♦ 2° Qui a remporté une victoire (2°), qui l'a emporté sur qqn. *Sortir victorieux d'une dispute. Parti victorieux aux élections.* — (Sports) *L'équipe victorieuse.* ◊ Par ext. *Un air victorieux,* de triomphe. ◊ ANT. *Vaincu.*

VICTUAILLE [viktɥaj]. *n. f.* (1502; *vitaille,* 1138 [V. **Ravitailler**], refait que le lat.; bas lat. *victualia,* plur. neutre de *victualis* « relatif aux vivres », *victus*). *Vx* (au sing.). *Aliment.* ◊ *Mod.* (*au plur.*). Provisions de bouche. V. **Vivres.** « *Quelques-uns lui donnaient des restes de victuailles* » (FLAUB.). « *Les boutiques de victuailles* » (FRANCE).

VIDAGE [vidaʒ]. *n. m.* (*Vuidage* « vidange », XIIIᵉ; repris XIXᵉ; de *vider*). *Rare.* Action de vider. ◊ *Fam.* Action de vider (II, 2°) les indésirables. ◊ ANT. *Remplissage.*

VIDAME [vidam]. *n. m.* (*Visdame,* XIIᵉ; adapt. du lat. ecclés. *vice dominus* [V. **Vice-**]). *Féod.* Officier qui remplaçait les seigneurs ecclésiastiques (évêques, abbés) dans les fonctions juridiques ou militaires.

VIDAMÉ [vidame] *(n. m.)* ou **VIDAMIE** [vidami]. *n. f.* (XIIᵉ [*vidamné*],-XIVᵉ; de *vidame*). Dignité, titre de vidame. V. la localité qui est attachée à ce titre.

VIDANGE [vidãʒ]. *n. f.* (*Widange,* 1362; *widenghe* « conduit, égout », 1286; mot des Flandres et de l'Est; dér. de *vider*). ♦ 1° Action de vider, surtout en parlant d'opérations techniques, grossières ou sales. *Vidange d'un fossé, d'un ballast, d'un réservoir.* V. **Écoulement.** — *Vidange du réservoir d'huile d'une automobile.* Absolt. *Vidange et graissage.* ◊ *Spécialt.* Opération par laquelle on vide une fosse d'aisances, on évacue les eaux usées. *Système de vidange, par pompage, par déversement et collecte* (V. **Tout-à-l'égout**). *Entrepreneur de vidange* (V. **Vidangeur**). ♦ 2° Par ext. (*Vuidange,* 1409). Ce qui est enlevé, vidé; *spécialt.* Les matières vidées d'une fosse d'aisances; l'engrais animal. V. **Gadoue; eaux-vannes.** *La vidange seule de Paris pourrait fertiliser trente mille hectares* » (ZOLA). *Traitements chimiques des vidanges.* ♦ 3° (1636; « égout », 1286). Ce qui sert à vider, à évacuer l'eau. *La vidange d'un lavabo* (bonde à soupape). ♦ 4° (*Belgique*). Verre consigné. — *Au plur.* Bouteilles vides (consignées ou non).

VIDANGER [vidãʒe]. *v. tr.; conjug. bouger* (1855; de *vidange*). ♦ 1° Vider (une fosse, un ballast, un réservoir...). *Spécialt.* Faire la vidange de (une fosse d'aisances). ♦ 2° Évacuer par une vidange. *Vidanger l'huile, les eaux résiduelles.*

VIDANGEUR [vidɑ̃ʒœʀ]. *n. m.* (1676; de *vidange*). Celui qui fait la vidange des fosses d'aisances, tinettes, etc.

VIDE [vid]. *adj.* et *n. m.* (1762; *vuide*, XIIIᵉ; du fém. de l'a. fr. *vuit* [1080]; lat. pop. °*vocitus*, de *vocuus*, forme archaïque du class. *vacuus*).

I. *Adj.* ♦ 1° Qui ne contient rien de perceptible; dans lequel il n'y a ni solide, ni liquide. « *Il ne peut y avoir aucun espace entièrement vide* » (DESCARTES). ◇ *Math. Ensemble vide*, qui n'a aucun élément. V. **Zéro.** ◇ *Inform.* Qui ne contient pas d'information, dénué de sens. V. **Nul.** ♦ 2° *Spécialt.* Dépourvu de son contenu normal. *Verre, bouteille vide, à moitié vide. Réservoir vide.* V. **Sec** (à). *Bourse, poche vide. Louer un appartement vide*, sans meubles (*opposé à* meublé). — *Loc. Avoir l'estomac, le ventre vide.* V. **Creux.** *Rentrer les mains vides*, sans rapporter ce que l'on allait chercher. V. **Vacant.** *Compartiment, wagon vide.* « *Ils n'imaginaient pas que le trône pût rester toujours vide* » (CAMUS). V. **Inoccupé.** *Pièce, chambre, maison vide. Lit, fauteuil vide.* « *Ils n'imaginaient pas que le trône pût rester toujours vide* » (CAMUS). V. **Vacant.** *Compartiment, wagon vide.* — *Par exagér.* Qui est loin d'être plein. *Paris est vide au mois d'août.* V. **Désert.** *Le théâtre est vide.* ♦ 3° *Fig.* (Le temps étant assimilé à un contenant). Qui n'est pas employé, occupé comme il pourrait l'être; sans occupation. « *Ces longues journées qui, pour un témoin, eussent semblé vides* » (RADIGUET). « *Siècles vides* » (BOSS.) : où il ne s'est rien passé d'important. ◇ (En parlant du cœur, de la tête... lieu des émotions, des idées) *Avoir la tête vide*, ne plus avoir momentanément sa présence d'esprit, ses connaissances et ses souvenirs (fatigue, choc, émotion). *Avoir une case* vide. « *Son crâne lui semblait vide* » (DAUD.). « *Se croire malheureux, lorsqu'on n'est que vide et ennuyé* » (MUSS.) : sans occupation, désir ni sentiment. ◇ *Se sentir vide.* ◇ *Qui manque d'intérêt, de substance.* V. **Creux** (*fig.*). *Style vide et prétentieux.* « *Vers coulant, mais vide* » (STENDHAL). *Discussion, propos vides.* V. **Futile, insignifiant.** *Une vie, une existence vide.* ♦ 4° *(D'une surface).* Qui n'est pas couvert, recouvert. V. **Dénudé, nu.** *Mur vide.* « *Et le vide papier que la blancheur défend* » (MALLARMÉ). « *Le grand espace vide des steppes et des pampas* » (SARTRE). ♦ 5° **VIDE DE** (XIIᵉ) : qui ne contient, ne renferme, ne possède pas... (ce qu'il devrait normalement contenir). V. **Sans.** *Rues vides de voitures.* — (Abstrait) *Mots vides de sens.* « *Des états affectifs purs, c'est-à-dire vides de tout élément intellectuel* » (RIBOT).

II. *N. m.* ♦ 1° (XIVᵉ). Espace qui n'est pas occupé par de la matière. V. **Vacuité** (1°). « *Les atomes et le vide* » (VOLT.), dans la philosophie antique. *La nature a horreur du vide* : aphorisme de ceux qui soutenaient l'impossibilité du vide (avant la découverte de la pesanteur de l'air). *Le vide absolu* (absence de molécules, d'atomes ou de particules « élémentaires ») *ne semble pas se rencontrer dans la nature.* ◇ (XVIIᵉ) Abaissement très important de la pression d'un gaz, dans une enceinte; état de la matière dans cet espace. *Vide pneumatique* : raréfaction de l'air au moyen de la machine pneumatique. *Vide barométrique, de Torricelli* (rempli en fait de vapeur de mercure). — *Production du vide par machines pneumatiques, trompes, pompes diverses. Faire le vide en aspirant l'air. Tubes à vide. Nettoyage* par le vide. ♦ 2° Espace vide; milieu où il n'y a pas d'objets sensibles (choses ou personnes). V. **Néant.** « *Elle éprouvait cette espèce de volupté qu'il y a, quand on détruit en rangeant, à voir le vide prendre la place des objets* » (MONTHERLANT). *Faire le vide autour de qqn* : l'isoler, écarter tout le monde de lui. ◇ *Spécialt.* Espace où il n'y a aucun corps solide (susceptible de servir d'appui). « *Des ballons... qui semblent... nous soutenir au-dessus du vide* » (JALOUX). « *Je les suivis... en évitant de regarder dans le vide* » (BOSCO). — Espace, considéré indépendamment de ce qui s'y trouve. *Regarder dans le vide.* « *Ses grands yeux... fixaient le vide* » (BOSCO). ◇ *Fig. Parler dans le vide* : sans objet ou sans auditeur. *Promettre dans le vide*, sans aucune raison de pouvoir le faire. ♦ 3° **UN VIDE** : espace vide ou solution de continuité. V. **Cavité, espace, fente, ouverture.** *Laisser un vide dans un récipient, entre deux objets contigus. Remplir les vides.* « *Des vides et des pleins* » (FLAUB.). *Boucher un vide. Vide d'air, de construction*, espace ménagé dans les parois (d'un bâtiment). — Espace où manque qqch. V. **Blanc, lacune.** *Vides dans un tableau.* — *Par métaph. Combler les vides de son souvenir.* V. **Trou.** ◇ *Fig.* Ce qui est ressenti comme un manque. *Son départ fait un grand vide.* « *Un bonheur... qui ne laisse dans l'âme aucun vide* » (ROUSS.). « *Je ne savais... comment combler ce vide de deux années* » (FROMENTIN). ♦ 4° Caractère de ce qui manque de réalité, d'intérêt. V. **Inanité, néant** (II, 2°), **vacuité.** *Le vide de l'existence.* « *Ce vide nauséeux* » (DUHAM.). « *L'écroulement de ma vie... me laissait un sentiment de vide comme celui qui suit un accès de fièvre après un amour brisé* » (RENAN). « *Le vide mortel de ces heures sans projets* » (MART. du G.). ♦ 5° **À VIDE** (*loc. adv.*) : sans rien contenir. *Voiture qui part, passe à vide.* ◇ *Par ext.* Sans avoir l'effet (matériel) normalement attendu.

Rouage qui tourne à vide, n'enclenche pas. *Passage à vide*, moment où un moteur, un mécanisme tourne à vide. *Fig.* Moment où une activité s'exerce sans effet utile. — *Fig. Il raisonne à vide.*

◇ ANT. *Plein, rempli; surpeuplé; occupé.* — (du *n. m.*) *Plein* (V), *plénitude.*

VIDÉ, ÉE [vide]. *adj.* (*Vuidé*, 1310; *voidée*, 1174; V. **Vider**). ♦ 1° Qu'on a vidé de ses entrailles. *Poissons vidés.* ♦ 2° (*Personnes;* 1888). Épuisé de fatigue. V. **Fatigué, fourbu; crevé** (*fam.*). — Qui n'a plus de ressources (intellectuelles, morales). « *Des êtres vidés, déchus* » (VERCEL). *Cet écrivain est fini, vidé.*

VIDE-BOUTEILLE [vidbutɛj]. *n. m.* (1845; « maison de campagne », 1762; « ivrogne », 1560; de *vider*, et *bouteille*). Instrument permettant de vider une bouteille sans la déboucher, en enfonçant un siphon dans le bouchon. *Des vide-bouteilles.*

VIDE-CAVE [vidkav]. *n. m. invar.* (mil. XXᵉ; de *vider*, et *cave*). Pompe hydraulique pour évacuer l'eau d'un local inondé.

VIDE-GOUSSET [vidgusɛ]. *n. m.* (mot d'apparence médiév. créé au XIXᵉ [1853]; de *vider*, et *gousset*). *Vx* ou *plaisant.* Voleur. *Des vide-goussets.* « *Oui, le vide-gousset flétrit le tire-laine* » (HUGO).

VIDELLE [vidɛl]. *n. f.* (1659; de *vider*). ♦ 1° Instrument de pâtissier pour couper la pâte en bandes minces. ♦ 2° (1803). Instrument de confiseur pour vider certains fruits à confire. ♦ 3° *Vx.* Stoppage.

VIDÉO [video]. *adj. invar.* et *n. f.* (v. 1960; du lat. *videre* « voir »).

I. *Adj. invar.* Se dit d'un signal, d'un système contenant les éléments nécessaires au transport des images à distance. *Des signaux vidéo.*

II. *N. f.* Abrév. de *vidéofréquence*, fréquence de modulation contenant une information; l'ensemble de ces fréquences. — Signal, message qu'elles contiennent. *Exploitation de la vidéo d'un radar, de la télévision.* — REM. Au Canada, on trouve *le vidéo, n. m.*

VIDÉO-. Élément de mots techn. et scient., exprimant l'emploi des vidéofréquences, tiré du lat. *videre* « voir ». *Ex.* : *Vidéocassette, vidéocommunication, vidéofréquence* (V. Vidéo), *vidéographie, vidéophone*.

VIDÉOFRÉQUENCE [videofʀekɑ̃s]. *n. f.* V. **VIDÉO**, II.

VIDÉOPHONE [videofɔn]. *n. m.* (1955; de *vidéo*-, et *-phone*). *Techn.* Téléphone combiné à un téléviseur, permettant aux correspondants de se voir. (T. critiqué; on a proposé **Visiophone.**)

VIDE-ORDURES [vidɔʀdyʀ]. *n. m. invar.* (1935; de *vider*, et *ordure*). Conduit vertical dans lequel on peut jeter les ordures par une trappe ménagée à chaque étage. *Il est interdit de jeter des bouteilles dans le vide-ordures.* — *Par ext.* Ouverture de ce conduit. *Il y a un vide-ordures dans la cuisine, sur le palier.*

VIDE-POCHES [vidpɔʃ]. *n. m. invar.* (1749; de *vider*, et *poche*). Petit meuble, ou *par ext.* Coupe, corbeille où l'on peut déposer de petits objets (contenu des poches, boutons de manchettes, bagues, etc.). — Compartiment du tableau de bord d'une automobile (appelé aussi *Boîte à gants*).

VIDE-POMME [vidpɔm]. *n. m. invar.* (1828; de *vider*, et *pomme*). Instrument ménager servant à ôter le cœur, les pépins d'une pomme, sans la couper. *Des vide-pomme.*

VIDER [vide]. *v. tr.* (*Vuidier* « retirer d'un lieu », XIIᵉ; lat. pop. °*vocitare*, de *vocitus*).

I. Rendre vide. ♦ 1° Rendre vide (un contenant) en ôtant ce qui était dedans. *Vider ses poches, une boîte, un meuble. Vider un bassin, un réservoir.* V. **Vidanger.** *Vider un étang.* (Cf. Mettre à sec*). *Vider un conduit bouché.* V. **Désobstruer.** *Vider sa pipe.* — *Fig. Vider son sac*. *Vider l'abcès*. *Vider son cœur*, s'épancher. — (En buvant) *Vider une bouteille.* V. **Finir; nettoyer.** « *Elle prit la coupe de champagne et la vida* » (SARTRE). — (En emportant, volant, dépensant) *Ils ont vidé les tiroirs.* ◇ **VIDER... DANS, SUR** : répandre tout le contenu de... quelque part. V. **Verser.** « *Camille vidait la boîte de dominos sur la toile cirée* » (ZOLA). *Vider une carafe de vin dans une carafe.* V. **Transvaser, transvider.** « *Le patron vidait dans un tiroir un sac de haricots blancs* » (ROMAINS). *Pronom. Réservoir qui se vide dans un bassin.* V. **Déverser** (se). ♦ 2° Ôter les entrailles de (un poisson, une volaille) pour le faire cuire. V. **Étriper.** *Vider et flamber un poulet.* ♦ 3° **VIDER... DE** : débarrasser de. *Vider une maison de ses meubles, de ses occupants. Vider un bassin de ses poissons.* — *Pronom. Devenir vide de*, perdre. *Paris se vide de ses touristes.* ♦ 4° Rendre vide en s'en allant. *Vx. Vider un pays.* Mod. *Vider les lieux*, quitter la place. V. **Abandonner.** « *Le nouveau propriétaire leur donna huit jours pour vider la maison* » (LOTI). ◇ *Vider les arçons, les étriers*, les perdre, être désarçonné. ♦ 5° *Fam.* Épuiser les forces physiques ou morales. *Ce voyage, ce travail l'a vidé.* V. **Vidé.** ♦ 6° *Fig.* (1313, *vuider*)

un dit « prononcer un jugement »). Faire en sorte qu'une question soit épuisée, réglée. V. **Régler, résoudre, terminer.** *Vider une affaire, un débat, un différend, un procès.* « *Le moment n'est pas mal choisi pour vider cette vieille querelle* » (MART. du G.).
II. Enlever d'un lieu. ♦ 1° Ôter (le contenu d'un contenant). V. **Évacuer, retirer.** *Aller vider les ordures. Videz ce reste de vin.* « *Salavin tira son porte-monnaie, en vida dans sa main le contenu* » (DUHAM.). Spécialt. *Vider l'eau d'une barque.* V. **Écoper.** Pronom. S'écouler. *Les eaux sales se vident dans l'égout.* ♦ 2° Fam. (1879). Faire sortir brutalement (qqn) d'un lieu, et *par ext.* d'un emploi, d'une situation. V. **Chasser, congédier, déboulonner, dégommer, déloger, expulser, renvoyer.** *Il s'est fait vider.* « *Je l'ai vidé sans y mettre de façon* » (AYMÉ). — Spécialt. *Le cheval a vidé son cavalier :* l'a désarçonné.
◇ ANT. **Emplir, remplir.**

VIDE-TOURIE [vidturi]. *n. m. invar.* (1890; de *vide,* et *tourie*). Techn. Petit chariot supportant une tourie* et pouvant basculer pour la vider.

VIDEUR, EUSE [vidœr, øz]. *n.* (*Vuideur,* XIIIᵉ ; *vuideur de fosses* « vidangeur », 1660, de *vuider.* V. **Vider**). Personne qui vide, est chargée de vider. — Spécialt. (v. 1960). Celui qui est chargé de « vider » les ivrognes, les indésirables (d'un cabaret).

VIDE-VITE [vidvit]. *n. m. invar.* (1933; de *vide,* et *vite*). Techn. Dispositif de vidange rapide utilisé en cas de danger.

VIDIMER [vidime]. *v. tr.* (1464; de *vidimus*). Admin. Certifier conforme à l'original, après avoir collationné. *Vidimer la copie d'un acte.*

VIDIMUS [vidimys]. *n. m.* (1355; *vydymus,* 1315; mot lat. « nous avons vu », du v. *videre*). Admin. Attestation par laquelle on certifie qu'un acte a été vidimé. — Acte certifié conforme.

VIDOIR [vidwar]. *n. m.* (1911; de *vider*). Cuvette dans laquelle on déverse les eaux de vidange.

VIDRECOME [vidrəkɔm]. *n. m.* (1744; all. *Wiederkomm,* de *wiederkommen* « revenir, repasser »). Archéol. Grand gobelet, verre à boire qui se passait de convive en convive, en Allemagne. « *Quelque joyeux compagnon boit le vin de son vidrecome* » (GAUTIER).

VIDUITÉ [vidyite]. *n. f.* (1265; lat. *viduitas,* de *vidua* « veuve »). ♦ 1° Dr. État de veuve, de veuf. V. **Veuvage.** *Délai de viduité,* délai (en principe de 300 jours) imposé à la femme veuve ou divorcée avant de pouvoir se remarier. ◇ Littér. *et rare* (1576) État de celui qui est privé de qqch. *Fig.* Abandon, solitude. « *Dans cette paternité la viduité même de sa vie avait introduit tous les amours* » (HUGO). ♦ 2° (1853; par attract. de *vide,* et confus. avec *vacuité*). *Abusiv.* État de ce qui est vide. « *Leur sonorité vient de leur viduité* » (FLAUB.).

VIDURE [vidyr]. *n. f.* (1752; *vuydure* « espace creux, vide », XVᵉ ; de *vider*). Ce qu'on enlève en vidant une volaille, un poisson. ◇ *Au plur.* Ordures (enlevées en nettoyant, en vidant qqch.). *Vidures de poubelle.*

VIE [vi]. *n. f.* (1080; *vithe,* 1050; du lat. *vita*).
I. ♦ 1° Cour. Fait de vivre, propriété essentielle des êtres organisés qui évoluent de la naissance à la mort en remplissant des fonctions qui leur sont communes. V. **Existence.** *Être en vie. Donner signe* de vie. Sans vie,* mort, *par exagér.* évanoui. *Revenir à la vie. Être entre la vie et la mort. Avoir la vie dure*. Passer* de vie à trépas. Perdre la vie. Ôter la vie à qqn.* V. **Tuer.** *Donner la vie.* V. **Enfanter.** « *Petit poisson deviendra grand Pourvu que Dieu lui prête vie* » (LA FONT.). « *Je coûtai la vie à ma mère* » (ROUSS.), *elle mourut à ma naissance. Défendre, sauver la vie de qqn. Je lui dois la vie, il m'a sauvé. Avoir la vie sauve. Laisser la vie sauve à qqn, l'épargner. Donner, sacrifier, exposer, risquer sa vie pour son idéal. Lutter pour la vie. La bourse ou la vie!* « *La vie vaut-elle plus que l'honneur?* » (BERNANOS). *C'est une question de vie ou de mort. Droit de vie et de mort. Assurance sur la vie.* ◇ Spécialt. Le fait de vivre intensément. V. **Vigueur, vitalité.** « *Cette petite fille, si pleine de vie, si turbulente* » (RADIGUET). ◇ *Fig.* Animation que l'artiste donne à sa matière. « *La vie est le don propre de l'artiste* » (SUARÈS). *Tableau où il y a de la vie.* « *Modeler une statue et lui donner la vie* » (HUGO). « *La vie des créatures imaginaires* » (DUHAM.). *Une œuvre pleine de vie.* ♦ 2° Biol. Ensemble des phénomènes (croissance, métabolisme, reproduction) que présentent tous les organismes, animaux ou végétaux de la naissance à la mort. V. *préf.* **Bio-.** « *La vie est l'ensemble des fonctions qui résistent à la mort* » (BICHAT). *Vie de la cellule, des tissus. Vie organique. Vie animale, végétale.* Transmission de la vie. V. **Fécondation, reproduction.** « *La fermentation… est un phénomène de vie* » (MONDOR). *Vie végétative. Vie intra-utérine précédant la naissance de l'enfant.* « *Il est vraisemblable que la vie anime toutes les planètes suspendues à toutes les étoiles* » (BERGSON). ♦ 3° Espace de temps compris entre la naissance et la mort d'un individu. *Le cours de*

la vie. Les divers âges de la vie de l'homme. « *Chaque instant de la vie est un pas vers la mort* » (CORN.). *Au commencement, à la fin de la vie.* « *La vie est courte, mais l'ennui l'allonge* » (RENARD). *Élixir de longue vie.* « *Le sommeil occupe le tiers de notre vie* » (NERVAL). — JAMAIS DE LA VIE. V. **Jamais.** *De la vie, de ma vie,* en phrase négative : jamais. *De ma vie je n'ai vu chose pareille!* ◇ Relig. *Cette vie, la vie terrestre, présente, mortelle* (opposé à *l'autre vie,* la *vie future, éternelle*). Absol. *La vie éternelle,* l'esprit, la spiritualité. « *Je suis la Résurrection et la Vie* » (ÉVANG. ST JEAN). *Le pain de vie.* V. **Eucharistie.** ◇ *Par ext.* Temps qui reste à vivre à un individu. « *Chagrin d'amour dure toute la vie* » (FLORIAN). *Amis pour la vie. À la vie et à la mort*.* Loc. À VIE : pour tout le temps que reste à vivre. *Pairs nommés à vie. Bannissement à temps* où à vie.* ♦ 4° Ensemble des activités et des événements qui remplissent pour chaque être un de ces espaces de temps. V. **Destin, destinée.** « *Les actions les plus décisives de notre vie* » (GIDE). « *Il m'a raconté toute sa vie* » (MART. du G.). « *La conscience de sa vie manquée* » (FLAUB.). — *Par méton.* Biographie. *Écrire une vie de Rimbaud.* ◇ Manière de vivre, aspect particulier que prennent ces activités et ces événements selon l'individu. V. **Mœurs.** *Mode, train, style de vie. Changer de vie. Vie nouvelle. Double* vie. Vie simple, rangée.* « *Les uns continuaient leur petite vie* » (CAMUS). « *La vie humble aux travaux ennuyeux et faciles* » (VERLAINE). *Vie agitée, errante, de bohème*.* Il nous fait, nous mène la vie dure, il nous tourmente, nous fait souffrir. Fam. Il nous fait la vie : il nous querelle sans cesse. Une vie de chien*. Ce n'est pas une vie!* c'est insupportable. *C'est la belle, la bonne vie. Mener joyeuse vie. Vivre sa vie,* la vie pour laquelle on s'estime fait, en la menant à sa guise. *Vie de château*. Mener une vie de débauche, de patachon*, de bâton* de chaise. Certificat de bonnes vie et mœurs. Femme de mauvaise vie,* prostituée. — Pop. *Faire la vie,* se dit d'une personne qui mène une vie déréglée. ◇ Manière de vivre commune à une collectivité, une société. *La vie des marins, des mineurs. La vie des Romains sous l'Empire. La vie moderne.* ♦ 5° (Suivi d'une épithète, d'un compl.). Part de l'activité humaine, type d'activité qui s'exerce dans certaines conditions, certains domaines. *Vie privée, publique. Vie civile, militaire. Vie conjugale, domestique, familiale, de famille. Vie de garçon. Vie sauvage. Vie sociale, en société. Vie professionnelle. Vie matérielle, pratique, quotidienne, courante. La vie politique, municipale, économique. Vie monastique, religieuse. Vie sédentaire, nomade. Vie scolaire, ouvrière. La vie des champs. La vie parisienne. La vie littéraire, théâtrale, sportive.* ◇ *Par ext.* Le monde, l'univers où s'exerce une activité psychique. *La vie intérieure, morale, spirituelle. Vie affective, sentimentale. Vie mentale, psychique. Vie intellectuelle, de l'esprit.* ♦ 6° Moyens matériels (nourriture, argent…) d'assurer la subsistance d'un être vivant. « *La couleur des sables où ils (les poissons) cherchent leur vie* » (BERNARD. de ST-PIERRE). *Gagner sa vie.* « *Prix, coût de la vie. La vie est chère.* « *Le bien modeste… qui pouvait suffire à ma vie* » (NERVAL). *Vie précaire. Vie large. Niveau de vie* (Cf. Standard* de vie). ♦ 7° Absolt. Le monde humain, le cours des choses humaines, la participation au monde réel. *Expérience, connaissance de la vie. Idées sur les hommes et sur la vie. Regarder la vie en face.* « *La vie rejette ceux qui ne s'adaptent pas* » (MAURIAC). « *Dans la vie, rien ne se résout, tout continue* » (GIDE). *Plaisirs, misères de la vie. Que voulez-vous, c'est la vie!* c'est comme ça! (d'une chose déplaisante). « *Ah! que la Vie est quotidienne!* » (J. LAFORGUE). *Films qui montrent la vie en rose.* « *La comédie est… un jeu qui imite la vie* » (BERGSON).
II. *Par anal.* Existence dont le caractère temporel et dynamique évoque la vie. ♦ 1° (Dans le monde humain). *La vie des sociétés, des peuples. La vie du pays, de la nation, de l'État. Vie généralité nécessaire à la vie des livres* » (HENRIOT). « *La Vie des mots* » (DARMESTETER). *La vie d'une idée, d'une doctrine.* ♦ 2° (Dans le monde matériel, inorganique). *Vie des étoiles. Vie d'un volcan.* « *Vie et transmutation des atomes* » (THIBAUD).
◇ ANT. **Mort.**

VIEIL. V. **VIEUX.**

VIEILLARD [vjɛjar]. *n. m.* (*Vieillart,* 1155; de *vieil* [V. **Vieux**], et suff. *-ard*). ♦ 1° Homme d'un grand âge. V. **Patriarche.** *Vieillard respectable, vénérable.* V. **Patriarche.** *Vieillard cassé, impotent, gâteux, tombé en enfance, qui radote* (Cf. pop. *Un vieux débris*, un vieux birbe*). *Un vieillard qui a vécu.* « *Cette roideur d'esprit des vieillards* » (VOLT.). « *À combien l'amour revient aux vieillards* » (BALZ.). « *La misère des vieillards n'intéresse personne* » (HUGO). — REM. Le fém. normal de *vieillard* est *Vieille.* « *En une génération on trouve plus de vieilles que de vieillards* » (VOLT.). — On trouve parfois VIEILLARDE [vjɛjard(ə)] (1788) Littér. « *Une ribotante vieillarde* » (BLOY). « *Certaine vieillarde* » (PINGET). ♦ 2° (Au plur. ou sing. indéterminé). Personne (homme ou femme) d'un grand âge. « *L'empire de l'habitude est très grand sur les vieillards* »

(Rouss.). *Un adulte et un vieillard*. — Dr. Personne sans ressources, âgée de plus de soixante-cinq ans. *Assistance aux
vieillards, infirmes et incurables. Asile, hospice de vieillards.*
◇ ANT. Jeune (homme); enfant.

VIEILLE. *adj.* et *n. f.* V. VIEUX.

VIEILLERIE [vjɛjʀi]. *n. f.* (1680; de *vieil, vieux*). ♦
1° Objet vieux, démodé, usé. V. **Antiquaille, friperie.** *Un tas
de vieilleries.* ◇ *Sens abstrait* (1718) Idée, conception rebat-
tue, usée. « *Ce que l'on nous donne pour des découvertes sont
des vieilleries qui traînent depuis quinze cents ans* » (CHA-
TEAUB.). Œuvre démodée. — Collect. « *La vieillerie poétique
avait une bonne part dans mon alchimie du verbe* » (RIMBAUD).
♦ 2° *Rare*. Caractère de vieillesse démodée. « *La vieillerie
de la toilette de madame de Bargeton* » (BALZ.). ♦ 3° Fam. et
plais. (ou *région*). Vieillesse (d'une personne). *C'est la vieillerie!* ◇ ANT. **Nouveauté. Jeunesse.**

VIEILLESSE [vjɛjɛs]. *n. f.* (v. 1400; *veillece*, v. 1120;
de *vieil, vieux*). ♦ 1° Dernière période de la vie normale qui
succède à la maturité, caractérisée par un affaiblissement
global des fonctions physiologiques et des facultés mentales
et par des modifications atrophiques des tissus et des organes.
V. **Âge** (troisième, quatrième âge), **sénescence**; géronto-.
La vieillesse, soir de la vie. (V. **Déclin**). *Atteindre la vieillesse* (V.
Longévité). *Avoir une vieillesse triste, heureuse.* « *Un enfant...
qui serait le soutien de notre vieillesse* » (LAUTRÉAMONT).
Bâton de vieillesse. *Allocations de vieillesse* : allouées pendant
la vieillesse. ◇ *Par anal.* Existence qui dure depuis longtemps.
V. **Ancienneté.** « *Cent ans, c'est... la vieillesse d'une maison* »
(HUGO). « *La vieillesse du monde* » (GAUTIER). ♦ 2° Le fait,
pour un être humain, d'être vieux. V. **Âge.** « *Il portait sa
verte vieillesse d'un air guilleret* » (BALZ.). *Respecter la vieillesse de qqn* (Cf. Ses cheveux blancs). *Mourir de vieillesse,
par le seul effet du grand âge.* — Par ext. *La vieillesse d'un
arbre.* Fig. « *La vieillesse des monuments* » (HUGO). V. **Ancienneté.** ◇ *Spécialt*. État physique, moral, qui caractérise
habituellement la dernière période de la vie. V. **Caducité,
décrépitude, sénescence, sénilité.** *Les rides, marques de vieillesse.* « *La vieillesse est le sentiment qu'il est trop tard* »
(MAUROIS). ♦ 3° (Considérée comme une puissance active
parfois personnifiée). « *Ô vieillesse ennemie!...* » (CORN.).
La vieillesse arrive à grands pas. « *La vieillesse est un tyran* »
(LA ROCHEF.). *Le fardeau de la vieillesse.* ♦ 4° *Collect.* Les
personnes âgées, les vieillards (Cf. Troisième, quatrième
âge*). *Aide à la vieillesse.* PROV. *Si jeunesse* savait, *si vieillesse
pouvait.* ◇ ANT. **Enfance, jeunesse.**

VIEILLI, IE [vjeji]. *adj.* (XVIIe; V. Vieillir). ♦ 1° Demeuré
longtemps (dans un état, un métier où on a acquis de l'expérience). « *Vieilli dans le sérail* » (COURTELINE). « *Des preux
vieillis dans les alarmes* » (HUGO). ♦ 2° Marqué par l'âge.
« *Vieilli plutôt que vieux* » (DAUD.). ♦ 3° Qui a perdu de sa
force, de son intérêt, suranné, usé. *Formules vieillies.* —
Mots, termes vieillis : qui tombent en désuétude, sans être
absolument écartés de l'usage normal.

VIEILLIR [vjejiʀ]. *v.* (1216; « s'user », 1155; de *vieil,
vieux*).
I. *V. intr.* ♦ 1° Prendre de l'âge, s'approcher de la vieillesse (1°); continuer à vivre, vivre alors qu'on est déjà vieux.
« *Plus on vieillit, plus il faut s'occuper* » (VOLT.). *Vieillir dans
sa famille, dans son pays* : y passer sa vieillesse. — Loc. *Savoir
vieillir* : savoir s'adapter aux conditions de son âge, supporter son âge. « *Les religions s'apaisent en vieillissant* »
(FRANCE). ◇ *Par ext.* Demeurer longuement (dans tel état,
telle situation). *Vieillir dans un métier* (Cf. Blanchir sous le
harnais*). ♦ 2° Acquérir les caractères de la vieillesse; changer par l'effet du vieillissement. V. **Décliner.** « *Elle vieillit beaucoup en ce moment* » (DUHAM.). *Il ne vieillissait pas. Je l'ai
trouvé vieilli; il a vieilli;* plus rare : *il est vieilli.* — Par anal.
Visage qui vieillit. « *Le cœur seul ne vieillit pas* » (FLAUB.).
— Biol. Subir les modifications organiques du vieillissement
(de tous les êtres vivants). ◇ (XVIe) *Par anal.* Perdre de sa
force, de son intérêt, avec le temps. *Livre, philosophie qui
a vieilli, ne vieillit pas.* « *Les sentiments aussi vieillissent* »
(GIDE). — *Spécialt.* Être en voie de disparition. *Mot, expression, locution qui vieillit.* ♦ 3° Acquérir certaines qualités,
par le temps (produits). *Laisser, faire vieillir un fromage, du
vin, des alcools.*
II. *V. tr.* (XIIIe). ♦ 1° Rendre vieux, plus vieux; faire
paraître plus vieux; donner les caractères (physiques, moraux)
de la vieillesse. *Ce vêtement la vieillit.* Pronom. *Elle se vieillit
à plaisir.* « *Le mariage surtout et la province vieillissent étonnamment un homme* » (STENDHAL). ♦ 2° Attribuer à (qqn)
un âge supérieur à son âge réel. *Je n'ai que quarante-neuf ans,
vous me vieillissez d'un an!*
◇ ANT. **Rajeunir.**

VIEILLISSANT, ANTE [vjejisɑ̃, ɑ̃t]. *adj.* (1626; de
vieillir). Qui vieillit, est en train de vieillir. *Des hommes vieillissants.* — Fig. « *Les chefs-d'œuvre dramatiques vieillissants* »
(CHATEAUB.).

VIEILLISSEMENT [vjejismɑ̃]. *n. m.* (1596, au sens 2°;

de *vieillir*). ♦ 1° Le fait de devenir vieux ou de s'affaiblir
par l'effet de l'âge. — Processus physiologique normal que
subit tout organisme vivant au cours de la dernière période
de sa vie (V. **Vieillesse**). — Sociol. *Vieillissement d'une population*, augmentation de la proportion de vieillards. ◇ Par
ext. *Le vieillissement de l'esprit, du cœur.* ♦ 2° *Fig.* Fait de
vieillir, de se démoder. *Le vieillissement d'une doctrine, d'une
loi, d'une société; d'un mot...* V. **Obsolescence.** — (ANT.
Actualité). ♦ 3° (1872). Processus naturel ou provoqué,
par lequel les vins se modifient, acquièrent leur bouquet.
Vieillissement forcé.

VIEILLOT, OTTE [vjɛjo, ɔt]. *adj.* (XVIIe; *n. f.* et *m.*,
« petite vieille; petit vieux », XIIIe; de *vieil, vieux*, et suff.
-ot). ♦ 1° *Vx*. Un peu vieux. Qui a l'air vieux avant l'âge.
Un enfant au visage vieillot. ♦ 2° *Cour.* Qui a un caractère
vieilli et un peu ridicule. V. **Ancien, démodé, désuet, suranné.**
« *Poésie vide et vieillotte* » (TAINE). « *Il fut surpris par l'aspect
vieillot de ce quartier* » (CHARDONNE).

VIELLE [vjɛl]. *n. f.* (1549; *viele* « viole », XIIe; de *vieller*).
Instrument à cordes, où une manivelle à roue remplace
l'archet. *Vielles des petits Savoyards.*

VIELLER [vjele]. *v. intr.* (v. 1150; onomat., comme
l'a. prov. *violar*). Jouer de la vielle.

VIELLEUR [vjɛlœʀ] ou **VIELLEUX, EUSE** [vjɛlø, øz]. *n.*
(v. 1165,-XVIe; de *vieller*). Musicien, joueur de vielle.

VIERGE [vjɛʀʒ(ə)]. *n. f.* et *adj.* (mil. XIIIe; *virge*, 980; du
lat. *virgo, -inis*).
I. *N. f.* ♦ 1° *Vx* ou *didact.* Fille qui n'a jamais eu de relations sexuelles, et possède encore l'hymen (V. *aussi* **Demi-
vierge**). V. **Pucelle.** *Épouser une vierge.* — Relig. *Vierge consacrée à Dieu,* à un culte. V. **Vestale.** Fig. *Être amoureux des
onze mille vierges* : de toutes les femmes. ♦ 2° *Cour.* La
Vierge, la Sainte Vierge, la Vierge Mère : Marie, mère de
Jésus. *Fêtes de la Vierge,* commémorant les grands événements de sa vie. *Culte de la Vierge* (dans le catholicisme). V.
Marial. ◇ Loc. *Fil de la vierge* : fil d'araignée des champs.
◇ *Par ext.* (1735) Représentation, image de la Sainte Vierge
(tableau, statue). V. **Madone, pietà.** *Une Vierge romane,
gothique. La Vierge et l'Enfant.* ♦ 3° *Astrol.* (1512). Un des
signes du zodiaque (22 août-23 sept.).
II. *Adj.* (XIIIe). ♦ 1° Qui n'a jamais eu de relations sexuelles.
Fille vierge; garçon, homme vierge. V. **Puceau.** « *Joli comme
vous êtes, vous en avez eu, des femmes. — Je suis vierge, dit
Philippe* » (SARTRE). ◇ *Par anal. Ovule vierge* : non fécondé.
— Par ext. *Vigne* vierge (qui ne donne pas de raisin). ♦
2° (XVIe). Qui n'a jamais été touché, sali, souillé, terni ou
simplement utilisé. V. **Blanc, net, pur.** *Cahier, feuille vierge* :
sur quoi on n'a pas écrit, vide. *Casier judiciaire vierge.
Pellicule, film vierge* : non impressionné. — Techn. *Cire
vierge* (cire naturelle), *huile vierge,* extraite des olives écra-
sées à froid. ◇ (1846) Inculte, inexploité. *Sol, terre vierge.
Forêt vierge,* se dit aussi d'une forêt tropicale, impénétrable.
◇ *VIERGE DE...* : qui n'est pas sali de...; *par ext.* Qui n'a pas
de. Plaisant. « *Sa boutonnière vierge de palmes* » (COURTE-
LINE).
◇ ANT. **Impur, souillé.**

VIETNAMIEN, IENNE [vjɛtnamjɛ̃, jɛn]. *adj.* et *n.* (1945;
de *Viêt-nam,* région de l'Indochine orientale). Du Viêt-nam.
V. **Nord-vietnamien, sud-vietnamien.** — Fam. VIET [vjɛt].
Soldat vietnamien du Viet-minh. « *Pour lui [...], le bon Viet,
c'est le Viet mort* » (Cl. COURCHAY).

VIEUX [vjø] ou **VIEIL** [vjɛj] (*plur.* **VIEUX**), **VIEILLE**
(*plur.* **VIEILLES**) [vjɛj]. *adj.* et *n.* (*Vieil*, 1080; *vielz* [XIe],
vieux, anc. cas régime du *fiu*; lat. *vetulus,* dimin. de *vetus*).
— REM. Au masc. sing. on emploie *vieil* devant un mot commençant par une voyelle ou un h « muet » : *un vieil homme,
un vieil arbre* (mais *un homme vieux et malade*).
I. *Adj.* ⓐ (Personnes, êtres vivants; *opposé à* jeune).
♦ 1° Qui a vécu longtemps; qui est dans la vieillesse ou qui
paraît l'être. V. **Âgé.** *Un vieil homme, une très vieille femme.
Les vieilles gens. Un vieux mendiant. La retraite des vieux
travailleurs. Vieux mari* : beaucoup plus vieux que sa femme.
Vieux beau.* V. **Marcheur.** *Le vieux père Un Tel.* — Être,
devenir vieux, vieille. « *Marianne est très vieille et court sur
ses cent ans* » (VERLAINE). V. **Centenaire.** « *Quand vous serez
bien vieille...* » (RONSARD). *Vivre vieux, très vieux. Se faire
vieux* : vieillir. « *Ceux qui me paraissaient si vieux quand j'étais
jeune* » (GIDE). « *Il est vieux comme Mathusalem* » : très
vieux. — PROV. *Quand le diable devient vieux, il se fait ermite* :
il est facile de renoncer au plaisir quand on ne peut plus le
goûter. ◇ (En loc. avec des termes péj.). *Vieille baderne, vieux
birbe, vieille ganache, vieux schnock.* — *Vieille bique, chouette,
taupe, toupie; vieux tableau.* Vulg. *Vieille peau.* — (Pour
renforcer un terme d'injure, de mépris) « *Tu es une vieille
crapule* » (FRANCE). *Vieille noix, vieux crétin.* ◇ (Animaux)
Vieux cheval, vieux renard. « *Notre bon chien... se fait vieux* »
(FRANCE). [Végétaux] « *À l'ombre du vieux chêne* » (LAMART.).
♦ 2° Qui a les caractères physiques ou moraux d'une personne âgée, d'un vieillard. V. **Caduc, décrépit, sénile.** *Se sentir*

très vieux. « Très vieille pour ses trente ans » (ZOLA). « Un de ces hommes nés vieux » (BALZ.). Il est vieux de caractère, de goûts. Vieux avant l'âge. ♦ 3° Par ext. Relatif aux personnes avancées en âge. Sur ses vieux jours : dans sa vieillesse. — Qui appartient à une personne âgée ou présente les caractères de la vieillesse. « Ses vieilles mains ridées et tremblantes » (HUGO). « Mes vieux os glacés » (FRANCE). — Loc. Faire, ne pas faire de vieux os* quelque part. ◇ Adv. S'habiller vieux, de façon à paraître vieux. ♦ 4° Qui est ancien dans un état, un métier (qu'il soit âgé ou non). V. Ancien, vétéran. « Il faut être très vieux dans le métier » (ALAIN). Vieux lutteur. Vieux routier. Vieux loup de mer. Vieil étudiant. — Par ext. La vieille garde*. ◇ Qui est depuis longtemps dans l'état indiqué. Vieux célibataire. V. Endurci. De vieux époux. C'est un vieil ami, un vieux copain. — Fam. Ma vieille branche*. — Les vieux habitués d'un café. — Vieille fille*. Vieux garçon. ♦ 5° (Avec assez, trop, plus, moins). Âgé. Ce petit garçon est à peine plus vieux que sa sœur (V. Aîné). « Je voudrais être plus vieux d'un an » (DUHAM.) : avoir un an de plus. ⓑ (Choses ; opposé à neuf, nouveau, récent). ♦ 1° Qui existe depuis longtemps, remonte à une date éloignée (en insistant sur l'ancienneté, la valeur, le charme) V. Ancien, historique. Vieille demeure, vieux manoir. Vieux meubles, vieilles faïences. « On va passer de vieux films muets » (BEAUVOIR). « Alors, dans Besançon, vieille ville espagnole... » (HUGO). Le vieux Nice. Vieux documents. — (En insistant sur l'usure) V. Fatigué, usagé, usé, vétuste. Une vieille façade. « Un vieil étui de carton crevé » (ZOLA). « Le père et la mère rafistolaient tous leurs vieux sièges » (MAUPASS.). — « Deux habillements, l'un vieux... l'autre... tout neuf » (HUGO). « Ma vieille robe de chambre » (DIDER.). — Hors d'usage, bon à jeter. « Les vieux rogatons qu'il ramasse » (MOL.). « Un vieux bout de cigarette » (DUHAM.). — Par ext. (simplement péj.) « Un semblant de vieille vinasse » (BLOY). ◇ Spécialt. Se dit de certaines couleurs adoucies, passées, rendues moins vives. Vieil or. Vieux rose. — (De boissons améliorées par le temps) Vin vieux. ♦ 2° Dont l'origine, la création, le début... est ancien. « Ces forêts aussi vieilles que le monde » (CHATEAUB.). Pays de vieille civilisation. Le vieux continent. Le vieux monde : l'Europe. — Loc. De vieille race, de vieille souche*. « Une vieille famille de pionniers » (HENRIOT). — Spécialt. Auquel on est attaché depuis longtemps. « Cette bonne vieille ville de Paris » (FLAUB.). ♦ 3° Qui se dit, se fait, se pratique... depuis longtemps (opposé à nouveau, récent). C'est vieux comme le monde, très ancien, très connu. Vieilles mélodies. « Les erreurs, plus petites et plus vieilles, n'en sont pas les meilleures » (BAYLE). — Vieille habitude. V. Invétéré. Une vieille amitié. — C'est toujours la vieille question, le vieux problème : la question, ... qui revient toujours. ◇ Péj. Qui a perdu son intérêt, ses qualités, avec la nouveauté. Vieilles sornettes. « Les utopies les plus vieilles » (BOURGET). V. Démodé, dépassé, suranné, vieillot. — Vieux jeu*. ◇ Spécialt. Sorti de l'usage. Mot vieux. ♦ 4° Qui a existé autrefois, il y a longtemps. V. Éloigné, lointain, révolu. Le bon vieux temps. « Livré aux pédagogues de la vieille école » (STE-BEUVE). La vieille France. Par appos. Une politesse très vieille France, très raffinée et désuète. — Payer ses vieilles dettes. « Repris par mon vieil enthousiasme » (ALAIN-FOURNIER). — (De la langue) Le vieil anglais, le vieux français. ◇ Loc. Dépouiller le vieil homme : l'homme d'avant la Rédemption. — Vieilles lunes*. ♦ 5° (En oppos. avec Neuf, nouveau). Qui est d'avant, plus ancien. « Le vieux logement est oublié » (ALAIN). Ma nouvelle voiture ne vaut pas la vieille.

II. N. ♦ 1° UN VIEUX, UNE VIEILLE : un vieil homme, une vieille femme (avec une valeur un peu méprisante ou condescendante). V. Vieillard; et pop. Croulant, vioc. Une vieille. « Pieux comme une vieille » (GREEN). « Bonsoir, mes enfants, chevrote la vieille » (BARBUSSE). Fam. Un petit vieux bien propre. Petite vieille. — Loc. Un vieux de la vieille (sous-entendu « garde ») : un vieux soldat (sous le 1er Empire), et fig. Un vieux routier, un vieux travailleur. ♦ 2° (Opposé à jeune). Se dit des gens plus âgés ou trop âgés. « Les vieux se répètent et les jeunes n'ont rien à dire » (BAINVILLE). « Un vieux de trente-trois ans, épouser une jeunesse de dix-huit! » (ZOLA). ♦ 3° Pop. (Le plus souvent avec le possessif). Père, mère ; parents. « Quand on ne a plus, ses vieux... » (DAUD.). ♦ 4° Fam. Terme d'amitié, même entre personnes jeunes, entre enfants. Mon vieux, ma vieille. — (Sans possessif) « Ça ne va pas, vieux? » (SARTRE). ♦ 5° (Neutre). Fam. Coup de vieux, vieillissement subit. « Elle a reçu un sacré coup de vieux, cet été » (COLETTE). « J'ai pris un bon coup de vieux, ces derniers temps » (SARRAUTE).

III. VIEILLE. n. f. (1529 ; probabl. à cause de sa tête ridée). Un des noms du labre (poisson).

◈ ANT. Jeune, juvénile ; frais, moderne, neuf, nouveau, récent. Adolescent, enfant.

VIF, VIVE [vif, viv]. adj. et n. m. (980 ; lat. vivus).

I. ♦ 1° Vivant, en vie (dans quelques express.). « Les prendre morts ou vifs » (VIGNY). Plus mort que vif. Écorché*

brûlée vive. « La vestale impure est enterrée vive » (CAILLOIS). « Cris d'orfraie plumée vive » (GAUTIER). « Tailler dans la chair vive » (DUHAM.). Haie* vive. ◇ Par ext. D'un être vivant. Poids vif. Cheptel* vif. De vive voix*. ♦ 2° N. m. LE VIF (Dr.) : personne vivante. Donation entre vifs. « Le mort saisit le vif » (Adage). ◇ Peint. (Vx) Modèle vivant. Peindre sur le vif. — Fig. et mod. D'après nature. Prendre, surprendre sur le vif, dans l'état naturel, tel que la vie le présente. ◇ Appât vivant. Pêcher au vif. ◇ La chair vive. Fig. Tailler, trancher, couper* dans le vif. Entrer dans le vif du sujet, du débat : toucher au point essentiel. V. Cœur, fond. Être atteint, touché, blessé, piqué au vif, au point le plus sensible. Vif de l'eau, marées de nouvelle et de pleine lune. (On dit aussi : marée de vive [4°] eau, par oppos. à de morte eau). — À VIF : avec la chair vive à nu. Plaie, moignon à vif. Fig. Avoir les nerfs, la sensibilité à vif, être irrité, sensible à tout. ♦ 3° Mis à nu (comme la chair vive). Pierres vives, non recouvertes de terre, de bousin. On a fouillé jusqu'au roc vif. Joints vifs, sans mortier. Pierre coupée à vive arête, en formant une arête bien nette, aiguë. — Par ext. « Le nez busqué à arête vive » (MADELIN). Angles vifs, nettement découpés. ♦ 4° Où la vie semble résider. Eau vive : eau pure qui coule. Source vive. — Air vif, frais et pur, qui ranime, vivifie. — Chaux* vive. — Mar. Œuvres* vives d'un navire. — Mécan. Force* vive.

II. Par ext. (Qui a de la vie). ♦ 1° Dont la vitalité se manifeste par la rapidité, la vivacité des mouvements et des réactions. V. Agile, alerte, fringant, gaillard, léger, leste, pétulant, sémillant. Enfant vif. V. Éveillé, remuant. « Vif et passionné, entraînant, endiablé » (MICHELET). Vif comme un lézard. Œil, regard vif, brillant, prompt à suivre, à saisir. — Par ext. Mouvements, gestes vifs. Marche, démarche vive. V. Allègre, dégagé. « Grands coups d'estoc... avec des parades vives » (LOTI). ◇ Par anal. Rythmes, airs, morceaux... vifs. V. Rapide. ♦ 2° Qui est d'une ardeur excessive, qui s'emporte facilement. V. Brusque, emporté, violent. « Je regrette... d'avoir été aussi vif » (HUYSMANS). — Par ext. Échanger des propos très vifs, des paroles très vives, qui ont qqch. de blessant, qui ne ménagent pas l'adversaire. V. Dur. ♦ 3° Prompt dans ses opérations. Esprit vif. V. Brillant, éveillé, ouvert. Intelligence vive. Vive imagination. ♦ 4° (Choses). Très intense. Lumière vive. « Adieu, vive clarté nos étés trop courts » (BAUDEL.). Vif éclat. Couleurs, teintes vives. ♦ Éclatant, franc, gai, voyant. Teint vif, coloré. « Une vive rougeur » (PROUST). Rouge, jaune vif. Feu vif. V. Grand. Soleil vif. V. Ardent, brûlant. Froid vif. V. Mordant, piquant. — Sensation, émotions vives. V. Fort. « Dès qu'il cachait un sentiment vif » (COLETTE). Vive douleur. V. Aigu. À mon vif regret. Vive satisfaction. Vive reconnaissance. Vif désir, besoin. Vive curiosité, impatience. V. Fébrile, fou. Ce souvenir est resté très vif. Vifs applaudissements. V. Chaleureux. Vif succès. Vive discussion, altercation. V. Animé. Vifs reproches. — Prendre de vive force : d'assaut.

◈ ANT. Mort. Apathique, indolent, mou, nonchalant, paresseux. Mesuré, patient. Faible, pâle. — HOM. (du fém.) Vive.

VIF-ARGENT [vifarʒɑ̃]. n. m. (XIIIe ; de vif « vivant », et argent). Ancien nom du mercure. L'eau « miroitait comme du vif-argent » (GAUTIER). — Fig. C'est du vif-argent, se dit d'une personne très vive.

VIGIE [viʒi]. n. f. (1686 ; port. vigia, de vigiar ; lat. vigilare « veiller »).

I. (1687). Mar. Haut fond ou écueil à fleur d'eau ; par ext. Balise qui le signale.

II. ♦ 1° (1686, repris fin XVIIIe ; par l'esp.). Vx. Guetteur chargé, sur une côte, de surveiller le large. ◇ (1714) Matelot placé en observation dans la mâture ou à la proue d'un navire. Par ext. Son poste d'observation. ♦ 2° (1872). Poste d'observation des conducteurs de trains.

VIGILAMMENT [viʒilamɑ̃]. adv. (1508 ; de vigilant). Rare. Avec vigilance.

VIGILANCE [viʒilɑ̃s]. n. f. (1530 ; « insomnie », 1380 ; lat. vigilantia, de vigilare « veiller »). Surveillance attentive, sans défaillance. ◇ Attention. « Résolu à ne pas relâcher de ma vigilance » (DUHAM.). Endormir, tromper la vigilance de qqn. Redoubler de vigilance. ◇ Physiol. (v. 1960). État de veille. ◈ ANT. Distraction, étourderie ; sommeil.

VIGILANT, ANTE [viʒilɑ̃, ɑ̃t]. adj. et n. m. (1495 ; du lat. vigilans). ♦ 1° Qui fait preuve de vigilance. V. Attentif. « Une duègne sévère et vigilante » (LESAGE). Par ext. Attention vigilante. Soins vigilants. Main vigilante. « Le plus vigilant despotisme » (FRANCE). ♦ 2° (v. 1960). N. m. Veilleur de nuit. V. Vigile (2). ◈ ANT. Endormi, étourdi.

1. **VIGILE** [viʒil]. n. f. (Vigilie, XIIe ; « veille, veillée », lat. vigilia). Liturg. cathol. Veille d'une fête importante. La vigile de Noël. ◇ Office célébré ce jour-là, de matines à none.

2. **VIGILE** [viʒil]. n. m. (1836 ; lat. vigil). Antiq. rom. Chacun des gardes de nuit, institués par Auguste pour la police nocturne de Rome, sous le commandement du

préfet des vigiles. ◊ (1948). Veilleur de nuit. V. **Vigilant.**
3. **VIGILE** [viʒil]. *adj.* (1964 ; lat. *vigil* « éveillé »). *Physiol.*
et méd. Qui a trait à l'état de veille, qui se produit à l'état de
veille. *État vigile.* V. **Vigilance.**
VIGNE [viɲ]. *n. f.* (1120 ; lat. *vinea*, de *vinum* « vin »).
♦ 1º Arbrisseau *(Ampélidées* ou *Vitacées),* sarmenteux, grimpant, muni de vrilles, à fruits en grappe (V. **Raisin),** cultivé
pour son fruit et la production du vin. V. **Viti-.** *[Une vigne,
des vignes,* désigne les pieds ; *la vigne,* collect. désigne la
plante]. *Pied de vigne.* V. **Cep.** *Plant de vigne.* V. **Cépage.**
Branche de vigne feuillée (V. **Pampre),** *aoûtée* (V. **Sarment).**
Les vrilles de la vigne, de Colette. *Feuille* * *de vigne.* **Vigne**
en berceau, en tonnelle. V. **Treille.** *Vigne sauvage.* V. **Lambrusque.** *Étude de la vigne.* V. **Ampélographie.** *Culture de la
vigne.* V. **Viticulture.** *Vignes plantées en hautins, sur échalas,
en cordons, en gobelets, en ouillère dans un champ. Pays de
vignes.* **Bouture,** *marcotte de vigne.* V. **Provin.** *Insectes qui
nuisent à la vigne.* V. **Phylloxéra, pyrale, ver-coquin.** *Maladies
de la vigne.* V. **Anthracnose, black-rot, mildiou, oïdium,
phylloxéra.** *Vigne phylloxérée.* ◊ *Fig.* (1718) *Être dans les
vignes, dans les vignes du Seigneur* (par confus. avec 2º), être
ivre. ♦ 2º Plantation de vignes. V. **Vignoble.** *Raisin de vigne*
(opposé à raisin de treille). « *Quarante hectares de vigne* »
(ARAGON). *Les vignes de Bourgogne.* « *Labourant ou façonnant ma vigne* » (P.-L. COUR.). *Le cru d'une vigne.* ◊ *Fig.*
Travailler à la vigne du Seigneur, convertir les âmes. « *Julien
sera un ouvrier remarquable dans la vigne du Seigneur* »
(STENDHAL). ♦ **PÊCHE DE VIGNE** : provenant de pêchers
cultivés en plein vent et qui produisent à l'époque où la
vigne donne du raisin. ♦ 3º *Par anal.* Nom commun de
quelques plantes grimpantes. *Vigne blanche.* V. **Clématite.**
VIGNE VIERGE (1690) : nom familier des ampélopsis *(Ampélidées),* plantes décoratives qui s'accrochent par des vrilles
ou des crampons, et servent à orner les murs, les tonnelles.
1. **VIGNEAU** ou **VIGNOT** [viɲo]. *n. m.* (1771,-1611 ;
vignol, 1553 ; de *vigne,* par anal. d'aspect de la coquille et des
vrilles). Nom commun du littorine. V. **Bigorneau.** *Manger
des vignots, des vigneaux.*
2. **VIGNEAU** [viɲo]. *n. m.* (1838 ; *vignot* « petit vignoble »,
1581 ; de *vigne).* *Région.* En Normandie, Tertre dans un
jardin, surmonté d'une treille. « *Une tonnelle aboutissait à
un vigneau* » (FLAUB.).
VIGNERON, ONNE [viɲʀɔ̃, ɔn]. *n.* (fin XIIᵉ,-XVIᵉ ; de
vigne). Personne qui cultive la vigne, fait le vin. V. **Viti-.** « *L'image
même d'un vigneron de jadis* » (PEYRÉ). *Les vignerons du Bordelais.* V. **Viticulteur.** ◊ *Adj.* (1877) Du vigneron. *Charrue
vigneronne.*
VIGNETTE [viɲɛt]. *n. f.* (1280 ; dimin. de *vigne,* d'abord
« ornement en branche de vigne »). ♦ 1º Motif ornemental
d'un livre, à la première page ou à la fin des chapitres.
◊ Ornement de papier à lettres (guirlandes, dessins, initiales). ♦ 2º Dessin d'encadrement des miniatures médiévales, de certaines gravures. ◊ *Par ext.* Gravure, estampe
entourée d'un cartouche. ♦ 3º *Vx.* Chacune des illustrations d'un livre, d'un journal. V. **Figure, gravure, illustration,
image.** *Les vignettes d'un catalogue de nouveautés.* ♦ 4º (1854).
Petit dessin, motif d'une marque de fabrique. ◊ *Par ext.*
(déb. XXᵉ) Petit carré de papier portant un dessin, une inscription, collé ou joint à un produit, un objet, et ayant
valeur légale. *Vignette d'une boîte de cigares, d'une bouteille
de liqueur,* étiquette qui porte la marque de fabrique. ◊
Vignette attestant le paiement d'un droit. V. **Timbre.** *Vignette
de l'impôt sur les automobiles. Vignette portant le prix d'un
médicament,* destinée aux services de la Sécurité sociale en
vue d'un remboursement.
VIGNETTISTE [viɲetist(ə)]. *n.* (1853 ; du précéd.).
Ancienn. Dessinateur, graveur qui faisait des vignettes (3º).
VIGNETURE [viɲtyʀ]. *n. f.* (1367 ; de *vignette).* Ornement
de feuilles de vigne (ou autre) qui encadrait les miniatures
médiévales.
VIGNOBLE [viɲɔbl(ə)]. *n. m.* (1180 ; a. prov. *vinhobre,*
avec substit. de suff., lat. région. °*vineoporus* [de *vinum],*
« qui porte des vignes », transformation du gr. *ampelophoros).*
Plantation de vignes. *Pays de vignobles.* Désignation de
vignobles. V. **Clos, coteau, cru.** « *Le phylloxéra... détruisit
les vignobles charentais* » (CHARDONNE). ◊ Ensemble des
vignes d'une région, d'un pays. *Le vignoble bordelais ; français, italien.* ◊ *Adj. Rare.* Où l'on cultive la vigne. V. **Viticole.** « *Un petit bourg vignoble* » (BALZ.).
VIGNOT. V. **VIGNEAU** (1).
VIGOGNE [vigɔɲ]. *n. f.* (1672 ; *vicugne,* 1598 ; esp. *vicuna,*
mot quichua [Pérou]). Animal ruminant du genre lama, à
pelage fin, d'un jaune rougeâtre. *Toison de vigogne.* ◊ *Par
ext.* Laine de vigogne. V. **Carmeline.** *Tissu léger fait de cette
laine. Un manteau de vigogne.*
VIGOUREUSEMENT [viguʀøzmã]. *adv.* (XIVᵉ ; *vigue-
rousement,* 1190 ; de *vigoureux).* ♦ 1º Avec vigueur. *Des
arbres qui poussent vigoureusement.* ♦ 2º Avec force, puissance. *Frapper, frotter, taper vigoureusement.* ◊ (Morale-

ment) « *Alex a vigoureusement protesté* » (J. CAU). ♦ 3º Avec
force, netteté. « *Les profils des dômes... découpaient vigoureusement leurs dentelures* » (LAUTRÉAMONT). ♦ 4º *Spécialt.*
Avec de la vigueur dans l'expression. *Écrire, peindre vigoureusement. Sujet vigoureusement traité.* ◇ ANT. Faiblement,
mollement.
VIGOUREUX, EUSE [viguʀø, øz]. *adj.* (1361 ; *vigorous,*
1120 ; de *vigueur).* ♦ 1º Dont la force, la santé est épanouie ;
qui se développe, agit avec facilité et puissance. V. **Fort,
solide ; costaud** *(fam.),* **nerveux, robuste.** *Il est encore vigoureux pour son âge.* V. **Gaillard.** « *Cinq vigoureux chevaux* »
(ZOLA). — *Par ext.* Corps vigoureux. « *Manier
d'un bras vigoureux la hache* » (ROUSS.). *Mains vigoureuses.*
◇ Qui pousse bien, en pleine santé. « *L'arbre vigoureux qui
veut reverdir au printemps* » (FRANCE). *Végétation vigoureuse.*
— « *De gros cheveux gris vigoureux* » (COLETTE). ♦ 2º (1283).
Qui s'exprime, agit sans contrainte, avec efficacité. *Esprit
vigoureux. Talent, style vigoureux.* ◇ *Par ext. Sentiments
vigoureux. Haine, passion vigoureuse. Résistance, lutte vigoureuse.* ◇ (XVIIIᵉ) Qui a de la force, de la fermeté dans l'exécution ; qui a été tracé avec vigueur. V. **Énergique, ferme.** *Dessin
vigoureux ; touche vigoureuse.* ♦ 3º Énergique, efficace.
« *L'alcaloïde tiré du haschisch a des effets plus ou moins
vigoureux* » (BAUDEL.). ◇ ANT. Chétif, débile, faible, frêle.
Mièvre, mou.
VIGUERIE [vigʀi]. *n. f.* (1340 ; de *viguier).* Fonction de
viguier ; territoire de sa juridiction.
VIGUEUR [vigœʀ]. *n. f.* (1360 ; *vigur,* 1080 ; lat. *vigor,*
de *vigere* « être plein de force »). ♦ 1º Force, énergie d'un
être en pleine santé et dans la plénitude de son développement. V. **Ardeur, énergie, force, puissance, robustesse, verdeur.** « *Il était encore dans toute la vigueur de la jeunesse* »
(FÉN.). *Se débattre avec vigueur. Appuyer, serrer avec vigueur.*
« *Il avait déployé... une vigueur et une souplesse qui tenaient
du prodige* » (BARBEY). *Perdre sa vigueur,* devenir faible.
Sans vigueur. — *Vigueur du bras.* — *Spécialt.* Vigueur virile
(sexuelle). V. **Virilité.** ◇ *Par ext. Vigueur d'une plante,* de
la végétation. ♦ 2º (1530). Activité libre et efficace, dans le
domaine moral et intellectuel. *Vigueur de l'esprit, de la
pensée.* « *J'exprimai ma répugnance avec une vigueur qui
surprit beaucoup mes parents* » (BEAUVOIR). V. **Véhémence.** —
Par ext. Vigueur d'une résistance, d'une réaction. ◇ *Fig.
Vigueur du style, de l'expression.* ♦ 3º (XVIIIᵉ). Qualité de
ce qui est dessiné, peint avec une netteté pleine de force.
V. **Fermeté.** *Vigueur du coloris, de la touche.* « *Une telle
vigueur de creux et de reliefs* » (ROMAINS). ♦ 4º (XVIIᵉ)
Efficacité, effet, application. *Vx.* « *Rendre toute sa vigueur
à une loi* » (VOLT.). — *Mod.* **EN VIGUEUR** : en application
actuellement. *Loi, décret, règlement... en vigueur, qui est
toujours en vigueur. Entrer en vigueur.* — *Par ext.* En usage.
« *Les anciennes formules de politesse qui sont encore en
vigueur* » (STAËL). ◇ ANT. Atonie, débilité, faiblesse, mollesse,
mièvrerie. Abandon, désuétude.
VIGUIER [vigje]. *n. m.* (XIIIᵉ, « vicaire » ; de l'a. prov.,
du lat. *vicarius.* V. **Vicaire, voyer).** ♦ 1º *Hist.* Dans certaines
provinces du Midi de la France, Magistrat qui avait des
fonctions analogues à celles du prévôt. ♦ 2º Magistrat en
Andorre.
VIKING [vikiŋ]. *n. m. et adj.* (1876 ; mot scand., p.-ê.
du vieux nordique *vik* « baie »). *Hist.* Nom donné aux Scandinaves qui prirent part à l'expansion maritime, du VIIIᵉ
au XIᵉ s. *L'art des Vikings. L'art viking.* V. **Normand.** — *Adj.*
Qui concerne les Vikings, leur civilisation.
VIL, VILE [vil]. *adj.* (1080 ; lat. *vilis* « à bas prix »). ♦
1º *Littér.* Qui inspire le mépris. *Spécialt.* Qui est sans dignité,
sans courage ou sans loyauté. V. **Abject, bas, ignoble, indigne,
infâme, lâche, méprisable, misérable, servile.** « *En proie
aux geôliers vils comme un vil criminel* » (HUGO). *Vil cour-
tisan, flatteur. Plaisant.* « *Le christianisme... ordonne à l'homme de reconnaître qu'il est vil* » (PASC.).
Rendre vil. V. **Avilir.** — *Action vile.* « *L'intérêt pécuniaire
est le plus vil* » (ROUSS.). « *Un vil amour du gain* » (BOIL.).
— *Subst.* « *Mon horreur pour le vil* » (STENDHAL). ♦ 2º (v.
1138). *Vx.* Qui est de la plus basse condition (opposé à
noble). « *Ce vil état de pauvre villageoise* » (MOL.). *Vil métier.*
« *Ces naissances viles et vulgaires* » (BOSS.). ◇ Sans qualité,
sans noblesse. « *Une vile et mécanique industrie* » (MONTESQ.).
« *Les objets... les plus vils* » (VALÉRY). ♦ 3º (v. 1190). *Vx.*
Qui est sans valeur. *Métaux vils.* « *Comment en un plomb vil
l'or pur s'est-il changé ?* » (RAC.). ◇ *Mod.* (1538) *À vil prix,*
à très bas prix. ◇ ANT. Estimable, noble. Cher. — HOM. Ville.
VILAIN, AINE [vilɛ̃, ɛn]. *n. et adj.* (v. 1090 ; du bas lat.
villanus « habitant de la campagne » [*villa]).*
I. N. *m.* Paysan libre, au moyen âge. V. **Manant, roturier.**
Noble et vilain. — *Loc. prov.* **Oignez** * *vilain, il vous poindra.
Jeu** * *de main, jeu de vilain* (compris de nos jours au sens II,
2º).
II. *Adj. et n.* (Rattaché à *vil).* ♦ 1º (XIIᵉ). *Vieilli.* Mépri-
sable, déshonorant. V. **Vil.** *Vilaines actions.* Loc. *C'est un*

vilain monsieur. Fig. *Un vilain oiseau* [vilɛnwazo], *moineau.*
Vilaine bête. V. **Méchant, sale.** ◊ Spécialt. *Mod. Qui blesse
la pudeur.* V. **Déshonnête.** *Vilaines pensées. Vilains mots.*
V. **Grossier, malhonnête.** — *Vilaines maladies* (fam.),
maladies honteuses. ♦ 2° (Dans le vocabulaire affectif,
surtout en parlant aux enfants). *Qui ne se conduit pas bien,
qui n'est pas « gentil ».* V. **Méchant.** « *Ainsi que ses vilains
frères* (de Gribouille) » (GIDE). *Hou, qu'il est vilain !* — (En
appellatif) « *Vilain maniaque, va* » (HUYSMANS). — Subst.
Le vilain, la petite vilaine ! « *Taisez-vous, vous êtes un vilain* »
(PROUST). ♦ 3° (v. 1200). *Désagréable à voir.* V. **Laid.** « *Les
gens qui passent sont vilains, vilains, et je n'ai pas aperçu
un seul beau garçon* » (MIRBEAU). *Elle n'est pas vilaine : elle
est assez jolie. Vilaines dents, vilains cheveux. Vilains habits.
Vilain papier.* ♦ 4° (XIVe). *Mauvais, laid* (du temps). *Vilain
temps. Les vilains jours d'hiver.* — Fam. *Il fait vilain.* V. **Mauvais.** ◊ *Déplaisant et dangereux. Une vilaine blessure.* —
(Au moral) *Vilaine affaire.* V. **Sale.** *Jouer un vilain tour.*
V. **Méchant.** « *De vilaines petites histoires* » (ROMAINS),
moralement blâmables. — Loc. métaph. *Être dans de vilains
draps*.* ◊ Subst. *Grabuge. Il va y avoir du vilain,* un éclat,
une dispute, une catastrophe. « *Comme la discussion tournait
au vilain* » (ZOLA).
    ◈ ANT. (de I) *Bourgeois, gentilhomme, noble.* — (de II) *Gentil*
(2). *Beau, joli.*

  VILAINEMENT [vilɛnmɑ̃]. *adv.* (XIIe, « malproprement,
grossièrement »; de *vilain*). *D'une manière vilaine, laide.*
« *Lui dont le teint était vilainement brouillé* » (ARAGON).

  VILEBREQUIN [vilbrəkɛ̃]. *n. m.* (1450; altér. de *wimbel-
kin,* XIVe [néerl. *wimmelkijn,* de *wimmel* « tarière »]; *vuibre-
quin* [1427], d'apr. flam. *boorkin* « tarière », *vilebrequin,* d'apr.
virer, vibrer). ♦ 1° *Outil formé d'une mèche que l'on fait
tourner à l'aide d'une manivelle coudée, et qui sert à forer,
à percer des trous. Porte-mèche* (mandrin), *poignée, tête d'un
vilebrequin.* ♦ 2° (1872). *Mécan. Arbre coudé.* — Dans un
moteur à explosion, *Arbre articulé avec des bielles,* permettant de transformer le mouvement rectiligne des pistons
en mouvement de rotation.

  VILEMENT [vilmɑ̃]. *adv.* (*Vilment,* 1150; de *vil*). *Vieilli.
D'une manière vile* (1°). V. **Bassement, servilement.** « *L'on
rampe vilement devant ceux qui sont au-dessus de soi* » (LA
BRUY.).

  VILENIE [vilni]. *n. f.* (*Vilanie,* 1119; *vilenie,* v. 1200;
de *vilain,* avec attract. de *vil*). ♦ 1° Littér. *Action vile et
basse.* V. **Infamie, saleté.** ♦ 2° *Caractère vil.* « *Cette honte...
de ma vilenie, de mon indignité* » (BUTOR). ◊ ANT. **Générosité,
noblesse.**

  VILIPENDER [vilipɑ̃de]. *v. tr.* (1375; bas lat. *vilipendere;*
lat. class. *vili* [« à vil prix »] *pendere* [« estimer »]). *Littér.
Dénoncer comme vil, méprisable.* V. **Bafouer, honnir.** « *Je
suis vilipendé, honni, injurié comme un débutant* » (GONCOURT).
◊ ANT. **Louer.**

  VILLA [vila]. *n. f.* (1743; it. *villa* « ferme, maison de
campagne », mot lat. V. **Ville).** ♦ 1° *Riche maison de plaisance en Italie. La villa Médicis.* ♦ 2° (1827). *Maison moderne
de plaisance ou d'habitation, avec un jardin. Se faire construire une villa. Petite villa de banlieue.* V. **Pavillon.** ♦
3° (1914). Par ext. *Voie, impasse bordée de maisons individuelles* (à l'origine). « *J'ai gagné par le bois* (de Boulogne)...
la villa (Montmorency) » (GIDE). ♦ 4° (Fin XIXe; lat. *villa*
« ferme »). *Hist. Domaine rural dans l'Italie antique et en
Gaule mérovingienne,* carolingienne.

  VILLAGE [vilaʒ]. *n. m.* (XVe; lat. médiév. *villagium,*
1235; de *villa, ville*). ♦ 1° *Agglomération rurale; groupe
d'habitations assez important pour avoir une vie propre*
(à la différence des hameaux). *Village isolé, perdu. Gros
village.* V. **Bourg, bourgade.** *Petit village.* « *Au temps qu'Arcachon n'était qu'un village* » (MAURIAC). *L'idiot, l'innocent
du village.* « *Quand reverrai-je, hélas, de mon petit village
Fumer la cheminée ?* » (DU BELLAY). *Revenir, retourner au
village :* dans son village. — (Opposé à *ville)* « *Le curé de
village* » (BALZ.). V. **Campagne.** *Un coq* de village.* ◊ (Dans
d'autres civilisations) *Villages arabes fortifiés. Villages de
huttes,* en Afrique. *Villages lacustres.* ◊ Par anal. *Village de
toile,* agglomération de tentes, munie de services communs
organisés (pour des campeurs, explorateurs, secouristes).
Village de vacances. Village-club. ♦ 2° Par ext. *Les habitants
d'un village.* « *Il est la risée du village* » (MAURIAC). « *Le
village tout entier y assistait, hommes et femmes* » (RAMUZ).
◊ ANT. **Cité, ville.**

  VILLAGEOIS, OISE [vilaʒwa, waz]. *adj. et n.* (v. 1500;
de *village).* ♦ 1° Adj. Vieilli. *D'un village, de ses habitants.*
V. **Campagnard, paysan, rural.** *Des habitudes villageoises, un
air villageois. Coutumes, danses, fêtes villageoises.* ♦ 2° N.
Vx (1520). *Habitant de la campagne.* V. **Paysan.** *Un jeune
villageois.* — Mod. *Habitant d'un village* (dont on parle)
« *Un jeune villageois* » (RENAN). ◊ ANT. **Citadin, urbain.**

  VILLANELLE [vilanɛl]. *n. f.* (1586; it. *villanella* « chanson, danse villageoise », de *villano.* V. **Vilain).** *Ancienn.
Chanson, poésie pastorale; danse qu'elle accompagnait,*

à l'origine. — Par ext. *Poème à forme fixe* (fin du XVIe s.) à
couplets de trois vers à refrains, terminé par un quatrain.

  VILLE [vil]. *n. f.* (*Vile* « agglomération formée autour
d'une ancienne cité, sur le terrain d'anciens domaines ruraux »
[*villæ*], 980; aussi « ferme » [XIIIe-XIVe], « village » [XIIe-XVIe];
lat. *villa* « ferme, maison de campagne ». V. **Villa).** ♦ 1° *Milieu
géographique et social formé par une réunion organique
et relativement considérable de constructions et dont les
habitants travaillent, pour la plupart, à l'intérieur de l'agglomération, au commerce, à l'industrie, à l'administration.*
V. **Agglomération, cité : capitale, métropole :** suff. **-Pole.** « *Ce
polypier humain que l'on appelle une ville* » (GAUTIER). *Les
« cités ouvrières... ne deviendront jamais de vraies villes* »
(SARTRE). — *Bâtir une ville. Fondation d'une ville. Ville qui
s'étend.* « *Les villes tentaculaires* » (VERHAEREN). *Ville cham-
pignon*.* — V. **Dortoir.** — *Petites et grandes villes* « *Dans cette
ville de province qu'on appelle Paris* » (BARBEY). *La ville de
Paris. La ville lumière :* Paris. *La Ville éternelle :* Rome. *Villes
saintes* (Jérusalem, Rome, La Mecque, Bénarès). *Ville industrielle, commerçante, administrative; universitaire; résiden-
tielle. Ville d'eau(x),* station thermale. *Ville fortifiée.* V.
Citadelle. *Ville ouverte*.* — *Ville de cent mille âmes. Centre,
cœur, faubourgs d'une ville. Banlieue d'une grande ville. Hôtel*
de ville.* V. **Mairie.** *Sergent* de ville. Dans la ville* (intra-
muros); *hors la ville, hors de la ville* (extra-muros). « *Le soir,
je me promenais par la ville* » (MÉRIMÉE). — EN VILLE, À LA
VILLE : *dans la ville* (et spécialt. dans le centre). *Aller en ville.
Porter une lettre en ville* (sans la mettre à la poste. Abrév. E.
V.). Spécialt. *En ville :* hors de chez soi, en étant invité (V.
Sortir; sortie). « *En allant dîner tous les jours en ville* » (BALZ.).
◊ Par ext. *L'administration, la personne morale de la ville.*
V. **Municipalité.** *Emprunt de la ville. Travaux entrepris, financés
par la ville. La ville et l'État.* ◊ Spécialt. *Partie importante
d'une ville. Ville haute, basse :* les quartiers hauts, bas, d'une
même ville, qui possèdent une individualité. *Ville basse,
haute. Ville arabe et ville européenne.* « *La ville indigène,
qui fait suite à la « ville blanche »* (LOTI). *La vieille ville.*
♦ 2° *La vie, les habitudes sociales dans une grande ville*
(opposé à la campagne, la terre). *Les amusements, les lumières,
le bruit de la ville.* « *Les paysans ont l'esprit généralement
plus juste que les gens de la ville* » (ROUSS.). V. **Citadin.** —
Habits, vêtements de ville : que l'on porte à la ville (vx),
que l'on porte dans la journée (opposé à « de soirée ») et
qui sont « habillés » (opposé à « de sport », « de travail »).
Tenue, toilette, robe de ville. — Imprim. *Ouvrages, travaux
de ville,* destinés aux particuliers (s'oppose à *labeur).* ◊ Spécialt. (au XVIIe) *La Ville,* par oppos. à la *Cour;* Paris et la vie
mondaine, intellectuelle (par oppos. à *Versailles).* ♦ 3° *Les
habitants de la ville.* « *La maladie... risque de tuer la moitié
de la ville* » (CAMUS). *Toute la ville en parle.* « *Est-ce que tu
crois qu'une ville tout entière peut se tromper ?* » (SARTRE).
◊ ANT. **Campagne, village.** — HOM. **Vil.**

  VILLÉGIATEUR [vi(l)leʒatœr]. *n. m.* (fin XVIIIe; de
villégiature). Vieilli. *Celui qui est en villégiature.* V. **Estivant,
vacancier.**

  VILLÉGIATURE [vi(l)leʒatyr]. *n. f.* (1755; repris mil.
XIXe; it. *villeggiatura,* de *villeggiare* « aller à la campagne »
[*villa*]). *Séjour de repos, à la campagne ou dans un lieu de
plaisance* (ville d'eaux, plage,...). *Maison de campagne où
l'on va en villégiature.* « *L'été venait, saison de l'annuelle
villégiature* » (MAUROIS). ◊ *Lieu de ce séjour.*

  VILLÉGIATURER [vi(l)leʒatyre]. *v. intr.* (1860; de
villégiature). Vieilli. *Être en villégiature. Villégiaturer à Biarritz.*
« *C'était la première fois de ma vie que je villégiaturais, et
d'abord je m'en amusai. J'étais descendue dans le meilleur
hôtel...* » (BEAUVOIR).

  VILLEUX, EUSE [vi(l)lø, øz]. *adj.* (XIVe, rare av. 1742;
lat. *villosus,* de *villus* « poil »). Sc. (Des animaux inférieurs,
des plantes). *Qui porte des poils,* et spécialt. de petites saillies
filiformes analogues à des poils. V. **Velu.** *Insecte villeux.
Plante villeuse.* V. **Tomenteux.** — Méd. *Tumeur villeuse.
Arthrite villeuse.*

  VILLOSITÉ [vi(l)lozite]. *n. f.* (1781; du rad. lat. de
villeux). ♦ 1° Sc. *État d'une surface villeuse.* ♦ 2° Anat.
*Saillie filiforme qui donne un aspect velu à certaines surfaces.
Villosités intestinales.*

  VIN [vɛ̃]. *n. m.* (Xe; du lat. *vinum).* ♦ 1° *Boisson alcoolisée
provenant de la fermentation du raisin.* V. **Œno-, vini-,
viti-.** — *Composition chimique du vin :* eau (70 à 80 %),
substances minérales (soufre, phosphore, fer, cuivre, etc.),
organiques (sucres, protides; acides; alcools; diastases;
tanins; vitamines). *Transformation du jus ou moût en vin
par fermentation, sous l'action de levures. Pièce de vin. Mettre
le vin en fûts, en tonneaux; en cave, en chais. Soutirer, tirer
le vin.* PROV. *Quand le vin est tiré, il faut le boire*.* — *Vin en
perce*.* — *Mise en bouteilles du vin. Vin cacheté.* — *Élevage
du vin,* prévention et traitement des maladies, surveillance
du vieillissement, etc. — *Vin nouveau,* consommé dès la fin

de la fermentation. *Vin trop jeune. Vin qui se fait, se bonifie, travaille. Vin qui dépose. Vin aigre, piqué, tourné.* — *Vin rouge,* dont la couleur vient de la pellicule des raisins noirs. V. **Rouge** (I). *Vin blanc,* de raisins blancs (blanc de blanc); de raisins noirs sans leurs pellicules. V. **Blanc** (2). *Vins rosés*. Vins jaunes, de paille*, pelure d'oignon*. Vin résiné.* — *Vin mousseux,* naturel (mis en bouteille avant la fin de la fermentation) ou préparé par champagnisation. *Vins « d'appellation, d'origine contrôlée »,* provenant de crus déterminés. *Grand vin,* provenant d'un cru célèbre. — *Vin de pays, vin du cru,* provenant d'un terroir non délimité. *Vins courants, ordinaires. Vins de coupage, gros vins.* V. **Pinard.** — *Petit vin,* vin de terroir, naturel. *Vins de France.* V. **Bordeaux, bourgogne, champagne,** etc. *Vins d'Algérie. Vins d'Espagne, d'Italie, du Rhin.* — *Vins vieux, bons vins. Vins fins.* — *Goût du vin; vin bouqueté* (V. **Bouquet**), *fruité, qui a de l'arôme, du corps. Vin âpre, râpeux. Vin capiteux, fort, généreux. Vin clairet, léger, moelleux. Vin sec, qui a un goût de pierre à fusil; vin doux, sucré. Lie de vin. Vins sophistiqués. Vin baptisé, coupé.* ◊ *Vins doux naturels et vins de liqueur :* vins très chargés en sucre, auxquels on ajoute de l'alcool de raisin en cours de fermentation (*ex. :* muscat, porto). — *Vins aromatisés,* utilisés comme apéritifs. V. **Vermouth.** *Vin d'orange :* vin rouge dans lequel on fait macérer des oranges. V. **Sangria.** *Eaux-de-vie de vin :* armagnac, cognac, marcs. — *Marchand de vin faisant débit de boissons.* V. **Bistrot, mastroquet, troquet.** *Fig. Entrecôte marchand de vin,* servie avec une sauce au vin rouge. — *Bouteille; fiasque, topette de vin. Carafe, pichet; pot de vin* (fig. V. **Pot-de-vin**). « *La loi de Mahomet qui défend de boire du vin* » (MONTESQ.). *Boire du vin pur. Mettre de l'eau* dans son vin* (au *fig.* Se radoucir). Loc. prov. *Le bon vin réjouit le cœur de l'homme* (Bonum vinum lætificat cor hominis). — *Chambrer le vin rouge. Frapper le vin blanc.* — *Personne chargée du service des vins.* V. **Échanson, sommelier.** *Vin qui va avec un mets.* — *Ragoût au vin* (V. **Civet**). *Coq au vin.* *Maquereau au vin blanc.* ◊ Spécialt. *Le vin,* symbole de l'ivresse, de l'ivrognerie (Cf. Aviné). *Sac à vin, ivrogne. Tenir* bien le vin. Cuver son vin. Vin traître qui monte à la tête, tourne la tête.* « *Profondes joies du vin, qui ne vous a connues?* » (BAUDEL.). ♦ 2° Par ext. Quantité de vin bue en certaine occasion. *Vin d'honneur,* offert en l'honneur de qqn. *Être entre deux vins :* un peu gris. ♦ 3° *Fig.* Ivresse. *Être pris de vin.* — *Avoir le vin gai, triste :* l'ivresse gaie, triste. ♦ 4° Spécialt. L'une des espèces sous lesquelles se fait la consécration. V. **Eucharistie.** « *Le vin est une substance sacramentelle* » (HUYSMANS). *Consacrer le pain et le vin.* — *Vin de messe :* vin naturel utilisé dans la liturgie romaine. ♦ 5° Par anal. Liqueur alcoolisée, obtenue par fermentation d'un produit végétal. *Vin de palme, de canne.* ◊ HOM. *Vain, vingt;* formes des v. *vaincre, venir.*

VINAGE [vinaʒ]. *n. m.* (1867; de *viner*). Opération par laquelle on augmente le degré alcoolique d'un vin par addition d'un moût (pour obtenir des vins doux, des vins de liqueur).

VINAIGRE [vinɛgʀ(ə)]. *n. m.* (v. 1200; de *vin,* et *aigre*). ♦ 1° Liquide provenant du vin ou d'une solution alcoolisée modifié par la fermentation acétique, et utilisé comme assaisonnement, comme condiment. *Vinaigre de vin, d'alcool. Mère* du vinaigre. Vinaigre à l'estragon. Câpres, cornichons, petits oignons confits au vinaigre, macérés dans le vinaigre. Sauce à l'huile et au vinaigre.* V. **Vinaigrette.** *Un filet de vinaigre.* — Anciennt. *Vinaigre de toilette. Vinaigre pharmaceutique, aromatique,* utilisé pour ranimer, stimuler. « *On lui a fait respirer du vinaigre* » (GONCOURT). ◊ Loc. fig. *Tourner au vinaigre :* mal tourner, empirer (comme le vin qui s'aigrit). *On ne prend pas les mouches avec du vinaigre :* on ne réussit pas par la dureté, on n'attire pas les gens en les traitant ainsi. ♦ 2° (1808). Fam. Mouvement rapide donné à la corde à sauter. *Sauter à l'huile* (lentement), *au vinaigre.* — Pop. *Faire vinaigre,* se dépêcher. « *Par ici !... Eh! les gars, faites vinaigre !* » (BARBUSSE).

VINAIGRER [vinegʀe]. *v. tr.* (1690; adj., *vinaigre,* 1680; de *vinaigre*). Assaisonner avec du vinaigre. *Saler, poivrer et vinaigrer la salade.* — Au p. p. « *Sa mayonnaise est encore trop vinaigrée* » (GIDE).

VINAIGRERIE [vinɛgʀəʀi]. *n. f.* (1723; de *vinaigrier*). Fabrique de vinaigre. Fabrication et commerce des vinaigres.

VINAIGRETTE [vinɛgʀɛt]. *n. f.* (1393; de *vinaigre*). ♦ 1° Sauce faite d'huile et de vinaigre, salée et poivrée et le plus souvent aromatisée, qui sert à assaisonner la salade, les crudités. *Bœuf froid à la vinaigrette, en vinaigrette.* Ellipt. *Poireaux vinaigrette.* ♦ 2° (1680; à cause de la ressemblance avec les petites voitures des vinaigriers). Ancienne voiture à deux roues, analogue à la chaise à porteur.

VINAIGRIER [vinɛgʀije]. *n. m.* (1514; de *vinaigre*). ♦ 1° Celui qui fait, qui vend du vinaigre. *Vinaigriers en gros.* ♦ 2° (1572). Flacon pour mettre le vinaigre. *Huilier-vinaigrier* (appelé le plus souvent *huilier*).

VINAIRE [vinɛʀ]. *adj.* (*Fermentation vinaire,* 1756; lat. *vinarius,* de *vinum*). Rare (1845). Qui concerne le vin. *Industrie vinaire.* V. **Vinicole.**

VINASSE [vinas]. *n. f.* (*Vinassa* « marc », prov., XVe; « vin à demi aigri », 1765; de *vin*). ♦ 1° (1808). Techn. Résidu liquide des liqueurs alcooliques; résidu de la fabrication du sucre. *Utilisation des vinasses* (engrais, produits industriels). ♦ 2° (1836). Cour. Mauvais vin. *Ivrogne qui sent la vinasse.* « *De cette vinasse, Anatole versait un bon verre dans un bol de bouillon* » (Fr. JOURDAIN).

VINDAS [vɛ̃dɑ(s)]. *n. m.* (XIIe; var. de *guindas;* a. scand. *vindas.* de *vinda.* V. **Guindeau, guinder**). Techn. Petit treuil ou cabestan volant. ◊ *Gym.* Pas-de-géant.

VINDICATIF, IVE [vɛ̃dikatif, iv]. *adj.* (v. 1400; du lat. *vindicare* « venger »). Porté à la vengeance. V. **Rancunier.** *Un rival vindicatif.* « *On m'a beaucoup parlé du caractère vindicatif de nos compatriotes* » (MÉRIMÉE).

VINDICATIVEMENT [vɛ̃dikativmã]. *adv.* (1530; de *vindicatif*). D'une manière vindicative.

VINDICTE [vɛ̃dikt(ə)]. *n. f.* (1555; lat. *vindicta* [« punition », en lat. imp.]). Dr. *Vindicte publique,* poursuite et punition des crimes par l'autorité, au nom de la société. V. **Justice.** — *Par ext.* Littér. *Désigner qqn à la vindicte publique,* le signaler au public comme coupable de qqch. et méritant un châtiment.

VINÉE [vine]. *n. f.* (1506; *vingnée,* XIIIe; de *vin*). Vitic. ♦ 1° Récolte de vin. ♦ 2° (1877). Branche à fruits, dans la taille longue de la vigne.

VINER [vine]. *v. tr.* (1864; autre sens, 1325; de *vin*). Techn. Additionner d'alcool (des moûts, les vins). V. **Vinage.**

VINEUX, EUSE [vinø, øz]. *adj.* (v. 1200; lat. *vinosus.* de *vinum* « vin »). ♦ 1° Cour. Qui a la couleur du vin rouge. *Visage « blafard ou vineux* » (BAUDEL.). — Qui a l'odeur du vin. *Haleine vineuse. Pêche vineuse, melon vineux :* qui a un goût, une odeur de vin. ◊ De vin. *Couleur, odeur vineuse.* ♦ 2° (XVIe). Vx. Riche, fertile en vin. « *Les coteaux vineux de la Bourgogne* » (MICHELET). ◊ (1575) Techn. Riche en alcool; qui a une saveur chaude, puissante *(vinosité).*

VINGT [vɛ̃]. *adj. num.* (*Vint,* 1080; lat. pop. *vinti,* contract. de *viginti*). REM. Phonét. [vɛ̃] isolé ou devant consonne (*ex. : vingt jours* [vɛ̃ʒuʀ]) sauf dans les nombres de 22 à 29 [vɛ̃tdø...], [vɛ̃t] en liaison (*ex. : vingt ans* [vɛ̃tɑ̃], *vingt et un* [vɛ̃tɛœ̃]). ♦ 1° Num. cardinal. Deux fois dix (20). *Vingt francs.* « *Je me lève... vingt minutes après Marguerite* » (DUHAM.). *Cinq heures moins vingt* (minutes). « *Il n'avait pas encore abattu vingt poupées sur vingt-deux dans un tir* » (BALZ.). *La majorité était fixée à vingt et un ans accomplis. Vingt-quatre heures, un jour.* Fam. *Vingt-quatre heures sur vingt-quatre, sans discontinuer.* « *On ne peut quand même pas s'indigner vingt-quatre heures sur vingt-quatre* » (Cl. COURCHAY). — (Dans le système vicésimal) *Quatre-vingts. Quinze-vingts.* (vx) : 300. ◊ (Emplois stylistiques) *Vingt ans,* âge représentatif de la jeunesse. « *Un grenier qu'on est bien à vingt ans* » (BÉRANGER). « *Il avait des jambes de vingt ans* » (R. ROLLAND). — *Vingt,* au sens de « un grand nombre de ». *Je vous l'ai répété vingt fois.* « *Toiles tendues par vingt lavages* » (ZOLA). — *Vingt dieux!* juron familier, surtout campagnard. ♦ 2° Num. ordinal. Vingtième. *Page, chapitre vingt. Le vingt janvier.* En *vingt..., en vingt-neuf,* se dit en supprimant le quantième du siècle. « *Dans la couleur des années vingt* » (ARAGON). ♦ 3° (Nominal masc.). Le nombre vingt. *Vingt et dix font trente. Vingt pour cent.* ◊ Le numéro vingt. *Miser sur le vingt.* ◊ *Le vingtième jour du mois. Le vingt de chaque mois.* ◊ L'immeuble portant le numéro vingt. *Habiter au vingt de la rue.* ◊ *Le vingt-et-un,* ancien jeu de cartes, où le joueur essaie d'avoir 21 points dans sa main. ◊ Pop. (1874) *Vingt-deux!* attention! *Vingt-deux (voilà) les flics!* ◊ HOM. *Vain, vin;* formes des v. *vaincre, venir.*

VINGTAINE [vɛ̃tɛn]. *n. f.* (XIIIe; de *vingt*). Nombre approximatif de vingt. *Une vingtaine de mille francs. Fille d'une vingtaine d'années.*

VINGTIÈME [vɛ̃tjɛm]. *adj.* (*Vingtisme,* XIIe; de *vingt*). ♦ 1° (Ordinal de *vingt*). Dont le numéro, le rang est vingt. « *Ce fut pendant la vingtième année de son règne* » (LOUŸS). *Le vingtième siècle. Se classer vingtième sur cinquante.* ♦ 2° (Fractionnel). Contenu vingt fois dans le tout. *La vingtième partie* ou (n. m.) *le vingtième.* — Anciennt. *Vingtième,* impôt sur les biens-fonds, du vingtième du revenu.

VINGTIÈMEMENT [vɛ̃tjɛmmã]. *adv.* (1636; de *vingtième*). En vingtième lieu.

VINI-. Élément, du lat. *vinum* « vin ». V. **Viti-.**

VINICOLE [vinikɔl]. *adj.* (1831; de *vini-,* et *-cole*). Relatif à la production du vin (culture de la vigne et fabrication du vin). *Industrie vinicole. Région vinicole.* V. **Viticole.**

VINIFÈRE [vinifɛʀ]. *adj.* (1812; de *vini-,* et *-fère*). Agric. Qui produit de la vigne. *Sol vinifère.*

VINIFICATION [vinifikasjɔ̃]. *n. f.* (1799; de *vini-,* sur le modèle de mots tels que *panification*). Techn. ♦ 1° Tout procédé par lequel le jus de raisin (moût) est transformé en vin. *Sous-produits de vinification :* marcs, lies, tartres. ♦ 2° Fermentation alcoolique, transformation des glucides (sucres) en alcool par des levures.

VINIFIER [vinifje]. *v. tr.* (*h.* 1845; de *vinification*). *Techn.* Traiter (les moûts) pour en faire du vin.

VINIQUE [vinik]. *adj.* (1836; de *vin*). *Techn.*, *sc.* Du vin. *Alcool vinique.*

VINOSITÉ [vinozite]. *n. f.* (v. 1390, repris v. 1800; du rad. lat. de *vineux*). *Techn.* Qualité d'un vin vineux, qui a de la force, une forte teneur en alcool.

VINYLE [vinil]. *n. m.* (1876; de *vin*[i]-, d'apr. *éthyle*). *Chim.* Radical monovalent non-saturé $CH_2 = CH —$. *Chlorure de vinyle* (désigne souvent du *chlorure de polyvinyle*).

VINYLIQUE [vinilik]. *adj.* (1876; de *vinyle*). Se dit d'une substance renfermant le groupement vinyle. *Éther vinylique.* Certains composés vinyliques donnent des résines qui sont à la base de matières plastiques et de textiles artificiels.

VINYLITE [vinilit]. *n. f.* (v. 1964; de *vinyle*. [Nom déposé]). Copolymère de chlorure et d'acétate de vinyle utilisé pour des disques microsillons.

VIOC ou **VIOQUE** [vjɔk]. *adj.* (1815, arg.; de *vieux* ou prov. *velhaco*). *Pop.* Vieux. *Elles sont un peu vioques. — Subst. Pop.* Les *viocs*, spécialt. Les parents.

VIOL [vjɔl]. *n. m.* (1647; de *violer*). ♦ 1° Acte de violence par lequel un homme des relations sexuelles avec une femme, contre sa volonté. V. *Crime, outrage.* « *On crie d'une fenêtre :* au viol! au viol! » (ROMAINS). ♦ 2° Le fait de violer (2°). *Le viol d'un sanctuaire.* ◇ HOM. *Viole.*

VIOLACÉ, ÉE [vjɔlase]. *adj.* (1777; lat. *violaceus* « couleur de violette », de *viola* « violette »). Qui tire sur le violet. *Nuages violacés.* « *Le marbre gris violacé affleure* » (TAINE). *Rouge violacé; nez, teint violacés* (à cause du froid, de la boisson). ◇ *Subst.* LES VIOLACÉES. *Bot.* (1810). Famille de plantes dicotylédones à cinq pétales, des régions tempérées (*ex. :* pensée, violette).

VIOLACER [vjɔlase]. *v. tr.;* conjug. *placer* (1846; de *violacé*). Rendre violet ou violacé. *Pronom.* « *Les coquelicots se fanent en se violaçant* » (APOLLINAIRE).

VIOLAT [vjɔla]. *adj. m.* (1210, n.; 1256, adj.; bas lat. *violatus* « où il entre des violettes », [*viola*]). *Pharm.* Qui contient de l'extrait de violettes. *Sirop, miel violat.*

VIOLATEUR, TRICE [vjɔlatœʀ, tʀis]. *n.* (1360; lat. *violator*). ♦ 1° Personne qui viole, profane ce qui doit être respecté. V. *Profanateur. Violateur des lois. Violateur de tombeau.* ♦ 2° (XVe) *Vx.* V. *Violeur.*

VIOLATION [vjɔlasjɔ̃]. *n. f.* (XIIIe; lat. *violatio* « profanation »). Action de violer (un engagement, un droit), de profaner une chose sacrée (ou protégée par la loi). V. *Outrage. Violation de la loi.* V. *Infraction.* « *La prescription est toujours une violation d'un droit* » (M. GARÇON). *L'adultère, violation de la loi conjugale. — Violation des églises.* V. *Profanation. Violation de sépulture, de frontière.*

VIOLÂTRE [vjɔlɑ(ə)tʀ]. *adj.* (1468, repris XVIIIe; de *viol*[et]). *Rare.* Violacé. *Reflets violâtres.* « *Une nuit violâtre... lui fit sentir la fin proche de l'été* » (COLETTE).

VIOLE [vjɔl]. *n. f.* (XIIe; a. prov. *viola*, de *violar* « jouer [de la vielle, etc.] », verbe d'orig. onomat. V. *Vielle.* Instrument de musique à cordes et à archet, utilisé en Europe à partir du XVe siècle. *Viole d'amour à six ou sept cordes. Viole de gambe*. ◇ HOM. *Viol.*

VIOLEMMENT [vjɔlamɑ̃]. *adv.* (*Violentement*, XIVe; de *violent*). ♦ 1° Avec violence (3°, 4°). V. *Brutalement.* « *Il avait dû violemment se débattre dans son sommeil* » (GIONO). *Se débattre violemment.* ◇ *Par ext.* Âprement, vivement. *Réagir, s'insurger violemment contre...* « *Manifester violemment son opinion* » (MICHELET). V. *Hautement. Désirer violemment.* V. *Passionnément.* ♦ 2° (*Sentiments*). Ardemment, fort. *Aimer violemment.* ◇ ANT. *Doucement, légèrement; peu.*

VIOLENCE [vjɔlɑ̃s]. *n. f.* (1215, « abus de la force »; lat. *violentia*). ♦ 1° (1538). FAIRE VIOLENCE : agir sur qqn ou le faire agir contre sa volonté, en employant la force ou l'intimidation. *Faire violence à qqn :* le contraindre en le brutalisant ou en l'opprimant. V. *Forcer.* Spécialt. et vieilli. *Faire violence à une femme.* V. *Viol. Se faire violence,* s'imposer une attitude contraire à celle qu'on aurait spontanément. V. *Contenir* (se), *contraindre* (se). « *L'extrême violence que chacun se fait* » (LA BRUY.). *Par ext. Faire violence à qqch.,* à un texte. V. *Dénaturer.* ◇ LA VIOLENCE : force brutale pour soumettre qqn. V. *Brutalité. Acte, mouvement de violence.* « *La violence est la loi de la brute* » (R. ROLLAND). « *La domination de la violence* » (CAMUS). *Exercer la violence. Conquérir, extorquer, prendre par la violence.* V. *Arracher. User de violence. Se résoudre à employer la violence. Répondre à la violence par la violence. Escalade* de la violence. *Prendre le pouvoir par la violence. La violence, cause de nullité d'une convention.* ♦ 2° UNE VIOLENCE : acte par lequel s'exerce cette force. *Des violences physiques, morales.* « *Une longue chaîne de violences rétrogrades, de représailles* » (ROMAINS).

V. *Sévice.* « *Une énorme forteresse... d'abus, de violences, d'iniquités* » (HUGO). *Rêver de violences. Violences révolutionnaires. — Iron. Se faire une douce violence,* accepter avec plaisir après une feinte résistance. ♦ 3° Disposition naturelle à l'expression brutale des sentiments; cette expression. « *... pour qu'il devînt injurieux, puis honteux de sa violence* » (COLETTE). V. *Brutalité, colère, fureur, irascibilité. Parler avec violence. Violence verbale.* « *Ils préconisent leur façon de voir avec la dernière violence* » (DUHAM.). V. *Véhémence. — Par ext.* « *Il... m'a fait une scène d'une extraordinaire violence* » (MAUROIS). ♦ 4° Force brutale (d'une chose, d'un phénomène). *La violence de la tempête, du vent.* V. *Fureur.* ◇ *Caractère de ce qui produit des effets brutaux.* « *La violence du venin tord mes membres* » (RIMBAUD). V. *Virulence.* ◇ (Dans l'ordre psychologique) *La violence d'un sentiment, d'une passion.* V. *Intensité, vivacité. La violence des désirs, des transports.* V. *Ardeur, frénésie, impétuosité.* ◇ ANT. *Non-violence. Calme, douceur, mesure, paix.*

VIOLENT, ENTE [vjɔlɑ̃, ɑ̃t]. *adj.* (1213; lat. *violentus*). ♦ 1° Impétueux; qui agit ou s'exprime sans aucune retenue. V. *Brusque, coléreux.* « *Les hommes ont été de tout temps... égoïstes, violents* » (FRANCE). *Une femme violente.* « *Il s'est montré grossier, violent* » (DUHAM.). V. *Brutal. Caractère violent.* V. *Coléreux, irascible, vif.* ◇ *Subst. C'est un violent, un énergumène.* ◇ *Par ext. Colère violente. Transports violents.* « *Sous de paroles violentes...* » (MICHELET). V. *Virulent. Révolution violente* (opposé à *pacifique*). ♦ 2° Qui a un intense pouvoir d'action ou d'expression (des sentiments). V. *Ardent, frénétique.* « *Une fureur renfermée qui n'en était que plus violente* » (DIDER.). *De violents chagrins.* « *Un besoin aussi violent que la faim* » (MAUROIS). V. *Aigu, intense. Une peur violente.* ◇ (Des forces matérielles, naturelles) *Des vents violents. Un violent orage qui éclate. Heurt, coup, choc violent.* V. *Fort, terrible. Remèdes violents,* très actifs et dangereux par leurs effets secondaires. « *Des maladies... éclatent... dans un accès de fièvre violent* » (MAUROIS). ◇ *Par ext.* Qui a un effet intense sur les sens. V. *Intense. Impression violente. Bruit violent.* V. *Terrible.* « *Parfums violents* » (MAUPASS.). « *Une violente odeur de tannerie* » (ROMAINS). *Ton, éclat violent. —* (De choses abstraites) *Contraste violent.* « *Je rencontrai une violente opposition* » (BALZ.). ♦ 3° Qui exige de la force, de l'énergie. « *Son horreur pour les exercices violents* » (GONCOURT). *Faire de violents efforts pour...* ◇ *Mort violente,* contraire à l'ordre naturel (accidents, meurtre). « *Il mourut sur la guillotine d'une mort violente* » (MAC ORLAN). ♦ 4° (1671). *Fam.* Excessif. *C'est un peu violent!* (Cf. *C'est un peu fort!*). ◇ ANT. *Anodin, bénin, calme, doux, léger, pacifique. Non-violent.*

VIOLENTER [vjɔlɑ̃te]. *v. tr.* (1382; de *violent*). ♦ 1° *Vx.* Contraindre (qqn) par la force. V. *Brutaliser.* ◇ *Mod. Violenter une femme,* la violer. ♦ 2° *Littér.* Aller à l'encontre de, faire violence à. *Violenter une inclination. — Dénaturer, altérer. Violenter un texte.* V. *Torturer.* « *Notre goût émoussé, violenté, accoutumé aux liqueurs fortes* » (TAINE).

VIOLER [vjɔle]. *v. tr.* (1080; lat. *violare*). ♦ 1° Agir contre, porter atteinte à (ce qu'on doit respecter), faire violence à... *Violer les lois, la constitution.* V. *Enfreindre, transgresser.* « *... Peut violer enfin les droits les plus sacrés* » (RAC.). V. *Profaner. Violer des règles, des principes.* V. *Blesser, braver.* « *Il n'est permis à personne de violer sa foi* » (ROUSS.). *Violer ses promesses, un serment,* ne pas les respecter. *Violer un secret,* le révéler (V. *Trahir*). *Violer un traité,* ne pas en respecter les clauses. ♦ 2° Ouvrir, pénétrer dans (un lieu sacré ou protégé par la loi). *Violer une sépulture, le lieu d'un culte.* V. *Profaner.* « *En vertu de quel droit violez-vous ainsi mon domicile?* » (BALZ.). — *Par ext. Violer le domicile, la porte de qqn :* pénétrer de force chez lui. — *Violer les consciences,* pénétrer dans leur secret ou leur imposer certaines idées, contre leur volonté. ♦ 3° *Violer une femme,* la posséder contre sa volonté. *Se faire violer.* ◇ ANT. *Consacrer, observer, respecter; inviolé.*

VIOLET, ETTE [vjɔlɛ, ɛt]. *adj. et n. m.* (1200; de *violette*). ♦ 1° *Adj.* D'une couleur qui s'obtient par le mélange du bleu et du rouge. *Iris violet. Vapeurs violettes de l'iode. Encre violette. Camail violet d'un évêque.* « *Un ruban violet d'officier d'Académie* » (COURTELINE). — *Par ext.* (En parlant de la couleur que donne à la peau un afflux de sang provoqué par l'émotion, la peur, le froid, les coups). *Violacé.* « *Sur les côtés, de minces zébrures violettes descendaient jusqu'aux cuisses* » (ZOLA). *Devenir violet de colère.* ♦ 2° *N. m.* Couleur violette (*phys.*) Extrémité du spectre visible de la lumière blanche, opposé au rouge. *Violet pâle.* V. *Lilas, mauve, parme.* *Rouge tirant sur le violet.* V. *Pourpre, violine. Violet foncé.* V. *Aubergine, lie-de-vin, prune.* « *Les montagnes d'un violet noir* » (MAC ORLAN). — *Radiations au delà du violet.* V. *Ultraviolet.*

VIOLETTE [vjɔlɛt]. *n. f.* (1140; de l'a. fr. *viole*, lat. *viola*). ♦ 1° Petite plante herbacée (*Violacées*) à fleurs violettes ou blanches, solitaires, à cinq pétales. *Spécialt.* Sa fleur.

« *Violettes à courte tige, violettes blanches et violettes bleues, et violettes d'un blanc-bleu veiné de nacre mauve* » (COLETTE). « *Les bois étaient pleins de violettes* » (PROUST). *Bouquets de violettes. Violette odorante, violette de Parme* (inodore). « [...] *une demeure lisse, compacte, mauve et douce* [...] *je l'imaginais seulement à l'aide de cette syllabe lourde du nom de Parme* [...] *et de tout ce que je lui avais fait absorber de douceur stendhalienne et du reflet des violettes* » (PROUST). *L'humble violette, symbole de la modestie. La violette odorante, fleur pectorale utilisée dans la composition de sirops adoucissants. Essence de violette utilisée en parfumerie, en teinturerie.* — Par ext. *Parfum à la violette.* ♦ 2° (En valeur d'adj.). *De violette, qui a la couleur de la violette. Bois de violette,* palissandre. — Poét. « *Ses yeux de violette* » (PROUST).

VIOLEUR [vjɔlœʀ]. *n. m.* (XIVᵉ, repris XIXᵉ; de *violer*). Celui qui a commis un viol. « *La désapprobation sociale qui accable le viol, mais laisse courir les violeurs* » (*L'Express*, 21-6-1976).

VIOLIER [vjɔlje]. *n. m.* (XIVᵉ; de l'a. fr. *viole*, lat. *viola*. V. **Violette**). Giroflée rouge (appelé aussi *Vélar*).

VIOLINE [vjɔlin]. *n. f.* (av. 1831; du rad. de *violette, violet*). ♦ 1° Vx. Alcali extrait des fleurs de la violette odorante. ◊ (1872) Mod. Colorant violet d'aniline. ♦ 2° (1872; du lat. *viola*). Adj. De couleur violet pourpre. *Robe en ottoman violine.*

VIOLISTE [vjɔlist(ə)]. *n. m.* (XVIIᵉ; *violeur*, XVIᵉ; de *viole*). *Hist. mus.* Joueur de viole.

VIOLON [vjɔlɔ̃]. *n. m.* (*Vyolon*, 1500; it. *violone* « grosse viole, contrebasse », le mot pour « violon » étant *violino*).

I. ♦ 1° Instrument de musique à quatre cordes accordées en quintes, que l'on frotte avec un archet, et qui se tient entre l'épaule et le menton. *Parties du violon.* V. **Âme, chevalet, corde, crosse, éclisse, manche, ouïe** (II, 2°), **sillet, table.** *Facteur de violons.* V. **Luthier.** *Violon signé Stradivarius* (un Stradivarius). *Mauvais violon* (V. **Crincrin**). *Jouer du violon; gratter, racler du violon. Joueur de violon de concert* (V. **Violoniste**); *de village* (V. **Ménétrier, violoneux**). « *Les sanglots longs Des violons* » (VERLAINE). « *Le violon frémit comme un cœur qu'on afflige* » (BAUDEL.). — *Sonate pour piano et violon. Les deux violons* (*premier et second violon*), *le violoncelle et l'alto du quatuor à cordes.* — Par ext. *Famille des violons,* le violon lui-même, l'alto, le violoncelle, la contre-basse. ◊ Loc. fig. *Accordez vos violons !* mettez-vous d'accord dans ce que vous dites. Pop. *C'est comme si on pissait* dans un violon *! —* VIOLON D'INGRES (XXᵉ) : le fait, pour un artiste, de pratiquer un art qui n'est pas le sien (comme le peintre Ingres pratiquait le violon); *par ext.* Activité artistique exercée en dehors d'une profession. *L'aquarelle est son violon d'Ingres.* ♦ 2° (XVIᵉ). Musicien, musicienne qui joue du violon. V. **Violoniste.** *Être violon dans un orchestre. Premier violon d'un orchestre,* qui dirige les violons (Cf. Chef de pupitre). « *Je me souviens d'un premier violon, qui avait joué son solo à peu près comme on prend un purgatif* » (ALAIN). *Premier, second violon dans un quatuor,* violoniste qui joue le première, la seconde partie de violon. ◊ Loc. fig. *Aller plus vite que les violons :* aller trop vite, précipiter les choses. — *Payer les violons,* ancienn., Offrir un bal à une belle; *fig.* et *mod.* Payer les frais sans en avoir le profit.

II. ♦ 1° (1790, p.-ê. par anal. des cordes et des barreaux). Prison de police, contiguë à un poste ou un corps de garde, où l'on enferme ceux qui sont arrêtés le soir en attendant de les interroger le lendemain. *Passer la nuit au violon.* ♦ 2° Mar. (1872). Par anal. de forme. Planche percée de larges trous que l'on met sur une table pour maintenir les verres et les bouteilles par gros temps (Cf. Table à roulis).

VIOLONCELLE [vjɔlɔ̃sɛl]. *n. m.* (1741; *violoncello*, 1709; it. *violoncello* « petit *violone* »). ♦ 1° Instrument de musique à quatre cordes et à archet, semblable au violon mais plus gros, dont on joue assis en le tenant entre les jambes. « *Des ondulations, des ronflements de violoncelle* » (FLAUB.). *Partie de violoncelle d'un quatuor à cordes.* — *Voix de violoncelle,* grave et vibrante (s'est dit à propos d'A. Briand). ♦ 2° (Rare). Violoncelliste. *Il est violoncelle.*

VIOLONCELLISTE [vjɔlɔ̃selist(ə)]. *n.* (1828; de *violon-celle*). Musicien, musicienne qui joue du violoncelle.

VIOLONÉ, ÉE [vjɔlɔne]. *adj.* (XXᵉ; de *violon*). *Arts décor.* En forme de violon (caractéristique du style Louis XV). *Fauteuil à dossier violoné; spatule violonée d'une fourchette.*

VIOLONER [vjɔlɔne]. *v. intr.* (1656; de *violon*). *Fam.* Jouer du violon. — Trans. *Violoner un air.*

VIOLONEUX [vjɔlɔnø]. *n. m.* (1855; *violonneur*, 1821; de *violon*). Violoniste de village. V. **Ménétrier.** ◊ *Fam.* Violoniste médiocre.

VIOLONISTE [vjɔlɔnist(ə)]. *n.* (1823; de *violon*). Musi-cien, musicienne qui joue du violon. « *Le violoniste couchant la joue sur son violon* » (ROMAINS). *Une grande violoniste.*

VIOQUE. V. **VIOC.**

VIORNE [vjɔʀn(ə)]. *n. f.* (1538; *vione*, 1230; lat. *viburnum*,

plur. *viburna,* pris pour un fém. sing.). ♦ 1° Bot. Arbrisseau vivace *(Caprifoliacées)* des régions tempérées. *Viorne obier.* V. **Obier.** *Viorne tinus,* dite *laurier-tin,* arbre au feuillage persistant, à fleurs blanches odorantes et ornementales. ♦ 2° Cour. Autre nom de la clématite *(Renonculacées).* « *Annelés, comme les vrilles de la viorne* » (COLETTE). *Viorne des haies.*

VIPÈRE [vipɛʀ]. *n. f.* (1314; lat. *vipera*. V. **Guivre, vouivre**). Serpent à tête triangulaire aplatie, à deux dents ou crochets à venin, ovovivipare, qui vit dans les terrains broussailleux et ensoleillés (V. **Vipéridés**). *Vipère pelias* (V. **Péliade**), *aspis* (V. **Aspic**), *vipère cornue d'Égypte* (V. **Céraste**). *La morsure* (et abusiv. *la piqûre) de vipère est très dangereuse.* « *Comme une vipère dressée sur sa queue* » (BARBEY). *Sifflement de vipère.* ◊ Par métaph. *et fig.* Se dit de personnes, de forces méchantes, malfaisantes, dangereuses. *Nœud* de vipères. Une langue de vipère,* une personne méchante et médisante. « *Taisez-vous, sales petites vipères* » (GIRAUDOUX).

VIPEREAU [vipʀo]. *n. m.* (1526; de *vipère*). Petit d'une vipère.

VIPÉRIDÉS [vipeʀide]. *n. m. pl.* (*Vipérides,* 1842; de *vipère*). Zool. Famille de reptiles ophidiens *(Solénoglyphes)* ayant pour type la vipère. — Au sing. *Un vipéridé.*

VIPÉRIN, INE [vipeʀɛ̃, in]. *n. f.* et *adj.* (XVᵉ; lat. *viperinus, -na*).

I. N. f. Bot. Plante des lieux incultes *(Borraginacées),* dont la tige présente des taches livides rappelant la peau de la vipère. « *Des vipérines hérissées de cils blancs* » (HUYSMANS).

II. Adj. ♦ 1° (1563). Vx. *Langue vipérine,* langue venimeuse, médisante (*mod.,* de *vipère*). ♦ 2° Zool. (1611). Relatif à la vipère. *Couleuvre vipérine,* couleuvre aquatique ressemblant à la vipère, mais non venimeuse. — *Subst.* (1841) *Une vipérine.*

VIR-, -VIR. Éléments, du lat. *vir* « homme » (*ex.* : trium-vir, virago).

VIRAGE [viʀaʒ]. *n. m.* (1773, mar.; de *virer*). ♦ 1° Mar. Action de faire tourner le cabestan. *Navig.* Action de virer de bord. Par ext. Espace pour virer de bord. ♦ 2° (1900, à propos du vélocipède). Mouvement d'un véhicule qui tourne, change de direction. *Amorcer un virage. Virage à la corde* (I, B, 4°). *Virage* (d'une automobile) *sur les chapeaux de roues. Virages d'un avion, virage sur l'aile. Ski.* V. **Stem.** ◊ Par ext. (1898) Courbure du tracé d'une route, d'une piste. V. **Coude, tournant.** *Virage en épingle* à cheveux, dangereux. Virage relevé. Véhicule qui aborde, prend un virage.* ♦ 3° Phot. (1857). Transformation chimique que subit l'image photographique dans certains procédés. *Virage à l'or, au cuivre.* ◊ Chim. Changement de couleur (d'un indicateur), marquant la fin d'une réaction. *Virage du bleu au rouge du papier de tournesol.* ♦ 4° (XXᵉ). *Virage d'une cutiréaction :* le fait, pour une cutiréaction, de devenir posi-tive.

VIRAGO [viʀago]. *n. f.* (1452; *virage,* fin XIVᵉ; mot lat. « *femme qui a le courage d'un homme* »). Femme d'allure masculine, aux manières rudes et autoritaires. V. **Dragon, gendarme.** *Cette... virago sèche comme une merluche qui dès le matin soufflette sa servante dont elle est jalouse* » (A. BERTRAND).

VIRAL, ALE, AUX [viʀal, o]. *adj.* (1951; de *virus*). Méd. Qui se rapporte à un virus. Provoqué par un virus filtrant. *Infections virales.*

VIRE [viʀ]. *n. f.* (1877, « action de tourner »; de *virer*). Géogr. et Alpin. Dans les Alpes, Palier très étroit qui rompt une pente raide et forme parfois un chemin autour de la montagne.

VIRÉE [viʀe]. *n. f.* (1907; « allée et venue », 1594; de *virer*). Fam. Promenade, voyage rapide. *Faire une virée en voiture.* V. **Tour.** ◊ Tournée des cafés, des bals, etc. « *Les virées au bistrot, pour écouter les goualantes* » (B. PARAIN).

VIRELAI [viʀlɛ]. *n. m.* (1280, « air de danse »; var. *vireli* « poésie », 1360; probabl. d'un refrain de danse, de *virer* « tourner », avec infl. de *lai*). Poème du moyen âge, petite pièce sur deux rimes avec refrain.

VIREMENT [viʀmɑ̃]. *n. m.* (1546, « action de tourner en rond »; de *virer*). ♦ 1° Mar. Action de virer de bord. *Vire-ment de bord lof pour lof.* ♦ 2° (1667). Transfert de fonds du compte d'une personne au compte d'une autre personne. *Virement bancaire. Paiement par virement. Chèque postal de virement. Virement budgétaire,* virement de fonds d'un chapitre du budget sur un autre.

VIRER [viʀe]. *v.* (XIIᵉ; lat. pop. °*vivare* de *vibrare* « faire tournoyer », i long d'apr. *librare,* même sens).

I. V. tr. ♦ 1° Mar. Faire tourner. *Virer le cabestan.* ♦ 2° (1636). Transporter (une somme) d'un compte à un autre; effectuer le virement de. *Virer la somme d'un compte.* ♦ 3° 1856. Faire virer (II) une épreuve photographique. ◊ Fam. *Virer sa cuti :* avoir pour la première fois une cuti-réaction positive. *Fig.* Changer d'attitude (en devenant expérimenté. ♦ 4° *Fam.* (1913 ; p.-ê. de *vire de bord !* [fam.] « va-t'en ! » ; ou v. dial. « chasser [le bétail] en le faisant tourner »). *Virer qqn*, le renvoyer. *À la porte, virez-le !* V. **Vider.** *Il s'est fait virer, il doit chercher un nouveau travail.* — **II.** *V. intr.* ♦ 1° (1480). Tourner sur soi, tourner en rond. « *Des ailes* (de moulin) *qui viraient au mistral* » (DAUD.). « *Elle virait comme une toupie* » (GIONO). — *Fig. Faire tourner et virer qqn*, le soumettre à ses caprices. *Virer à tout vent*, changer. ♦ 2° (1694). *Mar.* Changer de direction. *Virer de bord*, changer d'amures. *Virez vent devant !* ◊ *Par ext.* Aller en tournant. *Braquer pour virer.* « *Il* (l'avion) *prend de la hauteur, vire, monte encore* » (E. PEISSON). « *Des enfants... montés sur patins et sur luges, s'élançaient, viraient* » (COLETTE). ♦ 3° Changer de couleur par le virage. *Épreuves qui virent bien.* — *Par ext. Les bleus de cette reproduction ont viré.* ◊ *Méd. Cutiréaction qui vire* (devient positive). — **III.** *V. tr. indir.* (XIIIe s. ; h. XVIe, *se virer*). Changer d'aspect, de caractère. V. **Tourner.** *Virer à l'aigre. Spécialt.* Changer de couleur. *Tournesol qui vire au rouge*, devient rouge. « *Le lobule des oreilles, depuis quelques années, virait au violet,... quand Joseph succombait à la colère* » (DUHAM.).

VIRESCENCE [viʀesɑ̃s]. *n. f.* (v. 1900 ; du lat. *virescere* « devenir vert »). *Bot.* Transformation des pièces florales en éléments verts.

VIRETON [viʀtɔ̃]. *n. m.* (1341 ; de *virer*). *Archéol.* Trait d'arbalète empenné en hélice et tournant sur lui-même quand on le lance.

VIREUR [viʀœʀ]. *n. m.* (1906 ; « tourne-broche », 1364 ; de *virer*). *Techn.* Plateau circulaire monté sur l'arbre d'une machine et percé de trous, dans lesquels on engage un levier qui le fait tourner.

VIREUX, EUSE [viʀø, øz]. *adj.* (1611 ; lat. *virosus*, de *virus* « poison »). *Didact.* Vénéneux. *Plante vireuse.* « *Sang vireux* » (HUYSMANS). — *Par ext. Odeur, saveur vireuse*, odeur, saveur de plante vénéneuse (opium, ciguë).

VIREVOLTANT, ANTE [viʀvɔltɑ̃, ɑ̃t]. *adj.* (1638, repris XXe ; de *virevolter*). Qui virevolte, tourne sur soi. *Cheval virevoltant.* — *Danseuse virevoltante.* — *Par ext. Grande jupe virevoltante.*

VIREVOLTE [viʀvɔlt(ə)]. *n. f.* (1549, sens 1° ; antér. *virevoust*, de *vire vou*[s]*te* [de *virer*, et *vouter* « tourner », lat. pop. °*volvitare*], sous l'infl. de l'it. *giravolta* « tour en rond »). ♦ 1° (Vx). *Manège.* Demi-tour rapide. ♦ 2° *Cour.* Mouvement de ce qui fait un demi-tour. *Les virevoltes d'une danseuse.* ◊ *Fig.* Changement complet. V. **Volte-face.** « *Les caprices et les virevoltes de la mode* » (DUHAM.). — Changement d'avis, d'opinion. V. **Revirement.** « *Ma virevolte fut subite ; certainement j'y entrait du dépit* » (GIDE).

VIREVOLTER [viʀvɔlte]. *v. intr.* (1552 ; de *virevolte* ; *virevouster*, 1532). V. **Virevolte.** Faire une virevolte, des virevoltes ; tourner rapidement sur soi. « *Il fit deux pas pour s'éloigner, mais virevolta brusquement* » (MART. du G.). ◊ Aller en tous sens sans nécessité. V. **Papillonner.**

1. VIRGINAL, ALE, AUX [viʀʒinal, o]. *adj.* (1226 ; *virginel*, XIe ; lat. *virginalis*). D'une vierge ; propre à une vierge. *Pudeur, fraîcheur virginale.* « *La majesté maternelle remplaçait la pureté virginale* » (HUGO). « *L'amour virginal n'est qu'une transition* » (HUGO).

2. VIRGINAL [viʀʒinal]. *n. m.* (1533 ; en angl., 1530 ; du précéd., p.-ê. « instrument pour les jeunes filles »). *Hist. mus.* Épinette en honneur en Angleterre, à l'époque élisabéthaine.

VIRGINIE [viʀʒini]. *n. m.* (1845 ; ellipse de *tabac de Virginie*, région des États-Unis). Tabac provenant de la Virginie. *Un paquet de virginie.*

VIRGINITÉ [viʀʒinite]. *n. f.* (Xe ; lat. *virginitas*). État d'une personne vierge. V. **Pucelage.** « *Suis-je donc gardien de la virginité des filles de la ville ?* » (HUGO). *Faire vœu de virginité. Fille qui perd sa virginité.* (Cf. Petit capital*). ◊ État moral, âme, sentiments d'une personne vierge. *Rendre, refaire une virginité*, refaire la pureté, l'innocence, et *fig.* la réputation. ◊ *Fig. et littér.* (1803) Caractère de ce qui est intact, pur. « *Il ouvrit sa fenêtre... sur la virginité de l'aube désolée* » (LOTI).

VIRGULE [viʀgyl]. *n. f.* (1534 ; lat. *virgula* « petit trait, accent », dimin. de *virga.* V. **Verge**). Signe de ponctuation (,) marquant une pause de peu de durée, qui s'emploie à l'intérieur de la phrase pour isoler des propositions ou des éléments de proposition. *Mettez une virgule. Sans y changer une virgule*, sans faire au texte qu'on reproduit le moindre changement. *Point-virgule* (;), séparant des phrases sans les isoler. — Signe qui précède la décimale dans un nombre décimal (qui précède les centaines dans la notation anglo-saxonne). ◊ *Par anal.* de forme. *Moustaches en virgules.* « *L'épervier..., Noire virgule du ciel clair* » (GAUTIER). — *Biol.* (1884) *Bacille virgule*, du choléra.

VIRGULER [viʀgyle]. *v. tr.* (1725 ; de *virgule*). *Rare.* Ponctuer en marquant les virgules. — *Fig.* Marquer de petits traits en forme de virgules.

VIRIL, ILE [viʀil]. *adj.* (1496 ; lat. *virilis*, de *vir* « homme »). ♦ 1° Propre à l'homme. V. **Mâle, masculin.** Vieilli. *Membre* viril. — « *De grandes femmes aux formes viriles* » (FROMENTIN). V. **Hommasse.** ◊ Propre à l'homme adulte. *Âge viril. Force virile. Robe* ou *toge virile*, que prenaient les jeunes Romains dans leur 18e année, en quittant la toge prétexte. ♦ 2° Qui a l'appétit sexuel d'un homme normal. *Il n'est pas très viril.* ♦ 3° Qui a les caractères moraux qu'on attribue plus spécialement à l'homme : actif, énergique, courageux, etc. « *L'homme est viril et fort qui se décide À changer sa fin triste en un fier suicide* » (HUGO). « *Aussi virile, aussi vaillante en face de l'avenir* » (MART. du G.). — *Par ext. Résolution virile.* « *Le pardon est plus viril que le châtiment* » (R. ROLLAND). ♦ 4° *Dr.* (XVIe). *Part* virile. ◊ ANT. *Efféminé, féminin.*

VIRILEMENT [viʀilmɑ̃]. *adv.* (XVe ; de *viril*). D'une manière virile, énergique.

VIRILISATION [viʀilizɑsjɔ̃]. *n. f.* (XXe ; h. 1845 [sens général] ; de *viriliser*). *Méd.* Apparition, chez la femme pubère, de caractères sexuels secondaires masculins, en particulier d'une pilosité de type masculin. V. **Hirsutisme.**

VIRILISER [viʀilize]. *v. tr.* (1801 ; de *viril*). Revêtir d'un caractère, d'un aspect viril. « *Une littérature peut être plus ou moins virile et virilisante* » (GIDE). ◊ *Biol.* Masculiniser. ◊ ANT. *Efféminer.*

VIRILISME [viʀilism(ə)]. *n. m.* (XXe ; autre sens 1845 ; de *viril*). *Méd.* État d'une femme qui présente des caractères sexuels secondaires de type masculin (pilosité, voix de timbre bas, manque de développement des seins, etc.) et dont la fonction génitale est perturbée (absence de règles). *Virilisme provoqué par de fortes doses de cortisone ou de testostérone.*

VIRILITÉ [viʀilite]. *n. f.* (1482 ; lat. *virilitas*). ♦ 1° Ensemble des attributs et caractères physiques et sexuels de l'homme. « *Des hommes dépouillés de leur virilité* » (VOLT.). ♦ 2° *Spécialt.* Aptitude à la génération, puissance sexuelle chez l'homme. V. **Vigueur.** ♦ 3° Caractère viril (3°), énergie. *Virilité de caractère. Manquer de virilité. Faire perdre la virilité.* V. **Déviriliser.** ◊ ANT. *Impuissance ; froideur.*

VIRILOCAL, ALE, AUX [viʀilɔkal, o]. *adj.* (XXe ; du lat. *vir* « homme », et *-local*). *Ethnol.* Se dit du type de résidence des couples, lorsqu'elle est déterminée par la résidence du groupe du mari.

VIRION [viʀjɔ̃]. *n. m.* (1972 ; de *virus*). *Biol.* Particule infectieuse d'un virus constituée d'un acide nucléique et de protéines.

VIROCIDE [viʀɔsid] ou **VIRUCIDE** [viʀysid]. *adj.* et *n. m.* (XXe ; de *virus*, et suff. *-cide*). *Didact.* Qui détruit le pouvoir infectieux d'un virus. *Subst. Un virocide.*

VIROLAGE [viʀɔlaʒ]. *n. m.* (1872 ; de *viroler*). Action de viroler (1° et 2°).

VIROLE [viʀɔl]. *n. f.* (XIIIe ; *virol*, n. m., XIIe ; lat. *viriola*, dimin. de *viria* « sorte de bracelet », o. gaul.). ♦ 1° Petite bague de métal dont on garnit l'extrémité d'un manche pour assujettir ce qui y est fixé et empêcher le bois de se fendre. *Virole d'un couteau, d'un parapluie.* ♦ 2° *Techn.* (1765). Moule d'acier circulaire pour la frappe des monnaies et des médailles.

VIROLER [viʀɔle]. *v. tr.* (XIIIe ; de *virole*). *Techn.* ♦ 1° Munir d'une virole. ♦ 2° (1876). Introduire (les flans) dans la virole (2°).

VIROLIER [viʀɔlje]. *n. m.* (XXe ; de *virole*). *Techn.* Ouvrier fabriquant les viroles.

VIROLOGIE [viʀɔlɔʒi]. *n. f.* (1953 ; de *virus*, et *-logie*). *Didact.* Branche de la microbiologie qui traite des virus.

VIROLOGISTE [viʀɔlɔʒist(ə)] ou **VIROLOGUE** [viʀɔlɔg]. *n. m.* (XXe ; de *virologie*). Spécialiste de la virologie.

VIROSE [viʀoz]. *n. f.* (1953 ; de *virus*, et *-ose* 2). *Méd.* Maladie due à un virus. *Virose pulmonaire.*

VIROSTATIQUE [viʀɔstatik]. *adj.* et *n. m.* (XXe ; de *virus*, et *statique*). *Didact.* Se dit d'un agent qui arrête le développement d'un virus. *Subst. Un virostatique.*

VIRTUALITÉ [viʀtɥalite]. *n. f.* (1674 ; du rad. de *virtuel*). *Philo.* ou *littér.* Caractère de ce qui est virtuel ; pouvoir, qualité à l'état virtuel. V. **Potentialité.** « *Pour notre esprit... il n'y a rien avant le moi autre que les virtualités, des tendances* » (MAINE de BIRAN).

VIRTUEL, ELLE [viʀtɥɛl]. *adj.* (1503, rare av. 2e moitié du XVIIe ; lat. scolast. *virtualis*, du lat. *virtus* « vertu »). ♦ 1° *Philo.* ou *littér.* Qui n'est qu'en puissance, qui est à l'état de simple possibilité dans un être réel, ou (plus *cour.*) Qui a en soi toutes les conditions essentielles à sa réalisation. V. **Possible, potentiel.** — *Subst. masc. Le possible, le probable et le virtuel.* « *Être homme, c'est se sentir... comme une multiplicité d'être virtuel, et être artiste, c'est amener... ce virtuel à l'existence* » (THIBAUDET). ♦ 2° *Mécan.* (fin XVIIIe). *Travail virtuel*, la somme des travaux élémentaires accomplis par les forces appliquées à un système de solides soumis à des déplacements fictifs (ou *virtuels*). ◊ *Opt.* (1858) *Image virtuelle*, dont les points se trouvent sur le prolongement des rayons lumineux. ◇ *Phys. at.* Possible; probable. *État, niveau virtuel d'un noyau. Processus virtuel de l'émission d'une particule.* ◈ ANT. Actuel, effectif, formel, réel.

VIRTUELLEMENT [virtɥɛlmɑ̃]. *adv.* (1503; de *virtuel; virtualement*, en 1469). D'une manière virtuelle, en puissance. ◇ *Cour.* Selon toute probabilité. *Ce club, à deux journées de la fin, est virtuellement vainqueur du championnat. Vous êtes virtuellement admis.* V. **Pratiquement.**

VIRTUOSE [virtɥoz]. *n.* (1640; it. *virtuoso*, de *virtù*). ♦ 1° *Vx.* Personne extrêmement douée; « amateur des sciences et des beaux-arts, qui en favorise le progrès » (ENCYCL.). « *Madame la Dauphine... est virtuose (elle sait trois ou quatre langues)* » (SÉV.). ♦ 2° (1668, répandu XVIIIe). Musicien, exécutant doué d'une technique brillante. *Virtuose du piano.* « *Le jeu vertigineux du virtuose* » (PROUST). Adj. *Il est plus virtuose qu'inspiré.* ♦ 3° (Dans toute activité, artistique ou autre). Personne, artiste extrêmement habile, dont le métier, la technique sont supérieurs. *Virtuose du pinceau. Rivarol... « était un virtuose de la parole* » (STE-BEUVE). « *Il y a des virtuoses de la diplomatie* » (SIEGFRIED).

VIRTUOSITÉ [virtɥozite]. *n. f.* (1857; de *virtuose*). Talent, technique de virtuose. « *Il sentait le dangereux attrait de la virtuosité..., plaisir bien excusable, presque innocent chez un jeune homme, mais néanmoins mortel pour l'art et pour l'âme* » (R. ROLLAND). V. **Brio, vélocité.** ◇ *Par anal.* Technique brillante (d'un artiste, d'un écrivain, d'un artisan, etc.). V. **Maîtrise.** — Avec valeur péj. *C'est de la virtuosité pure,* cela manque d'âme, de profondeur.

VIRULENCE [virylɑ̃s]. *n. f.* (av. 1478, « pus »; rare av. XVIIIe; lat. *virulentia* « infection »). ♦ 1° *Méd. (Vx).* Caractère virulent. « *La virulence de ses humeurs* » (VOLT.). ◇ *Fig.* Âpreté, violence. *Virulence d'une critique.* « *Bien qu'ils protestent avec virulence du contraire...* » (SARTRE). ♦ 2° (1890). Aptitude d'un germe pathogène à se multiplier dans un organisme vivant et à y entraîner des manifestations morbides. *Degré de virulence.* ◇ *Par ext.* Caractère nocif, dangereux. *Virulence d'un poison.*

VIRULENT, ENTE [virylɑ̃, ɑ̃t]. *adj.* (av. 1478, « qui contient du pus »; lat. *virulentus* « venimeux », de *virus.* V. **Virus**). ♦ 1° *Vx.* Infectieux, contagieux; *vieilli,* Contenant un virus (2°). *Bave virulente.* ◇ *Mod.* (1889). Qui a un certain degré de virulence (2°). *Microbe très virulent.* ♦ 2° *Fig. et cour.* (1767). Plein d'âpreté, de violence. V. **Corrosif, venimeux.** *Satire, critique virulente.* « *La plus virulente haine* » (PÉGUY). ◇ (Personnes) *Il est très virulent contre le gouvernement.*

VIRURE [viryr]. *n. f.* (1690; de *virer*). *Mar.* File de bordages, s'étendant sur toute la longueur de la carène d'un pont.

VIRUS [virys]. *n. m.* (1478; mot lat. « suc, venin, poison »). ♦ 1° *Vx.* Substance organique (pus, etc.), susceptible de transmettre la maladie. ◇ *Fig.* Principe moral de contagion. « *Il lui avait inoculé le virus redoutable de sa vertu* » (HUGO). ♦ 2° (v. 1850-60). *Vieilli.* Nom donné à tout germe pathogène. *Virus du charbon, du paludisme.* — Mod. (XXe). Micro-organisme infectieux, parasite absolu des cellules vivantes, possédant un seul type d'acide nucléique et se reproduisant à partir de son seul matériel génétique, à structure bien définie (Syn. vieillis : *ultravirus, virus filtrant*). *Virus de la rage, de la poliomyélite, de la fièvre jaune. Maladies à virus.* V. **Viral.**

VIS [vis]. *n. f.* (*Viz* « escalier tournant », 1409; lat. *vis* « vigne », et par ext. « vrille de vigne »). ♦ 1° Escalier tournant en spirale autour d'un axe, dit « noyau », qui soutient toutes les marches. « *Ils sortirent sous le porche et montèrent une vis en pierre* » (BALZ.). Plus cour. *Escalier à vis.* ♦ 2° Tige cylindrique ou tronconique de bois, de métal, présentant une partie saillante en hélice (appelée *filet*) et que l'on fait pénétrer dans une pièce également filetée ou dans du bois, du métal, en la faisant tourner sur elle-même. *Noyau, cannelure, tête d'une vis. Pas de vis; spire de vis. Vis à bois, à métaux. Vis destinée à recevoir un écrou.* V. **Boulon.** *Vis à tête ronde; à tête plate. Vis à papillon, à ailettes. Vis terminée par un crochet, un anneau.* V. **Piton.** *Longue vis.* V. **Tire-fond.** *Serrer, desserrer une vis* (V. **Tournevis**). *Donner un tour de vis. Vis qui foire*.* Loc. fig. *Serrer la vis à qqn,* le traiter avec une grande sévérité. ♦ 3° Machine simple permettant de transformer un mouvement circulaire en mouvement rectiligne. *Tire-bouchon à vis. Vis de pressoir.* — *Vis d'Archimède,* machine élévatoire, cylindre creux, mobile autour d'un axe incliné, à l'intérieur duquel est fixée une hélice, pour élever l'eau d'irrigation. — *Vis sans fin,* dont le filet engrène avec une roue dentée, lui imprimant un mouvement de rotation. *Direction d'automobile à vis sans fin.* — *Vis micrométrique,* à pas très fin et à large tête portant des divisions équidistantes, qui permet de lire la mesure d'une rotation très faible. — Auto. *Vis platinées*.* ◈ HOM. Vice.

VISA [viza]. *n. m.* (1554; lat. *visa* « choses vues », plur. neutre de *visus,* p. p. de *videre* « voir »). Formule ou sceau accompagné d'une signature qu'on appose sur un acte pour le rendre régulier ou valable. « *Il... imprima le visa sur le passeport* » (STENDHAL). *Visa du consulat. Visa du contrôleur des dépenses engagées. Visa pour timbre,* attestation du paiement d'un droit. *Visa de censure* (d'un film). — *Donner, refuser son visa.* — *Des visas.* ◇ *Fig.* Approbation.

VISAGE [vizaʒ]. *n. m.* (1080; de l'a. fr. *vis*; Cf. Vis-à-vis; du lat. *visus* « aspect, apparence », proprem. « vue »). ♦ 1° (Moins cour. que *figure*). Partie antérieure de la tête de l'homme. V. **Face, figure, tête.** *Le haut, le bas du visage. Visage rond, allongé, ovale, en lame de couteau, taillé à la serpe. Lignes du visage.* V. **Linéament, trait; facies, masque.** *Visage irrégulier, chiffonné; régulier. Visage plein, joufflu, poupin, bouffi. Visage maigre, émacié, chafouin. Couleur naturelle du visage.* V. **Teint.** *Plis du visage :* rides. *Un beau visage.* « *La beauté du visage est un frêle ornement* » (MOL.). *Visage mignon, agréable.* V. **Frimousse, minois.** *Avoir le feu, le sang au visage. Visage pâle, blafard, blême, terreux, basané, bronzé, tanné. Visage ridé, fané, flétri, ravagé.* « *Ce lisse et frais visage de l'adolescence* » (DUHAM.). — *Visage détendu, reposé, fatigué, crispé, défait, décomposé.* — *Avoir bon visage,* avoir bonne mine. *Je vous trouve meilleur visage. Soins du visage,* soins de beauté. *Maquillage du visage.* « *Sa figure grimée... ne laisse pas deviner grand'chose de son vrai visage* » (COLETTE). *Visage caché sous un voile, par un masque. Découvrir son visage.* — Loc. fig. *À visage découvert*.* — *Tourner son visage vers...* « *Le visage de Lucienne tourné vers le mien* » (ROMAINS). « *Le visage avidement tendu vers le Ministre* » (LECOMTE). — *Frapper qqn au visage :* le gifler. « *Un garde reçut dans le plein visage* » (NIZAN). — *Visage mobile, expressif* (V. **Expression, mine, physionomie**). *Visage ouvert. Visage souriant, rayonnant, sérieux, maussade. Visage énergique. Émotion, sentiment qui se peint sur un visage.* « *La joie de son cœur, qui éclatait sur son visage* » (FÉN.). « *L'ennui me paraît écrit et gravé sur son visage* » (SÉV.). « *Ce visage où ne se lit aucune commisération, aucun attendrissement* » (PROUST). ♦ 2° *Par ext.* Expression du visage. « *...Seigneur, vous changez de visage !* » (RAC.). *Faire bon visage,* prendre un air content quand il n'y a pas lieu de l'être. *Faire bon visage à qqn,* être aimable avec lui, *spécialt.* lorsqu'on lui est hostile. ♦ 3° *Par ext.* La personne (considérée dans son visage). *Un visage inconnu; connu, de connaissance. Mettre un nom sur un visage.* « *Il voit tous les leurs... à souper de nouveaux visages* » (VAUVEN.). *Visage ami.* — *Les Visages pâles,* les Blancs (pour les Indiens). ◇ SANS VISAGE : que ne représente aucun visage humain; dont le véritable caractère est inconnu. *Les dieux sans visage.* « *La Compagnie..., puissance obscure et sans visage* » (BOSCO). ♦ 4° *Fig.* (XIVe). Aspect particulier et reconnaissable (de qqch.). V. **Forme, image.** « *Les deux visages de la justice* » (BOSS.). « *Le visage terrible de la réalité* » (R. ROLLAND). — (Personnes) Personnalité. *Un homme à deux visages,* double, fourbe. « *Ses visages successifs* (d'un homme)*..., que sont les œuvres* » (CAMUS). — Par ext. *Le vrai visage des États-Unis.*

VISAGISTE [vizaʒist(ə)]. *n.* (1936, F. Aubry; n. déposé, ainsi que *visagisme;* de *visage*). Esthéticien(enne), spécialiste du *visagisme,* méthode pour mettre en valeur la beauté du visage, par la coiffure, le maquillage et leur harmonie. *Visagiste d'un institut de beauté.* « *Il n'existe pas encore de visagiste qui sache rectifier le regard* » (BEAUVOIR).

VIS-À-VIS [vizavi]. *adv., loc. prép.* et *n. m.* (1213, adv.; de l'a. fr. *vis.* V. **Visage**).
I. Adv. Vieilli. Face à face. *Nous nous sommes trouvés vis-à-vis.*
II. *Loc. prép.* ♦ 1° (1485). En face de... (V. **Opposite**). « *Vous verrez des hommes et des femmes exécuter gravement l'un vis-à-vis de l'autre, les pas d'un menuet* » (STAËL). — (Sans *de,* et suivi d'un nom) « *Chez un peintre vis-à-vis la Fontaine du Diorama* » (STENDHAL). ♦ 2° *Fig.* (XVIIe). En face de, en présence de..., devant (de manière à confronter). « *J'en rougis vis-à-vis de moi-même* » (FLAUB.). ◇ En regard, en comparaison de... *Ma fortune est modeste vis-à-vis de la sienne.* ♦ 3° (1751). Exprimant une relation (emploi critiqué). Envers (qqn). V. **Avec.** « *Il s'était engagé vis-à-vis d'elle* » (MAUPASS.). « *Une attitude haineuse et revendicatrice vis-à-vis des autres* » (BOUTHOUL). — À l'égard de (qqch.). « *Tu es vis-à-vis de la guerre comme sont les chrétiens devant la mort* » (MART. du G.).
III. *N. m.* (1570, « degré de parenté », vx). ♦ 1° (XVIIe-XVIIIe). Position de deux personnes, deux choses qui se font face. « *Assis en vis-à-vis sur deux petites chaises* » (ROUSS.). *Un pénible vis-à-vis.* V. **Tête-à-tête.** « *Des fenêtres en vis-à-vis sur la cour et dans le fond des jardins* » (ARAGON). ♦ 2° (1802). Personne placée en face d'une autre (à table, en voiture; à la danse). *Un charmant vis-à-vis.* ◇ *Par ext.* Se dit des choses situées en face d'une autre. *Nous avons le bois pour vis-à-vis.* ♦ 3° (Fin XIXe). Petit canapé en S où deux personnes peuvent converser face à face.

VISCACHE [viskaʃ]. *n. f.* (*Viscachos,* 1765; mot esp., d'o. quichua). Mammifère rongeur *(Chinchillidés),* d'Amérique du Sud, appelé « lièvre des pampas », dont la fourrure est estimée (beaucoup moins cependant que celle du *chinchilla*).

VISCÉRAL, ALE, AUX [viseʀal, o]. *adj.* (1460; bas lat. *visceralis* « profond »). ◆ 1º Profond, intime, inconscient (*opposé à* réfléchi). « *Ces profondeurs viscérales de l'être humain* » (AYMÉ). *Une haine viscérale, irraisonnée.* ◆ 2º (1765). Relatif aux viscères, qui appartient à un viscère. *Feuillet viscéral du péritoine. Muscle viscéral,* muscle lisse d'un viscère. V. **Splanchnique.** « *Un très léger spasme viscéral* » (ROMAINS).

VISCÈRE [viseʀ]. *n. m.* (1478; lat. *viscus, visceris* « chair », par ext. « viscère »). [Rare au sing.]. *Anat.* Tout organe contenu dans les cavités crânienne, thoracique et abdominale : cerveau, cœur, estomac, foie, intestin, poumon, rate, rein, utérus. *Relatif aux viscères.* V. **Splanchnique.** ◇ Cour. *Les viscères,* ceux de l'abdomen. V. **Boyau(x), entrailles.** *Viscères comestibles d'animaux.* V. **Tripes.** *Ôter les viscères.* V. **Éviscérer.**

VISCOSE [viskoz]. *n. f.* (1899; du rad. de *visqueux,* et suff. *-ose*). *Techn.* Solution colloïdale de cellulose et de soude, qui donne des fibres de rayonne, de fibranne et aussi de la cellophane.

VISCOSIMÈTRE [viskozimɛtʀ(ə)]. *n. m.* (1831, de *viscos*[*ité*], et *-mètre*). *Sc., Techn.* Appareil servant à déterminer la viscosité des fluides (surtout la viscosité relative).

VISCOSITÉ [viskozite]. *n. f.* (1256; de *visqueux*). ◆ 1º État de ce qui est visqueux. — Phys. *Viscosité d'un fluide,* état d'un fluide dont l'écoulement est freiné par le frottement entre les molécules qui le composent. *Coefficient de viscosité. Unité de viscosité.* V. **Poise.** *Viscosité d'une huile.* ◇ État d'un corps dont la surface est visqueuse, gluante. *Froideur et viscosité répulsive d'un cadavre.* ◆ 2º *Fig. Viscosité de la main-d'œuvre,* manque de mobilité de la main-d'œuvre. ◇ ANT. **Fluidité.**

VISÉ [vize]. *n. m.* (1907; de *viser* 1). Le fait de viser avec une arme à feu. *Tirer, tir au visé* (opposé à *au juger* [II]).

VISÉE [vize]. *n. f.* (1219; de *viser* 1). ◆ 1º Action de diriger la vue, le regard (et *par ext.* une arme, un instrument d'optique) vers un but, un objectif. *Ligne de visée. Déterminer les différences de niveau par une visée.* ◆ 2º *Fig.* (surtout au plur.). Direction de l'esprit vers un but, un objectif qu'il se propose. V. **Ambition, désir, dessein, intention.** *Visées ambitieuses, belliqueuses.* « *Homme à grandes visées* » (BALZ.).

1. VISER [vize]. *v.* (1155); lat. pop. *°visare,* class. *visere,* intensif de *videre* « voir », supin *visum*).
I. *V. intr.* ◆ 1º (XIIº). Diriger attentivement son regard (et *par ext.* un objet, une arme) vers le but, la cible à atteindre. *Vise bien avant de tirer.* « *Romain visait, tirait, manquait* » (RAMUZ). *Viser juste, trop haut, trop bas.* ◆ 2º *Fig. Visez moins haut, plus haut,* ayez des ambitions plus modestes, plus grandes.
II. *V. tr. indir.* (1398). VISER À. ◆ 1º Diriger un objet, une arme sur... *Il a visé sa proie.* ◆ 2º *Fig.* Avoir en vue (une certaine fin). « *C'est le but auquel elle* (la nature) *vise* » (BOSS.). « *Bonaparte aimait la puissance et visait à la toute-puissance* » (VIGNY). « *Cette vision qui vise et touche à l'émotion* » (STE-BEUVE). ◇ (Suivi d'un inf.) « *Le soin... de nos pères ne vise qu'à nous meubler la tête de science* » (MONTAIGNE). « *Le comique véritable... vise d'abord à provoquer le rire* » (DUHAM.).
III. *V. tr. dir.* ◆ 1º (1610). Regarder attentivement (un but, une cible) afin de l'atteindre d'un coup, d'un projectile. « *Un Allemand le vise sans un fusil* » (SARTRE). *Viser l'objectif en clignant de l'œil.* V. **Mirer.** — *Viser le cochonnet avec la boule.* V. **Pointer** 1. ◆ 2º *Fig.* Avoir en vue, s'efforcer d'atteindre (un résultat). V. **Ambitionner, briguer, désirer, rechercher.** « *Un monsieur qui a su, par sa persévérance... atteindre le but qu'il a laborieusement visé* » (COURTELINE). « *Il visait la députation* » (ARAGON). — *Viser l'effet.* « *Michel-Ange... ne vise pas la mise en scène* » (MALRAUX). ◆ 3º (*Sujet de chose*). Regarder, s'appliquer à. *Cette remarque vise tout le monde.* V. **Concerner.** *Être,* se sentir visé : être l'objet d'une allusion, d'une critique. *Les articles visés dans un arrêt,* les articles auxquels on se réfère pour le motiver. — Pop. « *Vise la gueule du cuistot* » (DORGELÈS). « *Vise la belle paire de pompes* (chaussures) » (DORGELÈS).

2. VISER [vize]. *v. tr.* (1668; de *visa*). Voir, examiner (un acte) et le revêtir d'un visa ou d'une mention qui le rend valable. *Faire viser son passeport. Viser et parapher des livres de commerce.*

VISEUR [vizœʀ]. *n. m.* (XVIº; *viseor* « éclaireur », 1222; de *viser* 1). ◆ 1º Rare. Celui qui vise. *Un bon viseur.* ◆ 2º (1842). Instrument, dispositif optique servant à effectuer une visée. *Viseur d'une arme à feu. Viseur de tir aérien. Regarder dans le viseur.* — *Astron.* Petite lunette servant à repérer. — Dispositif permettant de délimiter le champ (en photo, cinéma). V. **Œilleton** du viseur. V. **Écran** de la caméra.

VISIBILITÉ [vizibilite]. *n. f.* (1487; *visibleté,* 1380; bas lat. *visibilitas*). ◆ 1º Caractère de ce qui est perceptible par la vue, sensible à l'œil humain. *Visibilité d'un phénomène,*

— *Sc.* Caractère des radiations électromagnétiques qui impressionnent l'œil humain. *La visibilité part de zéro aux extrémités du spectre visible et passe par un maximum* (dans le jaune-vert). *Limites de visibilité* (variables selon les individus). ◆ 2º (1935). Qualité de l'atmosphère, permettant de voir à une plus ou moins grande distance. *Bonne, mauvaise visibilité. Visibilité nulle. Prévisions de visibilité.* — *Pilotage sans visibilité* (P.S.V.). ◆ 3º Possibilité, en un point donné, de voir plus ou moins bien les abords. *Virage sans visibilité. Large pare-brise de voiture qui donne une bonne visibilité.* ◇ ANT. **Invisibilité.**

VISIBLE [vizibl(ə)]. *adj.* (v. 1190; lat. *visibilis;* de *videre* « voir »). ◆ 1º Qui peut être vu, qui est actuellement perceptible par la vue. *Objets visibles.* « *Une peinture... encore parfaitement visible et distincte* » (HUGO). « *Certains jours où la ligne d'horizon n'est plus visible* » (MONTHERLANT). *La face visible de la Lune. Étoiles visibles.* « *L'heure et le lieu où elle* (une éclipse) *sera visible* » (ALAIN). V. **Observable.** — *Radiation électromagnétique, rayonnement visible,* qui impressionne l'œil humain. — *Visible à l'œil nu,* à la loupe, *au microscope.* ◇ *Spécialt.* Qu'on voit facilement; appréciable à la vue. « *Des reprises assez visibles* » (GAUTIER). « *Elle prenait un embonpoint assez visible* » (MAUPASS.). ◇ *Subst. Le visible.* — *Au delà du visible.* V. **Infrarouge, ultraviolet.** ◆ 2º Sensible ou rendu sensible aux sens (et *spécialt.* au sens de la vue), en parlant d'une réalité abstraite, mentale ou globale (*opposé à* caché, invisible). V. **Apparent, manifeste.** « *Pourquoi le bien voilé? Pourquoi le mal visible?* » (HUGO). *Forme visible d'un symbole.* « *À toute idée, il faut une enveloppe visible* » (HUGO). *La nudité, la nature visible.* ◇ *Subst. Le visible et l'invisible.* « *N'acceptons que le visible et le tangible* » (HUGO). ◆ 3º *Par ext.* (1611). Qui se manifeste, s'extériorise, peut être constaté par les sens. V. **Évident, flagrant, manifeste, ostensible.** *Avec un embarras, un plaisir visible.* « *Mon antipathie était si visible...* » (BOSCO). — Impers. *Il est visible que...,* clair, évident. ◆ 4º (1690). En état de recevoir une visite. « *Ma mère... n'est jamais visible de deux heures à quatre* » (BALZ.). — *Fam.* En état d'être vu (habillé, apprêté). ◇ ANT. **Caché, invisible, secret; douteux.**

VISIBLEMENT [vizibləmɑ̃]. *adv.* (XIIIº; de *visible*). ◆ 1º De manière à être vu; en se manifestant à la vue. « *Ses lèvres bougent visiblement. On perçoit un murmure...* » (ROMAINS). ◆ 2º (1312). D'une manière évidente, claire. « *L'homme est visiblement fait pour penser* » (PASC.). V. **Manifestement.** *Il était visiblement préoccupé.* — (En tête de phrase) « *Visiblement la cour se croyait trop forte* » (MICHELET). ◇ ANT. **Invisiblement.**

VISIÈRE [vizjɛʀ]. *n. f.* (1250; de l'a. fr. *vis.* V. **Visage.**) ◆ 1º Pièce mobile du casque, de l'armure de tête qui couvrait le visage. *Baisser la visière, pour combattre.* « *La lame haute et la visière basse* » (HUGO). — *Loc. Rompre en visière,* autrefois, rompre sa lance dans la visière du heaume de l'adversaire. *Fig.* et mod. *(Littér.)* Attaquer, contredire violemment, en face. *Rompre en visière à, avec. Des « provinciales qui osent rompre en visière à l'étiquette* » (MAURIAC). « *Bien loin d'avoir rompu en visière avec la morale publique* » (L. BERTRAND). ◆ 2º (1835). Partie d'une casquette, d'un képi qui abrite les yeux (comparée à une visière de casque levée). — *Par anal. Mettre sa main en visière.* « *Il ramène en visière... le rebord de son béret* » (LOTI). ◇ *Par ext.* Pièce rigide qui protège les yeux et qui s'attache autour de la tête. *Visière en celluloïd.* « *Le metteur en scène était en chemise avec une visière sur les yeux* » (AYMÉ). ◆ 3º *Techn. Vx.* Dispositif de visée d'une arbalète; et *par ext.* d'une arme à feu. V. **Hausse.**

VISION [vizjɔ̃]. *n. f.* (1120, « perception d'une réalité surnaturelle », XIIIº; « action de voir »; lat. *visio* « action de voir »).
I. ◆ 1º Perception du monde extérieur par les organes de la vue; mécanisme physiologique par lequel les stimuli lumineux donnent naissance à des sensations. *Appareil, organes de vision.* V. **Œil, optique** (nerf). *Champ de la vision. Vision nocturne.* V. **Nyctalopie.** *Vision binoculaire. Vision nette, indistincte. Troubles, anomalies de la vision.* V. **Achromatopsie, amétropie, astigmatisme, hypermétropie, myopie, presbytie; amaurose, cécité.** « *Les opticiens seuls... croient connaître les moyens efficaces par lesquels la vision s'effectue* » (MAINE DE BIRAN). ◆ 2º *Abstrait* (répandu au XIXº). Action de voir, de se représenter en esprit. V. **Représentation.** *Vision de l'avenir.* « *Aucun savant... ne confond la vision d'une vérité avec la démonstration d'une vérité* » (RIBOT). V. **Intuition.** ◇ *Spécialt.* Façon de voir, de concevoir un ensemble de choses complexes. *Vision exacte.* « *La philosophie... embrasse parfois dans une vision plus simple les objets dont la science s'occupe* » (BERGSON). *Une vision réaliste, épique, poétique.*
II. Chose vue, perçue. ◆ 1º Représentation conçue comme d'origine surnaturelle; chose surnaturelle qui apparaît aux yeux ou à l'esprit. V. **Apparition, révélation.** *Visions des prophètes, des grands mystiques, des voyants.* ◆ 2º (XVIIº).

Représentation imaginaire. « *Des visions fantastiques que tes yeux semblent apercevoir* » (LAUTRÉAMONT). V. **Hallucination; chimère, illusion, mirage, rêve.** *Visions hallucinatoires.* « *Un sommeil hanté de visions insupportables* » (MAUPASS.). ♦ 3° Par ext. *(Vx).* Idée folle, extravagante. V. **Folie.** « *Les sottes visions de cette extravagante* » (MOL.). — *Mod.* (Fam.) *Avoir des visions :* déraisonner. *Tu as des visions!* ♦ 4° (XIXᵉ). Image mentale. V. **Idée, image.** « *Ce parfum m'évoque la vision d'une cheminée à hotte* » (HUYSMANS). *Vision obsédante.* V. **Hantise.** « *Des visions de luttes sanglantes* » (ROMAINS). *La vision de la mort.*
◇ ANT. *Réalité.*

VISIONNAIRE [viziɔnɛʀ]. *n.* et *adj.* (1637; de *vision*). ♦ 1° *N.* Personne qui a ou croit avoir des visions, des révélations surnaturelles, ou qui a des idées folles, extravagantes. V. **Halluciné, illuminé, songe-creux.** *Prédictions de visionnaire. Traiter qqn de visionnaire.* ♦ 2° Adj. *Fou visionnaire.* « *Un savoir incompréhensible et visionnaire* » (FONTENELLE). V. **Chimérique, extravagant.**

VISIONNER [viziɔne]. *v. tr.* (1921; de *vision*). Examiner (un film) d'un point de vue technique. *Visionner une séquence, un montage provisoire.*

VISIONNEUSE [viziɔnøz]. *n. f.* (1953; de *visionner*). Appareil formé d'un dispositif optique grossissant derrière lequel le film défile, et qui permet de l'examiner. — Appareil semblable pour regarder les diapositives.

VISITANDINE [vizitɑ̃din]. *n. f.* (1721; de *visit*[ation]). Religieuse de l'ordre de la Visitation.

VISITATION [vizitasjɔ̃]. *n. f.* (1611; « visite », au XIIᵉ; lat. ecclés. *visitatio*). *Relig. cathol.* Visite que fit la Sainte Vierge à sainte Élisabeth, alors enceinte de saint Jean-Baptiste; fête commémorant cet événement (le 2 juillet). *Par ext.* Tableau représentant cette scène. — *Ordre de la Visitation,* ordre de religieuses fondé par saint François de Sales et sainte Jeanne de Chantal, en 1610. *Sœurs de la Visitation.* V. **Visitandine.**

VISITATRICE [vizitatʀis]. *n. f.* (1596, visitateur « visiteur », fin XVᵉ; lat. ecclés. *visitator, -trix*). *Relig.* Religieuse chargée par la maison mère de visiter les monastères d'un ordre.

VISITE [vizit]. *n. f.* (1556, « perquisition »; de *visiter*). **I.** *(D'une personne.)* ♦ 1° (1607). Le fait d'aller voir qqn et de rester avec lui un certain temps; le fait de recevoir un visiteur. V. **Entrevue, rencontre.** *L'objet, le but d'une visite. Une petite, une longue visite. Visite de politesse, de demande en mariage, de sollicitation, de remerciements. Les visites du Jour de l'An. L'heure des visites* (dans une pension, un hôpital, une prison, etc.). — *Faire une visite, faire visite à qqn. Rendre une visite à qqn, lui rendre sa visite.* — *Par ext. Rendre visite, faire une visite à qqn. Je vous rendrai visite vers 5 heures.* — *Recevoir la visite de qqn.* — *Carte* de visite.* ◇ *Par ext.* Rencontre mondaine, de personnes qui se voient régulièrement. « *J'aime le jeu, les visites* » (MOL.). V. **Réception.** — *Être en visite chez qqn.* ♦ 2° (1740). La personne qui se rend chez une autre. V. **Visiteur.** « *Quelques visites arrivèrent, des voisines mordues de curiosité* » (ZOLA). ♦ 3° *Spécialt.* (1690). Pour un médecin, le fait de se rendre auprès d'un malade. *Visites à domicile. Les visites et les consultations.* ◇ *Dr. Droit de visite aux enfants,* pour l'époux qui ne garde pas l'enfant. ◇ Action de visiter (un client). *Visites d'un représentant, d'un voyageur de commerce.* **II.** *(D'un lieu ou des occupants.)* ♦ 1° Le fait de se rendre dans un lieu, pour voir, pour parcourir, visiter (II). *Visite touristique. Visite d'une ville en autocar. Visite d'un port. Visite d'un musée.* ◇ Pour rencontrer, visiter (I). *Visite d'un chef d'État, d'un souverain dans un pays étranger.* ♦ 2° Le fait de se rendre dans un lieu, pour procéder à un examen, à une inspection, à des constatations. *Visite de surveillance.* V. **Ronde, tournée.** *Visite d'expert.* — *Dr. Visite domiciliaire.* V. **Perquisition.** — Par ext. *Visite de douane,* formalité d'examen des marchandises, des bagages. V. **Fouille.** — (1636) Inspection d'un supérieur religieux. *Visite du diocèse. Visite de l'évêque,* tournée pastorale. — (1678) Inspection d'un navire. V. **Arraisonnement.** *Droit de visite,* reconnu par un accord international aux vaisseaux de guerre, de visiter les navires marchands. — *Spécialt.* Examen de patients, de malades par un médecin à l'hôpital, en clinique, dans une communauté, etc. *L'heure de la visite. Aller, passer à la visite médicale.* « *Tu passeras la visite, on saura que tu tires au flanc* » (COURTELINE).

VISITER [vizite]. *v. tr.* (Xᵉ, relig.; lat. *visitare,* fréquentatif de *visere* « voir »). **I.** Aller voir (qqn). ♦ 1° (1131). *Rare.* Se rendre auprès de (qqn), en lui faisant une visite. *Visiter fréquemment ses voisins.* V. **Fréquenter.** « *Leurs amis n'osaient les visiter* » (CHATEAUB.). — Par ext. *Visiter la maison d'un ami.* ♦ 2° Cour. (XIIIᵉ). Se rendre auprès de (qqn) par charité. *Visiter les indigents, les prisonniers, les malades d'un hôpital.* ◇ Se rendre auprès de (un malade, pour l'examiner, le soigner à

domicile). « *Je l'irai visiter dans deux ou trois jours* » (MOL.). ◇ Aller voir (un client). ♦ 3° *Relig.* (de Dieu). Agir sur, se manifester auprès de (l'homme). ◇ *Fig.* et *littér.* (Sujet de chose) « *Une paix miraculeuse visita l'esprit de Patrice Périot* » (DUHAM.). **II.** Aller voir (qqch.). ♦ 1° (1240). Parcourir (un lieu) en examinant. V. **Voir.** *Visiter un pays inconnu.* V. **Explorer.** *Visiter la Grèce, une ville.* « *Ni chevaux, ni guides pour visiter les environs* » (BALZ.). « *Il visite aussi les églises* » (STE-BEUVE). ♦ 2° Par ext. Aller dans (un lieu) pour trouver qqch. « *Elle avait passé la journée à visiter avec Jean des boutiques de tapissiers* » (MAUPASS.). ◇ Examiner minutieusement pour trouver qqch. « *Ils levèrent les tentures, ouvrirent les coffres, visitèrent les recoins* » (GOBINEAU). « *Séraphie venait... visiter mes livres et fourrager mes papiers* » (STENDHAL). « *Visiter un coffre-fort* » (ROMAINS). — *Spécialt.* Procéder à une visite (II, 2°), à un examen. « *Il est allé à la douane faire visiter quelques ballots* » (REGNARD).

VISITEUR, EUSE [vizitœʀ, øz]. *n. (Visiteor,* XIVᵉ; *h.* XIIIᵉ; de *visiter*). **I.** ♦ 1° Personne qui visite, inspecte, examine. *Visiteur, visiteuse des douanes,* chargé(e) de la visite des bagages. — Nom de métiers : réceptionnaires, vérificateurs, contrôleurs... *Visiteur de gare, de machines* (ch. de fer). *Visiteur de tissus, visiteur en bonneterie, etc.* ♦ 2° Personne qui visite un lieu. *Les visiteurs sont priés de s'adresser au guide. Ville, pays qui accueille bien les visiteurs.* V. **Touriste, voyageur.** **II.** (1766). ♦ 1° Personne qui va voir qqn chez lui, lui fait une visite. « *Point de visiteurs inattendus ou déplaisants* » (LOTI). *Accompagner, reconduire un visiteur. Faire attendre les visiteurs.* ◇ *Spécialt.* Personne qui visite (un pensionnaire, un malade, un prisonnier). *Les visiteurs sont admis au parloir.* ♦ 2° (Mil. XXᵉ). Personne qui se rend à domicile dans un but professionnel *(visiteurs médicaux, pharmaceutiques)* ou social *(visiteuse scolaire, sociale :* assistante sociale). *Infirmière visiteuse,* qui donne des soins à domicile.

VISNAGE [visnaʒ]. *n. m.* (1765; o. i.). Nom commun du *fenouil annuel* ou *ammi.*

VISON [vizɔ̃]. *n. m.* (1761; « belette », 1420, en Saintonge; lat. *vissio* « puanteur », de *vissire* « vesser »). ♦ 1° Mammifère du genre putois, dont la variété d'Amérique du Nord est chassée et élevée pour sa fourrure très estimée. ♦ 2° Fourrure de cet animal. *Étole, manteau de vison.* ◇ *Fam.* Manteau de vison. *Elle s'est fait offrir un vison.*

VISONNIÈRE [vizɔnjɛʀ]. *n. f.* (déb. XXᵉ; de *vison*). *Rare.* (Sauf au Canada). Élevage de visons.

VISQUEUX, EUSE [viskø, øz]. *adj.* (1256; lat. *viscosus,* de *viscum* « glu »). ♦ 1° Qui est épais et s'écoule avec difficulté; qui est mou et adhère en formant une couche gluante. V. **Collant, poisseux; gras, huileux, sirupeux.** *Goudron, pétroles visqueux. Pâte visqueuse.* « *Le protoplasme, gelée visqueuse et transparente* » (J. ROSTAND). — *(Péj.)* Dont la surface est couverte d'un liquide visqueux, d'une couche gluante. ◇ *Sc.* Qui possède une viscosité élevée. ♦ 2° *Fig. Péj.* Répugnant par un caractère de bassesse, de traîtrise. « *Un sourire est visqueux, une pensée, un sentiment peuvent être visqueux* » (SARTRE). « *Des êtres visqueux, douteux* » (MAUROIS). ◇ ANT. *Fluide.*

VISSAGE [visaʒ]. *n. m.* (1842; de *visser*). ♦ 1° Action de visser (1°). *Méd.* Immobilisation des fragments d'un os fracturé, par des vis. ♦ 2° *Techn.* Sillon en spirale sur une poterie façonnée au tour (défaut de fabrication).

VISSER [vise]. *v. tr.* (1762; de *vis*). ♦ 1° Fixer, faire tenir avec une vis. *Visser une applique, un interrupteur. Visser deux pièces de bois,* les assembler à l'aide de vis. ◇ *Fig.* « *Être vissé sur sa chaise* » (BALZ.), s'y tenir raide et immobile. ♦ 2° Serrer en tournant sur un axe de vis. *Visser un couvercle, un bouchon.* Pronom. *Ce bouchon se visse.* — *Visser un écrou, un contre-écrou. Visser à bloc.* ♦ 3° *Fig.* et *fam.* Traiter sévèrement, serrer la vis* à (qqn). « *Je me charge de te visser, moi* » (AYMÉ).

VISSERIE [visʀi]. *n. f.* (1871; de *visser*). *Comm., Techn.* Ensemble des pièces métalliques qui fonctionnent par un pas de vis (V. **Boulon, écrou, vis**); établissement où l'on fabrique ces pièces.

VISSEUSE [visøz]. *n. f.* (v. 1973; de *visser*). *Techn.* Appareil ou machine servant à visser.

VISU (DE). V. DE **VISU.**

VISUALISATION [vizɥalizasjɔ̃]. *n. f.* (1892; de *visualiser*). *Didact.* Le fait de visualiser. ◇ *Spécialt.* Présentation d'informations sur un écran (de télévision; d'oscilloscope). *Console de visualisation.* V. **Visuel, II.**

VISUALISER [vizɥalize]. *v. tr.* (1887, en psycho.; angl. *visualize*). ♦ 1° *Didact.* Rendre visible (un phénomène qui ne l'est pas). *Visualiser l'écoulement de l'air dans une soufflerie.* ◇ *Inform.* Afficher sur un visuel* (II.). ♦ 2° *Cinéma.* (Emploi critique). Mettre (une idée, un sujet) en images.

VISUEL, ELLE [vizɥɛl]. *adj.* et *n.* (1552; lat. médiév. *visualis,* rac. *videre* « voir »).

I. *Adj.* ♦ 1° Relatif à la vue. *Organes visuels, centre visuel.*
V. **Œil, rétine.** *Champ visuel. Angle visuel* (angle optique*).
Axe visuel, ligne passant par le centre de la cornée et le fond
de l'œil. *Images, impressions, sensations visuelles. Mémoire
visuelle,* mémoire des choses vues. — *Subst.* (v. 1900) Personne
chez qui les sensations visuelles prédominent. ♦ 2° Qui fait
appel au sens de la vue. *Langage visuel. Méthodes visuelles,*
dans l'enseignement (V. **Audio-visuel**).
II. *N. m.* (1974). *Inform.* Dispositif d'affichage, d'inscription sur un écran ou une console à tube cathodique ; l'écran,
la console (trad. offic. de l'angl. *display*).
   VISUELLEMENT [vizɥɛlmɑ̃]. *adv.* (1846 ; de *visuel*).
Par le sens de la vue. *Constater visuellement.* V. **De visu.**
   VITAL, ALE, AUX [vital, o]. *adj.* (1380 ; lat. *vitalis,* de
vita « vie »). ♦ 1° Qui concerne, constitue la vie. « *On tend
de plus en plus, dans l'interprétation des phénomènes vitaux,
à exclure l'intervention de facteurs mystérieux et distincts
de la nature* » (J. ROSTAND). *Propriétés, fonctions vitales.*
◊ (Philo.) *Principe vital, force vitale,* réalité énergétique
propre à la vie. *Élan* * *vital.* ♦ 2° Essentiel à la vie d'un individu, d'une collectivité. V. **Indispensable.** *Espace* * *vital.
Minimum* * *vital.* — *Par ext.* Qui touche à l'essentiel de la vie.
Problème vital, question vitale, d'une importance extrême. V.
Fondamental. *Il est vital de prendre, que vous preniez cette
décision ; c'est vital.*
   VITALISME [vitalism(ə)]. *n. m.* (1775 ; de *vital*). *Biol.*
et *Philo.* Doctrine d'après laquelle il existe en tout individu
un « principe vital » distinct de l'âme pensante comme de
la matière. ◊ *(Sens large)* Doctrine suivant laquelle les
phénomènes vitaux sont irréductibles aux phénomènes physico-chimiques et manifestent l'existence d'une « force
vitale » qui rend la matière vivante et organisée. V. **Animisme, organicisme** (1°).
   VITALISTE [vitalist(ə)]. *n.* (1831 ; de *vital*[isme]). *Philo.*
Partisan du vitalisme. *Adj. École vitaliste. Théories vitalistes.*
   VITALITÉ [vitalite]. *n. f.* (h. 1537 ; 1765 ; lat. *vitalitas,* de
vitalis). ♦ 1° *Biol.* Vie, propriétés vitales. ♦ 2° (XIXᵉ). *Cour.*
Caractère de ce qui manifeste une santé, une activité remarquables, de ce qui est éminemment vivant. V. **Dynamisme,
énergie, vigueur.** *Vitalité d'une personne, d'une plante. Plein
de vitalité.* V. **Vie.** « *La force, la vitalité, l'activité et la richesse
inépuisable de ce pays surprenant : la France* » (MAUPASS.).
— *Par anal. Le préfixe « Super-... se montre d'une étonnante
vitalité* » (M. GALLIOT). ⊗ ANT. *Atonie, langueur, léthargie.*
   VITAMINE [vitamin]. *n. f.* (1913 ; mot angl., 1912 ; du
lat. *vita* « vie », et *amine*). *Cour.* Substance indispensable
au bon fonctionnement de l'organisme, apportée en petite
quantité par l'alimentation. *La plupart des vitamines ne
peuvent pas être synthétisées par l'organisme et leur carence
entraîne des troubles caractéristiques* (V. **Avitaminose**). *Fruits,
légumes riches en vitamines. Vitamines A,* de croissance des
jeunes animaux. *Vitamine B,* dont l'absence cause le béribéri.
Vitamine C, antiscorbutique. *Vitamine D,* antirachitique.
Vitamine E, vitamine de reproduction. *Vitamines hydrosolubles, liposolubles.*
   VITAMINÉ, ÉE [vitamine]. *adj.* (v. 1930 ; de *vitamine*).
Cour. Où l'on incorpore une ou plusieurs vitamines. *Biscuits
vitaminés.*
   VITAMINIQUE [vitaminik]. *adj.* (v. 1960 ; de *vitamine*).
Sc. Relatif aux vitamines, de la nature des vitamines. *Fac-
teurs vitaminiques.*
   VITE [vit]. *adj.* et *adv.* (mil. XIIIᵉ ; *viste,* mil. XIIᵉ ; « prompt
hâtif », en a. fr. ; o. i., probabl. rad. expressif).
I. *Adj.* (Vx après le XVIIᵉ ; repris fin XIXᵉ, *sport* ou *littér.*).
Rapide. *Le coureur le plus vite.* « *C'est un mouvement qui est
vite ou lent, et non pas le temps* » (ALAIN).
II. *Adv.* (1538). ♦ 1° En parcourant un grand espace en
peu de temps. *Aller vite.* V. **Filer, foncer.** *Marcher, courir
vite, très vite.* « *Elle grimpa aussi vite que ses grosses jambes
le lui permettaient* » (GREEN). *Rouler vite* (Cf. À toute vapeur,
à toute pompe, à pleins gaz, à tombeau* ouvert). *Passer vite,
très vite* (Cf. Comme un éclair, une flèche). *Aller plus vite*
(V. **Accélérer**). ◊ À un rythme rapide. *Mon cœur
battre plus vite.* — *Mus.* V. **Presto.** ♦ 2° En peu de temps.
V. **Promptement, rapidement** ; *hâte* (en) ; Cf. *fam.* Dare-dare,
en moins de deux, en cinq sec*, tambour battant*. *S'habiller
vite. Faire vite.* V. **Dépêcher** (se), **hâter** (se), **presser** (se).
Trop vite. V. **Hâtivement, précipitamment.** « *Le pédant apprend
vite, et par résumés* » (ALAIN). *Le temps passe vite.* — Loc.
fam. *Aller plus vite que les violons*. Plus vite que le vent :
extrêmement vite.* — *À la va* vite.* ◊ *(Avec un impératif)* Sans plus
attendre, sans délai, et par ext. Immédiatement, subitement.
Allons vite, dépêchez-vous ! Sauve-toi vite. — Ellipt. « *Et plus
vite que ça !* » (BALZ.). « *Hé ! pas si vite* » (COURTELINE). ♦
3° Au bout d'une courte durée. V. **Bientôt.** *On sera plus vite
arrivé.* « *La vieillesse serait vite là* » (ZOLA). « *On retrouverait très vite joie et santé* » (STE-BEUVE). — *Au plus vite,* dans
le plus court délai. — *Il a eu vite fait de, il aura vite fait de* (et

l'inf.) : il n'a pas tardé, il ne tardera pas à. « *L'idiote avait
eu vite fait de se couler ! Il n'avait pas fallu deux mois...* »
(MAURIAC). ◊ Loc. *adv. Fam.* **VITE FAIT** : rapidement. *Il
s'est tiré vite, bien fait.* — *Vite fait, bien fait.*
   ⊗ ANT. *Lent.* — *Lentement ; doucement, piano* (fam.), *tranquillement.*
   VITELLIN, INE [vite(ɛl)lɛ̃, in]. *adj.* (1836 ; « semblable
au jaune d'œuf », 1256 ; du lat. *vitellus*). *Biol.* Relatif au vitellus. *Membrane vitelline,* qui entoure le jaune d'œuf. *Anat.
hum.* Membrane qui entoure l'ovule fécondé.
   VITELLUS [vite(ɛl)lys]. *n. m.* (1800 ; mot lat. « jaune
d'œuf »). *Biol.* Ensemble de substances de réserve (glucides,
protéines, lipides) contenues dans les vacuoles de la partie
nutritive d'un œuf, dont l'abondance varie selon l'espèce
animale. *L'œuf humain est pratiquement dépourvu de
vitellus. Les œufs des reptiles et des oiseaux sont riches en
vitellus.*
   VITELOTTE [vitlɔt]. *n. f.* (1812 ; dimin. de *vit* « verge »,
lat. *vectis* « barre »). Variété de pomme de terre à tubercules
allongés et cylindriques.
   VITESSE [vitɛs]. *n. f.* (1536 ; *vistece* « habileté », 1170 ;
de *vite*). ♦ 1° Le fait ou le pouvoir de parcourir un grand
espace en peu de temps. V. **Célérité, rapidité, vélocité.** « *Se
presser... pour gagner les autres de vitesse* » (RENAN). *Lutter de
vitesse avec qqn. Course de vitesse. L'avion prend de la vitesse.
Faire de la vitesse. Vitesse vertigineuse. Excès de vitesse.*
◊ *Par ext.* Le fait d'accomplir une action en peu de temps.
V. **Diligence, hâte, promptitude.** « *Travaillez à loisir. Et ne
vous piquez point d'une folle vitesse* » (BOIL.). Loc. *Prendre qqn
de vitesse,* faire qqch. plus vite que lui. V. **Devancer.** — Loc.
fam. EN VITESSE : sans délai (V. **Rondement**), au plus vite.
« *Adieu, je me tire en vitesse !* » (QUENEAU). *Déguerpissez, et
en vitesse !* « *Un de ces tissus riches et laids choisis en vitesse* »
(Cl. SIMON). ♦ 2° Le fait d'aller plus ou moins vite, de parcourir une distance plus ou moins grande par unité de temps.
V. **Allure, train.** *Se déplacer avec une faible, une grande
vitesse. Vitesse de la marche. Vitesse d'un avion : de décollage,
de vol, de croisière, de décision, vitesse ascensionnelle. Vitesse
de sustentation, de décrochage :* vitesse minimale nécessaire
au vol. *Dépasser la vitesse du son* (V. **Supersonique**). *Avion
en perte de vitesse,* dont la vitesse devient inférieure à la
vitesse de sustentation. *Fig. En perte de vitesse,* qui ne se
développe plus, perd son dynamisme, son succès. *Mouvement
politique en perte de vitesse.* — *Vitesse d'une automobile,*
appréciée en kilomètres-heure. *Compteur, indicateur de
vitesse. Variations de vitesse* (V. **Accélération, ralentissement**).
Accroître, réduire sa vitesse. Vitesse acquise : vitesse d'un
mobile à un moment donné de l'accélération (qui se main-
tiendrait sans autre action). *Vitesse de libération*. Vitesse
composée :* résultante de plusieurs vitesses. *À pleine, à grande
vitesse. À toute vitesse,* le plus vite possible, et *par ext.* très
vite (Cf. À fond de train* [III, 2°]). *À petite vitesse, à vitesse
réduite.* — (D'un phénomène physique) *Vitesse du vent,*
celle du fluide atmosphérique en un point. — *Vitesse d'un
courant liquide,* en un point. — *Techn. Vitesse de rotation,* nombre de
tours que fait un organe moteur par unité de temps. V.
Régime. ♦ 3° Rapport entre la vitesse de rotation de l'arbre
moteur et la vitesse de rotation des roues, assuré par le
système de transmission. *Changement de vitesse,* dispositif
permettant de changer ce rapport. *Première vitesse ; seconde,
troisième, quatrième vitesse* (ellipt. : passer en seconde, etc.).
Loc. *fam. En quatrième vitesse,* très vite. — *Boîte de vitesses,*
carter du changement de vitesse. *Changer de vitesse.* — *Par
ext. Manœuvrer les vitesses,* les combinaisons d'engrenage
du changement de vitesse. ♦ 4° *Sc.* Quantité exprimée par
le rapport d'une distance au temps mis à la parcourir. *Vitesse
instantanée,* quotient d'une distance infiniment petite par
le temps infiniment petit mis à la parcourir. *Vecteur vitesse,
vecteur dont l'origine est le mobile, l'axe la tangente à la
trajectoire, et la mesure la vitesse instantanée. Vitesse relative*
(par rapport à un système de référence donné). — *Vitesse
constante, croissante. Vitesse initiale,* vitesse d'un projectile
au début de sa trajectoire. *Vitesse angulaire* (d'un mouvement, d'un point autour d'un axe : rotation, *par ex.*) : rapport de la longueur de l'arc parcouru au temps correspondant. *Vitesse radiale,* vitesse qui caractérise le mouvement
d'un astre suivant la direction (le rayon qui le joint à l'observateur). — *Vitesse de propagation d'une onde.* V. **Célérité.**
◊ *Par ext.* Le fait de s'accomplir en un temps donné, pour
un phénomène quelconque. *Vitesse de réaction, de précipitation.*
   VITI-. Élément, du lat. *vitis* « vigne ».
   VITICOLE [vitikɔl]. *adj.* (1836 ; n. m., « vigneron », 1808 ;
lat. *viticola ;* Cf. *Viti-,* et *-cole*). Relatif à la culture de la vigne
et à la production du vin. V. **Vinicole.** *Industrie, culture viticole.* ◊ Qui produit de la vigne. *Région viticole.*
   VITICULTEUR [vitikyltœʀ]. *n. m.* (1872 ; de *viti-,* et
-culteur). Celui qui cultive la vigne, pour la production
du vin. V. **Vigneron.** *Les viticulteurs de l'Hérault.*

VITICULTURE [vitikyltyʀ]. *n. f.* (1845; de *viti-*, et *culture*). Culture de la vigne.

VITILIGO [vitiligo]. *n. m.* (1803; « herpès », 1538; mot lat. « tache blanche »). *Méd.* Trouble de la pigmentation de la peau caractérisé par la présence de taches décolorées, de forme et de localisation variables, entourées par un bord foncé, sans modification de l'épiderme. V. **Albinisme.**

VITRAGE [vitʀaʒ]. *n. m.* (1611; de *vitre*, et de *vitrer*). ♦ 1° Ensemble des vitres (d'un édifice). « *Toujours les mêmes boutiques, sans le moindre vitrage* » (LOTI). *Vitrage d'une église.* V. **Vitrail.** — Vitres (d'une baie, d'une fenêtre, d'une marquise, d'une serre). ♦ 2° (1694). Châssis garni de vitres, servant de cloison, de toit, de paroi. « *Les marquises... vitrages enfumés* » (ZOLA). « *Pièce éclairée sur la rue par un vieux vitrage* » (BALZ.). *Rideau de vitrage*, et ellipt. *Vitrage*, rideau transparent ou translucide, store intérieur appliqué sur des vitres. — Paroi de verre. *Le vitrage d'un aquarium.* ♦ 3° (1845; de *vitrer*). Le fait de poser des vitres, de garnir de vitres. *Le vitrier est venu pour le vitrage de la véranda.*

VITRAIL, AUX [vitʀaj, o]. *n. m.* (1626; *vitral*, 1493; de *vitre*). Panneau constitué de morceaux de verre, généralement colorés, assemblés pour former une décoration. « *Le soleil de la soirée jouait à travers les vitraux* » (DUHAM.). *Vitrail d'église, d'une cathédrale.* V. **Rosace, rose, verrière.** *Résille d'un vitrail. Vitraux gothiques, Renaissance, modernes.* ◇ *Le vitrail*, la technique de la fabrication des vitraux. « *La mosaïque, mère du vitrail* » (MALRAUX). V. **Verrier.**

VITRE [vitʀ(ə)]. *n. f.* (1549; « verre », 1275; « vitrail », 1454; lat. *vitrum* « verre »). ♦ 1° Panneau de verre garnissant une baie ou un vitrage (2°). V. **Carreau.** *Vitres d'une fenêtre. Vitres d'une boutique.* V. **Vitrine.** *Tailler, poser, mastiquer une vitre.* « *Des scintillements de vitres de villas* » (GONCOURT). *Vitres sales. Nettoyer, laver, faire les vitres. Regarder par la vitre.* « *Je cognai sur ma vitre* » (HUGO). « *Les vitres tremblèrent* » (COCTEAU). *Vitre qui vole en éclats.* ♦ *Fig. Casser les vitres*, s'emporter, faire du scandale. Par ext. *Ça ne casse pas les vitres*, ça ne casse* rien. ♦ 2° Panneau de verre permettant de voir à l'extérieur lorsqu'on est dans un véhicule. V. **Glace.** *Les vitres des portières, d'un train, d'une voiture. Baisser la vitre* (de la portière). *Vitre avant* (V. **Pare-brise**), *arrière* (V. **Lunette**) *d'une voiture.* ◇ Panneau de verre de protection. *Les vitres des cadres.* ♦ 3° *Vieilli.* L'ensemble constitué par le châssis et le vitrage. *Ouvrir, fermer les vitres. Vitre à tabatière.*

VITRÉ, ÉE [vitʀe]. *adj.* (v. 1370; lat. *vitreus*). ♦ 1° *Anat.* Transparent (comme une vitre). *Corps vitré* ou *vitré* (subst. *m.*), masse visqueuse transparente occupant l'espace entre la face postérieure du cristallin et la rétine, l'un des milieux réfringents de l'œil. ♦ 2° (1495; de *vitrer*). Garni de vitres. *Baie vitrée.* « *On aperçoit une porte vitrée* » (BALZ.). *Châssis, panneau vitré.*

VITRER [vitʀe]. *v. tr.* (1477; de *vitre*). Garnir de vitres. *Vitrer une porte, un panneau.* V. **Vitrage** (3°). « *La véranda avait été entièrement vitrée* » (MART. du G.).

VITRERIE [vitʀøʀi]. *n. f.* (1338; de *vitre*). ♦ 1° Industrie des vitres : fabrication, pose, façonnage, etc. ♦ 2° (1835). Marchandises du vitrier.

VITREUX, EUSE [vitʀø, øz]. *adj.* (*Humeur vitreuse,* 1256; de *vitre* « verre », ou lat. médiév. *vitrosus*). ♦ 1° Qui ressemble au verre fondu, à la pâte de verre. *Humeur vitreuse.* V. **Vitré.** — *Porcelaine vitreuse,* à demi translucide. ♦ 2° (1611). De l'aspect ou de la nature du verre. *Cassure vitreuse d'une roche.* Vx. « *Ces particules calcaires, vitreuses ou métalliques* » (BUFF.). — Sc. *État vitreux,* état homogène de la matière solide, caractérisé par une structure non cristallisée. *Structure vitreuse. Roches vitreuses* ou *amorphes et roches cristallines.* ♦ 3° (1835). Dont l'éclat est terni. *Œil, regard vitreux.* « *Les prunelles vitreuses demeurèrent fixes* » (HUGO).

VITRIER [vitʀije]. *n. m.* (1370; de *vitre*). Celui qui vend, coupe et pose les vitres, les pièces de verre. « *Un vitrier dont le cri perçant, discordant, monta jusqu'à moi* » (BAUDEL.). *Le vitrier porte ses verres sur un châssis de bois.*

VITRIÈRE [vitʀijɛʀ]. *n. f.* (1757; de *vitre*). *Techn.* Tige de fer, de métal, assez mince, semblable à celle qu'on emploie pour les vitraux.

VITRIFIABLE [vitʀifjabl(ə)]. *adj.* (1734; de *vitrifier*). Qui peut être vitrifié, prendre la structure vitreuse. *Enduit vitrifiable de la porcelaine.*

VITRIFICATION [vitʀifikasjɔ̃]. *n. f.* (XVIᵉ; de *vitrifier*). Transformation en verre; acquisition de la structure vitreuse. *Vitrification de l'émail par fusion.* ◇ Action de vitrifier (un parquet).

VITRIFIER [vitʀifje]. *v. tr.* (1540; du lat. *vitrum* « verre », et *-fier*). ♦ 1° Transformer en verre par fusion ou donner la consistance du verre à. *Sc.* Donner la structure vitreuse à. *Pronom. Se vitrifier sous l'effet de la chaleur.* — Au p. p. *Matières vitrifiées.* ♦ 2° (Mil. XXᵉ). Recouvrir (un parquet) d'une matière plastique transparente pour le protéger.

VITRINE [vitʀin]. *n. f.* (1836; altér. de *verrine* [XIIᵉ; lat.

pop. °*vitrinus*], d'apr. *vitre*). ♦ 1° Devanture vitrée d'un local commercial; espace ménagé derrière cette vitre, et où l'on expose des objets à vendre. V. **Étalage, montre** (1, 2°). *Vitrine de libraire, de pâtissier. Vitrine publicitaire. Article en vitrine.* « *Pauline s'arrêtait aux vitrines* » (CHARDONNE). *Regarder, lécher les vitrines.* V. **Lèche-vitrine.** ◇ *Par ext.* L'aménagement, le contenu d'une vitrine. *Étalagiste qui fait des vitrines.* ♦ 2° (1872). Petit meuble, armoire vitrée où l'on expose des objets de collections. « *L'automobile n'est pas un bibelot de vitrine* » (DUHAM.). « *Dans les vitrines modernes du musée* » (MALRAUX).

VITRIOL [vitʀijɔl]. *n. m.* (XIIIᵉ; *vedriol,* v. 1100; lat. *vitreolus* « vitreux »). *Anc. chim.* Nom donné aux sulfates. *Vitriol blanc* (sulfate de zinc), *bleu* (de cuivre), *vert* (sulfate ferreux). ◇ *Huile de vitriol* (1560), et ellipt. *Vitriol* (1876), acide sulfurique concentré, très corrosif. « *Un regard corrosif comme une goutte de vitriol* » (DUHAM.). « *Un tract au vitriol* » (*Le Monde*, 17-3-1974). — Par anal. *Vieilli.* Alcool très fort et de mauvaise qualité. V. **Tord-boyaux.**

VITRIOLAGE [vitʀijɔlaʒ]. *n. m.* (1877, techn.; de *vitrioler*). Action de vitrioler; son résultat.

VITRIOLER [vitʀijɔle]. *v. tr.* (1876; de *vitriol; vitriolé,* 1615, autre sens). ♦ 1° *Techn.* Additionner d'acide sulfurique; faire passer (des toiles) dans un bain d'acide sulfurique étendu. ♦ 2° (1888). Lancer du vitriol sur (qqn) pour le défigurer. *Se faire vitrioler.*

VITRIOLEUR, EUSE [vitʀi(j)ɔlœʀ, øz]. *n.* (1888; de *vitrioler*). Personne qui défigure qqn en le vitriolant.

VITULAIRE [vitylɛʀ]. *adj.* (1872; du lat. *vitulus* « veau »). *Vétér. Fièvre vitulaire*, fièvre puerpérale des vaches.

VITUPÉRATEUR, TRICE [vitypeʀatœʀ, tʀis]. *n.* (1636; lat. *vituperator*). *Littér.* Personne qui vitupère, critique.

VITUPÉRATION [vitypeʀasjɔ̃]. *n. f.* (1512; *vituperaciun,* XIIᵉ; lat. *vituperatio*). *Littér.* Action de vitupérer. « *La vitupération du bourgeois par l'artiste* » (MALRAUX). — *Une, des vitupération(s),* blâme ou reproche violent. « *Les vitupérations angoissées des collaborateurs* » (BEAUVOIR). ◇ ANT. Approbation.

VITUPÉRER [vitypeʀe]. *v.; conjug. céder* (1328; « mutiler », Xᵉ; lat. *vituperare*). ♦ 1° V. tr. *Littér.* Blâmer vivement. « *La voix de Marthe vitupère le zèle maladroit des domestiques* » (COLETTE). « *J'étais injurié et vitupéré* » (FRANCE). ♦ 2° V. intr. (Plus cour.; emploi critiqué). *Vitupérer contre* (qqn, qqch.), élever de violentes protestations contre (qqn, qqch.). V. **Pester, protester.** « *Thibaudeau... vitupère contre le rétablissement des Missions étrangères* » (MADELIN). ◇ ANT. Approuver, louer.

VIVABLE [vivabl(ə)]. *adj.* (1939; « viable », XIIᵉ; de *vivre*). *Fam.* Que l'on peut vivre (II), supporter dans la vie. V. **Supportable.** « *Construire pour de bon un monde vivable* » (SARTRE). ◇ ANT. Invivable.

1. **VIVACE** [vivas]. *adj.* (1469; lat. *vivax, vivacis,* de *vivere* « vivre »). ♦ 1° Constitué de façon à résister longtemps à ce qui peut compromettre la santé ou la vie. V. **Résistant, robuste.** (*Rare* en parlant des personnes) « *Un homme trapu, robuste, vivace* » (GAUTIER). — (*Cour.* en parlant des plantes, des animaux inférieurs) « *De grandes forêts de chênes verts, noueux, vivaces, incorruptibles* » (GAUTIER). ◇ (1718) *Bot. Plante vivace,* qui vit plus de deux années. V. **Pluriannuel.** ◇ *Fig.* (1792). Qui se maintient sans défaillance, qu'il est difficile de détruire. V. **Durable, persistant, tenace.** *Haine vivace. Foi vivace. Un sentiment* « *aussi profond, aussi ancien, resté aussi vivace en dépit de tout* » (MART. du G.). *Préjugé vivace.* ◇ ANT. Annuel (bot.), caduc.

2. **VIVACE** [vivatʃe]. *adj.* (1788; mot it.). *Mus.* D'un mouvement vif, rapide. *Allegro vivace.*

VIVACITÉ [vivasite]. *n. f.* (1488, « éclat du regard »; lat. *vivacitas,* de *vivax.* V. **Vivace** 1). ♦ 1° Caractère de ce qui a de la vie, est vif. V. **Activité, entrain, pétulance.** « *Leur vivacité* (de Méridionaux) *vient du sang* » (JOUBERT). « *Unir la nonchalance et la vivacité* » (BALZ.). « *D'une vivacité de lézard* » (BALZ.). *Vivacité de geste et de parole. Vivacité des mouvements.* V. **Agilité, prestesse.** — *Vivacité des yeux, du regard.* ◇ *Fig.* (1512) *Vivacité d'esprit,* rapidité à comprendre, à concevoir. « *Un esprit brillant a de la vivacité* » (LA ROCHEF.). « *L'inestimable don de la vivacité* » (VALÉRY). ♦ 2° Caractère de ce qui est vif, a de l'intensité. *Vivacité du coloris, du teint.* V. **Éclat.** « *Quand l'amour perd de sa vivacité...* » (STENDHAL). ♦ 3° Caractère vif (de l'air). *La vivacité de l'air.* V. **Fraîcheur.** ♦ 4° Caractère vif, emporté. V. **Emportement.** *Répliquer avec vivacité. Vivacité des propos, du langage.* V. **Mordant, violence.** — Au plur. (*Vieilli*) Mouvement d'humeur. « *Admettons que j'aie eu quelques vivacités* » (BALZ.). ◇ ANT. Apathie, indolence, langueur, lenteur, lourdeur, mollesse, nonchalance.

VIVANDIER, IÈRE [vivɑ̃dje, jɛʀ]. *n.* (1472,-1559; de l'a. fr. *vivandier,* adj., « hospitalier », XIIᵉ; réfection de *viandier,* de *viande,* d'apr. le lat. médiév. *vivenda* « vivres »). *Vx* au masc.; encore usité au fém. VIVANDIÈRE. *Ancien.*

Personne autorisée à suivre les troupes pour leur vendre des vivres et des boissons. « *Dans les cantines de ses vivandières* » (PÉGUY).

1. VIVANT [vivɑ̃]. *n. m.* (1050 ; de *vivre*). Temps de la vie (seulement dans certaines loc., avec *de*). *De son vivant, pendant sa vie. Du vivant des époux*.

2. VIVANT, ANTE [vivɑ̃, ɑ̃t]. *adj.* (1150 ; de *vivre*). ♦ 1° Qui vit, est en vie. *Il est encore vivant*. « *Elle à demi vivante et moi mort à demi* » (HUGO). « *Les vestales infidèles à leurs vœux étaient enterrées vivantes* » (STAËL). V. **Vif**. *Expériences sur des animaux vivants* : vivisection. — Par exagér. *Un cadavre, un squelette vivant* (d'une personne malade, maigre). ◇ Subst. *Les vivants et les morts. Rayer du nombre des vivants*, faire mourir. ◇ Relig. *Le Dieu vivant. Les vivants*, les bienheureux qui jouissent de la vie éternelle. *Le pain vivant*, l'Eucharistie. ♦ 2° Spécialt. Plein de vie. V. **Fort ; vif**. *Un enfant, un animal bien vivant, très vivant. Œil, regard vivant*. ◇ Fig. (Des œuvres) Qui a l'expression, les qualités de ce qui vit. « *Le portrait de l'Arioste est vivant* » (CHATEAUB.). V. **Parlant**. *Les personnages de Molière sont vivants. Dialogues vivants*. ♦ 3° Doué de vie (opposé à inanimé, inorganique). V. **Animé, organisé**. *Matière vivante* : possédant les caractères de la vie* (assimilation, etc.). « *Les premiers âges de la nature vivante* » (BUFF.). *L'être vivant, les êtres vivants*. — Subst. *Ce qui vit*. « *Toutes ces propriétés et facultés du vivant* » (VALÉRY). ♦ 4° Qui vit d'une certaine façon. — Vx. *Bien vivant, mal vivant*, qui se conduit bien, mal. *Mod.* V. **Bon vivant**. ♦ 5° Par ext. Constitué par un ou plusieurs êtres vivants. « *Des machines vivantes,... des esclaves* » (NERVAL). *Tableaux vivants. C'est un vivant portrait, une vivante réplique de son frère*. V. **Ressemblant**. *Vous en êtes la preuve vivante*. « *Les exemples vivants sont d'un autre pouvoir* » (CORN.). ◇ (*D'un lieu*) Que les vivants animent de leur activité. « *Cette grande ville... moins agitée que Naples, bien que tout aussi vivante* » (MAUPASS.). *Rues vivantes*. ♦ 6° Fig. (*Choses*). Animé d'une sorte de vie (II) ; actif, actuel. *Langues vivantes. Un mot, un emploi très vivant, en usage*. « *Dans une littérature vivante* » (CHATEAUB.). — *Croyances qui restent vivantes. Souvenir toujours vivant*. V. **Durable**. « *Tout ce qui est mort comme fait, est vivant comme enseignement* » (HUGO). ◇ ANT. Mort, endormi, figé. — Inanimé, inorganique.

VIVARIUM [vivaʁjɔm]. *n. m.* (1923 ; mot lat. « vivier », de *vivere* « vivre »). Cage vitrée où l'on garde de petits animaux vivants (insectes, reptiles, etc.) en reconstituant leur milieu naturel. *Des vivariums*. — Établissement groupant plusieurs de ces cages.

VIVAT ! [viva]. *interj.* et *n. m.* (1546 ; mot lat., subj. de *vivere* « vive ! »). ♦ 1° Vx. *Interj.* Bravo ! « *Vivat ! Monsieur Lysidas* » (MOL.). ♦ 2° *Mod. N. m.* (1649). Acclamation en l'honneur de qqn. « *Des cris, des vivats et des fanfares terminèrent cette singulière cérémonie* » (LOTI). ◇ ANT. Huée.

1. VIVE [viv]. *n. f.* (1393 ; *wivre*, XIIIe [V. **Vouivre**] ; lat. *vipera* « vipère », à cause des épines venimeuses des nageoires). Poisson aux nageoires épineuses, vivant surtout dans le sable des côtes. ◇ HOM. *Vive* (fém. de *vif*).

2. VIVE ou **VIVENT !** V. **Vivre** (I, 1°).

VIVEMENT [vivmɑ̃]. *adv.* (XIIe ; du fém. de *vif*). ♦ 1° D'une manière vive ; avec vivacité, ardeur. V. **Prestement, promptement, rapidement**. *Julien se tourna vivement* » (STENDHAL). « *On voyait les groupes se lever vivement et fuir* » (MAUPASS.). *Elle « se démenait si vivement qu'on avait peine à la suivre* » (SAND). *Mener vivement une affaire* (Cf. *Tambour battant*, *grand train*) ◇ Exclam. (Dans un ordre, un souhait) *Rapidement ! vite !* (Cf. *Au trot !*). « *Au fait ! et vivement !* » (BALZ.). — Loc. fam. « *Vivement ce soir qu'on se couche !* » (DABIT). *Vivement que ça finisse !* ♦ 2° D'un ton vif, avec un peu de colère. *Il répliqua vivement*. ♦ 3° (XVIe). Avec force, intensité. *Des tissus vivement colorés*. — *Vivement affecté, touché par...* V. **Sensiblement**. *Sentir, ressentir vivement*. V. **Fortement, intensément, profondément**. *Regretter vivement*. V. **Beaucoup**. ◇ ANT. Doucement, lentement ; faiblement.

VIVERRIDÉS [viveʁide]. *n. m. pl.* (fin XIXe ; *viverrius*, 1839 ; du lat. zool. *viverra* « civette »). *Zool.* Famille de mammifères carnivores de petite taille, au corps allongé, au museau pointu (civette, genette, mangouste).

VIVEUR [vivœʁ]. *n. m.* (1830 ; de *vivre*). Homme qui mène une vie de plaisirs. V. **Fêtard, noceur**. « *Il avait l'étoffe d'un joyeux vivant et même d'un viveur, aimant la nourriture, le rire et les femmes* » (AYMÉ). ◇ ANT. Ascète.

VIVI-. Premier élément, du lat. *vivus, vivi* « vivant ».

VIVIER [vivje]. *n. m.* (XIIe ; lat. *vivarium*, de *vivus* « vivant »). Étang, bassin d'eau constamment renouvelée, aménagé pour la conservation, l'engraissement et l'élevage du poisson, des crustacés. V. **Alevinier, anguillère, boutique** (2°). *clavère, Truites en vivier*. — Sur un bateau de pêche. Réservoir permettant de conserver le poisson vivant. ◇ Par métaph.

« *Ce qu'on pêche dans le vivier du songe* » (R. ROLLAND).

VIVIFIANT, ANTE [vivifjɑ̃, ɑ̃t]. *adj.* (XIIe ; de *vivifier*). Qui vivifie. V. **Stimulant**. *Brise vivifiante*. — Fig. *Joie vivifiante*. « *Énergies vivifiantes et forces de mort* » (CAILLOIS). *Théol. Grâce vivifiante*. ◇ ANT. Étouffant, mortel.

VIVIFICATEUR, TRICE [vivifikatœʁ, tʁis]. *adj.* et *n.* (XVIe ; lat. *vivificator*). *Littér.* et *rare*. Vivifiant. « *Maeterlinck... vivificateur d'apparences* » (A. ARTAUD).

VIVIFICATION [vivifikasjɔ̃]. *n. f.* (1380 ; lat. ecclés. *vivificatio*). *Rare*. Action de vivifier ; son résultat.

VIVIFIER [vivifje]. *v. tr.* (1120 ; lat. ecclés. *vivificare*). ♦ 1° *Littér.* Être le principe de vie de. V. **Animer**. *Absolt.* « *Cette hypothèse... d'une force qui vivifie* » (SENANCOUR). — *Relig.* Être le principe de vie éternelle, spirituelle. « *C'est l'esprit qui vivifie* » (BIBLE). ♦ 2° Donner de la vitalité à... *Ce climat me vivifie. Une brise « semblait rajeunir le cœur, alléger l'esprit, vivifier le sang* » (MAUPASS.). ◇ Fig. Ranimer. « *L'attente, et le risque... l'exaltent et le vivifient* [mon âme] » (VALÉRY). « *L'intelligence doit vivifier l'action* » (MART. du G.). ◇ ANT. Débiliter, déprimer.

VIVIPARE [vivipaʁ]. *adj.* (1679 ; lat. *viviparus* ; suff. *-pare*). Se dit d'un animal dont l'œuf se développe complètement à l'intérieur de l'utérus maternel, de sorte qu'à la naissance le nouveau-né peut mener une vie autonome. — Subst. *Ovipares, ovovivipares et vivipares*.

VIVIPARITÉ [vivipaʁite]. *n. f.* (1842 ; de *vivipare*). *Didact.* Mode de reproduction des vivipares.

VIVISECTION [viviseksjɔ̃]. *n. f.* (1765 ; de *vivi-*, et *section*, d'apr. *dissection*). Opération pratiquée à titre d'expérience sur les animaux vivants. V. **Dissection**. *Pasteur « éprouvait une véritable répugnance pour la vivisection* » (MONDOR).

VIVOIR [vivwaʁ]. *n. m.* (1919 ; mot canadien ; de *vivre*, d'apr. l'angl. *living-room*). [Au Canada]. *Rare* et *vieilli*. Salle de séjour. V. **Living-room** (*anglicisme*), *séjour*. « *Le salon, aussi appelé vivoir et living* » (R. DUCHARME).

VIVOTER [vivɔte]. *v. intr.* (1430 ; de *vivre*). Vivre au ralenti, avec de petits moyens. « *Je vivote, en prenant des précautions, l'hiver au coin du feu, l'été au soleil...* » (MART. du G.). ◇ (*Choses*) Subsister ; avoir une activité faible, médiocre. *L'usine « continuait à vivoter sous les ordres d'un ancien contremaître* » (ROMAINS).

1. VIVRE [vivʁ(ə)]. *v.* : *je vis, nous vivons ; je vivais ; je vécus ; je vivrai ; je vivrais ; vis, vivons, vivez ; que je vive ; que je vécusse* [rare] ; *vivant ; vécu* (Xe) ; lat. *vivere*. **I.** *V. intr.* ♦ 1° Être en vie*; exister. *Cesser de vivre* : mourir. « *Un vivant dégoûté de vivre* » (MUSS.). *La joie de vivre*. « *Je ne sais plus bien ce qui me maintient encore en vie sinon l'habitude de vivre* » (GIDE). « *On n'aperçevait âme qui vive* » (LOTI) : personne. « *Il faut manger pour vivre et non pas vivre pour manger* » (MOL.). *Ne vivre que pour...*, se consacrer entièrement à... *Se laisser vivre*, vivre sans faire d'effort. « *Quelqu'un à qui on demandait ce qu'il avait fait sous la Terreur répondit : « J'ai vécu... »* » (SARTRE). — (*Latinisme*) *Littér. Il a vécu*, il est mort. ◇ Exclam. VIVE !, VIVENT ! : formules d'acclamation en l'honneur de qqn, à qui on souhaite longue vie et prospérité. « *Le roi est mort ! Vive le roi !* » (BARBEY). *Vive la mariée ! Je suis souris : vivent les rats !* » (LA FONT.). « *Vive la France, la République, la liberté !* » — *Par ext.* S'emploie pour louer toute chose pleinement satisfaisante. « *Vive le mélodrame où Margot a pleuré* » (MUSS.). *Vive le théâtre, le vin, la joie...* — VIVE ! *interj.* (même avec un nom au plur.). *Vive les vacances !* ♦ 2° (*Avec un compl. de durée*). Avoir une vie d'une certaine durée. V. **Durer**. « *Et rose elle a vécu ce que vivent les roses, L'espace d'un matin* » (MALHERBE). *Vivre longtemps*, jusqu'à un âge avancé. « *Hâte-toi, mon ami : tu n'as pas tant à vivre* » (LA FONT.). « *J'ai trop peu de temps à vivre pour perdre ce peu* » (CHATEAUB.). « *Le peu de jours qui nous reste à vivre* » (STENDHAL). — REM. Le participe ne s'accorde pas : *les années qu'il a vécu* (LITTRÉ). « *À quoi bon compter tristement les jours qu'on aura vécu ?* » (ROUSS.). — *Vivre du temps de..., dans un temps...* « *Nous vivons à une triste époque* » (MAUROIS). *Ceux qui ont vécu avant nous*. — Spécialt. *Vivre dans le présent, dans la minute présente* : ne se soucier que du présent. ◇ (*Avec indication du lieu*) Passer sa vie, une partie de sa vie en résidant habituellement. V. **Habiter**. « *Des lieux... où l'on aimerait à vivre* » (LA BRUY.). *Vivre à Paris, à la campagne*. — *Naître, vivre et mourir dans la même maison* » (STE-BEUVE). *Elle « vivait chez ses beaux-parents* » (CHARDONNE). « *Le milieu dans lequel vous vivez* » (LOTI). — Par métaph. « *Nous vivons trop dans les livres et pas assez dans la nature* » (FRANCE). « *Il vit dans le monde des à-peu-près* » (PROUST). ♦ 3° Mener une certaine vie. « *Pour vivre heureux, vivons caché* » (FLORIAN). *Vivre en ermite*. *Vivre indépendant, libre. Vivre avec qqn* (dans le mariage, ou maritalement). V. **Cohabiter**. « *Songe à la douceur d'aller là-bas vivre ensemble* » (BAUDEL.). *Vivre en paix. Vivre en communauté, en* groupe. ◇ *Art de vivre*, de se conduire d'une certaine façon, d'avoir certaines habitudes morales. *Vivre dangereusement.* « *Mais qui peut vivre infâme est indigne du jour* » (CORN.). — *À qui vit sans amour la vie est sans appâts* » (MOL.). *Vivre dans l'anxiété.* « *Il est extrêmement craint... Ses domestiques vivent dans la terreur* » (HUGO). ◇ *Être facile, difficile à vivre*, d'un caractère accommodant ou non. « *Fatigante à vivre* » (MAURIAC). ♦ 4° Disposer des moyens matériels qui permettent de subsister. V. **Vie** (I, 6°). *La souris* « *ne sort de son trou que pour chercher à vivre* » (BUFF.). *Travailler pour vivre.* « *En attendant ces rentes, il fallait vivre* » (MADELIN). *Il faut bien vivre*, se dit pour justifier une activité dont on n'est pas fier mais qui fournit de quoi vivre. — *Faire vivre qqn*, fournir, subvenir aux besoins de qqn. — *Vivre chichement, pauvrement, petitement* (V. **Végéter**, vivoter); *largement, sur un grand pied**. — *L'héritage qui aurait pu vous faire vivre à votre aise* » (GAUTIER). — (Avec un compl. de moyen) « *L'homme ne vit pas seulement de pain, mais il vit aussi de pain* » (RENAN). *Vivre de lait, de fruits...* V. **Nourrir** (se). « *Vivre d'amour et d'eau fraîche*, être amoureux au point d'en oublier les soucis matériels. *Vivre de son travail, de ses rentes.* « *Ce gaillard-là... ne vivait pas de l'air du temps* » (ZOLA). *Avoir de quoi vivre*, assez de ressources pour subsister. — *Vivre aux dépens de qqn.* ◇ *Fig.* Trouver dans (qqch.) un aliment à la vie morale, intellectuelle. « *Les hommes vivront longtemps de ces quelques paroles* » (VALÉRY). « *À qui vit de fiction la vérité est infecte* » (HUGO). *Vivre d'espérance.* « *Tout parti vit de la mystique et meurt de sa politique* » (PÉGUY). (*Choses*) « *L'amour... vit de mensonges* » (RADIGUET). ♦ 5° (Avec *savoir, apprendre*). Se comporter de telle ou telle façon. « *Un maître de maison qui sait vivre* » (TAINE). V. **Savoir-vivre**. « *Enfin il est mort en homme qui sait vivre* » (STE-BEUVE). — *Je vais lui apprendre* à vivre.* ♦ 6° Réaliser toutes les possibilités de la vie ; jouir de la vie. « *Vivez, si m'en croyez, n'attendez à demain* » (RONSARD). « *Car le plus lourd fardeau, c'est d'exister sans vivre* » (HUGO). « *Ceux qui vivent, ce sont ceux qui luttent* » (HUGO). — *Un homme qui a vécu, beaucoup vécu*, qui a eu une vie pleine, riche d'expérience et d'enseignements. ♦ 7° (*Choses*). Exister parmi les hommes. « *Ces idées n'existent que par les hommes ; mais... elles vivent aux dépens d'eux* » (GIDE). « *Le monde où vivent nos croyances* » (PROUST). *Faire vivre une idée.*

II. *V. tr.* ♦ 1° (XVIᵉ). Avoir, mener (telle ou telle vie). « *Il vaut mieux rêver sa vie que la vivre* » (PROUST). « *Ils vivaient... une vie fraternelle* » (BERNANOS). *Vivre sa vie*.* « *Autrement elle* (la vie) *ne vaudrait pas la peine d'être vécue* » (DONNAY). Par anal. « *L'âme... vit en nous une existence distincte* » (DURKHEIM). ◇ Passer, traverser (un espace de temps). *Vivre des jours heureux.* V. **Couler**. « *Certaines heures semblent impossibles à vivre* » (GREEN). *Philo.* « *La durée vécue par notre conscience* » (BERGSON), *opposée au temps abstrait.* REM. Dans ce sens, le p. p. s'accorde, alors qu'il reste invariable au sens I, 2°. Cf. *Les jours qu'il a vécu* (la durée de sa vie) et *les jours difficiles qu'il a vécus ; les heures de joie qu'il a vécues.* ♦ 2° (XXᵉ). Éprouver intimement, réellement pour l'expérience même de la vie. « *Mes amours, je les ai vécus, je les ai sentis* » (PROUST). « *Un sentiment est une manière définie de vivre notre rapport au monde qui nous entoure* » (SARTRE). — *Traduire en actes réels. Vivre sa foi, son art.*

◇ ANT. **Mourir**.

2. VIVRE [vivʀ(ə)]. *n. m.* (XIIᵉ ; inf. substant. du précéd.). ♦ 1° *Vx.* Fait de vivre. V. **Vie**. « *Nous étions occupés du vivre et du mourir vulgaire* » (CHATEAUB.). ♦ 2° *Vx.* Nourriture. V. **Subsistance**. *Mod. Le vivre et le couvert*, la nourriture et le logement. ♦ 3° *Cour.* LES VIVRES : tout ce qui sert à l'alimentation de l'homme. V. **Aliment, nourriture, provision, victuaille**. *Fournir des vivres.* V. **Ravitailler**. *Couper* les vivres. Les vivres et les munitions* (à l'armée). *Magasin de vivres. Ration de vivres.* V. **Réserve**.

VIVRÉ, ÉE [vivʀe]. *adj.* (1611 ; de *vivre*, a. forme de *guivre ;* Cf. **Vouivre**). *Blas.* Ondulé (comme un serpent). *D'argent à la bande vivrée.*

VIVRIER, IÈRE [vivʀije, ijɛʀ]. *adj.* (1846 ; de *vivre* 2). Dont les produits sont destinés à l'alimentation. *Cultures vivrières.*

VIZIR [viziʀ]. *n. m.* (1433 ; mot turc, du persan, d'où vient aussi l'arabe *alwazir ;* Cf. **Alguazil**). *Hist.* Membre du conseil des califes ; ministre siégeant au Divan, sous l'empire ottoman. *Grand vizir*, premier ministre.

VIZIRAT [viziʀa]. *n. m.* (1664 ; de *vizir*). *Didact.* (*Hist.*). Dignité, fonction de vizir ; durée de cette fonction.

V'LÀ. V. **VOILÀ**.

VLAN ! ou **V'LAN !** [vlã]. *interj.* Onomatopée imitant un bruit fort et sec. « *Patatras ! vlan ! pif ! paf ! boum !* » (DAUD.).

VOCABLE [vɔkabl(ə)]. *n. m.* (1380, repris XIXᵉ ; lat. *vocabulum*). ♦ 1° Élément du langage (V. **Mot**), surtout considéré quant à la signification et à l'expression. « *Le vers qui de plusieurs vocables refait un mot total, neuf* » (MALLARMÉ). ♦ 2° (1788). *Cette église est sous le vocable de saint Jean :* sous son patronage.

VOCABULAIRE [vɔkabylɛʀ]. *n. m.* (1487 ; lat. *vocabularium*). ♦ 1° Dictionnaire succinct qui ne donne que les mots essentiels d'une langue. *Vocabulaire français-anglais.* — Dictionnaire spécialisé dans une science, un art (V. **Lexique**), un état de langue (V. **Glossaire**). « *Gautier, qui avait dévoré les vocabulaires... des arts et des métiers* » (FRANCE). ◇ Livre d'enseignement consacré à l'étude des mots. *Un vocabulaire pour débutants. Un gros vocabulaire latin.* ♦ 2° (1762). Ensemble des mots dont dispose une personne. « *Il ne faut pas confondre le vocabulaire d'un auteur avec le lexique de ses œuvres* » (VENDRYES). *Vocabulaire actif, passif, disponible*. Vocabulaire pauvre. Enrichir son vocabulaire.* ◇ Mots employés effectivement par une personne, un groupe. « *Toutes les richesses du vocabulaire andalou* » (GAUTIER). *Le vocabulaire des maçons.* ◇ Emploi de mots, de termes, par un locuteur. « *Un vocabulaire exact* » (FRANCE). « *Une faiblesse de vocabulaire* » (GIDE). *Péj. Quel vocabulaire !* quelle manière étrange, grossière, de s'exprimer. ♦ 3° (1803). Termes spécialisés (d'une science, d'un art, ou qui caractérisent une forme d'esprit). *Vocabulaire juridique, sociologique, technique.* V. **Terminologie**. « *L'humour comporte un style, une langue, un vocabulaire* » (DUHAM.). ♦ 4° *Ling.* Mots d'une langue considérés dans leur histoire, leur formation, leur sens. « *La lexicologie... est fondée sur l'analyse détaillée des faits de vocabulaire* » (MATORÉ). *Du vocabulaire.* V. **Lexical**.

VOCAL, ALE, AUX [vɔkal, o]. *adj.* (1455 ; lat. *vocalis* « doué de la voix »). ♦ 1° Qui produit la voix. *Organes vocaux. Cordes* vocales.* ♦ 2° De la voix. *Technique vocale, du chant.* — *Par ext.* Écrit pour le chant, chanté. *Musique vocale* (opposé à instrumentale). « *Le canon, cette pièce polyphonique vocale ou instrumentale* » (HERRIOT). ♦ 3° *Relig.* Qui a le droit de vote, dans une communauté religieuse. « *Les mères qu'on appelle mères vocales, parce qu'elles ont voix au chapitre* » (HUGO).

VOCALEMENT [vɔkalmã]. *adv.* (1531 ; de *vocal*). *Didact.* En utilisant la voix, la parole. V. **Oralement**.

VOCALIQUE [vɔkalik]. *adj.* (1872 ; du lat. *vocalis*). *Ling.* Qui a rapport aux voyelles. *Altération, dissimilation vocaliques. Harmonisation* vocalique. Système vocalique d'une langue*, ensemble des voyelles.

VOCALISATEUR, TRICE [vɔkalizatœʀ, tʀis]. *n.* (1836 ; de *vocaliser*). *Mus. Vx.* Personne qui vocalise (On dit aussi *vocaliste*).

VOCALISATION [vɔkalizasjɔ̃]. *n. f.* (1821 ; de *vocaliser*). *Didact.* ♦ 1° Émission de voyelles. ♦ 2° *Mus.* Exercice de la voix exécuté sur une seule syllabe. ♦ 3° *Phonét.* Changement d'une consonne en voyelle. *La vocalisation du l vélaire* (ex. : alba, aube).

VOCALISE [vɔkaliz]. *n. f.* (1833 ; de *vocaliser*). Exercice de vocalisation, en chant. *Faire des vocalises.*

VOCALISER [vɔkalize]. *v.* (1611, p. p. ; du lat. *vocalis*). ♦ 1° *V. tr.* Changer en voyelle. *Vocaliser une consonne.* Pronom. *Il s'est vocalisé.* ♦ 2° *V. intr.* (1821). *Mus.* Chanter, en parcourant une échelle de sons et sur une seule syllabe. « *Des dames roumaines... vocalisaient encore le matin* » (ARAGON). *Un oiseau* « *vocalisait éperdument* » (HUGO).

VOCALISME [vɔkalism(ə)]. *n. m.* (1864 ; du lat. *vocalis*). ♦ 1° *Phonét.* Théorie relative aux lois qui régissent la formation et la transformation des voyelles (1°) dans un mot. *Vocalisme et consonantisme.* ♦ 2° Système des voyelles d'une langue. ◇ Ensemble des voyelles d'un mot.

VOCATIF [vɔkatif]. *n. m.* (h. XIVᵉ ; 1552 ; lat. *vocativus*, de *vocare* « appeler »). *Ling.* Dans les langues à déclinaisons, Cas employé pour s'adresser directement à qqn, à qqch. *Vocatif latin, grec.* ◇ Dans les langues sans déclinaisons, Construction, phrase exclamative par laquelle on s'adresse directement à qqn, qqch. *Des pages* « *où vous êtes mon interlocuteur, où je m'adresse à vous, où vous êtes au vocatif* » (PÉGUY). *Le ô vocatif.*

VOCATION [vɔkasjɔ̃]. *n. f.* (1190 ; lat. *vocatio* « action d'appeler »). ♦ 1° *Relig.* (*Bible*). Appel de Dieu touchant une personne, un peuple, afin qu'il vienne à lui. *Vocation d'Abraham.* ◇ *Cour.* Mouvement intérieur par lequel on se sent appelé par Dieu. « *Toute vocation est un appel* » (BERNANOS). « *On n'explique pas une vocation, on la constate* » (CHARDONNE). *Vocations forcées, contrariées. Avoir, ne pas avoir la vocation.* ♦ 2° Inclination, penchant (pour une profession, un état). V. **Attirance, disposition, goût**. *Manquer, suivre, contrarier sa vocation.* « *Sa vocation était d'enseigner* » (HENRIOT). « *Tant sa vocation de bonne heure fut puissante et irrésistible* » (STE-BEUVE). *Vocation artistique.* « *Se sentir une vocation... de gouverner* » (ROMAINS). ♦ 3° Destination (d'une personne, d'un peuple, d'un pays). « *Le but de la femme, ici-bas, sa vocation évidente, c'est l'amour* » (MICHE-

LET). *La vocation industrielle, agricole, artistique d'un pays.*
V. **Mission**. — (1967; en parlant d'une administration, d'une entreprise) *Avoir vocation à, pour,* être qualifié, indiqué pour.

VOCERATRICE [vɔtʃeratritʃe] ou **VOCÉRATRICE** [vɔseratris]. *n. f.* (1840; de *vocero*). En Corse, Pleureuse, femme qui improvise un vocero. « *La meilleure voceratrice du pays* » (MÉRIMÉE).

VOCERO [vɔtʃero] ou **VOCÉRO** [vɔsero]. *n. m.* (1840; mot corse). En Corse, Chant funèbre exécuté par une pleureuse pour un défunt. *Des voceri.*

VOCIFÉRATEUR, TRICE [vɔsiferatœr, tris]. *n.* (1834; lat. *vociferator*). *Littér.* Personne qui vocifère. — *Adj. Voix vociférante.*

VOCIFÉRATION [vɔsiferasjɔ̃]. *n. f.* (1120, repris 1792; lat. *vociferatio*). Parole bruyante, prononcée dans la colère. *Vociférations d'émeute. Pousser des vociférations.* V. **Cri, hurlement.** « *La foule s'empressait... avec des vociférations, des hurlements* » (GIDE).

VOCIFÉRER [vɔsifere]. *v. intr.; conjug. céder* (1380, repris XVIIIe; lat. *vociferare*). Parler en criant et avec colère. V. **Hurler.** « *La foule... se mit à vociférer* » (RADIGUET). *Vociférer contre qqn.* ◇ *Trans.* (1803) *Vociférer des blasphèmes, des injures, des menaces.* « *Des allusions ou insinuations vociférées* » (BLOY).

VODKA [vɔdka]. *n. f.* (1829; mot russe, de *voda* « eau »). Eau-de-vie de grain (seigle, orge). *Vodka russe, polonaise.*

VŒU [vø]. *n. m.* (1549; *vot,* 1120; lat. *votum.* V. **Vote**). ♦ 1° Promesse faite à une divinité, à Dieu, en remerciement d'une demande exaucée. « *Échappé... à un grand danger, il fit vœu de quitter le monde et se retira à la Trappe* » (NERVAL). *Offrande en accomplissement d'un vœu.* V. **Ex-voto**; *votif.* ♦ 2° Promesse librement faite à une divinité, à Dieu; engagement religieux. « *Le vœu de célibat était général parmi le clergé dès le sixième siècle* » (CHATEAUB.). — *Vœux de religion,* les trois vœux (pauvreté, chasteté, obéissance) prononcés par un homme, une femme à leur entrée en religion. *Faire vœu de pauvreté. Vœux monastiques.* — *Vœux du baptême,* par lesquels on renonce « à Satan, à ses pompes et à ses œuvres ». ◇ *Par ext.* Engagement pris envers soi-même. V. **Résolution.** *Faire le vœu de ne plus revoir qqn.* ♦ 3° (1538). Souhait que l'on adresse à une divinité, à Dieu. V. **Prière.** « *Par des vœux importuns nous fatiguons les dieux* » (LA FONT.). « *Nos vœux ont été exaucés* » (CHATEAUB.). ♦ 4° Souhait que s'accomplisse qqch. *Faire un vœu. Vœux irréalisables.* « *Un mari qui soit selon mes vœux* » (MOL.). V. **Désir.** *Faire, former des vœux pour la santé de qqn; pour la réussite d'une entreprise. Je fais le vœu qu'il revienne. Je faisais des vœux... pour que ce prix ne dépassât pas mon épargne* » (FRANCE). *Il est de coutume de faire un vœu à la vue d'une étoile filante.* — *Emploi du subjonctif optatif dans l'expression des vœux* (Cf. Puissé-je, fasse le ciel, pourvu que... ainsi soit-il, etc.). — Vx. *Au plur.* (1647) Souhaits d'être aimé de qqn. « *Alexandre... lui céda l'objet de ses vœux* » (MOL.), la femme qu'il aimait. ◇ Souhaits adressés à qqn. *Vœux de bonheur adressés, envoyés à de jeunes mariés.* Absolt. *Tous mes vœux! — Vœux de bonne année.* Absolt. *Meilleurs vœux pour l'année 1970.* ♦ 5° Demande, requête... faite par qui n'a pas autorité, ou pouvoir pour la satisfaire. Les « *cahiers qui... devaient résumer les vœux de la nation* [en 1789] » (BAINVILLE). *Les assemblées consultatives n'émettent que des vœux.* V. **Résolution.** « *Le Directoire ne lui* (à Bonaparte) *envoyait plus que des vœux* » (MADELIN). ◇ HOM. *Veut, veux* (formes du v. *vouloir*).

VOGOUL(E) [vɔgul]. *n. m. et adj.* (XXe; nom donné par les Russes au *kanti,* nom autochtone de cette langue). *Ling.* Langue ougrienne parlée dans l'Oural. *L'ostiak et le vogoul.*

VOGUE [vɔg]. *n. f.* (1466; p.-ê. it. *voga;* même rac. que *voguer*). ♦ 1° État de ce qui est apprécié momentanément du public; ce de qui est à la mode. « *C'est l'opinion qui toujours fait la vogue* » (LA FONT.). V. **Mode.** *Sa vogue augmente, baisse.* V. **Faveur, popularité.** *Avoir la vogue. — La vogue des jupes courtes. Le scooter connaît une vogue extraordinaire.* V. **Succès.** — EN VOGUE : actuellement très apprécié, à la mode. *Littérateurs en vogue.* V. **Crédit, renom.** *Remède en vogue. Artisanat en vogue,* florissant. ♦ 2° (XVIIIe). *Région.* Fête, foire annuelle d'un village (Lyonnais et région du Sud-Est). « *Je m'étais trouvé à la vogue de Mont-Fleury* » (STENDHAL). ◇ ANT. *Impopularité; désuétude.*

VOGUER [vɔge]. *v. intr.* (v. 1210; de l'a. bas all. *wagon,* devenu *wogon*). Vx ou *littér.* Avancer à force de rames (V. **Ramer**), et *par ext.* Avancer sur l'eau. V. **Naviguer.** « *...nous voguions en silence* » (LAMART.). « *Les bateaux qui sur le Rhin voguent* » (APOLLINAIRE). ◇ *Par métaph.* « *Votre pensée voguerait sur des surfaces lisses* » (FLAUB.). ◇ *Loc. fig. Vogue la galère !* laissons les choses suivre leur cours; advienne que pourra. « *Vogue la galère, dit-il. Au diable toutes ces histoires* » (BALZ.)

VOICI [vwasi]. *prép.* (1485; *vois ci,* fin XIIe; a supplanté la forme *veci* [vœ ci, XIIe]; de *vois,* impér. de *voir* [ou « thème verbal » issu de l'indicatif], et *ci*). REM. *Voici* est moins courant que *voilà**. ♦ 1° Désigne une chose ou une personne relativement proche. *Voici mon fils.* « *Et Pilate leur dit : Voici l'homme* » (BIBLE). V. **Ecce homo** *(étym.). Le voici, les voici.* « *Voici des fruits, des fleurs...* » (VERLAINE). *En voici.* « *Enfants, voici des bœufs qui passent* » (HUGO). *Le voici qui arrive, qui vient.* ◇ (Construit avec l'inf.) *Voici venir* : *voici... qui vient.* « *Voici venir une jeune reine* » (CHATEAUB.). — *Me (te, le...) voici à* (et inf.) marque une action en train de se faire. « *Me voici à trembler comme une pensionnaire* » (BOURGET). ◇ (Introduit par QUE) « *Les frusques que voici* » (DUHAM.). *Monsieur que voici, qui est ici.* ♦ 2° *(Avec une valeur temporelle).* Désigne ce qui arrive, approche, commence à se produire. « *Tu réclamais le soir; il descend; le voici* » (BAUDEL.). *Voici la pluie.* — « *Voici la Noël qui arrive* » (BOSCO). « *Voici venir les temps...* » (BAUDEL.). ♦ 3° Désignant les choses dont il va être question dans le discours *(opposé à voilà**). « *Voici, mon cher ami, ce que je vous dédie* » (MUSS.). « *Cette question, la voici* » (BALZ.). — Ellipt. *Voici...* « *Voici. Je m'appelle Jean Valjean* » (HUGO). ♦ 4° Présentant un objet caractérisé (On dit aussi *Voilà*). *Vous voici tranquille, vous êtes tranquille, maintenant.* « *Les voici disposés à croire...* » (GIDE). « *Les voici dans les bras l'un de l'autre* » (MAUROIS). « *Le voici qui rature... des pages imaginaires* » (MAUROIS). « *Hélas, me voici tout en larmes* » (VERLAINE). ♦ 5° (Suivi d'une complétive, souvent avec inversion du sujet). *Voici que tombe la nuit.* « *Voici qu'il commence à comprendre que...* » (GIDE). *Voici comment il faut faire.* ♦ 6° *Littér.* Il y a (un certain temps). V. **Voilà.** « *Voici tantôt mille ans que...* » (LA FONT.). *Voici cinq ans.*

VOIE [vwa]. *n. f.* (*Veie, voie,* XIe; lat. *via;* V. **Via**).

I. *Concret.* **Ⓐ** ♦ 1° Espace à parcourir pour aller quelque part. V. **Chemin, passage.** *Direction d'une voie. Se frayer une voie dans les broussailles. Trouver, suivre, perdre, quitter une voie, la bonne voie. Boucher, dégager la voie.* — *Loc. Être par voies et par chemins,* toujours en chemin (Cf. Par monts* et par vaux). ♦ 2° *Spécialt.* Cet espace, lorsqu'il est tracé et aménagé. V. **Artère, chemin, route, rue.** *Tracé d'une voie. Les grandes voies de communication d'un pays,* routes et voies ferrées. — *Admin. Voie publique* (faisant partie du domaine public), région (ordinaire ou ouverte à la circulation publique). *Voie classée,* incorporée au réseau officiel des voies de communication. — (Collectif) *La voie publique,* espace du domaine public destiné à la circulation (y compris les places, squares, etc., dans les villes). — (Dans le vocab. du Code de la route) *Voie étroite, prioritaire, à sens unique, interdite aux véhicules.* — *Partie d'une route de la largeur d'un véhicule. Route à trois, quatre voies. Passage à voie unique,* signalé par des feux. ♦ 3° (1636). Grande route de l'antiquité. *Les voies romaines* (lat. *via*). *La voie Appienne.* — *Par anal. Voie sacrée,* commémorant un itinéraire (religieux, militaire). ♦ 4° (1838). VOIE FERRÉE, et ellipt. *Voie,* l'ensemble des rails mis bout à bout et à écartement fixe qui forment une voie, un chemin pour les convois. V. **Chemin de fer.** *Parties de la voie* : accotement, ballast, rail, traverse. *Les voies d'une ligne. Voie montante, descendante. Convoi qui marche à contre-voie** (1°). *Ligne à voie unique,* où les trains ne peuvent se croiser. *Voies principale, d'évitement, de garage. Signal qui ferme la voie. Ouvrir, donner la voie. Profil** *de la voie. Voies et quais d'une gare. La voie 7. Traverser la voie par un passage souterrain. Descendre à contre-voie** (2°). ◇ *Spécialt.* Espace entre les deux files de rail. *Voie étroite, normale.* ♦ 5° *Voies navigables* : les fleuves et canaux. ♦ 6° (1632). *La voie lactée**, ou chemin de saint Jacques. V. **Galaxie.** ♦ 7° *La voie maritime, aérienne,* les déplacements, transports par mer, air. **Ⓑ** *Chasse* (XIIIe). Lieux par lesquels est passée la bête; chemin qu'elle a suivi. V. **Piste, trace, foulée.** « *Le bon moyen de discerner... leurs voies* » (FLAUB.). *Le daim « a plus souvent (que le cerf) besoin de... revenir sur ses voies* » (BUFF.). *Perdre la voie.* — *Par métaph.* « *Les faibles..., sans principes, perdirent la voie* » (MICHELET). *Cour. Mettre sur la voie,* donner les indications, aider à trouver. **Ⓒ** *Techn.* ♦ 1° Traces parallèles laissées par les roues d'une voiture. ◇ *Par ext.* Écartement des roues, largeur de l'essieu d'une roue à l'autre. *La voie* (largeur) *et l'empattement d'une automobile.* « *Un vallon si resserré qu'il garde à peine la voie d'une voiture* » (CHATEAUB.), la largeur. ♦ 2° (1690). Largeur d'un trait de scie; écartement latéral des dents d'une scie. *Donner de la voie à une scie,* en écarter les dents. **Ⓓ** *(Passage).* ♦ 1° VOIE D'EAU (1678) : ouverture accidentelle par laquelle l'eau entre dans un navire. *Aveugler, boucher, calfater une voie d'eau.* ♦ 2° (1314). Passage, conduit anatomique (dans des express.). V. **Canal.** *Les voies digestives, respiratoires, urinaires. Par voie buccale, orale,* par la bouche.

II. (XIIe; *abstrait*). ♦ 1° Conduite, suite d'actes orientés vers une fin et considérée comme un chemin que l'on peut suivre. V. **Carrière, chemin, ligne, route, sentier** *(fig.). Aller, avancer, entrer, marcher dans telle ou telle voie.* « *Obligés* *de suivre ces voies pénibles* » (RENAN). *Préparer la voie,* faciliter les choses à faire en réduisant les obstacles. *Aplanir, frayer la voie, les voies* (en donnant l'exemple). *Ouvrir la voie.* V. **Passage.** — Ellipt. *La bonne, la mauvaise voie* (pour obtenir qqch.). V. **Direction.** *Être dans la bonne voie,* en passe de réussir. — *La voie de qqn,* la conduite qui lui convient, lui réussit. « *L'enfant fut assez long à trouver sa voie* » (LICHTEN-BERGER). ◇ Relig. (1120). *La voie, les voies du salut, de la perdition.* « *La voie étroite de l'Évangile* » (BOURDALOUE). — *Les desseins, les commandements* (de Dieu). *Les voies de Dieu, de la Providence.* — *La voie, les voies de l'homme,* sa conduite morale. « *Je te jugerai selon tes voies* » (BOSS.). ♦ 2° Conduite suivie ou à suivre ; façon de procéder. V. **Moyen.** « *La vraie voie par laquelle une chose a été méthodiquement inventée* » (DESCARTES). « *Dans toutes les voies de la connaissance...* » (MART. du G.). « *Régler le litige par voie de négociations* » (SARTRE). *Opérer par la voie la plus simple, par une voie détournée.* ◇ Dr. *Voie de droit,* moyen légal d'assurer la sanction d'un droit. *Voies d'exécution*. Voies de recours.* Cour. *Voie de fait,* violence ou acte matériel insultant. ◇ Admin., Fin. *Voies et moyens* (2, 1°). ◇ Chim. *Voie humide,* recours à un solvant liquide, dans une réaction chimique (opposé à *Voie sèche*). ♦ 3° Intermédiaire ou suite d'intermédiaires qui permet d'obtenir ou de faire qqch. « *Je le sais par les voies les plus sûres* » (DIDER.). *Intervenir par la voie diplomatique. Réclamer par la voie hiérarchique.* — Loc. *Par voie de conséquence,* en conséquence. ♦ 4° (1283). EN VOIE DE... : se dit de ce qui se modifie dans un sens déterminé. V. **Train** (être en train de). *En voie de formation. Plaie en voie de cicatrisation, en voie de se cicatriser.* « *Les pourparlers sont en bonne voie* » (ROMAINS), en passe de réussir.

III. (v. 1300). *Vx.* S'est dit de mesures, charges qui peuvent être portées en un seul voyage. *Voie de charbon, de bois* (charretée).

◇ HOM. *Voix ; vois, voit* (formes du v. *voir*).

VOILÀ [vwala]. *prép.* (1538 ; *ves la,* 1283 ; de *vez, voi,* impératif [ou thème verbal] de *voir,* et *là*). Désigne une personne ou une chose, plus particulièrement quand elle est relativement éloignée, vient d'être exprimée. V. **Voici.** ♦ 1° Désignant une chose ou une personne. V. **Là** (c'est, ce sont là). — REM. L'opposition classique entre *voici* et *voilà* (proche et éloignée) n'est plus guère respectée. « *Mon sillon ? Le voilà. Ma gerbe ? La voici* » (HUGO). La langue courante emploie *voilà* dans tous les cas. — « *Tiens, dit-elle en ouvrant les rideaux, Les voilà !* » (HUGO). « *Voilà le maquereau, mesdames !* » (PROUST). *Voilà un brave homme. Voilà pour vous. Voilà de l'argent.* — (Avec un pron. pers., placé avant *voilà*) *Le voilà, c'est lui.* « *Ah ! vous voilà, bandit !* — *Oui, cousin, me voilà* » (HUGO). *Coucou, le voilà ! — Voilà notre ami qui vient, qui arrive* (avec le sens de *voici*). « *Voilà un bonnet qui est perlé* » (ZOLA). ◇ EN VOILÀ : voilà de ceci. *Vous en voulez ? en voilà. En voilà pour dix francs.* Loc. adv. *De l'argent en veux-tu en voilà,* beaucoup, tant qu'on en veut. « *Un libertin..., des maîtresses en veux-tu en voilà* » (ARAGON). — Exclamatif pour mettre en relief. *En voilà, un imbécile !* « *En voilà une blague, la politique* » (ZOLA). « *En voilà trois qui ont un fameux poil dans la main !* » (ZOLA). — Pop. « *En voilà une de femme !* » (BALZ.). ◇ QUE VOILÀ. « *Toi que voilà* » (VERLAINE). « *La belle que voilà...* » (chanson). — Exclam. « *Que voilà donc du sens commun* » (SIEGFRIED), comme voilà. ◇ Ellipt. *Voilà !* interjection qui répond à un appel, à une demande... *Garçon, un demi ! Voilà, voilà... j'arrive ! attendez un instant.* ♦ 2° Désignant les choses dont il vient d'être question dans le discours (opposé à *voici*). « *Valeur, magnanimité, bonté... voilà pour le cœur ; vivacité, pénétration... voilà pour l'esprit* » (BOSS.). « *Après m'avoir sauvé... il s'est sacrifié. Voilà l'homme* » (HUGO), il est ainsi. « *Voilà ce qui fait que votre fille est muette* » (MOL.). « *Voilà ce que c'est que d'aller au bois où sont les fées* » (FRANCE), telles en sont les conséquences. *Voilà le hic.* — *Voilà tout ; et voilà tout.* V. **Tout.** — *En voilà assez,* cela suffit, je n'en supporterai pas davantage. — Employé seul. *Voilà, et voilà,* sert à clore une déclaration. — Construit avec QUI, en valeur neutre. *Voilà qui est louche. Voilà qui est bien,* c'est bien. — *Avec une valeur exclamative :* C'est (ce sont) bien..., c'est vraiment. *Voilà bien les hommes.* — Absolt. *Ah ! voilà !* c'était donc ça (Cf. Vous m'en direz tant !). ♦ 3° S'emploie pour présenter un substantif, un pronom caractérisé (par un adjectif, un participe, une proposition). *Vous voilà content,* vous êtes content, à présent, maintenant. *La voilà partie,* enfin, elle est partie ! « *Vous voilà bien embarrassés tous deux* » (MOL.). « *Le voilà se costumant* » (GONCOURT). *Nous voilà bien ! nous voilà frais...!* « *Comme te voilà grande, Camille !* » (MUSS.), comme tu es grande, maintenant. — « *Le voilà qui prend tout à coup le mors aux dents* » (DIDER.). — (En corrélation avec un adv. ou une circonstance de temps) *Comme, tandis que..., voilà...* « *À peine suis-je dans la rue, voilà un violent orage qui éclate* » (DAUD.). ◇ (Avec un compl. de lieu) *Nous voilà dans la place ; nous y voilà.* — Fig.

Nous y voilà, nous abordons enfin le problème, la question. « *Je n'ai pu me défendre de t'aimer.* — ... *Nous y voilà* » (MARIVAUX). ♦ 4° Pour présenter une circonstance nouvelle (suivi d'une complétive). *Soudain, voilà que l'orage éclate, qu'éclate l'orage.* « *Mais voilà que la belle route... n'est plus qu'une ornière affreuse* » (MAUPASS.). « *Et voilà que je suis tué, dans une embûche...* » (ROSTAND). *Voilà comme, comment, pourquoi.* — Fig. *Voilà où je veux en venir.* ♦ 5° Vx. *Ne voilà pas, voilà pas,* s'employait pour exprimer la surprise. « *Hé bien ! Ne voilà pas encore de son style ?* » (MOL.). — Vieilli. *Ne voilà-t-il pas que...* — Mod. (fam. ou région.). *Voilà-t-il pas* (et pop. *voilà-ti-pas, v'là-ti-pas) que...* « *Voilà-t-il pas que les Russes brûlent leur ville !* » (BALZ.). ♦ 6° (Explétif). Employé pour présenter ou souligner un argument, une objection. *C'était simple « seulement voilà, il suffisait d'y penser* » (ANOUILH). ♦ 7° Il y a (telle durée). « *Elle a décampé voilà quinze jours* » (MART. du G.). « *Voilà trois mois que je lis exclusivement de la métaphysique* » (FLAUB.)., j'en lis depuis trois mois. « *Voilà trente ans que je la vis pour la première fois* » (FRANCE). « *Voilà dix ans que je n'ai vu le soleil* » (FLAUB.).

VOILAGE [vwalaʒ]. *n. m.* (1933 ; de *voile* 1). ♦ 1° Garniture d'étoffe transparente, de voile, sur un vêtement. *Voilage d'un chapeau.* ♦ 2° Grand rideau de voile. *Voilages pour baies.*

1. VOILE [vwal]. *n. m.* (1170, « rideau » ; lat. *velum.* V. **Velum**).

I. Morceau d'étoffe destiné à cacher. ♦ 1° Étoffe qui cache une ouverture. V. **Rideau.** *Le voile du Temple de Jérusalem.* — Étoffe dont on couvrait les statues des dieux ; dont on couvre un monument, une plaque... avant l'inauguration. ♦ 2° Morceau d'étoffe destiné à cacher le visage. *Voile des musulmanes,* qui cache le bas du visage et ne laisse apparaître que les yeux. V. **Litham.** *Porter le voile.* « *Melek les pressait aussi de relever leur voile, par bravade* » (LOTI). ◇ *Voile noir de deuil,* que portent les femmes en deuil. V. **Crêpe.** ♦ 3° Coiffure féminine de tissu fin, flottant, qui recouvre la tête. *Voile de religieuse.* — Loc. *Prendre le voile,* se faire religieuse. *Prise* (II, 2°) *de voile.* — *Voile blanc de mariée, de communiante.* ◇ Coiffure flottante de tissu fin qui enferme les cheveux (par mesure d'hygiène). *Voile d'infirmière.* ♦ 4° Littér. (du vêtement antique). Vêtement léger et transparent qui couvre le corps féminin. « *Un satyre qui soulevait les voiles d'une nymphe endormie* » (FRANCE). *La danse des sept voiles de Salomé.* ♦ 5° (1723 ; du *voile* des religieuses). Tissu léger et fin, d'armure toile. *Voile de coton, de soie, de laine.* — *Voile pour faire des rideaux.* V. **Voilage.** « *Dans ta robe de voile mauve et de strass* » (COLETTE).

II. Abstrait . ♦ 1° Ce qui cache qqch. V. **Enveloppe, masque.** « *Je ne veux mettre aucun voile au-devant des sentiments que j'ai pour vous* » (SÉV.). *Étendre, jeter, tirer un voile sur qqch.,* cacher, et par ext. Condamner à l'oubli. « *Le mystérieux bonheur enveloppé de voiles* » (BARRÈS). *Lever le voile de...,* révéler qqch. (V. **Dévoiler**). « *Le mystère dont j'avais levé quelques voiles* » (NERVAL). *Soulever un coin du voile,* faire entrevoir qqch. — Vx. *Un, le voile de...* V. **Apparence, couvert.** « *Sous le voile d'une dévotion apparente* » (BOURDALOUE). ♦ 2° Ce qui rend moins net, ou obscurcit. « *Des vapeurs... qui jetaient sur l'horizon un léger voile* » (MAUPASS.). *Voile de brume.* « *Un voile magnifique de longs cils noirs* » (FRANCE). — Phot. Partie anormalement obscure d'une épreuve, due à un excès de lumière. ◇ Physiol. Obscurcissement du champ visuel. *Le voile de la mort.* V. **Ténèbres.** — (Aviat.) *Voile noir, gris, rouge,* trouble physiologique provoqué par une grande accélération. ◇ Diminution de la transparence d'une partie du poumon, visible à la radioscopie. *Avoir un voile au poumon droit.* ◇ Trouble se produisant dans un tissu.

III. ♦ 1° (1788). *Voile du palais,* cloison musculaire et membraneuse, à bord inférieur libre et flottant, qui sépare l'arrière-bouche (oropharynx) de l'arrière-nez (rhinopharynx), appelée aussi *palais mou.* V. **Palais.** *Appendice charnu du voile du palais.* V. **Luette.** *Rôle du voile du palais dans l'émission des sons.* V. **Vélaire.** ♦ 2° Bot. *Voile des champignons,* membrane qui unit le pied au chapeau avant la maturité, et se déchire ensuite.

2. VOILE [vwal]. *n. f.* (v. 1160 ; *veil,* 1120 ; de *voile* 1). ♦ 1° Morceau de forte toile destiné à recevoir l'action du vent pour faire avancer le navire. *Bateau, navire à voiles. Naviguer à la voile. Les voiles font partie des agrès, du gréement* (V. **Toile, voilure**). *Voiles d'évolution,* de l'extrême arrière et de l'extrême avant ; *de propulsion,* celles des mâts. *Voiles basses,* les dernières, près de la quille. *Voiles majeures,* les plus grandes. *Parties d'une voile :* ralingue, ris. — *Voiles carrées*. Voiles auriques*. Voiles latines* triangulaires,* fixées à une antenne. *Voiles sur lattes des jonques. Voile d'avant* (spinnaker). *Voiles du beaupré* (clinfoc, petit et grand foc, tourmentin, trinquette). *Voiles de misaine* (petit cacatois, petit hunier, misaine, petit perroquet). *Voiles du grand mât* (grand cacatois, grand hunier, grand perroquet). *La grand-voile,* principale voile du grand mât. *Voiles d'artimon* (brigantine, cacatois de perruche, perroquet de fougue, perruche). *Voiles d'étai enverguées sur des drailles. Voiles supplémentaires enverguées sur des bout-dehors* (bonnette, dériveur, fortune). — *Amener, brasser, caler, carguer, enverguer, établir*, ferler, hisser, larguer, serrer... les voiles, une voile. Voiles pendantes, en bannière.* « *Le vent impétueux qui soufflait dans les voiles* » (CHÉNIER). « *Un grand bruit de vent dans les voiles* » (FROMENTIN). *Voiles qui claquent. Voile qui ralingue contre le mât.* — *Mettre à la voile, mettre les voiles,* pour faire avancer le bateau. *Mettre toutes voiles dehors,* et *fig.* Employer tous les moyens. *Faire force de voiles. Être sous voiles,* les voiles hautes déployées. ◊ *Loc. fig. Avoir le vent dans les voiles,* se dit d'une personne dont les affaires vont bien, qui est en train de réussir. *Fam. Avoir le vent dans les voiles, il y a du vent dans les voiles,* se dit d'une personne ivre, qui ne marche pas droit. — *Fam. Mettre les voiles,* s'en aller, partir. *À voile et à vapeur,* se dit d'une personne homosexuelle et hétérosexuelle (Cf. Bique et bouc). ♦ 2° *Par méton.* Voilier. « *Au loin court quelque voile hellène* » (HUGO). ♦ 3° Navigation à voile. « *Un jour de voile* » (CHATEAUB.). ◊ (XXᵉ) Sport nautique sur voilier. *Faire de la voile.* ♦ 4° Aviat. VOL À VOILE : pilotage des planeurs. *Amateur de vol à voile.* V. **Vélivole.**

1. VOILÉ, ÉE [vwale]. *adj.* (*Velée* [d'une religieuse], v. 1165; V. **Voiler**). ♦ 1° Recouvert d'une voile. *Statue voilée. Nudité voilée.* — Qui porte le voile. *Les femmes voilées.* ♦ 2° *Fig.* Rendu obscur, incompréhensible. *Sens voilé.* — Rendu moins visible, moins vif, moins net. V. **Atténué.** « *L'ironie voilée imperceptible aux imbéciles* » (HENRIOT). S'exprimer en termes voilés, par métaphores, allusions, etc. (Cf. Parler à mots couverts*). ♦ 3° Rendu moins net, moins éclatant; qui a peu d'éclat, de netteté. *Lumières voilées. Ciel voilé.* « *Cet éclat métallique un peu voilé du plomb* » (DUHAM.). *Contours voilés.* V. **Estompé.** *Regard voilé,* terne, trouble. — *Photo voilée,* qui présente un voile. — *Diamant voilé,* dont la transparence et l'éclat ne sont plus parfaits. ♦ 4° Se dit d'une voix qui n'émet pas des sons clairs. V. **Enroué(e).** « *Il chantait d'une voix faible, voilée, comme intérieure* » (R. ROLLAND). ◊ ANT. *Éclatant, net, pur. Clair, sonore.*

2. VOILÉ, ÉE. V. **Voiler 2.**

VOILEMENT [vwalmã]. *n. m.* (XXᵉ; de *voiler* 2). *Techn.* État d'une pièce voilée (2). *Voilement d'une roue de bicyclette.* V. **Voilure** (2).

1. VOILER [vwale]. *v. tr.* (1380; *veler* « faire prendre le voile », XIIᵉ; de *voile* 1). I. ♦ 1° Couvrir, cacher d'un voile; étendre un voile sur. *Voiler une statue.* « *La mantille blanche dont elle avait voilé ses cheveux* » (MART. du G.). *Se voiler le visage,* porter le voile, le litham. ◊ *Loc. fig. Se voiler la face,* s'empêcher de voir ce qui indigne, fait horreur, incite au péché. « *Quoi donc! boire, manger, jouir, voilons nos faces* » (HUGO). ◊ *Par ext.* Cacher (en parlant d'un voile). *Tissu qui voile les contours du corps. Fenêtre voilée d'un store.* ♦ 2° *Fig.* (déb. XVIIᵉ) Dissimuler. V. **Estomper,** masquer. *Voiler la vérité.* — *Par ext.* Cacher ou rendre moins visible (en parlant de la chose qui cache). « *La pudeur des sentiments, voilant à l'esprit les signes habituels des passions* » (MAUROIS). « *L'humour... voile les émotions* » (Max JACOB). ♦ 3° *Par ext.* Rendre moins visible, moins net. V. **Obscurcir.** *Yeux voilés de larmes.* « *Montagnes que voilait le brouillard de l'automne* » (LAMART.). V. **Estomper.** « *De grandes nuées... voilant le soleil* » (LOTI). V. **Éclipser.** II. SE VOILER. *v. pron.* ♦ 1° Porter le voile. *Beaucoup de musulmanes ne se voilent plus.* ♦ 2° Perdre son éclat, se ternir. *Ses yeux, son regard se voile. Le Soleil, la Lune se voile,* disparaît plus ou moins derrière les nuages, la brume. *Le ciel se voile,* se couvre de nuées. ◊ Perdre de son acuité, se troubler. « *Mon regard se voile et s'éteint. Tout s'efface et se décolore* » (ARAGON). ♦ 3° Perdre sa netteté, sa sonorité (en parlant de la voix). *Sa voix se voile.*

2. VOILER [vwale]. *v.* (1170, *veilier* « mettre [un navire] à la voile »; de *voile* 2). I. *V. tr. Mar.* Garnir de voiles (un bateau). *Bâtiment voilé en goélette.* II. (1765). ♦ 1° *V. intr. Vx.* Prendre une forme convexe (comme celle d'une voile de bateau). ♦ 2° *V. pron.* (1771). SE VOILER se dit d'une pièce de bois, de métal qui n'est plus plane, qui s'est déformée. V. **Gauchir.** *Étagère qui se voile sous le poids des livres. Planche cour.* Se dit d'une roue qui s'est légèrement tordue. *Roue qui se voile.* — Au *p. p. Sa bicyclette a une roue voilée.*

VOILERIE [vwalʀi]. *n. f.* (1691; de *voile* 2). Atelier pour la confection et la réparation des voiles de bateau.

VOILETTE [vwalɛt]. *n. f.* (1842; de *voile* 1). Petit voile transparent, que les femmes portent à leur chapeau et qui peut couvrir tout ou partie du visage. *Voilette noire, bleue... à broderie, à pois...* « *Derrière les mailles fines de sa voilette* » (GREEN). *Attacher, rabattre, relever sa voilette.*

VOILIER [vwalje]. *n. m.* (1510, adj.; de *voile* 2). I. ♦ 1° (1660). *Un navire bon, mauvais voilier,* qui marche bien, mal à la voile. ♦ 2° *Grand voilier,* oiseau de mer à ailes longues et puissantes (albatros, etc.). ♦ 3° (1872). Navire à voiles. *Les grands voiliers d'autrefois.* « *Un grand voilier de Norvège aux mâts blancs, à la coque de chêne* » (BOSCO). ◊ Bateau de sport ou de plaisance, qui avance à la voile. *Faire du voilier* (V. **Voile** [3°], *yachting*). *Voilier de plaisance à moteur.* V. **Yacht.** *Course de voiliers.* V. **Régate.** *Voilier bridé*.* II. *N. m.* (1567). *Mar.* Homme qui fait ou raccommode les voiles. « *Il avait été mousse, voilier, gabier* » (HUGO). « *Un honorable maître-voilier qui servait sur la* Flore » (MAC ORLAN).

1. VOILURE [vwalyʀ]. *n. f.* (1678, « manière de placer les voiles »; de *voile* 2). ♦ 1° (1691). Ensemble des voiles d'un bâtiment. *Voilure des galions.* « *Une voilure de trois mille mètres carrés de surface* » (HUGO). — Surface de ces voiles déployées. *Régler la voilure selon les vents.* ♦ 2° Ensemble des toiles des ailes et de l'empennage des premiers avions, des planeurs; ensemble des surfaces portantes d'un avion. *Voilure tournante,* d'un giravion. ◊ Toile d'un parachute.

2. VOILURE [vwalyʀ]. *n. f.* (1846; de *voiler* 2). *Techn.* État d'une pièce de bois, de métal, d'une roue qui se voile. V. **Gauchissement,** voilement.

VOIR [vwaʀ]. *v.* : *je vois, tu vois, il voit, nous voyons, vous voyez, ils voient; je voyais, nous voyions, vous voyiez; je vis, nous vîmes, vous vîtes, ils virent; je verrai, nous verrons; je verrais, nous verrions; que je voie, que nous voyions, que vous voyiez; que je visse, qu'il vît, que nous vissions; vois, voyons, voyez; voyant; vu* (XIIᵉ, *veoir; vedeir,* 980; lat. *videre*). I. *V. intr.* (1080; *vedeir*). Percevoir les images des objets par le sens de la vue. *C'est* « *un postulat bien ancré, qu'un nouveau-né... 'ça' ne voit pas* » (LEBOYER). *Ne plus voir,* perdre la vue. V. **Aveugle.** *Ne voir que d'un œil. Regarder sans voir. Voir trouble, confusément, mal, à peine. On ne voit pas à dix pas.* « *Tu as bu, Grémio, tu vois double* » (MUSS.). *Voir clairement, distinctement. On commence à y voir clair. Il n'y voit pas très bien,* il souffre d'un trouble, d'une affection de la vue. V. **Miro** (pop.). « *Tandis qu'à peine à tes pieds tu peux voir* » (LA FONT.). *Mettez vos lunettes pour mieux voir. Voir au loin, très loin* (Cf. Avoir des yeux de lynx*, une vue perçante). *Fig. Voir loin,* prévoir. *Ne pas voir plus loin que le bout de son nez*.* — *Ne voir que par les yeux de qqn,* se fier entièrement à son jugement, suivre son opinion en tout. — *Voir avec les yeux de la foi,* considérer les choses à la lumière de la foi.

II. *V. tr. dir.* (980). ♦ 1° Percevoir (qqch.) par les yeux. *Voir qqch. de ses yeux, de ses propres yeux.* « *Je le vis, je rougis, je pâlis à sa vue* » (RAC.). *Je le vois très bien.* V. **Distinguer.** *Il a tout vu, tout observé sans être vu. Je l'ai à peine vu, je ne l'ai vu qu'à demi.* V. **Apercevoir,** entrevoir. « *Voir tout cela d'un clin d'œil* » (BALZ.). V. **Embrasser,** saisir. « *Non seulement il le voit, mais il la regarde* » (R. VAILLAND). — « *Dans la haute montagne, il avait vu de près des glaciers* » (ARAGON). *Que vois-je?* (exprime l'étonnement). *Une femme agréable à voir,* plaisante, jolie. *Cela fait plaisir à voir.* — (*En lisant*) *J'ai vu cela dans le journal.* — *Loc. Voir le jour :* naître; paraître (choses). *N'y voir que du feu*. En voir trente-six chandelles*. Je l'ai vu comme je vous vois,* aussi réellement. — FAIRE VOIR : montrer. *Faites-moi voir les lieux, le fonctionnement de l'appareil. Il nous a fait voir ce qu'il fallait faire, comment il fallait procéder.* Pronom. *Se faire voir,* se montrer (personnes). *Il essaie de ne pas se faire voir,* il se cache. « *Il y a des endroits où il faut se faire voir* » (LA BRUY.). *Se faire voir avec qqn. Se faire voir sous son bon jour.* Pop. *S'il n'est pas content, qu'il aille se faire voir!* qu'il aille au diable. — LAISSER VOIR : permettre qu'on voie; ne pas cacher. *Laissez-moi voir le cadeau. Ne pas laisser voir son trouble.* — (*Choses*) Montrer. « *Ces couvertures laissaient voir qu'un arrière-plan de rochers* » (CHATEAUB.). ◊ Avoir l'image de (dans l'esprit). V. **Représenter** (se). *Voir qqn en rêve, en fermant les yeux. Ma future maison, je la vois en Italie. Je vois d'ici la page de mon dossier* » (ROMAINS). *Fam. Tu vois ça d'ici!* imagine cela. *Don de voir l'avenir* (V. **Voyance**). ◊ Avec un attribut d'objet, un compl. complexe. VOIR... (et inf.) « *J'ai vu mourir... des centaines et des centaines de blessés* » (DUHAM.). « *Il croyait voir quelqu'un entrer* » (HUGO). *Je vois tout tourner.* REM. L'accord de *Vu* se fait quand le compl. du verbe *voir* est le sujet de l'inf. *Les voitures que j'ai vues rouler. Les voitures que j'ai vu conduire.* — *Fig. On vous voit venir,* vos intentions sont connues. Absolt. *Il faut voir venir,* attendre. (*Choses*) *Le pays qui l'a vu naître,* où elle est née. — VOIR... (et attribut) *Quand je l'ai vue si malade, j'ai appelé le médecin. Je les ai vus en bien mauvais état. Vous m'en voyez ravi, navré, je suis ravi, navré de cela. Je voudrais bien le voir parti,* qu'il parte. « *Je voudrais la voir mariée avec le marquis* » (MOL.). Fam. *Je voudrais vous y voir!* (dans cet état, cette situation difficile) : à ma place vous n'agiriez pas autrement. — VOIR... (et relative) *Je la vois qui vient.* — VOIR... (et participiale) « *Un jour l'évêque le vit faisant la charité* » (HUGO). ♦ 2° Être spectateur, témoin de (qqch.). *Voir une pièce de théâtre, un film, un match.* V. **Assister** (à). « *Avez-vous jamais vu les courses d'Angleterre?* » (MUSS.). *J'ai vu toute la scène, le drame, l'accident. J'y suis allé seulement pour voir, en spectateur.* — *Voir une ville, un pays,* y aller, visiter. Loc. *Voir Naples et mourir* (parce qu'il n'y a rien de plus beau à voir). *C'est une chose à voir, qui mérite d'être vue. Voir du pays,* voyager. ◇ Loc. *En voir de belles. On n'a jamais rien vu de pareil. Vous n'avez encore rien vu,* vous allez voir mieux encore. Fam. *Qu'est-ce qu'il ne faut pas voir!* (se dit d'une chose révoltante). « *Vraiment, on aura tout vu* » (SARRAUTE) : c'est le comble. *J'en ai vu bien d'autres!* j'ai vu pire. — Par ext. *Il en a vu, dans sa vie, il a vécu des moments pénibles, il a eu des malheurs. En faire voir à qqn,* lui causer des tourments (Cf. Mener la vie dure). *Il m'en a fait voir de toutes les couleurs* (il m'a tourmenté, causé toutes sortes de soucis), *des vertes* et des pas mûres.* ♦ 3° Être, se trouver en présence de (qqn). « *Comment jugerais-je d'un homme que je n'ai vu qu'une après-midi* » (ROUSS.). *Je l'ai vu la semaine dernière. Je l'ai déjà vu, je ne l'ai jamais vu.* V. **Rencontrer**. *Pourrais-je voir le chef de service? Aller, venir voir qqn,* lui rendre visite. *Venez me voir demain. Médecin qui va voir ses malades; représentant qui va voir un client.* V. **Visiter**. *Il ne veut voir personne.* V. **Recevoir**, **fréquenter**. *Je ne le vois plus, j'ai rompu avec lui.* — Fig. et fam. *Je l'ai assez vu,* j'en suis las, je ne tiens plus à le voir. *Je ne peux pas le voir* : le supporter. *Je ne peux pas le voir en peinture*.* ◇ Trouver, rencontrer (qqch.). « *Une petite lampe comme on en voit dans les cuisines de campagne* » (BOSCO), comme il y en a... ♦ 4° Regarder attentivement, avec intérêt. V. **Examiner**. *J'ai vu le courrier* (V. **Lire**); *j'ai vu et corrigé ce texte. Il faut voir cela de plus près* : considérer. *Allez voir ce qui se passe à côté. Voyez ce que dit le dictionnaire* : consultez-le. *Voyez ci-dessous.* — *Voir un malade,* l'examiner. ◇ Prêter attention à, avoir présent à la vue. V. **Remarquer**. *J'ai vu des fautes dans ce texte.* V. **Découvrir**. « *Laide, plate, insignifiante, une de ces filles qu'on ne voit pas* » (MAUPASS.). — Absolt. V. **Observer**. *Il ne sait pas voir,* il est mauvais observateur. « *Apprendre à voir est le plus long apprentissage de tous les arts* » (GONCOURT). — VOIR QUE... *J'ai vu qu'il allait tomber.* « *Lorsqu'elle vit... que l'escalier était obscur...* » (MUSS.). — VOIR COMME, SI... *Voyez comme il est grand. Allons voir si elle est prête.* Loc. fam. *Allez voir là-bas si j'y suis,* allez-vous-en (se dit pour se débarrasser d'un importun). ♦ 5° (Abstrait). Se faire une opinion sur (qqch.). *Voyons un peu cette affaire.* V. **Considérer**, **étudier**. *Il faut voir ce qu'on peut faire.* Absolt. *Il faut voir, nous allons voir,* réfléchir (avant un choix). *On verra,* on décidera plus tard. *C'est tout vu,* c'est tout décidé (V. **Vu** [1]). *Qui vivra verra,* l'avenir seul permettra d'en juger. *On verra bien!* attendons la suite des événements sans faire d'hypothèses. *Je voudrais bien voir ce qu'il ferait à ma place,* je voudrais savoir. *Il verra de quel bois* je me chauffe!* — POUR VOIR : pour se faire une opinion. « *Touchons un peu pour voir : en effet, c'est bien lui* » (MOL.). — (En menace) *Essaie un peu, pour voir!* — VOIR QUE, COMME, COMBIEN... V. **Constater**. « *On voit bien que tu es jeune* » (ZOLA). *Je vois que vous ne m'avez pas oublié. Quand il a vu qu'il avait tort... :* quand il s'en est rendu compte*, qu'il en a pris conscience. *Voyez comme le hasard fait bien les choses!* « *J'ai vu combien l'usage du monde donne d'aisance* » (BEAUMARCH.). — VOIR SI... V. **Éprouver**, **savoir**. *Voyez si elle accepte,* informez-vous-en. *Il faut d'abord voir, c'est à vous de voir si la chose est possible. Il téléphonait pour voir si elle était chez elle.* ◇ *En incise,* pour appuyer une opinion en invitant à la réflexion. « *Les femmes, voyez-vous, ça ne dit jamais la vérité* » (MAUPASS.). « *Vois-tu... ce qui est beau, c'est d'aimer simple* » (DAUD.). ◇ VOIR *(après un verbe sans compl.)* : pour voir. Pop. *Voyons voir! Regarde voir sur la table s'il y est. Dites voir.* « *Alors, explique voir* » (QUENEAU). « *Essaye voir!* » (ZOLA). « *Attendez un peu voir, me dit Françoise* » (PROUST). ◇ VOYONS! s'emploie en manière de reproche, pour rappeler à la raison, à l'ordre. « *Calmez-vous, voyons!* » (CÉLINE). « *Voyons, qu'est-ce que vous prend?* » (MAUPASS.). « *Voyons, mon petit* » (FLAUB.). *Un peu de bon sens, voyons.* ♦ 6° Se représenter par la pensée. V. **Concevoir**, **imaginer**. *Voir la réalité telle qu'elle est. C'est une manière, une façon de voir, un point de vue** personnel. « *Jamais elle ne cherchait à imposer aux autres ses façons de voir* » (MART. du G.). — *Nous ne voyons pas de quoi il s'agit, de qui vous parlez.* « *Vous voyez ce que je veux dire* » (DURAS). *Ah! je vois!* je comprends fort bien (souvent *iron.*). *Je ne vois plus rien à dire,* je ne trouve plus rien, il n'y a plus rien. *J'ai vu le moment où il se mettait en colère,* il a été sur le point de se mettre en colère. *Je vois un inconvénient à cela,* j'estime

qu'il y a un inconvénient. *Si vous n'y voyez pas d'inconvénient,* si vous êtes d'accord, si vous le permettez. — *Voir grand,* avoir de grands projets. ◇ VOIR... EN (qqn) : le considérer comme. « *Il vit en elle une bienfaitrice* » (BALZ.). ♦ 7° AVOIR QQCH. À VOIR *(avec, dans)* : avoir une relation, un rapport avec (seulement avec *pas, rien, peu*). *Je n'ai rien à voir dans cette affaire, là-dedans,* je n'y suis pour rien. *cela ne me concerne pas.* « *La patience n'a rien à voir avec la simple attente* » (GIDE) : n'est pas comparable à... Absolt. *Cela n'a rien à voir!* c'est tout différent. « *La sensualité n'a pas grand-chose à voir avec les sentiments* » (MAUROIS). III. *V. tr. indir.* VOIR À *(et inf.)* : songer, veiller à. « *Nous verrons à entraîner votre oncle* » (HUYSMANS). Fam. *Il faudrait voir à ne pas nous raconter d'histoires!* — Pop. *(Il) faudrait voir à voir!* : il faudrait songer à faire attention (formule d'avertissement, parfois de menace).

IV. SE VOIR. *v. pron.* ♦ 1° *(Réfléchi).* Voir sa propre image. *Se voir dans une glace.* ◇ (Avec l'attribut d'objet, un compl.) *Quand je me suis vue dans cet état. Elle ne s'est pas vue mourir.* V. **Sentir**. — (Par l'imagination) *Ils se voyaient déjà morts :* ils se croyaient... *Je ne me vois pas habiter là, habiter là; je me vois mal te suppliant,* je l'imagine mal, cela n'est guère possible ou ne me plaît guère. — (Employé comme semi-auxiliaire) *Elle s'est vue contrainte à renoncer,* elle fut, elle se trouva contrainte. *Elle s'est vu refuser l'entrée du club,* on lui a refusé l'entrée. « *À sa grande stupeur, le romancier s'est vu citer en justice* » (DUHAM.). ♦ 2° *(Récipr.).* Se rencontrer, se trouver ensemble. *Des amoureux qui se voient en cachette. Nous nous sommes vues récemment. Nous ne nous voyons plus.* V. **Fréquenter**. — Fig. *Ils ne peuvent pas se voir,* ils se détestent. V. **Sentir** (se). ♦ 3° *(Passif).* Être, pouvoir être vu. ◇ Être remarqué, visible. *Une reprise qui ne se voit pas.* Loc. *Cela se voit comme le nez* au milieu de la figure.* ◇ Fam. *Mériter d'être vu. Un film qui se voit avec plaisir.* ◇ Se rencontrer, se trouver. *Cet appareil se voit encore dans les campagnes. Cela se voit tous les jours,* c'est fréquent. V. **Vu** (déjà vu). *Cela ne s'est jamais vu,* c'est impossible, inepte.

◇ HOM. Voire. Formes des v. *virer* (ils virent), *visser* (que je visse), *vivre* (il vit...).

VOIRE [vwaʀ]. *adv.* (XIIe ; lat. *vera,* adv., *de verus* « vrai »). ♦ 1° Vx ou *plais.* Exclamation qui marque le doute. V. **Vraiment**. ♦ 2° Mod. (Employé pour renforcer une assertion, une idée). Et même. « *De longs mois..., voire des années* » (MART. du G.). « *On s'accordait à me trouver poseur, voire insolent* » (CÉLINE). *Ce modèle est inutile, voire même dangereux* (tour critiqué comme pléonasme). ◇ HOM. Voir.

VOIRIE [vwaʀi]. *n. f.* (1260 ; « basse juridiction d'un seigneur », 1170; *de voyer* « officier de justice », avec infl. de *voie*). ♦ 1° Ensemble des voies aménagées et entretenues par l'administration publique. V. **Voie** (publique). « *Les espacements exigus d'une voirie tortue et maladroite* » (HUGO). ♦ 2° (1283). Admin. Entretien des voies, des chemins. — Partie de l'administration publique qui s'occupe de l'ensemble des voies de communication. *Voirie urbaine, voirie rurale. Permission de voirie :* autorisation de mettre en place une installation (kiosque, étalage...) sur la voie publique. *Contravention de voirie.* ◇ Cour. *Service de voirie,* entretien, nettoyage des voies publiques. Spécialt. Enlèvement quotidien des ordures dans les villes. ♦ 3° (XIVe). Lieu où sont déposées ordures et immondices. V. **Dépotoir**.

VOISIN, INE [vwazɛ̃, in]. *adj. et n.* (1180 ; lat. pop. **vecinus, de vicinus*). ♦ 1° Qui est à une distance relativement petite. V. **Proche**, **rapproché**. *Propriétaires voisins. États voisins.* « *Les jeunes gens des villages les plus voisins* » (FLAUB.). *Maisons voisines.* — Qui touche, est à côté. *La pièce voisine.* V. **Adjacent**, **attenant**, **contigu**. — *Voisin de... Les régions voisines de l'équateur.* « *Un immeuble voisin de la cathédrale* » (MART. du G.). ◇ Proche dans le temps. *Les années voisines de 1789.* ♦ 2° Qui présente un trait de ressemblance, une analogie. *Espèces voisines. Des idées voisines.* — *Voisin de...,* qui se rapproche de. *Un véhicule voisin de la bicyclette.* V. **Ressemblant**, **semblable** (à). — *Dans un état voisin du somnambulisme* » (MART. du G.). V. **Approchant**. « *Une considération voisine du respect* » (STENDHAL). ♦ 3° N. Personne qui vit, habite le plus près. « *Elle alla crier famine, chez la fourmi sa voisine* » (LA FONT.). *Nos aimables voisins. Être voisins* (Cf. Habiter porte à porte). *Entre voisins. Fréquenter ses voisins.* V. **Voisiner** (1°). *Personne qui occupe la place la plus proche. Voisin de table.* « *À Trouville, il fréquentait des voisins de plage* » (ROMAINS). « *Mon voisin d'hôpital, le sergent* » (CÉLINE). ◇ Par ext. Habitant d'un pays contigu ou peu éloigné. « *Se battre contre ses voisins* » (VOLT.). — Pays voisin. « *La France a une mauvaise frontière terrestre qui l'expose aux invasions d'un dangereux voisin* » (BAINVILLE). ◇ Absolt. Le prochain. « *S'approprier à l'occasion ce que possède le voisin* » (MART. du G.). *Jalouser le sort du voisin.* ◇ ANT. Distant, éloigné, lointain. Différent, opposé.

VOISINAGE [vwazinaʒ]. *n. m.* (1240; de *voisin*). ♦
1º Ensemble des voisins. V. **Entourage**. « *Des cris effroyables
s'élevaient... Le voisinage en fut révolutionné* » (ZOLA). ♦
2º (1283). État de proximité (d'un lieu, d'une personne,
d'une chose) par rapport à (une chose, un lieu). V. **Mitoyenneté**. « *Je vais regretter le voisinage de la mer* » (SAND). ◇
(1575) Relations entre voisins (surtout : *Être, vivre en bon
voisinage avec qqn*). ♦ 3º Proximité dans le temps. V. **Approche**. *Voisinage de l'hiver*. ♦ 4º (1596). Espace qui se trouve à
proximité, à faible distance. *Les maisons du voisinage. Se
trouver dans le voisinage*. V. **Environ, parage**. « *Trois jouven-
ceaux, enfants du voisinage* » (LA FONT.). ◇ Math. *Voisinage
d'un point*, ensemble (2º) ouvert contenant ce point. ◇ ANT.
Éloignement.

VOISINER [vwazine]. *v. intr.* (XVIᵉ ; « fréquenter », 1180 ;
de *voisin*). ♦ 1º *Vx* ou *littér*. Visiter, fréquenter ses voisins.
« *Elle ne recevait jamais de lettres, ni de visites, elle ne voisi-
nait point* » (BALZ.). ♦ 2º *Voisiner avec* : Être placé près
de (qqn, qqch.). « *Je voisinais à table avec quatre agents* »
(CÉLINE). « *L'onyx et l'améthyste voisinaient avec le saphir et
le diamant* » (DANIEL-ROPS).

VOITURAGE [vwatyraʒ]. *n. m.* (1358; de *voiture*). *Vx*.
Transport. *Mod*. Transport par voiture attelée.

VOITURE [vwatyr]. *n. f.* (*Veiture* « moyen de transport »
v. 1200; lat. *vectura* « action de transporter », de *vehere*).
I. *Vx*. Mode de transport. « *Les voitures d'Orient se font
par des bœufs, ou des chameaux* » (FURET., 1690). ◇ *Par ext*.
Ce qui est transporté, chargement. Dr. *Lettre de voiture*,
avisant d'un envoi.
II. (XIIIᵉ). Dispositif servant au transport. ♦ 1º Véhicule
monté sur roues, tiré ou poussé par un animal, un homme.
Voiture à deux, quatre roues. Parties d'une voiture : essieu,
roue, train, caisse, limon, suspension, timon... *Voiture suspendue. Voiture attelée. Voitures utilisées pour les travaux
agricoles, les transports* (V. **Carriole, char, chariot, charrette,
fardier, haquet, tombereau**). *Voiture de poste* (V. **Malle**),
*de déménagement, de livraison. Anciennes voitures pour
voyageurs*. V. **Berline, break, briska, boghei, cab, cabriolet,
calèche, carrosse, chaise, coche, coupé, diligence, dog-cart,
drag, fiacre, landau, mail-coach, milord, omnibus, patache,
phaéton, tandem, tapecul, tapissière, tilbury, tonneau, victoria**.
*Voiture de maître. Voiture particulière. Voiture de louage,
de remise. — Voiture de saltimbanques.* V. **Roulotte**. —
Voitures militaires. V. **Ambulance, caisson, fourgon, prolonge.**
— *Conducteur d'une voiture.* V. **Cocher**. — REM. Dans ce
sens, pour éviter la confusion avec le sens 2º, on dit de nos
jours *Voiture à cheval, à âne*, etc. « *Les calèches, les berlines,
les jardinières, les cabriolets, les voitures à âne, même la
voiture à chiens d'Évariste... défilaient* » (JOUHANDEAU). —
Loc. fam. *À pied*, à cheval, en voiture.* ◇ *Voiture à bras*,
dispositif sur roues, poussé ou tiré à force de bras. ◇ Spécialt.
Voiture d'enfant, dans laquelle on promène les bébés. V.
Landau, poussette. *Un bébé dans sa voiture.* — *Voiture
d'infirme* (propulsée avec les mains ou par un moteur). Fam.
Petite voiture. Quand je serai dans une petite voiture », vieux
et infirme. ♦ 2º (*Voiture automobile*, fin XIXᵉ). Véhicule
automobile. REM. *Voiture*, qui ne désigne que les automobiles
non utilitaires, tend à supplanter *automobile* et *auto*. V.
Automobile, bagnole, chignole, guimbarde, tacot, tire. *Moteur,
châssis, carrosserie d'une voiture. Voiture puissante. Voiture
décapotable, à toit ouvrant, à hayon. Voiture à deux, quatre
portes* (ellipt. Une deux, une quatre portes). *Voiture désignée
par sa cylindrée, sa puissance* (une 2,4 l, une 1 100 cm³, une
six-chevaux, etc.). *Voiture de place.* V. **Taxi**. *Voiture de
course, (de) sport, de tourisme* (V. **Berline, break, cabriolet,
coupé**). — *Voiture cellulaire.* V. **Panier** (à salade). *Voiture de
pompiers.* V. aussi **Ambulance**. — *Voiture neuve, d'occasion.
Voiture rapide, nerveuse, lente, molle* (fam. Veau). — *Se
déplacer en voiture. Encombrement de voitures*, embouteillage.
— *Conduire une voiture. Arrêter, garer sa voiture. Voitures en
stationnement* (V. **Parc, parcage, parking**). *Entretien, réparation des voitures* (V. **Garage, station-service**). *Accident de
voiture. Abandonner sa voiture au casseur.* ♦ 3º (v. 1830).
Grand véhicule, roulant sur des rails, destiné aux voyageurs.
Voitures et wagons attelés à une locomotive. V. **Train; rame.
Voiture de tête, de queue, de première, de seconde. Compartiments, couloir, portières d'une voiture. Voiture-bar, voiture-lit,
voiture-salon.* V. **Wagon**. *Voitures du métro.* — N.B. Le
langage courant emploie aussi *wagon** dans ce sens, voiture
étant le terme administratif et technique. ◇ Loc. *En voiture !*
montez dans le train, le train va partir.

VOITURÉE [vwatyre]. *n. f.* (v. 1850; de *voiture*). Contenu
d'une voiture. *Trois voiturées de bois.* — Les personnes qui
sont ensemble dans une voiture.

VOITURER [vwatyre]. *v. tr.* (1270; v. intr., « aller en
Terre Sainte »; de *voiture*). ♦ 1º *Vx* (1611). Transporter;
apporter. « *Voiturez-nous ici les commodités de la conversation* » (MOL.) ; *apportez-nous les fauteuils.* ♦ 2º *Mod*.

Transporter dans une voiture. V. **Véhiculer**. « *Leur table
se couvrait de raviers bariolés et l'on voiturait un jambon
dans sa conque de métal* » (CHARDONNE). — Spécialt. Transporter (des personnes). « *Le meilleur carrosse pour se voiturer
dans la vie* » (FLAUB.). — Fam. Transporter, mener en
voiture, en automobile.

VOITURETTE [vwatyrɛt]. *n. f.* (1896; de *voiture*). Petite
voiture. « *Une marchande de quatre saisons poussant sa voiturette* » (PROUST). *Voiturette automobile* : voiture légère de
faible cylindrée.

VOITURIER [vwatyrje]. *n. m.* (1213; de *voiture*). ♦ 1º *Vx*
ou *Dr*. Celui qui transporte. *Voiturier par eau.* ◇ Comm.
Conducteur d'une voiture (V. **Charretier, cocher, roulier**),
qui se charge du transport. *Voiturier qui transporte la marée.*
♦ 2º *Adj*. (1283). Relatif au transport par voiture. — *Mod*.
Qui a rapport aux voitures. « *Un centre voiturier* » (*Le Figaro*,
2-12-1973).

VOITURIN [vwatyrɛ̃]. *n. m.* (*Veturin*, 1690; it. *vetturino*,
d'apr. *voiture*). ♦ 1º *Vx*. Voiturier qui loue et conduit une
voiture attelée, pour voyageurs. ♦ 2º *Rare*. Cette voiture.

VOÏVODAT [vɔjvɔda]. *n. m.* (*Vayvodat*, 1839 ; de *voïvode*).
Hist. Titre, dignité de voïvode.

VOÏVODE [vɔjvɔd]. *n. m.* (*Vayvod*, 1546; mot slave
« chef d'armée »). *Hist*. Gouverneur militaire, et *par ext*.
Titre de gouverneur, dans les pays d'Europe orientale. —
Officier territorial, en Pologne (XVᵉ-XVIᵉ s.).

VOÏVODIE [vɔjvɔdi]. *n. f.* (1846; de *voïvode*). *Hist*. Gouvernement d'un voïvode ; province (en Pologne).

VOIX [vwɑ]. *n. f.* (*Voiz*, 1080; lat. *vox, vocis*).
I. Ⓐ (*Chez l'homme*). ♦ 1º Ensemble des sons produits
par les vibrations des cordes vocales. *Émission de la voix.* V.
Articulation, phonation. *Altération, modification de la voix* :
enrouement, extinction de voix, mue. *Perte de la voix* :
aphonie, mutité, mutisme. *Être sans voix* : être aphone,
et *fig*. Rester interdit sous l'effet de l'émotion. V. **Muet**.
« *Je restai sans voix et sans mouvement* » (VIGNY). — *Caractères généraux de la voix* : accent, ampleur, étendue, inflexion,
intensité, registre, tessiture, timbre, volume. *Tremblement,
vibrations de la voix. Un filet de voix. Bruit, éclats de voix.
Halluciné qui entend des voix. À portée* de voix, de la voix. —
Voix d'enfant. V. **Babil, gazouillement**. *Voix d'homme, de
femme. Voix forte, puissante, bien timbrée, vibrante. Une
grosse voix. Voix de stentor*. Voix faible, cassée, chevrotante,
étouffée, sourde. Voix aiguë, aigre, criarde, perçante, stridente.
Voix de crécelle, de fausset, du nez. Voix grave, basse, caverneuse, profonde, sépulcrale.* Par métaph. *Voix de violoncelle.
— Voix chaude.* « *Je suis extrêmement sensible... au timbre
à l'étoffe, à l'étendue, à la souplesse d'une voix riche et bien
conduite* » (DUHAM.). *Voix blanche*. Voix claire, pure. Voix
grasse, gutturale, voilée. — Voix enrouée, éraillée, rauque.*
« *D'une voix de rogomme** » (ZOLA). *Voix juste.* ◇ *Espèces
de voix*, dans le chant (d'apr. le registre). V. **Baryton, basse,
contralto, dessus, haute-contre, mezzo-soprano, soprano,
taille** (*vx*), **ténor**. *Avoir de la voix* : une voix appropriée au
chant. *Sa voix descend jusqu'au fa, monte jusqu'à l'ut chez
soi. Forcer sa voix. Se casser** la voix. Une belle voix. — Être
en voix* : se sentir dans de bonnes dispositions pour chanter.
— *Travailler sa voix*, l'entretenir par des vocalises. *Placer sa
voix* : apprendre à chanter en utilisant sa voix naturellement.
Chanter à pleine voix. V. **Tue-tête** (à). *Voix bien posée**. Appui
de la voix. Port* de voix. — Voix de poitrine* : voix naturelle
qui s'appuie sur le diaphragme avec résonance de poitrine.
*Voix de tête ou voix de fausset**. Voix dans le masque* (voix
travaillée qui utilise les résonateurs de la poitrine (appui
sur le diaphragme) et les résonateurs de la face (appui en tête).
Pièces vocales à deux voix. ◇ *Mus. Voix humaine*, un des
jeux de l'orgue. V. **Régale** (2). ◇ (LA VOIX), organe de la
parole) *De vive voix* : en parlant; oralement. *Parler à voix
basse, à mi-voix, à voix haute; à haute et intelligible voix.
Élever la voix. Couvrir la voix de qqn*, en parlant plus fort que
lui. *Baisser la voix.* « *L'inflexion des voix chères qui se sont
tues* » (VERLAINE). *Tousser pour éclaircir sa voix.* « *Il prenait
une voix tour à tour grave et flûtée* » (FRANCE). Par ext. « *Les
énormes voix des haut-parleurs* » (CAMUS). — *Voix dans le
champ*, hors champ**. — (Exprimant les sentiments, les émotions) « *Sa mère le gronda... en prenant une grosse voix* »
(LOTI). *Avoir des larmes* dans la voix. « *Une voix s'éleva,
forte, vibrante, autoritaire* » (DUHAM.). *D'une voix gaie,
gouailleuse.* V. **Ton**. « *Elle nous adressait la parole d'une voix...
soumise et presque glacée* » (DUHAM.). ♦ 2º Parole. « *Il
animait les six chanteurs de la voix et du geste* » (HUGO).
Obéir à la voix d'un chef. — Allus. bibl. « *On a entendu
la voix de celui qui crie dans le désert* » (BIBLE). ◇ Littér.
« *Avant que tous les Grecs vous parlent par ma voix* » (RAC.),
par ma bouche. ♦ 3º La personne qui parle (avec *dire, crier,
faire...*). « *Je vous le souhaite bonne, dit une voix dans une
barbe* » (FRANCE). « *Oui, crièrent deux voix* » (BALZ.). « *Feu !
dit la voix* » (HUGO). (Cin.) *Voix in, off.* Ⓑ (XIIIᵉ) Cri (d'un
animal) *Voix des chiens* : aboiement. *Donner de la voix* (vén.) :

aboyer. « *La chèvre a quelque chose de tremblant et de sauvage dans la voix* » (CHATEAUB.). *Voix des oiseaux.* V. **Chant.** « *La voix cuivrée des crapauds* » (MAUPASS.). ⊝ Littér. Bruit, son (d'instruments de musique, de phénomènes de la nature, de certains objets). V. **Bruit, son.** « *La voix des orgues* » (LOTI). « *Des voix chantantes de violon* » (ZOLA). « *L'horloge éleva sa voix grêle et fêlée* » (HUGO). « *La grosse voix du canon couvrait tout* » (HUGO).

II. (*Abstrait*). ♦ 1° Ce que nous ressentons en nous-mêmes, nous parlant, nous avertissant, nous inspirant. V. **Appel, avertissement, inspiration.** *La voix de la conscience, de la nature. La voix du sang*. La voix de la raison.* V. **Avis, conseil.** « *C'est cette voix du cœur qui seule au cœur arrive* » (MUSS.). « *Une voix intérieure... l'avertit* » (MART. du G.). ♦ 2° *Vx.* Expression de l'opinion. V. **Avis, jugement.** « *Rome le louait d'une commune voix* » (RAC.). « *De la Reine et de moi que dit la voix publique?* » (RAC.). *Voix du peuple, voix de Dieu* (lat. *Vox populi, vox Dei*). ◇ *Mod.* (XVIe) Droit d'opiner dans une assemblée, dans un vote. *Avoir voix consultative, délibératrice* (dans une assemblée). *Avoir voix au chapitre** : Avis, et *spécialt.* avis favorable d'une personne qui a ce droit. V. **Suffrage.** *Donner sa voix à un candidat* : voter pour lui. *Majorité, unanimité des voix. Gagner des voix.* « *La constitution de l'an VIII... fut approuvée par trois millions de voix* » (BAINVILLE).

III. *Gram.* (1753). « *Aspect de l'action verbale dans ses rapports avec le sujet, suivant que l'action est considérée comme accomplie par lui (voix active), ou subie par lui (voix passive)* » (VENDRYES).

◇ HOM. *Voie.* Formes du v. *voir.*

1. VOL [vɔl]. *n. m.* (XIIe; de *voler* 1). ♦ 1° Action de voler; ensemble des mouvements coordonnés faits par les animaux capables de se maintenir en l'air pour s'y mouvoir. *Vol des oiseaux, des insectes, de certains mammifères* (chauve-souris). *Spécialt.* Locomotion aérienne des oiseaux. *Prendre son vol* : s'envoler. *Oiseau de haut vol* : capable de voler haut. *Suivre, regarder le vol des mouettes.* — « *L'oiseau foudroyé en plein vol* » (FROMENTIN). *Tirer un oiseau au vol* : alors qu'il vole. *Manière particulière de voler. Vol ramé* (à battements rapides), *plané. Vol à voile,* particulier aux oiseaux à ailes longues qui utilisent les courants aériens (Cf. *ci-dessous,* 2°). « *Le grand vol anguleux des éperviers rapaces* » (VERLAINE). ◇ *Par métaph.* Essor de ce qui s'élance, se propage. « *La calomnie... s'élance, prend son vol, tourbillonne* » (BEAUMARCH.). *Prendre son vol (son essor)* : améliorer sa position, sa situation. *Poét.* « *Ô temps, suspends ton vol!...* » (LAMART.) : ta fuite. ◇ *Loc. Au vol,* rapidement au passage (*au pr. ou au fig.*). « *Elle attrape au vol tout ce qui tombe* » (COLETTE). *Cueillir une impression au vol.* — *De haut vol* : de grande envergure. *Un filou, un escroc de haut vol.* V. **Volée.** — *Dix kilomètres à vol d'oiseau* : en ligne droite. ♦ 2° (Déb. XXe). Le fait, pour un engin, de se soutenir et de se déplacer dans l'air. *Ailes,* dispositif de propulsion permettant le vol. *Altitude, vitesse de vol. Vol des avions, des hélicoptères, des engins spatiaux.* — *Vol horizontal, en palier. Vol acrobatique. Vol plané* (moteurs arrêtés). *Vol à haute altitude; en rase-mottes; au-dessus d'un lieu* (V. **Survol**). *Conditions, incidents de vol. En vol, en plein vol* : pendant le vol (se dit de l'engin, de son pilote, des passagers). — *Heures de vol,* accomplies par un professionnel de l'aviation. — *Vol sans moteur* (des planeurs). — VOL À VOILE : manœuvre des engins plus lourds que l'air et sans moteur, qui planent. V. **Planeur; vélivole.** ◇ *Déplacement en vol.* *Faire plusieurs vols en une journée. Vol de nuit. Vol d'essai* : essai en vol d'un prototype. — *Vol de reconnaissance, d'observation, de bombardement. Le vol n° 5 pour New York est retardé. Vol sans escale.* V. **Non-stop.** ♦ 3° Distance parcourue en volant par un oiseau, un insecte; le fait de voler d'un lieu à un autre. *Grand vol migrateur.* « *Les colombes et les hirondelles ouvraient leurs grands vols du soir* » (BARRÈS). ♦ 4° (1774). La quantité d'oiseaux, d'insectes qui se déplacent ensemble dans l'air. V. **Volée.** *Vol de grues, d'oiseaux migrateurs, de moucherons, de sauterelles.* V. **Nuage.** « *Comme un vol de gerfauts hors du charnier natal...* » (HEREDIA). ♦ 5° (1375). *Ancienn.* Chasse avec des oiseaux de proie. V. **Fauconnerie, volerie** (1). *Vol à la renverse* (lâcher de l'oiseau à la rencontre de la proie), *à la source* (lâcher au moment du départ de la proie). — *Équipage des oiseaux de proie utilisés pour la chasse.* ♦ 6° *Techn.* Envergure d'un oiseau. ◇ *Blas.* Figure de deux ailes d'oiseau. *Demi-vol* : une seule aile.

2. VOL [vɔl]. *n. m.* (1610; de *voler* 2). ♦ 1° Le fait de s'emparer du bien d'autrui, par la force ou à son insu; action qui consiste à soustraire frauduleusement le bien d'autrui. V. **Appropriation, détournement** (2°); **brigandage, cambriolage, escroquerie, larcin, maraudage, maraude, pillage, rapine; arnaque** (fam.). « *Pour le pauvre, le vol n'est plus un délit, ni un crime, mais une vengeance* » (BALZ.). *Commettre un vol. Le vol simple, délit correctionnel devenant crime par diverses circonstances aggravantes (vol qualifié). Vol avec*

effraction, à main armée (V. **Attaque, hold-up**), *à la tire*. Vol à l'étalage. Vol domestique,* commis par une personne à gages dans le domicile de son maître; *par ext.* Vol commis par une personne travaillant habituellement dans les lieux du vol. « *Le crime n'aurait pas eu le vol pour mobile* » (GIDE). *Assurances contre le vol. Dispositif de sécurité contre le vol.* V. **Antivol.** ♦ 2° Le fait de prendre à autrui plus qu'il ne doit, ou de ne pas donner ce que l'on doit (V. **Fraude, grivèlerie, resquille**). « *Un jeu subtil d'amendes, de retenues, de petits vols* » (NIZAN). « *Les vols de l'agio* » (ZOLA). — Le fait de prendre des bénéfices excessifs. *Cinquante francs, ce repas; c'est du vol, c'est un vol manifeste!* V. **Escroquerie.** ◇ HOM. *Vole.*

VOLABLE [vɔlabl(ə)]. *adj.* (1668; de *voler*). *Rare.* Que l'on peut voler; à qui l'on peut dérober.

VOLAGE [vɔlaʒ]. *adj.* (XIIe; « qui vole », 1080; lat. *volaticus* « qui vole, a des ailes », fig. « fugitif »). ♦ 1° Qui change aisément, souvent, de sentiments; qui se détache facilement. V. **Changeant.** « *Étourdi, pétulant, volage...* » (ROUSS.). — *Spécialt.* (dans les affections amoureuses). V. **Frivole, inconstant, infidèle, léger.** *Femme volage.* « *Ce trop volage mari* » (HENRIOT). « *Volage adorateur de mille objets divers* » (RAC.). — Par ext. « *Une humeur un peu volage, un désir d'aller et venir* » (ROUSS.). *Cœur volage.* ♦ 2° *Mar. Navire volage* : instable. ◇ ANT. *Constant, fidèle.*

VOLAILLE [vɔlaj]. *n. f.* (h. XIIIe; XVIe; *voleille* « oiseau » XIIIe; lat. *volatilis.* V. **Volatile**). ♦ 1° Ensemble des oiseaux qu'on élève pour leurs œufs ou leur chair. *Élevage de la volaille.* V. **Aviculture.** *Les poules, les canards, oies, dindons sont de la volaille. Marché à la volaille.* ◇ *Viande de volaille. Manger de la volaille. Chaud-froid, galantine, quenelles de volaille.* ♦ 2° (1317). *Une volaille* : oiseau de basse-cour. V. **Volatile** (2). *Élever, engraisser, nourrir des volailles. Cage, perchoir, mangeoire à volailles.* « *S'occuper de ses volailles, les six cents bêtes, poules, canards, pigeons, qui voletaient, cancanaient* » (ZOLA). *Brider, embrocher, ficeler, flamber, plumer, trousser, vider une volaille. Volaille rôtie, bouillie. Parties d'une volaille découpée* : aile, blanc, carcasse, cou, croupion, cuisse, pilon. ♦ 3° Fig. et pop. (*Péj.*) Groupe de femmes, de jeunes filles. ♦ *Pop.* (1808) *Vx.* Fille de mauvaise vie. V. **Poule.** — *Arg.* Femme, fille.

VOLAILLER [vɔlaje]. *n. m.* (1690; de *volaille*). Marchand de volailles.

VOLAILLEUR, EUSE [vɔlajœr, øz]. *n.* (1821; de *volaille*). *Techn.* Éleveur de volailles; aviculteur spécialisé dans la production de volailles.

1. VOLANT, ANTE [vɔlɑ̃, ɑ̃t]. *adj.* (XIIe; de *voler* 1). ♦ 1° Capable de s'élever, de se déplacer dans les airs (pour un être ou un objet qui n'en est pas capable, en règle générale). V. **Aérien.** *Poisson volant. Reptiles volants* (fossiles). *Écureuil volant.* — *Tapis volant des légendes orientales. Soucoupe* volante. Objet volant non identifié.* V. **Ovni.** ◇ (Dans l'aviation) *Le matériel volant. Machines volantes, appareils volants* : les premiers engins aériens « *plus lourds que l'air* ». *Forteresse* volante.* — *Personnel volant* (opposé à *rampant**). V. **Navigant.** Subst. *Les volants.* ♦ 2° *Littér.* Qui semble voler. *Draperie volante* (peint.), agitée par le vent. « *Les ombres volantes, immenses, des balançoires* » (ARAGON). ♦ 3° (1414). Qui peut être déplacé facilement, rapidement. *Camp volant* (au fig., *en camp* volant*). *Escalier, pont volant.* V. **Mobile.** — *Mar. Manœuvres volantes* ou *courantes* (opposé à *dormant, fixe*). ◇ *Feuille* (de papier) *volante* : détachée.

2. VOLANT [vɔlɑ̃]. *n. m.* (1366; de *voler* 1). ♦ 1° *Vx.* Aile de moulin à vent. *Les quatre volants forment la voilure.* ♦ 2° (1611). Petit morceau de liège, de bois léger, muni de plumes en couronne, destiné à être lancé et renvoyé à l'aide d'une raquette. *Par ext.* Jeu qui se joue avec des raquettes et un volant. *Jouer au volant.* ♦ 3° (XVIIe; « *manteau* », en arg. XVIe). Bande de tissu libre à un bord et formant une garniture rapportée. *Volant froncé, plissé, plat. Jupe, robe à volants.* V. **Falbala.** *Volant de rideau.* ♦ 4° (1461). *Techn.* Pièce formée de palettes montées sur un axe et qui, en tournant, régularise le mouvement de sonnerie d'une pendule. ◇ (1835) Roue de grand diamètre dont la masse en rotation sert à régulariser l'allure d'une machine. *Volant d'une machine à vapeur, d'un moteur à explosion. Volant magnétique* : volant aimanté pour produire le courant d'allumage. ◇ Fig. *Volant de sécurité* : ce qui sert à régulariser ou à entretenir un processus. V. **Marge, réserve.** ♦ 5° *Cour.* (1860). Dispositif en forme de roue qui, par l'intermédiaire d'engrenages et d'une timonerie (direction), sert à orienter les roues directrices d'une automobile. *Tenir le volant, être, se mettre au volant* : conduire. *Manœuvrer le volant* (V. **Braquer, redresser**). *Un brusque coup de volant.* — *Par ext.* (1923) Conduite, manœuvre des automobiles. *Les as du volant.* ♦ 6° (1743). *Chasse.* Perche sur laquelle les oiseleurs disposent les gluaux. *Chasse aux volants.* ♦ 7° (1873). Partie détachable d'un carnet à souches. *Le volant et le talon.* ♦ 8° *Volant d'eau,* nom du myriophylle.

VOLAPÜK [vɔlapyk]. *n. m.* (1879; de *vol* [angl. *world*

« monde »], *puk* [angl. *speak* « parler »], et une voyelle de liaison). Une des langues internationales artificielles (Cf. Espéranto). — *Fig.* et *péj.* Mélange de langues.

VOLATIL, ILE [vɔlatil]. *adj.* (h. *XIV*e; lat. *volatilis* « qui vole », *XVII*e). Qui passe spontanément ou facilement à l'état de vapeur. « *Les parties les plus volatiles des matières combustibles* » (BUFF.). *Alcali volatil :* l'ammoniaque. — *Fig.* et *littér.* Qui s'évapore, disparaît facilement. « *La spécifique et volatile essence* (du bonheur perdu) » (PROUST). ◇ *Bourse.* Qui paraît surévalué. *Valeurs volatiles.* ◈ HOM. *Volatile* (1 et 2).

1. **VOLATILE** [vɔlatil]. *adj.* (v. 1380; lat. *volatilis*). Vx. Qui peut voler, qui a des ailes. « *Le canard, ce porc de la gent volatile* » (HUGO). ◇ *Littér.* Formé d'oiseaux. « *Des tribus volatiles de toutes les espèces* » (L. BERTRAND).

2. **VOLATILE** [vɔlatil]. *n. m.* (*XVII*e, fém.; de l'a. fr. *volatilie, volatille* « ensemble des oiseaux », puis « oiseaux comestibles »). *Vieilli.* Oiseau. ◇ *Mod.* Oiseau domestique, de basse-cour. V. **Volaille** (2°). ◈ HOM. *Volatil.*

VOLATILISABLE [vɔlatilizabl(ə)]. *adj.* (1836; de *volatiliser*). Qui peut se volatiliser.

VOLATILISATION [vɔlatilizasjɔ̃]. *n. f.* (1641; de *volatiliser*). Le fait de se volatiliser (*pr. ou fig.*). V. **Sublimation.**

VOLATILISER [vɔlatilize]. *v. tr.* (1611; de *volatil*). ◆ 1° Faire passer à l'état gazeux. V. **Vaporiser; sublimer.** ◇ *Fig.* Faire disparaître. « *La pensée humaine, volatilisée par la presse* » (HUGO). ◆ 2° SE VOLATILISER. *v. pron.* Passer à l'état de vapeur. V. **Vaporiser** (se). ◇ *Fig.* (1898) Se dissiper, disparaître. V. **Évaporer** (s'). « *Au dessert, il semblait qu'elle se volatilisât* » (MAURIAC). V. **Éclipser** (s').

VOLATILITÉ [vɔlatilite]. *n. f.* (1641; de *volatil*). *Chim.* Propriété de ce qui est volatil; aptitude à se vaporiser.

VOL-AU-VENT [vɔlovɑ̃]. *n. m.* (1817; *vol au vent*, de *voler* 1, à cause de la pâte légère [feuilletée]). Entrée formée d'un moule de pâte feuilletée garni d'une préparation de viande ou de poisson en sauce, avec des champignons, des quenelles, etc. V. **Timbale.** *Vol-au-vent financière, marinière. Petit vol-au-vent.* V. **Bouchée** (à la reine).

VOLCAN [vɔlkɑ̃]. *n. m.* (*Vulcan*, 1375; lat. *vulcanus; vulcan* [1575], puis *volcan* [1598], esp. *volcan*, appliqué aux « montagnes de feu » de l'Amérique [1524], de *Vulcanus* « Vulcain », dénomination d'un volcan des îles Lipari [it. *Vulcano*], puis de l'Etna). ◆ 1° *Cour.* Montagne qui émet ou a émis des matières en fusion. *Le feu, la flamme des volcans. Bouche d'un volcan :* le cratère. « *La présence d'un volcan, même éteint, imprime toujours au paysage quelque chose d'étonnant et de tragique* » (STENDHAL). ◇ (*Géogr., Géol.*) Orifice de l'écorce terrestre qui met en communication les régions internes (magma) et la surface, et donne généralement naissance à un édifice naturel (cône, montagne). *Socle, cheminée, cratères, cône d'un volcan. Volcans sans cratère :* en coupole, en dôme (*cumulo-volcan**), en aiguille (aiguille volcanique). *Volcan sans édifice extérieur* (cratère d'explosion ou d'effondrement). — *Activité des volcans :* montée du magma, séismes, grondements, détonations, fissuration du sol; éruptions; fumerolles, solfatare. *Matières projetées par les volcans :* gaz, fumerolles, matières solides (blocs, bombes, débris; cendres, lapilli...), liquides (V. **Lave**). *Types de volcans :* hawaïen (laves très fluides), strombolien (laves fluides et bombes), vulcanien (lave visqueuse). *Volcan actif, en activité. Réveil d'un volcan. Volcan sous-marin.* ◆ 2° *Fig.* ou *par compar.* Violence tumultueuse, dangereuse, qui se manifeste ou reste cachée. « *Mon imagination est un volcan* » (CAZOTTE). « *Nos passions sont comme les volcans* » (FLAUB.). ◇ *Danger imminent.* « *Nous dansons sur un volcan* » (SALVANDY, à la veille de la révolution de 1830). « *Le char de l'État navigue sur un volcan* » (H. MONNIER), phrase de Joseph Prudhomme, souvent rappelée comme type de métaphore incohérente, ridicule. ◇ *Personne au caractère violent, emporté, impétueux. Cet homme est un vrai volcan.*

VOLCANIQUE [vɔlkanik]. *adj.* (1778; de *volcan*). ◆ 1° Relatif aux volcans et à leur activité; qui fait partie, qui provient d'un volcan. *Bouche, cheminée, cône volcanique. Déjections, projections volcaniques, de matières volcaniques. Roches volcaniques et roches plutoniques* (basalte, lave, obsidienne...). *Rocher, aiguille, dôme volcanique. Activité, éruption volcanique.* ◆ 2° (Déb. *XIX*e). Ardent, impétueux. V. **Explosif.** *Tempérament volcanique.* « *J'imaginais l'amour comme quelque chose de volcanique* » (GIDE).

VOLCANISER [vɔlkanize]. *v. tr.* (1777; de *volcan*). Amener à l'état volcanique.

VOLCANISME [vɔlkanism(ə)]. *n. m.* (1842, var. vieillie *vulcanisme; de volcan*). Ensemble des manifestations géologiques et géographiques par lesquelles les couches profondes (magma) entrent en contact avec la surface terrestre. *Manifestations, produits du volcanisme* (roches volcaniques).

VOLCANOLOGIE [vɔlkanɔlɔʒi]. *n. f.* (1890, assoc. intern. de *volcanologie;* var. vieillie *vulcano-* [janv. 1910]; Cf. *augl. Vulcanology* [1858], puis *volcano-* [1886], de *volcan* ou lat.

vulcanus, et *-logie*). *Didact.* Science qui étudie les phénomènes volcaniques, leurs causes, leur mécanisme.

VOLCANOLOGIQUE [vɔlkanɔlɔʒik]. *adj.* (1924; *vulcano-,* 1910; de *volcanologie*). *Sc.* Relatif à la volcanologie.

VOLCANOLOGUE [vɔlkanɔlɔg] *.n.* (*Vulcano-,* 1910; de *vulcanologie.* V. **Volcanologie**). Spécialiste de la volcanologie.

VOLE [vɔl]. *n. f.* (1534; de *voler* 1). *Aux cartes,* Coup où l'on des joueurs fait toutes les levées (Cf. Chelem, au bridge). *Manquer la vole.* ◈ HOM. *Vol.*

VOLÉ, ÉE [vɔle]. *adj.* (V. *Voler* 2). ◆ 1° Pris par un vol. *Objets volés. La lettre volée,* conte d'E. Poe. ◆ 2° Dépouillé par un vol. *Subst. Le voleur et le volé.*

VOLÉE [vɔle]. *n. f.* (1191; de *voler* 1).

I. ◆ 1° Le fait de voler (1); distance parcourue par un oiseau en un seul vol. ◇ *Spécial.* Envol, essor. *Oiseaux éparpillés dans la volée. Prendre sa volée; au fig.* S'affranchir, s'émanciper (Cf. Voler de ses propres ailes*). — *Donner la volée à un oiseau :* le lâcher, le laisser aller. ◇ *Fig.* et vieilli. *À la volée :* en un seul coup, sans hésiter; à la légère. « *Il faut procéder avec circonspection et ne rien faire, comme on dit, à la volée* » (MOL.). ◆ 2° Groupe d'oiseaux qui volent ou s'envolent ensemble. V. **Vol.** « *Leurs épaisses volées* (de corneilles) *tournoyaient au-dessus des arbres* » (CHATEAUB.). ◇ Groupe, troupe (de personnes). V. **Essaim** (*fig.*). *Une volée d'enfants.* — « *Une volée de souvenirs* » (FLAUB.). ◆ 3° (*XVII*e). *Fig.* Rang, qualité. Vx. *Gens de la première, de la haute volée.* ◇ *Mod. De haute volée :* de haut rang, de haute condition; ou encore, de grande envergure.

II. ◆ 1° (1690). Mouvement rapide ou violent (de ce qui est lancé, jeté ou balancé : projectiles, cloches). *Volée de flèches.* « *Mademoiselle fit tirer ce jour-là quelques volées de canon de la Bastille* » (STE-BEUVE). V. **Décharge, salve.** — *Techn.* Mouvement d'un marteau soulevé, qui retombe sur la pièce à travailler. « *Il se cassait à chaque volée du marteau* » (ZOLA). ◇ À LA VOLÉE, À TOUTE VOLÉE : en faisant un mouvement ample, avec force. *Lancer à toute volée. Gifler qqn à toute volée. Refermer une porte à la volée.* ◇ *Dans la sonnerie à toute volée, chaque cloche se balance suivant sa grandeur* » (ALAIN). ◆ 2° Mouvement de ce qui a été lancé et n'a pas encore touché le sol (dans quelques expressions). *Balle en volée, de volée. Attraper une balle à la volée :* en l'air (V. **Vol** [au]). — (Football) *Reprendre la balle de volée. Au volleyball*, on doit reprendre la balle de volée. ◇ *Une volée :* coup par lequel on renvoie une balle avant qu'elle n'ait touché le sol, au tennis (*opposé à* drive). *Volée de revers. Volée de coups de bâton, de trique.* « *Ces vieux ânes... patients sous les plus rudes volées de bois vert* » (BOSCO). — Fam. et absolt. Donner, flanquer, recevoir une volée, une bonne volée. V. **Dégelée, dérouillée, frottée, pile, raclée, tournée.** « *On se flanqua une volée en règle, on se tapa même si dur...* » (ZOLA). ◆ 4° *Techn.* (1321, « appareil de suspension pour les cloches »). Pièce ou partie (d'un appareil, d'un dispositif) qui permet un mouvement. ◇ Support de la poulie d'une grue. ◇ Partie d'un tube de canon la plus rapprochée de la bouche. ◇ Pièce transversale, à l'avant du train d'une voiture ou au bout du timon, à laquelle sont attelés les *chevaux de volée.* ◆ 5° *Techn.* Partie d'un escalier qui s'élève d'un palier à l'autre.

1. **VOLER** [vɔle]. *v.* (880; lat. *volare*).

I. *V. intr.* ◆ 1° Se soutenir et se déplacer dans l'air au moyen d'ailes. *Animaux capables de voler :* oiseaux, insectes, quelques mammifères (chauve-souris). *Façons de voler.* V. **Planer, voleter, voltiger.** *Voler en rasant le sol, à tire-d'aile*.* — Loc. *On entendrait voler une mouche :* il n'y a aucun bruit. — Loc. fig. *Vouloir voler avant d'avoir des ailes,* vouloir entreprendre qqch. avant d'en avoir les moyens. — *Voler de ses propres ailes*.* — Loc. fam. *Se voler dans les plumes* (comme des oiseaux qui se battent). *Il lui a volé dans les plumes.* ◇ *Par anal.* (fin *XIX*e) Se soutenir et se déplacer au-dessus du sol (ballons, ou plus souv. engins plus lourds que l'air). *Voler à haute altitude, en rase-mottes, au-dessus d'une ville.* V. **Survoler.** — *Par ext.* Se trouver dans un appareil en vol, *spécial.* quand on fait partie de l'équipage. *Effectuer des vols. Pilote qui a cessé de voler.* ◆ 2° (1080). Être projeté dans l'air. *Flèche, pierre, balle qui vole.* — Par métaph. « *Les menaces volaient et se croisaient* » (HUGO). — Loc. *Voler en éclats :* éclater de manière que les éclats volent au loin. ◇ S'élever en l'air ou tomber lentement (de manière à rester un temps en suspension). V. **Flotter.** *Le vent fait voler les flocons, la poussière. Voler en l'air, au vent,* se dit d'étoffes, de vêtements, de voiles légers. ◆ 3° (*XII*e). *Vieilli.* Aller très vite (d'une telle vitesse qu'on semble « ne pas toucher terre »). V. **Courir, presser** (se). « *Son petit cheval volait* » (NERVAL). — *Spécial.* S'élancer. « *Si je volais d'un bout du salon à l'autre pour lui ramasser son mouchoir* » (BALZ.). *Voler vers qqn, dans ses bras.* « *Va, cours, vole* *et nous venge* » (CORN.). — Loc. mod. *Voler au secours de la victoire*, n'agir qu'après avoir la certitude d'un succès acquis par d'autres. ♦ 4° (1226). Se propager rapidement (dans quelques expressions). « *Cette promesse vole bientôt de bouche en bouche* » (RIVAROL). ♦ 5° (XIVe). *Littér.* Passer rapidement, s'écouler. *Le temps vole.* V. **Fuir.**

II. *V. tr.* (XIIe, « chasser en volant »). *Vx.* Poursuivre ou chasser (une proie) en volant. *Ils se servent* « *du tiercelet de faucon... pour voler les perdrix, pies, geais...* » (BUFF.).

2. VOLER [vɔle]. *v. tr.* (1540; on disait *rober* [V. Dérober] ; de *voler* [1, II], mais cette origine, d'ailleurs discutée, n'est plus comprise de nos jours).

I. *Voler qqch.* ♦ 1° Prendre (ce qui appartient à qqn), contre le gré ou à l'insu de qqn. V. **Dérober, emparer (s'), escamoter, filouter, marauder, piller, prendre, ravir, soustraire, subtiliser** ; *fam.* et *pop.* **Barboter, chaparder, chiper, choper, étouffer, faire, faucher, gratter, piquer, rafler, ratiboiser** (Cf. Faire main* basse sur). *Pickpocket qui vole une montre, un portefeuille à un passant. Se faire voler ses vêtements. Voler de l'argent, mille francs. Voler des valeurs, des fonds* (V. **Détourner**). PROV. *Qui vole un œuf vole un bœuf* : celui qui commet un petit larcin finira par en commettre de grands. — Par ext. *Voler un enfant.* V. **Enlever, kidnapper.** ◇ Absolt. Commettre un vol. V. **Cambrioler, griveler, marauder.** *Voler à main armée, les grands chemins, avec effraction. Le cleptomane ne peut s'empêcher de voler.* ♦ 2° S'approprier (ce à quoi on n'a pas droit). « *Et par un imposteur me voir voler mon nom* » (MOL.). *Voler un titre, une réputation.* V. **Usurper.** *Fam.* (au jeu) *Voler un point*, l'obtenir par hasard, sans l'avoir mérité. — *Voler un baiser.* V. **Dérober.** « *Gredin! Tu m'as volé ma phrase!* » (BALZ.). — Loc. fam. *Il ne l'a pas volé* : il l'a bien mérité. ♦ 3° *Fig.* Donner comme sien (ce qui est emprunté). V. **Attribuer (s'), copier, plagier.** *Voler une idée, un sujet, une phrase.*

II. *Voler qqn.* ♦ 1° Dépouiller (qqn) de son bien, de sa propriété, par force ou par ruse. V. **Cambrioler, délester, dépouiller, détrousser, dévaliser, escroquer, estamper, flouer, gruger, piller, rouler.** « *C'est qu'on me vole, c'est qu'on me pille* » (LESAGE). « *Il passait son temps à vérifier si on le volait* » (ARAGON). — Pronom. « *Les voleurs finissent toujours par se voler entre eux* » (R. ROLLAND). ♦ 2° Ne pas donner ce que l'on doit ou prendre plus qu'il n'est dû à (qqn). *Voler le client.* V. **Écorcher, empiler, estamper, étriller, rouler, tondre.** *Il nous a volés comme dans un bois, sans que nous puissions nous défendre.* Absolt. *Voler sur le poids des bonbons.* — *Spécialt.* et *fam.* Ne pas tenir ses promesses. *On n'est pas volé, on en a pour son argent, on n'est pas déçu.* « ... *se croyant volés d'une bonne moitié de la cérémonie* » (ZOLA). V. **Frustrer.**

VOLERIE [vɔlʀi]. *n. f.* (XIIe ; de *voler* 1, II). *Anciennt.* Chasse avec des oiseaux de proie. V. **Fauconnerie.** *Haute et basse volerie.*

VOLET [vɔlɛ]. *n. m.* (XIIIe, « voile, ruban » ; « assiette de bois », XVe ; de *voler* 1, I, 2°). ♦ 1° (1542). *Vx.* Petite tablette, planchette servant à trier des graines, de petits objets. — Loc. mod. *Trier sur le volet*, choisir avec le plus grand soin. *Des personnes triées sur le volet*, d'élite. ♦ 2° (1611). *Cour.* Panneau (de menuiserie ou de métal) qui, placé à l'intérieur, sert à protéger le châssis d'une fenêtre, à intercepter la lumière. *Fermer au volet. Par ext.* Tout panneau, ou battant qui protège une baie (à l'extérieur ou à l'intérieur). V. **Contrevent, jalousie, persienne.** *Volets de bois, de fer. Ouvrir, fermer les volets ; volets mi-clos.* « *Moi, l'étrange humain qui... vis les volets clos* » (PROUST). *Volets qui battent.* « *Les volets, percés de trèfles et de cœurs* » (BEAUVOIR). *Mar. Volet d'un hublot, d'un sabord.* ◇ Vantail, aile (d'un retable). *Panneau central et volets d'un triptyque.* ♦ 3° (1676). *Techn.* Ailette (d'une roue à aubes). — Panneau articulé. *Volets des anciens capots à ouverture latérale.* « *Elle abaissa le volet du capot* » (M. BEDEL). — (1914). *Volet de carburateur*, y réglant l'arrivée de l'air. ◇ (XXe) *Aviat.* Partie d'une aile ou d'une gouverne orientable sur un axe parallèle à l'envergure et destinée à modifier les conditions de vol. *Volets d'intrados. Volets de freinage. Ouvrir, sortir les volets* (d'intrados). — *Volets de courbure d'un parachute.* ◇ HOM. **Volley.**

VOLETANT, ANTE [vɔltɑ̃, ɑ̃t]. *adj.* (1889 ; de *voleter*). Qui vole çà et là. Fig. *Des* « *pensées voletantes* » (ROMAINS).

VOLETER [vɔlte]. *v. intr.* ; conjug. *jeter* (XIIe ; de *voler* 1). ♦ 1° Voler à petits coups d'aile, en se posant souvent, en changeant fréquemment de direction. V. **Voltiger.** « *Les chauve-souris voletant dans la chapelle en ruines* » (MAUROIS). « *Des papillons de nuit voletaient autour des lampions* » (MART. du G.). ♦ 2° *Fig.* et *littér.* (XIIIe). Flotter au vent. *Rubans qui volettent au vent.* — S'agiter d'un mouvement semblable à celui des ailes. « *La cheminée où voletaient encore les dernières flammes* » (DUHAM.).

VOLETTEMENT [vɔltmɑ̃]. *n. m.* (*Voletement*, 1596 ; de *voleter*). *Rare.* Vol hésitant, à petits coups d'ailes.

VOLEUR, EUSE [vɔlœʀ, øz]. *n. et adj.* (1549 ; de *voler* 2 ;

volleur « chasseur au vol » [1516], semble avoir été pris par métaph. pour désigner de mauvais garçons).

I. *N.* ♦ 1° Personne qui s'approprie ou s'est approprié, par ruse ou par force, le bien d'autrui. *Spécialt.* Personne qui tire ses ressources de délits de vol. V. **Larron** *(vx)*, **malfaiteur.** *Voleurs de grand chemin*, qui opéraient sur les grandes routes. V. **Brigand, détrousseur, malandrin.** *Bande de voleurs.* V. **Bandit, gangster.** *Repaire de voleurs. La Cour des Miracles, cité de voleurs.* V. **Tirelaine, truand** (2°), **vide-gousset.** « *Un voleur de fruits, un maraudeur* » (HUGO). *Voleur par effraction, dans les maisons.* V. **Cambrioleur.** *Voleur à la tire.* V. **Escamoteur, pickpocket.** *Le voleur et le receleur. L'argot, le milieu des voleurs* (V. **Milieu, pègre**). *Crier au voleur. Au voleur! Poursuivre, arrêter, capturer un voleur, une voleuse. Un voleur, une voleuse d'enfants.* V. **Kidnappeur, ravisseur.** — *Jouer au gendarme et au voleur* (jeu de poursuite). ♦ 2° Personne qui dérobe ou détourne à son profit l'argent d'autrui (sans prendre d'objet matériel). V. **Aigrefin, escroc, filou.** — Personne qui prend plus qu'il ne lui est dû, qui ne donne pas ce qu'elle doit. *Ce commerçant est un voleur.*

II. *Adj.* Qui a l'habitude de voler, une tendance à voler. *Il est voleur comme une pie.* « *La domesticité est si voleuse ici, que tout est enfermé* » (GONCOURT). ◇ ANT. **Honnête.**

VOLIÈRE [vɔljɛʀ]. *n. f.* (XIVe ; de *voler* 1). Enclos grillagé assez vaste pour que les oiseaux enfermés puissent y voler. « *L'ébrouement... d'un faisan dans la volière d'élevage* » (GENEVOIX). ◇ Cage où l'on enferme des oiseaux d'agrément ou d'intérêt scientifique.

VOLIGE [vɔliʒ]. *n. f.* (1694 ; du fém. de l'adj. *volis*, dans l'express. *latte volisse* ou *volice*, 1435 ; de *voler* 1). Latte sur laquelle sont fixées les ardoises, les tuiles d'un toit. *Poser, clouer des voliges.* V. **Voliger.**

VOLIGEAGE [vɔliʒaʒ]. *n. m.* (1845 ; de *voliger*). *Techn.* Opération par laquelle on pose les voliges d'une toiture ; ensemble des voliges.

VOLIGER [vɔliʒe]. *v. tr.* ; conjug. *bouger* (1845 ; de *volige*). *Techn.* Garnir (une toiture) de voliges.

VOLIS [vɔli]. *n. m.* (1845 ; *volaiz*, adj. « abattu par le vent », 1320 ; Cf. Volige ; de *voler* 1). *Arbor.* Cime d'un arbre rompue, arrachée par le vent.

VOLITIF, IVE [vɔlitif, iv]. *adj.* (1878 ; de *volition*). *Psycho.* Relatif à la volonté, à la volition.

VOLITION [vɔlisjɔ̃]. *n. f.* (1526 ; du rad. du lat. *voluntas* « volonté »). *Psycho.* Acte de volonté. — La volonté, en tant que « faculté ».

VOLLEY-BALL [vɔlebol]. *n. m.* (v. 1925 ; mot angloamér. ; de l'angl. *volley*, fr. *volée*, et *ball* « ballon »). Sport opposant deux équipes de six joueurs, séparées par un filet, au-dessus duquel chaque camp doit renvoyer le ballon à la main et de volée. Ellipt. *Jouer au volley.* ◇ HOM. **Volet.**

VOLLEYEUR, EUSE [vɔlejœʀ, øz]. *n.* (v. 1960 ; de *volley-ball*). Joueur, joueuse de volley-ball. ◇ Au tennis, Spécialiste de la volée.

VOLONTAIRE [vɔlɔ̃tɛʀ]. *adj.* (1538 ; *voluntaire*, 1265-70 ; lat. *voluntarius*). ♦ 1° Qui résulte d'un acte de volonté (et non de l'automatisme, des réflexes ou des impulsions). *Acte, activité volontaire.* « *L'observation est active et volontaire* » (DUHAM.). *Mort volontaire*, suicide. « *Parmi les nombreuses omissions que j'ai commises, il y en a de volontaires* » (BAUDEL.). V. **Délibéré, intentionnel, voulu.** ◇ Qui n'est pas l'effet d'une contrainte, qui n'est pas forcé. « *La réquisition... pour suppléer aux enrôlements volontaires* » (MADELIN). *Contribution volontaire.* ♦ 2° Qui a, ou marque de la volonté, une volonté ferme. V. **Décidé, opiniâtre.** « *Un homme d'affaires volontaire* » (ARAGON). — *Un visage, un menton volontaire.* ◇ *Péj.* Qui n'en fait qu'à sa tête. V. **Capricieux, entêté.** ♦ 3° Qui agit librement, sans contrainte extérieure. *Spécialt. Engagé volontaire*, soldat qui s'engage dans une armée sans y être obligé par la loi. ♦ 4° *N. m.* (1606). Engagé volontaire. « *Les volontaires de 1792* » (BAINVILLE). — *Spécialt.* Soldat qui se propose pour une action dangereuse. « *Le commandant félicita les volontaires* » (CHARDONNE). *N. m. et f.* Personne bénévole qui offre ses services par simple dévouement. *On demande un, une volontaire.* ◇ ANT. **Involontaire ; forcé.**

VOLONTAIREMENT [vɔlɔ̃tɛʀmɑ̃]. *adv.* (XIVe ; de *volontaire*). ♦ 1° Par un acte volontaire, délibéré. V. **Délibérément, exprès.** « *J'aliénais volontairement une liberté que mon livre... revendiquait* » (GIDE). ♦ 2° *Rare.* Sans y être forcé, bénévolement. « *Les parties pourront comparaître volontairement* » (CODE INSTR. CRIM.). ◇ ANT. **Involontairement.**

VOLONTARIAT [vɔlɔ̃taʀja]. *n. m.* (1866 ; de *volontaire*). État de l'engagé volontaire.

VOLONTARISME [vɔlɔ̃taʀism(ə)]. *n. m.* (1909 ; de *volontaire*). *Didact. Philo.* Doctrine d'après laquelle le fond des choses est volonté et non représentation. — Théorie d'après laquelle les normes du vrai et du bien dépendent d'une libre détermination de la volonté divine. ◇ *Psycho.* Doctrine tendant à attribuer à la volonté des fonctions habituellement reconnues à l'intelligence (comme la fonction de juger chez Descartes). Attitude d'une personne qui croit pouvoir soumettre le réel à ses volontés.

VOLONTARISTE [vɔlɔ̃taʀist(ə)]. *adj.* (déb. XXᵉ ; de *volontarisme*). *Didact.* Qui professe le volontarisme ; empreint de volontarisme. « *Nous restâmes figés dans notre attitude rationaliste et volontariste* » (BEAUVOIR). Subst. *Un volontariste.*

VOLONTÉ [vɔlɔ̃te]. *n. f.* (1606 ; *voluntez*, 980 ; lat. *voluntas*). **I.** (Disposition mentale ou acte de celui qui veut). ♦ 1° Ce que veut qqn et qui tend à se traduire par une décision effective conforme à une intention. V. **Dessein, détermination, intention, résolution, volition.** « *Pour imposer... non pas seulement leur volonté, mais leur caprice* » (CLAUDEL). « *Si vous allez contre ma volonté...* » (MUSS.). *Respecter les volontés de qqn. Accomplir, faire la volonté de qqn.* « *Que ta volonté soit faite* » (Prière du Pater). Fam. *Faire ses quatre (cents) volontés,* tout ce qu'on veut. ◊ *Loc.* (Vieilli) « *Un arbitraire... qui baissait ou croissait à la volonté des commis* » (MICHELET), à leur gré. *Mod.* À VOLONTÉ : de la manière qu'on veut et autant qu'on veut. V. **Discrétion** (à). « *Nous ne pouvons nous procurer à volonté la lumière ni la vie* » (CHATEAUB.). *Feu à volonté !* ◊ *Dr. Volonté déclarée,* expressément manifestée dans un acte juridique. *Manifestations de volonté,* expression de la volonté des parties (*par ex. :* dans les contrats). *Volonté unilatérale,* qui produit par elle-même un effet juridique (*par ex. :* le testament). *Acte de dernière volonté,* testament. — *Cour. Les dernières volontés de qqn,* celles qu'il manifeste avant de mourir pour qu'on les exécute après sa mort. ◊ (XVIᵉ) *Ce que veut un être collectif.* « *La loi est l'expression de la volonté générale* » (DÉCLAR. DR. HOM.). *La volonté nationale du pays.* ◊ (Suivi d'un compl. désignant ce qui est voulu.) « *Françoise dit sa volonté d'épouser Jean* » (ZOLA). — *Volonté de puissance.* « *Pour faire triompher la volonté de paix* » (PROUST). ♦ 2° *Disposition* (bonne ou mauvaise) à vouloir et à agir dans un cas déterminé ou à l'égard de qqn. V. **Grâce** (bonne, mauvaise grâce) ; et *aussi* **Bienveillance, malveillance.** — BONNE VOLONTÉ : disposition à bien faire, à faire volontiers. « *La bonne volonté peut faire autant de dégâts que la méchanceté* » (CAMUS). *Avec la meilleure volonté du monde. Les bonnes volontés, les gens de bonne volonté.* — MAUVAISE VOLONTÉ : disposition à se dérober à un ordre, à un devoir, ou à exécuter un ordre de mauvaise grâce. « *Ce n'est pas mauvaise volonté : c'est un besoin de s'opposer* » (MART. du G.). *Vous y mettez de la mauvaise volonté.* **II.** (Faculté). ♦ 1° (XIVᵉ). *Faculté de vouloir, de se déterminer librement à agir ou à s'abstenir,* en pleine connaissance de cause et après réflexion. « *Le principe de toute action est dans la volonté d'un être libre* » (ROUSS.). *Effort de volonté.* — *Dr. Principe de l'autonomie* de la volonté.* ◊ *Cette faculté,* considérée comme une qualité individuelle, de fermeté dans la décision et de constance dans l'exécution. V. **Caractère, énergie, fermeté, opiniâtreté, résolution.** « *Cette volonté bretonne qui ne recule jamais* » (CHATEAUB.). *Volonté de fer*. Avoir de la volonté.* « *La fatalité, c'est l'excuse des âmes sans volonté* » (R. ROLLAND), des âmes faibles. ♦ 2° *Psycho.* Forme de l'activité personnelle (physiologiquement liée au système nerveux de la vie de relation et au jeu des muscles striés) caractérisée par une représentation mentale préalable du but à atteindre. *Mouvements, actes où la volonté intervient, n'intervient pas.* « *Il y a deux entrées par où les opinions sont reçues dans l'âme, qui sont ses deux principales puissances, l'entendement et la volonté...* » (PASC.). ◊ ANT. (du II, 1°). **Faiblesse.**

VOLONTIERS [vɔlɔ̃tje]. *adv.* (XIIIᵉ ; *voluntiers,* Xᵉ ; lat. *voluntarie,* de *voluntarius* « volontaire »). ♦ 1° Par inclination et avec plaisir ou du moins sans répugnance. V. **Cœur** (II, 2° [de bon cœur]), **grâce** (de bonne), **gré** (de bon). « *Je partagerais volontiers aux nécessiteux le peu que je possède* » (CHATEAUB.). V. **Bien.** « *Nous recevrons très volontiers... le retraitant* » (HUYSMANS). — (En réponse) « *Venez voir mon clos? — Volontiers, dit Gaudissart* » (BALZ.). V. **Oui.** *Très volontiers. Plus volontiers. Le plus volontiers.* ♦ 2° (XIIIᵉ). Par une tendance naturelle ou ordinaire. « *On dédaigne volontiers un but qu'on n'a pas réussi à atteindre* » (PROUST). « *On recourait volontiers à elle dans les cas difficiles* » (ZOLA). — (Avec un verbe d'état) « *Lui qui était volontiers taciturne* » (ROMAINS). V. **Habituellement, ordinairement.** ◊ (XVᵉ) D'une manière fréquente et sans difficulté (en parlant de choses). « *Certains rêves... s'allient volontiers, par une sorte d'affinité, au souvenir... d'une femme* » (PROUST). ◊ ANT. **Contrecœur** (à).

VOLT [vɔlt]. *n. m.* (1881 ; du nom du physicien *Volta*). Unité pratique (V) de force électromotrice et de différence de potentiel (représentant la différence de potentiel existant dans un conducteur parcouru par un courant constant de 1 ampère absolu, avec une production d'énergie thermique de 1 watt, entre deux points donnés). V. **Millivolt.** ◈ HOM. *Volte.*

VOLTAGE [vɔltaʒ]. *n. m.* (1890 ; de *volt*). Force électromotrice ou différence de potentiel mesurée en volts. V. **Tension.** ◊ Nombre de volts pour lequel un appareil électrique fonctionne normalement.

VOLTAÏQUE [vɔltaik]. *adj.* (1815 ; de *Volta*. V. **Volt**). Se dit de la pile de Volta (et, *vx,* du *courant* provenant de cette source). *Arc voltaïque,* arc électrique.

VOLTAIRE [vɔltɛʀ]. *n. m.* (1876 ; *fauteuil [à la] Voltaire,* mil. XIXᵉ ; du nom de *Voltaire*). Fauteuil à siège bas, à dossier élevé et légèrement renversé en arrière, qui date de la Restauration. « *Dans son voltaire d'acajou à bandes de tapisserie* » (CHARDONNE).

VOLTAIRIANISME [vɔltɛʀjanism(ə)]. *n. m.* (déb. XIXᵉ ; *voltairianisme,* 1769 ; de *voltairien*). *Didact.* Esprit voltairien, irréligieux.

VOLTAIRIEN, IENNE [vɔltɛʀjɛ̃, jɛn]. *adj.* (av. 1801 ; de *Voltaire*). Qui adopte ou exprime l'incrédulité, l'anticléricalisme et le scepticisme railleur de Voltaire. *Esprit voltairien.* « *La bourgeoisie voltairienne contre la bourgeoisie catholique* » (PÉGUY). N. « *Un voltairien enragé* » (GONCOURT). ◊ De Voltaire, propre à Voltaire. *L'influence voltairienne.*

VOLTAÏSATION [vɔltaizasjɔ̃]. *n. f.* (1890 ; de *Volta*. V. **Volt**). *Méd.* (Vieilli). Galvanisation thérapeutique.

VOLTAMÈTRE [vɔltamɛtʀ(ə)]. *n. m.* (1843 ; de *Volt*[a], et *-mètre*). *Techn.* Cuve à électrolyse servant à déterminer la quantité de courant utilisé ou les constantes de l'électrolyte.

VOLTAMPÈRE [vɔltɑ̃pɛʀ]. *n. m.* (1890 ; de *Volt*[a], et *ampère*). *Sc.* Unité de puissance apparente *(VA)* d'un courant alternatif (représentant la puissance développée par 1 ampère sous une tension de 1 volt).

VOLTE [vɔlt(ə)]. *n. f.* (mil. XVᵉ ; it. *volta* « tour » ; lat. pop. *°volvita,* de *volvere* « tourner »). ♦ 1° *Équit.* Tour complet qu'on fait exécuter au cheval. *Serrer, élargir la volte,* en rétrécissant ou élargissant le cercle. ◊ *Demi-tour.* V. **Pirouette.** ♦ 2° (1578). *Folklore.* Ancienne danse (Italie, Provence), sorte de valse. ♦ 3° *Mar.* Changement de cap. ◈ HOM. *Vol.*

VOLTE-FACE [vɔltəfas]. *n. f. invar.* (1654 ; it. *volta faccia* « tourne face » ; de l'impér. de *voltare* « tourner », et *faccia* « face »). Action de se retourner pour faire face. « *Il fit volte-face sur lui-même, tournant le dos, à présent, à l'itinéraire indiqué* » (COURTELINE). *Milit.* « *Il s'arrête, fait volte-face, déploie ses divisions* » (SÉGUR). ◊ *Fig.* (1829) Changement brusque et total d'opinion, d'attitude (notamment en politique). V. **Palinodie, revirement.** « *De subites volte-face, de déconcertantes surprises* » (BOURGET).

VOLTER [vɔlte]. *v. intr.* (1546 ; it. *voltare*). *Équit.* Tourner en exécutant une volte. *Faire volter un cheval.*

VOLTIGE [vɔltiʒ]. *n. f.* (1544 ; de *voltiger*). ♦ 1° *Vx.* Harcèlement de voltigeurs (2°). ♦ 2° (1736). Exercice d'acrobatie sur la corde, au trapèze volant. V. **Saut.** *Haute voltige.* — *Par anal.* Art des acrobaties aériennes. ◊ (1835) Ensemble des exercices acrobatiques exécutés à cheval (en particulier dans les cirques). ◊ *Fig.* Acrobatie. *C'est de la haute voltige intellectuelle !*

VOLTIGEMENT [vɔltiʒmɑ̃]. *n. m.* (1542 ; de *voltiger*). Mouvement de ce qui voltige (2°). « *Cette superposition de deux jongleurs... amenait, dans le voltigement des boules, des jeux bizarres* » (GONCOURT).

VOLTIGER [vɔltiʒe]. *v. intr.;* conjug. *bouger* (1532 ; it. *volteggiare,* de *volta.* V. **Volte**). ♦ 1° *Vx.* Faire de la voltige. ♦ 2° (1572 ; infl. de *voleter*). *Mod.* Voleter (insectes, petits oiseaux). « *Une nuée d'oiseaux qui tourbillonnent et voltigent sans but* » (GAUTIER). — *Fig.* Papillonner. « *Je voltige de l'une à l'autre, je les amuse toutes* » (BOISSY). ◊ (Choses légères) Voler, flotter çà et là. « *Ces papiers gras traînant et voltigeant partout* » (MAUPASS.).

VOLTIGEUR [vɔltiʒœʀ]. *n. m.* (1534 ; de *voltiger*). ♦ 1° Acrobate qui fait de la voltige. ♦ 2° (1800). *Ancienn.* Fantassin appartenant à des compagnies d'élite extrêmement mobiles. *Mod. Fusilier-voltigeur* (aujourd'hui *grenadier-voltigeur*), élément mobile du groupe de combat. ♦ 3° Nom d'un cigare de la Régie française.

VOLTMÈTRE [vɔltmɛtʀ(ə)]. *n. m.* (1888 ; de *volt,* et *-mètre*). Appareil à résistance élevée, servant à mesurer les différences de potentiel.

VOLUBILE [vɔlybil]. *adj.* (1812 ; « changeant », déb. XVIᵉ ; lat. *volubilis*). ♦ 1° *Bot.* Se dit d'une tige grêle qui ne peut s'élever qu'en s'enroulant autour d'un support. — *Plante volubile,* à tige volubile (liseron, houblon). ♦ 2° (1897 ; *voluble,* 1824). *Cour.* Qui parle avec abondance, rapidité. V. **Bavard, loquace.** « *Éloquente, grandiloquente, volubile,... en agitant autour d'elle des paroles nombreuses* » (COLETTE). « *Elle se lança dans une volubile explication* » (MART. du G.). ◊ ANT. **Silencieux.**

VOLUBILEMENT [vɔlybilmɑ̃]. *adv.* (XXᵉ ; de *volubile*). *Rare.* Avec volubilité. « *Il y eut une voix de femme qui parlait volubilement* » (LE CLÉZIO).

VOLUBILIS [vɔlybilis]. *n. m.* (déb. XVIᵉ; *voluble*, fin XIVᵉ; mot du lat. bot., de l'adj. *volubilis*. V. Voluble). *Cour.* Variété d'ipomée ornementale, à grosses fleurs colorées en entonnoir, qu'on fait grimper sur les clôtures (appelé souvent abusiv. *liseron*.

VOLUBILITÉ [vɔlybilite]. *n. f.* (1680; *volubilité de [la] langue*, 1547; « facilité à tourner, à se mouvoir », fin XIVᵉ; lat. *volubilitas*). Abondance, rapidité et facilité de parole. V. **Loquacité.** *Elle « parlait sans s'arrêter... avec une telle volubilité qu'elle n'avait pas le temps de respirer »* (R. ROL-LAND).

VOLUCELLE [vɔlysɛl]. *n. f.* (1808; lat. zool. *volucella*, du lat. *volucer* « ailé »). *Zool.* Insecte diptère *(Syrphidés)* ressemblant au bourdon.

VOLUCOMPTEUR [vɔlykɔ̃tœR]. *n. m.* (XXᵉ; marque déposée; de *volu[me]*, et *compteur*). *Techn.* Compteur d'un distributeur d'essence, indiquant la quantité débitée.

VOLUME [vɔlym]. *n. m.* (XIIIᵉ; lat. *volumen* « feuilles manuscrites enroulées », rad. *volvere* « rouler »).
I. ♦ 1° (1270). Réunion d'un certain nombre de cahiers (notamment imprimés) brochés ou reliés ensemble. V. **Livre.** *« La bibliothèque royale... s'enrichit sous Louis XIV de plus de trente mille volumes »* (VOLT.). ◇ La matière nécessaire pour remplir un volume. *« Je dois recueillir un volume de prose »* (STE-BEUVE). *Écrire des volumes à qqn*, de très longues lettres. ♦ 2° (1487). Chacune des parties, brochées ou reliées à part, d'un ouvrage (V. **Tome**). *Dictionnaire en six volumes.*
II. ♦ 1° (1279). Partie de l'espace à trois dimensions (qu'occupe un corps); quantité qui la mesure. *Le volume d'un corps, d'un solide. Volume exprimé en mesures cubiques.* V. **Cubage.** *Diminuer, augmenter de volume. Volume d'un contenant, d'un récipient :* mesure de ce qu'il peut contenir. V. **Capacité, contenance.** *Volume d'eau d'un fleuve*, son débit. — *Chim. Volume moléculaire*, d'une molécule-gramme d'un corps. *Volume atomique*, d'un atome-gramme d'un corps. *Eau oxygénée à vingt volumes*, susceptible de dégager vingt fois son propre volume d'oxygène. ◇ *(Arts)* Caractère de ce qui a trois dimensions. *« C'est du volume qu'il* (Giotto) *tire son accent »* (MALRAUX). ♦ 2° *Encombrement d'un corps. Cela fera beaucoup de volume*, ce sera encombrant. *Fig. et fam. Faire du volume*, se dit de qqn qui cherche à prendre beaucoup de place, qui fait l'important. ◇ *Quantité globale*, masse. *Le volume de la production, des investissements.* ♦ 3° *Géom.* Figure à trois dimensions, limitée par des surfaces. V. **Solide.** *Les lignes, les surfaces et les volumes.* ◇ *Arts.* Élément à trois dimensions, corps considéré dans ses trois dimensions. *« La lumière jouant sur les volumes »* (R. HUYGHE). ♦ 4° (1761). Intensité (de la voix), conditionnée par la puissance du souffle et la bonne utilisation des cavités de résonance. V. **Ampleur.** *Sa voix manque de volume.* ◇ *Volume sonore*, intensité des sons d'un instrument, de plusieurs instruments jouant ensemble. *« La patronne augmenta un peu le volume de la radio »* (M. DURAS).

VOLUMÉTRIQUE [vɔlymetRik]. *adj.* (1872; de *volu[me]*, et -*mètre*, -*métrique*). *Phys.* Qui a rapport à la détermination des volumes (ou *volumétrie*). *Analyse volumétrique.*

VOLUMINEUX, EUSE [vɔlyminø, øz]. *adj.* (1762; « en plusieurs volumes », 1739; du rad. lat. de *volume*). Qui a un grand volume, occupe une grande place. V. **Gros.** *« Une volumineuse lanterne de fer forgé »* (ROMAINS). *Paquet volumineux.* V. **Embarrassant, encombrant.** *Un volumineux dossier.* ◇ ANT. Menu.

VOLUMIQUE [vɔlymik]. *adj.* (1956; de *volume*). *Sc.* Relatif à l'unité de volume. *Masse volumique*, spécifique.

VOLUPTÉ [vɔlypte]. *n. f.* (déb. XVᵉ; lat. *voluptas*). *Littér.* ♦ 1° Vif plaisir des sens, jouissance pleinement goûtée. *« On parlait de mangeaille, avec science et volupté »* (R. ROL-LAND). ♦ 2° Plaisir sexuel. *« La volupté singe la mort »* (MAU-RIAC). *« Je m'enivrai des plus douces voluptés »* (ROUSS.). ♦ 3° Plaisir moral ou esthétique très vif. V. **Délectation.** *« J'écoute avec volupté ces notes perlées »* (LAUTRÉAMONT). *« Les voluptés du mépris »* (BARBEY). ♦ 4° *Vieilli.* Goût, recherche des plaisirs des sens ou des plaisirs sexuels. V. **Sensualité.** *« La volupté de l'épicurien »* (BAUDEL.). ◇ ANT. *Douleur.*

VOLUPTUAIRE [vɔlyptɥɛR]. *adj.* (1357; bas lat. *voluptuarius*). *Dr.* Se dit des dépenses (ou impenses) faites pour le plaisir, consacrées aux choses de luxe ou de fantaisie.

VOLUPTUEUSEMENT [vɔlyptɥøzmã]. *adv.* (XIVᵉ; de *voluptueux*). Avec volupté (1°), en prenant du plaisir. *« Les vastes divans élastiques où l'on s'allonge voluptueusement »* (MIRBEAU).

VOLUPTUEUX, EUSE [vɔlyptɥø, øz]. *adj.* (1361; lat. *voluptuosus*). ♦ 1° Qui aime, recherche la jouissance, les plaisirs raffinés. V. **Sensuel.** *Peuples voluptueux. « Les Orientaux, bien que très voluptueux... »* (ROUSS.). — Subst. *« Quand on est comme moi un voluptueux »* (ROMAINS). V. **Épicurien, sybarite.** ◇ Qui est porté aux plaisirs de l'amour et à leurs

raffinements. V. **Lascif, sensuel.** *« Plus voluptueuse que tendre »* (BALZ.). ♦ 2° Qui fait éprouver du plaisir. V. **Agréable, doux.** *« Elle cédait à l'engourdissement voluptueux »* (ZOLA). ◇ (Plaisir sexuel) *Sensation voluptueuse. « Un baiser qu'il n'ose pas rendre aussi voluptueux qu'il voudrait »* (ROMAINS). ♦ 3° Qui exprime ou inspire la volupté, les plaisirs amoureux. *Attitude, danse voluptueuse.* V. **Excitant.** ◇ ANT. *Ascétique, chaste.*

VOLUTE [vɔlyt]. *n. f.* (1545; it. *voluta*, mot lat., de *volutus*, p. p. de *volvere* « rouler »). ♦ 1° Ornement d'architecture, enroulement sculpté en spirale. V. **Hélice.** *Les deux volutes caractéristiques de la colonne ionique.* V. *« Des volutes surchargeaient la corniche »* (GAUTIER). — Ce même ornement en bois, en fer forgé, etc. *Les volutes d'un balcon, d'une grille.* — *En volute*, en forme de volute. ◇ Partie ronde du bas d'un limon* d'escalier sur laquelle pose le pilastre de la rampe. ♦ 2° (1761). Forme enroulée en spirale, en hélice. V. **Enroulement.** *Les volutes des vagues. « Tandis que les volutes bleuâtres qui montent D'un cigare... »* (APOLLINAIRE). ♦ 3° *Zool.* (1752). Mollusque gastéropode *(Prosobranches)*, à coquille ovoïde largement ouverte et terminée en hélice, qui vit dans les mers tropicales.

VOLVAIRE [vɔlvɛR]. *n. f.* (1907; lat. bot. *volvaria*, de *volva.* V. **Volve**). Champignon *(Agaricacées)* à lames et à volve. *Volvaire gluante*, vénéneuse. *Volvaire soyeuse*, comestible.

VOLVE [vɔlv(ə)]. *n. f.* (1806; lat. *volva*). *Bot.* Membrane épaisse qui enveloppe le pied et le chapeau de certains champignons jeunes, et se rompt au cours de la croissance, formant une sorte de bourse d'où sort le pied. *« L'oronge moite qui crève sa volve »* (GENEVOIX).

VOLVOCE [vɔlvɔs] ou **VOLVOX** [vɔlvɔks]. *n. m.* (1768; lat. *volvox* « chenille »). *Bot.* Algue verte des eaux douces, vivant en colonies.

VOLVULUS [vɔlvylys]. *n. m.* (1685; mot du lat. sc., de *volvere* « rouler »). *Méd.* Torsion d'un organe creux entraînant son obstruction. *Volvulus gastrique, intestinal. Volvulus de la vésicule biliaire.*

VOMER [vɔmɛR]. *n. m.* (1690; lat. *vomer* « soc de charrue »). *Anat.* Os du nez, qui forme la partie postérieure de la cloison des fosses nasales.

VOMÉRIEN, IENNE [vɔmeRjɛ̃, jɛn]. *adj.* (1844; de *vomer*). *Anat.* Relatif au vomer; du vomer. *Cartilage vomérien.*

VOMI [vɔmi]. *n. m. sing.* (1894; du p. p. de *vomir*). *Fam.* Vomissure. *« Le chien retourne à son vomi »* (MONTHER-LANT). *Ça sent le vomi.*

1. VOMIQUE [vɔmik]. *adj.* (1561; *vomique*, XIIIᵉ; lat. médiév. [*nux*] *vomica*, du class. *vomicus* « qui fait vomir »). *Noix vomique*, fruit du vomiquier qui a des propriétés vomitives, et contient de la strychnine.

2. VOMIQUE [vɔmik]. *n. f.* (1611; lat. *vomica*). *Méd.* Expectoration subite et abondante de sérosité, de pus ou de sang provenant d'une collection (II) purulente du poumon ou du médiastin (abcès, kyste hydatique) ouverte dans une bronche.

VOMIQUIER [vɔmikje]. *n. m.* (1808; de *vomique* 1). Arbrisseau qui produit la noix vomique. V. **Strychnées.**

VOMIR [vɔmiR]. *v. tr.* (fin XIIᵉ; lat. pop. *°vomire*, class. *vomere*). ♦ 1° Rejeter spasmodiquement par la bouche. V. **Régurgiter, rendre.** *« J'ai vomi tout mon dîner »* (FLAUB.). *Vomir du sang.* — *Absolt. Avoir envie de vomir :* avoir la nausée. V. **Dégobiller, dégueuler** *(pop.).* — *Loc. Cela donne envie de vomir*, c'est à vomir, cela soulève le cœur, c'est ignoble. ◇ *Fig.* Rejeter avec violence et répugnance. V. **Exécrer.** *« Je vomis mes contemporains »* (GONCOURT). *« Partisan, il vomissait les tièdes »* (Fr. JOURDAIN). ♦ 2° (1508). *Littér.* Laisser sortir, projeter au dehors. *Vapeurs, laves vomies par un volcan.* ◇ *Fig.* Proférer avec violence (des injures, des blasphèmes). *« Tout ce que sa mémoire... contenait de grossièretés, il le vomissait sur les deux bossus »* (BOSCO). ◇ ANT. *Absorber, manger.*

VOMISSEMENT [vɔmismã]. *n. m.* (1265; de *vomir*). ♦ 1° Fait de vomir. *Vomissements de sang.* V. **Hématémèse.** ♦ 2° Matière vomie. *Vomissure.* Loc. bibl. *Le chien retourne à son vomissement (fig.* l'homme retourne à ses erreurs). ◇ *Fig. « Les vomissements tortueux de fumée »* (MAUPASS.).

VOMISSURE [vɔmisyR]. *n. f.* (XIIIᵉ; de *vomir*). Matière vomie. V. **Vomi, vomissement.**

VOMITIF, IVE [vɔmitif, iv]. *adj.* (XIVᵉ; du lat. *vomitum*, supin de *vomere* « vomir »). ♦ 1° *Méd.* Qui provoque le vomissement. V. **Émétique.** — *Subst. Un vomitif puissant.* ♦ 2° *Fig. et fam.* Qui est à faire vomir; répugnant.

VOMITOIRE [vɔmitwaR]. *n. m.* (1636; lat. *vomitorium*). *Antiq. rom.* Large issue servant à évacuer la foule (d'un amphithéâtre, d'un théâtre).

VOMITO NEGRO [vɔmitonegRo]. *n. m.* (1808; mots espagnols « vomissement noir »). Fièvre jaune.

VORACE [vɔRas]. *adj.* (1603; *vorage*, déb. XVIᵉ; lat.

vorax, acis). ◆ 1° Qui dévore, mange avec avidité. « *La loutre est un animal vorace* » (BUFF.). — *(Personnes)* Glouton, goulu. « *Il s'empiffrait de nourriture, car il était vorace* » (THARAUD). — Par ext. *Un appétit vorace.* ◇ *Fig.* Avide. « *Il tendit sa main, prit la sienne, la couvrant d'un baiser vorace* » (FLAUB.). ◆ 2° Qui détruit avec une sorte d'avidité. « *Le maëlstrom vorace* » (BAUDEL.). — *Agric.* Plantes voraces, qui épuisent le sol. ◇ ANT. *Frugal.*

VORACEMENT [vɔʀasmɑ̃]. *adv.* (1842; de *vorace*). Avec voracité. V. **Avidement, gloutonnement.** « *Il se mit à manger voracement* » (MAURIAC).

VORACITÉ [vɔʀasite]. *n. f.* (XIVe; lat. *voracitas*). ◆ 1° Avidité à manger, à dévorer. V. **Gloutonnerie, goinfrerie.** « *Une voracité le faisait se jeter sur sa soupe* » (ZOLA). ◆ 2° *Fig.* Avidité à satisfaire un désir; âpreté au gain. ◇ ANT. *Frugalité.*

-VORE. Élément, du lat. *-vorus*, de *vorare* « avaler, manger ». V. **-Phage.**

VORTEX [vɔʀtɛks]. *n. m.* (1855; *vortice*, 1630; mot lat., var. de *vertex*). *Didact.* Tourbillon creux qui se produit dans un fluide en écoulement.

VORTICELLE [vɔʀtisɛl]. *n. f.* (1808; lat. zool. *vorticella*, du lat. *vortex* « tourbillon »). *Zool.* Infusoire à cils vibratiles puissants insérés suivant une hélice sur le péristome.

VOS. V. **Votre.**

VOTANT, ANTE [vɔtɑ̃, ɑ̃t]. *n.* (1727; de *voter*). Personne qui a le droit de voter, qui participe à un vote. *Les abstentionnistes et les votants.*

VOTATION [vɔtasjɔ̃]. *n. f.* (1752; de *voter*). Vx ou région. (Suisse). Vote.

VOTE [vɔt]. *n. m.* (1702; mot angl.; lat. *votum.* V. **Vœu**). ◆ 1° Opinion exprimée, dans une assemblée délibérante, un corps politique. V. **Suffrage, voix.** *Compter les votes favorables à un projet.* ◇ Suffrage, dans une élection. « *Je lui enlèverai... les votes royalistes* » (CHATEAUB.). ◇ Le fait d'exprimer ou de pouvoir exprimer une telle opinion. *Droit de vote, de suffrage. Explications de vote.* ◆ 2° Opération par laquelle les membres d'un corps politique donnent leur avis sur une décision à prendre. V. **Consultation, élection.** *Procéder au vote.* « *Ils s'abstiendront de prendre part au vote* » (MART. du G.). *Vote direct du corps électoral* (V. **Plébiscite,** *référendum*). — (Dans une assemblée) *Vote des projets de loi. Vote en première, en seconde lecture. Vote bloqué*.* — (Au cours d'une élection) *Bulletin, bureau, urne de vote.* ◇ Décision positive ainsi obtenue. *Vote d'une loi.* V. **Adoption.** ◆ 3° Manière par laquelle les membres d'une assemblée ou d'un corps sont appelés à exprimer leur choix. V. **Scrutin.** *Vote à main levée, par assis et levé. Vote secret. Vote par correspondance, par procuration.* — *Spécialt.* Système électoral. *Vote direct, indirect. Vote uninominal, préférentiel.* ◇ ANT. *Abstention.*

VOTER [vɔte]. *v.* (1704; angl. *to vote* [V. **Vote**]; « exprimer son suffrage dans un chapitre », 1680; du lat. *votum*). ◆ 1° V. *intr.* Exprimer son opinion par son vote (1°), son suffrage. *Ils n'avaient pas le temps de résidence nécessaire pour voter* » (ARAGON). « *Aux élections, il voterait pour le socialiste* » (ARAGON). *Fam.* « *Le boucher votait Barbentane* » (ARAGON), pour Barbentane. ◆ 2° V. *tr.* Contribuer à faire adopter par son vote; décider par un vote majoritaire. *Voter une loi.* « *Il n'avait pas voté la mort du roi* » (HUGO). « *Le Corps législatif venait de voter la guerre* » (ZOLA). « *Ils votèrent que la fameuse loi Habeas corpus... ne devait jamais recevoir d'atteinte* » (VOLT.). — « *Les socialistes voteront les crédits* » (MART. du G.), les lois autorisant les crédits. ◇ ANT. *Abstenir (s').*

VOTIF, IVE [vɔtif, iv]. *adj.* (1374; lat. *votivus,* de *votum* « vœu »). *Didact.* ou *littér.* ◆ 1° Qui commémore l'accomplissement d'un vœu (1°), est offert comme gage d'un vœu. *Inscription, offrande votive.* ◆ 2° Qui exprime un vœu (3°). — *Liturg.* *Messe votive,* qui n'est pas conforme à l'office du jour et qui est choisie pour répondre à une dévotion particulière. *Fête votive,* fête du saint auquel est vouée une paroisse.

VOTRE [vɔtʀ(ə)], *plur.* **VOS** [vo]. *adj. poss.* (*Vostre,* 980; *vos,* 1080; lat. pop. °*voster,* class. *vester*). Adjectif possessif de la deuxième personne du pluriel et des deux genres, correspondant au pronom personnel *Vous.* ◆ I. Qui vous appartient, a rapport à vous. ◆ 1° (Représentant un groupe dont le locuteur est exclu). « *Petits princes, videz vos débats entre vous* » (LA FONT.). ◆ 2° (Représentant une seule personne à laquelle on s'adresse au pluriel de politesse). « *Est-ce à votre cocher, Monsieur,... que vous voulez parler?* » (MOL.). « *Laissez-moi réparer vos sottises, grand enfant* » (BALZ.). — (Appellations respectueuses) « *Votre Majesté partira quand elle voudra* » (VOLT.). *Votre Excellence.* ◇ (Emplois stylistiques) « *Laissez-moi tranquille avec votre hideuse réalité* » (FLAUB.) : la réalité dont vous parlez, qui vous importe tant. « *Votre monsieur Lainé est un méchant homme* » (FRANCE). — (Indéfini) « *Un pays où on*

veut être sûr que votre crémier vous vende des œufs bien pourris... » (PROUST) : que le crémier qui vous sert... ◆ II. *(Sens objectif).* De vous, de votre personne. *Pour votre gouverne, pour votre bien.* « *Quand je vis votre photographie dans un journal...* » (MONTHERLANT). « *J'étais inondé d'une joie céleste que votre vue m'a fait perdre* » (FRANCE). ◇ HOM. (de vos) *Vau; vaux* (pl. de *val*), *veau.*

VÔTRE, VÔTRES [votʀ(ə)]. *adj., pron. poss.* et *n.* (1636; *vostre,* XVe; emploi pron. du précéd.). ◆ I. *Adj.* (attribut). *Vx* ou *littér.* À vous. « *Vous savez bien qu'il* (mon cœur) *est vôtre depuis longtemps* » (STENDHAL). ◆ II. *Pron. (avec l'article).* LE VÔTRE, LA VÔTRE, LES VÔTRES, désigne ce qui appartient, a rapport à un groupe de personnes auquel le locuteur n'appartient pas; ou, une seule personne à laquelle on s'adresse au pluriel de politesse. « *C'est le Dieu des chrétiens, c'est le mien, c'est le vôtre* » (CORN.). « *Risquer inconsidérément la vie de nos soldats et des vôtres* » (GIDE). « *À ta santé, filleul. — À la vôtre, parrain* » (DIDER.). *Fam.* « *À la bonne vôtre, dit Charlier. Ils trinquèrent* » (SARTRE). ◆ III. *Subst.* ◆ 1° Loc. *Il faut que vous y mettiez du vôtre* (Cf. Y mettre* du sien; il y a mis du sien, etc.). *Vous avez encore fait des vôtres* (Cf. Faire des siennes*). ◆ 2° LES VÔTRES : vos parents, vos amis, vos partisans. « *Es-tu des nôtres? — Je suis des vôtres, si vous êtes des miens...* » (MUSS.). *Je ne pourrai être des vôtres,* répondre à votre invitation, être parmi vous. ◇ HOM. *Vautre* (forme du v. *vautrer*).

VOUER [vwe]. *v. tr.* (XIIIe; *vuer, voer,* déb. XIIe; des formes anciennes de *vœu*). ◆ 1° *Vx.* Promettre à une divinité, par un vœu. *Il « avait voué cent bœufs au vainqueur des Titans* » (LA FONT.). ◆ *Mod.* Consacrer à Dieu, à un saint, par un vœu. *Vouer un enfant à la Sainte Vierge* (notamment, en le vouant au blanc et au bleu, en promettant à la Vierge qu'il sera habillé de ses couleurs). — Pronom. *Ne plus, ne (pas) savoir à quel saint* se vouer.* ◆ 2° (Déb. XVIIe). Promettre, engager d'une manière solennelle, irrévocable. « *L'attachement total qu'il lui avait voué* » (MART. du G.). ◆ 3° Employer avec un zèle soutenu. V. **Consacrer.** « *Bien qu'ils eussent voué leur existence au triomphe d'une cause* » (MART. du G.). — Pronom. « *L'homme qui se voue au théâtre* » (BEAUMARCH.). ◇ 2° LES Destiner irrévocablement (à un état, une activité). V. **Condamner.** « *La possession de l'âme d'un être par un autre qui le voue au crime* » (HUYSMANS). « *Il est des êtres voués au jeu* » (FRANCE). — *Un vieux quartier voué à la démolition.* « *Le célibat, la médiocrité de son traitement... le vouaient à la cuisine des traiteurs* » (DUHAM.). ◇ Promettre (qqch, qqn) à un état pénible, mauvais. « *Mon père... vouait à la ruine toute l'humanité* » (BEAUVOIR).

VOUGE [vuʒ]. *n. m.* et *f.* (XIVe; *vooge,* XIIe; bas lat. *vidubium,* d'o. gaul.). *Archéol.* Au moyen âge, Arme d'hast à lame tranchante recourbée à la pointe. ◇ (XVIe) Épieu de chasse. ◇ *Dial.* Serpe à long manche servant à tailler les arbres.

VOUIVRE [vwivʀ(ə)]. *n. f.* (*Wivre,* XIIe; var. de *guivre*). *Dial.* Serpent fabuleux. « *La Vouivre des campagnes jurassiennes, c'est... la fille aux serpents* » (AYMÉ). ◇ *Blas.* Guivre (ou serpent).

1. VOULOIR [vulwaʀ]. *v. tr.* : *je veux, tu veux, il veut, nous voulons, vous voulez, ils veulent; je voulais; je voulus; je voudrai; je voudrais; que je veuille, que nous voulions, que vous vouliez, qu'ils veuillent; que je voulusse; voulant; voulu; deux impér. : au sens fort, veux, voulons, voulez; au sens affaibli — impér. de politesse — veuille, veuillons, veuillez* (XIIe; *voleir,* X[e]; lat. pop. °*volere,* sur le rad. de certaines formes du lat. class. *velle*). ◆ I. Avoir une volonté ou simplement une intention, un désir. Ⓐ *(Suivi de l'inf., d'une complétive ou d'un pron.).* ◆ 1° *(Suivi de l'inf.).* « *Je veux être Chateaubriand ou rien* » (HUGO). *Elle... voulut absolument lui donner à souper* » (STENDHAL). V. **Tenir** (à). (Au condit., pour marquer un désir plutôt qu'une volonté) « *Qu'il est dur de haïr ceux qu'on voudrait aimer* » (VOLT.) : qu'on aurait envie d'aimer, qu'on souhaiterait aimer. « *J'aurais voulu savoir, mais en même temps j'avais peur d'apprendre* » (DAUD.). — (Renforcé par *bien*) V. **Aimer.** « *Je voudrais bien connaître cette femme-là* » (SAND). — *Spécialt.* (atténuation polie de *je veux*) « *Je voudrais vous parler en particulier* » (BALZ.). — (Au subj. optatif et à l'impér. de politesse) « *Dieu veuille me prendre* » (FRANCE). « *Monsieur, veuillez poursuivre maintenant, dit l'avoué* » (BALZ.). ◇ *(En phrase négative,* la négation portant vraiment sur *vouloir*) « *Je n'ai pas voulu vous insulter* » (STENDHAL), sa volonté n'était pas de... (La négation portant non sur *vouloir* mais sur l'inf. suivant) « *Ils ne veulent pas servir un maître* » (DANIEL-ROPS), leur volonté est de ne pas servir... V. **Refuser.** — *Fam.* (Choses) « *Le café s'entêtait à ne pas vouloir passer* » (ZOLA). ◆ 2° VOULOIR QUE... (suivi d'une complétive au subj., dont le sujet ne peut être celui de *vouloir*). « *Si tu veux qu'on t'épargne, épargne aussi les autres* » (LA FONT.). « *Veux-tu que je te laisse?* » (HERMANT). — (En tour interrog., dans un sens affaibli) « *Sur qui dans son malheur voulez-vous qu'il s'appuie?* » (RAC.). « *Comment voulez-vous que je m'en sorte?* » (ROMAINS). Fam. *Qu'est-ce que vous voulez que j'y fasse? Que voulez-vous que je vous dise?* je n'y peux rien, c'est comme ça. — (Avec ellipse de la complétive) « *Que veux-tu? Que voulez-vous?* » marque l'embarras, ou une sorte de résignation fataliste. « *Qu'est-ce que vous voulez, un premier prix, ça ne nourrit pas* » (COLETTE). ◇ *(En phrase négative*, la négation portant sur *vouloir)* « *Vous n'avez pas voulu qu'il eût la certitude Ni la joie ici-bas!* » (HUGO). — (La négation portant sur la complétive) *Je ne veux pas que tu viennes.* V. **Défendre, interdire.** ♦ 3° (Avec un pron. complément neutre, représentant un inf., une complétive). « *Revenez près de moi, je le veux* » (BALZ.). V. **Commander, ordonner.** « *Vous l'avez voulu, George Dandin* » (MOL.), mots passés en proverbe, pour signifier à qqn que ce qui arrive est de sa faute*. *Vous l'avez voulu, bien voulu* : c'est de votre faute; Cf. *(iron.)* Vous voilà content, satisfait... *Que tu le veuilles ou non. Sans le vouloir.* V. **Involontairement.** « *Fais ce que (tu) voudras* » (RABELAIS). « *L'homme vraiment libre ne veut que ce qu'il peut* » (ROUSS.). — (Avec ellipse du compl.) « *Il frappera le taureau où il voudra, quand il voudra, comme il voudra* » (GAUTIER). « *Ça va-t-il comme vous voulez?* » (MAUPASS.). *Tant que vous voudrez.* — Spécialt. *Si tu veux, si vous voulez, si on veut,* sert à introduire une expression qu'on suppose préférée par l'interlocuteur. « *Guenille, si l'on veut, ma guenille m'est chère* » (MOL.). ♦ 2° *(Avec un nom compl.).* ♦ 1° Prétendre obtenir ou souhaiter que se produise... V. **Demander, désirer.** « *Je veux mes cent francs* » (SARTRE). « *Louis XVIII voulait sa tranquillité à tout prix* » (CHATEAUB.). — (Avec de partitif) « *Je veux de la poudre et des balles* » (HUGO). *J'en veux, je te veux plus.* En *vouloir pour son argent.* — Fam. *Il en veut!* il se dépense beaucoup. ◇ *Spécialt.* (pour exprimer la demande d'un client) « *Monsieur veut-il une friction?* » (HUYSMANS). — (Au condit. de politesse) « *Nous voudrions une chambre* » (ROMAINS). ◇ (Avec un compl. de personne) « *Les hommes veulent des messies* » (DUHAM.). — Vouloir posséder charnellement. « *Ce n'était pas Lise qu'il voulait, c'était cette gamine!* » (ZOLA). ◇ *Vouloir qqch. de qqn,* vouloir obtenir de lui. V. **Attendre.** « *Et Ruth ne savait point ce que Dieu voulait d'elle* » (HUGO). — (Dans le même sens, par attract. de *demander) Qu'est-ce que vous me voulez?* ♦ 2° *Vouloir qqch. à qqn* : souhaiter que qqch. échoie, arrive, soit à qqn. « *À des âmes honnêtes, qui me veulent du bien* » (RIMBAUD). « *Je ne veux de mal à personne* » (GIRAUDOUX). « *Je lui voudrais d'autres yeux* » (BALZ.) : je voudrais, j'aimerais qu'elle ait d'autres yeux. ♦ 3° (1549). EN VOULOIR À *(Vieilli)* : s'en prendre à. *En vouloir à la vie de qqn.* — Avoir des visées sur, s'intéresser à. « *On n'en veut qu'à sa signature* » (SARTRE). ◇ (XVIIᵉ) Garder du ressentiment, de la rancune contre (qqn). « *Il ne faut pas leur en vouloir; elles sont comme ça* » (ST-EXUP.). *Ne m'en veuille* (fam., *veux*) *pas; ne m'en veuillez* (fam., *voulez*) *pas.* « *Elle lui en voulait de ce calme* » (FLAUB.), à cause de ce calme. « *Il ne lui en voulait pas de déprécier les choses qu'il estimait* » (LARBAUD). — *S'en vouloir de...,* se reprocher de. V. **Repentir (se).** *Je m'en veux d'avoir accepté.* Fam. « *Moi, aller voir des femmes? Ah! je m'en voudrais!* » (MONTHERLANT). ♦ 4° *(Avec un attribut du complément).* Souhaiter avoir une chose qui présente certain caractère. « *Il veut le blé à bon marché* » (ZOLA). « *Il les voulait telles qu'elles étaient* » (MICHELET). ♦ 5° (XIIIᵉ; objet indir.). VOULOIR DE... (qqch. ou qqn), être disposé à s'intéresser à... ou à se satisfaire de..., à accepter. « *Une pouliche dont... pas un parieur ne voulait* » (ZOLA). « *Une femme pardonne tout, excepté qu'on ne veuille pas d'elle* » (MUSS.). ♦ 6° Absolt. Faire preuve de volonté. *Il « avait la qualité dauphinoise, il savait vouloir* » (STENDHAL). « *À force de m'habituer à ne pas vouloir* » (PROUST).

II. (Avec un sujet de chose, auquel on prête une sorte de volonté). Avoir besoin de..., demander. — (Avec l'inf.) « *L'attention... veut être relâchée de temps en temps* » (BOSS.). *Vouloir dire* * qqch. : signifier. ◇ (Avec une complétive) « *L'honneur veut que ce suppliant devienne, à l'instant, sacré* » (GOBINEAU). V. **Prescrire.** « *Un malheureux hasard voulut qu'ils ne fussent point réunis* » (ALAIN-FOURNIER). « *Le malheur a voulu que tout dernièrement... on a brûlé une foule de papiers* » (CHATEAUB.), le malheur a fait que... ◇ *Vieilli* (avec un compl. d'objet) « *Tout cela voudra du temps et voudra de l'argent* » (BALZ.) : demandera, exigera.

III. *Par ext.* (Volonté « logique »). ♦ 1° Affirmer (par un acte du jugement volontaire plus que par référence à la réalité). V. **Prétendre.** « *Descartes a voulu, contre toute apparence, que les animaux fussent des machines* » (FRANCE). — « *C'est la thèse... qui veut, en somme, que la raison soit soumise à l'expérience* » (BENDA). ◇ *Pop. Je veux!,* formule d'approbation ou d'affirmation énergique. Vx. Oui (Cf. Et comment!). « *Il connaît son affaire. — Je veux! dit le typo* » (SARTRE).

IV. (Simple acquiescement de la volonté). Consentir, accepter. « *Demande-lui s'il veut venir souper avec moi* »

(MOL.). « *Si vous voulez me suivre par ici, Monsieur...* » (BALZ.). « *Moyennant que le temps le veuille* » (DAUD.). V. **Permettre.** — (Pour exprimer une prière polie) « *Voulez-vous avoir l'obligeance de remplir ces formulaires?* » (SARTRE). — (Pour marquer un ordre) « *Veux-tu te taire, animal?* » (ZOLA). Ellipt. *Voulez-vous!* (vous taire, vous arrêter). ◇ Vx. *Vouloir que...,* admettre, concéder que. « *Je veux qu'il y ait* (dans l'Écriture) *des obscurités...* » (PASC.). ◇ Mod. VOULOIR BIEN. « *Je veux bien m'en tenir à cette punition légère* » (LACLOS). « *Si elle voulait bien me recommander à quelque employeur* » (CÉLINE). — Ellipt. « *Nous jouerons à trois, si vous voulez bien* » (LOTI). V. **Accord** (d'). Iron. « *Ils appellent cela un studio... Moi, je veux bien* » (ROMAINS). Fam. *Nous, on veut bien...* nous voulons bien croire, admettre (mais sans conviction, par pure complaisance). — (Avec une complétive) « *Je veux bien que vous preniez quelques potages* » (PROUST). V. **Permettre.** — (Concession intellectuelle) *Je veux bien qu'il se soit trompé, je l'admets.*

V. (Aux. d'aspect). *Région.* (suivi de l'inf.). S'emploie, au lieu d'*aller,* pour exprimer un futur proche et probable. *Il veut pleuvoir.* On dirait qu'il veut faire beau.

◇ ANT. *Refuser.*

2. VOULOIR [vulwar]. *n. m.* (XIIᵉ; inf. subst. du précéd.). ♦ 1° *Littér.* Faculté de vouloir. V. **Volonté.** « *Cette interprétation téméraire du vouloir divin* » (MAURIAC). ♦ 2° BON, MAUVAIS VOULOIR. Vx. Bonnes, mauvaises intentions. ◇ *Mod. (Vieilli* ou *région.)* Bonne, mauvaise volonté. « *Désespéré du mauvais vouloir de ses serviteurs...* » (ZOLA).

VOULU, UE [vuly]. *adj.* (1830; *bien, mal voulu* « envers qui on est bien ou mal disposé », XVIᵉ; du p. p. de *vouloir).* ♦ 1° Exigé, requis par les circonstances. « *Sans avoir la quantité de drap voulue* » (BALZ.). ♦ 2° Délibéré, volontaire. « *Avec une frivolité consciente et voulue* » (MAUPASS.). Fam. *C'est voulu, ce n'est pas le fait du hasard.* V. **Intentionnel.**

VOUS [vu]. *pron. pers.* (XIIᵉ; *vos,* Xᵉ; lat. *vos).* Pronom personnel de la deuxième personne du pluriel (réel ou de politesse). ♦ 1° (Plur.). « *Ceux que vous oubliez ne vous oublieront pas* » (HUGO). « *Soldats, je suis content de vous* » (BONAPARTE). — (Récipr.) *Vous vous êtes encore battus, garnements!* ♦ 2° *Sing.* (remplaçant *tu, toi,* dans le vouvoiement). « *Vous me comblez, monsieur le Président* » (DUHAM.). « *Jadis, je vous disais : Vivez, régnez, Madame! Le salon vous attend! le succès vous réclame!* » (HUGO). — *S'il vous plaît.* « *Je viens à vous, Seigneur, libre auquel il faut croire* » (HUGO). *Il ne tient* * (III, 2°) *qu'à vous.* — (Réfl.) « *Vous vous êtes plus qu'acquittée envers lui* » (VIGNY). « *Pour un mot quelquefois vous vous étranglez tous* » (LA FONT.). ♦ 3° (Renforcé). *Vous-mêmes.* « *Messieurs, tirez vousmêmes* » (TAINE). *Vous devriez lui en parler vous-même. Vous autres* * (I, 5°). *À vous deux, vous y arriverez bien.* ♦ 4° *(Indéfini).* Remplace *on,* en fonction de complément. « *Les gens qui vous refusent les choses qu'on désire vous en donnent d'autres* » (PROUST). « *Une sonnerie,... c'est une vrille qui vous transperce* » (DUHAM.). ◇ (Explétif) « *Elle savait vous tenir un homme, celle-là* » (MAUPASS.). ♦ 5° (Nominal). « *Tu me dis « vous » tout d'un coup* » (MAUROIS). V. **Vouvoyer.** *Employer le vous en parlant à ses parents.* Vousoyer. Vouvoyer.

VOUSSEAU [vuso] ou **VOUSSOIR** [vuswar]. *n. m.* (1690,-xvᵉ; du rad. de *voûte;* Cf. a. fr. *Vous* « voûté », XIIᵉ; lat. pop. *°volsus,* class. *volutus).* Archit. Pierre taillée qui entre dans la construction d'une voûte ou d'un arc. V. **Claveau.** *Les vousseaux d'un cintre.* V. **Clef** de **voûte.**

VOUSSOYER. V. **Vouvoyer.**

VOUSSURE [vusyr]. *n. f.* (mil. XIIᵉ; du même rad. que *vousseau).* ♦ 1° Courbure (d'une voûte, d'un arc). ◇ *Pathol.* Exagération de la convexité du thorax dans une région limitée. ♦ 2° (1845). Partie courbe qui surmonte une porte, une fenêtre. « *Sous la poterne basse à voussure de brique* » (LEC. DE LISLE). ◇ *Archit.* Chacun des arcs concentriques formant l'archivolte d'une arcade, d'un portail. *Voussures sculptées des portails de cathédrales.*

VOÛTE [vut]. *n. f.* (XIIIᵉ; *volte,* mil. XIIᵉ; lat. pop. *°volvita,* class. *voluta,* p. p. fém. de *volvere* « tourner, rouler »). ♦ 1° Ouvrage de maçonnerie cintré, fait de pierres spécialement taillées, servant en général à couvrir un espace en s'appuyant sur les murs (pieds droits), des piliers, des colonnes. *Clef* * de *voûte. Montée d'une voûte,* hauteur de sa partie cintrée. *Bas d'une voûte* : retombée. *Surface extérieure* (extrados), *intérieure* (intrados) *d'une voûte. Voûte en plein cintre*. *Voûte surhaussée* (ou *en ogive), surbaissée.* « *Les bas-côtés se partagent en deux voûtes étroites soutenues par un seul rang de piliers* » (CHATEAUB.). *Voûtes en berceau. Voûte d'arête,* intersection de quatre voûtes cylindriques. *En voûte,* en forme de voûte.* ♦ 2° Paroi, région supérieure présentant une courbure analogue. *La voûte d'une caverne. Une voûte d'arbres.* V. **Berceau, dais.** Poét. *La voûte du firmament, la voûte céleste.* ◇ *Techn.* Partie supérieure arrondie. *Voûte d'un four.* — Anat. *Voûte crânienne. Voûte palatine.* V. **Palais.**

VOÛTÉ, ÉE [vute]. *adj.* (1437 ; *vosté*, déb. XIIIᵉ ; de *voûte*). ♦ 1º Couvert d'une voûte. « *Une grande galerie voûtée* » (DIDER.). ◊ *Littér.* En forme de voûte. V. **Arqué, courbé.** « *Au-dessous des sourcils voûtés* » (MORAND). ♦ 2º Dont le dos est courbé (notamment, du fait de l'âge), ne peut plus se redresser. V. **Cassé.** « *Une petite vieille... très voûtée* » (ROMAINS).

VOÛTER [vute]. *v. tr.* (XIIIᵉ ; de *voûte*). ♦ 1º Fermer (le haut d'une construction) par une voûte. « *Un petit temple... voûté de pierres plates* » (LOTI). ♦ 2º *Littér.* Courber en forme de voûte. V. **Cintrer.** « *Les tables* (du violon) *sont voûtées selon un calcul exquis* » (SUARÈS). ♦ 3º Rendre voûté (qqn). *L'âge l'a voûté.* Pronom. « *La taille assez belle, s'il ne se fût point voûté* » (DUHAM.). V. **Casser** (se).

VOUVOIEMENT [vuvwamã] ou *vx* **VOUSOIEMENT** [vuzwamã], **VOUSSOIEMENT** [vuswamã]. *n. m.* (déb. XXᵉ,- 1907 ; de *vouvoyer*, *vou*[*s*]*soyer*). Le fait de vouvoyer qqn. *Passer du vouvoiement au tutoiement.*

VOUVOYER [vuvwaje] ou *vx* **VOUSOYER** [vuzwaje], **VOUSSOYER** [vuswaje]. *v. tr.* (1872,-XVᵉ,-1845 ; de *vous*) S'adresser à (qqn) en l'employant la deuxième personne du pluriel. *On vouvoie normalement les inconnus, ses supérieurs et toutes les personnes avec qui on n'a pas de liens étroits* (*opposé à* tutoyer).

VOX POPULI [vɔkspɔpyli]. *n. f.* (1830 ; mots lat., « voix du peuple » ; Cf. l'adage *Vox populi, vox Dei*). L'opinion du plus grand nombre, de la masse. « *Cette conscience stupide décorée du nom de* vox populi » (BALZ.).

VOYAGE [vwajaʒ]. *n. m.* (1480 ; *veiage*, 1080 ; *voiage* « chemin à parcourir », XIIIᵉ ; lat. *viaticum*). ♦ 1º Déplacement d'une personne qui se rend en un lieu assez éloigné. « *J'ai fait trois voyages en Angleterre* » (NERVAL). « *Lors de mon voyage d'Italie* » (VIGNY). *C'est une chose, une curiosité qui vaut le voyage, dont l'intérêt mérite qu'on se déplace spécialement pour la trouver ou la voir.* — *Voyage à pied, en voiture, en chemin de fer, en avion... Voyage par mer.* V. **Croisière, traversée.** — *Voyage d'agrément, touristique. Voyage d'affaires, professionnel.* V. **Tournée.** *Voyage d'études, scientifique.* V. **Exploration.** *Voyage de noces. Voyage organisé,* par une agence (en groupe, pour réduire les frais). — *Partir en voyage. Souhaiter bon voyage à qqn. Être en voyage. Pendant le voyage.* V. **Route, trajet.** *Rentrer de voyage.* — *Compagnon de voyage. Notes, carnets, souvenirs de voyage. Chèque de voyage.* V. **Traveller's check.** — *Vêtements, couvertures, sacs de voyage,* faits pour les voyages. *Récits, livres de voyages.* V. **Relation.** « *Amer savoir, celui qu'on tire du voyage !* » (BAUDEL.). ◊ *Fig.* « *La vie est un voyage* » (PROUST). *Le grand voyage,* la mort. ♦ 2º Course que fait un chauffeur, un porteur pour transporter qqn ou qqch. « *Deux paquets de hardes,... dont il fit deux voyages* » (ZOLA), qu'il transporta en deux fois. ♦ 3º *Fig.* (1966). État provoqué par l'absorption d'hallucinogènes. V. **Défonce, trip.**

VOYAGER [vwajaʒe]. *v. intr.* ; conjug. *bouger* (déb. XVᵉ ; de *voyage*). ♦ 1º Faire un voyage. « *Après sa démission...* (Cromwell) *voyagea en France* » (VOLT.). V. **Aller, transporter** (se). ◊ Faire des voyages, aller en différents lieux pour voir du pays*. « *C'est un homme d'esprit qui a beaucoup voyagé, qui sait le monde* » (STE-BEUVE). ◊ (*Voyageurs de commerce*) Faire des tournées. V. **Tourner** (II, A, 1º). *Voyager pour une maison d'édition.* ♦ 2º (Fin XVIIIᵉ ; *sujet de chose*). Être transporté. *Marchandise qui s'abîme en voyageant.* ♦ 3º *Fig.* (v. 1966). Subir les effets d'hallucinogènes.

VOYAGEUR, EUSE [vwajaʒœʀ, øz]. *n.* (mil. XVᵉ ; *voyagier*, XIVᵉ ; de *voyage*). ♦ 1º Personne qui est en voyage. « *Il n'existe encore un hôtel où tout voyageur riche puisse retrouver son chez soi* » (BALZ.). ◊ Personne qui use d'un véhicule de transport public. V. **Passager.** « *Les voyageurs s'entassaient dans les compartiments* » (MART. du G.). *Les voyageurs pour Paris, en voiture !* ♦ 2º Personne qui voyage pour voir de nouveaux pays (dans un but de découverte, d'étude). V. **Explorateur.** « *Les récits de Marco Polo,... comme de quelques autres voyageurs anciens* » (BAUDEL.). *Les voyageurs anciens, modernes.* — Touriste. « *La Sicile devrait attirer les voyageurs* » (MAUPASS.). ♦ 3º (1830). *Voyageur de commerce,* et absolt. *Voyageur,* représentant de commerce qui voyage pour visiter la clientèle. « *Vous êtes voyageur ? demanda l'homme.* — *Bracelets-montres », acquiesça Mathias* » (ROBBE-GRILLET). *Voyageurs, représentants, placiers* (V.R.P.). ♦ 4º Adj. (1764). *Vx.* Qui voyage, aime à voyager. — Loc. mod. *Pigeon* voyageur. — Par ext.* Mouvant (des choses). « *La vie voyageuse des bergers... du Midi* » (MICHELET).

VOYANCE [vwajɑ̃s]. *n. f.* (1829 ; « vue », XIIIᵉ ; de *voyant*). *Occult.* Don de double vue.

VOYANT, ANTE [vwajɑ̃, ɑ̃t]. *n. et adj.* (1552 ; du p. prés.). I. *N.* ♦ 1º *Vx (Bible).* Prophète. ◊ *Mod.* (1812) Personne douée de seconde vue. V. **Illuminé, spirite.** « *Cet état extatique où le pressentiment équivaut à la vision des voyants* »

(BALZ.). — *Spécialt.* VOYANTE, *n. f.* Femme qui fait métier de lire le passé et prédire l'avenir par divers moyens (V. **Cartomancienne.** « *Dans les officines... des voyantes et des sorciers* » (HUYSMANS). ◊ *Littér.* Poète conçu comme arrivant à voir et sentir ce qui est inconnu des autres hommes. *Rimbaud le voyant.* ♦ 2º (1553). Personne qui voit. *Les voyants et les aveugles.* V. **Clairvoyant.** ♦ 3º *N. m.* (1845). Signal lumineux (sur des appareils de contrôle, des tableaux de sonnerie, de bord, etc.) destiné à attirer l'attention de l'utilisateur. *Voyant de balise. Voyant d'essence, d'huile,* avertissant l'automobiliste que l'essence, l'huile sont presque épuisées. ◊ Plaque, moitié noire, moitié blanche, utilisée dans les opérations de nivellement.
II. *Adj.* (1660 ; « visible », XIIIᵉ). Qui attire la vue, qui se voit de loin. *Des couleurs voyantes.* V. **Criard, éclatant.** *Toilette voyante.* « *Des cravates voyantes et compliquées* » (ARAGON). V. **Tapageur.**
◊ ANT. Aveugle. Discret.

VOYELLE [vwajɛl]. *n. f.* (1530 ; *voieul*, 1265 ; de l'adj. *voieul* « vocal », XIIIᵉ ; lat. *vocalis*). ♦ 1º Son émis par la voix sans bruit d'air, phonème caractérisé par une résonance de la cavité buccale plus ou moins ouverte, pouvant être en communication avec la cavité nasale. V. **Diphtongue, semi-consonne, triphtongue.** En français, *voyelles orales* (antérieures, postérieures ; ouvertes, fermées), *nasales.* « *L'accent jurassien aux voyelles largement ouvertes* » (AYMÉ). « *Les voyelles françaises sont nombreuses et très nuancées* » (VALÉRY). V. **Vocalique** (système). *Voyelle longue, brève* (en prosodie anc.). — *Syllabe faite d'une voyelle.* ♦ 2º Lettre qui sert à noter ce son, employée seule (*a ; e ; i ; o ; u ; y*), munie d'un signe (*ex. :* é, ô), en combinaison avec d'autres (*ex. :* eau, ou, ei) ou avec une consonne (*ex. :* an, ain, on).

VOYER [vwaje]. *n. m.* (1270 ; *veier* « officier de justice », 1080 ; lat. *vicarius* « remplaçant », avec chang. de sens sous l'infl. de *voie*). *Vx.* Officier chargé des voies publiques. ◊ *Mod.* (1836) *Agent voyer,* nom porté naguère par les ingénieurs du service vicinal.

VOYEUR, EUSE [vwajœʀ, øz]. *n.* (déb. XVIIIᵉ ; a. fr. *veor, véeur* « guetteur, témoin » ; de *voir*). ♦ 1º *Vieilli.* Spectateur attiré par une curiosité plus ou moins malsaine. « *Les accusés tenaient leurs figures flétries constamment tournées vers leurs collègues venus en voyeurs* » (BARRÈS). ♦ 2º (1883). Personne qui assiste pour sa satisfaction et sans être vue à quelque scène érotique. *Perversion du voyeur :* VOYEURISME [vwajœʀism(ə)], *n. m.*

VOYOU [vwaju]. *n. m.* (1830 ; de *voie*, et suff. pop.). ♦ 1º Garçon mal élevé qui traîne dans les rues. V. **Chenapan, garnement, loulou, vaurien.** « *Cet accent des voyous parisiens qui semble un râle* » (NERVAL). ♦ 2º (1871). Mauvais sujet, aux moyens d'existence peu recommandables. V. **Crapule, gouape ; frappe** (2). « *Traînant dans les mauvais lieux... en compagnie de voyous* » (AYMÉ). ♦ 3º *Adj.* (1880) ; parfois *voyoute,* au fém.). Propre aux mauvais sujets de cette espèce. « *Des termes d'argot si voyous et criés si fort...* » (PROUST). « *Tout à fait extraordinaire, avec une verve voyoute* » (GONCOURT).

VRAC (EN) [ɑ̃vʀak]. *loc. adv.* (1606 ; néerl. *wrac, wraec* [*harengs*] « mal salés, mauvais »). ♦ 1º Pêle-mêle, sans être arrimé et sans emballage. *Lester, charger en vrac,* à même la cale. *Marchandises expédiées en vrac.* ♦ 2º En désordre. *Poser ses affaires en vrac sur une chaise.* ♦ 3º Au poids (*opposé à :* en paquet). *Acheter des lentilles en vrac.*

VRAI, VRAIE [vʀɛ]. *adj., n. m. et adv.* (fin XIIᵉ ; *verai,* 1080 ; lat. pop. *veracus,* class. *verus, verax*). I. *Adj.* ♦ 1º Qui présente un caractère de vérité* (1º et 2º) ; à quoi on peut et doit donner son assentiment (*opposé à* faux, illusoire *ou* mensonger). V. **Avéré, certain, exact, incontestable, sûr, véritable.** « *... Ne recevoir aucune chose pour vraie, que je ne la connusse évidemment être telle* » (DESCARTES). *Phrase toujours vraie.* V. **Tautologique.** « *L'adage : loin des yeux, loin du cœur, est vrai pour la plupart des femmes* » (BALZ.). V. **Juste.** *Récit, témoignage vrai.* V. **Authentique, fidèle.** « *L'histoire est le récit des faits donnés pour vrais* » (VOLT.). — Fam. *C'est la vérité vraie.* V. **Pur, strict.** ◊ (Avec un pron.) « neutre ») *Il est vrai que... « Il est bien vrai qu'avant lui on avait découvert des secrets étonnants* » (VOLT.). *Cela est si vrai, que...,* sert à introduire une preuve à l'appui. *Il n'en est pas moins vrai que...,* sert à maintenir une affirmation. V. **Néanmoins.** *C'est malheureusement vrai, ce n'est que trop vrai. C'est pourtant vrai. C'est vrai, est-ce vrai ? (N'est-il) pas vrai ? n'est-ce pas ?* Pop. *Vrai de vrai !* c'est pas possible ! sans blague ! *Il est vrai que...* s'emploie pour introduire une concession, une restriction. V. **Doute** (sans). *Il est vrai, c'est vrai* s'emploie en incise pour marquer qu'on reconnaît la chose. « *Il est gredin, c'est vrai, mais il a tant de talent* » (R. ROLLAND). ♦ 2º Qui existe indépendamment de l'esprit qui le pense (*opposé à* imaginaire). V. **Réel.** « *Bonaparte n'est plus le vrai Bonaparte, c'est une figure légendaire* » (CHATEAUB.). « *Ce n'était plus... un mirage de sa pensée, c'étaient... de*

vrais hommes en chair et en os » (HUGO). ◊ *Sc.* Réel, observable (et non pas calculé ou déduit). *Jour vrai* (solaire) *et jour moyen. Temps* solaire vrai.* ♦ 3° *(Placé avant le nom).* Qui correspond bien au concept ou au signe qui lui est relatif; ainsi nommé à juste titre. V. **Véritable.** *De vraies perles. Un vrai Renoir.* V. **Authentique.** « *La vraie politesse... consiste à s'oublier réellement* » (BALZ.). « *La vraie éloquence se moque de l'éloquence* » (PASC.). — « *Le nombre... des vrais connaisseurs sera toujours extrêmement petit* » (VOLT.). *C'est un vrai républicain* (Cf. Un bon* républicain). *Une vraie canaille.* V. **Franc** (II, 3°). ◊ (Servant à introduire une désignation métaphorique) « *C'est la perle des duègnes, un vrai dragon* » (LESAGE). « *Le vrai roi moderne, le scribe* » (MICHELET). ◊ *Loc. pop.* VRAI DE VRAI : absolument vrai, authentique, véritable. — *Subst.* « *Je suis un Arabe pour de bon, un vrai de vrai* » (QUENEAU). ♦ 4° (XIIIᵉ). *Vieilli.* Qui dit la vérité (V. **Véridique**) et qui se comporte sans dissimuler ni tromper. V. **Loyal, sincère.** « *J'aimais un homme vrai, sans mensonge au front* » (BALZ.). ♦ 5° (XVIIᵉ). Qui, dans l'art, s'accorde avec notre sentiment de la réalité (en général par la sincérité et le naturel). V. **Naturel, senti, vécu.** « *L'Assommoir* » *de Zola est tristement vrai* » (L. DAUD.). « *Les personnages de Molière... sont bien devant vous, entiers, vrais, vivants* » (LÉAUTAUD). ♦ 6° Qui vaut ou agit dans un cas précis. *C'est le vrai moyen,* le bon moyen.
II. *N. m.* (mil. XIVᵉ). LE VRAI. ♦ 1° La vérité (1°). « *Distinguer le vrai d'avec le faux* » (DESCARTES). « *Si vous possédez le vrai... * » (RENAN). *Plaider* le faux pour savoir le vrai.* ◊ Ce qui, dans l'art, correspond à notre sentiment du réel. « *Rien n'est beau que le vrai...* » (BOIL.). ♦ 2° La réalité. *Vous êtes dans le vrai,* vous avez raison. « *Jamais l'imagination n'approchera des invraisemblances et des antithèses du vrai* » (GONCOURT). ♦ 3° *Loc.* « *Tu dis vrai. Le bonheur, amie, est chose grave* » (HUGO), ce que tu dis est vrai, tu as raison. — *À dire le vrai, à dire vrai, à vrai dire,* s'emploient pour introduire une restriction. — *Au vrai,* du vrai (vieilli) : en fait, pour être tout à fait exact. « *Au vrai, j'étais grisé par la diversité de la vie* » (GIDE). — *Fam. Pour de vrai,* vraiment. « *Elle a été mariée pour de vrai, tu sais* » (HUYSMANS). *C'est pour de vrai ou pour de rire* ? (enfants). Cf. Pour de bon*.
III. *Adv.* Conformément à la vérité, à notre sentiment de la réalité. « *Faire vrai consiste... à donner l'illusion... du vrai* » (MAUPASS.). — *Fam.* (détaché en tête ou en incise) Vraiment. « *Je n'ai plus faim, non, vrai...* » (HUYSMANS). « *Vrai, nous n'avions pas pensé que ça tournerait si mal* » (MAUPASS.). « *Eh bien vrai, alors, c'est du propre!* » (COURTELINE).
◊ ANT. Erroné, faux, inexact, mensonger. Artificiel, factice; feint. Imaginaire; illusoire. Fauce, imité. — (du n.) Erreur.
VRAIMENT [vʀɛmɑ̃]. *adv.* (XIIIᵉ; *vraiement,* déb. XIIᵉ; de *vrai*). ♦ 1° D'une façon indiscutable et que la réalité ne dément pas. V. **Effectivement, réellement, sérieusement, véritablement.** « *Un homme qui voudrait changer vraiment et totalement* » (DUHAM.). « *Mais s'aimaient-ils vraiment?* » (LARBAUD). « *Il avait vraiment de la chance* » (MAUPASS.). « *Il n'y a de vraiment beau que ce qui ne peut servir à rien* » (GAUTIER). ♦ 2° (XIVᵉ). S'emploie pour souligner une affirmation. V. **Franchement; mentir** (sans). « *Mais vraiment j'ai des raisons de croire que celle-ci m'a aimé* » (MAUROIS). *Vraiment, il exagère!* « *Il était vraiment trop froussard* » (SARTRE). « *Je ne sais vraiment pas comment il supporterait ce malheur* » (MUSS.). — Interrog. *Vraiment? Vous êtes sûr?*
VRAISEMBLABLE [vʀɛsɑ̃blabl(ə)]. *adj.* (1266; de *vrai,* et *semblable,* d'apr. le lat. *verisimilis*). Qui est à bon droit considéré comme vrai; qui semble vrai. V. **Crédible, croyable, plausible.** « *Une supposition très vraisemblable me traversa l'esprit* » (MAUPASS.). « *Il est vraisemblable qu'un premier attentat... fut inspiré par Henri de Guise* » (BAINVILLE). ◊ Qui, dans l'art, correspond apparemment à l'idée qu'on se fait du réel. « *Le vrai peut quelquefois n'être pas vraisemblable* » (BOIL.). *Subst.* (XVIᵉ) « *Il n'y a que le vraisemblable qui touche dans la tragédie* » (RAC.). ◊ ANT. Invraisemblable.
VRAISEMBLABLEMENT [vʀɛsɑ̃blabləmɑ̃]. *adv.* (1386; de *vraisemblable*). ♦ 1° *Rare.* Avec l'apparence de la vérité. « *On dirait vraisemblablement une jeune grenouille...* » (BAUDEL.). ♦ 2° *Cour.* Selon la vraisemblance, les probabilités. V. **Probablement.** « *Une trêve est vraisemblablement assez proche* » (MART. du G.). ◊ ANT. Invraisemblablement.
VRAISEMBLANCE [vʀɛsɑ̃blɑ̃s]. *n. f.* (1358; de *vrai,* et *semblance,* d'apr. le lat. *verisimilitudo*). Caractère vraisemblable; apparence de vérité. V. **Crédibilité.** « *L'hypothèse... gagnait en force ce qu'elle perdait en vraisemblance* » (PROUST). « *Soutenir avec vraisemblance une proposition absurde* » (TAINE). « *Louis Racine..., contre toute vraisemblance, a cru devoir nier la liaison de son père* » (HENRIOT). — *Respecter la vraisemblance d'une action.* ◊ ANT. Invraisemblance.
VRAQUIER [vʀakje]. *n. m.* (1973; de *vrac*). *Mar.* Navire transportant des produits en vrac.
VRILLAGE [vʀijaʒ]. *n. m.* (1876; de *vriller*). Défaut des fils textiles, des fils de pêche qui vrillent. ◊ Torsion donnée aux pales d'une hélice, aux ailes d'un avion.

VRILLE [vʀij]. *n. f.* (1375; *vedille, veille, ville...,* XIIIᵉ; le *r* est mal expliqué; du lat. *viticula,* de *vitis* « vigne »). ♦ 1° Organe de fixation de certaines plantes grimpantes, production foliaire allongée qui s'enroule en hélice. V. **Cirre.** « *Ces vrilles de la vigne qui s'accrochent... au poteau d'un cabaret* » (HUGO). ♦ 2° Outil formé d'une tige que termine une vis. V. **Foret, mèche, percerette, tarière** (1°). Par métaph. « *Son regard était une vrille. Cela était froid et cela perçait* » (HUGO). ♦ 3° Hélice, spirale (2°). « *Par un escalier en vrille ouvert dans le fond de la salle...* » (DUHAM.). ◊ *Spécialt.* Mouvement d'un avion en perte de vitesse, qui descend (accident, acrobatie aérienne) en tournant sur lui-même. « *L'avion qui descend en vrille* » (MALRAUX).
VRILLÉ, ÉE [vʀije]. *adj.* (1778; de *vrille*). Muni de vrilles. « *Des cordons de vignes dont les pampres vrillés... entraient par les fenêtres* » (BALZ.). ◊ Tordu plusieurs fois sur soi-même. *Un fil de pêche tout vrillé.*
VRILLÉE [vʀije]. *n. f.* (1750; dial. *veille, villée, veillée...;* de *vrille*). Nom usuel d'une espèce de liseron.
VRILLER [vʀije]. *v.* (1752; de *vrille*). ♦ 1° *V. intr.* Monter, descendre en tournant sur soi-même. *Fusée, avion qui vrille.* ◊ Se tordre, s'enrouler sur soi-même. *Ligne dont le crin vrille.* ♦ 2° *V. tr.* (1843). Percer avec une vrille, comme avec une vrille. V. **Tarauder.** « *Une névralgie furieuse lui vrillait les tempes* » (HUYSMANS).
VRILLETTE [vʀijɛt]. *n. f.* (1764; de *vrille*). Petit insecte coléoptère dont la larve ronge les bois ouvragés.
VROMBIR [vʀɔ̃biʀ]. *v. intr.* (1908; onomat.). Produire un son vibré, par un mouvement périodique rapide. V. **Bourdonner.** *Le frelon vrombit. Moteur qui vrombit.* V. **Ronfler.**
VROMBISSANT, ANTE [vʀɔ̃bisɑ̃, ɑ̃t]. *adj.* (1908; de *vrombir*). Qui vrombit. *Des motos vrombissantes.*
VROMBISSEMENT [vʀɔ̃bismɑ̃]. *n. m.* (1908; de *vrombir*). Bruit de ce qui vrombit. « *Des mouches tournoyaient sur la mare avec un petit vrombissement* » (PERGAUD). V. **Bourdonnement.** *Le vrombissement du moteur.* V. **Ronflement.**
V.R.P. [veɛʀpe]. *n. m.* Abréviation pour *Voyageur, représentant, placier.*
VS. Abrév. de VERSUS*.
1. VU, VUE [vy]. *adj.* (XVᵉ; de *voir*). ♦ 1° Perçu par le regard. « *Choses vues* », souvenirs de Hugo. Loc. *Ni vu ni connu,* sans que personne ne sache rien. — *Subst.* (1510) *Au vu et au su de tout le monde,* au grand jour. V. **Ouvertement.** — *C'est du déjà vu, ce n'est pas une nouveauté.* — *Sur le vu de,* en voyant. ♦ 2° Compris. *C'est bien vu?* Fam. *Vu?* ◊ Fam. *C'est tout vu!* : tout examiné; il n'y a pas à revenir là-dessus. ♦ 3° *Bien, mal vu,* qui est bien, mal considéré. *Il est très bien vu dans le quartier.*
2. VU [vy]. *prép.* (XIVᵉ; du p. p. de *voir*). ♦ 1° En considérant, eu égard à. « *Vu la quantité, ce n'est pas trop cher* » (FLAUB.). ◊ *Dr.* Après avoir examiné. *Vu la loi, les pièces du dossier...* ♦ 2° *Loc. conj.* (1421). Vx ou région. *Vu que...,* étant donné que. « *Je pensais qu'il ne dirait rien, par peur du scandale, vu qu'il est sénateur* » (MAUPASS.).
VUE [vy]. *n. f.* (XIIIᵉ; *veüe,* 1080; du p. p. de *voir*).
I. Ⓐ (Action de voir). ♦ 1° Sens par lequel les stimulations lumineuses donnent naissance à des sensations spécifiques (de lumière, couleur, forme) organisées en une représentation de l'espace. « *La vue est de tous les sens celui dont on peut le moins séparer les jugements de l'esprit* » (ROUSS.). *Perdre la vue,* devenir aveugle. *Rendre la vue* (par une opération). *Organes de la vue :* œil*, nerf optique, etc. ♦ 2° Vision*, manière de percevoir les sensations visuelles. *Diminution, troubles de la vue :* amblyopie, astigmatisme, daltonisme, diplopie, héméralopie, myopie, nyctalopie, presbytie, strabisme. — (Qualifié). *Vue basse, courte. Sa vue baisse. Vue perçante.* ◊ La vision humaine dans ses caractères normaux (portée, acuité...). « *Aussi loin que la vue allait* » (MAUPASS.). Loc. *À perte de vue* « *Un dossier qui se trouvait... à portée de sa vue* » (BALZ.), qu'il pouvait voir sans se déplacer. V. **Point de vue.** ♦ 3° Fait de regarder. V. **Regard.** « *Alors sa vue se tournant vers le palais, il aperçut...* » (FLAUB.). *Jeter, porter la vue sur,* diriger ses regards vers. *Perdre* de vue. « *Les objets qui se présentaient à sa vue* » (LAUTRÉAMONT). — *À la vue de tous,* en public. — À PREMIÈRE VUE : au premier regard, quand on n'a pas encore observé, considéré à loisir. « *Ces portraits séduisent à première vue... mais, en général, ils sont outrés* » (STE-BEUVE). ◊ Manière de regarder; direction du regard. *Vue plongeante, rasante.* ◊ Loc. (1538) DE VUE : par la vue. *Je le connais de vue* : je le connais pour l'avoir déjà vu (sans avoir d'autres relations avec lui). — (XVIIᵉ) À VUE : en regardant, sans quitter des yeux. *Garder* à vue. Tirer* à vue,* sur un objectif visible. *Piloter, voler, atterrir à vue* (opposé à *sans visibilité,* à l'aide d'instruments). ◊ *Théâtre. Changement à vue,* changement de décor qui se fait devant le spectateur, sans baisser le rideau; *fig.* Changement soudain et total. — *Effet payable à vue,* à la première présentation. — À VUE D'ŒIL (XVᵉ) : se dit de ce qui change d'aspect d'une manière

constatable par le sens de la vue. *Par ext.* Très vite. « *Ses formes sveltes se transformaient à vue d'œil en contours... plus arrondis* » (LAMART.). — Fam. *À vue de nez**. ♦ 4° Les yeux, les organes qui permettent de voir. « *Mme d'Holbach s'use la vue à broder...* » (DIDER.). *Une lumière qui fatigue la vue.* — Loc. (Vx) « *Ce Monsieur le Comte... lui donne peut-être plein la vue* » (MOL.), l'éblouit. Mod. et fam. *En mettre plein la vue à qqn*, l'éblouir. Ⓑ (Ce qui est vu). 1° (XIIe). Étendue de ce qu'on peut voir d'un lieu. V. **Panorama.** « *De ma chambre, la vue n'était ni belle, ni étendue* » (FRANCE). « *De hauts talus de terre qui muraient tristement la vue* » (LOTI). *Vue imprenable**. *Absolt. On a de la vue, une vue étendue.* ♦ 2° Aspect sous lequel se présente (un objet). *Vue de face, de côté.* ◇ EN VUE (1552) : dans une situation telle que la vue le perçoit; aisément visible. *Un objet d'art bien en vue dans la vitrine.* V. **Évidence, valeur** (en). *Par ext. Le succès est en vue*, apparaît tout proche. — Fig. *Un personnage en vue*, marquant. *Une situation très en vue.* « *Une des jeunes femmes les plus en vue de Moscou* » (MORAND). ♦ 3° *La vue de...* : la perception visuelle de...; l'aspect visible que présente... V. **Image, spectacle.** « *Ces dernières choses... dont la vue fait plaisir* » (BALZ.). « *La vue de son sang l'avait mise hors d'elle-même* » (GREEN). « *J'étais inondé d'une joie céleste que votre vue m'a fait perdre* » (FRANCE), que la vue de vous voir, que votre présence m'a fait perdre. *À la vue, en vue de...* « *Je le vis, je rougis, je pâlis à sa vue* » (RAC.), en le voyant. « *Il arrive enfin en vue des peintures murales* » (DUHAM.), à un point d'où il les voit. — Loc. *À vue de pays*, sur le seul aspect des lieux (sans autre renseignement sur la route à suivre); Au jugé, en gros. « *Sans apercevoir tous les recoins..., il pouvait à vue de pays se rendre compte que j'étais seul* » (ROMAINS). ♦ 4° (1680). Ce qui représente (un lieu, une étendue de pays). « *Je vous envoie... une vue de Fribourg... vous y verrez que je suis au milieu des rocs* » (SENANCOUR). *Vue photographique.* V. **Image.** — Cinéma. *Prise** *de vues.* — *Vue cavalière*, représentée selon une perspective cavalière*. ◇ *Peint.* Paysage; tableau représentant une ville, etc. « *La Vue de Delft [de Vermeer]* » (MALRAUX). — Fig. « *Donnant de ces choses la vue d'ensemble la plus juste* » (MICHELET). V. **Tableau.** Ⓒ (Mil. XVe). Ce qui permet de voir. ♦ 1° *Dr.* Ouverture. *Faire boucher, condamner des vues.* ◇ *Archéol.* Fente de la visière d'un casque, d'un chanfrein. ♦ 2° Orientation permettant de voir. « *Un cabinet ayant vue sur le jardin* » (BALZ.).
II. *Abstrait* (XVIe). ♦ 1° Faculté de former des images mentales, de se représenter; exercice de cette faculté. « *L'intuition est une vue du cœur dans les ténèbres* » (SUARÈS). « *Le défaut des poètes à courte vue* » (HUGO), à l'esprit borné, peu perspicace. ◇ *Seconde vue, double vue*, faculté de voir les objets réels, des faits qui sont hors de portée des yeux. V. **Voyance.** « *Ce fut une intuition soudaine... à me faire croire que les théories sur la double vue... sont absolument vraies* » (BOURGET). ♦ 2° Image, idée; façon de se représenter (qqch.) et de présenter. « *La profondeur de vos vues* » (LACLOS). « *De longues improvisations lyriques, pleines de vues hardies* » (MART. du G.). « *Cette vue pessimiste du monde* » (MAUROIS). — *Exposer, présenter ses vues. Échange de vues*, conférence, préliminaires, entretien où l'on expose les conceptions des parties en présence. — Loc. *C'est une vue de l'esprit* : une vue théorique, sans rapport suffisant avec le réel. ♦ 3° Le fait de considérer (un but, une fin). V. **Intention.** *Vieilli.* « *Dans la seule vue d'obliger* » (NERVAL). — *Avoir en vue* : se proposer, viser. *Qu'avez-vous donc en vue? Je n'ai personne en vue*, personne à qui je puisse faire appel pour réaliser mes projets. ◇ Loc. prép. EN VUE DE... (mil. XVIIe) : de manière à permettre, à préparer (une fin, un but). V. **Pour.** « *Ce laborieux échafaudage que l'Empereur construisait... en vue d'une paix générale* » (MADELIN). — *(Suivi d'un inf.)* Dans l'intention de. V. **Afin** (de), **pour.** « *La science... mesure et calcule en vue de prévoir et d'agir* » (BERGSON). ◇ *Dessein, projet.* « *Je vous repasse l'affaire, si cela reste dans vos vues* » (ROMAINS). « *J'ai des vues sur lui*, je pense à lui pour tel ou tel projet. *Spécialt. Il a des vues sur elle*, il songe à un mariage, une liaison avec elle.

VULCAIN [vylkɛ̃]. *n. m.* (1780; de *Vulcain*, lat. *Vulcanus*, dieu du feu). Variété de vanesse (papillon), de couleur rouge et noire.

VULCANALES [vylkanal]. *n. f. pl.* (1765; lat. *Vulcanalia*). Antiq. rom. Fêtes en l'honneur de Vulcain.

VULCANIEN, IENNE [vylkãnjɛ̃, jɛn]. *adj.* (1889; *îles vulcaniennes*, 1845, a. nom des îles Éoliennes; lat. *vulcaniæ insulæ* « îles de Vulcain », parmi lesquelles l'île volcanique de *Vulcano*). Géol. Se dit d'un type de volcan ou d'éruption volcanique caractérisé par une lave très visqueuse qui le plus souvent se fige dans la cheminée, déterminant des explosions.

VULCANISATION [vylkanizasjɔ̃]. *n. f.* (1853; angl. *vulcanization*. V. Vulcaniser). Opération consistant à incorporer du soufre au caoutchouc (naturel ou synthétique) afin d'améliorer sa résistance en lui conservant son élasticité.

VULCANISER [vylkanize]. *v. tr.* (1847; angl. *to vulcanize*, de *Vulcan, Vulcain*, dieu du feu). Traiter (le caoutchouc, un élastomère) par vulcanisation. — Au p. p. *Caoutchouc vulcanisé.*

VULCANOLOGIE. V. VOLCANOLOGIE.

VULGAIRE [vylgɛʀ]. *adj. et n.* (1452; *vulgal*, 1270; lat. *vulgaris*, de *vulgus* « le commun des hommes »). I. *Adj.* ♦ 1° *Vieilli.* Très répandu; admis, éprouvé, mis en usage par le commun des hommes (sans aucune valeur péjorative). V. **Banal, courant.** « *C'était un mal vulgaire et bien connu des hommes* » (MUSS.). « *Faire, selon une expression vulgaire, la pluie et le beau temps* » (BALZ.). ◇ Se dit de la forme de langue connue de tous (*opposé à littéraire*). *Latin vulgaire*, le latin parlé dans les pays romans. V. **Populaire.** *Langues vulgaires*, se dit des principales langues romanes (*opposé à latin*, langue savante). « *Les écrivains osent utiliser... les langues vulgaires, la provençale et la française, au lieu du latin* » (ARAGON). — (*Opposé à scientifique*, technique) *Nom vulgaire d'une plante, d'un animal.* ♦ 2° *Didact.* ou *littér.* Qui ne se distingue en rien; ordinaire. « *Lecteur vulgaire, pardonnez-moi mes paradoxes* » (ROUSS.). — Hist. nat. Commun. « *La belladone vulgaire* » (CHATEAUB.). — Dr. *Substitution vulgaire* : la substitution proprement dite, opposée au fidéicommis. — *(Placé avant le nom)* Quelconque; qui n'est que cela (avec une légère valeur péj.). « *Un passant, un vulgaire passant de la rue, qui me ressemble* » (DUHAM.). « *De vulgaires études d'atelier, auxquelles le maître n'attachait aucune importance* » (BAUDEL.). ♦ 3° *Cour.* (1552). *Péj.* Qui est plus qu'ordinaire, manque d'élévation ou de distinction et d'usage. V. **Bas, commun, grossier, trivial.** *Les réalités vulgaires*, terre à terre. « *Votre pensée... vous paraissait épaisse et vulgaire* » (GIDE). « *Je suis de ces gens vulgaires qui, à table, disent merci aux domestiques* » (RENARD), vulgaires, parce que cela « ne se fait pas ». ◇ Qui, par un manque total de distinction ou de délicatesse, est considéré comme propre aux couches les plus basses de la société. V. **Grossier, populacier.** *Il a beau être riche, ses manières, ses expressions sont affreusement vulgaires.* « *Quelque chose de lourd, de vulgaire à la fois et de cossu* » (ROMAINS). II. *N. m.* ♦ 1° *Vieilli.* Le commun des hommes, la foule. « *La gloire d'un homme ordinaire... est... une secrète flatterie au vulgaire* » (FRANCE). — *Péj.* Populace. ♦ 2° *Littér.* Ce qui est vulgaire. « *Le vulgaire, dans la nature, se mêle souvent au sublime* » (STAËL). ◇ ANT. **Distingué, fin. Original, remarquable. Aristocratie, élite.**

VULGAIREMENT [vylgɛʀmã]. *adv.* (1446; *vulgarement*, fin XIIIe; de *vulgaire*). ♦ 1° D'une manière commune, courante; dans la langue commune (devant un p. p. : *dit, appelé*, etc.). « *L'amphithéâtre suprême, vulgairement dit poulailler* » (NERVAL). — (*Opposé à scientifiquement*) « *C'est un Uranonis rubra..., vulgairement : un Paradisier rouge* » (BOSCO). V. **Vulgo.** ♦ 2° *Péj.* Avec vulgarité. *Il s'exprime vulgairement. Elle est habillée un peu vulgairement.*

VULGARISATEUR, TRICE [vylgaʀizatœʀ, tʀis]. *n.* (1836; de *vulgariser*). Vieilli ou littér. Personne qui répand des connaissances, des habitudes, etc., dans la société. V. **Diffuseur, propagateur.** ◇ Plus cour. Spécialiste de la vulgarisation scientifique.

VULGARISATION [vylgaʀizasjɔ̃]. *n. f.* (1852; de *vulgariser*). Vieilli ou littér. Fait de répandre dans le public. V. **Diffusion, propagation.** « *La gravure est aux arts plastiques ce que l'imprimerie est à la pensée, un puissant moyen de vulgarisation* » (GAUTIER). ◇ Cour. *Vulgarisation scientifique*, le fait d'adapter un ensemble de connaissances techniques, scientifiques, de manière à les rendre accessibles à un lecteur non spécialiste. *Un ouvrage de vulgarisation.*

VULGARISER [vylgaʀize]. *v. tr.* (1829; « publier », 1512; du lat. *vulgaris*. V. Vulgaire). ♦ 1° Répandre (des connaissances) en mettant à la portée du grand public. Voltaire « *vulgarisa les résultats et les problèmes de l'exégèse biblique* » (LANSON). — Répandre (un mot, un fait de langue, une mode...). *Le mot* enliser *a été vulgarisé par* Les Misérables *de Hugo.* ♦ 2° *Péj.* (1846). Rendre ou faire paraître vulgaire. « *Une expression... insolemment sensuelle déformait et vulgarisait ses traits* » (MART. du G.). ◇ ANT. **Anoblir.**

VULGARISME [vylgaʀism(ə)]. *n. m.* (1801; angl. *vulgarism*; du lat. *vulgaris*). Didact. Expression, tour propre aux personnes peu instruites (ex. : *donne-moi-z'en, pour donne-m'en*).

VULGARITÉ [vylgaʀite]. *n. f.* (1800; « multitude », 1496; lat. *vulgaritas*). ♦ 1° *Littér.* Caractère commun ou terre à terre. « *Ceux... dont le raffinement supporte mal la vulgarité de l'existence moderne* » (CARREL). ♦ 2° *Péj. et cour.* Caractère vulgaire; absence totale de distinction et de délicatesse. V. **Bassesse, trivialité.** « *Un goût honteux pour l'indécence, la bêtise, et la pire vulgarité* » (GIDE). *La vulgarité de ses manières.* ◇ ANT. **Délicatesse, distinction, raffinement.**

VULGATE [vylgat]. *n. f.* (*Version vulgate*, déb. XVIIe; lat. *vulgata [versio]*, proprem. « version répandue », de *vulgare* « répandre »). *Relig.* Nom de la traduction latine de la Bible, due à saint Jérôme et adoptée par le Concile de Trente.

VULGO [vylgo]. *adv.* (1866; adv. lat.). *Didact.* Dans la langue commune (*opposé à* scientifiquement). V. **Vulgairement.** — Dans une langue grossière. « *Le souteneur* [*vulgo* '*maquereau* '] » (L. DAUD.).

VULGUM PECUS [vylgɔmpekys]. *n. m. sing.* (1890; loc. pseudo-latine, de *vulgus* « foule », et *pecus* « troupeau »). *Fam.* Le commun des mortels, les ignorants. *C'est trop savant, trop difficile pour le vulgum pecus.*

VULNÉRABILITÉ [vylneʀabilite]. *n. f.* (1836; du rad. lat. de *vulnérable*). *Littér.* Caractère vulnérable. V. **Fragilité.**

VULNÉRABLE [vylneʀabl(ə)]. *adj.* (1676; lat. *vulnerabilis*, de *vulnerare* « blesser »). ♦ 1° Qui peut être blessé, frappé par un mal physique. *Ils* « *ne sont pas immunisés, ils sont vulnérables* » (DUHAM.). ♦ 2° *(Au moral).* Qui peut être facilement atteint, se défend mal. « *Toucher l'homme en un point vulnérable* » (MAC ORLAN). Cf. Le défaut de la cuirasse*, le talon* d'Achille. « *Sa jeunesse, son inexpérience... la rendaient vulnérable* » (BEAUVOIR). ♦ 3° *Au bridge,* Se dit de l'équipe qui a gagné une première manche et qui risque de ce fait des pénalisations doubles. ◇ ANT. *Insensible, invulnérable.*

VULNÉRAIRE [vylneʀɛʀ]. *adj. et n.* (1539; lat. *vulnerarius*, de *vulnus* « blessure »). ♦ 1° Adj. *(Vx).* Qui guérit les blessures, les plaies. ♦ 2° N. m. (1694). *Vx.* Médicament qu'on appliquait sur les plaies. — Cordial. ◇ N. f. (1752) *Mod.* Nom usuel d'une espèce d'anthyllis.

VULNÉRANT, ANTE [vylneʀɑ̃, ɑ̃t]. *adj.* (XVIe; du lat. *vulnerare*). *Vx* ou *littér.* Qui blesse. « *Puissance vulnérante des obus* » (GIDE). ◇ Sc. nat. *Animaux vulnérants,* parmi les animaux nuisibles, ceux qui, sans être parasites, causent des lésions à d'autres organismes.

VULPIN [vylpɛ̃]. *n. m.* (1778; adj., « de renard », XIVe, sens du lat. *vulpinus*). Plante herbacée *(Graminées)*, à panicules en forme « de queue de renard », cultivée comme fourrage.

VULTUEUX, EUSE [vyltɥø, øz]. *adj.* (1828; lat. *vultuosus*, de *vultus* « mine, visage »). *Didact.* Se dit du visage quand il est congestionné et gonflé.

1. VULVAIRE [vylvɛʀ]. *n. f.* (1673; lat. bot. *vulvaria*, de *vulva* « vulve », parce qu'on employait cette plante en gynécologie). Nom usuel d'une espèce de chénopode des décombres, d'une odeur très désagréable.

2. VULVAIRE [vylvɛʀ]. *adj.* (1842; de *vulve*). *Anat.* Relatif à la vulve, qui appartient à la vulve. *Fente vulvaire.*

VULVE [vylv(ə)]. *n. f.* (1488; lat. *vulva*). Ensemble des organes génitaux externes de la femme (et des femelles de mammifères). *Chez la femme, la vulve comprend essentiellement les grandes et les petites lèvres et le clitoris. L'orifice inférieur du vagin s'ouvre au fond de la vulve.*

VULVITE [vylvit]. *n. f.* (1855; de *vulve*). *Méd.* Inflammation de la vulve.

VUMÈTRE [vymɛtʀ(ə)]. *n. m.* (mil. XXe; de *vu*, et -*mètre*). Dispositif de réglage, de mesure, à l'aide d'un voyant.

W [dubləve]. *n. m.* Vingt-troisième lettre et dix-huitième consonne de l'alphabet français (prise aux langues germaniques au moyen âge, puis utilisée pour les mots empruntés à l'anglais, à l'allemand, aux langues slaves), servant à noter à l'initiale la labio-dentale sonore [v] (*ex. :* wagon) ou la semi-consonne labiale postérieure [w] (*ex. :* watt). ◇ Symb. du *tungstène* (wolfram). — Symb. du *watt*.

WADING [wɛdiŋ]. *n. m.* (mil. XXᵉ; mot angl., de *to wade* « patauger »). *Anglicisme.* Pêche en rivière, le pêcheur étant dans l'eau (notamment pêche à la truite, au brochet).

WAGAGE [wagaʒ]. *n. m.* (1877; mot dial., du néerl. *wak* « humide »). *Région.* Limon de rivière servant d'engrais.

WAGNÉRIEN, IENNE [vagneʀjɛ̃, jɛn]. *adj.* (1873; du nom de *Wagner*). Qui concerne Wagner et sa musique. *Les opéras wagnériens. Chanteur wagnérien*, qui chante dans ces opéras. *Subst.* Admirateur, admiratrice de Wagner. « *Le roi Louis* (de Bavière), *ce wagnérien enragé* » (DAUD.).

WAGON [vagɔ̃]. *n. m.* (1826; « chariot de transport de houille », 1780; mot angl.). ♦ 1° Véhicule sur rails, tiré par une locomotive; voiture d'un train aménagé pour le transport des marchandises, des bestiaux, des voyageurs. *Wagon de marchandises, à bagages, à bestiaux...* V. **Fourgon, plateau, plate-forme, truc.** *Wagons frigorifiques.* — *Wagon de voyageurs*, ou *absolt. Wagon*, voiture. *Wagon de première, de seconde classe.* « *Train composé de vieux wagons démodés et sans couloirs* » (DUHAM.). *Compartiments d'un wagon.* « *La plaque trépidante d'un passage à soufflets entre deux wagons* » (MART. du G.). *Monter en wagon.* — REM. En T. de Ch. de fer, *wagon* exclut les voitures* de voyageurs. ◇ *Fam.* Grosse automobile. ♦ 2° Contenu d'un wagon. *Un plein wagon de légumes. Fam.* Grande quantité. *Il y en a un wagon!* ♦ 3° *Appos. Vert wagon*, assez vif et soutenu (semblable à la peinture de voitures de voyageurs).

WAGON-BAR [vagɔ̃baʀ]. *n. m.* (1906; de *wagon*, et *bar*). Voiture d'un train aménagée en bar. *Des wagons-bars.*

WAGON-CITERNE [vagɔ̃sitɛʀn(ə)]. *n. m.* (1864; de *wagon*, et *citerne*). Wagon en forme de réservoir, aménagé pour le transport des liquides (vin, pétrole). *Des wagons-citernes.*

WAGON-FOUDRE [vagɔ̃fudʀ(ə)]. *n. m.* (mil. XXᵉ; de *wagon*, et *foudre* 2). Wagon à un ou plusieurs foudres, servant au transport des boissons. *Des wagons-foudres.*

WAGON-LIT [vagɔ̃li]. *n. m.* (1861; de *wagon*, et *lit*). Dans un train, Voiture formée de compartiments fermés, munis de couchettes et d'eau courante, pour permettre aux voyageurs d'y passer la nuit. V. **Sleeping.** *Voyager en wagon-lit.* ◇ Place dans un wagon-lit. *Je n'ai plus de wagon-lit, voulez-vous une couchette?*

WAGONNÉE [vagɔne]. *n. f.* (1952; de *wagon*). *Techn.* Contenu d'un wagon.

WAGONNET [vagɔnɛ]. *n. m.* (1872; de *wagon*). Petit chariot sur rails, destiné au transport de matériaux, au roulage dans les mines. V. **Benne, lorry.** « *J'ai vu une voie de Decauville, et deux wagonnets* » (ROMAINS).

WAGONNIER [vagɔnje]. *n. m.* (1872; de *wagon*). *Techn.* Homme d'équipe employé à la manœuvre des wagons.

WAGON-POSTE [vagɔ̃pɔst(ə)]. *n. m.* (1856; de *wagon*, et *poste*). Wagon réservé au transport de la poste. *Des wagons-poste.*

WAGON-RÉSERVOIR [vagɔ̃ʀezɛʀvwaʀ]. *n. m.* (1923; de *wagon*, et *réservoir*). *Techn.* Wagon-citerne. *Des wagons-réservoirs.*

WAGON-RESTAURANT [vagɔ̃ʀɛstɔ(o)ʀɑ̃]. *n. m.* (1873; de *wagon* et *restaurant*). Voiture d'un train aménagée en restaurant. *Déjeuner au wagon-restaurant. Des wagons-restaurants.*

WAGON-SALON [vagɔ̃salɔ̃]. *n. m.* (1864; de *wagon*, et *salon*). Voiture de train de luxe aménagée en salon (Cf. Pullman). *Des wagons-salons.*

WAGON-TOMBEREAU [vagɔ̃tɔ̃bʀo]. *n. m.* (1946; de *wagon*, et *tombereau*). *Techn.* Wagon à bords élevés, dont le chargement se fait par le haut et le déchargement par des portes latérales. *Des wagons-tombereaux.*

WAGON-TRÉMIE [vagɔ̃tʀemi]. *n. m.* (1964; de *wagon*, et *trémie*). *Techn.* Wagon à une ou plusieurs trémies servant au transport des matériaux en vrac. *Des wagons-trémies.*

WAGON-VANNE [vagɔ̃van]. *n. m.* (1883; de *wagon*, et *vanne*). *Techn.* Wagon circulant sur une voie ferrée à l'intérieur de certains égouts. *Des wagons-vannes.*

WALKIE-TALKIE [wɔkitɔki]. *n. m.* (1964; mot amér.; de *walk* « promenade », et *talk* « discours »). *Américanisme.* Syn. de *Talkie-walkie.*

WALK-OVER ou **WALKOVER** [walkɔvœʀ]. *n. m.* (1890; angl. *to walk-over*, proprem. « marcher au-dessus »). *Anglicisme (Turf).* Course à laquelle prend part un seul cheval, par suite du forfait des autres engagés. Match enlevé par un concurrent dont l'adversaire ne se présente pas. *Gagner par walk-over* (abrév. W.O.). ◇ *Fam. (Sports)* Course, épreuve où un des concurrents l'emporte sans rencontrer d'opposition.

WALKYRIE [valkiʀi]. *n. f.* (1756; a. nordique *valkyrja*; Cf. all. *Walküre*, du haut all. *wal* « champ de bataille », et *kyrja* « celle qui choisit »). *Myth. scand.* L'une des trois déesses guerrières qui décident du sort des combats et désignent ceux qui doivent mourir. *La Walkyrie*, opéra de Richard Wagner. ◇ *Plaisant.* Femme plantureuse, robuste.

WALLABY [walabi]. *n. m.* (1895; mot indigène australien, par l'angl.). Nom donné à plusieurs espèces de kangourous de petite taille. *Des wallabies.* ◇ *Comm.* Fourrure du rat musqué ou ondatra.

WALLINGANT [walɛ̃gɑ̃]. *n. m.* (mil. XXᵉ; de *wallon*, d'apr. [flam]*ingant*). *Région.* (Belgique). Wallon partisan de l'autonomie de la Wallonie (dans le langage de leurs adversaires).

WALLON, ONNE [walɔ̃, ɔn]. *n.* (XVIᵉ; lat. médiév. *wallo*, du frq. °*walha* « les Romains, les peuples romanisés »). Belge de la Belgique du Sud, de langue et de civilisation romanes. *Les Flamands et les Wallons.* — N. m. Dialecte français parlé dans cette région. *Le mot français houille est emprunté au wallon.* ◇ *Adj. Le Pays wallon. La Société de langue et de littérature wallonnes.*

WALLONISME [walɔnism(ə)]. *n. m.* (XXᵉ; de *wallon*). *Ling.* ou *région.* Fait de langue propre au wallon. Cf. Belgicisme.

WAPITI [wapiti]. *n. m.* (1876; mot amér., d'une langue indienne [algonquin] *wapitik* « daim blanc »). Grand cerf d'Amérique du Nord et de Sibérie. *Des wapitis.*

WARRANT [w(v)aʀɑ̃(t)]. *n. m.* (1671; angl. *warrant*, a. fr. *warant*, forme dial. de *garant*). *Dr. comm.* Effet de commerce, titre double établi à ordre et délivré aux commerçants lors d'un dépôt de marchandises. V. **Récépissé; caution, gage.** *Warrant agricole, hôtelier, industriel, pétrolier.*

WARRANTAGE [vaʀɑ̃taʒ]. *n. m.* (1894; de *warranter*). *Dr. comm.* Action de warranter (une marchandise en dépôt).

WARRANTER [vaʀɑ̃te]. *v. tr.* (1874; de *warrant*). *Dr. comm.* Garantir (une marchandise déposée) par un warrant.

WASHINGTONIA [waʃiŋtɔnja]. *n. m.* (1906; du nom de l'État de *Washington*). Grand palmier de Californie et du Mexique, aux feuilles très amples en éventail.

WASSINGUE [wasɛ̃g]. *n. f.* (1908; mot flam. d'o. germ.; Cf. all. *waschen* « laver »). *Région.* (Nord). Toile à laver. V. **Serpillière.** « *Des haillons de ciel qui s'effilochaient comme de vieilles wassingues* » (BUTOR).

WATER-BALLAST [watɛʀbalast]. *n. m.* (1879; « lest d'eau »; mot angl., de *water* « eau », et *ballast*. V. **Ballast**). *Mar.* ♦ 1° (1886). Compartiment d'un navire servant au transport de l'eau, du mazout..., et qui peut servir de lest. ♦ 2° (1907). Réservoir de plongée d'un sous-marin que l'on peut remplir ou vider à volonté. *Des water-ballasts.*

WATER-CLOSET(S), WATERCLOSET(S) [watɛʀklozɛt] *(vieilli)* ou **WATERS** [watɛʀ, *pop.* vatɛʀ]. *n. m. pl.* (1816; angl. *water-closet*, de *water* « eau », et *closet* « cabinet », mot a. fr. « petit clos »). Lieu d'aisances. V. **Cabinet(s), toilette(s).** *Aller aux waters.* V. **Coin** (petit), **part** (quelque). *Où sont les waters?* V. **W.-C.**

WATERGANG [watɛʀgɑ̃(g)]. *n. m.* (XIIIᵉ; mot holl., de

water « eau », et *gang* « voie »). *Région.* (Belgique, Nord de la France). Canal en bordure d'un polder ou d'un chemin.

WATERINGUE [watʀɛ̃g]. *n. m.* ou *f.* (1298; flam. *wateringen*, de *water* « eau »). *Région.* (Belgique, Nord de la France). Ensemble des travaux de dessèchement et de drainage.

WATER-POLO [watɛʀpɔlo]. *n. m.* (1906; mot angl., de *water* « eau », et *polo*). Sorte de hand-ball qui se joue dans l'eau, et où s'opposent deux équipes de sept nageurs.

WATERPROOF [watɛʀpʀuf]. *adj. invar.* et *n. m.* (1775; mot angl. « à l'épreuve [*proof*] de l'eau [*water*] »). *Anglicisme.* Désignation commerciale d'objets ou produits imperméables, à l'épreuve de l'eau. ◇ N. m. *Vx.* Imperméable. *Une femme « empaquetée dans un* water-proof *interminable* » (GONCOURT).

WATT [wat]. *n. m.* (1881; du nom du physicien J. *Watt*). *Cour.* Unité de puissance électrique (symb. *W*) correspondant à la consommation d'un joule par seconde. ◇ HOM. *Ouate.*

WATT-HEURE [watœʀ]. *n. m.* (1887; de *watt*, et *heure*). *Électr.* Unité de travail et d'énergie (symb. *Wh*), représentant l'énergie fournie en 1 heure par une puissance de 1 watt. *Des watts-heures.*

WATTMAN [watman]. *n. m.* (1895; de *watt*, et angl. *man* « homme »). *Vieilli.* Conducteur d'un tramway électrique. *Des wattmans.*

WATTMÈTRE [watmɛtʀ(ə)]. *n. m.* (1892; de *watt*, et *-mètre*). *Électr.* Appareil de mesure des puissances électriques, donnant directement le produit du voltage par le courant.

Wb *Électr.* Symbole du *weber*.

W.-C. [dubləvese; *fam.* vese]. *n. m. pl.* (1892; initiales de *water-closet*). Waters. V. Vécés. ◇ HOM. Vesser.

WEBER [vebɛʀ]. *n. m.* (1881; du nom du physicien W. *Weber*). Électr. *(Ancienn.).* Unité d'intensité électrique. — *Mod.* Unité de flux magnétique (symb. *Wb*), représentant le flux qui, à travers une seule spire, produit une force électromotrice d'un volt dans celle-ci, quand il décroît uniformément à zéro en une seconde. *Un weber par mètre carré.* V. Tesla.

WEEK-END [wikɛnd]. *n. m.* (1906; mot angl., de *week* « semaine », et *end* « fin »). Congé de fin de semaine, comprenant la journée ou l'après-midi du samedi et le dimanche. V. **Semaine** (anglaise). *Passer son week-end à la campagne. Partir en week-end.* « *Femme créée pour les voluptés du week-end* » (GIRAUDOUX). *Des week-ends. Bon week-end!*

WELCHE. V. VELCHE.

WELLINGTONIA [wɛliŋtɔnja]. *n. m.* (1867; du nom de *Wellington*). Autre nom du séquoia.

WELTANSCHAUUNG [vɛltanʃawuŋ]. *n. f.* (v. 1930; mot all., de *Welt* « monde », et *anschauung* « intuition »). *Philo.* Vue métaphysique du monde, sous-jacente à la conception qu'on se fait de la vie.

WELTER [vɛltɛʀ]. *n. m.* (1923; de l'angl. *welter weight*). *Boxe.* Poids* mi-moyen (entre les légers et les moyens).

WERGELD [vɛʀgɛld]. *n. m.* (1875; [*weregild*, 1765; d'apr. le lat. médiév. *weregeldum, weregildum*]; saxon *wergeld*, de *wer* « homme », et *geld* « argent »). *Hist.* Dans le droit germanique (et en France, à l'époque franque), Indemnité que l'auteur d'un dommage payait à la victime ou à ses ayants droit. *Spécialt.* Somme que devait verser un assassin à la famille de la victime.

WESTERN [wɛstɛʀn]. *n. m.* (mil. XXᵉ; mot angl. « de l'Ouest »). Film concernant la conquête de l'Ouest des États-Unis sur les Indiens au XIXᵉ s., et les mœurs de ces régions à l'époque; genre cinématographique que constituent ces films. *Les cow-boys, le shérif, les chevauchées des westerns.* — *Western-spaghetti* (1968) : western italien. « *Western-*

soja » (*Nouv. Obs.*, 1974) : film d'aventures analogue au western, à thème extrême-oriental.

Wh *Électr.* Symbole du *watt*-heure.

WHARF [waʀf]. *n. m.* (1833; mot angl. « quai »). Appontement qui s'avance dans la mer, pour permettre aux navires d'accoster. « *Rufisque avance dans la mer quatre wharfs courts et trapus* » (J.-R. BLOCH). V. **Appontement.**

WHIG [wig]. *n.* (1687; mot angl.). *Hist. angl.* Nom donné d'abord aux partisans du bill d'exclusion voté contre le catholique duc d'York, puis aux membres du parti libéral opposé aux Tories, aux XVIIIᵉ et XIXᵉ s. Adj. « *Leurs adversaires whigs* » (MADELIN).

WHIPCORD [wipkɔʀd]. *n. m.* (1923; mot angl., *proprem.* « corde [*cord*] à fouet [*whip*] »). Tissu serré, à côtes parallèles (dont on fait notamment les culottes de cheval).

WHISKY, *plur.* **WHISKIES** [wiski]. *n. m.* (1777; mot angl., de l'irl.). Eau-de-vie de grains (seigle, orge, avoine, maïs), fabriquée dans les îles Britanniques et en Amérique du Nord. *Whisky écossais* (V. **Scotch**), *canadien, américain* (V. **Bourbon**). — Verre de cette eau-de-vie. *Un whisky nature, soda.* « *Le lendemain matin fut pénible, sans doute à cause des whiskies de la veille* » (SAGAN).

WHIST [wist]. *n. m.* (1687; var. *w*[*h*]*isk*, XVIIIᵉ; mot angl.). *Ancien.* Jeu de cartes répandu en France au XIXᵉ siècle, ancêtre du bridge (qui l'a éliminé).

WHITE-SPIRIT [wajtspiʀit]. *n. m.* (mil. XXᵉ; mot angl. « essence blanche »). *Anglicisme.* Produit pétrolier intermédiaire entre l'essence et le lampant, utilisé comme solvant de dégraissage et comme diluant de peinture. Pl. *White-spirits.*

WIGWAM [wigwam]. *n. m.* (1688; mot anglo-amér., de l'indien [algonquin] *wikiwam*). Hutte ou tente des Indiens d'Amérique du Nord; village indien. *Des wigwams.*

WINCH [wintʃ]. *n. m.* (mil. XXᵉ; mot angl.). *Anglicisme techn.* Petit treuil à main, sur un yacht.

WINCHESTER [wintʃɛstɛʀ]. *n. f.* (1887; du nom de l'inventeur, l'Amér. *Winchester*). Carabine à répétition par levier de sous-garde, utilisée pendant la guerre de Sécession et celle de 1870 (calibre 10,7 mm).

WINTERGREEN [wintɛ(ə)ʀgʀin]. *n. m.* (1891; mot angl. « gaulthérie »). *Essence de wintergreen*, huile essentielle, extraite des feuilles de gaulthérie ou de l'écorce de bouleau, employée en parfumerie.

WISIGOTH, -OTHE [vizigo, ɔt] (*adj.* et *n.*) ou **WISIGOTHIQUE** [vizigɔtik]. *adj.* (*Visigoth*, XVIIᵉ; *Wi-*, XIXᵉ; bas lat. *Visigothus*, p.-ê. « Goth de l'Ouest »). *Hist.* De la partie occidentale des territoires occupés par les Goths. *Art wisigoth* ou *visigoth. Écriture wisigothique.*

WITLOOF [witlɔf]. *n. f.* (1890; mot flam., de *wit* « blanc », et *loof* « feuille »). *Bot.* Chicorée sauvage à grosse racine qui, traitée par étiolement, donne l'endive*.

WOLFRAM [vɔlfʀam]. *n. m.* (1806; mot all., XVIᵉ). Principal minerai du tungstène, tungstate naturel de fer et de manganèse. *Mines de wolfram.*

WOMBAT [wɔ̃ba]. *n. m.* (1807; mot angl. [1798], d'une langue indigène d'Australie). Nom d'un marsupial, le phascolome*.

WORMIEN [vɔʀmjɛ̃]. *adj. m.* (1842; du nom du médecin danois *Worm*). *Anat. Os wormiens*, petits os surnuméraires qui peuvent se rencontrer entre les divers os du crâne.

WURMIEN, IENNE [vyʀmjɛ̃, jɛn]. *adj.* (mil. XXᵉ [av. 1964]; de *Wurm*, nom d'un lac et d'une rivière d'Allemagne). *Géol.* Relatif à la quatrième période glaciaire (glaciation de *Wurm*). *La régression wurmienne.*

WYANDOTTE [vjɑ̃dɔt]. *n. m.* et *f.* et *adj.* (1923; du nom du comté de *Wyandotte*, aux États-Unis, nom d'o. indienne). Poule, poulet appartenant à une race mixte américaine. — Adj. *Poules wyandottes.*

X Y Z

X [iks]. *n. m.* ♦ 1° Vingt-quatrième lettre et dix-neuvième consonne de l'alphabet français, servant à noter les groupes de consonnes [ks], (dans *extrême, lynx...*), ou [gz], en particulier dans les mots commençant par *ex* et suivis d'une voyelle *(exemple, exercice...)*, ou le son [z] (dans *deuxième, dixième...*), ou enfin le son [s] (dans *Bruxelles, soixante...*). ◇ *Par compar.* (forme de X majuscule) *Les deux routes font un X*, sont croisées comme les barres d'un X. *Par ext.* Petit tabouret à pieds croisés. ◇ *Crochets X* (marque déposée) : crochets qu'on peut fixer solidement par des clous. ♦ 2° (XVIIᵉ). En algèbre, Symbole littéral désignant une inconnue ; en géométrie, La première des coordonnées cartésiennes. *Axe des X.* ◇ *Cour.* Chose, personne inconnue. *Information contre X. Monsieur X,* un homme dont on ne veut pas dévoiler l'identité. — *Rayons* X. « Pendant encore x temps »* (QUENEAU), *x années,* pendant un temps indéterminé. ♦ 3° (1840). Vx. *Les x,* les mathématiques. ◇ *Mod.* (1850) *L'X,* l'École polytechnique. V. **Pipo.** *Un X,* un polytechnicien. ♦ 4° *X,* dix en chiffres romains.

XANTHIE [gzɑ̃ti]. *n. f.* (1842 ; lat. zool. *xanthia,* du gr. *xanthos* « jaune »). *Zool.* Papillon de nuit, jaune et roux. V. **Noctuelle.**

XANTHINE [gzɑ̃tin]. *n. f.* (1890 ; du gr. *xanth[os]* « jaune », et *-ine*). *Chim.* Base organique dérivée de la purine et qui donne sa couleur jaune à l'urine.

XANTHO-. Élément, du gr. *xanthos* « jaune ».

XANTHOME [gzɑ̃to(o)m]. *n. m.* (1878 ; de *xantho-,* et suff. *-ome*). *Pathol.* Petit nodule ou petite tache jaunâtre de la peau, constitués de cellules chargées de cholestérol.

XANTHOPHYLLE [gzɑ̃tofil]. *n. f.* (1812 ; de *xantho-,* d'apr. *chlorophylle*). *Bot.* Pigment jaune, fixé sur les plastes, qui colore les feuilles, les pétales, les fruits.

Xe Symbole chimique du *xénon*.*

XÉN(O)-. Élément, du gr. *xenos* « étranger ».

XÉNARTHRES [ksenaʀtʀ(ə)]. *n. m. pl.* (*Xénarthrés,* 1906 ; du gr. *xenon* « étrange », et *arthron* « articulation »). *Zool.* Sous-ordre de mammifères édentés (fourmiliers, tatous). *Sing. Un xénarthre.*

XÉNÉLASIE [kzenelazi]. *n. f.* (1759, T. d'antiq. gr. ; gr. *xenelasia,* de *xenos* « étranger », et *claunein* « chasser »). *Dr. intern. publ.* Droit pour un État belligérant d'expulser les nationaux de l'ennemi.

XÉNON [ksenɔ̃]. *n. m.* (1903 ; en angl., 1898 ; du gr. *xenon* « chose étrangère, étrange »). *Chim.* Corps simple (symb. Xe, poids at. 131,30 ; nᵒ at. 54), le plus lourd des gaz rares de l'air.

XÉNOPHILE [ksenɔfil]. *adj. et n.* (1906 ; de *xéno-,* et *-phile*). *Rare.* Qui a de la sympathie pour les étrangers. ◇ ANT. Xénophobe.

XÉNOPHILIE [ksenɔfili]. *n. f.* (1906 ; de *xénophile*). *Rare.* Sympathie pour les étrangers. ◇ ANT. Xénophobie.

XÉNOPHOBE [ksenɔfɔb]. *adj. et n.* (1906 ; de *xéno-,* et *-phobe*). Hostile aux étrangers, à tout ce qui vient de l'étranger. V. **Chauvin.** ◇ ANT. Xénophile.

XÉNOPHOBIE [ksenɔfɔbi]. *n. f.* (1906 ; de *xénophobe*). Hostilité à ce qui est étranger. V. **Chauvinisme.** *« Une vague de xénophobie souleva la France »* (BEAUVOIR). ◇ ANT. Xénophilie.

XÉR(O)-. Élément, du gr. *xêros* « sec ».

XÉRANTHÈME [kseRɑ̃tɛm]. *n. m.* (1765 ; lat. bot. *xeranthemum,* 1700 ; du gr. *xêros* « sec », et *anthemon* « fleur »). *Bot.* Plante herbacée *(Composacées),* communément appelée *immortelle annuelle.*

XÉRÈS [xeRes ; *(Acad.)* keRes ; *(cour.)* gzeRes]. *n. m.* (déb. XVIIIᵉ ; var. *Jerez* ; du nom d'une ville d'Andalousie). Vin blanc de la région de Jerez.

XÉRODERMIE [kseRɔdeRmi]. *n. f.* (1890 ; de *xero-,* et *derma* « peau »). *Méd.* Sécheresse anormale de la peau qui présente un desquamation pulvérulente (premier degré de l'ichtyose*).

XÉROGRAPHIE [kseRɔgRafi]. *n. f.* (v. 1950 ; marque déposée ; du gr. *xêros* « sec », et *-graphie*). Technique per-

mettant de reproduire des documents sans contact, en nombre illimité.

XÉROPHILE [kseRɔfil]. *adj.* (1874 ; de *xéro-,* et *-phile*). *Bot.* Qui vit, peut vivre dans des lieux secs. *Plantes xérophiles.* V. **Xérophytes.**

XÉROPHTALMIE [kseRɔftalmi]. *n. f.* (1694 ; gr. *xêrophthalmia*). *Méd.* Sécheresse et atrophie de la conjonctive, entraînant l'opacité de la cornée et la diminution ou la perte de la vision.

XÉROPHYTES [kseRɔfit]. *n. f. pl.* (1819 ; de *xéro-,* et *-phyte*). *Bot.* Plantes xérophiles.

XÉRUS [kseRys]. *n. m.* (1893 ; mot lat. zool., du gr. *xêros* « sec »). *Zool.* Petit écureuil d'Afrique et d'Asie, aux poils durs et épineux, communément appelé *rat palmiste.*

XI [ksi]. *n. m.* Quatorzième lettre de l'alphabet grec (Ξ, ξ).

XIMÉNIE [ksimeni]. *n. f.* (1765 ; du nom de Ximénès, missionnaire espagnol). *Bot.* Petit arbre des régions tropicales *(Olacées),* dont les fruits sont appelés *pommes* ou *citrons de mer.*

XIPHOÏDE [ksifɔid]. *adj.* (XVIᵉ ; gr. *xiphoeidès* « en forme d'épée »). *Anat. Appendice xiphoïde,* partie terminale inférieure du sternum. ◇ *Bot.* En forme de glaive. *Iris xiphoïde.*

XIPHOÏDIEN, IENNE [ksifɔidjɛ̃, jɛn]. *adj.* (1836 ; de *xiphoïde*). *Anat.* Relatif à l'appendice xiphoïde.

XIPHOPHORE [ksifɔfɔR] ou **XIPHO** [ksifo]. *n. m.* (XXᵉ ; lat. zool. *xiphophorus,* du gr. *xiphophoros* « qui porte une épée »). *Zool.* Poisson osseux du golfe du Mexique, à prolongement caudal en forme de glaive.

XYL(O)-. Élément, gr. *xulo-,* de *xulon* « bois ».

XYLÈNE [ksilɛn]. *n. m.* (1872 ; de *xyl-,* et *-ène*). *Chim.* Hydrocarbure liquide benzénique, de formule $C_6H_4(CH_3)_2$, extrait du benzol ou de certaines fractions de pétrole, utilisé comme solvant et comme matière première pour des synthèses (colorants, explosifs, etc.).

XYLIDINE [ksilidin]. *n. f.* (1877 ; de *xylène*). *Chim.* Amine dérivée du xylène, utilisée dans la préparation des colorants azoïques.

XYLO-. V. XYL-.

XYLOCOPE [ksilɔkɔp]. *n. m.* (1839 ; lat. zool. *xylocopa,* du gr. *xylokopos* « coupeur de bois »). *Zool.* Grosse abeille solitaire, qui creuse des galeries de ponte dans le bois mort.

XYLOGRAPHE [ksilɔgRaf]. *n. m.* (1836 ; de *xylo-,* et *-graphe*). *Techn.* Graveur pratiquant la xylographie.

XYLOGRAPHIE [ksilɔgRafi]. *n. f.* (1771 ; de *xylo-,* et *-graphie*). *Techn. (Ancienn.)* Impression de textes et de figures avec des planches gravées en relief, en usage aux XVᵉ et XVIᵉ s. ; gravure ainsi obtenue.

XYLOGRAPHIQUE [ksilɔgRafik]. *adj.* (1802 ; de *xylographie*). *Techn.* Qui utilise la xylographie. *Incunable xylographique.*

XYLOPHAGE [ksilɔfaʒ]. *adj.* (1808 ; gr. *xulophagos* « mangeur de bois »). *Zool.* Qui ronge, perce le bois. *Insecte xylophage.* — *Subst. Les xylophages,* insectes dont les larves vivent dans le bois.

XYLOPHONE [ksilɔfɔn]. *n. m.* (1869 ; de *xylo-,* et *-phone*). Instrument de musique à percussion, formé de lames de bois ou de métal de longueurs inégales, sur lesquelles on frappe avec deux petits maillets.

XYSTE [ksist(ə)]. *n. m.* (1547 ; lat. d'o. gr. *xystus*). *Antiq. gr.* Galerie couverte d'un gymnase.

---

1. Y [igRek]. *n. m.* ♦ 1° I grec (ainsi dit parce qu'il servait aux Latins à transcrire le *upsilon* grec). Vingt-cinquième lettre et sixième voyelle de l'alphabet, servant à noter la voyelle [i] (ex. : *ypérite, cycle, hypothèse, Ruy Blas*), la semi-consonne [j] (ex. : *yeux, moyen, myope*). V. **Yod.** — REM. L'*y* semi-consonne est traité comme une consonne, pour l'élision et la liaison, sauf trois exceptions : *yeuse (l'yeuse),* *yèble* et *yeux* (*les yeux* [lezjø]). *Le y entre voyelles a valeur de voyelle et de consonne dans la prononciation moderne : essuyer* [esцije], *payer* [peje], *noyer* [nwaje], sauf dans quelques mots : *gruyère* [gʀyɛʀ], *mayonnaise.* ◇ *Par compar.* (Forme de Y majuscule) « *La localité est un vaste Y irrégulièrement ourlé de façades basses* » (BARBUSSE). ♦ 2° En algèbre, Symbole littéral désignant une seconde inconnue (après *x*), ou une fonction de la variable *x ;* en géométrie, La seconde des coordonnées cartésiennes. *Axe des y.* ◇ *Chim.* Symb. de l'*yttrium.*

2. **Y** [i]. *pron., adv.* (Xe ; lat. *hic ;* a éliminé *iv,* 842 ; lat. *ibi*). Pronom adverbial représentatif d'une chose, d'un énoncé, quelquefois d'une personne. ♦ 1° (Pour rappeler le lieu où l'on est, où l'on va). Dans ce lieu, dans cela. *Il y a vécu plusieurs années.* « *On y entre et on en sort* » (MUSS.). *Allons-y. Je n'y suis* (chez moi) *pour personne,* je ne veux recevoir personne. Fam. *Tu y vas, à cette soirée?* — *Fig. Y compris*. *Ah! j'y suis. Je n'y suis pour rien,* je n'ai aucune responsabilité dans cette affaire. ♦ 2° (Représentant un compl. précédé de *à*). À ce(s)..., à cette..., à cela. « *Le pouvoir de penser à une chose ou de n'y pas penser* » (VOLT.). *J'y renonce. Je n'y manquerai pas. Que voulez-vous que j'y fasse?* ◇ *Rare (Personnes).* À lui, à elle. « *Souvent femme varie, Bien fol est qui s'y fie* » (HUGO). ◇ *Pop.* Lui. « *Un jour j'y ai flanqué des gifles pour la faire jaser* » (MAUPASS.). ◇ (Représentant un compl. précédé d'une autre prép.). *N'y comptez pas.* ♦ 3° (Dans divers gallicismes). *Il y a.* V. AVOIR (IV). *Y aller.* V. ALLER (I, A et B). *Il s'y connaît*, *s'y entend* (IV, 2°). *Vous vous y prenez* (III, 7°) *mal. Je n'y tiens* (II, 3°) *plus. Ça y est !* s'emploie pour annoncer qqch. qui est arrivé, qui est terminé, qu'on attendait.

3. **Y** [i]. (déb. XIXe ; notation de la prononc. pop. de *il*). *Pop.* Il. « *Ah! c'est-y pas malheureux,* s'écria François » (BALZ.).

YACHT [jɔt; *(vx)* jak]. *n. m.* (1572 ; néerl. *jacht*). Navire de plaisance à voiles ou à moteur. *Yachts de croisière, de course.* V. Belouga, cruiser, finn, vaurien. ◇ *Yacht à glace* (1906), voilier à patins, utilisé (notamment au Canada) pour se déplacer sur la glace.

YACHT-CLUB [jɔtklœb]. *n. m.* (1867 ; mot angl.). Association groupant des pratiquants du yachting et des sports nautiques.

YACHTING [jɔtiŋ]. *n. m.* (1859 ; mot angl., de *yacht*). Pratique de la navigation de plaisance, et *spécialt.* de la voile. V. *Nautique* (sport).

YACHT(S)MAN [jɔtman]. *n. m.* (1859 ; mot angl.). Anglicisme *(Vieilli).* Homme qui pratique le yachting. *Des yachtmen* [jɔtmɛn]; *(vx* au fém. : *yachtwoman,* plur. *yachtwomen)*.

YACK ou **YAK** [jak]. *n. m.* (1791 ; angl. *yak,* du tibétain *gyak*). Ruminant *(Bovidés)* au corps massif, à longue toison soyeuse, qui vit au Tibet où il est domestiqué.

YANKEE [jăki]. *n. m.* (1776 ; mot anglo-amér., d'o. i.). Nom donné par les autres Américains aux habitants des États-Unis. Adj. *Les capitaux yankees en Amérique du Sud.*

YAOURT [jauʀ, jauʀt] ou **YOG(H)OURT** [jɔguʀ(t)]. *n. m.* (1923,-1932 ; du bulg. *jaurt,* var. *jugurt*). Lait caillé par un ferment spécial, originaire de Bulgarie, répandu en France au XXe s. « *Il rangeait des pots de yaourth* (sic)*, sorte de lait caillé d'une assez grande réputation, quoique sans orthographe bien sûre* » (AYMÉ). *Yaourt aux fruits.*

YAOURTIÈRE [jauʀtjɛʀ]. *n. f.* (mil. XXe ; de *yaourt,* et *-ière*). Appareil servant à confectionner les yaourts.

YARD [jaʀd]. *n. m.* (1765 ; mot angl.). Mesure de longueur anglo-saxonne (0,914 m). V. Verge.

YATAGAN [jatagã]. *n. m.* (1797 ; turc *yâtâghân*). Sabre turc, à lame recourbée vers la pointe. V. Cimeterre.

Yb Symbole chimique de l'*ytterbium*.

YDDISCH. V. YIDDISH.

YEARLING [jœʀliŋ]. *n. m.* (1868 ; mot angl.). propr. « d'un an », de *year* « an »). Anglicisme *(Turf).* Cheval pur sang âgé d'un an.

YÈBLE. V. HIÈBLE.

YEN [jɛn]. *n. m.* (1871 ; mot jap.). Unité monétaire du Japon. V. Sen. ◇ HOM. Hyène.

YEOMAN [jɔman]. *n. m.* (*Yeman,* 1765 ; mot angl.). En Angleterre, Vétéran de la garde, en costume du XVe s., qui paraît dans les cérémonies royales. Plur. *Des yeomen* [jɔmɛn].

YEUSE [jøz]. *n. f.* (1552 ; a. prov. *euse,* XIVe ; lat. *ilex*). Autre nom du chêne vert. *L'yeuse.* « *La colline était couverte de grandes yeuses crépues* » (GIONO).

YEUX. V. ŒIL.

YÉ-YÉ [jeje]. *n.* (1962 ; d'un refrain de chanson ; Cf. ZAZOU). Jeune garçon, fille, à la mode vers 1962. « *Vous voulez faire danser Lucile de force? Vous n'êtes pourtant pas un yé-yé* » (SAGAN). — Adj. *Des chansons yé-yés.*

YIDDISH [(j)idiʃ]. *n. m.* (1864 ; mot angl., transcription de l'all. *Jüdisch* « juif »). Ensemble des parlers haut-allemands des communautés juives d'Europe orientale (et autrefois

d'Allemagne). Syn. *Judéo-allemand.* Adj. *La littérature yiddish,* en yiddish.

YLANG-YLANG. V. ILANG-ILANG.

YOD [jɔd]. *n. m.* (1842 ; *jod,* 1715 ; mot hébreu). ♦ 1° *Ling.* Nom d'une consonne des alphabets phénicien et hébreu correspondant à notre *y.* ♦ 2° (1906). *Phonét.* Nom de la semi-consonne fricative palatale [j], transcrite en français par *i (pied), y (ayant), il (soleil), ille (maille).*

YOGA [jɔga]. *n. m.* (1842 ; mot sanscrit, proprem. « jonction »). Technique hindoue visant à obtenir, par des moyens ascétiques et psychiques, le contrôle des fonctions vitales, la parfaite maîtrise du corps, et finalement l'unité avec l'essence même de la personne (V. Yogi). *Faire du yoga. Exercices de yoga.*

YOG(H)OURT [jɔguʀ(t)]. *n. m.* V. YAOURT.

YOGI [jɔgi]. *n. m.* (*Ioghi,* 1575 ; *jogue,* 1553 ; *cuigi,* 1298 ; sanscrit *yogin,* de *yoga.* V. Yoga). Ascète hindou qui pratique le yoga. « *Le yogi... exacerbe frénétiquement l'énergie vitale en excluant la concupiscence* » (P. MASSON-OURSEL).

YOHIMBEHE [jɔimbe]. *n. m.* (1908 ; mot bantou). *Bot.* ou *région.* (Afrique). Arbre du Cameroun, de couleur violacée, dont le bois est employé dans les mines, en constructions navales.

YOHIMBINE [jɔimbin]. *n. f.* (1908 ; de *yohimbehe*). *Pharm.* Alcaloïde extrait de l'écorce de yohimbehe.

YOLE [jɔl]. *n. f.* (1702 ; néerl. *jol.,* danois-norvégien *jolle*). Embarcation non pontée et légère, étroite et allongée, propulsée à l'aviron.

YOUGOSLAVE [jugɔslav]. *adj.* (1873 ; du serbo-croate *jug* « sud », et *slave*). Qui appartient aux Slaves du Sud (Serbes, Croates, Slovènes). ◇ (1931) De la Yougoslavie, aujourd'hui République fédérale populaire. Subst. *Un, une Yougoslave.*

YOUP [jup]. *interj.* (v. 1840 ; onomat.). S'emploie pour exprimer l'allégresse (*youp, youp, tra, la, la ; youp la boum !*), pour marquer la vivacité, l'impatience, etc. « *Allez du balai !... Youp ! là là !* » (CÉLINE).

YOUPIN, INE [jupɛ̃, in]. *n.* (1890 ; déform. arg. de *youdi,* arabe algérien *yaoudi,* du rad. lat. de *juif*). *Par dénigr.* Juif.

YOURTE ou **IOURTE** [juʀt(ə)]. *n. f.* (1845 ; *jurte,* 1765 ; du russe *jorta*). Tente de peau des nomades de l'Asie centrale. Hutte conique des Kirghizes, des Samoyèdes.

YOUYOU [juju]. *n. m.* (1831 ; o. i., p.-ê. d'un dial. chinois). Petit canot court et large utilisé pour la navette entre les bateaux au mouillage et les quais. *Des youyous.*

YO-YO [jojo]. *n. m. invar.* (1932 ; nom déposé ; o. i.). Jouet formé d'un disque de bois évidé par le milieu de la tranche, qu'on fait descendre et monter le long d'un fil enroulé autour de son axe. *Jouer au yo-yo.*

YPÉRITE [ipeʀit]. *n. f.* (1917 ; du nom de la ville belge d'*Ypres,* flam. *Yper*). Gaz de combat à base de sulfure d'éthyle, vésicant (employé d'abord par les Allemands contre Ypres). V. Moutarde (gaz).

YPONOMEUTE. V. HYPONOMEUTE.

YPRÉAU [ipʀeo]. *n. m.* (1611 ; *ypereau,* 1432 ; du nom de la ville belge d'*Ypres*). *Région.* Orme à larges feuilles ; peuplier blanc.

YSOPET ou **ISOPET** [izɔpɛ]. *n. m.* (XIIe, repris XIXe ; du nom d'*Ésope,* le fabuliste). *Hist. litt.* Au moyen âge, Recueil de fables. *Les ysopets de Marie de France.*

YTTERBINE [itɛʀbin]. *n. f.* (1879 ; de *ytterbium*). *Chim.* Oxyde d'ytterbium (Yb₂O₃).

YTTERBIUM [itɛʀbjɔm]. *n. m.* (1879 ; d'*Ytterby,* village de Suède). *Chim.* Corps simple (symb. Yb) de la famille des terres rares (poids at. 173,04 ; n° at. 70).

YTTRIA [itʀija]. *n. m.* (1803 ; mot lat. sc. [1797], proprem. « terre d'Ytterby » ; Cf. *Ytterbium*). *Chim.* Oxyde naturel d'yttrium.

YTTRIALITE [itʀijalit]. *n. f.* (1907 ; de *yttrium*). *Minér.* Silicate naturel d'yttrium, de thorium, etc.

YTTRIFÈRE [itʀifɛʀ]. *adj.* (1845 ; de *yttrium,* et *-fère*). *Minér.* Qui contient de l'yttrium.

YTTRIQUE [itʀik]. *adj.* (1832 ; de *yttri*[*um*], et *-que*). *Chim.* Se dit de composés de l'yttrium.

YTTRIUM [itʀijɔm]. *n. m.* (1839 ; de *yttria*). *Chim.* Corps simple (symb. Y) autrefois de la famille des terres rares (poids at. 88,90 ; n° at. 39).

YUCCA [juka]. *n. m.* (1555 ; esp. *yuca,* mot d'Haïti). Plante arborescente *(Liliacées),* à tige ligneuse, dont la hampe florale porte une panicule de fleurs en clochettes rosées ou blanches.

Z [zɛd]. *n. m.* ♦ 1° Vingtième consonne et vingt-sixième lettre de l'alphabet qui sert à noter la fricative dentale sonore [z], et, quelquefois, dans des noms d'emprunt, les sons [dz], [ts], [s]. ◇ *Loc. fig. De a à z,* d'un bout à l'autre, entièrement. ◆ 2° En algèbre, Symbole littéral désignant une troisième inconnue, ou une fonction des variables x et y ; en géométrie. La troisième coordonnée cartésienne. *Axe des z.* ◆ 3° Math. Désignation de l'ensemble des nombres entiers.

ZABRE [zabʀ(ə)]. *n. m.* (1842 ; lat. zool. *zabrus ;* o. i.). *Zool.* Insecte coléoptère *(Carabidés)* parasite des céréales.

Z.A.C. [zak]. *n. f.* (1970). Sigle formé des initiales de *Zone d'aménagement concerté.*

Z.A.D. [zad]. *n. f.* (1962). Sigle formé des initiales de *Zone* d'aménagement différé. — Dér. ZADER [zade], *v. tr.*, « transformer (un terrain) en Z.A.D. ».

ZAGAIE [sagɛ]. V. SAGAIE.

ZAIN [zɛ̃]. *adj. m.* (1575 ; it. et esp. *zaino*, d'o. arabe). *Hippol.* Se dit d'un cheval dont la robe, toute d'une couleur, n'a aucun poil blanc. Par anal. *Chien zain.*

ZAKOUSKI [zakuski]. *n. m. pl.* (1923 ; mot russe ; *zakouska*, 1894). Hors-d'œuvre variés russes (légumes, poissons, etc.).

ZAMIER [zamje]. *n. m.* (1777 ; var. *zamie*, 1819 ; *zamia*, 1856 ; mot lat. bot., déform. du lat. *azaniæ nuces* « noix desséchées »). *Bot.* Arbre des régions équatoriales *(Cycadées)*, dont les feuilles ressemblent à celles des palmiers, et dont la moelle fournit le sagou.

ZANCLE [zɑ̃kl(ə)]. *n. m.* (1874 ; gr. *zagklon* « faucille »). *Zool.* Poisson des mers océaniennes, au tronc extrêmement aplati, à la tête effilée, communément appelé *tranchoir.*

ZAN(N)I [dzani]. *n. m.* (1550 ; mot vénitien de l'it. *Giovanni* « Jean »). *Hist. du théâtre.* Bouffon des comédies vénitiennes.

ZANZIBAR [zɑ̃zibaʀ], abrév. **ZANZI** [zɑ̃zi]. *n. m.* (1884 ; nom d'un port et d'une île d'Afrique orientale ; rapport inexpliqué). Variété de jeu de dés qui se joue ordinairement à trois dés.

ZAOUÏA [zauja]. *n. f.* (1872 ; mot arabe). Établissement religieux sous l'autorité d'une confrérie musulmane, spécialement affectée à l'enseignement. *Des zaouïas.*

ZAPATÉADO [sapateado]. *n. m.* (1845 ; mot esp., de *zapato* « soulier »). Danse espagnole sur un rythme à trois temps, scandé par les talons.

ZARZUELA [saʀswela]. *n. f.* (1870 ; mot esp., du nom d'une résidence royale et d'un théâtre de Madrid). Petit genre dramatique espagnol, sorte de vaudeville musical.

ZAZOU [zazu]. *n. m.* (1941 ; « joli garçon », 1937 ; onomat., p.-ê. d'apr. les onomat. en *a* et *ou* de certains chants en *jazz*). Nom donné, pendant la Seconde Guerre mondiale, à des jeunes gens qui signalaient par leur passion pour le jazz américain et leur élégance tapageuse. « *Les zazous donnaient des « parties » où ils se grisaient de musique « swing »* (BEAUVOIR). Adj. *La jeunesse zazou(e).*

ZÈBRE [zɛbʀ(ə)]. *n. m.* (1610 ; esp. et port. *zebro, zebra* [XIIᵉ], d'o. i. ; à l'origine, nom d'un équidé sauvage de la péninsule ibérique, appliqué ensuite à l'animal d'Afrique). ◆ 1° Équidé d'Afrique à la robe rayée de bandes noires ou brunes, au galop très rapide. Loc. fam. *Courir, filer comme un zèbre*, très vite. ◆ 2° Fam. (1895). Individu bizarre. *Un drôle de zèbre.* V. **Coco** (3).

ZÉBRER [zebʀe]. *v. tr.* (1831 ; de *zèbre*). Marquer de raies qui rappellent celles de la robe du zèbre. V. **Rayer.** « *L'avenue où le soleil... pénètre... en la zébrant de ses rayons obliques* » (BALZ.).

ZÉBRURE [zebʀyʀ]. *n. f.* (1845 ; de *zébrer*). ◆ 1° Rayure sur le pelage d'un animal. ◆ 2° Marque de coup de forme allongée.

ZÉBU [zeby]. *n. m.* (1752 ; p.-ê. du tibétain *zeu, zeba* « bosse du zébu, du chameau »). Grand bovidé domestique de l'Inde (répandu ensuite en Afrique et à Madagascar), caractérisé par une bosse graisseuse sur le garrot.

ZÉE [ze]. *n. m.* (1808 ; lat. *zœus* ou *zeus*). *Zool.* Autre nom du saint-pierre (poisson).

ZÉLATEUR, TRICE [zelatœʀ, tʀis]. *n.* (1398 ; lat. ecclés. *zelator*). *Littér.* Partisan ou défenseur (d'une cause, d'une personne). V. **Adepte.** « *Grand zélateur du théâtre chrétien* » (BEAUVOIR). ◇ (XVIIIᵉ) Religieux chargé de veiller sur les novices.

ZÈLE [zɛl]. *n. m.* (1512 ; zel, XIIIᵉ ; bas lat. *zelus*, gr. *zêlos*). ◆ 1° Vive ardeur à servir la cause de Dieu et de la religion. V. **Ferveur.** « *Son devoir était de réchauffer le zèle d'un chrétien si tiède* » (LARBAUD). ◆ 2° (XVIᵉ). Vive ardeur à servir une personne ou une cause à laquelle on est sincèrement dévoué. V. **Dévouement, empressement.** « *Récompenses de leur loyauté et de leur zèle* » (HUGO). *Travailler avec zèle.* « *Mon zèle ardent pour l'équité* » (ROUSS.). *Zèle patriotique.* — *Faire du zèle* : faire des excès de zèle ou montrer un zèle inhabituel et ostensible. *Grève du zèle*, application méticuleuse de toutes les consignes de travail en vue de bloquer toute activité. ◇ ANT. *Laisser-aller, négligence, tiédeur.*

ZÉLÉ, ÉE [zele]. *adj.* (1521 ; de *zèle*). Qui est plein de zèle (religieux ou autre). « *Des chrétiens zélés et des catho-*

liques pratiquants » (HUYSMANS). *Un secrétaire zélé.* V. **Dévoué.** ◇ ANT. *Indifférent, négligent.*

ZELLIGE [zeliʒ]. *n. m.* (1919 ; mot arabe). *Arts.* Morceau de brique émaillée servant à la décoration de monuments ou d'intérieurs marocains. « *Étoiles et soleils de zelliges, tous les motifs habituels de la décoration moresque* » (THARAUD).

ZÉLOTE [zelɔt]. *n.* (1606 ; gr. *zêlôtês*, proprem. « zélateur »). *Hist.* Patriote juif du Iᵉʳ siècle après J.-C., qui prônait l'action violente pour défendre la loi et l'indépendance nationale.

ZEN [zen]. *n. m.* et *adj.* (1895 ; mot japonais, du chinois *chan*, sanscr. *dyāna* « méditation »). Secte bouddhique du Japon (venue de Chine au XIIIᵉ s.) où la méditation prend la première place, et qui, recherchant la beauté, a beaucoup contribué au développement des arts japonais. — Adj. *Le bouddhisme zen. Les sectes zen.*

ZENANA [zenana]. *n. f.* (1876 ; mot hindi, d'o. pers.). ◆ 1° Appartement des femmes, chez les musulmans de l'Inde. ◆ 2° (1933). Étoffe cloquée employée pour les vêtements d'intérieur.

ZEND [zɛ̃d]. *n. m.* (1747 ; mot de cette langue). *Didact.* et vieilli. Langue de l'*Avesta* (livre du mazdéisme), probabl. dialecte iranien de l'Est. Adj. *Langue zende. Textes zends.*

ZÉNITH [zenit]. *n. m.* (1527 ; *cenith*, 1361 ; d'une mauvaise lecture de l'arabe *samt, semt*, proprem. « chemin », dans l'express. *samt-ar-râs* « chemin au-dessus de la tête » ; Cf. Azimut). Point de la sphère céleste situé sur la verticale ascendante de l'observateur (opposé à *nadir*). « *Véga, l'étoile bleue, apparaissait presque au zénith* » (ALAIN). ◇ Fig. (1608) Point culminant. V. **Apogée, sommet.** « *Sous la Restauration... (Chateaubriand) est à son zénith* » (STE-BEUVE). *Être à son zénith.* ◇ ANT. *Nadir.*

ZÉNITHAL, ALE, AUX [zenital, o]. *adj.* (1612 ; de *zénith*). *Sc.* Relatif au zénith. *Distance zénithale*, distance angulaire d'un point de la sphère céleste au zénith.

ZÉOLIT(H)E [zeɔlit]. *n. f.* (1756 ; du gr. *zeô, zein* « bouillonner », et suff. *-lithe*). *Minér.* Silicate naturel hydraté dont les gisements se rencontrent surtout dans les cavités des laves basiques. — *Zéolithes artificielles.*

ZÉPHYR [zefiʀ]. *n. m.* (1718 ; *zephyre*, 1515 ; lat. *zephyrus*, gr. *zephuros*). ◆ 1° Poét. Vent doux et agréable, brise légère. « *Tout vous est aquilon, tout me semble zéphyr* » (LA FONT.). ◆ 2° Fig. (1877 ; appell. d'o. all.). En appos. *Laine zéphyr* (ou *zéphyre*), laine de deux fils à torsion peu serrée, utilisée notamment pour la layette et les vêtements légers. ◇ (1933) Toile de coton jumel peigné, fine et souple, utilisée pour les sous-vêtements, les vêtements d'enfant, etc.

ZÉPHYRIEN, IENNE [zefiʀjɛ̃, jɛn]. *adj.* (1842 ; de *zéphyr*). Rare. Doux, léger comme un zéphyr.

ZÉPHYRINE [zefiʀin]. *n. f.* (1876 ; de *zéphyr*). Vx. Étoffe de couleur fabriquée à Saint-Quentin.

ZEPPELIN [zeplɛ̃]. *n. m.* (1907 ; du nom du constructeur, le comte de *Zeppelin*). Grand dirigeable rigide à carcasse métallique que les Allemands construisirent de 1900 à 1937.

ZÉRO [zeʀo]. *n. m.* (1485 ; empr., pour remplacer la fr. *cifre* « zéro », puis « chiffre », à l'it. *zero*, d'abord *zefiro* transcr. de l'arabe *sifr*). ◆ 1° Symbole numéral (0) destiné à remplacer, dans la numération écrite, les ordres d'unités absentes. *Six et quatre dix, je pose zéro et je retiens un.* ◇ Fig. *C'est un zéro*, un homme qui ne représente rien, sans valeur. V. **Nullité.** « *Il se plaignait... d'être un zéro dans sa maison* » (BALZ.). ◆ 2° Nombre qui représente une collection inexistante, un ensemble vide ; grandeur, valeur nulle. *Deux, plus deux, moins quatre, égale zéro* (2 + 2 − 4 = 0). « *Ces opérations algébriques compliquées, dont le résultat doit être zéro* » (SARTRE). *Tendre vers zéro. Ligne de zéro*, axe pris pour représenter les valeurs nulles d'une variable. *Appareil de zéro*, permettant d'effectuer des mesures par opposition de deux grandeurs égales, par lecture de la graduation zéro. ◇ Cour. Fam. Néant, rien. *Réduire à zéro. Partir de zéro.* « *On avait le moral à zéro* » (AYMÉ), très mauvais moral. « *Vous comptez pour zéro à l'hôpital* » (MONTHERLANT). *Pour moi, c'est zéro*, ça ne compte pas. « *Zéro de recette aujourd'hui* » (HUGO). *Zéro ! Zéro pour la question*, formule de refus. ◇ (En fonction d'adj. numéral cardinal) V. **Aucun.** *Il a fait zéro faute à sa dictée.* Fam. *Ça m'a coûté zéro franc, zéro centime* : ça ne m'a rien coûté. Ellipt. *Gagner par trois buts à zéro.* ◆ 3° (XVIIIᵉ). Point de départ des graduations thermométriques (température de la glace fondante), et par anal. de diverses échelles de grandeurs. *Zéro degré. Dix degrés au-dessus, au-dessous de zéro. Zéro absolu* (— 273, 15 ᵒC) température* la plus basse qu'on puisse concevoir (— 273, 15 ᵒC) pour laquelle l'énergie cinétique des molécules est nulle. ◇ (XXᵉ) Point de départ du décompte des heures. *Heures comptées de zéro à vingt-quatre.* Adj. V. **Minuit.** ◇ Didact. *État, degré zéro*, défini par l'absence des caractères d'un autre état pris comme référence. ◆ 4° (XIXᵉ). Dans une notation de zéro à dix ou vingt, à l'école, La plus basse note correspondant à la nullité absolue. *Avoir zéro en orthographe. Attraper un zéro, collectionner les zéros. Zéro pointé*. Zéro de conduite :* comme note de conduite. — Fam. *Zéro pour moi, ce que j'ai fait ne vaut rien.*

ZÉROTAGE [zeʀɔtaʒ]. *n. m.* (1872 ; de *zéro*). *Sc.* Ensemble des opérations que nécessite la détermination du zéro d'un thermomètre.

ZÉRUMBET [zeʀɔ̃bɛt]. *n. m.* (1740 ; du persan *zerunbad*). *Bot.* Plante exotique voisine du gingembre.

ZEST(E) ! [zɛst]. *interj.* (1611 ; rad. onomat. *zek*). *Vx.* Interjection marquant le refus, plus souvent la promptitude d'une action. ◇ *Subst.* (1718) Loc. fam. *Entre le zist* [zist] *et le zest,* se dit d'une personne indécise, d'une personne ou d'une chose difficile à définir ou à juger. « *C'est un monsieur cauteleux, toujours entre le zist et le zest* » (PROUST).

ZESTE [zɛst(ə)]. *n. m.* (1611 ; altér. d'apr. l'interj. *zest,* de *sec* ou *zec* [1530], probabl. onomat. comme *zest*). Cloison membraneuse partageant en quatre cavités l'intérieur de la noix. ◇ Fig. et vx. « *Votre souhait n'y fera pas un zeste* » (DIDER.), pas la moindre chose, rien. ◇ (1660) Partie externe, sapide et odorante, du péricarpe des citrons et autres agrumes (V. **Écorce**). — *Cour.* Petit morceau qu'on y découpe (servant à parfumer des crèmes, gâteaux, liqueurs, etc.). *Mettre un zeste de citron dans un verre d'apéritif.*

ZESTER [zɛste]. *v. tr.* (1737 ; de *zeste*). *Rare.* Peler en séparant le zeste de la partie interne, blanche et amère, ou en découpant des zestes.

ZÊTA [dzɛta]. *n. m.* Sixième lettre de l'alphabet grec (Z, ζ).

ZÉTÈTE [zetɛt]. *n. m.* (1765 ; gr. *zêtêtês*). *Antiq. gr.* Magistrat athénien chargé du recouvrement des créances de l'État.

ZÉTÉTIQUE [zetetik]. *adj.* (1730 ; lat. sc. *zeteticus,* déb. XVIIᵉ ; du gr. *zêtêtikos* « qui recherche »). ♦ 1º *Hist. math. Analyse zététique,* nom donné par Viète à ce que nous appelons aujourd'hui *méthode analytique.* ♦ 2º (1740 ; gr. *zêtêtikos*). *Hist. philo.* Nom donné parfois aux sceptiques, philosophes « chercheurs ».

ZEUGMA [zøgma] ou **ZEUGME** [zøgm(ə)]. *n. m.* (1808, -1765 ; *zeume,* 1380 ; lat. *zeugma,* mot gr., proprem. « lien »). *Rhét.* Construction qui consiste à ne pas énoncer de nouveau, quand l'esprit peut le rétablir aisément, un mot ou un groupe des mots déjà exprimés dans une proposition immédiatement voisine (ex. : « *L'air était plein d'encens et les prés de verdure* » (HUGO).

ZEUZÈRE [zøzɛʀ]. *n. f.* (1839 ; lat. zool. *zeuzera ;* o. i.). *Zool.* Papillon nocturne *(Cossidés),* dont les chenilles creusent des galeries dans les jeunes arbres.

ZÉZAIEMENT [zezɛmɑ̃]. *n. m.* (1838 ; de *zézayer).* Défaut de prononciation de qqn qui zézaie. V. **Blésement.** *Le zézaiement des enfants.*

ZÉZAYER [zezeje]. *v. intr. ;* conjug. *payer* (1832 ; onomat., de *z* redoublé). Prononcer comme s'il y avait un *z* [z] à la place d'un *j* [ʒ] (*ze veux* pour *je veux*), ou d'un *s.* V. **Bléser, zozoter.**

ZIBELINE [ziblin]. *n. f.* (1534 ; *sibeline,* 1396 ; it. *zibellino,* d'o. slave). Petit mammifère de la Sibérie et du Japon, du genre martre, dont la fourrure est particulièrement précieuse. ◇ Fourrure de cet animal. *Manteau de zibeline.*

ZIEUTER ou **ZYEUTER** [zjøte]. *v. tr.* (1890 ; de *yeux,* précédé du [z] de liaison). *Pop.* Jeter un coup d'œil pour observer (qqch., qqn). V. **Regarder.** « *La môme en tient... Zieute-la. Tu t'rends compte* » (CARCO).

ZIG ou **ZIGUE** [zig]. *n. m.* (1835 ; probabl. déform. de *gigue* 1 ; Cf. Grande gigue). *Pop.* Individu, type. « *Et avec ça, pourtant, un bon zig* » (MAUPASS.). *Un drôle de zigue.*

ZIGOTEAU ou **ZIGOTO** [zigɔto]. *n.* (1901 ; de *zig*). Zigue. « *Vous êtes un drôle de zigoto* » (QUENEAU). « *J'ai fait le zigoto* » (ROMAINS), le malin, l'intéressant. — Variante ZIGOMAR [zigɔmaʀ] (1918).

ZIGGOURAT [ziguʀat]. *n. f.* (1908 ; assyrien *zigguratu*). *Archéol.* Temple des anciens Babyloniens, en forme de pyramide à étages, qui portait un sanctuaire sur son sommet, et servait à l'observation des astres. *Les ziggourats assyriennes.*

ZIGOUILLER [ziguje]. *v. tr.* (fin XIXᵉ ; o. i.) ; p.-ê. d'un dér. dial. de *scier* « couper »). *Pop.* Tuer. « *... me voir poursuivi par des monstres, zigouillé, coupé en morceaux* » (GIDE).

ZIGZAG [zigzag]. *n. m.* (1718 ; *en zigzag,* 1694 ; « assemblage articulé de pièces en losange pouvant s'allonger et se replier à volonté ♦, 1662 ; formation express. évoquant un va-et-vient). Ligne brisée formant des angles alternativement saillants et rentrants. « *De l'architecture saxonne, à piliers massifs..., à ornements à zigzags* » (STE-BEUVE). *Route en zigzag.* V. **Lacet.** « *Ce bonhomme marchait en zigzag comme s'il était ivre* » (HUGO). *Éclair qui fait des zigzags.*

ZIGZAGUER [zigzage]. *v. intr.* (1831 ; de *zigzag*). Faire des zigzags, aller de travers. « *Il faisait zigzaguer sa carriole d'un fossé à l'autre* » (SARTRE).

ZINC [zɛ̃g]. *n. m.* (1765 ; *zinch,* 1666 ; var. *zain, zin, zinck,* XVIIᵉ-XVIIIᵉ ; all. *Zink*). ♦ 1º Corps simple (symb. Zn ; nº at. 30 ; masse at. 65,37), métal dur d'un blanc bleuâtre, qu'on trouve dans la nature sous forme de blende, de calamine, de smithsonite, etc. Alliages de zinc. V. **Argentan, chrysocale, laiton, maillechort, pacfung, tombac ;** et *aussi* **Galvanisation.** *Tuyaux en zinc. Comptoir de zinc.* ♦ 2º *Fam.* (1877). Comptoir d'un débit de boissons. « *Tu es debout devant le zinc d'un bar crapuleux* » (APOLLINAIRE). ◇ Petit café, petit bar. « *Le zinc du canal ouvrait juste avant le petit jour* » (CÉLINE). ♦ 3º *Fam.* Avion. « *Un zinc militaire a atterri là il y a quinze jours* » (SARTRE).

ZINCIFÈRE [zɛ̃sifɛʀ]. *adj.* (1842 ; de *zinc,* et -*fère*). *Sc.* Qui contient du zinc.

ZINCOGRAPHIE [zɛ̃kɔgʀafi]. *n. f.* (1845 ; de *zinc,* et -*graphie*). *Techn.* Nom donné à divers procédés de gravure utilisant une plaque de zinc pour support.

ZINGAGE [zɛ̃gaʒ] ou *(vx)* **ZINCAGE** [zɛ̃kaʒ]. *n. m.* (1838,-1845 ; de *zinguer*). Opération consistant à recouvrir une pièce de fer ou d'acier d'une mince couche protectrice de zinc. V. **Galvanisation.**

ZINGARO [dzingaʀo]. *(plur.)* **ZINGARI** [dzingaʀi]. *n. m.* (1740 ; mot it. V. *Tzigane*). *Vx.* Bohémien, tzigane.

ZINGIBÉRACÉES [zɛ̃ʒibeʀase]. *n. f. pl.* (1817 ; du lat. *zingiber.* V. **Gingembre**). *Bot.* Famille de plantes monocotylédones, originaires des régions tropicales, aux propriétés toniques (*ex. :* le gingembre).

ZINGUER [zɛ̃ge]. *v. tr.* (1838 ; de *zinc*). Revêtir de zinc. *Zinguer une toiture.* — Traiter par zingage (le fer, l'acier).

ZINGUEUR [zɛ̃gœʀ]. *n. m.* (1838 ; de *zinguer*). Ouvrier spécialisé dans les revêtements en zinc ou dans les opérations de zingage. *Appos.* (plus cour.) *Plombier zingueur.*

ZINJANTHROPE [zɛ̃ʒɑ̃tʀɔp]. *n. m.* (1959 ; de *Zinj* [nom de lieu], et -*anthrope*). *Préhist.* Australopithèque* du Tanganyika (Tanzanie).

ZINNIA [zinja]. *n. m.* (1808 ; mot lat. bot., 1763 ; du nom du bot. all. *Zinn*). Plante herbacée *(Composacées),* d'origine exotique, ornementale, aux nombreuses variétés.

ZINZIN [zɛ̃zɛ̃]. *n. m.* (1914-1918 ; onomat.). Pop. *(Vieilli).* Obus, canon ; engin bruyant. ◇ (1945) Chose dont le nom échappe ; objet quelconque. V. **Bidule, machin.** ◇ Adj. *Il est un peu zinzin,* toqué.

ZINZINULER [zɛ̃zinyle]. *v. intr.* (1923 ; lat. *zinzilulare,* onomat.). *Didact.* Se dit de la mésange, de la fauvette qui pousse son cri.

ZINZOLIN [zɛ̃zɔlɛ̃]. *n. m.* (1617 ; *zizolin,* 1599 ; it. *zuzzulino,* de l'arabe d'Espagne *djoundjolân* « semence de sésame »). Couleur d'un violet rougeâtre que l'on obtient du sésame. Adj. « *Deux tuniques superposées de taffetas zinzolin* » (GAUTIER).

ZIP [zip]. *n. m.* (1966 ; de *Zip,* nom déposé). *Anglicisme.* Fermeture à glissière. *Vêtement fermé par un grand zip.*

ZIPPER [zipe]. *v. tr.* (1965 ; de *zip*). Munir d'une fermeture à glissière. — *Au p. p. adj.* Muni d'une fermeture à glissière. *Un blouson zippé.*

ZIRCON [ziʀkɔ̃]. *n. m.* (1793 ; *zirkone,* 1789 ; altér. de *jargon* 2). Silicate de zirconium dont les variétés les plus pures et transparentes sont utilisées en joaillerie.

ZIRCONE [ziʀkɔn]. *n. f.* (1803 ; de *zircon*). *Chim.* Oxyde de zirconium (ZrO₂), solide blanc, utilisé comme réfractaire.

ZIRCONITE [ziʀkɔnit]. *n. f.* (1819 ; de *zircon*). *Minér.* Variété de zircon.

ZIRCONIUM [ziʀkɔnjɔm]. *n. m.* (1819 ; de *zircon*). *Chim.* Corps simple (symb. Zr ; nº at. 40 ; masse at. 91,22), métal blanc à éclat métallique, très abondant dans la croûte terrestre, utilisé notamment dans la constitution de certains alliages zirconium.

ZIST. V. **ZEST.**

ZIZANIE [zizani]. *n. f.* (fin XIIIᵉ ; lat. ecclés. *zizania,* gr. *zizanion,* d'o. sémit.). ♦ 1º *Vx.* Mauvaise herbe, ivraie. ◇ Fig. (1474) *Semer la zizanie,* faire naître la discorde, les disputes. « *La vieille zizanie entre les frères renaissait* » (ARAGON). ♦ 2º (1829). *Bot.* Plante herbacée *(Graminées),* céréale exotique qui ressemble au riz. ◇ ANT. *Concorde, entente.*

1. ZIZI [zizi]. *n. m.* (1775 ; onomat.). Variété de bruant commune en France.

2. ZIZI [zizi]. *n. m.* (déb. XXᵉ ; lang. enfant., probabl. déformation du mot *oiseau*). *Fam.* Membre viril (surtout de l'enfant) ; *par ext.,* sexe féminin.

ZLOTY [zlɔti]. *n. m.* (1924 ; mot polonais). Unité monétaire polonaise.

Zn Symbole chimique du *zinc.*

-ZOAIRE. Élément, du gr. *zôon* « animal », et du suff. de sc. nat. -*aire.*

ZOANTHAIRES [zɔɑ̃tɛʀ]. *n. m. pl.* (1845 ; *zoanthes,* 1808 ; de *zoo-,* et gr. *anthos* « fleur »). *Zool. Vx.* Hexacoralliaires*.

ZOANTHROPIE [zɔɑ̃tʀɔpi]. *n. f.* (1808 ; de *zoo-,* et -*anthropie*). *Psychiatr.* Trouble psychique dans lequel le sujet se croit possédé par un animal, ou changé en animal. V. Lycanthropie. — On dit aussi ZOOPATHIE [zɔɔpati], *n. f.*

ZODIACAL, ALE, AUX [zɔdjakal, o]. *adj.* (déb. XVIᵉ; de *zodiaque*). ♦ 1º Du zodiaque. *Signes zodiacaux, constellations zodiacales.* ♦ 2º (1710). Astron. *Lumière zodiacale,* lueur qu'on aperçoit dans le plan de l'écliptique, avant le lever ou après le coucher du Soleil, qui provient de la diffusion de la lumière solaire dans la zone du zodiaque.

ZODIAQUE [zɔdjak]. *n. m.* (1265; lat. *zodiacus,* gr. *zôdiakos*). ♦ 1º Zone de la sphère céleste limitée par deux petits cercles de cette sphère, parallèles à l'écliptique et situés à 8º 5 de lui, et dans laquelle se situe le mouvement apparent du Soleil. — *Spécialt.* Cette zone, divisée en douze parties égales (nommées d'après les constellations les plus proches) par des grands cercles perpendiculaires à l'écliptique. *Signes du zodiaque : Bélier* (21 mars), *Taureau* (21 avril), *Gémeaux* (22 mai), *Cancer* (22 juin), *Lion* (23 juillet), *Vierge* (23 août), *Balance* (23 septembre), *Scorpion* (23 octobre), *Sagittaire* (22 novembre), *Capricorne* (21 décembre), *Verseau* (21 janvier), *Poissons* (20 février). *Décan* des signes du zodiaque. Horoscopes établis d'après les signes du zodiaque.* ♦ 2º *Art.* Représentation figurée de cette zone avec ses signes. *Les zodiaques des temples ptolémaïques d'Égypte.*

ZOÉ [zɔe]. *n. f.* (1839; lat. zool. *zoea,* du gr. *zôê* « vie »). *Zool.* Forme larvaire des crustacés décapodes qui succède au stade *nauplius*.*

ZOÉCIE [zɔesi]. *n. f.* (1845; du gr. *zôon* « animal », et *oikia* « maison »). *Zool.* Élément d'une colonie de bryozoaires (On dit aussi ZOÏDE [zɔid]).

ZOÏLE [zɔil]. *n. m.* (1537; lat. *Zoilus,* gr. *Zóilos,* nom d'un critique d'Alexandrie détracteur d'Homère). *Littér.* Critique injuste et envieux. V. **Détracteur.** « *L'affreux portrait que faisait de moi un zoïle* » (MAUROIS).

-ZOÏQUE. Élément, du gr. *zóikos* « relatif aux animaux ».

ZOMBI [zɔ̃bi]. *n. m.* (1846; mot créole). Fantôme, revenant (dans les croyances pop. des Antilles). *Des zombis.*

ZONA [zona]. *n. m.* (1810; lat. *zona* « ceinture », sens méd. en bas lat.). *Mod.* Affection d'origine virale, caractérisée par une éruption de vésicules disposées sur le trajet des nerfs sensitifs. *Du zona.* V. **Zostérien.**

ZONAGE [zonaʒ]. *n. m.* (1953; de *zone*). *Urban.* Répartition du territoire en zones (rurales, industrielles, d'habitation), ou de la ville (zones de production, de protection, d'habitation...).

ZONAL, ALE, AUX [zonal, o]. *adj.* (1842; de *zone*). ♦ 1º *Sc. nat.* Qui présente des bandes transversales colorées. ♦ 2º *Géogr.* Propre à une zone. *Climat zonal.*

ZONARD [zonaʀ]. *n.* (v. 1960; de *zone*). *Fam.* Habitant de la zone autour de Paris. V. **Banlieusard.** ◊ *Péj.* Marginal.

ZONE [zon]. *n. f.* (1119; lat. *zona,* du gr. *zônê,* proprem. « ceinture »). ♦ 1º *Géogr.* (*Vx*) Chacune des cinq parties de la sphère terrestre, divisée selon les cercles polaires et les tropiques, et caractérisée par un climat particulier. *Zones polaires ou glaciales (arctique* et *antarctique), zones tempérées, zone torride.* — *Mod. Zones climatiques, de végétation* (glaciaire, forestière tempérée, des steppes et prairies, désertique, des savanes intertropicales, forestière intertropicale). — *Astron.* Partie de la sphère céleste, comprise entre deux cercles parallèles. *La zone du zodiaque.* — *Géom.* Partie d'une surface sphérique comprise entre deux plans parallèles. ◊ *Par anal.* (XVIIIᵉ) Bande, partie allongée d'une surface (sphérique ou non). V. **Ceinture.** *Les zones de l'onyx.* « *Le Lido est une zone de dunes irrégulières* » (CHATEAUB.). « *Que de ciboires... entourés de zones d'émaux* » (GAUTIER). ♦ 2º (1587). Surface quelconque; partie (d'une surface ou d'un volume). V. **Espace, région, secteur.** *Zone d'un séisme. Zone littorale*.* — Anat. *Zone radiculaire*.* — *Sc.* Ensemble des faces d'un cristal qui sont parallèles à une direction (*bord de la zone*). ♦ 3º (1842, *milit., polit.*). Région, portion de territoire. *Zone des frontières, zones militaires, zone des armées, des opérations, zone d'action, de défense, zones de tir, zone démilitarisée. Zone libre, zone occupée* (en France, 1940-42). « *La division du pays en deux zones coupa Paris de la campagne* » (SARTRE). — *Zone franche,* soumise à un régime administratif spécial (franchise douanière). — *Zones monétaires,* dans lesquelles les échanges se font en une monnaie. *La zone franc.* — *Zone de salaire,* dans laquelle le salaire minimum est le même. *Abattement de zone.* — *Urban. Zone à aménagement différé* (Z.A.D.) [zad] : dont l'aménagement est prévu pour une époque ultérieure. *Zone d'aménagement concerté* (Z.A.C.) [zak]). *Zone à urbaniser en priorité* (Z.U.P. [zyp]). *Zone industrielle.* — *Zone bleue*.* ♦ 4º *Fig.* Domaine, région. *Zone d'action, d'activité.* « *Zone de pureté et de rêve qui m'était interdite* » (MAURIAC). « *Poète et romancier... de seconde zone* » (HENRIOT), de second ordre. ♦ 5º *Absolt.* (déb. XXᵉ; désign. ellipt. de *la zone militaire fortifiée*). Les faubourgs misérables qui sont constitués (malgré la loi) sur les terrains des anciennes fortifications de Paris. « *La zone est devenue le paradis des spéculateurs* » (GIRAUDOUX).

Les baraques de la zone. « *Les petits zoniers vont simplement s'installer sur un point de la zone moins visé par la voirie* » (GIRAUDOUX). — *Par anal.* Tout faubourg misérable.

ZONÉ, ÉE [zone]. *adj.* (1817; de *zone*). *Minér.* Qui présente des zones, des bandes de structure ou d'aspects différents. *Roche zonée.*

ZONIER [zonje]. *n. m.* (fin XIXᵉ; de *zone*). Habitant de la zone autour de Paris. « *De nombreux zoniers n'ont aucun titre de propriété* » (GIRAUDOUX). ◊ Habitant d'une zone frontière, d'une zone franche.

ZONURE [zonyʀ]. *n. m.* (1842; lat. zool. *zonurus,* du gr. *zônê* « ceinture, zone », et *oura* « queue »). *Zool.* Reptile saurien, lézard d'Afrique du Sud, dont la queue présente des anneaux.

ZOO-. Élément, gr. *zôo,* de *zôon* « être vivant, animal ».

ZOO [zoo]. *n. m.* (1895; abrév. de [jardin] *zoologique*). Jardin zoologique*. « *Les zoos avec leurs animaux sauvages* » (GIRAUDOUX). *Le zoo de Vincennes.*

ZOOGAMÈTE [zɔɔgamɛt]. *n. m.* (v. 1965; de *zoo-,* et *gamète*). *Biol.* Gamète mobile. — *Bot.* Gamète mobile à flagelles des algues, des champignons.

ZOOGÉOGRAPHIE [zɔɔʒeɔgrafi]. *n. f.* (1922; de *zoo-,* et *géographie*). *Didact.* Géographie zoologique; partie de la biogéographie qui étudie la répartition de la vie animale sur le globe terrestre.

ZOOGLÉE [zɔɔgle]. *n. f.* (1878; lat. sc. *zooglæa,* 1872; de *zoo-,* et gr. *glotos* « glu »). *Sc. nat.* Masse mucilagineuse constituée par des bactéries agglutinées.

ZOOÏDE [zɔɔid]. *adj.* (1845; du gr. *zôoeidês*). *Minér.* (*Vx.*). Qui porte l'empreinte d'un animal ou d'une partie d'animal (fossile).

ZOOLÂTRE [zɔɔlatʀ(ə)]. *adj. et n.* (1836; de *zoo-,* et *-lâtre*). *Didact.* (*Hist.*). Adorateur d'animaux.

ZOOLÂTRIE [zɔɔlatʀi]. *n. f.* (1721; de *zoo-,* et *-lâtrie*). *Hist.* Adoration d'animaux divinisés.

ZOOLIT(H)E [zɔɔlit]. *n. m.* (1762; de *zoo-,* et *-lithe*). *Sc.* (*Vieilli*). Animal ou partie d'animal fossile pétrifié.

ZOOLOGIE [zɔɔlɔʒi]. *n. f.* (1750; lat. sc. *zoologia,* XVIIᵉ; Cf. *Zoo-,* et *-logie*). Branche des sciences naturelles qui a pour objet l'étude des animaux. *Zoologie descriptive :* morphologie animale. *Zoologie systématique* (V. **Zootaxie**). *Parties de la zoologie :* anatomie et physiologie animales; étude de l'évolution; embryologie; écologie et éthologie animales; zoogéographie. *Noms de disciplines particulières en zoologie.* V. **Conchyliologie, entomologie, helminthologie, herpétologie, ichtyologie, malacologie, mammalogie, ornithologie.**

ZOOLOGIQUE [zɔɔlɔʒik]. *adj.* (1754; lat. sc. *zoologicus,* XVIIᵉ; Cf. *Zoo-,* et *-logique*). Qui concerne la zoologie, les animaux. *Anatomie zoologique. La géographie zoologique. Classification zoologique.* — *Jardin ou parc zoologique,* emplacement où des animaux rares, exotiques, sont présentés dans des conditions rappelant leur vie en liberté. V. **Zoo** (Cf. *Jardin d'acclimatation*).

ZOOLOGIQUEMENT [zɔɔlɔʒikmã]. *adv.* (1852; de *zoologique*). *Didact.* Du point de vue de la zoologie.

ZOOLOGISTE [zɔɔlɔʒist(ə)]. *n. m.* (1760; var. vieillie *zoologue,* 1771; de *zoologie*). Spécialiste de la zoologie. V. **Naturaliste.**

ZOOM [zum]. *n. m.* (v. 1950; mot amér.). Anglicisme. *Cin.* Effet d'éloignements ou de rapprochements successifs obtenu par la variété des plans, avec une caméra dont la distance focale varie continûment. — *Par ext.* L'objectif de cette caméra.

ZOOMORPHE [zɔɔmɔʀf(ə)]. *adj.* (1906; gr. *zôomorphos*; Cf. *Zoo-,* et *-morphe*). *Didact.* Qui figure un animal, des animaux. *Signes, hiéroglyphes zoomorphes. Décoration zoomorphe.*

ZOOMORPHISME [zɔɔmɔʀfism(ə)]. *n. m.* (1855; de *zoo-,* et *-morphisme*). *Didact.* Métamorphose en animal. *Croyance au zoomorphisme* (dans les contes populaires). V. *aussi* **Zoanthropie.**

ZOONOSE [zɔɔnoz]. *n. f.* (1953; de *zoo-,* et gr. *nosos* « maladie »). *Méd.* Maladie infectieuse des animaux vertébrés transmissible à l'homme. *La psittacose et la rage sont des zoonoses.*

ZOOPHILE [zɔɔfil]. *adj.* (1859; de *zoo-,* et *-phile*). *Didact.* Qui manifeste (pers.) ou révèle (chose) de l'intérêt, de l'amour pour les animaux.

ZOOPHILIE [zɔɔfili]. *n. f.* (1894; de *zoo-,* et *-philie*). *Psychiatr.* Bestialité (2º). — Attachement excessif pour les animaux.

ZOOPHOBIE [zɔɔfɔbi]. *n. f.* (1898; de *zoo-,* et *-phobie*). *Didact.* Peur morbide de certains animaux.

ZOOPHORE [zɔɔfɔʀ]. *n. m.* (1546; gr. *zôophuros*; Cf. *Zoo-,* et *-phore*). *Archit.* Frise de l'entablement, qui portait à l'origine une décoration zoomorphe.

ZOOPHYTE [zɔɔfit]. *n. m.* (1546; gr. *zôophuton;* Cf. *Zoo-,* et *-phyte*). *Hist. sc.* S'est dit des animaux dont l'aspect rappelle les plantes (coraux, éponges...). V. **Phytozoaire.**

ZOOPSIE [zɔɔpsi]. *n. f.* (1896; de *zoo-,* et gr. *opsis* « vue »). *Psycho.* Hallucination visuelle qui consiste en vision d'animaux terrifiants.

ZOOSÉMIOTIQUE [zoosemjɔtik]. *n. f.* (1967; de l'amér. *zoosemiotics,* de *zoo-* et *semiotics* « sémiotique »). *Sémiol.* Science de la communication animale.

ZOOSPORANGE [zɔɔspɔRɑ̃ʒ]. *n. m.* (1892; de *zoo-,* et *sporange*). *Bot.* Sporange renfermant des zoospores.

ZOOSPORE [zɔɔspɔR]. *n. f.* (1847; de *zoo-,* et *spore*). *Bot.* Spore mobile à flagelles des algues (reproduction asexuée) et des champignons.

ZOOTAXIE [zɔɔtaksi]. *n. f.* (1843; de *zoo-,* et *-taxie*). *Didact.* Systématique zoologique. V. **Classification.**

ZOOTECHNICIEN, IENNE [zɔɔtɛknisjɛ̃, jɛn]. *n.* (1862; de *zootechnie,* d'apr. *technicien*). *Didact.* Spécialiste de la zootechnie. V. **Vétérinaire;** éleveur.

ZOOTECHNIE [zɔɔtɛkni]. *n. f.* (1842; de *zoo-,* et *-technie*). *Didact.* Étude scientifique de l'élevage des animaux domestiques, de leur reproduction et de leur adaptation à des besoins déterminés.

ZOOTECHNIQUE [zɔɔtɛknik]. *adj.* (1846; de *zootechnie*). *Didact.* Propre, relatif à la zootechnie. *Études zootechniques.*

ZORILLE [zɔRij]. *n. f.* (1765; *zorilla,* 1719; mot esp., dimin. de *zorra* « renard »). Mammifère carnassier d'Afrique, voisin des mouffettes, dont la fourrure est estimée.

ZOROASTRIEN, IENNE [zɔRɔastRijɛ̃, ijɛn]. *adj.* et *n.* (1842; du nom de *Zoroastre,* Zarathoustra). *Hist. relig.* Qui est propre à Zarathoustra, à sa religion. V. **Guèbre, parsi.** *Mages zoroastriens.*

ZOROASTRISME [zɔRɔastRism(ə)]. *n. m.* (1872; de *Zoroastre*). *Hist. relig.* Religion dualiste fondée par Zarathoustra et professée de nos jours par les parsis. V. **Manichéisme, mazdéisme.**

ZOSTÈRE [zɔstɛR]. *n. f.* (*Zoster,* 1615; mot lat. d'o. gr. « ceinture », à cause des feuilles allongées en forme de lanières). *Bot.* Plante qui forme des prairies sous-marines. « *Il... glissait comme un novice sur les chevelures gluantes des zostères* » (COLETTE).

ZOSTÉRIEN, IENNE [zɔsteRjɛ̃, jɛn]. *adj.* (1901; du lat. d'o. gr. *zoster* « zona »). *Méd.* Propre au zona, causé par le zona (On dit aussi *zonateux*).

ZOU [zu]. *interj.* (attesté 1792; onomat.). *Région.* (Sud de la France). Allons! vivement! « *La farandole..., le Midi à outrance, et zou!* » (DAUD.).

ZOUAVE [zwav]. *n. m.* (1830; arabo-berbère *zwâwa,* nom d'une tribu kabyle. ♦ 1° *Ancienn.* Soldat algérien d'un corps d'infanterie légère indigène formé en 1830. *Par la suite,* Fantassin français d'un corps distinct des tirailleurs indigènes. ◇ Régiment composé par ces fantassins. *Le 8ᵉ zouaves.* ◇ *Par anal. Les zouaves pontificaux* : les membres de la garde du pape. ♦ 2° *Fam.* (1888). *Faire le zouave,* le malin, crâner; *par ext.* Faire le pitre, le guignol; perdre son temps. « *On peut tout de même pas rester la journée là, à faire les zouaves* » (MART. du G.).

ZOZO [zozo]. *n. m.* (1893; p.-ê. de la 2ᵉ syllabe de *oiseau* redoublée). *Pop.* Naïf, niais. « *Il me dit que je suis bien gentil, en d'autres termes que je suis un zozo* » (MONTHERLANT).

ZOZOTER [zɔzɔte]. *v. intr.* (1907; onomat.). *Fam.* Zézayer.

Zr Symbole chimique du *zirconium*.*

ZUC(C)HETTE [zykɛt]. *n. f.* (1839; it. *zucchetta* « petite courge »). *Vx.* Variété de concombre; courge d'Italie.

Z.U.P. [zyp]. *n. f.* (1966). Sigle formé des initiales de *Zone* à urbaniser en priorité.*

ZUT! [zyt]. *interj.* (1813; probabl. onomat.). *Fam.* Exclamation exprimant le dépit, la colère (euphémisme pour *merde*). V. **Flûte** (1). « *Ah! et puis zut, à la fin du compte* » (HUYSMANS). « *Zut alors si le soleil quitte ces bords* » (RIMBAUD). « *Zut pour les scrupules. Sauvons nos peaux!* » (BERNANOS).

ZUTIQUE [zytik]. *adj.* (1875; de *zut*). *Hist. litt.* Du groupe des zutistes. *L'album zutique,* de Rimbaud.

ZUTISTE [zytist(ə)]. *n.* (1883; de *zutique*). *Hist. litt.* Membre d'un cercle de poètes (qui disaient « zut! » à tout), présidé par Ch. Cros.

ZWANZE [zwɑ̃z, dial. zwɛz]. *n. f.* ou *m.* (1915; mot du dialecte bruxellois). Plaisanterie populaire, histoire humoristique, à Bruxelles. — Forme de comique, d'humour, propre à ces histoires.

ZWINGLIANISME [zvɛ̃glianism(ə)]. *n. m.* (1771; de *zwinglien*). *Relig.* Doctrine religieuse de Zwingle, plus radicale que le luthéranisme, présentant notamment la communion comme une simple commémoration du sacrifice du Christ.

ZWINGLIEN, IENNE [zvɛ̃glijɛ̃, jɛn]. *adj.* (1732; du nom de *Zwingle,* suisse *Zwingli,* réformateur du XVIᵉ). *Relig.* Partisan du zwinglianisme, propre au zwinglianisme.

ZYGÈNE [ziʒɛn]. *n. f.* (1605; lat. d'o. gr. *zygæna*). *Zool.* Nom savant du requin marteau. ◇ (1803) Papillon dont les antennes sont renflées en massue.

ZYGO-. Élément, du gr. *zugon* « joug », et fig. « couple ».

ZYGOMA [zigɔma]. *n. m.* (XVIᵉ; gr. *zugôma,* proprem. « joint »). *Anat.* Apophyse zygomatique*.

ZYGOMATIQUE [zigɔmatik]. *adj.* (1654; de *zygoma*). *Anat.* De la pommette. *Os zygomatique.* V. **Malaire.** *Apophyse zygomatique,* apophyse saillante de l'écaille de l'os temporal. *Arcade zygomatique,* arc formé par l'apophyse zygomatique du temporal et l'os malaire. — *Muscles zygomatiques;* et subst. *Le grand, le petit zygomatique,* muscles rubanés qui s'étendent obliquement de la pommette à la commissure des lèvres, qu'ils relèvent en se contractant.

ZYGOMORPHE [zigɔmɔRf(ə)]. *adj.* (1907; de *zygo-,* et *-morphe*). *Bot.* Se dit des fleurs symétriques par rapport à un plan (*opposé à* fleurs à symétrie axiale). *Fleurs zygomorphes des orchidées.*

ZYGOMYCÈTES [zigɔmisɛt]. *n. m. pl.* (1907; de *zygo-,* et *-mycètes*). *Bot.* Sous-groupe de champignons siphomycètes (comprenant notamment les mucoracées), caractérisés par la formation d'œufs nés de la fusion de gamètes (ZYGOSPORES [zigɔspɔR]).

ZYGOPÉTALE [zigɔpetal]. *n. m.* (1845; lat. bot. *zygopetalum;* Cf. *Zygo-,* et *pétale*). *Bot.* Variété d'orchidées tropicales, à ample labelle.

ZYGOTE [zigɔt]. *n. m.* (1899; du gr. *zugôtos* « attelé »: Cf. *Zygo-*). *Biol.* Œuf fécondé, produit de l'union des gamètes.

ZYM(O)-. Élément, du gr. *zumê* « levain, ferment ».

ZYMASE [zimaz]. *n. f.* (v. 1860; de *zym*[o]-, et suff. de *diastase*). *Biochim.* Enzyme qui détermine la fermentation alcoolique du glucose.

ZYMOTECHNIE [zimɔtɛkni]. *n. f.* (1762; de *zymo-,* et *-technie*). *Sc. Rare.* Technique des fermentations (déclenchement, arrêt, accélération...).

ZYMOTIQUE [zimɔtik]. *adj.* (1855; du gr. *zumôtikos;* Cf. *Zymo-*). *Sc.* Relatif à la fermentation ou causé par la fermentation.

ZYTHUM [zitɔm] ou **ZYTHON** [zitɔ̃]. *n. m.* (1710; du gr. *zuthos* « bière »). *Didact.* Bière que les Égyptiens faisaient avec l'orge germée.

ANNEXES

CORRESPONDANCES DES PRINCIPALES DATATIONS DE MOTS

Bien que toutes les datations données dans le dictionnaire correspondent à un texte précis, signalé dans les ouvrages spécialisés (notamment le *Französisches Etymologisches Wörterbuch* de von Wartburg) ou conservé dans les archives de la rédaction (ceci pour les dates nouvellement découvertes), l'absence de référence pourrait paraître gênante à certains lecteurs. C'est pourquoi nous présentons ici une liste des textes ayant fourni les attestations les plus nombreuses. Les textes médiévaux sont datés d'après von Wartburg (FEW), Raphaël Lévy (L.), ou le nouveau *Dictionnaire étymologique* d'A. Dauzat, J. Dubois et H. Mitterand (D.).

Pour le moyen âge, on a signalé les textes les plus utilisés; à partir du xvie siècle, seuls sont cités les ouvrages importants pour l'histoire de la langue (dictionnaires, traités, etc.).

viiie s.	*Gloses de Reichenau.*
842	*Serments de Strasbourg.*
v. 880	*Poème de sainte Eulalie.*
xe s. (v. 980 FEW) . .	*Jonas.*
v. 980.	*Passion du Christ.*
xe s.	*Vie de sainte Eulalie.*
id	*Vie de saint Léger.*
1050	*Vie de saint Alexis.*
1080	*Chanson de Roland.*
déb. xiie s..	*Couronnement de Louis.*
déb. xiie s. (1156 L.).	*Roman de Thèbes.*
id	*Voyage de Charlemagne.*
1120	*Psautiers de Cambridge et d'Oxford.*
v. 1119 (D.) ou 1125 (FEW) . .	*Bestiaire et Comput* (de Philippe de Thaun).
v. 1130	*Chanson de Guillaume.*
1130	*Job.*
v. 1130 (1160 L.). . .	*Eneas.*
1138 (v. 1180 FEW, 1185 L.)	*Vie de saint Gilles.*
v. 1150	*Pèlerinage de Charlemagne.*
1155	*Roman de Brut* (Wace).
v. 1160	*Tristan* (Béroul).
1160	*Roman de Rou* (Wace).
1170	*Fierabras.*
v. 1172 (1160 D.). . .	*Chronique des ducs de Nor-. mandie.*
1170 (ou v. 1190 D.) .	*Les 4 livres des rois.*
1170-80	*Principales œuvres* de Chrétien de Troyes.
1175	*Le Chevalier au lion* (Chrétien de Troyes).
1180 (ou fin xiie). . .	*Roman d'Alexandre.*
v. 1180	*Aimeri de Narbonne.*
id.	*Girart de Roussillon.*
v. 1190	*Sermons de saint Bernard.*
id.	*Œuvres* de Jean Bodel.
	Saint Thomas le martyr (Garnier de Pont Sainte-Maxence).
fin xiie s. (entre 1180 et 1210)	*Raoul de Cambrai.*
fin xiie-xiiie s. . . . . (1175-1250)	*Roman de Renart.*
xiie-xiiie s. (versions xiie et v. 1220).. . .	*Roncevaux.*
fin xiie s. (1220 FEW)	*Huon de Bordeaux.*
fin xiie s.	*Geste des Loherains.*
id.	*Dialogues de saint Grégoire.*
id.	*Lois de Guill. le Conquérant.*

fin xiie s.	*Aucassin et Nicolette.*
2e moitié xiie s. . . .	*Fables* : v. 1180. *Lais* : v. 1165 (Marie de France).
xiiie s.	*Garin le Loherains.*
id.	*Isopet de Lyon.*
v. 1200	*La règle de saint Benoît.*
1205	*Doon de Mayence.*
1206	*Bible* de Guiot de Provins.
1213	*Fets des Romains.*
1214	*Vie de saint Grégoire.*
1218	*Lancelot du Lac.*
1220	*La queste du Saint Graal.*
v. 1220	*Mistère de la Sainte Vierge* (G. de Coincy).
1240	*Roman de la Rose I* (G. de Lorris).
v. 1250	*Les enfances Guillaume.*
id. (1274 L.). . .	*Li regret N. D.* (Huon de Cambrai).
1256	*Aldebrandin de Sienne.*
1265	*Trésor* de B. Latini.
id.	*Livre de Justice.*
1268	*Livre des Mestiers* (E. Boileau).
v. 1270 (1277 L.). . .	*Roman de la Rose II* (J. de Meung).
v. 1270	*Miracle de Théophile* (Rutebeuf).
1273	*Berte aux grands pieds.*
1274 (L.)	*Chroniques de saint Denis.*
v. 1274 (1276 FEW). .	*Jeu de la feuillée* (Adam de la Halle).
1276	*L'enfance d'Ogier.*
1280	*Les Institutes de Justinien.*
(v.) 1283.	*Coutumes* (de Ph. de Beaumanoir).
v. 1285	*Jeu de Robin et Marion* (A. de la Halle).
1294	*Bible* de Guiart de Moulins.
1298 (mil. xiiie s. D.)	*Livre de Marco Polo.*
fin xiiie s. (1295 L.). .	*Testament* (Jean de Meung).
fin xiiie s. (v. 1300) .	*Roman du Chastelain de Coucy.*
xive s.	*Œuvres* d'Eustache Deschamps.
v. 1300	*Coutumes d'Artois.*
id.	*La dame à la licorne.*
déb. xive s. (av. 1350)	*Poésies* de Guillon le Muisit.
1309	*Hist. de Saint Louis* (Joinville).

1314 (v. 1300 FEW). . *Chirurgie* de H. de Mondeville.

v. 1320 . . . . . . *Contes* de Nicolas Bozon.

id. . . . . *Dits* de Watriquet de Couvin.

v. 1330 . . . . . . *Girart de Roussillon.*

1340-1370 . . . . . *Œuvres* de Guillaume de Machaut.

1352 (1355 L.) . . . . *Trad. Tite-Live* (Bersuire).

v. 1360 . . . . . . *Perceforest.*

1361 (ou v. 1370) . . *Œuvres* d'Oresme.

v. 1370 . . . . . . *La grande Chirurgie* (de Guy de Chauliac [manuscrit de Montpellier]).

1372 . . . . *Propriété des Choses* (J. Corbichon).

1375 . . . . *La cité de Dieu* (Raoul de Presles).

1379 (v. 1375 FEW). . *Modus et Ratio.*

1389 . . . . *Grandes coutumes de France.*

1390-1400 . . . . . *Œuvres* de Christine de Pisan.

1398 . . . . *Le Ménagier de Paris.*

fin XIVᵉ s. . . . . . *Chroniques* de Froissart.

1403 . . . . *L'Internale consolacion.*

1424 . . . . *La belle dame sans merci* (A. Chartier).

v. 1450 . . . . . . *Le mystère de la Passion* (Arnould Gréban).

1458 . . . . *Chroniques de Charlemagne.*

v. 1462 (1466 L.) . . . *Les cent nouvelles nouvelles.*

1464 . . . . *La farce de maître Patelin.*

1468 (1440-1475 FEW) *Chronique des ducs de Bourgogne* (G. Chastellain).

1470 . . . . *Comptes de la ville de Doulens.*

id. . . . . *Livre de la discipline d'amour divine.*

id. . . . . *Chronique d'Angleterre* (J. de Wavrin).

1478 . . . . *Grande Chirurgie* de Guy de Chauliac (1ʳᵉ éd.).

av. 1478 . . . . *id.* (manuscrit antérieur à cette édition : entre 1370 et 1478).

1487 . . . . *Vocabulaire latin-français* (Garbin).

1488 . . . . *Mer des histoires.*

1495 (1496 FEW). . . *Miroir historial* (de Jean [daté souvent de de Vignay). 1327 par erreur]

1497 . . . . *La Nef des Fols.*

1503 . . . . Éd. définitive de la *Grande Chirurgie* de Guy de Chauliac.

1510 . . . . *Coutumes d'Auvergne.*

v. 1517 . . . . . . *Les Soirées* (Guillaume Bouchet).

1530 . . . . *Éclaircissements de la langue française* (Palsgrave).

1532 . . . . *Pantagruel* (Rabelais).

1537-39 . . . . . . *Thérapeutique ; Tables anatomiques* (J. Canappe).

1538 . . . . *Dict.* de Robert Estienne.

1542 . . . . *Histoire naturelle de Pline* (Du Pinet).

1545 . . . . *Épîtres* (Jean Bouchet).

id. . . . . *Dissection des parties du corps* (Charles Estienne).

1546 . . . . *Le Tiers livre* (Rabelais).

1547 . . . . *Institution du prince* (Guillaume Budé).

1549 . . . . *Histoire des Plantes.*

1552 . . . . *Les Amours* (Ronsard).

1558 . . . . *Nouvelles récr.* (Des Périers).

id. . . . . *L'Heptaméron* (M. de Navarre).

1560 . . . . *Institutions* (Calvin).

1560 (1561 FEW) . . *Anatomie* (Ambroise Paré).

1564 . . . . *Maison rustique* (Liébault).

id. . . . . *Dict. français-latin* de J. Thierry.

1573 . . . . *Dict. français-latin* de Du Puys.

1575 . . . . *Cosmographie* (Thevet).

1580 . . . . *Les Essais* (Montaigne).

1585 . . . . *Merveilles du monde* (Dampmartin).

id. . . . . *Trésor des remèdes* (Liébault).

id. . . . . *Eutrapel* (N. du Fail).

1588 . . . . *Psautier* de Vigenère.

v. 1590 . . . . . . *Œuvres* de Marnix.

1594 . . . . *La Satire Ménippée.*

1600 . . . . *Théâtre d'agriculture* (O. de Serres).

1606 . . . . *Trésor de la langue française* (Nicot).

1611 . . . . *Dict.* de Cotgrave.

1621 . . . . *Merveilles de la nature* (E. Binet).

1636 . . . . *Abrégé du parallèle des langues française et latine* (Monet).

1640 . . . . *Recherches italiennes et françaises* (A. Oudin).

1662 . . . . *Dict. italien* de A. Oudin.

1675 . . . . *Dict. de commerce* de Savary.

1676 . . . . *Principes d'architecture* (Felibien).

1677 . . . . *Dict. français-anglais* de Miège.

1680 . . . . *Dict.* de Richelet.

1687 . . . . *Dict. des termes de marine* de Desroches.

1688 . . . . *Grd dict. français* de Miège.

1690 . . . . *Dict.* de Furetière.

1691 . . . . *Dict mathématique* d'Ozanam.

1694 . . . . *Dict. de l'Académie* (1ʳᵉ éd.).

1696-97 . . . . . . *Dict.* de Bayle.

1701 . . . . *Dict.* de Furetière.

1704 . . . . *Dict.* de Trévoux (1ʳᵉ éd.).

1706 . . . . *Dict.* de Richelet.

1718 . . . . *Dict. Acad.* (2ᵉ éd.).

1721 . . . . *Dict.* de Trévoux.

1723 . . . . *Dict. de commerce* (2ᵉ éd.), de Savary.

1726 . . . . *Dict. néologique* de Desfontaines.

1732 . . . . *Dict.* de Trévoux.

id. . . . . *Dict.* de Richelet.

1733 . . . . *Dict. des drogues* de Lemery.

1734 . . . . *Dict.* de Trévoux.

1740-43 . . . . . . *Dict.* de Trévoux.

id. . . . . *Dict. Acad.* (3ᵉ éd.).

id. . . . . *Dict.* de Richelet.

1751 . . . . *Encyclopédie* de Diderot (1ᵉʳ vol.).

id. . . . . *Dict. universel d'agriculture.*

1752 . . . . *Dict. comique* de Leroux.

id. . . . . *Dict. des beaux-arts* de La Combe.

1755 . . . . *Manuel lexique* (Abbé Prévost).

1762 . . . . *Dict. Acad.* (4ᵉ éd.).

1764 . . . . *Dict. de musique* de J.-J. Rousseau.

id. . . . . *Dict. de médecine* de Lavoisien.

1765 . . . . *Encyclopédie* de Diderot (t. VIII, etc.).

1771 . . . . *Dict.* de Trévoux.

1775-76 . . . . . . *Dict. d'hist. nat.* de Valmont de Bomare.

1776-77 . . . . . . *Suppl. de l'Encyclopédie* de Diderot.

1780	*Tables de l'Encyclopédie de Diderot.*	1845	*Dict.* de Bescherelle (1re éd.).

1780 . . . . *Tables de l'Encyclopédie de Diderot.*
1781 . . . . *Encyclopédie méthodique (Panckoucke).*
1787 . . . . *Dict. critique* de Féraud.
1796 . . . . *Dict. néologique* (Le néologiste français).
1797 . . . . *Dict.* de Gattel.
1798 . . . . *Dict. Acad.* (5ᵉ éd.).
1800 . . . . *Dict.* de Boiste (1ʳᵉ éd.).
1801 . . . . *La néologie* (Mercier).
id. . . . . *Dict.* de Wailly.
1802 . . . . *Dict.* de Boiste.
id. . . . . *Dict.* de Laveaux.
1804 . . . . *Dict. des sciences naturelles.*
1807 . . . . *Dict. des expressions vicieuses* de Michel.
1808 . . . . *Dict.* de Boiste.
id. . . . . *Dict. du bas langage* de l'Hautel.
1811-12 . . . . *Dict. français-allemand* de Mozin.
1821 . . . . *Dict.* de Nodier.
1827 . . . . *Acad. Suppl.*
1832 . . . . *Dict.* de Raymond.
1834 . . . . *Dict.* de Landais.
1835 . . . . *Dict. Acad.* (6ᵉ éd.).
1836 . . . . *Dict.* de Landais.
1836 (1838-1842) . . . *Dict. Acad. Compl.*
1839 . . . . *Dict.* de Boiste.
1841 . . . . *Les Français peints par eux-mêmes.*
1843 . . . . *Dict.* de Landais.
1845 . . . . *Dict. des mots nouveaux* de R. de Radonvilliers (2ᵉ éd.).

1845 . . . . *Dict.* de Bescherelle (1ʳᵉ éd.).
1846 . . . . *id.*
1848 . . . . *Glossaire nautique* (Jal).
1851 . . . . *Dict.* de Poitevin.
1853-54 . . . . *Dict.* de La Châtre.
1855 . . . . *Dict. de médecine* de Nysten-Littré.
1858 . . . . *Dict.* de Legoarant.
1860 . . . . *Dict. d'argot* de Larchey.
1863-72 . . . . *Dict.* de Littré.
1865-76 . . . . *Dict.* de P. Larousse.
1866 . . . . *Dict. de la langue verte* de Delvau.
1877 . . . . *Dict.* de Littré *(Suppl.).*
1878 . . . . *1ᵉʳ Suppl.* du *dict.* Larousse
id. . . . . *Dict. Acad.* (7ᵉ éd.).
1885-1903 . . . . . . *Grande Encyclopédie* (M. Berthelot).
1890 . . . . *2ᵉ Suppl.* du *dict.* Larousse.
1898-1906 . . . . . . *Nouveau Larousse illustré.*
v. 1900 . . . . *Dict. général* (Hatzfeld, Darmesteter et Thomas).
1907 . . . . *Nouveau Larousse illustré (Suppl.).*
1908 . . . . *Encyclopédie universelle du XXᵉ s.*
1907-1910 . . . . . . *Larousse mensuel.*
1920 . . . . *Omnium agricole.*
1922-23 . . . . *Larousse universel.*
1924 . . . . *Dict. des sciences* de Poiré.
1932 . . . . *Dict. Acad.* (8ᵉ éd.).
1933 . . . . *Dict. Larousse du XXᵉ s.*
1946 . . . . *Encycl. Quillet.*
1951-64 . . . . *Le Robert.*

DÉRIVÉS DES NOMS DE PERSONNES
(réelles, mythologiques, imaginaires)

Abélien, ienne*.
Absalonien, ienne *(Absalon)*.
Adamique*.
Aldin, ine*.
Alphonsin, ine *(Alphonse* X de Castille).
Ambrosien, ienne*.
Anacréontique*.
Aphrodisiaque*..
Apollinarien, ienne (Guillaume *Apollinaire*).
Apollinien, enne*.
Arien, enne*.
Aristophanesque *(Aristophane)*.
Aristotélique*, Aristotélicien, enne*.
Arminien, enne*.
Augustéen, enne *(Auguste)*.
Augustinien, ienne*.
Averroïste *(Averroès)*.

Babouviste *(Babeuf)*.
Bacchique*.
Baconien, ienne (Francis *Bacon*).
Balzacien, ienne *(Balzac)*.
Barrésien, ienne *(Barrès)*.
Barthézien, ienne *(Barthez)*.
Baudelairien, ienne *(Baudelaire)*.
Beethovénien, ienne *(Beethoven)*.
Bergmanien, ienne *(Bergman)*.
Bergsonien, ienne *(Bergson)*.
Bernanosien, ienne *(Bernanos)*.
Bismarckien, ienne *(Bismarck)*.
Blanquiste (L.-A. *Blanqui*).
Bodléien, enne (Thomas *Bodley*).
Bollandiste (Jean *Bolland*).
Bonapartiste*.
Bouddhique*.
Boulangiste*.
Bourbonien, ienne*.
Bourguibiste *(Bourguiba)*.
Brechtien, ienne (Bertolt *Brecht*).
Brownien, ienne*.

Calviniste*.
Capétien, ienne (Hugues *Capet*).
Caravagesque, Caravagiste (Le *Caravage*).
Cartésien, enne*.
Castriste (Fidel *Castro*).
Célinien, ienne *(Céline)*.
Césarien, ienne*.
Cézannien, ienne *(Cézanne)*.
Chaplinesque *(Chaplin)*.
Chaucérien, ienne *(Chaucer)*.
Churchillien, ienne (Winston *Churchill*).
Churrigueresque *(Churriguera)*.
Cicéronien, ienne*.
Claudélien, ienne *(Claudel)*.
Clémentin, ine *(Clément* VII, VIII, etc., papes).
Colbertiste *(Colbert)*.
Combiste (Émile *Combes*).
Comtien, ienne (A. *Comte*).
Condillacien, ienne *(Condillac)*.
Confucéen, enne *(Confucius)*.
Constantinien, ienne *(Constantin* Ier le Grand).
Cornélien, ienne*.
Courtelinesque *(Courteline)*.

Dantesque*.
Dantoniste *(Danton)*.

Darwinien, ienne*.
Davidien, ienne (Louis *David*, peintre).
Debussyste *(Debussy)*.
Dioclétien, enne *(Dioclétien)*.
Disraelien, enne *(Disraeli)*.
Dominicain, aine*.
Domitien, enne *(Domitien)*.
Donatiste*.
Don Juanesque *(Don Juan)*.
Don Quichotesque *(Don Quichotte)*.
Dostoïevskien, enne *(Dostoïevski)*.
Dreyfusard, arde*.

Einsteinien, ienne *(Einstein)*.
Élisabéthain, aine*.
Ellingtonien, ienne (Duke *Ellington*).
Épicurien, ienne*.
Érasmien, ienne *(Érasme)*.
Eschylien, ienne *(Eschyle)*.
Ésopique *(Ésope)*.
Euclidien, ienne*.
Euripidien, ienne *(Euripide)*.

Faradique *(Faraday)*.
Farnésien, ienne *(Farnèse)*.
Faustien, ienne *(Faust)*.
Fénelonien, ienne *(Fénelon)*.
Flaubertien, ienne *(Flaubert)*.
Flavien, enne (Titus *Flavius* Vespasianus-Vespasien).
Fouriériste*.
Francien, ienne (Anatole *France*).
Franciscain, aine*.
Franckiste (César *Franck*).
Franquiste*.
Freudien, ienne*.
Galiléen, enne *(Galilée)*.
Gandhiste *(Gandhi)*.
Gargantuesque *(Gargantua)*.
Garibaldien*.
Gassendiste *(Gassendi)*.
Gaulliste*.
Gidien, ienne *(Gide)*.
Giralducien, ienne *(Giraudoux)*.
Gladstonien, ienne *(Gladstone)*.
Gluckiste *(Gluck)*.
Gœthéen, éenne *(Gœthe)*.
Goyesque *(Goya)*.
Grégorien, ienne*.
Guesdiste *(Guesde)*.

Habsbourgeois, oise (les *Habsbourg*).
1. Hébertiste (Jacques *Hébert*, révolutionnaire).
2. Hébertiste (Georges *Hébert*. Cf. Hébertisme).
Hégélien, ienne*.
Héraclitéen, enne *(Héraclite)*.
Herculéen, enne*.
Hermétique*.
Hertzien, ienne*.
Hésiodique *(Hésiode)*.
Hiéronymien, ienne (saint *Jérôme*).
Hippocratique*.
Hitchcockien, ienne *(Hitchcock)*.
Hitlérien, ienne*.
Holbachique (d'*Holbach*).
Homérique*.
Horacien, Horatien, ienne *(Horace)*.
Hugolien, ienne *(Hugo)*.
Hussite*.

Ibsénien, ienne *(Ibsen)*.
Icarien, ienne*.
Ignacien, ienne (saint *Ignace* de Loyola).
Ingriste, Ingresque *(Ingres)*.
Isiaque*.
Ismaïlien, ienne *(Ismaël*, iman).

1. Jacobite *(Jacques* II d'Angleterre).
2. Jacobite *(Jacques* Baraddaï).
Janséniste.
Jennérien, ienne*.
Johannique*.
Joséphiste *(Joseph* II d'Autriche).
Julien, ienne*.
Jungien, ienne *(Jung)*.
Junonien, ienne*.
Jupitérien, ienne*.

Kafkaïen, ienne*.
Kantien, ienne*.
Keplérien, ienne *(Kepler)*.
Keynésien, ienne*.
Khrouchtchévien, ienne *(Khrouchtchev)*.
Kierkegaardien, ienne *(Kierkegaard)*.

Lamarckien, ienne*, Lamarckiste.
Lamartinien, ienne *(Lamartine)*.
Leibnizien, ienne *(Leibniz)*.
Léniniste*.
Linnéen, enne *(Linné)*.
Lockiste *(Locke)*.
Louis-Philippard, arde*.
Louis-quatorzien, ienne*.
Luthérien, ienne*.

Machiavélien, ienne, Machiavélique*.
Mallarméen, enne *(Mallarmé)*.
Malraucien, ienne *(Malraux)*.
Malthusien, ienne*.
Manuélin, ine*.
Mariste*, Marial*.
Marivaudesque *(Marivaux)*.
Marotique*.
Marxiste*, Marxien, ienne*.
Maurrassien, ienne *(Maurras)*.
Mauriacien, ienne *(Mauriac)*.
Ménaisien, ienne *(Lamennais)*.
Mendélien, ienne*.
Mendéssiste *(Mendès-France)*.
Mérovingien, ienne*.
Mesmérien, ienne*.
Michelangélesque *(Michel-Ange)*.
Mitchourinien, ienne *(Mitchourine)*.
Moliéresque*.
Molletiste (Guy *Mollet)*.
Mosaïque *(Moïse)*.
Mozartien, ienne *(Mozart)*.
Mussolinien, enne *(Mussolini)*.

Napoléonien, ienne*.
Nassérien, ienne *(Nasser)*.
Neptunien, ienne *(Neptune)*.
Nervalien, ienne *(Nerval)*.
Newtonien, ienne*.
Nietzschéen, enne *(Nietzsche)*.

Octavien, ienne *(Octave)*.
Œdipien, ienne *(Œdipe)*.
Orléaniste*.
Orphique*.
Ossianique*.
Ovidien, ienne *(Ovide)*.

Palladien, enne *(Palladio)*.
Pantagruélique*.
Pascalien, ienne *(Pascal)*.
Pastorien, ienne*, Pasteurien, ienne*.
Paulinien, ienne*.

Pavésien, ienne *(Pavèse)*.
Pavlovien, ienne *(Pavlov)*.
Péroniste *(Péron)*.
Pétainiste *(Pétain)*.
Pétrarquiste*.
Phidiesque *(Phidias)*.
Picassien, ienne *(Picasso)*.
Pickwickien, ienne *(Pickwick)*.
Pindarique*.
Pirandellien, ienne *(Pirandello)*.
Platonicien, ienne*, Platonique*.
Plinien, ienne *(Pline)*.
Plutonien, ienne*, Plutonique*.
Pompéien, enne*.
Poussiniste *(Poussin)*.
Praxitélien, ienne *(Praxitèle)*.
Prométhéen, enne*.
Proustien, ienne *(Proust)*.
Ptolémaïque*.
Pythagoréen, enne, Pythagoricien, ienne*.

Rabelaisien, ienne*.
Racinien, ienne*.
Raphaélique, Raphaélesque *(Raphaël)*.
Ravélien, ienne *(Ravel)*.
Rembranesque *(Rembrandt)*.
Riemannien, ienne*
Rimbaldien, ienne *(Rimbaud)*.
Robespierriste *(Robespierre)*.
Rocambolesque*.
Rossellinien, enne *(Rossellini)*.
Rousseauiste *(Rousseau)*.
Roussélien, ienne *(Roussel)*.

Sadique*, Sadien, ienne *(Sade)*.
Saducéen, enne*.
Saint-Simonien, enne*.
Saphique*.
Sardanapalesque*.
Sartrien, ienne *(Sartre)*.
Saturnien, ienne*.
Saussurien, ienne *(Saussure)*.
Schönberguien, ienne *(Schönberg)*.
Schubertien, ienne *(Schubert)*.
Schumanien, ienne *(Schuman)*.
Shakespearien, ienne*.
Socratique*.
Spinoziste*.
Stalinien, ienne*.
Stendhalien, ienne*.
Swedenborgien, ienne *(Swedenborg)*.
Swiftien, ienne *(Swift)*.

Tainien, ienne *(Taine)*.
Tchékhovien, ienne *(Tchékhov)*.
Thomiste*.
Tibérien, ienne *(Tibère)*.
Titianesque *(Titien)*.
Titiste *(Tito)*.
Tolstoïen, enne *(Tolstoï)*.
Trotskyste*.

Ubuesque*.

Valérien, enne *(Valéry)*.
Vénusien, ienne *(Vénus)*.
Verlainien, ienne *(Verlaine)*.
Victorien, enne*.
Virgilien, ienne *(Virgile)*.
Voltairien, ienne*.

Wagnérien, ienne*.
Wildien, ienne *(Wilde)*.

Zolien, ienne, Zoléen, enne (rare) *(Zola)*.
Zoroastrien, ienne*.

LISTE À DOUBLE ENTRÉE DES NOMS PROPRES DE LIEUX ET DES NOMS COMMUNS OU ADJECTIFS CORRESPONDANTS

REM. Les astérisques indiquent que le mot est traité à la nomenclature de cet ouvrage.

1. NOMS DE LIEUX ⟶ NOMS COMMUNS ET ADJECTIFS.

Abbeville, Somme *(Abbevillois, oise)*.
Ablon-sur-Seine, Val-de-Marne *(Ablonnais, aise)*.
Abyssinie *(Abyssin, ine* ou *Abyssinien, enne*)*. V. Éthiopie.
Acadie, Canada *(Acadien, enne*)*.
Afghânistân, Asie *(Afghân, ane*)*.
Afrique *(Africain, aine*)*.
Afrique du Nord *(Nord-Africain, aine*)*.
Afrique du Sud *(Sud-Africain, aine*)*.
Agen, Lot-et-Garonne *(Agenais, aise* ou *Agenois, oise)*.
Aigrefeuille-d'Aunis, Charente-Maritime *(Aigrefeuillais, aise)*.
Aiguebelle, Savoie *(Aiguebellain, aine)*.
Aigueperse, Puy-de-Dôme *(Aiguepersois, oise)*.
Aigues-Mortes, Gard *(Aigues-Mortais, aise)*.
Aiguilles-en-Queyras, Hautes-Alpes *(Aiguillon, onne)*.
Aiguillon, Lot-et-Garonne *(Aiguillonnais, aise)*.
Aigurande, Indre *(Aigurandais, aise)*.
Aire-sur-l'Adour, Landes *(Aturin, ine)*.
Aire-sur-la-Lys, Pas-de-Calais *(Airois, oise)*.
Airvault, Deux-Sèvres *(Airvaudais, aise)*.
Aix-en-Othe, Aube *(Aixois, oise)*.
Aix-en-Provence, Bouches-du-Rhône *(Aixois, oise* ou *Aquisextain, aine)*.
Aixe-sur-Vienne, Haute-Vienne *(Aixois, oise)*.
Aix-les-Bains, Savoie *(Aixois, oise)*.
Ajaccio, Corse *(Ajaccien, enne* ou *Ajacéen, enne)*.
Akkad, Mésopotamie *(Akkadien, ienne)*.
Albanie, Europe *(Albanais, aise)*.
Albert, Somme *(Albertin, ine)*.
Albertville, Savoie *(Albertvillain, aine* ou *Albertvillois, oise)*.
Albi, Tarn *(Albigeois, oise*)*.
Alençon, Orne *(Alençonnais, aise)*.
Alep, Syrie *(Aleppin, ine)*.
Alès, Gard *(Alésien, ienne)*.
Alexandrie, Égypte *(Alexandrin, ine*)*.
Alfortville, Val-de-Marne *(Alfortvillais, aise)*.
Alger, Algérie *(Algérois, oise*)*.
Algérie, Afrique *(Algérien, enne*)*.
Allauch, Bouches-du-Rhône *(Allaudien, ienne)*.
Allemagne, Europe *(Allemand, ande*)*.
Allos, Alpes-de-Haute-Provence *(Allosard, arde)*.
Alsace, France *(Alsacien, ienne*)*.
Ambérieu-en-Bugey, Ain *(Ambarrois, oise)*.
Ambert, Puy-de-Dôme *(Ambertois, oise)*.
Amboise, Indre-et-Loire *(Amboisien, ienne)*.
Amélie-les-Bains-Palalda, Pyrénées-Orientales *(Amélien, enne* ou *Palaldéen, enne)*.
Amérique *(Américain, aine*)*.
Amérique du Nord *(Nord-Américain, aine*)*.
Amiens, Somme *(Amiénois, oise)*.
Amou, Landes *(Amollais, aise)*.
Amsterdam, Pays-Bas *(Amstellodanien, ienne* ou *Amstellodanois, oise)*.
Ancenis, Loire-Atlantique *(Ancenien, enne)*.
Ancône, Italie *(Anconitain, aine)*.
Andalousie, Espagne *(Andalou, ouse*)*.
Andelys [Les], Eure *(Andelysien, ienne)*.
Andes, Amérique du Sud *(Andin, ine*)*.

Andorre [*principauté d'*], Europe *(Andorran, ane)*.
Angers, Maine-et-Loire *(Angevin, ine*)*.
Anglet, Pyrénées-Atlantiques *(Angloys, oise)*.
Angleterre, Grande-Bretagne, Europe *(Anglais, aise*)*.
Angola, Afrique *(Angolais, aise)*.
Angoulême, Charente *(Angoumois, oise* ou *Angoumoisin, ine)*.
Aniane, Hérault *(Anianais, aise)*.
Annam, Viêt-nam *(Annamite*)*.
Annecy, Haute-Savoie *(Annécien, enne)*.
Annemasse, Haute-Savoie *(Annemassien, ienne)*.
Annonay, Ardèche *(Annonéen, enne)*.
Annot, Alpes-de-Haute-Provence *(Annotain, aine)*.
Antibes, Alpes-Maritimes *(Antibois, oise)*.
Antilles, Amérique centrale *(Antillais, aise*)*.
Antony, Hauts-de-Seine *(Antonien, enne)*.
Antraigues-sur-Volane, Ardèche *(Antraiguin, ine)*.
Antrain, Ille-et-Vilaine *(Antrainois, oise)*.
Anvers, Belgique *(Anversois, oise)*.
Anzin, Nord *(Anzinois, oise)*.
Apt, Vaucluse *(Aptois, oise* ou *Aptésien, ienne)*.
Aquitaine, France *(Aquitain, aine)*.
Arabie, Asie *(Arabe*)*.
Aragon, Espagne *(Aragonais, aise)*.
Aramon, Gard *(Aramonais, aise)*.
Arbois, Jura *(Arboisien, ienne)*.
Arcachon, Gironde *(Arcachonnais, aise)*.
Arcadie, Grèce *(Arcadien, enne)*.
Arcis-sur-Aube, Aube *(Arcisien, ienne)*.
Ardenne, Belgique *(Ardennais, aise)*.
Arezzo, Italie *(Arétin, ine)*.
Argelès-Gazost, Hautes-Pyrénées *(Argelésien, ienne)*.
Argelès-sur-Mer, Pyrénées-Orientales *(Argelésien, ienne)*.
Argentan, Orne *(Argentanais, aise)*.
Argentat, Corrèze *(Argentaçois, oise)*.
Argenteuil, Val-d'Oise *(Argenteuillais, aise* ou *Argentolien, ienne)*.
Argentière-la-Bessée [L'], Hautes-Alpes *(Argentiérois, oise)*.
Argentine, Amérique du Sud *(Argentin, ine*)*.
Argenton-Château, Deux-Sèvres *(Argentonnais, aise)*.
Argenton-sur-Creuse, Indre *(Argentonnais, aise)*.
Argentré-du-Plessis, Ille-et-Vilaine *(Argentréen, enne)*.
Argent-sur-Sauldre, Cher *(Argentais, aise)*.
Ariège, Pyrénées *(Ariégeois, oise)*.
Arles, Bouches-du-Rhône *(Arlésien, ienne)*.
Arleux, Nord *(Arleusien, ienne)*.
Arménie, Union soviétique *(Arménien, enne*)*.
Armentières, Nord *(Armentiérois, oise)*.
Armorique, France *(Armoricain, aine)*.
Arnay-le-Duc, Côte-d'Or *(Arnétois, oise)*.
Arras, Pas-de-Calais *(Arrageois, oise)*.
Ars-en-Ré, Charente-Maritime *(Arsais, aise)*.
Artois, France *(Artésien, ienne)*.
Ascq, Nord *(Ascquois, oise)*.
Asie *(Asiate* ou *Asiatique*)*.
Asnières, Hauts-de-Seine, *(Asniérois, oise)*.
Assyrie, Asie *(Assyrien, enne*)*.

Asturies, Espagne *(Asturien, enne)*.
Athènes, Grèce *(Athénien, ienne*)*.
Athis-de-l'Orne, Orne *(Athisien, ienne)*.
Athis-Mons, Essonne *(Athésien, ienne* ou *Athémontien, ienne)*.
Aubervilliers, Seine-Saint-Denis *(Albervilliarien, ienne)*.
Aubeterre-sur-Dronne, Charente *(Aubeterrien, ienne)*.
Aubigny-sur-Nère, Cher *(Albinien, enne)*.
Aubusson, Creuse *(Aubussonnais, aise)*.
Auch, Gers *(Auscitain, aine* ou *Auchois, oise)*.
Auchel, Pas-de-Calais *(Auchellois, oise)*.
Audierne, Finistère *(Audiernais, aise)*.
Audincourt, Doubs *(Audincourtois, oise)*.
Audruicq, Pas-de-Calais *(Audruicquois, oise)*.
Audun-le-Roman, Meurthe-et-Moselle *(Audunois, oise)*.
Aulnay-sous-Bois, Seine-Saint-Denis *(Aulnaisien, ienne)*.
Aulnoye-Aymeries, Nord *(Aulnoyen, enne* ou *Aulnésien, ienne)*.
Ault, Somme *(Aultois, oise)*.
Aumale, Seine-Maritime *(Aumalois, oise)*.
Aunay-sur-Odon, Calvados *(Aunais, aise)*.
Auneau, Eure-et-Loir *(Alnélois, oise* ou *Aunélien, ienne)*.
Aunis, France *(Aunisien, ienne)*.
Aups, Var *(Aupsois, oise)*.
Auray, Morbihan *(Alréen, enne)*.
Aurignac, Haute-Garonne *(Aurignacien, ienne)*.
Aurillac, Cantal *(Aurillacois, oise)*.
Australie *(Australien, enne)*.
Autriche, Europe *(Autrichien, ienne)*.
Autun, Saône-et-Loire *(Autunois, oise)*.
Auvergne, France *(Auvergnat, ate*)*.
Auxerre, Oise *(Auxerrois, oise)*.
Avallon, Yonne *(Avallonnais, aise)*.
Avesnes-sur-Helpe, Nord *(Avesnois, oise)*.
Avignon, Vaucluse *(Avignonnais, aise)*.
Avranches, Manche *(Avranchais, aise)*.
Azerbaïdjan, Union soviétique *(Azerbaïdjanais, aise)*.

Babylone, Mésopotamie *(Babylonien, ienne)*.
Baccarat, Meurthe-et-Moselle *(Bachânois, oise)*.
Bade, Allemagne *(Badois, oise)*.
Badonviller, Meurthe-et-Moselle *(Badonvillais, aise)*.
Bagnères-de-Bigorre, Hautes-Pyrénées *(Bagnérais, aise)*.
Baixas, Pyrénées-Orientales *(Bachanenchs* [invar.]*)*.
Bâle, Suisse *(Bâlois, oise)*.
Bali, Asie *(Balinais, aise)*.
Banyuls-sur-Mer, Pyrénées-Orientales *(Banyulenc, ence* ou *Banyulais, aise)*.
Bapaume, Pas-de-Calais *(Bapalmois, oise)*.
Barcelone, Espagne *(Barcelonais, aise)*.
Barcelonnette, Alpes-de-Haute-Provence *(Barcelonnettain, aine)*.
Bar-le-Duc, Meuse *(Barrisien, ienne)*.
Bar-sur-Aube, Aube *(Barrois, oise* ou *Barralbin, ine)*.
Basque [Pays] *(Basque*, basquaise** ou *Euscarien, enne*)*.
Bastia, Corse *(Bastiais, aise)*.
Bavière, Allemagne *(Bavarois, oise)*.
Bayeux, Calvados *(Bayeusain, aine* ou *Bajocasse)*.
Bayonne, Basses-Pyrénées *(Bayonnais, aise)*.
Béarn, France *(Béarnais, aise*)*.
Beauce, France *(Beauceron, onne)*.
Beaune, Côte-d'Or *(Beaunois, oise)*.
Beauvais, Oise *(Beauvaisien, ienne* ou *Beauvaisin, ine)*.
Belfort [Territoire de], France *(Belfortin, ine* ou *Belfortain, aine)*.
Belgique, Europe *(Belge*)*.
Bellac, Haute-Vienne *(Bellacquais, aise* ou *Bellachon, onne)*.
Belley, Ain *(Belleysan, ane)*.

Béotie, Grèce *(Béotien, enne*)*.
Bergerac, Dordogne *(Bergeracois, oise)*.
Berlin, Allemagne *(Berlinois, oise)*.
Bernay, Eure *(Bernayen, enne)*.
Berne, Suisse *(Bernois, oise)*.
Berry, France *(Berrichon, onne)*.
Besançon, Doubs *(Bisontin, ine)*.
Béthune, Pas-de-Calais *(Béthunois, oise)*.
Béziers, Hérault *(Biterrois, oise)*.
Biarritz, Pyrénées-Atlantiques *(Biarrot, ote)*.
Bidart, Pyrénées-Atlantiques *(Bidartois, oise)*.
Biélorussie, Union soviétique *(Biélorusse)*.
Binche, Belgique *(Binchois, oise)*.
Birmanie, Asie *(Birman, ane)*.
Biscaye [La], Espagne *(Biscaïen, enne)*.
Bizerte, Tunisie *(Bizertin, ine)*.
Blanc [Le], Indre *(Blancois, oise)*.
Blangy-sur-Bresle, Seine-Maritime *(Blangeois, oise)*.
Blaye, Gironde *(Blayais, aise)*.
Blois, Loir-et-Cher *(Blaisois, oise* ou *Blésois, oise)*.
Bohême, Tchécoslovaquie *(Bohémien, ienne*)*.
Bolivie, Amérique du Sud *(Bolivien, enne)*.
Bologne, Italie *(Bolonais, aise)*.
Bône, Algérie *(Bônois, oise)*.
Bonifacio, Corse *(Bonifacien, enne)*.
Bonneville, Haute-Savoie *(Bonnevillois, oise)*.
Bordeaux, Gironde *(Bordelais, aise)*.
Borinage, Belgique *(Borin, ine* ou *Borain, aine)*.
Bosnie, Yougoslavie *(Bosniaque* ou *Bosnien, ienne)*.
Boston, États-Unis *(Bostonien, ienne)*.
Boucau [Le], Pyrénées-Atlantiques *(Boucalais, aise)*.
Bougival, Yvelines *(Bougivalais, aise)*.
Boulay-Moselle, Moselle *(Boulageois, oise)*.
Boulogne-sur-Mer, Pas-de-Calais *(Boulonnais, aise* ou *Boulenois, oise)*.
Bourbonnais, France *(Bourbonnais, aise)*.
Bourbourg, Nord *(Bourbourgeois, oise)*.
Bourg-de-Péage, Drôme *(Péageois, oise)*.
Bourg-en-Bresse, Ain *(Bressan, ane* ou *Burgien, ienne)*.
Bourges, Cher *(Berruyer, ère)*.
Bourg-la-Reine, Hauts-de-Seine *(Réginaborgien, ienne)*.
Bourgogne, France *(Bourguignon, onne)*.
Brabant, Belgique *(Brabançon, onne*)*.
Brandebourg, Allemagne *(Brandebourgeois, oise)*.
Brésil, Amérique du Sud *(Brésilien, ienne*)*.
Bresse, France *(Bressan, ane)*.
Bressuire, Deux-Sèvres *(Bressuirais, aise)*.
Brest, Finistère *(Brestois, oise)*.
Bretagne, France *(Breton, onne)*.
Briançon, Hautes-Alpes *(Briançonnais, aise)*.
Brie, France *(Briard, arde*)*.
Brière [La], France *(Briéron, onne)*.
Briey, Meurthe-et-Moselle *(Briotin, ine)*.
Brioude, Haute-Loire *(Brivadois, oise)*.
Brive-la-Gaillarde, Corrèze *(Brivois, oise)*.
Brou, Eure-et-Loir *(Broutain, aine)*.
Bruay-en-Artois, Pas-de-Calais *(Bruaysien, ienne)*.
Bruges, Belgique *(Brugeois, oise)*.
Bruxelles, Belgique *(Bruxellois, oise)*.
Bulgarie, Europe *(Bulgare*)*.
Byzance, Europe *(Byzantin, ine*)*. V. Istanbul.

Cadix, Espagne *(Gaditan, ane)*.
Caen, Calvados *(Caennais, aise* ou *Caenais, aise)*.
Cahors, Lot *(Cadurcien, ienne, Cahorsin, ine* ou *Cahorsain, aine)*.
Caire [Le], Égypte *(Cairote)*.
Calabre, Italie *(Calabrais, aise*)*.
Calais, Pas-de-Calais *(Calaisien, ienne)*.
Californie, États-Unis *(Californien, enne)*.
Calvi, Corse *(Calvais, aise)*.
Camargue, France *(Camarguais, aise, Camarguin, ine* ou *Camarguen, enne)*.
Cambodge, Asie *(Cambodgien, ienne)*.
Cambrai, Nord *(Cambrésien, ienne)*.

Canaan [*pays de*] *(Cananéen, enne*)*.
Canada, Amérique du Nord *(Canadien, ienne*)*.
Canaries [*îles*], Espagne *(Canarien, enne)*.
Cannes, Alpes-Maritimes *(Cannois, oise* ou *Cannais, aise)*.
Cantal, France *(Cantalien, ienne)*.
Capoue, Italie *(Capouan, ane)*.
Carcassonne, Aude *(Carcassonnais, aise* ou *Carcassonnois, oise)*.
Carpentras, Vaucluse *(Carpentrassien, ienne)*.
Carquefou, Loire-Atlantique *(Carquefolien, ienne)*.
Carrières-sur-Seine, Yvelines *(Carriérois, oise)*.
Carthage, Tunisie *(Carthaginois, oise*)*.
Casablanca, Maroc *(Casablancais, aise)*.
Cassis, Bouches-du-Rhône *(Cassiden, enne)*.
Castellane, Alpes-de-Haute-Provence *(Castellanais, aise)*.
Castelnaudary, Aude *(Castelnaudarien, enne)*.
Castelsarrasin, Tarn-et-Garonne *(Castelsarrasinois, oise)*.
Castille, Espagne *(Castillan, ane*)*.
Castres, Tarn *(Castrais, aise)*.
Catalogne, Espagne *(Catalan, ane*)*.
Caucase, Union soviétique *(Caucasien, ienne*)*.
Cerdagne, Espagne *(Cerdan, ane* ou *Cerdagnol, ole)*.
Céret, Pyrénées-Orientales *(Cérétan, ane)*.
Cévennes, France *(Cévenol, ole)*.
Ceylan, Asie *(Cingalais, aise* ou *Ceylanais, aise)*.
Chaldée *(Chaldéen, enne*)*.
Châlons-sur-Marne, Marne *(Châlonnais, aise)*.
Chalon-sur-Saône, Saône-et-Loire *(Chalonnais, aise)*.
Chambéry, Savoie *(Chambérien, enne)*.
Chamonix, Haute-Savoie *(Chamoniard, arde)*.
Champagne, France *(Champenois, oise*)*.
Charente, France *(Charentais, aise)*.
Charleroi, Belgique *(Carolorégien, enne)*.
Charolles, Saône-et-Loire *(Charollais, aise)*.
Chartres, Eure-et-Loir *(Chartrain, aine)*.
Châteaubriant, Loire-Atlantique *(Castelbriantais, aise)*.
Château-Chinon, Nièvre *(Château-Chinonais, aise)*.
Châteaudun, Eure-et-Loir *(Dunois, oise)*.
Château-Gontier, Mayenne *(Castro-Gontérien, ienne)*.
Châteaulin, Finistère *(Castellinois, oise* ou *Châteaulinois, oise)*.
Châteauroux, Indre *(Castelroussin, ine* ou *Châteauroussin, ine)*.
Château-Salins, Moselle *(Castelsalinois, oise)*.
Château-Thierry, Aisne *(Castrothéodoricien, ienne)*.
Châtellerault, Vienne *(Châtelleraudais, aise)*.
Châtre [La], Indre *(Castrais, aise)*.
Chaumont, Haute-Marne *(Chaumontais, aise* ou *Chaumontois, oise)*.
Cherbourg, Manche *(Cherbourgeois, oise)*.
Chili, Amérique du Sud *(Chilien, enne*)*.
Chine, Asie *(Chinois, oise*)*.
Chinon, Indre-et-Loire *(Chinonais, aise)*.
Cholet, Maine-et-Loire *(Choletais, aise)*.
Chypre *(Cypriote** ou *Chypriote)*.
Ciotat [La], Bouches-du-Rhône *(Ciotaden, enne)*.
Cirey-sur-Vezouve, Meurthe-et-Moselle *(Ciréen, enne)*.
Civray, Vienne *(Civraisien, ienne)*.
Clamart, Hauts-de-Seine *(Clamariot, iote* ou *Clamartois, oise)*.
Clamecy, Nièvre *(Clamecyçois, oise)*.
Clermont, Oise *(Clermontois, oise)*.
Clermont-Ferrand, Puy-de-Dôme *(Clermontois, oise)*.
Cluses, Haute-Savoie *(Clusien, ienne)*.
Cochinchine, Asie *(Cochinchinois, oise)*.
Cognac, Charente *(Cognaçais, aise)*.
Colmar, Haut-Rhin *(Colmarien, ienne)*.
Colombie, Amérique du Sud *(Colombien, enne)*.
Commercy, Meuse *(Commercien, enne)*.
Compiègne, Oise *(Compiégnois, oise)*.
Concarneau, Finistère *(Concarnois, oise)*.

Condom, Gers *(Condomois, oise)*.
Confolens, Charente *(Confolentais, aise* ou *Confolennais, aise)*.
Congo, Afrique *(Congolais, aise*)*.
Constantine, Algérie *(Constantinois, oise)*.
Corbeil-Essonnes, Essonne *(Corbeillais, aise* ou *Corbeillois, oise)*.
Cordoue, Espagne *(Cordouan, ane)*.
Corée, Asie *(Coréen, enne*)*.
Corée du Nord *(Nord-Coréen, enne*)*.
Corée du Sud *(Sud-Coréen, enne)*.
Corfou, Grèce *(Corfiote)*.
Corse, France *(Corse*)*.
Corte, Corse *(Cortenais, aise)*.
Cosne-sur-Loire, Nièvre *(Cosnois, oise)*.
Côte-d'Ivoire, Afrique *(Ivoirien, ienne)*.
Côte-Saint-André [La], Isère *(Côtois, oise)*.
Coulommiers, Seine-et-Marne *(Columérien, ienne)*.
Courtrai, Belgique *(Courtraisien, ienne)*.
Coutances, Manche *(Coutançais, aise)*.
Creil, Oise *(Creillois, oise)*.
Crète [*île de*], Grèce *(Crétois, oise* ou *Candiote)*.
Creuse, France *(Creusois, oise)*.
Croatie, Yougoslavie *(Croate)*.
Croisic [Le], Loire-Atlantique *(Croisicais, aise)*.
Cuba, Amérique centrale *(Cubain, aine*)*.

Dahomey, Afrique *(Dahoméen, enne)*.
Damas, Syrie *(Damascène)*.
Danemark, Europe *(Danois, oise*)*.
Danube, Europe centrale *(Danubien, ienne)*.
Dauphiné, France *(Dauphinois, oise*)*.
Dax, Landes *(Dacquois, oise)*.
Délos, Grèce *(Délien, ienne* ou *Déliaque)*.
Denain, Nord *(Denaisien, ienne)*.
Die, Drôme *(Diois, oise)*.
Dieppe, Seine-Maritime *(Dieppois, oise)*.
Digne, Alpes-de-Haute-Provence *(Dignois, oise* ou *Dinien, enne)*.
Dijon, Côte-d'Or *(Dijonnais, aise)*.
Dinan, Côtes-du-Nord *(Dinannais, aise)*.
Dole, Jura *(Dolois, oise)*.
Douai, Nord *(Douaisien, ienne)*.
Douarnenez, Finistère *(Douarneniste* ou *Douarnézien, ienne)*.
Draguignan, Var *(Draguignanais, aise* ou *Dracenois, oise)*.
Dreux, Eure-et-Loir *(Durocasse* ou *Drouai, aise)*.
Dunkerque, Nord *(Dunkerquois, oise)*.

Écosse, Grande-Bretagne *(Écossais, aise*)*.
Édimbourg, Écosse *(Édimbourgeois, oise)*.
Égypte, Proche-Orient *(Égyptien, ienne*)*.
Elbe [*île d'*], Italie *(Elbois, oise)*.
Elbeuf, Seine-Maritime *(Elbovien, ienne* ou *Elbeuvien, ienne)*.
Épernay, Marne *(Sparnacien, enne)*.
Épinal, Vosges *(Spinalien, enne)*.
Équateur, Amérique du Sud *(Équatorien, ienne)*.
Espagne, Europe *(Espagnol, ole*)*.
Estonie, Union soviétique *(Este** ou *Estonien, ienne*)*.
Étampes, Essonne *(Étampois, oise)*.
États-Unis d'Amérique *(Américain, aine* ou *Yankee*)*.
Éthiopie, Afrique *(Éthiopien, enne)*.
Étolie, Grèce *(Étolien, enne)*.
Étrurie, Italie *(Étrusque*)*.
Europe *(Européen, enne*)*.
Évaux-les-Bains, Creuse *(Évahonnien, ienne)*.
Évian-les-Bains, Haute-Savoie *(Évianais, aise)*.
Évry, Essonne *(Évryen, enne)*.

Faouët [Le], Morbihan *(Faouétais, aise)*.
Fécamp, Seine-Maritime *(Fécampois, oise)*.
Fère-Champenoise, Marne *(Ferton, one)*.
Ferrare, Italie *(Ferrarais, aise)*.

Fez, Maroc *(Fassis)*.
Figeac, Lot *(Figeacois, oise)*.
Finistère, France *(Finistérien, ienne)*.
Finlande, Europe *(Finnois, oise* ou Finlandais, aise*)*.
Flandre, Europe *(Flamand, ande)*.
Flandres, Europe *(Flandrien, ienne)*.
Flèche [La], Sarthe *(Fléchois, oise)*.
Flers-de-l'Orne, Orne *(Flérois, oise)*.
Fleurance, Gers *(Fleurantin, ine)*.
Florac, Lozère *(Floracois, oise)*.
Florence, Italie *(Florentin, ine)*.
Foix, Ariège *(Fuxéen, enne)*.
Fontainebleau, Seine-et-Marne *(Bellifontain, aine)*.
Fontenay-le-Comte, Vendée *(Fontenaisien, ienne)*.
Forbach, Moselle *(Forbachois, oise ou Forbachais, aise)*.
Forcalquier, Alpes-de-Haute-Provence *(Forcalquiérais, aise)*.
Forges-les-Eaux, Seine-Maritime *(Forgien, ienne)*.
Formose, Asie *(Formosan, ane)*.
Fouesnant, Finistère *(Fouesnantais, aise)*.
Fougères, Ille-et-Vilaine *(Fougerais, aise)*.
Fouras, Charente-Maritime *(Fourasien, ienne)*.
Fourchambault, Nièvre *(Fourchambaltais, aise)*.
Fourmies, Nord *(Fourmésien, ienne ou Fourmisien, ienne)*.
France, Europe *(Français, aise*)*.
Francfort-sur-le-Main, Allemagne *(Francfortais, aise)*.
Franche-Comté, France *(Franc-Comtois, oise)*.
Fréjus, Var *(Fréjussien, ienne)*.
Fribourg, Suisse *(Fribourgeois, oise)*.
Frise, Pays-Bas *(Frison, onne*)*.

Gabon, Afrique *(Gabonais, aise)*.
Galice, Espagne *(Galicien, ienne)*.
Galilée, Israël *(Galiléen, enne*)*.
Galles [pays de], Grande-Bretagne *(Gallois, oise*)*.
Gand, Belgique *(Gantois, oise)*.
Gap, Hautes-Alpes *(Gapençais, aise)*.
Gascogne, France *(Gascon, onne*)*.
Gaspé ou Gaspésie [péninsule de], Canada *(Gaspésien, enne)*.
Gaule *(Gaulois, oise*)*. V. France.
Gênes, Italie *(Génois, oise*)*.
Genève, Suisse *(Genevois, oise)*.
Géorgie, Union soviétique *(Géorgien, enne*)*.
Germanie *(Germain, aine*)*. V. Allemagne.
Gévaudan [Le], Lozère *(Gabalitain, aine)*.
Gex, Ain *(Gessien, ienne)*.
Ghâna, Afrique *(Ghanéen, enne)*.
Gien, Loiret *(Giennois, oise)*.
Gironde, France *(Girondin, ine*)*.
Gisors, Eure *(Gisorsien, ienne)*.
Gourdon, Lot *(Gourdonnais, aise)*.
Grande-Bretagne, Europe *(Britannique*)*.
Grasse, Alpes-Maritimes *(Grassois, oise)*.
Grèce, Europe *(Grec, Grecque)*.
Grenade, Espagne *(Grenadin, ine)*.
Grenoble, Isère *(Grenoblois, oise)*.
Grisons [canton des], Suisse *(Grison, onne)*.
Groenland, Amérique du Nord *(Groenlandais, aise)*.
Guadeloupe, Antilles fr. *(Guadeloupéen, enne)*.
Guatemala, Amérique centrale *(Guatémalien, ienne ou Guatémaltèque)*.
Guebwiller, Haut-Rhin *(Guebvillérois, oise)*.
Guérande, Loire-Atlantique *(Guérandais, aise)*.
Guéret, Creuse *(Guérétois, oise)*.
Guernesey [île de], Grande-Bretagne *(Guernesiais, aise)*.
Guinée, Afrique *(Guinéen, enne)*.
Guingamp, Côtes-du-Nord *(Guingampois, oise)*.
Guyane, Amérique du Sud *(Guyanais, aise)*.

Hagetmau, Landes *(Hagetmautien, ienne)*.
Haguenau, Bas-Rhin *(Haguenovien, ienne)*.

Hainaut, Belgique *(Hannuyer, ère ou Hainuyer, ère)*.
Haïti, Amérique centrale *(Haïtien, enne)*.
Halifax, Canada *(Haligonien, ienne)*.
Hallicourt, Pas-de-Calais *(Hallicourtois, oise)*.
Ham, Somme *(Hamois, oise)*.
Hambourg, Allemagne *(Hambourgeois, oise)*.
Hanovre, Allemagne *(Hanovrien, ienne)*.
Havane [La], Cuba *(Havanais, aise*)*.
Havre [Le], Seine-Maritime *(Havrais, aise)*.
Hawaï [îles], Polynésie *(Hawaïen, enne)*.
Haye [La], Pays-Bas *(Hacquenois, oise)*.
Haye-du-Puits [La], Manche *(Haytillon, onne)*.
Hédé, Ille-et-Vilaine *(Hédéen, enne)*.
Hellade *(Hellène)*. V. Grèce.
Hendaye, Pyrénées-Atlantiques *(Hendayais, aise)*.
Hennebont, Morbihan *(Hennebontais, aise)*.
Hirson, Aisne *(Hirsonnais, aise)*.
Hollande, Europe *(Hollandais, aise* ou Néerlandais, aise)*. V. Pays-Bas.
Honduras, Amérique centrale *(Hondurien, ienne)*.
Honfleur, Calvados *(Honfleurais, aise ou Honfleurois, oise)*.
Hongrie, Europe *(Hongrois, oise* ou Magyar, e)*.
Hull, Canada *(Hullois, oise)*.
Hyères, Var *(Hyérois, oise)*.

Ibérie, Gaule-Espagne *(Ibère*)*.
Inde, Asie *(Indien, ienne)*.
Indochine, Asie *(Indochinois, oise*)*.
Indonésie, Asie *(Indonésien, enne*)*.
Ionie *(Ionien, enne*)*.
Iran, Proche-Orient *(Iranien, ienne*)*.
Iraq ou Irak, Proche-Orient *(Irakien, ienne)*.
Irlande *(Irlandais, aise*)*.
Isère, France *(Isérois, oise ou Iseran, ane)*.
Isigny-sur-Mer, Calvados *(Isignais, aise)*.
Islande, Europe *(Islandais, aise*)*.
Isle-Jourdain [L'], Gers *(Islois, oise)*.
Israël, Proche-Orient *(Israélien, ienne)*.
Issoire, Puy-de-Dôme *(Issorien, ienne ou Issoirien, ienne)*.
Issoudun, Indre *(Issoldunois, oise ou Issoudunois, oise)*.
Issy-les-Moulineaux, Hauts-de-Seine *(Issisois, oise)*.
Istanbul, Turquie *(Istanbuliote)*.
Italie, Europe *(Italien, enne)*.

Jamaïque, Antilles *(Jamaïquain, aine*)*.
Japon, Asie *(Japonais, aise*)*.
Jargeau, Loiret *(Gergolien, ienne)*.
Java, Indonésie *(Javanais, aise)*.
Jersey [île de] *(Jersiais, aise)*.
Jérusalem, Israël *(Hiérosolymite ou Hiérosolymitain, aine)*.
Joinville, Haute-Marne *(Joinvillois, oise)*.
Jonzac, Charente-Maritime *(Jonzacais, aise)*.
Jordanie, Proche-Orient *(Jordanien, enne*)*.
Jura, France *(Jurassien, ienne)*.

Kabylie, Algérie *(Kabyle)*.
Kalmoukie, Union soviétique *(Kalmouk ou Kalmuk)*.
Kazakhstan, Union soviétique *(Kazakh)*.
Kenya, Afrique *(Kenyen, enne)*.
Kirghizistan, Union soviétique *(Kirghiz, e)*.
Koweit, Arabie *(Koweitien, ienne)*.

Labrador [péninsule du], Canada *(Labradorien, ienne)*.
Lacaune, Tarn *(Lacaunois, oise)*.
Lagnieu, Ain *(Lagneusin, ine)*.
Landerneau, Finistère *(Landernéen, enne)*.
Landes, France *(Landais, aise*)*.
Landivisiau, Finistère *(Landivisien, enne)*.
Landrecies, Nord *(Landrecien, enne)*.
Langogne, Lozère *(Langonais, aise)*.
Langon, Gironde *(Langonnais, aise)*.
Langres, Haute-Marne *(Langrois, oise)*.

Languedoc, France *(Languedocien, ienne)*.
Lanmeur, Finistère *(Lanmeurien, ienne)*.
Lannion, Côtes-du-Nord *(Lannionais, aise)*.
Laon, Aisne *(Laonnois, oise)*.
Laos, Asie *(Laotien, ienne*)*.
Lapalisse, Allier *(Lapalissois, oise)*.
Laponie, Europe *(Lapon, one*)*.
Lausanne, Suisse *(Lausannois, oise)*.
Laval, Mayenne *(Lavallois, oise)*.
Leipzig, Allemagne *(Leipzigois, oise)*.
Lens, Pas-de-Calais *(Lensois, oise)*.
Léon [*pays de*], Bretagne *(Léonais, aise* ou *Léonard, arde)*.
Lesbos, Grèce *(Lesbien, ienne*)*.
Lescar, Pyrénées-Atlantiques *(Lescarien, ienne)*.
Lesparre-Médoc, Gironde *(Lesparrain, aine)*.
Lettonie, Union soviétique *(Letton, one*, Lette** ou *Latvien, ienne)*.
Levant *(Levantin, ine*)*.
Liban, Proche-Orient *(Libanais, aise*)*.
Libéria, Afrique *(Libérien, enne)*.
Libourne, Gironde *(Libournais, aise)*.
Libye, Afrique *(Libyen, enne)*.
Liège, Belgique *(Liégeois, oise*)*.
Ligurie, Italie *(Ligurien, enne)*.
Lille, Nord *(Lillois, oise)*.
Lima, Pérou *(Liménien, ienne)*.
Limousin, France *(Limousin, ine** ou *Limougeaud, eaude)*.
Limoux, Aude *(Limouxin, ine)*.
Lisbonne, Portugal *(Lisbonnin, ine)*.
Lisieux, Calvados *(Lexovien, ienne)*.
Lituanie, Union soviétique *(Lituanien, enne** ou *Lithuanien, enne*)*.
Livourne, Italie *(Livournais, aise)*.
Loches, Indre-et-Loire *(Lochois, oise)*.
Loctudy, Finistère *(Loctudyste)*.
Lodève, Hérault *(Lodévois, oise)*.
Lombardie, Italie *(Lombard, arde*)*.
Lomme, Nord *(Lommois, oise)*.
Londres, Angleterre *(Londonien, ienne*)*.
Longjumeau, Essonne *(Longjumellois, oise)*.
Longny-au-Perche, Orne *(Longnycien, ienne)*.
Longwy, Meurthe-et-Moselle *(Longovicien, ienne)*.
Lons-le-Saulnier, Jura *(Lédonien, ienne)*.
Loos, Nord *(Loossois, oise)*.
Lorraine, France*(Lorrain, aine*)*.
Loudéac, Côtes-du-Nord *(Loudéacien, ienne)*.
Loudun, Vienne *(Loudunois, oise)*.
Louhans, Saône-et-Loire *(Louhannais, aise)*.
Louisiane [*État de la*], États-Unis *(Lousianais, aise)*.
Lourdes, Hautes-Pyrénées *(Lourdois, oise* ou *Lourdais, aise)*.
Louvain, Belgique *(Louvaniste)*.
Louveciennes, Yvelines *(Luciennois, oise)*.
Louviers, Eure *(Lovérien, ienne)*.
Lucanie, Italie *(Lucanien, ienne)*.
Lucques, Italie *(Lucquois, oise)*.
Lunéville, Meurthe-et-Moselle *(Lunévillois, oise)*.
Lurcy-Lévis, Allier *(Lurcyquais, oise)*.
Lure, Haute-Saône *(Luron, onne)*.
Lusitanie *(Lusitanien, enne** ou *Lusitain, aine)*.
Lussac, Gironde *(Lussacois, oise)*.
Luxembourg, Europe *(Luxembourgeois, oise)*.
Luzarches, Val-d'Oise *(Luzarchois, oise)*.
Lydie *(Lydien, enne*)*.
Lyon, Rhône *(Lyonnais, aise)*.
Lyons-la-Forêt, Eure *(Lyonsais, aise)*.

Macédoine, Grèce *(Macédonien, ienne)*.
Machecoul, Loire-Atlantique *(Machecoulois, oise)*.
Mâcon, Saône-et-Loire *(Mâconnais, oise)*.
Madagascar, Afrique du Sud *(Malgache*)*.
Madeleine [*île de la*], Canada *(Madelinot, ote)*.
Madère, Portugal *(Madérien, ienne* ou *Madérois, oise)*.
Madrid, Espagne *(Madrilène)*.

Maghreb, Afrique *(Maghrébin, ine)*.
Maintenon, Eure-et-Loir *(Maintenonnois, oise)*.
Maine, France *(Manceau, elle)*.
Majorque, Espagne *(Majorquin, ine)*.
Malabâr, Indes *(Malabare)*.
Malaisie, Asie *(Malais, aise)*.
Mali, Afrique *(Malien, enne*)*.
Malines, Belgique *(Malinois, oise)*.
Malte, Europe *(Maltais, aise)*.
Mamers, Sarthe *(Mamertin, ine)*.
Man [*île de*], Grande-Bretagne *(Mannois, oise)*.
Mandchourie *(Mandchou, e)*.
Manitoba [*province du*], Canada *(Manitobain, aine)*.
Manosque, Alpes-de-Haute-Provence *(Manosquin, ine)*.
Mans [*région du*], France *(Manceau, elle)*.
Mantes-la-Jolie, Yvelines *(Mantais, aise)*.
Mantes-la-Ville, Yvelines *(Mantevillois, oise)*.
Mantoue, Italie *(Mantouan, ane)*.
Marans, Charente-Maritime *(Marandais, aise)*.
Marcq-en-Barœul, Nord *(Marcquois, oise)*.
Marennes, Charente-Maritime *(Marennais, aise)*.
Marignane, Bouches-du-Rhône *(Marignanais, aise)*.
Maringues, Puy-de-Dôme *(Maringois, oise)*.
Marle, Aisne *(Marlois, oise)*.
Marly-le-Roi, Yvelines *(Marlychois, oise)*.
Marmande, Lot-et-Garonne *(Marmandais, aise)*.
Maroc, Afrique *(Marocain, aine*)*.
Maromme, Seine-Maritime *(Marommais, aise)*.
Mars, planète *(Martien, ienne*)*.
Marseille, Bouches-du-Rhône *(Marseillais, aise*, Massaliote** ou *Phocéen, enne*)*.
Martigues, Bouches-du-Rhône *(Martégaux* ou *Martigaux* [plur.]*)*.
Martinique, Antilles fr. *(Martiniquais, aise)*.
Marvejols, Lozère *(Marvejolais, aise)*.
Masevaux, Haut-Rhin *(Masopolitain, aine)*.
Matha, Charente-Maritime *(Mathalien, ienne)*.
Maubeuge, Nord *(Maubeugeois, oise)*.
Maubourguet, Hautes-Pyrénées *(Maubourguetois, oise)*.
Mauriac, Cantal *(Mauriacois, oise)*.
Maurice [*île*], Océan Indien *(Mauricien, ienne)*.
Mayence, Allemagne *(Mayençais, oise)*.
Mayenne [dép. et ville de France] *(Mayennais, aise)*.
Mazamet, Tarn *(Mazamétain, aine)*.
Meaux, Seine-et-Marne *(Meldois, oise)*.
Mélanésie *(Mélanésien, enne*)*.
Melun, Seine-et-Marne *(Melunois, oise, Melunais, aise* ou *Melodunois, oise)*.
Mende, Lozère *(Mendois, oise)*.
Mennetou-sur-Cher, Loir-et-Cher *(Mennetousien, ienne)*.
Menton, Alpes-Maritimes *(Mentonnais, aise)*.
Merdrignac, Côtes-du-Nord *(Merdrignacien, ienne)*.
Mers-les-Bains, Somme *(Mersois, oise)*.
Merville, Nord *(Mervillois, oise)*.
Mesnil-le-Roi [Le], Yvelines *(Mesnilois, oise)*.
Mésopotamie *(Mésopotamien, enne*)*.
Metz, Moselle *(Messin, ine)*.
Meudon, Hauts-de-Seine *(Meudonnais, aise)*.
Meulan, Yvelines *(Meulanais, aise)*.
Meursault, Côte-d'Or *(Meurisaltien, ienne)*.
Mexique, Amérique centrale *(Mexicain, aine*)*.
Meyrueis, Lozère *(Meyrueisien, ienne)*.
Mézières, Ardennes *(Macérien, ienne)*.
Milan, Italie *(Milanais, aise)*.
Millau, Aveyron *(Millavois, oise)*.
Milly-la-Forêt, Essonne *(Milliacois, oise)*.
Mimizan, Landes *(Mimizannais, aise)*.
Minho, Portugal *(Minhote)*.
Minorque, Espagne *(Minorquin, ine)*.
Miramas, Bouches-du-Rhône *(Miramassen, enne)*.
Mirande, Gers *(Mirandais, aise)*.
Mirebeau, Vienne *(Mirebalais, aise)*.
Mirepoix, Ariège *(Mirapicien, enne)*.
Miribel, Ain *(Miribelan, ane)*.

Modane, Savoie *(Modanais, aise)*.
Modène, Italie *(Modénais, aise)*.
Mohon, Ardennes *(Mohonnais, aise)*.
Moirans-en-Montagne, Jura *(Moirantin, ine)*.
Moissac, Tarn-et-Garonne *(Moissagais, aise)*.
Moldavie, Roumanie *(Moldave)*.
Monaco [*principauté de*], Europe *(Monégasque*)*.
Moncoutant, Deux-Sèvres *(Moncoutantais, aise)*.
Mongolie, Asie *(Mongol, ole*)*.
Monistrol-sur-Loire, Haute-Loire *(Monistrolien, ienne)*.
Monpazier, Dordogne *(Monpaziérais, aise)*.
Mons, Nord *(Montois, oise)*.
Monségur, Gironde *(Monségurais, aise)*.
Montaigu, Vendée *(Montacutain, aine ou Montaigusien, ienne)*.
Montargis, Loiret *(Montargois, oise)*.
Montauban, Tarn-et-Garonne *(Montalbanais, aise)*.
Montbard, Côte-d'Or *(Montbardois, oise)*.
Montbéliard, Doubs *(Montbéliardais, aise)*.
Montbrison, Loire *(Montbrisonnais, aise)*.
Montbron, Charente *(Montbronnais, aise)*.
Montceau-les-Mines, Saône-et-Loire *(Montcellien, ienne)*.
Montcenis, Saône-et-Loire *(Montcinois, oise)*.
Montchanin, Saône-et-Loire *(Montchaninois, oise)*.
Montcuq, Lot *(Montcuquois, oise)*.
Mont-de-Marsan, Landes *(Montois, oise)*.
Montdidier, Somme *(Montdidérien, ienne)*.
Mont-Dore [Le], Puy-de-Dôme *(Montdorien, ienne)*.
Montélimar, Drôme *(Montilien, ienne)*.
Monténégro, Yougoslavie *(Monténégrin, ine)*.
Montluçon, Allier *(Montluçonnais, aise)*.
Montmartre, Paris *(Montmartrois, oise)*.
Montmorency, Val-d'Oise *(Montmorencien, enne)*.
Montmorillon, Vienne *(Montmorillonnais, aise)*.
Montpellier, Hérault *(Montpelliérain, aine)*.
Montpon-Ménestérol, Dordogne *(Montponnais, aise)*.
Montréal, Canada *(Montréalais, aise)*.
Montréjeau, Haute-Garonne *(Montréjeaulais, aise)*.
Montreuil-sous-Bois, Seine-Saint-Denis *(Montreuillois, oise)*.
Montrichard, Loir-et-Cher *(Montrichardois, oise)*.
Montrouge, Hauts-de-Seine *(Montrougien, ienne)*.
Moravie, Tchécoslovaquie *(Morave)*.
Morcenx, Landes *(Morcenais, aise)*.
Moret-sur-Loing, Seine-et-Marne *(Morétain, aine)*.
Morlaas, Pyrénées-Atlantiques *(Morlan, ane)*.
Morlaix, Finistère *(Morlaisien, ienne)*.
Mortagne-au-Perche, Orne *(Mortagnais, aise)*.
Mortain, Manche *(Mortinais, aise)*.
Morteau, Doubs *(Mortuassien, ienne ou Mortuacien, ienne)*.
Morzine, Haute-Savoie *(Morzinois, oise)*.
Moscou, Union soviétique *(Moscovite)*.
Moulins, Allier *(Moulinois, oise)*.
Mouy, Oise *(Mouysard, arde)*.
Mouzon, Ardennes *(Mouzonnais, aise)*.
Mulhouse, Haut-Rhin *(Mulhousien, ienne)*.
Munich, Allemagne *(Munichois, oise)*.
Murat, Cantal *(Muratais, aise)*.
Mure [La], Isère *(Murois, oise)*.
Muret, Haute-Garonne *(Muretin, ine)*.
Murviel-lès-Béziers, Hérault *(Murviellois, oise)*.
Mycène *(Mycénien, ienne*)*.

Namur, Belgique *(Namurois, oise)*.
Nancy, Meurthe-et-Moselle *(Nancéien, ienne)*.
Nanterre, Hauts-de-Seine *(Nanterrois, oise)*.
Nantes, Loire-Atlantique *(Nantais, aise)*.
Nantua, Ain *(Nantuatien, ienne)*.
Naples, Italie *(Napolitain, aine*)*.
Narbonne, Aude *(Narbonnais, aise)*.
Navarre, Espagne *(Navarrais, aise ou vx Navarrin, ine)*.
Nazareth, Galilée *(Nazaréen, enne*)*.

Nemours, Seine-et-Marne *(Nemourien, ienne)*.
Népal, Asie *(Népalais, aise)*.
Nérac, Lot-et-Garonne *(Néracais, aise)*.
Neuchâtel, Suisse *(Neuchâtelois, oise)*.
Neuf-Brisach, Haut-Rhin *(Brisacien, ienne)*.
Neufchâteau, Vosges *(Néocastrien, ienne)*.
Neufchâtel-en-Bray, Seine-Maritime *(Neufchâtelois, oise)*.
Neuilly, Hauts-de-Seine *(Neulléen, enne)*.
Neuilly-Plaisance, Seine-Saint-Denis *(Nocéen, enne)*.
Neustrie, Gaule *(Neustrien, enne*)*.
Neuves-Maisons, Meurthe-et-Moselle *(Néodanien, ienne)*.
Neuvic, Corrèze *(Neuvicois, oise)*.
Neuville-de-Poitou, Vienne *(Neuvillois, oise)*.
Nevers, Nièvre *(Nivernais, aise)*.
New York, États-Unis *(New-Yorkais, aise)*.
Nicaragua, Amérique centrale *(Nicaraguayen, enne)*.
Nice, Alpes-Maritimes *(Niçois, oise)*.
Niger, Afrique *(Nigérien, ienne)*.
Nîmes, Gard *(Nîmois, oise)*.
Niort, Deux-Sèvres *(Niortais, aise)*.
Nivelles, Belgique *(Nivellois, oise)*.
Nogaro, Gers *(Nogarolien, ienne)*.
Nogent-en-Bassigny, Haute-Marne *(Nogentais, aise)*.
Nogent-le-Roi, Eure-et-Loir *(Nogentais, aise)*.
Nogent-sur-Marne, Val-de-Marne *(Nogentais, aise)*.
Nogent-sur-Oise, Oise *(Nogentais, aise)*.
Noirmoutier-en-l'Ile, Vendée *(Noirmoutrin, ine)*.
Nolay, Côte-d'Or *(Nolaytois, oise)*.
Nonancourt, Eure *(Nonancourtois, oise)*.
Nontron, Dordogne *(Nontronnais, aise)*.
Normandie, France *(Normand, ande*)*.
Norvège, Europe *(Norvégien, ienne*)*.
Nouvelle-Calédonie, Océanie *(Néo-Calédonien, enne)*.
Nouvelle-Écosse, Canada *(Néo-Écossais, aise)*.
Nouvelle-Zélande, Océanie *(Néo-Zélandais, aise*)*.
Nouvion-en-Thiérache [Le], Aisne *(Nouvionnais, aise)*.
Nubie, Afrique *(Nubien, ienne)*.
Nuits-Saint-Georges, Côte-d'Or *(Nuiton, onne)*.
Numidie, Afrique *(Numide*)*.
Nyons, Drôme *(Nyonsais, aise)*.

Océanie *(Océanien, enne*)*.
Oléron [*île d'*], Charente-Maritime *(Oléronnais, aise)*.
Olliergues, Puy-de-Dôme *(Ollierguois, oise)*.
Oloron-Sainte-Marie, Pyrénées-Atlantiques *(Oloronais, aise)*.
Ombrie, Italie *(Ombrien, enne*)*.
Ontario [*province de l'*], Canada *(Ontarien, enne)*.
Oran, auj. Ouahran, Algérie *(Oranais, aise)*.
Orange, Vaucluse *(Orangeois, oise)*.
Orléans, Loiret *(Orléanais, aise)*.
Orly, Val-de-Marne *(Orlysien, ienne)*.
Ormesson-sur-Marne, Val-de-Marne *(Ormessonnais, aise)*.
Ornans, Doubs *(Ornanais, aise)*.
Ostende, Belgique *(Ostendais, aise)*.
Ouessant [*île d'*], Finistère *(Ouessantin, ine ou Ouessantais, aise)*.
Ouganda, Afrique *(Ougandais, aise)*.
Oxford, Angleterre *(Oxonien, ienne ou Oxfordien, ienne)*.
Oyonnax, Ain *(Oyonnaxien, ienne)*.

Pacy-sur-Eure, Eure *(Pacéen, enne)*.
Padoue, Italie *(Padouan, ane)*.
Paimbœuf, Loire-Atlantique *(Paimblotin, ine)*.
Paimpol, Côtes-du-Nord *(Paimpolais, aise)*.
Pakistan, Asie *(Pakistanais, aise*)*.
Palaiseau, Essonne *(Palaisien, ienne)*.
Palerme, Italie *(Palermitain, aine ou Panormitain, aine)*.
Palestine, Proche-Orient *(Palestinien, ienne)*.
Pamiers, Ariège *(Appaméen, enne)*.

Panama, Amérique centrale *(Panaméen, enne* ou *Panamien, ienne)*.
Pantin, Seine-Saint-Denis *(Pantinois, oise)*.
Paraguay, Amérique du Sud *(Paraguayen, enne)*.
Paray-le-Monial, Saône-et-Loire *(Parodien, enne)*.
Paris, Seine *(Parisien, ienne)*.
Parme, Italie *(Parmesan, ane)*.
Parthenay, Deux-Sèvres *(Parthenaisien, ienne)*.
Pau, Pyrénées-Atlantiques *(Palois, oise)*.
Pauillac, Gironde *(Pauillacais, aise)*.
Pavie, Italie *(Pavesan, ane)*.
Pays-Bas. V. Hollande.
Pékin, Chine *(Pékinois, oise*)*.
Péloponnèse, Grèce *(Péloponnésien, ienne)*.
Pennsylvanie, États-Unis *(Pennsylvanien, enne)*.
Perche [le], France *(Percheron, onne*)*.
Percy, Manche *(Percyais, aise)*.
Périgord [le], France *(Périgourdin, ine)*.
Périgueux, Dordogne *(Périgourdin, ine* ou *Prétocorien, ienne)*.
Pernes-les-Fontaines, Vaucluse *(Pernois, oise)*.
Péronne, Somme *(Péronnais, aise)*.
Pérou, Amérique du Sud *(Péruvien, ienne*)*.
Pérouges, Ain *(Pérougien, ienne)*.
Pérouse, Italie *(Pérugin, ine)*.
Perpignan, Pyrénées-Orientales *(Perpignanais, aise)*.
Persan, Val-d'Oise *(Persannais, aise)*.
Perse *(Persan, ane*)*.
Pézenas, Hérault *(Piscénois, oise)*.
Phalsbourg, Moselle *(Phalsbourgeois, oise)*.
Phénicie, Asie *(Phénicien, enne*)*.
Philadelphie, États-Unis *(Philadelphien, enne)*.
Philippines, Océanie *(Philippin, ine)*.
Phocide, Grèce *(Phocidien, ienne* ou *Phocéen, enne*)*.
Picardie, France *(Picard, arde*)*.
Piémont, Italie *(Piémontais, aise*)*.
Pierrefitte-sur-Aire, Meuse *(Pierrefittois, oise)*.
Pierrefonds, Oise *(Pétrifontin, ine)*.
Pierrelatte, Drôme *(Pierrelattin, ine)*.
Pithiviers, Loiret *(Pithivérien, ienne)*.
Plaisance, Italie *(Placentin, ine)*.
Plouescat, Finistère *(Plouescatais, aise)*.
Plouha, Côtes-du-Nord *(Plouhatin, ine)*.
Poissy, Yvelines *(Pisciacais, aise)*.
Poitiers, Vienne *(Poitevin, ine)*.
Poitou, France *(Poitevin, ine*)*.
Poix, Somme *(Poyais, aise)*.
Poligny, Jura *(Polinois, oise)*.
Pologne, Europe *(Polonais, aise)*.
Polynésie, Océanie *(Polynésien, enne)*.
Pompéi, Italie *(Pompéien, enne)*.
Poncin, Ain *(Poncinois, oise)*.
Pons, Charente-Maritime *(Pontois, oise)*.
Pont-à-Mousson, Meurthe-et-Moselle *(Mussipontain, aine)*.
Pontarlier, Doubs *(Pontissalien, ienne)*.
Pont-Audemer, Eure *(Pontaudemérien, ienne)*.
Pont-Aven, Finistère *(Pontaveniste)*.
Pont-de-Chéruy, Isère *(Pontinois, oise)*.
Pont-en-Royans, Isère *(Pontois, oise)*.
Pontivy, Morbihan *(Pontivien, enne)*.
Pont-l'Abbé, Finistère *(Pont-l'Abbiste)*.
Pont-l'Évêque, Calvados *(Pontépiscopien, ienne)*.
Pontoise, Val-d'Oise *(Pontoisien, ienne)*.
Pontorson, Manche *(Pontorsonnais, oise)*.
Pontrieux, Côtes-du-Nord *(Pontrivien, ienne)*.
Pont-Sainte-Maxence, Oise *(Maxipontain, aine* ou *Pontois, oise)*.
Pont-sur-Yonne, Yonne *(Pontois, oise)*.
Pornic, Loire-Atlantique *(Pornicais, aise)*.
Pornichet, Loire-Atlantique *(Pornichétin, ine)*.
Port-Sainte-Marie, Lot-et-Garonne *(Portais, aise)*.
Portugal, Europe *(Portugais, aise*)*. V. Lusitanie.
Pouillon, Landes *(Pouillonais, aise)*.
Prades, Pyrénées-Orientales *(Pradéen, enne)*.
Prémery, Nièvre *(Prémerycois, oise)*.
Privas, Ardèche *(Privadois, oise)*.

Provence, France *(Provençal, ale, aux*)*.
Provins, Seine-et-Marne *(Provinois, oise)*.
Prusse *(Prussien, ienne*)*.
Puget-Théniers, Alpes-Maritimes *(Pugétin, ine)*.
Puiseaux, Loiret *(Puisatin, ine)*.
Puy [Le], Haute-Loire *(Ponot, ote, Podot, ote* ou *Anicien, enne)*.
Pyrénées, France *(Pyrénéen, enne*)*.

Québec, Canada *(Québécois, oise*)*.
Quercy [le], France *(Quercinois, oise)*.
Quesnoy [Le], Nord *(Quercitain, aine)*.
Quiberon, Manche *(Quiberonnais, aise)*.
Quillan, Aude *(Quillanais, aise)*.
Quillebeuf-sur-Seine, Eure *(Quillebois, oise)*.
Quimper, Finistère *(Quimpérois, oise)*.
Quimperlé, Finistère *(Quimperlois, oise)*.

Rabastens, Tarn *(Rabastinois, oise)*.
Raismes, Nord *(Raismois, oise)*.
Rambervilliers, Vosges *(Rambuvetais, aise)*.
Rambouillet, Yvelines *(Rambolitain, aine)*.
Ravenne, Italie *(Ravennate)*.
Ré [*île de*], Charente-Maritime *(Rhétais, aise)*.
Redon, Ille-et-Vilaine *(Redonnais, aise)*.
Reims, Marne *(Rémois, oise)*.
Remiremont, Vosges *(Remiremontain, aine)*.
Renazé, Mayenne *(Rénazéen, enne)*.
Rennes, Ille-et-Vilaine *(Rennais, aise)*.
Réole [La], Gironde *(Réolais, aise)*.
Rethel, Ardennes *(Rethélois, oise)*.
Retiers, Ille-et-Vilaine *(Restérien, ienne)*.
Réunion [*île de la*], Océan Indien *(Réunionnais, aise)*.
Rhodes [*île de*], Grèce *(Rhodien, ienne)*.
Ribeauvillé, Haut-Rhin *(Ribeauvilléen, enne)*.
Riceys [Les], Aube *(Riceton, one)*.
Riez, Alpes-de-Haute-Provence *(Réien, ienne)*.
Rif, Maroc *(Rifain, aine)*.
Riom, Puy-de-Dôme *(Riomois, oise)*.
Rive-de-Gier, Loire *(Ripagérien, ienne)*.
Rives, Isère *(Rivois, oise)*.
Rivesaltes, Pyrénées-Orientales *(Rivesaltais, aise)*.
Roanne, Loire *(Roannais, aise)*.
Roche-sur-Yon [La], Vendée *(Yonnais, aise)*.
Rodez, Aveyron *(Ruthénois, oise)*.
Roubaix, Nord *(Roubaisien, enne)*.
Rouen, Seine-Maritime *(Rouennais, aise)*.
Rouergue, France *(Rouergat, ate)*.
Rougé, Loire-Atlantique *(Rougéen, enne)*.
Roumanie, Europe *(Roumain, aine*)*.
Roussillon, Isère *(Roussillonnais, aise)*.
Roybon, Isère *(Roybonnais, aise)*.
Roye, Somme *(Royen, enne)*.
Royère, Creuse *(Royéraud, aude)*.
Rueil-Malmaison, Hauts-de-Seine *(Ruellois, oise)*.
Ruffec, Charente *(Ruffécois, oise)*.
Rumilly, Haute-Savoie *(Rumilien, enne)*.
Russie, Europe *(Russe*)*.

Saba *(Sabéen, enne*)*.
Sables-d'Olonne [Les], Vendée *(Sablais, aise)*.
Sablé-sur-Sarthe, Sarthe *(Sabolien, ienne)*.
Sabres, Landes *(Sabrin, ine* ou *Sabringot, ote)*.
Saint-Affrique, Aveyron *(Saint-Affricain, aine)*.
Saint-Agrève, Ardèche *(Saint-Agrévois, oise)*.
Saint-Aignan, Loir-et-Cher *(Saint-Aignanais, aise)*.
Saint-Alvère, Dordogne *(Saint-Alvérois, oise)*.
Saint-Amand-en-Puisaye, Nièvre *(Amandinois, oise)*.
Saint-Amand-les-Eaux, Nord *(Amandinois, oise)*.
Saint-Amand-Mont-Rond, Cher *(Saint-Amandinois, oise)*.
Saint-André-les-Alpes, Alpes-de-Haute-Provence *(Saint-Andréen, éenne)*.
Saint-Aubin-sur-Mer, Calvados *(Saint-Aubinais, aise)*.
Saint-Béat, Haute-Garonne *(Saint-Béatais, aise)*.

Saint-Benoît-du-Sault, Indre *(Bénédictin, ine)*.
Saint-Brieuc, Côtes-du-Nord *(Briochain, aine* ou *Briochin, ine)*.
Saint-Calais, Sarthe *(Calaisien, ienne)*.
Saint-Céré, Lot *(Saint-Céréen, enne)*.
Saint-Chamond, Loire *(Saint-Chamonais, aise)*.
Saint-Chinian, Hérault *(Saint-Chinianais, aise)*.
Saint-Claude, Jura *(Saint-Claudien, ienne)*.
Saint-Cloud, Hauts-de-Seine *(Clodoaldien, ienne)*.
Saint-Cyr-l'École, Yvelines *(Saint-Cyrien, ienne)*.
Saint-Denis, Seine-Saint-Denis *(Dionysien, enne)*.
Saint-Dié, Vosges *(Déodatien, ienne)*.
Saint-Étienne, Loire *(Stéphanois, oise)*.
Saint-Florentin, Yonne *(Florentinois, oise)*.
Saint-Flour, Cantal *(Sanflorin, ine)*.
Saint-Fons, Rhône *(Saint-Foniard, arde)*.
Saint-Fulgent, Vendée *(Saint-Fulgentais, aise)*.
Saint-Gall, Suisse *(Saint-Gallois, oise)*.
Saint-Gaudens, Haute-Garonne *(Saint-Gaudinois, oise)*.
Saint-Germain-en-Laye, Yvelines *(Saint-Germinois, oise)*.
Saint-Gilles, Gard *(Saint-Gillois, oise)*.
Saint-Girons, Ariège *(Saint-Gironnais, aise)*.
Saint-Hyacinthe, Canada *(Mascoutain, aine)*.
Saint-Jean-d'Angély, Charente-Mar. *(Augérien, ienne)*.
Saint-Jean-de-Losne, Côte-d'Or *(Losnais, aise)*.
Saint-Jean-de-Luz, Pyrénées-Atlantiques *(Luzien, ienne)*.
Saint-Julien-Chapteuil, Haute-Loire *(Saint-Julien, ienne)*.
Saint-Julien-en-Genevois, Haute-Savoie *(Juliénois, oise)*.
Saint-Junien, Haute-Vienne *(Saint-Juniaud, aude)*.
Saint-Just-en-Chaussée, Oise *(Saint-Justois, oise)*.
Saint-Laurent-de-Neste, Hautes-Pyrénées *(Saint-Laurentin, ine)*.
Saint-Laurent-du-Pont, Isère *(Saint-Laurentin, ine)*.
Saint-Lô, Manche *(Saint-Lois, oise)*.
Saint-Maixent-l'École, Deux-Sèvres *(Saint-Maixentais, aise)*.
Saint-Malo, Ille-et-Vilaine *(Malouin, ine)*.
Saint-Marcellin, Isère *(Saint-Marcellinois, oise)*.
Saint-Martin-Vésubie, Alpes-Maritimes *(Saint-Martinois, oise)*.
Saint-Mihiel, Meuse *(Sammiellois, oise)*.
Saint-Nazaire, Loire-Atlantique *(Nazairien, ienne)*.
Saint-Omer, Pas-de-Calais *(Audomarois, oise)*.
Saint-Ouen, Seine-Saint-Denis *(Audonien, ienne)*.
Saint-Paul-de-Fenouillet, Pyrénées-Orientales *(Saint-Paulais, aise)*.
Saint-Péray, Ardèche *(Saint-Pérollais, aise)*.
Saint-Pierre-le-Moûtier, Nièvre *(Saint-Pierrois, oise)*.
Saint-Pol-de-Léon, Finistère *(Léonais, aise, Léonard, arde* ou *Saint-Politain, aine)*.
Saint-Pol-sur-Ternoise, Pas-de-Calais *(Polois, oise)*.
Saint-Pons, Hérault *(Saint-Ponais, aise)*.
Saint-Pourçain-sur-Sioule, Allier *(Saint-Pourcinois, oise* ou *Sanpourcinois, oise)*.
Saint-Quentin, Aisne *(Saint-Quentinois, oise)*.
Saint-Rambert-sur-Loire, Loire *(Ragnabertois, oise)*.
Saint-Rémy-sur-Durolle, Puy-de-Dôme *(Saint-Rémois, oise)*.
Saint-Servan-sur-Mer, Ille-et-Vilaine *(Saint-Servantin, ine* ou *Servannais, aise)*.
Saint-Tropez, Var *(Tropézien, ienne)*.
Saint-Valéry-en-Caux, Seine-Maritime *(Valériquais, aise)*.
Saint-Valéry-sur-Somme, Somme *(Valéricain, aine)*.
Saint-Vallier, Drôme *(Valloirien, ienne)*.
Saint-Yricix-la-Perche, Haute-Vienne *(Arédien, ienne)*.
Sainte-Croix, Suisse *(Santcris, ise)*.
Sainte-Foy, Canada *(Saint-Fidéen, enne)*.
Sainte-Foy-la-Grande, Gironde *(Foyen, enne)*.

Sainte-Menehould, Marne *(Ménéhildien, ienne* ou *Menehouldien, ienne)*.
Saintes, Charente-Maritime *(Saintais, aise* ou *Santon, one)*.
Saintes-Maries-de-la-Mer, Bouches-du-Rhône *(Saintois, oise)*.
Saintonge, France *(Saintongeais, aise)*.
Salers, Cantal *(Salersois, oise)*.
Salies-de-Béarn, Pyrénées-Atlantiques *(Salisien, ienne)*.
Salins-les-Bains, Jura *(Salinois, oise)*.
Sallanches, Haute-Savoie *(Sallanchois, oise* ou *Sallanchard, arde)*.
Salonique, Grèce *(Salonicien, ienne)*.
Samarie, Palestine *(Samaritain, aine*)*.
Samoëns, Haute-Savoie *(Samoënsien, ienne* ou *Samoentin, ine)*.
Samos, Grèce *(Samien, ienne* ou *Samiote)*.
Sancerre, Cher *(Sancerrois, oise)*.
Sardaigne, Italie *(Sarde*)*.
Sarlat, Dordogne *(Sarladais, aise)*.
Sarre, Allemagne *(Sarrois, oise)*.
Sarrebruck, Allemagne *(Sarrebruckois, oise)*.
Sartène, Corse *(Sartenais, aise* ou *Sartinois, oise)*.
Sarthe, France *(Sarthois, oise)*.
Saskatchewan [*province de la*], Canada *(Saskatchewannais, aise)*.
Saulieu, Côte-d'Or *(Sédélocien, ienne)*.
Saulxures-sur-Moselotte, Vosges *(Saulxuron, one)*.
Saumur, Maine-et-Loire *(Saumurois, oise)*.
Sauveterre-de-Rouergue, Aveyron *(Sauveterrat, ate)*.
Savenay, Loire-Atlantique *(Savenaisien, ienne)*.
Saverne, Bas-Rhin *(Savernois, oise)*.
Savigny-sur-Orge, Essonne *(Savinien, enne)*.
Savoie, France *(Savoyard, arde* ou *Savoisien, ienne)*.
Saxe, Allemagne *(Saxon, onne)*.
Scandinavie, Europe *(Scandinave)*.
Sceaux, Hauts-de-Seine *(Scéen, enne)*.
Seclin, Nord *(Seclinois, oise)*.
Sedan, Ardennes *(Sedanais, aise)*.
Ségovie, Espagne *(Ségovien, enne)*.
Segré, Maine-et-Loire *(Segréen, enne)*.
Sélestat, Bas-Rhin *(Sélestadien, ienne)*.
Semur-en-Auxois, Côte-d'Or *(Semurois, oise)*.
Sénégal, Afrique *(Sénégalais, aise*)*.
Sénégambie, Afrique *(Sénégambien, enne)*.
Senez, Alpes-de-Haute-Provence *(Senézien, ienne)*.
Senlis, Oise *(Senlisien, ienne)*.
Sens, Yonne *(Sénonais, aise)*.
Serbie, Yougoslavie *(Serbe*)*.
Sète, Hérault *(Sétois, oise)*.
Seurre, Côte-d'Or *(Seurrois, oise)*.
Séverac-le-Château, Aveyron *(Séveraguais, aise* ou *Séverageais, aise)*.
Sevran, Seine-Saint-Denis *(Sevranais, aise)*.
Sèvres, Hauts-de-Seine *(Sévrien, ienne)*.
Sherbrooke, Canada *(Sherbrookois, oise)*.
Siam *(Siamois, oise)*.
Sibérie, Union soviétique *(Sibérien, enne*)*.
Sicile, Italie *(Sicilien, ienne*)*.
Sienne, Italie *(Siennois, oise)*.
Sissonne, Aisne *(Sissonnais, aise)*.
Sisteron, Alpes-de-Haute-Provence *(Sisteronais, aise)*.
Slovaquie, Tchécoslovaquie *(Slovaque*)*.
Slovénie, Yougoslavie *(Slovène*)*.
Smyrne, Turquie *(Smyrniote)*.
Sochaux, Doubs *(Sochalien, ienne)*.
Soissons, Aisne *(Soissonnais, aise)*.
Soisy-sous-Montmorency, Val-d'Oise *(Soiséen, enne)*.
Solesme, Sarthe *(Solesmois, oise)*.
Soleure, Suisse *(Soleurois, oise)*.
Solliès-Pont, Var *(Sollièspontois, oise)*.
Sologne, France *(Solognot, ote)*.
Solre-le-Château, Nord *(Solrézien, ienne)*.
Somalie, Afrique *(Somalien, enne)*.

Sommières, Gard *(Sommiérois, oise)*.
Sore, Landes *(Sorien, ienne)*.
Sospel, Alpes-Maritimes *(Sospellitain, aine)*.
Soudan, Afrique *(Soudanais, aise* ou *Soudanien, ienne)*.
Souillac, Lot *(Souillaguais, aise)*.
Sourdeval, Manche *(Sourdevalais, aise)*.
Sousse, Tunisie *(Soussien, ienne)*.
Spa, Belgique *(Spadois, oise)*.
Stains, Seine-Saint-Denis *(Stanois, oise)*.
Strasbourg, Bas-Rhin *(Strasbourgeois, oise)*.
Suède, Europe *(Suédois, oise*)*.
Suisse, Europe *(Suisse*)*.
Sully-sur-Loire, Loiret *(Sullylois, oise)*.
Sumènes, Gard *(Suménois, oise)*.
Syracuse, Sicile *(Syracusain, aine)*.
Syrie, Proche-Orient *(Syrien, enne*)*.

Talmont ou Talmond, Vendée *(Talmondais, aise)*.
Tarare, Rhône *(Tararien, ienne)*.
Tarascon, Bouches-du-Rhône *(Tarasconnais, aise)*.
Tarbes, Hautes-Pyrénées *(Tarbais, aise* ou *Tarbéen, enne)*.
Tarente, Italie *(Tarentin, ine)*.
Tartas, Landes *(Tarusate)*.
Tasmanie, Australie *(Tasmanien, enne)*.
Taulé, Finistère *(Taulésien, ienne)*.
Tchad, Afrique *(Tchadien, ienne)*.
Tchécoslovaquie, Europe *(Tchécoslovaque** ou *Tchèque*)*.
Tence, Haute-Loire *(Tençois, oise)*.
Tende, Alpes-Maritimes *(Tendasque)*.
Tergnier, Aisne *(Ternois, oise)*.
Terrasson-la-Villedieu, Dordogne *(Terrassonnais, aise)*.
Terre de Feu, Amérique du Sud *(Fuégien, ienne)*.
Terre-Neuve, Canada *(Terre-Neuvien, ienne)*.
Teste [La], Gironde *(Testerin, ine)*.
Texas, États-Unis *(Texan, ane)*.
Thaïlande, Asie *(Thaïlandais, aise)*.
Thèbes, Grèce *(Thébain, aine)*.
Théoule-sur-Mer, Alpes-Maritimes *(Théoulien, ienne)*.
Thessalie, Grèce *(Thessalien, enne)*.
Theux, Belgique *(Theutois, oise)*.
Thiais, Val-de-Marne *(Thiaisien, ienne)*.
Thiers, Puy-de-Dôme *(Thiernois, oise)*.
Thillot [Le], Vosges *(Thillotin, ine)*.
Thionville, Moselle *(Thionvillois, oise)*.
Thiron, Eure-et-Loir *(Thironais, aise)*.
Thouars, Deux-Sèvres *(Thouarsais, aise)*.
Thuir, Pyrénées-Orientales *(Thuirinois, oise)*.
Tibet, Asie *(Tibétain, aine*)*.
Togo, Afrique *(Togolais, aise*)*.
Tonneins, Lot-et-Garonne *(Tonneinquais, aise)*.
Tonnerre, Yonne *(Tonnerrois, oise)*.
Toronto, Canada *(Torontois, oise)*.
Toscane, Italie *(Toscan, ane*)*.
Toul, Meurthe-et-Moselle *(Toulois, oise)*.
Toulon, Var *(Toulonnais, aise)*.
Toulouse, Haute-Garonne *(Toulousain, aine)*.
Touquet-Paris-Plage [Le], Pas-de-Calais *(Touquettois, oise)*.
Touraine, France *(Tourangeau, elle)*.
Tourcoing, Nord *(Tourquennois, oise)*.
Tournai, Belgique *(Tournaisien, ienne)*.
Tournon, Ardèche *(Tournonais, aise)*.
Tournus, Saône-et-Loire *(Tournusien, ienne)*.
Tourouvre, Orne *(Tourouvrain, aine)*.
Tours, Indre-et-Loire *(Tourangeau, elle)*.
Trait [Le], Seine-Maritime *(Traiton, one)*.
Transylvanie, Roumanie *(Transylvain, aine** ou *Transylvanien, enne*)*.
Trappes, Yvelines *(Trappiste)*.
Trégastel, Côtes-du-Nord *(Trégastellois, oise)*.
Tréguier, Côtes-du-Nord *(Trégorois, oise)*.
Treignac, Corrèze *(Treignacois, oise)*.
Trélon, Nord *(Trélonais, aise)*.

Tremblade [La], Charente-Maritime *(Trembladais, aise)*.
Trèves, Allemagne *(Trévire* ou *Trévère)*.
Trévise, Italie *(Trévisan, ane)*.
Trévoux, Ain *(Trévoltien, ienne)*.
Trieste, Italie *(Triestin, ine)*.
Troie *(Troyen, enne*)*.
Trois-Rivières, Canada *(Trifluvien, enne)*.
Trouville-sur-Mer, Calvados *(Trouvillois, oise)*.
Tulle, Corrèze *(Tulliste* ou *Tullois, oise)*.
Tunis, Tunisie *(Tunisois, oise)*.
Tunisie, Afrique *(Tunisien, enne)*.
Turin, Italie *(Turinois, oise)*.
Turquie, Proche-Orient *(Turc, Turque** ou vx *Ottoman*)*.
Tyrol, Autriche *(Tyrolien, ienne*)*.

Ugine, Savoie *(Uginois, oise)*.
Uruguay, Amérique du Sud *(Uruguayen, enne)*.
Ussel, Corrèze *(Ussellois, oise)*.
Utelle, Alpes-Maritimes *(Utellien, ienne)*.
Uzel, Côtes-du-Nord *(Uzellois, oise)*.
Uzerche, Corrèze *(Uzerchois, oise)*.
Uzès, Gard *(Uzétien, ienne)*.

Vailly-sur-Aisne *(Vaillicien, ienne)*.
Vaison-la-Romaine, Vaucluse *(Vaisonnais, aise)*.
Valais, Suisse *(Valaisan, anne)*.
Valençay, Indre *(Valencéen, enne)*.
Valence, Drôme *(Valentinois, oise)*.
Valenciennes, Nord *(Valenciennois, oise)*.
Vallauris, Alpes-Maritimes *(Vallaurien, enne)*.
Valmont, Seine-Maritime *(Valmontais, aise)*.
Valognes, Manche *(Valognais, aise)*.
Valréas, Vaucluse *(Valréassien, ienne)*.
Vannes, Morbihan *(Vannetais, aise)*.
Varennes-sur-Allier, Allier *(Varennois, oise)*.
Varsovie, Pologne *(Varsovien, enne)*.
Vaud [canton de], Suisse *(Vaudois, oise*)*.
Vauvert, Gard *(Vauverdois, oise)*.
Vence, Alpes-Maritimes *(Vençois, oise* ou *Vincien, ienne)*.
Vendée, France *(Vendéen, enne*)*.
Vendôme, Loir-et-Cher *(Vendômois, oise)*.
Venezuela, Amérique du Sud *(Vénézuélien, ienne* ou *Vénézolan, ane)*.
Venise, Italie *(Vénitien, ienne*)*.
Verdun, Meuse *(Verdunois, oise)*.
Verdun-sur-le-Doubs, Saône-et-Loire *(Verdunois, oise)*.
Vergt, Dordogne *(Vernois, oise)*.
Vermand, Aisne *(Vermandois, oise)*.
Verneuil-sur-Avre, Eure *(Vernolien, ienne)*.
Vernon, Eure *(Vernonnais, aise)*.
Vernoux-en-Vivarais, Ardèche *(Vernoussain, aine)*.
Vérone, Italie *(Véronais, aise)*.
Verrières-le-Buisson, Essonne *(Verriérois, oise)*.
Versailles, Yvelines *(Versaillais, aise)*.
Vertou, Loire-Atlantique *(Vertavien, ienne)*.
Vervins, Aisne *(Vervinois, oise)*.
Vésinet [Le], Yvelines *(Vésinettois, oise)*.
Vesoul, Haute-Saône *(Vésulien, ienne)*.
Vevey, Suisse *(Veveysan, ane)*.
Vézelay, Yonne *(Vézélien, ienne)*.
Vibraye, Sarthe *(Vibraysien, ienne)*.
Vicence, Italie *(Vicentin, ine)*.
Vichy, Allier *(Vichyssois, oise)*.
Vic-Fezensac, Gers *(Vicois, oise)*.
Vic-le-Comte, Puy-de-Dôme *(Vicomtois, oise)*.
Vico, Corse *(Vicolais, aise)*.
Vic-sur-Cère, Cantal *(Vicois, oise)*.
Vienne, Autriche *(Viennois, oise)*.
Vienne, Isère *(Viennois, oise)*.
Vierzon, Cher *(Vierzonnais, aise)*.
Viêt-nam, Asie *(Vietnamien, ienne*)*.
Vigan [Le], Gard *(Viganais, aise)*.
Vigneux-sur-Seine, Essonne *(Vigneusien, ienne)*.

Villandraut, Gironde *(Villandrautais, aise)*.
Villard-de-Lans, Isère *(Villardien, ienne)*.
Villefort, Lozère *(Villefortais, aise)*.
Villefranche-de-Lauragais, Haute-Garonne *(Villefranchois, oise)*.
Villefranche-de-Rouergue, Aveyron *(Villefranchois, oise)*.
Villefranche-sur-Saône, Rhône *(Caladois, oise)*.
Villejuif, Val-de-Marne *(Villejuifois, oise)*.
Villemomble, Seine-Saint-Denis *(Villemomblois, oise)*.
Villemur-sur-Tarn, Haute-Garonne *(Villemurien, ienne)*.
Villeneuve-sur-Lot, Lot-et-Garonne *(Villeneuvois, oise)*.
Villepinte, Seine-Saint-Denis *(Villepintois, oise)*.
Villers-Cotterêts, Aisne *(Cotterézien, ienne)*.
Villers-Saint-Paul, Oise *(Villersois, oise)*.
Villerupt, Meurthe-et-Moselle *(Villeruptien, ienne)*.
Vimoutiers, Orne *(Vimonastérien, ienne)*.
Vimy, Pas-de-Calais *(Vimynois, oise)*.
Vinça, Pyrénées-Orientales *(Vinçanench* [invar.]*)*.
Vincennes, Val-de-Marne *(Vincennois, oise)*.
Vire, Calvados *(Virais, aise* ou *Virois, oise)*.
Viroflay, Yvelines *(Viroflaysien, ienne)*.
Vitré, Ille-et-Vilaine *(Vitréen, enne)*.
Vitry-le-François, Marne *(Vitryat, ate)*.

Viviers, Ardèche *(Vivarois, oise)*.
Vizille, Isère *(Vizillois, oise)*.
Voiron, Isère *(Voironnais, aise)*.
Volvic, Puy-de-Dôme *(Volvicois, oise)*.
Vosges, France *(Vosgien, ienne)*.
Vouillé, Vienne *(Vogladien, ienne)*.
Vouvray, Indre-et-Loire *(Vouvrillon, onne)*.
Vouziers, Ardennes *(Vouzinois, oise)*.

Wasselone, Bas-Rhin *(Wasselonnais, aise)*.
Wassy-sur-Blaise, Haute-Marne *(Wasséen, enne)*.
Wattignies, Nord *(Wattignien, ienne)*.
Wattrelos, Nord *(Wattrelosien, ienne)*.
Winnipeg, Canada *(Winnipeguien, ienne)*.

Yémen, Arabie *(Yéménite)*.
Yenne, Savoie *(Yennois, oise)*.
Yerres, Essonne *(Yerrois, oise)*.
Yougoslavie, Europe *(Yougoslave*)*.
Yssingeaux, Haute-Loire *(Yssingealois, oise* ou *Yssingier, ière)*.
Yvetot, Seine-Maritime *(Yvetotais, aise)*.
Yzeure, Allier *(Yzeurien, ienne)*.

Zaïre, Afrique *(Zaïrois, oise)*.
Zurich, Suisse *(Zurichois, oise)*.

2. Noms communs et adjectifs ⟶ noms de lieux.

Abbevillois, oise *(Abbeville*, Somme).
Ablonnais, aise *(Ablon-sur-Seine*, Val-de-Marne).
Abyssinien, enne ou Abyssin, ine*.
Acadien, enne*.
Afghân, ane*.
Africain, aine*.
Agenais, aise ou Agenois, oise *(Agen*, Lot-et-Garonne).
Aigrefeuillais, aise *(Aigrefeuille-d'Aunis*, Charente-Maritime).
Aiguebellain, aine *(Aiguebelle*, Savoie).
Aigues-Mortais, aise *(Aigues-Mortes*, Gard).
Aiguepersois, oise *(Aigueperse*, Puy-de-Dôme).
Aiguillon, onne *(Aiguilles-en-Queyras*, Hautes-Alpes).
Aiguillonnais, aise *(Aiguillon*, Lot-et-Garonne).
Aigurandais, aise *(Aigurande*, Indre).
Airois, oise *(Aire-sur-la-Lys*, Pas-de-Calais).
Airvaudais, aise *(Airvault*, Deux-Sèvres).
Aixois, oise *(Aix-en-Othe*, Aube; *Aixe-sur-Vienne*, Haute-Vienne; *Aix-les-Bains*, Savoie).
Aixois, oise ou Aquisextain, aine *(Aix-en-Provence*, Bouches-du-Rhône).
Ajaccien, enne ou Ajacéen, enne *(Ajaccio*, Corse).
Akkadien, enne*.
Albanais, aise*.
Albertin, ine *(Albert*, Somme).
Albertvillain, aine ou Albertvillois, oise *(Albertville*, Savoie).
Albervilliarien, ienne *(Aubervilliers*, Seine-Saint-Denis).
Albigeois, oise*.
Albinien, enne *(Aubigny-sur-Nère*, Cher).
Alençonnais, aise *(Alençon*, Orne).
Aleppin, ine *(Alep*, Syrie).
Alésien, ienne *(Alès*, Gard).
Alexandrin, ine*.
Alfortvillais, aise *(Alfortville*, Val-de-Marne).
Algérien, ienne*.
Algérois, oise*.
Allaudien, ienne *(Allauch*, Bouches-du-Rhône).
Allemand, ande*.
Allosard, arde *(Allos*, Alpes-de-Haute-Provence).
Alnélois, oise ou Aunélien, ienne *(Auneau*, Eure-et-Loir).

Alréen, enne *(Auray*, Morbihan).
Alsacien, enne*.
Amandinois, oise *(Saint-Amand-en-Puisaye*, Nièvre; *Saint-Amand-les-Eaux*, Nord).
Ambarrois, oise *(Ambérieu-en-Bugey*, Ain).
Ambertois, oise *(Ambert*, Puy-de-Dôme).
Amboisien, ienne *(Amboise*, Indre-et-Loire).
Amélien, enne ou Palaldéen, enne *(Amélie-les-Bains-Palalda*, Pyrénées-Orientales).
Américain, aine*.
Amiénois, oise *(Amiens*, Somme).
Amollais, aise *(Amou*, Landes).
Amstellodanien, ienne ou Amstellodanois, oise *(Amsterdam*, Pays-Bas).
Ancenien, enne *(Ancenis*, Loire-Atlantique).
Anconitain, aine *(Ancône*, Italie).
Andalou, ouse*.
Andelysien, ienne *(Andelys* [Les], Eure).
Andernisien, ienne *(Andernos-les-Bains*, Gironde).
Andin, ine*.
Andorran, ane *(Andorre* [principauté d'], Europe).
Angevin, ine*.
Anglais, aise*.
Angloys, oise *(Anglet*, Pyrénées-Atlantiques).
Angolais, aise *(Angola*, Afrique).
Angoumois, oise ou Angoumoisin, ine *(Angoulême*, Charente).
Anianais, aise *(Aniane*, Hérault).
Anicien, ienne *(Puy* [Le] [Anicium], Haute-Loire). V. Ponot.
Annamite*.
Annécien, enne *(Annecy*, Haute-Savoie).
Annemassien, ienne *(Annemasse*, Haute-Savoie).
Annonéen, enne *(Annonay*, Ardèche).
Annotain, aine *(Annot*, Alpes-de-Haute-Provence).
Antibois, oise *(Antibes*, Alpes-Maritimes).
Antillais, aise*.
Antonien, enne *(Antony*, Hauts-de-Seine).
Antraiguin, ine *(Antraigues-sur-Volane*, Ardèche).
Antrainois, oise *(Antrain*, Ille-et-Vilaine).
Anversois, oise *(Anvers*, Belgique).
Anzinois, oise *(Anzin*, Nord).
Appaméen, enne ou Appamien, ienne *(Pamiers*, Ariège).

Aptésien, ienne ou Aptois, oise (*Apt*, Vaucluse).
Aquisextain, aine. V. Aixois.
Aquitain, aine (*Aquitaine*, France).
Arabe*.
Aragonais, aise (*Aragon*, Espagne).
Aramonais, aise (*Aramon*, Gard).
Arboisien, ienne (*Arbois*, Jura).
Arcachonnais, aise (*Arcachon*, Gironde).
Arcadien, enne (*Arcadie*, Grèce).
Arcisien, ienne (*Arcis-sur-Aube*, Aube).
Ardennais, aise (*Ardenne*, Belgique).
Arédien, ienne (*Saint-Yrieix-la-Perche*, Haute-Vienne).
Arétin, ine (*Arezzo*, Italie).
Argelésien, ienne (*Argelès-Gazost*, Hautes-Pyrénées; *Argelès-sur-Mer*, Pyrénées-Orientales).
Argentaçois, oise (*Argentat*, Corrèze).
Argentais, aise (*Argent-sur-Sauldre*, Cher).
Argentanais, aise (*Argentan*, Orne).
Argenteuillais, aise ou Argentolien, ienne (*Argenteuil*, Val-d'Oise).
Argentiérois, oise (*Argentière-la-Bessée* [L'], Hautes-Alpes).
Argentin, ine*.
Argentolien, ienne. V. Argenteuillais.
Argentonnais, aise (*Argenton-Château*, Deux-Sèvres; *Argenton-sur-Creuse*, Indre).
Argentréen, enne (*Argentré-du-Plessis*, Ille-et-Vilaine).
Ariégeois, oise (*Ariège*, Pyrénées).
Arlésien, ienne (*Arles*, Bouches-du-Rhône).
Arleusien, ienne (*Arleux*, Nord).
Arménien, enne*.
Armentiérois, oise (*Armentières*, Nord).
Armoricain, aine (*Armorique*, France).
Arnétois, oise (*Arnay-le-Duc*, Côte-d'Or).
Arrageois, oise (*Arras*, Pas-de-Calais).
Arsais, aise (*Ars-en-Ré*, Charente-Maritime).
Artésien, ienne (*Artois*, France).
Ascquois, oise (*Ascq*, Nord).
Asiate* ou Asiatique*.
Asniérois, oise (*Asnières*, Hauts-de-Seine).
Assyrien, enne*.
Asturien, enne (*Asturies*, Espagne).
Athémontien, ienne. V. Athésien.
Athénien, ienne*.
Athésien, ienne ou Athémontien, ienne (*Athis-Mons*, Essonne).
Athisien, ienne (*Athis-de-l'Orne*, Orne).
Aturin, ine (*Aire-sur-l'Adour*, Landes).
Aubeterrien, ienne (*Aubeterre-sur-Dronne*, Charente).
Aubussonnais, aise (*Aubusson*, Creuse).
Auchellois, oise (*Auchel*, Pas-de-Calais).
Auchois, oise. V. Auscitain.
Audiernais, aise (*Audierne*, Finistère).
Audonien, ienne (*Saint-Ouen*, Seine-Saint-Denis).
Audincourtois, oise (*Audincourt*, Doubs).
Audomarois, oise (*Saint-Omer*, Pas-de-Calais).
Audruicquois, oise (*Audruicq*, Pas-de-Calais).
Audunois, oise (*Audun-le-Roman*, Meurthe-et-Moselle).
Augérien, ienne (*Saint-Jean-d'Angély*, Charente).
Aulnaisien, ienne (*Aulnay-sous-Bois*, Seine-Saint-Denis).
Aulnésien, ienne. V. Aulnoyen.
Aulnoyen, enne ou Aulnésien, ienne (*Aulnoye-Aymeries*, Nord).
Aultois, oise (*Ault*, Somme).
Aumalois, oise (*Aumale*, Seine-Maritime).
Aunais, aise (*Aunay-sur-Odon*, Calvados).
Aunélien, ienne. V. Alnélois.
Aunisien, ienne (*Aunis*, France).
Aupsois, oise (*Aups*, Vars).
Aurignacien, ienne (*Aurignac*, Haute-Garonne).
Aurillacois, oise (*Aurillac*, Cantal).
Auscitain, aine ou Auchois, oise (*Auch*, Gers).
Australien, enne (*Australie*).
Autrichien, ienne (*Autriche*, Europe).

Autunois, oise (*Autun*, Saône-et-Loire).
Auvergnat, ate*.
Auxerrois, oise (*Auxerre*, Oise).
Avallonnais, aise (*Avallon*, Yonne).
Avesnois, oise (*Avesnes-sur-Helpe*, Nord).
Avignonnais, aise (*Avignon*, Vaucluse).
Avranchais, aise (*Avranches*, Manche).
Azerbaïdjanais, aise (*Azerbaïdjan*, Union soviétique).

Babylonien, ienne (*Babylone*, Mésopotamie).
Bachanenchs [invar.] (*Baixas*, Pyrénées-Orientales).
Bachânois, oise (*Baccarat*, Meurthe-et-Moselle).
Badois, oise (*Bade*, Allemagne).
Badonvillais, aise (*Badonviller*, Meurthe-et-Moselle).
Bagnérais, aise (*Bagnères-de-Bigorre*, Hautes-Pyrénées).
Bajocasse. V. Bayeusain.
Balinais, aise (*Bali*).
Bâlois, oise (*Bâle*, Suisse).
Banyulenc, ence ou Banyulais, aise (*Banyuls-sur-Mer*, Pyrénées-Orientales).
Bapalmois, oise (*Bapaume*, Pas-de-Calais).
Barcelonais, aise (*Barcelone*, Espagne).
Barcelonnettain, aine (*Barcelonnette*, Basses-Alpes).
Barralbin, ine (*Bar-sur-Aube*, Aube).
Barrisien, ienne (*Bar-le-Duc*, Meuse).
Barrois, oise (*Bar-sur-Aube*, Aube).
Basque*, Basquaise*. V. Euscarien*.
Bastiais, aise (*Bastia*, Corse).
Bavarois, oise (*Bavière*, Allemagne).
Bayeusain, aine (*Bayeux*, Calvados).
Bayonnais, aise (*Bayonne*, Basses-Pyrénées).
Béarnais, aise*.
Beauceron, onne (*Beauce*, France).
Beaunois, oise (*Beaune*, Côte-d'Or).
Beauvaisien, ienne ou Beauvaisin, ine (*Beauvais*, Oise).
Belfortin, ine ou Belfortain, aine (*Belfort* [Territoire de]).
Belge*.
Bellacquais, aise ou Bellachon, onne (*Bellac*, Haute-Vienne).
Belleysan, ane (*Belley*, Ain).
Bellifontain, aine (*Fontainebleau*, Seine-et-Marne).
Bénédictin, ine (*Saint-Benoît-du-Sault*, Indre).
Béotien, enne*.
Bergeracois, oise (*Bergerac*, Dordogne).
Berlinois, oise (*Berlin*, Allemagne).
Bernayen, enne (*Bernay*, Eure).
Bernois, oise (*Berne*, Suisse).
Berrichon, onne (*Berry*, France).
Berruyer, ère (*Bourges*, Cher).
Béthunois, oise (*Béthune*, Pas-de-Calais).
Biarrot, ote (*Biarritz*, Basses-Pyrénées).
Bidartois, oise (*Bidart*, Pyrénées-Atlantiques).
Biélorusse (*Biélorussie*, Union soviétique).
Binchois, oise (*Binche*, Belgique).
Birman, ane (*Birmanie*, Asie).
Biscaïen, enne (*Biscaye* [la], Espagne).
Bisontin, ine (*Besançon*, Doubs).
Biterrois, oise (*Béziers*, Hérault).
Bizertin, ine (*Bizerte*, Tunisie).
Blaisois, oise ou Blésois, oise (*Blois*, Loir-et-Cher).
Blancois, oise (*Blanc* [Le], Indre).
Blangeois, oise (*Blangy-sur-Bresle*, Seine-Maritime).
Blayais, oise (*Blaye*, Gironde).
Blésois, oise. V. Blaisois.
Bohémien, ienne*.
Bolivien, enne (*Bolivie*, Amérique du Sud).
Bolonais, aise (*Bologne*, Italie).
Bonifacien, enne (*Bonifacio*, Corse).
Bonnevillois, oise (*Bonneville*, Haute-Savoie).
Bônois, oise (*Bône*, Algérie).
Borain, aine. V. Borin.
Bordelais, aise (*Bordeaux*, Gironde).
Borin, ine ou Borain, aine (*Borinage*, Belgique).
Bosniaque ou Bosnien, ienne (*Bosnie*).

Bostonien, ienne (*Boston*, États-Unis).
Boucalais, aise (*Boucau* [*Le*], Pyrénées-Atlantiques).
Bougivalais, aise (*Bougival*, Yvelines).
Boulageois, oise (*Boulay-Moselle*, Moselle).
Boulonnais, aise ou Boulenois, oise (*Boulogne-sur-Mer*, Pas-de-Calais).
Bourbonnais, aise (*Bourbonnais*, France).
Bourbourgeois, oise (*Bourbourg*, Nord).
Bourguignon, onne (*Bourgogne*, France).
Brabançon, onne*.
Brandebourgeois, oise (*Brandebourg*, Allemagne).
Brésilien, ienne*.
Bressan, ane (*Bresse*, France; *Bourg-en-Bresse*, Ain).
Bressuirais, aise (*Bressuire*, Deux-Sèvres).
Brestois, oise (*Brest*, Finistère).
Breton*, onne.
Briançonnais, aise (*Briançon*, Hautes-Alpes).
Briard, arde*.
Briéron, onne (*Brière* [la], France).
Briochain, aine; ou Briochin, ine (*Saint-Brieuc*, Côtes-du-Nord).
Briotin, ine (*Briey*, Meurthe-et-Moselle).
Brisacien, ienne (*Neuf-Brisach*, Haut-Rhin).
Britannique*.
Brivadois, oise (*Brioude*, Haute-Loire).
Brivois, oise (*Brive-la-Gaillarde*, Corrèze).
Broutain, aine (*Brou*, Eure-et-Loir).
Bruaysien, ienne (*Bruay-en-Artois*, Pas-de-Calais).
Brugeois, oise (*Bruges*, Belgique).
Bruxellois, oise (*Bruxelles*, Belgique).
Bulgare*.
Burgien, ienne (*Bourg-en-Bresse*, Ain).
Byzantin, ine*.

Cadurcien, ienne, Cahorsin, ine ou Cahorsain, aine (*Cahors*, Lot).
Caennais, aise ou Caenais, aise (*Caen*, Calvados).
Cahorsain, aine ou Cahorsin, ine. V. Cadurcien.
Cairote (*Caire* [*Le*], Égypte).
Calabrais, aise*.
Caladois, oise (*Villefranche-sur-Saône*, Rhône).
Calaisien, ienne (*Calais*, Pas-de-Calais; *Saint-Calais*, Sarthe).
Californien, ienne (*Californie*, États-Unis).
Calvais, aise (*Calvi*, Corse).
Camarguais, aise, Camarguin, ine ou Camarguen, enne (*Camargue*, France).
Cambodgien, ienne (*Cambodge*, Asie).
Cambrésien, ienne (*Cambrai*, Nord).
Canadien, ienne*.
Cananéen, enne*.
Canarien, enne (*Canaries* [îles], Espagne).
Candiote. V. Crétois.
Cannois, oise ou Cannais, aise (*Cannes*, Alpes-Maritimes).
Cantalien, ienne (*Cantal*, France).
Capouan, ane (*Capoue*, Italie).
Carcassonnais, aise ou Carcassonnois, oise (*Carcassonne*, Aude).
Carolorégien, enne (*Charleroi*, Belgique).
Carpentrassien, ienne (*Carpentras*, Vaucluse).
Carquefolien, ienne (*Carquefou*, Loire-Atlantique).
Carriérois, oise (*Carrières-sur-Seine*, Yvelines).
Carthaginois, oise*.
Casablancais, aise (*Casablanca*, Maroc).
Cassiden, enne (*Cassis*, Bouches-du-Rhône).
Castelbriantais, aise (*Châteaubriant*, Loire-Atlantique).
Castellanais, aise (*Castellane*, Alpes-de-Haute-Provence).
Castellinois, oise ou Châteaulinois, oise (*Châteaulin*, Finistère).
Castelnaudarien, ienne (*Castelnaudary*, Aude).
Castelroussin, ine ou Châteauroussin, ine (*Châteauroux*, Indre).
Castelsalinois, oise (*Château-Salins*, Moselle).

Castelsarrasinois, oise (*Castelsarrasin*, Tarn-et-Garonne).
Castillan, ane*.
Castrais, aise (*Castres*, Tarn; *Châtre* [*La*], Indre).
Castro-Gontérien, ienne (*Château-Gontier*, Mayenne).
Castrothéodoricien, ienne (*Château-Thierry*, Aisne).
Catalan, ane*.
Caucasien, ienne*.
Cerdan, ane ou Cerdagnol, ole (*Cerdagne*, Espagne).
Cérétan, ane (*Céret*, Pyrénées-Orientales).
Cévenol, ole (*Cévennes*, France).
Ceylanais, aise (*Ceylan* [île de], Asie). V. Cingalais.
Chaldéen, enne*.
Chalonnais, aise (*Chalon-sur-Saône*, Saône-et-Loire).
Châlonnais, aise (*Châlons-sur-Marne*, Marne).
Chambérien, ienne (*Chambéry*, Savoie).
Chamoniard, arde (*Chamonix*, Haute-Savoie).
Champenois, oise*.
Charentais, aise (*Charente*, France).
Charollais, aise (*Charolles*, Saône-et-Loire).
Chartrain, aine (*Chartres*, Eure-et-Loir).
Château-Chinonais, aise (*Château-Chinon*, Nièvre).
Châteaulinois, oise. V. Castellinois.
Châteauroussin, ine. V. Castelroussin.
Châtelleraudais, aise (*Châtellerault*, Vienne).
Chaumontois, oise ou Chaumontais, aise (*Chaumont*, Haute-Marne).
Cherbourgeois, oise (*Cherbourg*, Manche).
Chilien, enne*.
Chinois, oise*.
Chinonais, aise (*Chinon*, Indre-et-Loire).
Choletais, aise (*Cholet*, Maine-et-Loire).
Chypriote. V. Cypriote.
Cingalais, aise*.
Ciotaden, enne (*Ciotat* [*La*], Bouches-du-Rhône).
Ciréen, enne (*Cyrey-sur-Vezouze*, Meurthe-et-Moselle).
Civraisien, ienne (*Civray*, Vienne).
Clamariot, iote ou Clamartois, oise (*Clamart*, Hauts-de-Seine).
Clamecyçois, oise (*Clamecy*, Nièvre).
Clermontois, oise (*Clermont-Ferrand*, Puy-de-Dôme; *Clermont*, Oise).
Clodoaldien, ienne (*Saint-Cloud*, Hauts-de-Seine).
Clusien, ienne (*Cluses*, Haute-Savoie).
Cochinchinois, oise (*Cochinchine*, Asie).
Cognaçais, aise (*Cognac*, Charente).
Colmarien, ienne (*Colmar*, Haut-Rhin).
Colombien, enne (*Colombie*, Amérique du Sud).
Columérien, ienne (*Coulommiers*, Seine-et-Marne).
Commercien, enne (*Commercy*, Meuse).
Compiégnois, oise (*Compiègne*, Oise).
Comtois, oise ou Franc-Comtois, oise (*Franche-Comté*, France).
Concarnois, oise (*Concarneau*, Finistère).
Condomois, oise (*Condom*, Gers).
Confolentais, aise ou Confolennais, aise (*Confolens*, Charente).
Congolais, aise*.
Constantinois, oise (*Constantine*, Algérie).
Corbeillais, aise ou Corbeillois, oise (*Corbeil-Essonnes*, Essonne).
Cordouan, ane (*Cordoue*, Espagne).
Coréen, enne*.
Corfiote (*Corfou*, Grèce).
Corse*.
Cortenais, aise (*Corte*, Corse).
Cosnois, oise (*Cosne-sur-Loire*, Nièvre).
Côtois, oise (*Côte-Saint-André* [*La*], Isère).
Cotterézien, ienne (*Villers-Cotterêts*, Aisne).
Courtraisien, ienne (*Courtrai*, Belgique).
Coutançais, aise (*Coutances*, Manche).
Creillois, oise (*Creil*, Oise).
Crétois, oise ou Candiote (*Crête* [île de], Grèce).
Creusois, oise (*Creuse*, France).
Croate (*Croatie*, Yougoslavie).

Croisicais, aise (*Croisic* [*Le*], Loire-Atlantique).
Cubain, aine*.
Cypriote* ou Chypriote.

Dacquois, oise (*Dax*, Landes).
Dahoméen, enne*.
Damascène (*Damas*, Syrie).
Danois, oise*.
Danubien, ienne (*Danube*, Europe centrale).
Dauphinois, oise*.
Délien, ienne ou Déliaque (*Délos*, Grèce).
Denaisien, ienne (*Denain*, Nord).
Déodatien, ienne (*Saint-Dié*, Vosges).
Dieppois, oise (*Dieppe*, Seine-Maritime).
Dignois, oise ou Dinien, ienne (*Digne*, Alpes-de-Haute-Provence).
Dijonnais, aise (*Dijon*, Côte-d'Or).
Dinannais, aise (*Dinan*, Côtes-du-Nord).
Dinien, ienne. V. Dignois.
Diois, oise (*Die*, Drôme).
Dionysien, ienne (*Saint-Denis*, Seine-Saint-Denis).
Dolois, oise (*Dôle*, Jura).
Douaisien, ienne (*Douai*, Nord).
Douarneniste ou Douarnézien, ienne (*Douarnenez*, Finistère).
Draguignanais, aise ou Dracenois, oise (*Draguignan*, Var).
Drouais, aise ou Durocasse (*Dreux*, Eure-et-Loir).
Dunkerquois, oise (*Dunkerque*, Nord).
Dunois, oise (*Châteaudun*, Eure-et-Loir).
Durocasse. V. Drouais.

Ébroïcien, ienne (*Évreux*, Eure).
Écossais, aise*.
Édimbourgeois, oise (*Édimbourg*, Écosse).
Égyptien, ienne*.
Elbeuvien, ienne. V. Elbovien.
Elbois, oise (*Elbe* [île d'], Italie).
Elbovien, ienne ou Elbeuvien, iennc (*Elbeuf*, Seine-Maritime).
Équatorien, ienne (*Équateur*, Amérique du Sud).
Esclavon, onne*.
Espagnol, ole*.
Estonien, enne* ou Este*.
Étampois, oise (*Étampes*, Essonne).
Éthiopien, enne*.
Étolien, enne (*Étolie*, Grèce).
Étrusque*.
Européen, enne*.
Euscarien, enne* ou Euskarien, enne*. V. Basque.
Évahonnien, ienne (*Évaux-les-Bains*, Creuse).
Évianais, aise (*Évian-les-Bains*, Haute-Savoie).
Évryen, enne (*Évry*, Essonne).

Faouétais, aise (*Faouët* [*Le*], Morbihan).
Fassis (*Fez*, Maroc).
Fécampois, oise (*Fécamp*, Seine-Maritime).
Ferrarais, aise (*Ferrare*, Italie).
Ferton, one (*Fère-Champenoise*, Marne).
Figeacois, oise (*Figeac*, Lot).
Finistérien, ienne (*Finistère*, France).
Finlandais, aise* ou Finnois, oise*.
Flamand, ande*.
Flandrien, ienne (*Flandres*).
Fléchois, oise (*Flèche* [*La*], Sarthe).
Flérois, oise (*Flers-de-l'Orne*, Orne).
Fleurantin, ine (*Fleurance*, Gers).
Floracois, oise (*Florac*, Lozère).
Florentin, ine (*Florence*, Italie).
Florentinois, oise (*Saint-Florentin*, Yonne).
Fontenaisien, ienne (*Fontenay-le-Comte*, Vendée).
Forbachois, oise (*Forbach*, Moselle).
Forcalquiérais, aise (*Forcalquier*, Alpes-de-Haute-Provence).
Forgien, ienne (*Forges-les-Eaux*, Seine-Maritime).
Formosan, ane (*Formose*, Asie).

Fouesnantais, aise (*Fouesnant*, Finistère).
Fougerais, aise (*Fougères*, Ille-et-Vilaine).
Fourasien, ienne (*Fouras*, Charente-Maritime).
Fourchambaltais, aise (*Fourchambault*, Nièvre).
Fourmésien, ienne ou Fourmisien, ienne (*Fourmies*, Nord).
Foyen, enne (*Sainte-Foy-la-Grande*, Gironde).
Français, aise*.
Franc-Comtois, oise. V. Comtois.
Francfortais, aise (*Francfort-sur-le-Main*, Allemagne).
Fréjussien, ienne (*Fréjus*, Var).
Fribourgeois, oise (*Fribourg*, Suisse).
Frison, onne*.
Fuégien, ienne*.
Fuxéen, enne (*Foix*, Ariège).

Gabalitain, aine (*Gévaudan* [le], Lozère).
Gabonais, aise (*Gabon*, Afrique).
Gaditan, ane (*Cadix*, Espagne).
Galicien, ienne (*Galice*, Espagne).
Galiléen, éenne*.
Gallois, oise*.
Gantois, oise (*Gand*, Belgique).
Gapençais, aise (*Gap*, Hautes-Alpes).
Gascon, onne*.
Gaspéen, enne (*Gaspé* ou *Gaspésie* [péninsule de], Canada).
Gaulois, oise*.
Genevois, oise (*Genève*, Suisse).
Génois, oise*.
Géorgien, enne*.
Gergolien, ienne (*Jargeau*, Loiret).
Germain, aine*.
Gessien, ienne (*Gex*, Ain).
Ghanéen, enne (*Ghâna*, Afrique).
Giennois, oise (*Gien*, Loiret).
Girondin, ine*.
Gisorsien, ienne (*Gisors*, Eure).
Gourdonnais, aise (*Gourdon*, Lot).
Grassois, oise (*Grasse*, Alpes-Maritimes).
Grec, Grecque*.
Grenadin, ine (*Grenade*, Espagne).
Grenoblois, oise (*Grenoble*, Isère).
Grison, onne (*Grisons* [canton des], Suisse).
Groenlandais, aise (*Groenland*, Amérique du Nord).
Guadeloupéen, enne (*Guadeloupe*, Antilles fr.).
Guatémalien, ienne ou Guatémaltèque (*Guatemala*, Amérique centrale).
Guebvillérois, oise (*Guebwiller*, Haut-Rhin).
Guérandais, aise (*Guérande*, Loire-Atlantique).
Guérétois, oise (*Guéret*, Creuse).
Guernesiais, aise (*Guernesey* [île de], Grande-Bretagne).
Guinéen, enne (*Guinée*, Afrique).
Guingampois, oise (*Guimgamp*, Côtes-du-Nord).
Guyanais, aise (*Guyane*, Amérique du Sud).

Hacquenois, oise (*Haye* [*La*], Hollande).
Hagetmautien, ienne (*Hagetmau*, Landes).
Haguenovien, ienne (*Haguenau*, Bas-Rhin).
Hainuyer, ère (*Hainaut*, Belgique). V. Hannuyer.
Haïtien, ienne (*Haïti*, Amérique centrale).
Haligonien, ienne (*Halifax*, Canada).
Hallicourtois, oise (*Hallicourt*, Pas-de-Calais).
Hambourgeois, oise (*Hambourg*, Allemagne).
Hamois, oise (*Ham*, Somme).
Hannuyer, ère (*Hainaut*, Belgique). V. Hainuyer, Hennuyer.
Hanovrien, ienne (*Hanovre*, Allemagne).
Havanais, aise*.
Havrais, aise (*Havre* [*Le*], Seine-Maritime).
Hawaïen, enne (*Hawaï* [îles], Polynésie).
Haytillon, onne (*Haye-du-Puits* [*La*], Manche).
Hédéen, enne (*Hédé*, Ille-et-Vilaine).
Hellène*.
Hendayais, aise (*Hendaye*, Pyrénées-Atlantiques).
Hennebontais, aise (*Hennebont*, Morbihan).

Hennuyer, ère (*Hainaut*, Belgique). V. Hainuyer, Hannuyer.
Hiérosolymite ou Hiérosolymitain, aine (*Jérusalem*, Israël).
Hirsonnais, aise (*Hirson*, Aisne).
Hollandais, aise*. V. Néerlandais*.
Hondurien, ienne (*Honduras*, Amérique centrale).
Honfleurais, aise ou Honfleurois, oise (*Honfleur*, Calvados).
Hongrois, oise*. V. Magyar*.
Hullois, oise (*Hull*, Canada).
Hyérois, oise (*Hyères*, Var).

Ibère*.
Indien, ienne*.
Indochinois, oise*.
Indonésien, enne*.
Ionien, ienne*.
Irakien, ienne (*Iraq* ou *Irak*, Proche-Orient).
Iranien, ienne*.
Irlandais, aise*.
Isérois, oise ou Iseran, ane (*Isère*, France).
Isignais, aise (*Isigny-sur-Mer*, Calvados).
Islandais, aise*.
Islois, oise (*Isle-Jourdain* [L'], Gers).
Israélien, ienne (*Israël*, Proche-Orient).
Issisois, oise (*Issy-les-Moulineaux*, Hauts-de-Seine).
Issoirien, ienne. V. Issorien.
Issoldunois, oise ou Issoudunois, oise (*Issoudun*, Indre).
Issorien, ienne ou Issoirien, ienne (*Issoire*, Puy-de-Dôme).
Istanbuliote (*Istanbul*, Turquie).
Italien, enne*.
Ivoirien, ienne (*Côte-d'Ivoire*, Afrique).

Jamaïquain, aine*.
Japonais, aise*.
Javanais, aise*.
Jersiais, aise (*Jersey* [île de]).
Joinvillois, oise (*Joinville*, Haute-Marne).
Jonzacais, aise (*Jonzac*, Charente-Maritime).
Jordanien, enne*.
Juliénois, oise (*Saint-Julien-en-Genevois*, Haute-Savoie).
Jurassien, ienne*.

Kabyle*.
Kalmouk ou Kalmuk (*Kalmoukie*, Union soviétique).
Kazakh (*Kazakhstan*, Union soviétique).
Kényen, enne (*Kenya*, Afrique).
Kirghize (*Kirghizistan*, Union soviétique).
Koweitien, ienne (*Koweit*, Arabie).

Labradorien, ienne (*Labrador* [péninsule du], Canada).
Lacaunois, oise (*Lacaune*, Tarn).
Lagneusin, ine (*Lagnieu*, Ain).
Landais, aise*.
Landernéen, enne (*Landerneau*, Finistère).
Landivisien, enne (*Landivisiau*, Finistère).
Landrecien, ienne (*Landrecies*, Nord).
Langonnais, aise (*Langogne*, Lozère).
Langonnais, aise (*Langon*, Gironde).
Langrois, oise (*Langres*, Haute-Marne).
Languedocien, ienne (*Languedoc*, France).
Lanmeurien, ienne (*Lanmeur*, Finistère).
Lannionais, aise (*Lannion*, Côtes-du-Nord).
Laonnois, oise (*Laon*, Aisne).
Laotien, ienne*.
Lapalissois, oise (*Lapalisse*, Allier).
Lapon, one*.
Lausannois, oise (*Lausanne*, Suisse).
Lavallois, oise (*Laval*, Mayenne).
Lédonien, ienne (*Lons-le-Saulnier*, Jura).
Leipzigois, oise (*Leipzig*, Allemagne).
Lensois, oise (*Lens*, Pas-de-Calais).

Léonais, aise ou Léonard, arde (*Léon* [pays de], Bretagne).
Léonais, aise, Léonard, arde, ou Saint-Politain, aine (*Saint-Pol-de-Léon*, Finistère).
Lesbien, ienne*.
Lescarien, ienne (*Lescar*, Pyrénées-Atlantiques).
Lesparrain, aine (*Lesparre-Médoc*, Gironde).
Letton, one (onne)*, Lette* ou Latvien, ienne.
Levantin, ine*.
Libanais, aise*.
Libérien, enne (*Libéria*, Afrique).
Libournais, aise (*Libourne*, Gironde).
Libyen, enne (*Lybie*, Afrique).
Liégeois, oise*.
Ligurien, enne (*Ligurie*, Italie).
Lillois, oise (*Lille*, Nord).
Liménien, ienne (*Lima*, Pérou).
Limousin, ine* ou Limougeaud, eaude.
Limouxin, ine (*Limoux*, Aude).
Lisbonnin, ine (*Lisbonne*, Portugal).
Lituanien, ienne* ou Lithuanien, ienne*.
Livournais, aise (*Livourne*, Italie).
Lochois, oise (*Loches*, Indre-et-Loire).
Loctudyste (*Loctudy*, Finistère).
Lodévois, oise (*Lodève*, Hérault).
Lombard, arde*.
Lommois, oise (*Lomme*, Nord).
Londonien, ienne (*Londres*, Angleterre).
Longjumellois, oise (*Longjumeau*, Essonne).
Longnycien, ienne (*Longny-au-Perche*, Orne).
Longovicien, ienne (*Longwy*, Meurthe-et-Moselle).
Loossois, oise (*Loos*, Nord).
Lorrain, aine*.
Losnais, aise (*Saint-Jean-de-Losne*, Côte-d'Or).
Loudéacien, ienne (*Loudéac*, Côtes-du-Nord).
Loudunois, oise (*Loudun*, Vienne).
Louhannais, aise (*Louhans*, Saône-et-Loire).
Louisianais, aise (*Louisiane* [État de la], États-Unis).
Lourdois, oise ou Lourdais, aise (*Lourdes*, Hautes-Pyrénées).
Louvaniste (*Louvain*, Belgique).
Lovérien, ienne (*Louviers*, Eure).
Lucanien, enne (*Lucanie*, Italie).
Luciennois, oise (*Louveciennes*, Yvelines).
Lucquois, oise (*Lucques*, Italie).
Lunévillois, oise (*Lunéville*, Meurthe-et-Moselle).
Lurcyquais, aise (*Lurcy-Lévis*, Allier).
Luron, onne (*Lure*, Haute-Saône).
Lusitanien, enne* ou Lusitain, aine*. V. Portugais.
Lussacois, oise (*Lussac*, Gironde).
Luxembourgeois, oise (*Luxembourg*, Europe).
Luzarchois, oise (*Luzarches*, Val-d'Oise).
Luzien, ienne (*Saint-Jean-de-Luz*, Pyrénées-Atlantiques).
Lydien, enne*.
Lyonnais, aise (*Lyon*, Rhône).
Lyonsais, aise (*Lyons-la-Forêt*, Eure).

Macédonien, ienne (*Macédoine*, Grèce).
Macérien, ienne (*Mézières*, Ardennes).
Machecoulois, oise (*Machecoul*, Loire-Atlantique).
Mâconnais, aise (*Mâcon*, Saône-et-Loire).
Madelinot, ote (*Madeleine* [îles de la], Canada).
Madérien, ienne ou Madérois, oise (*Madère*, Portugal).
Madrilène (*Madrid*, Espagne).
Maghrébin, ine (*Maghreb*, Afrique).
Magyar, e*. V. Hongrois*.
Maintenonnois, oise (*Maintenon*, Eure-et-Loir).
Majorquin, ine (*Majorque*, Espagne).
Malabare (*Malabâr*, Indes).
Malais, aise*.
Malgache*.
Malien, enne* (*Mali*, Afrique).
Malinois, oise (*Malines*, Belgique).
Malouin, ine (*Saint-Malo*, Ille-et-Vilaine).
Maltais, aise (*Malte*, Europe).

Mamertin, ine (*Mamers*, Sarthe).

Manceau, elle (*Maine*, France; *Mans* [région du], France).

Mandchou, e *(Mandchourie)*.

Manitobain, aine (*Manitoba* [province du], Canada).

Mannois, oise (*Man* [île de], Grande-Bretagne).

Manosquin, ine (*Manosque*, Alpes-de-Haute-Provence).

Mantais, aise (*Mantes-la-Jolie*, Yvelines).

Mantevillois, oise (*Mantes-la-Ville*, Yvelines).

Mantouan, ane (*Mantoue*, Italie).

Marandais, aise (*Marans*, Charente-Maritime).

Marcquois, oise (*Marcq-en-Barœul*, Nord).

Marennais, aise (*Marennes*, Charente-Maritime).

Marignanais, aise (*Marignane*, Bouches-du-Rhône).

Maringois, oise (*Maringues*, Puy-de-Dôme).

Marlois, oise (*Marle*, Aisne).

Marlychois, oise *(Marly-le-Roi*, Yvelines).

Marmandais, aise (*Marmande*, Lot-et-Garonne).

Marocain, aine*.

Marommais, aise (*Maromme*, Seine-Maritime).

Marseillais, aise*. V. Massaliote*, Phocéen*.

Martégaux ou Martigaux [plur.] (*Martigues*, Bouches-du-Rhône).

Martien, ienne*.

Martiniquais, aise (*Martinique*, Antilles fr.).

Marvejolais, aise (*Marvejols*, Lozère).

Mascoutain, aine (*Saint-Hyacinthe*, Canada).

Masopolitain, aine (*Masevaux*, Haut-Rhin).

Massaliote*. V. Marseillais*.

Mathalien, ienne (*Matha*, Charente-Maritime).

Maubeugeois, oise (*Maubeuge*, Nord).

Maubourguetois, oise (*Maubourguet*, Hautes-Pyrénées).

Maure* ou More*.

Mauriacois, oise (*Mauriac*, Cantal).

Mauricien, ienne (*Maurice* [île], Océan Indien).

Maxipontain, aine ou Pontois, oise *(Pont-Sainte-Maxence*, Oise).

Mayençais, aise (*Muyence*, Allemagne).

Mayennais, aise (*Mayenne*, dép. et ville de France).

Mazamétain, aine (*Mazamet*, Tarn).

Mélanésien, enne*.

Meldois, oise (*Meaux*, Seine-et-Marne).

Melunois, oise, Melunais, aise ou Melodunois, oise (*Melun*, Seine-et-Marne).

Mendois, oise (*Mende*, Lozère).

Menehildien, ienne ou Menehouldien, ienne (*Sainte-Menehould* Marne).

Mennetousien, ienne (*Mennetou-sur-Cher*, Loir-et-Cher).

Mentonnais, aise (*Menton*, Alpes-Maritimes).

Merdrignacien, ienne (*Merdrignac*, Côtes-du-Nord).

Mersois, oise (*Mers-les-Bains*, Somme).

Mervillois, oise (*Merville*, Nord).

Mesnilois, oise (*Mesnil-le-Roi* [Le], Yvelines).

Mésopotamien, ienne*.

Messin, ine (*Metz*, Moselle).

Meudonnais, aise (*Meudon*, Hauts-de-Seine).

Meulanais, aise (*Meulan*, Yvelines).

Meurisaltien, ienne (*Meursault*, Côte-d'Or).

Mexicain, aine*.

Meyrueisien, enne (*Meyrueis*, Lozère).

Milanais, aise (*Milan*, Italie).

Millavois, oise (*Millau*, Aveyron).

Milliacois, oise (*Milly-la-Forêt*, Essonne).

Mimizannais, aise (*Mimizan*, Landes).

Minhote (*Minho*, Portugal).

Minorquin, ine (*Minorque*, Espagne).

Miramassen, enne (*Miramas*, Bouches-du-Rhône).

Mirandais, aise (*Mirande*, Gers).

Mirapicien, enne (*Mirepoix*, Ariège).

Mirebalais, aise (*Mirebeau*, Vienne).

Miribelan, ane (*Miribel*, Ain).

Modanais, aise (*Modane*, Savoie).

Modénais, aise (*Modène*, Italie).

Mohonnais, aise (*Mohon*, Ardennes).

Moirantin, ine (*Moirans-en-Montagne*, Jura).

Moissagais, aise (*Moissac*, Tarn-et-Garonne).

Moldave (*Moldavie*, Roumanie).

Moncoutantais, aise (*Moncoutant*, Deux-Sèvres).

Monégasque*.

Mongol, ole*.

Monistrolien, ienne (*Monistrol-sur-Loire*, Haute-Loire).

Monpaziérais, aise (*Monpazier*, Dordogne).

Monségurais, aise (*Monségur*, Gironde).

Montacutain, aine ou Montaigusien, ienne (*Montaigu*, Vendée).

Montalbanais, aise (*Montauban*, Tarn-et-Garonne).

Montargois, oise (*Montargis*, Loiret).

Montbardois, oise (*Montbard*, Côte-d'Or).

Montbéliardais, aise (*Montbéliard*, Doubs).

Montbrisonnais, aise (*Montbrison*, Loire).

Montbronnais, aise (*Montbron*, Charente).

Montcellien, ienne (*Montceau-les-Mines*, Saône-et-Loire).

Montchaninois, oise (*Montchanin*, Saône-et-Loire).

Montcinois, oise (*Montcenis*, Saône-et-Loire).

Montcuquois, oise (*Montcuq*, Lot).

Montdidérien, ienne (*Montdidier*, Somme).

Montdorien, ienne (*Mont-Dore*, Puy-de-Dôme).

Monténégrin, ine (*Monténégro*, Yougoslavie).

Montilien, ienne (*Montélimar*, Drôme).

Montluçonnais, aise (*Montluçon*, Allier).

Montmartrois, oise (*Montmartre*, Paris).

Montmorencien, enne (*Montmorency*, Val-d'Oise).

Montmorillonnais, aise (*Montmorillon*, Vienne).

Montois, oise (*Mont-de-Marsan*, Landes).

Montois, oise (*Mons*, Nord).

Montpelliérain, aine (*Montpellier*, Hérault).

Montponnais, aise (*Montpon-Ménestérol*, Dordogne).

Montréalais, aise (*Montréal*, Canada).

Montréjeaulais, aise (*Montréjeau*, Haute-Garonne).

Montreuillois, oise (*Montreuil-sous-Bois*, Seine-Saint-Denis).

Montrichardois, oise (*Montrichard*, Loir-et-Cher).

Montrougien, ienne (*Montrouge*, Hauts-de-Seine).

Morave (*Moravie*, Tchécoslovaquie).

Morcenais, aise (*Morcenx*, Landes).

Morétain, aine (*Moret-sur-Loing*, Seine-et-Marne).

Morlaisien, ienne (*Morlaix*, Finistère).

Morlan, ane (*Morlaas*, Pyrénées-Atlantiques).

Mortagnais, aise (*Mortagne-au-Perche*, Orne).

Mortinais, aise (*Mortain*, Manche).

Mortuassien, ienne ou Mortuacien, ienne (*Morteau*, Doubs).

Morzinois, oise (*Morzine*, Haute-Savoie).

Moscovite (*Moscou*, Union soviétique).

Moulinois, oise (*Moulins*, Allier).

Mouysard, arde (*Mouy*, Oise).

Mouzonnais, aise (*Mouzon*, Ardennes).

Mulhousien, ienne (*Mulhouse*, Haut-Rhin).

Munichois, oise (*Munich*, Allemagne).

Muratais, aise (*Murat*, Cantal).

Muretin, ine (*Muret*, Haute-Garonne).

Murois, oise (*Mure* [La], Isère).

Murviellois, oise (*Murviel-lès-Béziers*, Hérault).

Mussipontain, aine (*Pont-à-Mousson*, Meurthe-et-Moselle).

Mycénien, ienne*.

Namurois, oise (*Namur*, Belgique).

Nancéien, ienne (*Nancy*, Meurthe-et-Moselle).

Nantais, aise (*Nantes*, Loire-Atlantique).

Nanterrois, oise (*Nanterre*, Hauts-de-Seine).

Nantuatien, ienne (*Nantua*, Ain).

Napolitain, aine*.

Narbonnais, aise (*Narbonne*, Aude).

Navarrais, aise (*Navarre*, Espagne).

Nazairien, ienne (*Saint-Nazaire*, Loire-Atlantique).

Nazaréen, enne*.

Néerlandais, aise*. V. Hollandais*.

Nemourien, ienne (*Nemours*, Seine-et-Marne).

Néo-Calédonien, ienne (*Nouvelle-Calédonie*, Océanie).
Néocastrien, ienne (*Neufchâteau*, Vosges).
Néodanien, ienne (*Neuves-Maisons*, Meurthe-et-Moselle).
Néo-Écossais, aise (*Nouvelle-Écosse*, Canada).
Néo-Zélandais, aise*.
Népalais, aise (*Népal*, Asie).
Néracais, aise (*Nérac*, Lot-et-Garonne).
Neuchâtelois, oise (*Neuchâtel*, Suisse).
Neufchâtelois, oise (*Neufchâtel-en-Bray*, Seine-Maritime).
Neuilléen, enne (*Neuilly*, Hauts-de-Seine).
Neustrien, enne*.
Neuvicois, oise (*Neuvic*, Corrèze).
Neuvillois, oise (*Neuville-de-Poitou*, Vienne).
New-Yorkais, aise (*New York*, États-Unis).
Nicaraguayen, enne (*Nicaragua*, Amérique centrale).
Niçois, oise (*Nice*, Alpes-Maritimes).
Nigérien, ienne (*Niger*, Afrique).
Nîmois, oise (*Nîmes*, Gard).
Niortais, aise (*Niort*, Deux-Sèvres).
Nivellois, oise (*Nivelles*, Belgique).
Nivernais, aise (*Nevers*, Nièvre).
Nocéen, enne (*Neuilly-Plaisance*, Seine-Saint-Denis).
Nogarolien, ienne (*Nogaro*, Gers).
Nogentais, aise (*Nogent-en-Bassigny*, Haute-Marne; *Nogent-le-Roi*, Eure-et-Loir; *Nogent-sur-Marne*, Val-de-Marne; *Nogent-sur-Oise*, Oise).
Noirmoutrin, ine (*Noirmoutier-en-l'Ile*, Vendée).
Nolaytois, oise (*Nolay*, Côte-d'Or).
Nonancourtois, oise (*Nonancourt*, Eure).
Nontronnais, aise (*Nontron*, Dordogne).
Nord-Africain, aine*.
Nord-Américain, aine*.
Nord-Coréen, enne*.
Normand, ande*.
Norvégien, ienne*.
Nubien, enne (*Nubie*, Afrique).
Nuiton, onne (*Nuits-Saint-Georges*, Côte-d'Or).
Numide*.
Nyonsais, aise (*Nyons*, Drôme).

Océanien, enne*.
Oléronais, aise (*Oléron* [île d'], Charente-Maritime).
Ollierguois, oise (*Olliergues*, Puy-de-Dôme).
Oloronais, aise (*Oloron-Sainte-Marie*, Pyrénées-Atlantiques).
Ombrien, enne*.
Ontarien, enne (*Ontario* [province de l'], Canada).
Oranais, aise (*Oran*, auj. Ouahran, Algérie).
Orangeois, oise (*Orange*, Vaucluse).
Orléanais, aise (*Orléans*, Loiret).
Orlysien, ienne (*Orly*, Val-de-Marne).
Ormessonnais, aise (*Ormesson-sur-Marne*, Val-de-Marne).
Ornanais, aise (*Ornans*, Doubs).
Ostendais, aise (*Ostende*, Belgique).
Ottoman, ane*.
Ouessantin, ine ou Ouessantais, aise (*Ouessant* [île d'], Finistère).
Ougandais, aise (*Ouganda*, Afrique).
Oxonien, ienne ou Oxfordien, ienne (*Oxford*, Angleterre).
Oyonnaxien, ienne (*Oyonnax*, Ain).

Pacéen, enne (*Pacy-sur-Eure*, Eure).
Padouan, ane (*Padoue*, Italie).
Paimblotin, ine (*Paimbœuf*, Loire-Atlantique).
Paimpolais, aise (*Paimpol*, Côtes-du-Nord).
Pakistanais, aise*.
Palaisien, ienne (*Palaiseau*, Essonne).
Palaldéen, enne. V. Amélien.
Palermitain, aine ou Panormitain, aine (*Palerme*, Italie).
Palestinien, ienne (*Palestine*, Proche-Orient).
Palois, oise (*Pau*, Pyrénées-Atlantiques).

Panaméen, enne ou Panamien, ienne (*Panama*, Amérique centrale).
Pantinois, oise (*Pantin*, Seine-Saint-Denis).
Paraguayen, enne (*Paraguay*, Amérique du Sud).
Parisien, ienne*.
Parmesan, ane (*Parme*, Italie).
Parodien, enne (*Paray-le-Monial*, Saône-et-Loire).
Parthenaisien, ienne (*Parthenay*, Deux-Sèvres).
Pauillacais, aise (*Pauillac*, Gironde).
Pavesan, ane (*Pavie*, Italie).
Péageois, oise (*Bourg-de-Péage*, Drôme).
Pékinois, oise*.
Péloponnésien, ienne (*Péloponnèse*, Grèce).
Pennsylvanien, enne (*Pennsylvanie*, États-Unis).
Percheron, onne*.
Percyais, aise (*Percy*, Manche).
Périgourdin, ine (*Périgord*, France).
Périgourdin, ine ou Prétocorien, ienne (*Périgueux*, Dordogne).
Pernois, oise (*Pernes-les-Fontaines*, Vaucluse).
Péronnais, aise (*Péronne*, Somme).
Pérougien, ienne (*Pérouges*, Ain).
Perpignanais, aise (*Perpignan*, Pyrénées-Orientales).
Persan, ane*.
Pérugin, ine (*Pérouse*, Italie).
Péruvien, ienne*.
Pétrifontin, ine (*Pierrefonds*, Oise).
Phalsbourgeois, oise (*Phalsbourg*, Moselle).
Phénicien, enne*.
Philadelphien, enne (*Philadelphie*, États-Unis).
Philippin, ine (*Philippines*, Océanie).
Phocéen, enne*. V. Marseillais.
Phocidien, ienne (*Phocide*, Grèce).
Picard, arde*.
Piémontais, aise*.
Pierrefittois, oise (*Pierrefitte-sur-Aire*, Meuse).
Pierrelattin, ine (*Pierrelatte*, Drôme).
Piscénois, oise (*Pézenas*, Hérault).
Pisciacais, aise (*Poissy*, Yvelines).
Pithivérien, ienne (*Pithiviers*, Loiret).
Placentin, ine (*Plaisance*, Italie).
Plouescatais, oise (*Plouescat*, Finistère).
Plouhatin, ine (*Plouha*, Côtes-du-Nord).
Podot, ote. V. Ponot.
Poitevin, ine*.
Poitevin, ine (*Poitiers*, Vienne).
Polinois, oise (*Poligny*, Jura).
Polois, oise (*Saint-Pol-sur-Ternoise*, Pas-de-Calais).
Polonais, aise*.
Polynésien, enne (*Polynésie*, Océanie).
Pompéien, enne*.
Poncinois, oise (*Poncin*, Ain).
Ponot, ote ou Podot, ote (*Puy* [Le], Haute-Loire).
Pontaudemérien, ienne (*Pont-Audemer*, Eure).
Pontaveniste (*Pont-Aven*, Finistère).
Pontépiscopien, ienne (*Pont-l'Évêque*, Calvados).
Pontinois, oise (*Pont-de-Chéruy*, Isère).
Pontissalien, ienne (*Pontarlier*, Doubs).
Pontivien, enne (*Pontivy*, Morbihan).
Pont-l'Abbiste (*Pont-l'Abbé*, Finistère).
Pontois, oise. V. Maxipontain.
Pontois, oise (*Pons*, Charente-Maritime; *Pont-en-Royans*, Isère; *Pont-sur-Yonne*, Yonne).
Pontoisien, ienne (*Pontoise*, Val-d'Oise).
Pontorsonnais, aise (*Pontorson*, Manche).
Pontrivien, ienne (*Pontrieux*, Côtes-du-Nord).
Pornicais, aise (*Pornic*, Loire-Atlantique).
Pornichétin, ine (*Pornichet*, Loire-Atlantique).
Portais, aise (*Port-Sainte-Marie*, Lot-et-Garonne).
Portugais, aise*. V. Lusitanien*.
Pouillonnais, aise (*Pouillon*, Landes).
Poyais, aise (*Poix*, Somme).
Pradéen, enne (*Prades*, Pyrénées-Orientales).
Prémerycois, ine (*Prémery*, Nièvre).
Prétocorien, ienne. V. Périgourdin.
Privadois, oise (*Privas*, Ardèche).

Provençal, ale, aux*.
Provinois, oise (*Provins*, Seine-et-Marne).
Prussien, ienne*.
Pugétin, ine (*Puget-Théniers*, Alpes-Maritimes).
Puisatin, ine (*Puiseaux*, Loiret).
Pyrénéen, enne*.

Québécois, oise*.
Quercinois, oise (*Quercy* [*Le*], France).
Quercitain, aine (*Quesnoy* [*Le*], Nord).
Quiberonnais, aise (*Quiberon*, Morbihan).
Quillanais, aise (*Quillan*, Aude).
Quillebois, oise (*Quillebeuf-sur-Seine*, Eure).
Quimperlois, oise (*Quimperlé*, Finistère).
Quimpérois, oise (*Quimper*, Finistère).

Rabastinois, oise (*Rabastens*, Tarn).
Ragnabertois, oise (*Saint-Rambert-sur-Loire*, Loire).
Raismois, oise (*Raismes*, Nord).
Rambolitain, aine (*Rambouillet*, Yvelines).
Rambuvetais, aise (*Rambervilliers*, Vosges).
Ravennate (*Ravenne*, Italie).
Redonnais, aise (*Redon*, Ille-et-Vilaine).
Réginaborgien, ienne (*Bourg-la-Reine*, Hauts-de-Seine).
Réien, ienne (*Riez*, Alpes-de-Haute-Provence).
Remiremontain, aine (*Remiremont*, Vosges).
Rémois, oise (*Reims*, Marne).
Rénazéen, enne (*Renazé*, Mayenne).
Rennais, aise (*Rennes*, Ille-et-Vilaine).
Réolais, aise (*Réole* [*La*], Gironde).
Restérien, ienne (*Retiers*, Ille-et-Vilaine).
Rethélois, oise (*Rethel*, Ardennes).
Réunionnais, aise (*Réunion* [île de la], Océan Indien).
Rhétais, aise (*Ré* [île de], Charente-Maritime).
Rhodien, ienne (*Rhodes* [île de], Grèce).
Ribeauvilléen, enne (*Ribeauvillé*, Haut-Rhin).
Riceton, one (*Riceys* [*Les*], Aube).
Rifain, aine (*Rif*, Maroc).
Riomois, oise (*Riom*, Puy-de-Dôme).
Ripagérien, ienne (*Rive-de-Gier*, Loire).
Rivesaltais, aise (*Rivesaltes*, Pyrénées-Orientales).
Rivois, oise (*Rives*, Isère).
Roannais, aise (*Roanne*, Loire).
Rouennais, aise (*Rouen*, Seine-Maritime).
Roubaisien, ienne (*Roubaix*, Nord).
Rouergat, ate (*Rouergue*, France).
Rougéen, enne (*Rougé*, Loire-Atlantique).
Roumain*.
Roussillonnais, aise (*Roussillon*, Isère).
Roybonnais, aise (*Roybon*, Isère).
Royen, enne (*Roye*, Somme).
Royéraud, aude (*Royère*, Creuse).
Ruellois, oise (*Rueil-Malmaison*, Hauts-de-Seine).
Ruffécois, oise (*Ruffec*, Charente).
Rumulien, enne (*Rumilly*, Haute-Savoie).
Russe*.
Ruthénois, oise (*Rodez*, Aveyron).

Sabéen, enne*.
Sablais, aise (*Sables-d'Olonne* [*Les*], Vendée).
Sabolien, ienne (*Sablé-sur-Sarthe*, Sarthe).
Sabrin, ine ou Sabringot, ote (*Sabres*, Landes).
Saint-Affricain, aine (*Saint-Affrique*, Aveyron).
Saint-Agrévois, oise (*Saint-Agrève*, Ardèche).
Saint-Aignanais, aise (*Saint-Aignan*, Loir-et-Cher).
Saintais, aise ou Santon, one (*Saintes*, Charente-Maritime).
Saint-Alvérois, oise (*Saint-Alvère*, Dordogne).
Saint-Amandinois, oise (*Saint-Amand-Mont-Rond*, Cher).
Saint-Andréen, enne (*Saint-André-les-Alpes*, Alpes-de-Haute-Provence).
Saint-Aubinais, aise (*Saint-Aubin-sur-Mer*, Calvados).
Saint-Béatais, aise (*Saint-Béat*, Haute-Garonne).

Saint-Céréen, enne (*Saint-Céré*, Lot).
Saint-Chamonais, aise (*Saint-Chamond*, Loire).
Saint-Chinianais, aise (*Saint-Chinian*, Hérault).
Saint-Claudien, ienne (*Saint-Claude*, Jura).
Saintcris (*Sainte-Croix*, Suisse).
Saint-Cyrien, ienne (*Saint-Cyr-l'École*, Yvelines).
Saint-Fidéen, enne (*Sainte-Foy*, Canada).
Saint-Foniard, arde (*Saint-Fons*, Rhône).
Saint-Fulgentais, aise (*Saint-Fulgent*, Vendée).
Saint-Gallois, oise (*Saint-Gall*, Suisse).
Saint-Gaudinois, oise (*Saint-Gaudens*, Haute-Garonne).
Saint-Germinois, oise (*Saint-Germain-en-Laye*, Yvelines).
Saint-Gillois, oise (*Saint-Gilles*, Gard).
Saint-Gironnais, aise (*Saint-Girons*, Ariège).
Saint-Julien, ienne (*Saint-Julien-Chapteuil*, Haute-Loire).
Saint-Juniaud, aude (*Saint-Junien*, Haute-Vienne).
Saint-Justois, oise (*Saint-Just-en-Chaussée*, Oise).
Saint-Laurentin, ine (*Saint-Laurent-du-Pont*, Isère); (*Saint-Laurent-de-Neste*, Hautes-Pyrénées).
Saint-Lois, oise (*Saint-Lô*, Manche).
Saint-Maixentais, aise (*Saint-Maixent-l'École*, Deux-Sèvres).
Saint-Marcellinois, oise (*Saint-Marcellin*, Isère).
Saint-Martinois, oise (*Saint-Martin-Vésubie*, Alpes-Maritimes.
Saintois, oise (*Saintes-Maries-de-la-Mer*, Bouches-du-Rhône).
Saintongeais, aise (*Saintonge*, France).
Saint-Paulais, aise (*Saint-Paul-de-Fenouillet*, Pyrénées-Orientales).
Saint-Pérollais, aise (*Saint-Péray*, Ardèche).
Saint-Pierrois, oise (*Saint-Pierre-le-Moûtier*, Nièvre).
Saint-Politain, aine. V. Léonais.
Saint-Ponais, aine (*Saint-Pons*, Hérault).
Saint-Pourcinois, oise ou Sanpourcinois, oise (*Saint-Pourçain-sur-Sioule*, Allier).
Saint-Quentinois, oise (*Saint-Quentin*, Aisne).
Saint-Rémois, oise (*Saint-Rémy-sur-Durolle*, Puy-de-Dôme).
Saint-Servantin, ine ou Servannais, aise (*Saint-Servan-sur-Mer*, Ille-et-Vilaine).
Salersois, oise (*Salers*, Cantal).
Salinois, oise (*Salins-les-Bains*, Jura).
Salisien, ienne (*Salies-de-Béarn*, Pyrénées-Atlantiques).
Sallanchois, oise ou Sallanchard, arde (*Sallanches*, Haute-Savoie).
Salonicien, ienne (*Salonique*, Grèce).
Samaritain, aine*.
Samien, ienne ou Samiote (*Samos*, Grèce).
Sammiellois, oise (*Saint-Mihiel*, Meuse).
Samoënsien, ienne ou Samoentin, ine (*Samoëns*, Haute-Savoie).
Sancerrois, oise (*Sancerre*, Cher).
Sanflorin, ine (*Saint-Flour*, Cantal).
Sanpourcinois, oise. V. Saint-Pourcinois.
Santon, one. V. Santais.
Sarde*.
Sarladais, aise (*Sarlat*, Dordogne).
Sarrebruckois, oise (*Sarrebruck*, Allemagne).
Sarrois, oise (*Sarre*, Allemagne).
Sartenais, aise ou Sartinois, oise (*Sartène*, Corse).
Sarthois, oise (*Sarthe*, France).
Sartinois, oise. V. Sartenais.
Saskatchewannais, aise (*Saskatchewan* [province de la], Canada).
Saulxuron, one (*Saulxures-sur-Moselotte*, Vosges).
Saumurois, oise (*Saumur*, Maine-et-Loire).
Sauveterrat, ate (*Sauveterre-de-Rouergue*, Aveyron).
Savenaisien, ienne (*Savenay*, Loire-Atlantique).
Savernois, oise (*Saverne*, Bas-Rhin).
Savinien, enne (*Savigny-sur-Orge*, Essonne).
Savoyard, arde* ou Savoisien, ienne.
Saxon, onne*.

Scandinave*.
Scéen, enne (*Sceaux*, Hauts-de-Seine).
Sedanais, aise (*Sedan*, Ardennes).
Sédélocien, ienne (*Saulieu*, Côte-d'Or).
Seclinois, oise (*Seclin*, Nord).
Ségovien, enne (*Ségovie*, Espagne).
Segréen, enne (*Segré*, Maine-et-Loire).
Sélestadien, ienne (*Sélestat*, Bas-Rhin).
Semurois, oise (*Semur-en-Auxois*, Côte-d'Or).
Sénégalais, aise*.
Sénégambien, enne (*Sénégambie*, Afrique).
Senézien, ienne (*Sénez*, Alpes-de-Haute-Provence).
Senlisien, ienne (*Senlis*, Oise).
Sénonais, aise (*Sens*, Yonne).
Serbe*.
Servannais, aise. V. Saint-Servantin.
Sétois, oise (*Sète*, Hérault).
Seurrois, oise (*Seurre*, Côte-d'Or).
Séveraguais, aise (*Séverac-le-Château*, Aveyron).
Sevranais, aise (*Sevran*, Seine-Saint-Denis).
Sévrien, ienne (*Sèvres*, Hauts-de-Seine).
Sherbrookois, oise (*Sherbrooke*, Canada).
Siamois, oise*.
Sibérien, enne*.
Sicilien, ienne*.
Siennois, oise (*Sienne*, Italie).
Sissonnais, aise (*Sissonne*, Aisne).
Sisteronais, aise (*Sisteron*, Alpes-de-Haute-Provence).
Slovaque*.
Slovène*.
Smyrniote (*Smyrne*, Turquie).
Sochalien, ienne (*Sochaux*, Doubs).
Soiséen, enne (*Soisy-sous-Montmorency*, Val-d'Oise).
Soissonnais, aise (*Soissons*, Aisne).
Solesmois, oise (*Solesme*, Sarthe).
Soleurois, oise (*Soleure*, Suisse).
Sollièspontois, oise (*Solliès-Pont*, Var).
Solognot, ote (*Sologne*, France).
Solrézien, ienne (*Solre-le-Château*, Nord).
Somalien, enne (*Somalie*, Afrique).
Sommiérois, oise (*Sommières*, Gard).
Sorien, ienne (*Sore*, Landes).
Sospellitain, aine (*Sospel*, Alpes-Maritimes).
Soudanais, aise* ou Soudanien, ienne.
Souillaguais, aise (*Souillac*, Lot).
Sourdevalais, aise (*Sourdeval*, Manche).
Soussien, ienne (*Sousse*, Tunisie).
Spadois, oise (*Spa*, Belgique).
Sparnacien, enne (*Épernay*, Marne).
Spinalien, ienne (*Épinal*, Vosges).
Stanois, oise (*Stains*, Seine-Saint-Denis).
Stéphanois, oise (*Saint-Étienne*, Loire).
Strasbourgeois, oise (*Strasbourg*, Bas-Rhin).
Sud-Africain, aine*.
Sud-Américain, aine*.
Sud-Coréen, éenne*.
Suédois, oise*.
Suisse*.
Sullylois, oise (*Sully-sur-Loire*, Loiret).
Suménois, oise (*Sumènes*, Gard).
Syracusain, aine (*Syracuse*, Sicile).
Syrien, enne*.

Talmondais, aise (*Talmont* ou *Talmond*, Vendée).
Tararien, ienne (*Tarare*, Rhône).
Tarasconnais, aise (*Tarascon*, Bouches-du-Rhône).
Tarbais, aise ou Tarbéen, enne (*Tarbes*, Hautes-Pyrénées).
Tarentin, ine (*Tarente*, Italie).
Tarusate (*Tartas*, Landes).
Tasmanien, ienne (*Tasmanie*, Australie).
Taulésien, ienne (*Taulé*, Finistère).
Tchadien, ienne (*Tchad*, Afrique).
Tchécoslovaquie* ou Tchèque*.
Tençois, oise (*Tence*, Haute-Loire).
Tendasque (*Tende*, Alpes-Maritimes).

Ternois, oise (*Tergnier*, Aisne).
Terrassonnais, aise (*Terrasson-la-Villedieu*, Dordogne).
Terre-Neuvien, ienne (*Terre-Neuve*, Canada).
Testerin, ine (*Testa* [*La*], Gironde).
Texan, ane (*Texas* [État du], États-Unis).
Thaïlandais, aise (*Thaïlande*, Asie).
Thébain, aine (*Thèbes*, Grèce).
Théoulien, ienne (*Théoule-sur-Mer*, Alpes-Maritimes).
Thessalien, enne (*Thessalie*, Grèce).
Theutois, oise (*Theux*, Belgique).
Thiaisien, ienne (*Thiais*, Val-de-Marne).
Thiernois, oise (*Thiers*, Puy-de-Dôme).
Thillotin, ine (*Thillot* [*Le*], Vosges).
Thionvillois, oise (*Thionville*, Moselle).
Thironais, aise (*Thiron*, Eure-et-Loir).
Thouarsais, aise (*Thouars*, Deux-Sèvres).
Thuirinois, oise (*Thuir*, Pyrénées-Orientales).
Tibétain, aine*.
Togolais, aise*.
Tonneinquais, aise (*Tonneins*, Lot-et-Garonne).
Tonnerrois, oise (*Tonnerre*, Yonne).
Torontois, oise (*Toronto*, Canada).
Toscan, ane*.
Toulois, oise (*Toul*, Meurthe-et-Moselle).
Toulonnais, aise (*Toulon*, Var).
Toulousain, aine (*Toulouse*, Haute-Garonne).
Touquettois, oise (*Touquet-Paris-Plage* [*Le*], Pas-de-Calais).
Tourangeau, elle (*Touraine*, France; *Tours*, Indre-et-Loire).
Tournaisien, ienne (*Tournai*, Belgique).
Tournonais, aise (*Tournon*, Ardèche).
Tournusien, ienne (*Tournus*, Saône-et-Loire).
Tourouvrain, aine (*Tourouvre*, Orne).
Tourquennois, oise (*Tourcoing*, Nord).
Traiton, onne (*Trait* [*Le*], Seine-Maritime).
Transylvain, aine* ou Transylvanien, ienne.
Trappiste (*Trappes*, Yvelines).
Trégastellois, oise (*Trégastel*, Côtes-du-Nord).
Trégorois, oise (*Tréguier*, Côtes-du-Nord).
Treignacois, oise (*Treignac*, Corrèze).
Trélonais, aise (*Trélon*, Nord).
Trembladais, aise (*Tremblade* [*La*], Charente-Maritime).
Trévire ou Trévère (*Trèves*, Allemagne).
Trévisan, ane (*Trévise*, Italie).
Trévoltien, ienne (*Trévoux*, Ain).
Triestin, ine (*Trieste*, Italie).
Trifluvien, ienne (*Trois-Rivières*, Canada).
Tropézien, ienne (*Saint-Tropez*, Var).
Trouvillois, oise (*Trouville-sur-Mer*, Calvados).
Troyen, enne*.
Tulliste ou Tullois, oise (*Tulle*, Corrèze).
Tunisien, enne*.
Tunisois, oise (*Tunis*, Tunisie).
Turc, Turque*. V. Ottoman.
Turinois, oise (*Turin*, Italie).
Tyrolien, ienne*.

Uginois, oise (*Ugine*, Savoie).
Uruguayen, enne (*Uruguay*, Amérique du Sud).
Ussellois, oise (*Ussel*, Corrèze).
Utellien, ienne (*Utelle*, Alpes-Maritimes).
Uzellois, oise (*Uzel*, Côtes-du-Nord).
Uzerchois, oise (*Uzerche*, Corrèze).
Uzétien, ienne (*Uzès*, Gard).

Vaillicien, ienne (*Vailly-sur-Aisne*, Aisne).
Vaisonnais, aise (*Vaison-la-Romaine*, Vaucluse).
Valaisan, anne (*Valais*, Suisse).
Valencéen, enne (*Valençay*, Indre).
Valenciennois, oise (*Valenciennes*, Nord).
Valentinois, oise (*Valence*, Drôme).
Valéricain, aine (*Saint-Valéry-sur-Somme*, Somme).

Valériquais, aise (*Saint-Valéry-en-Caux*, Seine-Maritime).

Vallaurien, enne (*Vallauris*, Alpes-Maritimes).

Valloirien, ienne (*Saint-Vallier*, Drôme).

Valmontais, aise (*Valmont*, Seine-Maritime).

Valognais, aise (*Valognes*, Manche).

Valréassien, ienne (*Valréas*, Vaucluse).

Vannetais, aise (*Vannes*, Morbihan).

Varennois, oise (*Varennes-sur-Allier*, Allier).

Varsovien, enne (*Varsovie*, Pologne).

Vaudois, oise*.

Vauverdois, oise (*Vauvert*, Gard).

Vençois, oise ou Vincien, ienne (*Vence*, Alpes-Maritimes).

Vendéen, enne*.

Vendômois, oise (*Vendôme*, Loir-et-Cher).

Vénézuélien, ienne ou Vénézolan, ane (*Venezuela*, Amérique du Sud).

Vénitien, ienne*.

Verdunois, oise (*Verdun*, Meuse).

Verdunois, oise (*Verdun-sur-le-Doubs*, Saône-et-Loire).

Vermandois, oise (*Vermand*, Aisne).

Vernois, oise (*Vergt*, Dordogne).

Vernolien, ienne (*Verneuil-sur-Avre*, Eure).

Vernonnais, aise (*Vernon*, Eure).

Vernoussain, aine (*Vernoux-en-Vivarais*, Ardèche).

Véronais, aise (*Vérone*, Italie).

Verriérois, oise (*Verrières-le-Buisson*, Essonne).

Versaillais, aise (*Versailles*, Yvelines).

Vertavien, ienne (*Vertou*, Loire-Atlantique).

Vervinois, oise (*Vervins*, Aisne).

Vésinettois, oise (*Vésinet* [*Le*], Yvelines).

Vésulien, ienne (*Vesoul*, Haute-Saône).

Veveysan, ane (*Vevey*, Suisse).

Vézelien, ienne (*Vézelay*, Yonne).

Vibraysien, ienne (*Vibraye*, Sarthe).

Vicentin, ine (*Vicence*, Italie).

Vichyssois, oise (*Vichy*, Allier).

Vicois, oise (*Vic-Fezensac*, Gers; *Vic-sur-Cère*, Cantal).

Vicolais, aise (*Vico*, Corse).

Vicomtois, oise (*Vic-le-Comte*, Puy-de-Dôme).

Viennois, oise (*Vienne*, Autriche; *Vienne*, Isère).

Vierzonnais, aise (*Vierzon*, Cher).

Vietnamien, ienne*.

Viganais, aise (*Vigan* [*Le*], Gard).

Vigneusien, ienne (*Vigneux-sur-Seine*, Essonne).

Villandrautais, aise (*Villandraut*, Gironde).

Villardien, ienne (*Villard-de-Lans*, Isère).

Villefortais, aise (*Villefort*, Lozère).

Villefranchois, oise (*Villefranche-de-Lauragais*, Haute-Garonne; *Villefranche-de-Rouergue*, Aveyron).

Villejuifois, oise (*Villejuif*, Val-de-Marne).

Villemomblois, oise (*Villemomble*, Seine-Saint-Denis).

Villemurien, ienne (*Villemur-sur-Tarn*, Haute-Garonne).

Villeneuvois, oise (*Villeneuve-sur-Lot*, Lot-et-Garonne).

Villepintois, oise (*Villepinte*, Seine-Saint-Denis).

Villersois, oise (*Villers-Saint-Paul*, Oise).

Villeruptien, ienne (*Villerupt*, Meurthe-et-Moselle).

Vimonastérien, ienne (*Vimoutiers*, Orne).

Vimynois, oise (*Vimy*, Pas-de-Calais).

Vinçanench [invar.] (*Vinça*, Pyrénées-Orientales).

Vincennois, oise (*Vincennes*, Val-de-Marne).

Vincien, ienne. V. Vençois.

Virais, aise ou Virois, oise (*Vire*, Calvados).

Viroflaysien, ienne (*Viroflay*, Yvelines).

Vitréen, enne (*Vitré*, Ille-et-Vilaine).

Vitryat, ate (*Vitry-le-François*, Marne).

Vivarois, oise (*Viviers*, Ardèche).

Vizillois, oise (*Vizille*, Isère).

Vogladien, ienne (*Vouillé*, Vienne).

Voironnais, aise (*Voiron*, Isère).

Volvicois, oise (*Volvic*, Puy-de-Dôme).

Vosgien, ienne (*Vosges*, France).

Vouvrillon, onne (*Vouvray*, Indre-et-Loire).

Vouzinois, oise (*Vouviers*, Ardennes).

Wasséen, enne (*Wassy-sur-Blaise*, Haute-Marne).

Wasselonnais, aise (*Wasselonne*, Bas-Rhin).

Wattignien, ienne (*Wattignies*, Nord).

Wattrelosien, ienne (*Wattrelos*, Nord).

Winnipeguien, ienne (*Winnipeg*, Canada).

Yankee*.

Yéménite (*Yémen*, Arabie).

Yennois, oise (*Yenne*, Savoie).

Yerrois, oise (*Yerres*, Essonne).

Yonnais, aise (*Roche-sur-Yon* [*La*], Vendée).

Yougoslave*.

Yssingealois, oise ou Yssingeavier, ière (*Yssingeaux*, Haute-Loire).

Yvetotais, aise (*Yvetot*, Seine-Maritime).

Yzeurien, ienne (*Yzeure*, Allier).

Zaïrois, oise (*Zaïre*, Afrique).

Zurichois, oise (*Zurich*, Suisse).

TABLEAU DES SUFFIXES

———

REM. Les principaux préfixes et les éléments savants (grecs et latins) sont traités à leur ordre, dans le Dictionnaire.

I. Suffixes de noms

1. Suffixes ajoutés au radical d'un verbe.

-ement, -issement.	*groupement, agrandissement.*
-age, -issage	*dressage, pilotage, pétrissage.*
-tion, -ation, -ition	*attribution, constatation, finition.*
-aison.	*salaison, déclinaison, cueillaison.*
-ure, -ature	*blessure, dorure, filature.*
-ade	*glissade, baignade, rigolade.*
-erie	*tracasserie, fâcherie, boiterie.*
-is	*semis, hachis, roulis.*
-ance	*alliance, outrance, espérance.*
-eur, -euse.	*envoyeur, balayeur, coiffeuse.*
-ateur, -atrice	*tentateur, ventilateur, perforatrice.*
-iste	*arriviste, j'm'en foutiste.*
-ier, -ière	*placier, roulier, levier, glissière.*
-oir, -oire	*laminoir, bouilloire, nageoire.*
-ard, -arde.	*braillard, traînarde.*
-aille	*tenaille, semaille, sonnaille.*
-asse	*lavasse, traînasse.*
-isme	*arrivisme.*
-et, -ette.	*jouet, sonnette, poussette.*
-eur, -eresse	*pécheur, pécheresse.*

2. Suffixes ajoutés à des adjectifs.

-té, -eté, -ité.	*beauté, propreté, solidité.*
-ie	*folie, modestie, économie.*
-erie	*niaiserie, mièvrerie, fourberie.*
-eur	*pâleur, lenteur, moiteur.*
-isme	*américanisme, socialisme.*
-iste	*socialiste.*
-ance, -ence	(en remplacement de -ant, -ent) *vaillance, apparence, insolence.*
-ise.	*bêtise, franchise, vantardise.*
-esse	*petitesse, gentillesse, mollesse.*
-itude.	*platitude, plénitude.*
-in	*plaisantin.*
-ard, -arde.	*richard, -arde.*
-eron	*laideron.*

3. Suffixes ajoutés à des noms.

-ier, -ière	*épicier, pommier, sucrier, salière, verrière.*
-er, -ère.	(pour -ier) : *horloger, -ère.*
-ien, -ienne	*mécanicien, milicien, pharmacienne.*
-iste	*dentiste, ébéniste, congressiste.*
-aire	*fonctionnaire, disquaire.*
-eron	*bûcheron, vigneron.*
-ard	*cuissard, brassard, poignard, soiffard.*
-age	*branchage, outillage, ermitage.*

-ure	1. *armure, toiture, voilure.*
	2. *sulfure, bromure.*
-ature	*ossature.*
-aie.	*cerisaie, peupleraie.*
-ie	*bergerie, boulangerie, agronomie, seigneurie.*
-erie	*machinerie, rhumerie, pitrerie.*
-isme	*impressionnisme, progressisme, hitlérisme.*
-iste	*progressiste, pianiste.*
-at, -iat	*doctorat, notariat.*
-ade	*bourgade, œillade, citronnade.*
-aille	*ferraille, cisaille, muraille.*
-é	*vicomté.*
-ée	*cuillerée, matinée.*
-ain, -aine.	*dizain, quinzaine, centaine.*
-et, -ette.	*agnelet, livret, tablette.*
-elle	*prunelle, tourelle, poutrelle.*
-elet, -elette	*roitelet, tartelette.*
-iole	*bestiole, gloriole, bronchiole.*
-ule.	*plumule, veinule.*
-(i)cule	*animalcule, monticule.*
-ille.	*brindille, flottille.*
-illon	*oisillon, portillon.*
-ine.	*figurine, chaumine, basquine.*
-as	*plâtras.*
-ot	*billot, cageot.*
-ise.	*prêtrise, maîtrise.*
-eau	*cuisseau, troupeau, éléphanteau.*
-on	*croûton, chaînon, tronçon, aiglon.*
-eron	*puceron, saleron.*
-ite	*calcite, sulfite.*
-ose	*cellulose, ventose.*

II. Suffixes d'adjectifs

1. *Suffixes ajoutés à un nom.*

-ien, -ienne	*italien, parisien, sartrien.*
-éen, -éenne	*herculéen, européen.*
-in, -ine	*levantin, girondin.*
-ais, -aise	*français, marseillais.*
-ois, -oise	*chinois, niçois.*
-ain, -aine	*africain, cubain.*
-an, -ane	*persan, mahométan.*
-ite	*annamite, sodomite.*
-esque	1. *mauresque, tudesque, moliéresque.*
	2. *livresque, pédantesque.*
-ique, -(a)ïque	*jurassique, bouddhique; judaïque, ptolémaïque.*
-al, -ale	*tropical, patronal, théâtral.*
-el, -elle.	*formel, émotionnel.*
-if, -ive	*offensif, combatif, fautif.*
-aire	*unitaire, bancaire, planétaire.*
-eux, -euse.	*paresseux, poissonneux, crasseux; sulfureux, ferreux.*
-ueux, -ueuse.	*difficultueux, tumultueux.*
-ique	1. *géométrique, scénique, méthodique.*
	2. *ferrique.*
-atique	*dogmatique, prismatique, problématique.*
-ier, -ière	*betteravier, policier, pétrolier.*
-é, -ée.	*rosé, feuillé, azuré.*
-u, -ue	*poilu, feuillu, ventru.*
-escent, -escente	*fluorescent.*
-in, -ine	*ivoirin, vipérin, sanguin.*

2. *Suffixes ajoutés au radical d'un verbe.*

-ant, -ante (suff. verbal)	*pétillant, apaisant.*
-able	*habitable, blâmable.*
-ible	*corrigible.*
-eur, -eresse	*vengeur, -eresse, enchanteresse.*

-eur, -euse	*encreur, -euse, étireur, -euse.*
-if, -ive	*explosif, poussif.*
-eux, -euse	*boiteux, -euse.*
-ard, -arde	*vantard.*

3. Suffixes ajoutés à un adjectif.

-et, -ette	*pauvret, propret, clairet.*
-elet, -elette	*maigrelet, aigrelet, rondelet.*
-aud, -aude	*courtaud, finaud, rougeaud.*
-ot, -ote ou -otte	*vieillot, petiot.*
-ard, -arde	*faiblard, vachard, mignard.*
-asse	*molasse, fadasse.*
-âtre	*rougeâtre, blanchâtre.*
-ichon, -ichonne	*folichon, maigrichon.*

III. Suffixes de verbes

1. Suffixes ajoutés au nom.

-er	*clouer, ripoliner, goudronner.*
-ifier	*momifier, vitrifier, russifier.*
-eler	*bosseler.*
-iser	*bémoliser, alcooliser, coloniser.*
-oyer	*coudoyer.*

2. Suffixes ajoutés à l'adjectif.

-er	*bavarder, griser.*
-ir	*faiblir, verdir.*
-ifier	*simplifier, solidifier.*
-iser	*fertiliser, diviniser, légaliser.*
-oyer	*rudoyer.*

3. Suffixes ajoutés au radical d'un verbe.

-ailler	*criailler, traînailler, tirailler.*
-iller	*mordiller, fendiller, pendiller.*
-asser	*rêvasser, traînasser.*
-eter	*voleter.*
-iner	*trottiner.*
-onner	*mâchonner, chantonner, griffonner.*
-oter, -otter	*siffloter, clignoter, frisotter.*

CONJUGAISONS DES VERBES FRANÇAIS
avec leur prononciation

———

Les verbes irréguliers, c'est-à-dire ceux qui ne se conjuguent ni comme *arriver* ni comme *finir*, sont conjugués dans le corps du dictionnaire.

Nous présentons ici une classification des verbes français par les variantes du son du radical. Ces variantes peuvent être ou non figurées dans l'écriture. Seul le radical phonétique a été retenu (par ex. *placer*, nous *plaçons*, ne présentent qu'un radical).

Les verbes ainsi classés ont été traditionnellement regroupés d'après les terminaisons de l'infinitif.

La conjugaison complète des types réguliers et des verbes irréguliers les plus fréquents nous a paru indispensable ; on trouvera aussi toutes les formes d'un verbe pronominal *(se méfier)*.

VERBES EN -ER réguliers. V. Arriver (tableau ci-contre)
VERBES EN -ER présentant des irrégularités d'écriture ou de prononciation dans le radical

	Présent	Imparfait	Futur
Verbes à un radical			
placer : [plas]	je place [ʒ(ə)plas]	je plaçais [ʒ(ə)plasɛ]	je placerai [ʒ(ə)plasʀe]
bouger : [buʒ]	je bouge [ʒ(ə)buʒ]	je bougeais [ʒ(ə)buʒɛ]	je bougerai [ʒ(ə)buʒʀe]
Verbes à deux radicaux			
appeler : [apel], [ap(ə)l]	j'appelle [ʒapɛl]	j'appelais [ʒaplɛ]	j'appellerai [ʒapɛlʀe]
jeter¹ : [ʒɛt], [ʒ(ə)t]	je jette [ʒəʒɛt]	je jetais [ʒəʒ(ə)te]	je jetterai [ʒəʒɛtʀe]
geler¹ : [ʒɛl], [ʒ(ə)l]	je gèle [ʒəʒɛl]	je gelais [ʒəʒ(ə)le]	je gèlerai [ʒəʒɛlʀe]
acheter : [aʃɛt], [aʃ(ə)t]	j'achète [ʒaʃɛt]	j'achetais [ʒaʃte]	j'achèterai [ʒaʃɛtʀe]
céder² : [sed], [sɛd]	je cède [ʒ(ə)sɛd]	je cédais [ʒ(ə)sede]	je céderai [ʒ(ə)sedʀe]
regretter : [ʀ(ə)gʀɛt], [ʀ(ə)gʀɛt]	je regrette [ʒəʀgʀɛt]	je regrettais [ʒəʀgʀɛte]	je regretterai [ʒəʀgʀɛtʀe]
aimer : [ɛm], [em]	j'aime [ʒɛm] — vous aimez [vuzeme]	j'aimais [ʒɛme]	j'aimerai [ʒɛmʀe]
rêver : [ʀɛv], [ʀev]	je rêve [ʒ(ə)ʀɛv] — vous rêvez [vuʀeve]	je rêvais [ʒ(ə)ʀɛve]	je rêverai [ʒ(ə)ʀevʀe]
jouer : [ʒu], [ʒw]	je joue [ʒəʒu]	je jouais [ʒəʒwe]	je jouerai [ʒəʒuʀe]
tuer : [ty], [tɥ]	je tue [ʒ(ə)ty]	je tuais [ʒətɥe]	je tuerai [ʒ(ə)tyʀe]
épier³ : [epi], [epj]	j'épie [ʒepi]	j'épiais [ʒepje]	j'épierai [ʒepiʀe]
prier : [pʀi], [pʀij]	je prie [ʒ(ə)pʀi]	je priais [ʒ(ə)pʀije]	je prierai [ʒ(ə)pʀiʀe]
noyer⁴ : [nwa], [nwaj]	je noie [ʒ(ə)nwa]	je noyais [ʒ(ə)nwaje]	je noierai [ʒ(ə)nwaʀe]

1. Le verbe *lever* se conjugue comme *geler*. Les verbes en *-ecer* se conjuguent comme *geler* et *placer*.
2. Les verbes en *-éger* se conjuguent comme *céder* et *bouger*. Les verbes en *-écer* se conjuguent comme *céder* et *placer*.
3. V. *Se méfier* (tableau p. 1960).
4. Les verbes en *-uyer* et *-ayer* se conjuguent sur *noyer*. Les verbes en *-ayer* font au présent soit *-aie*, soit *-aye* (ex. *je paie* [ʒ(ə)pɛ] ou *je paye* [ʒ(ə)pɛj]). Le verbe *envoyer* se conjugue comme *noyer* sauf au futur et au conditionnel : *j'enverrai* [ʒ̃ãvɛʀe], *j'enverrais* [ʒ̃ãvɛʀɛ].

ARRIVER verbe régulier *(un radical)* : [aʀive]

INDICATIF

Présent
J'arrive [ʒaʀiv]
tu arrives [tyaʀiv]
il arrive [ilaʀiv]
nous arrivons [nuzaʀivɔ̃]
vous arrivez [vuzaʀive]
ils arrivent [ilzaʀiv]

Imparfait
J'arrivais [ʒaʀivɛ]
tu arrivais [tyaʀivɛ]
il arrivait [ilaʀivɛ]
nous arrivions [nuzaʀivjɔ̃]
vous arriviez [vuzaʀivje]
ils arrivaient [ilzaʀivɛ]

Passé simple
J'arrivai [ʒaʀive]
tu arrivas [tyaʀiva]
il arriva [ilaʀiva]
nous arrivâmes [nuzaʀivam]
vous arrivâtes [vuzaʀivat]
ils arrivèrent [ilzaʀivʀ̃]

Futur simple
J'arriverai [ʒaʀivʀe]
tu arriveras [tyaʀivʀa]
il arrivera [ilaʀivʀa]
nous arriverons [nuzaʀivʀɔ̃]
vous arriverez [vuzaʀivʀe]
ils arriveront [ilzaʀivʀɔ̃]

Passé composé
Je suis arrivé [ʒ(ə)sɥizaʀive]
tu es arrivé [tyɛzaʀive]
il est arrivé [ilɛtaʀive]
nous sommes arrivés [nusɔmzaʀive]
vous êtes arrivés [vuzɛtzaʀive]
ils sont arrivés [ilsɔ̃taʀive]

Plus-que-parfait
J'étais arrivé [ʒetɛzaʀive]
tu étais arrivé [tyetɛzaʀive]
il était arrivé [iletɛtaʀive]
nous étions arrivés [nuzetjɔ̃zaʀive]
vous étiez arrivés [vuzetjezaʀive]
ils étaient arrivés [ilzetɛtaʀive]

Passé antérieur
Je fus arrivé [ʒəfyzaʀive]
tu fus arrivé [tyfyzaʀive]
il fut arrivé [ilfytaʀive]
nous fûmes arrivés [nufymzaʀive]
vous fûtes arrivés [vufytzaʀive]
ils furent arrivés [ilfyʀtaʀive]

Futur antérieur
Je serai arrivé [ʒəsʀɛaʀive]
tu seras arrivé [tysʀaaʀive]
il sera arrivé [ilsəʀaaʀive]
nous serons arrivés [nusʀɔ̃zaʀive]
vous serez arrivés [vusʀezaʀive]
ils seront arrivés [ilsəʀɔ̃taʀive]

CONDITIONNEL

Présent
J'arriverais [ʒaʀivʀɛ]
tu arriverais [tyaʀivʀɛ]
il arriverait [ilaʀivʀɛ]
nous arriverions [nuzaʀivʀjɔ̃]
vous arriveriez [vuzaʀivʀje]
ils arriveraient [ilzaʀivʀɛ]

Passé 1re forme
Je serais arrivé [ʒəsʀɛzaʀive]
tu serais arrivé [tysʀɛzaʀive]
il serait arrivé [ilsəʀɛtaʀive]
nous serions arrivés [nusəʀjɔ̃zaʀive]
vous seriez arrivés [vusəʀjezaʀive]
ils seraient arrivés [ilsəʀɛtaʀive]

Passé 2e forme
Je fusse arrivé [ʒəfysaʀive]
tu fusses arrivé [tyfysaʀive]
il fût arrivé [ilfytaʀive]
nous fussions arrivés [nufysjɔ̃zaʀive]
vous fussiez arrivés [vufysjezaʀive]
ils fussent arrivés [ilfystaʀive]

IMPÉRATIF

Présent
arrive [aʀiv]
arrivons [aʀivɔ̃]
arrivez [aʀive]

Passé
sois arrivé [swazaʀive]
soyons arrivés [swajɔ̃zaʀive]
soyez arrivés [swajezaʀive]

SUBJONCTIF

Présent
que j'arrive [ʒaʀiv]
que tu arrives [tyaʀiv]
qu'il arrive [ilaʀiv]
que nous arrivions [nuzaʀivjɔ̃]
que vous arriviez [vuzaʀivje]
qu'ils arrivent [ilzaʀiv]

Imparfait
que j'arrivasse [ʒaʀivas]
que tu arrivasses [tyaʀivas]
qu'il arrivât [ilaʀiva]
que nous arrivassions [nuzaʀivasjɔ̃]
que vous arrivassiez [vuzaʀivasje]
qu'ils arrivassent [ilzaʀivas]

Passé
que je sois arrivé [ʒ(ə)swazaʀive]
que tu sois arrivé [tyswazaʀive]
qu'il soit arrivé [ilswataʀive]
que nous soyons arrivés [nuswajɔ̃zaʀive]
que vous soyez arrivés [vuswajezaʀive]
qu'ils soient arrivés [ilswataʀive]

Plus-que-parfait
que je fusse arrivé [ʒəfysaʀive]
que tu fusses arrivé [tyfysaʀive]
qu'il fût arrivé [ilfytaʀive]
que nous fussions arrivés [nufysjɔ̃zaʀive]
que vous fussiez arrivés [vufysjezaʀive]
qu'ils fussent arrivés [ilfystaʀive]

INFINITIF

Présent
Arriver [aʀive]

Passé
Être arrivé [ɛtʀaʀive]

PARTICIPE

Présent
arrivant [aʀivɑ̃]

Passé
arrivé [aʀive]
étant arrivé [etɑ̃taʀive]

SE MÉFIER verbe pronominal *(deux radicaux)* : [mefje], [mefij])

INDICATIF

Présent
Je me méfie	[ʒəmmefi]
tu te méfies	[tytmefi]
il se méfie	[ilsəmefi]
nous nous méfions	[nunumefjɔ̃]
vous vous méfiez	[vuvumefje]
ils se méfient	[ilsəmefi]

Imparfait
Je me méfiais	[ʒəmmefjɛ]
tu te méfiais	[tytmefjɛ]
il se méfiait	[ilsəmefjɛ]
nous nous méfiions	[nunumefjɔ̃]
vous vous méfiiez	[vuvumefje]
ils se méfiaient	[ilsəmefjɛ]

Passé simple
Je me méfiai	[ʒəmmefje]
tu te méfias	[tytmefja]
il se méfia	[ilsəmefja]
nous nous méfiâmes	[nunumefjam]
vous vous méfiâtes	[vuvumefjat]
ils se méfièrent	[ilsəmefjɛʀ]

Futur simple
Je me méfierai	[ʒəmmefiʀe]
tu te méfieras	[tytmefiʀa]
il se méfiera	[ilsəmefiʀa]
nous nous méfierons	[nunumefiʀɔ̃]
vous vous méfierez	[vuvumefiʀe]
ils se méfieront	[ilsəmefiʀɔ̃]

Passé composé
Je me suis méfié	[ʒəmsɥimefje]
tu t'es méfié	[tytemefje]
il s'est méfié	[ilsɛmefje]
nous nous sommes méfiés	[nunusɔmmefje]
vous vous êtes méfiés	[vuvuzɛtmefje]
ils se sont méfiés	[ilsəsɔ̃mefje]

Plus-que-parfait
Je m'étais méfié	[ʒ(ə)metɛmefje]
tu t'étais méfié	[tytetɛmefje]
il s'était méfié	[ilsetɛmefje]
nous nous étions méfiés	[nunuzetjɔ̃mefje]
vous vous étiez méfiés	[vuvuzetjemefje]
ils s'étaient méfiés	[ilsetɛmefje]

Passé antérieur
Je me fus méfié	[ʒəmafymefje]
tu te fus méfié	[tytəfymefje]
il se fut méfié	[ilsəfymefje]
nous nous fûmes méfiés	[nunufymmefje]
vous vous fûtes méfiés	[vuvufytmefje]
ils se furent méfiés	[ilsəfyʀmefje]

Futur antérieur
Je me serai méfié	[ʒəm(ə)sʀemefje]
tu te seras méfié	[tytəsʀamefje]
il se sera méfié	[ilsəsʀamefje]
nous nous serons méfiés	[nunusʀɔ̃mefje]
vous vous serez méfiés	[vuvusʀemefje]
ils se seront méfiés	[ilsəsʀɔ̃mefje]

CONDITIONNEL

Présent
Je me méfierais	[ʒəmmefiʀɛ]
tu te méfierais	[tytmefiʀɛ]
il se méfierait	[ilsamefiʀɛ]
nous nous méfierions	[nunumefiʀjɔ̃]
vous vous méfieriez	[vuvumefiʀje]
ils se méfieraient	[ilsəmefiʀɛ]

Passé 1re forme
Je me serais méfié	[ʒəm(ə)sʀɛmefje]
tu te serais méfié	[tytasʀɛmefje]
il se serait méfié	[ilsəsʀɛmefje]
nous nous serions méfiés	[nunusəʀjɔ̃mefje]
vous vous seriez méfiés	[vuvusəʀjemefje]
ils se seraient méfiés	[ilsəsʀɛmefje]

Passé 2e forme
Je me fusse méfié	[ʒəmafysmefje]
tu te fusses méfié	[tytafysmefje]
il se fût méfié	[ilsəfysmefje]
nous nous fussions méfiés	[nunufysjɔ̃mefje]
vous vous fussiez méfiés	[vuvufysjemefje]
ils se fussent méfiés	[ilsafysmefje]

SUBJONCTIF

Présent
que je me méfie	[ʒəmmefi]
que tu te méfies	[tytmefi]
qu'il se méfie	[ilsamefi]
que nous nous méfiions	[nunumefjɔ̃]
que vous vous méfiiez	[vuvumefje]
qu'ils se méfient	[ilsamefi]

Imparfait
que je me méfiasse	[ʒəmamefjas]
que tu te méfiasses	[tytmefjas]
qu'il se méfiât	[ilsamefja]
que nous nous méfiassions	[nunumefjasjɔ̃]
que vous vous méfiassiez	[vuvumefjasje]
qu'ils se méfiassent	[ilsamefjas]

Passé
que je me sois méfié	[ʒəm(ə)swamefje]
que tu te sois méfié	[tytaswamefje]
qu'il se soit méfié	[ilsaswamefje]
que nous n. soyons méfiés	[nunuswajɔ̃mefje]
que vous v. soyez méfiés	[vuvuswajemefje]
qu'ils se soient méfiés	[ilsaswamefje]

Plus-que-parfait
que je me fusse méfié	[ʒəmafysmefje]
que tu te fusses méfié	[tytafysmefje]
qu'il se fût méfié	[ilsafysmefje]
que nous n. fussions méfiés	[nunufysjɔ̃mefje]
que vous v. fussiez méfiés	[vuvufysjemefje]
qu'ils se fussent méfiés	[ilsasfysmefje]

IMPÉRATIF

Présent
méfie-toi	[mefitwa]
méfions-nous	[mefjɔ̃nu]
méfiez-vous	[mefjevu]

INFINITIF

Présent	se méfier	[s(ə)mefje]
Passé	s'être méfié	[sɛtʀəmefje]

PARTICIPE

Présent	se méfiant	[s(ə)mefjɑ̃]
Passé	s'étant méfié	[setɑ̃mefje]

ALLER (*six radicaux* : [ve], [va], [vɔ̃], [al], [i], [alj])

INDICATIF

Présent		Passé composé	
Je vais	[ʒ(ə)vɛ]	Je suis allé	[ʒ(ə)sɥizale]
tu vas	[tyva]	tu es allé	[tyɛzale]
il va	[ilva]	il est allé	[ilɛtale]
nous allons	[nuzalɔ̃]	nous sommes allés	[nusɔmzale]
vous allez	[vuzale]	vous êtes allés	[vuzɛtzale]
ils vont	[ilvɔ̃]	ils sont allés	[ilsɔ̃tale]

Imparfait		Plus-que-parfait	
J'allais	[ʒalɛ]	J'étais allé	[ʒetɛzale]
tu allais	[tyalɛ]	tu étais allé	[tyetɛzale]
il allait	[ilalɛ]	il était allé	[iletɛtale]
nous allions	[nuzaljɔ̃]	nous étions allés	[nuzetjɔ̃zale]
vous alliez	[vuzalje]	vous étiez allés	[vuzetjezale]
ils allaient	[ilzalɛ]	ils étaient allés	[izetɛtale]

Passé simple		Passé antérieur	
J'allai	[ʒale]	Je fus allé	[ʒəfyzale]
tu allas	[tyala]	tu fus allé	[tyfyzale]
il alla	[ilala]	il fut allé	[ilfytale]
nous allâmes	[nuzalam]	nous fûmes allés	[nufymzale]
vous allâtes	[vuzalat]	vous fûtes allés	[vufytzale]
ils allèrent	[ilzalɛʀ]	ils furent allés	[ilfyʀtale]

Futur simple		Futur antérieur	
J'irai	[ʒiʀe]	Je serai allé	[ʒəsʀeale]
tu iras	[tyiʀa]	tu seras allé	[tysʀaale]
il ira	[iliʀa]	il sera allé	[ilsʀaale]
nous irons	[nuziʀɔ̃]	nous serons allés	[nusʀɔ̃zale]
vous irez	[vuziʀe]	vous serez allés	[vusʀezale]
ils iront	[ilziʀɔ̃]	ils seront allés	[ilsəʀɔ̃tale]

CONDITIONNEL

Présent		Passé 1re forme	
J'irais	[ʒiʀɛ]	Je serais allé	[ʒəsʀɛzale]
tu irais	[tyiʀɛ]	tu serais allé	[tysʀɛzale]
il irait	[iliʀɛ]	il serait allé	[ilsəʀɛtale]
nous irions	[nuziʀjɔ̃]	nous serions allés	[nusəʀjɔ̃zale]
vous iriez	[vuziʀje]	vous seriez allés	[vusəʀjezale]
ils iraient	[ilziʀɛ]	ils seraient allés	[ilsəʀɛtale]

Passé 2e forme	
Je fusse allé	[ʒəfysale]
tu fusses allé	[tyfysale]
il fût allé	[ilfytale]
nous fussions allés	[nufysjɔ̃zale]
vous fussiez allés	[vufysjezale]
ils fussent allés	[ilfystale]

IMPÉRATIF

Présent :	va	[va]
	allons	[alɔ̃]
	allez	[ale]
Passé :	sois allé	[swazale]
	soyons allés	[swajɔ̃zale]
	soyez allés	[swajezale]

SUBJONCTIF

Présent		Passé	
que j'aille	[ʒaj]	que je sois allé	[ʒ(ə)swazale]
que tu ailles	[tyaj]	que tu sois allé	[tyswazale]
qu'il aille	[ilaj]	qu'il soit allé	[ilswatale]
que nous allions	[nuzaljɔ̃]	que nous soyons allés	[nuswajɔ̃zale]
que vous alliez	[vuzalje]	que vous soyez allés	[vuswajezale]
qu'ils aillent	[ilzaj]	qu'ils soient allés	[ilswatale]

Imparfait		Plus-que-parfait	
que j'allasse	[ʒalas]	que je fusse allé	[ʒəfysale]
que tu allasses	[tyalas]	que tu fusses allé	[tyfysale]
qu'il allât	[ilala]	qu'il fût allé	[ilfytale]
que nous allassions	[nuzalasjɔ̃]	que nous fussions allés	[nufysjɔ̃zale]
que vous allassiez	[vuzalasje]	que vous fussiez allés	[vufysjezale]
qu'ils allassent	[ilzalas]	qu'ils fussent allés	[ilfystale]

INFINITIF

Présent		Passé	
aller	[ale]	être allé	[ɛtʀale]

PARTICIPE

Présent		Passé	
allant	[alɑ̃]	allé, ée	[ale]
		étant allé	[etɑ̃tale]

VERBES EN -IR réguliers. V. Finir (tableau ci-contre)
VERBES EN -IR présentant des irrégularités d'écriture et de prononciation

	Présent	*Imparfait*	*Futur*	*Passé simple*	*Participe passé*
Verbes à deux radicaux					
haïr : [ε], [ai]	je hais [ʒɛ]	je haïssais [ʒəaisɛ]	je haïrai [ʒəaiʀe]	je hais [ʒəai]	haï [ai]

VERBES EN -IR autres que ceux du type finir

	Présent	*Imparfait*	*Futur*	*Passé simple*	*Participe passé*
Verbes à un radical					
courir : [kuʀ]	je cours [ʒ(ə)kuʀ]	je courais [ʒ(ə)kuʀɛ]	je courrai [ʒ(ə)kuʀʀe]	je courus [ʒəkuʀy]	couru [kuʀy]
cueillir : [kœj]	je cueille [ʒ(ə)kœj]	je cueillais [ʒ(ə)kœjɛ]	je cueillerai [ʒ(ə)kœjʀe]	je cueillis [ʒəkœji]	cueilli [kœji]
assaillir : [asaj]	j'assaille [ʒasaj]	j'assaillais [ʒasajɛ]	j'assaillirai [ʒasajiʀe]	j'assaillis [ʒəsaji]	assailli [asaji]
Verbes à deux radicaux					
servir : [sɛʀ], [sɛʀv]	je sers [ʒ(ə)sɛʀ]	je servais [ʒ(ə)sɛʀvɛ]	je servirai [ʒ(ə)sɛʀviʀe]	je servis [ʒəsɛʀvi]	servi [sɛʀvi]
bouillir : [buj], [buj]	je bous [ʒ(ə)bu]	je bouillais [ʒ(ə)bujɛ]	je bouillirai [ʒ(ə)bujiʀe]	je bouillis [ʒəbuji]	bouilli [buji]
partir : [paʀ], [paʀt]	je pars [ʒ(ə)paʀ]	je partais [ʒ(ə)paʀtɛ]	je partirai [ʒ(ə)paʀtiʀe]	je partis [ʒəpaʀti]	parti [paʀti]
fuir : [fɥi], [fɥij]	je fuis [ʒəfɥi]	je fuyais [ʒəfɥijɛ]	je fuirai [ʒəfɥiʀe]	je fuis [ʒəfɥi]	fui [fɥi]
couvrir : [kuvʀ], [kuvɛʀ]	je couvre [ʒ(ə)kuvʀ(ə)]	je couvrais [ʒ(ə)kuvʀɛ]	je couvrirai [ʒ(ə)kuvʀiʀe]	je couvris [ʒəkuvʀi]	couvert [kuvɛʀ]
Verbes à trois radicaux					
mourir : [mœʀ], [muʀ], [mɔʀ]	je meurs [ʒ(ə)mœʀ]	je mourais [ʒ(ə)muʀɛ]	je mourrai [ʒ(ə)muʀʀe]	je mourus [ʒəmuʀy]	mort [mɔʀ]
vêtir : [vɛ], [vɛt], [vet]	je vêts [ʒ(ə)vɛ]	je vêtais [ʒ(ə)vetɛ]	je vêtirai [ʒ(ə)vetiʀe]	je vêtis [ʒəveti]	vêtu [vety]
Verbes à quatre radicaux					
acquérir : [akjɛʀ], [akeʀ], [aki]	j'acquiers [ʒakjɛʀ]	j'acquérais [ʒakeʀɛ]	j'acquerrai [ʒakeʀʀe]	j'acquis [ʒaki]	acquis [aki]
Verbes à cinq radicaux					
venir : [vjɛ̃], [vjɛn], [v(ə)n], [vjɛ̃d], [vɛ̃]	je viens [ʒ(ə)vjɛ̃] ils viennent [ilvjɛn]	je venais [ʒ(ə)v(ə)nɛ]	je viendrai [ʒ(ə)vjɛ̃dʀe]	je vins [ʒəvɛ̃]	venu [v(ə)ny]

FINIR verbe régulier (un radical) : [fini]

INDICATIF

Présent
Je finis	[ʒ(ə)fini]
tu finis	[tyfini]
il finit	[ilfini]
nous finissons	[nufinisɔ̃]
vous finissez	[vufinise]
ils finissent	[ilfinis]

Imparfait
Je finissais	[ʒ(ə)finisɛ]
tu finissais	[tyfinisɛ]
il finissait	[ilfinisɛ]
nous finissions	[nufinisjɔ̃]
vous finissiez	[vufinisje]
ils finissaient	[ilfinisɛ]

Passé simple
Je finis	[ʒefini]
tu finis	[tyfini]
il finit	[ilfini]
nous finîmes	[nufinim]
vous finîtes	[vufinit]
ils finirent	[ilfiniʀ]

Futur simple
Je finirai	[ʒ(ə)finiʀe]
tu finiras	[tyfiniʀa]
il finira	[ilfiniʀa]
nous finirons	[nufiniʀɔ̃]
vous finirez	[vufiniʀe]
ils finiront	[ilfiniʀɔ̃]

Passé composé
J'ai fini	[ʒefini]
tu as fini	[tyafini]
il a fini	[ilafini]
nous avons fini	[nuzavɔ̃fini]
vous avez fini	[vuzavefini]
ils ont fini	[ilzɔ̃fini]

Plus-que-parfait
J'avais fini	[ʒavɛfini]
tu avais fini	[tyavɛfini]
il avait fini	[ilavɛfini]
nous avions fini	[nuzavjɔ̃fini]
vous aviez fini	[vuzavjefini]
ils avaient fini	[ilzavɛfini]

Passé antérieur
J'eus fini	[ʒyfini]
tu eus fini	[tyyfini]
il eut fini	[ilyfini]
nous eûmes fini	[nuzymfini]
vous eûtes fini	[vuzytfini]
ils eurent fini	[ilzyʀfini]

Futur antérieur
J'aurai fini	[ʒɔʀefini]
tu auras fini	[tyɔʀafini]
il aura fini	[ilɔʀafini]
nous aurons fini	[nuzɔʀɔ̃fini]
vous aurez fini	[vuzɔʀefini]
ils auront fini	[ilzɔʀɔ̃fini]

CONDITIONNEL

Présent
Je finirais	[ʒ(ə)finiʀɛ]
tu finirais	[tyfiniʀɛ]
il finirait	[ilfiniʀɛ]
nous finirions	[nufiniʀjɔ̃]
vous finiriez	[vufiniʀje]
ils finiraient	[ilfiniʀɛ]

Passé 1re forme
J'aurais fini	[ʒɔʀɛfini]
tu aurais fini	[tyɔʀɛfini]
il aurait fini	[ilɔʀɛfini]
nous aurions fini	[nuzɔʀjɔ̃fini]
vous auriez fini	[vuzɔʀjefini]
ils auraient fini	[ilzɔʀɛfini]

Passé 2e forme
J'eusse fini	[ʒysfini]
tu eusses fini	[tyysfini]
il eût fini	[ilyfini]
nous eussions fini	[nuzysjɔ̃fini]
vous eussiez fini	[vuzysjefini]
ils eussent fini	[ilzysfini]

SUBJONCTIF

Présent
que je finisse	[ʒ(ə)finis]
que tu finisses	[tyfinis]
qu'il finisse	[ilfinis]
que nous finissions	[nufinisjɔ̃]
que vous finissiez	[vufinisje]
qu'ils finissent	[ilfinis]

Imparfait
que je finisse	[ʒefinis]
que tu finisses	[tyfinis]
qu'il finît	[ilfini]
que nous finissions	[nufinisjɔ̃]
que vous finissiez	[vufinisje]
qu'ils finissent	[ilzefinis]

Passé
que j'aie fini	[ʒefini]
que tu aies fini	[tyɛfini]
qu'il ait fini	[ilɛfini]
que nous ayons fini	[nuzɛjɔ̃fini]
que vous ayez fini	[vuzɛjefini]
qu'ils aient fini	[ilzɛfini]

Plus-que-parfait
que j'eusse fini	[ʒysfini]
que tu eusses fini	[tyysfini]
qu'il eût fini	[ilyfini]
que nous eussions fini	[nuzysjɔ̃fini]
que vous eussiez fini	[vuzysjefini]
qu'ils eussent fini	[ilzysfini]

IMPÉRATIF

Présent
finis	[fini]
finissons	[finisɔ̃]
finissez	[finise]

Passé
aie fini	[efini]
ayons fini	[ejɔ̃fini]
ayez fini	[ejefini]

INFINITIF

Présent		Passé	
finir	[finiʀ]	avoir fini	[avwaʀfini]

PARTICIPE

Présent		Passé	
finissant	[finisɑ̃]	fini	[fini]
		ayant fini	[ejɑ̃fini]

VERBES EN -OIR

	Présent	Imparfait	Futur	Passé simple	P. passé	Subjonctif
Verbes à trois radicaux						
pleuvoir (impers.): [plø], [plœ(ø)v], [ply]	il pleut [ilplø]	il pleuvait [ilplø(œ)vɛ]	il pleuvra [ilplø(œ)vʀa]	il plut [ilply]	plu [ply]	qu'il pleuve [ilplœv]
prévoir : [pʀevwa], [pʀevwaj], [pʀev]	je prévois [ʒ(ə)pʀevwa]	je prévoyais [ʒ(ə)pʀevwajɛ]	je prévoirai [ʒ(ə)pʀevwaʀe]	je prévis [ʒəpʀevi]	prévu [pʀevy]	que je prévoie [ʒ(ə)pʀevwa]
pourvoir : [puʀvwa], [puʀvwaj], [puʀvwaj]. [puʀvy]	je pourvois [ʒ(ə)puʀvwa]	je pourvoyais [ʒ(ə)puʀvwajɛ]	je pourvoirai [ʒ(ə)puʀvwaʀe]	je pourvus [ʒəpuʀvy]	pourvu [puʀvy]	que je pourvoie [ʒ(ə)puʀvwa]
asseoir : [aswa], [aswaj], [asi] *ou* [asje], [asje], [asi]	j'assois / j'assieds [ʒaswa] [ʒasje]	j'assoyais / j'asseyais [ʒaswajɛ] [ʒasejɛ]	j'assoirai / j'asseyerai[1] [ʒaswaʀe] [ʒasejʀe]	j'assis / j'assis [ʒasi] [ʒasi]	assis / assis [asi] [asi]	que j'assoie / que j'asseye [ʒaswa] [ʒasej]
Verbes à quatre radicaux						
mouvoir : [mø], [mœv], [muv], [my]	je meus / ils meuvent [ʒəmø] [ilmœv]	je mouvais [ʒəmuvɛ]	je mouvrai [ʒəmuvʀe]	je mus [ʒəmy]	mû [my]	que je meuve [ʒəmœv]
recevoir : [ʀ(ə)swa], [ʀ(ə)swav], [ʀ(ə)s(ə)v], [ʀ(ə)sy]	je reçois / ils reçoivent [ʒəʀ(ə)swa] [ilʀəswav]	je recevais [ʒəʀsəvɛ]	je recevrai [ʒəʀsəvʀe]	je reçus [ʒəʀ(ə)sy]	reçu [ʀ(ə)sy]	que je reçoive [ʒəʀswav]
valoir : [vo], [val], [vod], [val]	je vaux / ils valent [ʒ(ə)vo] [ilval]	je valais [ʒ(ə)valɛ]	je vaudrai [ʒ(ə)vodʀe]	je valus [ʒəvaly]	valu [valy]	que je vaille [ʒ(ə)vaj]
Verbes à cinq radicaux						
voir : [vwa], [vwaj], [ve], [vi], [vy]	je vois [ʒ(ə)vwa]	je voyais [ʒ(ə)vwajɛ]	je verrai [ʒ(ə)veʀe]	je vis [ʒəvi]	vu [vy]	que je voie [ʒ(ə)vwa]
vouloir : [vø], [vœl], [vul], [vud], [vœj]	je veux / ils veulent [ʒ(ə)vø] [ilvœl]	je voulais [ʒ(ə)vulɛ]	je voudrai [ʒ(ə)vudʀe]	je voulus [ʒəvuly]	voulu [vuly]	que je veuille [ʒ(ə)vœj]
savoir : [se], [sav], [sɔ], [sy], [saʃ]	je sais / ils savent [ʒ(ə)sɛ] [ilsav]	je savais [ʒ(ə)savɛ]	je saurai [ʒ(ə)sɔʀe]	je sus [ʒəsy]	su [sy]	que je sache [ʒ(ə)saʃ]
Verbes à six radicaux						
pouvoir : [pø], [pœv], [py], [pul], [pɥis], [puv]	je peux[2] / ils peuvent [ʒ(ə)pø] [ilpœv]	je pouvais [ʒ(ə)puvɛ]	je pourrai [ʒ(ə)puʀe]	je pus [ʒəpy]	pu [py]	que je puisse [ʒ(ə)pɥis]

1. Autre forme du futur : j'assiérai [ʒasjeʀe].
2. On dit aussi : je puis [ʒəpɥi].

AVOIR (*neuf radicaux* : [e], [ɛ], [a], [ɔ̃], [av], [ɔ], [y], [ɥ], [ei])

INDICATIF

Présent
j'ai	[ʒe]
tu as	[tya]
il a	[ila]
nous avons	[nuzavɔ̃]
vous avez	[vuzave]
ils ont	[ilzɔ̃]

Imparfait
j'avais	[ʒavɛ]
tu avais	[tyavɛ]
il avait	[ilavɛ]
nous avions	[nuzavjɔ̃]
vous aviez	[vuzavje]
ils avaient	[ilzavɛ]

Passé simple
j'eus	[ʒy]
tu eus	[tyy]
il eut	[ily]
nous eûmes	[nuzym]
vous eûtes	[vuzyt]
ils eurent	[ilzyʁ]

Futur simple
j'aurai	[ʒɔʁe]
tu auras	[tyɔʁa]
il aura	[ilɔʁa]
nous aurons	[nuzɔʁɔ̃]
vous aurez	[vuzɔʁe]
ils auront	[ilzɔʁɔ̃]

Passé composé
j'ai eu	[ʒey]
tu as eu	[tyay]
il a eu	[ilay]
nous avons eu	[nuzavɔ̃zy]
vous avez eu	[vuzavezy]
ils ont eu	[ilzɔ̃ty]

Plus-que-parfait
j'avais eu	[ʒavɛzy]
tu avais eu	[tyavɛzy]
il avait eu	[ilavɛty]
nous avions eu	[nuzavjɔ̃zy]
vous aviez eu	[vuzavjezy]
ils avaient eu	[ilzavɛty]

Passé antérieur
j'eus eu	[ʒyzy]
tu eus eu	[tyyzy]
il eut eu	[ilyty]
nous eûmes eu	[nuzymzy]
vous eûtes eu	[vuzytzy]
ils eurent eu	[ilzyʁty]

Futur antérieur
j'aurai eu	[ʒɔʁey]
tu auras eu	[tyɔʁay]
il aura eu	[ilɔʁay]
nous aurons eu	[nuzɔʁɔ̃zy]
vous aurez eu	[vuzɔʁezy]
ils auront eu	[ilzɔʁɔ̃ty]

CONDITIONNEL

Présent
j'aurais	[ʒɔʁɛ]
tu aurais	[tyɔʁɛ]
il aurait	[ilɔʁɛ]
nous aurions	[nuzɔʁjɔ̃]
vous auriez	[vuzɔʁje]
ils auraient	[ilzɔʁɛ]

Passé 1re forme
j'aurais eu	[ʒɔʁɛzy]
tu aurais eu	[tyɔʁɛzy]
il aurait eu	[ilɔʁɛty]
nous aurions eu	[nuzɔʁjɔ̃zy]
vous auriez eu	[vuzɔʁjezy]
ils auraient eu	[ilzɔʁɛty]

Passé 2e forme
j'eusse eu	[ʒysy]
tu eusses eu	[tyysy]
il eût eu	[ilyty]
nous eussions eu	[nuzysjɔ̃zy]
vous eussiez eu	[vuzysjezy]
ils eussent eu	[ilzysty]

SUBJONCTIF

Présent
que j'aie	[ʒɛ]
que tu aies	[tyɛ]
qu'il ait	[ilɛ]
que nous ayons	[nuzɛjɔ̃]
que vous ayez	[vuzɛje]
qu'ils aient	[ilzɛ]

Imparfait
que j'eusse	[ʒys]
que tu eusses	[tyys]
qu'il eût	[ily]
que nous eussions	[nuzysjɔ̃]
que vous eussiez	[vuzysje]
qu'ils eussent	[ilzys]

Passé
que j'aie eu	[ʒɛy]
que tu aies eu	[tyɛy]
qu'il ait eu	[ilɛty]
que nous ayons eu	[nuzɛjɔ̃zy]
que vous ayez eu	[vuzɛjezy]
qu'ils aient eu	[ilzɛty]

Plus-que-parfait
que j'eusse eu	[ʒysy]
que tu eusses eu	[tyysy]
qu'il eût eu	[ilyty]
que nous eussions eu	[nuzysjɔ̃zy]
que vous eussiez eu	[vuzysjezy]
qu'ils eussent eu	[ilzysty]

IMPÉRATIF

Présent
aie	[ɛ]
ayons	[ɛjɔ̃]
ayez	[ɛje]

INFINITIF

Présent	avoir	[avwaʁ]
Passé	avoir eu	[avwaʁy]

PARTICIPE

Présent	ayant	[ɛjɑ̃]
Passé	eu	[y]
	ayant eu	[ɛjɑ̃ty]

VERBES EN -RE

	Présent	Imparfait	Futur	Passé simple	Participe passé
Verbes à un radical					
conclure : [kɔ̃kly]	je conclus [ʒ(ə)kɔ̃kly]	je concluais [ʒ(ə)kɔ̃klyɛ]	je conclurai [ʒ(ə)kɔ̃klyʀe]	je conclus [ʒəkɔ̃kly]	conclu [kɔ̃kly]
Verbes à deux radicaux					
rire : [ʀi], [ʀii]	je ris [ʒ(ə)ʀi]	je riais [ʒ(ə)ʀijɛ]	je rirai [ʒ(ə)ʀiʀe]	je ris [ʒəʀi]	ri [ʀi]
dire¹ : [di], [diz]	je dis / ils disent [ʒ(ə)di] [ildiz]	je disais [ʒ(ə)dizɛ]	je dirai [ʒ(ə)diʀe]	je dis [ʒədi]	dit [di]
nuire : [nɥi], [nɥiz]	je nuis / ils nuisent [ʒ(ə)nɥi] [ilnɥiz]	je nuisais [ʒ(ə)nɥizɛ]	je nuirai [ʒ(ə)nɥiʀe]	je nuisis [ʒənɥizi]	nui [nɥi]
écrire : [ekʀi], [ekʀiv]	j'écris / ils écrivent [ʒekʀi] [ilzekʀiv]	j'écrivais [ʒekʀivɛ]	j'écrirai [ʒekʀiʀe]	j'écrivis [ʒekʀivi]	écrit [ekʀi]
suivre : [sɥi], [sɥiv]	je suis / ils suivent [ʒ(ə)sɥi] [ilsɥiv]	je suivais [ʒ(ə)sɥivɛ]	je suivrai [ʒ(ə)sɥivʀe]	je suivis [ʒəsɥivi]	suivi [sɥivi]
rendre : [ʀɑ̃], [ʀɑ̃d]	je rends / ils rendent [ʒ(ə)ʀɑ̃] [ilʀɑ̃d]	je rendais [ʒ(ə)ʀɑ̃dɛ]	je rendrai [ʒ(ə)ʀɑ̃dʀe]	je rendis [ʒəʀɑ̃di]	rendu [ʀɑ̃dy]
vaincre : [vɛ̃], [vɛ̃k]	je vaincs / ils vainquent [ʒ(ə)vɛ̃] [ilvɛ̃k]	je vainquais [ʒ(ə)vɛ̃kɛ]	je vaincrai [ʒ(ə)vɛ̃kʀe]	je vainquis [ʒəvɛ̃ki]	vaincu [vɛ̃ky]
Verbes à trois radicaux					
lire : [li], [liz], [ly]	je lis / ils lisent [ʒ(ə)li] [illiz]	je lisais [ʒ(ə)lizɛ]	je lirai [ʒ(ə)liʀe]	je lus [ʒəly]	lu [ly]
croire : [kʀwa], [kʀwaj], [kʀy]	je crois / ils croient [ʒ(ə)kʀwa]	je croyais [ʒ(ə)kʀwajɛ]	je croirai [ʒ(ə)kʀwaʀe]	je crus [ʒəkʀy]	cru [kʀy]
clore : [klo], [kloz], [klɔ]	je clos / ils closent [ʒ(ə)klo] [ilkloz]	je closais [ʒ(ə)klozɛ]	je clorai [ʒ(ə)klɔʀe]		clos [klo]
vivre : [vi], [viv], [veky]	je vis / ils vivent [ʒ(ə)vi] [ilviv]	je vivais [ʒ(ə)vivɛ]	je vivrai [ʒ(ə)vivʀe]	je vécus [ʒaveky]	vécu [veky]
moudre : [mu], [mul], [mud]	je mouds / ils moulent [ʒ(ə)mu] [ilmul]	je moulais [ʒ(ə)mulɛ]	je moudrai [ʒ(ə)mudʀe]	je moulus [ʒamuly]	moulu [muly]
coudre : [ku], [kuz], [kud]	je couds / ils cousent [ʒ(ə)ku] [ilkuz]	je cousais [ʒ(ə)kuzɛ]	je coudrai [ʒ(ə)kudʀe]	je cousis [ʒakuzi]	cousu [kuzy]

1. 2ᵉ pers. plur. présent : vous dites.

VERBES EN -RE (suite)

	Présent	Imparfait	Futur	Passé simple	Participe passé
Verbes à trois radicaux (suite)					
joindre : [ʒwɛ̃], [ʒwaɲ], [ʒwɛ̃d]	je joins [ʒəʒwɛ̃] / ils joignent [ilʒwaɲ]	je joignais [ʒəʒwaɲɛ]	je joindrai [ʒəʒwɛ̃dʀe]	je joignis [ʒəʒwaɲi]	joint [ʒwɛ̃]
traire : [tʀɛ], [tʀɛj], [tʀɛ]	je trais [ʒ(ə)tʀɛ] / vous trayez [vutʀɛje]	je trayais [ʒ(ə)tʀɛje]	je trairai [ʒ(ə)tʀɛ(e)ʀe]		trait [tʀɛ]
Verbes à quatre radicaux					
absoudre : [apsu], [apsud], [apsɔl]	j'absous [ʒapsu] / ils absolvent [ilzapsɔlv(ə)]	j'absolvais [ʒapsɔlve]	j'absoudrai [ʒapsudʀe]	j'absolus (rare) [ʒapsɔly]	absous [apsu]
craindre : [kʀɛ̃], [kʀɛɲ], [kʀɛɲ], [kʀɛ̃d]	je crains [ʒ(ə)kʀɛ̃] / vous craignez [vukʀeɲe] / ils craignent [ilkʀɛɲ]	je craignais [ʒ(ə)kʀɛɲɛ]	je craindrai [ʒ(ə)kʀɛ̃dʀe]	je craignis [ʒəkʀɛɲi]	craint [kʀɛ̃]
peindre : [pɛ̃], [peɲ], [peɲ], [pɛ̃d]	je peins [ʒ(ə)pɛ̃] / vous peignez [vupeɲe] / ils peignent [ilpeɲ]	je peignais [ʒ(ə)peɲe]	je peindrai [ʒ(ə)pɛ̃dʀe]	je peignis [ʒəpeɲi]	peint [pɛ̃]
boire : [bwa], [bwav], [byv], [by]	je bois [ʒ(ə)bwa] / ils boivent [ilbwav]	je buvais [ʒ(ə)byve]	je boirai [ʒ(ə)bwaʀe]	je bus [ʒəby]	bu [by]
plaire : [plɛ], [plez], [ply]	je plais [ʒ(ə)plɛ] / vous plaisez [vupleze] / ils plaisent [ilplɛz]	je plaisais [ʒ(ə)pleze]	je plairai [ʒ(ə)plɛ(e)ne]	je plus [ʒəply]	plu [ply]
croître : [kʀwa], [kʀwas], [kʀwas], [kʀy]	je crois [ʒ(ə)kʀwa] / ils croissent [ilkʀwas]	je croissais [ʒ(ə)kʀwase]	je croîtrai [ʒ(ə)kʀwatʀe]	je crûs [ʒəkʀy]	crû [kʀy]
mettre : [mɛ], [mɛt], [met], [mi]	je mets [ʒ(ə)mɛ] / vous mettez [vumete] / ils mettent [ilmɛt]	je mettais [ʒ(ə)mete]	je mettrai [ʒ(ə)mɛ(e)tʀe]	je mis [ʒəmi]	mis [mi]
Verbes à cinq radicaux					
connaître : [kɔnɛ], [kɔnes], [kɔnɛt], [kɔny]	je connais [ʒ(ə)kɔnɛ] / vous connaissez [vukɔnese] / ils connaissent [ilkɔnɛs]	je connaissais [ʒ(ə)kɔnese]	je connaîtrai [ʒ(ə)kɔnɛ(e)tʀe]	je connus [ʒəkɔny]	connu [kɔny]
prendre : [pʀɑ̃], [pʀɛn], [pʀan], [pʀɑ̃d], [pʀi]	je prends [ʒ(ə)pʀɑ̃] / ils prennent [ilpʀɛn]	je prenais [ʒ(ə)pʀəne]	je prendrai [ʒ(ə)pʀɑ̃dʀe]	je pris [ʒəpʀi]	pris [pʀi]
Verbes à six radicaux					
naître : [nɛ], [nes], [net], [naki], [ne]	je nais [ʒ(ə)nɛ] / vous naissez [vunese] / ils naissent [ilnɛs]	je naissais [ʒ(ə)nese]	je naîtrai [ʒ(ə)nɛ(e)tʀe]	je naquis [ʒənaki]	né [ne]

FAIRE *(sept radicaux :* [fɛ], [fɛt], [fəz], [fɔ̃], [fi], [f(ə)], [fas]*)*

INDICATIF

Présent

Je fais	[ʒə(ə)fɛ]
tu fais	[tyfɛ]
il fait	[ilfɛ]
nous faisons	[nufəzɔ̃]
vous faites	[vufɛt]
ils font	[ilfɔ̃]

Imparfait

Je faisais	[ʒə(ə)fəzɛ]
tu faisais	[tyfəzɛ]
il faisait	[ilfəzɛ]
nous faisions	[nufəzjɔ̃]
vous faisiez	[vufəzje]
ils faisaient	[ilfəzɛ]

Passé simple

Je fis	[ʒəfi]
tu fis	[tyfi]
il fit	[ilfi]
nous fîmes	[nufim]
vous fîtes	[vufit]
ils firent	[ilfiʀ]

Futur simple

Je ferai	[ʒəfəʀɛ]
tu feras	[tyfəʀa]
il fera	[ilfəʀa]
nous ferons	[nufəʀɔ̃]
vous ferez	[vufəʀe]
ils feront	[ilfəʀɔ̃]

Passé composé

J'ai fait	[ʒefɛ]
tu as fait	[tyafɛ]
il a fait	[ilafɛ]
nous avons fait	[nuzavɔ̃fɛ]
vous avez fait	[vuzavefɛ]
ils ont fait	[ilzɔ̃fɛ]

Plus-que-parfait

J'avais fait	[ʒavɛfɛ]
tu avais fait	[tyavɛfɛ]
il avait fait	[ilavɛfɛ]
nous avions fait	[nuzavjɔ̃fɛ]
vous aviez fait	[vuzavjefɛ]
ils avaient fait	[ilzavɛfɛ]

Passé antérieur

J'eus fait	[ʒyfɛ]
tu eus fait	[tyyfɛ]
il eut fait	[ilyfɛ]
nous eûmes fait	[nuzymfɛ]
vous eûtes fait	[vuzytfɛ]
ils eurent fait	[ilzyʀfɛ]

Futur antérieur

J'aurai fait	[ʒɔʀefɛ]
tu auras fait	[tyɔʀafɛ]
il aura fait	[ilɔʀafɛ]
nous aurons fait	[nuzɔʀɔ̃fɛ]
vous aurez fait	[vuzɔʀefɛ]
ils auront fait	[ilzɔʀɔ̃fɛ]

CONDITIONNEL

Présent

Je ferais	[ʒəfəʀɛ]
tu ferais	[tyfəʀɛ]
il ferait	[ilfəʀɛ]
nous ferions	[nufəʀjɔ̃]
vous feriez	[vufəʀje]
ils feraient	[ilfəʀɛ]

Passé 1re forme

J'aurais fait	[ʒɔʀɛfɛ]
tu aurais fait	[tyɔʀɛfɛ]
il aurait fait	[ilɔʀɛfɛ]
nous aurions fait	[nuzɔʀjɔ̃fɛ]
vous auriez fait	[vuzɔʀjefɛ]
ils auraient fait	[ilzɔʀɛfɛ]

Passé 2e forme

J'eusse fait	[ʒysfɛ]
tu eusses fait	[tyysfɛ]
il eût fait	[ilyfɛ]
nous eussions fait	[nuzysjɔ̃fɛ]
vous eussiez fait	[vuzysjefɛ]
ils eussent fait	[ilzysfɛ]

IMPÉRATIF

Présent

fais	[fɛ]
faisons	[fəzɔ̃]
faites	[fɛt]

Passé

aie fait
ayons fait
ayez fait

SUBJONCTIF

Présent

que je fasse	[ʒə(ə)fas]
que tu fasses	[tyfas]
qu'il fasse	[ilfas]
que nous fassions	[nufasjɔ̃]
que vous fassiez	[vufasje]
qu'ils fassent	[ilfas]

Imparfait

que je fisse	[ʒəfis]
que tu fisses	[tyfis]
qu'il fît	[ilfi]
que nous fissions	[nufisjɔ̃]
que vous fissiez	[vufisje]
qu'ils fissent	[ilfis]

Passé

que j'aie fait	[ʒefɛ]
que tu aies fait	[tyefɛ]
qu'il ait fait	[ilefɛ]
que nous ayons fait	[nuzejɔ̃fɛ]
que vous ayez fait	[vuzejefɛ]
qu'ils aient fait	[ilzefɛ]

Plus-que-parfait

que j'eusse fait	[ʒysfɛ]
que tu eusses fait	[tyysfɛ]
qu'il eût fait	[ilyfɛ]
que nous eussions fait	[nuzysjɔ̃fɛ]
que vous eussiez fait	[vuzysjefɛ]
qu'ils eussent fait	[ilzysfɛ]

INFINITIF

Présent

faire	[fɛʀ]

Passé

avoir fait	[avwaʀfɛ]

PARTICIPE

Présent

faisant	[fəzɑ̃]

Passé

fait	[fɛ]
ayant fait	[ejɑ̃fɛ]

ÊTRE (*dix radicaux* : [sɥi], [e], [sɔm], [ɛt], [sɔ̃], [et], [fy], [s(ə)], [swa], [swaj])

INDICATIF

Présent
Je suis	[ʒ(ə)sɥi]
tu es	[tye]
il est	[ile]
nous sommes	[nusɔm]
vous êtes	[vuzɛt]
ils sont	[ilsɔ̃]

Passé composé
J'ai été	[ʒeete]
tu as été	[tyaete]
il a été	[ilaete]
nous avons été	[nuzavɔ̃zete]
vous avez été	[vuzavezete]
ils ont été	[ilzɔ̃tete]

Imparfait
J'étais	[ʒetɛ]
tu étais	[tyetɛ]
il était	[iletɛ]
nous étions	[nuzetjɔ̃]
vous étiez	[vuzetje]
ils étaient	[ilzetɛ]

Plus-que-parfait
J'avais été	[ʒavɛzete]
tu avais été	[tyavɛzete]
il avait été	[ilavɛzete]
nous avions été	[nuzavjɔ̃zete]
vous aviez été	[vuzavjezete]
ils avaient été	[ilzavɛtete]

Passé simple
Je fus	[ʒəfy]
tu fus	[tyfy]
il fut	[ilfy]
nous fûmes	[nufym]
vous fûtes	[vufyt]
ils furent	[ilfyʀ]

Passé antérieur
J'eus été	[ʒyzete]
tu eus été	[tyyzete]
il eut été	[ilytete]
nous eûmes été	[nuzymzete]
vous eûtes été	[vuzyzzete]
ils eurent été	[ilzyʀtete]

Futur simple
Je serai	[ʒəsʀe]
tu seras	[tysʀa]
il sera	[ilsʀa]
nous serons	[nusʀɔ̃]
vous serez	[vusʀe]
ils seront	[ilsʀɔ̃]

Futur antérieur
J'aurai été	[ʒɔʀeete]
tu auras été	[tyɔʀaete]
il aura été	[ilɔʀaete]
nous aurons été	[nuzɔʀɔ̃zete]
vous aurez été	[vuzɔʀezete]
ils auront été	[ilzɔʀɔ̃tete]

CONDITIONNEL

Présent
Je serais	[ʒəsʀɛ]
tu serais	[tysʀɛ]
il serait	[ilsʀɛ]
nous serions	[nusəʀjɔ̃]
vous seriez	[vusəʀje]
ils seraient	[ilsʀɛ]

Passé 1re forme
J'aurais été	[ʒɔʀɛzete]
tu aurais été	[tyɔʀɛzete]
il aurait été	[ilɔʀɛzete]
nous aurions été	[nuzɔʀjɔ̃zete]
vous auriez été	[vuzɔʀjezete]
ils auraient été	[ilzɔʀɛtete]

Passé 2e forme
J'eusse été	[ʒysete]
tu eusses été	[tyysete]
il eût été	[ilytete]
nous eussions été	[nuzysjɔ̃zete]
vous eussiez été	[vuzysjezete]
ils eussent été	[ilzystete]

IMPÉRATIF

Présent
sois	[swa]
soyons	[swajɔ̃]
soyez	[swaje]

SUBJONCTIF

Présent
que je sois	[ʒ(ə)swa]
que tu sois	[tyswa]
qu'il soit	[ilswa]
que nous soyons	[nuswajɔ̃]
que vous soyez	[vuswaje]
qu'ils soient	[ilswa]

Imparfait
que je fusse	[ʒəfys]
que tu fusses	[tyfys]
qu'il fût	[ilfy]
que nous fussions	[nufysjɔ̃]
que vous fussiez	[vufysje]
qu'ils fussent	[ilfys]

Passé
que j'aie été	[ʒeete]
que tu aies été	[tyezete]
qu'il ait été	[iletete]
que nous ayons été	[nuzejɔ̃zete]
que vous ayez été	[vuzejezete]
qu'ils aient été	[ilzɛtete]

Plus-que-parfait
que j'eusse été	[ʒysete]
que tu eusses été	[tyysete]
qu'il eût été	[ilytete]
que nous eussions été	[nuzysjɔ̃zete]
que vous eussiez été	[vuzysjezete]
qu'ils eussent été	[ilzystete]

INFINITIF

Présent
être [ɛʀ(ə)]

Passé
avoir été [avwaʀete]

PARTICIPE

Présent
étant [etɑ̃]

Passé
été [ete]
ayant été [ejɑ̃tete]

TABLEAU DES NOMS DE NOMBRES

REM. Les composés sont entre parenthèses. Les chiffres entre crochets doivent être remplacés par leurs noms, donnés plus haut dans la liste.

1	Un	Premier (1er)
2	Deux	Second, Deuxième (2e)
3	Trois	Troisième (3e)
4	Quatre	+ ième
5	Cinq	—
6	Six	—
7	Sept	—
8	Huit	—
9	Neuf	—
10	Dix	—
11	Onze	—
12	Douze	—
13	Treize	—
14	Quatorze	—
15	Quinze	—
16	Seize	—
17	(Dix-sept)	—
18	(Dix-huit)	—
19	(Dix-neuf)	—
20	Vingt	—
21	(Vingt et un)	Vingt et unième
22	(Vingt-deux)	Vingt-deuxième
23	(Vingt-trois... [4-9])	+ ième*
30	Trente	
31	(Trente et un)	
32	(Trente-deux... [3-9])	
40	Quarante	
41	(— et un)	
42	(— -deux... [3-9])	
50	Cinquante	
51	(Cinquante et un)	
52	(Cinquante-deux... [3-9])	
60	Soixante	
61	(Soixante et un)	
62	(Soixante-deux... [3-9])	
70	(Soixante-dix) ou *Région.* Septante	
71	(Soixante et onze)	
72	(Soixante-douze... [13-19])	

80	(Quatre-vingts) ou *Région.*, *vx.* Octante, Huitante
81	(Quatre-vingt-un)
82	(— -deux... [3 -9])
90	(Quatre-vingt-dix) ou *Région.* Nonante
91	(Quatre-vingt-onze... [12-19])
100	Cent
101	(Cent un)
102	(Cent deux... [3-99])
200	(Deux cents)
201	(Deux cent un)
202	(— deux... [3-99])
300	(Trois cents)
301	(Trois cent un)
302	(— deux... [3-99])
400, 500	(Quatre cents, cinq cents... [6-9] cent [1-99])
999	(Neuf cent quatre-vingt-dix-neuf)
1 000	Mille
1 001	(Mille un)
1 002	(— deux... [3-99])
1 100	(Mille cent) ou (Onze cents) [+ 1-99]
1 200	(Mille deux cents...) ou (Douze [13-19] cents)
2 000	(Deux mille) [3-9] mille [1-999]
9 999	(Neuf mille neuf cent quatre-vingt-dix-neuf)
10 000	(Dix mille) [10-99] mille [1-999]
99 999	(Quatre-vingt-dix-neuf mille neuf cent quatre-vingt-dix-neuf)
100 000	(Cent mille)
100 001	(Cent mille [et] un)
100 002	(Cent mille + [2-99])
101 000	(Cent un mille; [2-9] cent [1-99] mille [1-999]
1 000 000	Un million

V. *aussi* Milliard; billion; trillion; quatrillion; quintillion.

---

* Tous les nombres ordinaux qui suivent sont formés avec le suff. -*ième*.

TABLE DES MATIÈRES

CE DICTIONNAIRE A ÉTÉ COMPOSÉ, IMPRIMÉ
ET RELIÉ PAR FIRMIN-DIDOT S.A. SUR
OFFSET OPAQUE DES PAPETERIES DE
VOIRON POUR LE COMPTE DE
S. N. L. DICTIONNAIRE LE ROBERT
107, AVENUE PARMENTIER, PARIS XIe

Imprimé en France
Dépôt légal : 1er trimestre 1967

N° d'impression : 1852
39e édition — 4e trimestre 1977